Eastern and Central European Voices
Studies in Theology and Religion
Supplements: Tools in Theology and Religion

Edited by
Roman Mazur and Mariusz Rosik

Volume 1

Roman Mazur, Roman Bogacz, Andrzej Gieniusz

Analytical Lexicon of the Greek Bible

in three parts

Part 1 (α–ε)

Vandenhoeck & Ruprecht

A translation of *Słownik analityczny do Biblii greckiej*, Instrumenta Biblica 1,
edited by Roman Mazur and Roman Bogacz (UNUM Press, Krakow 2021).

Bibliographic information published by the Deutsche Nationalbibliothek:
The Deutsche Nationalbibliothek lists this publication in the Deutsche Nationalbibliografie;
detailed bibliographic data available online: https://dnb.de

© 2023 by Vandenhoeck & Ruprecht, Robert-Bosch-Breite 10, D-37079 Göttingen, Germany,
an imprint of the Brill-Group
(Koninklijke Brill NV, Leiden, The Netherlands; Brill USA Inc., Boston MA, USA;
Brill Asia Pte Ltd, Singapore; Brill Deutschland GmbH, Paderborn, Germany,
Brill Österreich GmbH, Vienna, Austria)
Koninklijke Brill NV incorporates the imprints Brill, Brill Nijhoff, Brill Hotei,
Brill Schöningh, Brill Fink, Brill mentis, Vandenhoeck & Ruprecht, Böhlau,
V&R unipress and Wageningen Academic.

All rights reserved. No part of this work may be reproduced or utilized in any form or by any means, electronic
or mechanical, including photocopying, recording, or any information storage and retrieval system, without
prior written permission from the publisher.

Typesetting: Krzysztof Wilkosz
Cover design: SchwabScantechnik, Göttingen
Printed and bound: Hubert & Co, Göttingen
Printed in the EU

Vandenhoeck & Ruprecht Verlage | www.vandenhoeck-ruprecht-verlage.com

ISSN 2749-6260
ISBN 978-3-525-50001-9

Table of contents

Foreword	VII	
Preface	IX	
Introduction	XI	
Users' instruction	XV	
A α	1	PART 1
B β	365	
Γ γ	421	
Δ δ	479	
E ε	607	
Ϛ ϛ	993	
Z ζ	995	PART 2
H η	1011	
Θ θ	1031	
I ι	1081	
K κ	1143	
Λ λ	1427	
M μ	1491	
N ν	1589	
Ξ ξ	1617	
O o	1623	
Π π	1907	PART 3
P ρ	2153	
Σ σ	2171	
T τ	2335	
Y υ	2399	
Φ φ	2445	
X χ	2491	
Ψ ψ	2531	
Ω ω	2541	

Foreword
for "Eastern and Central European Voices.
Supplement Series"

In 2021 the publishing house Vandenhoeck & Ruprecht Verlage launched a new series entitled "Eastern and Central European Voices [ECEV]: Studies in Theology and Religion". The main objective of this newly established series is to disseminate the research results of theologians and religious scholars from the countries of Central and Eastern Europe, who usually publish in their own national languages.

The language barrier of their theological and religious studies works was often an impediment too great for scholars of the Western world and others who speak mainly the so-called "congress languages" (English, German, French and Italian). By reaching for monographs published in the ECEV series, published in languages commonly accepted in the scientific world (mainly English), these researchers will be able to familiarize themselves with the theological and religious studies thought of scholars in Eastern Central Europe. The ECEV series has already published several significant monographs and collective works that have shed new light on important issues in theology and religious studies.

I am pleased to announce that the initiative launched in 2021 is expanding. With this three-volume publication by Roman Mazur, Roman Bogacz and Andrzej Gieniusz, the publishing house Vandenhoeck & Ruprecht (now part of Brill) expands its offer by giving rise to the "Eastern and Central European Voices. Supplement Series". The main aim of this series is to provide researchers with tools for theological and religious studies. These include dictionaries, lexicons, encyclopaedias, synopses, concordances, anthologies of source texts or translations of the works of ancient Christian writers.

Theological and religious sciences comprise many different disciplines (biblical studies, moral theology, pastoral theology, canon law, Church history, biblical archaeology, patristic theology history of religions, etc.). I hope that each of these fields of scientific research will be represented by a number of solid scholarly studies published in the "Eastern and Central European Voices. Supplement Series".

Editor-in-Chief
Mariusz Rosik

Preface

We would like to introduce two new tools for biblical research. Both are based on original language. They are:
- *Analytical Lexicon of the Greek Bible,*
- *A Complete Concordance to the Greek Bible.*

Analytical Lexicon of the Greek Bible was published in two formats: printed (3 volumes) and in PDF format. The division is reflecting Greek alphabet order with one exception. Part one is having an explanation α–ε while after letter ε a rare letter stigma is added (ϛ). It is not mentioned in the title of the page in order to avoid confusion with very similar final sigma (ς). While *A Complete Concordance to the Greek Bible*, because of its size (25 volumes) was published in PDF format only. Both publications refer to the complete text of the Septuagint, New Testament and six fragments of so-called parallel parts of the books of the Old Testament. Because of the unified textual database, the tools seem to be the first of such kind in the world. The opera doesn't assume to be error free, so any corrections are gladly appreciated. Send them please to theologie@v-r.de.

Our achievement was supported by the competences of some people to whom we would like to express our gratitude. In all stages of work on the Analytical Lexicon and *A Complete Concordance* the knowledge and support, suggestions and programming solutions of Krzysztof Wilkosz were offered to us patiently and kindly.

Editorial and analytical proofreading was done with generosity by PhD Paweł Wańczyk.

To the editorial board of Editions *UNUM*, Sebastian Wojnowski and Piotr Pielach, responsible for Polish edition of both tools we express our gratitude for all help and support.

The project was prepared and published thanks to the subsidy granted by Ministry of Science and Education.

Roman Mazur SDB
The Pontifical University of John Paul II in Krakow

Roman Bogacz
The Pontifical University of John Paul II in Krakow

Andrzej Gieniusz CR
Urbaniana Pontifical University, Rome

Krakow, 8 December 2022

Analytical Lexicon of the Greek Bible and A Complete Concordance to the Greek Bible
Introduction

Analytical Lexicon

Analytical Lexicon of the Greek Bible has been printed in three volumes with continuous page numbering and as an online PDF version in a single file. Its entries are root words of all the words appearing in the Greek Bible arranged alphabetically. Each entry contains the meaning of the Greek word in Polish and the number of its occurrences in the Septuagint (green), in parallel texts (red) and in the New Testament (blue), as well as the total number of occurrences throughout Holy Scripture (black). At the end of each entry, all biblical forms of the word are listed alphabetically. Each of these forms has a full grammatical explanation followed by all of the places where it occurs in the text.

The listed forms of each word found in Sacred Scripture will facilitate the preparation of scientific publications in the field of biblical studies and other theological disciplines, and will also be helpful for scholars dealing with other fields referring to the Greek version of the Bible. Since finding the basic forms of some Greek verbs can be troublesome as the verb stem may change depending on the grammatical tense, this task has been performed by the authors of this *Analytical Lexicon*.

Complete Concordance

A Complete Concordance to the Greek Bible is very extensive – its volume is about 3,000 publishing sheets – and its printing would take up too much paper and would not be very practical. Therefore, the *Concordance* has been published online in 25 PDF files (with references to the letters of the Greek alphabet), which greatly facilitates the search for specific words or phrases.

All the words are ordered according to the Greek alphabet, and the alphabetical order covers both the word sought and its immediate, two-sided context. Although previous concordances were also arranged alphabetically, the verses with a specific word were given according to the biblical canon.

In this *Concordance*, both the words and verses have been arranged alphabetically. Each word is listed in its preceding and following context. Consequently, one can immediately find biblical quotations, paraphrases and other similar passages on the same topic. Since it is a textual concordance, all words are given in their textual forms.

The concordance to the Bible derives its name from the Latin term *concordare* – to be unanimous, to agree; thus it is an alphabetical index of words used in the Bible along with their designations (name of the biblical book as well as chapter and verse number).

Words are listed with their immediate contexts. There are two types of concordance: verbal (words) and thematic. The first one compiles biblical texts according to words, most often arranged alphabetically. The second type collects themes and according to them it groups appropriate collections of biblical quotations.

Verbal concordances compile the entire text of Scripture according to its words in alphabetical order. A *complete* concordance should include all forms of all the words used in the Bible. Some concordances, however, omit less significant words (conjunctions, pronouns, prepositions, etc.). This is especially true of words that appear many times in the Bible, for instance, the word καί occurs 71,516 times in the whole Scripture. In printed concordances, the very set of quotations containing this conjunction would take up a lot of space. Thus most verbal concordances omit this type of words. However, for some studies it is extremely important to include such a file.

The second distinction for verbal concordances is the arrangement of words. Some give the root forms, others – inflected forms. This does not pose a problem in concordances prepared in those vernacular languages that have a poorly developed inflectional system. Yet, in the Greek language this issue is extremely important because, among other parts of speech, verbs notably change their inflectional forms depending on the tense. So it is easy to make various mistakes resulting from changes in the form of a word whose root form differs significantly from its conjugated forms. Arranged alphabetically, these groups of inflected forms would appear in completely different places. Searching for contents related to words with different inflected forms is considerably more difficult in other concordances.

The oldest concordances

The first known instance of a concordance, *Concordantiae morales Sacrorum Bibliorum*, was written to the Latin text of the Bible at the beginning of the 13th century. It was ascribed to St. Anthony of Padua. The next concordance, *Concordantia S. Jacobi*, undertaken under the guidance of Hugh of Saint-Cher (Hugo de Sancto Caro), was completed in 1230.

Concordances to the Hebrew Bible

The first known concordance to the Hebrew Bible was compiled by Isaac Nathan ben Kalonymos in 1448 and was printed in 1523. It was then reedited by John Buxtorf in 1632. Subsequent Hebrew concordances were modelled on his work. Among the most popular contemporary Hebrew concordances to the Old Testament, three should be mentioned:

- S. Mandelkern, *Veteris Testamenti concordantiae hebraicae atque chaldaicae*, Berlin 1939, Gratz 1955, in two volumes. The individual Hebrew entries were translated into Latin; verbs were given not only in their roots, but also in their inflected forms. Similarly, nouns were first given in the root forms followed by the forms with suffixes and prepositions as prefixes.
- G. Lisowsky, *Konkordanz zum hebräischen Alten Testament*, Stuttgart 1955 (later editions in 1958 and 1981) on the basis of "Biblia Hebraica" edited by Rudolf Kittel (Stuttgart 1937). The verbs were grouped according to their conjugation, and the nouns – depending on their function in the sentence: subject, object, etc. It includes all proper names, but omits prepositions, particles, exclamation marks and numerals. The Hebrew words were translated into German, English and Latin.
- A. Even-Shoshan, *A New Concordance of the Bible. Thesaurus of the Language of the Bible: Hebrew and Aramaic Roots, Words, Proper Names, Phrases and Synonyms*, Jerusalem 1990. It alphabetically lists all the words of Scripture according to their conjugated forms, not their roots. The number of their occurrences was also indicated. Prepositions and syntagms were included in the catalogue.

Concordances to the Septuagint

Like the first Latin and Hebrew concordances, concordances to the Greek text of the Old Testament were created in manuscripts. It took titanic work to rewrite small fragments of the biblical text on separate cards, and then arrange them alphabetically. The first concordance to the Septuagint to be published was *Concordantiae Graecae versionis vulgo dictae LXX interpretum* by Abraham Trommius in 1718. An impressive work was *A Concordance to the Septuagint*, which was started by Edwin Hatch and completed by Henry Redpath. This concordance was released in 1897, and later it was reedited several times. It includes several versions of the Greek Old Testament. The Hebrew equivalents of the Greek are of particular value. This work is very useful in the exegetical work on particular passages of the Holy Scriptures.

Concordances to the New Testament

Of great importance is also the fact that the two concordances listed below were based on the commonly used critical edition of the New Testament:

- K. Aland, *Vollständige Konkordanz zum griechischen Neuen Testament unter Zugrundelegung aller kritischen Textausgaben und des Textus Receptus*, Berlin–New York 1978, 1983. This work was compiled electronically and is based on the 26th edition of the Nestle-Aland *Novum Testamentum Graece*. So far this concordance has been the most complete study for the Greek New Testament.
- H. Bachmann, W. A. Slaby, *Konkordanz zum Novum Testamentum Graece von Nestle-Aland, 26. Auflage und zum Greek New Testament, 3rd Edition. Concordance to the Novum Testamentum Graece of Nestle-Aland, 26th Edition, and to the Greek New Testament, 3rd Edition*, Berlin–New

York 1987. This work is an abridged version of the previous concordance.
- W. F. Moulton, A. S. Geden, *Concordance to the Greek New Testament*, London–New York 2002. Its publishers took a slightly different path. They prepared their work on the basis of the following editions of the New Testament: C. von Tischendorf, *Novum Testamentum graece*, Leipzig 1875; B. F. Westcott, F. J. Hort, *The New Testament in the Original Greek*, Cambridge–London 1881, and A. Souter, *Novum Testamentum graece*, Oxford 1947.

Computer concordances

Inserting biblical texts into a computer programme makes it possible to create a computer concordance. The first one was created in the Key Word in Context system (KWIC). This programme showed the key word in the context of its immediate context. The further development of the use of the computer in biblical studies was possible after the introduction of the so-called tagging. The text is entered with codes containing information about individual words (e.g. codes of the parts of speech, codes of the grammatical description of individual words, etc.). Once the text has been encoded in this way, it is possible to derive lists of words by code, for example, a concordance of nouns. You can also obtain information containing grammatical descriptions of specific words.

A complete concordance to the whole Greek Bible

So far there has been no complete concordance to the entire Greek Bible. With real pleasure we give You such a concordance. Below you will find its characteristics and information on how to use it. In 2013, the Deutsche Bibelgesellschaft in Stuttgart published Biblia Graeca. Its Old Testament is the Septuagint, compiled by Alfred Rahlfs from the 2006 revised version by Robert von Hanhart. Its New Testament is the latest, 28th Nestle-Aland edition (2012). This complete concordance has been prepared for this critical edition of the Greek Bible.

Our concordance, which we are providing with the Readers, is complete, i.e. containing all the biblical words, including conjunctions, articles, pronouns and prepositions, which have been omitted as insignificant in the earlier concordances.

Bibliography

1. S. Bazyliński, *A Guide to Biblical Research*, Roma 2016.
2. J. A. Fitzmyer, *An Introductory Bibliography for the Study of Scripture*, Rome 1981.
3. M. de Mérode, *Concordance*, [in:] P.-M. Bogaert [et al.], *Dictionnaire Encyclopédique de la Bible*, Turnhout 1987, p. 294.
4. R. E. Whitaker, *Concordances*, [in:] B. M. Metzger, M. D. Coogan, *The Oxford Companion to the Bible*, New York 1993, pp. 131–132.

Analytical Lexicon of the Greek Bible
and *A Complete Concordance to the Greek Bible*
Users' instruction

This instruction concerns two publications:
- *Analytical Lexicon of the Greek Bible,*
- *A Complete Concordance to the Greek Bible.*

The concordance contains occurrences of all Greek Bible words in alphabetical order, which makes it easy to find synoptic texts or literal quotations containing the word you are searching for. It also allows you to quickly locate the same word order and literal grammatical structures.

The texts of the Greek Bible have been based on the following publications, the biblical sigla of which are marked with different colours:
- the Septuagint is marked green – critical edition: *Septuaginta. Id est Vetus Testamentum graece iuxta LXX interpretes edidit Alfred Rahlfs, editio altera quam recognovit et emandavit Robert Hanhart (duo volumina in uno),* Stuttgart 2006;
- the so-called parallel texts of the Septuagint are marked red (included in the aforementioned edition); they consist of the following fragments:
    Josh. 15:21–62; 18:21–19:45 (text A – *the Codex Alexandrinus*);
    Judg. 1:1–21:25 (text B – *the Codex Vaticanus*);
    Tob. 1:1–14:15 (text S – *the Codex Sinaiticus*);
    Dan. 1:1–12:13 (*Theodotion's version*);
    Sus. 1–64 (*Theodotion's version*);
    Bel 1–42 (*Theodotion's version*);
- the New Testament is marked blue – critical edition: *Nestle-Aland Novum Testamentum graece,* based on the work of Eberhard and Erwin Nestle, ed. By Barbara and Kurt Aland, Johannes Karavidopoulos, Carlo M. Martini, Bruce M. Metzger, 28th rev. edition, Stuttgart 2012.

Both parts of the concordance, published online in a PDF format, contain tabs to help you quickly navigate through the documents. The tabs that refer to words that appear in only one section of the Bible are coloured according to that section. In the tabs, you can also find further information – next to the searched term, the number "1" in parentheses has been added, which indicates a *hapax legomenon.*

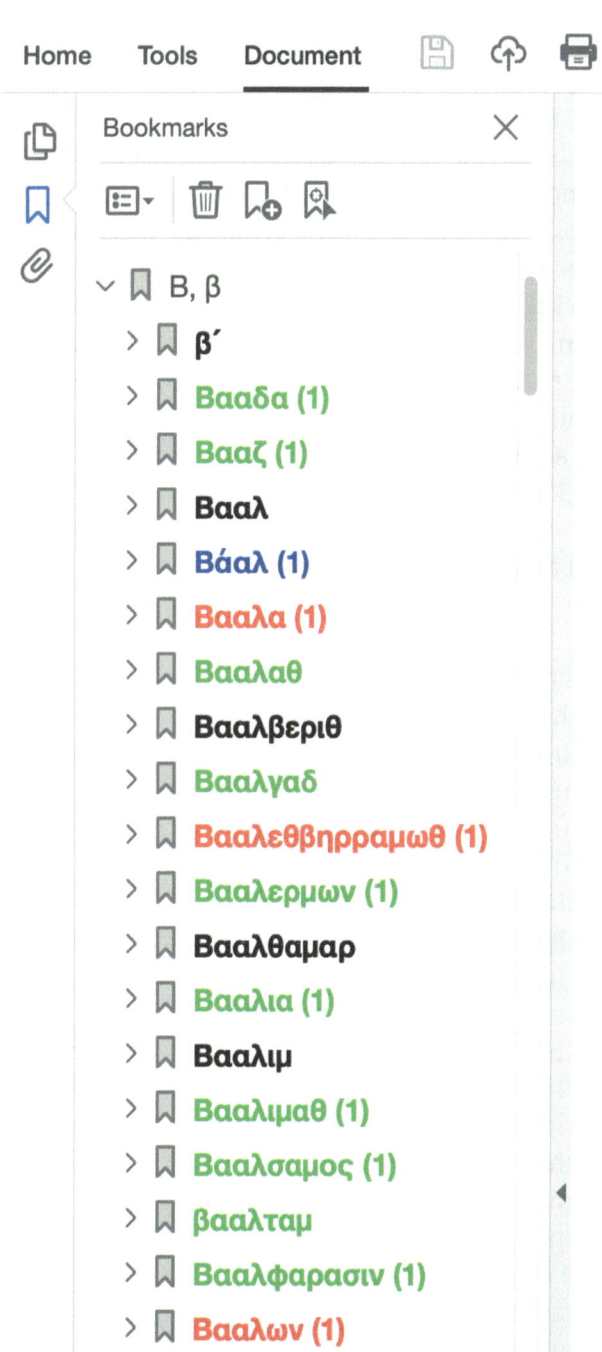

Verse numbering in the Septuagint and its parallel texts

The verse numbering of the Septuagint reflects the system used in the above-mentioned edition of Alfred Rahlfs. In order to facilitate the precise localization of the words searched in this concordance, additional markings of the biblical sigla have been introduced. In the case of Sirach (Sir.) which contains a prologue, the verse has been indicated as "Prol." to facilitate the search and to rule out the uncertainty whether it is, for example, Sir. 1:1 (verse 1 of the first chapter of this book) or Sir. 1:1 Prol. (verse one of the prologue of this book). Additionally, the lines of the prologue were numbered to precisely define the context. For example, in the Rahlfs edition the Prologue of the Book of Sirach, i.e. Sir. 1–35, has been divided every five verses: Sir. 1, Sir. 5, Sir. 10, Sir. 15, Sir. 20, Sir. 25, Sir. 30 and Sir. 35. In fact, every passage contains four verses, hence the expanded numbering was used: Sir. 1:1 Prol., Sir. 1:2 Prol., Sir. 1:3 Prol., etc. In other books there was a double description of the verse numbering, e.g., Esth. 11:2, which also has the designation Esth. 1:1a. This is the verse numbering according to the Old Vulgate. In these cases, we have used double numbering to indicate such a phenomenon by adding the "#" sign, e.g., Esth. 11:2 # 1:1a; Esth. 11:3 # 1:1b.

List of the double verse numbering:

Ex. 28:23 # 28:29a
Ex.35:17 # 35:12a
Josh. 8:30–35 # 9:2a–f
1Kings 9:24 # 9:9a
1Kings10:22a # 9:15
1Kings 10:22b # 9:20
1Kings 10:22c # 9:22
Esth. 11:2–1, 1 # 1:1a–s
Esth. 13:1–7 # 3:13a–g
Esth. 13:8–14:19 # 4:17a–z
Esth. 15:1 # 5:1
Esth. 15:2–10 # 5:1a–f
Esth. 15:11 # 5:2
Esth. 15:13.16 # 5:2a.b
Esth. 16:1–24 # 8:12a–x
Esth. 10:4–13 # 10:3a–k
Esth. 11:1 # 10:3l
Prov. 20:20–22 # Prov. 20:9a
Prov. 20:21 # Prov. 20:9b
Prov. 20:22 # Prov. 20:9c

List of other non-typical designations:

1. All the titles appearing in the Song of Songs are marked with the "0" number, e.g., Ode. 2:0.
2. The title verse of Zachariah's prayer is marked as Ode. 9:56.
3. All the titles of Solomon's Psalms are marked with the "0" number, e.g., Sol. 2:0.
4. Dan. 5:0 means the text preceding Dan. 5:1. In the case of parallel texts, only one change has been made caused by the length of the text. Tob. 14:8-9 has been divided into two separate verses: Tob. 14:8 and Tob. 14:9.

Abbreviations and symbols

The following abbreviations for the books of the Bible can be found in the text of the analytical lexicon and the concordance.

Canonical order

Gen. = Genesis
Ex. = Exodus
Lev. = Leviticus
Num. = Numbers
Deut. = Deuteronomy
Josh. = Joshua
Judg. = Judges
Ruth = Ruth
1Sam. = 1 Samuel (1 Kingdoms)
2Sam. = 2 Samuel (2 Kingdoms)
1Kings = 1 Kings (3 Kingdoms)
2Kings = 2 Kings (4 Kingdoms)
1Chr. = 1 Chronicles
2Chr. = 2 Chronicles
1Esdr. = 1 Ezra
Ezra = Ezra
Neh. = Nehemiah
Esth. = Esther
Judith = Judith
Tob. = Tobit
1Mac. = 1 Maccabees
2Mac. = 2 Maccabees
3Mac. = 3 Maccabees
4Mac. = 4 Maccabees
Psa. = Psalms
Ode. = Odae
Prov. = Proverbs
Eccl. = Ecclesiastes (Qoheleth)
Song = Song of Songs (Canticles)
Job = Job

Wis. = Wisdom of Solomon
Sir. = Sirach
Sol. = Psalms of Solomon
Hos. = Hosea
Amos = Amos
Mic. = Micah
Joel = Joel
Obad. = Obadiah
Jonah = Jonah
Nah. = Nahum
Hab. = Habakkuk
Zeph. = Zephaniah
Hag. = Haggai
Zech. = Zechariah
Mal. = Malachi
Is. = Isaiah
Jer. = Jeremiah
Bar. = Baruch
Lam. = Lamentations
LetterJ = Epistle (or Letter) of Jeremiah
Ezek. = Ezekiel
Dan. = Daniel
Sus. = Susanna
Bel = Bel and the Dragon
Josh. = Joshua
Judg. = Judges
Tob. = Tobit
Dan. = Daniel
Sus. = Susanna
Bel = Bel and the Dragon
Matt. = Matthew
Mark = Mark
Luke = Luke
John = John
Acts = Acts of the Apostles
Rom. = Romans
1Cor. = 1 Corinthians
2Cor. = 2 Corinthians
Gal. = Galatians
Eph. = Ephesians
Phil. = Philippians
Col. = Colossians
1Th. = 1 Thessalonians
2Th. = 2 Thessalonians
1Tim. = 1 Timothy
2Tim. = 2 Timothy
Titus = Titus
Philem. = Philemon
Heb. = Hebrews
James = James
1Pet. = 1 Peter
2Pet. = 2 Peter

1John = 1 John
2John = 2 John
3John = 3 John
Jude = Jude
Rev. = Revelation

Alphabetical order

1Chr. = 1 Chronicles
1Cor. = 1 Corinthians
1Esdr. = 1 Ezra
1John = 1 John
1Kings = 1 Kings (3 Kingdoms)
1Mac. = 1 Maccabees
1Pet. = 1 Peter
1Sam. = 1 Samuel (1 Kingdoms)
1Th. = 1 Thessalonians
1Tim. = 1 Timothy
2Chr. = 2 Chronicles
2Cor. = 2 Corinthians
2John = 2 John
2Kings = 2 Kings (4 Kingdoms)
2Mac. = 2 Maccabees
2Pet. = 2 Peter
2Sam. = 2 Samuel (2 Kingdoms)
2Th. = 2 Thessalonians
2Tim. = 2 Timothy
3John = 3 John
3Mac. = 3 Maccabees
4Mac. = 4 Maccabees
Acts = Acts of the Apostles
Amos = Amos
Bar. = Baruch
Bel = Bel and the Dragon
Bel = Bel and the Dragon
Col. = Colossians
Dan. = Daniel
Dan. = Daniel
Deut. = Deuteronomy
Eccl. = Ecclesiastes (Qoheleth)
Eph. = Ephesians
Esth. = Esther
Ex. = Exodus
Ezek. = Ezekiel
Ezra = Ezra
Gal. = Galatians
Gen. = Genesis
Hab. = Habakkuk
Hag. = Haggai
Heb. = Hebrews
Hos. = Hosea
Is. = Isaiah

James = James
Jer. = Jeremiah
Job = Job
Joel = Joel
John = John
Jonah = Jonah
Josh. = Joshua
Josh. = Joshua
Jude = Jude
Judg. = Judges
Judg. = Judges
Judith = Judith
Lam. = Lamentations
LetterJ = Epistle (or Letter) of Jeremiah
Lev. = Leviticus
Luke = Luke
Mal. = Malachi
Mark = Mark
Matt. = Matthew
Mic. = Micah
Nah. = Nahum
Neh. = Nehemiah
Num. = Numbers
Obad. = Obadiah
Ode. = Odae
Phil. = Philippians
Philem. = Philemon
Prov. = Proverbs
Psa. = Psalms
Rev. = Revelation
Rom. = Romans
Ruth = Ruth
Sir. = Sirach
Sol. = Psalms of Solomon
Song = Song of Songs (Canticles)
Sus. = Susanna
Sus. = Susanna
Titus = Titus
Tob. = Tobit
Tob. = Tobit
Wis. = Wisdom of Solomon
Zech. = Zechariah
Zeph. = Zephaniah

Other abbreviations

Aram. – Aramaic
Hebr. – Hebrew

Analytical lexicon

The lexicon contains all the words of the Greek Bible, their grammatical analyses, translations, and the number of occurrences and their localization. The first element of every entry is the word in its root form, followed by its inflected form(s). The following list of Greek Lexicons were consulted:

1. W. Bauer, W. F. Gingrich, and W. F. Arndt, *A Greek-English Lexicon of the New Testament and Other Early Christian Literature. A Translation and Adaptation of Walter Bauer's Griechisch-Deutsches Wörterbuch zu den Schriften des Neuen Testaments und der übrigen urchristlichen Literatur*, (3rd ed.), Chicago–London 2001.
2. E. Eynikel, K. Hauspie, and J. Lust, *Greek-English Lexicon of the Septuagint. Revised Edition*, Stuttgart 2003.
3. H. G. Liddell, R. Scott, *A Greek-English Lexicon. Revised and Augmented Throughout by Henry Stuart Jones, with the Assistance of Roderick Mckenzie and with the Cooperation of Many Scholars. With a Revised Supplement 1996*, Oxford 1996.
4. F. Montanari, *Vocabolario della Lingua Greca*, Torino 1995.
5. W. D. Mounce, R. H. Mounce, *The Analytical Lexicon to the Greek New Testament*, Grand Rapids 20112.
6. T. Muraoka, *A Greek-English Lexicon of the Septuagint*, Louvain–Paris–Walpole 2009.
7. W. J. Perschbacher, (ed.), *The New Analytical Greek Lexicon*, Peabody 1992.
8. R. Pierri, *Lessico del Nuovo Testamento per radici*, Milano 2017.
9. R. Popowski, *Wielki słownik grecko-polski Nowego Testamentu. Wydanie z pełną lokalizacją greckich haseł, kluczem polsko-greckim oraz indeksem form czasownikowych*, Warszawa 1995.
10. B. A. Taylor, *Analytical Lexicon to the Septuagint. Expanded Edition*, Peabody 2009.

The colours used in the lexicon for biblical sigla are the same as in the concordance. Additionally, the number of appearances in the relevant parts of the Bible are marked green for the Septuagint, red for the parallel texts, and blue for the New Testament. The sum of all occurrences is always shown in black, which allows you to instantly see if the word appears in more than one part of the Bible.

ἄγγελος messenger, angel ▸ 294 + 57 + 175 = 526
  ἄγγελοι ▸ 34 + 3 + 22 = 59
    Noun · masculine · plural · nominative · (common) ▸ 34 + 3 + 22
    = 59 (Gen. 19,1; Gen. 19,15; Gen. 19,16; Gen. 28,12; Gen. 32,2;
    Gen. 32,7; Deut. 32,43; Deut. 33,2; Judg. 11,14; 1Sam. 11,4;
    1Sam. 11,9; 1Sam. 19,16; 1Kings 21,5; 2Kings 1,5; 2Kings 7,15;
    Tob. 11,14; 1Mac. 5,14; 3Mac. 6,18; 4Mac. 4,10; Psa. 96,7; Psa.
    102,20; Psa. 148,2; Ode. 2,43; Ode. 8,58; Job 1,6; Job 2,1; Job
    33,23; Is. 18,2; Is. 30,4; Is. 33,7; Ezek. 30,9; Dan. 3,58; Dan. 4,24;
    Dan. 4,32; Tob. 11,14; Tob. 11,14; Dan. 3,58; Matt. 4,11; Matt.
    13,49; Matt. 18,10; Matt. 22,30; Matt. 24,36; Matt. 25,31; Mark
    1,13; Mark 12,25; Mark 13,32; Luke 2,15; Rom. 8,38; Heb. 1,6;
    1Pet. 1,12; 2Pet. 2,11; Rev. 1,20; Rev. 7,11; Rev. 8,6; Rev. 9,15;
    Rev. 12,7; Rev. 12,7; Rev. 12,9; Rev. 15,6)
  ἄγγελοί ▸ 2 + 1 = 3
    Noun · masculine · plural · nominative · (common) ▸ 2 + 1 = 3
    (Tob. 8,15; Job 38,7; Matt. 13,39)
  ἀγγέλοις ▸ 5 + 9 = 14
    Noun · masculine · plural · dative · (common) ▸ 5 + 9 = 14 (Num.
    24,12; 1Sam. 11,9; 1Kings 21,9; 1Esdr. 1,49; Psa. 90,11; Matt.
    4,6; Matt. 25,41; Luke 4,10; 1Cor. 4,9; 1Tim. 3,16; Heb. 2,5; Rev.
    7,2; Rev. 15,7; Rev. 16,1)

Complete concordance

The concordance consists of three columns: the first contains the biblical sigla of the text in which the searched word occurs, the second contains the context preceding the searched word, and the third begins with the searched word and contains its following context. Each time the beginning of a new biblical verse is introduced with an appropriate biblical siglum in curly brackets and does not disturb the alphabetical order of the subsequent occurrences of the word or its context. The methodological novelty of the complete concordance is the alphabetical arrangement of words following the searched word, and not – as in the previous concordances – the order of canon. As a result, our concordance makes it possible to instantly find synoptic texts or literal quotations. Moreover, it includes all the words of the Greek Bible, even the most common ones, like the conjunction καί. Conducting precise syntactic searches allows you to immediately find identical word orders of different extension in grammatical structures.

first column	second column	third column
Gen. 35,25	Ισσαχαρ, Ζαβουλων. {Gen. 35,24} υἱοὶ δὲ Ραχηλ· Ιωσηφ καὶ Βενιαμιν. {Gen. 35,25} υἱοὶ δὲ	**Βαλλας** παιδίσκης Ραχηλ· Δαν καὶ Νεφθαλι. {Gen. 35,26} υἱοὶ δὲ Ζελφας παιδίσκης Λειας· Γαδ
Gen. 35,22	Ἐγένετο δὲ ἡνίκα κατῴκησεν Ισραηλ ἐν τῇ γῇ ἐκείνῃ, ἐπορεύθη Ρουβην καὶ ἐκοιμήθη μετὰ	**Βαλλας** τῆς παλλακῆς τοῦ πατρὸς αὐτοῦ· καὶ ἤκουσεν Ισραηλ, καὶ πονηρὸν ἐφάνη ἐναντίον
Sir. 27,25	αὐτῷ, καὶ ὁ κύριος μισήσει αὐτόν. {Sir. 27,25} ὁ βάλλων λίθον εἰς ὕψος ἐπὶ κεφαλὴν αὐτοῦ	**βάλλει**, καὶ πληγὴ δολία διελεῖ τραύματα. {Sir. 27,26} ὁ ὀρύσσων βόθρον εἰς αὐτὸν
Luke 5,37	σχίσει καὶ τῷ παλαιῷ οὐ συμφωνήσει τὸ ἐπίβλημα τὸ ἀπὸ τοῦ καινοῦ. {Luke 5,37} καὶ οὐδεὶς	**βάλλει** οἶνον νέον εἰς ἀσκοὺς παλαιούς· εἰ δὲ μή γε, ῥήξει ὁ οἶνος ὁ νέος τοὺς ἀσκοὺς καὶ αὐτὸς
Mark 2,22	πλήρωμα ἀπ᾽ αὐτοῦ τὸ καινὸν τοῦ παλαιοῦ καὶ χεῖρον σχίσμα γίνεται. {Mark 2,22} καὶ οὐδεὶς	**βάλλει** οἶνον νέον εἰς ἀσκοὺς παλαιούς· εἰ δὲ μή, ῥήξει ὁ οἶνος τοὺς ἀσκοὺς καὶ ὁ οἶνος
1John 4,18	ἐσμεν ἐν τῷ κόσμῳ τούτῳ. {1John 4,18} φόβος οὐκ ἔστιν ἐν τῇ ἀγάπῃ, ἀλλ᾽ ἡ τελεία ἀγάπη ἔξω	**βάλλει** τὸν φόβον, ὅτι ὁ φόβος κόλασιν ἔχει, ὁ δὲ φοβούμενος οὐ τετελείωται ἐν τῇ ἀγάπῃ.
Rev. 6,13	ὅλη ἐγένετο ὡς αἷμα {Rev. 6,13} καὶ οἱ ἀστέρες τοῦ οὐρανοῦ ἔπεσαν εἰς τὴν γῆν, ὡς συκῆ	**βάλλει** τοὺς ὀλύνθους αὐτῆς ὑπὸ ἀνέμου μεγάλου σειομένη, {Rev. 6,14} καὶ ὁ οὐρανὸς
John 13,5	ἐκ τοῦ δείπνου καὶ τίθησιν τὰ ἱμάτια καὶ λαβὼν λέντιον διέζωσεν ἑαυτόν· {John 13,5} εἶτα	**βάλλει** ὕδωρ εἰς τὸν νιπτῆρα καὶ ἤρξατο νίπτειν τοὺς πόδας τῶν μαθητῶν καὶ ἐκμάσσειν τῷ
Mark 12,41	κρίμα. {Mark 12,41} Καὶ καθίσας κατέναντι τοῦ γαζοφυλακίου ἐθεώρει πῶς ὁ ὄχλος	**βάλλει** χαλκὸν εἰς τὸ γαζοφυλάκιον. καὶ πολλοὶ πλούσιοι ἔβαλλον πολλά· {Mark 12,42} καὶ
2Chr. 26,15	Ιερουσαλημ μηχανὰς μεμηχανευμένας λογιστοῦ τοῦ εἶναι ἐπὶ τῶν πύργων καὶ ἐπὶ τῶν γωνιῶν	**βάλλειν** βέλεσιν καὶ λίθοις μεγάλοις· καὶ ἠκούσθη ἡ κατασκευὴ αὐτῶν ἕως πόρρω, ὅτι
Rev. 2,10	οὔκ εἰσιν ἀλλὰ συναγωγὴ τοῦ σατανᾶ. {Rev. 2,10} μηδὲν φοβοῦ ἃ μέλλεις πάσχειν. ἰδοὺ μέλλει	**βάλλειν** ὁ διάβολος ἐξ ὑμῶν εἰς φυλακὴν ἵνα πειρασθῆτε καὶ ἕξετε θλῖψιν ἡμερῶν δέκα. γίνου
1Mac. 6,51	καὶ ἔστησεν ἐκεῖ βελοστάσεις καὶ μηχανὰς καὶ πυροβόλα καὶ λιθοβόλα καὶ σκορπίδια εἰς τὸ	**βάλλεσθαι** βέλη καὶ σφενδόνας. {1Mac. 6,52} καὶ ἐποίησαν καὶ αὐτοὶ μηχανὰς πρὸς τὰς
Matt. 7,19	καλοὺς ποιεῖν. {Matt. 7,19} πᾶν δένδρον μὴ ποιοῦν καρπὸν καλὸν ἐκκόπτεται καὶ εἰς πῦρ	**βάλλεται**. {Matt. 7,20} ἄρα γε ἀπὸ τῶν καρπῶν αὐτῶν ἐπιγνώσεσθε αὐτούς. {Matt. 7,21} Οὐ
Matt. 3,10	ῥίζαν τῶν δένδρων κεῖται· πᾶν οὖν δένδρον μὴ ποιοῦν καρπὸν καλὸν ἐκκόπτεται καὶ εἰς πῦρ	**βάλλεται**. {Matt. 3,11} Ἐγὼ μὲν ὑμᾶς βαπτίζω ἐν ὕδατι εἰς μετάνοιαν, ὁ δὲ ὀπίσω μου
Luke 3,9	ῥίζαν τῶν δένδρων κεῖται· πᾶν οὖν δένδρον μὴ ποιοῦν καρπὸν καλὸν ἐκκόπτεται καὶ εἰς πῦρ	**βάλλεται**. {Luke 3,10} Καὶ ἐπηρώτων αὐτὸν οἱ ὄχλοι λέγοντες· τί οὖν ποιήσωμεν;
James 3,3	χαλιναγωγῆσαι καὶ τὸν ὅλον σῶμα. {James 3,3} εἰ δὲ τῶν ἵππων τοὺς χαλινοὺς εἰς τὰ στόματα	**βάλλομεν** εἰς τὸ πείθεσθαι αὐτοὺς ἡμῖν, καὶ ὅλον τὸ σῶμα αὐτῶν μετάγομεν. {James 3,4} ἰδοὺ
John 12,6	τοῦτο οὐχ ὅτι περὶ τῶν πτωχῶν ἔμελεν αὐτῷ, ἀλλ᾽ ὅτι κλέπτης ἦν καὶ τὸ γλωσσόκομον ἔχων τὰ	**βαλλόμενα** ἐβάσταζεν. {John 12,7} εἶπεν οὖν ὁ Ἰησοῦς· ἄφες αὐτήν, ἵνα εἰς τὴν ἡμέραν τοῦ
Luke 12,28	ὡς ἓν τούτων. {Luke 12,28} εἰ δὲ ἐν ἀγρῷ τὸν χόρτον ὄντα σήμερον καὶ αὔριον εἰς κλίβανον	**βαλλόμενον** ὁ θεὸς οὕτως ἀμφιέζει, πόσῳ μᾶλλον ὑμᾶς, ὀλιγόπιστοι. {Luke 12,29} καὶ ὑμεῖς
Matt. 6,30	ὡς ἓν τούτων. {Matt. 6,30} εἰ δὲ τὸν χόρτον τοῦ ἀγροῦ σήμερον ὄντα καὶ αὔριον εἰς κλίβανον	**βαλλόμενον** ὁ θεὸς οὕτως ἀμφιέννυσιν, οὐ πολλῷ μᾶλλον ὑμᾶς, ὀλιγόπιστοι; {Matt. 6,31} Μὴ
Job 5,3	ἀναιρεῖ ὀργή, πεπλανημένον δὲ θανατοῖ ζῆλος. {Job 5,3} ἐγὼ δὲ ἑώρακα ἄφρονας ῥίζαν	**βάλλοντας**, ἀλλ᾽ εὐθέως ἐβρώθη αὐτῶν ἡ δίαιτα. {Job 5,4} πόρρω γένοιντο οἱ υἱοὶ αὐτῶν ἀπὸ
Matt. 4,18	Γαλιλαίας εἶδεν δύο ἀδελφούς, Σίμωνα τὸν λεγόμενον Πέτρον καὶ Ἀνδρέαν τὸν ἀδελφὸν αὐτοῦ,	**βάλλοντας** ἀμφίβληστρον εἰς τὴν θάλασσαν· ἦσαν γὰρ ἁλιεῖς. {Matt. 4,19} καὶ λέγει αὐτοῖς·
Luke 21,1	προσεύχονται· οὗτοι λήμψονται περισσότερον κρίμα. {Luke 21,1} Ἀναβλέψας δὲ εἶδεν τοὺς	**βάλλοντας** εἰς τὸ γαζοφυλάκιον τὰ δῶρα αὐτῶν πλουσίους. {Luke 21,2} εἶδεν δέ τινα χήραν
Is. 19,8	ξηρανθήσεται ἀνεμόφθορον. {Is. 19,8} καὶ στενάξουσιν οἱ ἁλεεῖς, καὶ στενάξουσιν πάντες οἱ	**βάλλοντες** ἄγκιστρον εἰς τὸν ποταμόν, καὶ οἱ βάλλοντες σαγήνας καὶ οἱ ἀμφιβολεῖς
Job 16,13	με τῆς κόμης διέτιλεν, κατέστησέν με ὥσπερ σκοπόν. {Job 16,13} ἐκύκλωσάν με λόγχαις	**βάλλοντες** εἰς νεφρούς μου οὐ φειδόμενοι, ἐξέχεαν εἰς τὴν γῆν τὴν χολήν μου· {Job 16,14}
Mark 15,24	ὃς δὲ οὐκ ἔλαβεν. {Mark 15,24} Καὶ σταυροῦσιν αὐτὸν καὶ διαμερίζονται τὰ ἱμάτια αὐτοῦ	**βάλλοντες** κλῆρον ἐπ᾽ αὐτὰ τίς τί ἄρῃ. {Mark 15,25} ἦν δὲ ὥρα τρίτη καὶ ἐσταύρωσαν αὐτόν.
Matt. 27,35	οὐκ ἠθέλησεν πιεῖν. {Matt. 27,35} Σταυρώσαντες δὲ αὐτὸν διεμερίσαντο τὰ ἱμάτια αὐτοῦ	**βάλλοντες** κλῆρον, {Matt. 27,36} καὶ καθήμενοι ἐτήρουν αὐτὸν ἐκεῖ. {Matt. 27,37} Καὶ
Judg. 20,16	ἄνδρες νεανίσκοι ἐκλεκτοί, {Judg. 20,16} ἀμφοτεροδέξιοι· πάντες οὗτοι σφενδονῆται	**βάλλοντες** λίθους πρὸς τὴν τρίχα καὶ οὐ διαμαρτάνοντες. {Judg. 20,17} καὶ πᾶς ἀνὴρ Ισραηλ
2Mac. 1,16	τὸ ἱερόν, ὡς εἰσῆλθεν Ἀντίοχος, {2Mac. 1,16} ἀνοίξαντες τὴν τοῦ φατνώματος κρυπτὴν θύραν	**βάλλοντες** πέτρους συνεκεραύνωσαν τὸν ἡγεμόνα καὶ μέλη ποιήσαντες καὶ τὰς κεφαλὰς
Is. 19,8	στενάξουσιν οἱ ἁλεεῖς, καὶ στενάξουσιν πάντες οἱ βάλλοντες ἄγκιστρον εἰς τὸν ποταμόν, καὶ οἱ	**βάλλοντες** σαγήνας καὶ οἱ ἀμφιβολεῖς πενθήσουσιν. {Is. 19,9} καὶ αἰσχύνη λήμψεται τοὺς
Psa. 77,9	καὶ οὐκ ἐπιστώθη κατὰ τοῦ θεοῦ τὸ πνεῦμα αὐτῆς. {Psa. 77,9} υἱοὶ Εφραιμ ἐντείνοντες καὶ	**βάλλοντες** τόξοις ἐστράφησαν ἐν ἡμέρᾳ πολέμου. {Psa. 77,10} οὐκ ἐφύλαξαν τὴν διαθήκην
Psa. 147,6	{Psa. 147,5} τοῦ διδόντος χιόνα ὡσεὶ ἔριον, ὁμίχλην ὡσεὶ σποδὸν πάσσοντος, {Psa. 147,6}	**βάλλοντος** κρύσταλλον αὐτοῦ ὡσεὶ ψωμίας, κατὰ πρόσωπον ψύχους αὐτοῦ τίς ὑποστήσεται;
Mark 12,43	αὐτοῦ εἶπεν αὐτοῖς· ἀμὴν λέγω ὑμῖν ὅτι ἡ χήρα αὕτη ἡ πτωχὴ πλεῖον πάντων ἔβαλεν τῶν	**βαλλόντων** εἰς τὸ γαζοφυλάκιον· {Mark 12,44} πάντες γὰρ ἐκ τοῦ περισσεύοντος αὐτοῖς
Acts 22,23	αὐτὸν ζῆν. {Acts 22,23} κραυγαζόντων τε αὐτῶν καὶ ῥιπτούντων τὰ ἱμάτια καὶ κονιορτὸν	**βαλλόντων** εἰς τὸν ἀέρα, {Acts 22,24} ἐκέλευσεν ὁ χιλίαρχος εἰσάγεσθαι αὐτὸν εἰς τὴν
Luke 21,2	εἰς τὸ γαζοφυλάκιον τὰ δῶρα αὐτῶν πλουσίους. {Luke 21,2} εἶδεν δέ τινα χήραν πενιχρὰν	**βάλλουσαν** ἐκεῖ λεπτὰ δύο, {Luke 21,3} καὶ εἶπεν· ἀληθῶς λέγω ὑμῖν ὅτι ἡ χήρα αὕτη ἡ πτωχὴ

Biblical reference in curly brackets

synoptic texts

A, α

α′ alpha (letter of alphabet) or number: one; ▸ 1 + 3 = 4
   Α′ ▸ 3
      Adjective ▪ neuter ▪ singular ▪ (ordinal ▪ numeral) ▸ 3
         (1Cor. 1,0; 1Th. 1,0; 1Tim. 1,0)
   α′ ▸ 1
      Adjective ▪ neuter ▪ singular ▪ (ordinal ▪ numeral) ▸ 1
         (Psa. 118,1)

ἆ alas! ah! ▸ 2 + 4 = 6
   ἆ ▸ 1 + 2 = 3
      Interjection ▸ 1 + 2 = 3 (Judg. 6,22; Judg. 6,22; Judg. 11,35)
   Ἆ ▸ 1 + 2 = 3
      Interjection ▸ 1 + 2 = 3 (Judg. 6,22; Judg. 6,22; Judg. 11,35)

Ααλαφ Mahaleb ▸ 1 + 1 = 2
   Ααλαφ ▸ 1 + 1 = 2
      Noun ▪ singular ▪ accusative ▪ (proper) ▸ 1 + 1 = 2
         (Judg. 1,31; Judg. 1,31)

Ααρα Aharah ▸ 1
   Ααρα ▸ 1
      Noun ▪ masculine ▪ singular ▪ accusative ▪ (proper) ▸ 1 (1Chr. 8,1)

Ααρων Aaron ▸ 369 + 2 = 371
   Ααρων ▸ 369 + 2 = 371
      Noun ▪ masculine ▪ singular ▪ accusative ▪ (proper) ▸ 81
         (Ex. 4,27; Ex. 6,13; Ex. 6,20; Ex. 7,8; Ex. 8,4; Ex. 8,21; Ex. 9,8; Ex. 9,27; Ex. 10,8; Ex. 10,16; Ex. 10,24; Ex. 12,1; Ex. 12,31; Ex. 12,43; Ex. 16,2; Ex. 16,9; Ex. 16,33; Ex. 28,1; Ex. 28,1; Ex. 28,41; Ex. 29,4; Ex. 29,5; Ex. 29,21; Ex. 29,44; Ex. 30,30; Ex. 32,1; Ex. 32,3; Ex. 40,12; Ex. 40,13; Lev. 8,2; Lev. 8,6; Lev. 8,30; Lev. 8,30; Lev. 8,31; Lev. 9,1; Lev. 9,2; Lev. 10,3; Lev. 10,6; Lev. 10,12; Lev. 11,1; Lev. 13,1; Lev. 13,2; Lev. 14,33; Lev. 15,1; Lev. 16,2; Lev. 17,2; Lev. 21,24; Num. 2,1; Num. 3,10; Num. 4,1; Num. 4,17; Num. 12,4; Num. 13,26; Num. 14,2; Num. 14,26; Num. 15,33; Num. 16,3; Num. 16,20; Num. 17,6; Num. 17,7; Num. 17,9; Num. 17,11; Num. 18,1; Num. 18,8; Num. 18,20; Num. 19,1; Num. 20,2; Num. 20,12; Num. 20,23; Num. 20,25; Num. 20,26; Num. 20,28; Num. 20,29; Num. 26,9; Num. 26,59; 1Sam. 12,6; 1Sam. 12,8; Psa. 104,26; Psa. 105,16; Sir. 45,6; Mic. 6,4)
      Noun ▪ masculine ▪ singular ▪ dative ▪ (proper) ▸ 44
         (Ex. 4,28; Ex. 5,20; Ex. 7,9; Ex. 7,19; Ex. 8,1; Ex. 8,12; Ex. 12,28; Ex. 12,50; Ex. 28,2; Ex. 28,3; Ex. 28,4; Ex. 29,28; Ex. 29,29; Ex. 29,35; Ex. 32,21; Ex. 36,8; Ex. 36,34; Ex. 39,12; Ex. 39,18; Lev. 2,3; Lev. 2,10; Lev. 6,2; Lev. 6,18; Lev. 7,31; Lev. 7,34; Lev. 9,7; Lev. 10,8; Lev. 21,17; Lev. 22,2; Lev. 22,18; Lev. 24,9; Num. 1,54; Num. 3,9; Num. 3,48; Num. 3,51; Num. 6,23; Num. 8,2; Num. 8,19; Num. 18,28; Num. 26,60; Deut. 9,20; 1Chr. 12,28; 1Chr. 27,17; Sir. 45,20)
      Noun ▪ masculine ▪ singular ▪ genitive ▪ (proper) ▸ 119 + 2 = 121
         (Ex. 6,25; Ex. 7,12; Ex. 15,20; Ex. 28,1; Ex. 28,30; Ex. 28,38; Ex. 28,38; Ex. 28,40; Ex. 29,9; Ex. 29,20; Ex. 29,24; Ex. 29,26; Ex. 29,27; Ex. 31,10; Ex. 35,19; Ex. 35,19; Ex. 37,19; Lev. 1,5; Lev. 1,7; Lev. 1,8; Lev. 1,11; Lev. 2,2; Lev. 3,2; Lev. 3,5; Lev. 3,8; Lev. 3,13; Lev. 6,7; Lev. 6,13; Lev. 7,10; Lev. 7,33; Lev. 7,35; Lev. 8,12; Lev. 8,13; Lev. 8,23; Lev. 8,24; Lev. 8,27; Lev. 9,9; Lev. 9,12; Lev. 9,18; Lev. 10,1; Lev. 10,4; Lev. 10,12; Lev. 10,16; Lev. 16,1; Lev. 21,1; Lev. 21,21; Lev. 22,4; Num. 3,1; Num. 3,2; Num. 3,3; Num. 3,4; Num. 3,6; Num. 3,32; Num. 4,16; Num. 4,27; Num. 4,28; Num. 4,33; Num. 7,8; Num. 8,13; Num. 8,22; Num. 9,6; Num. 10,8; Num. 17,2; Num. 17,4; Num. 17,5; Num. 17,18; Num. 17,21; Num. 17,23; Num. 17,25; Num. 25,7; Num. 25,11; Num. 26,64; Num. 31,6; Num. 33,1; Deut. 9,20; Josh. 21,4; Josh. 21,10; Josh. 21,13; Josh. 21,19; Josh. 22,13; Josh. 24,33; Judg. 20,28; 1Chr. 5,29; 1Chr. 6,35; 1Chr. 6,39; 1Chr. 6,42; 1Chr. 15,4; 1Chr. 23,28; 1Chr. 23,32; 1Chr. 24,1; 1Chr. 24,1; 1Chr. 24,2; 1Chr. 24,19; 1Chr. 24,31; 2Chr. 13,9; 2Chr. 13,10; 2Chr. 26,18; 2Chr. 29,21; 2Chr. 31,19; 2Chr. 35,14; 1Esdr. 1,14; 1Esdr. 1,14; 1Esdr. 5,5; 1Esdr. 8,2; Ezra 7,5; Neh. 10,39; Neh. 12,47; Tob. 1,7; 1Mac. 7,14; Psa. 76,21; Psa. 113,18; Psa. 113,20; Psa. 117,3; Psa. 132,2; Psa. 134,19; Sir. 36,16; Sir. 45,25; Sir. 50,13; Sir. 50,16; Judg. 20,28; Tob. 1,7)
      Noun ▪ masculine ▪ singular ▪ nominative ▪ (proper) ▸ 124
         (Ex. 4,14; Ex. 4,29; Ex. 4,30; Ex. 5,1; Ex. 6,23; Ex. 6,26; Ex. 6,27; Ex. 7,1; Ex. 7,2; Ex. 7,6; Ex. 7,7; Ex. 7,10; Ex. 7,10; Ex. 7,20; Ex. 8,2; Ex. 8,8; Ex. 8,13; Ex. 10,3; Ex. 11,10; Ex. 16,6; Ex. 16,10; Ex. 16,34; Ex. 17,10; Ex. 17,12; Ex. 18,12; Ex. 19,24; Ex. 24,1; Ex. 24,9; Ex. 24,14; Ex. 27,21; Ex. 28,12; Ex. 28,29; Ex. 28,30; Ex. 28,35; Ex. 28,38; Ex. 28,43; Ex. 29,10; Ex. 29,15; Ex. 29,19; Ex. 29,32; Ex. 30,7; Ex. 30,8; Ex. 30,10; Ex. 30,19; Ex. 32,2; Ex. 32,5; Ex. 32,5; Ex. 32,22; Ex. 32,25; Ex. 32,35; Ex. 34,30; Ex. 34,31; Ex. 38,27; Lev. 6,9; Lev. 8,14; Lev. 8,18; Lev. 8,22; Lev. 8,31; Lev. 8,36; Lev. 9,8; Lev. 9,21; Lev. 9,22; Lev. 9,23; Lev. 10,3; Lev. 10,19; Lev. 16,3; Lev. 16,6; Lev. 16,8; Lev. 16,9; Lev. 16,11; Lev. 16,21; Lev. 16,23; Lev. 24,3; Num. 1,3; Num. 1,17; Num. 1,44; Num. 3,16; Num. 3,38; Num. 3,39; Num. 4,5; Num. 4,15; Num. 4,19; Num. 4,34; Num. 4,37; Num. 4,41; Num. 4,45; Num. 4,46; Num. 8,3; Num. 8,11; Num. 8,20; Num. 8,21; Num. 8,21; Num. 12,1; Num. 12,5; Num. 12,10; Num. 12,11; Num. 14,5; Num. 16,11; Num. 16,16; Num. 16,17; Num. 16,18; Num. 17,8; Num. 17,12; Num. 17,15; Num. 17,23; Num. 17,26; Num. 20,6; Num. 20,8; Num. 20,10; Num. 20,24; Num. 20,26; Num. 20,28;

Num. 20,29; Num. 27,13; Num. 33,38; Num. 33,39; Deut. 10,6; Deut. 32,50; 1Chr. 5,29; 1Chr. 6,34; 1Chr. 23,13; 1Chr. 23,13; 4Mac. 7,11; Psa. 98,6)
  Noun · masculine · singular · vocative · (proper) ▸ 1 (Ex. 5,4)

Ἀαρών Aaron ▸ 5
  Ἀαρών ▸ 2
    Noun · masculine · singular · dative · (proper) ▸ 1 (Acts 7,40)
    Noun · masculine · singular · nominative · (proper) ▸ 1 (Heb. 5,4)
  Ἀαρών ▸ 3
    Noun · masculine · singular · genitive · (proper) ▸ 3 (Luke 1,5; Heb. 7,11; Heb. 9,4)

Ἀαρωνίδης Aaronite, offspring of Aaron ▸ 1
  Ἀαρωνίδης ▸ 1
    Noun · masculine · singular · nominative · (proper) ▸ 1 (4Mac. 7,12)

Ἀβαδδών Abaddon ▸ 1
  Ἀβαδδών ▸ 1
    Noun · masculine · singular · nominative · (proper) ▸ 1 (Rev. 9,11)

Αβαδια Obadiah ▸ 1
  Αβαδια ▸ 1
    Noun · masculine · singular · nominative · (proper) ▸ 1 (Ezra 8,9)

Αβαδιας Obadiah ▸ 1
  Αβαδιας ▸ 1
    Noun · masculine · singular · nominative · (proper) ▸ 1 (1Esdr. 8,35)

Αβαδων Abdon ▸ 3
  Αβαδων ▸ 3
    Noun · masculine · singular · genitive · (proper) ▸ 2 (1Chr. 8,30; 1Chr. 9,36)
    Noun · masculine · singular · nominative · (proper) ▸ 1 (1Chr. 8,23)

Αβαιαν Abihail ▸ 1
  Αβαιαν ▸ 1
    Noun · feminine · singular · genitive · (proper) ▸ 1 (2Chr. 11,18)

Αβαισαν Ibzan ▸ 2
  Αβαισαν ▸ 2
    Noun · masculine · singular · nominative · (proper) ▸ 2 (Judg. 12,8; Judg. 12,10)

αβακ abak (Heb. fine linen) ▸ 1
  αβακ ▸ 1
    Noun ▸ 1 (1Chr. 4,21)

Αβαλ Abal ▸ 1
  Αβαλ ▸ 1
    Noun · masculine · singular · genitive · (proper) ▸ 1 (Bel 2)

Αβαμα Abama (Heb. the high place) ▸ 2
  Αβαμα ▸ 2
    Noun · singular · accusative · (proper) ▸ 1 (Ezek. 20,29)
    Noun · singular · nominative · (proper) ▸ 1 (Ezek. 20,29)

Αβανα Abana (river); (Heb. the high place) ▸ 1
  Αβανα ▸ 1
    Noun · singular · nominative · (proper) ▸ 1 (2Kings 5,12)

Αβαρ Heber ▸ 1
  Αβαρ ▸ 1
    Noun · masculine · singular · nominative · (proper) ▸ 1 (1Chr. 8,17)

Αβαραν Abdon ▸ 1
  Αβαραν ▸ 1
    Noun · feminine · singular · accusative · (proper) ▸ 1 (1Chr. 6,59)

ἀβαρής (α; βαρύς) not burdensome ▸ 1
  ἀβαρῆ ▸ 1
    Adjective · masculine · singular · accusative ▸ 1 (2Cor. 11,9)

Αβαριμ Abarim ▸ 2
  Αβαριμ ▸ 2
    Noun · singular · genitive · (proper) ▸ 2 (Num. 33,47; Num. 33,48)

Αβαριν Abarim ▸ 1
  Αβαριν ▸ 1
    Noun · masculine · singular · genitive · (proper) ▸ 1 (Deut. 32,49)

αβαρκηνιν the thornbushes ▸ 1
  αβαρκηνιν ▸ 1
    Noun · feminine · plural · dative · (common) ▸ 1 (Judg. 8,7)

ἀβασίλευτος (α; βασιλεύς) kingless, without a king ▸ 1
  ἀβασίλευτόν ▸ 1
    Adjective · neuter · singular · nominative · noDegree ▸ 1 (Prov. 30,27)

Αβαταζα Abagtha ▸ 1
  Αβαταζα ▸ 1
    Noun · masculine · singular · dative · (proper) ▸ 1 (Esth. 1,10)

ἀβατόομαι (α; βαίνω) to be ruined, laid waste ▸ 1
  ἀβατωθῇ ▸ 1
    Verb · third · singular · aorist · passive · subjunctive ▸ 1 (Jer. 30,14)

ἄβατος (α; βαίνω) desolate, untrodden ▸ 28
  ἀβάτοις ▸ 1
    Adjective · neuter · plural · dative · noDegree ▸ 1 (Wis. 11,2)
  ἄβατον ▸ 17
    Adjective · feminine · singular · accusative · noDegree ▸ 4 (Lev. 16,22; Job 38,27; Jer. 6,8; Jer. 12,10)
    Adjective · masculine · singular · accusative · noDegree ▸ 1 (3Mac. 5,43)
    Adjective · neuter · singular · accusative · noDegree ▸ 12 (Jer. 30,7; Jer. 30,11; Jer. 30,18; Jer. 31,9; Jer. 32,18; Jer. 32,38; Jer. 33,18; Jer. 49,18; Jer. 51,6; Jer. 51,22; Bar. 2,4; Bar. 2,23)
  ἄβατος ▸ 5
    Adjective · feminine · singular · nominative · noDegree ▸ 2 (Jer. 28,43; Jer. 30,28)
    Adjective · masculine · singular · nominative · noDegree ▸ 3 (Esth. 16,24 # 8,12x; 3Mac. 3,29; Amos 5,24)
  Ἄβατός ▸ 1
    Adjective · feminine · singular · nominative · noDegree ▸ 1 (Jer. 39,43)
  ἀβάτους ▸ 1
    Adjective · feminine · plural · accusative · noDegree ▸ 1 (Wis. 5,7)
  ἀβάτῳ ▸ 3
    Adjective · feminine · singular · dative · noDegree ▸ 3 (Psa. 62,2; Psa. 106,40; Jer. 2,6)

Ἀββα Father; (fem.) Abiah ▸ 1
  Ἀββα ▸ 1
    Noun · feminine · singular · nominative · (proper) ▸ 1 (2Chr. 29,1)

ἀββά Father; (fem.) Abiah ▸ 3
  αββα ▸ 3
    Noun · masculine · singular · [vocative] · (Aram.) ▸ 3 (Mark 14,36; Rom. 8,15; Gal. 4,6)

Αβδεδομ Obed-edom ▸ 12
  Αβδεδομ ▸ 12
    Noun · masculine · singular · dative · (proper) ▸ 4 (1Chr. 26,4; 1Chr. 26,8; 1Chr. 26,15; 2Chr. 25,24)
    Noun · masculine · singular · genitive · (proper) ▸ 2 (1Chr. 15,25; 1Chr. 26,8)

Αβδεμελεχ Ebed-melech ▸ 4
   Αβδεμελεχ ▸ 4
      Noun · masculine · singular · nominative · (proper) ▸ 6
      (1Chr. 15,18; 1Chr. 15,21; 1Chr. 15,24; 1Chr. 16,5; 1Chr. 16,38;
      1Chr. 16,38)
      Noun · masculine · singular · accusative · (proper) ▸ 1
      (Jer. 46,16)
      Noun · masculine · singular · dative · (proper) ▸ 1 (Jer. 45,10)
      Noun · masculine · singular · nominative · (proper) ▸ 2
      (Jer. 45,7; Jer. 45,11)

Αβδεναγω Abednego ▸ 11 + 14 = 25
   Αβδεναγω ▸ 11 + 14 = 25
      Noun · masculine · singular · accusative · (proper) ▸ 4 + 6 = 10
      (Dan. 1,7; Dan. 2,49; Dan. 3,13; Dan. 3,20; Dan. 1,7; Dan. 2,49;
      Dan. 3,13; Dan. 3,19; Dan. 3,20; Dan. 3,97)
      Noun · masculine · singular · dative · (proper) ▸ 1 (Dan. 3,97)
      Noun · masculine · singular · genitive · (proper) ▸ 2 + 2 = 4
      (Dan. 3,95; Dan. 3,96; Dan. 3,95; Dan. 3,96)
      Noun · masculine · singular · nominative · (proper) ▸ 3 + 4 = 7
      (Dan. 3,12; Dan. 3,16; Dan. 3,93; Dan. 3,12; Dan. 3,16; Dan. 3,23; Dan. 3,93)
      Noun · masculine · singular · vocative · (proper) ▸ 1 + 2 = 3
      (Dan. 3,14; Dan. 3,14; Dan. 3,93)

Αβδησελμα Abdeselma (Heb. slaves of Solomon) ▸ 2
   Αβδησελμα ▸ 2
      Noun · masculine · singular · genitive · (proper) ▸ 2 (Ezra 2,55; Ezra 2,58)

Αβδι Abdi ▸ 3
   Αβδι ▸ 3
      Noun · masculine · singular · genitive · (proper) ▸ 2 (1Chr. 6,29; 2Chr. 29,12)
      Noun · masculine · singular · nominative · (proper) ▸ 1 (1Chr. 24,27)

Αβδια Obadiah ▸ 8
   Αβδια ▸ 7
      Noun · masculine · singular · nominative · (proper) ▸ 7 (1Chr. 3,21; 1Chr. 8,38; 1Chr. 9,16; 1Chr. 9,44; 1Chr. 12,10; Ezra 10,26; Neh. 10,6)
   Αβδιαν ▸ 1
      Noun · masculine · singular · accusative · (proper) ▸ 1 (2Chr. 17,7)

Αβδιας Obadiah ▸ 2
   Αβδιας ▸ 1
      Noun · masculine · singular · nominative · (proper) ▸ 1 (2Chr. 34,12)
   Αβδιου ▸ 1
      Noun · masculine · singular · genitive · (proper) ▸ 1 (Obad. 1)

Αβδιηλ Abdiel ▸ 1
   Αβδιηλ ▸ 1
      Noun · masculine · singular · genitive · (proper) ▸ 1 (1Chr. 5,15)

Αβδιου Obadiah ▸ 10
   Αβδιου ▸ 10
      Noun · masculine · singular · accusative · (proper) ▸ 2 (1Kings 18,3; 1Kings 18,5)
      Noun · masculine · singular · genitive · (proper) ▸ 1 (1Chr. 27,19)
      Noun · masculine · singular · nominative · (proper) ▸ 7 (1Kings 18,3; 1Kings 18,4; 1Kings 18,6; 1Kings 18,7; 1Kings 18,7; 1Kings 18,9; 1Kings 18,16)

Αβδων Abdon ▸ 1 + 2 = 3
   Αβδων ▸ 1 + 2 = 3
      Noun · masculine · singular · dative · (proper) ▸ 1 (2Chr. 34,20)
      Noun · masculine · singular · nominative · (proper) ▸ 2
      (Judg. 12,13; Judg. 12,15)

Αβεδ Ebed ▸ 7
   Αβεδ ▸ 7
      Noun · masculine · singular · genitive · (proper) ▸ 6 (Judg. 9,26; Judg. 9,28; Judg. 9,30; Judg. 9,31; Judg. 9,35; Judg. 9,36)
      Noun · masculine · singular · nominative · (proper) ▸ 1 (Neh. 12,20)

Αβεδδαρα Obed-edom, Abeddara ▸ 7
   Αβεδδαρα ▸ 7
      Noun · masculine · singular · genitive · (proper) ▸ 7 (2Sam. 6,10; 2Sam. 6,11; 2Sam. 6,11; 2Sam. 6,12; 2Sam. 6,12; 1Chr. 13,13; 1Chr. 13,14)

Αβεδδαραμ Obed-edom ▸ 1
   Αβεδδαραμ ▸ 1
      Noun · masculine · singular · accusative · (proper) ▸ 1 (1Chr. 13,14)

αβεδηριν abederin (Heb. the things) ▸ 1
   αβεδηριν ▸ 1
      Noun ▸ 1 (1Chr. 4,22)

Αβελ Abel ▸ 14
   Αβελ ▸ 14
      Noun · feminine · singular · accusative · (proper) ▸ 2 (2Sam. 20,14; 2Sam. 20,15)
      Noun · feminine · singular · dative · (proper) ▸ 2 (2Sam. 20,18; 2Sam. 20,18)
      Noun · feminine · singular · genitive · (proper) ▸ 1 (Judg. 11,33)
      Noun · masculine · singular · accusative · (proper) ▸ 4 (Gen. 4,2; Gen. 4,8; Gen. 4,8; 4Mac. 18,11)
      Noun · masculine · singular · dative · (proper) ▸ 1 (Gen. 4,4)
      Noun · masculine · singular · genitive · (proper) ▸ 1 (Gen. 4,25)
      Noun · masculine · singular · nominative · (proper) ▸ 3 (Gen. 4,2; Gen. 4,4; Gen. 4,9)

Ἄβελ Abel ▸ 4
   Ἄβελ ▸ 4
      Noun · masculine · singular · accusative · (proper) ▸ 1 (Heb. 12,24)
      Noun · masculine · singular · genitive · (proper) ▸ 2 (Matt. 23,35; Luke 11,51)
      Noun · masculine · singular · nominative · (proper) ▸ 1 (Heb. 11,4)

Αβελβαιθαμααχα Abel-beth-maacah ▸ 1
   Αβελβαιθαμααχα ▸ 1
      Noun · feminine · singular · accusative · (proper) ▸ 1 (2Kings 15,29)

Αβελμαα Abel-beth-maacah ▸ 1
   Αβελμαα ▸ 1
      Noun · feminine · singular · accusative · (proper) ▸ 1 (1Kings 15,20)

Αβελμαιν Abel-maim ▸ 1
   Αβελμαιν ▸ 1
      Noun · feminine · singular · accusative · (proper) ▸ 1 (2Chr. 16,4)

Αβελμαουλα Abel-meholah ▸ 1
   Αβελμαουλα ▸ 1
      Noun · singular · genitive · (proper) ▸ 1 (1Kings 19,16)

Αβελμεουλα Abel-meholah ▸ 1
   Αβελμεουλα ▸ 1
      Noun · singular · genitive · (proper) ▸ 1 (Judg. 7,22)

Αβενεζερ Ebenezer ▸ 2
   Αβενεζερ ▸ 2
      Noun · masculine · singular · accusative · (proper) ▸ 2 (1Sam. 4,1; 1Sam. 7,12)

Αβεννεζερ Ebenezer ▸ 1

Αβεννεζερ ▸ 1
   Noun • masculine • singular • genitive • (proper) ▸ **1** (1Sam. 5,1)

Αβεννερ Abner ▸ 1
   Αβεννερ ▸ 1
   Noun • masculine • singular • nominative • (proper) ▸ **1** (2Sam. 2,14)

Αβεννηρ Abner ▸ 59
   Αβεννηρ ▸ 59
   Noun • masculine • singular • accusative • (proper) ▸ **9** (1Sam. 26,15; 2Sam. 2,19; 2Sam. 3,7; 2Sam. 3,21; 2Sam. 3,30; 2Sam. 3,32; 2Sam. 3,32; 2Sam. 3,37; 1Kings 2,32)
   Noun • masculine • singular • dative • (proper) ▸ **6** (1Sam. 26,14; 2Sam. 3,9; 2Sam. 3,11; 2Sam. 3,20; 2Sam. 3,33; 1Kings 2,5)
   Noun • masculine • singular • genitive • (proper) ▸ **13** (1Sam. 14,51; 2Sam. 2,19; 2Sam. 2,24; 2Sam. 2,25; 2Sam. 2,30; 2Sam. 2,31; 2Sam. 3,25; 2Sam. 3,26; 2Sam. 3,28; 2Sam. 3,31; 2Sam. 4,12; 1Chr. 26,28; 1Chr. 27,21)
   Noun • masculine • singular • nominative • (proper) ▸ **31** (1Sam. 14,50; 1Sam. 20,25; 1Sam. 26,5; 1Sam. 26,7; 1Sam. 26,14; 1Sam. 26,14; 2Sam. 2,8; 2Sam. 2,12; 2Sam. 2,17; 2Sam. 2,20; 2Sam. 2,21; 2Sam. 2,22; 2Sam. 2,23; 2Sam. 2,26; 2Sam. 2,29; 2Sam. 3,6; 2Sam. 3,8; 2Sam. 3,8; 2Sam. 3,12; 2Sam. 3,16; 2Sam. 3,17; 2Sam. 3,19; 2Sam. 3,19; 2Sam. 3,20; 2Sam. 3,21; 2Sam. 3,22; 2Sam. 3,23; 2Sam. 3,24; 2Sam. 3,27; 2Sam. 3,33; 2Sam. 4,1)

Αβερ Heber ▸ 1
   Αβερ ▸ 1
   Noun • masculine • singular • accusative • (proper) ▸ **1** (1Chr. 4,18)

Αβεσσα Abishai ▸ 25
   Αβεσσα ▸ 25
   Noun • masculine • singular • accusative • (proper) ▸ **4** (1Sam. 26,6; 1Sam. 26,9; 2Sam. 16,11; 2Sam. 20,6)
   Noun • masculine • singular • dative • (proper) ▸ **2** (2Sam. 18,5; 2Sam. 18,12)
   Noun • masculine • singular • genitive • (proper) ▸ **5** (2Sam. 10,10; 2Sam. 10,14; 2Sam. 18,2; 1Chr. 19,11; 1Chr. 19,15)
   Noun • masculine • singular • nominative • (proper) ▸ **14** (1Sam. 26,6; 1Sam. 26,7; 1Sam. 26,8; 2Sam. 2,18; 2Sam. 2,24; 2Sam. 3,30; 2Sam. 16,9; 2Sam. 19,22; 2Sam. 20,10; 2Sam. 21,17; 2Sam. 23,18; 1Chr. 2,16; 1Chr. 11,20; 1Chr. 18,12)

Αβεσσαλωμ Absalom ▸ 114
   Αβεσσαλωμ ▸ 114
   Noun • masculine • singular • accusative • (proper) ▸ **21** (2Sam. 13,25; 2Sam. 14,1; 2Sam. 14,21; 2Sam. 14,23; 2Sam. 14,31; 2Sam. 14,33; 2Sam. 14,33; 2Sam. 16,16; 2Sam. 16,16; 2Sam. 16,18; 2Sam. 16,21; 2Sam. 17,1; 2Sam. 17,6; 2Sam. 17,7; 2Sam. 17,14; 2Sam. 17,24; 2Sam. 18,10; 2Sam. 18,12; 2Sam. 18,15; 2Sam. 18,17; 2Sam. 20,6)
   Noun • masculine • singular • dative • (proper) ▸ **11** (2Sam. 13,1; 2Sam. 13,23; 2Sam. 14,27; 2Sam. 15,34; 2Sam. 16,22; 2Sam. 16,23; 2Sam. 17,15; 2Sam. 17,18; 2Sam. 18,29; 2Sam. 18,32; 2Sam. 19,2)
   Noun • masculine • singular • genitive • (proper) ▸ **29** (2Sam. 13,4; 2Sam. 13,20; 2Sam. 13,27; 2Sam. 13,29; 2Sam. 13,32; 2Sam. 13,39; 2Sam. 14,30; 2Sam. 14,30; 2Sam. 15,11; 2Sam. 15,12; 2Sam. 15,13; 2Sam. 15,14; 2Sam. 15,31; 2Sam. 16,8; 2Sam. 17,4; 2Sam. 17,9; 2Sam. 17,20; 2Sam. 18,5; 2Sam. 18,5; 2Sam. 18,14; 2Sam. 18,18; 2Sam. 19,10; 1Kings 1,6; 1Kings 2,7; 1Kings 15,2; 1Kings 15,10; 2Chr. 11,20; 2Chr. 11,21; Psa. 3,1)
   Noun • masculine • singular • nominative • (proper) ▸ **48** (2Sam. 3,3; 2Sam. 13,20; 2Sam. 13,22; 2Sam. 13,22; 2Sam. 13,23; 2Sam. 13,24; 2Sam. 13,26; 2Sam. 13,27; 2Sam. 13,28; 2Sam. 13,29; 2Sam. 13,30; 2Sam. 13,34; 2Sam. 13,37; 2Sam. 13,38; 2Sam. 14,24; 2Sam. 14,25; 2Sam. 14,28; 2Sam. 14,29; 2Sam. 14,30; 2Sam. 14,32; 2Sam. 15,1; 2Sam. 15,2; 2Sam. 15,2; 2Sam. 15,3; 2Sam. 15,4; 2Sam. 15,6; 2Sam. 15,6; 2Sam. 15,7; 2Sam. 15,10; 2Sam. 15,10; 2Sam. 15,12; 2Sam. 15,37; 2Sam. 16,15; 2Sam. 16,17; 2Sam. 16,20; 2Sam. 16,22; 2Sam. 17,5; 2Sam. 17,6; 2Sam. 17,14; 2Sam. 17,25; 2Sam. 17,26; 2Sam. 18,9; 2Sam. 18,9; 2Sam. 18,18; 2Sam. 19,7; 2Sam. 19,11; 1Chr. 3,2; 2Mac. 11,17)
   Noun • masculine • singular • vocative • (proper) ▸ **5** (2Sam. 19,1; 2Sam. 19,1; 2Sam. 19,1; 2Sam. 19,5; 2Sam. 19,5)

Αβι Abi ▸ 1
   Αβι ▸ 1
   Noun • masculine • singular • nominative • (proper) ▸ **1** (1Kings 2,46h)

Αβια Abijah ▸ 24
   Αβια ▸ 24
   Noun • feminine • singular • nominative • (proper) ▸ **2** (2Kings 12,2; 1Chr. 2,24)
   Noun • masculine • singular • accusative • (proper) ▸ **3** (2Sam. 14,27; 1Kings 12,24e; 2Chr. 11,20)
   Noun • masculine • singular • dative • (proper) ▸ **2** (1Chr. 24,10; Neh. 12,17)
   Noun • masculine • singular • genitive • (proper) ▸ **5** (2Chr. 11,22; 2Chr. 13,2; 2Chr. 13,15; 2Chr. 13,20; 2Chr. 13,22)
   Noun • masculine • singular • nominative • (proper) ▸ **12** (1Sam. 8,2; 1Chr. 3,10; 1Chr. 6,13; 2Chr. 12,16; 2Chr. 13,1; 2Chr. 13,3; 2Chr. 13,4; 2Chr. 13,17; 2Chr. 13,19; 2Chr. 13,21; 2Chr. 13,23; Neh. 10,8)

Ἀβιά Abijah ▸ 3
   Ἀβιά ▸ 2
   Noun • masculine • singular • accusative • (proper) ▸ **1** (Matt. 1,7)
   Noun • masculine • singular • genitive • (proper) ▸ **1** (Luke 1,5)
   Ἀβιὰ ▸ 1
   Noun • masculine • singular • nominative • (proper) ▸ **1** (Matt. 1,7)

Αβιαθαρ Abiathar ▸ 29
   Αβιαθαρ ▸ 29
   Noun • masculine • singular • accusative • (proper) ▸ **8** (1Sam. 23,9; 1Sam. 30,7; 2Sam. 17,15; 2Sam. 19,12; 1Kings 1,19; 1Kings 1,25; 1Kings 2,27; 1Chr. 15,11)
   Noun • masculine • singular • dative • (proper) ▸ **4** (1Sam. 22,22; 2Sam. 15,35; 2Sam. 15,36; 1Kings 2,26)
   Noun • masculine • singular • genitive • (proper) ▸ **7** (2Sam. 8,17; 2Sam. 15,27; 1Kings 1,7; 1Kings 1,42; 1Kings 2,35; 1Chr. 18,16; 1Chr. 24,6)
   Noun • masculine • singular • nominative • (proper) ▸ **9** (1Sam. 22,20; 1Sam. 22,21; 1Sam. 15,24; 1Sam. 15,29; 2Sam. 15,35; 2Sam. 20,25; 1Kings 2,22; 1Kings 4,4; 1Chr. 27,34)
   Noun • neuter • singular • accusative • (proper) ▸ **1** (1Sam. 23,6)

Ἀβιαθάρ Abiathar ▸ 1
   Ἀβιαθὰρ ▸ 1
   Noun • masculine • singular • genitive • (proper) ▸ **1** (Mark 2,26)

Αβιασαφ Abiasaph ▸ 5
   Αβιασαφ ▸ 5
   Noun • masculine • singular • genitive • (proper) ▸ **3** (1Chr. 6,22; 1Chr. 9,19; 1Chr. 26,1)
   Noun • masculine • singular • nominative • (proper) ▸ **2** (Ex. 6,24; 1Chr. 6,8)

Αβιγαια Abigail ▸ 17
   Αβιγαια ▸ 13
   Noun • feminine • singular • dative • (proper) ▸ **3** (1Sam. 25,14; 1Sam. 25,32; 1Chr. 3,1)

Αβιγαια–Αβιρων

Noun ▪ feminine ▪ singular ▪ nominative ▪ (proper) ▸ **10** (1Sam. 25,3; 1Sam. 25,18; 1Sam. 25,23; 1Sam. 25,36; 1Sam. 25,42; 1Sam. 27,3; 1Sam. 30,5; 2Sam. 2,2; 1Chr. 2,16; 1Chr. 2,17)

Αβιγαιαν ▸ 2
Noun ▪ feminine ▪ singular ▪ accusative ▪ (proper) ▸ **2** (1Sam. 25,40; 2Sam. 17,25)

Αβιγαιας ▸ 2
Noun ▪ feminine ▪ singular ▪ genitive ▪ (proper) ▸ **2** (1Sam. 25,39; 2Sam. 3,3)

Αβιδα Abida ▸ 1
Αβιδα ▸ 1
Noun ▪ masculine ▪ singular ▪ nominative ▪ (proper) ▸ **1** (1Chr. 1,33)

Αβιδαν Abidan ▸ 5
Αβιδαν ▸ 5
Noun ▪ masculine ▪ singular ▪ genitive ▪ (proper) ▸ **1** (Num. 7,65)
Noun ▪ masculine ▪ singular ▪ nominative ▪ (proper) ▸ **4** (Num. 1,11; Num. 2,22; Num. 7,60; Num. 10,24)

Αβιεζεκ Bezek ▸ 1
Αβιεζεκ ▸ 1
Noun ▪ masculine ▪ singular ▪ nominative ▪ (proper) ▸ **1** (1Sam. 11,8)

Αβιεζερ Abiezer ▸ 6 + 2 = 8
Αβιεζερ ▸ 6 + 2 = 8
Noun ▪ masculine ▪ singular ▪ accusative ▪ (proper) ▸ **2** (Judg. 6,34; 1Chr. 7,18)
Noun ▪ masculine ▪ singular ▪ genitive ▪ (proper) ▸ 1 + 1 = **2** (Judg. 8,2; Judg. 6,34)
Noun ▪ masculine ▪ singular ▪ nominative ▪ (proper) ▸ 3 + 1 = **4** (2Sam. 23,27; 1Chr. 11,28; 1Chr. 27,12; Judg. 8,2)

Αβιεζρι Abiezrite ▸ 2
Αβιεζρι ▸ 2
Noun ▪ masculine ▪ singular ▪ genitive ▪ (proper) ▸ **2** (Judg. 6,11; Judg. 8,32)

Αβιεσδρι Ashbenaz ▸ 3 + 1 = 4
Αβιεσδρι ▸ 3 + 1 = 4
Noun ▪ masculine ▪ singular ▪ dative ▪ (proper) ▸ **2** (Dan. 1,3; Dan. 1,11)
Noun ▪ masculine ▪ singular ▪ genitive ▪ (proper) ▸ **1** (Judg. 8,32)
Noun ▪ masculine ▪ singular ▪ nominative ▪ (proper) ▸ **1** (Dan. 1,16)

Αβιηλ Abiel ▸ 4
Αβιηλ ▸ 4
Noun ▪ feminine ▪ singular ▪ genitive ▪ (proper) ▸ **1** (1Sam. 14,51)
Noun ▪ masculine ▪ singular ▪ genitive ▪ (proper) ▸ **1** (1Sam. 9,1)
Noun ▪ masculine ▪ singular ▪ nominative ▪ (proper) ▸ **2** (2Sam. 23,31; 1Chr. 11,32)

Ἀβιληνή Abilene ▸ 1
Ἀβιληνῆς ▸ 1
Noun ▪ feminine ▪ singular ▪ genitive ▪ (proper) ▸ **1** (Luke 3,1)

Αβιμεηλ Abimael ▸ 1
Αβιμεηλ ▸ 1
Noun ▪ masculine ▪ singular ▪ accusative ▪ (proper) ▸ **1** (Gen. 10,28)

Αβιμελεχ Abimelech ▸ 85 + 40 = 125
Αβιμελεχ ▸ 85 + 40 = 125
Noun ▪ masculine ▪ singular ▪ accusative ▪ (proper) ▸ 19 + 11 = **30** (Gen. 20,3; Gen. 20,17; Gen. 26,1; Judg. 8,31; Judg. 9,6; Judg. 9,16; Judg. 9,18; Judg. 9,20; Judg. 9,24; Judg. 9,29; Judg. 9,31; 1Sam. 21,2; 1Sam. 21,9; 1Sam. 22,9; 1Sam. 22,11; 2Sam. 11,21; 2Sam. 11,22; Judg. 8,31; Judg. 9,6; Judg. 9,16; Judg. 9,18; Judg. 9,20; Judg. 9,24; Judg. 9,27; Judg. 9,29; Judg. 9,31; Judg. 9,39; Judg. 10,1)
Noun ▪ masculine ▪ singular ▪ dative ▪ (proper) ▸ 8 + 4 = **12** (Gen. 21,27; Judg. 9,19; Judg. 9,25; Judg. 9,29; Judg. 9,39; Judg. 9,42; Judg. 9,47; 1Sam. 22,20; Judg. 9,19; Judg. 9,25; Judg. 9,42; Judg. 9,47)
Noun ▪ masculine ▪ singular ▪ genitive ▪ (proper) ▸ 17 + 8 = **25** (Gen. 20,18; Gen. 21,25; Judg. 9,3; Judg. 9,20; Judg. 9,21; Judg. 9,23; Judg. 9,23; Judg. 9,49; Judg. 9,53; Judg. 9,56; Ruth 2,1; Ruth 2,3; Ruth 4,3; Ruth 4,9; 1Sam. 23,6; Psa. 33,1; Psa. 51,2; Judg. 9,3; Judg. 9,20; Judg. 9,21; Judg. 9,23; Judg. 9,23; Judg. 9,49; Judg. 9,53; Judg. 9,56)
Noun ▪ masculine ▪ singular ▪ nominative ▪ (proper) ▸ 40 + 17 = **57** (Gen. 20,2; Gen. 20,4; Gen. 20,8; Gen. 20,9; Gen. 20,10; Gen. 20,14; Gen. 20,15; Gen. 21,22; Gen. 21,25; Gen. 21,26; Gen. 21,29; Gen. 21,32; Gen. 26,8; Gen. 26,9; Gen. 26,10; Gen. 26,11; Gen. 26,16; Gen. 26,26; Judg. 9,1; Judg. 9,4; Judg. 9,22; Judg. 9,28; Judg. 9,34; Judg. 9,35; Judg. 9,38; Judg. 9,40; Judg. 9,41; Judg. 9,44; Judg. 9,45; Judg. 9,48; Judg. 9,48; Judg. 9,50; Judg. 9,52; Judg. 9,52; Judg. 9,54; Judg. 9,55; Ruth 1,2; Ruth 1,3; 1Sam. 21,2; 1Sam. 21,7; Judg. 9,1; Judg. 9,4; Judg. 9,22; Judg. 9,28; Judg. 9,34; Judg. 9,35; Judg. 9,38; Judg. 9,40; Judg. 9,41; Judg. 9,44; Judg. 9,45; Judg. 9,48; Judg. 9,48; Judg. 9,50; Judg. 9,52; Judg. 9,52; Judg. 9,55)
Noun ▪ masculine ▪ singular ▪ vocative ▪ (proper) ▸ **1** (1Sam. 22,16)

Αβινεεμ Abinoam ▸ 4 + 4 = 8
Αβινεεμ ▸ 4 + 4 = 8
Noun ▪ masculine ▪ singular ▪ genitive ▪ (proper) ▸ 4 + 4 = **8** (Judg. 4,6; Judg. 4,12; Judg. 5,1; Judg. 5,12; Judg. 4,6; Judg. 4,12; Judg. 5,1; Judg. 5,12)

Αβιου Abijam/Abijah ▸ 7
Αβιου ▸ 7
Noun ▪ masculine ▪ singular ▪ genitive ▪ (proper) ▸ **3** (1Kings 15,7; 1Kings 15,7; 1Kings 15,28)
Noun ▪ masculine ▪ singular ▪ nominative ▪ (proper) ▸ **4** (1Kings 14,31; 1Kings 15,1; 1Kings 15,8; 1Chr. 7,8)

Αβιουδ Abiud ▸ 13
Αβιουδ ▸ 13
Noun ▪ masculine ▪ singular ▪ accusative ▪ (proper) ▸ **4** (Ex. 6,23; Ex. 28,1; Num. 3,4; Num. 26,60)
Noun ▪ masculine ▪ singular ▪ nominative ▪ (proper) ▸ **9** (Ex. 24,1; Ex. 24,9; Lev. 10,1; Num. 3,2; Num. 26,61; 1Chr. 5,29; 1Chr. 8,3; 1Chr. 24,1; 1Chr. 24,2)

Ἀβιούδ Abiud ▸ 2
Ἀβιούδ ▸ 1
Noun ▪ masculine ▪ singular ▪ accusative ▪ (proper) ▸ **1** (Matt. 1,13)
Ἀβιοὺδ ▸ 1
Noun ▪ masculine ▪ singular ▪ nominative ▪ (proper) ▸ **1** (Matt. 1,13)

Αβιρα Abida ▸ 1
Αβιρα ▸ 1
Noun ▪ masculine ▪ singular ▪ nominative ▪ (proper) ▸ **1** (Gen. 25,4)

αβιρα (Hebr.) capital, palace ▸ 1
αβιρα ▸ 1
Noun ▪ singular ▪ dative ▪ (common) ▸ **1** (Neh. 1,1)

Αβιρων Abiram ▸ 11
Αβιρων ▸ 11
Noun ▪ singular ▪ dative ▪ (proper) ▸ **1**

(Josh. 6,26)
  Noun · masculine · singular · accusative · (proper) ▸ **2** (Num. 16,12; Num. 16,25)
  Noun · masculine · singular · dative · (proper) ▸ **2** (Deut. 11,6; 1Kings 16,34)
  Noun · masculine · singular · genitive · (proper) ▸ **3** (4Mac. 2,17; Psa. 105,17; Sir. 45,18)
  Noun · masculine · singular · nominative · (proper) ▸ **3** (Num. 16,1; Num. 16,27; Num. 26,9)

Αβισακ Abishag ▸ **5**
  Αβισακ ▸ **5**
  Noun · feminine · singular · accusative · (proper) ▸ **3** (1Kings 1,3; 1Kings 2,17; 1Kings 2,22)
  Noun · feminine · singular · nominative · (proper) ▸ **2** (1Kings 1,15; 1Kings 2,21)

Αβισου Abishua ▸ **3**
  Αβισου ▸ **3**
  Noun · masculine · singular · accusative · (proper) ▸ **1** (1Chr. 5,30)
  Noun · masculine · singular · nominative · (proper) ▸ **2** (1Chr. 5,31; 1Chr. 6,35)

Αβισουε Abishua ▸ **3**
  Αβισουε ▸ **3**
  Noun · masculine · singular · genitive · (proper) ▸ **2** (1Esdr. 8,2; Ezra 7,5)
  Noun · masculine · singular · nominative · (proper) ▸ **1** (1Chr. 8,4)

Αβισουρ Abishur ▸ **2**
  Αβισουρ ▸ **2**
  Noun · masculine · singular · genitive · (proper) ▸ **1** (1Chr. 2,29)
  Noun · masculine · singular · nominative · (proper) ▸ **1** (1Chr. 2,28)

Αβιταλ Abital ▸ **2**
  Αβιταλ ▸ **2**
  Noun · feminine · singular · genitive · (proper) ▸ **2** (2Sam. 3,4; 1Chr. 3,3)

Αβιτωβ Abitub ▸ **1**
  Αβιτωβ ▸ **1**
  Noun · masculine · singular · accusative · (proper) ▸ **1** (1Chr. 8,11)

Αβιχαιλ Abihail ▸ **3**
  Αβιχαιλ ▸ **3**
  Noun · feminine · singular · nominative · (proper) ▸ **1** (1Chr. 2,29)
  Noun · masculine · singular · genitive · (proper) ▸ **2** (Num. 3,35; 1Chr. 5,14)

ἀβλαβής (α; βλάπτω) harmless, unharmed ▸ **2**
  ἀβλαβεῖς ▸ **1**
  Adjective · masculine · plural · nominative · noDegree ▸ **1** (Wis. 19,6)
  ἀβλαβῆ ▸ **1**
  Adjective · masculine · singular · accusative · noDegree ▸ **1** (Wis. 18,3)

ἀβοηθησία (α; βοή) helplessness ▸ **1**
  ἀβοηθησίας ▸ **1**
  Noun · feminine · singular · genitive · (common) ▸ **1** (Sir. 51,10)

ἀβοήθητος (α; βοή) helpless ▸ **3**
  ἀβοήθητον ▸ **1**
  Adjective · masculine · singular · accusative · noDegree ▸ **1** (2Mac. 3,28)
  ἀβοήθητος ▸ **1**
  Adjective · masculine · singular · nominative · noDegree ▸ **1** (Psa. 87,5)
  ἀβοηθήτων ▸ **1**
  Adjective · feminine · plural · genitive · noDegree ▸ **1** (Wis. 12,6)

Αβου Abi ▸ **1**
  Αβου ▸ **1**
  Noun · feminine · singular · nominative · (proper) ▸ **1** (2Kings 18,2)

Ἀβούβος Abubus ▸ **2**
  Ἀβούβου ▸ **2**
  Noun · masculine · singular · genitive · (proper) ▸ **2** (1Mac. 16,11; 1Mac. 16,15)

ἀβουλεύτως (α; βούλομαι) unwisely ▸ **1**
  ἀβουλεύτως ▸ **1**
  Adverb ▸ **1** (1Mac. 5,67)

ἀβουλέω (α; βούλομαι) to be unwilling ▸ **2**
  ἠβούλετο ▸ **1**
  Verb · third · singular · imperfect · active · indicative ▸ **1** (1Sam. 8,19)
  ἠβουλήθην ▸ **1**
  Verb · first · singular · aorist · passive · indicative ▸ **1** (1Sam. 24,11)

ἀβουλία (α; βούλομαι) folly, foolishness ▸ **2**
  ἀβουλίαν ▸ **1**
  Noun · feminine · singular · accusative · (common) ▸ **1** (Bar. 3,28)
  ἀβουλίας ▸ **1**
  Noun · feminine · singular · genitive · (common) ▸ **1** (Prov. 14,17)

ἄβρα (special) slave ▸ **15**
  ἄβρᾳ ▸ **3**
  Noun · feminine · singular · dative · (common) ▸ **3** (Judith 10,5; Judith 10,17; Judith 13,9)
  ἄβραι ▸ **4**
  Noun · feminine · plural · nominative · (common) ▸ **4** (Gen. 24,61; Ex. 2,5; Esth. 4,4; Esth. 4,16)
  ἄβραις ▸ **1**
  Noun · feminine · plural · dative · (common) ▸ **1** (Esth. 2,9)
  ἄβραν ▸ **4**
  Noun · feminine · singular · accusative · (common) ▸ **4** (Ex. 2,5; Judith 8,10; Judith 10,2; Judith 16,23)
  ἄβρας ▸ **3**
  Noun · feminine · plural · accusative · (common) ▸ **1** (Esth. 15,2 # 5,1a)
  Noun · feminine · singular · genitive · (common) ▸ **2** (Esth. 15,7 # 5,1d; Judith 8,33)

Αβρααμ Abraham ▸ **210 + 2 = 212**
  Αβρααμ ▸ **210 + 2 = 212**
  Noun · masculine · singular · accusative · (proper) ▸ **26 + 1 = 27** (Gen. 17,9; Gen. 18,13; Gen. 18,19; Gen. 21,22; Gen. 22,1; Gen. 22,7; Gen. 22,15; Gen. 23,5; Gen. 23,10; Gen. 24,1; Gen. 25,10; Gen. 25,11; Gen. 26,18; Gen. 26,24; Gen. 49,31; Ex. 2,24; Ex. 6,3; Josh. 24,3; Neh. 9,7; 2Mac. 1,2; Psa. 104,42; Ode. 7,35; Ode. 9,73; Sir. 44,22; Is. 51,2; Dan. 3,35; Dan. 3,35)
  Noun · masculine · singular · dative · (proper) ▸ **38** (Gen. 17,15; Gen. 17,19; Gen. 18,33; Gen. 20,10; Gen. 20,14; Gen. 20,15; Gen. 21,2; Gen. 21,7; Gen. 21,9; Gen. 21,10; Gen. 21,12; Gen. 21,29; Gen. 22,11; Gen. 22,20; Gen. 23,14; Gen. 23,18; Gen. 23,20; Gen. 24,14; Gen. 25,12; Gen. 26,3; Gen. 28,4; Gen. 35,12; Gen. 50,24; Ex. 6,8; Ex. 33,1; Num. 32,11; Deut. 1,8; Deut. 6,10; Deut. 9,5; Deut. 29,12; Deut. 30,20; Deut. 34,4; 1Chr. 16,16; Psa. 104,9; Ode. 9,55; Ode. 12,8; Mic. 7,20; Bar. 2,34)

Ἀβρααμ–ἄβυσσος

Noun · masculine · singular · genitive · (proper) ▸ 63 + 1 = **64** (Gen. 17,22; Gen. 17,23; Gen. 18,17; Gen. 19,29; Gen. 20,18; Gen. 21,11; Gen. 22,23; Gen. 24,9; Gen. 24,12; Gen. 24,12; Gen. 24,15; Gen. 24,27; Gen. 24,34; Gen. 24,42; Gen. 24,44; Gen. 24,48; Gen. 24,52; Gen. 24,59; Gen. 25,7; Gen. 25,12; Gen. 25,19; Gen. 26,1; Gen. 26,18; Gen. 26,24; Gen. 28,4; Gen. 28,9; Gen. 28,13; Gen. 31,42; Gen. 31,53; Gen. 32,10; Ex. 3,6; Ex. 3,15; Ex. 3,16; Ex. 4,5; Ex. 32,13; Lev. 26,42; Deut. 9,27; Josh. 24,2; 1Kings 18,36; 2Kings 13,23; 1Chr. 1,28; 1Chr. 1,32; 1Chr. 29,18; 2Chr. 20,7; 2Chr. 30,6; Esth. 13,15 # 4,17f; Esth. 14,18 # 4,17y; Judith 8,26; 1Mac. 12,21; 3Mac. 6,3; 4Mac. 6,17; 4Mac. 6,22; 4Mac. 14,20; 4Mac. 15,28; 4Mac. 17,6; Psa. 46,10; Psa. 104,6; Ode. 12,1; Job 42,17c; Sol. 9,9; Sol. 18,3; Is. 29,22; Is. 41,8; Tob. 14,7)

Noun · masculine · singular · nominative · (proper) ▸ **80** (Gen. 17,5; Gen. 17,17; Gen. 17,18; Gen. 17,23; Gen. 17,24; Gen. 17,26; Gen. 18,6; Gen. 18,7; Gen. 18,11; Gen. 18,16; Gen. 18,18; Gen. 18,22; Gen. 18,23; Gen. 18,27; Gen. 18,33; Gen. 19,27; Gen. 20,1; Gen. 20,2; Gen. 20,9; Gen. 20,11; Gen. 20,17; Gen. 21,3; Gen. 21,4; Gen. 21,5; Gen. 21,8; Gen. 21,14; Gen. 21,24; Gen. 21,25; Gen. 21,27; Gen. 21,28; Gen. 21,30; Gen. 21,33; Gen. 21,34; Gen. 22,3; Gen. 22,4; Gen. 22,5; Gen. 22,6; Gen. 22,8; Gen. 22,9; Gen. 22,10; Gen. 22,13; Gen. 22,13; Gen. 22,14; Gen. 22,19; Gen. 22,19; Gen. 23,2; Gen. 23,3; Gen. 23,7; Gen. 23,8; Gen. 23,12; Gen. 23,16; Gen. 23,16; Gen. 23,19; Gen. 24,1; Gen. 24,2; Gen. 24,6; Gen. 25,1; Gen. 25,5; Gen. 25,6; Gen. 25,8; Gen. 25,10; Gen. 25,19; Gen. 26,5; Gen. 26,18; Gen. 35,27; Gen. 48,15; Gen. 48,16; Gen. 49,30; Gen. 50,13; 1Chr. 1,27; 1Chr. 1,34; Tob. 4,12; 1Mac. 2,52; 4Mac. 7,19; 4Mac. 13,17; 4Mac. 16,20; 4Mac. 16,25; Sir. 44,19; Is. 63,16; Ezek. 33,24)

Noun · masculine · singular · vocative · (proper) ▸ **3** (Gen. 22,1; Gen. 22,1; Gen. 22,11)

Ἀβραάμ Abraham ▸ 73

Ἀβραάμ ▸ 26

Noun · masculine · singular · accusative · (proper) ▸ **3** (Matt. 3,9; Luke 3,8; Acts 3,25)

Noun · masculine · singular · dative · (proper) ▸ **4** (Matt. 3,9; Luke 3,8; Acts 7,17; Gal. 3,9)

Noun · masculine · singular · genitive · (proper) ▸ **13** (Matt. 1,1; Luke 16,22; Luke 19,9; John 8,33; John 8,37; John 8,39; John 8,53; Rom. 4,12; Rom. 4,16; Rom. 11,1; 2Cor. 11,22; Gal. 3,7; Heb. 7,5)

Noun · masculine · singular · nominative · (proper) ▸ **4** (Luke 16,25; Luke 16,29; John 8,39; Heb. 7,2)

Noun · masculine · singular · vocative · (proper) ▸ **2** (Luke 16,24; Luke 16,30)

Ἀβραάμ ▸ 47

Noun · masculine · singular · accusative · (proper) ▸ **7** (Luke 1,73; Luke 13,28; Luke 16,23; John 8,57; John 8,58; Rom. 4,1; Heb. 7,6)

Noun · masculine · singular · dative · (proper) ▸ **10** (Luke 1,55; Acts 7,2; Rom. 4,9; Rom. 4,13; Gal. 3,8; Gal. 3,16; Gal. 3,18; Heb. 6,13; Heb. 7,1; 1Pet. 3,6)

Noun · masculine · singular · genitive · (proper) ▸ **16** (Matt. 1,17; Matt. 8,11; Matt. 22,32; Mark 12,26; Luke 3,34; Luke 13,16; Luke 20,37; John 8,39; Acts 3,13; Acts 7,32; Acts 13,26; Rom. 9,7; Gal. 3,14; Gal. 3,29; Heb. 2,16; Heb. 7,9)

Noun · masculine · singular · nominative · (proper) ▸ **14** (Matt. 1,2; John 8,40; John 8,52; John 8,56; Acts 7,16; Rom. 4,2; Rom. 4,3; Gal. 3,6; Gal. 4,22; Heb. 7,4; Heb. 11,8; Heb. 11,17; James 2,21; James 2,23)

Ἀβρααμίτις daughter of Abraham ▸ 1

Ἀβρααμίτιδος ▸ 1

Noun · feminine · singular · genitive · (proper) ▸ **1** (4Mac. 18,20)

Ἀβραμ Abram ▸ 66

Ἀβραμ ▸ 66

Noun · masculine · singular · accusative · (proper) ▸ **12** (Gen. 11,26; Gen. 11,27; Gen. 11,31; Gen. 12,18; Gen. 14,19; Gen. 14,21; Gen. 14,23; Gen. 15,1; Gen. 15,13; Gen. 16,2; Gen. 16,3; Gen. 16,5)

Noun · masculine · singular · dative · (proper) ▸ **12** (Gen. 12,1; Gen. 12,7; Gen. 12,16; Gen. 13,14; Gen. 14,13; Gen. 15,12; Gen. 15,18; Gen. 16,3; Gen. 16,15; Gen. 16,16; Gen. 17,1; Neh. 9,7)

Noun · masculine · singular · genitive · (proper) ▸ **10** (Gen. 11,29; Gen. 11,31; Gen. 12,17; Gen. 12,20; Gen. 13,5; Gen. 13,7; Gen. 14,12; Gen. 14,13; Gen. 16,1; Gen. 16,3)

Noun · masculine · singular · nominative · (proper) ▸ **31** (Gen. 11,29; Gen. 12,4; Gen. 12,4; Gen. 12,5; Gen. 12,6; Gen. 12,7; Gen. 12,9; Gen. 12,10; Gen. 12,11; Gen. 12,11; Gen. 12,14; Gen. 13,1; Gen. 13,2; Gen. 13,4; Gen. 13,8; Gen. 13,12; Gen. 13,18; Gen. 14,14; Gen. 14,19; Gen. 14,22; Gen. 15,2; Gen. 15,3; Gen. 15,6; Gen. 15,11; Gen. 16,2; Gen. 16,6; Gen. 16,15; Gen. 16,16; Gen. 17,1; Gen. 17,3; Gen. 17,5)

Noun · masculine · singular · vocative · (proper) ▸ **1** (Gen. 15,1)

Ἀβραμιαῖος son of Abraham ▸ 3

Ἀβραμιαῖοι ▸ 1

Adjective · masculine · plural · nominative · noDegree ▸ **1** (4Mac. 18,23)

Ἀβραμιαῖος ▸ 1

Adjective · masculine · singular · nominative · noDegree ▸ **1** (4Mac. 9,21)

Ἀβραμιαίων ▸ 1

Adjective · neuter · plural · genitive · noDegree ▸ **1** (4Mac. 18,1)

ἀβροχία (α; βρέχω) drought, rainlessness ▸ 3

ἀβροχίας ▸ 3

Noun · feminine · singular · genitive · (common) ▸ **3** (Sir. 35,24; Jer. 14,1; Jer. 17,8)

Ἀβρωνα Abron ▸ 1

Ἀβρωνα ▸ 1

Noun · singular · genitive · (proper) ▸ **1** (Judith 2,24)

ἄβρωτος (α; βιβρώσκω) inedible ▸ 1

ἄβρωτα ▸ 1

Adjective · neuter · plural · accusative · noDegree ▸ **1** (Prov. 24,22e)

ἄβυσσος (α; βυθός) abyss ▸ 49 + 1 + 9 = **59**

ἄβυσσοι ▸ 3

Noun · feminine · plural · nominative · (common) ▸ **3** (Psa. 76,17; Psa. 148,7; Prov. 3,20)

ἀβύσσοις ▸ 1

Noun · feminine · plural · dative · (common) ▸ **1** (Psa. 134,6)

ἄβυσσον ▸ 9 + 3 = **12**

Noun · feminine · singular · accusative · (common) ▸ 9 + 3 = **12** (Psa. 41,8; Ode. 12,3; Job 41,23; Job 41,24; Sir. 1,3; Sir. 42,18; Sir. 43,23; Amos 7,4; Ezek. 26,19; Luke 8,31; Rom. 10,7; Rev. 20,3)

ἄβυσσος ▸ 12

Noun · feminine · singular · nominative · (common) ▸ **12** (Psa. 35,7; Psa. 41,8; Psa. 103,6; Ode. 4,10; Ode. 6,6; Job 28,14; Job 36,16; Sir. 16,18; Jonah 2,6; Hab. 3,10; Ezek. 31,4; Ezek. 31,15)

ἀβύσσου ▸ 10 + 6 = **16**

Noun · feminine · singular · genitive · (common) ▸ 10 + 6 = **16** (Gen. 1,2; Gen. 7,11; Gen. 8,2; Job 38,16; Job 38,30; Job 41,24; Wis. 10,19; Sir. 24,29; Is. 51,10; Is. 63,13; Rev. 9,1; Rev. 9,2; Rev. 9,11; Rev. 11,7; Rev. 17,8; Rev. 20,1)

ἀβύσσους ▸ 4 + 1 = **5**

Noun · feminine · plural · accusative · (common) ▸ 4 + 1 = **5** (Psa. 32,7; Ode. 8,54; Prov. 8,24; Dan. 3,55; Dan. 3,55)

A, α

ἀβύσσῳ ▸ 3
: **Noun** · feminine · singular · dative · (common) ▸ **3** (Psa. 77,15; Psa. 105,9; Is. 44,27)

ἀβύσσων ▸ 7
: **Noun** · feminine · plural · genitive · (common) ▸ **7** (Deut. 8,7; Deut. 33,13; Psa. 70,20; Psa. 70,21; Psa. 106,26; Sir. 24,5; Sol. 17,19)

Αβωμεουλα Abel Meholah ▸ 1
: Αβωμεουλα ▸ 1
  : **Noun** · singular · genitive · (proper) ▸ **1** (Judg. 7,22)

Αβωρ Habor, Moreh ▸ 3
: Αβωρ ▸ 3
  : **Noun** · singular · genitive · (proper) ▸ **1** (Judg. 7,1)
  : **Noun** · feminine · singular · dative · (proper) ▸ **2** (2Kings 17,6; 2Kings 18,11)

Αγαβ Hagab ▸ 1
: Αγαβ ▸ 1
  : **Noun** · masculine · singular · genitive · (proper) ▸ **1** (Ezra 2,46)

Αγαβα Hagaba, Hagab ▸ 3
: Αγαβα ▸ 3
  : **Noun** · masculine · singular · genitive · (proper) ▸ **3** (1Esdr. 5,30; Ezra 2,45; Neh. 7,48)

Ἄγαβος Agabus ▸ 2
: Ἄγαβος ▸ 2
  : **Noun** · masculine · singular · nominative · (proper) ▸ **2** (Acts 11,28; Acts 21,10)

Αγαγ Agag ▸ 8
: Αγαγ ▸ 8
  : **Noun** · masculine · singular · accusative · (proper) ▸ **6** (1Sam. 15,8; 1Sam. 15,9; 1Sam. 15,20; 1Sam. 15,32; 1Sam. 15,33; 1Sam. 15,33)
  : **Noun** · masculine · singular · nominative · (proper) ▸ **2** (1Sam. 15,32; 1Sam. 15,32)

ἀγαθοεργέω (ἀγαθός; ἔργον) to do good ▸ 2
: ἀγαθοεργεῖν ▸ 1
  : **Verb** · present · active · infinitive ▸ **1** (1Tim. 6,18)
: ἀγαθουργῶν ▸ 1
  : **Verb** · present · active · participle · masculine · singular · nominative ▸ **1** (Acts 14,17)

ἀγαθοποιέω (ἀγαθός; ποιέω) to do good ▸ 5 + 9 = 14
: ἀγαθοποιεῖτε ▸ 1
  : **Verb** · second · plural · present · active · imperative ▸ **1** (Luke 6,35)
: ἀγαθοποιῆσαι ▸ 1
  : **Verb** · third · singular · aorist · active · optative ▸ **1** (2Mac. 1,2)
: ἀγαθοποιῆσαι ▸ 1
  : **Verb** · aorist · active · infinitive ▸ **1** (Luke 6,9)
: ἀγαθοποιήσῃ ▸ 2
  : **Verb** · third · singular · aorist · active · subjunctive ▸ **2** (Num. 10,32; Zeph. 1,12)
: ἀγαθοποιῆτε ▸ 1
  : **Verb** · second · plural · present · active · subjunctive ▸ **1** (Luke 6,33)
: ἀγαθοποιοῦντας ▸ 3
  : **Verb** · present · active · participle · masculine · plural · accusative ▸ **3** (Luke 6,33; 1Pet. 2,15; 1Pet. 3,17)
: ἀγαθοποιοῦντες ▸ 1
  : **Verb** · present · active · participle · masculine · plural · nominative ▸ **1** (1Pet. 2,20)
: ἀγαθοποιοῦσαι ▸ 1
  : **Verb** · present · active · participle · feminine · plural · nominative ▸ **1** (1Pet. 3,6)
: ἀγαθοποιῶν ▸ 1 + 1 = 2
  : **Verb** · present · active · participle · masculine · singular · nominative ▸ **1 + 1 = 2** (Tob. 12,13; 3John 11)
: ἠγαθοποίησέν ▸ 1
  : **Verb** · third · singular · aorist · active · indicative ▸ **1** (Judg. 17,13)

ἀγαθοποιΐα (ἀγαθός; ποιέω) doing good ▸ 1
: ἀγαθοποιΐᾳ ▸ 1
  : **Noun** · feminine · singular · dative ▸ **1** (1Pet. 4,19)

ἀγαθοποιός (ἀγαθός; ποιέω) doing good ▸ 1 + 1 = 2
: ἀγαθοποιὸς ▸ 1
  : **Adjective** · feminine · singular · nominative · noDegree ▸ **1** (Sir. 42,14)
: ἀγαθοποιῶν ▸ 1
  : **Noun** · masculine · plural · genitive ▸ **1** (1Pet. 2,14)

ἀγαθός good ▸ 612 + 28 + 126 = 766
: ἀγαθά ▸ 39 + 3 + 5 = 47
  : **Adjective** · neuter · plural · accusative · noDegree ▸ 30 + 3 + 4 = **37** (Gen. 50,20; Deut. 30,9; 1Sam. 24,18; 1Sam. 24,19; 1Sam. 24,20; 2Chr. 18,7; 2Chr. 18,12; 2Chr. 18,17; Judith 15,8; Psa. 4,7; Psa. 121,9; Prov. 18,22a; Prov. 19,8; Prov. 25,22; Job 17,15; Sir. 11,12; Sir. 39,27; Sir. 42,25; Hos. 8,3; Hos. 14,3; Amos 9,4; Is. 52,7; Is. 55,2; Jer. 14,11; Jer. 21,10; Jer. 24,5; Jer. 36,32; Jer. 39,42; Jer. 40,9; Jer. 46,16; Judg. 8,35; Tob. 4,21; Tob. 12,6; Matt. 12,35; Luke 12,18; Luke 16,25; Rom. 10,15)
  : **Adjective** · neuter · plural · nominative · noDegree ▸ 9 + 1 = **10** (Judith 5,17; Prov. 13,21; Eccl. 11,6; Job 20,21; Job 21,16; Sir. 11,23; Jer. 8,15; Jer. 14,19; Jer. 17,6; Rom. 3,8)
: ἀγαθὰ ▸ 64 + 2 + 6 = 72
  : **Adjective** · neuter · plural · accusative · noDegree ▸ 54 + 2 + 6 = **62** (Num. 10,32; Deut. 28,11; 1Sam. 8,16; 1Sam. 15,9; 1Sam. 19,4; 1Sam. 25,30; 2Sam. 2,6; 2Sam. 7,28; 2Sam. 16,12; 1Kings 1,42; 1Kings 10,7; 2Kings 8,9; 2Kings 25,28; 1Chr. 17,26; 2Chr. 18,12; 1Esdr. 8,82; Ezra 9,12; Judith 15,10; Tob. 4,19; 1Mac. 10,27; 1Mac. 14,4; 4Mac. 12,11; Psa. 26,13; Psa. 83,12; Psa. 127,5; Prov. 11,27; Prov. 28,10; Prov. 31,12; Job 2,10; Sir. 2,9; Sir. 11,31; Sir. 13,25; Sir. 17,7; Sir. 29,16; Sir. 39,4; Sol. 11,7; Sol. 17,44; Sol. 18,6; Hos. 10,1; Mic. 1,12; Mic. 7,4; Is. 1,19; Is. 58,14; Jer. 2,7; Jer. 5,25; Jer. 15,11; Jer. 18,20; Jer. 24,6; Jer. 24,6; Jer. 27,12; Jer. 38,12; Jer. 47,5; Lam. 3,17; Ezek. 36,31; Judg. 9,11; Tob. 4,21; Matt. 7,11; Matt. 7,11; Matt. 12,34; Luke 11,13; Luke 12,19; John 5,29)
  : **Adjective** · neuter · plural · nominative · noDegree ▸ **10** (Gen. 45,20; 1Sam. 19,4; Wis. 7,11; Sir. 11,14; Sir. 12,3; Sir. 30,18; Sir. 31,11; Sir. 39,25; Sir. 39,33; Sir. 45,26)
: ἀγαθαί ▸ 2 + 1 = 3
  : **Adjective** · feminine · plural · nominative · noDegree ▸ 2 + 1 = **3** (1Sam. 2,24; Eccl. 7,10; Dan. 1,15)
: ἀγαθάς ▸ 6 + 1 = 7
  : **Adjective** · feminine · plural · accusative · noDegree ▸ 6 + 1 = **7** (1Chr. 4,40; Neh. 9,13; Psa. 33,13; Prov. 2,20; Prov. 6,12; Prov. 16,29; Titus 2,5)
: ἀγαθὰς ▸ 3 + 1 = 4
  : **Adjective** · feminine · plural · accusative · noDegree ▸ 3 + 1 = **4** (Esth. 9,21; Esth. 9,22; Zech. 8,19; 1Pet. 3,10)
: ἀγαθὲ ▸ 3
  : **Adjective** · masculine · singular · vocative ▸ **3** (Matt. 25,21; Matt. 25,23; Luke 19,17)
: ἀγαθέ ▸ 1 + 2 = 3
  : **Adjective** · masculine · singular · vocative · noDegree ▸ 1 + 2 = **3** (Tob. 9,6; Mark 10,17; Luke 18,18)
: ἀγαθή ▸ 11 + 1 = 12

ἀγαθός

Adjective · feminine · singular · nominative · noDegree ▸ 11 + 1 = **12** (Num. 14,7; Ruth 4,15; 2Kings 2,19; Neh. 2,8; Prov. 11,23; Prov. 13,12; Prov. 22,1; Prov. 24,25; Sir. 26,3; Sir. 26,4; Jer. 6,16; Rom. 7,12)

ἀγαθὴ ▸ 28 + 1 + 1 = 30

Adjective · feminine · singular · nominative · noDegree ▸ 28 + 1 + 1 = **30** (Judg. 18,9; 1Sam. 2,24; 1Sam. 15,22; 1Sam. 25,3; 1Sam. 25,36; 2Sam. 17,7; Ezra 7,9; Ezra 7,28; Ezra 8,18; Neh. 2,18; Judith 11,23; 1Mac. 4,45; Psa. 110,10; Prov. 1,7; Prov. 12,25; Prov. 13,15; Prov. 15,30; Prov. 19,7; Prov. 24,7; Prov. 25,25; Eccl. 7,8; Eccl. 7,11; Eccl. 9,18; Wis. 8,18; Sir. 26,3; Sir. 30,25; Sir. 44,11; Sol. 18,9; Judg. 18,9; James 1,17)

Ἀγαθὴ ▸ 4

Adjective · feminine · singular · nominative · noDegree ▸ **4** (Deut. 1,25; 2Sam. 17,14; 1Mac. 10,55; Eccl. 9,16)

ἀγαθῇ ▸ 11 + 2 = 13

Adjective · feminine · singular · dative · noDegree ▸ 11 + 2 = **13** (Deut. 28,47; Judg. 8,32; 1Sam. 24,20; 1Kings 8,66; 2Chr. 7,10; Judith 8,28; Psa. 35,5; Prov. 14,33; Eccl. 9,7; Ezek. 34,14; Ezek. 34,14; Luke 8,15; Acts 23,1)

ἀγαθήν ▸ 10 + 1 + 2 = 13

Adjective · feminine · singular · accusative · noDegree ▸ 10 + 1 + 2 = **13** (Deut. 6,18; Deut. 31,20; Deut. 31,21; 2Sam. 17,14; 2Chr. 6,27; 2Mac. 1,1; Prov. 5,2; Prov. 11,27; Prov. 18,22; Prov. 18,22a; Tob. 4,19; Titus 2,10; 1Pet. 3,16)

ἀγαθὴν ▸ 21 + 1 + 6 = 28

Adjective · feminine · singular · accusative · noDegree ▸ 21 + 1 + 6 = **28** (Ex. 3,8; Deut. 1,35; Deut. 3,25; Deut. 4,22; Deut. 8,7; Deut. 9,4; Deut. 9,6; 1Sam. 12,23; 1Sam. 25,8; 2Sam. 18,27; 1Kings 8,36; 2Kings 3,19; 2Kings 3,25; 1Chr. 28,8; 1Chr. 29,19; 2Chr. 30,22; Esth. 9,19; Esth. 9,19; Esth. 9,22; 4Mac. 2,23; Prov. 22,21; Tob. 10,12; Luke 8,8; Luke 10,42; 1Th. 3,6; 2Th. 2,16; 1Tim. 1,19; 1Pet. 3,16)

ἀγαθῆς ▸ 19 + 3 + 2 = 24

Adjective · feminine · singular · genitive · noDegree ▸ 19 + 3 + 2 = **24** (Ex. 20,12; Deut. 8,10; Deut. 11,17; Josh. 23,13; Josh. 23,15; Tob. 5,14; Tob. 14,4; 2Mac. 7,20; Prov. 9,10a; Prov. 13,15; Prov. 16,7; Wis. 8,19; Sir. 7,19; Sir. 14,14; Sir. 14,14; Sir. 26,1; Sir. 26,16; Sir. 41,13; Sol. 3,2; Tob. 5,14; Tob. 5,14; Tob. 14,4; 1Tim. 1,5; 1Pet. 3,21)

ἀγαθοὶ ▸ 6

Adjective · masculine · plural · nominative · noDegree ▸ **6** (1Sam. 25,15; 2Sam. 15,3; 2Chr. 19,3; Prov. 15,15; Eccl. 4,9; Song 1,2)

ἀγαθοί ▸ 2 + 1 = 3

Adjective · masculine · plural · nominative · noDegree ▸ 2 + 1 = **3** (2Chr. 12,12; Prov. 14,22; Tob. 5,14)

ἀγαθοῖς ▸ 38 + 1 + 3 = 42

Adjective · masculine · plural · dative · noDegree ▸ 6 + 1 = **7** (1Kings 2,32; 1Kings 8,56; 2Mac. 15,11; Psa. 124,4; Prov. 14,22; Sir. 39,25; Gal. 6,6)

Adjective · neuter · plural · dative · noDegree ▸ 32 + 1 + 2 = **35** (Ex. 18,9; Deut. 26,11; 1Kings 8,66; 2Chr. 6,41; 2Chr. 7,10; Judith 13,20; Psa. 24,13; Psa. 64,5; Psa. 102,5; Prov. 11,10; Prov. 16,17; Prov. 17,20; Job 21,13; Job 22,21; Job 30,26; Job 36,11; Sir. 6,11; Sir. 12,1; Sir. 12,5; Sir. 12,8; Sir. 12,9; Sir. 13,26; Sir. 14,4; Sir. 18,15; Sir. 20,16; Sir. 22,23; Sol. 1,6; Sol. 5,18; Hos. 3,5; Zech. 1,17; Is. 55,2; Is. 55,3; Tob. 14,2; Eph. 2,10; 1Pet. 2,18)

ἀγαθὸν ▸ 40 + 16 = 56

Adjective · masculine · singular · accusative · noDegree ▸ 6 + 2 = **8** (Deut. 28,12; Ezra 3,11; Neh. 2,5; 2Mac. 15,12; Psa. 44,2; Psa. 85,17; Mark 10,18; Luke 18,19)

Adjective · neuter · singular · accusative · noDegree ▸ 15 + 11 = **26** (2Kings 20,13; Ezra 8,22; Neh. 2,18; Psa. 33,15; Psa. 52,2; Psa. 52,4; Psa. 118,122; Eccl. 5,17; Job 7,7; Job 21,25; Sir. 7,13; Sir. 18,17; Is. 7,15; Is. 7,16; LetterJ 33; Luke 6,45; Rom. 2,10; Rom. 7,19; Rom. 8,28; Rom. 13,4; Rom. 16,19; 2Cor. 9,8; Eph. 4,28; Eph. 6,8; 1Pet. 3,11; 3John 11)

Adjective · neuter · singular · nominative · noDegree ▸ 19 + 3 = **22** (Ruth 3,13; 1Sam. 16,16; 1Sam. 27,1; 2Sam. 14,32; 1Chr. 16,34; 2Chr. 5,13; 2Chr. 7,3; Ezra 5,17; Neh. 2,7; Judith 8,29; Tob. 4,11; Psa. 53,8; Psa. 72,28; Psa. 118,71; Psa. 118,72; Prov. 13,13a; Sir. 33,14; Lam. 3,38; Lam. 4,1; Rom. 7,18; Rom. 14,16; Philem. 14)

ἀγαθὸν ▸ 95 + 6 + 18 = 119

Adjective · masculine · singular · accusative · noDegree ▸ **7** (1Kings 20,2; 2Kings 10,3; 1Chr. 13,2; 2Mac. 11,6; 2Mac. 15,23; 4Mac. 4,1; Lam. 3,25)

Adjective · neuter · singular · accusative · noDegree ▸ 48 + 4 + 13 = **65** (Num. 14,23; Num. 32,11; Deut. 1,39; Deut. 3,25; Deut. 30,15; Judg. 9,11; Judg. 17,6; Judg. 19,24; 1Sam. 1,23; 1Sam. 3,18; 1Sam. 11,10; 1Sam. 14,36; 1Sam. 14,40; 2Sam. 10,12; 2Sam. 14,17; 2Sam. 15,26; 2Sam. 19,28; 2Sam. 19,38; 2Sam. 19,39; 2Sam. 24,22; 2Kings 3,19; 2Kings 3,25; 2Kings 10,5; 2Kings 20,3; 1Chr. 19,13; 1Chr. 21,23; 2Chr. 10,7; Ezra 9,12; Neh. 2,10; Neh. 5,19; Neh. 9,20; Judith 4,15; Tob. 4,9; Tob. 12,7; 1Mac. 11,33; Psa. 36,27; Prov. 4,2; Prov. 11,17; Eccl. 2,3; Eccl. 3,12; Eccl. 3,13; Eccl. 6,12; Eccl. 7,1; Eccl. 7,20; Sir. 51,18; Sir. 51,21; Is. 7,16; Jer. 39,39; Judg. 10,15; Judg. 18,19; Judg. 19,24; Tob. 12,7; Matt. 19,16; Mark 3,4; Rom. 9,11; Rom. 13,3; Rom. 15,2; 2Cor. 5,10; Gal. 6,10; Phil. 1,6; 1Th. 5,15; 2Tim. 2,21; 2Tim. 3,17; Titus 1,16; Titus 3,1)

Adjective · neuter · singular · nominative · noDegree ▸ 40 + 2 + 5 = **47** (1Sam. 2,26; 1Sam. 16,23; 1Sam. 20,12; 1Sam. 24,5; 1Sam. 26,16; 2Sam. 18,3; Judith 3,4; Tob. 12,6; Tob. 12,8; Tob. 12,8; Psa. 117,8; Psa. 117,9; Psa. 142,10; Psa. 146,1; Prov. 24,13; Eccl. 2,24; Eccl. 2,24; Eccl. 3,12; Eccl. 3,22; Eccl. 4,6; Eccl. 5,4; Eccl. 6,9; Eccl. 7,2; Eccl. 7,3; Eccl. 7,5; Eccl. 7,8; Eccl. 7,18; Eccl. 8,12; Eccl. 8,13; Eccl. 8,15; Eccl. 11,7; Eccl. 12,14; Sir. 18,8; Sir. 37,18; Sir. 41,11; Sir. 41,13; Zech. 9,17; Jer. 10,5; Jer. 49,6; Lam. 3,27; Judg. 9,2; Tob. 12,8; Matt. 7,17; Matt. 7,18; John 1,46; Rom. 7,13; Rom. 12,2)

Ἀγαθὸν ▸ 1

Adjective · neuter · singular · nominative · noDegree ▸ **1** (Ruth 2,22)

Ἀγαθὸν ▸ 5

Adjective · neuter · singular · accusative · noDegree ▸ **1** (Eccl. 6,3)

Adjective · neuter · singular · nominative · noDegree ▸ **4** (1Sam. 9,10; 1Kings 2,38; Psa. 91,2; Eccl. 7,1)

ἀγαθός ▸ 11 + 3 = 14

Adjective · masculine · singular · nominative · noDegree ▸ 11 + 3 = **14** (1Sam. 9,2; 1Sam. 16,12; Psa. 117,1; Psa. 117,2; Psa. 117,3; Psa. 117,4; Psa. 117,29; Prov. 13,2; Prov. 14,14; Prov. 28,21; Eccl. 9,2; Matt. 19,17; Matt. 20,15; John 7,12)

ἀγαθὸς ▸ 32 + 1 + 7 = 40

Adjective · masculine · singular · nominative · noDegree ▸ 32 + 1 + 7 = **40** (1Sam. 1,8; 1Sam. 9,2; 1Sam. 16,12; 1Sam. 16,18; 1Sam. 29,6; 1Sam. 29,6; 1Sam. 29,9; 1Sam. 29,10; 2Sam. 18,27; 2Kings 5,12; 2Chr. 30,18; Neh. 5,9; Judith 11,8; Tob. 5,22; Psa. 72,1; Psa. 134,3; Prov. 6,11; Prov. 13,22; Prov. 24,34; Eccl. 4,3; Eccl. 4,9; Eccl. 7,26; Eccl. 9,4; Song 7,10; Wis. 8,15; Wis. 8,20; Sir. 13,24; Sir. 14,5; Sir. 29,14; Sol. 3,2; Is. 63,7; Dan. 4,12; Tob. 5,22; Matt. 12,35; Mark 10,18; Luke 6,45; Luke 18,19; Luke 23,50; Acts

11,24; Eph. 4,29)

Ἀγαθός ▸ 4
Adjective · masculine · singular · nominative · noDegree ▸ 4
(2Kings 20,19; Eccl. 4,13; Is. 39,8; Lam. 3,25)

ἀγαθοῦ ▸ 9 + 2 + 8 = 19
Adjective · masculine · singular · genitive · noDegree ▸ 4 + 2 + 3 = 9 (2Chr. 19,11; Ezra 8,27; Tob. 7,6; Prov. 30,23; Tob. 7,6; Tob. 9,6; Matt. 12,35; Luke 6,45; Rom. 5,7)
Adjective · neuter · singular · genitive · noDegree ▸ 5 + 5 = 10
(2Sam. 13,22; 2Sam. 19,36; 1Kings 3,9; Psa. 33,11; Job 30,4; Matt. 19,17; Rom. 2,7; Rom. 7,13; Philem. 6; 1Pet. 3,13)

ἀγαθούς ▸ 5 + 1 = 6
Adjective · masculine · plural · accusative · noDegree ▸ 5 + 1 = 6 (1Kings 12,7; 2Chr. 10,7; Prov. 2,9; Prov. 15,3; Prov. 24,26; Matt. 22,10)

ἀγαθοὺς ▸ 3 + 1 = 4
Adjective · masculine · plural · accusative · noDegree ▸ 3 + 1 = 4 (1Sam. 8,14; 2Chr. 21,13; Sir. 6,19; Matt. 5,45)

ἀγαθῷ ▸ 10 + 1 + 7 = 18
Adjective · masculine · singular · dative · noDegree ▸ 7 + 1 = 8
(1Sam. 15,28; Eccl. 2,26; Eccl. 2,26; Eccl. 9,2; Sir. 12,7; Sir. 35,7; Sir. 35,9; 2Th. 2,17)
Adjective · neuter · singular · dative · noDegree ▸ 3 + 1 + 6 = 10
(2Mac. 5,4; Eccl. 2,1; Eccl. 7,14; Judg. 11,25; Rom. 12,9; Rom. 12,21; Rom. 13,3; Col. 1,10; 1Tim. 5,10; Heb. 13,21)

ἀγαθῶν ▸ 41 + 6 = 47
Adjective · feminine · plural · genitive · noDegree ▸ 1 (Wis. 12,21)
Adjective · masculine · plural · genitive · noDegree ▸ 4 + 1 = 5
(Prov. 14,19; Wis. 3,15; Wis. 18,9; Jer. 40,9; James 3,17)
Adjective · neuter · plural · genitive · noDegree ▸ 36 + 5 = 41
(Gen. 24,10; Gen. 45,18; Gen. 45,23; Deut. 6,11; 1Sam. 15,9; 1Sam. 25,21; Neh. 9,25; 1Mac. 14,9; 1Mac. 16,17; 2Mac. 11,19; Psa. 15,2; Psa. 37,21; Psa. 38,3; Psa. 106,9; Psa. 108,5; Ode. 9,53; Prov. 8,21; Prov. 12,14; Prov. 16,20; Prov. 17,1; Prov. 17,13; Job 22,18; Wis. 2,6; Wis. 8,9; Wis. 13,1; Wis. 14,26; Wis. 18,9; Sir. 11,19; Sir. 11,25; Sir. 11,25; Sir. 14,25; Sir. 16,29; Sir. 32,13; Jer. 18,10; Jer. 18,20; Jer. 38,14; Luke 1,53; Acts 9,36; 1Tim. 2,10; Heb. 9,11; Heb. 10,1)

ἀγαθωτέρα ▸ 1
Adjective · feminine · singular · nominative · comparative ▸ 1
(Judg. 15,2)

ἀγαθώτερος ▸ 1
Adjective · masculine · singular · nominative · comparative ▸ 1
(Judg. 11,25)

ἄριστος ▸ 1
Adjective · masculine · singular · nominative · superlative ▸ 1
(4Mac. 7,1)

ἀρίστων ▸ 1
Adjective · masculine · plural · genitive · superlative ▸ 1 (2Mac. 13,15)

Βέλτιον ▸ 1
Adjective · neuter · singular · nominative · comparative ▸ 1
(Gen. 29,19)

βέλτιον ▸ 9 + 1 = 10
Adjective · neuter · singular · accusative · comparative ▸ 5
(Num. 14,3; Prov. 8,19; Is. 45,9; Jer. 33,14; Jer. 47,9)
Adjective · neuter · singular · nominative · comparative ▸ 4
(Judg. 18,19; Jer. 22,15; Jer. 45,20; Jer. 49,6)
Adverb · (comparative) ▸ 1 (2Tim. 1,18)

βέλτιόν ▸ 1
Adjective · neuter · singular · nominative · comparative ▸ 1
(Judg. 9,2)

βελτίους ▸ 3
Adjective · feminine · plural · accusative · comparative ▸ 1
(Jer. 33,13)
Adjective · masculine · plural · nominative · comparative ▸ 2
(Prov. 24,25; Job 42,15)

βέλτιστα ▸ 2
Adjective · neuter · plural · accusative · superlative ▸ 2 (Ex. 22,4; Ex. 22,4)

βελτίστῃ ▸ 3
Adjective · feminine · singular · dative · superlative ▸ 3 (Gen. 47,6; Gen. 47,11; 3Mac. 3,26)

βελτίστου ▸ 1
Adjective · neuter · singular · genitive · superlative ▸ 1 (2Mac. 14,30)

βελτίω ▸ 1
Adjective · masculine · singular · accusative · comparative ▸ 1
(Jer. 42,15)

βελτίων ▸ 4
Adjective · feminine · singular · nominative · comparative ▸ 2
(Sir. 30,15; Is. 17,3)
Adjective · masculine · singular · nominative · comparative ▸ 2
(Wis. 13,3; Sir. 30,16)

κράτιστα ▸ 2
Adjective · neuter · plural · accusative · superlative ▸ 2 (1Sam. 15,15; 3Mac. 1,2)

κρατίσταις ▸ 1
Adjective · feminine · plural · dative · superlative ▸ 1 (2Mac. 3,2)

κρατίστας ▸ 1
Adjective · feminine · plural · accusative · superlative ▸ 1 (Amos 6,2)

κράτιστε ▸ 3
Adjective · masculine · singular · vocative · superlative ▸ 3
(Luke 1,3; Acts 24,3; Acts 26,25)

κρατίστη ▸ 1
Adjective · feminine · singular · nominative · superlative ▸ 1
(Psa. 15,6)

κρατίστοις ▸ 1
Adjective · neuter · plural · dative · superlative ▸ 1 (Psa. 15,6)

κράτιστον ▸ 1
Adjective · neuter · singular · nominative · superlative ▸ 1 (Psa. 22,5)

κρατίστους ▸ 1
Adjective · masculine · plural · accusative · superlative ▸ 1
(2Mac. 4,12)

κρατίστῳ ▸ 1
Adjective · masculine · singular · dative · superlative ▸ 1 (Acts 23,26)

κρεῖσσον ▸ 11 + 1 + 3 = 15
Adverb · (comparative) ▸ 1 (1Cor. 7,38)
Adjective · neuter · singular · accusative · comparative ▸ 3 + 1 = 4 (Ex. 14,12; 1Mac. 3,59; Sir. 40,28; 1Cor. 11,17)
Adjective · neuter · singular · nominative · comparative ▸ 8 + 1 + 1 = 10 (Judith 7,27; Psa. 36,16; Psa. 62,4; Prov. 21,9; Prov. 21,19; Prov. 25,7; Sir. 33,22; LetterJ 58; Judg. 8,2; Phil. 1,23)

κρείσσονα ▸ 1
Adjective · neuter · plural · accusative · comparative ▸ 1 (Heb. 6,9)

κρείσσους ▸ 1
Adjective · masculine · plural · nominative · comparative ▸ 1
(Prov. 27,5)

κρείσσω ▸ 1
   Adjective · neuter · plural · nominative · comparative ▸ 1 (Prov. 8,19)
Κρείσσων ▸ 1
   Adjective · masculine · singular · nominative · comparative ▸ 1 (Sir. 30,14)
κρείσσων ▸ 33
   Adjective · feminine · singular · nominative · comparative ▸ 9 (Judg. 15,2; Psa. 83,11; Prov. 8,11; Prov. 15,16; Prov. 15,29a; Wis. 4,1; Sir. 36,21; Sir. 42,14; Dan. 1,15)
   Adjective · masculine · singular · nominative · comparative ▸ 24 (Judg. 11,25; 1Kings 19,4; 1Mac. 13,5; Prov. 12,2; Prov. 12,9; Prov. 13,12; Prov. 15,17; Prov. 16,19; Prov. 16,32; Prov. 16,32; Prov. 17,1; Prov. 19,22; Prov. 24,5; Prov. 27,10; Prov. 28,6; Prov. 29,1; Sir. 10,27; Sir. 16,3; Sir. 18,16; Sir. 20,31; Sir. 29,22; Sir. 30,17; Sir. 41,15; LetterJ 72)
κρεῖττον ▸ 3 + 4 = 7
   Adjective · neuter · singular · accusative · noDegree ▸ 1 (Prov. 3,14)
   Adjective · neuter · singular · nominative · comparative ▸ 2 + 4 = 6 (Prov. 25,24; Sir. 23,27; 1Cor. 7,9; Heb. 12,24; 1Pet. 3,17; 2Pet. 2,21)
κρεῖττόν ▸ 1
   Adjective · neuter · singular · accusative · comparative ▸ 1 (Heb. 11,40)
κρείττονα ▸ 1
   Adjective · feminine · singular · accusative · comparative ▸ 1 (Heb. 10,34)
κρείττονι ▸ 1
   Adjective · feminine · singular · dative · comparative ▸ 1 (Esth. 1,19)
κρείττονος ▸ 5
   Adjective · feminine · singular · genitive · comparative ▸ 4 (Heb. 7,19; Heb. 7,22; Heb. 11,16; Heb. 11,35)
   Adjective · masculine · singular · genitive · comparative ▸ 1 (Heb. 7,7)
κρείττονός ▸ 1
   Adjective · feminine · singular · genitive · comparative ▸ 1 (Heb. 8,6)
κρείττοσιν ▸ 2
   Adjective · feminine · plural · dative · comparative ▸ 2 (Heb. 8,6; Heb. 9,23)
κρείττω ▸ 3
   Adjective · masculine · singular · accusative · comparative ▸ 1 (Is. 56,5)
   Adjective · neuter · plural · nominative · comparative ▸ 2 (Judg. 8,2; LetterJ 67)
κρείττων ▸ 3 + 1 = 4
   Adjective · masculine · singular · nominative · comparative ▸ 3 + 1 = 4 (Wis. 15,17; Sir. 19,24; Ezek. 32,21; Heb. 1,4)

ἀγαθότης (ἀγαθός) goodness ▸ 4
ἀγαθότητα ▸ 1
   Noun · feminine · singular · accusative · (common) ▸ 1 (Wis. 12,22)
ἀγαθότητι ▸ 2
   Noun · feminine · singular · dative · (common) ▸ 2 (Wis. 1,1; Sir. 45,23)
ἀγαθότητος ▸ 1
   Noun · feminine · singular · genitive · (common) ▸ 1 (Wis. 7,26)

ἀγαθόω (ἀγαθός) to do good to someone ▸ 5
ἀγαθῶσαι ▸ 4
   Verb · aorist · active · infinitive ▸ 4 (1Sam. 25,31; Sir. 49,9; Jer. 39,41; Jer. 51,27)
ἀγαθώσει ▸ 1
   Verb · third · singular · future · active · indicative ▸ 1 (1Sam. 25,31)

ἀγαθύνω (ἀγαθός) to do good, to be glad ▸ 21 + 7 = 28
ἀγαθῦναι ▸ 1
   Verb · aorist · active · infinitive ▸ 1 (Psa. 35,4)
Ἀγαθύναι ▸ 1
   Verb · third · singular · aorist · active · optative ▸ 1 (1Kings 1,47)
ἀγαθυνάτω ▸ 1
   Verb · third · singular · aorist · active · imperative ▸ 1 (Eccl. 11,9)
ἀγαθυνεῖ ▸ 1
   Verb · third · singular · future · active · indicative ▸ 1 (Judg. 17,13)
ἀγαθύνῃς ▸ 1
   Verb · second · singular · aorist · active · subjunctive ▸ 1 (Psa. 48,19)
ἀγαθυνθέντων ▸ 1
   Verb · aorist · passive · participle · masculine · plural · genitive ▸ 1 (Judg. 19,22)
ἀγαθυνθῇ ▸ 2
   Verb · third · singular · aorist · passive · subjunctive ▸ 2 (2Sam. 13,28; Ezra 7,18)
ἀγαθυνθήσεται ▸ 2 + 2 = 4
   Verb · third · singular · future · passive · indicative ▸ 2 + 2 = 4 (Neh. 2,5; Eccl. 7,3; Judg. 19,6; Judg. 19,9)
ἀγαθυνθήτω ▸ 2
   Verb · third · singular · aorist · passive · imperative ▸ 2 (Judg. 19,6; Judg. 19,9)
ἀγάθυνον ▸ 2
   Verb · second · singular · aorist · active · imperative ▸ 2 (Psa. 50,20; Psa. 124,4)
ἀγαθύνοντες ▸ 1
   Verb · present · active · participle · masculine · plural · nominative ▸ 1 (Judg. 19,22)
ἠγάθυνας ▸ 2
   Verb · second · singular · aorist · active · indicative ▸ 2 (Ruth 3,10; 2Kings 10,30)
ἠγάθυνεν ▸ 1
   Verb · third · singular · aorist · active · indicative ▸ 1 (2Kings 9,30)
ἠγαθύνθη ▸ 5 + 3 = 8
   Verb · third · singular · aorist · passive · indicative ▸ 5 + 3 = 8 (Judg. 16,25; Judg. 18,20; Ruth 3,7; Neh. 2,6; 1Mac. 1,12; Judg. 16,25; Judg. 18,20; Dan. 6,24)

ἀγαθῶς (ἀγαθός) well, thoroughly ▸ 3
ἀγαθῶς ▸ 2
   Adverb ▸ 2 (2Kings 11,18; Tob. 13,11)
Ἀγαθῶς ▸ 1
   Adverb ▸ 1 (1Sam. 20,7)

ἀγαθωσύνη (ἀγαθός) goodness ▸ 14 + 1 + 4 = 19
ἀγαθωσύνη ▸ 1
   Noun · feminine · singular · nominative ▸ 1 (Gal. 5,22)
ἀγαθωσύνῃ ▸ 2 + 1 = 3
   Noun · feminine · singular · dative · (common) ▸ 2 + 1 = 3 (Neh. 9,25; Neh. 9,35; Eph. 5,9)
ἀγαθωσύνην ▸ 8 + 1 = 9
   Noun · feminine · singular · accusative · (common) ▸ 8 + 1 = 9 (Judg. 8,35; 2Chr. 24,16; Neh. 13,31; Psa. 51,5; Ode. 12,14; Eccl. 5,17; Eccl. 6,6; Eccl. 9,18; Judg. 9,16)
ἀγαθωσύνης ▸ 4 + 2 = 6

(Eccl. 4,8; Eccl. 5,10; Eccl. 6,3; Eccl. 7,14; Rom. 15,14; 2Th. 1,11)

ἀγαλλίαμα (ἀγάλλομαι) joy, gladness ▸ 21 + 2 = 23
- ἀγαλλίαμα ▸ 14 + 1 = 15
  - **Noun** · neuter · singular · accusative · (common) ▸ 8 + 1 = 9 (Tob. 13,13; Is. 22,13; Is. 51,3; Is. 60,15; Is. 61,11; Is. 65,18; Is. 65,18; Bar. 4,34; Tob. 13,13)
  - **Noun** · neuter · singular · nominative · (common) ▸ 6 (Judith 12,14; Psa. 118,111; Sir. 30,22; Sir. 31,28; Is. 16,10; Is. 35,10)
- ἀγαλλιαμά ▸ 1
  - **Noun** · neuter · singular · accusative · (common) ▸ 1 (Psa. 31,7)
- ἀγαλλιάματι ▸ 1
  - **Noun** · neuter · singular · dative · (common) ▸ 1 (Psa. 47,3)
- ἀγαλλιάματος ▸ 5 + 1 = 6
  - **Noun** · neuter · singular · genitive · (common) ▸ 5 + 1 = 6 (Esth. 14,1 # 4,17k; Sir. 1,11; Sir. 6,31; Sir. 15,6; Is. 51,11; Tob. 13,18)

ἀγαλλιάομαι to exult, rejoice ▸ 71 + 1 = 72
- ἀγαλλιάσαι ▸ 2 + 1 = 3
  - **Verb** · second · singular · aorist · middle · imperative ▸ 2 + 1 = 3 (Tob. 13,15; Lam. 2,19; Tob. 13,15)
- ἀγαλλιάσαιντο ▸ 2
  - **Verb** · third · plural · aorist · middle · optative ▸ 2 (Psa. 34,27; Psa. 39,17)
- ἀγαλλιάσεται ▸ 9
  - **Verb** · third · singular · future · middle · indicative ▸ 9 (Tob. 13,9; Psa. 12,6; Psa. 18,6; Psa. 20,2; Psa. 34,9; Psa. 50,16; Psa. 52,7; Sir. 30,3; Is. 35,2)
- ἀγαλλιάσῃ ▸ 1
  - **Verb** · second · singular · future · middle · indicative ▸ 1 (Jer. 30,20)
- ἀγαλλιᾶσθε ▸ 5
  - **Verb** · second · plural · aorist · middle · imperative ▸ 1 (Psa. 97,4)
  - **Verb** · second · plural · present · middle · imperative ▸ 4 (Psa. 2,11; Psa. 31,11; Psa. 67,5; Is. 12,6)
- Ἀγαλλιᾶσθε ▸ 2
  - **Verb** · second · plural · present · middle · imperative ▸ 2 (Psa. 32,1; Psa. 80,2)
- ἀγαλλιάσθω ▸ 7
  - **Verb** · third · singular · present · middle · imperative ▸ 7 (1Chr. 16,31; Psa. 13,7; Psa. 95,11; Psa. 96,1; Is. 35,1; Is. 49,13; Is. 61,10)
- ἀγαλλιάσθωσαν ▸ 5
  - **Verb** · third · plural · present · middle · imperative ▸ 5 (Psa. 47,12; Psa. 66,5; Psa. 67,4; Psa. 69,5; Psa. 149,2)
- ἀγαλλιάσομαι ▸ 11
  - **Verb** · first · singular · future · middle · indicative ▸ 11 (Psa. 9,3; Psa. 9,15; Psa. 30,8; Psa. 58,17; Psa. 62,8; Psa. 74,10; Psa. 91,5; Psa. 118,162; Ode. 4,18; Hab. 3,18; Is. 65,19)
- Ἀγαλλιάσομαι ▸ 1
  - **Verb** · first · singular · future · middle · indicative ▸ 1 (Psa. 59,8)
- ἀγαλλιασόμεθα ▸ 1
  - **Verb** · first · plural · future · middle · indicative ▸ 1 (Psa. 19,6)
- ἀγαλλιάσονται ▸ 15
  - **Verb** · third · plural · future · middle · indicative ▸ 15 (Psa. 5,12; Psa. 12,5; Psa. 50,10; Psa. 70,23; Psa. 88,13; Psa. 88,17; Psa. 95,12; Psa. 97,8; Psa. 131,9; Psa. 131,16; Psa. 144,7; Psa. 149,5; Is. 29,19; Is. 41,16; Is. 65,14)
- ἀγαλλιασώμεθα ▸ 2
  - **Verb** · first · plural · aorist · middle · subjunctive ▸ 2 (Psa. 94,1; Psa. 117,24)
- Ἀγαλλιασώμεθα ▸ 1
  - **Verb** · first · plural · aorist · middle · subjunctive ▸ 1 (Song 1,4)
- ἀγαλλιάσωνται ▸ 2
  - **Verb** · third · plural · aorist · middle · subjunctive ▸ 2 (2Sam. 1,20; 3Mac. 2,17)
- ἠγαλλιασάμεθα ▸ 1
  - **Verb** · first · plural · aorist · middle · indicative ▸ 1 (Psa. 89,14)
- ἠγαλλιάσαντο ▸ 2
  - **Verb** · third · plural · aorist · middle · indicative ▸ 2 (Psa. 83,3; Psa. 96,8)
- ἠγαλλιάσατο ▸ 1
  - **Verb** · third · singular · aorist · middle · indicative ▸ 1 (Psa. 15,9)
- ἠγαλλιώμεθα ▸ 1
  - **Verb** · first · plural · imperfect · middle · indicative ▸ 1 (Is. 25,9)

ἀγαλλίασις (ἀγάλλομαι) gladness ▸ 20 + 5 = 25
- ἀγαλλιάσει ▸ 8 + 3 = 11
  - **Noun** · feminine · singular · dative · (common) ▸ 8 + 3 = 11 (Psa. 44,16; Psa. 99,2; Psa. 104,43; Psa. 106,22; Psa. 125,5; Psa. 125,6; Psa. 131,16; Sol. 5,1; Luke 1,44; Acts 2,46; Jude 24)
- ἀγαλλιάσεως ▸ 6 + 1 = 7
  - **Noun** · feminine · singular · genitive · (common) ▸ 6 + 1 = 7 (Psa. 41,5; Psa. 44,8; Psa. 46,2; Psa. 62,6; Psa. 117,15; Psa. 125,2; Heb. 1,9)
- ἀγαλλίασιν ▸ 4
  - **Noun** · feminine · singular · accusative · (common) ▸ 4 (Tob. 13,1; Psa. 50,10; Psa. 50,14; Psa. 64,13)
- ἀγαλλίασις ▸ 2 + 1 = 3
  - **Noun** · feminine · singular · nominative · (common) ▸ 2 + 1 = 3 (Psa. 29,6; Is. 51,11; Luke 1,14)

ἀγαλλιάω (ἀγάλλομαι) to exult, rejoice ▸ 1 + 11 = 12
- ἀγαλλιαθῆναι ▸ 1
  - **Verb** · aorist · passive · infinitive ▸ 1 (John 5,35)
- ἀγαλλιᾶσθε ▸ 3
  - **Verb** · second · plural · present · middle · indicative ▸ 2 (1Pet. 1,6; 1Pet. 1,8)
  - **Verb** · second · plural · present · middle · imperative ▸ 1 (Matt. 5,12)
- ἀγαλλιῶμεν ▸ 1
  - **Verb** · first · plural · present · active · subjunctive ▸ 1 (Rev. 19,7)
- ἀγαλλιώμενοι ▸ 1
  - **Verb** · present · middle · participle · masculine · plural · nominative ▸ 1 (1Pet. 4,13)
- ἠγαλλιάσατο ▸ 4
  - **Verb** · third · singular · aorist · middle · indicative ▸ 4 (Luke 10,21; John 8,56; Acts 2,26; Acts 16,34)
- ἠγαλλίασεν ▸ 1 + 1 = 2
  - **Verb** · third · singular · aorist · active · indicative ▸ 1 + 1 = 2 (Ode. 9,47; Luke 1,47)

Αγαλλιμ Eglaim ▸ 1
- Αγαλλιμ ▸ 1
  - **Noun** · feminine · singular · genitive · (proper) ▸ 1 (Is. 15,8)

ἄγαλμα (ἀγάλλω) glory, delight; gift; image, idol ▸ 3
- ἀγάλματα ▸ 3
  - **Noun** · neuter · plural · accusative · (common) ▸ 2 (2Mac. 2,2; Is. 19,3)
  - **Noun** · neuter · plural · nominative · (common) ▸ 1 (Is. 21,9)

ἄγαμος (α; γάμος) unmarried ▸ 1 + 4 = 5
- ἄγαμοι ▸ 1
  - **Adjective** · masculine · plural · nominative · noDegree ▸ 1 (4Mac. 16,9)
- ἀγάμοις ▸ 1
  - **Noun** · masculine · plural · dative ▸ 1 (1Cor. 7,8)

ἄγαμος ▸ 3
    Noun • feminine • singular • nominative ▸ 2 (1Cor. 7,11; 1Cor. 7,34)
    Noun • masculine • singular • nominative ▸ 1 (1Cor. 7,32)

ἄγαν very, very much ▸ 1
   ἄγαν ▸ 1
    Adverb ▸ 1 (3Mac. 4,11)

ἀγανακτέω (ἄγαν) to be indignant, angry ▸ 3 + 1 + 7 = 11
   ἀγανακτεῖν ▸ 1
    Verb • present • active • infinitive ▸ 1 (Mark 10,41)
   ἀγανακτήσασα ▸ 1
    Verb • aorist • active • participle • feminine • singular • nominative ▸ 1 (4Mac. 4,21)
   ἀγανακτήσει ▸ 1
    Verb • third • singular • future • active • indicative ▸ 1 (Wis. 5,22)
   ἀγανακτοῦντες ▸ 1
    Verb • present • active • participle • masculine • plural • nominative ▸ 1 (Mark 14,4)
   ἀγανακτῶν ▸ 1
    Verb • present • active • participle • masculine • singular • nominative ▸ 1 (Luke 13,14)
   ἠγανάκτησαν ▸ 1 + 3 = 4
    Verb • third • plural • aorist • active • indicative ▸ 1 + 3 = 4 (Bel 28; Matt. 20,24; Matt. 21,15; Matt. 26,8)
   ἠγανάκτησεν ▸ 1
    Verb • third • singular • aorist • active • indicative ▸ 1 (Mark 10,14)
   ἠγανάκτουν ▸ 1
    Verb • third • plural • imperfect • active • indicative ▸ 1 (Wis. 12,27)

ἀγανάκτησις (ἄγαν) indignation, anger ▸ 1
   ἀγανάκτησιν ▸ 1
    Noun • feminine • singular • accusative ▸ 1 (2Cor. 7,11)

ἀγαπάω (ἀγάπη) to love ▸ 271 + 12 + 143 = 426
   ἀγάπα ▸ 2
    Verb • second • singular • present • active • imperative ▸ 2 (Tob. 4,13; Prov. 20,13)
   ἀγαπᾷ ▸ 24 + 12 = 36
    Verb • third • singular • present • active • indicative ▸ 24 + 9 = 33 (Deut. 10,18; 1Esdr. 4,25; Esth. 6,9; Psa. 32,5; Psa. 36,28; Psa. 83,12; Psa. 86,2; Psa. 98,4; Psa. 145,8; Prov. 3,12; Prov. 12,1; Prov. 15,9; Prov. 15,32; Prov. 16,13; Prov. 19,8; Prov. 21,17; Prov. 22,11; Prov. 22,14a; Wis. 7,28; Wis. 8,7; Sir. 4,12; Sir. 4,14; Sir. 13,15; Hos. 3,1; Luke 7,5; Luke 7,47; John 3,35; John 10,17; 1Cor. 8,3; 2Cor. 9,7; Eph. 5,28; Heb. 12,6; 1John 5,1)
    Verb • third • singular • present • active • subjunctive ▸ 3 (John 14,23; 1John 2,15; 1John 4,21)
   ἀγαπᾶν ▸ 19 + 8 = 27
    Verb • present • active • infinitive ▸ 19 + 8 = 27 (Gen. 29,20; Deut. 7,8; Deut. 10,12; Deut. 10,15; Deut. 11,13; Deut. 11,22; Deut. 19,9; Deut. 30,6; Deut. 30,16; Deut. 30,20; Josh. 22,5; Josh. 23,11; 2Sam. 19,7; 1Kings 10,9; Psa. 108,4; Hos. 10,11; Mic. 6,8; Is. 56,6; Is. 63,9; Mark 12,33; Mark 12,33; Rom. 13,8; Eph. 5,28; 1Th. 4,9; 1Pet. 3,10; 1John 4,11; 1John 4,20)
   ἀγαπᾷς ▸ 3 + 2 = 5
    Verb • second • singular • present • active • indicative ▸ 3 + 2 = 5 (1Chr. 29,17; Wis. 11,24; Is. 3,25; John 21,15; John 21,16)
   ἀγαπᾶτε ▸ 3 + 14 = 17
    Verb • second • plural • present • active • indicative ▸ 3 + 3 = 6 (Deut. 13,4; Psa. 4,3; Zech. 8,17; Luke 6,32; Luke 11,43; 1Pet. 1,8)
    Verb • second • plural • present • active • imperative ▸ 7 (Matt. 5,44; Luke 6,27; Luke 6,35; Eph. 5,25; Col. 3,19; 1Pet. 2,17; 1John 2,15)
    Verb • second • plural • present • active • subjunctive ▸ 4 (John 13,34; John 13,34; John 15,12; John 15,17)
   ἀγαπᾶτέ ▸ 1
    Verb • second • plural • present • active • subjunctive ▸ 1 (John 14,15)
   ἀγαπάτω ▸ 1 + 1 = 2
    Verb • third • singular • present • active • imperative ▸ 1 + 1 = 2 (Sir. 7,21; Eph. 5,33)
   ἀγαπηθήσεται ▸ 1 + 1 = 2
    Verb • third • singular • future • passive • indicative ▸ 1 + 1 = 2 (Prov. 28,13; John 14,21)
   ἀγαπηθήσῃ ▸ 2
    Verb • second • singular • future • passive • indicative ▸ 2 (Sir. 3,17; Sir. 7,35)
   ἀγαπήσαι ▸ 1 + 1 = 2
    Verb • third • singular • aorist • active • optative ▸ 1 + 1 = 2 (Tob. 13,12; Tob. 13,12)
   ἀγαπῆσαι ▸ 5
    Verb • aorist • active • infinitive ▸ 5 (Deut. 4,37; 1Kings 11,2; 2Chr. 2,10; 2Chr. 9,8; Hos. 9,15)
   ἀγαπήσαντος ▸ 1 + 1 = 2
    Verb • aorist • active • participle • masculine • singular • genitive ▸ 1 + 1 = 2 (Sir. 47,22; Rom. 8,37)
   ἀγαπήσαντός ▸ 1
    Verb • aorist • active • participle • masculine • singular • genitive ▸ 1 (Gal. 2,20)
   ἀγαπήσας ▸ 3
    Verb • aorist • active • participle • masculine • singular • nominative ▸ 3 (John 13,1; 2Th. 2,16; 2Tim. 4,10)
   ἀγαπήσασά ▸ 1
    Verb • aorist • active • participle • feminine • singular • nominative ▸ 1 (Ruth 4,15)
   ἀγαπήσατε ▸ 2 + 1 = 3
    Verb • second • plural • aorist • active • imperative ▸ 2 + 1 = 3 (Psa. 30,24; Zech. 8,19; 1Pet. 1,22)
   Ἀγαπήσατε ▸ 1
    Verb • second • plural • aorist • active • imperative ▸ 1 (Wis. 1,1)
   ἀγαπήσει ▸ 6 + 4 = 10
    Verb • third • singular • future • active • indicative ▸ 6 + 4 = 10 (Gen. 29,32; Deut. 7,13; Prov. 9,8; Prov. 15,12; Prov. 28,17a; Sir. 4,10; Matt. 6,24; Luke 7,42; Luke 16,13; John 14,23)
   ἀγαπήσεις ▸ 4 + 10 = 14
    Verb • second • singular • future • active • indicative ▸ 4 + 10 = 14 (Lev. 19,18; Lev. 19,34; Deut. 6,5; Deut. 11,1; Matt. 5,43; Matt. 19,19; Matt. 22,37; Matt. 22,39; Mark 12,30; Mark 12,31; Luke 10,27; Rom. 13,9; Gal. 5,14; James 2,8)
   ἀγαπήσετε ▸ 1
    Verb • second • plural • future • active • indicative ▸ 1 (Deut. 10,19)
   ἀγαπήσῃς ▸ 1
    Verb • second • singular • aorist • active • subjunctive ▸ 1 (Sir. 6,33)
   ἀγαπήσητε ▸ 1
    Verb • second • plural • aorist • active • subjunctive ▸ 1 (Matt. 5,46)
   ἀγαπήσομεν ▸ 1
    Verb • first • plural • future • active • indicative ▸ 1 (Song 1,4)
   ἀγάπησον ▸ 3
    Verb • second • singular • aorist • active • imperative ▸ 3 (Sir.

7,30; Hos. 3,1; Dan. 4,27)
ἀγαπήσω ▸ **1** + **1** = **2**
   Verb ▪ first ▪ singular ▪ future ▪ active ▪ indicative ▸ **1** + **1** = **2** (Hos. 14,5; John 14,21)
Ἀγαπήσω ▸ **1**
   Verb ▪ first ▪ singular ▪ future ▪ active ▪ indicative ▸ **1** (Psa. 17,2)
ἀγαπῶ ▸ **2** + **5** = **7**
   Verb ▪ first ▪ singular ▪ present ▪ active ▪ indicative ▸ **2** + **5** = **7** (2Sam. 13,4; Prov. 8,17; John 14,31; 2Cor. 11,11; 1John 4,20; 2John 1; 3John 1)
ἀγαπῶμαι ▸ **1**
   Verb ▪ first ▪ singular ▪ present ▪ passive ▪ indicative ▪ (variant) ▸ **1** (2Cor. 12,15)
ἀγαπῶμεν ▸ **10**
   Verb ▪ first ▪ plural ▪ present ▪ active ▪ indicative ▸ **3** (1John 3,14; 1John 4,19; 1John 5,2)
   Verb ▪ first ▪ plural ▪ present ▪ active ▪ subjunctive ▸ **7** (1John 3,11; 1John 3,18; 1John 3,23; 1John 4,7; 1John 4,12; 1John 5,2; 2John 5)
ἀγαπώμεναι ▸ **1**
   Verb ▪ present ▪ passive ▪ participle ▪ feminine ▪ plural ▪ nominative ▸ **1** (Prov. 30,15)
ἀγαπώμενος ▸ **3**
   Verb ▪ present ▪ passive ▪ participle ▪ masculine ▪ singular ▪ nominative ▸ **3** (Neh. 13,26; 1Mac. 6,11; Prov. 4,3)
ἀγαπῶν ▸ **13** + **14** = **27**
   Verb ▪ present ▪ active ▪ participle ▪ masculine ▪ singular ▪ nominative ▸ **13** + **14** = **27** (1Kings 5,15; 3Mac. 2,10; Psa. 10,5; Psa. 33,13; Prov. 12,1; Prov. 13,24; Prov. 16,17; Sir. 3,26; Sir. 4,12; Sir. 30,1; Sir. 31,5; Is. 48,14; Is. 61,8; John 14,21; John 14,21; John 14,24; Rom. 13,8; 2Cor. 12,15; Eph. 5,28; 1John 2,10; 1John 3,10; 1John 3,14; 1John 4,7; 1John 4,8; 1John 4,20; 1John 4,21; 1John 5,1)
Ἀγαπῶν ▸ **1**
   Verb ▪ present ▪ active ▪ participle ▪ masculine ▪ singular ▪ nominative ▸ **1** (Eccl. 5,9)
ἀγαπῶντας ▸ **5** + **3** = **8**
   Verb ▪ present ▪ active ▪ participle ▪ masculine ▪ plural ▪ accusative ▸ **5** + **3** = **8** (Psa. 144,20; Sir. 4,14; Sir. 34,16; Sol. 10,3; Bel 38; Matt. 5,46; Luke 6,32; Luke 6,32)
ἀγαπῶντάς ▸ **2** + **1** = **3**
   Verb ▪ present ▪ active ▪ participle ▪ masculine ▪ plural ▪ accusative ▸ **2** + **1** = **3** (2Sam. 19,7; Sol. 4,25; Bel 38)
ἀγαπῶντες ▸ **13** + **2** = **15**
   Verb ▪ present ▪ active ▪ participle ▪ masculine ▪ plural ▪ nominative ▸ **13** + **2** = **15** (Judg. 5,31; Tob. 14,7; Psa. 5,12; Psa. 39,17; Psa. 68,37; Psa. 69,5; Psa. 96,10; Prov. 28,4; Sir. 2,15; Sir. 2,16; Sol. 17,16; Is. 1,23; Is. 66,10; Judg. 5,31; Tob. 14,7)
ἀγαπῶντές ▸ **2** + **1** = **3**
   Verb ▪ present ▪ active ▪ participle ▪ masculine ▪ plural ▪ nominative ▸ **2** + **1** = **3** (Tob. 13,14; Tob. 13,15; Tob. 13,15)
ἀγαπῶντι ▸ **1**
   Verb ▪ present ▪ active ▪ participle ▪ masculine ▪ singular ▪ dative ▸ **1** (Rev. 1,5)
ἀγαπῶντος ▸ **1**
   Verb ▪ present ▪ active ▪ participle ▪ masculine ▪ singular ▪ genitive ▸ **1** (1Sam. 20,17)
ἀγαπώντων ▸ **4** + **1** = **5**
   Verb ▪ present ▪ active ▪ participle ▪ masculine ▪ plural ▪ genitive ▸ **4** + **1** = **5** (1Mac. 4,33; Psa. 118,132; Wis. 6,12; Lam. 1,2; Eph. 6,24)
ἀγαπῶσαν ▸ **1**
   Verb ▪ present ▪ active ▪ participle ▪ feminine ▪ singular ▪ accusative ▸ **1** (Hos. 3,1)
ἀγαπῶσί ▸ **1**
   Verb ▪ present ▪ active ▪ participle ▪ masculine ▪ plural ▪ dative ▸ **1** (Dan. 9,4)
ἀγαπῶσιν ▸ **5** + **5** = **10**
   Verb ▪ present ▪ active ▪ participle ▪ masculine ▪ plural ▪ dative ▸ **4** + **4** = **8** (Deut. 7,9; Neh. 1,5; Prov. 8,21; Sir. 1,10; Rom. 8,28; 1Cor. 2,9; James 1,12; James 2,5)
   Verb ▪ third ▪ plural ▪ present ▪ active ▪ indicative ▸ **1** + **1** = **2** (Prov. 8,36; Luke 6,32)
ἀγαπῶσίν ▸ **7** + **1** = **8**
   Verb ▪ present ▪ active ▪ participle ▪ masculine ▪ plural ▪ dative ▸ **6** + **1** = **7** (Ex. 20,6; Deut. 5,10; Psa. 118,165; Psa. 121,6; Sol. 6,6; Sol. 14,1; Dan. 9,4)
   Verb ▪ third ▪ plural ▪ present ▪ active ▪ indicative ▸ **1** (1Sam. 18,22)
ἠγάπα ▸ **6** + **5** = **11**
   Verb ▪ third ▪ singular ▪ imperfect ▪ active ▪ indicative ▸ **6** + **5** = **11** (Gen. 25,28; Gen. 37,3; 1Sam. 1,5; 1Sam. 18,16; 1Sam. 18,28; 2Sam. 13,21; John 11,5; John 13,23; John 19,26; John 21,7; John 21,20)
ἠγαπᾶτε ▸ **1**
   Verb ▪ second ▪ plural ▪ imperfect ▪ active ▪ indicative ▸ **1** (John 8,42)
ἠγαπᾶτέ ▸ **1**
   Verb ▪ second ▪ plural ▪ imperfect ▪ active ▪ indicative ▸ **1** (John 14,28)
ἠγαπήθη ▸ **1**
   Verb ▪ third ▪ singular ▪ aorist ▪ passive ▪ indicative ▸ **1** (Wis. 4,10)
ἠγαπήθης ▸ **1**
   Verb ▪ second ▪ singular ▪ aorist ▪ passive ▪ indicative ▸ **1** (Sir. 47,16)
Ἠγάπηκα ▸ **1**
   Verb ▪ first ▪ singular ▪ perfect ▪ active ▪ indicative ▸ **1** (Ex. 21,5)
Ἠγάπηκά ▸ **1** + **1** = **2**
   Verb ▪ first ▪ singular ▪ perfect ▪ active ▪ indicative ▸ **1** + **1** = **2** (Judg. 16,15; Judg. 16,15)
ἠγαπήκαμεν ▸ **1** + **1** = **2**
   Verb ▪ first ▪ plural ▪ perfect ▪ active ▪ indicative ▸ **1** + **1** = **2** (Amos 5,15; 1John 4,10)
ἠγάπηκάς ▸ **2**
   Verb ▪ second ▪ singular ▪ perfect ▪ active ▪ indicative ▸ **2** (Judg. 14,16; 2Sam. 7,18)
ἠγαπήκει ▸ **1**
   Verb ▪ third ▪ singular ▪ pluperfect ▪ active ▪ indicative ▸ **1** (Jer. 2,25)
ἠγαπήκειν ▸ **1**
   Verb ▪ first ▪ singular ▪ pluperfect ▪ active ▪ indicative ▸ **1** (Job 19,19)
ἠγάπηκέν ▸ **1**
   Verb ▪ third ▪ singular ▪ perfect ▪ active ▪ indicative ▸ **1** (Deut. 15,16)
ἠγαπηκόσιν ▸ **1**
   Verb ▪ perfect ▪ active ▪ participle ▪ masculine ▪ plural ▪ dative ▸ **1** (2Tim. 4,8)
ἠγαπημένα ▸ **2**
   Verb ▪ perfect ▪ passive ▪ participle ▪ neuter ▪ plural ▪ nominative ▸ **2** (Hos. 8,11; Hos. 8,12)
ἠγαπημένε ▸ **1**
   Verb ▪ perfect ▪ passive ▪ participle ▪ masculine ▪ singular

άγάπη

· vocative ‣ **1** (Tob. 10,13)

ἠγαπημένη ‣ 3
Verb · perfect · passive · participle · feminine · singular · nominative ‣ **3** (Deut. 21,15; Deut. 21,15; Jer. 11,15)

ἠγαπημένῃ ‣ 1
Verb · perfect · passive · participle · feminine · singular · dative ‣ **1** (Sir. 24,11)

ἠγαπημένην ‣ **1** + **3** = **4**
Verb · perfect · passive · participle · feminine · singular · accusative ‣ **1** + **3** = **4** (Jer. 12,7; Rom. 9,25; Rom. 9,25; Rev. 20,9)

ἠγαπημένης ‣ 1
Verb · perfect · passive · participle · feminine · singular · genitive ‣ **1** (Deut. 21,16)

ἠγαπημένοι ‣ **2** + **3** = **5**
Verb · perfect · passive · participle · masculine · plural · nominative ‣ **2** + **1** = **3** (2Sam. 1,23; Hos. 9,10; Col. 3,12)
Verb · perfect · passive · participle · masculine · plural · vocative · (variant) ‣ **2** (1Th. 1,4; 2Th. 2,13)

ἠγαπημένοις ‣ 1
Verb · perfect · passive · participle · masculine · plural · dative · (variant) ‣ **1** (Jude 1)

ἠγαπημένον ‣ **5** + **1** = **6**
Verb · perfect · passive · participle · masculine · singular · accusative ‣ **3** + **1** = **4** (Ode. 7,35; Sir. 45,1; Dan. 3,35; Dan. 3,35)
Verb · perfect · passive · participle · neuter · singular · nominative ‣ **2** (Ode. 10,7; Is. 5,7)

ἠγαπημένος ‣ 4
Verb · perfect · passive · participle · masculine · singular · nominative ‣ **4** (Deut. 32,15; Psa. 28,6; Ode. 2,15; Is. 44,2)

Ἠγαπημένος ‣ 2
Verb · perfect · passive · participle · masculine · singular · nominative ‣ **2** (Deut. 33,12; Sir. 46,13)

ἠγαπημένου ‣ 1
Verb · perfect · passive · participle · masculine · singular · genitive ‣ **1** (Deut. 33,26)

ἠγαπημένῳ ‣ **7** + **1** = **8**
Verb · perfect · passive · participle · masculine · singular · dative ‣ **7** + **1** = **8** (Deut. 33,5; 2Chr. 20,7; Ode. 10,1; Ode. 10,1; Is. 5,1; Is. 5,1; Bar. 3,37; Eph. 1,6)

ἠγαπημένων ‣ 2
Verb · perfect · passive · participle · masculine · plural · genitive ‣ **2** (Judith 9,4; 3Mac. 6,11)

ἠγάπησα ‣ **17** + **4** = **21**
Verb · first · singular · aorist · active · indicative ‣ **17** + **4** = **21** (Psa. 25,8; Psa. 118,47; Psa. 118,48; Psa. 118,97; Psa. 118,113; Psa. 118,119; Psa. 118,127; Psa. 118,159; Psa. 118,163; Psa. 118,166; Wis. 7,10; Hos. 11,1; Zech. 10,6; Mal. 1,2; Is. 41,8; Is. 43,4; Is. 51,2; John 13,34; John 15,9; John 15,12; Rom. 9,13)

Ἠγάπησα ‣ 2
Verb · first · singular · aorist · active · indicative ‣ **2** (Psa. 114,1; Mal. 1,2)

ἠγάπησά ‣ **2** + **1** = **3**
Verb · first · singular · aorist · active · indicative ‣ **2** + **1** = **3** (Is. 60,10; Jer. 38,3; Rev. 3,9)

ἠγάπησαν ‣ **7** + **3** = **10**
Verb · third · plural · aorist · active · indicative ‣ **7** + **3** = **10** (Psa. 93,19; Sol. 14,6; Hos. 4,18; Hos. 8,9; Amos 4,5; Jer. 8,2; Jer. 30,31; John 3,19; John 12,43; Rev. 12,11)

Ἠγάπησαν ‣ 1
Verb · third · plural · aorist · active · indicative ‣ **1** (Jer. 14,10)

ἠγάπησάν ‣ 1
Verb · third · plural · aorist · active · indicative ‣ **1** (Song 1,3)

ἠγάπησας ‣ **12** + **3** = **15**
Verb · second · singular · aorist · active · indicative ‣ **12** + **3** = **15** (Gen. 22,2; Psa. 44,8; Psa. 50,8; Psa. 51,5; Psa. 51,6; Eccl. 9,9; Wis. 16,26; Sol. 9,8; Hos. 9,1; Mal. 1,2; Is. 57,8; Ezek. 16,37; John 17,23; John 17,23; Heb. 1,9)

ἠγάπησάς ‣ **1** + **1** + **2** = **4**
Verb · second · singular · aorist · active · indicative ‣ **1** + **1** + **2** = **4** (1Chr. 17,16; Judg. 14,16; John 17,24; John 17,26)

ἠγάπησε ‣ 1
Verb · third · singular · aorist · active · indicative ‣ **1** (Hos. 12,8)

ἠγάπησεν ‣ **32** + **2** + **11** = **45**
Verb · third · singular · aorist · active · indicative ‣ **32** + **2** + **11** = **45** (Gen. 24,67; Gen. 25,28; Gen. 29,18; Gen. 29,30; Gen. 34,3; Gen. 44,20; Judg. 16,4; 1Sam. 16,21; 1Sam. 18,20; 1Sam. 20,17; 2Sam. 12,24; 2Sam. 13,1; 2Sam. 13,15; 1Kings 3,3; 2Chr. 11,21; 4Mac. 15,3; Psa. 10,7; Psa. 46,5; Psa. 77,68; Psa. 108,17; Psa. 118,140; Psa. 118,167; Eccl. 5,9; Song 1,7; Song 3,1; Song 3,2; Song 3,3; Song 3,4; Wis. 8,3; Sir. 47,8; Mal. 2,11; Jer. 5,31; Judg. 16,4; Tob. 6,19; Mark 10,21; Luke 7,47; John 3,16; John 13,1; Eph. 2,4; Eph. 5,2; Eph. 5,25; 2Pet. 2,15; 1John 4,10; 1John 4,11; 1John 4,19)

ἠγάπησέν ‣ **2** + **1** = **3**
Verb · third · singular · aorist · active · indicative ‣ **2** + **1** = **3** (Deut. 23,6; Song 1,4; John 15,9)

ἠγάπων ‣ 1
Verb · third · plural · imperfect · active · indicative ‣ **1** (4Mac. 13,24)

ἀγάπη   love; Kiss of Peace ‣ **19** + **116** = **135**

ἀγάπαις ‣ 1
Noun · feminine · plural · dative ‣ **1** (Jude 12)

ἀγάπη ‣ **6** + **36** = **42**
Noun · feminine · singular · nominative · (common) ‣ **5** + **36** = **41** (Eccl. 9,6; Song 8,6; Wis. 6,17; Wis. 6,18; Sol. 18,3; Matt. 24,12; John 17,26; Rom. 5,5; Rom. 12,9; Rom. 13,10; Rom. 13,10; 1Cor. 8,1; 1Cor. 13,4; 1Cor. 13,4; 1Cor. 13,4; 1Cor. 13,8; 1Cor. 13,13; 1Cor. 13,13; 1Cor. 16,24; 2Cor. 5,14; 2Cor. 13,13; Gal. 5,22; Eph. 6,23; Phil. 1,9; 2Th. 1,3; 1Tim. 1,5; 1Pet. 4,8; 1John 2,5; 1John 2,15; 1John 3,17; 1John 4,7; 1John 4,8; 1John 4,9; 1John 4,10; 1John 4,12; 1John 4,16; 1John 4,17; 1John 4,18; 1John 5,3; 2John 6; Jude 2)
Noun · feminine · singular · vocative · (common) ‣ **1** (Song 7,7)

ἀγάπῃ ‣ **2** + **28** = **30**
Noun · feminine · singular · dative · (common) ‣ **2** + **28** = **30** (Song 8,7; Wis. 3,9; John 15,9; John 15,10; John 15,10; 1Cor. 4,21; 1Cor. 16,14; 2Cor. 6,6; 2Cor. 8,7; Eph. 1,4; Eph. 3,17; Eph. 4,2; Eph. 4,15; Eph. 4,16; Eph. 5,2; Col. 2,2; 1Th. 3,12; 1Tim. 5,13; 1Tim. 2,15; 1Tim. 4,12; 2Tim. 1,13; 2Tim. 3,10; Titus 2,2; Philem. 7; 1John 4,16; 1John 4,18; 1John 4,18; 2John 3; 3John 6; Jude 21)

ἀγάπην ‣ **8** + **33** = **41**
Noun · feminine · singular · accusative · (common) ‣ **8** + **33** = **41** (2Sam. 13,15; Eccl. 9,1; Song 2,4; Song 2,7; Song 3,5; Song 3,10; Song 8,4; Song 8,7; Luke 11,42; John 5,42; John 13,35; John 15,13; Rom. 5,8; Rom. 14,15; 1Cor. 13,1; 1Cor. 13,2; 1Cor. 13,3; 1Cor. 14,1; 2Cor. 2,4; 2Cor. 2,8; Eph. 1,15; Eph. 2,4; Eph. 3,19; Phil. 2,2; Col. 1,4; Col. 1,8; Col. 3,14; 1Th. 3,6; 2Th. 2,10; 2Th. 3,5; 1Tim. 6,11; 2Tim. 2,22; Philem. 5; Philem. 9; 1Pet. 4,8; 2Pet. 1,7; 1John 3,1; 1John 3,16; 1John 4,16; Rev. 2,4; Rev. 2,19)

ἀγάπης ‣ **3** + **18** = **21**
Noun · feminine · singular · genitive · (common) ‣ **3** + **18** = **21** (Song 2,5; Song 5,8; Jer. 2,2; Rom. 8,35; Rom. 8,39; Rom. 15,30;

2Cor. 8,8; 2Cor. 8,24; 2Cor. 13,11; Gal. 5,6; Gal. 5,13; Phil. 1,16; Phil. 2,1; Col. 1,13; 1Th. 1,3; 1Th. 5,8; 1Tim. 1,14; 2Tim. 1,7; Heb. 6,10; Heb. 10,24; 1Pet. 5,14)

ἀγάπησις (ἀγάπη) love, loving; Kiss of Peace ▸ 13
  ἀγαπήσει ▸ 3
    Noun · feminine · singular · dative · (common) ▸ **3** (Prov. 30,15; Sir. 48,11; Zeph. 3,17)
  ἀγαπήσεως ▸ 1
    Noun · feminine · singular · genitive · (common) ▸ **1** (Sol. 13,9)
  ἀγαπήσεώς ▸ 2
    Noun · feminine · singular · genitive · (common) ▸ **2** (Psa. 108,5; Hos. 11,4)
  ἀγάπησιν ▸ 4
    Noun · feminine · singular · accusative · (common) ▸ **4** (2Sam. 1,26; Ode. 4,4; Hab. 3,4; Jer. 2,33)
  Ἀγάπησιν ▸ 1
    Noun · feminine · singular · accusative · (common) ▸ **1** (Jer. 38,3)
  ἀγάπησις ▸ 1
    Noun · feminine · singular · nominative · (common) ▸ **1** (Sir. 40,20)
  ἀγάπησίς ▸ 1
    Noun · feminine · singular · nominative · (common) ▸ **1** (2Sam. 1,26)

ἀγαπητός (ἀγάπη) beloved ▸ 24 + 1 + 61 = 86
  ἀγαπητά ▸ 1 + 2 = 3
    Adjective · neuter · plural · accusative · noDegree ▸ **1** (1Cor. 4,14)
    Adjective · neuter · plural · nominative · noDegree ▸ **1 + 1 = 2** (Psa. 83,2; Eph. 5,1)
  ἀγαπητέ ▸ 1
    Adjective · masculine · singular · vocative · noDegree ▸ **1** (Tob. 10,13)
  Ἀγαπητέ ▸ 3
    Adjective · masculine · singular · vocative · noDegree ▸ **3** (3John 2; 3John 5; 3John 11)
  ἀγαπητή ▸ 1
    Adjective · feminine · singular · nominative · noDegree ▸ **1** (Judg. 11,34)
  ἀγαπητὴ ▸ 1
    Adjective · feminine · singular · nominative · noDegree ▸ **1** (Tob. 3,10)
  ἀγαπητήν ▸ 1
    Adjective · feminine · singular · accusative · (verbal) ▸ **1** (Rom. 16,12)
  ἀγαπητοί ▸ 1 + 5 = 6
    Adjective · masculine · plural · nominative · noDegree ▸ **1 + 3 = 4** (Sus. 63; Rom. 11,28; 1Th. 2,8; 1Tim. 6,2)
    Adjective · masculine · plural · vocative · (verbal) ▸ **2** (Phil. 4,1; 1John 3,2)
  ἀγαπητοὶ ▸ 2 + 17 = 19
    Adjective · masculine · plural · nominative · noDegree ▸ **2** (Psa. 59,7; Psa. 107,7)
    Adjective · masculine · plural · vocative · noDegree ▸ **17** (Rom. 12,19; 1Cor. 10,14; 1Cor. 15,58; 2Cor. 7,1; 2Cor. 12,19; Phil. 2,12; Phil. 4,1; Heb. 6,9; James 1,16; James 1,19; James 2,5; 2Pet. 3,1; 2Pet. 3,8; 2Pet. 3,14; 2Pet. 3,17; Jude 17; Jude 20)
  Ἀγαπητοί ▸ 8
    Adjective · masculine · plural · vocative · noDegree ▸ **8** (1Pet. 2,11; 1Pet. 4,12; 1John 2,7; 1John 3,21; 1John 4,1; 1John 4,7; 1John 4,11; Jude 3)
  ἀγαπητοῖς ▸ 1 + 2 = 3
    Adjective · masculine · plural · dative · noDegree ▸ **1 + 2 = 3** (Psa. 126,2; Acts 15,25; Rom. 1,7)
  ἀγαπητόν ▸ 1 + 6 = 7
    Adjective · masculine · singular · accusative · noDegree ▸ **1 + 6 = 7** (Gen. 22,2; Mark 12,6; Luke 20,13; Rom. 16,5; Rom. 16,8; Rom. 16,9; Philem. 16)
  ἀγαπητὸν ▸ 3 + 1 = 4
    Adjective · masculine · singular · accusative · noDegree ▸ **2** (Psa. 37,21; Zech. 12,10)
    Adjective · neuter · singular · nominative · noDegree ▸ **1 + 1 = 2** (Sir. 15,13; 1Cor. 4,17)
  ἀγαπητός ▸ 7
    Adjective · masculine · singular · nominative · (verbal) ▸ **7** (Matt. 3,17; Matt. 12,18; Matt. 17,5; Mark 1,11; Mark 9,7; Luke 3,22; 2Pet. 1,17)
  ἀγαπητὸς ▸ 1 + 4 = 5
    Adjective · masculine · singular · nominative · noDegree ▸ **1 + 4 = 5** (Jer. 38,20; Eph. 6,21; Col. 4,7; Col. 4,14; 2Pet. 3,15)
  ἀγαπητοῦ ▸ 8 + 1 = 9
    Adjective · masculine · singular · genitive · noDegree ▸ **8 + 1 = 9** (Gen. 22,12; Gen. 22,16; Psa. 44,1; Psa. 67,13; Ode. 10,1; Amos 8,10; Is. 5,1; Jer. 6,26; Col. 1,7)
  ἀγαπητοὺς ▸ 1
    Adjective · masculine · plural · accusative · noDegree ▸ **1** (Bar. 4,16)
  ἀγαπητῷ ▸ 3 + 4 = 7
    Adjective · masculine · singular · dative · noDegree ▸ **3 + 3 = 6** (Ode. 5,17; Zech. 13,6; Is. 26,17; Col. 4,9; Philem. 1; 3John 1)
    Adjective · neuter · singular · dative · noDegree ▸ **1** (2Tim. 1,2)

Αγαρ Hagar ▸ 14
  Αγαρ ▸ 14
    Noun · feminine · singular · accusative · (proper) ▸ **3** (Gen. 16,3; Gen. 16,4; Gen. 21,17)
    Noun · feminine · singular · dative · (proper) ▸ **1** (Gen. 21,14)
    Noun · feminine · singular · genitive · (proper) ▸ **2** (Gen. 21,9; Bar. 3,23)
    Noun · feminine · singular · nominative · (proper) ▸ **6** (Gen. 16,1; Gen. 16,13; Gen. 16,15; Gen. 16,15; Gen. 16,16; Gen. 25,12)
    Noun · feminine · singular · vocative · (proper) ▸ **2** (Gen. 16,8; Gen. 21,17)

Ἁγάρ Hagar ▸ 2
  Ἁγάρ ▸ 1
    Noun · feminine · singular · nominative · (proper) ▸ **1** (Gal. 4,24)
  Ἁγὰρ ▸ 1
    Noun · feminine · singular · nominative · (proper) ▸ **1** (Gal. 4,25)

Αγαραῖος Hagrite ▸ 1
  Αγαραῖοι ▸ 1
    Noun · masculine · plural · nominative · (proper) ▸ **1** (1Chr. 5,20)

Αγαρηνός Hagrite ▸ 2
  Αγαρηνοί ▸ 1
    Noun · masculine · plural · nominative · (proper) ▸ **1** (Psa. 82,7)
  Αγαρηνῶν ▸ 1
    Noun · masculine · plural · genitive · (proper) ▸ **1** (1Chr. 5,19)

Αγαρι Hagri ▸ 1
  Αγαρι ▸ 1
    Noun · masculine · singular · genitive · (proper) ▸ **1** (1Chr. 11,38)

Αγαρίτης Hagrite ▸ 1
  Αγαρίτης ▸ 1
    Noun · masculine · singular · nominative · (proper) ▸ **1** (1Chr. 27,31)

Αγαρμι Garmite ▸ 1
  Αγαρμι ▸ 1
    Noun · masculine · singular · nominative · (proper) ▸ **1** (1Chr.

Αγαρμι–ἄγγελος

(4,19)

ἀγαυρίαμα (α; γαίω) glory, exultation ▸ 4
  ἀγαυρίαμα ▸ 4
    Noun · neuter · singular · accusative · (common) ▸ **1** (Is. 62,7)
    Noun · neuter · singular · nominative · (common) ▸ **3** (Job 13,12; Jer. 31,2; Bar. 4,34)

ἀγαυριάομαι (α; γαίω) to be arrogant, insolent ▸ 1
  ἠγαυριῶντο ▸ 1
    Verb · third · plural · imperfect · middle · indicative ▸ **1** (Job 3,14)

Αγγαβα Hagabah ▸ 1
  Αγγαβα ▸ 1
    Noun · masculine · singular · genitive · (proper) ▸ **1** (1Esdr. 5,29)

Αγγαι Ai ▸ 4
  Αγγαι ▸ 4
    Noun · singular · accusative · (proper) ▸ **2** (Is. 10,28; Is. 10,29)
    Noun · singular · genitive · (proper) ▸ **1** (Gen. 13,3)
    Noun · singular · nominative · (proper) ▸ **1** (Gen. 12,8)

Αγγαιος Haggai ▸ 17
  Αγγαιον ▸ 2
    Noun · masculine · singular · accusative · (proper) ▸ **2** (Hag. 2,10; Hag. 2,20)
  Αγγαιος ▸ 5
    Noun · masculine · singular · nominative · (proper) ▸ **5** (1Esdr. 6,1; Ezra 5,1; Hag. 1,13; Hag. 2,13; Hag. 2,14)
  Αγγαιου ▸ 10
    Noun · masculine · singular · genitive · (proper) ▸ **10** (1Esdr. 7,3; Ezra 6,14; Psa. 145,1; Psa. 146,1; Psa. 147,1; Psa. 148,1; Hag. 1,1; Hag. 1,3; Hag. 1,12; Hag. 2,1)

ἀγγαρεύω to compel ▸ 3
  ἀγγαρεύουσιν ▸ 1
    Verb · third · plural · present · active · indicative ▸ **1** (Mark 15,21)
  ἀγγαρεύσει ▸ 1
    Verb · third · singular · future · active · indicative ▸ **1** (Matt. 5,41)
  ἠγγάρευσαν ▸ 1
    Verb · third · plural · aorist · active · indicative ▸ **1** (Matt. 27,32)

ἀγγεῖον (ἄγγος) vessel ▸ 24 + 1 = 25
  ἀγγεῖα ▸ 9
    Noun · neuter · plural · accusative · (common) ▸ **8** (Gen. 42,25; Num. 4,9; 1Sam. 10,3; 1Sam. 25,18; Judith 10,5; Jer. 14,3; Jer. 47,10; Lam. 4,2)
    Noun · neuter · plural · nominative · (common) ▸ **1** (Judith 7,20)
  ἀγγείοις ▸ 2 + 1 = 3
    Noun · neuter · plural · dative · (common) ▸ 2 + 1 = **3** (Gen. 43,11; 1Mac. 6,53; Matt. 25,4)
  ἀγγεῖον ▸ 7
    Noun · neuter · singular · accusative · (common) ▸ **5** (Lev. 14,5; Jer. 18,4; Jer. 31,11; Jer. 31,38; Jer. 39,14)
    Noun · neuter · singular · nominative · (common) ▸ **2** (Sir. 21,14; Jer. 18,4)
  ἀγγείου ▸ 2
    Noun · neuter · singular · genitive · (common) ▸ **2** (Is. 30,14; Jer. 31,11)
  ἀγγείῳ ▸ 2
    Noun · neuter · singular · dative · (common) ▸ **2** (Lev. 11,34; Num. 5,17)
  ἀγγείων ▸ 2
    Noun · neuter · plural · genitive · (common) ▸ **2** (1Sam. 9,7; Prov. 5,15)

ἀγγελία (ἄγγελος) message ▸ 13 + 2 = 15
  ἀγγελία ▸ 4 + 2 = 6
    Noun · feminine · singular · nominative · (common) ▸ 4 + 2 = **6** (Prov. 12,25; Prov. 25,25; Wis. 5,9; Ezek. 7,26; 1John 1,5; 1John 3,11)
  ἀγγελίᾳ ▸ 1
    Noun · feminine · singular · dative · (common) ▸ **1** (Ezek. 21,12)
  ἀγγελίαν ▸ 8
    Noun · feminine · singular · accusative · (common) ▸ **8** (1Sam. 4,19; 2Sam. 4,4; 2Kings 19,7; Prov. 26,16; Nah. 3,19; Is. 28,9; Is. 37,7; Ezek. 7,26)

ἀγγέλλω (ἄγγελος) to announce ▸ 1
  ἀγγέλλουσα ▸ 1
    Verb · present · active · participle · feminine · singular · nominative ▸ **1** (John 20,18)

ἄγγελος messenger, angel ▸ 294 + 57 + 175 = 526
  ἄγγελοι ▸ 34 + 3 + 22 = 59
    Noun · masculine · plural · nominative · (common) ▸ 34 + 3 + 22 = **59** (Gen. 19,1; Gen. 19,15; Gen. 19,16; Gen. 28,12; Gen. 32,2; Gen. 32,7; Deut. 32,43; Deut. 33,2; Judg. 11,14; 1Sam. 11,4; 1Sam. 11,9; 1Sam. 19,16; 1Kings 21,5; 2Kings 1,5; 2Kings 7,15; Tob. 11,14; 1Mac. 5,14; 3Mac. 6,18; 4Mac. 4,10; Psa. 96,7; Psa. 102,20; Psa. 148,2; Ode. 2,43; Ode. 8,58; Job 1,6; Job 2,1; Job 33,23; Is. 18,2; Is. 30,4; Is. 33,7; Ezek. 30,9; Dan. 3,58; Dan. 4,24; Dan. 4,32; Tob. 11,14; Tob. 11,14; Dan. 3,58; Matt. 4,11; Matt. 13,49; Matt. 18,10; Matt. 22,30; Matt. 24,36; Matt. 25,31; Mark 1,13; Mark 12,25; Mark 13,32; Luke 2,15; Rom. 8,38; Heb. 1,6; 1Pet. 1,12; 2Pet. 2,11; Rev. 1,20; Rev. 7,11; Rev. 8,6; Rev. 9,15; Rev. 12,7; Rev. 12,7; Rev. 12,9; Rev. 15,6)
  ἄγγελοί ▸ 2 + 1 = 3
    Noun · masculine · plural · nominative · (common) ▸ 2 + 1 = **3** (Tob. 8,15; Job 38,7; Matt. 13,39)
  ἀγγέλοις ▸ 5 + 9 = 14
    Noun · masculine · plural · dative · (common) ▸ 5 + 9 = **14** (Num. 24,12; 1Sam. 11,9; 1Kings 21,9; 1Esdr. 1,49; Psa. 90,11; Matt. 4,6; Matt. 25,41; Luke 4,10; 1Cor. 4,9; 1Tim. 3,16; Heb. 2,5; Rev. 7,2; Rev. 15,7; Rev. 16,1)
  ἄγγελον ▸ 33 + 8 + 18 = 59
    Noun · masculine · singular · accusative · (common) ▸ 33 + 8 + 18 = **59** (Gen. 24,7; Gen. 24,40; Num. 20,16; Num. 22,23; Num. 22,25; Num. 22,27; Num. 22,31; Judg. 4,8; Judg. 6,22; Judg. 13,15; Judg. 13,17; 2Sam. 11,22; 2Sam. 11,25; 2Sam. 24,17; 2Kings 5,10; 2Kings 6,32; 2Kings 7,17; 1Chr. 21,15; 1Chr. 21,16; 1Chr. 21,27; 2Chr. 32,21; Esth. 15,13 # 5,2a; Tob. 12,5; 2Mac. 11,6; 2Mac. 15,23; 4Mac. 7,11; Psa. 151,4; Prov. 17,11; Zech. 2,2; Zech. 4,4; Zech. 5,10; Zech. 6,4; Dan. 3,95; Judg. 4,8; Judg. 6,22; Judg. 13,15; Judg. 13,17; Tob. 5,4; Tob. 6,7; Dan. 3,95; Dan. 6,23; Luke 1,18; Luke 1,34; Acts 10,3; Acts 11,13; Acts 12,11; Acts 23,8; 2Cor. 11,14; Gal. 4,14; Rev. 5,2; Rev. 7,2; Rev. 9,11; Rev. 10,1; Rev. 10,9; Rev. 14,6; Rev. 18,1; Rev. 19,17; Rev. 20,1; Rev. 22,6)
  ἄγγελόν ▸ 4 + 4 = 8
    Noun · masculine · singular · accusative · (common) ▸ 4 + 4 = **8** (Ex. 23,20; Ex. 33,2; 2Mac. 15,22; Mal. 3,1; Matt. 11,10; Mark 1,2; Luke 7,27; Rev. 22,16)
  ἄγγελος ▸ 118 + 34 + 44 = 196
    Noun · masculine · singular · nominative · (common) ▸ 118 + 34 + 44 = **196** (Gen. 16,7; Gen. 16,8; Gen. 16,9; Gen. 16,10; Gen. 16,11; Gen. 21,17; Gen. 22,11; Gen. 22,15; Gen. 31,11; Gen. 48,16; Ex. 3,2; Ex. 4,24; Ex. 14,19; Num. 22,22; Num. 22,24; Num. 22,26; Num. 22,32; Num. 22,35; Judg. 2,1; Judg. 2,4; Judg. 5,23; Judg. 6,11; Judg. 6,12; Judg. 6,14; Judg. 6,16; Judg. 6,20; Judg. 6,21; Judg. 6,21; Judg. 6,22; Judg. 13,3; Judg. 13,9; Judg.

13,11; Judg. 13,13; Judg. 13,16; Judg. 13,16; Judg. 13,18; Judg. 13,20; Judg. 13,21; Judg. 13,21; 1Sam. 23,27; 2Sam. 11,22; 2Sam. 11,23; 2Sam. 14,17; 2Sam. 19,28; 2Sam. 24,16; 2Sam. 24,16; 1Kings 13,18; 1Kings 19,7; 1Kings 22,13; 2Kings 1,3; 2Kings 1,15; 2Kings 6,32; 2Kings 6,33; 2Kings 9,18; 2Kings 10,8; 2Kings 19,35; 1Chr. 21,12; 1Chr. 21,15; 1Chr. 21,18; 2Chr. 18,12; Tob. 5,4; Tob. 5,6; Tob. 5,17; Tob. 5,22; Tob. 6,3; Tob. 6,4; Tob. 6,5; Tob. 6,11; Tob. 6,16; Tob. 8,3; Tob. 12,22; Psa. 33,8; Psa. 34,5; Psa. 34,6; Prov. 13,17; Prov. 16,14; Prov. 25,13; Job 1,14; Job 1,16; Job 1,17; Job 1,18; Job 20,15; Sir. 43,26; Sir. 48,21; Hag. 1,13; Zech. 1,9; Zech. 1,12; Zech. 1,14; Zech. 1,17; Zech. 2,7; Zech. 2,7; Zech. 3,5; Zech. 3,6; Zech. 4,1; Zech. 4,5; Zech. 5,5; Zech. 6,5; Zech. 12,8; Mal. 2,7; Mal. 3,1; Is. 9,5; Is. 37,36; Is. 63,9; Dan. 2,11; Dan. 3,49; Dan. 4,13; Dan. 4,23; Dan. 4,34; Dan. 10,21; Dan. 12,1; Sus. 44-45; Sus. 44-45; Sus. 55; Sus. 59; Sus. 60-62; Bel 34; Bel 36; Bel 39; Judg. 2,1; Judg. 2,4; Judg. 5,23; Judg. 6,11; Judg. 6,12; Judg. 6,14; Judg. 6,16; Judg. 6,20; Judg. 6,21; Judg. 6,21; Judg. 6,22; Judg. 13,3; Judg. 13,9; Judg. 13,11; Judg. 13,13; Judg. 13,16; Judg. 13,16; Judg. 13,18; Judg. 13,20; Judg. 13,21; Judg. 13,21; Tob. 5,4; Tob. 5,17; Tob. 5,22; Tob. 6,1; Tob. 6,3; Tob. 6,4; Tob. 12,22; Dan. 3,49; Sus. 55; Sus. 59; Bel 34; Bel 36; Bel 39; Matt. 1,20; Matt. 1,24; Matt. 2,13; Matt. 2,19; Matt. 28,2; Matt. 28,5; Luke 1,11; Luke 1,13; Luke 1,19; Luke 1,26; Luke 1,30; Luke 1,35; Luke 1,38; Luke 2,9; Luke 2,10; Luke 22,43; John 12,29; Acts 7,30; Acts 10,7; Acts 12,7; Acts 12,8; Acts 12,10; Acts 12,23; Acts 23,9; Acts 27,23; 2Cor. 12,7; Gal. 1,8; Rev. 8,3; Rev. 8,5; Rev. 8,8; Rev. 8,10; Rev. 8,12; Rev. 9,1; Rev. 9,13; Rev. 10,5; Rev. 11,15; Rev. 14,8; Rev. 14,9; Rev. 14,15; Rev. 14,17; Rev. 14,18; Rev. 14,19; Rev. 17,7; Rev. 18,21)

Ἄγγελος ▸ 2
 Noun · masculine · singular · nominative ▸ **2** (Acts 5,19; Acts 8,26)

ἀγγελός ▸ 4 + 1 = 5
 Noun · masculine · singular · nominative · (common) ▸ 4 + 1 = **5** (Ex. 23,23; Ex. 32,34; 1Mac. 7,41; LetterJ 6; Acts 12,15)

ἀγγέλου ▸ 10 + 1 + 14 = 25
 Noun · masculine · singular · genitive · (common) ▸ 10 + 1 + 14 = **25** (Judg. 13,6; 2Sam. 14,20; 1Chr. 21,30; 1Esdr. 1,48; Prov. 26,6; Hos. 12,5; Zech. 3,1; Zech. 3,3; Mal. 1,1; Dan. 3,92; Judg. 13,6; Luke 2,21; Acts 6,15; Acts 7,35; Acts 7,38; Acts 10,22; Acts 12,9; Rev. 1,1; Rev. 8,4; Rev. 10,7; Rev. 10,8; Rev. 10,10; Rev. 16,5; Rev. 21,17; Rev. 22,8)

ἀγγέλους ▸ 55 + 9 + 20 = 84
 Noun · masculine · plural · accusative · (common) ▸ 55 + 9 + 20 = **84** (Gen. 32,4; Num. 20,14; Josh. 7,22; Judg. 6,35; Judg. 6,35; Judg. 7,24; Judg. 9,31; Judg. 11,12; Judg. 11,13; Judg. 11,14; Judg. 11,17; Judg. 11,19; 1Sam. 6,21; 1Sam. 11,3; 1Sam. 16,19; 1Sam. 19,11; 1Sam. 19,14; 1Sam. 19,20; 1Sam. 19,20; 1Sam. 19,21; 1Sam. 19,21; 1Sam. 25,14; 2Sam. 2,5; 2Sam. 3,12; 2Sam. 3,14; 2Sam. 3,26; 2Sam. 5,11; 2Sam. 11,4; 2Sam. 12,27; 2Kings 1,2; 2Kings 1,16; 2Kings 14,8; 2Kings 16,7; 2Kings 17,4; 2Kings 18,14; 2Kings 19,9; 1Chr. 14,1; 1Chr. 19,2; 1Chr. 19,16; 2Chr. 35,21; 2Chr. 36,15; 2Chr. 36,16; Neh. 6,3; Judith 1,11; Judith 3,1; 1Mac. 7,10; Psa. 8,6; Psa. 103,4; Job 40,11; Is. 37,9; Jer. 30,8; Ezek. 17,15; Ezek. 23,16; Ezek. 23,40; Dan. 4,22; Judg. 6,35; Judg. 7,24; Judg. 9,31; Judg. 11,12; Judg. 11,13; Judg. 11,14; Judg. 11,17; Judg. 11,19; Tob. 10,9; Matt. 13,41; Matt. 24,31; Mark 13,27; Luke 9,52; John 1,51; John 20,12; 1Cor. 6,3; 1Cor. 11,10; Heb. 1,7; Heb. 1,7; Heb. 2,7; Heb. 2,9; Heb. 13,2; James 2,25; Jude 6; Rev. 7,1; Rev. 8,2; Rev. 9,14; Rev. 15,1; Rev. 21,12)

ἀγγέλῳ ▸ 8 + 9 = 17
 Noun · masculine · singular · dative · (common) ▸ 8 + 9 = **17** (Num. 22,34; 2Sam. 11,19; 2Sam. 24,16; 1Chr. 21,15; Tob. 6,7; Tob. 6,14; Zech. 1,11; Zech. 1,13; Luke 2,13; Rev. 2,1; Rev. 2,8; Rev. 2,12; Rev. 2,18; Rev. 3,1; Rev. 3,7; Rev. 3,14; Rev. 9,14)

ἀγγέλων ▸ 21 + 2 + 31 = 54
 Noun · masculine · plural · genitive · (common) ▸ 21 + 2 + 31 = **54** (Deut. 32,8; 1Sam. 11,7; 2Kings 1,3; 2Kings 19,14; 2Kings 19,23; Tob. 12,15; 1Mac. 1,44; Psa. 77,25; Psa. 77,49; Psa. 137,1; Ode. 2,8; Job 4,18; Job 5,1; Job 36,14; Job 40,19; Job 41,25; Wis. 16,20; Is. 37,14; Is. 37,24; Is. 44,26; Jer. 34,3; Judg. 5,16; Tob. 12,15; Matt. 16,27; Matt. 26,53; Mark 8,38; Luke 7,24; Luke 9,26; Luke 12,8; Luke 12,9; Luke 15,10; Luke 16,22; Luke 24,23; Acts 7,53; 1Cor. 13,1; Gal. 3,19; Col. 2,18; 2Th. 1,7; 1Tim. 5,21; Heb. 1,4; Heb. 1,5; Heb. 1,13; Heb. 2,2; Heb. 2,16; Heb. 12,22; 1Pet. 3,22; 2Pet. 2,4; Rev. 3,5; Rev. 5,11; Rev. 8,13; Rev. 14,10; Rev. 15,8; Rev. 17,1; Rev. 21,9)

Αγγι Haggi, Haggites ▸ 2
 Αγγι ▸ 2
  Noun · masculine · singular · dative · (proper) ▸ **1** (Num. 26,24)
  Noun · masculine · singular · nominative · (proper) ▸ **1** (Num. 26,24)

Αγγια Haggiah ▸ 1
 Αγγια ▸ 1
  Noun · masculine · singular · nominative · (proper) ▸ **1** (1Chr. 6,15)

Αγγιθ Haggith ▸ 4
 Αγγιθ ▸ 4
  Noun · feminine · singular · genitive · (proper) ▸ **1** (1Chr. 3,2)
  Noun · masculine · singular · genitive · (proper) ▸ **3** (1Kings 1,5; 1Kings 1,11; 1Kings 2,13)

Αγγις Haggi ▸ 1
 Αγγις ▸ 1
  Noun · masculine · singular · nominative · (proper) ▸ **1** (Gen. 46,16)

ἄγγος container ▸ 6 + 1 = 7
 ἄγγη ▸ 1
  Noun · neuter · plural · accusative ▸ **1** (Matt. 13,48)
 ἄγγος ▸ 5
  Noun · neuter · singular · accusative · (common) ▸ **2** (1Kings 17,10; Ezek. 4,9)
  Noun · neuter · singular · nominative · (common) ▸ **3** (Deut. 23,26; Amos 8,1; Jer. 19,11)
 Ἄγγος ▸ 1
  Noun · neuter · singular · accusative · (common) ▸ **1** (Amos 8,2)

ἄγε (ἄγω) come! go! ▸ 2
 Ἄγε ▸ 2
  Interjection ▸ **2** (James 4,13; James 5,1)

Αγεαδδαϊρ Geharashim ▸ 1
 Αγεαδδαϊρ ▸ 1
  Noun · masculine · singular · genitive · (proper) ▸ **1** (1Chr. 4,14)

ἀγελαῖος (ἄγω) herd, multitude ▸ 1
 ἀγελαίους ▸ 1
  Adjective · masculine · plural · accusative · noDegree ▸ **1** (2Mac. 14,23)

ἀγέλη (ἄγω) herd ▸ 10 + 7 = 17
 ἀγέλαι ▸ 5
  Noun · feminine · plural · nominative · (common) ▸ **5** (Song 4,1; Song 4,2; Song 6,5; Song 6,6; Is. 60,6)
 ἀγέλαις ▸ 2
  Noun · feminine · plural · dative · (common) ▸ **2** (Prov. 27,23; Song 1,7)
 ἀγέλας ▸ 1
  Noun · feminine · plural · accusative · (common) ▸ **1** (1Sam. 24,4)

ἀγέλη ▸ 6
    Noun · feminine · singular · nominative ▸ **6** (Matt. 8,30; Matt. 8,32; Mark 5,11; Mark 5,13; Luke 8,32; Luke 8,33)
  ἀγέλην ▸ 1
    Noun · feminine · singular · accusative ▸ **1** (Matt. 8,31)
  ἀγέλης ▸ 2
    Noun · feminine · singular · genitive · (common) ▸ **2** (1Sam. 17,34; 4Mac. 5,4)

ἀγεληδόν (ἄγω) in herds, in crowds ▸ 2
  ἀγεληδὸν ▸ 2
    Adverb ▸ **2** (2Mac. 3,18; 2Mac. 14,14)

ἀγενεαλόγητος (α; γίνομαι; λέγω) without genealogy ▸ 1
  ἀγενεαλόγητος ▸ 1
    Adjective · masculine · singular · nominative ▸ **1** (Heb. 7,3)

ἀγενής (α; γίνομαι) insignificant, inferior ▸ 1
  ἀγενῆ ▸ 1
    Adjective · neuter · plural · accusative ▸ **1** (1Cor. 1,28)

ἀγερωχία (ἀγέρωχος) arrogance, insolence, revelry ▸ 3
  ἀγερωχίᾳ ▸ 1
    Noun · feminine · singular · dative · (common) ▸ **1** (3Mac. 2,3)
  ἀγερωχίας ▸ 2
    Noun · feminine · singular · genitive · (common) ▸ **2** (2Mac. 9,7; Wis. 2,9)

ἀγέρωχος arrogant ▸ 1
  ἀγέρωχον ▸ 1
    Adjective · masculine · singular · accusative · noDegree ▸ **1** (3Mac. 1,25)

Αγια Agia ▸ 1
  Αγια ▸ 1
    Noun · masculine · singular · genitive · (proper) ▸ **1** (1Esdr. 5,34)

ἁγιάζω (ἅγος) to sanctify ▸ 192 + 4 + 28 = 224
  ἁγιάζει ▸ 1
    Verb · third · singular · present · active · indicative ▸ **1** (Heb. 9,13)
  ἁγιάζειν ▸ 8
    Verb · present · active · infinitive ▸ **8** (Ex. 20,8; Ex. 29,36; Deut. 5,12; Deut. 5,15; Neh. 13,22; Jer. 17,24; Jer. 17,27; Ezek. 46,20)
  ἁγιάζεται ▸ 1
    Verb · third · singular · present · passive · indicative · (variant) ▸ **1** (1Tim. 4,5)
  ἁγιάζετε ▸ 1
    Verb · second · plural · present · active · imperative ▸ **1** (Ezek. 20,20)
  ἁγιαζόμενα ▸ 1
    Verb · present · passive · participle · neuter · plural · accusative ▸ **1** (Num. 5,9)
  ἁγιαζομένη ▸ 1
    Verb · present · passive · participle · feminine · singular · nominative ▸ **1** (2Sam. 11,4)
  ἁγιαζόμενοι ▸ 1
    Verb · present · passive · participle · masculine · plural · nominative · (variant) ▸ **1** (Heb. 2,11)
  ἁγιαζόμενον ▸ 1
    Verb · present · passive · participle · neuter · singular · accusative ▸ **1** (1Esdr. 1,47)
  ἁγιαζομένους ▸ 1
    Verb · present · passive · participle · masculine · plural · accusative · (variant) ▸ **1** (Heb. 10,14)
  ἁγιάζον ▸ 1
    Verb · present · active · participle · neuter · singular · nominative ▸ **1** (Matt. 23,19)
  ἁγιάζοντες ▸ 2
    Verb · present · active · participle · masculine · plural · nominative ▸ **2** (Neh. 12,47; Neh. 12,47)
  Ἁγιάζουσα ▸ 1
    Verb · present · active · participle · feminine · singular · nominative ▸ **1** (Judg. 17,3)
  ἁγιάζουσίν ▸ 1
    Verb · third · plural · present · active · indicative ▸ **1** (Lev. 22,2)
  ἁγιάζω ▸ 1
    Verb · first · singular · present · active · indicative ▸ **1** (John 17,19)
  ἁγιάζων ▸ 10 + 1 = 11
    Verb · present · active · participle · masculine · singular · nominative ▸ **10** + **1** = **11** (Ex. 31,13; Lev. 20,8; Lev. 21,8; Lev. 21,15; Lev. 21,23; Lev. 22,9; Lev. 22,16; Lev. 22,32; Ezek. 20,12; Ezek. 37,28; Heb. 2,11)
  ἁγιάζωσιν ▸ 1
    Verb · third · plural · present · active · subjunctive ▸ **1** (Lev. 22,3)
  ἁγιάσαι ▸ 8 + 1 = 9
    Verb · aorist · active · infinitive ▸ **8** (Ex. 29,1; Ex. 29,33; Ex. 29,36; Num. 20,12; Num. 27,14; 2Chr. 2,3; 1Esdr. 1,3; Prov. 20,25)
    Verb · third · singular · aorist · active · optative ▸ **1** (1Th. 5,23)
  ἁγίασαι ▸ 1
    Verb · second · singular · aorist · middle · imperative ▸ **1** (Ex. 19,23)
  ἁγιάσαντες ▸ 1
    Verb · aorist · active · participle · masculine · plural · nominative ▸ **1** (Judith 11,13)
  ἁγιάσας ▸ 3 + 1 = 4
    Verb · aorist · active · participle · masculine · singular · nominative ▸ **3** + **1** = **4** (Lev. 27,15; Lev. 27,19; 2Mac. 1,25; Matt. 23,17)
  ἁγιάσατε ▸ 8 + 1 = 9
    Verb · second · plural · aorist · active · imperative ▸ **8** + **1** = **9** (Joel 1,14; Joel 2,15; Joel 2,16; Joel 4,9; Is. 8,13; Jer. 17,22; Jer. 28,27; Jer. 28,28; 1Pet. 3,15)
  Ἁγιάσατε ▸ 2
    Verb · second · plural · aorist · active · imperative ▸ **2** (2Kings 10,20; Is. 49,7)
  ἁγιάσει ▸ 4
    Verb · third · singular · future · active · indicative ▸ **4** (Lev. 16,19; Lev. 21,8; Num. 6,11; Is. 10,17)
  ἁγιάσεις ▸ 11
    Verb · second · singular · future · active · indicative ▸ **11** (Ex. 13,12; Ex. 28,41; Ex. 29,27; Ex. 29,37; Ex. 30,29; Ex. 30,30; Ex. 40,8; Ex. 40,9; Ex. 40,10; Ex. 40,13; Deut. 15,19)
  ἁγιάσετε ▸ 1
    Verb · second · plural · future · active · indicative ▸ **1** (Lev. 25,10)
  ἁγιάσῃ ▸ 5 + 2 = 7
    Verb · third · singular · aorist · active · subjunctive ▸ **5** + **2** = **7** (Lev. 27,14; Lev. 27,16; Lev. 27,17; Lev. 27,18; Lev. 27,22; Eph. 5,26; Heb. 13,12)
  ἁγιασθέντες ▸ 1
    Verb · aorist · passive · participle · masculine · plural · nominative ▸ **1** (4Mac. 17,20)
  ἁγιασθῇ ▸ 1
    Verb · third · singular · aorist · passive · subjunctive ▸ **1** (Deut. 22,9)
  ἁγιασθῆναι ▸ 3
    Verb · aorist · passive · infinitive ▸ **3** (Josh. 7,13; 1Chr. 23,13;

2Chr. 35,3)

ἁγιασθῆναί ▸ 2
Verb · aorist · passive · infinitive ▸ **2** (Ezek. 36,23; Ezek. 38,16)

ἁγιασθήσεσθε ▸ 1
Verb · second · plural · future · passive · indicative ▸ **1** (Lev. 11,44)

ἁγιασθήσεται ▸ 7
Verb · third · singular · future · passive · indicative ▸ **7** (Ex. 29,21; Ex. 29,37; Ex. 30,29; Lev. 6,11; Lev. 6,20; 1Sam. 21,6; Hag. 2,12)

ἁγιασθήσομαι ▸ 8
Verb · first · singular · future · passive · indicative ▸ **8** (Ex. 29,43; Lev. 10,3; Lev. 22,32; Ezek. 20,41; Ezek. 28,22; Ezek. 28,25; Ezek. 38,23; Ezek. 39,27)

ἁγιάσθητε ▸ 1
Verb · second · plural · aorist · passive · imperative ▸ **1** (1Sam. 16,5)

ἁγιασθήτω ▸ 3
Verb · third · singular · aorist · passive · imperative ▸ **3** (Matt. 6,9; Luke 11,2; Rev. 22,11)

ἁγιασθήτωσαν ▸ 1
Verb · third · plural · aorist · passive · imperative ▸ **1** (Ex. 19,22)

ἁγιασθῶσι ▸ 1
Verb · third · plural · aorist · passive · subjunctive ▸ **1** (Dan. 12,10)

ἁγίασον ▸ 2 + 1 = 3
Verb · second · singular · aorist · active · imperative ▸ **2 + 1 = 3** (Josh. 7,13; Sir. 35,8; John 17,17)

Ἁγίασον ▸ 1
Verb · second · singular · aorist · active · imperative ▸ **1** (Num. 16,16)

Ἁγίασόν ▸ 1
Verb · second · singular · aorist · active · imperative ▸ **1** (Ex. 13,2)

ἁγιάσουσιν ▸ 3
Verb · third · plural · future · active · indicative ▸ **3** (Is. 29,23; Is. 29,23; Ezek. 44,24)

ἁγιάσω ▸ 3
Verb · first · singular · future · active · indicative ▸ **3** (Ex. 29,44; Ex. 29,44; Ezek. 36,23)

ἁγιάσωσιν ▸ 2
Verb · third · plural · aorist · active · subjunctive ▸ **2** (Ex. 28,38; Ezek. 44,19)

ἡγίακα ▸ 2 + 1 = 3
Verb · first · singular · perfect · active · indicative ▸ **2 + 1 = 3** (1Kings 9,3; 2Chr. 7,16; Judg. 17,3)

ἡγίακά ▸ 1
Verb · first · singular · perfect · active · indicative ▸ **1** (Jer. 1,5)

ἡγίακεν ▸ 1
Verb · third · singular · perfect · active · indicative ▸ **1** (Zeph. 1,7)

ἡγίασα ▸ 5
Verb · first · singular · aorist · active · indicative ▸ **5** (Num. 3,13; Num. 8,17; Judg. 17,3; 1Kings 9,7; 2Chr. 7,20)

ἡγίασαν ▸ 7
Verb · third · plural · aorist · active · indicative ▸ **7** (Num. 17,2; 1Sam. 7,1; 1Chr. 26,28; 2Chr. 31,6; Neh. 3,1; Neh. 3,1; 1Mac. 4,48)

ἡγίασας ▸ 2
Verb · second · singular · aorist · active · indicative ▸ **2** (3Mac. 2,9; 3Mac. 2,16)

ἡγιάσατέ ▸ 2
Verb · second · plural · aorist · active · indicative ▸ **2** (Num. 27,14; Deut. 32,51)

ἡγίασεν ▸ 25 + 1 = 26
Verb · third · singular · aorist · active · indicative ▸ **25 + 1 = 26** (Gen. 2,3; Ex. 19,14; Ex. 20,11; Lev. 8,11; Lev. 8,11; Lev. 8,11; Lev. 8,12; Lev. 8,15; Lev. 8,30; Num. 7,1; Num. 7,1; 1Sam. 16,5; 2Sam. 8,11; 2Sam. 8,11; 1Kings 8,64; 2Kings 12,19; 1Chr. 18,11; 1Chr. 26,26; 1Chr. 26,27; 2Chr. 7,7; 2Chr. 30,8; Psa. 45,5; Sir. 33,9; Sir. 33,12; Sir. 45,4; John 10,36)

ἡγιάσθη ▸ 4 + 1 + 1 = 6
Verb · third · singular · aorist · passive · indicative ▸ **4 + 1 + 1 = 6** (Num. 6,12; Num. 20,13; Tob. 1,4; Sir. 49,7; Tob. 1,4; Heb. 10,29)

ἡγιάσθης ▸ 1
Verb · second · singular · aorist · passive · indicative ▸ **1** (Sir. 36,3)

ἡγιάσθησαν ▸ 3
Verb · third · plural · aorist · passive · indicative ▸ **3** (Ex. 29,33; Num. 17,3; 2Chr. 5,11)

ἡγιάσθητε ▸ 1
Verb · second · plural · aorist · passive · indicative ▸ **1** (1Cor. 6,11)

ἡγιασμένα ▸ 5
Verb · perfect · passive · participle · neuter · plural · accusative ▸ **4** (Lev. 25,11; Num. 5,10; 1Kings 8,8; Sol. 8,22)
Verb · perfect · passive · participle · neuter · plural · nominative ▸ **1** (Judith 4,3)

ἡγιασμένας ▸ 1
Verb · perfect · passive · participle · feminine · plural · accusative ▸ **1** (Ezra 3,5)

ἡγιασμένη ▸ 1
Verb · perfect · passive · participle · feminine · singular · nominative · (variant) ▸ **1** (Rom. 15,16)

ἡγιασμένης ▸ 1
Verb · perfect · passive · participle · feminine · singular · genitive ▸ **1** (3Mac. 6,3)

ἡγιασμένοι ▸ 4 + 2 = 6
Verb · perfect · passive · participle · masculine · plural · nominative ▸ **4 + 2 = 6** (Deut. 33,3; 2Chr. 29,33; 4Mac. 17,19; Is. 13,3; John 17,19; Heb. 10,10)

ἡγιασμένοις ▸ 3 + 3 = 6
Verb · perfect · passive · participle · masculine · plural · dative ▸ **3 + 3 = 6** (1Sam. 7,16; 2Chr. 26,18; Ezek. 48,11; Acts 20,32; Acts 26,18; 1Cor. 1,2)

ἡγιασμένον ▸ 4 + 1 = 5
Verb · perfect · passive · participle · masculine · singular · accusative ▸ **1** (Lev. 16,4)
Verb · perfect · passive · participle · neuter · singular · accusative ▸ **2** (Lev. 21,12; Num. 18,29)
Verb · perfect · passive · participle · neuter · singular · nominative ▸ **1 + 1 = 2** (Judg. 13,5; 2Tim. 2,21)

ἡγιασμένου ▸ 5 + 1 = 6
Verb · perfect · passive · participle · masculine · singular · genitive ▸ **5 + 1 = 6** (Judith 9,13; 3Mac. 6,3; Sol. 17,26; Sol. 17,43; Dan. 4,22; Dan. 12,7)

ἡγιασμένους ▸ 1
Verb · perfect · passive · participle · masculine · plural · accusative ▸ **1** (Amos 2,12)

ἡγιασμένων ▸ 7
Verb · perfect · passive · participle · feminine · plural · genitive ▸ **1** (1Esdr. 5,51)
Verb · perfect · passive · participle · masculine · plural · genitive

▸ **3** (Lev. 20,3; Judith 6,19; Sol. 17,43)
   Verb · perfect · passive · participle · neuter · plural · genitive ▸ **3** (Num. 18,8; Num. 18,9; 1Kings 8,8)
ἡγίασται ▸ **2**
   Verb · third · singular · perfect · passive · indicative ▸ **2** (1Cor. 7,14; 1Cor. 7,14)

ἁγίασμα (ἅγος) sacred place, sanctuary ▸ **65** + **2** = **67**
   ἁγίασμα ▸ **39** + **1** = **40**
      Noun · neuter · singular · accusative · (common) ▸ **25** + **1** = **26** (Ex. 15,17; Ex. 25,8; 1Chr. 22,19; 1Chr. 28,10; 2Chr. 20,8; 2Chr. 30,8; 1Mac. 1,21; 1Mac. 1,37; 1Mac. 1,46; 1Mac. 2,7; 1Mac. 4,38; 1Mac. 6,7; 1Mac. 6,26; 1Mac. 6,51; Psa. 77,69; Psa. 88,40; Ode. 1,17; Sir. 47,10; Sir. 47,13; Is. 8,14; Lam. 1,10; Lam. 2,7; Ezek. 11,16; Ezek. 45,2; Ezek. 48,21; Dan. 11,31)
      Noun · neuter · singular · nominative · (common) ▸ **14** (Ex. 29,34; Ex. 30,32; Ex. 30,37; Judith 5,19; 1Mac. 1,39; 1Mac. 3,45; 1Mac. 5,1; Psa. 92,5; Psa. 113,2; Amos 7,13; Zech. 7,3; Jer. 17,12; Jer. 38,40; Ezek. 45,3)
   Ἁγίασμα ▸ **3**
      Noun · neuter · singular · accusative · (common) ▸ **1** (Ex. 29,6)
      Noun · neuter · singular · nominative · (common) ▸ **2** (Ex. 28,36; Ex. 36,37)
   ἁγιάσμα ▸ **2** + **1** = **3**
      Noun · neuter · singular · accusative · (common) ▸ **1** + **1** = **2** (Is. 63,18; Dan. 9,17)
      Noun · neuter · singular · nominative · (common) ▸ **1** (Psa. 131,18)
   ἁγιάσμασιν ▸ **1**
      Noun · neuter · plural · dative · (common) ▸ **1** (Ezek. 20,40)
   ἁγιάσματι ▸ **3**
      Noun · neuter · singular · dative · (common) ▸ **3** (1Mac. 1,36; Lam. 2,20; Psa. 95,6)
   ἁγιάσματος ▸ **11**
      Noun · neuter · singular · genitive · (common) ▸ **11** (1Mac. 1,37; 1Mac. 1,45; 2Chr. 26,18; 2Chr. 36,15; 2Chr. 36,17; Ezra 9,8; Psa. 77,54; Sir. 45,12; Sir. 49,6; Sir. 50,11; Sol. 8,4)
   ἁγιάσματός ▸ **6**
      Noun · neuter · singular · genitive · (common) ▸ **6** (1Esdr. 8,75; Lev. 25,5; Psa. 131,8; Sir. 36,12; Sol. 11,7; Sol. 7,2)

ἁγιασμός (ἅγος) holiness ▸ **9** + **10** = **19**
   ἁγιασμόν ▸ **2** + **3** = **5**
      Noun · masculine · singular · accusative · (common) ▸ **2** + **3** = **5** (2Mac. 2,17; Amos 2,11; Rom. 6,19; Rom. 6,22; Heb. 12,14)
   ἁγιασμὸς ▸ **2**
      Noun · masculine · singular · nominative ▸ **2** (1Cor. 1,30; 1Th. 4,3)
   ἁγιασμοῦ ▸ **4**
      Noun · masculine · singular · genitive · (common) ▸ **4** (2Mac. 14,36; 3Mac. 2,18; Sir. 7,31; Sir. 17,10)
   ἁγιασμῷ ▸ **2** + **5** = **7**
      Noun · masculine · singular · dative · (common) ▸ **2** + **5** = **7** (Sol. 17,30; Ezek. 45,4; 1Th. 4,4; 1Th. 4,7; 2Th. 2,13; 1Tim. 2,15; 1Pet. 1,2)
   Ἁγιασμῷ ▸ **1**
      Noun · masculine · singular · dative · (common) ▸ **1** (Judg. 17,3)

ἁγιαστήριον (ἅγος) consecrated place, sanctuary ▸ **4**
   ἁγιαστήριον ▸ **3**
      Noun · neuter · singular · accusative · (common) ▸ **3** (Lev. 12,4; Psa. 72,17; Psa. 82,13)
   ἁγιαστήριόν ▸ **1**
      Noun · neuter · singular · accusative · (common) ▸ **1** (Psa. 73,7)

ἁγιαστία (ἅγος) holiness ▸ **1**
   ἁγιαστίαν ▸ **1**
      Noun · feminine · singular · accusative · (common) ▸ **1** (4Mac. 7,9)

Αγιν Agin ▸ **1**
   Αγιν ▸ **1**
      Noun · singular · nominative · (proper) ▸ **1** (Josh. 19,19)

ἅγιος (ἅγος) holy; (neut) sanctuary ▸ **792** + **39** + **233** = **1064**
   ἅγια ▸ **99** + **4** = **103**
      Adjective · neuter · plural · accusative · noDegree ▸ **70** + **4** = **74** (Ex. 36,1; Lev. 19,8; Lev. 22,3; Lev. 22,10; Lev. 22,10; Lev. 22,14; Lev. 22,15; Lev. 22,16; Lev. 26,31; Num. 4,15; Num. 4,15; Num. 4,19; Num. 4,20; Num. 8,19; Num. 10,21; Num. 18,3; Num. 18,32; Num. 19,20; Num. 31,6; Deut. 26,13; 1Kings 7,37; 1Kings 7,37; 1Kings 8,4; 1Kings 8,6; 1Kings 8,7; 2Kings 12,19; 2Kings 12,19; 1Chr. 6,34; 1Chr. 9,29; 1Chr. 22,19; 1Chr. 23,13; 2Chr. 4,22; 2Chr. 5,1; 2Chr. 5,5; 2Chr. 5,7; 2Chr. 15,18; 2Chr. 15,18; 2Chr. 20,21; 2Chr. 24,7; 2Chr. 30,24; 2Chr. 31,14; 2Chr. 35,6; 2Chr. 35,13; Neh. 10,34; Judith 4,12; 1Mac. 3,58; 1Mac. 4,36; 1Mac. 4,41; 1Mac. 4,43; 1Mac. 4,48; 1Mac. 4,49; 1Mac. 12,9; 1Mac. 14,15; 1Mac. 14,31; 1Mac. 15,7; 2Mac. 15,17; Psa. 133,2; Job 6,10; Sol. 1,8; Sol. 2,3; Sol. 8,11; Zeph. 3,4; Mal. 2,11; Is. 58,13; Jer. 28,51; Ezek. 21,7; Ezek. 42,13; Ezek. 42,13; Ezek. 44,13; Ezek. 44,13; Heb. 9,12; Heb. 9,24; Heb. 9,25; Heb. 13,11)
      Adjective · neuter · plural · nominative · noDegree ▸ **29** (Ex. 29,33; Ex. 30,29; Lev. 2,10; Lev. 6,10; Lev. 6,18; Lev. 6,22; Lev. 7,1; Lev. 7,6; Lev. 10,12; Lev. 10,17; Lev. 14,13; Lev. 21,22; Lev. 23,20; Lev. 24,9; Lev. 27,10; Num. 18,10; 1Esdr. 8,57; Ezra 8,28; Neh. 10,40; Judith 8,21; Judith 8,24; 1Mac. 2,12; 1Mac. 14,29; Jer. 11,15; Ezek. 7,24; Ezek. 36,38; Ezek. 43,12; Ezek. 45,3; Dan. 8,13)
   Ἅγια ▸ **2**
      Adjective · neuter · plural · nominative ▸ **2** (Heb. 9,2; Heb. 9,3)
   ἁγιά ▸ **21** + **1** = **22**
      Adjective · neuter · plural · accusative · noDegree ▸ **18** (Lev. 20,3; Deut. 12,26; Judith 9,8; 1Mac. 7,42; Is. 30,29; Is. 43,28; Ezek. 5,11; Ezek. 22,8; Ezek. 22,26; Ezek. 23,38; Ezek. 23,39; Ezek. 24,21; Ezek. 25,3; Ezek. 37,26; Ezek. 37,28; Ezek. 42,14; Ezek. 44,9; Ezek. 44,16)
      Adjective · neuter · plural · nominative · noDegree ▸ **3** + **1** = **4** (Lev. 16,4; Num. 18,17; 1Mac. 3,51; 1Cor. 7,14)
   ἁγία ▸ **33** + **1** + **6** = **40**
      Adjective · feminine · singular · nominative · noDegree ▸ **33** + **1** + **6** = **40** (Ex. 3,5; Ex. 12,16; Ex. 12,16; Ex. 16,23; Ex. 31,15; Ex. 40,9; Lev. 23,3; Lev. 23,7; Lev. 23,8; Lev. 23,21; Lev. 23,24; Lev. 23,27; Lev. 23,35; Lev. 23,36; Num. 28,18; Num. 28,25; Num. 28,26; Num. 29,1; Num. 29,7; Num. 29,12; Deut. 23,15; 1Esdr. 9,50; 1Esdr. 9,52; 1Esdr. 9,53; Neh. 8,9; Neh. 8,10; Neh. 8,11; Tob. 2,1; Tob. 13,10; 1Mac. 10,31; Joel 4,17; Is. 35,8; Is. 52,1; Tob. 2,1; Acts 7,33; Rom. 7,12; Rom. 11,16; Rom. 11,16; 1Cor. 7,34; Eph. 5,27)
   ἁγία ▸ **9** + **1** = **10**
      Adjective · feminine · singular · dative · noDegree ▸ **9** + **1** = **10** (Neh. 10,32; Neh. 11,1; Tob. 8,15; 2Mac. 1,12; Psa. 28,2; Psa. 95,9; Sir. 24,10; Sir. 45,10; Is. 58,13; 2Tim. 1,9)
   ἅγιαι ▸ **1** + **1** = **2**
      Adjective · feminine · plural · nominative · noDegree ▸ **1** + **1** = **2** (Lev. 23,4; 1Pet. 3,5)
   ἁγίαις ▸ **2** + **3** = **5**
      Adjective · feminine · plural · dative · noDegree ▸ **2** + **3** = **5** (1Chr. 16,29; Is. 62,9; Rom. 1,2; 2Pet. 3,11; Jude 14)

ἁγίαν ‣ 18 + 5 + 6 = 29
   Adjective ▪ feminine ▪ singular ▪ accusative ▪ noDegree ‣ 18 + 5 + 6 = 29 (Ex. 28,2; Ex. 28,3; Lev. 16,32; Lev. 27,14; 2Chr. 35,3; 1Mac. 1,63; 1Mac. 10,21; 2Mac. 6,30; 2Mac. 9,14; 2Mac. 15,16; 3Mac. 6,5; Ode. 7,28; Zech. 2,16; Is. 27,1; Is. 66,20; Ezek. 10,6; Ezek. 10,7; Dan. 3,28; Dan. 3,28; Dan. 9,24; Dan. 11,28; Dan. 11,30; Dan. 11,30; Matt. 4,5; Matt. 27,53; Rom. 12,1; Rev. 11,2; Rev. 21,2; Rev. 21,10)

ἁγίας ‣ 20 + 1 + 3 = 24
   Adjective ▪ feminine ▪ plural ▪ accusative ▪ noDegree ‣ 5 (Ex. 28,4; Ex. 35,19; Ex. 40,13; Lev. 23,2; Lev. 23,37)
   Adjective ▪ feminine ▪ singular ▪ genitive ▪ noDegree ‣ 15 + 1 + 3 = 19 (1Esdr. 1,3; 1Mac. 1,15; 1Mac. 2,7; 2Mac. 1,7; 2Mac. 3,1; 2Mac. 5,25; 2Mac. 6,23; 2Mac. 15,14; Ode. 8,53; Ode. 9,72; Wis. 9,8; Wis. 12,3; Sir. 26,17; Is. 48,2; Dan. 3,53; Dan. 3,53; Luke 1,72; 2Pet. 2,21; Rev. 22,19)

ἅγιε ‣ 3 + 1 = 4
   Adjective ▪ masculine ▪ singular ▪ vocative ▪ noDegree ‣ 3 + 1 = 4 (2Mac. 14,36; 3Mac. 2,2; 3Mac. 2,13; John 17,11)

ἅγιοι ‣ 20 + 3 + 8 = 31
   Adjective ▪ masculine ▪ plural ▪ nominative ▪ noDegree ‣ 20 + 3 + 6 = 29 (Ex. 22,30; Lev. 11,44; Lev. 11,45; Lev. 20,7; Lev. 20,26; Lev. 21,6; Lev. 21,6; Num. 15,40; Num. 16,3; 1Sam. 21,5; Ezra 8,28; Psa. 33,10; Sol. 17,32; Zech. 9,16; Zech. 14,5; Is. 4,3; Lam. 4,1; Ezek. 42,14; Dan. 7,18; Dan. 7,22; Tob. 11,14; Dan. 7,18; Dan. 7,22; 1Cor. 6,2; 2Cor. 13,12; Phil. 4,22; Col. 3,12; 1Pet. 1,15; 1Pet. 1,16)
   Adjective ▪ masculine ▪ plural ▪ vocative ▪ (variant) ‣ 2 (Heb. 3,1; Rev. 18,20)

Ἅγιοι ‣ 1
   Adjective ▪ masculine ▪ plural ▪ nominative ▪ noDegree ‣ 1 (Lev. 19,2)

ἅγιοί ‣ 4
   Adjective ▪ masculine ▪ plural ▪ nominative ▪ noDegree ‣ 4 (2Chr. 23,6; 1Esdr. 8,57; Tob. 8,15; Tob. 11,14)

ἁγίοις ‣ 26 + 2 + 19 = 47
   Adjective ▪ masculine ▪ plural ▪ dative ▪ noDegree ‣ 9 + 2 + 19 = 30 (3Mac. 2,2; 3Mac. 2,21; Psa. 15,3; Psa. 21,4; Psa. 67,36; Wis. 5,5; Sir. 42,17; Is. 41,16; Dan. 7,22; Dan. 7,22; Dan. 7,27; Acts 9,13; Rom. 1,7; Rom. 15,25; Rom. 15,31; 1Cor. 1,2; 1Cor. 16,15; 2Cor. 1,1; Eph. 1,1; Eph. 1,18; Eph. 3,5; Eph. 3,18; Eph. 5,3; Phil. 1,1; Col. 1,2; Col. 1,26; 2Th. 1,10; Heb. 6,10; Jude 3; Rev. 11,18)
   Adjective ▪ neuter ▪ plural ▪ dative ▪ noDegree ‣ 17 (Ex. 15,11; Ex. 29,30; Lev. 27,25; Num. 4,12; 1Mac. 6,54; 1Mac. 10,39; 1Mac. 10,39; Psa. 73,3; Psa. 86,1; Psa. 150,1; Ode. 1,11; Is. 57,15; Is. 57,15; Ezek. 44,5; Ezek. 44,7; Ezek. 44,8; Ezek. 44,11)

ἅγιον ‣ 146 + 15 + 46 = 207
   Adjective ▪ masculine ▪ singular ▪ accusative ▪ noDegree ‣ 46 + 3 + 7 = 56 (Ex. 39,1; Ex. 39,3; Num. 3,50; Num. 7,13; Num. 7,19; Num. 7,25; Num. 7,31; Num. 7,37; Num. 7,43; Num. 7,49; Num. 7,55; Num. 7,61; Num. 7,67; Num. 7,73; Num. 7,79; Num. 18,16; Deut. 26,19; Deut. 28,9; 2Kings 19,22; 2Mac. 2,18; 2Mac. 8,17; 2Mac. 9,16; 2Mac. 15,32; 3Mac. 2,6; 3Mac. 2,14; 3Mac. 5,13; 3Mac. 6,1; 3Mac. 6,29; 3Mac. 7,10; Psa. 77,41; Psa. 105,16; Sir. 45,6; Sir. 49,12; Sol. 17,26; Is. 1,4; Is. 10,20; Is. 17,7; Is. 29,23; Is. 30,11; Is. 31,1; Is. 37,23; Is. 52,10; Is. 60,9; Is. 62,12; Jer. 27,29; Dan. 4,22; Dan. 4,23; Dan. 8,24; Dan. 9,24; Mark 6,20; Acts 3,14; Acts 4,27; Acts 21,28; Eph. 2,21; Phil. 4,21; 1Pet. 1,15)
   Adjective ▪ neuter ▪ singular ▪ accusative ▪ noDegree ‣ 52 + 5 + 17 = 74 (Ex. 28,3; Ex. 28,29; Ex. 28,30; Ex. 28,35; Ex. 30,10; Ex. 30,13; Ex. 30,25; Ex. 30,35; Ex. 38,25; Lev. 4,6; Lev. 8,9; Lev. 10,18; Lev. 16,2; Lev. 16,3; Lev. 16,16; Lev. 16,20; Lev. 16,23; Lev. 16,33; Lev. 18,21; Lev. 21,23; Lev. 22,14; Lev. 27,23; Num. 3,47; 1Kings 6,16; 2Chr. 30,27; 2Chr. 31,18; Neh. 9,14; 2Mac. 14,3; 2Mac. 14,31; 3Mac. 6,18; Psa. 2,6; Psa. 98,9; Psa. 102,1; Psa. 144,21; Wis. 17,2; Sir. 47,10; Hag. 2,12; Is. 27,13; Is. 60,9; Is. 63,10; Is. 63,11; Jer. 4,11; Jer. 38,23; Ezek. 20,39; Ezek. 36,20; Ezek. 36,21; Ezek. 36,22; Ezek. 45,1; Ezek. 45,18; Dan. 9,24; Dan. 9,26; Dan. 11,31; Tob. 13,18; Dan. 4,8; Dan. 9,26; Dan. 11,45; Sus. 45; Matt. 7,6; Mark 3,29; Luke 3,22; Luke 11,13; Luke 12,10; John 20,22; Acts 5,3; Acts 8,15; Acts 8,17; Acts 8,19; Acts 10,47; Acts 15,8; Acts 19,2; Eph. 4,30; 1Th. 4,8; Heb. 9,1; 1Pet. 2,5)
   Adjective ▪ neuter ▪ singular ▪ nominative ▪ noDegree ‣ 48 + 7 + 22 = 77 (Ex. 19,6; Ex. 23,22; Ex. 29,37; Ex. 30,25; Ex. 30,31; Ex. 30,36; Ex. 31,14; Ex. 35,2; Ex. 40,10; Lev. 2,3; Lev. 21,12; Lev. 25,12; Lev. 27,9; Lev. 27,28; Lev. 27,30; Lev. 27,32; Lev. 27,33; Num. 4,4; Num. 6,20; Josh. 6,19; 1Esdr. 8,67; Ezra 9,2; Tob. 3,11; Tob. 8,5; Psa. 110,9; Ode. 8,52; Ode. 9,49; Ode. 14,15; Wis. 1,5; Wis. 7,22; Obad. 17; Zech. 8,3; Zech. 14,20; Zech. 14,21; Is. 23,18; Is. 64,10; Ezek. 39,7; Ezek. 39,7; Ezek. 41,4; Ezek. 41,21; Ezek. 45,1; Ezek. 48,8; Ezek. 48,12; Dan. 3,52; Dan. 5,12; Dan. 6,4; Dan. 8,11; Dan. 8,14; Judg. 13,7; Dan. 3,52; Dan. 4,9; Dan. 4,18; Dan. 8,11; Dan. 8,13; Dan. 8,14; Mark 13,11; Luke 1,35; Luke 1,35; Luke 1,49; Luke 2,23; Luke 2,25; Luke 12,12; John 14,26; Acts 1,16; Acts 5,32; Acts 10,44; Acts 11,15; Acts 13,2; Acts 19,2; Acts 19,6; Acts 20,23; Acts 20,28; Acts 21,11; Acts 28,25; Heb. 3,7; Heb. 10,15; 1Pet. 2,9)

ἅγιόν ‣ 37 + 2 = 39
   Adjective ▪ masculine ▪ singular ▪ accusative ▪ noDegree ‣ 15 + 1 = 16 (2Chr. 6,2; 2Mac. 1,29; 2Mac. 15,24; Psa. 5,8; Psa. 27,2; Psa. 78,1; Psa. 137,2; Ode. 6,5; Ode. 6,8; Ode. 7,35; Jonah 2,5; Jonah 2,8; Is. 44,28; Is. 60,13; Dan. 3,35; Dan. 3,35)
   Adjective ▪ neuter ▪ singular ▪ accusative ▪ noDegree ‣ 18 + 1 = 19 (Ex. 15,13; Lev. 22,1; 1Chr. 16,35; Psa. 42,3; Psa. 50,13; Ode. 1,13; Wis. 9,17; Obad. 16; Zeph. 3,11; Is. 11,9; Is. 56,7; Is. 57,13; Is. 65,9; Is. 65,11; Ezek. 39,25; Ezek. 43,7; Ezek. 43,8; Dan. 9,17; Tob. 13,13)
   Adjective ▪ neuter ▪ singular ▪ nominative ▪ noDegree ‣ 4 (Ex. 30,32; Psa. 98,3; Wis. 10,20; Ezek. 48,14)

ἅγιος ‣ 54 + 3 + 12 = 69
   Adjective ▪ masculine ▪ singular ▪ nominative ▪ noDegree ‣ 54 + 3 + 11 = 68 (Lev. 19,2; Lev. 19,24; Lev. 20,7; Lev. 20,26; Lev. 21,8; Lev. 21,8; Lev. 27,21; Num. 6,5; Num. 6,8; Num. 16,7; Deut. 7,6; Deut. 14,2; Deut. 14,21; 1Sam. 2,2; 1Sam. 2,2; 1Sam. 2,10; 2Kings 4,9; 1Esdr. 7,5; 3Mac. 2,21; Psa. 64,5; Psa. 70,22; Psa. 97,1; Psa. 98,9; Ode. 3,2; Ode. 3,2; Ode. 3,10; Ode. 4,3; Ode. 14,25; Sir. 48,20; Hos. 11,9; Hos. 12,1; Hab. 3,3; Is. 5,16; Is. 6,3; Is. 6,3; Is. 12,6; Is. 14,27; Is. 30,12; Is. 30,15; Is. 30,19; Is. 33,5; Is. 40,25; Is. 41,20; Is. 43,3; Is. 43,14; Is. 43,15; Is. 45,11; Is. 47,4; Is. 48,17; Is. 49,7; Is. 57,15; Jer. 2,3; Ezek. 39,7; Ezek. 42,13; Judg. 16,17; Dan. 4,13; Dan. 8,13; Mark 1,24; Luke 4,34; John 6,69; Rom. 7,12; 1Pet. 1,16; Rev. 3,7; Rev. 4,8; Rev. 4,8; Rev. 4,8; Rev. 20,6; Rev. 22,11)
   Adjective ▪ masculine ▪ singular ▪ vocative ▪ (variant) ‣ 1 (Rev. 6,10)

Ἅγιος ‣ 1
   Adjective ▪ masculine ▪ singular ▪ nominative ▪ noDegree ‣ 1 (Is. 6,3)

ἅγιός ‣ 9 + 1 = 10
   Adjective ▪ masculine ▪ singular ▪ nominative ▪ noDegree ‣ 9 + 1 = 10 (Lev. 11,44; Lev. 11,45; Lev. 21,7; Josh. 5,15; Josh. 24,15; Josh. 24,19; 2Chr. 8,11; Psa. 98,5; Hab. 1,12; 1Cor. 3,17)

άγίου ▸ 78 + 3 + 42 = 123
  Adjective ▪ masculine ▪ singular ▪ genitive ▪ noDegree ▸ 31 + 1 + 4 = 36 (Lev. 22,32; Deut. 26,15; 1Sam. 6,20; Tob. 12,12; Tob. 12,15; Psa. 17,7; Psa. 19,7; Psa. 46,9; Psa. 88,19; Psa. 104,42; Eccl. 8,10; Wis. 11,1; Sir. 23,9; Sir. 43,10; Mic. 1,2; Is. 5,19; Is. 5,24; Is. 55,5; Is. 60,14; Is. 63,15; Jer. 3,16; Jer. 3,21; Bar. 2,16; Bar. 4,22; Bar. 4,37; Bar. 5,5; Dan. 8,13; Dan. 11,28; Dan. 11,30; Dan. 11,30; Dan. 12,7; Dan. 8,13; Acts 4,30; Acts 6,13; Acts 10,22; 1John 2,20)
  Adjective ▪ neuter ▪ singular ▪ genitive ▪ noDegree ▸ 47 + 2 + 38 = 87 (Ex. 26,33; Ex. 26,33; Ex. 28,43; Ex. 29,29; Ex. 29,37; Ex. 30,24; Ex. 31,11; Ex. 35,21; Ex. 35,35; Ex. 36,3; Ex. 36,4; Ex. 36,6; Ex. 36,37; Ex. 39,18; Lev. 4,17; Lev. 12,4; Lev. 16,33; Num. 3,31; Num. 3,38; Num. 7,9; 1Kings 7,36; 1Kings 8,10; 2Chr. 3,8; 1Esdr. 1,50; Ezra 2,63; Neh. 7,65; 1Mac. 10,42; 2Mac. 13,10; Psa. 3,5; Psa. 19,3; Psa. 101,20; Sir. 50,11; Is. 26,21; Is. 63,18; Is. 64,9; Jer. 32,30; Ezek. 20,40; Ezek. 22,26; Ezek. 42,13; Ezek. 42,14; Ezek. 44,23; Ezek. 48,18; Ezek. 48,20; Ezek. 48,21; Dan. 9,16; Dan. 9,20; Dan. 11,45; Dan. 9,16; Dan. 9,20; Matt. 1,18; Matt. 1,20; Matt. 12,32; Matt. 28,19; Luke 1,15; Luke 1,41; Luke 1,67; Luke 2,26; Luke 4,1; Acts 1,2; Acts 1,8; Acts 2,4; Acts 2,33; Acts 2,38; Acts 4,8; Acts 4,25; Acts 4,31; Acts 6,5; Acts 7,55; Acts 9,17; Acts 9,31; Acts 10,45; Acts 11,24; Acts 13,4; Acts 13,9; Acts 13,52; Acts 16,6; Rom. 5,5; Rom. 15,13; 1Cor. 6,19; 2Cor. 13,13; 1Th. 1,6; 2Tim. 1,14; Titus 3,5; Heb. 2,4; Heb. 6,4; Heb. 9,8; 2Pet. 1,21)
άγίους ▸ 8 + 1 + 12 = 21
  Adjective ▪ masculine ▪ plural ▪ accusative ▪ noDegree ▸ 8 + 1 + 12 = 21 (Num. 16,5; 1Mac. 1,46; Wis. 18,9; Dan. 4,37a; Dan. 7,8; Dan. 7,21; Dan. 7,25; Dan. 8,25; Dan. 7,25; Acts 9,32; Acts 9,41; Rom. 16,15; 1Cor. 16,1; 2Cor. 8,4; 2Cor. 9,1; Eph. 1,4; Eph. 1,15; Col. 1,4; Col. 1,22; Philem. 5; Heb. 13,24)
άγίῳ ▸ 61 + 26 = 87
  Adjective ▪ masculine ▪ singular ▪ dative ▪ noDegree ▸ 24 + 1 = 25 (Ex. 29,31; Lev. 6,9; Lev. 6,19; Lev. 6,20; Lev. 7,6; Lev. 8,31; Lev. 10,13; Lev. 10,14; Lev. 10,17; Lev. 10,18; Lev. 14,13; Lev. 16,24; Lev. 24,9; Lev. 27,3; Num. 7,85; Psa. 10,4; Psa. 23,3; Psa. 67,6; Sir. 4,14; Sir. 47,8; Hab. 2,20; Jer. 2,2; Dan. 4,34; Dan. 7,27; Matt. 24,15)
  Adjective ▪ neuter ▪ singular ▪ dative ▪ noDegree ▸ 37 + 25 = 62 (Ex. 26,34; Ex. 39,12; Lev. 6,23; Lev. 16,17; Lev. 16,27; Num. 4,16; Num. 18,10; Num. 28,7; Num. 35,25; 1Chr. 16,10; 1Chr. 29,16; 2Chr. 3,10; 2Chr. 29,7; 1Mac. 11,37; Psa. 14,1; Psa. 32,21; Psa. 47,2; Psa. 59,8; Psa. 62,3; Psa. 67,18; Psa. 67,25; Psa. 76,14; Psa. 88,21; Psa. 88,36; Psa. 104,3; Psa. 105,47; Psa. 107,8; Wis. 9,8; Sir. 45,15; Sol. 17,37; Joel 2,1; Joel 4,17; Is. 65,25; Ezek. 28,14; Ezek. 41,23; Ezek. 44,27; Ezek. 45,4; Matt. 3,11; Mark 1,8; Mark 12,36; Luke 3,16; Luke 10,21; John 1,33; Acts 1,5; Acts 7,51; Acts 10,38; Acts 11,16; Acts 15,28; Rom. 9,1; Rom. 14,17; Rom. 15,16; Rom. 16,16; 1Cor. 12,3; 1Cor. 16,20; 2Cor. 6,6; 2Cor. 13,12; Eph. 1,13; 1Th. 1,5; 1Th. 5,26; 1Pet. 1,12; 2Pet. 1,18; Jude 20)
άγίων ▸ 140 + 3 + 37 = 180
  Adjective ▪ feminine ▪ plural ▪ genitive ▪ noDegree ▸ 3 (1Chr. 28,12; Zech. 2,17; Ezek. 48,18)
  Adjective ▪ masculine ▪ plural ▪ genitive ▪ noDegree ▸ 18 + 3 + 34 = 55 (1Chr. 26,26; 1Chr. 29,3; Tob. 12,15; Tob. 12,15; 2Mac. 6,28; Psa. 82,4; Psa. 88,6; Psa. 88,8; Psa. 109,3; Ode. 9,70; Prov. 30,3; Job 5,1; Job 15,15; Wis. 9,10; Sir. 45,2; Sol. 11,1; Sol. 17,43; Dan. 8,24; Dan. 4,17; Dan. 7,21; Dan. 9,24; Matt. 27,52; Mark 8,38; Luke 1,70; Luke 9,26; Acts 3,21; Acts 26,10; Rom. 8,27; Rom. 12,13; Rom. 15,26; Rom. 16,2; 1Cor. 6,1; 1Cor. 14,33; 2Cor. 9,12; Eph. 2,19; Eph. 3,8; Eph. 4,12; Eph. 6,18; Col. 1,12; 1Th. 3,13; 1Tim. 5,10; Philem. 7; 2Pet. 3,2; Rev. 5,8; Rev. 8,3; Rev. 8,4; Rev. 13,7; Rev. 13,10; Rev. 14,10; Rev. 14,12; Rev. 16,6; Rev. 17,6; Rev. 18,24; Rev. 19,8; Rev. 20,9)
  Adjective ▪ neuter ▪ plural ▪ genitive ▪ noDegree ▸ 119 + 3 = **122** (Ex. 26,33; Ex. 26,34; Ex. 28,38; Ex. 28,38; Ex. 30,10; Ex. 30,29; Ex. 30,36; Ex. 36,8; Ex. 39,1; Ex. 40,10; Lev. 2,3; Lev. 2,10; Lev. 5,15; Lev. 5,15; Lev. 5,16; Lev. 6,10; Lev. 6,18; Lev. 6,22; Lev. 7,1; Lev. 7,6; Lev. 10,4; Lev. 10,10; Lev. 10,12; Lev. 10,17; Lev. 14,13; Lev. 19,30; Lev. 21,12; Lev. 21,22; Lev. 21,22; Lev. 22,2; Lev. 22,4; Lev. 22,6; Lev. 22,7; Lev. 22,12; Lev. 24,9; Lev. 26,2; Lev. 27,28; Num. 3,28; Num. 3,32; Num. 4,4; Num. 4,15; Num. 4,19; Num. 18,1; Num. 18,5; Num. 18,9; Num. 18,9; Num. 18,10; Num. 18,19; 1Kings 6,16; 1Kings 7,36; 1Kings 8,6; 1Kings 8,8; 2Kings 12,5; 1Chr. 6,34; 1Chr. 23,13; 1Chr. 23,28; 1Chr. 24,5; 1Chr. 26,28; 2Chr. 3,8; 2Chr. 3,10; 2Chr. 4,22; 2Chr. 5,7; 2Chr. 5,9; 2Chr. 5,11; 2Chr. 29,5; 2Chr. 29,21; 2Chr. 30,19; 2Chr. 31,14; 2Chr. 35,15; 1Esdr. 5,40; Ezra 2,63; Neh. 7,65; Judith 4,13; Judith 16,20; 1Mac. 3,43; 1Mac. 3,59; 1Mac. 6,18; 1Mac. 7,33; 1Mac. 9,54; 1Mac. 10,44; 1Mac. 13,3; 1Mac. 13,6; 1Mac. 14,15; 1Mac. 14,36; 1Mac. 14,42; 1Mac. 14,43; 1Mac. 14,48; Psa. 55,1; Prov. 9,10; Wis. 10,10; Sir. 7,31; Sir. 45,24; Amos 4,2; Jer. 28,5; Ezek. 8,6; Ezek. 9,6; Ezek. 41,4; Ezek. 41,21; Ezek. 41,25; Ezek. 42,13; Ezek. 42,13; Ezek. 42,20; Ezek. 43,12; Ezek. 43,21; Ezek. 44,1; Ezek. 44,13; Ezek. 44,15; Ezek. 44,19; Ezek. 45,3; Ezek. 45,6; Ezek. 45,7; Ezek. 45,7; Ezek. 46,19; Ezek. 47,12; Ezek. 48,10; Ezek. 48,10; Ezek. 48,12; Ezek. 48,21; Dan. 9,24; Heb. 8,2; Heb. 9,8; Heb. 10,19)
Ἁγίων ▸ 1
  Adjective ▪ neuter ▪ plural ▪ genitive ▸ 1 (Heb. 9,3)
άγιωτάτῃ ▸ 1
  Adjective ▪ feminine ▪ singular ▪ dative ▪ superlative ▸ 1 (Jude 20)
άγιώτατον ▸ 1
  Adjective ▪ neuter ▪ singular ▪ accusative ▪ superlative ▸ 1 (2Mac. 5,15)

ἁγιότης (ἅγιος) holiness ▸ 1 + 1 = 2
  ἁγιότητος ▸ 1 + 1 = 2
    Noun ▪ feminine ▪ singular ▪ genitive ▪ (common) ▸ 1 + 1 = 2 (2Mac. 15,2; Heb. 12,10)

ἁγιωσύνη (ἅγιος) holiness ▸ 5 + 3 = 8
  ἁγιωσύνη ▸ 1
    Noun ▪ feminine ▪ singular ▪ nominative ▪ (common) ▸ 1 (Psa. 95,6)
  ἁγιωσύνῃ ▸ 1 + 1 = 2
    Noun ▪ feminine ▪ singular ▪ dative ▪ (common) ▸ 1 + 1 = 2 (2Mac. 3,12; 1Th. 3,13)
  ἁγιωσύνην ▸ 1
    Noun ▪ feminine ▪ singular ▪ accusative ▸ 1 (2Cor. 7,1)
  ἁγιωσύνης ▸ 3 + 1 = 4
    Noun ▪ feminine ▪ singular ▪ genitive ▪ (common) ▸ 3 + 1 = 4 (Psa. 29,5; Psa. 96,12; Psa. 144,5; Rom. 1,4)

ἀγκάλη (ἀγκαλή) arm ▸ 3 + 1 = 4
  ἀγκάλαις ▸ 1
    Noun ▪ feminine ▪ plural ▪ dative ▪ (common) ▸ 1 (Prov. 5,20)
  ἀγκάλας ▸ 1 + 1 = 2
    Noun ▪ feminine ▪ plural ▪ accusative ▪ (common) ▸ 1 + 1 = 2 (Esth. 15,8 # 5,1e; Luke 2,28)
  ἀγκαλῶν ▸ 1
    Noun ▪ feminine ▪ plural ▪ genitive ▪ (common) ▸ 1 (1Kings 3,20)

ἀγκαλίς (ἀγκαλή) arm, armful ▸ 1
  ἀγκαλίδα ▸ 1
    Noun ▪ feminine ▪ singular ▪ accusative ▪ (common) ▸ 1 (Job

24,19)

ἄγκιστρον (ἄγκυρα) hook ▸ 5 + 1 = 6
- ἄγκιστρά ▸ 1
    - **Noun** · neuter · plural · accusative · (common) ▸ **1** (2Kings 19,28)
- ἄγκιστρον ▸ **1** + **1** = **2**
    - **Noun** · neuter · singular · accusative · (common) ▸ 1 + 1 = **2** (Is. 19,8; Matt. 17,27)
- ἀγκίστρῳ ▸ 3
    - **Noun** · neuter · singular · dative · (common) ▸ **3** (Job 40,25; Hab. 1,15; Ezek. 32,3)

ἀγκύλη (ἄγκος) loop, hook ▸ 11
- ἀγκύλαι ▸ 2
    - **Noun** · feminine · plural · nominative · (common) ▸ **2** (Ex. 37,15; Ex. 37,17)
- ἀγκύλας ▸ 8
    - **Noun** · feminine · plural · accusative · (common) ▸ **8** (Ex. 26,4; Ex. 26,5; Ex. 26,5; Ex. 26,10; Ex. 26,10; Ex. 38,18; Ex. 38,20; Ex. 39,5)
- ἀγκυλῶν ▸ 1
    - **Noun** · feminine · plural · genitive · (common) ▸ **1** (Ex. 26,11)

ἄγκυρα anchor ▸ 4
- ἄγκυραν ▸ 1
    - **Noun** · feminine · singular · accusative ▸ **1** (Heb. 6,19)
- ἀγκύρας ▸ 3
    - **Noun** · feminine · plural · accusative ▸ **3** (Acts 27,29; Acts 27,30; Acts 27,40)

ἀγκών (ἄγκος) elbow, bend; arm ▸ 6
- ἀγκῶνα ▸ 1
    - **Noun** · masculine · singular · accusative · (common) ▸ **1** (Ezek. 13,18)
- ἀγκῶνας ▸ 2
    - **Noun** · masculine · plural · accusative · (common) ▸ **2** (2Chr. 9,18; 4Mac. 10,6)
- ἀγκῶνες ▸ 1
    - **Noun** · masculine · plural · nominative · (common) ▸ **1** (2Chr. 9,18)
- ἀγκῶνος ▸ 1
    - **Noun** · masculine · singular · genitive · (common) ▸ **1** (Sir. 41,20)
- ἀγκωνός ▸ 1
    - **Noun** · masculine · singular · genitive · (common) ▸ **1** (Job 31,22)

ἀγκωνίσκος (ἄγκος) crook, joint ▸ 1
- ἀγκωνίσκους ▸ 1
    - **Noun** · masculine · plural · accusative · (common) ▸ **1** (Ex. 26,17)

Αγλα Eglah ▸ 1
- Αγλα ▸ 1
    - **Noun** · feminine · singular · dative · (proper) ▸ **1** (1Chr. 3,3)

Αγλαθ-σαλισια Eglath-shelishiyah ▸ 1
- Αγλαθ-σαλισια ▸ 1
    - **Noun** · singular · genitive · (proper) ▸ **1** (Jer. 31,34)

Αγλων Eglon ▸ 1
- Αγλων ▸ 1
    - **Noun** · singular · nominative · (proper) ▸ **1** (Josh. 15,39)

ἄγναφος (α; γναφεύς) unshrunk ▸ 2
- ἀγνάφου ▸ 2
    - **Adjective** · neuter · singular · genitive ▸ **2** (Matt. 9,16; Mark 2,21)

ἁγνεία (ἅγος) purity ▸ 4 + 2 = 6
- ἁγνεία ▸ **1** + **2** = **3**
    - **Noun** · feminine · singular · dative · (common) ▸ 1 + 2 = **3** (1Mac. 14,36; 1Tim. 4,12; 1Tim. 5,2)
- ἁγνείαν ▸ 2
    - **Noun** · feminine · singular · accusative · (common) ▸ **2** (Num. 6,2; 2Chr. 30,19)
- ἁγνείας ▸ 1
    - **Noun** · feminine · singular · genitive · (common) ▸ **1** (Num. 6,21)

ἁγνίζω (ἅγος) to purify ▸ 34 + 7 = 41
- ἁγνίζει ▸ 1
    - **Verb** · third · singular · present · active · indicative ▸ **1** (1John 3,3)
- ἁγνιζόμενοι ▸ 1
    - **Verb** · present · middle · participle · masculine · plural · nominative ▸ **1** (Is. 66,17)
- ἁγνίσαι ▸ 2
    - **Verb** · aorist · active · infinitive ▸ **2** (2Chr. 29,16; 2Chr. 29,17)
- Ἁγνίσασθε ▸ 2
    - **Verb** · second · plural · aorist · middle · imperative ▸ **2** (Num. 11,18; Josh. 3,5)
- ἁγνίσατε ▸ **1** + **1** = **2**
    - **Verb** · second · plural · aorist · active · imperative ▸ 1 + 1 = **2** (2Chr. 29,5; James 4,8)
- ἁγνισθείς ▸ 1
    - **Verb** · aorist · passive · participle · masculine · singular · nominative ▸ **1** (Acts 21,26)
- ἁγνισθέντες ▸ 1
    - **Verb** · aorist · passive · participle · masculine · plural · nominative ▸ **1** (2Mac. 12,38)
- ἁγνισθῆναι ▸ 1
    - **Verb** · aorist · passive · infinitive ▸ **1** (2Chr. 30,17)
- ἁγνισθήσεται ▸ 4
    - **Verb** · third · singular · future · passive · indicative ▸ **4** (Num. 6,3; Num. 19,12; Num. 31,19; Num. 31,23)
- ἁγνίσθητε ▸ 2
    - **Verb** · second · plural · aorist · passive · imperative ▸ **1** (2Chr. 29,5)
    - **Verb** · second · plural · aorist · passive · subjunctive ▸ **1** (1Chr. 15,12)
- ἁγνίσθητι ▸ 1
    - **Verb** · second · singular · aorist · passive · imperative ▸ **1** (Acts 21,24)
- ἅγνισον ▸ 2
    - **Verb** · second · singular · aorist · active · imperative ▸ **2** (Ex. 19,10; Jer. 12,3)
- ἁγνίσωσιν ▸ 1
    - **Verb** · third · plural · aorist · active · subjunctive ▸ **1** (John 11,55)
- ἡγνίκαμεν ▸ 1
    - **Verb** · first · plural · perfect · active · indicative ▸ **1** (2Chr. 29,19)
- ἡγνικότες ▸ 1
    - **Verb** · perfect · active · participle · masculine · plural · nominative ▸ **1** (1Pet. 1,22)
- Ἡγνίσαμεν ▸ 1
    - **Verb** · first · plural · aorist · active · indicative ▸ **1** (2Chr. 29,18)
- ἥγνισαν ▸ 3
    - **Verb** · third · plural · aorist · active · indicative ▸ **3** (2Chr. 29,17; 2Chr. 31,18; 2Mac. 1,33)
- ἡγνίσαντο ▸ 1
    - **Verb** · third · plural · aorist · middle · indicative ▸ **1** (Num. 8,21)
- ἡγνίσθη ▸ 1
    - **Verb** · third · singular · aorist · passive · indicative ▸ **1** (2Chr. 30,17)
- ἡγνίσθησαν ▸ 10
    - **Verb** · third · plural · aorist · passive · indicative ▸ **10** (1Chr. 15,14; 2Chr. 29,15; 2Chr. 29,34; 2Chr. 29,34; 2Chr. 30,3; 2Chr. 30,15; 2Chr. 30,18; 1Esdr. 7,10; 1Esdr. 7,11; 1Esdr. 7,11)
- ἡγνισμένα ▸ 1

Verb · perfect · middle · participle · neuter · plural · nominative ▸ **1** (1Sam. 21,6)
ἡγνισμένον ▸ **1**
Verb · perfect · passive · participle · masculine · singular · accusative · (variant) ▸ **1** (Acts 24,18)

ἅγνισμα (ἅγος) purification, cleansing ▸ **1**
ἁγνισμά ▸ **1**
Noun · neuter · singular · nominative · (common) ▸ **1** (Num. 19,9)

ἁγνισμός (ἅγος) purification ▸ **6 + 1 = 7**
ἁγνισμὸν ▸ **2**
Noun · masculine · singular · accusative · (common) ▸ **2** (Num. 8,7; Jer. 6,16)
ἁγνισμοῦ ▸ **4 + 1 = 5**
Noun · masculine · singular · genitive · (common) ▸ **4 + 1 = 5** (Num. 6,5; Num. 8,7; Num. 19,17; Num. 31,23; Acts 21,26)

ἀγνοέω (α; γινώσκω) to be ignorant; to ignore ▸ **21 + 22 = 43**
ἀγνόει ▸ **2**
Verb · second · singular · present · active · imperative ▸ **2** (Sir. 5,15; Hos. 4,15)
ἀγνοεῖ ▸ **1**
Verb · third · singular · present · active · indicative ▸ **1** (1Cor. 14,38)
ἀγνοεῖν ▸ **6**
Verb · present · active · infinitive ▸ **6** (Rom. 1,13; Rom. 11,25; 1Cor. 10,1; 1Cor. 12,1; 2Cor. 1,8; 1Th. 4,13)
ἀγνοεῖται ▸ **1**
Verb · third · singular · present · middle · indicative ▸ **1** (1Cor. 14,38)
ἀγνοεῖτε ▸ **1 + 2 = 3**
Verb · second · plural · present · active · indicative ▸ **1 + 2 = 3** (4Mac. 13,19; Rom. 6,3; Rom. 7,1)
Ἀγνοεῖτε ▸ **1**
Verb · second · plural · present · active · indicative ▸ **1** (4Mac. 10,2)
ἀγνοῆσαι ▸ **1**
Verb · aorist · active · infinitive ▸ **1** (Wis. 5,12)
ἀγνοήσαντες ▸ **1**
Verb · aorist · active · participle · masculine · plural · nominative ▸ **1** (Acts 13,27)
ἀγνοήσῃ ▸ **1**
Verb · third · singular · aorist · active · subjunctive ▸ **1** (Lev. 4,13)
ἀγνοοῦμεν ▸ **1**
Verb · first · plural · present · active · indicative ▸ **1** (2Cor. 2,11)
ἀγνοούμενοι ▸ **1**
Verb · present · passive · participle · masculine · plural · nominative · (variant) ▸ **1** (2Cor. 6,9)
ἀγνοούμενος ▸ **1**
Verb · present · passive · participle · masculine · singular · nominative · (variant) ▸ **1** (Gal. 1,22)
ἀγνοοῦν ▸ **1**
Verb · present · active · participle · neuter · singular · accusative ▸ **1** (Gen. 20,4)
ἀγνοοῦντας ▸ **2**
Verb · present · active · participle · masculine · plural · accusative ▸ **2** (Wis. 14,18; Wis. 19,14)
ἀγνοοῦντες ▸ **1 + 2 = 3**
Verb · present · active · participle · masculine · plural · nominative ▸ **1 + 2 = 3** (Wis. 18,19; Acts 17,23; Rom. 10,3)
ἀγνοοῦσιν ▸ **2**
Verb · present · active · participle · masculine · plural · dative ▸ **1** (Heb. 5,2)
Verb · third · plural · present · active · indicative ▸ **1** (2Pet. 2,12)
ἀγνοῶν ▸ **1 + 2 = 3**
Verb · present · active · participle · masculine · singular · nominative ▸ **1 + 2 = 3** (Wis. 12,10; Rom. 2,4; 1Tim. 1,13)
ἠγνόηκα ▸ **1**
Verb · first · singular · perfect · active · indicative ▸ **1** (1Sam. 26,21)
ἠγνοήκαμεν ▸ **1**
Verb · first · plural · perfect · active · indicative ▸ **1** (Dan. 9,15)
ἠγνόηκας ▸ **1**
Verb · second · singular · perfect · active · indicative ▸ **1** (2Chr. 16,9)
ἠγνοηκός ▸ **1**
Verb · perfect · active · participle · neuter · singular · accusative ▸ **1** (3Mac. 3,9)
ἠγνοημένων ▸ **1**
Verb · perfect · passive · participle · neuter · plural · genitive ▸ **1** (2Mac. 11,31)
ἠγνοήσαμεν ▸ **1**
Verb · first · plural · aorist · active · indicative ▸ **1** (Num. 12,11)
ἠγνόησεν ▸ **3**
Verb · third · singular · aorist · active · indicative ▸ **3** (Lev. 5,18; 1Sam. 14,24; Wis. 15,11)
ἠγνόουν ▸ **1 + 2 = 3**
Verb · first · singular · imperfect · active · indicative ▸ **1 + 2 = 3** (Wis. 7,12; Mark 9,32; Luke 9,45)

ἀγνόημα (α; γινώσκω) error ▸ **6 + 1 + 1 = 8**
ἀγνόημα ▸ **1**
Noun · neuter · singular · nominative · (common) ▸ **1** (Judith 5,20)
ἀγνοήμά ▸ **1**
Noun · neuter · singular · nominative · (common) ▸ **1** (Gen. 43,12)
ἀγνοήμασίν ▸ **2 + 1 = 3**
Noun · neuter · plural · dative · (common) ▸ **2 + 1 = 3** (Tob. 3,3; Sir. 23,2; Tob. 3,3)
ἀγνοήματα ▸ **2**
Noun · neuter · plural · accusative · (common) ▸ **2** (1Mac. 13,39; Sir. 51,19)
ἀγνοημάτων ▸ **1**
Noun · neuter · plural · genitive ▸ **1** (Heb. 9,7)

ἄγνοια (α; γινώσκω) ignorance ▸ **28 + 4 = 32**
ἄγνοια ▸ **1**
Noun · feminine · singular · nominative · (common) ▸ **1** (Dan. 6,23)
Ἄγνοιά ▸ **1**
Noun · feminine · singular · nominative · (common) ▸ **1** (Eccl. 5,5)
ἀγνοίᾳ ▸ **2 + 1 = 3**
Noun · feminine · singular · dative · (common) ▸ **2 + 1 = 3** (Sol. 13,7; Sol. 18,4; 1Pet. 1,14)
ἄγνοιαι ▸ **1**
Noun · feminine · plural · nominative · (common) ▸ **1** (1Esdr. 8,72)
ἄγνοιαί ▸ **2**
Noun · feminine · plural · nominative · (common) ▸ **2** (Sir. 23,3; Dan. 4,34)
ἀγνοίαις ▸ **1**
Noun · feminine · plural · dative · (common) ▸ **1** (Dan. 9,16)
ἄγνοιαν ▸ **7 + 2 = 9**

Noun · feminine · singular · accusative · (common) ▸ 7 + 2 = **9** (Gen. 26,10; Lev. 22,14; 1Sam. 14,24; 2Chr. 28,13; Wis. 17,12; Sir. 28,7; Dan. 6,5; Acts 3,17; Eph. 4,18)

ἀγνοίας ▸ 11 + **1** = **12**
Noun · feminine · plural · accusative · (common) ▸ **2** (Ezek. 44,29; Ezek. 46,20)
Noun · feminine · singular · genitive · (common) ▸ 9 + 1 = **10** (Lev. 5,18; 1Esdr. 9,20; 4Mac. 1,5; 4Mac. 2,24; Psa. 24,7; Wis. 14,22; Sol. 3,8; Ezek. 40,39; Ezek. 42,13; Acts 17,30)

ἀγνοιῶν ▸ 2
Noun · feminine · plural · genitive · (common) ▸ **2** (Dan. 4,33a; Dan. 4,34)

ἅγνος (ἅγος) willow ▸ 2
ἅγνου ▸ 2
Noun · feminine · singular · genitive · (common) ▸ **1** (Lev. 23,40)
Noun · masculine · singular · genitive · (common) ▸ **1** (Job 40,22)

ἁγνός (ἅγος) pure ▸ 11 + 8 = **19**
ἁγνά ▸ 1 + 1 = **2**
Adjective · neuter · plural · nominative · noDegree ▸ 1 + 1 = **2** (Psa. 11,7; Phil. 4,8)
ἁγνὰ ▸ 2
Adjective · neuter · plural · accusative · noDegree ▸ **1** (4Mac. 18,8)
Adjective · neuter · plural · nominative · noDegree ▸ **1** (Prov. 21,8)
ἁγναὶ ▸ 1
Adjective · feminine · plural · nominative · noDegree ▸ **1** (Prov. 19,13)
ἁγνὰς ▸ 1 + 1 = **2**
Adjective · feminine · plural · accusative · noDegree ▸ 1 + 1 = **2** (4Mac. 18,23; Titus 2,5)
ἁγνή ▸ 1
Adjective · feminine · singular · nominative ▸ **1** (James 3,17)
ἁγνὴ ▸ 1
Adjective · feminine · singular · nominative · noDegree ▸ **1** (4Mac. 18,7)
ἁγνήν ▸ 1 + 2 = **3**
Adjective · feminine · singular · accusative · noDegree ▸ 1 + 2 = **3** (Prov. 20,9; 2Cor. 11,2; 1Pet. 3,2)
ἁγνόν ▸ 1
Adjective · masculine · singular · accusative · noDegree ▸ **1** (4Mac. 5,37)
ἁγνὸν ▸ 1 + 1 = **2**
Adjective · masculine · singular · accusative ▸ **1** (1Tim. 5,22)
Adjective · neuter · singular · accusative · noDegree ▸ **1** (2Mac. 13,8)
ἁγνός ▸ 1 + 1 = **2**
Adjective · masculine · singular · nominative · noDegree ▸ 1 + 1 = **2** (Psa. 18,10; 1John 3,3)
ἁγνοὺς ▸ 1
Adjective · masculine · plural · accusative ▸ **1** (2Cor. 7,11)
ἁγνῶν ▸ 1
Adjective · masculine · plural · genitive · noDegree ▸ **1** (Prov. 15,26)

ἁγνότης (ἅγος) purity ▸ 2
ἁγνότητι ▸ 1
Noun · feminine · singular · dative ▸ **1** (2Cor. 6,6)
ἁγνότητος ▸ 1
Noun · feminine · singular · genitive ▸ **1** (2Cor. 11,3)

ἁγνῶς (ἅγος) sincerely, purely ▸ 1
ἁγνῶς ▸ 1
Adverb ▸ **1** (Phil. 1,17)

ἀγνωσία (α; γινώσκω) ignorance ▸ 3 + 2 = **5**
ἀγνωσία ▸ 1
Noun · feminine · singular · nominative · (common) ▸ **1** (Wis. 13,1)
ἀγνωσίᾳ ▸ 2
Noun · feminine · singular · dative · (common) ▸ **2** (3Mac. 5,27; Job 35,16)
ἀγνωσίαν ▸ 2
Noun · feminine · singular · accusative ▸ **2** (1Cor. 15,34; 1Pet. 2,15)

ἄγνωστος (α; γινώσκω) unknown ▸ 4 + 1 = **5**
ἄγνωστον ▸ 1
Adjective · masculine · singular · accusative · noDegree ▸ **1** (2Mac. 1,19)
ἄγνωστος ▸ 1
Adjective · masculine · singular · nominative · noDegree ▸ **1** (2Mac. 2,7)
ἀγνώστου ▸ 1
Adjective · feminine · singular · genitive · noDegree ▸ **1** (Wis. 18,3)
ἀγνώστους ▸ 1
Adjective · feminine · plural · accusative · noDegree ▸ **1** (Wis. 11,18)
Ἀγνώστῳ ▸ 1
Adjective · masculine · singular · dative · (verbal) ▸ **1** (Acts 17,23)

ἄγονος (α; γίνομαι) barren, childless, unborn ▸ 3
ἄγονος ▸ 3
Adjective · feminine · singular · nominative · noDegree ▸ **1** (Deut. 7,14)
Adjective · masculine · singular · nominative · noDegree ▸ **2** (Ex. 23,26; Job 30,3)

ἀγορά market ▸ 11 + **1** + 11 = **23**
ἀγορᾷ ▸ 3 + **1** + 3 = **7**
Noun · feminine · singular · dative · (common) ▸ 3 + 1 + 3 = **7** (Tob. 2,3; Eccl. 12,4; Eccl. 12,5; Tob. 2,3; Matt. 20,3; Luke 7,32; Acts 17,17)
ἀγοραῖς ▸ 1 + 6 = **7**
Noun · feminine · plural · dative · (common) ▸ 1 + 6 = **7** (Song 3,2; Matt. 11,16; Matt. 23,7; Mark 6,56; Mark 12,38; Luke 11,43; Luke 20,46)
ἀγοράν ▸ 5
Noun · feminine · singular · accusative · (common) ▸ **5** (Ezek. 27,12; Ezek. 27,14; Ezek. 27,16; Ezek. 27,19; Ezek. 27,22)
ἀγορὰν ▸ 1 + 1 = **2**
Noun · feminine · singular · accusative · (common) ▸ 1 + 1 = **2** (2Mac. 10,2; Acts 16,19)
ἀγορὰς ▸ 1
Noun · feminine · plural · accusative · (common) ▸ **1** (1Esdr. 2,14)
ἀγορᾶς ▸ 1
Noun · feminine · singular · genitive ▸ **1** (Mark 7,4)

ἀγοράζω (ἀγορά) to buy ▸ 22 + **2** + 30 = **54**
ἀγοράζει ▸ 2
Verb · third · singular · present · active · indicative ▸ **2** (Matt. 13,44; Rev. 18,11)
ἀγοράζειν ▸ 3
Verb · present · active · infinitive ▸ **3** (Gen. 41,57; Gen. 42,5; 1Mac. 13,49)
ἀγοράζοντας ▸ 2
Verb · present · active · participle · masculine · plural · accusative ▸ **2** (Matt. 21,12; Mark 11,15)

ἀγοράζοντες ▸ 1
  Verb · present · active · participle · masculine · plural · nominative ▸ 1 (1Cor. 7,30)
ἀγοράζοντος ▸ 1
  Verb · present · active · participle · masculine · singular · genitive ▸ 1 (Sir. 37,11)
ἀγοράζω ▸ 1
  Verb · first · singular · present · active · indicative ▸ 1 (1Chr. 21,24)
ἀγοράζων ▸ 3
  Verb · present · active · participle · masculine · singular · nominative ▸ 3 (1Chr. 21,24; Sir. 20,12; Is. 24,2)
ἀγοράζωσιν ▸ 1
  Verb · third · plural · present · active · subjunctive ▸ 1 (1Mac. 12,36)
ἀγοράσαι ▸ 4 + 3 = 7
  Verb · aorist · active · infinitive ▸ 4 + 3 = 7 (Gen. 42,7; Gen. 43,22; 2Chr. 34,11; Jer. 44,12; Matt. 25,10; Rev. 3,18; Rev. 13,17)
ἀγοράσαντα ▸ 1
  Verb · aorist · active · participle · masculine · singular · accusative ▸ 1 (2Pet. 2,1)
ἀγοράσας ▸ 1
  Verb · aorist · active · participle · masculine · singular · nominative ▸ 1 (Mark 15,46)
ἀγοράσατε ▸ 4 + 1 = 5
  Verb · second · plural · aorist · active · imperative ▸ 4 + 1 = 5 (Gen. 44,25; Deut. 2,6; Is. 55,1; Bar. 1,10; Matt. 25,9)
ἀγορασάτω ▸ 1
  Verb · third · singular · aorist · active · imperative ▸ 1 (Luke 22,36)
ἀγόρασον ▸ 1
  Verb · second · singular · aorist · active · imperative ▸ 1 (John 13,29)
ἀγοράσωμεν ▸ 3
  Verb · first · plural · aorist · active · subjunctive ▸ 3 (Mark 6,37; Luke 9,13; John 6,5)
ἀγοράσωμέν ▸ 1
  Verb · first · plural · aorist · active · subjunctive ▸ 1 (Gen. 43,4)
ἀγοράσωσιν ▸ 3
  Verb · third · plural · aorist · active · subjunctive ▸ 3 (Matt. 14,15; Mark 6,36; John 4,8)
ἀγορῶμεν ▸ 1
  Verb · first · plural · future · active · indicative ▸ 1 (Neh. 10,32)
ἠγόραζον ▸ 2 + 2 + 1 = 5
  Verb · first · singular · imperfect · active · indicative ▸ 2 (Tob. 1,13; Tob. 1,14)
  Verb · third · plural · imperfect · active · indicative ▸ 2 + 1 = 3 (Gen. 47,14; 2Chr. 1,16; Luke 17,28)
ἠγόρασα ▸ 2
  Verb · first · singular · aorist · active · indicative ▸ 2 (Luke 14,18; Luke 14,19)
ἠγόρασαν ▸ 2
  Verb · third · plural · aorist · active · indicative ▸ 2 (Matt. 27,7; Mark 16,1)
ἠγόρασας ▸ 1
  Verb · second · singular · aorist · active · indicative ▸ 1 (Rev. 5,9)
ἠγόρασεν ▸ 1
  Verb · third · singular · aorist · active · indicative ▸ 1 (Matt. 13,46)
ἠγοράσθησαν ▸ 1
  Verb · third · plural · aorist · passive · indicative ▸ 1 (Rev. 14,4)
ἠγοράσθητε ▸ 2
  Verb · second · plural · aorist · passive · indicative ▸ 2 (1Cor. 6,20; 1Cor. 7,23)
ἠγορασμένα ▸ 1
  Verb · perfect · passive · participle · neuter · plural · nominative ▸ 1 (LetterJ 24)
ἠγορασμένοι ▸ 1
  Verb · perfect · passive · participle · masculine · plural · nominative · (variant) ▸ 1 (Rev. 14,3)

ἀγοραῖος (ἀγορά) belonging to the marketplace; loafer ▸ 2
ἀγοραῖοι ▸ 1
  Adjective · feminine · plural · nominative ▸ 1 (Acts 19,38)
ἀγοραίων ▸ 1
  Adjective · masculine · plural · genitive ▸ 1 (Acts 17,5)

ἀγορανομία (ἀγορά; νόμος 1st homograph) supervising of a marketplace ▸ 1
ἀγορανομίας ▸ 1
  Noun · feminine · singular · genitive · (common) ▸ 1 (2Mac. 3,4)

ἀγορασμός (ἀγορά) provisions, wares ▸ 7
ἀγορασμοῖς ▸ 1
  Noun · masculine · plural · dative · (common) ▸ 1 (Prov. 23,20)
ἀγορασμόν ▸ 4
  Noun · masculine · singular · accusative · (common) ▸ 4 (Gen. 42,19; Gen. 42,33; 2Mac. 8,11; 2Mac. 8,25)
ἀγορασμοῦ ▸ 1
  Noun · masculine · singular · genitive · (common) ▸ 1 (Sir. 27,2)
ἀγορασμούς ▸ 1
  Noun · masculine · plural · accusative · (common) ▸ 1 (Neh. 10,32)

ἀγοραστής (ἀγορά) purchaser of goods ▸ 1
ἀγοραστής ▸ 1
  Noun · masculine · singular · nominative · (common) ▸ 1 (Tob. 1,13)

ἄγρα catch, prey ▸ 2
ἄγρᾳ ▸ 1
  Noun · feminine · singular · dative ▸ 1 (Luke 5,9)
ἄγραν ▸ 1
  Noun · feminine · singular · accusative ▸ 1 (Luke 5,4)

ἀγράμματος (α; γράφω) unlearned, illiterate ▸ 1
ἀγράμματοί ▸ 1
  Adjective · masculine · plural · nominative ▸ 1 (Acts 4,13)

ἀγραυλέω (ἀγρός; αὐλή) to be outdoors ▸ 1
ἀγραυλοῦντες ▸ 1
  Verb · present · active · participle · masculine · plural · nominative ▸ 1 (Luke 2,8)

ἀγρεύω (ἄγρα) to catch ▸ 5 + 1 = 6
ἀγρεύει ▸ 1
  Verb · third · singular · present · active · indicative ▸ 1 (Prov. 6,26)
ἀγρευθῇς ▸ 1
  Verb · second · singular · aorist · passive · subjunctive ▸ 1 (Prov. 6,25)
ἀγρεύομαι ▸ 1
  Verb · first · singular · present · passive · indicative ▸ 1 (Job 10,16)
ἀγρεύοντες ▸ 1
  Verb · present · active · participle · masculine · plural · nominative ▸ 1 (Hos. 5,2)
ἀγρεύουσιν ▸ 1
  Verb · third · plural · present · active · indicative ▸ 1 (Prov. 5,22)
ἀγρεύσωσιν ▸ 1
  Verb · third · plural · aorist · active · subjunctive ▸ 1 (Mark

12,13)

ἀγριαίνω to be angry ▸ 1
  ἀγριανθήσεται ▸ 1
    Verb · third · singular · future · passive · indicative ▸ 1 (Dan. 11,11)

ἀγριέλαιος (ἀγρός; ἐλαία) wild olive tree ▸ 2
  ἀγριέλαιος ▸ 1
    Noun · feminine · singular · nominative ▸ 1 (Rom. 11,17)
  ἀγριελαίου ▸ 1
    Noun · feminine · singular · genitive ▸ 1 (Rom. 11,24)

ἀγριομυρίκη (ἀγρός; μυρίκη) tamarisk; wild bush ▸ 1
  ἀγριομυρίκη ▸ 1
    Noun · feminine · singular · nominative · (common) ▸ 1 (Jer. 17,6)

ἄγριος (ἀγρός) wild ▸ 23 + 5 + 3 = 31
  ἄγρια ▸ 7 + 2 + 1 = 10
    Adjective · neuter · plural · accusative · noDegree ▸ 4 (Lev. 26,22; Josh. 23,5; Job 30,7; Wis. 14,1)
    Adjective · neuter · plural · nominative · noDegree ▸ 3 + 2 + 1 = 6 (Ex. 23,11; Deut. 7,22; Is. 56,9; Dan. 4,12; Dan. 4,21; Jude 13)
  ἀγρία ▸ 1
    Adjective · feminine · singular · nominative · noDegree ▸ 1 (Lev. 21,20)
  ἀγρίᾳ ▸ 1
    Adjective · feminine · singular · dative · noDegree ▸ 1 (Deut. 28,27)
  ἀγρίαν ▸ 1
    Adjective · feminine · singular · accusative · noDegree ▸ 1 (2Kings 4,39)
  ἄγριοι ▸ 3
    Adjective · masculine · plural · nominative · noDegree ▸ 3 (4Mac. 16,3; Job 5,23; Jer. 14,6)
  ἀγρίοις ▸ 1
    Adjective · masculine · plural · dative · noDegree ▸ 1 (3Mac. 5,31)
  ἄγριον ▸ 1 + 2 = 3
    Adjective · masculine · singular · accusative · noDegree ▸ 1 (Job 39,5)
    Adjective · neuter · singular · accusative ▸ 1 (Mark 1,6)
    Adjective · neuter · singular · nominative ▸ 1 (Matt. 3,4)
  ἄγριος ▸ 3
    Adjective · masculine · singular · nominative · noDegree ▸ 3 (Psa. 79,14; Job 6,5; Jer. 31,6)
  ἀγρίων ▸ 3 + 3 = 6
    Adjective · masculine · plural · genitive · noDegree ▸ 1 (Is. 32,14)
    Adjective · neuter · plural · genitive · noDegree ▸ 2 + 3 = 5 (Job 5,22; Dan. 2,38; Dan. 4,23; Dan. 4,25; Dan. 4,32)
  ἀγριωτάτους ▸ 1
    Adjective · masculine · plural · accusative · superlative ▸ 1 (2Mac. 11,9)
  ἀγριωτέραν ▸ 1
    Adjective · feminine · singular · accusative · comparative ▸ 1 (3Mac. 7,5)

ἀγριότης (ἀγρός) wildness, savagery ▸ 1
  ἀγριότητα ▸ 1
    Noun · feminine · singular · accusative · (common) ▸ 1 (2Mac. 15,21)

ἀγριόω (ἀγρός) to make wild, mad ▸ 1
  ἀγριωθέντας ▸ 1
    Verb · aorist · passive · participle · masculine · plural · accusative ▸ 1 (3Mac. 5,2)

Ἀγρίππας Agrippa ▸ 11
  Ἀγρίππα ▸ 6
    Noun · masculine · singular · genitive · (proper) ▸ 1 (Acts 25,23)
    Noun · masculine · singular · vocative · (proper) ▸ 5 (Acts 25,24; Acts 25,26; Acts 26,2; Acts 26,19; Acts 26,27)
  Ἀγρίππας ▸ 5
    Noun · masculine · singular · nominative · (proper) ▸ 5 (Acts 25,13; Acts 25,22; Acts 26,1; Acts 26,28; Acts 26,32)

ἀγρίως (ἀγρός) wildly, savagely ▸ 1
  ἀγρίως ▸ 1
    Adverb ▸ 1 (2Mac. 15,2)

ἄγροικος (ἀγρός; οἶκος) wild, rustic; country man ▸ 3
  ἄγροικος ▸ 2
    Adjective · masculine · singular · nominative · noDegree ▸ 2 (Gen. 16,12; Gen. 25,27)
  ἀγροικότερον ▸ 1
    Adjective · neuter · singular · accusative · comparative ▸ 1 (2Mac. 14,30)

ἀγρός field, farm, country ▸ 232 + 13 + 36 = 281
  ἀγροί ▸ 11 + 1 = 12
    Noun · masculine · plural · nominative · (common) ▸ 11 + 1 = 12 (Lev. 25,34; Josh. 19,6; 2Sam. 1,21; Neh. 5,3; Neh. 5,4; Neh. 5,5; Neh. 11,30; Mic. 2,4; Jer. 6,12; Jer. 39,15; Jer. 39,43; Josh. 19,6)
  ἀγροῖς ▸ 4
    Noun · masculine · plural · dative · (common) ▸ 4 (Deut. 11,15; 1Mac. 16,10; Jer. 13,27; Jer. 47,13)
  ἀγρόν ▸ 15 + 2 + 2 = 19
    Noun · masculine · singular · accusative · (common) ▸ 15 + 2 + 2 = 19 (Lev. 25,3; Lev. 25,4; Josh. 15,18; Judg. 1,14; Ruth 2,9; 1Sam. 20,11; 1Sam. 20,11; 1Sam. 20,12; 1Sam. 20,35; 2Sam. 11,23; 2Sam. 19,30; 1Kings 2,26; Song 7,12; Jer. 39,7; Jer. 39,8; Judg. 1,14; Judg. 9,42; Matt. 22,5; Mark 16,12)
  ἀγρόν ▸ 36 + 1 + 5 = 42
    Noun · masculine · singular · accusative · (common) ▸ 36 + 1 + 5 = 42 (Gen. 23,11; Gen. 25,9; Gen. 25,10; Ex. 20,17; Ex. 22,4; Ex. 22,4; Ex. 22,4; Lev. 25,31; Lev. 27,17; Lev. 27,18; Lev. 27,19; Lev. 27,20; Lev. 27,20; Num. 21,22; Deut. 5,21; Judg. 9,27; Ruth 1,2; Ruth 2,2; Ruth 4,5; 1Sam. 6,14; 1Sam. 27,5; 2Sam. 9,7; 2Sam. 20,12; 2Kings 4,39; Neh. 5,16; Neh. 13,10; Ode. 10,8; Ode. 10,8; Prov. 24,27; Job 24,6; Is. 5,8; Is. 5,8; Jer. 4,17; Jer. 6,25; Jer. 39,9; Jer. 39,25; Judg. 9,27; Matt. 13,44; Matt. 27,7; Matt. 27,10; Mark 13,16; Luke 14,18)
  ἀγρός ▸ 1
    Noun · masculine · singular · nominative ▸ 1 (Matt. 13,38)
  ἀγρὸς ▸ 8 + 2 = 10
    Noun · masculine · singular · nominative · (common) ▸ 8 + 2 = 10 (Gen. 23,17; Gen. 23,17; Gen. 23,20; Lev. 27,21; Lev. 27,24; Mic. 3,12; Jer. 33,18; Jer. 42,9; Matt. 27,8; Matt. 27,8)
  ἀγροῦ ▸ 88 + 4 + 7 = 99
    Noun · masculine · singular · genitive · (common) ▸ 88 + 4 + 7 = 99 (Gen. 2,5; Gen. 2,5; Gen. 2,19; Gen. 2,20; Gen. 3,18; Gen. 23,9; Gen. 23,13; Gen. 23,19; Gen. 27,27; Gen. 30,16; Gen. 33,19; Gen. 49,32; Ex. 22,4; Ex. 22,4; Ex. 23,16; Lev. 19,9; Lev. 23,22; Lev. 25,5; Lev. 26,20; Lev. 27,16; Lev. 27,22; Lev. 27,22; Lev. 27,28; Num. 16,14; Num. 23,14; Deut. 14,22; Josh. 24,32; Judg. 5,4; Judg. 5,18; Judg. 19,16; Ruth 1,6; Ruth 1,22; Ruth 2,3; Ruth 2,6; Ruth 4,3; Ruth 4,3; 1Sam. 11,5; 1Sam. 13,17; 1Sam. 14,25; 2Sam. 11,11; 2Sam. 21,10; 2Sam. 23,11; 2Kings 8,6; 2Kings 9,25; 2Kings 9,37; 2Kings 14,9; 2Kings 18,17; 2Kings 19,26; 1Chr.

11,13; 1Chr. 16,32; 2Chr. 25,18; 2Chr. 31,5; Judith 11,7; Psa. 49,11; Psa. 102,15; Psa. 103,11; Eccl. 5,8; Song 2,7; Song 3,5; Song 5,8; Song 8,4; Job 5,25; Job 39,15; Hos. 2,14; Hos. 2,20; Hos. 4,3; Hos. 10,4; Hos. 12,12; Hos. 13,8; Mic. 1,6; Joel 1,11; Joel 1,12; Joel 1,19; Is. 7,3; Is. 32,12; Is. 36,2; Is. 43,20; Is. 55,12; Jer. 7,20; Jer. 8,7; Jer. 12,4; Jer. 12,9; Jer. 34,6; Ezek. 16,7; Ezek. 31,13; Ezek. 33,27; Ezek. 34,5; Ezek. 36,30; Judg. 5,4; Judg. 5,18; Judg. 19,16; Dan. 2,38; Matt. 6,28; Matt. 6,30; Matt. 13,36; Mark 15,21; Luke 17,7; Luke 23,26; Acts 4,37)

ἀγρούς ▸ 1 + 3 = 4
   Noun · masculine · plural · accusative · (common) ▸ 1 + 3 = 4 (Judith 8,7; Mark 5,14; Mark 6,56; Luke 8,34)

ἀγροὺς ▸ 9 + 6 = 15
   Noun · masculine · plural · accusative · (common) ▸ 9 + 6 = 15 (Josh. 21,12; 1Sam. 8,14; 1Sam. 22,7; Neh. 5,11; Judith 2,27; Psa. 106,37; Mic. 2,2; Jer. 8,10; Jer. 39,44; Matt. 19,29; Mark 6,36; Mark 10,29; Mark 10,30; Luke 9,12; Luke 15,15)

ἀγρῷ ▸ 52 + 5 + 9 = 66
   Noun · masculine · singular · dative · (common) ▸ 52 + 5 + 9 = 66 (Gen. 23,17; Gen. 30,14; Gen. 39,5; Gen. 49,29; Ex. 23,16; Deut. 20,19; Deut. 22,27; Deut. 24,19; Deut. 24,19; Deut. 28,3; Deut. 28,16; Judg. 9,32; Judg. 9,44; Judg. 13,9; Judg. 20,31; Ruth 1,1; Ruth 1,6; Ruth 2,3; Ruth 2,7; Ruth 2,8; Ruth 2,17; Ruth 2,22; 1Sam. 4,2; 1Sam. 6,1; 1Sam. 6,18; 1Sam. 14,15; 1Sam. 19,3; 1Sam. 20,24; 1Sam. 25,15; 1Sam. 27,7; 1Sam. 27,11; 1Sam. 30,11; 1Sam. 30,11; 2Sam. 2,18; 2Sam. 10,8; 2Sam. 14,6; 2Sam. 14,30; 2Sam. 17,8; 1Kings 12,24m; 2Kings 4,39; 2Kings 7,12; 1Chr. 27,25; Neh. 11,25; Judith 8,3; Job 24,5; Zech. 10,1; Mal. 3,11; Is. 27,4; Is. 33,12; Jer. 14,5; Jer. 47,7; Jer. 48,8; Judg. 9,32; Judg. 9,43; Judg. 9,44; Judg. 13,9; Judg. 20,31; Matt. 13,24; Matt. 13,27; Matt. 13,31; Matt. 13,44; Matt. 24,18; Matt. 24,40; Luke 12,28; Luke 15,25; Luke 17,31)

ἀγρῶν ▸ 8 + 1 = 9
   Noun · masculine · plural · genitive · (common) ▸ 8 + 1 = 9 (Ex. 8,9; Num. 20,17; Deut. 32,13; 2Kings 8,3; 2Kings 8,5; Neh. 12,29; Ode. 2,13; Lam. 4,9; Mark 11,8)

ἀγρυπνέω (ἄγρα; ὕπνος) to lose sleep, watch ▸ 11 + 4 = 15

ἀγρυπνεῖ ▸ 1
   Verb · third · singular · present · active · indicative ▸ 1 (Song 5,2)

ἀγρυπνεῖτε ▸ 2 + 2 = 4
   Verb · second · plural · present · active · imperative ▸ 2 + 2 = 4 (1Esdr. 8,58; Ezra 8,29; Mark 13,33; Luke 21,36)

ἀγρυπνήσας ▸ 1
   Verb · aorist · active · participle · masculine · singular · nominative ▸ 1 (Wis. 6,15)

ἀγρυπνοῦντες ▸ 1
   Verb · present · active · participle · masculine · plural · nominative ▸ 1 (Eph. 6,18)

ἀγρυπνοῦσιν ▸ 1
   Verb · third · plural · present · active · indicative ▸ 1 (Heb. 13,17)

ἀγρυπνῶν ▸ 1
   Verb · present · active · participle · masculine · singular · nominative ▸ 1 (Prov. 8,34)

ἠγρύπνεις ▸ 1
   Verb · second · singular · imperfect · active · indicative ▸ 1 (2Sam. 12,21)

ἠγρύπνησα ▸ 2
   Verb · first · singular · aorist · active · indicative ▸ 2 (Psa. 101,8; Sir. 33,16)

ἠγρύπνησε ▸ 1
   Verb · third · singular · aorist · active · indicative ▸ 1 (Dan. 9,14)

ἠγρύπνησεν ▸ 2
   Verb · third · singular · aorist · active · indicative ▸ 2 (Psa. 126,1; Job 21,32)

ἀγρυπνία (ἄγρα; ὕπνος) sleeplessness, care ▸ 10 + 2 = 12

ἀγρυπνία ▸ 5
   Noun · feminine · singular · nominative · (common) ▸ 5 (Sir. 38,26; Sir. 38,27; Sir. 38,28; Sir. 38,30; Sir. 42,9)

Ἀγρυπνία ▸ 1
   Noun · feminine · singular · nominative · (common) ▸ 1 (Sir. 31,1)

ἀγρυπνίαν ▸ 1
   Noun · feminine · singular · accusative · (common) ▸ 1 (Sir. 1,31 Prol.)

ἀγρυπνίαις ▸ 2
   Noun · feminine · plural · dative ▸ 2 (2Cor. 6,5; 2Cor. 11,27)

ἀγρυπνίας ▸ 3
   Noun · feminine · singular · genitive · (common) ▸ 3 (2Mac. 2,26; Sir. 31,2; Sir. 31,20)

ἄγρωστις (ἀγρός) grass, green growth ▸ 6

ἄγρωστιν ▸ 3
   Noun · feminine · singular · accusative · (common) ▸ 3 (Deut. 32,2; Ode. 2,2; Mic. 5,6)

ἄγρωστις ▸ 3
   Noun · feminine · singular · nominative · (common) ▸ 3 (Hos. 10,4; Is. 9,17; Is. 37,27)

ἀγυιά (ἄγω) street, roadway ▸ 2

ἀγυιαί ▸ 1
   Noun · feminine · plural · nominative · (common) ▸ 1 (3Mac. 4,3)

ἀγυιάς ▸ 1
   Noun · feminine · plural · accusative · (common) ▸ 1 (3Mac. 1,20)

Αγχις Ehi ▸ 1

Αγχις ▸ 1
   Noun · masculine · singular · nominative · (proper) ▸ 1 (Gen. 46,21)

ἀγχιστεία (ἄγχω) nearness of relation, rights of a relative ▸ 5

ἀγχιστεία ▸ 1
   Noun · feminine · singular · dative · (common) ▸ 1 (Neh. 13,29)

ἀγχιστείαν ▸ 4
   Noun · feminine · singular · accusative · (common) ▸ 4 (Ruth 4,6; Ruth 4,7; Ruth 4,7; Ruth 4,8)

ἀγχιστεύς (ἄγχω) close relative, kinsman-redeemer ▸ 8

ἀγχιστέα ▸ 2
   Noun · masculine · singular · accusative · (common) ▸ 2 (Ruth 4,14; 2Sam. 14,11)

ἀγχιστεῖ ▸ 1
   Noun · masculine · singular · dative · (common) ▸ 1 (Ruth 4,3)

ἀγχιστεύς ▸ 1
   Noun · masculine · singular · nominative · (common) ▸ 1 (Ruth 4,6)

ἀγχιστεὺς ▸ 4
   Noun · masculine · singular · nominative · (common) ▸ 4 (Ruth 3,9; Ruth 3,12; Ruth 3,12; Ruth 4,8)

ἀγχιστευτής (ἄγχω) near relation, kinsman-redeemer ▸ 1

ἀγχιστευτής ▸ 1
   Noun · masculine · singular · nominative · (common) ▸ 1 (Ruth

4,1)

ἀγχιστεύω (ἄγχω) to be a near relative ▸ 32
  ἀγχίστευε ▸ 1
    Verb · second · singular · present · active · imperative ▸ **1** (Ruth 4,4)
  ἀγχιστεύεις ▸ 2
    Verb · second · singular · present · active · indicative ▸ **2** (Ruth 4,4; Ruth 4,4)
  ἀγχιστευέτω ▸ 1
    Verb · third · singular · present · active · imperative ▸ **1** (Ruth 3,13)
  ἀγχιστεύοντι ▸ 2
    Verb · present · active · participle · masculine · singular · dative ▸ **2** (Deut. 19,12; Ruth 4,7)
  ἀγχιστεύοντος ▸ 5
    Verb · present · active · participle · masculine · singular · genitive ▸ **5** (Num. 35,12; Num. 35,24; Num. 35,25; Josh. 20,3; Josh. 20,9)
  ἀγχιστευόντων ▸ 1
    Verb · present · active · participle · masculine · plural · genitive ▸ **1** (Ruth 2,20)
  ἀγχιστεύουσα ▸ 1
    Verb · present · active · participle · feminine · singular · nominative ▸ **1** (Num. 36,8)
  ἀγχιστεῦσαι ▸ 3
    Verb · aorist · active · infinitive ▸ **3** (Ruth 4,4; Ruth 4,6; Ruth 4,6)
  ἀγχιστεῦσαί ▸ 1
    Verb · aorist · active · infinitive ▸ **1** (Ruth 3,13)
  ἀγχιστεύσῃ ▸ 1
    Verb · third · singular · aorist · active · subjunctive ▸ **1** (Ruth 3,13)
  ἀγχίστευσον ▸ 1
    Verb · second · singular · aorist · active · imperative ▸ **1** (Ruth 4,6)
  ἀγχιστεύσω ▸ 2
    Verb · first · singular · future · active · indicative ▸ **2** (Ruth 3,13; Ruth 4,4)
  ἀγχιστεύσωσιν ▸ 1
    Verb · third · plural · aorist · active · subjunctive ▸ **1** (Num. 36,8)
  ἀγχιστεύων ▸ 8
    Verb · present · active · participle · masculine · singular · nominative ▸ **8** (Lev. 25,25; Lev. 25,26; Num. 5,8; Num. 35,19; Num. 35,21; Num. 35,27; Num. 35,27; Deut. 19,6)
  ἠγχιστεύθησαν ▸ 2
    Verb · third · plural · aorist · passive · indicative ▸ **2** (Ezra 2,62; Neh. 7,64)

Αγχους Achish ▸ 21
  Αγχους ▸ 21
    Noun · masculine · singular · accusative · (proper) ▸ **9** (1Sam. 21,11; 1Sam. 27,2; 1Sam. 27,5; 1Sam. 27,9; 1Sam. 27,10; 1Sam. 28,2; 1Sam. 29,8; 1Kings 2,39; 1Kings 2,40)
    Noun · masculine · singular · dative · (proper) ▸ **1** (1Sam. 27,12)
    Noun · masculine · singular · genitive · (proper) ▸ **4** (1Sam. 21,12; 1Sam. 21,13; 1Sam. 27,3; 1Sam. 29,2)
    Noun · masculine · singular · nominative · (proper) ▸ **7** (1Sam. 21,15; 1Sam. 27,10; 1Sam. 28,1; 1Sam. 28,2; 1Sam. 29,3; 1Sam. 29,6; 1Sam. 29,9)

ἄγχω to press, strangle, choke ▸ 4
  ἄγξαι ▸ 3
    Verb · aorist · active · infinitive ▸ **2** (4Mac. 9,17; 4Mac. 10,7)
    Verb · second · singular · aorist · middle · imperative ▸ **1** (Psa. 31,9)
  ἀγχόμενος ▸ 1
    Verb · present · passive · participle · masculine · singular · nominative ▸ **1** (4Mac. 11,11)

Αγχωχ Anathoth ▸ 1
  Αγχωχ ▸ 1
    Noun · feminine · singular · accusative · (proper) ▸ **1** (1Chr. 6,45)

ἄγω bring, lead, go, celebrate ▸ 255 + 17 + 67 = 339
  ἄγαγε ▸ 1 + 1 = 2
    Verb · second · singular · aorist · active · imperative ▸ **1 + 1 = 2** (Tob. 2,2; Tob. 2,2)
  ἀγαγεῖν ▸ 9 + 3 + 2 = 14
    Verb · aorist · active · infinitive ▸ **9 + 3 + 2 = 14** (Gen. 43,29; 1Chr. 29,19; 1Mac. 6,15; 1Mac. 7,2; 4Mac. 8,2; Is. 60,9; Ezek. 38,17; Dan. 1,3; Dan. 3,13; Tob. 5,10; Dan. 3,13; Dan. 9,24; John 10,16; Acts 23,18)
  ἀγαγέσθαι ▸ 2
    Verb · aorist · middle · infinitive ▸ **2** (Wis. 8,2; Wis. 8,9)
  ἀγάγετε ▸ 2 + 2 = 4
    Verb · second · plural · aorist · active · imperative ▸ **2 + 2 = 4** (Gen. 42,20; Gen. 42,34; Luke 19,27; Luke 19,30)
  Ἀγάγετε ▸ 2
    Verb · second · plural · aorist · active · imperative ▸ **2** (Gen. 43,7; 1Sam. 19,15)
  ἀγάγετέ ▸ 1
    Verb · second · plural · aorist · active · imperative ▸ **1** (Matt. 21,2)
  ἀγαγέτωσαν ▸ 1
    Verb · third · plural · aorist · active · imperative ▸ **1** (Is. 43,9)
  ἀγάγῃ ▸ 2
    Verb · third · singular · aorist · active · subjunctive ▸ **2** (Acts 9,2; Acts 9,21)
  ἀγάγῃς ▸ 1
    Verb · second · singular · aorist · active · subjunctive ▸ **1** (2Sam. 3,13)
  ἀγάγοις ▸ 1
    Verb · second · singular · aorist · active · optative ▸ **1** (Job 38,20)
  ἀγαγόντα ▸ 1 + 1 = 2
    Verb · aorist · active · participle · masculine · singular · accusative ▸ **1 + 1 = 2** (Sir. 1,33 Prol.; Heb. 2,10)
  ἀγαγόντας ▸ 1
    Verb · aorist · active · participle · masculine · plural · accusative ▸ **1** (2Mac. 13,4)
  Ἀγαγόντες ▸ 1
    Verb · aorist · active · participle · masculine · plural · nominative ▸ **1** (Acts 5,27)
  ἀγαγόντος ▸ 1
    Verb · aorist · active · participle · masculine · singular · genitive ▸ **1** (Deut. 8,15)
  ἀγαγοῦσαν ▸ 1
    Verb · aorist · active · participle · feminine · singular · accusative ▸ **1** (2Mac. 7,27)
  ἀγάγω ▸ 4
    Verb · first · singular · aorist · active · subjunctive ▸ **4** (Gen. 42,37; Gen. 43,9; Gen. 44,32; Mic. 1,15)
  ἀγάγωμεν ▸ 1
    Verb · first · plural · aorist · active · subjunctive ▸ **1** (Num. 32,17)
  ἀγαγών ▸ 3
    Verb · aorist · active · participle · masculine · singular · nominative ▸ **3** (2Mac. 8,34; 4Mac. 18,20; Is. 63,12)
  ἄγε ▸ 3 + 1 = 4
    Verb · second · singular · present · active · imperative ▸ **3 + 1**

ἄγω

= **4** (Tob. 9,2; Sir. 33,32; Is. 43,6; 2Tim. 4,11)

Ἄγε ▸ 2 + **1** = 3
Verb ▪ second ▪ singular ▪ present ▪ active ▪ imperative ▸ 2 + **1** = 3 (2Kings 4,24; Is. 43,6; Judg. 19,6)

ἄγει ▸ 3 + **2** = **5**
Verb ▪ third ▪ singular ▪ present ▪ active ▪ indicative ▸ 3 + **2** = **5** (Prov. 1,20; Prov. 11,12; Sir. 30,24; Luke 24,21; Rom. 2,4)

ἄγειν ▸ 13 + **1** = 14
Verb ▪ present ▪ active ▪ infinitive ▸ 13 + **1** = **14** (Esth. 9,21; Esth. 9,22; 1Mac. 7,49; 1Mac. 13,52; 2Mac. 1,18; 2Mac. 2,16; 2Mac. 6,8; 2Mac. 6,11; 2Mac. 10,8; 2Mac. 12,2; 2Mac. 15,3; 3Mac. 6,36; 3Mac. 7,19; Acts 23,10)

ἀγειόχασιν ▸ **1**
Verb ▪ third ▪ plural ▪ perfect ▪ active ▪ indicative ▸ **1** (Gen. 46,32)

ἀγείοχεν ▸ **1**
Verb ▪ third ▪ singular ▪ perfect ▪ active ▪ indicative ▸ **1** (Tob. 12,3)

ἀγείοχέν ▸ **1**
Verb ▪ third ▪ singular ▪ perfect ▪ active ▪ indicative ▸ **1** (Tob. 12,3)

ἀγειοχέναι ▸ **1**
Verb ▪ perfect ▪ active ▪ infinitive ▸ **1** (3Mac. 5,19)

ἀγειοχώς ▸ **1**
Verb ▪ perfect ▪ active ▪ participle ▪ masculine ▪ singular ▪ nominative ▸ **1** (3Mac. 5,45)

ἄγεσθαι ▸ **1**
Verb ▪ present ▪ passive ▪ infinitive ▪ (variant) ▸ **1** (Acts 21,34)

ἄγεσθε ▸ **1**
Verb ▪ second ▪ plural ▪ present ▪ passive ▪ indicative ▪ (variant) ▸ **1** (Gal. 5,18)

ἄγεται ▸ **2**
Verb ▪ third ▪ singular ▪ present ▪ passive ▪ indicative ▸ **2** (Prov. 7,22; Prov. 18,2)

ἄγετε ▸ **1**
Verb ▪ second ▪ plural ▪ present ▪ active ▪ imperative ▸ **1** (Esth. 16,22 # 8,12u)

ἄγητε ▸ **2**
Verb ▪ second ▪ plural ▪ present ▪ active ▪ subjunctive ▸ **2** (2Mac. 1,9; 2Mac. 1,18)

ἀγόμενα ▸ **1**
Verb ▪ present ▪ passive ▪ participle ▪ neuter ▪ plural ▪ accusative ▪ (variant) ▸ **1** (2Tim. 3,6)

ἀγόμεναι ▸ **2**
Verb ▪ present ▪ middle ▪ participle ▪ feminine ▪ plural ▪ nominative ▸ **1** (Lam. 1,4)
Verb ▪ present ▪ passive ▪ participle ▪ feminine ▪ plural ▪ nominative ▸ **1** (3Mac. 4,6)

ἀγομένη ▸ **1**
Verb ▪ present ▪ passive ▪ participle ▪ feminine ▪ singular ▪ nominative ▸ **1** (Gen. 38,25)

ἀγομένην ▸ **1**
Verb ▪ present ▪ passive ▪ participle ▪ feminine ▪ singular ▪ accusative ▸ **1** (Tob. 14,15)

ἀγόμενοι ▸ **3**
Verb ▪ present ▪ passive ▪ participle ▪ masculine ▪ plural ▪ nominative ▸ **3** (3Mac. 4,9; 4Mac. 8,3; Bar. 5,6)

ἀγόμενον ▸ **1**
Verb ▪ present ▪ passive ▪ participle ▪ neuter ▪ singular ▪ nominative ▸ **1** (Jer. 11,19)

Ἀγομένου ▸ **1**
Verb ▪ present ▪ passive ▪ participle ▪ masculine ▪ singular ▪ genitive ▸ **1** (2Mac. 4,18)

ἀγομένους ▸ **2**
Verb ▪ present ▪ passive ▪ participle ▪ masculine ▪ plural ▪ accusative ▸ **2** (Prov. 24,11; Is. 60,11)

ἄγονται ▸ **2**
Verb ▪ third ▪ plural ▪ present ▪ passive ▪ indicative ▪ (variant) ▸ **2** (Acts 19,38; Rom. 8,14)

ἄγοντες ▸ 3 + **1** = 4
Verb ▪ present ▪ active ▪ participle ▪ masculine ▪ plural ▪ nominative ▸ 3 + **1** = **4** (2Mac. 2,16; 2Mac. 8,33; Wis. 14,23; Acts 21,16)

ἄγοντος ▸ **1**
Verb ▪ present ▪ active ▪ participle ▪ masculine ▪ singular ▪ genitive ▸ **1** (Prov. 13,12)

ἀγόντων ▸ **1**
Verb ▪ present ▪ active ▪ participle ▪ masculine ▪ plural ▪ genitive ▸ **1** (2Mac. 6,29)

ἄγουσιν ▸ 5 + **1** = 6
Verb ▪ third ▪ plural ▪ present ▪ active ▪ indicative ▸ 5 + **1** = **6** (1Sam. 30,11; Esth. 9,19; Esth. 9,19; 1Mac. 9,37; Prov. 18,6; Judg. 1,7)

Ἄγουσιν ▸ **3**
Verb ▪ third ▪ plural ▪ present ▪ active ▪ indicative ▸ **3** (John 8,3; John 9,13; John 18,28)

ἄγω ▸ 5 + **1** = 6
Verb ▪ first ▪ singular ▪ present ▪ active ▪ indicative ▸ 5 + **1** = **6** (Zech. 3,8; Is. 13,3; Is. 13,3; Jer. 38,8; Ezek. 32,9; John 19,4)

ἄγωμεν ▸ **7**
Verb ▪ first ▪ plural ▪ present ▪ active ▪ subjunctive ▸ **7** (Matt. 26,46; Mark 1,38; Mark 14,42; John 11,7; John 11,15; John 11,16; John 14,31)

ἄγων ▸ **1**
Verb ▪ present ▪ active ▪ participle ▪ masculine ▪ singular ▪ nominative ▸ **1** (2Kings 9,20)

ἄγωνται ▸ **1**
Verb ▪ third ▪ plural ▪ present ▪ passive ▪ subjunctive ▸ **1** (1Mac. 4,59)

ἄγωσιν ▸ **1**
Verb ▪ third ▪ plural ▪ present ▪ active ▪ subjunctive ▸ **1** (Mark 13,11)

ἄξει ▸ 12 + **1** + **1** = 14
Verb ▪ third ▪ singular ▪ future ▪ active ▪ indicative ▸ 12 + **1** + **1** = **14** (Ex. 22,12; Num. 5,15; Eccl. 3,22; Eccl. 11,9; Eccl. 12,14; Sol. 17,41; Is. 11,6; Is. 20,4; Is. 48,21; Is. 49,10; Ezek. 17,12; Dan. 11,6; Dan. 11,13; 1Th. 4,14)

ἄξειν ▸ **1**
Verb ▪ future ▪ active ▪ infinitive ▸ **1** (2Mac. 12,12)

ἄξεις ▸ **8**
Verb ▪ second ▪ singular ▪ future ▪ active ▪ indicative ▸ **8** (Num. 11,16; 2Sam. 14,10; 2Chr. 2,15; Judith 11,19; Job 38,32; Job 40,25; Jer. 19,1; Jer. 42,2)

ἄξομεν ▸ **1**
Verb ▪ first ▪ plural ▪ future ▪ active ▪ indicative ▸ **1** (2Chr. 2,15)

ἄξουσιν ▸ **4**
Verb ▪ third ▪ plural ▪ future ▪ active ▪ indicative ▸ **4** (Is. 49,22; Is. 66,20; Jer. 20,5; Ezek. 16,40)

ἄξω ▸ **9**
Verb ▪ first ▪ singular ▪ future ▪ active ▪ indicative ▸ **9** (Judith 2,9; Judith 11,19; Is. 9,5; Is. 42,16; Is. 43,5; Jer. 25,9; Jer. 50,10; Ezek. 12,13; Ezek. 20,35)

ἄξων ▸ **1**
Verb ▪ future ▪ active ▪ participle ▪ masculine ▪ singular ▪ nominative ▸ **1** (Acts 22,5)

ἀχθείη ▸ **1**

Verb · third · singular · aorist · passive · optative ▸ **1** (Esth. 13,3 # 3,13c)

ἀχθείσης ▸ **1**
Verb · aorist · passive · participle · feminine · singular · genitive ▸ **1** (3Mac. 3,14)

ἀχθέντων ▸ **1**
Verb · aorist · passive · participle · masculine · plural · genitive ▸ **1** (3Mac. 4,11)

ἀχθῆναι ▸ **2 + 4 = 6**
Verb · aorist · passive · infinitive ▸ **2 + 4 = 6** (1Esdr. 1,16; 3Mac. 2,28; Luke 18,40; Acts 5,21; Acts 25,6; Acts 25,17)

ἀχθήσεσθε ▸ **1 + 1 = 2**
Verb · second · plural · future · passive · indicative ▸ **1 + 1 = 2** (LetterJ 1; Matt. 10,18)

ἀχθήσεται ▸ **3**
Verb · third · singular · future · passive · indicative ▸ **3** (Lev. 13,2; Amos 7,11; Amos 7,17)

ἀχθησομένους ▸ **1**
Verb · future · passive · participle · masculine · plural · accusative ▸ **1** (LetterJ 0)

ἀχθήσονται ▸ **3**
Verb · third · plural · future · passive · indicative ▸ **3** (Esth. 9,28; Psa. 44,16; Ezek. 30,18)

ἤγαγεν ▸ **34 + 4 + 7 = 45**
Verb · third · singular · aorist · active · indicative ▸ **34 + 4 + 7 = 45** (Gen. 2,19; Gen. 2,22; Gen. 46,7; Ex. 3,1; Ex. 14,25; Ex. 15,22; Deut. 29,4; Josh. 24,8; 2Sam. 14,23; 1Kings 2,40; 2Kings 17,24; 2Kings 24,16; 2Kings 25,7; 1Chr. 5,26; 1Chr. 20,1; 2Chr. 28,5; 2Chr. 33,11; 2Chr. 36,17; 1Esdr. 1,1; 1Esdr. 1,19; Judith 5,14; Tob. 14,10; 1Mac. 5,23; 1Mac. 14,3; 2Mac. 2,12; 2Mac. 4,12; Sol. 8,15; Sol. 8,19; Is. 63,13; Jer. 24,1; Jer. 52,11; Jer. 52,26; Bar. 1,9; Ezek. 31,4; Tob. 7,1; Tob. 7,16; Tob. 8,19; Dan. 5,13; Luke 10,34; John 1,42; John 19,13; Acts 9,27; Acts 11,26; Acts 13,23; Acts 23,18)

Ἤγαγεν ▸ **1**
Verb · third · singular · aorist · active · indicative ▸ **1** (Luke 4,9)

ἤγαγέν ▸ **11 + 1 = 12**
Verb · third · singular · aorist · active · indicative ▸ **11 + 1 = 12** (Deut. 8,2; Judg. 18,3; Tob. 11,17; Ezek. 8,3; Ezek. 11,1; Ezek. 11,24; Ezek. 28,16; Ezek. 40,1; Ezek. 40,24; Ezek. 43,1; Ezek. 47,6; Tob. 11,17)

ἤγαγες ▸ **2**
Verb · second · singular · aorist · active · indicative ▸ **2** (Is. 63,14; Ezek. 22,4)

ἠγάγετε ▸ **2**
Verb · second · plural · aorist · active · indicative ▸ **2** (John 7,45; Acts 19,37)

ἤγαγον ▸ **29 + 1 + 13 = 43**
Verb · first · singular · aorist · active · indicative ▸ **9** (Lev. 26,13; 1Sam. 15,20; 2Kings 19,25; 1Esdr. 8,46; Is. 46,11; Is. 46,11; Is. 48,15; Jer. 30,2; Ezek. 20,10)
Verb · third · plural · aorist · active · indicative ▸ **20 + 1 + 13 = 34** (Gen. 47,17; Lev. 24,11; Num. 31,12; Judg. 1,7; 2Kings 9,28; 2Kings 17,28; 2Kings 23,30; 2Kings 25,6; 2Chr. 22,9; 2Chr. 33,11; 2Chr. 35,24; Judith 6,11; Judith 10,17; 1Mac. 7,48; 1Mac. 8,2; 3Mac. 7,15; Jer. 48,12; Jer. 52,9; Ezek. 19,4; Bel 10; Dan. 6,17; Matt. 21,7; Luke 4,29; Luke 4,40; Luke 19,35; Luke 22,54; Luke 23,1; John 18,13; Acts 6,12; Acts 17,15; Acts 17,19; Acts 18,27; Acts 20,12; Acts 23,31)

ἠγάγόν ▸ **1**
Verb · third · plural · aorist · active · indicative ▸ **1** (Psa. 42,3)

ἠγάγοσαν ▸ **6 + 1 = 7**
Verb · third · plural · aorist · active · indicative ▸ **6 + 1 = 7** (1Esdr. 1,17; 1Esdr. 1,19; 1Esdr. 5,50; 1Esdr. 7,10; 1Esdr. 7,14; Judith 12,5; Dan. 6,25)

ἦγεν ▸ **5 + 1 = 6**
Verb · third · singular · imperfect · active · indicative ▸ **5 + 1 = 6** (Deut. 32,12; 2Kings 9,20; 2Mac. 12,35; Ode. 2,12; Is. 31,2; Acts 5,26)

ἤγεσθε ▸ **1**
Verb · second · plural · imperfect · passive · indicative · (variant) ▸ **1** (1Cor. 12,2)

ἤγετο ▸ **3 + 1 = 4**
Verb · third · singular · imperfect · passive · indicative ▸ **3 + 1 = 4** (3Mac. 4,5; 4Mac. 10,1; 4Mac. 11,13; Luke 4,1)

ἠγμένων ▸ **1**
Verb · perfect · passive · participle · masculine · plural · genitive ▸ **1** (Jer. 47,1)

ἦγον ▸ **11**
Verb · third · plural · imperfect · active · indicative ▸ **11** (Judg. 21,12; 2Sam. 6,3; 1Chr. 13,7; Esth. 9,17; Esth. 9,18; 1Mac. 9,26; 2Mac. 7,7; 2Mac. 7,18; 2Mac. 10,6; 4Mac. 9,26; 4Mac. 10,8)

Ἤγοντο ▸ **1**
Verb · third · plural · imperfect · passive · indicative · (variant) ▸ **1** (Luke 23,32)

ἦγόν ▸ **1**
Verb · third · plural · imperfect · active · indicative ▸ **1** (Ezek. 27,26)

ἤγοντο ▸ **3**
Verb · third · plural · imperfect · passive · indicative ▸ **3** (2Mac. 1,19; 2Mac. 6,7; Nah. 2,8)

ἦκται ▸ **1**
Verb · third · singular · perfect · passive · indicative ▸ **1** (Is. 23,1)

ἤχθη ▸ **7 + 2 = 9**
Verb · third · singular · aorist · passive · indicative ▸ **7 + 2 = 9** (1Esdr. 1,18; 1Esdr. 1,20; 1Esdr. 9,17; Esth. 2,8; Tob. 11,19; Is. 53,7; Is. 53,8; Acts 8,32; Acts 25,23)

ἤχθησαν ▸ **4 + 1 = 5**
Verb · third · plural · aorist · passive · indicative ▸ **4 + 1 = 5** (2Sam. 3,23; Is. 46,2; Is. 52,4; Dan. 3,13; Dan. 3,13)

ἀγωγή (ἄγω)   manner of life ▸ **6 + 1 = 7**

ἀγωγὰς ▸ **1**
Noun · feminine · plural · accusative · (common) ▸ **1** (2Mac. 4,16)

ἀγωγῇ ▸ **1**
Noun · feminine · singular · dative ▸ **1** (2Tim. 3,10)

ἀγωγήν ▸ **5**
Noun · feminine · singular · accusative · (common) ▸ **5** (Esth. 2,20; Esth. 10,3; 2Mac. 6,8; 2Mac. 11,24; 3Mac. 4,10)

ἀγών   gathering; contest ▸ **16 + 6 = 22**

ἀγών ▸ **1**
Noun · masculine · singular · nominative · (common) ▸ **1** (4Mac. 16,16)

ἀγὼν ▸ **2**
Noun · masculine · singular · nominative · (common) ▸ **2** (4Mac. 13,15; 4Mac. 17,11)

ἀγῶνα ▸ **5 + 5 = 10**
Noun · masculine · singular · accusative · (common) ▸ **5 + 5 = 10** (4Mac. 9,23; Wis. 4,2; Wis. 10,12; Is. 7,13; Is. 7,13; Phil. 1,30; Col. 2,1; 1Tim. 6,12; 2Tim. 4,7; Heb. 12,1)

ἀγῶνας ▸ **1**
Noun · masculine · plural · accusative · (common) ▸ **1** (2Mac. 15,9)

ἀγῶνι ▸ **1 + 1 = 2**

Noun · masculine · singular · dative · (common) ▸ 1 + 1 = **2** (Esth. 14,1 # 4,17k; 1Th. 2,2)
ἀγῶνος ▸ 4
Noun · masculine · singular · genitive · (common) ▸ **4** (2Mac. 4,18; 2Mac. 14,43; 4Mac. 11,20; 4Mac. 15,29)
ἀγώνων ▸ 1
Noun · masculine · plural · genitive · (common) ▸ **1** (2Mac. 10,28)
ἀγῶσιν ▸ 1
Noun · masculine · plural · dative · (common) ▸ **1** (2Mac. 14,18)

ἀγωνία (ἀγών) agony ▸ 3 + 1 = 4
ἀγωνία ▸ 2
Noun · feminine · singular · nominative · (common) ▸ **2** (2Mac. 3,14; 2Mac. 15,19)
ἀγωνία ▸ 1
Noun · feminine · singular · dative ▸ **1** (Luke 22,44)
ἀγωνίαν ▸ 1
Noun · feminine · singular · accusative · (common) ▸ **1** (2Mac. 3,16)

ἀγωνιάω (ἀγών) to struggle; be in distress, agony ▸ 3
ἀγωνιάσας ▸ 1
Verb · aorist · active · participle · masculine · singular · nominative ▸ **1** (Esth. 15,8 # 5,1e)
Ἀγωνιῶ ▸ 1
Verb · first · singular · present · active · indicative ▸ **1** (Dan. 1,10)
ἀγωνιῶντος ▸ 1
Verb · present · active · participle · masculine · singular · genitive ▸ **1** (2Mac. 3,21)

ἀγωνίζομαι (ἀγών) to strive, fight, struggle ▸ 6 + 2 + 8 = 16
ἀγωνίζεσθε ▸ 1
Verb · second · plural · present · middle · imperative ▸ **1** (Luke 13,24)
ἀγωνιζόμεθα ▸ 1
Verb · first · plural · present · middle · indicative ▸ **1** (1Tim. 4,10)
ἀγωνιζόμενοι ▸ 1
Verb · present · middle · participle · masculine · plural · nominative ▸ **1** (2Mac. 15,27)
ἀγωνιζόμενος ▸ 1 + 3 = 4
Verb · present · middle · participle · masculine · singular · nominative ▸ 1 + 3 = **4** (Dan. 6,15; 1Cor. 9,25; Col. 1,29; Col. 4,12)
ἀγωνίζου ▸ 1
Verb · second · singular · present · middle · imperative ▸ **1** (1Tim. 6,12)
ἀγώνισαι ▸ 1
Verb · second · singular · aorist · middle · imperative ▸ **1** (Sir. 4,28)
ἀγωνίσασθαι ▸ 2
Verb · aorist · middle · infinitive ▸ **2** (2Mac. 8,16; 2Mac. 13,14)
ἠγωνίζοντο ▸ 1 + 1 = 2
Verb · third · plural · imperfect · middle · indicative ▸ 1 + 1 = **2** (4Mac. 17,13; John 18,36)
ἠγωνίσατο ▸ 1 + 1 = 2
Verb · third · singular · aorist · middle · indicative ▸ 1 + 1 = **2** (1Mac. 7,21; Dan. 6,15)
ἠγώνισμαι ▸ 1
Verb · first · singular · perfect · passive · indicative · (variant) ▸ **1** (2Tim. 4,7)

ἀγωνιστής (ἀγών) rival, fighter, competitor; debater ▸ 1
ἀγωνιστὰς ▸ 1
Noun · masculine · plural · accusative · (common) ▸ **1** (4Mac. 12,14)

Αδα Adah ▸ 9
Αδα ▸ 6
Noun · feminine · singular · accusative · (proper) ▸ **1** (Gen. 36,2)
Noun · feminine · singular · dative · (proper) ▸ **1** (Gen. 4,23)
Noun · feminine · singular · genitive · (proper) ▸ **1** (1Chr. 8,9)
Noun · feminine · singular · nominative · (proper) ▸ **3** (Gen. 4,19; Gen. 4,20; Gen. 36,4)
Αδας ▸ 3
Noun · feminine · singular · genitive · (proper) ▸ **3** (Gen. 36,10; Gen. 36,12; Gen. 36,16)

Αδαδ Hadad ▸ 8
Αδαδ ▸ 8
Noun · masculine · singular · genitive · (proper) ▸ **1** (2Chr. 15,8)
Noun · masculine · singular · nominative · (proper) ▸ **7** (Gen. 36,35; Gen. 36,36; 1Chr. 1,46; 1Chr. 1,47; 1Chr. 1,50; 1Chr. 1,51; Job 42,17d)

Αδαδα Adadah ▸ 1
Αδαδα ▸ 1
Noun · singular · nominative · (proper) ▸ **1** (Josh. 15,22)

Αδαι Uri ▸ 1
Αδαι ▸ 1
Noun · masculine · singular · genitive · (proper) ▸ **1** (1Kings 4,18)

Αδαια Adaiah ▸ 5
Αδαια ▸ 5
Noun · masculine · singular · genitive · (proper) ▸ **2** (2Chr. 23,1; Neh. 11,5)
Noun · masculine · singular · nominative · (proper) ▸ **3** (1Chr. 8,21; 1Chr. 9,12; Ezra 10,39)

Αδαιας Adaiah, Adaias ▸ 1
Αδαιας ▸ 1
Noun · masculine · singular · nominative · (proper) ▸ **1** (Ezra 10,29)

Αδαμ Adam ▸ 33 + 1 = 34
Αδαμ ▸ 33 + 1 = 34
Noun · masculine · singular · accusative · (proper) ▸ 7 + 1 = **8** (Gen. 2,19; Gen. 2,22; Gen. 3,9; Gen. 3,24; Gen. 5,1; Gen. 5,2; Tob. 8,6; Tob. 8,6)
Noun · masculine · singular · dative · (proper) ▸ **4** (Gen. 2,16; Gen. 2,20; Gen. 3,17; Gen. 3,21)
Noun · masculine · singular · genitive · (proper) ▸ **7** (Gen. 2,22; Gen. 5,4; Gen. 5,5; Deut. 32,8; Ode. 2,8; Sir. 40,1; Sir. 49,16)
Noun · masculine · singular · nominative · (proper) ▸ **14** (Gen. 2,19; Gen. 2,20; Gen. 2,21; Gen. 2,23; Gen. 2,25; Gen. 3,8; Gen. 3,12; Gen. 3,20; Gen. 3,22; Gen. 4,1; Gen. 4,25; Gen. 5,3; 1Chr. 1,1; Sir. 33,10)
Noun · masculine · singular · vocative · (proper) ▸ **1** (Gen. 3,9)

Ἀδάμ Adam ▸ 9
Ἀδάμ ▸ 9
Noun · masculine · singular · dative · (proper) ▸ **1** (1Cor. 15,22)
Noun · masculine · singular · genitive · (proper) ▸ **4** (Luke 3,38; Rom. 5,14; Rom. 5,14; Jude 14)
Noun · masculine · singular · nominative · (proper) ▸ **4** (1Cor. 15,45; 1Cor. 15,45; 1Tim. 2,13; 1Tim. 2,14)

Αδαμα Admah ▸ 6
Αδαμα ▸ 6
Noun · singular · accusative · (proper) ▸ **1** (Hos. 11,8)
Noun · singular · genitive · (proper) ▸ **4** (Gen. 10,19; Gen. 14,2; Gen. 14,8; Is. 15,9)

Noun · singular · nominative · (proper) ▸ **1** (Deut. 29,22)

ἀδαμάντινος (α; δαμάζω) adamantine, impenetrable ▸ **2**
    ἀδαμάντινον ▸ **1**
        Adjective · masculine · singular · accusative · noDegree ▸ **1** (4Mac. 16,13)
    ἀδαμαντίνου ▸ **1**
        Adjective · neuter · singular · genitive · noDegree ▸ **1** (Amos 7,7)

ἀδάμας (α; δαμάζω) adamant, hardest metal ▸ **3**
    ἀδάμαντα ▸ **1**
        Noun · masculine · singular · accusative · (common) ▸ **1** (Amos 7,8)
    Ἀδάμαντα ▸ **1**
        Noun · masculine · singular · accusative · (common) ▸ **1** (Amos 7,8)
    ἀδάμας ▸ **1**
        Noun · masculine · singular · nominative · (common) ▸ **1** (Amos 7,7)

ἀδάμαστος (α; δαμάζω) inflexible, indomitable ▸ **2**
    ἀδάμαστα ▸ **1**
        Adjective · neuter · plural · vocative · noDegree ▸ **1** (4Mac. 15,13)
    ἀδάμαστος ▸ **1**
        Adjective · masculine · singular · nominative · noDegree ▸ **1** (Sir. 30,8)

Αδαμι Adamah ▸ **1**
    Αδαμι ▸ **1**
        Noun · singular · nominative · (proper) ▸ **1** (Josh. 19,36)

Αδαν Addan ▸ **1**
    Αδαν ▸ **1**
        Noun · masculine · singular · nominative · (proper) ▸ **1** (1Esdr. 5,36)

ἀδάπανος (α; δαπάνη) without charge ▸ **1**
    ἀδάπανον ▸ **1**
        Adjective · neuter · singular · accusative ▸ **1** (1Cor. 9,18)

Αδαρ Arad, Adar ▸ **21**
    Αδαρ ▸ **21**
        Noun · singular · genitive · (proper) ▸ **4** (1Esdr. 7,5; Ezra 6,15; 1Mac. 7,43; 1Mac. 7,49)
        Noun · masculine · singular · dative · (proper) ▸ **1** (Num. 26,44)
        Noun · masculine · singular · genitive · (proper) ▸ **9** (Esth. 13,6 # 3,13f; Esth. 16,19 # 8,12s; Esth. 9,15; Esth. 9,16; Esth. 9,19; Esth. 9,19; Esth. 9,21; Esth. 10,13 # 10,3k; 2Mac. 15,36)
        Noun · masculine · singular · nominative · (proper) ▸ **7** (Num. 26,44; Esth. 2,16; Esth. 3,7; Esth. 3,13; Esth. 8,12; Esth. 9,1; Esth. 9,22)

Αδαρι Aradite ▸ **1**
    Αδαρι ▸ **1**
        Noun · masculine · singular · nominative · (proper) ▸ **1** (Num. 26,44)

Αδασα Adasa ▸ **2 + 1 = 3**
    Αδασα ▸ **2 + 1 = 3**
        Noun · singular · dative · (proper) ▸ **1** (1Mac. 7,40)
        Noun · singular · genitive · (proper) ▸ **1** (1Mac. 7,45)
        Noun · singular · nominative · (proper) ▸ **1** (Josh. 15,37)

Αδασαι Hadasi (Heb. Hermon) ▸ **1**
    Αδασαι ▸ **1**
        Noun · nominative · (proper) ▸ **1** (2Sam. 24,6)

Αδασαν Hadashah, Harsha ▸ **2**
    Αδασαν ▸ **2**
        Noun · singular · nominative · (proper) ▸ **1** (Josh. 15,37)
        Noun · masculine · singular · genitive · (proper) ▸ **1** (Neh. 7,54)

Αδδαι Iddo ▸ **1**
    Αδδαι ▸ **1**
        Noun · masculine · singular · dative · (proper) ▸ **1** (Neh. 12,16)

Αδδαιον Iddo ▸ **1**
    Αδδαιον ▸ **1**
        Noun · masculine · singular · accusative · (proper) ▸ **1** (1Esdr. 8,44)

Αδδαιω Iddo ▸ **1**
    Αδδαιω ▸ **1**
        Noun · masculine · singular · dative · (proper) ▸ **1** (1Esdr. 8,45)

Αδδαμιν Adummim ▸ **1**
    Αδδαμιν ▸ **1**
        Noun · feminine · singular · genitive · (proper) ▸ **1** (Josh. 15,7)

Αδδαρα Addar ▸ **1**
    Αδδαρα ▸ **1**
        Noun · singular · accusative · (proper) ▸ **1** (Josh. 15,3)

Αδδι Addi ▸ **4**
    Αδδι ▸ **4**
        Noun · masculine · singular · dative · (proper) ▸ **1** (Num. 26,25)
        Noun · masculine · singular · genitive · (proper) ▸ **1** (1Esdr. 9,31)
        Noun · masculine · singular · nominative · (proper) ▸ **2** (Num. 26,25; 1Chr. 6,6)

Ἀδδί Addi ▸ **1**
    Ἀδδί ▸ **1**
        Noun · masculine · singular · genitive · (proper) ▸ **1** (Luke 3,28)

Αδδους Addus ▸ **1**
    Αδδους ▸ **1**
        Noun · masculine · singular · genitive · (proper) ▸ **1** (1Esdr. 5,34)

Αδδω Iddo ▸ **6**
    Αδδω ▸ **6**
        Noun · masculine · singular · genitive · (proper) ▸ **6** (2Chr. 12,15; 2Chr. 13,22; Ezra 5,1; Ezra 6,14; Zech. 1,1; Zech. 1,7)

ἄδεια (α; δέος) freedom from fear ▸ **3**
    ἄδειαν ▸ **2**
        Noun · feminine · singular · accusative · (common) ▸ **2** (3Mac. 7,12; Wis. 12,11)
    ἀδείας ▸ **1**
        Noun · feminine · singular · genitive · (common) ▸ **1** (2Mac. 11,30)

ἄδειπνος without supper ▸ **1**
    ἄδειπνος ▸ **1**
        Adjective · masculine · singular · nominative · noDegree ▸ **1** (Dan. 6,19)

ἀδελφή (ἀδελφός) sister ▸ **109 + 13 + 26 = 148**
    ἀδελφαί ▸ **1 + 3 = 4**
        Noun · feminine · plural · nominative · (common) ▸ **1 + 3 = 4** (Job 42,11; Matt. 13,56; Mark 6,3; John 11,3)
    ἀδελφαί ▸ **1**
        Noun · feminine · plural · nominative ▸ **1** (Mark 3,32)
    ἀδελφάς ▸ **4**
        Noun · feminine · plural · accusative · (common) ▸ **4** (Ezek. 16,51; Ezek. 16,52; Ezek. 16,52; Ezek. 16,61)
    ἀδελφάς ▸ **1 + 5 = 6**
        Noun · feminine · plural · accusative · (common) ▸ **1 + 5 = 6** (Job 1,4; Matt. 19,29; Mark 10,29; Mark 10,30; Luke 14,26; 1Tim. 5,2)
    ἀδελφή ▸ **17 + 5 + 1 = 23**
        Noun · feminine · singular · nominative · (common) ▸ **11 + 3 + 1 = 15** (Gen. 20,12; Lev. 18,11; 2Sam. 13,5; 2Sam. 13,6; 2Sam. 13,20; Tob. 8,4; Song 4,12; Ezek. 16,46; Ezek. 16,48; Ezek. 16,55; Ezek. 16,56; Tob. 5,22; Tob. 7,12; Tob. 10,13; Luke 10,40)
        Noun · feminine · singular · vocative · (common) ▸ **6 + 2 = 8** (2Sam. 13,11; Tob. 5,21; Song 4,9; Song 4,10; Song 5,1; Song

5,2; Tob. 10,6; Tob. 10,6)

ἀδελφὴ ▸ 20 + 2 + 7 = 29
  Noun • feminine • singular • nominative • (common) ▸ 20 + 2 + 7 = **29** (Gen. 4,22; Gen. 36,22; Gen. 46,17; Ex. 2,4; Ex. 2,7; Ex. 15,20; Judg. 15,2; 2Sam. 13,1; 1Kings 11,20; 2Kings 11,2; 1Chr. 2,16; 1Chr. 3,9; 1Chr. 3,19; 1Chr. 7,18; 1Chr. 7,30; 2Chr. 22,11; Ezek. 16,45; Ezek. 16,46; Ezek. 23,4; Ezek. 23,11; Judg. 15,2; Tob. 6,19; Matt. 12,50; Mark 3,35; Luke 10,39; John 11,39; John 19,25; 1Cor. 7,15; James 2,15)

Ἀδελφή ▸ 6 + 2 = 8
  Noun • feminine • singular • nominative • (common) ▸ **5** (Gen. 12,19; Gen. 20,2; Gen. 20,5; Gen. 26,7; Gen. 26,9)
  Noun • feminine • singular • vocative • (common) ▸ 1 + 2 = **3** (Tob. 7,15; Tob. 7,15; Tob. 8,4)

Ἀδελφή ▸ 3
  Noun • feminine • singular • nominative • (common) ▸ **2** (Gen. 12,13; Song 8,8)
  Noun • feminine • singular • vocative • (common) ▸ **1** (Gen. 24,60)

ἀδελφῇ ▸ 8 + 1 = 9
  Noun • feminine • singular • dative • (common) ▸ 8 + 1 = **9** (Gen. 30,8; Gen. 34,31; Lev. 18,18; Lev. 21,3; Num. 6,7; Song 8,8; Hos. 2,3; Ezek. 44,25; Philem. 2)

ἀδελφήν ▸ 1 + 3 = 4
  Noun • feminine • singular • accusative • (common) ▸ 1 + 3 = **4** (Tob. 8,7; Tob. 7,9; Tob. 7,12; Tob. 8,7)

ἀδελφήν ▸ 27 + 5 = 32
  Noun • feminine • singular • accusative • (common) ▸ 27 + 5 = **32** (Gen. 24,59; Gen. 24,60; Gen. 25,20; Gen. 28,9; Gen. 30,1; Gen. 34,13; Gen. 34,14; Gen. 34,27; Gen. 36,3; Ex. 6,20; Ex. 6,23; Lev. 20,17; Num. 25,18; Num. 26,59; 2Sam. 13,2; 2Sam. 13,4; 2Sam. 13,22; 2Sam. 13,32; 2Sam. 17,25; 1Kings 11,19; 1Kings 11,19; 1Kings 12,24e; 1Chr. 7,32; 3Mac. 1,1; Prov. 7,4; Job 17,14; Ezek. 22,11; John 11,5; John 11,28; Rom. 16,1; Rom. 16,15; 1Cor. 9,5)

ἀδελφῆς ▸ 21 + 1 + 3 = 25
  Noun • feminine • singular • genitive • (common) ▸ 21 + 1 + 3 = **25** (Gen. 24,30; Gen. 24,30; Gen. 29,13; Lev. 18,9; Lev. 18,12; Lev. 18,13; Lev. 20,17; Lev. 20,19; Lev. 20,19; Deut. 27,22; Deut. 27,23; 1Chr. 4,3; 1Chr. 4,19; 1Chr. 7,15; Ezek. 16,49; Ezek. 23,11; Ezek. 23,18; Ezek. 23,31; Ezek. 23,32; Ezek. 23,33; Sus. 60-62; Tob. 8,21; John 11,1; Acts 23,16; 2John 13)

ἀδελφιδός (ἀδελφός) kinsman, relative ▸ 34
  ἀδελφιδέ ▸ 4
    Noun • masculine • singular • vocative • (common) ▸ **4** (Song 2,17; Song 7,12; Song 7,14; Song 8,14)
  ἀδελφιδόν ▸ 2
    Noun • masculine • singular • accusative • (common) ▸ **2** (Song 5,8; Song 8,1)
  ἀδελφιδὸν ▸ 1
    Noun • masculine • singular • accusative • (common) ▸ **1** (Song 8,5)
  ἀδελφιδός ▸ 15
    Noun • masculine • singular • nominative • (common) ▸ **15** (Song 1,13; Song 1,14; Song 1,16; Song 2,3; Song 2,9; Song 2,10; Song 4,16; Song 5,4; Song 5,6; Song 5,9; Song 5,9; Song 5,16; Song 6,1; Song 6,1; Song 6,3)
  Ἀδελφιδός ▸ 3
    Noun • masculine • singular • nominative • (common) ▸ **3** (Song 2,16; Song 5,10; Song 6,2)
  ἀδελφιδοῦ ▸ 4
    Noun • masculine • singular • genitive • (common) ▸ **4** (Song 2,8; Song 5,2; Song 5,9; Song 5,9)

ἀδελφιδῷ ▸ 5
  Noun • masculine • singular • dative • (common) ▸ **5** (Song 5,5; Song 5,6; Song 6,3; Song 7,10; Song 7,11)

ἀδελφικῶς (ἀδελφός) brotherly ▸ 1
  Ἀδελφικῶς ▸ 1
    Adverb ▸ **1** (4Mac. 13,9)

ἀδελφοκτόνος (ἀδελφός; κτείνω) murdering a brother or sister ▸ 1
  ἀδελφοκτόνοις ▸ 1
    Adjective • masculine • plural • dative • noDegree ▸ **1** (Wis. 10,3)

ἀδελφοπρεπῶς (ἀδελφός; πρέπω) as a brother would ▸ 1
  ἀδελφοπρεπῶς ▸ 1
    Adverb ▸ **1** (4Mac. 10,12)

ἀδελφός brother; (adj) brotherly, twin, cognate ▸ 851 + 75 + 343 = 1269
  ἄδελφε ▸ 11 + 17 = 28
    Noun • masculine • singular • vocative • (common) ▸ 11 + 17 = **28** (Gen. 33,9; 2Sam. 13,16; Tob. 5,12; Tob. 5,14; Tob. 5,14; Tob. 6,7; Tob. 6,14; Tob. 6,16; Tob. 7,9; Tob. 9,2; Tob. 11,2; Tob. 5,10; Tob. 5,11; Tob. 5,12; Tob. 5,14; Tob. 5,14; Tob. 5,17; Tob. 6,7; Tob. 6,11; Tob. 6,13; Tob. 6,13; Tob. 6,14; Tob. 6,16; Tob. 7,1; Tob. 7,9; Tob. 7,10; Tob. 9,2; Tob. 10,13)
  Ἄδελφε ▸ 3 + 1 = 4
    Noun • masculine • singular • vocative • (common) ▸ 2 + 1 = **3** (Tob. 5,11; Tob. 10,13; Tob. 5,11)
    Noun • neuter • singular • vocative • (common) ▸ **1** (Tob. 6,11)
  ἀδελφέ ▸ 2
    Noun • masculine • singular • vocative • (common) ▸ **2** (2Sam. 1,26; 2Sam. 13,12)
  ἀδελφέ ▸ 6 + 6 = 12
    Noun • masculine • singular • vocative • (common) ▸ 6 + 6 = **12** (2Sam. 20,9; 1Kings 9,13; 1Kings 13,30; 4Mac. 13,11; 4Mac. 13,18; Jer. 22,18; Luke 6,42; Acts 9,17; Acts 21,20; Acts 22,13; Philem. 7; Philem. 20)
  ἀδελφοί ▸ 160 + 6 + 30 = 196
    Noun • masculine • plural • nominative • (common) ▸ 160 + 6 + 25 = **191** (Gen. 13,8; Gen. 24,55; Gen. 34,14; Gen. 34,25; Gen. 37,4; Gen. 37,11; Gen. 37,12; Gen. 37,27; Gen. 38,11; Gen. 42,3; Gen. 42,6; Gen. 42,13; Gen. 44,14; Gen. 45,3; Gen. 45,15; Gen. 45,16; Gen. 50,8; Gen. 50,14; Gen. 50,15; Gen. 50,22; Ex. 1,6; Lev. 10,6; Num. 27,11; Num. 32,6; Deut. 1,28; Deut. 18,7; Deut. 25,5; Judg. 9,3; Judg. 9,26; Judg. 9,31; Judg. 16,31; Judg. 18,8; Judg. 21,22; 1Sam. 22,1; 2Sam. 4,6; 2Sam. 6,3; 2Sam. 6,4; 2Sam. 19,42; 2Kings 1,18b; 2Kings 10,13; 1Chr. 5,7; 1Chr. 5,13; 1Chr. 6,33; 1Chr. 7,5; 1Chr. 7,22; 1Chr. 7,35; 1Chr. 9,6; 1Chr. 9,9; 1Chr. 9,13; 1Chr. 9,17; 1Chr. 9,19; 1Chr. 9,25; 1Chr. 12,33; 1Chr. 12,40; 1Chr. 13,7; 1Chr. 15,5; 1Chr. 15,6; 1Chr. 15,7; 1Chr. 15,8; 1Chr. 15,9; 1Chr. 15,10; 1Chr. 15,12; 1Chr. 15,18; 1Chr. 16,38; 1Chr. 23,22; 1Chr. 24,31; 1Chr. 24,31; 1Chr. 25,9; 1Chr. 25,10; 1Chr. 25,11; 1Chr. 25,12; 1Chr. 25,13; 1Chr. 25,14; 1Chr. 25,15; 1Chr. 25,16; 1Chr. 25,17; 1Chr. 25,18; 1Chr. 25,19; 1Chr. 25,20; 1Chr. 25,21; 1Chr. 25,22; 1Chr. 25,23; 1Chr. 25,24; 1Chr. 25,25; 1Chr. 25,26; 1Chr. 25,27; 1Chr. 25,28; 1Chr. 25,29; 1Chr. 25,30; 1Chr. 25,31; 1Chr. 26,8; 1Chr. 26,9; 1Chr. 26,11; 1Chr. 26,12; 1Chr. 26,20; 1Chr. 26,22; 1Chr. 26,26; 1Chr. 26,30; 1Chr. 26,32; 1Chr. 28,2; 2Chr. 21,2; 2Chr. 29,34; 2Chr. 30,7; 2Chr. 30,9; 2Chr. 35,15; 1Esdr. 1,15; 1Esdr. 5,3; 1Esdr. 5,47; 1Esdr. 5,47; 1Esdr. 5,54; 1Esdr. 5,56; Ezra 3,2; Ezra 3,2; Ezra 3,9; Ezra 3,9; Ezra 8,18; Ezra 8,19; Ezra 10,18; Neh. 3,1; Neh. 3,18; Neh. 10,11; Neh. 11,12; Neh. 11,14; Neh. 11,19; Neh. 12,7; Neh. 12,8; Neh. 12,12; Neh. 12,24; Neh. 12,36; Tob. 14,4; 1Mac. 2,40; 1Mac.

2,41; 1Mac. 3,2; 1Mac. 3,42; 1Mac. 4,36; 1Mac. 4,59; 1Mac. 5,13; 1Mac. 5,63; 1Mac. 5,65; 1Mac. 7,6; 1Mac. 8,20; 1Mac. 9,9; 1Mac. 9,39; 1Mac. 10,15; 1Mac. 12,7; 1Mac. 12,21; 1Mac. 14,26; 1Mac. 14,29; 1Mac. 16,21; 2Mac. 1,1; 2Mac. 7,36; 4Mac. 8,3; 4Mac. 11,20; 4Mac. 13,20; 4Mac. 13,23; 4Mac. 17,13; Prov. 17,17; Job 42,11; Sir. 40,24; Is. 66,5; Judg. 9,3; Judg. 9,26; Judg. 9,31; Judg. 16,31; Judg. 21,22; Tob. 14,4; Matt. 12,46; Matt. 13,55; Mark 3,31; Mark 12,20; Luke 8,19; Luke 20,29; John 2,12; John 7,3; John 7,5; John 7,10; Acts 9,30; Acts 11,1; Acts 11,12; Acts 15,23; Acts 17,10; Acts 17,14; Acts 18,27; Acts 28,15; 1Cor. 9,5; 1Cor. 16,20; 2Cor. 8,23; 2Cor. 11,9; Gal. 1,2; 2Tim. 4,21; Rev. 6,11)

Noun · masculine · plural · vocative ▸ **5** (Acts 7,2; Acts 22,1; 1Th. 1,4; 2Th. 2,13; Heb. 3,1)

ἀδελφοί ▸ 41 + 8 + 108 = 157

Noun · masculine · plural · nominative · (common) ▸ 32 + 6 + 14 = **52** (Gen. 37,8; Gen. 37,10; Gen. 37,13; Gen. 37,14; Gen. 42,32; Gen. 46,31; Gen. 47,1; Gen. 47,5; Gen. 49,5; Gen. 49,8; Num. 27,10; Josh. 14,8; Judg. 19,23; 1Sam. 20,29; 2Sam. 15,34; 2Sam. 19,13; 1Chr. 27,7; Neh. 5,10; Neh. 5,14; Tob. 1,10; Tob. 7,3; 1Mac. 2,20; 1Mac. 13,3; 1Mac. 13,4; 1Mac. 14,40; 1Mac. 16,2; 2Mac. 7,37; 4Mac. 13,1; Psa. 151,5; Job 19,13; Jer. 12,6; Ezek. 11,15; Tob. 1,5; Tob. 1,10; Tob. 2,10; Tob. 5,14; Tob. 6,18; Tob. 7,1; Matt. 12,47; Matt. 12,48; Matt. 12,49; Matt. 22,25; Matt. 23,8; Mark 3,32; Mark 3,33; Mark 3,34; Luke 8,20; Luke 8,21; Acts 7,26; Acts 21,17; Phil. 4,21; 1Tim. 6,2)

Noun · masculine · plural · vocative · (common) ▸ 9 + 2 + 94 = **105** (Gen. 19,7; Judith 7,30; Judith 8,14; Judith 8,24; Judith 14,1; 4Mac. 8,19; 4Mac. 9,23; 4Mac. 13,9; Song 5,1; Judg. 19,23; Tob. 7,3; Acts 1,16; Acts 2,29; Acts 2,37; Acts 3,17; Acts 6,3; Acts 13,15; Acts 13,26; Acts 13,38; Acts 15,7; Acts 15,13; Acts 23,1; Acts 23,5; Acts 23,6; Acts 28,17; Rom. 1,13; Rom. 7,1; Rom. 7,4; Rom. 8,12; Rom. 11,25; Rom. 12,1; Rom. 15,14; Rom. 15,30; Rom. 16,17; 1Cor. 1,10; 1Cor. 1,11; 1Cor. 1,26; 1Cor. 2,1; 1Cor. 3,1; 1Cor. 4,6; 1Cor. 7,24; 1Cor. 7,29; 1Cor. 10,1; 1Cor. 11,33; 1Cor. 12,1; 1Cor. 14,6; 1Cor. 14,26; 1Cor. 14,39; 1Cor. 15,1; 1Cor. 15,31; 1Cor. 15,50; 1Cor. 15,58; 1Cor. 16,15; 2Cor. 1,8; 2Cor. 8,1; 2Cor. 13,11; Gal. 1,11; Gal. 4,12; Gal. 4,28; Gal. 4,31; Gal. 5,11; Gal. 5,13; Gal. 6,18; Phil. 1,12; Phil. 3,1; Phil. 3,13; Phil. 3,17; Phil. 4,1; Phil. 4,8; 1Th. 2,1; 1Th. 2,9; 1Th. 2,14; 1Th. 2,17; 1Th. 3,7; 1Th. 4,1; 1Th. 4,10; 1Th. 4,13; 1Th. 5,1; 1Th. 5,4; 1Th. 5,12; 1Th. 5,14; 2Th. 1,3; 2Th. 2,1; 2Th. 2,15; 2Th. 3,1; 2Th. 3,6; 2Th. 3,13; Heb. 3,12; Heb. 10,19; Heb. 13,22; James 1,2; James 1,16; James 1,19; James 2,5; James 2,14; James 3,1; James 3,10; James 3,12; James 4,11; James 5,7; James 5,9; James 5,10; James 5,12; 2Pet. 1,10; 1John 3,13)

Ἀδελφοί ▸ 2 + 1 + 7 = 10

Noun · masculine · plural · nominative · (common) ▸ 1 + 1 = **2** (Judg. 8,19; Judg. 8,19)

Noun · masculine · plural · vocative · (common) ▸ 1 + 7 = **8** (Gen. 29,4; Rom. 10,1; 1Cor. 14,20; Gal. 3,15; Gal. 6,1; 1Th. 5,25; James 2,1; James 5,19)

ἀδελφοῖς ▸ 57 + 3 + 17 = 77

Noun · masculine · plural · dative · (common) ▸ 57 + 3 + 17 = **77** (Gen. 9,22; Gen. 9,25; Gen. 31,46; Gen. 37,5; Gen. 37,9; Gen. 42,28; Gen. 45,1; Gen. 45,17; Gen. 47,3; Gen. 47,12; Gen. 50,24; Deut. 10,9; Deut. 18,2; Deut. 33,16; Deut. 33,24; Josh. 17,4; 1Chr. 4,27; 1Chr. 5,2; 2Chr. 5,12; 2Chr. 11,22; 2Chr. 31,15; 2Chr. 35,5; 2Chr. 35,6; 2Chr. 35,14; 1Esdr. 1,6; 1Esdr. 1,14; 1Esdr. 1,14; 1Esdr. 3,22; 1Esdr. 4,61; 1Esdr. 5,56; 1Esdr. 7,12; 1Esdr. 8,45; 1Esdr. 8,74; Ezra 6,20; Neh. 13,13; Judith 8,24; Tob. 1,3; Tob. 1,16; Tob. 11,18; Tob. 14,7; 1Mac. 2,17; 1Mac. 5,16; 1Mac. 5,25; 1Mac. 12,6; 1Mac. 13,28; 1Mac. 14,20; 2Mac. 1,1; 2Mac. 7,29; 2Mac. 7,38; 2Mac. 11,7; 4Mac. 10,13; Psa. 21,23; Psa. 68,9; Psa. 151,1; Prov. 17,2; Job 42,15; Jer. 9,3; Tob. 1,3; Tob. 1,16; Judg. 18,8; Matt. 28,10; Acts 1,14; Acts 7,13; Acts 11,29; Acts 12,17; Acts 15,3; Acts 15,22; Acts 15,23; Acts 18,18; Rom. 8,29; 1Cor. 15,6; Eph. 6,23; Col. 1,2; 1Th. 5,27; 1Tim. 4,6; Heb. 2,12; Heb. 2,17)

ἀδελφόν ▸ 16 + 8 = 24

Noun · masculine · singular · accusative · (common) ▸ 16 + 8 = **24** (Gen. 27,6; Gen. 27,41; Gen. 27,43; Gen. 32,7; Gen. 44,19; Ex. 28,1; Ex. 28,41; Ex. 29,5; Lev. 16,2; Lev. 19,17; Deut. 15,2; 2Sam. 2,22; 2Mac. 4,29; Sir. 33,32; Obad. 10; Jer. 41,14; Matt. 18,15; Rom. 14,10; Rom. 14,10; 1Cor. 8,13; 1Cor. 8,13; 2Cor. 2,13; 2Cor. 12,18; 2Th. 3,15)

ἀδελφὸν ▸ 76 + 4 + 33 = 113

Noun · masculine · singular · accusative · (common) ▸ 76 + 4 + 33 = **113** (Gen. 4,2; Gen. 4,8; Gen. 4,8; Gen. 14,16; Gen. 22,21; Gen. 28,5; Gen. 29,1; Gen. 32,4; Gen. 37,19; Gen. 37,26; Gen. 42,4; Gen. 42,16; Gen. 42,20; Gen. 42,21; Gen. 42,33; Gen. 42,34; Gen. 42,34; Gen. 43,4; Gen. 43,5; Gen. 43,7; Gen. 43,13; Gen. 43,14; Gen. 43,16; Gen. 43,29; Gen. 43,33; Ex. 10,23; Ex. 32,27; Lev. 25,46; Lev. 26,37; Num. 25,6; Deut. 28,54; Judg. 1,3; Judg. 3,9; Judg. 9,24; 1Sam. 26,6; 2Sam. 3,30; 2Sam. 14,6; 2Sam. 14,7; 1Kings 1,10; 2Kings 7,6; 1Chr. 20,5; 2Chr. 36,4; 2Chr. 36,10; 1Esdr. 1,35; 1Esdr. 1,36; 1Esdr. 8,47; Neh. 5,7; Tob. 5,6; Tob. 7,4; 1Mac. 9,19; 1Mac. 9,35; 1Mac. 9,65; 1Mac. 11,59; 1Mac. 11,64; 2Mac. 4,23; 2Mac. 4,26; 2Mac. 10,37; 4Mac. 4,16; Psa. 34,14; Prov. 19,7; Sir. 7,18; Sir. 29,10; Sir. 45,6; Hos. 12,4; Amos 1,11; Hag. 2,22; Zech. 7,9; Mal. 2,10; Is. 9,18; Is. 19,2; Jer. 13,14; Jer. 23,35; Jer. 32,26; Jer. 38,34; Ezek. 24,23; Ezek. 38,21; Judg. 9,24; Judg. 21,6; Tob. 7,1; Tob. 7,4; Matt. 4,18; Matt. 4,21; Matt. 10,21; Matt. 17,1; Mark 1,16; Mark 1,19; Mark 3,17; Mark 5,37; Mark 13,12; Luke 6,14; John 1,41; Acts 12,2; 2Cor. 8,18; 2Cor. 8,22; Gal. 1,19; Phil. 2,25; 1Th. 3,2; 1Th. 4,6; Philem. 16; Heb. 8,11; Heb. 13,23; James 4,11; 1John 2,9; 1John 2,10; 1John 2,11; 1John 3,10; 1John 3,12; 1John 3,15; 1John 3,17; 1John 4,20; 1John 4,20; 1John 4,21; 1John 5,16)

ἀδελφός ▸ 41 + 13 = 54

Noun · masculine · singular · nominative · (common) ▸ 41 + 13 = **54** (Gen. 4,9; Gen. 27,11; Gen. 27,35; Gen. 27,42; Gen. 29,15; Gen. 32,18; Gen. 43,6; Gen. 43,7; Ex. 4,14; Ex. 7,1; Ex. 7,2; Lev. 25,25; Lev. 25,35; Lev. 25,35; Lev. 25,36; Lev. 25,39; Lev. 25,47; Num. 20,8; Num. 20,14; Num. 27,13; Deut. 13,7; Deut. 15,12; Deut. 17,15; Deut. 22,2; Deut. 22,2; Deut. 23,8; Deut. 25,3; Deut. 32,50; 2Sam. 13,20; 2Sam. 13,20; 2Sam. 13,26; 1Kings 2,22; 1Kings 21,32; Esth. 15,9 # 5,1f; Tob. 5,14; 1Mac. 5,17; 1Mac. 9,29; 1Mac. 13,15; 4Mac. 10,16; Prov. 18,9; Sir. 29,27; Matt. 5,23; Matt. 18,15; Matt. 18,21; Mark 3,35; Luke 15,27; Luke 15,32; Luke 17,3; John 11,21; John 11,23; John 11,32; Rom. 14,15; Rom. 14,21; Rom. 16,23)

ἀδελφὸς ▸ 71 + 4 + 30 = 105

Noun · masculine · singular · nominative · (common) ▸ 71 + 4 + 30 = **105** (Gen. 14,14; Gen. 24,29; Gen. 25,26; Gen. 27,30; Gen. 29,12; Gen. 33,1; Gen. 37,27; Gen. 38,29; Gen. 38,30; Gen. 42,15; Gen. 42,19; Gen. 42,38; Gen. 43,3; Gen. 43,5; Gen. 43,29; Gen. 44,20; Gen. 44,23; Gen. 44,26; Gen. 45,4; Gen. 48,19; Ex. 7,7; Lev. 25,49; Lev. 26,37; Num. 8,26; Deut. 25,5; Deut. 25,7; Deut. 25,7; Josh. 15,17; Judg. 1,13; Judg. 9,18; 2Sam. 3,30; 2Sam. 13,20; 2Sam. 20,10; 2Sam. 23,18; 2Sam. 23,24; 1Kings 16,22; 1Chr. 2,25; 1Chr. 6,24; 1Chr. 8,14; 1Chr. 8,31; 1Chr. 9,37; 1Chr. 11,20; 1Chr. 11,26; 1Chr. 11,38; 1Chr. 11,45; 1Chr. 24,25; 1Chr. 27,7; 2Chr. 31,12; 2Chr. 35,9; 1Esdr. 1,9; 1Esdr. 5,56; Tob. 3,15; Tob. 7,12; 1Mac. 2,65; 1Mac. 5,24; 1Mac. 5,55; 1Mac. 9,33; 1Mac. 10,74; 1Mac. 14,17; 1Mac. 16,9; 2Mac. 4,7; 2Mac. 14,17;

Psa. 48,8; Prov. 18,19; Prov. 27,10; Eccl. 4,8; Job 30,29; Mal. 1,2; Jer. 9,3; Ezek. 4,17; Ezek. 47,14; Judg. 9,18; Tob. 3,15; Tob. 5,14; Tob. 7,12; Matt. 10,2; Matt. 10,2; Matt. 10,21; Matt. 12,50; Matt. 22,24; Mark 6,3; Mark 12,19; Mark 12,19; Mark 13,12; Luke 20,28; Luke 20,28; John 1,40; John 6,8; John 11,2; 1Cor. 1,1; 1Cor. 5,11; 1Cor. 6,6; 1Cor. 7,12; 1Cor. 7,15; 1Cor. 8,11; 2Cor. 1,1; Eph. 6,21; Col. 1,1; Col. 4,7; Philem. 1; James 1,9; James 2,15; 2Pet. 3,15; Jude 1; Rev. 1,9)

Ἀδελφός ▸ 3
  Noun · masculine · singular · nominative · (common) ▸ 3 (Gen. 20,5; Gen. 20,13; 1Kings 21,33)

Ἀδελφὸς ▸ 1 + 1 = 2
  Noun · masculine · singular · nominative · (common) ▸ 1 + 1 = 2 (Judg. 9,3; Judg. 9,3)

ἀδελφοῦ ▸ 114 + 7 + 17 = 138
  Noun · masculine · singular · genitive · (common) ▸ 114 + 7 + 17 = 138 (Gen. 4,9; Gen. 4,10; Gen. 4,11; Gen. 9,5; Gen. 12,5; Gen. 13,11; Gen. 14,12; Gen. 14,13; Gen. 14,13; Gen. 24,15; Gen. 24,27; Gen. 24,48; Gen. 27,23; Gen. 27,29; Gen. 27,45; Gen. 28,2; Gen. 29,10; Gen. 29,10; Gen. 29,10; Gen. 32,12; Gen. 33,3; Gen. 35,1; Gen. 35,7; Gen. 36,6; Gen. 38,8; Gen. 38,9; Gen. 42,21; Gen. 44,26; Gen. 45,12; Gen. 45,14; Gen. 46,20; Ex. 6,20; Lev. 10,4; Lev. 18,14; Lev. 18,16; Lev. 18,16; Lev. 20,21; Lev. 20,21; Lev. 25,25; Lev. 25,49; Num. 36,2; Deut. 1,16; Deut. 15,3; Deut. 15,7; Deut. 19,18; Deut. 19,19; Deut. 20,8; Deut. 22,1; Deut. 22,3; Deut. 22,4; Deut. 25,7; Deut. 25,7; Deut. 25,9; Deut. 25,9; Deut. 25,11; Judg. 1,17; Judg. 5,14; Judg. 9,21; Judg. 20,23; Judg. 20,28; Judg. 21,6; Ruth 4,3; 1Sam. 14,3; 2Sam. 2,27; 2Sam. 3,27; 2Sam. 10,10; 2Sam. 13,3; 2Sam. 13,4; 2Sam. 13,7; 2Sam. 13,8; 2Sam. 13,20; 2Sam. 13,32; 2Sam. 14,7; 2Sam. 18,2; 2Sam. 21,21; 1Kings 2,7; 2Kings 11,2; 1Chr. 2,42; 1Chr. 4,8; 1Chr. 4,12; 1Chr. 6,29; 1Chr. 7,16; 1Chr. 8,39; 1Chr. 19,11; 1Chr. 19,15; 1Chr. 20,7; 2Chr. 31,13; Neh. 4,13; Esth. 2,7; Esth. 2,15; Judith 8,26; Tob. 1,21; 1Mac. 9,31; 1Mac. 9,38; 1Mac. 9,42; 1Mac. 13,8; 1Mac. 13,14; 1Mac. 13,25; 1Mac. 16,3; Psa. 49,20; Prov. 18,19; Prov. 27,10; Job 1,13; Wis. 10,10; Joel 2,8; Obad. 12; Zech. 7,10; Is. 3,6; Jer. 30,4; Jer. 39,7; Jer. 39,8; Jer. 39,9; Jer. 39,12; Sus. 7-8; Judg. 1,13; Judg. 1,17; Judg. 3,9; Judg. 9,21; Tob. 1,21; Tob. 5,17; Tob. 7,6; Matt. 7,3; Matt. 7,5; Matt. 14,3; Mark 6,17; Mark 6,18; Luke 3,1; Luke 3,19; Luke 6,41; Luke 6,42; John 11,19; 1Cor. 6,5; 1Cor. 6,6; 1Cor. 16,12; 2Th. 3,6; James 4,11; 1Pet. 5,12; 1John 3,12)

ἀδελφούς ▸ 17 + 12 = 29
  Noun · masculine · plural · accusative · (common) ▸ 17 + 12 = 29 (Gen. 37,16; Gen. 47,6; Gen. 48,22; Ex. 4,18; Num. 16,10; Num. 18,2; Josh. 2,13; Josh. 2,18; 1Sam. 20,29; 2Sam. 15,20; 2Chr. 21,13; 1Esdr. 8,46; Ezra 7,18; Tob. 4,13; 1Mac. 5,17; 4Mac. 13,18; Job 22,6; Matt. 4,18; Matt. 4,21; Luke 14,12; Luke 16,28; Luke 22,32; John 20,17; Rom. 16,14; 1Cor. 6,8; 2Cor. 9,3; 2Cor. 9,5; 1Tim. 5,1; 1John 3,14)

ἀδελφοὺς ▸ 70 + 9 + 27 = 106
  Noun · masculine · plural · accusative · (common) ▸ 70 + 9 + 27 = 106 (Gen. 27,37; Gen. 31,23; Gen. 31,25; Gen. 31,54; Gen. 34,11; Gen. 37,23; Gen. 37,26; Gen. 37,30; Gen. 42,7; Gen. 42,8; Gen. 45,3; Gen. 45,4; Gen. 45,15; Gen. 45,24; Gen. 46,31; Gen. 47,11; Ex. 2,11; Lev. 10,4; Num. 18,6; Deut. 2,8; Deut. 3,20; Deut. 33,9; Josh. 1,15; Josh. 6,23; Josh. 22,3; Josh. 22,4; Judg. 9,1; Judg. 9,5; Judg. 9,24; Judg. 9,41; Judg. 9,56; Judg. 18,8; Judg. 18,14; 1Kings 1,9; 1Kings 12,24y; 2Kings 10,13; 1Chr. 4,9; 1Chr. 13,2; 1Chr. 15,16; 1Chr. 16,37; 1Chr. 16,39; 1Chr. 25,7; 2Chr. 11,4; 2Chr. 19,10; 2Chr. 21,4; 2Chr. 22,8; 2Chr. 28,15; 2Chr. 29,15; Ezra 8,17; Neh. 5,1; Neh. 5,8; Neh. 5,8; Neh. 10,30; 1Mac. 5,10; 1Mac. 6,22; 1Mac. 7,10; 1Mac. 7,27; 1Mac. 9,66; 1Mac. 10,5; 1Mac. 14,18; 2Mac. 2,19; 2Mac. 7,1; 2Mac. 8,22; 2Mac. 10,21; 2Mac. 12,24; 4Mac. 13,27; Psa. 132,1; Is. 66,20; Jer. 7,15; Jer. 42,3; Judg. 9,1; Judg. 9,5; Judg. 9,24; Judg. 9,41; Judg. 9,56; Judg. 18,8; Judg. 18,14; Judg. 20,23; Judg. 20,28; Matt. 1,2; Matt. 1,11; Matt. 5,47; Matt. 19,29; Mark 10,29; Mark 10,30; Luke 14,26; Luke 18,29; John 21,23; Acts 7,23; Acts 7,25; Acts 15,1; Acts 15,32; Acts 15,36; Acts 16,40; Acts 17,6; Acts 21,7; Acts 22,5; Acts 28,14; 1Cor. 8,12; Col. 4,15; 1Th. 4,10; 1Th. 5,26; Heb. 2,11; Heb. 7,5; 3John 5; 3John 10)

ἀδελφῷ ▸ 47 + 4 + 14 = 65
  Noun · masculine · singular · dative · (common) ▸ 47 + 4 + 14 = 65 (Gen. 4,21; Gen. 10,21; Gen. 10,25; Gen. 20,16; Gen. 22,20; Gen. 22,23; Gen. 24,53; Gen. 27,40; Gen. 32,14; Gen. 38,8; Gen. 38,9; Gen. 43,30; Ex. 7,9; Ex. 7,19; Ex. 8,1; Ex. 22,24; Ex. 28,2; Ex. 32,29; Lev. 21,2; Num. 6,7; Num. 27,9; Num. 27,10; Deut. 15,9; Deut. 15,11; Deut. 22,1; Deut. 23,20; Deut. 23,21; 2Sam. 4,9; 2Sam. 13,10; 1Kings 2,15; 1Kings 2,21; 1Chr. 26,25; Neh. 7,2; Tob. 1,14; 1Mac. 5,17; 1Mac. 9,37; 1Mac. 10,18; 1Mac. 11,30; 2Mac. 11,22; Job 1,18; Job 41,9; Sir. 7,12; Sir. 33,20; Hos. 2,3; Is. 41,6; Ezek. 33,30; Ezek. 44,25; Judg. 1,3; Tob. 1,14; Tob. 5,6; Tob. 7,2; Matt. 5,22; Matt. 5,22; Matt. 5,24; Matt. 7,4; Matt. 18,35; Matt. 22,24; Matt. 22,25; Mark 12,19; Luke 6,42; Luke 12,13; Luke 20,28; Rom. 14,13; 1Cor. 7,14; Col. 4,9)

ἀδελφῶν ▸ 113 + 10 + 21 = 144
  Noun · masculine · plural · genitive · (common) ▸ 113 + 10 + 21 = 144 (Gen. 16,12; Gen. 25,18; Gen. 31,32; Gen. 31,37; Gen. 31,37; Gen. 37,2; Gen. 37,17; Gen. 38,1; Gen. 42,4; Gen. 44,33; Gen. 47,2; Gen. 48,6; Gen. 49,26; Ex. 2,11; Lev. 21,10; Lev. 25,46; Lev. 25,48; Num. 20,3; Num. 27,4; Num. 27,7; Deut. 1,16; Deut. 2,4; Deut. 3,18; Deut. 15,7; Deut. 17,15; Deut. 17,20; Deut. 18,15; Deut. 18,18; Deut. 24,7; Deut. 24,14; Josh. 1,14; Josh. 17,4; Josh. 17,6; Josh. 22,7; Josh. 22,8; Judg. 11,3; Judg. 14,3; Judg. 20,13; Ruth 4,10; 1Sam. 16,13; 2Sam. 2,26; 2Sam. 3,8; 1Kings 12,24; 2Kings 9,2; 2Kings 23,9; 1Chr. 8,32; 1Chr. 8,32; 1Chr. 9,32; 1Chr. 9,38; 1Chr. 9,38; 1Chr. 12,2; 1Chr. 12,30; 1Chr. 15,17; 1Chr. 15,17; 1Chr. 16,7; 1Chr. 23,32; 1Chr. 25,9; 1Chr. 26,28; 1Chr. 27,18; 2Chr. 19,10; 2Chr. 28,8; 2Chr. 28,11; 1Esdr. 1,5; 1Esdr. 8,16; 1Esdr. 8,54; 1Esdr. 9,19; Ezra 3,8; Ezra 8,24; Neh. 1,2; Neh. 3,34; Neh. 4,8; Neh. 5,5; Judith 8,22; Tob. 2,2; Tob. 4,12; Tob. 4,13; Tob. 5,13; Tob. 5,14; 1Mac. 3,25; 1Mac. 5,32; 1Mac. 5,61; 1Mac. 9,10; 1Mac. 12,11; 1Mac. 13,5; 1Mac. 13,27; 2Mac. 7,4; 2Mac. 7,29; 2Mac. 12,6; 2Mac. 12,25; 2Mac. 15,18; 3Mac. 4,12; 4Mac. 1,8; 4Mac. 8,5; 4Mac. 10,15; 4Mac. 11,14; 4Mac. 11,22; 4Mac. 12,2; 4Mac. 12,3; 4Mac. 12,16; 4Mac. 13,18; 4Mac. 14,3; 4Mac. 14,7; Psa. 121,8; Prov. 6,19; Sir. 10,20; Sir. 25,1; Sir. 49,15; Sir. 50,12; Hos. 13,15; Amos 1,9; Mic. 5,2; Jer. 48,8; Ezek. 16,45; Judg. 11,3; Judg. 14,3; Judg. 20,13; Tob. 2,2; Tob. 2,3; Tob. 5,5; Tob. 5,9; Tob. 5,13; Tob. 7,11; Tob. 10,6; Matt. 20,24; Matt. 25,40; Luke 21,16; Acts 1,15; Acts 3,22; Acts 7,37; Acts 10,23; Acts 14,2; Acts 15,33; Acts 15,40; Acts 16,2; Acts 28,21; Rom. 9,3; 1Cor. 16,11; 1Cor. 16,12; Phil. 1,14; 1John 3,16; 3John 3; Rev. 12,10; Rev. 19,10; Rev. 22,9)

ἀδελφότης (ἀδελφός) brotherhood ▸ 7 + 2 = 9
  ἀδελφότητα ▸ 3 + 1 = 4
    Noun · feminine · singular · accusative · (common) ▸ 3 + 1 = 4 (1Mac. 12,10; 4Mac. 9,23; 4Mac. 10,15; 1Pet. 2,17)
  ἀδελφότητι ▸ 1
    Noun · feminine · singular · dative ▸ 1 (1Pet. 5,9)
  ἀδελφότητος ▸ 4
    Noun · feminine · singular · genitive · (common) ▸ 4 (1Mac. 12,17; 4Mac. 10,3; 4Mac. 13,19; 4Mac. 13,27)

Αδενικαμ Adonikam ▸ 1

Αδενικαμ ▸ 1
  Noun · masculine · singular · genitive · (proper) ▸ **1** (Neh. 7,18)

Αδερ Hadad ▸ 39
  Αδερ ▸ 39
    Noun · masculine · singular · accusative · (proper) ▸ **1** (1Kings 11,14)
    Noun · masculine · singular · dative · (proper) ▸ **2** (1Kings 11,20; 1Kings 11,22)
    Noun · masculine · singular · genitive · (proper) ▸ **23** (1Kings 15,18; 1Kings 15,20; 1Kings 21,3; 1Kings 21,5; 1Kings 21,9; 1Kings 21,10; 1Kings 21,16; 1Kings 21,20; 1Kings 21,22; 1Kings 21,26; 1Kings 21,30; 1Kings 21,32; 1Kings 21,33; 1Kings 21,33; 2Kings 6,24; 2Kings 8,7; 2Kings 8,9; 2Kings 13,3; 2Kings 13,25; 2Chr. 16,2; 2Chr. 16,4; Amos 1,4; Jer. 30,33)
    Noun · masculine · singular · nominative · (proper) ▸ **13** (1Kings 11,14; 1Kings 11,17; 1Kings 11,17; 1Kings 11,18; 1Kings 11,19; 1Kings 11,21; 1Kings 11,21; 1Kings 11,22; 1Kings 11,22; 1Kings 11,25; 1Kings 21,1; 2Kings 13,24; 1Chr. 8,3)

ἀδεῶς (α; δέος) confidently ▸ 1
  ἀδεῶς ▸ 1
    Adverb ▸ **1** (3Mac. 2,32)

ἄδηλος (α; δῆλος) unseen, unknown, obscure, uncertain ▸ 4 + 2 = 6
  ἄδηλα ▸ 1 + 1 = 2
    Adjective · neuter · plural · accusative · noDegree ▸ **1** (Psa. 50,8)
    Adjective · neuter · plural · nominative ▸ **1** (Luke 11,44)
  ἀδήλοις ▸ 1
    Adjective · feminine · plural · dative · noDegree ▸ **1** (2Mac. 7,34)
  ἄδηλον ▸ 2 + 1 = 3
    Adjective · feminine · singular · accusative · noDegree ▸ **1 + 1 = 2** (3Mac. 4,4; 1Cor. 14,8)
    Adjective · neuter · singular · accusative · noDegree ▸ **1** (3Mac. 1,17)

ἀδηλότης (α; δῆλος) uncertainty ▸ 1
  ἀδηλότητι ▸ 1
    Noun · feminine · singular · dative ▸ **1** (1Tim. 6,17)

ἀδήλως (α; δῆλος) uncertainly ▸ 1
  ἀδήλως ▸ 1
    Adverb ▸ **1** (1Cor. 9,26)

ἀδημονέω to be very heavy ▸ 3
  ἀδημονεῖν ▸ 2
    Verb · present · active · infinitive ▸ **2** (Matt. 26,37; Mark 14,33)
  ἀδημονῶν ▸ 1
    Verb · present · active · participle · masculine · singular · nominative ▸ **1** (Phil. 2,26)

ᾅδης (α; εἶδος) Hades (Pluto) ▸ 107 + 4 + 10 = 121
  ᾅδη ▸ 1
    Noun · masculine · singular · vocative · (common) ▸ **1** (Hos. 13,14)
  ᾅδῃ ▸ 10 + 1 = 11
    Noun · masculine · singular · dative · (common) ▸ **10 + 1 = 11** (Psa. 6,6; Psa. 48,15; Psa. 48,15; Psa. 87,4; Psa. 93,17; Prov. 2,18; Eccl. 9,10; Job 14,13; Job 33,22; Bar. 2,17; Luke 16,23)
  ᾅδην ▸ 13 + 2 = 15
    Noun · masculine · singular · accusative · (common) ▸ **13 + 2 = 15** (Esth. 13,7 # 3,13g; Tob. 13,2; 2Mac. 6,23; 3Mac. 4,8; 3Mac. 5,42; Psa. 9,18; Psa. 15,10; Psa. 138,8; Psa. 140,7; Prov. 5,5; Job 7,9; Job 17,16; Is. 28,18; Acts 2,27; Acts 2,31)
  ᾅδης ▸ 13 + 3 = 16
    Noun · masculine · singular · nominative · (common) ▸ **13 + 3 = 16** (Prov. 1,12; Prov. 15,11; Prov. 27,20; Prov. 30,16; Song 8,6; Job 17,13; Job 26,6; Sir. 28,21; Sol. 4,13; Sol. 14,9; Hab. 2,5; Is. 5,14; Is. 14,9; Rev. 6,8; Rev. 20,13; Rev. 20,14)
  ᾅδου ▸ 70 + 4 + 4 = 78
    Noun · masculine · singular · genitive · (common) ▸ **70 + 4 + 4 = 78** (Gen. 37,35; Gen. 42,38; Gen. 44,29; Gen. 44,31; Num. 16,30; Num. 16,33; Deut. 32,22; 1Sam. 2,6; 1Kings 2,6; 1Kings 2,9; 1Kings 2,350; Tob. 3,10; 3Mac. 5,51; 3Mac. 6,31; Psa. 17,6; Psa. 29,4; Psa. 30,18; Psa. 48,16; Psa. 54,16; Psa. 85,13; Psa. 88,49; Psa. 113,25; Psa. 114,3; Ode. 2,22; Ode. 3,6; Ode. 6,3; Ode. 11,10; Ode. 11,18; Ode. 11,18; Prov. 7,27; Prov. 9,18; Prov. 14,12; Prov. 15,24; Prov. 16,25; Job 11,8; Job 21,13; Job 38,17; Wis. 1,14; Wis. 2,1; Wis. 16,13; Wis. 17,13; Sir. 9,12; Sir. 14,12; Sir. 14,16; Sir. 17,27; Sir. 21,10; Sir. 41,4; Sir. 48,5; Sir. 51,5; Sir. 51,6; Sol. 15,10; Sol. 16,2; Hos. 13,14; Amos 9,2; Jonah 2,3; Is. 14,11; Is. 14,15; Is. 14,19; Is. 28,15; Is. 38,10; Is. 38,18; Is. 38,18; Is. 57,9; Bar. 3,11; Bar. 3,19; Ezek. 31,15; Ezek. 31,16; Ezek. 31,17; Ezek. 32,27; Dan. 3,88; Tob. 3,10; Tob. 4,19; Tob. 13,2; Dan. 3,88; Matt. 11,23; Matt. 16,18; Luke 10,15; Rev. 1,18)

Αδι Harod ▸ 1
  Αδι ▸ 1
    Noun · masculine · singular · nominative · (proper) ▸ **1** (1Chr. 11,27)

Αδια Adaia (Heb. Judean?) ▸ 2
  Αδια ▸ 2
    Noun · feminine · singular · nominative · (proper) ▸ **1** (1Chr. 4,18)
    Noun · masculine · singular · genitive · (proper) ▸ **1** (1Chr. 6,26)

Αδιαθαϊμ En Gannim ▸ 1
  Αδιαθαϊμ ▸ 1
    Noun · singular · nominative · (proper) ▸ **1** (Josh. 15,34)

ἀδιάκριτος (α; διά; κρίνω) without partiality, mixed ▸ 1 + 1 = 2
  ἀδιάκριτοι ▸ 1
    Adjective · feminine · plural · nominative · noDegree ▸ **1** (Prov. 25,1)
  ἀδιάκριτος ▸ 1
    Adjective · feminine · singular · nominative · (verbal) ▸ **1** (James 3,17)

ἀδιάλειπτος (α; διά; λείπω) continual ▸ 2
  ἀδιάλειπτον ▸ 1
    Adjective · feminine · singular · accusative · (verbal) ▸ **1** (2Tim. 1,3)
  ἀδιάλειπτος ▸ 1
    Adjective · feminine · singular · nominative · (verbal) ▸ **1** (Rom. 9,2)

ἀδιαλείπτως (α; διά; λείπω) without ceasing ▸ 6 + 4 = 10
  ἀδιαλείπτως ▸ 6 + 4 = 10
    Adverb ▸ **6 + 4 = 10** (1Mac. 12,11; 2Mac. 3,26; 2Mac. 9,4; 2Mac. 13,12; 2Mac. 15,7; 3Mac. 6,33; Rom. 1,9; 1Th. 1,2; 1Th. 2,13; 1Th. 5,17)

ἀδιάλυτος (α; διά; λύω) indissoluble, untearable ▸ 1
  ἀδιάλυτον ▸ 1
    Adjective · neuter · singular · accusative · noDegree ▸ **1** (Ex. 36,30)

ἀδιάπτωτος (α; διά; πίπτω) unfailing ▸ 1
  ἀδιάπτωτος ▸ 1
    Adjective · feminine · singular · nominative · noDegree ▸ **1** (Wis. 3,15)

ἀδιάστροφος (α; διά; στρέφω) unswerving ▸ 1
  ἀδιάστροφον ▸ 1
    Adjective · feminine · singular · accusative · noDegree ▸ **1** (3Mac. 3,3)

ἀδιάτρεπτος (α; διά; τρέπω) unruly, headstrong; immovable, resolute ▸ 2
    ἀδιατρέπτῳ ▸ 2
        Adjective · feminine · singular · dative · noDegree ▸ 2 (Sir. 26,10; Sir. 42,11)

Αδιδ Hadid ▸ 1
    Αδιδ ▸ 1
        Noun · masculine · singular · genitive · (proper) ▸ 1 (Neh. 7,37)

Αδιδα Adida ▸ 2
    Αδιδα ▸ 1
        Noun · feminine · singular · accusative · (proper) ▸ 1 (1Mac. 12,38)
    Αδιδοις ▸ 1
        Noun · feminine · plural · dative · (proper) ▸ 1 (1Mac. 13,13)

ἀδιεξέταστος (α; διά; ἐκ; ἐτάζω) meaningless; unconsidered ▸ 1
    ἀδιεξέταστοι ▸ 1
        Adjective · masculine · plural · nominative · noDegree ▸ 1 (Sir. 21,18)

Αδιηλ Adiel ▸ 1
    Αδιηλ ▸ 1
        Noun · masculine · singular · genitive · (proper) ▸ 1 (1Chr. 9,12)

ἀδικέω (α; δίκη) to harm ▸ 68 + 2 + 28 = 98
    ἀδικεῖ ▸ 1 + 1 = 2
        Verb · third · singular · present · active · indicative ▸ 1 + 1 = 2 (Tob. 6,15; Tob. 6,15)
    ἀδικεῖν ▸ 1
        Verb · present · active · infinitive ▸ 1 (Is. 23,12)
    ἀδικεῖσθε ▸ 1
        Verb · second · plural · present · middle · indicative ▸ 1 (1Cor. 6,7)
    ἀδικεῖτε ▸ 1 + 2 = 3
        Verb · second · plural · present · active · indicative ▸ 1 + 2 = 3 (Is. 3,15; Acts 7,26; 1Cor. 6,8)
    ἀδικηθῆναι ▸ 2
        Verb · aorist · passive · infinitive ▸ 2 (2Mac. 3,12; Wis. 14,29)
    ἀδικηθέντος ▸ 1
        Verb · aorist · passive · participle · masculine · singular · genitive ▸ 1 (2Cor. 7,12)
    ἀδικηθῇ ▸ 1
        Verb · third · singular · aorist · passive · subjunctive ▸ 1 (Rev. 2,11)
    ἀδικῆσαι ▸ 3 + 4 = 7
        Verb · aorist · active · infinitive ▸ 3 + 4 = 7 (Ezra 10,13; Psa. 61,10; Psa. 104,14; Rev. 7,2; Rev. 9,10; Rev. 11,5; Rev. 11,5)
    ἀδικήσαντας ▸ 1
        Verb · aorist · active · participle · masculine · plural · accusative ▸ 1 (Is. 10,20)
    ἀδικήσαντος ▸ 1
        Verb · aorist · active · participle · masculine · singular · genitive ▸ 1 (2Cor. 7,12)
    ἀδικησάτω ▸ 1
        Verb · third · singular · aorist · active · imperative ▸ 1 (Rev. 22,11)
    ἀδικησάντων ▸ 1
        Verb · aorist · active · participle · masculine · plural · genitive ▸ 1 (Is. 51,23)
    ἀδικήσει ▸ 3
        Verb · third · singular · future · active · indicative ▸ 3 (Judith 11,4; 1Mac. 7,14; Job 8,3)
    ἀδικήσειν ▸ 1
        Verb · future · active · infinitive ▸ 1 (Gen. 21,23)
    ἀδικήσεις ▸ 2
        Verb · second · singular · future · active · indicative ▸ 2 (Ex. 5,16; Lev. 19,13)
    ἀδικήσῃ ▸ 1 + 1 = 2
        Verb · third · singular · aorist · active · subjunctive ▸ 1 + 1 = 2 (Josh. 2,20; Luke 10,19)
    ἀδικήσῃς ▸ 1
        Verb · second · singular · aorist · active · subjunctive ▸ 1 (Rev. 6,6)
    ἀδικήσητε ▸ 1 + 1 = 2
        Verb · second · plural · aorist · active · subjunctive ▸ 1 + 1 = 2 (Gen. 42,22; Rev. 7,3)
    ἀδικήσουσιν ▸ 1 + 1 = 2
        Verb · third · plural · future · active · indicative ▸ 1 + 1 = 2 (Is. 65,25; Rev. 9,4)
    ἀδικήσω ▸ 2
        Verb · first · singular · aorist · active · subjunctive ▸ 2 (Psa. 88,34; Job 10,3)
    Ἀδικοῦμαι ▸ 1
        Verb · first · singular · present · passive · indicative ▸ 1 (Gen. 16,5)
    ἀδικούμενοι ▸ 1
        Verb · present · passive · participle · masculine · plural · nominative · (variant) ▸ 1 (2Pet. 2,13)
    ἀδικουμένοις ▸ 2
        Verb · present · passive · participle · masculine · plural · dative ▸ 2 (Psa. 102,6; Psa. 145,7)
    ἀδικούμενον ▸ 3 + 1 = 4
        Verb · present · passive · participle · masculine · singular · accusative ▸ 3 + 1 = 4 (Sir. 4,9; Is. 1,17; LetterJ 53; Acts 7,24)
    ἀδικούμενος ▸ 3
        Verb · present · passive · participle · masculine · singular · nominative ▸ 3 (Deut. 28,29; Deut. 28,33; Hab. 1,2)
    ἀδικουμένων ▸ 2
        Verb · present · passive · participle · masculine · plural · genitive ▸ 2 (Is. 25,3; Is. 25,4)
    ἀδικοῦντάς ▸ 1
        Verb · present · active · participle · masculine · plural · accusative ▸ 1 (Psa. 34,1)
    ἀδικοῦντι ▸ 1
        Verb · present · active · participle · masculine · singular · dative ▸ 1 (Ex. 2,13)
    ἀδικοῦντος ▸ 4
        Verb · present · active · participle · masculine · singular · genitive ▸ 4 (Psa. 70,4; Sir. 4,9; Jer. 21,12; Jer. 22,3)
    ἀδικοῦσιν ▸ 1
        Verb · third · plural · present · active · indicative ▸ 1 (Rev. 9,19)
    ἀδικοῦσίν ▸ 1
        Verb · present · active · participle · masculine · plural · dative ▸ 1 (Psa. 118,121)
    ἀδικῶ ▸ 2
        Verb · first · singular · present · active · indicative ▸ 2 (Matt. 20,13; Acts 25,11)
    ἀδικῶν ▸ 1 + 3 = 4
        Verb · present · active · participle · masculine · singular · nominative ▸ 1 + 3 = 4 (Psa. 9,24; Acts 7,27; Col. 3,25; Rev. 22,11)
    ἠδικηκός ▸ 1
        Verb · perfect · active · participle · neuter · singular · nominative ▸ 1 (Esth. 4,1)
    ἠδικηκότι ▸ 1

Verb · perfect · active · participle · masculine · singular · dative ‣ **1** (LetterJ 17)

ἠδικηκότος ‣ **1**
   Verb · perfect · active · participle · masculine · singular · genitive ‣ **1** (2Mac. 14,28)

ἠδικημένοι ‣ **1**
   Verb · perfect · passive · participle · masculine · plural · nominative ‣ **1** (3Mac. 3,8)

ἠδικημένου ‣ **1**
   Verb · perfect · passive · participle · masculine · singular · genitive ‣ **1** (Sir. 35,13)

ἠδίκησα ‣ **2** + **1** = **3**
   Verb · first · singular · aorist · active · indicative ‣ **2** + **1** = **3** (2Sam. 24,17; Is. 21,3; Acts 25,10)

ἠδίκησά ‣ **1**
   Verb · first · singular · aorist · active · indicative ‣ **1** (Jer. 44,18)

ἠδικήσαμεν ‣ **6** + **1** + **1** = **8**
   Verb · first · plural · aorist · active · indicative ‣ **6** + **1** + **1** = **8** (1Kings 8,47; 2Chr. 6,37; Psa. 43,18; Psa. 105,6; Bar. 2,12; Dan. 9,5; Dan. 9,5; 2Cor. 7,2)

ἠδίκησαν ‣ **4**
   Verb · third · plural · aorist · active · indicative ‣ **4** (Gen. 26,20; Jer. 3,21; Jer. 9,4; Ezek. 39,26)

ἠδίκησας ‣ **1**
   Verb · second · singular · aorist · active · indicative ‣ **1** (1Sam. 12,4)

ἠδικήσατε ‣ **1**
   Verb · second · plural · aorist · active · indicative ‣ **1** (Gal. 4,12)

ἠδίκησεν ‣ **6** + **1** = **7**
   Verb · third · singular · aorist · active · indicative ‣ **6** + **1** = **7** (Lev. 5,23; 2Sam. 19,20; 2Chr. 26,16; Esth. 1,16; Prov. 24,29; Sir. 13,3; Col. 3,25)

ἠδίκησέν ‣ **1** + **1** = **2**
   Verb · third · singular · aorist · active · indicative ‣ **1** + **1** = **2** (Lev. 5,21; Philem. 18)

ἠδίκηται ‣ **1**
   Verb · third · singular · perfect · passive · indicative ‣ **1** (Sir. 13,3)

ἠδίκουν ‣ **1**
   Verb · third · plural · imperfect · active · indicative ‣ **1** (Prov. 1,32)

ἀδίκημα (α; δίκη) sin, unrighteousness ‣ **19** + **3** = **22**
   ἀδίκημα ‣ **8** + **1** = **9**
      Noun · neuter · singular · accusative · (common) ‣ **7** + **1** = **8** (Ex. 22,8; Lev. 5,23; Sir. 28,2; Is. 56,2; Jer. 22,17; Ezek. 14,10; Ezek. 14,10; Acts 24,20)
      Noun · neuter · singular · nominative · (common) ‣ **1** (1Sam. 26,18)
   ἀδίκημά ‣ **2** + **1** = **3**
      Noun · neuter · singular · nominative · (common) ‣ **2** + **1** = **3** (Gen. 31,36; 1Sam. 20,1; Acts 18,14)
   ἀδικήματα ‣ **4** + **1** = **5**
      Noun · neuter · plural · accusative · (common) ‣ **2** + **1** = **3** (Prov. 17,9; Is. 59,12; Rev. 18,5)
      Noun · neuter · plural · nominative · (common) ‣ **2** (Jer. 16,17; Ezek. 28,15)
   ἀδικήματά ‣ **1**
      Noun · neuter · plural · accusative · (common) ‣ **1** (Zeph. 3,15)
   ἀδικήματι ‣ **1**
      Noun · neuter · singular · dative · (common) ‣ **1** (Sir. 10,6)
   ἀδικημάτων ‣ **3**
      Noun · neuter · plural · genitive · (common) ‣ **3** (Lev. 16,16; 2Sam. 22,49; 4Mac. 11,3)

ἀδικία (α; δίκη) unrighteousness ‣ **214** + **12** + **25** = **251**
   ἀδικία ‣ **31** + **2** + **4** = **37**
      Noun · feminine · singular · nominative · (common) ‣ **31** + **2** + **4** = **37** (Deut. 32,4; 1Sam. 3,14; 1Sam. 14,41; 1Sam. 20,8; 1Sam. 25,24; 1Sam. 28,10; 2Sam. 7,14; 2Sam. 14,32; 2Sam. 21,1; 1Chr. 17,9; 2Chr. 19,7; Psa. 7,4; Psa. 7,17; Psa. 16,3; Psa. 26,12; Psa. 54,11; Psa. 72,7; Psa. 91,16; Psa. 118,69; Ode. 2,4; Job 11,14; Sir. 10,7; Sir. 14,9; Sir. 40,12; Sol. 17,32; Hos. 7,1; Mic. 6,10; Zech. 5,6; Mal. 2,6; Is. 60,18; Jer. 16,10; Tob. 14,9; Tob. 14,11; John 7,18; Rom. 3,5; Rom. 9,14; 1John 5,17)
   Ἀδικία ‣ **1**
      Noun · feminine · singular · nominative · (common) ‣ **1** (Ezek. 9,9)
   ἀδικίᾳ ‣ **9** + **5** = **14**
      Noun · feminine · singular · dative · (common) ‣ **9** + **5** = **14** (1Esdr. 4,37; Prov. 11,5; Jer. 28,6; Ezek. 3,18; Ezek. 3,19; Ezek. 18,18; Ezek. 22,25; Ezek. 22,29; Ezek. 33,13; Rom. 1,18; Rom. 1,29; Rom. 2,8; 1Cor. 13,6; 2Th. 2,12)
   ἀδικίαι ‣ **1**
      Noun · feminine · plural · nominative · (common) ‣ **1** (Sir. 17,20)
   ἀδικίαις ‣ **19** + **2** + **1** = **22**
      Noun · feminine · plural · dative · (common) ‣ **19** + **2** + **1** = **22** (1Sam. 3,13; 1Kings 8,50; Tob. 13,5; Job 36,18; Hos. 4,8; Hos. 5,5; Hos. 10,10; Hos. 14,2; Mic. 3,10; Hab. 2,12; Is. 43,24; Jer. 2,22; Jer. 38,34; Jer. 43,3; Ezek. 4,17; Ezek. 7,16; Ezek. 18,17; Ezek. 22,7; Ezek. 24,23; Tob. 13,5; Dan. 9,16; Heb. 8,12)
   ἀδικίαν ‣ **58** + **3** + **2** = **63**
      Noun · feminine · singular · accusative · (common) ‣ **58** + **3** + **2** = **63** (Gen. 44,16; Gen. 49,5; Gen. 50,17; Gen. 50,17; Lev. 18,25; Deut. 19,15; Judg. 9,24; 2Kings 17,4; Judith 5,17; Judith 7,24; 1Mac. 9,23; 2Mac. 10,12; 3Mac. 2,4; Psa. 7,15; Psa. 10,5; Psa. 27,3; Psa. 51,4; Psa. 51,5; Psa. 57,3; Psa. 61,11; Psa. 72,6; Psa. 72,8; Psa. 74,6; Psa. 81,2; Psa. 93,4; Psa. 118,163; Prov. 8,13; Prov. 28,16; Job 34,32; Sir. 20,28; Sol. 3,7; Sol. 4,24; Sol. 9,4; Sol. 9,5; Sol. 17,27; Hos. 14,3; Amos 3,10; Zeph. 3,5; Zeph. 3,5; Zeph. 3,13; Zech. 3,9; Is. 33,15; Is. 33,15; Is. 59,3; Jer. 3,13; Jer. 27,20; Jer. 37,14; Bar. 3,7; Lam. 2,14; Ezek. 14,10; Ezek. 18,19; Ezek. 18,20; Ezek. 18,20; Ezek. 18,24; Ezek. 21,32; Ezek. 39,26; Ezek. 44,10; Ezek. 45,9; Judg. 9,24; Tob. 12,10; Tob. 14,7; Rom. 1,18; 2Cor. 12,13)
   Ἀδικίαν ‣ **2**
      Noun · feminine · singular · accusative · (common) ‣ **2** (Psa. 65,18; Ezek. 21,32)
   ἀδικίας ‣ **80** + **4** + **13** = **97**
      Noun · feminine · plural · accusative · (common) ‣ **28** + **2** = **30** (Ex. 34,7; Lev. 16,21; Lev. 16,22; Num. 14,18; 1Kings 17,18; Psa. 139,3; Sir. 7,6; Sir. 10,8; Hos. 8,13; Hos. 9,9; Hos. 10,13; Hos. 12,9; Mic. 7,18; Mic. 7,19; Jer. 11,10; Jer. 14,20; Jer. 16,18; Jer. 18,23; Bar. 3,8; Ezek. 4,4; Ezek. 4,4; Ezek. 4,5; Ezek. 4,5; Ezek. 4,6; Ezek. 21,29; Dan. 4,27; Dan. 9,24; Dan. 9,24; Dan. 4,27; Dan. 9,24)
      Noun · feminine · singular · genitive · (common) ‣ **52** + **2** + **13** = **67** (Gen. 6,11; Gen. 6,13; 2Sam. 3,8; 2Sam. 3,34; 2Sam. 7,10; 1Kings 2,32; Judith 6,5; Tob. 4,5; Tob. 12,8; Psa. 71,14; Psa. 118,29; Psa. 118,104; Psa. 143,8; Psa. 143,11; Prov. 15,29a; Prov. 21,9; Job 15,16; Job 33,17; Job 34,6; Job 36,10; Job 36,33; Wis. 1,5; Wis. 11,15; Sir. 7,3; Sir. 17,26; Sir. 35,3; Sir. 41,19; Sol. 2,12; Hos. 10,9; Hos. 12,8; Hos. 13,12; Jonah 3,8; Nah. 3,1; Mal. 2,6; Is. 57,1; Is. 58,6; Is. 61,8; Jer. 13,22; Jer. 14,6; Jer. 28,5; Ezek. 9,9; Ezek. 14,4; Ezek. 14,7; Ezek. 18,8; Ezek. 18,17; Ezek. 18,30; Ezek. 21,28; Ezek. 21,30; Ezek. 21,34; Ezek. 35,5; Ezek. 44,12;

Dan. 12,4; Tob. 4,5; Tob. 12,8; Luke 13,27; Luke 16,8; Luke 16,9; Luke 18,6; Acts 1,18; Acts 8,23; Rom. 6,13; 2Th. 2,10; 2Tim. 2,19; James 3,6; 2Pet. 2,13; 2Pet. 2,15; 1John 1,9)

ἀδικιῶν ▸ **13** + **1** = **14**

Noun · feminine · plural · genitive · (common) ▸ **13** + **1** = **14** (Ode. 12,9; Hos. 9,7; Joel 4,19; Mal. 3,7; Jer. 14,10; Jer. 37,16; Jer. 40,8; Bar. 3,5; Lam. 4,13; Ezek. 7,19; Ezek. 12,2; Ezek. 14,3; Ezek. 28,18; Dan. 9,13)

Ἀδικία (α; δίκη) Unrighteousness ▸ **1**

Ἀδικία ▸ **1**

Noun · feminine · singular · nominative · (proper) ▸ **1** (Gen. 26,20)

ἄδικος (α; δίκη) unjust; unrighteous ▸ **123** + **2** + **12** = **137**

ἄδικα ▸ **19**

Adjective · neuter · plural · accusative · noDegree ▸ **18** (Deut. 19,18; 3Mac. 6,27; Psa. 62,12; Psa. 100,7; Prov. 4,24; Prov. 11,18; Job 27,4; Job 36,4; Job 36,23; Wis. 1,8; Sir. 27,10; Sol. 9,3; Is. 9,16; Is. 59,13; Jer. 5,31; Jer. 34,14; Jer. 34,16; Jer. 36,9)

Adjective · neuter · plural · nominative · noDegree ▸ **1** (1Esdr. 4,37)

ἄδικοι ▸ **8** + **2** = **10**

Adjective · feminine · plural · nominative · noDegree ▸ **2** (1Esdr. 4,37; 1Esdr. 4,37)

Adjective · masculine · plural · nominative · noDegree ▸ **6** + **2** = **8** (Psa. 26,12; Psa. 34,11; Prov. 13,23; Job 13,4; Job 22,15; Is. 57,20; Luke 18,11; 1Cor. 6,9)

ἀδίκοις ▸ **5**

Adjective · masculine · plural · dative · noDegree ▸ **2** (Prov. 16,33; Is. 32,7)

Adjective · neuter · plural · dative · noDegree ▸ **3** (Sir. 5,8; Is. 29,21; Jer. 36,31)

ἄδικον ▸ **30**

Adjective · feminine · singular · accusative · noDegree ▸ **4** (2Mac. 4,48; Psa. 118,128; Prov. 12,19; Is. 58,6)

Adjective · masculine · singular · accusative · noDegree ▸ **8** (Psa. 139,12; Prov. 13,5; Prov. 17,15; Prov. 17,15; Prov. 29,12; Amos 8,5; Ezek. 21,8; Ezek. 21,9)

Adjective · neuter · singular · accusative · noDegree ▸ **10** (Gen. 19,8; Lev. 19,15; Lev. 19,35; Deut. 25,16; 1Sam. 25,21; 2Sam. 18,13; Psa. 24,19; Job 22,23; Zeph. 3,5; Ezek. 33,15)

Adjective · neuter · singular · nominative · noDegree ▸ **8** (1Esdr. 4,36; 1Esdr. 4,39; 4Mac. 5,9; Psa. 118,118; Prov. 12,21; Job 6,29; Job 6,30; Job 16,17)

Ἄδικον ▸ **1**

Adjective · neuter · singular · accusative · noDegree ▸ **1** (2Kings 9,12)

ἄδικος ▸ **14** + **3** = **17**

Adjective · feminine · singular · nominative · noDegree ▸ **2** (Prov. 6,17; Sir. 19,25)

Adjective · masculine · singular · nominative · noDegree ▸ **12** + **3** = **15** (Ex. 23,1; Deut. 19,16; Deut. 19,18; 1Esdr. 4,37; 1Esdr. 4,37; Prov. 6,19; Prov. 14,5; Prov. 15,26; Prov. 29,27; Job 24,20; Wis. 10,3; Sir. 1,22; Luke 16,10; Rom. 3,5; Heb. 6,10)

ἀδικός ▸ **1**

Adjective · masculine · singular · nominative ▸ **1** (Luke 16,10)

ἀδίκου ▸ **18**

Adjective · feminine · singular · genitive · noDegree ▸ **4** (Wis. 3,19; Wis. 16,19; Sir. 51,6; Sol. 4,10)

Adjective · masculine · singular · genitive · noDegree ▸ **10** (Ex. 23,1; 2Sam. 22,3; Psa. 17,49; Psa. 42,1; Psa. 139,2; Prov. 10,31; Job 5,16; Job 16,11; Wis. 4,16; Is. 54,14)

Adjective · neuter · singular · genitive · noDegree ▸ **4** (Ex. 23,7; Sir. 7,2; Sir. 17,14; Sir. 34,18)

ἀδίκους ▸ **3** + **1** + **2** = **6**

Adjective · feminine · plural · accusative · noDegree ▸ **1** (Sus. 53)

Adjective · masculine · plural · accusative · noDegree ▸ **3** + **2** = **5** (Sol. 12,5; Sol. 17,22; Is. 59,13; Matt. 5,45; 2Pet. 2,9)

ἀδίκῳ ▸ **10** + **1** + **1** = **12**

Adjective · feminine · singular · dative · noDegree ▸ **1** (Sir. 35,11)

Adjective · masculine · singular · dative · noDegree ▸ **4** + **1** + **1** = **6** (2Mac. 4,35; Ode. 7,32; Job 31,3; Dan. 3,32; Dan. 3,32; Luke 16,11)

Adjective · neuter · singular · dative · noDegree ▸ **5** (Lev. 19,12; Jer. 7,9; Jer. 34,15; Jer. 34,15; Jer. 35,15)

ἀδίκων ▸ **15** + **3** = **18**

Adjective · feminine · plural · genitive · noDegree ▸ **1** (2Mac. 4,40)

Adjective · masculine · plural · genitive · noDegree ▸ **11** + **3** = **14** (Psa. 139,5; Prov. 12,17; Job 5,22; Job 18,21; Job 29,17; Wis. 12,12; Wis. 14,31; Wis. 16,24; Sir. 35,21; Sir. 40,13; Sol. 15,4; Acts 24,15; 1Cor. 6,1; 1Pet. 3,18)

Adjective · neuter · plural · genitive · noDegree ▸ **3** (1Esdr. 4,39; Psa. 119,2; Prov. 17,1)

ἀδίκως (α; δίκη) wrongfully ▸ **26** + **1** = **27**

ἀδίκως ▸ **26** + **1** = **27**

Adverb ▸ **26** + **1** = **27** (Lev. 5,22; Lev. 5,24; 2Mac. 8,16; 3Mac. 6,3; Psa. 34,19; Psa. 37,20; Psa. 68,5; Psa. 118,78; Psa. 118,86; Prov. 1,11; Prov. 1,17; Prov. 11,21; Prov. 16,5; Prov. 17,23; Prov. 19,5; Prov. 19,24; Job 20,15; Job 24,10; Job 24,11; Job 36,4; Wis. 12,13; Wis. 12,23; Wis. 14,28; Wis. 14,30; Is. 49,24; Ezek. 13,22; 1Pet. 2,19)

Αδιν Adin ▸ **2**

Αδιν ▸ **2**

Noun · masculine · singular · genitive · (proper) ▸ **2** (Ezra 2,15; Ezra 8,6)

Αδινα Adina ▸ **1**

Αδινα ▸ **1**

Noun · masculine · singular · nominative · (proper) ▸ **1** (1Chr. 11,42)

Αδινος Adinos, Adin ▸ **2**

Αδινου ▸ **2**

Noun · masculine · singular · genitive · (proper) ▸ **2** (1Esdr. 5,14; 1Esdr. 8,32)

Αδινων Adino ▸ **1**

Αδινων ▸ **1**

Noun · masculine · singular · nominative · (proper) ▸ **1** (2Sam. 23,8)

Αδλι Adlai ▸ **1**

Αδλι ▸ **1**

Noun · masculine · singular · genitive · (proper) ▸ **1** (1Chr. 27,29)

Ἀδμίν Admin ▸ **1**

Ἀδμίν ▸ **1**

Noun · masculine · singular · genitive · (proper) ▸ **1** (Luke 3,33)

Αδνας Adna ▸ **1**

Αδνας ▸ **1**

Noun · masculine · singular · nominative · (proper) ▸ **1** (Neh. 12,15)

ἀδόκητος (α; δέχομαι) disqualified, corrupted; unexpected ▸ **1**

ἀδόκητοι ▸ **1**

Adjective · masculine · plural · nominative · noDegree ▸ **1** (Wis.

18,17)

ἀδόκιμος (α; δέχομαι) unqualified, worthless, disreputable; unacceptable ▸ 2 + 8 = 10
 ἀδόκιμοι ▸ 4
  Adjective ▪ masculine ▪ plural ▪ nominative ▸ 4 (2Cor. 13,6; 2Cor. 13,7; 2Tim. 3,8; Titus 1,16)
 ἀδόκιμοί ▸ 1
  Adjective ▪ masculine ▪ plural ▪ nominative ▸ 1 (2Cor. 13,5)
 ἀδόκιμον ▸ 2 + 1 = 3
  Adjective ▪ masculine ▪ singular ▪ accusative ▸ 1 (Rom. 1,28)
  Adjective ▪ neuter ▪ singular ▪ accusative ▪ noDegree ▸ 1 (Prov. 25,4)
  Adjective ▪ neuter ▪ singular ▪ nominative ▪ noDegree ▸ 1 (Is. 1,22)
 ἀδόκιμος ▸ 2
  Adjective ▪ feminine ▪ singular ▪ nominative ▸ 1 (Heb. 6,8)
  Adjective ▪ masculine ▪ singular ▪ nominative ▸ 1 (1Cor. 9,27)

ἀδολεσχέω (α; δόλος; λέγω) to talk idly; groan, meditate ▸ 12
 ἀδολέσχει ▸ 2
  Verb ▪ second ▪ singular ▪ present ▪ active ▪ imperative ▸ 2 (Sir. 7,14; Sir. 32,9)
 ἀδολεσχῆσαι ▸ 1
  Verb ▪ aorist ▪ active ▪ infinitive ▸ 1 (Gen. 24,63)
 ἀδολεσχήσω ▸ 4
  Verb ▪ first ▪ singular ▪ future ▪ active ▪ indicative ▸ 4 (Psa. 76,13; Psa. 118,15; Psa. 118,27; Psa. 118,78)
 ἠδολέσχει ▸ 1
  Verb ▪ third ▪ singular ▪ imperfect ▪ active ▪ indicative ▸ 1 (Psa. 118,23)
 ἠδολέσχησα ▸ 1
  Verb ▪ first ▪ singular ▪ aorist ▪ active ▪ indicative ▸ 1 (Psa. 76,4)
 ἠδολέσχουν ▸ 3
  Verb ▪ first ▪ singular ▪ imperfect ▪ active ▪ indicative ▸ 2 (Psa. 76,7; Psa. 118,48)
  Verb ▪ third ▪ plural ▪ imperfect ▪ active ▪ indicative ▸ 1 (Psa. 68,13)

ἀδολεσχία (α; δόλος; λέγω) idle talk, meditation ▸ 5
 ἀδολεσχία ▸ 1
  Noun ▪ feminine ▪ singular ▪ nominative ▪ (common) ▸ 1 (1Kings 18,27)
 ἀδολεσχίᾳ ▸ 1
  Noun ▪ feminine ▪ singular ▪ dative ▪ (common) ▸ 1 (Psa. 54,3)
 ἀδολεσχίαν ▸ 1
  Noun ▪ feminine ▪ singular ▪ accusative ▪ (common) ▸ 1 (2Kings 9,11)
 ἀδολεσχίας ▸ 2
  Noun ▪ feminine ▪ plural ▪ accusative ▪ (common) ▸ 1 (Psa. 118,85)
  Noun ▪ feminine ▪ singular ▪ genitive ▪ (common) ▸ 1 (1Sam. 1,16)

ἄδολος (α; δόλος) sincere ▸ 1
 ἄδολον ▸ 1
  Adjective ▪ neuter ▪ singular ▪ accusative ▸ 1 (1Pet. 2,2)

ἀδόλως (α; δόλος) simply ▸ 1
 ἀδόλως ▸ 1
  Adverb ▸ 1 (Wis. 7,13)

ἀδοξέω (α; δοκέω) to hold in low esteem ▸ 1
 ἀδοξήσει ▸ 1
  Verb ▪ third ▪ singular ▪ future ▪ active ▪ indicative ▸ 1 (Is. 52,14)

ἀδοξία (α; δοκέω) disgrace; ill-repute ▸ 1
 ἀδοξίᾳ ▸ 1
  Noun ▪ feminine ▪ singular ▪ dative ▪ (common) ▸ 1 (Sir. 3,11)

ἄδοξος (α; δόξα) inglorious, without glory; disgraced ▸ 2
 ἄδοξος ▸ 2
  Adjective ▪ masculine ▪ singular ▪ nominative ▪ noDegree ▸ 2 (1Mac. 2,8; Sir. 10,31)

Αδουηλ Aduel ▸ 1 + 1 = 2
 Αδουηλ ▸ 1 + 1 = 2
  Noun ▪ masculine ▪ singular ▪ genitive ▪ (proper) ▸ 1 + 1 = 2 (Tob. 1,1; Tob. 1,1)

Αδρααζαρ Hadadezer ▸ 21
 Αδρααζαρ ▸ 21
  Noun ▪ masculine ▪ singular ▪ accusative ▪ (proper) ▸ 4 (2Sam. 8,3; 2Sam. 8,10; 1Chr. 18,3; 1Chr. 18,10)
  Noun ▪ masculine ▪ singular ▪ dative ▪ (proper) ▸ 4 (2Sam. 8,5; 2Sam. 8,10; 1Chr. 18,5; 1Chr. 18,10)
  Noun ▪ masculine ▪ singular ▪ genitive ▪ (proper) ▸ 12 (2Sam. 8,7; 2Sam. 8,8; 2Sam. 8,9; 2Sam. 8,12; 2Sam. 10,16; 2Sam. 10,19; 1Kings 14,26; 1Chr. 18,7; 1Chr. 18,8; 1Chr. 18,9; 1Chr. 19,16; 1Chr. 19,19)
  Noun ▪ masculine ▪ singular ▪ nominative ▪ (proper) ▸ 1 (2Sam. 10,16)

Αδραζαρ Hadadezer ▸ 1
 Αδραζαρ ▸ 1
  Noun ▪ masculine ▪ singular ▪ accusative ▪ (proper) ▸ 1 (1Kings 11,14)

Αδραμελεχ Adrammelech ▸ 3
 Αδραμελεχ ▸ 3
  Noun ▪ masculine ▪ singular ▪ dative ▪ (proper) ▸ 1 (2Kings 17,31)
  Noun ▪ masculine ▪ singular ▪ nominative ▪ (proper) ▸ 2 (2Kings 19,37; Is. 37,38)

Ἀδραμυττηνός Adramyttium ▸ 1
 Ἀδραμυττηνῷ ▸ 1
  Adjective ▪ neuter ▪ singular ▪ dative ▪ (proper) ▸ 1 (Acts 27,2)

ἀδρανής (α; δραίνω) powerless, feeble, impotent ▸ 1
 ἀδρανέστατον ▸ 1
  Adjective ▪ neuter ▪ singular ▪ accusative ▪ superlative ▸ 1 (Wis. 13,19)

Ἀδρίας Adriatic Sea ▸ 1
 Ἀδρίᾳ ▸ 1
  Noun ▪ masculine ▪ singular ▪ dative ▪ (proper) ▸ 1 (Acts 27,27)

ἁδρός stout, wealthy, noble, leader ▸ 8
 ἁδροί ▸ 4
  Adjective ▪ masculine ▪ plural ▪ nominative ▪ noDegree ▸ 4 (2Sam. 15,18; 2Kings 10,6; Job 29,9; Is. 34,7)
 ἁδροῖς ▸ 1
  Adjective ▪ masculine ▪ plural ▪ dative ▪ noDegree ▸ 1 (Job 34,19)
 ἁδροὺς ▸ 3
  Adjective ▪ masculine ▪ plural ▪ accusative ▪ noDegree ▸ 3 (1Kings 1,9; 2Kings 10,11; Jer. 5,5)

ἁδρότης (ἁδρός) abundance ▸ 1
 ἁδρότητι ▸ 1
  Noun ▪ feminine ▪ singular ▪ dative ▸ 1 (2Cor. 8,20)

ἁδρύνω (ἁδρός) to grow up ▸ 7 + 2 = 9
 ἁδρυνθέντος ▸ 1
  Verb ▪ aorist ▪ passive ▪ participle ▪ neuter ▪ singular ▪ genitive ▸ 1 (Ex. 2,10)
 ἁδρυνθῆναι ▸ 1
  Verb ▪ aorist ▪ passive ▪ infinitive ▸ 1 (1Mac. 8,14)
 ἁδρυνθῶσιν ▸ 1
  Verb ▪ third ▪ plural ▪ aorist ▪ passive ▪ subjunctive ▸ 1 (Ruth 1,13)

ἡδρυμμένα ‣ 1
   Verb · perfect · passive · participle · neuter · plural · nominative ‣ 1 (Psa. 143,12)
ἡδρύνθη ‣ 2 + 1 = 3
   Verb · third · singular · aorist · passive · indicative ‣ 2 + 1 = 3 (2Sam. 12,3; 2Kings 4,18; Judg. 13,24)
ἡδρύνθησαν ‣ 1 + 1 = 2
   Verb · third · plural · aorist · passive · indicative ‣ 1 + 1 = 2 (Judg. 11,2; Judg. 11,2)

ἀδυναμέω (δύναμαι) to be inadequate, incomplete, imperfect ‣ 1
   ἀδυναμεῖν ‣ 1
      Verb · present · active · infinitive ‣ 1 (Sir. 1,20 Prol.)

ἀδυναμία (δύναμαι) inability, impotence ‣ 2
   ἀδυναμίᾳ ‣ 1
      Noun · feminine · singular · dative · (common) ‣ 1 (Amos 2,2)
   ἀδυναμίαις ‣ 1
      Noun · feminine · plural · dative · (common) ‣ 1 (3Mac. 2,13)

ἀδυνατέω (δύναμαι) to be impossible ‣ 12 + 1 + 2 = 15
   ἀδυνατεῖ ‣ 5 + 1 = 6
      Verb · third · singular · present · active · indicative ‣ 5 + 1 = 6 (Gen. 18,14; 2Chr. 14,10; Job 10,13; Job 42,2; Wis. 13,16; Dan. 4,9)
   ἀδυνατήσει ‣ 2 + 2 = 4
      Verb · third · singular · future · active · indicative ‣ 2 + 2 = 4 (Zech. 8,6; Zech. 8,6; Matt. 17,20; Luke 1,37)
   ἀδυνατήσῃ ‣ 2
      Verb · third · singular · aorist · active · subjunctive ‣ 2 (Lev. 25,35; Deut. 17,8)
   ἀδυνατήσουσιν ‣ 1
      Verb · third · plural · future · passive · indicative ‣ 1 (Is. 8,15)
   ἀδυνατοῦσιν ‣ 1
      Verb · present · active · participle · neuter · plural · dative ‣ 1 (Job 4,4)
   ἀδυνατῶν ‣ 1
      Verb · present · active · participle · masculine · singular · nominative ‣ 1 (Wis. 12,9)

ἀδύνατος (δύναμαι) unable, impossible; powerless; indissoluble ‣ 25 + 2 + 10 = 37
   ἀδύνατα ‣ 1
      Adjective · neuter · plural · nominative ‣ 1 (Luke 18,27)
   ἀδύνατά ‣ 1
      Adjective · neuter · plural · nominative · noDegree ‣ 1 (Prov. 30,18)
   ἀδύνατοι ‣ 4
      Adjective · masculine · plural · nominative · noDegree ‣ 4 (Job 24,6; Job 31,16; Job 31,20; LetterJ 53)
   ἀδύνατον ‣ 5 + 5 = 10
      Adjective · feminine · singular · accusative · noDegree ‣ 1 (Wis. 17,13)
      Adjective · masculine · singular · accusative · noDegree ‣ 4 (2Mac. 4,6; 2Mac. 14,10; Job 31,34; Job 36,15)
      Adjective · neuter · singular · accusative ‣ 1 (Rom. 8,3)
      Adjective · neuter · singular · nominative ‣ 4 (Mark 10,27; Heb. 6,18; Heb. 10,4; Heb. 11,6)
   Ἀδύνατον ‣ 1
      Adjective · neuter · singular · nominative ‣ 1 (Heb. 6,4)
   ἀδύνατόν ‣ 1 + 1 = 2
      Adjective · neuter · singular · nominative · noDegree ‣ 1 + 1 = 2 (Wis. 16,15; Matt. 19,26)
   ἀδύνατος ‣ 3 + 2 + 1 = 6
      Adjective · feminine · singular · nominative · noDegree ‣ 1 (4Mac. 11,26)
      Adjective · masculine · singular · nominative · noDegree ‣ 2 + 2 + 1 = 5 (Job 5,15; Joel 4,10; Tob. 2,10; Tob. 5,10; Acts 14,8)
   ἀδυνάτου ‣ 2
      Adjective · masculine · singular · genitive · noDegree ‣ 1 (Wis. 17,13)
      Adjective · neuter · singular · genitive · noDegree ‣ 1 (3Mac. 4,18)
   ἀδυνάτους ‣ 2
      Adjective · masculine · plural · accusative · noDegree ‣ 2 (Job 24,4; Job 24,22)
   ἀδυνάτῳ ‣ 3
      Adjective · masculine · singular · dative · noDegree ‣ 3 (Job 5,16; Job 30,25; LetterJ 27)
   ἀδυνάτων ‣ 4 + 1 = 5
      Adjective · masculine · plural · genitive · noDegree ‣ 4 + 1 = 5 (Job 20,19; Job 29,16; Job 34,20; Job 36,19; Rom. 15,1)

ᾄδω (ᾄδω) to sing ‣ 75 + 2 + 5 = 82
   ᾄδειν ‣ 2
      Verb · present · active · infinitive ‣ 2 (1Chr. 25,7; 2Chr. 29,27)
   ᾄδοντας ‣ 3
      Verb · present · active · participle · masculine · plural · accusative ‣ 3 (Ezra 8,17; Neh. 12,45; Eccl. 2,8)
   ᾄδοντες ‣ 16 + 2 = 18
      Verb · present · active · participle · masculine · plural · nominative ‣ 16 + 2 = 18 (2Chr. 23,13; 2Chr. 29,28; Ezra 2,41; Ezra 2,65; Ezra 2,70; Ezra 7,7; Neh. 7,1; Neh. 7,44; Neh. 7,67; Neh. 7,73; Neh. 10,29; Neh. 10,40; Neh. 12,29; Neh. 12,42; Neh. 13,10; Jer. 37,19; Eph. 5,19; Col. 3,16)
   ᾀδόντων ‣ 9
      Verb · present · active · participle · masculine · plural · genitive ‣ 9 (2Sam. 19,36; 1Chr. 6,16; 1Chr. 15,27; Ezra 10,24; Neh. 11,22; Neh. 12,28; Neh. 12,46; Neh. 12,47; Neh. 13,5)
   ᾄδουσαι ‣ 2
      Verb · present · active · participle · feminine · plural · nominative ‣ 2 (Ezra 2,65; Neh. 7,67)
   ᾀδούσας ‣ 1
      Verb · present · active · participle · feminine · plural · accusative ‣ 1 (Eccl. 2,8)
   ᾄδουσιν ‣ 1 + 3 = 4
      Verb · third · plural · present · active · indicative ‣ 3 (Rev. 5,9; Rev. 14,3; Rev. 15,3)
      Verb · present · active · participle · masculine · plural · dative ‣ 1 (Ezra 7,24)
   ᾀδουσῶν ‣ 1
      Verb · present · active · participle · feminine · plural · genitive ‣ 1 (2Sam. 19,36)
   ᾄσατε ‣ 11
      Verb · second · plural · aorist · active · imperative ‣ 11 (1Chr. 16,9; 1Chr. 16,23; Judith 16,1; Psa. 32,3; Psa. 67,5; Psa. 67,33; Psa. 95,1; Psa. 95,2; Psa. 97,4; Psa. 104,2; Jer. 20,13)
   Ἄισατε ‣ 4
      Verb · second · plural · aorist · active · imperative ‣ 4 (Psa. 95,1; Psa. 97,1; Psa. 136,3; Psa. 149,1)
   ᾀσάτωσαν ‣ 1
      Verb · third · plural · aorist · active · imperative ‣ 1 (Psa. 137,5)
   ᾄσομαι ‣ 6 + 1 = 7
      Verb · first · singular · future · middle · indicative ‣ 6 + 1 = 7 (Judg. 5,3; Psa. 26,6; Psa. 56,8; Psa. 58,17; Psa. 88,2; Psa. 107,2; Judg. 5,3)
   ᾄσομαί ‣ 2
      Verb · first · singular · future · middle · indicative ‣ 2 (Psa.

100,1; Psa. 143,9)
ᾄσομεν ▸ 1
    Verb · first · plural · future · middle · indicative ▸ **1** (Psa. 20,14)
ᾆσον ▸ 1
    Verb · second · singular · aorist · active · imperative ▸ **1** (Is. 23,16)
ᾄσονται ▸ 1
    Verb · third · plural · future · middle · indicative ▸ **1** (Is. 26,1)
ᾄσω ▸ 2
    Verb · first · singular · future · active · indicative ▸ **2** (Psa. 12,6; Psa. 103,33)
Ἄισω ▸ 2
    Verb · first · singular · future · active · indicative ▸ **2** (Ode. 10,1; Is. 5,1)
ᾄσωμεν ▸ 1
    Verb · first · plural · aorist · active · subjunctive ▸ **1** (Psa. 136,4)
Ἄισωμεν ▸ 3
    Verb · first · plural · aorist · active · subjunctive ▸ **3** (Ex. 15,1; Ex. 15,21; Ode. 1,1)
ᾖσαν ▸ 1 + 1 = 2
    Verb · third · plural · aorist · active · indicative ▸ **1 + 1 = 2** (Psa. 105,12; Judg. 5,1)
ᾖσεν ▸ 4
    Verb · third · singular · aorist · active · indicative ▸ **4** (Ex. 15,1; Num. 21,17; Judg. 5,1; Psa. 7,1)

αδων Adon (Heb. lord) ▸ 1
  αδων ▸ 1
    Noun ▸ **1** (Jer. 41,5)

Αδωναι Adonai (Heb. Lord) ▸ 1
  Αδωναι ▸ 1
    Noun · singular · vocative · (proper) ▸ **1** (1Sam. 1,11)

Αδωναιε Adonai ▸ 2
  Αδωναιε ▸ 2
    Noun · singular · vocative · (proper) ▸ **2** (Judg. 13,8; Judg. 16,28)

Αδωνια Adonijah ▸ 1
  Αδωνια ▸ 1
    Noun · masculine · singular · nominative · (proper) ▸ **1** (1Chr. 3,2)

Αδωνιας Adonijah ▸ 1
  Αδωνιας ▸ 1
    Noun · masculine · singular · nominative · (proper) ▸ **1** (2Chr. 17,8)

Αδωνίας Adonijah ▸ 22
  Αδωνια ▸ 2
    Noun · masculine · singular · dative · (proper) ▸ **2** (1Kings 2,21; 1Kings 2,22)
  Αδωνιας ▸ 15
    Noun · masculine · singular · nominative · (proper) ▸ **15** (1Kings 1,5; 1Kings 1,9; 1Kings 1,11; 1Kings 1,13; 1Kings 1,18; 1Kings 1,24; 1Kings 1,25; 1Kings 1,41; 1Kings 1,42; 1Kings 1,50; 1Kings 1,51; 1Kings 2,13; 1Kings 2,23; 1Kings 2,24; 1Kings 2,25)
  Αδωνιου ▸ 5
    Noun · masculine · singular · genitive · (proper) ▸ **5** (1Kings 1,7; 1Kings 1,8; 1Kings 1,49; 1Kings 2,19; 1Kings 2,28)

Αδωνιβεζεκ Adoni-zedek, Adoni-bezek ▸ 5 + 3 = 8
  Αδωνιβεζεκ ▸ 5 + 3 = 8
    Noun · masculine · singular · accusative · (proper) ▸ **1 + 1 = 2** (Judg. 1,5; Judg. 1,5)
    Noun · masculine · singular · nominative · (proper) ▸ **4 + 2 = 6** (Josh. 10,1; Josh. 10,3; Judg. 1,6; Judg. 1,7; Judg. 1,6; Judg. 1,7)

Αδωνικαμ Adonikam ▸ 4
  Αδωνικαμ ▸ 4
    Noun · masculine · singular · genitive · (proper) ▸ **4** (1Esdr. 5,14; 1Esdr. 8,39; Ezra 2,13; Ezra 8,13)

Αδωνιραμ Adoram, Hadoram, Adoniram ▸ 5
  Αδωνιραμ ▸ 5
    Noun · masculine · singular · accusative · (proper) ▸ **2** (1Kings 12,18; 2Chr. 10,18)
    Noun · masculine · singular · nominative · (proper) ▸ **3** (2Sam. 20,24; 1Kings 4,6; 1Kings 5,28)

Αδωρα Adora ▸ 1
  Αδωρα ▸ 1
    Noun · singular · accusative · (proper) ▸ **1** (1Mac. 13,20)

Αδωραιμ Adoraim ▸ 1
  Αδωραιμ ▸ 1
    Noun · feminine · singular · accusative · (proper) ▸ **1** (2Chr. 11,9)

Αδωρηεμ adoreem (Heb. their nobles) ▸ 1
  αδωρηεμ ▸ 1
    Noun · masculine · plural · nominative · (proper) ▸ **1** (Neh. 3,5)

ἀεί always ▸ 14 + 7 = 21
  ἀεὶ ▸ 12 + 7 = 19
    Adverb · (temporal) ▸ 12 + 7 = **19** (Judg. 16,20; Esth. 13,2 # 3,13b; Esth. 16,4 # 8,12d; Esth. 16,9 # 8,12i; 2Mac. 14,15; 3Mac. 3,21; 3Mac. 3,29; 3Mac. 7,23; Wis. 14,31; Wis. 17,10; Is. 42,14; Is. 51,13; Acts 7,51; 2Cor. 4,11; 2Cor. 6,10; Titus 1,12; Heb. 3,10; 1Pet. 3,15; 2Pet. 1,12)
  Ἀεὶ ▸ 1
    Adverb ▸ **1** (Psa. 94,10)
  αἰεὶ ▸ 1
    Adverb ▸ **1** (1Esdr. 1,30)

Αεμε Ebez ▸ 1
  Αεμε ▸ 1
    Noun · singular · nominative · (proper) ▸ **1** (Josh. 19,20)

ἀέναος (ἀεί; νάω) everlasting ▸ 7
  ἀενάος ▸ 1
    Adjective · masculine · singular · nominative · noDegree ▸ **1** (Job 19,25)
  ἀενάου ▸ 2
    Adjective · feminine · singular · genitive · noDegree ▸ **1** (2Mac. 7,36)
    Adjective · masculine · singular · genitive · noDegree ▸ **1** (Wis. 11,6)
  ἀενάους ▸ 1
    Adjective · feminine · singular · accusative · noDegree ▸ **1** (Bar. 5,7)
  ἀενάων ▸ 3
    Adjective · masculine · plural · genitive · noDegree ▸ **3** (Gen. 49,26; Deut. 33,15; Deut. 33,27)

Αενδωρ Endor ▸ 3
  Αενδωρ ▸ 3
    Noun · dative · (proper) ▸ **1** (Psa. 82,11)
    Noun · feminine · singular · dative · (proper) ▸ **2** (1Sam. 28,7; 1Sam. 29,1)

Αερ Aher ▸ 1
  Αερ ▸ 1
    Noun · masculine · singular · nominative · (proper) ▸ **1** (1Chr. 7,12)

ἀεργός (α; ἔργον) lazy, sluggard ▸ 3
  ἀεργός ▸ 1
    Adjective · masculine · singular · nominative · noDegree ▸ **1** (Prov. 13,4)
  ἀεργοῦ ▸ 1
    Adjective · masculine · singular · genitive · noDegree ▸ **1** (Prov. 19,15)

ἀεργῶν ‣ 1
  Adjective · masculine · plural · genitive · noDegree ‣ **1** (Prov. 15,19)
Αερμων Hermon ‣ 12 + 1 = 13
  Αερμων ‣ 12 + 1 = 13
    Noun · singular · genitive · (proper) ‣ **8** (Josh. 11,17; Josh. 12,1; Josh. 12,5; Josh. 13,5; Josh. 13,11; 1Chr. 5,23; Psa. 132,3; Sir. 24,13)
    Noun · feminine · singular · accusative · (proper) ‣ **1** (Josh. 11,3)
    Noun · neuter · singular · accusative · (proper) ‣ **1** (Deut. 3,9)
    Noun · neuter · singular · genitive · (proper) ‣ 1 + 1 = **2** (Deut. 3,8; Judg. 3,3)
    Noun · neuter · singular · nominative · (proper) ‣ **1** (Deut. 4,48)
ἀετός eagle, vulture ‣ 28 + 1 + 5 = 34
  ἀετοί ‣ 1
    Noun · masculine · plural · nominative ‣ **1** (Luke 17,37)
  ἀετοί ‣ 1 + 1 = 2
    Noun · masculine · plural · nominative · (common) ‣ 1 + 1 = **2** (Is. 40,31; Matt. 24,28)
  ἀετὸν ‣ 2
    Noun · masculine · singular · accusative · (common) ‣ **2** (Lev. 11,13; Deut. 14,12)
  ἀετός ‣ 2
    Noun · masculine · singular · nominative · (common) ‣ **2** (Job 39,27; Mic. 1,16)
  ἀετὸς ‣ 9
    Noun · masculine · singular · nominative · (common) ‣ **9** (Deut. 32,11; Ode. 2,11; Hos. 8,1; Obad. 4; Hab. 1,8; Jer. 30,10; Jer. 30,16; Ezek. 17,3; Ezek. 17,7)
  ἀετοῦ ‣ 8 + 1 + 2 = 11
    Noun · masculine · singular · genitive · (common) ‣ 8 + 1 + 2 = **11** (Deut. 28,49; Psa. 102,5; Prov. 23,5; Prov. 30,19; Job 9,26; Ezek. 1,10; Dan. 4,33b; Dan. 7,4; Dan. 7,4; Rev. 8,13; Rev. 12,14)
  ἀετοὺς ‣ 2
    Noun · masculine · plural · accusative · (common) ‣ **2** (2Sam. 1,23; Lam. 4,19)
  ἀετῷ ‣ 1
    Noun · masculine · singular · dative ‣ **1** (Rev. 4,7)
  ἀετῶν ‣ 4
    Noun · masculine · plural · genitive · (common) ‣ **4** (Ex. 19,4; Prov. 24,22e; Prov. 30,17; Jer. 4,13)
Αζαβουχ Azbuk ‣ 1
  Αζαβουχ ‣ 1
    Noun · masculine · singular · genitive · (proper) ‣ **1** (Neh. 3,16)
Αζαηλ Hazael ‣ 24
  Αζαηλ ‣ 24
    Noun · masculine · singular · accusative · (proper) ‣ **4** (1Kings 19,15; 2Kings 8,8; 2Chr. 22,5; 2Chr. 22,6)
    Noun · masculine · singular · dative · (proper) ‣ **1** (2Kings 12,19)
    Noun · masculine · singular · genitive · (proper) ‣ **10** (1Kings 19,17; 2Kings 8,28; 2Kings 8,29; 2Kings 9,14; 2Kings 9,15; 2Kings 9,16; 2Kings 13,3; 2Kings 13,3; 2Kings 13,25; Amos 1,4)
    Noun · masculine · singular · nominative · (proper) ‣ **9** (2Kings 8,9; 2Kings 8,12; 2Kings 8,13; 2Kings 8,15; 2Kings 10,32; 2Kings 12,18; 2Kings 12,18; 2Kings 13,22; 2Kings 13,24)
Αζαηλος Asahel, Azael ‣ 2
  Αζαηλος ‣ 1
    Noun · masculine · singular · nominative · (proper) ‣ **1** (1Esdr. 9,34)
  Αζαηλου ‣ 1
    Noun · masculine · singular · genitive · (proper) ‣ **1** (1Esdr. 9,14)
Αζαια Uzziah ‣ 1
  Αζαια ‣ 1
    Noun · masculine · singular · genitive · (proper) ‣ **1** (Neh. 11,4)
Αζακι Hizki ‣ 1
  Αζακι ‣ 1
    Noun · masculine · singular · nominative · (proper) ‣ **1** (1Chr. 8,17)
Αζανια Azaniah ‣ 1
  Αζανια ‣ 1
    Noun · masculine · singular · genitive · (proper) ‣ **1** (Neh. 10,10)
Αζανωθ Aznoth ‣ 1
  Αζανωθ ‣ 1
    Noun · singular · accusative · (proper) ‣ **1** (Josh. 19,34)
Αζαραηλ Uzziel, Azarel ‣ 2
  Αζαραηλ ‣ 2
    Noun · masculine · singular · nominative · (proper) ‣ **2** (1Chr. 25,4; 1Chr. 27,22)
Αζαρια Azaria ‣ 10 + 1 = 11
  Αζαρια ‣ 10 + 1 = 11
    Noun · masculine · singular · genitive · (proper) ‣ **2** (1Chr. 6,21; Neh. 7,7)
    Noun · masculine · singular · nominative · (proper) ‣ **8** (1Chr. 2,8; 1Chr. 3,12; 1Chr. 5,37; 1Chr. 9,11; 1Chr. 25,18; Neh. 3,23; Neh. 10,3; Ode. 8,88)
    Noun · masculine · singular · vocative · (proper) ‣ **1** (Tob. 6,14)
Αζαριας Azariah, Azarias ‣ 58 + 13 = 71
  Αζαρια ‣ 13 + 8 = 21
    Noun · masculine · singular · accusative · (proper) ‣ **2** (1Chr. 5,35; 1Chr. 5,39)
    Noun · masculine · singular · dative · (proper) ‣ 6 + 4 = **10** (2Kings 15,8; 2Kings 15,13; 2Kings 15,17; Dan. 1,7; Dan. 1,19; Dan. 2,17; Tob. 7,1; Dan. 1,7; Dan. 1,19; Dan. 2,17)
    Noun · masculine · singular · vocative · (proper) ‣ 5 + 4 = **9** (Tob. 6,7; Tob. 6,14; Tob. 7,9; Tob. 9,2; Dan. 3,88; Tob. 6,7; Tob. 7,9; Tob. 9,2; Dan. 3,88)
  Αζαριαν ‣ 11 + 2 = 13
    Noun · masculine · singular · accusative · (proper) ‣ 11 + 2 = **13** (2Kings 14,21; 1Chr. 2,38; 1Chr. 5,36; 2Chr. 23,1; 2Chr. 23,1; 2Chr. 24,20; 1Mac. 5,18; 4Mac. 18,12; Dan. 1,11; Dan. 3,23; Dan. 3,49; Dan. 1,11; Dan. 3,49)
  Αζαριας ‣ 26 + 3 = 29
    Noun · masculine · singular · nominative · (proper) ‣ 26 + 3 = **29** (2Kings 14,29; 2Kings 15,1; 2Kings 15,7; 1Chr. 2,39; 1Chr. 5,35; 1Chr. 5,40; 2Chr. 15,1; 2Chr. 21,2; 2Chr. 21,2; 2Chr. 26,17; 2Chr. 29,12; 2Chr. 31,10; 2Chr. 31,13; 1Esdr. 9,21; 1Esdr. 9,43; 1Esdr. 9,48; Neh. 12,33; 1Mac. 2,59; 1Mac. 5,56; 1Mac. 5,60; 4Mac. 16,21; Jer. 49,1; Jer. 50,2; Dan. 1,6; Dan. 3,24; Dan. 3,25; Tob. 5,13; Dan. 1,6; Dan. 3,25)
  Αζαριου ‣ 8
    Noun · masculine · singular · genitive · (proper) ‣ **8** (2Kings 15,6; 2Kings 15,23; 2Kings 15,27; 2Kings 15,30; 2Kings 15,32; 2Chr. 29,12; Ezra 7,1; Ode. 7,0)
Ἀζαρίας Azariah, Azarias ‣ 1
  Αζαριας ‣ 1
    Noun · masculine · singular · nominative · (proper) ‣ **1** (Tob. 5,13)
Αζαριον Azariah ‣ 1
  Αζαριον ‣ 1
    Noun · masculine · singular · nominative · (proper) ‣ **1** (1Kings 2,46h)
Αζαριου Azariah ‣ 1
  Αζαριου ‣ 1

Noun · masculine · singular · nominative · (proper) ▸ **1** (1Kings 4,2)

Αζαυ Hazo ▸ **1**
  Αζαυ ▸ **1**
    Noun · masculine · singular · accusative · (proper) ▸ **1** (Gen. 22,22)

Αζενι Ozni ▸ **2**
  Αζενι ▸ **2**
    Noun · masculine · singular · dative · (proper) ▸ **1** (Num. 26,25)
    Noun · masculine · singular · nominative · (proper) ▸ **1** (Num. 26,25)

Αζερ Ezer ▸ **1**
  Αζερ ▸ **1**
    Noun · masculine · singular · nominative · (proper) ▸ **1** (1Chr. 12,10)

Αζηκα Azeka ▸ **6 + 1 = 7**
  Αζηκα ▸ **6 + 1 = 7**
    Noun · feminine · singular · accusative · (proper) ▸ **2** (2Chr. 11,9; Jer. 41,7)
    Noun · feminine · singular · genitive · (proper) ▸ **3** (Josh. 10,10; Josh. 10,11; 1Sam. 17,1)
    Noun · feminine · singular · nominative · (proper) ▸ **1 + 1 = 2** (Josh. 15,35; Josh. 15,35)

Αζηρ Ezer ▸ **1**
  Αζηρ ▸ **1**
    Noun · masculine · singular · nominative · (proper) ▸ **1** (1Chr. 4,4)

Αζητας Azetas ▸ **1**
  Αζητας ▸ **1**
    Noun · masculine · singular · genitive · (proper) ▸ **1** (1Esdr. 5,15)

Αζιηλ Jehaziel ▸ **1**
  Αζιηλ ▸ **1**
    Noun · masculine · singular · genitive · (proper) ▸ **1** (Ezra 8,5)

Αζιν Hezion ▸ **1**
  Αζιν ▸ **1**
    Noun · masculine · singular · genitive · (proper) ▸ **1** (1Kings 15,18)

Αζιφ Achshaph ▸ **2**
  Αζιφ ▸ **2**
    Noun · singular · genitive · (proper) ▸ **2** (Josh. 11,1; Josh. 12,20)

Αζμωθ Azmaveth ▸ **2**
  Αζμωθ ▸ **2**
    Noun · masculine · singular · nominative · (proper) ▸ **2** (2Sam. 23,31; 1Chr. 11,33)

Αζοβ Azob ▸ **1**
  Αζοβ ▸ **1**
    Noun · singular · genitive · (proper) ▸ **1** (1Sam. 7,14)

Αζουβα Azubah ▸ **2**
  Αζουβα ▸ **2**
    Noun · feminine · singular · nominative · (proper) ▸ **2** (1Kings 22,42; 2Chr. 20,31)

Αζουρ Ezer, Azzur ▸ **2**
  Αζουρ ▸ **2**
    Noun · masculine · singular · nominative · (proper) ▸ **2** (Neh. 3,19; Neh. 10,18)

Αζουρος Azouros, Azuru ▸ **1**
  Αζουρου ▸ **1**
    Noun · masculine · singular · genitive · (proper) ▸ **1** (1Esdr. 5,15)

ἄζυμος (α; ζέω) unleavened bread ▸ **53 + 4 + 9 = 66**
  ἄζυμα ▸ **26 + 2 + 1 = 29**
    Adjective · neuter · plural · accusative · noDegree ▸ **24 + 2 = 26** (Ex. 12,8; Ex. 12,15; Ex. 12,18; Ex. 12,20; Ex. 13,6; Ex. 13,7; Ex. 23,15; Ex. 29,2; Ex. 34,18; Lev. 2,4; Lev. 7,12; Lev. 10,12; Lev. 23,6; Num. 6,15; Num. 28,17; Deut. 16,3; Deut. 16,8; Josh. 5,11; Judg. 6,19; 1Sam. 28,24; 2Kings 23,9; 1Chr. 23,29; 1Esdr. 1,11; Ezek. 45,21; Judg. 6,19; Judg. 6,20)
    Adjective · neuter · plural · nominative · noDegree ▸ **2** (Lev. 2,5; Lev. 6,9)
    Noun · neuter · plural · nominative ▸ **1** (Mark 14,1)
  ἄζυμοι ▸ **1**
    Adjective · masculine · plural · nominative ▸ **1** (1Cor. 5,7)
  ἀζύμοις ▸ **1**
    Adjective · neuter · plural · dative ▸ **1** (1Cor. 5,8)
  ἄζυμον ▸ **3**
    Adjective · masculine · singular · accusative · noDegree ▸ **2** (Lev. 8,26; Num. 6,19)
    Adjective · neuter · singular · accusative · noDegree ▸ **1** (Num. 6,19)
  ἀζύμους ▸ **6 + 1 = 7**
    Adjective · masculine · plural · accusative · noDegree ▸ **6 + 1 = 7** (Gen. 19,3; Ex. 12,39; Ex. 29,2; Lev. 2,4; Judg. 6,20; Judg. 6,21; Judg. 6,21)
  ἀζύμων ▸ **18 + 1 + 6 = 25**
    Adjective · feminine · plural · genitive · noDegree ▸ **1** (Num. 6,15)
    Adjective · masculine · plural · genitive · noDegree ▸ **1 + 1 = 2** (Judg. 6,21; Judg. 6,21)
    Adjective · neuter · plural · genitive · noDegree ▸ **16** (Ex. 23,15; Ex. 29,23; Ex. 34,18; Lev. 8,2; Lev. 23,6; Num. 6,17; Num. 9,11; Deut. 16,16; 2Chr. 8,13; 2Chr. 30,13; 2Chr. 30,21; 2Chr. 30,22; 2Chr. 35,17; 1Esdr. 1,17; 1Esdr. 7,14; Ezra 6,22)
    Noun · neuter · plural · genitive ▸ **6** (Matt. 26,17; Mark 14,12; Luke 22,1; Luke 22,7; Acts 12,3; Acts 20,6)

Αζωβαι Ezbai ▸ **1**
  Αζωβαι ▸ **1**
    Noun · masculine · singular · genitive · (proper) ▸ **1** (1Chr. 11,37)

Αζωρ Azor ▸ **2**
  Αζωρ ▸ **2**
    Noun · singular · nominative · (proper) ▸ **1** (Josh. 19,45)
    Noun · masculine · singular · genitive · (proper) ▸ **1** (Jer. 35,1)

Ἀζώρ Azor ▸ **2**
  Ἀζώρ ▸ **1**
    Noun · masculine · singular · accusative · (proper) ▸ **1** (Matt. 1,13)
  Ἀζώρ ▸ **1**
    Noun · masculine · singular · nominative · (proper) ▸ **1** (Matt. 1,14)

Ἀζώτια Ashdod ▸ **1**
  Ἀζωτίας ▸ **1**
    Noun · feminine · plural · accusative · (proper) ▸ **1** (Neh. 13,23)

Ἀζώτιος Ashdod ▸ **3**
  Ἀζώτιοι ▸ **1**
    Noun · masculine · plural · nominative · (proper) ▸ **1** (1Sam. 5,3)
  Ἀζωτίους ▸ **1**
    Noun · masculine · plural · accusative · (proper) ▸ **1** (1Sam. 5,3)
  Ἀζωτίῳ ▸ **1**
    Noun · masculine · singular · dative · (proper) ▸ **1** (Josh. 13,3)

Ἀζωτιστί Ashdodite, language of Ashdod ▸ **1**
  Ἀζωτιστί ▸ **1**
    Adverb ▸ **1** (Neh. 13,24)

Ἄζωτος Azotus ▸ **27 + 1 + 1 = 29**
  Ἄζωτον ▸ **12 + 1 + 1 = 14**
    Noun · feminine · singular · accusative · (proper) ▸ **12 + 1 + 1 = 14** (Judg. 1,18; 1Sam. 5,1; 1Sam. 5,3; 1Sam. 5,6; 1Mac. 5,68;

Ἄζωτος–ἀθετέω 47

1Mac. 10,77; 1Mac. 10,78; 1Mac. 10,83; 1Mac. 10,84; 1Mac. 11,4; Is. 20,1; Is. 20,1; Judg. 1,18; Acts 8,40)
Ἄζωτος ▸ 1
    Noun · feminine · singular · nominative · (proper) ▸ 1 (Zeph. 2,4)
Ἀζώτου ▸ 1
    Noun · feminine · singular · genitive · (proper) ▸ 1 (1Mac. 9,15)
Ἀζώτου ▸ 1
    Noun · feminine · singular · genitive · (proper) ▸ 1 (1Mac. 11,4)
Ἀζώτου ▸ 9
    Noun · feminine · singular · genitive · (proper) ▸ 9 (1Sam. 5,7; 1Sam. 6,17; 2Chr. 26,6; 2Chr. 26,6; 1Mac. 4,15; 1Mac. 14,34; 1Mac. 16,10; Amos 1,8; Jer. 32,20)
Ἀζώτῳ ▸ 3
    Noun · feminine · singular · dative · (proper) ▸ 3 (1Sam. 5,5; Judith 2,28; Zech. 9,6)

ἀηδία (α; ἥδομαι) complaining, anxiety; unpleasantness ▸ 1
    ἀηδίαι ▸ 1
    Noun · feminine · plural · nominative · (common) ▸ 1 (Prov. 23,29)

Αηδις Eri ▸ 1
    Αηδις ▸ 1
    Noun · masculine · singular · nominative · (proper) ▸ 1 (Gen. 46,16)

ἀήρ (ἄημι) air ▸ 10 + 7 = 17
    ἀέρα ▸ 4 + 5 = 9
    Noun · masculine · singular · accusative · (common) ▸ 4 + 5 = 9 (Wis. 5,11; Wis. 7,3; Wis. 13,2; Wis. 17,9; Acts 22,23; 1Cor. 9,26; 1Cor. 14,9; 1Th. 4,17; Rev. 16,17)
    ἀέρος ▸ 2 + 1 = 3
    Noun · masculine · singular · genitive · (common) ▸ 2 + 1 = 3 (2Sam. 22,12; Wis. 15,15; Eph. 2,2)
    ἀέρων ▸ 2
    Noun · masculine · plural · genitive · (common) ▸ 2 (2Mac. 5,2; Psa. 17,12)
    ἀήρ ▸ 1
    Noun · masculine · singular · nominative · (common) ▸ 1 (Wis. 2,3)
    ἀήρ ▸ 1 + 1 = 2
    Noun · masculine · singular · nominative · (common) ▸ 1 + 1 = 2 (Wis. 5,12; Rev. 9,2)

Αθαθ Hathath ▸ 1
    Αθαθ ▸ 1
    Noun · masculine · singular · nominative · (proper) ▸ 1 (1Chr. 4,13)

Αθαια Athaiah ▸ 1
    Αθαια ▸ 1
    Noun · masculine · singular · nominative · (proper) ▸ 1 (Neh. 11,4)

ἀθανασία (α; θνήσκω) immortality ▸ 7 + 3 = 10
    ἀθανασία ▸ 2
    Noun · feminine · singular · nominative · (common) ▸ 2 (Wis. 4,1; Wis. 8,17)
    ἀθανασίαν ▸ 2 + 3 = 5
    Noun · feminine · singular · accusative · (common) ▸ 2 + 3 = 5 (4Mac. 16,13; Wis. 8,13; 1Cor. 15,53; 1Cor. 15,54; 1Tim. 6,16)
    ἀθανασίας ▸ 3
    Noun · feminine · singular · genitive · (common) ▸ 3 (4Mac. 14,5; Wis. 3,4; Wis. 15,3)

ἀθάνατος (α; θνήσκω) immortal ▸ 5
    ἀθάνατος ▸ 1
    Adjective · masculine · singular · nominative · noDegree ▸ 1 (Sir. 17,30)
    ἀθάνατός ▸ 1
    Adjective · feminine · singular · nominative · noDegree ▸ 1 (Wis. 1,15)
    ἀθανάτου ▸ 2
    Adjective · feminine · singular · genitive · noDegree ▸ 2 (4Mac. 7,3; 4Mac. 14,6)
    ἀθανάτους ▸ 1
    Adjective · feminine · plural · accusative · noDegree ▸ 1 (4Mac. 18,23)

Αθανι Ethni ▸ 1
    Αθανι ▸ 1
    Noun · masculine · singular · genitive · (proper) ▸ 1 (1Chr. 6,26)

Αθανιν Ethanim ▸ 1
    Αθανιν ▸ 1
    Noun · singular · genitive · (proper) ▸ 1 (1Kings 8,2)

Αθαριν Atharim ▸ 1
    Αθαριν ▸ 1
    Noun · singular · genitive · (proper) ▸ 1 (Num. 21,1)

Αθελια Athaliah ▸ 1
    Αθελια ▸ 1
    Noun · feminine · singular · genitive · (proper) ▸ 1 (Ezra 8,7)

ἀθέμιτος (α; θέμις) unlawful thing ▸ 4 + 2 = 6
    ἀθεμίτοις ▸ 1 + 1 = 2
    Adjective · feminine · plural · dative ▸ 1 (1Pet. 4,3)
    Adjective · neuter · plural · dative · noDegree ▸ 1 (2Mac. 6,5)
    ἀθέμιτόν ▸ 1
    Adjective · neuter · singular · nominative ▸ 1 (Acts 10,28)
    ἀθεμίτους ▸ 1
    Adjective · masculine · plural · accusative · noDegree ▸ 1 (2Mac. 10,34)
    ἀθεμίτων ▸ 2
    Adjective · masculine · plural · genitive · noDegree ▸ 1 (3Mac. 5,20)
    Adjective · neuter · plural · genitive · noDegree ▸ 1 (2Mac. 7,1)

ἄθεος (α; θεός) ungodly, godless ▸ 1
    ἄθεοι ▸ 1
    Adjective · masculine · plural · nominative ▸ 1 (Eph. 2,12)

Αθερ Ether ▸ 1
    Αθερ ▸ 1
    Noun · singular · nominative · (proper) ▸ 1 (Josh. 15,42)

Αθερσαθα Athersatha (Heb. governor) ▸ 2
    Αθερσαθα ▸ 2
    Noun · masculine · singular · nominative · (proper) ▸ 2 (Ezra 2,63; Neh. 7,65)

ἀθεσία (α; τίθημι) treachery, faithlessness ▸ 3 + 1 = 4
    ἀθεσίαν ▸ 3
    Noun · feminine · singular · accusative · (common) ▸ 3 (1Mac. 16,17; 2Mac. 15,10; Jer. 20,8)
    ἀθεσίᾳ ▸ 1
    Noun · feminine · singular · dative · (common) ▸ 1 (Dan. 9,7)

ἄθεσμος (α; τίθημι) illicit; wicked ▸ 1 + 2 = 3
    ἀθέσμου ▸ 1
    Adjective · feminine · singular · genitive · noDegree ▸ 1 (3Mac. 5,12)
    ἀθέσμων ▸ 2
    Adjective · masculine · plural · genitive ▸ 2 (2Pet. 2,7; 2Pet. 3,17)

ἀθέσμως (α; τίθημι) wickedly ▸ 1
    ἀθέσμως ▸ 1
    Adverb ▸ 1 (3Mac. 6,26)

ἀθετέω (α; τίθημι) to reject; to rebel against ▸ 62 + 2 + 16 = 80

ἀθετεῖ ▸ 5 + 4 = 9
  Verb · third · singular · present · active · indicative ▸ 5 + 4 = 9 (Psa. 32,10; Psa. 32,10; Is. 21,2; Is. 33,1; Jer. 3,20; Luke 10,16; Luke 10,16; Gal. 3,15; 1Th. 4,8)
ἀθετεῖν ▸ 1
  Verb · present · active · infinitive ▸ 1 (2Mac. 13,25)
ἀθετεῖτε ▸ 1
  Verb · second · plural · present · active · indicative ▸ 1 (Mark 7,9)
ἀθετηθῇ ▸ 1
  Verb · third · singular · aorist · passive · subjunctive ▸ 1 (Is. 31,2)
ἀθετηθήσεται ▸ 1
  Verb · third · singular · future · passive · indicative ▸ 1 (1Mac. 11,36)
ἀθετῆσαι ▸ 2 + 1 = 3
  Verb · aorist · active · infinitive ▸ 2 + 1 = 3 (2Chr. 36,13; 2Chr. 36,14; Mark 6,26)
ἀθετῆσαί ▸ 1
  Verb · aorist · active · infinitive ▸ 1 (1Mac. 14,44)
ἀθετήσας ▸ 1
  Verb · aorist · active · participle · masculine · singular · nominative ▸ 1 (Heb. 10,28)
ἀθετήσει ▸ 2
  Verb · third · singular · future · active · indicative ▸ 2 (2Mac. 14,28; Psa. 131,11)
ἀθετήσεις ▸ 2
  Verb · second · singular · future · active · indicative ▸ 2 (Deut. 21,14; Is. 48,8)
ἀθετήσῃ ▸ 1
  Verb · third · singular · aorist · active · subjunctive ▸ 1 (1Mac. 14,45)
ἀθετήσω ▸ 1 + 1 = 2
  Verb · first · singular · future · active · indicative ▸ 1 (1Cor. 1,19)
  Verb · first · singular · aorist · active · subjunctive ▸ 1 (Psa. 88,35)
ἀθετήσωσιν ▸ 1
  Verb · third · plural · aorist · active · subjunctive ▸ 1 (Is. 63,8)
ἀθετοῦντες ▸ 3
  Verb · present · active · participle · masculine · plural · nominative ▸ 3 (Is. 24,16; Is. 33,1; Jer. 12,1)
ἀθετούντων ▸ 3
  Verb · present · active · participle · masculine · plural · genitive ▸ 3 (Wis. 5,1; Jer. 9,1; Jer. 15,16)
ἀθετοῦσιν ▸ 1 + 1 = 2
  Verb · present · active · participle · masculine · plural · dative ▸ 1 + 1 = 2 (Is. 24,16; Jude 8)
ἀθετῶ ▸ 1
  Verb · first · singular · present · active · indicative ▸ 1 (Gal. 2,21)
ἀθετῶν ▸ 5 + 4 = 9
  Verb · present · active · participle · masculine · singular · nominative ▸ 5 + 4 = 9 (Psa. 14,4; Is. 21,2; Is. 33,1; Is. 48,8; Jer. 5,11; Luke 10,16; Luke 10,16; John 12,48; 1Th. 4,8)
Ἠθετήκασιν ▸ 1
  Verb · third · plural · perfect · active · indicative ▸ 1 (1Sam. 13,3)
ἠθέτησαν ▸ 7 + 2 + 2 = 11
  Verb · third · plural · aorist · active · indicative ▸ 7 + 2 + 2 = 11 (Judg. 9,23; 1Chr. 5,25; Is. 1,2; Lam. 1,2; Ezek. 22,26; Ezek. 39,23; Dan. 3,95; Judg. 9,23; Dan. 9,7; Luke 7,30; 1Tim. 5,12)
Ἠθέτησαν ▸ 1
  Verb · third · plural · aorist · active · indicative ▸ 1 (Judith 14,18)
ἠθέτησάν ▸ 2
  Verb · third · plural · aorist · active · indicative ▸ 2 (1Kings 8,50; Jer. 12,6)
ἠθέτησας ▸ 1
  Verb · second · singular · aorist · active · indicative ▸ 1 (2Kings 18,20)
ἠθέτησεν ▸ 19
  Verb · third · singular · aorist · active · indicative ▸ 19 (Ex. 21,8; 1Kings 12,19; 2Kings 1,1; 2Kings 3,5; 2Kings 3,7; 2Kings 8,20; 2Kings 8,22; 2Kings 8,22; 2Kings 18,7; 2Kings 24,1; 2Kings 24,20; 1Chr. 2,7; 2Chr. 10,19; Esth. 2,15; Judith 16,5; 1Mac. 6,62; 1Mac. 15,27; Jer. 3,20; Jer. 5,11)
ἠθέτουν ▸ 1
  Verb · third · plural · imperfect · active · indicative ▸ 1 (1Sam. 2,17)
ἀθέτημα (α; τίθημι) infidelity, unfaithfulness ▸ 3
  ἀθετήματα ▸ 3
    Noun · neuter · plural · accusative · (common) ▸ 3 (1Kings 8,50; 2Chr. 36,14; Jer. 12,1)
ἀθέτησις (α; τίθημι) nullification, removal ▸ 1 + 2 = 3
  ἀθέτησιν ▸ 1
    Noun · feminine · singular · accusative ▸ 1 (Heb. 9,26)
  ἀθέτησις ▸ 1 + 1 = 2
    Noun · feminine · singular · nominative · (common) ▸ 1 + 1 = 2 (1Sam. 24,12; Heb. 7,18)
ἀθεώρητος (α; θεωρέω) unseen ▸ 1
  ἀθεώρητος ▸ 1
    Adjective · masculine · singular · nominative · noDegree ▸ 1 (Wis. 17,18)
Ἀθῆναι Athens ▸ 4
  Ἀθήναις ▸ 2
    Noun · feminine · plural · dative · (proper) ▸ 2 (Acts 17,16; 1Th. 3,1)
  Ἀθηνῶν ▸ 2
    Noun · feminine · plural · genitive · (proper) ▸ 2 (Acts 17,15; Acts 18,1)
Ἀθηναῖος (Ἀθῆναι) Athenian ▸ 2 + 2 = 4
  Ἀθηναῖοι ▸ 2
    Adjective · masculine · plural · nominative · (proper) ▸ 1 (Acts 17,21)
    Adjective · masculine · plural · vocative · (proper) ▸ 1 (Acts 17,22)
  Ἀθηναίοις ▸ 1
    Noun · masculine · plural · dative · (proper) ▸ 1 (2Mac. 9,15)
  Ἀθηναῖον ▸ 1
    Noun · masculine · singular · accusative · (proper) ▸ 1 (2Mac. 6,1)
Ἀθηνόβιος Athenobius ▸ 2
  Ἀθηνόβιον ▸ 1
    Noun · masculine · singular · accusative · (proper) ▸ 1 (1Mac. 15,28)
  Ἀθηνόβιος ▸ 1
    Noun · masculine · singular · nominative · (proper) ▸ 1 (1Mac. 15,32)
Αθιν Athin ▸ 1
  Αθιν ▸ 1
    Noun · masculine · singular · nominative · (proper) ▸ 1 (1Chr. 8,25)
ἀθλέω (ἄθλον) to strive ▸ 2
  ἀθλῇ ▸ 1
    Verb · third · singular · present · active · subjunctive ▸ 1 (2Tim. 2,5)
  ἀθλήσῃ ▸ 1

ἀθλέω–ἀθῷος

Verb · third · singular · aorist · active · subjunctive ▸ 1 (2Tim. 2,5)

ἄθλησις (ἆθλον) struggle ▸ 1
  ἄθλησιν ▸ 1
    Noun · feminine · singular · accusative ▸ 1 (Heb. 10,32)

ἀθλητής (ἆθλον) athlete; prizefighter ▸ 3
  ἀθλητάς ▸ 1
    Noun · masculine · plural · accusative · (common) ▸ 1 (4Mac. 17,16)
  ἀθλητάς ▸ 1
    Noun · masculine · plural · accusative · (common) ▸ 1 (4Mac. 17,15)
  ἀθλητής ▸ 1
    Noun · masculine · singular · nominative · (common) ▸ 1 (4Mac. 6,10)

ἄθλιος (ἆθλον) struggling; miserable; rivaling ▸ 2
  ἀθλιώτατε ▸ 1
    Adjective · masculine · singular · vocative · superlative ▸ 1 (3Mac. 5,37)
  ἀθλιωτάτης ▸ 1
    Adjective · feminine · singular · genitive · superlative ▸ 1 (3Mac. 5,49)

ἀθλοθετέω (ἆθλον; τίθημι) to give a reward ▸ 1
  ἠθλοθέτει ▸ 1
    Verb · third · singular · imperfect · active · indicative ▸ 1 (4Mac. 17,12)

ἆθλον prize, reward ▸ 2
  ἆθλα ▸ 1
    Noun · neuter · plural · accusative · (common) ▸ 1 (4Mac. 9,8)
  ἄθλων ▸ 1
    Noun · neuter · plural · genitive · (common) ▸ 1 (Wis. 4,2)

ἀθλοφόρος (ἆθλον; φέρω) winner of the prize, victorious ▸ 2
  ἀθλοφόρε ▸ 1
    Adjective · feminine · singular · vocative · noDegree ▸ 1 (4Mac. 15,29)
  ἀθλοφόρῳ ▸ 1
    Adjective · feminine · singular · dative · noDegree ▸ 1 (4Mac. 18,23)

Αθουκιιν (Hebr.) ancient, of old ▸ 1
  αθουκιιν ▸ 1
    Noun · masculine · singular · accusative · (proper) ▸ 1 (1Chr. 4,22)

Αθουρ Asshur; Assyria ▸ 1
  Αθουρ ▸ 1
    Noun · feminine · singular · accusative · (proper) ▸ 1 (Tob. 14,4)

Αθουριας Assyria ▸ 1
  Αθουριας ▸ 1
    Noun · masculine · singular · nominative · (proper) ▸ 1 (Tob. 14,15)

ἀθροίζω (α; θρόος) to gather together ▸ 15 + 1 = 16
  Ἀθροίσατε ▸ 1
    Verb · second · plural · aorist · active · imperative ▸ 1 (1Sam. 7,5)
  ἀθροίσθητε ▸ 1
    Verb · second · plural · aorist · passive · imperative ▸ 1 (Gen. 49,2)
  ἄθροισον ▸ 1
    Verb · second · singular · aorist · active · imperative ▸ 1 (Jer. 18,21)
  ἀθροίσω ▸ 1
    Verb · first · singular · future · active · indicative ▸ 1 (Ezek. 36,24)
  ἠθροίζοντο ▸ 1
    Verb · third · plural · imperfect · middle · indicative ▸ 1 (3Mac. 1,20)
  ἤθροισεν ▸ 6
    Verb · third · singular · aorist · active · indicative ▸ 6 (2Kings 6,24; 1Mac. 3,13; 1Mac. 11,1; 1Mac. 13,2; 1Mac. 14,30; 3Mac. 6,25)
  ἠθροίσθη ▸ 1
    Verb · third · singular · aorist · passive · indicative ▸ 1 (1Mac. 3,44)
  ἠθροίσθησαν ▸ 3
    Verb · third · plural · aorist · passive · indicative ▸ 3 (Num. 20,2; 1Mac. 9,28; 1Mac. 11,60)
  ἠθροισμένους ▸ 1
    Verb · perfect · passive · participle · masculine · plural · accusative · (variant) ▸ 1 (Luke 24,33)

ἄθροισμα (α; θρόος) gathering ▸ 1
  ἄθροισμα ▸ 1
    Noun · neuter · singular · accusative · (common) ▸ 1 (1Mac. 3,13)

ἀθρόος (α; θρόος) gathered; all together, all at once ▸ 1
  ἀθρόους ▸ 1
    Adjective · masculine · plural · accusative · noDegree ▸ 1 (3Mac. 5,14)

ἀθυμέω (α; θυμός) to be discouraged ▸ 9 + 1 = 10
  ἀθυμήσασιν ▸ 1
    Verb · aorist · active · participle · masculine · plural · dative ▸ 1 (Is. 25,4)
  ἀθυμοῦσαν ▸ 1
    Verb · present · active · participle · feminine · singular · accusative ▸ 1 (Deut. 28,65)
  ἀθυμῶσιν ▸ 1
    Verb · third · plural · present · active · subjunctive ▸ 1 (Col. 3,21)
  ἠθύμει ▸ 3
    Verb · third · singular · imperfect · active · indicative ▸ 3 (1Sam. 1,6; 1Sam. 1,7; 1Mac. 4,27)
  ἠθύμησεν ▸ 4
    Verb · third · singular · aorist · active · indicative ▸ 4 (1Sam. 15,11; 2Sam. 6,8; 1Chr. 13,11; Judith 7,22)

ἀθυμία (α; θυμός) discouragement ▸ 2
  ἀθυμία ▸ 1
    Noun · feminine · singular · nominative · (common) ▸ 1 (Psa. 118,53)
  ἀθυμίαν ▸ 1
    Noun · feminine · singular · accusative · (common) ▸ 1 (1Sam. 1,6)

ἄθυτος (α; θύω) rotten, unacceptable ▸ 1
  ἄθυτόν ▸ 1
    Adjective · neuter · singular · nominative · noDegree ▸ 1 (Lev. 19,7)

ἀθῷος (α; θωή) innocent ▸ 54 + 2 + 2 = 58
  ἀθῴα ▸ 2
    Adjective · feminine · singular · nominative · noDegree ▸ 2 (Num. 5,19; Num. 5,28)
  ἀθῷοι ▸ 3
    Adjective · masculine · plural · nominative · noDegree ▸ 3 (Num. 32,22; Josh. 2,19; Josh. 2,20)
  Ἀθῷοί ▸ 1
    Adjective · masculine · plural · nominative · noDegree ▸ 1 (Josh. 2,17)

ἀθῴοις ▸ 3
 Adjective · masculine · plural · dative · noDegree ▸ **1** (Psa. 14,5)
 Adjective · neuter · plural · dative · noDegree ▸ **2** (Psa. 25,6; Psa. 72,13)
ἀθῷον ▸ **19** + **1** = **20**
 Adjective · masculine · singular · accusative · noDegree ▸ **5** (Ex. 23,7; Psa. 9,29; Job 22,30; Jer. 26,28; Sus. 53)
 Adjective · neuter · singular · accusative · noDegree ▸ **14** + **1** = **15** (1Sam. 19,5; 1Sam. 25,26; 1Sam. 25,31; 1Kings 2,5; 2Kings 21,16; 2Kings 24,4; 1Mac. 1,37; 2Mac. 1,8; Psa. 93,21; Psa. 105,38; Jer. 7,6; Jer. 22,3; Jer. 22,17; Jer. 33,15; Matt. 27,4)
Ἀθῷον ▸ **1** + **1** = **2**
 Adjective · masculine · singular · accusative · noDegree ▸ **1** + **1** = **2** (Sus. 53; Sus. 53)
ἀθῷόν ▸ 2
 Adjective · masculine · singular · accusative · noDegree ▸ **2** (Job 9,28; Job 10,14)
ἀθῷος ▸ 12
 Adjective · masculine · singular · nominative · noDegree ▸ **12** (Gen. 24,41; Gen. 24,41; Ex. 21,19; Ex. 21,28; Num. 5,31; Deut. 24,5; 2Sam. 14,9; 2Mac. 7,19; Psa. 17,26; Psa. 23,4; Job 12,6; Sir. 7,8)
ἀθῷός ▸ 1
 Adjective · masculine · singular · nominative ▸ **1** (Matt. 27,24)
Ἀθῷός ▸ 3
 Adjective · feminine · singular · nominative · noDegree ▸ **1** (Jer. 2,35)
 Adjective · masculine · singular · nominative · noDegree ▸ **2** (Judg. 15,3; 2Sam. 3,28)
ἀθῴου ▸ 4
 Adjective · masculine · singular · genitive · noDegree ▸ **1** (Psa. 17,26)
 Adjective · neuter · singular · genitive · noDegree ▸ **3** (Deut. 27,25; 2Kings 24,4; 2Chr. 36,5d)
ἀθῴους ▸ 1
 Adjective · masculine · plural · accusative · noDegree ▸ **1** (Sus. 53)
ἀθῴῳ ▸ 1
 Adjective · neuter · singular · dative · noDegree ▸ **1** (2Chr. 36,5d)
ἀθῴων ▸ 3
 Adjective · feminine · plural · genitive · noDegree ▸ **1** (Jer. 2,34)
 Adjective · neuter · plural · genitive · noDegree ▸ **2** (Esth. 16,5 # 8,12e; Jer. 19,4)
ἀθῳόω (α; θωή) to be unpunished ▸ **17** + **1** = **18**
 ἀθῳωθῇς ▸ 1
  Verb · second · singular · aorist · passive · subjunctive ▸ **1** (Jer. 30,6)
 ἀθῳωθήσεται ▸ 5
  Verb · third · singular · future · passive · indicative ▸ **5** (1Sam. 26,9; Prov. 6,29; Prov. 16,5; Prov. 17,5; Sir. 16,11)
 ἀθῳωθήσῃ ▸ 1
  Verb · second · singular · future · passive · indicative ▸ **1** (Sir. 11,10)
 ἀθῳωμένη ▸ 1
  Verb · present · passive · participle · feminine · singular · nominative ▸ **1** (Jer. 30,6)
 ἀθῳῶν ▸ 1
  Verb · present · active · participle · masculine · singular · nominative ▸ **1** (Nah. 1,3)
 ἀθῳώσει ▸ 2
  Verb · third · singular · future · active · indicative ▸ **2** (Wis. 1,6; Nah. 1,3)
 ἀθῳώσῃς ▸ 3
  Verb · second · singular · aorist · active · subjunctive ▸ **2** (1Kings 2,9; Jer. 18,23)
  Verb · second · singular · future · active · indicative ▸ **1** (1Kings 2,350)
 ἀθῳωσόν ▸ 1
  Verb · second · singular · aorist · active · imperative ▸ **1** (Jer. 15,15)
 ἀθῳώσω ▸ 2
  Verb · first · singular · future · active · indicative ▸ **2** (Joel 4,21; Jer. 26,28)
 Ἠθῴωμαι ▸ 1
  Verb · first · singular · perfect · passive · indicative ▸ **1** (Judg. 15,3)
Αια Aiah ▸ 7
 Αια ▸ 7
  Noun · singular · genitive · (proper) ▸ **5** (2Sam. 21,10; 2Sam. 21,11; 2Kings 17,24; Ezra 2,28; Neh. 7,32)
  Noun · feminine · singular · genitive · (proper) ▸ **1** (2Sam. 21,8)
  Noun · masculine · singular · nominative · (proper) ▸ **1** (1Chr. 1,40)
Αϊα Aia ▸ 1
 Αϊα ▸ 1
  Noun · masculine · singular · nominative · (proper) ▸ **1** (Neh. 10,27)
Αιαλων Aijalon ▸ 1
 Αιαλων ▸ 1
  Noun · feminine · singular · accusative · (proper) ▸ **1** (2Chr. 11,10)
Αιγγαδοις En-gedi ▸ 1
 Αιγγαδοις ▸ 1
  Noun · singular · dative · (proper) ▸ **1** (Sir. 24,14)
αἴγειος (αἴξ) goatskin ▸ **4** + **1** = **5**
 αἰγείας ▸ 4
  Adjective · feminine · plural · accusative · noDegree ▸ **3** (Ex. 25,4; Ex. 35,6; Ex. 35,26)
  Adjective · feminine · singular · genitive · noDegree ▸ **1** (Num. 31,20)
 αἰγείοις ▸ 1
  Adjective · neuter · plural · dative ▸ **1** (Heb. 11,37)
αἰγιαλός (ἄλας) shore ▸ **1** + **6** = **7**
 αἰγιαλόν ▸ 2
  Noun · masculine · singular · accusative ▸ **2** (John 21,4; Acts 27,40)
 αἰγιαλὸν ▸ **1** + **4** = **5**
  Noun · masculine · singular · accusative · (common) ▸ **1** + **4** = **5** (Judg. 5,17; Matt. 13,2; Matt. 13,48; Acts 21,5; Acts 27,39)
αἰγίδιον (αἴξ) goat kid ▸ 1
 αἰγίδια ▸ 1
  Noun · neuter · plural · accusative · (common) ▸ **1** (1Sam. 10,3)
Αιγλα Eglah ▸ 1
 Αιγλα ▸ 1
  Noun · feminine · singular · genitive · (proper) ▸ **1** (2Sam. 3,5)
Αἰγύπτιος (Αἴγυπτος) Egyptian ▸ **140** + **5** = **145**
 Αἰγυπτία ▸ 1
  Adjective · feminine · singular · nominative · noDegree ▸ **1** (Gen. 16,1)
 Αἰγυπτίαν ▸ 1
  Adjective · feminine · singular · accusative · noDegree ▸ **1** (Gen. 16,3)
 Αἰγυπτίας ▸ 1

Αἴγυπτος 51

Adjective · feminine · singular · genitive · noDegree ▸ **1** (Gen. 21,9)
Αἰγύπτιοι ▸ 41 + 1 = 42
Adjective · masculine · plural · nominative · noDegree ▸ 41 + 1 = **42** (Gen. 12,12; Gen. 12,14; Gen. 43,32; Gen. 45,2; Gen. 47,15; Gen. 47,20; Ex. 1,12; Ex. 1,13; Ex. 3,9; Ex. 6,5; Ex. 7,5; Ex. 7,18; Ex. 7,21; Ex. 7,24; Ex. 12,30; Ex. 12,33; Ex. 12,39; Ex. 14,4; Ex. 14,9; Ex. 14,10; Ex. 14,18; Ex. 14,23; Ex. 14,25; Ex. 14,27; Ex. 32,12; Num. 20,15; Num. 33,4; Deut. 26,6; Josh. 24,5; Josh. 24,6; Judg. 10,11; Judith 5,12; Is. 19,2; Is. 19,5; Is. 19,16; Is. 19,21; Is. 19,23; Is. 19,23; Is. 20,5; Is. 20,5; Is. 30,7; Heb. 11,29)
Αἰγυπτίοις ▸ 21
Adjective · masculine · plural · dative · noDegree ▸ **21** (Gen. 41,55; Gen. 41,56; Gen. 43,32; Gen. 43,32; Gen. 46,34; Gen. 47,23; Gen. 50,11; Ex. 10,2; Ex. 14,12; Ex. 14,12; Ex. 14,31; Ex. 15,26; Ex. 18,8; Ex. 19,4; Deut. 7,18; Is. 19,15; Is. 19,17; Is. 19,21; Is. 19,24; Is. 20,3; Is. 36,9)
Αἰγύπτιον ▸ 9 + 2 = 11
Adjective · masculine · singular · accusative · noDegree ▸ 8 + 2 = **10** (Ex. 2,11; Ex. 2,12; Ex. 2,14; Deut. 23,8; 1Sam. 30,11; 2Sam. 23,21; 1Chr. 11,23; Is. 31,3; Acts 7,24; Acts 7,28)
Adjective · neuter · singular · nominative · noDegree ▸ **1** (1Sam. 30,13)
Αἰγύπτιος ▸ 3 + 1 = 4
Adjective · masculine · singular · nominative · noDegree ▸ 3 + 1 = **4** (Gen. 39,1; Ex. 2,19; 1Chr. 2,34; Acts 21,38)
Αἰγυπτίου ▸ 6
Adjective · masculine · singular · genitive · noDegree ▸ **6** (Gen. 39,5; Lev. 24,10; 2Sam. 23,21; 2Sam. 23,21; 1Chr. 11,23; 1Chr. 11,23)
Αἰγυπτίους ▸ 14
Adjective · masculine · plural · accusative · noDegree ▸ **14** (Ex. 3,20; Ex. 3,22; Ex. 12,23; Ex. 12,27; Ex. 12,36; Ex. 14,13; Ex. 14,25; Ex. 14,26; Ex. 14,27; Ex. 14,30; Is. 19,2; Is. 19,22; Ezek. 29,13; Ezek. 30,4)
Αἰγυπτίῳ ▸ 2
Adjective · masculine · singular · dative · noDegree ▸ **1** (Gen. 39,2)
Adjective · neuter · singular · dative · noDegree ▸ **1** (Deut. 28,27)
Αἰγυπτίων ▸ 41 + 1 = 42
Adjective · masculine · plural · genitive · noDegree ▸ 41 + 1 = **42** (Gen. 47,20; Ex. 1,15; Ex. 3,8; Ex. 3,17; Ex. 3,21; Ex. 6,6; Ex. 6,7; Ex. 7,11; Ex. 7,22; Ex. 8,3; Ex. 8,17; Ex. 8,22; Ex. 8,22; Ex. 9,4; Ex. 9,6; Ex. 10,6; Ex. 11,3; Ex. 11,3; Ex. 11,7; Ex. 12,12; Ex. 12,35; Ex. 12,36; Ex. 14,5; Ex. 14,7; Ex. 14,17; Ex. 14,20; Ex. 14,24; Ex. 14,24; Ex. 14,30; Ex. 18,8; Ex. 18,9; Ex. 18,10; Num. 33,3; Deut. 11,4; Josh. 24,7; 1Esdr. 8,66; Is. 19,3; Is. 19,19; Is. 30,2; Ezek. 29,14; Ezek. 30,10; Acts 7,22)

Αἴγυπτος Egypt ▸ 633 + 16 + 25 = 674
Αἴγυπτε ▸ 1
Noun · feminine · singular · vocative · (proper) ▸ **1** (Psa. 134,9)
Αἴγυπτον ▸ 107 + 2 + 12 = 121
Noun · feminine · singular · accusative · (proper) ▸ 107 + 2 + 12 = **121** (Gen. 12,10; Gen. 12,11; Gen. 12,14; Gen. 26,2; Gen. 37,25; Gen. 37,28; Gen. 37,36; Gen. 39,1; Gen. 41,57; Gen. 43,15; Gen. 45,4; Gen. 46,3; Gen. 46,4; Gen. 46,6; Gen. 46,7; Gen. 46,8; Gen. 46,26; Gen. 46,27; Gen. 47,5; Gen. 48,5; Gen. 50,14; Ex. 1,1; Ex. 1,8; Ex. 4,19; Ex. 4,20; Ex. 4,21; Ex. 7,4; Ex. 7,5; Ex. 11,1; Ex. 13,17; Num. 14,3; Num. 14,4; Num. 20,15; Deut. 10,22; Deut. 17,16; Deut. 26,5; Deut. 28,68; Josh. 24,4; Josh. 24,5; 1Sam. 4,8; 1Sam. 12,8; 1Kings 11,17; 1Kings 11,40; 2Kings 18,21; 2Kings 18,24; 2Kings 23,34; 2Kings 25,26; 2Chr. 36,3; 2Chr. 36,4; Judith 1,10; Judith 5,10; 1Mac. 1,17; 1Mac. 1,20; 2Mac. 1,1; 2Mac. 4,21; 2Mac. 5,1; 2Mac. 5,8; 2Mac. 9,29; 3Mac. 2,25; 3Mac. 3,12; 3Mac. 3,20; 3Mac. 4,18; 3Mac. 7,1; 4Mac. 4,22; Psa. 104,23; Psa. 135,10; Sir. 1,28 Prol.; Hos. 7,11; Hos. 8,13; Hos. 9,3; Hos. 12,2; Is. 10,26; Is. 19,1; Is. 19,4; Is. 19,12; Is. 19,13; Is. 19,14; Is. 19,23; Is. 30,2; Is. 30,3; Is. 31,1; Is. 36,6; Is. 43,3; Is. 52,4; Jer. 9,25; Jer. 33,21; Jer. 33,22; Jer. 48,17; Jer. 49,15; Jer. 49,18; Jer. 49,19; Jer. 50,2; Jer. 50,7; Ezek. 17,15; Ezek. 29,2; Ezek. 29,6; Ezek. 29,12; Ezek. 30,8; Ezek. 30,11; Ezek. 30,16; Ezek. 30,23; Ezek. 30,24; Ezek. 30,26; Ezek. 32,15; Ezek. 32,16; Dan. 11,8; Dan. 11,29; Dan. 11,8; Dan. 11,24; Matt. 2,13; Matt. 2,14; Acts 2,10; Acts 7,9; Acts 7,10; Acts 7,11; Acts 7,12; Acts 7,15; Acts 7,18; Acts 7,34; Acts 7,39; Heb. 11,27)
Αἴγυπτος ▸ 11 + 1 = 12
Noun · feminine · singular · nominative · (proper) ▸ 11 + 1 = **12** (Gen. 50,3; Ex. 10,7; Num. 14,13; 1Sam. 6,6; 1Sam. 12,8; Psa. 104,38; Joel 4,19; Nah. 3,9; Is. 45,14; Jer. 26,20; Lam. 5,6; Rev. 11,8)
Αἰγύπτου ▸ 403 + 14 + 8 = 425
Noun · feminine · singular · genitive · (proper) ▸ 403 + 14 + 8 = **425** (Gen. 13,1; Gen. 13,10; Gen. 15,18; Gen. 21,21; Gen. 25,18; Gen. 40,1; Gen. 40,1; Gen. 40,5; Gen. 41,8; Gen. 41,33; Gen. 41,34; Gen. 41,41; Gen. 41,43; Gen. 41,44; Gen. 41,46; Gen. 41,46; Gen. 41,48; Gen. 41,54; Gen. 41,55; Gen. 42,3; Gen. 43,2; Gen. 45,8; Gen. 45,9; Gen. 45,18; Gen. 45,19; Gen. 45,20; Gen. 45,23; Gen. 45,25; Gen. 45,26; Gen. 47,5; Gen. 47,6; Gen. 47,11; Gen. 47,13; Gen. 47,14; Gen. 47,15; Gen. 47,21; Gen. 47,26; Gen. 47,30; Gen. 50,7; Gen. 50,11; Ex. 1,17; Ex. 1,18; Ex. 1,19; Ex. 2,23; Ex. 3,10; Ex. 3,10; Ex. 3,11; Ex. 3,11; Ex. 3,12; Ex. 3,18; Ex. 3,19; Ex. 4,19; Ex. 5,4; Ex. 6,11; Ex. 6,13; Ex. 6,13; Ex. 6,26; Ex. 6,27; Ex. 6,27; Ex. 6,29; Ex. 7,4; Ex. 7,11; Ex. 7,19; Ex. 7,19; Ex. 7,21; Ex. 8,2; Ex. 8,2; Ex. 8,3; Ex. 8,12; Ex. 8,13; Ex. 8,20; Ex. 9,9; Ex. 9,9; Ex. 9,11; Ex. 9,22; Ex. 9,23; Ex. 9,25; Ex. 10,12; Ex. 10,14; Ex. 10,14; Ex. 10,15; Ex. 10,19; Ex. 10,21; Ex. 10,22; Ex. 11,4; Ex. 11,6; Ex. 11,10; Ex. 12,1; Ex. 12,17; Ex. 12,39; Ex. 12,41; Ex. 12,42; Ex. 12,51; Ex. 13,3; Ex. 13,8; Ex. 13,9; Ex. 13,14; Ex. 13,16; Ex. 13,18; Ex. 14,8; Ex. 14,11; Ex. 16,1; Ex. 16,6; Ex. 16,32; Ex. 17,3; Ex. 18,1; Ex. 19,1; Ex. 20,2; Ex. 23,15; Ex. 29,46; Ex. 32,1; Ex. 32,4; Ex. 32,7; Ex. 32,8; Ex. 32,11; Ex. 32,23; Ex. 33,1; Ex. 34,18; Ex. 40,17; Lev. 11,45; Lev. 18,3; Lev. 19,36; Lev. 22,33; Lev. 23,43; Lev. 25,38; Lev. 25,42; Lev. 25,55; Lev. 26,13; Lev. 26,45; Num. 1,1; Num. 3,13; Num. 9,1; Num. 11,20; Num. 13,22; Num. 14,19; Num. 15,41; Num. 20,5; Num. 20,16; Num. 21,5; Num. 22,5; Num. 22,11; Num. 23,22; Num. 24,8; Num. 26,4; Num. 32,11; Num. 33,1; Num. 33,38; Num. 34,5; Deut. 1,27; Deut. 4,20; Deut. 4,37; Deut. 4,45; Deut. 4,46; Deut. 5,6; Deut. 6,4; Deut. 6,12; Deut. 7,8; Deut. 7,15; Deut. 8,14; Deut. 9,7; Deut. 9,12; Deut. 9,26; Deut. 9,29; Deut. 11,3; Deut. 11,3; Deut. 11,10; Deut. 13,6; Deut. 13,11; Deut. 15,15; Deut. 16,1; Deut. 16,3; Deut. 16,3; Deut. 16,6; Deut. 20,1; Deut. 21,8; Deut. 23,5; Deut. 24,9; Deut. 25,17; Deut. 26,8; Deut. 28,60; Deut. 29,24; Josh. 2,10; Josh. 5,4; Josh. 5,6; Josh. 5,9; Josh. 13,3; Josh. 15,4; Josh. 15,47; Josh. 16,10; Josh. 24,6; Josh. 24,17; Josh. 24,31a; Josh. 24,32; Judg. 2,1; Judg. 2,12; Judg. 6,8; Judg. 6,9; Judg. 6,13; Judg. 11,13; Judg. 11,16; Judg. 19,30; Judg. 19,30; 1Sam. 8,8; 1Sam. 10,18; 1Sam. 10,18; 1Sam. 12,6; 1Sam. 12,8; 1Sam. 15,2; 1Sam. 15,6; 1Sam. 15,7; 1Sam. 27,8; 2Sam. 7,6; 2Sam. 7,23; 2Sam. 8,7; 1Kings 2,35b; 1Kings 2,46k; 1Kings 5,10; 1Kings 5,14b; 1Kings 6,1; 1Kings 8,9; 1Kings 8,16; 1Kings 8,21; 1Kings 8,51; 1Kings 8,53; 1Kings 8,65; 1Kings 9,9; 1Kings 10,26a; 1Kings 10,28; 1Kings 10,29;

1Kings 11,18; 1Kings 11,40; 1Kings 12,20; 1Kings 12,24c; 1Kings 12,24d; 1Kings 12,24f; 1Kings 12,28; 1Kings 14,25; 2Kings 7,6; 2Kings 17,4; 2Kings 17,7; 2Kings 17,7; 2Kings 17,36; 2Kings 18,21; 2Kings 21,15; 2Kings 23,29; 2Kings 24,7; 2Kings 24,7; 2Kings 24,7; 1Chr. 13,5; 1Chr. 17,21; 2Chr. 1,16; 2Chr. 1,17; 2Chr. 5,10; 2Chr. 6,5; 2Chr. 7,8; 2Chr. 7,22; 2Chr. 9,26; 2Chr. 9,28; 2Chr. 10,2; 2Chr. 12,2; 2Chr. 12,3; 2Chr. 12,9; 2Chr. 20,10; 2Chr. 26,8; 2Chr. 35,20; 1Esdr. 1,23; 1Esdr. 1,24; 1Esdr. 1,33; 1Esdr. 1,35; 1Esdr. 1,36; Neh. 9,18; Esth. 13,16 # 4,17g; Judith 1,9; Judith 5,11; Judith 5,12; Judith 6,5; Tob. 8,3; 1Mac. 1,16; 1Mac. 1,18; 1Mac. 1,19; 1Mac. 2,53; 1Mac. 3,32; 1Mac. 10,51; 1Mac. 10,57; 1Mac. 11,1; 1Mac. 11,13; 1Mac. 11,59; 2Mac. 5,11; 3Mac. 6,4; Psa. 67,32; Psa. 79,9; Psa. 80,6; Psa. 80,11; Psa. 113,1; Psa. 134,8; Prov. 7,16; Sol. 2,26; Hos. 2,17; Hos. 9,6; Hos. 11,1; Hos. 11,11; Hos. 12,10; Hos. 12,14; Hos. 13,4; Amos 2,10; Amos 3,1; Amos 3,9; Amos 4,10; Amos 8,8; Amos 9,5; Amos 9,7; Mic. 6,4; Mic. 7,15; Zech. 10,10; Zech. 10,11; Zech. 14,18; Zech. 14,19; Is. 7,18; Is. 10,24; Is. 11,11; Is. 11,15; Is. 11,16; Is. 19,1; Is. 19,1; Is. 19,20; Is. 19,23; Is. 20,4; Is. 20,4; Is. 36,6; Jer. 2,6; Jer. 2,18; Jer. 2,36; Jer. 7,22; Jer. 7,25; Jer. 11,4; Jer. 16,14; Jer. 23,7; Jer. 26,2; Jer. 26,8; Jer. 26,11; Jer. 26,13; Jer. 26,17; Jer. 26,19; Jer. 26,24; Jer. 32,19; Jer. 38,32; Jer. 39,21; Jer. 41,13; Jer. 44,5; Jer. 44,7; Jer. 49,14; Jer. 49,16; Jer. 49,17; Jer. 50,11; Jer. 50,12; Jer. 51,30; Bar. 1,19; Bar. 1,20; Bar. 2,11; Ezek. 16,26; Ezek. 19,4; Ezek. 20,5; Ezek. 20,6; Ezek. 20,7; Ezek. 20,8; Ezek. 20,8; Ezek. 20,9; Ezek. 20,10; Ezek. 20,36; Ezek. 23,8; Ezek. 23,27; Ezek. 23,27; Ezek. 27,7; Ezek. 29,2; Ezek. 29,9; Ezek. 29,10; Ezek. 29,19; Ezek. 29,20; Ezek. 30,6; Ezek. 30,9; Ezek. 30,13; Ezek. 30,15; Ezek. 30,18; Ezek. 30,21; Ezek. 30,22; Ezek. 30,25; Ezek. 31,2; Ezek. 32,2; Ezek. 32,12; Ezek. 32,18; Dan. 9,15; Dan. 11,5; Dan. 11,6; Dan. 11,9; Dan. 11,11; Dan. 11,14; Dan. 11,15; Dan. 11,25; Dan. 11,25; Dan. 11,40; Dan. 11,40; Dan. 11,42; Dan. 11,43; Josh. 15,47; Judg. 2,1; Judg. 2,12; Judg. 6,8; Judg. 6,9; Judg. 6,13; Judg. 10,11; Judg. 11,13; Judg. 11,16; Judg. 19,30; Tob. 8,3; Dan. 9,15; Dan. 11,42; Dan. 11,43; Matt. 2,15; Acts 7,10; Acts 7,40; Acts 13,17; Heb. 3,16; Heb. 8,9; Heb. 11,26; Jude 5)

αιδαδ aidad (Heb. joyful shouting) ▸ 2
   αιδαδ ▸ 2

Αἰγύπτῳ ▸ 111 + 4 = 115
   Noun · feminine · singular · dative · (proper) ▸ 111 + 4 = **115**
   (Gen. 41,19; Gen. 41,29; Gen. 41,30; Gen. 41,36; Gen. 41,53; Gen. 42,1; Gen. 42,2; Gen. 45,13; Gen. 46,20; Gen. 46,27; Gen. 47,27; Gen. 47,28; Gen. 47,29; Gen. 48,5; Gen. 50,22; Gen. 50,26; Ex. 1,5; Ex. 3,7; Ex. 3,16; Ex. 4,18; Ex. 5,12; Ex. 6,28; Ex. 7,3; Ex. 9,18; Ex. 9,24; Ex. 11,5; Ex. 11,9; Ex. 11,10; Ex. 12,12; Ex. 12,12; Ex. 12,13; Ex. 12,27; Ex. 12,29; Ex. 12,30; Ex. 12,40; Ex. 13,15; Ex. 14,11; Ex. 14,12; Ex. 16,3; Ex. 22,20; Ex. 23,9; Lev. 19,34; Num. 8,17; Num. 11,5; Num. 11,18; Num. 14,2; Num. 14,22; Num. 20,15; Num. 26,59; Num. 33,4; Deut. 1,30; Deut. 4,34; Deut. 5,15; Deut. 6,21; Deut. 6,22; Deut. 10,19; Deut. 16,12; Deut. 24,18; Deut. 24,20; Deut. 24,22; Deut. 29,1; Deut. 29,15; Deut. 34,11; Josh. 9,9; Josh. 24,7; Josh. 24,14; 1Sam. 2,27; 1Kings 11,21; 1Kings 11,40; 1Kings 11,43; 1Kings 11,43; 1Kings 12,24d; 2Chr. 10,2; 2Chr. 10,2; Neh. 9,9; Neh. 9,10; Neh. 9,17; Judith 1,12; 1Mac. 1,19; 2Mac. 1,10; Psa. 77,12; Psa. 77,43; Psa. 77,51; Psa. 105,7; Psa. 105,21; Hos. 7,16; Hos. 11,5; Is. 11,16; Is. 19,18; Is. 19,25; Is. 23,5; Is. 27,13; Jer. 24,8; Jer. 26,2; Jer. 39,20; Jer. 49,16; Jer. 51,1; Jer. 51,8; Jer. 51,12; Jer. 51,13; Jer. 51,14; Jer. 51,15; Jer. 51,26; Jer. 51,26; Jer. 51,27; Jer. 51,28; Ezek. 23,3; Ezek. 23,19; Ezek. 23,21; Ezek. 30,4; Ezek. 30,19; Matt. 2,19; Acts 7,17; Acts 7,34; Acts 7,36)

      Noun ▸ **2** (Jer. 31,33; Jer. 32,30)

Αιδαν Haran ▸ 1
   Αιδαν ▸ 1
      Noun · masculine · singular · nominative · (proper) ▸ **1** (1Chr. 23,9)

αἰδέομαι to be ashamed, respect ▸ 6
   αἰδεῖσθαι ▸ 1
      Verb · present · middle · infinitive ▸ **1** (Prov. 24,23)
   αἰδεσθείς ▸ 1
      Verb · aorist · passive · participle · masculine · singular · nominative ▸ **1** (2Mac. 4,34)
   αἰδοῦμαι ▸ 1
      Verb · first · singular · present · middle · indicative ▸ **1** (4Mac. 5,7)
   ᾐδέσατο ▸ 1
      Verb · third · singular · aorist · middle · indicative ▸ **1** (Judith 9,3)
   ᾐδέσθης ▸ 2
      Verb · second · singular · aorist · passive · indicative ▸ **2** (4Mac. 12,11; 4Mac. 12,13)

αἰδήμων (αἰδέομαι) modest ▸ 2
   αἰδήμονα ▸ 1
      Adjective · feminine · singular · accusative · noDegree ▸ **1** (2Mac. 15,12)
   αἰδήμονες ▸ 1
      Adjective · masculine · plural · nominative · noDegree ▸ **1** (4Mac. 8,3)

ἀΐδιος (ἀεί) eternal ▸ 2 + 2 = 4
   ἀϊδίοις ▸ 1
      Adjective · masculine · plural · dative ▸ **1** (Jude 6)
   ἀΐδιον ▸ 1
      Adjective · masculine · singular · accusative · noDegree ▸ **1** (4Mac. 10,15)
   ἀΐδιος ▸ 1
      Adjective · feminine · singular · nominative ▸ **1** (Rom. 1,20)
   ἀϊδίου ▸ 1
      Adjective · neuter · singular · genitive · noDegree ▸ **1** (Wis. 7,26)

ἀϊδιότης (ἀεί) eternity ▸ 1
   ἀϊδιότητος ▸ 1
      Noun · feminine · singular · genitive · (common) ▸ **1** (Wis. 2,23)

αἰδοῖος (αἰδέομαι) august, venerable, tender ▸ 2
   αἰδοῖα ▸ 2
      Adjective · neuter · plural · nominative · noDegree ▸ **2** (Ezek. 23,20; Ezek. 23,20)

αἰδώς (αἰδέομαι) modesty; respect, honor ▸ 2 + 1 = 3
   αἰδοῦς ▸ 1 + 1 = 2
      Noun · feminine · singular · genitive · (common) ▸ 1 + 1 = **2** (3Mac. 4,5; 1Tim. 2,9)
   αἰδώ ▸ 1
      Noun · feminine · singular · accusative · (common) ▸ **1** (3Mac. 1,19)

Αιε Aiah ▸ 1
   Αιε ▸ 1
      Noun · masculine · singular · nominative · (proper) ▸ **1** (Gen. 36,24)

Αιζηλ Uzal ▸ 1
   Αιζηλ ▸ 1
      Noun · masculine · singular · accusative · (proper) ▸ **1** (Gen. 10,27)

αἰθάλη soot ▸ 2
   αἰθάλην ▸ 1
      Noun · feminine · singular · accusative · (common) ▸ **1** (Ex. 9,10)

αἰθάλης ▸ 1
  Noun · feminine · singular · genitive · (common) ▸ **1** (Ex. 9,8)
Αιθαλιμ Ithrites ▸ 1
  Αιθαλιμ ▸ 1
    Noun · masculine · plural · genitive · (proper) ▸ **1** (1Chr. 2,53)
Αιθαμ Aitham (Heb. strong, permanent) ▸ 2
  Αιθαμ ▸ 2
    Noun · singular · genitive · (proper) ▸ **2** (Jer. 27,44; Jer. 30,13)
Αιθαμιν Adummim ▸ 1
  Αιθαμιν ▸ 1
    Noun · singular · genitive · (proper) ▸ **1** (Josh. 18,17)
Αιθαν Ethan ▸ 7
  Αιθαν ▸ 7
    Noun · masculine · singular · dative · (proper) ▸ **1** (Psa. 88,1)
    Noun · masculine · singular · genitive · (proper) ▸ **2** (1Chr. 2,8; 1Chr. 6,27)
    Noun · masculine · singular · nominative · (proper) ▸ **4** (1Chr. 2,6; 1Chr. 6,29; 1Chr. 15,17; 1Chr. 15,19)
Αιθι Ithai ▸ 1
  Αιθι ▸ 1
    Noun · masculine · singular · nominative · (proper) ▸ **1** (1Chr. 11,31)
Αιθιηλ Ithiel ▸ 1
  Αιθιηλ ▸ 1
    Noun · masculine · singular · genitive · (proper) ▸ **1** (Neh. 11,7)
Αἰθιοπία Ethiopia ▸ 17
  Αἰθιοπία ▸ 2
    Noun · feminine · singular · nominative · (proper) ▸ **2** (Psa. 67,32; Nah. 3,9)
  Αἰθιοπίᾳ ▸ 1
    Noun · feminine · singular · dative · (proper) ▸ **1** (Ezek. 30,4)
  Αἰθιοπίαν ▸ 2
    Noun · feminine · singular · accusative · (proper) ▸ **2** (Is. 43,3; Ezek. 30,9)
  Αἰθιοπίας ▸ 12
    Noun · feminine · singular · genitive · (proper) ▸ **12** (Gen. 2,13; 1Esdr. 3,2; Esth. 3,12; Esth. 13,1 # 3,13a; Esth. 8,9; Esth. 16,2 # 8,12b; Judith 1,10; Job 28,19; Zeph. 3,10; Is. 11,11; Is. 18,1; Dan. 3,1)
Αἰθιοπίς Ethiopian (f) ▸ 2
  Αἰθιόπισσαν ▸ 1
    Noun · feminine · singular · accusative · (proper) ▸ **1** (Num. 12,1)
  Αἰθιοπίσσης ▸ 1
    Noun · feminine · singular · accusative · (proper) ▸ **1** (Num. 12,1)
Αἰθίοψ Ethiopian ▸ 27 + 1 + 2 = 30
  Αἰθίοπα ▸ 1
    Noun · masculine · singular · accusative · (proper) ▸ **1** (Jer. 46,16)
  Αἰθίοπας ▸ 1
    Noun · masculine · plural · accusative · (proper) ▸ **1** (2Chr. 14,11)
  Αἰθίοπες ▸ 8
    Noun · masculine · plural · nominative · (proper) ▸ **7** (2Chr. 12,3; 2Chr. 14,11; 2Chr. 14,12; 2Chr. 16,8; Psa. 71,9; Ezek. 38,5; Dan. 11,43)
    Noun · masculine · plural · vocative · (proper) ▸ **1** (Zeph. 2,12)
  Αἰθιόπων ▸ 11 + 1 + 1 = 13
    Noun · masculine · plural · genitive · (proper) ▸ **11 + 1 + 1 = 13** (2Kings 19,9; 2Chr. 21,16; Psa. 86,4; Ode. 4,7; Amos 9,7; Hab. 3,7; Is. 20,4; Is. 37,9; Is. 45,14; Jer. 26,9; Ezek. 29,10; Dan. 11,43; Acts 8,27)
  Αἰθίοψ ▸ 3 + 1 = 4
    Noun · masculine · singular · nominative · (proper) ▸ **3 + 1 = 4** (2Chr. 14,8; Jer. 13,23; Jer. 45,7; Acts 8,27)
  Αἰθίοψιν ▸ 3
    Noun · masculine · plural · dative · (proper) ▸ **3** (Psa. 73,14; Is. 20,3; Is. 20,5)
αἴθριος (αἴθρη) clear, bright; front, atrium ▸ 10
  αἴθριοι ▸ 1
    Adjective · masculine · plural · nominative · noDegree ▸ **1** (1Esdr. 9,11)
  αἴθριον ▸ 6
    Adjective · neuter · singular · accusative · noDegree ▸ **4** (Ezek. 9,3; Ezek. 10,4; Ezek. 40,15; Ezek. 40,19)
    Adjective · neuter · singular · nominative · noDegree ▸ **2** (Ezek. 40,14; Ezek. 40,15)
  αἴθριος ▸ 1
    Adjective · masculine · singular · nominative · noDegree ▸ **1** (Job 2,9c)
  αἰθρίου ▸ 2
    Adjective · neuter · singular · genitive · noDegree ▸ **2** (Ezek. 40,19; Ezek. 47,1)
Αιιν Avvim ▸ 1
  Αιιν ▸ 1
    Noun · singular · nominative · (proper) ▸ **1** (Josh. 18,23)
Αικαρεν Aikaren ▸ 1
  Αικαρεν ▸ 1
    Noun · singular · nominative · (proper) ▸ **1** (Josh. 18,24)
αἰκία (αἰκίζω) outrage, torture, suffering ▸ 3
  αἰκίαις ▸ 2
    Noun · feminine · plural · dative · (common) ▸ **2** (3Mac. 4,14; 3Mac. 6,26)
  αἰκίας ▸ 1
    Noun · feminine · plural · accusative · (common) ▸ **1** (2Mac. 7,42)
αἰκίζω to harm, torment ▸ 8
  αἰκιζόμενοι ▸ 1
    Verb · present · middle · participle · masculine · plural · nominative ▸ **1** (2Mac. 7,13)
  αἰκιζομένους ▸ 1
    Verb · present · passive · participle · masculine · plural · accusative ▸ **1** (2Mac. 7,1)
  αἰκισαμένων ▸ 1
    Verb · aorist · middle · participle · masculine · plural · genitive ▸ **1** (4Mac. 1,11)
  αἰκισθείς ▸ 1
    Verb · aorist · passive · participle · masculine · singular · nominative ▸ **1** (4Mac. 6,16)
  ἠκίζοντο ▸ 1
    Verb · third · plural · imperfect · active · indicative ▸ **1** (2Mac. 7,15)
  ἠκισμένοις ▸ 2
    Verb · perfect · passive · participle · masculine · plural · dative ▸ **2** (2Mac. 8,28; 2Mac. 8,30)
  ἠκισμένους ▸ 1
    Verb · perfect · passive · participle · masculine · plural · accusative ▸ **1** (3Mac. 5,42)
αἰκισμός (αἰκίζω) torture, torment ▸ 5
  αἰκισμοῖς ▸ 1
    Noun · masculine · plural · dative · (common) ▸ **1** (4Mac. 7,4)
  αἰκισμόν ▸ 1
    Noun · masculine · singular · accusative · (common) ▸ **1** (2Mac. 8,17)
  αἰκισμὸν ▸ 2

Noun · masculine · singular · accusative · (common) ▸ **2** (4Mac. 14,1; 4Mac. 15,19)
αἰκισμούς ▸ **1**
Noun · masculine · plural · accusative · (common) ▸ **1** (4Mac. 6,9)

αιλ (Hebr.) pilaster, pier, doorpost ▸ **2**
αιλ ▸ **2**
Noun ▸ **2** (Ezek. 40,48; Ezek. 41,3)

Αιλαθ Elath ▸ **7**
Αιλαθ ▸ **7**
Noun · feminine · singular · accusative · (proper) ▸ **5** (1Kings 9,26; 2Kings 16,6; 2Kings 16,6; 2Chr. 8,17; 2Chr. 26,2)
Noun · feminine · singular · genitive · (proper) ▸ **1** (2Kings 16,6)
Noun · masculine · singular · nominative · (proper) ▸ **1** (1Chr. 1,39)

Αιλαμ Elam ▸ **25** + **1** = **26**
Αιλαμ ▸ **25** + **1** = **26**
Noun · singular · accusative · (proper) ▸ **3** (2Sam. 10,16; 2Sam. 10,17; Jer. 25,16)
Noun · singular · dative · (proper) ▸ **1** (Jer. 25,18)
Noun · singular · genitive · (proper) ▸ **9** + **1** = **10** (Gen. 14,1; Gen. 14,9; Josh. 12,12; Jer. 25,15; Jer. 25,16; Jer. 25,19; Jer. 25,20; Jer. 32,25; Dan. 8,2; Dan. 8,2)
Noun · singular · nominative · (proper) ▸ **1** (Josh. 10,33)
Noun · masculine · singular · accusative · (proper) ▸ **2** (Josh. 10,3; 1Chr. 8,13)
Noun · masculine · singular · genitive · (proper) ▸ **3** (1Chr. 8,40; Ezra 2,7; Neh. 7,12)
Noun · masculine · singular · nominative · (proper) ▸ **5** (Gen. 10,22; 1Chr. 1,17; 1Chr. 8,24; 1Chr. 8,39; Neh. 12,42)
Noun · neuter · plural · accusative · (proper) ▸ **1** (Jer. 25,14)

αιλαμ Elam ▸ **41**
Αιλαμ ▸ **1**
Noun ▸ **1** (Ezek. 32,24)
αιλαμ ▸ **39**
Noun ▸ **39** (1Kings 6,3; 1Kings 6,36a; 1Kings 7,3; 1Kings 7,7; 1Kings 7,8; 1Kings 7,43; 1Kings 7,43; 1Kings 7,44; 1Kings 7,44; 1Kings 7,45; 2Chr. 3,4; Ezek. 8,16; Ezek. 40,6; Ezek. 40,7; Ezek. 40,7; Ezek. 40,9; Ezek. 40,9; Ezek. 40,9; Ezek. 40,10; Ezek. 40,14; Ezek. 40,15; Ezek. 40,16; Ezek. 40,16; Ezek. 40,16; Ezek. 40,25; Ezek. 40,40; Ezek. 40,48; Ezek. 40,48; Ezek. 40,48; Ezek. 40,49; Ezek. 40,49; Ezek. 41,1; Ezek. 41,1; Ezek. 41,15; Ezek. 41,25; Ezek. 41,26; Ezek. 44,3; Ezek. 46,2; Ezek. 46,8)
αιλαμμιν ▸ **1**
Noun ▸ **1** (1Kings 7,43)

Αιλαμίτης Elamite ▸ **3**
Αιλαμῖται ▸ **2**
Noun · masculine · plural · nominative · (proper) ▸ **2** (Is. 21,2; Is. 22,6)
Αιλαμιτῶν ▸ **1**
Noun · masculine · plural · genitive · (proper) ▸ **1** (Is. 11,11)

αιλαμμω ailammo (Heb. vestibule, porch) ▸ **16**
αιλαμμω ▸ **16**
Noun ▸ **16** (Ezek. 40,21; Ezek. 40,22; Ezek. 40,22; Ezek. 40,24; Ezek. 40,25; Ezek. 40,26; Ezek. 40,29; Ezek. 40,29; Ezek. 40,31; Ezek. 40,33; Ezek. 40,33; Ezek. 40,34; Ezek. 40,36; Ezek. 40,36; Ezek. 40,37; Ezek. 40,38)

αιλευ aileu (Heb. its piers, pilasters) ▸ **10**
αιλευ ▸ **10**
Noun ▸ **10** (Ezek. 40,9; Ezek. 40,21; Ezek. 40,24; Ezek. 40,26; Ezek. 40,29; Ezek. 40,31; Ezek. 40,33; Ezek. 40,34; Ezek. 40,36; Ezek. 40,37)

Αιλιμ Elim, Elon ▸ **8**
Αιλιμ ▸ **8**
Noun · singular · dative · (proper) ▸ **1** (Judg. 12,12)
Noun · masculine · plural · accusative · (proper) ▸ **2** (Ex. 15,27; Ex. 16,1)
Noun · masculine · plural · genitive · (proper) ▸ **1** (Ex. 16,1)
Noun · masculine · singular · accusative · (proper) ▸ **1** (Num. 33,9)
Noun · masculine · singular · dative · (proper) ▸ **1** (Num. 33,9)
Noun · masculine · singular · genitive · (proper) ▸ **2** (Num. 33,10; Is. 15,8)

αἴλουρος cat (domestic) ▸ **1**
αἴλουροι ▸ **1**
Noun · masculine · plural · nominative · (common) ▸ **1** (LetterJ 21)

Αιλους Alush ▸ **2**
Αιλους ▸ **2**
Noun · singular · dative · (proper) ▸ **1** (Num. 33,13)
Noun · singular · genitive · (proper) ▸ **1** (Num. 33,14)

Αιλωθ Elath ▸ **1**
Αιλωθ ▸ **1**
Noun · feminine · singular · accusative · (proper) ▸ **1** (2Kings 14,22)

Αιλωμ Ailom ▸ **1** + **3** = **4**
Αιλωμ ▸ **1** + **3** = **4**
Noun · feminine · singular · accusative · (proper) ▸ **1** (Josh. 21,14)
Noun · singular · dative · (proper) ▸ **1** (Judg. 12,12)
Noun · masculine · singular · nominative · (proper) ▸ **2** (Judg. 12,11; Judg. 12,12)

Αιλων Elon, Elath, Aijalon ▸ **11** + **1** = **12**
Αιλων ▸ **11** + **1** = **12**
Noun · feminine · singular · accusative · (proper) ▸ **2** (Josh. 21,24; 2Chr. 28,18)
Noun · feminine · singular · genitive · (proper) ▸ **2** (Deut. 2,8; Josh. 10,12)
Noun · feminine · singular · nominative · (proper) ▸ **3** + **1** = **4** (Josh. 15,44; Josh. 19,43; 1Kings 4,9; Josh. 19,43)
Noun · masculine · singular · genitive · (proper) ▸ **2** (Gen. 26,34; Gen. 36,2)
Noun · masculine · singular · nominative · (proper) ▸ **2** (Judg. 12,11; Judg. 12,12)

αἷμα blood; bloodshed ▸ **396** + **3** + **97** = **496**
Αἷμα ▸ **3**
Noun · neuter · singular · accusative · (common) ▸ **2** (Lev. 17,14; 1Chr. 22,8)
Noun · neuter · singular · nominative · (common) ▸ **1** (2Kings 3,23)
αἷμα ▸ **203** + **1** + **40** = **244**
Noun · neuter · singular · accusative · (common) ▸ **161** + **20** = **181** (Gen. 4,11; Gen. 9,5; Gen. 9,6; Gen. 37,22; Gen. 37,26; Ex. 7,17; Ex. 7,20; Ex. 12,13; Ex. 12,23; Ex. 23,18; Ex. 24,8; Ex. 29,12; Ex. 29,16; Ex. 29,21; Ex. 34,25; Lev. 1,5; Lev. 1,5; Lev. 1,11; Lev. 1,15; Lev. 3,2; Lev. 3,8; Lev. 3,13; Lev. 3,17; Lev. 4,6; Lev. 4,7; Lev. 4,18; Lev. 4,25; Lev. 4,30; Lev. 4,34; Lev. 7,2; Lev. 7,14; Lev. 7,26; Lev. 7,27; Lev. 7,33; Lev. 8,15; Lev. 8,19; Lev. 8,24; Lev. 9,9; Lev. 9,9; Lev. 9,9; Lev. 9,12; Lev. 9,18; Lev. 14,6; Lev. 14,51; Lev. 16,15; Lev. 16,15; Lev. 16,15; Lev. 17,4; Lev. 17,6; Lev. 17,10; Lev. 17,10; Lev. 17,12; Lev. 17,12; Lev. 17,13; Lev. 19,16; Num. 18,17; Num. 23,24; Num. 35,12; Num. 35,19; Num. 35,21; Num. 35,24; Num. 35,25; Num. 35,27; Num. 35,27; Deut. 12,16; Deut. 12,23; Deut. 12,27; Deut. 15,23; Deut. 19,13; Deut.

αἷμα–Αιμανι

21,7; Deut. 21,9; Deut. 32,14; Deut. 32,43; Josh. 20,3; Josh. 20,9; Judg. 9,24; 1Sam. 19,5; 1Sam. 25,26; 1Sam. 25,31; 2Sam. 4,11; 2Sam. 23,17; 1Kings 2,5; 1Kings 2,31; 1Kings 2,32; 1Kings 2,32; 1Kings 20,19; 1Kings 22,35; 1Kings 22,38; 2Kings 3,22; 2Kings 16,13; 2Kings 16,15; 2Kings 16,15; 2Kings 21,16; 2Kings 24,4; 1Chr. 11,19; 2Chr. 29,22; 2Chr. 29,22; 2Chr. 29,22; 2Chr. 29,24; 2Chr. 35,11; Judith 9,3; 1Mac. 1,37; 1Mac. 6,34; 1Mac. 7,17; 2Mac. 1,8; 4Mac. 6,29; Psa. 13,3; Psa. 49,13; Psa. 77,44; Psa. 78,3; Psa. 93,21; Psa. 104,29; Psa. 105,38; Psa. 105,38; Ode. 2,14; Prov. 1,16; Prov. 6,17; Job 6,4; Sir. 11,32; Sir. 28,11; Sir. 34,22; Sol. 8,20; Hos. 1,4; Joel 3,3; Joel 3,4; Joel 4,19; Joel 4,21; Jonah 1,14; Zeph. 1,17; Zech. 9,7; Is. 1,11; Is. 4,4; Is. 26,21; Is. 49,26; Is. 59,7; Is. 63,3; Is. 63,6; Is. 66,3; Jer. 7,6; Jer. 22,3; Jer. 22,17; Jer. 33,15; Lam. 4,13; Ezek. 3,18; Ezek. 3,20; Ezek. 16,38; Ezek. 18,10; Ezek. 22,6; Ezek. 22,9; Ezek. 22,12; Ezek. 22,27; Ezek. 24,8; Ezek. 33,6; Ezek. 33,8; Ezek. 35,6; Ezek. 39,17; Ezek. 39,18; Ezek. 39,19; Ezek. 43,18; Ezek. 44,7; Ezek. 44,15; Matt. 27,4; Luke 13,1; John 6,53; John 6,54; John 6,56; Acts 2,19; Acts 2,20; Acts 5,28; Acts 21,25; Rom. 3,15; Eph. 6,12; Heb. 9,19; Heb. 10,4; Heb. 10,29; Rev. 6,10; Rev. 11,6; Rev. 12,11; Rev. 16,6; Rev. 16,6; Rev. 19,2)

Noun • neuter • singular • nominative • (common) ▸ 42 + 1 + 20 = 63 (Gen. 42,22; Ex. 4,9; Ex. 4,25; Ex. 4,26; Ex. 7,19; Ex. 7,19; Ex. 7,21; Ex. 12,13; Ex. 24,8; Lev. 16,27; Lev. 17,4; Lev. 17,11; Lev. 17,11; Lev. 17,14; Lev. 17,14; Num. 19,5; Num. 35,33; Deut. 12,23; Deut. 17,8; Deut. 19,10; Deut. 21,8; Deut. 21,8; 1Kings 22,35; 2Chr. 19,10; Ode. 2,43; Prov. 21,3; Prov. 30,33; Wis. 14,25; Sir. 8,16; Sir. 17,31; Sir. 39,26; Sir. 40,9; Hos. 12,15; Ezek. 5,17; Ezek. 18,13; Ezek. 23,37; Ezek. 23,45; Ezek. 24,7; Ezek. 28,23; Ezek. 33,4; Ezek. 33,5; Sus. 60-62; Sus. 62; Matt. 16,17; Matt. 23,35; Matt. 27,25; Luke 11,50; John 19,34; Acts 18,6; Acts 22,20; 1Cor. 15,50; Heb. 9,13; Heb. 9,14; Heb. 9,20; Heb. 13,11; 1John 1,7; 1John 5,8; Rev. 6,12; Rev. 8,8; Rev. 14,20; Rev. 16,3; Rev. 16,4; Rev. 18,24)

αἷμά ▸ 8 + 3 = 11

Noun • neuter • singular • accusative • (common) ▸ 2 (1Kings 20,19; Ezek. 16,9)

Noun • neuter • singular • nominative • (common) ▸ 6 + 3 = 9 (1Sam. 26,20; 2Sam. 1,16; 1Kings 2,37; Jer. 28,35; Ezek. 21,37; Ezek. 35,6; Matt. 26,28; Mark 14,24; John 6,55)

αἵμασιν ▸ 7

Noun • neuter • plural • dative • (common) ▸ 7 (2Chr. 24,25; Psa. 105,38; Hos. 4,2; Mic. 3,10; Hab. 2,12; Ezek. 16,36; Ezek. 22,4)

αἵμασίν ▸ 1

Noun • neuter • plural • dative • (common) ▸ 1 (Ezek. 22,13)

αἵματα ▸ 17 + 1 = 18

Noun • neuter • plural • accusative • (common) ▸ 15 + 1 = 16 (1Sam. 25,33; 2Sam. 16,8; 1Kings 2,5; 2Kings 9,7; 2Kings 9,7; 2Kings 9,26; 1Chr. 22,8; 1Chr. 28,3; 2Chr. 30,16; Psa. 9,13; Hos. 4,2; Mic. 7,2; Hab. 2,8; Hab. 2,17; Ezek. 22,3; Judg. 9,24)

Noun • neuter • plural • nominative • (common) ▸ 2 (1Kings 2,33; Jer. 2,34)

αἵματά ▸ 1

Noun • neuter • plural • accusative • (common) ▸ 1 (Ezek. 24,14)

αἵματι ▸ 37 + 18 = 55

Noun • neuter • singular • dative • (common) ▸ 37 + 18 = 55 (Gen. 9,4; Gen. 37,31; Gen. 49,11; Lev. 12,4; Lev. 12,5; Lev. 14,52; Lev. 15,19; Deut. 19,10; 1Sam. 14,32; 1Sam. 14,33; 1Sam. 14,34; 2Sam. 3,27; 2Sam. 20,12; 1Kings 2,9; 1Kings 2,350; 1Kings 22,38; 2Chr. 36,5d; Judith 6,4; 2Mac. 12,16; 4Mac. 3,15; 4Mac. 6,6; 4Mac. 7,8; 4Mac. 9,20; Psa. 57,11; Psa. 67,24; Job 16,18; Job 39,30; Wis. 7,2; Wis. 11,6; Sir. 33,31; Zech. 9,11; Is. 14,19; Is. 59,3; Lam. 4,14; Ezek. 14,19; Ezek. 16,38; Ezek. 38,22; Matt. 23,30; Rom. 3,25; Rom. 5,9; 1Cor. 11,25; Gal. 1,16; Eph. 2,13; Heb. 9,21; Heb. 9,22; Heb. 9,25; Heb. 10,19; Heb. 12,24; Heb. 13,20; 1Pet. 1,19; 1John 5,6; Rev. 1,5; Rev. 7,14; Rev. 8,7; Rev. 19,13)

αἵματί ▸ 4 + 2 = 6

Noun • neuter • singular • dative • (common) ▸ 4 + 2 = 6 (1Kings 20,19; Psa. 29,10; Ezek. 16,6; Ezek. 16,22; Luke 22,20; Rev. 5,9)

αἵματος ▸ 90 + 1 + 32 = 123

Noun • neuter • singular • genitive • (common) ▸ 90 + 1 + 32 = 123 (Gen. 4,10; Gen. 9,6; Ex. 12,7; Ex. 12,22; Ex. 12,22; Ex. 24,6; Ex. 24,6; Ex. 29,12; Ex. 29,20; Ex. 29,21; Ex. 30,10; Lev. 4,5; Lev. 4,6; Lev. 4,7; Lev. 4,16; Lev. 4,17; Lev. 4,18; Lev. 4,25; Lev. 4,30; Lev. 4,34; Lev. 5,9; Lev. 5,9; Lev. 6,20; Lev. 6,23; Lev. 8,15; Lev. 8,23; Lev. 8,24; Lev. 8,30; Lev. 10,18; Lev. 12,7; Lev. 14,14; Lev. 14,17; Lev. 14,25; Lev. 14,28; Lev. 15,25; Lev. 16,14; Lev. 16,14; Lev. 16,15; Lev. 16,18; Lev. 16,18; Lev. 16,19; Lev. 20,18; Num. 19,4; Num. 19,4; Num. 35,33; Num. 35,33; Deut. 17,8; Deut. 19,6; Deut. 19,12; Deut. 27,25; Deut. 32,42; Deut. 32,42; 2Sam. 1,22; 2Sam. 14,11; 1Kings 18,28; 2Kings 9,33; 2Kings 24,4; 2Chr. 19,10; 2Chr. 36,5d; Esth. 16,10 # 8,12k; Judith 8,21; Judith 9,4; 1Mac. 9,38; 1Mac. 9,42; 4Mac. 10,8; 4Mac. 13,20; 4Mac. 17,22; Psa. 78,10; Ode. 2,42; Ode. 2,42; Prov. 1,11; Wis. 12,5; Sir. 12,16; Sir. 14,18; Sir. 27,15; Sir. 50,15; Sol. 8,12; Is. 1,15; Is. 15,9; Is. 33,15; Is. 34,3; Is. 34,6; Is. 34,7; Jer. 26,10; Jer. 31,10; Ezek. 23,45; Ezek. 24,17; Ezek. 43,20; Ezek. 44,24; Ezek. 45,19; Sus. 46; Matt. 23,35; Matt. 23,35; Matt. 27,8; Matt. 27,24; Mark 5,25; Mark 5,29; Luke 8,43; Luke 8,44; Luke 11,51; Luke 11,51; Luke 22,44; Acts 1,19; Acts 15,20; Acts 15,29; Acts 20,26; Acts 20,28; 1Cor. 10,16; 1Cor. 11,27; Eph. 1,7; Col. 1,20; Heb. 2,14; Heb. 9,7; Heb. 9,12; Heb. 9,12; Heb. 9,18; Heb. 11,28; Heb. 12,4; Heb. 13,12; 1Pet. 1,2; 1John 5,6; Rev. 17,6; Rev. 17,6)

αἵματός ▸ 2 + 1 = 3

Noun • neuter • singular • genitive • (common) ▸ 2 + 1 = 3 (Ezek. 16,6; Ezek. 32,5; Matt. 27,6)

αἱμάτων ▸ 23 + 1 = 24

Noun • neuter • plural • genitive • (common) ▸ 23 + 1 = 24 (2Sam. 3,28; 2Sam. 16,7; 2Sam. 16,8; 2Sam. 21,1; 2Kings 9,26; Esth. 16,5 # 8,12e; 2Mac. 8,3; 2Mac. 14,18; 2Mac. 14,45; Psa. 5,7; Psa. 15,4; Psa. 25,9; Psa. 50,16; Psa. 54,24; Psa. 58,3; Psa. 138,19; Prov. 29,10; Sir. 22,24; Sir. 34,21; Nah. 3,1; Jer. 19,4; Ezek. 22,2; Ezek. 24,6; John 1,13)

Αιμαθ Hamath ▸ 12

Αιμαθ ▸ 12

Noun • feminine • singular • accusative • (proper) ▸ 2 (2Kings 14,28; 2Chr. 8,3)

Noun • feminine • singular • genitive • (proper) ▸ 10 (2Kings 14,25; 2Kings 17,24; 2Kings 17,30; 2Kings 18,34; 2Kings 19,13; 2Kings 25,21; 2Chr. 7,8; Is. 36,19; Is. 37,13; Jer. 52,27)

Αιμαν Hemam, Heman, Homam, Ahiman ▸ 17

Αιμαν ▸ 17

Noun • masculine • singular • accusative • (proper) ▸ 2 (1Kings 5,11; 1Chr. 15,17)

Noun • masculine • singular • dative • (proper) ▸ 3 (1Chr. 25,5; 1Chr. 25,5; 2Chr. 5,12)

Noun • masculine • singular • genitive • (proper) ▸ 4 (1Chr. 25,1; 1Chr. 25,4; 2Chr. 29,14; Psa. 87,1)

Noun • masculine • singular • nominative • (proper) ▸ 8 (Gen. 36,22; 1Chr. 1,39; 1Chr. 2,6; 1Chr. 6,18; 1Chr. 9,17; 1Chr. 15,19; 1Chr. 16,41; 2Chr. 35,15)

Αιμανι Heman ▸ 2

Αιμανι ▸ 2
　Noun · masculine · singular · dative · (proper) ▸ 1 (1Chr. 25,4)
　Noun · masculine · singular · genitive · (proper) ▸ 1 (1Chr. 25,6)

Αιμαρεκ Aimarek (Heb. En-Haddah?) ▸ 1
　Αιμαρεκ ▸ 1
　　Noun · singular · nominative · (proper) ▸ 1 (Josh. 19,21)

αἱμάσσω (αἷμα) to beat, to bloody ▸ 1
　αἱμάξαι ▸ 1
　　Verb · aorist · active · infinitive ▸ 1 (Sir. 42,5)

αἱματεκχυσία (αἷμα; ἐκ; χέω) shedding of blood ▸ 1
　αἱματεκχυσίας ▸ 1
　　Noun · feminine · singular · genitive ▸ 1 (Heb. 9,22)

αἱμοβόρος (αἷμα; βιβρώσκω) bloodthirsty ▸ 1
　αἱμοβόρος ▸ 1
　　Adjective · masculine · singular · nominative · noDegree ▸ 1 (4Mac. 10,17)

αἱμορροέω (αἷμα; ῥέω) to bleed ▸ 1 + 1 = 2
　αἱμορροοῦσα ▸ 1
　　Verb · present · active · participle · feminine · singular · nominative ▸ 1 (Matt. 9,20)
　αἱμορροούσῃ ▸ 1
　　Verb · present · active · participle · feminine · singular · dative ▸ 1 (Lev. 15,33)

αἱμωδιάω (αἷμα) to become speechless ▸ 2
　αἱμωδιάσουσιν ▸ 1
　　Verb · third · plural · future · active · indicative ▸ 1 (Jer. 38,30)
　ἡμωδίασαν ▸ 1
　　Verb · third · plural · aorist · active · indicative ▸ 1 (Jer. 38,29)

Αιν Ijon ▸ 4 + 1 = 5
　Αιν ▸ 3 + 1 = 4
　　Noun · singular · nominative · (proper) ▸ 1 (Josh. 19,7)
　　Noun · feminine · singular · accusative · (proper) ▸ 2 (1Kings 15,20; 2Kings 15,29)
　　Noun · masculine · singular · genitive · (proper) ▸ 1 (Neh. 2,14)
　αιν ▸ 1
　　Noun · masculine · singular · genitive · (proper) ▸ 1 (Neh. 12,37)

αιν ain (Heb. fountain, ayin) ▸ 1
　αιν ▸ 1
　　Noun ▸ 1 (Psa. 118,121)

Αιναγαλιμ En-eglaim ▸ 1
　Αιναγαλιμ ▸ 1
　　Noun · genitive · (proper) ▸ 1 (Ezek. 47,10)

Αινακιμ Ainakim (Heb. without exception) ▸ 1
　Αινακιμ ▸ 1
　　Noun · masculine · singular · accusative · (proper) ▸ 1 (1Kings 15,22)

Αιναν Enaim, Enan, Hanan, Enon ▸ 10
　Αιναν ▸ 10
　　Noun · singular · dative · (proper) ▸ 1 (Gen. 38,21)
　　Noun · singular · genitive · (proper) ▸ 3 (Gen. 38,14; Ezek. 47,17; Ezek. 48,1)
　　Noun · masculine · singular · genitive · (proper) ▸ 5 (Num. 1,15; Num. 2,29; Num. 7,78; Num. 7,83; Num. 10,27)
　　Noun · masculine · singular · nominative · (proper) ▸ 1 (Neh. 10,27)

Αινγαδιν En-gedi ▸ 1
　Αινγαδιν ▸ 1
　　Noun · genitive · (proper) ▸ 1 (Ezek. 47,10)

Αἰνέας Aeneas ▸ 2
　Αἰνέα ▸ 1
　　Noun · masculine · singular · vocative · (proper) ▸ 1 (Acts 9,34)
　Αἰνέαν ▸ 1
　　Noun · masculine · singular · accusative · (proper) ▸ 1 (Acts 9,33)

αἴνεσις (αἶνος) praise ▸ 64 + 1 = 65
　αἰνέσει ▸ 6
　　Noun · feminine · singular · dative · (common) ▸ 6 (Neh. 9,5; Psa. 65,2; Psa. 68,31; Psa. 105,47; Sir. 39,15; Sir. 51,29)
　αἰνέσεις ▸ 5
　　Noun · feminine · plural · accusative · (common) ▸ 5 (3Mac. 2,20; Psa. 9,15; Psa. 72,28; Psa. 77,4; Psa. 105,2)
　αἰνέσεσίν ▸ 1
　　Noun · feminine · plural · dative · (common) ▸ 1 (1Chr. 16,35)
　αἰνέσεως ▸ 26 + 1 = 27
　　Noun · feminine · singular · genitive · (common) ▸ 26 + 1 = 27 (Lev. 7,12; Lev. 7,12; Lev. 7,13; Lev. 7,15; 2Chr. 20,22; 2Chr. 29,31; 2Chr. 29,31; 2Chr. 33,16; Neh. 12,31; Neh. 12,38; Neh. 12,40; 1Mac. 4,56; 1Mac. 13,51; Psa. 25,7; Psa. 49,14; Psa. 49,23; Psa. 65,8; Psa. 70,8; Psa. 106,22; Psa. 115,8; Ode. 4,3; Ode. 6,10; Sir. 35,2; Jonah 2,10; Hab. 3,3; Is. 51,3; Heb. 13,15)
　αἰνέσεώς ▸ 1
　　Noun · feminine · singular · genitive · (common) ▸ 1 (Psa. 55,13)
　αἴνεσιν ▸ 11
　　Noun · feminine · singular · accusative · (common) ▸ 11 (1Chr. 25,3; Ezra 10,11; Neh. 12,46; Judith 15,14; Psa. 101,22; Psa. 105,12; Psa. 144,21; Is. 42,21; Jer. 17,26; Jer. 40,9; Dan. 5,0)
　αἴνεσίν ▸ 4
　　Noun · feminine · singular · accusative · (common) ▸ 4 (Psa. 50,17; Psa. 70,14; Psa. 78,13; Psa. 108,1)
　Αἴνεσις ▸ 1
　　Noun · feminine · singular · nominative · (common) ▸ 1 (Psa. 144,1)
　αἴνεσις ▸ 7
　　Noun · feminine · singular · nominative · (common) ▸ 7 (Psa. 32,1; Psa. 33,2; Psa. 110,10; Psa. 146,1; Psa. 149,1; Is. 35,10; Is. 51,11)
　αἴνεσίς ▸ 2
　　Noun · feminine · singular · nominative · (common) ▸ 2 (Psa. 47,11; Is. 12,2)

αἰνετός (αἶνος) praised, praiseworthy ▸ 16 + 3 = 19
　αἰνετὸν ▸ 4
　　Adjective · masculine · singular · accusative · noDegree ▸ 1 (2Sam. 22,4)
　　Adjective · neuter · singular · nominative · noDegree ▸ 3 (Ode. 7,26; Ode. 14,35; Dan. 3,26)
　αἰνετός ▸ 1
　　Adjective · masculine · singular · nominative · noDegree ▸ 1 (Dan. 3,26)
　αἰνετὸς ▸ 11 + 2 = 13
　　Adjective · masculine · singular · nominative · noDegree ▸ 11 + 2 = 13 (Lev. 19,24; 2Sam. 14,25; 1Chr. 16,25; Psa. 47,2; Psa. 95,4; Psa. 144,3; Ode. 8,52; Sol. 8,24; Sol. 8,34; Dan. 3,52; Dan. 3,55; Dan. 3,52; Dan. 3,55)
　αἰνετῷ ▸ 1
　　Adjective · masculine · singular · dative · noDegree ▸ 1 (Sol. 3,1)

αἰνέω (αἶνος) to praise ▸ 137 + 6 + 8 = 151
　Αἴνει ▸ 1
　　Verb · second · singular · present · active · imperative ▸ 1 (Psa. 145,1)
　αἴνει ▸ 1
　　Verb · second · singular · present · active · imperative ▸ 1 (Psa. 147,1)
　αἰνεῖν ▸ 16 + 1 = 17
　　Verb · present · active · infinitive ▸ 16 + 1 = 17 (1Chr. 16,4; 1Chr. 16,7; 1Chr. 16,35; 1Chr. 16,41; 1Chr. 23,5; 1Chr. 23,30; 2Chr.

αἴνιγμα

5,13; 2Chr. 8,14; 2Chr. 20,19; 2Chr. 20,21; 2Chr. 31,2; Ezra 3,10; Ezra 3,11; Neh. 12,24; Neh. 12,36; Sir. 47,10; Luke 19,37)

αἰνείσθω ▸ 1
  Verb · third · singular · present · passive · imperative ▸ **1** (Prov. 31,31)

Αἰνεῖτε ▸ 7
  Verb · second · plural · present · active · imperative ▸ **7** (Judith 13,14; Psa. 112,1; Psa. 116,1; Psa. 134,1; Psa. 146,1; Psa. 148,1; Psa. 150,1)

αἰνεῖτε ▸ 25 + 2 = 27
  Verb · second · plural · present · active · imperative ▸ 25 + 2 = **27** (1Chr. 16,10; Judith 13,14; Judith 13,14; Psa. 99,4; Psa. 112,1; Psa. 112,3; Psa. 134,1; Psa. 134,3; Psa. 148,1; Psa. 148,2; Psa. 148,2; Psa. 148,3; Psa. 148,3; Psa. 148,4; Psa. 148,7; Psa. 150,1; Psa. 150,2; Psa. 150,2; Psa. 150,3; Psa. 150,3; Psa. 150,4; Psa. 150,4; Psa. 150,5; Psa. 150,5; Dan. 4,37b; Rom. 15,11; Rev. 19,5)

αἰνείτω ▸ 1
  Verb · third · singular · present · active · imperative ▸ **1** (Prov. 31,30)

αἰνέσαι ▸ 1
  Verb · aorist · active · infinitive ▸ **1** (Job 35,14)

αἰνέσαισαν ▸ 1
  Verb · third · plural · aorist · active · optative ▸ **1** (Gen. 49,8)

αἰνέσατε ▸ 5
  Verb · second · plural · aorist · active · imperative ▸ **5** (Psa. 21,24; Sir. 39,14; Jer. 20,13; Jer. 38,5; Jer. 38,7)

αἰνεσάτω ▸ 1
  Verb · third · singular · aorist · active · imperative ▸ **1** (Psa. 150,6)

αἰνεσάτωσαν ▸ 5
  Verb · third · plural · aorist · active · imperative ▸ **5** (Psa. 68,35; Psa. 106,32; Psa. 148,5; Psa. 148,13; Psa. 149,3)

αἰνεσάτωσάν ▸ 1
  Verb · third · plural · aorist · active · imperative ▸ **1** (1Mac. 4,33)

αἰνέσει ▸ 8
  Verb · third · singular · future · active · indicative ▸ **8** (Psa. 62,6; Psa. 101,19; Psa. 118,175; Sir. 17,27; Sir. 17,28; Sir. 21,15; Sir. 24,1; Sol. 10,5)

αἰνέσετε ▸ 1
  Verb · second · plural · future · active · indicative ▸ **1** (Joel 2,26)

αἰνέσῃς ▸ 1
  Verb · second · singular · aorist · active · subjunctive ▸ **1** (Sir. 11,2)

αἰνέσομέν ▸ 2
  Verb · first · plural · future · active · indicative ▸ **2** (Bar. 3,6; Bar. 3,7)

αἰνέσουσιν ▸ 9
  Verb · third · plural · future · active · indicative ▸ **9** (2Chr. 6,26; Tob. 13,18; Psa. 21,27; Psa. 73,21; Song 6,9; Sir. 17,10; Sir. 39,9; Is. 62,9; Jer. 4,2)

αἰνέσουσίν ▸ 5
  Verb · third · plural · future · active · indicative ▸ **5** (Psa. 83,5; Psa. 113,25; Ode. 11,18; Is. 38,18; Bar. 2,32)

αἰνέσω ▸ 14
  Verb · first · singular · future · active · indicative ▸ **14** (Psa. 34,18; Psa. 55,11; Psa. 55,11; Psa. 68,31; Psa. 108,30; Psa. 144,2; Psa. 145,2; Ode. 12,15; Ode. 14,30; Sir. 51,1; Sir. 51,10; Sir. 51,12; Sir. 51,22; Sol. 5,1)

Αἰνέσωμεν ▸ 1
  Verb · first · plural · aorist · active · subjunctive ▸ **1** (Sir. 44,1)

αἰνῇ ▸ 1
  Verb · third · singular · present · active · subjunctive ▸ **1** (Job 33,30)

αἰνοῦμεν ▸ 1
  Verb · first · plural · present · active · indicative ▸ **1** (1Chr. 29,13)

αἰνοῦμέν ▸ 1
  Verb · first · plural · present · active · indicative ▸ **1** (Ode. 14,4)

αἰνοῦντα ▸ 1
  Verb · present · active · participle · masculine · singular · accusative ▸ **1** (Acts 3,9)

αἰνοῦντας ▸ 1
  Verb · present · active · participle · masculine · plural · accusative ▸ **1** (2Chr. 20,21)

αἰνοῦντες ▸ 2 + 2 = 4
  Verb · present · active · participle · masculine · plural · nominative ▸ 2 + 2 = **4** (1Chr. 23,5; 3Mac. 6,32; Luke 2,20; Acts 2,47)

αἰνοῦντές ▸ 1
  Verb · present · active · participle · masculine · plural · nominative ▸ **1** (Wis. 19,9)

αἰνούντων ▸ 3 + 1 = 4
  Verb · present · active · participle · masculine · plural · genitive ▸ 3 + 1 = **4** (2Chr. 23,12; Esth. 13,17 # 4,17h; Esth. 14,8 # 4,17o; Luke 2,13)

αἰνῶ ▸ 4 + 2 = 6
  Verb · first · singular · present · active · indicative ▸ 4 + 2 = **6** (Dan. 2,23; Dan. 4,37; Dan. 4,37; Dan. 4,37a; Dan. 2,23; Dan. 4,37)

αἰνῶν ▸ 1 + 1 = 2
  Verb · present · active · participle · masculine · singular · nominative ▸ 1 + 1 = **2** (Psa. 17,4; Acts 3,8)

ᾔνεσα ▸ 1
  Verb · first · singular · aorist · active · indicative ▸ **1** (Dan. 4,34)

ᾔνεσά ▸ 1
  Verb · first · singular · aorist · active · indicative ▸ **1** (Psa. 118,164)

ᾔνεσαν ▸ 6 + 2 = 8
  Verb · third · plural · aorist · active · indicative ▸ 6 + 2 = **8** (Judg. 16,24; 1Chr. 16,36; Neh. 5,13; Wis. 10,20; Sir. 47,6; Sir. 50,18; Dan. 5,4; Sus. 63)

ᾔνεσάν ▸ 2
  Verb · third · plural · aorist · active · indicative ▸ **2** (3Mac. 2,8; Job 38,7)

ᾔνεσας ▸ 1 + 1 = 2
  Verb · second · singular · aorist · active · indicative ▸ 1 + 1 = **2** (Dan. 5,23; Dan. 5,23)

ᾐνέσατε ▸ 1
  Verb · second · plural · aorist · active · indicative ▸ **1** (Dan. 5,23)

ᾔνεσεν ▸ 1
  Verb · third · singular · aorist · active · indicative ▸ **1** (Prov. 31,28)

ᾔνουν ▸ 3
  Verb · third · plural · imperfect · active · indicative ▸ **3** (2Chr. 7,3; 3Mac. 5,13; 3Mac. 5,35)

αἴνιγμα (αἶνος) riddle, enigma ▸ 9 + 1 = 10

αἰνίγμασι ▸ 1
  Noun · neuter · plural · dative · (common) ▸ **1** (Sir. 39,3)

αἰνίγμασιν ▸ 2
  Noun · neuter · plural · dative · (common) ▸ **2** (1Kings 10,1; 2Chr. 9,1)

αἰνίγματα ▸ 2
  Noun · neuter · plural · accusative · (common) ▸ **2** (Prov. 1,6; Dan. 8,23)

αἰνίγματι ▸ **1** + **1** = **2**
    Noun · neuter · singular · dative · (common) ▸ **1** + **1** = **2** (Deut. 28,37; 1Cor. 13,12)
αἰνιγμάτων ▸ **3**
    Noun · neuter · plural · genitive · (common) ▸ **3** (Num. 12,8; Wis. 8,8; Sir. 47,15)
αἰνιγματιστής (αἶνος) riddle-speaker ▸ **1**
    αἰνιγματισταί ▸ **1**
        Noun · masculine · plural · nominative · (common) ▸ **1** (Num. 21,27)
αἶνος praise ▸ **11** + **2** = **13**
    αἴνοις ▸ **1**
        Noun · masculine · plural · dative · (common) ▸ **1** (3Mac. 7,16)
    αἶνον ▸ **3** + **2** = **5**
        Noun · masculine · singular · accusative · (common) ▸ **3** + **2** = **5** (2Chr. 23,13; Judith 16,1; Psa. 8,3; Matt. 21,16; Luke 18,43)
    Αἶνος ▸ **2**
        Noun · masculine · singular · nominative · (common) ▸ **2** (Psa. 90,1; Psa. 94,1)
    αἶνος ▸ **3**
        Noun · masculine · singular · nominative · (common) ▸ **3** (Psa. 92,1; Sir. 15,9; Sir. 15,10)
    αἴνους ▸ **1**
        Noun · masculine · plural · accusative · (common) ▸ **1** (Wis. 18,9)
    αἴνῳ ▸ **1**
        Noun · masculine · singular · dative · (common) ▸ **1** (Ezra 3,11)
Αἰνών Aenon ▸ **1**
    Αἰνών ▸ **1**
        Noun · singular · nominative · (proper) ▸ **1** (Josh. 15,61)
Αἰνών Aenon ▸ **1**
    Αἰνών ▸ **1**
        Noun · feminine · singular · dative · (proper) ▸ **1** (John 3,23)
αἴξ goat ▸ **76** + **8** = **84**
    αἶγα ▸ **4**
        Noun · feminine · singular · accusative · (common) ▸ **1** (Gen. 15,9)
        Noun · masculine · singular · accusative · (common) ▸ **3** (Lev. 17,3; Lev. 22,27; Num. 15,27)
    αἶγας ▸ **5**
        Noun · feminine · plural · accusative · (common) ▸ **4** (Gen. 30,35; Gen. 31,10; Gen. 31,12; Gen. 32,15)
        Noun · masculine · plural · accusative · (common) ▸ **1** (Judith 2,17)
    αἶγες ▸ **1**
        Noun · masculine · plural · nominative · (common) ▸ **1** (1Sam. 25,2)
    αἶγές ▸ **1**
        Noun · feminine · plural · nominative · (common) ▸ **1** (Gen. 31,38)
    αἰγῶν ▸ **63** + **8** = **71**
        Noun · feminine · plural · genitive · (common) ▸ **2** (Song 4,1; Song 6,5)
        Noun · masculine · plural · genitive · (common) ▸ **61** + **8** = **69** (Gen. 37,31; Gen. 38,17; Gen. 38,20; Lev. 3,12; Lev. 4,23; Lev. 4,28; Lev. 5,6; Lev. 7,23; Lev. 9,3; Lev. 16,5; Lev. 22,19; Lev. 23,19; Num. 7,16; Num. 7,22; Num. 7,28; Num. 7,34; Num. 7,40; Num. 7,46; Num. 7,52; Num. 7,58; Num. 7,64; Num. 7,70; Num. 7,76; Num. 7,82; Num. 7,87; Num. 15,11; Num. 15,24; Num. 18,17; Num. 28,15; Num. 28,22; Num. 28,30; Num. 29,5; Num. 29,11; Num. 29,16; Num. 29,19; Num. 29,22; Num. 29,25; Num. 29,28; Num. 29,31; Num. 29,34; Num. 29,38; Num. 31,28; Deut. 14,4; Judg. 6,19; Judg. 13,15; Judg. 13,19; Judg. 14,6; Judg. 15,1; 1Sam. 16,20; 1Sam. 19,13; 1Sam. 19,16; 1Kings 21,27; 2Chr. 29,21; 2Chr. 31,6; 2Chr. 35,7; Ezra 6,17; Ezek. 43,22; Ezek. 45,23; Dan. 8,5; Dan. 8,8; Dan. 8,21; Judg. 6,19; Judg. 13,15; Judg. 13,19; Judg. 15,1; Tob. 2,12; Dan. 8,5; Dan. 8,8; Dan. 8,21)
    αἰξίν ▸ **1**
        Noun · masculine · plural · dative · (common) ▸ **1** (Gen. 30,33)
    αἰξίν ▸ **1**
        Noun · masculine · plural · dative · (common) ▸ **1** (Gen. 30,32)
αἰπόλιον (αἴξ; πέλω) male goat; flock of goats ▸ **1**
    αἰπολίου ▸ **1**
        Noun · neuter · singular · genitive · (common) ▸ **1** (Prov. 30,31)
αἰπόλος (αἴξ; πέλω) goat-herder ▸ **1**
    αἰπόλος ▸ **1**
        Noun · masculine · singular · nominative · (common) ▸ **1** (Amos 7,14)
Αιρεμ Arab ▸ **1**
    Αιρεμ ▸ **1**
        Noun · singular · nominative · (proper) ▸ **1** (Josh. 15,52)
αἵρεσις (αἱρέω) faction, sect, school; heresy ▸ **4** + **9** = **13**
    αἱρέσεις ▸ **3**
        Noun · feminine · plural · accusative ▸ **2** (1Cor. 11,19; 2Pet. 2,1)
        Noun · feminine · plural · nominative ▸ **1** (Gal. 5,20)
    αἱρέσεως ▸ **2** + **3** = **5**
        Noun · feminine · singular · genitive · (common) ▸ **2** + **3** = **5** (Gen. 49,5; 1Mac. 8,30; Acts 15,5; Acts 24,5; Acts 28,22)
    αἵρεσιν ▸ **2** + **2** = **4**
        Noun · feminine · singular · accusative · (common) ▸ **2** + **2** = **4** (Lev. 22,18; Lev. 22,21; Acts 24,14; Acts 26,5)
    αἵρεσις ▸ **1**
        Noun · feminine · singular · nominative ▸ **1** (Acts 5,17)
αἱρετίζω (αἱρέω) to choose ▸ **29** + **1** = **30**
    αἱρετιεῖ ▸ **3**
        Verb · third · singular · future · active · indicative ▸ **3** (Gen. 30,20; Zech. 1,17; Zech. 2,16)
    αἱρετίζει ▸ **2**
        Verb · third · singular · present · active · indicative ▸ **2** (Num. 14,8; Mal. 3,17)
    αἱρετίζοντας ▸ **2**
        Verb · present · active · participle · masculine · plural · accusative ▸ **2** (1Esdr. 8,10; 2Mac. 11,24)
    αἱρετίζουσιν ▸ **1**
        Verb · third · plural · present · active · indicative ▸ **1** (1Esdr. 4,19)
    αἱρετιῶ ▸ **1**
        Verb · first · singular · future · active · indicative ▸ **1** (Mal. 3,17)
    ᾑρέτικα ▸ **1**
        Verb · first · singular · perfect · active · indicative ▸ **1** (1Chr. 28,6)
    ᾑρέτικεν ▸ **4**
        Verb · third · singular · perfect · active · indicative ▸ **4** (1Chr. 28,4; 1Chr. 29,1; 2Chr. 29,11; Judith 11,1)
    ᾑρέτικέν ▸ **1**
        Verb · third · singular · perfect · active · indicative ▸ **1** (1Chr. 28,10)
    ᾑρέτισα ▸ **3** + **1** = **4**
        Verb · first · singular · aorist · active · indicative ▸ **3** + **1** = **4** (1Sam. 25,35; Hag. 2,23; Ezek. 20,5; Matt. 12,18)
    ᾑρετισάμεθα ▸ **1**
        Verb · first · plural · aorist · middle · indicative ▸ **1** (1Mac. 9,30)
    ᾑρετισάμην ▸ **3**
        Verb · first · singular · aorist · middle · indicative ▸ **3** (Psa.

αἱρετίζω–αἴρω

118,30; Psa. 118,173; Psa. 131,14)
ᾑρέτισαν ▸ 1
    Verb · third · plural · aorist · active · indicative ▸ **1** (Judg. 5,8)
ᾑρετίσαντο ▸ 1
    Verb · third · plural · aorist · middle · indicative ▸ **1** (1Mac. 2,19)
ᾑρετίσατο ▸ 2
    Verb · third · singular · aorist · middle · indicative ▸ **2** (Psa. 24,12; Psa. 131,13)
ᾑρέτισεν ▸ 1
    Verb · third · singular · aorist · active · indicative ▸ **1** (Hos. 4,18)
ᾑρετίσω ▸ 2
    Verb · second · singular · aorist · middle · indicative ▸ **2** (Sol. 9,9; Sol. 17,4)

αἱρετικός (αἱρέω)   factious; heretical, heretic ▸ 1
αἱρετικὸν ▸ 1
    Adjective · masculine · singular · accusative ▸ **1** (Titus 3,10)

αἱρετίς (αἱρέω)   chooser (f) ▸ 1
αἱρετὶς ▸ 1
    Noun · feminine · singular · nominative · (common) ▸ **1** (Wis. 8,4)

αἱρετός (αἱρέω)   desireable; chosen ▸ 6 + 1 = 7
αἱρετοῖς ▸ 1
    Adjective · neuter · plural · dative · noDegree ▸ **1** (Sir. 11,31)
αἱρετόν ▸ 1
    Adjective · neuter · singular · nominative · noDegree ▸ **1** (Sus. 23)
Αἱρετὸν ▸ 1
    Adjective · neuter · singular · accusative · noDegree ▸ **1** (2Mac. 7,14)
αἱρετὸν ▸ 1
    Adjective · neuter · singular · nominative · noDegree ▸ **1** (Sir. 20,25)
αἱρετώτεραι ▸ 2
    Adjective · feminine · plural · nominative · comparative ▸ **2** (Prov. 16,16; Prov. 16,16)
αἱρετώτερον ▸ 1
    Adjective · neuter · singular · nominative · comparative ▸ **1** (Prov. 22,1)

αἱρέω   to choose ▸ 11 + 3 = 14
αἱρεῖται ▸ 1
    Verb · third · singular · present · middle · indicative ▸ **1** (2Sam. 15,15)
αἱρήσομαι ▸ 1
    Verb · first · singular · future · middle · indicative ▸ **1** (Phil. 1,22)
αἱρούμενοι ▸ 1
    Verb · present · middle · participle · masculine · plural · nominative ▸ **1** (2Mac. 11,25)
εἵλατο ▸ 1
    Verb · third · singular · aorist · middle · indicative ▸ **1** (2Th. 2,13)
εἵλατό ▸ 1
    Verb · third · singular · aorist · middle · indicative ▸ **1** (Deut. 26,18)
ἑλόμενος ▸ 1
    Verb · aorist · middle · participle · masculine · singular · nominative ▸ **1** (Heb. 11,25)
εἵλοντο ▸ 1
    Verb · third · plural · aorist · middle · indicative ▸ **1** (Jer. 8,3)
εἵλου ▸ 4
    Verb · second · singular · aorist · middle · indicative ▸ **4** (Deut. 26,17; Ode. 11,17; Sol. 17,21; Is. 38,17)
ἕλεσθε ▸ 1
    Verb · second · plural · aorist · middle · imperative ▸ **1** (Josh. 24,15)
ἑλώμεθα ▸ 1
    Verb · first · plural · aorist · middle · subjunctive ▸ **1** (Job 34,4)
ᾑρεῖτο ▸ 1
    Verb · third · singular · imperfect · middle · indicative ▸ **1** (1Sam. 19,1)

αἴρω   to take up ▸ 280 + 10 + 101 = 391
αἶρε ▸ 3
    Verb · second · singular · present · active · imperative ▸ **3** (Luke 23,18; Acts 21,36; Acts 22,22)
αἴρει ▸ 8
    Verb · third · singular · present · active · indicative ▸ **8** (Matt. 9,16; Mark 2,21; Mark 4,15; Luke 8,12; Luke 11,22; John 10,18; John 15,2; John 16,22)
αἴρειν ▸ 17
    Verb · present · active · infinitive ▸ **17** (Gen. 40,16; Ex. 25,14; Ex. 25,27; Ex. 27,7; Ex. 30,4; Ex. 38,4; Ex. 38,10; Ex. 38,24; Num. 4,15; Num. 4,24; Deut. 10,8; 1Sam. 2,28; 1Chr. 15,2; Neh. 13,19; 2Mac. 15,5; Psa. 27,2; Jer. 17,27)
αἴρεις ▸ 2
    Verb · second · singular · present · active · indicative ▸ **2** (Luke 19,21; John 10,24)
Αἴρεται ▸ 1
    Verb · third · singular · present · passive · indicative ▸ **1** (Esth. 4,1)
αἴρεται ▸ 2 + 1 = 3
    Verb · third · singular · present · passive · indicative ▸ **2 + 1 = 3** (Is. 33,8; Is. 53,8; Acts 8,33)
αἴρετε ▸ 2 + 1 = 3
    Verb · second · plural · present · active · indicative ▸ **1** (Is. 46,1)
    Verb · second · plural · present · active · imperative ▸ **1 + 1 = 2** (Jer. 17,21; Luke 9,3)
αἰρόμενα ▸ 2
    Verb · present · middle · participle · neuter · plural · accusative ▸ **1** (Num. 4,47)
    Verb · present · passive · participle · neuter · plural · nominative ▸ **1** (Jer. 10,5)
αἰρόμενοι ▸ 1
    Verb · present · passive · participle · masculine · plural · nominative ▸ **1** (Is. 46,3)
αἰρόμενον ▸ 1
    Verb · present · passive · participle · masculine · singular · accusative · (variant) ▸ **1** (Mark 2,3)
αἰρομένους ▸ 2
    Verb · present · passive · participle · masculine · plural · accusative ▸ **2** (Bar. 5,6; LetterJ 3)
αἰρομένων ▸ 2
    Verb · present · passive · participle · masculine · plural · genitive ▸ **1** (Num. 4,32)
    Verb · present · passive · participle · neuter · plural · genitive ▸ **1** (Num. 4,31)
αἶρον ▸ 1 + 1 = 2
    Verb · present · active · participle · neuter · singular · accusative ▸ **1 + 1 = 2** (1Sam. 14,6; Judg. 9,54)
αἴροντα ▸ 8
    Verb · present · active · participle · masculine · singular · accusative ▸ **7** (Judg. 9,54; 1Sam. 10,3; 1Sam. 10,3; 1Sam. 10,3; 1Sam. 14,12; 1Sam. 14,12; 1Sam. 31,4)
    Verb · present · active · participle · neuter · plural · nominative ▸ **1** (2Sam. 18,15)
αἴρονται ▸ 1

αἴρω

Verb · third · plural · present · passive · indicative ▸ **1** (Is. 57,1)

αἴροντας ▸ **5**
   Verb · present · active · participle · masculine · plural · accusative ▸ **5** (Gen. 45,23; Josh. 3,3; Judg. 3,18; 1Sam. 22,18; 1Chr. 15,26)

αἴροντες ▸ **20**
   Verb · present · active · participle · masculine · plural · nominative ▸ **20** (Num. 10,17; Num. 10,21; Josh. 3,15; Josh. 3,17; Josh. 4,10; Josh. 4,18; 2Sam. 6,13; 2Sam. 15,24; 1Kings 2,35d; 1Kings 5,29; 1Chr. 5,18; 1Chr. 12,9; 1Chr. 15,27; 1Chr. 23,26; Neh. 4,11; 1Mac. 5,30; Psa. 125,6; Psa. 125,6; Is. 5,23; Is. 45,20)

αἴροντι ▸ **2**
   Verb · present · active · participle · masculine · singular · dative ▸ **1** (1Chr. 10,4)
   Verb · present · active · participle · neuter · singular · dative ▸ **1** (1Sam. 14,1)

αἴροντος ▸ **1** + **1** = **2**
   Verb · present · active · participle · masculine · singular · genitive ▸ **1** + **1** = **2** (1Mac. 4,30; Luke 6,30)

αἴροντός ▸ **1**
   Verb · present · active · participle · masculine · singular · genitive ▸ **1** (Luke 6,29)

αἰρόντων ▸ **4**
   Verb · present · active · participle · masculine · plural · genitive ▸ **4** (Josh. 3,13; Josh. 3,15; Josh. 4,9; 2Chr. 14,7)

αἴρουσα ▸ **1**
   Verb · present · active · participle · feminine · singular · nominative ▸ **1** (1Kings 10,11)

αἴρουσαι ▸ **2**
   Verb · present · active · participle · feminine · plural · nominative ▸ **2** (1Kings 10,2; 2Chr. 9,1)

αἰρούσας ▸ **1**
   Verb · present · active · participle · feminine · plural · accusative ▸ **1** (Gen. 45,23)

αἴρουσιν ▸ **10**
   Verb · present · active · participle · masculine · plural · dative ▸ **4** (Deut. 31,9; Deut. 31,25; Josh. 3,8; Josh. 4,16)
   Verb · third · plural · present · active · indicative ▸ **6** (Num. 4,49; 1Sam. 4,4; 2Sam. 2,32; 1Kings 6,1a; 1Kings 15,22; Is. 46,7)

αἴρω ▸ **3**
   Verb · first · singular · present · active · indicative ▸ **3** (2Sam. 24,12; 1Chr. 21,10; Is. 49,22)

αἴρων ▸ **21** + **2** = **23**
   Verb · present · active · participle · masculine · singular · nominative ▸ **21** + **2** = **23** (Lev. 11,25; Lev. 11,28; Lev. 11,40; Lev. 15,10; 1Sam. 14,3; 1Sam. 14,7; 1Sam. 14,13; 1Sam. 14,13; 1Sam. 14,14; 1Sam. 14,17; 1Sam. 16,21; 1Sam. 17,7; 1Sam. 31,4; 1Sam. 31,5; 1Sam. 31,6; 2Sam. 23,37; 1Chr. 10,4; 1Chr. 10,5; 1Chr. 11,39; Ode. 14,19; Ode. 14,21; Luke 19,22; John 1,29)

αἴρωσιν ▸ **1**
   Verb · third · plural · present · active · subjunctive ▸ **1** (Mark 6,8)

ἆραι ▸ **14** + **1** + **5** = **20**
   Verb · aorist · active · infinitive ▸ **14** + **1** + **5** = **20** (Gen. 44,1; Gen. 46,5; Judg. 8,28; 1Chr. 15,2; 2Chr. 35,3; 1Esdr. 1,3; 1Mac. 3,29; 1Mac. 3,35; 1Mac. 5,2; 1Mac. 8,18; 1Mac. 16,13; 1Mac. 16,19; Is. 8,8; Is. 48,14; Judg. 8,28; Matt. 24,17; Matt. 24,18; Mark 13,16; Luke 17,31; John 5,10)

ἆραι ▸ **2**
   Verb · aorist · active · infinitive ▸ **1** (Job 6,2)
   Verb · third · singular · aorist · active · optative ▸ **1** (Num. 11,12)

ἆραί ▸ **1** + **1** = **2**
   Verb · aorist · active · infinitive ▸ **1** + **1** = **2** (Is. 51,13; Mark 13,15)

ἄραντες ▸ **1** + **2** = **3**
   Verb · aorist · active · participle · masculine · plural · nominative ▸ **1** + **2** = **3** (1Esdr. 9,47; Acts 27,13; Acts 27,17)

ἄρας ▸ **4** + **5** = **9**
   Verb · aorist · active · participle · masculine · singular · nominative ▸ **4** + **5** = **9** (2Kings 9,26; 1Esdr. 4,58; Esth. 15,7 # 5,1d; Esth. 15,11 # 5:2; Mark 2,12; Luke 5,24; Luke 5,25; Acts 21,11; 1Cor. 6,15)

ἄρατε ▸ **9** + **5** = **14**
   Verb · second · plural · aorist · active · imperative ▸ **9** + **5** = **14** (Lev. 10,4; Psa. 23,7; Psa. 23,9; Psa. 95,8; Is. 13,2; Is. 51,6; Is. 57,14; Jer. 6,1; Jer. 28,12; Matt. 11,29; Matt. 25,28; Luke 19,24; John 2,16; John 11,39)

Ἄρατε ▸ **3**
   Verb · second · plural · aorist · active · imperative ▸ **3** (Gen. 35,2; Josh. 3,6; Jer. 28,27)

ἀρατέ ▸ **1**
   Verb · second · plural · aorist · active · imperative ▸ **1** (Job 21,3)

Ἄρατέ ▸ **1**
   Verb · second · plural · aorist · active · imperative ▸ **1** (Jonah 1,12)

ἀράτω ▸ **1** + **4** = **5**
   Verb · third · singular · aorist · active · imperative ▸ **1** + **4** = **5** (Josh. 4,5; Matt. 16,24; Mark 8,34; Luke 9,23; Luke 22,36)

ἀρεῖ ▸ **6**
   Verb · third · singular · future · active · indicative ▸ **6** (Num. 4,25; 1Kings 18,12; Is. 5,26; Is. 11,12; Is. 33,23; Jer. 50,10)

ἀρεῖς ▸ **6**
   Verb · second · singular · future · active · indicative ▸ **6** (Gen. 47,30; 1Kings 5,23; 2Kings 4,4; Sol. 17,7; Is. 30,14; Is. 58,13)

ἄρῃ ▸ **3** + **5** = **8**
   Verb · third · singular · aorist · active · subjunctive ▸ **3** + **5** = **8** (1Mac. 13,17; Is. 10,15; Lam. 3,27; Matt. 27,32; Mark 15,21; Mark 15,24; John 19,38; 1John 3,5)

ἄρῃς ▸ **2** + **1** = **3**
   Verb · second · singular · aorist · active · subjunctive ▸ **2** + **1** = **3** (Sir. 13,2; Ezek. 23,27; John 17,15)

ἄρητε ▸ **1**
   Verb · second · plural · aorist · active · subjunctive ▸ **1** (Mic. 2,3)

ἀρθεῖσα ▸ **1** + **1** = **2**
   Verb · aorist · passive · participle · feminine · singular · nominative ▸ **1** + **1** = **2** (Dan. 8,13; Dan. 8,13)

ἀρθῇ ▸ **3** + **1** = **4**
   Verb · third · singular · aorist · passive · subjunctive ▸ **3** + **1** = **4** (Is. 18,3; Dan. 6,18; Dan. 7,14; 1Cor. 5,2)

ἀρθήσεται ▸ **8** + **6** = **14**
   Verb · third · singular · future · passive · indicative ▸ **8** + **6** = **14** (Ex. 25,28; Num. 2,17; Is. 16,10; Is. 17,1; Is. 32,13; Jer. 38,24; Ezek. 12,12; Dan. 9,27; Matt. 13,12; Matt. 21,43; Matt. 25,29; Mark 4,25; Luke 8,18; Luke 19,26)

ἀρθήσεταί ▸ **1**
   Verb · third · singular · future · passive · indicative ▸ **1** (Dan. 9,27)

ἀρθήσονται ▸ **4** + **1** = **5**
   Verb · third · plural · future · passive · indicative ▸ **4** + **1** = **5** (Sol. 13,11; Is. 60,4; Is. 66,12; Jer. 10,5; Dan. 7,17)

ἄρθητι ▸ **2**
   Verb · second · singular · aorist · passive · imperative ▸ **2** (Matt. 21,21; Mark 11,23)

ἀρθήτω ▸ **2** + **1** = **3**
   Verb · third · singular · aorist · passive · imperative ▸ **2** + **1** = **3** (Ode. 5,10; Is. 26,10; Eph. 4,31)

ἀρθῶσιν ▸ 1
: **Verb** · third · plural · aorist · passive · subjunctive ▸ **1** (John 19,31)

ἄρον ▸ 6 + 9 = 15
: **Verb** · second · singular · aorist · active · imperative ▸ **6 + 9 = 15** (1Sam. 15,25; 1Sam. 25,28; Is. 49,18; Is. 60,4; Jer. 3,2; Lam. 2,19; Matt. 17,27; Matt. 20,14; Mark 2,9; Mark 2,11; John 5,8; John 5,11; John 5,12; John 19,15; John 19,15)

Ἄρον ▸ 1
: **Verb** · second · singular · aorist · active · imperative ▸ **1** (2Kings 4,19)

ἄρόν ▸ 1
: **Verb** · second · singular · aorist · active · imperative ▸ **1** (Matt. 9,6)

ἀροῦσιν ▸ 5 + 2 = 7
: **Verb** · third · plural · future · active · indicative ▸ **5 + 2 = 7** (Num. 1,50; Num. 4,15; Num. 7,9; Sol. 5,10; Is. 49,22; Mark 16,18; John 11,48)

ἀροῦσίν ▸ 1 + 2 = 3
: **Verb** · third · plural · future · active · indicative ▸ **1 + 2 = 3** (Psa. 90,12; Matt. 4,6; Luke 4,11)

ἀρῶ ▸ 8 + 1 = 9
: **Verb** · first · singular · future · active · indicative ▸ **8 + 1 = 9** (Deut. 32,40; 2Sam. 2,22; Psa. 62,5; Ode. 2,40; Is. 10,14; Is. 15,9; Is. 49,22; Ezek. 36,7; John 20,15)

ἄρωμεν ▸ 1
: **Verb** · first · plural · aorist · active · subjunctive ▸ **1** (Prov. 1,12)

ἦρα ▸ 17 + 2 = 19
: **Verb** · first · singular · aorist · active · indicative ▸ **17 + 2 = 19** (Judith 11,2; Psa. 24,1; Psa. 85,4; Psa. 118,48; Psa. 122,1; Psa. 142,8; Psa. 151,7; Zech. 2,1; Zech. 2,5; Zech. 5,1; Zech. 5,9; Zech. 6,1; Ezek. 20,28; Ezek. 20,42; Ezek. 44,12; Ezek. 47,14; Dan. 10,5; Dan. 8,3; Dan. 10,5)

Ἦρα ▸ 1
: **Verb** · first · singular · aorist · active · indicative ▸ **1** (Psa. 120,1)

ἦραν ▸ 22 + 1 + 11 = 34
: **Verb** · third · plural · aorist · active · indicative ▸ **22 + 1 + 11 = 34** (Gen. 43,34; Lev. 10,5; Num. 13,23; Josh. 3,6; Josh. 6,12; Josh. 8,33 # 9,2d; Judg. 9,49; 1Sam. 6,13; 1Sam. 11,4; 1Kings 8,3; 2Kings 5,23; 2Kings 7,8; 2Kings 14,20; 2Kings 25,13; 1Mac. 4,12; 1Mac. 4,43; 1Mac. 5,30; 1Mac. 9,39; Psa. 82,3; Song 5,7; Mic. 2,1; Ezek. 10,15; Judg. 21,2; Matt. 14,12; Matt. 14,20; Matt. 15,37; Mark 6,29; Mark 6,43; Mark 8,8; Luke 17,13; John 11,41; John 20,2; John 20,13; Acts 4,24)

Ἦραν ▸ 1
: **Verb** · third · plural · aorist · active · indicative ▸ **1** (John 8,59)

ἦρας ▸ 5
: **Verb** · second · singular · aorist · active · indicative ▸ **5** (1Kings 2,26; 2Kings 19,22; Ode. 5,14; Is. 26,14; Is. 37,23)

ἤρατε ▸ 3
: **Verb** · second · plural · aorist · active · indicative ▸ **3** (Mark 8,19; Mark 8,20; Luke 11,52)

ἦρεν ▸ 18 + 2 + 6 = 26
: **Verb** · third · singular · aorist · active · indicative ▸ **18 + 2 + 6 = 26** (Ruth 2,18; 1Sam. 14,18; 1Sam. 24,17; 1Sam. 30,4; 2Sam. 3,32; 2Sam. 4,4; 2Sam. 6,3; 2Sam. 13,34; 2Sam. 19,43; 1Kings 13,29; 2Kings 2,16; 2Kings 4,20; 2Kings 23,16; 1Mac. 9,19; Sir. 20,11; Sir. 38,7; Zech. 2,4; Lam. 3,28; Judg. 9,48; Judg. 19,17; Matt. 24,39; John 5,9; John 11,41; John 19,38; Rev. 10,5; Rev. 18,21)

ἦρέν ▸ 1
: **Verb** · third · singular · aorist · active · indicative ▸ **1** (Psa. 151,4)

ἤρθη ▸ 4 + 3 = 7
: **Verb** · third · singular · aorist · passive · indicative ▸ **4 + 3 = 7** (1Mac. 13,41; Is. 16,4; Is. 53,8; Dan. 7,4; Luke 9,17; Acts 8,33; Acts 20,9)

ἤρθησαν ▸ 1
: **Verb** · third · plural · aorist · passive · indicative ▸ **1** (Bar. 4,26)

ἦρκεν ▸ 1 + 1 = 2
: **Verb** · third · singular · perfect · active · indicative ▸ **1 + 1 = 2** (Job 15,25; Col. 2,14)

ἠρμένον ▸ 1
: **Verb** · perfect · passive · participle · masculine · singular · accusative · (variant) ▸ **1** (John 20,1)

ἦρον ▸ 2
: **Verb** · third · plural · imperfect · active · indicative ▸ **2** (1Kings 5,1; 1Kings 14,28)

ἤροσαν ▸ 1
: **Verb** · third · plural · imperfect · active · indicative ▸ **1** (Josh. 3,14)

ἦρται ▸ 3
: **Verb** · third · singular · perfect · passive · indicative ▸ **3** (Is. 57,1; Is. 57,2; Is. 59,15)

Αισαμ Anim ▸ 1

Αισαμ ▸ 1
: **Noun** · singular · nominative · (proper) ▸ **1** (Josh. 15,50)

Αισαν Ashan ▸ 1

Αισαν ▸ 1
: **Noun** · singular · nominative · (proper) ▸ **1** (1Chr. 4,32)

αἰσθάνομαι to perceive ▸ 11 + 1 = 12

αἰσθάνεται ▸ 1
: **Verb** · third · singular · present · middle · indicative ▸ **1** (Prov. 17,10)

αἰσθανθήσεται ▸ 1
: **Verb** · third · singular · future · middle · indicative ▸ **1** (Is. 49,26)

αἰσθάνονται ▸ 1
: **Verb** · third · plural · present · middle · indicative ▸ **1** (LetterJ 19)

αἰσθέσθαι ▸ 2
: **Verb** · aorist · middle · infinitive ▸ **2** (LetterJ 40; LetterJ 49)

αἰσθηθῇ ▸ 1
: **Verb** · third · singular · aorist · passive · subjunctive ▸ **1** (Job 40,23)

αἰσθηθήσεσθε ▸ 1
: **Verb** · second · plural · future · passive · indicative ▸ **1** (Is. 33,11)

αἰσθήσῃ ▸ 1
: **Verb** · second · singular · future · middle · indicative ▸ **1** (Prov. 24,14)

αἰσθοίμην ▸ 1
: **Verb** · first · singular · aorist · middle · optative ▸ **1** (Job 23,5)

αἴσθωνται ▸ 1
: **Verb** · third · plural · aorist · middle · subjunctive ▸ **1** (Luke 9,45)

ἠσθάνοντο ▸ 1
: **Verb** · third · plural · imperfect · middle · indicative ▸ **1** (LetterJ 23)

ᾔσθοντο ▸ 1
: **Verb** · third · plural · aorist · middle · indicative ▸ **1** (Wis. 11,13)

αἴσθησις (αἰσθάνομαι) judgment, perception, knowledge ▸ 27 + 1 = 28

αἰσθήσει ▸ 4 + 1 = 5
: **Noun** · feminine · singular · dative · (common) ▸ **4 + 1 = 5** (1Esdr. 1,22; Judith 16,17; Prov. 3,20; Prov. 15,7; Phil. 1,9)

αἰσθήσεως ▸ 7

Noun · feminine · singular · genitive · (common) ▸ **7** (Ex. 28,3; Prov. 1,7; Prov. 12,23; Prov. 14,7; Prov. 14,18; Prov. 23,12; Prov. 24,4)

αἴσθησιν ▸ **12**
    Noun · feminine · singular · accusative · (common) ▸ **12** (Prov. 1,22; Prov. 2,3; Prov. 5,2; Prov. 8,10; Prov. 10,14; Prov. 12,1; Prov. 15,14; Prov. 18,15; Prov. 19,25; Prov. 22,12; Sir. 22,19; LetterJ 41)

αἴσθησίν ▸ **1**
    Noun · feminine · singular · accusative · (common) ▸ **1** (Prov. 1,4)

αἴσθησις ▸ **3**
    Noun · feminine · singular · nominative · (common) ▸ **3** (Prov. 2,10; Prov. 11,9; Prov. 14,6)

αἰσθητήριον (αἰσθάνομαι) senses ▸ **2 + 1 = 3**
    αἰσθητήρια ▸ **1 + 1 = 2**
        Noun · neuter · plural · accusative · (common) ▸ **1 + 1 = 2** (Jer. 4,19; Heb. 5,14)
    αἰσθητηρίων ▸ **1**
        Noun · neuter · plural · genitive · (common) ▸ **1** (4Mac. 2,22)

αἰσθητικός (αἰσθάνομαι) sensitive, perceptive ▸ **2**
    αἰσθητική ▸ **2**
        Adjective · feminine · singular · nominative · noDegree ▸ **2** (Prov. 14,10; Prov. 14,30)

Αισιμωθ Jeshimoth ▸ **1**
    Αισιμωθ ▸ **1**
        Noun · singular · accusative · (proper) ▸ **1** (Num. 33,49)

αἰσχροκερδής (αἶσχος; κέρδος) greedy ▸ **2**
    αἰσχροκερδεῖς ▸ **1**
        Adjective · masculine · plural · accusative ▸ **1** (1Tim. 3,8)
    αἰσχροκερδῆ ▸ **1**
        Adjective · masculine · singular · accusative ▸ **1** (Titus 1,7)

αἰσχροκερδῶς (αἶσχος; κέρδος) greedily ▸ **1**
    αἰσχροκερδῶς ▸ **1**
        Adverb ▸ **1** (1Pet. 5,2)

αἰσχρολογία (αἶσχος; λέγω) filthy speech ▸ **1**
    αἰσχρολογίαν ▸ **1**
        Noun · feminine · singular · accusative ▸ **1** (Col. 3,8)

αἰσχρός (αἶσχος) filthy, shameful ▸ **11 + 4 = 15**
    αἰσχίσταις ▸ **1**
        Adjective · feminine · plural · dative · superlative ▸ **1** (3Mac. 3,27)
    αἰσχραί ▸ **5**
        Adjective · feminine · plural · nominative · noDegree ▸ **5** (Gen. 41,3; Gen. 41,4; Gen. 41,19; Gen. 41,20; Gen. 41,21)
    αἰσχρόν ▸ **1**
        Adjective · neuter · singular · nominative ▸ **1** (Eph. 5,12)
    αἰσχρὸν ▸ **3 + 2 = 5**
        Adjective · masculine · singular · accusative · noDegree ▸ **1** (4Mac. 16,17)
        Adjective · neuter · singular · nominative · noDegree ▸ **2 + 2 = 4** (Judith 12,12; 4Mac. 6,20; 1Cor. 11,6; 1Cor. 14,35)
    αἰσχροτέρας ▸ **1**
        Adjective · feminine · plural · accusative · comparative ▸ **1** (Gen. 41,19)
    αἰσχροῦ ▸ **1**
        Adjective · neuter · singular · genitive ▸ **1** (Titus 1,11)
    αἰσχρῶν ▸ **1**
        Adjective · neuter · plural · genitive · noDegree ▸ **1** (Wis. 12,24)

αἰσχρότης (αἶσχος) filthiness, shamefulness ▸ **1**
    αἰσχρότης ▸ **1**
        Noun · feminine · singular · nominative ▸ **1** (Eph. 5,4)

αἰσχρῶς (αἶσχος) shamefully, disgracefully ▸ **2**
    αἰσχρῶς ▸ **2**
        Adverb ▸ **2** (2Mac. 11,12; Prov. 15,10)

αἰσχύνη (αἶσχος) shame ▸ **79 + 5 + 6 = 90**
    αἰσχύνας ▸ **1**
        Noun · feminine · plural · accusative ▸ **1** (Jude 13)
    αἰσχύνη ▸ **29 + 4 + 1 = 34**
        Noun · feminine · singular · nominative · (common) ▸ **29 + 4 + 1 = 34** (Psa. 43,16; Ode. 7,33; Ode. 7,40; Prov. 19,13; Prov. 26,11a; Prov. 26,11a; Sir. 4,21; Sir. 4,21; Sir. 5,14; Sir. 20,26; Sir. 22,3; Sir. 25,22; Sol. 9,6; Obad. 10; Is. 3,9; Is. 19,9; Is. 47,3; Is. 47,10; Jer. 2,26; Jer. 3,24; Bar. 1,15; Bar. 2,6; Ezek. 7,18; Ezek. 16,36; Ezek. 23,29; Dan. 3,33; Dan. 3,40; Dan. 9,7; Dan. 9,8; Dan. 3,33; Dan. 3,40; Dan. 9,7; Dan. 9,8; Rev. 3,18)
    αἰσχύνῃ ▸ **5 + 1 = 6**
        Noun · feminine · singular · dative · (common) ▸ **5 + 1 = 6** (2Sam. 23,7; Ezra 9,7; Is. 45,16; Jer. 3,25; Jer. 20,18; Phil. 3,19)
    αἰσχύνην ▸ **37 + 1 = 38**
        Noun · feminine · singular · accusative · (common) ▸ **37 + 1 = 38** (1Sam. 20,30; 1Sam. 20,30; Judith 9,2; Judith 13,16; Judith 14,18; 1Mac. 1,28; 2Mac. 5,7; 3Mac. 6,34; Psa. 34,26; Psa. 39,16; Psa. 68,20; Psa. 70,13; Psa. 88,46; Psa. 108,29; Psa. 131,18; Prov. 9,13; Job 6,20; Job 8,22; Sir. 5,15; Sir. 20,22; Sir. 29,14; Sir. 41,16; Hos. 9,10; Mic. 7,10; Nah. 3,5; Hab. 2,10; Is. 20,4; Is. 30,3; Is. 30,5; Is. 30,6; Is. 42,17; Is. 54,4; Ezek. 16,37; Ezek. 22,10; Ezek. 23,10; Ezek. 23,18; Dan. 12,2; Dan. 12,2)
    αἰσχύνης ▸ **8 + 3 = 11**
        Noun · feminine · singular · genitive · (common) ▸ **8 + 3 = 11** (1Kings 18,19; 1Kings 18,25; 2Kings 8,11; 2Chr. 32,21; 1Esdr. 8,74; Sir. 20,23; Is. 50,6; Jer. 38,19; Luke 14,9; 2Cor. 4,2; Heb. 12,2)

αἰσχυντηρός (αἶσχος) bashful, modest ▸ **3**
    αἰσχυντηρά ▸ **1**
        Adjective · feminine · singular · nominative · noDegree ▸ **1** (Sir. 26,15)
    αἰσχυντηρὸς ▸ **1**
        Adjective · masculine · singular · nominative · noDegree ▸ **1** (Sir. 41,27)
    αἰσχυντηροῦ ▸ **1**
        Adjective · masculine · singular · genitive · noDegree ▸ **1** (Sir. 32,10)

αἰσχύνω (αἶσχος) to be ashamed ▸ **90 + 4 + 5 = 99**
    αἰσχύνει ▸ **1**
        Verb · third · singular · present · active · indicative ▸ **1** (Prov. 29,15)
    αἰσχυνεῖ ▸ **1**
        Verb · third · singular · future · active · indicative ▸ **1** (Sir. 13,7)
    αἰσχύνεσθε ▸ **1**
        Verb · second · plural · present · middle · imperative ▸ **1** (Sir. 41,17)
    αἰσχυνέσθω ▸ **1**
        Verb · third · singular · present · middle · imperative ▸ **1** (1Pet. 4,16)
    αἰσχύνεται ▸ **4**
        Verb · third · singular · present · middle · indicative ▸ **3** (Prov. 20,4; Prov. 28,21; Wis. 13,17)
        Verb · third · singular · present · passive · indicative ▸ **1** (Prov. 13,5)
    αἰσχυνθείησαν ▸ **5**
        Verb · third · plural · aorist · passive · optative ▸ **5** (Psa. 6,11; Psa. 30,18; Psa. 34,26; Psa. 68,7; Psa. 69,3)

αἰσχυνθείητε ▸ 1
  Verb · second · plural · aorist · passive · optative ▸ **1** (Sir. 51,29)
αἰσχυνθέντες ▸ 1
  Verb · aorist · passive · participle · masculine · plural · nominative ▸ **1** (Prov. 29,25)
αἰσχυνθῇς ▸ 4
  Verb · second · singular · aorist · passive · subjunctive ▸ **4** (Sir. 4,20; Sir. 4,26; Sir. 42,1; Ezek. 16,63)
αἰσχυνθήσεσθε ▸ 1
  Verb · second · plural · future · passive · indicative ▸ **1** (Is. 65,13)
αἰσχυνθήσεται ▸ 4
  Verb · third · singular · future · passive · indicative ▸ **4** (Sir. 21,22; Sir. 24,22; Hos. 10,6; Is. 29,22)
αἰσχυνθήσῃ ▸ 2
  Verb · second · singular · future · passive · indicative ▸ **2** (Is. 49,23; Jer. 22,22)
αἰσχυνθήσομαι ▸ 1 + 2 = 3
  Verb · first · singular · future · passive · indicative ▸ 1 + 2 = 3 (Sir. 22,25; 2Cor. 10,8; Phil. 1,20)
αἰσχυνθήσονται ▸ 12
  Verb · third · plural · future · passive · indicative ▸ **12** (Prov. 1,22; Eccl. 10,17; Is. 1,29; Is. 20,5; Is. 26,11; Is. 41,11; Is. 44,9; Is. 45,16; Is. 45,17; Is. 45,24; Is. 66,5; Jer. 2,26)
αἰσχύνθητε ▸ 3
  Verb · second · plural · aorist · passive · imperative ▸ **3** (Is. 42,17; Jer. 12,13; Ezek. 36,32)
αἰσχύνθητι ▸ 2
  Verb · second · singular · aorist · passive · imperative ▸ **2** (Is. 23,4; Ezek. 16,52)
αἰσχυνθήτωσαν ▸ 12
  Verb · third · plural · aorist · passive · imperative ▸ **12** (1Mac. 4,31; Psa. 24,3; Psa. 34,4; Psa. 70,13; Psa. 82,18; Psa. 85,17; Psa. 96,7; Psa. 108,28; Psa. 118,78; Psa. 128,5; Ode. 5,11; Is. 44,11)
αἰσχυνθῶ ▸ 4
  Verb · first · singular · aorist · passive · subjunctive ▸ **4** (Psa. 118,80; Job 32,21; Sir. 51,18; Is. 50,7)
αἰσχυνθῶμεν ▸ 1
  Verb · first · plural · aorist · passive · subjunctive ▸ **1** (1John 2,28)
αἰσχυνθῶσιν ▸ 1
  Verb · third · plural · aorist · passive · subjunctive ▸ **1** (Psa. 70,24)
αἰσχύνομαι ▸ 1
  Verb · first · singular · present · middle · indicative ▸ **1** (Luke 16,3)
αἰσχυνόμεθα ▸ 1
  Verb · first · plural · present · middle · indicative ▸ **1** (4Mac. 9,2)
αἰσχυνόμενοι ▸ 3
  Verb · present · passive · participle · masculine · plural · nominative ▸ **3** (Judg. 3,25; 2Sam. 19,4; Psa. 69,4)
αἰσχυνόμενοί ▸ 1
  Verb · present · middle · participle · masculine · plural · nominative ▸ **1** (Job 19,3)
αἰσχυνόμενος ▸ 2
  Verb · present · middle · participle · masculine · singular · nominative ▸ **1** (Prov. 22,26)
  Verb · present · passive · participle · masculine · singular · nominative ▸ **1** (1Sam. 27,12)
αἰσχύνονται ▸ 1
  Verb · third · plural · present · passive · indicative ▸ **1** (Tob. 14,9)
αἰσχύνονταί ▸ 1
  Verb · third · plural · present · middle · indicative ▸ **1** (LetterJ 25)
ᾔσχυμμαι ▸ 1
  Verb · first · singular · perfect · passive · indicative ▸ **1** (1Esdr. 8,71)
ᾔσχυναν ▸ 1
  Verb · third · plural · aorist · active · indicative ▸ **1** (Joel 1,12)
ᾐσχύνετο ▸ 1
  Verb · third · singular · imperfect · passive · indicative ▸ **1** (2Kings 2,17)
ᾐσχύνθη ▸ 6 + 1 = 7
  Verb · third · singular · aorist · passive · indicative ▸ 6 + 1 = 7 (1Chr. 19,6; Zech. 9,5; Is. 33,9; Jer. 27,12; Jer. 31,1; Jer. 31,39; Judg. 5,28)
ᾐσχύνθημεν ▸ 1
  Verb · first · plural · aorist · passive · indicative ▸ **1** (Jer. 28,51)
ᾐσχύνθην ▸ 2
  Verb · first · singular · aorist · passive · indicative ▸ **2** (Ezra 8,22; Ezra 9,6)
ᾐσχύνθησαν ▸ 7
  Verb · third · plural · aorist · passive · indicative ▸ **7** (1Sam. 13,4; 2Chr. 12,6; Is. 24,9; Jer. 8,9; Jer. 14,4; Jer. 20,11; Bar. 4,15)
ᾐσχυνόμην ▸ 1
  Verb · first · singular · imperfect · passive · indicative ▸ **1** (Psa. 118,46)
ᾐσχύνοντο ▸ 1 + 2 = 3
  Verb · third · plural · imperfect · passive · indicative ▸ 1 + 2 = 3 (Gen. 2,25; Judg. 3,25; Sus. 11)
Ἤισχυνται ▸ 1
  Verb · third · singular · perfect · passive · indicative ▸ **1** (1Sam. 27,12)

Αισωρα Aesora ▸ 1
  Αισωρα ▸ 1
    Noun · singular · accusative · (proper) ▸ **1** (Judith 4,4)

Αιταμ Etam ▸ 3 + 1 = 4
  Αιταμ ▸ 3 + 1 = 4
    Noun · singular · nominative · (proper) ▸ **1** (1Chr. 4,32)
    Noun · feminine · singular · accusative · (proper) ▸ **1** (2Chr. 11,6)
    Noun · feminine · singular · nominative · (proper) ▸ **1** (Josh. 15,59a)
    Noun · masculine · singular · genitive · (proper) ▸ **1** (1Chr. 4,3)

Αιταν Etam, Etan ▸ 1
  Αιταν ▸ 1
    Noun · singular · nominative · (proper) ▸ **1** (Josh. 15,59a)

αἰτέω to ask ▸ 84 + 9 + 70 = 163
  αἰτεῖ ▸ 1 + 1 = 2
    Verb · third · singular · present · active · indicative ▸ 1 + 1 = 2 (Mic. 7,3; Dan. 6,14)
  αἰτεῖν ▸ 1
    Verb · present · active · infinitive ▸ **1** (Acts 3,2)
  αἰτεῖς ▸ 1 + 1 = 2
    Verb · second · singular · present · active · indicative ▸ 1 + 1 = 2 (1Mac. 15,35; John 4,9)
  αἰτεῖσθαι ▸ 2
    Verb · present · middle · infinitive ▸ **2** (Mark 15,8; James 4,2)
  Αἰτεῖσθε ▸ 1
    Verb · second · plural · present · middle · imperative ▸ **1** (Zech. 10,1)
  αἰτεῖσθε ▸ 4
    Verb · second · plural · present · middle · indicative ▸ **4** (Matt. 20,22; Mark 10,38; Mark 11,24; James 4,3)

αἰτεῖται ▸ 2
    Verb · third · singular · present · middle · indicative ▸ 2 (Deut. 10,12; Wis. 13,19)
Αἰτεῖτε ▸ 1
    Verb · second · plural · present · active · imperative ▸ 1 (Matt. 7,7)
αἰτεῖτε ▸ 3
    Verb · second · plural · present · active · indicative ▸ 1 (James 4,3)
    Verb · second · plural · present · active · imperative ▸ 2 (Luke 11,9; John 16,24)
αἰτείτω ▸ 2
    Verb · third · singular · present · active · imperative ▸ 2 (James 1,5; James 1,6)
αἰτηθείς ▸ 1
    Verb · aorist · passive · participle · masculine · singular · nominative ▸ 1 (2Mac. 7,10)
Αἴτησαι ▸ 5
    Verb · second · singular · aorist · middle · imperative ▸ 5 (1Kings 2,20; 2Kings 2,9; 2Chr. 1,7; 1Esdr. 4,42; Is. 7,11)
αἴτησαι ▸ 2
    Verb · second · singular · aorist · middle · imperative ▸ 2 (1Kings 2,22; Psa. 2,8)
Αἴτησαί ▸ 2
    Verb · second · singular · aorist · middle · imperative ▸ 2 (1Kings 3,5; 1Kings 12,24d)
αἰτῆσαι ▸ 4 + 1 + 1 = 6
    Verb · aorist · active · infinitive ▸ 4 + 1 + 1 = 6 (Judg. 1,14; 1Esdr. 8,51; 1Mac. 3,44; Psa. 77,18; Judg. 1,14; Matt. 6,8)
αἰτησάμενος ▸ 1
    Verb · aorist · middle · participle · masculine · singular · nominative ▸ 1 (Esth. 16,13 # 8,12n)
αἰτήσαντες ▸ 2
    Verb · aorist · active · participle · masculine · plural · nominative ▸ 2 (1Sam. 12,17; 1Sam. 12,19)
αἰτήσας ▸ 2
    Verb · aorist · active · participle · masculine · singular · nominative ▸ 2 (Luke 1,63; Acts 16,29)
αἰτήσασθαι ▸ 2
    Verb · aorist · middle · infinitive ▸ 2 (2Kings 2,10; Ezra 8,22)
αἰτήσασθε ▸ 1
    Verb · second · plural · aorist · middle · imperative ▸ 1 (John 15,7)
αἰτησάτω ▸ 1
    Verb · third · singular · aorist · active · imperative ▸ 1 (Ex. 11,2)
Αἰτήσει ▸ 1
    Verb · third · singular · future · active · indicative ▸ 1 (Ex. 3,22)
αἰτήσει ▸ 5
    Verb · third · singular · future · active · indicative ▸ 5 (Matt. 7,9; Matt. 7,10; Luke 11,11; Luke 11,12; 1John 5,16)
αἰτήσεσθε ▸ 1
    Verb · second · plural · future · middle · indicative ▸ 1 (John 16,26)
αἰτήσῃ ▸ 2 + 2 + 1 = 5
    Verb · second · singular · aorist · middle · subjunctive ▸ 1 (John 11,22)
    Verb · third · singular · aorist · active · subjunctive ▸ 2 + 2 = 4 (Ex. 22,13; Ezra 7,21; Dan. 6,8; Dan. 6,13)
αἰτήσῃς ▸ 1
    Verb · second · singular · aorist · active · subjunctive ▸ 1 (Mark 6,23)
αἰτήσηται ▸ 1
    Verb · third · singular · aorist · middle · subjunctive ▸ 1 (Matt. 14,7)
αἰτήσητε ▸ 4
    Verb · second · plural · aorist · active · subjunctive ▸ 4 (Matt. 21,22; John 14,13; John 15,16; John 16,23)
αἰτήσητέ ▸ 1
    Verb · second · plural · aorist · active · subjunctive ▸ 1 (John 14,14)
Αἰτήσομαι ▸ 2 + 1 = 3
    Verb · first · singular · future · middle · indicative ▸ 2 + 1 = 3 (Josh. 15,18; Judg. 8,24; Judg. 8,24)
αἴτησον ▸ 2
    Verb · second · singular · aorist · active · imperative ▸ 2 (2Kings 4,3; Tob. 4,19)
αἴτησόν ▸ 1
    Verb · second · singular · aorist · active · imperative ▸ 1 (Mark 6,22)
αἰτήσουσιν ▸ 1
    Verb · third · plural · future · active · indicative ▸ 1 (Luke 12,48)
αἰτήσω ▸ 1
    Verb · first · singular · future · active · indicative ▸ 1 (Is. 7,12)
αἰτήσωμαι ▸ 1
    Verb · first · singular · aorist · middle · subjunctive ▸ 1 (Mark 6,24)
αἰτήσωμέν ▸ 1
    Verb · first · plural · aorist · active · subjunctive ▸ 1 (Mark 10,35)
αἰτήσωνται ▸ 2
    Verb · third · plural · aorist · middle · subjunctive ▸ 2 (Matt. 18,19; Matt. 27,20)
αἰτήσωσιν ▸ 1
    Verb · third · plural · aorist · active · subjunctive ▸ 1 (Ezra 6,9)
αἰτοῦμαι ▸ 6 + 1 = 7
    Verb · first · singular · present · middle · indicative ▸ 6 + 1 = 7 (2Sam. 3,13; 1Kings 2,16; 1Kings 2,20; Ode. 12,13; Prov. 30,7; Job 6,25; Eph. 3,13)
αἰτοῦμαί ▸ 2
    Verb · first · singular · present · middle · indicative ▸ 2 (Josh. 14,12; 1Esdr. 4,46)
αἰτούμεθα ▸ 1
    Verb · first · plural · present · middle · indicative ▸ 1 (Eph. 3,20)
αἰτούμενοι ▸ 1 + 4 = 5
    Verb · present · middle · participle · masculine · plural · nominative ▸ 1 + 4 = 5 (3Mac. 6,37; Luke 23,23; Acts 25,3; Acts 25,15; Col. 1,9)
αἰτοῦντας ▸ 1
    Verb · present · active · participle · masculine · plural · accusative ▸ 1 (1Sam. 8,10)
αἰτοῦντι ▸ 1
    Verb · present · active · participle · masculine · singular · dative ▸ 1 (1Pet. 3,15)
αἰτοῦντί ▸ 2
    Verb · present · active · participle · masculine · singular · dative ▸ 2 (Matt. 5,42; Luke 6,30)
αἰτοῦσά ▸ 1
    Verb · present · active · participle · feminine · singular · nominative ▸ 1 (Matt. 20,20)
αἰτοῦσιν ▸ 3
    Verb · present · active · participle · masculine · plural · dative ▸ 2 (Matt. 7,11; Luke 11,13)
    Verb · third · plural · present · active · indicative ▸ 1 (1Cor. 1,22)
αἰτοῦσίν ▸ 1
    Verb · third · plural · present · active · indicative ▸ 1 (Is. 58,2)

αἰτώμεθα ▸ 2
    Verb · first · plural · present · middle · subjunctive ▸ **2** (1John 5,14; 1John 5,15)

αἰτῶμεν ▸ 1
    Verb · first · plural · present · active · subjunctive ▸ **1** (1John 3,22)

αἰτῶν ▸ 2
    Verb · present · active · participle · masculine · singular · nominative ▸ **2** (Matt. 7,8; Luke 11,10)

ᾐτήκαμεν ▸ 1
    Verb · first · plural · perfect · active · indicative ▸ **1** (1John 5,15)

ᾔτησα ▸ 1
    Verb · first · singular · aorist · active · indicative ▸ **1** (Job 6,22)

ᾔτησαι ▸ 1
    Verb · second · singular · perfect · middle · indicative ▸ **1** (1Kings 2,22)

ᾐτησάμην ▸ 6 + 1 = 7
    Verb · first · singular · aorist · middle · indicative ▸ 6 + 1 = **7** (1Sam. 1,20; 1Sam. 1,27; 2Kings 4,28; Neh. 13,6; Tob. 4,2; Psa. 26,4; Tob. 4,2)

ᾔτησαν ▸ 4
    Verb · third · plural · aorist · active · indicative ▸ **4** (Ex. 12,35; Psa. 104,40; Eccl. 2,10; Lam. 4,4)

ᾐτήσαντο ▸ 1 + 2 = 3
    Verb · third · plural · aorist · middle · indicative ▸ 1 + 2 = **3** (Wis. 19,11; Acts 13,21; Acts 13,28)

ᾔτησας ▸ 2 + 1 = 3
    Verb · second · singular · aorist · active · indicative ▸ 2 + 1 = **3** (2Chr. 1,11; Psa. 39,7; John 4,10)

ᾐτήσασθε ▸ 1
    Verb · second · plural · aorist · middle · indicative ▸ **1** (Acts 3,14)

ᾐτήσατε ▸ 1
    Verb · second · plural · aorist · active · indicative ▸ **1** (John 16,24)

ᾐτήσατο ▸ 8 + 1 + 6 = 15
    Verb · third · singular · aorist · middle · indicative ▸ 8 + 1 + 6 = **15** (Josh. 19,50; Josh. 21,42b; Judg. 8,26; 1Kings 3,10; 1Kings 10,13; 1Kings 19,4; 1Chr. 4,10; 2Chr. 11,23; Dan. 2,49; Matt. 27,58; Mark 6,25; Mark 15,43; Luke 23,52; Acts 7,46; Acts 9,2)

ᾐτήσατό ▸ 1
    Verb · third · singular · aorist · middle · indicative ▸ **1** (Psa. 20,5)

ᾔτησεν ▸ 4 + 2 = 6
    Verb · third · singular · aorist · active · indicative ▸ 4 + 2 = **6** (Judg. 5,25; 2Sam. 12,20; 2Chr. 9,12; 4Mac. 5,14; Judg. 5,25; Judg. 8,26)

ᾐτήσω ▸ 10
    Verb · second · singular · aorist · middle · indicative ▸ **10** (Deut. 18,16; 1Sam. 1,17; 1Kings 3,11; 1Kings 3,11; 1Kings 3,11; 1Kings 3,11; 1Kings 3,11; 1Kings 3,13; 2Chr. 1,11; 2Chr. 1,11)

ᾐτοῦμεν ▸ 1
    Verb · first · plural · imperfect · active · indicative ▸ **1** (1Esdr. 6,11)

ᾐτοῦντο ▸ 2
    Verb · third · plural · imperfect · middle · indicative ▸ **2** (Luke 23,25; Acts 12,20)

αἴτημα (αἰτέω) request ▸ 11 + 4 + 3 = 18
    αἴτημα ▸ 4 + 3 + 1 = 8
        Noun · neuter · singular · accusative · (common) ▸ 4 + 3 + 1 = **8** (1Kings 3,5; 1Kings 12,24d; Psa. 105,15; Sol. 6,6; Judg. 8,24; Dan. 6,8; Dan. 6,13; Luke 23,24)

    αἴτημά ▸ 4
        Noun · neuter · singular · accusative · (common) ▸ **2** (1Sam. 1,17; 1Sam. 1,27)
        Noun · neuter · singular · nominative · (common) ▸ **2** (Esth. 5,7; Esth. 7,2)

    αἰτήματα ▸ 1 + 1 + 2 = 4
        Noun · neuter · plural · accusative · (common) ▸ 1 + 1 + 1 = **3** (Psa. 36,4; Dan. 6,14; 1John 5,15)
        Noun · neuter · plural · nominative ▸ **1** (Phil. 4,6)

    αἰτήματά ▸ 1
        Noun · neuter · plural · accusative · (common) ▸ **1** (Psa. 19,6)

    αἰτήματί ▸ 1
        Noun · neuter · singular · dative · (common) ▸ **1** (Esth. 7,3)

αἴτησις (αἰτέω) asking, request ▸ 4
    Αἴτησιν ▸ 1
        Noun · feminine · singular · accusative · (common) ▸ **1** (1Kings 2,20)

    αἴτησιν ▸ 2
        Noun · feminine · singular · accusative · (common) ▸ **2** (Judg. 8,24; 1Kings 2,16)

    αἴτησις ▸ 1
        Noun · feminine · singular · nominative · (common) ▸ **1** (Job 6,8)

αἰτία cause ▸ 20 + 1 + 20 = 41
    αἰτία ▸ 2 + 2 = 4
        Noun · feminine · singular · nominative · (common) ▸ 2 + 2 = **4** (Gen. 4,13; Wis. 14,27; Matt. 19,10; Acts 10,21)

    αἰτίᾳ ▸ 2
        Noun · feminine · singular · dative · (common) ▸ **2** (Prov. 28,17; Job 18,14)

    αἰτίαν ▸ 12 + 1 + 16 = 29
        Noun · feminine · singular · accusative · (common) ▸ 12 + 1 + 16 = **29** (1Esdr. 2,17; 1Mac. 9,10; 2Mac. 4,28; 2Mac. 4,35; 2Mac. 4,42; 2Mac. 4,49; 2Mac. 8,26; 2Mac. 12,40; 3Mac. 1,13; 3Mac. 1,15; 3Mac. 3,4; Wis. 18,18; Sus. 14; Matt. 19,3; Matt. 27,37; Luke 8,47; John 18,38; John 19,4; John 19,6; Acts 13,28; Acts 22,24; Acts 23,28; Acts 25,18; Acts 28,18; Acts 28,20; 2Tim. 1,6; 2Tim. 1,12; Titus 1,13; Heb. 2,11)

    αἰτίας ▸ 3 + 2 = 5
        Noun · feminine · plural · accusative ▸ **1** (Acts 25,27)
        Noun · feminine · singular · genitive · (common) ▸ 3 + 1 = **4** (3Mac. 5,18; 3Mac. 7,7; Wis. 17,12; Mark 15,26)

    αἰτιῶν ▸ 1
        Noun · feminine · plural · genitive · (common) ▸ **1** (4Mac. 1,16)

αἰτιάομαι (αἰτία) to find fault with, resent ▸ 3
    αἰτιάσεται ▸ 1
        Verb · third · singular · future · middle · indicative ▸ **1** (Sir. 29,5)

    αἰτιᾶται ▸ 2
        Verb · third · singular · present · middle · indicative ▸ **2** (4Mac. 2,19; Prov. 19,3)

αἴτιος (αἰτία) cause, source ▸ 6 + 2 + 5 = 13
    αἴτιοι ▸ 1
        Adjective · masculine · plural · nominative · noDegree ▸ **1** (4Mac. 1,11)

    αἴτιον ▸ 2 + 3 = 5
        Adjective · masculine · singular · accusative · noDegree ▸ 2 + 3 = **5** (2Mac. 4,47; 2Mac. 13,4; Luke 23,4; Luke 23,14; Luke 23,22)

    αἴτιος ▸ 2 + 1 = 3
        Adjective · masculine · singular · nominative · noDegree ▸ 2 + 1 = **3** (1Sam. 22,22; Sol. 9,5; Heb. 5,9)

    αἰτίου ▸ 1
        Adjective · neuter · singular · genitive ▸ **1** (Acts 19,40)

    αἰτίους ▸ 1 + 2 = 3
        Adjective · masculine · plural · accusative · noDegree ▸ 1 + 2 = **3** (Bel 42; Sus. 53; Bel 42)

αἰτίωμα (αἰτία) charge, accusation ▸ 1
  αἰτιώματα ▸ 1
    Noun · neuter · plural · accusative ▸ 1 (Acts 25,7)
Αϊτωβ Ahitub ▸ 1
  Αϊτωβ ▸ 1
    Noun · masculine · singular · genitive · (proper) ▸ 1 (Neh. 11,11)
αἰφνίδιος (ἄφνω) sudden ▸ 3 + 2 = 5
  αἰφνίδιον ▸ 1
    Adjective · feminine · singular · accusative · noDegree ▸ 1 (2Mac. 14,17)
  αἰφνίδιος ▸ 1 + 2 = 3
    Adjective · feminine · singular · nominative ▸ 1 (Luke 21,34)
    Adjective · masculine · singular · nominative · noDegree ▸ 1 + 1 = 2 (Wis. 17,14; 1Th. 5,3)
  αἰφνιδίου ▸ 1
    Adjective · feminine · singular · genitive · noDegree ▸ 1 (3Mac. 3,24)
αἰφνιδίως (ἄφνω) suddenly ▸ 2
  αἰφνιδίως ▸ 2
    Adverb ▸ 2 (2Mac. 5,5; 2Mac. 14,22)
Αιχιοζα Aichioza (Heb. Secacah?) ▸ 1
  Αιχιοζα ▸ 1
    Noun · singular · nominative · (proper) ▸ 1 (Josh. 15,61)
αἰχμαλωσία (ἀκή; ἅλωσις) captivity, captives ▸ 125 + 13 + 3 = 141
  αἰχμαλωσία ▸ 2
    Noun · feminine · singular · nominative · (common) ▸ 2 (Num. 31,19; Is. 1,27)
  αἰχμαλωσίᾳ ▸ 18 + 2 = 20
    Noun · feminine · singular · dative · (common) ▸ 18 + 2 = 20 (Deut. 28,41; 2Chr. 6,37; 2Chr. 29,9; Ezra 9,7; Sol. 2,6; Amos 1,15; Amos 9,4; Zech. 14,2; Jer. 20,6; Jer. 22,22; Lam. 1,5; Lam. 1,18; Lam. 2,21; Ezek. 12,11; Ezek. 25,3; Ezek. 30,17; Dan. 11,8; Dan. 11,33; Tob. 1,3; Dan. 11,33)
  αἰχμαλωσίαν ▸ 54 + 4 + 3 = 61
    Noun · feminine · singular · accusative · (common) ▸ 54 + 4 + 3 = 61 (Num. 21,1; Num. 31,12; Judg. 5,12; 2Chr. 28,5; 2Chr. 28,11; 2Chr. 28,13; 2Chr. 28,14; 2Chr. 28,17; 1Esdr. 6,5; 1Esdr. 8,74; Ezra 5,5; Judith 2,9; Judith 8,22; Judith 9,4; Tob. 3,4; 1Mac. 9,70; 1Mac. 9,72; 1Mac. 14,7; Psa. 13,7; Psa. 52,7; Psa. 67,19; Psa. 77,61; Psa. 84,2; Psa. 95,1; Psa. 125,1; Psa. 125,4; Hos. 6,11; Amos 1,6; Amos 1,9; Amos 9,14; Joel 4,1; Joel 4,8; Hab. 1,9; Zeph. 2,7; Zeph. 3,20; Is. 20,4; Is. 45,13; Jer. 15,2; Jer. 15,2; Jer. 25,19; Jer. 37,18; Jer. 38,23; Bar. 4,10; Bar. 4,14; Bar. 4,24; Lam. 2,14; Ezek. 3,11; Ezek. 3,15; Ezek. 11,24; Ezek. 11,25; Ezek. 29,14; Ezek. 32,9; Ezek. 39,25; Dan. 8,11; Judg. 5,12; Tob. 3,4; Tob. 14,15; Dan. 8,11; Eph. 4,8; Rev. 13,10; Rev. 13,10)
  αἰχμαλωσίας ▸ 50 + 7 = 57
    Noun · feminine · singular · genitive · (common) ▸ 50 + 7 = 57 (Num. 31,26; Deut. 21,13; Deut. 32,42; 2Kings 24,14; 2Chr. 28,15; 1Esdr. 2,11; 1Esdr. 5,7; 1Esdr. 5,54; 1Esdr. 5,64; 1Esdr. 6,8; 1Esdr. 6,27; 1Esdr. 7,6; 1Esdr. 7,10; 1Esdr. 7,11; 1Esdr. 7,12; 1Esdr. 7,13; 1Esdr. 8,63; 1Esdr. 9,3; 1Esdr. 9,4; 1Esdr. 9,15; Ezra 2,1; Ezra 3,8; Ezra 8,35; Neh. 1,2; Neh. 1,3; Neh. 3,36; Neh. 7,6; Neh. 8,17; Esth. 11,4 # 1,1c; Judith 4,3; Tob. 3,15; Tob. 13,8; 2Mac. 8,10; 2Mac. 8,36; Ode. 2,42; Amos 4,10; Zech. 6,10; Jer. 1,3; Jer. 26,27; Jer. 38,19; Ezek. 1,1; Ezek. 1,2; Ezek. 11,15; Ezek. 12,3; Ezek. 12,4; Ezek. 12,7; Ezek. 33,21; Ezek. 40,1; Dan. 2,25; Dan. 5,10; Tob. 3,15; Tob. 14,5; Dan. 1,3; Dan. 2,25; Dan. 5,13; Dan. 6,14; Dan. 11,8)
  αἰχμαλωσιῶν ▸ 1
    Noun · feminine · plural · genitive · (common) ▸ 1 (Tob. 14,5)

αἰχμαλωτεύω (ἀκή; ἅλωσις) to lead captive ▸ 39 + 1 + 1 = 41
  αἰχμαλωτευθήσεται ▸ 2
    Verb · third · singular · future · passive · indicative ▸ 2 (Amos 1,5; Amos 5,5)
  αἰχμαλωτευθήσῃ ▸ 1
    Verb · second · singular · future · passive · indicative ▸ 1 (Ezek. 12,3)
  αἰχμαλωτευομένη ▸ 1
    Verb · present · passive · participle · feminine · singular · nominative ▸ 1 (Amos 5,5)
  αἰχμαλωτεύοντες ▸ 2
    Verb · present · active · participle · masculine · plural · nominative ▸ 2 (2Chr. 6,36; Job 1,15)
  αἰχμαλωτευόντων ▸ 2
    Verb · present · active · participle · masculine · plural · genitive ▸ 2 (1Kings 8,50; Obad. 11)
  αἰχμαλωτεῦσαι ▸ 1
    Verb · aorist · active · infinitive ▸ 1 (Amos 1,6)
  αἰχμαλωτεύσαντες ▸ 3
    Verb · aorist · active · participle · masculine · plural · nominative ▸ 3 (Psa. 136,3; Is. 14,2; Jer. 27,33)
  αἰχμαλωτευσάντων ▸ 1
    Verb · aorist · active · participle · masculine · plural · genitive ▸ 1 (2Chr. 6,38)
  αἰχμαλωτεύσῃ ▸ 2
    Verb · third · singular · aorist · active · subjunctive ▸ 2 (Is. 49,24; Is. 49,25)
  αἰχμαλωτεύσουσιν ▸ 2
    Verb · third · plural · future · active · indicative ▸ 2 (Num. 24,22; 2Chr. 6,36)
  ᾐχμαλωτεύθη ▸ 1 + 1 = 2
    Verb · third · singular · aorist · passive · indicative ▸ 1 + 1 = 2 (Tob. 1,2; Tob. 1,2)
  ᾐχμαλωτεύθησαν ▸ 5
    Verb · third · plural · aorist · passive · indicative ▸ 5 (1Sam. 30,5; Judith 5,18; Mic. 1,16; Ezek. 6,9; Ezek. 39,23)
  ᾐχμαλωτευμένοι ▸ 1
    Verb · perfect · passive · participle · masculine · plural · nominative ▸ 1 (1Sam. 30,3)
  ᾐχμαλώτευσαν ▸ 7
    Verb · third · plural · aorist · active · indicative ▸ 7 (Gen. 34,29; 1Sam. 30,2; 2Kings 5,2; 1Chr. 5,21; 1Esdr. 6,15; Job 1,15; Job 1,17)
  ᾐχμαλώτευσας ▸ 2
    Verb · second · singular · aorist · active · indicative ▸ 2 (2Kings 6,22; Psa. 67,19)
  ᾐχμαλωτεύσατε ▸ 1
    Verb · second · plural · aorist · active · indicative ▸ 1 (2Chr. 28,11)
  ᾐχμαλώτευσεν ▸ 4 + 1 = 5
    Verb · third · singular · aorist · active · indicative ▸ 4 + 1 = 5 (2Chr. 28,5; Esth. 11,4 # 1,1c; Esth. 2,6; 1Mac. 9,72; Eph. 4,8)
  ᾐχμαλώτευται ▸ 1
    Verb · third · singular · perfect · passive · indicative ▸ 1 (Gen. 14,14)
αἰχμαλωτίζω (ἀκή; ἅλωσις) to put into captivity ▸ 18 + 6 + 4 = 28
  αἰχμαλώτιζε ▸ 1
    Verb · second · singular · present · active · imperative ▸ 1 (Judg. 5,12)
  αἰχμαλωτίζειν ▸ 1

Verb · present · active · infinitive ▸ **1** (1Mac. 15,40)
αἰχμαλωτίζοντά ▸ **1**
    Verb · present · active · participle · masculine · singular
    · accusative ▸ **1** (Rom. 7,23)
αἰχμαλωτίζοντες ▸ **1** + **2** = **3**
    Verb · present · active · participle · masculine · plural · nominative
    ▸ **1** + **2** = **3** (1Kings 8,46; 2Cor. 10,5; 2Tim. 3,6)
αἰχμαλωτιοῦσιν ▸ **1**
    Verb · third · plural · future · active · indicative ▸ **1** (1Kings 8,46)
αἰχμαλωτισάντων ▸ **2**
    Verb · aorist · active · participle · masculine · plural · genitive
    ▸ **2** (2Chr. 30,9; Psa. 105,46)
αἰχμαλωτίσας ▸ **1**
    Verb · aorist · active · participle · masculine · singular · nominative
    ▸ **1** (2Kings 24,14)
αἰχμαλωτισθεῖσαν ▸ **1**
    Verb · aorist · passive · participle · feminine · singular · accusative
    ▸ **1** (1Mac. 10,33)
αἰχμαλωτισθέντων ▸ **1** + **1** = **2**
    Verb · aorist · passive · participle · masculine · plural · genitive
    ▸ **1** + **1** = **2** (Psa. 70,1; Tob. 7,3)
αἰχμαλωτισθῆναι ▸ **1**
    Verb · aorist · passive · infinitive ▸ **1** (Lam. 1,1)
αἰχμαλωτισθῆναί ▸ **1**
    Verb · aorist · passive · infinitive ▸ **1** (Tob. 1,10)
αἰχμαλωτισθήσονται ▸ **1** + **1** = **2**
    Verb · third · plural · future · passive · indicative ▸ **1** + **1** = **2**
    (Luke 21,24; Tob. 14,4)
αἰχμαλώτισον ▸ **1**
    Verb · second · singular · aorist · active · imperative ▸ **1** (Judg. 5,12)
ᾐχμαλωτίκασιν ▸ **1**
    Verb · third · plural · perfect · active · indicative ▸ **1** (1Mac. 5,13)
ᾐχμαλώτισαν ▸ **4**
    Verb · third · plural · aorist · active · indicative ▸ **4** (2Chr. 28,8; 2Chr. 28,17; 1Mac. 1,32; 1Mac. 8,10)
ᾐχμαλώτισεν ▸ **2** + **1** = **3**
    Verb · third · singular · aorist · active · indicative ▸ **2** + **1** = **3** (Judith 16,9; Tob. 14,15; Tob. 14,15)
ᾐχμαλωτίσθην ▸ **1** + **1** = **2**
    Verb · first · singular · aorist · passive · indicative ▸ **1** + **1** = **2** (Tob. 1,10; Tob. 1,10)

αἰχμαλωτίς (ἀκή; ἄλωσις) captive (f) ▸ **2**
αἰχμαλωτίδας ▸ **1**
    Noun · feminine · plural · accusative · (common) ▸ **1** (Gen. 31,26)
αἰχμαλωτίδος ▸ **1**
    Noun · feminine · singular · genitive · (common) ▸ **1** (Ex. 12,29)

αἰχμάλωτος (ἀκή; ἄλωσις) captive ▸ **24** + **2** + **1** = **27**
αἰχμάλωτα ▸ **1**
    Adjective · neuter · plural · nominative · noDegree ▸ **1** (1Mac. 2,9)
αἰχμάλωτοι ▸ **6**
    Adjective · feminine · plural · nominative · noDegree ▸ **2** (Num. 21,29; Ezek. 30,18)
    Adjective · masculine · plural · nominative · noDegree ▸ **4** (Amos 6,7; Is. 14,2; Is. 46,2; LetterJ 1)
αἰχμαλώτοις ▸ **1** + **1** = **2**
    Adjective · masculine · plural · dative · noDegree ▸ **1** + **1** = **2** (Is. 61,1; Luke 4,18)
αἰχμάλωτον ▸ **3**
    Adjective · masculine · singular · accusative · noDegree ▸ **2** (Ex. 22,9; Job 41,24)
    Adjective · neuter · singular · nominative · noDegree ▸ **1** (Ex. 22,13)
αἰχμάλωτος ▸ **8**
    Adjective · feminine · singular · nominative · noDegree ▸ **2** (Nah. 3,10; Is. 52,2)
    Adjective · masculine · singular · nominative · noDegree ▸ **6** (Esth. 2,6; Amos 7,11; Amos 7,17; Is. 5,13; Is. 23,1; Ezek. 12,4)
αἰχμαλώτους ▸ **4** + **1** = **5**
    Adjective · masculine · plural · accusative · noDegree ▸ **4** + **1** = **5** (Tob. 13,12; Job 12,17; Job 12,19; LetterJ 0; Tob. 13,12)
αἰχμαλώτων ▸ **1** + **1** = **2**
    Adjective · masculine · plural · genitive · noDegree ▸ **1** + **1** = **2** (Tob. 7,3; Tob. 2,2)

αἰών age, eternity ▸ **662** + **87** + **122** = **871**
αἰών ▸ **1**
    Noun · masculine · singular · nominative · (common) ▸ **1** (Psa. 89,8)
αἰῶνα ▸ **348** + **18** + **31** = **397**
    Noun · masculine · singular · accusative · (common) ▸ **348** + **18** + **31** = **397** (Gen. 3,22; Gen. 6,3; Ex. 14,13; Ex. 15,18; Ex. 15,18; Ex. 19,9; Ex. 21,6; Ex. 29,9; Ex. 32,13; Ex. 40,15; Lev. 3,17; Lev. 25,46; Deut. 13,17; Deut. 15,17; Deut. 23,4; Deut. 23,7; Deut. 29,28; Deut. 32,40; Josh. 8,28; Josh. 14,9; Judg. 2,1; 1Sam. 27,12; 2Sam. 7,13; 2Sam. 7,16; 2Sam. 7,29; 2Sam. 7,29; 1Kings 1,31; 1Kings 2,33; 1Kings 2,45; 1Kings 9,3; 1Kings 9,5; 1Kings 10,9; 2Kings 5,27; 2Kings 21,7; 1Chr. 16,15; 1Chr. 16,34; 1Chr. 16,41; 1Chr. 17,27; 1Chr. 17,27; 1Chr. 28,4; 1Chr. 29,18; 2Chr. 2,3; 2Chr. 5,13; 2Chr. 7,3; 2Chr. 7,6; 2Chr. 9,8; 2Chr. 13,5; 2Chr. 20,7; 2Chr. 20,21; 2Chr. 30,8; 2Chr. 33,4; 2Chr. 33,7; 1Esdr. 4,38; 1Esdr. 4,38; Ezra 3,11; Neh. 2,3; Esth. 14,10 # 4,17p; Esth. 9,32; Esth. 10,13 # 10,3k; Judith 15,10; Tob. 3,2; Tob. 3,9; Tob. 3,11; Tob. 6,17; Tob. 12,17; Tob. 12,18; Tob. 13,14; Tob. 13,16; 1Mac. 4,24; 1Mac. 8,23; 1Mac. 14,41; 2Mac. 14,36; 4Mac. 12,12; 4Mac. 17,18; Psa. 5,12; Psa. 9,6; Psa. 9,6; Psa. 9,8; Psa. 9,19; Psa. 9,37; Psa. 9,37; Psa. 11,8; Psa. 14,5; Psa. 18,10; Psa. 20,5; Psa. 20,7; Psa. 21,27; Psa. 28,10; Psa. 29,7; Psa. 29,13; Psa. 30,2; Psa. 32,11; Psa. 36,18; Psa. 36,27; Psa. 36,28; Psa. 36,29; Psa. 40,13; Psa. 40,14; Psa. 43,9; Psa. 44,3; Psa. 44,7; Psa. 44,18; Psa. 44,18; Psa. 47,9; Psa. 47,15; Psa. 47,15; Psa. 48,10; Psa. 48,12; Psa. 51,10; Psa. 51,10; Psa. 51,11; Psa. 54,23; Psa. 60,8; Psa. 60,9; Psa. 70,1; Psa. 71,19; Psa. 71,19; Psa. 72,12; Psa. 72,26; Psa. 74,10; Psa. 77,69; Psa. 78,13; Psa. 80,16; Psa. 82,18; Psa. 84,6; Psa. 85,12; Psa. 88,2; Psa. 88,3; Psa. 88,29; Psa. 88,30; Psa. 88,37; Psa. 88,38; Psa. 88,53; Psa. 91,8; Psa. 91,9; Psa. 99,5; Psa. 101,13; Psa. 101,29; Psa. 102,9; Psa. 103,5; Psa. 103,31; Psa. 104,8; Psa. 105,1; Psa. 106,1; Psa. 109,4; Psa. 110,3; Psa. 110,5; Psa. 110,8; Psa. 110,9; Psa. 110,10; Psa. 111,3; Psa. 111,6; Psa. 111,9; Psa. 116,2; Psa. 117,1; Psa. 117,2; Psa. 117,3; Psa. 117,4; Psa. 117,29; Psa. 118,44; Psa. 118,44; Psa. 118,89; Psa. 118,93; Psa. 118,111; Psa. 118,112; Psa. 118,142; Psa. 118,144; Psa. 118,152; Psa. 118,160; Psa. 124,1; Psa. 131,14; Psa. 134,13; Psa. 135,1; Psa. 135,2; Psa. 135,3; Psa. 135,4; Psa. 135,5; Psa. 135,6; Psa. 135,7; Psa. 135,8; Psa. 135,9; Psa. 135,10; Psa. 135,11; Psa. 135,12; Psa. 135,13; Psa. 135,14; Psa. 135,15; Psa. 135,16; Psa. 135,16; Psa. 135,17; Psa. 135,18; Psa. 135,19; Psa. 135,20; Psa. 135,21; Psa. 135,22; Psa. 135,23; Psa. 135,24; Psa. 135,25; Psa. 135,26; Psa. 135,26; Psa. 137,8; Psa. 144,1; Psa. 144,1; Psa. 144,2; Psa. 144,2; Psa. 144,21; Psa. 144,21; Psa. 145,6; Psa. 145,10; Psa. 148,6; Psa. 148,6; Ode. 1,18; Ode. 1,18; Ode. 2,40; Ode. 12,13; Ode. 14,30; Ode. 14,31; Prov. 6,33; Prov. 10,25; Prov. 10,30; Prov. 19,21; Prov. 27,24; Eccl. 1,4; Eccl. 2,16; Eccl. 3,11; Eccl. 3,14; Eccl. 9,6; Job 7,16; Job 19,23; Wis. 5,15; Wis. 6,21; Wis. 12,10; Wis. 13,9;

Wis. 14,13; Sir. 1,1; Sir. 7,36; Sir. 11,17; Sir. 11,33; Sir. 12,10; Sir. 16,27; Sir. 18,1; Sir. 37,26; Sir. 39,20; Sir. 40,12; Sir. 40,17; Sir. 41,13; Sir. 42,21; Sir. 42,23; Sir. 47,11; Sir. 47,13; Sol. 2,34; Sol. 2,37; Sol. 3,11; Sol. 3,12; Sol. 7,8; Sol. 7,9; Sol. 8,33; Sol. 8,33; Sol. 8,34; Sol. 9,9; Sol. 9,11; Sol. 10,5; Sol. 10,7; Sol. 11,7; Sol. 11,9; Sol. 12,6; Sol. 13,11; Sol. 14,3; Sol. 14,4; Sol. 15,4; Sol. 15,12; Sol. 15,13; Sol. 16,3; Sol. 17,1; Sol. 17,3; Sol. 17,3; Sol. 17,4; Sol. 17,35; Sol. 17,46; Sol. 18,1; Hos. 2,21; Mic. 4,5; Mic. 4,7; Joel 2,26; Joel 2,27; Joel 4,20; Obad. 10; Zeph. 2,9; Zech. 1,5; Is. 9,6; Is. 13,20; Is. 14,20; Is. 17,2; Is. 18,7; Is. 19,20; Is. 25,2; Is. 28,28; Is. 30,8; Is. 33,20; Is. 34,10; Is. 34,17; Is. 40,8; Is. 44,7; Is. 47,7; Is. 48,12; Is. 51,6; Is. 51,8; Is. 57,15; Is. 57,16; Is. 59,21; Jer. 3,5; Jer. 3,12; Jer. 17,25; Jer. 27,39; Jer. 28,26; Jer. 28,62; Jer. 30,7; Jer. 40,11; Bar. 3,3; Bar. 3,3; Bar. 3,13; Bar. 3,32; Bar. 4,1; Bar. 4,23; Bar. 5,1; Bar. 5,4; Lam. 3,31; Lam. 5,19; Ezek. 26,21; Ezek. 27,36; Ezek. 28,19; Ezek. 37,25; Ezek. 37,26; Ezek. 37,28; Ezek. 43,7; Ezek. 43,9; Dan. 2,4; Dan. 2,20; Dan. 2,28; Dan. 2,44; Dan. 3,9; Dan. 3,89; Dan. 3,90; Dan. 3,90; Dan. 4,37c; Dan. 12,3; Dan. 12,7; Sus. 63; Judg. 2,1; Tob. 3,2; Tob. 3,9; Tob. 3,11; Tob. 6,8; Tob. 6,17; Tob. 7,12; Tob. 8,21; Tob. 12,17; Tob. 13,2; Tob. 13,14; Tob. 13,16; Tob. 13,18; Tob. 14,7; Dan. 3,89; Dan. 3,90; Dan. 4,34; Dan. 12,7; Matt. 21,19; Mark 3,29; Mark 11,14; Luke 1,55; John 4,14; John 6,51; John 6,58; John 8,35; John 8,35; John 8,51; John 8,52; John 10,28; John 11,26; John 12,34; John 13,8; John 14,16; 1Cor. 8,13; 2Cor. 9,9; Eph. 2,2; 2Tim. 4,10; Heb. 1,8; Heb. 5,6; Heb. 6,20; Heb. 7,17; Heb. 7,21; Heb. 7,24; Heb. 7,28; 1Pet. 1,25; 1John 2,17; 2John 2; Jude 13)

αἰῶνά ▸ 2
  Noun · masculine · singular · accusative · (common) ▸ **2** (Psa. 118,98; Job 19,18)

αἰῶνας ▸ 100 + 56 + 30 = 186
  Noun · masculine · plural · accusative · (common) ▸ 100 + 56 + 30 = **186** (2Chr. 6,2; 1Esdr. 5,58; Tob. 3,11; Tob. 8,5; Tob. 8,15; Tob. 11,14; Tob. 13,2; Tob. 13,4; Tob. 13,18; 1Mac. 2,57; 4Mac. 18,24; Psa. 47,15; Psa. 60,5; Psa. 71,17; Psa. 76,8; Psa. 83,5; Ode. 7,26; Ode. 8,52; Ode. 8,52; Ode. 8,53; Ode. 8,54; Ode. 8,55; Ode. 8,56; Ode. 8,57; Ode. 8,58; Ode. 8,59; Ode. 8,60; Ode. 8,61; Ode. 8,62; Ode. 8,63; Ode. 8,64; Ode. 8,65; Ode. 8,66; Ode. 8,67; Ode. 8,68; Ode. 8,69; Ode. 8,70; Ode. 8,71; Ode. 8,72; Ode. 8,73; Ode. 8,74; Ode. 8,75; Ode. 8,76; Ode. 8,77; Ode. 8,78; Ode. 8,79; Ode. 8,80; Ode. 8,81; Ode. 8,82; Ode. 8,83; Ode. 8,84; Ode. 8,85; Ode. 8,86; Ode. 8,87; Ode. 8,88; Ode. 12,15; Ode. 14,35; Wis. 3,8; Sir. 45,24; Sol. 8,26; Dan. 2,44; Dan. 3,26; Dan. 3,52; Dan. 3,52; Dan. 3,53; Dan. 3,54; Dan. 3,55; Dan. 3,56; Dan. 3,57; Dan. 3,58; Dan. 3,59; Dan. 3,60; Dan. 3,61; Dan. 3,62; Dan. 3,63; Dan. 3,64; Dan. 3,65; Dan. 3,66; Dan. 3,67; Dan. 3,68; Dan. 3,69; Dan. 3,70; Dan. 3,71; Dan. 3,72; Dan. 3,73; Dan. 3,74; Dan. 3,75; Dan. 3,76; Dan. 3,77; Dan. 3,78; Dan. 3,79; Dan. 3,80; Dan. 3,81; Dan. 3,82; Dan. 3,83; Dan. 3,84; Dan. 3,85; Dan. 3,86; Dan. 3,87; Dan. 3,88; Tob. 3,11; Tob. 8,5; Tob. 8,5; Tob. 8,15; Tob. 11,14; Tob. 13,4; Tob. 13,17; Tob. 14,15; Dan. 2,4; Dan. 2,44; Dan. 2,44; Dan. 3,9; Dan. 3,26; Dan. 3,52; Dan. 3,52; Dan. 3,53; Dan. 3,55; Dan. 3,54; Dan. 3,56; Dan. 3,57; Dan. 3,59; Dan. 3,58; Dan. 3,60; Dan. 3,61; Dan. 3,62; Dan. 3,63; Dan. 3,64; Dan. 3,65; Dan. 3,66; Dan. 3,67; Dan. 3,68; Dan. 3,71; Dan. 3,72; Dan. 3,69; Dan. 3,70; Dan. 3,73; Dan. 3,74; Dan. 3,75; Dan. 3,76; Dan. 3,78; Dan. 3,77; Dan. 3,79; Dan. 3,80; Dan. 3,81; Dan. 3,82; Dan. 3,83; Dan. 3,84; Dan. 3,85; Dan. 3,86; Dan. 3,87; Dan. 3,88; Dan. 5,10; Dan. 6,7; Dan. 6,22; Dan. 6,27; Dan. 12,3; Luke 1,33; Rom. 1,25; Rom. 9,5; Rom. 11,36; Rom. 16,27; 2Cor. 11,31; Gal. 1,5; Phil. 4,20; 1Tim. 1,17; 2Tim. 4,18; Heb. 1,2; Heb. 11,3; Heb. 13,8; Heb. 13,21; 1Pet. 4,11; 1Pet. 5,11; Jude 25; Rev. 1,6; Rev. 1,18; Rev. 4,9; Rev. 4,10; Rev. 5,13; Rev. 7,12; Rev. 10,6; Rev. 11,15; Rev. 14,11; Rev. 15,7; Rev. 19,3; Rev. 20,10; Rev. 22,5)

αἰῶνι ▸ 3 + 8 = 11
  Noun · masculine · singular · dative · (common) ▸ 3 + 8 = **11** (Wis. 4,2; Wis. 14,6; Wis. 18,4; Matt. 12,32; Mark 10,30; Luke 18,30; Rom. 12,2; 1Cor. 3,18; Eph. 1,21; 1Tim. 6,17; Titus 2,12)

αἰῶνος ▸ 195 + 10 + 24 = 229
  Noun · masculine · singular · genitive · (common) ▸ 195 + 10 + 24 = **229** (Gen. 6,4; Gen. 13,15; Ex. 12,24; Deut. 5,29; Deut. 12,28; Deut. 28,46; Deut. 32,7; Josh. 4,7; 1Sam. 1,22; 1Sam. 2,30; 1Sam. 3,13; 1Sam. 3,14; 1Sam. 13,13; 1Sam. 20,15; 1Sam. 20,23; 1Sam. 20,42; 2Sam. 3,28; 2Sam. 7,16; 2Sam. 7,24; 2Sam. 7,25; 2Sam. 7,26; 2Sam. 12,10; 2Sam. 22,51; 1Kings 2,33; 1Chr. 15,2; 1Chr. 16,36; 1Chr. 16,36; 1Chr. 17,12; 1Chr. 17,14; 1Chr. 17,14; 1Chr. 17,16; 1Chr. 17,22; 1Chr. 17,23; 1Chr. 22,10; 1Chr. 23,13; 1Chr. 23,13; 1Chr. 23,25; 1Chr. 28,7; 1Chr. 28,8; 1Chr. 29,10; 1Chr. 29,10; 2Chr. 7,16; 1Esdr. 2,17; 1Esdr. 2,21; 1Esdr. 4,38; 1Esdr. 8,82; Ezra 4,15; Ezra 4,19; Ezra 9,12; Ezra 9,12; Neh. 9,5; Neh. 9,5; Neh. 13,1; Judith 8,13; Judith 13,19; Judith 16,17; Tob. 1,4; Tob. 4,12; Tob. 6,17; Tob. 6,18; Tob. 13,12; Tob. 14,5; Tob. 14,5; 1Mac. 3,7; 2Mac. 14,15; 3Mac. 5,11; Psa. 9,6; Psa. 9,37; Psa. 17,51; Psa. 18,10; Psa. 20,5; Psa. 20,7; Psa. 21,27; Psa. 27,9; Psa. 36,27; Psa. 36,29; Psa. 40,14; Psa. 44,7; Psa. 44,18; Psa. 47,15; Psa. 48,20; Psa. 51,10; Psa. 60,9; Psa. 65,7; Psa. 71,19; Psa. 73,12; Psa. 82,18; Psa. 88,5; Psa. 88,30; Psa. 89,2; Psa. 89,2; Psa. 91,8; Psa. 92,2; Psa. 102,17; Psa. 102,17; Psa. 103,5; Psa. 105,31; Psa. 105,48; Psa. 105,48; Psa. 110,3; Psa. 110,8; Psa. 110,10; Psa. 111,3; Psa. 111,9; Psa. 112,2; Psa. 113,26; Psa. 118,44; Psa. 118,52; Psa. 120,8; Psa. 124,2; Psa. 130,3; Psa. 131,12; Psa. 131,14; Psa. 132,3; Psa. 142,3; Psa. 144,1; Psa. 144,2; Psa. 144,21; Psa. 148,6; Ode. 2,7; Ode. 9,55; Ode. 9,70; Ode. 14,31; Prov. 8,21a; Prov. 8,23; Eccl. 12,5; Wis. 4,19; Sir. 1,2; Sir. 1,4; Sir. 1,15; Sir. 2,9; Sir. 14,17; Sir. 15,6; Sir. 16,28; Sir. 17,12; Sir. 18,10; Sir. 24,9; Sir. 24,9; Sir. 30,17; Sir. 38,34; Sir. 39,9; Sir. 39,20; Sir. 42,18; Sir. 42,21; Sir. 43,6; Sir. 44,2; Sir. 44,13; Sir. 44,18; Sir. 45,7; Sir. 45,13; Sir. 45,15; Sir. 46,19; Sir. 48,25; Sir. 49,12; Sir. 50,23; Sir. 51,8; Sol. 2,31; Sol. 8,7; Sol. 18,11; Amos 9,11; Mic. 5,1; Mic. 7,14; Joel 2,2; Mal. 1,4; Mal. 3,4; Is. 26,4; Is. 32,14; Is. 32,17; Is. 45,17; Is. 46,9; Is. 51,9; Is. 60,21; Is. 63,9; Is. 64,3; Jer. 2,20; Jer. 7,7; Jer. 7,7; Jer. 20,11; Jer. 25,5; Jer. 25,5; Jer. 30,28; Jer. 35,8; Jer. 38,40; Jer. 42,6; Lam. 3,6; Ezek. 25,15; Ezek. 26,20; Ezek. 32,27; Dan. 5,4; Dan. 6,27; Dan. 7,18; Dan. 7,18; Dan. 8,11; Dan. 12,3; Sus. 63; Tob. 1,4; Tob. 6,18; Tob. 13,12; Tob. 13,13; Tob. 13,15; Tob. 14,6; Tob. 14,10; Dan. 2,20; Dan. 2,20; Dan. 7,18; Matt. 13,22; Matt. 13,40; Matt. 13,49; Matt. 24,3; Matt. 28,20; Mark 4,19; Luke 1,70; Luke 16,8; Luke 20,34; Luke 20,35; John 9,32; Acts 3,21; Acts 15,18; 1Cor. 1,20; 1Cor. 2,6; 1Cor. 2,6; 1Cor. 2,8; 2Cor. 4,4; Gal. 1,4; Eph. 3,21; Heb. 1,8; Heb. 6,5; 2Pet. 3,18; Jude 25)

αἰωνός ▸ 1 + 1 = 2
  Noun · masculine · singular · genitive · (common) ▸ 1 + 1 = **2** (Psa. 24,6; Matt. 13,39)

αἰώνων ▸ 11 + 3 + 27 = 41
  Noun · masculine · plural · genitive · (common) ▸ 11 + 3 + 27 = **41** (1Esdr. 4,40; Tob. 13,7; Tob. 13,11; 4Mac. 18,24; Psa. 54,20; Psa. 83,5; Psa. 144,13; Sir. 24,33; Sir. 36,17; Dan. 3,90; Dan. 7,18; Tob. 13,7; Tob. 14,15; Dan. 7,18; 1Cor. 2,7; 1Cor. 10,11; Gal. 1,5; Eph. 3,9; Eph. 3,11; Eph. 3,21; Phil. 4,20; Col. 1,26; 1Tim. 1,17; 1Tim. 1,17; 2Tim. 4,18; Heb. 9,26; Heb. 13,21; 1Pet. 4,11; Rev. 1,6; Rev. 1,18; Rev. 4,9; Rev. 4,10; Rev. 5,13; Rev. 7,12; Rev. 10,6; Rev. 11,15; Rev. 14,11; Rev. 15,7; Rev. 19,3; Rev. 20,10; Rev. 22,5)

αἰῶσιν ▸ 1 + 1 = 2
Noun · masculine · plural · dative · (common) ▸ 1 + 1 = 2 (Eccl. 1,10; Eph. 2,7)

αἰώνιος (αἰών)   eternal ▸ 153 + 10 + 71 = 234
αἰωνία ▸ 3
Adjective · feminine · singular · nominative · noDegree ▸ 3 (Lev. 25,34; Num. 25,13; Ezek. 37,26)
αἰώνια ▸ 6 + 1 = 7
Adjective · neuter · plural · accusative · noDegree ▸ 3 (Psa. 76,6; Prov. 22,28; Prov. 23,10)
Adjective · neuter · plural · nominative · noDegree ▸ 3 + 1 = 4 (Job 21,11; Is. 58,12; Ezek. 36,2; 2Cor. 4,18)
αἰωνίᾳ ▸ 1
Adjective · feminine · singular · dative · noDegree ▸ 1 (Psa. 138,24)
αἰωνίαν ▸ 4 + 2 = 6
Adjective · feminine · singular · accusative · noDegree ▸ 4 + 2 = 6 (4Mac. 15,3; Jer. 38,3; Jer. 39,40; Ezek. 35,5; 2Th. 2,16; Heb. 9,12)
αἰωνίας ▸ 4
Adjective · feminine · plural · accusative · noDegree ▸ 2 (Hab. 3,7; Is. 61,4)
Adjective · feminine · singular · genitive · noDegree ▸ 2 (1Mac. 2,54; Jer. 20,17)
αἰώνιε ▸ 1
Adjective · masculine · singular · vocative · noDegree ▸ 1 (3Mac. 6,12)
αἰώνιοι ▸ 9
Adjective · feminine · plural · nominative · noDegree ▸ 4 (Psa. 23,7; Psa. 23,9; Sol. 17,19; Is. 58,12)
Adjective · masculine · plural · nominative · noDegree ▸ 5 (Ode. 4,6; Ode. 6,7; Job 3,18; Jonah 2,7; Hab. 3,6)
αἰωνίοις ▸ 1 + 1 = 2
Adjective · neuter · plural · dative · noDegree ▸ 1 + 1 = 2 (Mic. 2,9; Rom. 16,25)
αἰώνιον ▸ 88 + 4 + 45 = 137
Adjective · feminine · singular · accusative · noDegree ▸ 33 + 3 + 38 = 74 (Gen. 9,16; Gen. 17,7; Gen. 17,8; Gen. 17,13; Gen. 17,19; Gen. 48,4; Lev. 24,8; 2Sam. 23,5; 1Chr. 16,17; Esth. 14,5 # 4,17m; 2Mac. 7,9; 4Mac. 9,9; Psa. 104,10; Job 22,15; Wis. 8,13; Wis. 10,14; Sol. 3,12; Sol. 10,8; Is. 24,5; Is. 45,17; Is. 54,4; Is. 55,3; Is. 61,8; Jer. 23,40; Bar. 2,35; Bar. 4,29; Ezek. 16,60; Ezek. 26,20; Ezek. 35,9; Dan. 7,27; Dan. 9,24; Dan. 12,2; Dan. 12,2; Dan. 9,24; Dan. 12,2; Dan. 12,2; Matt. 19,16; Matt. 19,29; Matt. 25,46; Matt. 25,46; Mark 10,17; Mark 10,30; Luke 10,25; Luke 18,18; Luke 18,30; John 3,15; John 3,16; John 3,36; John 4,14; John 4,36; John 5,24; John 5,39; John 6,27; John 6,40; John 6,47; John 6,54; John 10,28; John 12,25; John 17,2; Acts 13,48; Rom. 2,7; Rom. 5,21; Rom. 6,22; 2Cor. 5,1; Gal. 6,8; 1Tim. 1,16; 1Pet. 5,10; 2Pet. 1,11; 1John 1,2; 1John 2,25; 1John 3,15; 1John 5,11; 1John 5,13; Jude 21)
Adjective · masculine · singular · accusative · noDegree ▸ 11 + 1 + 2 = 14 (Tob. 3,6; 4Mac. 10,15; Job 34,17; Job 40,28; Is. 33,14; Jer. 23,40; Jer. 25,9; Jer. 25,12; Jer. 28,39; Bar. 4,8; Bar. 4,20; Tob. 3,6; 2Th. 1,9; Philem. 15)
Adjective · neuter · singular · accusative · noDegree ▸ 17 + 4 = 21 (Ex. 12,14; Ex. 12,17; Num. 18,8; Num. 18,11; Num. 18,19; Judith 13,20; 1Mac. 2,51; 1Mac. 6,44; 1Mac. 13,29; Psa. 77,66; Psa. 111,6; Is. 55,13; Is. 56,5; Is. 60,15; Is. 63,12; Jer. 5,22; Jer. 18,16; Matt. 18,8; Matt. 25,41; 2Cor. 4,17; Rev. 14,6)
Adjective · neuter · singular · nominative · noDegree ▸ 27 + 1 = 28 (Ex. 3,15; Ex. 27,21; Ex. 28,43; Ex. 29,28; Ex. 30,21; Ex. 31,17; Lev. 6,11; Lev. 7,34; Lev. 7,36; Lev. 10,9; Lev. 10,15; Lev. 16,29; Lev. 16,31; Lev. 16,34; Lev. 17,7; Lev. 23,14; Lev. 23,21; Lev. 23,31; Lev. 23,41; Lev. 24,3; Lev. 24,9; Num. 10,8; Num. 18,23; Num. 19,10; Num. 19,21; Is. 60,19; Is. 60,20; 1Tim. 6,16)
αἰώνιος ▸ 15 + 5 + 3 = 23
Adjective · feminine · singular · nominative · noDegree ▸ 5 + 4 + 3 = 12 (Ex. 31,16; Is. 35,10; Is. 61,7; Jer. 27,5; Dan. 7,14; Dan. 4,3; Dan. 4,34; Dan. 7,14; Dan. 7,27; John 17,3; Rom. 6,23; 1John 5,20)
Adjective · masculine · singular · nominative · noDegree ▸ 10 + 1 = 11 (Gen. 21,33; Lev. 6,15; Num. 15,15; 2Mac. 1,25; Job 33,12; Is. 26,4; Is. 40,28; Bar. 4,10; Bar. 4,14; Sus. 35a; Sus. 42)
αἰωνιός ▸ 1
Adjective · feminine · singular · nominative ▸ 1 (John 12,50)
αἰωνίου ▸ 9 + 15 = 24
Adjective · feminine · singular · genitive · noDegree ▸ 2 + 10 = 12 (Wis. 17,2; Sol. 10,4; Mark 16,8; John 6,68; Acts 13,46; 1Tim. 6,12; 2Tim. 2,10; Titus 1,2; Titus 3,7; Heb. 5,9; Heb. 9,15; Heb. 13,20)
Adjective · masculine · singular · genitive · noDegree ▸ 5 + 1 = 6 (Num. 18,19; Bar. 4,22; Bar. 4,24; Bar. 4,35; Bar. 5,2; Rom. 16,26)
Adjective · neuter · singular · genitive · noDegree ▸ 2 + 4 = 6 (Job 10,22; Is. 51,11; Mark 3,29; Heb. 6,2; Heb. 9,14; Jude 7)
αἰωνίους ▸ 4 + 1 = 5
Adjective · feminine · plural · accusative · noDegree ▸ 3 + 1 = 4 (Gen. 9,12; Ode. 4,7; Jer. 6,16; Luke 16,9)
Adjective · masculine · plural · accusative · noDegree ▸ 1 (Jer. 18,15)
αἰωνίῳ ▸ 6 + 1 = 7
Adjective · feminine · singular · dative · noDegree ▸ 1 (4Mac. 13,15)
Adjective · masculine · singular · dative · noDegree ▸ 2 (3Mac. 7,16; Bar. 4,22)
Adjective · neuter · singular · dative · noDegree ▸ 3 + 1 = 4 (Tob. 1,6; 4Mac. 12,12; Is. 54,8; Tob. 1,6)
αἰωνίων ▸ 2 + 2 = 4
Adjective · feminine · plural · genitive · noDegree ▸ 1 (Is. 63,11)
Adjective · masculine · plural · genitive ▸ 2 (2Tim. 1,9; Titus 1,2)
Adjective · neuter · plural · genitive · noDegree ▸ 1 (Psa. 75,5)

Ακαβωθ   Akkub ▸ 1
Ακαβωθ ▸ 1
Noun · masculine · singular · genitive · (proper) ▸ 1 (Ezra 2,45)

ἀκαθαρσία (α; καθαρός)   uncleanness ▸ 62 + 1 + 10 = 73
ἀκαθαρσία ▸ 9 + 2 = 11
Noun · feminine · singular · nominative · (common) ▸ 9 + 2 = 11 (Lev. 7,20; Lev. 15,3; Lev. 15,3; Lev. 15,24; Lev. 20,21; Lev. 22,3; Num. 19,13; Prov. 24,9; Ezek. 22,15; Gal. 5,19; Eph. 5,3)
Ἀκαθαρσία ▸ 1
Noun · feminine · singular · nominative · (common) ▸ 1 (Lam. 1,9)
ἀκαθαρσίᾳ ▸ 4 + 3 = 7
Noun · feminine · singular · dative · (common) ▸ 4 + 3 = 7 (Lev. 20,25; 1Esdr. 8,84; 3Mac. 2,17; Ezek. 4,14; Rom. 6,19; 2Cor. 12,21; 1Th. 4,7)
ἀκαθαρσίαις ▸ 4
Noun · feminine · plural · dative · (common) ▸ 4 (Ezra 9,11; Jer. 39,34; Ezek. 22,10; Ezek. 36,17)
ἀκαθαρσίαν ▸ 12 + 2 = 14
Noun · feminine · singular · accusative · (common) ▸ 12 + 2 = 14 (Lev. 15,26; Lev. 15,31; Lev. 19,23; Lev. 22,5; Judg. 13,7; 2Chr.

29,5; 2Chr. 29,16; 1Mac. 13,48; Prov. 6,16; Hos. 2,12; Ezek. 7,20; Ezek. 36,17; Rom. 1,24; Col. 3,5)

ἀκαθαρσίας ▸ 25 + **1** + 3 = 29
   Noun · feminine · plural · accusative · (common) ▸ **6** (1Esdr. 1,47; 1Esdr. 8,66; 1Mac. 14,7; Sol. 8,22; Nah. 3,6; Ezek. 39,24)
   Noun · feminine · singular · genitive · (common) ▸ 19 + **1** + 3 = **23** (Lev. 5,3; Lev. 5,3; Lev. 7,21; Lev. 15,3; Lev. 15,25; Lev. 15,30; Lev. 16,16; Lev. 18,19; Lev. 22,4; 2Sam. 11,4; 1Esdr. 1,40; 1Esdr. 8,80; Ezra 6,21; Sol. 8,12; Sol. 8,20; Sol. 17,45; Mic. 2,10; Ezek. 9,9; Ezek. 24,11; Tob. 3,14; Matt. 23,27; Eph. 4,19; 1Th. 2,3)

ἀκαθαρσιῶν ▸ 7
   Noun · feminine · plural · genitive · (common) ▸ **7** (Lev. 15,31; Lev. 16,16; Lev. 16,19; Wis. 2,16; Jer. 19,13; Ezek. 36,25; Ezek. 36,29)

ἀκάθαρτος (α; καθαρός) unclean ▸ 157 + **3** + 32 = **192**
   ἀκάθαρτα ▸ 20 + **5** = **25**
      Adjective · neuter · plural · accusative · noDegree ▸ 5 + **3** = **8** (Hos. 8,13; Hos. 9,3; Is. 6,5; Is. 6,5; Ezek. 4,13; Acts 8,7; Rev. 16,13; Rev. 17,4)
      Adjective · neuter · plural · nominative · noDegree ▸ 15 + **2** = **17** (Lev. 11,8; Lev. 11,26; Lev. 11,27; Lev. 11,28; Lev. 11,29; Lev. 11,31; Lev. 11,33; Lev. 11,35; Lev. 11,35; Lev. 14,36; Num. 19,14; Deut. 14,7; Deut. 14,10; Deut. 14,19; Prov. 20,10; Mark 3,11; Mark 5,13)
   ἀκάθαρτά ▸ **1** + **1** = **2**
      Adjective · neuter · plural · nominative · noDegree ▸ **1** + **1** = **2** (Num. 19,15; 1Cor. 7,14)
   ἀκάθαρτοι ▸ 6
      Adjective · feminine · plural · nominative · noDegree ▸ **1** (Sir. 40,15)
      Adjective · masculine · plural · nominative · noDegree ▸ **5** (Lev. 11,43; Lev. 15,18; Num. 9,6; Num. 9,7; Is. 64,5)
   ἀκαθάρτοις ▸ 2
      Adjective · neuter · plural · dative ▸ **2** (Mark 1,27; Luke 4,36)
   ἀκάθαρτον ▸ 29 + **3** + **9** = **41**
      Adjective · masculine · singular · accusative · noDegree ▸ 6 + **1** = **7** (Lev. 14,40; Lev. 14,41; Lev. 14,45; Num. 5,2; Num. 19,19; 1Mac. 4,43; Acts 10,28)
      Adjective · neuter · singular · accusative · noDegree ▸ 5 + **3** + **3** = **11** (Lev. 14,57; Deut. 26,14; Judg. 13,4; Judg. 13,14; Zech. 13,2; Judg. 13,4; Judg. 13,7; Judg. 13,14; Mark 3,30; Mark 7,25; Acts 10,14)
      Adjective · neuter · singular · nominative · noDegree ▸ 18 + **4** = **22** (Lev. 11,4; Lev. 11,5; Lev. 11,6; Lev. 11,7; Lev. 11,32; Lev. 11,32; Lev. 11,34; Lev. 11,34; Lev. 11,35; Lev. 15,4; Lev. 15,9; Lev. 15,17; Lev. 15,20; Lev. 15,20; Lev. 15,26; Lev. 27,11; Num. 19,22; Deut. 14,8; Matt. 12,43; Mark 1,26; Luke 11,24; Acts 11,8)
      Adjective · neuter · singular · vocative · (variant) ▸ **1** (Mark 5,8)
   ἀκάθαρτόν ▸ 2
      Adjective · neuter · singular · nominative · noDegree ▸ **2** (Lev. 11,38; Lev. 13,55)
   ἀκάθαρτος ▸ 61 + **1** = **62**
      Adjective · feminine · singular · nominative · noDegree ▸ **8** (Lev. 12,2; Lev. 12,2; Lev. 12,5; Lev. 15,24; Lev. 15,25; Num. 19,22; Is. 35,8; Ezek. 24,14)
      Adjective · masculine · singular · nominative · noDegree ▸ 53 + **1** = **54** (Lev. 11,24; Lev. 11,25; Lev. 11,26; Lev. 11,27; Lev. 11,28; Lev. 11,31; Lev. 11,36; Lev. 11,39; Lev. 11,40; Lev. 11,40; Lev. 13,45; Lev. 13,46; Lev. 13,46; Lev. 14,47; Lev. 14,47; Lev. 14,47; Lev. 15,5; Lev. 15,6; Lev. 15,7; Lev. 15,8; Lev. 15,10; Lev. 15,10; Lev. 15,11; Lev. 15,16; Lev. 15,19; Lev. 15,21; Lev. 15,22; Lev. 15,23; Lev. 15,24; Lev. 15,27; Lev. 15,27; Lev. 17,15; Lev. 22,6; Num. 9,10; Num. 19,7; Num. 19,8; Num. 19,10; Num. 19,11; Num. 19,16; Num. 19,19; Num. 19,21; Num. 19,22; Deut. 12,15; Deut. 12,22; Deut. 15,22; 2Chr. 23,19; Prov. 3,32; Prov. 16,5; Prov. 17,15; Prov. 21,15; Job 15,16; Is. 35,8; Is. 52,1; Eph. 5,5)
   Ἀκάθαρτος ▸ 1
      Adjective · feminine · singular · nominative · noDegree ▸ **1** (Ezek. 22,5)
   ἀκάθαρτός ▸ 9
      Adjective · feminine · singular · nominative · noDegree ▸ **4** (Lev. 13,51; Lev. 14,44; Lev. 15,2; Lev. 15,4)
      Adjective · masculine · singular · nominative · noDegree ▸ **5** (Lev. 13,11; Lev. 13,15; Lev. 13,36; Num. 19,13; Num. 19,20)
   ἀκαθάρτου ▸ 12 + **5** = **17**
      Adjective · feminine · singular · genitive · noDegree ▸ **1** (Sir. 51,5)
      Adjective · neuter · singular · genitive · noDegree ▸ 11 + **5** = **16** (Lev. 5,2; Lev. 5,2; Lev. 7,19; Lev. 7,21; Lev. 7,21; Lev. 14,19; Lev. 22,5; Sir. 34,4; Is. 52,11; Ezek. 22,26; Ezek. 44,23; Luke 4,33; 2Cor. 6,17; Rev. 18,2; Rev. 18,2; Rev. 18,2)
   ἀκαθάρτῳ ▸ 6 + **5** = **11**
      Adjective · feminine · singular · dative · noDegree ▸ **1** (Amos 7,17)
      Adjective · masculine · singular · dative · noDegree ▸ **2** (Num. 19,17; Eccl. 9,2)
      Adjective · neuter · singular · dative · noDegree ▸ 3 + **5** = **8** (Lev. 12,4; Lev. 12,5; 1Mac. 1,48; Mark 1,23; Mark 5,2; Mark 9,25; Luke 8,29; Luke 9,42)
   ἀκαθάρτων ▸ 10 + **4** = **14**
      Adjective · masculine · plural · genitive · noDegree ▸ **1** (Lam. 4,15)
      Adjective · neuter · plural · genitive · noDegree ▸ 9 + **4** = **13** (Lev. 5,2; Lev. 5,2; Lev. 7,21; Lev. 10,10; Lev. 11,47; Lev. 20,25; Lev. 20,25; Lev. 27,27; Num. 18,15; Matt. 10,1; Mark 6,7; Luke 6,18; Acts 5,16)

ἀκαιρέομαι (α; καιρός) to lack opportunity ▸ 1
   ἠκαιρεῖσθε ▸ 1
      Verb · second · plural · imperfect · middle · indicative ▸ **1** (Phil. 4,10)

ἄκαιρος (α; καιρός) ill-timed, inopportune ▸ 2
   ἄκαιρος ▸ 2
      Adjective · feminine · singular · nominative · noDegree ▸ **1** (Sir. 22,6)
      Adjective · masculine · singular · nominative · noDegree ▸ **1** (Sir. 20,19)

ἀκαίρως (α; καιρός) untimely ▸ 1 + **1** = **2**
   ἀκαίρως ▸ **1** + **1** = **2**
      Adverb · **1** + **1** = **2** (Sir. 32,4; 2Tim. 4,2)

ἀκακία (α; κακός) innocent, free of guilt ▸ 14
   ἀκακία ▸ 1
      Noun · feminine · singular · nominative · (common) ▸ **1** (Job 4,6)
   ἀκακίᾳ ▸ 7
      Noun · feminine · singular · dative · (common) ▸ **7** (Psa. 25,1; Psa. 25,11; Psa. 77,72; Psa. 83,12; Psa. 100,2; Sol. 4,23; Sol. 8,23)
   ἀκακίαν ▸ 5
      Noun · feminine · singular · accusative · (common) ▸ **5** (Psa. 7,9; Psa. 36,37; Psa. 40,13; Job 27,5; Job 31,6)
   ἀκακίας ▸ 1
      Noun · feminine · singular · genitive · (common) ▸ **1** (Job 2,3)

ἄκακος (α; κακός) innocent ▸ 17 + **2** = **19**

ἄκακοι ▸ 4
   Adjective · masculine · plural · nominative · noDegree ▸ **3** (Psa. 24,21; Prov. 1,22; Prov. 2,21)
   Adjective · masculine · plural · vocative · noDegree ▸ **1** (Prov. 8,5)
ἀκάκοις ▸ 1
   Adjective · masculine · plural · dative · noDegree ▸ **1** (Prov. 1,4)
ἄκακον ▸ 4
   Adjective · masculine · singular · accusative · noDegree ▸ **3** (Job 8,20; Job 36,5; Wis. 4,12)
   Adjective · neuter · singular · nominative · noDegree ▸ **1** (Jer. 11,19)
ἄκακος ▸ 4 + 1 = 5
   Adjective · masculine · singular · nominative · noDegree ▸ 4 + 1 = **5** (Prov. 14,15; Prov. 21,11; Job 2,3; Sol. 4,5; Heb. 7,26)
ἀκάκου ▸ 1
   Adjective · masculine · singular · genitive · noDegree ▸ **1** (Prov. 15,10)
ἀκάκους ▸ 1
   Adjective · masculine · plural · accusative · noDegree ▸ **1** (Prov. 13,6)
ἀκάκων ▸ 2 + 1 = 3
   Adjective · feminine · plural · genitive · noDegree ▸ **1** (Sol. 4,22)
   Adjective · masculine · plural · genitive ▸ **1** (Rom. 16,18)
   Adjective · neuter · plural · genitive · noDegree ▸ **1** (Sol. 12,4)
ἀκάλυπτος (α; καλύπτω) uncovered ▸ 2
   ἀκάλυπτοί ▸ 1
   Adjective · feminine · plural · nominative · noDegree ▸ **1** (LetterJ 30)
   ἀκάλυπτον ▸ 1
   Adjective · neuter · singular · nominative · noDegree ▸ **1** (Tob. 2,9)
ἀκαλύπτως (α; καλύπτω) in an uncovered manner ▸ 1
   ἀκαλύπτως ▸ 1
   Adverb ▸ **1** (3Mac. 4,6)
ἄκαν (ἀκή) thistle ▸ 2
   ἄκαν ▸ 1
   Noun · masculine · singular · nominative · (common) ▸ **1** (2Kings 14,9)
   ἄκανα ▸ 1
   Noun · masculine · singular · accusative · (common) ▸ **1** (2Kings 14,9)
ἄκανθα (ἀκή) thorns ▸ 29 + 2 + 14 = 45
   ἄκανθα ▸ 6
   Noun · feminine · singular · nominative · (common) ▸ **6** (2Sam. 23,6; Is. 5,6; Is. 7,24; Is. 32,13; Is. 33,12; Ezek. 28,24)
   ἄκανθαι ▸ 4 + 3 = 7
   Noun · feminine · plural · nominative · (common) ▸ 4 + 3 = **7** (Ode. 10,6; Prov. 26,9; Hos. 9,6; Hos. 10,8; Matt. 13,7; Mark 4,7; Luke 8,7)
   ἀκάνθαις ▸ 6 + 2 = 8
   Noun · feminine · plural · dative · (common) ▸ 6 + 2 = **8** (Judg. 8,7; Judg. 8,16; Psa. 117,12; Prov. 15,19; Sir. 28,24; Jer. 4,3; Judg. 8,7; Judg. 8,16)
   ἄκανθαν ▸ 2
   Noun · feminine · singular · accusative · (common) ▸ **2** (Psa. 31,4; Is. 7,23)
   ἀκάνθας ▸ 8 + 6 = 14
   Noun · feminine · plural · accusative · (common) ▸ 8 + 6 = **14** (Gen. 3,18; Ex. 22,5; Psa. 57,10; Ode. 10,2; Ode. 10,4; Is. 5,2; Is. 5,4; Jer. 12,13; Matt. 13,7; Matt. 13,22; Mark 4,7; Mark 4,18; Luke 8,14; Heb. 6,8)
   ἀκάνθης ▸ 1
   Noun · feminine · singular · genitive · (common) ▸ **1** (Is. 7,25)
   ἀκανθῶν ▸ 2 + 5 = 7
   Noun · feminine · plural · genitive · (common) ▸ 2 + 5 = **7** (Eccl. 7,6; Song 2,2; Matt. 7,16; Matt. 27,29; Luke 6,44; Luke 8,7; John 19,2)
ἀκάνθινος (ἀκή) made of thorns ▸ 1 + 2 = 3
   ἀκάνθινα ▸ 1
   Adjective · neuter · plural · nominative · noDegree ▸ **1** (Is. 34,13)
   ἀκάνθινον ▸ 2
   Adjective · masculine · singular · accusative ▸ **2** (Mark 15,17; John 19,5)
ἀκάρδιος (α; καρδία) heartless, senseless ▸ 4
   ἀκάρδιον ▸ 1
   Adjective · masculine · singular · accusative · noDegree ▸ **1** (Prov. 10,13)
   ἀκάρδιος ▸ 3
   Adjective · masculine · singular · nominative · noDegree ▸ **3** (Prov. 17,16; Sir. 6,20; Jer. 5,21)
ἀκαριαῖος (α; κείρω) momentary, brief ▸ 1
   ἀκαριαῖον ▸ 1
   Adjective · neuter · singular · accusative · noDegree ▸ **1** (2Mac. 6,25)
ἀκαρπία (α; καρπός) unfruitfulness, barrenness ▸ 1
   ἀκαρπίαν ▸ 1
   Noun · feminine · singular · accusative · (common) ▸ **1** (Prov. 9,12c)
ἄκαρπος (α; καρπός) unfruitful ▸ 3 + 7 = 10
   ἄκαρπα ▸ 1
   Adjective · neuter · plural · nominative ▸ **1** (Jude 12)
   ἄκαρποι ▸ 1 + 1 = 2
   Adjective · feminine · plural · nominative · noDegree ▸ 1 + 1 = **2** (4Mac. 16,7; Titus 3,14)
   ἀκάρποις ▸ 1
   Adjective · neuter · plural · dative ▸ **1** (Eph. 5,11)
   ἄκαρπος ▸ 1 + 2 = 3
   Adjective · masculine · singular · nominative · noDegree ▸ 1 + 2 = **3** (Wis. 15,4; Matt. 13,22; Mark 4,19)
   ἀκαρπός ▸ 1
   Adjective · masculine · singular · nominative ▸ **1** (1Cor. 14,14)
   ἀκάρπους ▸ 1
   Adjective · masculine · plural · accusative ▸ **1** (2Pet. 1,8)
   ἀκάρπῳ ▸ 1
   Adjective · feminine · singular · dative · noDegree ▸ **1** (Jer. 2,6)
ἀκατάγνωστος (α; κατά; γινώσκω) cannot be condemned ▸ 1 + 1 = 2
   ἀκατάγνωστοι ▸ 1
   Adjective · masculine · plural · nominative · noDegree ▸ **1** (2Mac. 4,47)
   ἀκατάγνωστον ▸ 1
   Adjective · masculine · singular · accusative · (verbal) ▸ **1** (Titus 2,8)
ἀκατακάλυπτος (α; κατά; καλύπτω) uncovered ▸ 1 + 2 = 3
   ἀκατακάλυπτον ▸ 1
   Adjective · feminine · singular · accusative · (verbal) ▸ **1** (1Cor. 11,13)
   ἀκατακάλυπτος ▸ 1
   Adjective · feminine · singular · nominative · noDegree ▸ **1** (Lev. 13,45)

ἀκατακαλύπτῳ ▸ 1
    Adjective ▪ feminine ▪ singular ▪ dative ▪ (verbal) ▸ 1 (1Cor. 11,5)

ἀκατάκριτος (ἀ; κατά; κρίνω) uncondemned ▸ 2
  ἀκατάκριτον ▸ 1
    Adjective ▪ masculine ▪ singular ▪ accusative ▸ 1 (Acts 22,25)
  ἀκατακρίτους ▸ 1
    Adjective ▪ masculine ▪ plural ▪ accusative ▸ 1 (Acts 16,37)

ἀκατάλυτος (ἀ; κατά; λύω) endless, perpetual ▸ 1 + 1 = 2
  ἀκαταλύτου ▸ 1
    Adjective ▪ feminine ▪ singular ▪ genitive ▪ (verbal) ▸ 1 (Heb. 7,16)
  ἀκαταλύτους ▸ 1
    Adjective ▪ feminine ▪ plural ▪ accusative ▪ noDegree ▸ 1 (4Mac. 10,11)

ἀκαταμάχητος (ἀ; κατά; μάχη) invincible ▸ 1
  ἀκαταμάχητον ▸ 1
    Adjective ▪ feminine ▪ singular ▪ accusative ▪ noDegree ▸ 1 (Wis. 5,19)

Ακαταν Azgad ▸ 2
  Ακαταν ▸ 2
    Noun ▪ masculine ▪ singular ▪ genitive ▪ (proper) ▸ 2 (1Esdr. 8,38; Ezra 8,12)

ἀκατάπαυστος (ἀ; κατά; παύω) unceasing ▸ 1
  ἀκαταπαύστους ▸ 1
    Adjective ▪ masculine ▪ plural ▪ accusative ▪ (verbal) ▸ 1 (2Pet. 2,14)

ἀκατάποτος (ἀ; κατά; πίνω) not to be swallowed ▸ 1
  ἀκατάποτος ▸ 1
    Adjective ▪ masculine ▪ singular ▪ nominative ▪ noDegree ▸ 1 (Job 20,18)

ἀκατασκεύαστος (ἀ; κατά; σκεῦος) not properly prepared ▸ 1
  ἀκατασκεύαστος ▸ 1
    Adjective ▪ feminine ▪ singular ▪ nominative ▪ noDegree ▸ 1 (Gen. 1,2)

ἀκαταστασία (ἀ; κατά; ἵστημι) confusion ▸ 2 + 5 = 7
  ἀκαταστασία ▸ 1 + 1 = 2
    Noun ▪ feminine ▪ singular ▪ nominative ▪ (common) ▸ 1 + 1 = 2 (Tob. 4,13; James 3,16)
  ἀκαταστασίαι ▸ 1
    Noun ▪ feminine ▪ plural ▪ nominative ▸ 1 (2Cor. 12,20)
  ἀκαταστασίαις ▸ 1
    Noun ▪ feminine ▪ plural ▪ dative ▸ 1 (2Cor. 6,5)
  ἀκαταστασίας ▸ 1 + 2 = 3
    Noun ▪ feminine ▪ plural ▪ accusative ▪ (common) ▸ 1 + 1 = 2 (Prov. 26,28; Luke 21,9)
    Noun ▪ feminine ▪ singular ▪ genitive ▸ 1 (1Cor. 14,33)

ἀκαταστατέω (ἀ; κατά; ἵστημι) to become unsafe ▸ 1
  ἠκαταστάτησαν ▸ 1
    Verb ▪ third ▪ plural ▪ aorist ▪ active ▪ indicative ▸ 1 (Tob. 1,15)

ἀκατάστατος (ἀ; κατά; ἵστημι) unstable ▸ 1 + 2 = 3
  ἀκατάστατον ▸ 1
    Adjective ▪ neuter ▪ singular ▪ nominative ▪ (verbal) ▸ 1 (James 3,8)
  ἀκατάστατος ▸ 1 + 1 = 2
    Adjective ▪ feminine ▪ singular ▪ nominative ▪ noDegree ▸ 1 (Is. 54,11)
    Adjective ▪ masculine ▪ singular ▪ nominative ▪ (verbal) ▸ 1 (James 1,8)

ἀκατάσχετος uncontrollable, unchecked ▸ 2
  ἀκατάσχετον ▸ 1
    Adjective ▪ feminine ▪ singular ▪ accusative ▪ noDegree ▸ 1 (3Mac. 6,17)
  ἀκατάσχετος ▸ 1
    Adjective ▪ masculine ▪ singular ▪ nominative ▪ noDegree ▸ 1 (Job 31,11)

ἀκατέργαστος (ἀ; κατά; ἔργον) unfinished ▸ 1
  ἀκατέργαστόν ▸ 1
    Adjective ▪ neuter ▪ singular ▪ accusative ▪ noDegree ▸ 1 (Psa. 138,16)

ἄκαυστος (ἀ; καίω) unlit ▸ 1
  ἄκαυστον ▸ 1
    Adjective ▪ neuter ▪ singular ▪ nominative ▪ noDegree ▸ 1 (Job 20,26)

Ἀκελδαμάχ Akeldama ▸ 1
  Ἀκελδαμάχ ▸ 1
    Noun ▪ neuter ▪ singular ▪ accusative ▪ (proper) ▸ 1 (Acts 1,19)

ἀκέραιος (ἀ; κεράννυμι) innocent, harmless; simple, unsophisticated ▸ 1 + 3 = 4
  ἀκέραιοι ▸ 2
    Adjective ▪ masculine ▪ plural ▪ nominative ▸ 2 (Matt. 10,16; Phil. 2,15)
  ἀκέραιον ▸ 1
    Adjective ▪ feminine ▪ singular ▪ accusative ▪ noDegree ▸ 1 (Esth. 16,6 # 8,12f)
  ἀκεραίους ▸ 1
    Adjective ▪ masculine ▪ plural ▪ accusative ▸ 1 (Rom. 16,19)

ἀκηδία (ἀ; κήδω) negligence, grief ▸ 4
  ἀκηδίας ▸ 3
    Noun ▪ feminine ▪ singular ▪ genitive ▪ (common) ▸ 3 (Psa. 118,28; Sir. 29,5; Is. 61,3)
  ἀκηδιῶν ▸ 1
    Noun ▪ feminine ▪ plural ▪ genitive ▪ (common) ▸ 1 (Bar. 3,1)

ἀκηδιάω (ἀ; κήδω) to grieve, fret, be lazy, neglect ▸ 5
  ἀκηδιάσαι ▸ 1
    Verb ▪ aorist ▪ active ▪ infinitive ▸ 1 (Psa. 60,3)
  ἀκηδιάσας ▸ 1
    Verb ▪ aorist ▪ active ▪ participle ▪ masculine ▪ singular ▪ nominative ▸ 1 (Dan. 7,15)
  ἀκηδιάσῃ ▸ 1
    Verb ▪ third ▪ singular ▪ aorist ▪ active ▪ subjunctive ▸ 1 (Psa. 101,1)
  ἀκηδιάσῃς ▸ 1
    Verb ▪ second ▪ singular ▪ aorist ▪ active ▪ subjunctive ▸ 1 (Sir. 22,13)
  ἠκηδίασεν ▸ 1
    Verb ▪ third ▪ singular ▪ aorist ▪ active ▪ indicative ▸ 1 (Psa. 142,4)

ἀκηλίδωτος (ἀ; κηλέω) untarnished, spotless, blameless ▸ 2
  ἀκηλίδωτον ▸ 1
    Adjective ▪ neuter ▪ singular ▪ nominative ▪ noDegree ▸ 1 (Wis. 7,26)
  ἀκηλίδωτος ▸ 1
    Adjective ▪ masculine ▪ singular ▪ nominative ▪ noDegree ▸ 1 (Wis. 4,9)

ἀκιδωτός (ἀκή) pointed ▸ 1
  ἀκιδωτόν ▸ 1
    Adjective ▪ neuter ▪ singular ▪ nominative ▪ noDegree ▸ 1 (Prov. 25,18)

Ακιεζι Achzib ▸ 1
  Ακιεζι ▸ 1
    Noun ▪ singular ▪ nominative ▪ (proper) ▸ 1 (Josh. 15,44)

Ακιμ Acco (?) ▸ 1
  Ακιμ ▸ 1
    Noun · singular · dative · (proper) ▸ 1 (Mic. 1,10)
ἀκινάκης short-sword ▸ 2
  ἀκινάκην ▸ 1
    Noun · masculine · singular · accusative · (common) ▸ 1 (Judith 13,6)
  ἀκινάκης ▸ 1
    Noun · masculine · singular · nominative · (common) ▸ 1 (Judith 16,9)
ἀκίνητος (α; κινέω) unmoved, immovable ▸ 3
  ἀκίνητοι ▸ 1
    Adjective · masculine · plural · nominative · noDegree ▸ 1 (Ex. 25,15)
  ἀκινήτοις ▸ 1
    Adjective · feminine · plural · dative · noDegree ▸ 1 (3Mac. 6,19)
  ἀκίνητος ▸ 1
    Adjective · masculine · singular · nominative · noDegree ▸ 1 (Job 39,26)
ἀκίς (ἀκή) arrow, dart, needle ▸ 1
  ἀκίσιν ▸ 1
    Noun · feminine · plural · dative · (common) ▸ 1 (Job 16,10)
Ακιφα Hakupha ▸ 1
  Ακιφα ▸ 1
    Noun · masculine · singular · genitive · (proper) ▸ 1 (Ezra 2,51)
Ακκαριωθ Akkarioth (Heb. cities) ▸ 1
  Ακκαριωθ ▸ 1
    Noun · singular · nominative · (proper) ▸ 1 (Jer. 31,41)
Ακκαρων Ekron ▸ 18 + 4 = 22
  Ακκαρων ▸ 18 + 4 = 22
    Noun · feminine · singular · accusative · (proper) ▸ 4 + 1 = 5 (Judg. 1,18; 1Mac. 10,89; Amos 1,8; Jer. 32,20; Judg. 1,18)
    Noun · feminine · singular · genitive · (proper) ▸ 9 + 1 = 10 (Josh. 13,3; Josh. 15,11; Josh. 15,46; 1Sam. 6,17; 1Sam. 17,52; 2Kings 1,2; 2Kings 1,3; 2Kings 1,6; 2Kings 1,16; Josh. 15,46)
    Noun · feminine · singular · nominative · (proper) ▸ 5 + 2 = 7 (Josh. 15,45; Josh. 19,43; Zeph. 2,4; Zech. 9,5; Zech. 9,7; Josh. 15,45; Josh. 19,43)
Ακκαρωνίτης Ekronite ▸ 1
  Ακκαρωνίτη ▸ 1
    Noun · masculine · singular · dative · (proper) ▸ 1 (Josh. 13,3)
Ακκως Hakkoz, Accos ▸ 2
  Ακκως ▸ 2
    Noun · masculine · singular · genitive · (proper) ▸ 2 (1Esdr. 5,38; 1Mac. 8,17)
ἀκλεής (α; κλείω) ignoble, ignominious ▸ 1
  ἀκλεῆ ▸ 1
    Adjective · feminine · singular · accusative · noDegree ▸ 1 (3Mac. 4,12)
ἀκλεῶς (α; κλείω) ignobly, ignominiosly ▸ 1
  ἀκλεῶς ▸ 1
    Adverb ▸ 1 (3Mac. 6,34)
ἀκληρέω (α; κληρόω) to suffer misfortune ▸ 1
  ἀκληρεῖ ▸ 1
    Verb · third · singular · present · active · indicative ▸ 1 (2Mac. 14,8)
ἄκλητος (α; καλέω) uncalled, unsummoned ▸ 1
  ἄκλητος ▸ 1
    Adjective · feminine · singular · nominative · noDegree ▸ 1 (Esth. 4,11)
ἀκλινής (α; κλίνω) unswerving, regular ▸ 2 + 1 = 3
  ἀκλινῆ ▸ 1 + 1 = 2
    Adjective · feminine · singular · accusative ▸ 1 (Heb. 10,23)
    Adjective · masculine · singular · accusative · noDegree ▸ 1 (4Mac. 6,7)
  ἀκλινής ▸ 1
    Adjective · feminine · singular · nominative · noDegree ▸ 1 (4Mac. 17,3)
ἀκμάζω (ἀκή) to ripen, to be ripe, flourish ▸ 1 + 1 = 2
  ἀκμάζων ▸ 1
    Verb · present · active · participle · masculine · singular · nominative ▸ 1 (4Mac. 2,3)
  ἤκμασαν ▸ 1
    Verb · third · plural · aorist · active · indicative ▸ 1 (Rev. 14,18)
ἀκμαῖος (ἀκή) blooming, in prime ▸ 1
  ἀκμαίας ▸ 1
    Adjective · feminine · singular · genitive · noDegree ▸ 1 (3Mac. 4,8)
ἀκμή (ἀκή) point, full flower, prime ▸ 6
  ἀκμαῖς ▸ 1
    Noun · feminine · plural · dative · (common) ▸ 1 (2Mac. 12,22)
  ἀκμή ▸ 1
    Noun · feminine · singular · nominative · (common) ▸ 1 (2Mac. 4,13)
  ἀκμῇ ▸ 3
    Noun · feminine · singular · dative · (common) ▸ 3 (Esth. 15,5 # 5,1b; Esth. 15,7 # 5,1d; 2Mac. 1,7)
  ἀκμῆς ▸ 1
    Noun · feminine · singular · genitive · (common) ▸ 1 (4Mac. 18,9)
ἀκμήν (ἀκή) yet, still ▸ 1
  ἀκμήν ▸ 1
    Adverb ▸ 1 (Matt. 15,16)
ἄκμων millstone, anvil ▸ 2
  ἄκμονος ▸ 1
    Noun · masculine · singular · genitive · (common) ▸ 1 (Sir. 38,28)
  ἄκμων ▸ 1
    Noun · masculine · singular · nominative · (common) ▸ 1 (Job 41,16)
ἀκοή (ἀκούω) hearing, sound, report; obedience ▸ 49 + 2 + 24 = 75
  ἀκοαί ▸ 1
    Noun · feminine · plural · nominative · (common) ▸ 1 (Dan. 11,44)
  ἀκοαί ▸ 1 + 1 = 2
    Noun · feminine · plural · nominative · (common) ▸ 1 + 1 = 2 (1Sam. 2,24; Mark 7,35)
  ἀκοαῖς ▸ 1 + 1 = 2
    Noun · feminine · plural · dative · (common) ▸ 1 + 1 = 2 (Sir. 43,24; Heb. 5,11)
  ἀκοὰς ▸ 2 + 4 = 6
    Noun · feminine · plural · accusative · (common) ▸ 2 + 4 = 6 (2Sam. 23,23; 2Mac. 15,39; Matt. 24,6; Mark 13,7; Luke 7,1; Acts 17,20)
  ἀκοή ▸ 2 + 2 = 4
    Noun · feminine · singular · nominative · (common) ▸ 2 + 2 = 4 (1Sam. 2,24; Nah. 1,12; 1Cor. 12,17; 1Cor. 12,17)
  ἀκοή ▸ 6 + 3 = 9
    Noun · feminine · singular · nominative · (common) ▸ 6 + 3 = 9 (1Sam. 15,22; 2Sam. 13,30; 1Kings 2,28; Wis. 1,9; Sir. 27,15; Dan. 11,44; Matt. 4,24; Mark 1,28; Rom. 10,17)
  ἀκοῇ ▸ 13 + 5 = 18
    Noun · feminine · singular · dative · (common) ▸ 13 + 5 = 18 (Ex. 15,26; Ex. 19,5; Ex. 22,22; Ex. 23,22; Ex. 23,22; Deut. 11,13; Deut.

11,22; Deut. 15,5; Deut. 28,1; Deut. 28,2; Hos. 7,12; Is. 53,1; Jer. 17,24; Matt. 13,14; John 12,38; Acts 28,26; Rom. 10,16; 2Pet. 2,8)

Ἀκοῇ ▸ 1
Noun · feminine · singular · dative · (common) ▸ **1** (Is. 6,9)

ἀκοήν ▸ 4 + **1** = **5**
Noun · feminine · singular · accusative · (common) ▸ 4 + **1** = **5** (1Kings 10,7; 2Chr. 9,6; Ode. 4,2; Hab. 3,2; Tob. 10,12)

ἀκοὴν ▸ 14 + 3 = 17
Noun · feminine · singular · accusative · (common) ▸ 14 + 3 = **17** (Ex. 23,1; 2Sam. 22,45; Tob. 10,12; Psa. 17,45; Job 37,2; Job 42,5; Is. 52,7; Jer. 6,24; Jer. 27,43; Jer. 30,8; Jer. 30,29; Jer. 38,18; Jer. 44,5; Ezek. 16,56; Matt. 14,1; 2Tim. 4,3; 2Tim. 4,4)

Ἀκοὴν ▸ 1
Noun · feminine · singular · accusative · (common) ▸ **1** (Obad. 1)

ἀκοῆς ▸ 4 + 5 = 9
Noun · feminine · singular · genitive · (common) ▸ 4 + 5 = **9** (Psa. 111,7; Sir. 41,26; Sol. 8,5; Jer. 10,22; Rom. 10,17; Gal. 3,2; Gal. 3,5; 1Th. 2,13; Heb. 4,2)

ἀκοίμητος (α; κεῖμαι) sleepless, unsleeping ▸ 1
ἀκοίμητον ▸ 1
Adjective · neuter · singular · nominative · noDegree ▸ **1** (Wis. 7,10)

ἀκοινώνητος (α; κοινός) incommunicable, unsocial, inhuman ▸ 1
ἀκοινώνητον ▸ 1
Adjective · neuter · singular · accusative · noDegree ▸ **1** (Wis. 14,21)

ἀκολασία (α; κόλος) intemperence, licentiousness ▸ 1
ἀκολασίαν ▸ 1
Noun · feminine · singular · accusative · (common) ▸ **1** (4Mac. 13,7)

ἀκόλαστος (α; κόλος) undisciplined, intemperate ▸ 3
ἀκολάστοις ▸ 1
Adjective · masculine · plural · dative · noDegree ▸ **1** (Prov. 19,29)
ἀκόλαστον ▸ 1
Adjective · neuter · singular · nominative · noDegree ▸ **1** (Prov. 20,1)
ἀκολάστου ▸ 1
Adjective · masculine · singular · genitive · noDegree ▸ **1** (Prov. 21,11)

ἀκολουθέω (ἀκόλουθος) to follow ▸ 13 + 90 = 103
ἀκολούθει ▸ 12
Verb · second · singular · present · active · imperative ▸ **12** (Matt. 8,22; Matt. 9,9; Matt. 19,21; Mark 2,14; Mark 10,21; Luke 5,27; Luke 9,59; Luke 18,22; John 1,43; John 21,19; John 21,22; Acts 12,8)
ἀκολουθεῖ ▸ 4
Verb · third · singular · present · active · indicative ▸ **4** (Matt. 10,38; Luke 9,49; John 10,4; Rev. 14,13)
ἀκολουθεῖν ▸ 1 + 1 = 2
Verb · present · active · infinitive ▸ 1 + 1 = **2** (2Mac. 8,36; Mark 8,34)
ἀκολουθείτω ▸ 4
Verb · third · singular · present · active · imperative ▸ **4** (Matt. 16,24; Mark 8,34; Luke 9,23; John 12,26)
ἀκολουθῆσαι ▸ 2 + 2 = 4
Verb · aorist · active · infinitive ▸ 2 + 2 = **4** (Judith 5,7; Ezek. 29,16; John 13,36; John 13,37)
ἀκολουθήσαντές ▸ 1
Verb · aorist · active · participle · masculine · plural · nominative ▸ **1** (Matt. 19,28)
ἀκολουθησάντων ▸ 1
Verb · aorist · active · participle · masculine · plural · genitive ▸ **1** (John 1,40)
ἀκολουθήσατε ▸ 2
Verb · second · plural · aorist · active · imperative ▸ **2** (Mark 14,13; Luke 22,10)
ἀκολουθήσεις ▸ 1
Verb · second · singular · future · active · indicative ▸ **1** (John 13,36)
ἀκολούθησον ▸ 1
Verb · second · singular · aorist · active · imperative ▸ **1** (Num. 22,20)
ἀκολουθήσουσιν ▸ 1 + 1 = 2
Verb · third · plural · future · active · indicative ▸ 1 + 1 = **2** (Is. 45,14; John 10,5)
ἀκολουθήσω ▸ 1 + 3 = 4
Verb · first · singular · future · active · indicative ▸ 1 + 3 = **4** (1Kings 19,20; Matt. 8,19; Luke 9,57; Luke 9,61)
Ἀκολουθήσω ▸ 1
Verb · first · singular · future · active · indicative ▸ **1** (Hos. 2,7)
ἀκολουθοῦντα ▸ 1
Verb · present · active · participle · masculine · singular · accusative ▸ **1** (John 21,20)
ἀκολουθοῦντας ▸ 1
Verb · present · active · participle · masculine · plural · accusative ▸ **1** (John 1,38)
ἀκολουθοῦντες ▸ 4
Verb · present · active · participle · masculine · plural · nominative ▸ **4** (Matt. 21,9; Mark 10,32; Mark 11,9; Rev. 14,4)
ἀκολουθοῦντι ▸ 1
Verb · present · active · participle · masculine · singular · dative ▸ **1** (Luke 7,9)
ἀκολουθούσης ▸ 1
Verb · present · active · participle · feminine · singular · genitive ▸ **1** (1Cor. 10,4)
ἀκολουθοῦσιν ▸ 2
Verb · present · active · participle · masculine · plural · dative ▸ **1** (Matt. 8,10)
Verb · third · plural · present · active · indicative ▸ **1** (Mark 6,1)
ἀκολουθοῦσίν ▸ 1
Verb · third · plural · present · active · indicative ▸ **1** (John 10,27)
ἀκολουθῶν ▸ 2
Verb · present · active · participle · masculine · singular · nominative ▸ **2** (John 8,12; John 20,6)
ἠκολούθει ▸ 1 + 12 = 13
Verb · third · singular · imperfect · active · indicative ▸ 1 + 12 = **13** (Judith 15,13; Matt. 26,58; Mark 5,24; Mark 9,38; Mark 10,52; Luke 5,28; Luke 18,43; Luke 22,54; John 6,2; Acts 12,9; Acts 21,36; Rev. 6,8; Rev. 19,14)
Ἠκολούθει ▸ 2
Verb · third · singular · imperfect · active · indicative ▸ **2** (Luke 23,27; John 18,15)
ἠκολουθήκαμέν ▸ 1
Verb · first · plural · perfect · active · indicative ▸ **1** (Mark 10,28)
ἠκολουθηκότων ▸ 2
Verb · perfect · active · participle · masculine · plural · genitive ▸ **1** (Sir. 1,2 Prol.)
Verb · perfect · active · participle · neuter · plural · genitive ▸ **1** (Judith 12,2)

ἀκολουθέω–ἀκουστός

ἠκολουθήσαμέν ‣ 2
   Verb · first · plural · aorist · active · indicative ‣ 2 (Matt. 19,27; Luke 18,28)
ἠκολούθησαν ‣ 1 + 18 = 19
   Verb · third · plural · aorist · active · indicative ‣ 1 + 18 = 19 (Judith 2,3; Matt. 4,20; Matt. 4,22; Matt. 4,25; Matt. 8,1; Matt. 8,23; Matt. 9,27; Matt. 12,15; Matt. 14,13; Matt. 19,2; Matt. 20,34; Matt. 27,55; Mark 1,18; Luke 5,11; Luke 9,11; Luke 22,39; John 1,37; John 11,31; Acts 13,43)
ἠκολούθησεν ‣ 1 + 8 = 9
   Verb · third · singular · aorist · active · indicative ‣ 1 + 8 = 9 (Ruth 1,14; Matt. 9,9; Matt. 9,19; Matt. 20,29; Mark 2,14; Mark 3,7; Mark 14,54; Rev. 14,8; Rev. 14,9)
ἠκολούθουν ‣ 1 + 2 = 3
   Verb · third · plural · imperfect · active · indicative ‣ 1 + 2 = 3 (1Sam. 25,42; Mark 2,15; Mark 15,41)

ἀκολουθία (ἀκόλουθος) following; consequence; train of thought ‣ 1
ἀκολουθίαι ‣ 1
   Noun · feminine · plural · nominative · (common) ‣ 1 (4Mac. 1,21)

ἀκόλουθος following, what goes with; conclusion ‣ 2
ἀκόλουθα ‣ 1
   Adjective · neuter · plural · accusative · noDegree ‣ 1 (1Esdr. 8,14)
ἀκόλουθος ‣ 1
   Adjective · masculine · singular · nominative · noDegree ‣ 1 (2Mac. 4,17)

ἀκολούθως (ἀκόλουθος) accordingly, in accordance with ‣ 6
ἀκολούθως ‣ 6
   Adverb ‣ 6 (1Esdr. 5,48; 1Esdr. 5,68; 1Esdr. 7,6; 1Esdr. 7,9; 1Esdr. 8,12; 2Mac. 6,23)

ἀκονάω (ἀκή) to sharpen ‣ 6
ἠκονημένα ‣ 2
   Verb · perfect · passive · participle · neuter · plural · nominative ‣ 2 (Psa. 44,6; Psa. 119,4)
ἠκονημένον ‣ 2
   Verb · perfect · passive · participle · neuter · singular · accusative ‣ 1 (Prov. 5,4)
   Verb · perfect · passive · participle · neuter · singular · nominative ‣ 1 (Psa. 51,4)
ἠκόνησαν ‣ 2
   Verb · third · plural · aorist · active · indicative ‣ 2 (Psa. 63,4; Psa. 139,4)

ἀκοντίζω (ἀκή) to shoot (an arrow), hurl (a javelin) ‣ 4
ἀκοντίζω ‣ 1
   Verb · first · singular · present · active · indicative ‣ 1 (1Sam. 20,36)
ἀκοντίζων ‣ 1
   Verb · present · active · participle · masculine · singular · nominative ‣ 1 (1Sam. 20,20)
ἠκόντιζε ‣ 1
   Verb · third · singular · aorist · active · indicative ‣ 1 (1Sam. 20,36)
ἠκόντιζεν ‣ 1
   Verb · third · singular · aorist · active · indicative ‣ 1 (1Sam. 20,37)

ἀκοντιστής (ἀκή) an archer, a javelin thrower ‣ 1
ἀκοντισταί ‣ 1
   Noun · masculine · plural · nominative · (common) ‣ 1 (1Sam. 31,3)

ἀκοπιάτως (α; κόπτω) untiringly; effortlessly ‣ 1
ἀκοπιάτως ‣ 1
   Adverb ‣ 1 (Wis. 16,20)

Ακορ Eker ‣ 1
Ακορ ‣ 1
   Noun · masculine · singular · nominative · (proper) ‣ 1 (1Chr. 2,27)

ἄκοσμος (α; κόσμος) without order; disordered ‣ 1
ἄκοσμον ‣ 1
   Adjective · neuter · singular · nominative · noDegree ‣ 1 (Prov. 25,26)

ἀκόσμως (α; κόσμος) disorderly, in dishonor ‣ 1
ἀκόσμως ‣ 1
   Adverb ‣ 1 (2Mac. 9,1)

Ακουβ Akkub ‣ 5
Ακουβ ‣ 5
   Noun · masculine · singular · genitive · (proper) ‣ 3 (1Esdr. 5,28; Ezra 2,42; Neh. 7,45)
   Noun · masculine · singular · nominative · (proper) ‣ 2 (1Chr. 9,17; Neh. 11,19)

Ακουδ Akkub ‣ 1
Ακουδ ‣ 1
   Noun · masculine · singular · genitive · (proper) ‣ 1 (1Esdr. 5,30)

Ακουν Akkub ‣ 1
Ακουν ‣ 1
   Noun · masculine · singular · nominative · (proper) ‣ 1 (1Chr. 3,24)

Ακους Hakkoz ‣ 1
Ακους ‣ 1
   Noun · masculine · singular · genitive · (proper) ‣ 1 (Ezra 2,61)

ἀκουσιάζομαι (ἀκούω) to sin in ignorance ‣ 1
ἀκουσιασθείσης ‣ 1
   Verb · aorist · passive · participle · feminine · singular · genitive ‣ 1 (Num. 15,28)

ἀκούσιος (ἀκούω) involuntary, unintentional ‣ 4
ἀκούσιον ‣ 2
   Adjective · neuter · singular · nominative · noDegree ‣ 2 (Num. 15,26; Eccl. 10,5)
ἀκούσιόν ‣ 1
   Adjective · neuter · singular · nominative · noDegree ‣ 1 (Num. 15,25)
ἀκουσίων ‣ 1
   Adjective · neuter · plural · genitive · noDegree ‣ 1 (Num. 15,25)

ἀκουσίως (ἀκούω) involuntarily, unintentionally ‣ 16
ἀκουσίως ‣ 16
   Adverb ‣ 16 (Lev. 4,2; Lev. 4,13; Lev. 4,22; Lev. 4,27; Lev. 5,15; Num. 15,24; Num. 15,27; Num. 15,28; Num. 15,29; Num. 35,11; Num. 35,15; Deut. 19,4; Josh. 20,3; Josh. 20,9; Job 31,33; Sir. 25,18)

ἀκουστής (ἀκούω) hearer ‣ 1
ἀκουστής ‣ 1
   Noun · masculine · singular · nominative · (common) ‣ 1 (Wis. 1,6)

ἀκουστός (ἀκούω) heard ‣ 23
ἀκουστά ‣ 1
   Adjective · neuter · plural · accusative · noDegree ‣ 1 (Is. 48,6)
ἀκουστὰ ‣ 4
   Adjective · neuter · plural · accusative · noDegree ‣ 4 (Judg. 13,23; Is. 45,21; Jer. 27,2; Jer. 38,7)

ἀκουστάς ▸ 1
  Adjective · feminine · plural · accusative · noDegree ▸ **1** (Psa. 105,2)
ἀκουστὴ ▸ 2
  Adjective · feminine · singular · nominative · noDegree ▸ **2** (Ex. 28,35; Deut. 4,36)
ἀκουστὴν ▸ 6
  Adjective · feminine · singular · accusative · noDegree ▸ **6** (Deut. 30,13; 2Kings 7,6; Sir. 46,17; Sir. 50,16; Is. 30,30; Is. 52,7)
ἀκουστόν ▸ 1
  Adjective · neuter · singular · accusative · noDegree ▸ **1** (Is. 48,5)
ἀκουστὸν ▸ 8
  Adjective · masculine · singular · accusative · noDegree ▸ **2** (Sir. 45,9; Is. 18,3)
  Adjective · neuter · singular · accusative · noDegree ▸ **3** (Psa. 142,8; Is. 48,3; Is. 62,11)
  Adjective · neuter · singular · nominative · noDegree ▸ **3** (Gen. 45,2; Is. 23,5; Is. 48,20)

ἀκουτίζω (ἀκούω)   to cause to hear ▸ 7 + 1 = 8
ἀκουτιεῖς ▸ 1
  Verb · second · singular · future · active · indicative ▸ **1** (Psa. 50,10)
ἀκουτίσασθε ▸ 1
  Verb · second · plural · aorist · middle · imperative ▸ **1** (Psa. 65,8)
ἀκούτισόν ▸ 2
  Verb · second · singular · aorist · active · imperative ▸ **2** (Song 2,14; Song 8,13)
ἀκουτιῶ ▸ 1
  Verb · first · singular · future · active · indicative ▸ **1** (Jer. 30,18)
ἠκούτισας ▸ 1
  Verb · second · singular · aorist · active · indicative ▸ **1** (Psa. 75,9)
ἠκούτισεν ▸ 1 + 1 = 2
  Verb · third · singular · aorist · active · indicative ▸ **1 + 1 = 2** (Sir. 45,5; Judg. 13,23)

Ακουφ Acuph ▸ 1
Ακουφ ▸ 1
  Noun · masculine · singular · genitive · (proper) ▸ **1** (1Esdr. 5,31)

ἀκούω   to hear, to heed, to obey ▸ 1014 + 53 + 428 = 1495
ἀκήκοα ▸ 8
  Verb · first · singular · perfect · active · indicative ▸ **8** (Gen. 23,15; Gen. 41,15; Gen. 42,2; Ex. 3,7; Num. 14,27; 1Sam. 25,7; Tob. 6,14; Job 33,8)
Ἀκήκοα ▸ 2
  Verb · first · singular · perfect · active · indicative ▸ **2** (1Kings 5,22; Job 16,2)
ἀκηκόαμεν ▸ 5 + 6 = 11
  Verb · first · plural · perfect · active · indicative ▸ **5 + 6 = 11** (Josh. 2,10; Josh. 9,9; 1Mac. 10,19; Job 5,27; Zech. 8,23; John 4,42; Acts 6,11; Acts 6,14; 1John 1,1; 1John 1,3; 1John 1,5)
Ἀκηκόαμεν ▸ 1
  Verb · first · plural · perfect · active · indicative ▸ **1** (Job 28,22)
ἀκήκοας ▸ 5
  Verb · second · singular · perfect · active · indicative ▸ **5** (Deut. 4,33; Deut. 9,2; Josh. 14,12; Job 15,8; Sir. 19,10)
ἀκηκόασιν ▸ 3 + 1 = 4
  Verb · third · plural · perfect · active · indicative ▸ **3 + 1 = 4** (Num. 14,14; Num. 14,15; Is. 52,15; Rom. 15,21)
ἀκηκόασίν ▸ 1
  Verb · third · plural · perfect · active · indicative ▸ **1** (Is. 66,19)
ἀκηκόατε ▸ 1 + 2 = 3
  Verb · second · plural · perfect · active · indicative ▸ **1 + 2 = 3** (Josh. 22,2; John 5,37; 1John 4,3)
ἀκηκόει ▸ 1
  Verb · third · singular · pluperfect · active · indicative ▸ **1** (1Sam. 14,27)
ἀκήκοεν ▸ 5
  Verb · third · singular · perfect · active · indicative ▸ **5** (Deut. 4,33; Josh. 24,27; 1Sam. 23,10; Sir. 16,5; Sir. 19,9)
ἀκήκοέν ▸ 2
  Verb · third · singular · perfect · active · indicative ▸ **2** (Job 13,1; Job 34,34)
ἀκηκοότας ▸ 1
  Verb · perfect · active · participle · masculine · plural · accusative ▸ **1** (John 18,21)
ἀκηκοότες ▸ 1
  Verb · perfect · active · participle · masculine · plural · nominative ▸ **1** (2Mac. 11,24)
ἄκουε ▸ 27 + 1 = 28
  Verb · second · singular · present · active · imperative ▸ **27 + 1 = 28** (Gen. 21,12; Num. 23,18; Deut. 4,1; Deut. 12,28; Deut. 27,9; 1Sam. 8,9; 1Sam. 15,1; 1Kings 22,19; Prov. 1,8; Prov. 19,20; Prov. 22,17; Prov. 23,19; Prov. 23,22; Job 34,16; Job 37,2; Amos 7,16; Mic. 6,9; Zech. 3,8; Is. 51,21; Jer. 6,19; Jer. 22,29; Ezek. 2,8; Ezek. 3,10; Ezek. 16,35; Ezek. 40,4; Ezek. 44,5; Sus. 52; Mark 12,29)
Ἄκουε ▸ 13
  Verb · second · singular · present · active · imperative ▸ **13** (Deut. 5,1; Deut. 6,4; Deut. 9,1; Deut. 20,3; 1Sam. 8,7; 1Sam. 8,22; 1Sam. 22,12; Prov. 4,10; Is. 1,2; Jer. 22,2; Bar. 3,9; Ezek. 21,3; Sus. 52)
ἄκουέ ▸ 5
  Verb · second · singular · present · active · imperative ▸ **5** (Prov. 5,7; Prov. 7,24; Prov. 8,32; Job 15,17; Job 33,31)
Ἄκουέ ▸ 1
  Verb · second · singular · present · active · imperative ▸ **1** (Is. 48,12)
ἀκούει ▸ 6 + 14 = 20
  Verb · third · singular · present · active · indicative ▸ **6 + 14 = 20** (Gen. 42,23; 1Sam. 3,9; 1Sam. 3,10; 4Mac. 10,18; Psa. 93,9; Prov. 20,12; Matt. 7,24; Luke 10,16; John 8,47; John 9,31; John 9,31; John 10,3; John 18,37; 1Cor. 14,2; 2Cor. 12,6; 1John 4,5; 1John 4,6; 1John 4,6; 1John 5,14; 1John 5,15)
ἀκούειν ▸ 25 + 2 + 20 = 47
  Verb · present · active · infinitive ▸ **25 + 2 + 20 = 47** (Deut. 29,3; 2Sam. 14,17; 1Kings 3,9; 1Kings 8,28; 1Esdr. 5,62; Neh. 8,2; Eccl. 4,17; Wis. 15,15; Sir. 6,33; Sol. 2,8; Is. 28,12; Is. 28,19; Is. 30,9; Is. 30,15; Is. 32,3; Is. 32,4; Is. 42,24; Is. 50,4; Jer. 6,10; Jer. 18,10; Jer. 42,13; Bar. 1,19; Bar. 2,5; Ezek. 12,2; Sus. 53; Tob. 3,6; Tob. 3,13; Matt. 24,6; Mark 4,9; Mark 4,23; Mark 4,33; Mark 7,37; Luke 5,1; Luke 5,15; Luke 8,8; Luke 14,35; Luke 15,1; Luke 21,38; Luke 23,8; John 6,60; John 8,43; John 9,27; Acts 4,19; Acts 8,6; Acts 17,21; Rom. 11,8; Rev. 9,20)
ἀκούεις ▸ 1 + 4 = 5
  Verb · second · singular · present · active · indicative ▸ **1 + 4 = 5** (1Sam. 24,10; Matt. 21,16; Matt. 27,13; John 3,8; John 11,42)
ἀκούεσθαι ▸ 1
  Verb · present · passive · infinitive ▸ **1** (1Esdr. 5,62)
ἀκούεται ▸ 1 + 1 = 2
  Verb · third · singular · present · passive · indicative ▸ **1 + 1 = 2** (Eccl. 12,13; 1Cor. 5,1)

ἀκούω

ἀκούετε ▸ **10** + **18** = **28**
  Verb · second · plural · present · active · indicative ▸ 2 + 14 = **16** (2Kings 18,31; 1Mac. 2,65; Matt. 10,27; Matt. 11,4; Matt. 13,17; Mark 4,24; Mark 8,18; Luke 8,18; Luke 10,24; John 8,47; John 10,20; John 14,24; Acts 2,33; Acts 19,26; Gal. 4,21; Phil. 1,30)
  Verb · second · plural · present · active · imperative ▸ 8 + 4 = **12** (2Kings 18,32; Is. 28,23; Is. 28,23; Is. 36,16; Jer. 23,16; Jer. 34,9; Jer. 34,16; Jer. 36,8; Matt. 15,10; Matt. 17,5; Mark 9,7; Luke 9,35)

Ἀκούετε ▸ **1**
  Verb · second · plural · present · active · imperative ▸ **1** (Mark 4,3)

ἀκουέτω ▸ **3** + **7** = **10**
  Verb · third · singular · present · active · imperative ▸ 3 + 7 = **10** (Deut. 32,1; Ode. 2,1; Ezek. 3,27; Matt. 11,15; Matt. 13,9; Matt. 13,43; Mark 4,9; Mark 4,23; Luke 8,8; Luke 14,35)

ἀκούηται ▸ **1**
  Verb · third · singular · present · passive · subjunctive ▸ **1** (1Mac. 14,43)

ἀκούομεν ▸ **3** + **2** = **5**
  Verb · first · plural · present · active · indicative ▸ 3 + 2 = **5** (2Kings 18,26; 1Esdr. 5,66; Is. 36,11; Acts 2,8; Acts 2,11)

Ἀκούομεν ▸ **1**
  Verb · first · plural · present · active · indicative ▸ **1** (2Th. 3,11)

ἀκουόμενοι ▸ **1**
  Verb · present · passive · participle · masculine · plural · nominative ▸ **1** (Eccl. 9,16)

ἀκούοντα ▸ **2** + **1** = **3**
  Verb · present · active · participle · masculine · singular · accusative ▸ 1 + 1 = **2** (Eccl. 7,5; Luke 2,46)
  Verb · present · active · participle · neuter · singular · accusative ▸ **1** (Bar. 2,31)

Ἀκούοντα ▸ **1**
  Verb · present · active · participle · neuter · plural · nominative ▸ **1** (Acts 13,48)

ἀκούοντά ▸ **1**
  Verb · present · active · participle · masculine · singular · accusative ▸ **1** (Job 31,35)

ἀκούονται ▸ **2**
  Verb · third · plural · present · passive · indicative ▸ **2** (Psa. 18,4; Eccl. 9,17)

ἀκούοντας ▸ **1** + **4** = **5**
  Verb · present · active · participle · masculine · plural · accusative ▸ 1 + 4 = **5** (4Mac. 15,21; Acts 5,5; Acts 5,11; Acts 10,44; Acts 17,8)

ἀκούοντάς ▸ **2**
  Verb · present · active · participle · masculine · plural · accusative ▸ **2** (Acts 26,29; 1Tim. 4,16)

ἀκούοντες ▸ **7** + **14** = **21**
  Verb · present · active · participle · masculine · plural · nominative ▸ 7 + 14 = **21** (1Kings 10,8; 1Mac. 6,41; 4Mac. 14,9; 4Mac. 14,9; Wis. 18,1; Nah. 3,19; Jer. 43,24; Matt. 13,13; Mark 3,8; Mark 4,12; Mark 6,2; Luke 2,47; Luke 4,28; Luke 8,10; Luke 8,21; Luke 11,28; Acts 9,7; Acts 9,21; Acts 18,8; Gal. 1,23; Rev. 1,3)

Ἀκούοντες ▸ **1**
  Verb · present · active · participle · masculine · plural · nominative ▸ **1** (Acts 7,54)

ἀκούοντι ▸ **1** + **1** = **2**
  Verb · present · active · participle · masculine · singular · dative ▸ 1 + 1 = **2** (Is. 33,19; Rev. 22,18)

ἀκούοντος ▸ **3** + **1** = **4**
  Verb · present · active · participle · masculine · singular · genitive ▸ 3 + 1 = **4** (1Sam. 3,11; 2Kings 21,12; Jer. 19,3; Matt. 13,19)

Ἀκούοντος ▸ **1**
  Verb · present · active · participle · masculine · singular · genitive ▸ **1** (Luke 20,45)

ἀκούοντός ▸ **2**
  Verb · present · active · participle · masculine · singular · genitive ▸ **2** (Ezek. 9,5; Ezek. 10,13)

ἀκουόντων ▸ **5** + **1** = **6**
  Verb · present · active · participle · masculine · plural · genitive ▸ 4 + 1 = **5** (Gen. 23,10; Job 13,17; Job 32,11; Zech. 8,9; 2Tim. 2,14)
  Verb · present · active · participle · neuter · plural · genitive ▸ **1** (Sir. 25,9)

Ἀκουόντων ▸ **1**
  Verb · present · active · participle · masculine · plural · genitive ▸ **1** (Luke 19,11)

ἀκούουσιν ▸ **10** + **1** + **9** = **20**
  Verb · present · active · participle · masculine · plural · dative ▸ **2** (Luke 6,27; Eph. 4,29)
  Verb · third · plural · present · active · indicative ▸ 10 + 1 + 7 = **18** (1Sam. 7,7; 1Sam. 13,3; 1Sam. 22,1; 1Sam. 31,11; 2Chr. 9,7; 1Mac. 2,19; 1Mac. 8,16; Jer. 5,21; Ezek. 12,2; Ezek. 33,31; Dan. 5,23; Matt. 11,5; Matt. 13,13; Matt. 13,16; Mark 4,20; Luke 7,22; Luke 16,31; John 10,27)

ἀκούσαι ▸ **2**
  Verb · second · singular · aorist · active · optative ▸ **1** (Judg. 9,7)
  Verb · third · singular · aorist · active · optative ▸ **1** (Job 31,30)

ἀκοῦσαι ▸ **36** + **4** + **15** = **55**
  Verb · aorist · active · infinitive ▸ 36 + 4 + 15 = **55** (Gen. 24,52; Gen. 39,15; Deut. 5,25; Deut. 18,16; Judg. 19,25; 1Sam. 8,19; 1Sam. 15,22; 2Sam. 13,14; 2Sam. 13,16; 2Sam. 15,10; 1Kings 5,14; 1Kings 10,24; 2Chr. 6,20; 2Chr. 9,23; 2Chr. 15,8; 2Chr. 16,5; 2Chr. 20,29; 1Esdr. 9,40; 1Esdr. 9,50; Neh. 1,6; 1Mac. 13,7; Psa. 25,7; Psa. 101,21; Psa. 102,20; Prov. 18,13; Eccl. 7,5; Sir. 11,8; Amos 8,11; Is. 21,3; Is. 33,19; Is. 37,1; Jer. 6,10; Jer. 49,13; Dan. 3,15; Dan. 3,91; Dan. 9,11; Judg. 5,16; Judg. 20,13; Tob. 3,7; Dan. 9,11; Matt. 12,42; Matt. 13,17; Luke 6,18; Luke 10,24; Luke 11,31; Acts 10,22; Acts 10,33; Acts 13,7; Acts 13,44; Acts 15,7; Acts 19,10; Acts 22,14; Acts 25,22; Acts 28,22; James 1,19)

ἀκοῦσαί ▸ **9** + **1** + **2** = **12**
  Verb · aorist · active · infinitive ▸ 9 + 1 + 2 = **12** (1Sam. 15,20; 2Sam. 5,24; 1Chr. 14,15; 2Chr. 34,27; 1Esdr. 8,68; Neh. 1,4; Tob. 3,13; Tob. 3,15; Jer. 17,23; Dan. 10,9; Acts 24,4; Acts 26,3)

ἀκούσαιμί ▸ **1** + **1** = **2**
  Verb · first · singular · aorist · active · optative ▸ 1 + 1 = **2** (Tob. 10,12; Tob. 10,12)

ἀκούσαντά ▸ **1**
  Verb · aorist · active · participle · masculine · singular · accusative ▸ **1** (Gen. 41,15)

ἀκούσαντες ▸ **17** + **46** = **63**
  Verb · aorist · active · participle · masculine · plural · nominative ▸ 17 + 46 = **63** (Lev. 24,14; Deut. 2,25; Deut. 19,20; Deut. 21,21; Deut. 30,12; Josh. 2,11; Josh. 9,11; 2Kings 9,13; 1Esdr. 5,63; Judith 14,7; 3Mac. 5,35; 3Mac. 5,48; 4Mac. 8,15; Prov. 29,24; Job 29,10; Job 29,21; Wis. 8,15; Matt. 2,9; Matt. 12,24; Matt. 14,13; Matt. 15,12; Matt. 17,6; Matt. 19,25; Matt. 20,24; Matt. 20,30; Matt. 21,45; Matt. 22,22; Matt. 22,33; Matt. 22,34; Matt. 27,47; Mark 3,21; Mark 4,18; Mark 6,29; Mark 10,41; Mark 14,11; Mark 15,35; Mark 16,11; Luke 1,66; Luke 2,18; Luke 8,12; Luke 8,14; Luke 8,15; Luke 18,26; Luke 20,16; John 5,25; John 6,60; John 7,40; John 8,9; John 12,12; Acts 4,24; Acts 5,21; Acts 5,33; Acts

9,38; Acts 16,38; Acts 18,26; Acts 19,5; Acts 21,20; Acts 22,2; Acts 28,15; Eph. 1,13; Col. 1,4; Heb. 3,16; Heb. 12,19)

Ἀκούσαντες ‣ 2 + 6 = 8
Verb ▪ aorist ▪ active ▪ participle ▪ masculine ▪ plural ▪ nominative ‣ 2 + 6 = 8 (2Mac. 14,15; Job 2,11; Acts 2,37; Acts 8,14; Acts 11,18; Acts 14,14; Acts 17,32; Acts 19,28)

ἀκουσάντων ‣ 3
Verb ▪ aorist ▪ active ▪ participle ▪ masculine ▪ plural ▪ genitive ‣ 3 (John 1,40; Acts 4,4; Heb. 2,3)

ἀκούσας ‣ 24 + 28 = 52
Verb ▪ aorist ▪ active ▪ participle ▪ masculine ▪ singular ▪ nominative ‣ 24 + 28 = 52 (Gen. 14,14; Gen. 37,21; Ex. 32,17; Ex. 33,4; Num. 16,4; Num. 22,36; Num. 33,40; Deut. 13,12; Deut. 17,13; Josh. 7,9; Josh. 22,30; Esth. 7,8; Tob. 7,6; 1Mac. 4,27; 1Mac. 11,22; 1Mac. 16,22; 3Mac. 4,12; 3Mac. 6,23; 4Mac. 10,17; Prov. 1,5; Is. 37,7; Is. 37,9; Ezek. 33,4; Ezek. 33,5; Matt. 2,3; Matt. 8,10; Matt. 9,12; Matt. 11,2; Matt. 19,22; Mark 2,17; Mark 6,16; Mark 6,20; Mark 10,47; Mark 12,28; Luke 6,49; Luke 7,3; Luke 7,9; Luke 7,29; Luke 8,50; Luke 18,22; Luke 18,23; Luke 18,36; Luke 23,6; John 4,47; John 6,45; John 11,4; John 12,29; John 19,13; John 21,7; Acts 7,12; Acts 22,26; Eph. 1,15)

Ἀκούσας ‣ 5
Verb ▪ aorist ▪ active ▪ participle ▪ masculine ▪ singular ▪ nominative ‣ 5 (Matt. 2,22; Matt. 4,12; Matt. 14,13; Luke 14,15; Acts 23,16)

ἀκούσασα ‣ 2 + 2 = 4
Verb ▪ aorist ▪ active ▪ participle ▪ feminine ▪ singular ▪ nominative ‣ 2 + 2 = 4 (Esth. 4,4; Tob. 3,10; Mark 5,27; Mark 7,25)

ἀκούσασαι ‣ 1
Verb ▪ aorist ▪ active ▪ participle ▪ feminine ▪ plural ▪ nominative ‣ 1 (Esth. 1,18)

ἀκούσασιν ‣ 1
Verb ▪ aorist ▪ active ▪ participle ▪ masculine ▪ plural ▪ dative ‣ 1 (Heb. 4,2)

ἀκούσατε ‣ 44 + 1 + 7 = 52
Verb ▪ second ▪ plural ▪ aorist ▪ active ▪ imperative ‣ 44 + 1 + 7 = 52 (Gen. 49,2; Gen. 49,2; Josh. 3,9; Judg. 5,3; 2Sam. 20,16; 2Chr. 18,18; 2Chr. 18,27; Psa. 65,16; Job 13,6; Job 13,17; Job 13,17; Sir. 3,1; Sir. 23,7; Amos 3,13; Mic. 3,9; Mic. 6,2; Is. 21,10; Is. 21,10; Is. 28,14; Is. 32,9; Is. 32,9; Is. 34,1; Is. 42,18; Is. 48,16; Is. 51,4; Jer. 2,4; Jer. 2,31; Jer. 5,21; Jer. 6,17; Jer. 8,6; Jer. 9,19; Jer. 21,11; Jer. 27,45; Jer. 30,14; Jer. 33,13; Jer. 35,7; Jer. 49,15; Jer. 51,26; Lam. 1,18; Ezek. 6,3; Ezek. 18,25; Ezek. 34,7; Ezek. 36,4; Ezek. 37,4; Judg. 5,3; Matt. 13,18; Matt. 21,33; Luke 18,6; Acts 2,22; Acts 7,2; Acts 13,16; James 2,5)

Ἀκούσατε ‣ 45
Verb ▪ second ▪ plural ▪ aorist ▪ active ▪ imperative ‣ 45 (Gen. 37,6; Num. 12,6; 1Sam. 22,7; 2Sam. 20,16; 2Kings 18,28; 2Chr. 13,4; 2Chr. 20,15; 2Chr. 29,5; Judith 8,11; Judith 14,1; Psa. 48,2; Prov. 4,1; Job 21,2; Wis. 6,1; Hos. 4,1; Hos. 5,1; Amos 3,1; Amos 4,1; Amos 5,1; Amos 8,4; Mic. 1,2; Mic. 3,1; Mic. 6,1; Joel 1,2; Is. 1,10; Is. 7,13; Is. 36,13; Is. 48,1; Is. 66,5; Jer. 7,2; Jer. 7,23; Jer. 10,1; Jer. 11,2; Jer. 11,4; Jer. 11,6; Jer. 13,15; Jer. 17,20; Jer. 19,3; Jer. 38,10; Jer. 51,24; Bar. 4,9; Lam. 1,21; Ezek. 13,2; Ezek. 25,3; Ezek. 36,1)

ἀκούσατέ ‣ 11 + 3 = 14
Verb ▪ second ▪ plural ▪ aorist ▪ active ▪ imperative ‣ 11 + 3 = 14 (Gen. 4,23; Gen. 23,8; 2Chr. 28,11; Psa. 33,12; Job 21,2; Job 34,10; Sir. 33,19; Is. 46,12; Is. 51,4; Is. 51,7; Is. 55,2; Mark 7,14; Acts 15,13; Acts 22,1)

Ἀκούσατέ ‣ 11 + 1 = 12
Verb ▪ second ▪ plural ▪ aorist ▪ active ▪ imperative ‣ 11 + 1 = 12 (Num. 20,10; Judg. 9,7; 1Chr. 28,2; 2Chr. 15,2; 2Chr. 20,20; Judith 8,32; Job 32,10; Job 34,2; Is. 46,3; Is. 49,1; Is. 51,1; Judg. 9,7)

ἀκουσάτω ‣ 5 + 8 = 13
Verb ▪ third ▪ singular ▪ aorist ▪ active ▪ imperative ‣ 5 + 8 = 13 (Josh. 6,10; 1Sam. 26,19; Is. 34,1; Is. 50,10; Jer. 20,16; Rev. 2,7; Rev. 2,11; Rev. 2,17; Rev. 2,29; Rev. 3,6; Rev. 3,13; Rev. 3,22; Rev. 13,9)

Ἀκουσάτω ‣ 2
Verb ▪ third ▪ singular ▪ aorist ▪ active ▪ imperative ‣ 2 (Judith 5,5; Judith 7,9)

ἀκουσάτωσαν ‣ 3 + 1 = 4
Verb ▪ third ▪ plural ▪ aorist ▪ active ▪ imperative ‣ 3 + 1 = 4 (Deut. 4,10; Psa. 33,3; Mic. 6,1; Luke 16,29)

ἀκούσει ‣ 2 + 2 = 4
Verb ▪ third ▪ singular ▪ future ▪ active ▪ indicative ‣ 2 + 2 = 4 (2Sam. 14,16; Job 37,4; Matt. 12,19; John 16,13)

ἀκούσεσθε ‣ 6 + 1 = 7
Verb ▪ second ▪ plural ▪ future ▪ middle ▪ indicative ‣ 6 + 1 = 7 (Deut. 13,4; Deut. 13,5; Deut. 18,15; 2Kings 17,40; Is. 40,21; Jer. 37,5; Acts 3,22)

ἀκούσεται ‣ 8 + 1 = 9
Verb ▪ third ▪ singular ▪ future ▪ middle ▪ indicative ‣ 8 + 1 = 9 (Num. 14,13; 1Sam. 16,2; 2Sam. 16,21; 2Kings 19,7; Psa. 91,12; Jer. 6,10; Jer. 11,3; Jer. 43,3; Judg. 9,7)

ἀκούσετε ‣ 1 + 2 = 3
Verb ▪ second ▪ plural ▪ future ▪ active ▪ indicative ‣ 1 + 2 = 3 (Is. 6,9; Matt. 13,14; Acts 28,26)

ἀκούσῃ ‣ 31 + 2 + 8 = 41
Verb ▪ second ▪ singular ▪ future ▪ middle ▪ indicative ‣ 13 + 1 + 1 = 15 (Deut. 28,49; Judg. 7,11; 2Chr. 6,21; 2Chr. 6,21; 2Chr. 6,35; 2Chr. 6,39; 2Chr. 20,9; Sir. 29,25; Jer. 5,15; Jer. 18,2; Ezek. 3,6; Ezek. 3,17; Ezek. 33,7; Judg. 7,11; Acts 25,22)
Verb ▪ third ▪ singular ▪ aorist ▪ active ▪ subjunctive ‣ 18 + 1 + 7 = 26 (Gen. 21,6; Ex. 19,9; Lev. 5,1; Num. 30,5; Num. 30,6; Num. 30,8; Num. 30,8; Num. 30,9; Num. 30,12; Num. 30,13; Deut. 18,19; Deut. 29,18; Josh. 1,18; 2Sam. 17,9; Sir. 21,15; Is. 33,15; Ezek. 33,4; Dan. 3,10; Dan. 3,10; Matt. 10,14; Matt. 18,15; Matt. 18,16; John 7,51; John 12,47; Acts 3,23; Rev. 3,20)

ἀκούσης ‣ 12
Verb ▪ second ▪ singular ▪ aorist ▪ active ▪ subjunctive ‣ 12 (Ex. 15,26; Deut. 13,13; Deut. 13,19; Deut. 19,9; Deut. 28,2; Deut. 28,13; 2Sam. 15,35; 1Kings 21,8; Psa. 80,9; Eccl. 7,21; Sir. 29,23; Jer. 45,15)

ἀκούσητε ‣ 17 + 2 + 5 = 24
Verb ▪ second ▪ plural ▪ aorist ▪ active ▪ subjunctive ‣ 17 + 2 + 5 = 24 (Ex. 19,5; Ex. 23,22; Ex. 23,22; Deut. 7,12; Deut. 11,22; Deut. 11,27; Deut. 11,28; 1Sam. 12,14; 1Sam. 12,15; 2Sam. 15,36; Neh. 4,14; Psa. 94,7; Mal. 2,2; Jer. 13,17; Bar. 2,22; Bar. 2,29; Dan. 3,5; Dan. 3,5; Dan. 3,15; Mark 13,7; Luke 21,9; Heb. 3,7; Heb. 3,15; Heb. 4,7)

ἀκούσητέ ‣ 2
Verb ▪ second ▪ plural ▪ aorist ▪ active ▪ subjunctive ‣ 2 (Jer. 17,24; Jer. 33,4)

ἀκουσθεῖσιν ‣ 1
Verb ▪ aorist ▪ passive ▪ participle ▪ neuter ▪ plural ▪ dative ‣ 1 (Heb. 2,1)

ἀκουσθῇ ‣ 5 + 4 = 9
Verb ▪ third ▪ singular ▪ aorist ▪ passive ▪ subjunctive ‣ 5 + 4 = 9 (Ex. 23,13; Nah. 2,14; Is. 65,19; Ezek. 19,9; Ezek. 26,13; Matt. 28,14; Rev. 18,22; Rev. 18,22; Rev. 18,23)

ἀκουσθῆναι ‣ 2
Verb ▪ aorist ▪ passive ▪ infinitive ‣ 2 (1Chr. 15,19; Is. 58,4)

ἀκούω

ἀκουσθήσεται ‣ 7 + 1 = 8
   Verb · third · singular · future · passive · indicative ‣ 7 + 1 = **8** (Is. 42,2; Is. 60,18; Jer. 4,15; Jer. 6,7; Jer. 27,46; Jer. 40,10; Ezek. 36,15; Luke 12,3)

ἀκουσθήσῃ ‣ 1
   Verb · second · singular · future · passive · indicative ‣ **1** (Sir. 33,4)

ἀκουσθήτω ‣ 4 + 1 = 5
   Verb · third · singular · aorist · passive · imperative ‣ 4 + 1 = **5** (Judg. 18,25; Esth. 1,20; Jer. 4,5; Jer. 5,20; Judg. 18,25)

ἀκούσομαι ‣ 7
   Verb · first · singular · future · middle · indicative ‣ **7** (Num. 9,8; Deut. 1,17; 2Sam. 19,36; Psa. 84,9; Job 20,3; Amos 5,23; Jer. 22,21)

ἀκουσόμεθα ‣ 15 + 1 = 16
   Verb · first · plural · future · middle · indicative ‣ 15 + 1 = **16** (Ex. 19,8; Ex. 24,3; Ex. 24,7; Deut. 5,27; Josh. 1,17; Josh. 24,24; Judg. 14,13; Neh. 13,27; 1Mac. 2,22; Job 26,14; Jer. 6,17; Jer. 8,16; Jer. 18,18; Jer. 49,6; Jer. 49,6; Judg. 14,13)

ἀκουσόμεθά ‣ 1
   Verb · first · plural · future · middle · indicative ‣ **1** (Acts 17,32)

ἀκούσομέν ‣ 1
   Verb · first · plural · future · active · indicative ‣ **1** (Jer. 51,16)

ἄκουσον ‣ 21 + 2 = 23
   Verb · second · singular · aorist · active · imperative ‣ 21 + 2 = **23** (Gen. 23,6; Deut. 5,27; Deut. 6,3; 1Sam. 9,27; 1Sam. 25,24; 1Sam. 28,22; 2Kings 19,16; 2Kings 19,16; Neh. 3,36; Psa. 44,11; Psa. 80,9; Psa. 118,149; Job 33,1; Job 42,4; Is. 44,1; Is. 47,8; Jer. 41,4; Jer. 45,20; Bar. 2,16; Bar. 3,2; Bar. 3,4; Dan. 4,9; Dan. 9,18)

Ἄκουσον ‣ 6
   Verb · second · singular · aorist · active · imperative ‣ **6** (2Sam. 20,17; 2Kings 7,1; 2Kings 20,16; Psa. 49,7; Sir. 6,23; Is. 39,5)

ἄκουσόν ‣ 9 + 3 = 12
   Verb · second · singular · aorist · active · imperative ‣ 9 + 3 = **12** (Gen. 23,11; Gen. 23,13; Gen. 27,8; Gen. 27,43; Ex. 18,19; Tob. 6,13; Tob. 6,16; Job 33,33; Sir. 31,22; Tob. 6,13; Tob. 6,13; Tob. 6,16)

Ἄκουσόν ‣ 1
   Verb · second · singular · aorist · active · imperative ‣ **1** (Sir. 16,24)

ἀκούσονται ‣ 14 + 1 + 2 = 17
   Verb · third · plural · future · middle · indicative ‣ 14 + 1 + 2 = **17** (Deut. 18,14; Deut. 31,12; Deut. 31,13; Judg. 3,4; Psa. 113,14; Psa. 140,6; Prov. 16,21; Is. 29,18; Is. 30,21; Is. 33,13; Is. 35,5; Is. 48,14; Jer. 33,3; Jer. 40,9; Judg. 3,4; Acts 21,22; Acts 28,28)

ἀκούσονταί ‣ 1
   Verb · third · plural · future · middle · indicative ‣ **1** (Ezek. 33,32)

ἀκούσουσιν ‣ 3
   Verb · third · plural · future · active · indicative ‣ **3** (John 5,25; John 5,28; John 10,16)

ἀκούσω ‣ 1
   Verb · first · singular · aorist · active · subjunctive ‣ **1** (Tob. 3,10)

ἀκούσωμεν ‣ 3
   Verb · first · plural · aorist · active · subjunctive ‣ **3** (2Sam. 17,5; Jer. 49,14; Ezek. 33,30)

ἀκούσωσιν ‣ 11 + 8 = 19
   Verb · third · plural · aorist · active · subjunctive ‣ 11 + 8 = **19** (Gen. 11,7; Deut. 4,6; Deut. 4,28; Deut. 31,12; Judith 11,16; Job 36,11; Is. 6,10; Jer. 45,25; Ezek. 2,5; Ezek. 2,7; Ezek. 3,11; Matt. 13,15; Mark 4,15; Mark 4,16; Mark 6,11; Luke 8,13; Acts 28,27; Rom. 10,14; 2Tim. 4,17)

ἀκούσωσίν ‣ 1
   Verb · third · plural · aorist · active · subjunctive ‣ **1** (Bar. 2,30)

ἀκούω ‣ 6 + 1 + 6 = 13
   Verb · first · singular · present · active · indicative ‣ 6 + 1 + 4 = **11** (Ex. 32,18; 1Sam. 2,23; 1Sam. 2,24; 1Sam. 2,24; 1Sam. 15,14; 2Mac. 7,30; Tob. 5,10; Luke 9,9; Luke 16,2; John 5,30; 1Cor. 11,18)
   Verb · first · singular · present · active · subjunctive ‣ **2** (Phil. 1,27; 3John 4)

Ἀκούω ‣ 1
   Verb · first · singular · present · active · indicative ‣ **1** (2Sam. 20,17)

ἀκούων ‣ 18 + 1 + 13 = 32
   Verb · present · active · participle · masculine · singular · nominative ‣ 18 + 1 + 13 = **32** (Num. 24,4; Num. 24,16; Judg. 11,10; 1Sam. 23,10; 2Sam. 15,3; 2Sam. 17,9; 2Mac. 10,13; 2Mac. 14,18; 2Mac. 14,37; Psa. 37,15; Prov. 1,33; Job 39,7; Job 40,4; Sir. 22,26; Sir. 48,7; Is. 41,26; Jer. 4,21; Ezek. 3,27; Judg. 11,10; Matt. 7,26; Matt. 13,20; Matt. 13,22; Matt. 13,23; Luke 6,47; Luke 10,16; Luke 19,48; John 3,29; John 5,24; Acts 5,5; Philem. 5; Rev. 22,8; Rev. 22,17)

ἀκούωσιν ‣ 1
   Verb · third · plural · present · active · subjunctive ‣ **1** (Mark 4,12)

ἤκουεν ‣ 4
   Verb · third · singular · imperfect · active · indicative ‣ **4** (Mark 6,20; Mark 12,37; Luke 10,39; Acts 16,14)

ἠκούετο ‣ 4
   Verb · third · singular · imperfect · passive · indicative ‣ **4** (1Sam. 1,13; Ezra 3,13; 1Mac. 5,63; Ezek. 10,5)

ἤκουον ‣ 10 + 5 = 15
   Verb · first · singular · imperfect · active · indicative ‣ **7** (Esth. 14,5 # 4,17m; Psa. 37,14; Prov. 5,13; Job 4,16; Ezek. 1,24; Ezek. 2,2; Dan. 8,13)
   Verb · third · plural · imperfect · active · indicative ‣ 3 + 5 = **8** (1Sam. 2,25; 1Kings 5,14; 1Mac. 8,12; Mark 6,55; Mark 11,14; Acts 2,6; Acts 10,46; Acts 15,12)

Ἤκουον ‣ 2
   Verb · third · plural · imperfect · active · indicative ‣ **2** (Luke 16,14; Acts 22,22)

ἤκουόν ‣ 1
   Verb · first · singular · imperfect · active · indicative ‣ **1** (Job 42,5)

ἤκουσα ‣ 38 + 10 + 35 = 83
   Verb · first · singular · aorist · active · indicative ‣ 38 + 10 + 35 = **83** (Gen. 3,10; Gen. 21,26; Gen. 27,6; Gen. 37,17; 1Sam. 12,1; 1Sam. 15,24; 1Sam. 25,35; 1Sam. 28,21; 1Kings 10,6; 1Kings 10,7; 2Kings 19,20; 2Kings 22,19; 2Chr. 9,5; 2Chr. 9,6; Ezra 9,3; Neh. 5,6; Tob. 3,6; Psa. 30,14; Psa. 61,12; Sol. 8,4; Obad. 1; Is. 6,8; Is. 21,10; Is. 28,22; Jer. 4,31; Jer. 20,10; Jer. 23,25; Jer. 30,8; Jer. 31,29; Jer. 38,18; Ezek. 1,28; Ezek. 3,12; Ezek. 35,12; Ezek. 35,13; Dan. 8,16; Dan. 10,9; Dan. 12,7; Dan. 12,8; Tob. 3,6; Tob. 6,14; Tob. 6,14; Dan. 5,14; Dan. 5,16; Dan. 8,13; Dan. 8,16; Dan. 10,9; Dan. 12,7; Dan. 12,8; John 8,26; John 8,40; John 15,15; Acts 7,34; Acts 9,13; Acts 11,7; Acts 22,7; Acts 26,14; Rev. 1,10; Rev. 4,1; Rev. 5,11; Rev. 5,13; Rev. 6,1; Rev. 6,3; Rev. 6,5; Rev. 6,6; Rev. 6,7; Rev. 7,4; Rev. 8,13; Rev. 9,13; Rev. 9,16; Rev. 10,4; Rev. 10,8; Rev. 12,10; Rev. 14,2; Rev. 14,2; Rev. 14,13; Rev. 16,1; Rev. 16,5; Rev. 16,7; Rev. 18,4; Rev. 19,1; Rev. 19,6; Rev. 21,3; Rev. 22,8)

Ἤκουσα ▸ 8
Verb · first · singular · aorist · active · indicative ▸ **8** (Deut. 5,28; 1Kings 9,3; 2Kings 20,5; 2Chr. 7,12; Zeph. 2,8; Is. 37,21; Is. 38,5; Jer. 49,4)

ἤκουσά ▸ 1
Verb · first · singular · aorist · active · indicative ▸ **1** (2Chr. 34,27)

ἠκούσαμεν ▸ 25 + 1 + 10 = 36
Verb · first · plural · aorist · active · indicative ▸ 25 + 1 + 10 = **36** (Deut. 5,24; Josh. 1,17; 2Sam. 7,22; 1Chr. 17,20; Judith 11,8; Judith 11,9; 1Mac. 10,26; Psa. 43,2; Psa. 47,9; Psa. 77,3; Psa. 131,6; Ode. 7,29; Is. 24,16; Is. 64,3; Jer. 6,24; Jer. 28,51; Jer. 42,8; Jer. 42,10; Bar. 1,18; Bar. 1,21; Bar. 2,10; Bar. 2,24; Dan. 9,6; Dan. 9,10; Dan. 9,14; Dan. 3,29; Mark 14,58; Luke 4,23; Luke 22,71; John 12,34; Acts 4,20; Acts 15,24; Acts 19,2; Acts 21,12; Col. 1,9; 2Pet. 1,18)

Ἠκούσαμεν ▸ 1
Verb · first · plural · aorist · active · indicative ▸ **1** (Is. 16,6)

ἤκουσαν ▸ 81 + 5 + 18 = 104
Verb · third · plural · aorist · active · indicative ▸ 81 + 5 + 18 = **104** (Gen. 3,8; Gen. 34,7; Gen. 37,27; Gen. 43,25; Gen. 45,2; Ex. 15,14; Josh. 5,1; Josh. 9,1; Josh. 9,3; Josh. 9,16; Josh. 22,11; Judg. 9,46; Judg. 20,3; Ruth 1,6; 1Sam. 4,6; 1Sam. 7,7; 1Sam. 14,22; 2Sam. 5,17; 1Kings 3,28; 1Kings 12,24; 1Kings 12,24z; 2Kings 3,21; 2Kings 17,14; 2Kings 18,12; 2Kings 18,12; 2Kings 21,9; 2Kings 22,13; 2Kings 25,23; 1Chr. 10,11; 1Chr. 14,8; 2Chr. 24,19; 2Chr. 24,19; Ezra 4,1; Neh. 4,9; Neh. 6,16; Neh. 8,9; Neh. 9,16; Neh. 9,29; Neh. 9,29; Neh. 13,3; Judith 4,1; Judith 10,14; Judith 13,12; Judith 14,19; Judith 15,1; Judith 15,5; 1Mac. 3,41; 1Mac. 5,1; 1Mac. 5,61; 1Mac. 10,8; 1Mac. 12,28; 1Mac. 14,17; 4Mac. 9,27; Psa. 137,4; Ode. 1,14; Job 3,18; Job 42,11; Wis. 11,13; Is. 6,10; Is. 66,4; Jer. 6,18; Jer. 9,9; Jer. 9,12; Jer. 17,22; Jer. 26,12; Jer. 30,29; Jer. 33,7; Jer. 33,10; Jer. 39,23; Jer. 39,33; Jer. 42,18; Jer. 43,16; Jer. 43,31; Jer. 44,5; Jer. 47,7; Jer. 47,11; Jer. 50,7; Bar. 3,4; Lam. 1,21; Ezek. 19,4; Dan. 3,7; Judg. 9,46; Judg. 20,3; Dan. 3,7; Sus. 26; Bel 28; Matt. 13,15; Matt. 13,17; Mark 11,18; Luke 1,58; Luke 2,20; Luke 10,24; John 1,37; John 4,1; John 7,32; John 9,40; John 10,8; John 12,18; Acts 5,24; Acts 22,9; Acts 28,27; Rom. 10,14; Rom. 10,18; Rev. 11,12)

Ἤκουσαν ▸ 1
Verb · third · plural · aorist · active · indicative ▸ **1** (Acts 11,1)

ἤκουσάν ▸ 6
Verb · third · plural · aorist · active · indicative ▸ **6** (2Sam. 22,45; Jer. 7,24; Jer. 7,26; Jer. 41,14; Jer. 42,16; Jer. 51,5)

ἤκουσας ▸ 26 + 4 = 30
Verb · second · singular · aorist · active · indicative ▸ 26 + 4 = **30** (Gen. 3,17; Deut. 4,36; Ruth 2,8; 1Sam. 15,19; 1Sam. 28,18; 1Kings 1,11; 1Kings 21,36; 2Kings 19,6; 2Kings 19,11; 2Kings 22,18; 2Kings 22,19; 2Chr. 34,26; Neh. 9,9; Neh. 9,27; Psa. 137,1; Ode. 6,3; Jonah 2,3; Is. 37,6; Is. 37,11; Is. 37,26; Is. 40,28; Is. 48,7; Is. 48,18; Jer. 22,21; Lam. 3,56; Dan. 6,23; Acts 22,15; 2Tim. 1,13; 2Tim. 2,2; Rev. 3,3)

Ἤκουσας ▸ 1
Verb · second · singular · aorist · active · indicative ▸ **1** (Lam. 3,61)

ἤκουσάς ▸ 1
Verb · second · singular · aorist · active · indicative ▸ **1** (John 11,41)

ἠκούσατε ▸ 14 + 20 = 34
Verb · second · plural · aorist · active · indicative ▸ 14 + 20 = **34** (Deut. 4,12; Deut. 5,23; Deut. 8,20; 1Kings 1,45; Is. 42,20; Is. 48,6; Jer. 31,5; Jer. 33,11; Jer. 33,12; Jer. 42,14; Jer. 42,15; Jer. 47,3; Jer. 49,21; Jer. 51,23; Matt. 5,33; Matt. 26,65; Mark 14,64; Luke 7,22; John 8,38; John 9,27; John 14,28; Eph. 3,2; Eph. 4,21; Phil. 2,26; Phil. 4,9; Col. 1,6; Col. 1,23; James 5,11; 1John 2,7; 1John 2,18; 1John 2,24; 1John 2,24; 1John 3,11; 2John 6)

Ἠκούσατε ▸ 5
Verb · second · plural · aorist · active · indicative ▸ **5** (Matt. 5,21; Matt. 5,27; Matt. 5,38; Matt. 5,43; Gal. 1,13)

ἠκούσατέ ▸ 3 + 1 = 4
Verb · second · plural · aorist · active · indicative ▸ 3 + 1 = **4** (Jer. 7,13; Jer. 25,7; Jer. 41,17; Acts 1,4)

ἤκουσε ▸ 2
Verb · third · singular · aorist · active · indicative ▸ **2** (Dan. 4,28; Dan. 4,31)

ἤκουσεν ▸ 172 + 9 + 15 = 196
Verb · third · singular · aorist · active · indicative ▸ 172 + 9 + 15 = **196** (Gen. 18,10; Gen. 23,16; Gen. 24,30; Gen. 27,5; Gen. 27,34; Gen. 28,7; Gen. 29,13; Gen. 29,33; Gen. 34,5; Gen. 35,22; Gen. 39,18; Gen. 39,19; Gen. 47,5; Ex. 2,15; Ex. 18,24; Lev. 10,20; Num. 7,89; Num. 11,1; Num. 11,10; Num. 12,2; Num. 21,1; Num. 30,15; Num. 30,16; Deut. 1,34; Deut. 5,26; Deut. 5,28; Josh. 6,20; Josh. 10,1; Josh. 11,1; Judg. 7,15; Judg. 9,30; Judg. 11,17; 1Sam. 2,22; 1Sam. 4,14; 1Sam. 4,19; 1Sam. 8,21; 1Sam. 11,6; 1Sam. 13,4; 1Sam. 17,11; 1Sam. 19,6; 1Sam. 22,6; 1Sam. 23,11; 1Sam. 23,25; 1Sam. 25,4; 1Sam. 25,39; 1Sam. 28,21; 1Sam. 28,23; 2Sam. 3,28; 2Sam. 4,1; 2Sam. 5,17; 2Sam. 8,9; 2Sam. 10,7; 2Sam. 11,26; 2Sam. 13,21; 2Sam. 18,5; 2Sam. 19,3; 1Kings 1,41; 1Kings 1,41; 1Kings 5,21; 1Kings 10,1; 1Kings 11,21; 1Kings 11,43; 1Kings 12,15; 1Kings 12,16; 1Kings 12,20; 1Kings 12,24d; 1Kings 12,24n; 1Kings 13,4; 1Kings 13,26; 1Kings 15,20; 1Kings 15,21; 1Kings 16,16; 1Kings 19,13; 1Kings 20,15; 1Kings 20,16; 1Kings 21,25; 2Kings 5,8; 2Kings 6,30; 2Kings 9,30; 2Kings 11,13; 2Kings 14,11; 2Kings 16,9; 2Kings 19,1; 2Kings 19,4; 2Kings 19,8; 2Kings 19,9; 2Kings 20,12; 2Kings 22,11; 1Chr. 14,8; 1Chr. 18,9; 1Chr. 19,8; 2Chr. 9,1; 2Chr. 10,2; 2Chr. 10,15; 2Chr. 10,16; 2Chr. 16,4; 2Chr. 23,12; 2Chr. 25,20; 2Chr. 34,19; 2Chr. 35,22; Neh. 2,10; Neh. 2,19; Neh. 3,33; Neh. 4,1; Judith 8,1; Judith 8,9; Judith 8,9; Tob. 6,19; Tob. 14,15; 1Mac. 3,13; 1Mac. 3,27; 1Mac. 4,3; 1Mac. 5,16; 1Mac. 5,56; 1Mac. 6,1; 1Mac. 6,8; 1Mac. 6,28; 1Mac. 6,55; 1Mac. 8,1; 1Mac. 9,1; 1Mac. 9,43; 1Mac. 10,2; 1Mac. 10,15; 1Mac. 10,22; 1Mac. 10,46; 1Mac. 10,68; 1Mac. 10,74; 1Mac. 10,77; 1Mac. 10,88; 1Mac. 11,15; 1Mac. 11,22; 1Mac. 11,23; 1Mac. 11,63; 1Mac. 12,24; 1Mac. 12,34; 1Mac. 13,1; 1Mac. 14,2; 1Mac. 14,25; 1Mac. 14,40; Psa. 17,7; Psa. 29,11; Psa. 58,8; Psa. 77,21; Psa. 77,59; Psa. 80,6; Psa. 80,12; Psa. 96,8; Job 29,11; Sir. 17,13; Sir. 21,15; Sol. 8,1; Hag. 1,12; Is. 37,4; Is. 37,8; Is. 39,1; Is. 66,8; Jer. 4,19; Jer. 7,27; Jer. 18,13; Jer. 20,1; Jer. 23,18; Jer. 27,43; Jer. 33,21; Jer. 33,21; Jer. 43,11; Jer. 43,13; Jer. 44,2; Jer. 44,14; Jer. 45,1; Jer. 45,7; Jer. 48,11; Jer. 50,4; Judg. 7,15; Judg. 9,30; Judg. 11,17; Judg. 11,28; Tob. 6,19; Tob. 7,10; Tob. 14,15; Dan. 3,91; Dan. 6,15; Matt. 14,1; Mark 6,14; Luke 1,41; Luke 15,25; John 3,32; John 11,6; John 11,20; John 11,29; John 19,8; Acts 8,30; Acts 9,4; Acts 14,9; Acts 24,24; 1Cor. 2,9; 2Cor. 12,4)

Ἤκουσεν ▸ 2 + 2 = 4
Verb · third · singular · aorist · active · indicative ▸ 2 + 2 = **4** (Gen. 31,1; Ex. 18,1; Luke 9,7; John 9,35)

ἠκουσέν ▸ 3
Verb · third · singular · aorist · active · indicative ▸ **3** (Esth. 12,2 # 1,1n; 4Mac. 4,22; Psa. 80,14)

ἠκούσθη ▸ 18 + 3 = 21
Verb · third · singular · aorist · passive · indicative ▸ 18 + 3 = **21** (1Kings 6,7; 2Chr. 26,15; Neh. 6,1; Neh. 6,6; Neh. 12,43; Esth. 2,8; 1Mac. 14,16; Ode. 10,9; Song 2,12; Sol. 1,2; Is. 5,9; Is. 15,4;

Jer. 3,21; Jer. 9,18; Jer. 30,15; Jer. 38,15; Jer. 45,27; Bar. 3,22; Matt. 2,18; Mark 2,1; John 9,32)

Ἠκούσθη ▸ 1
Verb · third · singular · aorist · passive · indicative ▸ 1 (Acts 11,22)

ἠκούσθησαν ▸ 1 + 1 = 2
Verb · third · plural · aorist · passive · indicative ▸ 1 + 1 = 2 (Neh. 12,42; Dan. 10,12)

ἤκουσται ▸ 1
Verb · third · singular · perfect · passive · indicative ▸ 1 (Deut. 4,32)

ἄκρα (ἀκή) high point, citadel ▸ 35
ἄκρα ▸ 1
Noun · feminine · singular · nominative · (common) ▸ 1 (Sir. 43,19)

ἄκρᾳ ▸ 6
Noun · feminine · singular · dative · (common) ▸ 6 (Deut. 3,11; 1Mac. 3,45; 1Mac. 4,41; 1Mac. 9,53; 1Mac. 10,6; 4Mac. 4,20)

ἄκραν ▸ 11
Noun · feminine · singular · accusative · (common) ▸ 11 (1Kings 10,22a # 9,15; 1Kings 11,27; 1Mac. 1,33; 1Mac. 6,26; 1Mac. 9,52; 1Mac. 11,20; 1Mac. 11,21; 1Mac. 13,50; 1Mac. 13,52; 1Mac. 14,36; 4Mac. 7,5)

ἄκρας ▸ 17
Noun · feminine · plural · accusative · (common) ▸ 1 (4Mac. 14,16)
Noun · feminine · singular · genitive · (common) ▸ 16 (2Sam. 5,9; 1Mac. 4,2; 1Mac. 6,18; 1Mac. 6,32; 1Mac. 10,7; 1Mac. 10,9; 1Mac. 10,32; 1Mac. 11,41; 1Mac. 12,36; 1Mac. 13,21; 1Mac. 13,49; 1Mac. 14,7; 1Mac. 15,28; 2Mac. 15,31; 2Mac. 15,35; Is. 22,9)

Ακραβαττήνη Akrabattene ▸ 1
Ακραβαττήνην ▸ 1
Noun · feminine · singular · accusative · (proper) ▸ 1 (1Mac. 5,3)

Ακραβιν Akrabbim ▸ 3 + 1 = 4
Ακραβιν ▸ 3 + 1 = 4
Noun · genitive · (proper) ▸ 1 (Judg. 1,36)
Noun · singular · genitive · (proper) ▸ 2 + 1 = 3 (Num. 34,4; Josh. 15,3; Judg. 1,36)

ἀκρασία (α; κεράννυμι) excess, lack of self-control ▸ 1 + 2 = 3
ἀκρασίαις ▸ 1
Noun · feminine · plural · dative · (common) ▸ 1 (Sol. 4,3)
ἀκρασίαν ▸ 1
Noun · feminine · singular · accusative ▸ 1 (1Cor. 7,5)
ἀκρασίας ▸ 1
Noun · feminine · singular · genitive ▸ 1 (Matt. 23,25)

ἀκρατής (α; κράτος) lacking self-control ▸ 1 + 1 = 2
ἀκρατεῖς ▸ 1 + 1 = 2
Adjective · masculine · plural · nominative · noDegree ▸ 1 + 1 = 2 (Prov. 27,20a; 2Tim. 3,3)

ἄκρατος (α; κεράννυμι) unmixed; untempered ▸ 4 + 1 = 5
ἀκράτου ▸ 3 + 1 = 4
Adjective · masculine · singular · genitive · noDegree ▸ 3 + 1 = 4 (Psa. 74,9; Sol. 8,14; Jer. 32,15; Rev. 14,10)
ἀκράτῳ ▸ 1
Adjective · masculine · singular · dative · noDegree ▸ 1 (3Mac. 5,2)

ἀκριβάζομαι (ἀκριβής) to be shown reliable ▸ 1
ἠκριβάσθη ▸ 1
Verb · third · singular · aorist · passive · indicative ▸ 1 (Sir. 46,15)

ἀκριβασμός (ἀκριβής) searchings ▸ 1
ἀκριβασμοί ▸ 1
Noun · masculine · plural · nominative · (common) ▸ 1 (Judg. 5,15)

ἀκρίβεια (ἀκριβής) accuracy; precise meaning ▸ 4 + 2 + 1 = 7
ἀκριβείᾳ ▸ 1
Noun · feminine · singular · dative · (common) ▸ 1 (Sir. 16,25)
ἀκρίβειαν ▸ 1 + 2 + 1 = 4
Noun · feminine · singular · accusative · (common) ▸ 1 + 2 + 1 = 4 (Dan. 7,16; Dan. 7,16; Dan. 7,16; Acts 22,3)
ἀκριβείας ▸ 2
Noun · feminine · singular · genitive · (common) ▸ 2 (Wis. 12,21; Sir. 42,4)

ἀκριβής strict, precise, exact ▸ 8 + 1 = 9
ἀκριβεῖ ▸ 1
Adjective · feminine · singular · dative · noDegree ▸ 1 (Sir. 32,3)
ἀκριβεῖς ▸ 1
Adjective · feminine · plural · accusative · noDegree ▸ 1 (Sir. 18,29)
ἀκριβές ▸ 1
Adjective · neuter · singular · nominative · noDegree ▸ 1 (Dan. 2,45)
ἀκριβές ▸ 1
Adjective · neuter · singular · accusative · noDegree ▸ 1 (Esth. 4,5)
ἀκριβεστάτην ▸ 1
Adjective · feminine · singular · accusative · superlative ▸ 1 (Acts 26,5)
ἀκριβής ▸ 1
Adjective · feminine · singular · nominative · noDegree ▸ 1 (Sir. 31,24)
ἀκριβής ▸ 2
Adjective · feminine · singular · nominative · noDegree ▸ 1 (Sir. 19,25)
Adjective · masculine · singular · nominative · noDegree ▸ 1 (Dan. 4,27)
Ἀκριβής ▸ 1
Adjective · masculine · singular · nominative · noDegree ▸ 1 (Dan. 6,13)

ἀκριβόω (ἀκριβής) to make exact; to inquire diligently ▸ 2
ἠκρίβωσεν ▸ 2
Verb · third · singular · aorist · active · indicative ▸ 2 (Matt. 2,7; Matt. 2,16)

ἀκριβῶς (ἀκριβής) diligently, precisely, accurately ▸ 2 + 1 + 9 = 12
ἀκριβέστερον ▸ 4
Adverb · (comparative) ▸ 4 (Acts 18,26; Acts 23,15; Acts 23,20; Acts 24,22)
ἀκριβῶς ▸ 2 + 1 + 5 = 8
Adverb ▸ 2 + 1 + 5 = 8 (Deut. 19,18; Wis. 19,18; Dan. 7,19; Matt. 2,8; Luke 1,3; Acts 18,25; Eph. 5,15; 1Th. 5,2)

ἄκρις (ἀκή) locust, locust swarm ▸ 1
ἀκρίς ▸ 1
Noun · feminine · singular · nominative · (common) ▸ 1 (Sir. 43,18)

ἀκρίς (ἀκή) locust, locust swarm ▸ 32 + 2 + 4 = 38
ἀκρίδα ▸ 5
Noun · feminine · singular · accusative · (common) ▸ 5 (Ex. 10,4; Ex. 10,13; Ex. 10,19; Lev. 11,22; Jer. 26,23)

ἀκρίδας ▸ **1** + **1** = **2**
  Noun · feminine · plural · accusative · (common) ▸ **1** + **1** = **2** (Is. 33,4; Mark 1,6)
ἀκρίδες ▸ **3** + **2** = **5**
  Noun · feminine · plural · nominative · (common) ▸ **3** + **2** = **5** (Num. 13,33; Psa. 108,23; Is. 40,22; Matt. 3,4; Rev. 9,3)
ἀκρίδι ▸ **2**
  Noun · feminine · singular · dative · (common) ▸ **2** (2Chr. 7,13; Psa. 77,46)
ἀκρίδος ▸ **1**
  Noun · feminine · singular · genitive · (common) ▸ **1** (Joel 1,4)
ἀκρίδων ▸ **5** + **1** = **6**
  Noun · feminine · plural · genitive · (common) ▸ **5** + **1** = **6** (Wis. 16,9; Hos. 13,3; Amos 7,1; Jer. 28,14; Jer. 28,27; Rev. 9,7)
ἀκρίς ▸ **11** + **2** = **13**
  Noun · feminine · singular · nominative · (common) ▸ **11** + **2** = **13** (Ex. 10,12; Ex. 10,14; Ex. 10,19; Judg. 6,5; Judg. 7,12; 2Chr. 6,28; Judith 2,20; Psa. 104,34; Prov. 30,27; Joel 2,25; Nah. 3,17; Judg. 6,5; Judg. 7,12)
ἀκρίς ▸ **4**
  Noun · feminine · singular · nominative · (common) ▸ **4** (Deut. 28,38; Eccl. 12,5; Joel 1,4; Nah. 3,15)

ἀκρίτως (α; κρίνω) unjustly, unduly ▸ **2**
  ἀκρίτως ▸ **2**
    Adverb ▸ **2** (1Mac. 2,37; 1Mac. 15,33)

ἀκρόαμα (ἀκροάομαι) singing, a song ▸ **1**
  ἀκρόαμα ▸ **1**
    Noun · neuter · singular · nominative · (common) ▸ **1** (Sir. 32,4)

ἀκροάομαι to listen ▸ **5**
  ἀκρόασαι ▸ **1**
    Verb · second · singular · aorist · middle · imperative ▸ **1** (Is. 21,7)
  ἀκροάσεται ▸ **1**
    Verb · third · singular · future · middle · indicative ▸ **1** (Sir. 14,23)
  ἀκροᾶσθαι ▸ **2**
    Verb · present · middle · infinitive ▸ **2** (Sir. 6,35; Sir. 21,24)
  ἀκροᾶται ▸ **1**
    Verb · third · singular · present · middle · indicative ▸ **1** (Wis. 1,10)

ἀκρόασις (ἀκροάομαι) hearing, listening, response ▸ **5**
  ἀκροάσει ▸ **1**
    Noun · feminine · singular · dative · (common) ▸ **1** (Sir. 5,11)
  ἀκροάσεως ▸ **1**
    Noun · feminine · singular · genitive · (common) ▸ **1** (Eccl. 1,8)
  ἀκρόασιν ▸ **1**
    Noun · feminine · singular · accusative · (common) ▸ **1** (Is. 21,7)
  ἀκρόασις ▸ **2**
    Noun · feminine · singular · nominative · (common) ▸ **2** (1Kings 18,26; 2Kings 4,31)

ἀκροατήριον (ἀκροάομαι) hearing place ▸ **1**
  ἀκροατήριον ▸ **1**
    Noun · neuter · singular · accusative ▸ **1** (Acts 25,23)

ἀκροατής (ἀκροάομαι) hearer ▸ **2** + **4** = **6**
  ἀκροαταί ▸ **2**
    Noun · masculine · plural · nominative ▸ **2** (Rom. 2,13; James 1,22)
  ἀκροατήν ▸ **1**
    Noun · masculine · singular · accusative · (common) ▸ **1** (Is. 3,3)
  ἀκροατής ▸ **2**
    Noun · masculine · singular · nominative ▸ **2** (James 1,23; James 1,25)
  ἀκροατοῦ ▸ **1**
    Noun · masculine · singular · genitive · (common) ▸ **1** (Sir. 3,29)

ἀκροβυστία (ἀκή; πόσθη) uncircumcision ▸ **16** + **20** = **36**
  ἀκροβυστία ▸ **9**
    Noun · feminine · singular · nominative ▸ **9** (Rom. 2,25; Rom. 2,26; Rom. 2,26; Rom. 2,27; 1Cor. 7,19; Gal. 5,6; Gal. 6,15; Eph. 2,11; Col. 3,11)
  ἀκροβυστίᾳ ▸ **6**
    Noun · feminine · singular · dative ▸ **6** (Rom. 4,10; Rom. 4,10; Rom. 4,11; Rom. 4,12; 1Cor. 7,18; Col. 2,13)
  ἀκροβυστίαις ▸ **2**
    Noun · feminine · plural · dative · (common) ▸ **2** (1Sam. 18,25; 2Sam. 3,14)
  ἀκροβυστίαν ▸ **2** + **3** = **5**
    Noun · feminine · singular · accusative · (common) ▸ **2** + **3** = **5** (Gen. 34,14; Ex. 4,25; Acts 11,3; Rom. 3,30; Rom. 4,9)
  ἀκροβυστίας ▸ **11** + **2** = **13**
    Noun · feminine · plural · accusative · (common) ▸ **3** (Gen. 17,23; 1Sam. 18,27; Jer. 9,24)
    Noun · feminine · singular · genitive · (common) ▸ **8** + **2** = **10** (Gen. 17,11; Gen. 17,14; Gen. 17,24; Gen. 17,25; Gen. 34,24; Lev. 12,3; Judith 14,10; 1Mac. 1,15; Rom. 4,11; Gal. 2,7)
  ἀκροβυστιῶν ▸ **1**
    Noun · feminine · plural · genitive · (common) ▸ **1** (Josh. 5,3)

ἀκρογωνιαῖος (ἀκή; γωνία) cornerstone ▸ **1** + **2** = **3**
  ἀκρογωνιαῖον ▸ **1** + **1** = **2**
    Adjective · masculine · singular · accusative · noDegree ▸ **1** + **1** = **2** (Is. 28,16; 1Pet. 2,6)
  ἀκρογωνιαίου ▸ **1**
    Adjective · masculine · singular · genitive ▸ **1** (Eph. 2,20)

ἀκρόδρυα (ἀκή; δρῦς) fruit-trees, fruit ▸ **4** + **1** = **5**
  ἀκρόδρυα ▸ **1**
    Noun · neuter · plural · nominative · (common) ▸ **1** (Song 7,14)
  ἀκροδρύων ▸ **3** + **1** = **4**
    Noun · neuter · plural · genitive · (common) ▸ **3** + **1** = **4** (1Mac. 11,34; Song 4,13; Song 4,16; Tob. 1,7)

ἀκροθίνιον (ἀκή; θίς) spoils ▸ **1**
  ἀκροθινίων ▸ **1**
    Noun · neuter · plural · genitive ▸ **1** (Heb. 7,4)

ἄκρον (ἀκή) top, end, height, extremity, thumb ▸ **6**
  ἄκρον ▸ **2**
    Noun · neuter · singular · accusative ▸ **2** (Luke 16,24; Heb. 11,21)
  ἄκρου ▸ **2**
    Noun · neuter · singular · genitive ▸ **2** (Mark 13,27; Mark 13,27)
  ἄκρων ▸ **2**
    Noun · neuter · plural · genitive ▸ **2** (Matt. 24,31; Matt. 24,31)

ἀκρόπολις (ἀκή; πόλις) acropolis, citadel ▸ **3**
  ἀκροπόλεως ▸ **1**
    Noun · feminine · singular · genitive · (common) ▸ **1** (2Mac. 4,28)
  ἀκρόπολιν ▸ **2**
    Noun · feminine · singular · accusative · (common) ▸ **2** (2Mac. 4,12; 2Mac. 5,5)

ἄκρος (ἀκή) topmost, highest, outermost ▸ **92** + **5** = **97**
  ἄκρα ▸ **15** + **4** = **19**
    Adjective · neuter · plural · accusative · noDegree ▸ **13** + **4** = **17** (Ex. 29,20; Ex. 29,20; Lev. 8,24; Lev. 8,24; Judg. 1,6; Judg. 1,7; 1Sam. 2,10; Judith 2,9; Ode. 3,10; Prov. 8,26; Prov. 17,24; Is. 40,28; Ezek. 17,4; Judg. 1,6; Judg. 1,6; Judg. 1,7; Judg. 1,7)
    Adjective · neuter · plural · nominative · noDegree ▸ **2** (Is. 41,5;

Is. 52,10)
    ἄκραις ▸ 1
        Adjective · feminine · plural · dative · noDegree ▸ **1** (4Mac. 10,7)
    ἄκραν ▸ 3
        Adjective · feminine · singular · accusative · noDegree ▸ **3** (1Kings 2,35f; 1Kings 2,35f; 1Kings 12,24b)
    ἄκρον ▸ 22 + 1 = 23
        Adjective · neuter · singular · accusative · noDegree ▸ 21 + 1 = **22** (Gen. 28,18; Gen. 47,31; Ex. 29,20; Ex. 29,20; Ex. 36,26; Ex. 38,7; Ex. 38,7; Lev. 8,23; Lev. 8,23; Lev. 14,14; Lev. 14,14; Lev. 14,17; Lev. 14,17; Lev. 14,25; Lev. 14,25; Lev. 14,28; Lev. 14,28; Deut. 4,32; Judg. 6,21; 1Sam. 14,27; 2Chr. 25,12; Judg. 6,21)
        Adjective · neuter · singular · nominative · noDegree ▸ **1** (Hag. 2,12)
    ἄκρου ▸ 32
        Adjective · masculine · singular · genitive · noDegree ▸ **5** (Deut. 33,17; 1Sam. 14,2; 2Chr. 20,16; Is. 17,6; Is. 51,20)
        Adjective · neuter · singular · genitive · noDegree ▸ **27** (Ex. 34,2; Ex. 36,26; Ex. 38,16; Deut. 4,32; Deut. 13,8; Deut. 13,8; Deut. 28,64; Deut. 28,64; Deut. 30,4; Deut. 30,4; 1Kings 6,16; 2Chr. 25,12; Neh. 1,9; Judith 11,21; Judith 11,21; 1Mac. 8,4; 1Mac. 14,10; Psa. 18,7; Psa. 18,7; Sir. 44,21; Sol. 17,31; Is. 5,26; Is. 13,5; Is. 28,4; Is. 42,10; Jer. 12,12; Jer. 12,12)
    ἄκρῳ ▸ 2
        Adjective · masculine · singular · dative · noDegree ▸ **1** (Hag. 2,12)
        Adjective · neuter · singular · dative · noDegree ▸ **1** (1Sam. 14,43)
    ἄκρων ▸ 17
        Adjective · feminine · plural · genitive · noDegree ▸ **1** (1Chr. 14,15)
        Adjective · neuter · plural · genitive · noDegree ▸ **16** (Gen. 47,21; Gen. 47,21; Ex. 38,16; 1Sam. 3,21; 1Sam. 3,21; 1Mac. 1,3; Psa. 71,16; Prov. 1,21; Prov. 8,2; Prov. 30,4; Mic. 5,3; Is. 2,2; Is. 41,9; Is. 42,11; Is. 43,6; Jer. 25,16)

ἀκρότομος (ἀκή; τομός) cut off, hard, steep, sharp ▸ **11**
    ἀκροτόμοις ▸ 1
        Adjective · masculine · plural · dative · noDegree ▸ **1** (1Kings 6,7)
    ἀκρότομον ▸ 3
        Adjective · feminine · singular · accusative · noDegree ▸ **1** (Psa. 113,8)
        Adjective · neuter · singular · accusative · noDegree ▸ **2** (Job 40,20; Sir. 48,17)
    ἀκροτόμου ▸ 5
        Adjective · feminine · singular · genitive · noDegree ▸ **5** (Deut. 8,15; Josh. 5,2; Psa. 135,16; Wis. 11,4; Sir. 40,15)
    ἀκροτόμους ▸ 1
        Adjective · feminine · plural · accusative · noDegree ▸ **1** (Josh. 5,3)
    ἀκροτόμῳ ▸ 1
        Adjective · neuter · singular · dative · noDegree ▸ **1** (Job 28,9)

ἀκροφύλαξ (ἀκή; φυλάσσω) sentinal, guard ▸ **1**
    ἀκροφύλακας ▸ 1
        Noun · masculine · plural · accusative · (common) ▸ **1** (4Mac. 3,13)

ἀκρωτηριάζω (ἀκή; ὅρος 1st homograph) to cut off hands and feet ▸ **2**
    ἀκρωτηριάζειν ▸ 1
        Verb · present · active · infinitive ▸ **1** (2Mac. 7,4)
    ἀκρωτηριαζόμεθα ▸ 1
        Verb · first · plural · present · passive · indicative ▸ **1** (4Mac. 10,20)

ἀκρωτήριον (ἀκή; ὅρος 1st homograph) bodily extremities, crag, mountain ▸ **5**
    ἀκρωτηρίοις ▸ 1
        Noun · neuter · plural · dative · (common) ▸ **1** (Lev. 4,11)
    ἀκρωτήριον ▸ 2
        Noun · neuter · singular · accusative · (common) ▸ **2** (1Sam. 14,4; 1Sam. 14,4)
    ἀκρωτηρίων ▸ 2
        Noun · neuter · plural · genitive · (common) ▸ **2** (Job 37,9; Ezek. 25,9)

ἀκτίς ray, emanation (of the sun) ▸ **3**
    ἀκτῖνας ▸ 1
        Noun · feminine · plural · accusative · (common) ▸ **1** (Sir. 43,4)
    ἀκτῖνος ▸ 1
        Noun · feminine · singular · genitive · (common) ▸ **1** (Wis. 16,27)
    ἀκτίνων ▸ 1
        Noun · feminine · plural · genitive · (common) ▸ **1** (Wis. 2,4)

Ἀκύλας Aquila ▸ **6**
    Ἀκύλαν ▸ 3
        Noun · masculine · singular · accusative · (proper) ▸ **3** (Acts 18,2; Rom. 16,3; 2Tim. 4,19)
    Ἀκύλας ▸ 3
        Noun · masculine · singular · nominative · (proper) ▸ **3** (Acts 18,18; Acts 18,26; 1Cor. 16,19)

ἀκύματος (α; κύω) wavelessness, tranquility, calm ▸ **1**
    ἀκυμάτους ▸ 1
        Adjective · masculine · plural · accusative · noDegree ▸ **1** (Esth. 13,2 # 3,13b)

ἄκυρος (α; κῦρος) void, invalid, of no effect ▸ **2**
    ἀκύρους ▸ 2
        Adjective · feminine · plural · accusative · noDegree ▸ **1** (Prov. 1,25)
        Adjective · masculine · plural · accusative · noDegree ▸ **1** (Prov. 5,7)

ἀκυρόω (α; κῦρος) to cancel, nullify, render powerless, destroy ▸ **7 + 3 = 10**
    ἀκυροῖ ▸ 1
        Verb · third · singular · present · active · indicative ▸ **1** (Gal. 3,17)
    ἀκυροῦνται ▸ 1
        Verb · third · plural · present · passive · indicative ▸ **1** (4Mac. 2,1)
    ἀκυροῦντες ▸ 1
        Verb · present · active · participle · masculine · plural · nominative ▸ **1** (Mark 7,13)
    ἀκυρῶσαι ▸ 2
        Verb · aorist · active · infinitive ▸ **2** (4Mac. 2,18; 4Mac. 5,18)
    ἀκυρώσασα ▸ 1
        Verb · aorist · active · participle · feminine · singular · nominative ▸ **1** (4Mac. 17,2)
    ἀκυρώσωσιν ▸ 1
        Verb · third · plural · aorist · active · subjunctive ▸ **1** (1Esdr. 6,31)
    ἠκυρώσατε ▸ 1
        Verb · second · plural · aorist · active · indicative ▸ **1** (Matt. 15,6)
    ἠκύρωσε ▸ 1
        Verb · third · singular · aorist · active · indicative ▸ **1** (4Mac. 2,3)
    ἠκύρωσεν ▸ 1
        Verb · third · singular · aorist · active · indicative ▸ **1** (4Mac.

Ακχοβωρ Achbor ▸ 1
  Ακχοβωρ ▸ 1
    Noun ▪ masculine ▪ singular ▪ genitive ▪ (proper) ▸ 1 (Jer. 43,12)

Ακχω Acco ▸ 1 + 1 = 2
  Ακχω ▸ 1 + 1 = 2
    Noun ▪ singular ▪ accusative ▪ (proper) ▸ 1 + 1 = 2 (Judg. 1,31; Judg. 1,31)

ἀκώλυτος (α; κωλύω) unhindered, free ▸ 1
  ἀκώλυτον ▸ 1
    Adjective ▪ neuter ▪ singular ▪ nominative ▪ noDegree ▸ 1 (Wis. 7,23)

ἀκωλύτως (α; κωλύω) unhindered ▸ 1
  ἀκωλύτως ▸ 1
    Adverb ▸ 1 (Acts 28,31)

ἄκων (α; ἑκών) unwilling, involuntary ▸ 2 + 1 = 3
  ἄκων ▸ 2 + 1 = 3
    Adjective ▪ masculine ▪ singular ▪ nominative ▪ noDegree ▸ 2 + 1 = 3 (4Mac. 11,12; Job 14,17; 1Cor. 9,17)

Ακως Hakkoz ▸ 3
  Ακως ▸ 3
    Noun ▪ masculine ▪ singular ▪ genitive ▪ (proper) ▸ 3 (Neh. 3,4; Neh. 3,21; Neh. 7,63)

Αλα Elah ▸ 2
  Αλα ▸ 2
    Noun ▪ masculine ▪ singular ▪ genitive ▪ (proper) ▸ 1 (1Chr. 4,15)
    Noun ▪ masculine ▪ singular ▪ nominative ▪ (proper) ▸ 1 (1Chr. 4,15)

ἀλάβαστρος alabaster jar ▸ 1 + 4 = 5
  ἀλάβαστρον ▸ 4
    Noun ▪ feminine ▪ singular ▪ accusative ▸ 2 (Mark 14,3; Mark 14,3)
    Noun ▪ neuter ▪ singular ▪ accusative ▸ 2 (Matt. 26,7; Luke 7,37)
  ἀλάβαστρος ▸ 1
    Noun ▪ masculine ▪ singular ▪ nominative ▪ (common) ▸ 1 (2Kings 21,13)

Αλαε Halah ▸ 2
  Αλαε ▸ 2
    Noun ▪ feminine ▪ singular ▪ dative ▪ (proper) ▸ 2 (2Kings 17,6; 2Kings 18,11)

ἀλαζονεία (ἀλαζών) boasting, boastfulness ▸ 7 + 2 = 9
  ἀλαζονεία ▸ 1 + 1 = 2
    Noun ▪ feminine ▪ singular ▪ nominative ▪ (common) ▸ 1 + 1 = 2 (4Mac. 1,26; 1John 2,16)
  ἀλαζονείαις ▸ 1
    Noun ▪ feminine ▪ plural ▪ dative ▸ 1 (James 4,16)
  ἀλαζονείαν ▸ 2
    Noun ▪ feminine ▪ singular ▪ accusative ▪ (common) ▸ 2 (2Mac. 9,8; 4Mac. 8,19)
  ἀλαζονείας ▸ 4
    Noun ▪ feminine ▪ singular ▪ genitive ▪ (common) ▸ 4 (2Mac. 15,6; 4Mac. 2,15; Wis. 5,8; Wis. 17,7)

ἀλαζονεύομαι (ἀλαζών) to boast ▸ 2
  ἀλαζονεύεται ▸ 1
    Verb ▪ third ▪ singular ▪ present ▪ middle ▪ indicative ▸ 1 (Wis. 2,16)
  ἀλαζονεύου ▸ 1
    Verb ▪ second ▪ singular ▪ present ▪ middle ▪ imperative ▸ 1 (Prov. 25,6)

ἀλαζών boaster, imposter, vagrant; boastful (adj) ▸ 3 + 2 = 5
  ἀλαζόνας ▸ 1
    Noun ▪ masculine ▪ plural ▪ accusative ▸ 1 (Rom. 1,30)
  ἀλαζόνες ▸ 1
    Noun ▪ masculine ▪ plural ▪ nominative ▸ 1 (2Tim. 3,2)
  ἀλαζόνων ▸ 1
    Noun ▪ masculine ▪ plural ▪ genitive ▪ (common) ▸ 1 (Job 28,8)
  ἀλαζών ▸ 1
    Noun ▪ masculine ▪ singular ▪ nominative ▪ (common) ▸ 1 (Hab. 2,5)
  ἀλαζών ▸ 1
    Noun ▪ masculine ▪ singular ▪ nominative ▪ (common) ▸ 1 (Prov. 21,24)

αλαιμωθ Alamoth (Heb. musical term) ▸ 1
  αλαιμωθ ▸ 1
    Noun ▸ 1 (1Chr. 15,20)

ἀλαλαγμός (ἀλαζών) shout, loud sound, bleating ▸ 9
  ἀλαλαγμόν ▸ 1
    Noun ▪ masculine ▪ singular ▪ accusative ▪ (common) ▸ 1 (Psa. 88,16)
  ἀλαλαγμός ▸ 1
    Noun ▪ masculine ▪ singular ▪ nominative ▪ (common) ▸ 1 (Jer. 32,36)
  ἀλαλαγμοῦ ▸ 3
    Noun ▪ masculine ▪ singular ▪ genitive ▪ (common) ▸ 3 (Psa. 26,6; Psa. 150,5; Jer. 20,16)
  ἀλαλαγμῷ ▸ 3
    Noun ▪ masculine ▪ singular ▪ dative ▪ (common) ▸ 3 (Josh. 6,20; Psa. 32,3; Psa. 46,6)
  ἀλαλαγμῶν ▸ 1
    Noun ▪ masculine ▪ plural ▪ genitive ▪ (common) ▸ 1 (3Mac. 4,1)

ἀλαλάζω (ἀλαζών) to wail, clang, shout aloud ▸ 18 + 1 + 2 = 21
  ἀλαλάζον ▸ 1
    Verb ▪ present ▪ active ▪ participle ▪ neuter ▪ singular ▪ nominative ▸ 1 (1Cor. 13,1)
  ἀλαλάζοντας ▸ 1
    Verb ▪ present ▪ active ▪ participle ▪ masculine ▪ plural ▪ accusative ▸ 1 (Mark 5,38)
  ἀλαλάξατε ▸ 6
    Verb ▪ second ▪ plural ▪ aorist ▪ active ▪ imperative ▸ 6 (Psa. 46,2; Psa. 80,2; Psa. 97,4; Psa. 97,6; Jer. 4,8; Jer. 32,34)
  Ἀλαλάξατε ▸ 2
    Verb ▪ second ▪ plural ▪ aorist ▪ active ▪ imperative ▸ 2 (Psa. 65,1; Psa. 99,1)
  ἀλάλαξον ▸ 1
    Verb ▪ second ▪ singular ▪ aorist ▪ active ▪ imperative ▸ 1 (Jer. 30,19)
  ἀλαλάξουσιν ▸ 2
    Verb ▪ third ▪ plural ▪ future ▪ active ▪ indicative ▸ 2 (Jer. 29,2; Ezek. 27,30)
  ἀλαλάξωμεν ▸ 2
    Verb ▪ first ▪ plural ▪ aorist ▪ active ▪ subjunctive ▸ 2 (Psa. 94,1; Psa. 94,2)
  ἠλάλαξαν ▸ 3 + 1 = 4
    Verb ▪ third ▪ plural ▪ aorist ▪ active ▪ indicative ▸ 3 + 1 = 4 (Judg. 15,14; 1Sam. 17,52; Judith 16,11; Judg. 15,14)
  ἠλάλαξεν ▸ 2
    Verb ▪ third ▪ singular ▪ aorist ▪ active ▪ indicative ▸ 2 (Josh. 6,20; Judith 14,9)

ἀλάλητος (α; λάλος) unutterable ▸ 1
  ἀλαλήτοις ▸ 1
    Adjective ▪ masculine ▪ plural ▪ dative ▪ (verbal) ▸ 1 (Rom. 8,26)

ἄλαλος (α; λάλος) speechless ▸ 2 + 3 = 5

ἄλαλος–ἀλείφω

ἄλαλα ▸ 1
   Adjective · neuter · plural · nominative · noDegree ▸ **1** (Psa. 30,19)
ἄλαλον ▸ 2
   Adjective · neuter · singular · accusative ▸ **1** (Mark 9,17)
   Adjective · neuter · singular · vocative · (variant) ▸ **1** (Mark 9,25)
ἄλαλος ▸ 1
   Adjective · masculine · singular · nominative · noDegree ▸ **1** (Psa. 37,14)
ἀλάλους ▸ 1
   Adjective · masculine · plural · accusative ▸ **1** (Mark 7,37)

ἅλας salt ▸ 1 + 8 = 9
ἅλα ▸ 1
   Noun · neuter · singular · accusative ▸ **1** (Mark 9,50)
ἅλας ▸ 1 + 6 = 7
   Noun · neuter · singular · nominative · (common) ▸ 1 + 6 = 7 (Sir. 39,26; Matt. 5,13; Matt. 5,13; Mark 9,50; Mark 9,50; Luke 14,34; Luke 14,34)
ἅλατι ▸ 1
   Noun · neuter · singular · dative ▸ **1** (Col. 4,6)

ἀλάστωρ (α; λανθάνω) avenging angel, avenger; demon, accursed wretch ▸ 4
ἀλάστορα ▸ 3
   Noun · masculine · singular · accusative · (common) ▸ **3** (4Mac. 9,24; 4Mac. 11,23; 4Mac. 18,22)
ἀλάστωρ ▸ 1
   Noun · masculine · singular · nominative · (common) ▸ **1** (2Mac. 7,9)

Αλαωθ Luhith ▸ 1
Αλαωθ ▸ 1
   Noun · singular · nominative · (proper) ▸ **1** (Jer. 31,5)

ἀλγέω (ἄλγος) to suffer, feel grief ▸ 7
ἀλγεῖν ▸ 1
   Verb · present · active · infinitive ▸ **1** (Job 5,18)
ἀλγήσω ▸ 1
   Verb · first · singular · future · active · indicative ▸ **1** (Job 16,6)
ἀλγοῦντα ▸ 1
   Verb · present · active · participle · neuter · plural · nominative ▸ **1** (4Mac. 14,17)
ἀλγῶ ▸ 2
   Verb · first · singular · present · active · indicative ▸ **2** (2Sam. 1,26; Jer. 4,19)
ἀλγῶν ▸ 1
   Verb · present · active · participle · masculine · singular · nominative ▸ **1** (Psa. 68,30)
ἤλγησαν ▸ 1
   Verb · third · plural · aorist · active · indicative ▸ **1** (Job 14,22)

ἀλγηδών (ἄλγος) pain, suffering, sorrow, grief ▸ 16
ἀλγηδόνα ▸ 1
   Noun · feminine · singular · accusative · (common) ▸ **1** (4Mac. 9,28)
ἀλγηδόνας ▸ 5
   Noun · feminine · plural · accusative · (common) ▸ **5** (2Mac. 6,30; 2Mac. 7,12; 4Mac. 3,18; 4Mac. 6,7; 4Mac. 16,17)
ἀλγηδόνων ▸ 6
   Noun · feminine · plural · genitive · (common) ▸ **6** (4Mac. 6,34; 4Mac. 6,35; 4Mac. 8,28; 4Mac. 13,5; 4Mac. 14,1; 4Mac. 14,11)
ἀλγηδόσιν ▸ 2
   Noun · feminine · plural · dative · (common) ▸ **2** (2Mac. 9,9; 2Mac. 9,11)
ἀλγηδών ▸ 1
   Noun · feminine · singular · nominative · (common) ▸ **1** (Psa. 37,18)
ἀλγηδῶν ▸ 1
   Noun · feminine · singular · nominative · (common) ▸ **1** (2Mac. 9,5)

ἄλγημα (ἄλγος) pain, sorrow ▸ 3
ἄλγημα ▸ 1
   Noun · neuter · singular · accusative · (common) ▸ **1** (Eccl. 1,18)
ἀλγημά ▸ 1
   Noun · neuter · singular · nominative · (common) ▸ **1** (Psa. 38,3)
ἀλγημάτων ▸ 1
   Noun · neuter · plural · genitive · (common) ▸ **1** (Eccl. 2,23)

ἀλγηρός (ἄλγος) grievous, mournful, painful ▸ 3
ἀλγηρά ▸ 2
   Adjective · feminine · singular · nominative · noDegree ▸ **2** (Jer. 10,19; Jer. 37,12)
ἀλγηρὸν ▸ 1
   Adjective · neuter · singular · accusative · noDegree ▸ **1** (Jer. 37,13)

ἄλγος pain, sorrow, grief, hardship ▸ 6
ἄλγος ▸ 6
   Noun · neuter · singular · accusative · (common) ▸ **3** (Psa. 68,27; Lam. 1,12; Lam. 1,18)
   Noun · neuter · singular · nominative · (common) ▸ **3** (2Mac. 3,17; Sir. 26,6; Lam. 1,12)

ἄλειμμα (α; λείπω) anointing, ointment ▸ 2 + 1 = 3
ἄλειμμα ▸ 2 + 1 = 3
   Noun · neuter · singular · accusative · (common) ▸ 1 + 1 = **2** (Is. 61,3; Dan. 10,3)
   Noun · neuter · singular · nominative · (common) ▸ **1** (Ex. 30,31)

ἀλείφω to anoint ▸ 20 + 1 + 9 = 30
ἀλειφόμεναι ▸ 1
   Verb · present · middle · participle · feminine · plural · nominative ▸ **1** (Esth. 2,12)
ἀλείφοντας ▸ 2
   Verb · present · active · participle · masculine · plural · accusative ▸ **2** (Ezek. 13,11; Ezek. 13,15)
ἀλείφοντες ▸ 2
   Verb · present · active · participle · masculine · plural · nominative ▸ **2** (Ezek. 13,15; Ezek. 22,28)
ἀλείφουσιν ▸ 1
   Verb · third · plural · present · active · indicative ▸ **1** (Ezek. 13,10)
ἄλειψαί ▸ 1
   Verb · second · singular · aorist · middle · imperative ▸ **1** (Matt. 6,17)
ἀλείψαντες ▸ 1
   Verb · aorist · active · participle · masculine · plural · nominative ▸ **1** (James 5,14)
ἀλείψασα ▸ 1
   Verb · aorist · active · participle · feminine · singular · nominative ▸ **1** (John 11,2)
ἀλείψασθαι ▸ 1
   Verb · aorist · middle · infinitive ▸ **1** (2Chr. 28,15)
ἀλείψεις ▸ 1
   Verb · second · singular · future · active · indicative ▸ **1** (Ex. 40,15)
ἀλείψῃ ▸ 3
   Verb · second · singular · aorist · middle · subjunctive ▸ **2** (2Sam. 14,2; Mic. 6,15)
   Verb · second · singular · future · middle · indicative ▸ **1** (Ruth 3,3)

ἀλείψομαι ▸ 1
: **Verb** · first · singular · future · middle · indicative ▸ **1** (2Kings 4,2)

ἀλείψωσιν ▸ 1
: **Verb** · third · plural · aorist · active · subjunctive ▸ **1** (Mark 16,1)

ἠλειμμένοι ▸ 1
: **Verb** · perfect · passive · participle · masculine · plural · nominative ▸ **1** (Num. 3,3)

ἤλειφεν ▸ 1
: **Verb** · third · singular · imperfect · active · indicative ▸ **1** (Luke 7,38)

ἤλειφον ▸ 1
: **Verb** · third · plural · imperfect · active · indicative ▸ **1** (Mark 6,13)

ἠλειψάμην ▸ 1 + 1 = 2
: **Verb** · first · singular · aorist · middle · indicative ▸ 1 + 1 = 2 (Dan. 10,3; Dan. 10,3)

ἤλειψας ▸ 1 + 1 = 2
: **Verb** · second · singular · aorist · active · indicative ▸ 1 + 1 = 2 (Ex. 40,15; Luke 7,46)

ἤλειψάς ▸ 1
: **Verb** · second · singular · aorist · active · indicative ▸ **1** (Gen. 31,13)

ἠλείψατε ▸ 2
: **Verb** · second · plural · aorist · active · indicative ▸ **2** (Ezek. 13,12; Ezek. 13,14)

ἠλείψατο ▸ 2
: **Verb** · third · singular · aorist · middle · indicative ▸ **2** (2Sam. 12,20; Judith 16,7)

ἤλειψεν ▸ 2
: **Verb** · third · singular · aorist · active · indicative ▸ **2** (Luke 7,46; John 12,3)

ἀλεκτοροφωνία (ἀλέκτωρ; φωνή) before dawn, cockcrow ▸ 1
: ἀλεκτοροφωνίας ▸ 1
: **Noun** · feminine · singular · genitive ▸ **1** (Mark 13,35)

ἀλεκτρυών (ἀλέκτωρ) rooster ▸ 1
: ἀλεκτρυών ▸ 1
: **Noun** · masculine · singular · nominative · (common) ▸ **1** (3Mac. 5,23)

ἀλέκτωρ rooster, cock ▸ 1 + 12 = 13
: ἀλέκτορα ▸ 5
: **Noun** · masculine · singular · accusative ▸ **5** (Matt. 26,34; Matt. 26,75; Mark 14,30; Mark 14,72; Luke 22,61)
: ἀλέκτωρ ▸ 1 + 7 = 8
: **Noun** · masculine · singular · nominative · (common) ▸ 1 + 7 = **8** (Prov. 30,31; Matt. 26,74; Mark 14,68; Mark 14,72; Luke 22,34; Luke 22,60; John 13,38; John 18,27)

Αλεμα Alema ▸ 1
: Αλεμα ▸ 1
: **Noun** · singular · accusative · (proper) ▸ **1** (1Mac. 5,35)

Αλεμοι Alema ▸ 1
: Αλεμοις ▸ 1
: **Noun** · masculine · plural · dative · (proper) ▸ **1** (1Mac. 5,26)

Αλεμωνι Almoni (Heb. such a place) ▸ 1
: Αλεμωνι ▸ 1
: **Noun** · singular · nominative · (common) ▸ **1** (1Sam. 21,3)

Ἀλεξάνδρεια Alexandria ▸ 1
: Ἀλεξάνδρειαν ▸ 1
: **Noun** · feminine · singular · accusative · (proper) ▸ **1** (3Mac. 3,1)

Ἀλεξάνδρειος Alexandrian ▸ 1
: Ἀλεξανδρέων ▸ 1
: **Noun** · masculine · plural · genitive · (proper) ▸ **1** (3Mac. 3,21)

Ἀλεξανδρεύς Alexandrian ▸ 1 + 2 = 3
: Ἀλεξανδρεύς ▸ 1
: **Noun** · masculine · singular · nominative · (proper) ▸ **1** (Acts 18,24)
: Ἀλεξανδρεῦσιν ▸ 1
: **Noun** · masculine · plural · dative · (proper) ▸ **1** (3Mac. 2,30)
: Ἀλεξανδρέων ▸ 1
: **Noun** · masculine · plural · genitive · (proper) ▸ **1** (Acts 6,9)

Ἀλεξανδρῖνος of Alexandria ▸ 2
: Ἀλεξανδρῖνον ▸ 1
: **Adjective** · neuter · singular · accusative · (proper) ▸ **1** (Acts 27,6)
: Ἀλεξανδρίνῳ ▸ 1
: **Adjective** · neuter · singular · dative · (proper) ▸ **1** (Acts 28,11)

Ἀλέξανδρος Alexander ▸ 27 + 6 = 33
: Ἀλέξανδρον ▸ 1 + 1 = 2
: **Noun** · masculine · singular · accusative · (proper) ▸ 1 + 1 = 2 (1Mac. 1,1; Acts 19,33)
: Ἀλέξανδρος ▸ 17 + 4 = 21
: **Noun** · masculine · singular · nominative · (proper) ▸ 17 + 4 = **21** (1Mac. 1,7; 1Mac. 6,2; 1Mac. 10,1; 1Mac. 10,15; 1Mac. 10,18; 1Mac. 10,23; 1Mac. 10,48; 1Mac. 10,49; 1Mac. 10,51; 1Mac. 10,58; 1Mac. 10,59; 1Mac. 10,68; 1Mac. 10,88; 1Mac. 11,9; 1Mac. 11,14; 1Mac. 11,15; 1Mac. 11,16; Acts 4,6; Acts 19,33; 1Tim. 1,20; 2Tim. 4,14)
: Ἀλεξάνδρου ▸ 7 + 1 = 8
: **Noun** · masculine · singular · genitive · (proper) ▸ 7 + 1 = **8** (1Mac. 10,4; 1Mac. 11,1; 1Mac. 11,2; 1Mac. 11,8; 1Mac. 11,17; 1Mac. 11,39; 1Mac. 11,39; Mark 15,21)
: Ἀλεξάνδρῳ ▸ 2
: **Noun** · masculine · singular · dative · (proper) ▸ **2** (1Mac. 10,47; 1Mac. 11,12)

ἄλευρον (ἀλήθω) meal, grain ▸ 13 + 1 + 2 = 16
: ἄλευρα ▸ 2
: **Noun** · neuter · plural · accusative · (common) ▸ **2** (1Sam. 28,24; 1Chr. 12,41)
: ἄλευρον ▸ 5
: **Noun** · neuter · singular · accusative · (common) ▸ **5** (Num. 5,15; 2Sam. 17,28; 2Kings 4,41; Hos. 8,7; Is. 47,2)
: ἀλεύρου ▸ 6 + 1 + 2 = 9
: **Noun** · neuter · singular · genitive · (common) ▸ 6 + 1 + 2 = **9** (Judg. 6,19; 1Kings 2,46e; 1Kings 5,2; 1Kings 17,12; 1Kings 17,14; 1Kings 17,16; Judg. 6,19; Matt. 13,33; Luke 13,21)

Αλεφ Hali ▸ 1
: Αλεφ ▸ 1
: **Noun** · singular · nominative · (proper) ▸ **1** (Josh. 19,25)

ἀλέω (ἀλήθω) to grind ▸ 1
: ἄλεσον ▸ 1
: **Verb** · second · singular · aorist · active · imperative ▸ **1** (Is. 47,2)

ἀλήθεια (α; λανθάνω) truth, truthfulness, faithfulness ▸ 179 + 25 + 109 = 313
: ἀλήθεια ▸ 27 + 2 + 13 = 42
: **Noun** · feminine · singular · nominative · (common) ▸ 27 + 2 + 13 = **42** (1Esdr. 3,12; 1Esdr. 4,35; 1Esdr. 4,37; 1Esdr. 4,38; 1Esdr. 4,41; Tob. 3,2; 1Mac. 7,18; Psa. 5,10; Psa. 24,10; Psa. 84,11; Psa. 84,12; Psa. 88,15; Psa. 90,4; Psa. 99,5; Psa. 110,7; Psa. 116,2; Psa. 118,86; Psa. 118,142; Psa. 118,151; Psa. 118,160; Prov. 20,28; Job 23,7; Sir. 27,9; Sol. 3,6; Hos. 4,1; Is. 59,14; Is. 59,15; Tob. 3,2; Dan. 3,27; John 1,17; John 8,32; John 8,44; John 14,6; John 18,38; Rom. 3,7; 2Cor. 7,14; 2Cor. 11,10; Gal. 2,5; Eph. 4,21; 1John 1,8; 1John 2,4; 1John 5,6)

άλήθειά ‣ 8 + 1 = 9
  Noun · feminine · singular · nominative · (common) ‣ 8 + 1 = **9** (Psa. 35,6; Psa. 39,12; Psa. 56,11; Psa. 88,3; Psa. 88,9; Psa. 88,25; Psa. 107,5; Psa. 118,90; John 17,17)
άληθεία ‣ 40 + 8 + 30 = 78
  Noun · feminine · singular · dative · (common) ‣ 40 + 8 + 30 = **78** (Judg. 9,15; Judg. 9,16; Judg. 9,19; 1Sam. 12,24; 1Kings 2,4; 1Kings 3,6; 2Kings 19,17; 2Kings 20,3; 1Chr. 12,18; 2Chr. 19,9; Tob. 3,5; Tob. 14,7; Psa. 25,3; Psa. 53,7; Psa. 68,14; Psa. 85,11; Psa. 88,34; Psa. 88,50; Psa. 95,13; Psa. 110,8; Psa. 113,9; Psa. 118,75; Psa. 137,2; Psa. 142,1; Psa. 144,18; Ode. 7,28; Prov. 28,6; Prov. 29,14; Sir. 4,25; Sir. 7,20; Sir. 37,15; Sol. 6,6; Sol. 10,3; Sol. 14,1; Sol. 15,2; Zech. 8,8; Is. 10,20; Is. 11,5; Jer. 33,15; Dan. 3,28; Judg. 9,15; Judg. 9,16; Judg. 9,19; Tob. 14,7; Tob. 14,8; Tob. 14,8; Dan. 3,28; Dan. 9,13; Matt. 22,16; John 4,23; John 4,24; John 5,33; John 8,44; John 16,13; John 17,17; John 17,19; John 18,37; Rom. 2,8; 1Cor. 13,6; 2Cor. 7,14; Gal. 5,7; Eph. 5,9; Eph. 6,14; Phil. 1,18; Col. 1,6; 2Th. 2,12; 1Tim. 2,7; 2Tim. 3,8; 2Pet. 1,12; 1John 3,18; 2John 1; 2John 3; 2John 4; 3John 1; 3John 3; 3John 3; 3John 4; 3John 8)
άλήθειαι ‣ 1
  Noun · feminine · plural · nominative · (common) ‣ **1** (Psa. 11,2)
άληθείαις ‣ 3
  Noun · feminine · plural · dative · (common) ‣ **3** (Esth. 16,10 # 8,12k; 2Mac. 3,9; 2Mac. 7,6)
άλήθειαν ‣ 46 + 6 + 21 = 73
  Noun · feminine · singular · accusative · (common) ‣ 46 + 6 + 21 = **73** (Gen. 24,27; Gen. 47,29; Ex. 28,30; Lev. 8,8; Deut. 33,8; Josh. 2,14; 2Sam. 2,6; 2Sam. 15,20; 1Kings 22,16; 2Chr. 18,15; 2Chr. 32,1; 1Esdr. 4,36; 1Esdr. 5,40; Neh. 9,33; Judith 5,5; Tob. 4,6; Tob. 7,10; Tob. 13,6; 4Mac. 5,11; 4Mac. 5,18; 4Mac. 6,18; Psa. 14,2; Psa. 50,8; Psa. 56,4; Psa. 60,8; Psa. 83,12; Psa. 118,138; Psa. 131,11; Psa. 145,6; Ode. 5,10; Prov. 8,7; Prov. 14,22; Prov. 26,28; Wis. 3,9; Wis. 6,22; Sol. 17,15; Mic. 7,20; Zech. 8,16; Zech. 8,19; Is. 26,2; Is. 26,10; Is. 42,3; Is. 45,19; Jer. 9,4; Jer. 14,13; Dan. 11,2; Tob. 4,6; Tob. 5,12; Tob. 5,14; Tob. 12,11; Tob. 13,6; Dan. 11,2; Mark 5,33; John 3,21; John 8,32; John 8,40; John 8,45; John 8,46; John 16,7; Rom. 1,18; Rom. 1,25; Rom. 2,2; 2Cor. 12,6; Gal. 2,14; Eph. 4,25; 1Tim. 2,7; 1Tim. 4,3; 2Tim. 2,18; Titus 1,14; 1John 1,6; 1John 2,21; 2John 1; 2John 2)
άλήθειάν ‣ 10 + 1 = 11
  Noun · feminine · singular · accusative · (common) ‣ 10 + 1 = **11** (Psa. 24,5; Psa. 29,10; Psa. 39,11; Psa. 39,11; Psa. 42,3; Psa. 70,22; Psa. 87,12; Psa. 88,2; Psa. 88,6; Psa. 91,3; Tob. 7,10)
Ἀλήθειαν ‣ 1
  Noun · feminine · singular · accusative ‣ **1** (Rom. 9,1)
άληθείας ‣ 44 + 8 + 43 = 95
  Noun · feminine · plural · accusative · (common) ‣ **1** (Psa. 30,24)
  Noun · feminine · singular · genitive · (common) ‣ 43 + 8 + 43 = **94** (Gen. 24,48; Gen. 32,11; Deut. 22,20; 1Esdr. 4,13; 1Esdr. 4,34; 1Esdr. 4,40; Neh. 9,13; Judith 10,13; Tob. 1,3; Tob. 8,7; 3Mac. 4,16; Psa. 30,6; Psa. 44,5; Psa. 97,3; Psa. 118,30; Psa. 118,43; Ode. 7,28; Prov. 11,18; Prov. 22,21; Eccl. 12,10; Job 9,2; Job 19,4; Job 36,4; Wis. 5,6; Sir. 4,28; Sir. 41,20; Sir. 45,10; Sol. 16,10; Mal. 2,6; Is. 16,5; Is. 26,3; Is. 37,18; Is. 38,3; Is. 48,1; Jer. 4,2; Jer. 23,28; Dan. 2,5; Dan. 2,8; Dan. 2,9; Dan. 2,47; Dan. 3,28; Dan. 8,26; Dan. 10,21; Tob. 1,3; Tob. 8,7; Tob. 12,8; Tob. 14,7; Dan. 2,8; Dan. 2,47; Dan. 3,28; Dan. 10,21; Mark 12,14; Mark 12,32; Luke 4,25; Luke 20,21; Luke 22,59; John 1,14; John 14,17; John 15,26; John 16,13; John 18,37; Acts 4,27; Acts 10,34; Acts 26,25; Rom. 2,20; Rom. 15,8; 1Cor. 5,8; 2Cor. 4,2; 2Cor. 6,7; 2Cor. 13,8; 2Cor. 13,8; Eph. 1,13; Eph. 4,24; Col. 1,5; 2Th. 2,10; 2Th. 2,13; 1Tim. 2,4; 1Tim. 3,15; 1Tim. 6,5; 2Tim. 2,15; 2Tim. 2,25; 2Tim. 3,7; 2Tim. 4,4; Titus 1,1; Heb. 10,26; James 1,18; James 3,14; James 5,19; 1Pet. 1,22; 2Pet. 2,2; 1John 2,21; 1John 3,19; 1John 4,6; 3John 12)

άληθεύω (α; α; λανθάνω) to tell the truth, prove faithful ‣ 5 + 2 = 7
  άληθεύειν ‣ 1
    Verb · present · active · infinitive ‣ **1** (Prov. 21,3)
  άληθεύετε ‣ 1
    Verb · second · plural · present · active · indicative ‣ **1** (Gen. 42,16)
  άληθεύοντες ‣ 1
    Verb · present · active · participle · masculine · plural · nominative ‣ **1** (Eph. 4,15)
  άληθεύσει ‣ 1
    Verb · third · singular · future · active · indicative ‣ **1** (Sir. 34,4)
  άλήθευσον ‣ 1
    Verb · second · singular · aorist · active · imperative ‣ **1** (Gen. 20,16)
  άληθεύων ‣ 1 + 1 = 2
    Verb · present · active · participle · masculine · singular · nominative ‣ 1 + 1 = **2** (Is. 44,26; Gal. 4,16)

άληθής (α; λανθάνω) true, honest, genuine ‣ 21 + 1 + 26 = 48
  άληθεῖς ‣ 2 + 1 = 3
    Adjective · feminine · plural · nominative · noDegree ‣ **1** (Ode. 7,27)
    Adjective · masculine · plural · nominative · noDegree ‣ 1 + 1 = **2** (Wis. 2,17; 2Cor. 6,8)
  άληθές ‣ 5 + 2 = 7
    Adjective · neuter · singular · accusative · noDegree ‣ 3 + 1 = **4** (4Mac. 5,10; Job 42,7; Job 42,8; John 4,18)
    Adjective · neuter · singular · nominative · noDegree ‣ 2 + 1 = **3** (Gen. 41,32; Dan. 10,1; 1John 2,8)
  άληθές ‣ 2 + 2 = 4
    Adjective · neuter · singular · accusative · noDegree ‣ **2** (Job 5,12; Job 17,10)
    Adjective · neuter · singular · nominative ‣ **2** (Acts 12,9; 1John 2,27)
  άληθεστάτη ‣ 1
    Adjective · feminine · singular · nominative · superlative ‣ **1** (Wis. 6,17)
  άληθῆ ‣ 5 + 4 = 9
    Adjective · feminine · singular · accusative · noDegree ‣ 1 + 1 = **2** (Prov. 1,3; 1Pet. 5,12)
    Adjective · masculine · singular · accusative · noDegree ‣ **2** (Prov. 22,21; Wis. 12,27)
    Adjective · neuter · plural · accusative · noDegree ‣ 1 + 1 = **2** (Is. 43,9; John 19,35)
    Adjective · neuter · plural · nominative · noDegree ‣ 1 + 2 = **3** (Is. 41,26; John 10,41; Phil. 4,8)
  άληθής ‣ 2 + 1 + 13 = 16
    Adjective · feminine · singular · nominative ‣ **9** (John 5,31; John 5,32; John 6,55; John 6,55; John 8,13; John 8,14; John 8,17; Titus 1,13; 3John 12)
    Adjective · masculine · singular · nominative · noDegree ‣ 2 + 1 + 4 = **7** (Judith 11,10; Wis. 15,1; Dan. 8,26; John 3,33; John 7,18; John 8,26; Rom. 3,4)
  άληθής ‣ 3 + 3 = 6
    Adjective · feminine · singular · nominative ‣ **1** (John 21,24)
    Adjective · masculine · singular · nominative · noDegree ‣ 3 + 2 = **5** (Deut. 13,15; Neh. 7,2; Wis. 1,6; Matt. 22,16; Mark 12,14)

ἀληθοῦς ▸ 1
    Adjective • feminine • singular • genitive ▸ **1** (2Pet. 2,22)
crasis-ἀληθής ▸ 1
τἀληθὲς (τὸ + ἀληθὲς) ▸ 1
    Article • neuter • singular • accusative ▸ **1** (3Mac. 7,12)
ἀληθινός (α; λανθάνω) true, genuine ▸ 43 + 7 + 28 = 78
  ἀληθινά ▸ 3 + 1 = 4
    Adjective • neuter • plural • nominative • noDegree ▸ 3 + 1 = **4** (Psa. 18,10; Ode. 7,27; Dan. 3,27; Dan. 3,27)
  ἀληθινά ▸ 3 + 1 = 4
    Adjective • neuter • plural • nominative • noDegree ▸ 3 + 1 = **4** (Deut. 32,4; Ode. 2,4; Prov. 12,19; Dan. 4,37)
  ἀληθιναί ▸ 1 + 1 + 3 = 5
    Adjective • feminine • plural • nominative • noDegree ▸ 1 + 1 + 3 = **5** (Tob. 3,5; Tob. 3,5; Rev. 15,3; Rev. 16,7; Rev. 19,2)
  ἀληθιναί ▸ 1
    Adjective • feminine • plural • nominative • noDegree ▸ **1** (Dan. 3,27)
  ἀληθινή ▸ 1 + 1 = 2
    Adjective • feminine • singular • nominative • noDegree ▸ 1 + 1 = **2** (Is. 59,4; John 8,16)
  ἀληθινή ▸ 1 + 2 = 3
    Adjective • feminine • singular • nominative • noDegree ▸ 1 + 2 = **3** (Zech. 8,3; John 15,1; John 19,35)
  ἀληθινῇ ▸ 4 + 1 = 5
    Adjective • feminine • singular • dative • noDegree ▸ 4 + 1 = **5** (Ode. 7,31; Is. 38,3; Is. 65,2; Dan. 3,31; Dan. 3,31)
  ἀληθινήν ▸ 3
    Adjective • feminine • singular • accusative • noDegree ▸ **3** (Is. 25,1; Is. 57,18; Jer. 2,21)
  ἀληθινὴν ▸ 1
    Adjective • feminine • singular • accusative • noDegree ▸ **1** (Tob. 3,2)
  ἀληθινῆς ▸ 2
    Adjective • feminine • singular • genitive ▸ **2** (Heb. 8,2; Heb. 10,22)
  ἀληθινοί ▸ 2 + 2 = 4
    Adjective • masculine • plural • nominative • noDegree ▸ 2 + 2 = **4** (Job 4,7; Job 27,17; John 4,23; Rev. 19,9)
  ἀληθινοί ▸ 1 + 2 = 3
    Adjective • masculine • plural • nominative • noDegree ▸ 1 + 2 = **3** (2Sam. 7,28; Rev. 21,5; Rev. 22,6)
  ἀληθινόν ▸ 3 + 3 = 6
    Adjective • masculine • singular • accusative • noDegree ▸ 2 + 2 = **4** (Is. 65,16; Is. 65,16; John 6,32; 1John 5,20)
    Adjective • neuter • singular • nominative • noDegree ▸ 1 + 1 = **2** (1Kings 17,24; John 1,9)
  ἀληθινὸν ▸ 3 + 1 + 3 = 7
    Adjective • masculine • singular • accusative ▸ **1** (John 17,3)
    Adjective • neuter • singular • accusative ▸ **1** (Luke 16,11)
    Adjective • neuter • singular • nominative • noDegree ▸ 3 + 1 + 1 = **5** (Deut. 25,15; Deut. 25,15; Job 4,12; Dan. 2,45; 1John 2,8)
  ἀληθινός ▸ 7 + 4 = 11
    Adjective • masculine • singular • nominative • noDegree ▸ 7 + 3 = **10** (Num. 14,18; 3Mac. 2,11; Psa. 85,15; Job 1,1; Job 1,8; Job 2,3; Job 8,6; Rev. 3,7; Rev. 3,14; Rev. 19,11)
    Adjective • masculine • singular • vocative • (variant) ▸ **1** (Rev. 6,10)
  ἀληθινὸς ▸ 3 + 1 + 3 = 7
    Adjective • masculine • singular • nominative • noDegree ▸ 3 + 1 + 3 = **7** (Ex. 34,6; 1Esdr. 8,86; 3Mac. 6,18; Dan. 10,1; John 4,37; John 7,28; 1John 5,20)
  Ἀληθινὸς ▸ 2 + 1 = 3
    Adjective • masculine • singular • nominative • noDegree ▸ 2 + 1 = **3** (1Kings 10,6; 2Chr. 9,5; Dan. 6,13)
  ἀληθινοῦ ▸ 1
    Adjective • masculine • singular • genitive • noDegree ▸ **1** (Job 6,25)
  ἀληθινοὺς ▸ 1
    Adjective • masculine • plural • accusative • noDegree ▸ **1** (Job 17,8)
  ἀληθινῷ ▸ 1 + 2 = 3
    Adjective • masculine • singular • dative • noDegree ▸ 1 + 2 = **3** (2Chr. 15,3; 1Th. 1,9; 1John 5,20)
  ἀληθινῶν ▸ 1 + 1 = 2
    Adjective • masculine • plural • genitive • noDegree ▸ **1** (Job 8,21)
    Adjective • neuter • plural • genitive ▸ **1** (Heb. 9,24)
ἀληθινῶς (α; λανθάνω) truly, genuinely ▸ 5 + 2 = 7
  ἀληθινῶς ▸ 5 + 2 = 7
    Adverb ▸ 5 + 2 = **7** (Num. 24,3; Num. 24,15; Tob. 14,6; Sir. 41,27; Sir. 42,8; Tob. 3,5; Tob. 14,6)
ἀλήθω to grind ▸ 4 + 1 + 2 = 7
  ἀλήθουσαι ▸ 1 + 2 = 3
    Verb • present • active • participle • feminine • plural • nominative ▸ 1 + 2 = **3** (Eccl. 12,3; Matt. 24,41; Luke 17,35)
  ἀληθούσης ▸ 1
    Verb • present • active • participle • feminine • singular • genitive ▸ **1** (Eccl. 12,4)
  ἀλήθων ▸ 1 + 1 = 2
    Verb • present • active • participle • masculine • singular • nominative ▸ 1 + 1 = **2** (Judg. 16,21; Judg. 16,21)
  ἤληθον ▸ 1
    Verb • third • plural • imperfect • active • indicative ▸ **1** (Num. 11,8)
ἀληθῶς (α; λανθάνω) truly ▸ 18 + 2 + 18 = 38
  ἀληθῶς ▸ 14 + 1 + 18 = 33
    Adverb ▸ 14 + 1 + 18 = **33** (Gen. 18,13; Gen. 20,12; Ex. 33,16; Deut. 17,4; Ruth 3,12; 1Sam. 22,7; 1Kings 8,27; 2Chr. 6,18; 2Mac. 3,38; 2Mac. 12,12; 4Mac. 6,5; 4Mac. 11,23; Psa. 57,2; Jer. 28,13; Dan. 3,14; Matt. 14,33; Matt. 26,73; Matt. 27,54; Mark 14,70; Mark 15,39; Luke 9,27; Luke 12,44; Luke 21,3; John 1,47; John 4,42; John 6,14; John 7,26; John 7,40; John 8,31; John 17,8; Acts 12,11; 1Th. 2,13; 1John 2,5)
  Ἀληθῶς ▸ 4 + 1 = 5
    Adverb ▸ 4 + 1 = **5** (Josh. 7,20; 1Kings 18,39; 4Mac. 17,11; Jer. 35,6; Dan. 3,91)
ἄληκτος (α; λήγω) incessant, unceasing ▸ 1
  ἄληκτον ▸ 1
    Adjective • neuter • singular • nominative • noDegree ▸ **1** (3Mac. 4,2)
ἁλιάετος (ἅλας; ἀετός) osprey, sea-eagle ▸ 2
  ἁλιάετον ▸ 2
    Noun • masculine • singular • accusative • (common) ▸ **2** (Lev. 11,13; Deut. 14,12)
ἁλιεύς (ἅλας) fisherman ▸ 4 + 5 = 9
  ἁλεεῖς ▸ 3
    Noun • masculine • plural • accusative • (common) ▸ **1** (Jer. 16,16)
    Noun • masculine • plural • nominative • (common) ▸ **2** (Is. 19,8; Ezek. 47,10)
  ἁλιεῖς ▸ 5
    Noun • masculine • plural • accusative ▸ **2** (Matt. 4,18; Mark 1,16)
    Noun • masculine • plural • nominative ▸ **3** (Matt. 4,19; Mark 1,17; Luke 5,2)

ἁλιεύς–Αλιφαλεθ

ἁλιέων ▸ 1
    Noun · masculine · plural · genitive · (common) ▸ **1** (Job 40,31)

ἁλιεύω (ἅλας) to fish ▸ **1** + **1** = **2**
  ἁλιεύειν ▸ 1
    Verb · present · active · infinitive ▸ **1** (John 21,3)
  ἁλιεύσουσιν ▸ 1
    Verb · third · plural · future · active · indicative ▸ **1** (Jer. 16,16)

ἁλίζω (ἅλας) to salt ▸ **2** + **1** + **2** = **5**
  ἁλισθήσεται ▸ **1** + **2** = **3**
    Verb · third · singular · future · passive · indicative ▸ **1** + **2** = **3** (Lev. 2,13; Matt. 5,13; Mark 9,49)
  ἡλίσθης ▸ 1
    Verb · second · singular · aorist · passive · indicative ▸ **1** (Ezek. 16,4)
  ἡλισμένον ▸ 1
    Verb · perfect · passive · participle · neuter · singular · accusative ▸ **1** (Tob. 6,5)

Αλιηλ Eliel ▸ 1
  Αλιηλ ▸ 1
    Noun · masculine · singular · nominative · (proper) ▸ **1** (1Chr. 11,47)

Ἁλικαρνασσός Halicarnassus ▸ 1
  Ἁλικαρνασσὸν ▸ 1
    Noun · feminine · singular · accusative · (proper) ▸ **1** (1Mac. 15,23)

Αλιμαζονεῖς Alimazonians ▸ 1
  Αλιμαζονεῖς ▸ 1
    Noun · masculine · plural · nominative · (proper) ▸ **1** (2Chr. 22,1)

ἅλιμος (ἅλας) salty place, salty plant ▸ 3
  ἅλιμα ▸ 2
    Adjective · neuter · plural · accusative · noDegree ▸ **1** (Job 30,4)
    Adjective · neuter · plural · nominative · noDegree ▸ **1** (Job 30,4)
  ἁλίμοις ▸ 1
    Adjective · neuter · plural · dative · noDegree ▸ **1** (Jer. 17,6)

ἀλισγέω to pollute, contaminate ▸ **5** + **2** = **7**
  ἀλισγηθῇ ▸ **1** + **2** = **3**
    Verb · third · singular · aorist · passive · subjunctive ▸ **1** + **2** = **3** (Dan. 1,8; Dan. 1,8; Dan. 1,8)
  ἀλισγήσει ▸ 1
    Verb · third · singular · future · active · indicative ▸ **1** (Sir. 40,29)
  ἠλισγημένη ▸ 1
    Verb · perfect · passive · participle · feminine · singular · nominative ▸ **1** (Mal. 1,12)
  ἠλισγημένους ▸ 1
    Verb · perfect · passive · participle · masculine · plural · accusative ▸ **1** (Mal. 1,7)
  ἠλισγήσαμεν ▸ 1
    Verb · first · plural · aorist · passive · indicative ▸ **1** (Mal. 1,7)

ἀλίσγημα pollution ▸ 1
  ἀλισγημάτων ▸ 1
    Noun · neuter · plural · genitive ▸ **1** (Acts 15,20)

ἁλίσκομαι (αἱρέω) to be caught, convicted ▸ 35
  ἁλίσκεται ▸ 1
    Verb · third · singular · present · passive · indicative ▸ **1** (Prov. 6,2)
  ἁλίσκονται ▸ 2
    Verb · third · plural · present · passive · indicative ▸ **2** (Prov. 11,6; Prov. 28,12)
  ἁλόντες ▸ 1
    Verb · aorist · active · participle · masculine · plural · nominative ▸ **1** (Is. 22,3)
  ἁλοὺς ▸ 1
    Verb · aorist · active · participle · masculine · singular · nominative ▸ **1** (Ex. 22,8)
  ἁλῷ ▸ 6
    Verb · third · singular · aorist · active · subjunctive ▸ **6** (Deut. 24,7; Prov. 6,30; Prov. 6,31; Sir. 23,7; Is. 13,15; Jer. 2,26)
  ἁλῶναι ▸ 1
    Verb · aorist · active · infinitive ▸ **1** (Ezek. 40,1)
  ἁλῷς ▸ 1
    Verb · second · singular · aorist · active · subjunctive ▸ **1** (Sir. 9,4)
  ἁλώσεσθε ▸ 1
    Verb · second · plural · future · middle · indicative ▸ **1** (Ezek. 21,29)
  ἁλώσεται ▸ 8
    Verb · third · singular · future · middle · indicative ▸ **8** (Sir. 27,26; Sir. 31,7; Zech. 14,2; Is. 24,18; Is. 27,3; Is. 31,9; Jer. 27,9; Ezek. 17,20)
  ἁλώσῃ ▸ 1
    Verb · second · singular · future · middle · indicative ▸ **1** (Jer. 27,24)
  ἁλώσονται ▸ 4
    Verb · third · plural · future · middle · indicative ▸ **4** (Sir. 27,29; Is. 8,15; Is. 28,13; Is. 33,1)
  ἑάλω ▸ 1
    Verb · third · singular · aorist · active · indicative ▸ **1** (Jer. 28,41)
  Ἑάλω ▸ 1
    Verb · third · singular · aorist · active · indicative ▸ **1** (Ezek. 33,21)
  ἑάλωκεν ▸ 1
    Verb · third · singular · perfect · active · indicative ▸ **1** (Jer. 28,31)
  Ἑάλωκεν ▸ 1
    Verb · third · singular · perfect · active · indicative ▸ **1** (Jer. 27,2)
  ἑαλωκυίας ▸ 1
    Verb · perfect · active · participle · feminine · singular · genitive ▸ **1** (Is. 30,13)
  ἑάλως ▸ 1
    Verb · second · singular · aorist · active · indicative ▸ **1** (Is. 14,10)
  ἑάλωσαν ▸ 2
    Verb · third · plural · aorist · active · indicative ▸ **2** (Jer. 8,9; Jer. 28,56)

ἀλιτήριος (ἀλιταίνω) wretched, sinful ▸ 4
  ἀλιτηρίοις ▸ 1
    Noun · masculine · plural · dative · (common) ▸ **1** (2Mac. 14,42)
  ἀλιτήριον ▸ 1
    Adjective · masculine · singular · accusative · noDegree ▸ **1** (2Mac. 13,4)
  ἀλιτηρίους ▸ 1
    Adjective · masculine · plural · accusative · noDegree ▸ **1** (2Mac. 12,23)
  ἀλιτηρίων ▸ 1
    Adjective · masculine · plural · genitive · noDegree ▸ **1** (3Mac. 3,16)

Αλιφαλατ Eliphelet ▸ 1
  Αλιφαλατ ▸ 1
    Noun · masculine · singular · nominative · (proper) ▸ **1** (Ezra 8,13)

Αλιφαλεθ Eliphelet ▸ 1
  Αλιφαλεθ ▸ 1
    Noun · masculine · singular · nominative · (proper) ▸ **1** (2Sam. 23,34)

Ἀλκαθα Eltekeh ▸ 1
- Ἀλκαθα ▸ 1
  - **Noun** · singular · nominative · (proper) ▸ **1** (Josh. 19,44)

ἀλκή strength, force, vigor ▸ 4
- ἀλκὰς ▸ 1
  - **Noun** · feminine · plural · accusative · (common) ▸ **1** (2Mac. 12,28)
- ἀλκὴν ▸ 2
  - **Noun** · feminine · singular · accusative · (common) ▸ **2** (3Mac. 6,12; Dan. 11,4)
- ἀλκῆς ▸ 1
  - **Noun** · feminine · singular · genitive · (common) ▸ **1** (3Mac. 3,18)

Ἄλκιμος Alcimus ▸ 15
- Ἄλκιμον ▸ 4
  - **Noun** · masculine · singular · accusative · (proper) ▸ **4** (1Mac. 7,9; 1Mac. 7,12; 1Mac. 9,1; 2Mac. 14,13)
- Ἄλκιμος ▸ 10
  - **Noun** · masculine · singular · nominative · (proper) ▸ **10** (1Mac. 7,5; 1Mac. 7,21; 1Mac. 7,23; 1Mac. 7,25; 1Mac. 9,54; 1Mac. 9,55; 1Mac. 9,56; 1Mac. 9,57; 2Mac. 14,3; 2Mac. 14,26)
- Ἀλκίμῳ ▸ 1
  - **Noun** · masculine · singular · dative · (proper) ▸ **1** (1Mac. 7,20)

ἀλλά (ἄλλος) but, rather, on the contrary ▸ 557 + 26 + 638 = 1221
- ἀλλ' ▸ 259 + 17 + 345 = 621
  - **Conjunction** · coordinating · (adversative) ▸ 259 + 17 + 345 = **621** (Gen. 15,4; Gen. 17,5; Gen. 19,2; Gen. 20,12; Gen. 21,26; Gen. 24,38; Gen. 28,17; Gen. 35,10; Gen. 40,15; Gen. 42,34; Gen. 44,26; Gen. 45,1; Gen. 45,8; Gen. 47,18; Ex. 8,24; Ex. 9,2; Ex. 12,9; Ex. 16,8; Ex. 33,16; Lev. 21,2; Lev. 21,14; Lev. 27,21; Num. 13,28; Num. 14,23; Num. 14,30; Num. 16,30; Num. 18,15; Num. 23,13; Num. 26,37; Num. 31,23; Num. 35,33; Deut. 4,12; Deut. 4,26; Deut. 5,3; Deut. 7,5; Deut. 8,3; Deut. 10,12; Deut. 12,5; Deut. 12,14; Deut. 12,15; Deut. 12,18; Deut. 16,6; Deut. 20,17; Deut. 20,19; Deut. 29,19; Josh. 7,3; Josh. 11,20; Josh. 14,4; Josh. 17,3; Josh. 22,24; Josh. 22,27; Judg. 7,12; Judg. 7,14; Judg. 11,16; 1Sam. 2,10; 1Sam. 2,30; 1Sam. 8,7; 1Sam. 8,19; 1Sam. 10,19; 1Sam. 12,12; 1Sam. 14,30; 1Sam. 15,19; 1Sam. 17,43; 1Sam. 18,25; 1Sam. 21,5; 1Sam. 21,7; 1Sam. 29,9; 1Sam. 30,2; 1Sam. 30,17; 1Sam. 30,22; 2Sam. 10,3; 2Sam. 12,3; 2Sam. 13,33; 2Sam. 19,29; 2Sam. 21,2; 1Kings 3,11; 1Kings 8,19; 1Kings 17,12; 1Kings 18,18; 1Kings 20,29; 1Kings 22,8; 1Kings 22,18; 1Kings 22,31; 2Kings 4,2; 2Kings 5,15; 2Kings 5,17; 2Kings 10,23; 2Kings 13,7; 2Kings 14,6; 2Kings 17,36; 2Kings 17,39; 2Kings 19,18; 2Kings 20,10; 2Kings 23,23; 1Chr. 2,34; 1Chr. 15,2; 1Chr. 22,12; 1Chr. 23,22; 1Chr. 29,1; 2Chr. 2,5; 2Chr. 15,17; 2Chr. 18,17; 2Chr. 18,30; 2Chr. 19,3; 2Chr. 19,6; 2Chr. 20,12; 2Chr. 20,15; 2Chr. 21,17; 2Chr. 25,2; 2Chr. 25,4; 2Chr. 26,18; 2Chr. 27,2; 2Chr. 28,22; 2Chr. 29,34; 2Chr. 35,22; Ezra 5,13; Neh. 1,11; Esth. 5,12; Judith 1,11; Judith 6,3; Judith 7,10; Judith 8,23; Judith 8,27; Judith 8,29; Judith 11,4; Judith 12,2; Judith 13,14; Judith 13,20; Judith 15,2; Tob. 5,15; Tob. 8,7; 1Mac. 3,19; 1Mac. 5,46; 1Mac. 9,6; 1Mac. 9,9; 1Mac. 10,38; 2Mac. 5,19; 2Mac. 6,13; 2Mac. 10,4; 3Mac. 1,11; 4Mac. 1,6; 4Mac. 5,28; 4Mac. 7,18; 4Mac. 9,22; 4Mac. 12,14; 4Mac. 13,27; 4Mac. 14,9; 4Mac. 14,20; 4Mac. 15,11; 4Mac. 16,13; Psa. 1,2; Psa. 1,4; Psa. 43,4; Psa. 51,9; Psa. 113,9; Psa. 113,26; Psa. 118,85; Psa. 132,1; Ode. 3,10; Ode. 7,39; Ode. 12,8; Prov. 25,10; Prov. 27,4; Prov. 29,19; Eccl. 5,10; Job 4,16; Job 5,3; Job 6,3; Job 6,5; Job 6,25; Job 13,3; Job 14,4; Job 14,22; Job 18,19; Job 33,30; Job 38,11; Wis. 13,2; Wis. 13,6; Wis. 14,31; Wis. 15,7; Wis. 15,9; Wis. 15,9; Wis. 15,12; Wis. 16,18; Wis. 18,20; Wis. 19,15; Sir. 22,14; Sir. 24,34; Sir. 25,10; Sir. 33,1; Sir. 37,1; Sir. 37,7; Sir. 37,12; Sir. 38,9; Sir. 38,33; Sir. 44,10; Sol. 2,24; Sol. 5,7; Sol. 5,12; Hos. 1,6; Hos. 7,14; Amos 7,14; Mic. 6,8; Zech. 4,6; Zech. 8,12; Mal. 2,15; Is. 5,25; Is. 7,8; Is. 7,8; Is. 9,11; Is. 9,16; Is. 9,20; Is. 10,4; Is. 29,23; Is. 30,16; Is. 42,19; Is. 42,19; Is. 49,15; Is. 55,9; Is. 60,19; Is. 62,9; Is. 63,9; Is. 65,2; Is. 65,18; Is. 66,2; Jer. 2,34; Jer. 3,10; Jer. 7,23; Jer. 7,24; Jer. 7,32; Jer. 9,13; Jer. 9,23; Jer. 19,6; Jer. 20,3; Jer. 22,12; Jer. 22,17; Jer. 33,15; Jer. 38,30; Jer. 45,4; Jer. 45,6; Jer. 50,3; Jer. 51,14; LetterJ 26; Ezek. 5,7; Ezek. 14,16; Ezek. 36,22; Ezek. 39,10; Ezek. 44,10; Ezek. 44,22; Ezek. 44,25; Ezek. 46,9; Dan. 2,28; Dan. 2,30; Dan. 3,39; Dan. 3,95; Dan. 6,6; Dan. 6,8; Dan. 10,21; Sus. 57; Judg. 15,13; Tob. 5,10; Tob. 6,15; Tob. 8,7; Tob. 8,20; Dan. 2,11; Dan. 2,28; Dan. 2,30; Dan. 3,39; Dan. 3,95; Dan. 6,8; Dan. 6,13; Dan. 9,18; Dan. 10,7; Dan. 10,21; Dan. 10,21; Sus. 57; Matt. 4,4; Matt. 5,15; Matt. 5,39; Matt. 7,21; Matt. 8,4; Matt. 9,12; Matt. 9,13; Matt. 9,18; Matt. 16,12; Matt. 16,17; Matt. 17,12; Matt. 18,22; Matt. 18,30; Matt. 19,11; Matt. 20,23; Matt. 20,26; Matt. 22,30; Matt. 24,6; Matt. 26,39; Mark 1,44; Mark 1,45; Mark 2,17; Mark 2,17; Mark 2,22; Mark 3,27; Mark 3,29; Mark 4,22; Mark 6,9; Mark 6,52; Mark 7,19; Mark 7,25; Mark 9,22; Mark 10,27; Mark 10,40; Mark 10,43; Mark 11,32; Mark 12,14; Mark 12,25; Mark 13,7; Mark 13,11; Mark 14,29; Mark 14,36; Mark 14,49; Mark 16,7; Luke 5,14; Luke 5,31; Luke 5,32; Luke 5,38; Luke 7,7; Luke 8,16; Luke 8,27; Luke 11,33; Luke 11,42; Luke 12,51; Luke 13,3; Luke 13,5; Luke 14,10; Luke 14,13; Luke 16,30; Luke 17,8; Luke 18,13; Luke 20,21; Luke 21,9; Luke 22,26; Luke 22,53; Luke 23,15; Luke 24,6; John 1,8; John 1,13; John 1,31; John 1,33; John 3,8; John 3,16; John 3,17; John 3,28; John 3,36; John 4,2; John 4,23; John 5,42; John 6,26; John 6,32; John 6,39; John 6,64; John 7,10; John 7,22; John 7,28; John 7,44; John 7,49; John 8,12; John 8,16; John 8,26; John 8,42; John 8,55; John 9,3; John 9,9; John 9,31; John 10,1; John 10,8; John 10,18; John 10,26; John 11,4; John 11,15; John 11,30; John 11,51; John 11,52; John 11,54; John 12,6; John 12,9; John 12,16; John 12,44; John 12,47; John 12,49; John 13,10; John 13,10; John 13,18; John 14,31; John 15,16; John 15,19; John 15,25; John 16,2; John 16,6; John 16,7; John 16,12; John 16,13; John 16,20; John 17,15; John 19,21; John 19,34; John 21,8; John 21,23; Acts 4,17; Acts 4,32; Acts 5,13; Acts 7,39; Acts 7,48; Acts 9,6; Acts 10,20; Acts 10,35; Acts 13,25; Acts 15,20; Acts 16,37; Acts 18,21; Acts 19,2; Acts 20,24; Acts 26,16; Acts 26,25; Rom. 1,21; Rom. 2,13; Rom. 2,29; Rom. 2,29; Rom. 4,2; Rom. 4,10; Rom. 4,20; Rom. 5,14; Rom. 6,14; Rom. 6,15; Rom. 7,13; Rom. 7,15; Rom. 7,17; Rom. 7,19; Rom. 7,20; Rom. 8,9; Rom. 8,15; Rom. 8,26; Rom. 8,32; Rom. 8,37; Rom. 9,7; Rom. 9,12; Rom. 9,32; Rom. 10,2; Rom. 11,18; Rom. 12,20; Rom. 13,14; 1Cor. 1,17; 1Cor. 2,4; 1Cor. 2,5; 1Cor. 2,13; 1Cor. 3,1; 1Cor. 3,2; 1Cor. 3,6; 1Cor. 3,7; 1Cor. 4,3; 1Cor. 4,4; 1Cor. 4,14; 1Cor. 4,15; 1Cor. 4,20; 1Cor. 5,8; 1Cor. 6,6; 1Cor. 6,8; 1Cor. 6,11; 1Cor. 6,11; 1Cor. 6,11; 1Cor. 6,12; 1Cor. 6,12; 1Cor. 7,4; 1Cor. 7,4; 1Cor. 7,7; 1Cor. 7,10; 1Cor. 7,21; 1Cor. 8,6; 1Cor. 9,12; 1Cor. 9,21; 1Cor. 9,27; 1Cor. 10,20; 1Cor. 10,23; 1Cor. 10,23; 1Cor. 11,17; 1Cor. 14,17; 1Cor. 14,19; 1Cor. 14,33; 1Cor. 14,34; 1Cor. 15,10; 1Cor. 15,39; 1Cor. 15,40; 1Cor. 15,46; 2Cor. 1,9; 2Cor. 1,9; 2Cor. 1,12; 2Cor. 1,13; 2Cor. 2,5; 2Cor. 2,13; 2Cor. 2,17; 2Cor. 2,17; 2Cor. 3,3; 2Cor. 3,5; 2Cor. 3,14; 2Cor. 3,15; 2Cor. 4,2; 2Cor. 4,5; 2Cor. 4,8; 2Cor. 4,8; 2Cor. 4,9; 2Cor. 4,9; 2Cor. 4,16; 2Cor. 4,16; 2Cor. 5,4; 2Cor. 5,12; 2Cor. 6,4; 2Cor. 7,5; 2Cor. 7,6; 2Cor. 7,9; 2Cor. 7,11; 2Cor. 7,11; 2Cor. 7,11; 2Cor. 7,11; 2Cor. 7,12; 2Cor. 7,14; 2Cor. 8,5; 2Cor. 8,13; 2Cor. 10,12; 2Cor. 10,18; 2Cor. 11,6; 2Cor. 11,6; 2Cor. 11,17; 2Cor. 12,14; 2Cor. 12,14; 2Cor. 12,16; 2Cor. 13,7; 2Cor. 13,8; Gal. 1,17; Gal. 2,3; Gal. 2,14; Gal. 3,12; Gal.

ἀλλά

3,16; Gal. 4,2; Gal. 4,7; Gal. 4,14; Gal. 4,17; Gal. 4,23; Gal. 4,29; Eph. 2,19; Eph. 4,29; Eph. 5,15; Eph. 5,24; Eph. 5,27; Eph. 5,29; Eph. 6,4; Eph. 6,6; Phil. 1,20; Phil. 2,7; Phil. 2,27; Phil. 4,6; Phil. 4,17; Col. 3,22; 1Th. 1,8; 1Th. 2,7; 1Th. 4,7; 1Th. 5,9; 2Th. 2,12; 2Th. 3,8; 2Th. 3,9; 1Tim. 1,13; 1Tim. 2,10; 1Tim. 2,12; 1Tim. 3,3; 1Tim. 5,23; 1Tim. 6,17; 2Tim. 1,12; 2Tim. 2,9; 2Tim. 2,24; 2Tim. 3,9; Philem. 16; Heb. 3,16; Heb. 4,2; Heb. 5,5; Heb. 9,24; Heb. 10,3; James 1,26; James 3,15; 1Pet. 1,23; 1Pet. 2,16; 1Pet. 2,20; 1Pet. 2,25; 1Pet. 3,4; 1Pet. 3,14; 1Pet. 5,2; 2Pet. 1,16; 2Pet. 1,21; 2Pet. 2,5; 1John 2,7; 1John 2,16; 1John 2,19; 1John 2,19; 1John 2,21; 1John 2,27; 1John 3,18; 1John 4,10; 1John 4,18; 1John 5,6; 1John 5,18; 2John 5; 2John 12; 3John 9; 3John 13; Jude 6; Jude 9; Rev. 2,4; Rev. 2,14; Rev. 2,20; Rev. 3,4; Rev. 9,5; Rev. 10,7; Rev. 10,9; Rev. 17,12; Rev. 20,6)

Ἀλλ' ▸ **1** + **13** = **14**

   Conjunction · coordinating · (adversative) ▸ **1** + **13** = **14** (Gen. 34,31; Mark 13,24; Luke 6,27; John 6,36; Rom. 5,15; Rom. 10,16; 1Cor. 8,7; 1Cor. 10,5; 1Cor. 12,24; 1Cor. 15,35; 2Cor. 8,7; Phil. 2,17; Phil. 3,7; James 2,18)

ἀλλά ▸ **3** + **2** = **5**

   Conjunction · coordinating · (adversative) ▸ **3** + **2** = **5** (4Mac. 3,11; Jer. 16,15; Jer. 23,8; Luke 24,21; 1Cor. 9,2)

ἀλλά ▸ **290** + **9** + **276** = **575**

   Conjunction · coordinating ▸ **290** + **9** + **276** = **575** (Gen. 17,15; Gen. 18,15; Gen. 21,23; Gen. 24,4; Gen. 32,29; Gen. 38,23; Gen. 40,14; Gen. 40,23; Gen. 42,12; Gen. 47,30; Gen. 48,19; Gen. 48,19; Ex. 16,20; Ex. 21,13; Ex. 23,5; Ex. 23,24; Ex. 32,18; Lev. 11,21; Lev. 26,15; Lev. 26,23; Lev. 27,29; Num. 10,30; Num. 13,30; Num. 13,33; Num. 14,9; Num. 14,14; Num. 14,21; Num. 20,19; Num. 22,20; Num. 36,9; Deut. 1,28; Deut. 7,8; Deut. 9,4; Deut. 9,5; Deut. 20,20; Deut. 21,17; Deut. 21,23; Deut. 28,65; Deut. 29,14; Josh. 1,18; Josh. 3,4; Josh. 6,18; Josh. 11,13; Josh. 11,22; Josh. 13,6; Josh. 22,5; Josh. 22,28; Josh. 23,8; Josh. 24,18; Josh. 24,21; Judg. 2,2; Judg. 15,7; Judg. 15,13; Judg. 18,9; Judg. 19,28; 1Sam. 1,23; 1Sam. 6,3; 1Sam. 6,9; 1Sam. 15,30; 1Sam. 20,3; 2Sam. 16,18; 2Sam. 24,24; 1Kings 3,22; 1Kings 3,23; 1Kings 17,13; 2Kings 20,15; 2Chr. 1,4; 2Chr. 16,12; 2Chr. 17,4; 2Chr. 20,33; 2Chr. 30,11; 2Chr. 30,18; 2Chr. 32,25; 1Esdr. 1,26; 1Esdr. 1,27; 1Esdr. 1,50; 1Esdr. 2,15; 1Esdr. 2,16; 1Esdr. 4,6; 1Esdr. 4,39; 1Esdr. 8,77; 1Esdr. 9,11; Ezra 10,13; Neh. 9,29; Esth. 1,16; Esth. 13,14 # 4,17e; Esth. 14,8 # 4,17o; Esth. 14,11 # 4,17q; Esth. 16,4 # 8,12d; Esth. 16,24 # 8,12x; Judith 2,13; Judith 6,4; Judith 7,25; Judith 8,30; Judith 9,11; Judith 10,16; Judith 11,2; Judith 11,7; Judith 11,10; Judith 16,6; Tob. 4,14; Tob. 4,19; Tob. 5,2; Tob. 5,19; Tob. 7,11; Tob. 8,16; Tob. 10,9; Tob. 12,13; Tob. 12,18; Tob. 12,19; 1Mac. 4,18; 1Mac. 5,42; 1Mac. 6,25; 1Mac. 10,56; 1Mac. 11,42; 1Mac. 13,46; 1Mac. 15,27; 1Mac. 15,33; 2Mac. 1,20; 2Mac. 4,14; 2Mac. 4,17; 2Mac. 5,19; 2Mac. 6,12; 2Mac. 6,26; 2Mac. 6,31; 2Mac. 7,24; 2Mac. 7,29; 2Mac. 8,15; 2Mac. 9,22; 2Mac. 11,24; 3Mac. 1,29; 3Mac. 2,16; 3Mac. 2,26; 3Mac. 3,1; 3Mac. 3,23; 3Mac. 5,50; 3Mac. 6,15; 3Mac. 7,9; 3Mac. 7,10; 4Mac. 1,4; 4Mac. 1,6; 4Mac. 1,11; 4Mac. 1,12; 4Mac. 2,4; 4Mac. 2,17; 4Mac. 3,1; 4Mac. 3,2; 4Mac. 3,3; 4Mac. 3,4; 4Mac. 3,5; 4Mac. 4,20; 4Mac. 4,24; 4Mac. 5,27; 4Mac. 6,6; 4Mac. 6,35; 4Mac. 7,19; 4Mac. 8,5; 4Mac. 8,15; 4Mac. 8,27; 4Mac. 9,10; 4Mac. 9,15; 4Mac. 10,13; 4Mac. 11,6; 4Mac. 11,27; 4Mac. 13,3; 4Mac. 14,1; 4Mac. 14,5; 4Mac. 14,9; 4Mac. 15,9; 4Mac. 15,12; 4Mac. 15,23; 4Mac. 15,28; 4Mac. 16,2; 4Mac. 16,4; 4Mac. 17,20; 4Mac. 18,2; 4Mac. 18,3; Psa. 117,17; Psa. 130,2; Ode. 5,18; Ode. 7,42; Ode. 10,7; Prov. 1,25; Prov. 4,13; Prov. 9,18a; Prov. 20,20 # 20,9c; Prov. 23,17; Prov. 23,31; Prov. 24,8; Prov. 25,10a; Prov. 26,5; Job 1,11; Job 1,12; Job 2,5; Job 2,9e; Job 3,7; Job 3,8; Job 5,7; Job 5,8; Job 9,23; Job 9,35; Job 10,7; Job 11,5; Job 12,6; Job 12,7; Job 17,10; Job 21,17; Job 22,7; Job 24,23; Job 27,7; Job 27,11; Job 32,8; Job 32,21; Job 33,1; Job 34,11; Job 34,36; Job 36,10; Job 36,21; Job 40,7; Job 40,15; Wis. 6,22; Wis. 8,16; Wis. 10,8; Wis. 10,13; Wis. 11,19; Wis. 11,20; Wis. 12,8; Wis. 14,22; Wis. 16,7; Wis. 16,12; Wis. 16,26; Wis. 18,22; Sir. 1,5 Prol.; Sir. 1,24 Prol.; Sir. 12,2; Sir. 33,18; Sir. 38,34; Amos 8,11; Mal. 2,9; Mal. 2,16; Is. 3,13; Is. 5,7; Is. 5,24; Is. 7,17; Is. 8,6; Is. 9,9; Is. 9,19; Is. 10,7; Is. 10,16; Is. 10,20; Is. 11,4; Is. 23,18; Is. 26,18; Is. 28,27; Is. 30,5; Is. 30,6; Is. 30,10; Is. 32,3; Is. 35,9; Is. 37,19; Is. 37,34; Is. 39,4; Is. 41,18; Is. 42,3; Is. 43,17; Is. 43,24; Is. 44,9; Is. 45,18; Is. 48,6; Is. 49,10; Is. 50,7; Is. 53,3; Is. 58,6; Is. 59,2; Is. 60,18; Is. 63,16; Jer. 2,20; Jer. 2,33; Jer. 2,35; Jer. 15,17; Jer. 41,4; Bar. 2,18; Bar. 3,5; Bar. 3,32; LetterJ 50; Ezek. 18,11; Dan. 3,42; Dan. 6,13; Dan. 9,18; Sus. 52; Judg. 2,2; Judg. 7,12; Tob. 3,10; Tob. 5,19; Tob. 8,16; Tob. 12,18; Tob. 12,19; Dan. 3,42; Bel 5; Matt. 5,17; Matt. 6,13; Matt. 6,18; Matt. 8,8; Matt. 9,17; Matt. 9,24; Matt. 10,20; Matt. 10,34; Matt. 11,8; Matt. 11,9; Matt. 13,21; Matt. 15,11; Matt. 16,23; Matt. 19,6; Matt. 20,28; Matt. 21,21; Matt. 22,32; Matt. 27,24; Mark 3,26; Mark 4,17; Mark 5,19; Mark 5,26; Mark 5,39; Mark 7,5; Mark 7,15; Mark 8,33; Mark 9,8; Mark 9,13; Mark 9,37; Mark 10,8; Mark 10,45; Mark 11,23; Mark 12,27; Mark 13,11; Mark 13,20; Mark 14,28; Mark 14,36; Luke 1,60; Luke 7,25; Luke 7,26; Luke 8,52; Luke 12,7; Luke 16,21; Luke 20,38; Luke 22,36; Luke 22,42; Luke 24,22; John 4,14; John 5,18; John 5,22; John 5,24; John 5,30; John 5,34; John 6,9; John 6,22; John 6,27; John 6,38; John 7,12; John 7,16; John 7,24; John 7,27; John 8,28; John 8,37; John 8,49; John 10,5; John 10,33; John 11,11; John 11,22; John 11,42; John 12,27; John 12,30; John 12,42; John 13,9; John 14,24; John 15,21; John 16,4; John 16,25; John 16,33; John 17,9; John 17,20; John 18,28; John 18,40; John 19,24; John 20,7; John 20,27; Acts 1,4; Acts 1,8; Acts 2,16; Acts 5,4; Acts 10,41; Acts 15,11; Acts 18,9; Acts 19,26; Acts 19,27; Acts 21,13; Acts 21,24; Acts 26,20; Acts 26,29; Acts 27,10; Rom. 1,32; Rom. 3,27; Rom. 3,31; Rom. 4,4; Rom. 4,12; Rom. 4,13; Rom. 4,16; Rom. 4,24; Rom. 5,3; Rom. 5,11; Rom. 6,5; Rom. 6,13; Rom. 7,7; Rom. 8,4; Rom. 8,20; Rom. 8,23; Rom. 9,8; Rom. 9,10; Rom. 9,16; Rom. 9,24; Rom. 10,8; Rom. 10,18; Rom. 10,19; Rom. 11,4; Rom. 11,11; Rom. 11,20; Rom. 12,2; Rom. 12,3; Rom. 12,16; Rom. 12,19; Rom. 12,21; Rom. 13,3; Rom. 13,5; Rom. 14,13; Rom. 14,17; Rom. 14,20; Rom. 15,3; Rom. 15,21; Rom. 16,4; Rom. 16,18; 1Cor. 1,27; 1Cor. 2,7; 1Cor. 2,9; 1Cor. 2,12; 1Cor. 4,19; 1Cor. 6,13; 1Cor. 7,19; 1Cor. 7,35; 1Cor. 9,12; 1Cor. 10,13; 1Cor. 10,24; 1Cor. 10,29; 1Cor. 10,33; 1Cor. 11,8; 1Cor. 11,9; 1Cor. 12,14; 1Cor. 12,22; 1Cor. 12,25; 1Cor. 14,2; 1Cor. 14,20; 1Cor. 14,22; 1Cor. 14,22; 1Cor. 15,10; 1Cor. 15,37; 1Cor. 15,46; 2Cor. 1,19; 2Cor. 1,24; 2Cor. 2,4; 2Cor. 3,3; 2Cor. 3,6; 2Cor. 4,2; 2Cor. 4,18; 2Cor. 5,15; 2Cor. 5,16; 2Cor. 7,7; 2Cor. 7,11; 2Cor. 7,11; 2Cor. 8,8; 2Cor. 8,10; 2Cor. 8,19; 2Cor. 8,21; 2Cor. 9,12; 2Cor. 10,4; 2Cor. 10,13; 2Cor. 11,1; 2Cor. 13,3; 2Cor. 13,4; 2Cor. 13,4; Gal. 1,1; Gal. 1,8; Gal. 1,12; Gal. 2,7; Gal. 3,22; Gal. 4,30; Gal. 4,31; Gal. 5,6; Gal. 5,13; Gal. 6,13; Gal. 6,15; Eph. 1,21; Eph. 5,4; Eph. 5,17; Eph. 5,18; Eph. 6,12; Phil. 1,29; Phil. 2,3; Phil. 2,4; Phil. 2,12; Phil. 2,27; Phil. 3,8; Phil. 3,9; Col. 2,5; Col. 3,11; 1Th. 1,5; 1Th. 2,2; 1Th. 2,4; 1Th. 2,4; 1Th. 2,8; 1Th. 2,13; 1Th. 4,8; 1Th. 5,6; 1Th. 5,15; 2Th. 3,11; 2Th. 3,15; 1Tim. 1,16; 1Tim. 4,12; 1Tim. 5,1; 1Tim. 5,13; 1Tim. 6,2; 1Tim. 6,4; 2Tim. 1,7; 2Tim. 1,8; 2Tim. 1,9; 2Tim. 1,17; 2Tim. 2,20; 2Tim. 4,3; 2Tim. 4,8; 2Tim. 4,16; Titus 1,8; Titus 1,15; Titus 2,10; Titus 3,5; Philem. 14; Heb. 2,16; Heb. 3,13; Heb. 5,4; Heb. 7,16; Heb. 10,25; Heb. 10,39; Heb. 11,13; Heb. 12,11; Heb. 12,22; Heb. 12,26; Heb. 13,14; James 1,25; James 4,11; 1Pet. 1,15; 1Pet. 1,19;

1Pet. 2,18; 1Pet. 3,16; 1Pet. 3,21; 1Pet. 4,2; 1Pet. 4,13; 1Pet. 5,2; 1Pet. 5,3; 2Pet. 2,4; 2Pet. 3,9; 2Pet. 3,9; 1John 2,2; 1John 4,1; 2John 1; 2John 8; 3John 11; Rev. 2,6; Rev. 2,9; Rev. 2,9; Rev. 3,9)

Ἀλλά ▸ 4 + 2 = 6

    Conjunction · coordinating ▸ 4 + 2 = 6 (Ex. 10,25; 1Sam. 16,6; 1Sam. 21,6; 4Mac. 16,12; Gal. 4,8; Phil. 1,18)

ἀλλαγή (ἄλλος) alteration, change ▸ 1

ἀλλαγάς ▸ 1

    Noun · feminine · plural · accusative · (common) ▸ 1 (Wis. 7,18)

ἄλλαγμα (ἄλλος) change, exchange, ransom, price ▸ 12

ἄλλαγμα ▸ 5

    Noun · neuter · singular · accusative · (common) ▸ 2 (Deut. 23,19; Is. 43,3)

    Noun · neuter · singular · nominative · (common) ▸ 3 (Lev. 27,10; Lev. 27,33; Job 28,17)

ἀλλάγμασιν ▸ 2

    Noun · neuter · plural · dative · (common) ▸ 2 (Psa. 43,13; Sir. 2,4)

ἀλλάγματα ▸ 1

    Noun · neuter · plural · accusative · (common) ▸ 1 (Amos 5,12)

ἀλλάγματι ▸ 3

    Noun · neuter · singular · dative · (common) ▸ 3 (2Sam. 24,24; 1Kings 10,28; Lam. 5,4)

ἀλλάγματος ▸ 1

    Noun · neuter · singular · genitive · (common) ▸ 1 (Sol. 17,6)

ἀλλάσσω (ἄλλος) to change, exchange, follow in order ▸ 37 + 4 + 6 = 47

ἀλλαγῇ ▸ 1

    Verb · third · singular · aorist · passive · subjunctive ▸ 1 (Wis. 12,10)

ἀλλαγησόμεθα ▸ 2

    Verb · first · plural · future · passive · indicative ▸ 2 (1Cor. 15,51; 1Cor. 15,52)

ἀλλαγήσονται ▸ 1 + 3 + 1 = 5

    Verb · third · plural · future · passive · indicative ▸ 1 + 3 + 1 = 5 (Psa. 101,27; Dan. 4,16; Dan. 4,25; Dan. 4,32; Heb. 1,12)

ἀλλάξαι ▸ 2 + 1 = 3

    Verb · aorist · active · infinitive ▸ 2 + 1 = 3 (Ezra 6,12; 1Mac. 1,49; Gal. 4,20)

ἀλλάξατε ▸ 1

    Verb · second · plural · aorist · active · imperative ▸ 1 (Gen. 35,2)

ἀλλάξει ▸ 3 + 1 = 4

    Verb · third · singular · future · active · indicative ▸ 3 + 1 = 4 (Lev. 27,10; Lev. 27,27; Ezra 6,11; Acts 6,14)

ἀλλάξεις ▸ 3

    Verb · second · singular · future · active · indicative ▸ 3 (Ex. 13,13; Lev. 27,33; Psa. 101,27)

ἀλλάξεται ▸ 1

    Verb · third · singular · future · middle · indicative ▸ 1 (Jer. 13,23)

ἀλλάξῃ ▸ 2

    Verb · third · singular · aorist · active · subjunctive ▸ 2 (Lev. 27,10; Wis. 4,11)

ἀλλάξῃς ▸ 4

    Verb · second · singular · aorist · active · subjunctive ▸ 4 (Ex. 13,13; Lev. 27,33; Sir. 7,18; Sir. 33,21)

ἀλλάξομέν ▸ 1

    Verb · first · plural · future · active · indicative ▸ 1 (1Kings 21,25)

ἀλλάξονται ▸ 1

    Verb · third · plural · future · middle · indicative ▸ 1 (Jer. 2,11)

ἀλλάξουσιν ▸ 2

    Verb · third · plural · future · active · indicative ▸ 2 (Is. 40,31; Is. 41,1)

ἀλλασσομένας ▸ 3 + 1 = 4

    Verb · present · middle · participle · feminine · plural · accusative ▸ 3 + 1 = 4 (2Kings 5,5; 2Kings 5,22; 2Kings 5,23; Judg. 14,13)

ἀλλασσόμενοι ▸ 1

    Verb · present · middle · participle · masculine · plural · nominative ▸ 1 (1Kings 5,28)

ἀλλασσομένων ▸ 1

    Verb · present · middle · participle · masculine · plural · genitive ▸ 1 (3Mac. 1,29)

ἀλλάσσων ▸ 2

    Verb · present · active · participle · masculine · singular · nominative ▸ 2 (Lev. 27,10; Lev. 27,33)

ἤλλαξαν ▸ 3 + 1 = 4

    Verb · third · plural · aorist · active · indicative ▸ 3 + 1 = 4 (Gen. 41,14; Neh. 9,26; Is. 24,5; Rom. 1,23)

ἠλλάξαντο ▸ 1

    Verb · third · plural · aorist · middle · indicative ▸ 1 (Psa. 105,20)

ἠλλάξατο ▸ 1

    Verb · third · singular · aorist · middle · indicative ▸ 1 (Jer. 2,11)

ἤλλαξεν ▸ 3

    Verb · third · singular · aorist · active · indicative ▸ 3 (Gen. 31,7; 2Sam. 12,20; Jer. 52,33)

ἀλλαχῇ (ἄλλος) elsewhere, in another place ▸ 2

ἀλλαχῇ ▸ 2

    Adverb ▸ 2 (2Mac. 12,22; Wis. 18,18)

ἀλλαχόθεν (ἄλλος; θεν) from elsewhere; some other way ▸ 1 + 1 = 2

ἀλλαχόθεν ▸ 1 + 1 = 2

    Adverb · (place) ▸ 1 + 1 = 2 (4Mac. 1,7; John 10,1)

ἀλλαχοῦ (ἄλλος) elsewhere ▸ 1

ἀλλαχοῦ ▸ 1

    Adverb · (place) ▸ 1 (Mark 1,38)

ἀλληγορέω (ἄλλος; ἀγορά) to speak allegorically, figuratively ▸ 1

ἀλληγορούμενα ▸ 1

    Verb · present · passive · participle · neuter · plural · nominative · (variant) ▸ 1 (Gal. 4,24)

Αλληλ Jahleel ▸ 1

Αλληλ ▸ 1

    Noun · masculine · singular · dative · (proper) ▸ 1 (Num. 26,22)

Αλληλι Jahleelite ▸ 1

Αλληλι ▸ 1

    Noun · masculine · singular · nominative · (proper) ▸ 1 (Num. 26,22)

αλληλουια hallelujah (Heb. praise Yah[weh]) ▸ 23 + 1 = 24

Αλληλουια ▸ 21 + 1 = 22

    Noun · or · Interjection · (Hebr.) ▸ 21 + 1 = 22 (Tob. 13,18; Psa. 104,1; Psa. 105,1; Psa. 106,1; Psa. 110,1; Psa. 111,1; Psa. 112,1; Psa. 113,1; Psa. 114,1; Psa. 115,1; Psa. 116,1; Psa. 117,1; Psa. 118,1; Psa. 134,1; Psa. 135,1; Psa. 145,1; Psa. 146,1; Psa. 147,1; Psa. 148,1; Psa. 149,1; Psa. 150,1; Tob. 13,18)

αλληλουια ▸ 2

    Noun · or · Interjection · (Hebr.) ▸ 2 (3Mac. 7,13; Psa. 150,6)

ἁλληλουϊά hallelujah (Heb. praise Yah[weh]) ▸ 4

ἁλληλουϊά ▸ 4

    Noun · or · Interjection · (Hebr.) ▸ 4 (Rev. 19,1; Rev. 19,3; Rev. 19,4; Rev. 19,6)

ἀλλήλων (ἄλλος) one another ▸ 42 + 7 + 100 = 149

ἄλληλα ▸ 2
Pronoun · (reciprocal) · neuter · plural · accusative ▸ 2 (Ex. 25,20; Ex. 36,12)

ἀλλήλαις ▸ 1
Pronoun · (reciprocal) · feminine · plural · dative ▸ 1 (Ex. 26,5)

ἀλλήλας ▸ 2
Pronoun · (reciprocal) · feminine · plural · accusative ▸ 2 (Ezek. 1,11; Ezek. 37,17)

ἀλλήλοις ▸ 11 + 3 + 13 = 27
Pronoun · (reciprocal) · masculine · plural · dative ▸ 11 + 3 + 11 = 25 (Gen. 15,10; Ex. 14,20; Ex. 38,15; 2Chr. 25,21; 1Mac. 4,34; Prov. 22,2; Prov. 29,13; Dan. 2,43; Sus. 37; Sus. 38; Sus. 58; Sus. 10; Sus. 54; Sus. 58; Mark 9,50; John 13,35; Acts 19,38; Rom. 1,12; Rom. 15,5; Gal. 5,13; Gal. 5,26; Eph. 5,21; James 5,16; 1Pet. 5,5; Rev. 11,10)
Pronoun · (reciprocal) · neuter · plural · dative ▸ 2 (Luke 7,32; Gal. 5,17)

ἀλλήλους ▸ 20 + 1 + 67 = 88
Pronoun · (reciprocal) · masculine · plural · accusative ▸ 20 + 1 + 67 = 88 (Gen. 42,28; Ex. 4,27; Ex. 18,7; 2Chr. 20,23; Tob. 5,10; 1Mac. 7,29; 1Mac. 10,56; 1Mac. 11,6; 2Mac. 7,5; 2Mac. 14,26; 3Mac. 5,49; 4Mac. 13,8; 4Mac. 13,13; 4Mac. 13,23; 4Mac. 13,25; Job 1,4; Job 4,11; Dan. 6,5; Sus. 12; Sus. 13-14; Sus. 14; Matt. 24,10; Matt. 24,10; Mark 4,41; Mark 8,16; Mark 9,34; Mark 15,31; Luke 2,15; Luke 4,36; Luke 6,11; Luke 8,25; Luke 12,1; Luke 20,14; Luke 24,14; Luke 24,17; Luke 24,32; John 4,33; John 6,52; John 13,22; John 13,34; John 13,34; John 15,12; John 15,17; John 16,17; John 19,24; Acts 4,15; Acts 7,26; Acts 21,6; Acts 26,31; Acts 28,4; Acts 28,25; Rom. 1,27; Rom. 12,10; Rom. 12,10; Rom. 12,16; Rom. 13,8; Rom. 14,13; Rom. 14,19; Rom. 15,7; Rom. 15,14; Rom. 16,16; 1Cor. 7,5; 1Cor. 11,33; 1Cor. 16,20; 2Cor. 13,12; Gal. 5,15; Gal. 5,26; Eph. 4,32; Phil. 2,3; Col. 3,9; 1Th. 3,12; 1Th. 4,9; 1Th. 4,18; 1Th. 5,11; 1Th. 5,15; 2Th. 1,3; Titus 3,3; Heb. 10,24; 1Pet. 1,22; 1Pet. 4,9; 1Pet. 5,14; 1John 3,11; 1John 3,23; 1John 4,7; 1John 4,11; 1John 4,12; 2John 5; Rev. 6,4)

ἀλλήλων ▸ 6 + 3 + 19 = 28
Pronoun · (reciprocal) · feminine · plural · genitive ▸ 2 (Ex. 26,3; Amos 4,3)
Pronoun · (reciprocal) · masculine · plural · genitive ▸ 4 + 2 + 18 = 24 (Wis. 18,23; Sol. 4,9; Is. 34,15; Sus. 51; Sus. 13; Sus. 51; Matt. 25,32; Luke 23,12; John 5,44; John 6,43; John 11,56; John 13,14; John 16,19; Acts 15,39; Rom. 2,15; Rom. 12,5; Gal. 5,15; Eph. 4,2; Eph. 4,25; Col. 3,13; James 4,11; James 5,9; James 5,16; 1John 1,7)
Pronoun · (reciprocal) · neuter · plural · genitive ▸ 1 + 1 = 2 (Dan. 7,3; 1Cor. 12,25)

Ἀλλήλων ▸ 1
Pronoun · (reciprocal) · masculine · plural · genitive ▸ 1 (Gal. 6,2)

ἀλλογενής (ἄλλος; γίνομαι) stranger, foreigner, alien ▸ 47 + 1 = 48

ἀλλογενεῖ ▸ 2
Adjective · masculine · singular · dative · noDegree ▸ 2 (Ex. 30,33; Lev. 22,12)

ἀλλογενεῖς ▸ 16
Adjective · feminine · plural · accusative · noDegree ▸ 6 (1Esdr. 8,89; 1Esdr. 9,7; 1Esdr. 9,12; 1Esdr. 9,17; 1Esdr. 9,18; 1Esdr. 9,36)
Adjective · masculine · plural · accusative · noDegree ▸ 2 (1Mac. 3,36; Ezek. 44,7)
Adjective · masculine · plural · nominative · noDegree ▸ 8 (1Mac. 10,12; Joel 4,17; Zech. 9,6; Mal. 3,19; Is. 60,10; Is. 61,5; Jer. 28,51; Jer. 49,17)

ἀλλογενέσι ▸ 1
Adjective · masculine · plural · dative · noDegree ▸ 1 (Is. 56,6)

ἀλλογενῆ ▸ 2
Adjective · neuter · plural · accusative · noDegree ▸ 2 (1Esdr. 8,66; 1Esdr. 8,67)

ἀλλογενής ▸ 1
Adjective · masculine · singular · nominative · noDegree ▸ 1 (Num. 17,5)

ἀλλογενής ▸ 15 + 1 = 16
Adjective · masculine · singular · nominative · noDegree ▸ 15 + 1 = 16 (Ex. 12,43; Ex. 29,33; Lev. 22,10; Lev. 22,13; Num. 1,51; Num. 3,10; Num. 3,38; Num. 18,4; Num. 18,7; Job 15,19; Job 19,15; Sir. 45,13; Sol. 17,28; Is. 56,3; Ezek. 44,9; Luke 17,18)

ἀλλογενοῦς ▸ 1
Adjective · feminine · singular · genitive · noDegree ▸ 1 (Lev. 22,25)

ἀλλογενῶν ▸ 9
Adjective · feminine · plural · genitive · noDegree ▸ 1 (1Esdr. 9,9)
Adjective · masculine · plural · genitive · noDegree ▸ 7 (1Esdr. 8,80; 1Esdr. 8,90; Judith 9,2; 1Mac. 3,45; Obad. 11; Ezek. 44,9; Dan. 1,10)
Adjective · neuter · plural · genitive · noDegree ▸ 1 (Gen. 17,27)

ἀλλόγλωσσος (ἄλλος; γλῶσσα) of another language, race, foreigner ▸ 2

ἀλλόγλωσσον ▸ 1
Adjective · neuter · singular · accusative · noDegree ▸ 1 (Bar. 4,15)

ἀλλογλώσσους ▸ 1
Adjective · masculine · plural · accusative · noDegree ▸ 1 (Ezek. 3,6)

ἀλλοεθνής (ἄλλος; ἔθνος) of another race, foreigner ▸ 1

ἀλλοεθνέσιν ▸ 1
Adjective · masculine · plural · dative · noDegree ▸ 1 (3Mac. 4,6)

ἄλλοθεν (ἄλλος; θεν) from elsewhere ▸ 1

ἄλλοθεν ▸ 1
Adverb ▸ 1 (Esth. 4,14)

ἀλλοιόω (ἄλλος) to change, alter, reject, alienate ▸ 37 + 13 = 50

ἀλλοιοῖ ▸ 5 + 1 = 6
Verb · third · singular · present · active · indicative ▸ 5 + 1 = 6 (Sir. 13,25; Sir. 25,17; Sir. 40,5; Dan. 2,21; Dan. 4,37; Dan. 2,21)

ἀλλοιούσθω ▸ 1
Verb · third · singular · present · passive · imperative ▸ 1 (Dan. 5,10)

ἀλλοιοῦται ▸ 1
Verb · third · singular · present · passive · indicative ▸ 1 (Sir. 27,11)

ἀλλοιωθείσης ▸ 1
Verb · aorist · passive · participle · feminine · singular · genitive ▸ 1 (Dan. 4,19)

ἀλλοιωθῇ ▸ 2 + 2 = 4
Verb · third · singular · aorist · passive · subjunctive ▸ 2 + 2 = 4 (Dan. 2,9; Dan. 4,16; Dan. 6,9; Dan. 6,18)

ἀλλοιωθήσεται ▸ 1 + 1 = 2
Verb · third · singular · future · passive · indicative ▸ 1 + 1 = 2 (Lam. 4,1; Dan. 4,16)

ἀλλοιωθησομένοις ▸ 1
Verb · future · passive · participle · neuter · plural · dative ▸ 1 (Psa. 59,1)

ἀλλοιωθησομένων ▸ 3
    Verb · future · passive · participle · neuter · plural · genitive ▸ 3 (Psa. 44,1; Psa. 68,1; Psa. 79,1)
ἀλλοιωθῶσιν ▸ 1
    Verb · third · plural · aorist · passive · subjunctive ▸ 1 (Dan. 4,23)
ἀλλοιῶσαι ▸ 3 + 1 = 4
    Verb · aorist · active · infinitive ▸ 3 + 1 = **4** (Sir. 38,27; Dan. 4,37a; Dan. 7,25; Dan. 7,25)
ἀλλοιώσει ▸ 1
    Verb · third · singular · future · active · indicative ▸ **1** (Sir. 12,18)
ἀλλοιώσῃ ▸ 1
    Verb · third · singular · aorist · active · subjunctive ▸ **1** (Dan. 6,9)
ἀλλοιώσῃς ▸ 1
    Verb · second · singular · aorist · active · subjunctive ▸ **1** (Dan. 6,13a)
ἀλλοίωσον ▸ 1
    Verb · second · singular · aorist · active · imperative ▸ **1** (Sir. 36,5)
ἠλλοιώθη ▸ 6 + 5 = 11
    Verb · third · singular · aorist · passive · indicative ▸ 6 + 5 = **11** (1Mac. 1,26; 1Mac. 11,12; Psa. 108,24; Dan. 3,19; Dan. 4,33b; Dan. 5,6; Dan. 3,19; Dan. 3,94; Dan. 5,6; Dan. 5,9; Dan. 7,28)
ἠλλοιώθησαν ▸ 2
    Verb · third · plural · aorist · passive · indicative ▸ **2** (Psa. 72,21; Dan. 3,94)
ἠλλοίωμαι ▸ 1
    Verb · first · singular · perfect · passive · indicative ▸ **1** (Mal. 3,6)
ἠλλοιωμένον ▸ 1
    Verb · perfect · passive · participle · neuter · singular · nominative ▸ **1** (Judith 10,7)
ἠλλοίωσαν ▸ 1
    Verb · third · plural · aorist · active · indicative ▸ **1** (Dan. 3,95)
ἠλλοίωσεν ▸ 6
    Verb · third · singular · aorist · active · indicative ▸ **6** (1Sam. 21,14; 2Kings 25,29; Psa. 33,1; Sir. 33,8; Sir. 33,11; Dan. 4,37a)
ἀλλοίωσις (ἄλλος)   an alteration, change ▸ 3
    ἀλλοιώσει ▸ 1
        Noun · feminine · singular · dative · (common) ▸ **1** (Sir. 43,8)
    ἀλλοιώσεως ▸ 1
        Noun · feminine · singular · genitive · (common) ▸ **1** (Sir. 37,17)
    ἀλλοίωσις ▸ 1
        Noun · feminine · singular · nominative · (common) ▸ **1** (Psa. 76,11)
ἅλλομαι   to leap, jump up ▸ 7 + 3 + 3 = 13
    ἁλεῖται ▸ 1
        Verb · third · singular · future · middle · indicative ▸ **1** (Is. 35,6)
    ἁλλομένοις ▸ 1
        Verb · present · middle · participle · neuter · plural · dative ▸ **1** (Job 41,17)
    ἁλλόμενος ▸ 1
        Verb · present · middle · participle · masculine · singular · nominative ▸ **1** (Acts 3,8)
    ἁλλομένου ▸ 1
        Verb · present · middle · participle · neuter · singular · genitive ▸ **1** (John 4,14)
    ἁλλομένους ▸ 1
        Verb · present · middle · participle · neuter · plural · accusative ▸ **1** (1Sam. 10,2)
    ἁλοῦνται ▸ 1
        Verb · third · plural · future · middle · indicative ▸ **1** (Wis. 5,21)
    ἥλατο ▸ 2 + 3 + 1 = 6
        Verb · third · singular · aorist · middle · indicative ▸ 2 + 3 + 1 = **6** (1Sam. 10,10; Wis. 18,15; Judg. 14,6; Judg. 14,19; Judg. 15,14; Acts 14,10)
    ἡλλόμην ▸ 1
        Verb · first · singular · imperfect · middle · indicative ▸ **1** (Job 6,10)

ἄλλος   other, another, otherwise ▸ 106 + 2 + 155 = 263
    ἄλλα ▸ 9 + 16 = 25
        Adjective · neuter · plural · accusative · noDegree · (intensive) ▸ **8** (1Esdr. 4,5; 1Esdr. 4,52; 1Mac. 11,27; 1Mac. 11,35; 1Mac. 15,5; 1Mac. 15,31; Sir. 14,18; Dan. 7,20)
        Adjective · neuter · plural · accusative · (demonstrative) ▸ **8** (Matt. 25,16; Matt. 25,17; Matt. 25,20; Matt. 25,20; Matt. 25,22; John 10,16; John 20,30; 2Cor. 1,13)
        Adjective · neuter · plural · nominative · noDegree · (intensive) ▸ **1** (1Esdr. 2,10)
        Adjective · neuter · plural · nominative · (demonstrative) ▸ **8** (Matt. 13,5; Matt. 13,7; Matt. 13,8; Mark 4,8; Mark 4,36; Mark 7,4; John 6,23; John 21,25)
    ἄλλαι ▸ 1 + 1 = 2
        Adjective · feminine · plural · nominative · (demonstrative) ▸ **1** (Mark 15,41)
        Pronoun · (indefinite) · feminine · plural · nominative ▸ **1** (Gen. 41,3)
    ἄλλας ▸ 1 + 1 = 2
        Adjective · feminine · plural · accusative · (demonstrative) ▸ 1 + 1 = **2** (2Chr. 30,23; 2Cor. 11,8)
    ἄλλη ▸ 4 + 12 = 16
        Adjective · feminine · singular · nominative · (demonstrative) ▸ 4 + 12 = **16** (1Sam. 14,5; 1Esdr. 8,22; Dan. 2,39; Dan. 2,41; Matt. 12,13; Matt. 26,71; Matt. 27,61; Matt. 28,1; Mark 12,31; 1Cor. 15,39; 1Cor. 15,39; 1Cor. 15,39; 1Cor. 15,39; 1Cor. 15,41; 1Cor. 15,41; 1Cor. 15,41)
    ἄλλῃ ▸ 3
        Adjective · feminine · singular · dative · (demonstrative) ▸ **3** (2Sam. 18,20; 1Kings 13,10; 1Kings 18,6)
    ἄλλην ▸ 8 + 5 = 13
        Adjective · feminine · singular · accusative · (demonstrative) ▸ 8 + 5 = **13** (Ex. 21,10; Ex. 33,5; Lev. 6,4; 1Sam. 10,9; 2Kings 7,8; 1Mac. 5,37; 2Mac. 12,21; Dan. 2,44; Matt. 5,39; Matt. 19,9; Mark 10,11; Luke 6,29; Rev. 18,4)
    Ἄλλην ▸ 4
        Adjective · feminine · singular · accusative · (demonstrative) ▸ **4** (Matt. 13,24; Matt. 13,31; Matt. 13,33; Matt. 21,33)
    ἄλλης ▸ 3 + 3 = 6
        Adjective · feminine · singular · genitive · (demonstrative) ▸ 3 + 3 = **6** (1Mac. 10,38; 2Mac. 4,8; 4Mac. 13,22; Matt. 2,12; 1Cor. 10,29; Heb. 4,8)
    ἄλλο ▸ 11 + 1 + 12 = 24
        Adjective · neuter · singular · accusative · (demonstrative) ▸ 6 + 6 = **12** (2Kings 9,35; 2Chr. 32,5; Mal. 2,15; LetterJ 45; Dan. 2,44; Dan. 7,6; Acts 19,32; Acts 21,34; Gal. 5,10; Rev. 2,24; Rev. 13,11; Rev. 15,1)
        Adjective · neuter · singular · nominative · (demonstrative) ▸ 5 + 1 + 6 = **12** (2Sam. 7,23; 1Mac. 13,39; Dan. 4,10; Dan. 7,5; Dan. 7,8; Tob. 8,21; Mark 4,5; Mark 4,7; John 6,22; Gal. 1,7; Rev. 12,3; Rev. 20,12)
    ἄλλοι ▸ 9 + 27 = 36
        Adjective · masculine · plural · nominative · (demonstrative) ▸ 9 + 27 = **36** (Gen. 41,6; Gen. 41,23; 4Mac. 3,9; Job 15,28; Job 31,8; Is. 49,12; Is. 65,22; Is. 65,22; Bar. 3,19;

ἄλλος–ἀλλότριος

Matt. 16,14; Matt. 21,8; Mark 4,18; Mark 6,15; Mark 6,15; Mark 8,28; Mark 8,28; Mark 11,8; Luke 9,19; Luke 9,19; John 4,38; John 7,12; John 7,41; John 9,9; John 9,9; John 9,16; John 10,21; John 12,29; John 18,34; John 20,25; John 21,2; John 21,8; Acts 19,32; Acts 21,34; 1Cor. 9,12; 1Cor. 14,29; Heb. 11,35)

ἄλλοις ▸ 6 + 6 = 12
  Adjective · masculine · plural · dative
    · (demonstrative) ▸ 5 + 6 = 11 (1Esdr. 2,12; 2Mac. 11,27; Prov. 5,9; Wis. 2,15; Sir. 14,4; Matt. 21,41; Mark 12,9; Luke 20,16; 1Cor. 9,2; 1Cor. 9,27; 2Cor. 8,13)
  Adjective · neuter · plural · dative
    · (demonstrative) ▸ 1 (1Esdr. 2,4)

ἄλλον ▸ 15 + 17 = 32
  Adjective · masculine · singular · accusative
    · (demonstrative) ▸ 14 + 17 = 31 (Ex. 4,13; Num. 23,13; Num. 23,27; 1Sam. 10,6; 1Kings 18,23; 1Kings 20,2; 1Kings 20,6; 1Kings 21,37; 2Kings 1,11; Ode. 5,13; Prov. 7,1a; Job 37,23; Is. 26,13; Ezek. 19,5; Mark 10,12; Mark 12,4; Mark 12,5; Mark 14,58; Luke 7,19; Luke 7,20; John 14,16; John 20,2; Acts 2,12; 1Cor. 1,16; 1Cor. 3,11; 2Cor. 11,4; James 5,12; Rev. 7,2; Rev. 10,1; Rev. 14,6; Rev. 18,1)
  Adjective · neuter · singular · nominative
    · (demonstrative) ▸ 1 (Job 8,19)

ἄλλος ▸ 14 + 1 + 25 = 40
  Adjective · masculine · singular · nominative
    · (demonstrative) ▸ 14 + 1 + 25 = 40 (Gen. 19,12; Ex. 8,6; Ex. 9,14; Judith 9,14; 2Mac. 12,22; Job 1,18; Job 19,27; Wis. 18,18; Mal. 2,15; Is. 43,10; Is. 45,21; Is. 45,22; Dan. 7,24; Bel 41; Bel 41; Mark 12,32; Luke 22,59; John 4,37; John 4,37; John 5,7; John 5,32; John 5,43; John 15,24; John 18,15; John 18,16; John 20,3; John 20,4; John 20,8; John 21,18; Acts 2,12; 1Cor. 3,10; Phil. 3,4; Rev. 6,4; Rev. 8,3; Rev. 14,8; Rev. 14,9; Rev. 14,15; Rev. 14,17; Rev. 14,18; Rev. 17,10)

ἄλλου ▸ 2 + 1 = 3
  Adjective · masculine · singular · genitive
    · (demonstrative) ▸ 1 + 1 = 2 (1Esdr. 5,22; John 19,32)
  Adjective · neuter · singular · genitive
    · (demonstrative) ▸ 1 (Dan. 7,20)

ἄλλους ▸ 7 + 12 = 19
  Adjective · masculine · plural · accusative
    · (demonstrative) ▸ 7 + 12 = 19 (Josh. 4,9; 1Sam. 9,24; 2Mac. 7,39; 2Mac. 11,7; 4Mac. 8,2; Job 12,5; Dan. 1,13; Matt. 4,21; Matt. 20,3; Matt. 20,6; Matt. 21,36; Matt. 22,4; Matt. 27,42; Mark 12,5; Mark 15,31; Luke 23,35; John 19,18; Acts 15,2; 1Cor. 14,19)

ἄλλῳ ▸ 1 + 10 = 11
  Adjective · masculine · singular · dative
    · (demonstrative) ▸ 10 (Matt. 8,9; Luke 7,8; Acts 4,12; 1Cor. 12,8; 1Cor. 12,9; 1Cor. 12,10; 1Cor. 12,10; 1Cor. 12,10; 1Cor. 12,10; 1Cor. 14,30)
  Adjective · neuter · singular · dative
    · (demonstrative) ▸ 1 (1Sam. 14,4)

ἄλλων ▸ 11 + 3 = 14
  Adjective · feminine · plural · genitive
    · (demonstrative) ▸ 1 (Sus. 6)
  Adjective · masculine · plural · genitive
    · (demonstrative) ▸ 4 + 3 = 7 (2Mac. 5,16; 2Mac. 5,23; Sir. 1,2 Prol.; Dan. 1,15; Luke 5,29; Luke 9,8; 1Th. 2,6)
  Adjective · neuter · plural · genitive
    · (demonstrative) ▸ 6 (1Esdr. 5,49; 2Mac. 4,35; 2Mac. 6,14; 2Mac. 13,6; Wis. 15,18; Sir. 1,10 Prol.)

crasis-ἄλλος ▸ 1
τἆλλα (τὰ + ἄλλα) ▸ 1
  Article · neuter · plural · accusative ▸ 1 (1Esdr. 6,4)

ἄλλοτε (ἄλλος; τε)   at another time; otherwise ▸ 1
  ἄλλοτε ▸ 1
    Adverb ▸ 1 (2Mac. 13,10)

ἀλλοτριεπίσκοπος (ἄλλος; ἐπί; σκοπός)   busybody ▸ 1
  ἀλλοτριεπίσκοπος ▸ 1
    Noun · masculine · singular · nominative ▸ 1 (1Pet. 4,15)

ἀλλότριος (ἄλλος)   strange, foreign, stranger, belonging to another ▸ 161 + 3 + 14 = 178
  ἀλλότρια ▸ 8
    Adjective · neuter · plural · accusative
      · (demonstrative) ▸ 6 (2Kings 19,24; 2Mac. 14,26; Prov. 27,13; Sir. 36,2; Hos. 8,12; Zeph. 1,8)
    Adjective · neuter · plural · nominative
      · (demonstrative) ▸ 2 (Sol. 2,2; Hos. 5,7)
  ἀλλοτρία ▸ 4
    Adjective · feminine · singular · nominative
      · (demonstrative) ▸ 4 (1Mac. 1,38; Sol. 17,13; Is. 28,21; Jer. 2,21)
  ἀλλοτρίᾳ ▸ 4 + 1 = 5
    Adjective · feminine · singular · dative
      · (demonstrative) ▸ 4 + 1 = 5 (Ex. 2,22; Ex. 18,3; 1Mac. 6,13; Bar. 3,10; Acts 7,6)
  ἀλλότριαι ▸ 3
    Adjective · feminine · plural · nominative
      · (demonstrative) ▸ 3 (Gen. 31,15; 1Kings 11,4; Neh. 13,26)
  ἀλλοτρίαις ▸ 1 + 1 = 2
    Adjective · feminine · plural · dative
      · (demonstrative) ▸ 1 + 1 = 2 (1Kings 11,7; 1Tim. 5,22)
  ἀλλοτρίαν ▸ 6 + 1 + 1 = 8
    Adjective · feminine · singular · accusative
      · (demonstrative) ▸ 6 + 1 + 1 = 8 (Tob. 4,12; 1Mac. 15,33; Prov. 5,20; Prov. 23,33; Sir. 40,29; Sol. 9,1; Judg. 19,12; Heb. 11,9)
  ἀλλοτρίας ▸ 13
    Adjective · feminine · plural · accusative
      · (demonstrative) ▸ 3 (1Kings 11,1; Ezra 10,44; Neh. 13,27)
    Adjective · feminine · singular · genitive
      · (demonstrative) ▸ 10 (Ezra 10,2; Ezra 10,10; Ezra 10,14; Ezra 10,17; Ezra 10,18; Psa. 136,4; Prov. 6,24; Prov. 7,5; Prov. 9,18c; Prov. 26,17)
  ἀλλότριοι ▸ 15
    Adjective · masculine · plural · nominative
      · (demonstrative) ▸ 15 (2Sam. 22,45; 2Sam. 22,46; Psa. 17,45; Psa. 17,46; Psa. 53,5; Psa. 108,11; Prov. 5,10; Job 17,3; Sir. 45,18; Hos. 7,9; Hos. 8,7; Obad. 11; Is. 1,7; Is. 62,8; Ezek. 31,12)
  ἀλλοτρίοις ▸ 19 + 1 = 20
    Adjective · masculine · plural · dative
      · (demonstrative) ▸ 15 + 1 = 16 (Deut. 32,16; 2Chr. 28,25; 2Chr. 34,25; Psa. 48,11; Ode. 2,16; Sir. 29,22; Jer. 1,16; Jer. 5,19; Jer. 5,19; Jer. 7,18; Jer. 19,4; Jer. 19,13; Jer. 22,9; Jer. 37,8; Lam. 5,2; 2Cor. 10,15)
    Adjective · neuter · plural · dative
      · (demonstrative) ▸ 4 (Sir. 21,8; Sir. 29,18; Sir. 40,29; Jer. 8,19)
  ἀλλότριον ▸ 17 + 2 = 19
    Adjective · masculine · singular · accusative
      · (demonstrative) ▸ 8 + 2 = 10 (Deut. 15,3; Deut. 17,15; 2Mac. 4,21; Psa. 43,21; Prov. 2,16; Prov. 9,18b; Sir. 11,34; Sol. 17,7; Rom. 14,4; Rom. 15,20)
    Adjective · neuter · singular · accusative
      · (demonstrative) ▸ 8 (Lev. 10,1; Lev. 16,1; Num. 3,4; Num. 17,2; Num. 26,61; Prov. 9,18b; Wis. 12,15; Sir. 9,8)

Adjective · neuter · singular · nominative
· (demonstrative) ▸ **1** (Prov. 23,27)

ἀλλότριος ▸ **12**
Adjective · masculine · singular · nominative
· (demonstrative) ▸ **12** (Deut. 29,21; Deut. 32,12; 1Kings 8,43; 2Chr. 6,32; 2Chr. 6,33; Esth. 16,10 # 8,12k; Ode. 2,12; Prov. 5,17; Prov. 23,27; Prov. 27,2; Sir. 32,18; Is. 43,12)

ἀλλοτρίου ▸ **9 + 1 = 10**
Adjective · masculine · singular · genitive
· (demonstrative) ▸ **8 + 1 = 9** (Gen. 17,12; Judg. 19,12; Neh. 9,2; Esth. 14,15 # 4,17u; Sir. 8,18; Sir. 23,22; Sir. 23,23; Dan. 11,39; Dan. 11,39)
Adjective · neuter · singular · genitive
· (demonstrative) ▸ **1** (Prov. 9,18c)

ἀλλοτρίους ▸ **17 + 1 = 18**
Adjective · masculine · plural · accusative
· (demonstrative) ▸ **17 + 1 = 18** (Gen. 35,2; Gen. 35,4; Deut. 31,18; Deut. 31,20; Josh. 24,14; Josh. 24,23; Judg. 10,16; 1Sam. 7,3; 2Chr. 33,15; Job 19,13; Wis. 19,15; Hos. 3,1; Mal. 2,11; Mal. 3,15; Jer. 2,25; Jer. 3,13; Ezek. 28,7; Judg. 10,16)

ἀλλοτρίῳ ▸ **7 + 4 = 11**
Adjective · masculine · singular · dative
· (demonstrative) ▸ **4 + 2 = 6** (Deut. 14,21; Deut. 23,21; 1Kings 8,41; Psa. 80,10; John 10,5; 2Cor. 10,16)
Adjective · neuter · singular · dative
· (demonstrative) ▸ **3 + 2 = 5** (Ex. 21,8; Sir. 49,5; Bar. 4,3; Luke 16,12; Heb. 9,25)

ἀλλοτρίων ▸ **26 + 4 = 30**
Adjective · feminine · plural · genitive
· (demonstrative) ▸ **1** (Ezra 10,11)
Adjective · masculine · plural · genitive
· (demonstrative) ▸ **23 + 4 = 27** (Deut. 31,16; 1Kings 9,9; 2Chr. 14,2; 1Mac. 1,38; 1Mac. 2,7; 1Mac. 15,33; Psa. 18,14; Psa. 143,7; Psa. 143,11; Prov. 5,10; Sir. 21,25; Obad. 12; Is. 1,7; Jer. 7,6; Jer. 7,9; Jer. 11,10; Jer. 13,10; Jer. 16,11; Jer. 25,6; Ezek. 7,21; Ezek. 11,9; Ezek. 28,10; Ezek. 30,12; Matt. 17,25; Matt. 17,26; John 10,5; Heb. 11,34)
Adjective · neuter · plural · genitive
· (demonstrative) ▸ **2** (1Mac. 1,44; Sir. 39,4)

ἀλλοτριότης (ἄλλος) being a stranger, foreigner ▸ **1**
ἀλλοτριότητι ▸ **1**
Noun · feminine · singular · dative · (common) ▸ **1** (Sol. 17,13)

ἀλλοτριόω (ἄλλος) to estrange ▸ **5**
ἀλλοτριωθήσεται ▸ **1**
Verb · third · singular · future · passive · indicative ▸ **1** (1Esdr. 9,4)
ἠλοτριοῦντο ▸ **1**
Verb · third · plural · imperfect · middle · indicative ▸ **1** (1Mac. 6,24)
ἠλοτριοῦτο ▸ **2**
Verb · third · singular · imperfect · middle · indicative ▸ **2** (Gen. 42,7; 1Mac. 15,27)
ἠλοτριώθη ▸ **1**
Verb · third · singular · aorist · passive · indicative ▸ **1** (1Mac. 11,53)

ἀλλοτρίως (ἄλλος) strangely, hostilely ▸ **1**
ἀλλοτρίως ▸ **1**
Adverb ▸ **1** (Is. 28,21)

ἀλλοτρίωσις (ἄλλος) alienation, estrangement ▸ **2**
ἀλλοτριώσεως ▸ **1**
Noun · feminine · singular · genitive · (common) ▸ **1** (Neh. 13,30)
ἀλλοτρίωσιν ▸ **1**
Noun · feminine · singular · accusative · (common) ▸ **1** (Jer. 17,17)

ἀλλοφυλέω (ἄλλος; φύω) to adopt foreign customs, become pagans ▸ **1**
ἀλλοφυλῆσαι ▸ **1**
Verb · aorist · active · infinitive ▸ **1** (4Mac. 18,5)

ἀλλοφυλισμός (ἄλλος; φύω) foreign custom, ceremony ▸ **2**
ἀλλοφυλισμόν ▸ **1**
Noun · masculine · singular · accusative · (common) ▸ **1** (2Mac. 6,24)
ἀλλοφυλισμοῦ ▸ **1**
Noun · masculine · singular · genitive · (common) ▸ **1** (2Mac. 4,13)

ἀλλόφυλος (ἄλλος; φύω) foreign, Philistine ▸ **287 + 30 + 1 = 318**
ἀλλόφυλα ▸ **1**
Adjective · neuter · plural · nominative · noDegree ▸ **1** (Is. 2,6)
ἀλλόφυλοι ▸ **83 + 8 = 91**
Adjective · masculine · plural · nominative · noDegree ▸ **82 + 8 = 90** (Judg. 10,11; Judg. 14,4; Judg. 15,6; Judg. 15,6; Judg. 15,9; Judg. 15,10; Judg. 15,11; Judg. 15,14; Judg. 16,12; Judg. 16,14; Judg. 16,20; Judg. 16,21; 1Sam. 4,1; 1Sam. 4,1; 1Sam. 4,2; 1Sam. 4,6; 1Sam. 4,6; 1Sam. 4,7; 1Sam. 5,1; 1Sam. 5,2; 1Sam. 6,2; 1Sam. 6,10; 1Sam. 6,17; 1Sam. 6,21; 1Sam. 7,7; 1Sam. 7,10; 1Sam. 7,14; 1Sam. 13,3; 1Sam. 13,5; 1Sam. 13,11; 1Sam. 13,12; 1Sam. 13,16; 1Sam. 13,19; 1Sam. 14,11; 1Sam. 14,22; 1Sam. 14,46; 1Sam. 17,1; 1Sam. 17,3; 1Sam. 17,51; 1Sam. 23,1; 1Sam. 23,27; 1Sam. 28,1; 1Sam. 28,4; 1Sam. 28,15; 1Sam. 29,1; 1Sam. 29,11; 1Sam. 31,1; 1Sam. 31,2; 1Sam. 31,2; 1Sam. 31,7; 1Sam. 31,8; 1Sam. 31,11; 2Sam. 5,17; 2Sam. 5,17; 2Sam. 5,18; 2Sam. 5,22; 2Sam. 21,12; 2Sam. 21,12; 2Sam. 23,11; 1Chr. 10,1; 1Chr. 10,2; 1Chr. 10,2; 1Chr. 10,7; 1Chr. 10,8; 1Chr. 10,11; 1Chr. 11,13; 1Chr. 14,8; 1Chr. 14,8; 1Chr. 14,9; 1Chr. 14,13; 2Chr. 28,18; 1Mac. 4,12; 3Mac. 3,6; Psa. 55,1; Psa. 59,10; Psa. 82,8; Psa. 86,4; Psa. 107,10; Is. 14,29; Is. 14,31; Is. 61,5; Ezek. 25,15; Judg. 14,4; Judg. 15,6; Judg. 15,6; Judg. 15,9; Judg. 15,10; Judg. 15,11; Judg. 15,14; Judg. 16,21)
Adjective · masculine · plural · vocative · noDegree ▸ **1** (1Sam. 4,9)
Ἀλλόφυλοι ▸ **1 + 4 = 5**
Adjective · masculine · plural · nominative · noDegree ▸ **1 + 4 = 5** (Judg. 16,9; Judg. 16,9; Judg. 16,12; Judg. 16,14; Judg. 16,20)
ἀλλοφύλοις ▸ **11 + 1 = 12**
Adjective · masculine · plural · dative · noDegree ▸ **11 + 1 = 12** (1Sam. 13,4; 1Sam. 14,30; 1Sam. 18,27; 1Sam. 23,2; 1Sam. 23,5; 2Sam. 21,15; 2Sam. 23,9; 2Sam. 23,10; 2Chr. 26,6; 4Mac. 3,7; LetterJ 4; Judg. 16,28)
ἀλλόφυλον ▸ **8**
Adjective · masculine · singular · accusative · noDegree ▸ **8** (1Sam. 13,3; 1Sam. 13,4; 1Sam. 17,33; 1Sam. 17,40; 1Sam. 17,45; 1Sam. 17,49; 1Sam. 19,5; 2Sam. 21,17)
ἀλλόφυλος ▸ **8**
Adjective · masculine · singular · nominative · noDegree ▸ **8** (1Sam. 10,5; 1Sam. 17,8; 1Sam. 17,10; 1Sam. 17,36; 1Sam. 17,43; 1Sam. 17,43; 1Sam. 17,44; 1Sam. 17,48)
ἀλλοφύλου ▸ **6**
Adjective · masculine · singular · genitive · noDegree ▸ **6** (1Sam. 17,11; 1Sam. 17,32; 1Sam. 17,37; 1Sam. 17,54; 1Sam. 21,10; 1Sam. 22,10)
ἀλλοφύλους ▸ **31 + 1 = 32**
Adjective · masculine · plural · accusative · noDegree ▸ **31 + 1**

άλλόφυλος–άλόγιστος

= 32 (Ex. 34,15; Judg. 3,31; 1Sam. 7,10; 1Sam. 7,11; 1Sam. 7,13; 1Sam. 7,13; 1Sam. 14,47; 1Sam. 14,52; 1Sam. 19,8; 1Sam. 23,2; 1Sam. 23,4; 2Sam. 5,19; 2Sam. 5,19; 2Sam. 5,20; 2Sam. 5,20; 2Sam. 5,25; 2Sam. 8,1; 2Sam. 23,12; 2Kings 18,8; 1Chr. 11,14; 1Chr. 12,20; 1Chr. 14,10; 1Chr. 18,1; 2Chr. 21,16; 2Chr. 26,6; 2Chr. 26,7; Amos 9,7; Obad. 19; Jer. 29,1; Jer. 29,4; Ezek. 25,16; Judg. 3,31)

ἀλλοφύλῳ ▸ 1 + 1 = 2
  Adjective · masculine · singular · dative · noDegree ▸ 1 + 1 = 2 (Psa. 151,6; Acts 10,28)

ἀλλοφύλων ▸ 137 + 16 = 153
  Adjective · feminine · plural · genitive · noDegree ▸ 1 (Ezek. 16,57)
  Adjective · masculine · plural · genitive · noDegree ▸ 135 + 16 = 151 (Judg. 3,3; Judg. 10,6; Judg. 10,7; Judg. 13,1; Judg. 13,5; Judg. 14,1; Judg. 14,2; Judg. 14,3; Judg. 14,4; Judg. 15,3; Judg. 15,5; Judg. 15,12; Judg. 15,20; Judg. 16,5; Judg. 16,8; Judg. 16,18; Judg. 16,18; Judg. 16,23; Judg. 16,27; Judg. 16,28; Judg. 16,30; 1Sam. 4,2; 1Sam. 4,3; 1Sam. 4,17; 1Sam. 5,8; 1Sam. 5,11; 1Sam. 6,1; 1Sam. 6,4; 1Sam. 6,12; 1Sam. 6,16; 1Sam. 6,18; 1Sam. 7,3; 1Sam. 7,7; 1Sam. 7,7; 1Sam. 7,8; 1Sam. 7,14; 1Sam. 9,16; 1Sam. 10,5; 1Sam. 12,9; 1Sam. 13,17; 1Sam. 13,20; 1Sam. 13,23; 1Sam. 14,1; 1Sam. 14,4; 1Sam. 14,11; 1Sam. 14,19; 1Sam. 14,21; 1Sam. 14,31; 1Sam. 14,36; 1Sam. 14,37; 1Sam. 14,46; 1Sam. 17,2; 1Sam. 17,4; 1Sam. 17,46; 1Sam. 17,52; 1Sam. 17,53; 1Sam. 18,21; 1Sam. 18,25; 1Sam. 18,25; 1Sam. 23,3; 1Sam. 23,28; 1Sam. 24,2; 1Sam. 27,1; 1Sam. 27,7; 1Sam. 27,11; 1Sam. 28,5; 1Sam. 28,19; 1Sam. 28,19; 1Sam. 29,2; 1Sam. 29,3; 1Sam. 29,3; 1Sam. 29,4; 1Sam. 29,7; 1Sam. 29,9; 1Sam. 29,11; 1Sam. 30,16; 1Sam. 31,1; 1Sam. 31,9; 2Sam. 1,20; 2Sam. 3,14; 2Sam. 3,18; 2Sam. 5,24; 2Sam. 8,1; 2Sam. 8,12; 2Sam. 19,10; 2Sam. 21,15; 2Sam. 21,18; 2Sam. 21,19; 2Sam. 23,11; 2Sam. 23,13; 2Sam. 23,14; 2Sam. 23,15; 2Sam. 23,16; 1Kings 2,46k; 1Kings 10,26a; 1Kings 15,27; 1Kings 16,15; 2Kings 8,2; 2Kings 8,3; 2Kings 8,28; 1Chr. 10,1; 1Chr. 10,9; 1Chr. 11,13; 1Chr. 11,15; 1Chr. 11,16; 1Chr. 11,18; 1Chr. 12,20; 1Chr. 14,15; 1Chr. 14,16; 1Chr. 18,1; 1Chr. 18,11; 1Chr. 20,4; 1Chr. 20,5; 2Chr. 9,26; 2Chr. 17,11; Judith 6,1; 1Mac. 3,41; 1Mac. 4,22; 1Mac. 4,26; 1Mac. 4,30; 1Mac. 5,15; 1Mac. 5,66; 1Mac. 5,68; 1Mac. 11,68; 1Mac. 11,74; 2Mac. 10,2; 2Mac. 10,5; Amos 1,8; Amos 6,2; Joel 4,4; Zeph. 2,5; Zech. 9,6; Is. 2,6; Jer. 32,20; Ezek. 16,27; Judg. 3,3; Judg. 8,10; Judg. 14,1; Judg. 14,3; Judg. 14,4; Judg. 15,3; Judg. 15,5; Judg. 15,12; Judg. 15,20; Judg. 16,5; Judg. 16,8; Judg. 16,18; Judg. 16,18; Judg. 16,23; Judg. 16,27; Judg. 16,30)
  Adjective · neuter · plural · genitive · noDegree ▸ 1 (Is. 11,14)

ἀλλόφωνος (ἄλλος; φωνή) of a different language, foreign ▸ 1
  ἀλλοφώνους ▸ 1
    Adjective · masculine · plural · accusative · noDegree ▸ 1 (Ezek. 3,6)

Αλλωης Hallohesh ▸ 1
  Αλλωης ▸ 1
    Noun · masculine · singular · genitive · (proper) ▸ 1 (Neh. 3,12)

Αλλων Elon, Allon ▸ 3
  Αλλων ▸ 3
    Noun · masculine · singular · dative · (proper) ▸ 1 (Num. 26,22)
    Noun · masculine · singular · genitive · (proper) ▸ 1 (1Chr. 4,37)
    Noun · masculine · singular · nominative · (proper) ▸ 1 (Gen. 46,14)

Αλλωνι Elonite ▸ 1
  Αλλωνι ▸ 1
    Noun · masculine · singular · nominative · (proper) ▸ 1 (Num. 26,22)

ἄλλως (ἄλλος) otherwise ▸ 10 + 1 = 11
  ἄλλως ▸ 10 + 1 = 11
    Adverb ▸ 10 + 1 = 11 (Esth. 1,19; Esth. 9,27; 3Mac. 1,20; 3Mac. 1,20; 4Mac. 1,2; 4Mac. 4,13; 4Mac. 5,18; Job 11,12; Job 40,8; Wis. 8,21; 1Tim. 5,25)

ἅλμα (ἅλλομαι) leap ▸ 1
  ἅλματι ▸ 1
    Noun · neuter · singular · dative · (common) ▸ 1 (Job 39,25)

ἅλμη (ἅλας) salt marsh, salt waste ▸ 2
  ἅλμην ▸ 2
    Noun · feminine · singular · accusative · (common) ▸ 2 (Psa. 106,34; Sir. 39,23)

ἁλμυρίς (ἅλας) salt waste, salt land ▸ 1
  ἁλμυρίδα ▸ 1
    Noun · neuter · plural · accusative · (common) ▸ 1 (Job 39,6)

ἁλμυρός (ἅλας) salty, briny, bitter ▸ 1
  ἁλμυρᾷ ▸ 1
    Adjective · feminine · singular · dative · noDegree ▸ 1 (Jer. 17,6)

ἀλοάω to thresh ▸ 7 + 2 + 3 = 12
  ἀλόα ▸ 1
    Verb · second · singular · present · active · imperative ▸ 1 (Mic. 4,13)
  ἀλοηθήσονται ▸ 1
    Verb · third · plural · future · passive · indicative ▸ 1 (Jer. 28,33)
  ἀλοήσεις ▸ 1
    Verb · second · singular · future · active · indicative ▸ 1 (Is. 41,15)
  ἀλοήσουσιν ▸ 1
    Verb · third · plural · future · active · indicative ▸ 1 (Jer. 5,17)
  ἀλοήσω ▸ 1
    Verb · first · singular · future · active · indicative ▸ 1 (Judg. 8,7)
  ἀλοῶν ▸ 1 + 1 = 2
    Verb · present · active · participle · masculine · singular · nominative ▸ 1 + 1 = 2 (1Chr. 21,20; 1Cor. 9,10)
  ἀλοῶντα ▸ 1 + 2 = 3
    Verb · present · active · participle · masculine · singular · accusative ▸ 1 + 2 = 3 (Deut. 25,4; 1Cor. 9,9; 1Tim. 5,18)
  ἀλοῶντας ▸ 1
    Verb · present · active · participle · masculine · plural · accusative ▸ 1 (Is. 41,15)
  ἠλόησεν ▸ 1
    Verb · third · singular · aorist · active · indicative ▸ 1 (Judg. 8,16)

ἀλογέω (α; λέγω) to disregard ▸ 1
  ἀλογηθῆναι ▸ 1
    Verb · aorist · passive · infinitive ▸ 1 (2Mac. 12,24)

ἀλογιστία (α; λέγω) recklessness, unreasonableness, madness ▸ 2
  ἀλογιστίᾳ ▸ 1
    Noun · feminine · singular · dative · (common) ▸ 1 (2Mac. 14,8)
  ἀλογιστίας ▸ 1
    Noun · feminine · singular · genitive · (common) ▸ 1 (3Mac. 5,42)

ἀλόγιστος (α; λέγω) senseless, unreasoning, inconsiderate ▸ 5
  ἀλογίστοις ▸ 1
    Adjective · masculine · plural · dative · noDegree ▸ 1 (Wis. 12,25)
  ἀλόγιστον ▸ 3
    Adjective · masculine · singular · accusative · noDegree ▸ 1 (3Mac. 6,12)
    Adjective · neuter · singular · nominative · noDegree ▸ 2 (4Mac.

6,18; 4Mac. 16,23)
- **ἀλόγιστος** ▸ 1
  - **Adjective** · feminine · singular · nominative · noDegree ▸ 1 (4Mac. 3,11)

ἀλογίστως (α; λέγω) unreasonably, irrationally ▸ 1
- ἀλογίστως ▸ 1
  - **Adverb** ▸ 1 (4Mac. 6,14)

ἄλογος (α; λέγω) speechless; unutterable; irrational; unexpected ▸ 8 + 3 = 11
- ἄλογα ▸ 2 + 2 = 4
  - **Adjective** · neuter · plural · accusative · noDegree ▸ 1 (Wis. 11,15)
  - **Adjective** · neuter · plural · nominative · noDegree ▸ 1 + 2 = 3 (4Mac. 14,14; 2Pet. 2,12; Jude 10)
- ἄλογοι ▸ 1
  - **Adjective** · feminine · plural · nominative · noDegree ▸ 1 (Num. 6,12)
- ἄλογον ▸ 1 + 1 = 2
  - **Adjective** · masculine · singular · accusative · noDegree ▸ 1 (Sol. 16,10)
  - **Adjective** · neuter · singular · nominative ▸ 1 (Acts 25,27)
- ἄλογός ▸ 1
  - **Adjective** · masculine · singular · nominative · noDegree ▸ 1 (Ex. 6,12)
- ἀλόγους ▸ 1
  - **Adjective** · masculine · plural · accusative · noDegree ▸ 1 (3Mac. 5,40)
- ἀλόγων ▸ 2
  - **Adjective** · neuter · plural · genitive · noDegree ▸ 2 (4Mac. 14,18; Wis. 11,15)

ἀλόγως (α; λέγω) unreasonably, irrationally ▸ 1
- ἀλόγως ▸ 1
  - **Adverb** ▸ 1 (3Mac. 6,25)

ἀλόη aloes ▸ 1
- ἀλόης ▸ 1
  - **Noun** · feminine · singular · genitive ▸ 1 (John 19,39)

Αλοηλ Jahleel ▸ 1
- Αλοηλ ▸ 1
  - **Noun** · masculine · singular · nominative · (proper) ▸ 1 (Gen. 46,14)

ἀλοητός (ἀλοάω) threshing ▸ 2
- ἀλοητὸς ▸ 2
  - **Noun** · masculine · singular · nominative · (common) ▸ 2 (Lev. 26,5; Amos 9,13)

ἀλοιφή (ἀλείφω) ointment, oil, obliteration ▸ 4
- ἀλοιφή ▸ 1
  - **Noun** · feminine · singular · nominative · (common) ▸ 1 (Ezek. 13,12)
- Ἀλοιφῇ ▸ 1
  - **Noun** · feminine · singular · dative · (common) ▸ 1 (Ex. 17,14)
- ἀλοιφὴν ▸ 1
  - **Noun** · feminine · singular · accusative · (common) ▸ 1 (Job 33,24)
- ἀλοιφῆς ▸ 1
  - **Noun** · feminine · singular · genitive · (common) ▸ 1 (Mic. 7,11)

Αλουα Halhul ▸ 1
- Αλουα ▸ 1
  - **Noun** · singular · nominative · (proper) ▸ 1 (Josh. 15,58)

Αλουλ Halhul ▸ 1
- Αλουλ ▸ 1
  - **Noun** · singular · nominative · (proper) ▸ 1 (Josh. 15,58)

ἅλς (ἅλας) salt ▸ 31 + 2 = 33
- ἅλα ▸ 10
  - **Noun** · masculine · singular · accusative · (common) ▸ 10 (Lev. 2,13; Lev. 24,7; Deut. 29,22; 2Kings 2,20; 2Kings 2,21; 1Esdr. 6,29; 1Esdr. 8,20; Sir. 22,15; Sir. 43,19; Ezek. 43,24)
- ἅλας ▸ 5 + 1 = 6
  - **Noun** · masculine · plural · accusative · (common) ▸ 5 + 1 = 6 (Lev. 2,13; Judg. 9,45; Ezra 6,9; Ezra 7,22; Ezek. 47,11; Judg. 9,45)
- ἁλὶ ▸ 2
  - **Noun** · masculine · singular · dative · (common) ▸ 2 (Lev. 2,13; Ezek. 16,4)
- ἁλός ▸ 5
  - **Noun** · masculine · singular · genitive · (common) ▸ 5 (Gen. 19,26; Josh. 3,16; 2Chr. 13,5; Job 6,6; Wis. 10,7)
- ἁλὸς ▸ 3
  - **Noun** · masculine · singular · genitive · (common) ▸ 3 (Num. 18,19; 1Mac. 10,29; 1Mac. 11,35)
- ἁλῶν ▸ 6 + 1 = 7
  - **Noun** · masculine · plural · genitive · (common) ▸ 6 + 1 = 7 (Gen. 14,3; Josh. 12,3; Josh. 18,19; 1Chr. 18,12; 2Chr. 25,11; Psa. 59,2; Josh. 15,62)

ἄλσος woods, grove, sacred grove ▸ 43 + 5 = 48
- ἄλσει ▸ 3
  - **Noun** · neuter · singular · dative · (common) ▸ 3 (1Kings 15,13; 2Kings 23,4; 2Kings 23,7)
- ἄλσεσιν ▸ 2 + 1 = 3
  - **Noun** · neuter · plural · dative · (common) ▸ 2 + 1 = 3 (Judg. 3,7; 1Sam. 12,10; Judg. 3,7)
- ἀλσέων ▸ 1
  - **Noun** · neuter · plural · genitive · (common) ▸ 1 (2Chr. 34,3)
- ἄλση ▸ 22
  - **Noun** · neuter · plural · accusative · (common) ▸ 22 (Ex. 34,13; Deut. 7,5; Deut. 12,3; 1Sam. 7,3; 1Sam. 7,4; 1Kings 14,23; 2Kings 17,10; 2Kings 17,16; 2Kings 18,4; 2Kings 21,3; 2Kings 23,14; 2Chr. 14,2; 2Chr. 17,6; 2Chr. 19,3; 2Chr. 31,1; 2Chr. 33,3; 2Chr. 33,19; 2Chr. 34,4; 2Chr. 34,7; Judith 3,8; Mic. 5,13; Jer. 4,29)
- ἄλσος ▸ 10 + 3 = 13
  - **Noun** · neuter · singular · accusative · (common) ▸ 7 + 2 = 9 (Deut. 16,21; Judg. 6,25; Judg. 6,30; 1Kings 16,33; 2Kings 23,6; 2Kings 23,15; Jer. 33,18; Judg. 6,25; Judg. 6,30)
  - **Noun** · neuter · singular · nominative · (common) ▸ 3 + 1 = 4 (Judg. 6,28; 2Kings 13,6; Mic. 3,12; Judg. 6,28)
- ἄλσους ▸ 4 + 1 = 5
  - **Noun** · neuter · singular · genitive · (common) ▸ 4 + 1 = 5 (Judg. 6,26; 2Sam. 5,24; 1Kings 18,22; 2Kings 21,7; Judg. 6,26)
- ἀλσῶν ▸ 1
  - **Noun** · neuter · plural · genitive · (common) ▸ 1 (1Kings 18,19)

ἀλσώδης (ἄλσος) woody, shady, leafy ▸ 7
- ἀλσώδεις ▸ 1
  - **Adjective** · masculine · plural · accusative · noDegree ▸ 1 (Ezek. 27,6)
- ἀλσώδη ▸ 1
  - **Adjective** · neuter · plural · nominative · noDegree ▸ 1 (Jer. 17,8)
- ἀλσώδους ▸ 5
  - **Adjective** · neuter · plural · genitive · noDegree ▸ 1 (2Chr. 28,4)
  - **Adjective** · neuter · singular · genitive · noDegree ▸ 4 (2Kings 16,4; 2Kings 17,10; Jer. 3,6; Jer. 3,13)

Αλσωρηχ Valley of Sorek ▸ 1
- Αλσωρηχ ▸ 1
  - **Noun** · singular · dative · (proper) ▸ 1 (Judg. 16,4)

ἁλυκός (ἅλας) salt ▸ 8 + 1 = 9
  ἁλυκή ▸ 1
    Adjective · feminine · singular · nominative · noDegree ▸ 1 (Num. 34,12)
  ἁλυκὴ ▸ 2
    Adjective · feminine · singular · nominative · noDegree ▸ 2 (Gen. 14,10; Josh. 15,5)
  ἁλυκῇ ▸ 1
    Adjective · feminine · singular · dative · noDegree ▸ 1 (Gen. 14,8)
  ἁλυκήν ▸ 1
    Adjective · feminine · singular · accusative · noDegree ▸ 1 (Gen. 14,3)
  ἁλυκῆς ▸ 3
    Adjective · feminine · singular · genitive · noDegree ▸ 3 (Num. 34,3; Deut. 3,17; Josh. 15,2)
  ἁλυκὸν ▸ 1
    Adjective · neuter · singular · nominative ▸ 1 (James 3,12)
ἄλυπος (α; λύπη) painless, free from pain ▸ 1
  ἀλυπότερος ▸ 1
    Adjective · masculine · singular · nominative · comparative ▸ 1 (Phil. 2,28)
ἁλυσιδωτός (ἅλας) made of chain, chainmail ▸ 4
  ἁλυσιδωτὰ ▸ 1
    Adjective · neuter · plural · accusative · noDegree ▸ 1 (Ex. 28,23 # 28,29a)
  ἁλυσιδωτοῖς ▸ 1
    Adjective · neuter · plural · dative · noDegree ▸ 1 (1Mac. 6,35)
  ἁλυσιδωτὸν ▸ 2
    Adjective · masculine · singular · accusative · noDegree ▸ 1 (1Sam. 17,5)
    Adjective · neuter · singular · accusative · noDegree ▸ 1 (Ex. 28,22)
ἅλυσις chain ▸ 1 + 11 = 12
  ἁλύσει ▸ 1 + 2 = 3
    Noun · feminine · singular · dative · (common) ▸ 1 + 2 = 3 (Wis. 17,16; Mark 5,3; Eph. 6,20)
  ἁλύσεις ▸ 2
    Noun · feminine · plural · accusative ▸ 1 (Mark 5,4)
    Noun · feminine · plural · nominative ▸ 1 (Acts 12,7)
  ἁλύσεσιν ▸ 4
    Noun · feminine · plural · dative ▸ 4 (Mark 5,4; Luke 8,29; Acts 12,6; Acts 21,33)
  ἅλυσιν ▸ 2
    Noun · feminine · singular · accusative ▸ 2 (Acts 28,20; Rev. 20,1)
  ἅλυσίν ▸ 1
    Noun · feminine · singular · accusative ▸ 1 (2Tim. 1,16)
ἀλυσιτελής (α; λύω; τέλος) unprofitable ▸ 1
  ἀλυσιτελὲς ▸ 1
    Adjective · neuter · singular · nominative ▸ 1 (Heb. 13,17)
αλφ (Hebr.) aleph ▸ 1
  αλφ ▸ 1
    Noun ▸ 1 (Psa. 118,1)
ἄλφα alpha ▸ 3
  ἄλφα ▸ 3
    Noun · neuter · singular · nominative ▸ 3 (Rev. 1,8; Rev. 21,6; Rev. 22,13)
Αλφααλ Elpaal ▸ 2
  Αλφααλ ▸ 2
    Noun · masculine · singular · accusative · (proper) ▸ 1 (1Chr. 8,11)
    Noun · masculine · singular · genitive · (proper) ▸ 1 (1Chr. 8,12)
Ἀλφαῖος Alphaeus ▸ 5
  Ἀλφαίου ▸ 5
    Noun · masculine · singular · genitive · (proper) ▸ 5 (Matt. 10,3; Mark 2,14; Mark 3,18; Luke 6,15; Acts 1,13)
ἄλφιτον (ἀλφός) flour, meal, parched grain ▸ 4
  ἄλφιτον ▸ 2
    Noun · neuter · singular · accusative · (common) ▸ 2 (Ruth 2,14; 2Sam. 17,28)
  ἀλφίτου ▸ 1
    Noun · neuter · singular · genitive · (common) ▸ 1 (1Sam. 25,18)
  ἀλφίτων ▸ 1
    Noun · neuter · plural · genitive · (common) ▸ 1 (Judith 10,5)
ἀλφός rash, skin disease ▸ 1
  ἀλφός ▸ 1
    Noun · masculine · singular · nominative · (common) ▸ 1 (Lev. 13,39)
Αλωης Hallohesh ▸ 1
  Αλωης ▸ 1
    Noun · masculine · singular · nominative · (proper) ▸ 1 (Neh. 10,25)
αλωθ aloth (Heb. aloes) ▸ 1
  αλωθ ▸ 1
    Noun ▸ 1 (Song 4,14)
ἅλων (ἀλοάω) floor, threshing-floor ▸ 24 + 3 + 2 = 29
  ἅλων ▸ 2
    Noun · feminine · singular · nominative · (common) ▸ 2 (Hos. 9,2; Jer. 28,33)
  ἅλωνα ▸ 9 + 2 = 11
    Noun · feminine · singular · accusative · (common) ▸ 9 + 2 = 11 (Gen. 50,10; Ex. 22,5; Ruth 3,2; Ruth 3,14; 2Sam. 24,21; 2Sam. 24,24; Job 39,12; Hos. 9,1; Is. 25,10; Matt. 3,12; Luke 3,17)
  ἅλωνες ▸ 1
    Noun · feminine · plural · nominative · (common) ▸ 1 (Joel 2,24)
  ἅλωνι ▸ 4 + 1 = 5
    Noun · feminine · singular · dative · (common) ▸ 2 + 1 = 3 (Gen. 50,11; Dan. 2,35; Judg. 6,37)
    Noun · masculine · singular · dative · (common) ▸ 2 (Judg. 6,37; 2Sam. 24,18)
  ἅλωνος ▸ 7 + 2 = 9
    Noun · feminine · singular · genitive · (common) ▸ 7 + 2 = 9 (Ex. 22,28; 2Kings 6,27; 1Chr. 13,9; Job 5,26; Hos. 13,3; Mic. 4,12; Zeph. 2,9; Judg. 15,5; Dan. 2,35)
  ἅλωνός ▸ 1
    Noun · masculine · singular · genitive · (common) ▸ 1 (Deut. 16,13)
Αλωναμ Elnathan ▸ 1
  Αλωναμ ▸ 1
    Noun · masculine · singular · dative · (proper) ▸ 1 (Ezra 8,16)
ἀλώπηξ fox ▸ 8 + 2 + 3 = 13
  ἀλώπεκας ▸ 2 + 1 = 3
    Noun · feminine · plural · accusative · (common) ▸ 2 + 1 = 3 (Judg. 15,4; Song 2,15; Judg. 15,4)
  ἀλώπεκες ▸ 3 + 1 + 2 = 6
    Noun · feminine · plural · nominative · (common) ▸ 3 + 1 + 2 = 6 (Judg. 1,35; Lam. 5,18; Ezek. 13,4; Judg. 1,35; Matt. 8,20; Luke 9,58)
  ἀλώπεκι ▸ 1
    Noun · feminine · singular · dative ▸ 1 (Luke 13,32)
  ἀλωπέκων ▸ 1
    Noun · feminine · plural · genitive · (common) ▸ 1 (Psa. 62,11)
  ἀλώπεξιν ▸ 1
    Noun · feminine · plural · dative · (common) ▸ 1 (1Kings 21,10)

ἀλώπηξ ▸ 1
  Noun · feminine · singular · nominative · (common) ▸ **1** (Neh. 3,35)

ἅλως (ἀλέω) floor, threshing-floor ▸ **17**
  ἅλω ▸ **11**
    Noun · feminine · singular · genitive · (common) ▸ **7** (Num. 15,20; Num. 18,27; Num. 18,30; 2Sam. 6,6; 1Chr. 21,21; 1Chr. 21,22; Hag. 2,19)
    Noun · masculine · plural · accusative · (common) ▸ **1** (1Sam. 23,1)
    Noun · masculine · singular · accusative · (common) ▸ **2** (Ruth 3,3; Ruth 3,6)
    Noun · masculine · singular · genitive · (common) ▸ **1** (1Sam. 19,22)
  ἅλῳ ▸ **6**
    Noun · masculine · singular · dative · (common) ▸ **6** (2Sam. 24,16; 1Kings 20,1; 1Chr. 21,15; 1Chr. 21,18; 1Chr. 21,28; 2Chr. 3,1)

ἅλωσις capture, capturing ▸ **1 + 1 = 2**
  ἁλώσεως ▸ **1**
    Noun · feminine · singular · genitive · (common) ▸ **1** (Jer. 27,46)
  ἅλωσιν ▸ **1**
    Noun · feminine · singular · accusative ▸ **1** (2Pet. 2,12)

ἅμα (+dat) together, at once, at the same time ▸ **119 + 5 + 10 = 134**
  ἅμα ▸ **119 + 5 + 10 = 134**
    Adverb ▸ **84 + 1 + 8 = 93** (Gen. 13,6; Gen. 13,6; Gen. 19,4; Gen. 22,6; Gen. 22,8; Gen. 22,19; Gen. 36,7; Deut. 33,17; Josh. 6,5; Josh. 9,2; Judg. 3,21; 1Kings 18,27; 2Kings 18,27; 2Chr. 30,23; 1Esdr. 2,1; 1Esdr. 7,10; 1Esdr. 7,11; 1Esdr. 9,48; Judith 13,10; 1Mac. 6,20; 1Mac. 6,36; 1Mac. 10,77; 1Mac. 11,47; 1Mac. 13,7; 2Mac. 7,24; 2Mac. 8,18; 2Mac. 15,10; Psa. 13,3; Psa. 30,14; Psa. 34,26; Psa. 39,15; Psa. 52,4; Psa. 87,18; Prov. 22,18; Job 1,4; Sir. 16,19; Sir. 32,8; Sir. 45,15; Sol. 17,11; Is. 1,28; Is. 1,31; Is. 3,16; Is. 3,16; Is. 9,20; Is. 11,6; Is. 11,7; Is. 11,7; Is. 11,7; Is. 11,14; Is. 13,3; Is. 19,14; Is. 31,3; Is. 36,12; Is. 41,1; Is. 41,5; Is. 41,7; Is. 41,20; Is. 41,23; Is. 42,14; Is. 42,22; Is. 43,9; Is. 44,11; Is. 44,11; Is. 45,8; Is. 45,20; Is. 45,21; Is. 46,2; Is. 46,10; Is. 48,13; Is. 50,8; Is. 52,8; Is. 52,9; Is. 59,11; Is. 60,13; Is. 65,25; Jer. 6,11; Jer. 6,21; Jer. 27,33; Jer. 28,38; Jer. 30,19; Jer. 31,7; Jer. 48,1; Bar. 3,14; Dan. 2,35; Tob. 12,14; Acts 24,26; Acts 27,40; Rom. 3,12; Col. 4,3; 1Th. 4,17; 1Th. 5,10; 1Tim. 5,13; Philem. 22)
    ImproperPreposition · (+dative) ▸ **35 + 4 + 2 = 41** (Gen. 14,5; Ex. 1,1; Num. 31,8; Deut. 32,43; Deut. 33,5; Deut. 33,21; Josh. 4,3; Josh. 4,8; Josh. 6,20; Judg. 9,33; Judg. 19,25; 1Esdr. 1,43; 1Esdr. 2,11; 1Esdr. 8,68; Neh. 7,3; 1Mac. 4,6; 2Mac. 11,7; 3Mac. 3,25; 4Mac. 8,29; Psa. 36,20; Ode. 2,43; Wis. 18,11; Mic. 2,1; Jonah 4,8; Is. 18,6; Is. 24,14; Jer. 38,24; Ezek. 17,10; Ezek. 23,40; Dan. 2,18; Dan. 2,41; Dan. 2,43; Dan. 3,15; Dan. 3,25; Dan. 3,49; Judg. 3,21; Judg. 9,33; Dan. 3,49; Bel 18; Matt. 13,29; Matt. 20,1)

Αμαδ Amad ▸ **1**
  Αμαδ ▸ **1**
    Noun · singular · nominative · (proper) ▸ **1** (Josh. 19,26)

Αμαδα Hemdan ▸ **1**
  Αμαδα ▸ **1**
    Noun · masculine · singular · nominative · (proper) ▸ **1** (Gen. 36,26)

Αμαδαθος Hammedatha ▸ **6**
  Αμαδαθου ▸ **6**
    Noun · masculine · singular · genitive · (proper) ▸ **6** (Esth. 12,6 # 1,1r; Esth. 3,1; Esth. 16,10 # 8,12k; Esth. 16,17 # 8,12r; Esth. 9,10; Esth. 9,24)

αμαδαρωθ amadaroth (Heb. from [the] galloping) ▸ **1**
  αμαδαρωθ ▸ **1**
    Noun · singular · nominative · (common) ▸ **1** (Judg. 5,22)

Αμαδια Amariah ▸ **2**
  Αμαδια ▸ **2**
    Noun · masculine · singular · nominative · (proper) ▸ **2** (1Chr. 23,19; 1Chr. 24,23)

Αμαζονῖς Amazonis (Heb. herders[?]) ▸ **1**
  Αμαζονεῖς ▸ **1**
    Noun · masculine · plural · accusative · (proper) ▸ **1** (2Chr. 14,14)

Αμαθ Amath (Heb. ?) ▸ **1 + 1 = 2**
  Αμαθ ▸ **1 + 1 = 2**
    Noun · masculine · singular · nominative · (proper) ▸ **1 + 1 = 2** (Jer. 31,1; Josh. 19,35)

Αμαθαρ Amathar (Heb. turns toward) ▸ **1**
  Αμαθαρ ▸ **1**
    Noun · singular · accusative · (proper) ▸ **1** (Josh. 19,13)

ἀμαθής (α; μανθάνω) unlearned ▸ **1**
  ἀμαθεῖς ▸ **1**
    Adjective · masculine · plural · nominative ▸ **1** (2Pet. 3,16)

Αμαθι Hammathite, Amittai ▸ **3**
  Αμαθι ▸ **3**
    Noun · masculine · singular · accusative · (proper) ▸ **1** (Gen. 10,18)
    Noun · masculine · singular · genitive · (proper) ▸ **2** (2Kings 14,25; Jonah 1,1)

ἀμαθία (α; μανθάνω) ignorance ▸ **1**
  ἀμαθίας ▸ **1**
    Noun · feminine · singular · genitive · (common) ▸ **1** (Sol. 18,4)

Ἀμαθῖτις Hamath ▸ **1**
  Αμαθῖτιν ▸ **1**
    Noun · feminine · singular · accusative · (proper) ▸ **1** (1Mac. 12,25)

Αμαλ Amal ▸ **1**
  Αμαλ ▸ **1**
    Noun · masculine · singular · nominative · (proper) ▸ **1** (1Chr. 7,35)

Αμαληκ Amalek ▸ **45 + 7 = 52**
  Αμαληκ ▸ **45 + 7 = 52**
    Noun · singular · genitive · (proper) ▸ **2** (Gen. 14,7; Judg. 7,1)
    Noun · singular · nominative · (proper) ▸ **1** (Judg. 6,3)
    Noun · feminine · singular · dative · (proper) ▸ **1** (1Sam. 28,18)
    Noun · masculine · singular · accusative · (proper) ▸ **10** (Gen. 36,12; Ex. 17,13; Ex. 17,16; Num. 24,20; 1Sam. 14,48; 1Sam. 15,3; 1Sam. 15,7; 1Sam. 15,18; 1Sam. 15,20; 2Sam. 1,1)
    Noun · masculine · singular · dative · (proper) ▸ **2 + 1 = 3** (Ex. 17,9; Ex. 17,10; Judg. 5,14)
    Noun · masculine · singular · genitive · (proper) ▸ **13 + 3 = 16** (Ex. 17,14; Deut. 25,19; Judg. 3,13; 1Sam. 15,5; 1Sam. 15,6; 1Sam. 15,8; 1Sam. 15,12; 1Sam. 15,15; 1Sam. 15,20; 1Sam. 15,32; 2Sam. 8,12; 1Chr. 4,43; 1Chr. 18,11; Judg. 3,13; Judg. 10,12; Judg. 12,15)
    Noun · masculine · singular · nominative · (proper) ▸ **16 + 3 = 19** (Gen. 36,16; Ex. 17,8; Ex. 17,11; Num. 13,29; Num. 14,25; Num. 14,43; Num. 14,45; Num. 24,20; Deut. 25,17; Judg. 6,33; Judg. 7,12; Judg. 10,12; 1Sam. 15,2; 1Sam. 30,1; 1Chr. 1,36; Psa. 82,8; Judg. 6,3; Judg. 6,33; Judg. 7,12)

Αμαληκίτης Amalekite ▸ **5**
  Αμαληκῖται ▸ **1**
    Noun · masculine · plural · nominative · (proper) ▸ **1** (1Sam.

Αμαληκίτης–ἁμαρτάνω

30,18)
Αμαληκίτην ▸ 1
   Noun · masculine · singular · accusative · (proper) ▸ **1** (1Sam. 27,8)
Αμαληκίτης ▸ 1
   Noun · masculine · singular · nominative · (proper) ▸ **1** (2Sam. 1,8)
Αμαληκίτου ▸ 2
   Noun · masculine · singular · genitive · (proper) ▸ **2** (1Sam. 30,13; 2Sam. 1,13)

Αμαληκίτος Amalekite ▸ 1
Αμαληκίτου ▸ 1
   Noun · masculine · singular · genitive · (proper) ▸ **1** (1Sam. 15,6)

Ἀμάλθεια Amaltheia ▸ 1
Ἀμαλθείας ▸ 1
   Noun · feminine · singular · genitive · (proper) ▸ **1** (Job 42,14)

Αμαμ Amam ▸ 1
Αμαμ ▸ 1
   Noun · singular · nominative · (proper) ▸ **1** (Josh. 15,26)

Αμαν Haman, Nadab ▸ 56
Αμαν ▸ 56
   Noun · masculine · singular · accusative · (proper) ▸ **4** (Esth. 3,1; Esth. 5,5; Esth. 5,9; Esth. 6,14)
   Noun · masculine · singular · dative · (proper) ▸ **8** (Esth. 1,10; Esth. 3,4; Esth. 3,10; Esth. 3,11; Esth. 5,14; Esth. 6,6; Esth. 6,10; Esth. 8,1)
   Noun · masculine · singular · genitive · (proper) ▸ **13** (Esth. 13,6 # 3,13f; Esth. 13,12 # 4,17d; Esth. 14,17 # 4,17x; Esth. 7,9; Esth. 8,2; Esth. 8,2; Esth. 8,3; Esth. 8,5; Esth. 8,7; Esth. 16,17 # 8,12r; Esth. 9,10; Esth. 9,13; Esth. 9,14)
   Noun · masculine · singular · nominative · (proper) ▸ **31** (Esth. 12,6 # 1,1r; Esth. 3,5; Esth. 3,12; Esth. 13,3 # 3,13c; Esth. 3,15; Esth. 4,7; Esth. 4,8; Esth. 5,4; Esth. 5,8; Esth. 5,9; Esth. 5,12; Esth. 6,4; Esth. 6,4; Esth. 6,5; Esth. 6,6; Esth. 6,11; Esth. 6,12; Esth. 6,13; Esth. 7,1; Esth. 7,6; Esth. 7,6; Esth. 7,7; Esth. 7,8; Esth. 7,8; Esth. 7,9; Esth. 7,10; Esth. 16,10 # 8,12k; Esth. 9,24; Esth. 10,7 # 10,3d; Tob. 14,10; Tob. 14,10)

Αμάνιτος Amonnite ▸ 1
Ἀμμανῖτιν ▸ 1
   Noun · feminine · singular · accusative · (proper) ▸ **1** (2Mac. 5,7)

ἅμαξα (ἅμα; ἄγω) wagon ▸ 27
ἅμαξα ▸ 2
   Noun · feminine · singular · nominative · (common) ▸ **2** (1Sam. 6,14; Amos 2,13)
ἁμάξαις ▸ 1
   Noun · feminine · plural · dative · (common) ▸ **1** (Is. 25,10)
ἅμαξαν ▸ 8
   Noun · feminine · singular · accusative · (common) ▸ **8** (Num. 7,3; 1Sam. 6,7; 1Sam. 6,8; 1Sam. 6,11; 2Sam. 6,3; 2Sam. 6,3; 1Chr. 13,7; 1Chr. 13,7)
ἁμάξας ▸ 10
   Noun · feminine · plural · accusative · (common) ▸ **10** (Gen. 45,19; Gen. 45,21; Gen. 45,27; Gen. 46,5; Num. 7,3; Num. 7,6; Num. 7,7; Num. 7,8; 1Chr. 21,23; Judith 15,11)
ἁμάξῃ ▸ 2
   Noun · feminine · singular · dative · (common) ▸ **2** (1Sam. 6,7; 1Sam. 6,10)
ἁμάξης ▸ 4
   Noun · feminine · singular · genitive · (common) ▸ **4** (1Sam. 6,14; Sir. 33,5; Is. 28,27; Is. 41,15)

Αμαρ Immer ▸ 1
Αμαρ ▸ 1

   Noun · masculine · singular · nominative · (proper) ▸ **1** (1Esdr. 5,36)

ἀμαράντινος (α; μαραίνω) unfading ▸ 1
ἀμαράντινον ▸ 1
   Adjective · masculine · singular · accusative ▸ **1** (1Pet. 5,4)

ἀμάραντος (α; μαραίνω) unfading ▸ 1 + 1 = 2
ἀμάραντον ▸ 1
   Adjective · feminine · singular · accusative ▸ **1** (1Pet. 1,4)
ἀμάραντός ▸ 1
   Adjective · feminine · singular · nominative · noDegree ▸ **1** (Wis. 6,12)

Αμαρι Imri ▸ 1
Αμαρι ▸ 1
   Noun · masculine · singular · genitive · (proper) ▸ **1** (Neh. 3,2)

Αμαρια Amariah ▸ 11
Αμαρια ▸ 11
   Noun · masculine · singular · accusative · (proper) ▸ **2** (1Chr. 5,33; 1Chr. 5,37)
   Noun · masculine · singular · dative · (proper) ▸ **1** (Neh. 12,13)
   Noun · masculine · singular · genitive · (proper) ▸ **1** (Neh. 11,4)
   Noun · masculine · singular · nominative · (proper) ▸ **7** (1Chr. 5,33; 1Chr. 5,37; 1Chr. 6,37; 1Chr. 7,8; Ezra 10,42; Neh. 10,4; Neh. 12,2)

Αμαριας Amariah ▸ 3
Αμαριας ▸ 2
   Noun · masculine · singular · genitive · (proper) ▸ **1** (2Chr. 31,15)
   Noun · masculine · singular · nominative · (proper) ▸ **1** (2Chr. 19,11)
Αμαριου ▸ 1
   Noun · masculine · singular · genitive · (proper) ▸ **1** (Zeph. 1,1)

Ἀμαρίας Zemariah; Amariah ▸ 1
Αμαριου ▸ 1
   Noun · masculine · singular · genitive · (proper) ▸ **1** (1Esdr. 8,2)

ἁμαρτάνω to sin; err ▸ 258 + 12 + 43 = 313
ἁμάρτανε ▸ 1 + 2 = 3
   Verb · second · singular · present · active · imperative ▸ 1 + 2 = **3** (Sir. 7,7; John 5,14; John 8,11)
ἁμαρτάνει ▸ 5 + 6 = 11
   Verb · third · singular · present · active · indicative ▸ 5 + 6 = **11** (Prov. 14,21; Prov. 20,2; Wis. 11,16; Wis. 15,13; Sol. 4,5; 1Cor. 6,18; 1Cor. 7,36; Titus 3,11; 1John 3,6; 1John 3,8; 1John 5,18)
ἁμαρτάνειν ▸ 12 + 1 = 13
   Verb · present · active · infinitive ▸ 12 + 1 = **13** (Ex. 9,34; 2Chr. 22,3; 2Chr. 28,13; Tob. 4,5; Psa. 35,2; Psa. 38,2; Psa. 77,17; Prov. 28,24; Sir. 15,20; Sir. 20,21; Sir. 42,1; Hos. 13,2; 1John 3,9)
ἁμαρτάνεις ▸ 1
   Verb · second · singular · present · active · indicative ▸ **1** (1Sam. 19,5)
ἁμαρτάνετε ▸ 1 + 3 = 4
   Verb · second · plural · present · active · indicative ▸ **1** (1Cor. 8,12)
   Verb · second · plural · present · active · imperative ▸ 1 + 2 = **3** (Psa. 4,5; 1Cor. 15,34; Eph. 4,26)
ἁμαρτάνητε ▸ 1
   Verb · second · plural · present · active · subjunctive ▸ **1** (Ex. 20,20)
ἁμαρτάνοντα ▸ 2 + 1 = 3
   Verb · present · active · participle · masculine · singular · accusative ▸ 2 + 1 = **3** (Sir. 10,29; LetterJ 12; 1John 5,16)
ἁμαρτάνοντας ▸ 5 + 1 = 6
   Verb · present · active · participle · masculine · plural · accusative ▸ 5 + 1 = **6** (1Sam. 15,18; Psa. 24,8; Prov. 12,26; Prov. 13,21; Sol.

9,7; 1Tim. 5,20)

ἁμαρτάνοντες ▸ 2 + 2 = 4
Verb · present · active · participle · masculine · plural · nominative ▸ 2 + 2 = 4 (Tob. 12,10; Prov. 8,36; 1Cor. 8,12; 1Pet. 2,20)

ἁμαρτάνοντι ▸ 2
Verb · present · active · participle · masculine · singular · dative ▸ 2 (Prov. 29,6; Eccl. 2,26)

ἁμαρτανόντων ▸ 2 + 1 = 3
Verb · present · active · participle · masculine · plural · genitive ▸ 2 + 1 = 3 (Wis. 14,31; Bar. 3,4; Heb. 10,26)

ἁμαρτάνουσα ▸ 2
Verb · present · active · participle · feminine · singular · nominative ▸ 2 (Ezek. 18,4; Ezek. 18,20)

ἁμαρτάνουσιν ▸ 3 + 1 = 4
Verb · present · active · participle · masculine · plural · dative ▸ 1 + 1 = 2 (Psa. 74,5; 1John 5,16)
Verb · third · plural · present · active · indicative ▸ 2 (Judith 5,20; Wis. 12,2)

ἁμαρτάνων ▸ 6 + 1 = 7
Verb · present · active · participle · masculine · singular · nominative ▸ 6 + 1 = 7 (1Sam. 2,25; Eccl. 7,26; Eccl. 9,2; Eccl. 9,18; Sir. 19,4; Sir. 38,15; 1John 3,6)

ἁμαρτεῖν ▸ 9 + 2 = 11
Verb · aorist · active · infinitive ▸ 9 + 2 = 11 (Gen. 20,6; Ex. 23,33; Lev. 4,3; Lev. 5,22; 1Sam. 12,23; Sir. 19,28; Is. 29,21; Ezek. 3,21; Sus. 23; Tob. 4,5; Sus. 23)

ἁμάρτῃ ▸ 20 + 2 = 22
Verb · third · singular · aorist · active · subjunctive ▸ 20 + 2 = 22 (Lev. 4,2; Lev. 4,3; Lev. 4,22; Lev. 4,22; Lev. 4,27; Lev. 5,1; Lev. 5,4; Lev. 5,15; Lev. 5,17; Lev. 5,21; Lev. 5,23; Num. 15,27; Deut. 19,15; 1Sam. 2,25; 1Sam. 2,25; 1Kings 8,31; 2Chr. 6,22; Job 5,24; Ezek. 3,21; Ezek. 14,13; Luke 17,3; 1John 2,1)

ἁμάρτῃς ▸ 1
Verb · second · singular · aorist · active · subjunctive ▸ 1 (Sir. 32,12)

ἁμαρτήσαντας ▸ 1
Verb · aorist · active · participle · masculine · plural · accusative ▸ 1 (Rom. 5,14)

ἁμαρτήσαντος ▸ 1
Verb · aorist · active · participle · masculine · singular · genitive ▸ 1 (Rom. 5,16)

ἁμαρτησάντων ▸ 1
Verb · aorist · active · participle · masculine · plural · genitive ▸ 1 (2Pet. 2,4)

ἁμαρτήσασιν ▸ 1
Verb · aorist · active · participle · masculine · plural · dative ▸ 1 (Heb. 3,17)

ἁμαρτησάτω ▸ 1
Verb · third · singular · aorist · active · imperative ▸ 1 (1Sam. 19,4)

ἁμαρτήσει ▸ 1
Verb · third · singular · future · active · indicative ▸ 1 (Matt. 18,21)

ἁμαρτήσεις ▸ 1
Verb · second · singular · future · active · indicative ▸ 1 (Sir. 7,36)

ἁμαρτήσεσθε ▸ 3
Verb · second · plural · future · middle · indicative ▸ 3 (Num. 32,23; Deut. 20,18; 2Chr. 19,10)

ἁμαρτήσεται ▸ 3
Verb · third · singular · future · middle · indicative ▸ 3 (1Kings 8,46; 2Chr. 6,36; Eccl. 7,20)

ἁμαρτήσῃ ▸ 2
Verb · third · singular · aorist · active · subjunctive ▸ 2 (Matt. 18,15; Luke 17,4)

ἁμαρτήσομαι ▸ 1
Verb · first · singular · future · middle · indicative ▸ 1 (Gen. 39,9)

ἁμαρτησόμεθα ▸ 1
Verb · first · plural · future · middle · indicative ▸ 1 (Wis. 15,2)

ἁμαρτήσονται ▸ 1
Verb · third · plural · future · middle · indicative ▸ 1 (2Chr. 19,10)

ἁμαρτήσονταί ▸ 5
Verb · third · plural · future · middle · indicative ▸ 5 (1Kings 8,33; 1Kings 8,35; 1Kings 8,46; 2Chr. 6,26; 2Chr. 6,36)

ἁμαρτήσουσιν ▸ 1
Verb · third · plural · future · active · indicative ▸ 1 (Sir. 24,22)

ἁμαρτήσω ▸ 1
Verb · first · singular · future · active · indicative ▸ 1 (Sol. 16,11)

ἁμαρτήσωμεν ▸ 1
Verb · first · plural · aorist · active · subjunctive ▸ 1 (Rom. 6,15)

ἁμάρτητε ▸ 1 + 1 = 2
Verb · second · plural · aorist · active · subjunctive ▸ 1 + 1 = 2 (1Sam. 14,34; 1John 2,1)

ἁμαρτόντες ▸ 1
Verb · aorist · active · participle · masculine · plural · nominative ▸ 1 (2Mac. 7,18)

ἁμαρτόντι ▸ 1
Verb · aorist · active · participle · masculine · singular · dative ▸ 1 (2Chr. 6,39)

ἁμαρτόντων ▸ 1
Verb · aorist · active · participle · masculine · plural · genitive ▸ 1 (Bar. 2,33)

ἁμαρτούσης ▸ 1
Verb · aorist · active · participle · feminine · singular · genitive ▸ 1 (Num. 15,28)

ἁμάρτω ▸ 3
Verb · first · singular · aorist · active · subjunctive ▸ 3 (Neh. 6,13; Psa. 118,11; Job 10,14)

ἁμάρτωμεν ▸ 2
Verb · first · plural · aorist · active · subjunctive ▸ 2 (Wis. 15,2; Sol. 5,6)

ἁμαρτών ▸ 3
Verb · aorist · active · participle · masculine · singular · nominative ▸ 3 (1Chr. 21,17; Job 33,9; Job 35,3)

ἁμαρτῶν ▸ 2
Verb · aorist · active · participle · masculine · singular · nominative ▸ 2 (Job 31,33; Job 34,8)

ἁμάρτωσιν ▸ 3
Verb · third · plural · aorist · active · subjunctive ▸ 3 (Judith 11,10; 2Mac. 10,4; Dan. 12,10)

ἁμάρτωσίν ▸ 1
Verb · third · plural · aorist · active · subjunctive ▸ 1 (2Chr. 6,24)

ἡμάρτανον ▸ 1
Verb · third · plural · imperfect · active · indicative ▸ 1 (Wis. 12,11)

ἥμαρτεν ▸ 30 + 3 = 33
Verb · third · singular · aorist · active · indicative ▸ 30 + 3 = 33 (Gen. 40,1; Lev. 4,3; Lev. 4,23; Lev. 4,28; Lev. 4,28; Lev. 4,35; Lev. 5,6; Lev. 5,6; Lev. 5,7; Lev. 5,10; Lev. 5,11; Lev. 5,13; Lev. 5,16; Lev. 19,22; Lev. 19,22; Num. 6,11; Num. 16,22; 2Kings 21,17; Neh. 13,26; Eccl. 8,12; Job 1,22; Job 2,10; Sir. 19,16; Sir. 23,11; Hos. 10,9; Hos. 12,9; Lam. 1,8; Ezek. 16,51; Ezek. 18,24; Ezek. 33,16; John 9,2; John 9,3; 1Cor. 7,28)

άμαρτάνω–άμαρτία

ἥμαρτες ▸ 5 + 1 = 6
Verb · second · singular · aorist · active · indicative ▸ 5 + 1 = **6** (Gen. 4,7; Job 35,6; Sir. 21,1; Ezek. 28,16; Ezek. 35,6; 1Cor. 7,28)

Ἥμαρτες ▸ 1
Verb · second · singular · aorist · active · indicative ▸ **1** (Job 42,7)

ἡμάρτετε ▸ 4
Verb · second · plural · aorist · active · indicative ▸ **4** (Deut. 9,16; Deut. 9,18; Jer. 47,3; Jer. 51,23)

ἡμάρτηκα ▸ 5
Verb · first · singular · perfect · active · indicative ▸ **5** (1Sam. 20,1; 1Sam. 24,12; 1Sam. 26,18; 1Kings 18,9; Ode. 12,12)

Ἡμάρτηκα ▸ 10
Verb · first · singular · perfect · active · indicative ▸ **10** (Ex. 9,27; Ex. 10,16; Num. 22,34; 1Sam. 15,24; 1Sam. 15,30; 1Sam. 26,21; 2Sam. 12,13; 2Kings 18,14; 1Chr. 21,8; Ode. 12,12)

ἡμαρτήκαμεν ▸ 1
Verb · first · plural · perfect · active · indicative ▸ **1** (1John 1,10)

Ἡμαρτήκαμεν ▸ 1
Verb · first · plural · perfect · active · indicative ▸ **1** (1Sam. 7,6)

ἡμάρτηκας ▸ 2
Verb · second · singular · perfect · active · indicative ▸ **2** (Job 11,6; Job 15,11)

ἡμαρτήκατε ▸ 2
Verb · second · plural · perfect · active · indicative ▸ **2** (Ex. 32,30; LetterJ 1)

ἡμάρτηκεν ▸ 5
Verb · third · singular · perfect · active · indicative ▸ **5** (Ex. 32,31; Ex. 32,33; Lev. 5,5; Josh. 7,11; 1Sam. 19,4)

Ἡμάρτηκεν ▸ 1
Verb · third · singular · perfect · active · indicative ▸ **1** (1Sam. 14,33)

ἡμαρτηκόσιν ▸ 2
Verb · perfect · active · participle · masculine · plural · dative ▸ **2** (Ode. 12,8; Sol. 9,7)

ἡμαρτηκότων ▸ 2
Verb · perfect · active · participle · masculine · plural · genitive ▸ **2** (1Esdr. 1,22; Bar. 3,7)

ἡμαρτηκὼς ▸ 3
Verb · perfect · active · participle · masculine · singular · nominative ▸ **3** (Gen. 43,9; Gen. 44,32; 4Mac. 4,12)

Ἡμαρτήσαμεν ▸ 1
Verb · first · plural · aorist · active · indicative ▸ **1** (Lam. 3,42)

ἡμάρτομεν ▸ 25 + 5 = 30
Verb · first · plural · aorist · active · indicative ▸ 25 + 5 = **30** (Gen. 20,9; Num. 12,11; Num. 14,40; 1Esdr. 8,89; 1Esdr. 9,11; Neh. 1,6; Esth. 14,6 # 4,17n; Psa. 105,6; Ode. 7,29; Is. 64,4; Jer. 3,25; Jer. 8,14; Jer. 14,7; Jer. 14,20; Jer. 16,10; Bar. 1,13; Bar. 1,17; Bar. 2,5; Bar. 2,12; Bar. 3,2; Lam. 5,16; Dan. 3,29; Dan. 9,5; Dan. 9,11; Dan. 9,15; Dan. 3,29; Dan. 9,5; Dan. 9,11; Dan. 9,15; Dan. 9,16)

Ἡμάρτομεν ▸ 6 + 1 = 7
Verb · first · plural · aorist · active · indicative ▸ 6 + 1 = **7** (Num. 21,7; Deut. 1,41; Judg. 10,15; 1Sam. 12,10; 1Kings 8,47; 2Chr. 6,37; Judg. 10,15)

ἡμάρτομέν ▸ 2 + 1 = 3
Verb · first · plural · aorist · active · indicative ▸ 2 + 1 = **3** (Neh. 1,6; Dan. 9,8; Dan. 9,8)

Ἡμάρτομέν ▸ 1 + 1 = 2
Verb · first · plural · aorist · active · indicative ▸ 1 + 1 = **2** (Judg. 10,10; Judg. 10,10)

ἥμαρτον ▸ 20 + 1 + 8 = 29
Verb · first · singular · aorist · active · indicative ▸ 8 + 4 = **12** (Josh. 7,20; 2Sam. 19,21; Psa. 50,6; Ode. 12,9; Job 7,20; Job 33,27; Mic. 7,9; Jer. 2,35; Matt. 27,4; Luke 15,18; Luke 15,21; Acts 25,8)
Verb · third · plural · aorist · active · indicative ▸ 12 + 1 + 4 = **17** (Lev. 4,14; 1Kings 14,22; 2Kings 17,7; 2Chr. 12,2; 1Esdr. 6,14; Judith 5,17; Tob. 3,3; Psa. 77,32; Job 8,4; Sir. 27,1; Jer. 27,7; Lam. 5,7; Tob. 3,3; Rom. 2,12; Rom. 2,12; Rom. 3,23; Rom. 5,12)

Ἥμαρτον ▸ 2
Verb · first · singular · aorist · active · indicative ▸ **2** (2Sam. 24,10; Sir. 5,4)

ἥμαρτόν ▸ 6 + 1 = 7
Verb · first · singular · aorist · active · indicative ▸ 3 + 1 = **4** (Judg. 11,27; Psa. 40,5; Ode. 14,41; Judg. 11,27)
Verb · third · plural · aorist · active · indicative ▸ **3** (1Kings 8,50; Hos. 4,7; Jer. 40,8)

ἡμάρτοσαν ▸ 8
Verb · third · plural · aorist · active · indicative ▸ **8** (Deut. 32,5; 1Esdr. 4,27; Neh. 9,29; Ode. 2,5; Sol. 9,7; Is. 24,6; Is. 42,24; Ezek. 37,23)

ἡμάρτοσάν ▸ 1
Verb · third · plural · aorist · active · indicative ▸ **1** (Jer. 40,8)

ἁμάρτημα (ἁμαρτάνω) sin, sin offering; error ▸ 36 + 4 = 40

ἁμάρτημα ▸ 7 + 1 = 8
Noun · neuter · singular · accusative · (common) ▸ **4** (Deut. 19,15; Deut. 22,26; Judith 13,16; 2Mac. 12,42)
Noun · neuter · singular · nominative · (common) ▸ 3 + 1 = **4** (Num. 1,53; Josh. 22,17; Judith 11,11; 1Cor. 6,18)

ἁμάρτημά ▸ 3
Noun · neuter · singular · accusative · (common) ▸ **2** (1Sam. 15,25; 2Sam. 12,13)
Noun · neuter · singular · nominative · (common) ▸ **1** (Gen. 31,36)

ἁμαρτήμασιν ▸ 3
Noun · neuter · plural · dative · (common) ▸ **3** (2Mac. 5,18; Wis. 12,19; Wis. 17,3)

ἁμαρτήματα ▸ 19 + 1 = 20
Noun · neuter · plural · accusative · (common) ▸ **17** (Ex. 28,38; Num. 18,23; Deut. 9,27; Josh. 24,19; Judith 7,28; Judith 11,17; 1Mac. 13,39; 2Mac. 13,8; Wis. 2,12; Wis. 2,12; Wis. 11,23; Sir. 23,2; Sol. 17,8; Is. 40,2; Is. 58,1; Jer. 14,20; Ezek. 18,10)
Noun · neuter · plural · nominative · (common) ▸ 2 + 1 = **3** (Hos. 10,8; Is. 59,2; Mark 3,28)

ἁμαρτήματος ▸ 1 + 1 = 2
Noun · neuter · singular · genitive · (common) ▸ 1 + 1 = **2** (Lev. 4,29; Mark 3,29)

ἁμαρτημάτων ▸ 3 + 1 = 4
Noun · neuter · plural · genitive · (common) ▸ 3 + 1 = **4** (Wis. 4,20; Sir. 18,21; Lam. 1,22; Rom. 3,25)

ἁμαρτία (ἁμαρτάνω) sin, sin offering ▸ 526 + 17 + 173 = 716

ἁμαρτία ▸ 45 + 2 + 28 = 75
Noun · feminine · singular · nominative · (common) ▸ 45 + 2 + 28 = **75** (Lev. 4,14; Lev. 4,20; Lev. 4,21; Lev. 4,23; Lev. 4,24; Lev. 4,28; Lev. 5,6; Lev. 5,12; Lev. 19,22; Num. 15,31; Deut. 15,9; Deut. 21,22; Deut. 23,22; Deut. 23,23; Deut. 24,15; 1Sam. 2,17; 1Sam. 14,38; 1Sam. 15,23; 2Kings 21,17; 2Chr. 28,13; Psa. 9,36; Psa. 50,5; Psa. 58,4; Psa. 108,14; Prov. 13,6; Prov. 21,4; Job 24,20; Sir. 10,13; Sir. 13,24; Sir. 19,8; Sir. 23,11; Sir. 27,2; Sir. 27,10; Sol. 3,6; Hos. 13,12; Mic. 1,5; Zech. 14,19; Zech. 14,19; Is. 22,14; Is. 30,13; Is. 33,24; Is. 40,2; Jer. 16,10; Dan. 6,23; Dan. 8,13; Dan. 8,12; Dan. 8,13; Matt. 12,31; John 9,41; Rom. 5,12;

Rom. 5,13; Rom. 5,13; Rom. 5,20; Rom. 5,21; Rom. 6,12; Rom. 6,14; Rom. 7,7; Rom. 7,8; Rom. 7,8; Rom. 7,9; Rom. 7,11; Rom. 7,13; Rom. 7,13; Rom. 7,13; Rom. 7,17; Rom. 7,20; Rom. 14,23; 1Cor. 15,56; James 1,15; James 4,17; 1John 3,4; 1John 3,5; 1John 5,16; 1John 5,17; 1John 5,17)

ἁμαρτίᾳ ▸ 12 + 7 = 19
Noun · feminine · singular · dative · (common) ▸ 12 + 7 = **19** (Gen. 42,21; Num. 16,26; Deut. 24,16; Josh. 22,20; 2Kings 3,3; 2Kings 17,22; 2Chr. 25,4; 1Esdr. 8,73; Psa. 24,11; Sol. 17,20; Sol. 17,20; Jer. 38,30; John 8,21; Rom. 6,1; Rom. 6,2; Rom. 6,6; Rom. 6,10; Rom. 6,11; Rom. 6,13)

ἁμαρτίαι ▸ 29 + 1 + 12 = 42
Noun · feminine · plural · nominative · (common) ▸ 29 + 1 + 12 = **42** (Gen. 15,16; Gen. 18,20; 2Chr. 33,19; 1Esdr. 8,72; Psa. 31,1; Prov. 14,34; Prov. 15,27a; Prov. 29,16; Job 13,23; Job 22,5; Sir. 3,15; Sir. 17,20; Sir. 23,3; Sir. 28,2; Sir. 47,24; Sol. 1,7; Sol. 15,11; Amos 5,12; Is. 1,18; Is. 59,12; Jer. 5,25; Jer. 14,7; Jer. 14,7; Jer. 37,14; Jer. 37,16; Ezek. 33,16; Dan. 4,34; Dan. 8,12; Sus. 52; Sus. 52; Matt. 9,2; Matt. 9,5; Mark 2,5; Mark 2,9; Luke 5,20; Luke 5,23; Luke 7,47; Luke 7,48; Rom. 4,7; 1Tim. 5,24; 1John 2,12; Rev. 18,5)

ἁμαρτίαις ▸ 50 + 1 + 9 = 60
Noun · feminine · plural · dative · (common) ▸ 50 + 1 + 9 = **60** (Lev. 26,18; 1Kings 8,34; 1Kings 8,36; 1Kings 14,22; 1Kings 15,3; 1Kings 15,26; 1Kings 15,34; 1Kings 16,19; 1Kings 16,26; 1Kings 16,31; 1Kings 22,53; 2Kings 1,18c; 2Kings 14,6; 2Kings 24,3; 2Chr. 6,25; 2Chr. 6,27; 2Chr. 7,14; 2Chr. 28,13; Neh. 1,6; Neh. 9,37; Tob. 3,3; Psa. 50,7; Psa. 77,38; Psa. 78,9; Psa. 140,4; Prov. 13,9a; Prov. 24,9; Job 34,37; Sir. 3,27; Sir. 4,26; Sir. 5,5; Sir. 12,14; Sir. 16,9; Sir. 23,12; Sol. 9,6; Sol. 17,5; Mic. 6,13; Is. 14,21; Is. 30,1; Is. 43,24; Is. 50,1; Is. 53,6; Is. 59,3; Jer. 43,3; Ezek. 3,20; Ezek. 16,52; Ezek. 18,24; Dan. 4,22; Dan. 9,16; Dan. 11,32; Tob. 3,3; John 8,24; John 8,24; John 9,34; 1Cor. 15,17; Eph. 2,1; 1Tim. 5,22; 2Tim. 3,6; 1Pet. 2,24; Rev. 18,4)

ἁμαρτίαν ▸ 69 + 4 + 27 = 100
Noun · feminine · singular · accusative · (common) ▸ 69 + 4 + 27 = **100** (Gen. 20,9; Gen. 41,9; Gen. 50,17; Ex. 10,17; Ex. 28,43; Ex. 32,21; Ex. 32,30; Ex. 32,31; Ex. 32,32; Ex. 32,34; Lev. 4,32; Lev. 5,1; Lev. 5,5; Lev. 5,17; Lev. 7,18; Lev. 10,17; Lev. 19,8; Lev. 19,17; Lev. 20,17; Lev. 20,19; Lev. 22,9; Lev. 24,15; Num. 5,7; Num. 5,15; Num. 5,31; Num. 6,14; Num. 9,13; Num. 12,11; Num. 14,19; Num. 18,22; Num. 18,32; Num. 27,3; Num. 30,16; Num. 32,23; Deut. 9,21; Deut. 19,15; 1Kings 12,30; 1Kings 13,34; 2Kings 17,21; 1Chr. 21,3; 1Esdr. 9,7; Tob. 12,9; 2Mac. 12,42; 4Mac. 5,19; Psa. 31,2; Psa. 31,5; Psa. 58,13; Psa. 108,7; Prov. 10,19; Prov. 12,13; Prov. 26,11; Prov. 26,11a; Job 31,33; Job 42,9; Job 42,10; Sir. 3,27; Sir. 4,21; Sir. 5,5; Sir. 7,8; Sir. 26,28; Sol. 3,6; Sol. 8,13; Mic. 1,5; Is. 3,9; Is. 27,9; Is. 57,17; Ezek. 36,19; Dan. 6,5; Dan. 9,24; Tob. 12,9; Tob. 12,10; Tob. 14,7; Dan. 9,24; John 1,29; John 8,34; John 9,41; John 15,22; John 15,24; John 19,11; Acts 7,60; Rom. 3,9; Rom. 4,8; Rom. 7,7; Rom. 7,14; Rom. 8,3; Rom. 8,10; 2Cor. 5,21; 2Cor. 5,21; 2Cor. 11,7; Gal. 3,22; Heb. 12,1; Heb. 12,4; James 1,15; James 2,9; 1Pet. 2,22; 1John 1,8; 1John 3,4; 1John 3,8; 1John 3,9; 1John 5,16)

Ἁμαρτίαν ▸ 1
Noun · feminine · singular · accusative · (common) ▸ **1** (Lam. 1,8)

ἁμαρτίας ▸ 262 + 7 + 58 = 327
Noun · feminine · plural · accusative · (common) ▸ 109 + 6 + 25 = **140** (Ex. 20,5; Ex. 34,7; Ex. 34,9; Lev. 16,21; Lev. 26,21; Lev. 26,28; Lev. 26,39; Lev. 26,40; Lev. 26,40; Lev. 26,41; Num. 14,18; Num. 14,18; Num. 14,34; Num. 18,1; Num. 18,1; Deut. 5,9; Deut. 30,3; 1Sam. 12,19; 2Chr. 36,5c; 1Esdr. 8,74; 1Esdr. 8,83; 1Esdr. 8,84; Neh. 9,2; Neh. 10,34; Judith 7,28; 2Mac. 5,17; 2Mac. 7,32; 3Mac. 2,13; 3Mac. 2,19; Psa. 24,18; Psa. 84,3; Psa. 88,33; Psa. 102,10; Ode. 7,28; Ode. 7,37; Ode. 11,17; Ode. 14,19; Ode. 14,21; Prov. 10,16; Prov. 26,26; Prov. 29,22; Eccl. 10,4; Job 1,5; Job 10,6; Job 13,26; Sir. 2,11; Sir. 3,3; Sir. 3,30; Sir. 17,25; Sir. 23,16; Sir. 28,1; Sir. 28,5; Sir. 28,8; Sir. 34,19; Sir. 47,11; Sir. 48,16; Sol. 2,7; Sol. 2,16; Sol. 2,17; Sol. 3,10; Sol. 3,10; Sol. 8,8; Sol. 9,7; Hos. 4,8; Hos. 8,11; Hos. 8,13; Hos. 9,9; Amos 3,2; Mic. 3,8; Mic. 7,19; Is. 1,14; Is. 5,18; Is. 6,7; Is. 13,11; Is. 30,1; Is. 38,17; Is. 44,22; Is. 53,4; Is. 53,5; Is. 53,11; Is. 53,12; Is. 53,12; Is. 55,7; Is. 59,2; Is. 64,6; Is. 65,7; Is. 66,4; Jer. 15,13; Jer. 16,18; Jer. 18,23; Jer. 27,20; Jer. 39,18; Bar. 4,12; LetterJ 1; Ezek. 18,14; Ezek. 21,29; Ezek. 23,49; Ezek. 39,23; Ezek. 43,22; Ezek. 43,25; Ezek. 44,29; Ezek. 45,17; Ezek. 45,22; Ezek. 45,23; Ezek. 46,20; Dan. 3,28; Dan. 3,37; Dan. 9,20; Dan. 9,20; Dan. 3,28; Dan. 3,37; Dan. 4,27; Dan. 9,20; Dan. 9,20; Dan. 9,24; Matt. 3,6; Matt. 9,6; Mark 1,5; Mark 2,7; Mark 2,10; Luke 5,21; Luke 5,24; Luke 7,49; Luke 11,4; John 20,23; Acts 3,19; Acts 22,16; Rom. 11,27; 1Th. 2,16; Heb. 2,17; Heb. 9,28; Heb. 9,28; Heb. 10,4; Heb. 10,11; James 5,15; James 5,16; 1Pet. 2,24; 1John 1,9; 1John 1,9; 1John 3,5)

Noun · feminine · singular · genitive · (common) ▸ 153 + 1 + 33 = **187** (Ex. 29,14; Ex. 29,36; Ex. 32,30; Lev. 4,3; Lev. 4,3; Lev. 4,8; Lev. 4,14; Lev. 4,20; Lev. 4,25; Lev. 4,26; Lev. 4,28; Lev. 4,29; Lev. 4,33; Lev. 4,34; Lev. 4,35; Lev. 5,6; Lev. 5,6; Lev. 5,6; Lev. 5,7; Lev. 5,7; Lev. 5,8; Lev. 5,9; Lev. 5,9; Lev. 5,10; Lev. 5,11; Lev. 5,11; Lev. 5,13; Lev. 6,10; Lev. 6,18; Lev. 6,18; Lev. 6,23; Lev. 7,7; Lev. 7,37; Lev. 8,2; Lev. 8,14; Lev. 8,14; Lev. 9,2; Lev. 9,3; Lev. 9,7; Lev. 9,8; Lev. 9,10; Lev. 9,15; Lev. 9,22; Lev. 10,16; Lev. 10,17; Lev. 10,19; Lev. 10,19; Lev. 12,6; Lev. 12,8; Lev. 14,13; Lev. 14,13; Lev. 14,19; Lev. 14,19; Lev. 14,22; Lev. 14,31; Lev. 15,15; Lev. 15,30; Lev. 16,3; Lev. 16,5; Lev. 16,6; Lev. 16,9; Lev. 16,11; Lev. 16,11; Lev. 16,15; Lev. 16,27; Lev. 16,27; Lev. 19,22; Lev. 23,19; Num. 5,31; Num. 6,11; Num. 6,16; Num. 7,16; Num. 7,22; Num. 7,28; Num. 7,34; Num. 7,40; Num. 7,46; Num. 7,52; Num. 7,58; Num. 7,64; Num. 7,70; Num. 7,76; Num. 7,82; Num. 7,87; Num. 8,8; Num. 8,12; Num. 15,24; Num. 15,25; Num. 15,27; Num. 28,15; Num. 28,22; Num. 28,30; Num. 29,5; Num. 29,11; Num. 29,11; Num. 29,16; Num. 29,19; Num. 29,22; Num. 29,25; Num. 29,28; Num. 29,31; Num. 29,34; Num. 29,38; 2Kings 12,17; 2Kings 13,11; 2Chr. 29,21; 2Chr. 29,23; 2Chr. 29,24; 1Esdr. 7,8; Ezra 6,17; Ezra 8,35; Tob. 3,14; Tob. 4,21; 2Mac. 2,11; 2Mac. 12,43; 2Mac. 12,45; 4Mac. 17,21; Psa. 18,14; Psa. 24,7; Psa. 31,5; Psa. 37,19; Psa. 39,7; Psa. 50,4; Prov. 28,2; Job 7,21; Wis. 1,4; Wis. 10,13; Sir. 8,5; Sir. 21,2; Sir. 23,10; Sir. 23,13; Sir. 25,24; Sir. 26,29; Sir. 27,13; Sir. 38,10; Sir. 46,7; Sir. 47,24; Sol. 10,1; Sol. 14,6; Sol. 16,7; Sol. 16,8; Sol. 17,36; Mic. 1,13; Mic. 6,7; Is. 53,10; Bar. 1,10; Lam. 3,39; Ezek. 33,14; Ezek. 40,39; Ezek. 42,13; Ezek. 43,19; Ezek. 43,21; Ezek. 45,25; Tob. 4,21; John 8,34; John 8,46; John 15,22; John 16,8; John 16,9; Rom. 3,20; Rom. 5,12; Rom. 6,6; Rom. 6,7; Rom. 6,16; Rom. 6,17; Rom. 6,18; Rom. 6,20; Rom. 6,22; Rom. 6,23; Rom. 7,23; Rom. 7,25; Rom. 8,2; Rom. 8,3; Rom. 8,3; 1Cor. 15,56; Gal. 2,17; Heb. 3,13; Heb. 4,15; Heb. 9,26; Heb. 10,6; Heb. 10,8; Heb. 10,18; Heb. 11,25; Heb. 13,11; 1Pet. 4,1; 2Pet. 2,14; 1John 1,7)

ἁμαρτιῶν ▸ 58 + 2 + 32 = 92
Noun · feminine · plural · genitive · (common) ▸ 58 + 2 + 32 = **92** (Ex. 30,10; Lev. 16,16; Lev. 16,25; Lev. 16,30; Lev. 16,34; Lev. 26,24; Num. 5,6; Num. 18,9; Deut. 9,18; 1Kings 8,35; 1Kings 15,30; 1Kings 16,13; 1Kings 16,19; 2Kings 10,29; 2Kings 10,31; 2Kings 13,2; 2Kings 13,6; 2Kings 14,24; 2Kings 15,9; 2Kings

άμαρτία–Αμασι

15,18; 2Kings 15,24; 2Kings 15,28; 2Kings 21,16; 2Chr. 6,26; Tob. 3,5; 2Mac. 6,14; 2Mac. 6,15; Psa. 37,4; Psa. 50,11; Ode. 9,77; Ode. 12,10; Prov. 5,22; Prov. 20,9; Job 14,16; Sir. 3,14; Sir. 5,6; Sir. 14,1; Sir. 18,27; Sir. 23,18; Sir. 28,4; Sir. 34,26; Sir. 39,5; Sir. 48,15; Sol. 4,3; Is. 1,4; Is. 64,8; Is. 65,2; Jer. 38,34; Jer. 40,8; Lam. 4,13; Ezek. 16,51; Ezek. 28,17; Ezek. 28,18; Ezek. 43,10; Dan. 4,27; Dan. 4,33a; Dan. 8,23; Dan. 9,13; Tob. 3,5; Dan. 8,23; Matt. 1,21; Matt. 26,28; Mark 1,4; Luke 1,77; Luke 3,3; Luke 24,47; Acts 2,38; Acts 5,31; Acts 10,43; Acts 13,38; Acts 26,18; Rom. 7,5; 1Cor. 15,3; Gal. 1,4; Col. 1,14; Heb. 1,3; Heb. 5,1; Heb. 5,3; Heb. 7,27; Heb. 8,12; Heb. 10,2; Heb. 10,3; Heb. 10,12; Heb. 10,17; Heb. 10,26; James 5,20; 1Pet. 3,18; 1Pet. 4,8; 2Pet. 1,9; 1John 2,2; 1John 4,10; Rev. 1,5)

ἀμάρτυρος (ἀ; μάρτυς) unattested, without witness, evidence ▸ 1
  ἀμάρτυρον ▸ 1
    Adjective ▪ masculine ▪ singular ▪ accusative ▸ **1** (Acts 14,17)

ἁμαρτωλός (ἁμαρτάνω) sinner, sinful ▸ 179 + 47 = 226
  Ἁμαρτωλέ ▸ 1
    Adjective ▪ masculine ▪ singular ▪ vocative ▪ noDegree ▸ **1** (Sus. 59)
  ἁμαρτωλοὶ ▸ 22 + 9 = 31
    Adjective ▪ masculine ▪ plural ▪ nominative ▪ noDegree ▸ 22 + 9 = **31** (Gen. 13,13; Psa. 1,5; Psa. 9,18; Psa. 10,2; Psa. 36,20; Psa. 57,4; Psa. 67,3; Psa. 72,12; Psa. 74,9; Psa. 93,3; Psa. 103,35; Psa. 118,95; Psa. 118,110; Sir. 15,7; Sol. 12,6; Sol. 13,11; Sol. 14,6; Sol. 15,12; Sol. 15,13; Amos 9,10; Is. 1,28; Is. 1,31; Matt. 9,10; Mark 2,15; Luke 6,32; Luke 6,33; Luke 6,34; Luke 13,2; Luke 15,1; Rom. 5,19; Jude 15)
  ἁμαρτωλοί ▸ 9 + 3 = 12
    Adjective ▪ masculine ▪ plural ▪ nominative ▪ noDegree ▸ 9 + 2 = **11** (1Kings 1,21; Tob. 13,8; Psa. 36,14; Psa. 93,3; Psa. 128,3; Psa. 140,10; Sol. 17,5; Dan. 12,10; Dan. 12,10; Gal. 2,15; Gal. 2,17)
    Adjective ▪ masculine ▪ plural ▪ vocative ▸ **1** (James 4,8)
  ἁμαρτωλοῖς ▸ 6 + 2 = 8
    Adjective ▪ masculine ▪ plural ▪ dative ▪ noDegree ▸ 6 + 2 = **8** (Tob. 4,17; Wis. 19,13; Sir. 39,25; Sir. 39,27; Sol. 2,16; Sol. 2,34; Luke 6,34; 1Tim. 1,9)
  ἁμαρτωλόν ▸ 4
    Adjective ▪ masculine ▪ singular ▪ accusative ▪ noDegree ▸ **2** (Psa. 108,6; Sir. 10,23)
    Adjective ▪ neuter ▪ singular ▪ accusative ▪ noDegree ▸ **1** (1Mac. 1,34)
    Adjective ▪ neuter ▪ singular ▪ nominative ▪ noDegree ▸ **1** (Is. 1,4)
  ἁμαρτωλὸν ▸ 3 + 1 = 4
    Adjective ▪ masculine ▪ singular ▪ accusative ▪ noDegree ▸ 3 + 1 = **4** (Psa. 38,2; Sol. 2,1; Ezek. 33,19; James 5,20)
  ἁμαρτωλός ▸ 8 + 5 = 13
    Adjective ▪ feminine ▪ singular ▪ nominative ▸ **2** (Luke 7,37; Luke 7,39)
    Adjective ▪ masculine ▪ singular ▪ nominative ▪ noDegree ▸ 8 + 3 = **11** (Psa. 9,17; Psa. 9,25; Psa. 36,10; Prov. 12,13; Sir. 16,13; Sir. 23,8; Sir. 29,16; Sir. 33,14; Luke 5,8; John 9,24; John 9,25)
  ἁμαρτωλὸς ▸ 20 + 4 = 24
    Adjective ▪ feminine ▪ singular ▪ nominative ▪ noDegree ▸ 1 + 1 = **2** (1Mac. 1,10; Rom. 7,13)
    Adjective ▪ masculine ▪ singular ▪ nominative ▪ noDegree ▸ 19 + 3 = **22** (Deut. 29,18; Psa. 9,24; Psa. 36,12; Psa. 36,21; Psa. 36,32; Psa. 111,10; Prov. 11,31; Sir. 3,27; Sir. 5,9; Sir. 5,15; Sir. 11,32; Sir. 13,17; Sir. 27,30; Sir. 28,9; Sir. 29,19; Sir. 32,17; Sol. 3,9; Sol. 13,8; Is. 65,20; John 9,16; Rom. 3,7; 1Pet. 4,18)
  ἁμαρτωλοῦ ▸ 25
    Adjective ▪ masculine ▪ singular ▪ genitive ▪ noDegree ▸ **25** (1Mac. 2,62; Psa. 9,36; Psa. 31,10; Psa. 54,4; Psa. 57,11; Psa. 70,4; Psa. 81,4; Psa. 108,2; Psa. 139,5; Psa. 140,5; Sir. 8,10; Sir. 9,11; Sir. 11,21; Sir. 12,4; Sir. 12,7; Sir. 15,9; Sir. 15,12; Sir. 21,6; Sir. 25,19; Sol. 2,34; Sol. 2,35; Sol. 3,11; Sol. 13,6; Sol. 16,2; Sol. 17,23)
  ἁμαρτωλούς ▸ 5 + 2 = 7
    Adjective ▪ masculine ▪ plural ▪ accusative ▪ noDegree ▸ 5 + 2 = **7** (Psa. 105,18; Psa. 138,19; Prov. 23,17; Prov. 24,19; Sol. 1,1; Matt. 9,13; Mark 2,17)
  ἁμαρτωλοὺς ▸ 19 + 3 = 22
    Adjective ▪ masculine ▪ plural ▪ accusative ▪ noDegree ▸ 19 + 3 = **22** (1Mac. 2,44; Psa. 10,6; Psa. 36,34; Psa. 91,8; Psa. 100,8; Psa. 118,119; Psa. 144,20; Psa. 146,6; Ode. 12,5; Sir. 5,6; Sir. 12,6; Sol. 4,2; Sol. 4,8; Sol. 15,5; Sol. 15,8; Sol. 17,23; Sol. 17,25; Sol. 17,36; Is. 13,9; Luke 5,32; Luke 15,2; 1Tim. 1,15)
  ἁμαρτωλῷ ▸ 11 + 5 = 16
    Adjective ▪ feminine ▪ singular ▪ dative ▸ **1** (Mark 8,38)
    Adjective ▪ masculine ▪ singular ▪ dative ▪ noDegree ▸ 11 + 4 = **15** (2Chr. 19,2; 1Mac. 2,48; Psa. 49,16; Psa. 93,13; Psa. 139,9; Ode. 12,8; Sir. 1,25; Sir. 2,12; Sir. 12,14; Sol. 2,35; Ezek. 33,8; Luke 15,7; Luke 15,10; Luke 18,13; Luke 19,7)
  ἁμαρτωλῶν ▸ 46 + 13 = 59
    Adjective ▪ masculine ▪ plural ▪ genitive ▪ noDegree ▸ 46 + 13 = **59** (Num. 17,3; Num. 32,14; Tob. 13,8; Psa. 1,1; Psa. 3,8; Psa. 7,10; Psa. 27,3; Psa. 33,22; Psa. 35,12; Psa. 36,16; Psa. 36,17; Psa. 36,40; Psa. 72,3; Psa. 74,11; Psa. 81,2; Psa. 83,11; Psa. 90,8; Psa. 96,10; Psa. 111,10; Psa. 118,53; Psa. 118,61; Psa. 118,155; Psa. 124,3; Psa. 128,4; Psa. 145,9; Wis. 4,10; Sir. 7,16; Sir. 11,9; Sir. 16,6; Sir. 19,22; Sir. 21,10; Sir. 40,8; Sir. 41,5; Sir. 41,6; Sir. 41,11; Sol. 3,12; Sol. 4,23; Sol. 13,2; Sol. 13,5; Sol. 13,7; Sol. 15,5; Sol. 15,10; Sol. 15,11; Sol. 16,5; Amos 9,8; Is. 14,5; Matt. 9,11; Matt. 11,19; Matt. 26,45; Mark 2,16; Mark 2,16; Mark 14,41; Luke 5,30; Luke 7,34; Luke 24,7; John 9,31; Rom. 5,8; Heb. 7,26; Heb. 12,3)

Αμαρφαλ Amraphel ▸ 2
  Αμαρφαλ ▸ 2
    Noun ▪ masculine ▪ singular ▪ accusative ▪ (proper) ▸ **1** (Gen. 14,9)
    Noun ▪ masculine ▪ singular ▪ genitive ▪ (proper) ▸ **1** (Gen. 14,1)

Αμασαι Amzi, Amasai ▸ 3
  Αμασαι ▸ 3
    Noun ▪ masculine ▪ singular ▪ accusative ▪ (proper) ▸ **1** (1Chr. 12,19)
    Noun ▪ masculine ▪ singular ▪ genitive ▪ (proper) ▸ **1** (1Chr. 6,31)
    Noun ▪ masculine ▪ singular ▪ nominative ▪ (proper) ▸ **1** (1Chr. 15,24)

αμασενιθ (Hebr.) sheminith; octave (?) ▸ 1
  αμασενιθ ▸ 1
    Noun ▸ **1** (1Chr. 15,21)

ἀμάσητος (ἀ; μασάομαι) unchewed ▸ 1
  ἀμάσητος ▸ 1
    Adjective ▪ masculine ▪ singular ▪ nominative ▪ noDegree ▸ **1** (Job 20,18)

Αμασι Amasai, Amzi ▸ 3
  Αμασι ▸ 3
    Noun ▪ masculine ▪ singular ▪ genitive ▪ (proper) ▸ **1** (2Chr. 29,12)
    Noun ▪ masculine ▪ singular ▪ nominative ▪ (proper) ▸ **2** (1Chr. 6,10; Neh. 11,12)

Αμασια Amaziah ‣ 1
- Αμασια ‣ 1
  - **Noun** · masculine · singular · genitive · (proper) ‣ **1** (1Chr. 4,34)

Αμασιας Amaziah, Amasai, Amasiah ‣ 26
- Αμασιαν ‣ 5
  - **Noun** · masculine · singular · accusative · (proper) ‣ **5** (2Chr. 25,14; 2Chr. 25,15; 2Chr. 25,18; 2Chr. 25,23; Amos 7,14)
- Αμασιας ‣ 18
  - **Noun** · masculine · singular · nominative · (proper) ‣ **18** (1Chr. 3,12; 2Chr. 17,16; 2Chr. 24,27; 2Chr. 25,1; 2Chr. 25,5; 2Chr. 25,9; 2Chr. 25,10; 2Chr. 25,11; 2Chr. 25,13; 2Chr. 25,17; 2Chr. 25,20; 2Chr. 25,21; 2Chr. 25,25; 2Chr. 25,27; 2Chr. 26,4; 2Chr. 28,12; Amos 7,10; Amos 7,12)
- Αμασιου ‣ 3
  - **Noun** · masculine · singular · genitive · (proper) ‣ **3** (1Chr. 6,20; 2Chr. 25,26; 2Chr. 26,1)

αματταρι (Hebr.) mark, target ‣ 1
- αματταρι ‣ 1
  - **Noun** · feminine · singular · accusative · (common) ‣ **1** (1Sam. 20,20)

ἀμαυρός (α; μαυρός) dark, obscure, dim ‣ 6
- ἀμαυρά ‣ 3
  - **Adjective** · feminine · singular · nominative · noDegree ‣ **3** (Lev. 13,4; Lev. 13,21; Lev. 13,28)
- ἀμαυρά ‣ 2
  - **Adjective** · feminine · singular · nominative · noDegree ‣ **2** (Lev. 13,6; Lev. 13,56)
- ἀμαυρόν ‣ 1
  - **Adjective** · neuter · singular · nominative · noDegree ‣ **1** (Lev. 13,26)

ἀμαυρόω (α; μαυρός) to make dark, obscure, dim ‣ 4
- ἀμαυροῖ ‣ 2
  - **Verb** · third · singular · present · active · indicative ‣ **2** (Wis. 4,12; Sir. 43,4)
- ἀμαυρωθήσεται ‣ 1
  - **Verb** · third · singular · future · passive · indicative ‣ **1** (Lam. 4,1)
- ἠμαυρώθησαν ‣ 1
  - **Verb** · third · plural · aorist · passive · indicative ‣ **1** (Deut. 34,7)

αμαφεθ (Hebr.) threshold ‣ 1
- αμαφεθ ‣ 1
  - **Noun** · singular · accusative · (common) ‣ **1** (1Sam. 5,4)

ἄμαχος (α; μάχη) not a brawler ‣ 2
- ἄμαχον ‣ 1
  - **Adjective** · masculine · singular · accusative ‣ **1** (1Tim. 3,3)
- ἀμάχους ‣ 1
  - **Adjective** · masculine · plural · accusative ‣ **1** (Titus 3,2)

ἀμάω to mow, reap ‣ 5 + 1 = 6
- ἀμησάντων ‣ 1
  - **Verb** · aorist · active · participle · masculine · plural · genitive ‣ **1** (James 5,4)
- ἀμήσατε ‣ 1
  - **Verb** · second · plural · aorist · active · imperative ‣ **1** (Is. 37,30)
- ἀμήσετε ‣ 1
  - **Verb** · second · plural · future · active · indicative ‣ **1** (Lev. 25,11)
- ἀμήση ‣ 1
  - **Verb** · third · singular · aorist · active · subjunctive ‣ **1** (Is. 17,5)
- ἀμήσης ‣ 2
  - **Verb** · second · singular · aorist · active · subjunctive ‣ **2** (Deut. 24,19; Mic. 6,15)

Αμβακουμ Habakkuk ‣ 10 + 5 = 15
- Αμβακουμ ‣ 10 + 5 = 15
  - **Noun** · masculine · singular · accusative · (proper) ‣ 2 + 1 = **3** (Bel 34; Bel 39; Bel 39)
  - **Noun** · masculine · singular · dative · (proper) ‣ **1** (Bel 34)
  - **Noun** · masculine · singular · genitive · (proper) ‣ **4** (Ode. 4,1; Hab. 3,1; Bel 1; Bel 36)
  - **Noun** · masculine · singular · nominative · (proper) ‣ 4 + 3 = **7** (Hab. 1,1; Bel 33; Bel 35; Bel 37; Bel 33; Bel 35; Bel 37)

ἀμβλακία fault, error ‣ 1
- ἀμβλακίας ‣ 1
  - **Noun** · feminine · plural · accusative · (common) ‣ **1** (3Mac. 2,19)

ἀμβλύνω (ἀμβλύς) to dim, become blind ‣ 1
- ἠμβλύνθησαν ‣ 1
  - **Verb** · third · plural · aorist · passive · indicative ‣ **1** (Gen. 27,1)

ἀμβλυωπέω (ἀμβλύς; ὁράω) to see poorly ‣ 1
- ἠμβλυώπουν ‣ 1
  - **Verb** · third · plural · imperfect · active · indicative ‣ **1** (1Kings 12,24i)

Αμβραμ Amram ‣ 10
- Αμβραμ ‣ 10
  - **Noun** · masculine · singular · dative · (proper) ‣ **1** (1Chr. 26,23)
  - **Noun** · masculine · singular · genitive · (proper) ‣ **4** (Ex. 6,20; 1Chr. 5,29; 1Chr. 23,13; 1Chr. 24,20)
  - **Noun** · masculine · singular · nominative · (proper) ‣ **5** (Ex. 6,18; Ex. 6,20; 1Chr. 5,28; 1Chr. 6,3; 1Chr. 23,12)

Αμβρι Omri ‣ 16
- Αμβρι ‣ 16
  - **Noun** · masculine · singular · accusative · (proper) ‣ **1** (1Kings 16,16)
  - **Noun** · masculine · singular · genitive · (proper) ‣ **7** (1Kings 16,21; 1Kings 16,22; 1Kings 16,27; 1Kings 16,28a; 1Kings 16,29; 2Kings 8,26; 2Chr. 22,2)
  - **Noun** · masculine · singular · nominative · (proper) ‣ **8** (1Kings 16,17; 1Kings 16,22; 1Kings 16,23; 1Kings 16,24; 1Kings 16,25; 1Kings 16,28; 1Chr. 8,24; 1Chr. 27,18)

ἀμβρόσιος (α; βροτός) heavenly, ambrosial ‣ 1
- ἀμβροσίας ‣ 1
  - **Adjective** · feminine · singular · genitive · noDegree ‣ **1** (Wis. 19,21)

ἀμέθυστος (α; μεθύω) amethyst ‣ 3 + 1 = 4
- ἀμέθυστον ‣ 1
  - **Noun** · neuter · singular · accusative · (common) ‣ **1** (Ezek. 28,13)
- ἀμέθυστος ‣ 2 + 1 = 3
  - **Noun** · feminine · singular · nominative · (common) ‣ 2 + 1 = **3** (Ex. 28,19; Ex. 36,19; Rev. 21,20)

ἀμείδητος dismal, gloomy ‣ 1
- ἀμειδήτοις ‣ 1
  - **Adjective** · neuter · plural · dative · noDegree ‣ **1** (Wis. 17,4)

ἀμειξία (ἀμείβω) revolt ‣ 2
- ἀμειξίας ‣ 2
  - **Noun** · feminine · singular · genitive · (common) ‣ **2** (2Mac. 14,3; 2Mac. 14,38)

Αμεκασις Emek-keziz ‣ 1
- Αμεκασις ‣ 1
  - **Noun** · singular · nominative · (proper) ‣ **1** (Josh. 18,21)

Αμεκκασις Emek Keziz ‣ 1
- Αμεκκασις ‣ 1
  - **Noun** · singular · nominative · (proper) ‣ **1** (Josh. 18,21)

ἀμέλγω to milk, pour like milk ‣ 2
- ἄμελγε ‣ 1

ἀμέλγω–ἀμεταμέλητος   107

    Verb · second · singular · present · active · imperative ▸ **1** (Prov. 30,33)
  ἤμελξας ▸ 1
    Verb · second · singular · aorist · active · indicative ▸ **1** (Job 10,10)

ἀμελέω (α; μέλω) to neglect ▸ 4 + 4 = 8
  ἀμέλει ▸ 1
    Verb · second · singular · present · active · imperative ▸ **1** (1Tim. 4,14)
  ἀμελήσαντες ▸ 1 + 2 = 3
    Verb · aorist · active · participle · masculine · plural · nominative ▸ **1 + 2 = 3** (Wis. 3,10; Matt. 22,5; Heb. 2,3)
  ἀμελοῦντες ▸ 1
    Verb · present · active · participle · masculine · plural · nominative ▸ **1** (2Mac. 4,14)
  ἠμέλησα ▸ 1 + 1 = 2
    Verb · first · singular · aorist · active · indicative ▸ **1 + 1 = 2** (Jer. 38,32; Heb. 8,9)
  ἠμέλησας ▸ 1
    Verb · second · singular · aorist · active · indicative ▸ **1** (Jer. 4,17)

ἄμελξις (ἀμέλγω) milking ▸ 1
  ἄμελξιν ▸ 1
    Noun · feminine · singular · accusative · (common) ▸ **1** (Job 20,17)

Αμελσαδ Amelsad ▸ 2
  Αμελσαδ ▸ 2
    Noun · masculine · singular · accusative · (proper) ▸ **1** (Dan. 1,11)
    Noun · masculine · singular · nominative · (proper) ▸ **1** (Dan. 1,16)

ἀμελῶς (α; μέλω) carelessly, neglectfully ▸ 1
  ἀμελῶς ▸ 1
    Adverb ▸ **1** (Jer. 31,10)

ἄμεμπτος (α; μέμφομαι) blameless ▸ 16 + 5 = 21
  ἄμεμπτοι ▸ 2
    Adjective · masculine · plural · nominative ▸ **2** (Luke 1,6; Phil. 2,15)
  ἄμεμπτον ▸ 3
    Adjective · feminine · singular · accusative · noDegree ▸ **1** (Esth. 16,13 # 8,12n)
    Adjective · masculine · singular · accusative · noDegree ▸ **1** (Wis. 10,5)
    Adjective · neuter · singular · accusative · noDegree ▸ **1** (Wis. 10,15)
  ἄμεμπτος ▸ 13 + 2 = 15
    Adjective · feminine · singular · nominative ▸ **1** (Heb. 8,7)
    Adjective · masculine · singular · nominative · noDegree ▸ **13 + 1 = 14** (Gen. 17,1; Job 1,1; Job 1,8; Job 2,3; Job 4,17; Job 9,20; Job 11,4; Job 12,4; Job 15,14; Job 22,3; Job 22,19; Job 33,9; Wis. 18,21; Phil. 3,6)
  ἀμέμπτους ▸ 1
    Adjective · feminine · plural · accusative ▸ **1** (1Th. 3,13)

ἀμέμπτως (α; μέμφομαι) blamelessly ▸ 1 + 2 = 3
  ἀμέμπτως ▸ 1 + 2 = 3
    Adverb ▸ 1 + 2 = 3 (Esth. 13,4 # 3,13d; 1Th. 2,10; 1Th. 5,23)

ἀμερής (α; μέρος) momentary ▸ 2
  ἀμερεῖ ▸ 1
    Adjective · masculine · singular · dative · noDegree ▸ **1** (3Mac. 6,29)
  ἀμερῆ ▸ 1
    Adjective · masculine · singular · accusative · noDegree ▸ **1** (3Mac. 5,25)

ἀμέριμνος (α; μεριμνάω) secure, without care ▸ 2 + 2 = 4
  ἀμέριμνον ▸ 1
    Adjective · neuter · singular · nominative · noDegree ▸ **1** (Wis. 7,23)
  ἀμέριμνος ▸ 1
    Adjective · masculine · singular · nominative · noDegree ▸ **1** (Wis. 6,15)
  ἀμερίμνους ▸ 2
    Adjective · masculine · plural · accusative ▸ **2** (Matt. 28,14; 1Cor. 7,32)

Αμεσσα Amasa ▸ 3
  Αμεσσα ▸ 3
    Noun · masculine · singular · accusative · (proper) ▸ **2** (1Kings 2,32; 1Chr. 2,17)
    Noun · masculine · singular · genitive · (proper) ▸ **1** (1Chr. 2,17)

Αμεσσαι Amasa ▸ 1
  Αμεσσαι ▸ 1
    Noun · masculine · singular · nominative · (proper) ▸ **1** (Neh. 11,13)

Αμεσσαϊ Amasa ▸ 12
  Αμεσσαϊ ▸ 12
    Noun · masculine · singular · accusative · (proper) ▸ **3** (2Sam. 17,25; 2Sam. 20,4; 2Sam. 20,12)
    Noun · masculine · singular · dative · (proper) ▸ **3** (2Sam. 19,14; 2Sam. 20,9; 1Kings 2,5)
    Noun · masculine · singular · genitive · (proper) ▸ **1** (2Sam. 20,9)
    Noun · masculine · singular · nominative · (proper) ▸ **5** (2Sam. 17,25; 2Sam. 20,5; 2Sam. 20,8; 2Sam. 20,10; 2Sam. 20,12)

Αμεσσια Amaziah ▸ 1
  Αμεσσια ▸ 1
    Noun · masculine · singular · genitive · (proper) ▸ **1** (1Chr. 6,30)

Αμεσσιας Amaziah ▸ 16
  Αμεσσιαν ▸ 2
    Noun · masculine · singular · accusative · (proper) ▸ **2** (2Kings 14,9; 2Kings 14,13)
  Αμεσσιας ▸ 7
    Noun · masculine · singular · nominative · (proper) ▸ **7** (2Kings 12,22; 2Kings 14,1; 2Kings 14,8; 2Kings 14,11; 2Kings 14,11; 2Kings 14,17; 2Kings 15,3)
  Αμεσσιου ▸ 7
    Noun · masculine · singular · genitive · (proper) ▸ **7** (2Kings 13,12; 2Kings 14,15; 2Kings 14,18; 2Kings 14,21; 2Kings 14,23; 2Kings 14,29; 2Kings 15,1)

ἀμετάθετος (α; μετά; τίθημι) immutable, unalterable, unchanged ▸ 2 + 2 = 4
  ἀμετάθετον ▸ 1
    Adjective · neuter · singular · accusative ▸ **1** (Heb. 6,17)
  ἀμετάθετος ▸ 1
    Adjective · neuter · singular · accusative · noDegree ▸ **1** (3Mac. 5,1)
  ἀμεταθέτου ▸ 1
    Adjective · masculine · singular · genitive · noDegree ▸ **1** (3Mac. 5,12)
  ἀμεταθέτων ▸ 1
    Adjective · neuter · plural · genitive ▸ **1** (Heb. 6,18)

ἀμετακίνητος (α; μετά; κινέω) unmovable ▸ 1
  ἀμετακίνητοι ▸ 1
    Adjective · masculine · plural · nominative · (verbal) ▸ **1** (1Cor. 15,58)

ἀμεταμέλητος (α; μετά; μέλω) without regret ▸ 2

ἀμεταμέλητα ▸ 1
   Adjective · neuter · plural · nominative · (verbal) ▸ 1 (Rom. 11,29)
ἀμεταμέλητον ▸ 1
   Adjective · feminine · singular · accusative · (verbal) ▸ 1 (2Cor. 7,10)

ἀμετανόητος (α; μετά; νοῦς) impenitent, unrepentant ▸ 1
ἀμετανόητον ▸ 1
   Adjective · feminine · singular · accusative · (verbal) ▸ 1 (Rom. 2,5)

ἀμέτρητος boundless, immeasurable ▸ 8
ἀμέτρητον ▸ 4
   Adjective · feminine · singular · accusative · noDegree ▸ 3 (3Mac. 2,9; 3Mac. 4,17; Is. 22,18)
   Adjective · neuter · singular · accusative · noDegree ▸ 1 (3Mac. 2,4)
ἀμέτρητόν ▸ 1
   Adjective · neuter · singular · nominative · noDegree ▸ 1 (Ode. 12,6)
ἀμέτρητος ▸ 2
   Adjective · masculine · singular · nominative · noDegree ▸ 2 (Sir. 30,15; Bar. 3,25)
ἀμετρήτῳ ▸ 1
   Adjective · feminine · singular · dative · noDegree ▸ 1 (Sir. 16,17)

ἄμετρος (α; μέτρον) boundless; excessive ▸ 2
ἄμετρα ▸ 2
   Adjective · neuter · plural · accusative ▸ 2 (2Cor. 10,13; 2Cor. 10,15)

Αμηαχι Ameachi (?) ▸ 1
Αμηαχι ▸ 1
   Noun · masculine · singular · nominative · (proper) ▸ 1 (1Chr. 4,16)

αμην amen (Heb. truly) ▸ 10 + 2 = 12
Αμην ▸ 5 + 1 = 6
   Noun ▸ 5 + 1 = 6 (1Chr. 16,36; 1Esdr. 9,47; Neh. 5,13; Neh. 8,6; Tob. 8,8; Tob. 8,8)
αμην ▸ 5 + 1 = 6
   Noun ▸ 5 + 1 = 6 (3Mac. 7,23; 4Mac. 18,24; Ode. 12,15; Ode. 14,28; Ode. 14,35; Tob. 8,8)

ἀμήν amen (Heb. truly) ▸ 128
ἀμήν ▸ 25
   Adverb · (Hebr.) ▸ 24 (Mark 16,8; Luke 23,43; Rom. 1,25; Rom. 9,5; Rom. 11,36; Rom. 15,33; Rom. 16,27; Gal. 1,5; Gal. 6,18; Eph. 3,21; Phil. 4,20; 1Th. 3,13; 1Tim. 1,17; 1Tim. 6,16; 2Tim. 4,18; Heb. 13,21; 1Pet. 4,11; 1Pet. 5,11; Jude 25; Rev. 1,6; Rev. 1,7; Rev. 5,14; Rev. 7,12; Rev. 7,12)
   Noun · masculine · singular · nominative · (Hebr.) ▸ 1 (Rev. 3,14)
ἀμήν ▸ 92
   Adverb · (Hebr.) ▸ 92 (Matt. 5,18; Matt. 5,26; Matt. 6,2; Matt. 6,5; Matt. 6,16; Matt. 8,10; Matt. 10,15; Matt. 10,23; Matt. 10,42; Matt. 13,17; Matt. 17,20; Matt. 18,3; Matt. 18,13; Matt. 18,19; Matt. 19,23; Matt. 19,28; Matt. 21,21; Matt. 21,31; Matt. 23,36; Matt. 24,2; Matt. 24,34; Matt. 24,47; Matt. 25,12; Matt. 25,40; Matt. 25,45; Matt. 26,13; Matt. 26,21; Matt. 26,34; Mark 8,12; Mark 9,1; Mark 9,41; Mark 10,15; Mark 10,29; Mark 11,23; Mark 12,43; Mark 14,9; Mark 14,18; Mark 14,25; Mark 14,30; Luke 4,24; Luke 12,37; Luke 18,17; Luke 18,29; Luke 21,32; John 1,51; John 1,51; John 3,3; John 3,3; John 3,5; John 3,5; John 3,11; John 3,11; John 5,19; John 5,19; John 5,24; John 5,25; John 5,25; John 6,26; John 6,26; John 6,32; John 6,32; John 6,47; John 6,53; John 6,53; John 8,34; John 8,34; John 8,51; John 8,51; John 8,58; John 8,58; John 10,1; John 10,7; John 10,7; John 12,24; John 12,24; John 13,16; John 13,16; John 13,20; John 13,20; John 13,21; John 13,21; John 13,38; John 13,38; John 14,12; John 16,20; John 16,20; John 16,23; John 16,23; John 21,18; 1Cor. 14,16; 2Cor. 1,20; Rev. 19,4)
Ἀμήν ▸ 1
   Adverb · (Hebr.) ▸ 1 (Rev. 22,20)
Ἀμήν ▸ 10
   Adverb · (Hebr.) ▸ 10 (Matt. 11,11; Matt. 16,28; Matt. 18,18; Mark 3,28; Mark 13,30; John 5,24; John 6,47; John 10,1; John 14,12; John 21,18)

ἄμητος (ἀμάω) harvest, reaping ▸ 23
ἀμητὸν ▸ 1
   Noun · masculine · singular · accusative · (common) ▸ 1 (Ruth 2,21)
ἀμητὸν ▸ 6
   Noun · masculine · singular · accusative · (common) ▸ 6 (Deut. 16,9; Deut. 23,25; Deut. 23,25; Deut. 24,19; Is. 17,5; Is. 17,11)
ἄμητος ▸ 4
   Noun · masculine · singular · nominative · (common) ▸ 4 (Gen. 45,6; 2Kings 19,29; Jer. 8,20; Jer. 28,33)
ἀμητός ▸ 1
   Noun · masculine · singular · nominative · (common) ▸ 1 (Prov. 6,11a)
ἀμήτου ▸ 1
   Noun · masculine · singular · genitive · (common) ▸ 1 (Is. 18,4)
ἀμητοῦ ▸ 1
   Noun · masculine · singular · genitive · (common) ▸ 1 (Is. 23,3)
ἀμητοὺς ▸ 1
   Noun · masculine · plural · accusative · (common) ▸ 1 (4Mac. 2,9)
ἀμήτῳ ▸ 8
   Noun · masculine · singular · dative · (common) ▸ 8 (Ex. 34,21; Prov. 6,8; Prov. 10,5; Prov. 20,4; Prov. 25,13; Prov. 26,1; Mic. 7,1; Is. 9,2)

ἀμήτωρ (α; μήτηρ) motherless person ▸ 1
ἀμήτωρ ▸ 1
   Noun · masculine · singular · nominative ▸ 1 (Heb. 7,3)

ἀμήχανος (α; μῆχος) impossible, unthinkable ▸ 1
ἀμήχανον ▸ 1
   Adjective · neuter · singular · accusative · noDegree ▸ 1 (2Mac. 3,12)

ἀμίαντος (α; μιαίνω) undefiled ▸ 5 + 4 = 9
ἀμίαντον ▸ 3 + 1 = 4
   Adjective · feminine · singular · accusative · (verbal) ▸ 1 (1Pet. 1,4)
   Adjective · masculine · singular · accusative · noDegree ▸ 2 (2Mac. 14,36; 2Mac. 15,34)
   Adjective · neuter · singular · accusative · noDegree ▸ 1 (Wis. 8,20)
ἀμίαντος ▸ 1 + 3 = 4
   Adjective · feminine · singular · nominative · noDegree ▸ 1 + 2 = 3 (Wis. 3,13; Heb. 13,4; James 1,27)
   Adjective · masculine · singular · nominative · (verbal) ▸ 1 (Heb. 7,26)
ἀμιάντων ▸ 1
   Adjective · neuter · plural · genitive · noDegree ▸ 1 (Wis. 4,2)

Αμιζαβαθ Ammizabad ▸ 1
Αμιζαβαθ ▸ 1
   Noun · masculine · singular · nominative · (proper) ▸ 1 (1Chr. 27,6)

Αμιηλ Ammiel ▸ 7
- Αμιηλ ▸ 7
  - **Noun** · singular · nominative · (proper) ▸ **1** (Josh. 19,26)
  - **Noun** · masculine · singular · genitive · (proper) ▸ **4** (2Sam. 9,4; 2Sam. 9,5; 2Sam. 17,27; 1Chr. 3,5)
  - **Noun** · masculine · singular · nominative · (proper) ▸ **2** (Num. 13,12; 1Chr. 26,5)

Αμιναδαβ Aminadab ▸ 27
- Αμιναδαβ ▸ 27
  - **Noun** · singular · genitive · (proper) ▸ **2** (2Sam. 6,3; Song 6,12)
  - **Noun** · masculine · singular · accusative · (proper) ▸ **8** (Ruth 4,19; 1Sam. 16,8; 1Sam. 31,2; 1Chr. 2,10; 1Chr. 8,33; 1Chr. 9,39; 1Chr. 10,2; 1Chr. 15,11)
  - **Noun** · masculine · singular · genitive · (proper) ▸ **12** (Ex. 6,23; Num. 1,7; Num. 2,3; Num. 7,12; Num. 7,17; Num. 10,14; 1Sam. 7,1; 2Sam. 6,3; 1Chr. 13,7; Esth. 2,7; Esth. 2,15; Esth. 9,29)
  - **Noun** · masculine · singular · nominative · (proper) ▸ **5** (Ruth 4,20; 1Chr. 2,10; 1Chr. 2,13; 1Chr. 6,7; 1Chr. 15,10)

Ἀμιναδάβ Aminadab ▸ 3
- Ἀμιναδάβ ▸ 1
  - **Noun** · masculine · singular · accusative · (proper) ▸ **1** (Matt. 1,4)
- Ἀμιναδὰβ ▸ 2
  - **Noun** · masculine · singular · genitive · (proper) ▸ **1** (Luke 3,33)
  - **Noun** · masculine · singular · nominative · (proper) ▸ **1** (Matt. 1,4)

Αμιουδ Ammihud ▸ 1
- Αμιουδ ▸ 1
  - **Noun** · masculine · singular · nominative · (proper) ▸ **1** (1Chr. 7,26)

Αμισαδαι Ammishaddai ▸ 5
- Αμισαδαι ▸ 5
  - **Noun** · masculine · singular · genitive · (proper) ▸ **5** (Num. 1,12; Num. 2,25; Num. 7,66; Num. 7,71; Num. 10,25)

ἀμισθί (α; μισθός) without pay, reward ▸ 1
- ἀμισθὶ ▸ 1
  - **Adverb** ▸ **1** (Job 24,6)

Αμιταal Hamutal ▸ 1
- Αμιταal ▸ 1
  - **Noun** · feminine · singular · nominative · (proper) ▸ **1** (Jer. 52,1)

Αμιταλ Hamutal ▸ 3
- Αμιταλ ▸ 3
  - **Noun** · feminine · singular · nominative · (proper) ▸ **3** (2Kings 23,31; 2Kings 24,18; 2Chr. 36,2a)

Αμμα Ummah ▸ 1
- Αμμα ▸ 1
  - **Noun** · singular · nominative · (proper) ▸ **1** (Josh. 19,30)

Αμμαδι Ammadi (?) ▸ 1
- Αμμαδι ▸ 1
  - **Noun** · plural · dative · (proper) ▸ **1** (1Sam. 30,28)

Αμμαθαριμ Ammathaim ▸ 1
- Αμμαθαριμ ▸ 1
  - **Noun** · singular · accusative · (proper) ▸ **1** (Josh. 19,13)

Αμμαν Ammon, Ammah ▸ 6
- Αμμαν ▸ 6
  - **Noun** · singular · genitive · (proper) ▸ **1** (2Sam. 2,24)
  - **Noun** · masculine · singular · accusative · (proper) ▸ **1** (Gen. 19,38)
  - **Noun** · masculine · singular · genitive · (proper) ▸ **4** (Num. 21,24; Deut. 2,19; Deut. 2,19; Deut. 3,16)

Αμμανιθ Manahathite ▸ 1
- Αμμανιθ ▸ 1
  - **Noun** · masculine · singular · nominative · (proper) ▸ **1** (1Chr. 2,52)

Αμμανίτην Ammonite ▸ 1
- Αμμανίτην ▸ 1
  - **Noun** · masculine · singular · accusative · (proper) ▸ **1** (1Sam. 11,1)

Αμμανίτης Ammonite ▸ 10
- Αμμανῖται ▸ 2
  - **Noun** · masculine · plural · nominative · (proper) ▸ **2** (Deut. 2,20; Neh. 13,1)
- Αμμανίτην ▸ 2
  - **Noun** · masculine · singular · accusative · (proper) ▸ **2** (1Sam. 11,10; Judith 14,5)
- Αμμανίτης ▸ 5
  - **Noun** · masculine · singular · nominative · (proper) ▸ **5** (Deut. 23,4; 1Sam. 11,1; 1Sam. 11,2; 2Sam. 23,37; 2Chr. 24,26)
- Αμμανιτῶν ▸ 1
  - **Noun** · masculine · plural · genitive · (proper) ▸ **1** (Gen. 19,38)

Ἀμμανίτης Ammonite ▸ 2
- Αμμανῖται ▸ 1
  - **Noun** · masculine · plural · nominative · (proper) ▸ **1** (Neh. 4,1)
- αμμανίτης ▸ 1
  - **Noun** · masculine · singular · nominative · (proper) ▸ **1** (Neh. 3,35)

Αμμανῖτις Ammonite (f), Ammonite territory ▸ 3
- Αμμανῖτιν ▸ 1
  - **Noun** · feminine · singular · accusative · (proper) ▸ **1** (2Mac. 4,26)
- Αμμανῖτις ▸ 2
  - **Noun** · feminine · singular · nominative · (proper) ▸ **1** (1Kings 14,21)
  - **Noun** · masculine · singular · nominative · (proper) ▸ **1** (2Chr. 12,13)

Αμμανῖτις Ammonite (f), Ammonite territory ▸ 2
- Αμμανίτιδας ▸ 2
  - **Adjective** · feminine · plural · accusative · noDegree ▸ **2** (1Kings 11,1; Neh. 13,23)

Αμμαους Emmaus ▸ 4
- Αμμαους ▸ 4
  - **Noun** · singular · dative · (proper) ▸ **1** (1Mac. 4,3)
  - **Noun** · singular · genitive · (proper) ▸ **1** (1Mac. 3,57)
  - **Noun** · feminine · singular · accusative · (proper) ▸ **1** (1Mac. 9,50)
  - **Noun** · masculine · singular · genitive · (proper) ▸ **1** (1Mac. 3,40)

Αμμαχ Maoch ▸ 1
- Αμμαχ ▸ 1
  - **Noun** · masculine · singular · genitive · (proper) ▸ **1** (1Sam. 27,2)

Αμμιδαιοι Ammidian ▸ 1
- Αμμιδιοι ▸ 1
  - **Noun** · masculine · plural · nominative · (proper) ▸ **1** (1Esdr. 5,20)

Αμμιουδ Ammihud ▸ 1
- Αμμιουδ ▸ 1
  - **Noun** · masculine · singular · genitive · (proper) ▸ **1** (1Chr. 9,4)

ἄμμος sand ▸ 32 + 2 + 5 = 39
- ἄμμον ▸ 14 + 1 + 2 = 17
  - **Noun** · feminine · singular · accusative · (common) ▸ 14 + 1 + 2 = **17** (Gen. 13,16; Gen. 13,16; Gen. 22,17; Gen. 32,13; Gen. 41,49; Psa. 77,27; Psa. 138,18; Ode. 7,36; Sir. 1,2; Sir. 22,15; Hab. 1,9; Jer. 5,22; Jer. 15,8; Dan. 3,36; Dan. 3,36; Matt. 7,26; Rev. 12,18)
- ἄμμος ▸ 14 + 1 + 3 = 18
  - **Noun** · feminine · singular · nominative · (common) ▸ 14 + 1 + 3 = **18** (Gen. 28,14; Josh. 11,4; Judg. 7,12; 1Sam. 13,5; 2Sam.

17,11; 1Kings 2,35a; 1Kings 2,46a; 1Kings 5,9; Judith 2,20; 1Mac. 11,1; Prov. 27,3; Hos. 2,1; Is. 10,22; Is. 48,19; Judg. 7,12; Rom. 9,27; Heb. 11,12; Rev. 20,8)

ἄμμου ▸ 2
  Noun · feminine · singular · genitive · (common) ▸ 2 (Job 6,3; Sir. 18,10)

ἄμμῳ ▸ 2
  Noun · feminine · singular · dative · (common) ▸ 2 (Ex. 2,12; Jer. 26,22)

ἀμμώδης (ἄμμος) sandy ▸ 1
  ἀμμώδης ▸ 1
    Adjective · feminine · singular · nominative · noDegree ▸ 1 (Sir. 25,20)

Αμμων Ammon ▸ 109 + 27 = 136
  Αμμων ▸ 109 + 27 = 136
    Noun · masculine · plural · genitive · (proper) ▸ 2 (Deut. 3,11; 1Sam. 12,12)
    Noun · masculine · singular · genitive · (proper) ▸ 105 + 27 = 132 (Num. 21,24; Deut. 2,37; Josh. 12,2; Josh. 13,10; Josh. 13,25; Judg. 3,13; Judg. 10,6; Judg. 10,7; Judg. 10,9; Judg. 10,11; Judg. 10,17; Judg. 10,18; Judg. 11,4; Judg. 11,5; Judg. 11,6; Judg. 11,8; Judg. 11,9; Judg. 11,12; Judg. 11,13; Judg. 11,14; Judg. 11,15; Judg. 11,27; Judg. 11,28; Judg. 11,29; Judg. 11,30; Judg. 11,31; Judg. 11,32; Judg. 11,33; Judg. 11,36; Judg. 12,1; Judg. 12,2; Judg. 12,3; 1Sam. 11,11; 1Sam. 14,47; 2Sam. 8,12; 2Sam. 10,1; 2Sam. 10,2; 2Sam. 10,3; 2Sam. 10,6; 2Sam. 10,6; 2Sam. 10,8; 2Sam. 10,10; 2Sam. 10,11; 2Sam. 10,14; 2Sam. 10,14; 2Sam. 10,19; 2Sam. 11,1; 2Sam. 12,9; 2Sam. 12,26; 2Sam. 12,31; 2Sam. 17,27; 1Kings 11,5; 1Kings 11,33; 1Kings 12,24a; 2Kings 23,13; 2Kings 24,2; 1Chr. 18,11; 1Chr. 19,1; 1Chr. 19,2; 1Chr. 19,3; 1Chr. 19,6; 1Chr. 19,6; 1Chr. 19,7; 1Chr. 19,9; 1Chr. 19,11; 1Chr. 19,12; 1Chr. 19,15; 1Chr. 19,19; 1Chr. 20,1; 1Chr. 20,3; 2Chr. 20,1; 2Chr. 20,10; 2Chr. 20,22; 2Chr. 20,23; 2Chr. 27,5; 2Chr. 27,5; 2Chr. 27,5; 2Chr. 36,5b; Judith 1,12; Judith 5,2; Judith 5,5; Judith 6,5; Judith 7,17; Judith 7,18; 1Mac. 5,6; Amos 1,13; Zeph. 2,8; Zeph. 2,9; Is. 11,14; Jer. 9,25; Jer. 30,17; Jer. 32,21; Jer. 34,3; Jer. 47,11; Jer. 47,14; Jer. 48,10; Jer. 48,15; Ezek. 21,25; Ezek. 21,33; Ezek. 25,2; Ezek. 25,3; Ezek. 25,5; Ezek. 25,5; Ezek. 25,10; Ezek. 25,10; Judg. 3,13; Judg. 10,6; Judg. 10,7; Judg. 10,9; Judg. 10,11; Judg. 10,17; Judg. 10,18; Judg. 11,5; Judg. 11,6; Judg. 11,8; Judg. 11,9; Judg. 11,12; Judg. 11,13; Judg. 11,14; Judg. 11,15; Judg. 11,27; Judg. 11,28; Judg. 11,29; Judg. 11,30; Judg. 11,31; Judg. 11,32; Judg. 11,33; Judg. 11,36; Judg. 12,1; Judg. 12,2; Judg. 12,3; Dan. 11,41)
    Noun · masculine · singular · nominative · (proper) ▸ 2 (Josh. 19,42; Psa. 82,8)

Αμμωνι Ammonite ▸ 4
  Αμμωνι ▸ 4
    Noun · masculine · singular · nominative · (proper) ▸ 4 (1Chr. 11,39; Ezra 9,1; Neh. 2,10; Neh. 2,19)

ἀμνάς (ἀμνός) ewe lamb ▸ 24
  ἀμνάδα ▸ 5
    Noun · feminine · singular · accusative · (common) ▸ 5 (Lev. 5,6; Num. 6,14; 2Sam. 12,4; 2Sam. 12,6; Job 42,11)
  ἀμνάδας ▸ 14
    Noun · feminine · plural · accusative · (common) ▸ 14 (Gen. 21,28; Gen. 21,30; Num. 7,17; Num. 7,23; Num. 7,29; Num. 7,35; Num. 7,41; Num. 7,47; Num. 7,53; Num. 7,59; Num. 7,65; Num. 7,71; Num. 7,77; Num. 7,83)
  ἀμνάδες ▸ 2
    Noun · feminine · plural · nominative · (common) ▸ 2 (Gen. 21,29; Num. 7,88)
  ἀμνάδων ▸ 1
    Noun · feminine · plural · genitive · (common) ▸ 1 (Josh. 24,32)
  ἀμνάς ▸ 1
    Noun · feminine · singular · nominative · (common) ▸ 1 (2Sam. 12,3)
  ἀμνάσιν ▸ 1
    Noun · feminine · plural · dative · (common) ▸ 1 (Gen. 31,41)

ἀμνημονέω (α; μιμνήσκομαι) to neglect, forget ▸ 1
  ἀμνημονήσῃς ▸ 1
    Verb · second · singular · aorist · active · subjunctive ▸ 1 (Sir. 37,6)

ἀμνησία (α; μιμνήσκομαι) forgetfulness ▸ 1
  ἀμνησία ▸ 1
    Noun · feminine · singular · nominative · (common) ▸ 1 (Sir. 11,25)

ἀμνησικακία (α; μιμνήσκομαι; κακός) forgetting of wrong, forgiveness ▸ 1
  ἀμνησικακίαν ▸ 1
    Noun · feminine · singular · accusative · (common) ▸ 1 (3Mac. 3,21)

ἀμνήστευτος (α; μιμνήσκομαι) not betrothed, not engaged ▸ 1
  ἀμνήστευτον ▸ 1
    Adjective · feminine · singular · accusative · noDegree ▸ 1 (Ex. 22,15)

ἀμνηστία (α; μιμνήσκομαι) forgetfulness, forgiveness, amnesty ▸ 2
  ἀμνηστία ▸ 1
    Noun · feminine · singular · nominative · (common) ▸ 1 (Wis. 14,26)
  ἀμνηστίαν ▸ 1
    Noun · feminine · singular · accusative · (common) ▸ 1 (Wis. 19,4)

ἀμνός lamb ▸ 101 + 4 = 105
  ἀμνοί ▸ 3
    Noun · masculine · plural · nominative · (common) ▸ 3 (Num. 7,87; 2Chr. 29,32; Wis. 19,9)
  ἀμνοῖς ▸ 14
    Noun · masculine · plural · dative · (common) ▸ 14 (Gen. 30,40; Num. 28,21; Num. 28,29; Num. 29,4; Num. 29,18; Num. 29,21; Num. 29,24; Num. 29,27; Num. 29,30; Num. 29,33; Num. 29,37; Ezek. 46,5; Ezek. 46,7; Ezek. 46,11)
  ἀμνόν ▸ 1
    Noun · masculine · singular · accusative · (common) ▸ 1 (Lev. 12,8)
  ἀμνὸν ▸ 31
    Noun · masculine · singular · accusative · (common) ▸ 31 (Ex. 29,39; Ex. 29,39; Ex. 29,41; Lev. 9,3; Lev. 12,6; Lev. 14,12; Lev. 14,13; Lev. 14,21; Lev. 14,24; Lev. 14,25; Num. 6,12; Num. 6,14; Num. 7,15; Num. 7,21; Num. 7,27; Num. 7,33; Num. 7,39; Num. 7,45; Num. 7,51; Num. 7,57; Num. 7,63; Num. 7,69; Num. 7,75; Num. 7,81; Num. 28,4; Num. 28,4; Num. 28,8; Deut. 14,4; Hos. 4,16; Ezek. 46,13; Ezek. 46,15)
  ἀμνός ▸ 2 + 3 = 5
    Noun · masculine · singular · nominative · (common) ▸ 2 + 3 = 5 (Ode. 14,17; Is. 53,7; John 1,29; John 1,36; Acts 8,32)
  ἀμνοῦ ▸ 1
    Noun · masculine · singular · genitive ▸ 1 (1Pet. 1,19)
  ἀμνούς ▸ 4
    Noun · masculine · plural · accusative · (common) ▸ 4 (Num. 29,10; Num. 29,15; 2Chr. 29,22; Ezek. 46,6)
  ἀμνοὺς ▸ 30

ἀμνός–ἄμπελος

Noun · masculine · plural · accusative · (common) ▸ **30** (Gen. 30,40; Ex. 29,38; Lev. 14,10; Lev. 23,18; Lev. 23,19; Num. 28,3; Num. 28,9; Num. 28,11; Num. 28,19; Num. 28,27; Num. 29,2; Num. 29,8; Num. 29,13; Num. 29,17; Num. 29,20; Num. 29,23; Num. 29,26; Num. 29,29; Num. 29,32; Num. 29,36; 2Chr. 29,21; 2Chr. 35,7; 2Chr. 35,8; Ezra 6,9; Ezra 6,17; Ezra 7,17; Ezra 8,35; Zech. 10,3; Ezek. 27,21; Ezek. 46,4)

ἀμνῷ ▸ **12**
  Noun · masculine · singular · dative · (common) ▸ **12** (Ex. 29,40; Num. 15,5; Num. 15,11; Num. 28,7; Num. 28,13; Num. 28,14; Num. 28,21; Num. 28,29; Num. 29,4; Num. 29,10; Num. 29,15; Sir. 13,17)

ἀμνῶν ▸ **4**
  Noun · masculine · plural · genitive · (common) ▸ **4** (Gen. 31,7; Gen. 33,19; Lev. 23,20; Job 31,20)

Αμνων Amnon ▸ **31**
  Αμνων ▸ **31**
    Noun · masculine · singular · accusative · (proper) ▸ **3** (2Sam. 13,22; 2Sam. 13,27; 2Sam. 13,28)
    Noun · masculine · singular · dative · (proper) ▸ **4** (2Sam. 13,3; 2Sam. 13,10; 2Sam. 13,29; 2Sam. 13,39)
    Noun · masculine · singular · genitive · (proper) ▸ **6** (2Sam. 13,2; 2Sam. 13,7; 2Sam. 13,8; 2Sam. 13,21; 2Sam. 13,22; 2Sam. 13,28)
    Noun · masculine · singular · nominative · (proper) ▸ **18** (2Sam. 3,2; 2Sam. 13,1; 2Sam. 13,2; 2Sam. 13,4; 2Sam. 13,6; 2Sam. 13,6; 2Sam. 13,9; 2Sam. 13,10; 2Sam. 13,14; 2Sam. 13,15; 2Sam. 13,15; 2Sam. 13,16; 2Sam. 13,20; 2Sam. 13,26; 2Sam. 13,32; 2Sam. 13,33; 1Chr. 3,1; 1Chr. 4,20)

ἀμοιβή exchange, alternation, repayment ▸ **1**
  ἀμοιβὰς ▸ **1**
    Noun · feminine · plural · accusative ▸ **1** (1Tim. 5,4)

ἄμοιρος (α; μοῖρα) portionless, without a share ▸ **1**
  ἄμοιρος ▸ **1**
    Adjective · masculine · singular · nominative · noDegree ▸ **1** (Wis. 2,9)

ἀμόλυντος (α; μολύνω) unpolluted, undefiled ▸ **1**
  ἀμόλυντον ▸ **1**
    Adjective · neuter · singular · nominative · noDegree ▸ **1** (Wis. 7,22)

Αμορι Amorite; Amori ▸ **1**
  Αμορι ▸ **1**
    Noun · masculine · singular · nominative · (proper) ▸ **1** (Ezra 9,1)

Αμορια Moriah ▸ **1**
  Αμορια ▸ **1**
    Noun · masculine · singular · genitive · (proper) ▸ **1** (2Chr. 3,1)

Αμορις Amorite ▸ **1**
  Αμορις ▸ **1**
    Noun · masculine · singular · nominative · (proper) ▸ **1** (Gen. 14,13)

ἀμορίτης (α; μείρομαι) cake ▸ **1**
  ἀμορίτην ▸ **1**
    Noun · feminine · singular · accusative · (common) ▸ **1** (1Chr. 16,3)

ἄμορος (α; μοῖρα) cake ▸ **1**
  ἀμόραις ▸ **1**
    Adjective · feminine · plural · dative · noDegree ▸ **1** (Song 2,5)

Ἀμορραία Ammonite ▸ **1**
  Αμορραίας ▸ **1**
    Noun · feminine · plural · accusative · (proper) ▸ **1** (1Kings 11,1)

Ἀμορραῖος Amorite ▸ **93 + 10 = 103**
  Αμορραῖοι ▸ **4**
    Noun · masculine · plural · nominative · (proper) ▸ **4** (Josh. 9,1; Josh. 19,47a; Judg. 10,11; Is. 17,9)

  Αμορραῖον ▸ **19 + 2 = 21**
    Noun · masculine · singular · accusative · (proper) ▸ **19 + 2 = 21** (Gen. 10,16; Ex. 23,23; Ex. 33,2; Ex. 34,11; Num. 21,32; Num. 32,39; Deut. 2,24; Deut. 2,31; Deut. 7,1; Deut. 20,17; Josh. 3,10; Josh. 10,12; Josh. 12,8; Josh. 19,47a; Josh. 24,18; Judg. 1,35; Judg. 11,19; Judg. 11,23; Amos 2,9; Judg. 1,35; Judg. 11,23)

  Αμορραῖος ▸ **11 + 2 = 13**
    Noun · masculine · singular · nominative · (proper) ▸ **11 + 2 = 13** (Num. 13,29; Deut. 1,44; Deut. 3,9; Josh. 19,48a; Josh. 24,11; Judg. 1,34; Judg. 1,35; 1Kings 20,26; 2Kings 21,11; Ezek. 16,3; Ezek. 16,45; Judg. 1,34; Judg. 1,35)

  Αμορραίου ▸ **13 + 6 = 19**
    Noun · masculine · singular · genitive · (proper) ▸ **13 + 6 = 19** (Num. 21,13; Deut. 1,19; Deut. 1,20; Judg. 1,36; Judg. 3,5; Judg. 6,10; Judg. 10,8; Judg. 11,21; Judg. 11,22; 1Sam. 7,14; 2Sam. 21,2; 1Kings 10,22b # 9,20; 2Chr. 8,7; Judg. 1,36; Judg. 3,5; Judg. 6,10; Judg. 10,11; Judg. 11,19; Judg. 11,21)

  Αμορραίους ▸ **4**
    Noun · masculine · plural · accusative · (proper) ▸ **4** (Gen. 14,7; Gen. 15,21; Ex. 23,28; Josh. 11,3)

  Αμορραίῳ ▸ **2**
    Noun · masculine · singular · dative · (proper) ▸ **2** (Num. 22,2; Josh. 7,7)

  Αμορραίων ▸ **40**
    Noun · masculine · plural · genitive · (proper) ▸ **40** (Gen. 15,16; Gen. 48,22; Ex. 3,8; Ex. 3,17; Ex. 13,5; Num. 21,13; Num. 21,21; Num. 21,25; Num. 21,26; Num. 21,29; Num. 21,31; Num. 21,34; Num. 32,33; Deut. 1,4; Deut. 1,7; Deut. 1,27; Deut. 3,2; Deut. 3,8; Deut. 4,46; Deut. 4,47; Deut. 31,4; Josh. 2,10; Josh. 5,1; Josh. 9,1; Josh. 9,10; Josh. 10,6; Josh. 12,2; Josh. 12,7; Josh. 13,4; Josh. 13,10; Josh. 13,21; Josh. 24,8; Josh. 24,12; Josh. 24,15; Josh. 24,32; Neh. 9,8; Judith 5,15; Psa. 134,11; Psa. 135,19; Amos 2,10)

Αμορρι Amorite ▸ **1**
  Αμορρι ▸ **1**
    Noun · masculine · singular · genitive · (proper) ▸ **1** (Judg. 10,8)

ἄμορφος (α; μορφή) formless ▸ **1**
  ἀμόρφου ▸ **1**
    Adjective · feminine · singular · genitive · noDegree ▸ **1** (Wis. 11,17)

Αμουηλ Hammuel ▸ **1**
  Αμουηλ ▸ **1**
    Noun · masculine · singular · nominative · (proper) ▸ **1** (1Chr. 4,26)

Αμουκ Amok ▸ **1**
  Αμουκ ▸ **1**
    Noun · masculine · singular · dative · (proper) ▸ **1** (Neh. 12,20)

ἄμπελος vine, vineyard ▸ **67 + 3 + 9 = 79**
  ἄμπελοι ▸ **5**
    Noun · feminine · plural · nominative · (common) ▸ **5** (Num. 20,5; Deut. 8,8; Song 2,13; Song 2,15; Is. 7,23)

  ἀμπέλοις ▸ **3**
    Noun · feminine · plural · dative · (common) ▸ **3** (Ode. 4,17; Hab. 3,17; Jer. 8,13)

  ἄμπελον ▸ **19 + 1 + 1 = 21**
    Noun · feminine · singular · accusative · (common) ▸ **19 + 1 + 1 = 21** (Gen. 49,11; 1Kings 2,46g; 2Kings 4,39; 2Kings 18,31; 1Mac. 14,12; Psa. 77,47; Psa. 79,9; Psa. 79,15; Ode. 10,2; Hos. 2,14; Is. 5,2; Is. 16,9; Is. 36,16; Jer. 2,21; Jer. 6,9; Lam. 2,6; Ezek. 17,6; Ezek. 17,6; Ezek. 17,8; Judg. 9,12; Rev. 14,19)

  ἄμπελόν ▸ **3**
    Noun · feminine · singular · accusative · (common) ▸ **3** (Lev.

25,3; Lev. 25,4; Joel 1,7)
- **ἄμπελος** ▸ 20 + 1 + 3 = 24
    - **Noun** · feminine · singular · nominative · (common) ▸ 20 + 1 + 3 = **24** (Gen. 40,9; Deut. 32,32; Judg. 9,13; Psa. 127,3; Ode. 2,32; Song 6,11; Song 7,13; Sir. 24,17; Hos. 14,8; Joel 1,12; Joel 2,22; Hag. 2,19; Zech. 8,12; Mal. 3,11; Is. 16,8; Is. 24,7; Jer. 2,21; Jer. 31,32; Ezek. 17,7; Ezek. 19,10; Judg. 9,13; John 15,1; John 15,5; James 3,12)
- **Ἄμπελος** ▸ 1
    - **Noun** · feminine · singular · nominative · (common) ▸ **1** (Hos. 10,1)
- **ἀμπέλου** ▸ 11 + 1 + 4 = 16
    - **Noun** · feminine · singular · genitive · (common) ▸ 11 + 1 + 4 = **16** (Num. 6,4; Deut. 32,32; Judg. 13,14; Ode. 2,32; Song 7,9; Mic. 4,4; Zech. 3,10; Is. 32,12; Is. 34,4; Ezek. 15,2; Ezek. 15,6; Judg. 13,14; Matt. 26,29; Mark 14,25; Luke 22,18; Rev. 14,18)
- **ἀμπέλους** ▸ 2
    - **Noun** · feminine · plural · accusative · (common) ▸ **2** (Psa. 104,33; Is. 16,8)
- **ἀμπέλῳ** ▸ 2 + 1 = 3
    - **Noun** · feminine · singular · dative · (common) ▸ 2 + 1 = **3** (Gen. 40,10; Judg. 9,12; John 15,4)
- **ἀμπέλων** ▸ 1
    - **Noun** · feminine · plural · genitive · (common) ▸ **1** (Num. 22,24)
- **ἀμπελουργός** (ἄμπελος; ἔργον) dresser of vineyard, vineyard-worker ▸ 4 + 1 = 5
    - **ἀμπελουργοί** ▸ 1
        - **Noun** · masculine · plural · nominative · (common) ▸ **1** (2Chr. 26,10)
    - **ἀμπελουργοί** ▸ 1
        - **Noun** · neuter · plural · nominative · (common) ▸ **1** (Is. 61,5)
    - **ἀμπελουργόν** ▸ 1
        - **Noun** · masculine · singular · accusative ▸ **1** (Luke 13,7)
    - **ἀμπελουργούς** ▸ 2
        - **Noun** · masculine · plural · accusative · (common) ▸ **2** (2Kings 25,12; Jer. 52,16)
- **ἀμπελών** (ἄμπελος) vineyard ▸ 97 + 5 + 23 = 125
    - **ἀμπελών** ▸ 1
        - **Noun** · masculine · singular · nominative · (common) ▸ **1** (Song 8,12)
    - **ἀμπελών** ▸ 9
        - **Noun** · masculine · singular · nominative · (common) ▸ **9** (1Kings 20,1; Ode. 10,1; Ode. 10,7; Prov. 24,30; Is. 5,1; Is. 5,7; Is. 27,2; Jer. 42,7; Jer. 42,9)
    - **Ἀμπελών** ▸ 1
        - **Noun** · masculine · singular · nominative · (common) ▸ **1** (Song 8,11)
    - **ἀμπελῶνα** ▸ 15 + 11 = 26
        - **Noun** · masculine · singular · accusative · (common) ▸ 15 + 11 = **26** (Gen. 9,20; Ex. 22,4; Num. 21,22; Deut. 20,6; Deut. 23,26; Deut. 28,30; Deut. 28,39; Judg. 14,5; 1Kings 20,2; 1Kings 20,6; 1Kings 20,7; 1Kings 20,15; 1Kings 20,16; Song 1,6; Song 8,11; Matt. 20,1; Matt. 20,2; Matt. 20,4; Matt. 20,7; Matt. 21,33; Matt. 21,41; Mark 12,1; Mark 12,9; Luke 20,9; Luke 20,16; 1Cor. 9,7)
    - **ἀμπελῶνά** ▸ 11
        - **Noun** · masculine · singular · accusative · (common) ▸ **11** (Ex. 23,11; Lev. 19,10; Lev. 19,19; Deut. 22,9; Deut. 24,21; 1Kings 20,2; 1Kings 20,6; Ode. 10,6; Is. 3,14; Is. 5,6; Jer. 12,10)
    - **ἀμπελῶνας** ▸ 27 + 1 = 28
        - **Noun** · masculine · plural · accusative · (common) ▸ 27 + 1 = **28** (Num. 16,14; Deut. 6,11; Josh. 24,13; Judg. 9,27; 1Sam. 8,14; 1Sam. 8,15; 1Sam. 22,7; 2Kings 5,26; 1Esdr. 4,16; Neh. 5,11; Neh. 9,25; 1Mac. 3,56; 4Mac. 2,9; Psa. 106,37; Eccl. 2,4; Song 2,15; Song 7,13; Job 24,6; Amos 4,9; Amos 5,11; Amos 9,14; Zeph. 1,13; Is. 37,30; Is. 65,21; Jer. 5,17; Jer. 38,5; Ezek. 28,26; Judg. 9,27)
    - **ἀμπελῶνες** ▸ 4
        - **Noun** · masculine · plural · nominative · (common) ▸ **4** (Neh. 5,3; Neh. 5,4; Neh. 5,5; Jer. 39,15)
    - **ἀμπελῶνι** ▸ 2 + 2 = 4
        - **Noun** · masculine · singular · dative · (common) ▸ 2 + 2 = **4** (1Kings 20,18; Is. 1,8; Matt. 21,28; Luke 13,6)
    - **ἀμπελῶνί** ▸ 6
        - **Noun** · masculine · singular · dative · (common) ▸ **6** (Ode. 10,1; Ode. 10,4; Ode. 10,5; Is. 5,1; Is. 5,4; Is. 5,5)
    - **ἀμπελῶνος** ▸ 4 + 2 + 10 = 16
        - **Noun** · masculine · singular · genitive · (common) ▸ 4 + 2 + 10 = **16** (Ex. 22,4; Judg. 15,5; Prov. 9,12b; Mic. 1,6; Judg. 14,5; Judg. 15,5; Matt. 20,8; Matt. 21,39; Matt. 21,40; Mark 12,2; Mark 12,8; Mark 12,9; Luke 20,10; Luke 20,13; Luke 20,15; Luke 20,15)
    - **ἀμπελῶνός** ▸ 5
        - **Noun** · masculine · singular · genitive · (common) ▸ **5** (Lev. 19,10; Deut. 22,9; 1Kings 20,2; Ode. 10,3; Is. 5,3)
    - **ἀμπελώνων** ▸ 8 + 1 = 9
        - **Noun** · masculine · plural · genitive · (common) ▸ 8 + 1 = **9** (Num. 20,17; Judg. 11,33; Judg. 21,21; 1Sam. 15,9; 2Kings 18,32; 2Kings 19,29; Is. 16,10; Is. 36,17; Judg. 21,21)
    - **ἀμπελῶσιν** ▸ 3 + 1 = 4
        - **Noun** · masculine · plural · dative · (common) ▸ 3 + 1 = **4** (Judg. 21,20; Song 1,6; Song 1,14; Judg. 21,20)
    - **ἀμπελῶσίν** ▸ 1
        - **Noun** · masculine · plural · dative · (common) ▸ **1** (Is. 16,10)
- **ἀμπλάκημα** fault, offense ▸ 1
    - **ἀμβλάκημα** ▸ 1
        - **Noun** · neuter · singular · accusative · (common) ▸ **1** (Dan. 6,5)
- **Ἀμπλιᾶτος** Ampliatus ▸ 1
    - **Ἀμπλιᾶτον** ▸ 1
        - **Noun** · masculine · singular · accusative · (proper) ▸ **1** (Rom. 16,8)
- **Αμραμ** Amram ▸ 4
    - **Αμραμ** ▸ 4
        - **Noun** · masculine · singular · accusative · (proper) ▸ **1** (Num. 26,58)
        - **Noun** · masculine · singular · dative · (proper) ▸ **1** (Num. 26,59)
        - **Noun** · masculine · singular · nominative · (proper) ▸ **2** (Num. 3,19; Ezra 10,34)
- **Αμραμις** Amramite ▸ 1
    - **Αμραμις** ▸ 1
        - **Noun** · masculine · singular · nominative · (proper) ▸ **1** (Num. 3,27)
- **Αμρι** Omri ▸ 1
    - **Αμρι** ▸ 1
        - **Noun** · masculine · singular · genitive · (proper) ▸ **1** (1Chr. 9,4)
- **ἀμύγδαλον** almond tree ▸ 1
    - **ἀμύγδαλον** ▸ 1
        - **Noun** · neuter · singular · nominative · (common) ▸ **1** (Eccl. 12,5)
- **ἀμύθητος** (α; μῦθος) inexpressible, unutterable; innumerable ▸ 5
    - **ἀμύθητα** ▸ 1
        - **Adjective** · neuter · plural · nominative · noDegree ▸ **1** (Job 8,7)
    - **ἀμύθητος** ▸ 1
        - **Adjective** · masculine · singular · nominative · noDegree ▸ **1** (Job 41,22)

ἀμυθήτους ▸ 1
  Adjective · feminine · plural · accusative · noDegree ▸ **1** (2Mac. 12,16)
ἀμυθήτων ▸ 2
  Adjective · masculine · plural · genitive · noDegree ▸ **1** (Job 36,28)
  Adjective · neuter · plural · genitive · noDegree ▸ **1** (2Mac. 3,6)
ἄμυνα (ἀμύνω) defense, revenge ▸ 1
  ἄμυναν ▸ 1
    Noun · feminine · singular · accusative · (common) ▸ **1** (Wis. 5,17)
ἀμύνομαι (ἀμύνω) to defend, take revenge ▸ 10 + 1 = 11
  ἀμύνασθαι ▸ 2
    Verb · aorist · middle · infinitive ▸ **2** (Esth. 6,13; 2Mac. 6,20)
  ἀμύνωνται ▸ 1
    Verb · third · plural · present · middle · subjunctive ▸ **1** (Esth. 16,19 # 8,12s)
  ἠμυνάμην ▸ 3
    Verb · first · singular · aorist · middle · indicative ▸ **3** (Psa. 117,10; Psa. 117,11; Psa. 117,12)
  ἠμύναντο ▸ 2
    Verb · third · plural · aorist · middle · indicative ▸ **2** (2Mac. 10,17; Wis. 11,3)
  ἠμύνατο ▸ 2 + 1 = 3
    Verb · third · singular · aorist · middle · indicative ▸ 2 + 1 = 3 (Josh. 10,13; Is. 59,16; Acts 7,24)
ἀμφιάζω (ἀμφί) to clothe ▸ 2
  ἠμφίασα ▸ 1
    Verb · first · singular · aorist · active · indicative ▸ **1** (Job 31,19)
  ἠμφιασάμην ▸ 1
    Verb · first · singular · aorist · middle · indicative ▸ **1** (Job 29,14)
ἀμφίασις (ἀμφί) clothing ▸ 3
  ἀμφίασιν ▸ 3
    Noun · masculine · singular · accusative · (common) ▸ **3** (Job 22,6; Job 24,7; Job 38,9)
ἀμφιβάλλω (ἀμφί; βάλλω) to cast a net ▸ 1 + 1 = 2
  ἀμφιβαλεῖ ▸ 1
    Verb · third · singular · future · active · indicative ▸ **1** (Hab. 1,17)
  ἀμφιβάλλοντας ▸ 1
    Verb · present · active · participle · masculine · plural · accusative ▸ **1** (Mark 1,16)
ἀμφίβληστρον (ἀμφί; βάλλω) net ▸ 5 + 1 = 6
  ἀμφίβληστρον ▸ 1 + 1 = 2
    Noun · neuter · singular · accusative · (common) ▸ 1 + 1 = 2 (Hab. 1,17; Matt. 4,18)
  ἀμφιβλήστρῳ ▸ 4
    Noun · neuter · singular · dative · (common) ▸ **4** (Psa. 140,10; Eccl. 9,12; Hab. 1,15; Hab. 1,16)
ἀμφιβολεύς (ἀμφί; βάλλω) fisherman ▸ 1
  ἀμφιβολεῖς ▸ 1
    Noun · masculine · plural · nominative · (common) ▸ **1** (Is. 19,8)
ἀμφιέζω (ἀμφί; ἕννυμι) to clothe ▸ 1
  ἀμφιέζει ▸ 1
    Verb · third · singular · present · active · indicative ▸ **1** (Luke 12,28)
ἀμφιέννυμι (ἀμφί; ἕννυμι) to clothe ▸ 2 + 3 = 5
  ἀμφιέννυσιν ▸ 1
    Verb · third · singular · present · active · indicative ▸ **1** (Matt. 6,30)
  ἀμφίεσαι ▸ 1
    Verb · second · singular · aorist · middle · imperative ▸ **1** (Job 40,10)
  ἠμφιέσαντο ▸ 1
    Verb · third · plural · aorist · active · indicative ▸ **1** (2Kings 17,9)
  ἠμφιεσμένον ▸ 2
    Verb · perfect · passive · participle · masculine · singular · accusative · (variant) ▸ **2** (Matt. 11,8; Luke 7,25)
ἀμφιλαφής (ἀμφί; λαμβάνω) ample, large; thick, dense ▸ 1
  ἀμφιλαφεῖς ▸ 1
    Adjective · masculine · plural · accusative · noDegree ▸ **1** (Wis. 17,17)
Αμφιν Huppim ▸ 1
  Αμφιν ▸ 1
    Noun · masculine · singular · dative · (proper) ▸ **1** (1Chr. 7,15)
Ἀμφίπολις Amphipolis ▸ 1
  Ἀμφίπολιν ▸ 1
    Noun · feminine · singular · accusative · (proper) ▸ **1** (Acts 17,1)
ἀμφίταπος (ἀμφί; τάπης) tapestry, rug ▸ 2
  ἀμφιτάποις ▸ 1
    Noun · masculine · plural · dative · (common) ▸ **1** (Prov. 7,16)
  ἀμφιτάπους ▸ 1
    Noun · masculine · plural · accusative · (common) ▸ **1** (2Sam. 17,28)
ἄμφοδον (ἀμφί; ὁδός) street block; stronghold ▸ 2 + 1 = 3
  ἄμφοδα ▸ 2
    Noun · neuter · plural · accusative · (common) ▸ **2** (Jer. 17,27; Jer. 30,33)
  ἀμφόδου ▸ 1
    Noun · neuter · singular · genitive ▸ **1** (Mark 11,4)
ἀμφοτεροδέξιος (ἄμφω; δεξιός) ambidextrous, left-handed ▸ 2 + 2 = 4
  ἀμφοτεροδέξιοι ▸ 1 + 1 = 2
    Adjective · masculine · plural · nominative · noDegree ▸ 1 + 1 = 2 (Judg. 20,16; Judg. 20,16)
  ἀμφοτεροδέξιον ▸ 1 + 1 = 2
    Adjective · masculine · singular · accusative · noDegree ▸ 1 + 1 = 2 (Judg. 3,15; Judg. 3,15)
ἀμφότεροι (ἄμφω) both; all ▸ 129 + 10 + 14 = 153
  ἀμφότερα ▸ 39 + 1 + 4 = 44
    Adjective · neuter · plural · accusative · noDegree · (demonstrative) ▸ 16 + 1 + 4 = 21 (Ex. 26,19; Ex. 26,19; Ex. 26,21; Ex. 26,21; Ex. 26,25; 1Kings 7,27; 1Kings 7,28; Sir. 40,18; Sir. 40,19; Sir. 40,20; Sir. 40,21; Sir. 40,22; Sir. 40,23; Sir. 40,24; Sir. 40,25; Sir. 40,26; Dan. 8,7; Matt. 13,30; Luke 5,7; Acts 23,8; Eph. 2,14)
    Adjective · neuter · plural · nominative · noDegree · (demonstrative) ▸ **23** (Num. 7,13; Num. 7,19; Num. 7,25; Num. 7,31; Num. 7,37; Num. 7,43; Num. 7,49; Num. 7,55; Num. 7,61; Num. 7,67; Num. 7,73; Num. 7,79; Deut. 23,19; 1Sam. 3,11; 1Sam. 5,4; 1Kings 6,27; 2Kings 21,12; Prov. 20,10; Prov. 20,12; Wis. 14,30; Sir. 18,17; Sir. 28,12; Jer. 19,3)
  ἀμφότεραι ▸ 6
    Adjective · feminine · plural · nominative · noDegree · (demonstrative) ▸ **6** (Ruth 1,19; Ruth 4,11; 1Sam. 25,43; 1Sam. 27,3; 1Sam. 30,5; 2Sam. 2,2)
  ἀμφοτέραις ▸ 3
    Adjective · feminine · plural · dative · noDegree · (demonstrative) ▸ **3** (Ex. 26,24; 1Kings 6,34; 1Kings 18,21)
  ἀμφοτέρας ▸ 2
    Adjective · feminine · plural · accusative · noDegree

• (demonstrative) ▸ **2** (Ex. 36,23; 1Sam. 30,18)
ἀμφότεροι ▸ **40** + **6** + **7** = **53**
  Adjective · masculine · plural · nominative · noDegree
    · (demonstrative) ▸ **40** + **6** + **7** = **53** (Gen. 21,27; Gen. 21,31; Gen. 22,8; Gen. 33,4; Gen. 40,5; Lev. 20,11; Lev. 20,12; Lev. 20,13; Lev. 20,18; Lev. 20,27; Num. 12,5; Judg. 19,6; Judg. 19,8; Ruth 1,5; 1Sam. 2,34; 1Sam. 4,4; 1Sam. 4,11; 1Sam. 4,17; 1Sam. 5,4; 1Sam. 14,11; 1Sam. 17,10; 1Sam. 20,11; 1Sam. 20,42; 1Sam. 23,18; 2Sam. 14,6; 1Kings 11,29; 2Kings 2,6; 2Kings 2,7; 2Kings 2,8; Esth. 11,6 # 1,1e; Esth. 5,5; Tob. 5,17; Tob. 6,6; Tob. 6,18; Tob. 8,4; Tob. 8,9; Tob. 11,9; Sir. 20,25; Jer. 26,12; Sus. 10-11; Tob. 6,1; Tob. 6,6; Tob. 6,18; Tob. 11,4; Dan. 11,27; Sus. 10; Matt. 9,17; Matt. 15,14; Luke 1,6; Luke 1,7; Luke 6,39; Acts 8,38; Eph. 2,18)
ἀμφοτέροις ▸ **6** + **1** = **7**
  Adjective · masculine · plural · dative · noDegree
    · (demonstrative) ▸ **2** + **1** = **3** (2Sam. 9,13; 1Kings 7,28; Luke 7,42)
  Adjective · neuter · plural · dative · noDegree
    · (demonstrative) ▸ **4** (1Kings 6,25; 1Kings 7,28; Sir. 20,30; Sir. 41,14)
ἀμφοτέρους ▸ **11** + **1** + **1** = **13**
  Adjective · masculine · plural · accusative · noDegree
    · (demonstrative) ▸ **11** + **1** + **1** = **13** (Ex. 28,23 # 28,29a; Ex. 36,13; Ex. 36,27; Lev. 3,10; Lev. 3,15; Lev. 8,16; Num. 25,8; Deut. 22,22; Deut. 22,24; Prov. 22,2; Sus. 60-62; Tob. 10,13; Eph. 2,16)
ἀμφοτέρων ▸ **22** + **2** + **1** = **25**
  Adjective · feminine · plural · genitive · noDegree
    · (demonstrative) ▸ **2** (1Kings 3,18; 4Mac. 1,32)
  Adjective · masculine · plural · genitive · comparative
    · (demonstrative) ▸ **1** (Prov. 29,13)
  Adjective · masculine · plural · genitive · noDegree
    · (demonstrative) ▸ **13** + **2** + **1** = **16** (Ex. 12,22; Ex. 12,23; Ex. 22,8; Ex. 22,10; 1Kings 7,9; 2Kings 2,11; Tob. 3,16; Prov. 24,22; Prov. 27,3; Job 9,33; Sir. 10,7; Sir. 22,5; Zech. 6,13; Tob. 3,16; Tob. 8,6; Acts 19,16)
  Adjective · neuter · plural · genitive · noDegree
    · (demonstrative) ▸ **6** (Ex. 25,18; Ex. 28,23 # 28,29a; Ex. 32,15; Ex. 36,11; Ex. 36,24; Ex. 38,14)

Αμωθ Hannathon ▸ **1**
  Αμωθ ▸ **1**
    Noun · singular · accusative · (proper) ▸ **1** (Josh. 19,14)

Αμωκη Mozah ▸ **1**
  Αμωκη ▸ **1**
    Noun · singular · nominative · (proper) ▸ **1** (Josh. 18,26)

ἀμώμητος (α; μῶμος) blameless ▸ **1**
  ἀμώμητοι ▸ **1**
    Adjective · masculine · plural · nominative ▸ **1** (2Pet. 3,14)

ἄμωμον amomum (a spice) ▸ **1**
  ἄμωμον ▸ **1**
    Noun · neuter · singular · accusative ▸ **1** (Rev. 18,13)

ἄμωμος (α; μῶμος) blameless, spotless ▸ **83** + **8** = **91**
  ἄμωμα ▸ **4** + **1** = **5**
    Adjective · neuter · plural · accusative · noDegree ▸ **3** (Lev. 9,2; Lev. 9,3; Ezek. 43,25)
    Adjective · neuter · plural · nominative · noDegree ▸ **1** + **1** = **2** (Lev. 22,19; Phil. 2,15)
  ἄμωμοι ▸ **8**
    Adjective · feminine · plural · nominative · noDegree ▸ **1** (Num. 7,88)
    Adjective · masculine · plural · nominative · noDegree ▸ **7** (Num. 28,19; Num. 28,31; Num. 29,13; Num. 29,8; Prov. 11,20; Prov. 22,11; Psa. 118,1)
  ἄμωμοί ▸ **1**
    Adjective · masculine · plural · nominative · noDegree ▸ **1** (Rev. 14,5)
  ἄμωμον ▸ **31** + **1** = **32**
    Adjective · feminine · singular · accusative · noDegree ▸ **6** (Lev. 3,9; Lev. 4,28; Num. 6,14; Num. 19,2; 2Sam. 22,33; Psa. 17,33)
    Adjective · masculine · singular · accusative · noDegree ▸ **16** + **1** = **17** (Lev. 4,3; Lev. 4,14; Lev. 5,15; Lev. 5,18; Lev. 5,25; Lev. 12,6; Num. 6,14; Num. 6,14; Num. 15,24; Psa. 63,5; Ezek. 43,23; Ezek. 43,23; Ezek. 45,18; Ezek. 46,4; Ezek. 46,6; Ezek. 46,13; Heb. 9,14)
    Adjective · neuter · singular · accusative · noDegree ▸ **8** (Lev. 1,3; Lev. 1,10; Lev. 3,1; Lev. 3,6; Lev. 4,23; Lev. 4,32; Lev. 14,10; Lev. 23,12)
    Adjective · neuter · singular · nominative · noDegree ▸ **1** (Lev. 22,21)
  ἄμωμος ▸ **13** + **1** = **14**
    Adjective · feminine · singular · nominative · noDegree ▸ **4** + **1** = **5** (2Sam. 22,31; Psa. 17,31; Psa. 118,80; Sir. 40,19; Eph. 5,27)
    Adjective · masculine · singular · nominative · noDegree ▸ **9** (2Sam. 22,24; Psa. 14,2; Psa. 17,24; Psa. 18,8; Psa. 18,14; Prov. 20,7; Sir. 31,8; Ezek. 28,15; Ezek. 46,6)
  ἀμώμου ▸ **1**
    Adjective · masculine · singular · genitive ▸ **1** (1Pet. 1,19)
  ἀμώμους ▸ **23** + **3** = **26**
    Adjective · feminine · plural · accusative · noDegree ▸ **1** (Prov. 11,5)
    Adjective · masculine · plural · accusative · noDegree ▸ **22** + **3** = **25** (1Mac. 4,42; Dan. 1,4; Ex. 29,1; Ex. 29,38; Ezek. 43,22; Ezek. 45,23; Ezek. 46,4; Lev. 14,10; Lev. 23,18; Lev. 23,18; Num. 28,11; Num. 28,27; Num. 28,3; Num. 28,9; Num. 29,17; Num. 29,2; Num. 29,20; Num. 29,23; Num. 29,26; Num. 29,29; Num. 29,32; Num. 29,36; Eph. 1,4; Col. 1,22; Jude 24)
  ἀμώμῳ ▸ **2**
    Adjective · feminine · singular · dative · noDegree ▸ **2** (Psa. 100,2; Psa. 100,6)
  ἀμώμων ▸ **2**
    Adjective · feminine · plural · genitive · noDegree ▸ **1** (Wis. 2,22)
    Adjective · masculine · plural · genitive · noDegree ▸ **1** (Psa. 36,18)

Αμων Amon ▸ **15** + **1** = **16**
  Αμων ▸ **15** + **1** = **16**
    Noun · feminine · singular · dative · (proper) ▸ **1** (Nah. 3,8)
    Noun · masculine · singular · accusative · (proper) ▸ **2** (2Kings 21,24; Jer. 26,25)
    Noun · masculine · singular · genitive · (proper) ▸ **6** (2Kings 21,23; 2Kings 21,25; 2Chr. 33,21; 2Chr. 33,25; 1Esdr. 5,34; Zeph. 1,1)
    Noun · masculine · singular · nominative · (proper) ▸ **6** + **1** = **7** (2Kings 21,18; 2Kings 21,19; 1Chr. 3,14; 2Chr. 33,20; 2Chr. 33,22; 2Chr. 33,23; Josh. 19,28)

Αμωρα Habor, Moreh ▸ **1**
  Αμωρα ▸ **1**
    Noun · singular · genitive · (proper) ▸ **1** (Judg. 7,1)

Αμως Amos; Amoz; Amon ▸ **21** + **1** = **22**
  Αμως ▸ **21** + **1** = **22**
    Noun · masculine · singular · accusative · (proper) ▸ **1** (Amos 7,12)
    Noun · masculine · singular · genitive · (proper) ▸ **15** (2Kings

19,2; 2Kings 19,20; 2Kings 20,1; 2Chr. 32,20; 2Chr. 32,32; Tob. 2,6; Amos 1,1; Is. 1,1; Is. 2,1; Is. 13,1; Is. 37,2; Is. 37,21; Is. 38,1; Jer. 1,2; Jer. 25,3)

Noun · masculine · singular · nominative · (proper) ▸ 3 + 1 = **4** (Amos 7,10; Amos 7,11; Amos 7,14; Tob. 2,6)

Noun · masculine · singular · vocative · (proper) ▸ **2** (Amos 7,8; Amos 8,2)

Ἀμώς Amos; Amoz; Amon ▸ 3

Ἀμώς ▸ 1

Noun · masculine · singular · accusative · (proper) ▸ **1** (Matt. 1,10)

Ἀμώς ▸ 2

Noun · masculine · singular · genitive · (proper) ▸ **1** (Luke 3,25)

Noun · masculine · singular · nominative · (proper) ▸ **1** (Matt. 1,10)

Ἀμωσα Mozah ▸ 1

Αμωσα ▸ 1

Noun · singular · nominative · (proper) ▸ **1** (Josh. 18,26)

ἄν ever (particle); if (conjunction) ▸ 634 + 35 + 183 = 852

ἄν ▸ 19 + 11 = 30

Particle · (contingent) ▸ 19 + 8 = **27** (Gen. 12,1; Gen. 16,6; Gen. 22,2; Gen. 26,2; Gen. 30,27; Gen. 31,27; Gen. 33,10; Lev. 7,27; 4Mac. 1,5; 4Mac. 1,10; 4Mac. 2,24; 4Mac. 5,6; 4Mac. 5,13; Psa. 50,18; Psa. 54,13; Prov. 25,8; Job 4,12; Job 29,2; Wis. 11,25; John 4,10; John 11,32; John 13,20; John 18,30; Acts 2,45; Acts 4,35; Acts 7,3; 2Cor. 11,21)

Conjunction · subordinating · (conditional) ▸ **3** (John 16,23; John 20,23; John 20,23)

ἄν ▸ 599 + 35 + 155 = 789

Particle · (contingent) ▸ 599 + 35 + 155 = **789** (Gen. 6,4; Gen. 2,17; Gen. 3,5; Gen. 11,6; Gen. 12,12; Gen. 12,13; Gen. 18,19; Gen. 19,8; Gen. 21,6; Gen. 23,15; Gen. 24,14; Gen. 24,14; Gen. 24,19; Gen. 24,43; Gen. 30,38; Gen. 30,42; Gen. 31,42; Gen. 34,12; Gen. 39,3; Gen. 42,38; Gen. 43,10; Gen. 44,8; Gen. 44,9; Gen. 44,10; Gen. 49,10; Gen. 50,20; Ex. 1,10; Ex. 9,19; Ex. 9,29; Ex. 10,28; Ex. 12,15; Ex. 12,19; Ex. 12,25; Ex. 13,9; Ex. 13,11; Ex. 15,16; Ex. 15,16; Ex. 20,20; Ex. 20,26; Ex. 21,22; Ex. 22,8; Ex. 23,22; Ex. 23,22; Ex. 23,30; Ex. 25,2; Ex. 25,16; Ex. 25,21; Ex. 25,22; Ex. 28,38; Ex. 28,43; Ex. 30,13; Ex. 30,33; Ex. 30,33; Ex. 30,38; Ex. 32,34; Ex. 33,8; Ex. 33,9; Ex. 33,13; Ex. 33,19; Ex. 33,19; Ex. 33,22; Ex. 33,22; Ex. 34,24; Ex. 34,34; Ex. 34,35; Ex. 40,36; Lev. 2,8; Lev. 2,11; Lev. 5,3; Lev. 5,4; Lev. 5,17; Lev. 6,3; Lev. 6,13; Lev. 7,16; Lev. 7,19; Lev. 7,21; Lev. 10,9; Lev. 11,32; Lev. 12,4; Lev. 13,14; Lev. 13,46; Lev. 13,51; Lev. 14,2; Lev. 14,34; Lev. 15,5; Lev. 15,9; Lev. 15,12; Lev. 15,20; Lev. 15,20; Lev. 15,24; Lev. 15,26; Lev. 15,33; Lev. 16,17; Lev. 16,32; Lev. 16,32; Lev. 17,3; Lev. 17,3; Lev. 17,4; Lev. 17,5; Lev. 17,8; Lev. 17,10; Lev. 17,13; Lev. 18,29; Lev. 19,6; Lev. 20,2; Lev. 20,9; Lev. 20,10; Lev. 20,10; Lev. 20,13; Lev. 20,15; Lev. 20,18; Lev. 20,20; Lev. 20,21; Lev. 20,27; Lev. 22,3; Lev. 22,4; Lev. 22,4; Lev. 22,5; Lev. 22,6; Lev. 21,18; Lev. 21,20; Lev. 22,3; Lev. 22,14; Lev. 22,18; Lev. 22,18; Lev. 22,20; Lev. 22,21; Lev. 22,27; Lev. 23,12; Lev. 23,14; Lev. 23,15; Lev. 23,38; Lev. 24,17; Lev. 24,18; Lev. 24,20; Lev. 24,21; Lev. 25,16; Lev. 25,16; Lev. 25,22; Lev. 25,30; Lev. 25,33; Lev. 25,44; Lev. 25,45; Lev. 27,2; Lev. 27,9; Lev. 27,12; Lev. 27,14; Lev. 27,14; Lev. 27,26; Num. 5,9; Num. 6,5; Num. 6,9; Num. 6,13; Num. 6,21; Num. 6,21; Num. 6,21; Num. 9,17; Num. 11,20; Num. 14,33; Num. 15,14; Num. 15,29; Num. 15,40; Num. 16,7; Num. 16,14; Num. 17,5; Num. 18,12; Num. 18,13; Num. 18,19; Num. 18,24; Num. 18,32; Num. 20,17; Num. 22,20; Num. 22,29; Num. 27,20; Num. 30,3; Num. 30,6; Num. 30,8; Num. 30,9; Num. 30,10; Num. 30,13; Num. 32,17; Num. 32,18; Num. 32,21; Num. 35,12; Num. 35,25; Num. 35,28; Num. 35,32; Num. 36,3; Num. 36,4; Deut. 3,20; Deut. 4,42; Deut. 5,27; Deut. 7,12; Deut. 7,20; Deut. 7,23; Deut. 7,24; Deut. 8,2; Deut. 12,5; Deut. 12,7; Deut. 12,11; Deut. 12,14; Deut. 12,17; Deut. 12,18; Deut. 12,18; Deut. 12,21; Deut. 12,21; Deut. 12,26; Deut. 14,23; Deut. 14,24; Deut. 14,25; Deut. 15,10; Deut. 16,10; Deut. 17,8; Deut. 17,9; Deut. 17,10; Deut. 17,11; Deut. 17,12; Deut. 17,12; Deut. 17,15; Deut. 17,20; Deut. 18,6; Deut. 18,18; Deut. 18,20; Deut. 18,20; Deut. 19,4; Deut. 19,4; Deut. 19,5; Deut. 19,15; Deut. 20,14; Deut. 20,20; Deut. 21,16; Deut. 21,17; Deut. 22,2; Deut. 23,20; Deut. 26,2; Deut. 27,2; Deut. 27,3; Deut. 27,4; Deut. 27,19; Deut. 27,25; Deut. 28,1; Deut. 28,8; Deut. 28,20; Deut. 28,20; Deut. 28,20; Deut. 28,21; Deut. 28,22; Deut. 28,24; Deut. 28,24; Deut. 28,37; Deut. 28,45; Deut. 28,45; Deut. 28,48; Deut. 28,51; Deut. 28,52; Deut. 28,54; Deut. 28,55; Deut. 28,55; Deut. 28,57; Deut. 28,61; Deut. 28,67; Deut. 28,67; Deut. 29,21; Deut. 30,1; Deut. 31,11; Josh. 1,3; Josh. 1,15; Josh. 1,16; Josh. 1,18; Josh. 2,14; Josh. 2,16; Josh. 2,19; Josh. 3,13; Josh. 3,8; Josh. 6,10; Josh. 6,5; Josh. 7,13; Josh. 7,14; Josh. 7,15; Josh. 8,5; Josh. 8,6; Josh. 20,3; Josh. 20,9; Josh. 23,5; Josh. 23,5; Josh. 23,13; Josh. 23,15; Judg. 1,12; Judg. 7,5; Judg. 7,5; Judg. 8,19; Judg. 10,15; Judg. 11,31; Judg. 13,23; Judg. 13,23; Judg. 13,23; Judg. 14,18; Judg. 15,14; Judg. 18,10; Judg. 21,21; Ruth 2,9; Ruth 2,21; Ruth 3,18; 1Sam. 1,23; 1Sam. 1,23; 1Sam. 2,13; 1Sam. 8,7; 1Sam. 9,13; 1Sam. 10,2; 1Sam. 10,5; 1Sam. 14,9; 1Sam. 14,30; 1Sam. 14,42; 1Sam. 14,47; 1Sam. 20,12; 2Sam. 7,3; 2Sam. 13,28; 2Sam. 14,26; 2Sam. 15,20; 2Sam. 17,14; 2Sam. 18,11; 1Kings 1,21; 1Kings 2,3; 1Kings 2,42; 1Kings 5,1; 1Kings 8,30; 1Kings 8,31; 1Kings 8,38; 1Kings 8,39; 1Kings 8,43; 1Kings 8,52; 1Kings 11,38; 1Kings 21,6; 1Kings 22,14; 2Kings 5,6; 2Kings 6,32; 2Kings 10,21; 2Kings 13,19; 2Kings 18,21; 2Chr. 2,13; 2Chr. 6,21; 2Chr. 6,30; 2Chr. 18,10; 1Esdr. 2,16; 1Esdr. 3,5; 1Esdr. 3,9; 1Esdr. 6,29; 1Esdr. 8,16; 1Esdr. 8,18; 1Esdr. 8,19; 1Esdr. 9,4; Ezra 6,9; Ezra 7,20; Ezra 7,21; Ezra 7,26; Ezra 10,3; Ezra 10,8; Neh. 6,3; Esth. 2,4; Esth. 13,3 # 3,13c; Esth. 8,17; Esth. 8,17; Judith 3,3; Judith 10,4; Judith 11,11; Judith 11,15; Judith 11,2; Judith 12,4; Tob. 7,12; 1Mac. 1,50; 1Mac. 3,60; 1Mac. 6,36; 1Mac. 8,1; 1Mac. 8,13; 1Mac. 8,13; 1Mac. 8,25; 1Mac. 8,27; 1Mac. 8,30; 1Mac. 10,32; 1Mac. 10,32; 1Mac. 13,9; 1Mac. 13,20; 1Mac. 14,45; 1Mac. 15,9; 2Mac. 1,11; 2Mac. 2,7; 2Mac. 11,28; 2Mac. 12,4; 3Mac. 3,2; 3Mac. 3,27; 3Mac. 4,1; 3Mac. 5,11; 3Mac. 5,31; 3Mac. 7,4; 4Mac. 1,1; 4Mac. 1,7; 4Mac. 2,6; 4Mac. 2,20; 4Mac. 3,4; 4Mac. 5,30; 4Mac. 6,32; 4Mac. 7,17; 4Mac. 7,22; 4Mac. 8,6; 4Mac. 8,16; 4Mac. 9,6; 4Mac. 13,2; 4Mac. 16,5; 4Mac. 16,5; 4Mac. 16,11; 4Mac. 17,7; Psa. 1,3; Psa. 9,15; Psa. 16,4; Psa. 17,38; Psa. 19,10; Psa. 29,13; Psa. 47,14; Psa. 50,6; Psa. 54,13; Psa. 55,10; Psa. 59,7; Psa. 67,24; Psa. 70,18; Psa. 77,6; Psa. 80,15; Psa. 91,8; Psa. 93,12; Psa. 101,3; Psa. 101,3; Psa. 104,45; Psa. 107,7; Psa. 109,1; Psa. 118,11; Psa. 118,71; Psa. 118,80; Psa. 118,92; Psa. 118,101; Psa. 123,3; Psa. 124,3; Psa. 137,3; Psa. 140,10; Ode. 1,16; Ode. 1,16; Ode. 5,20; Prov. 1,22; Prov. 1,26; Prov. 1,27; Prov. 2,20; Prov. 3,27; Prov. 4,15; Prov. 5,11; Prov. 6,22; Prov. 6,22; Prov. 7,7; Prov. 7,9; Prov. 17,8; Prov. 18,17; Prov. 19,9; Prov. 24,10; Prov. 20,24; Prov. 24,22c; Prov. 27,14; Prov. 31,23; Eccl. 5,3; Eccl. 7,13; Eccl. 8,17; Eccl. 8,17; Eccl. 9,10; Song 3,5; Song 8,4; Job 1,5; Job 3,10; Job 3,13; Job 7,19; Job 7,4; Job 11,5; Job 14,12; Job 14,13; Job 14,14; Job 19,23; Job 25,4; Job 27,5; Job 31,12; Job 31,31; Job 31,36; Job 33,21; Job 37,12; Job 39,24; Job 39,30; Job 41,5; Job 42,8; Wis. 11,24; Sir. 1,19 Prol.; Sir. 12,5; Sir. 23,17; Sir. 23,17; Sir. 23,17; Sir. 25,3; Sir. 35,20; Sir. 37,12; Sir. 43,30; Hos. 2,5; Hos. 7,12; Joel 3,5; Obad. 5; Obad. 5; Obad. 5; Zech.

14,19; Is. 1,9; Is. 1,9; Is. 6,11; Is. 8,10; Is. 8,21; Is. 11,11; Is. 13,13; Is. 13,15; Is. 17,11; Is. 17,11; Is. 21,6; Is. 22,14; Is. 26,20; Is. 30,17; Is. 30,31; Is. 31,4; Is. 32,15; Is. 36,6; Is. 36,17; Is. 42,4; Is. 46,4; Is. 46,7; Is. 48,18; Is. 48,19; Is. 52,8; Is. 55,6; Is. 55,10; Is. 55,11; Is. 56,4; Is. 58,5; Is. 62,1; Is. 65,6; Is. 66,20; Jer. 1,17; Jer. 7,23; Jer. 7,23; Jer. 19,2; Jer. 23,20; Jer. 23,20; Jer. 23,22; Jer. 23,34; Jer. 24,10; Jer. 42,7; Jer. 47,10; Jer. 49,4; Jer. 49,5; Jer. 51,27; Bar. 3,13; Ezek. 1,12; Ezek. 1,16; Ezek. 1,20; Ezek. 3,6; Ezek. 10,11; Ezek. 11,16; Ezek. 12,28; Ezek. 14,4; Ezek. 14,7; Ezek. 15,2; Ezek. 21,21; Ezek. 33,2; Ezek. 32,9; Ezek. 33,12; Ezek. 33,12; Ezek. 33,33; Ezek. 35,11; Ezek. 36,36; Ezek. 38,18; Ezek. 44,14; Ezek. 44,27; Ezek. 46,11; Ezek. 47,9; Ezek. 47,9; Ezek. 48,35; Dan. 2,9; Dan. 3,6; Dan. 3,10; Dan. 3,11; Dan. 3,96; Dan. 4,17; Dan. 4,17; Dan. 4,37a; Dan. 5,7; Dan. 6,8; Dan. 9,14; Dan. 11,3; Dan. 11,36; Dan. 12,1; Dan. 12,4; Dan. 12,9; Dan. 12,11; Judg. 7,5; Judg. 7,17; Judg. 8,19; Judg. 9,33; Judg. 10,18; Judg. 13,23; Judg. 13,23; Judg. 13,23; Judg. 14,18; Judg. 18,10; Tob. 2,2; Tob. 4,19; Tob. 5,21; Tob. 6,15; Tob. 7,12; Tob. 8,12; Tob. 13,5; Tob. 13,17; Tob. 14,5; Tob. 14,9; Dan. 1,13; Dan. 2,18; Dan. 3,5; Dan. 3,6; Dan. 3,10; Dan. 3,15; Dan. 3,96; Dan. 4,25; Dan. 4,26; Dan. 5,7; Dan. 5,21; Dan. 6,8; Dan. 6,13; Dan. 6,16; Dan. 11,4; Matt. 2,13; Matt. 5,18; Matt. 5,18; Matt. 5,19; Matt. 5,21; Matt. 5,22; Matt. 5,22; Matt. 5,26; Matt. 5,31; Matt. 10,11; Matt. 10,11; Matt. 10,14; Matt. 10,23; Matt. 10,33; Matt. 10,42; Matt. 11,21; Matt. 11,23; Matt. 12,7; Matt. 12,20; Matt. 12,32; Matt. 12,50; Matt. 15,5; Matt. 16,25; Matt. 16,28; Matt. 18,6; Matt. 19,9; Matt. 20,27; Matt. 21,22; Matt. 21,44; Matt. 22,44; Matt. 23,16; Matt. 23,16; Matt. 23,18; Matt. 23,18; Matt. 23,30; Matt. 23,39; Matt. 24,22; Matt. 24,34; Matt. 24,43; Matt. 24,43; Matt. 25,27; Matt. 26,48; Mark 3,29; Mark 3,35; Mark 6,10; Mark 6,11; Mark 6,56; Mark 6,56; Mark 8,35; Mark 9,1; Mark 9,37; Mark 9,37; Mark 9,41; Mark 9,42; Mark 10,11; Mark 10,15; Mark 10,43; Mark 10,44; Mark 11,23; Mark 12,36; Mark 13,20; Mark 14,44; Luke 1,62; Luke 2,26; Luke 2,35; Luke 6,11; Luke 7,39; Luke 8,18; Luke 8,18; Luke 9,4; Luke 9,5; Luke 9,24; Luke 9,24; Luke 9,26; Luke 9,27; Luke 9,46; Luke 9,48; Luke 10,5; Luke 10,8; Luke 10,10; Luke 10,13; Luke 10,35; Luke 12,8; Luke 12,39; Luke 13,25; Luke 15,26; Luke 17,6; Luke 17,6; Luke 17,33; Luke 18,17; Luke 19,23; Luke 20,18; Luke 20,43; Luke 21,32; John 1,33; John 2,5; John 4,10; John 4,14; John 5,19; John 5,46; John 8,19; John 8,42; John 9,41; John 11,21; John 11,22; John 13,24; John 14,2; John 14,13; John 14,28; John 15,16; John 15,19; John 18,36; Acts 2,21; Acts 2,35; Acts 2,39; Acts 3,20; Acts 3,22; Acts 5,24; Acts 8,31; Acts 10,17; Acts 15,17; Acts 17,18; Acts 18,14; Acts 26,29; Rom. 3,4; Rom. 9,15; Rom. 9,15; Rom. 9,29; Rom. 9,29; Rom. 10,13; Rom. 15,24; Rom. 16,2; 1Cor. 2,8; 1Cor. 4,5; 1Cor. 7,5; 1Cor. 11,27; 1Cor. 11,31; 1Cor. 11,34; 1Cor. 12,2; 2Cor. 3,15; 2Cor. 10,9; Gal. 1,10; Gal. 3,21; Phil. 2,23; Heb. 1,13; Heb. 4,8; Heb. 8,4; Heb. 8,7; Heb. 10,2; Heb. 11,15; 1John 2,5; 1John 2,19; 1John 3,17; Rev. 2,25; Rev. 14,4)

crasis-ἄν ▸ 16 + 17 = 33

Κἄν ▸ 3

    Conjunction · subordinating · (conditional) ▸ **3** (4Mac. 10,18; 4Mac. 18,14; Sir. 16,11)

κἄν ▸ 13 + 17 = 30

    Conjunction · subordinating · (conditional) ▸ 13 + 15 = **28** (Lev. 7,16; 4Mac. 2,8; 4Mac. 2,9; Wis. 4,4; Wis. 9,6; Wis. 14,4; Wis. 15,12; Sir. 3,13; Sir. 9,13; Sir. 13,23; Sir. 14,7; Sir. 23,11; Sir. 33,29; Matt. 21,21; Mark 5,28; Mark 6,56; Mark 16,18; Luke 12,38; Luke 12,38; Luke 13,9; John 8,14; John 8,55; John 10,38; John 11,25; Acts 5,15; 1Cor. 13,3; 2Cor. 11,16; Heb. 12,20)

    Conjunction · coordinating · (copulative) ▸ **1** (James 5,15)

    Conjunction · coordinating · (explanatory) ▸ **1** (Matt. 26,35)

Ἀνά (ἀνά) Anah ▸ 12

    Ἀνά ▸ 12

        Noun · singular · nominative · (proper) ▸ **1** (2Kings 19,13)

        Noun · feminine · singular · accusative · (proper) ▸ **1** (1Kings 15,13)

        Noun · feminine · singular · nominative · (proper) ▸ **1** (1Kings 15,10)

        Noun · masculine · singular · genitive · (proper) ▸ **5** (Gen. 36,2; Gen. 36,14; Gen. 36,25; Gen. 36,25; 1Chr. 1,41)

        Noun · masculine · singular · nominative · (proper) ▸ **4** (Gen. 36,20; Gen. 36,29; 1Chr. 1,38; 1Chr. 1,40)

ἀνά up, upon, on; (adv.) thereupon; each, apiece ▸ 350 + 25 + 13 = 388

    ἀνά ▸ 350 + 25 + 13 = 388

        Adverb ▸ **1** (Rev. 21,21)

        Preposition · (+accusative) ▸ 350 + 25 + 12 = **387** (Gen. 1,4; Gen. 1,4; Gen. 1,6; Gen. 1,7; Gen. 1,7; Gen. 1,14; Gen. 1,14; Gen. 1,18; Gen. 1,18; Gen. 3,15; Gen. 3,15; Gen. 3,15; Gen. 3,15; Gen. 9,12; Gen. 9,12; Gen. 9,13; Gen. 9,15; Gen. 9,15; Gen. 9,16; Gen. 9,16; Gen. 9,17; Gen. 9,17; Gen. 10,12; Gen. 10,12; Gen. 13,3; Gen. 13,3; Gen. 13,7; Gen. 13,7; Gen. 13,8; Gen. 13,8; Gen. 13,8; Gen. 15,17; Gen. 16,5; Gen. 16,14; Gen. 16,14; Gen. 17,2; Gen. 17,2; Gen. 17,7; Gen. 17,7; Gen. 17,7; Gen. 17,10; Gen. 17,10; Gen. 17,11; Gen. 20,1; Gen. 20,1; Gen. 23,15; Gen. 24,22; Gen. 26,28; Gen. 26,28; Gen. 30,36; Gen. 30,36; Gen. 31,37; Gen. 31,44; Gen. 31,44; Gen. 31,46; Gen. 31,48; Gen. 31,49; Gen. 31,53; Gen. 32,17; Gen. 42,23; Gen. 49,14; Ex. 8,19; Ex. 8,19; Ex. 9,4; Ex. 9,4; Ex. 11,7; Ex. 14,2; Ex. 14,2; Ex. 14,20; Ex. 14,20; Ex. 16,1; Ex. 16,1; Ex. 22,10; Ex. 25,22; Ex. 26,10; Ex. 26,28; Ex. 26,33; Ex. 26,33; Ex. 28,33; Ex. 30,18; Ex. 30,18; Ex. 36,32; Lev. 10,10; Lev. 10,10; Lev. 11,47; Lev. 11,47; Lev. 11,47; Lev. 11,47; Lev. 20,25; Lev. 20,25; Lev. 20,25; Lev. 23,5; Lev. 26,46; Lev. 26,46; Lev. 27,12; Lev. 27,12; Lev. 27,14; Lev. 27,14; Num. 7,89; Num. 17,13; Num. 17,21; Num. 21,13; Num. 21,13; Num. 26,56; Num. 30,17; Num. 30,17; Num. 31,27; Num. 31,27; Num. 33,49; Num. 35,24; Num. 35,24; Deut. 1,1; Deut. 1,16; Deut. 1,16; Deut. 1,16; Deut. 1,16; Deut. 5,5; Deut. 14,1; Deut. 17,8; Deut. 17,8; Deut. 17,8; Deut. 17,8; Deut. 25,1; Deut. 33,12; Josh. 3,4; Josh. 8,9; Josh. 8,9; Josh. 8,22; Josh. 16,9; Josh. 17,9; Josh. 18,11; Josh. 18,11; Josh. 19,1; Josh. 22,25; Josh. 22,27; Josh. 22,27; Josh. 22,28; Josh. 22,28; Josh. 22,28; Josh. 22,34; Josh. 24,7; Josh. 24,7; Judg. 4,5; Judg. 4,5; Judg. 4,17; Judg. 4,17; Judg. 4,21; Judg. 5,11; Judg. 5,16; Judg. 5,27; Judg. 9,23; Judg. 9,23; Judg. 11,10; Judg. 11,27; Judg. 11,27; Judg. 13,25; Judg. 13,25; Judg. 15,4; Judg. 16,19; Judg. 16,25; Judg. 16,31; Judg. 16,31; Ruth 1,17; Ruth 2,15; 1Sam. 7,12; 1Sam. 7,12; 1Sam. 7,14; 1Sam. 7,14; 1Sam. 14,4; 1Sam. 14,42; 1Sam. 14,42; 1Sam. 14,42; 1Sam. 14,42; 1Sam. 17,1; 1Sam. 17,1; 1Sam. 17,3; 1Sam. 17,6; 1Sam. 20,3; 1Sam. 20,23; 1Sam. 20,42; 1Sam. 20,42; 1Sam. 20,42; 1Sam. 24,13; 1Sam. 24,16; 1Sam. 24,16; 1Sam. 26,13; 2Sam. 3,1; 2Sam. 3,1; 2Sam. 3,6; 2Sam. 3,6; 2Sam. 14,6; 2Sam. 15,2; 2Sam. 15,18; 2Sam. 18,4; 2Sam. 18,9; 2Sam. 18,9; 2Sam. 18,24; 2Sam. 19,36; 2Sam. 21,7; 2Sam. 21,7; 2Sam. 21,7; 1Kings 3,9; 1Kings 5,26; 1Kings 5,26; 1Kings 5,26; 1Kings 7,15; 1Kings 7,16; 1Kings 7,33; 1Kings 7,33; 1Kings 14,30; 1Kings 14,30; 1Kings 15,7; 1Kings 15,7; 1Kings 15,16; 1Kings 15,16; 1Kings 15,19; 1Kings 15,19; 1Kings 15,19; 1Kings 18,13; 1Kings 18,42; 1Kings 22,1; 1Kings 22,1; 1Kings 22,34; 1Kings 22,34; 2Kings 2,11; 2Kings 9,24; 2Kings 11,17; 2Kings 11,17; 2Kings 11,17; 2Kings 11,17; 2Kings 11,17; 2Kings 16,14; 2Kings 16,14; 2Kings 25,4; 1Chr. 21,16; 1Chr. 21,16; 2Chr. 4,17; 2Chr. 13,2; 2Chr. 13,2; 2Chr. 16,3; 2Chr. 16,3; 2Chr. 16,3;

ἀνά–ἀναβαίνω

2Chr. 18,33; 2Chr. 18,33; 2Chr. 19,10; 2Chr. 19,10; 2Chr. 23,16; Neh. 3,32; Neh. 5,18; Judith 3,10; Judith 7,24; Judith 8,3; Judith 8,11; 1Mac. 7,28; 1Mac. 12,36; 1Mac. 13,40; 1Mac. 16,5; Psa. 67,14; Psa. 103,10; Ode. 10,3; Prov. 6,19; Prov. 8,2; Prov. 8,20; Song 1,13; Song 2,2; Song 2,3; Job 9,33; Job 30,7; Job 34,4; Sir. 23,14; Sir. 25,18; Sir. 27,2; Sir. 27,2; Sir. 28,9; Sir. 30,2; Sir. 31,18; Sir. 39,4; Sol. 2,34; Hos. 13,15; Mic. 4,3; Joel 2,17; Obad. 4; Zech. 1,8; Zech. 1,10; Zech. 1,11; Zech. 5,9; Zech. 5,9; Zech. 6,13; Zech. 11,14; Zech. 11,14; Zech. 13,6; Mal. 2,14; Mal. 2,14; Mal. 3,18; Mal. 3,18; Mal. 3,18; Is. 2,4; Is. 5,3; Is. 22,11; Is. 44,4; Is. 57,5; Is. 58,12; Is. 59,2; Jer. 7,5; Jer. 7,5; Jer. 32,16; Jer. 32,27; Jer. 52,7; Lam. 1,3; Lam. 1,17; LetterJ 53; Ezek. 1,13; Ezek. 4,3; Ezek. 4,3; Ezek. 8,3; Ezek. 8,3; Ezek. 8,16; Ezek. 8,16; Ezek. 18,8; Ezek. 18,8; Ezek. 20,12; Ezek. 20,12; Ezek. 20,20; Ezek. 22,26; Ezek. 22,26; Ezek. 34,17; Ezek. 34,20; Ezek. 34,20; Ezek. 34,22; Ezek. 40,7; Ezek. 41,9; Ezek. 41,10; Ezek. 41,18; Ezek. 42,20; Ezek. 42,20; Ezek. 44,23; Ezek. 44,23; Ezek. 47,16; Ezek. 47,16; Ezek. 47,18; Ezek. 47,18; Ezek. 47,18; Ezek. 47,18; Ezek. 48,22; Ezek. 48,22; Dan. 7,8; Dan. 8,5; Dan. 8,16; Dan. 8,21; Dan. 11,45; Josh. 19,1; Judg. 4,5; Judg. 4,5; Judg. 4,17; Judg. 4,17; Judg. 5,11; Judg. 5,16; Judg. 5,27; Judg. 5,27; Judg. 9,23; Judg. 9,23; Judg. 11,10; Judg. 11,27; Judg. 11,27; Judg. 13,25; Judg. 13,25; Judg. 15,4; Judg. 16,25; Judg. 16,31; Judg. 16,31; Dan. 7,5; Dan. 8,5; Dan. 8,16; Dan. 8,21; Dan. 11,45; Matt. 13,25; Matt. 20,9; Matt. 20,10; Mark 7,31; Luke 9,3; Luke 9,14; Luke 10,1; John 2,6; 1Cor. 6,5; 1Cor. 14,27; Rev. 4,8; Rev. 7,17)

ἀναβαθμίς (ἀνά; βαθύς) stair, step ▸ 1
  ἀναβαθμίσιν ▸ 1
    Noun · feminine · plural · dative · (common) ▸ **1** (Ex. 20,26)
ἀναβαθμός (ἀνά; βαίνω) stairs ▸ 27 + 2 = 29
  ἀναβαθμοί ▸ 2
    Noun · masculine · plural · nominative · (common) ▸ **2** (1Kings 10,19; 2Chr. 9,18)
  ἀναβαθμοῖς ▸ 2
    Noun · masculine · plural · dative · (common) ▸ **2** (2Kings 20,11; Ezek. 40,6)
  ἀναβαθμούς ▸ 2 + 1 = 3
    Noun · masculine · plural · accusative · (common) ▸ **2 + 1 = 3** (Is. 38,8; Is. 38,8; Acts 21,35)
  ἀναβαθμοὺς ▸ 1
    Noun · masculine · plural · accusative · (common) ▸ **1** (Is. 38,8)
  ἀναβαθμῶν ▸ 20 + 1 = 21
    Noun · masculine · plural · genitive · (common) ▸ **20 + 1 = 21** (1Kings 10,20; 2Kings 9,13; 2Chr. 9,19; Psa. 119,1; Psa. 120,1; Psa. 121,1; Psa. 122,1; Psa. 123,1; Psa. 124,1; Psa. 125,1; Psa. 126,1; Psa. 127,1; Psa. 128,1; Psa. 129,1; Psa. 130,1; Psa. 131,1; Psa. 132,1; Psa. 133,1; Is. 38,8; Ezek. 40,49; Acts 21,40)
ἀναβαίνω (ἀνά; βαίνω) to go up, rise up, advance ▸ 614 + 71 + 82 = 767
  ἀνάβα ▸ 1
    Verb · second · singular · aorist · active · imperative ▸ **1** (Rev. 4,1)
  ἀνάβαινε ▸ 1
    Verb · second · singular · present · active · imperative ▸ **1** (2Kings 2,23)
  Ἀνάβαινε ▸ 9
    Verb · second · singular · present · active · imperative ▸ **9** (2Sam. 5,19; 1Kings 22,6; 1Kings 22,12; 1Kings 22,15; 2Kings 2,23; 2Chr. 18,5; 2Chr. 18,11; 2Chr. 18,14; Prov. 25,7)
  ἀναβαίνει ▸ 7 + 4 = 11
    Verb · third · singular · present · active · indicative ▸ **7 + 4 = 11** (Gen. 38,13; Josh. 15,3; Josh. 15,8; 1Kings 21,22; Eccl. 3,21; Jer. 29,2; Ezek. 26,3; Mark 3,13; Mark 4,32; Rev. 14,11; Rev. 19,3)
  ἀναβαίνειν ▸ 9 + 2 + 3 = 14
    Verb · present · active · infinitive ▸ **9 + 2 + 3 = 14** (Judg. 19,25; Judg. 20,40; 1Sam. 1,7; 1Sam. 2,19; 1Sam. 2,28; 1Sam. 15,6; 1Kings 12,28; 2Kings 9,27; 2Chr. 29,21; Judg. 11,13; Judg. 11,16; Acts 15,2; Acts 21,12; Rev. 17,8)
  ἀναβαίνεις ▸ 1
    Verb · second · singular · present · active · indicative ▸ **1** (Deut. 32,50)
  ἀναβαίνετε ▸ 3
    Verb · second · plural · present · active · imperative ▸ **3** (Num. 14,42; Hos. 4,15; Joel 4,9)
  ἀναβαινέτωσαν ▸ 1
    Verb · third · plural · present · active · imperative ▸ **1** (Joel 4,12)
  ἀναβαίνῃς ▸ 1
    Verb · second · singular · present · active · subjunctive ▸ **1** (Ex. 34,24)
  ἀναβαίνομεν ▸ 4 + 3 = 7
    Verb · first · plural · present · active · indicative ▸ **4 + 3 = 7** (Num. 13,31; Num. 16,12; Num. 16,14; Deut. 1,28; Matt. 20,18; Mark 10,33; Luke 18,31)
  ἀναβαῖνον ▸ 3
    Verb · present · active · participle · neuter · singular · accusative ▸ **2** (Rev. 13,1; Rev. 13,11)
    Verb · present · active · participle · neuter · singular · nominative ▸ **1** (Rev. 11,7)
  ἀναβαίνοντα ▸ 6 + 3 = 9
    Verb · present · active · participle · masculine · singular · accusative ▸ **3 + 2 = 5** (Josh. 8,20; 1Sam. 28,14; Jer. 31,35; John 6,62; Rev. 7,2)
    Verb · present · active · participle · neuter · plural · accusative ▸ **2** (Lev. 25,5; Lev. 25,11)
    Verb · present · active · participle · neuter · plural · nominative ▸ **1 + 1 = 2** (Ezra 1,11; Mark 4,8)
  ἀναβαίνοντας ▸ 5 + 1 = 6
    Verb · present · active · participle · masculine · plural · accusative ▸ **5 + 1 = 6** (Gen. 31,12; 1Sam. 10,3; 1Sam. 28,13; 1Esdr. 4,47; 2Mac. 5,12; John 1,51)
  ἀναβαίνοντες ▸ 6 + 1 = 7
    Verb · present · active · participle · masculine · plural · nominative ▸ **6 + 1 = 7** (Gen. 31,10; 2Sam. 15,30; Ezra 2,1; Ezra 8,1; Neh. 12,1; Psa. 105,7; Mark 10,32)
  ἀναβαίνοντος ▸ 3
    Verb · present · active · participle · masculine · singular · genitive ▸ **3** (1Sam. 15,2; 2Kings 2,23; Nah. 3,3)
  ἀναβαίνοντός ▸ 1
    Verb · present · active · participle · masculine · singular · genitive ▸ **1** (Deut. 9,9)
  ἀναβαινόντων ▸ 3 + 2 = 5
    Verb · present · active · participle · masculine · plural · genitive ▸ **3 + 2 = 5** (Josh. 12,7; 1Sam. 9,11; 1Esdr. 5,4; Luke 2,42; John 12,20)
  ἀναβαίνουσα ▸ 4 + 1 = 5
    Verb · present · active · participle · feminine · singular · nominative ▸ **4 + 1 = 5** (Judg. 20,31; Judg. 20,31; Song 3,6; Song 8,5; Judg. 20,31)
  ἀναβαίνουσαι ▸ 1
    Verb · present · active · participle · feminine · plural · nominative ▸ **1** (Gen. 41,27)
  ἀναβαινούσῃ ▸ 1
    Verb · present · active · participle · feminine · singular · dative ▸ **1** (Judg. 21,19)

ἀναβαίνω

ἀναβαινούσης ▸ 1 + 1 = 2
   Verb · present · active · participle · feminine · singular · genitive
   ▸ 1 + 1 = 2 (2Kings 3,20; Judg. 21,19)

ἀναβαίνουσιν ▸ 8 + 1 = 9
   Verb · present · active · participle · masculine · plural · dative
   ▸ 1 (1Esdr. 4,49)
   Verb · third · plural · present · active · indicative   ▸ 7 + 1 = 8
   (1Sam. 9,14; 1Sam. 13,5; 1Sam. 13,5; 2Chr. 20,16; Neh. 4,6;
   Psa. 103,8; Psa. 106,26; Luke 24,38)

ἀναβαίνω ▸ 1 + 1 + 2 = 4
   Verb · first · singular · present · active · indicative   ▸ 1 + 1 + 2
   = 4 (Tob. 12,20; Tob. 12,20; John 7,8; John 20,17)

ἀναβαίνων ▸ 3 + 4 = 7
   Verb · present · active · participle · masculine · singular
   · nominative   ▸ 3 + 4 = 7 (2Sam. 15,30; Neh. 2,15; Jer. 31,44;
   Matt. 20,17; Mark 1,10; Luke 19,28; John 10,1)

ἀναβαίνωσιν ▸ 1
   Verb · third · plural · present · active · subjunctive   ▸ 1   (Ezek.
   41,7)

ἀναβάντα ▸ 1 + 2 = 3
   Verb · aorist · active · participle · masculine · singular · accusative
   ▸ 2 (Matt. 17,27; Acts 8,31)
   Verb · aorist · active · participle · neuter · plural · nominative
   ▸ 1 (Dan. 8,22)

ἀναβάντες ▸ 17 + 1 = 18
   Verb · aorist · active · participle · masculine · plural · nominative
   ▸ 17 + 1 = 18 (Ex. 7,28; Num. 13,21; Num. 13,30; Num. 32,11;
   Deut. 1,21; Deut. 1,41; Josh. 14,8; Josh. 22,12; 1Sam. 14,21;
   1Esdr. 2,14; 1Esdr. 5,7; 1Esdr. 5,36; 1Esdr. 8,28; Ezra 2,59; Ezra
   4,12; Neh. 7,6; 3Mac. 3,16; Luke 5,19)

ἀναβάντι ▸ 1
   Verb · aorist · active · participle · masculine · singular · dative
   ▸ 1 (Judg. 21,5)

ἀναβάντος ▸ 1 + 1 = 2
   Verb · aorist · active · participle · masculine · singular · genitive
   ▸ 1 (2Kings 1,7)
   Verb · aorist · active · participle · neuter · singular · genitive ▸ 1
   (Dan. 7,20)

ἀναβάντων ▸ 1
   Verb · aorist · active · participle · masculine · plural · genitive
   ▸ 1 (Matt. 14,32)

ἀναβὰς ▸ 5 + 7 = 12
   Verb · aorist · active · participle · masculine · singular · nominative
   ▸ 5 + 7 = 12 (Gen. 50,5; Judg. 21,5; 1Esdr. 2,3; 2Mac. 2,4; 4Mac.
   4,4; Matt. 15,29; Mark 15,8; Acts 18,22; Acts 20,11; Acts 25,9;
   Eph. 4,8; Eph. 4,10)

Ἀναβὰς ▸ 1
   Verb · aorist · active · participle · masculine · singular · nominative
   ▸ 1 (Gen. 46,31)

ἀναβᾶσα ▸ 1
   Verb · aorist · active · participle · feminine · singular · nominative
   ▸ 1 (Tob. 3,10)

ἀνάβατε ▸ 1
   Verb · second · plural · aorist · active · imperative   ▸ 1   (Rev.
   11,12)

ἀναβέβηκα ▸ 1
   Verb · first · singular · perfect · active · indicative   ▸ 1   (John
   20,17)

ἀναβέβηκεν ▸ 1
   Verb · third · singular · perfect · active · indicative   ▸ 1   (John
   3,13)

ἀναβεβηκόσιν ▸ 1
   Verb · perfect · active · participle · masculine · plural · dative
   ▸ 1 (Judg. 21,5)

ἀναβεβηκότες ▸ 1
   Verb · perfect · active · participle · masculine · plural · nominative
   ▸ 1 (Judith 4,3)

ἀναβῇ ▸ 14
   Verb · third · singular · aorist · active · subjunctive   ▸ 14   (Num.
   9,21; Deut. 29,22; 2Sam. 11,20; 1Kings 12,27; 2Kings 12,5; 1Chr.
   21,18; Eccl. 10,4; Job 7,9; Job 20,6; Zech. 14,18; Zech. 14,18; Zech.
   14,19; Is. 35,9; Jer. 28,53)

ἀνάβηθι ▸ 14
   Verb · second · singular · aorist · active · imperative   ▸ 14   (Gen.
   35,1; Ex. 19,24; Ex. 33,1; Ex. 34,1; Deut. 3,27; Deut. 10,1; Josh.
   8,1; Josh. 10,6; Josh. 17,15; 1Sam. 9,19; 2Kings 16,7; Is. 40,9; Jer.
   26,11; Jer. 30,26)

Ἀνάβηθι ▸ 17 + 1 = 18
   Verb · second · singular · aorist · active · imperative   ▸ 17 + 1
   = 18 (Gen. 50,6; Ex. 24,1; Ex. 24,12; Num. 27,12; Deut. 32,49;
   Judg. 1,3; 1Sam. 14,12; 1Sam. 25,35; 2Sam. 2,1; 2Sam. 24,18;
   1Kings 18,41; 1Kings 18,43; 1Kings 18,44; 2Kings 18,25; 2Kings
   22,4; 1Chr. 14,10; Jer. 22,20; Judg. 1,3)

ἀναβῆναι ▸ 25 + 1 = 26
   Verb · aorist · active · infinitive   ▸ 25 + 1 = 26   (Ex.   19,12; Ex.
   19,24; Num. 13,31; Deut. 1,26; Josh. 8,3; Josh. 22,33; Judg. 13,20;
   1Sam. 1,22; 1Sam. 9,13; 1Sam. 9,14; 2Sam. 5,22; 2Sam. 8,7;
   1Kings 12,18; 1Kings 18,29; 2Kings 12,18; 1Chr. 5,1; 2Chr. 10,18;
   1Esdr. 2,5; 1Esdr. 4,63; 1Esdr. 5,1; Ezra 1,5; Ezra 7,28; Job 36,20;
   Hab. 3,16; Ezek. 24,8; Judg. 13,20)

ἀναβῆναί ▸ 2
   Verb · aorist · active · infinitive   ▸ 2 (1Sam. 28,15; Ode. 4,16)

ἀναβήσει ▸ 1
   Verb · second · singular · future · middle · indicative   ▸ 1   (2Sam.
   5,23)

ἀναβήσεσθε ▸ 6
   Verb · second · plural · future · middle · indicative   ▸ 6   (Num.
   13,17; Deut. 1,42; 1Kings 12,24; 1Kings 12,24y; 2Chr. 11,4;
   Is. 15,2)

ἀναβήσεται ▸ 45 + 6 + 1 = 52
   Verb · third · singular · future · middle · indicative   ▸ 45 + 6 + 1
   = 52 (Deut. 25,7; Deut. 28,43; Deut. 30,12; Josh. 16,1; Josh.
   18,12; Judg. 1,1; Judg. 1,2; Judg. 13,5; Judg. 16,17; Judg. 20,18;
   Judg. 20,18; 1Sam. 1,11; 1Sam. 6,20; 1Kings 15,19; 1Kings 22,20;
   2Chr. 18,19; Ezra 1,3; Neh. 3,35; Psa. 23,3; Ode. 10,6; Amos 8,8;
   Amos 9,5; Joel 2,20; Joel 2,20; Is. 5,6; Is. 5,24; Is. 8,7; Is. 11,1; Is.
   32,13; Is. 34,3; Is. 34,10; Is. 55,13; Is. 55,13; Is. 65,16; Jer. 3,16;
   Jer. 4,13; Jer. 26,7; Jer. 26,8; Jer. 27,44; Jer. 30,13; Jer. 31,5; Ezek.
   20,31; Ezek. 38,10; Ezek. 38,18; Ezek. 47,12; Judg. 1,1; Judg. 1,2;
   Judg. 13,5; Judg. 20,18; Judg. 20,18; Dan. 11,23; Rom. 10,6)

ἀναβήσῃ ▸ 7
   Verb · second · singular · future · middle · indicative   ▸ 7   (Ex.
   20,26; Ex. 34,2; Deut. 17,8; Ruth 3,3; 2Kings 20,5; Ezek. 38,9;
   Ezek. 38,16)

Ἀναβήσῃ ▸ 1
   Verb · second · singular · future · middle · indicative   ▸ 1 (1Kings
   22,4)

ἀναβήσομαι ▸ 9
   Verb · first · singular · future · middle · indicative   ▸ 9   (Gen.
   44,34; Ex. 32,30; 2Sam. 19,35; 2Kings 19,23; 2Kings 20,8; Psa.
   131,3; Is. 14,13; Is. 14,14; Is. 38,22)

Ἀναβήσομαι ▸ 4
   Verb · first · singular · future · middle · indicative   ▸ 4   (2Kings
   3,7; Song 7,9; Jer. 26,8; Ezek. 38,11)

ἀναβαίνω

ἀναβησόμεθα ▸ 9 + 1 = 10
   Verb · first · plural · future · middle · indicative   ▸ 9 + 1 = **10**
   (Num. 13,30; Num. 14,40; Deut. 1,22; Judg. 20,9; 1Sam. 14,10; Judith 5,20; Judith 5,24; Judith 7,13; Hos. 14,4; Judg. 20,9)

Ἀναβησόμεθα ▸ 1
   Verb · first · plural · future · middle · indicative   ▸ **1** (Is. 7,6)

ἀναβήσονται ▸ 9
   Verb · third · plural · future · middle · indicative   ▸ **9** (Ex. 7,29; Ex. 19,13; Hos. 2,2; Hos. 10,8; Joel 2,7; Joel 2,9; Obad. 21; Zech. 14,16; Is. 15,5)

ἀνάβητε ▸ 9 + 1 = 10
   Verb · second · plural · aorist · active · imperative   ▸ 9 + 1 = **10** (Gen. 44,17; Gen. 45,9; Josh. 10,4; 1Sam. 9,13; Hag. 1,8; Jer. 5,10; Jer. 26,9; Jer. 30,23; Jer. 38,6; John 7,8)

Ἀνάβητε ▸ 9 + 3 = 12
   Verb · second · plural · aorist · active · imperative   ▸ 9 + 3 = **12** (Num. 13,17; Deut. 9,23; Josh. 2,1; Judg. 16,18; Judg. 20,23; Judg. 20,28; 1Sam. 14,10; 1Sam. 14,12; 1Sam. 25,5; Judg. 16,18; Judg. 20,23; Judg. 20,28)

ἀναβήτω ▸ 8
   Verb · third · singular · aorist · active · imperative   ▸ **8** (Gen. 44,33; Ex. 10,12; Ex. 34,3; Josh. 7,3; 2Chr. 36,23; Ode. 6,7; Jonah 2,7; Jer. 28,50)

ἀναβήτωσαν ▸ 1
   Verb · third · plural · aorist · active · imperative   ▸ **1** (Josh. 7,3)

ἀναβῶ ▸ 7
   Verb · first · singular · aorist · active · subjunctive   ▸ **7** (2Sam. 2,1; 2Sam. 2,1; 2Sam. 5,19; 1Kings 22,15; 2Kings 3,8; 1Chr. 14,10; Psa. 138,8)

ἀναβῶμεν ▸ 10 + 1 = 11
   Verb · first · plural · aorist · active · subjunctive   ▸ 10 + 1 = **11** (Gen. 35,3; Judg. 18,9; Judg. 18,9; 1Sam. 14,9; 1Mac. 4,36; 1Mac. 9,8; Mic. 4,2; Is. 2,3; Jer. 6,4; Jer. 6,5; Judg. 18,9)

ἀναβῶσιν ▸ 2
   Verb · third · plural · aorist · active · subjunctive   ▸ **2** (Amos 9,2; Zech. 14,17)

ἀνέβαιναν ▸ 1
   Verb · third · plural · imperfect · active · indicative   ▸ **1** (Judg. 6,3)

ἀνέβαινε ▸ 1
   Verb · third · singular · imperfect · active · indicative   ▸ **1** (Dan. 8,3)

ἀνέβαινεν ▸ 14 + 1 = 15
   Verb · third · singular · imperfect · active · indicative   ▸ 14 + 1 = **15** (Gen. 2,6; Gen. 19,28; Ex. 19,18; Judg. 6,3; 1Sam. 1,3; 1Sam. 9,26; 1Sam. 27,8; 2Sam. 15,30; 1Kings 2,35f; 1Kings 10,29; 3Mac. 5,9; Nah. 2,8; Ezek. 8,11; Ezek. 37,8; Dan. 8,3)

ἀνεβαίνετε ▸ 1
   Verb · second · plural · imperfect · active · indicative   ▸ **1** (Deut. 1,41)

ἀνεβαίνομεν ▸ 1
   Verb · first · plural · imperfect · active · indicative   ▸ **1** (Acts 21,15)

ἀνέβαινον ▸ 17 + 3 + 1 = 21
   Verb · third · plural · imperfect · active · indicative   ▸ 17 + 3 + 1 = **21** (Gen. 28,12; Gen. 41,2; Gen. 41,3; Gen. 41,5; Gen. 41,18; Gen. 41,19; Gen. 41,22; Judg. 4,5; Judg. 6,3; Judg. 6,5; 2Sam. 15,30; 2Chr. 1,17; 1Mac. 6,48; 1Mac. 9,66; Ezek. 40,22; Ezek. 40,49; Dan. 7,3; Judg. 4,5; Judg. 6,5; Dan. 7,3; Acts 3,1)

ἀνέβη ▸ 175 + 22 + 21 = 218
   Verb · third · singular · aorist · active · indicative   ▸ 175 + 22 + 21 = **218** (Gen. 17,22; Gen. 24,16; Gen. 32,27; Gen. 35,13; Gen. 38,12; Gen. 46,29; Gen. 50,7; Ex. 2,23; Ex. 16,13; Ex. 19,3; Ex. 19,20; Ex. 24,9; Ex. 24,15; Ex. 24,18; Ex. 34,4; Ex. 40,36; Ex. 40,37; Ex. 40,37; Num. 9,17; Num. 10,11; Num. 33,38; Deut. 34,1; Josh. 2,8; Josh. 4,19; Josh. 6,20; Josh. 8,21; Josh. 10,7; Josh. 10,33; Josh. 15,15; Josh. 16,10; Judg. 1,4; Judg. 2,1; Judg. 4,10; Judg. 4,12; Judg. 8,8; Judg. 8,11; Judg. 9,48; Judg. 13,20; Judg. 14,2; Judg. 14,19; Judg. 20,40; Judg. 21,8; Ruth 4,1; 1Sam. 1,21; 1Sam. 1,22; 1Sam. 1,24; 1Sam. 2,10; 1Sam. 2,14; 1Sam. 5,12; 1Sam. 11,1; 1Sam. 13,15; 1Sam. 14,13; 1Sam. 14,46; 1Sam. 15,34; 1Sam. 24,1; 2Sam. 2,2; 2Sam. 2,27; 2Sam. 15,24; 2Sam. 19,1; 2Sam. 20,2; 2Sam. 22,9; 2Sam. 24,19; 1Kings 1,40; 1Kings 5,14b; 1Kings 12,24o; 1Kings 12,24u; 1Kings 12,24x; 1Kings 12,32; 1Kings 12,33; 1Kings 12,33; 1Kings 14,25; 1Kings 15,17; 1Kings 16,17; 1Kings 18,42; 1Kings 18,42; 1Kings 21,1; 1Kings 21,26; 1Kings 22,29; 2Kings 1,6; 2Kings 1,9; 2Kings 1,11; 2Kings 2,23; 2Kings 4,34; 2Kings 4,35; 2Kings 6,24; 2Kings 8,21; 2Kings 9,17; 2Kings 12,11; 2Kings 12,18; 2Kings 12,19; 2Kings 14,11; 2Kings 15,14; 2Kings 15,19; 2Kings 16,5; 2Kings 16,9; 2Kings 16,12; 2Kings 17,3; 2Kings 17,5; 2Kings 17,5; 2Kings 18,9; 2Kings 18,13; 2Kings 19,14; 2Kings 19,28; 2Kings 23,2; 2Kings 23,29; 2Kings 24,1; 2Kings 24,10; 1Chr. 11,6; 1Chr. 13,6; 1Chr. 14,11; 1Chr. 21,19; 2Chr. 12,2; 2Chr. 12,9; 2Chr. 16,1; 2Chr. 18,28; 2Chr. 24,13; 2Chr. 24,23; 2Chr. 25,21; 2Chr. 29,20; 2Chr. 34,30; 2Chr. 35,20; 2Chr. 36,6; 2Chr. 36,16; 1Esdr. 1,29; 1Esdr. 1,38; 1Esdr. 8,3; Ezra 3,3; Ezra 7,1; Ezra 7,6; Neh. 4,1; Judith 12,8; Judith 14,11; 1Mac. 1,20; 1Mac. 1,20; 1Mac. 3,15; 1Mac. 5,31; 1Mac. 7,1; 1Mac. 7,33; 1Mac. 10,1; 1Mac. 13,2; 1Mac. 16,1; Psa. 17,9; Psa. 46,6; Psa. 73,23; Psa. 77,21; Psa. 77,31; Ode. 3,10; Prov. 30,4; Wis. 19,12; Sir. 48,18; Joel 1,6; Jonah 1,2; Jonah 4,6; Nah. 2,2; Is. 7,1; Is. 14,8; Is. 36,1; Is. 37,1; Is. 37,29; Is. 38,8; Jer. 4,7; Jer. 8,22; Jer. 9,20; Jer. 14,2; Jer. 27,3; Jer. 28,42; Jer. 31,18; Jer. 39,35; Jer. 42,11; Jer. 44,11; Jer. 51,21; Bar. 3,29; Ezek. 9,3; Ezek. 11,23; Dan. 8,8; Judg. 1,4; Judg. 2,1; Judg. 4,10; Judg. 4,12; Judg. 6,21; Judg. 6,35; Judg. 8,8; Judg. 8,11; Judg. 9,48; Judg. 13,20; Judg. 14,2; Judg. 14,19; Judg. 16,3; Judg. 16,17; Judg. 19,25; Judg. 20,40; Judg. 20,40; Judg. 21,5; Judg. 21,8; Tob. 12,20; Dan. 7,8; Dan. 8,8; Matt. 3,16; Matt. 5,1; Matt. 14,23; Mark 6,51; Luke 9,28; Luke 19,4; John 2,13; John 5,1; John 7,10; John 7,14; John 21,11; Acts 2,34; Acts 7,23; Acts 10,9; Acts 11,2; Acts 21,31; Acts 25,1; 1Cor. 2,9; Eph. 4,9; Rev. 8,4; Rev. 9,2)

Ἀνέβη ▸ 3 + 1 = 4
   Verb · third · singular · aorist · active · indicative   ▸ 3 + 1 = **4** (Gen. 13,1; Gen. 19,30; Gen. 26,23; Luke 2,4)

ἀνέβημεν ▸ 4 + 1 + 1 = 6
   Verb · first · plural · aorist · active · indicative   ▸ 4 + 1 + 1 = **6** (Gen. 44,24; Deut. 3,1; 2Kings 18,25; Is. 36,10; Judg. 15,10; Acts 21,6)

ἀνέβην ▸ 3 + 3 = 6
   Verb · first · singular · aorist · active · indicative   ▸ 3 + 3 = **6** (Deut. 10,3; Is. 37,24; Ezek. 11,24; Acts 24,11; Gal. 2,1; Gal. 2,2)

ἀνέβης ▸ 7
   Verb · second · singular · aorist · active · indicative   ▸ **7** (Gen. 49,4; Gen. 49,4; Gen. 49,9; 2Kings 1,4; 2Kings 1,6; 2Kings 1,16; Psa. 67,19)

ἀνέβησαν ▸ 66 + 20 + 10 = 96
   Verb · third · plural · aorist · active · indicative   ▸ 66 + 20 + 10 = **96** (Gen. 45,25; Ex. 13,18; Ex. 17,10; Ex. 24,13; Num. 13,22; Num. 14,40; Num. 14,44; Num. 21,33; Num. 32,9; Deut. 1,24; Josh. 7,2; Josh. 7,4; Josh. 8,10; Josh. 8,11; Josh. 10,5; Judg. 1,16; Judg. 1,22; Judg. 4,10; Judg. 6,35; Judg. 9,51; Judg. 10,17; Judg.

15,6; Judg. 15,9; Judg. 16,5; Judg. 16,18; Judg. 16,31; Judg. 18,12; Judg. 18,17; Judg. 20,3; Judg. 20,18; Judg. 20,23; Judg. 20,26; 1Sam. 7,7; 1Sam. 23,19; 1Sam. 24,23; 1Sam. 25,13; 1Sam. 29,11; 2Sam. 5,17; 2Sam. 17,21; 2Sam. 23,9; 1Kings 1,45; 1Kings 21,1; 2Kings 3,21; 2Kings 18,17; 2Kings 23,9; 1Chr. 14,8; 2Chr. 21,17; Ezra 7,7; Neh. 7,5; Neh. 7,61; Neh. 12,37; Judith 5,19; Judith 7,18; 1Mac. 4,37; 1Mac. 5,54; 1Mac. 9,38; 1Mac. 13,45; Psa. 121,4; Song 4,2; Song 6,6; Sol. 2,2; Hos. 8,9; Jer. 4,29; Jer. 33,10; Jer. 44,5; Lam. 1,14; Judg. 1,11; Judg. 1,16; Judg. 1,22; Judg. 4,10; Judg. 9,51; Judg. 10,17; Judg. 15,6; Judg. 15,9; Judg. 16,5; Judg. 16,18; Judg. 16,31; Judg. 18,12; Judg. 18,17; Judg. 20,3; Judg. 20,18; Judg. 20,23; Judg. 20,26; Judg. 20,30; Tob. 6,9; Dan. 2,29; Matt. 13,7; Mark 4,7; Luke 18,10; John 7,10; John 11,55; Acts 1,13; Acts 8,39; Acts 10,4; Rev. 11,12; Rev. 20,9)

ἀνέβητε ‣ 6 + 2 = 8
  Verb · second · plural · aorist · active · indicative ‣ 6 + 2 = **8** (Deut. 1,43; Deut. 5,5; Judg. 12,3; Judg. 15,10; Is. 22,1; Ezek. 36,3; Judg. 12,3; Judg. 15,10)

ἀναβάλλω (ἀνά; βάλλω) to lay on, throw on, to defer; put back ‣ 6 + 1 = 7
  ἀναβαλλόμενος ‣ 1
    Verb · present · middle · participle · masculine · singular · nominative ‣ **1** (Psa. 103,2)
  ἀναβεβλημένος ‣ 1
    Verb · perfect · middle · participle · masculine · singular · nominative ‣ **1** (1Sam. 28,14)
  ἀνέβαλεν ‣ 1
    Verb · third · singular · aorist · active · indicative ‣ **1** (Tob. 6,3)
  ἀνεβάλετο ‣ 1
    Verb · third · singular · aorist · middle · indicative ‣ **1** (Psa. 77,21)
  Ἀνεβάλετο ‣ 1
    Verb · third · singular · aorist · middle · indicative ‣ **1** (Acts 24,22)
  ἀνέβαλον ‣ 1
    Verb · third · plural · aorist · active · indicative ‣ **1** (4Mac. 9,12)
  ἀνεβάλου ‣ 1
    Verb · second · singular · aorist · middle · indicative ‣ **1** (Psa. 88,39)

ἀνάβασις (ἀνά; βαίνω) ascent, path ‣ 37 + 2 = 39
  ἀναβάσει ‣ 8
    Noun · feminine · singular · dative · (common) ‣ **8** (Judg. 11,13; Judg. 11,16; 2Sam. 6,2; 2Sam. 15,30; 2Chr. 32,33; Neh. 9,4; Neh. 12,37; Sir. 50,11)
  ἀναβάσεις ‣ 6
    Noun · feminine · plural · accusative · (common) ‣ **6** (2Chr. 9,11; Judith 4,7; Judith 7,1; Judith 7,7; Judith 14,11; Psa. 83,6)
  ἀναβάσεων ‣ 1
    Noun · feminine · plural · genitive · (common) ‣ **1** (Judith 6,7)
  ἀναβάσεως ‣ 12 + 2 = 14
    Noun · feminine · singular · genitive · (common) ‣ 12 + 2 = **14** (Josh. 10,10; Judg. 8,13; Judg. 19,30; Judg. 19,30; 1Chr. 26,16; Neh. 3,19; Neh. 3,31; Neh. 3,32; Neh. 4,15; 1Mac. 3,16; Hos. 2,17; Is. 15,5; Judg. 1,36; Judg. 19,30)
  ἀνάβασιν ‣ 7
    Noun · feminine · singular · accusative · (common) ‣ **7** (Num. 34,4; Josh. 18,17; 1Sam. 9,11; 2Chr. 20,16; Ezra 7,9; Judith 6,12; Amos 9,6)
  ἀνάβασις ‣ 3
    Noun · feminine · singular · nominative · (common) ‣ **3** (1Kings 6,8; Sir. 25,20; Ezek. 47,12)

ἀναβαστάζω (ἀνά; βαστάζω) to lift up, carry up ‣ 1

+ 1 = 2
  ἀνεβάστασεν ‣ 1 + 1 = 2
    Verb · third · singular · aorist · active · indicative ‣ 1 + 1 = **2** (Judg. 16,3; Judg. 16,3)

ἀναβάτης (ἀνά; βαίνω) horseman, charioteer ‣ 30
  ἀναβάται ‣ 6
    Noun · masculine · plural · nominative · (common) ‣ **6** (Ex. 14,23; Hag. 2,22; Zech. 10,5; Is. 22,6; Is. 30,16; Ezek. 38,15)
  ἀναβάταις ‣ 3
    Noun · masculine · plural · dative · (common) ‣ **3** (Ex. 15,19; Judith 2,5; Ode. 1,19)
  ἀναβάτας ‣ 8
    Noun · masculine · plural · accusative · (common) ‣ **8** (Ex. 14,26; Ex. 14,28; Ex. 15,4; Ode. 1,4; Hag. 2,22; Is. 21,7; Is. 36,8; Jer. 28,21)
  ἀναβάτῃ ‣ 1
    Noun · masculine · singular · dative · (common) ‣ **1** (Judith 9,7)
  ἀναβάτην ‣ 11
    Noun · masculine · singular · accusative · (common) ‣ **11** (Ex. 15,1; Ex. 15,21; Deut. 20,1; Ode. 1,1; Sol. 17,33; Zech. 12,4; Is. 21,7; Is. 21,7; Is. 36,9; Jer. 28,21; Ezek. 39,20)
  ἀναβάτης ‣ 1
    Noun · masculine · singular · nominative · (common) ‣ **1** (Is. 21,9)

ἀναβιβάζω (ἀνά; βαίνω) to bring up, draw, drag ‣ 39 + 1 + 1 = 41
  ἀναβιβάζουσιν ‣ 1
    Verb · third · plural · present · active · indicative ‣ **1** (1Kings 21,33)
  ἀναβιβάσαι ‣ 2
    Verb · aorist · active · infinitive ‣ **2** (Josh. 22,23; 1Esdr. 1,49)
  ἀναβιβάσαντες ‣ 1
    Verb · aorist · active · participle · masculine · plural · nominative ‣ **1** (Matt. 13,48)
  ἀναβιβάσας ‣ 3
    Verb · aorist · active · participle · masculine · singular · nominative ‣ **3** (Deut. 20,1; Judg. 6,8; Is. 63,11)
  ἀναβιβάσατε ‣ 1
    Verb · second · plural · aorist · active · imperative ‣ **1** (Jer. 28,27)
  ἀναβιβασάτω ‣ 1
    Verb · third · singular · aorist · active · imperative ‣ **1** (Esth. 6,9)
  ἀναβιβάσει ‣ 1
    Verb · third · singular · future · active · indicative ‣ **1** (Is. 58,14)
  ἀναβιβασθήσεται ‣ 1
    Verb · third · singular · future · passive · indicative ‣ **1** (Lev. 2,12)
  ἀναβίβασον ‣ 1
    Verb · second · singular · aorist · active · imperative ‣ **1** (Num. 20,25)
  ἀναβιβάσω ‣ 1
    Verb · first · singular · future · active · indicative ‣ **1** (Gen. 46,4)
  Ἀναβιβάσω ‣ 1
    Verb · first · singular · future · active · indicative ‣ **1** (Ex. 3,17)
  ἀναβιβῶ ‣ 2
    Verb · first · singular · future · active · indicative ‣ **2** (Amos 8,10; Ezek. 39,2)
  ἀνεβίβασα ‣ 1
    Verb · first · singular · aorist · active · indicative ‣ **1** (Num. 23,4)
  Ἀνεβίβασα ‣ 1
    Verb · first · singular · aorist · active · indicative ‣ **1** (Judg. 2,1)
  ἀνεβίβασαν ‣ 4

ἀναβιβάζω–ἀναβοάω

Verb · third · plural · aorist · active · indicative ▸ **4** (Gen. 37,28; 2Chr. 23,20; 2Chr. 35,24; Lam. 2,10)

ἀνεβίβασάν ▸ **2**
Verb · third · plural · aorist · active · indicative ▸ **2** (Ex. 32,4; Ex. 32,8)

ἀνεβίβασας ▸ **2**
Verb · second · singular · aorist · active · indicative ▸ **2** (Ex. 17,3; Is. 57,7)

ἀνεβίβασεν ▸ **14**
Verb · third · singular · aorist · active · indicative ▸ **14** (Gen. 41,43; Ex. 4,20; Ex. 32,6; Num. 20,27; Num. 22,41; Num. 23,14; Deut. 32,13; Josh. 2,6; Josh. 8,31 # 9,2b; Judg. 2,1; 2Sam. 2,8; 2Kings 10,15; Esth. 6,11; Ode. 2,13)

ἀνεβιβάσθη ▸ **1**
Verb · third · singular · aorist · passive · indicative ▸ **1** (Ex. 8,2)

ἀναβίωσις (ἀνά; βίος) coming back to life, resurrection ▸ **1**

ἀναβίωσιν ▸ **1**
Noun · feminine · singular · accusative · (common) ▸ **1** (2Mac. 7,9)

ἀναβλαστέω shoot up ▸ **2**

ἀναβλαστήσει ▸ **2**
Verb · third · singular · future · active · indicative ▸ **2** (Job 5,6; Job 8,19)

ἀναβλέπω (ἀνά; βλέπω) to receive sight ▸ **31** + **4** + **25** = **60**

ἀναβλέπουσιν ▸ **2**
Verb · third · plural · present · active · indicative ▸ **2** (Matt. 11,5; Luke 7,22)

ἀναβλέψαι ▸ **1**
Verb · aorist · active · infinitive ▸ **1** (Tob. 14,2)

ἀναβλέψαντα ▸ **1**
Verb · aorist · active · participle · masculine · singular · accusative ▸ **1** (2Mac. 7,28)

ἀναβλέψαντες ▸ **2**
Verb · aorist · active · participle · masculine · plural · nominative ▸ **2** (Gen. 37,25; Ex. 14,10)

ἀναβλέψαντος ▸ **1**
Verb · aorist · active · participle · masculine · singular · genitive ▸ **1** (John 9,18)

ἀναβλέψας ▸ **13** + **6** = **19**
Verb · aorist · active · participle · masculine · singular · nominative ▸ **13** + **6** = **19** (Gen. 18,2; Gen. 22,4; Gen. 22,13; Gen. 24,63; Gen. 32,2; Gen. 33,5; Gen. 43,29; Deut. 3,27; Deut. 4,19; Josh. 5,13; Judg. 19,17; Job 22,26; Dan. 8,3; Matt. 14,19; Mark 6,41; Mark 7,34; Mark 8,24; Luke 9,16; Luke 19,5)

Ἀναβλέψας ▸ **2** + **1** = **3**
Verb · aorist · active · participle · masculine · singular · nominative ▸ **2** + **1** = **3** (Gen. 13,14; Gen. 33,1; Luke 21,1)

ἀναβλέψασα ▸ **1**
Verb · aorist · active · participle · feminine · singular · nominative ▸ **1** (Gen. 24,64)

ἀναβλέψασαι ▸ **1**
Verb · aorist · active · participle · feminine · plural · nominative ▸ **1** (Mark 16,4)

ἀναβλέψατε ▸ **2**
Verb · second · plural · aorist · active · imperative ▸ **2** (Is. 40,26; Is. 42,18)

ἀναβλέψει ▸ **1**
Verb · third · singular · future · active · indicative ▸ **1** (Tob. 11,8)

ἀναβλέψῃ ▸ **1**
Verb · third · singular · aorist · active · subjunctive ▸ **1** (Acts 9,12)

ἀναβλέψῃς ▸ **1**
Verb · second · singular · aorist · active · subjunctive ▸ **1** (Acts 9,17)

ἀνάβλεψον ▸ **2** + **2** = **4**
Verb · second · singular · aorist · active · imperative ▸ **2** + **2** = **4** (Job 35,5; Ezek. 8,5; Luke 18,42; Acts 22,13)

Ἀνάβλεψον ▸ **3**
Verb · second · singular · aorist · active · imperative ▸ **3** (Gen. 15,5; Gen. 31,12; Zech. 5,5)

ἀναβλέψονται ▸ **1**
Verb · third · plural · future · middle · indicative ▸ **1** (Is. 8,21)

ἀναβλέψω ▸ **2**
Verb · first · singular · aorist · active · subjunctive ▸ **2** (Mark 10,51; Luke 18,41)

ἀνέβλεψα ▸ **1** + **1** + **2** = **4**
Verb · first · singular · aorist · active · indicative ▸ **1** + **1** + **2** = **4** (Ezek. 8,5; Tob. 3,12; John 9,11; Acts 22,13)

ἀνέβλεψαν ▸ **2** + **1** = **3**
Verb · third · plural · aorist · active · indicative ▸ **2** + **1** = **3** (1Sam. 14,27; Joel 1,20; Matt. 20,34)

ἀνέβλεψεν ▸ **1** + **1** + **4** = **6**
Verb · third · singular · aorist · active · indicative ▸ **1** + **1** + **4** = **6** (Tob. 14,2; Sus. 35; Mark 10,52; Luke 18,43; John 9,15; John 9,18)

ἀνέβλεψέν ▸ **1**
Verb · third · singular · aorist · active · indicative ▸ **1** (Acts 9,18)

ἀνάβλεψις (ἀνά; βλέπω) recovering of sight ▸ **1** + **1** = **2**

ἀνάβλεψιν ▸ **1** + **1** = **2**
Noun · feminine · singular · accusative · (common) ▸ **1** + **1** = **2** (Is. 61,1; Luke 4,18)

ἀναβοάω (ἀνά; βοή) to cry ▸ **44** + **4** + **1** = **49**

ἀναβοῆσαι ▸ **1**
Verb · aorist · active · infinitive ▸ **1** (Josh. 6,10)

ἀναβοῆσαν ▸ **1**
Verb · aorist · active · participle · neuter · singular · nominative ▸ **1** (Gen. 21,16)

ἀναβοήσας ▸ **4** + **1** = **5**
Verb · aorist · active · participle · masculine · singular · nominative ▸ **4** + **1** = **5** (4Mac. 10,2; Dan. 6,17; Dan. 8,16; Bel 41; Bel 41)

ἀναβοήσετε ▸ **1**
Verb · second · plural · future · active · indicative ▸ **1** (Josh. 6,10)

ἀναβοήσῃς ▸ **1**
Verb · second · singular · aorist · active · subjunctive ▸ **1** (Is. 57,13)

Ἀναβόησον ▸ **1**
Verb · second · singular · aorist · active · imperative ▸ **1** (Is. 58,1)

ἀνεβόησα ▸ **2**
Verb · first · singular · aorist · active · indicative ▸ **2** (Ezek. 9,8; Ezek. 11,13)

ἀνεβοήσαμεν ▸ **3**
Verb · first · plural · aorist · active · indicative ▸ **3** (Num. 20,16; Deut. 26,7; Josh. 24,7)

ἀνεβόησαν ▸ **14**
Verb · third · plural · aorist · active · indicative ▸ **14** (Ex. 2,23; Ex. 14,10; 1Sam. 13,4; 2Kings 3,21; 2Kings 4,40; Neh. 9,27; Neh. 9,28; Judith 4,9; Judith 5,12; Judith 7,19; Judith 7,23; 3Mac. 5,51; Jonah 1,14; Jonah 3,8)

ἀνεβόησεν ▸ **15** + **3** + **1** = **19**
Verb · third · singular · aorist · active · indicative ▸ **15** + **3** + **1** = **19** (Gen. 27,34; Gen. 27,38; 1Sam. 4,13; 1Sam. 14,20; 1Sam.

17,8; 1Sam. 20,37; 1Sam. 20,38; 1Sam. 28,12; 2Sam. 18,25; 1Kings 17,20; 1Kings 17,22; 1Kings 18,36; 4Mac. 6,16; Zech. 6,8; Sus. 60-62; Sus. 24; Sus. 42; Sus. 60; Matt. 27,46)

ἀνεβόων ▸ 1

Verb · third · plural · imperfect · active · indicative ▸ **1** (Jonah 1,5)

ἀναβολή (ἀνά; βάλλω) delay ▸ 3 + 1 = 4

ἀναβολῇ ▸ 1

Noun · feminine · singular · dative · (common) ▸ **1** (Ezek. 5,3)

ἀναβολήν ▸ 1

Noun · feminine · singular · accusative · (common) ▸ **1** (Neh. 5,13)

ἀναβολὴν ▸ 1

Noun · feminine · singular · accusative ▸ **1** (Acts 25,17)

ἀναβολῆς ▸ 1

Noun · feminine · singular · genitive · (common) ▸ **1** (1Chr. 19,4)

ἀναβράσσω (ἀνά; βράσσω) to throw skyward, to throw ▸ 3

ἀναβράσαι ▸ 1

Verb · aorist · active · infinitive ▸ **1** (Ezek. 21,26)

ἀναβράσσοντος ▸ 1

Verb · present · active · participle · neuter · singular · genitive ▸ **1** (Nah. 3,2)

ἀνέβρασεν ▸ 1

Verb · third · singular · aorist · active · indicative ▸ **1** (Wis. 10,19)

Αναβωθ Anab ▸ 1

Αναβωθ ▸ 1

Noun · singular · genitive · (proper) ▸ **1** (Josh. 11,21)

Αναγ Hena; Hanag ▸ 1

Αναγ ▸ 1

Noun · singular · genitive · (proper) ▸ **1** (Is. 37,13)

ἀνάγαιον (ἀνά; γῆ) upstairs room ▸ 2

ἀνάγαιον ▸ 2

Noun · neuter · singular · accusative ▸ **2** (Mark 14,15; Luke 22,12)

ἀναγγέλλω (ἀνά; ἄγγελος) to report, announce, recount ▸ 230 + 30 + 14 = 274

ἀναγγεῖλαι ▸ 14 + 6 + 2 = 22

Verb · aorist · active · infinitive ▸ **14 + 6 + 2 = 22** (Gen. 31,20; Gen. 32,6; Deut. 5,5; Josh. 4,10; 2Sam. 12,18; Ezra 2,59; Psa. 51,2; Psa. 91,16; Psa. 101,22; Job 32,6; Jer. 27,28; Jer. 28,31; LetterJ 0; Dan. 2,2; Dan. 2,2; Dan. 2,26; Dan. 2,27; Dan. 4,2; Sus. 11; Sus. 41; Acts 20,20; Acts 20,27)

ἀναγγεῖλαί ▸ 2 + 2 = 4

Verb · aorist · active · infinitive ▸ **2 + 2 = 4** (Judith 11,19; Ezek. 24,26; Dan. 5,15; Dan. 9,23)

ἀναγγείλαντες ▸ 1

Verb · aorist · active · participle · masculine · plural · nominative ▸ **1** (Gen. 43,6)

ἀναγγείλατε ▸ 13

Verb · second · plural · aorist · active · imperative ▸ **13** (Josh. 4,22; 2Sam. 17,16; 1Chr. 16,23; Psa. 9,12; Psa. 95,3; Is. 12,4; Is. 12,5; Is. 41,23; Is. 48,20; Jer. 4,16; Jer. 5,20; Jer. 31,4; Jer. 38,10)

Ἀναγγείλατε ▸ 4

Verb · second · plural · aorist · active · imperative ▸ **4** (Judith 5,3; Jer. 4,5; Jer. 26,14; Jer. 27,2)

ἀναγγειλάτω ▸ 2

Verb · third · singular · aorist · active · imperative ▸ **2** (Jer. 9,11; Jer. 49,3)

ἀναγγειλάτωσαν ▸ 4

Verb · third · plural · aorist · active · imperative ▸ **4** (Deut. 1,22; Is. 41,1; Is. 41,22; Is. 44,7)

ἀναγγειλάτωσάν ▸ 2

Verb · third · plural · aorist · active · imperative ▸ **2** (Is. 19,12; Is. 47,13)

ἀναγγείλῃ ▸ 3 + 1 = 4

Verb · third · singular · aorist · active · subjunctive ▸ **3 + 1 = 4** (Deut. 8,3; Judith 11,15; Job 33,23; Dan. 2,16)

ἀναγγείλῃς ▸ 1

Verb · second · singular · aorist · active · subjunctive ▸ **1** (Jer. 16,10)

ἀναγγείλητε ▸ 2

Verb · second · plural · aorist · active · subjunctive ▸ **2** (2Sam. 1,20; Dan. 2,6)

ἀναγγείλητέ ▸ 1

Verb · second · plural · aorist · active · subjunctive ▸ **1** (Dan. 2,9)

ἀνάγγειλον ▸ 9 + 1 = 10

Verb · second · singular · aorist · active · imperative ▸ **9 + 1 = 10** (Judg. 16,10; Judg. 16,13; 2Sam. 18,21; Judith 10,16; Job 38,18; Is. 21,6; Is. 58,1; Jer. 31,20; Dan. 2,4; Sus. 50)

Ἀνάγγειλον ▸ 1

Verb · second · singular · aorist · active · imperative ▸ **1** (Jer. 45,25)

ἀνάγγειλόν ▸ 8 + 1 = 9

Verb · second · singular · aorist · active · imperative ▸ **8 + 1 = 9** (Gen. 24,23; Gen. 37,14; Gen. 37,16; Josh. 7,19; Ruth 4,4; 2Kings 4,2; Judith 14,8; Psa. 101,24; Judg. 16,10)

Ἀνάγγειλόν ▸ 2

Verb · second · singular · aorist · active · imperative ▸ **2** (Gen. 32,30; Judg. 16,6)

ἀναγγείλω ▸ 3

Verb · first · singular · aorist · active · subjunctive ▸ **3** (Gen. 49,1; Prov. 8,21a; Jer. 45,15)

ἀναγγείλωμεν ▸ 3

Verb · first · plural · aorist · active · subjunctive ▸ **3** (2Kings 7,9; Jer. 28,10; Jer. 43,16)

ἀναγγείλωσιν ▸ 3

Verb · third · plural · aorist · active · subjunctive ▸ **3** (Deut. 24,8; 1Sam. 27,11; Prov. 29,24)

ἀναγγείλωσίν ▸ 2

Verb · third · plural · aorist · active · subjunctive ▸ **2** (Deut. 17,10; Deut. 17,11)

ἀναγγελεῖ ▸ 23 + 3 + 4 = 30

Verb · third · singular · future · active · indicative ▸ **23 + 3 + 4 = 30** (Gen. 21,7; Lev. 14,35; Deut. 32,7; Psa. 29,10; Psa. 50,17; Psa. 151,3; Ode. 2,7; Prov. 15,2; Eccl. 8,7; Eccl. 10,14; Job 11,6; Job 17,5; Job 36,9; Job 36,33; Job 42,3; Sir. 16,22; Sir. 19,30; Is. 2,3; Is. 33,14; Is. 33,14; Is. 41,26; Is. 43,9; Is. 43,9; Dan. 2,11; Dan. 2,25; Dan. 5,12; John 4,25; John 16,13; John 16,14; John 16,15)

ἀναγγελεῖς ▸ 7

Verb · second · singular · future · active · indicative ▸ **7** (Ex. 13,8; Ex. 19,3; Ex. 20,22; Deut. 13,10; 2Sam. 15,35; Ezek. 24,19; Ezek. 37,18)

ἀναγγελεῖτέ ▸ 1 + 1 = 2

Verb · second · plural · future · active · indicative ▸ **1 + 1 = 2** (2Kings 6,11; Dan. 2,9)

ἀναγγελῇ ▸ 1

Verb · third · singular · aorist · passive · subjunctive ▸ **1** (Deut. 17,4)

ἀναγγελήσεται ▸ 1

Verb · third · singular · future · passive · indicative ▸ **1** (Psa. 21,31)

ἀναγγέλλω–ἀναγινώσκω

ἀνάγγελλε ▸ 1
    Verb · second · singular · present · active · imperative ▸ 1 (1Kings 18,11)

ἀναγγέλλει ▸ 3
    Verb · third · singular · present · active · indicative ▸ 3 (2Kings 6,12; Psa. 18,2; Psa. 18,3)

ἀναγγέλλειν ▸ 1
    Verb · present · active · infinitive ▸ 1 (Psa. 91,3)

ἀναγγέλλετε ▸ 2
    Verb · second · plural · present · active · imperative ▸ 2 (Is. 30,10; Is. 30,10)

ἀναγγέλλομεν ▸ 1
    Verb · first · plural · present · active · indicative ▸ 1 (1John 1,5)

ἀναγγέλλοντες ▸ 1
    Verb · present · active · participle · masculine · plural · nominative ▸ 1 (Acts 19,18)

Ἀναγγέλλοντες ▸ 1
    Verb · present · active · participle · masculine · plural · nominative ▸ 1 (Jer. 43,16)

ἀναγγέλλοντος ▸ 2
    Verb · present · active · participle · masculine · singular · genitive ▸ 2 (Jer. 4,15; Jer. 28,31)

ἀναγγέλλουσιν ▸ 1
    Verb · third · plural · present · active · indicative ▸ 1 (2Sam. 17,17)

ἀναγγέλλω ▸ 1
    Verb · first · singular · present · active · indicative ▸ 1 (Deut. 30,18)

Ἀναγγέλλω ▸ 1
    Verb · first · singular · present · active · indicative ▸ 1 (Deut. 26,3)

ἀναγγέλλων ▸ 5 + 1 + 1 = 7
    Verb · present · active · participle · masculine · singular · nominative ▸ 5 + 1 + 1 = 7 (Deut. 13,10; Is. 41,28; Is. 45,19; Is. 46,10; Jer. 28,31; Dan. 5,12; 2Cor. 7,7)

ἀναγγελοῦμεν ▸ 2
    Verb · first · plural · future · active · indicative ▸ 2 (Dan. 2,4; Dan. 2,7)

ἀναγγελοῦσιν ▸ 7
    Verb · third · plural · future · active · indicative ▸ 7 (Psa. 21,32; Psa. 49,6; Ode. 11,19; Job 8,10; Is. 38,19; Is. 42,12; Is. 45,21)

ἀναγγελοῦσίν ▸ 2
    Verb · third · plural · future · active · indicative ▸ 2 (Deut. 17,9; Is. 66,19)

ἀναγγελῶ ▸ 13 + 3 = 16
    Verb · first · singular · future · active · indicative ▸ 13 + 3 = 16 (Num. 23,3; Judith 5,5; Judith 11,5; Psa. 37,19; Ode. 10,5; Job 13,17; Job 15,17; Job 15,17; Job 27,11; Job 32,10; Is. 5,5; Is. 42,9; Jer. 49,4; Dan. 2,24; Dan. 10,21; Dan. 11,2)

Ἀναγγελῶ ▸ 1
    Verb · first · singular · future · active · indicative ▸ 1 (2Kings 7,12)

ἀνήγγειλα ▸ 2
    Verb · first · singular · aorist · active · indicative ▸ 2 (Is. 43,12; Is. 48,3)

ἀνήγγειλά ▸ 1
    Verb · first · singular · aorist · active · indicative ▸ 1 (Is. 48,5)

ἀνηγγείλαμεν ▸ 3
    Verb · first · plural · aorist · active · indicative ▸ 3 (Is. 28,9; Is. 28,9; Is. 53,2)

ἀνήγγειλαν ▸ 24 + 1 = 25
    Verb · third · plural · aorist · active · indicative ▸ 24 + 1 = 25 (Gen. 45,26; Ex. 16,22; Judg. 4,12; Judg. 9,7; 1Sam. 25,12; 2Sam. 10,5; 2Sam. 11,10; 2Sam. 17,21; 2Sam. 19,9; 2Kings 6,13; 2Kings 7,10; 2Kings 7,11; 2Kings 7,15; 2Kings 8,7; 2Kings 9,36; 2Kings 18,37; Esth. 4,4; Judith 10,22; Judith 15,5; Psa. 43,2; Psa. 63,10; Psa. 96,6; Is. 3,9; Jer. 43,20; Sus. 10)

ἀνήγγειλάν ▸ 1
    Verb · third · plural · aorist · active · indicative ▸ 1 (Acts 15,4)

ἀνήγγειλας ▸ 2
    Verb · second · singular · aorist · active · indicative ▸ 2 (2Sam. 19,7; Job 26,4)

ἀνήγγειλάς ▸ 1
    Verb · second · singular · aorist · active · indicative ▸ 1 (Gen. 31,27)

ἀνήγγειλεν ▸ 17 + 3 + 1 = 21
    Verb · third · singular · aorist · active · indicative ▸ 17 + 3 + 1 = 21 (Gen. 9,22; Gen. 29,12; Ex. 4,28; Ex. 19,9; Deut. 4,13; Judg. 16,18; 2Sam. 17,17; 2Sam. 18,10; 2Sam. 24,13; 1Kings 19,1; 2Chr. 9,2; Judith 11,9; Psa. 110,6; Is. 21,10; Is. 48,14; Jer. 43,13; Jer. 45,27; Judg. 9,42; Judg. 13,10; Judg. 16,17; John 5,15)

ἀνήγγειλέν ▸ 4
    Verb · third · singular · aorist · active · indicative ▸ 4 (Gen. 3,11; Judg. 16,18; 2Kings 4,27; Jer. 43,18)

ἀνηγγέλη ▸ 21 + 4 + 2 = 27
    Verb · third · singular · aorist · passive · indicative ▸ 21 + 4 + 2 = 27 (Gen. 22,20; Gen. 31,22; Ex. 14,5; Ex. 18,6; 1Sam. 27,4; 2Sam. 10,17; 2Sam. 15,31; 2Sam. 19,2; 1Kings 1,23; 1Kings 1,51; Judith 5,1; Judith 11,8; 1Mac. 2,31; Ode. 11,16; Mic. 6,8; Is. 7,2; Is. 21,2; Is. 38,16; Is. 40,21; Is. 45,21; Is. 52,15; Judg. 4,12; Judg. 9,7; Judg. 9,47; Judg. 16,2; Rom. 15,21; 1Pet. 1,12)

Ἀνηγγέλη ▸ 1
    Verb · third · singular · aorist · passive · indicative ▸ 1 (Josh. 9,24)

ἀνήγγελκα ▸ 1
    Verb · first · singular · perfect · active · indicative ▸ 1 (1Sam. 3,13)

ἀνήγγελλον ▸ 1
    Verb · third · plural · imperfect · active · indicative ▸ 1 (Acts 14,27)

ἀναγεννάω (ἀνά; γίνομαι) to beget again, cause to be born again ▸ 2

ἀναγεγεννημένοι ▸ 1
    Verb · perfect · passive · participle · masculine · plural · nominative · (variant) ▸ 1 (1Pet. 1,23)

ἀναγεννήσας ▸ 1
    Verb · aorist · active · participle · masculine · singular · nominative ▸ 1 (1Pet. 1,3)

ἀναγινώσκω (ἀνά; γινώσκω) to read ▸ 60 + 5 + 32 = 97

ἀναγινώσκειν ▸ 3
    Verb · present · active · infinitive ▸ 3 (Esth. 6,1; 2Mac. 2,25; Jer. 28,63)

ἀναγινώσκεις ▸ 1 + 2 = 3
    Verb · second · singular · present · active · indicative ▸ 1 + 2 = 3 (Jer. 43,14; Luke 10,26; Acts 8,30)

ἀναγινώσκετε ▸ 1
    Verb · second · plural · present · active · indicative ▸ 1 (2Cor. 1,13)

ἀναγινώσκηται ▸ 1
    Verb · third · singular · present · passive · subjunctive · (variant) ▸ 1 (2Cor. 3,15)

ἀναγινωσκομένας ▸ 1
    Verb · present · passive · participle · feminine · plural · accusative

- (variant) ▸ **1** (Acts 13,27)

ἀναγινωσκομένη ▸ **1**
Verb · present · passive · participle · feminine · singular · nominative · (variant) ▸ **1** (2Cor. 3,2)

ἀναγινωσκόμενος ▸ **1**
Verb · present · passive · participle · masculine · singular · nominative · (variant) ▸ **1** (Acts 15,21)

ἀναγινώσκοντας ▸ **1**
Verb · present · active · participle · masculine · plural · accusative ▸ **1** (Sir. 1,4 Prol.)

ἀναγινώσκοντες ▸ **1**
Verb · present · active · participle · masculine · plural · nominative ▸ **1** (Eph. 3,4)

ἀναγινώσκοντος ▸ **2** + **1** = **3**
Verb · present · active · participle · masculine · singular · genitive ▸ **2** + **1** = **3** (Jer. 43,13; Jer. 43,23; Acts 8,30)

ἀναγινώσκων ▸ **1** + **3** = **4**
Verb · present · active · participle · masculine · singular · nominative ▸ **1** + **3** = **4** (Hab. 2,2; Matt. 24,15; Mark 13,14; Rev. 1,3)

ἀναγνόντες ▸ **1**
Verb · aorist · active · participle · masculine · plural · nominative ▸ **1** (Acts 15,31)

ἀναγνοὺς ▸ **1**
Verb · aorist · active · participle · masculine · singular · nominative ▸ **1** (Acts 23,34)

ἀναγνῷ ▸ **1**
Verb · third · singular · aorist · active · subjunctive ▸ **1** (Dan. 5,7)

ἀνάγνωθι ▸ **3**
Verb · second · singular · aorist · active · imperative ▸ **3** (Jer. 3,12; Jer. 19,2; Jer. 43,15)

Ἀνάγνωθι ▸ **3**
Verb · second · singular · aorist · active · imperative ▸ **3** (Is. 29,11; Is. 29,12; Jer. 11,6)

ἀναγνῶναι ▸ **2** + **2** + **1** = **5**
Verb · aorist · active · infinitive ▸ **2** + **2** + **1** = **5** (Is. 29,11; Jer. 43,8; Dan. 5,8; Dan. 5,16; Luke 4,16)

ἀναγνώσεσθε ▸ **2**
Verb · second · plural · future · middle · indicative ▸ **2** (Deut. 31,11; Bar. 1,14)

ἀναγνώσεται ▸ **1**
Verb · third · singular · future · middle · indicative ▸ **1** (Deut. 17,19)

ἀναγνώσῃ ▸ **3**
Verb · second · singular · future · middle · indicative ▸ **3** (Jer. 28,61; Jer. 43,6; Jer. 43,6)

ἀναγνωσθέντων ▸ **1**
Verb · aorist · passive · participle · neuter · plural · genitive ▸ **1** (1Esdr. 2,25)

ἀναγνωσθῇ ▸ **2**
Verb · third · singular · aorist · passive · subjunctive ▸ **2** (Col. 4,16; Col. 4,16)

ἀναγνωσθῆναι ▸ **1**
Verb · aorist · passive · infinitive ▸ **1** (1Th. 5,27)

ἀναγνῶσιν ▸ **1**
Verb · third · plural · aorist · active · subjunctive ▸ **1** (Dan. 5,15)

ἀναγνώσομαι ▸ **1**
Verb · first · singular · future · middle · indicative ▸ **1** (Dan. 5,17)

ἀναγνῶτε ▸ **1**
Verb · second · plural · aorist · active · subjunctive ▸ **1** (Col. 4,16)

ἀνεγίγνωσκεν ▸ **1**
Verb · third · singular · imperfect · active · indicative ▸ **1** (1Esdr. 9,41)

ἀνεγιγνώσκοντο ▸ **1**
Verb · third · plural · imperfect · passive · indicative ▸ **1** (1Mac. 5,14)

ἀνεγίνωσκε ▸ **1**
Verb · third · singular · imperfect · active · indicative ▸ **1** (Jer. 43,10)

ἀνεγίνωσκεν ▸ **2**
Verb · third · singular · imperfect · active · indicative ▸ **2** (Acts 8,28; Acts 8,32)

ἀνεγίνωσκέν ▸ **1**
Verb · third · singular · imperfect · active · indicative ▸ **1** (4Mac. 18,11)

ἀνεγίνωσκον ▸ **2**
Verb · first · singular · imperfect · active · indicative ▸ **1** (Job 31,36)
Verb · third · plural · imperfect · active · indicative ▸ **1** (1Esdr. 9,48)

ἀνέγνω ▸ **21**
Verb · third · singular · aorist · active · indicative ▸ **21** (Ex. 24,7; Josh. 8,34 # 9,2e; Josh. 8,35 # 9,2f; 2Kings 5,7; 2Kings 19,14; 2Kings 22,8; 2Kings 22,10; 2Kings 22,16; 2Kings 23,2; 2Chr. 34,18; 2Chr. 34,30; 1Esdr. 3,13; Ezra 4,23; Neh. 8,3; Neh. 8,18; 1Mac. 10,7; Jer. 36,29; Jer. 43,15; Jer. 43,21; Bar. 1,3; Dan. 5,17)

Ἀνέγνων ▸ **1**
Verb · first · singular · aorist · active · indicative ▸ **1** (1Esdr. 2,20)

ἀνέγνωσαν ▸ **3** + **1** = **4**
Verb · third · plural · aorist · active · indicative ▸ **3** + **1** = **4** (Neh. 8,8; Neh. 9,3; Amos 4,5; John 19,20)

ἀνεγνώσθη ▸ **2**
Verb · third · singular · aorist · passive · indicative ▸ **2** (1Esdr. 3,14; Neh. 13,1)

ἀνεγνώσθησαν ▸ **1**
Verb · third · plural · aorist · passive · indicative ▸ **1** (1Mac. 14,19)

ἀνεγνωσμένον ▸ **2**
Verb · perfect · passive · participle · neuter · singular · accusative ▸ **2** (Jer. 39,11; Jer. 39,14)

ἀνεγνωσμένῳ ▸ **1**
Verb · perfect · passive · participle · neuter · singular · dative ▸ **1** (2Chr. 34,24)

ἀνέγνωτε ▸ **10**
Verb · second · plural · aorist · active · indicative ▸ **10** (Matt. 12,3; Matt. 12,5; Matt. 19,4; Matt. 21,16; Matt. 21,42; Matt. 22,31; Mark 2,25; Mark 12,10; Mark 12,26; Luke 6,3)

ἀναγκάζω (ἀνάγκη) to compel, force ▸ **19** + **1** + **9** = **29**

ἀναγκάζει ▸ **1**
Verb · third · singular · present · active · indicative ▸ **1** (1Esdr. 3,24)

ἀναγκάζειν ▸ **3**
Verb · present · active · infinitive ▸ **3** (2Mac. 6,1; 4Mac. 5,2; 4Mac. 5,27)

ἀναγκάζεις ▸ **1**
Verb · second · singular · present · active · indicative ▸ **1** (Gal. 2,14)

ἀναγκάζεσθαι ▸ **1**
Verb · present · passive · infinitive ▸ **1** (2Mac. 7,1)

ἀναγκάζοντα ▸ **2**
Verb · present · active · participle · masculine · singular · accusative ▸ **2** (1Mac. 2,25; Prov. 6,7)

ἀναγκάζω–ἀνάγνωσις

ἀναγκάζοντες ▸ 1
    Verb · present · active · participle · masculine · plural · nominative
    ▸ 1 (1Esdr. 4,6)

ἀναγκάζουσιν ▸ 1
    Verb · third · plural · present · active · indicative ▸ 1 (Gal. 6,12)

ἀναγκάζων ▸ 1
    Verb · present · active · participle · masculine · singular · nominative ▸ 1 (2Mac. 11,14)

ἀναγκάσαι ▸ 2
    Verb · aorist · active · infinitive ▸ 2 (4Mac. 8,2; 4Mac. 18,5)

ἀναγκάσετέ ▸ 1
    Verb · second · plural · future · active · indicative ▸ 1 (4Mac. 8,9)

ἀναγκασθείς ▸ 1
    Verb · aorist · passive · participle · masculine · singular · nominative ▸ 1 (Bel 30)

ἀνάγκασον ▸ 1
    Verb · second · singular · aorist · active · imperative ▸ 1 (Luke 14,23)

ἠνάγκαζεν ▸ 1
    Verb · third · singular · imperfect · active · indicative ▸ 1 (4Mac. 4,26)

ἠναγκάζετο ▸ 1
    Verb · third · singular · imperfect · passive · indicative ▸ 1 (2Mac. 6,18)

ἠνάγκαζον ▸ 1
    Verb · first · singular · imperfect · active · indicative ▸ 1 (Acts 26,11)

ἠναγκάζοντο ▸ 1
    Verb · third · plural · imperfect · passive · indicative ▸ 1 (2Mac. 6,7)

ἠνάγκασαν ▸ 3
    Verb · third · plural · aorist · active · indicative ▸ 3 (Judith 8,30; 2Mac. 8,24; 2Mac. 11,11)

ἠναγκάσατε ▸ 1
    Verb · second · plural · aorist · active · indicative ▸ 1 (2Cor. 12,11)

ἠνάγκασεν ▸ 2
    Verb · third · singular · aorist · active · indicative ▸ 2 (Matt. 14,22; Mark 6,45)

ἠναγκάσθη ▸ 1
    Verb · third · singular · aorist · passive · indicative ▸ 1 (Gal. 2,3)

ἠναγκάσθην ▸ 1
    Verb · first · singular · aorist · passive · indicative ▸ 1 (Acts 28,19)

ἠναγκασμένη ▸ 1
    Verb · perfect · passive · participle · feminine · singular · nominative ▸ 1 (4Mac. 15,7)

ἀναγκαῖος (ἀνάγκη) necessary ▸ 5 + 8 = 13

ἀναγκαῖά ▸ 1
    Adjective · neuter · plural · nominative ▸ 1 (1Cor. 12,22)

ἀναγκαίαν ▸ 1
    Adjective · feminine · singular · accusative · noDegree ▸ 1 (Wis. 16,3)

ἀναγκαίας ▸ 1
    Adjective · feminine · plural · accusative ▸ 1 (Titus 3,14)

ἀναγκαῖον ▸ 1 + 3 = 4
    Adjective · neuter · singular · accusative · noDegree ▸ 1 (2Mac. 9,21)
    Adjective · neuter · singular · nominative ▸ 3 (Acts 13,46; 2Cor. 9,5; Heb. 8,3)

Ἀναγκαῖον ▸ 1
    Adjective · neuter · singular · nominative ▸ 1 (Phil. 2,25)

ἀναγκαῖος ▸ 1
    Adjective · masculine · singular · nominative · noDegree ▸ 1 (4Mac. 1,2)

ἀναγκαιότατον ▸ 1
    Adjective · neuter · singular · accusative · superlative ▸ 1 (Sir. 1,30 Prol.)

ἀναγκαιότερον ▸ 1
    Adjective · neuter · singular · nominative · comparative ▸ 1 (Phil. 1,24)

ἀναγκαίους ▸ 1
    Adjective · masculine · plural · accusative ▸ 1 (Acts 10,24)

ἀναγκαίων ▸ 1
    Adjective · neuter · plural · genitive · noDegree ▸ 1 (2Mac. 4,23)

ἀναγκαστῶς (ἀνάγκη) under compulsion ▸ 1

ἀναγκαστῶς ▸ 1
    Adverb ▸ 1 (1Pet. 5,2)

ἀνάγκη necessity; distress, calamity ▸ 41 + 2 + 17 = 60

ἀνάγκαις ▸ 3 + 2 = 5
    Noun · feminine · plural · dative · (common) ▸ 3 + 2 = 5 (3Mac. 4,9; Prov. 17,17; Job 30,25; 2Cor. 6,4; 2Cor. 12,10)

ἀνάγκας ▸ 5
    Noun · feminine · plural · accusative · (common) ▸ 5 (4Mac. 3,17; 4Mac. 5,37; 4Mac. 6,24; Jer. 9,14; Jer. 15,4)

ἀνάγκη ▸ 5 + 5 = 10
    Noun · feminine · singular · nominative · (common) ▸ 5 + 5 = 10 (Psa. 118,143; Job 15,24; Job 18,14; Job 20,22; Wis. 19,4; Matt. 18,7; Luke 21,23; Rom. 13,5; 1Cor. 9,16; Heb. 9,16)

Ἀνάγκη ▸ 1
    Noun · feminine · singular · nominative ▸ 1 (Heb. 9,23)

ἀνάγκῃ ▸ 4 + 1 = 5
    Noun · feminine · singular · dative · (common) ▸ 4 + 1 = 5 (1Sam. 22,2; Job 7,11; Job 36,19; LetterJ 36; 1Th. 3,7)

ἀνάγκην ▸ 10 + 1 + 6 = 17
    Noun · feminine · singular · accusative · (common) ▸ 10 + 1 + 6 = 17 (Esth. 14,16 # 4,17w; 2Mac. 15,2; 3Mac. 5,6; 4Mac. 5,13; 4Mac. 5,16; 4Mac. 8,14; 4Mac. 8,22; 4Mac. 8,24; Wis. 17,16; Sol. 5,6; Tob. 3,6; Luke 14,18; 1Cor. 7,26; 1Cor. 7,37; Philem. 14; Heb. 7,27; Jude 3)

ἀνάγκης ▸ 6 + 1 + 2 = 9
    Noun · feminine · singular · genitive · (common) ▸ 6 + 1 + 2 = 9 (Tob. 3,6; Tob. 4,9; 2Mac. 6,7; 4Mac. 6,9; Job 27,9; Zeph. 1,15; Tob. 3,6; 2Cor. 9,7; Heb. 7,12)

ἀναγκῶν ▸ 8
    Noun · feminine · plural · genitive · (common) ▸ 8 (4Mac. 9,6; Psa. 24,17; Psa. 30,8; Psa. 106,6; Psa. 106,13; Psa. 106,19; Psa. 106,28; Job 5,19)

ἀναγνεία (ἀνά; ἅγος) wickedness ▸ 1

ἀναγνείαν ▸ 1
    Noun · feminine · singular · accusative · (common) ▸ 1 (2Mac. 4,13)

ἀναγνωρίζω (ἀνά; γινώσκω) to make oneself known ▸ 1 + 1 = 2

ἀνεγνωρίζετο ▸ 1
    Verb · third · singular · imperfect · middle · indicative ▸ 1 (Gen. 45,1)

ἀνεγνωρίσθη ▸ 1
    Verb · third · singular · aorist · passive · indicative ▸ 1 (Acts 7,13)

ἀνάγνωσις (ἀνά; γινώσκω) reading ▸ 4 + 3 = 7

ἀναγνώσει ▸ 1 + 2 = 3
    Noun · feminine · singular · dative · (common) ▸ 1 + 2 = 3 (Neh. 8,8; 2Cor. 3,14; 1Tim. 4,13)

ἀνάγνωσιν ▸ 3 + 1 = 4
    Noun · feminine · singular · accusative · (common) ▸ 3 + 1 = 4 (1Esdr. 9,48; Sir. 1,10 Prol.; Sir. 1,17 Prol.; Acts 13,15)

ἀναγνώστης (ἀνά; γινώσκω) reader ▸ 6
  ἀναγνώστῃ ▸ 3
    Noun · masculine · singular · dative · (common) ▸ 3 (1Esdr. 8,9; 1Esdr. 9,39; 1Esdr. 9,49)
  ἀναγνώστην ▸ 1
    Noun · masculine · singular · genitive · (common) ▸ 1 (1Esdr. 8,8)
  ἀναγνώστης ▸ 2
    Noun · masculine · singular · nominative · (common) ▸ 2 (1Esdr. 8,19; 1Esdr. 9,42)

ἀναγορεύω (ἀνά; ἀγορά) to proclaim, publish ▸ 1
  ἀναγορεύεσθαι ▸ 1
    Verb · present · passive · infinitive ▸ 1 (Esth. 16,11 # 8,12l)

ἀναγραφή (ἀνά; γράφω) record ▸ 1
  ἀναγραφαῖς ▸ 1
    Noun · feminine · plural · dative · (common) ▸ 1 (2Mac. 2,13)

ἀναγράφω (ἀνά; γράφω) to record, inscribe ▸ 6
  ἀναγέγραπται ▸ 3
    Verb · third · singular · perfect · middle · indicative ▸ 2 (1Esdr. 1,31; 1Esdr. 1,40)
    Verb · third · singular · perfect · passive · indicative ▸ 1 (1Esdr. 1,22)
  ἀναγράψαι ▸ 2
    Verb · aorist · active · infinitive ▸ 2 (2Mac. 4,9; 4Mac. 17,8)
  ἀνεγράψαμεν ▸ 1
    Verb · first · plural · aorist · active · indicative ▸ 1 (1Mac. 14,22)

ἀνάγω (ἀνά; ἄγω) to take up, to raise, offer up, bring ▸ 111 + 3 + 23 = 137
  ἀγαγεῖν ▸ 1
    Verb · aorist · active · infinitive ▸ 1 (3Mac. 6,30)
  ἀνάγαγε ▸ 2
    Verb · second · singular · aorist · active · imperative ▸ 2 (Ex. 8,1; Jer. 45,10)
  Ἀνάγαγε ▸ 2
    Verb · second · singular · aorist · active · imperative ▸ 2 (Ex. 33,12; Ezek. 23,46)
  ἀνάγαγέ ▸ 2
    Verb · second · singular · aorist · active · imperative ▸ 2 (1Sam. 28,8; 1Sam. 28,11)
  ἀναγαγεῖν ▸ 5 + 2 = 7
    Verb · aorist · active · infinitive ▸ 5 + 2 = 7 (2Sam. 6,2; 1Chr. 13,6; 1Chr. 15,25; Ezek. 26,19; Ezek. 37,13; Acts 12,4; Rom. 10,7)
  ἀναγάγετε ▸ 1
    Verb · second · plural · aorist · active · imperative ▸ 1 (1Sam. 6,21)
  ἀναγάγῃς ▸ 3
    Verb · second · singular · aorist · active · subjunctive ▸ 3 (Ex. 33,15; Josh. 7,3; Psa. 101,25)
  ἀναγαγόντες ▸ 1
    Verb · aorist · active · participle · masculine · plural · nominative ▸ 1 (1Kings 12,28)
  ἀναγαγόντι ▸ 1
    Verb · aorist · active · participle · masculine · singular · dative ▸ 1 (2Kings 17,7)
  ἀναγάγω ▸ 1
    Verb · first · singular · aorist · active · subjunctive ▸ 1 (1Sam. 28,11)
  ἀναγαγών ▸ 1 + 1 = 2
    Verb · aorist · active · participle · masculine · singular · nominative ▸ 1 + 1 = 2 (Psa. 80,11; Acts 16,34)
  ἀναγαγών ▸ 4 + 2 = 6
    Verb · aorist · active · participle · masculine · singular · nominative ▸ 4 + 2 = 6 (Lev. 11,45; 1Sam. 12,6; Jer. 2,6; Jer. 16,14; Luke 4,5; Heb. 13,20)
  ἀνάγει ▸ 9 + 1 = 10
    Verb · third · singular · present · active · indicative ▸ 9 + 1 = 10 (Lev. 11,4; Lev. 11,5; Lev. 11,6; Lev. 11,7; 1Sam. 2,6; Tob. 13,2; Ode. 3,6; Wis. 6,20; Is. 8,7; Tob. 13,2)
  ἀνάγειν ▸ 1
    Verb · present · active · infinitive ▸ 1 (2Kings 2,1)
  ἀνάγεις ▸ 1
    Verb · second · singular · present · active · indicative ▸ 1 (Wis. 16,13)
  ἀνάγεσθαι ▸ 2
    Verb · present · middle · infinitive ▸ 1 (Acts 20,3)
    Verb · present · passive · infinitive · (variant) ▸ 1 (Acts 27,21)
  ἀναγομένοις ▸ 1
    Verb · present · passive · participle · masculine · plural · dative · (variant) ▸ 1 (Acts 28,10)
  ἀνάγον ▸ 2
    Verb · present · active · participle · neuter · singular · accusative ▸ 2 (Lev. 11,3; Deut. 14,6)
  ἀνάγοντες ▸ 1
    Verb · present · active · participle · masculine · plural · nominative ▸ 1 (1Chr. 15,28)
  ἀναγόντων ▸ 2
    Verb · present · active · participle · neuter · plural · genitive ▸ 2 (Lev. 11,4; Deut. 14,7)
  ἀνάγουσα ▸ 1
    Verb · present · active · participle · feminine · singular · nominative ▸ 1 (1Kings 18,44)
  ἀνάγουσιν ▸ 2
    Verb · third · plural · present · active · indicative ▸ 2 (Deut. 14,7; 1Sam. 7,1)
  ἀνάγω ▸ 2
    Verb · first · singular · present · active · indicative ▸ 2 (2Kings 10,24; Jer. 40,6)
  ἀνάγων ▸ 1
    Verb · present · active · participle · masculine · singular · nominative ▸ 1 (Psa. 134,7)
  ἀνάξει ▸ 1
    Verb · third · singular · future · active · indicative ▸ 1 (Gen. 50,24)
  ἀνάξομεν ▸ 1
    Verb · first · plural · future · active · indicative ▸ 1 (1Mac. 9,58)
  ἀνάξω ▸ 10
    Verb · first · singular · future · active · indicative ▸ 10 (Gen. 42,37; Jer. 37,17; Jer. 38,9; Ezek. 26,3; Ezek. 29,4; Ezek. 32,3; Ezek. 37,6; Ezek. 37,12; Ezek. 38,16; Ezek. 39,2)
  ἀναχθείς ▸ 1
    Verb · aorist · passive · participle · masculine · singular · nominative ▸ 1 (2Mac. 5,9)
  ἀναχθέντες ▸ 1
    Verb · aorist · passive · participle · masculine · plural · nominative ▸ 1 (Acts 27,4)
  Ἀναχθέντες ▸ 2
    Verb · aorist · passive · participle · masculine · plural · nominative ▸ 2 (Acts 13,13; Acts 16,11)
  ἀναχθῆναι ▸ 2
    Verb · aorist · passive · infinitive ▸ 2 (Acts 21,1; Acts 27,12)
  ἀνήγαγεν ▸ 22 + 1 = 23

Verb · third · singular · aorist · active · indicative ▸ 22 + 1 = **23** (Ex. 8,2; Ex. 10,14; Josh. 7,24; Josh. 7,24; Josh. 24,17; Judg. 6,13; 2Sam. 6,12; 1Kings 3,15; 1Kings 9,9a # 9,24; 1Kings 10,22b # 9,20; 2Kings 17,36; 2Kings 23,8; 1Chr. 13,6; 2Chr. 8,8; 2Chr. 8,11; 1Esdr. 1,36; Psa. 77,52; Hos. 12,14; Jer. 10,13; Jer. 16,15; Jer. 23,7; Jer. 28,16; Judg. 6,13)

ἀνήγαγεν ▸ 1
Verb · third · singular · aorist · active · indicative ▸ **1** (Psa. 39,3)

ἀνήγαγες ▸ 4
Verb · second · singular · aorist · active · indicative ▸ **4** (Num. 14,13; Num. 16,13; 3Mac. 6,7; Psa. 29,4)

ἀνήγαγές ▸ 2
Verb · second · singular · aorist · active · indicative ▸ **2** (Psa. 70,20; Psa. 70,21)

ἀνηγάγετε ▸ 2
Verb · second · plural · aorist · active · indicative ▸ **2** (Num. 20,4; Num. 20,5)

ἀνήγαγον ▸ 16 + 1 + 3 = **20**
Verb · first · singular · aorist · active · indicative ▸ 11 + 1 = **12** (1Sam. 8,8; 1Sam. 10,18; 2Sam. 7,6; 1Chr. 17,5; 2Chr. 6,5; Amos 2,10; Amos 3,1; Amos 4,10; Amos 9,7; Jer. 7,22; Jer. 11,4; Judg. 6,8)
Verb · third · plural · aorist · active · indicative ▸ 5 + 3 = **8** (Ex. 8,3; Josh. 24,32; Judg. 15,13; 2Sam. 6,15; Jer. 45,13; Luke 2,22; Acts 7,41; Acts 9,39)

ἀνήγαγόν ▸ 3
Verb · first · singular · aorist · active · indicative ▸ **3** (Hos. 12,10; Hos. 13,4; Mic. 6,4)

ἀνῆγον ▸ 1
Verb · third · plural · imperfect · active · indicative ▸ **1** (4Mac. 6,24)

ἀνήχθη ▸ 2
Verb · third · singular · aorist · passive · indicative ▸ **2** (Matt. 4,1; Acts 18,21)

ἀνήχθημεν ▸ 4
Verb · first · plural · aorist · passive · indicative ▸ **4** (Acts 20,13; Acts 21,2; Acts 27,2; Acts 28,11)

ἀνήχθησαν ▸ 1 + 1 = **2**
Verb · third · plural · aorist · passive · indicative ▸ 1 + 1 = **2** (2Mac. 6,10; Luke 8,22)

ἀναγώγως (ἀνά; ἄγω) insolently, contemptuously ▸ 1
ἀναγωγότερον ▸ 1
Adverb ▸ **1** (2Mac. 12,14)

ἀναδείκνυμι (ἀνά; δείκνυμι) to show, reveal, designate ▸ 19 + 2 = **21**
ἀναδεδειγμένον ▸ 1
Verb · perfect · passive · participle · masculine · singular · accusative ▸ **1** (3Mac. 2,14)

ἀναδέδειχα ▸ 1
Verb · first · singular · perfect · active · indicative ▸ **1** (2Mac. 9,25)

ἀναδεῖξαι ▸ 2
Verb · aorist · active · infinitive ▸ **2** (2Mac. 9,14; 2Mac. 14,26)

ἀναδείξας ▸ 1
Verb · aorist · active · participle · masculine · singular · nominative ▸ **1** (2Mac. 14,12)

ἀναδείξει ▸ 1
Verb · third · singular · future · active · indicative ▸ **1** (2Mac. 2,8)

ἀνάδειξον ▸ 1 + 1 = **2**
Verb · second · singular · aorist · active · imperative ▸ 1 + 1 = **2** (1Esdr. 8,23; Acts 1,24)

ἀναδειχθέντι ▸ 1
Verb · aorist · passive · participle · masculine · singular · dative ▸ **1** (Dan. 1,11)

ἀναδειχθήσῃ ▸ 2
Verb · second · singular · future · passive · indicative ▸ **2** (Ode. 4,2; Hab. 3,2)

ἀνέδειξαν ▸ 1
Verb · third · plural · aorist · active · indicative ▸ **1** (1Esdr. 1,32)

ἀνέδειξας ▸ 1
Verb · second · singular · aorist · active · indicative ▸ **1** (3Mac. 6,8)

ἀνέδειξε ▸ 1
Verb · third · singular · aorist · active · indicative ▸ **1** (1Esdr. 1,44)

ἀνέδειξεν ▸ 5 + 1 = **6**
Verb · third · singular · aorist · active · indicative ▸ 5 + 1 = **6** (1Esdr. 1,35; 1Esdr. 2,2; 2Mac. 9,23; 2Mac. 10,11; Dan. 1,20; Luke 10,1)

ἀνεδείχθη ▸ 1
Verb · third · singular · aorist · passive · indicative ▸ **1** (1Esdr. 1,41)

ἀνάδειξις (ἀνά; δείκνυμι) showing ▸ 1 + 1 = **2**
ἀναδείξεως ▸ 1
Noun · feminine · singular · genitive ▸ **1** (Luke 1,80)

ἀνάδειξιν ▸ 1
Noun · feminine · singular · accusative · (common) ▸ **1** (Sir. 43,6)

ἀναδενδράς (ἀνά; δένδρον) tree-vine ▸ 2
ἀναδενδράδα ▸ 1
Noun · feminine · singular · accusative · (common) ▸ **1** (Ezek. 17,6)

ἀναδενδράδες ▸ 1
Noun · feminine · plural · nominative · (common) ▸ **1** (Psa. 79,11)

ἀναδέχομαι (ἀνά; δέχομαι) to receive, to accept ▸ 2 + 2 = **4**
ἀναδεξάμενος ▸ 2 + 2 = **4**
Verb · aorist · middle · participle · masculine · singular · nominative ▸ 2 + 2 = **4** (2Mac. 6,19; 2Mac. 8,36; Acts 28,7; Heb. 11,17)

ἀναδίδωμι (ἀνά; δίδωμι) to deliver, to give over ▸ 2 + 1 = **3**
ἀναδόντες ▸ 1
Verb · aorist · active · participle · masculine · plural · nominative ▸ **1** (Acts 23,33)

ἀναδούς ▸ 1
Verb · aorist · active · participle · masculine · singular · nominative ▸ **1** (2Mac. 13,15)

ἀναδώσει ▸ 1
Verb · third · singular · future · active · indicative ▸ **1** (Sir. 1,23)

ἀνάδυσις (ἀνά; δύω) rising, growth, appearance ▸ 1
ἀνάδυσις ▸ 1
Noun · feminine · singular · nominative · (common) ▸ **1** (Wis. 19,7)

ἀναζάω (ἀνά; ζάω) to come back to life ▸ 2
ἀνέζησεν ▸ 2
Verb · third · singular · aorist · active · indicative ▸ **2** (Luke 15,24; Rom. 7,9)

ἀναζεύγνυμι (ἀνά; ζυγός) to break up camp; to return ▸ 17
ἀναζευγνύειν ▸ 1
Verb · present · active · infinitive ▸ **1** (Judith 7,1)

ἀναζεύξαντες ▸ 3

Verb · aorist · active · participle · masculine · plural · nominative
▸ **3** (1Esdr. 2,25; 1Esdr. 8,60; 2Mac. 12,29)
ἀναζεύξας ▸ **4**
Verb · aorist · active · participle · masculine · singular · nominative
▸ **4** (1Mac. 11,22; 1Mac. 12,32; 2Mac. 5,11; 2Mac. 14,16)
ἀναζευξάτωσαν ▸ **1**
Verb · third · plural · aorist · active · imperative ▸ **1** (Ex. 14,15)
ἀνεζεύγνυσαν ▸ **2**
Verb · third · plural · aorist · active · indicative ▸ **2** (Ex. 40,36; Ex. 40,37)
ἀνέζευξαν ▸ **1**
Verb · third · plural · aorist · active · indicative ▸ **1** (3Mac. 7,16)
ἀνέζευξεν ▸ **5**
Verb · third · singular · aorist · active · indicative ▸ **5** (Judith 7,2; Judith 7,7; Judith 16,21; 2Mac. 13,26; 4Mac. 4,22)

ἀναζέω (ἀνά; ζέω) to break out ▸ **4**
ἀναζεῖ ▸ **1**
Verb · third · singular · present · active · indicative ▸ **1** (Job 41,23)
ἀναζεῖν ▸ **1**
Verb · present · active · infinitive ▸ **1** (2Mac. 9,9)
ἀναζέουσαι ▸ **2**
Verb · present · active · participle · feminine · plural · nominative
▸ **2** (Ex. 9,9; Ex. 9,10)

ἀναζητέω (ἀνά; ζητέω) to seek, to investigate ▸ **3 + 3 = 6**
ἀναζητῆσαι ▸ **1**
Verb · third · singular · aorist · active · optative ▸ **1** (Job 3,4)
ἀναζητῆσαι ▸ **1**
Verb · aorist · active · infinitive ▸ **1** (Acts 11,25)
ἀναζητοῦντες ▸ **1**
Verb · present · active · participle · masculine · plural · nominative
▸ **1** (Luke 2,45)
ἀνεζητήθη ▸ **1**
Verb · third · singular · aorist · passive · indicative ▸ **1** (2Mac. 13,21)
ἀνεζήτησας ▸ **1**
Verb · second · singular · aorist · active · indicative ▸ **1** (Job 10,6)
ἀνεζήτουν ▸ **1**
Verb · third · plural · imperfect · active · indicative ▸ **1** (Luke 2,44)

ἀναζυγή (ἀνά; ζυγός) journey, return, withdrawal ▸ **3**
ἀναζυγαῖς ▸ **1**
Noun · feminine · plural · dative · (common) ▸ **1** (Ex. 40,38)
ἀναζυγὴν ▸ **1**
Noun · feminine · singular · accusative · (common) ▸ **1** (2Mac. 9,2)
ἀναζυγῆς ▸ **1**
Noun · feminine · singular · genitive · (common) ▸ **1** (2Mac. 13,26)

ἀναζώννυμι to gird up ▸ **1 + 1 + 1 = 3**
ἀναζωσαμένη ▸ **1**
Verb · aorist · middle · participle · feminine · singular · nominative
▸ **1** (Prov. 31,17)
ἀναζωσάμενοι ▸ **1**
Verb · aorist · middle · participle · masculine · plural · nominative
▸ **1** (1Pet. 1,13)
ἀνεζωσμένοι ▸ **1**
Verb · perfect · middle · participle · masculine · plural · nominative
▸ **1** (Judg. 18,16)

ἀναζωπυρέω (ἀνά; ζάω; πῦρ) to stir up, to rekindle ▸ **2 + 1 = 3**
ἀναζωπυρεῖν ▸ **1**
Verb · present · active · infinitive ▸ **1** (2Tim. 1,6)
ἀνεζωπύρησεν ▸ **2**
Verb · third · singular · aorist · active · indicative ▸ **2** (Gen. 45,27; 1Mac. 13,7)

Ἀναηλ Hanael ▸ **1 + 1 = 2**
Αναηλ ▸ **1 + 1 = 2**
Noun · masculine · singular · accusative · (proper) ▸ **1 + 1 = 2** (Tob. 1,21; Tob. 1,21)

Αναθ Anath ▸ **3 + 1 = 4**
Αναθ ▸ **3 + 1 = 4**
Noun · masculine · singular · genitive · (proper) ▸ **3 + 1 = 4** (Josh. 17,7; Judg. 3,31; Judg. 5,6; Judg. 5,6)

ἀναθάλλω (ἀνά; θηλάζω) to flourish, sprout anew ▸ **9 + 1 = 10**
ἀναθάλῃ ▸ **1**
Verb · third · singular · aorist · active · subjunctive ▸ **1** (Wis. 4,4)
ἀναθάλλει ▸ **1**
Verb · third · singular · present · active · indicative ▸ **1** (Sir. 11,22)
ἀναθάλλουσα ▸ **1**
Verb · present · active · participle · feminine · singular
· nominative ▸ **1** (Sir. 50,10)
ἀναθάλλων ▸ **2**
Verb · present · active · participle · masculine · singular
· nominative ▸ **2** (Sir. 1,18; Ezek. 17,24)
ἀναθάλοι ▸ **2**
Verb · third · singular · aorist · active · optative ▸ **2** (Sir. 46,12; Sir. 49,10)
ἀνέθαλεν ▸ **2**
Verb · third · singular · aorist · active · indicative ▸ **2** (Psa. 27,7; Hos. 8,9)
ἀνεθάλετε ▸ **1**
Verb · second · plural · aorist · active · indicative ▸ **1** (Phil. 4,10)

ἀνάθεμα (ἀνά; τίθημι) accursed ▸ **25 + 1 + 6 = 32**
ἀνάθεμα ▸ **10 + 4 = 14**
Noun · neuter · singular · accusative · (common) ▸ **4** (Josh. 6,18; Josh. 7,12; Josh. 7,13; 1Chr. 2,7)
Noun · neuter · singular · nominative · (common) ▸ **6 + 4 = 10** (Lev. 27,28; Lev. 27,28; Josh. 6,17; Josh. 7,12; Josh. 7,13; Zech. 14,11; Rom. 9,3; 1Cor. 16,22; Gal. 1,8; Gal. 1,9)
Ἀνάθεμα ▸ **1 + 1 + 1 = 3**
Noun · neuter · singular · accusative · (common) ▸ **1 + 1 = 2** (Num. 21,3; Judg. 1,17)
Noun · neuter · singular · nominative ▸ **1** (1Cor. 12,3)
ἀναθέματι ▸ **2 + 1 = 3**
Noun · neuter · singular · dative · (common) ▸ **2 + 1 = 3** (Deut. 13,16; Deut. 20,17; Acts 23,14)
ἀναθέματος ▸ **7**
Noun · neuter · singular · genitive · (common) ▸ **7** (Deut. 13,18; Josh. 6,18; Josh. 6,18; Josh. 7,1; Josh. 7,1; Josh. 7,11; Josh. 22,20)
ἀναθεμάτων ▸ **1**
Noun · neuter · plural · genitive · (common) ▸ **1** (2Mac. 2,13)
ἀνάθημα ▸ **2**
Noun · neuter · singular · accusative · (common) ▸ **1** (Judith 16,19)
Noun · neuter · singular · nominative · (common) ▸ **1** (Deut. 7,26)
ἀνάθημά ▸ **1**
Noun · neuter · singular · nominative · (common) ▸ **1** (Deut. 7,26)

ἀνάθεμα–ἀναιρέω

ἀναθήμασιν ▸ 1
  Noun · neuter · plural · dative · (common) ▸ 1 (2Mac. 9,16)
ἀναθεματίζω (ἀνά; τίθημι) to curse, to devote ▸ 13 + 2 + 4 = 19
  ἀναθεματιεῖς ▸ 1
    Verb · second · singular · future · active · indicative ▸ 1 (1Sam. 15,3)
  ἀναθεματιεῖτε ▸ 3 + 1 = 4
    Verb · second · plural · future · active · indicative ▸ 3 + 1 = 4 (Deut. 13,16; Deut. 20,17; Judg. 21,11; Judg. 21,11)
  ἀναθεματίζειν ▸ 1
    Verb · present · active · infinitive ▸ 1 (Mark 14,71)
  ἀναθεματίσαι ▸ 1 + 1 = 2
    Verb · aorist · active · infinitive ▸ 1 + 1 = 2 (2Kings 19,11; Dan. 11,44)
  ἀναθεματισθήσεται ▸ 1
    Verb · third · singular · future · passive · indicative ▸ 1 (Ezra 10,8)
  ἀναθεματιῶ ▸ 1
    Verb · first · singular · future · active · indicative ▸ 1 (Num. 21,2)
  ἀνατεθεματισμένον ▸ 1
    Verb · perfect · passive · participle · neuter · singular · nominative ▸ 1 (Num. 18,14)
  ἀνεθεματίσαμεν ▸ 1
    Verb · first · plural · aorist · active · indicative ▸ 1 (Acts 23,14)
  ἀνεθεμάτισαν ▸ 2 + 2 = 4
    Verb · third · plural · aorist · active · indicative ▸ 2 + 2 = 4 (Judg. 1,17; 1Chr. 4,41; Acts 23,12; Acts 23,21)
  ἀνεθεμάτισεν ▸ 3
    Verb · third · singular · aorist · active · indicative ▸ 3 (Num. 21,3; Josh. 6,21; 1Mac. 5,5)
ἀναθεωρέω (ἀνά; θεάομαι) to observe closely ▸ 2
  ἀναθεωροῦντες ▸ 1
    Verb · present · active · participle · masculine · plural · nominative ▸ 1 (Heb. 13,7)
  ἀναθεωρῶν ▸ 1
    Verb · present · active · participle · masculine · singular · nominative ▸ 1 (Acts 17,23)
ἀνάθημα (ἀνά; τίθημι) gift; accursed thing ▸ 1 + 1 = 2
  ἀναθήμασιν ▸ 1 + 1 = 2
    Noun · neuter · plural · dative · (common) ▸ 1 + 1 = 2 (3Mac. 3,17; Luke 21,5)
Αναθωθ Anathoth ▸ 14
  Αναθωθ ▸ 14
    Noun · plural · genitive · (proper) ▸ 2 (Ezra 2,23; Neh. 7,27)
    Noun · feminine · plural · dative · (proper) ▸ 4 (Jer. 1,1; Jer. 11,23; Jer. 39,7; Jer. 39,8)
    Noun · feminine · plural · genitive · (proper) ▸ 2 (Jer. 11,21; Jer. 36,27)
    Noun · feminine · singular · accusative · (proper) ▸ 2 (Josh. 21,18; 1Kings 2,26)
    Noun · feminine · singular · dative · (proper) ▸ 1 (Is. 10,30)
    Noun · feminine · singular · genitive · (proper) ▸ 1 (1Chr. 27,12)
    Noun · masculine · singular · nominative · (proper) ▸ 2 (1Chr. 7,8; Neh. 10,20)
Αναθωθι Anathothite ▸ 2
  Αναθωθι ▸ 2
    Noun · masculine · singular · nominative · (proper) ▸ 2 (1Chr. 11,28; 1Chr. 12,3)
Αναθωθια Anathothijah ▸ 1
  Αναθωθια ▸ 1
    Noun · masculine · singular · nominative · (proper) ▸ 1 (1Chr. 8,24)
Αναθωθίτης Anathothite (f) ▸ 1
  Αναθωθίτης ▸ 1
    Noun · masculine · singular · nominative · (proper) ▸ 1 (2Sam. 23,27)
Αναια Anaiah ▸ 1
  Αναια ▸ 1
    Noun · masculine · singular · nominative · (proper) ▸ 1 (Neh. 10,23)
ἀναίδεια (α; αἰδέομαι) persistence, shamelessness ▸ 1 + 1 = 2
  ἀναίδεια ▸ 1
    Noun · feminine · singular · nominative · (common) ▸ 1 (Sir. 25,22)
  ἀναίδειαν ▸ 1
    Noun · feminine · singular · accusative ▸ 1 (Luke 11,8)
ἀναιδής (α; αἰδέομαι) shameless; hard ▸ 12 + 2 = 14
  ἀναιδεῖ ▸ 3
    Adjective · feminine · singular · dative · noDegree ▸ 1 (Sir. 23,6)
    Adjective · masculine · singular · dative · noDegree ▸ 1 (1Sam. 2,29)
    Adjective · neuter · singular · dative · noDegree ▸ 1 (Prov. 7,13)
  ἀναιδεῖς ▸ 1
    Adjective · masculine · plural · nominative · noDegree ▸ 1 (Is. 56,11)
  ἀναιδὲς ▸ 3
    Adjective · neuter · singular · accusative · noDegree ▸ 2 (Deut. 28,50; Bar. 4,15)
    Adjective · neuter · singular · nominative · noDegree ▸ 1 (Prov. 25,23)
  ἀναιδῆ ▸ 1
    Adjective · feminine · singular · accusative · noDegree ▸ 1 (Jer. 8,5)
  ἀναιδής ▸ 2 + 2 = 4
    Adjective · feminine · singular · nominative · noDegree ▸ 1 (Dan. 2,15)
    Adjective · masculine · singular · nominative · noDegree ▸ 2 + 1 = 3 (Eccl. 8,1; Dan. 8,23; Dan. 8,23)
  ἀναιδοῦς ▸ 2
    Adjective · masculine · singular · genitive · noDegree ▸ 2 (Sir. 26,11; Sir. 40,30)
ἀναιδῶς (α; αἰδέομαι) shamelessly ▸ 1
  ἀναιδῶς ▸ 1
    Adverb · 1 (Prov. 21,29)
ἀναίρεσις (ἀνά; αἱρέω) death, destruction ▸ 3 + 1 = 4
  ἀναιρέσει ▸ 1 + 1 = 2
    Noun · feminine · singular · dative · (common) ▸ 1 + 1 = 2 (Num. 11,15; Acts 8,1)
  ἀναίρεσιν ▸ 1
    Noun · feminine · singular · accusative · (common) ▸ 1 (Judith 15,4)
  ἀναίρεσις ▸ 1
    Noun · feminine · singular · nominative · (common) ▸ 1 (2Mac. 5,13)
Ἀναίρεσις (ἀνά; αἱρέω) Destruction ▸ 1 + 1 = 2
  Ἀναίρεσις ▸ 1 + 1 = 2
    Noun · feminine · singular · nominative · (proper) ▸ 1 + 1 = 2 (Judg. 15,17; Judg. 15,17)
ἀναιρέω (ἀνά; αἱρέω) to destroy, carry off, kill ▸ 81 + 7 + 24 = 112
  ἀναιρεθέντα ▸ 1
    Verb · aorist · passive · participle · masculine · singular

· accusative ▸ **1** (4Mac. 18,11)

ἀναιρέθη ▸ **1**
  Verb · third · singular · aorist · passive · indicative ▸ **1** (Dan. 5,30)

ἀναιρεθῆναι ▸ **2** + **2** = **4**
  Verb · aorist · passive · infinitive ▸ **2** + **2** = **4** (Num. 35,31; 4Mac. 5,3; Luke 23,32; Acts 13,28)

ἀναιρεθήσεται ▸ **1**
  Verb · third · singular · future · passive · indicative ▸ **1** (Is. 27,7)

ἀναιρεθήσονται ▸ **1**
  Verb · third · plural · future · passive · indicative ▸ **1** (Ezek. 26,6)

Ἀναιρεθήτω ▸ **1**
  Verb · third · singular · aorist · passive · imperative ▸ **1** (Jer. 45,4)

ἀναιρεῖ ▸ **3** + **1** = **4**
  Verb · third · singular · present · active · indicative ▸ **3** + **1** = **4** (Job 5,2; Wis. 1,11; Wis. 14,24; Heb. 10,9)

ἀναιρεῖν ▸ **1** + **1** = **2**
  Verb · present · active · infinitive ▸ **1** + **1** = **2** (Dan. 2,14; Acts 16,27)

ἀναιρεῖσθαι ▸ **1**
  Verb · present · passive · infinitive · (variant) ▸ **1** (Acts 23,27)

ἀναιρεῖτέ ▸ **1**
  Verb · second · plural · present · active · indicative ▸ **1** (Jer. 33,15)

ἀναιροῦμαι ▸ **1**
  Verb · first · singular · present · middle · indicative ▸ **1** (Tob. 2,4)

ἀναιρούμενος ▸ **2** + **1** = **3**
  Verb · present · middle · participle · masculine · singular · nominative ▸ **2** + **1** = **3** (Sir. 22,2; Dan. 1,16; Dan. 1,16)

ἀναιρουμένων ▸ **1**
  Verb · present · passive · participle · masculine · plural · genitive · (variant) ▸ **1** (Acts 26,10)

ἀναιροῦντες ▸ **1**
  Verb · present · active · participle · masculine · plural · nominative ▸ **1** (Sir. 21,2)

ἀναιρούντων ▸ **1** + **1** = **2**
  Verb · present · active · participle · masculine · plural · genitive ▸ **1** + **1** = **2** (Ezek. 28,9; Acts 22,20)

ἀναιρῶν ▸ **1**
  Verb · present · active · participle · masculine · singular · nominative ▸ **1** (Deut. 13,16)

ἀνεῖλαν ▸ **1**
  Verb · third · plural · aorist · active · indicative ▸ **1** (Acts 10,39)

ἀνείλατε ▸ **1**
  Verb · second · plural · aorist · active · indicative ▸ **1** (Acts 2,23)

ἀνείλατο ▸ **1** + **1** = **2**
  Verb · third · singular · aorist · middle · indicative ▸ **1** + **1** = **2** (Ex. 2,5; Acts 7,21)

ἀνεῖλεν ▸ **15** + **2** = **17**
  Verb · third · singular · aorist · active · indicative ▸ **15** + **2** = **17** (Josh. 11,12; Josh. 11,17; Josh. 12,7; Judg. 8,21; Judg. 9,45; 2Sam. 10,18; 1Kings 2,25; 1Kings 2,46; 1Mac. 6,46; 2Mac. 13,15; 2Mac. 15,22; Is. 27,7; Is. 37,36; Jer. 33,19; Jer. 48,8; Matt. 2,16; Acts 12,2)

ἀνεῖλες ▸ **1** + **1** = **2**
  Verb · second · singular · aorist · active · indicative ▸ **1** + **1** = **2** (Ex. 2,14; Acts 7,28)

ἀνειλόμην ▸ **2**
  Verb · first · singular · aorist · middle · indicative ▸ **2** (Ex. 2,10; Tob. 2,4)

ἀνεῖλον ▸ **6**
  Verb · third · plural · aorist · active · indicative ▸ **6** (Josh. 9,26; Josh. 12,1; 2Mac. 8,30; 2Mac. 8,32; 2Mac. 10,17; 3Mac. 7,15)

ἄνελε ▸ **2**
  Verb · second · singular · aorist · active · imperative ▸ **2** (1Kings 2,29; 1Kings 2,31)

ἀνελεῖ ▸ **9** + **1** = **10**
  Verb · third · singular · future · active · indicative ▸ **9** + **1** = **10** (Judith 7,13; Is. 11,4; Is. 14,30; Is. 14,30; Is. 27,1; Is. 65,15; LetterJ 12; Ezek. 26,8; Ezek. 26,11; 2Th. 2,8)

ἀνελεῖν ▸ **10** + **1** + **6** = **17**
  Verb · aorist · active · infinitive ▸ **10** + **1** + **6** = **17** (Gen. 4,15; Ex. 2,14; Ex. 2,15; Judith 1,12; Judith 16,4; 1Mac. 11,45; 3Mac. 7,5; Is. 27,8; Is. 28,6; Jer. 33,24; Dan. 2,13; Acts 5,33; Acts 7,28; Acts 9,23; Acts 9,29; Acts 23,15; Acts 25,3)

ἀνελεῖς ▸ **1**
  Verb · second · singular · future · active · indicative ▸ **1** (Deut. 13,16)

Ἀνέλεσθε ▸ **2**
  Verb · second · plural · aorist · middle · imperative ▸ **2** (Num. 17,2; Josh. 4,3)

ἀνελέτω ▸ **1**
  Verb · third · singular · aorist · active · imperative ▸ **1** (Job 6,9)

ἀνέλῃ ▸ **1**
  Verb · third · singular · aorist · active · subjunctive ▸ **1** (Ex. 21,29)

ἀνέλῃς ▸ **1**
  Verb · second · singular · aorist · active · subjunctive ▸ **1** (Jer. 48,8)

ἀνέλοι ▸ **1**
  Verb · third · singular · aorist · active · optative ▸ **1** (Job 20,16)

ἀνελόμενος ▸ **1**
  Verb · aorist · middle · participle · masculine · singular · nominative ▸ **1** (Josh. 4,5)

ἀνελῶ ▸ **3**
  Verb · first · singular · future · active · indicative ▸ **3** (Ex. 15,9; Ode. 1,9; Bel 25)

ἀνέλωμέν ▸ **1**
  Verb · first · plural · aorist · passive · subjunctive ▸ **1** (Jer. 45,25)

ἀνελών ▸ **2**
  Verb · aorist · active · participle · masculine · singular · nominative ▸ **2** (Num. 31,19; Jer. 33,19)

ἀνέλωσιν ▸ **3**
  Verb · third · plural · aorist · active · subjunctive ▸ **3** (Luke 22,2; Acts 9,24; Acts 23,21)

ἀνῃρέθη ▸ **1** + **1** = **2**
  Verb · third · singular · aorist · passive · indicative ▸ **1** + **1** = **2** (Dan. 7,11; Acts 5,36)

ἀνῄρει ▸ **1**
  Verb · third · singular · imperfect · active · indicative ▸ **1** (Dan. 5,19)

ἀνῃρημένοι ▸ **1**
  Verb · perfect · passive · participle · masculine · plural · nominative ▸ **1** (Jer. 18,21)

ἀνῃρημένοις ▸ **1**
  Verb · perfect · passive · participle · masculine · plural · dative ▸ **1** (Jer. 4,31)

ἀνῃρημένους ▸ **1**
  Verb · perfect · passive · participle · masculine · plural · accusative ▸ **1** (Is. 26,21)

ἀνῃρημένων ▸ **1**
  Verb · perfect · passive · participle · masculine · plural · genitive ▸ **1** (Jer. 7,32)

ἀναιρέω–ἀνακαλύπτω

ἀνῃρῆσθαι ▸ 1
    Verb · perfect · passive · infinitive ▸ **1** (4Mac. 4,13)
ἀνῄρουν ▸ 1
    Verb · third · plural · imperfect · active · indicative ▸ **1** (3Mac. 7,14)

ἀναίτιος (α; αἰτία) blameless, innocent ▸ 5 + 1 + 2 = 8
ἀναίτιοί ▸ 1
    Adjective · masculine · plural · nominative ▸ **1** (Matt. 12,5)
ἀναίτιον ▸ 5 + 1 = 6
    Adjective · neuter · singular · accusative · noDegree ▸ **2** (Deut. 19,13; Deut. 21,9)
    Adjective · neuter · singular · nominative · noDegree ▸ 3 + 1 = **4** (Deut. 19,10; Deut. 21,8; Sus. 60-62; Sus. 62)
ἀναιτίους ▸ 1
    Adjective · masculine · plural · accusative ▸ **1** (Matt. 12,7)

ἀναιτίως (ἀνά; αἰτία) unjustifiably ▸ 1
ἀναιτίως ▸ 1
    Adverb ▸ **1** (4Mac. 12,14)

ἀνακαθίζω (ἀνά; κατά; ἵζω) to sit up ▸ 2
ἀνεκάθισεν ▸ 2
    Verb · third · singular · aorist · active · indicative ▸ **2** (Luke 7,15; Acts 9,40)

ἀνακαινίζω (ἀνά; καινός) to renew ▸ 5 + 1 = 6
ἀνακαινιεῖς ▸ 1
    Verb · second · singular · future · active · indicative ▸ **1** (Psa. 103,30)
ἀνακαινίζειν ▸ 1
    Verb · present · active · infinitive ▸ **1** (Heb. 6,6)
ἀνακαινισθήσεται ▸ 1
    Verb · third · singular · future · passive · indicative ▸ **1** (Psa. 102,5)
ἀνακαίνισον ▸ 1
    Verb · second · singular · aorist · active · imperative ▸ **1** (Lam. 5,21)
ἀνεκαινίσθη ▸ 2
    Verb · third · singular · aorist · passive · indicative ▸ **2** (1Mac. 6,9; Psa. 38,3)

ἀνακαινόω (ἀνά; καινός) to renew ▸ 2
ἀνακαινούμενον ▸ 1
    Verb · present · passive · participle · masculine · singular · accusative · (variant) ▸ **1** (Col. 3,10)
ἀνακαινοῦται ▸ 1
    Verb · third · singular · present · passive · indicative · (variant) ▸ **1** (2Cor. 4,16)

ἀνακαίνωσις (ἀνά; καινός) renewal ▸ 2
ἀνακαινώσει ▸ 1
    Noun · feminine · singular · dative ▸ **1** (Rom. 12,2)
ἀνακαινώσεως ▸ 1
    Noun · feminine · singular · genitive ▸ **1** (Titus 3,5)

ἀνακαίω (ἀνά; καίω) to light up ▸ 7
ἀνακαίεται ▸ 1
    Verb · third · singular · present · middle · indicative ▸ **1** (Sir. 9,8)
ἀνακαύσαντες ▸ 1
    Verb · aorist · active · participle · masculine · plural · nominative ▸ **1** (Judith 7,5)
ἀνακαύσεις ▸ 1
    Verb · second · singular · future · active · indicative ▸ **1** (Ezek. 5,2)
ἀνακαύσω ▸ 1
    Verb · first · singular · future · active · indicative ▸ **1** (Ezek. 24,10)
ἀνεκαύθη ▸ 1
    Verb · third · singular · aorist · passive · indicative ▸ **1** (Hos. 7,6)
ἀνεκαύθησαν ▸ 1
    Verb · third · plural · aorist · passive · indicative ▸ **1** (Hos. 7,6)
ἀνέκαυσαν ▸ 1
    Verb · third · plural · aorist · active · indicative ▸ **1** (1Mac. 12,28)

ἀνακαλέω (ἀνά; καλέω) to call, summon ▸ 7
ἀνακαλεῖν ▸ 1
    Verb · present · active · infinitive ▸ **1** (Num. 10,2)
ἀνακαλεσάμενος ▸ 1
    Verb · aorist · middle · participle · masculine · singular · nominative ▸ **1** (Josh. 4,4)
ἀνακαλούμενα ▸ 1
    Verb · present · middle · participle · neuter · plural · nominative ▸ **1** (4Mac. 14,17)
ἀνακέκληκεν ▸ 1
    Verb · third · singular · perfect · active · indicative ▸ **1** (Ex. 35,30)
ἀνακέκλημαι ▸ 1
    Verb · first · singular · perfect · middle · indicative ▸ **1** (Ex. 31,2)
ἀνακληθέντας ▸ 1
    Verb · aorist · passive · participle · masculine · plural · accusative ▸ **1** (Num. 1,17)
ἀνεκάλεσεν ▸ 1
    Verb · third · singular · aorist · active · indicative ▸ **1** (Lev. 1,1)

ἀνακαλύπτω (ἀνά; καλύπτω) to uncover, disclose ▸ 25 + 3 + 2 = 30
ἀνακαλύπτει ▸ 1
    Verb · third · singular · present · active · indicative ▸ **1** (Job 33,16)
ἀνακαλύπτειν ▸ 2 + 2 = 4
    Verb · present · active · infinitive ▸ 2 + 2 = **4** (Tob. 12,7; Tob. 12,11; Tob. 12,7; Tob. 12,11)
ἀνακαλυπτόμενον ▸ 1
    Verb · present · passive · participle · neuter · singular · nominative · (variant) ▸ **1** (2Cor. 3,14)
ἀνακαλύπτων ▸ 4
    Verb · present · active · participle · masculine · singular · nominative ▸ **4** (Job 12,22; Dan. 2,22; Dan. 2,28; Dan. 2,29)
ἀνακαλυφθῆναι ▸ 1
    Verb · aorist · passive · infinitive ▸ **1** (Is. 49,9)
ἀνακαλυφθήσεται ▸ 1
    Verb · third · singular · future · passive · indicative ▸ **1** (Is. 47,3)
ἀνακαλύψαι ▸ 3
    Verb · aorist · active · infinitive ▸ **1** (1Esdr. 8,76)
    Verb · third · singular · aorist · active · optative ▸ **2** (Job 20,27; Sol. 4,7)
ἀνακάλυψαι ▸ 1
    Verb · second · singular · aorist · middle · imperative ▸ **1** (Is. 47,2)
ἀνακαλύψει ▸ 2
    Verb · third · singular · future · active · indicative ▸ **2** (Is. 24,1; Is. 26,21)
ἀνακαλύψουσιν ▸ 2
    Verb · third · plural · future · active · indicative ▸ **2** (Is. 22,8; Is. 22,9)
ἀνακεκαλυμμένα ▸ 1
    Verb · perfect · passive · participle · neuter · plural · nominative ▸ **1** (Is. 22,14)
ἀνακεκαλυμμένον ▸ 1
    Verb · perfect · passive · participle · neuter · singular · accusative ▸ **1** (Tob. 2,9)
ἀνακεκαλυμμένους ▸ 1

  Verb · perfect · passive · participle · masculine · plural
· accusative ▸ **1** (Is. 20,4)
 ἀνακεκαλυμμένῳ ▸ **1**
  Verb · perfect · passive · participle · neuter · singular · dative
· (variant) ▸ **1** (2Cor. 3,18)
 ἀνεκαλύφθη ▸ **2**
  Verb · third · singular · aorist · passive · indicative ▸ **2** (Psa. 17,16; Jer. 13,22)
 ἀνεκάλυψα ▸ **1**
  Verb · first · singular · aorist · active · indicative ▸ **1** (Jer. 30,4)
 ἀνεκάλυψας ▸ **1**
  Verb · second · singular · aorist · active · indicative ▸ **1** (Sol. 2,17)
 ἀνεκάλυψεν ▸ **2**
  Verb · third · singular · aorist · active · indicative ▸ **2** (Job 28,11; Sol. 8,8)
ἀνακάμπτω (ἀνά; κάμπτω) to return ▸ **14** + **1** + **4** = **19**
 ἀνακάμπτει ▸ **1**
  Verb · third · singular · present · active · indicative ▸ **1** (Sir. 40,11)
 ἀνακάμπτειν ▸ **2**
  Verb · present · active · infinitive ▸ **2** (2Sam. 8,13; Zech. 9,8)
 ἀνακάμπτουσα ▸ **1**
  Verb · present · active · participle · feminine · singular · nominative ▸ **1** (Jer. 3,1)
 ἀνακάμψαι ▸ **2**
  Verb · aorist · active · infinitive ▸ **2** (Matt. 2,12; Heb. 11,15)
 ἀνακάμψαντες ▸ **1**
  Verb · aorist · active · participle · masculine · plural · nominative ▸ **1** (Sus. 14)
 ἀνακάμψατε ▸ **2**
  Verb · second · plural · aorist · active · imperative ▸ **2** (Ex. 32,27; 1Chr. 19,5)
 ἀνακάμψει ▸ **2** + **1** = **3**
  Verb · third · singular · future · active · indicative ▸ **2** + **1** = **3** (Jer. 3,1; Jer. 15,5; Luke 10,6)
 ἀνακάμψουσιν ▸ **1**
  Verb · third · plural · future · active · indicative ▸ **1** (Job 39,4)
 ἀνακάμψω ▸ **1**
  Verb · first · singular · future · active · indicative ▸ **1** (Acts 18,21)
 ἀνέκαμπτες ▸ **1**
  Verb · second · singular · imperfect · active · indicative ▸ **1** (Jer. 3,1)
 ἀνεκάμψαμεν ▸ **1**
  Verb · first · plural · aorist · active · indicative ▸ **1** (1Esdr. 8,84)
 ἀνέκαμψεν ▸ **3**
  Verb · third · singular · aorist · active · indicative ▸ **3** (Judg. 11,39; 2Sam. 1,22; 1Kings 12,20)
ἀνάκειμαι (ἀνά; κεῖμαι) to sit at table, recline at table ▸ **1** + **14** + **1** = **16**
 ἀνακειμένοις ▸ **2**
  Verb · present · middle · participle · masculine · plural · dative ▸ **2** (Mark 16,14; John 6,11)
 ἀνακείμενον ▸ **1**
  Verb · present · passive · participle · masculine · singular · accusative ▸ **1** (Tob. 9,6)
 ἀνακείμενος ▸ **3**
  Verb · present · middle · participle · masculine · singular · nominative ▸ **3** (Luke 22,27; Luke 22,27; John 13,23)
 ἀνακειμένου ▸ **2**
  Verb · present · middle · participle · masculine · singular · genitive ▸ **2** (Matt. 9,10; Matt. 26,7)
 ἀνακειμένους ▸ **2**
  Verb · present · middle · participle · masculine · plural · accusative ▸ **2** (Matt. 22,11; Mark 6,26)
 ἀνακειμένων ▸ **4**
  Verb · present · middle · participle · masculine · plural · genitive ▸ **4** (Matt. 22,10; Mark 14,18; John 12,2; John 13,28)
 ἀνάκειται ▸ **1**
  Verb · third · singular · present · passive · indicative ▸ **1** (1Esdr. 4,11)
 ἀνέκειτο ▸ **1**
  Verb · third · singular · imperfect · middle · indicative ▸ **1** (Matt. 26,20)
ἀνακεφαλαιόω (ἀνά; κεφαλή) to sum up, bring together ▸ **2**
 ἀνακεφαλαιοῦται ▸ **1**
  Verb · third · singular · present · passive · indicative · (variant) ▸ **1** (Rom. 13,9)
 ἀνακεφαλαιώσασθαι ▸ **1**
  Verb · aorist · middle · infinitive ▸ **1** (Eph. 1,10)
ἀνακηρύσσω (ἀνά; κηρύσσω) to proclaim; publish abroad ▸ **1**
 ἀνεκήρυξεν ▸ **1**
  Verb · third · singular · aorist · active · indicative ▸ **1** (4Mac. 17,23)
ἀνακλάω (ἀνά; κλάω) to bend, curl back ▸ **1**
 ἀνακλώμενος ▸ **1**
  Verb · present · passive · participle · masculine · singular · nominative ▸ **1** (4Mac. 11,10)
ἀνακλίνω (ἀνά; κλίνω) to sit down, recline ▸ **1** + **6** = **7**
 ἀνακλιθῆναι ▸ **1**
  Verb · aorist · passive · infinitive ▸ **1** (Matt. 14,19)
 ἀνακλιθήσονται ▸ **2**
  Verb · third · plural · future · passive · indicative ▸ **2** (Matt. 8,11; Luke 13,29)
 ἀνακλῖναι ▸ **1** + **1** = **2**
  Verb · aorist · active · infinitive ▸ **1** + **1** = **2** (3Mac. 5,16; Mark 6,39)
 ἀνακλινεῖ ▸ **1**
  Verb · third · singular · future · active · indicative ▸ **1** (Luke 12,37)
 ἀνέκλινεν ▸ **1**
  Verb · third · singular · aorist · active · indicative ▸ **1** (Luke 2,7)
ἀνάκλισις (ἀνά; κλίνω) reclining ▸ **1**
 ἀνακλίσει ▸ **1**
  Noun · feminine · singular · dative · (common) ▸ **1** (Song 1,12)
ἀνάκλιτον (ἀνά; κλίνω) couch ▸ **1**
 ἀνάκλιτον ▸ **1**
  Noun · neuter · singular · accusative · (common) ▸ **1** (Song 3,10)
ἀνακοινόω (ἀνά; κοινός) to share, consult ▸ **1**
 ἀνακοινωσαμένου ▸ **1**
  Verb · aorist · middle · participle · masculine · singular · genitive ▸ **1** (2Mac. 14,20)
ἀνακομίζω (ἀνά; κόμη) to bring, carry back ▸ **3**
 ἀνακομίσασθαι ▸ **2**
  Verb · aorist · middle · infinitive ▸ **2** (2Mac. 2,22; 2Mac. 12,39)
 ἀνακομισθέντων ▸ **1**
  Verb · aorist · passive · participle · masculine · plural · genitive ▸ **1** (3Mac. 1,1)
ἀνακόπτω (ἀνά; κόπτω) to drive back, to beat back; to stop, to hinder ▸ **3**
 ἀνακοπτόμενα ▸ **1**
  Verb · present · passive · participle · neuter · plural · nominative

ἀνακόπτω–ἀναλαμβάνω

▸ 1 (4Mac. 1,35)
ἀνακόπτοντες ▸ 1
   Verb ▪ present ▪ active ▪ participle ▪ masculine ▪ plural ▪ nominative
   ▸ 1 (4Mac. 13,6)
ἀνέκοψε ▸ 1
   Verb ▪ third ▪ singular ▪ aorist ▪ active ▪ indicative ▸ 1 (Wis. 18,23)

ἀνακράζω (ἀνά; κράζω) to cry out ▸ 14 + 1 + 5 = 20
   ἀνακεκράξεται ▸ 1
      Verb ▪ third ▪ singular ▪ future ▪ middle ▪ indicative ▸ 1 (Joel 4,16)
   ἀνάκραγε ▸ 1
      Verb ▪ second ▪ singular ▪ present ▪ active ▪ imperative ▸ 1 (Ezek. 21,17)
   Ἀνάκραγε ▸ 2
      Verb ▪ second ▪ singular ▪ aorist ▪ active ▪ imperative ▸ 2 (Zech. 1,14; Zech. 1,17)
   ἀνακραγέτω ▸ 1
      Verb ▪ third ▪ singular ▪ aorist ▪ active ▪ imperative ▸ 1 (Josh. 6,5)
   ἀνακραγόντων ▸ 1
      Verb ▪ aorist ▪ active ▪ participle ▪ masculine ▪ plural ▪ genitive
      ▸ 1 (Josh. 6,5)
   ἀνακράξας ▸ 1
      Verb ▪ aorist ▪ active ▪ participle ▪ masculine ▪ singular ▪ nominative
      ▸ 1 (Luke 8,28)
   ἀνέκραγεν ▸ 1
      Verb ▪ third ▪ singular ▪ aorist ▪ active ▪ indicative ▸ 1 (Ezek. 9,1)
   ἀνέκραγον ▸ 1
      Verb ▪ third ▪ plural ▪ aorist ▪ active ▪ indicative ▸ 1 (Sir. 50,16)
   Ἀνέκραγον ▸ 1
      Verb ▪ third ▪ plural ▪ aorist ▪ active ▪ indicative ▸ 1 (Luke 23,18)
   ἀνέκραξαν ▸ 3 + 1 + 1 = 5
      Verb ▪ third ▪ plural ▪ aorist ▪ active ▪ indicative ▸ 3 + 1 + 1 = 5 (Judg. 7,20; 1Kings 12,24t; 3Mac. 6,17; Judg. 7,20; Mark 6,49)
   ἀνέκραξεν ▸ 3 + 2 = 5
      Verb ▪ third ▪ singular ▪ aorist ▪ active ▪ indicative ▸ 3 + 2 = 5 (1Sam. 4,5; 1Kings 22,32; 1Mac. 2,27; Mark 1,23; Luke 4,33)

ἀνακρίνω (ἀνά; κρίνω) to examine ▸ 4 + 2 + 16 = 22
   ἀνακριθῶ ▸ 1
      Verb ▪ first ▪ singular ▪ aorist ▪ passive ▪ subjunctive ▸ 1 (1Cor. 4,3)
   ἀνακρίναντες ▸ 1 + 1 = 2
      Verb ▪ aorist ▪ active ▪ participle ▪ masculine ▪ plural ▪ nominative
      ▸ 1 + 1 = 2 (Sus. 48; Sus. 48)
   ἀνακρίναντές ▸ 1
      Verb ▪ aorist ▪ active ▪ participle ▪ masculine ▪ plural ▪ nominative
      ▸ 1 (Acts 28,18)
   ἀνακρίνας ▸ 3
      Verb ▪ aorist ▪ active ▪ participle ▪ masculine ▪ singular ▪ nominative
      ▸ 3 (Luke 23,14; Acts 12,19; Acts 24,8)
   ἀνακρίνει ▸ 1
      Verb ▪ third ▪ singular ▪ present ▪ active ▪ indicative ▸ 1 (1Cor. 2,15)
   ἀνακρίνεται ▸ 3
      Verb ▪ third ▪ singular ▪ present ▪ passive ▪ indicative ▪ (variant)
      ▸ 3 (1Cor. 2,14; 1Cor. 2,15; 1Cor. 14,24)
   ἀνακρινόμεθα ▸ 1
      Verb ▪ first ▪ plural ▪ present ▪ passive ▪ indicative ▪ (variant) ▸ 1 (Acts 4,9)
   ἀνακρίνοντες ▸ 3
      Verb ▪ present ▪ active ▪ participle ▪ masculine ▪ plural ▪ nominative
      ▸ 3 (Acts 17,11; 1Cor. 10,25; 1Cor. 10,27)
   ἀνακρίνουσίν ▸ 1
      Verb ▪ present ▪ active ▪ participle ▪ masculine ▪ plural ▪ dative
      ▸ 1 (1Cor. 9,3)
   ἀνακρίνω ▸ 1
      Verb ▪ first ▪ singular ▪ present ▪ active ▪ indicative ▸ 1 (1Cor. 4,3)
   ἀνακρινῶ ▸ 2 + 1 = 3
      Verb ▪ first ▪ singular ▪ future ▪ active ▪ indicative ▸ 2 + 1 = 3 (1Sam. 20,12; Sus. 52; Sus. 51)
   ἀνέκρινε ▸ 1
      Verb ▪ third ▪ singular ▪ aorist ▪ active ▪ indicative ▸ 1 (Sus. 13-14)
   ἀνακρίνων ▸ 1
      Verb ▪ present ▪ active ▪ participle ▪ masculine ▪ singular ▪ nominative ▸ 1 (1Cor. 4,4)

ἀνάκρισις (ἀνά; κρίνω) examination ▸ 1 + 1 = 2
   ἀνακρίσεως ▸ 1 + 1 = 2
      Noun ▪ feminine ▪ singular ▪ genitive ▪ (common) ▸ 1 + 1 = 2 (3Mac. 7,5; Acts 25,26)

ἀνακρούω (ἀνά; κρούω) to play an instrument ▸ 6 + 1 = 7
   ἀνακρουόμενοι ▸ 1
      Verb ▪ present ▪ middle ▪ participle ▪ masculine ▪ plural
      ▪ nominative ▸ 1 (1Chr. 25,3)
   ἀνακρουόμενον ▸ 1
      Verb ▪ present ▪ middle ▪ participle ▪ masculine ▪ singular
      ▪ accusative ▸ 1 (2Sam. 6,16)
   ἀνακρουομένῳ ▸ 1
      Verb ▪ present ▪ middle ▪ participle ▪ masculine ▪ singular
      ▪ dative ▸ 1 (1Chr. 25,5)
   ἀνακρουομένων ▸ 1 + 1 = 2
      Verb ▪ present ▪ middle ▪ participle ▪ masculine ▪ plural ▪ genitive
      ▸ 1 + 1 = 2 (Judg. 5,11; Judg. 5,11)
   ἀνεκρούετο ▸ 1
      Verb ▪ third ▪ singular ▪ imperfect ▪ middle ▪ indicative ▸ 1 (2Sam. 6,14)
   ἀνεκρούοντο ▸ 1
      Verb ▪ third ▪ plural ▪ imperfect ▪ middle ▪ indicative ▸ 1 (Ezek. 23,42)

ἀνακύπτω (ἀνά; κύπτω) to stand up, turn upward ▸ 2 + 4 = 6
   ἀνακύψαι ▸ 1 + 1 = 2
      Verb ▪ aorist ▪ active ▪ infinitive ▸ 1 + 1 = 2 (Job 10,15; Luke 13,11)
   ἀνακύψας ▸ 1
      Verb ▪ aorist ▪ active ▪ participle ▪ masculine ▪ singular ▪ nominative
      ▸ 1 (John 8,10)
   ἀνακύψασα ▸ 1
      Verb ▪ aorist ▪ active ▪ participle ▪ feminine ▪ singular ▪ nominative
      ▸ 1 (Sus. 35)
   ἀνακύψατε ▸ 1
      Verb ▪ second ▪ plural ▪ aorist ▪ active ▪ imperative ▸ 1 (Luke 21,28)
   ἀνέκυψεν ▸ 1
      Verb ▪ third ▪ singular ▪ aorist ▪ active ▪ indicative ▸ 1 (John 8,7)

ἀναλαμβάνω (ἀνά; λαμβάνω) to take up, raise, undertake ▸ 94 + 3 + 13 = 110
   ἀνάλαβε ▸ 3
      Verb ▪ second ▪ singular ▪ aorist ▪ active ▪ imperative ▸ 3 (Job 22,22; Job 40,10; Jer. 7,29)
   Ἀνάλαβε ▸ 1
      Verb ▪ second ▪ singular ▪ aorist ▪ active ▪ imperative ▸ 1 (Jer. 13,20)
   ἀναλαβεῖν ▸ 4 + 1 = 5

Verb · aorist · active · infinitive ▸ 4 + 1 = **5** (Gen. 45,27; Tob. 3,6; 2Mac. 2,25; Ezek. 16,61; Tob. 3,6)

ἀναλάβετε ▸ **1**
    Verb · second · plural · aorist · active · imperative ▸ **1** (Eph. 6,13)

Ἀναλάβετε ▸ **1**
    Verb · second · plural · aorist · active · imperative ▸ **1** (Jer. 26,3)

ἀναλαβέτω ▸ **1**
    Verb · third · singular · aorist · active · imperative ▸ **1** (Psa. 71,3)

ἀναλάβοι ▸ **1**
    Verb · third · singular · aorist · active · optative ▸ **1** (Job 17,9)

ἀναλάβοιμι ▸ **1**
    Verb · first · singular · aorist · active · optative ▸ **1** (Psa. 138,9)

ἀναλαβόντες ▸ **11** + **3** = **14**
    Verb · aorist · active · participle · masculine · plural · nominative ▸ **11** + **3** = **14** (Gen. 45,19; Gen. 46,6; Ex. 12,32; Deut. 1,41; 1Esdr. 1,32; 1Esdr. 1,51; Judith 7,5; Judith 14,3; 2Mac. 10,27; Job 21,12; Jer. 4,6; Acts 20,14; Acts 23,31; Eph. 6,16)

Ἀναλαβόντες ▸ **1**
    Verb · aorist · active · participle · masculine · plural · nominative ▸ **1** (Dan. 3,51)

ἀναλαβοῦσα ▸ **1**
    Verb · aorist · active · participle · feminine · singular · nominative ▸ **1** (Num. 14,1)

ἀναλάβωμεν ▸ **1**
    Verb · first · plural · aorist · active · subjunctive ▸ **1** (Lam. 3,41)

ἀναλαβών ▸ **17** + **1** = **18**
    Verb · aorist · active · participle · masculine · singular · nominative ▸ **17** + **1** = **18** (Gen. 24,61; Gen. 48,1; Ex. 4,20; Num. 23,7; Num. 23,18; Num. 24,3; Num. 24,15; Num. 24,20; Num. 24,21; Num. 24,23; 1Esdr. 9,45; 2Mac. 6,23; 2Mac. 11,7; 2Mac. 12,38; 4Mac. 5,11; Job 13,14; Job 36,3; 2Tim. 4,11)

ἀναλαμβάνειν ▸ **2** + **1** = **3**
    Verb · present · active · infinitive ▸ **2** + **1** = **3** (3Mac. 6,30; Sir. 50,11; Acts 20,13)

ἀναλαμβάνεις ▸ **1**
    Verb · second · singular · present · active · indicative ▸ **1** (Psa. 49,16)

ἀναλαμβανόμενον ▸ **1**
    Verb · present · passive · participle · masculine · singular · accusative ▸ **1** (2Kings 2,10)

ἀναλαμβάνων ▸ **1**
    Verb · present · active · participle · masculine · singular · nominative ▸ **1** (Psa. 146,6)

ἀναλημφθείς ▸ **1** + **1** = **2**
    Verb · aorist · passive · participle · masculine · singular · nominative ▸ **1** + **1** = **2** (Sir. 48,9; Acts 1,11)

ἀναλημφθῆναί ▸ **1**
    Verb · aorist · passive · infinitive ▸ **1** (2Kings 2,9)

ἀναλημφθήσῃ ▸ **1**
    Verb · second · singular · future · passive · indicative ▸ **1** (Ezek. 12,6)

ἀναλήμψεσθε ▸ **1**
    Verb · second · plural · future · middle · indicative ▸ **1** (Judith 14,2)

ἀναλήμψεται ▸ **4**
    Verb · third · singular · future · middle · indicative ▸ **4** (Ex. 28,12; Psa. 145,9; Job 27,21; Is. 40,24)

ἀναλήμψομαι ▸ **1**
    Verb · first · singular · future · middle · indicative ▸ **1** (Is. 46,4)

ἀναληφθήσεται ▸ **1**
    Verb · third · singular · future · passive · indicative ▸ **1** (Dan. 2,5)

ἀνέλαβεν ▸ **11**
    Verb · third · singular · aorist · active · indicative ▸ **11** (Ex. 10,13; Ex. 10,19; Ex. 12,34; Deut. 32,11; Judg. 19,28; Esth. 15,8 # 5,1e; Judith 14,11; 1Mac. 1,27; Psa. 77,70; Ode. 2,11; Is. 63,9)

ἀνέλαβέν ▸ **9**
    Verb · third · singular · aorist · active · indicative ▸ **9** (Amos 7,15; Ezek. 2,2; Ezek. 3,12; Ezek. 3,14; Ezek. 8,3; Ezek. 8,3; Ezek. 11,1; Ezek. 11,24; Ezek. 43,5)

ἀνελάβετε ▸ **1** + **1** = **2**
    Verb · second · plural · aorist · active · indicative ▸ **1** + **1** = **2** (Amos 5,26; Acts 7,43)

ἀνέλαβον ▸ **11** + **1** = **12**
    Verb · first · singular · aorist · active · indicative ▸ **2** + **1** = **3** (Ex. 19,4; Hos. 11,3; Dan. 4,34)
    Verb · third · plural · aorist · active · indicative ▸ **9** (Gen. 46,5; Gen. 50,13; 2Chr. 25,28; Judith 6,12; Judith 14,7; 3Mac. 6,32; Zech. 5,9; Lam. 5,13; Ezek. 10,19)

ἀνελήμφθη ▸ **3** + **1** + **5** = **9**
    Verb · third · singular · aorist · passive · indicative ▸ **3** + **1** + **5** = **9** (2Kings 2,11; 1Mac. 2,58; Sir. 49,14; Tob. 1,20; Mark 16,19; Acts 1,2; Acts 1,22; Acts 10,16; 1Tim. 3,16)

ἀνελήμφθην ▸ **1**
    Verb · first · singular · aorist · passive · indicative ▸ **1** (Ezek. 12,7)

ἀναλάμπω (ἀνά; λάμπω) to shine brightly, clearly ▸ **5**

ἀναλάμψει ▸ **2**
    Verb · third · singular · future · active · indicative ▸ **2** (Job 11,15; Is. 42,4)

ἀναλάμψῃ ▸ **1**
    Verb · third · singular · aorist · active · subjunctive ▸ **1** (Amos 5,6)

ἀναλάμψουσιν ▸ **1**
    Verb · third · plural · future · active · indicative ▸ **1** (Wis. 3,7)

ἀνέλαμψεν ▸ **1**
    Verb · third · singular · aorist · active · indicative ▸ **1** (2Mac. 1,22)

ἀνάλγητος (α; ἄλγος) fool ▸ **1**

ἀνάλγητος ▸ **1**
    Adjective · masculine · singular · nominative · noDegree ▸ **1** (Prov. 14,23)

ἀναλέγω (ἀνά; λέγω) to pick up; note; come to oneself ▸ **3**

ἀναλεξάμενος ▸ **1**
    Verb · aorist · middle · participle · masculine · singular · nominative ▸ **1** (3Mac. 2,24)

ἀνέλεξαν ▸ **1**
    Verb · third · plural · aorist · active · indicative ▸ **1** (1Kings 21,33)

ἀνέλεξεν ▸ **1**
    Verb · third · singular · aorist · active · indicative ▸ **1** (1Sam. 20,38)

ἀνάλημμα (ἀνά; λαμβάνω) fortification ▸ **2**

ἀνάλημμα ▸ **2**
    Noun · neuter · singular · accusative · (common) ▸ **1** (2Chr. 32,5)
    Noun · neuter · singular · nominative · (common) ▸ **1** (Sir. 50,2)

ἀναλημπτέον must be brought; to be taken, carried ▸ **1**

ἀναλημπτέα ▸ **1**
    Adjective · neuter · plural · accusative · noDegree ▸ **1** (2Mac. 3,13)

ἀναλημπτήρ (ἀνά; λαμβάνω) bucket ▸ **1**

ἀναλημπτήρ–ἀνάλωσις

ἀναλημπτῆρας ▸ 1
    Noun · masculine · plural · accusative · (common) ▸ 1 (2Chr. 4,16)

ἀνάλημψις (ἀνά; λαμβάνω) receiving up, a taking up ▸ 1 + 1 = 2
  ἀναλήμψεως ▸ 1
    Noun · feminine · singular · genitive ▸ 1 (Luke 9,51)
  ἀνάλημψιν ▸ 1
    Noun · feminine · singular · accusative · (common) ▸ 1 (Sol. 4,18)

ἀναλίσκω (ἀνά; ἅλωσις) to take away, consume, expend, destroy ▸ 19 + 1 = 20
  ἀναλίσκει ▸ 2
    Verb · third · singular · present · active · indicative ▸ 2 (Prov. 24,22d; Ezek. 15,4)
  ἀναλίσκειν ▸ 1
    Verb · present · active · infinitive ▸ 1 (Prov. 30,14)
  ἀναλίσκεσθαι ▸ 1
    Verb · present · passive · infinitive ▸ 1 (1Esdr. 6,29)
  ἀναλίσκον ▸ 1
    Verb · present · active · participle · neuter · singular · nominative ▸ 1 (Joel 2,3)
  ἀναλωθῇ ▸ 1
    Verb · third · singular · aorist · passive · subjunctive ▸ 1 (Num. 14,33)
  ἀναλωθήσεται ▸ 2
    Verb · third · singular · future · passive · indicative ▸ 2 (Prov. 23,28; Ezek. 5,12)
  ἀναλωθήσονται ▸ 1
    Verb · third · plural · future · passive · indicative ▸ 1 (Is. 66,17)
  ἀναλώσας ▸ 1
    Verb · aorist · active · participle · masculine · singular · nominative ▸ 1 (Wis. 13,12)
  ἀναλώσει ▸ 1
    Verb · third · singular · future · active · indicative ▸ 1 (Gen. 41,30)
  ἀναλώσῃ ▸ 1
    Verb · third · singular · aorist · active · subjunctive ▸ 1 (Ezek. 15,5)
  ἀνηλίσκετο ▸ 1
    Verb · third · singular · imperfect · passive · indicative ▸ 1 (Bel 3)
  ἀνήλουν ▸ 1
    Verb · third · plural · imperfect · active · indicative ▸ 1 (Bel 12)
  ἀνηλώθη ▸ 2
    Verb · third · singular · aorist · passive · indicative ▸ 2 (2Mac. 1,31; 2Mac. 2,11)
  ἀνήλωσεν ▸ 3
    Verb · third · singular · aorist · active · indicative ▸ 3 (2Mac. 2,10; Joel 1,19; Ezek. 19,12)
  ἀνήλωται ▸ 1
    Verb · third · singular · perfect · passive · indicative ▸ 1 (Is. 32,10)

ἀναλογία (ἀνά; λέγω) proportion ▸ 1
  ἀναλογίαν ▸ 1
    Noun · feminine · singular · accusative ▸ 1 (Rom. 12,6)

ἀναλογίζομαι (ἀνά; λέγω) to consider ▸ 3 + 1 = 4
  ἀναλογισάμενοι ▸ 1
    Verb · aorist · middle · participle · masculine · plural · nominative ▸ 1 (3Mac. 7,7)
  ἀναλογίσασθε ▸ 1
    Verb · second · plural · aorist · middle · imperative ▸ 1 (Heb. 12,3)
  Ἀνελογισάμην ▸ 1
    Verb · first · singular · aorist · middle · indicative ▸ 1 (Sol. 8,7)
  ἀνελογίσατο ▸ 1
    Verb · third · singular · aorist · middle · indicative ▸ 1 (Is. 44,19)

ἀναλόγως (ἀνά; λέγω) proportionally ▸ 1
  ἀναλόγως ▸ 1
    Adverb ▸ 1 (Wis. 13,5)

ἄναλος (ἅλας; α) lose saltiness ▸ 1
  ἄναλον ▸ 1
    Adjective · neuter · singular · nominative ▸ 1 (Mark 9,50)

ἀναλόω to consume, destroy ▸ 2
  ἀναλωθῆτε ▸ 1
    Verb · second · plural · aorist · passive · subjunctive ▸ 1 (Gal. 5,15)
  ἀναλῶσαι ▸ 1
    Verb · aorist · active · infinitive ▸ 1 (Luke 9,54)

ἀνάλυσις (ἀνά; λύω) departure ▸ 1
  ἀναλύσεώς ▸ 1
    Noun · feminine · singular · genitive ▸ 1 (2Tim. 4,6)

ἀναλύω (ἀνά; λύω) to set free, return, separate, unravel ▸ 18 + 2 = 20
  ἀναλελυκὼς ▸ 1
    Verb · perfect · active · participle · masculine · singular · nominative ▸ 1 (2Mac. 9,1)
  ἀναλύει ▸ 1
    Verb · third · singular · present · active · indicative ▸ 1 (Wis. 16,14)
  ἀναλύειν ▸ 1
    Verb · present · active · infinitive ▸ 1 (Judith 13,1)
  ἀναλυθήσονταί ▸ 1
    Verb · third · plural · future · passive · indicative ▸ 1 (Sir. 3,15)
  ἀναλύοντες ▸ 1
    Verb · present · active · participle · masculine · plural · nominative ▸ 1 (2Mac. 15,28)
  ἀναλῦσαι ▸ 1
    Verb · aorist · active · infinitive ▸ 1 (Phil. 1,23)
  ἀναλύσαντες ▸ 1
    Verb · aorist · active · participle · masculine · plural · nominative ▸ 1 (3Mac. 5,44)
  ἀναλύσας ▸ 1
    Verb · aorist · active · participle · masculine · singular · nominative ▸ 1 (Wis. 2,1)
  ἀναλύσῃ ▸ 1
    Verb · third · singular · aorist · active · subjunctive ▸ 1 (Luke 12,36)
  ἀναλύων ▸ 1
    Verb · present · active · participle · masculine · singular · nominative ▸ 1 (3Mac. 5,40)
  ἀνελύθη ▸ 1
    Verb · third · singular · aorist · passive · indicative ▸ 1 (Wis. 5,12)
  ἀνέλυσα ▸ 1
    Verb · first · singular · aorist · active · indicative ▸ 1 (Tob. 2,9)
  ἀνέλυσαν ▸ 4
    Verb · third · plural · aorist · active · indicative ▸ 4 (1Esdr. 3,3; 2Mac. 8,25; 3Mac. 7,13; 3Mac. 7,20)
  ἀνέλυσεν ▸ 4
    Verb · third · singular · aorist · active · indicative ▸ 4 (1Esdr. 3,3; 2Mac. 12,7; 3Mac. 2,24; 3Mac. 5,21)

ἀνάλωσις (ἀνά; ἅλωσις) expense, waste, ruin ▸ 4
  ἀνάλωσιν ▸ 4
    Noun · feminine · singular · accusative · (common) ▸ 4 (Deut.

28,20; Ezek. 15,4; Ezek. 15,6; Ezek. 16,20)

Αναμ Anem ▸ 1
  Αναμ ▸ 1
    Noun · feminine · singular · accusative · (proper) ▸ 1 (1Chr. 6,58)

ἀναμάρτητος (α; ἁμαρτάνω) without sin, innocent ▸ 4 + 1 = 5
  ἀναμάρτητον ▸ 1
    Adjective · masculine · singular · accusative · noDegree ▸ 1 (Deut. 29,18)
  ἀναμάρτητος ▸ 1
    Adjective · masculine · singular · nominative ▸ 1 (John 8,7)
  ἀναμαρτήτους ▸ 2
    Adjective · masculine · plural · accusative · noDegree ▸ 2 (2Mac. 12,42; Ode. 14,33)
  ἀναμαρτήτων ▸ 1
    Adjective · masculine · plural · genitive · noDegree ▸ 1 (2Mac. 8,4)

Αναμεηλ Hanamel ▸ 5
  Αναμεηλ ▸ 5
    Noun · masculine · singular · genitive · (proper) ▸ 3 (Jer. 38,38; Jer. 39,9; Jer. 39,12)
    Noun · masculine · singular · nominative · (proper) ▸ 2 (Jer. 39,7; Jer. 39,8)

ἀναμείγνυμι to mix together ▸ 6 + 2 = 8
  ἀναμεῖξαι ▸ 1
    Verb · aorist · active · infinitive ▸ 1 (Ezek. 46,14)
  ἀναμεμειγμένοι ▸ 1
    Verb · perfect · passive · participle · masculine · plural · nominative ▸ 1 (Ezek. 22,18)
  ἀναμεμειγμένον ▸ 2 + 2 = 4
    Verb · perfect · passive · participle · masculine · singular · accusative ▸ 2 + 2 = 4 (Dan. 2,41; Dan. 2,43; Dan. 2,41; Dan. 2,43)
  ἀναμεμειγμένος ▸ 1
    Verb · perfect · passive · participle · masculine · singular · nominative ▸ 1 (Ezek. 22,18)
  ἀναμεμεῖχθαι ▸ 1
    Verb · perfect · passive · infinitive ▸ 1 (Esth. 13,4 # 3,13d)

ἀνάμειξις mingling; unnatural intercourse ▸ 1
  ἀναμείξεως ▸ 1
    Noun · feminine · singular · genitive · (common) ▸ 1 (Sol. 2,13)

ἀναμένω (ἀνά; μένω) to wait for, remain ▸ 10 + 1 = 11
  ἀναμείνατε ▸ 1
    Verb · second · plural · aorist · active · imperative ▸ 1 (Sir. 2,7)
  ἀνάμεινον ▸ 1
    Verb · second · singular · aorist · active · imperative ▸ 1 (Judith 7,12)
  ἀνάμενε ▸ 2
    Verb · second · singular · present · active · imperative ▸ 2 (Sir. 5,7; Sir. 6,19)
  ἀναμένει ▸ 1
    Verb · third · singular · present · active · indicative ▸ 1 (2Mac. 6,14)
  ἀναμένειν ▸ 1
    Verb · present · active · infinitive ▸ 1 (1Th. 1,10)
  ἀναμενεῖτε ▸ 1
    Verb · second · plural · future · active · indicative ▸ 1 (Jer. 13,16)
  ἀναμένοντες ▸ 1
    Verb · present · active · participle · masculine · plural · nominative ▸ 1 (Judith 8,17)
  ἀναμένω ▸ 1
    Verb · first · singular · present · active · indicative ▸ 1 (Job 2,9a)
  ἀναμένων ▸ 1
    Verb · present · active · participle · masculine · singular · nominative ▸ 1 (Job 7,2)
  ἀνεμείναμεν ▸ 1
    Verb · first · plural · aorist · active · indicative ▸ 1 (Is. 59,11)

ἀναμίγνυμι (ἀνά; μίγνυμι) to mix, mix up ▸ 1
  ἀναμείγνυται ▸ 1
    Verb · third · singular · present · passive · indicative ▸ 1 (Dan. 2,43)

ἀναμιμνήσκω (ἀνά; μιμνήσκομαι) to remind, remember ▸ 22 + 6 = 28
  Ἀναμιμνήσκεσθε ▸ 1
    Verb · second · plural · present · passive · imperative · (variant) ▸ 1 (Heb. 10,32)
  ἀναμιμνησκομένου ▸ 1
    Verb · present · passive · participle · masculine · singular · genitive · (variant) ▸ 1 (2Cor. 7,15)
  ἀναμιμνήσκουσα ▸ 1
    Verb · present · active · participle · feminine · singular · nominative ▸ 1 (Num. 5,15)
  ἀναμιμνήσκουσαν ▸ 1
    Verb · present · active · participle · feminine · singular · accusative ▸ 1 (Ezek. 29,16)
  ἀναμιμνήσκω ▸ 1 + 1 = 2
    Verb · first · singular · present · active · indicative ▸ 1 + 1 = 2 (Gen. 41,9; 2Tim. 1,6)
  ἀναμιμνήσκων ▸ 5
    Verb · present · active · participle · masculine · singular · nominative ▸ 5 (2Sam. 20,24; 1Kings 2,46h; 2Kings 18,18; 2Kings 18,37; Ezek. 21,28)
  ἀναμνῆσαι ▸ 3
    Verb · aorist · active · infinitive ▸ 3 (2Sam. 18,18; 1Kings 17,18; Ezek. 23,19)
  ἀναμνήσατε ▸ 1
    Verb · second · plural · aorist · active · imperative ▸ 1 (Jer. 4,16)
  ἀναμνήσει ▸ 1
    Verb · third · singular · future · active · indicative ▸ 1 (1Cor. 4,17)
  ἀναμνησθείη ▸ 1
    Verb · third · singular · aorist · passive · optative ▸ 1 (Psa. 108,14)
  ἀναμνησθεὶς ▸ 1
    Verb · aorist · passive · participle · masculine · singular · nominative ▸ 1 (Mark 11,21)
  ἀναμνησθήσεσθε ▸ 2
    Verb · second · plural · future · passive · indicative ▸ 2 (Ex. 23,13; Num. 10,9)
  ἀναμνησθήσεταί ▸ 1
    Verb · third · singular · future · passive · indicative ▸ 1 (Sir. 3,15)
  ἀναμνήσθητε ▸ 1
    Verb · second · plural · aorist · passive · subjunctive ▸ 1 (4Mac. 16,18)
  ἀναμνησθῶσιν ▸ 2
    Verb · third · plural · aorist · passive · subjunctive ▸ 2 (Ezek. 33,13; Ezek. 33,16)
  ἀνεμνήσατε ▸ 2
    Verb · second · plural · aorist · active · indicative ▸ 2 (Ezek. 21,29; Ezek. 21,29)
  ἀνεμνήσθη ▸ 1 + 1 = 2
    Verb · third · singular · aorist · passive · indicative ▸ 1 + 1 = 2 (Job 24,20; Mark 14,72)

ἀνάμνησις (ἀνά; μιμνήσκομαι) remembrance ▸ 5 + 4 = 9
- ἀνάμνησιν ▸ 4 + 3 = 7
  - **Noun** · feminine · singular · accusative · (common) ▸ 4 + 3 = 7 (Lev. 24,7; Psa. 37,1; Psa. 69,1; Wis. 16,6; Luke 22,19; 1Cor. 11,24; 1Cor. 11,25)
- ἀνάμνησις ▸ 1 + 1 = 2
  - **Noun** · feminine · singular · nominative · (common) ▸ 1 + 1 = 2 (Num. 10,10; Heb. 10,3)

ἀναμοχλεύω (ἀνά; μοχλός) to pry, wrench ▸ 1
- ἀναμοχλεύοντες ▸ 1
  - **Verb** · present · active · participle · masculine · plural · nominative ▸ 1 (4Mac. 10,5)

ἀναμφισβητήτως (ἀνά; ἀμφί; βαίνω) without quibble, question ▸ 1
- ἀναμφισβητήτως ▸ 1
  - **Adverb** ▸ 1 (1Esdr. 6,29)

Αναν Hanun, Hana, Hanan ▸ 17
- Αναν ▸ 17
  - **Noun** · masculine · singular · accusative · (proper) ▸ 1 (1Chr. 19,3)
  - **Noun** · masculine · singular · genitive · (proper) ▸ 6 (1Kings 12,24a; 1Chr. 4,20; 1Chr. 19,2; 1Esdr. 5,30; Ezra 2,46; Neh. 7,49)
  - **Noun** · masculine · singular · nominative · (proper) ▸ 10 (1Chr. 8,23; 1Chr. 8,38; 1Chr. 9,44; 1Chr. 11,43; 1Chr. 19,1; 1Chr. 19,4; 1Chr. 19,6; Neh. 10,11; Neh. 10,23; Neh. 13,13)

ἄνανδρος (ἀνήρ; ἄνευ) husbandless; unmanly, cowardly ▸ 3
- ἄνανδροι ▸ 2
  - **Adjective** · masculine · plural · nominative · noDegree ▸ 2 (4Mac. 6,21; 4Mac. 8,16)
- ἄνανδρος ▸ 1
  - **Adjective** · masculine · singular · nominative · noDegree ▸ 1 (4Mac. 5,31)

ἀνανεάζω (ἀνά; νέος) to become young again ▸ 1
- ἀνενέασεν ▸ 1
  - **Verb** · third · singular · aorist · active · indicative ▸ 1 (4Mac. 7,13)

Ανανεηλ Hananel ▸ 3
- Ανανεηλ ▸ 3
  - **Noun** · masculine · singular · genitive · (proper) ▸ 3 (Neh. 3,1; Neh. 12,39; Zech. 14,10)

ἀνανεόω (ἀνά; νέος) to renew ▸ 10 + 1 = 11
- ἀνανεούμενοι ▸ 2
  - **Verb** · present · middle · participle · masculine · plural · nominative ▸ 2 (1Mac. 14,22; 1Mac. 15,17)
- ἀνανεοῦσθαι ▸ 1
  - **Verb** · present · passive · infinitive · (variant) ▸ 1 (Eph. 4,23)
- ἀνανεωσάμενοι ▸ 1
  - **Verb** · aorist · middle · participle · masculine · plural · nominative ▸ 1 (4Mac. 18,4)
- ἀνανεώσασθαι ▸ 5
  - **Verb** · aorist · middle · infinitive ▸ 5 (1Mac. 12,1; 1Mac. 12,3; 1Mac. 12,10; 1Mac. 12,16; 1Mac. 14,18)
- ἀνανεώσασθαί ▸ 1
  - **Verb** · aorist · middle · infinitive ▸ 1 (Esth. 13,2 # 3,13b)
- ἀνανεώσει ▸ 1
  - **Verb** · third · singular · future · active · indicative ▸ 1 (Job 33,24)

ἀνάνευσις (ἀνά; νεύω) refusal, denial, rejection ▸ 1
- ἀνάνευσις ▸ 1
  - **Noun** · feminine · singular · nominative · (common) ▸ 1 (Psa. 72,4)

ἀνανεύω (ἀνά; νεύω) to look up; refuse, deny, reject ▸ 11
- ἀνανεῦσαί ▸ 1
  - **Verb** · aorist · active · infinitive ▸ 1 (Ode. 12,10)
- ἀνανεύσῃ ▸ 4
  - **Verb** · third · singular · aorist · active · subjunctive ▸ 4 (Ex. 22,16; Num. 30,6; Num. 30,9; Num. 30,12)
- ἀνανεύων ▸ 3
  - **Verb** · present · active · participle · masculine · singular · nominative ▸ 3 (Ex. 22,16; Num. 30,6; Num. 30,9)
- ἀνένευσαν ▸ 1
  - **Verb** · third · plural · aorist · active · indicative ▸ 1 (Neh. 9,17)
- ἀνένευσεν ▸ 2
  - **Verb** · third · singular · aorist · active · indicative ▸ 2 (Num. 30,6; Num. 30,9)

ἀνανέωσις (ἀνά; νέος) renewal, restoration ▸ 1
- ἀνανεώσεως ▸ 1
  - **Noun** · feminine · singular · genitive · (common) ▸ 1 (1Mac. 12,17)

ἀνανήφω (ἀνά; νήφω) to regain senses ▸ 1
- ἀνανήψωσιν ▸ 1
  - **Verb** · third · plural · aorist · active · subjunctive ▸ 1 (2Tim. 2,26)

Ανανι Hanani, Anani ▸ 10
- Ανανι ▸ 10
  - **Noun** · masculine · singular · genitive · (proper) ▸ 4 (1Kings 16,1; 1Kings 16,7; 2Chr. 19,2; 2Chr. 20,34)
  - **Noun** · masculine · singular · nominative · (proper) ▸ 6 (1Chr. 3,24; 1Chr. 25,4; 1Chr. 25,25; 2Chr. 16,7; Ezra 10,20; Neh. 1,2)

Ανανια Hananiah, Hanani, Ananiah ▸ 11
- Ανανια ▸ 11
  - **Noun** · masculine · singular · dative · (proper) ▸ 2 (Neh. 7,2; Neh. 7,2)
  - **Noun** · masculine · singular · genitive · (proper) ▸ 2 (1Chr. 3,21; Neh. 3,23)
  - **Noun** · masculine · singular · nominative · (proper) ▸ 7 (1Chr. 3,19; 1Chr. 8,24; Ezra 10,28; Neh. 3,30; Neh. 10,24; Neh. 12,12; Ode. 8,88)

Ανανιας Ananias, Hananiah, Hanani, Hanan ▸ 31 + 8 = 39
- Ανανια ▸ 5 + 4 = 9
  - **Noun** · masculine · singular · dative · (proper) ▸ 4 + 3 = 7 (Jer. 35,15; Dan. 1,7; Dan. 1,19; Dan. 2,17; Dan. 1,7; Dan. 1,19; Dan. 2,17)
  - **Noun** · masculine · singular · vocative · (proper) ▸ 1 + 1 = 2 (Dan. 3,88; Dan. 3,88)
- Ανανιαν ▸ 6 + 2 = 8
  - **Noun** · masculine · singular · accusative · (proper) ▸ 6 + 2 = 8 (Tob. 5,14; 4Mac. 18,12; Jer. 35,5; Jer. 35,12; Jer. 35,13; Dan. 1,11; Tob. 5,14; Dan. 1,11)
- Ανανιας ▸ 16 + 1 = 17
  - **Noun** · masculine · singular · nominative · (proper) ▸ 16 + 1 = 17 (1Chr. 25,4; 1Chr. 25,23; 1Esdr. 9,21; 1Esdr. 9,29; 1Esdr. 9,43; 1Esdr. 9,48; Neh. 3,8; Neh. 8,4; Neh. 12,41; 1Mac. 2,59; 4Mac. 16,21; Jer. 35,1; Jer. 35,10; Jer. 35,11; Dan. 1,6; Dan. 3,24; Dan. 1,6)
- Ανανιου ▸ 4 + 1 = 5
  - **Noun** · masculine · singular · genitive · (proper) ▸ 4 + 1 = 5 (2Chr. 26,11; Jer. 42,4; Jer. 43,12; Jer. 44,13; Tob. 5,13)

Ἀνανίας Ananias, Hananiah, Hanani, Hanan ▸ 1 + 11

= 12
Ἀνανία ▸ 2
   Noun · masculine · singular · vocative · (proper) ▸ **2** (Acts 5,3; Acts 9,10)
Ἀνανίαν ▸ 1
   Noun · masculine · singular · accusative · (proper) ▸ **1** (Acts 9,12)
Ἀνανίας ▸ 8
   Noun · masculine · singular · nominative · (proper) ▸ **8** (Acts 5,1; Acts 5,5; Acts 9,10; Acts 9,13; Acts 9,17; Acts 22,12; Acts 23,2; Acts 24,1)
Ανανιου ▸ 1
   Noun · masculine · singular · genitive · (proper) ▸ **1** (Tob. 5,13)

Ἀνανιηλ Hananiel ▸ 1 + 2 = 3
Ανανιηλ ▸ 1 + 2 = 3
   Noun · masculine · singular · genitive · (proper) ▸ 1 + 2 = **3** (Tob. 1,1; Tob. 1,1; Tob. 1,8)

Ανανιος Ananias ▸ 1
Ανανιου ▸ 1
   Noun · masculine · singular · genitive · (proper) ▸ **1** (Judith 8,1)

ἀναντίρρητος (α; ἀντί; ῥῆμα) undeniable; indisputable ▸ 1
ἀναντιρρήτων ▸ 1
   Adjective · neuter · plural · genitive · (verbal) ▸ **1** (Acts 19,36)

ἀναντιρρήτως (α; ἀντί; ῥῆμα) without objection ▸ 1
ἀναντιρρήτως ▸ 1
   Adverb ▸ **1** (Acts 10,29)

ἀναντλέω (ἀνά; ἄντλος) to go through, endure ▸ 1
ἀναντλήσεις ▸ 1
   Verb · second · singular · future · active · indicative ▸ **1** (Prov. 9,12)

ἀναξηραίνω (ἀνά; ξηρός) to dry up, wither, parch, consume ▸ 4
ἀναξηραίνει ▸ 2
   Verb · third · singular · present · active · indicative ▸ **2** (Sir. 14,9; Sir. 43,3)
ἀναξηράνατε ▸ 1
   Verb · second · plural · aorist · active · imperative ▸ **1** (Jer. 27,27)
ἀναξηρανεῖ ▸ 1
   Verb · third · singular · future · active · indicative ▸ **1** (Hos. 13,15)

ἀνάξιος (α; ἄξιος) unworthy ▸ 4 + 1 = 5
ἀνάξια ▸ 1
   Adjective · neuter · plural · accusative · noDegree ▸ **1** (Esth. 16,7 # 8,12g)
ἀνάξιοί ▸ 1
   Adjective · masculine · plural · nominative ▸ **1** (1Cor. 6,2)
ἀνάξιον ▸ 1
   Adjective · masculine · singular · accusative · noDegree ▸ **1** (Ode. 12,14)
ἀναξίου ▸ 1
   Adjective · neuter · singular · genitive · noDegree ▸ **1** (Jer. 15,19)
ἀναξίῳ ▸ 1
   Adjective · masculine · singular · dative · noDegree ▸ **1** (Sir. 25,8)

ἄναξις (ἀνά) raising up ▸ 1
ἀνάξει ▸ 1
   Noun · feminine · singular · dative · (common) ▸ **1** (Sol. 18,5)

ἀναξίως (α; ἄξιος) unworthily ▸ 1 + 1 = 2
ἀναξίως ▸ 1 + 1 = 2
   Adverb ▸ 1 + 1 = **2** (2Mac. 14,42; 1Cor. 11,27)

ἀνάπαλιν (ἀνά; πάλιν) on the contrary; back again ▸ 1
ἀνάπαλιν ▸ 1
   Adverb ▸ **1** (Wis. 19,21)

ἀνάπαυμα (ἀνά; παύω) cessation, interval, rest; residence ▸ 2
ἀνάπαυμα ▸ 2
   Noun · neuter · singular · nominative · (common) ▸ **2** (Job 3,23; Is. 28,12)

ἀνάπαυσις (ἀνά; παύω) rest ▸ 61 + 5 = 66
ἀναπαύσει ▸ 10
   Noun · feminine · singular · dative · (common) ▸ **10** (Eccl. 9,17; Job 21,13; Wis. 4,7; Sir. 18,16; Sir. 20,21; Sir. 31,3; Sir. 31,4; Sir. 38,23; Sir. 40,6; Is. 14,3)
ἀναπαύσεις ▸ 1
   Noun · feminine · plural · accusative · (common) ▸ **1** (Lev. 25,8)
ἀναπαύσεως ▸ 8
   Noun · feminine · singular · genitive · (common) ▸ **8** (Lev. 25,5; 1Chr. 22,9; 1Chr. 28,2; Esth. 9,17; Psa. 22,2; Eccl. 4,6; Sir. 36,24; Sir. 40,5)
ἀνάπαυσιν ▸ 23 + 5 = 28
   Noun · feminine · singular · accusative · (common) ▸ 23 + 5 = **28** (Gen. 8,9; Gen. 49,15; Num. 10,33; Ruth 1,9; Ruth 3,1; Psa. 131,4; Job 7,18; Sir. 6,28; Sir. 11,19; Sir. 22,13; Sir. 24,7; Sir. 28,16; Sir. 33,26; Sir. 38,14; Sir. 51,27; Is. 17,2; Is. 25,10; Is. 28,2; Is. 32,17; Is. 34,14; Is. 65,10; Jer. 51,33; Lam. 1,3; Matt. 11,29; Matt. 12,43; Luke 11,24; Rev. 4,8; Rev. 14,11)
ἀνάπαυσίν ▸ 3
   Noun · feminine · singular · accusative · (common) ▸ **3** (Psa. 114,7; Psa. 131,8; Is. 37,28)
ἀνάπαυσις ▸ 16
   Noun · feminine · singular · nominative · (common) ▸ **16** (Ex. 16,23; Ex. 23,12; Ex. 31,15; Ex. 35,2; Lev. 16,31; Lev. 23,3; Lev. 23,24; Lev. 23,39; Lev. 23,39; Lev. 25,4; Eccl. 6,5; Sir. 30,17; Mic. 2,10; Is. 11,10; Is. 23,12; Is. 23,13)

ἀναπαύω (ἀνά; παύω) to stop, rest, refresh; to die ▸ 71 + 1 + 12 = 84
ἀναπαήσονται ▸ 1
   Verb · third · plural · future · passive · indicative ▸ **1** (Rev. 14,13)
ἀναπαύεσθε ▸ 2
   Verb · second · plural · present · active · imperative · (variant) ▸ **1** (Mark 14,41)
   Verb · second · plural · present · middle · imperative · (variant) ▸ **1** (Matt. 26,45)
ἀναπαύεται ▸ 1
   Verb · third · singular · present · middle · indicative ▸ **1** (1Pet. 4,14)
ἀναπαυόμενα ▸ 1
   Verb · present · middle · participle · neuter · plural · nominative ▸ **1** (Gen. 29,2)
ἀναπαυομένην ▸ 1
   Verb · present · middle · participle · feminine · singular · accusative ▸ **1** (Sus. 37)
ἀναπαυόμενος ▸ 3
   Verb · present · middle · participle · masculine · singular · nominative ▸ **3** (Gen. 49,14; Judith 10,21; Is. 57,15)
ἀναπαυομένων ▸ 1
   Verb · present · middle · participle · masculine · plural · genitive ▸ **1** (Judg. 4,11)
ἀναπαύου ▸ 1 + 1 + 1 = 3
   Verb · second · singular · present · middle · imperative ▸ 1 + 1 + 1 = **3** (Dan. 12,13; Dan. 12,13; Luke 12,19)

ἀνάπαυσαι ▸ 1
: **Verb** · second · singular · aorist · middle · imperative ▸ 1 (Jer. 29,6)

ἀναπαύσασθαι ▸ 3
: **Verb** · aorist · middle · infinitive ▸ 3 (Job 10,20; Is. 57,20; Jer. 30,29)

ἀναπαύσασθε ▸ 1
: **Verb** · second · plural · aorist · middle · imperative ▸ 1 (Mark 6,31)

ἀναπαύσει ▸ 4
: **Verb** · third · singular · future · active · indicative ▸ 4 (Deut. 28,65; 1Sam. 16,16; Prov. 29,17; Sir. 3,6)

ἀναπαύσεται ▸ 9
: **Verb** · third · singular · future · middle · indicative ▸ 9 (Lev. 25,2; Prov. 21,16; Prov. 21,20; Eccl. 7,9; Mic. 4,4; Is. 11,2; Is. 32,16; Ezek. 17,23; Ezek. 17,23)

ἀναπαύσῃ ▸ 2
: **Verb** · second · singular · future · middle · indicative ▸ 2 (Sir. 31,21; Dan. 12,13)

ἀναπαύσηται ▸ 3
: **Verb** · third · singular · aorist · middle · subjunctive ▸ 3 (Ex. 23,12; Deut. 5,14; Sir. 39,11)

ἀναπαύσομαι ▸ 3
: **Verb** · first · singular · future · middle · indicative ▸ 3 (Ode. 4,16; Hab. 3,16; Ezek. 16,42)

ἀνάπαυσόν ▸ 1
: **Verb** · second · singular · aorist · active · imperative ▸ 1 (Philem. 20)

ἀναπαύσονται ▸ 10 + 1 = 11
: **Verb** · third · plural · future · middle · indicative ▸ 10 + 1 = 11 (Is. 7,19; Is. 13,21; Is. 13,21; Is. 14,1; Is. 14,30; Is. 27,10; Is. 32,18; Is. 34,14; Is. 34,17; Ezek. 34,14; Rev. 6,11)

ἀναπαύσω ▸ 3 + 1 = 4
: **Verb** · first · singular · future · active · indicative ▸ 3 + 1 = 4 (2Sam. 7,11; 1Chr. 22,9; Ezek. 34,15; Matt. 11,28)

ἀναπαύσωμαι ▸ 3
: **Verb** · first · singular · aorist · middle · subjunctive ▸ 3 (Job 2,9d; Job 13,13; Job 32,20)

ἀναπαύσωνται ▸ 1
: **Verb** · third · plural · aorist · middle · subjunctive ▸ 1 (Is. 13,20)

ἀναπέπαυμαι ▸ 1
: **Verb** · first · singular · perfect · middle · indicative ▸ 1 (Jer. 49,10)

ἀναπέπαυται ▸ 2 + 2 = 4
: **Verb** · third · singular · perfect · middle · indicative ▸ 2 (Is. 14,4; Is. 14,4)
: **Verb** · third · singular · perfect · passive · indicative · (variant) ▸ 2 (2Cor. 7,13; Philem. 7)

ἀνεπαύθημεν ▸ 1
: **Verb** · first · plural · aorist · passive · indicative ▸ 1 (Lam. 5,5)

ἀνεπαυσάμην ▸ 2
: **Verb** · first · singular · aorist · middle · indicative ▸ 2 (Job 3,13; Job 3,26)

ἀνέπαυσαν ▸ 1 + 1 = 2
: **Verb** · third · plural · aorist · active · indicative ▸ 1 + 1 = 2 (Zech. 6,8; 1Cor. 16,18)

ἀνεπαύσαντο ▸ 7
: **Verb** · third · plural · aorist · middle · indicative ▸ 7 (Neh. 9,28; Esth. 9,16; Esth. 9,17; Esth. 9,18; Esth. 9,22; Job 3,17; Ezek. 31,13)

ἀνεπαύσατο ▸ 6
: **Verb** · third · singular · aorist · middle · indicative ▸ 6 (Num. 24,9; Deut. 33,20; Sir. 22,11; Sir. 47,23; Is. 14,7; Jer. 31,11)

ἀνέπαυσε ▸ 1
: **Verb** · third · singular · aorist · active · indicative ▸ 1 (1Kings 5,18)

ἀνέπαυσεν ▸ 1
: **Verb** · third · singular · aorist · active · indicative ▸ 1 (1Chr. 22,18)

ἀναπείθω (ἀνά; πείθω) to persuade, dissuade ▸ 3 + 1 = 4

ἀναπείθει ▸ 1
: **Verb** · third · singular · present · active · indicative ▸ 1 (Acts 18,13)

ἀναπειθέτωσαν ▸ 2
: **Verb** · third · plural · present · active · imperative ▸ 2 (Jer. 36,8; Jer. 36,8)

ἀνέπεισαν ▸ 1
: **Verb** · third · plural · aorist · active · indicative ▸ 1 (1Mac. 1,11)

ἀνάπειρος crippled ▸ 1 + 1 + 2 = 4

ἀνάπειρος ▸ 1
: **Adjective** · masculine · singular · nominative · noDegree ▸ 1 (Tob. 14,2)

ἀναπείρους ▸ 1 + 2 = 3
: **Adjective** · masculine · plural · accusative · noDegree ▸ 1 + 2 = 3 (2Mac. 8,24; Luke 14,13; Luke 14,21)

ἀναπείρω (ἀνά; πείρω) to pierce, run through ▸ 1

ἀναπείρεσθαι ▸ 1
: **Verb** · present · passive · infinitive ▸ 1 (2Mac. 12,22)

ἀναπέμπω (ἀνά; πέμπω) to send ▸ 5

ἀναπέμψω ▸ 1
: **Verb** · first · singular · aorist · active · subjunctive ▸ 1 (Acts 25,21)

ἀνέπεμψά ▸ 1
: **Verb** · first · singular · aorist · active · indicative ▸ 1 (Philem. 12)

ἀνέπεμψεν ▸ 3
: **Verb** · third · singular · aorist · active · indicative ▸ 3 (Luke 23,7; Luke 23,11; Luke 23,15)

ἀναπετάννυμι (ἀνά; πέτομαι) to spread out ▸ 1

ἀναπετάσας ▸ 1
: **Verb** · aorist · active · participle · masculine · singular · nominative ▸ 1 (Job 39,26)

ἀναπηδάω (ἀνά; πηδάω) to jump up, bound, leap back; stand up ▸ 6 + 4 + 1 = 11

ἀναπηδήσας ▸ 1 + 2 + 1 = 4
: **Verb** · aorist · active · participle · masculine · singular · nominative ▸ 1 + 2 + 1 = 4 (Tob. 2,4; Tob. 2,4; Tob. 6,2; Mark 10,50)

ἀνεπήδησεν ▸ 5 + 2 = 7
: **Verb** · third · singular · aorist · active · indicative ▸ 5 + 2 = 7 (1Sam. 20,34; 1Sam. 25,9; Esth. 15,8 # 5,1e; Tob. 6,2; Tob. 7,6; Tob. 7,6; Tob. 9,6)

ἀναπηδύω (ἀνά; πηδύω) to spring up, gush ▸ 1

ἀναπηδύει ▸ 1
: **Verb** · third · singular · present · active · indicative ▸ 1 (Prov. 18,4)

ἀναπίπτω (ἀνά; πίπτω) to fall down, recline, sit down ▸ 5 + 3 + 12 = 20

ἀνάπεσε ▸ 1 + 2 = 3
: **Verb** · second · singular · aorist · active · imperative ▸ 1 + 2 = 3 (Sir. 32,2; Luke 14,10; Luke 17,7)

ἀναπεσεῖν ▸ 3
: **Verb** · aorist · active · infinitive ▸ 3 (Matt. 15,35; Mark 8,6; John 6,10)

ἀναπεσεῖται ▸ 1

Verb · third · singular · future · middle · indicative ▸ 1 (Sir. 25,18)
ἀναπεσών ▸ 1 + 1 = 2
Verb · aorist · active · participle · masculine · singular · nominative ▸ 1 + 1 = 2 (Gen. 49,9; John 13,25)
ἀνέπεσα ▸ 1 + 1 = 2
Verb · first · singular · aorist · active · indicative ▸ 1 + 1 = 2 (Tob. 2,1; Tob. 2,1)
ἀνέπεσαν ▸ 1 + 2 = 3
Verb · third · plural · aorist · active · indicative ▸ 1 + 2 = 3 (Tob. 7,9; Mark 6,40; John 6,10)
ἀνέπεσε ▸ 1
Verb · third · singular · aorist · active · indicative ▸ 1 (Sus. 37)
ἀνέπεσεν ▸ 1 + 4 = 5
Verb · third · singular · aorist · active · indicative ▸ 1 + 4 = 5 (Judith 12,16; Luke 11,37; Luke 22,14; John 13,12; John 21,20)

ἀναπλάσσω (ἀνά; πλάσσω) to form, fashion, invent ▸ 1
ἀνεπλάσατο ▸ 1
Verb · third · singular · aorist · middle · indicative ▸ 1 (Wis. 15,7)

ἀναπληρόω (ἀνά; πληρόω) to fill up, supply, fulfill ▸ 13 + 6 = 19
ἀναπεπλήρωνται ▸ 1
Verb · third · plural · perfect · passive · indicative ▸ 1 (Gen. 15,16)
ἀναπληροῦνται ▸ 1
Verb · third · plural · present · passive · indicative ▸ 1 (Esth. 2,12)
ἀναπληροῦσθαι ▸ 1
Verb · present · passive · infinitive ▸ 1 (Esth. 2,15)
ἀναπληροῦται ▸ 1
Verb · third · singular · present · passive · indicative · (variant) ▸ 1 (Matt. 13,14)
ἀναπληρωθήσονται ▸ 1
Verb · third · plural · future · passive · indicative ▸ 1 (Is. 60,20)
ἀναπληρωθῶσιν ▸ 1
Verb · third · plural · aorist · passive · subjunctive ▸ 1 (Lev. 12,6)
ἀναπληρῶν ▸ 1 + 1 = 2
Verb · present · active · participle · masculine · singular · nominative ▸ 1 + 1 = 2 (Sir. 24,26; 1Cor. 14,16)
ἀναπληρῶσαι ▸ 1
Verb · aorist · active · infinitive ▸ 1 (1Th. 2,16)
ἀναπληρώσετε ▸ 1
Verb · second · plural · future · active · indicative ▸ 1 (Gal. 6,2)
ἀναπληρώσῃ ▸ 1 + 1 = 2
Verb · third · singular · aorist · active · subjunctive ▸ 1 + 1 = 2 (Esth. 2,12; Phil. 2,30)
ἀναπληρώσω ▸ 1
Verb · first · singular · future · active · indicative ▸ 1 (Ex. 23,26)
ἀνεπληρώθη ▸ 1
Verb · third · singular · aorist · passive · indicative ▸ 1 (1Kings 7,37)
ἀνεπληρώθησαν ▸ 2
Verb · third · plural · aorist · passive · indicative ▸ 2 (Ex. 7,25; Esth. 1,5)
ἀνεπλήρωσαν ▸ 1
Verb · third · plural · aorist · active · indicative ▸ 1 (1Cor. 16,17)
ἀνεπλήρωσεν ▸ 2
Verb · third · singular · aorist · active · indicative ▸ 2 (Gen. 2,21; Gen. 29,28)

ἀναπλήρωσις (ἀνά; πληρόω) completion, fulfillment ▸ 3 + 1 = 4
ἀναπλήρωσιν ▸ 3 + 1 = 4
Noun · feminine · singular · accusative · (common) ▸ 3 + 1 = 4 (1Esdr. 1,54; Dan. 9,2; Dan. 12,13; Dan. 12,13)

ἀναπνέω (ἀνά; πνέω) to breathe, rest, recover ▸ 1
ἀναπνεῦσαι ▸ 1
Verb · aorist · active · infinitive ▸ 1 (Job 9,18)

ἀναποδίζω (ἀνά; πούς) to turn back, retrace, retract ▸ 2
ἀναποδισάντων ▸ 1
Verb · aorist · active · participle · masculine · plural · genitive ▸ 1 (2Mac. 14,44)
ἀνεπόδισεν ▸ 1
Verb · third · singular · aorist · active · indicative ▸ 1 (Sir. 48,23)

ἀναποδισμός (ἀνά; πούς) return, inquiry ▸ 1
ἀναποδισμός ▸ 1
Noun · masculine · singular · nominative · (common) ▸ 1 (Wis. 2,5)

ἀναποιέω (ἀνά; ποιέω) to make up, form, prepare, mix ▸ 32
ἀναπεποιημένα ▸ 1
Verb · perfect · middle · participle · neuter · plural · accusative ▸ 1 (Is. 30,24)
ἀναπεποιημένη ▸ 7
Verb · perfect · passive · participle · feminine · singular · nominative ▸ 7 (Lev. 7,10; Lev. 7,10; Num. 28,20; Num. 28,28; Num. 29,3; Num. 29,9; Num. 29,14)
ἀναπεποιημένην ▸ 2
Verb · perfect · passive · participle · feminine · singular · accusative ▸ 2 (Num. 8,8; Num. 28,5)
ἀναπεποιημένης ▸ 20
Verb · perfect · passive · participle · feminine · singular · genitive ▸ 20 (Lev. 23,13; Num. 7,13; Num. 7,19; Num. 7,25; Num. 7,31; Num. 7,37; Num. 7,43; Num. 7,49; Num. 7,55; Num. 7,61; Num. 7,67; Num. 7,73; Num. 7,79; Num. 15,4; Num. 15,6; Num. 15,9; Num. 28,9; Num. 28,12; Num. 28,12; Num. 28,13)
ἀναπεποιημένους ▸ 2
Verb · perfect · passive · participle · masculine · plural · accusative ▸ 2 (Lev. 7,12; Num. 6,15)

ἀναπολόγητος (α; ἀπό; λέγω) without excuse ▸ 2
ἀναπολόγητος ▸ 1
Adjective · masculine · singular · nominative · (verbal) ▸ 1 (Rom. 2,1)
ἀναπολογήτους ▸ 1
Adjective · masculine · plural · accusative · (verbal) ▸ 1 (Rom. 1,20)

ἀναπτερόω (ἀνά; πτέρον) to animate, excite ▸ 3
ἀναπτεροῦσιν ▸ 1
Verb · third · plural · present · active · indicative ▸ 1 (Sir. 34,1)
ἀνεπτερωμένη ▸ 1
Verb · perfect · passive · participle · feminine · singular · nominative ▸ 1 (Prov. 7,11)
ἀνεπτέρωσάν ▸ 1
Verb · third · plural · aorist · active · indicative ▸ 1 (Song 6,5)

ἀναπτέρωσις (ἀνά; πτέρον) loud, noisy ▸ 1
ἀναπτερώσεως ▸ 1
Noun · feminine · singular · genitive · (common) ▸ 1 (Sol. 4,12)

ἀναπτύσσω (ἀνά; πτύσσω) to unfold, unroll, open ▸ 5 + 1 + 1 = 7
ἀναπτύξας ▸ 1
Verb · aorist · active · participle · masculine · singular · nominative ▸ 1 (Luke 4,17)

ἀναπτύσσω–ἀνασπάω

ἀναπτύξουσιν ▸ 1
   Verb · third · plural · future · active · indicative ▸ 1 (Deut. 22,17)
ἀναπτυσσόμεναι ▸ 1
   Verb · present · passive · participle · feminine · plural · nominative ▸ 1 (Ezek. 41,16)
ἀναπτυσσόμενος ▸ 1
   Verb · present · passive · participle · masculine · singular · nominative ▸ 1 (Ezek. 41,21)
ἀνέπτυξεν ▸ 2 + 1 = 3
   Verb · third · singular · aorist · active · indicative ▸ 2 + 1 = 3 (Judg. 8,25; 2Kings 19,14; Judg. 8,25)

ἀνάπτω (ἀνά; ἅπτω) to light up, set fire to ▸ 24 + 2 = 26
  ἀνάπτει ▸ 1
   Verb · third · singular · present · active · indicative ▸ 1 (James 3,5)
  ἀναπτομένη ▸ 1
   Verb · present · passive · participle · feminine · singular · nominative ▸ 1 (Joel 2,3)
  ἀνάπτον ▸ 1
   Verb · present · active · participle · neuter · singular · nominative ▸ 1 (Sol. 12,2)
  ἀνάπτοντες ▸ 1
   Verb · present · active · participle · masculine · plural · nominative ▸ 1 (2Mac. 10,36)
  ἀνάπτω ▸ 1
   Verb · first · singular · present · active · indicative ▸ 1 (Ezek. 21,3)
  ἀναφθῇ ▸ 1
   Verb · third · singular · aorist · passive · subjunctive ▸ 1 (Jer. 21,12)
  ἀναφθήσεται ▸ 1
   Verb · third · singular · future · passive · indicative ▸ 1 (Jer. 31,9)
  ἀνάψαι ▸ 1
   Verb · aorist · active · infinitive ▸ 1 (2Chr. 13,11)
  ἀνάψει ▸ 1
   Verb · third · singular · future · active · indicative ▸ 1 (Mal. 3,19)
  ἀνάψετε ▸ 1
   Verb · second · plural · future · active · indicative ▸ 1 (Mal. 1,10)
  ἀνάψω ▸ 4
   Verb · first · singular · future · active · indicative ▸ 4 (Amos 1,14; Jer. 17,27; Jer. 21,14; Jer. 27,32)
  ἀνήφθη ▸ 6 + 1 = 7
   Verb · third · singular · aorist · passive · indicative ▸ 6 + 1 = 7 (Judg. 6,21; 2Mac. 1,22; 2Mac. 1,32; Psa. 77,21; Jer. 9,11; Jer. 11,16; Luke 12,49)
  ἀνήφθησαν ▸ 2
   Verb · third · plural · aorist · passive · indicative ▸ 2 (Psa. 17,9; Lam. 4,15)
  ἀνῆψεν ▸ 3
   Verb · third · singular · aorist · active · indicative ▸ 3 (Joel 1,19; Lam. 2,3; Lam. 4,11)

Αναρ Aner ▸ 1
  Αναρ ▸ 1
   Noun · feminine · singular · accusative · (proper) ▸ 1 (1Chr. 6,55)

Αναρεθ Anaharath ▸ 1
  Αναρεθ ▸ 1
   Noun · singular · nominative · (proper) ▸ 1 (Josh. 19,19)

ἀναρίθμητος (α; ἀριθμός) innumerable ▸ 13 + 1 = 14
  ἀναρίθμητα ▸ 1
   Adjective · neuter · plural · accusative · noDegree ▸ 1 (1Kings 8,5)
  ἀναρίθμητοι ▸ 3
   Adjective · feminine · plural · nominative · noDegree ▸ 2 (Job 22,5; Sir. 37,25)
   Adjective · masculine · plural · nominative · noDegree ▸ 1 (Job 21,33)
  ἀναρίθμητοί ▸ 1
   Adjective · masculine · plural · nominative · noDegree ▸ 1 (Prov. 7,26)
  ἀναριθμήτοις ▸ 4
   Adjective · feminine · plural · dative · noDegree ▸ 2 (3Mac. 2,26; 3Mac. 6,5)
   Adjective · neuter · plural · dative · noDegree ▸ 2 (3Mac. 5,46; Job 31,25)
  ἀναρίθμητον ▸ 2
   Adjective · neuter · singular · accusative · noDegree ▸ 1 (2Mac. 3,6)
   Adjective · neuter · singular · nominative · noDegree ▸ 1 (Joel 1,6)
  ἀναρίθμητος ▸ 1 + 1 = 2
   Adjective · feminine · singular · nominative ▸ 1 (Heb. 11,12)
   Adjective · masculine · singular · nominative · noDegree ▸ 1 (Wis. 7,11)
  ἀναριθμήτους ▸ 1
   Adjective · masculine · plural · accusative · noDegree ▸ 1 (Wis. 18,12)

ἀναρπάζω (ἀνά; ἁρπάζω) to snatch up, snatch away ▸ 1
  ἀνήρπαζον ▸ 1
   Verb · third · plural · imperfect · active · indicative ▸ 1 (Judg. 9,25)

ἀναρρήγνυμι (ἀνά; ῥήγνυμι) to rip open, tear up ▸ 3
  ἀναρρήξεις ▸ 1
   Verb · second · singular · future · active · indicative ▸ 1 (2Kings 8,12)
  ἀνέρρηξαν ▸ 1
   Verb · third · plural · aorist · active · indicative ▸ 1 (2Kings 2,24)
  ἀνέρρηξεν ▸ 1
   Verb · third · singular · aorist · active · indicative ▸ 1 (2Kings 15,16)

ἀνασείω (ἀνά; σείω) to stir up ▸ 2
  ἀνασείει ▸ 1
   Verb · third · singular · present · active · indicative ▸ 1 (Luke 23,5)
  ἀνέσεισαν ▸ 1
   Verb · third · plural · aorist · active · indicative ▸ 1 (Mark 15,11)

Ανασιβ Anasib ▸ 1
  Ανασιβ ▸ 1
   Noun · masculine · singular · genitive · (proper) ▸ 1 (1Esdr. 5,24)

ἀνασκάπτω (ἀνά; σκάπτω) to dig up ▸ 2
  ἀνεσκαμμένη ▸ 1
   Verb · perfect · passive · participle · feminine · singular · nominative ▸ 1 (Psa. 79,17)
  ἀνέσκαψεν ▸ 1
   Verb · third · singular · aorist · active · indicative ▸ 1 (Psa. 7,16)

ἀνασκευάζω (ἀνά; σκεῦος) to subvert ▸ 1
  ἀνασκευάζοντες ▸ 1
   Verb · present · active · participle · masculine · plural · nominative ▸ 1 (Acts 15,24)

ἀνασπάω (ἀνά; σπάω) to pull out, bring up ▸ 3 + 1 + 2 = 6
  ἀνασπάσει ▸ 1 + 1 = 2
   Verb · third · singular · future · active · indicative ▸ 1 + 1 = 2

(Amos 9,2; Luke 14,5)
ἀνασπάσῃ ▸ 1
    Verb ▪ third ▪ singular ▪ aorist ▪ active ▪ subjunctive ▸ 1 (Dan. 6,18)
ἀνέσπασεν ▸ 1 + 1 = 2
    Verb ▪ third ▪ singular ▪ aorist ▪ active ▪ indicative ▸ 1 + 1 = 2 (Hab. 1,15; Bel 42)
ἀνεσπάσθη ▸ 1
    Verb ▪ third ▪ singular ▪ aorist ▪ passive ▪ indicative ▸ 1 (Acts 11,10)

Ανασσα Manasseh ▸ 1
    Ανασσα ▸ 1
        Noun ▪ singular ▪ genitive ▪ (proper) ▸ 1 (Josh. 17,5)

ἀνάστασις (ἀνά; ἵστημι) standing up, rising, insurrection, resurrection ▸ 6 + 42 = 48
    ἀναστάσει ▸ 7
        Noun ▪ feminine ▪ singular ▪ dative ▸ 7 (Matt. 22,28; Matt. 22,30; Mark 12,23; Luke 14,14; Luke 20,33; John 11,24; Rev. 20,6)
    ἀναστάσεως ▸ 2 + 16 = 18
        Noun ▪ feminine ▪ singular ▪ genitive ▪ (common) ▸ 2 + 16 = 18 (2Mac. 12,43; Psa. 65,1; Matt. 22,31; Luke 20,35; Luke 20,36; Acts 1,22; Acts 2,31; Acts 4,33; Acts 23,6; Acts 24,21; Acts 26,23; Rom. 1,4; Rom. 6,5; Phil. 3,10; Heb. 11,35; Heb. 11,35; 1Pet. 1,3; 1Pet. 3,21)
    ἀναστάσεώς ▸ 1 + 1 = 2
        Noun ▪ feminine ▪ singular ▪ genitive ▪ (common) ▸ 1 + 1 = 2 (Zeph. 3,8; Heb. 6,2)
    ἀνάστασιν ▸ 2 + 12 = 14
        Noun ▪ feminine ▪ singular ▪ accusative ▪ (common) ▸ 2 + 12 = 14 (Lam. 3,63; Dan. 11,20; Matt. 22,23; Mark 12,18; Luke 2,34; Luke 20,27; John 5,29; John 5,29; Acts 4,2; Acts 17,18; Acts 17,32; Acts 23,8; Acts 24,15; 2Tim. 2,18)
    ἀνάστασις ▸ 1 + 6 = 7
        Noun ▪ feminine ▪ singular ▪ nominative ▪ (common) ▸ 1 + 6 = 7 (2Mac. 7,14; John 11,25; 1Cor. 15,12; 1Cor. 15,13; 1Cor. 15,21; 1Cor. 15,42; Rev. 20,5)

ἀναστατόω (ἀνά; ἵστημι) to agitate, subvert, overthrow ▸ 1 + 3 = 4
    ἀναστατοῦντες ▸ 1
        Verb ▪ present ▪ active ▪ participle ▪ masculine ▪ plural ▪ nominative ▸ 1 (Gal. 5,12)
    ἀναστατώσαντες ▸ 1
        Verb ▪ aorist ▪ active ▪ participle ▪ masculine ▪ plural ▪ nominative ▸ 1 (Acts 17,6)
    ἀναστατώσας ▸ 1
        Verb ▪ aorist ▪ active ▪ participle ▪ masculine ▪ singular ▪ nominative ▸ 1 (Acts 21,38)
    ἀναστατώσει ▸ 1
        Verb ▪ third ▪ singular ▪ future ▪ active ▪ indicative ▸ 1 (Dan. 7,23)

ἀνασταυρόω (ἀνά; σταυρόω) to crucify again ▸ 1
    ἀνασταυροῦντας ▸ 1
        Verb ▪ present ▪ active ▪ participle ▪ masculine ▪ plural ▪ accusative ▸ 1 (Heb. 6,6)

ἀναστέλλω (ἀνά; στέλλω) to send off, dismiss ▸ 2
    ἀνεστάλη ▸ 1
        Verb ▪ third ▪ singular ▪ aorist ▪ passive ▪ indicative ▸ 1 (Nah. 1,5)
    ἀνεστάλησαν ▸ 1
        Verb ▪ third ▪ plural ▪ aorist ▪ passive ▪ indicative ▸ 1 (1Mac. 7,24)

ἀναστενάζω (ἀνά; στένος) to groan deeply ▸ 3 + 1 + 1 = 5
    ἀναστενάζουσιν ▸ 1
        Verb ▪ third ▪ plural ▪ present ▪ active ▪ indicative ▸ 1 (Lam. 1,4)
    ἀναστενάξας ▸ 1 + 1 = 2
        Verb ▪ aorist ▪ active ▪ participle ▪ masculine ▪ singular ▪ nominative ▸ 1 + 1 = 2 (2Mac. 6,30; Mark 8,12)
    ἀνεστέναξεν ▸ 1 + 1 = 2
        Verb ▪ third ▪ singular ▪ aorist ▪ active ▪ indicative ▸ 1 + 1 = 2 (Sir. 25,18; Sus. 22)

ἀνάστημα (ἀνά; ἵστημι) elevation, fort, rising up; uprising ▸ 6
    ἀνάστεμα ▸ 1
        Noun ▪ neuter ▪ singular ▪ accusative ▪ (common) ▸ 1 (Judith 9,10)
    ἀνάστημα ▸ 5
        Noun ▪ neuter ▪ singular ▪ accusative ▪ (common) ▸ 3 (Gen. 7,23; Judith 12,8; Zech. 9,8)
        Noun ▪ neuter ▪ singular ▪ nominative ▪ (common) ▸ 2 (1Sam. 10,5; Zeph. 2,14)

ἀναστρατοπεδεύω (ἀνά; στρατιά; πούς) to remove a camp, change quarters ▸ 1
    ἀνεστρατοπέδευσεν ▸ 1
        Verb ▪ third ▪ singular ▪ aorist ▪ active ▪ indicative ▸ 1 (2Mac. 3,35)

ἀναστρέφω (ἀνά; στρέφω) to live, conduct oneself; to return, overturn ▸ 106 + 7 + 9 = 122
    ἀναστραφήσεται ▸ 2
        Verb ▪ third ▪ singular ▪ future ▪ passive ▪ indicative ▸ 2 (Sir. 39,3; Sir. 50,28)
    ἀναστράφητε ▸ 1
        Verb ▪ second ▪ plural ▪ aorist ▪ passive ▪ imperative ▸ 1 (1Pet. 1,17)
    Ἀναστράφητε ▸ 1
        Verb ▪ second ▪ plural ▪ aorist ▪ passive ▪ imperative ▸ 1 (1Kings 12,12)
    ἀνάστρεφε ▸ 5
        Verb ▪ second ▪ singular ▪ present ▪ active ▪ imperative ▸ 5 (1Sam. 3,5; 1Sam. 3,6; 1Sam. 29,7; 2Sam. 3,16; 1Kings 19,15)
    Ἀνάστρεφε ▸ 2
        Verb ▪ second ▪ singular ▪ present ▪ active ▪ imperative ▸ 2 (1Sam. 3,9; 1Kings 19,20)
    ἀναστρέφει ▸ 3
        Verb ▪ third ▪ singular ▪ present ▪ active ▪ indicative ▸ 3 (Wis. 2,5; Wis. 16,14; Sir. 40,11)
    ἀναστρέφειν ▸ 1
        Verb ▪ present ▪ active ▪ infinitive ▸ 1 (2Sam. 2,26)
    ἀναστρέφεσθαι ▸ 1 + 2 = 3
        Verb ▪ present ▪ passive ▪ infinitive ▸ 1 + 2 = 3 (3Mac. 2,30; 1Tim. 3,15; Heb. 13,18)
    ἀναστρέφεται ▸ 1
        Verb ▪ third ▪ singular ▪ present ▪ passive ▪ indicative ▸ 1 (Prov. 20,7)
    ἀναστρέφετε ▸ 1
        Verb ▪ second ▪ plural ▪ present ▪ active ▪ indicative ▸ 1 (1Kings 12,24y)
    ἀναστρεφέτω ▸ 2
        Verb ▪ third ▪ singular ▪ present ▪ active ▪ imperative ▸ 2 (1Kings 12,24; 1Kings 22,17)
    ἀναστρεφέτωσαν ▸ 1
        Verb ▪ third ▪ plural ▪ present ▪ active ▪ imperative ▸ 1 (2Chr. 18,16)
    ἀναστρέφομαι ▸ 1
        Verb ▪ first ▪ singular ▪ present ▪ passive ▪ indicative ▸ 1 (Prov. 8,20)
    ἀναστρεφόμενοι ▸ 2
        Verb ▪ present ▪ passive ▪ participle ▪ masculine ▪ plural

- nominative ▸ **2** (Wis. 13,7; Ezek. 22,29)

ἀναστρεφόμενον ▸ 1
- **Verb** · present · passive · participle · masculine · singular · accusative ▸ **1** (Ezek. 22,30)

ἀναστρεφόμενος ▸ 2
- **Verb** · present · passive · participle · masculine · singular · nominative ▸ **2** (Sir. 38,25; Ezek. 3,15)

ἀναστρεφομένους ▸ 1 + 1 = 2
- **Verb** · present · passive · participle · masculine · plural · accusative ▸ 1 + **1** = **2** (Zech. 3,7; 2Pet. 2,18)

ἀναστρεφομένων ▸ 1
- **Verb** · present · passive · participle · masculine · plural · genitive · (variant) ▸ **1** (Heb. 10,33)

ἀναστρέφοντος ▸ 1
- **Verb** · present · active · participle · masculine · singular · genitive ▸ **1** (Zech. 7,14)

ἀναστρέφου ▸ 1
- **Verb** · second · singular · present · middle · imperative ▸ **1** (Sir. 8,8)

ἀναστρέφω ▸ 1
- **Verb** · first · singular · present · active · indicative ▸ **1** (1Sam. 15,26)

ἀναστρέψαι ▸ 1
- **Verb** · aorist · active · infinitive ▸ **1** (Gen. 14,17)

ἀναστρέψαντες ▸ 2 + 1 = 3
- **Verb** · aorist · active · participle · masculine · plural · nominative ▸ 2 + **1** = **3** (Gen. 14,7; Judith 15,7; Acts 5,22)

ἀναστρέψας ▸ 1
- **Verb** · aorist · active · participle · masculine · singular · nominative ▸ **1** (Prov. 26,11)

ἀναστρέψατε ▸ 1 + 1 = 2
- **Verb** · second · plural · aorist · active · imperative ▸ 1 + **1** = **2** (1Kings 12,5; Sus. 49)

ἀναστρέψει ▸ 6 + 4 = 10
- **Verb** · third · singular · future · active · indicative ▸ 6 + **4** = **10** (Josh. 19,29; Josh. 19,29; 2Sam. 12,23; Jer. 22,11; Jer. 26,27; Ezek. 46,9; Josh. 19,12; Josh. 19,29; Josh. 19,29; Dan. 11,9)

ἀναστρέψεις ▸ 1
- **Verb** · second · singular · future · active · indicative ▸ **1** (Jer. 15,19)

ἀνάστρεφον ▸ 5
- **Verb** · second · singular · aorist · active · imperative ▸ **5** (Gen. 49,22; 1Sam. 15,25; 1Sam. 15,30; Jer. 3,7; Jer. 47,5)

ἀναστρέψουσιν ▸ 3
- **Verb** · third · plural · future · active · indicative ▸ **3** (Prov. 2,19; Jer. 15,19; Jer. 44,8)

ἀναστρέψω ▸ 3 + 1 = 4
- **Verb** · first · singular · future · active · indicative ▸ 3 + **1** = **4** (Gen. 18,14; 2Sam. 22,38; Job 10,21; Acts 15,16)

ἀναστρέψωμεν ▸ 4
- **Verb** · first · plural · aorist · active · subjunctive ▸ **4** (Gen. 22,5; Ex. 24,14; 1Sam. 9,5; Jer. 26,16)

ἀνέστραπται ▸ 1
- **Verb** · third · singular · perfect · passive · indicative ▸ **1** (Josh. 5,6)

ἀνεστράφημεν ▸ 1
- **Verb** · first · plural · aorist · passive · indicative ▸ **1** (2Cor. 1,12)

ἀνεστράφημέν ▸ 1
- **Verb** · first · plural · aorist · passive · indicative ▸ **1** (Eph. 2,3)

ἀνεστρέφετο ▸ 2
- **Verb** · third · singular · imperfect · middle · indicative ▸ **1** (3Mac. 1,24)

- **Verb** · third · singular · imperfect · passive · indicative ▸ **1** (Ezek. 19,6)

ἀνεστρέφοντο ▸ 1
- **Verb** · third · plural · imperfect · passive · indicative ▸ **1** (Ezek. 22,7)

ἀνέστρεψα ▸ 1
- **Verb** · first · singular · aorist · active · indicative ▸ **1** (1Mac. 10,52)

ἀνέστρεψαν ▸ 13
- **Verb** · third · plural · aorist · active · indicative ▸ **13** (Gen. 32,7; Josh. 7,3; Judg. 20,39; 1Sam. 6,16; 1Sam. 17,53; 1Sam. 25,12; 1Sam. 27,9; 2Sam. 17,20; 1Kings 21,5; 2Kings 2,18; Judith 1,11; Jer. 26,5; Jer. 48,14)

ἀνέστρεψεν ▸ 31 + 2 = 33
- **Verb** · third · singular · aorist · active · indicative ▸ 31 + **2** = **33** (Gen. 8,11; Gen. 37,29; Gen. 37,30; Josh. 19,12; Judg. 3,19; Judg. 8,13; Judg. 18,26; Ruth 1,15; 1Sam. 3,5; 1Sam. 15,31; 1Sam. 23,28; 1Sam. 24,2; 1Sam. 26,25; 2Sam. 1,1; 2Sam. 2,30; 2Sam. 3,16; 2Sam. 3,26; 2Sam. 10,14; 1Kings 11,22; 1Kings 13,10; 1Kings 15,21; 1Kings 19,21; 2Kings 9,18; 2Kings 9,20; 1Chr. 20,3; Judith 1,13; Judith 1,16; 1Mac. 4,23; 1Mac. 5,8; Sir. 33,12; Jer. 3,7; Judg. 7,13; Sus. 50)

ἀναστροφή (ἀνά; στρέφω) way of life, lifestyle ▸ 2 + 13 = 15

ἀναστροφαῖς ▸ 1
- **Noun** · feminine · plural · dative ▸ **1** (2Pet. 3,11)

ἀναστροφῇ ▸ 1 + 2 = 3
- **Noun** · feminine · singular · dative · (common) ▸ 1 + **2** = **3** (Tob. 4,14; 1Tim. 4,12; 1Pet. 1,15)

ἀναστροφήν ▸ 2
- **Noun** · feminine · singular · accusative ▸ **2** (Gal. 1,13; 1Pet. 3,16)

ἀναστροφήν ▸ 3
- **Noun** · feminine · singular · accusative ▸ **3** (Eph. 4,22; 1Pet. 2,12; 1Pet. 3,2)

ἀναστροφῆς ▸ 1 + 5 = 6
- **Noun** · feminine · singular · genitive · (common) ▸ 1 + **5** = **6** (2Mac. 6,23; Heb. 13,7; James 3,13; 1Pet. 1,18; 1Pet. 3,1; 2Pet. 2,7)

ἀνασύρω (ἀνά; σύρω) to rush out, spring upon ▸ 1

ἀνάσυραι ▸ 1
- **Verb** · second · singular · aorist · middle · imperative ▸ **1** (Is. 47,2)

ἀνασχίζω (ἀνά; σχίζω) to split, rip up ▸ 1 + 2 = 3

ἀνασχίσας ▸ 1
- **Verb** · aorist · active · participle · masculine · singular · nominative ▸ **1** (Tob. 6,5)

Ἀνάσχισον ▸ 1
- **Verb** · second · singular · aorist · active · imperative ▸ **1** (Tob. 6,4)

ἀνέσχιζον ▸ 1
- **Verb** · third · plural · imperfect · active · indicative ▸ **1** (Amos 1,13)

ἀνασῴζω (ἀνά; σῴζω) to preserve, deliver, restore ▸ 26

ἀνασεσωσμένοι ▸ 2
- **Verb** · perfect · passive · participle · masculine · plural · nominative ▸ **2** (Jer. 51,14; Ezek. 14,22)

ἀνασεσωσμένους ▸ 1
- **Verb** · perfect · passive · participle · masculine · plural · accusative ▸ **1** (2Chr. 30,6)

ἀνασῴζεσθε ▸ 1
- **Verb** · second · plural · present · middle · imperative ▸ **1** (Zech.

2,11)

άνασωζέσθω ▸ 1
    Verb · third · singular · present · middle · imperative ▸ **1** (Jer. 26,6)

άνασώζετε ▸ 1
    Verb · second · plural · present · active · imperative ▸ **1** (Jer. 28,6)

άνασωζόμενοι ▸ 5
    Verb · present · middle · participle · masculine · plural · nominative ▸ **5** (1Mac. 6,53; 3Mac. 7,20; Jer. 28,50; Ezek. 6,9; Ezek. 7,16)

άνασωζόμενον ▸ 1
    Verb · present · passive · participle · masculine · singular · accusative ▸ **1** (Ezek. 24,27)

άνασωζόμενος ▸ 7
    Verb · present · middle · participle · masculine · singular · nominative ▸ **5** (2Kings 19,31; Amos 9,1; Joel 2,3; Jer. 27,29; Lam. 2,22)
    Verb · present · passive · participle · masculine · singular · nominative ▸ **2** (Joel 3,5; Ezek. 24,26)

άνασωζομένους ▸ 2
    Verb · present · middle · participle · masculine · plural · accusative ▸ **2** (Obad. 14; Ezek. 6,8)

άνασωζομένων ▸ 1
    Verb · present · middle · participle · masculine · plural · genitive ▸ **1** (Jer. 27,28)

άνασώζω ▸ 1
    Verb · first · singular · present · active · indicative ▸ **1** (Zech. 8,7)

άνασωθείς ▸ 1
    Verb · aorist · passive · participle · masculine · singular · nominative ▸ **1** (Ezek. 33,21)

άνασωθέντων ▸ 1
    Verb · aorist · passive · participle · masculine · plural · genitive ▸ **1** (Gen. 14,13)

άνασωθήσονται ▸ 1
    Verb · third · plural · future · passive · indicative ▸ **1** (Ezek. 7,16)

άνατάσσομαι (άνά; τάσσω) to compile, write ▸ 1
  άνατάξασθαι ▸ 1
    Verb · aorist · middle · infinitive ▸ **1** (Luke 1,1)

άνατείνω (άνά; τείνω) to extend, lift up, stretch out ▸ 3
  άνατείνας ▸ 2
    Verb · aorist · active · participle · masculine · singular · nominative ▸ **2** (2Mac. 15,21; 4Mac. 6,6)
  άνέτεινε ▸ 1
    Verb · third · singular · aorist · active · indicative ▸ **1** (4Mac. 6,26)

άνατέλλω (άνά; τέλλω) to rise, cause to rise, to grow, spring up ▸ 58 + 2 + 9 = 69
  άνατεῖλαι ▸ 8 + 2 = 10
    Verb · aorist · active · infinitive ▸ **8 + 2 = 10** (Gen. 2,5; Judg. 9,33; Judg. 16,22; 2Sam. 10,5; 1Chr. 19,5; Psa. 91,8; Jonah 4,8; Is. 42,9; Judg. 9,33; Judg. 14,18)
  άνατείλαι ▸ 1
    Verb · third · singular · aorist · active · optative ▸ **1** (2Sam. 23,4)
  άνατείλαντος ▸ 2
    Verb · aorist · active · participle · masculine · singular · genitive ▸ **2** (Matt. 13,6; Mark 16,2)
  άνατειλάτω ▸ 2
    Verb · third · singular · aorist · active · imperative ▸ **2** (Is. 45,8; Is. 45,8)
  άνατείλῃ ▸ 3 + 1 = 4
    Verb · third · singular · aorist · active · subjunctive ▸ **3 + 1 = 4** (Ex. 22,2; Lev. 13,37; Lev. 14,43; 2Pet. 1,19)
  άνατελεῖ ▸ 18
    Verb · third · singular · future · active · indicative ▸ **18** (Gen. 3,18; Num. 24,17; Deut. 29,22; Psa. 71,7; Prov. 11,28; Job 11,17; Hos. 10,4; Hab. 2,3; Zech. 6,12; Mal. 3,20; Is. 43,19; Is. 44,26; Is. 58,8; Is. 58,10; Is. 58,11; Is. 61,11; Is. 66,14; Ezek. 29,21)
  άνατέλλει ▸ 3 + 1 = 4
    Verb · third · singular · present · active · indicative ▸ **3 + 1 = 4** (Eccl. 1,5; Job 9,7; Sir. 37,17; Matt. 5,45)
  άνατέλλοντα ▸ 3
    Verb · present · active · participle · masculine · singular · accusative ▸ **1** (Job 3,9)
    Verb · present · active · participle · neuter · plural · accusative ▸ **2** (Gen. 19,25; 2Kings 19,29)
  άνατέλλοντος ▸ 1
    Verb · present · active · participle · masculine · singular · genitive ▸ **1** (Is. 13,10)
  άνατέλλουσα ▸ 1
    Verb · present · active · participle · feminine · singular · nominative ▸ **1** (Psa. 64,11)
  άνατέλλουσαν ▸ 1
    Verb · present · active · participle · feminine · singular · accusative ▸ **1** (Luke 12,54)
  άνατέλλων ▸ 3
    Verb · present · active · participle · masculine · singular · nominative ▸ **3** (Eccl. 1,6; Sir. 26,16; Is. 14,12)
  άνατελοῦσιν ▸ 1
    Verb · third · plural · future · active · indicative ▸ **1** (Is. 44,4)
  άνατέταλκεν ▸ 1 + 1 = 2
    Verb · third · singular · perfect · active · indicative ▸ **1 + 1 = 2** (Is. 60,1; Heb. 7,14)
  άνέτειλαν ▸ 1
    Verb · third · plural · aorist · active · indicative ▸ **1** (1Mac. 9,23)
  άνέτειλεν ▸ 12 + 3 = 15
    Verb · third · singular · aorist · active · indicative ▸ **12 + 3 = 15** (Gen. 32,32; 2Kings 3,22; 2Chr. 26,19; Esth. 11,11 # 1,1k; Psa. 84,12; Psa. 96,11; Psa. 103,22; Wis. 5,6; Sol. 11,5; Nah. 3,17; Ezek. 16,7; Ezek. 17,6; Matt. 4,16; Mark 4,6; James 1,11)

άνατέμνω (άνά; τέμνω) to cut up ▸ 1
  Ἀνάτεμε ▸ 1
    Verb · second · singular · aorist · active · imperative ▸ **1** (Tob. 6,4)

άνατίθημι (άνά; τίθημι) to set up, dedicate, declare, ascribe ▸ 9 + 2 = 11
  άναθέσθαι ▸ 1
    Verb · aorist · middle · infinitive ▸ **1** (Mic. 7,5)
  άναθῇ ▸ 1
    Verb · third · singular · aorist · active · subjunctive ▸ **1** (Lev. 27,28)
  άναθήσεις ▸ 1
    Verb · second · singular · future · active · indicative ▸ **1** (Mic. 4,13)
  άνατεθέντα ▸ 1
    Verb · aorist · passive · participle · neuter · plural · accusative ▸ **1** (2Mac. 5,16)
  άνατεθῇ ▸ 1
    Verb · third · singular · aorist · passive · subjunctive ▸ **1** (Lev. 27,29)
  άνεθέμην ▸ 1
    Verb · first · singular · aorist · middle · indicative ▸ **1** (Gal. 2,2)

ἀνέθετο ▸ 1 + 1 = 2
  Verb · third · singular · aorist · middle · indicative ▸ 1 + 1 = 2 (2Mac. 3,9; Acts 25,14)
ἀνέθηκαν ▸ 2
  Verb · third · plural · aorist · active · indicative ▸ 2 (1Sam. 31,10; 2Sam. 6,17)
ἀνέθηκεν ▸ 1
  Verb · third · singular · aorist · active · indicative ▸ 1 (Judith 16,19)

ἀνατίκτω (ἀνά; τίκτω) to bear, bring forth again ▸ 1
  ἀνατίκτουσα ▸ 1
    Verb · present · active · participle · feminine · singular · nominative ▸ 1 (4Mac. 16,13)

ἀνατιναγμός (ἀνά; τινάσσω) violent shaking ▸ 1
  ἀνατιναγμός ▸ 1
    Noun · masculine · singular · nominative · (common) ▸ 1 (Nah. 2,11)

ἀνατολή (ἀνά; τέλλω) east, sunrise ▸ 179 + 13 + 11 = 203
  ἀνατολαί ▸ 1
    Noun · feminine · plural · nominative · (common) ▸ 1 (Psa. 102,12)
  ἀνατολαῖς ▸ 1
    Noun · feminine · plural · dative · (common) ▸ 1 (Num. 32,19)
  ἀνατολάς ▸ 29
    Noun · feminine · plural · accusative · (common) ▸ 29 (Gen. 12,8; Gen. 28,14; Lev. 16,14; Num. 10,5; Num. 34,15; Josh. 18,7; 2Kings 13,17; 1Chr. 9,18; 1Chr. 9,24; 2Chr. 4,4; Neh. 3,26; Neh. 12,37; Psa. 67,34; Bar. 4,36; Ezek. 8,5; Ezek. 11,1; Ezek. 40,19; Ezek. 40,22; Ezek. 40,23; Ezek. 40,40; Ezek. 43,2; Ezek. 43,4; Ezek. 43,17; Ezek. 44,1; Ezek. 45,7; Ezek. 47,1; Ezek. 47,1; Ezek. 47,2; Ezek. 47,18)
  ἀνατολάς ▸ 73 + 3 = 76
    Noun · feminine · plural · accusative · (common) ▸ 73 + 3 = 76 (Gen. 2,8; Gen. 12,8; Gen. 13,14; Gen. 25,6; Ex. 37,11; Lev. 1,16; Num. 2,3; Num. 21,11; Num. 35,5; Deut. 3,27; Deut. 4,47; Deut. 4,49; Josh. 4,19; Josh. 11,8; Josh. 12,3; Josh. 13,8; Josh. 16,6; Josh. 19,13; Judg. 11,18; Judg. 21,19; 1Kings 7,25; 1Kings 17,3; 2Kings 10,33; 1Chr. 5,9; 1Chr. 5,10; 1Chr. 7,28; 1Chr. 26,14; 1Chr. 26,17; 2Chr. 4,10; 2Chr. 29,4; 2Chr. 31,14; 1Esdr. 9,38; Zech. 14,4; Bar. 5,5; Ezek. 40,6; Ezek. 40,21; Ezek. 40,32; Ezek. 40,40; Ezek. 42,1; Ezek. 42,9; Ezek. 42,12; Ezek. 42,15; Ezek. 42,16; Ezek. 42,20; Ezek. 43,1; Ezek. 45,7; Ezek. 46,1; Ezek. 46,12; Ezek. 47,8; Ezek. 47,18; Ezek. 47,18; Ezek. 48,1; Ezek. 48,2; Ezek. 48,3; Ezek. 48,4; Ezek. 48,5; Ezek. 48,6; Ezek. 48,7; Ezek. 48,8; Ezek. 48,8; Ezek. 48,10; Ezek. 48,16; Ezek. 48,17; Ezek. 48,18; Ezek. 48,21; Ezek. 48,23; Ezek. 48,24; Ezek. 48,25; Ezek. 48,26; Ezek. 48,27; Ezek. 48,32; Dan. 8,4; Dan. 8,9; Josh. 19,13; Judg. 20,43; Judg. 21,19)
  ἀνατολή ▸ 4 + 1 = 5
    Noun · feminine · singular · nominative · (common) ▸ 4 + 1 = 5 (Judg. 5,31; Ode. 9,78; Is. 60,19; Ezek. 16,7; Luke 1,78)
  ἀνατολῇ ▸ 1 + 2 = 3
    Noun · feminine · singular · dative · (common) ▸ 1 + 2 = 3 (1Esdr. 5,46; Matt. 2,2; Matt. 2,9)
  ἀνατολήν ▸ 1
    Noun · feminine · singular · accusative · (common) ▸ 1 (1Kings 7,13)
  ἀνατολήν ▸ 3 + 1 = 4
    Noun · feminine · singular · accusative · (common) ▸ 3 + 1 = 4 (Wis. 16,28; Sol. 5,9; Jer. 23,5; Dan. 8,9)
  ἀνατολῆς ▸ 6 + 4 = 10
    Noun · feminine · singular · genitive · (common) ▸ 6 + 4 = 10 (Num. 3,38; Neh. 3,29; 2Mac. 10,28; Jer. 38,40; Ezek. 17,10; Dan. 4,31; Mark 16,8; Rev. 7,2; Rev. 16,12; Rev. 21,13)
  ἀνατολῶν ▸ 60 + 9 + 4 = 73
    Noun · feminine · plural · genitive · (common) ▸ 60 + 9 + 4 = 73 (Gen. 10,30; Gen. 11,2; Gen. 13,11; Gen. 25,6; Gen. 29,1; Num. 23,7; Num. 34,3; Num. 34,10; Num. 34,11; Num. 34,11; Deut. 3,17; Deut. 4,41; Josh. 1,15; Josh. 8,11; Josh. 11,3; Josh. 12,1; Josh. 12,1; Josh. 12,3; Josh. 13,5; Josh. 13,27; Josh. 13,32; Josh. 15,5; Josh. 16,1; Josh. 16,5; Josh. 16,6; Josh. 17,10; Josh. 18,20; Josh. 19,12; Josh. 19,27; Josh. 19,34; Judg. 6,3; Judg. 6,33; Judg. 7,12; Judg. 8,10; Judg. 8,11; Judg. 20,43; 1Chr. 4,39; 1Chr. 12,16; 3Mac. 4,15; Psa. 49,1; Psa. 106,3; Psa. 112,3; Job 1,3; Sol. 11,2; Amos 8,12; Zech. 8,7; Zech. 14,4; Mal. 1,11; Is. 9,11; Is. 11,11; Is. 11,14; Is. 41,2; Is. 41,25; Is. 43,5; Is. 45,6; Is. 46,11; Is. 59,19; Bar. 4,37; Bar. 5,5; Dan. 11,44; Josh. 19,12; Josh. 19,27; Josh. 19,34; Judg. 6,3; Judg. 6,33; Judg. 7,12; Judg. 8,11; Judg. 11,18; Dan. 11,44; Matt. 2,1; Matt. 8,11; Matt. 24,27; Luke 13,29)

Ἀνατολή (ἀνά; τέλλω) East; Anatolia ▸ 2
  Ἀνατολή ▸ 1
    Noun · feminine · singular · nominative · (proper) ▸ 1 (Zech. 6,12)
  Ἀνατολήν ▸ 1
    Noun · feminine · singular · accusative · (proper) ▸ 1 (Zech. 3,8)

ἀνατρέπω (ἀνά; τρέπω) to overthrow, throw down, overturn ▸ 9 + 1 + 3 = 13
  ἀνατραπῇ ▸ 1
    Verb · third · singular · aorist · passive · subjunctive ▸ 1 (Eccl. 12,6)
  ἀνατρέπει ▸ 1
    Verb · third · singular · present · active · indicative ▸ 1 (Prov. 21,14)
  ἀνατρέποντες ▸ 1
    Verb · present · active · participle · masculine · plural · nominative ▸ 1 (Tob. 13,14)
  ἀνατρέπουσιν ▸ 2
    Verb · third · plural · present · active · indicative ▸ 2 (2Tim. 2,18; Titus 1,11)
  ἀνατρέψαι ▸ 1
    Verb · aorist · active · infinitive ▸ 1 (Sir. 12,16)
  ἀνατρέψας ▸ 1
    Verb · aorist · active · participle · masculine · singular · nominative ▸ 1 (Sir. 12,12)
  ἀνατρέψει ▸ 2
    Verb · third · singular · future · active · indicative ▸ 2 (Prov. 10,3; Sir. 29,16)
  ἀνετράπη ▸ 1
    Verb · third · singular · aorist · passive · indicative ▸ 1 (2Mac. 5,18)
  ἀνετράπην ▸ 1
    Verb · first · singular · aorist · passive · indicative ▸ 1 (Psa. 117,13)
  ἀνετράπησαν ▸ 1
    Verb · third · plural · aorist · passive · indicative ▸ 1 (Judith 16,11)
  ἀνέτρεψεν ▸ 1
    Verb · third · singular · aorist · active · indicative ▸ 1 (John 2,15)

ἀνατρέφω (ἀνά; τρέφω) to nourish, bring up, educate ▸ 3 + 3 = 6
  ἀνατεθραμμένος ▸ 1
    Verb · perfect · passive · participle · masculine · singular · nominative · (variant) ▸ 1 (Acts 22,3)
  ἀνατραφέντες ▸ 1

Verb · aorist · passive · participle · masculine · plural · nominative ▸ **1** (4Mac. 11,15)

ἀνεθρέψατο ▸ **1**
  Verb · third · singular · aorist · middle · indicative ▸ **1** (Acts 7,21)

ἀνετράφη ▸ **1**
  Verb · third · singular · aorist · passive · indicative ▸ **1** (Acts 7,20)

ἀνετράφην ▸ **2**
  Verb · first · singular · aorist · passive · indicative ▸ **2** (4Mac. 10,2; Wis. 7,4)

ἀνατρέχω (ἀνά; τρέχω) to run back, run up, ascend ▸ 2 + **1** = 3

ἀναδραμών ▸ **1**
  Verb · aorist · active · participle · masculine · singular · nominative ▸ **1** (2Mac. 14,43)

ἀνατρέχων ▸ **1**
  Verb · present · active · participle · masculine · singular · nominative ▸ **1** (2Mac. 9,25)

ἀνέδραμεν ▸ **1**
  Verb · third · singular · aorist · active · indicative ▸ **1** (Tob. 11,9)

ἀνατροπή (ἀνά; τρέπω) overthrow, ruin, outpouring ▸ 2

ἀνατροπῇ ▸ **1**
  Noun · feminine · singular · dative · (common) ▸ **1** (Hab. 2,15)

ἀνατροπῆς ▸ **1**
  Noun · feminine · singular · genitive · (common) ▸ **1** (3Mac. 4,5)

ἀνατροφή (ἀνά; τρέφω) education ▸ **1**

ἀνατροφῆς ▸ **1**
  Noun · feminine · singular · genitive · (common) ▸ **1** (4Mac. 16,8)

ἀνατυπόω (ἀνά; τύπος) to imagine ▸ **1**

ἀνατυπωσάμενοι ▸ **1**
  Verb · aorist · middle · participle · masculine · plural · nominative ▸ **1** (Wis. 14,17)

Αναφαθι Naphath ▸ **1**

Αναφαθι ▸ **1**
  Noun · masculine · singular · nominative · (proper) ▸ **1** (1Kings 4,11)

ἀναφαίνω (ἀνά; φαίνω) to appear ▸ 6 + **2** = 8

ἀναφαίνεσθαι ▸ **1**
  Verb · present · passive · infinitive · (variant) ▸ **1** (Luke 19,11)

ἀναφαίνεται ▸ **1**
  Verb · third · singular · present · passive · indicative ▸ **1** (4Mac. 1,4)

ἀναφάναντες ▸ **1**
  Verb · aorist · active · participle · masculine · plural · nominative ▸ **1** (Acts 21,3)

ἀναφανείη ▸ **1**
  Verb · third · singular · aorist · passive · optative ▸ **1** (Job 24,19)

ἀναφανεῖταί ▸ **1**
  Verb · third · singular · future · middle · indicative ▸ **1** (Job 11,18)

ἀναφανῆς ▸ **1**
  Verb · second · singular · aorist · passive · subjunctive ▸ **1** (Job 40,8)

ἀναφανοῦμαι ▸ **1**
  Verb · first · singular · future · middle · indicative ▸ **1** (Job 13,18)

ἀνεφάνησαν ▸ **1**
  Verb · third · plural · aorist · passive · indicative ▸ **1** (Song 6,5)

ἀναφάλαντος (ἀνά; φάω) bald ▸ **1**

ἀναφάλαντός ▸ **1**
  Adjective · masculine · singular · nominative · noDegree ▸ **1** (Lev. 13,41)

ἀναφαλάντωμα (ἀνά; φάω) baldness ▸ 3

ἀναφαλαντώματι ▸ 3
  Noun · neuter · singular · dative · (common) ▸ **3** (Lev. 13,42; Lev. 13,42; Lev. 13,43)

ἀναφέρω (ἀνά; φέρω) to bring up, back raise up, bear, pay, add to, offer up ▸ 155 + **14** + 10 = 179

ἀναφέρει ▸ **2**
  Verb · third · singular · present · active · indicative ▸ **2** (Matt. 17,1; Mark 9,2)

ἀναφέρειν ▸ 11 + **1** = 12
  Verb · present · active · infinitive ▸ 11 + **1** = **12** (Ex. 30,20; Deut. 14,24; 1Kings 12,27; 1Chr. 16,40; 2Chr. 2,3; 2Chr. 8,13; 2Chr. 29,27; 2Chr. 35,14; Ezra 3,6; Jer. 39,35; Ezek. 43,18; Heb. 7,27)

ἀναφερέτω ▸ **1**
  Verb · third · singular · present · active · imperative ▸ **1** (Sir. 8,19)

ἀναφερομένων ▸ **1**
  Verb · present · passive · participle · neuter · plural · genitive ▸ **1** (1Chr. 23,31)

ἀναφέροντα ▸ **1**
  Verb · present · active · participle · masculine · singular · accusative ▸ **1** (2Sam. 1,24)

ἀναφέροντες ▸ **2**
  Verb · present · active · participle · masculine · plural · nominative ▸ **2** (2Chr. 29,29; Tob. 5,14)

ἀναφέρουσι ▸ **1**
  Verb · third · plural · present · active · indicative ▸ **1** (1Esdr. 4,6)

ἀναφέρουσιν ▸ **1**
  Verb · third · plural · present · active · indicative ▸ **1** (1Esdr. 4,6)

ἀναφέρωμεν ▸ **1**
  Verb · first · plural · present · active · subjunctive ▸ **1** (Heb. 13,15)

ἀναφέρων ▸ **5**
  Verb · present · active · participle · masculine · singular · nominative ▸ **5** (Lev. 6,19; 1Sam. 7,10; 1Sam. 13,10; 1Chr. 16,2; Is. 66,3)

ἀναφέρωσιν ▸ **1**
  Verb · third · plural · present · active · subjunctive ▸ **1** (Lev. 17,5)

ἀνενέγκαι ▸ 8 + **2** + 1 = 11
  Verb · aorist · active · infinitive ▸ 8 + **2** + 1 = **11** (Judg. 20,38; 1Chr. 15,3; 1Chr. 15,14; 1Chr. 21,24; 2Chr. 5,2; 2Chr. 23,18; 2Chr. 29,27; Ezra 3,2; Judg. 20,38; Dan. 6,24; 1Pet. 2,5)

ἀνενέγκας ▸ **1** + **2** = 3
  Verb · aorist · active · participle · masculine · singular · nominative ▸ **1** + **2** = **3** (2Mac. 3,35; Heb. 7,27; James 2,21)

ἀνενεγκεῖν ▸ **2** + **1** = 3
  Verb · aorist · active · infinitive ▸ **2** + **1** = **3** (1Sam. 10,8; 1Kings 8,1; Heb. 9,28)

ἀνενεγκέτω ▸ **1**
  Verb · third · singular · aorist · active · imperative ▸ **1** (2Sam. 24,22)

ἀνενέγκῃς ▸ **1**
  Verb · second · singular · aorist · active · subjunctive ▸ **1** (Deut. 12,13)

ἀνενέγκητε ▸ **1**
  Verb · second · plural · aorist · active · subjunctive ▸ **1** (Ezek. 36,15)

ἀνένεγκον ▸ **1**
  Verb · second · singular · aorist · active · imperative ▸ **1** (Gen. 22,2)

άνενεχθήσεται ▸ 2
    Verb · third · singular · future · passive · indicative ▸ **2** (Is. 18,7; Is. 60,7)
άνενήνοχά ▸ 1
    Verb · first · singular · perfect · active · indicative ▸ **1** (Gen. 31,39)
άνενηνοχυῖα ▸ 1
    Verb · perfect · active · participle · feminine · singular · nominative ▸ **1** (Gen. 40,10)
άνέφερεν ▸ 5
    Verb · third · singular · imperfect · active · indicative ▸ **5** (1Sam. 2,19; 1Sam. 15,12; 1Kings 2,35g; 1Kings 10,5; 2Chr. 9,4)
άνεφέρετο ▸ 1 + 1 = 2
    Verb · third · singular · imperfect · middle · indicative ▸ **1** (2Chr. 9,16)
    Verb · third · singular · imperfect · passive · indicative · (variant) ▸ **1** (Luke 24,51)
άνέφερον ▸ 3
    Verb · third · plural · imperfect · active · indicative ▸ **3** (1Esdr. 1,14; 1Esdr. 5,49; 2Mac. 10,7)
άνεφέροσαν ▸ 1
    Verb · third · plural · imperfect · active · indicative ▸ **1** (Ex. 18,26)
άνήνεγκα ▸ 2
    Verb · first · singular · aorist · active · indicative ▸ **2** (1Sam. 13,12; Neh. 12,31)
άνήνεγκαν ▸ 14 + 5 = 19
    Verb · third · plural · aorist · active · indicative ▸ 14 + 5 = **19** (Ex. 24,5; Lev. 9,20; Judg. 16,8; Judg. 20,26; Judg. 21,4; 1Sam. 6,14; 1Sam. 6,15; 1Sam. 6,15; 2Chr. 5,5; 2Chr. 5,5; 2Chr. 24,14; Judith 16,18; 1Mac. 4,53; 2Mac. 10,3; Judg. 15,13; Judg. 16,8; Judg. 16,18; Judg. 20,26; Judg. 21,4)
άνήνεγκας ▸ 1
    Verb · second · singular · aorist · active · indicative ▸ **1** (Is. 57,6)
άνήνεγκεν ▸ 39 + 3 + 1 = 43
    Verb · third · singular · aorist · active · indicative ▸ 39 + 3 + 1 = **43** (Gen. 8,20; Gen. 22,13; Ex. 19,8; Lev. 8,16; Lev. 8,20; Lev. 8,21; Lev. 8,27; Lev. 8,28; Lev. 9,10; Num. 23,2; Num. 23,30; Judg. 13,19; Judg. 16,3; 1Sam. 7,9; 1Sam. 13,9; 1Sam. 18,27; 2Sam. 6,17; 2Sam. 21,13; 2Sam. 24,25; 1Kings 3,4; 1Kings 5,27; 1Kings 10,22a # 9,15; 1Kings 17,19; 2Kings 3,27; 2Kings 4,21; 1Chr. 21,26; 1Chr. 29,21; 2Chr. 1,4; 2Chr. 1,6; 2Chr. 1,6; 2Chr. 4,16; 2Chr. 8,12; 2Chr. 29,21; 2Chr. 29,31; 2Chr. 29,32; 1Mac. 2,24; 2Mac. 1,18; 2Mac. 2,9; Is. 53,12; Judg. 6,28; Judg. 13,19; Tob. 6,3; 1Pet. 2,24)
άνηνεγμένος ▸ 1
    Verb · perfect · passive · participle · masculine · singular · nominative ▸ **1** (Judg. 6,28)
άνηνέχθη ▸ 2 + 1 = 3
    Verb · third · singular · aorist · passive · indicative ▸ 2 + 1 = **3** (1Esdr. 2,11; 2Mac. 1,21; Dan. 6,24)
άνοίσατε ▸ 1
    Verb · second · plural · aorist · active · imperative ▸ **1** (Bar. 1,10)
άνοίσει ▸ 18
    Verb · third · singular · future · active · indicative ▸ **18** (Lev. 2,16; Lev. 3,11; Lev. 3,14; Lev. 3,16; Lev. 4,10; Lev. 4,19; Lev. 4,26; Lev. 4,31; Lev. 6,8; Lev. 7,5; Lev. 7,31; Lev. 14,20; Lev. 16,25; Lev. 17,6; Lev. 23,11; Lev. 23,11; Num. 5,26; Is. 53,11)
άνοίσεις ▸ 10 + 2 = 12
    Verb · second · singular · future · active · indicative ▸ 10 + 2 = **12** (Ex. 18,19; Ex. 29,18; Ex. 29,25; Ex. 30,9; Num. 18,17; Deut. 12,14; Deut. 12,27; Deut. 27,6; Judg. 6,26; Judg. 13,16; Judg. 6,26; Judg. 13,16)
άνοίσετε ▸ 2
    Verb · second · plural · future · active · indicative ▸ **2** (Deut. 1,17; 1Chr. 15,12)
άνοίσουσιν ▸ 6
    Verb · third · plural · future · active · indicative ▸ **6** (Ex. 18,22; Lev. 3,5; Num. 14,33; Neh. 10,39; Psa. 50,21; Ezek. 43,24)
άνοίσω ▸ 6 + 1 = 7
    Verb · first · singular · future · active · indicative ▸ 6 + 1 = **7** (Judg. 11,31; 1Sam. 20,13; 2Sam. 24,24; Psa. 65,15; Prov. 8,6; Job 7,13; Judg. 11,31)
άναφορά (άνά; φέρω) burden, load, offering ▸ 2
    άναφοράν ▸ 2
    Noun · feminine · singular · accusative · (common) ▸ **2** (Num. 4,19; Psa. 50,21)
άναφορεύς (άνά; φέρω) bearer, carrier, staff ▸ 18
    άναφορεῖς ▸ 13
    Noun · masculine · plural · accusative · (common) ▸ **11** (Ex. 25,13; Ex. 25,14; Ex. 25,28; Ex. 35,12; Num. 4,6; Num. 4,8; Num. 4,11; Num. 4,12; Num. 4,14; Num. 4,14; 2Chr. 5,8)
    Noun · masculine · plural · nominative · (common) ▸ **2** (Ex. 25,15; 2Chr. 5,9)
    άναφορεῦσιν ▸ 3
    Noun · masculine · plural · dative · (common) ▸ **3** (Ex. 25,27; Num. 13,23; 1Chr. 15,15)
    άναφορέων ▸ 2
    Noun · feminine · plural · genitive · (common) ▸ **1** (2Chr. 5,9)
    Noun · masculine · plural · genitive · (common) ▸ **1** (Num. 4,10)
άναφράσσομαι (άνά; φράσσω) to be blocked off ▸ 1
    άναφράσσεσθαι ▸ 1
    Verb · present · middle · infinitive ▸ **1** (Neh. 4,1)
άναφύω (άνά; φύω) to spring up, sprout up, produce ▸ 6
    άναφύσει ▸ 1
    Verb · third · singular · future · active · indicative ▸ **1** (Is. 34,13)
    άνεφύη ▸ 2
    Verb · third · singular · aorist · active · indicative ▸ **2** (Dan. 7,8; Dan. 8,9)
    άνεφύησαν ▸ 1
    Verb · third · plural · aorist · active · indicative ▸ **1** (1Sam. 5,6)
    άνεφύοντο ▸ 2
    Verb · third · plural · imperfect · middle · indicative ▸ **2** (Gen. 41,6; Gen. 41,23)
άναφωνέω (άνά; φωνή) to speak out ▸ 5 + 1 = 6
    άναφωνεῖν ▸ 2
    Verb · present · active · infinitive ▸ **2** (1Chr. 16,42; 2Chr. 5,13)
    άναφωνοῦντας ▸ 1
    Verb · present · active · participle · masculine · plural · accusative ▸ **1** (1Chr. 16,4)
    άναφωνοῦντες ▸ 1
    Verb · present · active · participle · masculine · plural · nominative ▸ **1** (1Chr. 15,28)
    άναφωνῶν ▸ 1
    Verb · present · active · participle · masculine · singular · nominative ▸ **1** (1Chr. 16,5)
    άνεφώνησεν ▸ 1
    Verb · third · singular · aorist · active · indicative ▸ **1** (Luke 1,42)
άναχάσκω (άνά; χάσκω) to open the mouth ▸ 1
    άναχανών ▸ 1
    Verb · aorist · active · participle · masculine · singular · nominative ▸ **1** (2Mac. 6,18)

Ἀναχερεθ Anaharath ▸ 1
  Ἀναχερεθ ▸ 1
    Noun · singular · nominative · (proper) ▸ **1** (Josh. 19,19)
ἀνάχυσις (ἀνά; χέω) pouring out; wide stream; excess ▸ 1
  ἀνάχυσιν ▸ 1
    Noun · feminine · singular · accusative ▸ **1** (1Pet. 4,4)
ἀναχωρέω (ἀνά; χωρέω) to go back, depart ▸ 14 + 14 = 28
  ἀναχώρει ▸ 1
    Verb · second · singular · present · active · imperative ▸ **1** (Prov. 25,9)
  ἀναχωρεῖν ▸ 1
    Verb · present · active · infinitive ▸ **1** (2Sam. 4,4)
  ἀναχωρεῖτε ▸ 1
    Verb · second · plural · present · active · imperative ▸ **1** (Matt. 9,24)
  ἀναχωρῆσαι ▸ 1
    Verb · aorist · active · infinitive ▸ **1** (2Mac. 10,13)
  ἀναχωρήσαντες ▸ 1
    Verb · aorist · active · participle · masculine · plural · nominative ▸ **1** (Acts 26,31)
  Ἀναχωρησάντων ▸ 1
    Verb · aorist · active · participle · masculine · plural · genitive ▸ **1** (Matt. 2,13)
  ἀναχωρήσας ▸ 1 + 1 = 2
    Verb · aorist · active · participle · masculine · singular · nominative ▸ 1 + 1 = **2** (2Mac. 5,27; Acts 23,19)
  Ἀναχωρήσατε ▸ 1
    Verb · second · plural · aorist · active · imperative ▸ **1** (Num. 16,24)
  ἀναχωροῦντες ▸ 1
    Verb · present · active · participle · masculine · plural · nominative ▸ **1** (1Sam. 25,10)
  ἀνεχώρησα ▸ 1
    Verb · first · singular · aorist · active · indicative ▸ **1** (Tob. 1,19)
  ἀνεχώρησαν ▸ 1
    Verb · third · plural · aorist · active · indicative ▸ **1** (Matt. 2,12)
  ἀνεχώρησας ▸ 1
    Verb · second · singular · aorist · active · indicative ▸ **1** (Psa. 113,5)
  ἀνεχώρησεν ▸ 6 + 9 = 15
    Verb · third · singular · aorist · active · indicative ▸ 6 + 9 = **15** (Ex. 2,15; Josh. 8,15; Judg. 4,17; 1Sam. 19,10; Hos. 12,13; Jer. 4,29; Matt. 2,14; Matt. 2,22; Matt. 4,12; Matt. 12,15; Matt. 14,13; Matt. 15,21; Matt. 27,5; Mark 3,7; John 6,15)
ἀνάψυξις (ἀνά; ψύχω) refreshing; rest, repose ▸ 1 + 1 = 2
  ἀναψύξεως ▸ 1
    Noun · feminine · singular · genitive ▸ **1** (Acts 3,20)
  ἀνάψυξις ▸ 1
    Noun · feminine · singular · nominative · (common) ▸ **1** (Ex. 8,11)
ἀναψυχή (ἀνά; ψύχω) relief, refreshment ▸ 3
  ἀναψυχήν ▸ 2
    Noun · feminine · singular · accusative · (common) ▸ **2** (Psa. 65,12; Jer. 30,26)
  ἀναψυχήν ▸ 1
    Noun · feminine · singular · accusative · (common) ▸ **1** (Hos. 12,9)
ἀναψύχω (ἀνά; ψύχω) to refresh ▸ 7 + 1 = 8
  ἀναψύξῃ ▸ 1
    Verb · third · singular · aorist · active · subjunctive ▸ **1** (Ex. 23,12)
  ἀναψύξοντα ▸ 1
    Verb · future · active · participle · masculine · singular · accusative ▸ **1** (2Mac. 4,46)
  ἀναψύξω ▸ 1
    Verb · first · singular · aorist · active · subjunctive ▸ **1** (Psa. 38,14)
  ἀνέψυξαν ▸ 1
    Verb · third · plural · aorist · active · indicative ▸ **1** (2Sam. 16,14)
  ἀνέψυξεν ▸ 1 + 1 = 2
    Verb · third · singular · aorist · active · indicative ▸ 1 + 1 = **2** (Judg. 15,19; 2Tim. 1,16)
  ἀνέψυχεν ▸ 1
    Verb · third · singular · imperfect · active · indicative ▸ **1** (1Sam. 16,23)
  ἀνεψυχότα ▸ 1
    Verb · perfect · active · participle · masculine · singular · accusative ▸ **1** (2Mac. 13,11)
ἀνδραγαθέω (ἀνήρ; ἀγαθός) to act like a man, be brave ▸ 4
  ἀνδραγαθῆσαι ▸ 2
    Verb · aorist · active · infinitive ▸ **2** (1Mac. 5,61; 1Mac. 5,67)
  ἀνδραγαθήσασιν ▸ 1
    Verb · aorist · active · participle · masculine · plural · dative ▸ **1** (2Mac. 2,21)
  ἠνδραγάθησεν ▸ 1
    Verb · third · singular · aorist · active · indicative ▸ **1** (1Mac. 16,23)
ἀνδραγαθία (ἀνήρ; ἀγαθός) acting like a man, bravery ▸ 8
  ἀνδραγαθίαν ▸ 2
    Noun · feminine · singular · accusative · (common) ▸ **2** (Esth. 10,2; 2Mac. 14,18)
  ἀνδραγαθίας ▸ 3
    Noun · feminine · plural · accusative · (common) ▸ **2** (1Mac. 8,2; 1Mac. 10,15)
    Noun · feminine · singular · genitive · (common) ▸ **1** (4Mac. 1,8)
  ἀνδραγαθιῶν ▸ 3
    Noun · feminine · plural · genitive · (common) ▸ **3** (1Mac. 5,56; 1Mac. 9,22; 1Mac. 16,23)
ἀνδραποδιστής (ἀνήρ; πούς) kidnapper ▸ 1
  ἀνδραποδισταῖς ▸ 1
    Noun · masculine · plural · dative ▸ **1** (1Tim. 1,10)
ἀνδράποδον (ἀνήρ) slave, captive ▸ 1
  ἀνδράποδα ▸ 1
    Noun · neuter · plural · accusative · (common) ▸ **1** (3Mac. 7,5)
Ἀνδρέας Andrew ▸ 13
  Ἀνδρέᾳ ▸ 1
    Noun · masculine · singular · dative · (proper) ▸ **1** (John 12,22)
  Ἀνδρέαν ▸ 4
    Noun · masculine · singular · accusative · (proper) ▸ **4** (Matt. 4,18; Mark 1,16; Mark 3,18; Luke 6,14)
  Ἀνδρέας ▸ 6
    Noun · masculine · singular · nominative · (proper) ▸ **6** (Matt. 10,2; Mark 13,3; John 1,40; John 6,8; John 12,22; Acts 1,13)
  Ἀνδρέου ▸ 2
    Noun · masculine · singular · genitive · (proper) ▸ **2** (Mark 1,29; John 1,44)
ἀνδρεία (ἀνήρ) manliness, bravery ▸ 13
  ἀνδρεία ▸ 3
    Noun · feminine · singular · nominative · (common) ▸ **3** (4Mac.

1,18; Prov. 21,30; Eccl. 5,10)
  ἀνδρείᾳ ▸ 4
    Noun · feminine · singular · dative · (common) ▸ 4 (1Mac. 9,10; 4Mac. 1,11; Psa. 67,7; Eccl. 2,21)
  ἀνδρείαν ▸ 4
    Noun · feminine · singular · accusative · (common) ▸ 4 (4Mac. 5,23; Eccl. 4,4; Wis. 8,7; LetterJ 58)
  ἀνδρείας ▸ 2
    Noun · feminine · singular · genitive · (common) ▸ 2 (4Mac. 1,4; 4Mac. 1,6)

ἀνδρεῖος (ἀνήρ) manly, brave, courageous ▸ 16 + 1 = 17
  ἀνδρεία ▸ 2
    Adjective · feminine · singular · nominative · noDegree ▸ 2 (Prov. 12,4; Sir. 26,2)
  ἀνδρείαν ▸ 2
    Adjective · feminine · singular · accusative · noDegree ▸ 2 (4Mac. 2,23; Prov. 31,10)
  ἀνδρείας ▸ 1
    Adjective · feminine · plural · accusative · noDegree ▸ 1 (Sir. 28,15)
  ἀνδρεῖοι ▸ 2
    Adjective · masculine · plural · nominative · noDegree ▸ 2 (4Mac. 15,10; Prov. 11,16)
  ἀνδρεῖον ▸ 1
    Adjective · neuter · singular · nominative · noDegree ▸ 1 (Tob. 6,12)
  ἀνδρεῖος ▸ 2
    Adjective · masculine · singular · nominative · noDegree ▸ 2 (Prov. 28,3; Wis. 8,15)
  ἀνδρεῖός ▸ 1
    Adjective · masculine · singular · nominative · noDegree ▸ 1 (4Mac. 7,23)
  ἀνδρειοτέρα ▸ 1
    Adjective · feminine · singular · nominative · comparative ▸ 1 (4Mac. 15,30)
  ἀνδρείου ▸ 1
    Adjective · masculine · singular · genitive · noDegree ▸ 1 (Eccl. 10,10)
  ἀνδρείους ▸ 1
    Adjective · masculine · plural · accusative · noDegree ▸ 1 (4Mac. 17,24)
  ἀνδρείων ▸ 3
    Adjective · masculine · plural · genitive · noDegree ▸ 3 (Prov. 10,4; Prov. 13,4; Prov. 15,19)

ἀνδρεῖος (ἀνήρ) manly, brave, courageous ▸ 1
  ἀνδρείαν ▸ 1
    Noun · feminine · singular · accusative · (common) ▸ 1 (4Mac. 17,23)

ἀνδρειόω (ἀνήρ) to act like a man, be brave ▸ 1
  ἀνδρειώσας ▸ 1
    Verb · aorist · active · participle · masculine · singular · nominative ▸ 1 (4Mac. 15,23)

ἀνδρείως (ἀνήρ) manfully, bravely ▸ 1
  ἀνδρείως ▸ 1
    Adverb ▸ 1 (2Mac. 6,27)

ἀνδρίζομαι (ἀνήρ) to act like a man, be brave ▸ 24 + 1 + 1 = 26
  ἀνδρίζεσθαι ▸ 1
    Verb · present · middle · infinitive ▸ 1 (Dan. 11,1)
  ἀνδρίζεσθε ▸ 5 + 1 = 6
    Verb · second · plural · present · middle · imperative ▸ 5 + 1 = 6 (Josh. 10,25; 2Sam. 13,28; 2Chr. 32,7; 1Mac. 2,64; Psa. 30,25; 1Cor. 16,13)
  ἀνδρίζου ▸ 13 + 1 = 14
    Verb · second · singular · present · middle · imperative ▸ 13 + 1 = 14 (Deut. 31,6; Josh. 1,6; Josh. 1,7; Josh. 1,9; Josh. 1,18; 2Sam. 10,12; 1Chr. 19,13; 1Chr. 22,13; 1Chr. 28,20; Psa. 26,14; Sir. 31,25; Mic. 4,10; Dan. 10,19; Dan. 10,19)
  Ἀνδρίζου ▸ 2
    Verb · second · singular · present · middle · imperative ▸ 2 (Deut. 31,7; Deut. 31,23)
  Ἀνδριοῦμαι ▸ 1
    Verb · first · singular · future · middle · indicative ▸ 1 (Jer. 2,25)
  Ἀνδριούμεθα ▸ 1
    Verb · first · plural · future · middle · indicative ▸ 1 (Jer. 18,12)
  ἄνδρισαι ▸ 1
    Verb · second · singular · aorist · middle · imperative ▸ 1 (Nah. 2,2)

ἀνδρογύναιος (ἀνήρ; γυνή) like an effeminate man ▸ 1
  ἀνδρογύναιον ▸ 1
    Adjective · masculine · singular · accusative · noDegree ▸ 1 (Prov. 19,15)

ἀνδρόγυνος (ἀνήρ; γυνή) man-turned woman; effeminate man ▸ 1
  ἀνδρογύνων ▸ 1
    Noun · masculine · plural · genitive · (common) ▸ 1 (Prov. 18,8)

ἀνδρολογία (ἀνήρ; λέγω) soldier-list; soldier-gathering ▸ 1
  ἀνδρολογίαν ▸ 1
    Noun · feminine · singular · accusative · (common) ▸ 1 (2Mac. 12,43)

Ἀνδρόνικος (ἀνήρ; νίκη) Andronicus ▸ 5 + 1 = 6
  Ἀνδρόνικον ▸ 3 + 1 = 4
    Noun · masculine · singular · accusative · (proper) ▸ 3 + 1 = 4 (2Mac. 4,31; 2Mac. 4,34; 2Mac. 5,23; Rom. 16,7)
  Ἀνδρονίκου ▸ 1
    Noun · masculine · singular · genitive · (proper) ▸ 1 (2Mac. 4,38)
  Ἀνδρονίκῳ ▸ 1
    Noun · masculine · singular · dative · (proper) ▸ 1 (2Mac. 4,32)

ἀνδροφονέω (ἀνήρ; φόνος) to murder ▸ 1
  ἀνδροφονήσαντά ▸ 1
    Verb · aorist · active · participle · masculine · singular · accusative ▸ 1 (4Mac. 9,15)

ἀνδροφόνος (ἀνήρ; φόνος) murderous; murderer ▸ 1 + 1 = 2
  ἀνδροφόνοις ▸ 1
    Noun · masculine · plural · dative ▸ 1 (1Tim. 1,9)
  ἀνδροφόνος ▸ 1
    Noun · masculine · singular · nominative ▸ 1 (2Mac. 9,28)

ἀνδρόω (ἀνήρ) to rear to manhood; become a man ▸ 2
  ἀνδρωθέντα ▸ 1
    Verb · aorist · passive · participle · masculine · singular · accusative ▸ 1 (Job 33,25)
  ἀνδρωθῶσιν ▸ 1
    Verb · third · plural · aorist · passive · subjunctive ▸ 1 (Job 27,14)

ἀνδρωδῶς (ἀνήρ; εἶδος) manly, masculine, brave ▸ 2
  ἀνδρωδῶς ▸ 2
    Adverb ▸ 2 (1Mac. 6,31; 2Mac. 14,43)

ἀνεγείρω (ἀνά; ἐγείρω) to raise up, to awaken ▸ 1
  ἀνεγείραντος ▸ 1

Verb · aorist · active · participle · masculine · singular · genitive ▸ **1** (Sir. 49,13)

ἀνέγκλητος (α; ἐν; καλέω) blameless ▸ 1 + 5 = 6
  ἀνέγκλητοι ▸ 1
    Adjective · masculine · plural · nominative · (verbal) ▸ **1** (1Tim. 3,10)
  ἀνέγκλητον ▸ 1
    Adjective · masculine · singular · accusative · (verbal) ▸ **1** (Titus 1,7)
  ἀνέγκλητος ▸ 1
    Adjective · masculine · singular · nominative · (verbal) ▸ **1** (Titus 1,6)
  ἀνεγκλήτους ▸ 2
    Adjective · masculine · plural · accusative · (verbal) ▸ **2** (1Cor. 1,8; Col. 1,22)
  ἀνεγκλήτων ▸ 1
    Adjective · masculine · plural · genitive · noDegree ▸ **1** (3Mac. 5,31)

ἀνείκαστος (α; εἰκών) large, immense ▸ 1
  ἀνείκαστός ▸ 1
    Adjective · feminine · singular · nominative · noDegree ▸ **1** (3Mac. 1,28)

ἀνειλέω (ἀνά; εἰλέω) to unroll, unfold, return ▸ 1
  ἀνείλησεν ▸ 1
    Verb · third · singular · aorist · active · indicative ▸ **1** (Ezek. 2,10)

ἄνειμι (ἀνά; εἴμι) to be up, to be above (sum) ▸ 1
  ἀνιόντος ▸ 1
    Verb · present · active · participle · masculine · singular · genitive ▸ **1** (4Mac. 4,10)

ἀνεκδιήγητος (α; ἐκ; ἄγω) unspeakable ▸ 1
  ἀνεκδιηγήτῳ ▸ 1
    Adjective · feminine · singular · dative ▸ **1** (2Cor. 9,15)

ἀνεκλάλητος (α; ἐκ; λάλος) unspeakable ▸ 1
  ἀνεκλαλήτῳ ▸ 1
    Adjective · feminine · singular · dative ▸ **1** (1Pet. 1,8)

ἀνέκλειπτος (α; ἐκ; λείπω) unfailing ▸ 1
  ἀνέκλειπτον ▸ 1
    Adjective · masculine · singular · accusative · (verbal) ▸ **1** (Luke 12,33)

ἀνεκλιπής (α; ἐκ; λείπω) unfailing ▸ 2
  ἀνεκλιπής ▸ 2
    Adjective · masculine · singular · nominative · noDegree ▸ **2** (Wis. 7,14; Wis. 8,18)

ἀνεκτός (ἀνά; ἔχω) more tolerable ▸ 5
  ἀνεκτότερον ▸ 5
    Adjective · neuter · singular · nominative · comparative · (verbal) ▸ **5** (Matt. 10,15; Matt. 11,22; Matt. 11,24; Luke 10,12; Luke 10,14)

ἀνελεημόνως (α; ἔλεος) mercilessly ▸ 2
  ἀνελεημόνως ▸ 2
    Adverb ▸ **2** (Job 6,21; Job 30,21)

ἀνελεήμων (α; ἔλεος) unmerciful ▸ 11 + 1 = 12
  ἀνελεήμονα ▸ 1
    Adjective · masculine · singular · accusative · noDegree ▸ **1** (Prov. 17,11)
    Adjective · neuter · plural · nominative · noDegree ▸ **1** (Prov. 12,10)
  ἀνελεήμονας ▸ 1 + 1 = 2
    Adjective · masculine · plural · accusative · noDegree ▸ 1 + 1 = **2** (Wis. 12,5; Rom. 1,31)
  ἀνελεήμονες ▸ 1
    Adjective · masculine · plural · nominative · noDegree ▸ **1** (Job 19,13)
  ἀνελεήμονος ▸ 1
    Adjective · masculine · singular · genitive · noDegree ▸ **1** (Sir. 37,11)
  ἀνελεημόνων ▸ 1
    Adjective · masculine · plural · genitive · noDegree ▸ **1** (Sir. 35,20)
  ἀνελεήμοσιν ▸ 1
    Adjective · masculine · plural · dative · noDegree ▸ **1** (Prov. 5,9)
  ἀνελεήμων ▸ 4
    Adjective · masculine · singular · nominative · noDegree ▸ **4** (Prov. 11,17; Prov. 27,4; Wis. 19,1; Sir. 13,12)

ἀνέλεος (α; ἔλεος) merciless ▸ 1
  ἀνέλεος ▸ 1
    Adjective · feminine · singular · nominative ▸ **1** (James 2,13)

ἀνέλπιστος (α; ἐλπίς) hopeless, unexpected ▸ 1
  ἀνέλπιστον ▸ 1
    Adjective · neuter · singular · nominative · noDegree ▸ **1** (Is. 18,2)

ἀνελπίστως (α; ἐλπίς) unexpectedly ▸ 1
  ἀνελπίστως ▸ 1
    Adverb ▸ **1** (Wis. 11,7)

ἀνεμίζω (ἄνεμος) driven with the wind ▸ 1
  ἀνεμιζομένῳ ▸ 1
    Verb · present · passive · participle · masculine · singular · dative · (variant) ▸ **1** (James 1,6)

ἄνεμος wind ▸ 64 + 3 + 31 = 98
  ἄνεμοι ▸ 3 + 1 + 3 = 7
    Noun · masculine · plural · nominative · (common) ▸ 3 + 1 + 3 = **7** (Prov. 25,14; Zech. 6,5; Dan. 7,2; Dan. 7,2; Matt. 7,25; Matt. 7,27; Matt. 8,27)
  ἀνέμοις ▸ 2 + 2 = 4
    Noun · masculine · plural · dative · (common) ▸ 2 + 2 = **4** (4Mac. 15,32; Jer. 25,16; Matt. 8,26; Luke 8,25)
  ἄνεμον ▸ 17 + 1 = 18
    Noun · masculine · singular · accusative · (common) ▸ 17 + 1 = **18** (Ex. 10,13; Ex. 10,19; Prov. 11,29; Eccl. 5,15; Eccl. 11,4; Sir. 34,2; Hos. 13,15; Jer. 5,13; Jer. 14,6; Jer. 18,17; Jer. 28,1; Ezek. 5,10; Ezek. 5,12; Ezek. 12,14; Ezek. 17,10; Ezek. 17,21; Dan. 4,17a; Matt. 14,30)
  ἄνεμος ▸ 12 + 8 = 20
    Noun · masculine · singular · nominative · (common) ▸ 12 + 8 = **20** (Ex. 10,13; Psa. 1,4; Prov. 25,23; Prov. 27,16; Job 15,30; Sir. 43,20; Is. 41,16; Is. 57,13; Is. 64,5; Jer. 22,22; Ezek. 19,12; Dan. 2,35; Matt. 14,24; Matt. 14,32; Mark 4,39; Mark 4,41; Mark 6,48; Mark 6,51; Acts 27,14; Rev. 7,1)
  ἀνέμου ▸ 14 + 7 = 21
    Noun · masculine · singular · genitive · (common) ▸ 14 + 7 = **21** (2Sam. 22,11; 3Mac. 2,22; Psa. 17,43; Psa. 34,5; Psa. 82,14; Job 13,25; Job 21,18; Wis. 4,4; Wis. 5,14; Wis. 5,14; Sir. 22,18; Sol. 8,2; Is. 17,13; Jer. 13,24; Matt. 11,7; Mark 4,37; Luke 7,24; Luke 8,23; John 6,18; Acts 27,7; Rev. 6,13)
  ἀνέμους ▸ 7 + 2 + 2 = 11
    Noun · masculine · plural · accusative · (common) ▸ 7 + 2 + 2 = **11** (1Chr. 9,24; Psa. 134,7; Prov. 9,12a; Prov. 30,4; Jer. 25,16; Dan. 8,8; Dan. 11,4; Dan. 8,8; Dan. 11,4; Acts 27,4; Rev. 7,1)
  ἀνέμῳ ▸ 3 + 4 = 7
    Noun · masculine · singular · dative · (common) ▸ 3 + 4 = **7** (Ex. 14,21; Sir. 5,9; Jer. 18,14; Mark 4,39; Luke 8,24; Acts 27,15; Eph. 4,14)
  ἀνέμων ▸ 6 + 4 = 10

Noun · masculine · plural · genitive · (common) ▸ 6 + 4 = **10** (Psa. 17,11; Psa. 103,3; Prov. 8,27; Job 28,25; Wis. 4,4; Zech. 2,10; Matt. 24,31; Mark 13,27; James 3,4; Jude 12)

ἀνεμοφθορία (ἄνεμος; φθείρω) blight, wind-blasting ▸ 3
  ἀνεμοφθορία ▸ 1
    Noun · feminine · singular · nominative · (common) ▸ 1 (2Chr. 6,28)
  ἀνεμοφθορίᾳ ▸ 2
    Noun · feminine · singular · dative · (common) ▸ 2 (Deut. 28,22; Hag. 2,17)

ἀνεμόφθορος (ἄνεμος; φθείρω) wind-blasted ▸ 8
  ἀνεμόφθορα ▸ 1
    Adjective · neuter · plural · accusative · noDegree ▸ 1 (Hos. 8,7)
  ἀνεμόφθοροι ▸ 5
    Adjective · masculine · plural · nominative · noDegree ▸ 5 (Gen. 41,6; Gen. 41,7; Gen. 41,23; Gen. 41,24; Gen. 41,27)
  ἀνεμόφθορον ▸ 1
    Adjective · neuter · singular · nominative · noDegree ▸ 1 (Is. 19,7)
  ἀνεμόφθορος ▸ 1
    Adjective · masculine · singular · nominative · noDegree ▸ 1 (Prov. 10,5)

ἀνεμπόδιστος (α; ἐν; πούς) unembarrassed; unhindered, free ▸ 2
  ἀνεμποδίστοις ▸ 1
    Adjective · neuter · plural · dative · noDegree ▸ 1 (Wis. 17,19)
  ἀνεμπόδιστος ▸ 1
    Adjective · feminine · singular · nominative · noDegree ▸ 1 (Wis. 19,7)

ἀνένδεκτος (α; ἐν; δέχομαι) impossible ▸ 1
  ἀνένδεκτόν ▸ 1
    Adjective · neuter · singular · nominative ▸ 1 (Luke 17,1)

ἀνεξέλεγκτος (α; ἐκ; λέγω) indisputable ▸ 2
  ἀνεξέλεγκτος ▸ 2
    Adjective · feminine · singular · nominative · noDegree ▸ 2 (Prov. 10,17; Prov. 25,3)

ἀνεξεραύνητος (α; ἐκ; ἔρομαι) unsearchable, unfathomable ▸ 1
  ἀνεξεραύνητα ▸ 1
    Adjective · neuter · plural · nominative ▸ 1 (Rom. 11,33)

ἀνεξικακία (ἀνά; ἔχω; κακός) mildness, patience, forbearance ▸ 1
  ἀνεξικακίαν ▸ 1
    Noun · feminine · singular · accusative · (common) ▸ 1 (Wis. 2,19)

ἀνεξίκακος (ἀνά; ἔχω; κακός) patient ▸ 1
  ἀνεξίκακον ▸ 1
    Adjective · masculine · singular · accusative ▸ 1 (2Tim. 2,24)

ἀνεξιχνίαστος (ἔχω; ἴχνος) untraceable, inscrutable ▸ 4 + 2 = 6
  ἀνεξιχνίαστα ▸ 3
    Adjective · neuter · plural · accusative · noDegree ▸ 3 (Job 5,9; Job 9,10; Job 34,24)
  ἀνεξιχνίαστοι ▸ 1
    Adjective · feminine · plural · nominative ▸ 1 (Rom. 11,33)
  ἀνεξιχνίαστον ▸ 1 + 1 = 2
    Adjective · neuter · singular · nominative · noDegree ▸ 1 + 1 = 2 (Ode. 12,6; Eph. 3,8)

ἀνεπαίσχυντος (α; ἐπί; αἶσχος) with no need for shame; unashamed ▸ 1
  ἀνεπαίσχυντον ▸ 1
    Adjective · masculine · singular · accusative · (verbal) ▸ 1 (2Tim. 2,15)

ἀνεπιεικής (α; ἐπί; εἰκός) unreasonable, unfair ▸ 1
  ἀνεπιεικεῖς ▸ 1
    Adjective · feminine · plural · nominative · noDegree ▸ 1 (Prov. 12,26)

ἀνεπίλημπτος (α; ἐπί; λαμβάνω) blameless, irreproachable ▸ 3
  ἀνεπίλημπτοι ▸ 1
    Adjective · masculine · plural · nominative ▸ 1 (1Tim. 5,7)
  ἀνεπίλημπτον ▸ 2
    Adjective · feminine · singular · accusative ▸ 1 (1Tim. 3,2)
    Adjective · masculine · singular · accusative ▸ 1 (1Tim. 6,14)

ἀνεπιστρέπτως (α; ἐπί; στρέφω) without turning ▸ 1
  ἀνεπιστρέπτως ▸ 1
    Adverb ▸ 1 (3Mac. 1,20)

ἀνερευνάω (ἀνά; ἐρευνάω) to search out, investigate ▸ 1
  ἀνερευνώμενοι ▸ 1
    Verb · present · middle · participle · masculine · plural · nominative ▸ 1 (4Mac. 3,13)

ἀνέρχομαι (ἀνά; ἔρχομαι) to go up, return, enter ▸ 1 + 3 = 4
  ἀνῆλθεν ▸ 1 + 1 = 2
    Verb · third · singular · aorist · active · indicative ▸ 1 + 1 = 2 (1Kings 13,12; John 6,3)
  ἀνῆλθον ▸ 2
    Verb · first · singular · aorist · active · indicative ▸ 2 (Gal. 1,17; Gal. 1,18)

ἄνεσις (ἀνά; ἵημι) rest, relaxation, relief ▸ 6 + 5 = 11
  ἄνεσιν ▸ 5 + 4 = 9
    Noun · feminine · singular · accusative · (common) ▸ 5 + 4 = 9 (2Chr. 23,15; 1Esdr. 4,62; Ezra 4,22; Sir. 15,20; Sir. 26,10; Acts 24,23; 2Cor. 2,13; 2Cor. 7,5; 2Th. 1,7)
  ἄνεσις ▸ 1 + 1 = 2
    Noun · feminine · singular · nominative · (common) ▸ 1 + 1 = 2 (Ode. 12,10; 2Cor. 8,13)

ἀνετάζω (ἀνά; ἐτάζω) to inquire, search out, question ▸ 1 + 1 + 2 = 4
  ἀνετάζειν ▸ 1
    Verb · present · active · infinitive ▸ 1 (Acts 22,29)
  ἀνετάζεσθαι ▸ 1
    Verb · present · passive · infinitive · (variant) ▸ 1 (Acts 22,24)
  ἀνετάζοντες ▸ 1
    Verb · present · active · participle · masculine · plural · nominative ▸ 1 (Sus. 14)
  ἀνήταζον ▸ 1
    Verb · third · plural · imperfect · active · indicative ▸ 1 (Judg. 6,29)

ἀνέτλην to endure, bear up against ▸ 1
  ἀνατλῶν ▸ 1
    Verb · aorist · active · participle · neuter · singular · accusative ▸ 1 (Job 19,26)

ἄνευ without ▸ 43 + 3 + 3 = 49
  ἄνευ ▸ 43 + 3 + 3 = 49
    Preposition · (+genitive) ▸ 43 + 3 + 3 = **49** (Gen. 41,44; Ex. 21,11; 1Sam. 6,7; 2Kings 18,25; Esth. 13,6 # 3,13f; 1Mac. 14,44; 2Mac. 4,6; 3Mac. 4,5; 3Mac. 7,5; 3Mac. 7,12; Psa. 9,27; Psa. 43,13; Psa. 58,5; Job 6,6; Job 8,11; Job 8,11; Job 24,7; Job 30,28; Job 31,39; Job 34,6; Job 34,32; Job 39,16; Wis. 14,4; Wis. 19,13; Sir. 32,19; Sir. 33,30; Sir. 34,8; Sir. 38,32; Sir. 51,25; Sol. 4,4; Sol. 5,13; Amos

3,5; Amos 3,5; Is. 10,15; Is. 10,15; Is. 28,1; Is. 36,10; Is. 55,1; Jer. 51,19; LetterJ 25; Dan. 2,34; Dan. 2,45; Bel 25; Dan. 2,34; Dan. 2,45; Bel 25; Matt. 10,29; 1Pet. 3,1; 1Pet. 4,9)

Ἄνευ without ▸ 1
　Ἄνευ ▸ 1
　　Preposition · (+genitive) ▸ 1 (Gen. 41,16)

ἀνεύθετος (α; εὖ; τίθημι) unsuitable ▸ 1
　ἀνευθέτου ▸ 1
　　Adjective · masculine · singular · genitive ▸ 1 (Acts 27,12)

ἀνευρίσκω (ἀνά; εὑρίσκω) to discover, seek ▸ 1 + 2 = 3
　ἀνευράμενοι ▸ 1
　　Verb · aorist · middle · participle · masculine · plural · nominative ▸ 1 (4Mac. 3,14)
　ἀνεῦραν ▸ 1
　　Verb · third · plural · aorist · active · indicative ▸ 1 (Luke 2,16)
　ἀνευρόντες ▸ 1
　　Verb · aorist · active · participle · masculine · plural · nominative ▸ 1 (Acts 21,4)

ἀνέφικτος (α; ἐφικτός) unattainable ▸ 1
　ἀνέφικτος ▸ 1
　　Adjective · masculine · singular · nominative · noDegree ▸ 1 (3Mac. 2,15)

ἀνέχω (ἀνά; ἔχω) to lift; esteem; hinder, stop; bear, be patient ▸ 17 + 15 = 32
　ἀνείχεσθέ ▸ 1
　　Verb · second · plural · imperfect · middle · indicative ▸ 1 (2Cor. 11,1)
　ἀνέξει ▸ 1
　　Verb · third · singular · future · active · indicative ▸ 1 (Hag. 1,10)
　ἀνέξομαι ▸ 2 + 3 = 5
　　Verb · first · singular · future · middle · indicative ▸ 2 + 3 = 5 (Job 6,26; Is. 42,14; Matt. 17,17; Mark 9,19; Luke 9,41)
　ἀνέξονται ▸ 1
　　Verb · third · plural · future · middle · indicative ▸ 1 (2Tim. 4,3)
　ἀνέσχεν ▸ 2
　　Verb · third · singular · aorist · active · indicative ▸ 2 (Sir. 48,3; Sol. 17,18)
　ἀνεσχόμην ▸ 1
　　Verb · first · singular · aorist · middle · indicative ▸ 1 (Acts 18,14)
　ἀνέσχον ▸ 2
　　Verb · first · singular · aorist · active · indicative ▸ 1 (Amos 4,7)
　　Verb · third · plural · aorist · active · indicative ▸ 1 (1Kings 12,24z)
　ἀνέσχοντο ▸ 1
　　Verb · third · plural · aorist · middle · indicative ▸ 1 (4Mac. 13,27)
　ἀνέσχου ▸ 2
　　Verb · second · singular · aorist · middle · indicative ▸ 2 (Is. 63,15; Is. 64,11)
　ἀνέχεσθαι ▸ 2
　　Verb · present · middle · infinitive ▸ 2 (Gen. 45,1; 2Mac. 9,12)
　ἀνέχεσθε ▸ 5
　　Verb · second · plural · present · middle · indicative ▸ 4 (2Cor. 11,4; 2Cor. 11,19; 2Cor. 11,20; 2Th. 1,4)
　　Verb · second · plural · present · middle · imperative ▸ 1 (Heb. 13,22)
　ἀνέχεσθέ ▸ 1
　　Verb · second · plural · present · middle · indicative ▸ 1 (2Cor. 11,1)
　ἀνέχεται ▸ 1
　　Verb · third · singular · present · passive · indicative ▸ 1 (4Mac. 1,35)
　ἀνέχεταί ▸ 1
　　Verb · third · singular · present · middle · indicative ▸ 1 (Job 6,11)
　ἀνέχομαι ▸ 2
　　Verb · first · singular · present · middle · indicative ▸ 2 (Is. 1,13; Is. 46,4)
　ἀνεχόμεθα ▸ 1
　　Verb · first · plural · present · middle · indicative ▸ 1 (1Cor. 4,12)
　ἀνεχόμενοι ▸ 2
　　Verb · present · middle · participle · masculine · plural · nominative ▸ 2 (Eph. 4,2; Col. 3,13)
　ἠνείχοντο ▸ 1
　　Verb · third · plural · imperfect · middle · indicative ▸ 1 (3Mac. 1,22)

ἀνεψιός nephew, cousin ▸ 2 + 1 + 1 = 4
　ἀνεψιοῖς ▸ 1
　　Noun · masculine · plural · dative · (common) ▸ 1 (Num. 36,11)
　ἀνεψιόν ▸ 1
　　Noun · masculine · singular · accusative · (common) ▸ 1 (Tob. 9,6)
　ἀνεψιὸς ▸ 1
　　Noun · masculine · singular · nominative ▸ 1 (Col. 4,10)
　ἀνεψιῷ ▸ 1
　　Noun · masculine · singular · dative · (common) ▸ 1 (Tob. 7,2)

ἄνηβος (α; ἥβη) young ▸ 1
　ἀνήβων ▸ 1
　　Adjective · masculine · plural · genitive · noDegree ▸ 1 (2Mac. 5,13)

ἄνηθον dill ▸ 1
　ἄνηθον ▸ 1
　　Noun · neuter · singular · accusative ▸ 1 (Matt. 23,23)

ἀνήκεστος (α; ἀκέομαι) incurable, inconsolable ▸ 3
　ἀνηκέστοις ▸ 1
　　Adjective · feminine · plural · dative · noDegree ▸ 1 (Esth. 16,5 # 8,12e)
　ἀνήκεστον ▸ 1
　　Adjective · masculine · singular · accusative · noDegree ▸ 1 (3Mac. 3,25)
　ἀνήκεστος ▸ 1
　　Adjective · masculine · singular · nominative · noDegree ▸ 1 (2Mac. 9,5)

ἀνήκοος (α; ἀκούω) unhearing; ignorant; disobedient ▸ 5
　ἀνήκοοι ▸ 2
　　Adjective · masculine · plural · nominative · noDegree ▸ 2 (Job 36,12; Jer. 6,28)
　ἀνήκοος ▸ 2
　　Adjective · feminine · singular · nominative · noDegree ▸ 1 (Jer. 5,23)
　　Adjective · masculine · singular · nominative · noDegree ▸ 1 (Prov. 13,1)
　ἀνηκόων ▸ 1
　　Adjective · masculine · plural · genitive · noDegree ▸ 1 (Num. 17,25)

ἀνήκω (ἀνά; ἥκω) to belong to, relate to, be convenient ▸ 9 + 3 = 12
　ἀνήκειν ▸ 1
　　Verb · present · active · infinitive ▸ 1 (1Mac. 10,42)
　ἀνῆκεν ▸ 2
　　Verb · third · singular · imperfect · active · indicative ▸ 2 (Eph. 5,4; Col. 3,18)

ἀνῆκον ▸ 1
  Verb · present · active · participle · neuter · singular · accusative ▸ 1 (Philem. 8)
ἀνήκοντα ▸ 2
  Verb · present · active · participle · neuter · plural · accusative ▸ 2 (Josh. 23,14; 1Mac. 11,35)
ἀνήκοντας ▸ 1
  Verb · present · active · participle · masculine · plural · accusative ▸ 1 (1Mac. 11,35)
ἀνηκόντων ▸ 5
  Verb · present · active · participle · masculine · plural · genitive ▸ 2 (1Sam. 27,8; 1Mac. 10,40)
  Verb · present · active · participle · neuter · plural · genitive ▸ 3 (1Mac. 11,35; 2Mac. 14,8; Sir. 1,12 Prol.)
ἀνήλατος (α; ἐλαύνω) unyielding, stubborn ▸ 1
  ἀνήλατος ▸ 1
  Adjective · masculine · singular · nominative · noDegree ▸ 1 (Job 41,16)
ἀνηλεής (α; ἔλεος) merciless, pitiless ▸ 1
  ἀνηλεεῖς ▸ 1
  Adjective · masculine · plural · accusative · noDegree ▸ 1 (3Mac. 5,10)
Ανημελεχ Anammelech ▸ 1
  Ανημελεχ ▸ 1
  Noun · masculine · singular · dative · (proper) ▸ 1 (2Kings 17,31)
ἀνήμερος untame, wild, savage ▸ 1
  ἀνήμεροι ▸ 1
  Adjective · masculine · plural · nominative ▸ 1 (2Tim. 3,3)
ἀνήνυτος (ἀνύω) unfinished, endless ▸ 1
  ἀνήνυτον ▸ 1
  Adjective · neuter · singular · accusative · noDegree ▸ 1 (3Mac. 4,15)
ἀνήρ man, husband ▸ 1674 + 244 + 216 = 2134
  ἄνδρα ▸ 177 + 23 + 31 = 231
  Noun · masculine · singular · accusative · (common) ▸ 177 + 23 + 31 = 231 (Gen. 3,16; Gen. 4,23; Gen. 19,8; Gen. 19,9; Gen. 30,15; Ex. 21,28; Ex. 21,29; Num. 4,49; Num. 4,49; Num. 5,19; Num. 5,27; Num. 13,2; Num. 15,32; Deut. 1,23; Deut. 22,22; Deut. 25,11; Deut. 28,56; Josh. 7,14; Josh. 7,17; Judg. 1,24; Judg. 1,25; Judg. 2,21; Judg. 3,15; Judg. 3,28; Judg. 3,29; Judg. 4,22; Judg. 6,8; Judg. 6,16; Judg. 7,8; Judg. 7,8; Judg. 9,2; Judg. 11,39; Judg. 13,11; Judg. 14,15; Judg. 19,6; Judg. 19,17; Judg. 19,22; Judg. 19,22; Judg. 19,23; Judg. 19,30; Judg. 21,12; Ruth 2,11; Ruth 3,14; 1Sam. 2,25; 1Sam. 2,33; 1Sam. 9,16; 1Sam. 10,6; 1Sam. 11,8; 1Sam. 12,1; 1Sam. 14,36; 1Sam. 14,52; 1Sam. 14,52; 1Sam. 16,16; 1Sam. 16,17; 1Sam. 17,8; 1Sam. 17,10; 1Sam. 17,40; 1Sam. 21,15; 1Sam. 27,9; 1Sam. 27,11; 1Sam. 28,4; 1Sam. 29,4; 1Sam. 30,2; 1Sam. 30,11; 2Sam. 4,11; 2Sam. 11,26; 2Sam. 13,9; 2Sam. 13,9; 2Sam. 15,5; 2Sam. 17,3; 2Sam. 18,26; 2Sam. 19,43; 2Sam. 20,4; 2Sam. 23,21; 2Sam. 23,21; 1Kings 2,2; 1Kings 12,24x; 1Kings 21,39; 1Kings 21,39; 1Kings 21,42; 2Kings 4,9; 2Kings 4,22; 2Kings 4,29; 2Kings 5,7; 2Kings 6,19; 2Kings 6,32; 2Kings 9,11; 2Kings 10,5; 2Kings 10,14; 2Kings 13,21; 2Kings 13,21; 2Kings 23,10; 2Kings 23,10; 1Chr. 11,23; 1Chr. 11,23; 1Chr. 16,21; 2Chr. 2,6; 2Chr. 2,12; Neh. 5,13; Judith 7,12; Judith 7,13; Judith 10,19; 1Mac. 2,25; 1Mac. 7,7; 1Mac. 10,16; 1Mac. 12,8; 2Mac. 3,17; 2Mac. 6,21; 2Mac. 8,8; 2Mac. 8,9; 2Mac. 8,32; 2Mac. 14,31; 2Mac. 15,12; 2Mac. 15,13; 4Mac. 4,1; Psa. 5,7; Psa. 79,18; Psa. 139,12; Prov. 1,11; Prov. 5,22; Prov. 10,4; Prov. 10,13; Prov. 12,4; Prov. 17,26; Prov. 18,14; Prov. 19,25; Prov. 20,6; Prov. 22,8a; Prov. 22,29; Prov. 26,12; Prov. 28,17; Prov. 28,21; Prov. 29,20; Prov. 29,23; Eccl. 7,5; Eccl. 9,15; Job 30,25;

Job 34,23; Sir. 4,2; Sir. 10,23; Sir. 11,2; Sir. 16,12; Sir. 22,4; Sir. 22,5; Sir. 23,22; Sir. 23,23; Sir. 25,23; Sir. 26,2; Sir. 26,13; Sir. 27,7; Sir. 45,1; Sol. 3,8; Sol. 9,5; Sol. 12,5; Sol. 18,8; Hos. 2,9; Mic. 2,2; Mic. 2,2; Joel 1,8; Zech. 13,7; Is. 22,17; Is. 54,1; Jer. 5,1; Jer. 13,14; Jer. 15,10; Jer. 22,7; Jer. 22,18; Jer. 22,30; Jer. 28,22; Jer. 41,9; Ezek. 3,26; Ezek. 9,3; Ezek. 10,2; Ezek. 10,3; Ezek. 16,45; Ezek. 22,30; Ezek. 39,20; Judg. 1,25; Judg. 2,21; Judg. 3,15; Judg. 3,28; Judg. 3,29; Judg. 4,22; Judg. 6,8; Judg. 6,16; Judg. 7,8; Judg. 7,8; Judg. 9,2; Judg. 11,39; Judg. 13,11; Judg. 14,15; Judg. 16,19; Judg. 19,6; Judg. 19,17; Judg. 19,22; Judg. 19,22; Judg. 19,23; Judg. 21,12; Dan. 2,25; Sus. 28; Matt. 1,16; Mark 6,20; Mark 10,12; Luke 1,34; John 4,16; John 4,17; John 4,17; Acts 2,22; Acts 3,14; Acts 5,9; Acts 5,10; Acts 6,5; Acts 9,12; Acts 13,6; Acts 13,21; Acts 13,22; Acts 21,11; Acts 23,27; Acts 23,30; Acts 24,5; Acts 25,17; 1Cor. 7,2; 1Cor. 7,11; 1Cor. 7,13; 1Cor. 7,13; 1Cor. 7,16; 1Cor. 11,9; Gal. 4,27; Eph. 4,13; Eph. 5,33; 1Tim. 3,2)
  Ἄνδρα ▸ 1
  Noun · masculine · singular · accusative · (common) ▸ 1 (1Sam. 28,14)
  ἄνδρας ▸ 204 + 36 + 21 = 261
  Noun · masculine · plural · accusative · (common) ▸ 204 + 36 + 21 = 261 (Gen. 14,21; Gen. 19,8; Gen. 19,11; Gen. 29,22; Gen. 34,20; Gen. 38,21; Gen. 47,2; Ex. 2,13; Ex. 17,9; Ex. 18,21; Ex. 18,21; Ex. 18,25; Ex. 32,28; Num. 1,17; Num. 11,16; Num. 11,24; Num. 11,25; Num. 13,2; Num. 16,35; Num. 31,3; Num. 31,21; Deut. 1,13; Deut. 1,15; Deut. 1,22; Deut. 1,23; Deut. 31,12; Josh. 2,3; Josh. 2,4; Josh. 3,12; Josh. 4,2; Josh. 4,4; Josh. 7,2; Josh. 7,5; Josh. 8,1; Josh. 8,21; Josh. 10,18; Josh. 18,4; Judg. 3,31; Judg. 6,27; Judg. 6,27; Judg. 6,31; Judg. 7,16; Judg. 8,14; Judg. 8,16; Judg. 8,17; Judg. 9,2; Judg. 9,4; Judg. 9,5; Judg. 9,18; Judg. 9,18; Judg. 9,20; Judg. 9,24; Judg. 9,36; Judg. 12,4; Judg. 14,19; Judg. 15,15; Judg. 15,16; Judg. 18,2; Judg. 20,10; Judg. 20,12; Judg. 20,13; Judg. 20,31; Judg. 20,35; Judg. 20,39; Judg. 20,45; Ruth 1,11; Ruth 4,2; 1Sam. 4,9; 1Sam. 4,9; 1Sam. 5,9; 1Sam. 6,19; 1Sam. 8,22; 1Sam. 10,2; 1Sam. 10,3; 1Sam. 10,21; 1Sam. 11,8; 1Sam. 11,12; 1Sam. 13,15; 1Sam. 14,8; 1Sam. 18,27; 1Sam. 22,18; 1Sam. 23,8; 1Sam. 23,26; 1Sam. 24,3; 1Sam. 24,7; 1Sam. 24,8; 1Sam. 30,21; 2Sam. 2,31; 2Sam. 10,6; 2Sam. 15,1; 2Sam. 17,8; 2Sam. 18,28; 2Sam. 21,6; 1Kings 1,5; 1Kings 9,27; 1Kings 11,18; 1Kings 18,4; 1Kings 18,13; 1Kings 20,10; 1Kings 22,6; 2Kings 2,17; 2Kings 3,26; 2Kings 5,24; 2Kings 10,7; 2Kings 10,14; 2Kings 10,24; 2Kings 11,9; 2Kings 12,16; 2Kings 18,27; 2Kings 24,16; 2Kings 25,19; 2Kings 25,19; 1Chr. 23,3; 2Chr. 2,16; 2Chr. 13,15; 2Chr. 18,5; 2Chr. 23,8; 1Esdr. 8,27; 1Esdr. 8,46; 1Esdr. 8,54; 1Esdr. 8,54; 1Esdr. 9,16; 1Esdr. 9,17; Ezra 4,21; Ezra 8,16; Neh. 11,2; Neh. 12,44; Neh. 13,25; Esth. 1,18; Esth. 9,6; Esth. 9,12; Esth. 9,15; Judith 2,5; Judith 2,15; Judith 3,6; Judith 4,7; Judith 10,17; Tob. 3,8; 1Mac. 1,34; 1Mac. 2,44; 1Mac. 3,24; 1Mac. 3,38; 1Mac. 4,1; 1Mac. 4,15; 1Mac. 4,34; 1Mac. 5,17; 1Mac. 5,22; 1Mac. 5,34; 1Mac. 5,60; 1Mac. 6,35; 1Mac. 6,57; 1Mac. 7,16; 1Mac. 9,25; 1Mac. 9,49; 1Mac. 9,61; 1Mac. 10,32; 1Mac. 10,85; 1Mac. 11,43; 1Mac. 11,44; 1Mac. 11,74; 1Mac. 12,1; 1Mac. 12,45; 1Mac. 12,47; 1Mac. 13,10; 1Mac. 13,34; 1Mac. 13,48; 1Mac. 14,23; 1Mac. 14,32; 1Mac. 14,33; 1Mac. 14,37; 1Mac. 15,26; 1Mac. 16,10; 1Mac. 16,15; 1Mac. 16,22; 2Mac. 13,15; 3Mac. 7,15; 4Mac. 1,10; Prov. 24,1; Sir. 29,18; Sir. 44,1; Nah. 2,4; Zeph. 1,12; Jer. 5,26; Jer. 11,2; Jer. 11,21; Jer. 18,11; Jer. 31,31; Jer. 33,22; Jer. 41,18; Jer. 47,7; Jer. 48,16; Jer. 50,6; Jer. 52,25; Ezek. 12,16; Ezek. 16,45; Ezek. 23,14; Ezek. 23,42; Ezek. 39,14; Dan. 3,20; Dan. 3,23; Dan. 3,92; Dan. 5,0; Dan. 6,3; Dan. 6,4; Judg. 3,31; Judg. 6,27; Judg. 6,27; Judg. 7,8; Judg. 7,16; Judg. 8,9; Judg. 8,14; Judg. 8,16; Judg. 8,17; Judg. 9,2;

Judg. 9,4; Judg. 9,5; Judg. 9,18; Judg. 9,18; Judg. 9,20; Judg. 9,24; Judg. 9,36; Judg. 12,4; Judg. 14,19; Judg. 15,15; Judg. 15,16; Judg. 18,2; Judg. 20,10; Judg. 20,12; Judg. 20,13; Judg. 20,31; Judg. 20,35; Judg. 20,39; Judg. 20,45; Judg. 20,45; Tob. 3,8; Dan. 3,20; Dan. 3,91; Dan. 3,92; Dan. 3,94; Dan. 6,25; Luke 9,32; John 4,18; Acts 6,3; Acts 6,11; Acts 8,3; Acts 9,2; Acts 9,38; Acts 10,5; Acts 10,21; Acts 11,3; Acts 15,22; Acts 15,22; Acts 15,25; Acts 17,5; Acts 19,37; Acts 21,26; Acts 21,38; Acts 22,4; Rom. 11,4; 1Cor. 14,35; 1Tim. 2,8)

Ἄνδρας ▸ 1
Noun · masculine · plural · accusative · (common) ▸ **1** (2Sam. 13,34)

ἀνδράσι ▸ 2
Noun · masculine · plural · dative · (common) ▸ **2** (Prov. 10,10; Prov. 22,29)

ἀνδράσιν ▸ 45 + 10 + 7 = 62
Noun · masculine · plural · dative · (common) ▸ 45 + 10 + 7 = **62** (Gen. 12,20; Ex. 38,22; Deut. 21,20; Josh. 8,35 # 9,2f; Josh. 18,8; Judg. 7,7; Judg. 8,5; Judg. 8,9; Judg. 8,15; Judg. 9,28; Judg. 19,30; 1Sam. 4,15; 1Sam. 6,19; 1Sam. 11,9; 1Sam. 11,9; 1Sam. 25,11; 1Sam. 25,13; 1Sam. 30,10; 2Sam. 3,20; 2Sam. 17,12; 2Kings 4,40; 2Kings 25,24; 2Chr. 24,24; Ezra 6,8; Ezra 10,17; Esth. 1,20; Tob. 3,8; Tob. 6,14; Tob. 7,11; 1Mac. 2,31; 1Mac. 4,6; 1Mac. 4,8; 1Mac. 4,41; 1Mac. 5,32; 1Mac. 7,1; 1Mac. 7,24; 1Mac. 7,28; 1Mac. 7,40; 1Mac. 9,69; 2Mac. 12,5; Jer. 4,3; Jer. 11,9; Jer. 36,6; Jer. 47,9; Ezek. 23,40; Judg. 6,31; Judg. 7,7; Judg. 8,5; Judg. 8,15; Judg. 9,28; Judg. 20,39; Tob. 3,8; Tob. 3,8; Tob. 6,14; Tob. 7,11; Acts 25,23; Eph. 5,22; Eph. 5,24; Col. 3,18; Titus 2,5; 1Pet. 3,1; 1Pet. 3,5)

ἄνδρες ▸ 373 + 50 + 57 = 480
Noun · masculine · plural · nominative · (common) ▸ 365 + 50 + 30 = **445** (Gen. 17,27; Gen. 18,2; Gen. 18,16; Gen. 18,22; Gen. 19,4; Gen. 19,5; Gen. 19,10; Gen. 19,12; Gen. 20,2; Gen. 24,54; Gen. 26,7; Gen. 26,7; Gen. 32,7; Gen. 33,1; Gen. 34,7; Gen. 43,15; Gen. 46,32; Gen. 46,32; Gen. 47,5; Ex. 10,11; Ex. 12,37; Ex. 21,18; Ex. 21,22; Ex. 22,30; Ex. 35,22; Num. 1,44; Num. 9,6; Num. 9,7; Num. 11,26; Num. 13,3; Num. 13,32; Num. 14,22; Num. 16,2; Num. 16,2; Num. 31,32; Num. 31,53; Deut. 2,16; Deut. 13,14; Deut. 21,21; Deut. 22,21; Josh. 2,2; Josh. 2,4; Josh. 2,5; Josh. 2,7; Josh. 2,14; Josh. 2,17; Josh. 7,2; Josh. 7,3; Josh. 7,4; Josh. 7,5; Josh. 10,2; Josh. 18,8; Judg. 6,28; Judg. 6,30; Judg. 7,6; Judg. 7,19; Judg. 8,4; Judg. 8,8; Judg. 8,8; Judg. 8,18; Judg. 9,6; Judg. 9,7; Judg. 9,23; Judg. 9,25; Judg. 9,26; Judg. 9,46; Judg. 9,47; Judg. 9,49; Judg. 9,49; Judg. 9,51; Judg. 11,3; Judg. 12,4; Judg. 12,5; Judg. 12,5; Judg. 14,18; Judg. 16,27; Judg. 18,7; Judg. 18,8; Judg. 18,11; Judg. 18,14; Judg. 18,16; Judg. 18,17; Judg. 18,22; Judg. 18,25; Judg. 19,16; Judg. 19,22; Judg. 19,25; Judg. 20,5; Judg. 20,15; Judg. 20,17; Judg. 20,44; Judg. 20,46; Judg. 20,47; 1Sam. 5,7; 1Sam. 6,15; 1Sam. 6,20; 1Sam. 7,1; 1Sam. 7,11; 1Sam. 8,4; 1Sam. 11,1; 1Sam. 11,3; 1Sam. 11,10; 1Sam. 14,2; 1Sam. 14,12; 1Sam. 14,14; 1Sam. 17,2; 1Sam. 17,52; 1Sam. 17,53; 1Sam. 18,27; 1Sam. 22,2; 1Sam. 22,6; 1Sam. 23,3; 1Sam. 23,5; 1Sam. 23,13; 1Sam. 23,24; 1Sam. 23,25; 1Sam. 23,26; 1Sam. 23,26; 1Sam. 23,26; 1Sam. 24,4; 1Sam. 24,5; 1Sam. 24,23; 1Sam. 25,13; 1Sam. 25,15; 1Sam. 25,20; 1Sam. 27,2; 1Sam. 27,3; 1Sam. 27,8; 1Sam. 28,1; 1Sam. 28,8; 1Sam. 29,2; 1Sam. 29,11; 1Sam. 30,3; 1Sam. 30,4; 1Sam. 30,9; 1Sam. 30,10; 1Sam. 30,31; 1Sam. 31,1; 1Sam. 31,3; 1Sam. 31,7; 1Sam. 31,7; 2Sam. 1,11; 2Sam. 2,3; 2Sam. 2,4; 2Sam. 2,4; 2Sam. 2,17; 2Sam. 2,29; 2Sam. 2,30; 2Sam. 2,32; 2Sam. 3,20; 2Sam. 3,39; 2Sam. 4,1; 2Sam. 4,2; 2Sam. 4,11; 2Sam. 5,6; 2Sam. 5,21; 2Sam. 10,5; 2Sam. 11,16; 2Sam. 11,17; 2Sam. 11,23; 2Sam. 12,1; 2Sam. 15,11; 2Sam. 15,18; 2Sam. 15,18; 2Sam. 16,13; 2Sam. 19,16; 2Sam. 19,18; 2Sam. 19,29; 2Sam. 19,42; 2Sam. 20,7; 2Sam. 21,17; 1Kings 10,22c # 9,22; 1Kings 11,14; 1Kings 11,17; 1Kings 11,18; 1Kings 13,25; 1Kings 18,22; 1Kings 20,11; 1Kings 20,13; 1Kings 21,9; 1Kings 21,33; 2Kings 2,7; 2Kings 2,16; 2Kings 2,19; 2Kings 7,3; 2Kings 10,6; 2Kings 15,25; 2Kings 17,30; 2Kings 17,30; 2Kings 17,30; 2Kings 20,14; 2Kings 23,17; 2Kings 25,4; 2Kings 25,23; 2Kings 25,23; 2Kings 25,25; 1Chr. 4,12; 1Chr. 4,22; 1Chr. 4,42; 1Chr. 5,18; 1Chr. 5,24; 1Chr. 5,24; 1Chr. 7,21; 1Chr. 7,40; 1Chr. 8,40; 1Chr. 9,9; 1Chr. 11,4; 1Chr. 12,9; 1Chr. 12,31; 1Chr. 12,39; 2Chr. 8,9; 2Chr. 9,7; 2Chr. 10,17; 2Chr. 13,7; 2Chr. 13,15; 2Chr. 13,17; 2Chr. 17,13; 2Chr. 28,15; 2Chr. 31,19; 2Chr. 34,12; 1Esdr. 8,30; 1Esdr. 8,31; 1Esdr. 8,32; 1Esdr. 8,32; 1Esdr. 8,33; 1Esdr. 8,34; 1Esdr. 8,35; 1Esdr. 8,36; 1Esdr. 8,37; 1Esdr. 8,38; 1Esdr. 8,39; 1Esdr. 8,40; 1Esdr. 8,47; 1Esdr. 8,88; Ezra 1,4; Ezra 2,27; Ezra 2,28; Ezra 4,11; Ezra 10,1; Ezra 10,9; Ezra 10,16; Neh. 1,2; Neh. 2,12; Neh. 3,22; Neh. 4,17; Neh. 5,17; Neh. 7,7; Neh. 7,28; Neh. 7,29; Neh. 7,30; Neh. 7,31; Neh. 7,32; Neh. 7,33; Neh. 7,34; Neh. 11,6; Judith 3,5; Judith 6,12; Judith 10,10; Judith 10,14; Judith 11,9; Judith 13,12; 1Mac. 2,18; 1Mac. 2,31; 1Mac. 5,20; 1Mac. 5,20; 1Mac. 5,50; 1Mac. 5,59; 1Mac. 6,37; 1Mac. 6,42; 1Mac. 6,54; 1Mac. 7,5; 1Mac. 7,32; 1Mac. 9,5; 1Mac. 9,6; 1Mac. 10,61; 1Mac. 10,61; 1Mac. 11,21; 1Mac. 16,6; 2Mac. 4,44; 2Mac. 10,29; 4Mac. 16,2; Psa. 54,24; Psa. 75,6; Prov. 1,10; Prov. 21,20; Prov. 28,5; Prov. 29,2; Prov. 29,8; Prov. 29,10; Eccl. 9,14; Eccl. 12,3; Job 22,15; Job 36,24; Sir. 9,16; Sir. 15,7; Sir. 15,8; Sir. 26,28; Sir. 41,8; Sir. 44,3; Sir. 44,6; Sir. 44,10; Sir. 45,18; Amos 6,9; Mic. 7,6; Joel 2,7; Joel 4,9; Obad. 7; Obad. 7; Obad. 21; Jonah 1,10; Jonah 1,10; Jonah 1,13; Jonah 1,16; Jonah 3,5; Zeph. 3,4; Zech. 3,8; Zech. 7,2; Zech. 8,23; Is. 14,30; Is. 28,14; Is. 45,14; Is. 57,1; Jer. 17,25; Jer. 18,21; Jer. 20,10; Jer. 27,30; Jer. 28,32; Jer. 30,32; Jer. 33,17; Jer. 39,32; Jer. 45,22; Jer. 47,7; Jer. 47,8; Jer. 48,1; Jer. 48,2; Jer. 48,5; Jer. 48,5; Jer. 48,8; Jer. 50,2; Jer. 51,15; Jer. 52,7; Ezek. 8,11; Ezek. 8,16; Ezek. 9,2; Ezek. 11,1; Ezek. 11,2; Ezek. 11,15; Ezek. 14,1; Ezek. 14,3; Ezek. 14,14; Ezek. 14,16; Ezek. 14,18; Ezek. 20,1; Ezek. 22,9; Ezek. 23,45; Ezek. 27,10; Ezek. 27,27; Dan. 3,8; Dan. 3,12; Dan. 3,21; Dan. 3,22; Dan. 3,93; Sus. 28; Bel 15-17; Judg. 6,28; Judg. 6,30; Judg. 7,6; Judg. 7,19; Judg. 8,4; Judg. 8,8; Judg. 8,8; Judg. 8,18; Judg. 9,6; Judg. 9,7; Judg. 9,9; Judg. 9,23; Judg. 9,25; Judg. 9,26; Judg. 9,46; Judg. 9,47; Judg. 9,49; Judg. 9,49; Judg. 9,51; Judg. 11,3; Judg. 12,4; Judg. 12,5; Judg. 14,18; Judg. 15,11; Judg. 16,27; Judg. 18,7; Judg. 18,8; Judg. 18,11; Judg. 18,14; Judg. 18,16; Judg. 18,17; Judg. 18,22; Judg. 18,25; Judg. 19,16; Judg. 19,22; Judg. 19,25; Judg. 20,5; Judg. 20,15; Judg. 20,17; Judg. 20,41; Judg. 20,44; Judg. 20,46; Judg. 20,47; Dan. 3,8; Dan. 3,12; Dan. 3,12; Dan. 3,21; Dan. 6,12; Dan. 6,16; Dan. 10,7; Matt. 14,21; Matt. 14,35; Matt. 15,38; Mark 6,44; Luke 5,18; Luke 7,20; Luke 9,14; Luke 9,30; Luke 11,32; Luke 17,12; Luke 22,63; Luke 24,4; John 6,10; Acts 1,10; Acts 2,5; Acts 5,25; Acts 8,2; Acts 8,12; Acts 9,7; Acts 10,17; Acts 10,19; Acts 11,11; Acts 11,20; Acts 17,34; Acts 19,7; Acts 20,30; Acts 21,23; Acts 23,21; Eph. 5,28; 1Tim. 3,12)

Noun · masculine · plural · vocative · (common) ▸ 8 + 27 = **35** (1Esdr. 3,24; 1Esdr. 4,2; 1Esdr. 4,12; 1Esdr. 4,32; 4Mac. 8,19; Psa. 138,19; Jer. 4,4; Jer. 19,3; Acts 1,11; Acts 1,16; Acts 2,14; Acts 2,37; Acts 3,12; Acts 5,35; Acts 7,26; Acts 13,15; Acts 13,16; Acts 13,38; Acts 14,15; Acts 15,7; Acts 15,13; Acts 17,22; Acts 19,25; Acts 19,35; Acts 21,28; Acts 23,1; Acts 23,6; Acts 25,24; Acts 27,10; Acts 27,21; Acts 27,25; Acts 28,17; Eph. 5,25; Col. 3,19; 1Pet. 3,7)

Ἄνδρες ▸ 5 + 6 = 11
Noun · masculine · plural · nominative · (common) ▸ 2 + 1 = **3** (Gen. 46,34; 1Kings 21,17; Matt. 12,41)

ἀνήρ

Noun • masculine • plural • vocative • (common) ▸ 3 + 5 = **8**
(1Esdr. 3,18; 1Esdr. 4,14; 1Esdr. 4,34; Acts 2,22; Acts 2,29; Acts 7,2; Acts 13,26; Acts 22,1)

ἀνδρί ▸ 68 + 6 + 17 = 91

Noun • masculine • singular • dative • (common) ▸ 68 + 6 + 17 = **91** (Gen. 3,6; Gen. 16,3; Gen. 29,19; Lev. 13,29; Lev. 13,38; Lev. 22,12; Num. 30,7; Deut. 22,23; Deut. 24,2; Deut. 25,5; Deut. 33,8; Judg. 13,6; Judg. 13,10; Judg. 19,24; Judg. 20,38; Judg. 20,39; Ruth 1,2; Ruth 1,12; Ruth 2,1; Ruth 3,3; 1Sam. 1,22; 1Sam. 2,15; 1Sam. 25,19; 2Sam. 12,4; 2Sam. 12,4; 2Sam. 18,11; 2Sam. 19,44; 1Kings 8,39; 2Kings 15,20; 2Kings 22,15; 1Chr. 16,3; 1Chr. 16,3; 2Chr. 6,5; 2Chr. 6,30; 2Chr. 34,23; Judith 2,18; Tob. 6,13; 2Mac. 14,24; Prov. 6,2; Prov. 10,23; Prov. 11,16; Prov. 12,4; Prov. 14,7; Prov. 17,12; Prov. 19,22; Prov. 20,3; Prov. 20,25; Prov. 22,24; Prov. 23,6; Prov. 24,9; Prov. 27,24; Prov. 29,6; Prov. 29,25; Prov. 31,12; Prov. 31,22; Job 3,23; Job 16,21; Job 35,8; Sir. 7,25; Sir. 12,14; Sir. 18,17; Sir. 25,20; Sir. 25,22; Sir. 41,1; Hos. 3,3; Jer. 3,1; Lam. 3,27; Ezek. 10,6; Judg. 13,6; Judg. 13,10; Judg. 19,24; Tob. 7,10; Dan. 9,7; Dan. 12,6; Matt. 7,24; Matt. 7,26; Mark 10,2; Luke 1,27; Luke 6,8; Luke 19,7; Acts 10,28; Acts 13,7; Acts 17,31; Acts 25,5; Rom. 7,2; Rom. 7,3; Rom. 7,3; 1Cor. 7,11; 2Cor. 11,2; James 1,23; Rev. 21,2)

ἀνδρί ▸ 22 + 1 + 2 = 25

Noun • masculine • singular • dative • (common) ▸ 22 + 1 + 2 = **25** (Gen. 20,3; Gen. 30,18; Lev. 15,2; Lev. 15,33; Lev. 21,3; Deut. 22,22; Judg. 17,11; Ruth 1,12; Ruth 1,13; 2Sam. 12,5; 2Sam. 14,7; 2Kings 4,26; 4Mac. 18,9; Prov. 16,25; Prov. 19,6; Prov. 19,14; Prov. 19,23; Prov. 20,24; Prov. 29,26; Sir. 20,9; Sir. 34,1; Ezek. 44,25; Judg. 17,11; 1Cor. 7,3; 1Cor. 7,34)

Ἀνδρί ▸ 2

Noun • masculine • singular • dative • (common) ▸ **2** (Lev. 15,2; Sir. 14,3)

ἀνδρός ▸ 23 + 2 + 6 = 31

Noun • masculine • singular • genitive • (common) ▸ 23 + 2 + 6 = **31** (Num. 5,20; Num. 31,35; Deut. 3,11; Deut. 25,7; Deut. 25,7; Judg. 19,26; Ruth 2,19; 4Mac. 16,14; Prov. 5,21; Prov. 12,8; Prov. 18,4; Prov. 18,12; Prov. 19,21; Prov. 20,5; Prov. 22,14a; Job 10,5; Job 33,29; Job 34,9; Job 34,20; Sir. 10,5; Sir. 40,23; Lam. 3,33; Ezek. 8,2; Judg. 5,30; Dan. 8,15; Acts 11,12; Rom. 7,2; 1Cor. 11,7; 1Cor. 11,8; 1Cor. 11,12; 1Tim. 2,12)

ἀνδρός ▸ 129 + 10 + 10 = 149

Noun • masculine • singular • genitive • (common) ▸ 129 + 10 + 10 = **149** (Gen. 2,23; Lev. 20,10; Lev. 21,7; Num. 5,12; Num. 5,13; Num. 5,20; Num. 5,29; Num. 30,11; Num. 30,17; Deut. 1,16; Deut. 22,5; Deut. 25,5; Josh. 6,21; Josh. 8,25; Judg. 7,14; Judg. 7,22; Judg. 18,19; Judg. 20,42; Ruth 1,5; Ruth 1,9; 1Sam. 1,18; 1Sam. 2,19; 1Sam. 4,21; 1Sam. 9,1; 1Sam. 9,21; 1Sam. 14,20; 1Sam. 15,3; 1Sam. 22,19; 1Sam. 30,13; 2Sam. 1,13; 2Sam. 3,15; 2Sam. 6,19; 2Sam. 14,16; 2Sam. 17,3; 2Sam. 17,18; 2Sam. 17,25; 2Sam. 19,15; 2Sam. 19,15; 2Sam. 19,17; 2Sam. 19,44; 2Sam. 19,44; 2Sam. 22,26; 2Sam. 22,49; 1Kings 18,44; 2Kings 1,7; 2Kings 12,5; 2Kings 12,10; 2Kings 23,8; 1Chr. 11,22; 1Chr. 16,3; 2Chr. 15,13; 2Chr. 23,7; Neh. 1,11; Neh. 8,2; Judith 10,3; Judith 14,6; Judith 16,23; Judith 16,23; Judith 16,24; Tob. 3,14; 1Mac. 2,62; 2Mac. 3,11; 2Mac. 3,32; 2Mac. 4,35; 2Mac. 14,31; 4Mac. 10,5; Psa. 17,26; Psa. 17,49; Psa. 139,2; Psa. 146,10; Prov. 2,12; Prov. 6,34; Prov. 11,7; Prov. 12,14; Prov. 12,25; Prov. 13,8; Prov. 14,10; Prov. 14,33; Prov. 15,29b; Prov. 17,22; Prov. 17,24; Prov. 18,11; Prov. 18,14; Prov. 19,3; Prov. 25,20a; Prov. 28,24; Prov. 29,1; Prov. 29,3; Prov. 30,19; Prov. 30,23; Prov. 31,11; Eccl. 4,4; Eccl. 9,15; Job 31,9; Job 31,11; Job 34,11; Wis. 7,2; Sir. 4,10; Sir. 12,9; Sir. 15,12; Sir. 17,22; Sir. 19,30; Sir. 23,23; Sir. 30,22; Sir. 31,20; Sir. 35,6; Sir. 37,12; Sir. 37,14; Sir. 37,25; Sir. 42,10; Sir. 42,14; Sol. 4,9; Sol. 5,3; Sol. 12,1; Sol. 12,2; Hos. 6,9; Mic. 7,6; Zech. 8,23; Is. 31,8; Is. 44,13; Jer. 7,5; Lam. 3,35; Ezek. 16,32; Ezek. 18,8; Ezek. 40,5; Ezek. 47,3; Sus. 7-8; Sus. 36; Sus. 37; Judg. 7,14; Judg. 7,22; Judg. 8,21; Judg. 18,19; Tob. 3,14; Tob. 9,6; Dan. 8,16; Dan. 12,7; Sus. 7; Sus. 63; Luke 2,36; Luke 16,18; John 1,13; Acts 9,13; Rom. 7,3; 1Cor. 7,10; 1Cor. 11,3; 1Cor. 11,11; 1Tim. 5,9; James 1,20)

Ἀνδρὸς ▸ 1

Noun • masculine • singular • genitive • (common) ▸ **1** (Num. 5,12)

ἀνδρῶν ▸ 141 + 24 + 7 = 172

Noun • masculine • plural • genitive • (common) ▸ 141 + 24 + 7 = **172** (Gen. 14,24; Gen. 17,23; Gen. 24,32; Ex. 39,2; Num. 1,5; Num. 13,16; Num. 31,42; Num. 31,49; Num. 34,17; Num. 34,19; Deut. 1,35; Deut. 2,14; Josh. 7,4; Josh. 8,3; Judg. 1,4; Judg. 3,29; Judg. 4,6; Judg. 4,10; Judg. 4,14; Judg. 7,8; Judg. 8,10; Judg. 8,14; Judg. 9,2; Judg. 9,3; Judg. 9,20; Judg. 9,23; Judg. 9,39; Judg. 9,57; Judg. 15,11; Judg. 16,27; Judg. 20,2; Judg. 20,15; Judg. 20,17; Judg. 20,21; Judg. 20,25; Judg. 20,34; Judg. 20,44; Judg. 20,45; Judg. 20,46; Judg. 21,10; 1Sam. 1,11; 1Sam. 2,33; 1Sam. 4,2; 1Sam. 6,19; 1Sam. 9,22; 1Sam. 13,2; 1Sam. 13,2; 1Sam. 14,23; 1Sam. 24,3; 1Sam. 26,2; 1Sam. 29,4; 1Sam. 30,1; 1Sam. 30,22; 2Sam. 2,31; 2Sam. 7,14; 2Sam. 8,4; 2Sam. 8,5; 2Sam. 10,5; 2Sam. 10,6; 2Sam. 15,6; 2Sam. 15,13; 2Sam. 17,1; 2Sam. 18,7; 2Sam. 21,12; 2Sam. 23,17; 2Sam. 24,9; 2Sam. 24,9; 2Sam. 24,15; 1Kings 5,27; 1Kings 19,18; 1Kings 21,30; 2Kings 4,43; 2Kings 10,6; 2Kings 10,24; 2Kings 25,19; 1Chr. 5,21; 1Chr. 11,19; 1Chr. 12,20; 1Chr. 18,4; 1Chr. 18,5; 1Chr. 19,5; 1Chr. 21,5; 1Chr. 21,5; 1Chr. 21,14; 2Chr. 2,1; 2Chr. 9,14; 2Chr. 13,3; 2Chr. 28,6; 1Esdr. 5,4; 1Esdr. 9,41; Ezra 2,2; Ezra 5,4; Ezra 5,10; Neh. 3,2; Neh. 8,3; Judith 1,16; Judith 6,1; Judith 7,2; Judith 7,2; Judith 7,7; Judith 10,4; Judith 10,13; 1Mac. 3,39; 1Mac. 4,28; 1Mac. 4,29; 1Mac. 5,13; 1Mac. 5,62; 1Mac. 7,19; 1Mac. 9,4; 1Mac. 9,61; 1Mac. 10,36; 1Mac. 10,74; 1Mac. 11,45; 1Mac. 12,41; 1Mac. 15,13; 1Mac. 16,4; 2Mac. 12,19; 2Mac. 12,23; 4Mac. 14,11; 4Mac. 15,30; Psa. 25,9; Psa. 58,3; Prov. 1,18; Prov. 3,31; Prov. 6,26; Prov. 10,32; Prov. 11,6; Job 32,5; Sir. 39,2; Amos 1,5; Jer. 19,10; Jer. 50,9; Jer. 51,19; Jer. 52,25; Ezek. 9,4; Ezek. 9,6; Ezek. 21,36; Ezek. 24,17; Ezek. 24,22; Dan. 6,3; Dan. 8,25; Judg. 1,4; Judg. 3,29; Judg. 4,6; Judg. 4,10; Judg. 4,14; Judg. 8,10; Judg. 8,14; Judg. 9,2; Judg. 9,3; Judg. 9,20; Judg. 9,23; Judg. 9,39; Judg. 9,57; Judg. 16,27; Judg. 20,2; Judg. 20,17; Judg. 20,21; Judg. 20,25; Judg. 20,34; Judg. 20,44; Judg. 20,46; Judg. 21,10; Tob. 3,9; Bel 20; Luke 11,31; Luke 14,24; Acts 1,21; Acts 4,4; Acts 5,14; Acts 5,36; Acts 17,12)

Ἀνδρῶν ▸ 1

Noun • masculine • plural • genitive • (common) ▸ **1** (Bel 20)

ἄνερ ▸ 1

Noun • masculine • singular • vocative ▸ **1** (1Cor. 7,16)

ἀνήρ ▸ 51 + 6 + 11 = 68

Noun • masculine • singular • nominative • (common) ▸ 51 + 6 + 11 = **68** (Gen. 29,32; Gen. 29,34; Gen. 30,20; Lev. 20,18; Num. 16,7; Judg. 3,29; Judg. 4,20; Judg. 10,18; Ruth 3,16; Ruth 3,18; 1Sam. 2,9; 2Sam. 14,5; 2Sam. 15,2; 2Sam. 15,2; 2Sam. 15,4; 2Sam. 23,1; 2Kings 4,1; 2Kings 4,29; 2Kings 10,21; Neh. 6,11; Tob. 1,9; 1Mac. 13,53; Psa. 1,1; Psa. 31,2; Psa. 33,9; Psa. 39,5; Psa. 83,6; Ode. 3,9; Prov. 7,19; Prov. 8,34; Prov. 28,14; Eccl. 6,2; Job 4,17; Job 38,26; Sir. 11,28; Sir. 13,16; Sir. 14,1; Sir. 14,20; Sir. 19,29; Sir. 26,1; Sol. 6,1; Sol. 10,1; Hos. 2,18; Zech. 6,12; Is. 2,9; Is. 5,15; Is. 59,16; Ezek. 40,3; Ezek. 40,4; Dan. 5,7; Dan. 9,21; Judg. 3,29; Judg. 4,20; Judg. 10,18; Judg. 13,10; Judg. 19,26; Tob.

1,9; Luke 8,27; John 4,18; Acts 25,14; Rom. 7,2; Rom. 7,3; 1Cor. 7,4; 1Cor. 7,39; 1Cor. 11,3; 1Cor. 13,11; Eph. 5,23; Titus 1,6)

ἀνήρ ▸ 414 + 74 + 36 = 524

Noun ▪ masculine ▪ singular ▪ nominative ▪ (common) ▸ 414 + 74 + 36 = **524** (Gen. 24,16; Gen. 27,11; Gen. 27,11; Gen. 39,1; Gen. 39,2; Gen. 49,15; Ex. 21,22; Ex. 35,29; Lev. 15,18; Lev. 20,27; Num. 1,44; Num. 1,52; Num. 1,52; Num. 5,10; Num. 19,18; Num. 30,8; Num. 30,9; Num. 30,9; Num. 30,12; Num. 30,13; Num. 30,13; Num. 30,14; Num. 30,14; Num. 31,50; Deut. 17,2; Deut. 22,5; Deut. 24,3; Deut. 24,3; Deut. 24,4; Deut. 28,30; Deut. 29,9; Deut. 29,17; Josh. 17,1; Judg. 1,26; Judg. 3,17; Judg. 6,3; Judg. 6,29; Judg. 7,7; Judg. 7,13; Judg. 7,23; Judg. 7,24; Judg. 8,1; Judg. 8,21; Judg. 8,22; Judg. 8,24; Judg. 8,25; Judg. 9,55; Judg. 9,55; Judg. 10,1; Judg. 10,18; Judg. 13,2; Judg. 13,9; Judg. 13,10; Judg. 13,11; Judg. 15,10; Judg. 16,5; Judg. 17,1; Judg. 17,5; Judg. 17,6; Judg. 17,8; Judg. 19,1; Judg. 19,1; Judg. 19,3; Judg. 19,7; Judg. 19,9; Judg. 19,10; Judg. 19,15; Judg. 19,16; Judg. 19,16; Judg. 19,17; Judg. 19,18; Judg. 19,20; Judg. 19,23; Judg. 19,25; Judg. 19,28; Judg. 20,1; Judg. 20,4; Judg. 20,4; Judg. 20,8; Judg. 20,8; Judg. 20,8; Judg. 20,11; Judg. 20,11; Judg. 20,17; Judg. 20,20; Judg. 20,20; Judg. 20,22; Judg. 20,33; Judg. 20,36; Judg. 20,39; Judg. 20,41; Judg. 20,41; Judg. 20,48; Judg. 21,1; Judg. 21,8; Judg. 21,9; Judg. 21,21; Judg. 21,22; Judg. 21,24; Judg. 21,24; Judg. 21,25; Ruth 1,1; Ruth 1,3; Ruth 2,1; Ruth 2,1; Ruth 2,20; Ruth 3,8; Ruth 4,7; 1Sam. 1,8; 1Sam. 1,23; 1Sam. 2,16; 1Sam. 2,25; 1Sam. 4,2; 1Sam. 4,10; 1Sam. 4,12; 1Sam. 4,16; 1Sam. 4,17; 1Sam. 4,19; 1Sam. 9,1; 1Sam. 9,1; 1Sam. 9,2; 1Sam. 10,22; 1Sam. 11,7; 1Sam. 13,6; 1Sam. 16,18; 1Sam. 16,18; 1Sam. 16,18; 1Sam. 17,4; 1Sam. 17,33; 1Sam. 18,23; 1Sam. 26,15; 1Sam. 30,17; 1Sam. 30,22; 1Sam. 31,12; 2Sam. 1,2; 2Sam. 3,16; 2Sam. 9,3; 2Sam. 11,26; 2Sam. 12,5; 2Sam. 12,7; 2Sam. 13,3; 2Sam. 13,29; 2Sam. 14,25; 2Sam. 15,30; 2Sam. 16,5; 2Sam. 16,7; 2Sam. 16,7; 2Sam. 16,8; 2Sam. 16,15; 2Sam. 16,18; 2Sam. 17,8; 2Sam. 17,14; 2Sam. 17,24; 2Sam. 18,10; 2Sam. 18,12; 2Sam. 18,17; 2Sam. 18,20; 2Sam. 18,24; 2Sam. 18,26; 2Sam. 19,8; 2Sam. 19,9; 2Sam. 19,23; 2Sam. 19,33; 2Sam. 19,33; 2Sam. 19,42; 2Sam. 19,42; 2Sam. 19,43; 2Sam. 19,44; 2Sam. 20,1; 2Sam. 20,1; 2Sam. 20,2; 2Sam. 20,2; 2Sam. 20,11; 2Sam. 20,12; 2Sam. 20,13; 2Sam. 20,21; 2Sam. 20,22; 2Sam. 21,4; 2Sam. 21,5; 2Sam. 21,20; 2Sam. 23,7; 2Sam. 23,9; 2Sam. 23,20; 2Sam. 24,9; 1Kings 1,42; 1Kings 1,49; 1Kings 2,4; 1Kings 2,9; 1Kings 2,26; 1Kings 2,350; 1Kings 3,13; 1Kings 4,11; 1Kings 7,2; 1Kings 8,25; 1Kings 9,5; 1Kings 11,28; 1Kings 12,24t; 1Kings 21,39; 1Kings 22,8; 1Kings 22,10; 2Kings 3,23; 2Kings 3,25; 2Kings 4,14; 2Kings 4,42; 2Kings 5,1; 2Kings 5,1; 2Kings 5,26; 2Kings 6,2; 2Kings 7,3; 2Kings 7,5; 2Kings 7,6; 2Kings 7,9; 2Kings 7,10; 2Kings 9,16; 2Kings 9,21; 2Kings 10,19; 2Kings 10,25; 2Kings 11,8; 2Kings 11,9; 2Kings 11,11; 2Kings 12,5; 2Kings 12,6; 2Kings 14,12; 2Kings 18,21; 2Kings 18,31; 2Kings 18,31; 2Kings 23,2; 2Kings 23,18; 2Kings 23,35; 1Chr. 10,7; 1Chr. 10,12; 1Chr. 18,10; 1Chr. 20,6; 1Chr. 22,9; 1Chr. 26,31; 2Chr. 2,13; 2Chr. 5,3; 2Chr. 6,16; 2Chr. 6,22; 2Chr. 7,18; 2Chr. 18,7; 2Chr. 18,33; 2Chr. 19,10; 2Chr. 20,27; Ezra 2,1; Ezra 3,1; Ezra 8,18; Neh. 3,28; Neh. 4,9; Neh. 4,12; Neh. 4,13; Neh. 4,17; Neh. 5,7; Neh. 7,2; Neh. 7,3; Neh. 7,3; Neh. 7,6; Neh. 8,1; Neh. 8,16; Neh. 11,3; Neh. 13,10; Neh. 13,30; Judith 1,11; Judith 4,9; Judith 4,11; Judith 6,12; Judith 7,2; Judith 7,11; Judith 8,2; Judith 8,7; Judith 14,2; Judith 14,11; Judith 15,3; Judith 15,13; Judith 16,22; Judith 16,22; 1Mac. 2,8; 1Mac. 2,23; 1Mac. 2,40; 1Mac. 2,65; 1Mac. 5,63; 1Mac. 9,29; 1Mac. 10,19; 2Mac. 6,18; 2Mac. 12,35; 2Mac. 14,37; 3Mac. 6,1; 4Mac. 4,15; 4Mac. 6,30; 4Mac. 7,16; Psa. 91,7; Psa. 111,1; Psa. 111,5; Psa. 139,12; Prov. 11,12; Prov. 11,13; Prov. 11,17; Prov. 11,25; Prov. 12,2; Prov. 12,9; Prov. 12,23; Prov. 12,27; Prov. 13,22; Prov. 14,14; Prov. 14,17; Prov. 14,29; Prov. 14,30; Prov. 15,18; Prov. 15,18a; Prov. 15,21; Prov. 16,14; Prov. 16,26; Prov. 16,27; Prov. 16,28; Prov. 16,29; Prov. 16,32; Prov. 17,18; Prov. 17,20; Prov. 17,27; Prov. 18,1; Prov. 18,20; Prov. 19,7; Prov. 19,11; Prov. 19,19; Prov. 20,5; Prov. 20,6; Prov. 21,2; Prov. 21,16; Prov. 21,17; Prov. 21,28; Prov. 21,29; Prov. 24,5; Prov. 25,18; Prov. 25,28; Prov. 26,21; Prov. 27,17; Prov. 27,21; Prov. 28,2; Prov. 28,11; Prov. 28,20; Prov. 28,22; Prov. 28,25; Prov. 29,1; Prov. 29,4; Prov. 29,9; Prov. 29,9; Prov. 29,22; Prov. 29,22; Prov. 29,27; Prov. 30,1; Prov. 24,30; Prov. 31,21; Prov. 31,23; Prov. 31,28; Prov. 31,31; Eccl. 1,8; Eccl. 6,2; Eccl. 6,3; Song 3,8; Song 8,7; Song 8,11; Job 12,4; Job 14,10; Job 15,16; Job 34,7; Job 34,34; Job 38,3; Job 40,7; Job 41,9; Wis. 18,21; Sir. 9,18; Sir. 10,25; Sir. 16,23; Sir. 21,20; Sir. 21,23; Sir. 23,11; Sir. 25,1; Sir. 25,18; Sir. 26,28; Sir. 27,30; Sir. 28,9; Sir. 33,2; Sir. 36,23; Sir. 37,19; Sir. 37,23; Sir. 37,24; Sir. 38,4; Sir. 40,29; Sir. 40,29; Sir. 49,15; Hos. 2,4; Amos 7,7; Hab. 2,5; Zech. 1,8; Zech. 1,10; Zech. 2,5; Is. 41,7; Is. 55,7; Is. 56,2; Is. 63,3; Jer. 3,1; Jer. 6,11; Jer. 10,23; Jer. 12,11; Jer. 14,9; Jer. 22,30; Jer. 23,9; Jer. 42,19; Lam. 3,1; Lam. 3,39; Ezek. 9,2; Ezek. 9,11; Ezek. 43,6; Dan. 11,20; Judg. 1,24; Judg. 1,26; Judg. 2,6; Judg. 3,17; Judg. 4,20; Judg. 6,29; Judg. 7,7; Judg. 7,13; Judg. 7,21; Judg. 7,23; Judg. 7,24; Judg. 8,1; Judg. 8,22; Judg. 8,24; Judg. 8,25; Judg. 9,49; Judg. 9,49; Judg. 9,55; Judg. 9,55; Judg. 10,1; Judg. 10,18; Judg. 12,1; Judg. 13,2; Judg. 13,9; Judg. 13,11; Judg. 15,10; Judg. 16,5; Judg. 17,1; Judg. 17,6; Judg. 17,8; Judg. 19,1; Judg. 19,3; Judg. 19,7; Judg. 19,9; Judg. 19,10; Judg. 19,15; Judg. 19,16; Judg. 19,16; Judg. 19,17; Judg. 19,18; Judg. 19,20; Judg. 19,23; Judg. 19,25; Judg. 19,27; Judg. 20,1; Judg. 20,4; Judg. 20,4; Judg. 20,8; Judg. 20,8; Judg. 20,8; Judg. 20,11; Judg. 20,11; Judg. 20,15; Judg. 20,17; Judg. 20,20; Judg. 20,22; Judg. 20,33; Judg. 20,36; Judg. 20,41; Judg. 21,8; Judg. 21,9; Judg. 21,21; Judg. 21,22; Judg. 21,24; Judg. 21,24; Judg. 21,25; Tob. 7,6; Dan. 5,11; Dan. 9,21; Dan. 9,23; Dan. 10,5; Dan. 10,11; Dan. 10,19; Sus. 1; Matt. 1,19; Luke 5,8; Luke 5,12; Luke 8,38; Luke 8,41; Luke 9,38; Luke 19,2; Luke 23,50; Luke 23,50; Luke 24,19; John 1,30; Acts 3,2; Acts 8,27; Acts 10,22; Acts 10,30; Acts 11,24; Acts 14,8; Acts 16,9; Acts 18,24; Acts 22,3; Acts 22,12; Rom. 4,8; 1Cor. 7,3; 1Cor. 7,4; 1Cor. 7,14; 1Cor. 7,39; 1Cor. 11,4; 1Cor. 11,8; 1Cor. 11,9; 1Cor. 11,11; 1Cor. 11,12; 1Cor. 11,14; James 1,8; James 1,12; James 2,2; James 3,2)

Ἀνήρ ▸ 1

Noun ▪ masculine ▪ singular ▪ nominative ▪ (common) ▸ 1 (2Kings 10,24)

Ἀνήρ ▸ 12 + 2 + 4 = 18

Noun ▪ masculine ▪ singular ▪ nominative ▪ (common) ▸ 12 + 2 + 4 = **18** (Ex. 36,6; Num. 5,6; Num. 6,2; Judg. 12,2; Judg. 21,1; 2Sam. 18,27; 2Kings 1,6; 2Kings 1,8; Prov. 6,12; Sir. 29,14; Sir. 32,18; Sir. 34,9; Judg. 12,2; Judg. 21,1; Acts 5,1; Acts 8,9; Acts 10,1; 1Cor. 11,7)

crasis-ἀνήρ ▸ 1

τἀνδρός (τοῦ + ἀνδρὸς) ▸ 1

Article ▪ masculine ▪ singular ▪ genitive ▸ 1 (2Mac. 14,28)

ἀνθαιρέομαι (ἀντί; αἱρέω) to choose instead ▸ 1

ἀνθαιρεῖσθε ▸ 1

Verb ▪ second ▪ plural ▪ present ▪ middle ▪ imperative ▸ 1 (Prov. 8,10)

ἀνθέμιον (ἄνθος) flower ▸ 1

ἀνθέμιον ▸ 1

Noun ▪ neuter ▪ singular ▪ nominative ▪ (common) ▸ 1 (Eccl. 12,6)

ἀνθέω (ἄνθος) to blossom, bloom ▸ 16

ἀνθείτω ▸ 1

άνθέω–άνθομολόγησις 157

Verb · third · singular · present · active · imperative ▸ **1** (Is. 35,1)
ἀνθήσαι ▸ 1
Verb · third · singular · aorist · active · optative ▸ **1** (Psa. 89,6)
ἀνθῆσαν ▸ 1
Verb · aorist · active · participle · neuter · singular · nominative ▸ **1** (Job 14,2)
ἀνθήσατε ▸ 1
Verb · second · plural · aorist · active · imperative ▸ **1** (Sir. 39,14)
ἀνθήσει ▸ 5
Verb · third · singular · future · active · indicative ▸ **5** (Psa. 91,13; Job 14,9; Job 20,21; Hos. 14,6; Is. 17,11)
ἀνθήσῃ ▸ 2
Verb · third · singular · aorist · active · subjunctive ▸ **2** (Eccl. 12,5; Is. 18,5)
ἤνθηκεν ▸ 1
Verb · third · singular · perfect · active · indicative ▸ **1** (Ezek. 7,10)
ἤνθησαν ▸ 1
Verb · third · plural · aorist · active · indicative ▸ **1** (Song 7,13)
ἤνθησεν ▸ 3
Verb · third · singular · aorist · active · indicative ▸ **3** (Song 6,11; Song 7,13; Song 7,13)

ἄνθινος (ἄνθος) flower-like ▸ 1
ἄνθινον ▸ 1
Adjective · neuter · singular · accusative · noDegree ▸ **1** (Ex. 28,34)

ἀνθίστημι (ἀντί; ἵστημι) to resist, oppose ▸ 71 + **1** + 14 = 86
ἀνθειστήκει ▸ 2
Verb · third · singular · pluperfect · active · indicative ▸ **2** (1Mac. 11,38; Dan. 10,13)
ἀνθέστηκας ▸ 1
Verb · second · singular · perfect · active · indicative ▸ **1** (Num. 22,34)
ἀνθεστήκασιν ▸ 1
Verb · third · plural · perfect · active · indicative ▸ **1** (Dan. 11,2)
ἀνθέστηκεν ▸ 2
Verb · third · singular · perfect · active · indicative ▸ **2** (Rom. 9,19; Rom. 13,2)
ἀνθεστηκότα ▸ 2
Verb · perfect · active · participle · masculine · singular · accusative ▸ **2** (Num. 22,23; Num. 22,31)
ἀνθεστηκότας ▸ 4
Verb · perfect · active · participle · masculine · plural · accusative ▸ **4** (Num. 10,9; Deut. 28,7; Sir. 46,6; Hab. 1,9)
ἀνθεστηκότες ▸ 1
Verb · perfect · active · participle · masculine · plural · nominative ▸ **1** (Rom. 13,2)
ἀνθεστηκότων ▸ 2
Verb · perfect · active · participle · masculine · plural · genitive ▸ **2** (Psa. 16,7; Wis. 2,18)
ἀνθεστηκὼς ▸ 1
Verb · perfect · active · participle · masculine · singular · nominative ▸ **1** (Dan. 11,16)
ἀνθίστανται ▸ 1
Verb · third · plural · present · middle · indicative ▸ **1** (2Tim. 3,8)
ἀνθίστασθαι ▸ 1
Verb · present · middle · infinitive ▸ **1** (4Mac. 16,23)
ἀνθίστατο ▸ 1
Verb · third · singular · imperfect · middle · indicative ▸ **1** (Acts 13,8)

ἀντέστη ▸ 14 + **1** = 15
Verb · third · singular · aorist · active · indicative ▸ **14 + 1 = 15** (Deut. 19,18; Deut. 25,18; Josh. 23,9; 2Chr. 13,7; 2Chr. 13,7; Esth. 9,2; 1Mac. 14,32; 4Mac. 6,30; Wis. 10,16; Wis. 18,21; Hos. 14,1; Mic. 2,8; Is. 3,9; Jer. 27,29; 2Tim. 4,15)
ἀντέστην ▸ 1
Verb · first · singular · aorist · active · indicative ▸ **1** (Gal. 2,11)
ἀντέστης ▸ 2
Verb · second · singular · aorist · active · indicative ▸ **2** (Obad. 11; Jer. 27,24)
ἀντέστησαν ▸ 9 + **1** = 10
Verb · third · plural · aorist · active · indicative ▸ **9 + 1 = 10** (2Sam. 5,6; 1Mac. 6,4; 1Mac. 8,11; 1Mac. 14,29; 3Mac. 6,19; Wis. 11,3; Mal. 3,15; Is. 59,12; Jer. 14,7; 2Tim. 3,8)
ἀντέστησάν ▸ 1
Verb · third · plural · aorist · active · indicative ▸ **1** (Obad. 7)
ἀντιστάντας ▸ 1
Verb · aorist · active · participle · masculine · plural · accusative ▸ **1** (Judith 2,25)
ἀντιστάς ▸ 1
Verb · aorist · active · participle · masculine · singular · nominative ▸ **1** (Job 41,2)
ἀντιστῆναι ▸ 8 + **1** + 4 = 13
Verb · aorist · active · infinitive ▸ **8 + 1 + 4 = 13** (Lev. 26,37; Josh. 7,13; Judg. 2,14; 2Chr. 13,8; 2Chr. 20,6; 2Chr. 20,12; Sir. 46,7; Dan. 11,15; Judg. 2,14; Matt. 5,39; Luke 21,15; Acts 6,10; Eph. 6,13)
ἀντιστήσεται ▸ 12
Verb · third · singular · future · middle · indicative ▸ **12** (Deut. 7,24; Deut. 9,2; Deut. 11,25; Josh. 1,5; Judith 6,4; Judith 8,28; Judith 16,14; Job 9,19; Wis. 5,23; Wis. 11,21; Wis. 12,12; Nah. 1,6)
ἀντιστήσεταί ▸ 5
Verb · third · singular · future · middle · indicative ▸ **5** (Judith 11,18; Psa. 75,8; Job 41,3; Jer. 27,44; Jer. 30,13)
ἀντιστήσῃ ▸ 1
Verb · third · singular · aorist · active · subjunctive ▸ **1** (Sir. 8,2)
ἀντιστήσονται ▸ 1
Verb · third · plural · future · middle · indicative ▸ **1** (1Esdr. 2,15)
ἀντίστητε ▸ 2
Verb · second · plural · aorist · active · imperative ▸ **2** (James 4,7; 1Pet. 5,9)
ἀντιστήτω ▸ 1
Verb · third · singular · aorist · active · imperative ▸ **1** (Is. 50,8)
ἀντιστῶσιν ▸ 1
Verb · third · plural · aorist · active · subjunctive ▸ **1** (LetterJ 55)

ἀνθομολογέομαι (ἀντί; ὁμός; λέγω) to confess openly, sing praise, give thanks ▸ 6 + **1** = 7
ἀνθομολογησόμεθά ▸ 1
Verb · first · plural · future · middle · indicative ▸ **1** (Psa. 78,13)
ἀνθομολογοῦμαι ▸ 2
Verb · first · singular · present · middle · indicative ▸ **2** (Dan. 4,37; Dan. 4,37b)
ἀνθομολογούμενος ▸ 1
Verb · present · middle · participle · masculine · singular · nominative ▸ **1** (Sir. 20,3)
ἀνθωμολογεῖτο ▸ 2 + **1** = 3
Verb · third · singular · imperfect · middle · indicative ▸ **2 + 1 = 3** (1Esdr. 8,88; 3Mac. 6,33; Luke 2,38)

ἀνθομολόγησις (ἀντί; ὁμός; λέγω) thanksgiving ▸ 2
ἀνθομολογήσει ▸ 1

Noun · feminine · singular · dative · (common) ▸ **1** (Ezra 3,11)
ἀνθομολόγησιν ▸ 1
Noun · feminine · singular · accusative · (common) ▸ **1** (Sir. 17,27)

ἄνθος flower ▸ 26 + 1 + 4 = 31
ἄνθεσιν ▸ 2
Noun · neuter · plural · dative · (common) ▸ **2** (Ex. 28,14; 3Mac. 7,16)
ἄνθη ▸ 3
Noun · neuter · plural · accusative · (common) ▸ **1** (Num. 17,23)
Noun · neuter · plural · nominative · (common) ▸ **2** (Song 2,12; Sir. 24,17)
ἄνθος ▸ 20 + 4 = 24
Noun · neuter · singular · accusative · (common) ▸ **3** (Ex. 30,23; Sir. 39,14; Is. 18,5)
Noun · neuter · singular · nominative · (common) ▸ 17 + 4 = **21** (Psa. 102,15; Song 2,1; Job 14,2; Job 15,30; Job 15,33; Wis. 2,7; Sir. 50,8; Zeph. 2,2; Is. 5,24; Is. 11,1; Is. 18,5; Is. 28,1; Is. 28,4; Is. 40,6; Is. 40,7; Is. 61,11; Ezek. 19,10; James 1,10; James 1,11; 1Pet. 1,24; 1Pet. 1,24)
ἄνθους ▸ 1 + 1 = 2
Noun · neuter · singular · genitive · (common) ▸ 1 + 1 = **2** (Sir. 51,15; Dan. 11,7)

ἀνθρακιά (ἄνθραξ) heap of hot embers ▸ 2 + 2 = 4
ἀνθρακιά ▸ 1
Noun · feminine · singular · nominative · (common) ▸ **1** (Sir. 11,32)
ἀνθρακιὰν ▸ 2
Noun · feminine · singular · accusative ▸ **2** (John 18,18; John 21,9)
ἀνθρακιᾶς ▸ 1
Noun · feminine · singular · genitive · (common) ▸ **1** (4Mac. 9,20)

ἀνθράκινος (ἄνθραξ) coal-like ▸ 1
ἀνθράκινον ▸ 1
Adjective · neuter · singular · nominative · noDegree ▸ **1** (Esth. 1,7)

ἄνθραξ charcoal, coal ▸ 30 + 1 + 1 = 32
ἄνθρακα ▸ 3
Noun · masculine · singular · accusative · (common) ▸ **3** (Is. 6,6; Is. 54,11; Ezek. 28,13)
ἄνθρακά ▸ 1
Noun · masculine · singular · accusative · (common) ▸ **1** (2Sam. 14,7)
ἄνθρακας ▸ 5 + 1 = 6
Noun · masculine · plural · accusative · (common) ▸ 5 + 1 = **6** (Prov. 25,22; Sir. 8,10; Is. 47,14; Is. 54,16; Ezek. 24,11; Rom. 12,20)
ἄνθρακες ▸ 6
Noun · masculine · plural · nominative · (common) ▸ **6** (2Sam. 22,9; 2Sam. 22,13; Psa. 17,9; Psa. 17,13; Psa. 139,11; Job 41,13)
ἄνθρακι ▸ 1 + 1 = 2
Noun · feminine · singular · dative · (common) ▸ 1 + 1 = **2** (Tob. 13,17; Tob. 13,17)
ἄνθρακος ▸ 3
Noun · masculine · singular · genitive · (common) ▸ **3** (Sir. 32,5; Is. 5,24; Ezek. 10,9)
ἀνθράκων ▸ 6
Noun · masculine · plural · genitive · (common) ▸ **6** (Lev. 16,12; Prov. 6,28; Job 41,12; Is. 44,19; Ezek. 1,13; Ezek. 10,2)
ἄνθραξ ▸ 3
Noun · masculine · singular · nominative · (common) ▸ **3** (Gen. 2,12; Ex. 28,18; Ex. 36,18)
ἄνθραξιν ▸ 2
Noun · masculine · plural · dative · (common) ▸ **2** (Psa. 119,4; Prov. 26,21)

ἀνθρωπάρεσκος (ἄνθρωπος; ἀρέσκω) people-pleasing, people-pleaser ▸ 5 + 2 = 7
ἀνθρωπάρεσκοι ▸ 2
Adjective · masculine · plural · nominative ▸ **2** (Eph. 6,6; Col. 3,22)
ἀνθρωπαρέσκοις ▸ 1
Noun · masculine · plural · dative · (common) ▸ **1** (Sol. 4,0)
ἀνθρωπάρεσκον ▸ 1
Noun · masculine · singular · accusative · (common) ▸ **1** (Sol. 4,8)
ἀνθρωπαρέσκων ▸ 3
Noun · masculine · plural · genitive · (common) ▸ **3** (Psa. 52,6; Sol. 4,7; Sol. 4,19)

ἀνθρώπινος (ἄνθρωπος) human ▸ 14 + 7 = 21
ἀνθρώπινα ▸ 1
Adjective · neuter · plural · accusative · noDegree ▸ **1** (4Mac. 1,17)
ἀνθρωπίνη ▸ 1
Adjective · feminine · singular · nominative · noDegree ▸ **1** (Dan. 7,4)
ἀνθρωπίνῃ ▸ 2
Adjective · feminine · singular · dative ▸ **2** (James 3,7; 1Pet. 2,13)
ἀνθρωπίνης ▸ 2 + 2 = 4
Adjective · feminine · singular · genitive · noDegree ▸ 2 + 2 = **4** (4Mac. 4,13; Ezek. 4,12; 1Cor. 2,13; 1Cor. 4,3)
ἀνθρώπινοι ▸ 1
Adjective · masculine · plural · nominative · noDegree ▸ **1** (Dan. 7,8)
Ἀνθρώπινον ▸ 1
Adjective · neuter · singular · accusative ▸ **1** (Rom. 6,19)
ἀνθρώπινος ▸ 1
Adjective · masculine · singular · nominative ▸ **1** (1Cor. 10,13)
ἀνθρωπινός ▸ 1
Adjective · masculine · singular · nominative · noDegree ▸ **1** (Job 10,5)
ἀνθρωπίνου ▸ 2
Adjective · neuter · singular · genitive · noDegree ▸ **2** (Num. 19,16; Num. 19,18)
ἀνθρωπίνων ▸ 6 + 1 = 7
Adjective · feminine · plural · genitive · noDegree ▸ 1 + 1 = **2** (Wis. 12,5; Acts 17,25)
Adjective · masculine · plural · genitive · noDegree ▸ **1** (Dan. 7,4)
Adjective · neuter · plural · genitive · noDegree ▸ **4** (Num. 5,6; 4Mac. 1,16; Ezek. 4,15; Ezek. 37,1)

ἀνθρωποκτόνος (ἄνθρωπος; κτείνω) murderer ▸ 3
ἀνθρωποκτόνος ▸ 3
Noun · masculine · singular · nominative ▸ **3** (John 8,44; 1John 3,15; 1John 3,15)

ἄνθρωπος man, human ▸ 1372 + 55 + 550 = 1977
ἄνθρωπε ▸ 4 + 9 = 13
Noun · masculine · singular · vocative · (common) ▸ 4 + 9 = **13** (1Kings 17,18; 2Kings 4,40; Psa. 54,14; Mic. 6,8; Luke 5,20; Luke 12,14; Luke 22,58; Luke 22,60; Rom. 2,1; Rom. 2,3; Rom. 9,20; 1Tim. 6,11; James 2,20)
Ἄνθρωπε ▸ 3
Noun · masculine · singular · vocative · (common) ▸ **3** (2Kings 1,9; 2Kings 1,11; 2Kings 1,13)
ἄνθρωποι ▸ 66 + 3 + 25 = 94

ἄνθρωπος

Noun • masculine • plural • nominative • (common) ▸ 65 + 3 + 25 = **93** (Gen. 6,1; Gen. 6,4; Gen. 13,8; Gen. 13,13; Gen. 20,8; Gen. 34,21; Gen. 34,22; Gen. 37,28; Gen. 38,22; Gen. 43,16; Gen. 43,18; Gen. 43,33; Gen. 44,3; Ex. 9,19; Lev. 18,27; Num. 13,31; Num. 14,36; Num. 14,37; Num. 16,30; Num. 22,9; Num. 22,20; Num. 32,11; Deut. 19,17; Deut. 25,11; Judg. 9,9; 2Chr. 30,11; 1Esdr. 2,21; 1Esdr. 4,2; 1Esdr. 4,14; 1Esdr. 4,17; Judith 11,7; Psa. 81,7; Prov. 28,12; Job 12,2; Job 37,24; Wis. 9,18; Wis. 13,1; Wis. 14,5; Wis. 14,17; Wis. 14,21; Sir. 2,5; Sir. 15,7; Sir. 17,32; Sir. 33,10; Sir. 33,13; Jonah 3,7; Jonah 3,8; Is. 8,15; Is. 22,6; Is. 24,6; Is. 25,5; Is. 31,7; Is. 39,3; Jer. 29,2; Jer. 38,22; Jer. 49,17; Bar. 3,17; Ezek. 38,20; Dan. 3,12; Dan. 3,13; Dan. 6,7; Dan. 6,13; Dan. 6,25; Dan. 6,27; Dan. 10,7; Judg. 16,17; Tob. 5,14; Tob. 13,16; Matt. 7,12; Matt. 8,27; Matt. 12,36; Matt. 16,13; Mark 8,27; Luke 6,22; Luke 6,26; Luke 6,31; Luke 11,44; John 3,19; John 6,14; Acts 4,13; Acts 14,15; Acts 16,17; Acts 16,20; 2Tim. 3,2; 2Tim. 3,8; 2Tim. 3,13; Heb. 6,16; Heb. 7,8; 2Pet. 1,21; Jude 4; Rev. 9,6; Rev. 16,9; Rev. 16,21)

Noun • masculine • plural • vocative • (common) ▸ **1** (Prov. 8,4)

Ἄνθρωποι ▸ 1

Noun • masculine • plural • nominative ▸ **1** (Luke 18,10)

ἄνθρωποί ▸ 1 + 1 = 2

Noun • masculine • plural • nominative • (common) ▸ 1 + 1 = **2** (Psa. 9,21; 1Cor. 3,4)

ἀνθρώποις ▸ 51 + 1 + 44 = 96

Noun • masculine • plural • dative • (common) ▸ 51 + 1 + 44 = **96** (Gen. 6,3; Ex. 8,12; Ex. 8,13; Ex. 8,14; Ex. 9,9; Ex. 9,10; 1Kings 2,32; 1Esdr. 4,17; 1Esdr. 6,28; Esth. 13,2 # 3,13b; Esth. 16,8 # 8,12h; Esth. 16,24 # 8,12x; 1Mac. 6,58; 2Mac. 7,16; 3Mac. 2,15; 3Mac. 3,2; 3Mac. 3,5; 4Mac. 4,12; 4Mac. 14,14; Psa. 77,60; Psa. 140,4; Ode. 14,3; Prov. 14,12; Prov. 23,31; Job 28,13; Job 33,25; Job 33,26; Wis. 4,1; Wis. 4,9; Wis. 7,14; Wis. 8,7; Sir. 10,18; Sir. 11,4; Sir. 17,30; Sir. 31,27; Sir. 31,27; Sir. 38,6; Sir. 39,4; Sir. 49,16; Mic. 7,2; Is. 7,13; Is. 32,3; Is. 44,15; Is. 47,3; Jer. 30,9; Jer. 48,15; Bar. 3,38; LetterJ 25; LetterJ 52; LetterJ 63; Dan. 9,7; Tob. 12,6; Matt. 6,5; Matt. 6,14; Matt. 6,15; Matt. 6,16; Matt. 6,18; Matt. 9,8; Matt. 12,31; Matt. 19,26; Matt. 23,5; Matt. 23,28; Mark 10,27; Luke 1,25; Luke 2,14; Luke 2,52; Luke 12,36; Luke 16,15; Luke 18,27; John 4,28; John 17,6; Acts 4,12; Acts 4,16; Acts 5,4; Acts 5,29; Acts 5,35; Acts 14,11; Acts 15,26; Acts 17,30; Rom. 14,18; 1Cor. 3,21; 1Cor. 4,9; 1Cor. 14,2; 1Cor. 14,3; Gal. 1,10; Gal. 1,10; Eph. 4,8; Eph. 6,7; Phil. 4,5; Col. 3,23; 1Th. 2,4; 1Th. 2,15; 2Tim. 2,2; Titus 2,11; Titus 3,8; Heb. 9,27)

ἄνθρωπον ▸ 136 + 9 + 61 = 206

Noun • masculine • singular • accusative • (common) ▸ 136 + 9 + 61 = **206** (Gen. 1,26; Gen. 1,27; Gen. 2,7; Gen. 2,8; Gen. 2,15; Gen. 2,18; Gen. 4,1; Gen. 6,6; Gen. 6,7; Gen. 9,6; Gen. 24,29; Gen. 24,30; Gen. 41,33; Gen. 41,38; Gen. 43,13; Gen. 43,19; Ex. 2,11; Ex. 2,20; Lev. 14,11; Lev. 20,3; Lev. 20,5; Lev. 24,21; Num. 14,15; Num. 21,8; Num. 21,9; Num. 25,8; Num. 27,16; Num. 27,18; Deut. 4,32; Deut. 5,24; Deut. 17,5; Deut. 17,15; Deut. 22,18; Deut. 22,24; Deut. 22,25; Josh. 5,13; Josh. 14,6; 1Sam. 13,14; 1Sam. 25,25; 1Kings 12,22; 1Kings 12,24l; 1Kings 12,24y; 1Kings 13,7; 1Kings 13,21; 1Kings 21,37; 2Kings 4,25; 2Kings 4,42; 2Chr. 11,2; Esth. 6,9; Judith 6,3; Judith 11,1; Tob. 5,3; Tob. 5,4; Tob. 6,9; Tob. 6,13; Tob. 8,6; 1Mac. 3,32; 1Mac. 5,42; 2Mac. 9,8; 3Mac. 7,9; 4Mac. 2,21; Psa. 38,12; Psa. 61,4; Psa. 89,3; Psa. 93,10; Psa. 104,14; Psa. 104,17; Psa. 108,16; Psa. 117,8; Ode. 11,11; Prov. 3,30; Prov. 27,15; Eccl. 6,1; Eccl. 7,28; Eccl. 7,29; Job 28,21; Job 32,21; Job 33,17; Job 34,30; Job 37,20; Wis. 2,23; Wis. 9,2; Wis. 14,15; Wis. 14,20; Wis. 16,26; Sir. 7,11; Sir. 7,35; Sir. 8,5; Sir. 8,6; Sir. 10,11; Sir. 11,2; Sir. 11,29; Sir. 15,14; Sir. 17,1; Sir. 22,15; Sir. 28,4; Sir. 47,5; Sol. 17,7; Mal. 2,12; Is. 3,2; Is. 3,5; Is. 8,8; Is. 13,14; Is. 13,14; Is. 19,20; Is. 31,3; Is. 38,11; Is. 44,7; Is. 45,12; Is. 58,5; Jer. 17,5; Jer. 22,30; Jer. 23,34; Jer. 37,6; Jer. 40,10; Jer. 40,12; Jer. 45,9; Jer. 51,7; Bar. 2,1; Bar. 2,3; Bar. 2,3; Lam. 3,36; LetterJ 35; LetterJ 36; LetterJ 36; Ezek. 14,8; Ezek. 14,13; Ezek. 14,17; Ezek. 14,19; Ezek. 14,21; Ezek. 18,7; Ezek. 18,16; Ezek. 25,13; Ezek. 33,2; Dan. 2,25; Dan. 6,13a; Judg. 13,8; Judg. 18,7; Tob. 5,3; Tob. 5,4; Tob. 5,9; Tob. 5,9; Tob. 6,13; Tob. 8,6; Dan. 3,10; Matt. 9,9; Matt. 9,32; Matt. 10,35; Matt. 11,8; Matt. 15,11; Matt. 15,11; Matt. 15,18; Matt. 15,20; Matt. 15,20; Matt. 22,11; Matt. 26,72; Matt. 26,74; Matt. 27,32; Mark 2,27; Mark 7,15; Mark 7,18; Mark 7,20; Mark 7,23; Mark 8,36; Mark 14,71; Luke 5,18; Luke 7,25; Luke 8,35; Luke 18,2; Luke 18,4; Luke 23,14; John 1,9; John 4,29; John 5,7; John 7,22; John 7,23; John 7,51; John 8,40; John 9,1; John 9,24; John 18,14; Acts 4,14; Acts 10,28; Acts 22,25; Acts 25,16; Rom. 3,5; Rom. 3,28; Rom. 7,22; 1Cor. 3,3; 1Cor. 9,8; 1Cor. 15,32; 2Cor. 12,2; 2Cor. 12,3; Gal. 1,11; Gal. 3,15; Eph. 2,15; Eph. 3,16; Eph. 4,22; Eph. 4,24; Col. 1,28; Col. 1,28; Col. 1,28; Col. 3,9; 1Th. 4,8; Titus 3,10; Rev. 9,5)

Ἄνθρωπον ▸ 1

Noun • masculine • singular • accusative • (common) ▸ **1** (Esth. 6,7)

ἄνθρωπόν ▸ 1 + 1 = 2

Noun • masculine • singular • accusative • (common) ▸ 1 + 1 = **2** (Gen. 38,1; Acts 9,33)

ἄνθρωπος ▸ 427 + 7 + 112 = 546

Noun • masculine • singular • nominative • (common) ▸ 427 + 7 + 112 = **546** (Gen. 2,5; Gen. 2,7; Gen. 2,24; Gen. 6,9; Gen. 7,21; Gen. 9,20; Gen. 11,3; Gen. 16,12; Gen. 24,21; Gen. 24,22; Gen. 24,26; Gen. 24,30; Gen. 24,32; Gen. 24,65; Gen. 25,27; Gen. 25,27; Gen. 26,13; Gen. 26,31; Gen. 30,43; Gen. 32,25; Gen. 37,15; Gen. 37,15; Gen. 37,17; Gen. 41,39; Gen. 42,30; Gen. 42,33; Gen. 43,3; Gen. 43,5; Gen. 43,7; Gen. 43,17; Gen. 43,28; Gen. 44,10; Gen. 44,15; Gen. 44,17; Ex. 11,3; Ex. 19,13; Ex. 21,19; Ex. 32,1; Ex. 32,23; Ex. 33,20; Lev. 5,4; Lev. 5,22; Lev. 13,44; Lev. 15,5; Lev. 15,16; Lev. 16,17; Lev. 17,3; Lev. 17,8; Lev. 17,9; Lev. 17,10; Lev. 17,10; Lev. 17,13; Lev. 17,13; Lev. 18,5; Lev. 18,6; Lev. 20,9; Lev. 20,9; Lev. 20,10; Lev. 21,18; Lev. 21,18; Lev. 21,19; Lev. 21,20; Lev. 22,3; Lev. 22,4; Lev. 22,4; Lev. 22,14; Lev. 22,18; Lev. 22,21; Lev. 24,10; Lev. 24,17; Lev. 25,14; Lev. 25,17; Lev. 27,14; Lev. 27,16; Lev. 27,28; Lev. 27,31; Num. 5,15; Num. 5,30; Num. 5,31; Num. 9,10; Num. 9,13; Num. 9,13; Num. 12,3; Num. 15,35; Num. 16,22; Num. 17,20; Num. 19,9; Num. 19,14; Num. 19,20; Num. 23,19; Num. 24,3; Num. 24,7; Num. 24,15; Num. 24,17; Num. 25,6; Num. 26,64; Num. 30,3; Num. 30,3; Deut. 1,31; Deut. 4,3; Deut. 8,3; Deut. 8,3; Deut. 8,5; Deut. 17,12; Deut. 17,12; Deut. 18,19; Deut. 19,11; Deut. 20,5; Deut. 20,5; Deut. 20,6; Deut. 20,6; Deut. 20,7; Deut. 20,7; Deut. 20,8; Deut. 20,19; Deut. 22,22; Deut. 22,23; Deut. 22,25; Deut. 22,26; Deut. 22,29; Deut. 23,1; Deut. 23,11; Deut. 24,7; Deut. 24,11; Deut. 24,12; Deut. 25,7; Deut. 25,11; Deut. 27,15; Deut. 27,26; Deut. 33,1; Josh. 1,5; Josh. 1,18; Josh. 6,26; Judg. 13,8; 1Sam. 1,3; 1Sam. 1,21; 1Sam. 2,20; 1Sam. 2,27; 1Sam. 4,13; 1Sam. 4,14; 1Sam. 4,18; 1Sam. 9,6; 1Sam. 9,6; 1Sam. 9,10; 1Sam. 9,17; 1Sam. 14,24; 1Sam. 14,28; 1Sam. 16,7; 1Sam. 16,7; 1Sam. 25,2; 1Sam. 25,2; 1Sam. 25,3; 1Sam. 25,3; 1Sam. 25,29; 1Kings 8,46; 1Kings 11,28; 1Kings 12,24b; 1Kings 12,24h; 1Kings 12,24i; 1Kings 12,24t; 1Kings 13,1; 1Kings 13,5; 1Kings 13,6; 1Kings 13,8; 1Kings 13,11; 1Kings 13,12; 1Kings 13,14; 1Kings 13,26; 1Kings 13,31; 1Kings 17,24; 1Kings 21,28; 1Kings 21,35; 1Kings 21,35; 1Kings 21,37; 2Kings 1,10; 2Kings 1,12; 2Kings 4,9; 2Kings

6,6; 2Kings 7,17; 2Kings 8,7; 2Kings 8,11; 2Kings 13,19; 2Kings 23,16; 2Kings 23,17; 1Chr. 23,14; 1Chr. 27,32; 1Chr. 28,3; 2Chr. 6,29; 2Chr. 6,36; 2Chr. 14,10; 2Chr. 25,7; 2Chr. 25,9; 1Esdr. 4,20; 1Esdr. 4,23; 1Esdr. 4,25; Ezra 6,11; Neh. 2,10; Neh. 9,29; Esth. 11,3 # 1,1b; Esth. 11,3 # 1,1b; Esth. 2,5; Esth. 4,11; Judith 8,16; Judith 15,2; Tob. 11,6; 1Mac. 2,41; 4Mac. 12,13; Psa. 8,5; Psa. 9,20; Psa. 9,39; Psa. 21,7; Psa. 24,12; Psa. 33,13; Psa. 37,15; Psa. 38,6; Psa. 38,7; Psa. 38,12; Psa. 40,10; Psa. 48,8; Psa. 48,13; Psa. 48,17; Psa. 48,21; Psa. 51,9; Psa. 55,2; Psa. 55,12; Psa. 57,12; Psa. 63,7; Psa. 63,10; Psa. 77,25; Psa. 83,13; Psa. 86,5; Psa. 86,5; Psa. 87,5; Psa. 88,49; Psa. 93,12; Psa. 102,15; Psa. 103,23; Psa. 115,2; Psa. 117,6; Psa. 126,5; Psa. 127,4; Psa. 143,3; Psa. 143,4; Ode. 10,3; Ode. 10,7; Prov. 3,13; Prov. 8,34; Prov. 12,3; Prov. 20,6; Prov. 27,8; Prov. 24,30; Eccl. 2,12; Eccl. 2,21; Eccl. 2,21; Eccl. 3,11; Eccl. 3,13; Eccl. 3,19; Eccl. 3,22; Eccl. 5,18; Eccl. 6,10; Eccl. 7,14; Eccl. 7,20; Eccl. 8,8; Eccl. 8,9; Eccl. 8,17; Eccl. 8,17; Eccl. 9,1; Eccl. 9,12; Eccl. 9,15; Eccl. 10,14; Eccl. 11,8; Eccl. 12,5; Eccl. 12,13; Job 1,1; Job 1,3; Job 1,8; Job 2,3; Job 5,7; Job 5,17; Job 7,9; Job 7,17; Job 9,32; Job 10,4; Job 11,12; Job 14,12; Job 14,14; Job 20,4; Job 21,33; Job 25,6; Job 33,27; Job 36,25; Job 37,7; Job 38,26; Wis. 7,1; Wis. 9,5; Wis. 9,13; Wis. 15,16; Wis. 15,16; Wis. 16,14; Sir. 11,32; Sir. 13,15; Sir. 16,21; Sir. 18,7; Sir. 18,8; Sir. 18,23; Sir. 20,7; Sir. 20,15; Sir. 20,19; Sir. 20,27; Sir. 20,31; Sir. 20,31; Sir. 21,22; Sir. 23,15; Sir. 23,17; Sir. 23,18; Sir. 25,7; Sir. 27,18; Sir. 28,3; Sir. 28,8; Sir. 31,16; Sir. 32,17; Sir. 33,3; Sir. 34,21; Sir. 34,26; Sir. 36,20; Sir. 41,15; Sir. 41,15; Sir. 46,19; Sol. 2,9; Sol. 5,4; Sol. 5,16; Sol. 9,3; Sol. 15,2; Sol. 17,27; Hos. 6,7; Hos. 9,7; Hos. 11,4; Hos. 11,9; Amos 5,19; Obad. 9; Zeph. 1,3; Hag. 2,12; Zech. 4,1; Zech. 13,3; Zech. 13,5; Zech. 13,5; Mal. 3,8; Mal. 3,17; Is. 2,9; Is. 2,11; Is. 2,17; Is. 2,20; Is. 3,5; Is. 3,5; Is. 3,6; Is. 5,3; Is. 5,7; Is. 5,15; Is. 6,5; Is. 7,21; Is. 9,18; Is. 9,19; Is. 13,12; Is. 14,16; Is. 14,18; Is. 17,7; Is. 19,2; Is. 19,2; Is. 22,25; Is. 32,2; Is. 47,15; Is. 50,2; Is. 53,3; Is. 53,6; Is. 56,2; Jer. 4,25; Jer. 4,29; Jer. 8,6; Jer. 9,11; Jer. 10,14; Jer. 11,3; Jer. 14,9; Jer. 16,20; Jer. 17,5; Jer. 17,7; Jer. 20,15; Jer. 20,16; Jer. 23,9; Jer. 23,24; Jer. 27,40; Jer. 28,17; Jer. 30,12; Jer. 30,28; Jer. 31,14; Jer. 33,20; Jer. 36,32; Jer. 43,19; Jer. 43,29; Jer. 44,13; Jer. 45,4; Jer. 45,4; Jer. 48,4; Lam. 3,39; LetterJ 12; LetterJ 72; Ezek. 4,17; Ezek. 7,13; Ezek. 14,4; Ezek. 14,7; Ezek. 14,7; Ezek. 18,5; Ezek. 20,11; Ezek. 20,13; Ezek. 20,21; Ezek. 28,2; Ezek. 28,9; Ezek. 33,30; Dan. 3,10; Dan. 5,9; Dan. 5,11; Dan. 6,6; Dan. 6,8; Dan. 6,13; Dan. 8,16; Dan. 10,5; Dan. 10,11; Sus. 40; Tob. 5,10; Tob. 6,11; Tob. 7,10; Tob. 10,6; Tob. 11,6; Dan. 2,10; Dan. 6,13; Matt. 4,4; Matt. 7,9; Matt. 11,19; Matt. 12,10; Matt. 12,11; Matt. 12,12; Matt. 12,35; Matt. 12,35; Matt. 13,28; Matt. 13,31; Matt. 13,44; Matt. 16,26; Matt. 16,26; Matt. 17,14; Matt. 19,5; Matt. 19,6; Matt. 21,28; Matt. 21,33; Matt. 25,14; Matt. 25,24; Matt. 26,24; Matt. 27,57; Mark 1,23; Mark 2,27; Mark 3,1; Mark 4,26; Mark 5,2; Mark 7,11; Mark 8,37; Mark 10,7; Mark 10,9; Mark 12,1; Mark 13,34; Mark 14,13; Mark 14,21; Mark 15,39; Luke 2,25; Luke 2,25; Luke 4,4; Luke 4,33; Luke 6,6; Luke 6,45; Luke 7,34; Luke 9,25; Luke 13,19; Luke 14,30; Luke 15,4; Luke 19,21; Luke 19,22; Luke 22,10; Luke 23,6; Luke 23,47; John 1,6; John 2,10; John 3,1; John 3,4; John 3,27; John 4,50; John 5,5; John 5,9; John 5,12; John 5,15; John 7,23; John 7,46; John 9,11; John 9,16; John 9,16; John 9,24; John 9,30; John 10,33; John 11,47; John 11,50; John 16,21; John 19,5; Acts 4,22; Acts 6,13; Acts 19,16; Acts 21,28; Acts 21,39; Acts 22,26; Acts 26,31; Acts 26,32; Acts 28,4; Rom. 3,4; Rom. 6,6; Rom. 7,24; Rom. 10,5; 1Cor. 2,14; 1Cor. 4,1; 1Cor. 6,18; 1Cor. 11,28; 1Cor. 15,45; 1Cor. 15,47; 1Cor. 15,47; 2Cor. 4,16; Gal. 2,16; Gal. 6,1; Gal. 6,7; Eph. 5,31; Phil. 2,7; 2Th. 2,3; 1Tim. 2,5; 2Tim. 3,17; Heb. 2,6; Heb. 8,2; Heb. 13,6; James 1,7; James 1,19; James 2,24; James 5,17; 1Pet. 3,4; Rev. 16,18)

Ἄνθρωπος ▸ 19 + 1 + 1 = 21
  Noun · masculine · singular · nominative · (common)   ▸ 19 + 1 + 1 = **21** (Ex. 2,19; Lev. 1,2; Lev. 17,3; Lev. 17,8; Lev. 18,6; Lev. 21,17; Lev. 22,18; Lev. 24,15; Num. 2,2; Num. 9,10; Num. 27,8; Judg. 13,6; 1Sam. 1,1; Esth. 7,6; 1Mac. 7,14; Sir. 18,27; Jer. 45,24; Ezek. 14,4; Dan. 10,19; Judg. 13,6; Luke 16,19)

ἄνθρωπός ▸ 3 + 10 = 13
  Noun · masculine · singular · nominative · (common)   ▸ 3 + 10 = **13** (1Sam. 15,29; Sol. 2,28; Jer. 17,9; Matt. 8,9; Luke 7,8; Luke 10,30; Luke 14,2; Luke 14,16; Luke 15,11; Luke 16,1; Luke 19,12; Luke 20,9; Acts 10,26)

Ἄνθρωπός ▸ 2
  Noun · masculine · singular · nominative · (common)   ▸ **2** (Job 1,1; Bel 2)

ἀνθρώπου ▸ 294 + 13 + 129 = 436
  Noun · masculine · singular · genitive · (common)   ▸ 294 + 13 + 129 = **436** (Gen. 6,7; Gen. 6,13; Gen. 7,23; Gen. 8,21; Gen. 9,5; Gen. 9,5; Gen. 9,6; Gen. 24,58; Gen. 24,61; Gen. 26,11; Gen. 38,2; Gen. 38,25; Gen. 42,11; Gen. 43,14; Gen. 44,26; Ex. 9,25; Ex. 11,7; Ex. 12,12; Ex. 13,2; Ex. 13,13; Ex. 22,6; Ex. 30,32; Lev. 5,3; Lev. 7,8; Lev. 7,21; Lev. 16,21; Lev. 20,4; Lev. 21,9; Lev. 22,12; Lev. 24,17; Lev. 27,28; Num. 3,13; Num. 8,17; Num. 9,6; Num. 9,7; Num. 9,10; Num. 18,15; Num. 19,11; Num. 19,13; Num. 23,19; Num. 25,8; Num. 25,14; Num. 31,11; Num. 31,26; Deut. 1,17; Deut. 19,15; Deut. 19,16; Josh. 10,14; 2Sam. 7,19; 2Sam. 24,14; 1Kings 13,4; 1Kings 13,14; 1Kings 13,28; 1Kings 13,29; 2Kings 4,21; 2Kings 4,22; 2Kings 7,10; 2Kings 8,4; 2Kings 23,16; 1Chr. 17,17; 2Chr. 8,14; 2Chr. 24,6; 2Chr. 30,16; 1Esdr. 5,48; 1Esdr. 9,40; Ezra 3,2; Neh. 12,24; Neh. 12,36; Esth. 13,14 # 4,17e; Judith 8,14; Judith 8,16; Tob. 4,14; Tob. 5,17; Tob. 6,8; Tob. 7,6; 2Mac. 7,23; Psa. 8,5; Psa. 21,7; Psa. 36,23; Psa. 42,1; Psa. 59,13; Psa. 75,11; Psa. 79,16; Psa. 79,18; Psa. 89,1; Psa. 103,15; Psa. 103,15; Psa. 107,13; Psa. 134,8; Psa. 139,2; Psa. 143,3; Prov. 18,16; Prov. 28,23; Eccl. 1,13; Eccl. 2,3; Eccl. 2,8; Eccl. 3,10; Eccl. 3,18; Eccl. 3,19; Eccl. 3,21; Eccl. 6,7; Eccl. 7,2; Eccl. 8,1; Eccl. 8,6; Eccl. 8,11; Eccl. 9,3; Eccl. 9,12; Job 7,1; Job 12,10; Job 14,19; Job 16,21; Job 20,29; Job 21,4; Job 25,6; Job 27,13; Job 34,29; Job 35,8; Job 37,7; Wis. 2,1; Wis. 13,13; Sir. 3,11; Sir. 3,17; Sir. 5,13; Sir. 8,1; Sir. 8,2; Sir. 8,3; Sir. 9,13; Sir. 10,12; Sir. 10,19; Sir. 10,19; Sir. 11,27; Sir. 13,25; Sir. 15,19; Sir. 17,22; Sir. 17,30; Sir. 18,9; Sir. 18,13; Sir. 19,30; Sir. 20,26; Sir. 21,24; Sir. 27,4; Sir. 27,5; Sir. 27,6; Sir. 28,10; Sir. 30,22; Sir. 36,22; Sir. 39,26; Sir. 40,8; Sir. 41,27; Sol. 5,13; Sol. 17,2; Jonah 1,14; Zech. 12,1; Mal. 3,23; Is. 4,1; Is. 8,1; Is. 13,7; Is. 17,11; Is. 23,15; Is. 29,12; Is. 31,8; Is. 40,6; Is. 44,13; Is. 51,12; Is. 51,12; Jer. 2,6; Jer. 10,23; Jer. 13,11; Jer. 17,16; Jer. 27,3; Jer. 27,40; Jer. 28,43; Jer. 28,62; Jer. 30,12; Jer. 30,28; Jer. 31,36; Jer. 38,27; Jer. 42,4; LetterJ 15; Ezek. 1,5; Ezek. 1,8; Ezek. 1,10; Ezek. 1,26; Ezek. 2,1; Ezek. 2,3; Ezek. 2,6; Ezek. 2,8; Ezek. 3,1; Ezek. 3,3; Ezek. 3,4; Ezek. 3,10; Ezek. 3,17; Ezek. 3,25; Ezek. 4,1; Ezek. 4,16; Ezek. 5,1; Ezek. 6,2; Ezek. 7,2; Ezek. 8,5; Ezek. 8,6; Ezek. 8,8; Ezek. 8,12; Ezek. 8,15; Ezek. 8,17; Ezek. 10,21; Ezek. 11,2; Ezek. 11,4; Ezek. 11,15; Ezek. 12,2; Ezek. 12,3; Ezek. 12,9; Ezek. 12,18; Ezek. 12,22; Ezek. 12,27; Ezek. 13,2; Ezek. 13,17; Ezek. 14,3; Ezek. 14,13; Ezek. 15,2; Ezek. 16,2; Ezek. 17,2; Ezek. 17,12; Ezek. 18,2; Ezek. 20,3; Ezek. 20,4; Ezek. 20,27; Ezek. 21,2; Ezek. 21,7; Ezek. 21,11; Ezek. 21,14; Ezek. 21,17; Ezek. 21,19; Ezek. 21,24; Ezek. 21,33; Ezek. 22,2; Ezek. 22,18; Ezek. 22,24; Ezek. 23,2; Ezek. 23,36; Ezek. 24,2; Ezek. 24,16; Ezek. 24,25; Ezek. 25,2; Ezek. 26,2; Ezek. 27,2; Ezek. 28,2; Ezek. 28,12; Ezek. 28,21; Ezek. 29,2; Ezek. 29,11; Ezek. 29,18; Ezek. 30,2; Ezek. 30,21; Ezek. 31,2; Ezek. 32,2; Ezek. 32,13;

ἄνθρωπος

Ezek. 32,18; Ezek. 33,2; Ezek. 33,7; Ezek. 33,10; Ezek. 33,24; Ezek. 33,30; Ezek. 34,2; Ezek. 35,2; Ezek. 36,1; Ezek. 36,17; Ezek. 37,3; Ezek. 37,9; Ezek. 37,11; Ezek. 37,16; Ezek. 38,2; Ezek. 38,14; Ezek. 38,21; Ezek. 39,1; Ezek. 39,15; Ezek. 39,17; Ezek. 40,4; Ezek. 41,19; Ezek. 43,7; Ezek. 43,10; Ezek. 43,18; Ezek. 44,5; Ezek. 44,25; Ezek. 47,6; Dan. 4,32; Dan. 5,0; Dan. 5,5; Dan. 7,13; Dan. 8,15; Dan. 8,16; Dan. 8,17; Dan. 10,16; Dan. 10,18; Dan. 11,17; Judg. 18,28; Tob. 6,8; Tob. 6,9; Dan. 5,5; Dan. 6,8; Dan. 6,13; Dan. 7,4; Dan. 7,4; Dan. 7,8; Dan. 7,13; Dan. 8,17; Dan. 10,16; Dan. 10,18; Matt. 8,20; Matt. 9,6; Matt. 10,23; Matt. 10,36; Matt. 11,19; Matt. 12,8; Matt. 12,32; Matt. 12,40; Matt. 12,43; Matt. 12,45; Matt. 13,37; Matt. 13,41; Matt. 16,13; Matt. 16,27; Matt. 16,28; Matt. 17,9; Matt. 17,12; Matt. 17,22; Matt. 19,10; Matt. 19,28; Matt. 20,18; Matt. 20,28; Matt. 24,27; Matt. 24,30; Matt. 24,30; Matt. 24,37; Matt. 24,39; Matt. 24,44; Matt. 25,31; Matt. 26,2; Matt. 26,24; Matt. 26,24; Matt. 26,45; Matt. 26,64; Mark 2,10; Mark 2,28; Mark 5,8; Mark 7,15; Mark 7,15; Mark 7,20; Mark 8,31; Mark 8,38; Mark 9,9; Mark 9,12; Mark 9,31; Mark 10,33; Mark 10,45; Mark 13,26; Mark 14,21; Mark 14,21; Mark 14,41; Mark 14,62; Luke 5,24; Luke 6,5; Luke 6,22; Luke 7,34; Luke 8,29; Luke 8,33; Luke 9,22; Luke 9,26; Luke 9,44; Luke 9,58; Luke 11,24; Luke 11,26; Luke 11,30; Luke 12,8; Luke 12,10; Luke 12,16; Luke 12,40; Luke 17,22; Luke 17,24; Luke 17,26; Luke 17,30; Luke 18,8; Luke 18,31; Luke 19,10; Luke 21,27; Luke 21,36; Luke 22,22; Luke 22,48; Luke 22,69; Luke 24,7; John 1,51; John 2,25; John 3,13; John 3,14; John 5,27; John 5,34; John 6,27; John 6,53; John 6,62; John 8,28; John 9,35; John 12,23; John 12,34; John 12,34; John 13,31; John 18,17; John 18,29; Acts 4,9; Acts 5,28; Acts 7,56; Acts 12,22; Acts 17,29; Acts 25,22; Rom. 1,23; Rom. 2,9; Rom. 4,6; Rom. 5,12; Rom. 5,15; Rom. 5,19; Rom. 7,1; 1Cor. 2,9; 1Cor. 2,11; 1Cor. 2,11; 1Cor. 15,21; 1Cor. 15,21; Gal. 1,1; Gal. 1,12; Gal. 2,6; Gal. 3,15; Heb. 2,6; 2Pet. 1,21; 2Pet. 2,16; Rev. 1,13; Rev. 4,7; Rev. 13,18; Rev. 14,14; Rev. 21,17)

ἀνθρώπους ▸ 67 + 2 + 31 = 100

Noun · masculine · plural · accusative · (common) ▸ 67 + 2 + 31 = 100 (Gen. 43,16; Gen. 43,17; Gen. 49,6; Ex. 9,9; Ex. 9,22; Ex. 10,7; Num. 12,3; Num. 16,32; Judg. 16,17; 1Kings 5,11; 1Esdr. 2,23; 1Esdr. 3,18; 1Esdr. 6,11; 2Mac. 11,9; 3Mac. 1,29; 3Mac. 3,7; 3Mac. 3,8; 3Mac. 3,18; 3Mac. 7,6; Psa. 35,7; Psa. 65,12; Psa. 123,2; Prov. 24,22d; Prov. 26,18; Prov. 29,25; Job 4,13; Job 33,15; Hos. 13,2; Amos 4,13; Hab. 1,14; Zeph. 1,3; Zeph. 1,17; Hag. 1,11; Zech. 8,10; Zech. 9,1; Zech. 11,6; Is. 6,11; Is. 6,12; Is. 8,2; Is. 29,21; Is. 33,8; Is. 36,12; Is. 41,12; Is. 43,4; Is. 53,3; Jer. 7,20; Jer. 9,9; Jer. 21,6; Jer. 31,36; Jer. 45,10; Jer. 45,11; Jer. 52,25; LetterJ 10; Ezek. 19,3; Ezek. 19,6; Ezek. 27,16; Ezek. 29,8; Ezek. 35,7; Ezek. 36,10; Ezek. 36,11; Ezek. 36,12; Ezek. 36,13; Ezek. 36,14; Ezek. 36,37; Dan. 2,30; Dan. 3,94; Dan. 4,22; Judg. 9,13; Tob. 6,12; Matt. 5,19; Matt. 13,25; Mark 8,24; Luke 5,10; Luke 7,31; Luke 11,46; Luke 13,4; John 6,10; Acts 5,34; Acts 16,35; Acts 16,37; Acts 18,13; Acts 22,15; Acts 24,16; Rom. 5,12; Rom. 5,18; Rom. 5,18; 1Cor. 7,7; 2Cor. 5,11; Gal. 1,10; 1Tim. 2,4; 1Tim. 6,9; Titus 3,2; Heb. 7,28; James 3,9; 1Pet. 4,6; Rev. 9,4; Rev. 9,10; Rev. 16,2; Rev. 16,8; Rev. 16,21)

ἀνθρώπῳ ▸ 85 + 1 + 26 = 112

Noun · masculine · singular · dative · (common) ▸ 85 + 1 + 26 = 112 (Gen. 20,7; Gen. 34,14; Gen. 43,6; Gen. 43,11; Ex. 2,21; Ex. 4,11; Lev. 13,9; Lev. 17,4; Lev. 19,20; Lev. 22,5; Lev. 24,20; Lev. 25,27; Lev. 27,20; Lev. 27,24; Num. 5,8; Deut. 21,15; Deut. 22,16; Deut. 25,9; Deut. 29,19; 1Sam. 9,7; 1Sam. 9,7; 1Sam. 9,8; 1Sam. 25,3; 2Sam. 23,3; 1Kings 8,38; 1Kings 12,24h; 1Kings 13,6; 2Kings 4,7; 2Kings 8,8; 1Chr. 29,1; 2Chr. 6,29; 2Chr. 19,6; 2Chr. 25,9; Neh. 2,12; Esth. 13,5 # 3,13e; Esth. 6,6; Esth. 6,9; Esth. 6,11; Tob. 12,1; 1Mac. 7,38; 1Mac. 8,16; Psa. 36,7; Psa. 36,37; Psa. 67,19; Eccl. 1,3; Eccl. 2,18; Eccl. 2,22; Eccl. 2,24; Eccl. 2,26; Eccl. 6,11; Eccl. 6,12; Eccl. 6,12; Eccl. 8,9; Eccl. 8,15; Job 2,4; Job 28,28; Job 32,14; Job 33,23; Job 34,11; Sir. 4,5; Sir. 4,27; Sir. 8,12; Sir. 8,19; Sir. 11,26; Sir. 14,3; Sir. 20,24; Sir. 23,17; Sir. 28,3; Sir. 29,28; Sir. 31,19; Sir. 35,22; Sir. 36,27; Sir. 40,1; Sir. 41,1; Sir. 41,2; Sir. 42,12; Is. 29,11; Jer. 23,36; Jer. 33,11; Jer. 33,16; Jer. 36,26; Jer. 36,26; Jer. 42,13; Bar. 1,15; Dan. 4,31; Tob. 12,1; Matt. 12,13; Matt. 13,24; Matt. 13,45; Matt. 13,52; Matt. 18,7; Matt. 18,12; Matt. 18,23; Matt. 19,3; Matt. 20,1; Matt. 22,2; Matt. 26,24; Mark 3,3; Mark 3,5; Mark 14,21; Luke 6,48; Luke 6,49; Luke 22,22; Luke 23,4; Luke 23,14; John 2,25; Acts 23,9; Rom. 14,20; 1Cor. 7,1; 1Cor. 7,26; 2Cor. 12,4; Gal. 5,3)

Ἀνθρώπῳ ▸ 1

Noun · masculine · singular · dative · (common) ▸ 1 (Lev. 13,2)

ἀνθρώπων ▸ 211 + 18 + 99 = 328

Noun · masculine · plural · genitive · (common) ▸ 211 + 18 + 99 = 328 (Gen. 5,1; Gen. 6,2; Gen. 6,4; Gen. 6,5; Gen. 8,21; Gen. 11,5; Gen. 24,43; Gen. 32,29; Gen. 44,1; Gen. 44,4; Ex. 5,9; Ex. 13,15; Lev. 27,29; Num. 14,38; Num. 16,14; Num. 16,26; Num. 16,29; Num. 16,29; Num. 18,15; Num. 22,35; Num. 31,28; Num. 31,28; Num. 31,30; Num. 31,35; Num. 31,40; Num. 31,46; Num. 31,47; Num. 32,14; Deut. 4,28; Deut. 25,1; Deut. 32,26; Judg. 9,13; Judg. 16,7; Judg. 16,11; Judg. 16,13; Judg. 18,28; 1Sam. 2,26; 1Sam. 26,19; 2Sam. 7,14; 1Kings 5,10; 1Kings 8,27; 1Kings 8,39; 1Kings 13,2; 2Kings 19,18; 2Kings 23,14; 2Kings 23,20; 1Chr. 21,13; 2Chr. 6,18; 2Chr. 6,30; 2Chr. 32,19; 1Esdr. 4,17; 1Esdr. 4,37; Esth. 1,8; Esth. 16,4 # 8,12d; Judith 8,12; Judith 13,19; Tob. 8,6; 1Mac. 2,38; 1Mac. 9,2; 1Mac. 12,53; 2Mac. 6,26; 2Mac. 7,14; 2Mac. 7,28; 2Mac. 7,34; 2Mac. 8,2; 3Mac. 6,26; 4Mac. 1,11; 4Mac. 17,14; 4Mac. 18,3; Psa. 4,3; Psa. 10,4; Psa. 11,2; Psa. 11,9; Psa. 13,2; Psa. 16,4; Psa. 20,11; Psa. 30,20; Psa. 30,21; Psa. 32,13; Psa. 35,8; Psa. 44,3; Psa. 48,3; Psa. 52,3; Psa. 56,5; Psa. 57,2; Psa. 61,10; Psa. 61,10; Psa. 65,5; Psa. 72,5; Psa. 72,5; Psa. 88,48; Psa. 89,3; Psa. 93,11; Psa. 103,14; Psa. 106,8; Psa. 106,15; Psa. 106,21; Psa. 106,31; Psa. 113,12; Psa. 113,24; Psa. 118,134; Psa. 134,15; Psa. 139,5; Psa. 144,12; Psa. 145,3; Psa. 146,8; Ode. 2,26; Ode. 8,82; Ode. 12,7; Prov. 3,4; Prov. 8,4; Prov. 8,31; Prov. 15,11; Prov. 15,28a; Prov. 20,27; Prov. 21,10; Prov. 24,22e; Prov. 27,19; Prov. 27,20; Prov. 30,2; Prov. 30,2; Prov. 30,14; Job 7,20; Job 12,14; Job 15,7; Job 33,16; Job 34,21; Wis. 3,4; Wis. 7,20; Wis. 9,6; Wis. 11,23; Wis. 12,8; Wis. 12,12; Wis. 13,10; Wis. 14,11; Wis. 14,14; Wis. 15,4; Sir. 1,15; Sir. 1,29; Sir. 2,18; Sir. 3,23; Sir. 10,7; Sir. 15,17; Sir. 21,2; Sir. 23,19; Sir. 23,19; Sir. 25,1; Sir. 27,7; Sir. 35,22; Sir. 36,23; Sir. 41,11; Sir. 44,23; Sir. 45,1; Sir. 51,7; Sol. 4,7; Sol. 4,20; Sol. 4,23; Sol. 9,4; Sol. 10,4; Sol. 14,8; Hos. 9,12; Hos. 11,4; Amos 9,12; Mic. 2,12; Mic. 5,4; Mic. 5,6; Joel 1,12; Jonah 4,11; Nah. 2,4; Hab. 2,8; Hab. 2,17; Zech. 2,8; Zech. 8,10; Is. 2,11; Is. 2,17; Is. 19,4; Is. 25,3; Is. 25,4; Is. 25,4; Is. 25,5; Is. 29,13; Is. 29,19; Is. 31,2; Is. 36,11; Is. 37,19; Is. 44,11; Is. 51,7; Is. 52,14; Is. 52,14; Is. 66,24; Jer. 9,21; Jer. 28,14; Jer. 39,19; Jer. 39,43; Jer. 40,5; Jer. 40,10; Jer. 45,4; Jer. 45,16; Jer. 46,17; LetterJ 50; Ezek. 10,8; Ezek. 23,42; Ezek. 27,13; Ezek. 31,14; Ezek. 36,38; Dan. 2,38; Dan. 2,43; Dan. 3,82; Dan. 4,31; Dan. 5,23; Dan. 6,23; Judg. 16,7; Judg. 16,11; Judg. 16,13; Tob. 5,10; Tob. 8,6; Dan. 2,38; Dan. 2,43; Dan. 3,82; Dan. 4,16; Dan. 4,17; Dan. 4,17; Dan. 4,25; Dan. 4,25; Dan. 4,32; Dan. 4,32; Dan. 4,33; Dan. 5,21; Dan. 5,21; Matt. 4,19; Matt. 5,13; Matt. 5,16; Matt. 6,1; Matt. 6,2; Matt. 10,17; Matt. 10,32; Matt. 10,33; Matt. 15,9; Matt. 16,23; Matt. 17,22; Matt. 19,12; Matt. 21,25; Matt. 21,26; Matt. 22,16; Matt. 23,4; Matt. 23,7;

Matt. 23,13; Mark 1,17; Mark 3,28; Mark 7,7; Mark 7,8; Mark 7,21; Mark 8,33; Mark 9,31; Mark 11,2; Mark 11,30; Mark 11,32; Mark 12,14; Luke 9,44; Luke 12,8; Luke 12,9; Luke 16,15; Luke 18,11; Luke 19,30; Luke 20,4; Luke 20,6; Luke 21,26; Luke 24,7; John 1,4; John 5,41; John 8,17; John 12,43; Acts 4,17; Acts 5,38; Acts 5,38; Acts 15,17; Acts 17,26; Acts 19,35; Rom. 1,18; Rom. 2,16; Rom. 2,29; Rom. 12,17; Rom. 12,18; 1Cor. 1,25; 1Cor. 1,25; 1Cor. 2,5; 1Cor. 2,11; 1Cor. 7,23; 1Cor. 13,1; 1Cor. 15,19; 1Cor. 15,39; 2Cor. 3,2; 2Cor. 4,2; 2Cor. 8,21; Gal. 1,1; Eph. 3,5; Eph. 4,14; Phil. 2,7; Col. 2,8; Col. 2,22; 1Th. 2,6; 1Th. 2,13; 2Th. 3,2; 1Tim. 2,1; 1Tim. 2,5; 1Tim. 4,10; 1Tim. 5,24; 1Tim. 6,5; 1Tim. 6,16; Titus 1,14; Heb. 5,1; Heb. 5,1; James 3,8; 1Pet. 2,4; 1Pet. 2,15; 1Pet. 4,2; 2Pet. 3,7; 1John 5,9; Rev. 8,11; Rev. 9,7; Rev. 9,15; Rev. 9,18; Rev. 9,20; Rev. 11,13; Rev. 13,13; Rev. 14,4; Rev. 18,13; Rev. 21,3)

ἀνθύπατος proconsul ▸ 5
  ἀνθύπατοί ▸ 1
    Noun · masculine · plural · nominative ▸ **1** (Acts 19,38)
  ἀνθύπατον ▸ 1
    Noun · masculine · singular · accusative ▸ **1** (Acts 13,8)
  ἀνθύπατος ▸ 1
    Noun · masculine · singular · nominative ▸ **1** (Acts 13,12)
  ἀνθυπάτου ▸ 1
    Noun · masculine · singular · genitive ▸ **1** (Acts 18,12)
  ἀνθυπάτῳ ▸ 1
    Noun · masculine · singular · dative ▸ **1** (Acts 13,7)

ἀνθυφαιρέομαι (ἀντί; ὑπό; αἱρέω) to be taken in exchange ▸ 1
  ἀνθυφαιρεθήσεται ▸ 1
    Verb · third · singular · future · passive · indicative ▸ **1** (Lev. 27,18)

Ανιαμ Aniam ▸ 1
  Ανιαμ ▸ 1
    Noun · masculine · singular · nominative · (proper) ▸ **1** (1Chr. 7,19)

ἀνίατος (ἀ; ἰάομαι) incurable; incorrigible ▸ 11
  ἀνίατα ▸ 1
    Adjective · neuter · plural · nominative · noDegree ▸ **1** (Jer. 8,18)
  ἀνίατον ▸ 1
    Adjective · masculine · singular · accusative · noDegree ▸ **1** (Lam. 4,3)
  ἀνίατος ▸ 6
    Adjective · feminine · singular · nominative · noDegree ▸ **2** (Prov. 6,15; Is. 13,9)
    Adjective · masculine · singular · nominative · noDegree ▸ **4** (Deut. 32,24; Deut. 32,33; Ode. 2,24; Ode. 2,33)
  ἀνιάτῳ ▸ 3
    Adjective · feminine · singular · dative · noDegree ▸ **1** (Is. 14,6)
    Adjective · masculine · singular · dative · noDegree ▸ **1** (2Mac. 9,5)
    Adjective · neuter · singular · dative · noDegree ▸ **1** (Job 24,20)

ἀνιερόω (ἀνά; ἱερός) to consecrate, devote ▸ 2
  ἀνιερωθήσονται ▸ 1
    Verb · third · plural · future · passive · indicative ▸ **1** (1Esdr. 9,4)
  ἀνιερώσαντες ▸ 1
    Verb · aorist · active · participle · masculine · plural · nominative ▸ **1** (3Mac. 7,20)

Ανιηλ Hanniel ▸ 2 + 1 = 3
  Ανιηλ ▸ 2 + 1 = 3
    Noun · singular · genitive · (proper) ▸ **1** (Josh. 19,27)
    Noun · masculine · singular · nominative · (proper) ▸ **2** (Num. 34,23; 1Chr. 7,39)

ἀνίημι (ἀνά; ἵημι) to send back, throw up, leave, lift up, forgive, relax ▸ 43 + 1 + 4 = 48
  ἀνέθη ▸ 1 + 1 = 2
    Verb · third · singular · aorist · passive · indicative ▸ 1 + 1 = **2** (Judg. 8,3; Acts 16,26)
  ἀνειμένα ▸ 1
    Verb · perfect · passive · participle · neuter · plural · nominative ▸ **1** (Mal. 3,20)
  ἀνειμέναι ▸ 1
    Verb · perfect · passive · participle · feminine · plural · nominative ▸ **1** (Is. 35,3)
  ἀνειμένης ▸ 1
    Verb · perfect · passive · participle · feminine · singular · genitive ▸ **1** (Is. 5,24)
  ἀνειμένον ▸ 2
    Verb · perfect · passive · participle · masculine · singular · accusative ▸ **1** (Is. 27,10)
    Verb · perfect · passive · participle · neuter · singular · nominative ▸ **1** (Gen. 49,21)
  ἀνειμένος ▸ 1
    Verb · perfect · passive · participle · masculine · singular · nominative ▸ **1** (Sir. 30,8)
  ἀνείς ▸ 1
    Verb · aorist · active · participle · masculine · singular · nominative ▸ **1** (1Sam. 9,5)
  ἀνεῖται ▸ 1
    Verb · third · singular · perfect · middle · indicative ▸ **1** (Is. 3,8)
  ἀνέντες ▸ 1
    Verb · aorist · active · participle · masculine · plural · nominative ▸ **1** (Acts 27,40)
  ἄνες ▸ 5
    Verb · second · singular · aorist · active · imperative ▸ **5** (2Sam. 24,16; 1Chr. 21,15; Psa. 38,14; Ode. 12,13; Sir. 33,26)
  Ἄνες ▸ 4
    Verb · second · singular · aorist · active · imperative ▸ **4** (1Sam. 11,3; 1Sam. 15,16; 2Chr. 10,9; Ode. 12,13)
  ἀνῇ ▸ 2
    Verb · third · singular · aorist · active · subjunctive ▸ **2** (Deut. 31,6; 1Sam. 27,1)
  ἀνῆκα ▸ 1
    Verb · first · singular · aorist · active · indicative ▸ **1** (Is. 37,27)
  ἀνῆκε ▸ 1
    Verb · third · singular · aorist · active · indicative ▸ **1** (Judg. 8,3)
  ἀνῆκεν ▸ 2
    Verb · third · singular · aorist · active · indicative ▸ **2** (1Sam. 23,13; Is. 2,6)
  ἀνῇς ▸ 1
    Verb · second · singular · aorist · active · subjunctive ▸ **1** (Eccl. 7,18)
  ἀνήσει ▸ 5
    Verb · third · singular · future · active · indicative ▸ **5** (Deut. 31,8; Josh. 24,19; 1Chr. 28,20; Is. 25,11; Is. 42,2)
  ἀνήσεις ▸ 2
    Verb · second · singular · future · active · indicative ▸ **2** (Gen. 18,24; Ex. 23,11)
  ἀνήσομεν ▸ 1
    Verb · first · plural · future · active · indicative ▸ **1** (Neh. 10,32)
  ἀνήσουσίν ▸ 1
    Verb · third · plural · future · active · indicative ▸ **1** (4Mac. 12,12)
  ἀνήσω ▸ 7

ἀνίημι–ἀνίστημι

Verb · first · singular · future · active · indicative ▸ 7 (Ode. 10,6; Is. 1,14; Is. 2,9; Is. 5,6; Is. 46,4; Is. 62,1; Jer. 15,6)

ἀνιέναι ▸ 1
Verb · present · active · infinitive ▸ 1 (1Sam. 12,23)

ἀνιέντες ▸ 1
Verb · present · active · participle · masculine · plural · nominative ▸ 1 (Eph. 6,9)

ἀνίεται ▸ 1
Verb · third · singular · present · middle · indicative ▸ 1 (Wis. 16,24)

ἀνῶ ▸ 1
Verb · first · singular · aorist · active · subjunctive ▸ 1 (Heb. 13,5)

ἀνῶμεν ▸ 1
Verb · first · plural · aorist · active · subjunctive ▸ 1 (Jer. 27,7)

ἀνίκητος (α; νίκη) invincible, unconquerable ▸ 6

ἀνίκητοι ▸ 1
Adjective · masculine · plural · nominative · noDegree ▸ 1 (4Mac. 9,18)

ἀνίκητον ▸ 2
Adjective · feminine · singular · accusative · noDegree ▸ 1 (3Mac. 6,13)
Adjective · masculine · singular · accusative · noDegree ▸ 1 (4Mac. 11,27)

ἀνίκητος ▸ 1
Adjective · feminine · singular · nominative · noDegree ▸ 1 (4Mac. 11,21)

ἀνικήτου ▸ 1
Adjective · feminine · singular · genitive · noDegree ▸ 1 (3Mac. 4,21)

ἀνικήτους ▸ 1
Adjective · masculine · plural · accusative · noDegree ▸ 1 (2Mac. 11,13)

Ανιμ Anim ▸ 1
Ανιμ ▸ 1
Noun · singular · nominative · (proper) ▸ 1 (Josh. 15,50)

ἀνίπταμαι (ἀνά; πέτεομαι) to fly off, fly away ▸ 1
ἀνιπταμένου ▸ 1
Verb · present · middle · participle · neuter · singular · genitive ▸ 1 (Is. 16,2)

ἄνιπτος (α; νίπτω) unwashed ▸ 2
ἀνίπτοις ▸ 2
Adjective · feminine · plural · dative ▸ 2 (Matt. 15,20; Mark 7,2)

ἀνιστάω (ἀνά; ἵστημι) to cause to stand up; to hold up ▸ 1
ἀνιστᾶν ▸ 1
Verb · present · active · infinitive ▸ 1 (1Kings 7,11)

ἀνίστημι (ἀνά; ἵστημι) to raise up, set up, resist, restore, arise ▸ 473 + 66 + 108 = 647

ἀνάστα ▸ 8 + 1 + 2 = 11
Verb · second · singular · aorist · active · imperative ▸ 8 + 1 + 2 = 11 (Ezra 10,4; Psa. 3,8; Psa. 43,27; Psa. 73,22; Psa. 81,8; Song 2,13; Sir. 31,21; Jonah 1,6; Judg. 5,12; Acts 12,7; Eph. 5,14)

Ἀνάστα ▸ 10 + 2 = 12
Verb · second · singular · aorist · active · imperative ▸ 10 + 2 = 12 (Judg. 7,9; Judg. 8,21; 1Sam. 9,26; 1Sam. 16,12; 1Kings 19,7; 1Kings 20,15; Song 2,10; Jer. 2,27; Lam. 2,19; Dan. 7,5; Judg. 8,21; Judg. 19,28)

ἀνασταθῇ ▸ 1
Verb · third · singular · aorist · passive · subjunctive ▸ 1 (1Esdr. 2,18)

ἀνασταθῇς ▸ 1
Verb · second · singular · aorist · passive · subjunctive ▸ 1 (Ezek. 26,20)

ἀναστὰν ▸ 1
Verb · aorist · active · participle · neuter · singular · nominative ▸ 1 (Luke 23,1)

ἀναστάντας ▸ 1
Verb · aorist · active · participle · masculine · plural · accusative ▸ 1 (1Sam. 24,8)

ἀναστάντες ▸ 14 + 1 + 6 = 21
Verb · aorist · active · participle · masculine · plural · nominative ▸ 14 + 1 + 6 = 21 (Gen. 22,19; Gen. 26,31; Gen. 35,3; Gen. 43,8; Gen. 43,13; Gen. 43,15; Num. 22,14; Josh. 18,4; Josh. 18,8; 1Mac. 16,5; Psa. 34,11; Is. 21,5; Sus. 29; Sus. 34; Sus. 34; Mark 14,57; Luke 4,29; Luke 22,46; Luke 24,33; Acts 5,6; Acts 23,9)

ἀναστάντος ▸ 1
Verb · aorist · active · participle · masculine · singular · genitive ▸ 1 (2Kings 8,21)

ἀναστάς ▸ 2
Verb · aorist · active · participle · masculine · singular · nominative ▸ 2 (Acts 10,13; Acts 11,7)

ἀναστάς ▸ 37 + 5 + 30 = 72
Verb · aorist · active · participle · masculine · singular · nominative ▸ 37 + 5 + 30 = 72 (Gen. 13,17; Gen. 22,3; Gen. 22,3; Gen. 23,7; Gen. 24,10; Gen. 24,54; Gen. 25,34; Gen. 27,19; Gen. 27,43; Gen. 28,2; Ex. 2,17; Ex. 12,30; Ex. 24,13; Num. 11,32; Num. 22,13; Num. 22,20; Num. 22,21; Num. 24,25; Deut. 17,8; Deut. 31,16; Josh. 1,2; Josh. 7,13; Josh. 8,1; 2Sam. 15,9; 2Sam. 19,8; 1Esdr. 4,47; 1Esdr. 8,91; 1Esdr. 8,92; 1Esdr. 9,1; 1Esdr. 9,7; Tob. 8,10; Tob. 10,10; Psa. 101,14; Job 1,20; Job 24,22; Dan. 4,18; Dan. 8,27; Judg. 9,32; Tob. 8,10; Tob. 9,5; Tob. 10,10; Bel 39; Matt. 9,9; Matt. 26,62; Mark 1,35; Mark 2,14; Mark 7,24; Mark 10,1; Mark 14,60; Luke 5,25; Luke 5,28; Luke 6,8; Luke 11,7; Luke 11,8; Luke 15,18; Luke 15,20; Luke 17,19; Luke 22,45; Luke 24,12; Acts 1,15; Acts 5,34; Acts 8,27; Acts 9,11; Acts 9,18; Acts 9,39; Acts 10,20; Acts 10,23; Acts 11,28; Acts 14,20; Acts 15,7; Acts 22,10; Acts 22,16)

Ἀναστάς ▸ 9 + 2 + 4 = 15
Verb · aorist · active · participle · masculine · singular · nominative ▸ 9 + 2 + 4 = 15 (Gen. 19,15; Gen. 31,17; Gen. 32,1; Gen. 32,23; Gen. 35,1; Gen. 44,4; Judg. 8,20; 2Kings 1,3; Bel 37; Judg. 7,9; Judg. 8,20; Mark 16,9; Luke 4,38; Acts 5,17; Acts 13,16)

ἀναστᾶσα ▸ 2 + 1 = 3
Verb · aorist · active · participle · feminine · singular · nominative ▸ 2 + 1 = 3 (Gen. 24,61; Gen. 38,19; Luke 4,39)

Ἀναστᾶσα ▸ 1
Verb · aorist · active · participle · feminine · singular · nominative ▸ 1 (Luke 1,39)

ἀναστῇ ▸ 9 + 2 + 2 = 13
Verb · third · singular · aorist · active · subjunctive ▸ 9 + 2 + 2 = 13 (Deut. 13,2; 1Esdr. 5,40; Ezra 2,63; Neh. 7,65; Job 14,12; Is. 2,10; Is. 2,19; Is. 2,21; Jer. 28,64; Judg. 5,7; Judg. 5,7; Mark 9,9; Luke 16,31)

ἀνάστηθι ▸ 22 + 1 + 7 = 30
Verb · second · singular · aorist · active · imperative ▸ 22 + 1 + 7 = 30 (Gen. 21,18; Gen. 31,13; Judg. 9,32; 1Kings 20,7; 1Chr. 22,16; 2Chr. 6,41; Ezra 10,3; Psa. 7,7; Psa. 9,20; Psa. 9,33; Psa. 16,13; Psa. 34,2; Psa. 43,24; Psa. 131,8; Mic. 2,10; Mic. 4,13; Is. 51,17; Is. 52,2; Jer. 1,17; Jer. 13,4; Jer. 30,26; Bar. 5,5; Tob. 8,4; Acts 8,26; Acts 9,6; Acts 9,34; Acts 9,40; Acts 10,26; Acts 14,10; Acts 26,16)

Ἀνάστηθι ▸ 21 + 2 = 23
Verb · second · singular · aorist · active · imperative ▸ 21 + 2 = 23 (Ex. 32,1; Num. 23,18; Deut. 9,12; Josh. 7,10; Judg. 4,14;

Judg. 19,28; 1Sam. 23,4; 2Sam. 13,15; 1Kings 12,24g; 1Kings 12,24h; 1Kings 17,9; 1Kings 19,5; 1Kings 20,18; 2Kings 8,1; Tob. 8,4; Mic. 6,1; Jonah 1,2; Jonah 3,2; Jer. 13,6; Jer. 18,2; Ezek. 3,22; Judg. 4,14; Dan. 7,5)

ἀναστῆναι ▸ 13 + 2 + 7 = 22
  Verb · aorist · active · infinitive ▸ 13 + 2 + 7 = **22** (Gen. 19,33; Gen. 19,35; Gen. 31,35; Judg. 3,21; 2Kings 6,15; Tob. 12,13; 1Mac. 14,41; 2Mac. 12,44; Psa. 40,9; Psa. 75,10; Amos 5,2; Is. 24,20; Dan. 11,4; Judg. 3,21; Tob. 12,13; Mark 8,31; Mark 9,10; Luke 24,7; Luke 24,46; John 20,9; Acts 10,41; Acts 17,3)

ἀναστῆσαι ▸ 3
  Verb · third · singular · aorist · active · optative ▸ **3** (Deut. 28,9; Job 19,26; Sol. 11,8)

ἀναστῆσαι ▸ 11
  Verb · aorist · active · infinitive ▸ **11** (Num. 7,1; Deut. 25,7; Ruth 4,5; Ruth 4,10; 2Sam. 3,10; 2Kings 23,3; Ezra 9,9; Sol. 17,42; Hag. 2,9; Ezek. 13,6; Dan. 11,14)

ἀναστήσας ▸ 1 + 3 = 4
  Verb · aorist · active · participle · masculine · singular · nominative ▸ 1 + 3 = **4** (3Mac. 2,27; Acts 3,26; Acts 13,33; Acts 17,31)

ἀναστήσει ▸ 5 + 2 + 3 = 10
  Verb · third · singular · future · active · indicative ▸ 5 + 2 + 3 = **10** (Num. 24,9; Deut. 18,15; 2Mac. 7,9; Amos 7,2; Amos 7,5; Dan. 2,44; Dan. 4,17; Matt. 22,24; Acts 3,22; Acts 7,37)

ἀναστήσεις ▸ 3
  Verb · second · singular · future · active · indicative ▸ **3** (Ex. 26,30; Deut. 22,4; 2Kings 9,2)

ἀναστήσεσθαι ▸ 2
  Verb · future · middle · infinitive ▸ **2** (2Mac. 7,14; Job 42,17a)

ἀναστήσεται ▸ 15 + 7 + 5 = 27
  Verb · third · singular · future · middle · indicative ▸ 15 + 7 + 5 = **27** (Num. 23,24; Num. 24,17; 1Sam. 25,29; 1Kings 3,12; Prov. 24,16; Eccl. 12,4; Sol. 3,10; Is. 28,21; Is. 54,17; Dan. 2,39; Dan. 8,23; Dan. 11,7; Dan. 11,14; Dan. 11,20; Dan. 11,21; Dan. 2,39; Dan. 2,44; Dan. 7,24; Dan. 8,23; Dan. 11,3; Dan. 11,20; Dan. 12,1; Mark 9,31; Mark 10,34; Luke 18,33; John 11,23; John 11,24)

ἀναστήσεταί ▸ 1
  Verb · third · singular · future · middle · indicative ▸ **1** (Psa. 93,16)

ἀναστήσετε ▸ 1
  Verb · second · plural · future · active · indicative ▸ **1** (Lev. 26,1)

ἀναστήσῃ ▸ 2 + 1 = 3
  Verb · second · singular · future · middle · indicative ▸ 1 + 1 = **2** (Dan. 12,13; Dan. 12,13)
  Verb · third · singular · aorist · active · subjunctive ▸ **1** (Jer. 23,20)

ἀναστήσομαι ▸ 6
  Verb · first · singular · future · middle · indicative ▸ **6** (2Sam. 17,1; Psa. 11,6; Song 3,2; Amos 7,9; Mic. 7,8; Is. 33,10)

Ἀναστήσομαι ▸ 1
  Verb · first · singular · future · middle · indicative ▸ **1** (2Sam. 3,21)

ἀναστησόμεθα ▸ 1
  Verb · first · plural · future · middle · indicative ▸ **1** (Hos. 6,2)

ἀνάστησον ▸ 2
  Verb · second · singular · aorist · active · imperative ▸ **2** (Gen. 38,8; Sol. 17,21)

ἀνάστησόν ▸ 1
  Verb · second · singular · aorist · active · imperative ▸ **1** (Psa. 40,11)

ἀναστήσονται ▸ 15 + 6 + 4 = 25
  Verb · third · plural · future · middle · indicative ▸ 15 + 6 + 4 = **25** (Deut. 29,21; 2Sam. 22,39; Psa. 1,5; Psa. 77,6; Ode. 5,19; Sol. 3,12; Hab. 2,7; Is. 26,19; Is. 43,17; Is. 49,7; Jer. 2,28; Jer. 44,10; Dan. 8,22; Dan. 11,14; Dan. 12,2; Dan. 7,17; Dan. 7,24; Dan. 8,22; Dan. 11,2; Dan. 11,15; Dan. 11,31; Matt. 12,41; Luke 11,32; Acts 20,30; 1Th. 4,16)

ἀναστήσουσιν ▸ 3
  Verb · third · plural · future · active · indicative ▸ **3** (Num. 1,51; Psa. 87,11; Ode. 5,14)

ἀναστήσω ▸ 16 + 4 = 20
  Verb · first · singular · aorist · active · subjunctive · (variant) ▸ **1** (John 6,39)
  Verb · first · singular · future · active · indicative ▸ 16 + 3 = **19** (Deut. 18,18; 1Sam. 2,35; 2Sam. 7,12; 1Kings 9,5; 1Chr. 17,11; 2Chr. 7,18; 2Mac. 14,33; Amos 9,11; Amos 9,11; Jer. 23,4; Jer. 23,5; Jer. 37,9; Ezek. 16,60; Ezek. 16,62; Ezek. 34,23; Ezek. 34,29; John 6,40; John 6,44; John 6,54)

Ἀναστήσωμεν ▸ 1
  Verb · first · plural · aorist · active · subjunctive ▸ **1** (1Mac. 3,43)

ἀναστήσων ▸ 1
  Verb · future · active · participle · masculine · singular · nominative ▸ **1** (Amos 5,2)

ἀναστήσωσιν ▸ 2
  Verb · third · plural · aorist · active · subjunctive ▸ **2** (Is. 26,14; LetterJ 52)

ἀναστῆτε ▸ 1
  Verb · second · plural · aorist · active · subjunctive ▸ **1** (Jer. 32,27)

ἀνάστητε ▸ 9
  Verb · second · plural · aorist · active · imperative ▸ **9** (Deut. 2,13; Deut. 2,24; Judg. 18,9; 1Sam. 9,3; Neh. 9,5; Is. 32,9; Jer. 6,4; Jer. 6,5; Jer. 30,8)

Ἀνάστητε ▸ 9 + 2 = 11
  Verb · second · plural · aorist · active · imperative ▸ 9 + 2 = **11** (Gen. 19,14; Ex. 12,31; Judg. 7,15; Judg. 18,9; 2Sam. 15,14; 2Sam. 17,21; Obad. 1; Jer. 30,23; Jer. 38,6; Judg. 7,15; Judg. 18,9)

Ἀναστήτω ▸ 2
  Verb · third · singular · aorist · active · imperative ▸ **2** (Gen. 27,31; Psa. 67,2)

ἀναστήτωσαν ▸ 3
  Verb · third · plural · aorist · active · imperative ▸ **3** (Deut. 32,38; Deut. 33,11; Ode. 2,38)

Ἀναστήτωσαν ▸ 2
  Verb · third · plural · aorist · active · imperative ▸ **2** (2Sam. 2,14; 2Sam. 2,14)

ἀναστῶ ▸ 2
  Verb · first · singular · aorist · active · subjunctive ▸ **2** (Job 7,4; Job 19,18)

ἀναστῶμεν ▸ 1
  Verb · first · plural · aorist · active · subjunctive ▸ **1** (Neh. 2,18)

Ἀναστῶμεν ▸ 3
  Verb · first · plural · aorist · active · subjunctive ▸ **3** (1Mac. 9,8; 1Mac. 9,44; Jer. 26,16)

ἀναστῶσιν ▸ 2 + 2 = 4
  Verb · third · plural · aorist · active · subjunctive ▸ 2 + 2 = **4** (Amos 8,14; Is. 14,21; Mark 12,23; Mark 12,25)

ἀνέστακεν ▸ 1
  Verb · third · singular · perfect · active · indicative ▸ **1** (1Sam. 15,12)

ἀνέστη ▸ 124 + 22 + 14 = 160
  Verb · third · singular · aorist · active · indicative ▸ 124 + 22 + 14 = **160** (Gen. 4,8; Gen. 21,14; Gen. 21,32; Gen. 23,3; Gen.

28,18; Gen. 37,7; Gen. 46,5; Num. 16,25; Num. 22,22; Deut. 34,10; Josh. 6,12; Josh. 8,3; Josh. 21,44; Josh. 24,9; Judg. 2,10; Judg. 3,31; Judg. 4,9; Judg. 5,7; Judg. 8,21; Judg. 9,34; Judg. 9,35; Judg. 10,1; Judg. 10,3; Judg. 13,11; Judg. 16,3; Judg. 19,3; Judg. 19,5; Judg. 19,7; Judg. 19,9; Judg. 19,10; Judg. 19,27; Judg. 19,28; Judg. 20,8; Judg. 20,33; Ruth 1,6; Ruth 2,15; Ruth 3,14; 1Sam. 1,9; 1Sam. 3,8; 1Sam. 9,26; 1Sam. 13,15; 1Sam. 16,13; 1Sam. 17,48; 1Sam. 18,27; 1Sam. 20,41; 1Sam. 21,1; 1Sam. 21,11; 1Sam. 23,13; 1Sam. 23,16; 1Sam. 24,5; 1Sam. 24,8; 1Sam. 24,9; 1Sam. 25,1; 1Sam. 25,41; 1Sam. 25,42; 1Sam. 26,2; 1Sam. 26,5; 1Sam. 27,2; 1Sam. 28,23; 2Sam. 6,2; 2Sam. 11,2; 2Sam. 12,20; 2Sam. 13,31; 2Sam. 14,23; 2Sam. 14,31; 2Sam. 17,22; 2Sam. 17,23; 2Sam. 19,9; 2Sam. 23,10; 2Sam. 24,11; 1Kings 1,50; 1Kings 2,40; 1Kings 3,4; 1Kings 3,15; 1Kings 3,20; 1Kings 8,54; 1Kings 11,40; 1Kings 12,24i; 1Kings 12,24k; 1Kings 17,10; 1Kings 19,3; 1Kings 19,6; 1Kings 19,8; 1Kings 19,21; 1Kings 20,16; 2Kings 1,15; 2Kings 4,30; 2Kings 7,12; 2Kings 8,2; 2Kings 9,6; 2Kings 10,12; 2Kings 13,21; 2Kings 23,25; 2Kings 25,26; 2Chr. 13,4; 2Chr. 13,6; 2Chr. 20,5; 2Chr. 21,4; 2Chr. 24,20; 2Chr. 35,19b; Ezra 3,2; Ezra 10,5; Ezra 10,6; Ezra 10,10; Neh. 3,1; Judith 8,18; Judith 10,2; Judith 12,5; Tob. 8,4; 1Mac. 2,1; 1Mac. 3,1; 1Mac. 9,31; 1Mac. 13,14; Job 16,8; Sir. 31,20; Sir. 47,1; Sir. 47,12; Sir. 48,1; Jonah 1,3; Jonah 3,3; Is. 38,9; Is. 39,1; Jer. 48,2; Dan. 3,91; Judg. 2,10; Judg. 3,31; Judg. 4,9; Judg. 8,21; Judg. 9,34; Judg. 9,35; Judg. 9,43; Judg. 10,1; Judg. 10,3; Judg. 13,11; Judg. 16,3; Judg. 19,3; Judg. 19,5; Judg. 19,7; Judg. 19,9; Judg. 19,10; Judg. 19,27; Judg. 20,8; Judg. 20,33; Tob. 8,5; Tob. 11,10; Dan. 6,20; Mark 3,26; Mark 5,42; Mark 9,27; Luke 4,16; Luke 8,55; Luke 9,8; Luke 9,19; Luke 10,25; John 11,31; Acts 5,36; Acts 5,37; Acts 7,18; Acts 9,34; 1Th. 4,14)

Ἀνέστη ▸ 1 + 1 = 2
  Verb · third · singular · aorist · active · indicative ▸ 1 + 1 = 2 (Ex. 1,8; Acts 26,30)
ἀνέστηκεν ▸ 1
  Verb · third · singular · perfect · active · indicative ▸ 1 (Judith 5,3)
ἀνέστημεν ▸ 1
  Verb · first · plural · aorist · active · indicative ▸ 1 (Psa. 19,9)
ἀνέστην ▸ 9 + 2 = 11
  Verb · first · singular · aorist · active · indicative ▸ 9 + 2 = 11 (1Kings 3,21; 1Kings 8,20; Ezra 9,5; Neh. 2,12; Neh. 4,8; Song 5,5; Job 4,16; Sir. 25,1; Ezek. 3,23; Dan. 8,27; Dan. 10,11)
ἀνέστης ▸ 1
  Verb · second · singular · aorist · active · indicative ▸ 1 (2Sam. 12,21)
Ἀνέστησα ▸ 1
  Verb · first · singular · aorist · active · indicative ▸ 1 (Jer. 37,12)
ἀνέστησαν ▸ 33 + 6 + 2 = 41
  Verb · third · plural · aorist · active · indicative ▸ 33 + 6 + 2 = 41 (Ex. 32,6; Num. 16,2; Josh. 6,15; Judg. 18,30; Judg. 20,5; Judg. 20,18; Judg. 20,19; 1Sam. 23,24; 1Sam. 28,25; 1Sam. 31,12; 2Sam. 2,15; 2Sam. 12,17; 2Sam. 13,29; 2Kings 3,24; 2Kings 7,5; 2Kings 7,7; 2Kings 12,21; 2Chr. 20,19; 2Chr. 20,23; 2Chr. 20,23; 2Chr. 24,13; 2Chr. 28,12; 2Chr. 28,15; 2Chr. 29,12; 2Chr. 30,14; 2Chr. 30,27; 1Esdr. 1,22; Ezra 1,5; Ezra 5,2; Tob. 12,21; 1Mac. 2,38; Jer. 33,17; Ezek. 13,5; Judg. 20,5; Judg. 20,18; Judg. 20,19; Tob. 12,21; Sus. 19; Sus. 61; Acts 6,9; 1Cor. 10,7)
ἀνέστησεν ▸ 8 + 4 = 12
  Verb · third · singular · aorist · active · indicative ▸ 8 + 4 = 12 (2Sam. 23,1; 1Kings 8,20; 2Kings 21,3; 2Chr. 6,10; 2Chr. 23,18; 2Chr. 25,5; Psa. 77,5; Prov. 31,28; Acts 2,24; Acts 2,32; Acts 9,41; Acts 13,34)

Ἀνέστησεν ▸ 1
  Verb · third · singular · aorist · active · indicative ▸ 1 (2Chr. 10,15)
ἀνέστητε ▸ 1
  Verb · second · plural · aorist · active · indicative ▸ 1 (Num. 32,14)
ἀνιστᾷ ▸ 2
  Verb · third · singular · present · active · indicative ▸ 2 (1Sam. 2,8; Ode. 3,8)
ἀνιστάμενος ▸ 2 + 1 = 3
  Verb · present · middle · participle · masculine · singular · nominative ▸ 2 + 1 = 3 (Job 1,5; Is. 11,10; Rom. 15,12)
ἀνίστανται ▸ 2
  Verb · third · plural · present · middle · indicative ▸ 2 (1Sam. 17,52; 1Kings 11,18)
ἀνίστασθαι ▸ 1 + 1 = 2
  Verb · present · middle · infinitive ▸ 1 + 1 = 2 (LetterJ 25; Heb. 7,11)
ἀνίσταται ▸ 2 + 1 = 3
  Verb · third · singular · present · middle · indicative ▸ 2 + 1 = 3 (Prov. 31,15; Jer. 8,4; Heb. 7,15)
ἀνίστημι ▸ 1
  Verb · first · singular · present · active · indicative ▸ 1 (Gen. 9,9)
ἀνίστησιν ▸ 2
  Verb · third · singular · present · active · indicative ▸ 2 (Prov. 29,4; Job 42,17a)
ἀνιστῶν ▸ 3
  Verb · present · active · participle · masculine · singular · nominative ▸ 3 (Deut. 22,4; Sol. 2,31; Jer. 27,32)

ἄνισχυς (α; ἰσχύς) not having strength; without strength ▸ 1
  ἀνίσχυες ▸ 1
    Adjective · masculine · plural · nominative · noDegree ▸ 1 (Is. 40,30)

Ανκαδης En-gedi ▸ 1
  Ανκαδης ▸ 1
    Noun · singular · nominative · (proper) ▸ 1 (Josh. 15,62)

Αννα Hannah, Anna ▸ 20 + 6 = 26
  Αννα ▸ 14 + 5 = 19
    Noun · feminine · singular · dative · (proper) ▸ 2 (1Sam. 1,2; 1Sam. 1,5)
    Noun · feminine · singular · nominative · (proper) ▸ 11 + 5 = 16 (1Sam. 1,2; 1Sam. 1,9; 1Sam. 1,15; 1Sam. 1,22; 1Sam. 1,25; Tob. 2,1; Tob. 2,11; Tob. 5,18; Tob. 11,5; Tob. 11,9; Tob. 14,12; Tob. 2,1; Tob. 2,11; Tob. 10,4; Tob. 11,5; Tob. 11,9)
    Noun · feminine · singular · vocative · (proper) ▸ 1 (1Sam. 1,8)
  Ανναν ▸ 4
    Noun · feminine · singular · accusative · (proper) ▸ 4 (1Sam. 1,5; 1Sam. 1,19; 1Sam. 2,21; Tob. 1,9)
  Αννας ▸ 2 + 1 = 3
    Noun · feminine · singular · genitive · (proper) ▸ 2 + 1 = 3 (Tob. 1,20; Ode. 3,0; Tob. 1,20)

Ἄννα Hannah, Anna ▸ 1
  Ἄννα ▸ 1
    Noun · feminine · singular · nominative · (proper) ▸ 1 (Luke 2,36)

Ανναν Hannah; Annan; Anna ▸ 1
  Ανναν ▸ 1
    Noun · masculine · singular · genitive · (proper) ▸ 1 (1Esdr. 9,32)

Ἄννας Hannas; Annas ▸ 4
  Ἄννα ▸ 1
    Noun · masculine · singular · genitive · (proper) ▸ 1 (Luke 3,2)

Ἄνναν ‣ 1
   Noun · masculine · singular · accusative · (proper) ‣ **1** (John 18,13)

Ἄννας ‣ 2
   Noun · masculine · singular · nominative · (proper) ‣ **2** (John 18,24; Acts 4,6)

Αννιας Annias ‣ 1
  Αννιας ‣ 1
   Noun · masculine · singular · genitive · (proper) ‣ **1** (1Esdr. 5,16)

Αννιουθ Anniuth ‣ 1
  Αννιουθ ‣ 1
   Noun · masculine · singular · nominative · (proper) ‣ **1** (1Esdr. 9,48)

Αννουα Neah ‣ 1
  Αννουα ‣ 1
   Noun · singular · accusative · (proper) ‣ **1** (Josh. 19,13)

Αννουνος Annunus ‣ 1
  Αννουνον ‣ 1
   Noun · masculine · singular · accusative · (proper) ‣ **1** (1Esdr. 8,47)

Αννων Hanun ‣ 4
  Αννων ‣ 4
   Noun · masculine · singular · accusative · (proper) ‣ **1** (2Sam. 10,3)
   Noun · masculine · singular · genitive · (proper) ‣ **1** (2Sam. 10,2)
   Noun · masculine · singular · nominative · (proper) ‣ **2** (2Sam. 10,1; 2Sam. 10,4)

ἀνόητος (α; νοῦς) foolish ‣ 11 + 6 = 17
  ἀνόητοι ‣ 3 + 3 = 6
   Adjective · masculine · plural · nominative · noDegree ‣ 3 + 1 = **4** (Deut. 32,31; 4Mac. 8,17; Ode. 2,31; Titus 3,3)
   Adjective · masculine · plural · vocative ‣ **2** (Luke 24,25; Gal. 3,1)
  ἀνόητοί ‣ 1
   Adjective · masculine · plural · nominative ‣ **1** (Gal. 3,3)
  ἀνόητοις ‣ 2 + 1 = 3
   Adjective · masculine · plural · dative ‣ **1** (Rom. 1,14)
   Adjective · neuter · plural · dative · noDegree ‣ **2** (Psa. 48,13; Psa. 48,21)
  ἀνόητον ‣ 1
   Adjective · neuter · singular · nominative · noDegree ‣ **1** (4Mac. 5,9)
  ἀνοητότερον ‣ 1
   Adjective · neuter · singular · nominative · comparative ‣ **1** (4Mac. 5,10)
  ἀνοήτου ‣ 3
   Adjective · feminine · singular · genitive · noDegree ‣ **1** (Sir. 42,8)
   Adjective · masculine · singular · genitive · noDegree ‣ **2** (Prov. 15,21; Sir. 21,19)
  ἀνοήτους ‣ 1
   Adjective · feminine · plural · accusative ‣ **1** (1Tim. 6,9)
  ἀνοήτῳ ‣ 1
   Adjective · masculine · singular · dative · noDegree ‣ **1** (Prov. 17,28)

ἄνοια (α; νοῦς) madness ‣ 13 + 2 = 15
  ἄνοια ‣ 3 + 1 = 4
   Noun · feminine · singular · nominative · (common) ‣ 3 + 1 = **4** (Prov. 14,8; Prov. 22,15; Eccl. 11,10; 2Tim. 3,9)
  ἀνοίᾳ ‣ 2
   Noun · feminine · singular · dative · (common) ‣ **2** (3Mac. 3,20; Wis. 15,18)
  ἄνοιαν ‣ 3
   Noun · feminine · singular · accusative · (common) ‣ **3** (2Mac. 4,40; Psa. 21,3; Job 33,23)
  ἀνοίας ‣ 5 + 1 = 6
   Noun · feminine · singular · genitive · (common) ‣ 5 + 1 = **6** (2Mac. 4,6; 2Mac. 14,5; 2Mac. 15,33; 3Mac. 3,16; Wis. 19,3; Luke 6,11)

ἀνοίγω to open, unlock, disclose ‣ 165 + 18 + 77 = 260
  ἀνέῳγεν ‣ 2
   Verb · third · singular · perfect · active · indicative ‣ **2** (1Cor. 16,9; 2Cor. 6,11)
  ἀνεῳγμέναι ‣ 1
   Verb · perfect · passive · participle · feminine · plural · nominative ‣ **1** (Dan. 6,11)
  ἀνεῳγμένας ‣ 1
   Verb · perfect · passive · participle · feminine · plural · accusative · (variant) ‣ **1** (Acts 16,27)
  ἀνεῳγμένην ‣ 2
   Verb · perfect · passive · participle · feminine · singular · accusative ‣ **2** (Josh. 8,17; Neh. 6,5)
  ἀνεῳγμένης ‣ 1
   Verb · perfect · passive · participle · feminine · singular · genitive · (variant) ‣ **1** (2Cor. 2,12)
  ἀνεῳγμένοι ‣ 3
   Verb · perfect · passive · participle · masculine · plural · nominative ‣ **3** (2Chr. 6,40; 2Chr. 7,15; Neh. 1,6)
  ἀνεῳγμένον ‣ 2 + 1 = 3
   Verb · perfect · passive · participle · masculine · singular · accusative · (variant) ‣ **1** (Acts 10,11)
   Verb · perfect · passive · participle · neuter · singular · accusative ‣ **1** (Ezek. 29,21)
   Verb · perfect · passive · participle · neuter · singular · nominative ‣ **1** (Num. 19,15)
  ἀνεῳγμένος ‣ 2 + 1 = 3
   Verb · perfect · passive · participle · masculine · singular · nominative ‣ 2 + 1 = **3** (Psa. 5,10; Psa. 13,3; Rom. 3,13)
  ἀνεῳγμένους ‣ 1
   Verb · perfect · passive · participle · masculine · plural · accusative ‣ **1** (2Chr. 6,20)
  ἀνεῳγμένων ‣ 1
   Verb · perfect · passive · participle · masculine · plural · genitive · (variant) ‣ **1** (Acts 9,8)
  ἀνεῳγότα ‣ 1
   Verb · perfect · active · participle · masculine · singular · accusative ‣ **1** (John 1,51)
  ἀνεῳγότων ‣ 1
   Verb · perfect · active · participle · masculine · plural · genitive ‣ **1** (Tob. 2,10)
  ἀνέῳκτο ‣ 1
   Verb · third · singular · pluperfect · passive · indicative ‣ **1** (Job 31,32)
  ἀνέῳξεν ‣ 5 + 1 = 6
   Verb · third · singular · aorist · active · indicative ‣ 5 + 1 = **6** (Gen. 21,19; Gen. 30,22; Gen. 41,56; 2Chr. 29,3; Psa. 77,23; John 9,14)
  ἀνεῴχθη ‣ 1
   Verb · third · singular · aorist · passive · indicative ‣ **1** (Luke 1,64)
  ἀνεῳχθῆναι ‣ 1
   Verb · aorist · passive · infinitive ‣ **1** (Luke 3,21)
  ἀνεῴχθησαν ‣ 1
   Verb · third · plural · aorist · passive · indicative ‣ **1** (Matt. 27,52)

ἀνοίγω

ἀνεῳχθήσονται ▸ 1
　Verb ▪ third ▪ plural ▪ future ▪ passive ▪ indicative ▸ 1 (Tob. 11,7)

ἄνοιγε ▸ 2
　Verb ▪ second ▪ singular ▪ present ▪ active ▪ imperative ▸ 2 (Prov. 31,8; Prov. 31,9)

ἀνοίγει ▸ 5 + 3 = 8
　Verb ▪ third ▪ singular ▪ present ▪ active ▪ indicative ▸ 5 + 3 = 8 (Prov. 31,28; Job 35,16; Is. 50,5; Is. 53,7; Is. 53,7; John 10,3; Acts 8,32; Rev. 3,7)

ἀνοίγειν ▸ 1 + 1 = 2
　Verb ▪ present ▪ active ▪ infinitive ▸ 1 + 1 = 2 (1Chr. 9,27; Acts 18,14)

ἀνοίγεις ▸ 1
　Verb ▪ second ▪ singular ▪ present ▪ active ▪ indicative ▸ 1 (Psa. 144,16)

ἀνοιγῆναι ▸ 1
　Verb ▪ aorist ▪ passive ▪ infinitive ▸ 1 (Neh. 13,19)

ἀνοιγήσεται ▸ 4
　Verb ▪ third ▪ singular ▪ future ▪ passive ▪ indicative ▸ 4 (Matt. 7,7; Matt. 7,8; Luke 11,9; Luke 11,10)

ἀνοιγήσονται ▸ 1
　Verb ▪ third ▪ plural ▪ future ▪ passive ▪ indicative ▸ 1 (Neh. 7,3)

ἀνοιγόμεναι ▸ 1
　Verb ▪ present ▪ passive ▪ participle ▪ feminine ▪ plural ▪ nominative ▸ 1 (Nah. 3,13)

ἀνοίγονται ▸ 1
　Verb ▪ third ▪ plural ▪ present ▪ passive ▪ indicative ▸ 1 (Job 38,17)

ἀνοίγω ▸ 1
　Verb ▪ first ▪ singular ▪ present ▪ active ▪ indicative ▸ 1 (Ezek. 37,12)

ἀνοίγων ▸ 4 + 1 + 1 = 6
　Verb ▪ present ▪ active ▪ participle ▪ masculine ▪ singular ▪ nominative ▸ 4 + 1 + 1 = 6 (Deut. 15,8; Judg. 3,25; Psa. 37,14; Jer. 13,19; Judg. 3,25; Rev. 3,7)

Ἀνοίγων ▸ 1
　Verb ▪ present ▪ active ▪ participle ▪ masculine ▪ singular ▪ nominative ▸ 1 (Deut. 15,11)

ἀνοιγῶσιν ▸ 1
　Verb ▪ third ▪ plural ▪ aorist ▪ passive ▪ subjunctive ▸ 1 (Matt. 20,33)

ἀνοῖξαι ▸ 10 + 2 + 7 = 19
　Verb ▪ aorist ▪ active ▪ infinitive ▸ 10 + 2 + 7 = 19 (Esth. 14,10 # 4,17p; Judith 10,9; 1Mac. 5,48; Ode. 7,33; Song 5,5; Sir. 40,14; Sol. 5,12; Is. 42,7; Ezek. 16,63; Dan. 3,33; Dan. 3,33; Bel 18; John 10,21; Acts 26,18; Rev. 5,2; Rev. 5,3; Rev. 5,4; Rev. 5,5; Rev. 5,9)

ἀνοίξαι ▸ 1
　Verb ▪ third ▪ singular ▪ aorist ▪ active ▪ optative ▸ 1 (Deut. 28,12)

ἀνοῖξαί ▸ 2
　Verb ▪ aorist ▪ active ▪ infinitive ▸ 2 (Judith 10,9; Ezek. 37,13)

ἀνοίξαντα ▸ 1
　Verb ▪ aorist ▪ active ▪ participle ▪ masculine ▪ singular ▪ accusative ▸ 1 (Sus. 39)

ἀνοίξαντες ▸ 2 + 3 = 5
　Verb ▪ aorist ▪ active ▪ participle ▪ masculine ▪ plural ▪ nominative ▸ 2 + 3 = 5 (2Mac. 1,16; Bel 18; Matt. 2,11; Acts 5,23; Acts 12,16)

ἀνοίξαντος ▸ 1
　Verb ▪ aorist ▪ active ▪ participle ▪ masculine ▪ singular ▪ genitive ▸ 1 (Psa. 103,28)

ἀνοίξας ▸ 3 + 1 + 5 = 9
　Verb ▪ aorist ▪ active ▪ participle ▪ masculine ▪ singular ▪ nominative ▸ 3 + 1 + 5 = 9 (Job 30,11; Job 32,20; Dan. 3,25; Dan. 3,25; Matt. 5,2; Matt. 17,27; John 11,37; Acts 5,19; Acts 8,35)

Ἀνοίξας ▸ 1
　Verb ▪ aorist ▪ active ▪ participle ▪ masculine ▪ singular ▪ nominative ▸ 1 (Acts 10,34)

ἀνοίξασα ▸ 5
　Verb ▪ aorist ▪ active ▪ participle ▪ feminine ▪ singular ▪ nominative ▸ 5 (Ex. 2,6; Num. 16,30; Num. 26,10; Deut. 11,6; Tob. 8,13)

ἀνοίξατε ▸ 3
　Verb ▪ second ▪ plural ▪ aorist ▪ active ▪ imperative ▸ 3 (Judith 13,11; Is. 26,2; Jer. 27,26)

Ἀνοίξατε ▸ 3
　Verb ▪ second ▪ plural ▪ aorist ▪ active ▪ imperative ▸ 3 (Josh. 10,22; Judith 13,11; Is. 13,2)

ἀνοίξατέ ▸ 1
　Verb ▪ second ▪ plural ▪ aorist ▪ active ▪ imperative ▸ 1 (Psa. 117,19)

ἀνοίξει ▸ 11
　Verb ▪ third ▪ singular ▪ future ▪ active ▪ indicative ▸ 11 (Tob. 11,7; Job 11,5; Job 12,14; Job 41,6; Sir. 15,5; Sir. 20,15; Sir. 24,2; Sir. 26,12; Sir. 26,12; Sir. 39,5; Ezek. 46,12)

ἀνοίξεις ▸ 5
　Verb ▪ second ▪ singular ▪ future ▪ active ▪ indicative ▸ 5 (Deut. 15,8; Deut. 15,11; 2Kings 9,3; Psa. 50,17; Sir. 29,24)

ἀνοίξῃ ▸ 1 + 2 = 3
　Verb ▪ third ▪ singular ▪ aorist ▪ active ▪ subjunctive ▸ 1 + 2 = 3 (Ex. 21,33; Col. 4,3; Rev. 3,20)

ἀνοίξῃς ▸ 3
　Verb ▪ second ▪ singular ▪ aorist ▪ active ▪ subjunctive ▸ 3 (Sir. 22,22; Sir. 31,12; Is. 63,19)

ἀνοίξομεν ▸ 1
　Verb ▪ first ▪ plural ▪ future ▪ active ▪ indicative ▸ 1 (Amos 8,5)

ἄνοιξον ▸ 3 + 1 + 2 = 6
　Verb ▪ second ▪ singular ▪ aorist ▪ active ▪ imperative ▸ 3 + 1 + 2 = 6 (2Kings 19,16; Bar. 2,17; Dan. 9,18; Dan. 9,18; Matt. 25,11; Luke 13,25)

Ἄνοιξον ▸ 2
　Verb ▪ second ▪ singular ▪ aorist ▪ active ▪ imperative ▸ 2 (2Kings 6,20; 2Kings 13,17)

Ἄνοιξόν ▸ 1
　Verb ▪ second ▪ singular ▪ aorist ▪ active ▪ imperative ▸ 1 (Song 5,2)

ἀνοίξω ▸ 10 + 1 = 11
　Verb ▪ first ▪ singular ▪ aorist ▪ active ▪ subjunctive ▸ 1 (Mal. 3,10)
　Verb ▪ first ▪ singular ▪ future ▪ active ▪ indicative ▸ 9 + 1 = 10 (Ex. 4,12; Ex. 4,15; Psa. 48,5; Psa. 77,2; Job 7,11; Is. 41,18; Is. 45,1; Is. 45,3; Ezek. 3,27; Matt. 13,35)

ἀνοίξωσιν ▸ 1
　Verb ▪ third ▪ plural ▪ aorist ▪ active ▪ subjunctive ▸ 1 (Luke 12,36)

ἀνοίξωσίν ▸ 1
　Verb ▪ third ▪ plural ▪ aorist ▪ active ▪ subjunctive ▸ 1 (Deut. 20,11)

ἀνοιχθέν ▸ 1
　Verb ▪ aorist ▪ passive ▪ participle ▪ neuter ▪ singular ▪ nominative ▸ 1 (Ezek. 33,22)

ἀνοιχθήσεται ▸ 3
　Verb ▪ third ▪ singular ▪ future ▪ passive ▪ indicative ▸ 3 (Ezek. 44,2; Ezek. 46,1; Ezek. 46,1)

ἀνοιχθήσονται ▸ 3
　Verb ▪ third ▪ plural ▪ future ▪ passive ▪ indicative ▸ 3 (Nah. 3,13; Is. 35,5; Is. 60,11)

ἠνεῳγμένα ▸ 1

Verb · perfect · passive · participle · neuter · plural · nominative ▸ **1** (1Kings 8,52)

ἠνεῳγμένη ▸ 1
   Verb · perfect · passive · participle · feminine · singular · nominative · (variant) ▸ **1** (Rev. 4,1)

ἠνεῳγμένην ▸ 1
   Verb · perfect · passive · participle · feminine · singular · accusative · (variant) ▸ **1** (Rev. 3,8)

ἠνεῳγμένον ▸ 3
   Verb · perfect · passive · participle · masculine · singular · accusative · (variant) ▸ **1** (Rev. 19,11)
   Verb · perfect · passive · participle · neuter · singular · accusative · (variant) ▸ **2** (Rev. 10,2; Rev. 10,8)

ἠνεῳγμένους ▸ 1
   Verb · perfect · passive · participle · masculine · plural · accusative ▸ **1** (1Kings 8,29)

ἠνέῳξεν ▸ 2
   Verb · third · singular · aorist · active · indicative ▸ **2** (Gen. 8,6; 3Mac. 6,18)

ἠνέῳξέν ▸ 2
   Verb · third · singular · aorist · active · indicative ▸ **2** (John 9,17; John 9,32)

ἠνεῴχθησαν ▸ 4 + 1 + 3 = 8
   Verb · third · plural · aorist · passive · indicative ▸ **4 + 1 + 3 = 8** (Gen. 7,11; Sir. 43,14; Is. 24,18; Dan. 7,10; Dan. 7,10; Matt. 3,16; Matt. 9,30; Acts 16,26)

ἠνεῴχθησάν ▸ 1
   Verb · third · plural · aorist · passive · indicative ▸ **1** (John 9,10)

ἠνοίγετο ▸ 1
   Verb · third · singular · imperfect · passive · indicative ▸ **1** (1Kings 7,21)

ἠνοίγη ▸ 3
   Verb · third · singular · aorist · passive · indicative ▸ **3** (Acts 12,10; Rev. 11,19; Rev. 15,5)

ἠνοίγησαν ▸ 1
   Verb · third · plural · aorist · passive · indicative ▸ **1** (Mark 7,35)

ἠνοιγμένα ▸ 1
   Verb · perfect · passive · participle · neuter · plural · nominative ▸ **1** (Is. 42,20)

ἤνοιγον ▸ 1
   Verb · third · plural · imperfect · active · indicative ▸ **1** (1Mac. 11,2)

ἤνοιξα ▸ 7 + 2 = 9
   Verb · first · singular · aorist · active · indicative ▸ **7 + 2 = 9** (Judg. 11,35; Psa. 38,10; Psa. 118,131; Song 5,6; Job 33,2; Sir. 51,25; Dan. 10,16; Judg. 11,35; Dan. 10,16)

ἤνοιξά ▸ 1
   Verb · first · singular · aorist · active · indicative ▸ **1** (Is. 48,8)

ἠνοίξαμεν ▸ 1
   Verb · first · plural · aorist · active · indicative ▸ **1** (Gen. 43,21)

ἤνοιξαν ▸ 7 + 2 = 9
   Verb · third · plural · aorist · active · indicative ▸ **7 + 2 = 9** (Gen. 44,11; Judg. 3,25; 2Kings 15,16; Judith 13,13; 1Mac. 10,76; Psa. 21,14; Sol. 8,17; Judg. 3,25; Tob. 8,13)

ἤνοιξας ▸ 3 + 1 = 4
   Verb · second · singular · aorist · active · indicative ▸ **3 + 1 = 4** (Judg. 11,36; 1Chr. 17,25; Job 38,31; Judg. 11,36)

ἠνοίξατε ▸ 1
   Verb · second · plural · aorist · active · indicative ▸ **1** (Is. 57,4)

ἤνοιξεν ▸ 17 + 4 + 14 = 35
   Verb · third · singular · aorist · active · indicative ▸ **17 + 4 + 14 = 35** (Gen. 29,31; Num. 22,28; Judg. 4,19; Judg. 15,19; Judg. 19,27; 1Sam. 3,15; 2Kings 4,35; 2Kings 9,10; 2Kings 13,17; Neh. 8,5; Neh. 8,5; 1Mac. 3,28; Job 3,1; Wis. 10,21; Is. 37,14; Jer. 27,25; Dan. 6,11; Judg. 4,19; Judg. 19,27; Tob. 11,16; Sus. 25; John 9,21; Acts 9,40; Acts 12,14; Acts 14,27; Rev. 6,1; Rev. 6,3; Rev. 6,5; Rev. 6,7; Rev. 6,9; Rev. 6,12; Rev. 8,1; Rev. 9,2; Rev. 12,16; Rev. 13,6)

ἠνοιξέν ▸ 1 + 2 = 3
   Verb · third · singular · aorist · active · indicative ▸ **1 + 2 = 3** (Ezek. 33,22; John 9,26; John 9,30)

ἠνοίχθη ▸ 3 + 1 = 4
   Verb · third · singular · aorist · passive · indicative ▸ **3 + 1 = 4** (Num. 16,32; Psa. 105,17; Psa. 108,2; Rev. 20,12)

ἠνοίχθησαν ▸ 1 + 1 = 2
   Verb · third · plural · aorist · passive · indicative ▸ **1 + 1 = 2** (Ezek. 1,1; Rev. 20,12)

ἀνοικοδομέω (ἀνά; οἶκος; δῶμα)   to rebuild, restore, repair ▸ 20 + 2 = 22

ἀνοικοδομεῖν ▸ 1
   Verb · present · active · infinitive ▸ **1** (Jer. 1,10)

ἀνοικοδομεῖσθαι ▸ 1
   Verb · present · middle · infinitive ▸ **1** (Jer. 18,9)

ἀνοικοδομεῖτε ▸ 1
   Verb · second · plural · present · active · imperative ▸ **1** (Mic. 1,10)

ἀνοικοδομηθῇ ▸ 1
   Verb · third · singular · aorist · passive · subjunctive ▸ **1** (Ezra 4,13)

ἀνοικοδομηθήσεται ▸ 3
   Verb · third · singular · future · passive · indicative ▸ **3** (Deut. 13,17; Zech. 1,16; Dan. 9,27)

ἀνοικοδομήσει ▸ 1
   Verb · third · singular · future · active · indicative ▸ **1** (Dan. 11,14)

ἀνοικοδομήσεις ▸ 1
   Verb · second · singular · future · active · indicative ▸ **1** (Prov. 24,27)

ἀνοικοδομήσω ▸ 5 + 2 = 7
   Verb · first · singular · future · active · indicative ▸ **5 + 2 = 7** (Neh. 2,5; Hos. 2,8; Amos 9,11; Amos 9,11; Jer. 24,6; Acts 15,16; Acts 15,16)

ἀνοικοδομήσωμεν ▸ 1
   Verb · first · plural · future · active · indicative ▸ **1** (Mal. 1,4)

ἀνοικοδομοῦνται ▸ 1
   Verb · third · plural · present · passive · indicative ▸ **1** (Mal. 3,15)

ἀνῳκοδόμησαν ▸ 1
   Verb · third · plural · aorist · active · indicative ▸ **1** (Ezra 6,14)

ἀνῳκοδόμησεν ▸ 2
   Verb · third · singular · aorist · active · indicative ▸ **2** (Lam. 3,5; Lam. 3,9)

Ἀνῳκοδόμησεν ▸ 1
   Verb · third · singular · aorist · active · indicative ▸ **1** (Lam. 3,7)

ἄνοικτος (ἀνοίγω)   merciless ▸ 1

ἀνοίκτου ▸ 1
   Adjective · feminine · singular · genitive · noDegree ▸ **1** (3Mac. 4,4)

ἄνοιξις (ἀνοίγω)   opening ▸ 1

ἀνοίξει ▸ 1
   Noun · feminine · singular · dative ▸ **1** (Eph. 6,19)

ἀνομβρέω (ἀνά; ὄμβρος)   to pour forth, pour down, gush forth ▸ 3

ἀνομβρήσει ▸ 1

ἀνομβρέω–ἀνομία

Verb · third · singular · future · active · indicative ▸ **1** (Sir. 39,6)
ἀνώμβρησαν ▸ **1**
Verb · third · plural · aorist · active · indicative ▸ **1** (Sir. 18,29)
ἀνώμβρησεν ▸ **1**
Verb · third · singular · aorist · active · indicative ▸ **1** (Sir. 50,27)

ἀνομέω (α; νόμος 1st homograph) to act lawlessly, unjustly ▸ 29 + 5 = 34
ἀνομεῖ ▸ **1**
Verb · third · singular · present · active · indicative ▸ **1** (Is. 21,2)
ἀνομηθῆναι ▸ **1**
Verb · aorist · passive · infinitive ▸ **1** (1Kings 8,32)
ἀνομήσετε ▸ **2**
Verb · second · plural · future · active · indicative ▸ **2** (Num. 32,15; Deut. 31,29)
ἀνομήσητε ▸ **2**
Verb · second · plural · aorist · active · subjunctive ▸ **2** (Deut. 4,16; Deut. 4,25)
ἀνομήσωσιν ▸ **1**
Verb · third · plural · aorist · active · subjunctive ▸ **1** (Dan. 12,10)
ἀνομοῦντες ▸ 2 + 1 = 3
Verb · present · active · participle · masculine · plural · nominative ▸ 2 + 1 = **3** (Psa. 24,3; Is. 29,20; Dan. 11,32)
ἀνομῶν ▸ **1**
Verb · present · active · participle · masculine · singular · nominative ▸ **1** (Is. 21,2)
ἠνόμησα ▸ **1**
Verb · first · singular · aorist · active · indicative ▸ **1** (Job 33,9)
ἠνομήσαμεν ▸ 5 + 3 = 8
Verb · first · plural · aorist · active · indicative ▸ 5 + 3 = **8** (1Kings 8,47; 2Chr. 6,37; Psa. 105,6; Ode. 7,29; Dan. 3,29; Dan. 3,29; Dan. 9,5; Dan. 9,15)
ἠνόμησαν ▸ **3**
Verb · third · plural · aorist · active · indicative ▸ **3** (1Esdr. 1,47; Psa. 118,78; Is. 43,27)
ἠνόμησας ▸ **2**
Verb · second · singular · aorist · active · indicative ▸ **2** (Job 35,6; Ezek. 16,52)
ἠνομήσατε ▸ **3**
Verb · second · plural · aorist · active · indicative ▸ **3** (1Esdr. 9,7; Amos 4,4; Jer. 2,29)
ἠνόμησεν ▸ **5**
Verb · third · singular · aorist · active · indicative ▸ **5** (Ex. 32,7; Deut. 9,12; 1Chr. 10,13; 2Chr. 20,35; Is. 24,5)
ἠνομοῦσαν ▸ **1**
Verb · third · plural · imperfect · active · indicative ▸ **1** (Ezek. 22,11)

ἀνόμημα (α; νόμος 1st homograph) lawlessness, wickedness ▸ 15
ἀνόμημα ▸ **6**
Noun · neuter · singular · accusative · (common) ▸ **4** (Lev. 17,16; Josh. 7,15; 1Sam. 25,28; Wis. 3,14)
Noun · neuter · singular · nominative · (common) ▸ **2** (Deut. 15,9; Ezek. 16,49)
ἀνομήμά ▸ **2**
Noun · neuter · singular · accusative · (common) ▸ **1** (Psa. 50,3)
Noun · neuter · singular · nominative · (common) ▸ **1** (Lev. 20,14)
ἀνομήματα ▸ **6**
Noun · neuter · plural · accusative · (common) ▸ **5** (Josh. 24,19; Jer. 23,13; Lam. 5,7; Ezek. 16,50; Ezek. 39,24)
Noun · neuter · plural · nominative · (common) ▸ **1** (Wis. 4,20)

ἀνομημάτων ▸ **1**
Noun · neuter · plural · genitive · (common) ▸ **1** (Wis. 1,9)

ἀνομία (α; νόμος 1st homograph) lawlessness ▸ 224 + 4 + 15 = 243
ἀνομία ▸ 25 + 1 + 1 = 27
Noun · feminine · singular · nominative · (common) ▸ 25 + 1 + 1 = **27** (Lev. 20,14; 2Sam. 14,9; Judith 5,21; Psa. 35,4; Psa. 48,6; Psa. 54,11; Psa. 56,2; Psa. 58,4; Psa. 106,42; Psa. 108,14; Psa. 118,133; Job 31,28; Job 34,37; Wis. 5,23; Sir. 21,3; Zech. 5,8; Is. 9,17; Is. 21,4; Is. 24,20; Is. 27,9; Is. 59,12; Lam. 4,6; Lam. 4,22; Ezek. 18,20; Ezek. 33,12; Sus. 5; 1John 3,4)
ἀνομίᾳ ▸ 6 + 2 = 8
Noun · feminine · singular · dative · (common) ▸ 6 + 2 = **8** (Deut. 31,29; 1Esdr. 8,69; Psa. 118,150; Psa. 124,3; Ezek. 33,8; Sus. 57; Rom. 6,19; 2Cor. 6,14)
ἀνομίαι ▸ 13 + 1 = 14
Noun · feminine · plural · nominative · (common) ▸ 13 + 1 = **14** (Ezra 9,6; Psa. 25,10; Psa. 31,1; Psa. 37,5; Psa. 39,13; Ode. 12,9; Job 13,23; Sol. 1,8; Sol. 15,10; Is. 59,12; Jer. 5,25; Ezek. 32,27; Ezek. 33,10; Rom. 4,7)
ἀνομίαις ▸ **23**
Noun · feminine · plural · dative · (common) ▸ **23** (Gen. 19,15; 1Chr. 9,1; 1Chr. 10,13; 1Esdr. 8,87; Ezra 9,7; Psa. 50,7; Psa. 52,2; Psa. 102,3; Psa. 105,43; Ode. 12,13; Sol. 2,3; Sol. 2,12; Sol. 9,2; Is. 50,1; Jer. 16,18; Ezek. 9,4; Ezek. 16,43; Ezek. 16,51; Ezek. 20,30; Ezek. 22,5; Ezek. 36,31; Ezek. 43,8; Ezek. 44,7)
ἀνομίαν ▸ 62 + 2 + 6 = 70
Noun · feminine · singular · accusative · (common) ▸ 62 + 2 + 6 = **70** (Lev. 22,16; 2Sam. 19,20; 2Sam. 24,10; 2Kings 7,9; Neh. 3,37; Psa. 5,5; Psa. 5,6; Psa. 6,9; Psa. 7,15; Psa. 13,4; Psa. 30,19; Psa. 31,5; Psa. 31,5; Psa. 35,3; Psa. 35,5; Psa. 35,13; Psa. 36,1; Psa. 37,19; Psa. 40,7; Psa. 44,8; Psa. 49,21; Psa. 50,5; Psa. 51,3; Psa. 52,5; Psa. 54,4; Psa. 54,10; Psa. 58,3; Psa. 58,6; Psa. 63,3; Psa. 68,28; Psa. 68,28; Psa. 72,19; Psa. 91,8; Psa. 91,10; Psa. 93,4; Psa. 93,16; Psa. 93,23; Psa. 100,8; Psa. 118,3; Psa. 124,5; Psa. 128,3; Psa. 140,4; Psa. 140,9; Ode. 10,7; Job 10,6; Job 31,3; Sir. 46,20; Sol. 15,8; Hos. 6,9; Is. 1,5; Is. 5,7; Is. 33,15; Is. 53,9; Is. 59,3; Is. 59,4; Jer. 36,23; Ezek. 18,12; Ezek. 23,21; Ezek. 23,44; Ezek. 29,16; Ezek. 33,6; Ezek. 33,13; Sus. 38; Sus. 57; Matt. 7,23; Matt. 13,41; Matt. 24,12; Rom. 6,19; Heb. 1,9; 1John 3,4)
ἀνομίας ▸ 82 + 1 + 4 = 87
Noun · feminine · plural · accusative · (common) ▸ 48 + 1 = **49** (Ex. 34,7; Ex. 34,7; Ex. 34,9; Lev. 16,21; Lev. 26,43; Num. 14,18; Ezra 9,13; Neh. 9,2; Psa. 50,11; Psa. 63,7; Psa. 84,3; Psa. 88,33; Psa. 89,8; Psa. 102,10; Psa. 102,12; Psa. 106,17; Psa. 129,3; Ode. 12,12; Job 14,17; Job 20,27; Sir. 23,11; Zech. 3,4; Is. 5,18; Is. 6,7; Is. 43,25; Is. 43,26; Is. 44,22; Is. 53,5; Is. 58,1; Is. 64,5; Lam. 4,22; Ezek. 8,6; Ezek. 8,6; Ezek. 8,9; Ezek. 8,13; Ezek. 8,17; Ezek. 11,18; Ezek. 12,16; Ezek. 16,2; Ezek. 16,47; Ezek. 16,51; Ezek. 16,58; Ezek. 18,13; Ezek. 18,24; Ezek. 20,4; Ezek. 22,2; Ezek. 23,36; Ezek. 33,18; Dan. 9,24)
Noun · feminine · singular · genitive · (common) ▸ 34 + 4 = **38** (Lev. 19,29; 2Sam. 22,5; 2Sam. 22,24; 1Esdr. 8,67; 1Mac. 3,6; 1Mac. 3,20; Psa. 17,5; Psa. 17,24; Psa. 38,12; Psa. 50,4; Psa. 57,3; Psa. 58,5; Psa. 88,23; Psa. 93,20; Psa. 106,17; Psa. 138,24; Prov. 13,11; Job 7,21; Job 8,4; Job 10,14; Wis. 5,7; Sir. 41,18; Sir. 49,2; Mal. 1,4; Is. 3,8; Is. 59,6; Lam. 4,6; Ezek. 3,19; Ezek. 7,23; Ezek. 8,17; Ezek. 18,27; Ezek. 28,16; Ezek. 33,12; Ezek. 33,19; Matt. 23,28; 2Th. 2,3; 2Th. 2,7; Titus 2,14)
ἀνομιῶν ▸ 13 + 1 = 14
Noun · feminine · plural · genitive · (common) ▸ 13 + 1 = **14** (1Esdr. 9,2; Psa. 38,9; Psa. 64,4; Psa. 73,20; Psa. 78,8; Psa.

129,8; Is. 53,8; Ezek. 11,21; Ezek. 16,36; Ezek. 18,21; Ezek. 36,33; Ezek. 37,23; Ezek. 44,6; Heb. 10,17)

ἀνόμοιος (α; ὁμός) dissimilar ▸ 1
  ἀνόμοιος ▸ 1
    Adjective · masculine · singular · nominative · noDegree ▸ 1 (Wis. 2,15)

ἄνομος (α; νόμος 1st homograph) lawless ▸ 102 + 4 + 9 = 115
  ἄνομα ▸ 12
    Adjective · neuter · plural · accusative · noDegree ▸ 12 (Prov. 1,19; Job 27,4; Job 34,8; Job 34,17; Job 34,22; Job 35,14; Mal. 3,15; Mal. 3,19; Is. 9,14; Is. 32,6; Is. 32,7; Jer. 6,13)
  ἄνομε ▸ 1
    Adjective · masculine · singular · vocative · noDegree ▸ 1 (Ezek. 21,30)
  ἄνομοι ▸ 16 + 2 = 18
    Adjective · masculine · plural · nominative · noDegree ▸ 16 + 2 = 18 (1Mac. 3,6; 1Mac. 7,5; 1Mac. 9,23; 1Mac. 9,58; 1Mac. 11,25; Psa. 36,28; Psa. 103,35; Prov. 28,10; Wis. 17,2; Is. 1,4; Is. 1,28; Is. 1,31; Is. 9,16; Is. 33,14; Is. 57,3; Sus. 35a; Dan. 12,10; Dan. 12,10)
  ἀνόμοις ▸ 5 + 3 = 8
    Adjective · feminine · plural · dative · noDegree ▸ 1 (Wis. 15,17)
    Adjective · masculine · plural · dative · noDegree ▸ 4 + 3 = 7 (1Mac. 9,69; Psa. 72,3; Sir. 39,24; Is. 53,12; 1Cor. 9,21; 1Tim. 1,9; 2Pet. 2,8)
  ἄνομον ▸ 9
    Adjective · feminine · singular · accusative · noDegree ▸ 2 (3Mac. 1,27; Is. 31,6)
    Adjective · masculine · singular · accusative · noDegree ▸ 5 (1Kings 8,32; 1Mac. 14,14; Ezek. 18,27; Ezek. 21,8; Ezek. 21,9)
    Adjective · neuter · singular · accusative · noDegree ▸ 1 (Is. 10,6)
    Adjective · neuter · singular · nominative · noDegree ▸ 1 (Is. 57,4)
  ἄνομόν ▸ 1
    Adjective · neuter · singular · nominative · noDegree ▸ 1 (Job 11,14)
  ἄνομος ▸ 13 + 3 = 16
    Adjective · feminine · singular · nominative · noDegree ▸ 1 (2Chr. 24,7)
    Adjective · masculine · singular · nominative · noDegree ▸ 12 + 3 = 15 (Prov. 21,18; Sol. 17,11; Mic. 6,11; Is. 29,20; Is. 48,8; Is. 55,7; Is. 66,3; Ezek. 3,18; Ezek. 3,19; Ezek. 18,21; Ezek. 18,24; Ezek. 33,8; 1Cor. 9,21; 1Cor. 9,21; 2Th. 2,8)
  ἀνόμου ▸ 8 + 1 = 9
    Adjective · feminine · singular · genitive · noDegree ▸ 1 (Sus. 28)
    Adjective · masculine · singular · genitive · noDegree ▸ 8 (Prov. 12,3; Prov. 27,21a; Mic. 6,10; Mal. 3,18; Ezek. 7,11; Ezek. 13,22; Ezek. 18,20; Ezek. 18,23)
  ἀνόμους ▸ 9 + 1 = 10
    Adjective · masculine · plural · accusative · noDegree ▸ 9 + 1 = 10 (1Mac. 2,44; 1Mac. 3,5; Psa. 50,15; Prov. 10,2; Job 19,29; Sir. 40,10; Mic. 6,10; Mal. 3,21; Is. 1,25; 1Cor. 9,21)
  ἀνόμῳ ▸ 9
    Adjective · feminine · singular · dative · noDegree ▸ 1 (Ezek. 5,6)
    Adjective · masculine · singular · dative · noDegree ▸ 7 (2Chr. 6,23; Prov. 14,16; Prov. 29,27; Is. 3,11; Ezek. 3,18; Ezek. 3,18; Ezek. 3,19)
    Adjective · neuter · singular · dative · noDegree ▸ 1 (3Mac. 6,4)
  ἀνόμων ▸ 19 + 1 + 2 = 22
    Adjective · masculine · plural · genitive · noDegree ▸ 18 + 1 + 2 = 21 (1Sam. 24,14; Esth. 14,15 # 4,17u; 3Mac. 6,12; Ode. 4,13; Ode. 7,32; Job 5,22; Job 11,11; Job 12,5; Wis. 4,6; Sir. 16,4; Sir. 21,9; Sir. 34,18; Sir. 49,3; Sol. 17,18; Hab. 3,13; Is. 13,11; Ezek. 21,34; Dan. 3,32; Dan. 3,32; Luke 22,37; Acts 2,23)
    Adjective · neuter · plural · genitive · noDegree ▸ 1 (3Mac. 6,9)

ἀνόμως (α; νόμος 1st homograph) lawlessly ▸ 1 + 2 = 3
  ἀνόμως ▸ 1 + 2 = 3
    Adverb ▸ 1 + 2 = 3 (2Mac. 8,17; Rom. 2,12; Rom. 2,12)

ἀνόνητος (α; ὀνίνημι) useless, unprofitable ▸ 3
  ἀνόνητοι ▸ 3
    Adjective · masculine · plural · nominative · noDegree ▸ 3 (4Mac. 16,7; 4Mac. 16,9; Wis. 3,11)

ἀνορθόω (ἀνά; ὀρθός) to raise, lift up, restore, make straight ▸ 16 + 3 = 19
  ἀνορθοῖ ▸ 2
    Verb · third · singular · present · active · indicative ▸ 2 (Psa. 144,14; Psa. 145,8)
  ἀνορθοῦται ▸ 1
    Verb · third · singular · present · passive · indicative ▸ 1 (Prov. 24,3)
  ἀνορθῶσαι ▸ 1
    Verb · aorist · active · infinitive ▸ 1 (Jer. 40,2)
  ἀνορθώσας ▸ 1
    Verb · aorist · active · participle · masculine · singular · nominative ▸ 1 (Jer. 10,12)
  ἀνορθώσατε ▸ 1
    Verb · second · plural · aorist · active · imperative ▸ 1 (Heb. 12,12)
  ἀνορθώσει ▸ 1
    Verb · third · singular · future · active · indicative ▸ 1 (Sir. 27,14)
  ἀνορθώσω ▸ 3 + 1 = 4
    Verb · first · singular · future · active · indicative ▸ 3 + 1 = 4 (2Sam. 7,13; 1Chr. 17,12; 1Chr. 22,10; Acts 15,16)
  ἀνωρθώθη ▸ 1
    Verb · third · singular · aorist · passive · indicative ▸ 1 (Luke 13,13)
  ἀνωρθώθημεν ▸ 1
    Verb · first · plural · aorist · passive · indicative ▸ 1 (Psa. 19,9)
  ἀνωρθώθησαν ▸ 1
    Verb · third · plural · aorist · passive · indicative ▸ 1 (Ezek. 16,7)
  ἀνωρθωμένος ▸ 3
    Verb · perfect · passive · participle · masculine · singular · nominative ▸ 3 (2Sam. 7,16; 1Chr. 17,14; 1Chr. 17,24)
  ἀνώρθωσεν ▸ 1
    Verb · third · singular · aorist · active · indicative ▸ 1 (Sir. 11,12)
  ἀνώρθωσέν ▸ 1
    Verb · third · singular · aorist · active · indicative ▸ 1 (Psa. 17,36)

ἀνορύσσω (ἀνά; ὀρύσσω) to dig up, root, raise from the dead ▸ 2
  ἀνορύσσοντες ▸ 1
    Verb · present · active · participle · masculine · plural · nominative ▸ 1 (Job 3,21)
  ἀνορύσσων ▸ 1
    Verb · present · active · participle · masculine · singular · nominative ▸ 1 (Job 39,21)

ἀνόσιος (α; ὅσιος) unholy ▸ 7 + 2 = 9
  ἀνόσια ▸ 1
    Adjective · neuter · plural · accusative · noDegree ▸ 1 (Ezek. 22,9)

ἀνοσίαν ▸ 1
    Adjective · feminine · singular · accusative · noDegree ▸ **1** (3Mac. 5,8)
ἀνόσιε ▸ 1
    Adjective · masculine · singular · vocative · noDegree ▸ **1** (2Mac. 7,34)
Ἀνόσιέ ▸ 1
    Adjective · masculine · singular · vocative · noDegree ▸ **1** (4Mac. 12,11)
ἀνόσιοι ▸ 1
    Adjective · masculine · plural · nominative ▸ **1** (2Tim. 3,2)
ἀνοσίοις ▸ 1
    Adjective · masculine · plural · dative ▸ **1** (1Tim. 1,9)
ἀνοσίου ▸ 1
    Adjective · masculine · singular · genitive · noDegree ▸ **1** (3Mac. 2,2)
ἀνοσίους ▸ 1
    Adjective · feminine · plural · accusative · noDegree ▸ **1** (Wis. 12,4)
ἀνοσιώτατον ▸ 1
    Adjective · masculine · singular · accusative · superlative ▸ **1** (2Mac. 8,32)

ἀνοσίως (ἀ; ὅρκος) in an unholy way ▸ 2
  ἀνοσίως ▸ 2
    Adverb ▸ **2** (Esth. 16,7 # 8,12g; 3Mac. 1,21)

Ανουμ Hanun, Hanum ▸ 1
  Ανουμ ▸ 1
    Noun · masculine · singular · nominative · (proper) ▸ **1** (Neh. 3,30)

Ανουν Hanun ▸ 1
  Ανουν ▸ 1
    Noun · masculine · singular · nominative · (proper) ▸ **1** (Neh. 3,13)

ἄνους (ἀ; νοῦς) without understanding ▸ 4
  ἄνους ▸ 4
    Adjective · feminine · singular · nominative · noDegree ▸ **1** (Hos. 7,11)
    Adjective · masculine · singular · nominative · noDegree ▸ **3** (2Mac. 11,13; Psa. 48,11; Prov. 13,14)

ἀνοχή (ἀνά; ἔχω) forbearance; cessation; truce; holiday ▸ 1 + 2 = 3
  ἀνοχῇ ▸ 1
    Noun · feminine · singular · dative ▸ **1** (Rom. 3,26)
  ἀνοχὴν ▸ 1
    Noun · feminine · singular · accusative · (common) ▸ **1** (1Mac. 12,25)
  ἀνοχῆς ▸ 1
    Noun · feminine · singular · genitive ▸ **1** (Rom. 2,4)

ἀνταγωνίζομαι (ἀντί; ἀγών) to struggle against ▸ 1 + 1 = 2
  ἀνταγωνιζόμενοι ▸ 1
    Verb · present · middle · participle · masculine · plural · nominative ▸ **1** (Heb. 12,4)
  ἀντηγωνίζετο ▸ 1
    Verb · third · singular · imperfect · middle · indicative ▸ **1** (4Mac. 17,14)

ἀνταγωνιστής (ἀντί; ἀγών) opponent, competitor, antagonist ▸ 1
  ἀνταγωνιστής ▸ 1
    Noun · masculine · singular · nominative · (common) ▸ **1** (4Mac. 3,5)

ἀνταίρω (ἀντί; αἴρω) to rise against ▸ 1
  ἀντάρῃ ▸ 1
    Verb · third · singular · aorist · active · subjunctive ▸ **1** (Mic. 4,3)

ἀντακούω (ἀντί; ἀκούω) to listen back ▸ 1
  ἀντακούσεται ▸ 1
    Verb · third · singular · future · middle · indicative ▸ **1** (Job 11,2)

ἀντάλλαγμα (ἀντί; ἄλλος) something as an exchange, item for exchange ▸ 9 + 2 = 11
  ἀντάλλαγμα ▸ 9 + 2 = 11
    Noun · neuter · singular · accusative · (common) ▸ 4 + 2 = **6** (Ruth 4,7; 1Kings 20,2; Psa. 88,52; Jer. 15,13; Matt. 16,26; Mark 8,37)
    Noun · neuter · singular · nominative · (common) ▸ **5** (Psa. 54,20; Job 28,15; Sir. 6,15; Sir. 26,14; Sir. 44,17)

ἀνταλλάσσω (ἀντί; ἄλλος) to give as an exchange ▸ 2
  ἀνταλλάξει ▸ 1
    Verb · third · singular · future · active · indicative ▸ **1** (Job 37,4)
  ἀνταλλάξεται ▸ 1
    Verb · third · singular · future · middle · indicative ▸ **1** (Prov. 6,35)

ἀντάμειψις (ἀντί; ἀμείβω) an exchanging ▸ 1
  ἀντάμειψιν ▸ 1
    Noun · feminine · singular · accusative · (common) ▸ **1** (Psa. 118,112)

ἀνταναιρέω (ἀντί; ἀνά; αἱρέω) to remove from ▸ 9
  ἀνταναιρεθῇ ▸ 1
    Verb · third · singular · aorist · passive · subjunctive ▸ **1** (Psa. 71,7)
  ἀνταναιρεθήσονται ▸ 1
    Verb · third · plural · future · passive · indicative ▸ **1** (Psa. 57,9)
  ἀνταναιρεῖται ▸ 1
    Verb · third · singular · present · passive · indicative ▸ **1** (Psa. 9,26)
  ἀνταναιροῦντες ▸ 1
    Verb · present · active · participle · masculine · plural · nominative ▸ **1** (Esth. 16,4 # 8,12d)
  ἀνταναιρῶν ▸ 1
    Verb · present · active · participle · masculine · singular · nominative ▸ **1** (Psa. 45,10)
  ἀντανελεῖς ▸ 1
    Verb · second · singular · future · active · indicative ▸ **1** (Psa. 103,29)
  ἀντανέλῃς ▸ 2
    Verb · second · singular · aorist · active · subjunctive ▸ **2** (Psa. 50,13; Psa. 140,8)
  ἀντανῃρέθην ▸ 1
    Verb · first · singular · aorist · passive · indicative ▸ **1** (Psa. 108,23)

ἀντανακλάομαι (ἀντί; ἀνά; κλάω) to be reflected, echoed ▸ 1
  ἀντανακλωμένη ▸ 1
    Verb · present · passive · participle · feminine · singular · nominative ▸ **1** (Wis. 17,18)

ἀντανapληρόω (ἀντί; ἀνά; πληρόω) to fill up ▸ 1
  ἀντανapληρῶ ▸ 1
    Verb · first · singular · present · active · indicative ▸ **1** (Col. 1,24)

ἀντανίστημι (ἀντί; ἀνά; ἵστημι) to rise up against ▸ 1
  ἀντανέστησαν ▸ 1
    Verb · third · plural · aorist · active · indicative ▸ **1** (Bar. 3,19)

ἀνταποδίδωμι (ἀντί; ἀπό; δίδωμι) to give back, pay back, recompense ▸ 87 + 2 + 7 = 96
  ἀνταπεδίδοσάν ▸ 1

Verb · third · plural · imperfect · active · indicative ▸ **1** (Psa. 34,12)
ἀνταπέδωκα ▸ **2**
Verb · first · singular · aorist · active · indicative ▸ **2** (Lev. 18,25; Psa. 7,5)
ἀνταπέδωκά ▸ **1**
Verb · first · singular · aorist · active · indicative ▸ **1** (1Sam. 24,18)
ἀνταπέδωκας ▸ **1**
Verb · first · singular · aorist · active · indicative ▸ **1** (Psa. 136,8)
ἀνταπέδωκάς ▸ **1**
Verb · second · singular · aorist · active · indicative ▸ **1** (1Sam. 24,18)
ἀνταπεδώκατε ▸ **1**
Verb · second · plural · aorist · active · indicative ▸ **1** (Gen. 44,4)
ἀνταπέδωκεν ▸ **6**
Verb · third · singular · aorist · active · indicative ▸ **6** (1Kings 2,44; 2Chr. 32,25; Tob. 14,10; 1Mac. 11,53; 1Mac. 11,53; Psa. 102,10)
ἀνταπέδωκέν ▸ **5** + **1** = **6**
Verb · third · singular · aorist · active · indicative ▸ **5** + **1** = **6** (Judg. 1,7; 1Sam. 25,21; 2Sam. 22,21; 2Sam. 22,21; Psa. 115,3; Judg. 1,7)
ἀνταποδιδόντα ▸ **1**
Verb · present · active · participle · masculine · singular · accusative ▸ **1** (Sir. 30,6)
ἀνταποδιδόντες ▸ **1**
Verb · present · active · participle · masculine · plural · nominative ▸ **1** (Psa. 37,21)
ἀνταποδιδόντος ▸ **1**
Verb · present · active · participle · masculine · singular · genitive ▸ **1** (Is. 66,6)
ἀνταποδίδοται ▸ **1**
Verb · third · singular · present · passive · indicative ▸ **1** (Jer. 18,20)
ἀνταποδίδοτε ▸ **2**
Verb · second · plural · present · active · indicative ▸ **2** (Deut. 32,6; Ode. 2,6)
ἀνταποδίδοτέ ▸ **1**
Verb · second · plural · present · active · indicative ▸ **1** (Joel 4,4)
ἀνταποδιδούς ▸ **1**
Verb · present · active · participle · masculine · singular · nominative ▸ **1** (Sir. 35,10)
ἀνταποδιδοὺς ▸ **2**
Verb · present · active · participle · masculine · singular · nominative ▸ **2** (Sir. 3,31; Sir. 35,2)
ἀνταποδιδοῦσίν ▸ **1**
Verb · present · active · participle · masculine · plural · dative ▸ **1** (Psa. 7,5)
ἀνταποδίδωσιν ▸ **6**
Verb · third · singular · present · active · indicative ▸ **6** (Psa. 30,24; Is. 35,4; Is. 63,7; Jer. 28,6; Jer. 28,56; Jer. 28,56)
ἀνταποδίδωσίν ▸ **1**
Verb · third · singular · present · active · indicative ▸ **1** (2Sam. 19,37)
ἀνταποδοθήσεται ▸ **1** + **2** = **3**
Verb · third · singular · future · passive · indicative ▸ **1** + **2** = **3** (Obad. 15; Luke 14,14; Rom. 11,35)
Ἀνταπόδος ▸ **1**
Verb · second · singular · aorist · active · imperative ▸ **1** (Psa. 118,17)
ἀνταπόδοτε ▸ **2**

Verb · second · plural · aorist · active · imperative ▸ **2** (1Mac. 2,68; Jer. 27,29)
ἀνταποδοῦναι ▸ **1** + **2** = **3**
Verb · aorist · active · infinitive ▸ **1** + **2** = **3** (LetterJ 33; 1Th. 3,9; 2Th. 1,6)
ἀνταποδοῦναί ▸ **1**
Verb · aorist · active · infinitive ▸ **1** (Luke 14,14)
ἀνταποδῷ ▸ **3**
Verb · third · singular · aorist · active · subjunctive ▸ **3** (Gen. 50,15; 2Sam. 3,39; Sir. 35,22)
ἀνταποδῷς ▸ **1**
Verb · second · singular · aorist · active · subjunctive ▸ **1** (Psa. 141,8)
ἀνταποδώσει ▸ **20**
Verb · third · singular · future · active · indicative ▸ **20** (Deut. 32,43; Deut. 32,43; Psa. 17,21; Psa. 17,21; Psa. 17,25; Psa. 136,8; Psa. 137,8; Ode. 2,43; Ode. 2,43; Prov. 19,17; Prov. 25,22; Job 21,19; Job 21,31; Sir. 17,23; Sir. 35,10; Sir. 35,20; Sir. 36,20; Hos. 12,3; Hos. 12,15; Is. 35,4)
ἀνταποδώσεις ▸ **2**
Verb · second · singular · future · active · indicative ▸ **2** (Judith 7,15; Sir. 7,28)
ἀνταποδώσομεν ▸ **2**
Verb · first · plural · future · active · indicative ▸ **2** (1Mac. 10,27; Hos. 14,3)
ἀνταποδώσω ▸ **17** + **1** + **2** = **20**
Verb · first · singular · future · active · indicative ▸ **17** + **1** + **2** = **20** (Deut. 32,35; Deut. 32,41; Deut. 32,41; 2Kings 9,26; Psa. 40,11; Psa. 115,3; Ode. 2,35; Ode. 2,41; Ode. 2,41; Hos. 4,9; Joel 2,25; Joel 4,4; Joel 4,7; Zech. 9,12; Is. 66,4; Jer. 16,18; Jer. 28,24; Judg. 16,28; Rom. 12,19; Heb. 10,30)
ἀνταποδώσων ▸ **1**
Verb · future · active · participle · masculine · singular · nominative ▸ **1** (Is. 59,18)
ἀνταπόδομα (ἀντί; ἀπό; δίδωμι) repayment ▸ **22** + **2** = **24**
ἀνταπόδομα ▸ **20** + **1** = **21**
Noun · neuter · plural · accusative · (common) ▸ **1** (1Mac. 2,68)
Noun · neuter · plural · nominative · (common) ▸ **1** (Prov. 12,14)
Noun · neuter · singular · accusative · (common) ▸ **15** + **1** = **16** (Gen. 50,15; Judg. 9,16; Judg. 14,4; 2Chr. 32,25; Judith 7,15; Psa. 27,4; Sir. 12,2; Sir. 17,23; Sir. 48,8; Joel 4,4; Joel 4,4; Joel 4,7; Is. 1,23; Jer. 28,6; Lam. 3,64; Rom. 11,9)
Noun · neuter · singular · nominative · (common) ▸ **3** (Tob. 14,10; Sir. 14,6; Sir. 20,10)
ἀνταπόδομά ▸ **2** + **1** = **3**
Noun · neuter · singular · accusative · (common) ▸ **1** (Psa. 136,8)
Noun · neuter · singular · nominative · (common) ▸ **1** + **1** = **2** (Obad. 15; Luke 14,12)
ἀνταπόδοσις (ἀντί; ἀπό; δίδωμι) repayment, reward ▸ **14** + **2** + **1** = **17**
ἀνταποδόσεις ▸ **1**
Noun · feminine · plural · accusative · (common) ▸ **1** (Psa. 102,2)
ἀνταποδόσεως ▸ **3**
Noun · feminine · singular · genitive · (common) ▸ **3** (Is. 34,8; Is. 61,2; Is. 63,4)
ἀνταποδόσεώς ▸ **1**
Noun · feminine · singular · genitive · (common) ▸ **1** (Hos. 9,7)
ἀνταπόδοσιν ▸ **7** + **1** + **1** = **9**
Noun · feminine · singular · accusative · (common) ▸ **7** + **1** + **1** = **9** (2Sam. 19,37; Psa. 68,23; Psa. 90,8; Psa. 93,2; Is. 59,18; Is. 66,6; Jer. 28,56; Judg. 16,28; Col. 3,24)

ἀνταπόδοσις ‣ 2 + 1 = 3
   Noun ▪ feminine ▪ singular ▪ nominative ▪ (common) ‣ 2 + 1 = 3 (Psa. 18,12; Psa. 130,2; Judg. 9,16)

ἀνταποθνῄσκω (ἀντί; ἀπό; θνῄσκω) to die in retaliation ‣ 1
  ἀνταποθανεῖται ‣ 1
   Verb ▪ third ▪ singular ▪ future ▪ middle ▪ indicative ‣ 1 (Ex. 22,2)

ἀνταποκρίνομαι (ἀντί; ἀπό; κρίνω) to reply, answer back again ‣ 3 + 2 = 5
  ἀνταπεκρίθη ‣ 1
   Verb ▪ third ▪ singular ▪ aorist ▪ passive ▪ indicative ‣ 1 (Job 16,8)
  ἀνταπεκρίναντο ‣ 1
   Verb ▪ third ▪ plural ▪ aorist ▪ middle ▪ indicative ‣ 1 (Judg. 5,29)
  ἀνταποκριθῆναι ‣ 1
   Verb ▪ aorist ▪ passive ▪ infinitive ‣ 1 (Luke 14,6)
  ἀνταποκρινόμενος ‣ 1 + 1 = 2
   Verb ▪ present ▪ middle ▪ participle ▪ masculine ▪ singular ▪ nominative ‣ 1 + 1 = 2 (Job 32,12; Rom. 9,20)

ἀνταπόκρισις (ἀντί; ἀπό; κρίνω) answer ‣ 2
  ἀνταπόκρισιν ‣ 2
   Noun ▪ feminine ▪ singular ▪ accusative ▪ (common) ‣ 2 (Job 13,22; Job 34,36)

ἀνταποστέλλω (ἀντί; ἀπό; στέλλω) to send back ‣ 1
  ἀνταπέστειλεν ‣ 1
   Verb ▪ third ▪ singular ▪ aorist ▪ active ▪ indicative ‣ 1 (1Kings 21,10)

ἀνταποτίνω (ἀντί; ἀπό; τίνω) to repay ‣ 1
  ἀνταποτείσει ‣ 1
   Verb ▪ third ▪ singular ▪ future ▪ active ▪ indicative ‣ 1 (1Sam. 24,20)

ἀντεῖπον to say in response, to speak against ‣ 10
  Ἀντεῖπαν ‣ 1
   Verb ▪ third ▪ plural ▪ aorist ▪ active ▪ indicative ‣ 1 (Josh. 17,14)
  ἀντειπεῖν ‣ 4
   Verb ▪ aorist ▪ active ▪ infinitive ‣ 4 (Gen. 24,50; Esth. 8,8; 1Mac. 14,44; Job 32,1)
  ἀντεῖπεν ‣ 2
   Verb ▪ third ▪ singular ▪ aorist ▪ active ▪ indicative ‣ 2 (Esth. 1,17; Esth. 1,17)
  ἀντείπῃ ‣ 1
   Verb ▪ third ▪ singular ▪ aorist ▪ active ▪ subjunctive ‣ 1 (Is. 10,14)
  ἀντεροῦμεν ‣ 1
   Verb ▪ first ▪ plural ▪ future ▪ active ▪ indicative ‣ 1 (Gen. 44,16)
  ἀντεροῦσα ‣ 1
   Verb ▪ future ▪ active ▪ participle ▪ feminine ▪ singular ▪ nominative ‣ 1 (Judith 12,14)

ἀντερείδω (ἀντί; ἐρείδω) to compete with ‣ 1
  ἀντερείδεται ‣ 1
   Verb ▪ third ▪ singular ▪ present ▪ middle ▪ indicative ‣ 1 (Wis. 15,9)

ἀντέχω (ἀντί; ἔχω) to cling to, adhere to; help ‣ 19 + 1 + 4 = 24
  ἀνθέξεται ‣ 4 + 2 = 6
   Verb ▪ third ▪ singular ▪ future ▪ middle ▪ indicative ‣ 4 + 2 = 6 (Deut. 32,41; Ode. 2,41; Job 33,24; Sir. 1,23; Matt. 6,24; Luke 16,13)
  ἀνθέξεται ‣ 1
   Verb ▪ third ▪ singular ▪ future ▪ middle ▪ indicative ‣ 1 (Prov. 4,6)
  ἀντείχοντο ‣ 3
   Verb ▪ third ▪ plural ▪ imperfect ▪ middle ▪ indicative ‣ 3 (Neh. 4,10; Jer. 8,2; Jer. 51,10)
  ἀντέσχε ‣ 1
   Verb ▪ third ▪ singular ▪ aorist ▪ active ▪ indicative ‣ 1 (4Mac. 7,4)
  ἀντέχεσθαί ‣ 1
   Verb ▪ present ▪ middle ▪ infinitive ‣ 1 (Eccl. 7,18)
  ἀντέχεσθε ‣ 1
   Verb ▪ second ▪ plural ▪ present ▪ middle ▪ imperative ‣ 1 (1Th. 5,14)
  ἀντεχόμεθα ‣ 1
   Verb ▪ first ▪ plural ▪ present ▪ middle ▪ indicative ‣ 1 (1Mac. 15,34)
  ἀντεχόμενοι ‣ 2
   Verb ▪ present ▪ middle ▪ participle ▪ masculine ▪ plural ▪ nominative ‣ 2 (Is. 48,2; Jer. 2,8)
  ἀντεχόμενοί ‣ 1
   Verb ▪ present ▪ middle ▪ participle ▪ masculine ▪ plural ▪ nominative ‣ 1 (Is. 57,13)
  ἀντεχομένοις ‣ 1
   Verb ▪ present ▪ middle ▪ participle ▪ masculine ▪ plural ▪ dative ‣ 1 (Prov. 3,18)
  ἀντεχόμενον ‣ 1
   Verb ▪ present ▪ middle ▪ participle ▪ masculine ▪ singular ▪ accusative ‣ 1 (Titus 1,9)
  ἀντεχόμενος ‣ 1 + 1 = 2
   Verb ▪ present ▪ middle ▪ participle ▪ masculine ▪ singular ▪ nominative ‣ 1 + 1 = 2 (Is. 56,2; Dan. 10,21)
  ἀντεχομένους ‣ 2
   Verb ▪ present ▪ middle ▪ participle ▪ masculine ▪ plural ▪ accusative ‣ 2 (Zeph. 1,6; Is. 56,6)
  ἀντέχωνται ‣ 1
   Verb ▪ third ▪ plural ▪ present ▪ middle ▪ subjunctive ‣ 1 (Is. 56,4)

ἀντηχέω (ἀντί; ἠχέω) to resound, echo ‣ 1
  ἀντήχει ‣ 1
   Verb ▪ third ▪ singular ▪ imperfect ▪ active ▪ indicative ‣ 1 (Wis. 18,10)

ἀντί for, in place of, instead of ‣ 386 + 4 + 22 = 412
  ἀνθ' ‣ 77 + 5 = 82
   Preposition ▪ (+genitive) ‣ 77 + 5 = 82 (Gen. 22,18; Gen. 26,5; Gen. 30,18; Lev. 26,43; Num. 25,13; Deut. 8,20; Deut. 22,29; Deut. 28,47; Deut. 28,62; Josh. 2,14; Josh. 24,20; Judg. 11,36; 1Sam. 26,21; 2Sam. 3,30; 2Sam. 12,6; 2Sam. 12,10; 1Kings 11,33; 2Kings 18,12; 2Kings 21,15; 2Kings 22,17; 2Kings 22,19; 2Chr. 34,25; Esth. 14,6 # 4,17n; Judith 7,15; Judith 9,3; Judith 13,20; 1Mac. 10,27; 3Mac. 4,6; 4Mac. 12,12; Psa. 89,15; Psa. 108,16; Prov. 1,32; Job 36,15; Wis. 16,2; Wis. 16,20; Wis. 18,3; Sir. 20,14; Sol. 2,3; Sol. 2,13; Sol. 2,35; Hos. 8,1; Amos 1,3; Amos 1,9; Amos 1,13; Amos 2,1; Amos 2,6; Amos 5,11; Mic. 3,4; Mic. 5,14; Joel 4,5; Joel 4,19; Zech. 1,15; Zech. 12,10; Zech. 13,4; Mal. 2,9; Is. 53,12; Jer. 7,13; Jer. 19,4; Jer. 27,7; Jer. 38,20; Ezek. 5,11; Ezek. 13,10; Ezek. 13,22; Ezek. 15,8; Ezek. 16,43; Ezek. 20,16; Ezek. 20,24; Ezek. 21,9; Ezek. 21,29; Ezek. 24,13; Ezek. 26,2; Ezek. 29,6; Ezek. 36,34; Ezek. 39,23; Ezek. 39,29; Ezek. 44,12; Dan. 11,30; Luke 1,20; Luke 12,3; Luke 19,44; Acts 12,23; 2Th. 2,10)
  Ἀνθ' ‣ 36 + 1 = 37
   Preposition ▪ (+genitive) ‣ 36 + 1 = 37 (Judg. 2,20; 1Kings 3,11; 1Kings 8,18; 1Kings 9,9; 1Kings 11,11; 1Kings 13,21; 1Kings 16,2; 1Kings 21,28; 1Kings 21,36; 2Kings 10,30; 2Kings 21,11; 2Chr. 1,11; 2Chr. 21,12; 4Mac. 18,3; Hag. 1,9; Is. 3,16; Jer. 5,14; Jer. 5,19; Jer. 16,11; Jer. 22,9; Jer. 23,38; Ezek. 5,7; Ezek. 13,8; Ezek. 16,36; Ezek. 21,29; Ezek. 22,19; Ezek. 23,35; Ezek. 25,3; Ezek. 25,6; Ezek. 25,8; Ezek. 25,12; Ezek. 25,15; Ezek. 28,2; Ezek. 31,10; Ezek. 36,2; Ezek. 36,13; Judg. 2,20)

ἀντ' ▸ 105 + 1 = 106
    Preposition ▪ (+genitive) ▸ 105 + 1 = **106** (Gen. 2,21; Gen. 36,33; Gen. 36,34; Gen. 36,35; Gen. 36,36; Gen. 36,37; Gen. 36,38; Gen. 36,39; Ex. 29,30; Lev. 6,15; Deut. 2,12; Deut. 2,21; Deut. 2,22; Deut. 2,23; Deut. 10,6; 2Sam. 10,1; 2Sam. 16,8; 1Kings 1,30; 1Kings 1,35; 1Kings 2,35; 1Kings 11,43; 1Kings 12,24a; 1Kings 14,27; 1Kings 14,31; 1Kings 15,8; 1Kings 15,24; 1Kings 16,6; 1Kings 16,10; 1Kings 16,28; 1Kings 16,28h; 1Kings 20,6; 1Kings 21,24; 1Kings 22,40; 1Kings 22,51; 1Kings 3,27; 2Kings 8,15; 2Kings 8,24; 2Kings 10,35; 2Kings 12,22; 2Kings 13,9; 2Kings 13,24; 2Kings 14,16; 2Kings 15,7; 2Kings 15,10; 2Kings 15,22; 2Kings 15,25; 2Kings 15,30; 2Kings 15,38; 2Kings 16,20; 2Kings 19,37; 2Kings 20,21; 2Kings 21,18; 2Kings 21,24; 2Kings 21,26; 2Kings 24,6; 2Kings 24,17; 1Chr. 1,44; 1Chr. 1,45; 1Chr. 1,46; 1Chr. 1,47; 1Chr. 1,48; 1Chr. 1,49; 1Chr. 1,50; 1Chr. 4,41; 1Chr. 5,22; 1Chr. 19,1; 1Chr. 23,1; 1Chr. 29,28; 2Chr. 1,8; 2Chr. 9,31; 2Chr. 12,10; 2Chr. 12,16; 2Chr. 13,23; 2Chr. 17,1; 2Chr. 21,1; 2Chr. 22,1; 2Chr. 24,27; 2Chr. 26,23; 2Chr. 27,9; 2Chr. 28,27; 2Chr. 32,33; 2Chr. 33,20; 2Chr. 33,25; 2Chr. 36,8; 1Esdr. 1,41; Esth. 16,21 # 8,12t; Tob. 1,15; Tob. 1,21; 1Mac. 1,1; 1Mac. 3,1; 1Mac. 9,30; 1Mac. 13,32; 1Mac. 14,17; 1Mac. 15,31; 1Mac. 16,3; Prov. 11,8; Eccl. 4,15; Job 28,15; Job 36,20; Sir. 10,14; Sir. 10,15; Is. 37,38; Jer. 35,13; Bar. 3,19; Dan. 4,37; Tob. 1,15)

ἀντί ▸ 167 + 2 + 17 = 186
    Preposition ▪ (+genitive) ▸ 167 + 2 + 17 = **186** (Gen. 4,25; Gen. 9,6; Gen. 22,13; Gen. 29,27; Gen. 30,2; Gen. 30,15; Gen. 30,16; Gen. 31,41; Gen. 44,4; Gen. 44,33; Gen. 47,16; Gen. 47,17; Gen. 47,17; Gen. 47,17; Gen. 47,17; Gen. 47,19; Ex. 21,23; Ex. 21,24; Ex. 21,24; Ex. 21,24; Ex. 21,24; Ex. 21,25; Ex. 21,25; Ex. 21,25; Ex. 21,26; Ex. 21,27; Ex. 21,36; Ex. 21,37; Ex. 21,37; Ex. 22,2; Ex. 22,14; Lev. 14,42; Lev. 17,11; Lev. 24,18; Lev. 24,20; Lev. 24,20; Lev. 24,20; Lev. 26,24; Num. 3,12; Num. 3,41; Num. 3,41; Num. 3,45; Num. 3,45; Num. 8,16; Num. 8,18; Num. 18,21; Num. 18,31; Num. 32,14; Deut. 19,21; Deut. 19,21; Deut. 19,21; Deut. 19,21; Deut. 19,21; Josh. 5,7; Josh. 24,33a; Judg. 15,2; Judg. 16,28; 1Sam. 2,20; 1Sam. 25,21; 2Sam. 14,7; 2Sam. 16,12; 2Sam. 17,25; 2Sam. 19,1; 2Sam. 19,1; 2Sam. 19,14; 2Sam. 19,22; 1Kings 2,35; 1Kings 3,7; 1Kings 5,15; 1Kings 5,19; 1Kings 8,20; 1Kings 10,29; 1Kings 10,29; 1Kings 19,16; 1Kings 21,39; 1Kings 21,42; 1Kings 21,42; 2Kings 10,24; 2Kings 14,21; 2Kings 14,29; 2Kings 17,24; 2Kings 23,30; 2Kings 23,34; 2Chr. 6,10; 2Chr. 26,1; 2Chr. 36,1; 2Chr. 36,4; 1Esdr. 1,32; Esth. 2,4; Esth. 14,1 # 4,17k; Tob. 7,17; 1Mac. 2,11; 1Mac. 9,31; 1Mac. 10,30; 1Mac. 10,30; 1Mac. 11,34; 1Mac. 11,40; 1Mac. 13,8; 1Mac. 13,14; 1Mac. 16,17; 3Mac. 1,29; 3Mac. 4,6; 3Mac. 4,8; 3Mac. 4,8; 3Mac. 5,31; 3Mac. 5,32; 3Mac. 6,31; Psa. 34,12; Psa. 37,21; Psa. 44,17; Psa. 108,4; Psa. 108,5; Psa. 108,5; Ode. 4,7; Prov. 17,13; Job 16,4; Job 31,40; Job 31,40; Wis. 7,10; Wis. 11,6; Wis. 11,15; Wis. 19,10; Wis. 19,10; Sir. 3,14; Sir. 4,10; Sir. 5,15; Sir. 17,27; Sir. 29,6; Sol. 2,11; Sol. 2,20; Sol. 2,20; Sol. 17,6; Amos 8,6; Joel 2,25; Joel 4,3; Hab. 3,7; Zeph. 2,10; Zech. 9,12; Is. 3,24; Is. 3,24; Is. 3,24; Is. 3,24; Is. 53,9; Is. 53,9; Is. 55,13; Is. 55,13; Is. 60,17; Is. 60,17; Is. 60,17; Is. 60,17; Is. 61,3; Is. 61,3; Jer. 11,17; Jer. 18,20; Jer. 22,11; Jer. 36,26; Jer. 44,1; Ezek. 4,15; Ezek. 28,7; Ezek. 29,9; Ezek. 29,20; Ezek. 34,8; Ezek. 34,9; Ezek. 35,5; Ezek. 36,6; Dan. 4,32; Judg. 15,2; Tob. 7,17; Matt. 2,22; Matt. 5,38; Matt. 5,38; Matt. 17,27; Matt. 20,28; Mark 10,45; Luke 11,11; John 1,16; Rom. 12,17; 1Cor. 11,15; Eph. 5,31; 1Th. 5,15; Heb. 12,2; Heb. 12,16; James 4,15; 1Pet. 3,9; 1Pet. 3,9)

Ἀντί ▸ 1
    Preposition ▪ (+genitive) ▸ **1** (Ezek. 36,3)

ἀντιβάλλω (ἀντί; βάλλω) to exchange ▸ 1 + 1 = 2
    ἀντιβάλλετε ▸ 1
        Verb ▪ second ▪ plural ▪ present ▪ active ▪ indicative ▸ **1** (Luke 24,17)
    ἀντιβάλλων ▸ 1
        Verb ▪ present ▪ active ▪ participle ▪ masculine ▪ singular ▪ nominative ▸ **1** (2Mac. 11,13)

ἀντίγραφον (ἀντί; γράφω) copy, transcript, counterpart ▸ 21
    ἀντίγραφα ▸ 3
        Noun ▪ neuter ▪ plural ▪ accusative ▪ (common) ▸ **1** (1Mac. 14,49)
        Noun ▪ neuter ▪ plural ▪ nominative ▪ (common) ▸ **2** (Esth. 3,14; Esth. 8,13)
    ἀντίγραφον ▸ 16
        Noun ▪ neuter ▪ singular ▪ accusative ▪ (common) ▸ **8** (Esth. 4,8; Esth. 16,19 # 8,12s; 1Mac. 11,31; 1Mac. 11,37; 1Mac. 12,19; 1Mac. 14,23; 1Mac. 14,23; 1Mac. 15,24)
        Noun ▪ neuter ▪ singular ▪ nominative ▪ (common) ▸ **8** (1Esdr. 8,8; Esth. 13,1 # 3,13a; Esth. 16,1 # 8,12a; 1Mac. 8,22; 1Mac. 12,5; 1Mac. 12,7; 1Mac. 14,20; 1Mac. 14,27)
    Ἀντίγραφον ▸ 2
        Noun ▪ neuter ▪ singular ▪ accusative ▪ (common) ▸ **1** (1Esdr. 6,7)
        Noun ▪ neuter ▪ singular ▪ nominative ▪ (common) ▸ **1** (LetterJ 0)

ἀντιγράφω (ἀντί; γράφω) to write back, reply, copy ▸ 3
    ἀντέγραψαν ▸ 1
        Verb ▪ third ▪ plural ▪ aorist ▪ active ▪ indicative ▸ **1** (1Mac. 8,22)
    ἀντέγραψεν ▸ 1
        Verb ▪ third ▪ singular ▪ aorist ▪ active ▪ indicative ▸ **1** (1Esdr. 2,19)
    ἀντιγράφομεν ▸ 1
        Verb ▪ first ▪ plural ▪ present ▪ active ▪ indicative ▸ **1** (1Mac. 12,23)

ἀντιδιατίθημι (ἀντί; διά; τίθημι) to oppose ▸ 1
    ἀντιδιατιθεμένους ▸ 1
        Verb ▪ present ▪ middle ▪ participle ▪ masculine ▪ plural ▪ accusative ▸ **1** (2Tim. 2,25)

ἀντιδίδωμι (ἀντί; δίδωμι) to give in return, retaliate, substitute ▸ 2
    ἀντεδίδου ▸ 1
        Verb ▪ third ▪ singular ▪ imperfect ▪ active ▪ indicative ▸ **1** (Dan. 1,16)
    ἀντεδίδους ▸ 1
        Verb ▪ second ▪ singular ▪ imperfect ▪ active ▪ indicative ▸ **1** (Ezek. 27,15)

ἀντιδικέω (ἀντί; δίκη) to go to law, contest ▸ 2
    ἀντεδίκησεν ▸ 1
        Verb ▪ third ▪ singular ▪ aorist ▪ active ▪ indicative ▸ **1** (Judg. 6,31)
    ἀντιδικῶν ▸ 1
        Verb ▪ present ▪ active ▪ participle ▪ masculine ▪ singular ▪ nominative ▸ **1** (Judg. 12,2)

ἀντίδικος (ἀντί; δίκη) adversary, foe ▸ 9 + 5 = 14
    ἀντίδικοί ▸ 1
        Noun ▪ masculine ▪ plural ▪ nominative ▪ (common) ▸ **1** (Is. 41,11)
    ἀντιδίκοις ▸ 1
        Noun ▪ masculine ▪ plural ▪ dative ▪ (common) ▸ **1** (Esth. 8,11)
    ἀντίδικον ▸ 4
        Noun ▪ masculine ▪ singular ▪ accusative ▪ (common) ▸ **4** (1Sam. 2,10; Ode. 3,10; Sir. 36,6; Hos. 5,11)
    ἀντιδικόν ▸ 1
        Noun ▪ feminine ▪ singular ▪ accusative ▪ (common) ▸ **1** (Jer. 28,36)
    ἀντίδικος ▸ 1 + 2 = 3

ἀντίδικος–ἀντιλαμβάνω

    Noun · masculine · singular · nominative · (common) ▸ 1 + 2 = **3** (Prov. 18,17; Matt. 5,25; 1Pet. 5,8)
  ἀντιδίκου ▸ 2
    Noun · masculine · singular · genitive ▸ **2** (Luke 12,58; Luke 18,3)
  ἀντιδίκους ▸ 1
    Noun · masculine · plural · accusative · (common) ▸ **1** (Jer. 27,34)
  ἀντιδίκῳ ▸ 1
    Noun · masculine · singular · dative ▸ **1** (Matt. 5,25)

ἀντιδοξέω (ἀντί; δοκέω) to hold a different opinion ▸ 1
  ἀντιδοξῶν ▸ 1
    Verb · present · active · participle · masculine · singular · nominative ▸ **1** (Esth. 13,9 # 4,17b)

ἀντίζηλος (ἀντί; ζέω) rival, adversary, jealous ▸ 3
  ἀντίζηλον ▸ 1
    Noun · feminine · singular · accusative · (common) ▸ **1** (Lev. 18,18)
  ἀντίζηλος ▸ 1
    Noun · feminine · singular · nominative · (common) ▸ **1** (Sir. 26,6)
  ἀντιζήλου ▸ 1
    Noun · feminine · singular · genitive · (common) ▸ **1** (Sir. 37,11)

ἀντίθεσις (ἀντί; τίθημι) opposition ▸ 1
  ἀντιθέσεις ▸ 1
    Noun · feminine · plural · accusative ▸ **1** (1Tim. 6,20)

ἀντίθετος (ἀντί; τίθημι) opposed, contrary ▸ 2
  ἀντίθετα ▸ 1
    Adjective · neuter · plural · accusative · noDegree ▸ **1** (Job 32,3)
  ἀντίθετον ▸ 1
    Adjective · masculine · singular · accusative · noDegree ▸ **1** (Esth. 13,4 # 3,13d)

ἀντικαθίζω (ἀντί; κατά; ἵζω) to substitute ▸ 1
  ἀντεκάθισας ▸ 1
    Verb · second · singular · aorist · active · indicative ▸ **1** (2Kings 17,26)

ἀντικαθίστημι (ἀντί; κατά; ἵστημι) to resist, set in opposition to, confront ▸ 2 + 1 = 3
  ἀντικαταστήσεται ▸ 1
    Verb · third · singular · future · middle · indicative ▸ **1** (Deut. 31,21)
  ἀντικατέστησεν ▸ 1
    Verb · third · singular · aorist · active · indicative ▸ **1** (Josh. 5,7)
  ἀντικατέστητε ▸ 1
    Verb · second · plural · aorist · active · indicative ▸ **1** (Heb. 12,4)

ἀντικαλέω (ἀντί; καλέω) to bid against ▸ 1
  ἀντικαλέσωσίν ▸ 1
    Verb · third · plural · aorist · active · subjunctive ▸ **1** (Luke 14,12)

ἀντικαταλλάσσομαι (ἀντί; κατά; ἄλλος) to exchange for; to transfer ▸ 2
  ἀντικαταλλασσόμενοι ▸ 1
    Verb · present · middle · participle · masculine · plural · nominative ▸ **1** (3Mac. 2,32)
  ἀντικαταλλασσόμενον ▸ 1
    Verb · present · passive · participle · neuter · singular · nominative ▸ **1** (Sir. 46,12)

ἀντίκειμαι (ἀντί; κεῖμαι) to oppose ▸ 15 + 8 = 23
  ἀντικείμενά ▸ 1
    Verb · present · middle · participle · neuter · plural · nominative ▸ **1** (Is. 51,19)
  ἀντικείμενοι ▸ 2 + 3 = 5
    Verb · present · middle · participle · masculine · plural · nominative ▸ 2 + 3 = **5** (Esth. 9,2; Is. 45,16; Luke 13,17; Luke 21,15; 1Cor. 16,9)
  ἀντικείμενοί ▸ 1
    Verb · present · middle · participle · masculine · plural · nominative ▸ **1** (Is. 41,11)
  ἀντικειμένοις ▸ 4
    Verb · present · middle · participle · masculine · plural · dative ▸ **4** (Ex. 23,22; Esth. 8,11; 2Mac. 10,26; Is. 66,6)
  ἀντικείμενον ▸ 1
    Verb · present · middle · participle · masculine · singular · accusative ▸ **1** (3Mac. 7,9)
  ἀντικείμενος ▸ 2 + 1 = 3
    Verb · present · middle · participle · masculine · singular · nominative ▸ 2 + 1 = **3** (2Sam. 8,10; 1Mac. 14,7; 2Th. 2,4)
  ἀντικειμένῳ ▸ 1
    Verb · present · middle · participle · masculine · singular · dative ▸ **1** (1Tim. 5,14)
  ἀντικειμένων ▸ 1
    Verb · present · middle · participle · masculine · plural · genitive ▸ **1** (Phil. 1,28)
  ἀντίκεισαί ▸ 1
    Verb · second · singular · present · middle · indicative ▸ **1** (Job 13,25)
  ἀντικεῖσθαι ▸ 2
    Verb · present · middle · infinitive ▸ **2** (2Mac. 10,26; Zech. 3,1)
  ἀντικείσομαι ▸ 1
    Verb · first · singular · future · middle · indicative ▸ **1** (Ex. 23,22)
  ἀντίκειται ▸ 2
    Verb · third · singular · present · middle · indicative ▸ **2** (Gal. 5,17; 1Tim. 1,10)

ἀντικρίνομαι (ἀντί; κρίνω) to struggle against ▸ 2
  ἀντικρινόμενός ▸ 1
    Verb · present · middle · participle · masculine · singular · nominative ▸ **1** (Job 11,3)
  ἀντικρινοῦμαι ▸ 1
    Verb · first · singular · future · middle · indicative ▸ **1** (Job 9,32)

ἄντικρυς (ἀντί) straight on, openly; opposite ▸ 1 + 1 = 2
  ἄντικρυς ▸ 1 + 1 = 2
    Adverb ▸ **1** (3Mac. 5,16)
    ImproperPreposition · (+genitive) ▸ **1** (Acts 20,15)

ἀντιλαμβάνω (ἀντί; λαμβάνω) to help ▸ 53 + 1 + 3 = 57
  ἀντελάβετο ▸ 5 + 1 = 6
    Verb · third · singular · aorist · middle · indicative ▸ 5 + 1 = **6** (Gen. 48,17; 1Kings 9,11; Psa. 62,9; Psa. 106,17; Ode. 9,54; Luke 1,54)
  ἀντελάβετό ▸ 4
    Verb · third · singular · aorist · middle · indicative ▸ **4** (Psa. 17,36; Psa. 68,30; Psa. 117,13; Sol. 16,3)
  ἀντελαβόμην ▸ 3
    Verb · first · singular · aorist · middle · indicative ▸ **3** (Is. 41,9; Ezek. 20,5; Ezek. 20,6)
  ἀντελάβοντο ▸ 7
    Verb · third · plural · aorist · middle · indicative ▸ **7** (1Kings 9,9; 2Chr. 7,22; 2Chr. 28,15; 2Chr. 28,15; 2Chr. 29,34; 1Mac. 2,48; Bar. 3,21)
  ἀντελάβοντό ▸ 1
    Verb · third · plural · aorist · middle · indicative ▸ **1** (Psa. 39,12)
  ἀντελάβου ▸ 4
    Verb · second · singular · aorist · middle · indicative ▸ **4** (Psa. 40,13; Psa. 88,44; Psa. 138,13; Sol. 16,5)

ἀντελαμβάνετο ▸ 1
    Verb · third · singular · imperfect · middle · indicative ▸ **1** (Is. 63,5)
ἀντελαμβάνοντο ▸ 1
    Verb · third · plural · imperfect · middle · indicative ▸ **1** (Ezek. 16,49)
ἀντιλαβέσθαι ▸ 4
    Verb · aorist · middle · infinitive ▸ **4** (1Chr. 22,17; Judith 13,5; Is. 9,6; Is. 64,6)
ἀντιλάβῃ ▸ 2
    Verb · third · singular · aorist · active · subjunctive ▸ **2** (Sir. 12,4; Sir. 12,7)
ἀντιλάβοιτό ▸ 1
    Verb · third · singular · aorist · middle · optative ▸ **1** (Psa. 19,3)
ἀντιλαβοῦ ▸ 4
    Verb · second · singular · aorist · middle · imperative ▸ **4** (Psa. 118,116; Sir. 3,12; Sir. 29,9; Sir. 29,20)
ἀντιλαμβάνεσθαι ▸ 1
    Verb · present · middle · infinitive ▸ **1** (Acts 20,35)
ἀντιλαμβάνεται ▸ 1
    Verb · third · singular · present · middle · indicative ▸ **1** (Dan. 6,28)
ἀντιλαμβάνηται ▸ 1
    Verb · third · singular · present · middle · subjunctive ▸ **1** (Psa. 47,4)
ἀντιλαμβανόμενοι ▸ 1
    Verb · present · middle · participle · masculine · plural · nominative ▸ **1** (1Tim. 6,2)
ἀντιλαμβανόμενον ▸ 1
    Verb · present · middle · participle · masculine · singular · accusative ▸ **1** (2Mac. 14,15)
ἀντιλαμβανόμενος ▸ 4
    Verb · present · middle · participle · masculine · singular · nominative ▸ **4** (Prov. 11,28; Is. 26,3; Is. 49,26; Is. 51,18)
ἀντιλαμβανομένους ▸ 2
    Verb · present · middle · participle · masculine · plural · accusative ▸ **2** (Jer. 23,14; Ezek. 12,14)
ἀντιλήμψεται ▸ 1
    Verb · third · singular · future · middle · indicative ▸ **1** (Wis. 2,18)
ἀντιλήμψεταί ▸ 2
    Verb · third · singular · future · middle · indicative ▸ **2** (Psa. 3,6; Sir. 2,6)
ἀντιλήμψῃ ▸ 1
    Verb · second · singular · future · middle · indicative ▸ **1** (Lev. 25,35)
ἀντιλήμψομαι ▸ 2
    Verb · first · singular · future · middle · indicative ▸ **2** (Mic. 6,6; Is. 42,1)
ἀντιλημψόμενος ▸ 1
    Verb · future · middle · participle · masculine · singular · nominative ▸ **1** (Is. 59,16)
ἀντιλήμψονταί ▸ 1
    Verb · third · plural · future · middle · indicative ▸ **1** (2Chr. 28,23)

ἀντιλάμπω (ἀντί; λάμπω) to show light back, reflect ▸ 1
    ἀντιλάμψαντος ▸ 1
        Verb · aorist · active · participle · neuter · singular · genitive ▸ **1** (2Mac. 1,32)

ἀντιλέγω (ἀντί; λέγω) to speak in response, speak against; deny ▸ 11 + 11 = 22

ἀντειπεῖν ▸ 2
    Verb · aorist · active · infinitive ▸ **2** (Luke 21,15; Acts 4,14)
ἀντείπῃ ▸ 1
    Verb · third · singular · aorist · active · subjunctive ▸ **1** (Job 9,3)
ἀντειπών ▸ 1
    Verb · aorist · active · participle · masculine · singular · nominative ▸ **1** (Job 23,13)
ἀντέλεγον ▸ 1
    Verb · third · plural · imperfect · active · indicative ▸ **1** (Acts 13,45)
ἀντερεῖν ▸ 1
    Verb · future · active · infinitive ▸ **1** (Job 20,2)
ἀντίλεγε ▸ 1
    Verb · second · singular · present · active · imperative ▸ **1** (Sir. 4,25)
ἀντιλέγει ▸ 1
    Verb · third · singular · present · active · indicative ▸ **1** (John 19,12)
ἀντιλέγεται ▸ 1
    Verb · third · singular · present · passive · indicative · (variant) ▸ **1** (Acts 28,22)
ἀντιλέγοιεν ▸ 1
    Verb · third · plural · present · active · optative ▸ **1** (4Mac. 8,2)
ἀντιλεγόμενον ▸ 1
    Verb · present · passive · participle · neuter · singular · accusative · (variant) ▸ **1** (Luke 2,34)
ἀντιλεγόμενος ▸ 1
    Verb · present · passive · participle · masculine · singular · nominative ▸ **1** (Hos. 4,4)
ἀντιλέγοντα ▸ 1 + 1 = 2
    Verb · present · active · participle · masculine · singular · accusative ▸ **1 + 1 = 2** (Is. 65,2; Rom. 10,21)
ἀντιλέγοντας ▸ 1 + 2 = 3
    Verb · present · active · participle · masculine · plural · accusative ▸ **1 + 2 = 3** (3Mac. 2,28; Titus 1,9; Titus 2,9)
ἀντιλέγοντες ▸ 1
    Verb · present · active · participle · masculine · plural · nominative ▸ **1** (Luke 20,27)
ἀντιλέγοντός ▸ 1
    Verb · present · active · participle · neuter · singular · genitive ▸ **1** (4Mac. 4,7)
ἀντιλεγόντων ▸ 1
    Verb · present · active · participle · masculine · plural · genitive ▸ **1** (Acts 28,19)
ἀντιλέγω ▸ 1
    Verb · first · singular · present · active · indicative ▸ **1** (Is. 50,5)
ἀντιλέγων ▸ 1
    Verb · present · active · participle · masculine · singular · nominative ▸ **1** (Is. 22,22)

ἀντιλήμπτωρ (ἀντί; λαμβάνω) supporter, upholder, protector ▸ 20
    ἀντιλήμπτορες ▸ 1
        Noun · masculine · plural · nominative · (common) ▸ **1** (Sir. 13,22)
    ἀντιλήμπτωρ ▸ 16
        Noun · masculine · singular · nominative · (common) ▸ **16** (2Sam. 22,3; Judith 9,11; Psa. 3,4; Psa. 17,3; Psa. 45,8; Psa. 45,12; Psa. 53,6; Psa. 58,10; Psa. 58,17; Psa. 58,18; Psa. 61,3; Psa. 61,7; Psa. 88,27; Psa. 108,12; Psa. 118,114; Psa. 143,2)
    Ἀντιλήμπτωρ ▸ 2
        Noun · masculine · singular · nominative · (common) ▸ **2** (Psa. 41,10; Psa. 90,2)

ἀντιλήμπτωρ–Ἀντίοχος

ἀντιλήπτωρ ▸ 1
    Noun · masculine · singular · nominative · (common) ▸ **1** (Sol. 16,4)

ἀντίλημψις (ἀντί; λαμβάνω) help ▸ 17 + 1 = 18
    ἀντιλήμψει ▸ 1
    Noun · feminine · singular · dative · (common) ▸ **1** (2Mac. 11,26)
    ἀντιλήμψεις ▸ 2 + 1 = 3
    Noun · feminine · plural · accusative · (common) ▸ **2 + 1 = 3** (2Mac. 8,19; 3Mac. 5,50; 1Cor. 12,28)
    ἀντιλήμψεως ▸ 4
    Noun · feminine · singular · genitive · (common) ▸ **4** (2Mac. 15,7; 3Mac. 2,33; Psa. 21,1; Sir. 11,12)
    ἀντίλημψιν ▸ 4
    Noun · feminine · singular · accusative · (common) ▸ **4** (1Esdr. 8,27; 3Mac. 3,10; Psa. 82,9; Sir. 51,7)
    ἀντιλημψίν ▸ 1
    Noun · feminine · singular · accusative · (common) ▸ **1** (Psa. 21,20)
    ἀντίλημψις ▸ 3
    Noun · feminine · singular · nominative · (common) ▸ **3** (Psa. 83,6; Psa. 88,19; Psa. 107,9)
    ἀντιλήψεώς ▸ 1
    Noun · feminine · singular · genitive · (common) ▸ **1** (Sol. 7,10)
    ἀντίληψιν ▸ 1
    Noun · feminine · singular · accusative · (common) ▸ **1** (Sol. 16,0)

Ἀντιλίβανος (ἀντί; λίβανος) Anti-lebanon, opposite Lebanon ▸ 6
    Ἀντιλίβανον ▸ 4
    Noun · masculine · singular · accusative · (proper) ▸ **4** (Deut. 1,7; Deut. 3,25; Josh. 1,4; Judith 1,7)
    Ἀντιλιβάνου ▸ 1
    Noun · masculine · singular · genitive · (proper) ▸ **1** (Deut. 11,24)
    Ἀντιλιβάνῳ ▸ 1
    Noun · masculine · singular · dative · (proper) ▸ **1** (Josh. 9,1)

ἀντιλογία (ἀντί; λέγω) contradiction, lawsuit, controversy ▸ 20 + 4 = 24
    ἀντιλογία ▸ 6
    Noun · feminine · singular · nominative · (common) ▸ **6** (Ex. 18,16; Deut. 17,8; Deut. 19,17; Deut. 21,5; Deut. 25,1; 2Sam. 15,4)
    ἀντιλογίᾳ ▸ 1
    Noun · feminine · singular · dative ▸ **1** (Jude 11)
    ἀντιλογίαν ▸ 2 + 1 = 3
    Noun · feminine · singular · accusative · (common) ▸ **2 + 1 = 3** (Psa. 54,10; Psa. 79,7; Heb. 12,3)
    ἀντιλογίας ▸ 11 + 2 = 13
    Noun · feminine · plural · accusative · (common) ▸ **3** (Deut. 1,12; Prov. 17,11; Prov. 18,18)
    Noun · feminine · singular · genitive · (common) ▸ **8 + 2 = 10** (Num. 20,13; Num. 27,14; Deut. 17,8; Deut. 32,51; Deut. 33,8; Psa. 30,21; Psa. 80,8; Psa. 105,32; Heb. 6,16; Heb. 7,7)
    ἀντιλογιῶν ▸ 1
    Noun · feminine · plural · genitive · (common) ▸ **1** (Psa. 17,44)

ἀντιλοιδορέω (ἀντί; λοίδορος) to revile back ▸ 1
    ἀντελοιδόρει ▸ 1
    Verb · third · singular · imperfect · active · indicative ▸ **1** (1Pet. 2,23)

ἀντίλυτρον (ἀντί; λύω) ransom ▸ 1
    ἀντίλυτρον ▸ 1
    Noun · neuter · singular · accusative ▸ **1** (1Tim. 2,6)

ἀντιμαρτυρέω (ἀντί; μάρτυς) to testify, bear witness against ▸ 1
    ἀντιμαρτυρούσης ▸ 1
    Verb · present · active · participle · feminine · singular · genitive ▸ **1** (2Mac. 7,6)

ἀντιμετρέω (ἀντί; μέτρον) to measure again ▸ 1
    ἀντιμετρηθήσεται ▸ 1
    Verb · third · singular · future · passive · indicative ▸ **1** (Luke 6,38)

ἀντιμισθία (ἀντί; μισθός) recompense ▸ 2
    ἀντιμισθίαν ▸ 2
    Noun · feminine · singular · accusative ▸ **2** (Rom. 1,27; 2Cor. 6,13)

ἀντίον weaver's beam ▸ 3
    ἀντίον ▸ 3
    Noun · neuter · singular · nominative · (common) ▸ **3** (2Sam. 21,19; 1Chr. 11,23; 1Chr. 20,5)

Ἀντιόχεια Antioch ▸ 9 + 18 = 27
    Ἀντιοχείᾳ ▸ 4
    Noun · feminine · singular · dative · (proper) ▸ **4** (Acts 11,26; Acts 13,1; Acts 15,35; 2Tim. 3,11)
    Ἀντιόχειαν ▸ 7 + 11 = 18
    Noun · feminine · singular · accusative · (proper) ▸ **7 + 11 = 18** (1Mac. 4,35; 1Mac. 6,63; 1Mac. 10,68; 1Mac. 11,13; 1Mac. 11,44; 2Mac. 4,33; 2Mac. 5,21; Acts 11,20; Acts 11,26; Acts 11,27; Acts 13,14; Acts 14,21; Acts 14,26; Acts 15,22; Acts 15,23; Acts 15,30; Acts 18,22; Gal. 2,11)
    Ἀντιοχείας ▸ 2 + 3 = 5
    Noun · feminine · singular · genitive · (proper) ▸ **2 + 3 = 5** (1Mac. 3,37; 1Mac. 11,56; Acts 11,19; Acts 11,22; Acts 14,19)

Ἀντιοχεύς Antiochian ▸ 2 + 1 = 3
    Ἀντιοχέα ▸ 1
    Noun · masculine · singular · accusative · (proper) ▸ **1** (Acts 6,5)
    Ἀντιοχεῖς ▸ 2
    Noun · masculine · plural · accusative · (proper) ▸ **2** (2Mac. 4,9; 2Mac. 4,19)

Ἀντιοχία Antioch ▸ 5
    Ἀντιοχείᾳ ▸ 1
    Noun · feminine · singular · dative · (proper) ▸ **1** (2Mac. 13,23)
    Ἀντιόχειαν ▸ 4
    Noun · feminine · singular · accusative · (proper) ▸ **4** (2Mac. 8,35; 2Mac. 11,36; 2Mac. 13,26; 2Mac. 14,27)

Ἀντιοχίς Antiochis ▸ 1
    Ἀντιοχίδι ▸ 1
    Noun · feminine · singular · dative · (proper) ▸ **1** (2Mac. 4,30)

Ἀντίοχον Antiochus ▸ 1
    Ἀντίοχον ▸ 1
    Noun · masculine · singular · accusative · (proper) ▸ **1** (2Mac. 13,1)

Ἀντίοχος Antiochus ▸ 63
    Ἀντίοχε ▸ 1
    Noun · masculine · singular · vocative · (proper) ▸ **1** (4Mac. 5,16)
    Ἀντίοχον ▸ 17
    Noun · masculine · singular · accusative · (proper) ▸ **17** (1Mac. 3,33; 1Mac. 6,15; 1Mac. 6,17; 1Mac. 6,55; 1Mac. 7,2; 1Mac. 8,6; 1Mac. 11,39; 1Mac. 12,39; 2Mac. 2,20; 2Mac. 9,2; 2Mac. 9,25; 2Mac. 10,10; 2Mac. 10,13; 2Mac. 13,3; 2Mac. 14,2; 3Mac. 1,1; 4Mac. 4,21)
    Ἀντίοχος ▸ 32
    Noun · masculine · singular · nominative · (proper) ▸ **32** (1Mac. 1,10; 1Mac. 1,20; 1Mac. 3,27; 1Mac. 6,1; 1Mac. 6,16; 1Mac. 6,55; 1Mac. 11,54; 1Mac. 11,57; 1Mac. 15,1; 1Mac. 15,2; 1Mac. 15,10; 1Mac. 15,11; 1Mac. 15,13; 1Mac. 15,25; 2Mac. 1,14; 2Mac. 1,15; 2Mac. 4,21; 2Mac. 4,37; 2Mac. 5,1; 2Mac. 5,17; 2Mac. 5,21;

2Mac. 7,24; 2Mac. 9,1; 2Mac. 9,19; 2Mac. 11,22; 2Mac. 11,27; 4Mac. 4,15; 4Mac. 5,1; 4Mac. 5,5; 4Mac. 10,17; 4Mac. 17,23; 4Mac. 18,5)
- Ἀντιόχου ▸ 12
  - **Noun** · feminine · singular · genitive · (proper) ▸ **1** (2Mac. 10,9)
  - **Noun** · masculine · singular · genitive · (proper) ▸ **11** (1Mac. 1,10; 1Mac. 1,16; 1Mac. 10,1; 1Mac. 12,16; 1Mac. 13,31; 1Mac. 14,22; 2Mac. 4,7; 2Mac. 5,5; 2Mac. 9,29; 2Mac. 13,4; 3Mac. 1,1)
- Ἀντιόχῳ ▸ 1
  - **Noun** · masculine · singular · dative · (proper) ▸ **1** (3Mac. 1,4)

ἀντίπαλος (ἀντί; πάλη) antagonist, rival, adversary ▸ 2
- ἀντιπάλους ▸ 1
  - **Adjective** · masculine · plural · accusative · noDegree ▸ **1** (3Mac. 1,5)
- ἀντιπάλων ▸ 1
  - **Adjective** · masculine · plural · genitive · noDegree ▸ **1** (2Mac. 14,17)

ἀντιπαραβάλλω (ἀντί; παρά; βάλλω) to march against ▸ 1
- ἀντιπαραβεβλημένη ▸ 1
  - **Verb** · perfect · passive · participle · feminine · singular · nominative ▸ **1** (Sir. 23,12)

ἀντιπαράγω (ἀντί; παρά; ἄγω) to march against ▸ 1
- ἀντιπαρῆγεν ▸ 1
  - **Verb** · third · singular · imperfect · active · indicative ▸ **1** (1Mac. 13,20)

ἀντιπαραγωγή (ἀντί; παρά; ἄγω) hostility ▸ 1
- ἀντιπαραγωγῇ ▸ 1
  - **Noun** · feminine · singular · dative · (common) ▸ **1** (Esth. 13,5 # 3,13e)

ἀντιπαρατάσσω (ἀντί; παρά; τάσσω) to oppose, withstand ▸ 1
- ἀντιπαρατάσσουσα ▸ 1
  - **Verb** · present · active · participle · feminine · singular · nominative ▸ **1** (1Esdr. 2,21)

ἀντιπαρέρχομαι (ἀντί; παρά; ἔρχομαι) to come upon, surprise, pass by on the other side ▸ 1 + 2 = 3
- ἀντιπαρῆλθεν ▸ 1 + 2 = 3
  - **Verb** · third · singular · aorist · active · indicative ▸ 1 + 2 = 3 (Wis. 16,10; Luke 10,31; Luke 10,32)

Ἀντιπᾶς Antipas ▸ 1
- Ἀντιπᾶς ▸ 1
  - **Noun** · masculine · singular · nominative · (proper) ▸ **1** (Rev. 2,13)

Ἀντιπατρίς Antipatris ▸ 1
- Ἀντιπατρίδα ▸ 1
  - **Noun** · feminine · singular · accusative · (proper) ▸ **1** (Acts 23,31)

Ἀντίπατρος (ἀντί; πατήρ) Antipater ▸ 2
- Ἀντίπατρον ▸ 1
  - **Noun** · masculine · singular · accusative · (proper) ▸ **1** (1Mac. 12,16)
- Ἀντίπατρος ▸ 1
  - **Noun** · masculine · singular · nominative · (proper) ▸ **1** (1Mac. 14,22)

ἀντιπέρα (ἀντί; πέραν) opposite ▸ 1
- ἀντιπέρα ▸ 1
  - **ImproperPreposition** · (+genitive) ▸ **1** (Luke 8,26)

ἀντιπίπτω (ἀντί; πίπτω) to fall upon, resist ▸ 3 + 1 = 4
- ἀντιπίπτειν ▸ 1
  - **Verb** · present · active · infinitive ▸ **1** (Num. 27,14)
- ἀντιπίπτετε ▸ 1
  - **Verb** · second · plural · present · active · indicative ▸ **1** (Acts 7,51)
- ἀντιπίπτοντας ▸ 1
  - **Verb** · present · active · participle · masculine · plural · accusative ▸ **1** (Ex. 26,17)
- ἀντιπίπτουσαι ▸ 1
  - **Verb** · present · active · participle · feminine · plural · nominative ▸ **1** (Ex. 26,5)

ἀντιποιέω (ἀντί; ποιέω) to act against, resist, challange ▸ 2 + 1 = 3
- ἀντιποιηθήσεται ▸ 1
  - **Verb** · third · singular · future · passive · indicative ▸ **1** (Lev. 24,19)
- ἀντιποιήσασθαι ▸ 1
  - **Verb** · aorist · middle · infinitive ▸ **1** (1Mac. 15,3)
- ἀντιποιήσεται ▸ 1
  - **Verb** · third · singular · future · middle · indicative ▸ **1** (Dan. 4,35)

ἀντιπολεμέω (ἀντί; πόλεμος) to wage war against ▸ 1
- ἀντιπολεμοῦντές ▸ 1
  - **Verb** · present · active · participle · masculine · plural · nominative ▸ **1** (Is. 41,12)

ἀντιπολιτεύομαι (ἀντί; πόλεμος) to oppose politically ▸ 1
- ἀντιπολιτευόμενος ▸ 1
  - **Verb** · present · middle · participle · masculine · singular · nominative ▸ **1** (4Mac. 4,1)

ἀντιπράσσω (ἀντί; πράσσω) to act against, oppose ▸ 1
- ἀντιπράττειν ▸ 1
  - **Verb** · present · active · infinitive ▸ **1** (2Mac. 14,29)

ἀντιπρόσωπος (ἀντί; ὁράω) facing, face to face ▸ 6
- ἀντιπρόσωπα ▸ 1
  - **Adjective** · neuter · plural · accusative · noDegree ▸ **1** (Gen. 15,10)
- ἀντιπρόσωποι ▸ 4
  - **Adjective** · feminine · plural · nominative · noDegree ▸ **3** (Ex. 26,5; Ezek. 42,3; Ezek. 42,8)
  - **Adjective** · masculine · plural · nominative · noDegree ▸ **1** (1Chr. 19,10)
- ἀντιπρόσωπον ▸ 1
  - **Adjective** · masculine · singular · accusative · noDegree ▸ **1** (2Sam. 10,9)

ἀντίπτωμα (ἀντί; πίπτω) ruin, conflict, means of stumbling ▸ 2
- ἀντιπτώματι ▸ 1
  - **Noun** · neuter · singular · dative · (common) ▸ **1** (Sir. 31,29)
- ἀντιπτώματος ▸ 1
  - **Noun** · neuter · singular · genitive · (common) ▸ **1** (Sir. 32,20)

ἀντίρρησις (ἀντί; ἐρῶ) controversy ▸ 1
- ἀντίρρησις ▸ 1
  - **Noun** · feminine · singular · nominative · (common) ▸ **1** (Eccl. 8,11)

ἀντιρρητορεύω (ἀντί; ῥῆμα) to speak against, speak in response ▸ 1
- ἀντιρρητορεύσαντα ▸ 1
  - **Verb** · aorist · active · participle · masculine · singular · accusative ▸ **1** (4Mac. 6,1)

ἀντιστήριγμα (ἀντί; στηρίζω) support ▸ 2
- ἀντιστήριγμά ▸ 1
  - **Noun** · neuter · singular · nominative · (common) ▸ **1** (Psa.

17,19)

ἀντιστηρίγματα ▸ 1
  Noun · neuter · plural · nominative · (common) ▸ **1** (Ezek. 30,6)

ἀντιστηρίζω (ἀντί; στηρίζω) to support ▸ 3
  ἀντιστηρίζει ▸ 1
    Verb · third · singular · present · active · indicative ▸ **1** (Psa. 36,24)
  ἀντιστηριζόμενοι ▸ 1
    Verb · present · middle · participle · masculine · plural · nominative ▸ **1** (Is. 48,2)
  ἀντιστηρίσασθε ▸ 1
    Verb · second · plural · aorist · middle · imperative ▸ **1** (Is. 50,10)

ἀντιστρατεύομαι (ἀντί; στρατιά) to war against ▸ 1
  ἀντιστρατευόμενον ▸ 1
    Verb · present · middle · participle · masculine · singular · accusative ▸ **1** (Rom. 7,23)

ἀντιτάσσω (ἀντί; τάσσω) to resist ▸ 8 + 5 = 13
  ἀντιτάξεται ▸ 1
    Verb · third · singular · future · middle · indicative ▸ **1** (Prov. 3,15)
  ἀντιτάξεταί ▸ 1
    Verb · third · singular · future · middle · indicative ▸ **1** (Esth. 13,10 # 4,17c)
  ἀντιτάξομαι ▸ 2
    Verb · first · singular · future · middle · indicative ▸ **2** (1Kings 11,34; Hos. 1,6)
  ἀντιτάσσεται ▸ 1 + 3 = 4
    Verb · third · singular · present · middle · indicative ▸ 1 + 3 = **4** (Prov. 3,34; James 4,6; James 5,6; 1Pet. 5,5)
  ἀντιτασσόμενον ▸ 1
    Verb · present · middle · participle · masculine · singular · accusative ▸ **1** (Esth. 3,4)
  ἀντιτασσόμενος ▸ 2 + 1 = 3
    Verb · present · middle · participle · masculine · singular · nominative ▸ 2 + 1 = **3** (1Kings 11,34; Hos. 1,6; Rom. 13,2)
  ἀντιτασσομένων ▸ 1
    Verb · present · middle · participle · masculine · plural · genitive ▸ **1** (Acts 18,6)

ἀντιτίθημι (ἀντί; τίθημι) to set up against, set in the place of ▸ 2
  ἀντιθείς ▸ 1
    Verb · aorist · active · participle · masculine · singular · nominative ▸ **1** (4Mac. 3,16)
  ἀντιθήσουσιν ▸ 1
    Verb · third · plural · future · active · indicative ▸ **1** (Lev. 14,42)

ἀντίτυπος (ἀντί; τύπος) copy; symbol ▸ 2
  ἀντίτυπα ▸ 1
    Noun · neuter · plural · accusative ▸ **1** (Heb. 9,24)
  ἀντίτυπον ▸ 1
    Adjective · neuter · singular · nominative ▸ **1** (1Pet. 3,21)

ἀντιφιλοσοφέω (ἀντί; φίλος; σόφος) to reason against ▸ 1
  ἀντεφιλοσόφησαν ▸ 1
    Verb · third · plural · aorist · active · indicative ▸ **1** (4Mac. 8,15)

ἀντιφωνέω (ἀντί; φωνή) to speak in return, answer ▸ 1
  ἀντιφωνήσαντες ▸ 1
    Verb · aorist · active · participle · masculine · plural · nominative ▸ **1** (1Mac. 12,18)

ἀντίχριστος (ἀντί; χρίω) antichrist ▸ 5
  ἀντίχριστοι ▸ 1
    Noun · masculine · plural · nominative ▸ **1** (1John 2,18)
  ἀντίχριστος ▸ 3
    Noun · masculine · singular · nominative ▸ **3** (1John 2,18; 1John 2,22; 2John 7)
  ἀντιχρίστου ▸ 1
    Noun · masculine · singular · genitive ▸ **1** (1John 4,3)

ἀντίψυχος (ἀντί; ψύχω) ransom, atonement, recompense ▸ 2
  ἀντίψυχον ▸ 2
    Adjective · neuter · singular · accusative · noDegree ▸ **1** (4Mac. 6,29)
    Adjective · neuter · singular · nominative · noDegree ▸ **1** (4Mac. 17,21)

ἀντλέω (ἀντί; ἀντλέω) to draw ▸ 6 + 4 = 10
  ἀντλεῖν ▸ 1
    Verb · present · active · infinitive ▸ **1** (John 4,15)
  ἀντλῆσαι ▸ 2 + 1 = 3
    Verb · aorist · active · infinitive ▸ 2 + 1 = **3** (Gen. 24,13; Gen. 24,20; John 4,7)
  ἀντλήσατε ▸ 1
    Verb · second · plural · aorist · active · imperative ▸ **1** (John 2,8)
  ἀντλήσετε ▸ 1
    Verb · second · plural · future · active · indicative ▸ **1** (Is. 12,3)
  ἠντληκότες ▸ 1
    Verb · perfect · active · participle · masculine · plural · nominative ▸ **1** (John 2,9)
  ἤντλησεν ▸ 2
    Verb · third · singular · aorist · active · indicative ▸ **2** (Ex. 2,17; Ex. 2,19)
  ἤντλουν ▸ 1
    Verb · third · plural · imperfect · active · indicative ▸ **1** (Ex. 2,16)

ἄντλημα (ἀντλέω) bucket ▸ 1
  ἄντλημα ▸ 1
    Noun · neuter · singular · accusative ▸ **1** (John 4,11)

ἀντοφθαλμέω (ἀντί; ὁράω) to look in the face, head into, face ▸ 1 + 1 = 2
  ἀντοφθαλμεῖν ▸ 1
    Verb · present · active · infinitive ▸ **1** (Acts 27,15)
  ἀντοφθαλμῆσαι ▸ 1
    Verb · aorist · active · infinitive ▸ **1** (Wis. 12,14)

ἄντρον cave, grotto, cavern ▸ 1
  ἄντρον ▸ 1
    Noun · neuter · singular · accusative · (common) ▸ **1** (1Kings 16,18)

ἀντρώδης (ἀντί; εἶδος) full of caves, dens, caverns ▸ 1
  ἀντρώδη ▸ 1
    Adjective · masculine · singular · accusative · noDegree ▸ **1** (2Mac. 2,5)

ἄνυδρος (α; ὕδωρ) dry, waterless ▸ 24 + 4 = 28
  ἄνυδροι ▸ 2
    Adjective · feminine · plural · nominative ▸ **2** (2Pet. 2,17; Jude 12)
  ἀνύδροις ▸ 1
    Adjective · neuter · plural · dative · noDegree ▸ **1** (Psa. 104,41)
  ἄνυδρον ▸ 7
    Adjective · feminine · singular · accusative · noDegree ▸ **5** (2Mac. 1,19; Psa. 106,35; Hos. 2,5; Joel 2,20; Is. 41,19)
    Adjective · masculine · singular · accusative · noDegree ▸ **2** (Job 30,3; Zeph. 2,13)
  ἄνυδρος ▸ 2
    Adjective · feminine · singular · nominative · noDegree ▸ **2** (Is. 35,7; Jer. 28,43)

ἄνυδρός ▸ 1
: **Adjective** · feminine · singular · nominative · noDegree ▸ **1** (Psa. 142,6)
ἀνύδρου ▸ 1
: **Adjective** · feminine · singular · genitive · noDegree ▸ **1** (Prov. 9,12c)
ἀνύδρῳ ▸ 12
: **Adjective** · feminine · singular · dative · noDegree ▸ **12** (Deut. 32,10; Psa. 62,2; Psa. 77,17; Psa. 77,40; Psa. 105,14; Psa. 106,4; Ode. 2,10; Is. 43,19; Is. 43,20; Is. 44,3; Jer. 2,6; Ezek. 19,13)
ἀνύδρων ▸ 2
: **Adjective** · masculine · plural · genitive ▸ **2** (Matt. 12,43; Luke 11,24)

ἀνυπέρβλητος (α; ὑπέρ; βάλλω) impassible, invincible ▸ 1
ἀνυπέρβλητος ▸ 1
: **Adjective** · masculine · singular · nominative · noDegree ▸ **1** (Judith 16,13)

ἀνυπερθέτως (α; ὑπέρ; τίθημι) without delay ▸ 2
ἀνυπερθέτως ▸ 2
: **Adverb** ▸ **2** (3Mac. 5,20; 3Mac. 5,42)

ἀνυπόδετος (α; ὑπό; δέω) barefooted ▸ 5
ἀνυπόδετος ▸ 4
: **Adjective** · feminine · singular · nominative · noDegree ▸ **1** (Mic. 1,8)
: **Adjective** · masculine · singular · nominative · noDegree ▸ **3** (2Sam. 15,30; Is. 20,2; Is. 20,3)
ἀνυποδέτους ▸ 1
: **Adjective** · masculine · plural · accusative · noDegree ▸ **1** (Is. 20,4)

ἀνυπόκριτος (α; ὑπό; κρίνω) sincere, irrevocable ▸ 2 + 6 = 8
ἀνυπόκριτον ▸ 2 + 1 = 3
: **Adjective** · feminine · singular · accusative · noDegree ▸ **2 + 1 = 3** (Wis. 5,18; Wis. 18,15; 1Pet. 1,22)
ἀνυπόκριτος ▸ 2
: **Adjective** · feminine · singular · nominative · (verbal) ▸ **2** (Rom. 12,9; James 3,17)
ἀνυποκρίτου ▸ 2
: **Adjective** · feminine · singular · genitive · (verbal) ▸ **2** (1Tim. 1,5; 2Tim. 1,5)
ἀνυποκρίτῳ ▸ 1
: **Adjective** · feminine · singular · dative · (verbal) ▸ **1** (2Cor. 6,6)

ἀνυπομόνητος (α; ὑπό; μόνος) unbearable ▸ 1
ἀνυπομονήτῳ ▸ 1
: **Adjective** · feminine · singular · dative · noDegree ▸ **1** (Ex. 18,18)

ἀνυπονόητος (α; ὑπό; νοῦς) unexpected; unsuspected ▸ 1
ἀνυπονόητος ▸ 1
: **Adjective** · masculine · singular · nominative · noDegree ▸ **1** (Sir. 11,5)

ἀνυπόστατος irresistible ▸ 4
ἀνυπόστατον ▸ 1
: **Adjective** · neuter · singular · accusative · noDegree ▸ **1** (Psa. 123,5)
ἀνυπόστατος ▸ 3
: **Adjective** · feminine · singular · nominative · noDegree ▸ **1** (2Mac. 1,13)
: **Adjective** · masculine · singular · nominative · noDegree ▸ **2** (2Mac. 8,5; Ode. 12,5)

ἀνυπότακτος (α; ὑπό; τάσσω) unruly ▸ 4
ἀνυπότακτα ▸ 1
: **Adjective** · neuter · plural · accusative · (verbal) ▸ **1** (Titus 1,6)
ἀνυπότακτοι ▸ 1
: **Adjective** · masculine · plural · nominative · (verbal) ▸ **1** (Titus 1,10)
ἀνυποτάκτοις ▸ 1
: **Adjective** · masculine · plural · dative · (verbal) ▸ **1** (1Tim. 1,9)
ἀνυπότακτον ▸ 1
: **Adjective** · neuter · singular · accusative · (verbal) ▸ **1** (Heb. 2,8)

ἀνυψόω (ἀνά; ὕψος) to lift, raise up ▸ 30
ἀνυψοῖ ▸ 3
: **Verb** · third · singular · present · active · indicative ▸ **3** (1Sam. 2,7; Ode. 3,7; Sir. 21,20)
ἀνυψούμενος ▸ 1
: **Verb** · present · passive · participle · masculine · singular · nominative ▸ **1** (Dan. 5,0)
ἀνυψώθη ▸ 1
: **Verb** · third · singular · aorist · passive · indicative ▸ **1** (Dan. 5,2)
ἀνυψώθην ▸ 3
: **Verb** · first · singular · aorist · passive · indicative ▸ **3** (Sir. 24,13; Sir. 24,14; Sir. 24,14)
ἀνυψωθῆναι ▸ 1
: **Verb** · aorist · passive · infinitive ▸ **1** (Dan. 4,22)
ἀνυψῶν ▸ 3
: **Verb** · present · active · participle · masculine · singular · nominative ▸ **3** (Psa. 112,7; Sir. 7,11; Sir. 34,17)
ἀνύψωσα ▸ 1
: **Verb** · first · singular · aorist · active · indicative ▸ **1** (Sir. 51,9)
ἀνυψῶσαι ▸ 2
: **Verb** · aorist · active · infinitive ▸ **2** (Sir. 44,21; Sir. 47,5)
ἀνύψωσαν ▸ 3
: **Verb** · third · plural · aorist · active · indicative ▸ **3** (Ezra 4,12; Sir. 13,23; Sir. 49,12)
ἀνυψώσει ▸ 4
: **Verb** · third · singular · future · active · indicative ▸ **4** (Sir. 11,1; Sir. 20,28; Sir. 28,10; Sir. 38,3)
ἀνύψωσεν ▸ 7
: **Verb** · third · singular · aorist · active · indicative ▸ **7** (Sir. 1,19; Sir. 4,11; Sir. 11,13; Sir. 33,9; Sir. 33,12; Sir. 46,20; Sir. 47,11)
ἀνυψώσουσιν ▸ 1
: **Verb** · third · plural · future · active · indicative ▸ **1** (Sir. 40,26)

ἀνύω to accomplish, complete ▸ 1
ἀνύοντες ▸ 1
: **Verb** · present · active · participle · masculine · plural · nominative ▸ **1** (4Mac. 9,12)

Ἀνω (ἀνά) Ano ▸ 4
Ἀνω ▸ 4
: **Noun** · feminine · singular · accusative · (proper) ▸ **2** (1Kings 12,24e; 1Kings 12,24g)
: **Noun** · feminine · singular · dative · (proper) ▸ **1** (1Kings 12,24k)
: **Noun** · feminine · singular · nominative · (proper) ▸ **1** (1Kings 12,24l)

ἄνω (ἀνά) above, up, upper, upward ▸ 36 + 3 + 9 = 48
ἄνω ▸ 33 + 3 + 9 = 45
: **Adverb** · (place) ▸ 33 + 3 + 9 = **45** (Ex. 20,4; Deut. 4,39; Deut. 5,8; Deut. 28,43; Deut. 28,43; Deut. 29,17; Deut. 30,12; Josh. 2,11; Josh. 15,19; Josh. 16,5; Josh. 21,22; 1Kings 8,23; 2Kings 18,17; 2Kings 19,30; 1Chr. 7,24; 1Chr. 22,5; 2Chr. 4,4; 2Chr. 8,5; 2Chr. 26,8; 2Chr. 32,30; 1Esdr. 9,47; Judith 1,8; Judith 2,21; 2Mac. 9,23; Psa. 49,4; Psa. 113,11; Prov. 8,28; Eccl. 3,21; Is. 7,3; Is. 8,21; Is. 34,10; Is. 36,2; Is. 37,31; Judg. 7,13; Tob. 1,2; Tob. 8,3; John 2,7; John 8,23; John 11,41; Acts 2,19; Gal. 4,26; Phil. 3,14; Col. 3,1;

Col. 3,2; Heb. 12,15)
   ἀνώτερον ▸ 2
      Preposition ▪ (+genitive) ▸ 2 (Lev. 11,21; Neh. 3,28)
   ἀνωτέρω ▸ 1
      Adverb ▸ 1 (1Kings 10,22a # 9,15)
Ανωβ Anab ▸ 1
   Ανωβ ▸ 1
      Noun ▪ singular ▪ nominative ▪ (proper) ▸ 1 (Josh. 15,50)
ἄνωθεν (ἀνά; θεν) from above, again ▸ 23 + 13 = 36
   ἄνωθεν ▸ 23 + 12 = 35
      Adverb ▪ (place) ▸ 20 + 8 = 28 (Gen. 6,16; Gen. 27,39; Gen. 49,25; Ex. 25,21; Ex. 36,38; Ex. 38,16; Ex. 38,19; Ex. 40,19; Num. 4,6; Num. 4,25; Josh. 3,16; 1Kings 7,40; Job 3,4; Wis. 19,6; Is. 45,8; Jer. 4,28; LetterJ 61; Ezek. 1,11; Ezek. 1,26; Ezek. 41,7; Matt. 27,51; Mark 15,38; Luke 1,3; John 3,31; John 19,11; John 19,23; James 3,15; James 3,17)
      Adverb ▪ (temporal) ▪ (variant) ▸ 4 (John 3,3; John 3,7; Acts 26,5; Gal. 4,9)
      Preposition ▪ (+genitive) ▸ 3 (Ex. 25,22; Ex. 36,27; Num. 7,89)
   ἄνωθέν ▸ 1
      Adverb ▪ (place) ▸ 1 (James 1,17)
Ανων Anab ▸ 1
   Ανων ▸ 1
      Noun ▪ singular ▪ nominative ▪ (proper) ▸ 1 (Josh. 15,50)
ἀνώνυμος (α; ὄνομα) infamous, unnamed, anonymous ▸ 1
   ἀνωνύμων ▸ 1
      Adjective ▪ neuter ▪ plural ▪ genitive ▪ noDegree ▸ 1 (Wis. 14,27)
Ανως Vaniah ▸ 1
   Ανως ▸ 1
      Noun ▪ masculine ▪ singular ▪ nominative ▪ (proper) ▸ 1 (1Esdr. 9,34)
ἀνωτερικός (ἀνά) upper ▸ 1
   ἀνωτερικὰ ▸ 1
      Adjective ▪ neuter ▪ plural ▪ accusative ▸ 1 (Acts 19,1)
ἀνώτερος (ἀνά) higher, upper ▸ 4 + 2 = 6
   ἀνώτατα ▸ 1
      Adjective ▪ neuter ▪ plural ▪ accusative ▪ superlative ▸ 1 (Tob. 8,3)
   ἀνωτέραν ▸ 1
      Adjective ▪ feminine ▪ singular ▪ accusative ▪ comparative ▸ 1 (Ezek. 41,7)
   ἀνωτέρας ▸ 1
      Adjective ▪ feminine ▪ singular ▪ genitive ▪ comparative ▸ 1 (Ezek. 41,7)
   ἀνώτερον ▸ 2
      Adverb ▪ (place) ▸ 2 (Luke 14,10; Heb. 10,8)
   ἀνώτερος ▸ 1
      Adjective ▪ nominative ▪ comparative ▸ 1 (Neh. 3,25)
ἀνωφελής (α; ὠφελέω) unprofitable, useless ▸ 5 + 2 = 7
   ἀνωφελῆ ▸ 2
      Adjective ▪ masculine ▪ singular ▪ accusative ▪ noDegree ▸ 1 (Wis. 1,11)
      Adjective ▪ neuter ▪ plural ▪ accusative ▪ noDegree ▸ 1 (Is. 44,10)
   ἀνωφελεῖς ▸ 1
      Adjective ▪ feminine ▪ plural ▪ nominative ▸ 1 (Titus 3,9)
   ἀνωφελές ▸ 1
      Adjective ▪ neuter ▪ singular ▪ accusative ▸ 1 (Heb. 7,18)
   ἀνωφελής ▸ 1
      Adjective ▪ masculine ▪ singular ▪ nominative ▪ noDegree ▸ 1 (Prov. 28,3)
   ἀνωφελοῦς ▸ 2
      Adjective ▪ feminine ▪ singular ▪ genitive ▪ noDegree ▸ 1 (Sol. 16,8)
      Adjective ▪ neuter ▪ singular ▪ genitive ▪ noDegree ▸ 1 (Jer. 2,8)
Ανωχ Iphtah ▸ 1
   Ανωχ ▸ 1
      Noun ▪ singular ▪ nominative ▪ (proper) ▸ 1 (Josh. 15,43)
ἀξία (ἄγω) reputation, honor; opinion ▸ 2
   ἀξίαν ▸ 2
      Noun ▪ feminine ▪ singular ▪ accusative ▪ (common) ▸ 2 (Sir. 10,28; Sir. 38,17)
ἀξίνη axe ▸ 7 + 1 + 2 = 10
   ἀξίναις ▸ 2
      Noun ▪ feminine ▪ plural ▪ dative ▪ (common) ▸ 2 (Psa. 73,6; Jer. 26,22)
   ἀξίνας ▸ 1
      Noun ▪ feminine ▪ plural ▪ accusative ▪ (common) ▸ 1 (Judg. 9,48)
   ἀξίνη ▸ 1 + 2 = 3
      Noun ▪ feminine ▪ singular ▪ nominative ▪ (common) ▸ 1 + 2 = 3 (Is. 10,15; Matt. 3,10; Luke 3,9)
   ἀξίνῃ ▸ 2
      Noun ▪ feminine ▪ singular ▪ dative ▪ (common) ▸ 2 (Deut. 19,5; 1Sam. 13,21)
   ἀξίνην ▸ 2
      Noun ▪ feminine ▪ singular ▪ accusative ▪ (common) ▸ 2 (Judg. 9,48; 1Sam. 13,20)
ἀξιόπιστος (ἄξιος; πείθω) trustworthy, convincing ▸ 3
   ἀξιόπιστον ▸ 1
      Adjective ▪ masculine ▪ singular ▪ accusative ▪ noDegree ▸ 1 (2Mac. 15,11)
   ἀξιόπιστος ▸ 1
      Adjective ▪ masculine ▪ singular ▪ nominative ▪ noDegree ▸ 1 (Prov. 28,20)
   ἀξιοπιστότερά ▸ 1
      Adjective ▪ neuter ▪ plural ▪ nominative ▪ comparative ▸ 1 (Prov. 27,6)
ἄξιος worthy; worth, value ▸ 40 + 41 = 81
   ἄξια ▸ 3 + 4 = 7
      Adjective ▪ neuter ▪ plural ▪ accusative ▪ noDegree ▸ 1 + 3 = 4 (Job 33,27; Luke 12,48; Luke 23,41; Acts 26,20)
      Adjective ▪ neuter ▪ plural ▪ nominative ▪ noDegree ▸ 2 + 1 = 3 (2Mac. 7,18; 4Mac. 11,6; Rom. 8,18)
   ἄξιά ▸ 2
      Adjective ▪ neuter ▪ plural ▪ accusative ▪ noDegree ▸ 1 (1Mac. 10,54)
      Adjective ▪ neuter ▪ plural ▪ nominative ▪ noDegree ▸ 1 (Job 11,6)
   ἀξία ▸ 2 + 2 = 4
      Adjective ▪ feminine ▪ singular ▪ nominative ▪ noDegree ▸ 2 + 2 = 4 (2Mac. 7,20; Wis. 19,4; Matt. 10,13; Matt. 10,13)
   ἀξίαν ▸ 3
      Adjective ▪ feminine ▪ singular ▪ accusative ▪ noDegree ▸ 3 (2Mac. 4,38; Wis. 12,7; Wis. 12,26)
   ἄξιε ▸ 1
      Adjective ▪ masculine ▪ singular ▪ vocative ▪ noDegree ▸ 1 (4Mac. 7,6)
   ἄξιοι ▸ 2 + 2 = 4
      Adjective ▪ masculine ▪ plural ▪ nominative ▪ noDegree ▸ 2 + 2 = 4 (Wis. 16,9; Wis. 18,4; Matt. 22,8; Rom. 1,32)
   ἄξιοί ▸ 2 + 2 = 4
      Adjective ▪ masculine ▪ plural ▪ nominative ▪ noDegree ▸ 2 + 2 = 4 (Wis. 1,16; Wis. 15,6; Rev. 3,4; Rev. 16,6)

ἀξίοις ▸ 1
  Adjective · masculine · plural · dative · noDegree ▸ 1 (2Mac. 15,21)
ἄξιον ▸ 9 + 6 = 15
  Adjective · masculine · singular · accusative · noDegree ▸ 3 + 1 = 4 (2Mac. 6,23; 2Mac. 8,33; 4Mac. 5,11; Matt. 3,8)
  Adjective · neuter · singular · accusative · noDegree ▸ 2 + 3 = 5 (2Mac. 4,25; Wis. 13,15; Acts 23,29; Acts 25,11; Acts 25,25)
  Adjective · neuter · singular · nominative · noDegree ▸ 4 + 2 = 6 (4Mac. 17,8; Prov. 3,15; Prov. 8,11; Mal. 2,13; Luke 23,15; 1Cor. 16,4)
ἄξιόν ▸ 1 + 3 = 4
  Adjective · masculine · singular · accusative · noDegree ▸ 1 (2Mac. 6,24)
  Adjective · neuter · singular · accusative ▸ 1 (Acts 26,31)
  Adjective · neuter · singular · nominative ▸ 2 (2Th. 1,3; Rev. 5,12)
ἄξιος ▸ 8 + 17 = 25
  Adjective · masculine · singular · nominative · noDegree ▸ 8 + 17 = 25 (Deut. 25,2; Esth. 7,4; 2Mac. 6,27; 2Mac. 7,29; 4Mac. 4,12; Ode. 12,9; Wis. 9,12; Sir. 26,15; Matt. 10,10; Matt. 10,37; Matt. 10,37; Matt. 10,38; Luke 10,7; Luke 15,19; Luke 15,21; John 1,27; Acts 13,25; 1Tim. 1,15; 1Tim. 4,9; 1Tim. 5,18; Heb. 11,38; Rev. 4,11; Rev. 5,2; Rev. 5,4; Rev. 5,9)
ἄξιός ▸ 2
  Adjective · masculine · singular · nominative ▸ 2 (Matt. 10,11; Luke 7,4)
ἀξίου ▸ 1
  Adjective · neuter · singular · genitive · noDegree ▸ 1 (Gen. 23,9)
ἀξίους ▸ 3 + 3 = 6
  Adjective · masculine · plural · accusative · noDegree ▸ 3 + 3 = 6 (Job 30,1; Wis. 3,5; Wis. 6,16; Luke 3,8; Acts 13,46; 1Tim. 6,1)
ἀξίῳ ▸ 2
  Adjective · neuter · singular · dative · noDegree ▸ 2 (1Chr. 21,22; 1Chr. 21,24)

ἀξιόω (ἄξιος) to count worthy, esteem ▸ 48 + 8 + 7 = 63
  ἀξιοῖ ▸ 1
    Verb · third · singular · present · active · indicative ▸ 1 (Wis. 13,18)
  ἀξιοῖς ▸ 2
    Verb · second · singular · present · active · indicative ▸ 2 (Esth. 5,6; Esth. 9,12)
  ἀξίου ▸ 2
    Verb · second · singular · present · active · imperative ▸ 2 (Jer. 7,16; Jer. 11,14)
  ἀξιοῦμεν ▸ 1 + 1 = 2
    Verb · first · plural · present · active · indicative ▸ 1 + 1 = 2 (4Mac. 5,17; Acts 28,22)
  ἀξιοῦντα ▸ 1
    Verb · present · active · participle · masculine · singular · accusative ▸ 1 (Dan. 6,12)
  ἀξιοῦντας ▸ 1
    Verb · present · active · participle · masculine · plural · accusative ▸ 1 (2Mac. 11,24)
  ἀξιοῦντες ▸ 2
    Verb · present · active · participle · masculine · plural · nominative ▸ 2 (1Mac. 13,45; Is. 33,7)
  ἀξιούσθωσαν ▸ 1
    Verb · third · plural · present · passive · imperative · (variant) ▸ 1 (1Tim. 5,17)
  ἀξιοῦσιν ▸ 1
    Verb · third · plural · present · active · indicative ▸ 1 (LetterJ 40)
  ἀξιῶ ▸ 3 + 2 = 5
    Verb · first · singular · present · active · indicative ▸ 3 + 2 = 5 (1Esdr. 4,46; 2Mac. 7,28; 2Mac. 9,26; Tob. 10,8; Tob. 10,9)
  Ἀξιῶ ▸ 1
    Verb · first · singular · present · active · indicative ▸ 1 (Num. 22,16)
  ἀξιωθήσεται ▸ 1
    Verb · third · singular · future · passive · indicative ▸ 1 (Heb. 10,29)
  ἀξιῶν ▸ 1
    Verb · present · active · participle · masculine · singular · nominative ▸ 1 (Esth. 7,8)
  ἀξιῶσαι ▸ 2
    Verb · aorist · active · infinitive ▸ 2 (Esth. 4,8; 2Mac. 9,15)
  ἀξιώσαντες ▸ 2
    Verb · aorist · active · participle · masculine · plural · nominative ▸ 2 (2Mac. 10,16; 2Mac. 12,42)
  ἀξιώσει ▸ 1
    Verb · third · singular · future · active · indicative ▸ 1 (Dan. 6,6)
  ἀξιώσῃ ▸ 2 + 1 = 3
    Verb · third · singular · aorist · active · subjunctive ▸ 2 + 1 = 3 (Dan. 6,8; Dan. 6,13; 2Th. 1,11)
  ἠξίου ▸ 2 + 1 = 3
    Verb · third · singular · imperfect · active · indicative ▸ 2 + 1 = 3 (Esth. 8,3; 2Mac. 12,24; Acts 15,38)
  ἠξίουν ▸ 9
    Verb · first · singular · imperfect · active · indicative ▸ 1 (Sir. 51,14)
    Verb · third · plural · imperfect · active · indicative ▸ 8 (2Mac. 3,31; 2Mac. 5,4; 2Mac. 8,14; 2Mac. 8,29; 2Mac. 10,26; 2Mac. 11,17; 2Mac. 12,11; 3Mac. 5,13)
  ἠξιώθην ▸ 1
    Verb · first · singular · aorist · passive · indicative ▸ 1 (Gen. 31,28)
  ἠξίωσα ▸ 2 + 1 = 3
    Verb · first · singular · aorist · active · indicative ▸ 2 + 1 = 3 (Dan. 2,23; Dan. 4,33a; Luke 7,7)
  ἠξιώσαμεν ▸ 1
    Verb · first · plural · aorist · active · indicative ▸ 1 (Dan. 2,23)
  ἠξίωσαν ▸ 5
    Verb · third · plural · aorist · active · indicative ▸ 5 (1Mac. 11,62; 1Mac. 11,66; 2Mac. 4,19; 2Mac. 10,4; Dan. 6,9)
  ἠξίωσε ▸ 2 + 1 = 3
    Verb · third · singular · aorist · active · indicative ▸ 2 + 1 = 3 (Dan. 1,8; Dan. 2,49; Dan. 1,8)
  ἠξίωσεν ▸ 4 + 3 = 7
    Verb · third · singular · aorist · active · indicative ▸ 4 + 3 = 7 (Tob. 1,22; 1Mac. 11,28; 2Mac. 2,8; Dan. 2,16; Tob. 1,22; Dan. 2,16; Dan. 3,97)
  ἠξίωται ▸ 1 + 1 = 2
    Verb · third · singular · perfect · passive · indicative ▸ 1 + 1 = 2 (LetterJ 43; Heb. 3,3)

ἀξίωμα (ἄξιος) court settlement; petition; dignity, majesty; axiom ▸ 11
  ἀξίωμα ▸ 3
    Noun · neuter · singular · accusative · (common) ▸ 2 (Dan. 6,6; Dan. 6,13)
    Noun · neuter · singular · nominative · (common) ▸ 1 (Esth. 5,3)
  ἀξίωμά ▸ 4
    Noun · neuter · singular · accusative · (common) ▸ 1 (Dan. 6,8)

ἀξίωμα–ἀπαγγέλλω

    Noun · neuter · singular · nominative · (common) ▸ **3** (Esth. 5,7; Esth. 7,2; Psa. 118,170)
  ἀξιώματα ▸ **1**
    Noun · neuter · plural · accusative · (common) ▸ **1** (1Esdr. 8,4)
  ἀξιώματι ▸ **1**
    Noun · neuter · singular · dative · (common) ▸ **1** (2Mac. 4,31)
  ἀξιώματί ▸ **1**
    Noun · neuter · singular · dative · (common) ▸ **1** (Esth. 7,3)
  ἀξιώματος ▸ **1**
    Noun · neuter · singular · genitive · (common) ▸ **1** (Ex. 21,22)

ἀξίως (ἄξιος) in a worthy manner ▸ **3 + 6 = 9**
  ἀξίως ▸ **3 + 6 = 9**
    Adverb ▸ **3 + 6 = 9** (Wis. 7,15; Wis. 16,1; Sir. 14,11; Rom. 16,2; Eph. 4,1; Phil. 1,27; Col. 1,10; 1Th. 2,12; 3John 6)

ἄξων (ἄγω) axle; pathway ▸ **6**
  ἄξονας ▸ **5**
    Noun · masculine · plural · accusative · (common) ▸ **5** (Ex. 14,25; 4Mac. 9,20; Prov. 2,9; Prov. 2,18; Prov. 9,12b)
  ἄξων ▸ **1**
    Noun · masculine · singular · nominative · (common) ▸ **1** (Sir. 33,5)

Αοζα Neah ▸ **1**
  Αοζα ▸ **1**
    Noun · singular · accusative · (proper) ▸ **1** (Josh. 19,13)

ἀοίδιμος (α; ᾄδω) glorious ▸ **1**
  ἀοίδιμον ▸ **1**
    Adjective · masculine · singular · accusative · noDegree ▸ **1** (4Mac. 10,1)

ἀοίκητος (α; οἶκος) uninhabited, deserted ▸ **11**
  ἀοίκητον ▸ **3**
    Adjective · feminine · singular · accusative · noDegree ▸ **2** (Job 38,27; Wis. 11,2)
    Adjective · neuter · singular · accusative · noDegree ▸ **1** (Josh. 8,28)
  ἀοίκητος ▸ **4**
    Adjective · feminine · singular · nominative · noDegree ▸ **2** (Deut. 13,17; Job 18,4)
    Adjective · masculine · singular · nominative · noDegree ▸ **2** (1Mac. 3,45; Job 8,14)
  ἀοικήτου ▸ **1**
    Adjective · feminine · singular · genitive · noDegree ▸ **1** (Josh. 13,3)
  ἀοικήτους ▸ **2**
    Adjective · masculine · plural · accusative · noDegree ▸ **2** (Prov. 8,26; Job 15,28)
  ἀοικήτῳ ▸ **1**
    Adjective · feminine · singular · dative · noDegree ▸ **1** (Hos. 13,5)

ἄοκνος (α; ὄκνος) resolute, untiring ▸ **1**
  ἄοκνος ▸ **1**
    Adjective · masculine · singular · nominative · noDegree ▸ **1** (Prov. 6,11a)

ἀορασία (α; ὁράω) blindness, darkess ▸ **6**
  ἀορασίᾳ ▸ **6**
    Noun · feminine · singular · dative · (common) ▸ **6** (Gen. 19,11; Deut. 28,28; 2Kings 6,18; 2Kings 6,18; 2Mac. 10,30; Wis. 19,17)

ἀόρατος (α; ὁράω) invisible, unseen ▸ **3 + 5 = 8**
  ἀόρατα ▸ **2**
    Adjective · neuter · plural · nominative ▸ **2** (Rom. 1,20; Col. 1,16)
  ἀόρατον ▸ **1**
    Adjective · masculine · singular · accusative ▸ **1** (Heb. 11,27)
  ἀόρατος ▸ **1**

    Adjective · feminine · singular · nominative · noDegree ▸ **1** (Gen. 1,2)
  ἀοράτου ▸ **1**
    Adjective · masculine · singular · genitive ▸ **1** (Col. 1,15)
  ἀοράτους ▸ **1**
    Adjective · masculine · plural · accusative · noDegree ▸ **1** (Is. 45,3)
  ἀοράτῳ ▸ **1 + 1 = 2**
    Adjective · masculine · singular · dative · noDegree ▸ **1 + 1 = 2** (2Mac. 9,5; 1Tim. 1,17)

Αουε Ahava ▸ **2**
  Αουε ▸ **2**
    Noun · neuter · singular · accusative · (proper) ▸ **1** (Ezra 8,21)
    Noun · neuter · singular · genitive · (proper) ▸ **1** (Ezra 8,31)

ἀπαγγελία (ἀπό; ἄγγελος) news, message; declaration, recitation ▸ **1**
  Ἀπαγγελίᾳ ▸ **1**
    Noun · feminine · singular · dative · (common) ▸ **1** (Ruth 2,11)

ἀπαγγέλλω (ἀπό; ἄγγελος) to tell, bring news, report ▸ **232 + 22 + 45 = 299**
  ἀπαγγεῖλαι ▸ **15 + 1 + 1 = 17**
    Verb · aorist · active · infinitive ▸ **15 + 1 + 1 = 17** (Judg. 14,14; 1Sam. 3,15; 1Sam. 4,13; 1Kings 1,20; 1Kings 18,12; 2Kings 9,15; 1Chr. 19,5; 1Esdr. 5,37; Neh. 7,61; Esth. 2,10; Judith 10,13; Mic. 3,8; Dan. 5,7; Dan. 5,8; Dan. 5,9; Judg. 14,14; Matt. 28,8)
  ἀπαγγεῖλαί ▸ **6 + 1 + 2 = 9**
    Verb · aorist · active · infinitive ▸ **6 + 1 + 2 = 9** (Judg. 14,13; 2Sam. 15,28; Job 1,15; Job 1,16; Job 1,17; Job 1,19; Judg. 14,13; Acts 23,17; Acts 23,19)
  ἀπαγγείλας ▸ **1**
    Verb · aorist · active · participle · masculine · singular · nominative ▸ **1** (2Sam. 4,10)
  ἀπαγγείλασιν ▸ **1 + 1 = 2**
    Verb · aorist · active · participle · masculine · plural · dative ▸ **1 + 1 = 2** (Judg. 14,19; Judg. 14,19)
  ἀπαγγείλατε ▸ **4 + 4 = 8**
    Verb · second · plural · aorist · active · imperative ▸ **4 + 4 = 8** (Gen. 45,13; Psa. 104,1; Amos 4,5; Is. 48,20; Matt. 11,4; Matt. 28,10; Luke 7,22; Acts 12,17)
  Ἀπαγγείλατε ▸ **2**
    Verb · second · plural · aorist · active · imperative ▸ **2** (1Esdr. 3,16; Amos 3,9)
  ἀπαγγείλατέ ▸ **2 + 1 + 1 = 4**
    Verb · second · plural · aorist · active · imperative ▸ **2 + 1 + 1 = 4** (Gen. 24,49; Gen. 24,49; Dan. 2,6; Matt. 2,8)
  ἀπαγγειλάτω ▸ **1 + 1 = 2**
    Verb · third · singular · aorist · active · imperative ▸ **1 + 1 = 2** (Judg. 14,15; Judg. 14,15)
  ἀπαγγείλῃ ▸ **2**
    Verb · third · singular · aorist · active · subjunctive ▸ **2** (Lev. 5,1; 1Sam. 9,6)
  ἀπαγγείλητε ▸ **1 + 1 = 2**
    Verb · second · plural · aorist · active · subjunctive ▸ **1 + 1 = 2** (Song 5,8; Judg. 14,12)
  ἀπαγγείλητέ ▸ **3**
    Verb · second · plural · aorist · active · subjunctive ▸ **3** (Judg. 14,12; Dan. 2,5; Dan. 2,9)
  ἀπάγγειλον ▸ **4 + 1 + 1 = 6**
    Verb · second · singular · aorist · active · imperative ▸ **4 + 1 + 1 = 6** (1Sam. 23,11; 2Kings 9,12; Job 38,4; Is. 30,7; Judg. 16,13; Mark 5,19)
  Ἀπάγγειλον ▸ **3 + 1 = 4**

Verb · second · singular · aorist · active · imperative ▸ 3 + 1 = **4** (1Sam. 9,18; 1Sam. 10,15; Jonah 1,8; Judg. 16,6)

ἀπάγγειλόν ▸ 2
Verb · second · singular · aorist · active · imperative ▸ **2** (Gen. 29,15; 2Sam. 1,4)

Ἀπάγγειλόν ▸ 2
Verb · second · singular · aorist · active · imperative ▸ **2** (1Sam. 14,43; Song 1,7)

ἀπαγγείλω ▸ 1 + 1 = 2
Verb · first · singular · aorist · active · subjunctive ▸ 1 + 1 = **2** (Psa. 70,18; Judg. 14,16)

ἀπαγγείλωμεν ▸ 1
Verb · first · plural · aorist · active · subjunctive ▸ **1** (1Sam. 14,9)

ἀπαγγείλωσιν ▸ 2
Verb · third · plural · aorist · active · subjunctive ▸ **2** (1Mac. 12,23; Job 12,7)

ἀπαγγελεῖ ▸ 9 + 1 = 10
Verb · third · singular · future · active · indicative ▸ 9 + 1 = **10** (Ruth 3,4; 1Sam. 9,8; 1Sam. 20,10; 1Sam. 22,22; 2Sam. 7,11; Eccl. 6,12; Eccl. 10,20; Job 21,31; Job 23,5; Matt. 12,18)

ἀπαγγελεῖς ▸ 4
Verb · second · singular · future · active · indicative ▸ **4** (1Sam. 8,9; 2Sam. 13,4; Judith 2,7; Ezek. 23,36)

ἀπαγγελήσονται ▸ 1
Verb · third · plural · future · passive · indicative ▸ **1** (Neh. 6,7)

ἀπαγγέλλει ▸ 2
Verb · third · singular · present · active · indicative ▸ **2** (1Sam. 19,18; Prov. 12,17)

ἀπαγγέλλειν ▸ 1
Verb · present · active · infinitive ▸ **1** (Sir. 37,14)

ἀπαγγέλλομεν ▸ 2
Verb · first · plural · present · active · indicative ▸ **2** (1John 1,2; 1John 1,3)

ἀπαγγέλλον ▸ 1
Verb · present · active · participle · neuter · singular · nominative ▸ **1** (2Sam. 1,6)

ἀπαγγέλλοντας ▸ 1 + 1 = 2
Verb · present · active · participle · masculine · plural · accusative ▸ 1 + 1 = **2** (Judith 15,4; Acts 15,27)

ἀπαγγέλλοντες ▸ 2 + 1 + 1 = 4
Verb · present · active · participle · masculine · plural · nominative ▸ 2 + 1 + 1 = **4** (1Mac. 5,14; Psa. 77,4; Judg. 14,12; Luke 13,1)

ἀπαγγέλλοντι ▸ 3
Verb · present · active · participle · masculine · singular · dative ▸ **1** (2Sam. 18,11)
Verb · present · active · participle · neuter · singular · dative ▸ **2** (2Sam. 1,5; 2Sam. 1,13)

ἀπαγγέλλοντος ▸ 1
Verb · present · active · participle · masculine · singular · genitive ▸ **1** (Nah. 2,1)

ἀπαγγέλλουσιν ▸ 3 + 1 = 4
Verb · third · plural · present · active · indicative ▸ 3 + 1 = **4** (1Sam. 11,9; 1Sam. 18,26; 1Kings 21,17; 1Th. 1,9)

ἀπαγγέλλω ▸ 1
Verb · first · singular · present · active · indicative ▸ **1** (Dan. 8,19)

ἀπαγγέλλων ▸ 9 + 1 = 10
Verb · present · active · participle · masculine · singular · nominative ▸ 9 + 1 = **10** (Gen. 41,8; Gen. 41,24; 1Sam. 10,16; 1Sam. 22,22; 2Sam. 15,13; 1Mac. 6,5; Psa. 147,8; Sir. 42,19; Amos 4,13; 1Cor. 14,25)

ἀπαγγελοῦσιν ▸ 2
Verb · third · plural · future · active · indicative ▸ **2** (Psa. 77,6; Psa. 144,4)

ἀπαγγελοῦσίν ▸ 1
Verb · third · plural · future · active · indicative ▸ **1** (1Sam. 25,8)

ἀπαγγελῶ ▸ 15 + 2 = 17
Verb · first · singular · future · active · indicative ▸ 15 + 2 = **17** (Gen. 46,31; Judg. 14,16; 1Sam. 9,19; 1Sam. 12,7; 1Sam. 15,16; 1Sam. 19,3; 1Sam. 20,9; Psa. 54,18; Psa. 70,17; Psa. 88,2; Psa. 141,3; Wis. 6,22; Sir. 16,25; Is. 57,12; Jer. 40,3; John 16,25; Heb. 2,12)

ἀπήγγειλα ▸ 6
Verb · first · singular · aorist · active · indicative ▸ **6** (Judg. 14,16; Neh. 2,12; Neh. 2,16; Neh. 2,18; Psa. 39,6; Is. 44,8)

ἀπηγγείλαμεν ▸ 2
Verb · first · plural · aorist · active · indicative ▸ **2** (Gen. 43,7; Gen. 44,24)

ἀπήγγειλαν ▸ 14 + 15 = 29
Verb · third · plural · aorist · active · indicative ▸ 14 + 15 = **29** (Gen. 26,32; Gen. 42,29; 1Sam. 18,24; 1Sam. 23,25; 2Sam. 2,4; Esth. 1,15; Judith 3,5; 1Mac. 4,26; 1Mac. 5,38; 1Mac. 9,37; 1Mac. 11,21; 1Mac. 12,26; 1Mac. 14,21; Is. 36,22; Matt. 8,33; Matt. 14,12; Matt. 28,11; Mark 5,14; Mark 6,30; Mark 16,13; Luke 7,18; Luke 8,34; Luke 8,36; Luke 9,36; Luke 18,37; Luke 24,9; Acts 4,23; Acts 5,22; Acts 16,38)

ἀπήγγειλάν ▸ 1
Verb · third · plural · aorist · active · indicative ▸ **1** (1Kings 10,7)

ἀπήγγειλας ▸ 2
Verb · second · singular · aorist · active · indicative ▸ **2** (Gen. 21,26; Judg. 14,16)

ἀπήγγειλάς ▸ 3 + 2 = 5
Verb · second · singular · aorist · active · indicative ▸ 3 + 2 = **5** (Gen. 12,18; Judg. 16,15; 1Sam. 24,19; Judg. 14,16; Judg. 16,15)

ἀπήγγειλεν ▸ 60 + 6 + 10 = 76
Verb · third · singular · aorist · active · indicative ▸ 60 + 6 + 10 = **76** (Gen. 14,13; Gen. 24,28; Gen. 29,12; Gen. 37,5; Gen. 47,1; Num. 11,27; Judg. 13,10; Judg. 14,2; Judg. 14,6; Judg. 14,9; Judg. 14,17; Judg. 14,17; Judg. 16,17; Ruth 2,19; 1Sam. 3,18; 1Sam. 4,14; 1Sam. 10,16; 1Sam. 14,1; 1Sam. 14,43; 1Sam. 19,2; 1Sam. 19,7; 1Sam. 19,11; 1Sam. 22,21; 1Sam. 25,14; 1Sam. 25,19; 1Sam. 25,36; 1Sam. 25,37; 2Sam. 11,5; 2Sam. 11,18; 2Sam. 11,22; 2Sam. 11,22; 2Sam. 13,34; 2Sam. 14,33; 2Sam. 17,18; 2Sam. 18,25; 1Kings 10,3; 1Kings 10,3; 1Kings 18,16; 2Kings 4,7; 2Kings 4,31; 2Kings 5,4; 2Kings 9,18; 2Kings 9,20; 2Kings 10,8; 2Chr. 9,2; 2Chr. 34,18; 1Esdr. 4,61; Esth. 4,12; Esth. 6,2; Judith 6,17; Judith 14,8; Tob. 8,14; Tob. 11,15; 1Mac. 11,40; 1Mac. 15,32; 1Mac. 15,36; 1Mac. 16,1; 1Mac. 16,21; Jonah 1,10; Sus. 41; Judg. 14,2; Judg. 14,6; Judg. 14,9; Judg. 14,17; Judg. 14,17; Judg. 16,18; Mark 16,10; Luke 8,47; Luke 14,21; Acts 5,25; Acts 11,13; Acts 12,14; Acts 16,36; Acts 22,26; Acts 23,16; Acts 28,21)

Ἀπήγγειλεν ▸ 1
Verb · third · singular · aorist · active · indicative ▸ **1** (1Sam. 10,16)

ἀπήγγειλέν ▸ 1 + 2 = 3
Verb · third · singular · aorist · active · indicative ▸ 1 + 2 = **3** (Judg. 13,6; Judg. 13,6; Judg. 16,18)

ἀπηγγέλη ▸ 31 + 1 + 1 = 33
Verb · third · singular · aorist · passive · indicative ▸ 31 + 1 + 1 = **33** (Gen. 27,42; Gen. 38,13; Gen. 38,24; Gen. 48,1; Gen. 48,2; Josh. 2,2; Josh. 10,17; Judg. 9,25; Judg. 9,42; Judg. 9,47; Judg. 16,2; Ruth 2,11; 1Sam. 14,33; 1Sam. 15,12; 1Sam. 18,20; 1Sam. 19,19; 1Sam. 19,21; 1Sam. 23,1; 1Sam. 23,7; 1Sam. 23,13; 1Sam. 24,2; 2Sam. 3,23; 2Sam. 6,12; 2Sam. 21,11; 1Kings 2,29; 1Kings

ἀπαγγέλλω–ἀπάγω

2,39; 1Kings 2,41; 1Kings 18,13; 1Chr. 19,17; 2Chr. 9,6; Judith 11,19; Judg. 9,25; Luke 8,20)

ἀπήγγελκα ▸ 1
Verb · first · singular · perfect · active · indicative ▸ **1** (Judg. 14,16)

ἀπηγγελκότες ▸ 1
Verb · perfect · active · participle · masculine · plural · nominative ▸ **1** (Sir. 44,3)

ἀπήγγελλον ▸ 1 + 1 = 2
Verb · third · plural · imperfect · active · indicative ▸ 1 + 1 = **2** (Hos. 4,12; Acts 26,20)

ἀπαγορεύω (ἀπό; ἀγορά) to renounce, forbid, refuse ▸ **6**

ἀπείπασθε ▸ 1
Verb · second · plural · aorist · middle · indicative ▸ **1** (Zech. 11,12)

ἀπείπατό ▸ 1
Verb · third · singular · aorist · middle · indicative ▸ **1** (Job 6,14)

ἀπεῖπεν ▸ 1
Verb · third · singular · aorist · active · indicative ▸ **1** (1Kings 11,2)

ἀπεῖπον ▸ 1
Verb · third · plural · aorist · active · indicative ▸ **1** (Wis. 11,14)

ἀπειρημένας ▸ 1
Verb · perfect · passive · participle · feminine · plural · accusative ▸ **1** (4Mac. 1,33)

ἀπηγορευμένων ▸ 1
Verb · perfect · passive · participle · neuter · plural · genitive ▸ **1** (4Mac. 1,34)

ἀπάγχω (ἀπό; ἄγχω) to hang ▸ 2 + 3 + 1 = **6**

ἀπάγξασθαι ▸ 1 + 2 = 3
Verb · aorist · middle · infinitive ▸ 1 + 2 = **3** (Tob. 3,10; Tob. 3,10; Tob. 3,10)

ἀπήγξατο ▸ 1 + 1 + 1 = 3
Verb · third · singular · aorist · middle · indicative ▸ 1 + 1 + 1 = **3** (2Sam. 17,23; Tob. 3,10; Matt. 27,5)

ἀπάγω (ἀπό; ἄγω) to lead away ▸ 44 + 7 + 15 = **66**

ἀπάγαγε ▸ 1 + 1 = 2
Verb · second · singular · aorist · active · imperative ▸ 1 + 1 = **2** (Tob. 14,3; Acts 23,17)

ἀπάγαγέ ▸ 1
Verb · second · singular · aorist · active · imperative ▸ **1** (Tob. 7,1)

ἀπαγαγεῖν ▸ 1
Verb · aorist · active · infinitive ▸ **1** (Judg. 19,3)

ἀπαγάγετε ▸ 2
Verb · second · plural · aorist · active · imperative ▸ **2** (Gen. 42,19; 1Sam. 6,7)

ἀπαγάγῃ ▸ 1
Verb · third · singular · aorist · active · subjunctive ▸ **1** (Deut. 28,37)

ἀπαγάγοι ▸ 1
Verb · third · singular · aorist · active · optative ▸ **1** (Deut. 28,36)

ἀπαγαγόντες ▸ 1
Verb · aorist · active · participle · masculine · plural · nominative ▸ **1** (Psa. 136,3)

ἀπαγάγωμεν ▸ 1
Verb · first · plural · aorist · active · subjunctive ▸ **1** (1Mac. 3,50)

ἀπαγαγών ▸ 1
Verb · aorist · active · participle · masculine · singular · nominative ▸ **1** (Luke 13,15)

ἄπαγε ▸ 1 + 1 = 2
Verb · second · singular · present · active · imperative ▸ 1 + 1 = **2** (Tob. 7,13; Tob. 7,13)

ἀπάγει ▸ 1
Verb · third · singular · present · active · indicative ▸ **1** (Prov. 16,29)

ἀπαγέσθωσαν ▸ 1
Verb · third · plural · present · middle · imperative ▸ **1** (1Sam. 30,22)

ἀπάγετε ▸ 1
Verb · second · plural · present · active · imperative ▸ **1** (Mark 14,44)

Ἀπάγετε ▸ 1
Verb · second · plural · present · active · imperative ▸ **1** (2Kings 17,27)

ἀπαγομένης ▸ 1
Verb · present · passive · participle · feminine · singular · genitive ▸ **1** (Sus. 45)

ἀπαγόμενοι ▸ 1
Verb · present · passive · participle · masculine · plural · nominative · (variant) ▸ **1** (1Cor. 12,2)

ἀπαγομένους ▸ 1
Verb · present · passive · participle · masculine · plural · accusative · (variant) ▸ **1** (Luke 21,12)

ἀπάγουσα ▸ 2
Verb · present · active · participle · feminine · singular · nominative ▸ **2** (Matt. 7,13; Matt. 7,14)

ἀπάξει ▸ 3
Verb · third · singular · future · active · indicative ▸ **3** (Psa. 59,11; Psa. 107,11; Psa. 124,5)

ἀπάξομεν ▸ 1
Verb · first · plural · future · active · indicative ▸ **1** (Tob. 6,13)

ἀπάξουσί ▸ 1
Verb · third · plural · future · active · indicative ▸ **1** (Dan. 4,25)

ἀπάξω ▸ 2
Verb · first · singular · future · active · indicative ▸ **2** (Judg. 4,7; 2Kings 6,19)

ἀπαχθῆναι ▸ 1 + 1 = 2
Verb · aorist · passive · infinitive ▸ 1 + 1 = **2** (Sol. 9,1; Acts 12,19)

ἀπαχθῇς ▸ 1
Verb · second · singular · aorist · passive · subjunctive ▸ **1** (Is. 16,3)

ἀπαχθήσονται ▸ 1
Verb · third · plural · future · passive · indicative ▸ **1** (Job 21,30)

ἀπάχθητε ▸ 1
Verb · second · plural · aorist · passive · imperative ▸ **1** (Gen. 42,16)

ἀπήγαγεν ▸ 12 + 1 = 13
Verb · third · singular · aorist · active · indicative ▸ 12 + 1 = **13** (Gen. 31,18; 1Sam. 23,5; 1Sam. 30,20; 2Kings 6,19; 2Kings 11,4; 2Kings 24,15; 2Kings 25,20; 2Chr. 36,6; 1Esdr. 1,38; 1Esdr. 1,53; Sol. 8,21; Lam. 3,2; Tob. 7,1)

ἀπήγαγες ▸ 1
Verb · second · singular · aorist · active · indicative ▸ **1** (Gen. 31,26)

ἀπήγαγον ▸ 5 + 1 + 7 = 13
Verb · third · plural · aorist · active · indicative ▸ 5 + 1 + 7 = **13** (1Kings 1,38; 2Chr. 36,17; Judith 6,14; Job 24,3; Bar. 4,16; Tob. 8,1; Matt. 26,57; Matt. 27,2; Matt. 27,31; Mark 14,53; Mark 15,16; Luke 22,66; Luke 23,26)

ἀπηγμένους ▸ 1
Verb · perfect · passive · participle · masculine · plural · accusative ▸ **1** (Gen. 39,22)

ἀπηγμένῳ ‣ 1
   Verb · perfect · passive · participle · masculine · singular · dative ‣ 1 (LetterJ 17)
ἀπῆκτο ‣ 1
   Verb · third · singular · pluperfect · passive · indicative ‣ 1 (Gen. 40,3)
ἀπήχθη ‣ 1
   Verb · third · singular · aorist · passive · indicative ‣ 1 (1Mac. 2,9)
ἀπήχθησαν ‣ 1
   Verb · third · plural · aorist · passive · indicative ‣ 1 (Esth. 12,3 # 1,10)

ἀπαγωγή (ἀπό; ἄγω) carrying away, captivity ‣ 1
   ἀπαγωγῇ ‣ 1
      Noun · feminine · singular · dative · (common) ‣ 1 (1Esdr. 8,24)

ἀπαδικέω (ἀπό; α; δίκη) to withhold wrongly ‣ 1
   ἀπαδικήσεις ‣ 1
      Verb · second · singular · future · active · indicative ‣ 1 (Deut. 24,14)

ἀπαιδευσία (α; παῖς) ignorance, stupidity ‣ 4
   ἀπαιδευσία ‣ 1
      Noun · feminine · singular · nominative · (common) ‣ 1 (Sir. 21,24)
   ἀπαιδευσίαν ‣ 2
      Noun · feminine · singular · accusative · (common) ‣ 2 (Sir. 23,13; Hos. 7,16)
   ἀπαιδευσίας ‣ 1
      Noun · feminine · singular · genitive · (common) ‣ 1 (Sir. 4,25)

ἀπαίδευτος (α; παῖς) uneducated; ignorant ‣ 18 + 1 = 19
   ἀπαίδευτοι ‣ 4
      Adjective · feminine · plural · nominative · noDegree ‣ 1 (Wis. 17,1)
      Adjective · masculine · plural · nominative · noDegree ‣ 2 (Prov. 8,5; Prov. 27,20a)
      Adjective · masculine · plural · vocative · noDegree ‣ 1 (Sir. 51,23)
   ἀπαιδεύτοις ‣ 2
      Adjective · masculine · plural · dative · noDegree ‣ 1 (Sir. 6,20)
      Adjective · neuter · plural · dative · noDegree ‣ 1 (Prov. 24,8)
   ἀπαίδευτον ‣ 3
      Adjective · masculine · singular · accusative · noDegree ‣ 2 (Ode. 5,11; Is. 26,11)
      Adjective · neuter · singular · nominative · noDegree ‣ 1 (Zeph. 2,1)
   ἀπαίδευτος ‣ 2
      Adjective · masculine · singular · nominative · noDegree ‣ 2 (Prov. 15,12; Sir. 10,3)
   ἀπαιδεύτου ‣ 1
      Adjective · masculine · singular · genitive · noDegree ‣ 1 (Sir. 22,3)
   ἀπαιδεύτους ‣ 1
      Adjective · feminine · plural · accusative ‣ 1 (2Tim. 2,23)
   ἀπαιδεύτῳ ‣ 2
      Adjective · masculine · singular · dative · noDegree ‣ 2 (Prov. 17,21; Sir. 8,4)
   ἀπαιδεύτων ‣ 4
      Adjective · masculine · plural · genitive · noDegree ‣ 4 (Prov. 5,23; Prov. 15,14; Sir. 20,19; Sir. 20,24)

ἀπαίρω (ἀπό; αἴρω) to remove, lead away ‣ 118 + 2 + 3 = 123
   ἀπαίρει ‣ 1
      Verb · third · singular · present · active · indicative ‣ 1 (Gen. 33,17)
   ἀπαίρειν ‣ 1 + 1 = 2
      Verb · present · active · infinitive ‣ 1 + 1 = 2 (Judg. 5,4; Judg. 5,4)
   ἀπάραντες ‣ 5
      Verb · aorist · active · participle · masculine · plural · nominative ‣ 5 (Num. 21,4; Num. 21,13; Num. 22,1; Num. 33,5; Deut. 1,19)
   Ἀπάραντες ‣ 2
      Verb · aorist · active · participle · masculine · plural · nominative ‣ 2 (Gen. 33,12; Ex. 12,37)
   ἀπάρας ‣ 5
      Verb · aorist · active · participle · masculine · singular · nominative ‣ 5 (Gen. 26,21; Gen. 26,22; 1Mac. 12,40; 4Mac. 18,5; Sir. 33,33)
   Ἀπάρας ‣ 2
      Verb · aorist · active · participle · masculine · singular · nominative ‣ 2 (Gen. 35,16; Gen. 46,1)
   ἀπάρατε ‣ 4
      Verb · second · plural · aorist · active · imperative ‣ 4 (Num. 14,25; Deut. 1,7; Deut. 2,13; Deut. 2,24)
   ἀπαρεῖτε ‣ 1
      Verb · second · plural · future · active · indicative ‣ 1 (Josh. 3,3)
   ἀπαρθῇ ‣ 3
      Verb · third · singular · aorist · passive · subjunctive ‣ 3 (Matt. 9,15; Mark 2,20; Luke 5,35)
   ἄπαρον ‣ 1
      Verb · second · singular · aorist · active · imperative ‣ 1 (Deut. 10,11)
   ἀπαροῦσιν ‣ 4
      Verb · third · plural · future · active · indicative ‣ 4 (Num. 9,18; Num. 9,20; Num. 9,21; Num. 9,23)
   ἀπάρωσιν ‣ 1
      Verb · third · plural · aorist · active · subjunctive ‣ 1 (Num. 9,22)
   ἀπήραμεν ‣ 1
      Verb · first · plural · aorist · active · indicative ‣ 1 (Deut. 2,1)
   ἀπῆραν ‣ 55 + 1 = 56
      Verb · third · plural · aorist · active · indicative ‣ 55 + 1 = 56 (Num. 9,17; Num. 20,22; Num. 21,10; Num. 21,12; Num. 33,3; Num. 33,6; Num. 33,7; Num. 33,8; Num. 33,9; Num. 33,10; Num. 33,11; Num. 33,12; Num. 33,13; Num. 33,14; Num. 33,15; Num. 33,16; Num. 33,17; Num. 33,18; Num. 33,19; Jud. 33,20; Num. 33,21; Num. 33,22; Num. 33,23; Num. 33,24; Num. 33,25; Num. 33,26; Num. 33,27; Num. 33,28; Num. 33,29; Num. 33,30; Num. 33,31; Num. 33,32; Num. 33,33; Num. 33,34; Num. 33,35; Num. 33,36; Num. 33,36; Num. 33,37; Num. 33,41; Num. 33,42; Num. 33,43; Num. 33,44; Num. 33,45; Num. 33,46; Num. 33,47; Num. 33,48; Deut. 10,6; Deut. 10,7; Josh. 3,1; Josh. 9,17; Judg. 18,11; 1Kings 21,9; 2Kings 3,27; Judith 6,11; 1Mac. 9,4; Judg. 18,11)
   Ἀπῆραν ‣ 1
      Verb · third · plural · aorist · active · indicative ‣ 1 (Ex. 16,1)
   ἀπῆρεν ‣ 32
      Verb · third · singular · aorist · active · indicative ‣ 32 (Gen. 12,9; Gen. 13,11; Ex. 17,1; Josh. 3,14; 2Kings 19,8; 2Kings 19,36; Judith 7,17; 1Mac. 3,37; 1Mac. 3,40; 1Mac. 3,57; 1Mac. 4,1; 1Mac. 4,3; 1Mac. 4,35; 1Mac. 5,29; 1Mac. 5,36; 1Mac. 5,66; 1Mac. 6,4; 1Mac. 6,32; 1Mac. 6,33; 1Mac. 6,63; 1Mac. 7,19; 1Mac. 9,11; 1Mac. 9,60; 1Mac. 10,86; 1Mac. 12,25; 1Mac. 13,12; 1Mac. 13,22; Psa. 77,26; Psa. 77,52; Sir. 48,18; Nah. 3,18; Ezek. 10,4)
   Ἀπήρκασιν ‣ 1
      Verb · third · plural · perfect · active · indicative ‣ 1 (Gen. 37,17)
   ἀπῆρον ‣ 1

ἀπαίρω–ἀπαλλοτριόω

Verb · third · plural · imperfect · active · indicative ▸ **1** (1Mac. 7,10)

ἀπαιτέω (ἀπό; αἰτέω) to demand back, ask again ▸ **11** + 2 = **13**

ἀπαίτει ▸ **1**
Verb · second · singular · present · active · imperative ▸ **1** (Luke 6,30)

ἀπαιτεῖτε ▸ **1**
Verb · second · plural · present · active · indicative ▸ **1** (Neh. 5,7)

ἀπαιτηθείς ▸ **1**
Verb · aorist · passive · participle · masculine · singular · nominative ▸ **1** (Wis. 15,8)

ἀπαιτηθήσῃ ▸ **1**
Verb · second · singular · future · passive · indicative ▸ **1** (Is. 30,33)

ἀπαιτήσει ▸ **2**
Verb · third · singular · future · active · indicative ▸ **2** (Neh. 5,7; Sir. 20,15)

ἀπαιτήσεις ▸ **2**
Verb · second · singular · future · active · indicative ▸ **2** (Deut. 15,2; Deut. 15,3)

ἀπαιτοῦντες ▸ **1**
Verb · present · active · participle · masculine · plural · nominative ▸ **1** (Is. 3,12)

ἀπαιτούντων ▸ **1**
Verb · present · active · participle · masculine · plural · genitive ▸ **1** (Is. 9,3)

ἀπαιτοῦσιν ▸ **1**
Verb · third · plural · present · active · indicative ▸ **1** (Luke 12,20)

ἀπαιτῶν ▸ **1**
Verb · present · active · participle · masculine · singular · nominative ▸ **1** (Is. 14,4)

ἀπῄτει ▸ **1**
Verb · third · singular · imperfect · active · indicative ▸ **1** (2Chr. 36,4a)

ἀπαίτησις (ἀπό; αἰτέω) demand, exaction ▸ **5**

ἀπαιτήσει ▸ **2**
Noun · feminine · singular · dative · (common) ▸ **2** (Sir. 31,31; Zeph. 3,5)

ἀπαίτησιν ▸ **3**
Noun · feminine · singular · accusative · (common) ▸ **3** (Neh. 5,10; Neh. 10,32; 2Mac. 4,28)

ἀπαλγέω to lose all feeling ▸ **1**

ἀπηλγηκότες ▸ **1**
Verb · perfect · active · participle · masculine · plural · nominative ▸ **1** (Eph. 4,19)

ἀπαλείφω (ἀπό; ἀλείφω) to wipe off, out ▸ **8** + **1** = **9**

ἀπαλείφεται ▸ **1**
Verb · third · singular · present · passive · indicative ▸ **1** (2Kings 21,13)

ἀπαλειφόμενος ▸ **1**
Verb · present · passive · participle · masculine · singular · nominative ▸ **1** (2Kings 21,13)

ἀπαλεῖψαι ▸ **1** + **1** = **2**
Verb · aorist · active · infinitive ▸ **1** + **1** = **2** (Dan. 9,24; Dan. 9,24)

ἀπάλειψον ▸ **1**
Verb · second · singular · aorist · active · imperative ▸ **1** (3Mac. 2,19)

ἀπαλείψω ▸ **1**
Verb · first · singular · future · active · indicative ▸ **1** (2Kings 21,13)

Ἀπαλείψω ▸ **1**
Verb · first · singular · future · active · indicative ▸ **1** (Gen. 6,7)

ἀπηλειμμένων ▸ **1**
Verb · perfect · passive · participle · masculine · plural · genitive ▸ **1** (Is. 5,17)

ἀπήλειψα ▸ **1**
Verb · first · singular · aorist · active · indicative ▸ **1** (Is. 44,22)

ἀπαλλάσσω (ἀπό; ἄλλος) to set free, remove, put away ▸ **15** + **3** = **18**

ἀπαλλαγείς ▸ **1**
Verb · aorist · passive · participle · masculine · singular · nominative ▸ **1** (3Mac. 6,30)

ἀπαλλαγέντες ▸ **1**
Verb · aorist · passive · participle · masculine · plural · nominative ▸ **1** (Wis. 12,2)

ἀπαλλαγῇς ▸ **1**
Verb · second · singular · aorist · passive · subjunctive ▸ **1** (4Mac. 9,16)

ἀπαλλαγῶσι ▸ **1**
Verb · third · plural · aorist · passive · subjunctive ▸ **1** (Wis. 12,20)

ἀπαλλάξαι ▸ **1**
Verb · aorist · active · infinitive ▸ **1** (Jer. 39,31)

ἀπαλλαξάτω ▸ **1**
Verb · third · singular · aorist · active · imperative ▸ **1** (Job 9,34)

ἀπαλλάξει ▸ **1**
Verb · third · singular · future · active · indicative ▸ **1** (Is. 10,7)

ἀπαλλάξεις ▸ **1**
Verb · second · singular · future · active · indicative ▸ **1** (Job 7,15)

ἀπαλλάξῃ ▸ **2** + **1** = **3**
Verb · third · singular · aorist · active · subjunctive ▸ **2** + **1** = **3** (Ex. 19,22; Job 9,12; Heb. 2,15)

ἀπαλλάξω ▸ **1**
Verb · first · singular · future · active · indicative ▸ **1** (Job 27,5)

ἀπαλλάσσεσθαι ▸ **1**
Verb · present · passive · infinitive · (variant) ▸ **1** (Acts 19,12)

ἀπηλλάγην ▸ **1**
Verb · first · singular · aorist · passive · indicative ▸ **1** (Job 10,19)

ἀπήλλαξεν ▸ **1**
Verb · third · singular · aorist · active · indicative ▸ **1** (Job 3,10)

ἀπήλλαξέν ▸ **1**
Verb · third · singular · aorist · active · indicative ▸ **1** (Job 34,5)

Ἀπήλλαχεν ▸ **1**
Verb · third · singular · perfect · active · indicative ▸ **1** (1Sam. 14,29)

ἀπηλλάχθαι ▸ **1**
Verb · perfect · passive · infinitive · (variant) ▸ **1** (Luke 12,58)

ἀπαλλοτριόω (ἀπό; ἄλλος) to estrange, alienate, be a stranger ▸ **11** + **3** = **14**

ἀπαλλοτριωθῇ ▸ **1**
Verb · third · singular · aorist · passive · subjunctive ▸ **1** (Ezek. 14,7)

ἀπαλλοτριώθητε ▸ **1**
Verb · second · plural · aorist · passive · imperative ▸ **1** (Jer. 27,8)

ἀπαλλοτριώσει ▸ **1**
Verb · third · singular · future · active · indicative ▸ **1** (Sir. 11,34)

ἀπαλλοτριώσετε ▸ **1**
Verb · second · singular · future · active · indicative ▸ **1** (Job 21,29)

ἀπαλλοτριώσουσιν ▸ **1**

Verb · third · plural · future · active · indicative ▸ **1** (Josh. 22,25)
ἀπηλλοτριώθησαν ▸ **2**
Verb · third · plural · aorist · passive · indicative ▸ **2** (Psa. 57,4; Hos. 9,10)
ἀπηλλοτριωμένας ▸ **1**
Verb · perfect · passive · participle · feminine · plural · accusative ▸ **1** (Ezek. 14,5)
ἀπηλλοτριωμένοι ▸ **2**
Verb · perfect · passive · participle · masculine · plural · nominative · (variant) ▸ **2** (Eph. 2,12; Eph. 4,18)
ἀπηλλοτριωμένος ▸ **2**
Verb · perfect · middle · participle · masculine · singular · nominative ▸ **1** (3Mac. 1,3)
Verb · perfect · passive · participle · masculine · singular · nominative ▸ **1** (Psa. 68,9)
ἀπηλλοτριωμένους ▸ **1**
Verb · perfect · passive · participle · masculine · plural · accusative · (variant) ▸ **1** (Col. 1,21)
ἀπηλλοτρίωσαν ▸ **1**
Verb · third · plural · aorist · active · indicative ▸ **1** (Jer. 19,4)

ἀπαλλοτρίωσις (ἀπό; ἄλλος) alienation, estrangement ▸ **2**
ἀπαλλοτρίωσις ▸ **2**
Noun · feminine · singular · nominative · (common) ▸ **2** (Job 31,3; Jer. 13,27)

ἀπαλός tender, delicate ▸ **9** + **2** = **11**
ἀπαλή ▸ **2**
Adjective · feminine · singular · nominative · noDegree ▸ **2** (Deut. 28,56; Is. 47,1)
ἀπαλήν ▸ **1**
Adjective · feminine · singular · accusative · noDegree ▸ **1** (Wis. 15,7)
ἀπαλόν ▸ **1**
Adjective · neuter · singular · accusative · noDegree ▸ **1** (1Chr. 22,5)
ἀπαλὸν ▸ **1**
Adjective · neuter · singular · accusative · noDegree ▸ **1** (Gen. 18,7)
ἀπαλός ▸ **1**
Adjective · masculine · singular · nominative · noDegree ▸ **1** (1Chr. 29,1)
ἀπαλὸς ▸ **1** + **2** = **3**
Adjective · masculine · singular · nominative · noDegree ▸ **1** + **2** = **3** (Deut. 28,54; Matt. 24,32; Mark 13,28)
ἀπαλοὺς ▸ **1**
Adjective · masculine · plural · accusative · noDegree ▸ **1** (Gen. 27,9)
ἀπαλώτερα ▸ **1**
Adjective · neuter · plural · nominative · comparative ▸ **1** (Gen. 33,13)

ἀπαλότης (ἀπαλός) softness, pliability, tenderness ▸ **3**
ἀπαλότητα ▸ **1**
Noun · feminine · singular · accusative · (common) ▸ **1** (Deut. 28,56)
ἀπαλότητος ▸ **2**
Noun · feminine · singular · genitive · (common) ▸ **2** (Ezek. 17,4; Ezek. 17,9)

ἀπαλύνω (ἀπαλός) to soften, calm, soothe ▸ **3**
ἀπαλυνεῖ ▸ **1**
Verb · third · singular · present · active · indicative ▸ **1** (Job 33,25)
ἡπαλύνθη ▸ **1**
Verb · third · singular · aorist · passive · indicative ▸ **1** (2Kings 22,19)
ἡπαλύνθησαν ▸ **1**
Verb · third · plural · aorist · passive · indicative ▸ **1** (Psa. 54,22)

ἀπαμαυρόομαι (ἀπό; ἀμαυρός) to be deprived of sight ▸ **1**
ἀπημαυρώθησαν ▸ **1**
Verb · third · plural · aorist · passive · indicative ▸ **1** (Is. 44,18)

Ἀπάμη Apame ▸ **1**
Ἀπάμην ▸ **1**
Noun · feminine · singular · accusative · (proper) ▸ **1** (1Esdr. 4,29)

ἀπαμύνω (ἀπό; ἀμύνω) to repel ▸ **1**
ἀπαμύνουσιν ▸ **1**
Verb · third · plural · present · active · indicative ▸ **1** (4Mac. 14,19)

ἀπαναίνομαι (ἀπό; α; αἶνος) to reject ▸ **5**
ἀπαναίνῃ ▸ **1**
Verb · second · singular · present · middle · subjunctive ▸ **1** (Sir. 41,4)
ἀπαναίνου ▸ **3**
Verb · second · singular · present · middle · imperative ▸ **3** (Job 5,17; Sir. 4,4; Sir. 6,23)
ἀπηνήνατο ▸ **1**
Verb · third · singular · aorist · middle · indicative ▸ **1** (Psa. 76,3)

ἀπαναισχυντέω (ἀπό; α; αἶσχος) to act shamefully ▸ **1**
ἀπηναισχύντησας ▸ **1**
Verb · second · singular · aorist · active · indicative ▸ **1** (Jer. 3,3)

ἀπανίστημι (ἀπό; ἀνά; ἵστημι) to depart from ▸ **1**
ἀπαναστήσεται ▸ **1**
Verb · third · singular · future · middle · indicative ▸ **1** (Wis. 1,5)

ἀπαντάω (ἀπό; ἀντί) to come before, meet, encounter ▸ **45** + **3** + **2** = **50**
ἀπάντα ▸ **1**
Verb · second · singular · present · active · imperative ▸ **1** (1Sam. 22,18)
ἀπαντῆσαι ▸ **1**
Verb · third · singular · aorist · active · optative ▸ **1** (Ruth 1,16)
ἀπαντῆσαι ▸ **2**
Verb · aorist · active · infinitive ▸ **2** (1Sam. 22,17; 1Mac. 11,22)
ἀπαντήσαντες ▸ **1**
Verb · aorist · active · participle · masculine · plural · nominative ▸ **1** (3Mac. 3,20)
ἀπαντήσας ▸ **1**
Verb · aorist · active · participle · masculine · singular · nominative ▸ **1** (Prov. 26,18)
ἀπαντησάτωσάν ▸ **1**
Verb · third · plural · aorist · active · imperative ▸ **1** (Jer. 34,18)
ἀπαντήσει ▸ **2** + **2** + **1** = **5**
Verb · third · singular · future · active · indicative ▸ **2** + **2** + **1** = **5** (Gen. 49,1; Sir. 33,1; Tob. 14,4; Tob. 14,4; Mark 14,13)
ἀπαντήσεις ▸ **1**
Verb · second · singular · future · active · indicative ▸ **1** (1Sam. 10,5)
ἀπαντήσεται ▸ **1**
Verb · third · singular · future · middle · indicative ▸ **1** (Dan. 10,14)
ἀπαντήσεταί ▸ **1**
Verb · third · singular · future · middle · indicative ▸ **1** (1Sam. 28,10)

ἀπαντάω–ἀπαρασήμαντος

ἀπαντήσῃ ▸ 1
   Verb · third · singular · aorist · active · subjunctive ▸ **1** (Sir. 31,22)

ἀπαντήσητε ▸ 1
   Verb · second · plural · aorist · active · subjunctive ▸ **1** (Judg. 15,12)

ἀπαντήσομαι ▸ 1
   Verb · first · singular · future · middle · indicative ▸ **1** (Hos. 13,8)

ἀπαντήσομεν ▸ 1
   Verb · first · plural · future · active · indicative ▸ **1** (Job 21,15)

ἀπάντησον ▸ 4
   Verb · second · singular · aorist · active · imperative ▸ **4** (Judg. 8,21; 2Sam. 1,15; Judith 3,4; 1Mac. 10,56)

ἀπαντήσονταί ▸ 1
   Verb · third · plural · future · middle · indicative ▸ **1** (Ruth 2,22)

ἀπαντήσωσιν ▸ 2
   Verb · third · plural · aorist · active · subjunctive ▸ **2** (Judg. 18,25; 1Esdr. 9,4)

ἀπαντῶντες ▸ 1
   Verb · present · active · participle · masculine · plural · nominative ▸ **1** (Sir. 40,23)

ἀπαντῶντι ▸ 1
   Verb · present · active · participle · neuter · singular · dative ▸ **1** (Job 36,32)

ἀπαντῶσα ▸ 1
   Verb · present · active · participle · feminine · singular · nominative ▸ **1** (Sir. 43,22)

ἀπήντα ▸ 1
   Verb · third · singular · imperfect · active · indicative ▸ **1** (1Mac. 11,68)

ἀπήντηκα ▸ 1
   Verb · first · singular · perfect · active · indicative ▸ **1** (Gen. 33,8)

ἀπήντησαν ▸ 6 + 1 = 7
   Verb · third · plural · aorist · active · indicative ▸ **6 + 1 = 7** (Judith 7,15; 1Mac. 5,25; 1Mac. 11,60; 1Mac. 11,68; 1Mac. 14,40; Sol. 8,16; Luke 17,12)

ἀπήντησεν ▸ 11
   Verb · third · singular · aorist · active · indicative ▸ **11** (Gen. 28,11; 1Sam. 15,2; 1Sam. 25,20; 1Kings 2,32; 1Kings 2,34; 1Mac. 10,58; 1Mac. 10,60; 1Mac. 11,15; 1Mac. 12,25; 2Mac. 7,39; Job 4,12)

ἀπήντησέν ▸ 1
   Verb · third · singular · aorist · active · indicative ▸ **1** (Jer. 13,22)

ἀπαντή (ἀπό; ἀντί) meeting ▸ 25

ἀπαντήν ▸ 3
   Noun · feminine · singular · accusative · (common) ▸ **3** (1Kings 2,8; 1Kings 2,35n; 1Kings 12,24n)

ἀπαντήν ▸ 22
   Noun · feminine · singular · accusative · (common) ▸ **22** (Judg. 4,22; 2Sam. 10,5; 2Sam. 15,32; 2Sam. 16,1; 2Sam. 19,16; 2Sam. 19,17; 2Sam. 19,21; 2Sam. 19,25; 1Kings 2,19; 1Kings 12,24k; 1Kings 20,18; 1Kings 21,27; 2Kings 4,26; 2Kings 4,31; 2Kings 5,21; 2Kings 8,8; 2Kings 8,9; 2Kings 9,18; 2Kings 9,21; 2Kings 10,15; 2Kings 16,10; 2Kings 23,29)

ἀπάντημα (ἀπό; ἀντί) meeting, chance, opportunity ▸ 2 + 2 = 4

ἀπάντημα ▸ 2 + 2 = 4
   Noun · neuter · singular · nominative · (common) ▸ **2 + 2 = 4** (1Kings 5,18; Eccl. 9,11; Tob. 6,8; Tob. 6,8)

ἀπάντησις (ἀπό; ἀντί) meeting, appointment, occurrence ▸ 43 + 1 + 3 = 47

ἀπαντήσει ▸ 2
   Noun · feminine · singular · dative · (common) ▸ **2** (1Sam. 16,4; 1Sam. 21,2)

ἀπαντήσεως ▸ 2
   Noun · feminine · singular · genitive · (common) ▸ **2** (Esth. 16,9 # 8,12i; Sir. 19,29)

ἀπάντησιν ▸ 35 + 1 + 3 = 39
   Noun · feminine · singular · accusative · (common) ▸ **35 + 1 + 3 = 39** (Judg. 4,18; Judg. 11,34; Judg. 14,5; Judg. 15,14; Judg. 19,3; Judg. 20,25; Judg. 20,31; 1Sam. 4,1; 1Sam. 6,13; 1Sam. 9,14; 1Sam. 13,10; 1Sam. 13,15; 1Sam. 15,12; 1Sam. 30,21; 1Sam. 30,21; 2Sam. 6,20; 2Sam. 19,26; 1Chr. 12,18; 1Chr. 14,8; 1Chr. 19,5; 2Chr. 12,11; 2Chr. 15,2; 2Chr. 19,2; 2Chr. 20,17; 2Chr. 28,9; 1Esdr. 1,23; 1Mac. 12,41; 2Mac. 12,30; 2Mac. 14,30; 2Mac. 15,12; 3Mac. 1,19; Jer. 28,31; Jer. 28,31; Jer. 34,3; Jer. 48,6; Tob. 11,16; Matt. 25,6; Acts 28,15; 1Th. 4,17)

ἀπάντησίν ▸ 4
   Noun · feminine · singular · accusative · (common) ▸ **4** (Judg. 11,31; 1Sam. 25,32; 1Sam. 25,34; Judith 5,4)

ἀπάνωθεν (ἀπό; ἀνά; θεν) from above ▸ 5 + 1 = 6

ἀπάνωθεν ▸ 5 + 1 = 6
   Adverb ▸ **1** (Job 31,2)
   Preposition · (+genitive) ▸ **4 + 1 = 5** (2Sam. 11,20; 2Sam. 11,24; 2Sam. 20,21; 1Kings 1,53; Judg. 16,20)

ἅπαξ once, once for all; at all ▸ 42 + 12 + 14 = 68

ἅπαξ ▸ 42 + 12 + 14 = 68
   Adverb · (frequency) ▸ **42 + 12 + 14 = 68** (Gen. 18,32; Ex. 30,10; Ex. 30,10; Lev. 16,34; Num. 16,21; Num. 17,10; Deut. 9,13; Josh. 10,42; Judg. 6,39; Judg. 6,39; Judg. 15,3; Judg. 16,18; Judg. 16,28; Judg. 20,30; Judg. 20,30; Judg. 20,31; Judg. 20,31; 1Sam. 3,10; 1Sam. 3,10; 1Sam. 17,39; 1Sam. 20,25; 1Sam. 20,25; 1Sam. 26,8; 2Sam. 17,7; 2Sam. 23,8; 1Chr. 11,11; 2Chr. 9,21; Neh. 13,20; 1Mac. 3,30; 2Mac. 3,37; 3Mac. 1,11; Psa. 61,12; Psa. 88,36; Job 33,14; Job 40,5; Sol. 2,8; Sol. 2,8; Sol. 11,2; Sol. 12,6; Hag. 2,6; Is. 66,8; Dan. 3,46; Judg. 6,39; Judg. 6,39; Judg. 15,3; Judg. 16,18; Judg. 16,20; Judg. 16,20; Judg. 16,28; Judg. 20,30; Judg. 20,30; Judg. 20,31; Judg. 20,31; Dan. 2,35; 2Cor. 11,25; Phil. 4,16; 1Th. 2,18; Heb. 6,4; Heb. 9,7; Heb. 9,26; Heb. 9,27; Heb. 9,28; Heb. 10,2; Heb. 12,26; Heb. 12,27; 1Pet. 3,18; Jude 3; Jude 5)

ἀπαράβατος (ἀπό; παρά; βαίνω) unchangeable ▸ 1

ἀπαράβατον ▸ 1
   Adjective · feminine · singular · accusative · (verbal) ▸ **1** (Heb. 7,24)

ἀπαραίτητος (α; παρά; αἰτέω) inevitable, unavoidable, inexorable, implacable ▸ 2

ἀπαραιτήτοις ▸ 1
   Adjective · masculine · plural · dative · noDegree ▸ **1** (Wis. 16,16)

ἀπαραίτητον ▸ 1
   Adjective · feminine · singular · accusative · noDegree ▸ **1** (Wis. 16,4)

ἀπαραλλάκτως (α; παρά; ἄλλος) unchangeably ▸ 1

ἀπαραλλάκτως ▸ 1
   Adverb ▸ **1** (Esth. 13,3 # 3,13c)

ἀπαραπόδιστος (α; παρά; πούς) uninterrupted; unimpeded ▸ 1

ἀπαραπόδιστον ▸ 1
   Adjective · feminine · singular · accusative · noDegree ▸ **1** (3Mac. 6,28)

ἀπαρασήμαντος (α; παρά; σημεῖον) obscure, unnoticed ▸ 1

ἀπαρασήμαντον ▸ 1
   Adjective · feminine · singular · accusative · noDegree ▸ **1**

(2Mac. 15,36)

ἀπαρασκεύαστος (α; παρά; σκεῦος) unprepared ▸ 1
    ἀπαρασκευάστους ▸ 1
        Adjective · masculine · plural · accusative · (verbal) ▸ **1** (2Cor. 9,4)

ἀπαρέσκω (ἀπό; ἀρέσκω) to show displeasure; displease ▸ 1
    ἀπήρεσεν ▸ 1
        Verb · third · singular · aorist · active · indicative ▸ **1** (Sir. 21,15)

ἀπαρνέομαι (ἀπό; ἀρνέομαι) to deny, renounce ▸ 1 + 11 = 12
    ἀπαρνηθήσεται ▸ 1
        Verb · third · singular · future · passive · indicative ▸ **1** (Luke 12,9)
    ἀπαρνησάσθω ▸ 2
        Verb · third · singular · aorist · middle · imperative ▸ **2** (Matt. 16,24; Mark 8,34)
    ἀπαρνήσῃ ▸ 6
        Verb · second · singular · future · middle · indicative ▸ **6** (Matt. 26,34; Matt. 26,75; Mark 14,30; Mark 14,72; Luke 22,34; Luke 22,61)
    ἀπαρνήσομαι ▸ 2
        Verb · first · singular · future · middle · indicative ▸ **2** (Matt. 26,35; Mark 14,31)
    ἀπαρνήσονται ▸ 1
        Verb · third · plural · future · middle · indicative ▸ **1** (Is. 31,7)

ἄπαρσις (ἀπό; αἴρω) departure, setting out ▸ 1
    ἀπάρσεις ▸ 1
        Noun · feminine · plural · accusative · (common) ▸ **1** (Num. 33,2)

ἀπαρτία baggage, equipment ▸ 9
    ἀπαρτίᾳ ▸ 3
        Noun · feminine · singular · dative · (common) ▸ **3** (Ex. 40,36; Num. 31,17; Ezek. 25,4)
    ἀπαρτίαι ▸ 1
        Noun · feminine · plural · nominative · (common) ▸ **1** (Judith 7,18)
    ἀπαρτίαις ▸ 1
        Noun · feminine · plural · dative · (common) ▸ **1** (Num. 10,12)
    ἀπαρτίαν ▸ 4
        Noun · feminine · singular · accusative · (common) ▸ **4** (Num. 31,18; Deut. 20,14; Judith 2,17; Judith 3,10)

ἀπαρτισμός (ἀπό; ἄρτι) finish ▸ 1
    ἀπαρτισμόν ▸ 1
        Noun · masculine · singular · accusative ▸ **1** (Luke 14,28)

ἀπαρχή (ἀπό; ἄρχω) firstfruits ▸ 75 + 1 + 9 = 85
    ἀπαρχαὶ ▸ 3
        Noun · feminine · plural · nominative · (common) ▸ **3** (Mal. 3,8; Ezek. 44,30; Ezek. 48,18)
    ἀπαρχαῖς ▸ 2
        Noun · feminine · plural · dative · (common) ▸ **2** (Neh. 12,44; Ezek. 20,31)
    ἀπαρχάς ▸ 1
        Noun · feminine · plural · accusative · (common) ▸ **1** (Ex. 25,2)
    ἀπαρχὰς ▸ 21 + 1 = 22
        Noun · feminine · plural · accusative · (common) ▸ **21 + 1 = 22** (Ex. 22,28; Ex. 23,19; Ex. 25,2; Ex. 35,5; Ex. 36,6; Num. 31,29; Deut. 12,6; Deut. 12,11; Deut. 12,17; Deut. 18,4; 1Sam. 10,4; 2Chr. 31,12; 2Chr. 31,14; Neh. 10,40; Neh. 13,5; Judith 11,13; Tob. 1,6; Sir. 45,20; Ezek. 20,40; Ezek. 20,40; Ezek. 45,7; Tob. 1,6)
    ἀπαρχή ▸ 3
        Noun · feminine · singular · nominative · (common) ▸ **3** (Ex. 25,3; Ezek. 45,13; Ezek. 48,9)
    ἀπαρχή ▸ 12 + 6 = 18
        Noun · feminine · singular · nominative · (common) ▸ **12 + 6 = 18** (Num. 5,9; Num. 18,11; Num. 18,12; Num. 18,12; Num. 18,12; 2Chr. 31,10; Ezek. 45,6; Ezek. 48,8; Ezek. 48,10; Ezek. 48,12; Ezek. 48,20; Ezek. 48,21; Rom. 11,16; Rom. 16,5; 1Cor. 15,20; 1Cor. 15,23; 1Cor. 16,15; Rev. 14,4)
    ἀπαρχήν ▸ 1
        Noun · feminine · singular · accusative ▸ **1** (James 1,18)
    ἀπαρχήν ▸ 19 + 2 = 21
        Noun · feminine · singular · accusative · (common) ▸ **19 + 2 = 21** (Lev. 23,10; Num. 15,20; Num. 15,21; Num. 18,30; Num. 18,32; Deut. 18,4; Deut. 26,10; Deut. 33,21; 2Chr. 31,5; Neh. 10,38; Psa. 77,51; Psa. 104,36; Sir. 7,31; Sir. 7,31; Sir. 35,7; Sol. 15,3; Ezek. 45,1; Ezek. 45,16; Ezek. 48,20; Rom. 8,23; 2Th. 2,13)
    ἀπαρχῆς ▸ 5
        Noun · feminine · singular · genitive · (common) ▸ **5** (Ex. 39,1; Lev. 2,12; Deut. 26,2; 1Sam. 2,29; Ezra 8,25)
    ἀπαρχῶν ▸ 9
        Noun · feminine · plural · genitive · (common) ▸ **9** (Lev. 22,12; Num. 18,8; Num. 18,29; 2Sam. 1,21; Ezek. 44,30; Ezek. 45,7; Ezek. 48,12; Ezek. 48,18; Ezek. 48,21)

ἀπάρχομαι (ἀπό; ἄρχω) to offer firstfruits ▸ 6
    ἀπάρχου ▸ 1
        Verb · second · singular · present · middle · imperative ▸ **1** (Prov. 3,9)
    ἀπήρξαντο ▸ 3
        Verb · third · plural · aorist · middle · indicative ▸ **3** (2Chr. 30,24; 2Chr. 35,8; 2Chr. 35,9)
    ἀπήρξατο ▸ 2
        Verb · third · singular · aorist · middle · indicative ▸ **2** (2Chr. 30,24; 2Chr. 35,7)

ἄπαρχος (ἄρχω; ἀπό) governor ▸ 1
    ἔπαρχοι ▸ 1
        Noun · masculine · plural · vocative · (common) ▸ **1** (Ezra 6,6)

ἅπας (πᾶς) all, every ▸ 77 + 34 = 111
    ἅπαν ▸ 13 + 4 = 17
        Adjective · neuter · singular · accusative · noDegree ▸ **7** (1Esdr. 1,30; 2Mac. 4,16; 2Mac. 8,35; 2Mac. 15,30; 3Mac. 3,29; Jer. 23,8; Jer. 48,12)
        Adjective · neuter · singular · nominative · noDegree ▸ **6 + 4 = 10** (Lev. 6,15; Josh. 6,20; 1Esdr. 9,10; Psa. 21,24; Psa. 21,24; Prov. 25,4; Luke 8,37; Luke 19,37; Luke 23,1; Acts 25,24)
    ἅπαντα ▸ 23 + 10 = 33
        Adjective · masculine · singular · accusative · noDegree ▸ **11 + 2 = 13** (Deut. 22,19; Deut. 22,29; 1Esdr. 8,82; Esth. 16,24 # 8,12x; Esth. 9,28; 1Mac. 10,30; 1Mac. 11,36; 1Mac. 15,8; 3Mac. 5,43; Zech. 7,5; Jer. 36,1; Mark 16,15; Luke 3,21)
        Adjective · neuter · plural · accusative · noDegree ▸ **10 + 6 = 16** (Lev. 8,27; 2Sam. 3,25; 1Kings 13,11; 1Chr. 10,11; 1Esdr. 8,63; Jer. 5,19; Jer. 16,10; Jer. 19,15; Jer. 39,23; Jer. 47,5; Matt. 28,11; Mark 8,25; John 4,25; Acts 2,44; Acts 10,8; Eph. 6,13)
        Adjective · neuter · plural · nominative · noDegree ▸ **2 + 2 = 4** (1Esdr. 8,62; Sir. 17,19; Acts 4,32; Acts 11,10)
    ἅπαντας ▸ 11 + 4 = 15
        Adjective · masculine · plural · accusative · noDegree ▸ **11 + 4 = 15** (1Chr. 17,10; 2Mac. 14,9; 3Mac. 3,18; 3Mac. 5,2; 3Mac. 6,23; 3Mac. 7,6; Amos 7,10; Jer. 33,2; Jer. 43,11; Jer. 43,16; Jer. 43,32; Matt. 24,39; Luke 5,26; Luke 9,15; Acts 27,33)
    ἅπαντες ▸ 5 + 11 = 16
        Adjective · masculine · plural · nominative · noDegree ▸ **5 + 11**

ἅπας–ἀπάτωρ 191

= 16 (1Kings 12,24t; 2Mac. 13,6; 4Mac. 1,9; Jer. 29,2; Ezek. 38,8; Mark 1,27; Mark 11,32; Luke 4,40; Luke 21,15; Acts 2,7; Acts 4,31; Acts 5,12; Acts 5,16; Acts 16,3; Acts 16,28; James 3,2)

ἁπάντων ▸ 6 + 1 = 7
   Adjective · masculine · plural · genitive · noDegree ▸ **1** (4Mac. 6,20)
   Adjective · neuter · plural · genitive · noDegree ▸ 5 + 1 = **6** (3Mac. 2,9; Wis. 10,2; Sir. 24,8; Sol. 9,6; Sol. 13,4; Matt. 6,32)

ἅπας ▸ 3 + 2 = 5
   Adjective · masculine · singular · nominative · noDegree ▸ 3 + 2 = **5** (Gen. 19,4; Josh. 6,13; 1Chr. 16,43; Luke 19,48; Luke 20,6)

ἅπασαν ▸ 3 + 2 = 5
   Adjective · feminine · singular · accusative · noDegree ▸ 3 + 2 = **5** (2Mac. 11,2; 3Mac. 6,12; Jer. 18,23; Luke 4,6; 1Tim. 1,16)

ἁπάσας ▸ 1
   Adjective · feminine · plural · accusative · noDegree ▸ **1** (4Mac. 15,24)

ἁπάσης ▸ 3
   Adjective · feminine · singular · genitive · noDegree ▸ **3** (3Mac. 2,7; 3Mac. 4,5; 3Mac. 5,51)

ἅπασι ▸ 2
   Adjective · masculine · plural · dative · noDegree ▸ **2** (Sol. 4,21; Jer. 33,2)

ἅπασιν ▸ 7
   Adjective · masculine · plural · dative · noDegree ▸ **6** (3Mac. 3,5; 3Mac. 3,21; Wis. 7,1; Sir. 24,34; Jer. 1,18; Jer. 51,1)
   Adjective · neuter · plural · dative · noDegree ▸ **1** (1Kings 2,26)

ἀπασπάζομαι (ἀπό; ἀσπάζομαι) to say farewell; take leave of ▸ 1 + 1 = 2
   ἀπασπασάμενος ▸ 1
      Verb · aorist · middle · participle · masculine · singular · nominative ▸ **1** (Tob. 10,12)
   ἀπησπασάμεθα ▸ 1
      Verb · first · plural · aorist · middle · indicative ▸ **1** (Acts 21,6)

ἀπατάω (ἀπάτη) to deceive ▸ 38 + 2 + 3 = 43
   ἀπάτα ▸ 1
      Verb · second · singular · present · active · imperative ▸ **1** (Sir. 30,23)
   ἀπατᾷ ▸ 2
      Verb · third · singular · present · active · indicative ▸ **2** (2Kings 18,32; 2Chr. 32,11)
   ἀπατάτω ▸ 4 + 1 = 5
      Verb · third · singular · present · active · imperative ▸ 4 + 1 = **5** (2Chr. 32,15; Is. 36,14; Is. 36,18; Is. 37,10; Eph. 5,6)
   ἀπατηθεῖσαν ▸ 1
      Verb · aorist · passive · participle · feminine · singular · accusative ▸ **1** (Judith 9,3)
   ἀπατηθῇς ▸ 1
      Verb · second · singular · aorist · passive · subjunctive ▸ **1** (Prov. 24,15)
   ἀπατηθήσεται ▸ 1
      Verb · third · singular · future · passive · indicative ▸ **1** (Jer. 20,10)
   ἀπατῆσαι ▸ 1
      Verb · aorist · active · infinitive ▸ **1** (Judith 12,16)
   ἀπατῆσαί ▸ 1
      Verb · aorist · active · infinitive ▸ **1** (2Sam. 3,25)
   ἀπατησάτω ▸ 1
      Verb · third · singular · aorist · active · imperative ▸ **1** (Sol. 16,8)
   ἀπατήσει ▸ 2
      Verb · third · singular · future · active · indicative ▸ **2** (1Kings 22,20; 2Chr. 18,19)
   Ἀπατήσεις ▸ 2
      Verb · second · singular · future · active · indicative ▸ **2** (1Kings 22,22; 2Chr. 18,21)
   ἀπατήσῃ ▸ 2
      Verb · third · singular · aorist · active · subjunctive ▸ **2** (Ex. 22,15; Wis. 4,11)
   ἀπάτησον ▸ 1
      Verb · second · singular · aorist · active · imperative ▸ **1** (Sir. 14,16)
   Ἀπάτησον ▸ 2 + 2 = 4
      Verb · second · singular · aorist · active · imperative ▸ 2 + 2 = **4** (Judg. 14,15; Judg. 16,5; Judg. 14,15; Judg. 16,5)
   ἀπατήσω ▸ 2
      Verb · first · singular · future · active · indicative ▸ **2** (1Kings 22,21; 2Chr. 18,20)
   ἀπατῶν ▸ 1 + 1 = 2
      Verb · present · active · participle · masculine · singular · nominative ▸ 1 + 1 = **2** (Jer. 4,10; James 1,26)
   ἠπάτα ▸ 1
      Verb · third · singular · imperfect · active · indicative ▸ **1** (2Chr. 18,2)
   ἠπατήθη ▸ 2 + 1 = 3
      Verb · third · singular · aorist · passive · indicative ▸ 2 + 1 = **3** (Job 31,27; Jer. 30,2; 1Tim. 2,14)
   ἠπατήθην ▸ 2
      Verb · first · singular · aorist · passive · indicative ▸ **2** (Psa. 76,3; Jer. 20,7)
   ἠπάτησαν ▸ 1
      Verb · third · plural · aorist · active · indicative ▸ **1** (Psa. 77,36)
   Ἠπάτησάν ▸ 1
      Verb · third · plural · aorist · active · indicative ▸ **1** (Jer. 45,22)
   ἠπάτησας ▸ 1
      Verb · second · singular · aorist · active · indicative ▸ **1** (Jer. 4,10)
   Ἠπάτησάς ▸ 1
      Verb · second · singular · aorist · active · indicative ▸ **1** (Jer. 20,7)
   ἠπάτησεν ▸ 2
      Verb · third · singular · aorist · active · indicative ▸ **2** (Judith 13,16; Sus. 56)
   ἠπάτησέν ▸ 2
      Verb · third · singular · aorist · active · indicative ▸ **2** (Gen. 3,13; Job 36,16)

ἀπάτη deceit, deceitfulness ▸ 5 + 7 = 12
   ἀπάταις ▸ 1
      Noun · feminine · plural · dative ▸ **1** (2Pet. 2,13)
   ἀπάτη ▸ 2
      Noun · feminine · singular · nominative ▸ **2** (Matt. 13,22; Mark 4,19)
   ἀπάτῃ ▸ 2
      Noun · feminine · singular · dative ▸ **2** (2Th. 2,10; Heb. 3,13)
   ἀπάτην ▸ 3
      Noun · feminine · singular · accusative · (common) ▸ **3** (Judith 9,3; Judith 9,13; Judith 16,8)
   ἀπάτης ▸ 2 + 2 = 4
      Noun · feminine · singular · genitive · (common) ▸ 2 + 2 = **4** (Judith 9,10; 4Mac. 18,8; Eph. 4,22; Col. 2,8)

ἀπάτησις (ἀπάτη) beguilement ▸ 1
   ἀπάτησιν ▸ 1
      Noun · feminine · singular · accusative · (common) ▸ **1** (Judith 10,4)

ἀπάτωρ (α; πατήρ) fatherless person ▸ 1

ἀπάτωρ ▸ 1
    Noun · masculine · singular · nominative ▸ 1 (Heb. 7,3)
ἀπαύγασμα (ἀπό; αὐγή) brightness, radiance ▸ 1 + 1 = 2
    ἀπαύγασμα ▸ 1 + 1 = 2
        Noun · neuter · singular · nominative · (common) ▸ 1 + 1 = 2 (Wis. 7,26; Heb. 1,3)
ἀπαυτομολέω (ἀπό; αὐτός; βλώσκω) to depart on one's own, desert ▸ 2
    ἀπαυτομολήσει ▸ 1
        Verb · third · singular · future · active · indicative ▸ 1 (Prov. 6,11a)
    ἀπαυτομολῶ ▸ 1
        Verb · first · singular · present · active · indicative ▸ 1 (4Mac. 12,16)
ἀπείθεια (α; πείθω) unbelief, disobedience ▸ 4 + 7 = 11
    ἀπειθείᾳ ▸ 1 + 1 = 2
        Noun · feminine · singular · dative · (common) ▸ 1 + 1 = 2 (Sol. 17,20; Rom. 11,30)
    ἀπείθειαν ▸ 2 + 2 = 4
        Noun · feminine · singular · accusative · (common) ▸ 2 + 2 = 4 (4Mac. 8,18; 4Mac. 12,3; Rom. 11,32; Heb. 4,6)
    ἀπειθείας ▸ 1 + 4 = 5
        Noun · feminine · singular · genitive · (common) ▸ 1 + 4 = 5 (4Mac. 8,9; Eph. 2,2; Eph. 5,6; Col. 3,6; Heb. 4,11)
ἀπειθέω (α; πείθω) to disbelieve, disobey ▸ 49 + 14 = 63
    ἀπειθεῖ ▸ 2
        Verb · third · singular · present · active · indicative ▸ 2 (Deut. 21,20; Is. 7,16)
    ἀπείθει ▸ 1
        Verb · second · singular · present · active · imperative ▸ 1 (Ex. 23,21)
    ἀπειθεῖν ▸ 1
        Verb · present · active · infinitive ▸ 1 (Jer. 13,25)
    ἀπειθεῖς ▸ 1
        Verb · second · singular · present · active · indicative ▸ 1 (Is. 36,5)
    ἀπειθείτω ▸ 1
        Verb · third · singular · present · active · imperative ▸ 1 (Ezek. 3,27)
    ἀπειθήσαντες ▸ 1 + 1 = 2
        Verb · aorist · active · participle · masculine · plural · nominative ▸ 1 + 1 = 2 (Josh. 5,6; Acts 14,2)
    ἀπειθήσασιν ▸ 1 + 2 = 3
        Verb · aorist · active · participle · masculine · plural · dative ▸ 1 + 2 = 3 (4Mac. 8,11; Heb. 3,18; Heb. 11,31)
    ἀπειθήσασίν ▸ 1
        Verb · aorist · active · participle · neuter · plural · dative ▸ 1 (1Pet. 3,20)
    ἀπειθήσῃ ▸ 2
        Verb · third · singular · aorist · active · subjunctive ▸ 2 (Josh. 1,18; Sir. 30,12)
    ἀπειθήσῃς ▸ 2
        Verb · second · singular · aorist · active · subjunctive ▸ 2 (Prov. 24,21; Sir. 1,28)
    ἀπειθήσητε ▸ 1
        Verb · second · plural · aorist · active · subjunctive ▸ 1 (Lev. 26,15)
    ἀπειθήσουσιν ▸ 2
        Verb · third · plural · future · active · indicative ▸ 2 (Sir. 2,15; Sir. 16,28)
    ἀπειθοῦντα ▸ 2 + 1 = 3
        Verb · present · active · participle · masculine · singular · accusative ▸ 2 + 1 = 3 (Neh. 9,29; Is. 65,2; Rom. 10,21)
    ἀπειθοῦντας ▸ 2
        Verb · present · active · participle · masculine · plural · accusative ▸ 2 (Judith 2,11; Is. 1,25)
    ἀπειθοῦντάς ▸ 1
        Verb · present · active · participle · masculine · plural · accusative ▸ 1 (4Mac. 8,6)
    ἀπειθοῦντες ▸ 8 + 1 = 9
        Verb · present · active · participle · masculine · plural · nominative ▸ 8 + 1 = 9 (Num. 14,43; Deut. 9,7; Deut. 9,24; 4Mac. 8,21; Psa. 67,19; Hos. 9,15; Is. 3,8; Bar. 1,19; 1Pet. 2,8)
    ἀπειθοῦντι ▸ 1
        Verb · present · active · participle · masculine · singular · dative ▸ 1 (Sir. 41,2)
    ἀπειθούντων ▸ 2 + 2 = 4
        Verb · present · active · participle · masculine · plural · genitive ▸ 2 + 2 = 4 (4Mac. 9,10; Is. 33,2; Rom. 15,31; 1Pet. 4,17)
    ἀπειθοῦσιν ▸ 3 + 2 = 5
        Verb · present · active · participle · masculine · plural · dative ▸ 1 + 1 = 2 (Is. 66,14; Rom. 2,8)
        Verb · third · plural · present · active · indicative ▸ 2 + 1 = 3 (Is. 1,23; Is. 8,11; 1Pet. 3,1)
    ἀπειθῶ ▸ 1
        Verb · first · singular · present · active · indicative ▸ 1 (Is. 50,5)
    ἀπειθῶν ▸ 1 + 1 = 2
        Verb · present · active · participle · masculine · singular · nominative ▸ 1 + 1 = 2 (Ezek. 3,27; John 3,36)
    ἠπειθήσαμεν ▸ 2
        Verb · first · plural · aorist · active · indicative ▸ 2 (Is. 59,13; Bar. 1,18)
    ἠπείθησαν ▸ 3 + 1 = 4
        Verb · third · plural · aorist · active · indicative ▸ 3 + 1 = 4 (Judith 2,6; Zech. 7,11; Is. 63,10; Rom. 11,31)
    ἠπειθήσατε ▸ 6 + 1 = 7
        Verb · second · plural · aorist · active · indicative ▸ 6 + 1 = 7 (Num. 11,20; Deut. 1,26; Deut. 9,23; Deut. 32,51; Prov. 1,25; Is. 30,12; Rom. 11,30)
    ἠπείθησεν ▸ 2
        Verb · third · singular · aorist · active · indicative ▸ 2 (2Kings 5,16; Sir. 23,23)
    ἠπείθουν ▸ 1
        Verb · third · plural · imperfect · active · indicative ▸ 1 (Acts 19,9)
ἀπειθής (α; πείθω) disobedient ▸ 7 + 6 = 13
    ἀπειθεῖ ▸ 1
        Adjective · neuter · singular · dative · noDegree ▸ 1 (Sir. 16,6)
    ἀπειθεῖς ▸ 1 + 5 = 6
        Adjective · masculine · plural · accusative ▸ 2 (Luke 1,17; Rom. 1,30)
        Adjective · masculine · plural · nominative · noDegree ▸ 1 + 3 = 4 (Num. 20,10; 2Tim. 3,2; Titus 1,16; Titus 3,3)
    ἀπειθῆ ▸ 2
        Adjective · feminine · singular · accusative · noDegree ▸ 2 (Sir. 47,21; Zech. 7,12)
    ἀπειθής ▸ 2
        Adjective · feminine · singular · nominative · noDegree ▸ 1 (Jer. 5,23)
        Adjective · masculine · singular · nominative · noDegree ▸ 1 (Is. 30,9)

ἀπειθής–ἄπειρος

ἀπειθής ▸ 1 + 1 = 2
    Adjective · masculine · singular · nominative · noDegree ▸ 1 + 1 = 2 (Deut. 21,18; Acts 26,19)

ἀπεικάζω (ἀπό; εἰκών) to form ▸ 1
    ἀπείκασεν ▸ 1
        Verb · third · singular · aorist · active · indicative ▸ 1 (Wis. 13,13)

ἀπείκασμα (ἀπό; εἰκών) likeness ▸ 1
    ἀπεικάσματα ▸ 1
        Noun · neuter · plural · accusative · (common) ▸ 1 (Wis. 13,10)

ἀπειλέω (ἀπειλή) to threaten ▸ 9 + 2 = 11
    ἀπειλεῖ ▸ 1
        Verb · third · singular · present · active · indicative ▸ 1 (Gen. 27,42)
    ἀπειληθῆναι ▸ 2
        Verb · aorist · passive · infinitive ▸ 2 (Num. 23,19; Judith 8,16)
    ἀπειλῆσαι ▸ 1
        Verb · aorist · active · infinitive ▸ 1 (Sir. 19,17)
    ἀπειλήσαντος ▸ 1
        Verb · aorist · active · participle · masculine · singular · genitive ▸ 1 (3Mac. 4,19)
    ἀπειλήσει ▸ 1
        Verb · third · singular · future · active · indicative ▸ 1 (Is. 66,14)
    ἀπειλησώμεθα ▸ 1
        Verb · first · plural · aorist · middle · subjunctive ▸ 1 (Acts 4,17)
    ἀπειλοῦντες ▸ 1
        Verb · present · active · participle · masculine · plural · nominative ▸ 1 (Sus. 28)
    ἀπειλῶν ▸ 2
        Verb · present · active · participle · masculine · singular · nominative ▸ 2 (4Mac. 9,5; Nah. 1,4)
    ἠπείλει ▸ 1
        Verb · third · singular · imperfect · active · indicative ▸ 1 (1Pet. 2,23)

ἀπειλή threatening, threat ▸ 24 + 3 = 27
    ἀπειλαῖς ▸ 2
        Noun · feminine · plural · dative · (common) ▸ 2 (4Mac. 7,2; 4Mac. 9,32)
    ἀπειλὰς ▸ 4 + 1 = 5
        Noun · feminine · plural · accusative · (common) ▸ 4 + 1 = 5 (3Mac. 2,24; 4Mac. 4,24; 4Mac. 8,19; 4Mac. 13,6; Acts 4,29)
    ἀπειλή ▸ 3
        Noun · feminine · singular · nominative · (common) ▸ 3 (Prov. 17,10; Prov. 19,12; Prov. 20,2)
    ἀπειλῇ ▸ 6
        Noun · feminine · singular · dative · (common) ▸ 6 (Ode. 4,12; Job 23,6; Sol. 17,25; Hab. 3,12; Is. 50,2; Is. 54,9)
    ἀπειλήν ▸ 1 + 1 = 2
        Noun · feminine · singular · accusative · (common) ▸ 1 + 1 = 2 (Prov. 13,8; Eph. 6,9)
    ἀπειλὴν ▸ 1
        Noun · feminine · singular · accusative · (common) ▸ 1 (3Mac. 5,33)
    ἀπειλῆς ▸ 6 + 1 = 7
        Noun · feminine · singular · genitive · (common) ▸ 6 + 1 = 7 (3Mac. 5,18; 3Mac. 5,30; 3Mac. 5,37; 4Mac. 14,9; Ode. 12,5; Zech. 9,14; Acts 9,1)
    ἀπειλῶν ▸ 1
        Noun · feminine · plural · genitive · (common) ▸ 1 (4Mac. 4,8)

ἄπειμι (1st homograph) (ἀπό; εἰμί) to be absent, be away (sum) ▸ 6 + 7 = 13
    ἄπειμι ▸ 1
        Verb · first · singular · present · indicative ▸ 1 (Col. 2,5)
    ἀπέσται ▸ 1
        Verb · third · singular · future · middle · indicative ▸ 1 (Prov. 25,10)
    ἄπεστιν ▸ 2
        Verb · third · singular · present · active · indicative ▸ 2 (Job 6,13; Hos. 5,3)
    ἀπόντα ▸ 1
        Verb · present · active · participle · masculine · singular · accusative ▸ 1 (Wis. 14,17)
    ἀπόντες ▸ 1 + 1 = 2
        Verb · present · active · participle · masculine · plural · nominative ▸ 1 + 1 = 2 (Wis. 11,11; 2Cor. 10,11)
    ἀπούσης ▸ 1
        Verb · present · active · participle · feminine · singular · genitive ▸ 1 (Wis. 9,6)
    ἀπών ▸ 5
        Verb · present · participle · masculine · singular · nominative ▸ 5 (1Cor. 5,3; 2Cor. 10,1; 2Cor. 13,2; 2Cor. 13,10; Phil. 1,27)

ἄπειμι (2nd homograph) (ἀπό; εἰμί) to go away, depart (ibo) ▸ 5 + 1 = 6
    ἀπῄει ▸ 3
        Verb · third · singular · imperfect · active · indicative ▸ 3 (2Mac. 12,1; 2Mac. 13,22; 4Mac. 4,8)
    ἀπῄεσαν ▸ 1
        Verb · third · plural · imperfect · active · indicative ▸ 1 (Acts 17,10)
    ἀπιέναι ▸ 1
        Verb · present · active · infinitive ▸ 1 (Wis. 19,2)
    ἀπιόντος ▸ 1
        Verb · present · active · participle · masculine · singular · genitive ▸ 1 (Ex. 33,8)

ἀπεῖπον to despise, spurn, forbid ▸ 1 + 1 = 2
    ἀπειπάμεθα ▸ 1
        Verb · first · plural · aorist · middle · indicative ▸ 1 (2Cor. 4,2)
    ἀπείπω ▸ 1
        Verb · second · singular · aorist · middle · indicative ▸ 1 (Job 10,3)

ἀπειράγαθος (α; πεῖρα; ἀγαθός) ignorant of the good ▸ 1
    ἀπειραγάθων ▸ 1
        Noun · masculine · plural · genitive · (common) ▸ 1 (Esth. 16,4 # 8,12d)

ἀπείραστος (α; πεῖρα) untemptable ▸ 1
    ἀπείραστός ▸ 1
        Adjective · masculine · singular · nominative · (verbal) ▸ 1 (James 1,13)

ἀπείργω (ἀπό; εἴργω) to keep away from ▸ 1
    ἀπείργει ▸ 1
        Verb · third · singular · present · active · indicative ▸ 1 (2Mac. 12,40)

ἄπειρος (α; πεῖρα) unskillful, inexperienced ▸ 4 + 1 = 5
    ἄπειρος ▸ 1 + 1 = 2
        Adjective · masculine · singular · nominative · noDegree ▸ 1 + 1 = 2 (Num. 14,23; Heb. 5,13)
    ἀπειρότατον ▸ 1
        Adjective · neuter · singular · accusative · superlative ▸ 1 (Wis. 13,18)
    ἀπείρου ▸ 1
        Adjective · masculine · singular · genitive · noDegree ▸ 1 (Zech. 11,15)

ἀπείρῳ ▸ 1
: **Adjective** · feminine · singular · dative · noDegree ▸ **1** (Jer. 2,6)

ἀπεκδέχομαι (ἀπό; ἐκ; δέχομαι) to await ▸ 8
: ἀπεκδέχεται ▸ 1
: : **Verb** · third · singular · present · middle · indicative ▸ **1** (Rom. 8,19)
: ἀπεκδεχόμεθα ▸ 3
: : **Verb** · first · plural · present · middle · indicative ▸ **3** (Rom. 8,25; Gal. 5,5; Phil. 3,20)
: ἀπεκδεχόμενοι ▸ 1
: : **Verb** · present · middle · participle · masculine · plural · nominative ▸ **1** (Rom. 8,23)
: ἀπεκδεχομένοις ▸ 1
: : **Verb** · present · middle · participle · masculine · plural · dative ▸ **1** (Heb. 9,28)
: ἀπεκδεχομένους ▸ 1
: : **Verb** · present · middle · participle · masculine · plural · accusative ▸ **1** (1Cor. 1,7)
: ἀπεξεδέχετο ▸ 1
: : **Verb** · third · singular · imperfect · middle · indicative ▸ **1** (1Pet. 3,20)

ἀπεκδίδωμι to be given in marriage ▸ 1
: ἀπεκδέδοσαι ▸ 1
: : **Verb** · second · singular · perfect · passive · indicative ▸ **1** (Tob. 3,8)

ἀπεκδύομαι (ἀπό; ἐκ; δύω) to take off; to disarm ▸ 2
: ἀπεκδυσάμενοι ▸ 1
: : **Verb** · aorist · middle · participle · masculine · plural · nominative ▸ **1** (Col. 3,9)
: ἀπεκδυσάμενος ▸ 1
: : **Verb** · aorist · middle · participle · masculine · singular · nominative ▸ **1** (Col. 2,15)

ἀπέκδυσις (ἀπό; ἐκ; δύω) putting off ▸ 1
: ἀπεκδύσει ▸ 1
: : **Noun** · feminine · singular · dative ▸ **1** (Col. 2,11)

ἀπέκτασις (ἀπό; ἐκ; τείνω) stretching, spreading out ▸ 1
: ἀπεκτάσεις ▸ 1
: : **Noun** · feminine · plural · accusative · (common) ▸ **1** (Job 36,29)

ἀπελαύνω (ἀπό; ἐλαύνω) to drive away, expel ▸ 3 + 1 = 4
: ἀπελάσατε ▸ 1
: : **Verb** · second · plural · aorist · active · imperative ▸ **1** (1Sam. 6,8)
: ἀπελάσω ▸ 1
: : **Verb** · first · singular · future · active · indicative ▸ **1** (Ezek. 34,12)
: ἀπελαύνειν ▸ 1
: : **Verb** · present · active · infinitive ▸ **1** (Wis. 17,8)
: ἀπήλασεν ▸ 1
: : **Verb** · third · singular · aorist · active · indicative ▸ **1** (Acts 18,16)

ἀπελεγμός (ἀπό; ἐλέγχω) bad reputation ▸ 1
: ἀπελεγμόν ▸ 1
: : **Noun** · masculine · singular · accusative ▸ **1** (Acts 19,27)

ἀπελέγχω (ἀπό; ἐλέγχω) to disprove, refute, condemn ▸ 2
: ἀπελέγχων ▸ 1
: : **Verb** · present · active · participle · masculine · singular · nominative ▸ **1** (4Mac. 2,11)
: ἀπήλεγχεν ▸ 1
: : **Verb** · third · singular · imperfect · active · indicative ▸ **1** (2Mac. 4,33)

ἀπελέκητος (ἀπό; πέλεκυς) rough, unplaned ▸ 7
: ἀπελέκητα ▸ 3
: : **Adjective** · neuter · plural · accusative · noDegree ▸ **3** (1Kings 10,11; 1Kings 10,12; 1Kings 10,12)
: ἀπελεκήτους ▸ 1
: : **Adjective** · masculine · plural · accusative · noDegree ▸ **1** (1Kings 6,1a)
: ἀπελεκήτων ▸ 3
: : **Adjective** · masculine · plural · genitive · noDegree ▸ **3** (1Kings 6,36; 1Kings 7,48; 1Kings 7,49)

ἀπελεύθερος (ἀπό; ἐλεύθερος) freeman ▸ 1
: ἀπελεύθερος ▸ 1
: : **Noun** · masculine · singular · nominative ▸ **1** (1Cor. 7,22)

ἀπελευθερόω (ἀπό; ἐλεύθερος) to free ▸ 1
: ἀπηλευθερώθη ▸ 1
: : **Verb** · third · singular · aorist · passive · indicative ▸ **1** (Lev. 19,20)

Ἀπελλῆς Apelles ▸ 1
: Ἀπελλῆν ▸ 1
: : **Noun** · masculine · singular · accusative · (proper) ▸ **1** (Rom. 16,10)

ἀπελπίζω (ἀπό; ἐλπίς) to expect, hope for; suspect, despair ▸ 6 + 1 = 7
: ἀπελπίζοντες ▸ 1
: : **Verb** · present · active · participle · masculine · plural · nominative ▸ **1** (Luke 6,35)
: ἀπελπίσας ▸ 1
: : **Verb** · aorist · active · participle · masculine · singular · nominative ▸ **1** (2Mac. 9,18)
: ἀπηλπισμένοι ▸ 1
: : **Verb** · perfect · passive · participle · masculine · plural · nominative ▸ **1** (Is. 29,19)
: ἀπηλπισμένων ▸ 2
: : **Verb** · perfect · passive · participle · masculine · plural · genitive ▸ **2** (Esth. 14,19 # 4,17z; Judith 9,11)
: ἀφελπίσῃς ▸ 1
: : **Verb** · third · singular · aorist · active · subjunctive ▸ **1** (Sir. 22,21)
: ἀφήλπισεν ▸ 1
: : **Verb** · third · singular · aorist · active · indicative ▸ **1** (Sir. 27,21)

ἀπέναντι (ἀπό; ἐν; ἀντί) opposite, before, against ▸ 94 + 3 + 5 = 102
: ἀπέναντι ▸ 90 + 3 + 5 = 98
: : **Adverb** ▸ **6** (Josh. 8,33 # 9,2d; Josh. 18,17; Sir. 37,4; Ezek. 8,16; Ezek. 10,19; Ezek. 40,2)
: : **Preposition** · (+genitive) ▸ 84 + 3 + 5 = **92** (Gen. 3,24; Gen. 21,16; Gen. 21,16; Gen. 23,19; Gen. 25,9; Gen. 49,30; Ex. 14,2; Ex. 14,9; Ex. 26,35; Ex. 30,6; Ex. 30,36; Ex. 40,26; Lev. 6,7; Lev. 9,5; Lev. 16,12; Lev. 16,18; Lev. 17,4; Lev. 17,6; Lev. 19,14; Num. 7,10; Num. 18,2; Num. 19,4; Num. 20,9; Num. 20,10; Num. 25,4; Num. 32,29; Num. 33,7; Num. 33,7; Num. 33,8; Num. 33,47; Deut. 26,4; Deut. 26,10; Deut. 28,66; Deut. 32,52; Josh. 3,16; Josh. 7,8; Josh. 7,13; Josh. 11,2; Josh. 15,3; Josh. 15,7; Josh. 24,1; Josh. 24,26; 2Sam. 10,17; 2Sam. 12,12; 1Kings 21,29; 2Kings 16,14; 2Kings 19,26; 1Chr. 13,10; 1Chr. 17,16; 2Chr. 2,3; 2Chr. 8,12; Neh. 3,31; Neh. 7,3; Neh. 8,3; Neh. 11,11; Neh. 11,22; Neh. 13,21; Judith 3,9; Judith 4,6; Judith 7,3; Judith 7,18; Judith 7,18; Judith 11,13; Judith 11,19; 1Mac. 6,32; 2Mac. 10,26; Psa. 13,3; Psa. 35,2; Sir. 27,23; Sir. 33,14; Sir. 33,14; Sir. 33,14; Sol. 2,12; Hos. 7,2; Jonah 4,5; Is. 1,16; Is. 17,13; Jer. 16,17; Jer. 38,39; Lam. 2,19; Ezek. 11,23; Ezek. 40,47; Ezek. 42,7; Dan. 8,3; Judg. 19,10; Judg. 20,43; Tob. 5,4; Matt. 27,24; Matt. 27,61; Acts 3,16; Acts

ἀπέναντι–ἀπέρχομαι

17,7; Rom. 3,18)
- ἀπέναντί ▸ 4
  - **Preposition** · (+genitive) ▸ **4** (Judith 11,19; Sol. 17,4; Ezek. 26,8; Dan. 10,16)

ἀπεναντίον (ἀπό; ἐν; ἀντί) opposite, before, against ▸ 1
- ἀπεναντίον ▸ 1
  - **Preposition** · (+genitive) ▸ **1** (Song 6,5)

ἀπενεόομαι to become speechless ▸ 1
- ἀπηνεώθη ▸ 1
  - **Verb** · third · singular · aorist · passive · indicative ▸ **1** (Dan. 4,19)

ἀπένθητος (α; πένθος) unlamented ▸ 1
- ἀπένθητος ▸ 1
  - **Adjective** · masculine · singular · nominative · noDegree ▸ **1** (2Mac. 5,10)

ἀπέραντος (ἀπό; πέραν) endless, boundless ▸ 2 + 1 = 3
- ἀπέραντον ▸ 1
  - **Adjective** · feminine · singular · accusative · noDegree ▸ **1** (3Mac. 2,9)
- ἀπεράντοις ▸ 1
  - **Adjective** · feminine · plural · dative ▸ **1** (1Tim. 1,4)
- ἀπέραντος ▸ 1
  - **Adjective** · masculine · singular · nominative · noDegree ▸ **1** (Job 36,26)

ἀπερείδομαι to fix, affix, put upon, press upon ▸ 1
- ἀπηρείδοντο ▸ 1
  - **Verb** · third · plural · imperfect · middle · indicative ▸ **1** (1Kings 14,28)

ἀπερείδω (ἀπό; ἐρείδω) to fix, settle, support ▸ 8
- ἀπερείδομαι ▸ 1
  - **Verb** · first · singular · present · middle · indicative ▸ **1** (Judg. 6,37)
- ἀπερείσηται ▸ 1
  - **Verb** · third · singular · aorist · middle · subjunctive ▸ **1** (Amos 5,19)
- ἀπηρείσαντο ▸ 1
  - **Verb** · third · plural · aorist · middle · indicative ▸ **1** (1Chr. 16,1)
- ἀπηρείσατο ▸ 5
  - **Verb** · third · singular · aorist · middle · indicative ▸ **5** (1Esdr. 1,39; 1Esdr. 2,7; 1Esdr. 6,17; Ezek. 24,2; Dan. 1,2)

ἀπερικάθαρτος (α; περί; καθαρός) impure ▸ 1
- ἀπερικάθαρτος ▸ 1
  - **Adjective** · masculine · singular · nominative · noDegree ▸ **1** (Lev. 19,23)

ἀπερίσπαστος (α; περί; σπάω) undisturbed, calm ▸ 2
- ἀπερίσπαστοι ▸ 1
  - **Adjective** · masculine · plural · nominative · noDegree ▸ **1** (Wis. 16,11)
- ἀπερισπάστῳ ▸ 1
  - **Adjective** · masculine · singular · dative · noDegree ▸ **1** (Sir. 41,1)

ἀπερισπάστως (α; περί; σπάω) solitarily, without distraction ▸ 1
- ἀπερισπάστως ▸ 1
  - **Adverb** ▸ **1** (1Cor. 7,35)

ἀπερίτμητος (α; περί; τομός) uncircumcised ▸ 34 + 2 + 1 = 37
- ἀπερίτμητα ▸ 3
  - **Adjective** · neuter · plural · accusative · noDegree ▸ **1** (1Mac. 2,46)
  - **Adjective** · neuter · plural · nominative · noDegree ▸ **2** (Jer. 6,10; Jer. 9,25)
- ἀπερίτμητοι ▸ 8 + 1 = 9
  - **Adjective** · masculine · plural · nominative · noDegree ▸ **8** (Josh. 5,4; Josh. 5,6; 1Sam. 31,4; 1Chr. 10,4; Jer. 9,25; Ezek. 32,24; Ezek. 32,26; Ezek. 32,30)
  - **Adjective** · masculine · plural · vocative ▸ **1** (Acts 7,51)
- ἀπερίτμητος ▸ 8
  - **Adjective** · feminine · singular · nominative · noDegree ▸ **1** (Lev. 26,41)
  - **Adjective** · masculine · singular · nominative · noDegree ▸ **7** (Gen. 17,14; Ex. 12,48; 1Sam. 17,36; 1Sam. 17,36; Is. 52,1; Ezek. 44,9; Ezek. 44,9)
- ἀπεριτμήτου ▸ 1
  - **Adjective** · masculine · singular · genitive · noDegree ▸ **1** (1Sam. 17,37)
- ἀπεριτμήτους ▸ 4
  - **Adjective** · masculine · plural · accusative · noDegree ▸ **4** (Josh. 5,7; 1Mac. 1,48; Ezek. 44,7; Ezek. 44,7)
- ἀπεριτμήτων ▸ 10 + 2 = 12
  - **Adjective** · masculine · plural · genitive · noDegree ▸ **10** + **2** = **12** (Judg. 14,3; Judg. 15,18; 1Sam. 14,6; 2Sam. 1,20; Esth. 14,15 # 4,17u; Ezek. 28,10; Ezek. 31,18; Ezek. 32,21; Ezek. 32,28; Ezek. 32,32; Judg. 14,3; Judg. 15,18)

ἀπέρχομαι (ἀπό; ἔρχομαι) to go away, depart ▸ 217 + 12 + 117 = 346
- ἀπελεύσει ▸ 1
  - **Verb** · second · singular · future · middle · indicative ▸ **1** (1Sam. 10,3)
- ἀπελεύσεσθε ▸ 7
  - **Verb** · second · plural · future · middle · indicative ▸ **7** (Gen. 19,2; Ex. 3,21; Lev. 25,10; Josh. 1,15; Josh. 2,16; Judg. 21,21; Neh. 5,9)
- ἀπελεύσεται ▸ 16
  - **Verb** · third · singular · future · middle · indicative ▸ **16** (Gen. 24,55; Ex. 8,25; Ex. 21,2; Ex. 21,7; Lev. 25,10; Lev. 25,27; Lev. 25,28; Lev. 25,41; 1Sam. 6,8; Eccl. 5,15; Job 21,33; Job 27,21; Job 34,15; Sir. 14,19; Sir. 41,10; Jer. 21,2)
- ἀπελεύσῃ ▸ 7 + 1 = 8
  - **Verb** · second · singular · future · middle · indicative ▸ **7** + **1** = **8** (Gen. 3,19; Gen. 15,15; Deut. 16,7; Judg. 4,6; Judg. 19,9; 1Sam. 20,13; 1Kings 12,24l; Judg. 4,6)
- ἀπελεύσομαι ▸ 7 + 1 = 8
  - **Verb** · first · singular · future · middle · indicative ▸ **7** + **1** = **8** (2Sam. 20,21; 1Kings 12,24d; 1Kings 12,24f; 1Mac. 12,45; Job 1,21; Job 7,21; Jer. 9,1; Rom. 15,28)
- ἀπελευσόμεθα ▸ 1 + 2 + 1 = 4
  - **Verb** · first · plural · future · middle · indicative ▸ **1** + **2** + **1** = **4** (Gen. 34,17; Judg. 20,8; Tob. 5,17; John 6,68)
- ἀπελεύσονται ▸ 3 + 1 = 4
  - **Verb** · third · plural · future · middle · indicative ▸ **3** + **1** = **4** (Deut. 28,41; Jer. 44,9; LetterJ 57; Matt. 25,46)
- ἀπεληλύθει ▸ 1
  - **Verb** · third · singular · pluperfect · active · indicative ▸ **1** (2Sam. 3,22)
- ἀπεληλύθεισαν ▸ 1
  - **Verb** · third · plural · pluperfect · active · indicative ▸ **1** (John 4,8)
- ἀπελήλυθεν ▸ 1 + 1 = 2
  - **Verb** · third · singular · perfect · active · indicative ▸ **1** + **1** = **2** (2Sam. 3,24; James 1,24)

ἀπέλθατε ▸ 6
  Verb · second · plural · aorist · active · imperative ▸ 5 (Gen. 42,33; Gen. 45,17; Ex. 5,4; Josh. 22,4; Is. 23,6)
  Verb · second · plural · aorist · passive · imperative ▸ 1 (1Sam. 25,5)

ἀπελθάτω ▸ 1
  Verb · third · singular · aorist · active · imperative ▸ 1 (Ezra 6,5)

ἄπελθε ▸ 4
  Verb · second · singular · aorist · active · imperative ▸ 4 (Gen. 31,13; Ex. 4,19; Tob. 14,4; Tob. 14,8)

Ἄπελθε ▸ 3
  Verb · second · singular · aorist · active · imperative ▸ 3 (Gen. 26,16; Ex. 10,28; 1Sam. 15,6)

ἀπελθεῖν ▸ 21 + 11 = 32
  Verb · aorist · active · infinitive ▸ 21 + 11 = 32 (Gen. 31,18; Gen. 31,30; Josh. 22,9; Judg. 19,5; Judg. 19,7; Judg. 19,8; Judg. 19,9; Judg. 19,27; 1Sam. 10,9; 1Sam. 15,27; 1Sam. 29,11; 2Sam. 17,21; 1Kings 11,22; 2Chr. 24,25; 2Chr. 25,10; 1Esdr. 4,11; Tob. 5,17; 1Mac. 5,48; 1Mac. 6,57; 1Mac. 9,69; Psa. 38,14; Matt. 2,22; Matt. 8,18; Matt. 8,21; Matt. 14,16; Matt. 16,21; Mark 5,17; Mark 9,43; Luke 8,31; Luke 8,37; Acts 4,15; Acts 16,39)

ἀπέλθετε ▸ 1
  Verb · second · plural · aorist · active · imperative ▸ 1 (Josh. 2,16)

Ἀπέλθετε ▸ 1
  Verb · second · plural · aorist · active · imperative ▸ 1 (1Kings 12,5)

ἀπελθέτω ▸ 1
  Verb · third · singular · aorist · active · imperative ▸ 1 (2Chr. 16,3)

ἀπελθέτωσαν ▸ 1
  Verb · third · plural · aorist · active · imperative ▸ 1 (2Kings 6,22)

ἀπέλθῃ ▸ 2 + 1 = 3
  Verb · third · singular · aorist · active · subjunctive ▸ 2 + 1 = 3 (Ex. 19,13; Jer. 3,1; Matt. 5,30)

ἀπέλθῃς ▸ 2
  Verb · second · singular · aorist · active · subjunctive ▸ 2 (1Sam. 10,2; Is. 23,12)

ἀπέλθητε ▸ 2
  Verb · second · plural · aorist · active · subjunctive ▸ 2 (Matt. 10,5; Luke 17,23)

ἀπελθόντες ▸ 2 + 8 = 10
  Verb · aorist · active · participle · masculine · plural · nominative ▸ 2 + 8 = 10 (Gen. 29,7; Ex. 12,28; Matt. 8,33; Matt. 13,28; Matt. 14,15; Mark 6,36; Mark 6,37; Mark 14,12; Mark 16,13; Luke 22,13)

Ἀπελθόντες ▸ 1 + 1 = 2
  Verb · aorist · active · participle · masculine · plural · nominative ▸ 1 + 1 = 2 (Ex. 12,21; Luke 19,32)

ἀπελθόντι ▸ 1
  Verb · aorist · active · participle · masculine · singular · dative ▸ 1 (Luke 9,59)

Ἀπελθόντων ▸ 1
  Verb · aorist · active · participle · masculine · plural · genitive ▸ 1 (Luke 7,24)

ἀπελθοῦσα ▸ 4 + 1 = 5
  Verb · aorist · active · participle · feminine · singular · nominative ▸ 4 + 1 = 5 (Gen. 21,14; Gen. 21,16; Gen. 38,11; Deut. 24,2; Mark 7,30)

ἀπελθοῦσαι ▸ 2
  Verb · aorist · active · participle · feminine · plural · nominative ▸ 2 (Matt. 28,8; Jude 7)

ἀπελθοῦσαν ▸ 1
  Verb · aorist · active · participle · feminine · singular · accusative ▸ 1 (Wis. 4,2)

ἀπέλθω ▸ 5 + 2 = 7
  Verb · first · singular · aorist · active · subjunctive ▸ 5 + 2 = 7 (Gen. 24,54; Gen. 24,56; Gen. 30,25; Gen. 30,26; 1Kings 18,12; John 16,7; John 16,7)

ἀπέλθωμεν ▸ 3 + 1 = 4
  Verb · first · plural · aorist · active · subjunctive ▸ 3 + 1 = 4 (Judg. 19,28; 1Sam. 26,11; Jer. 28,9; Judg. 19,28)

ἀπελθών ▸ 3 + 16 = 19
  Verb · aorist · active · participle · masculine · singular · nominative ▸ 3 + 16 = 19 (Num. 22,26; Tob. 12,13; Dan. 2,17; Matt. 13,46; Matt. 18,30; Matt. 25,18; Matt. 25,25; Matt. 26,36; Matt. 26,42; Matt. 26,44; Matt. 27,5; Mark 6,27; Mark 14,39; Luke 5,14; Luke 9,60; Luke 22,4; John 9,11; John 12,36; Acts 5,26)

ἀπέλθωσιν ▸ 1 + 1 = 2
  Verb · third · plural · aorist · active · subjunctive ▸ 1 + 1 = 2 (Jer. 44,9; Matt. 28,10)

ἀπέρχεσθαι ▸ 1
  Verb · present · middle · infinitive ▸ 1 (Acts 23,32)

ἀπέρχῃ ▸ 2
  Verb · second · singular · present · middle · subjunctive ▸ 2 (Matt. 8,19; Luke 9,57)

ἀπερχομένων ▸ 1
  Verb · present · middle · participle · feminine · plural · genitive ▸ 1 (Matt. 25,10)

ἀπῆλθα ▸ 1
  Verb · first · singular · aorist · active · indicative ▸ 1 (Rev. 10,9)

ἀπῆλθαν ▸ 2 + 1 + 3 = 6
  Verb · third · plural · aorist · active · indicative ▸ 2 + 1 + 3 = 6 (Judg. 2,6; Judg. 18,21; Judg. 18,21; Matt. 22,22; Rev. 21,1; Rev. 21,4)

ἀπήλθατε ▸ 1
  Verb · second · plural · aorist · active · indicative ▸ 1 (Judg. 18,24)

ἀπῆλθεν ▸ 78 + 6 + 39 = 123
  Verb · third · singular · aorist · active · indicative ▸ 78 + 6 + 39 = 123 (Gen. 18,33; Gen. 24,61; Gen. 26,17; Gen. 32,1; Gen. 32,2; Gen. 38,19; Ex. 4,26; Ex. 18,27; Num. 11,30; Num. 12,9; Num. 24,25; Num. 24,25; Josh. 6,11; Josh. 6,14; Josh. 10,29; Josh. 10,31; Josh. 10,34; Josh. 10,36; Judg. 1,26; Judg. 6,21; Judg. 19,2; Judg. 19,10; Judg. 19,28; 1Sam. 2,20; 1Sam. 10,25; 1Sam. 10,26; 1Sam. 13,15; 1Sam. 15,34; 1Sam. 16,13; 1Sam. 19,12; 1Sam. 21,1; 1Sam. 22,1; 1Sam. 22,3; 1Sam. 23,18; 1Sam. 24,23; 1Sam. 26,25; 2Sam. 3,23; 2Sam. 5,6; 2Sam. 6,19; 2Sam. 12,15; 2Sam. 17,23; 2Sam. 19,25; 1Kings 1,50; 1Kings 12,16; 1Kings 12,24n; 1Kings 12,24u; 1Kings 12,24u; 1Kings 13,10; 1Kings 13,24; 1Kings 19,3; 1Kings 19,19; 1Kings 21,36; 1Kings 21,43; 2Kings 4,5; 2Kings 5,11; 2Kings 5,12; 2Kings 5,19; 2Kings 8,14; 2Chr. 10,5; Neh. 8,12; Judith 2,22; Judith 16,21; Tob. 10,7; Tob. 14,12; 1Mac. 1,24; 1Mac. 7,20; 1Mac. 9,72; 1Mac. 10,13; 1Mac. 11,61; 1Mac. 13,24; 2Mac. 5,7; 2Mac. 14,34; Psa. 33,1; Ode. 11,12; Song 2,11; Song 6,1; Is. 37,37; Is. 38,12; Judg. 19,2; Judg. 19,10; Tob. 1,18; Tob. 10,14; Tob. 14,12; Dan. 6,19; Matt. 4,24; Matt. 9,7; Matt. 13,25; Matt. 16,4; Matt. 19,22; Matt. 21,29; Matt. 21,30; Matt. 27,60; Mark 1,35; Mark 1,42; Mark 5,20; Mark 5,24; Mark 6,46; Mark 7,24; Mark 8,13; Mark 10,22; Mark 14,10; Luke 1,23; Luke 1,38; Luke 5,13; Luke 5,25; Luke 8,39; Luke 24,12; John 4,3; John 4,28; John 4,47; John 5,15; John 6,1; John 9,7; John 10,40; John 11,28; John 11,54; John 12,19; Acts 10,7; Rev.

9,12; Rev. 11,14; Rev. 12,17; Rev. 16,2; Rev. 18,14)
- **Ἀπῆλθεν** ▸ 1
  - **Verb** · third · singular · aorist · active · indicative ▸ **1** (Acts 9,17)
- **ἀπῆλθες** ▸ 1
  - **Verb** · second · singular · aorist · active · indicative ▸ **1** (2Sam. 16,17)
- **ἀπῆλθον** ▸ 24 + 1 + 16 = 41
  - **Verb** · first · singular · aorist · active · indicative ▸ **1** (Gal. 1,17)
  - **Verb** · third · plural · aorist · active · indicative ▸ 24 + 1 + 15 = **40** (Gen. 14,11; Gen. 42,26; Judg. 9,55; Judg. 19,14; Judg. 21,23; Judg. 21,24; 1Sam. 2,11; 1Sam. 6,6; 1Sam. 14,46; 1Sam. 26,12; 1Sam. 28,25; 1Sam. 30,2; 2Sam. 2,29; 2Sam. 4,7; 1Kings 1,49; 1Kings 8,66; 1Kings 12,5; 1Kings 18,29; 2Kings 6,23; Judith 2,21; Judith 6,12; Judith 7,32; 1Mac. 9,36; 1Mac. 12,46; Bel 14; Matt. 8,32; Matt. 20,5; Matt. 22,5; Mark 1,20; Mark 3,13; Mark 6,32; Mark 11,4; Mark 12,12; Luke 2,15; Luke 10,30; John 6,22; John 6,66; John 11,46; John 18,6; John 20,10)
- **ἀπηλθόν** ▸ 1
  - **Verb** · third · plural · aorist · active · indicative ▸ **1** (Luke 24,24)
- **ἀπήλθοσαν** ▸ 4
  - **Verb** · third · plural · aorist · active · indicative ▸ **4** (Josh. 22,8; Josh. 24,33b; Judith 13,4; Jer. 5,23)
- **ἀπευθανατίζω (ἀπό; εὖ; θνῄσκω)** to die well ▸ 1
  - **ἀπευθανατίζειν** ▸ 1
    - **Verb** · present · active · infinitive ▸ **1** (2Mac. 6,28)
- **ἀπεχθάνομαι (ἀπό; ἐχθρός)** to hate, envy ▸ 1
  - **ἀπεχθόμενος** ▸ 1
    - **Verb** · aorist · passive · participle · masculine · singular · nominative ▸ **1** (3Mac. 2,30)
- **ἀπέχθεια (ἀπό; ἐχθρός)** hatred, abhorrence ▸ 1
  - **ἀπεχθείας** ▸ 1
    - **Noun** · feminine · singular · genitive · (common) ▸ **1** (3Mac. 4,1)
- **ἀπεχθής (ἀπό; ἐχθρός)** hating, hostile ▸ 2
  - **ἀπεχθεῖς** ▸ 1
    - **Adjective** · masculine · plural · nominative · noDegree ▸ **1** (3Mac. 3,4)
  - **ἀπεχθῆ** ▸ 1
    - **Adjective** · feminine · singular · accusative · noDegree ▸ **1** (2Mac. 5,23)
- **ἀπεχθῶς (ἀπό; ἐχθρός)** soberly, hatefully ▸ 2
  - **ἀπεχθῶς** ▸ 2
    - **Adverb** ▸ **2** (3Mac. 5,3; Wis. 19,15)
- **ἀπέχω (ἀπό; ἔχω)** to receive, obtain, get, be far off ▸ 41 + 1 + 19 = 61
  - **ἀπεῖχεν** ▸ 1
    - **Verb** · third · singular · imperfect · active · indicative ▸ **1** (Matt. 14,24)
  - **ἀπέσχηκεν** ▸ 1
    - **Verb** · third · singular · perfect · active · indicative ▸ **1** (Joel 1,13)
  - **ἀπεσχήμεθα** ▸ 1
    - **Verb** · first · plural · perfect · middle · indicative ▸ **1** (1Sam. 21,6)
  - **Ἀπεσχήμεθα** ▸ 1
    - **Verb** · first · plural · perfect · middle · indicative ▸ **1** (Jer. 7,10)
  - **ἀπέσχον** ▸ 1
    - **Verb** · third · plural · aorist · active · indicative ▸ **1** (Gen. 44,4)
  - **ἄπεχε** ▸ 1
    - **Verb** · second · singular · present · active · imperative ▸ **1** (Sir. 9,13)
  - **ἀπέχει** ▸ 4 + 1 + 3 = 8
    - **Verb** · third · singular · present · active · indicative ▸ 4 + 1 + 3 = **8** (Prov. 15,29; Is. 29,13; Is. 55,9; Is. 55,9; Tob. 5,6; Matt. 15,8; Mark 7,6; Mark 14,41)
  - **ἀπέχεσθαι** ▸ 3 + 5 = 8
    - **Verb** · present · middle · infinitive ▸ 3 + 5 = **8** (1Esdr. 6,26; Job 28,28; Ezek. 8,6; Acts 15,20; Acts 15,29; 1Th. 4,3; 1Tim. 4,3; 1Pet. 2,11)
  - **ἀπέχεσθε** ▸ 1 + 1 = 2
    - **Verb** · second · plural · present · middle · indicative ▸ 1 + 1 = **2** (Mal. 3,6; 1Th. 5,22)
  - **ἀπέχεται** ▸ 1
    - **Verb** · third · singular · present · middle · indicative ▸ **1** (Wis. 2,16)
  - **ἀπέχετε** ▸ 1 + 1 = 2
    - **Verb** · second · plural · present · active · indicative ▸ 1 + 1 = **2** (Ezek. 11,15; Luke 6,24)
  - **ἀπέχῃ** ▸ 1
    - **Verb** · third · singular · present · active · subjunctive ▸ **1** (Deut. 12,21)
  - **ἀπέχῃς** ▸ 1
    - **Verb** · second · singular · present · active · subjunctive ▸ **1** (Philem. 15)
  - **ἀπεχόμεθα** ▸ 1
    - **Verb** · first · plural · present · middle · indicative ▸ **1** (4Mac. 1,34)
  - **ἀπέχομεν** ▸ 1
    - **Verb** · first · plural · present · active · indicative ▸ **1** (Num. 32,19)
  - **ἀπεχόμενος** ▸ 3
    - **Verb** · present · middle · participle · masculine · singular · nominative ▸ **3** (Job 1,1; Job 1,8; Job 2,3)
  - **ἀπέχον** ▸ 1
    - **Verb** · present · active · participle · neuter · singular · accusative ▸ **1** (Joel 4,8)
  - **ἀπέχοντες** ▸ 1
    - **Verb** · present · active · participle · masculine · plural · nominative ▸ **1** (Judg. 18,9)
  - **ἀπέχοντι** ▸ 1
    - **Verb** · present · active · participle · neuter · singular · dative ▸ **1** (2Mac. 11,5)
  - **ἀπέχοντος** ▸ 2
    - **Verb** · present · active · participle · masculine · singular · genitive ▸ **2** (Luke 7,6; Luke 15,20)
  - **ἀπέχου** ▸ 2
    - **Verb** · second · singular · present · middle · imperative ▸ **2** (Job 13,21; Is. 54,14)
  - **ἀπεχούσαις** ▸ 1
    - **Verb** · present · active · participle · feminine · plural · dative ▸ **1** (Ezek. 22,5)
  - **ἀπέχουσαν** ▸ 1 + 1 = 2
    - **Verb** · present · active · participle · feminine · singular · accusative ▸ 1 + 1 = **2** (2Mac. 12,29; Luke 24,13)
  - **ἀπέχουσιν** ▸ 1 + 3 = 4
    - **Verb** · third · plural · present · active · indicative ▸ 1 + 3 = **4** (Psa. 102,12; Matt. 6,2; Matt. 6,5; Matt. 6,16)
  - **ἀπέχω** ▸ 1 + 1 = 2
    - **Verb** · first · singular · present · active · indicative ▸ 1 + 1 = **2** (Gen. 43,23; Phil. 4,18)
  - **ἀπέχων** ▸ 1
    - **Verb** · present · active · participle · masculine · singular · nominative ▸ **1** (1Mac. 8,4)
  - **ἀπόσχῃ** ▸ 2
    - **Verb** · third · singular · aorist · active · subjunctive ▸ **2** (Prov. 3,27; Prov. 23,13)

ἀπόσχου ▸ 2
: **Verb** · second · singular · aorist · middle · imperative ▸ 2 (Prov. 9,18c; Prov. 23,4)

Ἀπόσχου ▸ 1
: **Verb** · second · singular · aorist · middle · imperative ▸ 1 (Sir. 28,8)

ἀφέξεσθε ▸ 1
: **Verb** · second · plural · future · middle · indicative ▸ 1 (Deut. 18,22)

ἀφέξεται ▸ 2
: **Verb** · third · singular · future · middle · indicative ▸ 2 (Prov. 22,5; Joel 2,8)

ἀφεξόμεθα ▸ 1
: **Verb** · first · plural · future · middle · indicative ▸ 1 (Sol. 5,7)

ἀφεξόμεθά ▸ 1
: **Verb** · first · plural · future · middle · indicative ▸ 1 (Sol. 8,32)

ἀπηλιώτης (ἀπό; ἥλιος) east ▸ 6
: ἀπηλιώτην ▸ 2
: **Noun** · masculine · singular · accusative · (common) ▸ 2 (Ex. 27,11; Judith 7,18)
: ἀπηλιώτου ▸ 4
: **Noun** · masculine · singular · genitive · (common) ▸ 4 (1Mac. 12,37; Jer. 32,26; Ezek. 21,3; Ezek. 21,9)

ἀπήμαντος (ἀπό; πημαίνω) unhurt, unharmed ▸ 4
: ἀπήμαντον ▸ 2
: **Adjective** · masculine · singular · accusative · noDegree ▸ 1 (3Mac. 6,8)
: **Adjective** · neuter · singular · nominative · noDegree ▸ 1 (Wis. 7,22)
: ἀπημάντους ▸ 2
: **Adjective** · feminine · singular · accusative · noDegree ▸ 1 (3Mac. 6,6)
: **Adjective** · masculine · plural · accusative · noDegree ▸ 1 (2Mac. 12,25)

ἀπηνής (ἀπό; ἐνηής) harsh, rough ▸ 2
: ἀπηνεστάτων ▸ 1
: **Adjective** · neuter · plural · genitive · superlative ▸ 1 (Wis. 17,18)
: ἀπηνής ▸ 1
: **Adjective** · masculine · singular · nominative · noDegree ▸ 1 (Wis. 17,17)

ἄπιος pear tree ▸ 2
: ἀπίων ▸ 2
: **Noun** · feminine · plural · genitive · (common) ▸ 2 (1Chr. 14,14; 1Chr. 14,15)

Ἆπις Apis ▸ 1
: Ἆπις ▸ 1
: **Noun** · masculine · singular · nominative · (proper) ▸ 1 (Jer. 26,15)

ἀπιστέω (α; πείθω) to disbelieve, distrust ▸ 5 + 8 = 13
: ἀπιστήσας ▸ 1
: **Verb** · aorist · active · participle · masculine · singular · nominative ▸ 1 (Mark 16,16)
: ἀπιστοῦμεν ▸ 1
: **Verb** · first · plural · present · active · indicative ▸ 1 (2Tim. 2,13)
: ἀπιστούμενος ▸ 1
: **Verb** · present · passive · participle · masculine · singular · nominative ▸ 1 (Wis. 12,17)
: ἀπιστοῦντες ▸ 2
: **Verb** · present · active · participle · masculine · plural · nominative ▸ 2 (2Mac. 8,13; Wis. 18,13)
: ἀπιστούντων ▸ 1
: **Verb** · present · active · participle · masculine · plural · genitive ▸ 1 (Luke 24,41)
: ἀπιστούσης ▸ 1
: **Verb** · present · active · participle · feminine · singular · genitive ▸ 1 (Wis. 10,7)
: ἀπιστοῦσιν ▸ 1 + 1 = 2
: **Verb** · present · active · participle · masculine · plural · dative ▸ 1 + 1 = 2 (Wis. 1,2; 1Pet. 2,7)
: ἠπίστησαν ▸ 1
: **Verb** · third · plural · aorist · active · indicative ▸ 1 (Mark 16,11)
: ἠπίστησάν ▸ 1
: **Verb** · third · plural · aorist · active · indicative ▸ 1 (Rom. 3,3)
: ἠπίστουν ▸ 2
: **Verb** · third · plural · imperfect · active · indicative ▸ 2 (Luke 24,11; Acts 28,24)

ἀπιστία (α; πείθω) unbelief ▸ 1 + 11 = 12
: ἀπιστία ▸ 1 + 1 = 2
: **Noun** · feminine · singular · nominative · (common) ▸ 1 + 1 = 2 (Wis. 14,25; Rom. 3,3)
: ἀπιστίᾳ ▸ 5
: **Noun** · feminine · singular · dative ▸ 5 (Mark 9,24; Rom. 4,20; Rom. 11,20; Rom. 11,23; 1Tim. 1,13)
: ἀπιστίαν ▸ 4
: **Noun** · feminine · singular · accusative ▸ 4 (Matt. 13,58; Mark 6,6; Mark 16,14; Heb. 3,19)
: ἀπιστίας ▸ 1
: **Noun** · feminine · singular · genitive ▸ 1 (Heb. 3,12)

ἄπιστος (α; πείθω) incredible, unbelievable, unbelieving ▸ 3 + 23 = 26
: ἄπιστοι ▸ 1
: **Adjective** · masculine · plural · nominative ▸ 1 (1Cor. 14,23)
: ἀπίστοις ▸ 5
: **Adjective** · masculine · plural · dative ▸ 5 (1Cor. 14,22; 1Cor. 14,22; 2Cor. 6,14; Titus 1,15; Rev. 21,8)
: ἄπιστον ▸ 2 + 3 = 5
: **Adjective** · feminine · singular · accusative ▸ 1 (1Cor. 7,12)
: **Adjective** · masculine · singular · accusative ▸ 1 (1Cor. 7,13)
: **Adjective** · neuter · singular · accusative · noDegree ▸ 2 (Is. 17,10; Is. 17,10)
: **Adjective** · neuter · singular · nominative ▸ 1 (Acts 26,8)
: ἄπιστος ▸ 8
: **Adjective** · feminine · singular · nominative ▸ 1 (1Cor. 7,14)
: **Adjective** · feminine · singular · vocative ▸ 3 (Matt. 17,17; Mark 9,19; Luke 9,41)
: **Adjective** · masculine · singular · nominative ▸ 4 (John 20,27; 1Cor. 7,14; 1Cor. 7,15; 1Cor. 14,24)
: ἀπίστου ▸ 1 + 2 = 3
: **Adjective** · masculine · singular · genitive · noDegree ▸ 1 + 2 = 3 (Prov. 17,6a; 2Cor. 6,15; 1Tim. 5,8)
: ἀπίστων ▸ 4
: **Adjective** · masculine · plural · genitive ▸ 4 (Luke 12,46; 1Cor. 6,6; 1Cor. 10,27; 2Cor. 4,4)

ἄπλαστος (α; πλάσσω) sincere, simple, natural ▸ 1
: ἄπλαστος ▸ 1
: **Adjective** · masculine · singular · nominative · noDegree ▸ 1 (Gen. 25,27)

ἄπλατος (α; πελάζω) inaccessible, unattainable, immense ▸ 1
: ἀπλάτῳ ▸ 1
: **Adjective** · neuter · singular · dative · noDegree ▸ 1 (3Mac. 4,11)

ἀπληστεύομαι (α; πληρόω) to be greedy, insatiable ▸ 2

ἀπληστεύου ▸ 2
  Verb · second · singular · present · middle · imperative ▸ **2** (Sir. 31,17; Sir. 37,29)

ἀπληστία (α; πληρόω) greediness, insatiableness ▸ 2
  ἀπληστία ▸ 1
    Noun · feminine · singular · nominative · (common) ▸ **1** (Sir. 37,30)
  ἀπληστίαν ▸ 1
    Noun · feminine · singular · accusative · (common) ▸ **1** (Sir. 37,31)

ἄπληστος (α; πληρόω) unfillable; insatiate ▸ 5
  ἄπληστοι ▸ 1
    Adjective · masculine · plural · nominative · noDegree ▸ **1** (Prov. 27,20)
  ἄπληστος ▸ 1
    Adjective · masculine · singular · nominative · noDegree ▸ **1** (Prov. 28,25)
  ἀπληστότερος ▸ 1
    Adjective · masculine · singular · nominative · comparative ▸ **1** (Prov. 23,3)
  ἀπλήστου ▸ 1
    Adjective · masculine · singular · genitive · noDegree ▸ **1** (Sir. 31,20)
  ἀπλήστῳ ▸ 1
    Adjective · feminine · singular · dative · noDegree ▸ **1** (Psa. 100,5)

ἁπλοσύνη (ἁπλότης) simplicity, sincerity ▸ 1
  ἁπλοσύνης ▸ 1
    Noun · feminine · singular · genitive · (common) ▸ **1** (Job 21,23)

ἁπλότης generosity, sincerity ▸ 7 + 8 = 15
  ἁπλότητα ▸ 1
    Noun · feminine · singular · accusative ▸ **1** (2Cor. 9,11)
  ἁπλότητι ▸ 6 + 5 = 11
    Noun · feminine · singular · dative · (common) ▸ 6 + 5 = **11** (2Sam. 15,11; 1Chr. 29,17; 1Mac. 2,37; 1Mac. 2,60; Wis. 1,1; Sus. 63; Rom. 12,8; 2Cor. 1,12; 2Cor. 9,13; Eph. 6,5; Col. 3,22)
  ἁπλότητος ▸ 1 + 2 = 3
    Noun · feminine · singular · genitive · (common) ▸ 1 + 2 = **3** (3Mac. 3,21; 2Cor. 8,2; 2Cor. 11,3)

ἁπλοῦς (ἁπλότης) single, sincere, plain, simple ▸ 1 + 2 = 3
  ἁπλῆ ▸ 1
    Adjective · feminine · singular · nominative · noDegree ▸ **1** (Prov. 11,25)
  ἁπλοῦς ▸ 2
    Adjective · masculine · singular · nominative ▸ **2** (Matt. 6,22; Luke 11,34)

ἁπλόω (ἁπλότης) to simplify, explain; stretch ▸ 1
  ἁπλώσῃς ▸ 1
    Verb · second · singular · aorist · active · subjunctive ▸ **1** (Job 22,3)

ἁπλῶς (ἁπλότης) simply, sincerely, generously ▸ 3 + 1 = 4
  ἁπλῶς ▸ 3 + 1 = 4
    Adverb ▸ 3 + 1 = **4** (2Mac. 6,6; Prov. 10,9; Wis. 16,27; James 1,5)

ἄπνοος (α; πνέω) lifeless, breathless ▸ 1
  ἄπνουν ▸ 1
    Adjective · neuter · singular · accusative · noDegree ▸ **1** (Wis. 15,5)

ἀπό from, by, since ▸ 3890 + 257 + 646 = 4793
  ἀπ' ▸ 484 + 22 + 125 = 631
    Preposition ▸ 1 (Josh. 3,4)
    Preposition · (+genitive) ▸ 483 + 22 + 125 = **630** (Gen. 2,17; Gen. 2,17; Gen. 3,3; Gen. 3,5; Gen. 3,11; Gen. 3,17; Gen. 6,4; Gen. 6,13; Gen. 13,9; Gen. 13,14; Gen. 23,4; Gen. 26,31; Gen. 31,31; Gen. 35,13; Gen. 39,9; Gen. 42,7; Gen. 42,24; Gen. 42,24; Gen. 44,28; Gen. 45,1; Gen. 47,10; Gen. 47,21; Ex. 4,3; Ex. 4,26; Ex. 8,4; Ex. 10,17; Ex. 10,26; Ex. 10,28; Ex. 12,9; Ex. 12,10; Ex. 12,10; Ex. 12,10; Ex. 12,43; Ex. 12,44; Ex. 12,45; Ex. 12,46; Ex. 12,48; Ex. 16,16; Ex. 16,19; Ex. 16,20; Ex. 16,24; Ex. 19,22; Ex. 19,24; Ex. 29,33; Ex. 30,33; Ex. 38,16; Lev. 2,2; Lev. 2,11; Lev. 4,2; Lev. 4,8; Lev. 4,19; Lev. 5,12; Lev. 6,5; Lev. 6,8; Lev. 6,9; Lev. 7,3; Lev. 7,15; Lev. 7,18; Lev. 8,11; Lev. 9,17; Lev. 11,22; Lev. 11,32; Lev. 13,58; Lev. 22,3; Lev. 22,13; Lev. 22,22; Lev. 25,44; Lev. 27,9; Lev. 27,11; Num. 3,38; Num. 9,12; Num. 9,12; Num. 14,9; Num. 14,19; Num. 14,31; Num. 16,28; Num. 17,20; Num. 17,25; Num. 18,26; Num. 18,28; Num. 18,29; Num. 18,30; Num. 18,32; Num. 20,21; Num. 22,33; Num. 23,7; Num. 30,9; Num. 31,49; Num. 32,15; Deut. 1,29; Deut. 4,2; Deut. 7,4; Deut. 7,25; Deut. 11,12; Deut. 13,1; Deut. 13,8; Deut. 14,12; Deut. 14,19; Deut. 20,1; Deut. 20,16; Deut. 20,19; Deut. 21,13; Deut. 22,8; Deut. 26,14; Deut. 26,14; Deut. 26,14; Deut. 28,49; Deut. 28,64; Deut. 30,4; Deut. 31,17; Deut. 31,18; Deut. 32,20; Josh. 1,7; Josh. 1,15; Josh. 7,5; Josh. 7,19; Josh. 8,11; Josh. 8,24; Josh. 12,1; Josh. 13,27; Josh. 16,1; Josh. 16,6; Josh. 17,10; Josh. 19,12; Josh. 19,27; Josh. 19,34; Josh. 19,47a; Josh. 22,17; Josh. 24,2; Judg. 3,19; Judg. 8,3; Judg. 16,17; Judg. 16,19; Judg. 16,20; Judg. 19,2; 1Sam. 3,17; 1Sam. 3,17; 1Sam. 3,18; 1Sam. 3,21; 1Sam. 10,2; 1Sam. 13,8; 1Sam. 13,11; 1Sam. 15,3; 1Sam. 16,23; 1Sam. 17,39; 1Sam. 18,13; 1Sam. 20,6; 1Sam. 25,14; 1Sam. 28,15; 2Sam. 2,22; 2Sam. 5,23; 2Sam. 7,10; 2Sam. 7,15; 2Sam. 13,17; 2Sam. 14,14; 2Sam. 14,18; 2Sam. 14,26; 2Sam. 22,9; 2Sam. 22,23; 1Kings 2,31; 1Kings 6,16; 1Kings 9,6; 1Kings 12,24l; 1Kings 15,19; 1Kings 16,28b; 1Kings 19,4; 1Kings 21,7; 1Kings 21,36; 1Kings 21,36; 1Kings 22,33; 1Kings 22,43; 2Kings 1,4; 2Kings 1,6; 2Kings 1,16; 2Kings 1,18c; 2Kings 3,3; 2Kings 3,27; 2Kings 4,27; 2Kings 4,39; 2Kings 5,19; 2Kings 13,2; 2Kings 16,17; 2Kings 17,22; 2Kings 18,14; 1Chr. 14,14; 1Chr. 17,9; 1Chr. 17,13; 1Chr. 19,14; 1Chr. 26,27; 2Chr. 12,12; 2Chr. 16,3; 2Chr. 16,3; 2Chr. 18,31; 2Chr. 18,32; 2Chr. 20,10; 2Chr. 23,8; 2Chr. 24,25; 2Chr. 35,22; 2Chr. 36,5a; 1Esdr. 6,19; Ezra 6,8; Ezra 6,11; Ezra 7,13; Ezra 7,21; Neh. 1,9; Neh. 9,19; Neh. 12,46; Neh. 13,28; Esth. 10,5 # 10,3b; Judith 8,29; Judith 10,19; Judith 11,3; Judith 11,21; Judith 12,20; Judith 13,6; Judith 13,8; Judith 14,15; Tob. 3,6; 1Mac. 1,11; 1Mac. 3,22; 1Mac. 3,24; 1Mac. 5,46; 1Mac. 6,36; 1Mac. 6,39; 1Mac. 6,45; 1Mac. 6,47; 1Mac. 7,30; 1Mac. 8,4; 1Mac. 8,4; 1Mac. 8,12; 1Mac. 8,18; 1Mac. 8,23; 1Mac. 9,10; 1Mac. 9,15; 1Mac. 9,47; 1Mac. 11,70; 1Mac. 14,26; 2Mac. 8,20; 2Mac. 11,10; 2Mac. 15,8; 2Mac. 15,37; 3Mac. 5,11; 4Mac. 11,3; Psa. 6,9; Psa. 12,2; Psa. 17,9; Psa. 17,23; Psa. 18,7; Psa. 21,12; Psa. 21,25; Psa. 26,9; Psa. 27,1; Psa. 27,1; Psa. 30,12; Psa. 32,8; Psa. 34,22; Psa. 37,22; Psa. 38,11; Psa. 39,12; Psa. 50,13; Psa. 54,13; Psa. 65,20; Psa. 70,12; Psa. 73,2; Psa. 77,2; Psa. 87,9; Psa. 87,15; Psa. 87,19; Psa. 88,34; Psa. 100,4; Psa. 101,3; Psa. 108,17; Psa. 118,19; Psa. 118,22; Psa. 118,29; Psa. 118,52; Psa. 118,115; Psa. 138,19; Psa. 141,5; Psa. 142,7; Ode. 2,20; Ode. 6,8; Ode. 9,70; Ode. 11,12; Prov. 2,22; Prov. 4,15; Prov. 5,8; Prov. 7,16; Prov. 22,14a; Prov. 22,15; Prov. 24,18; Eccl. 2,6; Eccl. 2,10; Eccl. 3,11; Eccl. 3,14; Eccl. 5,18; Eccl. 6,2; Eccl. 7,24; Eccl. 7,26; Song 3,4; Song 5,7; Job 6,13; Job 7,9; Job 7,16; Job 9,34; Job 13,21; Job 13,24; Job 14,6; Job 19,9; Job 19,13; Job 21,14; Job 22,18; Wis. 6,22; Wis. 9,8; Wis. 10,3; Wis. 11,18; Wis. 12,11; Wis. 13,4; Wis. 14,13; Wis. 16,20; Wis. 18,15; Sir. 12,11; Sir. 14,17; Sir. 16,26; Sir. 17,20; Sir. 22,13; Sir. 22,13; Sir. 22,26; Sir. 22,27; Sir. 23,5;

Sir. 24,9; Sir. 27,22; Sir. 28,19; Sir. 33,9; Sir. 33,12; Sir. 36,10; Sir. 39,25; Sir. 40,6; Sir. 42,20; Sir. 44,2; Sir. 46,17; Sir. 51,8; Sir. 51,20; Sol. 2,4; Sol. 5,2; Sol. 8,7; Sol. 8,15; Sol. 8,31; Sol. 16,6; Sol. 16,10; Sol. 16,11; Sol. 17,16; Sol. 17,30; Sol. 17,31; Hos. 5,3; Hos. 5,6; Hos. 7,13; Hos. 10,5; Hos. 14,5; Amos 5,23; Amos 6,7; Mic. 3,2; Mic. 3,4; Mic. 5,1; Jonah 1,5; Jonah 2,8; Jonah 4,3; Nah. 1,5; Nah. 1,6; Hab. 1,12; Zech. 3,4; Zech. 6,15; Zech. 12,7; Mal. 1,11; Is. 1,26; Is. 2,6; Is. 5,26; Is. 10,19; Is. 13,5; Is. 14,25; Is. 22,11; Is. 23,7; Is. 29,13; Is. 38,12; Is. 41,9; Is. 42,9; Is. 42,10; Is. 42,11; Is. 43,6; Is. 43,13; Is. 44,8; Is. 44,15; Is. 45,21; Is. 45,22; Is. 46,11; Is. 48,8; Is. 48,16; Is. 57,8; Is. 57,17; Is. 59,9; Is. 59,19; Is. 63,16; Is. 63,19; Is. 65,5; Is. 66,21; Jer. 2,5; Jer. 2,20; Jer. 2,35; Jer. 3,1; Jer. 3,19; Jer. 4,28; Jer. 5,6; Jer. 6,22; Jer. 9,1; Jer. 12,12; Jer. 16,19; Jer. 18,20; Jer. 25,5; Jer. 25,10; Jer. 27,41; Jer. 27,44; Jer. 27,45; Jer. 28,16; Jer. 28,32; Jer. 28,55; Jer. 30,13; Jer. 32,32; Jer. 36,22; Jer. 37,19; Jer. 38,8; Jer. 39,27; Jer. 39,40; Jer. 40,5; Jer. 40,8; Jer. 41,21; Jer. 43,29; Jer. 45,14; Jer. 52,8; Bar. 3,26; Bar. 4,37; Lam. 1,16; LetterJ 9; LetterJ 27; Ezek. 3,9; Ezek. 6,9; Ezek. 7,22; Ezek. 14,5; Ezek. 14,7; Ezek. 14,11; Ezek. 15,4; Ezek. 16,55; Ezek. 16,55; Ezek. 16,55; Ezek. 17,15; Ezek. 18,17; Ezek. 19,5; Ezek. 20,8; Ezek. 23,5; Ezek. 23,17; Ezek. 23,18; Ezek. 23,22; Ezek. 23,28; Ezek. 26,4; Ezek. 33,9; Ezek. 35,7; Ezek. 36,12; Ezek. 38,6; Ezek. 38,15; Ezek. 39,2; Ezek. 39,23; Ezek. 39,24; Ezek. 39,29; Ezek. 42,12; Ezek. 43,9; Ezek. 44,10; Ezek. 44,10; Ezek. 44,15; Dan. 2,1; Dan. 2,8; Dan. 6,16; Dan. 6,18; Dan. 8,11; Sus. 51; Josh. 19,27; Josh. 19,34; Judg. 8,3; Judg. 9,15; Judg. 16,17; Judg. 16,19; Judg. 19,2; Tob. 3,6; Tob. 3,17; Tob. 6,8; Tob. 7,14; Tob. 10,7; Dan. 2,1; Dan. 2,5; Dan. 2,8; Dan. 2,42; Dan. 4,13; Dan. 4,31; Dan. 5,20; Dan. 6,19; Sus. 13; Sus. 51; Matt. 7,23; Matt. 8,30; Matt. 9,15; Matt. 11,29; Matt. 13,12; Matt. 15,8; Matt. 17,18; Matt. 19,4; Matt. 19,8; Matt. 20,20; Matt. 22,46; Matt. 23,39; Matt. 24,21; Matt. 24,31; Matt. 25,28; Matt. 25,29; Matt. 25,32; Matt. 25,41; Matt. 26,29; Matt. 26,39; Matt. 26,64; Matt. 27,51; Mark 1,42; Mark 2,20; Mark 2,21; Mark 4,25; Mark 7,4; Mark 7,6; Mark 13,19; Mark 13,27; Mark 14,35; Mark 14,36; Mark 15,21; Mark 15,38; Luke 1,2; Luke 1,38; Luke 1,70; Luke 2,15; Luke 4,13; Luke 4,35; Luke 4,35; Luke 4,42; Luke 5,2; Luke 5,8; Luke 5,13; Luke 5,35; Luke 6,13; Luke 8,18; Luke 8,37; Luke 8,43; Luke 8,46; Luke 9,33; Luke 9,39; Luke 9,45; Luke 12,58; Luke 13,27; Luke 16,3; Luke 17,29; Luke 18,34; Luke 19,24; Luke 21,11; Luke 22,41; Luke 22,42; Luke 22,43; Luke 23,26; Luke 24,31; Luke 24,51; John 5,30; John 7,17; John 7,28; John 8,28; John 8,42; John 8,44; John 10,5; John 10,18; John 10,18; John 11,53; John 12,36; John 13,19; John 14,7; John 14,10; John 15,27; John 19,27; Acts 3,21; Acts 12,10; Acts 13,13; Acts 15,18; Acts 15,38; Acts 15,39; Acts 16,18; Acts 19,9; Acts 19,12; Acts 21,1; Acts 22,29; Acts 26,4; Rom. 1,18; Rom. 16,17; 2Cor. 12,8; Gal. 1,1; 1Th. 2,6; 1Th. 4,16; 2Th. 1,7; Heb. 12,25; 1Pet. 1,12; 2Pet. 3,4; 1John 1,1; 1John 1,5; 1John 2,7; 1John 2,13; 1John 2,14; 1John 2,24; 1John 2,24; 1John 2,27; 1John 2,28; 1John 3,8; 1John 3,11; 1John 3,17; 1John 3,22; 1John 4,21; 1John 5,15; 2John 5; 2John 6; Rev. 9,6; Rev. 14,13; Rev. 18,15)

Ἀπ' ▸ 2 + 1 = 3

Preposition · (+genitive) ▸ 2 + 1 = 3 (Deut. 33,13; Judg. 7,17; Judg. 7,17)

ἀπό ▸ 4 + 1 = 5

Preposition · (+genitive) ▸ 4 + 1 = 5 (Ex. 22,3; Lev. 1,10; Lev. 7,26; LetterJ 71; Acts 28,23)

ἀπό ▸ 3226 + 224 + 471 = 3921

Preposition ▸ 30 + 2 = 32 (Ex. 18,13; Ex. 18,14; Ruth 2,7; 1Sam. 6,7; 1Sam. 12,20; 1Sam. 14,46; 1Sam. 15,11; 1Sam. 24,2; 2Sam. 2,26; 2Sam. 11,15; 2Sam. 13,9; 2Sam. 20,2; 2Sam. 24,15; 1Kings 22,35; 2Kings 10,29; 2Chr. 34,33; Ezra 3,13; Ezra 5,16; Neh. 12,43; 1Mac. 9,13; Psa. 37,12; Psa. 75,8; Psa. 92,2; Psa. 137,6; Psa. 138,2; Eccl. 8,12; Job 4,20; Sir. 18,26; Hos. 1,2; Is. 59,13; Judg. 8,13; Judg. 7,25)

Preposition · (+genitive) ▸ 3196 + 222 + 470 = **3888** (Gen. 2,2; Gen. 2,3; Gen. 2,7; Gen. 2,17; Gen. 2,22; Gen. 3,1; Gen. 3,3; Gen. 3,8; Gen. 3,11; Gen. 3,12; Gen. 3,14; Gen. 3,14; Gen. 3,17; Gen. 4,3; Gen. 4,4; Gen. 4,4; Gen. 4,11; Gen. 4,14; Gen. 4,14; Gen. 4,16; Gen. 5,29; Gen. 5,29; Gen. 5,29; Gen. 6,2; Gen. 6,7; Gen. 6,7; Gen. 6,7; Gen. 6,19; Gen. 6,19; Gen. 6,19; Gen. 6,19; Gen. 6,20; Gen. 6,20; Gen. 6,20; Gen. 6,20; Gen. 6,21; Gen. 7,2; Gen. 7,2; Gen. 7,3; Gen. 7,3; Gen. 7,4; Gen. 7,8; Gen. 7,8; Gen. 7,8; Gen. 7,8; Gen. 7,15; Gen. 7,16; Gen. 7,17; Gen. 7,23; Gen. 7,23; Gen. 8,2; Gen. 8,3; Gen. 8,7; Gen. 8,8; Gen. 8,11; Gen. 8,13; Gen. 8,13; Gen. 8,17; Gen. 8,20; Gen. 8,20; Gen. 9,10; Gen. 9,10; Gen. 9,10; Gen. 9,11; Gen. 9,19; Gen. 9,24; Gen. 10,19; Gen. 10,30; Gen. 10,32; Gen. 11,2; Gen. 13,11; Gen. 13,11; Gen. 13,14; Gen. 14,17; Gen. 14,20; Gen. 14,23; Gen. 14,23; Gen. 15,18; Gen. 16,6; Gen. 16,10; Gen. 17,12; Gen. 17,22; Gen. 18,2; Gen. 18,17; Gen. 19,4; Gen. 19,11; Gen. 23,3; Gen. 23,6; Gen. 23,8; Gen. 24,3; Gen. 24,8; Gen. 24,10; Gen. 24,10; Gen. 24,27; Gen. 24,37; Gen. 24,41; Gen. 24,41; Gen. 24,64; Gen. 25,6; Gen. 25,18; Gen. 25,30; Gen. 26,26; Gen. 27,25; Gen. 27,28; Gen. 27,28; Gen. 27,30; Gen. 27,30; Gen. 27,33; Gen. 27,39; Gen. 27,39; Gen. 27,40; Gen. 27,45; Gen. 27,45; Gen. 27,46; Gen. 28,6; Gen. 28,10; Gen. 28,11; Gen. 28,16; Gen. 29,3; Gen. 29,8; Gen. 29,10; Gen. 31,37; Gen. 31,40; Gen. 31,49; Gen. 32,11; Gen. 32,11; Gen. 32,13; Gen. 33,15; Gen. 34,16; Gen. 35,1; Gen. 35,7; Gen. 36,2; Gen. 36,6; Gen. 36,7; Gen. 38,1; Gen. 40,17; Gen. 40,17; Gen. 40,19; Gen. 40,19; Gen. 41,31; Gen. 41,42; Gen. 43,11; Gen. 44,12; Gen. 45,23; Gen. 46,5; Gen. 46,30; Gen. 47,2; Gen. 47,13; Gen. 47,18; Gen. 48,10; Gen. 48,12; Gen. 48,17; Gen. 49,12; Ex. 1,12; Ex. 2,15; Ex. 2,19; Ex. 2,23; Ex. 2,23; Ex. 3,7; Ex. 4,9; Ex. 4,9; Ex. 5,4; Ex. 5,5; Ex. 5,11; Ex. 5,20; Ex. 6,6; Ex. 6,9; Ex. 6,9; Ex. 7,18; Ex. 7,24; Ex. 8,4; Ex. 8,5; Ex. 8,5; Ex. 8,7; Ex. 8,7; Ex. 8,7; Ex. 8,8; Ex. 8,20; Ex. 8,25; Ex. 8,25; Ex. 8,25; Ex. 8,26; Ex. 8,27; Ex. 9,4; Ex. 9,6; Ex. 9,7; Ex. 9,15; Ex. 9,25; Ex. 9,33; Ex. 10,6; Ex. 10,11; Ex. 10,15; Ex. 10,18; Ex. 10,19; Ex. 11,5; Ex. 11,7; Ex. 11,8; Ex. 12,5; Ex. 12,7; Ex. 12,12; Ex. 12,15; Ex. 12,15; Ex. 12,22; Ex. 12,22; Ex. 12,29; Ex. 13,2; Ex. 13,15; Ex. 14,19; Ex. 14,25; Ex. 15,22; Ex. 17,5; Ex. 17,16; Ex. 18,21; Ex. 18,22; Ex. 18,25; Ex. 19,5; Ex. 19,13; Ex. 21,14; Ex. 23,7; Ex. 23,18; Ex. 23,22; Ex. 23,28; Ex. 23,30; Ex. 23,31; Ex. 23,31; Ex. 23,31; Ex. 26,28; Ex. 28,42; Ex. 29,12; Ex. 29,21; Ex. 29,21; Ex. 29,21; Ex. 29,22; Ex. 29,23; Ex. 29,26; Ex. 29,27; Ex. 29,27; Ex. 29,27; Ex. 29,28; Ex. 29,34; Ex. 30,10; Ex. 30,14; Ex. 30,15; Ex. 32,12; Ex. 32,15; Ex. 32,19; Ex. 32,27; Ex. 33,6; Ex. 33,7; Ex. 33,10; Ex. 35,20; Ex. 36,28; Ex. 36,28; Ex. 39,3; Ex. 40,36; Lev. 1,2; Lev. 1,2; Lev. 1,2; Lev. 1,10; Lev. 1,14; Lev. 1,14; Lev. 1,14; Lev. 2,2; Lev. 2,3; Lev. 2,3; Lev. 2,5; Lev. 2,7; Lev. 2,9; Lev. 2,10; Lev. 2,10; Lev. 2,13; Lev. 2,16; Lev. 3,3; Lev. 3,6; Lev. 3,9; Lev. 3,12; Lev. 4,2; Lev. 4,5; Lev. 4,6; Lev. 4,7; Lev. 4,10; Lev. 4,13; Lev. 4,16; Lev. 4,17; Lev. 4,18; Lev. 4,22; Lev. 4,25; Lev. 4,26; Lev. 4,27; Lev. 4,30; Lev. 4,31; Lev. 4,34; Lev. 5,3; Lev. 5,3; Lev. 5,6; Lev. 5,8; Lev. 5,9; Lev. 5,15; Lev. 5,16; Lev. 5,17; Lev. 5,22; Lev. 5,24; Lev. 5,25; Lev. 5,26; Lev. 6,3; Lev. 6,8; Lev. 6,10; Lev. 6,11; Lev. 6,20; Lev. 6,23; Lev. 7,14; Lev. 7,17; Lev. 7,18; Lev. 7,20; Lev. 7,21; Lev. 7,21; Lev. 7,25; Lev. 7,25; Lev. 7,26; Lev. 7,27; Lev. 7,29; Lev. 7,32; Lev. 7,33; Lev. 7,34; Lev. 7,35; Lev. 8,10; Lev. 8,12; Lev. 8,15; Lev. 8,23; Lev. 8,24; Lev. 8,26; Lev. 8,28; Lev. 8,29; Lev. 8,30; Lev. 8,30; Lev. 8,33; Lev. 9,19; Lev. 10,7; Lev. 10,12; Lev. 10,13; Lev. 10,14; Lev. 11,2; Lev. 11,4; Lev. 11,4; Lev. 11,4; Lev. 11,8; Lev.

11,9; Lev. 11,10; Lev. 11,10; Lev. 11,11; Lev. 11,13; Lev. 11,21; Lev. 11,23; Lev. 11,29; Lev. 11,31; Lev. 11,32; Lev. 11,33; Lev. 11,35; Lev. 11,40; Lev. 11,40; Lev. 12,7; Lev. 13,3; Lev. 13,4; Lev. 13,10; Lev. 13,12; Lev. 13,21; Lev. 13,25; Lev. 13,26; Lev. 13,32; Lev. 13,34; Lev. 13,56; Lev. 13,56; Lev. 13,56; Lev. 13,56; Lev. 14,3; Lev. 14,7; Lev. 14,14; Lev. 14,15; Lev. 14,16; Lev. 14,19; Lev. 14,25; Lev. 14,26; Lev. 14,27; Lev. 14,28; Lev. 14,29; Lev. 14,30; Lev. 15,15; Lev. 15,28; Lev. 15,30; Lev. 15,31; Lev. 16,12; Lev. 16,14; Lev. 16,14; Lev. 16,15; Lev. 16,16; Lev. 16,16; Lev. 16,18; Lev. 16,18; Lev. 16,19; Lev. 16,19; Lev. 16,30; Lev. 16,34; Lev. 17,8; Lev. 18,21; Lev. 18,26; Lev. 18,29; Lev. 18,30; Lev. 19,30; Lev. 19,32; Lev. 20,2; Lev. 20,2; Lev. 20,4; Lev. 20,24; Lev. 20,26; Lev. 21,7; Lev. 21,10; Lev. 21,22; Lev. 22,2; Lev. 22,3; Lev. 22,6; Lev. 22,13; Lev. 22,18; Lev. 22,25; Lev. 22,30; Lev. 23,15; Lev. 23,15; Lev. 23,17; Lev. 23,32; Lev. 23,32; Lev. 24,3; Lev. 24,9; Lev. 25,12; Lev. 25,22; Lev. 25,25; Lev. 25,44; Lev. 25,45; Lev. 25,45; Lev. 25,45; Lev. 25,49; Lev. 25,50; Lev. 25,51; Lev. 25,52; Lev. 26,2; Lev. 26,36; Lev. 27,3; Lev. 27,5; Lev. 27,6; Lev. 27,7; Lev. 27,9; Lev. 27,9; Lev. 27,16; Lev. 27,17; Lev. 27,18; Lev. 27,22; Lev. 27,22; Lev. 27,28; Lev. 27,28; Lev. 27,28; Lev. 27,29; Lev. 27,30; Num. 1,3; Num. 1,18; Num. 1,20; Num. 1,22; Num. 1,24; Num. 1,26; Num. 1,28; Num. 1,30; Num. 1,32; Num. 1,34; Num. 1,36; Num. 1,38; Num. 1,40; Num. 1,42; Num. 1,45; Num. 3,9; Num. 3,13; Num. 3,15; Num. 3,22; Num. 3,28; Num. 3,34; Num. 3,39; Num. 3,40; Num. 3,43; Num. 3,46; Num. 4,3; Num. 4,23; Num. 4,30; Num. 4,35; Num. 4,39; Num. 4,43; Num. 4,47; Num. 5,3; Num. 5,6; Num. 5,19; Num. 5,26; Num. 5,31; Num. 6,3; Num. 6,3; Num. 6,4; Num. 6,4; Num. 6,19; Num. 6,19; Num. 8,17; Num. 8,24; Num. 8,25; Num. 8,25; Num. 9,17; Num. 10,9; Num. 10,11; Num. 11,16; Num. 11,17; Num. 11,24; Num. 11,25; Num. 11,31; Num. 11,31; Num. 12,10; Num. 13,20; Num. 13,21; Num. 13,23; Num. 13,23; Num. 14,9; Num. 14,29; Num. 14,38; Num. 15,3; Num. 15,3; Num. 15,8; Num. 15,19; Num. 15,20; Num. 15,23; Num. 15,30; Num. 15,30; Num. 16,24; Num. 16,26; Num. 16,26; Num. 16,27; Num. 16,34; Num. 17,11; Num. 17,11; Num. 17,24; Num. 18,8; Num. 18,9; Num. 18,9; Num. 18,9; Num. 18,9; Num. 18,9; Num. 18,9; Num. 18,11; Num. 18,15; Num. 18,15; Num. 18,16; Num. 18,26; Num. 18,27; Num. 18,27; Num. 18,28; Num. 18,28; Num. 18,29; Num. 18,29; Num. 18,30; Num. 18,30; Num. 19,4; Num. 19,4; Num. 19,13; Num. 19,17; Num. 20,6; Num. 21,13; Num. 21,18; Num. 21,19; Num. 21,19; Num. 21,20; Num. 21,20; Num. 21,24; Num. 21,26; Num. 22,3; Num. 22,11; Num. 22,30; Num. 23,9; Num. 23,9; Num. 25,4; Num. 25,8; Num. 25,11; Num. 26,2; Num. 26,62; Num. 31,11; Num. 31,26; Num. 31,28; Num. 31,28; Num. 31,28; Num. 31,28; Num. 31,28; Num. 31,28; Num. 31,29; Num. 31,30; Num. 31,30; Num. 31,30; Num. 31,30; Num. 31,30; Num. 31,30; Num. 31,30; Num. 31,32; Num. 31,35; Num. 31,37; Num. 31,42; Num. 31,42; Num. 31,43; Num. 31,47; Num. 31,47; Num. 31,47; Num. 31,47; Num. 32,11; Num. 32,19; Num. 32,21; Num. 32,22; Num. 33,11; Num. 33,48; Num. 33,55; Num. 34,3; Num. 34,3; Num. 34,9; Num. 34,10; Num. 34,11; Num. 34,11; Num. 34,11; Num. 34,15; Num. 35,2; Num. 35,4; Num. 35,8; Num. 35,8; Num. 35,8; Num. 35,8; Num. 35,12; Num. 35,25; Num. 35,33; Num. 36,4; Num. 36,7; Deut. 1,25; Deut. 1,44; Deut. 2,5; Deut. 2,8; Deut. 2,8; Deut. 2,9; Deut. 2,12; Deut. 2,14; Deut. 2,19; Deut. 2,22; Deut. 2,25; Deut. 3,8; Deut. 3,11; Deut. 3,12; Deut. 3,16; Deut. 4,9; Deut. 4,26; Deut. 4,32; Deut. 4,41; Deut. 4,48; Deut. 5,5; Deut. 6,14; Deut. 6,15; Deut. 7,1; Deut. 7,15; Deut. 7,19; Deut. 7,20; Deut. 7,21; Deut. 7,22; Deut. 8,4; Deut. 9,3; Deut. 9,4; Deut. 9,5; Deut. 9,16; Deut. 9,17; Deut. 9,24; Deut. 10,7; Deut. 11,17; Deut. 11,23; Deut. 11,24; Deut. 11,24; Deut. 11,28; Deut. 12,10; Deut. 12,21; Deut. 12,21; Deut. 12,29; Deut. 12,30; Deut. 13,6; Deut. 13,8; Deut. 13,8; Deut. 13,11; Deut. 13,18; Deut. 13,18; Deut. 14,2; Deut. 14,7; Deut. 14,7; Deut. 14,8; Deut. 14,9; Deut. 14,24; Deut. 14,24; Deut. 15,7; Deut. 15,11; Deut. 15,12; Deut. 15,13; Deut. 15,14; Deut. 15,14; Deut. 15,14; Deut. 15,16; Deut. 15,18; Deut. 16,4; Deut. 16,13; Deut. 17,8; Deut. 17,11; Deut. 17,20; Deut. 17,20; Deut. 18,12; Deut. 19,5; Deut. 20,3; Deut. 20,15; Deut. 20,16; Deut. 20,19; Deut. 21,17; Deut. 23,10; Deut. 23,15; Deut. 23,18; Deut. 23,18; Deut. 23,18; Deut. 23,18; Deut. 25,9; Deut. 25,19; Deut. 26,2; Deut. 28,7; Deut. 28,14; Deut. 28,21; Deut. 28,25; Deut. 28,31; Deut. 28,35; Deut. 28,55; Deut. 28,60; Deut. 28,63; Deut. 28,67; Deut. 28,67; Deut. 29,4; Deut. 29,10; Deut. 29,17; Deut. 29,27; Deut. 30,11; Deut. 31,3; Deut. 31,6; Deut. 31,21; Deut. 31,21; Deut. 32,15; Deut. 32,42; Deut. 33,3; Deut. 33,13; Deut. 33,13; Deut. 33,14; Deut. 33,15; Deut. 33,15; Deut. 33,24; Deut. 33,27; Deut. 34,1; Josh. 2,10; Josh. 2,11; Josh. 3,3; Josh. 3,10; Josh. 3,12; Josh. 4,2; Josh. 4,4; Josh. 4,7; Josh. 4,19; Josh. 5,1; Josh. 5,10; Josh. 5,11; Josh. 6,18; Josh. 6,18; Josh. 6,21; Josh. 6,21; Josh. 7,1; Josh. 7,1; Josh. 7,4; Josh. 7,5; Josh. 7,9; Josh. 7,11; Josh. 8,4; Josh. 8,5; Josh. 8,6; Josh. 8,6; Josh. 8,9; Josh. 8,12; Josh. 8,15; Josh. 8,16; Josh. 8,25; Josh. 8,29; Josh. 8,35 # 9,2f; Josh. 9,13; Josh. 9,22; Josh. 9,24; Josh. 9,24; Josh. 10,6; Josh. 10,10; Josh. 10,11; Josh. 10,12; Josh. 10,27; Josh. 10,41; Josh. 11,3; Josh. 11,6; Josh. 11,15; Josh. 11,17; Josh. 11,22; Josh. 12,1; Josh. 12,2; Josh. 12,3; Josh. 12,3; Josh. 12,5; Josh. 12,5; Josh. 13,3; Josh. 13,5; Josh. 13,5; Josh. 13,6; Josh. 13,6; Josh. 13,7; Josh. 13,9; Josh. 13,9; Josh. 13,12; Josh. 13,16; Josh. 13,26; Josh. 13,30; Josh. 13,32; Josh. 14,3; Josh. 15,1; Josh. 15,1; Josh. 15,2; Josh. 15,2; Josh. 15,3; Josh. 15,4; Josh. 15,5; Josh. 15,5; Josh. 15,5; Josh. 15,5; Josh. 15,6; Josh. 15,8; Josh. 15,9; Josh. 15,10; Josh. 15,10; Josh. 15,12; Josh. 15,46; Josh. 16,1; Josh. 16,1; Josh. 16,5; Josh. 16,6; Josh. 16,8; Josh. 17,5; Josh. 17,10; Josh. 18,5; Josh. 18,5; Josh. 18,12; Josh. 18,12; Josh. 18,12; Josh. 18,13; Josh. 18,14; Josh. 18,14; Josh. 18,15; Josh. 18,16; Josh. 18,16; Josh. 18,18; Josh. 18,19; Josh. 18,19; Josh. 18,19; Josh. 18,20; Josh. 19,9; Josh. 19,12; Josh. 19,29; Josh. 19,34; Josh. 19,46; Josh. 20,8; Josh. 21,4; Josh. 21,4; Josh. 21,4; Josh. 21,5; Josh. 21,6; Josh. 21,6; Josh. 21,6; Josh. 21,6; Josh. 21,7; Josh. 21,7; Josh. 21,7; Josh. 21,9; Josh. 21,10; Josh. 21,20; Josh. 21,20; Josh. 21,25; Josh. 21,38; Josh. 21,40; Josh. 21,44; Josh. 21,45; Josh. 22,9; Josh. 22,14; Josh. 22,14; Josh. 22,16; Josh. 22,16; Josh. 22,18; Josh. 22,18; Josh. 22,19; Josh. 22,19; Josh. 22,20; Josh. 22,23; Josh. 22,29; Josh. 22,29; Josh. 22,32; Josh. 22,32; Josh. 22,32; Josh. 23,1; Josh. 23,3; Josh. 23,4; Josh. 23,4; Josh. 23,5; Josh. 23,5; Josh. 23,9; Josh. 23,13; Josh. 23,13; Josh. 23,14; Josh. 23,15; Josh. 24,8; Josh. 24,12; Josh. 24,18; Josh. 24,31; Judg. 1,14; Judg. 2,1; Judg. 2,9; Judg. 2,12; Judg. 2,18; Judg. 2,18; Judg. 2,19; Judg. 2,21; Judg. 3,3; Judg. 3,19; Judg. 3,20; Judg. 3,21; Judg. 4,6; Judg. 4,6; Judg. 4,11; Judg. 4,13; Judg. 4,14; Judg. 4,15; Judg. 5,5; Judg. 5,5; Judg. 6,2; Judg. 6,6; Judg. 6,27; Judg. 7,1; Judg. 7,1; Judg. 7,3; Judg. 7,3; Judg. 8,13; Judg. 9,20; Judg. 9,21; Judg. 9,36; Judg. 9,37; Judg. 9,37; Judg. 9,39; Judg. 9,40; Judg. 11,13; Judg. 11,22; Judg. 11,22; Judg. 11,24; Judg. 11,29; Judg. 11,31; Judg. 11,33; Judg. 11,33; Judg. 13,7; Judg. 13,14; Judg. 14,2; Judg. 14,3; Judg. 15,3; Judg. 15,5; Judg. 15,14; Judg. 15,17; Judg. 16,12; Judg. 16,17; Judg. 16,18; Judg. 18,2; Judg. 18,7; Judg. 18,22; Judg. 18,28; Judg. 19,16; Judg. 19,30; Judg. 19,30; Judg. 20,1; Judg. 20,33; Judg. 20,42; Judg. 20,43; Judg. 20,48; Judg. 21,7; Judg. 21,8; Judg. 21,9; Judg. 21,10; Judg. 21,12; Judg. 21,18; Judg. 21,19; Judg. 21,19; Judg. 21,21; Judg. 21,21; Judg. 21,23; Ruth 1,1; Ruth 1,5; Ruth 1,5; Ruth 4,2; 1Sam. 2,8; 1Sam.

2,8; 1Sam. 2,33; 1Sam. 3,19; 1Sam. 3,20; 1Sam. 4,18; 1Sam. 5,9; 1Sam. 6,5; 1Sam. 6,5; 1Sam. 7,7; 1Sam. 7,14; 1Sam. 10,9; 1Sam. 14,5; 1Sam. 14,5; 1Sam. 15,3; 1Sam. 15,3; 1Sam. 15,3; 1Sam. 15,3; 1Sam. 15,7; 1Sam. 16,13; 1Sam. 16,14; 1Sam. 17,46; 1Sam. 18,9; 1Sam. 18,12; 1Sam. 18,15; 1Sam. 18,29; 1Sam. 20,15; 1Sam. 20,15; 1Sam. 20,16; 1Sam. 20,21; 1Sam. 20,22; 1Sam. 20,34; 1Sam. 20,37; 1Sam. 20,41; 1Sam. 21,5; 1Sam. 21,6; 1Sam. 21,13; 1Sam. 22,19; 1Sam. 22,19; 1Sam. 23,26; 1Sam. 25,23; 1Sam. 25,37; 1Sam. 26,11; 1Sam. 26,12; 1Sam. 27,8; 1Sam. 27,8; 1Sam. 25,37; 1Sam. 28,3; 1Sam. 28,9; 1Sam. 28,16; 1Sam. 28,20; 1Sam. 28,23; 1Sam. 30,2; 1Sam. 30,17; 1Sam. 30,19; 1Sam. 30,19; 1Sam. 30,25; 1Sam. 30,26; 1Sam. 31,12; 2Sam. 1,22; 2Sam. 2,30; 2Sam. 3,10; 2Sam. 3,10; 2Sam. 3,11; 2Sam. 3,26; 2Sam. 3,26; 2Sam. 3,28; 2Sam. 3,28; 2Sam. 3,35; 2Sam. 5,9; 2Sam. 5,25; 2Sam. 6,2; 2Sam. 6,19; 2Sam. 6,19; 2Sam. 6,19; 2Sam. 7,1; 2Sam. 7,9; 2Sam. 7,11; 2Sam. 7,11; 2Sam. 7,29; 2Sam. 10,13; 2Sam. 10,14; 2Sam. 10,14; 2Sam. 10,18; 2Sam. 11,2; 2Sam. 11,2; 2Sam. 11,4; 2Sam. 11,22; 2Sam. 11,22; 2Sam. 12,17; 2Sam. 12,30; 2Sam. 13,13; 2Sam. 13,22; 2Sam. 13,32; 2Sam. 14,11; 2Sam. 14,16; 2Sam. 14,25; 2Sam. 15,7; 2Sam. 15,14; 2Sam. 15,24; 2Sam. 16,1; 2Sam. 17,11; 2Sam. 18,13; 2Sam. 19,10; 2Sam. 19,10; 2Sam. 19,10; 2Sam. 19,10; 2Sam. 19,25; 2Sam. 20,2; 2Sam. 20,5; 2Sam. 20,22; 2Sam. 22,13; 2Sam. 22,16; 2Sam. 22,22; 2Sam. 22,24; 2Sam. 23,4; 2Sam. 23,13; 2Sam. 23,20; 2Sam. 23,36; 2Sam. 24,2; 2Sam. 24,8; 2Sam. 24,15; 1Kings 1,50; 1Kings 2,7; 1Kings 2,17; 1Kings 2,29; 1Kings 2,31; 1Kings 2,46f; 1Kings 2,46g; 1Kings 2,46k; 1Kings 3,28; 1Kings 5,13; 1Kings 5,17; 1Kings 6,15; 1Kings 6,16; 1Kings 6,24; 1Kings 7,2; 1Kings 7,10; 1Kings 7,25; 1Kings 7,25; 1Kings 7,25; 1Kings 7,25; 1Kings 7,42; 1Kings 8,11; 1Kings 8,35; 1Kings 8,41; 1Kings 8,54; 1Kings 8,65; 1Kings 9,7; 1Kings 10,22b # 9,20; 1Kings 10,26a; 1Kings 11,9; 1Kings 12,4; 1Kings 12,4; 1Kings 12,9; 1Kings 12,33; 1Kings 13,4; 1Kings 13,5; 1Kings 13,33; 1Kings 13,34; 1Kings 14,24; 1Kings 14,24; 1Kings 15,5; 1Kings 15,12; 1Kings 16,2; 1Kings 16,28d; 1Kings 17,23; 1Kings 18,5; 1Kings 18,12; 1Kings 18,13; 1Kings 18,29; 1Kings 19,7; 1Kings 19,16; 1Kings 20,26; 1Kings 20,27; 1Kings 20,29; 1Kings 21,25; 1Kings 21,41; 2Kings 1,15; 2Kings 2,9; 2Kings 2,10; 2Kings 3,24; 2Kings 4,1; 2Kings 5,3; 2Kings 5,6; 2Kings 5,7; 2Kings 5,21; 2Kings 5,22; 2Kings 5,26; 2Kings 6,27; 2Kings 6,27; 2Kings 8,6; 2Kings 8,14; 2Kings 8,29; 2Kings 9,14; 2Kings 9,15; 2Kings 9,16; 2Kings 10,10; 2Kings 10,24; 2Kings 10,33; 2Kings 10,33; 2Kings 11,2; 2Kings 11,11; 2Kings 12,6; 2Kings 12,8; 2Kings 12,19; 2Kings 13,6; 2Kings 13,11; 2Kings 13,23; 2Kings 14,12; 2Kings 14,24; 2Kings 14,25; 2Kings 15,9; 2Kings 15,16; 2Kings 15,18; 2Kings 15,24; 2Kings 15,25; 2Kings 15,28; 2Kings 16,3; 2Kings 16,14; 2Kings 16,14; 2Kings 16,14; 2Kings 16,17; 2Kings 16,18; 2Kings 17,8; 2Kings 17,9; 2Kings 17,13; 2Kings 17,18; 2Kings 17,20; 2Kings 17,23; 2Kings 17,24; 2Kings 17,24; 2Kings 17,28; 2Kings 18,8; 2Kings 18,10; 2Kings 19,6; 2Kings 19,8; 2Kings 21,2; 2Kings 21,8; 2Kings 21,11; 2Kings 21,15; 2Kings 22,19; 2Kings 23,2; 2Kings 23,8; 2Kings 23,26; 2Kings 23,27; 2Kings 24,3; 2Kings 24,7; 2Kings 24,20; 2Kings 25,12; 2Kings 25,26; 2Kings 25,26; 1Chr. 4,42; 1Chr. 5,9; 1Chr. 5,23; 1Chr. 5,25; 1Chr. 6,51; 1Chr. 6,55; 1Chr. 6,56; 1Chr. 6,61; 1Chr. 9,3; 1Chr. 9,3; 1Chr. 9,3; 1Chr. 9,10; 1Chr. 9,25; 1Chr. 9,30; 1Chr. 10,1; 1Chr. 10,3; 1Chr. 11,13; 1Chr. 11,21; 1Chr. 12,1; 1Chr. 12,9; 1Chr. 12,9; 1Chr. 12,16; 1Chr. 12,17; 1Chr. 12,20; 1Chr. 12,21; 1Chr. 12,31; 1Chr. 12,32; 1Chr. 12,33; 1Chr. 12,34; 1Chr. 12,35; 1Chr. 12,36; 1Chr. 12,37; 1Chr. 12,38; 1Chr. 12,38; 1Chr. 13,5; 1Chr. 14,16; 1Chr. 16,3; 1Chr. 16,20; 1Chr. 16,20; 1Chr. 16,30; 1Chr. 16,33; 1Chr. 16,36; 1Chr. 17,5; 1Chr. 17,8; 1Chr. 17,13; 1Chr. 17,21; 1Chr. 19,15; 1Chr. 19,15; 1Chr. 19,18; 1Chr. 19,18; 1Chr. 19,19; 1Chr. 20,2; 1Chr. 20,4; 1Chr. 21,2; 1Chr. 21,30; 1Chr. 22,9; 1Chr. 23,3; 1Chr. 23,4; 1Chr. 23,24; 1Chr. 23,27; 1Chr. 26,8; 1Chr. 27,3; 1Chr. 27,10; 1Chr. 27,23; 1Chr. 28,4; 1Chr. 28,5; 1Chr. 29,10; 1Chr. 29,11; 2Chr. 1,13; 2Chr. 2,13; 2Chr. 4,10; 2Chr. 5,6; 2Chr. 5,14; 2Chr. 6,5; 2Chr. 6,16; 2Chr. 6,26; 2Chr. 7,8; 2Chr. 7,14; 2Chr. 7,20; 2Chr. 8,7; 2Chr. 9,2; 2Chr. 9,26; 2Chr. 10,2; 2Chr. 10,4; 2Chr. 10,4; 2Chr. 10,9; 2Chr. 11,16; 2Chr. 12,5; 2Chr. 13,2; 2Chr. 13,4; 2Chr. 13,6; 2Chr. 13,16; 2Chr. 13,17; 2Chr. 14,4; 2Chr. 15,8; 2Chr. 15,8; 2Chr. 15,9; 2Chr. 15,9; 2Chr. 15,9; 2Chr. 15,11; 2Chr. 15,13; 2Chr. 15,13; 2Chr. 16,7; 2Chr. 16,9; 2Chr. 17,6; 2Chr. 17,11; 2Chr. 19,3; 2Chr. 19,4; 2Chr. 20,2; 2Chr. 20,4; 2Chr. 20,7; 2Chr. 20,9; 2Chr. 20,11; 2Chr. 20,14; 2Chr. 20,15; 2Chr. 20,19; 2Chr. 20,19; 2Chr. 20,27; 2Chr. 20,37; 2Chr. 21,4; 2Chr. 21,8; 2Chr. 21,10; 2Chr. 21,10; 2Chr. 22,6; 2Chr. 22,11; 2Chr. 23,10; 2Chr. 24,5; 2Chr. 24,6; 2Chr. 25,1; 2Chr. 25,5; 2Chr. 25,6; 2Chr. 25,10; 2Chr. 25,12; 2Chr. 25,13; 2Chr. 25,23; 2Chr. 25,23; 2Chr. 25,27; 2Chr. 25,27; 2Chr. 26,3; 2Chr. 26,18; 2Chr. 26,21; 2Chr. 28,3; 2Chr. 28,8; 2Chr. 28,12; 2Chr. 28,12; 2Chr. 28,15; 2Chr. 28,18; 2Chr. 28,19; 2Chr. 28,22; 2Chr. 29,6; 2Chr. 29,12; 2Chr. 30,5; 2Chr. 30,6; 2Chr. 30,7; 2Chr. 30,11; 2Chr. 30,11; 2Chr. 30,18; 2Chr. 30,25; 2Chr. 30,26; 2Chr. 31,1; 2Chr. 31,1; 2Chr. 31,16; 2Chr. 31,17; 2Chr. 31,19; 2Chr. 32,7; 2Chr. 32,7; 2Chr. 32,26; 2Chr. 32,31; 2Chr. 33,2; 2Chr. 33,2; 2Chr. 33,8; 2Chr. 33,9; 2Chr. 33,12; 2Chr. 33,14; 2Chr. 34,3; 2Chr. 34,3; 2Chr. 34,7; 2Chr. 34,9; 2Chr. 34,13; 2Chr. 34,27; 2Chr. 34,30; 2Chr. 35,7; 2Chr. 35,7; 2Chr. 35,15; 2Chr. 35,18; 2Chr. 35,19c; 2Chr. 35,19d; 2Chr. 35,21; 2Chr. 35,24; 2Chr. 36,5c; 2Chr. 36,12; 1Esdr. 1,18; 1Esdr. 1,28; 1Esdr. 1,28; 1Esdr. 1,39; 1Esdr. 1,45; 1Esdr. 1,46; 1Esdr. 2,16; 1Esdr. 3,2; 1Esdr. 3,23; 1Esdr. 4,30; 1Esdr. 4,39; 1Esdr. 4,48; 1Esdr. 4,49; 1Esdr. 4,53; 1Esdr. 4,57; 1Esdr. 5,9; 1Esdr. 5,36; 1Esdr. 5,41; 1Esdr. 5,52; 1Esdr. 5,56; 1Esdr. 5,66; 1Esdr. 6,28; 1Esdr. 7,13; 1Esdr. 8,30; 1Esdr. 8,56; 1Esdr. 8,60; 1Esdr. 8,60; 1Esdr. 8,67; 1Esdr. 8,73; 1Esdr. 8,88; 1Esdr. 9,1; 1Esdr. 9,4; 1Esdr. 9,9; 1Esdr. 9,9; 1Esdr. 9,40; 1Esdr. 9,41; Ezra 1,1; Ezra 1,3; Ezra 1,4; Ezra 1,7; Ezra 1,11; Ezra 2,1; Ezra 2,59; Ezra 2,61; Ezra 2,61; Ezra 2,62; Ezra 2,63; Ezra 2,68; Ezra 2,70; Ezra 3,3; Ezra 3,7; Ezra 3,8; Ezra 3,8; Ezra 3,12; Ezra 3,13; Ezra 4,2; Ezra 4,12; Ezra 4,15; Ezra 4,21; Ezra 5,14; Ezra 5,14; Ezra 5,17; Ezra 6,5; Ezra 6,8; Ezra 6,14; Ezra 6,14; Ezra 6,21; Ezra 7,7; Ezra 7,7; Ezra 7,7; Ezra 7,9; Ezra 7,13; Ezra 7,14; Ezra 7,20; Ezra 7,28; Ezra 8,2; Ezra 8,2; Ezra 8,2; Ezra 8,3; Ezra 8,3; Ezra 8,4; Ezra 8,5; Ezra 8,6; Ezra 8,7; Ezra 8,8; Ezra 8,9; Ezra 8,10; Ezra 8,11; Ezra 8,12; Ezra 8,13; Ezra 8,14; Ezra 8,15; Ezra 8,18; Ezra 8,19; Ezra 8,20; Ezra 8,22; Ezra 8,24; Ezra 8,24; Ezra 8,31; Ezra 8,31; Ezra 8,35; Ezra 9,1; Ezra 9,2; Ezra 9,3; Ezra 9,3; Ezra 9,5; Ezra 9,7; Ezra 9,11; Ezra 9,12; Ezra 10,1; Ezra 10,2; Ezra 10,2; Ezra 10,6; Ezra 10,8; Ezra 10,9; Ezra 10,9; Ezra 10,11; Ezra 10,11; Ezra 10,14; Ezra 10,18; Ezra 10,18; Ezra 10,20; Ezra 10,21; Ezra 10,22; Ezra 10,23; Ezra 10,24; Ezra 10,24; Ezra 10,25; Ezra 10,25; Ezra 10,26; Ezra 10,27; Ezra 10,28; Ezra 10,29; Ezra 10,30; Ezra 10,31; Ezra 10,33; Ezra 10,34; Ezra 10,43; Neh. 1,2; Neh. 1,2; Neh. 1,3; Neh. 3,4; Neh. 3,15; Neh. 3,20; Neh. 3,21; Neh. 3,24; Neh. 4,3; Neh. 4,8; Neh. 4,10; Neh. 4,13; Neh. 4,15; Neh. 5,5; Neh. 5,9; Neh. 5,11; Neh. 5,14; Neh. 5,15; Neh. 5,17; Neh. 6,8; Neh. 6,9; Neh. 6,17; Neh. 7,6; Neh. 7,61; Neh. 7,61; Neh. 7,63; Neh. 7,63; Neh. 7,64; Neh. 7,65; Neh. 7,70; Neh. 7,71; Neh. 7,73; Neh. 8,2; Neh. 8,3; Neh. 8,17; Neh. 8,17; Neh. 8,18; Neh. 9,2; Neh. 9,5; Neh. 9,20; Neh. 9,26; Neh. 9,32; Neh. 9,35; Neh. 10,10; Neh. 10,29; Neh. 10,35; Neh. 11,1; Neh. 11,4; Neh. 11,4; Neh. 11,4; Neh. 11,4; Neh. 11,10; Neh. 11,15; Neh. 11,22; Neh. 11,25; Neh. 11,31; Neh. 11,36; Neh. 12,28; Neh. 12,28; Neh. 12,29; Neh. 12,35; Neh. 13,8; Neh. 13,13;

ἀπό

Neh. 13,21; Neh. 13,25; Neh. 13,28; Neh. 13,30; Neh. 13,31; Esth. 11,10 # 1,1i; Esth. 11,10 # 1,1i; Esth. 1,1 # 1,1s; Esth. 1,7; Esth. 1,20; Esth. 2,13; Esth. 3,12; Esth. 13,1 # 3,13a; Esth. 15,5 # 5,1b; Esth. 15,8 # 5,1e; Esth. 15,13 # 5,2a; Esth. 15,15 # 5,2b; Esth. 5,9; Esth. 6,1; Esth. 7,6; Esth. 8,9; Esth. 16,2 # 8,12b; Esth. 9,16; Esth. 9,22; Esth. 9,22; Esth. 9,22; Judith 2,14; Judith 2,20; Judith 2,21; Judith 4,2; Judith 5,8; Judith 5,12; Judith 5,18; Judith 5,23; Judith 6,2; Judith 6,5; Judith 7,3; Judith 7,22; Judith 8,20; Judith 10,2; Judith 10,12; Judith 11,16; Judith 12,1; Judith 12,13; Judith 13,4; Judith 13,9; Judith 13,9; Judith 13,13; Judith 13,14; Judith 13,19; Judith 14,3; Judith 15,7; Judith 16,3; Judith 16,15; Tob. 1,4; Tob. 1,4; Tob. 3,13; Tob. 3,14; Tob. 4,7; Tob. 4,7; Tob. 4,12; Tob. 4,12; Tob. 4,12; Tob. 4,13; Tob. 4,21; Tob. 6,2; Tob. 6,17; Tob. 6,18; Tob. 7,12; Tob. 8,4; Tob. 11,9; Tob. 11,12; Tob. 14,4; Tob. 14,8; 1Mac. 1,13; 1Mac. 1,15; 1Mac. 1,18; 1Mac. 1,43; 1Mac. 1,52; 1Mac. 2,1; 1Mac. 2,16; 1Mac. 2,19; 1Mac. 2,40; 1Mac. 2,42; 1Mac. 2,43; 1Mac. 2,62; 1Mac. 3,6; 1Mac. 3,8; 1Mac. 3,10; 1Mac. 3,32; 1Mac. 3,32; 1Mac. 3,35; 1Mac. 3,37; 1Mac. 3,37; 1Mac. 4,4; 1Mac. 4,16; 1Mac. 4,59; 1Mac. 5,21; 1Mac. 5,34; 1Mac. 5,45; 1Mac. 5,58; 1Mac. 6,6; 1Mac. 6,6; 1Mac. 6,8; 1Mac. 6,10; 1Mac. 6,10; 1Mac. 6,29; 1Mac. 6,29; 1Mac. 6,32; 1Mac. 6,42; 1Mac. 6,53; 1Mac. 6,56; 1Mac. 7,6; 1Mac. 7,19; 1Mac. 7,19; 1Mac. 7,33; 1Mac. 7,33; 1Mac. 7,45; 1Mac. 8,8; 1Mac. 9,6; 1Mac. 9,11; 1Mac. 9,13; 1Mac. 9,37; 1Mac. 9,40; 1Mac. 9,61; 1Mac. 10,29; 1Mac. 10,29; 1Mac. 10,30; 1Mac. 10,30; 1Mac. 10,30; 1Mac. 10,30; 1Mac. 10,30; 1Mac. 10,33; 1Mac. 10,38; 1Mac. 10,40; 1Mac. 10,40; 1Mac. 10,41; 1Mac. 10,41; 1Mac. 10,42; 1Mac. 10,42; 1Mac. 11,2; 1Mac. 11,14; 1Mac. 11,34; 1Mac. 11,34; 1Mac. 11,35; 1Mac. 11,36; 1Mac. 11,38; 1Mac. 11,38; 1Mac. 11,45; 1Mac. 11,49; 1Mac. 11,59; 1Mac. 11,61; 1Mac. 11,62; 1Mac. 12,15; 1Mac. 13,12; 1Mac. 13,41; 1Mac. 13,50; 1Mac. 15,1; 1Mac. 15,8; 1Mac. 15,14; 1Mac. 15,14; 1Mac. 15,17; 1Mac. 15,18; 1Mac. 16,2; 2Mac. 1,7; 2Mac. 1,10; 2Mac. 1,19; 2Mac. 1,32; 2Mac. 2,3; 2Mac. 4,19; 2Mac. 4,36; 2Mac. 5,21; 2Mac. 6,1; 2Mac. 6,5; 2Mac. 6,21; 2Mac. 7,1; 2Mac. 7,24; 2Mac. 8,28; 2Mac. 8,36; 2Mac. 9,7; 2Mac. 10,15; 2Mac. 10,27; 2Mac. 10,27; 2Mac. 12,18; 2Mac. 12,29; 2Mac. 12,40; 2Mac. 13,24; 2Mac. 14,30; 2Mac. 14,37; 2Mac. 15,28; 3Mac. 1,8; 3Mac. 2,31; 3Mac. 3,2; 3Mac. 3,27; 3Mac. 4,15; 3Mac. 6,1; 3Mac. 6,9; 3Mac. 6,10; 3Mac. 6,38; 3Mac. 6,38; 4Mac. 1,8; 4Mac. 5,11; 4Mac. 6,7; 4Mac. 8,29; 4Mac. 9,28; 4Mac. 13,20; 4Mac. 13,21; 4Mac. 17,6; 4Mac. 17,8; 4Mac. 18,5; Psa. 1,4; Psa. 3,1; Psa. 3,7; Psa. 4,8; Psa. 5,11; Psa. 6,8; Psa. 7,5; Psa. 9,4; Psa. 9,26; Psa. 9,27; Psa. 11,2; Psa. 11,6; Psa. 11,8; Psa. 16,9; Psa. 16,13; Psa. 16,13; Psa. 16,14; Psa. 16,14; Psa. 17,9; Psa. 17,13; Psa. 17,16; Psa. 17,16; Psa. 17,22; Psa. 17,24; Psa. 17,30; Psa. 17,46; Psa. 17,49; Psa. 17,49; Psa. 18,14; Psa. 18,14; Psa. 20,11; Psa. 20,11; Psa. 21,2; Psa. 21,10; Psa. 21,21; Psa. 21,22; Psa. 24,6; Psa. 26,1; Psa. 26,9; Psa. 29,4; Psa. 30,13; Psa. 30,21; Psa. 30,21; Psa. 30,23; Psa. 31,3; Psa. 31,7; Psa. 31,7; Psa. 33,14; Psa. 33,15; Psa. 34,10; Psa. 34,17; Psa. 34,17; Psa. 35,9; Psa. 36,8; Psa. 36,27; Psa. 37,4; Psa. 37,4; Psa. 37,6; Psa. 37,9; Psa. 37,10; Psa. 38,9; Psa. 38,11; Psa. 39,3; Psa. 39,11; Psa. 40,14; Psa. 41,7; Psa. 42,1; Psa. 43,17; Psa. 43,17; Psa. 43,19; Psa. 44,9; Psa. 44,9; Psa. 49,1; Psa. 50,4; Psa. 50,4; Psa. 50,11; Psa. 50,13; Psa. 51,7; Psa. 54,4; Psa. 54,4; Psa. 54,9; Psa. 54,19; Psa. 54,22; Psa. 55,1; Psa. 55,3; Psa. 56,1; Psa. 57,4; Psa. 57,4; Psa. 59,6; Psa. 60,3; Psa. 60,4; Psa. 63,2; Psa. 63,3; Psa. 63,3; Psa. 64,9; Psa. 67,2; Psa. 67,3; Psa. 67,3; Psa. 67,5; Psa. 67,9; Psa. 67,9; Psa. 67,30; Psa. 68,4; Psa. 68,6; Psa. 68,15; Psa. 68,18; Psa. 70,6; Psa. 71,8; Psa. 71,8; Psa. 72,27; Psa. 72,27; Psa. 73,8; Psa. 74,7; Psa. 74,7; Psa. 74,7; Psa. 75,5; Psa. 75,7; Psa. 76,9; Psa. 76,12; Psa. 77,4; Psa. 77,30; Psa. 77,50; Psa. 77,55; Psa. 79,17; Psa. 79,19; Psa. 80,7; Psa. 84,4; Psa. 84,6; Psa. 87,10; Psa. 87,19; Psa. 88,24; Psa. 88,45; Psa. 89,2; Psa. 89,11; Psa. 90,3; Psa. 90,5; Psa. 90,5; Psa. 90,6; Psa. 90,6; Psa. 92,2; Psa. 92,4; Psa. 95,9; Psa. 96,5; Psa. 96,5; Psa. 101,6; Psa. 101,11; Psa. 102,11; Psa. 102,12; Psa. 102,17; Psa. 103,7; Psa. 103,7; Psa. 103,13; Psa. 103,35; Psa. 105,48; Psa. 106,3; Psa. 106,34; Psa. 106,39; Psa. 108,24; Psa. 111,7; Psa. 112,2; Psa. 112,3; Psa. 112,7; Psa. 112,7; Psa. 113,7; Psa. 113,7; Psa. 113,26; Psa. 114,8; Psa. 114,8; Psa. 118,10; Psa. 118,21; Psa. 118,28; Psa. 118,51; Psa. 118,53; Psa. 118,102; Psa. 118,104; Psa. 118,116; Psa. 118,118; Psa. 118,120; Psa. 118,134; Psa. 118,150; Psa. 118,155; Psa. 118,161; Psa. 119,2; Psa. 119,2; Psa. 120,7; Psa. 120,8; Psa. 124,2; Psa. 129,6; Psa. 129,6; Psa. 130,3; Psa. 134,8; Psa. 138,7; Psa. 138,7; Psa. 138,12; Psa. 138,15; Psa. 139,2; Psa. 139,5; Psa. 139,9; Psa. 140,9; Psa. 140,9; Ode. 2,15; Ode. 2,42; Ode. 3,8; Ode. 3,8; Ode. 4,16; Ode. 4,17; Ode. 7,29; Ode. 7,44; Ode. 9,48; Ode. 9,52; Ode. 11,13; Ode. 11,19; Ode. 12,4; Ode. 12,9; Prov. 1,33; Prov. 2,6; Prov. 2,12; Prov. 2,12; Prov. 2,16; Prov. 3,7; Prov. 3,9; Prov. 3,9; Prov. 4,24; Prov. 4,27; Prov. 5,3; Prov. 5,15; Prov. 5,15; Prov. 6,24; Prov. 6,24; Prov. 6,25; Prov. 7,5; Prov. 7,6; Prov. 7,21; Prov. 8,6; Prov. 9,18c; Prov. 9,18c; Prov. 10,5; Prov. 12,14; Prov. 13,2; Prov. 13,19; Prov. 14,14; Prov. 14,16; Prov. 15,27a; Prov. 15,29; Prov. 16,17; Prov. 16,23; Prov. 18,1; Prov. 18,20; Prov. 18,20; Prov. 19,4; Prov. 19,13; Prov. 20,9; Prov. 22,14a; Prov. 24,22b; Prov. 24,22b; Prov. 27,11; Prov. 30,14; Prov. 31,16; Prov. 31,31; Eccl. 1,8; Eccl. 1,10; Eccl. 2,10; Eccl. 2,10; Eccl. 2,24; Eccl. 3,5; Eccl. 3,14; Eccl. 3,20; Eccl. 4,1; Eccl. 4,4; Eccl. 4,8; Eccl. 5,14; Eccl. 6,2; Eccl. 6,3; Eccl. 7,18; Eccl. 7,28; Eccl. 8,3; Eccl. 8,11; Eccl. 8,12; Eccl. 8,12; Eccl. 8,13; Eccl. 10,5; Eccl. 11,10; Eccl. 11,10; Eccl. 12,5; Song 1,2; Song 3,6; Song 3,6; Song 3,7; Song 3,8; Song 3,9; Song 3,10; Song 4,1; Song 4,2; Song 4,8; Song 4,8; Song 4,8; Song 4,8; Song 4,8; Song 4,8; Song 4,9; Song 4,10; Song 4,15; Song 5,4; Song 5,9; Song 5,9; Song 5,10; Song 6,5; Song 6,6; Song 8,2; Song 8,2; Job 1,1; Job 1,8; Job 2,3; Job 2,7; Job 2,7; Job 2,9b; Job 3,10; Job 4,9; Job 4,9; Job 4,17; Job 5,4; Job 5,21; Job 5,21; Job 5,22; Job 7,4; Job 7,5; Job 7,15; Job 7,15; Job 10,14; Job 11,6; Job 11,14; Job 13,20; Job 14,4; Job 14,9; Job 15,22; Job 16,16; Job 17,4; Job 17,7; Job 17,12; Job 19,9; Job 19,22; Job 19,29; Job 20,4; Job 21,17; Job 21,20; Job 22,23; Job 22,25; Job 23,12; Job 23,15a; Job 24,8; Job 24,9; Job 24,24; Job 26,11; Job 28,4; Job 28,21; Job 28,28; Job 30,8; Job 30,10; Job 30,22; Job 30,30; Job 31,20; Job 31,22; Job 31,22; Job 31,23; Job 33,17; Job 33,18; Job 34,30; Job 35,5; Job 35,9; Job 35,9; Job 35,11; Job 35,11; Job 35,12; Job 36,7; Job 36,17; Job 36,21; Job 36,28b; Job 37,9; Job 37,10; Job 37,22; Job 38,15; Job 39,22; Job 42,17c; Wis. 1,3; Wis. 1,5; Wis. 1,6; Wis. 1,11; Wis. 2,16; Wis. 5,6; Wis. 5,21; Wis. 8,1; Wis. 9,6; Wis. 9,10; Wis. 9,17; Wis. 10,12; Wis. 10,12; Wis. 17,11; Sir. 1,16; Sir. 1,17; Sir. 4,4; Sir. 4,5; Sir. 4,20; Sir. 6,6; Sir. 6,12; Sir. 6,13; Sir. 6,13; Sir. 7,2; Sir. 7,2; Sir. 7,6; Sir. 7,34; Sir. 8,5; Sir. 8,11; Sir. 9,8; Sir. 9,13; Sir. 10,8; Sir. 10,12; Sir. 10,12; Sir. 10,17; Sir. 11,18; Sir. 11,23; Sir. 11,24; Sir. 11,32; Sir. 11,33; Sir. 14,2; Sir. 14,4; Sir. 14,14; Sir. 14,27; Sir. 16,4; Sir. 16,26; Sir. 16,27; Sir. 17,14; Sir. 17,15; Sir. 17,26; Sir. 17,28; Sir. 18,10; Sir. 18,27; Sir. 18,30; Sir. 19,11; Sir. 19,11; Sir. 19,16; Sir. 19,29; Sir. 19,29; Sir. 20,3; Sir. 20,5; Sir. 20,11; Sir. 20,18; Sir. 20,18; Sir. 20,20; Sir. 20,21; Sir. 20,22; Sir. 21,2; Sir. 21,2; Sir. 21,22; Sir. 21,23; Sir. 22,25; Sir. 23,10; Sir. 23,10; Sir. 23,11; Sir. 23,12; Sir. 23,18; Sir. 24,3; Sir. 24,19; Sir. 24,29; Sir. 24,29; Sir. 24,30; Sir. 25,24; Sir. 25,26; Sir. 26,12; Sir. 26,28; Sir. 26,29; Sir. 26,29; Sir. 28,8; Sir. 28,14; Sir. 29,27; Sir. 30,23; Sir. 31,13; Sir. 32,13; Sir. 32,22; Sir. 33,10; Sir. 33,12; Sir. 34,4; Sir. 34,4; Sir. 34,16; Sir. 34,16; Sir. 34,16; Sir. 34,16; Sir. 34,25; Sir. 35,3; Sir. 35,3; Sir. 36,13; Sir. 37,8; Sir.

37,10; Sir. 38,5; Sir. 38,10; Sir. 38,18; Sir. 39,19; Sir. 39,20; Sir. 40,3; Sir. 40,4; Sir. 40,6; Sir. 40,8; Sir. 40,11; Sir. 40,11; Sir. 41,10; Sir. 41,17; Sir. 41,17; Sir. 41,18; Sir. 41,18; Sir. 41,19; Sir. 41,19; Sir. 41,20; Sir. 41,20; Sir. 41,21; Sir. 41,21; Sir. 41,22; Sir. 41,22; Sir. 41,23; Sir. 41,23; Sir. 41,24; Sir. 41,25; Sir. 41,26; Sir. 41,26; Sir. 42,13; Sir. 42,13; Sir. 43,7; Sir. 43,22; Sir. 44,21; Sir. 44,21; Sir. 45,16; Sir. 46,7; Sir. 46,8; Sir. 46,11; Sir. 46,19; Sir. 47,2; Sir. 47,2; Sir. 47,10; Sir. 47,22; Sir. 47,24; Sir. 48,6; Sir. 48,15; Sir. 48,15; Sir. 49,14; Sir. 50,4; Sir. 50,27; Sir. 51,2; Sir. 51,4; Sir. 51,5; Sir. 51,9; Sol. 2,8; Sol. 2,17; Sol. 2,19; Sol. 2,35; Sol. 4,1; Sol. 4,8; Sol. 4,16; Sol. 4,16; Sol. 4,17; Sol. 4,22; Sol. 4,23; Sol. 4,23; Sol. 5,3; Sol. 6,3; Sol. 8,5; Sol. 8,7; Sol. 8,12; Sol. 8,17; Sol. 9,1; Sol. 9,1; Sol. 9,3; Sol. 9,3; Sol. 10,1; Sol. 10,1; Sol. 11,2; Sol. 11,3; Sol. 11,4; Sol. 12,1; Sol. 12,1; Sol. 12,4; Sol. 12,4; Sol. 12,4; Sol. 12,6; Sol. 13,2; Sol. 13,2; Sol. 15,3; Sol. 15,4; Sol. 15,5; Sol. 15,7; Sol. 15,7; Sol. 16,1; Sol. 16,1; Sol. 16,3; Sol. 16,6; Sol. 16,7; Sol. 16,7; Sol. 16,8; Sol. 17,7; Sol. 17,11; Sol. 17,13; Sol. 17,16; Sol. 17,17; Sol. 17,19; Sol. 17,20; Sol. 17,22; Sol. 17,23; Sol. 17,25; Sol. 17,36; Sol. 17,45; Sol. 18,4; Sol. 18,10; Sol. 18,12; Hos. 2,20; Hos. 4,12; Hos. 7,4; Hos. 7,4; Hos. 9,1; Hos. 10,15; Hos. 13,3; Hos. 13,14; Amos 7,11; Amos 7,17; Amos 8,4; Amos 8,6; Amos 8,12; Amos 9,8; Amos 9,15; Mic. 1,4; Mic. 1,16; Mic. 3,2; Mic. 3,3; Mic. 4,7; Mic. 6,5; Mic. 7,2; Mic. 7,5; Mic. 7,12; Mic. 7,17; Joel 2,2; Joel 2,6; Joel 2,8; Joel 2,20; Joel 3,1; Joel 3,2; Jonah 3,5; Jonah 3,6; Jonah 3,8; Jonah 3,8; Jonah 3,10; Jonah 4,6; Nah. 1,5; Nah. 1,6; Nah. 1,13; Nah. 3,4; Nah. 3,7; Hab. 2,20; Hab. 3,16; Hab. 3,17; Zeph. 1,2; Zeph. 1,3; Zeph. 1,6; Zeph. 1,7; Zeph. 1,10; Zeph. 1,10; Zeph. 1,10; Zeph. 2,7; Zeph. 3,11; Zeph. 3,12; Hag. 1,10; Hag. 1,12; Hag. 2,13; Hag. 2,14; Hag. 2,15; Hag. 2,18; Hag. 2,18; Hag. 2,18; Hag. 2,19; Zech. 1,4; Zech. 1,4; Zech. 2,8; Zech. 2,10; Zech. 2,17; Zech. 8,4; Zech. 8,7; Zech. 8,7; Zech. 8,10; Zech. 13,2; Zech. 13,2; Zech. 14,10; Zech. 14,10; Mal. 2,5; Mal. 2,6; Mal. 3,7; Is. 1,6; Is. 1,16; Is. 1,16; Is. 1,25; Is. 2,10; Is. 2,10; Is. 2,19; Is. 2,19; Is. 2,21; Is. 2,21; Is. 3,1; Is. 3,1; Is. 4,6; Is. 4,6; Is. 5,27; Is. 6,4; Is. 6,6; Is. 6,13; Is. 7,4; Is. 7,8; Is. 7,16; Is. 7,17; Is. 7,22; Is. 7,25; Is. 8,8; Is. 8,17; Is. 8,19; Is. 9,6; Is. 9,13; Is. 10,18; Is. 10,18; Is. 10,24; Is. 10,27; Is. 10,27; Is. 10,27; Is. 11,11; Is. 11,11; Is. 11,11; Is. 11,11; Is. 14,25; Is. 14,25; Is. 14,25; Is. 14,31; Is. 16,4; Is. 17,1; Is. 17,9; Is. 18,3; Is. 18,7; Is. 18,7; Is. 19,1; Is. 19,16; Is. 20,2; Is. 20,2; Is. 20,6; Is. 22,5; Is. 22,24; Is. 23,13; Is. 24,16; Is. 25,4; Is. 25,5; Is. 25,8; Is. 25,8; Is. 26,21; Is. 27,11; Is. 27,12; Is. 28,7; Is. 28,9; Is. 28,9; Is. 29,5; Is. 29,9; Is. 29,9; Is. 30,11; Is. 31,8; Is. 32,12; Is. 33,3; Is. 33,15; Is. 34,3; Is. 34,4; Is. 34,6; Is. 34,6; Is. 34,7; Is. 34,7; Is. 37,6; Is. 38,13; Is. 38,19; Is. 39,7; Is. 40,15; Is. 40,26; Is. 40,27; Is. 41,2; Is. 41,4; Is. 41,17; Is. 41,25; Is. 41,28; Is. 41,28; Is. 43,5; Is. 43,5; Is. 43,6; Is. 44,11; Is. 44,25; Is. 45,6; Is. 45,6; Is. 45,20; Is. 45,25; Is. 46,2; Is. 46,7; Is. 46,9; Is. 46,11; Is. 46,12; Is. 48,6; Is. 48,20; Is. 49,12; Is. 49,12; Is. 49,19; Is. 49,19; Is. 50,2; Is. 50,6; Is. 51,12; Is. 51,12; Is. 51,18; Is. 51,18; Is. 51,21; Is. 52,14; Is. 52,14; Is. 53,8; Is. 53,8; Is. 53,11; Is. 54,8; Is. 54,9; Is. 54,14; Is. 55,9; Is. 55,9; Is. 55,9; Is. 56,3; Is. 57,1; Is. 57,9; Is. 57,14; Is. 57,14; Is. 58,7; Is. 58,9; Is. 58,13; Is. 59,6; Is. 59,13; Is. 59,19; Is. 59,20; Is. 59,21; Is. 63,2; Is. 63,12; Is. 63,17; Is. 63,19; Is. 64,1; Is. 64,1; Is. 64,2; Is. 64,3; Is. 65,14; Is. 66,11; Is. 66,11; Jer. 1,8; Jer. 1,13; Jer. 1,15; Jer. 1,17; Jer. 2,25; Jer. 2,25; Jer. 2,36; Jer. 2,36; Jer. 3,11; Jer. 3,18; Jer. 3,18; Jer. 3,24; Jer. 3,25; Jer. 4,1; Jer. 4,4; Jer. 4,6; Jer. 4,14; Jer. 4,26; Jer. 4,26; Jer. 4,29; Jer. 5,22; Jer. 6,1; Jer. 6,8; Jer. 6,13; Jer. 6,13; Jer. 6,22; Jer. 6,29; Jer. 7,12; Jer. 7,15; Jer. 8,3; Jer. 8,6; Jer. 8,6; Jer. 8,16; Jer. 8,19; Jer. 9,3; Jer. 9,6; Jer. 9,9; Jer. 9,20; Jer. 10,2; Jer. 10,9; Jer. 10,11; Jer. 10,14; Jer. 11,15; Jer. 11,19; Jer. 12,2; Jer. 12,4; Jer. 12,13; Jer. 12,13; Jer. 12,14; Jer. 13,14; Jer. 13,17; Jer. 13,18; Jer. 13,20; Jer. 14,6; Jer. 14,16; Jer. 14,19; Jer. 15,15; Jer. 15,17; Jer. 15,19; Jer. 16,5; Jer. 16,13; Jer. 16,15; Jer. 16,15; Jer. 17,5; Jer. 18,8; Jer. 18,11; Jer. 18,14; Jer. 18,14; Jer. 18,18; Jer. 18,18; Jer. 18,18; Jer. 18,23; Jer. 19,1; Jer. 19,1; Jer. 19,14; Jer. 21,7; Jer. 21,7; Jer. 21,7; Jer. 22,22; Jer. 22,25; Jer. 23,3; Jer. 23,9; Jer. 23,9; Jer. 23,9; Jer. 23,10; Jer. 23,14; Jer. 23,15; Jer. 23,16; Jer. 23,16; Jer. 23,20; Jer. 23,22; Jer. 23,8; Jer. 23,8; Jer. 24,2; Jer. 24,3; Jer. 24,8; Jer. 24,10; Jer. 25,5; Jer. 25,5; Jer. 25,9; Jer. 26,10; Jer. 26,10; Jer. 26,16; Jer. 26,20; Jer. 26,24; Jer. 27,3; Jer. 27,3; Jer. 27,8; Jer. 27,13; Jer. 27,16; Jer. 27,41; Jer. 27,44; Jer. 27,46; Jer. 28,5; Jer. 28,5; Jer. 28,5; Jer. 28,7; Jer. 28,17; Jer. 28,17; Jer. 28,25; Jer. 28,26; Jer. 28,34; Jer. 28,62; Jer. 28,64; Jer. 29,2; Jer. 29,3; Jer. 29,3; Jer. 29,3; Jer. 29,3; Jer. 30,15; Jer. 30,21; Jer. 31,2; Jer. 31,13; Jer. 31,13; Jer. 31,18; Jer. 31,34; Jer. 31,34; Jer. 31,36; Jer. 31,42; Jer. 31,44; Jer. 32,16; Jer. 32,26; Jer. 32,27; Jer. 32,30; Jer. 32,32; Jer. 32,35; Jer. 32,35; Jer. 32,37; Jer. 32,38; Jer. 33,3; Jer. 33,3; Jer. 33,9; Jer. 33,13; Jer. 33,19; Jer. 34,10; Jer. 35,1; Jer. 35,8; Jer. 35,10; Jer. 35,11; Jer. 35,12; Jer. 35,16; Jer. 36,4; Jer. 37,7; Jer. 37,8; Jer. 37,17; Jer. 38,8; Jer. 38,16; Jer. 38,16; Jer. 38,34; Jer. 38,37; Jer. 38,38; Jer. 39,17; Jer. 39,24; Jer. 39,31; Jer. 39,43; Jer. 40,8; Jer. 40,10; Jer. 41,22; Jer. 42,11; Jer. 42,11; Jer. 42,15; Jer. 43,3; Jer. 43,4; Jer. 43,27; Jer. 43,32; Jer. 44,5; Jer. 44,11; Jer. 44,11; Jer. 44,12; Jer. 45,9; Jer. 45,22; Jer. 46,17; Jer. 47,4; Jer. 47,9; Jer. 48,1; Jer. 48,5; Jer. 48,5; Jer. 48,5; Jer. 48,9; Jer. 48,16; Jer. 48,16; Jer. 48,18; Jer. 48,18; Jer. 49,1; Jer. 49,2; Jer. 49,8; Jer. 49,11; Jer. 49,11; Jer. 49,16; Jer. 49,16; Jer. 49,17; Jer. 51,2; Jer. 51,3; Jer. 51,5; Jer. 51,12; Jer. 51,22; Jer. 51,22; Jer. 51,23; Jer. 51,28; Jer. 51,31; Bar. 1,4; Bar. 1,9; Bar. 1,19; Bar. 2,8; Bar. 2,17; Bar. 2,23; Bar. 2,33; Bar. 2,33; Bar. 2,35; Bar. 3,7; Bar. 3,8; Bar. 3,21; Bar. 4,16; Bar. 4,28; Bar. 5,5; Lam. 1,2; Lam. 1,3; Lam. 1,3; Lam. 2,3; Lam. 2,8; Lam. 3,18; Lam. 3,19; Lam. 3,33; Lam. 4,9; Lam. 5,9; Lam. 5,10; Lam. 5,14; LetterJ 9; LetterJ 10; LetterJ 16; LetterJ 19; LetterJ 20; LetterJ 28; LetterJ 32; LetterJ 35; LetterJ 38; LetterJ 57; LetterJ 57; LetterJ 72; Ezek. 1,4; Ezek. 1,19; Ezek. 1,21; Ezek. 1,27; Ezek. 1,27; Ezek. 2,6; Ezek. 2,6; Ezek. 3,9; Ezek. 3,18; Ezek. 3,19; Ezek. 3,20; Ezek. 4,8; Ezek. 4,10; Ezek. 4,11; Ezek. 4,14; Ezek. 6,14; Ezek. 8,2; Ezek. 8,2; Ezek. 8,5; Ezek. 8,6; Ezek. 9,2; Ezek. 9,3; Ezek. 9,6; Ezek. 9,6; Ezek. 10,4; Ezek. 10,16; Ezek. 10,18; Ezek. 10,19; Ezek. 11,15; Ezek. 11,24; Ezek. 13,3; Ezek. 13,17; Ezek. 13,20; Ezek. 13,22; Ezek. 14,6; Ezek. 14,6; Ezek. 14,15; Ezek. 16,9; Ezek. 16,63; Ezek. 17,5; Ezek. 18,27; Ezek. 18,31; Ezek. 19,7; Ezek. 21,3; Ezek. 21,9; Ezek. 22,5; Ezek. 22,26; Ezek. 23,18; Ezek. 23,24; Ezek. 24,2; Ezek. 24,2; Ezek. 24,4; Ezek. 24,22; Ezek. 25,9; Ezek. 26,7; Ezek. 26,10; Ezek. 26,10; Ezek. 26,15; Ezek. 26,16; Ezek. 26,16; Ezek. 27,3; Ezek. 27,6; Ezek. 27,12; Ezek. 27,15; Ezek. 27,16; Ezek. 27,29; Ezek. 27,33; Ezek. 27,33; Ezek. 27,33; Ezek. 27,36; Ezek. 28,7; Ezek. 28,16; Ezek. 28,16; Ezek. 28,24; Ezek. 29,8; Ezek. 29,10; Ezek. 29,13; Ezek. 30,6; Ezek. 30,11; Ezek. 30,13; Ezek. 31,12; Ezek. 31,12; Ezek. 31,16; Ezek. 31,17; Ezek. 32,5; Ezek. 32,6; Ezek. 32,6; Ezek. 32,6; Ezek. 32,12; Ezek. 32,26; Ezek. 32,27; Ezek. 33,8; Ezek. 33,9; Ezek. 33,11; Ezek. 33,11; Ezek. 33,12; Ezek. 33,14; Ezek. 33,18; Ezek. 33,19; Ezek. 33,21; Ezek. 34,12; Ezek. 34,13; Ezek. 34,25; Ezek. 36,25; Ezek. 36,25; Ezek. 37,21; Ezek. 37,23; Ezek. 38,8; Ezek. 38,8; Ezek. 38,12; Ezek. 38,20; Ezek. 39,3; Ezek. 39,3; Ezek. 39,17; Ezek. 39,19; Ezek. 39,22; Ezek. 40,13; Ezek. 40,19; Ezek. 40,23; Ezek. 40,27; Ezek. 40,43; Ezek. 40,43; Ezek. 42,6; Ezek. 43,2; Ezek. 43,10; Ezek. 43,14; Ezek. 43,15; Ezek. 43,27; Ezek. 44,6; Ezek. 44,17; Ezek. 45,1; Ezek. 45,4; Ezek. 45,7; Ezek. 45,7; Ezek. 45,7; Ezek. 45,9; Ezek. 45,13; Ezek. 45,13; Ezek. 45,14; Ezek. 45,15; Ezek. 45,19; Ezek. 47,1; Ezek. 47,1; Ezek. 47,2; Ezek. 47,10; Ezek. 47,15; Ezek. 47,17; Ezek. 47,17; Ezek. 47,19;

Ezek. 48,1; Ezek. 48,2; Ezek. 48,3; Ezek. 48,3; Ezek. 48,4; Ezek. 48,4; Ezek. 48,5; Ezek. 48,5; Ezek. 48,6; Ezek. 48,6; Ezek. 48,7; Ezek. 48,7; Ezek. 48,8; Ezek. 48,8; Ezek. 48,8; Ezek. 48,12; Ezek. 48,16; Ezek. 48,16; Ezek. 48,16; Ezek. 48,16; Ezek. 48,20; Ezek. 48,21; Ezek. 48,22; Ezek. 48,22; Ezek. 48,23; Ezek. 48,24; Ezek. 48,24; Ezek. 48,25; Ezek. 48,25; Ezek. 48,26; Ezek. 48,26; Ezek. 48,27; Ezek. 48,27; Ezek. 48,28; Ezek. 48,28; Dan. 1,5; Dan. 1,5; Dan. 1,6; Dan. 1,12; Dan. 1,13; Dan. 1,16; Dan. 1,18; Dan. 2,32; Dan. 2,38; Dan. 3,1; Dan. 3,29; Dan. 3,44; Dan. 4,14; Dan. 4,16; Dan. 4,17a; Dan. 4,32; Dan. 4,33; Dan. 4,33a; Dan. 4,37a; Dan. 4,37a; Dan. 4,37c; Dan. 5,0; Dan. 5,0; Dan. 5,2; Dan. 5,30; Dan. 6,6; Dan. 6,15; Dan. 6,21; Dan. 6,23; Dan. 7,4; Dan. 7,17; Dan. 8,5; Dan. 8,7; Dan. 8,10; Dan. 8,10; Dan. 9,1; Dan. 9,9; Dan. 9,13; Dan. 9,16; Dan. 9,26; Dan. 10,12; Dan. 11,22; Dan. 11,44; Bel 28; Josh. 15,46; Josh. 19,9; Josh. 19,12; Josh. 19,12; Josh. 19,27; Josh. 19,29; Josh. 19,34; Judg. 1,14; Judg. 1,36; Judg. 1,36; Judg. 2,1; Judg. 2,9; Judg. 2,12; Judg. 2,18; Judg. 2,18; Judg. 2,21; Judg. 3,3; Judg. 3,19; Judg. 3,20; Judg. 3,27; Judg. 4,11; Judg. 4,11; Judg. 4,13; Judg. 4,14; Judg. 5,5; Judg. 5,5; Judg. 5,11; Judg. 5,14; Judg. 5,24; Judg. 6,2; Judg. 6,6; Judg. 6,7; Judg. 6,11; Judg. 6,21; Judg. 6,27; Judg. 6,38; Judg. 7,1; Judg. 7,1; Judg. 7,3; Judg. 7,3; Judg. 7,5; Judg. 7,23; Judg. 7,23; Judg. 7,23; Judg. 8,10; Judg. 8,11; Judg. 8,13; Judg. 8,14; Judg. 9,20; Judg. 9,20; Judg. 9,21; Judg. 9,35; Judg. 9,36; Judg. 9,37; Judg. 9,40; Judg. 10,11; Judg. 10,11; Judg. 10,11; Judg. 11,3; Judg. 11,5; Judg. 11,13; Judg. 11,18; Judg. 11,22; Judg. 11,22; Judg. 11,23; Judg. 11,24; Judg. 11,31; Judg. 11,31; Judg. 11,33; Judg. 11,33; Judg. 11,36; Judg. 11,36; Judg. 11,40; Judg. 12,6; Judg. 12,8; Judg. 13,2; Judg. 13,2; Judg. 13,5; Judg. 13,7; Judg. 13,14; Judg. 13,16; Judg. 14,1; Judg. 14,2; Judg. 14,3; Judg. 14,9; Judg. 14,14; Judg. 15,3; Judg. 15,5; Judg. 15,11; Judg. 15,13; Judg. 15,14; Judg. 16,12; Judg. 16,17; Judg. 16,25; Judg. 17,1; Judg. 17,5; Judg. 17,8; Judg. 17,9; Judg. 17,11; Judg. 18,2; Judg. 18,2; Judg. 18,2; Judg. 18,11; Judg. 18,11; Judg. 18,11; Judg. 18,22; Judg. 18,28; Judg. 19,1; Judg. 19,12; Judg. 19,18; Judg. 19,30; Judg. 20,1; Judg. 20,13; Judg. 20,14; Judg. 20,15; Judg. 20,21; Judg. 20,25; Judg. 20,25; Judg. 20,31; Judg. 20,32; Judg. 20,33; Judg. 20,38; Judg. 20,42; Judg. 20,43; Judg. 20,44; Judg. 20,46; Judg. 20,48; Judg. 21,3; Judg. 21,5; Judg. 21,6; Judg. 21,7; Judg. 21,8; Judg. 21,8; Judg. 21,9; Judg. 21,10; Judg. 21,12; Judg. 21,14; Judg. 21,16; Judg. 21,17; Judg. 21,18; Judg. 21,19; Judg. 21,19; Judg. 21,19; Judg. 21,21; Judg. 21,23; Tob. 1,4; Tob. 1,4; Tob. 3,6; Tob. 3,6; Tob. 3,10; Tob. 3,13; Tob. 3,14; Tob. 3,17; Tob. 3,17; Tob. 4,21; Tob. 5,6; Tob. 6,13; Tob. 7,12; Tob. 7,12; Tob. 8,4; Tob. 8,21; Tob. 10,12; Tob. 10,13; Tob. 10,14; Tob. 11,8; Tob. 11,9; Tob. 11,12; Tob. 14,7; Dan. 1,2; Dan. 1,3; Dan. 1,3; Dan. 1,3; Dan. 1,5; Dan. 1,5; Dan. 1,12; Dan. 2,20; Dan. 2,35; Dan. 2,41; Dan. 2,45; Dan. 3,29; Dan. 3,44; Dan. 4,14; Dan. 4,16; Dan. 4,23; Dan. 4,25; Dan. 4,25; Dan. 4,31; Dan. 4,32; Dan. 4,33; Dan. 4,33; Dan. 5,13; Dan. 5,19; Dan. 5,19; Dan. 5,20; Dan. 5,21; Dan. 5,21; Dan. 6,14; Dan. 6,27; Dan. 7,4; Dan. 7,8; Dan. 7,11; Dan. 8,5; Dan. 8,10; Dan. 8,10; Dan. 9,1; Dan. 9,5; Dan. 9,5; Dan. 9,13; Dan. 9,16; Dan. 9,25; Dan. 10,12; Dan. 10,17; Dan. 11,22; Dan. 11,23; Dan. 11,35; Dan. 11,44; Dan. 12,3; Dan. 12,11; Sus. 21; Sus. 46; Sus. 52; Sus. 64; Matt. 1,17; Matt. 1,17; Matt. 1,17; Matt. 1,21; Matt. 1,24; Matt. 2,1; Matt. 2,16; Matt. 3,4; Matt. 3,7; Matt. 3,13; Matt. 3,16; Matt. 4,25; Matt. 5,18; Matt. 5,29; Matt. 5,30; Matt. 5,42; Matt. 6,13; Matt. 7,15; Matt. 7,16; Matt. 7,16; Matt. 7,16; Matt. 7,20; Matt. 8,1; Matt. 8,11; Matt. 8,34; Matt. 9,16; Matt. 9,22; Matt. 10,17; Matt. 10,28; Matt. 11,12; Matt. 11,19; Matt. 11,25; Matt. 12,38; Matt. 12,43; Matt. 13,35; Matt. 13,44; Matt. 14,2; Matt. 14,13; Matt. 14,24; Matt. 14,26; Matt. 14,29; Matt. 15,1; Matt. 15,22; Matt. 15,27; Matt. 15,27; Matt. 15,28; Matt. 16,6; Matt. 16,11; Matt. 16,12; Matt. 16,12; Matt. 16,21; Matt. 17,18; Matt. 17,25; Matt. 17,25; Matt. 17,25; Matt. 17,26; Matt. 18,7; Matt. 18,8; Matt. 18,9; Matt. 18,35; Matt. 19,1; Matt. 20,8; Matt. 20,29; Matt. 21,8; Matt. 21,11; Matt. 23,33; Matt. 23,34; Matt. 23,35; Matt. 24,1; Matt. 24,27; Matt. 24,29; Matt. 25,32; Matt. 25,34; Matt. 26,16; Matt. 26,47; Matt. 26,58; Matt. 27,9; Matt. 27,21; Matt. 27,24; Matt. 27,40; Matt. 27,42; Matt. 27,55; Matt. 27,55; Matt. 27,57; Matt. 27,64; Matt. 28,4; Matt. 28,7; Matt. 28,8; Mark 1,9; Mark 3,7; Mark 3,7; Mark 3,8; Mark 3,8; Mark 3,22; Mark 5,6; Mark 5,17; Mark 5,29; Mark 5,34; Mark 5,35; Mark 6,33; Mark 6,43; Mark 7,1; Mark 7,17; Mark 7,28; Mark 7,33; Mark 8,3; Mark 8,11; Mark 8,15; Mark 10,6; Mark 10,46; Mark 11,12; Mark 11,13; Mark 12,2; Mark 12,34; Mark 12,38; Mark 14,54; Mark 15,30; Mark 15,32; Mark 15,40; Mark 15,43; Mark 15,45; Mark 16,8; Mark 16,8; Luke 1,26; Luke 1,48; Luke 1,52; Luke 2,4; Luke 2,36; Luke 3,7; Luke 4,1; Luke 4,38; Luke 4,41; Luke 5,3; Luke 5,10; Luke 5,15; Luke 5,36; Luke 5,36; Luke 6,17; Luke 6,18; Luke 6,18; Luke 6,29; Luke 6,30; Luke 7,6; Luke 7,21; Luke 7,35; Luke 8,2; Luke 8,12; Luke 8,29; Luke 8,33; Luke 8,43; Luke 9,5; Luke 9,5; Luke 9,22; Luke 9,37; Luke 9,38; Luke 9,54; Luke 10,21; Luke 10,30; Luke 11,24; Luke 11,50; Luke 11,50; Luke 11,51; Luke 11,51; Luke 12,1; Luke 12,4; Luke 12,15; Luke 12,20; Luke 12,52; Luke 13,15; Luke 13,16; Luke 13,29; Luke 13,29; Luke 14,18; Luke 16,16; Luke 16,18; Luke 16,21; Luke 16,21; Luke 16,23; Luke 16,30; Luke 17,25; Luke 17,29; Luke 18,3; Luke 19,3; Luke 19,26; Luke 19,39; Luke 19,42; Luke 20,10; Luke 20,46; Luke 21,26; Luke 22,18; Luke 22,18; Luke 22,45; Luke 22,45; Luke 22,69; Luke 22,71; Luke 23,5; Luke 23,49; Luke 23,49; Luke 23,51; Luke 24,2; Luke 24,9; Luke 24,13; Luke 24,27; Luke 24,27; Luke 24,41; Luke 24,47; John 1,44; John 1,45; John 3,2; John 6,38; John 7,42; John 8,9; John 8,11; John 11,1; John 11,18; John 12,21; John 13,3; John 16,30; John 18,28; John 18,34; John 19,38; John 21,2; John 21,6; John 21,8; John 21,8; John 21,10; Acts 1,4; Acts 1,9; Acts 1,12; Acts 1,22; Acts 2,5; Acts 2,17; Acts 2,18; Acts 2,22; Acts 2,40; Acts 3,20; Acts 3,24; Acts 3,26; Acts 4,36; Acts 5,2; Acts 5,3; Acts 5,38; Acts 5,41; Acts 6,9; Acts 7,45; Acts 8,10; Acts 8,22; Acts 8,26; Acts 8,33; Acts 8,35; Acts 9,8; Acts 9,13; Acts 9,18; Acts 10,23; Acts 10,30; Acts 10,37; Acts 10,38; Acts 11,11; Acts 11,19; Acts 11,27; Acts 12,1; Acts 12,14; Acts 12,19; Acts 12,20; Acts 13,8; Acts 13,13; Acts 13,14; Acts 13,23; Acts 13,29; Acts 13,31; Acts 13,38; Acts 13,50; Acts 14,15; Acts 14,19; Acts 15,1; Acts 15,4; Acts 15,5; Acts 15,19; Acts 15,33; Acts 15,38; Acts 16,11; Acts 16,33; Acts 16,39; Acts 16,40; Acts 17,2; Acts 17,13; Acts 17,27; Acts 18,2; Acts 18,2; Acts 18,5; Acts 18,6; Acts 18,16; Acts 18,21; Acts 19,12; Acts 20,6; Acts 20,9; Acts 20,9; Acts 20,18; Acts 20,26; Acts 21,7; Acts 21,10; Acts 21,16; Acts 21,21; Acts 21,27; Acts 22,11; Acts 22,22; Acts 23,21; Acts 23,23; Acts 23,34; Acts 24,19; Acts 25,1; Acts 25,7; Acts 26,18; Acts 26,22; Acts 27,21; Acts 27,34; Acts 27,44; Acts 28,3; Acts 28,21; Acts 28,23; Rom. 1,7; Rom. 1,20; Rom. 5,9; Rom. 5,14; Rom. 6,7; Rom. 6,18; Rom. 6,22; Rom. 7,2; Rom. 7,3; Rom. 7,6; Rom. 8,2; Rom. 8,21; Rom. 8,35; Rom. 8,39; Rom. 9,3; Rom. 11,25; Rom. 11,26; Rom. 15,15; Rom. 15,19; Rom. 15,23; Rom. 15,24; Rom. 15,31; 1Cor. 1,3; 1Cor. 1,30; 1Cor. 4,5; 1Cor. 6,19; 1Cor. 7,10; 1Cor. 7,27; 1Cor. 10,14; 1Cor. 11,23; 2Cor. 1,2; 2Cor. 1,14; 2Cor. 1,16; 2Cor. 2,5; 2Cor. 3,18; 2Cor. 3,18; 2Cor. 5,6; 2Cor. 5,16; 2Cor. 7,1; 2Cor. 7,13; 2Cor. 8,10; 2Cor. 9,2; 2Cor. 11,3; 2Cor. 11,9; Gal. 1,3; Gal. 1,6; Gal. 2,12; Gal. 4,24; Gal. 5,4; Eph. 1,2; Eph. 3,9; Eph. 6,23; Phil. 1,2; Phil. 1,5; Phil. 1,28; Phil. 4,15; Col. 1,2; Col. 1,7; Col. 1,23; Col. 1,26; Col. 1,26; Col. 2,20; Col. 3,24; 1Th. 1,9; 1Th. 4,3; 1Th. 5,22; 2Th. 1,2; 2Th. 1,9; 2Th. 1,9; 2Th. 2,2; 2Th. 3,2; 2Th. 3,3; 2Th. 3,6; 1Tim. 1,2; 1Tim. 3,7; 1Tim. 6,10; 2Tim.

1,2; 2Tim. 1,3; 2Tim. 2,19; 2Tim. 2,21; 2Tim. 3,15; 2Tim. 4,4; 2Tim. 4,18; Titus 1,4; Titus 2,14; Philem. 3; Heb. 3,12; Heb. 4,3; Heb. 4,4; Heb. 4,10; Heb. 4,10; Heb. 5,7; Heb. 6,1; Heb. 6,7; Heb. 7,1; Heb. 7,2; Heb. 7,26; Heb. 8,11; Heb. 9,14; Heb. 9,26; Heb. 10,22; Heb. 11,34; Heb. 12,15; Heb. 13,24; James 1,13; James 1,17; James 1,27; James 5,19; 1Pet. 3,10; 1Pet. 3,11; 1Pet. 4,17; 2Pet. 1,21; 1John 1,7; 1John 1,9; 1John 2,20; 1John 5,21; 3John 7; Jude 14; Jude 23; Rev. 1,4; Rev. 1,5; Rev. 3,12; Rev. 6,16; Rev. 6,16; Rev. 7,2; Rev. 9,18; Rev. 12,6; Rev. 12,14; Rev. 13,8; Rev. 14,3; Rev. 14,4; Rev. 14,20; Rev. 16,12; Rev. 16,17; Rev. 17,8; Rev. 18,10; Rev. 18,14; Rev. 18,14; Rev. 18,15; Rev. 18,17; Rev. 19,5; Rev. 20,11; Rev. 21,2; Rev. 21,10; Rev. 21,13; Rev. 21,13; Rev. 21,13; Rev. 21,13; Rev. 22,19; Rev. 22,19)

Preposition • (+nominative) ▸ **1** (Rev. 1,4)

Ἀπὸ ▸ 14 + 1 + 7 = 22

Preposition • (+genitive) ▸ 14 + 1 + 7 = **22** (Gen. 2,16; Gen. 3,2; Gen. 16,8; Ex. 2,6; Num. 11,35; Num. 26,4; Judg. 13,13; 2Chr. 6,5; Neh. 5,14; Psa. 11,6; Sir. 16,17; Sir. 26,5; Jer. 1,14; Jer. 43,18; Judg. 13,13; Matt. 4,17; Matt. 16,21; Matt. 24,32; Matt. 27,45; Mark 13,28; Acts 20,17; Gal. 2,6)

ἀφ' ▸ 154 + 9 + 42 = 205

Preposition • (+genitive) ▸ 154 + 9 + 42 = **205** (Gen. 24,46; Gen. 26,16; Gen. 26,27; Gen. 38,14; Gen. 38,19; Ex. 4,10; Ex. 5,23; Ex. 9,18; Ex. 9,24; Ex. 10,6; Ex. 12,18; Ex. 13,10; Ex. 23,25; Ex. 27,21; Lev. 20,23; Lev. 26,39; Lev. 27,11; Num. 9,21; Num. 21,7; Deut. 1,17; Deut. 9,7; Deut. 32,42; Deut. 32,42; Josh. 1,4; Josh. 2,24; Josh. 3,12; Josh. 4,2; Josh. 4,4; Josh. 5,9; Josh. 12,1; Josh. 14,10; Judg. 11,7; Judg. 21,19; 1Sam. 6,3; 1Sam. 6,5; 1Sam. 6,20; 1Sam. 7,2; 1Sam. 7,8; 1Sam. 8,8; 1Sam. 29,3; 1Sam. 29,6; 1Sam. 29,8; 2Sam. 1,22; 2Sam. 7,6; 2Sam. 7,15; 1Kings 12,10; 2Kings 4,8; 2Kings 6,1; 2Kings 23,22; 1Chr. 13,3; 1Chr. 17,10; 2Chr. 8,16; 2Chr. 10,10; 2Chr. 29,10; 2Chr. 30,8; 2Chr. 30,9; 1Esdr. 9,13; Ezra 4,19; Ezra 5,12; Esth. 14,18 # 4,17y; Judith 10,15; Judith 12,16; Judith 12,20; Judith 14,8; Judith 16,22; Tob. 12,11; Tob. 13,6; 1Mac. 1,11; 1Mac. 3,29; 1Mac. 4,5; 1Mac. 6,24; 1Mac. 9,27; 1Mac. 12,10; 1Mac. 12,22; 1Mac. 13,16; 1Mac. 16,24; 2Mac. 1,7; 2Mac. 1,33; 2Mac. 6,16; 2Mac. 12,40; 3Mac. 6,15; 3Mac. 6,28; 4Mac. 13,21; Psa. 2,3; Psa. 84,5; Psa. 93,13; Psa. 102,12; Ode. 2,42; Ode. 2,42; Ode. 7,35; Prov. 30,27; Job 1,3; Job 20,4; Job 21,34; Wis. 3,3; Sir. 12,16; Sir. 33,7; Sir. 40,1; Sol. 7,1; Sol. 9,8; Sol. 18,10; Sol. 18,11; Sol. 18,12; Hos. 13,3; Joel 2,20; Jonah 1,11; Jonah 1,12; Jonah 3,6; Zech. 8,9; Zech. 8,9; Is. 1,15; Is. 7,17; Is. 9,11; Is. 9,11; Is. 11,14; Is. 30,11; Is. 30,11; Is. 32,2; Is. 32,15; Is. 33,7; Is. 41,25; Is. 43,4; Is. 44,7; Is. 59,2; Is. 59,11; Is. 64,6; Jer. 4,8; Jer. 5,25; Jer. 7,25; Jer. 21,2; Jer. 31,10; Jer. 32,30; Jer. 39,31; Jer. 43,2; Jer. 43,2; Jer. 44,9; Jer. 45,25; Jer. 49,4; Bar. 1,13; Bar. 2,13; Ezek. 23,22; Ezek. 23,28; Ezek. 24,2; Ezek. 26,18; Ezek. 28,13; Ezek. 28,15; Ezek. 31,5; Ezek. 32,10; Ezek. 32,13; Ezek. 38,8; Ezek. 48,35; Dan. 3,35; Dan. 12,1; Dan. 12,11; Judg. 3,19; Judg. 11,7; Judg. 21,19; Tob. 5,3; Tob. 12,11; Tob. 13,6; Dan. 3,35; Dan. 4,26; Dan. 12,1; Matt. 21,43; Luke 7,45; Luke 8,2; Luke 8,35; Luke 8,38; Luke 12,57; Luke 13,7; Luke 13,25; Luke 21,30; Luke 24,21; John 5,19; John 7,18; John 11,51; John 15,4; John 16,13; John 16,22; Acts 1,11; Acts 1,22; Acts 1,25; Acts 15,7; Acts 20,18; Acts 24,11; 1Cor. 14,36; 2Cor. 2,3; 2Cor. 3,5; Gal. 3,2; Eph. 4,31; Col. 1,6; Col. 1,9; 1Th. 1,8; 1Th. 2,6; 1Th. 2,17; 1Th. 3,6; Heb. 5,8; Heb. 7,13; Heb. 11,12; Heb. 11,15; James 4,7; James 5,4; 1Pet. 4,17; 2Pet. 3,4; Rev. 16,18)

Ἀφ' ▸ 6

Preposition • (+genitive) ▸ **6** (1Kings 8,16; 1Mac. 9,29; Hos. 10,9; Obad. 11; Is. 14,8; Ezek. 20,5)

ἀποβαίνω (ἀπό; βαίνω)   to turn, go away, depart ▸ 20 + 4 = 24

ἀπέβη ▸ 4

Verb • third • singular • aorist • active • indicative ▸ **4** (Job 11,6; Job 22,11; Job 27,18; Job 30,31)

ἀπέβην ▸ 1

Verb • first • singular • aorist • active • indicative ▸ **1** (Job 17,6)

ἀπέβησαν ▸ 1 + 1 = 2

Verb • third • plural • aorist • active • indicative ▸ 1 + 1 = **2** (Job 24,5; John 21,9)

ἀποβαίνῃ ▸ 1

Verb • third • singular • present • active • subjunctive ▸ **1** (2Mac. 9,24)

ἀποβάντες ▸ 1

Verb • aorist • active • participle • masculine • plural • nominative ▸ **1** (Luke 5,2)

ἀποβῇς ▸ 1

Verb • second • singular • aorist • active • subjunctive ▸ **1** (Prov. 9,12)

ἀποβήσεται ▸ 9 + 2 = 11

Verb • third • singular • future • middle • indicative ▸ 9 + 2 = **11** (Job 8,14; Job 13,5; Job 13,12; Job 13,16; Job 15,31; Job 15,35; Job 18,5; Job 34,20; Wis. 2,3; Luke 21,13; Phil. 1,19)

ἀποβήσομαι ▸ 1

Verb • first • singular • future • middle • indicative ▸ **1** (Job 9,20)

ἀποβησόμενον ▸ 2

Verb • future • middle • participle • neuter • singular • accusative ▸ **2** (Ex. 2,4; 2Mac. 9,25)

ἀποβάλλω (ἀπό; βάλλω)   to cast away, cast off ▸ 5 + 2 = 7

ἀπέβαλεν ▸ 1

Verb • third • singular • aorist • active • indicative ▸ **1** (Deut. 26,5)

ἀπέβαλον ▸ 1

Verb • third • plural • aorist • active • indicative ▸ **1** (Bel 15-17)

ἀποβαλεῖ ▸ 1

Verb • third • singular • future • active • indicative ▸ **1** (Tob. 11,8)

ἀποβάλητε ▸ 1

Verb • second • plural • aorist • active • subjunctive ▸ **1** (Heb. 10,35)

ἀποβάλλεται ▸ 1

Verb • third • singular • present • middle • indicative ▸ **1** (Prov. 28,24)

ἀποβαλών ▸ 1

Verb • aorist • active • participle • masculine • singular • nominative ▸ **1** (Mark 10,50)

ἀποβεβληκυῖα ▸ 1

Verb • perfect • active • participle • feminine • singular • nominative ▸ **1** (Is. 1,30)

ἀποβάπτω (ἀπό; βάπτω)   to dip, dive, draw ▸ 1

ἀποβάψαντας ▸ 1

Verb • aorist • active • participle • masculine • plural • accusative ▸ **1** (2Mac. 1,20)

ἀποβιάζομαι (ἀπό; βία)   to treat violently ▸ 1

ἀποβιάζου ▸ 1

Verb • second • singular • present • middle • imperative ▸ **1** (Prov. 22,22)

ἀποβλέπω (ἀπό; βλέπω)   to give attention to, look upon ▸ 8 + 1 = 9

ἀπέβλεπεν ▸ 1

Verb • third • singular • imperfect • active • indicative ▸ **1** (Heb. 11,26)

ἀπέβλεψεν ▸ 1

ἀποβλέπω–ἀπογράφω

Verb · third · singular · aorist · active · indicative ▸ **1** (Song 6,1)
ἀποβλέπει ▸ **1**
    Verb · third · singular · present · active · indicative ▸ **1** (Sol. 3,5)
ἀποβλέπετε ▸ **1**
    Verb · second · plural · present · active · indicative ▸ **1** (Mal. 3,9)
ἀποβλέποντες ▸ **1**
    Verb · present · active · participle · masculine · plural · nominative ▸ **1** (Mal. 3,9)
ἀποβλεπόντων ▸ **1**
    Verb · present · active · participle · masculine · plural · genitive ▸ **1** (Judg. 9,37)
ἀποβλέπουσιν ▸ **3**
    Verb · third · plural · present · active · indicative ▸ **3** (Psa. 9,29; Psa. 10,4; Hos. 3,1)

ἀπόβλημα (ἀπό; βάλλω) refuse, garbage ▸ **2**
ἀπόβλημα ▸ **1**
    Noun · neuter · singular · accusative · (common) ▸ **1** (Wis. 13,13)
ἀποβλήματα ▸ **1**
    Noun · neuter · plural · accusative · (common) ▸ **1** (Wis. 13,12)

ἀπόβλητος (ἀπό; βάλλω) rejected ▸ **1**
ἀπόβλητον ▸ **1**
    Adjective · neuter · singular · nominative · (verbal) ▸ **1** (1Tim. 4,4)

ἀποβολή (ἀπό; βάλλω) loss ▸ **2**
ἀποβολή ▸ **2**
    Noun · feminine · singular · nominative ▸ **2** (Acts 27,22; Rom. 11,15)

ἀπογαλακτίζω (ἀπό; γάλα) to wean ▸ **8**
ἀπεγαλάκτισεν ▸ **1**
    Verb · third · singular · aorist · active · indicative ▸ **1** (Hos. 1,8)
ἀπεγαλακτίσθη ▸ **2**
    Verb · third · singular · aorist · passive · indicative ▸ **2** (Gen. 21,8; Gen. 21,8)
ἀπογαλακτίσῃ ▸ **1**
    Verb · third · singular · aorist · active · subjunctive ▸ **1** (1Sam. 1,23)
ἀπογαλακτίσῃς ▸ **1**
    Verb · second · singular · aorist · active · subjunctive ▸ **1** (1Sam. 1,23)
ἀπογαλακτίσω ▸ **1**
    Verb · first · singular · aorist · active · subjunctive ▸ **1** (1Sam. 1,22)
ἀπογεγαλακτισμένοι ▸ **1**
    Verb · perfect · passive · participle · masculine · plural · nominative ▸ **1** (Is. 28,9)
ἀπογεγαλακτισμένον ▸ **1**
    Verb · perfect · passive · participle · neuter · singular · nominative ▸ **1** (Psa. 130,2)

ἀπογεύω (ἀπό; γεύω) to taste ▸ **5**
ἀπογεύεσθαι ▸ **2**
    Verb · present · middle · infinitive ▸ **2** (4Mac. 5,2; 4Mac. 6,15)
ἀπογευομένους ▸ **1**
    Verb · present · middle · participle · masculine · plural · accusative ▸ **1** (4Mac. 4,26)
ἀπογευσάμενος ▸ **2**
    Verb · aorist · middle · participle · masculine · singular · nominative ▸ **2** (4Mac. 5,6; 4Mac. 10,1)

ἀπογίνομαι (ἀπό; γίνομαι) to have no part in ▸ **1**
ἀπογενόμενοι ▸ **1**
    Verb · aorist · middle · participle · masculine · plural · nominative ▸ **1** (1Pet. 2,24)

ἀπογινώσκω (ἀπό; γινώσκω) to give up, disown; despair ▸ **3**
ἀπέγνω ▸ **1**
    Verb · third · singular · aorist · active · indicative ▸ **1** (Deut. 33,9)
ἀπεγνωσμένων ▸ **1**
    Verb · perfect · passive · participle · masculine · plural · genitive ▸ **1** (Judith 9,11)
ἀπογινώσκων ▸ **1**
    Verb · present · active · participle · masculine · singular · nominative ▸ **1** (2Mac. 9,22)

ἀπόγονος (ἀπό; γίνομαι) descended; descendant, offspring ▸ **6**
ἀπόγονοι ▸ **3**
    Adjective · masculine · plural · nominative · noDegree ▸ **3** (2Sam. 21,22; Judith 5,6; 4Mac. 18,1)
ἀπόγονος ▸ **2**
    Adjective · masculine · singular · nominative · noDegree ▸ **2** (1Chr. 20,6; Wis. 7,1)
ἀπογόνων ▸ **1**
    Adjective · masculine · plural · genitive · noDegree ▸ **1** (2Sam. 21,11)

ἀπογραφή (ἀπό; γράφω) registration, list, enrollment ▸ **6** + **2** = **8**
ἀπογραφαῖς ▸ **1**
    Noun · feminine · plural · dative · (common) ▸ **1** (2Mac. 2,1)
ἀπογραφή ▸ **1** + **1** = **2**
    Noun · feminine · singular · nominative · (common) ▸ **1** + **1** = **2** (3Mac. 4,15; Luke 2,2)
ἀπογραφῇ ▸ **1**
    Noun · feminine · singular · dative · (common) ▸ **1** (Dan. 10,21)
ἀπογραφήν ▸ **1**
    Noun · feminine · singular · accusative · (common) ▸ **1** (3Mac. 4,17)
ἀπογραφῆς ▸ **1** + **1** = **2**
    Noun · feminine · singular · genitive · (common) ▸ **1** + **1** = **2** (3Mac. 7,22; Acts 5,37)
ἀπογραφῶν ▸ **1**
    Noun · feminine · plural · genitive · (common) ▸ **1** (3Mac. 2,32)

ἀπογράφω (ἀπό; γράφω) to register, enroll ▸ **6** + **4** = **10**
ἀπεγράψατο ▸ **1**
    Verb · third · singular · aorist · middle · indicative ▸ **1** (Judg. 8,14)
ἀπογεγραμμένων ▸ **1**
    Verb · perfect · passive · participle · masculine · plural · genitive · (variant) ▸ **1** (Heb. 12,23)
ἀπογράφεσθαι ▸ **2**
    Verb · present · middle · infinitive ▸ **1** (Luke 2,3)
    Verb · present · passive · infinitive · (variant) ▸ **1** (Luke 2,1)
ἀπογραφῆναι ▸ **1**
    Verb · aorist · passive · infinitive ▸ **1** (3Mac. 4,14)
ἀπογραφομένους ▸ **1**
    Verb · present · passive · participle · masculine · plural · accusative ▸ **1** (3Mac. 2,29)
ἀπογράφονται ▸ **1**
    Verb · third · plural · present · middle · indicative ▸ **1** (3Mac. 6,38)
ἀπόγραψαι ▸ **1**
    Verb · second · singular · aorist · middle · imperative ▸ **1** (Prov. 22,20)
ἀπογραψάμενοι ▸ **1**
    Verb · aorist · middle · participle · masculine · plural · nominative

▸ 1 (3Mac. 6,34)
ἀπογράψασθαι ▸ 1
    Verb · aorist · middle · infinitive ▸ 1 (Luke 2,5)

ἀποδείκνυμι (ἀπό; δείκνυμι) to show, exhibit, demonstrate, commend ▸ 10 + 2 + 4 = 16
ἀπέδειξα ▸ 1
    Verb · first · singular · aorist · active · indicative ▸ 1 (4Mac. 16,2)
ἀπέδειξεν ▸ 1 + 1 = 2
    Verb · third · singular · aorist · active · indicative ▸ 1 + 1 = 2 (Dan. 2,48; 1Cor. 4,9)
ἀπεδείχθησαν ▸ 1
    Verb · third · plural · aorist · passive · indicative ▸ 1 (Sus. 5)
ἀποδεδειγμένα ▸ 1
    Verb · perfect · passive · participle · neuter · plural · accusative ▸ 1 (Esth. 2,9)
ἀποδεδειγμέναι ▸ 1
    Verb · perfect · passive · participle · feminine · plural · nominative ▸ 1 (1Mac. 10,34)
ἀποδεδειγμένοις ▸ 1
    Verb · perfect · passive · participle · neuter · plural · dative ▸ 1 (1Mac. 14,23)
ἀποδεδειγμένον ▸ 1 + 1 = 2
    Verb · perfect · passive · participle · masculine · singular · accusative · (variant) ▸ 1 (Acts 2,22)
    Verb · perfect · passive · participle · neuter · singular · nominative ▸ 1 (Tob. 3,8)
ἀποδεδειγμένος ▸ 1
    Verb · perfect · passive · participle · masculine · singular · nominative ▸ 1 (Esth. 13,3 # 3,13c)
ἀποδεδειγμένων ▸ 1
    Verb · perfect · middle · participle · masculine · plural · genitive ▸ 1 (3Mac. 5,31)
ἀποδεικνύντα ▸ 1
    Verb · present · active · participle · masculine · singular · accusative ▸ 1 (2Th. 2,4)
ἀποδεῖξαι ▸ 1 + 1 = 2
    Verb · aorist · active · infinitive ▸ 1 + 1 = 2 (Dan. 4,37c; Acts 25,7)
ἀποδείξαιμι ▸ 1
    Verb · first · singular · aorist · active · optative ▸ 1 (4Mac. 1,8)
ἀποδείξῃ ▸ 1
    Verb · third · singular · aorist · active · subjunctive ▸ 1 (Job 33,21)

ἀπόδειξις (ἀπό; δείκνυμι) exhibiting; proof ▸ 2 + 1 = 3
ἀποδείξει ▸ 1
    Noun · feminine · singular · dative ▸ 1 (1Cor. 2,4)
ἀποδείξεως ▸ 1
    Noun · feminine · singular · genitive · (common) ▸ 1 (3Mac. 4,20)
ἀπόδειξιν ▸ 1
    Noun · feminine · singular · accusative · (common) ▸ 1 (4Mac. 3,19)

ἀποδειροτομέω (ἀπό; δέρω; τέμνω) to behead ▸ 1
ἀποδειροτομουμένας ▸ 1
    Verb · present · passive · participle · feminine · plural · accusative ▸ 1 (4Mac. 15,20)

ἀποδεκατίζω to tithe ▸ 1
ἀπεδεκάτιζον ▸ 1
    Verb · first · singular · imperfect · active · indicative ▸ 1 (Tob. 1,7)

ἀποδεκατόω (ἀπό; δέκα) to tithe ▸ 6 + 4 = 10
ἀποδεκατοῦν ▸ 1
    Verb · present · active · infinitive ▸ 1 (Heb. 7,5)
ἀποδεκατοῦτε ▸ 2
    Verb · second · plural · present · active · indicative ▸ 2 (Matt. 23,23; Luke 11,42)
ἀποδεκατῶ ▸ 1
    Verb · first · singular · present · active · indicative ▸ 1 (Luke 18,12)
ἀποδεκατῶσαι ▸ 1
    Verb · aorist · active · infinitive ▸ 1 (Deut. 26,12)
ἀποδεκατώσει ▸ 3
    Verb · third · singular · future · active · indicative ▸ 3 (1Sam. 8,15; 1Sam. 8,16; 1Sam. 8,17)
ἀποδεκατώσεις ▸ 1
    Verb · second · singular · future · active · indicative ▸ 1 (Deut. 14,22)
ἀποδεκατώσω ▸ 1
    Verb · first · singular · future · active · indicative ▸ 1 (Gen. 28,22)

ἀπόδεκτος (ἀπό; δέχομαι) acceptable, pleasing ▸ 2
ἀπόδεκτον ▸ 2
    Adjective · neuter · singular · nominative ▸ 2 (1Tim. 2,3; 1Tim. 5,4)

ἀποδεσμεύω (ἀπό; δέω) to bind, restrain ▸ 1
ἀποδεσμεύει ▸ 1
    Verb · third · singular · present · active · indicative ▸ 1 (Prov. 26,8)

ἀπόδεσμος (ἀπό; δέω) bundle ▸ 1
ἀπόδεσμος ▸ 1
    Noun · masculine · singular · nominative · (common) ▸ 1 (Song 1,13)

ἀποδέχομαι (ἀπό; δέχομαι) to receive ▸ 8 + 7 = 15
ἀπεδέξαντο ▸ 1
    Verb · third · plural · aorist · middle · indicative ▸ 1 (Acts 21,17)
ἀπεδέξατο ▸ 2 + 1 = 3
    Verb · third · singular · aorist · middle · indicative ▸ 2 + 1 = 3 (Tob. 7,16; 2Mac. 13,24; Luke 8,40)
ἀπεδέχετο ▸ 1
    Verb · third · singular · imperfect · middle · indicative ▸ 1 (Acts 28,30)
ἀποδεξάμενοι ▸ 1 + 1 = 2
    Verb · aorist · middle · participle · masculine · plural · nominative ▸ 1 + 1 = 2 (3Mac. 3,17; Acts 2,41)
ἀποδεξάμενος ▸ 1 + 1 = 2
    Verb · aorist · middle · participle · masculine · singular · nominative ▸ 1 + 1 = 2 (2Mac. 3,35; Luke 9,11)
ἀποδεξαμένου ▸ 1
    Verb · aorist · middle · participle · masculine · singular · genitive ▸ 1 (3Mac. 5,27)
ἀποδέξασθαι ▸ 1
    Verb · aorist · middle · infinitive ▸ 1 (Acts 18,27)
ἀποδέχεσθαι ▸ 1
    Verb · present · middle · infinitive ▸ 1 (4Mac. 3,20)
ἀποδεχθείς ▸ 2
    Verb · aorist · passive · participle · masculine · singular · nominative ▸ 2 (2Mac. 3,9; 2Mac. 4,22)
ἀποδεχόμεθα ▸ 1
    Verb · first · plural · present · middle · indicative ▸ 1 (Acts 24,3)

ἀποδέω (ἀπό; δέω) to bind fast; tie up ▸ 2
ἀποδεδεμένους ▸ 1
    Verb · perfect · passive · participle · masculine · plural · accusative ▸ 1 (Josh. 9,4)
ἀποδήσει ▸ 1

ἀποδέω–ἀποδίδωμι

    Verb · third · singular · future · active · indicative ▸ 1 (Prov. 6,27)

ἀποδημέω (ἀπό; δῆμος) to take a journey ▸ 6
  ἀπεδήμησεν ▸ 5
    Verb · third · singular · aorist · active · indicative ▸ 5 (Matt. 21,33; Matt. 25,15; Mark 12,1; Luke 15,13; Luke 20,9)
  ἀποδημῶν ▸ 1
    Verb · present · active · participle · masculine · singular · nominative ▸ 1 (Matt. 25,14)

ἀπόδημος (ἀπό; δῆμος) on a journey ▸ 1
  ἀπόδημος ▸ 1
    Adjective · masculine · singular · nominative ▸ 1 (Mark 13,34)

ἀποδιαστέλλω (ἀπό; διά; στέλλω) to divide, set aside ▸ 2
  ἀποδιαστελεῖς ▸ 1
    Verb · second · singular · future · active · indicative ▸ 1 (Josh. 1,6)
  ἀποδιεσταλμένοις ▸ 1
    Verb · perfect · passive · participle · neuter · plural · dative ▸ 1 (2Mac. 6,5)

ἀποδιδράσκω (ἀπό; διδράσκω) to run away, escape ▸ 34 + 3 = 37
  ἀπεδίδρασκεν ▸ 1
    Verb · third · singular · imperfect · active · indicative ▸ 1 (Psa. 3,1)
  ἀπέδρα ▸ 15 + 2 = 17
    Verb · third · singular · aorist · active · indicative ▸ 15 + 2 = 17 (Gen. 16,6; Gen. 31,21; Gen. 31,22; Judg. 9,21; Judg. 11,3; 1Sam. 20,1; 2Sam. 13,34; 2Sam. 13,38; 1Kings 11,17; 1Kings 11,40; 1Kings 12,24c; Tob. 2,8; Job 14,2; Is. 35,10; Is. 51,11; Judg. 9,21; Tob. 2,8)
  ἀπέδρας ▸ 2
    Verb · second · singular · aorist · active · indicative ▸ 2 (Gen. 31,26; Judith 11,3)
  ἀπέδρασα ▸ 1
    Verb · first · singular · aorist · active · indicative ▸ 1 (Tob. 1,19)
  ἀπέδρασαν ▸ 5
    Verb · third · plural · aorist · active · indicative ▸ 5 (2Sam. 4,3; 1Kings 2,39; 2Kings 7,7; Job 9,25; Dan. 10,7)
  ἀπέδρων ▸ 1
    Verb · first · singular · aorist · active · indicative ▸ 1 (Judith 11,16)
  ἀποδιδράσκει ▸ 1
    Verb · third · singular · present · active · indicative ▸ 1 (Gen. 31,20)
  ἀποδιδράσκειν ▸ 4
    Verb · present · active · infinitive ▸ 4 (Gen. 35,1; Gen. 35,7; 1Kings 2,7; Psa. 56,1)
  ἀποδιδράσκω ▸ 2
    Verb · first · singular · present · active · indicative ▸ 2 (Gen. 16,8; Judith 10,12)
  ἀποδρᾷ ▸ 1
    Verb · third · singular · aorist · active · subjunctive ▸ 1 (Sir. 33,33)
  ἀπόδραθι ▸ 2
    Verb · second · singular · aorist · active · imperative ▸ 2 (Gen. 27,43; Gen. 28,2)

ἀποδίδωμι (ἀπό; δίδωμι) to give back, pay ▸ 206 + 14 + 48 = 268
  ἀπέδετο ▸ 1
    Verb · third · singular · aorist · middle · indicative ▸ 1 (Heb. 12,16)

ἀπεδίδοσαν ▸ 1
    Verb · third · plural · imperfect · active · indicative ▸ 1 (1Mac. 10,41)
ἀπεδίδουν ▸ 1 + 1 = 2
    Verb · first · singular · imperfect · active · indicative ▸ 1 (Tob. 2,12)
    Verb · third · plural · imperfect · active · indicative ▸ 1 (Acts 4,33)
ἀπεδόθη ▸ 3 + 1 = 4
    Verb · third · singular · aorist · passive · indicative ▸ 3 + 1 = 4 (Tob. 2,1; Tob. 14,10; Dan. 4,36; Tob. 2,1)
Ἀπεδόθη ▸ 1
    Verb · third · singular · aorist · passive · indicative ▸ 1 (Gen. 42,28)
ἀπεδόθησαν ▸ 2
    Verb · third · plural · aorist · passive · indicative ▸ 2 (Num. 21,29; 1Sam. 7,14)
ἀπέδομεν ▸ 1
    Verb · first · plural · aorist · active · indicative ▸ 1 (4Mac. 6,32)
ἀπέδοντο ▸ 5 + 1 = 6
    Verb · third · plural · aorist · middle · indicative ▸ 5 + 1 = 6 (Gen. 37,28; Gen. 37,36; Gen. 47,20; Gen. 47,22; Amos 2,6; Acts 7,9)
ἀπέδοσθε ▸ 3 + 1 = 4
    Verb · second · plural · aorist · middle · indicative ▸ 3 + 1 = 4 (Gen. 45,4; Joel 4,6; Joel 4,7; Acts 5,8)
ἀπέδοσθέ ▸ 1
    Verb · second · plural · aorist · middle · indicative ▸ 1 (Gen. 45,5)
ἀπέδοτο ▸ 11 + 4 = 15
    Verb · third · singular · aorist · middle · indicative ▸ 11 + 4 = 15 (Gen. 25,33; Lev. 25,27; Lev. 25,50; Deut. 32,30; Judg. 2,14; Judg. 3,8; Judg. 4,2; Judg. 10,7; 1Sam. 12,9; Ode. 2,30; Prov. 31,24; Judg. 2,14; Judg. 3,8; Judg. 4,2; Judg. 10,7)
ἀπέδου ▸ 1
    Verb · second · singular · aorist · middle · indicative ▸ 1 (Psa. 43,13)
ἀπέδωκα ▸ 2
    Verb · first · singular · aorist · active · indicative ▸ 2 (Num. 8,19; Job 31,37)
ἀπέδωκαν ▸ 6
    Verb · third · plural · aorist · active · indicative ▸ 6 (1Sam. 6,17; 1Sam. 7,14; 2Chr. 34,28; 1Esdr. 8,64; Tob. 2,12; 3Mac. 1,18)
ἀπέδωκας ▸ 3
    Verb · second · singular · aorist · active · indicative ▸ 3 (Ode. 5,12; Sol. 2,16; Is. 26,12)
ἀπέδωκεν ▸ 11 + 3 + 2 = 16
    Verb · third · singular · aorist · active · indicative ▸ 11 + 3 + 2 = 16 (Gen. 20,14; Num. 8,21; Judg. 17,3; Judg. 17,4; 2Chr. 34,16; 1Mac. 9,72; 1Mac. 10,9; 1Mac. 16,17; 4Mac. 12,19; Wis. 10,17; Ezek. 18,12; Judg. 17,3; Judg. 17,4; Tob. 14,10; Luke 9,42; Rev. 18,6)
ἀποδεδομένοι ▸ 1
    Verb · perfect · passive · participle · masculine · plural · nominative ▸ 1 (Num. 8,16)
ἀποδιδόασίν ▸ 1
    Verb · third · plural · present · active · indicative ▸ 1 (Num. 18,9)
ἀποδιδοῖ ▸ 1
    Verb · third · singular · present · active · indicative ▸ 1 (Job 34,11)
ἀποδιδόμενον ▸ 1
    Verb · present · passive · participle · neuter · singular · nominative ▸ 1 (Num. 5,8)

ἀποδιδόναι ▸ 3 + 1 + 1 = 5
    Verb · present · active · infinitive ▸ 3 + 1 + 1 = **5** (Tob. 2,14; Psa. 54,21; Sir. 4,31; Dan. 6,3; 1Tim. 5,4)

ἀποδιδόντες ▸ 1 + 2 = 3
    Verb · present · active · participle · masculine · plural · nominative ▸ 1 + 2 = **3** (1Sam. 6,3; Rom. 12,17; 1Pet. 3,9)

ἀποδίδοται ▸ 1
    Verb · third · singular · present · passive · indicative ▸ **1** (Dan. 4,34)

ἀποδιδότω ▸ 1
    Verb · third · singular · present · active · imperative ▸ **1** (1Cor. 7,3)

ἀποδιδοῦν ▸ 1
    Verb · present · active · participle · neuter · singular · nominative ▸ **1** (Rev. 22,2)

ἀποδιδοὺς ▸ 5
    Verb · present · active · participle · masculine · singular · nominative ▸ **5** (Ex. 20,5; Num. 14,18; Deut. 5,9; Deut. 7,10; Jer. 39,18)

ἀποδίδωμι ▸ 1 + 1 = 2
    Verb · first · singular · present · active · indicative ▸ 1 + 1 = **2** (Prov. 7,14; Luke 19,8)

ἀποδίδως ▸ 1
    Verb · second · singular · present · active · indicative ▸ **1** (Gen. 20,7)

ἀποδίδωσιν ▸ 3 + 1 = 4
    Verb · third · singular · present · active · indicative ▸ 3 + 1 = **4** (2Mac. 7,23; Prov. 17,13; Prov. 24,12; Heb. 12,11)

ἀποδοθείη ▸ 1
    Verb · third · singular · aorist · passive · optative ▸ **1** (Job 24,20)

ἀποδοθῆναι ▸ 2
    Verb · aorist · passive · infinitive ▸ **2** (Matt. 18,25; Matt. 27,58)

ἀποδοθήσεται ▸ 2
    Verb · third · singular · future · passive · indicative ▸ **2** (Lev. 27,24; Psa. 64,2)

ἀποδοθήσεταί ▸ 2
    Verb · third · singular · future · passive · indicative ▸ **2** (Deut. 28,31; Tob. 4,14)

ἀποδόμενοι ▸ 1
    Verb · aorist · middle · participle · masculine · plural · nominative ▸ **1** (LetterJ 27)

ἀποδόντος ▸ 2
    Verb · aorist · active · participle · masculine · singular · genitive ▸ **2** (Esth. 16,17 # 8,12r; 2Mac. 4,38)

ἀπόδος ▸ 12 + 1 + 3 = 16
    Verb · second · singular · aorist · active · imperative ▸ 12 + 1 + 3 = **16** (Gen. 20,7; Gen. 30,26; Tob. 2,13; Tob. 4,14; Psa. 27,4; Psa. 49,14; Psa. 50,14; Psa. 78,12; Psa. 93,2; Eccl. 5,3; Sir. 29,2; Nah. 2,1; Tob. 2,13; Matt. 18,28; Matt. 20,8; Luke 16,2)

Ἀπόδος ▸ 3
    Verb · second · singular · aorist · active · imperative ▸ **3** (Gen. 29,21; 2Sam. 3,14; Is. 42,22)

ἀποδόσθαι ▸ 1
    Verb · aorist · middle · infinitive ▸ **1** (Neh. 10,32)

ἀπόδοτε ▸ 2 + 5 = 7
    Verb · second · plural · aorist · active · imperative ▸ 2 + 5 = **7** (1Sam. 6,3; Psa. 75,12; Matt. 22,21; Mark 12,17; Luke 20,25; Rom. 13,7; Rev. 18,6)

ἀπόδου ▸ 1
    Verb · second · singular · aorist · middle · imperative ▸ **1** (2Kings 4,7)

Ἀπόδου ▸ 1
    Verb · second · singular · aorist · middle · imperative ▸ **1** (Gen. 25,31)

ἀποδοῦναι ▸ 23 + 1 + 4 = 28
    Verb · aorist · active · infinitive ▸ 23 + 1 + 4 = **28** (Gen. 42,25; Lev. 25,28; Num. 5,8; Num. 31,3; Num. 36,2; Deut. 23,22; 2Chr. 6,23; 2Chr. 6,23; 2Chr. 6,23; 1Mac. 9,70; 1Mac. 12,17; 2Mac. 14,46; 3Mac. 7,22; Eccl. 5,3; Eccl. 5,4; Job 22,27; Sir. 11,26; Sir. 18,22; Sir. 33,13; Sol. 2,25; Sol. 2,34; Sol. 2,35; Is. 66,15; Tob. 2,14; Matt. 18,25; Luke 7,42; Acts 19,40; Rev. 22,12)

ἀποδοῦναί ▸ 1
    Verb · aorist · active · infinitive ▸ **1** (Psa. 60,9)

ἀποδοὺς ▸ 2 + 1 = 3
    Verb · aorist · active · participle · masculine · singular · nominative ▸ 2 + 1 = **3** (2Mac. 2,17; 3Mac. 1,9; Luke 4,20)

ἀποδῶ ▸ 1
    Verb · first · singular · aorist · active · subjunctive ▸ **1** (Is. 65,6)

ἀποδῷ ▸ 5 + 3 = 8
    Verb · second · singular · aorist · middle · subjunctive ▸ **1** (Lev. 25,14)
    Verb · third · singular · aorist · active · subjunctive ▸ 4 + 3 = **7** (Gen. 37,22; Lev. 5,23; LetterJ 34; Ezek. 33,15; Matt. 18,30; Matt. 18,34; 1Th. 5,15)

ἀποδώμεθα ▸ 1
    Verb · first · plural · aorist · middle · subjunctive ▸ **1** (Gen. 37,27)

ἀποδῷς ▸ 2
    Verb · second · singular · aorist · active · subjunctive ▸ **2** (Matt. 5,26; Luke 12,59)

ἀποδώσει ▸ 23 + 7 = 30
    Verb · third · singular · future · active · indicative ▸ 23 + 7 = **30** (Lev. 5,24; Lev. 25,27; Lev. 25,51; Lev. 25,52; Lev. 26,4; Lev. 27,23; Num. 5,7; Num. 5,7; Deut. 7,10; 2Sam. 22,25; Psa. 93,23; Job 22,25; Job 33,26; Job 39,12; Sir. 12,6; Sir. 17,23; Sir. 29,5; Sir. 29,6; Sir. 29,6; Jer. 22,13; Bar. 4,23; Ezek. 18,7; Ezek. 46,17; Matt. 6,4; Matt. 6,6; Matt. 6,18; Matt. 16,27; Rom. 2,6; 2Tim. 4,8; 2Tim. 4,14)

ἀποδώσειν ▸ 1
    Verb · future · active · infinitive ▸ **1** (2Mac. 9,16)

ἀποδώσεις ▸ 12 + 1 = 13
    Verb · second · singular · future · active · indicative ▸ 12 + 1 = **13** (Ex. 22,25; Ex. 22,29; Ex. 23,4; Num. 8,13; Num. 8,15; Deut. 22,1; Deut. 22,2; Deut. 24,13; Deut. 24,15; Psa. 61,13; Sol. 17,8; Lam. 3,65; Matt. 5,33)

Ἀποδώσεις ▸ 1
    Verb · second · singular · future · active · indicative ▸ **1** (Lam. 3,64)

ἀποδώσεται ▸ 4 + 1 = 5
    Verb · third · singular · future · middle · indicative ▸ 4 + 1 = **5** (Lev. 27,28; Judg. 4,9; Prov. 28,21; Dan. 8,25; Judg. 4,9)

ἀποδώσεταί ▸ 2
    Verb · third · singular · future · middle · indicative ▸ **2** (Lev. 25,15; Lev. 25,16)

ἀποδώσετε ▸ 2
    Verb · second · plural · future · active · indicative ▸ **2** (Ex. 5,18; 1Sam. 6,8)

ἀποδώσῃ ▸ 4
    Verb · second · singular · future · middle · indicative ▸ **4** (Deut. 2,28; Deut. 2,28; Deut. 14,21; Deut. 14,25)

ἀποδώσομαι ▸ 1
    Verb · first · singular · future · middle · indicative ▸ **1** (Joel 4,8)

ἀποδώσομεν ▸ 3
    Verb · first · plural · future · active · indicative ▸ **3** (1Sam. 6,4;

Neh. 5,12; 1Mac. 14,25)

ἀποδώσονται ▸ 2
   Verb · third · plural · future · middle · indicative ▸ **2** (Ex. 21,35; Joel 4,8)

ἀποδώσοντες ▸ 1
   Verb · future · active · participle · masculine · plural · nominative ▸ **1** (Heb. 13,17)

ἀποδώσουσιν ▸ 2 + 3 = 5
   Verb · third · plural · future · active · indicative ▸ 2 + 3 = **5** (Lev. 26,26; Is. 19,21; Matt. 12,36; Matt. 21,41; 1Pet. 4,5)

ἀποδώσω ▸ 11 + 1 + 3 = 15
   Verb · first · singular · future · active · indicative ▸ 11 + 1 + 3 = **15** (Gen. 42,34; Judg. 17,3; 1Sam. 12,3; 1Kings 21,34; Psa. 21,26; Psa. 55,13; Psa. 65,13; Psa. 115,9; Ode. 6,10; Jonah 2,10; Is. 65,7; Judg. 17,3; Matt. 18,26; Matt. 18,29; Luke 10,35)

ἀποδῶται ▸ 7
   Verb · third · singular · aorist · middle · subjunctive ▸ **7** (Ex. 21,7; Ex. 21,17; Ex. 21,37; Lev. 25,25; Lev. 25,29; Lev. 27,20; Deut. 24,7)

ἀποδιορίζω (ἀπό; ὅρος 2nd homograph)   to cause divisions ▸ 1
   ἀποδιορίζοντες ▸ 1
   Verb · present · active · participle · masculine · plural · nominative ▸ **1** (Jude 19)

ἀποδιώκω (ἀπό; διώκω)   to chase off ▸ 1
   ἀπεδίωξας ▸ 1
   Verb · second · singular · aorist · active · indicative ▸ **1** (Lam. 3,43)

ἀποδοκιμάζω (ἀπό; δέχομαι)   to reject ▸ 10 + 9 = 19
   ἀπεδοκίμασαν ▸ 2 + 4 = 6
   Verb · third · plural · aorist · active · indicative ▸ 2 + 4 = **6** (Psa. 117,22; Jer. 8,9; Matt. 21,42; Mark 12,10; Luke 20,17; 1Pet. 2,7)
   ἀπεδοκίμασας ▸ 1
   Verb · second · singular · aorist · active · indicative ▸ **1** (Jer. 14,19)
   ἀπεδοκίμασεν ▸ 2
   Verb · third · singular · aorist · active · indicative ▸ **2** (Jer. 6,30; Jer. 7,29)
   ἀπεδοκιμάσθη ▸ 1
   Verb · third · singular · aorist · passive · indicative ▸ **1** (Heb. 12,17)
   ἀποδεδοκιμασμένον ▸ 1 + 1 = 2
   Verb · perfect · passive · participle · masculine · singular · accusative · (variant) ▸ **1** (1Pet. 2,4)
   Verb · perfect · passive · participle · neuter · singular · accusative ▸ **1** (Jer. 6,30)
   ἀποδοκιμάζων ▸ 1
   Verb · present · active · participle · masculine · singular · nominative ▸ **1** (Jer. 14,19)
   ἀποδοκιμάσῃς ▸ 1
   Verb · second · singular · aorist · active · subjunctive ▸ **1** (Wis. 9,4)
   ἀποδοκιμασθῆναι ▸ 3
   Verb · aorist · passive · infinitive ▸ **3** (Mark 8,31; Luke 9,22; Luke 17,25)
   ἀποδοκιμασθήσεται ▸ 1
   Verb · third · singular · future · passive · indicative ▸ **1** (Sir. 20,20)
   ἀποδοκιμῶ ▸ 1
   Verb · first · singular · future · active · indicative ▸ **1** (Jer. 38,35)

ἀπόδομα (ἀπό; δίδωμι)   gift, offering ▸ 5
   ἀπόδομα ▸ 5
   Noun · neuter · singular · accusative · (common) ▸ **4** (Num. 8,11; Num. 8,13; Num. 8,19; Num. 8,21)
   Noun · neuter · singular · nominative · (common) ▸ **1** (Num. 8,16)

ἀπόδοσις (ἀπό; δίδωμι)   return, restitution ▸ 2
   ἀποδόσει ▸ 1
   Noun · feminine · singular · dative · (common) ▸ **1** (Deut. 24,13)
   ἀποδόσεως ▸ 1
   Noun · feminine · singular · genitive · (common) ▸ **1** (Sir. 29,5)

ἀποδοχεῖον (ἀπό; δέχομαι)   storehouse, refuge ▸ 3
   ἀποδοχεῖα ▸ 2
   Noun · neuter · plural · accusative · (common) ▸ **1** (Sir. 1,17)
   Noun · neuter · plural · nominative · (common) ▸ **1** (Sir. 39,17)
   ἀποδοχεῖον ▸ 1
   Noun · neuter · singular · nominative · (common) ▸ **1** (Sir. 50,3)

ἀποδοχή (ἀπό; δέχομαι)   approval, acceptance; restoration ▸ 2
   ἀποδοχῆς ▸ 2
   Noun · feminine · singular · genitive ▸ **2** (1Tim. 1,15; 1Tim. 4,9)

ἀποδύρομαι (ἀπό; ὀδύρομαι)   to lament bitterly ▸ 1
   ἀποδύρεσθαι ▸ 1
   Verb · present · middle · infinitive ▸ **1** (3Mac. 4,12)

ἀποθαυμάζω (ἀπό; θαυμάζω)   to admire, respect, marvel at ▸ 4
   ἀπεθαύμασαν ▸ 1
   Verb · third · plural · aorist · active · indicative ▸ **1** (Sir. 11,13)
   ἀπεθαύμασάν ▸ 1
   Verb · third · plural · aorist · active · indicative ▸ **1** (Sir. 47,17)
   ἀποθαυμάζων ▸ 1
   Verb · present · active · participle · masculine · singular · nominative ▸ **1** (Sir. 40,7)
   ἀποθαυμάσας ▸ 1
   Verb · aorist · active · participle · masculine · singular · nominative ▸ **1** (Dan. 4,19)

ἀποθερίζω (ἀπό; θέρμη)   to mow, harvest, cut down ▸ 1
   ἀπεθέρισα ▸ 1
   Verb · first · singular · aorist · active · indicative ▸ **1** (Hos. 6,5)

ἀπόθεσις (ἀπό; τίθημι)   removal ▸ 2
   ἀπόθεσις ▸ 2
   Noun · feminine · singular · nominative ▸ **2** (1Pet. 3,21; 2Pet. 1,14)

ἀποθήκη (ἀπό; τίθημι)   barn, storehouse ▸ 12 + 6 = 18
   ἀποθῆκαι ▸ 2
   Noun · feminine · plural · nominative · (common) ▸ **2** (Deut. 28,5; Deut. 28,17)
   ἀποθήκας ▸ 5 + 2 = 7
   Noun · feminine · plural · accusative · (common) ▸ 5 + 2 = **7** (1Chr. 28,12; 1Chr. 29,8; 1Esdr. 1,51; Jer. 27,26; Ezek. 28,13; Matt. 6,26; Luke 12,18)
   ἀποθήκη ▸ 1
   Noun · feminine · singular · nominative ▸ **1** (Luke 12,24)
   ἀποθήκην ▸ 2 + 3 = 5
   Noun · feminine · singular · accusative · (common) ▸ 2 + 3 = **5** (Ex. 16,23; Ex. 16,32; Matt. 3,12; Matt. 13,30; Luke 3,17)
   ἀποθηκῶν ▸ 3
   Noun · feminine · plural · genitive · (common) ▸ **3** (1Chr. 28,11; 1Chr. 28,12; 1Chr. 28,13)

ἀποθησαυρίζω (ἀπό; τίθημι)   to store up ▸ 1 + 1 = 2
   ἀποθησαυρίζοντας ▸ 1
   Verb · present · active · participle · masculine · plural · accusative ▸ **1** (1Tim. 6,19)

ἀποθησαυρίζων ▸ 1
>   **Verb** · present · active · participle · masculine · singular · nominative ▸ **1** (Sir. 3,4)

ἀποθλίβω (ἀπό; θλίβω)   to press ▸ 1 + 1 = 2
>   ἀπέθλιψεν ▸ 1
>   **Verb** · third · singular · aorist · active · indicative ▸ **1** (Num. 22,25)
>   ἀποθλίβουσιν ▸ 1
>   **Verb** · third · plural · present · active · indicative ▸ **1** (Luke 8,45)

ἀποθνῄσκω (ἀπό; θνῄσκω)   to die ▸ 546 + 56 + 111 = 713
>   ἀπέθαναν ▸ 3
>   **Verb** · third · plural · aorist · active · indicative ▸ **3** (2Sam. 11,24; 2Sam. 13,33; Tob. 3,9)
>   ἀπέθανε ▸ 1
>   **Verb** · third · singular · aorist · active · indicative ▸ **1** (2Sam. 12,18)
>   ἀπέθανεν ▸ 179 + 23 + 32 = 234
>   **Verb** · third · singular · aorist · active · indicative ▸ 179 + 23 + 32 = **234** (Gen. 5,5; Gen. 5,8; Gen. 5,11; Gen. 5,14; Gen. 5,17; Gen. 5,20; Gen. 5,27; Gen. 5,31; Gen. 7,21; Gen. 7,22; Gen. 9,29; Gen. 11,11; Gen. 11,13; Gen. 11,13; Gen. 11,15; Gen. 11,17; Gen. 11,19; Gen. 11,21; Gen. 11,23; Gen. 11,25; Gen. 11,28; Gen. 11,32; Gen. 23,2; Gen. 25,8; Gen. 25,17; Gen. 35,8; Gen. 35,19; Gen. 35,29; Gen. 36,33; Gen. 36,34; Gen. 36,35; Gen. 36,36; Gen. 36,37; Gen. 36,38; Gen. 36,39; Gen. 38,12; Gen. 42,38; Gen. 44,20; Gen. 46,12; Gen. 48,7; Num. 20,28; Num. 21,6; Num. 26,15; Num. 26,61; Num. 27,3; Num. 27,3; Num. 33,38; Deut. 10,6; Deut. 32,50; Josh. 22,20; Josh. 24,30; Josh. 24,33a; Judg. 1,7; Judg. 3,11; Judg. 3,30; Judg. 4,21; Judg. 8,32; Judg. 8,33; Judg. 9,54; Judg. 9,55; Judg. 10,2; Judg. 10,5; Judg. 12,7; Judg. 12,10; Judg. 12,12; Judg. 12,15; Judg. 20,5; Ruth 1,3; 1Sam. 4,18; 1Sam. 14,45; 1Sam. 25,1; 1Sam. 25,38; 1Sam. 28,3; 1Sam. 31,5; 1Sam. 31,6; 2Sam. 1,4; 2Sam. 1,4; 2Sam. 1,15; 2Sam. 2,23; 2Sam. 3,27; 2Sam. 6,7; 2Sam. 10,1; 2Sam. 10,18; 2Sam. 11,17; 2Sam. 11,21; 2Sam. 11,21; 2Sam. 11,22; 2Sam. 11,24; 2Sam. 11,26; 2Sam. 12,21; 2Sam. 13,32; 2Sam. 13,33; 2Sam. 13,39; 2Sam. 14,5; 2Sam. 17,23; 2Sam. 18,20; 2Sam. 19,11; 2Sam. 20,10; 2Sam. 24,15; 1Kings 2,25; 1Kings 2,46; 1Kings 3,19; 1Kings 11,40; 1Kings 12,18; 1Kings 12,24c; 1Kings 12,24n; 1Kings 16,18; 1Kings 16,22; 1Kings 20,13; 1Kings 22,35; 2Kings 1,17; 2Kings 4,1; 2Kings 4,20; 2Kings 7,17; 2Kings 7,20; 2Kings 8,15; 2Kings 9,27; 2Kings 11,16; 2Kings 12,22; 2Kings 13,14; 2Kings 13,20; 2Kings 13,24; 2Kings 23,34; 2Kings 25,25; 1Chr. 1,44; 1Chr. 1,45; 1Chr. 1,46; 1Chr. 1,47; 1Chr. 1,48; 1Chr. 1,49; 1Chr. 1,50; 1Chr. 1,51; 1Chr. 2,19; 1Chr. 2,30; 1Chr. 2,32; 1Chr. 10,5; 1Chr. 10,5; 1Chr. 10,6; 1Chr. 10,6; 1Chr. 10,7; 1Chr. 10,13; 1Chr. 13,10; 1Chr. 19,1; 1Chr. 23,22; 1Chr. 24,2; 1Chr. 24,28; 2Chr. 10,18; 2Chr. 12,16; 2Chr. 13,23; 2Chr. 18,34; 2Chr. 21,19; 2Chr. 24,25; 2Chr. 35,24; 2Chr. 36,4; Judith 8,2; Judith 16,22; Judith 16,23; Tob. 1,15; Tob. 10,2; Tob. 14,12; Tob. 14,14; 1Mac. 1,7; 1Mac. 2,70; 1Mac. 6,16; 1Mac. 6,46; 1Mac. 9,56; 1Mac. 9,57; 1Mac. 11,18; 1Mac. 14,16; 4Mac. 12,1; Sir. 30,4; Hos. 13,1; Is. 6,1; Is. 14,28; Jer. 35,17; Jer. 52,11; Jer. 52,34; Ezek. 11,13; Ezek. 24,18; Judg. 1,7; Judg. 3,11; Judg. 3,30; Judg. 4,1; Judg. 4,21; Judg. 8,32; Judg. 8,33; Judg. 9,54; Judg. 9,55; Judg. 10,2; Judg. 10,5; Judg. 12,7; Judg. 12,10; Judg. 12,12; Judg. 12,15; Judg. 20,5; Tob. 1,8; Tob. 1,15; Tob. 10,2; Tob. 14,2; Tob. 14,11; Tob. 14,12; Tob. 14,14; Matt. 9,24; Matt. 22,27; Mark 5,35; Mark 5,39; Mark 9,26; Mark 12,21; Mark 12,22; Mark 15,44; Luke 8,52; Luke 8,53; Luke 16,22; Luke 20,29; Luke 20,32; John 8,52; John 8,53; John 11,14; John 11,21; John 11,32; Rom. 5,6; Rom. 5,8; Rom. 6,10; Rom. 6,10; Rom. 14,9; Rom. 14,15; 1Cor. 8,11; 1Cor. 15,3; 2Cor. 5,14; 2Cor. 5,15; Gal. 2,21; 1Th. 4,14; Rev. 8,9; Rev. 16,3)
>   ἀπεθάνετε ▸ 2
>   **Verb** · second · plural · aorist · active · indicative ▸ **2** (Col. 2,20; Col. 3,3)
>   ἀπεθάνῃ ▸ 1
>   **Verb** · third · singular · aorist · active · subjunctive ▸ **1** (Deut. 19,11)
>   ἀπεθάνομεν ▸ 4 + 2 = 6
>   **Verb** · first · plural · aorist · active · indicative ▸ 4 + 2 = **6** (Ex. 16,3; Num. 14,2; Num. 14,2; Num. 20,3; Rom. 6,2; Rom. 6,8)
>   ἀπέθανον ▸ 13 + 4 + 12 = 29
>   **Verb** · first · singular · aorist · active · indicative ▸ 2 + 2 = **4** (Job 9,29; Job 10,18; Rom. 7,10; Gal. 2,19)
>   **Verb** · third · plural · aorist · active · indicative ▸ 11 + 4 + 10 = **25** (Lev. 10,2; Num. 14,37; Num. 26,11; Judg. 9,49; Ruth 1,5; 1Sam. 4,11; 2Sam. 1,4; 2Kings 11,1; 1Mac. 1,63; 1Mac. 2,38; 1Mac. 2,41; Judg. 9,49; Tob. 3,9; Tob. 6,14; Tob. 7,11; Matt. 8,32; Luke 20,31; John 6,49; John 6,58; John 8,53; Rom. 5,15; 2Cor. 5,14; Heb. 11,13; Heb. 11,37; Rev. 8,11)
>   ἀπεθάνοσαν ▸ 1
>   **Verb** · third · plural · aorist · active · indicative ▸ **1** (Bar. 2,25)
>   ἀπέθνῃσκεν ▸ 4 + 2 + 1 = 7
>   **Verb** · third · singular · imperfect · active · indicative ▸ 4 + 2 + 1 = **7** (Gen. 35,18; Num. 33,39; Judg. 2,19; 2Chr. 24,22; Judg. 2,19; Tob. 14,3; Luke 8,42)
>   ἀπέθνῃσκον ▸ 1
>   **Verb** · third · plural · imperfect · active · indicative ▸ **1** (Tob. 6,14)
>   ἀπεθνῄσκοσαν ▸ 1
>   **Verb** · third · plural · imperfect · active · indicative ▸ **1** (Tob. 7,11)
>   ἀποθανεῖν ▸ 46 + 11 + 16 = 73
>   **Verb** · aorist · active · infinitive ▸ 46 + 11 + 16 = **73** (Gen. 25,11; Gen. 26,18; Gen. 27,4; Gen. 27,7; Gen. 27,10; Gen. 45,28; Gen. 47,29; Ex. 14,12; Num. 35,28; Num. 35,30; Ruth 2,11; 2Sam. 1,1; 2Sam. 6,23; 1Kings 2,1; 1Kings 19,4; 2Kings 1,1; 2Kings 3,5; 2Kings 14,17; 1Chr. 2,24; 2Chr. 22,4; 2Chr. 25,25; Judith 16,24; Judith 16,25; Tob. 1,19; Tob. 3,6; Tob. 4,2; Tob. 10,11; Tob. 14,15; Tob. 14,15; 1Mac. 1,9; 1Mac. 1,63; 1Mac. 2,49; 1Mac. 3,59; 2Mac. 14,42; 4Mac. 4,12; 4Mac. 8,11; 4Mac. 16,24; Prov. 30,7; Eccl. 3,2; Sir. 10,11; Sir. 16,3; Sir. 40,28; Jonah 4,3; Jonah 4,8; Jer. 45,26; Ezek. 13,19; Judg. 16,16; Tob. 1,14; Tob. 1,19; Tob. 3,6; Tob. 3,6; Tob. 4,2; Tob. 10,11; Tob. 10,13; Tob. 14,15; Tob. 14,15; Sus. 41; Matt. 26,35; Luke 16,22; Luke 20,36; John 4,49; John 18,14; John 19,7; Acts 7,4; Acts 9,37; Acts 21,13; Acts 25,11; Rom. 5,7; 1Cor. 9,15; Phil. 1,21; Heb. 9,27; Rev. 3,2; Rev. 9,6)
>   ἀποθανεῖσθε ▸ 6 + 1 + 3 = 10
>   **Verb** · second · plural · future · middle · indicative ▸ 6 + 1 + 3 = **10** (Gen. 2,17; Gen. 3,4; Gen. 42,20; Jer. 22,26; Jer. 49,16; Bel 8; Bel 8; John 8,21; John 8,24; John 8,24)
>   ἀποθανεῖται ▸ 58 + 1 + 1 = 60
>   **Verb** · third · singular · future · middle · indicative ▸ 58 + 1 + 1 = **60** (Gen. 9,11; Gen. 44,22; Lev. 16,2; Lev. 16,13; Num. 3,10; Num. 3,38; Num. 18,7; Num. 35,17; Num. 35,18; Num. 35,23; Deut. 13,6; Deut. 13,11; Deut. 17,6; Deut. 17,6; Deut. 17,12; Deut. 18,20; Deut. 19,12; Deut. 21,21; Deut. 22,21; Deut. 24,7; Deut. 24,16; Josh. 20,3; Judg. 6,31; Judg. 21,5; 1Sam. 11,13; 1Sam. 14,39; 1Sam. 19,6; 2Sam. 3,33; 2Sam. 11,15; 2Sam. 12,14; 2Kings 11,8; 2Kings 14,6; 2Chr. 15,13; 2Chr. 23,7; 1Mac. 1,50; Psa. 40,6; Eccl. 2,16; Job 21,23; Sir. 11,19; Amos 2,2; Jer. 21,9; Jer. 22,12; Jer. 38,30; Jer. 45,2; Ezek. 3,18; Ezek. 3,19; Ezek. 3,20

ἀποθνῄσκω

Ezek. 3,20; Ezek. 18,4; Ezek. 18,18; Ezek. 18,20; Ezek. 18,24; Ezek. 18,26; Ezek. 33,8; Ezek. 33,9; Ezek. 33,13; Ezek. 33,18; Dan. 6,6; Bel 8; Rom. 5,7)

ἀποθανέτω ▸ 9 + 1 = 10
Verb ▪ third ▪ singular ▪ aorist ▪ active ▪ imperative ▸ 9 + 1 = **10** (Num. 1,51; Num. 20,26; Deut. 33,6; Josh. 1,18; Judg. 6,30; 1Sam. 14,42; 1Kings 20,10; 2Chr. 23,14; 2Chr. 23,14; Judg. 6,30)

Ἀποθανέτω ▸ 1 + 1 = 2
Verb ▪ third ▪ singular ▪ aorist ▪ active ▪ imperative ▸ 1 + 1 = **2** (Judg. 16,30; Judg. 16,30)

ἀποθανῇ ▸ 18
Verb ▪ second ▪ singular ▪ future ▪ middle ▪ indicative ▸ **18** (Gen. 20,7; Ex. 10,28; 1Sam. 14,44; 1Sam. 22,16; 1Kings 2,37; 1Kings 2,42; 2Kings 1,4; 2Kings 1,6; 2Kings 1,16; 2Kings 8,10; Sir. 14,17; Is. 22,18; Jer. 11,21; Jer. 20,6; Jer. 33,8; Jer. 35,16; Jer. 41,5; Ezek. 28,8)

ἀποθάνῃ ▸ 45 + 2 + 13 = 60
Verb ▪ third ▪ singular ▪ aorist ▪ active ▪ subjunctive ▸ 45 + 2 + 13 = **60** (Gen. 38,11; Ex. 21,12; Ex. 21,18; Ex. 21,20; Ex. 21,28; Ex. 22,1; Ex. 22,13; Ex. 28,35; Lev. 11,39; Lev. 24,17; Lev. 24,18; Lev. 24,21; Num. 6,9; Num. 19,13; Num. 19,14; Num. 27,8; Num. 35,12; Num. 35,17; Num. 35,18; Num. 35,20; Num. 35,21; Num. 35,23; Num. 35,25; Num. 35,28; Num. 35,32; Deut. 19,5; Deut. 19,6; Deut. 20,5; Deut. 20,6; Deut. 20,7; Deut. 21,22; Deut. 24,3; Deut. 25,5; Josh. 20,9; 1Sam. 26,10; 2Kings 11,15; Tob. 4,4; Tob. 8,10; Prov. 23,13; Job 14,14; Jer. 45,10; Ezek. 18,21; Ezek. 18,26; Ezek. 18,28; Ezek. 33,15; Tob. 4,4; Tob. 8,10; Matt. 22,24; Mark 12,19; Luke 20,28; John 6,50; John 11,25; John 11,26; John 11,37; John 11,50; John 12,24; John 12,24; Rom. 7,2; Rom. 7,3; 1Cor. 15,36)

ἀποθάνῃς ▸ 9 + 1 = 10
Verb ▪ second ▪ singular ▪ aorist ▪ active ▪ subjunctive ▸ 9 + 1 = **10** (Judg. 6,23; Ruth 1,17; 1Sam. 20,2; 2Sam. 12,13; 2Sam. 19,24; Esth. 15,9 # 5,1f; Eccl. 7,17; Job 18,4; Jer. 45,24; Judg. 6,23)

ἀποθάνητε ▸ 9
Verb ▪ second ▪ plural ▪ aorist ▪ active ▪ subjunctive ▸ **9** (Gen. 3,3; Lev. 8,35; Lev. 10,6; Lev. 10,7; Lev. 10,9; Num. 18,32; 2Kings 18,32; Sir. 41,9; Is. 22,14)

ἀποθάνοι ▸ 2
Verb ▪ third ▪ singular ▪ aorist ▪ active ▪ optative ▸ **2** (Num. 23,10; Job 36,14)

ἀποθάνοιμεν ▸ 1
Verb ▪ first ▪ plural ▪ aorist ▪ active ▪ optative ▸ **1** (4Mac. 9,6)

ἀποθανόντα ▸ 1
Verb ▪ aorist ▪ active ▪ participle ▪ neuter ▪ plural ▪ nominative ▸ **1** (Jude 12)

ἀποθανόντας ▸ 3
Verb ▪ aorist ▪ active ▪ participle ▪ masculine ▪ plural ▪ accusative ▸ **3** (2Mac. 7,9; 4Mac. 1,10; Eccl. 4,2)

ἀποθανόντες ▸ 5 + 1 = 6
Verb ▪ aorist ▪ active ▪ participle ▪ masculine ▪ plural ▪ nominative ▸ 5 + 1 = **6** (Josh. 10,11; 1Sam. 5,12; 4Mac. 12,14; Ode. 11,18; Is. 38,18; Rom. 7,6)

ἀποθανόντι ▸ 1
Verb ▪ aorist ▪ active ▪ participle ▪ masculine ▪ singular ▪ dative ▸ **1** (2Cor. 5,15)

ἀποθανόντος ▸ 1
Verb ▪ aorist ▪ active ▪ participle ▪ masculine ▪ singular ▪ genitive ▸ **1** (1Th. 5,10)

ἀποθανόντων ▸ 2
Verb ▪ aorist ▪ active ▪ participle ▪ masculine ▪ plural ▪ genitive

▸ **2** (Num. 6,7; 4Mac. 1,8)

ἀποθανοῦμαι ▸ 7 + 2 = 9
Verb ▪ first ▪ singular ▪ future ▪ middle ▪ indicative ▸ 7 + 2 = **9** (Judg. 15,18; Ruth 1,17; 2Sam. 19,38; 1Kings 2,30; Tob. 11,9; Psa. 117,17; Bel 9; Judg. 15,18; Tob. 11,9)

Ἀποθανοῦμαι ▸ 1
Verb ▪ first ▪ singular ▪ future ▪ middle ▪ indicative ▸ **1** (Gen. 46,30)

ἀποθανούμεθα ▸ 7 + 2 = 9
Verb ▪ first ▪ plural ▪ future ▪ middle ▪ indicative ▸ 7 + 2 = **9** (Deut. 5,25; Judg. 13,22; 2Sam. 14,14; 1Kings 17,12; 2Kings 7,4; 2Kings 7,4; 2Kings 7,4; Judg. 13,22; Bel 11)

ἀποθανοῦνται ▸ 28
Verb ▪ third ▪ plural ▪ future ▪ middle ▪ indicative ▸ **28** (Gen. 33,13; Lev. 15,31; Lev. 19,20; Lev. 20,20; Lev. 20,21; Num. 4,20; Num. 14,35; Num. 16,29; Num. 18,3; Num. 26,65; Deut. 22,24; Deut. 24,16; Deut. 24,16; 1Sam. 2,34; 2Kings 14,6; 2Kings 14,6; 2Chr. 25,4; 2Chr. 25,4; 2Chr. 25,4; Eccl. 9,5; Amos 6,9; Is. 50,2; Is. 51,6; Jer. 11,22; Jer. 14,15; Jer. 16,4; Jer. 21,6; Bar. 4,1)

ἀποθανοῦσιν ▸ 1
Verb ▪ present ▪ active ▪ participle ▪ masculine ▪ plural ▪ dative ▸ **1** (4Mac. 10,2)

ἀποθάνω ▸ 11 + 3 = 14
Verb ▪ first ▪ singular ▪ aorist ▪ active ▪ subjunctive ▸ 11 + 3 = **14** (Gen. 19,19; Gen. 26,9; 1Sam. 20,14; 1Kings 13,31; Tob. 4,3; Tob. 6,15; Tob. 6,15; Tob. 8,21; 4Mac. 16,11; Job 27,5; Jer. 44,20; Tob. 3,10; Tob. 6,15; Tob. 8,21)

ἀποθάνωμεν ▸ 15 + 1 = 16
Verb ▪ first ▪ plural ▪ aorist ▪ active ▪ subjunctive ▸ 15 + 1 = **16** (Gen. 42,2; Gen. 43,8; Gen. 47,19; Gen. 47,19; Ex. 20,19; Num. 17,28; Deut. 5,25; Deut. 18,16; 1Sam. 12,19; 2Sam. 18,3; 2Kings 7,3; 1Mac. 2,41; 1Mac. 9,10; 4Mac. 13,9; Hab. 1,12; John 11,16)

Ἀποθάνωμεν ▸ 1
Verb ▪ first ▪ plural ▪ aorist ▪ active ▪ subjunctive ▸ **1** (1Mac. 2,37)

ἀποθανών ▸ 1
Verb ▪ aorist ▪ active ▪ participle ▪ masculine ▪ singular ▪ nominative ▸ **1** (Rom. 8,34)

ἀποθανών ▸ 3 + 2 = 5
Verb ▪ aorist ▪ active ▪ participle ▪ masculine ▪ singular ▪ nominative ▸ 3 + 2 = **5** (2Mac. 6,26; 4Mac. 18,5; Prov. 11,3; Rom. 6,7; Heb. 11,4)

ἀποθάνωσιν ▸ 8
Verb ▪ third ▪ plural ▪ aorist ▪ active ▪ subjunctive ▸ **8** (Ex. 28,43; Ex. 30,20; Ex. 30,21; Lev. 22,9; Num. 4,15; Num. 4,19; Num. 17,25; 4Mac. 16,12)

ἀποθνῄσκει ▸ 7 + 5 = 12
Verb ▪ third ▪ singular ▪ present ▪ active ▪ indicative ▸ 7 + 5 = **12** (Num. 17,28; 1Sam. 4,20; 1Sam. 20,32; 2Sam. 2,23; 1Mac. 1,5; 1Mac. 6,9; Prov. 24,9; John 21,23; John 21,23; Rom. 6,9; Rom. 14,7; Heb. 10,28)

ἀποθνῄσκειν ▸ 8 + 5 = 13
Verb ▪ present ▪ active ▪ infinitive ▸ 8 + 5 = **13** (2Mac. 7,2; 2Mac. 7,18; 2Mac. 8,21; 4Mac. 9,1; 4Mac. 10,9; 4Mac. 11,15; 4Mac. 12,15; Psa. 48,18; John 4,47; John 11,51; John 12,33; John 18,32; Rom. 8,13)

ἀποθνῄσκεις ▸ 3
Verb ▪ second ▪ singular ▪ present ▪ active ▪ indicative ▸ **3** (Gen. 20,3; 2Kings 20,1; Is. 38,1)

ἀποθνῄσκετε ▸ 3
Verb ▪ second ▪ plural ▪ present ▪ active ▪ indicative ▸ **3** (Psa. 81,7; Ezek. 18,31; Ezek. 33,11)

ἀποθνησκέτω ▸ 2

Verb · third · singular · present · active · imperative ▸ **2** (Gen. 44,9; Zech. 11,9)

ἀποθνήσκομεν ▸ 4 + 2 = 6
Verb · first · plural · present · active · indicative ▸ 4 + 2 = **6** (Gen. 47,15; Ex. 12,33; Sir. 25,24; Is. 22,13; Rom. 14,8; 1Cor. 15,32)

ἀποθνῆσκον ▸ 1
Verb · present · active · participle · neuter · singular · nominative ▸ **1** (Zech. 11,9)

ἀποθνήσκοντας ▸ 1
Verb · present · active · participle · masculine · plural · accusative ▸ **1** (Psa. 48,10)

ἀποθνήσκοντες ▸ 4 + 3 = 7
Verb · present · active · participle · masculine · plural · nominative ▸ 4 + 3 = **7** (Deut. 2,14; Deut. 2,16; 4Mac. 16,25; Is. 59,10; 2Cor. 6,9; Heb. 7,8; Rev. 14,13)

ἀποθνήσκοντος ▸ 1
Verb · present · active · participle · masculine · singular · genitive ▸ **1** (Ezek. 18,32)

ἀποθνησκόντων ▸ 1
Verb · present · active · participle · masculine · plural · genitive ▸ **1** (4Mac. 16,12)

ἀποθνήσκουσιν ▸ 1 + 1 = 2
Verb · third · plural · present · active · indicative ▸ 1 + 1 = **2** (4Mac. 7,19; 1Cor. 15,22)

ἀποθνήσκω ▸ 5 + 1 + 1 = 7
Verb · first · singular · present · active · indicative ▸ 5 + 1 + 1 = **7** (Gen. 48,21; Gen. 50,24; Deut. 4,22; 1Sam. 14,43; 4Mac. 6,27; Sus. 43; 1Cor. 15,31)

ἀποθνήσκωμεν ▸ 2
Verb · first · plural · present · active · subjunctive ▸ **2** (Rom. 14,8; Rom. 14,8)

ἀποθνήσκων ▸ 2 + 2 = 4
Verb · present · active · participle · masculine · singular · nominative ▸ 2 + 2 = **4** (Deut. 17,6; Is. 65,20; Mark 12,20; Heb. 11,21)

ἀποικεσία (ἀπό; οἶκος) captivity, exile ▸ 8
ἀποικεσίᾳ ▸ 1
Noun · feminine · singular · dative · (common) ▸ **1** (Sol. 9,1)

ἀποικεσίαν ▸ 1
Noun · feminine · singular · accusative · (common) ▸ **1** (2Kings 24,15)

ἀποικεσίας ▸ 5
Noun · feminine · singular · genitive · (common) ▸ **5** (2Kings 25,27; Ezra 6,16; Ezra 6,19; Ezra 6,20; Ezra 6,21)

ἀποικεσιῶν ▸ 1
Noun · feminine · plural · genitive · (common) ▸ **1** (2Kings 19,25)

ἀποικία (ἀπό; οἶκος) exile, captivity ▸ 30 + 1 = 31
ἀποικίᾳ ▸ 6
Noun · feminine · singular · dative · (common) ▸ **6** (Jer. 30,19; Jer. 31,7; Jer. 36,1; Jer. 36,22; Bar. 3,7; Bar. 3,8)

ἀποικίαν ▸ 12
Noun · feminine · singular · accusative · (common) ▸ **12** (3Mac. 6,10; Wis. 12,7; Jer. 13,19; Jer. 35,4; Jer. 35,6; Jer. 36,4; Jer. 36,31; Jer. 37,3; Jer. 37,18; Jer. 40,7; Jer. 40,7; Jer. 40,11)

ἀποικίας ▸ 12 + 1 = 13
Noun · feminine · plural · accusative · (common) ▸ **1** (Jer. 39,44)
Noun · feminine · singular · genitive · (common) ▸ 11 + 1 = **12** (Ezra 1,11; Ezra 2,1; Ezra 4,1; Ezra 9,4; Ezra 10,6; Ezra 10,7; Ezra 10,8; Ezra 10,16; Neh. 7,6; Jer. 36,1; Jer. 47,1; Judg. 18,30)

ἀποικίζω (ἀπό; οἶκος) to carry off to exile ▸ 33
ἀποικιεῖ ▸ 1
Verb · third · singular · future · active · indicative ▸ **1** (Jer. 50,12)

ἀποικίσαι ▸ 3
Verb · aorist · active · infinitive ▸ **3** (Jer. 24,1; Bar. 1,9; Lam. 4,22)

ἀποικισάντων ▸ 1
Verb · aorist · active · participle · masculine · plural · genitive ▸ **1** (Bar. 2,14)

ἀποικισθέντας ▸ 1
Verb · aorist · passive · participle · masculine · plural · accusative ▸ **1** (Jer. 24,5)

ἀποικισθέντος ▸ 1
Verb · aorist · passive · participle · masculine · singular · genitive ▸ **1** (Jer. 52,31)

ἀποικισθέντων ▸ 1
Verb · aorist · passive · participle · masculine · plural · genitive ▸ **1** (1Chr. 9,1)

ἀποικισθῆναι ▸ 1
Verb · aorist · passive · infinitive ▸ **1** (Jer. 50,3)

ἀπῴκισα ▸ 2
Verb · first · singular · aorist · active · indicative ▸ **2** (Jer. 36,4; Jer. 36,7)

ἀπῴκισαν ▸ 1
Verb · third · plural · aorist · active · indicative ▸ **1** (2Kings 17,28)

ἀπῴκισας ▸ 1
Verb · second · singular · aorist · active · indicative ▸ **1** (2Kings 17,26)

ἀπῴκισεν ▸ 16
Verb · third · singular · aorist · active · indicative ▸ **16** (2Kings 15,29; 2Kings 16,9; 2Kings 17,6; 2Kings 17,11; 2Kings 17,33; 2Kings 18,11; 2Kings 24,14; 2Kings 24,15; 2Chr. 36,20; Ezra 2,1; Ezra 4,10; Ezra 5,12; Neh. 7,6; Sir. 29,18; Jer. 34,20; Jer. 47,7)

ἀπῳκίσθη ▸ 3
Verb · third · singular · aorist · passive · indicative ▸ **3** (2Kings 17,23; 2Kings 25,21; Jer. 13,19)

Ἀπῴκισται ▸ 1
Verb · third · singular · present · passive · indicative ▸ **1** (1Sam. 4,22)

ἀποικισμός (ἀπό; οἶκος) captivity, exile; colonial settlement ▸ 6
ἀποικισμόν ▸ 2
Noun · masculine · singular · accusative · (common) ▸ **2** (Jer. 50,11; Jer. 50,11)

ἀποικισμὸν ▸ 1
Noun · masculine · singular · accusative · (common) ▸ **1** (Jer. 31,11)

ἀποικισμοῦ ▸ 3
Noun · masculine · singular · genitive · (common) ▸ **3** (Jer. 26,19; Bar. 2,30; Bar. 2,32)

ἀποίχομαι (ἀπό; οἴχομαι) to go away, depart ▸ 6
ἀπῴχετο ▸ 1
Verb · third · singular · imperfect · middle · indicative ▸ **1** (Gen. 28,6)

ἀπῴχοντο ▸ 5
Verb · third · plural · imperfect · middle · indicative ▸ **5** (Gen. 14,12; Gen. 26,31; Judith 6,13; Judith 13,1; Hos. 11,2)

ἀποκαθαίρω (ἀπό; κατά; αἴρω) to cleanse, cleanse out, purge ▸ 3 + 1 = 4
ἀποκαθαίρει ▸ 1
Verb · third · singular · present · active · indicative ▸ **1** (Tob. 12,9)

ἀποκαθαίρονται ▸ 1
Verb · third · plural · present · passive · indicative ▸ **1** (Prov. 15,27a)

ἀποκαθαίρω–ἀποκαλύπτω

ἀποκαθαρθὲν ‣ 1
  Verb · aorist · passive · participle · neuter · singular · nominative ‣ 1 (Job 7,9)
ἀποκαθάρωμαι ‣ 1
  Verb · first · singular · aorist · middle · subjunctive ‣ 1 (Job 9,30)

ἀποκαθαρίζω (ἀπό; καθαρός) to cleanse ‣ 2
  ἀποκαθαριεῖ ‣ 1
    Verb · third · singular · future · active · indicative ‣ 1 (Tob. 12,9)
  ἀποκαθαρίσαι ‣ 1
    Verb · third · singular · aorist · active · optative ‣ 1 (Job 25,4)

ἀποκάθημαι (ἀπό; κατά; ἧμαι) to sit separately ‣ 8
  ἀποκαθημένη ‣ 1
    Verb · present · passive · participle · feminine · singular · nominative ‣ 1 (LetterJ 27)
  ἀποκαθημένην ‣ 2
    Verb · present · middle · participle · feminine · singular · accusative ‣ 1 (Ezek. 22,10)
    Verb · present · passive · participle · feminine · singular · accusative ‣ 1 (Lam. 1,17)
  ἀποκαθημένης ‣ 5
    Verb · present · passive · participle · feminine · singular · genitive ‣ 5 (Lev. 15,33; Lev. 20,18; Is. 30,22; Is. 64,5; Ezek. 36,17)

ἀποκαθιστάω to restore, reinstate; hand over ‣ 2
  ἀπεκαθίστων ‣ 1
    Verb · third · plural · imperfect · active · indicative ‣ 1 (Gen. 29,3)
  ἀποκαθιστῶν ‣ 1
    Verb · present · active · participle · masculine · singular · nominative ‣ 1 (Psa. 15,5)

ἀποκαθίστημι (ἀπό; κατά; ἵστημι) to restore, return ‣ 44 + 3 + 8 = 55
  ἀπεκατεστάθη ‣ 3
    Verb · third · singular · aorist · passive · indicative ‣ 3 (Matt. 12,13; Mark 3,5; Luke 6,10)
  ἀπεκατέστη ‣ 2 + 1 = 3
    Verb · third · singular · aorist · active · indicative ‣ 2 + 1 = 3 (Ex. 4,7; Ex. 14,27; Mark 8,25)
  ἀπεκατέστησεν ‣ 4 + 1 = 5
    Verb · third · singular · aorist · active · indicative ‣ 4 + 1 = 5 (Gen. 23,16; Gen. 40,21; 1Esdr. 1,33; Jer. 23,8; Bel 39)
  ἀποκαθιστάνει ‣ 1
    Verb · third · singular · present · active · indicative ‣ 1 (Mark 9,12)
  ἀποκαθιστάνεις ‣ 1
    Verb · second · singular · present · active · indicative ‣ 1 (Acts 1,6)
  ἀποκαθίστησιν ‣ 1
    Verb · third · singular · present · active · indicative ‣ 1 (Job 5,18)
  ἀποκατασταθεὶς ‣ 1
    Verb · aorist · passive · participle · masculine · singular · nominative ‣ 1 (1Esdr. 1,29)
  ἀποκατασταθέντων ‣ 1
    Verb · aorist · passive · participle · masculine · plural · genitive ‣ 1 (2Mac. 15,20)
  ἀποκατασταθῆναι ‣ 3
    Verb · aorist · passive · infinitive ‣ 3 (Gen. 41,13; 1Esdr. 6,25; 2Mac. 11,25)
  ἀποκατασταθήσεσθε ‣ 1
    Verb · second · plural · future · passive · indicative ‣ 1 (Ezek. 16,55)
  ἀποκατασταθήσεται ‣ 2
    Verb · third · singular · future · passive · indicative ‣ 2 (Is. 23,17; Ezek. 17,23)
  ἀποκατασταθήσονται ‣ 2
    Verb · third · plural · future · passive · indicative ‣ 2 (Ezek. 16,55; Ezek. 16,55)
  ἀποκατασταθῶ ‣ 1
    Verb · first · singular · aorist · passive · subjunctive ‣ 1 (Heb. 13,19)
  ἀποκαταστῇ ‣ 1
    Verb · third · singular · aorist · active · subjunctive ‣ 1 (Lev. 13,16)
  ἀποκατάστηθι ‣ 1
    Verb · second · singular · aorist · active · imperative ‣ 1 (Jer. 29,6)
  ἀποκαταστήσαι ‣ 1 + 2 = 3
    Verb · third · singular · aorist · active · optative ‣ 1 + 2 = 3 (Tob. 10,13; Tob. 5,17; Tob. 10,13)
  ἀποκαταστῆσαι ‣ 4
    Verb · aorist · active · infinitive ‣ 4 (1Esdr. 5,2; Judith 6,10; 2Mac. 12,25; 2Mac. 12,39)
  ἀποκαταστήσατε ‣ 1
    Verb · second · plural · aorist · active · imperative ‣ 1 (Amos 5,15)
  ἀποκαταστήσει ‣ 5 + 1 = 6
    Verb · third · singular · future · active · indicative ‣ 5 + 1 = 6 (Gen. 40,13; Job 8,6; Job 22,28; Job 33,25; Mal. 3,23; Matt. 17,11)
  ἀποκατάστησον ‣ 1
    Verb · second · singular · aorist · active · imperative ‣ 1 (Psa. 34,17)
  ἀποκαταστήσουσιν ‣ 1
    Verb · third · plural · future · active · indicative ‣ 1 (Num. 35,25)
  ἀποκαταστήσουσίν ‣ 1
    Verb · third · plural · future · active · indicative ‣ 1 (Judith 6,7)
  ἀποκαταστήσω ‣ 8
    Verb · first · singular · aorist · active · subjunctive ‣ 2 (1Mac. 15,3; Jer. 15,19)
    Verb · first · singular · future · active · indicative ‣ 6 (2Sam. 9,7; Hos. 2,5; Hos. 11,11; Jer. 16,15; Jer. 24,6; Jer. 27,19)
  ἀποκαταστήτω ‣ 1
    Verb · third · singular · aorist · active · imperative ‣ 1 (Ex. 14,26)
  ἀποκατεστάθη ‣ 2
    Verb · third · singular · aorist · passive · indicative ‣ 2 (Dan. 4,36; Dan. 4,37b)

ἀποκαίω (ἀπό; καίω) to burn away ‣ 1
  ἀποκαιομένας ‣ 1
    Verb · present · passive · participle · feminine · plural · accusative ‣ 1 (4Mac. 15,20)

ἀποκακέω (ἀπό; κακός) to fall under misfortune ‣ 1
  ἀπεκάκησεν ‣ 1
    Verb · third · singular · aorist · active · indicative ‣ 1 (Jer. 15,9)

ἀποκάλυμμα revelation ‣ 1
  ἀποκάλυμμα ‣ 1
    Noun · neuter · singular · nominative · (common) ‣ 1 (Judg. 5,2)

ἀποκαλύπτω (ἀπό; καλύπτω) to reveal ‣ 100 + 11 + 26 = 137
  ἀπεκαλύφθη ‣ 7 + 3 + 3 = 13
    Verb · third · singular · aorist · passive · indicative ‣ 7 + 3 + 3 = 13 (1Sam. 3,21; 2Sam. 6,20; 2Sam. 22,16; 1Mac. 7,31; Sir. 1,6; Nah. 2,8; Is. 53,1; Dan. 2,19; Dan. 2,30; Dan. 10,1; John 12,38; Eph. 3,5; 1Pet. 1,12)
  Ἀπεκαλύφθη ‣ 1
    Verb · third · singular · aorist · passive · indicative ‣ 1 (Judg.

5,2)

ἀπεκαλύφθην ▸ 1
  Verb · first · singular · aorist · passive · indicative ▸ **1** (1Sam. 2,27)

ἀπεκαλύφθησαν ▸ 1
  Verb · third · plural · aorist · passive · indicative ▸ **1** (Song 4,1)

ἀπεκάλυψα ▸ 2
  Verb · first · singular · aorist · active · indicative ▸ **2** (Jer. 11,20; Jer. 20,12)

ἀπεκάλυψαν ▸ 4
  Verb · third · plural · aorist · active · indicative ▸ **4** (1Sam. 22,17; Lam. 2,14; Ezek. 22,10; Ezek. 23,10)

ἀπεκάλυψας ▸ 1 + 2 = 3
  Verb · second · singular · aorist · active · indicative ▸ **1 + 2 = 3** (2Sam. 7,27; Matt. 11,25; Luke 10,21)

ἀπεκάλυψεν ▸ 16 + 1 = 17
  Verb · third · singular · aorist · active · indicative ▸ **16 + 1 = 17** (Gen. 8,13; Lev. 20,11; Lev. 20,17; Lev. 20,18; Lev. 20,18; Lev. 20,19; Lev. 20,20; Lev. 20,21; Num. 22,31; Deut. 27,20; Ruth 3,7; 1Sam. 9,15; Psa. 97,2; Lam. 4,22; Ezek. 23,18; Ezek. 23,18; 1Cor. 2,10)

ἀπεκάλυψέν ▸ 1
  Verb · third · singular · aorist · active · indicative ▸ **1** (Matt. 16,17)

ἀποκάλυπτε ▸ 1
  Verb · second · singular · present · active · imperative ▸ **1** (Sir. 19,8)

ἀποκαλύπτει ▸ 1 + 1 = 2
  Verb · third · singular · present · active · indicative ▸ **1 + 1 = 2** (Prov. 11,13; Dan. 2,22)

ἀποκαλύπτεσθαι ▸ 1
  Verb · present · passive · infinitive · (variant) ▸ **1** (1Pet. 5,1)

ἀποκαλύπτεται ▸ 1 + 3 = 4
  Verb · third · singular · present · passive · indicative · (variant) ▸ **1 + 3 = 4** (2Sam. 6,20; Luke 17,30; Rom. 1,17; 1Cor. 3,13)

Ἀποκαλύπτεται ▸ 1
  Verb · third · singular · present · passive · indicative · (variant) ▸ **1** (Rom. 1,18)

ἀποκαλύπτων ▸ 4 + 3 = 7
  Verb · present · active · participle · masculine · singular · nominative ▸ **4 + 3 = 7** (1Sam. 22,8; 1Sam. 22,8; Sir. 27,16; Sir. 42,19; Dan. 2,28; Dan. 2,29; Dan. 2,47)

ἀποκαλυφθείς ▸ 1
  Verb · aorist · passive · participle · masculine · singular · nominative ▸ **1** (2Sam. 6,20)

Ἀποκαλυφθείς ▸ 1
  Verb · aorist · passive · participle · masculine · singular · nominative ▸ **1** (1Sam. 2,27)

ἀποκαλυφθῇ ▸ 2
  Verb · third · singular · aorist · passive · subjunctive ▸ **2** (1Cor. 14,30; 2Th. 2,3)

ἀποκαλυφθῆναι ▸ 4 + 2 + 4 = 10
  Verb · aorist · passive · infinitive ▸ **4 + 2 + 4 = 10** (1Sam. 3,7; Is. 56,1; Ezek. 16,57; Ezek. 21,29; Dan. 11,35; Sus. 32; Rom. 8,18; Gal. 3,23; 2Th. 2,6; 1Pet. 1,5)

ἀποκαλυφθήσεται ▸ 4 + 3 = 7
  Verb · third · singular · future · passive · indicative ▸ **4 + 3 = 7** (Hos. 7,1; Ezek. 13,14; Ezek. 16,36; Ezek. 23,29; Matt. 10,26; Luke 12,2; 2Th. 2,8)

ἀποκαλυφθήσομαι ▸ 1
  Verb · first · singular · future · passive · indicative ▸ **1** (2Sam. 6,22)

ἀποκαλυφθῶσιν ▸ 1
  Verb · third · plural · aorist · passive · subjunctive ▸ **1** (Luke 2,35)

ἀποκαλύψαι ▸ 5 + 1 + 3 = 9
  Verb · aorist · active · infinitive ▸ **5 + 1 + 3 = 9** (Lev. 18,6; Lev. 18,17; Lev. 18,18; Lev. 18,19; Sus. 32; Dan. 2,47; Matt. 11,27; Luke 10,22; Gal. 1,16)

ἀποκάλυψαι ▸ 1
  Verb · second · singular · aorist · middle · imperative ▸ **1** (Is. 47,2)

ἀποκαλύψας ▸ 1
  Verb · aorist · active · participle · masculine · singular · nominative ▸ **1** (Sir. 27,21)

ἀποκαλύψει ▸ 10 + 1 = 11
  Verb · third · singular · future · active · indicative ▸ **10 + 1 = 11** (Num. 5,18; Deut. 23,1; 1Sam. 20,2; Psa. 28,9; Job 41,5; Sir. 1,30; Sir. 4,18; Sir. 6,9; Is. 3,17; Is. 52,10; Phil. 3,15)

ἀποκαλύψεις ▸ 16
  Verb · second · singular · future · active · indicative ▸ **16** (Lev. 18,7; Lev. 18,7; Lev. 18,8; Lev. 18,9; Lev. 18,10; Lev. 18,11; Lev. 18,11; Lev. 18,12; Lev. 18,13; Lev. 18,14; Lev. 18,15; Lev. 18,15; Lev. 18,16; Lev. 18,17; Lev. 20,19; Ruth 3,4)

ἀποκαλύψῃ ▸ 3
  Verb · third · singular · aorist · active · subjunctive ▸ **3** (Lev. 20,18; Josh. 2,20; Amos 3,7)

ἀποκαλύψῃς ▸ 2
  Verb · second · singular · aorist · active · subjunctive ▸ **2** (Ex. 20,26; Sir. 27,17)

ἀποκάλυψον ▸ 2
  Verb · second · singular · aorist · active · imperative ▸ **2** (Psa. 36,5; Psa. 118,18)

ἀποκαλύψω ▸ 6
  Verb · first · singular · future · active · indicative ▸ **6** (1Sam. 20,13; Hos. 2,12; Mic. 1,6; Nah. 3,5; Jer. 13,26; Ezek. 16,37)

Ἀποκαλύψω ▸ 1
  Verb · first · singular · future · active · indicative ▸ **1** (Ruth 4,4)

ἀποκεκαλυμμένοι ▸ 3
  Verb · perfect · passive · participle · masculine · plural · nominative ▸ **3** (Num. 24,4; Num. 24,16; Prov. 27,5)

ἀποκάλυψις (ἀπό; καλύπτω) revelation; the Apocalypse ▸ 4 + 19 = 23

ἀποκαλύψει ▸ 5
  Noun · feminine · singular · dative ▸ **5** (1Cor. 14,6; 2Th. 1,7; 1Pet. 1,7; 1Pet. 1,13; 1Pet. 4,13)

ἀποκαλύψεις ▸ 1
  Noun · feminine · plural · accusative ▸ **1** (2Cor. 12,1)

ἀποκαλύψεων ▸ 1
  Noun · feminine · plural · genitive ▸ **1** (2Cor. 12,7)

ἀποκαλύψεως ▸ 2 + 3 = 5
  Noun · feminine · singular · genitive · (common) ▸ **2 + 3 = 5** (1Sam. 20,30; Sir. 22,22; Rom. 2,5; Gal. 1,12; Eph. 1,17)

ἀποκάλυψιν ▸ 1 + 7 = 8
  Noun · feminine · singular · accusative · (common) ▸ **1 + 7 = 8** (Ode. 13,32; Luke 2,32; Rom. 8,19; Rom. 16,25; 1Cor. 1,7; 1Cor. 14,26; Gal. 2,2; Eph. 3,3)

ἀποκάλυψις ▸ 1
  Noun · feminine · singular · nominative · (common) ▸ **1** (Sir. 11,27)

ΑΠΟΚΑΛΥΨΙΣ ▸ 1
  Noun · feminine · singular · nominative ▸ **1** (Rev. 1,0)

Ἀποκάλυψις ▸ 1
  Noun · feminine · singular · nominative ▸ **1** (Rev. 1,1)

ἀποκαραδοκία (ἀπό; κάρα; δοκέω) eager expectation ▸ 2
- ἀποκαραδοκία ▸ 1
  - **Noun** ▪ feminine ▪ singular ▪ nominative ▸ 1 (Rom. 8,19)
- ἀποκαραδοκίαν ▸ 1
  - **Noun** ▪ feminine ▪ singular ▪ accusative ▸ 1 (Phil. 1,20)

ἀποκαταλλάσσω (ἀπό; κατά; ἄλλος) to reconcile ▸ 3
- ἀποκαταλλάξαι ▸ 1
  - **Verb** ▪ aorist ▪ active ▪ infinitive ▸ 1 (Col. 1,20)
- ἀποκαταλλάξῃ ▸ 1
  - **Verb** ▪ third ▪ singular ▪ aorist ▪ active ▪ subjunctive ▸ 1 (Eph. 2,16)
- ἀποκατήλλαξεν ▸ 1
  - **Verb** ▪ third ▪ singular ▪ aorist ▪ active ▪ indicative ▸ 1 (Col. 1,22)

ἀποκατάστασις (ἀπό; κατά; ἄλλος) restitution ▸ 1
- ἀποκαταστάσεως ▸ 1
  - **Noun** ▪ feminine ▪ singular ▪ genitive ▸ 1 (Acts 3,21)

ἀπόκειμαι (ἀπό; κεῖμαι) to store away ▸ 4 + 4 = 8
- ἀποκείμενα ▸ 1
  - **Verb** ▪ present ▪ passive ▪ participle ▪ neuter ▪ plural ▪ nominative ▸ 1 (Gen. 49,10)
- ἀποκειμένην ▸ 2
  - **Verb** ▪ present ▪ middle ▪ participle ▪ feminine ▪ singular ▪ accusative ▸ 2 (Luke 19,20; Col. 1,5)
- ἀποκείμενον ▸ 1
  - **Verb** ▪ present ▪ passive ▪ participle ▪ neuter ▪ singular ▪ accusative ▸ 1 (2Mac. 12,45)
- ἀπόκειται ▸ 2 + 1 = 3
  - **Verb** ▪ third ▪ singular ▪ present ▪ passive ▪ indicative ▸ 2 + 1 = 3 (4Mac. 8,11; Job 38,23; Heb. 9,27)
- ἀπόκειταί ▸ 1
  - **Verb** ▪ third ▪ singular ▪ present ▪ middle ▪ indicative ▸ 1 (2Tim. 4,8)

ἀποκενόω (ἀπό; κενός) to empty out, exhaust ▸ 2 + 1 = 3
- ἀποκενοῖ ▸ 1
  - **Verb** ▪ third ▪ singular ▪ present ▪ active ▪ optative ▸ 1 (Judg. 3,24)
- ἀποκενώσει ▸ 1
  - **Verb** ▪ third ▪ singular ▪ future ▪ active ▪ indicative ▸ 1 (Sir. 13,5)
- ἀποκενώσῃ ▸ 1
  - **Verb** ▪ third ▪ singular ▪ aorist ▪ active ▪ subjunctive ▸ 1 (Sir. 13,7)

ἀποκεντέω (ἀπό; κεντέω) to pierce ▸ 5
- ἀπεκέντησεν ▸ 1
  - **Verb** ▪ third ▪ singular ▪ aorist ▪ active ▪ indicative ▸ 1 (Num. 25,8)
- ἀποκέντησόν ▸ 1
  - **Verb** ▪ second ▪ singular ▪ aorist ▪ active ▪ imperative ▸ 1 (1Sam. 31,4)
- ἀποκεντήσωσίν ▸ 1
  - **Verb** ▪ third ▪ plural ▪ aorist ▪ active ▪ subjunctive ▸ 1 (1Sam. 31,4)
- ἀποκεντοῦντος ▸ 1
  - **Verb** ▪ present ▪ active ▪ participle ▪ masculine ▪ singular ▪ genitive ▸ 1 (Ezek. 21,16)
- ἀποκεντούντων ▸ 1
  - **Verb** ▪ present ▪ active ▪ participle ▪ masculine ▪ plural ▪ genitive ▸ 1 (Zeph. 1,10)

ἀποκέντησις (ἀπό; κεντέω) piercing ▸ 1
- ἀποκέντησιν ▸ 1
  - **Noun** ▪ feminine ▪ singular ▪ accusative ▪ (common) ▸ 1 (Hos. 9,13)

ἀποκεφαλίζω (ἀπό; κεφαλή) to behead ▸ 1 + 4 = 5
- ἀπεκεφάλισα ▸ 1 + 2 = 3
  - **Verb** ▪ first ▪ singular ▪ aorist ▪ active ▪ indicative ▸ 1 + 2 = 3 (Psa. 151,7; Mark 6,16; Luke 9,9)
- ἀπεκεφάλισεν ▸ 2
  - **Verb** ▪ third ▪ singular ▪ aorist ▪ active ▪ indicative ▸ 2 (Matt. 14,10; Mark 6,27)

ἀποκιδαρόω (ἀπό; κιδάρις) to remove a turban ▸ 2
- ἀποκιδαρώσει ▸ 1
  - **Verb** ▪ third ▪ singular ▪ future ▪ active ▪ indicative ▸ 1 (Lev. 21,10)
- ἀποκιδαρώσετε ▸ 1
  - **Verb** ▪ second ▪ plural ▪ future ▪ active ▪ indicative ▸ 1 (Lev. 10,6)

ἀποκλαίω (ἀπό; κλαίω) to weep, wail ▸ 3
- ἀποκλαιομένη ▸ 1
  - **Verb** ▪ present ▪ middle ▪ participle ▪ feminine ▪ singular ▪ nominative ▸ 1 (Jer. 38,15)
- ἀποκλαιόμενος ▸ 1
  - **Verb** ▪ present ▪ middle ▪ participle ▪ masculine ▪ singular ▪ nominative ▸ 1 (Prov. 26,24)
- ἀποκλαύσομαί ▸ 1
  - **Verb** ▪ first ▪ singular ▪ future ▪ middle ▪ indicative ▸ 1 (Jer. 31,32)

ἀπόκλεισμα (ἀπό; κλείω) custody, prison, jail ▸ 1
- ἀπόκλεισμα ▸ 1
  - **Noun** ▪ neuter ▪ singular ▪ accusative ▪ (common) ▸ 1 (Jer. 36,26)

ἀποκλείω (ἀπό; κλείω) to close, enclose, confine ▸ 32 + 7 + 1 = 40
- ἀπέκλεισαν ▸ 7 + 2 = 9
  - **Verb** ▪ third ▪ plural ▪ aorist ▪ active ▪ indicative ▸ 7 + 2 = 9 (Gen. 19,10; Judg. 9,51; 2Chr. 29,7; 1Mac. 5,47; 1Mac. 10,75; 1Mac. 11,61; 1Mac. 12,48; Tob. 8,4; Sus. 18)
- ἀπέκλεισε ▸ 1
  - **Verb** ▪ third ▪ singular ▪ aorist ▪ active ▪ indicative ▸ 1 (Dan. 6,19)
- ἀπέκλεισεν ▸ 10 + 4 = 14
  - **Verb** ▪ third ▪ singular ▪ aorist ▪ active ▪ indicative ▸ 10 + 4 = 14 (Judg. 3,22; Judg. 3,23; Judg. 20,48; 1Sam. 1,5; 2Sam. 13,18; 2Sam. 18,28; 2Kings 4,5; 2Kings 4,21; 2Kings 4,33; Judith 13,1; Judg. 3,22; Judg. 3,23; Dan. 6,19; Sus. 36)
- Ἀπέκλεισεν ▸ 1
  - **Verb** ▪ third ▪ singular ▪ aorist ▪ active ▪ indicative ▸ 1 (1Sam. 26,8)
- ἀπέκλεισέν ▸ 1
  - **Verb** ▪ third ▪ singular ▪ aorist ▪ active ▪ indicative ▸ 1 (1Sam. 24,19)
- ἀποκεκλεισμέναι ▸ 1
  - **Verb** ▪ perfect ▪ passive ▪ participle ▪ feminine ▪ plural ▪ nominative ▸ 1 (Judg. 3,24)
- ἀποκέκλεισται ▸ 1
  - **Verb** ▪ third ▪ singular ▪ perfect ▪ passive ▪ indicative ▸ 1 (1Sam. 23,7)
- ἀποκλείσατε ▸ 1
  - **Verb** ▪ second ▪ plural ▪ aorist ▪ active ▪ imperative ▸ 1 (2Kings 6,32)
- ἀποκλείσει ▸ 1
  - **Verb** ▪ third ▪ singular ▪ future ▪ active ▪ indicative ▸ 1 (1Sam. 17,46)
- ἀποκλείσεις ▸ 1
  - **Verb** ▪ second ▪ singular ▪ future ▪ active ▪ indicative ▸ 1 (2Kings 4,4)
- ἀποκλείσῃ ▸ 1
  - **Verb** ▪ third ▪ singular ▪ aorist ▪ active ▪ subjunctive ▸ 1 (Luke 13,25)

ἀποκλεισθῆναι ‣ 1
    Verb · aorist · passive · infinitive ‣ **1** (Psa. 67,31)
ἀποκλεισθήσεται ‣ 1
    Verb · third · singular · future · passive · indicative ‣ **1** (1Sam. 23,11)
Ἀποκλεισθήσεται ‣ 1
    Verb · third · singular · future · passive · indicative ‣ **1** (1Sam. 23,11)
ἀπόκλεισον ‣ 3 + **1** = 4
    Verb · second · singular · aorist · active · imperative ‣ 3 + 1 = 4 (2Sam. 13,17; Ode. 5,20; Is. 26,20; Bel 11)
ἀποκλείσουσιν ‣ 1
    Verb · third · plural · future · active · indicative ‣ **1** (Is. 24,22)
ἀποκλίνω (ἀπό; κλίνω) to lean away, turn from, shun, recline ‣ 2
ἀπέκλινεν ‣ 2
    Verb · third · singular · imperfect · active · indicative ‣ **2** (2Sam. 6,10; 1Mac. 5,35)
ἀποκλύζω (ἀπό; κλύζω) to wash away, cleanse ‣ 1
ἀποκλύζειν ‣ 1
    Verb · present · active · infinitive ‣ **1** (2Chr. 4,6)
ἀποκνίζω (ἀπό; κνίζω) to pluck, cut off, nip off ‣ 7
ἀπέκνισεν ‣ 2
    Verb · third · singular · aorist · active · indicative ‣ **2** (2Kings 6,6; Ezek. 17,4)
ἀπόκνιζε ‣ 1
    Verb · second · singular · present · active · imperative ‣ **1** (1Sam. 9,24)
ἀποκνίζων ‣ 1
    Verb · present · active · participle · masculine · singular · nominative ‣ **1** (4Mac. 1,29)
ἀποκνίσει ‣ 2
    Verb · third · singular · future · active · indicative ‣ **2** (Lev. 1,15; Lev. 5,8)
ἀποκνιῶ ‣ 1
    Verb · first · singular · future · active · indicative ‣ **1** (Ezek. 17,22)
ἀποκομίζω (ἀπό; κομίζω) to bring, carry away or back ‣ 2
ἀποκομίζοντος ‣ 1
    Verb · present · active · participle · masculine · singular · genitive ‣ **1** (Prov. 26,16)
ἀποκομιοῦντας ‣ 1
    Verb · future · active · participle · masculine · plural · accusative ‣ **1** (2Mac. 2,15)
ἀποκόπτω (ἀπό; κόπτω) to cut off; castrate; excommunicate ‣ 7 + **2** + 6 = 15
ἀπεκόπησαν ‣ 1
    Verb · third · plural · aorist · active · indicative ‣ **1** (Judg. 5,22)
ἀπέκοψαν ‣ 1 + **1** + 1 = 3
    Verb · third · plural · aorist · active · indicative ‣ 1 + 1 + 1 = 3 (Judg. 1,6; Judg. 1,6; Acts 27,32)
ἀπέκοψεν ‣ 1 + 2 = 3
    Verb · third · singular · aorist · active · indicative ‣ 1 + 2 = 3 (2Sam. 10,4; John 18,10; John 18,26)
ἀποκεκομμένοι ‣ 1 + **1** = 2
    Verb · perfect · passive · participle · masculine · plural · nominative ‣ 1 + **2** = 2 (Judg. 1,7; Judg. 1,7)
ἀποκεκομμένος ‣ 1
    Verb · perfect · passive · participle · masculine · singular · nominative ‣ **1** (Deut. 23,2)
ἀποκόψει ‣ 1
    Verb · third · singular · future · active · indicative ‣ **1** (Psa. 76,9)
ἀποκόψεις ‣ 1
    Verb · second · singular · future · active · indicative ‣ **1** (Deut. 25,12)
ἀπόκοψον ‣ 2
    Verb · second · singular · aorist · active · imperative ‣ **2** (Mark 9,43; Mark 9,45)
ἀποκόψονται ‣ 1
    Verb · third · plural · future · middle · indicative ‣ **1** (Gal. 5,12)
ἀποκοσμέω (ἀπό; κόσμος) to kill ‣ 1
ἀπεκόσμησεν ‣ 1
    Verb · third · singular · aorist · active · indicative ‣ **1** (2Mac. 4,38)
ἀπόκρημνος (ἀπό; κρεμάννυμι) craggy, steep ‣ 1
ἀπόκρημνον ‣ 1
    Adjective · neuter · singular · accusative · noDegree ‣ **1** (2Mac. 13,5)
ἀπόκριμα (ἀπό; κρίνω) sentence ‣ 1
ἀπόκριμα ‣ 1
    Noun · neuter · singular · accusative ‣ **1** (2Cor. 1,9)
ἀποκρίνομαι (ἀπό; κρίνω) to answer, reply ‣ 246 + **31** + 231 = 508
ἀπεκρίθη ‣ 94 + **14** + 77 = 185
    Verb · third · singular · aorist · passive · indicative ‣ 94 + **14** + 77 = **185** (Gen. 23,14; Ex. 19,8; Ex. 24,3; Num. 22,18; Josh. 7,20; Judg. 7,14; Judg. 19,28; Judg. 20,4; Ruth 2,6; Ruth 2,11; 1Sam. 1,15; 1Sam. 1,17; 1Sam. 4,17; 1Sam. 4,20; 1Sam. 9,12; 1Sam. 9,17; 1Sam. 9,19; 1Sam. 9,21; 1Sam. 10,12; 1Sam. 14,28; 1Sam. 14,37; 1Sam. 16,18; 1Sam. 20,3; 1Sam. 20,28; 1Sam. 20,32; 1Sam. 21,5; 1Sam. 21,6; 1Sam. 22,14; 1Sam. 23,4; 1Sam. 25,10; 1Sam. 26,6; 1Sam. 26,14; 1Sam. 26,22; 1Sam. 28,6; 1Sam. 29,9; 1Sam. 30,22; 2Sam. 1,16; 2Sam. 4,9; 2Sam. 13,32; 2Sam. 14,18; 2Sam. 15,21; 2Sam. 19,22; 2Sam. 19,43; 2Sam. 19,44; 2Sam. 20,20; 1Kings 1,28; 1Kings 1,36; 1Kings 1,43; 1Kings 2,22; 1Kings 3,26; 1Kings 3,27; 1Kings 12,13; 1Kings 12,16; 1Kings 12,24s; 1Kings 18,21; 1Kings 21,4; 1Kings 21,11; 1Kings 21,12; 2Kings 1,10; 2Kings 1,12; 2Kings 3,11; 2Kings 7,2; 2Kings 7,13; 2Kings 7,19; 2Chr. 10,13; 2Chr. 10,16; 2Chr. 29,31; 2Chr. 34,15; Ezra 10,2; Neh. 8,6; 1Mac. 2,19; 1Mac. 10,55; 1Mac. 13,35; 1Mac. 15,36; Psa. 101,24; Job 1,9; Job 40,1; Amos 7,14; Mic. 6,5; Joel 2,19; Hab. 2,2; Hag. 2,14; Zech. 1,10; Zech. 1,12; Zech. 1,13; Zech. 3,4; Zech. 4,5; Zech. 4,6; Zech. 6,5; Is. 36,21; Jer. 23,35; Lam. 3,33; Dan. 4,19; Dan. 5,17; Judg. 7,14; Judg. 19,28; Judg. 20,4; Dan. 2,5; Dan. 2,8; Dan. 2,14; Dan. 2,26; Dan. 2,27; Dan. 3,14; Dan. 3,95; Dan. 4,19; Dan. 4,19; Dan. 4,30; Dan. 5,17; Matt. 15,23; Matt. 27,14; Mark 7,28; Mark 9,17; Mark 12,28; Mark 12,29; Mark 12,34; Mark 15,5; Mark 15,9; Luke 4,4; Luke 8,50; Luke 13,15; Luke 17,20; John 1,21; John 1,26; John 1,48; John 1,49; John 1,50; John 2,19; John 3,3; John 3,5; John 3,10; John 4,10; John 4,13; John 4,17; John 5,7; John 5,11; John 6,7; John 6,29; John 6,43; John 6,68; John 6,70; John 7,16; John 7,20; John 7,21; John 8,14; John 8,19; John 8,34; John 8,49; John 8,54; John 9,3; John 9,11; John 9,25; John 9,27; John 9,30; John 9,36; John 10,25; John 10,32; John 10,34; John 11,9; John 12,30; John 13,7; John 13,8; John 13,36; John 14,23; John 16,31; John 18,8; John 18,20; John 18,23; John 18,34; John 18,35; John 18,36; John 18,37; John 19,11; John 19,22; John 20,28; Acts 5,8; Acts 9,13; Acts 10,46; Acts 11,9; Acts 15,13; Acts 21,13; Acts 22,28; Acts 24,25; Acts 25,4; Acts 25,12; Rev. 7,13)
Ἀπεκρίθη ‣ 1 + 5 = 6
    Verb · third · singular · aorist · passive · indicative ‣ 1 + 5 = **6** (Ex. 4,1; John 3,9; John 3,27; John 6,26; John 12,34; Acts 24,10)

ἀποκρίνομαι

ἀπεκρίθην ‣ 4 + 2 = 6
   Verb · first · singular · aorist · passive · indicative ‣ 4 + 2 = **6** (Josh. 14,7; Zech. 4,11; Zech. 6,4; Jer. 11,5; Acts 22,8; Acts 25,16)

ἀπεκρίθης ‣ 1 + 1 = 2
   Verb · second · singular · aorist · passive · indicative ‣ 1 + 1 = **2** (1Sam. 14,41; Luke 10,28)

ἀπεκρίθησαν ‣ 30 + 8 + 16 = 54
   Verb · third · plural · aorist · passive · indicative ‣ 30 + 8 + 16 = **54** (Gen. 23,5; Gen. 34,13; Num. 13,26; Num. 32,31; Josh. 9,24; Josh. 22,21; Josh. 22,32; Judg. 8,8; Judg. 8,8; Judg. 18,14; 1Sam. 14,12; 1Kings 18,24; 2Kings 18,36; 1Esdr. 6,12; Ezra 3,11; Ezra 5,11; Ezra 10,12; 1Mac. 2,17; 1Mac. 2,36; 1Mac. 8,19; 1Mac. 13,8; Job 32,15; Job 32,16; Hag. 2,12; Hag. 2,13; Zech. 1,6; Zech. 1,11; Jer. 51,15; Dan. 2,7; Dan. 2,10; Judg. 5,29; Judg. 8,8; Judg. 8,8; Judg. 18,14; Dan. 2,7; Dan. 2,10; Dan. 3,16; Dan. 6,14; Matt. 12,38; Matt. 25,9; Mark 8,4; Luke 20,7; John 7,46; John 7,47; John 7,52; John 8,33; John 9,20; John 9,34; John 10,33; John 18,5; John 18,30; John 19,7; John 19,15; John 21,5)

Ἀπεκρίθησαν ‣ 3
   Verb · third · plural · aorist · passive · indicative ‣ **3** (John 2,18; John 8,39; John 8,48)

ἀπεκρίθητε ‣ 1
   Verb · second · plural · aorist · passive · indicative ‣ **1** (Jer. 7,13)

ἀπεκρίθητέ ‣ 2
   Verb · second · plural · aorist · passive · indicative ‣ **2** (Deut. 1,14; Deut. 1,41)

ἀπεκρίνατε ‣ 1
   Verb · second · plural · aorist · active · indicative ‣ **1** (Sus. 48)

ἀπεκρίνατο ‣ 4 + 6 = 10
   Verb · third · singular · aorist · middle · indicative ‣ 4 + 6 = **10** (Ex. 19,19; Judg. 5,29; 1Chr. 10,13; Ezek. 9,11; Matt. 27,12; Mark 14,61; Luke 3,16; Luke 23,9; John 5,17; Acts 3,12)

Ἀπεκρίνατο ‣ 1
   Verb · third · singular · aorist · middle · indicative ‣ **1** (John 5,19)

ἀπεκρίνοντο ‣ 1
   Verb · third · plural · imperfect · middle · indicative ‣ **1** (Mic. 3,11)

ἀποκέκριταί ‣ 1
   Verb · third · singular · perfect · middle · indicative ‣ **1** (1Kings 2,30)

ἀποκριθείς ‣ 29 + 6 + 84 = 119
   Verb · aorist · passive · participle · masculine · singular · nominative ‣ 29 + 6 + 84 = **119** (Gen. 18,9; Gen. 18,27; Gen. 23,10; Gen. 27,37; Gen. 27,39; Gen. 31,31; Gen. 31,36; Gen. 31,43; Gen. 40,18; Gen. 41,16; Gen. 42,22; Ex. 21,5; Num. 11,28; Num. 23,26; Deut. 27,15; Josh. 24,16; Judith 6,17; Tob. 5,1; 1Mac. 15,33; 2Mac. 7,8; Job 1,7; Is. 3,7; Is. 21,9; Dan. 2,5; Dan. 2,26; Dan. 4,30; Dan. 5,13; Dan. 6,13; Dan. 7,16; Tob. 2,3; Tob. 5,1; Tob. 5,3; Tob. 5,10; Tob. 6,14; Dan. 2,47; Matt. 3,15; Matt. 4,4; Matt. 8,8; Matt. 11,4; Matt. 11,25; Matt. 12,39; Matt. 12,48; Matt. 13,11; Matt. 13,37; Matt. 15,3; Matt. 15,13; Matt. 15,24; Matt. 15,26; Matt. 15,28; Matt. 16,2; Matt. 16,16; Matt. 17,4; Matt. 17,11; Matt. 17,17; Matt. 19,4; Matt. 19,27; Matt. 20,13; Matt. 20,22; Matt. 21,21; Matt. 21,24; Matt. 21,29; Matt. 21,30; Matt. 22,1; Matt. 24,2; Matt. 24,4; Matt. 25,12; Matt. 25,40; Matt. 26,23; Matt. 26,25; Matt. 26,33; Matt. 27,21; Matt. 27,25; Mark 3,33; Mark 6,37; Mark 8,29; Mark 9,5; Mark 9,19; Mark 10,3; Mark 10,24; Mark 10,51; Mark 11,14; Mark 11,22; Mark 12,35; Mark 14,48; Mark 15,2; Mark 15,12; Luke 1,19; Luke 1,35; Luke 3,11; Luke 4,8; Luke 4,12; Luke 5,5; Luke 5,22; Luke 5,31; Luke 6,3; Luke 7,22; Luke 7,40; Luke 7,43; Luke 8,21; Luke 9,20; Luke 9,41; Luke 10,27; Luke 10,41; Luke 11,7; Luke 13,2; Luke 13,8; Luke 13,25; Luke 14,3; Luke 15,29; Luke 17,17; Luke 19,40; Luke 20,3; Luke 22,51; Luke 23,3; Luke 23,40; Luke 24,18; Acts 8,24; Acts 8,34; Acts 25,9)

Ἀποκριθείς ‣ 1 + 10 = 11
   Verb · aorist · passive · participle · masculine · singular · nominative ‣ 1 + 10 = **11** (Gen. 24,50; Matt. 14,28; Matt. 15,15; Matt. 16,17; Matt. 22,29; Matt. 25,26; Matt. 28,5; Luke 9,49; Luke 11,45; Luke 13,14; Acts 5,29)

ἀποκριθεῖσα ‣ 4 + 1 + 1 = 6
   Verb · aorist · passive · participle · feminine · singular · nominative ‣ 4 + 1 + 1 = **6** (Gen. 31,14; Deut. 25,9; Esth. 7,3; Tob. 2,14; Tob. 2,14; Luke 1,60)

ἀποκριθεῖσιν ‣ 1
   Verb · aorist · passive · participle · masculine · plural · dative ‣ **1** (Jer. 51,20)

ἀποκριθέν ‣ 1
   Verb · aorist · passive · participle · neuter · singular · nominative ‣ **1** (Acts 19,15)

ἀποκριθέντα ‣ 1
   Verb · aorist · passive · participle · masculine · singular · accusative ‣ **1** (2Mac. 15,14)

ἀποκριθέντες ‣ 4 + 6 = 10
   Verb · aorist · passive · participle · masculine · plural · nominative ‣ 4 + 6 = **10** (Deut. 21,7; Deut. 27,14; Josh. 1,16; Dan. 3,16; Matt. 21,27; Matt. 26,66; Mark 11,33; Luke 9,19; Luke 17,37; Acts 4,19)

Ἀποκριθέντες ‣ 1
   Verb · aorist · passive · participle · masculine · plural · nominative ‣ **1** (Luke 20,39)

ἀποκριθῇ ‣ 3 + 1 = 4
   Verb · third · singular · aorist · passive · subjunctive ‣ 3 + 1 = **4** (1Sam. 14,39; 1Sam. 20,7; 1Sam. 20,10; Mark 9,6)

ἀποκριθῆναι ‣ 9 + 1 + 1 = 11
   Verb · aorist · passive · infinitive ‣ 9 + 1 + 1 = **11** (Gen. 45,3; 1Sam. 9,8; 2Sam. 3,11; 2Chr. 10,6; 1Mac. 4,46; Psa. 87,1; Job 32,3; Is. 36,21; Dan. 9,25; Dan. 9,25; Matt. 22,46)

ἀποκριθῆναί ‣ 1 + 1 = 2
   Verb · aorist · passive · infinitive ‣ 1 + 1 = **2** (Dan. 3,16; Dan. 3,16)

ἀποκριθήσει ‣ 1
   Verb · second · singular · future · passive · indicative ‣ **1** (1Sam. 26,14)

ἀποκριθήσεσθε ‣ 1
   Verb · second · plural · future · passive · indicative ‣ **1** (2Kings 18,36)

ἀποκριθήσεται ‣ 4 + 1 = 5
   Verb · third · singular · future · passive · indicative ‣ 4 + 1 = **5** (Gen. 41,16; Prov. 15,33; Job 40,2; Jer. 49,4; Matt. 25,45)

ἀποκριθήση ‣ 2
   Verb · second · singular · future · passive · indicative ‣ **2** (Deut. 26,5; 2Kings 4,29)

ἀποκριθήσομαι ‣ 8
   Verb · first · singular · future · passive · indicative ‣ **8** (Num. 22,8; 1Kings 12,24p; 2Chr. 10,9; Psa. 118,42; Ezek. 14,4; Ezek. 14,7; Ezek. 20,3; Ezek. 20,31)

ἀποκριθήσομαί ‣ 1
   Verb · first · singular · future · passive · indicative ‣ **1** (Jer. 40,3)

ἀποκριθήσονται ‣ 3 + 2 = 5
   Verb · third · plural · future · passive · indicative ‣ 3 + 2 = **5** (Is. 14,10; Is. 14,32; Jer. 32,30; Matt. 25,37; Matt. 25,44)

ἀποκρίθητε ‣ 2
   Verb · second · plural · aorist · passive · imperative ‣ **1** (1Sam.

12,3)
    Verb · second · plural · aorist · passive · subjunctive ▸ **1** (1Sam. 12,3)

ἀποκρίθητέ ▸ **2**
    Verb · second · plural · aorist · passive · imperative ▸ **2** (Mark 11,29; Mark 11,30)

ἀποκριθῆτε ▸ **1**
    Verb · second · plural · aorist · passive · subjunctive ▸ **1** (Luke 22,68)

ἀποκρίθητι ▸ **5**
    Verb · second · singular · aorist · passive · imperative ▸ **5** (Job 38,3; Job 40,7; Sir. 4,8; Sir. 5,12; Sir. 33,4)

ἀποκρίθητί ▸ **2**
    Verb · second · singular · aorist · passive · imperative ▸ **2** (Job 33,32; Mic. 6,3)

ἀποκριθῶ ▸ **8**
    Verb · first · singular · aorist · passive · subjunctive ▸ **8** (2Sam. 24,13; 1Kings 12,6; 1Kings 12,9; 1Kings 12,24q; 1Chr. 21,12; Hab. 2,1; Ezek. 14,3; Ezek. 20,31)

ἀποκριθῶσιν ▸ **1**
    Verb · third · plural · aorist · passive · subjunctive ▸ **1** (Mark 14,40)

ἀποκριθῶσίν ▸ **2**
    Verb · third · plural · aorist · passive · subjunctive ▸ **2** (Deut. 20,11; Is. 41,28)

ἀποκρίνεσθαι ▸ **1 + 1 = 2**
    Verb · present · middle · infinitive ▸ **1 + 1 = 2** (Prov. 22,21; Col. 4,6)

ἀποκρίνεσθε ▸ **1**
    Verb · second · plural · present · middle · indicative ▸ **1** (Zeph. 2,3)

ἀποκρίνεται ▸ **4 + 3 = 7**
    Verb · third · singular · present · middle · indicative ▸ **4 + 3 = 7** (1Sam. 22,9; Prov. 15,28; Prov. 18,13; Song 2,10; John 12,23; John 13,26; John 13,38)

ἀποκρίνεταί ▸ **1**
    Verb · third · singular · present · middle · indicative ▸ **1** (Job 20,3)

ἀποκρίνῃ ▸ **1 + 4 = 5**
    Verb · second · singular · present · middle · indicative ▸ **1 + 3 = 4** (Job 16,3; Matt. 26,62; Mark 14,60; John 18,22)
    Verb · second · singular · present · passive · indicative · (variant) ▸ **1** (Mark 15,4)

ἀποκρινόμενα ▸ **1**
    Verb · present · middle · participle · neuter · plural · accusative ▸ **1** (Prov. 24,26)

ἀποκρινόμενος ▸ **2**
    Verb · present · middle · participle · masculine · singular · nominative ▸ **1** (1Sam. 14,39)
    Verb · present · passive · participle · masculine · singular · nominative ▸ **1** (Ezek. 14,3)

ἀποκρίνου ▸ **3**
    Verb · second · singular · present · middle · imperative ▸ **3** (Prov. 26,4; Prov. 26,5; Sir. 11,8)

ἀπόκρισις (ἀπό; κρίνω) answer; separating ▸ **13 + 4 = 17**
    ἀποκρίσει ▸ **1**
        Noun · feminine · singular · dative ▸ **1** (Luke 20,26)
    ἀποκρίσεσιν ▸ **1**
        Noun · feminine · plural · dative ▸ **1** (Luke 2,47)
    ἀπόκρισιν ▸ **10 + 2 = 12**
        Noun · feminine · singular · accusative · (common) ▸ **10 + 2 = 12** (Deut. 1,22; Job 15,2; Job 31,14; Job 32,4; Job 33,5; Job 35,4; Job 40,4; Sir. 5,11; Sir. 8,9; Sir. 20,6; John 1,22; John 19,9)
    ἀπόκρισις ▸ **3**
        Noun · feminine · singular · nominative · (common) ▸ **3** (Ezra 7,12; Prov. 15,1; Job 32,5)

ἀποκρυβή (ἀπό; κρύπτω) shelter, covering ▸ **1**
    ἀποκρυβὴν ▸ **1**
        Noun · feminine · singular · accusative · (common) ▸ **1** (Job 24,15)

ἀποκρύπτω (ἀπό; κρύπτω) to hide ▸ **18 + 4 = 22**
    ἀπεκρύβη ▸ **2**
        Verb · third · singular · aorist · passive · indicative ▸ **2** (Prov. 27,12; Zeph. 3,5)
    Ἀπεκρύβη ▸ **1**
        Verb · third · singular · aorist · passive · indicative ▸ **1** (Is. 40,27)
    ἀπέκρυψας ▸ **1**
        Verb · second · singular · aorist · active · indicative ▸ **1** (Luke 10,21)
    ἀπέκρυψεν ▸ **1**
        Verb · third · singular · aorist · active · indicative ▸ **1** (2Kings 4,27)
    ἀποκεκρυμμένην ▸ **1**
        Verb · perfect · passive · participle · feminine · singular · accusative · (variant) ▸ **1** (1Cor. 2,7)
    ἀποκεκρυμμένον ▸ **1 + 1 = 2**
        Verb · perfect · passive · participle · masculine · singular · accusative ▸ **1** (2Mac. 10,37)
        Verb · perfect · passive · participle · neuter · singular · accusative · (variant) ▸ **1** (Col. 1,26)
    ἀποκεκρυμμένου ▸ **1**
        Verb · perfect · passive · participle · neuter · singular · genitive · (variant) ▸ **1** (Eph. 3,9)
    ἀποκρυβῇ ▸ **1**
        Verb · third · singular · aorist · passive · subjunctive ▸ **1** (Jer. 39,17)
    ἀποκρύβηθι ▸ **2**
        Verb · second · singular · aorist · passive · imperative ▸ **2** (Ode. 5,20; Is. 26,20)
    ἀποκρυβήσεται ▸ **1**
        Verb · third · singular · future · passive · indicative ▸ **1** (Psa. 18,7)
    ἀποκρύπτεται ▸ **1**
        Verb · third · singular · present · passive · indicative ▸ **1** (Wis. 1,10)
    ἀποκρύπτομαι ▸ **1**
        Verb · first · singular · present · middle · indicative ▸ **1** (Wis. 7,13)
    ἀποκρύπτων ▸ **4**
        Verb · present · active · participle · masculine · singular · nominative ▸ **4** (Sir. 20,31; Sir. 20,31; Sir. 41,15; Sir. 41,15)
    ἀποκρυψάντων ▸ **1**
        Verb · aorist · active · participle · masculine · plural · genitive ▸ **1** (2Mac. 1,20)
    ἀποκρύψῃς ▸ **1**
        Verb · second · singular · aorist · active · subjunctive ▸ **1** (Psa. 118,19)
    ἀποκρύψω ▸ **1**
        Verb · first · singular · future · active · indicative ▸ **1** (Wis. 6,22)

ἀποκρυφή (ἀπό; κρύπτω) hiding place ▸ **3**
    ἀποκρυφὴ ▸ **1**
        Noun · feminine · singular · nominative · (common) ▸ **1** (Job 22,14)

ἀποκρυφή–ἀποκτείνω

ἀποκρυφὴν ▸ 2
  Noun · feminine · singular · accusative · (common) ▸ **2** (2Sam. 22,12; Psa. 17,12)

ἀπόκρυφος (ἀπό; κρύπτω) hidden ▸ 23 + 2 + 3 = 28
  ἀπόκρυφα ▸ 3 + 1 = 4
    Adjective · neuter · plural · accusative · noDegree ▸ 3 + 1 = **4** (Sir. 23,19; Sir. 39,3; Sir. 48,25; Dan. 2,22)
  ἀπόκρυφά ▸ 1
    Adjective · neuter · plural · nominative · noDegree ▸ **1** (Sir. 43,32)
  ἀπόκρυφοι ▸ 1
    Adjective · masculine · plural · nominative ▸ **1** (Col. 2,3)
  ἀπόκρυφοις ▸ 8 + 1 = 9
    Adjective · neuter · plural · dative · noDegree ▸ 8 + 1 = **9** (Psa. 9,29; Psa. 16,12; Psa. 63,5; Sir. 14,21; Sir. 16,21; Sir. 39,7; Sol. 1,7; Sol. 4,5; Dan. 11,43)
  ἀπόκρυφον ▸ 2
    Adjective · neuter · singular · nominative ▸ **2** (Mark 4,22; Luke 8,17)
  ἀπόκρυφος ▸ 1
    Adjective · feminine · singular · nominative · noDegree ▸ **1** (Sir. 42,9)
  ἀποκρύφους ▸ 2
    Adjective · masculine · plural · accusative · noDegree ▸ **2** (1Mac. 1,23; Is. 45,3)
  ἀποκρύφῳ ▸ 7
    Adjective · neuter · singular · dative · noDegree ▸ **7** (Deut. 27,15; Psa. 9,30; Psa. 26,5; Psa. 30,21; Psa. 80,8; Job 39,28; Is. 4,6)
  ἀποκρύφων ▸ 1
    Adjective · neuter · plural · genitive · noDegree ▸ **1** (Sir. 42,19)

ἀποκτείνω (ἀπό; κτείνω) to kill ▸ 206 + 30 + 74 = 310
  ἀπέκταγκά ▸ 1
    Verb · first · singular · perfect · active · indicative ▸ **1** (1Sam. 24,12)
  ἀπεκτάγκασιν ▸ 1
    Verb · third · plural · perfect · active · indicative ▸ **1** (2Sam. 4,11)
  ἀπεκτάγκατε ▸ 1
    Verb · second · plural · perfect · active · indicative ▸ **1** (Num. 17,6)
  ἀπεκταμμένων ▸ 1
    Verb · perfect · passive · participle · masculine · plural · genitive ▸ **1** (1Mac. 5,51)
  ἀπεκτάνθη ▸ 1 + 1 = 2
    Verb · third · singular · aorist · passive · indicative ▸ 1 + 1 = **2** (1Mac. 2,9; Rev. 2,13)
  ἀπεκτάνθησαν ▸ 4
    Verb · third · plural · aorist · passive · indicative ▸ **4** (Rev. 9,18; Rev. 9,20; Rev. 11,13; Rev. 19,21)
  ἀπέκτεινα ▸ 7 + 1 = 8
    Verb · first · singular · aorist · active · indicative ▸ 7 + 1 = **8** (Gen. 4,23; Num. 22,33; Judg. 8,19; 2Sam. 4,10; 2Kings 10,9; Hos. 6,5; Amos 4,10; Judg. 8,19)
  ἀπέκτειναν ▸ 32 + 4 + 10 = 46
    Verb · third · plural · aorist · active · indicative ▸ 32 + 4 + 10 = **46** (Gen. 34,25; Gen. 34,26; Gen. 49,6; Num. 31,7; Num. 31,8; Num. 31,8; Josh. 7,5; Josh. 10,11; Josh. 11,11; Josh. 13,22; Judg. 7,25; Judg. 7,25; 1Kings 19,10; 1Kings 19,14; 2Kings 11,18; 1Chr. 7,21; 1Esdr. 1,50; Neh. 9,26; Esth. 9,6; Esth. 9,15; Tob. 1,21; 1Mac. 7,4; 1Mac. 9,40; 1Mac. 9,61; 1Mac. 11,47; 1Mac. 12,48; 1Mac. 16,16; Psa. 93,6; Job 1,15; Job 1,17; Ezek. 23,10; Dan. 6,25; Judg. 7,25; Judg. 7,25; Tob. 1,21; Sus. 62; Matt. 21,35; Matt. 21,39; Matt. 22,6; Mark 12,5; Mark 12,8; Luke 11,47; Luke 11,48; Luke 20,15; Acts 7,52; Rom. 11,3)
  ἀπέκτεινας ▸ 5
    Verb · second · singular · aorist · active · indicative ▸ **5** (2Sam. 12,9; 2Chr. 21,13; Is. 14,20; Lam. 2,21; Lam. 3,43)
  ἀπέκτεινάς ▸ 1
    Verb · second · singular · aorist · active · indicative ▸ **1** (1Sam. 24,19)
  ἀπεκτείνατε ▸ 3 + 2 + 1 = 6
    Verb · second · plural · aorist · active · indicative ▸ 3 + 2 + 1 = **6** (Judg. 8,18; Judg. 9,18; 2Chr. 28,9; Judg. 8,18; Judg. 9,18; Acts 3,15)
  ἀπέκτεινε ▸ 2
    Verb · third · singular · aorist · active · indicative ▸ **2** (1Mac. 5,28; Bel 28)
  ἀπέκτεινεν ▸ 51 + 10 + 2 = 63
    Verb · third · singular · aorist · active · indicative ▸ 51 + 10 + 2 = **63** (Gen. 4,8; Gen. 4,25; Gen. 38,7; Ex. 13,15; Josh. 10,26; Josh. 11,17; Judg. 8,17; Judg. 9,5; Judg. 9,54; 1Sam. 15,8; 2Sam. 14,7; 2Sam. 23,21; 1Kings 2,5; 1Kings 2,32; 1Kings 19,1; 1Chr. 2,3; 1Chr. 10,14; 1Chr. 11,23; 1Chr. 19,18; 1Chr. 19,18; 2Chr. 21,4; 2Chr. 22,1; 2Chr. 22,8; 2Chr. 22,9; 2Chr. 22,11; 2Chr. 25,4; 2Chr. 28,6; 2Chr. 28,7; 2Chr. 36,17; Tob. 1,18; Tob. 1,18; Tob. 3,8; 1Mac. 2,25; 1Mac. 3,11; 1Mac. 5,35; 1Mac. 7,16; 1Mac. 9,69; 1Mac. 13,23; 1Mac. 13,31; 1Mac. 16,22; 2Mac. 10,22; 4Mac. 3,7; 4Mac. 18,21; Psa. 77,31; Psa. 77,47; Psa. 104,29; Psa. 134,10; Wis. 16,9; Sir. 47,4; Lam. 2,4; Dan. 3,23; Judg. 8,17; Judg. 8,21; Judg. 9,5; Judg. 9,24; Judg. 9,45; Judg. 9,54; Tob. 1,18; Tob. 1,18; Bel 22; Bel 28; Luke 13,4; Rom. 7,11)
  ἀπέκτεινέν ▸ 1
    Verb · third · singular · aorist · active · indicative ▸ **1** (Jer. 20,17)
  ἀπεκτέννοντο ▸ 1
    Verb · third · plural · imperfect · passive · indicative ▸ **1** (Dan. 2,13)
  ἀπεκτονῆσθαι ▸ 1
    Verb · aorist · middle · infinitive ▸ **1** (2Mac. 4,36)
  ἀποκτανθεὶς ▸ 1
    Verb · aorist · passive · participle · masculine · singular · nominative ▸ **1** (Mark 9,31)
  ἀποκτανθῆναι ▸ 6
    Verb · aorist · passive · infinitive ▸ **6** (Matt. 16,21; Mark 8,31; Luke 9,22; Rev. 11,5; Rev. 13,10; Rev. 13,10)
  ἀποκτανθῶσιν ▸ 1
    Verb · third · plural · aorist · passive · subjunctive ▸ **1** (Rev. 13,15)
  ἀποκτεῖναι ▸ 31 + 3 + 16 = 50
    Verb · aorist · active · infinitive ▸ 31 + 3 + 16 = **50** (Gen. 18,25; Gen. 37,18; Ex. 4,24; Ex. 5,21; Ex. 16,3; Ex. 17,3; Ex. 21,14; Ex. 32,12; Lev. 20,4; Num. 16,13; Num. 20,4; Num. 21,5; Deut. 9,28; Deut. 13,10; Judg. 9,24; Judg. 9,56; Judg. 20,5; 1Esdr. 4,7; Esth. 2,21; 1Mac. 9,32; 1Mac. 16,21; Psa. 9,29; Eccl. 3,3; Wis. 18,5; Jer. 33,21; Jer. 45,9; Ezek. 13,19; Dan. 2,13; Dan. 2,24; Dan. 4,37a; Dan. 11,44; Judg. 9,24; Judg. 9,56; Tob. 14,10; Matt. 10,28; Matt. 14,5; Mark 3,4; Mark 6,19; Luke 12,5; Luke 13,31; John 5,18; John 7,1; John 7,19; John 7,20; John 7,25; John 8,37; John 8,40; John 18,31; Acts 21,31; Rev. 6,8)
  ἀποκτεῖναί ▸ 5 + 1 = 6
    Verb · aorist · active · infinitive ▸ 5 + 1 = **6** (Gen. 27,42; Judg. 15,12; 1Sam. 24,11; Tob. 3,15; 1Mac. 11,10; Tob. 3,15)
  ἀποκτείναντα ▸ 1
    Verb · aorist · active · participle · masculine · singular · accusative ▸ **1** (Judg. 9,24)
  ἀποκτείναντι ▸ 1

Verb · aorist · active · participle · masculine · singular · dative
▸ **1** (Psa. 135,18)

ἀποκτεινάντων ▸ **1**
Verb · aorist · active · participle · masculine · plural · genitive
▸ **1** (1Th. 2,15)

ἀποκτείνας ▸ **2** + **2** = **4**
Verb · aorist · active · participle · masculine · singular · nominative
▸ **2** + **2** = **4** (Gen. 4,15; 4Mac. 12,14; John 16,2; Eph. 2,16)

ἀποκτείνατε ▸ **5**
Verb · second · plural · aorist · active · imperative ▸ **5** (Ex. 1,16; Ex. 32,27; Num. 31,17; Num. 31,17; Ezek. 9,6)

Ἀποκτείνατε ▸ **1**
Verb · second · plural · aorist · active · imperative ▸ **1** (Num. 25,5)

ἀποκτείνειν ▸ **1**
Verb · present · active · infinitive ▸ **1** (1Kings 18,13)

ἀποκτείνῃς ▸ **2**
Verb · second · singular · aorist · active · subjunctive ▸ **2** (Psa. 58,12; Psa. 138,19)

ἀπόκτεινον ▸ **2** + **1** = **3**
Verb · second · singular · aorist · active · imperative ▸ **2** + **1** = **3** (Gen. 42,37; Judg. 8,20; Judg. 8,20)

ἀπόκτεινόν ▸ **1**
Verb · second · singular · aorist · active · imperative ▸ **1** (Num. 11,15)

ἀποκτεινόντων ▸ **1**
Verb · present · active · participle · masculine · plural · genitive
▸ **1** (Luke 12,4)

ἀποκτείνουσα ▸ **2**
Verb · present · active · participle · feminine · singular · vocative · (variant) ▸ **2** (Matt. 23,37; Luke 13,34)

ἀποκτείνουσιν ▸ **1**
Verb · third · plural · present · active · indicative ▸ **1** (Prov. 21,25)

ἀποκτείνω ▸ **1**
Verb · first · singular · aorist · active · subjunctive ▸ **1** (Gen. 27,41)

ἀποκτείνωμεν ▸ **3** + **4** = **7**
Verb · first · plural · aorist · active · subjunctive ▸ **3** + **4** = **7** (Gen. 37,20; Gen. 37,26; Judg. 16,2; Matt. 21,38; Mark 12,7; Luke 20,14; Acts 23,14)

ἀποκτείνωσιν ▸ **2** + **8** = **10**
Verb · third · plural · aorist · active · subjunctive · (variant) ▸ **2** + **8** = **10** (Gen. 20,2; Gen. 26,7; Matt. 26,4; Mark 14,1; John 11,53; John 12,10; Acts 23,12; Acts 27,42; Rev. 9,5; Rev. 9,15)

ἀποκτενεῖ ▸ **8** + **2** = **10**
Verb · third · singular · future · active · indicative ▸ **8** + **2** = **10** (Gen. 4,14; Num. 35,19; Num. 35,19; Num. 35,21; 1Sam. 16,2; 1Kings 18,12; 1Kings 18,14; Amos 9,4; John 8,22; Rev. 11,7)

ἀποκτενεῖς ▸ **5** + **1** = **6**
Verb · second · singular · future · active · indicative ▸ **5** + **1** = **6** (Ex. 23,7; 1Sam. 15,3; 2Kings 8,12; Lam. 2,20; Sus. 53; Sus. 53)

ἀποκτενεῖτε ▸ **5** + **1** = **6**
Verb · second · plural · future · active · indicative ▸ **5** + **1** = **6** (Ex. 22,18; Lev. 20,15; Lev. 20,16; Deut. 22,22; Deut. 22,25; Matt. 23,34)

ἀποκτέννει ▸ **1** + **3** + **1** = **5**
Verb · third · singular · present · active · indicative ▸ **1** + **3** + **1** = **5** (Wis. 16,14; Tob. 6,14; Tob. 6,15; Tob. 14,11; 2Cor. 3,6)

ἀποκτέννειν ▸ **2**
Verb · present · active · infinitive ▸ **2** (4Mac. 13,14; Hab. 1,17)

ἀποκτέννεσθαι ▸ **1**
Verb · present · passive · infinitive · (variant) ▸ **1** (Rev. 6,11)

ἀποκτέννοντες ▸ **1**
Verb · present · active · participle · masculine · plural · nominative
▸ **1** (Mark 12,5)

ἀποκτεννόντων ▸ **1**
Verb · present · active · participle · masculine · plural · genitive
▸ **1** (Matt. 10,28)

ἀποκτέννουσα ▸ **1**
Verb · present · active · participle · feminine · singular · nominative ▸ **1** (Tob. 3,8)

ἀποκτέννων ▸ **1**
Verb · present · active · participle · masculine · singular · nominative ▸ **1** (Is. 66,3)

ἀποκτενοῦμέν ▸ **1**
Verb · first · plural · future · active · indicative ▸ **1** (Bel 29)

ἀποκτενοῦσι ▸ **1**
Verb · third · plural · future · active · indicative ▸ **1** (Ezek. 23,47)

ἀποκτενοῦσιν ▸ **1** + **6** = **7**
Verb · third · plural · future · active · indicative ▸ **1** + **6** = **7** (Gen. 20,11; Matt. 17,23; Matt. 24,9; Mark 9,31; Mark 10,34; Luke 11,49; Luke 18,33)

ἀποκτενοῦσίν ▸ **2**
Verb · third · plural · future · active · indicative ▸ **2** (Gen. 12,12; 1Kings 12,27)

ἀποκτενῶ ▸ **13** + **1** + **1** = **15**
Verb · first · singular · future · active · indicative ▸ **13** + **1** + **1** = **15** (Ex. 4,23; Ex. 22,23; Deut. 32,39; 1Sam. 17,46; 4Mac. 18,19; Ode. 2,39; Hos. 2,5; Hos. 9,16; Amos 2,3; Amos 9,1; Jer. 45,16; Ezek. 7,16; Ezek. 33,27; Bel 25; Rev. 2,23)

ἀποκτέννω to kill; to slew ▸ **6** + **1** = **7**

ἀπέκτεννεν ▸ **1** + **1** = **2**
Verb · third · singular · aorist · active · indicative ▸ **1** + **1** = **2** (Psa. 77,34; Tob. 3,8)

ἀπέκτεννον ▸ **1**
Verb · first · singular · imperfect · active · indicative ▸ **1** (Psa. 100,8)

ἀποκτέννοντες ▸ **2**
Verb · present · active · participle · masculine · plural · nominative
▸ **2** (Josh. 8,24; 2Kings 17,25)

ἀποκτέννουσιν ▸ **2**
Verb · third · plural · present · active · indicative ▸ **2** (2Sam. 4,12; 1Esdr. 4,7)

ἀποκυέω (ἀπό; κύω) to bear young, bring forth ▸ **1** + **2** = **3**

ἀπεκύησεν ▸ **1**
Verb · third · singular · aorist · active · indicative ▸ **1** (James 1,18)

ἀποκύει ▸ **1**
Verb · third · singular · present · active · indicative ▸ **1** (James 1,15)

ἀποκυήσασα ▸ **1**
Verb · aorist · active · participle · feminine · singular · vocative
▸ **1** (4Mac. 15,17)

ἀποκυλίω (ἀπό; κυλίω) to roll away ▸ **4** + **4** = **8**

ἀπεκύλιον ▸ **1**
Verb · third · plural · imperfect · active · indicative ▸ **1** (Gen. 29,3)

ἀπεκύλισε ▸ **1**
Verb · third · singular · aorist · active · indicative ▸ **1** (Judith 13,9)

ἀπεκύλισεν ▸ **1** + **1** = **2**
Verb · third · singular · aorist · active · indicative ▸ **1** + **1** = **2**

(Gen. 29,10; Matt. 28,2)

ἀποκεκυλισμένον ▸ 1
    Verb · perfect · passive · participle · masculine · singular · accusative · (variant) ▸ **1** (Luke 24,2)

ἀποκεκύλισται ▸ 1
    Verb · third · singular · perfect · passive · indicative · (variant) ▸ **1** (Mark 16,4)

ἀποκυλίσει ▸ 1
    Verb · third · singular · future · active · indicative ▸ **1** (Mark 16,3)

ἀποκυλίσωσιν ▸ 1
    Verb · third · plural · aorist · active · subjunctive ▸ **1** (Gen. 29,8)

ἀποκωλύω (ἀπό; κωλύω)   to hinder, prevent ▸ 11

ἀπεκώλυσα ▸ 2
    Verb · first · singular · aorist · active · indicative ▸ **2** (1Kings 21,7; Eccl. 2,10)

ἀπεκωλύσαμεν ▸ 1
    Verb · first · plural · aorist · active · indicative ▸ **1** (1Sam. 25,7)

ἀπεκώλυσαν ▸ 3
    Verb · third · plural · aorist · active · indicative ▸ **3** (1Sam. 6,10; 1Sam. 25,15; 1Esdr. 5,70)

ἀπεκώλυσεν ▸ 1
    Verb · third · singular · aorist · active · indicative ▸ **1** (1Kings 1,6)

ἀπεκώλυσέν ▸ 1
    Verb · third · singular · aorist · active · indicative ▸ **1** (1Sam. 25,34)

ἀποκωλῦσαι ▸ 1
    Verb · aorist · active · infinitive ▸ **1** (1Esdr. 2,23)

ἀποκωλύσασά ▸ 1
    Verb · aorist · active · participle · feminine · singular · nominative ▸ **1** (1Sam. 25,33)

ἀποκωλύσῃς ▸ 1
    Verb · second · singular · aorist · active · subjunctive ▸ **1** (Sir. 7,33)

ἀποκωφόομαι (ἀπό; κόπτω)   to become deaf ▸ 3

ἀποκωφωθῇς ▸ 1
    Verb · second · singular · aorist · passive · subjunctive ▸ **1** (Ezek. 24,27)

ἀποκωφωθήσῃ ▸ 1
    Verb · second · singular · future · passive · indicative ▸ **1** (Ezek. 3,26)

ἀποκωφωθήσονται ▸ 1
    Verb · third · plural · future · passive · indicative ▸ **1** (Mic. 7,16)

ἀπολακτίζω (ἀπό; λάξ)   to kick ▸ 2

ἀπελάκτισεν ▸ 2
    Verb · third · singular · aorist · active · indicative ▸ **2** (Deut. 32,15; Ode. 2,15)

ἀπολαμβάνω (ἀπό; λαμβάνω)   to receive ▸ 5 + 10 = 15

ἀπειληφότες ▸ 1
    Verb · perfect · active · participle · masculine · plural · nominative ▸ **1** (4Mac. 18,23)

ἀπέλαβεν ▸ 1
    Verb · third · singular · aorist · active · indicative ▸ **1** (Luke 15,27)

ἀπέλαβες ▸ 1
    Verb · second · singular · aorist · active · indicative ▸ **1** (Luke 16,25)

ἀπέλαβον ▸ 1
    Verb · third · plural · aorist · active · indicative ▸ **1** (Num. 34,14)

ἀπολάβῃ ▸ 1
    Verb · third · singular · aorist · active · subjunctive ▸ **1** (Luke 18,30)

ἀπολάβητε ▸ 1
    Verb · second · plural · aorist · active · subjunctive ▸ **1** (2John 8)

ἀπολαβόμενος ▸ 1
    Verb · aorist · middle · participle · masculine · singular · nominative ▸ **1** (Mark 7,33)

ἀπολαβόντες ▸ 1
    Verb · aorist · active · participle · masculine · plural · nominative ▸ **1** (2Mac. 6,21)

ἀπολάβωμεν ▸ 1
    Verb · first · plural · aorist · active · subjunctive ▸ **1** (Gal. 4,5)

ἀπολαβών ▸ 1
    Verb · aorist · active · participle · masculine · singular · nominative ▸ **1** (2Mac. 4,46)

ἀπολάβωσιν ▸ 1
    Verb · third · plural · aorist · active · subjunctive ▸ **1** (Luke 6,34)

ἀπολαμβάνομεν ▸ 1
    Verb · first · plural · present · active · indicative ▸ **1** (Luke 23,41)

ἀπολαμβάνοντες ▸ 1
    Verb · present · active · participle · masculine · plural · nominative ▸ **1** (Rom. 1,27)

ἀπολαμβάνων ▸ 1
    Verb · present · active · participle · masculine · singular · nominative ▸ **1** (2Mac. 8,6)

ἀπολήμψεσθε ▸ 1
    Verb · second · plural · future · middle · indicative ▸ **1** (Col. 3,24)

ἀπόλαυσις (ἀπολαύω)   enjoyment ▸ 1 + 2 = 3

ἀπόλαυσιν ▸ 1 + 2 = 3
    Noun · feminine · singular · accusative · (common) ▸ **1 + 2 = 3** (3Mac. 7,16; 1Tim. 6,17; Heb. 11,25)

ἀπολαύω   to enjoy ▸ 5

ἀπελαύσατε ▸ 1
    Verb · second · plural · aorist · active · indicative ▸ **1** (4Mac. 16,18)

ἀπολαύειν ▸ 2
    Verb · present · active · infinitive ▸ **2** (4Mac. 5,9; 4Mac. 8,5)

ἀπολαύσωμεν ▸ 2
    Verb · first · plural · aorist · active · subjunctive ▸ **2** (Prov. 7,18; Wis. 2,6)

ἀπολέγομαι (ἀπό; λέγω)   to renounce ▸ 1

ἀπελέγετο ▸ 1
    Verb · third · singular · imperfect · middle · indicative ▸ **1** (Jonah 4,8)

ἀπολείπω (ἀπό; λείπω)   to leave ▸ 25 + 3 + 7 = 35

ἀπελείφθη ▸ 1
    Verb · third · singular · aorist · passive · indicative ▸ **1** (Judg. 9,5)

ἀπέλιπεν ▸ 7
    Verb · third · singular · aorist · active · indicative ▸ **7** (2Chr. 16,5; 1Mac. 9,65; 1Mac. 10,79; 2Mac. 4,29; 3Mac. 1,12; Prov. 9,12b; Wis. 14,6)

ἀπέλιπον ▸ 1 + 2 = 3
    Verb · third · plural · aorist · active · indicative ▸ **1 + 2 = 3** (Wis. 10,8; 2Tim. 4,13; 2Tim. 4,20)

ἀπέλιπόν ▸ 1
    Verb · first · singular · aorist · active · indicative ▸ **1** (Titus 1,5)

ἀπόλειπε ▸ 1
    Verb · second · singular · present · active · imperative ▸ **1** (Sir. 17,25)

ἀπολειπέσθω ▸ 1
    Verb · third · singular · present · passive · imperative ▸ **1** (2Kings 10,21)

ἀπολείπεται ▸ 3
    Verb · third · singular · present · passive · indicative · (variant) ▸ **3** (Heb. 4,6; Heb. 4,9; Heb. 10,26)
ἀπολείπετε ▸ 1
    Verb · second · plural · present · active · imperative ▸ **1** (Prov. 9,6)
ἀπολείπῃ ▸ 1
    Verb · third · singular · present · active · subjunctive ▸ **1** (Sir. 3,13)
ἀπολειπόμενοι ▸ 1
    Verb · present · passive · participle · masculine · plural · nominative ▸ **1** (3Mac. 1,17)
ἀπολειπόμενος ▸ 1
    Verb · present · middle · participle · masculine · singular · nominative ▸ **1** (Prov. 19,27)
ἀπολείπουσα ▸ 1
    Verb · present · active · participle · feminine · singular · nominative ▸ **1** (Prov. 2,17)
ἀπολειφθῇ ▸ 1
    Verb · third · singular · aorist · passive · subjunctive ▸ **1** (2Kings 10,21)
ἀπολείψασα ▸ 3
    Verb · aorist · active · participle · feminine · singular · nominative ▸ **3** (Judg. 9,9; Judg. 9,11; Judg. 9,13)
ἀπολείψει ▸ 1
    Verb · third · singular · future · active · indicative ▸ **1** (Job 11,20)
ἀπολείψετε ▸ 3
    Verb · second · plural · future · active · indicative ▸ **3** (Ex. 5,19; Ex. 12,10; Lev. 22,30)
ἀπολείψω ▸ 1
    Verb · first · singular · future · active · indicative ▸ **1** (Wis. 8,13)
ἀπολελειμμένον ▸ 1
    Verb · perfect · passive · participle · masculine · singular · accusative ▸ **1** (2Mac. 13,23)
ἀπολιπέτω ▸ 1
    Verb · third · singular · aorist · active · imperative ▸ **1** (Is. 55,7)
ἀπολιπόντας ▸ 1
    Verb · aorist · active · participle · masculine · plural · accusative ▸ **1** (Jude 6)
ἀπολιπών ▸ 1
    Verb · aorist · active · participle · masculine · singular · nominative ▸ **1** (2Mac. 10,19)
ἀπολεπίζω to peel ▸ 2
    ἀπελέπισεν ▸ 1
        Verb · third · singular · aorist · active · indicative ▸ **1** (Tob. 11,12)
    ἀπολεπίσει ▸ 1
        Verb · third · singular · future · active · indicative ▸ **1** (Tob. 11,8)
ἀπολήγω (ἀπό; λήγω) to stop, cease ▸ 1
    ἀπολήγει ▸ 1
        Verb · third · singular · present · active · indicative ▸ **1** (Dan. 5,26-28)
ἀπολιθόομαι (ἀπό; λίθος) to be turned to stone ▸ 2
    ἀπολιθωθήτωσαν ▸ 2
        Verb · third · plural · aorist · passive · imperative ▸ **2** (Ex. 15,16; Ode. 1,16)
Ἀπολλοφάνης Apollophanes ▸ 1
    Ἀπολλοφάνην ▸ 1
        Noun · masculine · singular · accusative · (proper) ▸ **1** (2Mac. 10,37)
ἀπόλλυμι (ἀπό; ὄλλυμι) to destroy, ruin; to lose ▸ 366 + 12 + 90 = 468

ἀπολεῖ ▸ 6
    Verb · third · singular · future · active · indicative ▸ **6** (Num. 24,19; Prov. 29,3; Sir. 6,4; Sir. 10,3; Sir. 20,22; Zeph. 2,13)
ἀπολεῖς ▸ 7
    Verb · second · singular · future · active · indicative ▸ **7** (Gen. 18,24; Gen. 18,28; Gen. 20,4; Deut. 9,3; Psa. 5,7; Psa. 20,11; Psa. 142,12)
ἀπολεῖσθε ▸ 10 + 2 = 12
    Verb · second · plural · future · middle · indicative ▸ 9 + 2 = 11 (Lev. 26,38; Deut. 4,26; Deut. 8,19; Deut. 8,20; Deut. 11,17; Deut. 30,18; Psa. 2,12; Psa. 9,37; Jer. 34,15; Luke 13,3; Luke 13,5)
    Verb · second · plural · future · passive · indicative ▸ **1** (Esth. 4,14)
ἀπολεῖται ▸ 41 + 1 = 42
    Verb · third · singular · future · middle · indicative ▸ 41 + 1 = **42** (Ex. 30,38; Lev. 7,20; Lev. 7,21; Lev. 7,25; Lev. 7,27; Lev. 23,30; Num. 21,30; Num. 24,20; Deut. 7,24; Deut. 12,3; 1Mac. 2,63; Psa. 1,6; Psa. 9,19; Psa. 40,6; Psa. 111,10; Prov. 11,23; Prov. 19,9; Prov. 19,16; Prov. 21,28; Prov. 23,28; Eccl. 5,13; Job 8,13; Job 20,7; Wis. 4,19; Sir. 3,26; Sir. 41,6; Amos 2,14; Zech. 9,5; Is. 15,1; Is. 15,1; Is. 15,2; Is. 17,3; Is. 48,19; Jer. 4,9; Jer. 18,18; Jer. 31,8; Jer. 31,42; Jer. 32,35; Ezek. 7,26; Ezek. 30,18; Ezek. 33,28; Acts 27,34)
ἀπολεῖτε ▸ 4
    Verb · second · plural · future · active · indicative ▸ **4** (Num. 33,52; Num. 33,52; Num. 33,53; Deut. 12,2)
ἀπολέσαι ▸ 30 + 3 + 7 = 40
    Verb · aorist · active · infinitive ▸ 30 + 3 + 7 = **40** (Josh. 7,7; Josh. 15,63; Josh. 24,10; 1Esdr. 8,85; Esth. 3,7; Esth. 3,9; Esth. 13,6 # 3,13f; Esth. 13,15 # 4,17f; Esth. 10,8 # 10,3e; 1Mac. 12,40; 1Mac. 12,49; 1Mac. 16,22; 1Mac. 16,22; 4Mac. 8,9; Psa. 118,95; Eccl. 3,6; Job 2,3; Wis. 12,6; Is. 11,9; Is. 13,9; Is. 14,25; Is. 23,11; Is. 25,11; Is. 34,2; Is. 43,28; Jer. 29,4; Jer. 34,15; Jer. 51,12; Ezek. 30,11; Dan. 7,26; Dan. 2,12; Dan. 2,24; Dan. 7,26; Matt. 2,13; Matt. 10,28; Mark 1,24; Luke 4,34; Luke 6,9; Luke 19,47; James 4,12)
ἀπολέσας ▸ 3
    Verb · aorist · active · participle · masculine · singular · nominative ▸ **3** (Matt. 10,39; Luke 9,25; Luke 15,4)
ἀπολέσασι ▸ 1
    Verb · aorist · active · participle · masculine · plural · dative ▸ **1** (4Mac. 2,14)
ἀπολέσει ▸ 2 + 9 = 11
    Verb · third · singular · future · active · indicative ▸ 2 + 9 = **11** (Deut. 7,23; Eccl. 9,18; Matt. 10,39; Matt. 16,25; Matt. 21,41; Mark 8,35; Mark 8,35; Mark 12,9; Luke 9,24; Luke 17,33; Luke 20,16)
ἀπολέσεις ▸ 1
    Verb · second · singular · future · active · indicative ▸ **1** (Sir. 6,3)
ἀπολέσῃ ▸ 8 + 8 = 16
    Verb · third · singular · aorist · active · subjunctive ▸ 8 + 8 = **16** (Ex. 19,24; Deut. 28,20; Deut. 28,24; Deut. 28,45; Deut. 28,51; 2Kings 10,19; Esth. 4,7; Sir. 22,27; Matt. 10,42; Matt. 16,25; Mark 9,22; Mark 9,41; Luke 9,24; Luke 15,8; Luke 17,33; John 10,10)
ἀπολέσῃς ▸ 4 + 1 = 5
    Verb · second · singular · aorist · active · subjunctive ▸ 4 + 1 = **5** (2Mac. 15,2; Sir. 9,6; Jer. 14,21; Dan. 2,24; Dan. 2,24)
ἀπολέσητε ▸ 1 + 1 = 2
    Verb · second · plural · aorist · active · subjunctive ▸ 1 + 1 = **2** (Num. 33,55; 2John 8)
ἀπολέσθαι ▸ 5 + 1 + 2 = 8

ἀπόλλυμι

Verb · aorist · middle · infinitive ▸ 5 + 1 + 2 = **8** (Esth. 11,9 # 1,1h; Esth. 4,8; Esth. 4,16; Esth. 8,5; Sus. 44-45; Sus. 45; Luke 13,33; 2Pet. 3,9)

ἀπολέσθωσαν ▸ 2
Verb · third · plural · aorist · middle · imperative ▸ **2** (Psa. 82,18; Jer. 10,11)

ἀπόλεσον ▸ 2
Verb · second · singular · aorist · active · imperative ▸ **2** (3Mac. 6,10; Sir. 29,10)

ἀπολέσω ▸ 7 + 1 = 8
Verb · first · singular · aorist · active · subjunctive ▸ 7 + 1 = **8** (Gen. 18,28; Gen. 18,29; Gen. 18,30; Gen. 18,31; Gen. 18,32; Is. 1,25; Is. 65,8; John 6,39)

ἀπολέσωσιν ▸ 4
Verb · third · plural · aorist · active · subjunctive ▸ **4** (Matt. 12,14; Matt. 27,20; Mark 3,6; Mark 11,18)

ἀπολέσωσίν ▸ 1
Verb · third · plural · aorist · active · subjunctive ▸ **1** (Deut. 28,22)

ἀπολῇ ▸ 2
Verb · second · singular · future · middle · indicative ▸ **2** (Judith 6,8; Ezek. 28,10)

ἀπόλησθε ▸ 1
Verb · second · plural · aorist · passive · subjunctive ▸ **1** (Josh. 23,13)

ἀπόληται ▸ 3 + 7 = 10
Verb · third · singular · aorist · middle · subjunctive ▸ 3 + 7 = **10** (Deut. 22,3; Ode. 11,17; Is. 38,17; Matt. 5,29; Matt. 5,30; Matt. 18,14; Luke 21,18; John 3,16; John 6,12; John 11,50)

ἀπόλλυε ▸ 1
Verb · second · singular · present · active · imperative ▸ **1** (Rom. 14,15)

ἀπολλύει ▸ 3 + 1 = 4
Verb · third · singular · present · active · indicative ▸ 3 + 1 = **4** (Deut. 8,20; 2Mac. 3,39; Job 9,22; John 12,25)

ἀπολλύειν ▸ 3
Verb · present · active · infinitive ▸ **3** (Sir. 49,7; Jer. 1,10; Jer. 18,7)

ἀπόλλυμαι ▸ 1 + 1 = 2
Verb · first · singular · present · middle · indicative ▸ 1 + 1 = **2** (1Mac. 6,13; Luke 15,17)

ἀπολλύμεθα ▸ 3
Verb · first · plural · present · middle · indicative ▸ **3** (Matt. 8,25; Mark 4,38; Luke 8,24)

ἀπόλλυμεν ▸ 1
Verb · first · plural · present · active · indicative ▸ **1** (Gen. 19,13)

ἀπολλυμένην ▸ 1
Verb · present · middle · participle · feminine · singular · accusative ▸ **1** (John 6,27)

ἀπολλύμενοι ▸ 2 + 1 = 3
Verb · present · middle · participle · masculine · plural · nominative ▸ 2 + 1 = **3** (Bar. 3,3; Ezek. 34,29; 2Cor. 4,9)

ἀπολλυμένοις ▸ 4
Verb · present · middle · participle · masculine · plural · dative ▸ **4** (1Cor. 1,18; 2Cor. 2,15; 2Cor. 4,3; 2Th. 2,10)

ἀπολλύμενον ▸ 2
Verb · present · middle · participle · masculine · singular · accusative ▸ **2** (3Mac. 6,3; Job 31,19)

ἀπολλύμενος ▸ 1
Verb · present · middle · participle · masculine · singular · nominative ▸ **1** (Eccl. 7,15)

ἀπολλυμένου ▸ 1 + 1 = 2
Verb · present · middle · participle · masculine · singular · genitive ▸ 1 + 1 = **2** (Job 29,13; 1Pet. 1,7)

ἀπολλυμένους ▸ 2
Verb · present · middle · participle · masculine · plural · accusative ▸ **2** (1Mac. 3,9; 2Mac. 7,20)

ἀπολλυμένῳ ▸ 1
Verb · present · middle · participle · masculine · singular · dative ▸ **1** (Prov. 17,5)

ἀπολλυμένων ▸ 1
Verb · present · middle · participle · masculine · plural · genitive ▸ **1** (Wis. 14,6)

ἀπόλλυνται ▸ 1
Verb · third · plural · present · passive · indicative · (variant) ▸ **1** (Matt. 9,17)

ἀπολλύοντες ▸ 1
Verb · present · active · participle · masculine · plural · nominative ▸ **1** (Jer. 23,1)

ἀπόλλυσι ▸ 1
Verb · third · singular · present · active · indicative ▸ **1** (Eccl. 7,7)

ἀπόλλυσιν ▸ 2
Verb · third · singular · present · active · indicative ▸ **2** (Prov. 12,4; Prov. 15,1)

ἀπόλλυται ▸ 1 + 2 = 3
Verb · third · singular · present · middle · indicative ▸ 1 + 2 = **3** (Sir. 17,28; Mark 2,22; 1Cor. 8,11)

ἀπόλλυτε ▸ 1
Verb · second · plural · present · active · indicative ▸ **1** (1Mac. 2,37)

ἀπολλύων ▸ 2
Verb · present · active · participle · masculine · singular · nominative ▸ **2** (Job 12,23; Sir. 20,22)

ἀπόλοιντο ▸ 4 + 1 = 5
Verb · third · plural · aorist · middle · optative ▸ 4 + 1 = **5** (Judg. 5,31; Psa. 67,3; Job 5,15; Sol. 12,6; Judg. 5,31)

Ἀπόλοιο ▸ 1
Verb · second · singular · aorist · middle · optative ▸ **1** (Deut. 33,27)

ἀπόλοιτο ▸ 2
Verb · third · singular · aorist · middle · optative ▸ **2** (Job 18,17; Sol. 12,4)

Ἀπόλοιτο ▸ 1
Verb · third · singular · aorist · middle · optative ▸ **1** (Job 3,3)

ἀπολόμενοι ▸ 2
Verb · aorist · middle · participle · masculine · plural · nominative ▸ **2** (Is. 27,13; Is. 27,13)

ἀπολομένου ▸ 1
Verb · aorist · middle · participle · masculine · singular · genitive ▸ **1** (Luke 11,51)

ἀπολομένους ▸ 1
Verb · aorist · middle · participle · masculine · plural · accusative ▸ **1** (Is. 11,12)

ἀπολοῦνται ▸ 29 + 4 = 33
Verb · third · plural · future · middle · indicative ▸ 29 + 4 = **33** (Num. 24,24; 1Esdr. 4,37; Judith 6,4; Psa. 9,4; Psa. 36,20; Psa. 48,11; Psa. 72,27; Psa. 79,17; Psa. 91,10; Psa. 101,27; Psa. 145,4; Prov. 13,23; Prov. 15,6; Job 4,9; Sol. 15,12; Sol. 15,13; Amos 1,8; Amos 3,15; Is. 11,13; Is. 24,12; Is. 31,3; Is. 41,11; Is. 60,12; Jer. 6,15; Jer. 6,21; Jer. 10,15; Jer. 28,18; Jer. 47,15; Dan. 7,17; Matt. 26,52; Luke 5,37; Rom. 2,12; Heb. 1,11)

ἀπολοῦσι ▸ 2
Verb · third · plural · future · active · indicative ▸ **2** (Ezek. 32,12; Dan. 7,26)

ἀπολῶ ▸ 27 + 1 = 28
   Verb ▪ first ▪ singular ▪ future ▪ active ▪ indicative ▸ 27 + 1 = **28** (Lev. 17,10; Lev. 20,3; Lev. 20,5; Lev. 20,6; Lev. 26,6; Lev. 26,41; Num. 14,12; Mic. 5,9; Obad. 8; Zeph. 2,5; Is. 13,11; Is. 14,22; Is. 29,14; Jer. 25,10; Jer. 26,8; Jer. 31,35; Ezek. 25,7; Ezek. 25,16; Ezek. 29,8; Ezek. 30,10; Ezek. 30,12; Ezek. 30,13; Ezek. 30,14; Ezek. 30,15; Ezek. 32,13; Ezek. 35,7; Ezek. 39,3; 1Cor. 1,19)

ἀπολώλαμεν ▸ 1
   Verb ▪ first ▪ plural ▪ perfect ▪ active ▪ indicative ▸ **1** (Num. 17,27)

ἀπολώλεκας ▸ 1
   Verb ▪ second ▪ singular ▪ perfect ▪ active ▪ indicative ▸ **1** (Is. 49,20)

ἀπολωλεκὸς ▸ 2
   Verb ▪ perfect ▪ active ▪ participle ▪ neuter ▪ singular ▪ nominative ▸ **2** (Deut. 32,28; Ode. 2,28)

ἀπολωλεκόσιν ▸ 1
   Verb ▪ perfect ▪ active ▪ participle ▪ masculine ▪ plural ▪ dative ▸ **1** (Sir. 2,14)

ἀπολωλεκότες ▸ 1
   Verb ▪ perfect ▪ active ▪ participle ▪ masculine ▪ plural ▪ nominative ▸ **1** (Is. 46,12)

ἀπολωλεκότι ▸ 1
   Verb ▪ perfect ▪ active ▪ participle ▪ masculine ▪ singular ▪ dative ▸ **1** (Sir. 41,2)

ἀπολωλεκὼς ▸ 2
   Verb ▪ perfect ▪ active ▪ participle ▪ masculine ▪ singular ▪ nominative ▸ **2** (Sir. 8,12; Sir. 29,14)

ἀπόλωλεν ▸ 8
   Verb ▪ third ▪ singular ▪ perfect ▪ active ▪ indicative ▸ **8** (Ex. 10,7; 1Mac. 12,50; Job 7,6; Mic. 7,2; Joel 1,11; Ezek. 12,22; Ezek. 26,2; Ezek. 37,11)

ἀπολωλός ▸ 2 + 2 = 4
   Verb ▪ perfect ▪ active ▪ participle ▪ neuter ▪ singular ▪ accusative ▸ **2** (Luke 15,6; Luke 19,10)
   Verb ▪ perfect ▪ active ▪ participle ▪ neuter ▪ singular ▪ nominative ▸ **2** (Psa. 30,13; Psa. 118,176)

ἀπολωλὸς ▸ 2 + 1 = 3
   Verb ▪ perfect ▪ active ▪ participle ▪ neuter ▪ singular ▪ accusative ▸ 2 + 1 = **3** (Ezek. 34,4; Ezek. 34,16; Luke 15,4)

ἀπολωλότα ▸ 1 + 2 = 3
   Verb ▪ perfect ▪ active ▪ participle ▪ neuter ▪ plural ▪ nominative ▸ 1 + 2 = **3** (Jer. 27,6; Matt. 10,6; Matt. 15,24)

ἀπολωλότας ▸ 2
   Verb ▪ perfect ▪ active ▪ participle ▪ masculine ▪ plural ▪ accusative ▸ **2** (Tob. 6,14; Job 5,11)

ἀπολωλότων ▸ 2
   Verb ▪ perfect ▪ active ▪ participle ▪ masculine ▪ plural ▪ genitive ▸ **1** (Esth. 9,11)
   Verb ▪ perfect ▪ active ▪ participle ▪ neuter ▪ plural ▪ genitive ▸ **1** (Wis. 12,12)

ἀπολωλυιῶν ▸ 1
   Verb ▪ perfect ▪ active ▪ participle ▪ feminine ▪ plural ▪ genitive ▸ **1** (1Sam. 9,20)

ἀπολωλὼς ▸ 2
   Verb ▪ perfect ▪ active ▪ participle ▪ masculine ▪ singular ▪ nominative ▸ **2** (Luke 15,24; Luke 15,32)

ἀπολώμεθα ▸ 3
   Verb ▪ first ▪ plural ▪ aorist ▪ middle ▪ subjunctive ▸ **3** (Jonah 1,6; Jonah 1,14; Jonah 3,9)

ἀπόλωνται ▸ 3 + 1 + 1 = 5
   Verb ▪ third ▪ plural ▪ aorist ▪ middle ▪ subjunctive ▸ 3 + 1 + 1 = **5** (Josh. 23,5; Wis. 18,19; Is. 30,25; Dan. 2,18; John 10,28)

ἀπώλεσα ▸ 1 + 2 = 3
   Verb ▪ first ▪ singular ▪ aorist ▪ active ▪ indicative ▸ 1 + 2 = **3** (Job 42,8; Luke 15,9; John 18,9)

ἀπώλεσαν ▸ 11
   Verb ▪ third ▪ plural ▪ aorist ▪ active ▪ indicative ▸ **11** (Deut. 2,12; 2Kings 19,18; Esth. 9,16; 1Mac. 5,13; 1Mac. 9,2; 2Mac. 8,20; 2Mac. 12,19; Is. 37,11; Is. 37,12; Is. 37,19; Jer. 15,7)

Ἀπώλεσαν ▸ 1
   Verb ▪ third ▪ plural ▪ aorist ▪ active ▪ indicative ▸ **1** (Esth. 9,12)

ἀπώλεσας ▸ 7
   Verb ▪ second ▪ singular ▪ aorist ▪ active ▪ indicative ▸ **7** (3Mac. 6,4; Ode. 5,14; Job 14,19; Wis. 18,5; Sir. 27,18; Is. 14,20; Is. 26,14)

ἀπώλεσεν ▸ 29 + 1 + 4 = 34
   Verb ▪ third ▪ singular ▪ aorist ▪ active ▪ indicative ▸ 29 + 1 + 4 = **34** (Gen. 35,4; Num. 32,39; Deut. 2,21; Deut. 11,4; Josh. 11,14; Josh. 16,10; 2Kings 11,1; 2Kings 13,7; 2Chr. 22,10; Tob. 7,6; Tob. 14,2; 1Mac. 1,30; 1Mac. 5,51; 2Mac. 10,23; Job 12,15; Job 31,12; Sir. 8,2; Sir. 10,16; Sir. 10,17; Sir. 27,16; Sir. 27,18; Sir. 28,13; Sir. 29,17; Sir. 30,23; Sir. 31,25; Sir. 46,6; Sol. 8,20; Jer. 28,55; Lam. 2,9; Tob. 14,10; Matt. 22,7; Luke 17,27; Luke 17,29; Jude 5)

Ἀπώλεσεν ▸ 1
   Verb ▪ third ▪ singular ▪ aorist ▪ active ▪ indicative ▸ **1** (1Mac. 7,6)

ἀπώλετο ▸ 25 + 2 + 5 = 32
   Verb ▪ third ▪ singular ▪ aorist ▪ middle ▪ indicative ▸ 25 + 2 + 5 = **32** (Tob. 10,7; Tob. 14,10; 1Mac. 13,18; 1Mac. 16,21; 2Mac. 5,9; Psa. 9,6; Psa. 9,7; Psa. 141,5; Prov. 5,23; Eccl. 9,6; Job 4,7; Job 30,2; Mic. 4,9; Jonah 4,10; Is. 16,4; Is. 23,1; Is. 23,14; Is. 29,20; Is. 34,16; Is. 57,1; Jer. 9,11; Jer. 30,1; Jer. 31,36; Ezek. 19,5; Dan. 7,11; Tob. 10,7; Dan. 7,11; John 17,12; Acts 5,37; James 1,11; 2Pet. 3,6; Rev. 18,14)

Ἀπώλετο ▸ 2 + 1 = 3
   Verb ▪ third ▪ singular ▪ aorist ▪ middle ▪ indicative ▸ 2 + 1 = **3** (Tob. 10,4; Lam. 3,18; Tob. 10,4)

ἀπώλλυντο ▸ 1
   Verb ▪ third ▪ plural ▪ imperfect ▪ middle ▪ indicative ▸ **1** (1Cor. 10,9)

ἀπωλόμην ▸ 3
   Verb ▪ first ▪ singular ▪ aorist ▪ middle ▪ indicative ▸ **3** (Psa. 118,92; Job 3,11; Job 6,18)

ἀπώλοντο ▸ 18 + 3 = 21
   Verb ▪ third ▪ plural ▪ aorist ▪ middle ▪ indicative ▸ 17 + 3 = **20** (Num. 16,33; 1Sam. 9,3; 2Sam. 1,27; 1Esdr. 4,27; Esth. 9,2; Judith 16,12; 1Mac. 13,4; 1Mac. 13,49; 2Mac. 8,19; Psa. 72,19; Job 4,7; Job 4,20; Job 4,21; Sir. 44,9; Bar. 3,28; Bar. 3,28; Ezek. 31,17; 1Cor. 10,10; 1Cor. 15,18; Jude 11)
   Verb ▪ third ▪ plural ▪ aorist ▪ passive ▪ indicative ▸ **1** (1Mac. 11,18)

ἀπώλοντό ▸ 1 + 1 = 2
   Verb ▪ third ▪ plural ▪ aorist ▪ middle ▪ indicative ▸ 1 + 1 = **2** (Tob. 3,15; Tob. 3,15)

ἀπώλου ▸ 1
   Verb ▪ second ▪ singular ▪ aorist ▪ middle ▪ indicative ▸ **1** (Num. 21,29)

Ἀπολλύων Apollyon ▸ 1
Ἀπολλύων ▸ 1
   Noun ▪ masculine ▪ singular ▪ nominative ▪ (proper) ▸ **1** (Rev. 9,11)

ἀπόλλω (ἀπό; ὄλλυμι) to destroy ▸ 1
ἀπόλλεις ▸ 1
   Verb ▪ second ▪ singular ▪ present ▪ active ▪ indicative ▸ **1** (4Mac.

6,14)

Ἀπολλωνία Apollonia ▸ 1
    Ἀπολλωνίαν ▸ 1
        Noun · feminine · singular · accusative · (proper) ▸ **1** (Acts 17,1)

Ἀπολλώνιος Apollonius ▸ 1
    Ἀπολλώνιος ▸ 1
        Noun · masculine · singular · nominative · (proper) ▸ **1** (1Mac. 10,79)

Ἀπολλώνιος Apollonius ▸ 18
    Ἀπολλώνιον ▸ 6
        Noun · masculine · singular · accusative · (proper) ▸ **6** (1Mac. 10,69; 2Mac. 3,5; 2Mac. 4,4; 2Mac. 5,24; 4Mac. 4,2; 4Mac. 4,13)
    Ἀπολλώνιος ▸ 7
        Noun · masculine · singular · nominative · (proper) ▸ **7** (1Mac. 3,10; 1Mac. 10,77; 2Mac. 3,7; 2Mac. 12,2; 4Mac. 4,4; 4Mac. 4,8; 4Mac. 4,11)
    Ἀπολλωνίου ▸ 5
        Noun · masculine · singular · genitive · (proper) ▸ **5** (1Mac. 3,12; 1Mac. 10,74; 1Mac. 10,75; 2Mac. 4,21; 4Mac. 4,10)

Ἀπολλῶς Apollos ▸ 10
    Ἀπολλῶ ▸ 4
        Noun · masculine · singular · accusative · (proper) ▸ **1** (Acts 19,1)
        Noun · masculine · singular · genitive · (proper) ▸ **3** (1Cor. 1,12; 1Cor. 3,4; 1Cor. 16,12)
    Ἀπολλῶν ▸ 2
        Noun · masculine · singular · accusative · (proper) ▸ **2** (1Cor. 4,6; Titus 3,13)
    Ἀπολλῶς ▸ 4
        Noun · masculine · singular · nominative · (proper) ▸ **4** (Acts 18,24; 1Cor. 3,5; 1Cor. 3,6; 1Cor. 3,22)

ἀπολογέομαι (ἀπό; λέγω) to defend oneself ▸ 3 + 10 = 13
    ἀπελογεῖτο ▸ 1
        Verb · third · singular · imperfect · middle · indicative ▸ **1** (Acts 26,1)
    ἀπελογήσατο ▸ 1
        Verb · third · singular · aorist · middle · indicative ▸ **1** (2Mac. 13,26)
    ἀπολογεῖσθαι ▸ 2
        Verb · present · middle · infinitive ▸ **2** (Acts 19,33; Acts 26,2)
    ἀπολογηθῆναι ▸ 1
        Verb · aorist · passive · infinitive ▸ **1** (Luke 21,14)
    ἀπολογήσησθε ▸ 1
        Verb · second · plural · aorist · middle · subjunctive ▸ **1** (Luke 12,11)
    ἀπολογήσομαι ▸ 1
        Verb · first · singular · future · middle · indicative ▸ **1** (Jer. 12,1)
    ἀπολογοῦμαι ▸ 1
        Verb · first · singular · present · middle · indicative ▸ **1** (Acts 24,10)
    ἀπολογούμεθα ▸ 1
        Verb · first · plural · present · middle · indicative ▸ **1** (2Cor. 12,19)
    ἀπολογουμένου ▸ 2
        Verb · present · middle · participle · masculine · singular · genitive ▸ **2** (Acts 25,8; Acts 26,24)
    ἀπολογουμένων ▸ 1 + 1 = 2
        Verb · present · middle · participle · masculine · plural · genitive ▸ **1 + 1 = 2** (Jer. 38,6; Rom. 2,15)

ἀπολόγημα (ἀπό; λέγω) defense, plea ▸ 1
    ἀπολογήματά ▸ 1
        Noun · neuter · plural · accusative · (common) ▸ **1** (Jer. 20,12)

ἀπολογία (ἀπό; λέγω) defense ▸ 1 + 8 = 9
    ἀπολογία ▸ 1
        Noun · feminine · singular · nominative ▸ **1** (1Cor. 9,3)
    ἀπολογίᾳ ▸ 2
        Noun · feminine · singular · dative ▸ **2** (Phil. 1,7; 2Tim. 4,16)
    ἀπολογίαν ▸ 1 + 3 = 4
        Noun · feminine · singular · accusative · (common) ▸ **1 + 3 = 4** (Wis. 6,10; 2Cor. 7,11; Phil. 1,16; 1Pet. 3,15)
    ἀπολογίας ▸ 2
        Noun · feminine · singular · genitive ▸ **2** (Acts 22,1; Acts 25,16)

ἀπόλοιπος (ἀπό; λείπω) remainder, residue, open space ▸ 10
    ἀπόλοιπα ▸ 4
        Adjective · neuter · plural · nominative · noDegree ▸ **4** (Ezek. 41,9; Ezek. 41,13; Ezek. 41,14; Ezek. 41,15)
    ἀπόλοιπον ▸ 1
        Adjective · neuter · singular · accusative · noDegree ▸ **1** (Ezek. 41,11)
    ἀπολοίπου ▸ 5
        Adjective · neuter · singular · genitive · noDegree ▸ **5** (Ezek. 41,11; Ezek. 41,12; Ezek. 41,15; Ezek. 42,1; Ezek. 42,10)

ἀπολούω (ἀπό; λούω) to wash away ▸ 1 + 8 + 2 = 11
    ἀπελούσασθε ▸ 1
        Verb · second · plural · aorist · middle · indicative ▸ **1** (1Cor. 6,11)
    ἀπέλυσεν ▸ 2
        Verb · third · singular · aorist · active · indicative ▸ **2** (Tob. 10,12; Sus. 36)
    ἀπόλουσαι ▸ 1
        Verb · second · singular · aorist · middle · imperative ▸ **1** (Acts 22,16)
    ἀπολούσωμαι ▸ 1
        Verb · first · singular · aorist · middle · subjunctive ▸ **1** (Job 9,30)
    ἀπολυθῆναί ▸ 1
        Verb · aorist · passive · infinitive ▸ **1** (Tob. 3,13)
    ἀπολυθῶ ▸ 2
        Verb · first · singular · aorist · passive · subjunctive ▸ **2** (Tob. 3,6; Tob. 3,6)
    ἀπολῦσαι ▸ 1
        Verb · aorist · active · infinitive ▸ **1** (Tob. 3,17)
    ἀπόλυσόν ▸ 1
        Verb · second · singular · aorist · active · imperative ▸ **1** (Tob. 3,6)
    ἀπολύων ▸ 1
        Verb · present · active · participle · masculine · singular · nominative ▸ **1** (Sus. 53)

ἀπόλυσις (ἀπό; λύω) release, deliverance; Dismissal ▸ 2
    ἀπολύσεως ▸ 1
        Noun · feminine · singular · genitive · (common) ▸ **1** (3Mac. 6,40)
    ἀπόλυσιν ▸ 1
        Noun · feminine · singular · accusative · (common) ▸ **1** (3Mac. 6,37)

ἀπολυτρόω (ἀπό; λύω) to redeem, release by ransom ▸ 2
    ἀπολελυτρωμένη ▸ 1
        Verb · perfect · passive · participle · feminine · singular · nominative ▸ **1** (Zeph. 3,1)
    ἀπολυτρώσει ▸ 1
        Verb · third · singular · future · active · indicative ▸ **1** (Ex. 21,8)

ἀπολύτρωσις (ἀπό; λύω) redemption, release ▸ 1 + 10 = 11
- ἀπολυτρώσεως ▸ 1 + 2 = 3
  - **Noun** · feminine · singular · genitive · (common) ▸ 1 + 2 = 3 (Dan. 4,34; Rom. 3,24; Eph. 4,30)
- ἀπολύτρωσιν ▸ 6
  - **Noun** · feminine · singular · accusative ▸ 6 (Rom. 8,23; Eph. 1,7; Eph. 1,14; Col. 1,14; Heb. 9,15; Heb. 11,35)
- ἀπολύτρωσις ▸ 2
  - **Noun** · feminine · singular · nominative ▸ 2 (Luke 21,28; 1Cor. 1,30)

ἀπολύω (ἀπό; λύω) to release, divorce ▸ 27 + 66 = 93
- ἀπελύετο ▸ 1
  - **Verb** · third · singular · imperfect · middle · indicative ▸ 1 (Ex. 33,11)
- ἀπέλυεν ▸ 1
  - **Verb** · third · singular · imperfect · active · indicative ▸ 1 (Mark 15,6)
- ἀπελύθη ▸ 1
  - **Verb** · third · singular · aorist · passive · indicative ▸ 1 (Num. 20,29)
- ἀπελύθησαν ▸ 1 + 1 = 2
  - **Verb** · third · plural · aorist · passive · indicative ▸ 1 + 1 = 2 (2Mac. 4,47; Acts 15,33)
- ἀπελύοντο ▸ 1
  - **Verb** · third · plural · imperfect · middle · indicative ▸ 1 (Acts 28,25)
- ἀπέλυσαν ▸ 3 + 4 = 7
  - **Verb** · third · plural · aorist · active · indicative ▸ 3 + 4 = 7 (1Esdr. 9,36; 2Mac. 12,25; 3Mac. 5,34; Acts 4,21; Acts 5,40; Acts 13,3; Acts 17,9)
- ἀπέλυσας ▸ 1
  - **Verb** · second · singular · aorist · active · indicative ▸ 1 (Sir. 27,19)
- ἀπέλυσεν ▸ 4 + 9 = 13
  - **Verb** · third · singular · aorist · active · indicative ▸ 4 + 9 = 13 (1Mac. 11,38; 2Mac. 4,47; 2Mac. 14,23; Psa. 33,1; Matt. 18,27; Matt. 27,26; Mark 8,9; Mark 15,15; Luke 8,38; Luke 14,4; Luke 23,25; Acts 19,40; Acts 23,22)
- ἀπολελύκαμεν ▸ 1
  - **Verb** · first · plural · perfect · active · indicative ▸ 1 (3Mac. 7,7)
- ἀπολελυμένην ▸ 2
  - **Verb** · perfect · passive · participle · feminine · singular · accusative · (variant) ▸ 2 (Matt. 5,32; Luke 16,18)
- ἀπολελυμένον ▸ 1
  - **Verb** · perfect · passive · participle · masculine · singular · accusative · (variant) ▸ 1 (Heb. 13,23)
- ἀπολέλυσαι ▸ 1
  - **Verb** · second · singular · perfect · passive · indicative · (variant) ▸ 1 (Luke 13,12)
- ἀπολελύσθαι ▸ 1
  - **Verb** · perfect · passive · infinitive · (variant) ▸ 1 (Acts 26,32)
- ἀπολελύσθωσαν ▸ 1
  - **Verb** · third · plural · perfect · passive · imperative ▸ 1 (1Mac. 10,43)
- ἀπολύει ▸ 1
  - **Verb** · third · singular · present · active · indicative ▸ 1 (Mark 6,45)
- ἀπολύειν ▸ 1 + 2 = 3
  - **Verb** · present · active · infinitive ▸ 1 + 2 = 3 (4Mac. 8,2; Matt. 27,15; Acts 3,13)
- ἀπολύεις ▸ 2 + 1 = 3
  - **Verb** · second · singular · present · active · indicative ▸ 2 + 1 = 3 (2Mac. 7,9; Ode. 13,29; Luke 2,29)
- ἀπολύεσθαι ▸ 1
  - **Verb** · present · passive · infinitive ▸ 1 (4Mac. 11,13)
- ἀπολύετε ▸ 1
  - **Verb** · second · plural · present · active · imperative ▸ 1 (Luke 6,37)
- ἀπολυθέντες ▸ 1
  - **Verb** · aorist · passive · participle · masculine · plural · nominative ▸ 1 (Acts 15,30)
- Ἀπολυθέντες ▸ 1
  - **Verb** · aorist · passive · participle · masculine · plural · nominative ▸ 1 (Acts 4,23)
- ἀπολυθῇ ▸ 1
  - **Verb** · third · singular · aorist · passive · subjunctive ▸ 1 (2Mac. 6,22)
- ἀπολυθῆναι ▸ 2
  - **Verb** · aorist · passive · infinitive ▸ 2 (2Mac. 6,30; 2Mac. 12,45)
- ἀπολυθῆναί ▸ 1
  - **Verb** · aorist · passive · infinitive ▸ 1 (Tob. 3,6)
- ἀπολυθήσεσθε ▸ 1
  - **Verb** · second · plural · future · passive · indicative ▸ 1 (Luke 6,37)
- ἀπολυθῆτε ▸ 1
  - **Verb** · second · plural · aorist · passive · subjunctive ▸ 1 (Acts 16,36)
- ἀπολυθῶ ▸ 1
  - **Verb** · first · singular · aorist · passive · subjunctive ▸ 1 (Tob. 3,6)
- ἀπολύομαι ▸ 1
  - **Verb** · first · singular · present · middle · indicative ▸ 1 (Gen. 15,2)
- ἀπολῦσαι ▸ 10
  - **Verb** · aorist · active · infinitive ▸ 10 (Matt. 1,19; Matt. 15,32; Matt. 19,3; Matt. 19,7; Matt. 19,8; Mark 10,2; Mark 10,4; Luke 23,20; John 19,12; Acts 28,18)
- ἀπολῦσαί ▸ 1 + 1 = 2
  - **Verb** · aorist · active · infinitive ▸ 1 + 1 = 2 (Tob. 3,13; John 19,10)
- ἀπολύσαντες ▸ 1
  - **Verb** · aorist · active · participle · masculine · plural · nominative ▸ 1 (2Mac. 10,21)
- ἀπολύσας ▸ 2
  - **Verb** · aorist · active · participle · masculine · singular · nominative ▸ 2 (Matt. 14,23; Matt. 15,39)
- ἀπολύσασα ▸ 1
  - **Verb** · aorist · active · participle · feminine · singular · nominative ▸ 1 (Mark 10,12)
- ἀπολύσατε ▸ 1
  - **Verb** · second · plural · aorist · active · imperative ▸ 1 (3Mac. 6,28)
- ἀπολύσῃ ▸ 5
  - **Verb** · third · singular · aorist · active · subjunctive ▸ 5 (Matt. 5,31; Matt. 14,22; Matt. 19,9; Mark 10,11; Mark 15,11)
- ἀπολύσῃς ▸ 1
  - **Verb** · second · singular · aorist · active · subjunctive ▸ 1 (John 19,12)
- ἀπόλυσον ▸ 6
  - **Verb** · second · singular · aorist · active · imperative ▸ 6 (Matt. 14,15; Matt. 15,23; Mark 6,36; Luke 9,12; Luke 23,18; Acts 16,35)
- ἀπολύσω ▸ 8
  - **Verb** · first · singular · aorist · active · subjunctive ▸ 6 (Matt. 27,17; Matt. 27,21; Mark 8,3; Mark 15,9; John 18,39; John 18,39)
  - **Verb** · first · singular · future · active · indicative ▸ 2 (Luke 23,16;

ἀπολύω–ἀποπαρθενόω

Luke 23,22)
ἀπολύω ▸ 1
 Verb ⋅ first ⋅ singular ⋅ present ⋅ active ⋅ indicative ▸ 1 (1Mac. 10,29)
ἀπολύων ▸ 2
 Verb ⋅ present ⋅ active ⋅ participle ⋅ masculine ⋅ singular ⋅ nominative ▸ 2 (Matt. 5,32; Luke 16,18)

ἀπομαίνομαι (ἀπό; μαίνομαι) to go crazy ▸ 1
ἀπομανῶσιν ▸ 1
 Verb ⋅ third ⋅ plural ⋅ aorist ⋅ passive ⋅ subjunctive ▸ 1 (Dan. 12,4)

ἀπομαρτυρέω (ἀπό; μάρτυς) to bear witness ▸ 1
ἀπομαρτυρησάντων ▸ 1
 Verb ⋅ aorist ⋅ active ⋅ participle ⋅ masculine ⋅ plural ⋅ genitive ▸ 1 (2Mac. 12,30)

ἀπομάσσω (ἀπό; μαστιγόω) to make an impression; to wipe off ▸ 1 + 1 = 2
ἀπεμάξατο ▸ 1
 Verb ⋅ third ⋅ singular ⋅ aorist ⋅ middle ⋅ indicative ▸ 1 (Tob. 7,16)
ἀπομασσόμεθα ▸ 1
 Verb ⋅ first ⋅ plural ⋅ present ⋅ middle ⋅ indicative ▸ 1 (Luke 10,11)

ἀπομάχομαι (ἀπό; μάχη) to resist, fight for, defend ▸ 1
ἀπεμάχοντο ▸ 1
 Verb ⋅ third ⋅ plural ⋅ imperfect ⋅ middle ⋅ indicative ▸ 1 (2Mac. 12,27)

ἀπομέμφομαι (ἀπό; μέμφομαι) to blame ▸ 1
ἀπομέμψεται ▸ 1
 Verb ⋅ third ⋅ singular ⋅ future ⋅ middle ⋅ indicative ▸ 1 (Job 33,27)

ἀπομερίζω (ἀπό; μέρος) to divide, apportion; distinguish ▸ 2
ἀπομεριεῖ ▸ 1
 Verb ⋅ third ⋅ singular ⋅ future ⋅ active ⋅ indicative ▸ 1 (Dan. 11,39)
ἀπομέρισον ▸ 1
 Verb ⋅ second ⋅ singular ⋅ aorist ⋅ active ⋅ imperative ▸ 1 (2Mac. 15,2)

ἀπόμοιρα (ἀπό; μοῖρα) portion, share ▸ 1
ἀπόμοιραν ▸ 1
 Noun ⋅ feminine ⋅ singular ⋅ nominative ⋅ (common) ▸ 1 (Ezek. 45,20)

ἀπονέμω (ἀπό; νέμω) to show; impart ▸ 3 + 1 = 4
ἀπένειμεν ▸ 1
 Verb ⋅ third ⋅ singular ⋅ aorist ⋅ active ⋅ indicative ▸ 1 (Deut. 4,19)
ἀπονείμαντες ▸ 1
 Verb ⋅ aorist ⋅ active ⋅ participle ⋅ masculine ⋅ plural ⋅ nominative ▸ 1 (3Mac. 3,16)
ἀπονείμας ▸ 1
 Verb ⋅ aorist ⋅ active ⋅ participle ⋅ masculine ⋅ singular ⋅ nominative ▸ 1 (3Mac. 1,7)
ἀπονέμοντες ▸ 1
 Verb ⋅ present ⋅ active ⋅ participle ⋅ masculine ⋅ plural ⋅ nominative ▸ 1 (1Pet. 3,7)

ἀπονίπτω (ἀπό; νίπτω) to wash off ▸ 3 + 1 = 4
ἀπένιψαν ▸ 1
 Verb ⋅ third ⋅ plural ⋅ aorist ⋅ active ⋅ indicative ▸ 1 (1Kings 22,38)
ἀπενίψατο ▸ 1
 Verb ⋅ third ⋅ singular ⋅ aorist ⋅ middle ⋅ indicative ▸ 1 (Matt. 27,24)
ἀπένιψεν ▸ 1
 Verb ⋅ third ⋅ singular ⋅ aorist ⋅ active ⋅ indicative ▸ 1 (Prov. 30,12)
ἀπονιψαμένη ▸ 1
 Verb ⋅ aorist ⋅ middle ⋅ participle ⋅ feminine ⋅ singular ⋅ nominative ▸ 1 (Prov. 30,20)

ἀπονοέομαι (ἀπό; νοῦς) to have lost sense completely, to be desparate ▸ 2
ἀπενοήθησαν ▸ 1
 Verb ⋅ third ⋅ plural ⋅ aorist ⋅ passive ⋅ indicative ▸ 1 (1Esdr. 4,26)
ἀπονενοῆσθαι ▸ 1
 Verb ⋅ perfect ⋅ middle ⋅ infinitive ▸ 1 (2Mac. 13,23)

ἀπόνοια (ἀπό; νοῦς) madness, distraction; desperation ▸ 3
ἀπονοίᾳ ▸ 1
 Noun ⋅ feminine ⋅ singular ⋅ dative ⋅ (common) ▸ 1 (Sir. 22,13)
ἀπόνοιαν ▸ 1
 Noun ⋅ feminine ⋅ singular ⋅ accusative ⋅ (common) ▸ 1 (2Mac. 6,29)
ἀπονοίας ▸ 1
 Noun ⋅ feminine ⋅ singular ⋅ genitive ⋅ (common) ▸ 1 (4Mac. 12,3)

ἄπονος (α; πόνος) at ease, without labor, painless ▸ 1
ἄπονοι ▸ 1
 Adjective ⋅ masculine ⋅ plural ⋅ nominative ⋅ noDegree ▸ 1 (4Mac. 11,26)

ἀποξαίνω (ἀπό; ξαίνω) to strip off ▸ 1
ἀπεξαίνετο ▸ 1
 Verb ⋅ third ⋅ singular ⋅ imperfect ⋅ passive ⋅ indicative ▸ 1 (4Mac. 6,6)

ἀποξενόω (ἀπό; ξένος) to banish, exile ▸ 2
ἀποξενωθῇ ▸ 1
 Verb ⋅ third ⋅ singular ⋅ aorist ⋅ passive ⋅ subjunctive ▸ 1 (Prov. 27,8)
ἀποξενώσας ▸ 1
 Verb ⋅ aorist ⋅ active ⋅ participle ⋅ masculine ⋅ singular ⋅ nominative ▸ 1 (2Mac. 5,9)

ἀποξηραίνω (ἀπό; ξηρός) to dry up, scorch ▸ 5
ἀπεξήρανεν ▸ 2
 Verb ⋅ third ⋅ singular ⋅ aorist ⋅ active ⋅ indicative ▸ 2 (Josh. 4,23; Josh. 5,1)
ἀπεξηράνθη ▸ 1
 Verb ⋅ third ⋅ singular ⋅ aorist ⋅ passive ⋅ indicative ▸ 1 (Jonah 4,7)
ἀποξηράναντος ▸ 1
 Verb ⋅ aorist ⋅ active ⋅ participle ⋅ masculine ⋅ singular ⋅ genitive ▸ 1 (Josh. 4,23)
ἀποξηρανθήσονται ▸ 1
 Verb ⋅ third ⋅ plural ⋅ future ⋅ passive ⋅ indicative ▸ 1 (Psa. 36,2)

ἀποξύω (ἀπό; ξύω) to scrape off, shave, wear away ▸ 3
ἀπεξυσμένους ▸ 1
 Verb ⋅ perfect ⋅ passive ⋅ participle ⋅ masculine ⋅ plural ⋅ accusative ▸ 1 (Lev. 14,42)
ἀποξυσθῆναι ▸ 1
 Verb ⋅ aorist ⋅ passive ⋅ infinitive ▸ 1 (Lev. 14,43)
ἀποξύσουσιν ▸ 1
 Verb ⋅ third ⋅ plural ⋅ future ⋅ active ⋅ indicative ▸ 1 (Lev. 14,41)

ἀποπαρθενόω (ἀπό; παρθένος) to rape, violate ▸ 1

ἀποπαρθενῶσαι ▸ 1
    Verb • aorist • active • infinitive ▸ **1** (Sir. 20,4)

ἀποπειράομαι (ἀπό; πεῖρα) to test, give trial to ▸ 1
  ἀποπειρᾶται ▸ 1
    Verb • third • singular • present • middle • indicative ▸ **1** (Prov. 16,29)

ἀποπεμπτόω (ἀπό; πέντε) to give a fifth ▸ 2
  ἀποπεμπτοῦν ▸ 1
    Verb • present • active • infinitive ▸ **1** (Gen. 47,26)
  ἀποπεμπτωσάτωσαν ▸ 1
    Verb • third • plural • aorist • active • imperative ▸ **1** (Gen. 41,34)

ἀποπηδάω (ἀπό; πηδάω) to turn away from, recoil ▸ 4
  ἀπεπήδησαν ▸ 1
    Verb • third • plural • aorist • active • indicative ▸ **1** (Hos. 7,13)
  ἀπεπήδησεν ▸ 1
    Verb • third • singular • aorist • active • indicative ▸ **1** (Ezek. 19,3)
  ἀποπηδήσεται ▸ 1
    Verb • third • singular • future • middle • indicative ▸ **1** (Nah. 3,7)
  ἀποπήδησον ▸ 1
    Verb • second • singular • aorist • active • imperative ▸ **1** (Prov. 9,18a)

ἀποπιάζω (ἀπό; πιέζω) to squeeze ▸ 1
  ἀπεπίασεν ▸ 1
    Verb • third • singular • aorist • active • indicative ▸ **1** (Judg. 6,38)

ἀποπίπτω (ἀπό; πίπτω) to fall ▸ 10 + 1 = 11
  ἀπέπεσαν ▸ 1
    Verb • third • plural • aorist • active • indicative ▸ **1** (Acts 9,18)
  ἀπέπιπτεν ▸ 1
    Verb • third • singular • imperfect • active • indicative ▸ **1** (Job 29,24)
  ἀποπεσάτωσαν ▸ 1
    Verb • third • plural • aorist • active • imperative ▸ **1** (Psa. 5,11)
  ἀποπεσεῖται ▸ 1
    Verb • third • singular • future • middle • indicative ▸ **1** (Judith 11,6)
  ἀποπέσοι ▸ 2
    Verb • third • singular • aorist • active • optative ▸ **2** (Psa. 89,6; Sol. 4,16)
  ἀποπέσοιμι ▸ 1
    Verb • first • singular • aorist • active • optative ▸ **1** (Psa. 7,5)
  ἀποπεσοῦνται ▸ 1
    Verb • third • plural • future • middle • indicative ▸ **1** (Psa. 36,2)
  ἀποπεσών ▸ 1
    Verb • aorist • active • participle • masculine • singular • nominative ▸ **1** (Job 24,24)
  ἀποπίπτοντα ▸ 2
    Verb • present • active • participle • neuter • plural • accusative ▸ **2** (Lev. 19,9; Lev. 23,22)

ἀποπλανάω (ἀπό; πλάνη) to lead astray ▸ 7 + 2 = 9
  ἀπεπλανήθησαν ▸ 1
    Verb • third • plural • aorist • passive • indicative ▸ **1** (1Tim. 6,10)
  ἀπεπλάνησαν ▸ 1
    Verb • third • plural • aorist • active • indicative ▸ **1** (Jer. 27,6)
  ἀπεπλάνησεν ▸ 2
    Verb • third • singular • aorist • active • indicative ▸ **2** (2Chr. 21,11; Prov. 7,21)
  ἀποπλανᾶν ▸ 1
    Verb • present • active • infinitive ▸ **1** (Mark 13,22)
  ἀποπλανηθῇ ▸ 1
    Verb • third • singular • aorist • passive • subjunctive ▸ **1** (Sir. 4,19)
  ἀποπλανηθῇς ▸ 1
    Verb • second • singular • aorist • passive • subjunctive ▸ **1** (Sir. 13,8)
  ἀποπλανηθῶσιν ▸ 1
    Verb • third • plural • aorist • passive • subjunctive ▸ **1** (2Mac. 2,2)
  ἀποπλανήσει ▸ 1
    Verb • third • singular • future • active • indicative ▸ **1** (Sir. 13,6)

ἀποπλάνησις (ἀπό; πλάνη) error, deception, mistake ▸ 2
  ἀποπλανήσει ▸ 2
    Noun • feminine • singular • dative • (common) ▸ **2** (Deut. 29,18; Sir. 34,11)

ἀποπλέω (ἀπό; πλέω) to sail off; to serve ▸ 4
  ἀπέπλευσαν ▸ 2
    Verb • third • plural • aorist • active • indicative ▸ **2** (Acts 13,4; Acts 14,26)
  ἀποπλεῖν ▸ 1
    Verb • present • active • infinitive ▸ **1** (Acts 27,1)
  ἀποπλεύσαντες ▸ 1
    Verb • aorist • active • participle • masculine • plural • nominative ▸ **1** (Acts 20,15)

ἀποπλύνω (ἀπό; πλύνω) to wash away, cleanse ▸ 3
  ἀπέπλυνα ▸ 1
    Verb • first • singular • aorist • active • indicative ▸ **1** (Ezek. 16,9)
  ἀπόπλυνε ▸ 1
    Verb • second • singular • present • active • imperative ▸ **1** (Jer. 4,14)
  ἀποπλύνῃ ▸ 1
    Verb • second • singular • present • middle • subjunctive ▸ **1** (Jer. 2,22)

ἀποπνέω (ἀπό; πνέω) to exhale, blow out; expire, die ▸ 1
  ἀποπνέων ▸ 1
    Verb • present • active • participle • masculine • singular • nominative ▸ **1** (4Mac. 15,18)

ἀποπνίγω (ἀπό; πνίγω) to choke, drown ▸ 2 + 2 = 4
  ἀπεπνίγη ▸ 1
    Verb • third • singular • aorist • passive • indicative ▸ **1** (Luke 8,33)
  ἀπέπνιξαν ▸ 1
    Verb • third • plural • aorist • active • indicative ▸ **1** (Luke 8,7)
  ἀπέπνιξεν ▸ 1
    Verb • third • singular • aorist • active • indicative ▸ **1** (Nah. 2,13)
  ἀποπνίγουσά ▸ 1
    Verb • present • active • participle • feminine • singular • nominative ▸ **1** (Tob. 3,8)

ἀποποιέομαι (ἀπό; ποιέω) to reject, cast away ▸ 6
  ἀπεποιήσαντο ▸ 1
    Verb • third • plural • aorist • middle • indicative ▸ **1** (Job 19,18)
  ἀπεποιήσω ▸ 1
    Verb • second • singular • aorist • middle • indicative ▸ **1** (Job 15,4)
  ἀποποιήσηται ▸ 2
    Verb • third • singular • aorist • middle • subjunctive ▸ **2** (Job 8,20; Job 36,5)
  ἀποποιοῦ ▸ 2
    Verb • second • singular • present • middle • imperative ▸ **2** (Job 14,15; Job 40,8)

ἀποπομπαῖος (ἀπό; πέμπω) carrying away ▸ 2
  ἀποπομπαίου ▸ 1

άποπομπαῖος–άπορρίπτω

Adjective · masculine · singular · genitive · noDegree ▸ 1 (Lev. 16,10)
ἀποπομπαίῳ ▸ 1
Adjective · masculine · singular · dative · noDegree ▸ 1 (Lev. 16,8)

ἀποπομπή (ἀπό; πέμπω) discharge, sending away, divorce ▸ 1
ἀποπομπήν ▸ 1
Noun · feminine · singular · accusative · (common) ▸ 1 (Lev. 16,10)

ἀποπρατίζομαι (ἀπό; πιπράσκω) to sell ▸ 1
ἀπεπρατιζόμην ▸ 1
Verb · first · singular · imperfect · middle · indicative ▸ 1 (Tob. 1,7)

ἀποπτύω (ἀπό; πτύω) to spit out, abhor ▸ 1
ἀποπτύσαι ▸ 1
Verb · aorist · active · infinitive ▸ 1 (4Mac. 3,18)

ἀπόπτωμα error ▸ 2
ἀπόπτωμα ▸ 2
Noun · neuter · singular · accusative · (common) ▸ 2 (Judg. 20,6; Judg. 20,10)

ἀπογίζομαι (ἀπό; ὀργή) to be angry ▸ 1
ἀπώργισται ▸ 1
Verb · third · singular · perfect · passive · indicative ▸ 1 (2Mac. 5,17)

ἀπορέω (ἀπό; πορεύομαι) to be at a loss ▸ 14 + 6 = 20
ἀπορεῖσθαι ▸ 1
Verb · present · middle · infinitive ▸ 1 (Luke 24,4)
ἀπορηθείς ▸ 1
Verb · aorist · passive · participle · masculine · singular · nominative ▸ 1 (Lev. 25,47)
ἀπορηθήσεται ▸ 3
Verb · third · singular · future · passive · indicative ▸ 3 (Sir. 18,7; Is. 8,23; Is. 24,19)
ἀπορήσει ▸ 1
Verb · third · singular · future · active · indicative ▸ 1 (Prov. 31,11)
ἀποροῦμαι ▸ 1
Verb · first · singular · present · middle · indicative ▸ 1 (Gal. 4,20)
ἀπορουμένη ▸ 1
Verb · present · passive · participle · feminine · singular · nominative ▸ 1 (Hos. 13,8)
ἀπορουμένης ▸ 1
Verb · present · passive · participle · feminine · singular · genitive ▸ 1 (Jer. 8,18)
ἀπορούμενοι ▸ 1 + 2 = 3
Verb · present · middle · participle · masculine · plural · nominative ▸ 2 (John 13,22; 2Cor. 4,8)
Verb · present · passive · participle · masculine · plural · nominative ▸ 1 (Is. 51,20)
ἀπορούμενος ▸ 1
Verb · present · middle · participle · masculine · singular · nominative ▸ 1 (Acts 25,20)
ἀπορουμένων ▸ 1
Verb · present · passive · participle · masculine · plural · genitive ▸ 1 (2Mac. 8,20)
ἀποροῦντες ▸ 1
Verb · present · active · participle · masculine · plural · nominative ▸ 1 (Wis. 11,5)
ἀπορῶν ▸ 1
Verb · present · active · participle · masculine · singular · nominative ▸ 1 (Sir. 10,27)
ἠπόρει ▸ 1 + 1 = 2
Verb · third · singular · imperfect · active · indicative ▸ 1 + 1 = 2 (Wis. 11,17; Mark 6,20)
ἠπορεῖτο ▸ 2
Verb · third · singular · imperfect · passive · indicative ▸ 2 (Gen. 32,8; 1Mac. 3,31)

ἀπορία (ἀπό; πορεύομαι) perplexity, anxiety; lack ▸ 11 + 1 = 12
ἀπορία ▸ 1
Noun · feminine · singular · nominative · (common) ▸ 1 (Is. 8,22)
ἀπορίᾳ ▸ 8 + 1 = 9
Noun · feminine · singular · dative · (common) ▸ 8 + 1 = 9 (Deut. 28,22; Prov. 28,27; Sir. 4,2; Sol. 4,15; Sol. 12,4; Is. 5,30; Is. 24,19; Jer. 8,21; Luke 21,25)
ἀπορίαις ▸ 1
Noun · feminine · plural · dative · (common) ▸ 1 (Sol. 4,15)
ἀπορίαν ▸ 1
Noun · feminine · singular · accusative · (common) ▸ 1 (Lev. 26,16)

ἀπορίπτω (ἀπό; ῥίπτω) to throw out; jump out ▸ 1
ἀπορίψαντας ▸ 1
Verb · aorist · active · participle · masculine · plural · accusative ▸ 1 (Acts 27,43)

ἀπορρέω (ἀπό; ῥέω) to flow from, fall from, move from ▸ 5
ἀπερρύη ▸ 3
Verb · third · singular · aorist · active · indicative ▸ 3 (Judg. 6,38; 1Mac. 9,7; Job 37,1)
ἀπορρεούσας ▸ 1
Verb · present · active · participle · feminine · plural · accusative ▸ 1 (4Mac. 10,8)
ἀπορρυήσεται ▸ 1
Verb · third · singular · future · middle · indicative ▸ 1 (Psa. 1,3)

ἀπορρήγνυμι (ἀπό; ῥήγνυμι) to break out, tear off ▸ 4
ἀπέρρηξεν ▸ 1
Verb · third · singular · aorist · active · indicative ▸ 1 (4Mac. 9,25)
ἀπορραγήσεται ▸ 1
Verb · third · singular · future · passive · indicative ▸ 1 (Eccl. 4,12)
ἀπορρήξει ▸ 1
Verb · third · singular · future · active · indicative ▸ 1 (Lev. 13,56)
ἀπορρήξουσιν ▸ 1
Verb · third · plural · future · active · indicative ▸ 1 (Job 39,4)

ἀπόρρητος (ἀπό; ῥῆμα) secret, hidden; forbidden; obscure ▸ 1
ἀπόρρητα ▸ 1
Adjective · neuter · plural · accusative · noDegree ▸ 1 (Sir. 13,22)

ἀπορρίπτω (ἀπό; ῥίπτω) to throw out; jump out ▸ 46 + 1 = 47
Ἀπέρριμμαι ▸ 1
Verb · first · singular · perfect · passive · indicative ▸ 1 (Psa. 30,23)
ἀπερριμμένην ▸ 1
Verb · perfect · passive · participle · feminine · singular · accusative ▸ 1 (Ezek. 38,11)
ἀπερρίφη ▸ 3
Verb · third · singular · aorist · passive · indicative ▸ 3 (Sol. 2,21;

Hos. 10,15; Jer. 29,5)
- ἀπερρίφης ▸ 2
  - **Verb** · second · singular · aorist · passive · indicative ▸ 2 (Obad. 5; Ezek. 16,5)
- ἀπερρίφησαν ▸ 2
  - **Verb** · third · plural · aorist · passive · indicative ▸ 2 (Sol. 9,1; Hos. 10,15)
- ἀπέρριψα ▸ 2
  - **Verb** · first · singular · aorist · active · indicative ▸ 2 (Zech. 11,14; Jer. 7,15)
- ἀπερρίψαμεν ▸ 1
  - **Verb** · first · plural · aorist · active · indicative ▸ 1 (Jer. 9,18)
- ἀπέρριψαν ▸ 2 + 1 = 3
  - **Verb** · third · plural · aorist · active · indicative ▸ 2 + 1 = 3 (Judg. 2,19; Ezek. 20,8; Judg. 2,19)
- ἀπέρριψάν ▸ 1
  - **Verb** · third · plural · aorist · active · indicative ▸ 1 (Psa. 37,21)
- ἀπέρριψας ▸ 2
  - **Verb** · second · singular · aorist · active · indicative ▸ 2 (Ode. 11,17; Is. 38,17)
- ἀπέρριψάς ▸ 4
  - **Verb** · second · singular · aorist · active · indicative ▸ 4 (Ode. 6,4; Job 30,22; Jonah 2,4; Ezek. 23,35)
- ἀπέρριψεν ▸ 5
  - **Verb** · third · singular · aorist · active · indicative ▸ 5 (2Kings 13,23; 2Kings 17,20; 2Kings 24,20; Hos. 10,7; Jer. 8,14)
- ἀπόρριπτε ▸ 1
  - **Verb** · second · singular · present · active · imperative ▸ 1 (Jer. 7,29)
- ἀπορριφήσεσθε ▸ 1
  - **Verb** · second · plural · future · passive · indicative ▸ 1 (Amos 4,3)
- ἀπορριφήσονται ▸ 3
  - **Verb** · third · plural · future · passive · indicative ▸ 3 (2Sam. 22,46; Mic. 2,9; Mic. 7,19)
- ἀπορριφῆτε ▸ 1
  - **Verb** · second · plural · aorist · passive · subjunctive ▸ 1 (Jer. 28,6)
- ἀπορριφῶμεν ▸ 1
  - **Verb** · first · plural · aorist · passive · subjunctive ▸ 1 (Jer. 8,14)
- ἀπορρῖψαι ▸ 1
  - **Verb** · aorist · active · infinitive ▸ 1 (Sir. 6,21)
- ἀπορρίψατε ▸ 2
  - **Verb** · second · plural · aorist · active · imperative ▸ 2 (Ex. 22,30; Ezek. 18,31)
- Ἀπορρίψατε ▸ 1
  - **Verb** · second · plural · aorist · active · imperative ▸ 1 (Sol. 2,4)
- ἀπορριψάτω ▸ 1
  - **Verb** · third · singular · aorist · active · imperative ▸ 1 (Ezek. 20,7)
- ἀπορρίψῃς ▸ 2
  - **Verb** · second · singular · aorist · active · subjunctive ▸ 2 (Psa. 50,13; Psa. 70,9)
- ἀπορρίψω ▸ 5
  - **Verb** · first · singular · future · active · indicative ▸ 5 (1Kings 9,7; Zech. 11,10; Jer. 7,15; Jer. 16,13; Jer. 22,26)
- ἀπορρίψωμεν ▸ 1
  - **Verb** · first · plural · aorist · active · subjunctive ▸ 1 (Psa. 2,3)
- **ἀπόρροια** (ἀπό; ῥῆμα) stream, emanation ▸ 1
  - ἀπόρροια ▸ 1
    - **Noun** · feminine · singular · nominative · (common) ▸ 1 (Wis. 7,25)

- **ἀπορρώξ** (ἀπό; ῥήγνυμι) cliff ▸ 2
  - ἀπορρῶγας ▸ 1
    - **Noun** · feminine · plural · accusative · (common) ▸ 1 (4Mac. 14,16)
  - ἀπορρῶγος ▸ 1
    - **Noun** · feminine · singular · genitive · (common) ▸ 1 (2Mac. 14,45)
- **ἀπορφανίζω** (ἀπό; ὀρφανός) to separate from ▸ 1
  - ἀπορφανισθέντες ▸ 1
    - **Verb** · aorist · passive · participle · masculine · plural · nominative ▸ 1 (1Th. 2,17)
- **ἀποσάττω** (ἀπό; σάττω) to unload, unharness ▸ 1
  - ἀπέσαξεν ▸ 1
    - **Verb** · third · singular · aorist · active · indicative ▸ 1 (Gen. 24,32)
- **ἀποσβέννυμι** (ἀπό; σβέννυμι) to extinguish, put out, quench ▸ 4
  - ἀποσβέννυται ▸ 1
    - **Verb** · third · singular · present · passive · indicative ▸ 1 (Prov. 31,18)
  - ἀποσβέσει ▸ 2
    - **Verb** · third · singular · future · active · indicative ▸ 2 (Sir. 3,30; Sir. 43,21)
  - ἀποσβεσθήσεται ▸ 1
    - **Verb** · third · singular · future · passive · indicative ▸ 1 (Is. 10,18)
- **ἀποσείω** (ἀπό; σείω) to shake off ▸ 1
  - ἀποσειόμενος ▸ 1
    - **Verb** · present · middle · participle · masculine · singular · nominative ▸ 1 (Is. 33,15)
- **ἀποσιωπάω** (ἀπό; σιωπή) to be silent ▸ 1
  - ἀπεσιώπησαν ▸ 1
    - **Verb** · third · plural · aorist · active · indicative ▸ 1 (Jer. 45,27)
- **ἀποσκαρίζω** (ἀπό; σκαρίζω) to struggle ▸ 1
  - ἀπεσκάρισεν ▸ 1
    - **Verb** · third · singular · aorist · active · indicative ▸ 1 (Judg. 4,21)
- **ἀποσκεδάννυμι** (ἀπό; σκεδάννυμι) to scatter about ▸ 1
  - ἀποσκεδάσεις ▸ 1
    - **Verb** · second · singular · future · active · indicative ▸ 1 (4Mac. 5,11)
- **ἀποσκευάζω** (ἀπό; σκεῦος) to remove furnishings, baggage ▸ 1
  - ἀποσκευάσαι ▸ 1
    - **Verb** · aorist · active · infinitive ▸ 1 (Lev. 14,36)
- **ἀποσκευή** (ἀπό; σκεῦος) baggage, furnishings ▸ 32
  - ἀποσκευαῖς ▸ 1
    - **Noun** · feminine · plural · dative · (common) ▸ 1 (Num. 32,16)
  - ἀποσκευή ▸ 6
    - **Noun** · feminine · singular · nominative · (common) ▸ 6 (Gen. 43,8; Ex. 10,24; Num. 16,27; Num. 32,17; Num. 32,26; 1Mac. 9,39)
  - ἀποσκευῇ ▸ 4
    - **Noun** · feminine · singular · dative · (common) ▸ 4 (Num. 32,24; 2Chr. 21,14; Ezra 1,4; Ezra 1,6)
  - ἀποσκευήν ▸ 3
    - **Noun** · feminine · singular · accusative · (common) ▸ 3 (Ex. 39,22; 2Chr. 21,17; 1Mac. 5,45)
  - ἀποσκευήν ▸ 14
    - **Noun** · feminine · singular · accusative · (common) ▸ 14 (Gen. 14,12; Gen. 31,18; Gen. 34,29; Gen. 46,5; Ex. 10,10; Num. 31,9; Num. 32,30; 1Chr. 5,21; 2Chr. 20,25; 2Chr. 32,29; 2Chr.

32,29; 1Mac. 5,13; 1Mac. 9,35; 2Mac. 12,21)
   ἀποσκευῆς ▸ 4
      Noun · feminine · singular · genitive · (common) ▸ 4 (Gen. 15,14; Ex. 12,37; Deut. 20,14; Judith 7,2)

ἀποσκηνόω (ἀπό; σκηνή) to take down a tent, decamp ▸ 2
   ἀποσκηνώσας ▸ 1
      Verb · aorist · active · participle · masculine · singular · nominative ▸ 1 (Gen. 13,18)
   ἀποσκηνώσῃς ▸ 1
      Verb · second · singular · aorist · active · subjunctive ▸ 1 (Sol. 7,1)

ἀποσκίασμα (ἀπό; σκία) shadow ▸ 1
   ἀποσκίασμα ▸ 1
      Noun · neuter · singular · nominative ▸ 1 (James 1,17)

ἀποσκληρύνω (ἀπό; σκληρός) to be cruel, severe ▸ 1
   ἀπεσκλήρυνεν ▸ 1
      Verb · third · singular · imperfect · active · indicative ▸ 1 (Job 39,16)

ἀποσκοπεύω (ἀπό; σκοπός) to attend to, look at ▸ 5
   ἀπεσκόπευον ▸ 1
      Verb · third · plural · imperfect · active · indicative ▸ 1 (Judith 10,10)
   ἀπεσκοπεύσαμεν ▸ 1
      Verb · first · plural · aorist · active · indicative ▸ 1 (Lam. 4,17)
   ἀποσκοπεύει ▸ 1
      Verb · third · singular · present · active · indicative ▸ 1 (Sol. 3,5)
   ἀποσκοπευόντων ▸ 1
      Verb · present · active · participle · masculine · plural · genitive ▸ 1 (Lam. 4,17)
   ἀποσκοπεύσω ▸ 1
      Verb · first · singular · future · active · indicative ▸ 1 (Hab. 2,1)

ἀποσκοπέω (ἀπό; σκοπός) to attend to, look at ▸ 1
   ἀπεσκόπει ▸ 1
      Verb · third · singular · imperfect · active · indicative ▸ 1 (1Chr. 12,30)

ἀποσκορακίζω (ἀπό; κόραξ) to condemn, dismiss ▸ 3
   ἀπεσκοράκισεν ▸ 1
      Verb · third · singular · aorist · active · indicative ▸ 1 (1Mac. 11,55)
   ἀποσκορακιεῖ ▸ 1
      Verb · third · singular · future · active · indicative ▸ 1 (Is. 17,13)
   ἀποσκορακίσῃς ▸ 1
      Verb · second · singular · aorist · active · subjunctive ▸ 1 (Psa. 26,9)

ἀποσκορακισμός (ἀπό; κόραξ) repudiation, rejection ▸ 1
   ἀποσκορακισμὸν ▸ 1
      Noun · masculine · singular · accusative · (common) ▸ 1 (Is. 66,15)

ἀποσκυθίζω (ἀπό; σκυθίζω) to scalp ▸ 1
   ἀπεσκύθιζον ▸ 1
      Verb · third · plural · imperfect · active · indicative ▸ 1 (4Mac. 10,7)

ἀποσοβέω (ἀπό; "σοῦ; σοῦ") to scare off ▸ 3
   ἀποσοβεῖ ▸ 1
      Verb · third · singular · present · active · indicative ▸ 1 (Sir. 22,20)
   ἀποσοβῶν ▸ 2
      Verb · present · active · participle · masculine · singular · nominative ▸ 2 (Deut. 28,26; Jer. 7,33)

ἀπόσπασμα (ἀπό; σπάω) piece, part, fragment ▸ 2
   ἀπόσπασμα ▸ 2
      Noun · neuter · singular · nominative · (common) ▸ 2 (Jer. 26,20; Lam. 4,7)

ἀποσπάω (ἀπό; σπάω) to draw, lead away ▸ 8 + 1 + 4 = 13
   ἀπέσπασεν ▸ 1
      Verb · third · singular · aorist · active · indicative ▸ 1 (Matt. 26,51)
   ἀπεσπάσθη ▸ 1
      Verb · third · singular · aorist · passive · indicative ▸ 1 (Luke 22,41)
   ἀπεσπασμένοι ▸ 1
      Verb · perfect · passive · participle · masculine · plural · nominative ▸ 1 (Is. 28,9)
   ἀπεσπασμένον ▸ 1
      Verb · perfect · passive · participle · neuter · singular · accusative ▸ 1 (Lev. 22,24)
   ἀποσπᾶν ▸ 1
      Verb · present · active · infinitive ▸ 1 (Acts 20,30)
   ἀποσπάσαντες ▸ 2
      Verb · aorist · active · participle · masculine · plural · nominative ▸ 2 (2Mac. 12,10; 2Mac. 12,17)
   ἀποσπασθέντας ▸ 1
      Verb · aorist · passive · participle · masculine · plural · accusative ▸ 1 (Acts 21,1)
   ἀποσπασθῶσιν ▸ 1
      Verb · third · plural · aorist · passive · subjunctive ▸ 1 (Job 41,9)
   ἀποσπάσοι ▸ 1
      Verb · third · singular · future · active · optative ▸ 1 (Judg. 16,9)
   ἀποσπάσομεν ▸ 1
      Verb · first · plural · future · active · indicative ▸ 1 (Josh. 8,6)
   ἀποσπῶ ▸ 1
      Verb · first · singular · present · active · indicative ▸ 1 (Jer. 12,14)
   ἀποσπωμένων ▸ 1
      Verb · present · passive · participle · masculine · plural · genitive ▸ 1 (4Mac. 13,18)

ἀποστάζω (ἀπό; ἵστημι) to drip, trickle ▸ 4
   ἀποστάζει ▸ 3
      Verb · third · singular · present · active · indicative ▸ 3 (Prov. 5,3; Prov. 10,31; Prov. 10,32)
   ἀποστάζουσιν ▸ 1
      Verb · third · plural · present · active · indicative ▸ 1 (Song 4,11)

ἀποσταλάζω (ἀπό; σταλάσσω) to drop, allow to drip ▸ 2
   ἀποσταλάξει ▸ 2
      Verb · third · singular · future · active · indicative ▸ 2 (Amos 9,13; Joel 4,18)

ἀποστασία (ἀπό; ἵστημι) apostasy, rebellion ▸ 4 + 2 = 6
   ἀποστασία ▸ 1 + 1 = 2
      Noun · feminine · singular · nominative · (common) ▸ 1 + 1 = 2 (Jer. 2,19; 2Th. 2,3)
   ἀποστασίᾳ ▸ 2
      Noun · feminine · singular · dative · (common) ▸ 2 (Josh. 22,22; 2Chr. 29,19)
   ἀποστασίαν ▸ 1 + 1 = 2
      Noun · feminine · singular · accusative · (common) ▸ 1 + 1 = 2 (1Mac. 2,15; Acts 21,21)

ἀποστάσιον (ἀπό; ἵστημι) departure, divorce notice

▸ 4 + 3 = 7
   ἀποστάσιον ▸ 1
      Noun · neuter · singular · accusative ▸ 1 (Matt. 5,31)
   ἀποστασίου ▸ 4 + 2 = 6
      Noun · neuter · singular · genitive · (common) ▸ 4 + 2 = 6 (Deut. 24,1; Deut. 24,3; Is. 50,1; Jer. 3,8; Matt. 19,7; Mark 10,4)

ἀπόστασις (ἀπό; ἴστημι) departure, desertion, revolt, distance ▸ 4
   ἀποστάσει ▸ 1
      Noun · feminine · singular · dative · (common) ▸ 1 (2Chr. 28,19)
   ἀποστάσεις ▸ 3
      Noun · feminine · plural · accusative · (common) ▸ 1 (1Esdr. 2,21)
      Noun · feminine · plural · nominative · (common) ▸ 2 (2Chr. 33,19; Ezra 4,19)

ἀποστατέω (ἀπό; ἴστημι) to forsake, revolt ▸ 5
   ἀπεστάτουν ▸ 1
      Verb · third · plural · imperfect · active · indicative ▸ 1 (1Mac. 11,14)
   ἀποστατεῖν ▸ 1
      Verb · present · active · infinitive ▸ 1 (2Mac. 5,11)
   ἀποστατεῖτε ▸ 1
      Verb · second · plural · present · active · indicative ▸ 1 (Neh. 2,19)
   ἀποστατῆσαι ▸ 1
      Verb · aorist · active · infinitive ▸ 1 (Neh. 6,6)
   ἀποστατήσῃ ▸ 1
      Verb · third · singular · aorist · active · subjunctive ▸ 1 (1Mac. 13,16)

ἀποστάτης (ἀπό; ἴστημι) traitor, deserter; runaway slave ▸ 10 + 1 = 11
   ἀποστάται ▸ 4
      Noun · masculine · plural · nominative · (common) ▸ 4 (Num. 14,9; Josh. 22,19; 1Esdr. 2,17; Is. 30,1)
   ἀποστάτας ▸ 1
      Noun · masculine · plural · accusative · (common) ▸ 1 (Josh. 22,16)
   ἀποστάτην ▸ 1
      Noun · masculine · singular · accusative · (common) ▸ 1 (Job 26,13)
   ἀποστάτης ▸ 1
      Noun · masculine · singular · nominative · (common) ▸ 1 (2Mac. 5,8)
   ἀποστατῶν ▸ 3 + 1 = 4
      Noun · masculine · plural · genitive · (common) ▸ 3 + 1 = 4 (3Mac. 7,3; Ode. 7,32; Dan. 3,32; Dan. 3,32)

ἀποστάτις (ἀπό; ἴστημι) traitor, deserter (f); runaway slave (f) ▸ 4
   ἀποστάτιν ▸ 2
      Noun · feminine · singular · accusative · (common) ▸ 2 (1Esdr. 2,14; Ezra 4,12)
   ἀποστάτις ▸ 2
      Noun · feminine · singular · nominative · (common) ▸ 2 (1Esdr. 2,17; Ezra 4,15)

ἀποστεγάζω (ἀπό; στέγω) to uncover ▸ 1
   ἀπεστέγασαν ▸ 1
      Verb · third · plural · aorist · active · indicative ▸ 1 (Mark 2,4)

ἀποστέλλω (ἀπό; στέλλω) to send ▸ 651 + 40 + 132 = 823
   ἀπεστάλη ▸ 10 + 2 + 2 = 14
      Verb · third · singular · aorist · passive · indicative ▸ 10 + 2 + 2 = 14 (Ezra 5,5; Ezra 7,14; Esth. 3,13; Tob. 3,17; Sir. 15,9; Is. 6,6; Is. 20,1; Is. 37,21; Dan. 4,13; Dan. 4,23; Tob. 3,17; Dan. 5,24; Luke 1,26; Acts 28,28)
   ἀπεστάλην ▸ 2 + 1 + 3 = 6
      Verb · first · singular · aorist · passive · indicative ▸ 2 + 1 + 3 = 6 (Judith 11,19; Dan. 10,11; Dan. 10,11; Matt. 15,24; Luke 1,19; Luke 4,43)
   ἀπεστάλησαν ▸ 2
      Verb · third · plural · aorist · passive · indicative ▸ 2 (Gen. 44,3; 1Mac. 12,7)
   ἀπέσταλκα ▸ 2 + 2 = 4
      Verb · first · singular · perfect · active · indicative ▸ 2 + 2 = 4 (Gen. 38,23; 1Kings 21,5; Acts 10,20; 2Cor. 12,17)
   ἀπέσταλκά ▸ 2
      Verb · first · singular · perfect · active · indicative ▸ 2 (2Chr. 2,12; 2Chr. 16,3)
   ἀπεστάλκαμεν ▸ 1 + 1 = 2
      Verb · first · plural · perfect · active · indicative ▸ 1 + 1 = 2 (1Mac. 12,16; Acts 15,27)
   ἀπέσταλκαν ▸ 1
      Verb · third · plural · perfect · active · indicative ▸ 1 (Acts 16,36)
   ἀπέσταλκας ▸ 2
      Verb · second · singular · perfect · active · indicative ▸ 2 (1Kings 5,22; 1Kings 21,9)
   ἀπέσταλκάς ▸ 1
      Verb · second · singular · perfect · active · indicative ▸ 1 (Ex. 5,22)
   ἀπεστάλκασιν ▸ 1
      Verb · third · plural · perfect · active · indicative ▸ 1 (Judith 11,14)
   ἀπεστάλκατε ▸ 1 + 1 = 2
      Verb · second · plural · perfect · active · indicative ▸ 1 + 1 = 2 (Gen. 45,8; John 5,33)
   ἀπεστάλκει ▸ 1
      Verb · third · singular · pluperfect · active · indicative ▸ 1 (2Sam. 3,22)
   ἀπέσταλκεν ▸ 5 + 4 = 9
      Verb · third · singular · perfect · active · indicative ▸ 5 + 4 = 9 (Gen. 32,19; 2Sam. 3,23; 1Kings 18,10; 1Kings 21,7; Ezek. 13,6; John 5,36; Acts 7,35; 1John 4,9; 1John 4,14)
   Ἀπέσταλκεν ▸ 1
      Verb · third · singular · perfect · active · indicative ▸ 1 (1Mac. 16,21)
   ἀπέσταλκέν ▸ 16 + 1 + 3 = 20
      Verb · third · singular · perfect · active · indicative ▸ 16 + 1 + 3 = 20 (Ex. 3,13; Ex. 3,14; Ex. 3,15; Ex. 7,16; Num. 16,29; 2Kings 2,2; 2Kings 2,4; 2Kings 2,6; Zech. 2,12; Zech. 2,13; Zech. 6,15; Is. 36,12; Is. 48,16; Is. 61,1; Jer. 33,15; Jer. 35,15; Tob. 12,14; Luke 4,18; John 20,21; Acts 9,17)
   ἀπέσταλμαι ▸ 1
      Verb · first · singular · perfect · passive · indicative ▸ 1 (Tob. 12,13)
   ἀπεσταλμένα ▸ 2
      Verb · perfect · passive · participle · neuter · plural · accusative ▸ 2 (Esth. 8,5; Wis. 16,18)
   ἀπεσταλμένοι ▸ 3 + 5 = 8
      Verb · perfect · passive · participle · masculine · plural · nominative ▸ 3 + 5 = 8 (1Mac. 15,17; Is. 16,8; Ezek. 30,11; Luke 19,32; John 1,24; Acts 10,17; Acts 11,11; Rev. 5,6)
   ἀπεσταλμένον ▸ 1
      Verb · perfect · passive · participle · masculine · singular · accusative ▸ 1 (1Mac. 12,8)
   ἀπεσταλμένος ▸ 3

ἀποστέλλω   235

Verb · perfect · passive · participle · masculine · singular · nominative · (variant) ▸ **3** (John 1,6; John 3,28; John 9,7)

ἀπεσταλμένους ▸ **2**

Verb · perfect · passive · participle · masculine · plural · accusative · (variant) ▸ **2** (Matt. 23,37; Luke 13,34)

ἀπέστειλα ▸ **26** + **1** + **4** = **31**

Verb · first · singular · aorist · active · indicative ▸ 26 + 1 + 4 = **31** (Gen. 32,6; Num. 22,37; Num. 32,8; Deut. 2,26; 2Sam. 14,32; 2Kings 5,6; 2Kings 17,13; 1Esdr. 8,43; Ezra 8,16; Neh. 6,3; Neh. 6,4; Neh. 6,8; 1Mac. 13,18; Jer. 7,25; Jer. 14,14; Jer. 14,15; Jer. 23,32; Jer. 23,38; Jer. 33,5; Jer. 34,15; Jer. 34,16; Jer. 36,9; Jer. 36,31; Jer. 42,15; Jer. 51,4; Jer. 51,4; Judg. 20,6; Luke 22,35; John 4,38; John 17,18; 2Tim. 4,12)

ἀπέστειλά ▸ **1**

Verb · first · singular · aorist · active · indicative ▸ **1** (Jer. 36,25)

ἀπεστείλαμεν ▸ **2**

Verb · first · plural · aorist · active · indicative ▸ **2** (Bar. 1,10; Bar. 1,14)

ἀπέστειλαν ▸ **35** + **4** + **13** = **52**

Verb · third · plural · aorist · active · indicative ▸ 35 + 4 + 13 = **52** (Gen. 37,32; Josh. 10,6; Josh. 22,13; Judg. 3,15; Judg. 21,10; 2Sam. 10,6; 2Sam. 19,15; 1Kings 12,20; 1Kings 20,14; 2Kings 2,17; 2Kings 10,5; 2Kings 10,7; 2Kings 14,19; 1Chr. 10,9; 2Chr. 10,3; 2Chr. 24,23; 2Chr. 25,27; Ezra 4,11; Ezra 5,7; Neh. 6,4; Judith 3,1; Judith 4,4; Judith 7,18; Judith 7,32; 1Mac. 5,10; 1Mac. 8,10; 1Mac. 8,20; 1Mac. 8,22; 1Mac. 12,19; 1Mac. 14,20; Jer. 14,3; Jer. 43,14; Jer. 44,15; Jer. 46,14; Bar. 1,7; Judg. 18,2; Judg. 20,12; Tob. 8,13; Sus. 29; Matt. 14,35; Mark 3,31; Mark 12,3; Luke 19,14; Luke 20,20; John 1,19; John 7,32; John 11,3; Acts 5,21; Acts 8,14; Acts 9,38; Acts 13,15; Acts 16,35)

ἀπέστειλας ▸ **13** + **2** + **7** = **22**

Verb · second · singular · aorist · active · indicative ▸ 13 + 2 + 7 = **22** (Ex. 15,7; Ex. 15,10; Num. 13,27; Num. 24,12; Judg. 13,8; 1Sam. 25,25; 2Kings 1,16; 2Chr. 2,2; Judith 16,14; 2Mac. 15,22; Ode. 1,7; Ode. 1,10; Is. 57,9; Judg. 13,8; Tob. 5,18; John 11,42; John 17,3; John 17,8; John 17,18; John 17,21; John 17,23; John 17,25)

ἀπέστειλάς ▸ **1**

Verb · second · singular · aorist · active · indicative ▸ **1** (Wis. 12,8)

ἀπεστείλατε ▸ **3**

Verb · second · plural · aorist · active · indicative ▸ **3** (Ezra 4,18; 1Mac. 12,10; 1Mac. 13,37)

ἀπεστείλατέ ▸ **1**

Verb · second · plural · aorist · active · indicative ▸ **1** (Gen. 26,27)

ἀπέστειλε ▸ **1**

Verb · third · singular · aorist · active · indicative ▸ **1** (Dan. 3,95)

ἀπέστειλέ ▸ **1**

Verb · third · singular · aorist · active · indicative ▸ **1** (Bel 37)

ἀπέστειλεν ▸ **307** + **22** + **36** = **365**

Verb · third · singular · aorist · active · indicative ▸ 307 + 22 + 36 = **365** (Gen. 8,7; Gen. 8,8; Gen. 19,13; Gen. 20,2; Gen. 21,14; Gen. 28,5; Gen. 37,14; Gen. 38,20; Gen. 38,25; Gen. 42,4; Gen. 45,7; Gen. 45,23; Gen. 45,27; Gen. 46,5; Gen. 46,28; Ex. 4,28; Num. 13,16; Num. 13,17; Num. 14,36; Num. 16,12; Num. 20,14; Num. 21,6; Num. 21,21; Num. 21,32; Num. 22,5; Num. 22,10; Num. 22,40; Num. 31,6; Deut. 29,21; Deut. 34,11; Josh. 2,1; Josh. 2,3; Josh. 6,25; Josh. 7,2; Josh. 7,22; Josh. 8,3; Josh. 8,9; Josh. 10,3; Josh. 11,1; Josh. 24,28; Judg. 4,6; Judg. 9,31; Judg. 11,12; Judg. 11,14; Judg. 11,17; Judg. 11,19; Judg. 11,28; Judg. 16,18; Judg. 21,13; 1Sam. 4,4; 1Sam. 11,7; 1Sam. 12,8; 1Sam. 12,11; 1Sam. 15,1; 1Sam. 16,12; 1Sam. 16,19; 1Sam. 16,22; 1Sam. 19,11; 1Sam. 19,14; 1Sam. 19,20; 1Sam. 19,21; 1Sam. 22,11; 1Sam. 25,5; 1Sam. 25,14; 1Sam. 25,39; 1Sam. 25,40; 1Sam. 26,4; 1Sam. 30,26; 2Sam. 2,5; 2Sam. 3,12; 2Sam. 3,15; 2Sam. 3,21; 2Sam. 3,26; 2Sam. 5,11; 2Sam. 8,10; 2Sam. 9,5; 2Sam. 10,2; 2Sam. 10,3; 2Sam. 10,5; 2Sam. 10,7; 2Sam. 10,16; 2Sam. 11,1; 2Sam. 11,3; 2Sam. 11,4; 2Sam. 11,6; 2Sam. 11,6; 2Sam. 11,14; 2Sam. 11,18; 2Sam. 11,27; 2Sam. 12,1; 2Sam. 12,25; 2Sam. 12,27; 2Sam. 13,7; 2Sam. 13,27; 2Sam. 14,2; 2Sam. 14,29; 2Sam. 14,29; 2Sam. 15,10; 2Sam. 15,12; 2Sam. 18,2; 2Sam. 19,12; 2Sam. 22,15; 2Sam. 22,17; 1Kings 1,44; 1Kings 1,53; 1Kings 2,29; 1Kings 2,29; 1Kings 2,42; 1Kings 5,15; 1Kings 5,16; 1Kings 5,22; 1Kings 5,28; 1Kings 7,1; 1Kings 9,27; 1Kings 12,18; 1Kings 12,24q; 1Kings 12,24r; 1Kings 12,24r; 1Kings 15,20; 1Kings 18,20; 1Kings 19,2; 1Kings 20,8; 1Kings 20,11; 1Kings 20,11; 1Kings 21,2; 2Kings 1,2; 2Kings 1,9; 2Kings 1,11; 2Kings 5,8; 2Kings 5,10; 2Kings 6,9; 2Kings 6,10; 2Kings 6,14; 2Kings 6,23; 2Kings 6,32; 2Kings 6,32; 2Kings 7,14; 2Kings 9,19; 2Kings 10,1; 2Kings 10,21; 2Kings 11,4; 2Kings 12,19; 2Kings 14,8; 2Kings 14,9; 2Kings 14,9; 2Kings 16,7; 2Kings 16,8; 2Kings 16,10; 2Kings 16,11; 2Kings 17,4; 2Kings 17,25; 2Kings 17,26; 2Kings 18,14; 2Kings 18,17; 2Kings 19,2; 2Kings 19,4; 2Kings 19,9; 2Kings 19,16; 2Kings 19,20; 2Kings 20,12; 2Kings 22,3; 2Kings 23,1; 2Kings 23,16; 2Kings 24,2; 1Chr. 14,1; 1Chr. 18,10; 1Chr. 19,2; 1Chr. 19,4; 1Chr. 19,5; 1Chr. 19,6; 1Chr. 19,8; 1Chr. 19,16; 1Chr. 21,15; 2Chr. 2,2; 2Chr. 2,10; 2Chr. 7,10; 2Chr. 8,18; 2Chr. 10,18; 2Chr. 16,2; 2Chr. 16,4; 2Chr. 17,7; 2Chr. 24,19; 2Chr. 25,15; 2Chr. 25,17; 2Chr. 25,18; 2Chr. 25,18; 2Chr. 28,16; 2Chr. 30,1; 2Chr. 32,9; 2Chr. 32,9; 2Chr. 32,21; 2Chr. 34,8; 2Chr. 34,29; 2Chr. 35,21; 2Chr. 36,5b; 2Chr. 36,10; 1Esdr. 1,48; 1Esdr. 6,7; Ezra 4,17; Ezra 5,6; Ezra 6,13; Neh. 2,9; Neh. 6,2; Neh. 6,5; Neh. 6,12; Neh. 6,19; Esth. 1,22; Esth. 4,4; Esth. 4,5; Judith 1,7; Judith 12,6; Judith 15,4; 1Mac. 1,29; 1Mac. 1,44; 1Mac. 3,27; 1Mac. 3,39; 1Mac. 5,38; 1Mac. 5,48; 1Mac. 6,60; 1Mac. 7,9; 1Mac. 7,10; 1Mac. 7,19; 1Mac. 7,26; 1Mac. 7,27; 1Mac. 8,17; 1Mac. 9,35; 1Mac. 9,60; 1Mac. 9,70; 1Mac. 10,3; 1Mac. 10,15; 1Mac. 10,17; 1Mac. 10,20; 1Mac. 10,25; 1Mac. 10,51; 1Mac. 10,69; 1Mac. 10,89; 1Mac. 11,9; 1Mac. 11,17; 1Mac. 11,41; 1Mac. 11,42; 1Mac. 11,44; 1Mac. 11,58; 1Mac. 12,1; 1Mac. 12,2; 1Mac. 12,3; 1Mac. 12,26; 1Mac. 12,49; 1Mac. 13,11; 1Mac. 13,14; 1Mac. 13,19; 1Mac. 13,25; 1Mac. 13,34; 1Mac. 13,35; 1Mac. 14,2; 1Mac. 14,24; 1Mac. 15,1; 1Mac. 15,26; 1Mac. 15,28; 1Mac. 16,18; 1Mac. 16,19; 1Mac. 16,19; 1Mac. 16,20; 2Mac. 3,7; 2Mac. 4,19; 2Mac. 4,23; 2Mac. 8,9; 2Mac. 8,11; 2Mac. 12,43; 2Mac. 14,39; 3Mac. 5,11; Psa. 58,1; Psa. 77,25; Psa. 104,17; Psa. 104,20; Psa. 106,20; Psa. 110,9; Prov. 9,3; Song 5,4; Job 8,4; Sir. 48,18; Hos. 5,13; Is. 9,7; Is. 36,2; Is. 37,2; Is. 37,4; Is. 37,9; Is. 37,17; Is. 39,1; Jer. 19,14; Jer. 21,1; Jer. 30,8; Jer. 35,9; Jer. 36,1; Jer. 36,3; Jer. 36,28; Jer. 43,21; Jer. 44,3; Jer. 44,17; Jer. 45,14; Jer. 47,5; Jer. 47,14; Jer. 50,1; Bar. 1,21; Lam. 1,13; LetterJ 0; Dan. 3,2; Dan. 4,37c; Judg. 4,6; Judg. 5,15; Judg. 6,35; Judg. 7,24; Judg. 9,31; Judg. 11,12; Judg. 11,14; Judg. 11,17; Judg. 11,17; Judg. 11,19; Judg. 11,28; Judg. 11,38; Judg. 16,18; Judg. 19,29; Judg. 21,10; Judg. 21,13; Tob. 2,12; Tob. 10,13; Tob. 14,4; Dan. 3,2; Dan. 3,95; Dan. 6,23; Matt. 10,5; Matt. 20,2; Matt. 21,1; Matt. 21,34; Matt. 21,36; Matt. 21,37; Matt. 22,3; Matt. 22,4; Matt. 27,19; Mark 8,26; Mark 12,2; Mark 12,4; Mark 12,5; Mark 12,6; Luke 7,3; Luke 7,20; Luke 9,2; Luke 9,52; Luke 10,1; Luke 14,17; Luke 19,29; Luke 20,10; Luke 22,8; John 3,17; John 3,34; John 5,38; John 6,29; John 7,29; John 8,42; John 10,36; John 18,24; Acts 3,26; Acts 10,8; Acts 10,36; 1John 4,10; Rev. 22,6)

Ἀπέστειλεν ▸ **1**

ἀπέστειλέν ▸ 20 + 1 + 2 = 23

Verb · third · singular · aorist · active · indicative ▸ 20 + 1 + 2 = **23** (Gen. 45,5; Num. 16,28; Josh. 14,7; Josh. 14,11; 1Sam. 15,18; 1Sam. 15,20; 1Sam. 25,32; 2Sam. 10,3; 2Kings 5,22; 2Kings 8,9; 2Kings 18,27; 1Chr. 19,3; Neh. 2,6; Judith 11,7; Judith 11,16; Tob. 12,14; Jer. 32,17; Jer. 33,12; Jer. 49,21; Jer. 50,2; Bel 37; John 6,57; 1Cor. 1,17)

ἀπέστελλε ▸ 1 + 1 = 2

Verb · third · singular · imperfect · active · indicative ▸ 1 + 1 = **2** (Tob. 2,12; Tob. 2,12)

ἀπέστελλεν ▸ 1

Verb · third · singular · imperfect · active · indicative ▸ **1** (Job 1,5)

ἀπέστελλον ▸ 3

Verb · first · singular · imperfect · active · indicative ▸ **2** (Jer. 23,21; Jer. 25,4)

Verb · third · plural · imperfect · active · indicative ▸ **1** (1Mac. 13,21)

ἀποσταλείς ▸ 1

Verb · aorist · passive · participle · masculine · singular · nominative ▸ **1** (2Mac. 1,20)

ἀποσταλεῖσι ▸ 1

Verb · aorist · passive · participle · neuter · plural · dative ▸ **1** (Esth. 16,17 # 8,12r)

ἀποσταλεῖσιν ▸ 1

Verb · aorist · passive · participle · masculine · plural · dative ▸ **1** (2Chr. 32,31)

ἀποσταλέντες ▸ 1

Verb · aorist · passive · participle · masculine · plural · nominative ▸ **1** (1Mac. 14,21)

ἀποσταλέντι ▸ 1

Verb · aorist · passive · participle · neuter · singular · dative ▸ **1** (1Pet. 1,12)

Ἀποσταλέντος ▸ 1

Verb · aorist · passive · participle · masculine · singular · genitive ▸ **1** (2Mac. 4,21)

ἀποσταλῇ ▸ 1

Verb · third · singular · aorist · passive · subjunctive ▸ **1** (Sir. 34,6)

ἀποσταλήσονται ▸ 1

Verb · third · plural · future · passive · indicative ▸ **1** (Is. 33,7)

ἀποσταλῶσιν ▸ 1

Verb · third · plural · aorist · passive · subjunctive ▸ **1** (Rom. 10,15)

ἀποστεῖλαι ▸ 16 + 1 = 17

Verb · aorist · active · infinitive ▸ 16 + 1 = **17** (Lev. 16,10; Num. 22,15; 1Sam. 19,21; 2Sam. 14,29; 2Sam. 18,29; 2Kings 1,13; 1Chr. 8,8; 1Esdr. 8,45; 1Mac. 3,35; 1Mac. 9,1; 1Mac. 12,10; 1Mac. 13,21; 2Mac. 11,6; 3Mac. 3,25; Jer. 41,10; Jer. 47,1; Luke 4,18)

ἀποστείλαι ▸ 2

Verb · third · singular · aorist · active · optative ▸ **2** (Gen. 43,14; Deut. 28,8)

ἀποστεῖλαί ▸ 1

Verb · aorist · active · infinitive ▸ **1** (Gen. 38,17)

ἀποστείλαντα ▸ 6

Verb · aorist · active · participle · masculine · singular · accusative ▸ **6** (2Kings 1,6; 2Kings 22,18; 2Chr. 34,26; Judith 14,5; 2Mac. 4,20; Jer. 44,7)

ἀποστείλαντά ▸ 1 + 1 + 4 = 6

Verb · aorist · active · participle · masculine · singular · accusative ▸ 1 + 1 + 4 = **6** (Tob. 12,20; Tob. 12,20; Matt. 10,40; Mark 9,37; Luke 9,48; Luke 10,16)

ἀποστείλαντας ▸ 1 + 1 = 2

Verb · aorist · active · participle · masculine · plural · accusative ▸ 1 + 1 = **2** (Prov. 25,13; Acts 15,33)

ἀποστείλαντες ▸ 1

Verb · aorist · active · participle · masculine · plural · nominative ▸ **1** (Acts 11,30)

ἀποστείλαντές ▸ 1

Verb · aorist · active · participle · masculine · plural · nominative ▸ **1** (Jer. 49,20)

ἀποστείλαντι ▸ 2

Verb · aorist · active · participle · masculine · singular · dative ▸ **2** (2Kings 22,15; 2Chr. 34,23)

ἀποστείλαντί ▸ 2

Verb · aorist · active · participle · masculine · singular · dative ▸ **2** (2Sam. 24,13; 1Chr. 21,12)

ἀποστείλας ▸ 13 + 7 = 20

Verb · aorist · active · participle · masculine · singular · nominative ▸ 13 + 7 = **20** (Gen. 31,4; Gen. 41,8; Ex. 9,15; Ex. 9,27; Num. 20,16; Josh. 24,9; 1Sam. 20,31; 2Kings 6,13; 1Esdr. 1,43; Judith 11,22; 1Mac. 11,43; Prov. 26,6; Job 2,5; Matt. 2,16; Mark 6,17; Mark 6,27; Luke 14,32; Acts 7,14; Acts 19,22; Rev. 1,1)

Ἀποστείλας ▸ 1

Verb · aorist · active · participle · masculine · singular · nominative ▸ **1** (Gen. 41,14)

ἀποστείλασα ▸ 4

Verb · aorist · active · participle · feminine · singular · nominative ▸ **4** (Gen. 27,45; Ex. 2,5; 2Sam. 11,5; Judith 8,10)

ἀποστείλατε ▸ 7

Verb · second · plural · aorist · active · imperative ▸ **7** (Gen. 42,16; Num. 31,4; 2Sam. 17,16; 1Esdr. 9,51; Neh. 8,10; Jer. 2,10; Jer. 9,16)

Ἀποστείλατε ▸ 2 + 1 = 3

Verb · second · plural · aorist · active · imperative ▸ 2 + 1 = **3** (2Kings 2,17; Sus. 29; Sus. 29)

ἀποστειλάτω ▸ 1

Verb · third · singular · aorist · active · imperative ▸ **1** (2Chr. 2,14)

ἀποστείλῃ ▸ 3 + 2 = 5

Verb · third · singular · aorist · active · subjunctive ▸ 3 + 2 = **5** (1Esdr. 8,19; 1Mac. 16,18; Jer. 49,5; Mark 5,10; Acts 3,20)

ἀποστείλῃς ▸ 3

Verb · second · singular · aorist · active · subjunctive ▸ **3** (Josh. 1,16; 1Kings 5,23; Sol. 7,4)

ἀπόστειλον ▸ 9 + 2 = 11

Verb · second · singular · aorist · active · imperative ▸ 9 + 2 = **11** (1Kings 18,19; 2Kings 9,17; Judith 9,9; 1Mac. 7,7; 1Mac. 12,45; 1Mac. 13,16; 2Mac. 15,23; Job 1,11; Job 40,11; Matt. 8,31; Acts 11,13)

Ἀπόστειλον ▸ 9 + 1 = 10

Verb · second · singular · aorist · active · imperative ▸ 9 + 1 = **10** (Gen. 43,8; Num. 13,2; 1Sam. 16,11; 1Sam. 16,19; 2Sam. 11,6; 2Kings 4,22; Tob. 8,12; Eccl. 11,1; Jer. 36,31; Tob. 8,12)

ἀπόστειλόν ▸ 3

Verb · second · singular · aorist · active · imperative ▸ **3** (2Chr. 2,6; 2Chr. 2,7; Is. 6,8)

Ἀπόστειλόν ▸ 2

Verb · second · singular · aorist · active · imperative ▸ **2** (Gen. 30,25; Gen. 32,27)

ἀποστείλω ▸ 7 + 1 = 8

Verb · first · singular · aorist · active · subjunctive ▸ 7 + 1 = **8**

(Gen. 32,27; Gen. 37,13; Ex. 3,10; 1Sam. 16,1; 1Sam. 20,12; 2Chr. 7,13; Is. 6,8; Acts 7,34)

ἀποστείλωμεν ▸ 1
Verb ▪ first ▪ plural ▪ aorist ▪ active ▪ subjunctive ▸ **1** (1Chr. 13,2)

Ἀποστείλωμεν ▸ 1
Verb ▪ first ▪ plural ▪ aorist ▪ active ▪ subjunctive ▸ **1** (Deut. 1,22)

ἀποστελεῖ ▸ 9 + 4 = 13
Verb ▪ third ▪ singular ▪ future ▪ active ▪ indicative ▸ 9 + 4 = **13** (Gen. 24,7; Gen. 24,40; Deut. 7,20; Josh. 23,5; Judith 6,2; Judith 8,31; Psa. 147,7; Is. 10,16; Is. 19,20; Matt. 13,41; Matt. 21,3; Matt. 24,31; Mark 13,27)

ἀποστελεῖς ▸ 7
Verb ▪ second ▪ singular ▪ future ▪ active ▪ indicative ▸ **7** (Ex. 4,13; Num. 13,2; Deut. 22,7; 2Chr. 6,34; Job 38,35; Jer. 34,3; Jer. 41,14)

ἀποστελεῖτε ▸ 2
Verb ▪ second ▪ plural ▪ future ▪ active ▪ indicative ▸ **2** (2Sam. 15,36; 2Kings 2,16)

ἀπόστελλε ▸ 1
Verb ▪ second ▪ singular ▪ present ▪ active ▪ imperative ▸ **1** (Is. 58,6)

ἀποστέλλει ▸ 3 + 4 = 7
Verb ▪ third ▪ singular ▪ present ▪ active ▪ indicative ▸ 3 + 4 = **7** (1Sam. 19,15; 2Kings 5,7; Prov. 21,8; Mark 4,29; Mark 11,1; Mark 11,3; Mark 14,13)

ἀποστέλλειν ▸ 1 + 1 = 2
Verb ▪ present ▪ active ▪ infinitive ▸ 1 + 1 = **2** (Neh. 8,12; Mark 6,7)

ἀποστέλλεις ▸ 2
Verb ▪ second ▪ singular ▪ present ▪ active ▪ indicative ▸ **2** (Gen. 43,4; Gen. 43,5)

ἀποστέλλετε ▸ 1
Verb ▪ second ▪ plural ▪ present ▪ active ▪ imperative ▸ **1** (2Mac. 2,15)

ἀποστέλλῃ ▸ 1
Verb ▪ third ▪ singular ▪ present ▪ active ▪ subjunctive ▸ **1** (Mark 3,14)

ἀποστέλλομέν ▸ 1
Verb ▪ first ▪ plural ▪ present ▪ active ▪ indicative ▸ **1** (Jer. 49,6)

ἀποστελλόμενα ▸ 1 + 1 = 2
Verb ▪ present ▪ passive ▪ participle ▪ neuter ▪ plural ▪ nominative ▸ 1 + 1 = **2** (LetterJ 59; Heb. 1,14)

ἀποστελλόμενος ▸ 1
Verb ▪ present ▪ passive ▪ participle ▪ masculine ▪ singular ▪ nominative ▸ **1** (Prov. 26,13)

ἀποστέλλοντα ▸ 1
Verb ▪ present ▪ active ▪ participle ▪ masculine ▪ singular ▪ accusative ▸ **1** (Job 5,10)

ἀποστέλλοντες ▸ 1
Verb ▪ present ▪ active ▪ participle ▪ masculine ▪ plural ▪ nominative ▸ **1** (Esth. 9,19)

ἀποστέλλουσιν ▸ 4 + 2 = 6
Verb ▪ third ▪ plural ▪ present ▪ active ▪ indicative ▸ 4 + 2 = **6** (1Sam. 5,8; 1Sam. 6,21; 1Sam. 31,9; 1Kings 21,17; Matt. 22,16; Mark 12,13)

ἀποστέλλω ▸ 12 + 1 + 8 = 21
Verb ▪ first ▪ singular ▪ present ▪ active ▪ indicative ▸ 12 + 1 + 8 = **21** (Ex. 8,24; Ex. 10,10; Ex. 23,20; 1Sam. 21,3; Mal. 3,22; Jer. 16,16; Jer. 25,9; Jer. 32,15; Jer. 32,16; Jer. 32,27; Jer. 33,5; Jer. 50,10; Tob. 10,9; Matt. 10,16; Matt. 11,10; Matt. 23,34; Mark 1,2; Luke 7,27; Luke 10,3; Luke 24,49; Acts 26,17)

ἀποστέλλων ▸ 6
Verb ▪ present ▪ active ▪ participle ▪ masculine ▪ singular ▪ nominative ▸ **6** (2Chr. 36,15; Psa. 147,4; Is. 14,12; Is. 18,2; Jer. 25,4; Bar. 3,33)

ἀποστελοῦμεν ▸ 3
Verb ▪ first ▪ plural ▪ future ▪ active ▪ indicative ▸ **3** (1Sam. 6,2; 1Sam. 11,3; 2Kings 7,13)

ἀποστελοῦσί ▸ 1
Verb ▪ third ▪ plural ▪ future ▪ active ▪ indicative ▸ **1** (Dan. 4,25)

ἀποστελοῦσιν ▸ 1
Verb ▪ third ▪ plural ▪ future ▪ active ▪ indicative ▸ **1** (Deut. 19,12)

ἀποστελῶ ▸ 17 + 1 = 18
Verb ▪ first ▪ singular ▪ future ▪ active ▪ indicative ▸ 17 + 1 = **18** (Gen. 38,17; Ex. 23,27; Ex. 23,28; Lev. 25,21; Lev. 26,22; Deut. 32,24; 1Sam. 9,16; 1Sam. 20,21; 2Sam. 14,32; 1Kings 21,6; Is. 10,6; Is. 43,14; Jer. 16,16; Jer. 24,10; Jer. 31,12; Ezek. 7,7; Ezek. 39,6; Luke 11,49)

Ἀποστελῶ ▸ 1
Verb ▪ first ▪ singular ▪ future ▪ active ▪ indicative ▸ **1** (Is. 16,1)

ἀποστενόω (ἀπό; στένος) to constrain, have anguish ▸ 1

ἀπεστενωμένη ▸ 1
Verb ▪ perfect ▪ passive ▪ participle ▪ feminine ▪ singular ▪ nominative ▸ **1** (Esth. 15,5 # 5,1b)

ἀποστέργω (ἀπό; στέργω) to rob, cheat, defraud, harden ▸ 1

ἀποστέρξεις ▸ 1
Verb ▪ second ▪ singular ▪ future ▪ active ▪ indicative ▸ **1** (Deut. 15,7)

ἀποστερέω (ἀπό; στερέω) to defraud ▸ 8 + 6 = 14

ἀπεστερημένος ▸ 1
Verb ▪ perfect ▪ passive ▪ participle ▪ masculine ▪ singular ▪ nominative ▪ (variant) ▸ **1** (James 5,4)

ἀπεστερημένων ▸ 1
Verb ▪ perfect ▪ passive ▪ participle ▪ masculine ▪ plural ▪ genitive ▪ (variant) ▸ **1** (1Tim. 6,5)

ἀπεστέρησεν ▸ 1
Verb ▪ third ▪ singular ▪ aorist ▪ active ▪ indicative ▸ **1** (Sir. 29,6)

ἀποστερεῖσθε ▸ 1
Verb ▪ second ▪ plural ▪ present ▪ middle ▪ indicative ▸ **1** (1Cor. 6,7)

ἀποστερεῖτε ▸ 2
Verb ▪ second ▪ plural ▪ present ▪ active ▪ indicative ▸ **1** (1Cor. 6,8)
Verb ▪ second ▪ plural ▪ present ▪ active ▪ imperative ▸ **1** (1Cor. 7,5)

ἀποστερηθῆναι ▸ 1
Verb ▪ aorist ▪ passive ▪ infinitive ▸ **1** (Sir. 29,7)

ἀποστερήσει ▸ 1
Verb ▪ third ▪ singular ▪ future ▪ active ▪ indicative ▸ **1** (Ex. 21,10)

ἀποστερήσῃς ▸ 1 + 1 = 2
Verb ▪ second ▪ singular ▪ aorist ▪ active ▪ subjunctive ▸ 1 + 1 = **2** (Sir. 4,1; Mark 10,19)

ἀποστεροῦμεν ▸ 1
Verb ▪ first ▪ plural ▪ present ▪ active ▪ indicative ▸ **1** (4Mac. 8,23)

ἀποστεροῦντας ▸ 1
Verb ▪ present ▪ active ▪ participle ▪ masculine ▪ plural ▪ accusative ▸ **1** (Mal. 3,5)

ἀποστερῶν ▸ 2
Verb ▪ present ▪ active ▪ participle ▪ masculine ▪ singular ▪ nominative ▸ **2** (Sir. 34,21; Sir. 34,22)

ἀποστολή (ἀπό; στέλλω) sending away; discharge; reward, gift; apostleship; apostolate ▸ 11 + 4 = 15

ἀποστολαί ‣ 1
  Noun · feminine · plural · nominative · (common) ‣ **1** (Song 4,13)
ἀποστολαῖς ‣ 2
  Noun · feminine · plural · dative · (common) ‣ **2** (1Mac. 2,18; 2Mac. 3,2)
ἀποστολάς ‣ 3
  Noun · feminine · plural · accusative · (common) ‣ **3** (1Kings 5,14b; 1Esdr. 9,51; 1Esdr. 9,54)
ἀποστολή ‣ 1
  Noun · feminine · singular · nominative · (common) ‣ **1** (Eccl. 8,8)
ἀποστολῇ ‣ 3
  Noun · feminine · singular · dative · (common) ‣ **3** (Deut. 22,7; Jer. 39,36; Bar. 2,25)
ἀποστολήν ‣ 1 + 2 = 3
  Noun · feminine · singular · accusative · (common) ‣ 1 + 2 = **3** (Psa. 77,49; Rom. 1,5; Gal. 2,8)
ἀποστολῆς ‣ 2
  Noun · feminine · singular · genitive ‣ **2** (Acts 1,25; 1Cor. 9,2)
ἀπόστολος (ἀπό; στέλλω) apostle ‣ 81
  ἀπόστολοι ‣ 16
    Noun · masculine · plural · nominative ‣ **15** (Mark 6,30; Luke 9,10; Luke 17,5; Luke 22,14; Acts 4,33; Acts 5,29; Acts 8,14; Acts 11,1; Acts 14,14; Acts 15,6; Acts 15,23; 1Cor. 9,5; 1Cor. 12,29; 2Cor. 8,23; 1Th. 2,7)
    Noun · masculine · plural · vocative · (variant) ‣ **1** (Rev. 18,20)
  ἀποστόλοις ‣ 6
    Noun · masculine · plural · dative ‣ **6** (Acts 1,2; Acts 14,4; Acts 15,22; Rom. 16,7; 1Cor. 15,7; Eph. 3,5)
  ἀπόστολον ‣ 2
    Noun · masculine · singular · accusative ‣ **2** (Phil. 2,25; Heb. 3,1)
  ἀπόστολος ‣ 18
    Noun · masculine · singular · nominative ‣ **18** (John 13,16; Rom. 1,1; Rom. 11,13; 1Cor. 1,1; 1Cor. 9,1; 1Cor. 9,2; 1Cor. 15,9; 2Cor. 1,1; Gal. 1,1; Eph. 1,1; Col. 1,1; 1Tim. 1,1; 1Tim. 2,7; 2Tim. 1,1; 2Tim. 1,11; Titus 1,1; 1Pet. 1,1; 2Pet. 1,1)
  ἀποστόλου ‣ 1
    Noun · masculine · singular · genitive ‣ **1** (2Cor. 12,12)
  ἀποστόλους ‣ 15
    Noun · masculine · plural · accusative ‣ **15** (Mark 3,14; Luke 6,13; Luke 11,49; Luke 24,10; Acts 2,37; Acts 5,18; Acts 5,40; Acts 9,27; Acts 15,2; 1Cor. 4,9; 1Cor. 12,28; 2Cor. 11,13; Gal. 1,17; Eph. 4,11; Rev. 2,2)
  ΑΠΟΣΤΟΛΩΝ ‣ 1
    Noun · masculine · plural · genitive ‣ **1** (Acts 1,0)
  ἀποστόλων ‣ 22
    Noun · masculine · plural · genitive ‣ **22** (Matt. 10,2; Acts 1,26; Acts 2,42; Acts 2,43; Acts 4,35; Acts 4,36; Acts 4,37; Acts 5,2; Acts 5,12; Acts 6,6; Acts 8,1; Acts 8,18; Acts 15,4; Acts 16,4; 1Cor. 15,9; 2Cor. 11,5; 2Cor. 12,11; Gal. 1,19; Eph. 2,20; 2Pet. 3,2; Jude 17; Rev. 21,14)
ἀποστοματίζω (ἀπό; στόμα) to attack with questions ‣ 1
  ἀποστοματίζειν ‣ 1
    Verb · present · active · infinitive ‣ **1** (Luke 11,53)
ἀποστρεβλόομαι (ἀπό; στρέφω) to be tortured severely ‣ 1
  ἀποστρεβλοῦσθαι ‣ 1
    Verb · present · passive · infinitive ‣ **1** (2Mac. 9,7)
ἀποστρέφω (ἀπό; στρέφω) to turn away ‣ 450 + 5 + 9 = 464
  ἀπεστραμμένην ‣ 1
    Verb · perfect · passive · participle · feminine · singular · accusative ‣ **1** (Ezek. 38,8)
  ἀπέστραπται ‣ 2
    Verb · third · singular · perfect · middle · indicative ‣ **1** (Job 9,13)
    Verb · third · singular · perfect · passive · indicative ‣ **1** (Is. 53,3)
  ἀπεστράφη ‣ 21
    Verb · third · singular · aorist · passive · indicative ‣ **21** (Gen. 22,19; Gen. 38,22; Num. 23,6; Num. 23,17; Josh. 10,21; Josh. 11,10; 2Sam. 1,22; 1Kings 10,13; 2Kings 23,26; 2Chr. 12,12; 2Chr. 35,19c; 1Mac. 4,58; Is. 5,25; Is. 9,11; Is. 9,12; Is. 9,16; Is. 9,20; Is. 10,4; Jer. 4,8; Jer. 30,30; Lam. 1,8)
  ἀπεστράφης ‣ 1
    Verb · second · singular · aorist · passive · indicative ‣ **1** (Jer. 15,6)
  ἀπεστράφησαν ‣ 9
    Verb · third · plural · aorist · passive · indicative ‣ **9** (Num. 14,45; Judg. 7,3; Judg. 8,33; 1Sam. 25,12; 2Chr. 11,4; Sir. 46,11; Hos. 7,16; Is. 42,17; Jer. 26,21)
  ἀπεστράφησάν ‣ 1
    Verb · third · plural · aorist · passive · indicative ‣ **1** (2Tim. 1,15)
  ἀπεστράφητε ‣ 1
    Verb · second · plural · aorist · passive · indicative ‣ **1** (Num. 14,43)
  ἀπέστρεφον ‣ 3
    Verb · third · plural · imperfect · active · indicative ‣ **3** (1Mac. 7,46; 1Mac. 9,9; Jer. 23,22)
  ἀπέστρεψα ‣ 6
    Verb · first · singular · aorist · active · indicative ‣ **6** (Is. 50,6; Is. 54,8; Is. 57,17; Jer. 40,5; Ezek. 39,23; Ezek. 39,24)
  ἀπεστρέψαμεν ‣ 3
    Verb · first · plural · aorist · active · indicative ‣ **3** (Gen. 43,21; Gen. 44,8; Bar. 3,7)
  ἀπεστρεψάμην ‣ 1
    Verb · first · singular · aorist · middle · indicative ‣ **1** (Zech. 10,6)
  ἀπέστρεψαν ‣ 23 + 1 = 24
    Verb · third · plural · aorist · active · indicative ‣ 23 + 1 = **24** (Ex. 10,8; Num. 13,25; Judg. 2,19; Judg. 11,14; Judg. 21,23; Ruth 1,6; 1Kings 22,33; 2Chr. 18,32; 2Chr. 21,17; 2Chr. 29,6; Neh. 9,35; 1Mac. 9,42; 3Mac. 6,21; Psa. 77,57; Prov. 29,8; Sir. 29,7; Hos. 8,13; Jonah 3,8; Jonah 3,10; Is. 22,9; Jer. 14,3; Jer. 45,22; Sus. 28; Judg. 2,19)
  ἀπεστρέψαντο ‣ 1
    Verb · third · plural · aorist · middle · indicative ‣ **1** (3Mac. 3,23)
  ἀπέστρεψας ‣ 9
    Verb · second · singular · aorist · active · indicative ‣ **9** (3Mac. 6,15; Psa. 29,8; Psa. 43,11; Psa. 84,2; Psa. 84,4; Psa. 88,44; Is. 12,1; Is. 57,9; Is. 64,6)
  ἀπεστρέψατε ‣ 1
    Verb · second · plural · aorist · active · indicative ‣ **1** (1Sam. 5,10)
  ἀπεστρέψατο ‣ 1
    Verb · third · singular · aorist · middle · indicative ‣ **1** (Hos. 8,3)
  ἀπέστρεψε ‣ 2
    Verb · third · singular · aorist · active · indicative ‣ **2** (Zeph. 2,7; Ezek. 18,17)
  ἀπέστρεψεν ‣ 72 + 1 = 73
    Verb · third · singular · aorist · active · indicative ‣ 72 + 1 = **73** (Gen. 14,16; Gen. 14,16; Gen. 18,33; Gen. 33,16; Gen. 50,14; Ex. 3,6; Ex. 4,18; Num. 24,1; Josh. 8,24; Josh. 10,38; Josh. 22,32; Judg. 9,56; Judg. 20,41; Judg. 21,14; 1Sam. 15,11; 1Sam.

ἀποστρέφω

15,27; 1Sam. 25,39; 2Sam. 11,4; 2Sam. 14,24; 2Sam. 15,29; 2Sam. 18,16; 2Sam. 20,12; 2Sam. 20,22; 1Kings 2,30; 1Kings 2,32; 1Kings 2,41; 1Kings 8,14; 2Kings 9,15; 2Kings 14,14; 2Kings 15,20; 2Kings 19,36; 2Kings 20,2; 1Chr. 4,22; 1Chr. 13,13; 2Chr. 9,12; 2Chr. 10,2; 2Chr. 13,13; 2Chr. 13,14; 2Chr. 18,31; 2Chr. 19,1; 2Chr. 25,13; 2Chr. 32,21; 2Chr. 34,7; 2Chr. 35,22; 1Esdr. 1,26; 1Mac. 3,8; 1Mac. 4,16; 1Mac. 5,28; 1Mac. 6,56; 1Mac. 6,63; 1Mac. 11,54; 1Mac. 15,36; 1Mac. 16,10; Psa. 9,32; Psa. 21,25; Sir. 17,1; Sir. 21,15; Sol. 2,8; Hos. 14,5; Nah. 2,3; Is. 37,8; Is. 37,9; Is. 38,2; Is. 59,2; Jer. 8,5; Jer. 48,10; Jer. 48,16; Jer. 48,16; Bar. 1,13; Lam. 2,3; Lam. 2,8; Ezek. 18,28; Judg. 5,29)

ἀπέστρεψέν ▸ 2
Verb ▪ third ▪ singular ▪ aorist ▪ active ▪ indicative ▸ **2** (Ruth 1,21; Lam. 1,13)

Ἀπεστρόφασιν ▸ 1
Verb ▪ third ▪ plural ▪ aorist ▪ active ▪ indicative ▸ **1** (1Sam. 6,21)

ἀποστραφείησαν ▸ 4
Verb ▪ third ▪ plural ▪ aorist ▪ passive ▪ optative ▸ **4** (Psa. 6,11; Psa. 39,15; Psa. 69,3; Psa. 69,4)

ἀποστραφείς ▸ 5
Verb ▪ aorist ▪ passive ▪ participle ▪ masculine ▪ singular ▪ nominative ▸ **5** (Gen. 32,1; Gen. 42,24; Num. 24,25; Is. 30,15; Is. 37,37)

ἀποστραφεῖσα ▸ 1
Verb ▪ aorist ▪ passive ▪ participle ▪ feminine ▪ singular ▪ nominative ▸ **1** (Ruth 2,6)

ἀποστραφὲν ▸ 2
Verb ▪ aorist ▪ passive ▪ participle ▪ neuter ▪ singular ▪ accusative ▸ **2** (Gen. 43,12; Gen. 43,18)

ἀποστραφέντες ▸ 2
Verb ▪ aorist ▪ passive ▪ participle ▪ masculine ▪ plural ▪ nominative ▸ **2** (Josh. 22,4; 1Kings 9,6)

ἀποστραφῇ ▸ 6
Verb ▪ third ▪ singular ▪ aorist ▪ passive ▪ subjunctive ▸ **6** (Deut. 13,18; Tob. 4,7; Job 39,22; Is. 55,10; Is. 55,11; Jer. 37,24)

ἀποστραφῆναι ▸ 8
Verb ▪ aorist ▪ passive ▪ infinitive ▸ **8** (Num. 14,3; Josh. 22,16; Josh. 22,29; Esth. 8,5; Psa. 9,4; Job 15,22; Is. 13,14; Jer. 23,14)

ἀποστραφῇς ▸ 1
Verb ▪ second ▪ singular ▪ aorist ▪ passive ▪ subjunctive ▸ **1** (Matt. 5,42)

ἀποστραφήσεσθε ▸ 5
Verb ▪ second ▪ plural ▪ future ▪ passive ▪ indicative ▸ **5** (Num. 32,15; Num. 32,22; Josh. 22,18; 2Sam. 11,15; Jer. 3,19)

ἀποστραφήσεται ▸ 6
Verb ▪ third ▪ singular ▪ future ▪ passive ▪ indicative ▸ **6** (Num. 25,4; 2Kings 19,7; 2Kings 19,33; Psa. 34,13; Is. 37,7; Is. 37,34)

ἀποστραφήσῃ ▸ 1
Verb ▪ second ▪ singular ▪ future ▪ passive ▪ indicative ▸ **1** (Deut. 16,7)

ἀποστραφήσομαι ▸ 10
Verb ▪ first ▪ singular ▪ future ▪ passive ▪ indicative ▸ **10** (Num. 22,34; Psa. 17,38; Amos 1,3; Amos 1,6; Amos 1,9; Amos 1,11; Amos 1,13; Amos 2,1; Amos 2,4; Amos 2,6)

ἀποστραφήσονται ▸ 5
Verb ▪ third ▪ plural ▪ future ▪ passive ▪ indicative ▸ **5** (Gen. 15,16; Is. 35,10; Is. 45,23; Is. 51,11; Jer. 33,3)

ἀποστραφῆτε ▸ 2
Verb ▪ second ▪ plural ▪ aorist ▪ passive ▪ subjunctive ▸ **2** (Josh. 23,12; 1Kings 9,6)

ἀποστράφητε ▸ 1
Verb ▪ second ▪ plural ▪ aorist ▪ passive ▪ imperative ▸ **1** (Ruth 1,8)

Ἀποστράφητε ▸ 4
Verb ▪ second ▪ plural ▪ aorist ▪ active ▪ imperative ▸ **1** (Jer. 42,15)
Verb ▪ second ▪ plural ▪ aorist ▪ passive ▪ imperative ▸ **3** (Deut. 5,30; 2Kings 17,13; Jer. 25,5)

ἀποστράφητι ▸ 3
Verb ▪ second ▪ singular ▪ aorist ▪ passive ▪ imperative ▸ **3** (2Kings 18,14; Jer. 38,21; Jer. 38,21)

Ἀποστράφητι ▸ 2
Verb ▪ second ▪ singular ▪ aorist ▪ passive ▪ imperative ▸ **2** (Gen. 16,9; Num. 23,16)

ἀποστραφήτω ▸ 10 + 1 = 11
Verb ▪ third ▪ singular ▪ aorist ▪ passive ▪ imperative ▸ **10 + 1 = 11** (Deut. 20,5; Deut. 20,6; Deut. 20,7; Deut. 20,8; Judg. 7,3; Psa. 73,21; Jer. 2,35; Jer. 18,11; Bar. 2,13; Dan. 9,16; Dan. 9,16)

Ἀποστραφήτω ▸ 1
Verb ▪ third ▪ singular ▪ aorist ▪ passive ▪ imperative ▸ **1** (2Sam. 14,24)

ἀποστραφήτωσαν ▸ 3
Verb ▪ third ▪ plural ▪ aorist ▪ passive ▪ imperative ▸ **3** (Psa. 9,18; Psa. 34,4; Psa. 128,5)

ἀποστραφῶμεν ▸ 1
Verb ▪ first ▪ plural ▪ aorist ▪ passive ▪ subjunctive ▸ **1** (Num. 32,18)

ἀπόστρεφε ▸ 2
Verb ▪ second ▪ singular ▪ present ▪ active ▪ imperative ▸ **2** (Sir. 17,26; Ezek. 21,35)

ἀποστρέφει ▸ 2
Verb ▪ third ▪ singular ▪ present ▪ active ▪ indicative ▸ **2** (Prov. 15,1; Prov. 28,27)

ἀποστρέφειν ▸ 3 + 1 = 4
Verb ▪ present ▪ active ▪ infinitive ▸ **3 + 1 = 4** (1Mac. 3,56; Prov. 22,14a; Ezek. 3,20; Acts 3,26)

ἀποστρέφεις ▸ 5
Verb ▪ second ▪ singular ▪ present ▪ active ▪ indicative ▸ **5** (Psa. 43,25; Psa. 73,11; Psa. 87,15; Job 10,9; Jer. 44,20)

ἀποστρέφεσθαι ▸ 2
Verb ▪ present ▪ middle ▪ infinitive ▸ **2** (4Mac. 5,9; Prov. 20,3)

ἀποστρέφεται ▸ 2
Verb ▪ third ▪ singular ▪ present ▪ middle ▪ indicative ▸ **1** (Prov. 30,30)
Verb ▪ third ▪ singular ▪ present ▪ passive ▪ indicative ▸ **1** (Prov. 10,32)

ἀποστρέφετε ▸ 1
Verb ▪ second ▪ plural ▪ present ▪ active ▪ imperative ▸ **1** (2Chr. 11,4)

ἀποστρεφέτωσαν ▸ 1
Verb ▪ third ▪ plural ▪ present ▪ active ▪ imperative ▸ **1** (1Sam. 30,22)

ἀποστρεφόμεθα ▸ 1
Verb ▪ first ▪ plural ▪ present ▪ middle ▪ indicative ▸ **1** (4Mac. 1,33)

ἀποστρεφόμενοι ▸ 1
Verb ▪ present ▪ middle ▪ participle ▪ masculine ▪ plural ▪ nominative ▸ **1** (Heb. 12,25)

ἀποστρεφομένων ▸ 1
Verb ▪ present ▪ middle ▪ participle ▪ masculine ▪ plural ▪ genitive ▸ **1** (Titus 1,14)

ἀποστρέφοντα ▸ 1 + 1 = 2
Verb ▪ present ▪ active ▪ participle ▪ masculine ▪ singular

- accusative ▸ 1 + 1 = **2** (Sir. 8,5; Luke 23,14)

ἀποστρέφοντος ▸ 1
  Verb · present · active · participle · masculine · singular · genitive ▸ **1** (Ex. 4,21)

ἀποστρέφου ▸ 2
  Verb · second · singular · present · middle · imperative ▸ **2** (2Sam. 5,23; 1Chr. 14,14)

Ἀποστρέφου ▸ 1
  Verb · second · singular · present · middle · imperative ▸ **1** (Gen. 31,3)

ἀποστρέφουσιν ▸ 1
  Verb · third · plural · present · active · indicative ▸ **1** (1Sam. 31,9)

ἀποστρέφων ▸ 4
  Verb · present · active · participle · masculine · singular · nominative ▸ **4** (Sir. 14,8; Is. 44,25; Jer. 8,4; Ezek. 34,6)

ἀποστρέφωνται ▸ 1
  Verb · third · plural · present · middle · subjunctive ▸ **1** (Wis. 16,3)

ἀποστρέψαι ▸ 34 + 1 = 35
  Verb · aorist · active · infinitive ▸ 34 + 1 = **35** (Gen. 3,19; Gen. 27,44; Deut. 17,16; Judg. 11,35; Ruth 1,16; 1Chr. 12,24; Ezra 10,14; 1Mac. 6,4; Psa. 77,38; Psa. 105,23; Prov. 22,14a; Job 33,17; Sol. 18,4; Mic. 2,4; Is. 36,9; Jer. 18,20; Jer. 36,10; Jer. 37,21; Jer. 45,26; Jer. 51,5; Bar. 1,8; Bar. 2,8; Ezek. 3,18; Ezek. 13,22; Ezek. 18,23; Ezek. 18,24; Ezek. 18,26; Ezek. 18,27; Ezek. 33,9; Ezek. 33,11; Ezek. 33,18; Ezek. 33,19; Ezek. 39,27; Dan. 4,37a; Dan. 9,13)

ἀποστρέψαντα ▸ 1
  Verb · aorist · active · participle · masculine · singular · accusative ▸ **1** (Is. 8,17)

ἀποστρέψαντας ▸ 1
  Verb · aorist · active · participle · masculine · plural · accusative ▸ **1** (Jer. 50,5)

ἀποστρέψαντες ▸ 3
  Verb · aorist · active · participle · masculine · plural · nominative ▸ **3** (Gen. 18,22; Ex. 14,2; Judith 8,36)

ἀποστρέψαντος ▸ 1
  Verb · aorist · active · participle · masculine · singular · genitive ▸ **1** (Psa. 103,29)

ἀποστρέψας ▸ 3
  Verb · aorist · active · participle · masculine · singular · nominative ▸ **3** (Ex. 23,4; Ex. 32,15; 1Mac. 9,72)

ἀποστρέψατε ▸ 8
  Verb · second · plural · aorist · active · imperative ▸ **8** (Gen. 43,12; 1Kings 22,26; 2Chr. 18,25; 2Chr. 28,11; Is. 30,11; Ezek. 14,6; Ezek. 18,30; Ezek. 33,11)

Ἀποστρέψατε ▸ 1
  Verb · second · plural · aorist · active · imperative ▸ **1** (Zech. 1,4)

ἀποστρέψει ▸ 23 + 1 = 24
  Verb · third · singular · future · active · indicative ▸ 23 + 1 = **24** (Gen. 48,21; Deut. 9,3; Deut. 23,15; Deut. 28,68; 1Sam. 15,29; 1Kings 2,17; 2Chr. 29,10; 2Chr. 30,8; 2Chr. 30,9; 2Chr. 30,9; Psa. 53,7; Prov. 24,18; Job 9,12; Sir. 27,1; Mic. 3,4; Jonah 3,9; Is. 14,27; Is. 43,13; Is. 59,20; Jer. 23,20; Bar. 2,29; Ezek. 18,8; Ezek. 21,10; Rom. 11,26)

ἀποστρέψεις ▸ 7
  Verb · second · singular · future · active · indicative ▸ **7** (Deut. 22,1; 1Kings 8,34; 2Kings 18,24; 2Chr. 6,25; Psa. 12,2; Psa. 88,47; Jer. 38,22)

ἀποστρέψῃ ▸ 9
  Verb · second · singular · future · middle · indicative ▸ **1** (Sol. 5,5)

  Verb · third · singular · aorist · active · subjunctive ▸ **8** (Gen. 28,21; Ex. 13,17; Deut. 17,16; Ezek. 3,19; Ezek. 18,21; Ezek. 33,9; Ezek. 33,12; Ezek. 33,14)

ἀποστρέψῃς ▸ 17 + 1 = 18
  Verb · second · singular · aorist · active · subjunctive ▸ 17 + 1 = **18** (Gen. 24,6; Gen. 24,8; 1Kings 2,16; 1Kings 2,20; 2Chr. 6,42; Tob. 3,6; Tob. 4,7; Psa. 26,9; Psa. 68,18; Psa. 89,3; Psa. 101,3; Psa. 131,10; Psa. 142,7; Sir. 4,4; Sir. 4,5; Sir. 29,9; Is. 58,13; Tob. 3,6)

ἀποστρέψητε ▸ 1
  Verb · second · plural · aorist · active · subjunctive ▸ **1** (2Chr. 7,19)

ἀποστρέψοιτο ▸ 1
  Verb · third · singular · future · middle · optative ▸ **1** (1Kings 8,57)

ἀποστρέψομεν ▸ 1
  Verb · first · plural · future · active · indicative ▸ **1** (Is. 7,6)

ἀπόστρεψον ▸ 10 + 1 = 11
  Verb · second · singular · aorist · active · imperative ▸ 10 + 1 = **11** (Psa. 50,11; Psa. 84,5; Psa. 118,37; Prov. 4,27; Prov. 27,11; Song 2,17; Song 6,5; Sir. 9,8; Sir. 23,5; Jer. 2,25; Matt. 26,52)

Ἀπόστρεψον ▸ 2
  Verb · second · singular · aorist · active · imperative ▸ **2** (1Sam. 29,4; 2Sam. 15,25)

ἀποστρέψουσιν ▸ 8 + 1 = 9
  Verb · third · plural · future · active · indicative ▸ 8 + 1 = **9** (1Kings 8,35; Jer. 27,16; Jer. 37,21; Jer. 38,8; Jer. 43,7; Jer. 44,7; Bar. 2,33; Dan. 11,26; 2Tim. 4,4)

ἀποστρέψω ▸ 39
  Verb · first · singular · aorist · active · subjunctive ▸ **1** (Num. 23,20)

  Verb · first · singular · future · active · indicative ▸ **38** (Gen. 24,5; Gen. 28,15; Ex. 4,18; Ex. 23,25; Deut. 31,17; Deut. 31,18; 1Kings 2,20; 1Kings 11,21; 2Kings 19,28; 2Chr. 7,20; Hos. 2,13; Is. 1,15; Is. 37,29; Is. 38,8; Jer. 4,28; Jer. 25,19; Jer. 35,3; Jer. 37,3; Jer. 37,3; Jer. 37,18; Jer. 38,23; Jer. 39,40; Jer. 39,44; Jer. 40,11; Bar. 2,34; Ezek. 7,22; Ezek. 7,24; Ezek. 16,41; Ezek. 16,53; Ezek. 16,53; Ezek. 16,53; Ezek. 23,27; Ezek. 23,34; Ezek. 23,48; Ezek. 29,14; Ezek. 34,10; Ezek. 39,25; Ezek. 39,29)

Ἀποστρέψω ▸ 3
  Verb · first · singular · future · active · indicative ▸ **3** (Deut. 32,20; Ode. 2,20; Ezek. 12,23)

ἀποστρέψωμεν ▸ 1
  Verb · first · plural · aorist · active · subjunctive ▸ **1** (Num. 14,4)

ἀποστρέψωσιν ▸ 4
  Verb · third · plural · aorist · active · subjunctive ▸ **4** (Josh. 2,16; 2Chr. 7,14; Jer. 22,27; Jer. 43,3)

ἀποστροφή (ἀπό; στρέφω) return, turning away, turning back ▸ 19

ἀποστροφαῖς ▸ 1
  Noun · feminine · plural · dative · (common) ▸ **1** (Jer. 5,6)

ἀποστροφὰς ▸ 1
  Noun · feminine · plural · accusative · (common) ▸ **1** (Ezek. 16,53)

ἀποστροφή ▸ 1
  Noun · feminine · singular · nominative · (common) ▸ **1** (Gen. 3,16)

ἀποστροφὴ ▸ 4
  Noun · feminine · singular · nominative · (common) ▸ **4** (Gen. 4,7; 1Sam. 7,17; 3Mac. 2,10; Sir. 16,30)

ἀποστροφῇ ▸ 4

ἀποστροφή–ἀποτίθημι

    Noun · feminine · singular · dative · (common) ▸ **4** (Deut. 22,1; Deut. 31,18; Sir. 18,24; Ezek. 33,11)
  ἀποστροφήν ▸ 1
    Noun · feminine · singular · accusative · (common) ▸ **1** (Ezek. 16,53)
  ἀποστροφὴν ▸ 4
    Noun · feminine · singular · accusative · (common) ▸ **4** (Mic. 2,12; Jer. 8,5; Ezek. 16,53; Ezek. 16,53)
  ἀποστροφῆς ▸ 2
    Noun · feminine · singular · genitive · (common) ▸ **2** (Sir. 41,22; Jer. 6,19)
  ἀποστροφῶν ▸ 1
    Noun · feminine · plural · genitive · (common) ▸ **1** (Jer. 18,12)

ἀποστυγέω (ἀπό; στυγέω) to abhor ▸ 1
  ἀποστυγοῦντες ▸ 1
    Verb · present · active · participle · masculine · plural · nominative ▸ **1** (Rom. 12,9)

ἀποστύφω to draw up ▸ 1
  ἀποστύψει ▸ 1
    Verb · third · singular · future · active · indicative ▸ **1** (Tob. 11,8)

ἀποσυνάγω (ἀπό; σύν; ἄγω) to recover, heal ▸ 4
  ἀποσυνάξαι ▸ 1
    Verb · aorist · active · infinitive ▸ **1** (2Kings 5,7)
  ἀποσυνάξει ▸ 2
    Verb · third · singular · future · active · indicative ▸ **2** (2Kings 5,3; 2Kings 5,11)
  ἀποσυνάξεις ▸ 1
    Verb · second · singular · future · active · indicative ▸ **1** (2Kings 5,6)

ἀποσυνάγωγος (ἀπό; σύν; ἄγω) banished from a synagogue ▸ 3
  ἀποσυνάγωγοι ▸ 1
    Adjective · masculine · plural · nominative ▸ **1** (John 12,42)
  ἀποσυνάγωγος ▸ 1
    Adjective · masculine · singular · nominative ▸ **1** (John 9,22)
  ἀποσυναγώγους ▸ 1
    Adjective · masculine · plural · accusative ▸ **1** (John 16,2)

ἀποσυρίζω (ἀπό; σῦριγξ) to whistle, hiss at ▸ 1
  ἀποσυριεῖς ▸ 1
    Verb · second · singular · future · active · indicative ▸ **1** (Is. 30,14)

ἀποσύρω (ἀπό; σύρω) to tear off, tear away ▸ 1
  ἀπέσυρον ▸ 1
    Verb · third · plural · imperfect · active · indicative ▸ **1** (4Mac. 9,28)

ἀποσφάζω (ἀπό; σφάζω) to cut the throat, slaughter ▸ 1
  ἀποσφάξαντας ▸ 1
    Verb · aorist · active · participle · masculine · plural · accusative ▸ **1** (4Mac. 2,19)

ἀποσφενδονάομαι (ἀπό; σφενδονή) to be flung, cast ▸ 1
  ἀπεσφενδονήθησαν ▸ 1
    Verb · third · plural · aorist · passive · indicative ▸ **1** (4Mac. 16,21)

ἀποσφράγισμα seal, signet ▸ 2
  ἀποσφράγισμα ▸ 2
    Noun · neuter · singular · nominative · (common) ▸ **2** (Jer. 22,24; Ezek. 28,12)

ἀποσχίζω (ἀπό; σχίζω) to divide, separate ▸ 3
  ἀπεσχίσθη ▸ 1
    Verb · third · singular · aorist · passive · indicative ▸ **1** (2Chr. 26,21)
  Ἀποσχίσθητε ▸ 2
    Verb · second · plural · aorist · passive · imperative ▸ **2** (Num. 16,21; Num. 16,26)

ἀποτάσσω (ἀπό; τάσσω) to say good-bye ▸ 7 + 6 = 13
  ἀπέταξεν ▸ 3
    Verb · third · singular · aorist · active · indicative ▸ **3** (1Mac. 4,61; 1Mac. 6,50; 1Mac. 15,41)
  ἀπέτασσε ▸ 1
    Verb · third · singular · imperfect · active · indicative ▸ **1** (1Mac. 11,3)
  ἀποταξάμενος ▸ 4
    Verb · aorist · middle · participle · masculine · singular · nominative ▸ **4** (Mark 6,46; Acts 18,18; Acts 18,21; 2Cor. 2,13)
  ἀποτάξασθαι ▸ 1 + 1 = 2
    Verb · aorist · middle · infinitive ▸ **1 + 1 = 2** (Eccl. 2,20; Luke 9,61)
  ἀποτάσσεται ▸ 1
    Verb · third · singular · present · middle · indicative ▸ **1** (Luke 14,33)
  ἀποτεταγμένοις ▸ 1
    Verb · perfect · passive · participle · masculine · plural · dative ▸ **1** (1Esdr. 6,26)
  ἀποτεταγμένου ▸ 1
    Verb · perfect · passive · participle · masculine · singular · genitive ▸ **1** (Jer. 20,2)

ἀποτείνω (ἀπό; τομός) to extend, stretch, prolong ▸ 2
  Ἀποτείσαι ▸ 1
    Verb · third · singular · aorist · active · optative ▸ **1** (1Sam. 2,20)
  ἀποτενεῖτε ▸ 1
    Verb · second · plural · future · active · indicative ▸ **1** (Ex. 8,24)

ἀποτελέω (ἀπό; τέλος) to complete, bring to an end; produce ▸ 1 + 2 = 3
  ἀποτελεῖ ▸ 1
    Verb · third · singular · present · active · indicative ▸ **1** (2Mac. 15,39)
  ἀποτελεσθεῖσα ▸ 1
    Verb · aorist · passive · participle · feminine · singular · nominative ▸ **1** (James 1,15)
  ἀποτελῶ ▸ 1
    Verb · first · singular · present · active · indicative ▸ **1** (Luke 13,32)

ἀποτέμνω (ἀπό; τέμνω) to cut off ▸ 5
  ἀπέτεμεν ▸ 1
    Verb · third · singular · aorist · active · indicative ▸ **1** (Judg. 5,26)
  ἀπέτεμνεν ▸ 1
    Verb · third · singular · imperfect · active · indicative ▸ **1** (Jer. 43,23)
  ἀπότεμε ▸ 1
    Verb · second · singular · aorist · active · imperative ▸ **1** (Sir. 25,26)
  ἀποτεμνομένας ▸ 1
    Verb · present · passive · participle · feminine · plural · accusative ▸ **1** (4Mac. 15,20)
  ἀποτεμόντας ▸ 1
    Verb · aorist · active · participle · masculine · plural · accusative ▸ **1** (2Mac. 15,30)

ἀποτηγανίζω (ἀπό; τήγανον) to cook, roast ▸ 1
  ἀπετηγάνισεν ▸ 1
    Verb · third · singular · aorist · active · indicative ▸ **1** (Jer. 36,22)

ἀποτίθημι (ἀπό; τίθημι) to put off, away ▸ 15 + 1 + 9

= 25
- ἀπέθεντο ‣ 4 + 1 = 5
  - **Verb** · third · plural · aorist · middle · indicative ‣ 4 + 1 = **5** (Lev. 24,12; Num. 15,34; 1Mac. 1,35; 1Mac. 4,46; Acts 7,58)
- ἀπέθετο ‣ 1 + 1 = 2
  - **Verb** · third · singular · aorist · middle · indicative ‣ 1 + 1 = **2** (Ex. 16,34; Matt. 14,3)
- ἀποθέμενοι ‣ 3
  - **Verb** · aorist · middle · participle · masculine · plural · nominative ‣ **3** (Eph. 4,25; Heb. 12,1; James 1,21)
- Ἀποθέμενοι ‣ 1
  - **Verb** · aorist · middle · participle · masculine · plural · nominative ‣ **1** (1Pet. 2,1)
- ἀπέθηκαν ‣ 1
  - **Verb** · third · plural · aorist · active · indicative ‣ **1** (Josh. 4,8)
- ἀπέθηκεν ‣ 1
  - **Verb** · third · singular · aorist · active · indicative ‣ **1** (Num. 17,22)
- ἀποθεῖναι ‣ 1
  - **Verb** · aorist · active · infinitive ‣ **1** (1Esdr. 6,18)
- ἀποθέμενος ‣ 1
  - **Verb** · aorist · middle · participle · masculine · singular · nominative ‣ **1** (2Mac. 8,35)
- ἀπόθες ‣ 1
  - **Verb** · second · singular · aorist · active · imperative ‣ **1** (Tob. 6,4)
- Ἀπόθες ‣ 1
  - **Verb** · second · singular · aorist · active · imperative ‣ **1** (Num. 17,25)
- ἀποθέσθαι ‣ 1
  - **Verb** · aorist · middle · infinitive ‣ **1** (Eph. 4,22)
- ἀπόθεσθε ‣ 1
  - **Verb** · second · plural · aorist · middle · imperative ‣ **1** (Col. 3,8)
- Ἀπόθεσθε ‣ 1
  - **Verb** · second · plural · aorist · middle · imperative ‣ **1** (2Chr. 18,26)
- ἀποθήσει ‣ 2
  - **Verb** · third · singular · future · active · indicative ‣ **2** (Lev. 16,23; Num. 19,9)
- ἀποθήσεις ‣ 1
  - **Verb** · second · singular · future · active · indicative ‣ **1** (Ex. 16,33)
- ἀποθήσομεν ‣ 1
  - **Verb** · first · plural · future · active · indicative ‣ **1** (Joel 1,18)
- ἀποθώμεθα ‣ 1
  - **Verb** · first · plural · aorist · middle · subjunctive ‣ **1** (Rom. 13,12)
- **ἀποτίκτω (ἀπό; τίκτω)** to give birth ‣ 2
  - ἀποτεχθέντες ‣ 1
    - **Verb** · aorist · passive · participle · masculine · plural · nominative ‣ **1** (4Mac. 13,21)
  - ἀποτίκτει ‣ 1
    - **Verb** · third · singular · present · active · indicative ‣ **1** (4Mac. 14,16)
- **ἀποτίναγμα (ἀπό; τινάσσω)** offscouring, sweepings ‣ 1
  - ἀποτινάγματος ‣ 1
    - **Noun** · neuter · singular · genitive · (common) ‣ **1** (Judg. 16,7)
- **ἀποτινάσσω (ἀπό; τείνω)** to shake off ‣ 3 + 2 = 5
  - ἀπετίναξεν ‣ 1
    - **Verb** · third · singular · aorist · active · indicative ‣ **1** (Lam. 2,7)
  - ἀποτετίνακται ‣ 1
    - **Verb** · third · singular · perfect · middle · indicative ‣ **1** (1Sam. 10,2)
  - ἀποτινάξας ‣ 1
    - **Verb** · aorist · active · participle · masculine · singular · nominative ‣ **1** (Acts 28,5)
  - ἀποτινάξομαι ‣ 1
    - **Verb** · first · singular · future · middle · indicative ‣ **1** (Judg. 16,20)
  - ἀποτινάσσετε ‣ 1
    - **Verb** · second · plural · present · active · imperative ‣ **1** (Luke 9,5)
- **ἀποτιννύω (ἀπό; τίνω)** to pay for ‣ 3
  - ἀπετίννυον ‣ 2
    - **Verb** · first · singular · imperfect · active · indicative ‣ **2** (Gen. 31,39; Psa. 68,5)
  - ἀποτιννύων ‣ 1
    - **Verb** · present · active · participle · masculine · singular · nominative ‣ **1** (Sir. 20,12)
- **ἀποτίνω (ἀπό; τίνω)** to repay ‣ 30 + 1 = 31
  - ἀποτείσαι ‣ 2
    - **Verb** · third · singular · aorist · active · optative ‣ **2** (Lev. 5,16; Ruth 2,12)
  - ἀποτεισάτω ‣ 1
    - **Verb** · third · singular · aorist · active · imperative ‣ **1** (Lev. 24,18)
  - ἀποτείσει ‣ 21
    - **Verb** · third · singular · future · active · indicative ‣ **21** (Ex. 21,19; Ex. 21,34; Ex. 21,36; Ex. 21,37; Ex. 22,3; Ex. 22,4; Ex. 22,4; Ex. 22,5; Ex. 22,6; Ex. 22,8; Ex. 22,10; Ex. 22,11; Ex. 22,12; Ex. 22,13; Ex. 22,14; Ex. 22,16; Lev. 5,24; 2Sam. 12,6; Psa. 36,21; Prov. 6,31; Job 34,33)
  - ἀποτείσεις ‣ 1
    - **Verb** · second · singular · future · active · indicative ‣ **1** (2Kings 4,7)
  - ἀποτείσῃ ‣ 1
    - **Verb** · third · singular · aorist · active · subjunctive ‣ **1** (Ezek. 33,15)
  - ἀποτείσῃς ‣ 1
    - **Verb** · second · singular · aorist · active · subjunctive ‣ **1** (Prov. 22,27)
  - ἀποτείσουσιν ‣ 1
    - **Verb** · third · plural · future · active · indicative ‣ **1** (Is. 9,4)
  - ἀποτείσω ‣ 1
    - **Verb** · first · singular · future · active · indicative ‣ **1** (2Sam. 15,7)
  - ἀποτείσων ‣ 1
    - **Verb** · future · active · participle · masculine · singular · nominative ‣ **1** (Sir. 8,13)
  - ἀποτίσω ‣ 1
    - **Verb** · first · singular · future · active · indicative ‣ **1** (Philem. 19)
- **ἀποτολμάω (ἀπό; τολμάω)** to be bold ‣ 1
  - ἀποτολμᾷ ‣ 1
    - **Verb** · third · singular · present · active · indicative ‣ **1** (Rom. 10,20)
- **ἀποτομή (ἀπό; τομός)** cutting off, cutting instrument ‣ 1
  - ἀποτομὰς ‣ 1
    - **Noun** · feminine · plural · accusative · (common) ‣ **1** (Judg. 5,26)
- **ἀποτομία (ἀπό; τομός)** severity ‣ 2
  - ἀποτομία ‣ 1
    - **Noun** · feminine · singular · nominative ‣ **1** (Rom. 11,22)

ἀποτομίαν ▸ 1
   Noun · feminine · singular · accusative ▸ **1** (Rom. 11,22)
ἀπότομος (ἀπό; τέμνω)   arduous, severe ▸ 5
   ἀπότομον ▸ 1
      Adjective · feminine · singular · accusative · noDegree ▸ **1** (Wis. 5,20)
   ἀπότομος ▸ 3
      Adjective · feminine · singular · nominative · noDegree ▸ **1** (Wis. 6,5)
      Adjective · masculine · singular · nominative · noDegree ▸ **2** (Wis. 11,10; Wis. 18,15)
   ἀποτόμῳ ▸ 1
      Adjective · masculine · singular · dative · noDegree ▸ **1** (Wis. 12,9)
ἀποτόμως (ἀπό; τομός)   severely ▸ 1 + 2 = 3
   ἀποτόμως ▸ 1 + 2 = 3
      Adverb ▸ 1 + 2 = 3 (Wis. 5,22; 2Cor. 13,10; Titus 1,13)
ἀποτρέπω (ἀπό; τρέπω)   to turn away ▸ 3 + 1 = 4
   ἀπέτρεπεν ▸ 1
      Verb · third · singular · imperfect · active · indicative ▸ **1** (4Mac. 16,12)
   ἀποτραπέντες ▸ 1
      Verb · aorist · passive · participle · masculine · plural · nominative ▸ **1** (3Mac. 1,23)
   ἀποτρέπει ▸ 1
      Verb · third · singular · present · active · indicative ▸ **1** (Sir. 20,29)
   ἀποτρέπου ▸ 1
      Verb · second · singular · present · middle · imperative ▸ **1** (2Tim. 3,5)
ἀποτρέχω (ἀπό; τρέχω)   to run off, run away ▸ 25 + 5 = 30
   ἀπέδραμεν ▸ 1
      Verb · third · singular · aorist · active · indicative ▸ **1** (Tob. 8,3)
   ἀπέτρεχεν ▸ 1
      Verb · third · singular · imperfect · active · indicative ▸ **1** (Sus. 7)
   ἀπέτρεχον ▸ 1
      Verb · third · plural · imperfect · active · indicative ▸ **1** (Tob. 1,6)
   ἀποδραμεῖται ▸ 1
      Verb · third · singular · future · middle · indicative ▸ **1** (Lev. 25,41)
   ἀπότρεχε ▸ 5 + 1 = 6
      Verb · second · singular · present · active · imperative ▸ **5 + 1 = 6** (Gen. 12,19; Gen. 24,51; 1Kings 12,16; Sir. 32,11; Jer. 47,5; Tob. 14,4)
   Ἀπότρεχε ▸ 3
      Verb · second · singular · present · active · imperative ▸ **3** (Gen. 32,10; 1Kings 2,26; Dan. 12,9)
   ἀποτρέχει ▸ 2
      Verb · third · singular · present · active · indicative ▸ **2** (1Esdr. 4,34; Esth. 2,14)
   ἀποτρέχειν ▸ 1
      Verb · present · active · infinitive ▸ **1** (Tob. 14,3)
   ἀποτρέχεις ▸ 1
      Verb · second · singular · present · active · indicative ▸ **1** (1Kings 21,36)
   Ἀποτρέχετε ▸ 1
      Verb · second · plural · present · active · imperative ▸ **1** (Num. 22,13)
   ἀποτρεχέτω ▸ 2
      Verb · third · singular · present · active · imperative ▸ **2** (Ex. 10,24; Judg. 7,7)
   Ἀποτρεχέτω ▸ 1
      Verb · third · singular · present · active · imperative ▸ **1** (1Sam. 8,22)
   ἀποτρέχητε ▸ 1
      Verb · second · plural · present · active · subjunctive ▸ **1** (Ex. 3,21)
   ἀποτρέχομεν ▸ 1
      Verb · first · plural · present · active · indicative ▸ **1** (Bel 11)
   Ἀποτρέχοντες ▸ 1
      Verb · present · active · participle · masculine · plural · nominative ▸ **1** (Jer. 44,9)
   ἀποτρέχουσιν ▸ 2
      Verb · present · active · participle · masculine · plural · dative ▸ **1** (Jer. 41,21)
      Verb · third · plural · present · active · indicative ▸ **1** (Ex. 21,7)
   ἀποτρέχω ▸ 4
      Verb · first · singular · present · active · indicative ▸ **4** (Ex. 21,5; Num. 24,14; Josh. 23,14; Judg. 19,18)
ἀποτρίβω (ἀπό; τρίβος)   to skin, rub off ▸ 3
   ἀπέτριψεν ▸ 1
      Verb · third · singular · aorist · active · indicative ▸ **1** (Judg. 5,26)
   ἀπότριψαι ▸ 1
      Verb · second · singular · aorist · middle · imperative ▸ **1** (Hos. 8,5)
   ἀποτρίψεται ▸ 1
      Verb · third · singular · future · middle · indicative ▸ **1** (Mic. 7,11)
ἀποτροπιάζομαι (ἀπό; τρέπω)   to avoid evil ▸ 1
   ἀποτροπιάζεσθαί ▸ 1
      Verb · present · middle · infinitive ▸ **1** (Ezek. 16,21)
ἀποτρυγάω (ἀπό; τρύγη)   to pick fruit ▸ 1
   ἀπετρύγησαν ▸ 1
      Verb · third · plural · aorist · active · indicative ▸ **1** (Amos 6,1)
ἀποτυγχάνω (ἀπό; τυγχάνω)   to miss, mistake; fail ▸ 1
   ἀπέτυχον ▸ 1
      Verb · first · singular · aorist · active · indicative ▸ **1** (Job 31,16)
ἀποτυμπανίζω (ἀπό; τύπος)   to bludgeon to death ▸ 2
   ἀπετυμπανίσθη ▸ 1
      Verb · third · singular · aorist · passive · indicative ▸ **1** (Dan. 7,11)
   ἀποτυμπανισθήσεται ▸ 1
      Verb · third · singular · future · passive · indicative ▸ **1** (3Mac. 3,27)
ἀποτυφλόω (ἀπό; τυφλός)   to blind ▸ 2 + 1 = 3
   ἀπετύφλωσεν ▸ 1
      Verb · third · singular · aorist · active · indicative ▸ **1** (Wis. 2,21)
   ἀποτυφλοῖ ▸ 1
      Verb · third · singular · present · active · indicative ▸ **1** (Sir. 20,29)
   ἀποτυφλωθῆναι ▸ 1
      Verb · aorist · passive · infinitive ▸ **1** (Tob. 2,10)
ἀποτύφλωσις (ἀπό; τυφλός)   blindness ▸ 1
   ἀποτυφλώσει ▸ 1
      Noun · feminine · singular · dative · (common) ▸ **1** (Zech. 12,4)
ἀπουσία (ἀπό; εἰμί)   absence ▸ 1
   ἀπουσίᾳ ▸ 1
      Noun · feminine · singular · dative ▸ **1** (Phil. 2,12)
ἀποφαίνω (ἀπό; φαίνω)   to show, declare, cause ▸ 4
   ἀπεφήνατο ▸ 1
      Verb · third · singular · aorist · middle · indicative ▸ **1** (2Mac.

6,23)
- ἀπέφηνεν ▸ 1
  - **Verb** · third · singular · aorist · active · indicative ▸ **1** (Job 32,2)
- ἀποφῆναι ▸ 1
  - **Verb** · aorist · active · infinitive ▸ **1** (Job 27,5)
- ἀποφηναμένων ▸ 1
  - **Verb** · aorist · middle · participle · masculine · plural · genitive ▸ **1** (2Mac. 15,4)

ἀποφέρω (ἀπό; φέρω) to carry off; obtain, win back ▸ 32 + 2 + 6 = 40
- ἀπενέγκαι ▸ 1
  - **Verb** · aorist · active · infinitive ▸ **1** (Bel 33)
- ἀπενέγκαιτο ▸ 1
  - **Verb** · third · singular · aorist · middle · optative ▸ **1** (Job 3,6)
- ἀπενεγκάμενος ▸ 1
  - **Verb** · aorist · middle · participle · masculine · singular · nominative ▸ **1** (2Mac. 5,21)
- ἀπενέγκαντι ▸ 1
  - **Verb** · aorist · active · participle · masculine · singular · dative ▸ **1** (1Esdr. 6,18)
- ἀπενέγκας ▸ 1
  - **Verb** · aorist · active · participle · masculine · singular · nominative ▸ **1** (1Esdr. 1,39)
- ἀπενέγκασθαι ▸ 1
  - **Verb** · aorist · middle · infinitive ▸ **1** (Ezek. 38,13)
- ἀπένεγκε ▸ 2
  - **Verb** · second · singular · aorist · active · imperative ▸ **2** (Num. 17,11; Bel 34)
- Ἀπένεγκε ▸ 1
  - **Verb** · second · singular · aorist · active · imperative ▸ **1** (Bel 34)
- ἀπενεγκεῖν ▸ 1 + 1 = 2
  - **Verb** · aorist · active · infinitive ▸ 1 + 1 = **2** (1Esdr. 8,13; 1Cor. 16,3)
- ἀπενεχθῆναι ▸ 1
  - **Verb** · aorist · passive · infinitive ▸ **1** (Luke 16,22)
- ἀπενεχθήσονται ▸ 2
  - **Verb** · third · plural · future · passive · indicative ▸ **2** (Psa. 44,15; Psa. 44,16)
- ἀπενεχθήσονταί ▸ 1
  - **Verb** · third · plural · future · passive · indicative ▸ **1** (Psa. 44,15)
- ἀπενηνεγμένος ▸ 1
  - **Verb** · perfect · middle · participle · masculine · singular · nominative ▸ **1** (Esth. 13,3 # 3,13c)
- ἀπήνεγκαν ▸ 5 + 1 = 6
  - **Verb** · third · plural · aorist · active · indicative ▸ 5 + 1 = **6** (1Esdr. 1,13; 1Esdr. 1,51; Hos. 10,6; Jer. 52,17; Ezek. 32,30; Mark 15,1)
- ἀπήνεγκεν ▸ 4
  - **Verb** · third · singular · aorist · active · indicative ▸ **4** (2Chr. 36,7; 1Esdr. 6,25; Ezra 5,14; Dan. 1,2)
- ἀπήνεγκέν ▸ 2
  - **Verb** · third · singular · aorist · active · indicative ▸ **2** (Rev. 17,3; Rev. 21,10)
- ἀπηνέχθη ▸ 2
  - **Verb** · third · singular · aorist · passive · indicative ▸ **2** (Ezra 5,5; Job 21,32)
- ἀποίσει ▸ 2
  - **Verb** · third · singular · future · active · indicative ▸ **2** (Eccl. 10,20; Is. 57,13)
- ἀποίσῃ ▸ 1
  - **Verb** · second · singular · future · middle · indicative ▸ **1** (2Mac. 7,36)
- ἀποίσονται ▸ 2
  - **Verb** · third · plural · future · middle · indicative ▸ **2** (Lev. 20,19; Job 15,28)
- ἀποίσουσιν ▸ 1
  - **Verb** · third · plural · future · active · indicative ▸ **1** (Dan. 11,8)
- ἀποίσω ▸ 1
  - **Verb** · first · singular · future · active · indicative ▸ **1** (2Sam. 13,13)
- ἀποφέρει ▸ 1
  - **Verb** · third · singular · present · active · indicative ▸ **1** (1Esdr. 4,24)
- ἀποφέρεσθαι ▸ 1
  - **Verb** · present · passive · infinitive · (variant) ▸ **1** (Acts 19,12)
- ἀποφέρουσιν ▸ 1
  - **Verb** · third · plural · present · active · indicative ▸ **1** (Zech. 5,10)

ἀποφεύγω (ἀπό; φεύγω) to escape, run away ▸ 1 + 3 = 4
- ἀποφεύγοντας ▸ 1
  - **Verb** · present · active · participle · masculine · plural · accusative ▸ **1** (2Pet. 2,18)
- ἀποφεύξεται ▸ 1
  - **Verb** · third · singular · future · middle · indicative ▸ **1** (Sir. 22,22)
- ἀποφυγόντες ▸ 2
  - **Verb** · aorist · active · participle · masculine · plural · nominative ▸ **2** (2Pet. 1,4; 2Pet. 2,20)

ἀποφθέγγομαι (ἀπό; φθέγγομαι) to utter ▸ 6 + 3 = 9
- ἀπεφθέγξατο ▸ 1
  - **Verb** · third · singular · aorist · middle · indicative ▸ **1** (Acts 2,14)
- ἀποφθέγγεσθαι ▸ 1 + 1 = 2
  - **Verb** · present · middle · infinitive ▸ 1 + 1 = **2** (Ezek. 13,19; Acts 2,4)
- ἀποφθέγγομαι ▸ 1
  - **Verb** · first · singular · present · middle · indicative ▸ **1** (Acts 26,25)
- ἀποφθεγγόμενοι ▸ 2
  - **Verb** · present · middle · participle · masculine · plural · nominative ▸ **2** (Mic. 5,11; Zech. 10,2)
- ἀποφθεγγομένους ▸ 2
  - **Verb** · present · middle · participle · masculine · plural · accusative ▸ **2** (1Chr. 25,1; Ezek. 13,9)
- ἀποφθέγξονται ▸ 1
  - **Verb** · third · plural · future · middle · indicative ▸ **1** (Psa. 58,8)

ἀπόφθεγμα (ἀπό; φθέγγομαι) saying, proverb, oracle ▸ 3
- ἀπόφθεγμά ▸ 2
  - **Noun** · neuter · singular · nominative · (common) ▸ **2** (Deut. 32,2; Ode. 2,2)
- ἀποφθέγματα ▸ 1
  - **Noun** · neuter · plural · accusative · (common) ▸ **1** (Ezek. 13,19)

ἀποφορτίζομαι (ἀπό; φέρω) to unload ▸ 1
- ἀποφορτιζόμενον ▸ 1
  - **Verb** · present · middle · participle · neuter · singular · nominative ▸ **1** (Acts 21,3)

ἀποφράσσω (ἀπό; φράσσω) to stop up, hinder, repulse ▸ 2
- ἀπεφράγη ▸ 1
  - **Verb** · third · singular · aorist · passive · indicative ▸ **1** (1Mac. 9,55)
- ἀπέφραξεν ▸ 1
  - **Verb** · third · singular · aorist · active · indicative ▸ **1** (Lam. 3,8)

ἀποφυσάω (ἀπό; φύω) to blow away ▸ 1

ἀποφυσώμενος ‣ 1
: Verb · present · passive · participle · masculine · singular · nominative ‣ 1 (Hos. 13,3)

ἀποχέω (ἀπό; χέω) to pour out, shed ‣ 2
: ἀποχεεῖς ‣ 2
: Verb · second · singular · future · active · indicative ‣ 2 (2Kings 4,4; Lam. 4,21)

ἀπόχρησις (ἀπό; χράομαι) using up, consuming ‣ 1
: ἀποχρήσει ‣ 1
: Noun · feminine · singular · dative ‣ 1 (Col. 2,22)

ἀποχύννω to shed ‣ 1
: ἀπέχυννε ‣ 1
: Verb · third · singular · aorist · active · indicative ‣ 1 (1Kings 22,35)

ἀποχωρέω (ἀπό; χωρέω) to depart ‣ 3 + 3 = 6
: ἀποκεχωρηκώς ‣ 1
: Verb · perfect · active · participle · masculine · singular · nominative ‣ 1 (2Mac. 4,33)
: ἀποχωρεῖ ‣ 1
: Verb · third · singular · present · active · indicative ‣ 1 (Luke 9,39)
: ἀποχωρεῖτε ‣ 1
: Verb · second · plural · present · active · imperative ‣ 1 (Matt. 7,23)
: ἀποχωρήσας ‣ 1
: Verb · aorist · active · participle · masculine · singular · nominative ‣ 1 (Acts 13,13)
: ἀποχωροῦντας ‣ 1
: Verb · present · active · participle · masculine · plural · accusative ‣ 1 (3Mac. 2,33)
: ἀποχωροῦσιν ‣ 1
: Verb · third · plural · present · active · indicative ‣ 1 (Jer. 26,5)

ἀποχώρησις (ἀπό; χωρέω) latrine ‣ 1
: ἀποχωρήσει ‣ 1
: Noun · feminine · singular · dative · (common) ‣ 1 (Judg. 3,24)

ἀποχωρίζω (ἀπό; χωρίς) to separate ‣ 1 + 2 = 3
: ἀπεχωρίσθη ‣ 1
: Verb · third · singular · aorist · passive · indicative ‣ 1 (Rev. 6,14)
: ἀποκεχωρισμένῳ ‣ 1
: Verb · perfect · passive · participle · masculine · singular · dative ‣ 1 (Ezek. 43,21)
: ἀποχωρισθῆναι ‣ 1
: Verb · aorist · passive · infinitive ‣ 1 (Acts 15,39)

ἀποψύχω (ἀπό; ψύχω) to lose heart, faint, swoon ‣ 1 + 1 = 2
: ἀποψυχόντων ‣ 1
: Verb · present · active · participle · masculine · plural · genitive ‣ 1 (Luke 21,26)
: ἀποψύχων ‣ 1
: Verb · present · active · participle · masculine · singular · nominative ‣ 1 (4Mac. 15,18)

Ἄππιος Appius ‣ 1
: Ἀππίου ‣ 1
: Noun · masculine · singular · genitive · (proper) ‣ 1 (Acts 28,15)

ἄπρακτος (α; πράσσω) ineffectual; undone; inactive ‣ 3
: ἄπρακτον ‣ 2
: Adjective · masculine · singular · accusative · noDegree ‣ 2 (2Mac. 12,18; 3Mac. 2,22)
: ἄπρακτος ‣ 1
: Adjective · masculine · singular · nominative · noDegree ‣ 1 (Judith 11,11)

ἀπρεπής (α; πρέπω) improper, unbecoming ‣ 1
: ἀπρεπές ‣ 1
: Adjective · neuter · singular · accusative · noDegree ‣ 1 (4Mac. 6,17)

ἀπρονοήτως (α; πρό; νοῦς) hastily, rashly ‣ 1
: ἀπρονοήτως ‣ 1
: Adverb ‣ 1 (3Mac. 1,14)

ἀπρόπτωτος (α; πρό; πίπτω) deliberate, intentional ‣ 1
: ἀπροπτώτῳ ‣ 1
: Adjective · feminine · singular · dative · noDegree ‣ 1 (3Mac. 3,14)

ἀπροσδεής (α; πρός; δέω) unworthy, undeserving ‣ 3
: ἀπροσδεεῖ ‣ 1
: Adjective · masculine · singular · dative · noDegree ‣ 1 (3Mac. 2,9)
: ἀπροσδεεῖς ‣ 1
: Adjective · masculine · plural · nominative · noDegree ‣ 1 (1Mac. 12,9)
: ἀπροσδεής ‣ 1
: Adjective · masculine · singular · nominative · noDegree ‣ 1 (2Mac. 14,35)

ἀπροσδόκητος (α; πρός; δοκέω) unexpected ‣ 4
: ἀπροσδόκητον ‣ 3
: Adjective · feminine · singular · accusative · noDegree ‣ 3 (3Mac. 3,8; 3Mac. 4,2; 3Mac. 5,33)
: ἀπροσδόκητος ‣ 1
: Adjective · masculine · singular · nominative · noDegree ‣ 1 (Wis. 17,14)

ἀπροσδοκήτως (α; πρός; δοκέω) unexpectedly, without warning ‣ 2
: ἀπροσδοκήτως ‣ 2
: Adverb ‣ 2 (2Mac. 8,6; 2Mac. 12,37)

ἀπρόσιτος (α; πρός; εἶμι) unapproachable ‣ 1
: ἀπρόσιτον ‣ 1
: Adjective · neuter · singular · accusative · (verbal) ‣ 1 (1Tim. 6,16)

ἀπρόσκοπος (α; πρός; κόπτω) blameless ‣ 2 + 3 = 5
: ἀπρόσκοποι ‣ 2
: Adjective · masculine · plural · nominative ‣ 2 (1Cor. 10,32; Phil. 1,10)
: ἀπρόσκοπον ‣ 1
: Adjective · feminine · singular · accusative ‣ 1 (Acts 24,16)
: ἀπροσκόπους ‣ 1
: Adjective · feminine · plural · accusative · noDegree ‣ 1 (3Mac. 3,8)
: ἀπροσκόπῳ ‣ 1
: Adjective · feminine · singular · dative · noDegree ‣ 1 (Sir. 32,21)

ἀπροσωπολήμπτως (α; ὁράω; λαμβάνω) impartially ‣ 1
: ἀπροσωπολήμπτως ‣ 1
: Adverb ‣ 1 (1Pet. 1,17)

ἄπταιστος (α; πταίω) free from stumbling ‣ 1 + 1 = 2
: ἀπταίστους ‣ 1 + 1 = 2
: Adjective · masculine · plural · accusative · noDegree ‣ 1 + 1 = 2 (3Mac. 6,39; Jude 24)

Απταλιμ Japhletites ‣ 1
: Απταλιμ ‣ 1
: Noun · singular · genitive · (proper) ‣ 1 (Josh. 16,3)

ἀπτόητος (α; πτοέω) fearless ▸ 1
- ἀπτόητος ▸ 1
  - **Adjective** · feminine · singular · nominative · noDegree ▸ **1** (Jer. 27,2)

ἅπτομαι to touch, hold, grasp; to light, ignite ▸ 2
- ἧπται ▸ 2
  - **Verb** · third · singular · perfect · middle · indicative ▸ **2** (Judg. 20,41; 1Sam. 6,9)

ἅπτω to touch, hold, grasp; to light, ignite ▸ 122 + 9 + 39 = 170
- ἅπτει ▸ 1
  - **Verb** · third · singular · present · active · indicative ▸ **1** (Luke 15,8)
- ἅπτεσθαι ▸ 2 + 2 = 4
  - **Verb** · present · middle · infinitive ▸ 2 + 2 = **4** (Lev. 15,23; 2Mac. 9,10; Luke 6,19; 1Cor. 7,1)
- ἅπτεσθε ▸ 4 + 1 = 5
  - **Verb** · second · plural · present · middle · imperative ▸ 4 + 1 = **5** (Num. 16,26; Psa. 104,15; Is. 52,11; Lam. 4,15; 2Cor. 6,17)
- ἁπτέσθω ▸ 1
  - **Verb** · third · singular · present · middle · imperative ▸ **1** (2Sam. 5,8)
- ἅπτεται ▸ 2
  - **Verb** · third · singular · present · middle · indicative ▸ **2** (Luke 7,39; 1John 5,18)
- ἅπτηται ▸ 1
  - **Verb** · third · singular · present · middle · subjunctive ▸ **1** (Luke 18,15)
- ἁπτομένη ▸ 5 + 1 = 6
  - **Verb** · present · middle · participle · feminine · singular · nominative ▸ 5 + 1 = **6** (Num. 19,22; 2Chr. 3,11; 2Chr. 3,11; 2Chr. 3,12; 2Chr. 3,12; Dan. 10,10)
- ἁπτόμενος ▸ 29 + 1 = 30
  - **Verb** · present · middle · participle · masculine · singular · nominative ▸ 29 + 1 = **30** (Gen. 26,11; Ex. 29,37; Ex. 30,29; Lev. 6,20; Lev. 11,24; Lev. 11,26; Lev. 11,27; Lev. 11,31; Lev. 11,36; Lev. 11,39; Lev. 15,7; Lev. 15,10; Lev. 15,19; Lev. 15,22; Lev. 15,27; Lev. 22,4; Num. 3,10; Num. 3,38; Num. 17,28; Num. 19,11; Num. 19,13; Num. 19,21; Num. 31,19; Psa. 103,32; Prov. 6,29; Sir. 13,1; Sir. 34,25; Zech. 2,12; Zech. 2,12; Dan. 8,5)
- ἁπτομένων ▸ 1
  - **Verb** · present · middle · participle · masculine · plural · genitive ▸ **1** (Jer. 12,14)
- ἅπτονται ▸ 1
  - **Verb** · third · plural · present · middle · indicative ▸ **1** (LetterJ 27)
- ἅπτου ▸ 1
  - **Verb** · second · singular · present · middle · imperative ▸ **1** (John 20,17)
- ἅπτωνται ▸ 3
  - **Verb** · third · plural · present · middle · subjunctive ▸ **3** (Ezek. 41,6; Ezek. 42,14; Ezek. 42,14)
- ἅψαι ▸ 3
  - **Verb** · second · singular · aorist · middle · imperative ▸ **3** (Psa. 143,5; Job 1,11; Job 2,5)
- ἁψαμένη ▸ 1
  - **Verb** · aorist · middle · participle · feminine · singular · nominative ▸ **1** (Job 19,21)
- ἁψάμενος ▸ 2 + 2 = 4
  - **Verb** · aorist · middle · participle · masculine · singular · nominative ▸ 2 + 2 = **4** (Ex. 19,12; Lev. 5,3; Matt. 17,7; Luke 22,51)
- ἁψαμενός ▸ 1 + 1 = 2
  - **Verb** · aorist · middle · participle · masculine · singular · nominative ▸ 1 + 1 = **2** (Dan. 8,18; Luke 8,45)
- ἅψαντες ▸ 1 + 1 = 2
  - **Verb** · aorist · active · participle · masculine · plural · nominative ▸ 1 + 1 = **2** (Judith 13,13; Acts 28,2)
- ἅψας ▸ 2
  - **Verb** · aorist · active · participle · masculine · singular · nominative ▸ **2** (Luke 8,16; Luke 11,33)
- ἅψασθαι ▸ 7
  - **Verb** · aorist · middle · infinitive ▸ **7** (Gen. 20,6; Josh. 9,19; 2Sam. 14,10; 1Esdr. 4,28; Judith 11,13; Ezek. 17,10; Dan. 4,22)
- ἅψασθαί ▸ 1
  - **Verb** · aorist · middle · infinitive ▸ **1** (Ruth 2,9)
- ἅψασθε ▸ 1
  - **Verb** · second · plural · aorist · middle · imperative ▸ **1** (Prov. 9,17)
- ἅψεσθε ▸ 2
  - **Verb** · second · plural · future · middle · indicative ▸ **2** (Lev. 11,8; Deut. 14,8)
- ἅψεται ▸ 4
  - **Verb** · third · singular · future · middle · indicative ▸ **4** (Ex. 19,13; Lev. 12,4; Sol. 13,6; Sol. 15,4)
- ἅψῃ ▸ 1 + 1 = 2
  - **Verb** · second · singular · aorist · middle · subjunctive ▸ 1 + 1 = **2** (Job 1,12; Col. 2,21)
- ἅψησθε ▸ 2
  - **Verb** · second · plural · aorist · middle · subjunctive ▸ **2** (Gen. 3,3; 1Chr. 16,22)
- ἅψηται ▸ 17 + 2 = 19
  - **Verb** · third · singular · aorist · middle · subjunctive ▸ 17 + 2 = **19** (Lev. 5,2; Lev. 5,3; Lev. 6,11; Lev. 7,19; Lev. 7,21; Lev. 15,5; Lev. 15,11; Lev. 15,12; Lev. 15,21; Lev. 22,5; Lev. 22,6; Num. 19,16; Num. 19,22; Job 20,6; Wis. 3,1; Hag. 2,12; Hag. 2,13; Mark 8,22; Mark 10,13)
- ἅψηταί ▸ 1
  - **Verb** · third · singular · aorist · middle · subjunctive ▸ **1** (Job 5,19)
- ἅψονται ▸ 1
  - **Verb** · third · plural · future · middle · indicative ▸ **1** (Num. 4,15)
- ἅψωμαι ▸ 2
  - **Verb** · first · singular · aorist · middle · subjunctive ▸ **2** (Matt. 9,21; Mark 5,28)
- ἅψωνται ▸ 3
  - **Verb** · third · plural · aorist · middle · subjunctive ▸ **3** (Matt. 14,36; Mark 3,10; Mark 6,56)
- ἡμμένον ▸ 1
  - **Verb** · perfect · middle · participle · neuter · singular · accusative ▸ **1** (Num. 19,18)
- ἥπτετο ▸ 4
  - **Verb** · third · singular · imperfect · middle · indicative ▸ **4** (1Kings 6,27; 1Kings 6,27; Wis. 18,16; Dan. 8,5)
- ἥπτοντο ▸ 1
  - **Verb** · third · plural · imperfect · middle · indicative ▸ **1** (1Kings 6,27)
- ἡψάμην ▸ 1
  - **Verb** · first · singular · aorist · middle · indicative ▸ **1** (Job 31,7)
- ἦψαν ▸ 1
  - **Verb** · third · plural · aorist · active · indicative ▸ **1** (Tob. 8,13)
- ἥψαντο ▸ 2 + 2 = 4
  - **Verb** · third · plural · aorist · middle · indicative ▸ 2 + 2 = **4** (Jer. 31,32; Lam. 4,14; Matt. 14,36; Mark 6,56)

ἥψατο ▸ 18 + 3 + 14 = 35
  Verb ▪ third ▪ singular ▪ aorist ▪ middle ▪ indicative ▸ 18 + 3 + 14 = 35 (Gen. 20,4; Gen. 32,26; Gen. 32,33; Judg. 6,21; 1Sam. 10,26; 1Kings 19,5; 1Kings 19,7; 2Kings 13,21; 2Kings 15,5; Job 1,19; Mic. 1,9; Is. 6,7; Is. 6,7; Jer. 1,9; Jer. 4,10; Jer. 4,18; Dan. 3,50; Dan. 3,94; Judg. 6,21; Dan. 3,50; Dan. 10,16; Matt. 8,3; Matt. 8,15; Matt. 9,20; Matt. 9,29; Matt. 20,34; Mark 1,41; Mark 5,27; Mark 5,30; Mark 5,31; Mark 7,33; Luke 5,13; Luke 7,14; Luke 8,44; Luke 8,47)

Ἥψατο ▸ 1
  Verb ▪ third ▪ singular ▪ aorist ▪ middle ▪ indicative ▸ 1 (Wis. 18,20)

ἥψατό ▸ 3 + 3 + 1 = 7
  Verb ▪ third ▪ singular ▪ aorist ▪ middle ▪ indicative ▸ 3 + 3 + 1 = 7 (Job 4,5; Dan. 10,16; Dan. 10,18; Dan. 8,18; Dan. 9,21; Dan. 10,18; Luke 8,46)

ἄπυρος (α; πῦρ) unburned, unsmelted ▸ 1
  ἄπυρον ▸ 1
    Adjective ▪ neuter ▪ singular ▪ nominative ▪ noDegree ▸ 1 (Is. 13,12)

Ἀπφία Apphia ▸ 1
  Ἀπφίᾳ ▸ 1
    Noun ▪ feminine ▪ singular ▪ dative ▪ (proper) ▸ 1 (Philem. 2)

Απφιν Huppim ▸ 1
  Απφιν ▸ 1
    Noun ▪ masculine ▪ singular ▪ nominative ▪ (proper) ▸ 1 (1Chr. 7,12)

Απφους Apphus ▸ 1
  Απφους ▸ 1
    Noun ▪ masculine ▪ singular ▪ nominative ▪ (proper) ▸ 1 (1Mac. 2,5)

ἀπωθέω (ἀπό; ὠθέω) to push back, drive off, cast away, reject ▸ 73 + 6 = 79
  ἀπεώσαντο ▸ 1
    Verb ▪ third ▪ plural ▪ aorist ▪ middle ▪ indicative ▸ 1 (2Kings 17,20)
  ἀπωθεῖς ▸ 1
    Verb ▪ second ▪ singular ▪ present ▪ active ▪ indicative ▸ 1 (Psa. 87,15)
  ἀπωθεῖσθε ▸ 1
    Verb ▪ second ▪ plural ▪ present ▪ middle ▪ indicative ▸ 1 (Acts 13,46)
  ἀπωθεῖται ▸ 2
    Verb ▪ third ▪ singular ▪ present ▪ middle ▪ indicative ▸ 2 (4Mac. 2,16; Prov. 15,32)
  ἀπωθοῦ ▸ 1
    Verb ▪ second ▪ singular ▪ present ▪ middle ▪ imperative ▸ 1 (Ezek. 21,15)
  ἀπωθουμένοις ▸ 1
    Verb ▪ present ▪ middle ▪ participle ▪ masculine ▪ plural ▪ dative ▸ 1 (Jer. 23,17)
  ἀπωθούμενος ▸ 2
    Verb ▪ present ▪ middle ▪ participle ▪ masculine ▪ singular ▪ nominative ▸ 2 (Prov. 19,26; Lam. 5,22)
  ἄπωσαι ▸ 1
    Verb ▪ second ▪ singular ▪ aorist ▪ middle ▪ imperative ▸ 1 (Prov. 4,24)
  ἀπωσαμένη ▸ 1
    Verb ▪ aorist ▪ middle ▪ participle ▪ feminine ▪ singular ▪ nominative ▸ 1 (Ezek. 16,45)
  ἀπωσάμενοι ▸ 2 + 1 = 3
    Verb ▪ aorist ▪ middle ▪ participle ▪ masculine ▪ plural ▪ nominative ▸ 2 + 1 = 3 (3Mac. 3,22; 3Mac. 6,32; 1Tim. 1,19)
  ἀπωσάμενος ▸ 2
    Verb ▪ aorist ▪ middle ▪ participle ▪ masculine ▪ singular ▪ nominative ▸ 2 (Psa. 59,12; Psa. 107,12)
  ἀπωσαμένων ▸ 1
    Verb ▪ aorist ▪ middle ▪ participle ▪ masculine ▪ plural ▪ genitive ▸ 1 (Ezek. 16,45)
  ἀπωσάμην ▸ 2
    Verb ▪ first ▪ singular ▪ aorist ▪ middle ▪ indicative ▸ 2 (2Chr. 35,19d; Mic. 4,6)
  ἀπώσαντο ▸ 5 + 1 = 6
    Verb ▪ third ▪ plural ▪ aorist ▪ middle ▪ indicative ▸ 5 + 1 = 6 (Jer. 6,19; Ezek. 5,6; Ezek. 20,13; Ezek. 20,16; Ezek. 20,24; Acts 7,39)
  ἀπώσαντό ▸ 1
    Verb ▪ third ▪ plural ▪ aorist ▪ middle ▪ indicative ▸ 1 (Jer. 4,30)
  ἀπώσασθαι ▸ 3
    Verb ▪ aorist ▪ middle ▪ infinitive ▸ 3 (2Kings 4,27; Psa. 61,5; Amos 2,4)
  ἀπωσάσθωσαν ▸ 1
    Verb ▪ third ▪ plural ▪ aorist ▪ middle ▪ imperative ▸ 1 (Ezek. 43,9)
  ἀπώσατο ▸ 6 + 3 = 9
    Verb ▪ third ▪ singular ▪ aorist ▪ middle ▪ indicative ▸ 6 + 3 = 9 (Judg. 6,13; Psa. 77,60; Psa. 77,67; Jer. 2,37; Jer. 7,29; Lam. 3,17; Acts 7,27; Rom. 11,1; Rom. 11,2)
  Ἀπώσατο ▸ 1
    Verb ▪ third ▪ singular ▪ aorist ▪ middle ▪ indicative ▸ 1 (Lam. 2,7)
  ἀπώσειεν ▸ 1
    Verb ▪ third ▪ singular ▪ aorist ▪ active ▪ optative ▸ 1 (Job 18,18)
  ἀπώσεται ▸ 6
    Verb ▪ third ▪ singular ▪ future ▪ middle ▪ indicative ▸ 6 (1Sam. 12,22; Psa. 76,8; Psa. 93,14; Hos. 9,17; Mic. 2,6; Lam. 3,31)
  ἀπώσῃ ▸ 7
    Verb ▪ second ▪ singular ▪ aorist ▪ middle ▪ subjunctive ▸ 4 (Psa. 43,24; Psa. 118,10; Prov. 1,8; Prov. 6,20)
    Verb ▪ second ▪ singular ▪ future ▪ middle ▪ indicative ▸ 3 (Job 34,33; Sol. 7,8; Sol. 9,9)
  ἀπώσθη ▸ 1
    Verb ▪ third ▪ singular ▪ aorist ▪ passive ▪ indicative ▸ 1 (Ezek. 21,18)
  ἀπωσθῆναι ▸ 1
    Verb ▪ aorist ▪ passive ▪ infinitive ▸ 1 (Lam. 3,45)
  ἀπωσθῇς ▸ 1
    Verb ▪ second ▪ singular ▪ aorist ▪ passive ▪ subjunctive ▸ 1 (Sir. 13,10)
  ἀπώσθησαν ▸ 1
    Verb ▪ third ▪ plural ▪ aorist ▪ passive ▪ indicative ▸ 1 (Psa. 87,6)
  ἀπωσθήσεται ▸ 1
    Verb ▪ third ▪ singular ▪ future ▪ passive ▪ indicative ▸ 1 (Prov. 14,32)
  ἀπῶσμαι ▸ 1
    Verb ▪ first ▪ singular ▪ perfect ▪ middle ▪ indicative ▸ 1 (Amos 5,21)
  Ἀπῶσμαι ▸ 3
    Verb ▪ first ▪ singular ▪ perfect ▪ passive ▪ indicative ▸ 3 (Ode. 6,5; Jonah 2,5; Lam. 3,54)
  ἀπωσμένην ▸ 2
    Verb ▪ perfect ▪ passive ▪ participle ▪ feminine ▪ singular ▪ accusative ▸ 2 (Mic. 4,7; Zeph. 3,19)
  ἀπώσομαι ▸ 3
    Verb ▪ first ▪ singular ▪ future ▪ middle ▪ indicative ▸ 3 (2Kings 21,14; 2Kings 23,27; Hos. 4,6)
  Ἀπώσομαι ▸ 1

Verb · first · singular · future · middle · indicative ▸ **1** (Ezek. 11,16)

ἀπώσομαί ▸ 1
Verb · first · singular · future · middle · indicative ▸ **1** (Ezek. 5,11)

ἀπῶσται ▸ 1
Verb · third · singular · perfect · passive · indicative ▸ **1** (Ezek. 19,5)

ἀπώσω ▸ 8
Verb · second · singular · aorist · middle · indicative ▸ **8** (Psa. 42,2; Psa. 43,10; Psa. 59,3; Psa. 73,1; Psa. 88,39; Sol. 7,2; Hos. 4,6; Lam. 5,22)

ἀπώλεια (ἀπό; ὄλλυμι) destruction, ruin ▸ **116** + **6** + **18** = **140**

ἀπώλεια ▸ 24 + 4 = 28
Noun · feminine · singular · nominative · (common) ▸ **24** + **4** = **28** (Tob. 4,13; Prov. 6,15; Prov. 10,11; Prov. 11,3; Prov. 15,11; Prov. 27,20; Job 11,20; Job 20,5; Job 20,28; Job 27,7; Job 28,22; Job 31,3; Job 41,14; Wis. 18,7; Sir. 31,6; Sol. 3,11; Sol. 14,9; Sol. 15,10; Hos. 10,14; Is. 47,11; Is. 47,11; Ezek. 27,36; Ezek. 28,19; Ezek. 29,9; Matt. 26,8; Mark 14,4; Phil. 3,19; 2Pet. 2,3)

ἀπωλείᾳ ▸ 23
Noun · feminine · singular · dative · (common) ▸ **23** (Num. 20,3; Deut. 4,26; Deut. 7,23; Deut. 8,19; Deut. 12,2; Deut. 30,18; Esth. 8,6; Judith 6,4; Judith 7,25; 3Mac. 6,11; Psa. 87,12; Prov. 1,26; Prov. 10,24; Prov. 11,6; Prov. 13,1; Prov. 13,15; Prov. 28,28; Job 26,6; Wis. 1,13; Sol. 9,5; Sol. 17,22; Jer. 12,17; Ezek. 25,7)

ἀπώλειαν ▸ 45 + 3 + 9 = 57
Noun · feminine · singular · accusative · (common) ▸ **45** + **3** + **9** = **57** (Lev. 5,22; Lev. 5,23; Deut. 22,3; 1Chr. 21,17; Esth. 7,4; Esth. 16,13 # 8,12n; Judith 11,22; Judith 13,16; Tob. 14,15; 1Mac. 3,42; 2Mac. 12,27; 3Mac. 6,23; 3Mac. 6,38; 4Mac. 15,24; Prov. 6,32; Prov. 16,26; Prov. 16,26; Sir. 9,9; Sir. 20,25; Sir. 29,10; Sir. 36,8; Sir. 41,10; Sir. 48,6; Sol. 2,31; Sol. 13,11; Sol. 16,5; Is. 14,23; Is. 33,2; Is. 34,12; Is. 54,16; Jer. 30,18; Jer. 30,24; Jer. 30,27; Jer. 51,12; Bar. 4,6; Bar. 4,25; Ezek. 26,16; Ezek. 28,7; Ezek. 29,10; Ezek. 29,12; Ezek. 31,11; Ezek. 32,15; Dan. 2,18; Dan. 6,23; Bel 30; Tob. 14,15; Dan. 2,5; Dan. 3,96; Matt. 7,13; Acts 8,20; Rom. 9,22; 1Tim. 6,9; Heb. 10,39; 2Pet. 2,1; 2Pet. 3,16; Rev. 17,8; Rev. 17,11)

ἀπώλειάν ▸ 1
Noun · feminine · singular · accusative · (common) ▸ **1** (Ezek. 26,21)

ἀπωλείας ▸ 23 + 3 + 5 = 31
Noun · feminine · singular · genitive · (common) ▸ **23** + **3** + **5** = **31** (Ex. 22,8; Deut. 32,35; Esth. 16,22 # 8,12u; 2Mac. 8,4; Ode. 2,35; Prov. 24,22a; Job 21,30; Job 30,12; Wis. 5,7; Sir. 16,9; Sir. 51,2; Sir. 51,11; Sol. 15,9; Obad. 12; Obad. 13; Is. 22,5; Is. 34,5; Is. 57,4; Jer. 12,11; Jer. 18,17; Jer. 26,21; Dan. 8,25; Bel 42; Tob. 13,2; Dan. 8,25; Bel 42; John 17,12; Phil. 1,28; 2Th. 2,3; 2Pet. 2,1; 2Pet. 3,7)

ἀπῶρυξ vine ▸ 1
ἀπώρυγας ▸ 1
Noun · feminine · plural · accusative · (common) ▸ **1** (Ezek. 17,6)

ἀπωσμός (ἀπό; ὠθέω) wandering, rejection ▸ 1
ἀπωσμῶν ▸ 1
Noun · masculine · plural · genitive · (common) ▸ **1** (Lam. 1,7)

ἀπωτέρω (ἀπό) far away ▸ 1
ἀπωτέρω ▸ 1
Adverb ▸ **1** (Dan. 9,7)

Αρα (ἀρά 1st homograph) Ara ▸ 2
Αρα ▸ 2
Noun · singular · nominative · (proper) ▸ **2** (Josh. 15,21; 1Chr. 7,38)

ἆρα (ἀρά 1st homograph) then ▸ 5 + 3 = 8
ἆρα ▸ 3 + 2 = 5
Particle · (interrogative) ▸ **3** + **2** = **5** (Ode. 6,5; Job 27,8; Jonah 2,5; Luke 18,8; Gal. 2,17)

ἆρά ▸ 1 + 1 = 2
Particle · (interrogative) ▸ **1** + **1** = **2** (Gen. 37,10; Acts 8,30)

Ἆρά ▸ 1
Particle · (interrogative) ▸ **1** (Gen. 18,13)

ἄρα (ἀρά 1st homograph) then, therefore ▸ 39 + 49 = 88
ἄρα ▸ 35 + 42 = 77
Particle ▸ **35** (Gen. 18,3; Num. 22,11; 1Mac. 9,8; 4Mac. 1,3; Psa. 7,5; Psa. 7,6; Psa. 30,23; Psa. 57,2; Psa. 57,12; Psa. 57,12; Psa. 123,3; Psa. 123,4; Psa. 123,5; Job 23,3; Job 31,6; Job 31,8; Job 31,10; Job 31,22; Job 31,28; Job 31,30; Job 31,30; Job 31,40; Job 38,21; Job 40,14; Wis. 5,6; Wis. 6,20; Sol. 8,3; Hos. 12,12; Is. 56,3; Jer. 4,10; Ezek. 2,5; Ezek. 2,7; Ezek. 3,11; Ezek. 3,11; Dan. 6,21)
Conjunction · coordinating · (inferential) ▸ **37** (Matt. 7,20; Matt. 12,28; Matt. 17,26; Matt. 18,1; Matt. 19,25; Matt. 19,27; Matt. 24,45; Mark 4,41; Mark 11,13; Luke 1,66; Luke 8,25; Luke 11,20; Luke 11,48; Luke 12,42; Luke 22,23; Acts 8,22; Acts 11,18; Acts 12,18; Acts 17,27; Acts 21,38; Rom. 7,21; Rom. 8,1; Rom. 10,17; 1Cor. 5,10; 1Cor. 7,14; 1Cor. 15,14; 1Cor. 15,15; 1Cor. 15,18; 2Cor. 1,17; 2Cor. 5,14; 2Cor. 7,12; Gal. 2,21; Gal. 3,7; Gal. 3,29; Gal. 5,11; Heb. 4,9; Heb. 12,8)
Conjunction · subordinating · (recitative) ▸ **5** (Rom. 7,3; Rom. 9,16; Rom. 9,18; Rom. 14,12; 1Th. 5,6)

Ἄρα ▸ 4 + 7 = 11
Particle ▸ **4** (Gen. 20,11; Gen. 26,9; Psa. 72,13; Psa. 138,11)
Conjunction · subordinating · (recitative) ▸ **7** (Rom. 5,18; Rom. 7,25; Rom. 8,12; Rom. 14,19; Gal. 6,10; Eph. 2,19; 2Th. 2,15)

ἀρά (ἀρά 1st homograph) curse, imprecation ▸ 31 + 1 = 32
ἀρά ▸ 1
Noun · feminine · singular · nominative · (common) ▸ **1** (Bar. 1,20)

ἀρὰ ▸ 6
Noun · feminine · singular · nominative · (common) ▸ **6** (Gen. 26,28; Prov. 26,2; Hos. 4,2; Zech. 5,3; Is. 24,6; Is. 28,8)

ἀρᾷ ▸ 4
Noun · feminine · singular · dative · (common) ▸ **4** (Num. 5,21; Neh. 10,30; Sol. 4,14; Ezek. 17,13)

ἀραὶ ▸ 1
Noun · feminine · plural · nominative · (common) ▸ **1** (Deut. 29,19)

ἀραῖς ▸ 2
Noun · feminine · plural · dative · (common) ▸ **2** (Deut. 29,11; Prov. 12,23)

ἀράν ▸ 1
Noun · feminine · singular · accusative · (common) ▸ **1** (Ezek. 17,16)

ἀρὰν ▸ 7
Noun · feminine · singular · accusative · (common) ▸ **7** (Num. 5,27; Deut. 29,13; 1Kings 8,31; 2Chr. 6,22; Jer. 49,18; Jer. 51,22; Bar. 3,8)

ἀρὰς ▸ 3
Noun · feminine · plural · accusative · (common) ▸ **3** (Num. 5,23; Deut. 29,20; Deut. 30,7)

ἀρᾶς ▸ 6 + 1 = 7

Noun · feminine · singular · genitive · (common) ▸ 6 + 1 = 7 (Gen. 24,41; Num. 5,21; Deut. 29,18; Psa. 9,28; Psa. 13,3; Psa. 58,13; Rom. 3,14)

Αραα Haroeh ▸ 1
  Αραα ▸ 1
    Noun · masculine · singular · nominative · (proper) ▸ 1 (1Chr. 2,52)

αρααβ (Hebr.) head ▸ 1
  αρααβ ▸ 1
    Noun ▸ 1 (1Chr. 24,31)

Αραας Harhas ▸ 1
  Αραας ▸ 1
    Noun · masculine · singular · genitive · (proper) ▸ 1 (2Kings 22,14)

Αραβα Arabah ▸ 13
  Αραβα ▸ 13
    Noun · feminine · singular · accusative · (proper) ▸ 5 (Deut. 2,8; Deut. 4,49; Josh. 12,3; 2Kings 25,4; Jer. 52,7)
    Noun · feminine · singular · dative · (proper) ▸ 1 (Josh. 12,8)
    Noun · feminine · singular · genitive · (proper) ▸ 6 (Deut. 1,7; Deut. 3,17; Josh. 3,16; Josh. 12,1; Josh. 12,3; 2Kings 14,25)
    Noun · feminine · singular · nominative · (proper) ▸ 1 (Deut. 3,17)

Αραβι Arab ▸ 2
  Αραβι ▸ 2
    Noun · masculine · singular · dative · (proper) ▸ 1 (Neh. 6,1)
    Noun · masculine · singular · nominative · (proper) ▸ 1 (Neh. 2,19)

Ἀραβία Arabia ▸ 13 + 2 = 15
  Ἀραβία ▸ 1
    Noun · feminine · singular · nominative · (proper) ▸ 1 (Ezek. 27,21)
  Ἀραβίᾳ ▸ 1 + 1 = 2
    Noun · feminine · singular · dative · (proper) ▸ 1 + 1 = 2 (Gen. 46,34; Gal. 4,25)
  Ἀραβίαν ▸ 3 + 1 = 4
    Noun · feminine · singular · accusative · (proper) ▸ 3 + 1 = 4 (1Mac. 11,16; Is. 10,9; Ezek. 47,8; Gal. 1,17)
  Ἀραβίας ▸ 8
    Noun · feminine · singular · genitive · (proper) ▸ 8 (Gen. 45,10; 2Chr. 9,14; Judith 2,25; Psa. 71,15; Job 42,17b; Hab. 1,8; Zeph. 3,3; Is. 11,11)

Ἀράβισσα Arabian (f) ▸ 1
  Ἀράβισσαν ▸ 1
    Noun · feminine · singular · accusative · (proper) ▸ 1 (Job 42,17c)

Αραβωθ (Hebr.) plains ▸ 10
  Αραβωθ ▸ 10
    Noun · singular · accusative · (proper) ▸ 1 (Num. 31,12)
    Noun · singular · dative · (proper) ▸ 8 (Num. 26,3; Num. 26,63; Deut. 34,8; Josh. 13,14; Josh. 13,32; 2Sam. 15,28; 2Sam. 17,16; 2Kings 25,5)
    Noun · singular · genitive · (proper) ▸ 1 (Deut. 34,1)

Αραβωθίτης Arabothite ▸ 1
  Αραβωθίτου ▸ 1
    Noun · masculine · singular · genitive · (proper) ▸ 1 (2Sam. 23,31)

Αραδ Hadar, Ard, Arad ▸ 6 + 3 = 9
  Αραδ ▸ 6 + 3 = 9
    Noun · singular · genitive · (proper) ▸ 4 + 3 = 7 (Num. 21,1; Num. 33,40; Num. 34,4; Judg. 1,16; Judg. 1,16; Judg. 7,1; Judg. 10,6)
    Noun · masculine · singular · accusative · (proper) ▸ 1 (Gen. 46,21)
    Noun · masculine · singular · nominative · (proper) ▸ 1 (Gen. 36,39)

Ἀράδιος Arvadite ▸ 2
  Ἀράδιοι ▸ 1
    Noun · masculine · plural · nominative · (proper) ▸ 1 (Ezek. 27,8)
  Ἀραδίων ▸ 1
    Noun · masculine · plural · genitive · (proper) ▸ 1 (Ezek. 27,11)

Ἀράδιος Aradian; Arabian ▸ 1
  Ἀράδιον ▸ 1
    Noun · masculine · singular · accusative · (proper) ▸ 1 (Gen. 10,18)

Ἄραδος Aradus ▸ 1
  Ἄραδον ▸ 1
    Noun · masculine · singular · accusative · (proper) ▸ 1 (1Mac. 15,23)

Αραηλ Arael (Heb. Ramah) ▸ 1
  Αραηλ ▸ 1
    Noun · singular · nominative · (proper) ▸ 1 (Josh. 19,36)

Αραθ Arad ▸ 1
  Αραθ ▸ 1
    Noun · singular · genitive · (proper) ▸ 1 (Josh. 12,14)

Αραμ Aram, Ram ▸ 11
  Αραμ ▸ 11
    Noun · feminine · singular · accusative · (proper) ▸ 1 (1Chr. 2,23)
    Noun · masculine · singular · genitive · (proper) ▸ 4 (Gen. 10,23; Is. 7,1; Is. 7,5; Is. 7,8)
    Noun · masculine · singular · nominative · (proper) ▸ 6 (Gen. 10,22; Gen. 36,28; 1Chr. 2,9; 1Chr. 2,10; 1Chr. 7,34; Is. 7,2)

Ἀράμ Aram, Ram ▸ 2
  Ἀράμ ▸ 1
    Noun · masculine · singular · accusative · (proper) ▸ 1 (Matt. 1,3)
  Ἀράμ ▸ 1
    Noun · masculine · singular · nominative · (proper) ▸ 1 (Matt. 1,4)

Αραμα Ramah ▸ 2
  Αραμα ▸ 2
    Noun · singular · genitive · (proper) ▸ 2 (Ezra 2,26; Neh. 7,30)

Αραμιν Arameans ▸ 1
  Αραμιν ▸ 1
    Noun · masculine · plural · nominative · (proper) ▸ 1 (2Kings 9,16)

Αραν Oren ▸ 1
  Αραν ▸ 1
    Noun · masculine · singular · nominative · (proper) ▸ 1 (1Chr. 2,25)

ἀράομαι to curse, put under oath, swear ▸ 9 + 1 = 10
  ἄρασαί ▸ 3
    Verb · second · singular · aorist · middle · imperative ▸ 3 (Num. 22,6; Num. 22,11; Num. 23,7)
  ἀράσασθαι ▸ 1
    Verb · aorist · middle · infinitive ▸ 1 (Josh. 24,9)
  ἀράσηται ▸ 1
    Verb · third · singular · aorist · middle · subjunctive ▸ 1 (2Chr. 6,22)
  ἀρᾶσθαι ▸ 2
    Verb · present · middle · infinitive ▸ 2 (1Kings 8,31; 2Chr. 6,22)
  ἀράσωμαι ▸ 1
    Verb · first · singular · aorist · middle · subjunctive ▸ 1 (Num. 23,8)
  ἀρᾶται ▸ 1
    Verb · third · singular · present · middle · indicative ▸ 1 (1Sam. 14,24)

ἠράσω ▸ 1
: **Verb** · second · singular · aorist · middle · indicative ▸ **1** (Judg. 17,2)

Αραουρίτης Hararite ▸ 1
: Αραουρίτης ▸ 1
: **Noun** · masculine · singular · nominative · (proper) ▸ **1** (2Sam. 23,33)

Αραρατ Ararat ▸ 4 + 1 = 5
: Αραρατ ▸ 4 + 1 = 5
: **Noun** · singular · genitive · (proper) ▸ **3 + 1 = 4** (Gen. 8,4; Tob. 1,21; Jer. 28,27; Tob. 1,21)
: **Noun** · feminine · singular · genitive · (proper) ▸ **1** (2Kings 19,37)

Αραρι Hararite, Aroerite ▸ 3
: Αραρι ▸ 3
: **Noun** · masculine · singular · genitive · (proper) ▸ **1** (1Chr. 11,44)
: **Noun** · masculine · singular · nominative · (proper) ▸ **2** (1Chr. 11,34; 1Chr. 11,35)

ἀραρότως (ἀραρίσκω) faithfully, punctually ▸ 1
: ἀραρότως ▸ 1
: **Adverb** ▸ **1** (3Mac. 5,4)

ἄραφος (α; ῥαφίς) seamless ▸ 1
: ἄραφος ▸ 1
: **Adjective** · masculine · singular · nominative ▸ **1** (John 19,23)

αραφωθ Araphoth (Heb. grains) ▸ 1
: αραφωθ ▸ 1
: **Noun** · singular · accusative · (common) ▸ **1** (2Sam. 17,19)

Αραχι Archite ▸ 3
: Αραχι ▸ 3
: **Noun** · masculine · singular · accusative · (proper) ▸ **1** (2Sam. 17,5)
: **Noun** · masculine · singular · genitive · (proper) ▸ **2** (2Sam. 17,14; 2Sam. 17,15)

ἀράχνη (ἀράχνης) spider web; spider ▸ 5
: ἀράχνη ▸ 2
: **Noun** · feminine · singular · nominative · (common) ▸ **2** (Job 8,14; Job 27,18)
: ἀράχνην ▸ 2
: **Noun** · feminine · singular · accusative · (common) ▸ **2** (Psa. 38,12; Psa. 89,9)
: ἀράχνης ▸ 1
: **Noun** · feminine · singular · genitive · (common) ▸ **1** (Is. 59,5)

Ἄραψ Arabian, Arab ▸ 15 + 1 = 16
: Ἄραβα ▸ 1
: **Noun** · masculine · singular · accusative · (proper) ▸ **1** (1Mac. 11,39)
: Ἄραβας ▸ 6
: **Noun** · masculine · plural · accusative · (proper) ▸ **6** (2Chr. 21,16; 2Chr. 26,7; 1Mac. 5,39; 1Mac. 12,31; Is. 15,7; Is. 15,9)
: Ἄραβες ▸ 5 + 1 = 6
: **Noun** · masculine · plural · nominative · (proper) ▸ **5 + 1 = 6** (2Chr. 17,11; 2Chr. 22,1; Neh. 4,1; 2Mac. 12,10; Is. 13,20; Acts 2,11)
: Ἀράβων ▸ 2
: **Noun** · masculine · plural · genitive · (proper) ▸ **2** (2Mac. 5,8; Psa. 71,10)
: Ἄραψ ▸ 1
: **Noun** · masculine · singular · nominative · (proper) ▸ **1** (1Mac. 11,17)

Αρβαττοις Arbatta ▸ 1
: Αρβαττοις ▸ 1
: **Noun** · plural · dative · (proper) ▸ **1** (1Mac. 5,23)

Αρβεσεερ Regem ▸ 1
: Αρβεσεερ ▸ 1
: **Noun** · masculine · singular · nominative · (proper) ▸ **1** (Zech. 7,2)

Αρβηλα Riblah ▸ 1
: Αρβηλα ▸ 1
: **Noun** · singular · accusative · (proper) ▸ **1** (Num. 34,11)

Αρβηλος Arbela ▸ 1
: Αρβηλοις ▸ 1
: **Noun** · masculine · plural · dative · (proper) ▸ **1** (1Mac. 9,2)

Αρβο Arba ▸ 1
: Αρβο ▸ 1
: **Noun** · singular · nominative · (proper) ▸ **1** (Josh. 15,54)

Αρβοκ Arba ▸ 5
: Αρβοκ ▸ 5
: **Noun** · singular · (proper) ▸ **1** (Gen. 23,2)
: **Noun** · singular · genitive · (proper) ▸ **4** (Josh. 14,15; Josh. 15,13; Josh. 15,54; Josh. 20,7)

ἀργέω (ἔργον) to linger ▸ 6 + 1 = 7
: ἀργεῖ ▸ 1
: **Verb** · third · singular · present · active · indicative ▸ **1** (2Pet. 2,3)
: ἀργῇ ▸ 1
: **Verb** · third · singular · present · active · subjunctive ▸ **1** (Sir. 33,28)
: ἀργοῦν ▸ 1
: **Verb** · present · active · participle · neuter · singular · nominative ▸ **1** (Ezra 4,24)
: ἀργοῦντας ▸ 1
: **Verb** · present · active · participle · masculine · plural · accusative ▸ **1** (2Mac. 5,25)
: ἤργει ▸ 1
: **Verb** · third · singular · imperfect · active · indicative ▸ **1** (1Esdr. 2,26)
: ἤργησαν ▸ 1
: **Verb** · third · plural · aorist · active · indicative ▸ **1** (Eccl. 12,3)
: ἤργησεν ▸ 1
: **Verb** · third · singular · aorist · active · indicative ▸ **1** (Ezra 4,24)

ἀργία (ἔργον) idleness; rest, leisure ▸ 5
: ἀργία ▸ 1
: **Noun** · feminine · singular · nominative · (common) ▸ **1** (Sir. 33,28)
: ἀργίᾳ ▸ 1
: **Noun** · feminine · singular · dative · (common) ▸ **1** (Eccl. 10,18)
: ἀργίαν ▸ 1
: **Noun** · feminine · singular · accusative · (common) ▸ **1** (Is. 1,13)
: ἀργίας ▸ 2
: **Noun** · feminine · singular · genitive · (common) ▸ **2** (Ex. 21,19; Wis. 13,13)

Αργοβ Argob ▸ 4
: Αργοβ ▸ 4
: **Noun** · singular · genitive · (proper) ▸ **3** (Deut. 3,4; Deut. 3,13; Deut. 3,14)
: **Noun** · masculine · singular · genitive · (proper) ▸ **1** (2Kings 15,25)

ἀργός (ἔργον) idle, lazy; useless ▸ 4 + 8 = 12
: ἀργὰ ▸ 1
: **Adjective** · neuter · plural · accusative · noDegree ▸ **1** (Wis. 14,5)
: ἀργαὶ ▸ 2
: **Adjective** · feminine · plural · nominative ▸ **2** (1Tim. 5,13; 1Tim. 5,13)
: ἀργαί ▸ 1

ἀργός–ἀργυροκοπέω

    Adjective ▪ feminine ▪ plural ▪ nominative ▸ **1** (Titus 1,12)
  ἀργή ▸ 1
    Adjective ▪ feminine ▪ singular ▪ nominative ▸ **1** (James 2,20)
  ἀργοί ▸ 1
    Adjective ▪ masculine ▪ plural ▪ nominative ▪ noDegree ▸ **1** (Wis. 15,15)
  ἀργοί ▸ 1
    Adjective ▪ masculine ▪ plural ▪ nominative ▸ **1** (Matt. 20,6)
  ἀργὸν ▸ 1
    Adjective ▪ neuter ▪ singular ▪ accusative ▸ **1** (Matt. 12,36)
  ἀργοῖς ▸ 1
    Adjective ▪ masculine ▪ plural ▪ dative ▪ noDegree ▸ **1** (1Kings 6,7)
  ἀργοὺς ▸ 2
    Adjective ▪ masculine ▪ plural ▪ accusative ▸ **2** (Matt. 20,3; 2Pet. 1,8)
  ἀργῷ ▸ 1
    Adjective ▪ masculine ▪ singular ▪ dative ▪ noDegree ▸ **1** (Sir. 37,11)

ἀργυρικός (ἄργυρος) monitary fine ▸ 1
  ἀργυρικῇ ▸ 1
    Adjective ▪ feminine ▪ singular ▪ dative ▪ noDegree ▸ **1** (1Esdr. 8,24)

ἀργύριον (ἄργυρος) silver, money ▸ 383 + 28 + 20 = 431
  ἀργύρια ▸ 7
    Noun ▪ neuter ▪ plural ▪ accusative ▸ **7** (Matt. 26,15; Matt. 27,3; Matt. 27,5; Matt. 27,6; Matt. 27,9; Matt. 28,12; Matt. 28,15)
  ἀργύριά ▸ 1
    Noun ▪ neuter ▪ plural ▪ accusative ▸ **1** (Matt. 25,27)
  ἀργύριον ▸ 210 + 13 + 7 = 230
    Noun ▪ neuter ▪ singular ▪ accusative ▪ (common) ▸ 164 + 12 + 6 = **182** (Gen. 23,13; Gen. 23,16; Gen. 24,35; Gen. 31,15; Gen. 42,25; Gen. 43,12; Gen. 43,12; Gen. 43,15; Gen. 43,18; Gen. 43,21; Gen. 43,22; Gen. 43,22; Gen. 43,23; Gen. 44,1; Gen. 44,8; Gen. 44,8; Gen. 47,14; Gen. 47,14; Ex. 21,34; Ex. 21,35; Ex. 22,6; Ex. 22,16; Ex. 22,24; Ex. 25,3; Ex. 30,16; Ex. 31,4; Ex. 35,5; Ex. 35,24; Ex. 35,32; Lev. 27,18; Num. 3,48; Num. 3,49; Num. 3,50; Deut. 7,25; Deut. 14,25; Deut. 14,26; Deut. 17,17; Deut. 29,16; Josh. 22,8; Judg. 16,18; Judg. 17,3; Judg. 17,4; 1Kings 7,37; 1Kings 10,27; 1Kings 15,18; 1Kings 15,19; 1Kings 20,2; 2Kings 5,26; 2Kings 7,8; 2Kings 12,5; 2Kings 12,5; 2Kings 12,5; 2Kings 12,5; 2Kings 12,8; 2Kings 12,9; 2Kings 12,10; 2Kings 12,11; 2Kings 12,12; 2Kings 12,16; 2Kings 14,14; 2Kings 15,20; 2Kings 16,8; 2Kings 18,15; 2Kings 20,13; 2Kings 22,4; 2Kings 22,7; 2Kings 22,9; 2Kings 23,35; 2Kings 23,35; 2Kings 23,35; 1Chr. 29,2; 2Chr. 1,15; 2Chr. 5,1; 2Chr. 9,14; 2Chr. 9,27; 2Chr. 15,18; 2Chr. 16,2; 2Chr. 16,3; 2Chr. 17,11; 2Chr. 21,3; 2Chr. 24,5; 2Chr. 24,11; 2Chr. 25,24; 2Chr. 34,9; 2Chr. 34,14; 2Chr. 34,17; 2Chr. 36,4a; 2Chr. 36,4a; 2Chr. 36,4a; 1Esdr. 4,18; 1Esdr. 4,19; 1Esdr. 5,53; 1Esdr. 8,14; 1Esdr. 8,55; 1Esdr. 8,59; Ezra 2,69; Ezra 3,7; Ezra 8,25; Ezra 8,33; Neh. 5,4; Neh. 5,10; Neh. 5,15; Esth. 3,11; Judith 2,18; Judith 8,7; Tob. 5,2; Tob. 5,3; Tob. 5,19; Tob. 9,2; Tob. 10,2; Tob. 10,10; 1Mac. 1,23; 1Mac. 3,31; 1Mac. 3,41; 1Mac. 4,23; 1Mac. 8,26; 1Mac. 10,60; 1Mac. 11,24; 1Mac. 13,17; 1Mac. 13,18; 1Mac. 15,26; 1Mac. 16,11; 1Mac. 16,19; Psa. 14,5; Prov. 2,4; Prov. 8,10; Prov. 16,16; Prov. 22,1; Prov. 25,4; Eccl. 2,8; Eccl. 5,9; Song 3,10; Job 22,25; Job 27,16; Sir. 29,10; Sir. 47,18; Sol. 17,33; Hos. 2,10; Hos. 8,4; Hos. 9,6; Nah. 2,10; Zech. 6,11; Zech. 9,3; Zech. 14,14; Mal. 3,3; Mal. 3,3; Is. 13,17; Is. 46,6; Is. 55,1; Is. 60,17; Jer. 6,30; Jer. 39,10; Bar. 1,6; Bar. 1,10; Bar. 3,17; Bar. 3,18; LetterJ 9; LetterJ 57; Ezek. 18,8; Ezek. 27,12; Ezek. 28,4; Ezek. 28,13; Ezek. 38,13; Dan. 11,8; Judg. 16,18; Judg. 17,3; Judg. 17,4; Tob. 5,2; Tob. 5,3; Tob. 5,3; Tob. 5,19; Tob. 9,2; Tob. 10,2; Tob. 10,10; Tob. 11,15; Tob. 12,3; Matt. 25,18; Mark 14,11; Luke 9,3; Luke 19,15; Luke 19,23; Luke 22,5)
    Noun ▪ neuter ▪ singular ▪ nominative ▪ (common) ▸ 46 + 1 + 1 = **48** (Gen. 42,28; Gen. 43,21; Gen. 47,15; Gen. 47,15; Gen. 47,16; Gen. 47,18; Ex. 21,21; Lev. 25,50; Num. 7,85; Josh. 6,19; Josh. 7,21; Josh. 7,22; Judg. 17,2; 2Sam. 21,4; 1Kings 10,21; 2Kings 12,11; 2Kings 12,17; 2Kings 12,17; 1Chr. 29,3; 2Chr. 9,20; 2Chr. 24,11; 2Chr. 34,16; 1Esdr. 8,13; 1Esdr. 8,57; 1Esdr. 8,61; Ezra 7,15; Ezra 7,16; Ezra 8,28; 1Mac. 3,29; 1Mac. 8,28; Psa. 11,7; Psa. 65,10; Psa. 113,12; Psa. 134,15; Prov. 26,23; Job 28,15; Sir. 40,25; Zeph. 1,18; Hag. 2,8; Zech. 13,9; Is. 1,22; Jer. 10,9; Jer. 10,9; Lam. 4,1; Ezek. 7,19; Ezek. 22,22; Judg. 17,2; Acts 3,6)
  ἀργύριον ▸ 7 + 1 = 8
    Noun ▪ neuter ▪ singular ▪ accusative ▪ (common) ▸ **6** (Lev. 25,37; 1Kings 21,5; 1Kings 21,7; Tob. 12,3; Sir. 28,24; Joel 4,5)
    Noun ▪ neuter ▪ singular ▪ nominative ▪ (common) ▸ 1 + 1 = **2** (1Kings 21,3; Acts 8,20)
  ἀργυρίου ▸ 134 + 13 + 3 = 150
    Noun ▪ neuter ▪ singular ▪ genitive ▪ (common) ▸ 134 + 13 + 3 = **150** (Gen. 23,9; Gen. 23,15; Gen. 23,16; Gen. 42,27; Gen. 42,35; Gen. 42,35; Ex. 21,11; Ex. 21,32; Ex. 39,2; Ex. 39,4; Lev. 5,15; Lev. 5,18; Lev. 22,11; Lev. 25,51; Lev. 27,3; Lev. 27,6; Lev. 27,7; Lev. 27,15; Lev. 27,16; Lev. 27,19; Num. 22,18; Num. 24,13; Num. 31,22; Deut. 2,6; Deut. 2,6; Deut. 2,28; Deut. 2,28; Deut. 8,13; Deut. 14,25; Deut. 21,14; Deut. 22,29; Deut. 23,20; Josh. 6,24; Josh. 7,21; Judg. 5,19; Judg. 9,4; Judg. 16,5; Judg. 17,2; Judg. 17,3; Judg. 17,4; Judg. 17,10; 1Sam. 2,36; 1Sam. 9,8; 2Sam. 8,11; 2Sam. 18,11; 2Sam. 18,12; 1Kings 10,22; 1Kings 10,29; 1Kings 10,29; 1Kings 16,24; 1Kings 20,6; 1Kings 20,15; 1Kings 21,39; 2Kings 5,5; 2Kings 5,22; 2Kings 5,23; 2Kings 6,25; 2Kings 6,25; 2Kings 12,14; 2Kings 15,19; 2Kings 18,14; 2Kings 23,33; 1Chr. 18,11; 1Chr. 19,6; 1Chr. 22,14; 1Chr. 29,4; 1Chr. 29,7; 2Chr. 1,17; 2Chr. 9,21; 2Chr. 24,14; 2Chr. 25,6; 2Chr. 27,5; 2Chr. 32,27; 2Chr. 36,3; 1Esdr. 1,34; 1Esdr. 5,44; 1Esdr. 8,19; 1Esdr. 8,56; Ezra 1,6; Ezra 7,18; Ezra 7,22; Ezra 8,26; Ezra 8,30; Neh. 5,11; Neh. 7,71; Neh. 7,72; Esth. 3,9; Tob. 1,14; Tob. 4,1; Tob. 4,20; 1Mac. 8,3; 1Mac. 10,40; 1Mac. 10,42; 1Mac. 13,15; 1Mac. 13,16; 1Mac. 15,31; 2Mac. 3,11; 2Mac. 4,8; 2Mac. 4,19; 2Mac. 4,24; 2Mac. 10,21; 2Mac. 12,43; 3Mac. 3,28; Psa. 118,72; Prov. 3,14; Prov. 7,20; Prov. 8,19; Eccl. 5,9; Eccl. 7,12; Eccl. 10,19; Eccl. 12,6; Song 1,11; Song 8,11; Job 3,15; Sir. 51,25; Sir. 51,28; Hos. 3,2; Hos. 13,2; Amos 2,6; Mic. 3,11; Hab. 2,19; Is. 2,7; Is. 39,2; Is. 43,24; Is. 48,10; Is. 52,3; Is. 55,1; Is. 55,2; Jer. 39,9; Jer. 39,25; Bar. 1,10; Ezek. 16,17; Ezek. 22,18; Dan. 11,43; Judg. 5,19; Judg. 9,4; Judg. 16,5; Judg. 17,2; Judg. 17,3; Judg. 17,4; Judg. 17,10; Tob. 1,14; Tob. 4,1; Tob. 4,2; Tob. 4,20; Tob. 5,3; Dan. 11,8; Acts 7,16; Acts 19,19; Acts 20,33)
  ἀργυρίῳ ▸ 32 + 2 + 1 = 35
    Noun ▪ neuter ▪ singular ▪ dative ▪ (common) ▸ 32 + 2 + 1 = **35** (Gen. 13,2; Ex. 27,17; Ex. 37,15; Ex. 37,15; Ex. 37,17; Ex. 37,18; 2Sam. 24,24; 1Chr. 21,22; 1Chr. 21,24; 1Chr. 22,16; 2Chr. 2,6; 2Chr. 2,13; 1Esdr. 2,4; 1Esdr. 2,6; 1Esdr. 8,16; Ezra 1,4; Ezra 8,17; Ezra 8,17; Judith 5,9; Tob. 5,19; 1Mac. 2,18; 1Mac. 6,1; 2Mac. 10,20; Psa. 67,31; Psa. 104,37; Job 28,1; Amos 8,6; Zeph. 1,11; Jer. 10,4; Jer. 39,44; Ezek. 16,13; Dan. 11,38; Tob. 1,7; Tob. 5,19; 1Pet. 1,18)

ἀργυροκοπέω (ἄργυρος; κόπτω) to craft silver; refine silver ▸ 1
  ἀργυροκοπεῖ ▸ 1
    Verb ▪ third ▪ singular ▪ present ▪ active ▪ indicative ▸ **1** (Jer.

ἀργυροκόπος (ἄργυρος; κόπτω) silversmith ‣ 1 + 1 + 1 = 3
    ἀργυροκόπος ‣ 1 + 1 = 2
        Noun · masculine · singular · nominative · (common) ‣ 1 + 1 = 2 (Jer. 6,29; Acts 19,24)
    ἀργυροκόπῳ ‣ 1
        Noun · masculine · singular · dative · (common) ‣ 1 (Judg. 17,4)

ἀργυρολόγητος (ἄργυρος; λέγω) to levy tribute money ‣ 1
    ἀργυρολόγητον ‣ 1
        Noun · neuter · singular · accusative · (common) ‣ 1 (2Mac. 11,3)

ἄργυρος silver ‣ 11 + 4 + 5 = 20
    ἄργυρον ‣ 3 + 1 + 2 = 6
        Noun · masculine · singular · accusative · (common) ‣ 3 + 1 + 2 = 6 (Wis. 13,10; Is. 60,9; Dan. 2,45; Dan. 2,45; Matt. 10,9; 1Cor. 3,12)
    ἄργυρος ‣ 5 + 1 + 1 = 7
        Noun · masculine · singular · nominative · (common) ‣ 5 + 1 + 1 = 7 (Prov. 10,20; Prov. 17,3; Wis. 7,9; Ezek. 22,20; Dan. 2,35; Dan. 2,35; James 5,3)
    ἀργύρου ‣ 1 + 1 = 2
        Noun · neuter · singular · genitive · (common) ‣ 1 + 1 = 2 (Dan. 11,43; Rev. 18,12)
    ἀργύρῳ ‣ 3 + 1 + 1 = 5
        Noun · masculine · singular · dative · (common) ‣ 3 + 1 + 1 = 5 (Ex. 27,11; Ezra 1,11; Prov. 27,21; Dan. 11,38; Acts 17,29)

ἀργυροῦς (ἄργυρος) made of silver ‣ 89 + 5 + 3 = 97
    ἀργυρᾶ ‣ 26 + 2 + 2 = 30
        Adjective · neuter · plural · accusative · noDegree ‣ 20 + 1 + 1 = 22 (Gen. 24,53; Ex. 3,22; Ex. 11,2; Ex. 12,35; 1Chr. 18,10; 2Chr. 9,24; 1Esdr. 6,17; 1Esdr. 6,25; 1Esdr. 8,56; Ezra 5,14; Ezra 8,26; 1Mac. 6,12; 2Mac. 2,2; Hos. 2,10; Is. 2,20; Is. 31,7; Jer. 52,19; Jer. 52,19; Bar. 1,8; Dan. 5,2; Dan. 5,2; 2Tim. 2,20)
        Adjective · neuter · plural · nominative · noDegree ‣ 6 + 1 + 1 = 8 (Num. 7,84; 2Sam. 8,10; 1Esdr. 2,9; 1Esdr. 2,11; Ezra 6,5; Esth. 1,7; Dan. 5,3; Rev. 9,20)
    ἀργυραῖ ‣ 13
        Adjective · feminine · plural · nominative · noDegree ‣ 13 (Ex. 26,25; Ex. 26,32; Ex. 27,10; Ex. 27,17; Ex. 37,4; Ex. 37,15; Ex. 37,17; Num. 7,84; 2Kings 12,14; 1Esdr. 2,9; 1Esdr. 2,10; Esth. 1,6; Judith 10,22)
    ἀργυρᾶν ‣ 12
        Adjective · feminine · singular · accusative · noDegree ‣ 12 (Num. 7,13; Num. 7,19; Num. 7,25; Num. 7,31; Num. 7,37; Num. 7,43; Num. 7,49; Num. 7,55; Num. 7,61; Num. 7,67; Num. 7,73; Num. 7,79)
    ἀργυρᾶς ‣ 9
        Adjective · feminine · plural · accusative · noDegree ‣ 8 (Ex. 26,19; Ex. 26,21; Ex. 38,20; Ex. 38,20; Num. 10,2; 2Kings 25,15; 2Chr. 24,14; Song 8,9)
        Adjective · feminine · singular · genitive · noDegree ‣ 1 (Sir. 26,18)
    ἀργυροῖ ‣ 3 + 1 = 4
        Adjective · masculine · plural · nominative · noDegree ‣ 3 + 1 = 4 (Ezra 1,9; Ezra 1,10; Dan. 2,32; Dan. 2,32)
    ἀργυροῖς ‣ 2
        Adjective · masculine · plural · dative · noDegree ‣ 2 (Esth. 1,6; LetterJ 29)
    ἀργυροῦν ‣ 15
        Adjective · neuter · singular · accusative · noDegree ‣ 14 (Gen. 44,2; Gen. 44,5; Num. 7,13; Num. 7,19; Num. 7,25; Num. 7,31; Num. 7,37; Num. 7,43; Num. 7,49; Num. 7,55; Num. 7,61; Num. 7,67; Num. 7,73; Num. 7,79)
        Adjective · neuter · singular · nominative · noDegree ‣ 1 (2Kings 12,14)
    ἀργυροῦς ‣ 6 + 2 + 1 = 9
        Adjective · masculine · plural · accusative · noDegree ‣ 5 + 2 + 1 = 8 (Ex. 20,23; 1Kings 15,15; Zech. 11,12; LetterJ 3; LetterJ 10; Dan. 5,4; Dan. 5,23; Acts 19,24)
        Adjective · masculine · singular · nominative · noDegree ‣ 1 (Zech. 11,13)
    ἀργυρῶν ‣ 3
        Adjective · feminine · plural · genitive · noDegree ‣ 1 (1Chr. 28,14)
        Adjective · masculine · plural · genitive · noDegree ‣ 2 (1Chr. 28,16; 1Chr. 28,17)

ἀργυροχόος (ἄργυρος; χέω) silver-worker ‣ 1
    ἀργυροχόοις ‣ 1
        Noun · masculine · plural · dative · (common) ‣ 1 (Wis. 15,9)

ἀργύρωμα (ἄργυρος) silver plate, silverware ‣ 3
    ἀργυρώματα ‣ 2
        Noun · neuter · plural · accusative · (common) ‣ 1 (Judith 15,11)
        Noun · neuter · plural · nominative · (common) ‣ 1 (Judith 12,1)
    ἀργυρωμάτων ‣ 1
        Noun · neuter · plural · genitive · (common) ‣ 1 (1Mac. 15,32)

ἀργυρώνητος purchased with silver ‣ 6
    ἀργυρώνητοι ‣ 1
        Adjective · masculine · plural · nominative · noDegree ‣ 1 (Gen. 17,27)
    ἀργυρώνητον ‣ 1
        Adjective · masculine · singular · accusative · noDegree ‣ 1 (Ex. 12,44)
    ἀργυρώνητος ‣ 3
        Adjective · masculine · singular · nominative · noDegree ‣ 3 (Gen. 17,12; Gen. 17,13; Judith 4,10)
    ἀργυρωνήτους ‣ 1
        Adjective · masculine · plural · accusative · noDegree ‣ 1 (Gen. 17,23)

ἀρδαλόω to smear ‣ 1
    ἠρδαλωμένῳ ‣ 1
        Verb · present · passive · participle · masculine · singular · dative ‣ 1 (Sir. 22,1)

ἄρδην (αἴρω) completely, entirely, utterly ‣ 2
    ἄρδην ‣ 2
        Adverb · 2 (1Kings 7,31; Mal. 3,23)

Αρεββα Rabbah ‣ 1
    Αρεββα ‣ 1
        Noun · singular · nominative · (proper) ‣ 1 (Josh. 15,60)

Αρεε Aree, Arah ‣ 1
    Αρεε ‣ 1
        Noun · masculine · singular · genitive · (proper) ‣ 1 (1Esdr. 5,10)

Ἄρειος Arius ‣ 2 + 2 = 4
    Ἄρειον ‣ 1
        Adjective · masculine · singular · accusative · (proper) ‣ 1 (Acts 17,19)
    Ἄρειος ‣ 1
        Noun · masculine · singular · nominative · (proper) ‣ 1 (1Mac. 12,20)
    Ἀρείου ‣ 1 + 1 = 2
        Noun · masculine · singular · genitive · (proper) ‣ 1 + 1 = 2 (1Mac. 12,7; Acts 17,22)

Αρεμ Harim ‣ 1

Αρεμ ▸ 1
  Noun · masculine · singular · dative · (proper) ▸ 1 (Neh. 12,15)
Ἀρεοπαγίτης Areopagite ▸ 1
  Ἀρεοπαγίτης ▸ 1
    Noun · masculine · singular · nominative · (proper) ▸ 1 (Acts 17,34)
Αρες Heres ▸ 1 + 1 = 2
  Αρες ▸ 1 + 1 = 2
    Noun · singular · genitive · (proper) ▸ 1 + 1 = 2 (Judg. 8,13; Judg. 8,13)
ἀρεσκεία (ἀρέσκω) desire to please ▸ 1 + 1 = 2
  ἀρέσκειαι ▸ 1
    Noun · feminine · plural · nominative · (common) ▸ 1 (Prov. 31,30)
  ἀρεσκείαν ▸ 1
    Noun · feminine · singular · accusative ▸ 1 (Col. 1,10)
ἀρέσκω to please ▸ 54 + 4 + 17 = 75
  ἀρέσαι ▸ 2 + 1 = 3
    Verb · aorist · active · infinitive ▸ 1 + 1 = 2 (Wis. 14,19; Rom. 8,8)
    Verb · third · singular · aorist · active · optative ▸ 1 (Job 31,10)
  ἀρεσάτω ▸ 1
    Verb · third · singular · aorist · active · imperative ▸ 1 (Dan. 4,27)
  ἀρέσει ▸ 6
    Verb · third · singular · future · active · indicative ▸ 6 (Num. 23,27; Psa. 68,32; Prov. 12,21; Prov. 24,18; Sir. 20,27; Mal. 3,4)
  ἀρέσῃ ▸ 3 + 4 = 7
    Verb · third · singular · aorist · active · subjunctive ▸ 3 + 4 = 7 (Deut. 23,17; 2Sam. 18,4; Esth. 2,4; 1Cor. 7,32; 1Cor. 7,33; 1Cor. 7,34; 2Tim. 2,4)
  ἀρέσκει ▸ 7
    Verb · third · singular · present · active · indicative ▸ 7 (Num. 22,34; Num. 36,6; Josh. 9,25; Josh. 24,15; 1Kings 20,2; Esth. 5,13; 4Mac. 8,26)
  ἀρέσκειν ▸ 3
    Verb · present · active · infinitive ▸ 3 (Rom. 15,1; Gal. 1,10; 1Th. 4,1)
  ἀρεσκέτω ▸ 1
    Verb · third · singular · present · active · imperative ▸ 1 (Rom. 15,2)
  ἀρέσκῃ ▸ 4
    Verb · third · singular · present · active · subjunctive ▸ 4 (Gen. 19,8; Gen. 20,15; Judg. 10,15; Judith 3,3)
  ἀρέσκοντες ▸ 1
    Verb · present · active · participle · masculine · plural · nominative ▸ 1 (1Th. 2,4)
  ἀρεσκόντων ▸ 1
    Verb · present · active · participle · masculine · plural · genitive ▸ 1 (1Th. 2,15)
  ἀρέσκω ▸ 1
    Verb · first · singular · present · active · indicative ▸ 1 (1Cor. 10,33)
  ἀρέσκων ▸ 1
    Verb · present · active · participle · masculine · singular · nominative ▸ 1 (Sir. 20,28)
  ἤρεσαν ▸ 4
    Verb · third · plural · aorist · active · indicative ▸ 4 (Gen. 34,18; 1Kings 9,12; Judith 7,16; Judith 11,20)
  ἤρεσε ▸ 1
    Verb · third · singular · aorist · active · indicative ▸ 1 (Bel 13)
  ἤρεσεν ▸ 25 + 3 + 4 = 32

  ἤρεσεν ▸ 25 + 3 + 4 = 32
    Verb · third · singular · aorist · active · indicative ▸ 25 + 3 + 4 = 32 (Lev. 10,20; Deut. 1,23; Josh. 22,30; Josh. 22,33; Judg. 14,1; Judg. 14,3; Judg. 14,7; Judg. 21,14; 2Sam. 3,19; 2Sam. 3,36; 1Kings 3,10; 1Kings 12,24r; 1Kings 12,24s; 2Chr. 30,4; Esth. 1,21; Esth. 2,4; Esth. 2,9; Esth. 5,14; 1Mac. 6,60; 1Mac. 8,21; 1Mac. 14,4; 1Mac. 14,23; 1Mac. 15,19; Is. 59,15; Jer. 18,4; Judg. 21,14; Dan. 4,2; Dan. 6,2; Matt. 14,6; Mark 6,22; Acts 6,5; Rom. 15,3)
  Ἤρεσεν ▸ 1
    Verb · third · singular · aorist · active · indicative ▸ 1 (Gen. 41,37)
  ἤρεσκον ▸ 1
    Verb · first · singular · imperfect · active · indicative ▸ 1 (Gal. 1,10)
ἀρεστός (ἀρέσκω) pleasing ▸ 32 + 3 + 4 = 39
  ἀρεστά ▸ 1
    Adjective · neuter · plural · accusative · noDegree ▸ 1 (Wis. 9,18)
  ἀρεστὰ ▸ 5 + 2 = 7
    Adjective · neuter · plural · accusative · noDegree ▸ 3 + 2 = 5 (Ex. 15,26; Is. 38,3; Jer. 18,12; John 8,29; 1John 3,22)
    Adjective · neuter · plural · nominative · noDegree ▸ 2 (Prov. 21,3; Bar. 4,4)
  ἀρεστὴ ▸ 1
    Adjective · feminine · singular · nominative · noDegree ▸ 1 (Wis. 4,14)
  ἀρεστόν ▸ 4 + 1 + 2 = 7
    Adjective · neuter · singular · accusative · noDegree ▸ 1 + 1 = 2 (Sir. 48,16; Tob. 3,6)
    Adjective · neuter · singular · nominative · noDegree ▸ 3 + 2 = 5 (Judith 3,2; Judith 8,17; Judith 12,14; Acts 6,2; Acts 12,3)
  ἀρεστὸν ▸ 19 + 2 = 21
    Adjective · neuter · singular · accusative · noDegree ▸ 12 + 2 = 14 (Deut. 6,18; Deut. 12,8; Deut. 12,25; Deut. 12,28; Deut. 13,19; Deut. 21,9; Ezra 10,11; Tob. 3,6; Tob. 4,3; Tob. 4,21; Sir. 48,22; Dan. 4,37a; Tob. 4,3; Tob. 14,8)
    Adjective · neuter · singular · nominative · noDegree ▸ 7 (Gen. 3,6; Gen. 16,6; Lev. 10,19; Ezra 7,18; Neh. 9,24; Neh. 9,37; Wis. 9,9)
  ἀρεστῶν ▸ 2
    Adjective · masculine · plural · genitive · noDegree ▸ 2 (Jer. 9,13; Jer. 16,12)
ἀρεταλογία (ἀρέσκω; λέγω) celebration of virtue ▸ 1
  ἀρεταλογίας ▸ 1
    Noun · feminine · singular · genitive · (common) ▸ 1 (Sir. 36,13)
Ἀρέτας Aretas ▸ 1 + 1 = 2
  Ἀρέτα ▸ 1
    Noun · masculine · singular · genitive · (proper) ▸ 1 (2Cor. 11,32)
  Ἀρέταν ▸ 1
    Noun · masculine · singular · accusative · (proper) ▸ 1 (2Mac. 5,8)
ἀρετή (ἀρέσκω) moral excellence ▸ 32 + 5 = 37
  ἀρεταί ▸ 1
    Noun · feminine · plural · nominative · (common) ▸ 1 (Wis. 8,7)
  ἀρετάς ▸ 2
    Noun · feminine · plural · accusative · (common) ▸ 2 (Is. 42,8; Is. 43,21)
  ἀρετὰς ▸ 4 + 1 = 5
    Noun · feminine · plural · accusative · (common) ▸ 4 + 1 = 5 (Esth. 14,10 # 4,17p; 4Mac. 13,24; Is. 42,12; Is. 63,7; 1Pet. 2,9)
  ἀρετὴ ▸ 3 + 1 = 4

Noun · feminine · singular · nominative · (common) ▸ 3 + 1 = **4** (4Mac. 17,12; Ode. 4,3; Hab. 3,3; Phil. 4,8)

ἀρετῇ ▸ **1** + **2** = **3**
  Noun · feminine · singular · dative · (common) ▸ 1 + 2 = **3** (3Mac. 6,1; 2Pet. 1,3; 2Pet. 1,5)

ἀρετήν ▸ **6**
  Noun · feminine · singular · accusative · (common) ▸ **6** (2Mac. 15,17; 4Mac. 2,10; 4Mac. 7,22; 4Mac. 9,31; 4Mac. 10,10; Zech. 6,13)

ἀρετήν ▸ **1**
  Noun · feminine · singular · accusative ▸ **1** (2Pet. 1,5)

ἀρετῆς ▸ **13**
  Noun · feminine · singular · genitive · (common) ▸ **13** (2Mac. 6,31; 2Mac. 10,28; 2Mac. 15,12; 4Mac. 1,2; 4Mac. 1,8; 4Mac. 9,8; 4Mac. 9,18; 4Mac. 11,2; 4Mac. 12,14; 4Mac. 13,27; 4Mac. 17,23; Wis. 4,1; Wis. 5,13)

ἀρετῶν ▸ **2**
  Noun · feminine · plural · genitive · (common) ▸ **2** (4Mac. 1,10; 4Mac. 1,30)

ἀρήγω to help ▸ **1**
  ἀρήγειν ▸ **1**
    Verb · present · active · infinitive ▸ **1** (3Mac. 4,16)

Αρημα Arumah ▸ **1**
  Αρημα ▸ **1**
    Noun · singular · dative · (proper) ▸ **1** (Judg. 9,41)

Αρημωθ Ramoth ▸ **1**
  Αρημωθ ▸ **1**
    Noun · singular · accusative · (proper) ▸ **1** (Josh. 20,8)

ἀρήν lamb ▸ **1**
  ἄρνας ▸ **1**
    Noun · masculine · plural · accusative ▸ **1** (Luke 10,3)

Αρης Heresh ▸ **1**
  Αρης ▸ **1**
    Noun · masculine · singular · nominative · (proper) ▸ **1** (1Chr. 9,15)

Αρησα Harsha ▸ **2**
  Αρησα ▸ **2**
    Noun · masculine · singular · genitive · (proper) ▸ **2** (Ezra 2,52; Neh. 7,61)

Αρθασασθα Artaxerxes ▸ **15**
  Αρθασασθα ▸ **15**
    Noun · masculine · singular · accusative · (proper) ▸ **2** (Ezra 4,7; Ezra 4,11)
    Noun · masculine · singular · dative · (proper) ▸ **3** (Ezra 4,8; Neh. 2,1; Neh. 5,14)
    Noun · masculine · singular · genitive · (proper) ▸ **7** (Ezra 4,7; Ezra 4,23; Ezra 6,14; Ezra 7,1; Ezra 7,7; Ezra 8,1; Neh. 13,6)
    Noun · masculine · singular · nominative · (proper) ▸ **3** (Ezra 7,11; Ezra 7,12; Ezra 7,21)

ἀρθρέμβολον (ἄρθρον; ἐν; βάλλω) torture instrument, rack ▸ **2**
  ἀρθρέμβολα ▸ **1**
    Noun · neuter · plural · accusative · (common) ▸ **1** (4Mac. 8,13)
  ἀρθρεμβόλοις ▸ **1**
    Noun · neuter · plural · dative · (common) ▸ **1** (4Mac. 10,5)

ἄρθρον joint; (grammar) conjunction; article ▸ **2**
  ἄρθρα ▸ **2**
    Noun · neuter · plural · accusative · (common) ▸ **1** (4Mac. 9,17)
    Noun · neuter · plural · nominative · (common) ▸ **1** (Job 17,11)

Αρια Arieh ▸ **1**
  Αρια ▸ **1**
    Noun · masculine · singular · genitive · (proper) ▸ **1** (2Kings 15,25)

Ἀριαράθης Ariarathes ▸ **1**
  Ἀριαράθῃ ▸ **1**
    Noun · masculine · singular · dative · (proper) ▸ **1** (1Mac. 15,22)

Αριηλ Areli, Ariel ▸ **7**
  Αριηλ ▸ **7**
    Noun · feminine · singular · accusative · (proper) ▸ **2** (Is. 29,2; Is. 29,7)
    Noun · feminine · singular · nominative · (proper) ▸ **1** (Is. 29,1)
    Noun · masculine · singular · dative · (proper) ▸ **2** (Num. 26,26; Ezra 8,16)
    Noun · masculine · singular · genitive · (proper) ▸ **2** (2Sam. 23,20; Is. 15,9)

αριηλ Areli, Ariel ▸ **4**
  αριηλ ▸ **4**
    Noun ▸ **1** (1Chr. 11,22)
    Noun · neuter · singular · accusative · (common) ▸ **1** (Ezek. 43,16)
    Noun · neuter · singular · genitive · (common) ▸ **1** (Ezek. 43,15)
    Noun · neuter · singular · nominative · (common) ▸ **1** (Ezek. 43,15)

Αριηλι Arelite ▸ **1**
  Αριηλι ▸ **1**
    Noun · masculine · singular · nominative · (proper) ▸ **1** (Num. 26,26)

ἀριθμέω (ἀριθμός) to number ▸ **37** + **1** + **3** = **41**
  ἀριθμεῖ ▸ **1**
    Verb · third · singular · present · active · indicative ▸ **1** (Tob. 9,4)
  ἀριθμεῖν ▸ **1**
    Verb · present · active · infinitive ▸ **1** (1Chr. 27,24)
  ἀριθμηθείη ▸ **1**
    Verb · third · singular · aorist · passive · optative ▸ **1** (Job 3,6)
  ἀριθμηθῆναι ▸ **1**
    Verb · aorist · passive · infinitive ▸ **1** (Eccl. 1,15)
  ἀριθμηθήσεται ▸ **3**
    Verb · third · singular · future · passive · indicative ▸ **3** (Gen. 16,10; Gen. 32,13; 1Kings 3,8)
  ἀριθμηθήσονται ▸ **1**
    Verb · third · plural · future · passive · indicative ▸ **1** (2Chr. 5,6)
  ἀριθμῆσαι ▸ **5** + **1** = **6**
    Verb · aorist · active · infinitive ▸ **5** + **1** = **6** (Gen. 41,49; 2Sam. 24,10; 1Chr. 21,1; 1Chr. 21,17; Prov. 8,21a; Rev. 7,9)
  ἀριθμήσατε ▸ **1**
    Verb · second · plural · aorist · active · imperative ▸ **1** (1Chr. 21,2)
  ἀριθμήσετε ▸ **2**
    Verb · second · plural · future · active · indicative ▸ **2** (Lev. 23,15; Lev. 23,16)
  ἀρίθμησον ▸ **2**
    Verb · second · singular · aorist · active · imperative ▸ **2** (Gen. 15,5; 2Sam. 24,1)
  ἀριθμηταὶ ▸ **1**
    Verb · third · singular · present · passive · subjunctive ▸ **1** (Job 36,27)
  ἀριθμοῦντος ▸ **1**
    Verb · present · active · participle · masculine · singular · genitive ▸ **1** (Jer. 40,13)
  ἀριθμῶν ▸ **3** + **1** = **4**
    Verb · present · active · participle · masculine · singular · nominative ▸ **3** + **1** = **4** (Psa. 146,4; Job 38,37; Is. 33,18; Tob. 9,3-4)
  ἠριθμήθησαν ▸ **1**

ἀριθμέω–ἀριστάω

Verb · third · plural · aorist · passive · indicative ▸ **1** (1Chr. 23,3)

ἠριθμημέναι ▸ 1
Verb · perfect · passive · participle · feminine · plural · nominative · (variant) ▸ **1** (Matt. 10,30)

ἠρίθμηνται ▸ 1
Verb · third · plural · perfect · passive · indicative · (variant) ▸ **1** (Luke 12,7)

ἠρίθμησαν ▸ 1
Verb · third · plural · aorist · active · indicative ▸ **1** (2Kings 12,11)

ἠρίθμησας ▸ 2
Verb · second · singular · aorist · active · indicative ▸ **2** (Job 14,16; Job 39,2)

ἠρίθμησεν ▸ 7
Verb · third · singular · aorist · active · indicative ▸ **7** (Gen. 14,14; 1Chr. 21,6; 2Chr. 2,16; 2Chr. 25,5; Ezra 1,8; Judith 2,15; Job 28,26)

ἠρίθμηται ▸ 2
Verb · third · singular · perfect · passive · indicative ▸ **2** (Dan. 5,0; Dan. 5,26-28)

Ἠρίθμηται ▸ 1
Verb · third · singular · perfect · passive · indicative ▸ **1** (Dan. 5,17)

ἀριθμητός (ἀριθμός) numbered ▸ 3
ἀριθμητά ▸ 2
Adjective · neuter · plural · nominative · noDegree ▸ **2** (Job 15,20; Job 16,22)

ἀριθμητοί ▸ 1
Adjective · masculine · plural · nominative · noDegree ▸ **1** (Job 14,5)

ἀριθμός number ▸ 167 + 6 + 18 = 191
ἀριθμοί ▸ 1
Noun · masculine · plural · nominative · (common) ▸ **1** (Job 21,21)

ἀριθμόν ▸ 4
Noun · masculine · singular · accusative · (common) ▸ **4** (Num. 3,34; 2Chr. 2,16; 2Chr. 26,11; Psa. 39,6)

ἀριθμόν ▸ 76 + 2 + 5 = 83
Noun · masculine · singular · accusative · (common) ▸ 76 + 2 + 5 = **83** (Ex. 12,4; Ex. 16,16; Ex. 23,26; Lev. 25,15; Lev. 25,15; Lev. 25,16; Num. 1,2; Num. 1,18; Num. 1,20; Num. 1,22; Num. 1,24; Num. 1,26; Num. 1,28; Num. 1,30; Num. 1,32; Num. 1,34; Num. 1,36; Num. 1,38; Num. 1,40; Num. 1,42; Num. 1,49; Num. 3,22; Num. 3,28; Num. 3,40; Num. 3,43; Num. 14,34; Num. 15,12; Num. 15,12; Num. 29,18; Num. 29,21; Num. 29,24; Num. 29,27; Num. 29,30; Num. 29,33; Num. 29,37; Deut. 32,8; Josh. 4,5; Judg. 21,23; 1Sam. 6,4; 1Sam. 6,18; 2Sam. 24,2; 2Sam. 24,9; 1Kings 18,31; 1Chr. 21,2; 1Chr. 21,5; 1Chr. 23,24; 1Chr. 23,31; 1Chr. 27,1; 1Chr. 27,23; 2Chr. 35,7; 1Esdr. 7,8; 1Esdr. 8,62; Ezra 6,17; 2Mac. 8,16; 3Mac. 5,2; 4Mac. 16,13; Psa. 38,5; Ode. 2,8; Ode. 12,9; Eccl. 2,3; Eccl. 5,17; Eccl. 6,12; Job 1,5; Sir. 33,9; Sir. 45,11; Is. 34,2; Is. 40,26; Jer. 2,28; Jer. 2,28; Jer. 11,13; Jer. 11,13; Ezek. 4,4; Ezek. 4,5; Ezek. 4,9; Dan. 9,2; Sus. 30; Judg. 21,23; Dan. 9,2; John 6,10; Rev. 7,4; Rev. 9,16; Rev. 13,17; Rev. 13,18)

ἀριθμός ▸ 18 + 2 = 20
Noun · masculine · singular · nominative · (common) ▸ 18 + 2 = **20** (Gen. 41,49; Judg. 6,5; Judg. 7,12; 1Chr. 22,4; 1Chr. 22,16; Judith 2,17; 1Mac. 5,30; Psa. 39,13; Psa. 103,25; Psa. 104,34; Psa. 146,5; Song 6,8; Job 5,9; Job 9,10; Job 34,24; Is. 10,19; Jer. 2,32; Jer. 26,23; Judg. 6,5; Judg. 7,12)

ἀριθμός ▸ 36 + 1 + 10 = 47
Noun · masculine · singular · nominative · (common) ▸ 36 + 1 + 10 = **47** (Judg. 7,6; 1Sam. 27,7; 1Kings 7,40; 1Chr. 7,2; 1Chr. 7,5; 1Chr. 7,7; 1Chr. 7,9; 1Chr. 7,40; 1Chr. 7,40; 1Chr. 11,11; 1Chr. 23,3; 1Chr. 23,27; 1Chr. 25,1; 1Chr. 25,7; 1Chr. 27,24; 2Chr. 12,3; 2Chr. 17,14; 2Chr. 26,11; 2Chr. 26,12; 2Chr. 29,32; 1Esdr. 2,9; 1Esdr. 5,9; Ezra 1,9; Ezra 2,2; Esth. 9,11; Judith 2,20; Judith 5,10; 1Mac. 6,30; Job 36,26; Job 38,21; Sir. 18,9; Sir. 26,1; Sir. 41,13; Hos. 2,1; Is. 2,7; Is. 2,7; Judg. 7,6; Acts 4,4; Acts 5,36; Acts 6,7; Acts 11,21; Rom. 9,27; Rev. 5,11; Rev. 9,16; Rev. 13,18; Rev. 13,18; Rev. 20,8)

ἀριθμοῦ ▸ 4 + 2 = 6
Noun · masculine · singular · genitive · (common) ▸ 4 + 2 = **6** (Num. 26,53; Num. 31,36; Psa. 151,1; Sir. 17,2; Luke 22,3; Rev. 15,2)

ἀριθμῷ ▸ 27 + 1 + 1 = 29
Noun · masculine · singular · dative · (common) ▸ 27 + 1 + 1 = **29** (Gen. 34,30; Lev. 27,32; Num. 9,20; Deut. 4,27; Deut. 25,2; Deut. 26,5; Deut. 28,62; Deut. 33,6; 2Sam. 2,15; 2Sam. 21,20; 1Chr. 9,28; 1Chr. 9,28; 1Chr. 16,19; Ezra 3,4; Ezra 8,34; 1Mac. 9,65; Psa. 104,12; Wis. 4,8; Wis. 11,20; Sir. 37,25; Sir. 42,7; Sir. 51,28; Is. 34,16; Jer. 51,28; Ezek. 5,3; Ezek. 12,16; Ezek. 20,37; Judg. 11,33; Acts 16,5)

ἀριθμῶν ▸ 1
Noun · masculine · plural · genitive · (common) ▸ **1** (2Mac. 2,24)

Αριμ Horem, Hareph ▸ 2
Αριμ ▸ 2
Noun · singular · nominative · (proper) ▸ **1** (Josh. 19,38)
Noun · masculine · singular · nominative · (proper) ▸ **1** (1Chr. 2,51)

Αριμα Aruma ▸ 1
Αριμα ▸ 1
Noun · singular · dative · (proper) ▸ **1** (Judg. 9,41)

Ἁριμαθαία Arimathaea ▸ 4
Ἁριμαθαίας ▸ 4
Noun · feminine · singular · genitive · (proper) ▸ **4** (Matt. 27,57; Mark 15,43; Luke 23,51; John 19,38)

Ἀρίσταρχος Aristarchus ▸ 5
Ἀρίσταρχον ▸ 1
Noun · masculine · singular · accusative · (proper) ▸ **1** (Acts 19,29)

Ἀρίσταρχος ▸ 3
Noun · masculine · singular · nominative · (proper) ▸ **3** (Acts 20,4; Col. 4,10; Philem. 24)

Ἀριστάρχου ▸ 1
Noun · masculine · singular · genitive · (proper) ▸ **1** (Acts 27,2)

ἀριστάω (ἄριστον) to dine ▸ 3 + 1 + 3 = 7
ἀριστᾶν ▸ 1
Verb · present · active · infinitive ▸ **1** (Gen. 43,25)

ἀριστῆσαι ▸ 1
Verb · aorist · active · infinitive ▸ **1** (Tob. 2,1)

ἀριστήσατε ▸ 1
Verb · second · plural · aorist · active · imperative ▸ **1** (John 21,12)

ἀριστήσῃ ▸ 1
Verb · third · singular · aorist · active · subjunctive ▸ **1** (Luke 11,37)

ἀρίστησον ▸ 1
Verb · second · singular · aorist · active · imperative ▸ **1** (1Kings 13,7)

ἠρίστα ▸ 1
Verb · third · singular · perfect · active · indicative ▸ **1** (1Sam. 14,25)

ἠρίστησαν ▸ 1

Verb · third · plural · aorist · active · indicative ▸ **1** (John 21,15)

ἀριστεία (ἄριστος) excellence, prowess ▸ 1
  ἀριστείας ▸ 1
    Noun · feminine · singular · genitive · (common) ▸ **1** (4Mac. 12,16)

ἀριστερός left hand ▸ 58 + 7 + 4 = 69
  ἀριστερά ▸ 12 + 1 = 13
    Adjective · feminine · singular · nominative · noDegree ▸ 1 + 1 = **2** (Is. 30,21; Matt. 6,3)
    Adjective · neuter · plural · accusative · noDegree ▸ **11** (Gen. 13,9; Gen. 13,9; Deut. 2,27; Deut. 17,11; Deut. 17,20; Josh. 1,7; 1Sam. 6,12; 1Kings 2,42; 2Kings 22,2; 2Chr. 34,2; Prov. 4,27)
  ἀριστερὰ ▸ 7
    Adjective · neuter · plural · accusative · noDegree ▸ **7** (Deut. 5,32; Deut. 28,14; 2Sam. 2,19; 2Sam. 2,21; 2Sam. 14,19; Job 23,9; Is. 54,3)
  ἀριστερᾷ ▸ 8 + 1 = 9
    Adjective · feminine · singular · dative · noDegree ▸ 8 + 1 = **9** (Gen. 14,15; Gen. 48,13; Lev. 14,27; Judg. 7,20; Judg. 16,29; 1Esdr. 4,30; Judith 2,21; Prov. 3,16; Judg. 16,29)
  ἀριστεραῖς ▸ 1
    Adjective · feminine · plural · dative · noDegree ▸ **1** (Judg. 7,20)
  ἀριστεράν ▸ 5
    Adjective · feminine · singular · accusative · noDegree ▸ **5** (Gen. 24,49; Lev. 14,26; Num. 22,26; 1Mac. 2,22; 1Mac. 5,46)
  ἀριστερὰν ▸ 6 + 3 = 9
    Adjective · feminine · singular · accusative · noDegree ▸ 6 + 3 = **9** (Gen. 48,14; Lev. 14,15; Judg. 3,21; Judg. 5,26; Jonah 4,11; Dan. 12,7; Judg. 3,21; Judg. 5,26; Dan. 12,7)
  ἀριστερᾶς ▸ 3
    Adjective · feminine · singular · genitive · noDegree ▸ **3** (Lev. 14,16; 2Chr. 23,10; Ezek. 39,3)
  ἀριστερὸν ▸ 3
    Adjective · neuter · singular · accusative · noDegree ▸ **3** (1Mac. 9,16; Eccl. 10,2; Ezek. 4,4)
  ἀριστερῶν ▸ 14 + 2 + 3 = 19
    Adjective · neuter · plural · genitive · noDegree ▸ 14 + 2 + 3 = **19** (Gen. 48,13; 1Kings 7,25; 1Kings 7,35; 2Kings 23,8; 1Chr. 6,29; 1Chr. 12,2; 2Chr. 3,17; 2Chr. 4,6; 2Chr. 4,7; 2Chr. 18,18; Neh. 8,4; Prov. 4,27a; Is. 9,19; Ezek. 1,10; Josh. 19,27; Tob. 1,2; Mark 10,37; Luke 23,33; 2Cor. 6,7)

ἀριστεύω (ἄριστος) to get the better of, be superior to; be bravest ▸ 1
  ἀριστεῦσαι ▸ 1
    Verb · aorist · active · infinitive ▸ **1** (4Mac. 2,18)

Ἀριστόβουλος Aristobulus ▸ 1 + 1 = 2
  Ἀριστοβούλου ▸ 1
    Noun · masculine · singular · genitive · (proper) ▸ **1** (Rom. 16,10)
  Ἀριστοβούλῳ ▸ 1
    Noun · masculine · singular · dative · (proper) ▸ **1** (2Mac. 1,10)

ἄριστον breakfast; noon meal ▸ 6 + 6 + 3 = 15
  ἄριστον ▸ 4 + 5 + 1 = 10
    Noun · neuter · singular · accusative · (common) ▸ 2 + 4 + 1 = **7** (Bel 34; Bel 37; Tob. 2,4; Tob. 12,13; Bel 34; Bel 37; Luke 14,12)
    Noun · neuter · singular · nominative · (common) ▸ 2 + 1 = **3** (1Kings 2,46e; Tob. 2,1; Tob. 2,1)
  ἀριστόν ▸ 1 + 1 = 2
    Noun · neuter · singular · accusative · (common) ▸ 1 + 1 = **2** (Tob. 12,13; Matt. 22,4)
  ἀρίστου ▸ 1 + 1 + 1 = 3
    Noun · neuter · singular · genitive · (common) ▸ 1 + 1 + 1 = **3** (2Sam. 24,15; Sus. 13; Luke 11,38)

Αρισωθ Harosheth ▸ 2 + 3 = 5
  Αρισωθ ▸ 2 + 3 = 5
    Noun · singular · dative · (proper) ▸ 1 + 1 = **2** (Judg. 4,2; Judg. 4,2)
    Noun · singular · genitive · (proper) ▸ 1 + 2 = **3** (Judg. 4,13; Judg. 4,13; Judg. 4,16)

Αριφ Hariph ▸ 2
  Αριφ ▸ 2
    Noun · masculine · singular · genitive · (proper) ▸ **1** (Neh. 7,24)
    Noun · masculine · singular · nominative · (proper) ▸ **1** (Neh. 10,20)

Αριφος Arsiphurith ▸ 1
  Αριφου ▸ 1
    Noun · masculine · singular · genitive · (proper) ▸ **1** (1Esdr. 5,16)

αριωθ (Hebr.) herbs ▸ 1
  αριωθ ▸ 1
    Noun ▸ **1** (2Kings 4,39)

Αριωργιμ Jaare-oregim ▸ 1
  Αριωργιμ ▸ 1
    Noun · genitive · (proper) ▸ **1** (2Sam. 21,19)

Αριωχ Arioch ▸ 5 + 4 = 9
  Αριωχ ▸ 5 + 4 = 9
    Noun · masculine · singular · accusative · (proper) ▸ 2 + 1 = **3** (Gen. 14,1; Dan. 2,24; Dan. 2,24)
    Noun · masculine · singular · dative · (proper) ▸ **1** (Dan. 2,14)
    Noun · masculine · singular · genitive · (proper) ▸ **1** (Judith 1,6)
    Noun · masculine · singular · nominative · (proper) ▸ 2 + 2 = **4** (Gen. 14,9; Dan. 2,25; Dan. 2,15; Dan. 2,25)

Ἀριώχης Arioch ▸ 2
  Ἀριώχῃ ▸ 1
    Noun · masculine · singular · dative · (proper) ▸ **1** (Dan. 2,14)
  Ἀριώχης ▸ 1
    Noun · masculine · singular · nominative · (proper) ▸ **1** (Dan. 2,15)

Αρκεσαιος Carshena ▸ 1
  Αρκεσαιος ▸ 1
    Noun · masculine · singular · nominative · (proper) ▸ **1** (Esth. 1,14)

ἀρκετός (ἀρκέω) sufficient ▸ 3
  ἀρκετὸν ▸ 2
    Adjective · neuter · singular · nominative · (verbal) ▸ **2** (Matt. 6,34; Matt. 10,25)
  ἀρκετὸς ▸ 1
    Adjective · masculine · singular · nominative · (verbal) ▸ **1** (1Pet. 4,3)

ἀρκεύθινος (ἄρκευθος) made of olive wood, cypress ▸ 3
  ἀρκεύθινα ▸ 1
    Adjective · neuter · plural · accusative · noDegree ▸ **1** (2Chr. 2,7)
  ἀρκευθίνων ▸ 2
    Adjective · neuter · plural · genitive · noDegree ▸ **2** (1Kings 6,31; 1Kings 6,33)

ἄρκευθος olive wood, cypress ▸ 1
  ἄρκευθος ▸ 1
    Noun · feminine · singular · nominative · (common) ▸ **1** (Hos. 14,9)

ἀρκέω to be content, be enough ▸ 12 + 8 = 20
  ἀρκεῖ ▸ 2
    Verb · third · singular · present · active · indicative ▸ **2** (John 14,8; 2Cor. 12,9)
  Ἀρκεῖ ▸ 1
    Verb · third · singular · present · active · indicative ▸ **1** (Prov.

ἀρκέω–ἅρμα   257

30,16)
- **ἀρκεῖσθε** ▸ 1
    - **Verb** · second · plural · present · passive · imperative · (variant) ▸ **1** (Luke 3,14)
- **ἀρκέσει** ▸ 4
    - **Verb** · third · singular · future · active · indicative ▸ **4** (Num. 11,22; Num. 11,22; Josh. 17,16; Sol. 16,12)
- **ἀρκέσῃ** ▸ 1
    - **Verb** · third · singular · aorist · active · subjunctive ▸ **1** (Matt. 25,9)
- **ἀρκεσθείς** ▸ 2
    - **Verb** · aorist · passive · participle · masculine · singular · nominative ▸ **2** (2Mac. 5,15; 4Mac. 6,28)
- **ἀρκεσθησόμεθα** ▸ 1
    - **Verb** · first · plural · future · passive · indicative ▸ **1** (1Tim. 6,8)
- **ἀρκέσουσίν** ▸ 2
    - **Verb** · third · plural · future · active · indicative ▸ **2** (1Kings 8,27; 2Chr. 6,18)
- **ἀρκούμενοι** ▸ 1
    - **Verb** · present · passive · participle · masculine · plural · nominative · (variant) ▸ **1** (Heb. 13,5)
- **ἀρκούμενος** ▸ 1
    - **Verb** · present · passive · participle · masculine · singular · nominative · (variant) ▸ **1** (3John 10)
- **ἀρκοῦν** ▸ 1
    - **Verb** · present · active · participle · neuter · singular · accusative ▸ **1** (Ex. 12,4)
- **ἀρκοῦσιν** ▸ 1
    - **Verb** · third · plural · present · active · indicative ▸ **1** (John 6,7)
- **ἤρκεσεν** ▸ 1
    - **Verb** · third · singular · aorist · active · indicative ▸ **1** (Wis. 14,22)
- **ἠρκέσθη** ▸ 1
    - **Verb** · third · singular · aorist · passive · indicative ▸ **1** (Prov. 30,15)
- **ἄρκος (ἄρκτος)** bear ▸ 15 + 2 + 1 = 18
    - **ἄρκοι** ▸ 2 + 1 = 3
        - **Noun** · feminine · plural · nominative · (common) ▸ **1 + 1 = 2** (Judg. 1,35; Judg. 1,35)
        - **Noun** · masculine · plural · nominative · (common) ▸ **1** (2Kings 2,24)
    - **ἄρκοις** ▸ 1
        - **Noun** · masculine · plural · dative · (common) ▸ **1** (Sir. 47,3)
    - **ἄρκον** ▸ 1
        - **Noun** · feminine · singular · accusative · (common) ▸ **1** (1Sam. 17,36)
    - **ἄρκος** ▸ 7
        - **Noun** · feminine · singular · nominative · (common) ▸ **4** (1Sam. 17,34; 2Sam. 17,8; Hos. 13,8; Amos 5,19)
        - **Noun** · masculine · singular · nominative · (common) ▸ **3** (Sir. 25,17; Is. 11,7; Is. 59,11)
    - **Ἄρκος** ▸ 1
        - **Noun** · feminine · singular · nominative · (common) ▸ **1** (Lam. 3,10)
    - **ἄρκου** ▸ 2 + 1 = 3
        - **Noun** · feminine · singular · genitive · (common) ▸ **1** (1Sam. 17,37)
        - **Noun** · masculine · singular · genitive · (common) ▸ **1 + 1 = 2** (Dan. 7,5; Rev. 13,2)
    - **ἄρκῳ** ▸ 1
        - **Noun** · masculine · singular · dative · (common) ▸ **1** (Dan. 7,5)
    - **ἄρκων** ▸ 1
        - **Noun** · masculine · plural · genitive · (common) ▸ **1** (Wis. 11,17)
- **Ἀρκτοῦρος** Arcturus (constellation) ▸ 1
    - **Ἀρκτοῦρον** ▸ 1
        - **Noun** · masculine · singular · accusative · (proper) ▸ **1** (Job 9,9)
- **ἅρμα** chariot ▸ 170 + 10 + 4 = 184
    - **ἅρμα** ▸ 28 + 1 + 1 = 30
        - **Noun** · neuter · singular · accusative · (common) ▸ **21 + 1 = 22** (Gen. 41,43; 1Sam. 15,12; 1Kings 10,29; 1Kings 12,24u; 1Kings 18,44; 1Kings 21,1; 1Kings 21,33; 1Kings 22,38; 2Kings 2,11; 2Kings 6,14; 2Kings 9,21; 2Kings 9,28; 2Kings 10,15; 2Kings 23,11; 2Chr. 1,17; 2Chr. 10,18; 2Chr. 35,24; 1Esdr. 1,26; 1Esdr. 1,29; 1Esdr. 3,6; Is. 22,18; Acts 8,38)
        - **Noun** · neuter · singular · nominative · (common) ▸ **7 + 1 = 8** (Judg. 5,28; 2Kings 2,12; 2Kings 6,15; 2Kings 6,17; 2Kings 10,2; 2Kings 13,14; Psa. 67,18; Judg. 5,28)
    - **ἅρμασι** ▸ 2
        - **Noun** · neuter · plural · dative · (common) ▸ **2** (Judith 2,19; Dan. 11,40)
    - **ἅρμασιν** ▸ 18 + 1 = 19
        - **Noun** · neuter · plural · dative · (common) ▸ **18 + 1 = 19** (Ex. 14,17; Ex. 14,18; Ex. 15,19; Josh. 24,6; 1Sam. 8,11; 1Kings 5,1; 2Chr. 12,3; 2Chr. 14,8; 1Mac. 1,17; 3Mac. 2,7; 3Mac. 6,4; Psa. 19,8; Ode. 1,19; Song 1,9; Hos. 1,7; Is. 31,1; Jer. 6,23; Jer. 17,25; Dan. 11,40)
    - **ἅρμασίν** ▸ 1
        - **Noun** · neuter · plural · dative · (common) ▸ **1** (Hos. 10,13)
    - **ἅρματα** ▸ 60 + 5 = 65
        - **Noun** · neuter · plural · accusative · (common) ▸ **45 + 4 = 49** (Gen. 46,29; Ex. 14,6; Ex. 14,7; Ex. 14,23; Ex. 14,26; Ex. 14,28; Ex. 15,4; Deut. 11,4; Josh. 11,6; Josh. 11,9; Judg. 4,7; Judg. 4,13; Judg. 4,15; 2Sam. 8,4; 2Sam. 8,4; 2Sam. 8,4; 2Sam. 10,18; 2Sam. 15,1; 1Kings 1,5; 1Kings 2,46i; 1Kings 10,26; 1Kings 21,21; 1Kings 21,25; 1Kings 21,25; 2Kings 18,24; 1Chr. 18,4; 1Chr. 18,4; 1Chr. 18,4; 1Chr. 19,6; 2Chr. 1,14; 2Chr. 9,25; Judith 1,13; Judith 2,22; 1Mac. 8,6; 2Mac. 13,2; Ode. 1,4; Song 6,12; Hag. 2,22; Zech. 9,10; Is. 43,17; Is. 66,15; Jer. 26,9; Jer. 27,37; Jer. 28,21; Ezek. 27,20; Judg. 4,7; Judg. 4,13; Judg. 4,13; Judg. 4,15)
        - **Noun** · neuter · plural · nominative · (common) ▸ **15 + 1 = 16** (Gen. 50,9; Ex. 14,9; Josh. 11,4; Judg. 4,3; Judg. 4,13; 2Sam. 1,6; 1Kings 12,24b; 2Kings 8,21; 2Kings 13,7; 2Chr. 1,14; Judith 7,20; Nah. 2,5; Zech. 6,1; Jer. 4,13; Ezek. 23,24; Judg. 4,3)
    - **ἁρματά** ▸ 1
        - **Noun** · neuter · plural · accusative · (common) ▸ **1** (Mic. 5,9)
    - **ἅρματι** ▸ 9 + 1 = 10
        - **Noun** · neuter · singular · dative · (common) ▸ **9 + 1 = 10** (2Kings 5,9; 2Kings 9,21; 2Kings 9,27; 2Kings 10,16; Sir. 48,9; Zech. 6,2; Zech. 6,2; Zech. 6,3; Zech. 6,3; Acts 8,29)
    - **ἅρματος** ▸ 15 + 1 + 1 = 17
        - **Noun** · neuter · singular · genitive · (common) ▸ **15 + 1 + 1 = 17** (Judg. 4,15; 1Kings 7,19; 1Kings 22,35; 1Kings 22,35; 1Kings 22,35; 2Kings 5,21; 2Kings 5,26; 2Kings 7,6; 1Chr. 28,18; 2Chr. 18,34; 2Chr. 35,24; 2Mac. 9,7; Sir. 49,8; Nah. 3,2; Ezek. 43,3; Judg. 4,15; Acts 8,28)
    - **ἁρμάτων** ▸ 36 + 2 + 1 = 39
        - **Noun** · neuter · plural · genitive · (common) ▸ **36 + 2 + 1 = 39** (Ex. 14,25; Judg. 4,16; Judg. 5,28; 1Sam. 8,11; 1Sam. 8,12; 1Sam. 13,5; 1Kings 10,22a # 9,15; 1Kings 10,22c # 9,22; 1Kings 10,26; 1Kings 22,31; 1Kings 22,32; 1Kings 22,33; 2Kings 8,21; 2Kings 19,23; 1Chr. 19,7; 1Chr. 19,18; 2Chr. 1,14; 2Chr. 8,6; 2Chr. 8,9; 2Chr. 9,25; 2Chr. 18,30; 2Chr. 18,31; 2Chr. 18,32; 2Chr. 21,9; Mic. 1,13; Joel 2,5; Nah. 2,4; Is. 2,7; Is. 5,28; Is. 22,7; Is. 37,24; Is. 66,20; Jer. 22,4; Jer. 29,3; Ezek. 26,7; Ezek. 26,10; Judg. 4,16;

Judg. 5,28; Rev. 9,9).

Ἁρμαγεδών Armageddon ▸ 1
  Ἁρμαγεδών ▸ 1
    Noun · neuter · singular · nominative · (proper) ▸ **1** (Rev. 16,16)

Αρμαθαιμ Ramathaim, Ramah ▸ 12
  Αρμαθαιμ ▸ 12
    Noun · singular · accusative · (proper) ▸ **5** (1Sam. 2,11; 1Sam. 7,17; 1Sam. 8,4; 1Sam. 15,34; 1Sam. 19,22)
    Noun · singular · dative · (proper) ▸ **3** (1Sam. 1,19; 1Sam. 25,1; 1Sam. 28,3)
    Noun · singular · genitive · (proper) ▸ **2** (1Sam. 1,1; 1Sam. 1,3)
    Noun · masculine · singular · accusative · (proper) ▸ **2** (1Sam. 16,13; 1Sam. 19,18)

Αρμαι Adami ▸ 1
  Αρμαι ▸ 1
    Noun · singular · nominative · (proper) ▸ **1** (Josh. 19,33)

Αρμαιθ Adamah ▸ 1
  Αρμαιθ ▸ 1
    Noun · singular · nominative · (proper) ▸ **1** (Josh. 19,36)

ἁρματηλάτης (ἅρμα; ἐλαύνω) charioteer ▸ 1
  ἁρματηλάτην ▸ 1
    Noun · masculine · singular · accusative · (common) ▸ **1** (2Mac. 9,4)

Αρμε Adami ▸ 1
  Αρμε ▸ 1
    Noun · singular · nominative · (proper) ▸ **1** (Josh. 19,33)

Ἀρμενία Armenia ▸ 1
  Ἀρμενίαν ▸ 1
    Noun · feminine · singular · accusative · (proper) ▸ **1** (Is. 37,38)

ἁρμόζω to adapt, suit, promise in marriage ▸ 10 + 1 = 11
  ἁρμόζεται ▸ 1
    Verb · third · singular · present · passive · indicative ▸ **1** (Prov. 19,14)
  ἁρμόζουσα ▸ 1
    Verb · present · active · participle · feminine · singular · nominative ▸ **1** (Prov. 8,30)
  ἁρμόζουσαν ▸ 2
    Verb · present · active · participle · feminine · singular · accusative ▸ **2** (2Mac. 14,22; 3Mac. 1,19)
  ἅρμοσαι ▸ 1
    Verb · second · singular · aorist · middle · imperative ▸ **1** (Nah. 3,8)
  ἁρμόσει ▸ 1
    Verb · third · singular · future · active · indicative ▸ **1** (Prov. 17,7)
  ἡρμοσάμην ▸ 1
    Verb · first · singular · aorist · middle · indicative ▸ **1** (2Cor. 11,2)
  ἥρμοσαν ▸ 1
    Verb · third · plural · aorist · active · indicative ▸ **1** (Psa. 151,2)
  ἡρμοσμένοις ▸ 2
    Verb · perfect · passive · participle · neuter · plural · dative ▸ **2** (2Sam. 6,5; 2Sam. 6,14)
  ἡρμοσμένῳ ▸ 1
    Verb · perfect · passive · participle · neuter · singular · dative ▸ **1** (Sol. 15,3)

ἁρμονία joint, harmony, music ▸ 2
  ἁρμονίαν ▸ 1
    Noun · feminine · singular · accusative · (common) ▸ **1** (Ezek. 37,7)
  ἁρμονίας ▸ 1
    Noun · feminine · singular · genitive · (common) ▸ **1** (Ezek. 23,42)

ἁρμόνιος (ἁρμονία) appropriate, harmonious ▸ 1
  ἁρμόνιον ▸ 1
    Adjective · masculine · singular · accusative · noDegree ▸ **1** (Wis. 16,20)

ἁρμός (ἁρμόζω) joint ▸ 2 + 1 = 3
  ἁρμῶν ▸ 2 + 1 = 3
    Noun · masculine · plural · genitive · (common) ▸ 2 + 1 = **3** (4Mac. 10,5; Sir. 27,2; Heb. 4,12)

Αρνα Sargon ▸ 1
  Αρνα ▸ 1
    Noun · masculine · singular · genitive · (proper) ▸ **1** (Is. 20,1)

Αρναφαρ Harnepher ▸ 1
  Αρναφαρ ▸ 1
    Noun · masculine · singular · nominative · (proper) ▸ **1** (1Chr. 7,36)

ἀρνέομαι to deny ▸ 6 + 33 = 39
  ἀρνεῖσθαι ▸ 1
    Verb · present · middle · infinitive ▸ **1** (Acts 4,16)
  ἀρνησάμενοι ▸ 1 + 1 = 2
    Verb · aorist · middle · participle · masculine · plural · nominative ▸ 1 + 1 = **2** (4Mac. 8,7; Titus 2,12)
  ἀρνησάμενός ▸ 1
    Verb · aorist · middle · participle · masculine · singular · nominative ▸ **1** (Luke 12,9)
  ἀρνήσασθαι ▸ 1
    Verb · aorist · middle · infinitive ▸ **1** (2Tim. 2,13)
  ἀρνησάσθω ▸ 1
    Verb · third · singular · aorist · middle · imperative ▸ **1** (Luke 9,23)
  ἀρνήσεται ▸ 1
    Verb · third · singular · future · middle · indicative ▸ **1** (2Tim. 2,12)
  ἀρνήσῃ ▸ 1
    Verb · second · singular · aorist · middle · subjunctive ▸ **1** (John 13,38)
  ἀρνήσηταί ▸ 1
    Verb · third · singular · aorist · middle · subjunctive ▸ **1** (Matt. 10,33)
  ἀρνήσομαι ▸ 1 + 1 = 2
    Verb · first · singular · future · middle · indicative ▸ 1 + 1 = **2** (4Mac. 10,15; Matt. 10,33)
  ἀρνησόμεθα ▸ 1
    Verb · first · plural · future · middle · indicative ▸ **1** (2Tim. 2,12)
  ἀρνούμενοι ▸ 2 + 2 = 4
    Verb · present · middle · participle · masculine · plural · nominative ▸ 2 + 2 = **4** (Wis. 16,16; Wis. 17,9; 2Pet. 2,1; Jude 4)
  ἀρνούμενος ▸ 3
    Verb · present · middle · participle · masculine · singular · nominative ▸ **3** (1John 2,22; 1John 2,22; 1John 2,23)
  ἀρνουμένων ▸ 1
    Verb · present · middle · participle · masculine · plural · genitive ▸ **1** (Luke 8,45)
  ἀρνοῦνται ▸ 1
    Verb · third · plural · present · middle · indicative ▸ **1** (Titus 1,16)
  ἠρνεῖτο ▸ 1
    Verb · third · singular · imperfect · middle · indicative ▸ **1** (Mark 14,70)
  ἠρνημένοι ▸ 1

ἀρνέομαι–ἀροτριάω

Verb · perfect · passive · participle · masculine · plural · nominative · (variant) ▸ **1** (2Tim. 3,5)

ἠρνήσαντο ▸ 1
Verb · third · plural · aorist · middle · indicative ▸ **1** (Acts 7,35)

ἠρνήσασθε ▸ 2
Verb · second · plural · aorist · middle · indicative ▸ **2** (Acts 3,13; Acts 3,14)

ἠρνήσατο ▸ 1 + 8 = 9
Verb · third · singular · aorist · middle · indicative ▸ **1 + 8 = 9** (Gen. 18,15; Matt. 26,70; Matt. 26,72; Mark 14,68; Luke 22,57; John 1,20; John 18,25; John 18,27; Heb. 11,24)

ἠρνήσω ▸ 2
Verb · second · singular · aorist · middle · indicative ▸ **2** (Rev. 2,13; Rev. 3,8)

ἤρνηται ▸ 1
Verb · third · singular · perfect · passive · indicative · (variant) ▸ **1** (1Tim. 5,8)

ἠρνοῦντο ▸ 1
Verb · third · plural · imperfect · middle · indicative ▸ **1** (Wis. 12,27)

Ἀρνί Arni ▸ 1
Ἀρνὶ ▸ 1
Noun · masculine · singular · genitive · (proper) ▸ **1** (Luke 3,33)

ἀρνίον (ἀρήν) lamb, small lamb ▸ 5 + 30 = 35
ἀρνία ▸ 4 + 1 = 5
Noun · neuter · plural · accusative ▸ **1** (John 21,15)
Noun · neuter · plural · nominative · (common) ▸ **4** (Psa. 113,4; Psa. 113,6; Sol. 8,23; Jer. 27,45)

ἀρνίον ▸ 1 + 8 = 9
Noun · neuter · singular · accusative ▸ **1** (Rev. 5,12)
Noun · neuter · singular · nominative · (common) ▸ 1 + 7 = **8** (Jer. 11,19; Rev. 5,6; Rev. 6,1; Rev. 7,17; Rev. 14,1; Rev. 17,14; Rev. 21,22; Rev. 21,23)

ἀρνίου ▸ 16
Noun · neuter · singular · genitive ▸ **16** (Rev. 5,8; Rev. 6,16; Rev. 7,9; Rev. 7,14; Rev. 12,11; Rev. 13,8; Rev. 14,10; Rev. 15,3; Rev. 17,14; Rev. 19,7; Rev. 19,9; Rev. 21,9; Rev. 21,14; Rev. 21,27; Rev. 22,1; Rev. 22,3)

ἀρνίῳ ▸ 5
Noun · neuter · singular · dative ▸ **5** (Rev. 5,13; Rev. 7,10; Rev. 13,11; Rev. 14,4; Rev. 14,4)

ἀρνός (ἀρήν) lamb, sheep ▸ 36 + 1 = 37
ἄρνα ▸ 6
Noun · masculine · singular · accusative · (common) ▸ **6** (Ex. 23,19; Ex. 34,26; Lev. 3,7; Deut. 14,21; 1Sam. 7,9; 2Sam. 6,13)

ἄρνας ▸ 10
Noun · masculine · plural · accusative · (common) ▸ **10** (1Kings 1,9; 1Kings 1,19; 1Kings 1,25; 1Chr. 29,21; 1Esdr. 6,28; 1Esdr. 7,7; 1Esdr. 8,14; 1Esdr. 8,63; Is. 40,11; Jer. 28,40)

ἄρνασι ▸ 1
Noun · masculine · plural · dative · (common) ▸ **1** (Sir. 47,3)

ἀρνάσιν ▸ 3
Noun · masculine · plural · dative · (common) ▸ **3** (Gen. 30,32; Gen. 30,33; Gen. 30,35)

ἄρνες ▸ 4
Noun · masculine · plural · nominative · (common) ▸ **4** (Prov. 27,26; Mic. 5,6; Is. 5,17; Is. 65,25)

ἀρνός ▸ 1
Noun · masculine · singular · genitive · (common) ▸ **1** (Is. 11,6)

ἀρνὸς ▸ 1
Noun · masculine · singular · genitive · (common) ▸ **1** (Sir. 46,16)

ἀρνῶν ▸ 10 + 1 = 11
Noun · masculine · plural · genitive · (common) ▸ 10 + 1 = **11** (Ex. 12,5; Lev. 1,10; Deut. 32,14; 2Kings 3,4; 1Esdr. 1,7; Ode. 2,14; Ode. 7,39; Is. 1,11; Is. 34,6; Dan. 3,39; Dan. 3,39)

Ἀρνων Arnon ▸ 24 + 5 = 29
Ἀρνων ▸ 24 + 5 = 29
Noun · singular · dative · (proper) ▸ **1** (Jer. 31,20)
Noun · singular · genitive · (proper) ▸ 20 + 4 = **24** (Num. 21,13; Num. 21,14; Num. 21,24; Num. 21,26; Num. 21,28; Num. 22,36; Deut. 2,24; Deut. 2,36; Deut. 3,8; Deut. 3,12; Deut. 3,16; Deut. 4,48; Josh. 12,1; Josh. 13,9; Josh. 13,16; Josh. 13,16; Judg. 11,13; Judg. 11,18; Judg. 11,22; 2Kings 10,33; Judg. 11,13; Judg. 11,18; Judg. 11,22; Judg. 11,33)
Noun · singular · nominative · (proper) ▸ 2 + 1 = **3** (Num. 21,13; Judg. 11,18; Judg. 11,18)
Noun · singular · vocative · (proper) ▸ **1** (Is. 16,2)

Ἀροαδι Arod ▸ 2
Ἀροαδι ▸ 2
Noun · masculine · singular · dative · (proper) ▸ **1** (Num. 26,26)
Noun · masculine · singular · nominative · (proper) ▸ **1** (Num. 26,26)

Ἀροηδις Arodi ▸ 1
Ἀροηδις ▸ 1
Noun · masculine · singular · nominative · (proper) ▸ **1** (Gen. 46,16)

Ἀροηλις Areli ▸ 1
Ἀροηλις ▸ 1
Noun · masculine · singular · nominative · (proper) ▸ **1** (Gen. 46,16)

Ἀροηρ Aroer, Ar ▸ 16 + 2 = 18
Ἀροηρ ▸ 16 + 2 = 18
Noun · singular · dative · (proper) ▸ **1** (1Chr. 5,8)
Noun · feminine · singular · accusative · (proper) ▸ **1** (Num. 32,34)
Noun · feminine · singular · dative · (proper) ▸ **4** (Deut. 2,29; 1Sam. 30,28; 2Sam. 24,5; Jer. 31,19)
Noun · feminine · singular · genitive · (proper) ▸ 10 + 2 = **12** (Num. 21,26; Deut. 2,36; Deut. 3,12; Deut. 4,48; Josh. 12,2; Josh. 13,9; Josh. 13,16; Josh. 13,25; Judg. 11,33; 2Kings 10,33; Judg. 11,26; Judg. 11,33)

Ἀρομ Arom ▸ 1
Ἀρομ ▸ 1
Noun · masculine · singular · genitive · (proper) ▸ **1** (1Esdr. 5,16)

ἀροτήρ (ἀρόω) farmer, plowman ▸ 1
ἀροτῆρες ▸ 1
Noun · masculine · plural · nominative · (common) ▸ **1** (Is. 61,5)

ἀροτρίασις (ἄροτρον) plowing ▸ 1
ἀροτρίασις ▸ 1
Noun · feminine · singular · nominative · (common) ▸ **1** (Gen. 45,6)

ἀροτριάω (ἄροτρον) to plow ▸ 14 + 1 + 3 = 18
ἀροτρία ▸ 1
Verb · second · singular · present · active · imperative ▸ **1** (Sir. 7,12)

ἀροτριαθήσεται ▸ 3
Verb · third · singular · future · passive · indicative ▸ **3** (Mic. 3,12; Is. 7,25; Jer. 33,18)

ἀροτριᾶν ▸ 1 + 1 = 2
Verb · present · active · infinitive ▸ 1 + 1 = **2** (Is. 28,24; 1Cor. 9,10)

ἀροτριάσει ▸ 1
Verb · third · singular · future · active · indicative ▸ **1** (Is. 45,9)

ἀροτριάσεις ▸ 1

Verb · second · singular · future · active · indicative ▸ **1** (Deut. 22,10)
ἀροτριώμενον ▸ 1
Verb · present · passive · participle · neuter · singular · nominative ▸ **1** (Is. 7,25)
ἀροτριῶν ▸ 3 + **1** = 4
Verb · present · active · participle · masculine · singular · nominative ▸ 3 + **1** = **4** (Sir. 6,19; Is. 28,24; Is. 45,9; 1Cor. 9,10)
ἀροτριῶντα ▸ 1
Verb · present · active · participle · masculine · singular · accusative ▸ **1** (Luke 17,7)
ἀροτριῶντας ▸ 1
Verb · present · active · participle · masculine · plural · accusative ▸ **1** (Job 4,8)
ἠροτρία ▸ 2
Verb · third · singular · imperfect · active · indicative ▸ **2** (1Kings 19,19; Job 1,14)
ἠροτριάσατε ▸ 1
Verb · second · plural · aorist · active · indicative ▸ **1** (Judg. 14,18)

ἄροτρον plow ▸ 5 + **1** = 6
ἄροτρα ▸ 3
Noun · neuter · plural · accusative · (common) ▸ **3** (Mic. 4,3; Joel 4,10; Is. 2,4)
ἄροτρον ▸ 1 + **1** = 2
Noun · neuter · singular · accusative · (common) ▸ 1 + **1** = **2** (1Chr. 21,23; Luke 9,62)
ἀρότρου ▸ 1
Noun · neuter · singular · genitive · (common) ▸ **1** (Sir. 38,25)

ἀροτρόπους plowshare ▸ 1
ἀροτρόποδι ▸ 1
Noun · masculine · singular · dative · (common) ▸ **1** (Judg. 3,31)

Αρουδαῖος Harod ▸ 1
Αρουδαῖος ▸ 1
Noun · masculine · singular · genitive · (proper) ▸ **1** (2Sam. 23,25)

Αρουηλ Adadah ▸ 1
Αρουηλ ▸ 1
Noun · singular · nominative · (proper) ▸ **1** (Josh. 15,22)

Αρουκαῖος Arkite ▸ 1
Αρουκαῖον ▸ 1
Noun · masculine · singular · accusative · (proper) ▸ **1** (Gen. 10,17)

Αρουρ Harhur ▸ 2
Αρουρ ▸ 2
Noun · masculine · singular · genitive · (proper) ▸ **2** (Ezra 2,51; Neh. 7,53)

ἄρουρα (ἄροτρον) field ▸ 3
ἄρουραν ▸ 3
Noun · feminine · singular · accusative · (common) ▸ **3** (Gen. 21,33; 1Sam. 22,6; 1Sam. 31,13)

Αρους Haruz ▸ 1
Αρους ▸ 1
Noun · masculine · singular · genitive · (proper) ▸ **1** (2Kings 21,19)

Αρουφαιος Arisai, Ariphaeus ▸ 1
Αρουφαιον ▸ 1
Noun · masculine · singular · accusative · (proper) ▸ **1** (Esth. 9,9)

Αρουχαῖος Hararite ▸ 1
Αρουχαῖος ▸ 1
Noun · masculine · singular · nominative · (proper) ▸ **1** (2Sam. 23,11)

ἁρπαγή (ἁρπάζω) extortion, robbery, seizure ▸ 8 + **1** + **3** = 12
ἁρπαγαί ▸ 1
Noun · feminine · plural · nominative · (common) ▸ **1** (1Mac. 13,34)
ἁρπαγή ▸ 1
Noun · feminine · singular · nominative · (common) ▸ **1** (Is. 3,14)
ἁρπαγήν ▸ 4 + **1** + **1** = 6
Noun · feminine · singular · accusative · (common) ▸ 4 + **1** + **1** = **6** (Judith 2,11; 4Mac. 4,10; Eccl. 5,7; Is. 10,2; Tob. 3,4; Heb. 10,34)
ἁρπαγῆς ▸ 2 + **2** = 4
Noun · feminine · singular · genitive · (common) ▸ 2 + **2** = **4** (Lev. 5,21; Nah. 2,13; Matt. 23,25; Luke 11,39)

ἅρπαγμα (ἁρπάζω) stolen goods, prey, spoils ▸ 18
ἅρπαγμα ▸ 9
Noun · neuter · singular · accusative · (common) ▸ **9** (Lev. 5,23; Psa. 61,11; Job 29,17; Is. 42,22; Ezek. 18,7; Ezek. 18,12; Ezek. 18,16; Ezek. 18,18; Ezek. 33,15)
ἁρπάγματα ▸ 7
Noun · neuter · plural · accusative · (common) ▸ **7** (Mal. 1,13; Is. 61,8; Ezek. 19,3; Ezek. 19,6; Ezek. 22,25; Ezek. 22,27; Ezek. 22,29)
ἁρπάγματι ▸ 2
Noun · neuter · singular · dative · (common) ▸ **2** (Sir. 16,13; Sol. 2,24)

ἁρπαγμός (ἁρπάζω) something to be grasped ▸ 1
ἁρπαγμὸν ▸ 1
Noun · masculine · singular · accusative ▸ **1** (Phil. 2,6)

ἁρπάζω to snatch away ▸ 37 + **3** + **14** = 54
ἁρπαγέντα ▸ 1
Verb · aorist · passive · participle · masculine · singular · accusative ▸ **1** (2Cor. 12,2)
ἁρπαγησόμεθα ▸ 1
Verb · first · plural · future · passive · indicative ▸ **1** (1Th. 4,17)
ἁρπάζει ▸ 2
Verb · third · singular · present · active · indicative ▸ **2** (Matt. 13,19; John 10,12)
ἁρπάζειν ▸ 2 + **2** = 4
Verb · present · active · infinitive ▸ 2 + **2** = **4** (Ezek. 19,3; Ezek. 19,6; John 6,15; John 10,29)
ἁρπάζοντες ▸ 4 + **1** = 5
Verb · present · active · participle · masculine · plural · nominative ▸ 4 + **1** = **5** (Mic. 3,2; Is. 10,2; Ezek. 22,25; Ezek. 22,27; Jude 23)
ἁρπάζουσιν ▸ 1
Verb · third · plural · present · active · indicative ▸ **1** (Matt. 11,12)
ἁρπάζων ▸ 1
Verb · present · active · participle · masculine · singular · nominative ▸ **1** (Psa. 21,14)
ἁρπάσαι ▸ 3 + **2** = 5
Verb · aorist · active · infinitive ▸ 3 + **2** = **5** (Psa. 9,30; Psa. 9,30; Psa. 103,21; Matt. 12,29; Acts 23,10)
ἁρπάσαντες ▸ 1
Verb · aorist · active · participle · masculine · plural · nominative ▸ **1** (Job 24,2)
ἁρπάσατε ▸ 1
Verb · second · plural · aorist · active · imperative ▸ **1** (Judg. 21,21)
ἁρπάσει ▸ 1
Verb · third · singular · future · active · indicative ▸ **1** (John

ἁρπάζω–ἄρρωστος

10,28)
ἁρπάσεις ▸ 1
    Verb · second · singular · future · active · indicative ▸ 1 (Lev. 19,13)
ἁρπάσετε ▸ 1
    Verb · second · plural · future · active · indicative ▸ 1 (Judg. 21,21)
ἁρπάσῃ ▸ 6
    Verb · third · singular · aorist · active · subjunctive ▸ 6 (1Esdr. 4,24; Psa. 7,3; Psa. 49,22; Amos 3,4; Mic. 5,7; Ezek. 18,18)
ἁρπᾶται ▸ 1
    Verb · third · singular · future · middle · indicative ▸ 1 (Ezek. 18,7)
ἁρπῶμαι ▸ 1
    Verb · first · singular · future · middle · indicative ▸ 1 (Hos. 5,14)
ἡρπάγη ▸ 1 + 1 + 1 = 3
    Verb · third · singular · aorist · passive · indicative ▸ 1 + 1 + 1 = 3 (Wis. 4,11; Tob. 1,20; 2Cor. 12,4)
ἥρπακεν ▸ 1
    Verb · third · singular · perfect · active · indicative ▸ 1 (Hos. 6,1)
ἥρπασα ▸ 1
    Verb · first · singular · aorist · active · indicative ▸ 1 (Psa. 68,5)
ἥρπασαν ▸ 2 + 1 = 3
    Verb · third · plural · aorist · active · indicative ▸ 2 + 1 = 3 (Job 24,9; Job 24,19; Judg. 21,23)
ἥρπασεν ▸ 9 + 1 = 10
    Verb · third · singular · aorist · active · indicative ▸ 9 + 1 = 10 (Gen. 37,33; Lev. 5,23; 2Sam. 23,21; Judith 16,9; Job 20,19; Amos 1,11; Nah. 2,13; Ezek. 18,12; Ezek. 18,16; Acts 8,39)
ἡρπάσθη ▸ 1
    Verb · third · singular · aorist · passive · indicative ▸ 1 (Rev. 12,5)
ἡρπασμένον ▸ 1
    Verb · perfect · passive · participle · neuter · singular · nominative ▸ 1 (Bar. 4,26)
ἡρπασμένος ▸ 1
    Verb · perfect · passive · participle · masculine · singular · nominative ▸ 1 (Deut. 28,31)

ἅρπαξ (ἁρπάζω) rapacious, thieving; thief ▸ 1 + 5 = 6
  ἅρπαγες ▸ 3
    Adjective · masculine · plural · nominative ▸ 3 (Matt. 7,15; Luke 18,11; 1Cor. 6,10)
  ἅρπαξ ▸ 1 + 1 = 2
    Adjective · masculine · singular · nominative · noDegree ▸ 1 + 1 = 2 (Gen. 49,27; 1Cor. 5,11)
  ἅρπαξιν ▸ 1
    Adjective · masculine · plural · dative ▸ 1 (1Cor. 5,10)

ἀρραβών down payment ▸ 3 + 3 = 6
  ἀρραβών ▸ 1
    Noun · masculine · singular · nominative ▸ 1 (Eph. 1,14)
  ἀρραβῶνα ▸ 2 + 2 = 4
    Noun · masculine · singular · accusative · (common) ▸ 2 + 2 = 4 (Gen. 38,17; Gen. 38,20; 2Cor. 1,22; 2Cor. 5,5)
  ἀρραβῶνά ▸ 1
    Noun · masculine · singular · accusative · (common) ▸ 1 (Gen. 38,18)

Αρραν Haran ▸ 11
  Αρραν ▸ 11
    Noun · masculine · singular · accusative · (proper) ▸ 4 (Gen. 11,26; Gen. 11,27; Ruth 4,19; 1Chr. 2,46)
    Noun · masculine · singular · genitive · (proper) ▸ 2 (Gen. 11,29; Gen. 11,31)
    Noun · masculine · singular · nominative · (proper) ▸ 5 (Gen. 11,27; Gen. 11,28; Ruth 4,19; 1Chr. 1,42; 1Chr. 2,46)

ἀρρενωδῶς (ἄρσην; ὁδός) bravely ▸ 1
  ἀρρενωδῶς ▸ 1
    Adverb · 1 (2Mac. 10,35)

ἄρρηκτος (α; ῥῆμα) unbreakable ▸ 1
  ἀρρήκτοις ▸ 1
    Adjective · feminine · plural · dative · noDegree ▸ 1 (3Mac. 4,9)

ἄρρην male ▸ 1
  ἀρρένων ▸ 1
    Adjective · masculine · plural · genitive · noDegree ▸ 1 (4Mac. 15,30)

ἄρρητος (α; ῥῆμα) unutterable ▸ 1
  ἄρρητα ▸ 1
    Adjective · neuter · plural · accusative ▸ 1 (2Cor. 12,4)

ἄρριζος (α; ῥίζα) uprooted ▸ 1
  ἄρριζος ▸ 1
    Adjective · masculine · singular · nominative · noDegree ▸ 1 (Job 31,8)

ἀρρωστέω (α; ῥώννυμι) to be sick ▸ 14
  ἀρρωστεῖν ▸ 1
    Verb · present · active · infinitive ▸ 1 (2Sam. 13,2)
  ἀρρωστῆσαί ▸ 1
    Verb · aorist · active · infinitive ▸ 1 (Sir. 18,21)
  ἠρρώστει ▸ 3
    Verb · third · singular · imperfect · active · indicative ▸ 3 (2Kings 8,7; 2Kings 8,29; 2Chr. 22,6)
  ἠρρώστησε ▸ 1
    Verb · third · singular · aorist · active · indicative ▸ 1 (1Kings 12,24g)
  ἠρρώστησεν ▸ 8
    Verb · third · singular · aorist · active · indicative ▸ 8 (2Sam. 12,15; 2Sam. 13,6; 1Kings 17,17; 2Kings 1,2; 2Kings 13,14; 2Kings 20,1; 2Kings 20,12; 2Chr. 32,24)

ἀρρώστημα (α; ῥώννυμι) sickness, illness ▸ 5
  ἀρρώστημα ▸ 4
    Noun · neuter · singular · accusative · (common) ▸ 1 (Sir. 10,10)
    Noun · neuter · singular · nominative · (common) ▸ 3 (Sir. 30,17; Sir. 31,2; Sir. 31,22)
  ἀρρωστήματί ▸ 1
    Noun · neuter · singular · dative · (common) ▸ 1 (Sir. 38,9)

ἀρρωστία (α; ῥώννυμι) sickness ▸ 14
  ἀρρωστία ▸ 4
    Noun · feminine · singular · nominative · (common) ▸ 4 (1Kings 17,17; Eccl. 5,12; Eccl. 5,15; Eccl. 6,2)
  ἀρρωστίᾳ ▸ 2
    Noun · feminine · singular · dative · (common) ▸ 2 (Psa. 40,4; Eccl. 5,16)
  ἀρρωστίαν ▸ 3
    Noun · feminine · singular · accusative · (common) ▸ 3 (1Kings 12,24g; 2Kings 13,14; 1Mac. 6,8)
  ἀρρωστίας ▸ 5
    Noun · feminine · singular · genitive · (common) ▸ 5 (1Kings 12,24g; 2Kings 1,2; 2Kings 8,8; 2Kings 8,9; Sir. 18,19)

ἄρρωστος (α; ῥώννυμι) sick ▸ 2 + 5 = 7
  ἄρρωστοι ▸ 1
    Adjective · masculine · plural · nominative ▸ 1 (1Cor. 11,30)
  ἀρρώστοις ▸ 1
    Adjective · masculine · plural · dative ▸ 1 (Mark 6,5)
  ἄρρωστον ▸ 2
    Adjective · masculine · singular · accusative · noDegree ▸ 2 (Sir. 7,35; Mal. 1,8)

ἀρρώστους ‣ 3
 Adjective · masculine · plural · accusative ‣ 3 (Matt. 14,14; Mark 6,13; Mark 16,18)

Αρσαιος Arisai, Aridai ‣ 1
 Αρσαιον ‣ 1
  Noun · masculine · singular · accusative · (proper) ‣ 1 (Esth. 9,9)

Ἀρσάκης Arsaces ‣ 3
 Ἀρσάκῃ ‣ 1
  Noun · masculine · singular · dative · (proper) ‣ 1 (1Mac. 15,22)
 Ἀρσάκην ‣ 1
  Noun · masculine · singular · accusative · (proper) ‣ 1 (1Mac. 14,3)
 Ἀρσάκης ‣ 1
  Noun · masculine · singular · nominative · (proper) ‣ 1 (1Mac. 14,2)

ἀρσενικός (ἄρσην) male ‣ 61
 ἀρσενικά ‣ 16
  Adjective · neuter · plural · accusative · noDegree ‣ 4 (Ex. 13,12; Ex. 13,12; Ex. 13,15; Deut. 15,19)
  Adjective · neuter · plural · nominative · noDegree ‣ 12 (Ex. 34,19; Ezra 8,4; Ezra 8,5; Ezra 8,6; Ezra 8,7; Ezra 8,8; Ezra 8,9; Ezra 8,10; Ezra 8,11; Ezra 8,12; Ezra 8,13; Ezra 8,14)
 ἀρσενικὰ ‣ 13
  Adjective · neuter · plural · nominative · noDegree ‣ 13 (Num. 1,20; Num. 1,22; Num. 1,24; Num. 1,26; Num. 1,28; Num. 1,30; Num. 1,32; Num. 1,34; Num. 1,36; Num. 1,38; Num. 1,40; Num. 1,42; Num. 3,43)
 ἀρσενικὰς ‣ 1
  Adjective · feminine · plural · accusative · noDegree ‣ 1 (Ezek. 16,17)
 ἀρσενικόν ‣ 9
  Adjective · neuter · singular · accusative · noDegree ‣ 5 (Gen. 34,15; Gen. 34,22; Gen. 34,25; Ex. 12,48; Num. 31,7)
  Adjective · neuter · singular · nominative · noDegree ‣ 4 (Gen. 17,10; Ex. 23,17; Ex. 34,23; Deut. 16,16)
 ἀρσενικὸν ‣ 17
  Adjective · masculine · singular · accusative · noDegree ‣ 1 (1Kings 11,15)
  Adjective · neuter · singular · accusative · noDegree ‣ 9 (Num. 1,18; Num. 3,15; Num. 31,17; Deut. 20,13; Judg. 21,11; 1Kings 11,16; 1Mac. 5,28; 1Mac. 5,35; 1Mac. 5,51)
  Adjective · neuter · singular · nominative · noDegree ‣ 7 (Gen. 17,12; Lev. 6,11; Num. 3,28; Num. 3,34; Num. 3,39; Num. 18,10; Num. 26,62)
 ἀρσενικοῦ ‣ 3
  Adjective · neuter · singular · genitive · noDegree ‣ 3 (Num. 3,22; Num. 5,3; Deut. 4,16)
 ἀρσενικῷ ‣ 1
  Adjective · masculine · singular · dative · noDegree ‣ 1 (2Chr. 31,19)
 ἀρσενικῶν ‣ 1
  Adjective · masculine · plural · genitive · noDegree ‣ 1 (2Chr. 31,16)

ἀρσενοκοίτης (ἄρσην; κεῖμαι) male homosexual ‣ 2
 ἀρσενοκοῖται ‣ 1
  Noun · masculine · plural · nominative ‣ 1 (1Cor. 6,9)
 ἀρσενοκοίταις ‣ 1
  Noun · masculine · plural · dative ‣ 1 (1Tim. 1,10)

ἄρσην male, man ‣ 52 + 4 + 9 = 65
 ἄρρενα ‣ 1
  Adjective · masculine · singular · accusative · noDegree ‣ 1 (Sir. 36,21)
 ἄρσεν ‣ 31 + 1 + 5 = 37
  Adjective · neuter · singular · accusative · noDegree ‣ 20 + 1 + 3 = 24 (Gen. 1,27; Gen. 5,2; Gen. 7,2; Gen. 7,2; Gen. 7,3; Gen. 7,3; Gen. 17,23; Ex. 1,22; Ex. 2,2; Lev. 1,3; Lev. 1,10; Lev. 3,1; Lev. 3,6; Lev. 4,23; Lev. 12,2; Lev. 12,7; Num. 3,40; Ode. 5,14; Is. 26,14; Is. 66,7; Judg. 21,11; Matt. 19,4; Mark 10,6; Rev. 12,5)
  Adjective · neuter · singular · nominative · noDegree ‣ 11 + 2 = 13 (Gen. 6,19; Gen. 6,20; Gen. 7,9; Gen. 7,16; Ex. 1,16; Ex. 12,5; Lev. 27,7; Job 3,3; Mal. 1,14; Jer. 20,15; Jer. 37,6; Luke 2,23; Gal. 3,28)
 ἄρσενα ‣ 3 + 1 = 4
  Adjective · masculine · singular · accusative ‣ 1 (Rev. 12,13)
  Adjective · neuter · plural · accusative · noDegree ‣ 2 (Ex. 1,17; Ex. 1,18)
  Adjective · neuter · plural · nominative · noDegree ‣ 1 (Lev. 22,19)
 ἄρσενες ‣ 1 + 2 = 3
  Adjective · masculine · plural · nominative · noDegree ‣ 1 + 2 = 3 (Josh. 17,2; Rom. 1,27; Rom. 1,27)
 ἄρσενι ‣ 2
  Adjective · masculine · singular · dative · noDegree ‣ 2 (Lev. 15,33; 2Mac. 7,21)
 ἄρσενος ‣ 9 + 2 = 11
  Adjective · feminine · singular · accusative · noDegree ‣ 1 (Judg. 21,12)
  Adjective · masculine · singular · genitive · noDegree ‣ 7 + 2 = 9 (Lev. 18,22; Lev. 27,3; Lev. 27,5; Lev. 27,6; Num. 31,17; Num. 31,18; Judg. 21,11; Judg. 21,11; Judg. 21,12)
  Adjective · neuter · singular · genitive · noDegree ‣ 1 (Lev. 20,13)
 ἄρσεσιν ‣ 1
  Adjective · masculine · plural · dative ‣ 1 (Rom. 1,27)
 ἄρσην ‣ 5 + 1 = 6
  Adjective · masculine · singular · nominative · noDegree ‣ 5 + 1 = 6 (Gen. 17,14; Gen. 34,24; Lev. 6,22; Lev. 7,6; Num. 1,2; Tob. 6,12)

Ἀρσινόη Arsinoe ‣ 2
 Ἀρσινόη ‣ 1
  Noun · feminine · singular · nominative · (proper) ‣ 1 (3Mac. 1,4)
 Ἀρσινόην ‣ 1
  Noun · feminine · singular · accusative · (proper) ‣ 1 (3Mac. 1,1)

ἄρσις (αἴρω) burden, gift ‣ 10
 ἄρσεις ‣ 3
  Noun · feminine · plural · accusative · (common) ‣ 3 (1Kings 2,46h; 1Kings 11,28; 1Kings 12,24b)
 ἄρσεσιν ‣ 1
  Noun · feminine · plural · dative · (common) ‣ 1 (1Kings 12,24b)
 ἄρσεων ‣ 1
  Noun · feminine · plural · genitive · (common) ‣ 1 (Psa. 80,7)
 ἄρσιν ‣ 4
  Noun · feminine · singular · accusative · (common) ‣ 4 (2Sam. 19,43; 1Kings 2,35d; 1Kings 5,29; 2Kings 8,9)
 ἄρσις ‣ 1
  Noun · feminine · singular · nominative · (common) ‣ 1 (2Sam. 11,8)

Αρσωλα Hazar-shual ‣ 1
 Αρσωλα ‣ 1
  Noun · singular · nominative · (proper) ‣ 1 (Josh. 19,3)

Αρσων Hezron ‣ 3

Αρσων–ἄρτος

Αρσων ▸ 3
  Noun · masculine · singular · nominative · (proper) ▸ 3 (1Chr. 2,5; 1Chr. 4,1; 1Chr. 5,3)

ἀρτάβη (Persian) artaba (measure) ▸ 2 + 1 = 3
  ἀρτάβαι ▸ 1 + 1 = 2
    Noun · feminine · plural · nominative · (common) ▸ 1 + 1 = 2 (Bel 3; Bel 3)
  ἀρτάβας ▸ 1
    Noun · feminine · plural · accusative · (common) ▸ 1 (Is. 5,10)

Ἀρταξέρξης Artaxerxes; Ahasuerus (Xerxes) ▸ 34
  Ἀρταξέρξῃ ▸ 4
    Noun · masculine · singular · dative · (proper) ▸ 4 (1Esdr. 2,13; Esth. 12,2 # 1,1n; Esth. 1,17; Esth. 6,2)
  Ἀρταξέρξην ▸ 4
    Noun · masculine · singular · accusative · (proper) ▸ 4 (Esth. 2,16; Esth. 2,21; Esth. 3,8; Esth. 10,3)
  Ἀρταξέρξης ▸ 10
    Noun · masculine · singular · nominative · (proper) ▸ 10 (1Esdr. 8,9; 1Esdr. 8,19; Esth. 1,1 # 1,1s; Esth. 1,2; Esth. 1,9; Esth. 3,1; Esth. 13,1 # 3,13a; Esth. 8,1; Esth. 16,2 # 8,12b; Dan. 6,1)
  Ἀρταξέρξου ▸ 16
    Noun · masculine · singular · genitive · (proper) ▸ 16 (1Esdr. 2,12; 1Esdr. 2,25; 1Esdr. 7,5; 1Esdr. 8,1; 1Esdr. 8,5; 1Esdr. 8,8; 1Esdr. 8,28; Esth. 11,2 # 1,1a; Esth. 1,1 # 1,1s; Esth. 1,10; Esth. 3,6; Esth. 3,7; Esth. 3,12; Esth. 3,13; Esth. 8,12; Esth. 9,20)

Ἀρτεμᾶς Artemas ▸ 1
  Ἀρτεμᾶν ▸ 1
    Noun · masculine · singular · accusative · (proper) ▸ 1 (Titus 3,12)

Ἄρτεμις Artemis ▸ 5
  Ἀρτέμιδος ▸ 3
    Noun · feminine · singular · genitive · (proper) ▸ 3 (Acts 19,24; Acts 19,27; Acts 19,35)
  Ἄρτεμις ▸ 2
    Noun · feminine · singular · nominative · (proper) ▸ 2 (Acts 19,28; Acts 19,34)

ἀρτέμων mainsail ▸ 1
  ἀρτέμωνα ▸ 1
    Noun · masculine · singular · accusative ▸ 1 (Acts 27,40)

ἀρτήρ (ἀρτηρία) carrying device; workload ▸ 1
  ἀρτῆρσιν ▸ 1
    Noun · masculine · plural · dative · (common) ▸ 1 (Neh. 4,11)

ἄρτι now ▸ 12 + 36 = 48
  ἄρτι ▸ 11 + 34 = 45
    Adverb · (temporal) ▸ 11 + 34 = 45 (Judith 9,1; 2Mac. 3,28; 2Mac. 9,5; 2Mac. 9,8; 2Mac. 10,28; 2Mac. 13,11; 3Mac. 4,6; 3Mac. 6,16; 3Mac. 6,29; Dan. 9,22; Dan. 10,11; Matt. 3,15; Matt. 9,18; Matt. 11,12; Matt. 23,39; Matt. 26,29; Matt. 26,53; Matt. 26,64; John 2,10; John 5,17; John 9,19; John 9,25; John 13,7; John 13,19; John 13,33; John 13,37; John 14,7; John 16,12; John 16,24; John 16,31; 1Cor. 4,11; 1Cor. 4,13; 1Cor. 8,7; 1Cor. 13,12; 1Cor. 13,12; 1Cor. 15,6; 1Cor. 16,7; Gal. 1,9; Gal. 4,20; 2Th. 2,7; 1Pet. 1,6; 1Pet. 1,8; 1John 2,9; Rev. 12,10; Rev. 14,13)
  Ἄρτι ▸ 1 + 2 = 3
    Adverb · (temporal) ▸ 1 + 2 = 3 (3Mac. 5,23; Gal. 1,10; 1Th. 3,6)

ἀρτιγέννητος (ἄρτι; γίνομαι) newborn ▸ 1
  ἀρτιγέννητα ▸ 1
    Adjective · neuter · plural · nominative ▸ 1 (1Pet. 2,2)

ἄρτιος (ἄρτι) complete; fully qualified; even (-numbered) ▸ 1
  ἄρτιος ▸ 1
    Adjective · masculine · singular · nominative ▸ 1 (2Tim. 3,17)

ἀρτίως (ἄρτι) newly, recently ▸ 1
  ἀρτίως ▸ 1
    Adverb · 1 (2Sam. 15,34)

ἀρτοκοπικός (ἄρτος; κόπτω) made by a baker; loaf of bread ▸ 1
  ἀρτοκοπικὸν ▸ 1
    Adjective · masculine · singular · accusative · noDegree ▸ 1 (1Chr. 16,3)

ἄρτος bread, loaf ▸ 293 + 14 + 97 = 404
  ἄρτοι ▸ 17 + 1 + 4 = 22
    Noun · masculine · plural · nominative · (common) ▸ 17 + 1 + 4 = 22 (Gen. 41,54; Num. 4,7; Josh. 9,12; 1Sam. 9,7; 1Sam. 21,4; 1Sam. 21,5; 1Sam. 21,5; 1Sam. 21,7; 2Sam. 16,1; 2Sam. 16,2; 1Kings 7,34; 2Kings 25,3; 2Chr. 4,19; Hos. 9,4; Jer. 44,21; Jer. 45,9; Jer. 52,6; Judg. 19,19; Matt. 4,3; Matt. 15,33; Luke 9,13; John 6,7)
  ἄρτοις ▸ 11 + 1 = 12
    Noun · masculine · plural · dative · (common) ▸ 11 + 1 = 12 (Gen. 47,17; Lev. 7,13; 1Sam. 1,24; 2Sam. 3,29; 2Sam. 3,35; 1Kings 18,13; Neh. 5,15; Sir. 31,23; Sir. 41,20; Is. 21,14; Jer. 49,14; Mark 6,52)
  ἄρτον ▸ 99 + 2 + 38 = 139
    Noun · masculine · singular · accusative · (common) ▸ 99 + 2 + 38 = 139 (Gen. 3,19; Gen. 18,5; Gen. 25,34; Gen. 28,20; Gen. 37,25; Ex. 2,20; Ex. 16,32; Ex. 18,12; Ex. 23,25; Ex. 29,23; Ex. 34,28; Lev. 8,26; Lev. 8,26; Lev. 23,14; Lev. 26,5; Num. 6,19; Num. 15,20; Deut. 8,9; Deut. 9,9; Deut. 9,18; Deut. 10,18; Deut. 16,3; Deut. 29,5; Judg. 5,8; 1Sam. 2,36; 1Sam. 14,24; 1Sam. 14,28; 1Sam. 20,34; 1Sam. 21,7; 1Sam. 22,13; 1Sam. 28,20; 1Sam. 30,11; 1Sam. 30,12; 2Sam. 9,7; 2Sam. 9,10; 2Sam. 12,17; 2Sam. 12,20; 2Sam. 12,20; 2Sam. 12,21; 1Kings 13,8; 1Kings 13,9; 1Kings 13,15; 1Kings 13,16; 1Kings 13,17; 1Kings 13,18; 1Kings 13,19; 1Kings 13,22; 1Kings 13,22; 1Kings 13,23; 1Kings 20,4; 1Kings 20,5; 1Kings 20,7; 1Kings 22,27; 2Kings 4,8; 2Kings 25,29; 1Chr. 16,3; 2Chr. 18,26; Ezra 10,6; Neh. 9,15; Tob. 2,5; Tob. 10,7; Psa. 77,20; Psa. 77,24; Psa. 77,25; Psa. 79,6; Psa. 101,5; Psa. 101,10; Psa. 103,14; Psa. 104,40; Psa. 126,2; Eccl. 9,7; Eccl. 10,19; Eccl. 11,1; Song 5,1; Wis. 16,20; Sir. 15,3; Sir. 20,17; Sir. 45,20; Is. 4,1; Is. 30,20; Is. 55,10; Is. 58,7; Is. 58,10; Is. 65,25; Jer. 11,19; Jer. 44,21; Jer. 48,1; Jer. 52,33; Lam. 1,11; Lam. 4,4; Lam. 5,9; Ezek. 4,16; Ezek. 12,18; Ezek. 18,7; Ezek. 18,16; Ezek. 24,17; Ezek. 24,22; Ezek. 44,3; Dan. 10,3; Tob. 2,5; Dan. 10,3; Matt. 6,11; Matt. 7,9; Matt. 15,2; Matt. 15,26; Matt. 26,26; Mark 3,20; Mark 6,8; Mark 7,5; Mark 7,27; Mark 8,14; Mark 14,22; Luke 7,33; Luke 9,3; Luke 11,3; Luke 14,1; Luke 14,15; Luke 22,19; Luke 24,30; John 6,23; John 6,31; John 6,32; John 6,32; John 6,34; John 6,58; John 13,18; John 21,9; John 21,13; Acts 2,46; Acts 20,7; Acts 20,11; Acts 27,35; 1Cor. 10,16; 1Cor. 11,23; 1Cor. 11,26; 1Cor. 11,27; 2Cor. 9,10; 2Th. 3,8; 2Th. 3,12)
  ἄρτος ▸ 23 + 10 = 33
    Noun · masculine · singular · nominative · (common) ▸ 23 + 10 = 33 (Gen. 49,20; Ex. 16,15; Lev. 22,7; Lev. 24,5; Num. 21,5; Josh. 9,5; Judg. 19,19; 1Sam. 21,7; Psa. 41,4; Psa. 103,15; Eccl. 9,11; Job 6,6; Job 24,5; Job 28,5; Sir. 23,17; Sir. 29,21; Sir. 33,25; Sir. 34,21; Hos. 9,4; Is. 3,7; Is. 30,23; Is. 33,16; Jer. 16,7; Luke 4,3; John 6,33; John 6,35; John 6,41; John 6,48; John 6,50; John 6,51; John 6,51; John 6,58; 1Cor. 10,17)
  ἄρτου ▸ 27 + 2 + 5 = 34
    Noun · masculine · singular · genitive · (common) ▸ 27 + 2 + 5 = 34 (Gen. 39,6; Judg. 7,13; Judg. 19,5; 1Sam. 14,24; 1Sam. 28,22; 2Sam. 3,35; 2Sam. 6,19; 2Sam. 12,3; 1Kings 17,11; 2Kings 18,32; 1Esdr. 9,2; Tob. 4,16; Psa. 13,4; Psa. 52,5; Psa. 104,16;

Prov. 6,26; Prov. 12,9; Prov. 28,21; Amos 8,11; Hag. 2,12; Is. 3,1; Is. 28,28; Ezek. 4,16; Ezek. 4,17; Ezek. 5,16; Ezek. 13,19; Ezek. 14,13; Judg. 7,13; Judg. 19,5; Luke 24,35; John 6,51; Acts 2,42; 1Cor. 10,17; 1Cor. 11,28)

ἄρτους ▸ 71 + 6 + 30 = 107
   Noun · masculine · plural · accusative · (common) ▸ 71 + 6 + 30 = **107** (Gen. 14,18; Gen. 21,14; Gen. 24,33; Gen. 27,17; Gen. 43,16; Gen. 43,31; Gen. 43,32; Gen. 45,23; Gen. 47,15; Gen. 47,16; Gen. 47,17; Ex. 16,3; Ex. 16,4; Ex. 16,8; Ex. 16,29; Ex. 25,30; Ex. 29,2; Ex. 29,32; Ex. 39,17; Ex. 40,23; Lev. 2,4; Lev. 7,12; Lev. 8,31; Lev. 23,17; Lev. 23,17; Lev. 24,5; Lev. 24,6; Lev. 24,7; Lev. 26,26; Lev. 26,26; Num. 6,15; Judg. 6,20; Judg. 8,5; Judg. 8,6; Judg. 8,15; Ruth 1,6; 1Sam. 21,7; 1Sam. 25,11; 1Sam. 25,18; 2Sam. 9,10; 1Kings 5,23; 1Kings 11,18; 1Kings 12,24h; 1Kings 12,24i; 1Kings 12,24l; 1Kings 17,6; 2Kings 4,42; 2Kings 6,22; 1Chr. 23,29; Neh. 5,18; Neh. 10,34; Tob. 1,17; Tob. 4,17; 1Mac. 4,51; 2Mac. 1,8; Psa. 36,25; Psa. 40,10; Sir. 12,5; Hos. 2,7; Mal. 1,7; Is. 44,15; Is. 44,16; Is. 44,19; Jer. 5,17; Ezek. 4,9; Ezek. 4,15; Ezek. 12,19; Ezek. 16,19; Ezek. 44,7; Ezek. 48,18; Bel 33; Judg. 8,5; Judg. 8,6; Judg. 8,15; Tob. 1,17; Tob. 8,19; Bel 33; Matt. 12,4; Matt. 14,17; Matt. 14,19; Matt. 14,19; Matt. 15,34; Matt. 15,36; Matt. 16,5; Matt. 16,7; Matt. 16,8; Matt. 16,9; Matt. 16,10; Mark 2,26; Mark 6,37; Mark 6,38; Mark 6,41; Mark 6,41; Mark 6,44; Mark 7,2; Mark 8,5; Mark 8,6; Mark 8,14; Mark 8,16; Mark 8,17; Mark 8,19; Luke 6,4; Luke 9,16; Luke 11,5; John 6,5; John 6,9; John 6,11)

ἄρτῳ ▸ 7 + 2 = 9
   Noun · masculine · singular · dative · (common) ▸ 7 + 2 = **9** (Num. 21,5; Deut. 8,3; Judg. 19,8; 1Kings 18,4; Neh. 13,2; Sir. 14,10; Sir. 31,24; Matt. 4,4; Luke 4,4)

ἄρτων ▸ 37 + 3 + 7 = 47
   Noun · masculine · plural · genitive · (common) ▸ 37 + 3 + 7 = **47** (Gen. 41,55; Gen. 47,19; Ex. 16,12; Ex. 29,34; Lev. 8,32; Lev. 22,11; Lev. 22,11; Lev. 22,13; Lev. 23,18; Lev. 23,19; Lev. 23,20; Lev. 26,26; Num. 15,19; Deut. 23,5; Judg. 13,16; Ruth 2,14; 1Sam. 2,5; 1Sam. 10,3; 1Sam. 10,4; 1Sam. 16,20; 1Chr. 9,32; 2Chr. 13,11; Judith 10,5; Tob. 1,10; 2Mac. 10,3; Psa. 131,15; Ode. 3,5; Prov. 9,5; Prov. 12,11; Prov. 20,13; Prov. 22,9; Prov. 28,19; Sir. 10,27; Amos 4,6; Is. 36,17; Jer. 51,17; Ezek. 16,49; Judg. 13,16; Tob. 1,10; Tob. 1,11; Matt. 16,11; Matt. 16,12; Mark 8,4; Luke 15,17; John 6,13; John 6,26; Heb. 9,2)

Ἄρτων ▸ 1
   Noun · masculine · plural · genitive · (common) ▸ **1** (Prov. 9,17)

ἀρτός burdensome, burden ▸ 2
   ἀρτὰ ▸ 2
   Adjective · neuter · plural · accusative · noDegree ▸ **2** (Num. 4,27; Num. 4,27)

ἀρτύω to season ▸ 3
   ἀρτυθήσεται ▸ 1
   Verb · third · singular · future · passive · indicative ▸ **1** (Luke 14,34)
   ἀρτύσετε ▸ 1
   Verb · second · plural · future · active · indicative ▸ **1** (Mark 9,50)
   ἠρτυμένος ▸ 1
   Verb · perfect · passive · participle · masculine · singular · nominative · (variant) ▸ **1** (Col. 4,6)

Αρφαδ Arpad ▸ 3
   Αρφαδ ▸ 3
   Noun · singular · genitive · (proper) ▸ **2** (2Kings 18,34; 2Kings 19,13)
   Noun · singular · nominative · (proper) ▸ **1** (Jer. 30,29)

Αρφαθ Arpad, Arpath ▸ 2
   Αρφαθ ▸ 2
   Noun · singular · genitive · (proper) ▸ **2** (Is. 36,19; Is. 37,13)

Αρφαξαδ Arphaxad ▸ 12
   Αρφαξαδ ▸ 12
   Noun · masculine · singular · accusative · (proper) ▸ **5** (Gen. 11,10; Gen. 11,11; Judith 1,5; Judith 1,13; Judith 1,15)
   Noun · masculine · singular · genitive · (proper) ▸ **1** (Judith 1,13)
   Noun · masculine · singular · nominative · (proper) ▸ **6** (Gen. 10,22; Gen. 10,24; Gen. 11,12; Gen. 11,13; 1Chr. 1,17; Judith 1,1)

Ἀρφαξὰδ Arphaxad ▸ 1
   Ἀρφαξὰδ ▸ 1
   Noun · masculine · singular · genitive · (proper) ▸ **1** (Luke 3,36)

Αρχαβιν Rechabites ▸ 2
   Αρχαβιν ▸ 2
   Noun · masculine · singular · genitive · (proper) ▸ **2** (Jer. 42,2; Jer. 42,3)

ἀρχάγγελος (ἄρχω; ἄγγελος) archangel ▸ 2
   ἀρχάγγελος ▸ 1
   Noun · masculine · singular · nominative ▸ **1** (Jude 9)
   ἀρχαγγέλου ▸ 1
   Noun · masculine · singular · genitive ▸ **1** (1Th. 4,16)

Αρχαδ Akkad ▸ 1
   Αρχαδ ▸ 1
   Noun · singular · nominative · (proper) ▸ **1** (Gen. 10,10)

ἀρχαῖος (ἄρχω) old, ancient ▸ 26 + 1 + 11 = 38
   ἀρχαῖα ▸ 4 + 1 = 5
   Adjective · neuter · plural · accusative · noDegree ▸ **3** (Psa. 138,5; Wis. 8,8; Is. 43,18)
   Adjective · neuter · plural · nominative · noDegree ▸ 1 + 1 = **2** (Psa. 88,50; 2Cor. 5,17)
   ἀρχαία ▸ 1
   Adjective · feminine · singular · nominative · noDegree ▸ **1** (1Sam. 24,14)
   ἀρχαίαις ▸ 1
   Adjective · feminine · plural · dative · noDegree ▸ **1** (Psa. 43,2)
   ἀρχαίαν ▸ 3
   Adjective · feminine · singular · accusative · noDegree ▸ **3** (2Mac. 6,22; Is. 25,1; Ezek. 21,26)
   ἀρχαίας ▸ 5
   Adjective · feminine · plural · accusative · noDegree ▸ **2** (Psa. 76,6; Sir. 2,10)
   Adjective · feminine · singular · genitive · noDegree ▸ **3** (Wis. 13,10; Is. 22,9; Is. 22,11)
   ἀρχαίοις ▸ 2
   Adjective · masculine · plural · dative ▸ **2** (Matt. 5,21; Matt. 5,33)
   ἀρχαῖον ▸ 2
   Adjective · masculine · singular · accusative · noDegree ▸ **1** (Sir. 9,10)
   Adjective · neuter · singular · accusative · noDegree ▸ **1** (Is. 23,17)
   ἀρχαῖος ▸ 2
   Adjective · masculine · singular · nominative ▸ **2** (Rev. 12,9; Rev. 20,2)
   ἀρχαίου ▸ 1
   Adjective · masculine · singular · genitive ▸ **1** (2Pet. 2,5)
   ἀρχαίῳ ▸ 1
   Adjective · masculine · singular · dative ▸ **1** (Acts 21,16)
   ἀρχαίων ▸ 10 + 1 + 4 = 15
   Adjective · feminine · plural · genitive · noDegree ▸ 6 + 2 = **8** (Psa. 78,8; Psa. 142,5; Sol. 18,12; Is. 37,26; Lam. 1,7; Lam. 2,17; Acts 15,7; Acts 15,21)

ἀρχαῖος–ἀρχῆθεν

Adjective · masculine · plural · genitive · noDegree ▸ 4 + 1 + 2 = 7 (1Kings 2,35b; 1Kings 5,10; Sir. 16,7; Sir. 39,1; Judg. 5,21; Luke 9,8; Luke 9,19)

Ἀρχέλαος (ἄρχω; λαός) Archelaus ▸ 1

Ἀρχέλαος ▸ 1

Noun · masculine · singular · nominative · (proper) ▸ 1 (Matt. 2,22)

ἀρχή (ἄρχω) beginning, first, principle; ruler, realm, rule; power ▸ 215 + 21 + 55 = 291

ἀρχαί ▸ 6 + 3 + 2 = 11

Noun · feminine · plural · nominative · (common) ▸ 6 + 3 + 2 = 11 (Ex. 6,25; Judg. 7,20; Judg. 9,44; Judg. 9,44; Psa. 138,17; Mic. 3,1; Judg. 7,20; Judg. 9,44; Dan. 7,27; Rom. 8,38; Col. 1,16)

ἀρχαῖς ▸ 2 + 1 + 4 = 7

Noun · feminine · plural · dative · (common) ▸ 2 + 1 + 4 = 7 (1Sam. 13,17; 1Mac. 5,33; Judg. 9,34; Acts 10,11; Acts 11,5; Eph. 3,10; Titus 3,1)

ἀρχάς ▸ 6 + 2 = 8

Noun · feminine · plural · accusative · (common) ▸ 6 + 2 = 8 (Gen. 2,10; Judg. 9,34; 1Sam. 11,11; Sol. 2,30; Nah. 1,6; Ezek. 29,15; Eph. 6,12; Heb. 1,10)

ἀρχὰς ▸ 15 + 2 + 2 = 19

Noun · feminine · plural · accusative · (common) ▸ 15 + 2 + 2 = 19 (Gen. 1,16; Gen. 1,16; Ex. 36,23; Judg. 7,16; Judg. 9,43; 1Kings 7,21; 1Chr. 12,33; 4Mac. 8,7; Psa. 101,26; Psa. 118,152; Sir. 16,27; Amos 6,1; Nah. 3,10; Is. 10,10; Lam. 2,19; Judg. 7,16; Judg. 9,43; Luke 12,11; Col. 2,15)

ἀρχή ▸ 2 + 1 = 3

Noun · feminine · singular · nominative · (common) ▸ 2 + 1 = 3 (Wis. 12,16; Is. 9,14; Col. 1,18)

ἀρχὴ ▸ 38 + 4 + 5 = 47

Noun · feminine · singular · nominative · (common) ▸ 38 + 4 + 5 = 47 (Gen. 10,10; Gen. 49,3; Ex. 12,2; Deut. 21,17; Judg. 9,37; 1Sam. 13,17; 1Sam. 13,18; 1Sam. 13,18; 1Kings 7,21; Psa. 109,3; Psa. 110,10; Psa. 118,160; Prov. 1,7; Prov. 9,10; Prov. 15,33; Prov. 16,7; Prov. 17,14; Eccl. 10,13; Job 37,3; Job 40,19; Wis. 6,17; Wis. 14,27; Sir. 10,13; Sir. 11,3; Sir. 25,24; Sir. 39,26; Mic. 4,8; Obad. 20; Nah. 3,8; Is. 9,5; Is. 9,6; Is. 42,10; Jer. 2,3; Jer. 22,6; Jer. 25,15; Ezek. 10,11; Ezek. 29,14; Ezek. 31,3; Judg. 9,37; Dan. 7,12; Dan. 7,14; Dan. 11,41; Matt. 24,8; Mark 13,8; Rev. 3,14; Rev. 21,6; Rev. 22,13)

Ἀρχὴ ▸ 8 + 1 = 9

Noun · feminine · singular · nominative · (common) ▸ 8 + 1 = 9 (Num. 24,20; Prov. 1,7; Wis. 14,12; Sir. 1,14; Sir. 10,12; Sir. 29,21; Sir. 37,16; Hos. 1,2; Mark 1,1)

ἀρχῇ ▸ 24 + 8 + 5 = 37

Noun · feminine · singular · dative · (common) ▸ 24 + 8 + 5 = 37 (Gen. 1,1; Ruth 1,22; 2Sam. 17,9; 2Sam. 21,9; 2Sam. 21,10; 1Kings 20,9; 1Kings 20,12; 2Kings 17,25; 1Chr. 16,7; 2Chr. 13,12; Ezra 4,6; Ezra 9,2; 2Mac. 4,50; Psa. 136,6; Prov. 8,23; Sir. 36,14; Is. 51,9; Jer. 25,20; Jer. 28,58; Jer. 33,1; Ezek. 21,24; Ezek. 36,11; Ezek. 42,10; Dan. 9,23; Judg. 7,17; Judg. 7,19; Judg. 7,19; Judg. 20,18; Judg. 20,18; Dan. 6,27; Dan. 9,21; Dan. 9,23; Luke 20,20; John 1,1; John 1,2; Acts 11,15; Phil. 4,15)

ἀρχήν ▸ 10 + 1 = 11

Noun · feminine · singular · accusative · (common) ▸ 10 + 1 = 11 (Gen. 13,4; Gen. 40,13; Gen. 41,13; Gen. 41,21; 1Chr. 26,10; 4Mac. 4,17; Wis. 7,5; Jer. 13,21; Ezek. 31,10; Dan. 9,21; Dan. 8,1)

ἀρχὴν ▸ 21 + 2 + 7 = 30

Noun · feminine · singular · accusative · (common) ▸ 21 + 2 + 7 = 30 (Gen. 40,21; Gen. 43,18; Gen. 43,20; Ex. 34,22; Num. 1,2; Num. 4,22; Num. 26,2; Ezra 8,18; Neh. 9,17; 2Mac. 8,27; 4Mac. 4,15; Prov. 8,22; Eccl. 7,8; Wis. 7,18; Hos. 2,2; Is. 19,15; Is. 41,27; Jer. 30,18; Ezek. 31,14; Dan. 2,37; Dan. 7,27; Judg. 7,11; Dan. 7,26; John 2,11; John 8,25; 1Cor. 15,24; Heb. 2,3; Heb. 3,14; Heb. 7,3; Jude 6)

ἀρχῆς ▸ 83 + 26 = 109

Noun · feminine · singular · genitive · (common) ▸ 83 + 26 = **109** (Gen. 40,13; Gen. 40,20; Gen. 40,20; Deut. 11,12; Deut. 17,18; Deut. 17,20; Deut. 33,15; Deut. 33,27; Josh. 24,2; 2Sam. 7,10; 2Sam. 14,26; 1Chr. 17,9; 1Chr. 29,12; 2Chr. 23,8; 1Esdr. 8,67; Neh. 12,46; Esth. 13,15 # 4,17f; Esth. 14,12 # 4,17r; Esth. 16,12 # 8,12m; Judith 8,29; 1Mac. 10,52; 1Mac. 15,17; 2Mac. 4,10; 2Mac. 4,27; 2Mac. 5,7; 2Mac. 13,3; 3Mac. 6,24; 3Mac. 6,26; Psa. 73,2; Psa. 76,12; Psa. 77,2; Prov. 16,12; Eccl. 3,11; Song 4,8; Wis. 6,22; Wis. 9,8; Wis. 12,11; Wis. 14,6; Wis. 14,13; Sir. 15,14; Sir. 16,26; Sir. 24,9; Sir. 36,10; Sir. 39,25; Sir. 39,32; Sir. 51,20; Sol. 8,31; Sol. 17,30; Amos 6,7; Mic. 5,1; Hab. 1,12; Zech. 12,7; Is. 1,26; Is. 2,6; Is. 19,11; Is. 22,11; Is. 23,7; Is. 40,21; Is. 41,4; Is. 41,26; Is. 42,9; Is. 43,9; Is. 43,13; Is. 44,8; Is. 45,21; Is. 48,8; Is. 48,16; Is. 63,16; Is. 63,19; Jer. 41,1; Bar. 3,26; Lam. 2,19; Lam. 4,1; Ezek. 16,25; Ezek. 16,31; Ezek. 16,55; Ezek. 16,55; Ezek. 16,55; Ezek. 21,24; Ezek. 21,26; Ezek. 42,12; Ezek. 43,14; Ezek. 48,1; Matt. 19,4; Matt. 19,8; Matt. 24,21; Mark 10,6; Mark 13,19; Luke 1,2; John 6,64; John 8,44; John 15,27; John 16,4; Acts 26,4; Eph. 1,21; Col. 2,10; Heb. 5,12; Heb. 6,1; 2Pet. 3,4; 1John 1,1; 1John 2,7; 1John 2,13; 1John 2,14; 1John 2,24; 1John 2,24; 1John 3,8; 1John 3,11; 2John 5; 2John 6)

ἀρχηγέτης (ἄρχω; ἄγω) first leader, founder; chief, author ▸ 1

ἀρχηγέτῃ ▸ 1

Noun · masculine · singular · dative · (common) ▸ 1 (2Mac. 2,30)

ἀρχηγός (ἄρχω; ἄγω) prince, ruler; originator, founder ▸ 28 + 4 + 4 = 36

ἀρχηγοὶ ▸ 9 + 2 = 11

Noun · masculine · plural · nominative · (common) ▸ 9 + 2 = 11 (Ex. 6,14; Num. 10,4; Num. 13,3; Num. 16,2; 1Chr. 5,24; 1Chr. 12,21; 1Chr. 26,26; 1Esdr. 5,1; Is. 30,4; Judg. 5,15; Judg. 9,44)

ἀρχηγοῖς ▸ 2

Noun · masculine · plural · dative · (common) ▸ 2 (Deut. 33,21; 2Chr. 23,14)

ἀρχηγὸν ▸ 4 + 4 = 8

Noun · masculine · singular · accusative · (common) ▸ 4 + 4 = 8 (Num. 13,2; Num. 14,4; Judith 14,2; Jer. 3,4; Acts 3,15; Acts 5,31; Heb. 2,10; Heb. 12,2)

ἀρχηγόν ▸ 2

Noun · masculine · singular · accusative · (common) ▸ 2 (Judg. 11,6; Judg. 11,11)

ἀρχηγός ▸ 1

Noun · masculine · singular · nominative · (common) ▸ 1 (Is. 3,7)

ἀρχηγὸς ▸ 4

Noun · masculine · singular · nominative · (common) ▸ 4 (1Mac. 10,47; Mic. 1,13; Is. 3,6; Is. 3,7)

ἀρχηγοὺς ▸ 5

Noun · masculine · plural · accusative · (common) ▸ 5 (Num. 24,17; Num. 25,4; Judg. 5,2; Neh. 2,9; Lam. 2,10)

ἀρχηγῶν ▸ 3

Noun · masculine · plural · genitive · (common) ▸ 3 (Neh. 7,70; Neh. 7,71; 1Mac. 9,61)

ἀρχῆθεν (ἄρχω; θεν) from old times; from the beginning ▸ 1

ἀρχῆθεν ▸ 1

Adverb ▸ 1 (3Mac. 3,21)

Αρχι Arkite ▸ 2
    Αρχι ▸ 2
        Noun · masculine · singular · nominative · (proper) ▸ **2** (2Sam. 15,32; 2Sam. 16,16)

ἀρχιδεσμοφύλαξ (ἄρχω; δέω; φυλάσσω) chief prison guard ▸ 3
    ἀρχιδεσμοφύλακος ▸ 1
        Noun · masculine · singular · genitive · (common) ▸ **1** (Gen. 39,21)
    ἀρχιδεσμοφύλαξ ▸ 2
        Noun · masculine · singular · nominative · (common) ▸ **2** (Gen. 39,22; Gen. 39,23)

ἀρχιδεσμώτης (ἄρχω; δέω) chief prison guard ▸ 1
    ἀρχιδεσμώτης ▸ 1
        Noun · masculine · singular · nominative · (common) ▸ **1** (Gen. 40,4)

ἀρχιεράομαι (ἄρχω; ἱερός) to serve as high priest ▸ 1
    ἀρχιερᾶσθαι ▸ 1
        Verb · present · middle · infinitive ▸ **1** (4Mac. 4,18)

ἀρχιερατεύω (ἄρχω; ἱερός) to serve as high priest ▸ 1
    ἀρχιερατεύειν ▸ 1
        Verb · present · active · infinitive ▸ **1** (1Mac. 14,47)

ἀρχιερατικός (ἄρχω; ἱερός) high priestly ▸ 1
    ἀρχιερατικοῦ ▸ 1
        Adjective · neuter · singular · genitive ▸ **1** (Acts 4,6)

ἀρχιερεύς (ἄρχω; ἱερός) high priest; pontifex ▸ 44 + 122 = 166
    ἀρχιερέα ▸ **8** + **9** = **17**
        Noun · masculine · singular · accusative · (common) ▸ **8** + **9** = **17** (1Mac. 10,20; 1Mac. 10,69; 1Mac. 12,7; 1Mac. 14,35; 1Mac. 14,41; 2Mac. 14,13; 2Mac. 15,12; 4Mac. 4,16; Matt. 26,57; Mark 14,53; John 18,24; Acts 23,4; Heb. 3,1; Heb. 4,14; Heb. 4,15; Heb. 5,5; Heb. 8,1)
    ἀρχιερεῖ ▸ **10** + **3** = **13**
        Noun · masculine · singular · dative · (common) ▸ **10** + **3** = **13** (1Esdr. 9,39; 1Esdr. 9,49; 1Mac. 10,32; 1Mac. 13,36; 1Mac. 14,23; 1Mac. 15,21; 1Mac. 15,24; 2Mac. 3,4; 2Mac. 3,33; 3Mac. 1,11; John 18,15; John 18,22; Acts 9,1)
    ἀρχιερεῖς ▸ 50
        Noun · masculine · plural · accusative ▸ **10** (Matt. 2,4; Matt. 26,14; Mark 14,10; Luke 22,52; Luke 23,4; Luke 23,13; John 7,45; Acts 9,21; Acts 22,30; Heb. 7,28)
        Noun · masculine · plural · nominative ▸ **40** (Matt. 21,15; Matt. 21,23; Matt. 21,45; Matt. 26,3; Matt. 26,59; Matt. 27,1; Matt. 27,6; Matt. 27,20; Matt. 27,41; Matt. 27,62; Mark 11,18; Mark 11,27; Mark 14,1; Mark 14,53; Mark 14,55; Mark 15,1; Mark 15,3; Mark 15,10; Mark 15,11; Mark 15,31; Luke 19,47; Luke 20,1; Luke 20,19; Luke 22,2; Luke 22,66; Luke 23,10; Luke 24,20; John 7,32; John 11,47; John 11,57; John 12,10; John 18,35; John 19,6; John 19,15; John 19,21; Acts 4,23; Acts 5,24; Acts 25,2; Acts 25,15; Heb. 7,27)
    ἀρχιερεύς ▸ **2** + **4** = **6**
        Noun · masculine · singular · nominative · (common) ▸ **2** + **4** = **6** (2Mac. 14,3; 4Mac. 4,13; Acts 7,1; Acts 23,5; Heb. 7,26; Heb. 9,7)
    ἀρχιερεύς ▸ **11** + **24** = **35**
        Noun · masculine · singular · nominative · (common) ▸ **11** + **24** = **35** (Lev. 4,3; Josh. 24,33; 1Esdr. 5,40; 1Esdr. 9,40; 1Mac. 12,3; 1Mac. 12,6; 1Mac. 14,17; 1Mac. 14,30; 1Mac. 16,24; 2Mac. 3,32; 3Mac. 2,1; Matt. 26,62; Matt. 26,63; Matt. 26,65; Mark 14,60; Mark 14,61; Mark 14,63; John 11,49; John 11,51; John 18,13; John 18,19; Acts 4,6; Acts 5,17; Acts 5,21; Acts 5,27; Acts 22,5; Acts 23,2; Acts 24,1; Heb. 2,17; Heb. 5,1; Heb. 5,10; Heb. 6,20; Heb. 8,3; Heb. 9,11; Heb. 9,25)
    ἀρχιερεῦσιν ▸ 6
        Noun · masculine · plural · dative ▸ **6** (Matt. 20,18; Matt. 27,3; Matt. 28,11; Mark 10,33; Luke 22,4; Acts 23,14)
    ἀρχιερέων ▸ 10
        Noun · masculine · plural · genitive ▸ **10** (Matt. 16,21; Matt. 26,47; Matt. 27,12; Mark 8,31; Mark 14,43; Luke 9,22; John 18,3; Acts 9,14; Acts 26,10; Acts 26,12)
    ἀρχιερέως ▸ **13** + **16** = **29**
        Noun · masculine · singular · genitive · (common) ▸ **13** + **16** = **29** (Josh. 22,13; 1Mac. 10,38; 1Mac. 13,42; 1Mac. 14,27; 1Mac. 15,17; 1Mac. 16,12; 2Mac. 3,1; 2Mac. 3,9; 2Mac. 3,10; 2Mac. 3,16; 2Mac. 3,21; 2Mac. 3,33; 2Mac. 4,13; Matt. 26,3; Matt. 26,51; Matt. 26,58; Mark 2,26; Mark 14,47; Mark 14,54; Mark 14,66; Luke 3,2; Luke 22,50; Luke 22,54; John 18,10; John 18,15; John 18,16; John 18,26; Acts 19,14; Heb. 13,11)

ἀρχιερωσύνη (ἄρχω; ἱερός) high priesthood ▸ 13
    ἀρχιερωσύνην ▸ 8
        Noun · feminine · singular · accusative · (common) ▸ **8** (1Mac. 11,27; 1Mac. 11,57; 1Mac. 14,38; 2Mac. 4,7; 2Mac. 4,24; 2Mac. 11,3; 2Mac. 14,7; 4Mac. 4,1)
    ἀρχιερωσύνης ▸ 5
        Noun · feminine · singular · genitive · (common) ▸ **5** (1Mac. 7,21; 1Mac. 16,24; 2Mac. 4,25; 2Mac. 4,29; 4Mac. 4,16)

ἀρχιευνοῦχος (ἄρχω; εὐνή) chief eunuch, chief official ▸ **7** + **7** = **14**
    ἀρχιευνοῦχον ▸ **1** + **1** = **2**
        Noun · masculine · singular · accusative · (common) ▸ **1** + **1** = **2** (Dan. 1,8; Dan. 1,8)
    ἀρχιευνοῦχος ▸ **2** + **4** = **6**
        Noun · masculine · singular · nominative · (common) ▸ **2** + **4** = **6** (Dan. 1,7; Dan. 1,10; Dan. 1,7; Dan. 1,10; Dan. 1,11; Dan. 1,18)
    ἀρχιευνούχου ▸ **2** + **1** = **3**
        Noun · masculine · singular · genitive · (common) ▸ **2** + **1** = **3** (Dan. 1,9; Dan. 1,18; Dan. 1,9)
    ἀρχιευνούχῳ ▸ **2** + **1** = **3**
        Noun · masculine · singular · dative · (common) ▸ **2** + **1** = **3** (Dan. 1,3; Dan. 1,11; Dan. 1,3)

ἀρχιμάγειρος (ἄρχω; μάσσω) leader of the guard; chief cook ▸ **22** + **1** = **23**
    ἀρχιμάγειρον ▸ 1
        Noun · masculine · singular · accusative · (common) ▸ **1** (Jer. 47,1)
    ἀρχιμάγειρος ▸ 16
        Noun · masculine · singular · nominative · (common) ▸ **16** (Gen. 39,1; 2Kings 25,8; 2Kings 25,10; 2Kings 25,11; 2Kings 25,12; 2Kings 25,15; 2Kings 25,18; 2Kings 25,20; Jer. 47,2; Jer. 47,5; Jer. 48,10; Jer. 52,12; Jer. 52,16; Jer. 52,19; Jer. 52,24; Jer. 52,26)
    ἀρχιμαγείρου ▸ 3
        Noun · masculine · singular · genitive · (common) ▸ **3** (Gen. 41,10; Gen. 41,12; Jer. 52,14)
    ἀρχιμαγείρῳ ▸ **2** + **1** = **3**
        Noun · masculine · singular · dative · (common) ▸ **2** + **1** = **3** (Gen. 37,36; Dan. 2,14; Dan. 2,14)

ἀρχιοινοχοΐα (ἄρχω; οἶνος; χέω) position of chief cup-bearer ▸ 1
    ἀρχιοινοχοΐαν ▸ 1
        Noun · feminine · singular · accusative · (common) ▸ **1** (Gen. 40,13)

ἀρχιοινοχόος (ἄρχω; οἶνος; χέω) chief cup-bearer

ἀρχιοινοχόος–ἄρχομαι

▸ 8 + 1 = 9
ἀρχιοινοχόον ▸ 1
   Noun · masculine · singular · accusative · (common) ▸ 1 (Gen. 40,21)
ἀρχιοινοχόος ▸ 5 + 1 = 6
   Noun · masculine · singular · nominative · (common) ▸ 5 + 1 = 6 (Gen. 40,1; Gen. 40,5; Gen. 40,9; Gen. 40,23; Gen. 41,9; Tob. 1,22)
ἀρχιοινοχόου ▸ 1
   Noun · masculine · singular · genitive · (common) ▸ 1 (Gen. 40,20)
ἀρχιοινοχόῳ ▸ 1
   Noun · masculine · singular · dative · (common) ▸ 1 (Gen. 40,2)

ἀρχιπατριώτης (ἄρχω; πατήρ) family head ▸ 2
ἀρχιπατριῶται ▸ 2
   Noun · masculine · plural · nominative · (common) ▸ 2 (Josh. 21,1; Dan. 3,94)

ἀρχιποίμην (ἄρχω; ποιμήν) lead shepherd ▸ 1
ἀρχιποίμενος ▸ 1
   Noun · masculine · singular · genitive ▸ 1 (1Pet. 5,4)

Ἄρχιππος (ἄρχω; ἵππος) Archippus ▸ 2
Ἀρχίππῳ ▸ 2
   Noun · masculine · singular · dative · (proper) ▸ 2 (Col. 4,17; Philem. 2)

ἀρχισιτοποιός (ἄρχω; σῖτος; ποιέω) chief baker ▸ 7
ἀρχισιτοποιόν ▸ 1
   Noun · masculine · singular · accusative · (common) ▸ 1 (Gen. 41,10)
ἀρχισιτοποιὸν ▸ 1
   Noun · masculine · singular · accusative · (common) ▸ 1 (Gen. 40,22)
ἀρχισιτοποιός ▸ 1
   Noun · masculine · singular · nominative · (common) ▸ 1 (Gen. 40,5)
ἀρχισιτοποιὸς ▸ 2
   Noun · masculine · singular · nominative · (common) ▸ 2 (Gen. 40,1; Gen. 40,16)
ἀρχισιτοποιοῦ ▸ 1
   Noun · masculine · singular · genitive · (common) ▸ 1 (Gen. 40,20)
ἀρχισιτοποιῷ ▸ 1
   Noun · masculine · singular · dative · (common) ▸ 1 (Gen. 40,2)

ἀρχιστράτηγος (ἄρχω; στρατιά) army leader, commander-in-chief ▸ 23 + 1 = 24
ἀρχιστράτηγον ▸ 4
   Noun · masculine · singular · accusative · (common) ▸ 4 (1Kings 2,32; 1Kings 2,32; 1Chr. 19,18; Judith 2,4)
ἀρχιστράτηγος ▸ 14 + 1 = 15
   Noun · masculine · singular · nominative · (common) ▸ 14 + 1 = 15 (Gen. 21,22; Gen. 21,32; Gen. 26,26; Josh. 5,14; Josh. 5,15; 1Sam. 26,5; 2Sam. 2,8; 1Kings 2,22; 1Kings 2,46h; 1Chr. 19,16; 1Chr. 27,34; Judith 4,1; Judith 6,1; Dan. 8,11; Dan. 8,11)
ἀρχιστρατήγου ▸ 3
   Noun · masculine · singular · genitive · (common) ▸ 3 (1Sam. 12,9; Judith 10,13; Judith 13,15)
ἀρχιστρατήγῳ ▸ 2
   Noun · masculine · singular · dative · (common) ▸ 2 (1Sam. 14,50; Judith 5,1)

ἀρχισυνάγωγος (ἄρχω; σύν; ἄγω) ruler of the synagogue ▸ 9
ἀρχισυνάγωγοι ▸ 1
   Noun · masculine · plural · nominative ▸ 1 (Acts 13,15)
ἀρχισυνάγωγον ▸ 1
   Noun · masculine · singular · accusative ▸ 1 (Acts 18,17)
ἀρχισυνάγωγος ▸ 2
   Noun · masculine · singular · nominative ▸ 2 (Luke 13,14; Acts 18,8)
ἀρχισυναγώγου ▸ 3
   Noun · masculine · singular · genitive ▸ 3 (Mark 5,35; Mark 5,38; Luke 8,49)
ἀρχισυναγώγῳ ▸ 1
   Noun · masculine · singular · dative ▸ 1 (Mark 5,36)
ἀρχισυναγώγων ▸ 1
   Noun · masculine · plural · genitive ▸ 1 (Mark 5,22)

ἀρχισωματοφύλαξ (ἄρχω; σῶμα; φυλάσσω) leader of the bodyguard ▸ 2
ἀρχισωματοφύλακα ▸ 1
   Noun · masculine · singular · accusative · (common) ▸ 1 (1Sam. 28,2)
ἀρχισωματοφύλακες ▸ 1
   Noun · masculine · plural · nominative · (common) ▸ 1 (Esth. 2,21)

ἀρχιτεκτονέω (ἄρχω; τίκτω) to be a master workman ▸ 3
ἀρχιτεκτονεῖν ▸ 1
   Verb · present · active · infinitive ▸ 1 (Ex. 35,32)
ἀρχιτεκτονῆσαι ▸ 1
   Verb · aorist · active · infinitive ▸ 1 (Ex. 31,4)
ἠρχιτεκτόνησεν ▸ 1
   Verb · third · singular · aorist · active · indicative ▸ 1 (Ex. 37,21)

ἀρχιτεκτονία (ἄρχω; τίκτω) workmanship ▸ 2
ἀρχιτεκτονίας ▸ 2
   Noun · feminine · singular · genitive · (common) ▸ 2 (Ex. 35,32; Ex. 35,35)

ἀρχιτέκτων (ἄρχω; τίκτω) expert builder ▸ 3 + 1 = 4
ἀρχιτέκτονα ▸ 1
   Noun · masculine · singular · accusative · (common) ▸ 1 (Is. 3,3)
ἀρχιτέκτονι ▸ 1
   Noun · masculine · singular · dative · (common) ▸ 1 (2Mac. 2,29)
ἀρχιτέκτων ▸ 1 + 1 = 2
   Noun · masculine · singular · nominative · (common) ▸ 1 + 1 = 2 (Sir. 38,27; 1Cor. 3,10)

ἀρχιτελώνης (ἄρχω; τέλος) head tax-collector ▸ 1
ἀρχιτελώνης ▸ 1
   Noun · masculine · singular · nominative ▸ 1 (Luke 19,2)

ἀρχιτρίκλινος (ἄρχω; τρεῖς; κλίνω) head steward ▸ 3
ἀρχιτρίκλινος ▸ 2
   Noun · masculine · singular · nominative ▸ 2 (John 2,9; John 2,9)
ἀρχιτρικλίνῳ ▸ 1
   Noun · masculine · singular · dative ▸ 1 (John 2,8)

ἀρχίφυλος (ἄρχω; φύω) tribal chief ▸ 3
ἀρχίφυλοι ▸ 2
   Noun · masculine · plural · nominative · (common) ▸ 2 (Deut. 29,9; 1Esdr. 2,5)
ἀρχιφύλους ▸ 1
   Noun · masculine · plural · accusative · (common) ▸ 1 (Josh. 21,1)

ἄρχομαι to begin; to start ▸ 70 + 15 = 85
ἄρξομαι ▸ 3
   Verb · first · singular · future · middle · indicative ▸ 3 (1Sam. 3,12; 2Sam. 18,14; Mic. 6,13)
ἦργμαι ▸ 1
   Verb · first · singular · perfect · middle · indicative ▸ 1 (1Sam.

22,15)
- ἤρξαι ▸ 1
    - **Verb** · second · singular · aorist · middle · indicative ▸ 1 (Esth. 6,13)
- ἤρξαντο ▸ 21 + 4 = 25
    - **Verb** · third · plural · aorist · middle · indicative ▸ 21 + 4 = **25** (Gen. 6,1; Gen. 11,6; Gen. 41,54; Judg. 20,31; 1Sam. 3,2; 2Chr. 29,17; 2Chr. 29,27; 2Chr. 31,7; 1Esdr. 2,25; 1Esdr. 5,52; 1Esdr. 6,2; Ezra 3,6; Ezra 5,2; Neh. 4,1; Tob. 7,14; 1Mac. 5,2; 1Mac. 9,66; 1Mac. 11,46; Hos. 7,5; Ezek. 9,6; Ezek. 13,6; Judg. 20,31; Tob. 7,14; Tob. 8,5; Tob. 8,19)
- ἤρξατο ▸ 44 + 11 = 55
    - **Verb** · third · singular · aorist · middle · indicative ▸ 44 + 11 = **55** (Gen. 2,3; Gen. 9,20; Gen. 10,8; Deut. 1,5; Judg. 1,27; Judg. 1,35; Judg. 13,25; Judg. 16,19; Judg. 16,22; Judg. 17,11; Judg. 20,40; 1Sam. 14,35; 2Sam. 24,15; 1Kings 2,46c; 2Kings 10,32; 2Kings 15,37; 1Chr. 1,10; 1Chr. 27,24; 2Chr. 3,1; 2Chr. 3,2; 2Chr. 3,3; 2Chr. 31,21; 2Chr. 34,3; 2Chr. 34,3; 2Chr. 36,4a; 1Esdr. 3,17; 1Esdr. 4,1; 1Esdr. 4,13; 1Esdr. 4,34; 1Esdr. 5,54; Ezra 3,8; Tob. 2,13; Tob. 8,5; Tob. 10,4; 1Mac. 3,25; 1Mac. 9,73; 1Mac. 10,10; 1Mac. 13,42; 1Mac. 15,40; 2Mac. 9,11; 4Mac. 5,15; Hos. 5,11; Mic. 1,12; Jonah 3,4; Judg. 1,27; Judg. 1,35; Judg. 13,25; Judg. 16,19; Judg. 16,22; Judg. 17,11; Judg. 20,39; Tob. 2,13; Tob. 8,5; Tob. 10,3; Tob. 10,4)

Ἀρχυαῖοι Erechites, people of Erech ▸ 1
- Αρχυαῖοι ▸ 1
    - **Noun** · masculine · plural · nominative · (proper) ▸ 1 (Ezra 4,9)

ἄρχω to rule over; to begin (mid.) ▸ 81 + 11 + 86 = 178
- ἄρξαι ▸ 2
    - **Verb** · aorist · active · infinitive ▸ 1 (Sir. 47,21)
    - **Verb** · second · singular · aorist · middle · imperative ▸ 1 (2Sam. 7,29)
- ἀρξάμενοι ▸ 2
    - **Verb** · aorist · middle · participle · masculine · plural · nominative ▸ 2 (Luke 24,47; John 8,9)
- ἀρξάμενον ▸ 1
    - **Verb** · aorist · middle · participle · masculine · singular · accusative ▸ 1 (Esth. 14,11 # 4,17q)
- ἀρξάμενος ▸ 2 + 7 = 9
    - **Verb** · aorist · middle · participle · masculine · singular · nominative ▸ 2 + 7 = **9** (Gen. 44,12; Job 6,9; Matt. 14,30; Matt. 20,8; Luke 23,5; Luke 24,27; Acts 1,22; Acts 8,35; Acts 10,37)
- Ἀρξάμενος ▸ 1 + 1 = 2
    - **Verb** · aorist · middle · participle · masculine · singular · nominative ▸ 1 + 1 = **2** (Judg. 19,6; Acts 11,4)
- ἀρξαμένου ▸ 1 + 1 = 2
    - **Verb** · aorist · middle · participle · masculine · singular · genitive ▸ 1 + 1 = **2** (Deut. 16,9; Matt. 18,24)
- ἀρξαμένῳ ▸ 1
    - **Verb** · aorist · middle · participle · masculine · singular · dative ▸ 1 (4Mac. 1,12)
- ἄρξαντες ▸ 1
    - **Verb** · aorist · active · participle · masculine · plural · nominative ▸ 1 (Is. 14,9)
- ἄρξασθαι ▸ 4 + 1 = 5
    - **Verb** · aorist · middle · infinitive ▸ 4 + 1 = **5** (Judg. 5,2; 2Chr. 20,22; 2Chr. 29,27; 4Mac. 5,6; 1Pet. 4,17)
- ἄρξασθαί ▸ 1
    - **Verb** · aorist · middle · infinitive ▸ 1 (Acts 11,15)
- ἄρξασθε ▸ 1
    - **Verb** · second · plural · aorist · middle · imperative ▸ 1 (Ezek. 9,6)
- ἄρξει ▸ 4 + 3 = 7
    - **Verb** · third · singular · future · active · indicative ▸ 4 + 3 = **7** (Judg. 8,23; Judg. 8,23; 1Sam. 9,17; Is. 22,22; Judg. 8,23; Judg. 8,23; Dan. 5,7)
- ἄρξεις ▸ 4 + 1 = 5
    - **Verb** · second · singular · future · active · indicative ▸ 4 + 1 = **5** (Gen. 4,7; Deut. 15,6; Deut. 28,12; 1Sam. 10,1; Dan. 5,16)
- ἄρξεσθε ▸ 1
    - **Verb** · second · plural · future · middle · indicative ▸ 1 (Luke 13,26)
- ἄρξεται ▸ 2 + 1 = 3
    - **Verb** · third · singular · future · middle · indicative ▸ 2 + 1 = **3** (Judg. 10,18; Judg. 13,5; Judg. 13,5)
- ἄρξῃ ▸ 1 + 1 = 2
    - **Verb** · second · singular · future · middle · indicative ▸ 1 + 1 = **2** (Deut. 16,9; Luke 14,9)
- ἄρξησθε ▸ 2
    - **Verb** · second · plural · aorist · middle · subjunctive ▸ 2 (Luke 3,8; Luke 13,25)
- ἄρξηται ▸ 1 + 1 + 2 = 4
    - **Verb** · third · singular · aorist · middle · subjunctive ▸ 1 + 1 + 2 = **4** (Prov. 19,10; Judg. 10,18; Matt. 24,49; Luke 12,45)
- ἄρξον ▸ 1
    - **Verb** · second · singular · aorist · active · imperative ▸ 1 (Judg. 8,22)
- ἄρξονται ▸ 1
    - **Verb** · third · plural · future · middle · indicative ▸ 1 (Luke 23,30)
- ἄρξουσιν ▸ 4
    - **Verb** · third · plural · future · active · indicative ▸ 4 (Deut. 15,6; Deut. 28,12; Prov. 22,7; Is. 32,1)
- ἄρξω ▸ 1 + 1 = 2
    - **Verb** · first · singular · future · active · indicative ▸ 1 + 1 = **2** (Judg. 8,23; Judg. 8,23)
- ἄρξωμαι ▸ 1
    - **Verb** · first · singular · aorist · middle · subjunctive ▸ 1 (Job 6,4)
- ἀρξώμεθα ▸ 1
    - **Verb** · first · plural · aorist · middle · subjunctive ▸ 1 (2Mac. 2,32)
- ἄρξωνται ▸ 1
    - **Verb** · third · plural · aorist · middle · subjunctive ▸ 1 (Luke 14,29)
- Ἄρχε ▸ 1
    - **Verb** · second · singular · present · active · imperative ▸ 1 (Judg. 8,22)
- ἄρχει ▸ 1
    - **Verb** · third · singular · present · active · indicative ▸ 1 (Gen. 45,26)
- ἄρχειν ▸ 10 + 2 = 12
    - **Verb** · present · active · infinitive ▸ 10 + 2 = **12** (Gen. 1,18; Judg. 9,2; Judg. 9,9; Judg. 9,11; Judg. 9,13; 1Mac. 8,16; Sol. 17,36; Is. 11,10; Is. 32,5; Is. 40,23; Mark 10,42; Rom. 15,12)
- ἄρχεις ▸ 1
    - **Verb** · second · singular · present · active · indicative ▸ 1 (1Chr. 29,12)
- ἄρχεται ▸ 1
    - **Verb** · third · singular · present · middle · indicative ▸ 1 (Sir. 18,7)
- ἄρχετε ▸ 1
    - **Verb** · second · plural · present · active · imperative ▸ 1 (Gen. 1,28)

ἀρχέτωσαν ▸ 1
    Verb ▪ third ▪ plural ▪ present ▪ active ▪ imperative ▸ **1** (Gen. 1,26)
ἄρχομαι ▸ 2
    Verb ▪ first ▪ singular ▪ present ▪ middle ▪ indicative ▸ **2** (Josh. 3,7; Jer. 32,29)
Ἀρχόμεθα ▸ 1
    Verb ▪ first ▪ plural ▪ present ▪ middle ▪ indicative ▸ **1** (2Cor. 3,1)
ἀρχομένης ▸ 1
    Verb ▪ present ▪ middle ▪ participle ▪ feminine ▪ singular ▪ genitive ▸ **1** (Judg. 7,19)
ἀρχόμενος ▸ 1
    Verb ▪ present ▪ middle ▪ participle ▪ masculine ▪ singular ▪ nominative ▸ **1** (Luke 3,23)
ἀρχομένων ▸ 1
    Verb ▪ present ▪ middle ▪ participle ▪ neuter ▪ plural ▪ genitive ▸ **1** (Luke 21,28)
Ἄρχου ▸ 1
    Verb ▪ second ▪ singular ▪ present ▪ middle ▪ imperative ▸ **1** (Hos. 6,11)
ἄρχουσα ▸ 3
    Verb ▪ present ▪ active ▪ participle ▪ feminine ▪ singular ▪ nominative ▸ **3** (Josh. 11,10; Is. 47,7; Lam. 1,1a)
ἄρχουσαι ▸ 3 + 1 = 4
    Verb ▪ present ▪ active ▪ participle ▪ feminine ▪ plural ▪ nominative ▸ 3 + 1 = **4** (1Kings 11,1; 2Chr. 35,25; Is. 49,23; Judg. 5,29)
ἀρχούσας ▸ 1
    Verb ▪ present ▪ active ▪ participle ▪ feminine ▪ plural ▪ accusative ▸ **1** (Is. 3,17)
ἄρχουσιν ▸ 2
    Verb ▪ present ▪ active ▪ participle ▪ masculine ▪ plural ▪ dative ▸ **1** (Bar. 1,16)
    Verb ▪ third ▪ plural ▪ present ▪ active ▪ indicative ▸ **1** (Judg. 15,11)
ἀρχουσῶν ▸ 1
    Verb ▪ present ▪ active ▪ participle ▪ feminine ▪ plural ▪ genitive ▸ **1** (Judg. 5,29)
ἄρχων ▸ 1
    Verb ▪ present ▪ active ▪ participle ▪ masculine ▪ singular ▪ nominative ▸ **1** (Josh. 12,5)
ἦργμαι ▸ 1
    Verb ▪ first ▪ singular ▪ perfect ▪ middle ▪ indicative ▸ **1** (Deut. 2,31)
ἦρκται ▸ 5
    Verb ▪ third ▪ singular ▪ perfect ▪ middle ▪ indicative ▸ **5** (Num. 17,11; Judg. 20,39; 2Chr. 31,10; 1Mac. 5,31; Job 13,15)
ἠρξάμην ▸ 2 + 1 = 3
    Verb ▪ first ▪ singular ▪ aorist ▪ middle ▪ indicative ▸ 2 + 1 = **3** (Gen. 18,27; Psa. 76,11; Tob. 3,1)
ἦρξαν ▸ 2
    Verb ▪ third ▪ plural ▪ aorist ▪ active ▪ indicative ▸ **2** (Job 36,24; Hos. 8,4)
ἤρξαντο ▸ 17
    Verb ▪ third ▪ plural ▪ aorist ▪ middle ▪ indicative ▸ **17** (Matt. 12,1; Matt. 26,22; Mark 2,23; Mark 5,17; Mark 6,55; Mark 8,11; Mark 10,41; Mark 14,19; Mark 15,18; Luke 5,21; Luke 7,49; Luke 11,53; Luke 14,18; Luke 15,24; Luke 19,37; Luke 22,23; Acts 2,4)
Ἤρξαντο ▸ 1
    Verb ▪ third ▪ plural ▪ aorist ▪ middle ▪ indicative ▸ **1** (Luke 23,2)
ἤρξαντό ▸ 1
    Verb ▪ third ▪ plural ▪ aorist ▪ middle ▪ indicative ▸ **1** (Mark 14,65)
ἦρξας ▸ 1
    Verb ▪ second ▪ singular ▪ aorist ▪ active ▪ indicative ▸ **1** (Is. 63,19)
ἤρξατο ▸ 39
    Verb ▪ third ▪ singular ▪ aorist ▪ middle ▪ indicative ▸ **39** (Matt. 4,17; Matt. 11,7; Matt. 11,20; Matt. 16,21; Matt. 16,22; Matt. 26,37; Matt. 26,74; Mark 1,45; Mark 4,1; Mark 5,20; Mark 6,2; Mark 6,7; Mark 6,34; Mark 8,31; Mark 8,32; Mark 10,32; Mark 10,47; Mark 11,15; Mark 12,1; Mark 13,5; Mark 14,33; Mark 14,69; Mark 14,71; Mark 15,8; Luke 4,21; Luke 7,15; Luke 7,24; Luke 7,38; Luke 9,12; Luke 11,29; Luke 12,1; Luke 14,30; Luke 15,14; Luke 19,45; John 13,5; Acts 1,1; Acts 18,26; Acts 24,2; Acts 27,35)
Ἤρξατο ▸ 2
    Verb ▪ third ▪ singular ▪ aorist ▪ middle ▪ indicative ▸ **2** (Mark 10,28; Luke 20,9)
ἦρξεν ▸ 3 + 1 = 4
    Verb ▪ third ▪ singular ▪ aorist ▪ active ▪ indicative ▸ 3 + 1 = **4** (Judg. 9,22; 1Mac. 1,4; Job 42,17d; Judg. 9,22)
ἤρξω ▸ 3
    Verb ▪ second ▪ singular ▪ aorist ▪ middle ▪ indicative ▸ **3** (Ex. 4,10; Deut. 3,24; 1Chr. 17,27)
Αρχωβ Ummah ▸ 1
    Αρχωβ ▸ 1
        Noun ▪ singular ▪ nominative ▪ (proper) ▸ **1** (Josh. 19,30)
ἄρχων (ἄρχω) ruler ▸ 624 + 40 + 37 = 701
    ἄρχοντα ▸ 56 + 7 + 6 = 69
        Noun ▪ masculine ▪ singular ▪ accusative ▪ (common) ▸ 56 + 7 + 6 = **69** (Gen. 45,8; Ex. 2,14; Num. 17,21; Num. 34,18; Deut. 17,14; Deut. 17,15; Deut. 17,15; Deut. 33,20; Judg. 4,7; 1Sam. 9,16; 1Sam. 10,1; 1Sam. 10,1; 1Sam. 13,14; 2Sam. 10,18; 2Sam. 23,19; 2Sam. 24,2; 1Kings 1,19; 1Kings 11,15; 1Kings 12,24b; 1Kings 12,24t; 1Kings 22,26; 2Kings 4,13; 1Chr. 2,10; 1Chr. 11,6; 1Chr. 11,6; 1Chr. 11,21; 1Chr. 12,19; 1Chr. 26,10; 2Chr. 11,22; 2Chr. 18,25; 2Chr. 18,25; 2Chr. 24,6; 2Chr. 32,21; 2Chr. 34,8; Neh. 5,14; Judith 8,9; Judith 9,10; Judith 14,12; 1Mac. 1,29; 1Mac. 9,30; 1Mac. 12,53; Psa. 104,21; Hos. 13,10; Mic. 5,1; Is. 8,21; Is. 10,12; Is. 22,23; Is. 55,4; Lam. 2,6; Ezek. 19,1; Ezek. 28,12; Ezek. 38,2; Ezek. 38,3; Ezek. 39,1; Dan. 2,48; Dan. 4,18; Judg. 4,7; Judg. 10,18; Judg. 11,8; Judg. 11,9; Dan. 2,48; Dan. 5,11; Dan. 5,29; Luke 12,58; Acts 7,27; Acts 7,35; Acts 7,35; Acts 23,5; Eph. 2,2)
    ἄρχοντας ▸ 100 + 8 + 3 = 111
        Noun ▪ masculine ▪ plural ▪ accusative ▪ (common) ▸ 100 + 8 + 3 = **111** (Gen. 14,7; Gen. 47,5; Ex. 22,27; Lev. 20,5; Num. 22,15; Num. 30,2; Num. 32,2; Num. 32,28; Deut. 20,9; Josh. 13,21; Josh. 23,2; Judg. 7,25; Judg. 8,3; Judg. 8,14; Judg. 8,15; Judg. 8,16; 2Sam. 24,4; 1Kings 1,25; 1Kings 15,20; 2Kings 8,21; 2Kings 10,1; 2Kings 24,14; 1Chr. 12,19; 1Chr. 21,2; 1Chr. 23,2; 1Chr. 24,4; 1Chr. 24,4; 1Chr. 28,1; 1Chr. 28,1; 1Chr. 28,1; 1Chr. 28,1; 2Chr. 5,2; 2Chr. 12,5; 2Chr. 12,10; 2Chr. 16,4; 2Chr. 21,9; 2Chr. 22,8; 2Chr. 23,2; 2Chr. 23,20; 2Chr. 24,23; 2Chr. 29,20; 2Chr. 32,6; 2Chr. 33,11; 2Chr. 33,14; Ezra 4,2; Ezra 7,28; Ezra 10,5; Neh. 4,13; Neh. 5,7; Neh. 7,5; Neh. 9,32; Neh. 12,31; Esth. 1,16; Esth. 1,16; Judith 5,2; Judith 6,14; Judith 7,23; Judith 9,3; 1Mac. 6,28; Psa. 44,17; Psa. 82,12; Psa. 82,12; Psa. 104,22; Psa. 106,40; Psa. 117,9; Psa. 145,3; Eccl. 10,7; Job 12,21; Sir. 46,13; Sir. 46,18; Sol. 5,11; Sol. 8,20; Sol. 17,12; Sol. 17,22; Sol. 17,36; Hos. 7,3; Hos. 8,10; Amos 2,3; Zeph. 1,8; Is. 3,4; Is. 9,5; Is. 40,23; Is. 43,4; Jer. 24,1; Jer. 32,18; Jer. 33,11; Jer. 33,12; Jer. 41,19; Jer. 41,21; Jer. 44,14; Jer. 45,22; Jer. 52,10; Bar. 1,9; Bar. 2,1; Lam. 2,2; Lam. 2,9; Ezek. 17,12; Ezek. 30,13; Dan. 1,20; Dan. 3,97; Judg. 7,25; Judg. 8,3; Judg. 8,15; Judg. 16,18; Judg. 16,30; Dan. 3,2; Dan. 9,6; Dan. 11,18; Luke 23,13; Acts 4,5; Acts 16,19)

ἄρχοντάς ▸ 2
    Noun ▪ masculine ▪ plural ▪ accusative ▪ (common) ▸ **2** (Deut. 28,36; Is. 60,17)
ἄρχοντες ▸ 208 + 8 + 9 = 225
    Noun ▪ masculine ▪ plural ▪ nominative ▪ (common) ▸ 208 + 8 + 8 = **224** (Gen. 12,15; Gen. 25,16; Gen. 27,29; Ex. 15,15; Ex. 16,22; Ex. 34,31; Ex. 35,27; Num. 1,16; Num. 1,44; Num. 4,34; Num. 4,46; Num. 7,2; Num. 7,2; Num. 7,2; Num. 7,10; Num. 7,10; Num. 10,4; Num. 17,21; Num. 21,18; Num. 22,8; Num. 22,14; Num. 23,6; Num. 23,17; Num. 31,13; Num. 31,26; Num. 36,1; Josh. 9,14; Josh. 9,15; Josh. 9,18; Josh. 9,19; Josh. 9,21; Josh. 14,1; Josh. 19,51; Josh. 22,14; Josh. 22,30; Josh. 22,32; Judg. 8,6; Judg. 10,18; 2Sam. 10,3; 2Sam. 24,4; 1Kings 2,35h; 1Kings 2,46h; 1Kings 4,2; 1Kings 10,22c # 9,22; 1Kings 22,32; 1Kings 22,33; 2Kings 9,5; 2Kings 24,12; 2Kings 25,23; 2Kings 25,26; 1Chr. 4,42; 1Chr. 5,24; 1Chr. 7,2; 1Chr. 7,3; 1Chr. 7,7; 1Chr. 7,9; 1Chr. 7,11; 1Chr. 7,40; 1Chr. 7,40; 1Chr. 8,6; 1Chr. 8,10; 1Chr. 8,13; 1Chr. 8,28; 1Chr. 8,28; 1Chr. 9,9; 1Chr. 9,13; 1Chr. 9,33; 1Chr. 9,34; 1Chr. 9,34; 1Chr. 11,10; 1Chr. 12,15; 1Chr. 12,29; 1Chr. 12,35; 1Chr. 15,12; 1Chr. 19,3; 1Chr. 23,9; 1Chr. 23,24; 1Chr. 24,5; 1Chr. 24,5; 1Chr. 24,6; 1Chr. 25,1; 1Chr. 26,21; 1Chr. 26,26; 1Chr. 26,32; 1Chr. 27,1; 1Chr. 27,4; 1Chr. 28,21; 1Chr. 29,6; 1Chr. 29,6; 1Chr. 29,24; 2Chr. 8,9; 2Chr. 8,9; 2Chr. 8,10; 2Chr. 12,6; 2Chr. 18,31; 2Chr. 18,32; 2Chr. 23,13; 2Chr. 24,10; 2Chr. 24,17; 2Chr. 28,12; 2Chr. 29,30; 2Chr. 30,2; 2Chr. 30,24; 2Chr. 31,8; 2Chr. 35,8; 2Chr. 35,8; 2Chr. 35,9; 2Chr. 35,15; 2Chr. 35,25; 1Esdr. 1,27; 1Esdr. 8,66; Ezra 1,5; Ezra 3,12; Ezra 8,1; Ezra 8,20; Ezra 8,25; Ezra 9,1; Ezra 10,14; Ezra 10,16; Neh. 4,10; Neh. 8,13; Neh. 9,34; Neh. 10,1; Neh. 10,15; Neh. 11,1; Neh. 11,3; Neh. 11,13; Neh. 12,7; Neh. 12,12; Neh. 12,22; Neh. 12,23; Neh. 12,24; Esth. 1,14; Esth. 9,3; Judith 7,8; Judith 8,11; Judith 8,35; Judith 14,19; 1Mac. 1,26; 1Mac. 5,56; 1Mac. 6,61; 1Mac. 10,37; 1Mac. 11,63; 1Mac. 11,70; 1Mac. 12,24; 1Mac. 14,20; Psa. 2,2; Psa. 23,7; Psa. 23,9; Psa. 46,10; Psa. 67,26; Psa. 67,28; Psa. 67,28; Psa. 67,28; Psa. 118,23; Psa. 148,11; Ode. 1,15; Sol. 8,16; Hos. 5,10; Hos. 7,5; Hos. 7,16; Hos. 9,15; Hos. 12,12; Amos 1,15; Zeph. 3,3; Is. 1,10; Is. 13,2; Is. 19,11; Is. 19,13; Is. 19,13; Is. 21,5; Is. 23,8; Is. 28,14; Is. 32,1; Is. 34,1; Is. 34,12; Is. 34,12; Is. 41,1; Is. 41,25; Is. 43,9; Is. 43,27; Is. 43,28; Is. 49,7; Jer. 2,26; Jer. 17,25; Jer. 17,25; Jer. 30,19; Jer. 31,7; Jer. 33,10; Jer. 33,16; Jer. 33,21; Jer. 39,32; Jer. 43,12; Jer. 43,12; Jer. 43,14; Jer. 44,15; Jer. 45,25; Jer. 45,27; Jer. 51,17; Jer. 51,21; Bar. 3,16; Lam. 1,6; Lam. 5,12; Ezek. 22,27; Ezek. 26,16; Ezek. 27,21; Ezek. 32,29; Ezek. 32,30; Judg. 8,6; Judg. 10,18; Judg. 16,5; Judg. 16,8; Judg. 16,18; Judg. 16,23; Judg. 16,27; Dan. 3,3; Matt. 20,25; Luke 23,35; Luke 24,20; John 7,26; Acts 3,17; Acts 4,26; Acts 13,27; Rom. 13,3)
    Noun ▪ masculine ▪ plural ▪ vocative ▸ **1** (Acts 4,8)
Ἄρχοντες ▸ 1
    Noun ▪ masculine ▪ plural ▪ nominative ▪ (common) ▸ **1** (Psa. 118,161)
ἄρχοντές ▸ 6
    Noun ▪ masculine ▪ plural ▪ nominative ▪ (common) ▸ **6** (2Sam. 19,7; Eccl. 10,16; Eccl. 10,17; Is. 1,23; Is. 22,3; Ezek. 27,8)
ἄρχοντι ▸ 10 + 4 = 14
    Noun ▪ masculine ▪ singular ▪ dative ▪ (common) ▸ 10 + 4 = **14** (Gen. 24,2; Lev. 18,21; Lev. 20,2; Lev. 20,3; Lev. 20,4; Num. 17,21; Ezra 1,8; Neh. 7,2; Judith 9,10; Ezek. 28,2; Matt. 9,34; Matt. 12,24; Mark 3,22; Luke 11,15)
ἄρχοντος ▸ 12 + 2 + 1 = 15
    Noun ▪ masculine ▪ singular ▪ genitive ▪ (common) ▸ 12 + 2 + 1 = **15** (Num. 25,15; Num. 25,18; 2Kings 23,8; 2Kings 25,19; Ezra 8,17; Judith 13,18; Job 21,28; Sir. 41,18; Sir. 48,12; Sol. 17,20; Hos. 3,4; Ezek. 31,11; Dan. 10,13; Dan. 10,20; Matt. 9,23)
ἄρχοντός ▸ 1
    Noun ▪ masculine ▪ singular ▪ genitive ▪ (common) ▸ **1** (Is. 22,18)
ἀρχόντων ▸ 76 + 4 + 5 = 85
    Noun ▪ masculine ▪ plural ▪ genitive ▪ (common) ▸ 76 + 4 + 5 = **85** (Num. 1,4; Num. 3,32; Num. 7,3; Num. 7,84; Num. 17,17; Num. 22,21; Num. 22,35; Num. 23,21; Num. 27,2; Num. 36,1; Deut. 32,42; Deut. 33,5; Deut. 33,21; Josh. 17,4; Josh. 22,14; 2Sam. 6,2; 1Kings 5,30; 1Kings 21,14; 1Kings 21,15; 1Kings 21,17; 1Kings 21,19; 1Chr. 4,38; 1Chr. 11,15; 1Chr. 12,24; 1Chr. 24,6; 1Chr. 24,31; 1Chr. 27,3; 2Chr. 21,4; 2Chr. 21,9; 2Chr. 28,14; 2Chr. 28,21; 2Chr. 30,6; 2Chr. 30,12; 2Chr. 32,31; 2Chr. 34,9; Ezra 2,68; Ezra 4,3; Ezra 5,10; Ezra 7,28; Ezra 8,24; Ezra 8,29; Ezra 8,29; Ezra 9,2; Ezra 10,8; Neh. 12,32; Esth. 1,18; Judith 6,17; 1Mac. 6,60; 1Mac. 7,26; 1Mac. 11,62; 1Mac. 14,2; 1Mac. 14,28; Psa. 32,10; Psa. 75,13; Psa. 81,7; Psa. 86,6; Psa. 112,8; Psa. 112,8; Ode. 2,42; Prov. 29,2; Job 3,15; Job 12,24; Sir. 10,14; Sir. 36,9; Zech. 6,10; Is. 3,14; Is. 14,5; Is. 29,10; Is. 49,7; Jer. 4,9; Jer. 8,1; Jer. 42,4; Jer. 43,21; Jer. 51,9; Ezek. 39,18; Dan. 10,13; Judg. 5,8; Judg. 8,14; Dan. 10,13; Dan. 11,5; Luke 14,1; John 7,48; John 12,42; 1Cor. 2,6; 1Cor. 2,8)
ἄρχουσι ▸ 8
    Noun ▪ masculine ▪ plural ▪ dative ▪ (common) ▸ **8** (Num. 22,40; 1Kings 22,31; 1Chr. 26,12; 2Chr. 1,2; Esth. 1,21; Esth. 3,12; Esth. 13,1 # 3,13a; Esth. 16,2 # 8,12b)
ἄρχουσιν ▸ 20 + 1 + 1 = 22
    Noun ▪ masculine ▪ plural ▪ dative ▪ (common) ▸ 20 + 1 + 1 = **22** (Gen. 49,20; Num. 22,13; Num. 22,18; Josh. 9,18; 1Sam. 6,4; 2Sam. 18,5; 1Kings 2,5; 1Chr. 15,16; 1Chr. 22,17; 2Chr. 1,2; 2Chr. 18,30; Neh. 12,44; Esth. 1,3; Esth. 1,11; Esth. 3,12; Esth. 8,9; 1Mac. 5,40; 1Mac. 10,63; Job 34,18; Jer. 1,18; Dan. 9,8; Acts 14,5)
ἄρχων ▸ 122 + 9 + 8 = 139
    Noun ▪ masculine ▪ singular ▪ nominative ▪ (common) ▸ 122 + 9 + 8 = **139** (Gen. 34,2; Gen. 42,6; Gen. 49,10; Lev. 4,22; Num. 2,3; Num. 2,5; Num. 2,7; Num. 2,10; Num. 2,12; Num. 2,14; Num. 2,18; Num. 2,20; Num. 2,22; Num. 2,25; Num. 2,27; Num. 2,29; Num. 3,24; Num. 3,30; Num. 3,32; Num. 3,35; Num. 7,11; Num. 7,12; Num. 7,18; Num. 7,24; Num. 7,30; Num. 7,36; Num. 7,42; Num. 7,48; Num. 7,54; Num. 7,60; Num. 7,66; Num. 7,72; Num. 7,78; Num. 16,13; Num. 25,14; Num. 34,22; Num. 34,23; Num. 34,24; Num. 34,25; Num. 34,26; Num. 34,27; Num. 34,28; Deut. 33,5; Josh. 22,14; Judg. 4,2; Judg. 9,30; 1Sam. 22,14; 2Sam. 10,16; 2Sam. 19,14; 2Sam. 23,8; 2Sam. 23,18; 1Kings 2,46b; 1Kings 2,46f; 1Kings 2,46h; 1Kings 2,46k; 1Kings 5,4; 1Kings 11,14; 1Kings 11,21; 1Kings 16,9; 2Kings 5,1; 2Kings 9,5; 2Kings 9,5; 1Chr. 5,6; 1Chr. 5,7; 1Chr. 5,15; 1Chr. 9,17; 1Chr. 11,20; 1Chr. 11,42; 1Chr. 12,3; 1Chr. 12,10; 1Chr. 15,5; 1Chr. 15,6; 1Chr. 15,7; 1Chr. 15,8; 1Chr. 15,9; 1Chr. 15,10; 1Chr. 15,22; 1Chr. 15,22; 1Chr. 15,27; 1Chr. 23,8; 1Chr. 23,11; 1Chr. 23,16; 1Chr. 23,17; 1Chr. 23,18; 1Chr. 23,19; 1Chr. 23,20; 1Chr. 24,21; 1Chr. 26,31; 1Chr. 27,3; 1Chr. 27,5; 1Chr. 29,12; 2Chr. 17,14; 2Chr. 31,10; Neh. 3,9; Neh. 3,12; Neh. 3,14; Neh. 3,16; Neh. 3,17; Neh. 3,18; Neh. 3,19; 1Mac. 2,66; 1Mac. 3,13; Psa. 104,20; Ode. 7,38; Job 29,25; Sir. 48,16; Hos. 10,14; Mic. 7,3; Is. 10,8; Is. 16,4; Is. 33,22; Jer. 22,30; Jer. 28,59; Jer. 37,21; Ezek. 7,27; Ezek. 12,10; Ezek. 12,12; Ezek. 34,24; Ezek. 37,22; Ezek. 37,24; Ezek. 37,25; Dan. 3,38; Judg. 4,2; Judg. 9,30; Dan. 2,10; Dan. 3,38; Dan. 4,9; Dan. 10,13; Dan. 10,20; Dan. 10,21; Dan. 12,1; Matt. 9,18; Luke 8,41; Luke 18,18; John 3,1; John 12,31; John 14,30; John 16,11; Rev. 1,5)
Ἄρχων ▸ 2 + 1 = 3

ἄρχων–ἀσάλευτος

      Noun · masculine · singular · nominative · (common) ▸ 2 + 1 = 3 (Num. 7,11; 1Mac. 2,17; Dan. 2,15)

Αρωδαῖος Harodite ▸ 1
  Αρωδαῖος ▸ 1
      Noun · masculine · singular · nominative · (proper) ▸ 1 (2Sam. 23,25)

Αρωδίτης Hararite ▸ 1
  Αρωδίτης ▸ 1
      Noun · masculine · singular · nominative · (proper) ▸ 1 (2Sam. 23,33)

Αρωεδ Harod ▸ 1
  Αρωεδ ▸ 1
      Noun · singular · genitive · (proper) ▸ 1 (Judg. 7,1)

Αρωθ Hadid ▸ 1
  Αρωθ ▸ 1
      Noun · masculine · singular · genitive · (proper) ▸ 1 (Ezra 2,33)

ἄρωμα spices ▸ 17 + 4 = 21
  ἀρώμασιν ▸ 1
      Noun · neuter · plural · dative · (common) ▸ 1 (Esth. 2,12)
  ἀρώματα ▸ 8 + 3 = 11
      Noun · masculine · plural · accusative · (common) ▸ 1 (2Chr. 32,27)
      Noun · neuter · plural · accusative · (common) ▸ 7 + 3 = **10** (2Kings 20,13; 1Chr. 9,30; 2Chr. 9,1; 2Chr. 9,9; 2Chr. 9,9; Song 1,3; Song 4,10; Mark 16,1; Luke 23,56; Luke 24,1)
  ἀρώματά ▸ 1
      Noun · neuter · plural · nominative · (common) ▸ 1 (Song 4,16)
  ἀρώματος ▸ 2
      Noun · neuter · singular · genitive · (common) ▸ 2 (Song 5,13; Song 6,2)
  ἀρωμάτων ▸ 5 + 1 = 6
      Noun · neuter · plural · genitive · (common) ▸ 5 + 1 = **6** (1Chr. 9,29; 2Chr. 16,14; Song 5,1; Song 8,14; Sir. 24,15; John 19,40)

Αρωνι Horonite ▸ 2
  Αρωνι ▸ 2
      Noun · masculine · singular · nominative · (proper) ▸ 2 (Neh. 2,10; Neh. 2,19)

Αρωνιιμ Horonaim ▸ 1
  Αρωνιιμ ▸ 1
      Noun · singular · genitive · (proper) ▸ 1 (Is. 15,5)

Ασα Zorah; Ain; Seraiah; Asa ▸ 55
  Ασα ▸ 55
      Noun · singular · nominative · (proper) ▸ 1 (Josh. 19,41)
      Noun · feminine · singular · accusative · (proper) ▸ 1 (Josh. 21,16)
      Noun · masculine · singular · accusative · (proper) ▸ 1 (2Chr. 16,7)
      Noun · masculine · singular · dative · (proper) ▸ 4 (1Kings 15,17; 2Chr. 14,7; 2Chr. 15,2; 2Chr. 16,1)
      Noun · masculine · singular · genitive · (proper) ▸ 24 (2Sam. 23,11; 1Kings 15,14; 1Kings 15,16; 1Kings 15,20; 1Kings 15,23; 1Kings 15,25; 1Kings 15,28; 1Kings 15,33; 1Kings 16,6; 1Kings 16,23; 1Kings 16,28a; 1Kings 16,28b; 1Kings 16,28d; 1Kings 22,41; 1Kings 22,43; 2Chr. 13,23; 2Chr. 15,10; 2Chr. 15,17; 2Chr. 15,19; 2Chr. 16,1; 2Chr. 16,4; 2Chr. 16,11; 2Chr. 20,32; 2Chr. 21,12)
      Noun · masculine · singular · nominative · (proper) ▸ 23 (2Sam. 8,17; 1Kings 15,8; 1Kings 15,9; 1Kings 15,11; 1Kings 15,13; 1Kings 15,18; 1Kings 15,18; 1Kings 15,22; 1Kings 15,22; 1Kings 15,24; 1Chr. 3,10; 2Chr. 13,23; 2Chr. 14,9; 2Chr. 14,10; 2Chr. 14,12; 2Chr. 16,2; 2Chr. 16,6; 2Chr. 16,10; 2Chr. 16,10; 2Chr. 16,12; 2Chr. 16,13; 2Chr. 17,2; Jer. 48,9)
      Noun · masculine · singular · vocative · (proper) ▸ 1 (2Chr. 15,2)

Ασαβαλ Esh-Baal ▸ 1
  Ασαβαλ ▸ 1
      Noun · masculine · singular · accusative · (proper) ▸ 1 (1Chr. 8,33)

Ασαβδανα Hashbaddanah ▸ 1
  Ασαβδανα ▸ 1
      Noun · masculine · singular · nominative · (proper) ▸ 1 (Neh. 8,4)

Ασαβια Hashabiah; Malkijah ▸ 9
  Ασαβια ▸ 9
      Noun · masculine · singular · dative · (proper) ▸ 1 (Ezra 8,24)
      Noun · masculine · singular · genitive · (proper) ▸ 2 (1Chr. 9,14; Neh. 11,22)
      Noun · masculine · singular · nominative · (proper) ▸ 6 (1Chr. 25,3; 1Chr. 25,19; 2Chr. 35,9; Ezra 10,25; Neh. 3,17; Neh. 12,24)

Ασαβιας Hashabiah ▸ 5
  Ασαβιαν ▸ 1
      Noun · masculine · singular · accusative · (proper) ▸ 1 (1Esdr. 8,54)
  Ασαβιας ▸ 4
      Noun · masculine · singular · nominative · (proper) ▸ 4 (1Chr. 26,30; 1Chr. 27,17; 1Esdr. 1,9; Neh. 12,21)

Ασαδια Hasadiah ▸ 1
  Ασαδια ▸ 1
      Noun · masculine · singular · nominative · (proper) ▸ 1 (1Chr. 3,20)

Ασαδιας Hasadiah; Hasadia s ▸ 1
  Ασαδιου ▸ 1
      Noun · masculine · singular · genitive · (proper) ▸ 1 (Bar. 1,1)

Ασαηλ Asahel ▸ 17
  Ασαηλ ▸ 17
      Noun · masculine · singular · accusative · (proper) ▸ 2 (2Sam. 2,32; 2Sam. 3,30)
      Noun · masculine · singular · dative · (proper) ▸ 1 (2Sam. 2,22)
      Noun · masculine · singular · genitive · (proper) ▸ 2 (2Sam. 3,27; Ezra 10,15)
      Noun · masculine · singular · nominative · (proper) ▸ 11 (2Sam. 2,18; 2Sam. 2,18; 2Sam. 2,19; 2Sam. 2,21; 2Sam. 2,23; 2Sam. 2,30; 2Sam. 23,24; 1Chr. 2,16; 1Chr. 11,26; 1Chr. 27,7; 2Chr. 31,13)
      Noun · masculine · singular · vocative · (proper) ▸ 1 (2Sam. 2,20)

Ασαηλος Sheal ▸ 1
  Ασαηλος ▸ 1
      Noun · masculine · singular · nominative · (proper) ▸ 1 (1Esdr. 9,30)

Ασαια Asaiah ▸ 6
  Ασαια ▸ 6
      Noun · masculine · singular · accusative · (proper) ▸ 1 (1Chr. 15,11)
      Noun · masculine · singular · dative · (proper) ▸ 1 (2Chr. 34,20)
      Noun · masculine · singular · nominative · (proper) ▸ 4 (1Chr. 4,36; 1Chr. 6,15; 1Chr. 9,5; 1Chr. 15,6)

Ασαιας Asaiah ▸ 3
  Ασαια ▸ 1
      Noun · masculine · singular · dative · (proper) ▸ 1 (2Kings 22,12)
  Ασαιας ▸ 2
      Noun · masculine · singular · nominative · (proper) ▸ 2 (2Kings 22,14; 1Esdr. 9,32)

ἀσάλευτος (α; σάλος) unmovable ▸ 3 + 2 = 5
  ἀσάλευτον ▸ 3 + 1 = 4
      Adjective · feminine · singular · accusative ▸ 1 (Heb. 12,28)

Adjective · masculine · singular · accusative · noDegree ▸ **1** (Deut. 6,8)
Adjective · neuter · singular · accusative · noDegree ▸ **1** (Ex. 13,16)
Adjective · neuter · singular · nominative · noDegree ▸ **1** (Deut. 11,18)

ἀσάλευτος ▸ 1
Adjective · feminine · singular · nominative ▸ **1** (Acts 27,41)

Ασαν Ashan ▸ 2 + **1** = 3
Ασαν ▸ 2 + **1** = 3
Noun · singular · nominative · (proper) ▸ **1** + **1** = **2** (Josh. 19,7; Josh. 19,7)
Noun · feminine · singular · accusative · (proper) ▸ **1** (1Chr. 6,44)

Ασανα Hassenaah ▸ 3
Ασανα ▸ 3
Noun · masculine · singular · genitive · (proper) ▸ **3** (1Esdr. 5,31; Neh. 3,3; Neh. 11,9)

Ασαρ Ezer ▸ 3
Ασαρ ▸ 3
Noun · masculine · singular · genitive · (proper) ▸ **1** (Gen. 36,27)
Noun · masculine · singular · nominative · (proper) ▸ **2** (Gen. 36,21; Gen. 36,30)

Ασαρα Hasrah ▸ 1
Ασαρα ▸ 1
Noun · masculine · singular · genitive · (proper) ▸ **1** (1Esdr. 5,31)

Ασαραδδων Esarhaddon ▸ 1
Ασαραδδων ▸ 1
Noun · masculine · singular · genitive · (proper) ▸ **1** (Ezra 4,2)

Ασαραι Hezro ▸ 1
Ασαραι ▸ 1
Noun · masculine · singular · nominative · (proper) ▸ **1** (2Sam. 23,35)

ασαραμελ Asaramel ▸ 1
ασαραμελ ▸ 1
Noun ▸ **1** (1Mac. 14,27)

ασαρημωθ (Hebr.) valley of corpses (?) ▸ 1
ασαρημωθ ▸ 1
Noun ▸ **1** (Jer. 38,40)

Ασαρμωθ Hazarmaveth ▸ 1
Ασαρμωθ ▸ 1
Noun · masculine · singular · accusative · (proper) ▸ **1** (Gen. 10,26)

Ασαρσουλα Hazar Shual ▸ 1
Ασαρσουλα ▸ 1
Noun · feminine · singular · nominative · (proper) ▸ **1** (Josh. 15,28)

Ασας Ziz ▸ 1
Ασας ▸ 1
Noun · singular · accusative · (proper) ▸ **1** (2Chr. 20,16)

Ασασανθαμαρ Hazazon Tamar ▸ 2
Ασασανθαμαρ ▸ 2
Noun · feminine · singular · dative · (proper) ▸ **2** (Gen. 14,7; 2Chr. 20,2)

Ασαφ Asaph ▸ 48
Ασαφ ▸ 48
Noun · masculine · singular · accusative · (proper) ▸ **2** (1Chr. 16,37; Neh. 2,8)
Noun · masculine · singular · dative · (proper) ▸ **13** (1Chr. 25,9; Psa. 49,1; Psa. 72,1; Psa. 73,1; Psa. 74,1; Psa. 75,1; Psa. 76,1; Psa. 77,1; Psa. 78,1; Psa. 79,1; Psa. 80,1; Psa. 81,1; Psa. 82,1)
Noun · masculine · singular · genitive · (proper) ▸ **26** (2Kings 18,18; 2Kings 18,37; 1Chr. 9,15; 1Chr. 16,5; 1Chr. 16,7; 1Chr. 25,1; 1Chr. 25,2; 1Chr. 25,2; 1Chr. 25,2; 1Chr. 25,6; 2Chr. 5,12; 2Chr. 20,14; 2Chr. 29,13; 2Chr. 29,30; 2Chr. 35,15; 1Esdr. 1,15; 1Esdr. 5,27; 1Esdr. 5,57; Ezra 2,41; Ezra 3,10; Neh. 7,44; Neh. 11,22; Neh. 12,35; Neh. 12,46; Is. 36,3; Is. 36,22)
Noun · masculine · singular · nominative · (proper) ▸ **7** (1Chr. 6,24; 1Chr. 6,24; 1Chr. 15,17; 1Chr. 15,19; 1Chr. 16,5; 2Chr. 35,15; 1Esdr. 1,15)

Ἀσάφ Asaph ▸ 2
Ἀσάφ ▸ 1
Noun · masculine · singular · accusative · (proper) ▸ **1** (Matt. 1,7)
Ἀσάφ ▸ 1
Noun · masculine · singular · nominative · (proper) ▸ **1** (Matt. 1,8)

Ασβαν Eshban ▸ 1
Ασβαν ▸ 1
Noun · masculine · singular · nominative · (proper) ▸ **1** (Gen. 36,26)

Ασβανια Hashabneiah ▸ 1
Ασβανια ▸ 1
Noun · masculine · singular · genitive · (proper) ▸ **1** (Neh. 3,10)

Ασβασαρεθ Esarhaddon ▸ 1
Ασβασαρεθ ▸ 1
Noun · masculine · singular · genitive · (proper) ▸ **1** (1Esdr. 5,66)

ἄσβεστος (α; σβέννυμι) unquenchable; (n.) unblemished (plaster) ▸ 3
ἄσβεστον ▸ 1
Adjective · neuter · singular · accusative ▸ **1** (Mark 9,43)
ἀσβέστῳ ▸ 2
Adjective · neuter · singular · dative ▸ **2** (Matt. 3,12; Luke 3,17)

Ασβηλ Ashbel ▸ 2
Ασβηλ ▸ 2
Noun · masculine · singular · accusative · (proper) ▸ **1** (1Chr. 8,1)
Noun · masculine · singular · nominative · (proper) ▸ **1** (Gen. 46,21)

Ασβίτης Ahasbai ▸ 1
Ασβίτου ▸ 1
Noun · masculine · singular · genitive · (proper) ▸ **1** (2Sam. 23,34)

ἀσβόλη soot ▸ 1
ἀσβόλην ▸ 1
Noun · feminine · singular · accusative · (common) ▸ **1** (Lam. 4,8)

Ασγαδ Asgad, Azgad ▸ 5
Ασγαδ ▸ 5
Noun · masculine · singular · genitive · (proper) ▸ **4** (1Esdr. 5,13; Ezra 2,12; Ezra 8,12; Neh. 7,17)
Noun · masculine · singular · nominative · (proper) ▸ **1** (Neh. 10,16)

Ασγαθ Asgath, Azgath ▸ 1
Ασγαθ ▸ 1
Noun · masculine · singular · genitive · (proper) ▸ **1** (1Esdr. 8,38)

Ασδωδ Ashdod ▸ 1
Ασδωδ ▸ 1
Noun · singular · genitive · (proper) ▸ **1** (Josh. 15,46)

ἀσέβεια (α; σέβω) ungodliness, impiety ▸ 73 + 6 = 79
ἀσέβεια ▸ 10
Noun · feminine · singular · nominative · (common) ▸ **10** (1Sam. 24,12; Prov. 11,5; Prov. 29,25; Eccl. 8,8; Wis. 14,9; Mic. 1,5; Hab. 2,17; Mal. 2,16; Jer. 6,7; Ezek. 23,49)
ἀσεβείᾳ ▸ 5
Noun · feminine · singular · dative · (common) ▸ **5** (Deut. 18,22; Prov. 1,19; Ezek. 12,19; Ezek. 22,11; Ezek. 33,9)

ἀσέβεια–ἀσεβής

ἀσέβειά ▸ 2
   Noun ▪ feminine ▪ singular ▪ nominative ▪ (common) ▸ **2** (Job 35,8; Ezek. 23,29)
ἀσέβειαι ▸ 1
   Noun ▪ feminine ▪ plural ▪ nominative ▪ (common) ▸ **1** (Mic. 1,13)
ἀσεβείαις ▸ 12
   Noun ▪ feminine ▪ plural ▪ dative ▪ (common) ▸ **12** (3Mac. 6,10; Prov. 28,3; Hos. 12,1; Amos 1,3; Amos 1,6; Amos 1,9; Amos 1,11; Amos 1,13; Amos 2,1; Amos 2,4; Amos 2,6; Ezek. 21,29)
ἀσέβειαν ▸ 16 + 2 = 18
   Noun ▪ feminine ▪ singular ▪ accusative ▪ (common) ▸ 16 + 2 = **18** (Deut. 9,4; Deut. 9,5; Deut. 19,16; Deut. 25,2; 4Mac. 10,11; Psa. 31,5; Psa. 72,6; Prov. 28,4; Prov. 28,13; Job 36,18; Hos. 10,13; Mic. 1,5; Obad. 10; Hab. 1,3; Ezek. 16,43; Ezek. 23,48; Rom. 1,18; Titus 2,12)
ἀσέβειάν ▸ 1
   Noun ▪ feminine ▪ singular ▪ accusative ▪ (common) ▸ **1** (Ezek. 23,35)
ἀσεβείας ▸ 21 + 3 = 24
   Noun ▪ feminine ▪ plural ▪ accusative ▪ (common) ▸ 14 + 1 = **15** (Psa. 64,4; Amos 3,14; Amos 5,12; Mic. 3,8; Mic. 7,18; Hab. 2,8; Hab. 2,17; Is. 59,20; Jer. 5,6; Ezek. 16,58; Ezek. 18,31; Ezek. 21,29; Ezek. 23,27; Ezek. 23,48; Rom. 11,26)
   Noun ▪ feminine ▪ singular ▪ genitive ▪ (common) ▸ 7 + 2 = **9** (4Mac. 6,19; 4Mac. 9,32; Prov. 1,31; Prov. 4,17; Mic. 6,7; Mic. 6,12; Zeph. 1,9; 2Tim. 2,16; Jude 15)
ἀσεβειῶν ▸ 5 + 1 = 6
   Noun ▪ feminine ▪ plural ▪ genitive ▪ (common) ▸ 5 + 1 = **6** (Psa. 5,11; Lam. 1,5; Ezek. 14,6; Ezek. 18,28; Ezek. 18,30; Jude 18)

ἀσεβέω (α; σέβω) to live ungodly ▸ 37 + 2 = 39
ἀσεβεῖν ▸ 3 + 1 = 4
   Verb ▪ present ▪ active ▪ infinitive ▸ 3 + 1 = **4** (2Mac. 4,17; Job 10,2; Sir. 15,20; 2Pet. 2,6)
ἀσεβεῖτε ▸ 1
   Verb ▪ second ▪ plural ▪ present ▪ active ▪ imperative ▸ **1** (Jer. 22,3)
ἀσεβῆσαι ▸ 2
   Verb ▪ aorist ▪ active ▪ infinitive ▸ **2** (Job 34,10; Amos 4,4)
ἀσεβήσαντα ▸ 1
   Verb ▪ aorist ▪ active ▪ participle ▪ masculine ▪ singular ▪ accusative ▸ **1** (4Mac. 9,15)
ἀσεβήσαντας ▸ 1
   Verb ▪ aorist ▪ active ▪ participle ▪ masculine ▪ plural ▪ accusative ▸ **1** (2Mac. 1,17)
ἀσεβήσας ▸ 1
   Verb ▪ aorist ▪ active ▪ participle ▪ masculine ▪ singular ▪ nominative ▸ **1** (Job 34,8)
ἀσεβήσει ▸ 2
   Verb ▪ third ▪ singular ▪ future ▪ active ▪ indicative ▸ **2** (Deut. 17,13; Job 9,20)
ἀσεβήση ▸ 1
   Verb ▪ third ▪ singular ▪ aorist ▪ active ▪ subjunctive ▸ **1** (Deut. 18,20)
ἀσεβήσης ▸ 1
   Verb ▪ second ▪ singular ▪ aorist ▪ active ▪ subjunctive ▸ **1** (Eccl. 7,17)
ἀσεβοῦσιν ▸ 2
   Verb ▪ third ▪ plural ▪ present ▪ active ▪ indicative ▸ **2** (Prov. 8,36; Zeph. 3,4)
ἀσεβῶν ▸ 2
   Verb ▪ present ▪ active ▪ participle ▪ masculine ▪ singular ▪ nominative ▸ **2** (Deut. 25,2; Wis. 14,9)
ἠσεβήκασιν ▸ 1
   Verb ▪ third ▪ plural ▪ perfect ▪ active ▪ indicative ▸ **1** (Lev. 20,12)
ἠσεβηκότων ▸ 1
   Verb ▪ perfect ▪ active ▪ participle ▪ masculine ▪ plural ▪ genitive ▸ **1** (1Esdr. 1,22)
ἠσέβησα ▸ 4
   Verb ▪ first ▪ singular ▪ aorist ▪ active ▪ indicative ▸ **4** (2Sam. 22,22; Psa. 17,22; Job 9,21; Job 10,7)
ἠσεβήσαμεν ▸ 4
   Verb ▪ first ▪ plural ▪ aorist ▪ active ▪ indicative ▸ **4** (Is. 59,13; Bar. 2,12; Lam. 3,42; Dan. 9,5)
ἠσέβησαν ▸ 3 + 1 = 4
   Verb ▪ third ▪ plural ▪ aorist ▪ active ▪ indicative ▸ 3 + 1 = **4** (1Esdr. 1,47; Hos. 7,13; Hos. 8,1; Jude 15)
ἠσέβησας ▸ 3
   Verb ▪ second ▪ singular ▪ aorist ▪ active ▪ indicative ▸ **3** (Zeph. 3,11; Jer. 3,13; Ezek. 16,27)
ἠσεβήσατε ▸ 2
   Verb ▪ second ▪ plural ▪ aorist ▪ active ▪ indicative ▸ **2** (Jer. 2,29; Ezek. 18,31)
ἠσέβησεν ▸ 1
   Verb ▪ third ▪ singular ▪ aorist ▪ active ▪ indicative ▸ **1** (2Mac. 4,38)
ἠσέβουν ▸ 1
   Verb ▪ third ▪ plural ▪ imperfect ▪ active ▪ indicative ▸ **1** (Jer. 2,8)

Ασεβηβιας Sherebiah ▸ 1
Ασεβηβιαν ▸ 1
   Noun ▪ masculine ▪ singular ▪ accusative ▪ (proper) ▸ **1** (1Esdr. 8,46)

ἀσέβημα (α; σέβω) an ungodly act ▸ 4
ἀσέβημά ▸ 1
   Noun ▪ neuter ▪ singular ▪ nominative ▪ (common) ▸ **1** (Lev. 18,17)
ἀσεβήματα ▸ 1
   Noun ▪ neuter ▪ plural ▪ accusative ▪ (common) ▸ **1** (Deut. 9,27)
ἀσεβήματά ▸ 2
   Noun ▪ neuter ▪ plural ▪ accusative ▪ (common) ▸ **2** (Lam. 1,14; Lam. 4,22)

ἀσεβής (α; σέβω) ungodly ▸ 242 + 8 = 250
ἀσεβεῖ ▸ 7
   Adjective ▪ masculine ▪ singular ▪ dative ▪ noDegree ▸ **7** (Eccl. 8,13; Eccl. 9,2; Job 27,8; Sir. 12,5; Sir. 41,7; Ezek. 33,9; Ezek. 33,14)
ἀσεβεῖς ▸ 56 + 2 = 58
   Adjective ▪ masculine ▪ plural ▪ accusative ▪ noDegree ▸ **26** (Judg. 20,13; 1Mac. 3,8; 1Mac. 9,25; 1Mac. 9,73; Prov. 1,32; Prov. 12,5; Prov. 13,6; Prov. 21,12; Prov. 24,22; Prov. 25,5; Eccl. 8,10; Job 34,26; Job 36,12; Job 36,18; Job 38,13; Job 40,12; Wis. 4,16; Wis. 10,20; Wis. 12,9; Wis. 16,18; Sir. 39,30; Hab. 1,9; Is. 33,14; Jer. 23,19; Jer. 37,23; Ezek. 20,38)
   Adjective ▪ masculine ▪ plural ▪ nominative ▪ noDegree ▸ 30 + 2 = **32** (Ex. 9,27; 1Mac. 7,5; Psa. 1,4; Psa. 1,5; Psa. 11,9; Psa. 30,18; Psa. 50,15; Prov. 1,7; Prov. 1,10; Prov. 1,22; Prov. 3,35; Prov. 10,30; Prov. 12,21; Prov. 14,19; Prov. 15,6; Prov. 16,2; Prov. 21,22; Prov. 24,16; Eccl. 8,14; Job 3,17; Job 21,7; Job 24,2; Wis. 3,10; Wis. 11,9; Wis. 16,16; Sir. 41,8; Sir. 41,10; Hos. 14,10; Jer. 5,26; Jer. 32,31; Jude 4; Jude 15)
Ἀσεβεῖς ▸ 1
   Adjective ▪ masculine ▪ plural ▪ nominative ▪ noDegree ▸ **1** (Wis. 1,16)
ἀσεβὲς ▸ 1
   Adjective ▪ neuter ▪ singular ▪ nominative ▪ noDegree ▸ **1** (Wis.

14,16)
- **ἀσεβέσιν** ▸ 8 + **1** = 9
  - **Adjective** · masculine · plural · dative · noDegree ▸ 8 + **1** = **9** (Prov. 21,7; Job 16,11; Wis. 19,1; Sir. 12,6; Sir. 16,1; Is. 13,11; Is. 48,22; Is. 57,21; 1Tim. 1,9)
- **ἀσεβέστατε** ▸ **2**
  - **Adjective** · masculine · singular · vocative · superlative ▸ **2** (4Mac. 12,11; Job 34,18)
- **ἀσεβῆ** ▸ 20 + **1** = 21
  - **Adjective** · masculine · singular · accusative · noDegree ▸ 19 + **1** = **20** (Ex. 23,7; 1Mac. 7,9; Psa. 9,23; Psa. 10,5; Psa. 36,35; Prov. 9,7; Prov. 21,30; Prov. 24,15; Prov. 24,24; Eccl. 3,17; Job 32,3; Job 36,6; Sir. 21,27; Sir. 42,2; Hab. 1,13; Is. 5,23; Is. 11,4; Ezek. 33,8; Ezek. 33,11; Rom. 4,5)
  - **Adjective** · neuter · plural · accusative · noDegree ▸ **1** (Sir. 16,3)
- **ἀσεβής** ▸ 15
  - **Adjective** · masculine · singular · nominative · noDegree ▸ **15** (Gen. 18,23; Gen. 18,25; Psa. 9,6; Ode. 5,10; Ode. 5,10; Prov. 10,25; Prov. 11,8; Prov. 14,32; Prov. 18,22a; Eccl. 3,16; Eccl. 3,16; Job 9,29; Is. 26,10; Is. 26,10; Sus. 54)
- **ἀσεβής** ▸ 19 + **1** = 20
  - **Adjective** · masculine · singular · nominative · noDegree ▸ 19 + **1** = **20** (Psa. 9,34; Prov. 10,24; Prov. 11,18; Prov. 11,31; Prov. 12,7; Prov. 13,5; Prov. 15,18a; Prov. 16,9; Prov. 17,23; Prov. 18,3; Prov. 21,26; Prov. 21,29; Prov. 28,1; Prov. 29,7; Eccl. 7,15; Job 10,15; Job 34,18; Hab. 1,4; Is. 55,7; 1Pet. 4,18)
- **ἀσεβοῦς** ▸ 32
  - **Adjective** · masculine · singular · genitive · noDegree ▸ **32** (Gen. 18,23; Gen. 18,25; Deut. 25,1; 2Mac. 4,13; 2Mac. 10,10; Psa. 16,13; Prov. 10,7; Prov. 10,11; Prov. 10,20; Prov. 11,19; Prov. 15,9; Prov. 18,5; Prov. 21,10; Prov. 25,26; Prov. 28,24; Eccl. 7,25; Job 8,13; Job 8,19; Job 8,20; Job 8,22; Job 9,24; Job 15,20; Job 15,34; Job 20,29; Job 27,13; Wis. 1,9; Wis. 5,14; Sir. 7,17; Sir. 13,24; Sir. 22,12; Ezek. 33,11; Ezek. 33,12)
- **ἀσεβῶν** ▸ 1
  - **Adjective** · masculine · plural · genitive · noDegree ▸ **1** (Prov. 13,22)
- **ἀσεβῶν** ▸ 80 + **3** = 83
  - **Adjective** · masculine · plural · genitive · noDegree ▸ 80 + **3** = **83** (1Mac. 3,15; 1Mac. 6,21; 2Mac. 8,2; 4Mac. 5,38; Psa. 1,1; Psa. 1,6; Psa. 16,9; Psa. 25,5; Psa. 25,9; Psa. 36,28; Psa. 36,38; Psa. 57,11; Ode. 5,19; Prov. 2,22; Prov. 3,25; Prov. 3,33; Prov. 4,14; Prov. 4,19; Prov. 10,3; Prov. 10,6; Prov. 10,15; Prov. 10,16; Prov. 10,27; Prov. 10,28; Prov. 10,32; Prov. 11,3; Prov. 11,7; Prov. 11,9; Prov. 11,11; Prov. 11,23; Prov. 12,6; Prov. 12,10; Prov. 12,12; Prov. 12,26; Prov. 12,26; Prov. 13,9; Prov. 13,19; Prov. 13,25; Prov. 14,11; Prov. 15,6; Prov. 15,8; Prov. 15,28; Prov. 15,29; Prov. 19,28; Prov. 20,26; Prov. 21,4; Prov. 21,12; Prov. 21,27; Prov. 24,20; Prov. 28,2; Prov. 28,12; Prov. 28,28; Prov. 29,2; Prov. 29,16; Eccl. 8,14; Job 10,3; Job 11,20; Job 18,5; Job 20,5; Job 21,16; Job 21,17; Job 21,28; Job 22,18; Job 24,6; Job 27,7; Job 34,8; Job 38,15; Wis. 4,3; Wis. 10,6; Sir. 9,12; Sir. 34,19; Sir. 40,15; Sir. 41,5; Is. 24,8; Is. 25,2; Is. 25,5; Is. 26,19; Is. 28,21; Is. 29,5; Jer. 12,1; Rom. 5,6; 2Pet. 2,5; 2Pet. 3,7)

Ασεβι Hashabiah ▸ 1
- Ασεβι ▸ 1
  - **Noun** · masculine · singular · genitive · (proper) ▸ **1** (1Chr. 6,30)

Ασεβια Hashabiah ▸ 1
- Ασεβια ▸ 1
  - **Noun** · masculine · singular · accusative · (proper) ▸ **1** (Ezra 8,19)

Ασεβιας Hasebias, Hashabiah ▸ 1
- Ασεβιαν ▸ 1
  - **Noun** · masculine · singular · accusative · (proper) ▸ **1** (1Esdr. 8,47)

Ασεβων Ezbon ▸ 1
- Ασεβων ▸ 1
  - **Noun** · masculine · singular · nominative · (proper) ▸ **1** (1Chr. 7,7)

Ασεδωθ Ashdod ▸ 1
- Ασεδωθ ▸ 1
  - **Noun** · singular · dative · (proper) ▸ **1** (Josh. 11,22)

ἀσέλγεια (ἀσελγής) sensuality ▸ 2 + **10** = 12
- ἀσέλγεια ▸ 1 + **2** = 3
  - **Noun** · feminine · singular · nominative · (common) ▸ 1 + 2 = **3** (Wis. 14,26; Mark 7,22; Gal. 5,19)
- ἀσελγείᾳ ▸ 3
  - **Noun** · feminine · singular · dative ▸ **3** (2Cor. 12,21; Eph. 4,19; 2Pet. 2,7)
- ἀσελγείαις ▸ 1 + **4** = 5
  - **Noun** · feminine · plural · dative · (common) ▸ 1 + **4** = **5** (3Mac. 2,26; Rom. 13,13; 1Pet. 4,3; 2Pet. 2,2; 2Pet. 2,18)
- ἀσέλγειαν ▸ 1
  - **Noun** · feminine · singular · accusative ▸ **1** (Jude 4)

ασελισι (Hebr.) third ▸ 1
- ασελισι ▸ 1
  - **Noun** ▸ **1** (Jer. 45,14)

Ασεμ Hashum ▸ 1 + **1** = 2
- Ασεμ ▸ 1 + **1** = 2
  - **Noun** · singular · genitive · (proper) ▸ **1** (Ezra 2,19)
  - **Noun** · singular · nominative · (proper) ▸ **1** (Josh. 15,29)

Ασεμωνα Azmon ▸ 3
- Ασεμωνα ▸ 3
  - **Noun** · singular · accusative · (proper) ▸ **2** (Num. 34,4; Josh. 15,4)
  - **Noun** · singular · genitive · (proper) ▸ **1** (Num. 34,5)

Ασενα Asnah ▸ 1
- Ασενα ▸ 1
  - **Noun** · masculine · singular · genitive · (proper) ▸ **1** (Ezra 2,50)

Ασεννα Ashnah ▸ 1
- Ασεννα ▸ 1
  - **Noun** · singular · nominative · (proper) ▸ **1** (Josh. 15,43)

Ασενναῖος Sinites ▸ 1
- Ασενναῖον ▸ 1
  - **Noun** · masculine · singular · accusative · (proper) ▸ **1** (Gen. 10,17)

Ασενναφαρ Ashurbanipal ▸ 1
- Ασενναφαρ ▸ 1
  - **Noun** · masculine · singular · nominative · (proper) ▸ **1** (Ezra 4,10)

Ασεννεθ Asenath ▸ 3
- Ασεννεθ ▸ 3
  - **Noun** · feminine · singular · accusative · (proper) ▸ **1** (Gen. 41,45)
  - **Noun** · feminine · singular · nominative · (proper) ▸ **2** (Gen. 41,50; Gen. 46,20)

Ασεργαδδα Hazar Gaddah ▸ 1
- Ασεργαδδα ▸ 1
  - **Noun** · singular · nominative · (proper) ▸ **1** (Josh. 15,27)

Ασεριηλ Asriel ▸ 1
- Ασεριηλ ▸ 1
  - **Noun** · masculine · singular · accusative · (proper) ▸ **1** (1Chr. 7,14)

Ασερναιν Hazar Enan ▸ 2
- Ασερναιν ▸ 2
  - **Noun** · singular · genitive · (proper) ▸ **1** (Num. 34,10)

Ασερναιν–ἀσθενέω

Ασερσουαλ Hazar Shual ▸ 1
    Noun ▪ singular ▪ nominative ▪ (proper) ▸ **1** (Num. 34,9)
  Ασερσουαλ ▸ 1
    Noun ▪ singular ▪ nominative ▪ (proper) ▸ **1** (Josh. 19,3)

Ασερσουσιμ Hazar Susah ▸ 1
  Ασερσουσιμ ▸ 1
    Noun ▪ singular ▪ nominative ▪ (proper) ▸ **1** (Josh. 19,5)

Ασερων Hezron ▸ 1 + 1 = 2
  Ασερων ▸ 1 + 1 = 2
    Noun ▪ singular ▪ genitive ▪ (proper) ▸ **1** (Josh. 15,25)
    Noun ▪ singular ▪ nominative ▪ (proper) ▸ **1** (Josh. 15,25)

Ασεφηραθ Hassophereth ▸ 1
  Ασεφηραθ ▸ 1
    Noun ▪ masculine ▪ singular ▪ genitive ▪ (proper) ▸ **1** (Ezra 2,55)

Ασηδωθ Asedoth (Heb. slopes) ▸ 7
  Ασηδωθ ▸ 7
    Noun ▪ singular ▪ accusative ▪ (proper) ▸ **2** (Josh. 12,3; Josh. 13,20)
    Noun ▪ singular ▪ dative ▪ (proper) ▸ **1** (Josh. 12,8)
    Noun ▪ singular ▪ genitive ▪ (proper) ▸ **1** (Josh. 15,46)
    Noun ▪ feminine ▪ singular ▪ accusative ▪ (proper) ▸ **3** (Deut. 3,17; Deut. 4,49; Josh. 10,40)

Ασηλ Eshek; Uzal ▸ 2
  Ασηλ ▸ 2
    Noun ▪ singular ▪ genitive ▪ (proper) ▸ **1** (Ezek. 27,19)
    Noun ▪ masculine ▪ singular ▪ genitive ▪ (proper) ▸ **1** (1Chr. 8,39)

ἄσημος (α; σημεῖον) insignificant, unmarked; uncoined (money) ▸ 3 + 1 = 4
  ἄσημα ▸ 1
    Adjective ▪ neuter ▪ plural ▪ nominative ▪ noDegree ▸ **1** (Gen. 30,42)
  ἄσημον ▸ 1
    Adjective ▪ neuter ▪ singular ▪ accusative ▪ noDegree ▸ **1** (Job 42,11)
  ἄσημόν ▸ 1
    Adjective ▪ masculine ▪ singular ▪ accusative ▪ noDegree ▸ **1** (3Mac. 1,3)
  ἀσήμου ▸ 1
    Adjective ▪ feminine ▪ singular ▪ genitive ▸ **1** (Acts 21,39)

ἄσηπτος (α; σήπω) not subject to decay ▸ 16
  ἄσηπτα ▸ 4
    Adjective ▪ neuter ▪ plural ▪ accusative ▪ noDegree ▸ **3** (Ex. 25,5; Ex. 25,13; Ex. 35,7)
    Adjective ▪ neuter ▪ plural ▪ nominative ▪ noDegree ▸ **1** (Ex. 35,24)
  ἄσηπτον ▸ 1
    Adjective ▪ neuter ▪ singular ▪ accusative ▪ noDegree ▸ **1** (Is. 40,20)
  ἀσήπτους ▸ 1
    Adjective ▪ masculine ▪ plural ▪ accusative ▪ noDegree ▸ **1** (Ex. 37,4)
  ἀσήπτων ▸ 10
    Adjective ▪ masculine ▪ plural ▪ genitive ▪ noDegree ▸ **1** (Ex. 26,32)
    Adjective ▪ neuter ▪ plural ▪ genitive ▪ noDegree ▸ **9** (Ex. 25,10; Ex. 25,28; Ex. 26,15; Ex. 26,26; Ex. 27,1; Ex. 27,6; Ex. 30,1; Ex. 30,5; Deut. 10,3)

Ασηρ Asher ▸ 43 + 8 = 51
  Ασηρ ▸ 43 + 8 = 51
    Noun ▪ masculine ▪ singular ▪ accusative ▪ (proper) ▸ **2** (Gen. 30,13; Josh. 17,10)
    Noun ▪ masculine ▪ singular ▪ dative ▪ (proper) ▸ **5 + 2 = 7** (Deut. 33,24; Josh. 17,11; Josh. 19,24; Josh. 19,34; Judg. 6,35; Josh. 19,34; Judg. 6,35)
    Noun ▪ masculine ▪ singular ▪ genitive ▪ (proper) ▸ **27 + 3 = 30** (Gen. 46,17; Num. 1,13; Num. 1,40; Num. 1,41; Num. 2,27; Num. 2,27; Num. 7,72; Num. 10,26; Num. 13,13; Num. 26,28; Num. 26,30; Num. 26,31; Num. 34,27; Josh. 19,31; Josh. 21,6; Josh. 21,30; Judg. 7,23; 1Chr. 6,47; 1Chr. 6,59; 1Chr. 7,30; 1Chr. 7,40; 1Chr. 12,37; 2Chr. 30,11; Tob. 1,2; Ezek. 48,2; Ezek. 48,3; Ezek. 48,34; Josh. 19,24; Josh. 19,31; Judg. 7,23)
    Noun ▪ masculine ▪ singular ▪ nominative ▪ (proper) ▸ **9 + 3 = 12** (Gen. 35,26; Gen. 49,20; Ex. 1,4; Deut. 27,13; Deut. 33,24; Judg. 1,31; Judg. 1,32; Judg. 5,17; 1Chr. 2,2; Judg. 1,31; Judg. 1,32; Judg. 5,17)

Ἀσήρ Asher ▸ 2
  Ἀσήρ ▸ 1
    Noun ▪ masculine ▪ singular ▪ genitive ▪ (proper) ▸ **1** (Luke 2,36)
  Ἀσήρ ▸ 1
    Noun ▪ masculine ▪ singular ▪ genitive ▪ (proper) ▸ **1** (Rev. 7,6)

Ασηρωθ Hazeroth (villages) ▸ 7
  Ασηρωθ ▸ 6
    Noun ▪ feminine ▪ singular ▪ accusative ▪ (proper) ▸ **2** (Num. 11,35; 1Chr. 6,56)
    Noun ▪ feminine ▪ singular ▪ dative ▪ (proper) ▸ **2** (Num. 11,35; Num. 33,17)
    Noun ▪ feminine ▪ singular ▪ genitive ▪ (proper) ▸ **2** (Num. 12,16; Num. 33,18)
  ασηρωθ ▸ 1
    Noun ▪ feminine ▪ singular ▪ dative ▪ (proper) ▸ **1** (Deut. 2,23)

ἀσθένεια (α; σθενόω) weakness ▸ 7 + 24 = 31
  ἀσθένεια ▸ 1 + 1 = 2
    Noun ▪ feminine ▪ singular ▪ nominative ▪ (common) ▸ **1 + 1 = 2** (Jer. 18,23; John 11,4)
  ἀσθενείᾳ ▸ 2 + 5 = 7
    Noun ▪ feminine ▪ singular ▪ dative ▪ (common) ▸ **2 + 5 = 7** (2Mac. 9,21; Eccl. 12,4; John 5,5; Rom. 8,26; 1Cor. 2,3; 1Cor. 15,43; 2Cor. 12,9)
  ἀσθένειαι ▸ 1
    Noun ▪ feminine ▪ plural ▪ nominative ▪ (common) ▸ **1** (Psa. 15,4)
  ἀσθενείαις ▸ 4
    Noun ▪ feminine ▪ plural ▪ dative ▸ **4** (2Cor. 12,5; 2Cor. 12,9; 2Cor. 12,10; Heb. 4,15)
  ἀσθένειαν ▸ 3 + 4 = 7
    Noun ▪ feminine ▪ singular ▪ accusative ▪ (common) ▸ **3 + 4 = 7** (2Mac. 9,22; Job 37,7; Jer. 6,21; Rom. 6,19; Gal. 4,13; Heb. 5,2; Heb. 7,28)
  ἀσθενείας ▸ 8
    Noun ▪ feminine ▪ plural ▪ accusative ▸ **3** (Matt. 8,17; Acts 28,9; 1Tim. 5,23)
    Noun ▪ feminine ▪ singular ▪ genitive ▸ **5** (Luke 13,11; Luke 13,12; 2Cor. 11,30; 2Cor. 13,4; Heb. 11,34)
  ἀσθενειῶν ▸ 2
    Noun ▪ feminine ▪ plural ▪ genitive ▸ **2** (Luke 5,15; Luke 8,2)

ἀσθενέω (α; σθενόω) to be weak ▸ 67 + 11 + 33 = 111
  ἀσθενεῖ ▸ 5
    Verb ▪ third ▪ singular ▪ present ▪ active ▪ indicative ▸ **5** (John 11,3; John 11,6; 2Cor. 11,29; 2Cor. 13,3; James 5,14)
  ἀσθενείτω ▸ 1
    Verb ▪ third ▪ singular ▪ present ▪ active ▪ imperative ▸ **1** (Is. 7,4)
  ἀσθενῆσαι ▸ 1 + 1 = 2
    Verb ▪ aorist ▪ active ▪ infinitive ▸ **1 + 1 = 2** (Sol. 17,40; Dan. 11,34)
  ἀσθενήσας ▸ 1 + 1 = 2
    Verb ▪ aorist ▪ active ▪ participle ▪ masculine ▪ singular ▪ nominative

▸ 1 + 1 = **2** (Dan. 8,27; Rom. 4,19)

ἀσθενήσασαν ▸ 1
  Verb · aorist · active · participle · feminine · singular · accusative ▸ **1** (Acts 9,37)

ἀσθενήσει ▸ 7 + 1 = **8**
  Verb · third · singular · future · active · indicative ▸ 7 + 1 = **8** (Sol. 17,37; Sol. 17,38; Hos. 4,5; Hos. 5,5; Is. 29,4; Is. 44,12; Jer. 27,32; Dan. 11,19)

ἀσθενήσεις ▸ 1
  Verb · second · singular · future · active · indicative ▸ **1** (Hos. 4,5)

ἀσθενήση ▸ 1
  Verb · third · singular · aorist · active · subjunctive ▸ **1** (Mal. 3,11)

ἀσθενήσουσιν ▸ 10 + 4 = **14**
  Verb · third · plural · future · active · indicative ▸ 10 + 4 = **14** (1Mac. 2,61; Psa. 9,4; Psa. 57,8; Prov. 24,16; Hos. 5,5; Hos. 14,10; Nah. 2,6; Nah. 3,3; Jer. 6,21; Jer. 18,15; Dan. 11,14; Dan. 11,33; Dan. 11,35; Dan. 11,41)

ἀσθενήσω ▸ 4 + 3 = **7**
  Verb · first · singular · future · active · indicative ▸ 4 + 3 = **7** (Judg. 16,7; Judg. 16,11; Judg. 16,17; Psa. 25,1; Judg. 16,7; Judg. 16,11; Judg. 16,17)

ἀσθενοῦμεν ▸ 1 + 1 = **2**
  Verb · first · plural · present · active · indicative ▸ 1 + 1 = **2** (Is. 28,20; 2Cor. 13,4)

ἀσθενοῦν ▸ 1
  Verb · present · active · participle · neuter · singular · nominative ▸ **1** (Bar. 2,18)

ἀσθενοῦντα ▸ 3
  Verb · present · active · participle · masculine · singular · accusative ▸ **3** (Matt. 25,39; Rom. 14,1; 2Tim. 4,20)

ἀσθενοῦντας ▸ 4
  Verb · present · active · participle · masculine · plural · accusative ▸ **4** (Matt. 10,8; Mark 6,56; Luke 4,40; Acts 19,12)

ἀσθενοῦντάς ▸ 1
  Verb · present · active · participle · masculine · plural · accusative ▸ **1** (Job 4,4)

ἀσθενοῦντες ▸ 3
  Verb · present · active · participle · masculine · plural · nominative ▸ **3** (1Sam. 2,4; Ode. 3,4; Ezek. 21,20)

ἀσθενοῦντές ▸ 1
  Verb · present · active · participle · masculine · plural · nominative ▸ **1** (Judith 16,11)

ἀσθενοῦντος ▸ 1
  Verb · present · active · participle · masculine · singular · genitive ▸ **1** (2Chr. 28,15)

ἀσθενούντων ▸ 2 + 3 = **5**
  Verb · present · active · participle · masculine · plural · genitive ▸ 2 + 3 = **5** (Judith 9,11; Is. 32,4; John 5,3; John 6,2; Acts 20,35)

ἀσθενοῦσαν ▸ 1 + 1 = **2**
  Verb · present · active · participle · feminine · singular · accusative ▸ 1 + 1 = **2** (Ezek. 17,6; 1Cor. 8,12)

ἀσθενῶ ▸ 2
  Verb · first · singular · present · active · indicative ▸ **1** (2Cor. 11,29)
  Verb · first · singular · present · active · subjunctive ▸ **1** (2Cor. 12,10)

ἀσθενῶμεν ▸ 1
  Verb · first · plural · present · active · subjunctive ▸ **1** (2Cor. 13,9)

ἀσθενῶν ▸ 2 + 4 = **6**
  Verb · present · active · participle · masculine · singular · nominative ▸ 2 + 4 = **6** (Psa. 104,37; Zech. 12,8; John 5,7; John 11,1; Rom. 14,2; 1Cor. 8,11)

ἠσθένει ▸ 1 + 3 = **4**
  Verb · third · singular · imperfect · active · indicative ▸ 1 + 3 = **4** (2Sam. 3,1; John 4,46; John 11,2; Rom. 8,3)

ἠσθενήκαμεν ▸ 1
  Verb · first · plural · perfect · active · indicative ▸ **1** (2Cor. 11,21)

ἠσθενηκός ▸ 1
  Verb · perfect · active · participle · neuter · singular · accusative ▸ **1** (Ezek. 34,4)

ἠσθένησα ▸ 2 + 1 = **3**
  Verb · first · singular · aorist · active · indicative ▸ 2 + 1 = **3** (1Esdr. 1,28; Dan. 10,17; Matt. 25,36)

ἠσθένησαν ▸ 11
  Verb · third · plural · aorist · active · indicative ▸ **11** (2Kings 19,26; 1Mac. 1,26; 1Mac. 11,49; Psa. 17,37; Psa. 26,2; Psa. 87,10; Psa. 106,12; Psa. 108,24; Job 28,4; Jer. 26,6; Lam. 5,13)

ἠσθένησας ▸ 1
  Verb · second · singular · aorist · active · indicative ▸ **1** (Hos. 14,2)

ἠσθενήσατε ▸ 1
  Verb · second · plural · aorist · active · indicative ▸ **1** (Mal. 2,8)

ἠσθένησεν ▸ 11 + 2 + 2 = **15**
  Verb · third · singular · aorist · active · indicative ▸ 11 + 2 + 2 = **15** (1Sam. 2,4; 1Sam. 2,5; Psa. 30,11; Psa. 67,10; Ode. 3,4; Ode. 3,5; Hos. 11,6; Jer. 26,12; Jer. 26,16; Lam. 1,14; Lam. 2,8; Judg. 6,15; Judg. 19,9; Phil. 2,26; Phil. 2,27)

ἀσθένημα (α; σθενόω) weakness ▸ 1
  ἀσθενήματα ▸ 1
  Noun · neuter · plural · accusative ▸ **1** (Rom. 15,1)

ἀσθενής (α; σθενόω) weak; weakness ▸ 21 + 1 + 26 = **48**
  ἀσθενεῖς ▸ 2 + 7 = **9**
    Adjective · masculine · plural · accusative · noDegree ▸ 1 + 5 = **6** (Prov. 31,5; Luke 9,2; Luke 10,9; Acts 5,15; Acts 5,16; 1Cor. 9,22)
    Adjective · masculine · plural · nominative · noDegree ▸ 1 + 2 = **3** (Gen. 29,17; 1Cor. 4,10; 1Cor. 11,30)
  ἀσθενές ▸ 2 + 2 = **4**
    Adjective · neuter · singular · accusative · noDegree ▸ 1 + 1 = **2** (Wis. 13,17; Heb. 7,18)
    Adjective · neuter · singular · nominative · noDegree ▸ 1 + 1 = **2** (Wis. 2,11; 1Cor. 1,25)
  ἀσθενέσιν ▸ 2
    Adjective · masculine · plural · dative ▸ **2** (1Cor. 8,9; 1Cor. 9,22)
  ἀσθενέστερα ▸ 1
    Adjective · neuter · plural · nominative · comparative ▸ **1** (1Cor. 12,22)
  ἀσθενεστέρῳ ▸ 1
    Adjective · neuter · singular · dative · comparative ▸ **1** (1Pet. 3,7)
  ἀσθενῆ ▸ 8 + 3 = **11**
    Adjective · feminine · singular · accusative · noDegree ▸ **1** (Ezek. 17,14)
    Adjective · masculine · singular · accusative · noDegree ▸ 6 + 1 = **7** (1Sam. 2,10; 4Mac. 7,20; Ode. 3,10; Prov. 22,22; Prov. 31,9; Job 36,15; Matt. 25,44)
    Adjective · neuter · plural · accusative · noDegree ▸ 1 + 2 = **3** (Dan. 1,10; 1Cor. 1,27; Gal. 4,9)
  ἀσθενής ▸ 4 + 1 + 3 = **8**
    Adjective · feminine · singular · nominative · noDegree ▸ 1 + 2

ἀσθενής–ἀσιτέω

= **3** (Prov. 6,8c; Matt. 26,41; Mark 14,38)
    Adjective · masculine · singular · nominative · noDegree ▸ **3** + **1** + **1** = **5** (Num. 13,18; 2Sam. 13,4; Psa. 6,3; Judg. 16,13; 1Cor. 9,22)
  ἀσθενής ▸ **2** + **3** = **5**
    Adjective · feminine · singular · nominative ▸ **2** (1Cor. 8,7; 2Cor. 10,10)
    Adjective · masculine · singular · nominative · noDegree ▸ **2** + **1** = **3** (Judg. 16,13; Wis. 9,5; Matt. 25,43)
  ἀσθενοῦς ▸ **3** + **2** = **5**
    Adjective · masculine · singular · genitive · noDegree ▸ **2** + **2** = **4** (Prov. 21,13; Job 4,3; Acts 4,9; 1Cor. 8,10)
    Adjective · neuter · singular · genitive · noDegree ▸ **1** (Ezek. 34,20)
  ἀσθενῶν ▸ **2**
    Adjective · masculine · plural · genitive ▸ **2** (Rom. 5,6; 1Th. 5,14)

ἀσθενόψυχος (α; σθενόω; ψύχω) weak in soul ▸ **1**
  ἀσθενόψυχοι ▸ **1**
    Adjective · feminine · plural · nominative · noDegree ▸ **1** (4Mac. 15,5)

Ασθηραν Haahashtari ▸ **1**
  Ασθηραν ▸ **1**
    Noun · masculine · singular · accusative · (proper) ▸ **1** (1Chr. 4,6)

ἄσθμα breath ▸ **1**
  ἄσθμα ▸ **1**
    Noun · neuter · singular · accusative · (common) ▸ **1** (Wis. 11,18)

ἀσθμαίνω (ἄω) to gasp, breath with difficulty ▸ **1**
  ἀσθμαίνει ▸ **1**
    Verb · third · singular · present · active · indicative ▸ **1** (Sir. 31,19)

Ἀσία Asia ▸ **9** + **18** = **27**
  Ἀσία ▸ **1**
    Noun · feminine · singular · nominative · (proper) ▸ **1** (Acts 19,27)
  Ἀσίᾳ ▸ **5**
    Noun · feminine · singular · dative · (proper) ▸ **5** (Acts 16,6; Acts 20,16; 2Cor. 1,8; 2Tim. 1,15; Rev. 1,4)
  Ἀσίαν ▸ **1** + **5** = **6**
    Noun · feminine · singular · accusative · (proper) ▸ **1** + **5** = **6** (3Mac. 3,14; Acts 2,9; Acts 19,10; Acts 19,22; Acts 20,18; Acts 27,2)
  Ἀσίας ▸ **8** + **7** = **15**
    Noun · feminine · singular · genitive · (proper) ▸ **8** + **7** = **15** (1Mac. 8,6; 1Mac. 11,13; 1Mac. 11,13; 1Mac. 12,39; 1Mac. 13,32; 2Mac. 3,3; 2Mac. 10,24; 4Mac. 3,20; Acts 6,9; Acts 19,26; Acts 21,27; Acts 24,19; Rom. 16,5; 1Cor. 16,19; 1Pet. 1,1)

Ἀσιανός Asian ▸ **1**
  Ἀσιανοὶ ▸ **1**
    Noun · masculine · plural · nominative · (proper) ▸ **1** (Acts 20,4)

Ἀσιάρχης Asiarch ▸ **1**
  Ἀσιαρχῶν ▸ **1**
    Noun · masculine · plural · genitive · (proper) ▸ **1** (Acts 19,31)

Ασιβιας Asibias ▸ **1**
  Ασιβιας ▸ **1**
    Noun · masculine · singular · nominative · (proper) ▸ **1** (1Esdr. 9,26)

ασιδα (Hebr.) stork ▸ **2**
  ασιδα ▸ **2**
    Noun · feminine · singular · nominative · (common) ▸ **2** (Job 39,13; Jer. 8,7)

Ασιδαῖος Hasidean ▸ **3**
  Ασιδαῖοι ▸ **2**
    Adjective · masculine · plural · nominative · noDegree ▸ **1** (1Mac. 7,13)
    Noun · masculine · plural · nominative · (proper) ▸ **1** (2Mac. 14,6)
  Ασιδαίων ▸ **1**
    Noun · masculine · plural · genitive · (proper) ▸ **1** (1Mac. 2,42)

ἀσίδηρος (α; σίδηρος) not made from iron ▸ **1**
  ἀσίδηρον ▸ **1**
    Adjective · feminine · singular · accusative · noDegree ▸ **1** (Wis. 17,15)

Ασιδων Sharon ▸ **1**
  Ασιδων ▸ **1**
    Noun · masculine · singular · dative · (proper) ▸ **1** (1Chr. 27,29)

Ασιεδωθ Ashdod ▸ **1**
  Ασιεδωθ ▸ **1**
    Noun · feminine · singular · nominative · (proper) ▸ **1** (Josh. 15,47)

Ασιηλ Jahzeel; Jaasiel; Asahel; Asiel ▸ **5** + **1** = **6**
  Ασιηλ ▸ **5** + **1** = **6**
    Noun · masculine · singular · dative · (proper) ▸ **1** (Num. 26,48)
    Noun · masculine · singular · genitive · (proper) ▸ **1** + **1** = **2** (1Chr. 4,35; Tob. 1,1)
    Noun · masculine · singular · nominative · (proper) ▸ **3** (Gen. 46,24; 1Chr. 27,21; 2Chr. 17,8)

Ἀσιηλ Jahzeel; Jaasiel; Asahel; Asiel ▸ **1**
  Ασιηλ ▸ **1**
    Noun · masculine · singular · genitive · (proper) ▸ **1** (Tob. 1,1)

Ασιηλι Jahzeelite ▸ **1**
  Ασιηλι ▸ **1**
    Noun · masculine · singular · nominative · (proper) ▸ **1** (Num. 26,48)

Ασιθ Ashvath ▸ **1**
  Ασιθ ▸ **1**
    Noun · masculine · singular · nominative · (proper) ▸ **1** (1Chr. 7,33)

Ασιμαθ Ashima ▸ **1**
  Ασιμαθ ▸ **1**
    Noun · feminine · singular · accusative · (proper) ▸ **1** (2Kings 17,30)

Ασιμουθ Jeshimoth ▸ **1**
  Ασιμουθ ▸ **1**
    Noun · masculine · singular · genitive · (proper) ▸ **1** (Ezek. 25,9)

Ασιμωθ Jeshimoth ▸ **1**
  Ασιμωθ ▸ **1**
    Noun · singular · accusative · (proper) ▸ **1** (Josh. 12,3)

ἀσινής (α; σίνομαι) unharmed ▸ **2**
  ἀσινεῖς ▸ **1**
    Adjective · masculine · plural · nominative · noDegree ▸ **1** (3Mac. 7,20)
  ἀσινῆ ▸ **1**
    Adjective · masculine · singular · accusative · noDegree ▸ **1** (3Mac. 6,7)

Ασιρ Assir ▸ **4**
  Ασιρ ▸ **4**
    Noun · masculine · singular · genitive · (proper) ▸ **1** (1Chr. 6,22)
    Noun · masculine · singular · nominative · (proper) ▸ **3** (Ex. 6,24; 1Chr. 6,7; 1Chr. 6,8)

ἀσιτέω (α; σῖτος) to fast ▸ **2**
  ἀσιτήσομεν ▸ **1**
    Verb · first · plural · future · active · indicative ▸ **1** (Esth. 4,16)
  ἀσιτοῦντες ▸ **1**
    Verb · present · active · participle · masculine · plural · nominative

ἀσιτί (α; σῖτος) not having food ▸ 1
  ἀσιτὶ ▸ 1
    Adverb ▸ **1** (Job 24,6)

ἀσιτία (α; σῖτος) lack of appetite ▸ 1
  ἀσιτίας ▸ 1
    Noun · feminine · singular · genitive ▸ **1** (Acts 27,21)

ἄσιτος (α; σῖτος) without food ▸ 1
  ἄσιτοι ▸ 1
    Adjective · masculine · plural · nominative ▸ **1** (Acts 27,33)

Ασιφα Hasupha ▸ 2
  Ασιφα ▸ 2
    Noun · masculine · singular · genitive · (proper) ▸ **2** (1Esdr. 5,29; Neh. 7,46)

Ἀσκαλών Ashkelon ▸ 21 + 2 = 23
  Ἀσκαλών ▸ 4
    Noun · feminine · singular · nominative · (proper) ▸ **4** (Zeph. 2,4; Zech. 9,5; Zech. 9,5; Jer. 29,5)
  Ἀσκαλῶνα ▸ 9 + 2 = 11
    Noun · singular · accusative · (proper) ▸ **2** (1Mac. 10,86; 1Mac. 11,60)
    Noun · feminine · singular · accusative · (proper) ▸ **7 + 2 = 9** (Judg. 1,18; Judg. 14,19; 1Sam. 5,10; 1Sam. 5,10; 1Sam. 6,16; Jer. 29,7; Jer. 32,20; Judg. 1,18; Judg. 14,19)
  Ἀσκαλῶνι ▸ 1
    Noun · feminine · singular · dative · (proper) ▸ **1** (Judith 2,28)
  Ἀσκαλῶνος ▸ 7
    Noun · feminine · singular · genitive · (proper) ▸ **7** (1Sam. 6,17; 1Sam. 7,14; 1Sam. 17,52; 2Sam. 1,20; 1Mac. 12,33; Amos 1,8; Zeph. 2,7)

Ἀσκαλωνίτης Ashkelonite ▸ 2
  Ἀσκαλωνῖται ▸ 1
    Noun · masculine · plural · nominative · (proper) ▸ **1** (1Sam. 5,10)
  Ἀσκαλωνίτῃ ▸ 1
    Noun · masculine · singular · dative · (proper) ▸ **1** (Josh. 13,3)

ἀσκέω to do one's best at, practice; live as an ascetic ▸ 1 + 1 = 2
  ἀσκεῖν ▸ 1
    Verb · present · active · infinitive ▸ **1** (2Mac. 15,4)
  ἀσκῶ ▸ 1
    Verb · first · singular · present · active · indicative ▸ **1** (Acts 24,16)

ἄσκησις (ἀσκέω) practice, exercise, training ▸ 1
  ἀσκήσεως ▸ 1
    Noun · feminine · singular · genitive · (common) ▸ **1** (4Mac. 13,22)

ἀσκητής (ἀσκέω) one who practices; athlete; ascetic ▸ 1
  ἀσκητὰς ▸ 1
    Noun · masculine · plural · accusative · (common) ▸ **1** (4Mac. 12,11)

ἀσκοπυτίνη (ἀσκός; πυτίνη) leather waterbag ▸ 1
  ἀσκοπυτίνην ▸ 1
    Noun · feminine · singular · accusative · (common) ▸ **1** (Judith 10,5)

ἀσκός wineskin, leather bag ▸ 15 + 1 + 12 = 28
  ἀσκοὶ ▸ 1 + 3 = 4
    Noun · masculine · plural · nominative · (common) ▸ **1 + 3 = 4** (Josh. 9,13; Matt. 9,17; Matt. 9,17; Luke 5,37)
  ἀσκοί ▸ 1
    Noun · masculine · plural · nominative ▸ **1** (Mark 2,22)
  ἀσκὸν ▸ 7 + 1 = 8
    Noun · masculine · singular · accusative · (common) ▸ **7 + 1 = 8** (Gen. 21,14; Gen. 21,19; Judg. 4,19; 1Sam. 10,3; 1Sam. 16,20; Psa. 32,7; Psa. 77,13; Judg. 4,19)
  ἀσκός ▸ 4
    Noun · masculine · singular · nominative · (common) ▸ **4** (Psa. 118,83; Job 32,19; Jer. 13,12; Jer. 13,12)
  ἀσκοῦ ▸ 1
    Noun · masculine · singular · genitive · (common) ▸ **1** (Gen. 21,15)
  ἀσκοὺς ▸ 1 + 8 = 9
    Noun · masculine · plural · accusative · (common) ▸ **1 + 8 = 9** (Josh. 9,4; Matt. 9,17; Matt. 9,17; Mark 2,22; Mark 2,22; Mark 2,22; Luke 5,37; Luke 5,37; Luke 5,38)
  ἀσκῷ ▸ 1
    Noun · masculine · singular · dative · (common) ▸ **1** (Job 13,28)

Ασμα (ᾄδω) Shemaah ▸ 1
  Ασμα ▸ 1
    Noun · masculine · singular · genitive · (proper) ▸ **1** (1Chr. 12,3)

ᾆσμα (ᾄδω) song ▸ 15
  Ἆισμα ▸ 1
    Noun · neuter · singular · nominative · (common) ▸ **1** (Song 1,1)
  ᾆσμα ▸ 12
    Noun · neuter · singular · accusative · (common) ▸ **11** (Num. 21,17; Psa. 32,3; Psa. 39,4; Psa. 95,1; Psa. 97,1; Psa. 149,1; Ode. 10,1; Eccl. 7,5; Sir. 39,14; Is. 5,1; Is. 26,1)
    Noun · neuter · singular · nominative · (common) ▸ **1** (Is. 23,15)
  ᾄσματος ▸ 1
    Noun · neuter · singular · genitive · (common) ▸ **1** (Eccl. 12,4)
  ᾀσμάτων ▸ 1
    Noun · neuter · plural · genitive · (common) ▸ **1** (Song 1,1)

ἀσμενίζω (ἥδομαι) to be glad, happy ▸ 1
  ἠσμένισαν ▸ 1
    Verb · third · plural · aorist · active · indicative ▸ **1** (1Sam. 6,19)

ἄσμενος (ἥδομαι) glad ▸ 1
  ἄσμενοι ▸ 1
    Adjective · masculine · plural · nominative · noDegree ▸ **1** (2Mac. 10,33)

ἀσμένως (ἥδομαι) gladly ▸ 3 + 1 = 4
  ἀσμένως ▸ 3 + 1 = 4
    Adverb ▸ **3 + 1 = 4** (2Mac. 4,12; 3Mac. 3,15; 3Mac. 5,21; Acts 21,17)

Ασμοδαιος Asmodeus ▸ 1
  Ασμοδαιον ▸ 1
    Noun · masculine · singular · accusative · (proper) ▸ **1** (Tob. 3,17)

Ἀσμοδαῖος Asmodeus ▸ 1
  Ἀσμοδαῖος ▸ 1
    Noun · masculine · singular · nominative · (proper) ▸ **1** (Tob. 3,8)

Ασμοδαυς Asmodeus ▸ 2
  Ασμοδαυν ▸ 1
    Noun · masculine · singular · accusative · (proper) ▸ **1** (Tob. 3,17)
  Ασμοδαυς ▸ 1
    Noun · masculine · singular · nominative · (proper) ▸ **1** (Tob. 3,8)

Ασμωθ Asmaveth ▸ 4
  Ασμωθ ▸ 4
    Noun · masculine · singular · accusative · (proper) ▸ **1** (1Chr. 8,36)
    Noun · masculine · singular · genitive · (proper) ▸ **1** (Ezra 2,24)
    Noun · masculine · singular · nominative · (proper) ▸ **2** (1Chr. 12,3; 1Chr. 27,25)

Ασνα Ashnah ▸ 1
  Ασνα ▸ 1

Ασνα–ἀσπάλαξ

Ασοβαεσδ Jushab-hesed ▸ 1
    Ασοβαεσδ ▸ 1
        Noun · masculine · singular · nominative · (proper)   ▸ **1** (1Chr. 3,20)

Ασομ Husham; Hushim; Ezem; Ozem ▸ 11 + 1 = 12
    Ασομ ▸ 11 + 1 = 12
        Noun · singular · nominative · (proper)   ▸ 2 + 1 = **3** (Josh. 15,29; Josh. 19,3; Josh. 19,3)
        Noun · masculine · singular · genitive · (proper) ▸ **1** (1Esdr. 9,33)
        Noun · masculine · singular · nominative · (proper)   ▸ **8** (Gen. 36,34; Gen. 36,35; Gen. 46,23; 1Chr. 1,45; 1Chr. 1,46; 1Chr. 2,15; 1Chr. 2,25; Job 42,17d)

Ασορ Hazor ▸ 1 + 1 = 2
    Ασορ ▸ 1 + 1 = 2
        Noun · singular · genitive · (proper) ▸ 1 + 1 = **2** (Josh. 19,37; Josh. 19,37)

Ασορδαν Esarhaddon ▸ 2
    Ασορδαν ▸ 2
        Noun · masculine · singular · nominative · (proper) ▸ **2** (2Kings 19,37; Is. 37,38)

Ασοριωναιν Hazor-Ithnan (collation?) ▸ 1
    Ασοριωναιν ▸ 1
        Noun · singular · nominative · (proper) ▸ **1** (Josh. 15,23)

Ασουβ Hasshub ▸ 4
    Ασουβ ▸ 4
        Noun · masculine · singular · genitive · (proper) ▸ **1** (Neh. 11,15)
        Noun · masculine · singular · nominative · (proper)   ▸ **3** (Neh. 3,11; Neh. 3,23; Neh. 10,24)

Ασουβε Hashubah ▸ 1
    Ασουβε ▸ 1
        Noun · masculine · singular · nominative · (proper)   ▸ **1** (1Chr. 3,20)

Ασουηρος Ahasuerus (Xerxes) ▸ 1 + 1 = 2
    Ασουηρου ▸ 1 + 1 = 2
        Noun · masculine · singular · genitive · (proper) ▸ 1 + 1 = **2** (Ezra 4,6; Dan. 9,1)

Ασουρ Asur ▸ 1
    Ασουρ ▸ 1
        Noun · masculine · singular · genitive · (proper) ▸ **1** (1Esdr. 5,31)

Ασουφε Hasupha ▸ 1
    Ασουφε ▸ 1
        Noun · masculine · singular · genitive · (proper) ▸ **1** (Ezra 2,43)

ἄσοφος (α; σοφός) fool ▸ 1
    ἄσοφοι ▸ 1
        Adjective · masculine · plural · nominative ▸ **1** (Eph. 5,15)

ἀσπάζομαι to greet ▸ 10 + 2 + 59 = 71
    ἀσπάζεσθαι ▸ 1
        Verb · present · middle · infinitive ▸ **1** (Mark 15,18)
    ἀσπάζεται ▸ 6
        Verb · third · singular · present · middle · indicative   ▸ **6** (Rom. 16,23; Rom. 16,23; 1Cor. 16,19; Col. 4,12; Col. 4,14; 1Pet. 5,13)
    Ἀσπάζεται ▸ 2
        Verb · third · singular · present · middle · indicative   ▸ **2** (Rom. 16,21; Col. 4,10)
    Ἀσπάζεταί ▸ 3
        Verb · third · singular · present · middle · indicative   ▸ **3** (2Tim. 4,21; Philem. 23; 2John 13)
    ἀσπάζομαι ▸ 1
        Verb · first · singular · present · middle · indicative   ▸ **1** (Rom. 16,22)
    ἀσπαζομένων ▸ 1
        Verb · present · middle · participle · masculine · plural · genitive ▸ **1** (Sir. 41,21)
    ἀσπάζονται ▸ 4
        Verb · third · plural · present · middle · indicative   ▸ **4** (Rom. 16,16; 1Cor. 16,20; Phil. 4,21; Phil. 4,22)
    Ἀσπάζονται ▸ 3
        Verb · third · plural · present · middle · indicative   ▸ **3** (1Cor. 16,19; 2Cor. 13,12; Heb. 13,24)
    ἀσπάζονταί ▸ 1
        Verb · third · plural · present · middle · indicative ▸ **1** (3John 15)
    Ἀσπάζονταί ▸ 1
        Verb · third · plural · present · middle · indicative   ▸ **1** (Titus 3,15)
    ἀσπάσασθαι ▸ 2
        Verb · aorist · middle · infinitive ▸ **2** (1Mac. 7,33; 1Mac. 12,17)
    ἀσπάζου ▸ 1
        Verb · second · singular · present · middle · imperative   ▸ **1** (3John 15)
    ἄσπασαι ▸ 1
        Verb · second · singular · aorist · middle · imperative ▸ **1** (Titus 3,15)
    Ἄσπασαι ▸ 1
        Verb · second · singular · aorist · middle · imperative ▸ **1** (2Tim. 4,19)
    ἀσπασάμενοι ▸ 3
        Verb · aorist · middle · participle · masculine · plural · nominative ▸ **3** (Acts 21,7; Acts 25,13; Heb. 11,13)
    ἀσπασάμενος ▸ 3
        Verb · aorist · middle · participle · masculine · singular · nominative ▸ **3** (Acts 18,22; Acts 20,1; Acts 21,19)
    ἀσπάσασθε ▸ 17
        Verb · second · plural · aorist · middle · imperative   ▸ **17** (Matt. 10,12; Rom. 16,5; Rom. 16,6; Rom. 16,7; Rom. 16,8; Rom. 16,9; Rom. 16,10; Rom. 16,10; Rom. 16,11; Rom. 16,11; Rom. 16,12; Rom. 16,12; Rom. 16,13; Rom. 16,14; Rom. 16,15; Rom. 16,16; 1Pet. 5,14)
    Ἀσπάσασθε ▸ 7
        Verb · second · plural · aorist · middle · imperative   ▸ **7** (Rom. 16,3; 1Cor. 16,20; 2Cor. 13,12; Phil. 4,21; Col. 4,15; 1Th. 5,26; Heb. 13,24)
    ἀσπάσησθε ▸ 2
        Verb · second · plural · aorist · middle · subjunctive   ▸ **2** (Matt. 5,47; Luke 10,4)
    ἀσπασομένους ▸ 1
        Verb · future · middle · participle · masculine · plural · accusative ▸ **1** (3Mac. 1,8)
    ἠσπάζοντο ▸ 1
        Verb · third · plural · imperfect · middle · indicative ▸ **1** (Mark 9,15)
    ἠσπάσαντο ▸ 5
        Verb · third · plural · aorist · middle · indicative ▸ **5** (Ex. 18,7; Judg. 18,15; Tob. 5,10; 1Mac. 7,29; 1Mac. 11,6)
    ἠσπάσατο ▸ 1 + 2 + 1 = 4
        Verb · third · singular · aorist · middle · indicative   ▸ 1 + 2 + 1 = **4** (Esth. 15,11 # 5:2; Tob. 9,6; Tob. 10,11; Luke 1,40)

ἀσπάλαθος camel's thorn (fragrance) ▸ 1
    ἀσπάλαθος ▸ 1
        Noun · masculine · singular · nominative · (common)   ▸ **1** (Sir. 24,15)

ἀσπάλαξ mole ▸ 1
    ἀσπάλαξ ▸ 1
        Noun · masculine · singular · nominative · (common)   ▸ **1** (Lev.

ἀσπασμός (ἀσπάζομαι) greeting ▸ 10
  ἀσπασμόν ▸ 1
    Noun · masculine · singular · accusative ▸ **1** (Luke 1,41)
  ἀσπασμός ▸ 4
    Noun · masculine · singular · nominative ▸ **4** (Luke 1,29; 1Cor. 16,21; Col. 4,18; 2Th. 3,17)
  ἀσπασμοῦ ▸ 1
    Noun · masculine · singular · genitive ▸ **1** (Luke 1,44)
  ἀσπασμούς ▸ 4
    Noun · masculine · plural · accusative ▸ **4** (Matt. 23,7; Mark 12,38; Luke 11,43; Luke 20,46)
ἀσπιδίσκη (ἀσπίς) small shield ▸ 6
  ἀσπιδίσκαις ▸ 1
    Noun · feminine · plural · dative · (common) ▸ **1** (1Mac. 4,57)
  ἀσπιδίσκας ▸ 5
    Noun · feminine · plural · accusative · (common) ▸ **5** (Ex. 28,13; Ex. 28,14; Ex. 28,23 # 28,29a; Ex. 36,23; Ex. 36,25)
ἄσπιλος (α; σπίλος) without spot ▸ 4
  ἄσπιλοι ▸ 1
    Adjective · masculine · plural · nominative ▸ **1** (2Pet. 3,14)
  ἄσπιλον ▸ 2
    Adjective · feminine · singular · accusative ▸ **1** (1Tim. 6,14)
    Adjective · masculine · singular · accusative ▸ **1** (James 1,27)
  ἀσπίλου ▸ 1
    Adjective · masculine · singular · genitive ▸ **1** (1Pet. 1,19)
ἀσπίς shield; asp, snake ▸ 31 + 1 = 32
  ἀσπίδα ▸ 8
    Noun · feminine · singular · accusative · (common) ▸ **8** (2Chr. 9,16; 1Mac. 14,24; 1Mac. 15,18; 1Mac. 15,20; Psa. 90,13; Wis. 5,19; Sir. 29,13; Sir. 37,5)
  ἀσπίδας ▸ 4
    Noun · feminine · plural · accusative · (common) ▸ **4** (1Chr. 5,18; 2Chr. 9,16; 1Mac. 6,39; Jer. 26,3)
  ἀσπίδες ▸ 2
    Noun · feminine · plural · nominative · (common) ▸ **2** (Job 41,7; Is. 30,6)
  ἀσπίδι ▸ 2
    Noun · feminine · singular · dative · (common) ▸ **2** (1Sam. 17,45; Judith 9,7)
  ἀσπίδος ▸ 3
    Noun · feminine · singular · genitive · (common) ▸ **3** (Psa. 57,5; Job 15,26; Job 20,14)
  ἀσπίδων ▸ 11 + 1 = 12
    Noun · feminine · plural · genitive · (common) ▸ **11 + 1 = 12** (Deut. 32,33; 2Mac. 5,3; 2Mac. 15,11; Psa. 13,3; Psa. 139,4; Ode. 2,33; Is. 11,8; Is. 11,8; Is. 14,29; Is. 30,6; Is. 59,5; Rom. 3,13)
  ἀσπίς ▸ 1
    Noun · feminine · singular · nominative · (common) ▸ **1** (1Sam. 17,6)
ἄσπονδος (α; σπένδω) irreconcilable ▸ 1
  ἄσπονδοι ▸ 1
    Adjective · masculine · plural · nominative ▸ **1** (2Tim. 3,3)
Ασρων Hezron ▸ 5
  Ασρων ▸ 5
    Noun · masculine · singular · dative · (proper) ▸ **2** (Num. 26,6; Num. 26,17)
    Noun · masculine · singular · nominative · (proper) ▸ **3** (Gen. 46,9; Gen. 46,12; Ex. 6,14)
Ασρωνι Hezronite ▸ 2
  Ασρωνι ▸ 2
    Noun · masculine · singular · genitive · (proper) ▸ **1** (Num. 26,6)
    Noun · masculine · singular · nominative · (proper) ▸ **1** (Num. 26,17)
Ασσα Ashnah ▸ 1
  Ασσα ▸ 1
    Noun · singular · nominative · (proper) ▸ **1** (Josh. 15,33)
Ασσαθων Eshton ▸ 2
  Ασσαθων ▸ 2
    Noun · masculine · singular · genitive · (proper) ▸ **1** (1Chr. 4,11)
    Noun · masculine · singular · nominative · (proper) ▸ **1** (1Chr. 4,12)
Ασσαλιμωθ Shelomith ▸ 1
  Ασσαλιμωθ ▸ 1
    Noun · masculine · singular · nominative · (proper) ▸ **1** (1Esdr. 8,36)
Ασσαρες Seir ▸ 1
  Ασσαρες ▸ 1
    Noun · singular · genitive · (proper) ▸ **1** (Josh. 15,10)
Ασσαρι Edrei ▸ 1
  Ασσαρι ▸ 1
    Noun · singular · nominative · (proper) ▸ **1** (Josh. 19,37)
ἀσσάριον assarion (copper coin) ▸ 2
  ἀσσαρίου ▸ 1
    Noun · neuter · singular · genitive ▸ **1** (Matt. 10,29)
  ἀσσαρίων ▸ 1
    Noun · neuter · plural · genitive ▸ **1** (Luke 12,6)
Ασσαφιωθ Assaphioth ▸ 1
  Ασσαφιωθ ▸ 1
    Noun · masculine · singular · genitive · (proper) ▸ **1** (1Esdr. 5,33)
Ασσηρ Asher ▸ 1
  Ασσηρ ▸ 1
    Noun · masculine · singular · genitive · (proper) ▸ **1** (Tob. 1,2)
ἄσσον close as possible ▸ 1
  ἄσσον ▸ 1
    Adverb · (place) ▸ **1** (Acts 27,13)
Ἄσσος Assos ▸ 2
  Ἄσσον ▸ 2
    Noun · feminine · singular · accusative · (proper) ▸ **2** (Acts 20,13; Acts 20,14)
Ασσουρ Asshur, Assyria ▸ 53
  Ασσουρ ▸ 53
    Noun · feminine · singular · accusative · (proper) ▸ **2** (1Kings 2,35i; 1Kings 10,22a # 9,15)
    Noun · masculine · singular · accusative · (proper) ▸ **2** (Num. 24,24; Mic. 5,5)
    Noun · masculine · singular · dative · (proper) ▸ **1** (Lam. 5,6)
    Noun · masculine · singular · genitive · (proper) ▸ **37** (1Chr. 5,6; 1Chr. 5,26; 1Chr. 5,26; 2Chr. 28,16; 2Chr. 28,20; 2Chr. 28,21; 2Chr. 30,6; 2Chr. 32,4; 2Chr. 32,7; 2Chr. 32,11; 2Chr. 32,21; 2Chr. 32,22; 2Chr. 33,11; Ezra 4,2; Ezra 6,22; Neh. 9,32; Judith 2,14; Judith 5,1; Judith 6,1; Judith 6,17; Judith 7,17; Judith 7,20; Judith 7,24; Judith 12,13; Judith 13,15; Judith 14,2; Judith 14,3; Judith 14,12; Judith 14,19; Judith 15,6; Mic. 5,5; Jer. 2,36; Jer. 27,17; Jer. 27,18; Ezek. 16,28; Ezek. 32,29; Ezek. 32,30)
    Noun · masculine · singular · nominative · (proper) ▸ **11** (Gen. 10,11; Gen. 10,22; 1Chr. 1,17; Judith 16,3; Psa. 82,9; Hos. 11,5; Hos. 14,4; Is. 31,8; Ezek. 27,23; Ezek. 31,3; Ezek. 32,22)
Ασσουριιμ Asshurites ▸ 1
  Ασσουριιμ ▸ 1
    Noun · masculine · plural · nominative · (proper) ▸ **1** (Gen. 25,3)
Ἀσσυρία Assyria ▸ 1
  Ἀσσυρίας ▸ 1
    Noun · feminine · singular · genitive · (proper) ▸ **1** (4Mac. 13,9)

Ἀσσύριος Assyrian ▸ 138 + 5 = 143
  Ἀσσύριοι ▸ 3
    Noun · masculine · plural · nominative · (proper) ▸ 3 (Judith 9,7; Is. 19,23; Is. 30,31)
  Ἀσσύριοί ▸ 1
    Noun · masculine · plural · nominative · (proper) ▸ 1 (Num. 24,22)
  Ἀσσυρίοις ▸ 8 + 1 = 9
    Noun · masculine · plural · dative · (proper) ▸ 8 + 1 = 9 (Judith 8,9; Hos. 8,13; Hos. 9,3; Amos 3,9; Is. 10,5; Is. 19,23; Is. 19,24; Is. 19,25; Tob. 14,4)
  Ἀσσύριον ▸ 2
    Noun · masculine · singular · accusative · (proper) ▸ 2 (Psa. 75,1; Zeph. 2,13)
  Ἀσσύριος ▸ 2
    Noun · masculine · singular · nominative · (proper) ▸ 2 (Mic. 5,4; Nah. 3,18)
  Ἀσσυρίου ▸ 1
    Noun · masculine · singular · genitive · (proper) ▸ 1 (Psa. 79,1)
  Ἀσσυρίους ▸ 14 + 1 = 15
    Noun · masculine · plural · accusative · (proper) ▸ 14 + 1 = 15 (Gen. 25,18; 2Kings 15,29; 2Kings 17,6; 2Kings 17,23; 2Kings 18,11; Hos. 5,13; Hos. 7,11; Hos. 8,9; Hos. 10,6; Is. 14,25; Is. 19,23; Is. 19,23; Is. 52,4; Ezek. 23,5; Tob. 1,10)
  Ἀσσυρίων ▸ 107 + 3 = 110
    Noun · masculine · plural · genitive · (proper) ▸ 107 + 3 = 110 (Gen. 2,14; 2Kings 15,19; 2Kings 15,20; 2Kings 15,20; 2Kings 15,29; 2Kings 16,7; 2Kings 16,9; 2Kings 16,9; 2Kings 16,10; 2Kings 16,18; 2Kings 17,3; 2Kings 17,4; 2Kings 17,4; 2Kings 17,4; 2Kings 17,5; 2Kings 17,6; 2Kings 17,24; 2Kings 17,26; 2Kings 17,27; 2Kings 18,7; 2Kings 18,9; 2Kings 18,11; 2Kings 18,13; 2Kings 18,14; 2Kings 18,14; 2Kings 18,16; 2Kings 18,17; 2Kings 18,19; 2Kings 18,23; 2Kings 18,28; 2Kings 18,30; 2Kings 18,31; 2Kings 18,33; 2Kings 19,4; 2Kings 19,6; 2Kings 19,8; 2Kings 19,10; 2Kings 19,11; 2Kings 19,17; 2Kings 19,20; 2Kings 19,32; 2Kings 19,35; 2Kings 19,36; 2Kings 20,6; 2Kings 23,29; 2Chr. 32,1; 2Chr. 32,9; 2Chr. 32,10; 2Chr. 35,20; 1Esdr. 5,66; 1Esdr. 7,15; Judith 1,1; Judith 1,7; Judith 1,11; Judith 2,1; Judith 2,4; Judith 4,1; Judith 7,18; Judith 10,11; Tob. 1,2; Tob. 1,3; 3Mac. 6,5; Sir. 48,21; Hos. 11,11; Hos. 12,2; Hos. 13,7; Mic. 7,12; Zech. 10,10; Zech. 10,11; Is. 7,17; Is. 7,18; Is. 7,20; Is. 8,4; Is. 8,7; Is. 10,12; Is. 10,24; Is. 11,11; Is. 20,1; Is. 20,4; Is. 20,6; Is. 23,13; Is. 27,13; Is. 36,1; Is. 36,2; Is. 36,4; Is. 36,8; Is. 36,13; Is. 36,15; Is. 36,16; Is. 36,18; Is. 37,4; Is. 37,6; Is. 37,8; Is. 37,10; Is. 37,11; Is. 37,18; Is. 37,21; Is. 37,33; Is. 37,36; Is. 37,37; Is. 38,6; Jer. 2,18; Jer. 42,11; Ezek. 23,7; Ezek. 23,9; Ezek. 23,12; Ezek. 23,23; Tob. 1,2; Tob. 1,3; Tob. 1,22)

ἀσταθής (α; ἵστημι) unstable ▸ 1
  ἀσταθῆ ▸ 1
    Adjective · feminine · singular · accusative · noDegree ▸ 1 (3Mac. 5,39)

Ἀστάρτα Astarte, Asherah ▸ 1
  Ἀστάρταις ▸ 1
    Noun · feminine · plural · dative · (proper) ▸ 1 (2Chr. 24,18)

Ἀσταρτεῖον Astarte, Asherah temple ▸ 1
  Ἀσταρτεῖον ▸ 1
    Noun · neuter · singular · accusative · (proper) ▸ 1 (1Sam. 31,10)

Ἀστάρτη Astarte, Asherah ▸ 6 + 1 = 7
  Ἀστάρταις ▸ 1 + 1 = 2
    Noun · feminine · plural · dative · (proper) ▸ 1 + 1 = 2 (Judg. 2,13; Judg. 2,13)
  Ἀστάρτη ▸ 4
    Noun · feminine · singular · dative · (proper) ▸ 4 (1Kings 11,6; 1Kings 11,33; 2Kings 23,13; 2Chr. 15,16)
  Ἀστάρτην ▸ 1
    Noun · feminine · singular · accusative · (proper) ▸ 1 (Josh. 24,33b)

Ἀσταρωθ Ashteroth ▸ 9 + 1 = 10
  Ἀσταρωθ ▸ 9 + 1 = 10
    Noun · accusative · (proper) ▸ 1 (Josh. 24,33b)
    Noun · singular · dative · (proper) ▸ 6 (Gen. 14,5; Deut. 1,4; Josh. 9,10; Josh. 12,4; Josh. 13,12; Josh. 13,31)
    Noun · feminine · plural · dative · (proper) ▸ 1 + 1 = 2 (Judg. 10,6; Judg. 10,6)
    Noun · feminine · plural · genitive · (proper) ▸ 1 (1Sam. 7,4)

Ἀσταρωθι Ashterothite ▸ 1
  Ἀσταρωθι ▸ 1
    Noun · masculine · singular · nominative · (proper) ▸ 1 (1Chr. 11,44)

ἀστατέω (α; ἵστημι) to be unstable, homeless ▸ 1
  ἀστατοῦμεν ▸ 1
    Verb · first · plural · present · active · indicative ▸ 1 (1Cor. 4,11)

Ἀστατωθι Hushathite ▸ 1
  Ἀστατωθι ▸ 1
    Noun · masculine · singular · nominative · (proper) ▸ 1 (2Sam. 21,18)

Ἀσταωλ Eshtaol ▸ 1
  Ἀσταωλ ▸ 1
    Noun · singular · nominative · (proper) ▸ 1 (Josh. 15,33)

ἄστεγος (α; στέγω) homeless, unprotected ▸ 3
  ἄστεγον ▸ 1
    Adjective · neuter · singular · nominative · noDegree ▸ 1 (Prov. 26,28)
  ἄστεγος ▸ 1
    Adjective · masculine · singular · nominative · noDegree ▸ 1 (Prov. 10,8)
  ἀστέγους ▸ 1
    Adjective · masculine · plural · accusative · noDegree ▸ 1 (Is. 58,7)

ἀστεῖος (ἄστυ) beautiful ▸ 6 + 1 + 2 = 9
  ἀστεία ▸ 2
    Adjective · feminine · singular · nominative · noDegree ▸ 2 (Num. 22,32; Judith 11,23)
  ἀστείαν ▸ 1
    Adjective · feminine · singular · accusative · noDegree ▸ 1 (Sus. 7-8)
  ἀστεῖον ▸ 2 + 1 = 3
    Adjective · masculine · singular · accusative · noDegree ▸ 1 (2Mac. 6,23)
    Adjective · neuter · singular · accusative · noDegree ▸ 1 + 1 = 2 (Ex. 2,2; Heb. 11,23)
  ἀστεῖος ▸ 1 + 1 + 1 = 3
    Adjective · masculine · singular · nominative · noDegree ▸ 1 + 1 + 1 = 3 (Judg. 3,17; Judg. 3,17; Acts 7,20)

ἀστείως (ἄστυ) beautifully, honestly ▸ 1
  ἀστείως ▸ 1
    Adverb ▸ 1 (2Mac. 12,43)

ἄστεκτος (α; στέγω) unbearable ▸ 1
  ἄστεκτος ▸ 1
    Adjective · feminine · singular · nominative · noDegree ▸ 1 (Ode. 12,5)

ἀστήρ star ▸ 20 + 2 + 24 = 46
  ἀστέρα ▸ 4
    Noun · masculine · singular · accusative ▸ 4 (Matt. 2,2; Matt.

2,10; Rev. 2,28; Rev. 9,1)
- **ἀστέρας** ▸ 11 + 3 = 14
  - **Noun** · masculine · plural · accusative · (common) ▸ 11 + 3 = **14** (Gen. 1,16; Gen. 15,5; Gen. 22,17; Gen. 26,4; Deut. 4,19; 1Chr. 27,23; Neh. 9,23; Psa. 8,4; Is. 47,13; Jer. 8,2; Jer. 38,36; Rev. 1,16; Rev. 2,1; Rev. 3,1)
- **ἀστέρες** ▸ 6 + 2 + 5 = 13
  - **Noun** · masculine · plural · nominative · (common) ▸ 6 + 2 + 5 = **13** (Gen. 37,9; Judg. 5,20; Eccl. 12,2; Joel 4,15; Is. 13,10; Bar. 3,34; Judg. 5,20; Dan. 12,3; Matt. 24,29; Mark 13,25; Jude 13; Rev. 1,20; Rev. 6,13)
- **ἀστέρος** ▸ 3
  - **Noun** · masculine · singular · genitive ▸ **3** (Matt. 2,7; 1Cor. 15,41; Rev. 8,11)
- **ἀστέρων** ▸ 2 + 5 = 7
  - **Noun** · masculine · plural · genitive · (common) ▸ 2 + 5 = **7** (Dan. 8,10; Dan. 8,10; 1Cor. 15,41; Rev. 1,20; Rev. 8,12; Rev. 12,1; Rev. 12,4)
- **ἀστήρ** ▸ 1
  - **Noun** · masculine · singular · nominative ▸ **1** (Matt. 2,9)
- **ἀστήρ** ▸ 1 + 3 = 4
  - **Noun** · masculine · singular · nominative · (common) ▸ 1 + 3 = **4** (Sir. 50,6; 1Cor. 15,41; Rev. 8,10; Rev. 22,16)
- **ἀστήρικτος (α; στηρίζω)** unstable ▸ 2
  - **ἀστήρικτοι** ▸ 1
    - **Adjective** · masculine · plural · nominative ▸ **1** (2Pet. 3,16)
  - **ἀστηρίκτους** ▸ 1
    - **Adjective** · feminine · plural · accusative ▸ **1** (2Pet. 2,14)
- **Αστιν** Vashti ▸ 7
  - **Αστιν** ▸ 7
    - **Noun** · feminine · singular · dative · (proper) ▸ **1** (Esth. 1,15)
    - **Noun** · feminine · singular · genitive · (proper) ▸ **2** (Esth. 2,1; Esth. 2,4)
    - **Noun** · feminine · singular · nominative · (proper) ▸ **4** (Esth. 1,9; Esth. 1,12; Esth. 1,13; Esth. 1,16)
- **ἄστοργος (α; στέργω)** lacking normal affection ▸ 2
  - **ἄστοργοι** ▸ 1
    - **Adjective** · masculine · plural · nominative ▸ **1** (2Tim. 3,3)
  - **ἀστόργους** ▸ 1
    - **Adjective** · masculine · plural · accusative ▸ **1** (Rom. 1,31)
- **ἀστοχέω (α; στόχος)** to lose one's way, miss, fail ▸ 2 + 3 = 5
  - **ἀστοχεῖ** ▸ 2
    - **Verb** · second · singular · present · active · imperative ▸ **2** (Sir. 7,19; Sir. 8,9)
  - **ἀστοχήσαντες** ▸ 1
    - **Verb** · aorist · active · participle · masculine · plural · nominative ▸ **1** (1Tim. 1,6)
  - **ἠστόχησαν** ▸ 2
    - **Verb** · third · plural · aorist · active · indicative ▸ **2** (1Tim. 6,21; 2Tim. 2,18)
- **ἀστράγαλος** neck-vertebrae, ankle-joint, knuckle; dice ▸ 1 + 2 = 3
  - **ἀστράγαλος** ▸ 1
    - **Noun** · masculine · singular · nominative · (common) ▸ **1** (Dan. 5,24)
  - **ἀστραγάλους** ▸ 1 + 1 = 2
    - **Noun** · masculine · plural · accusative · (common) ▸ 1 + 1 = **2** (Zech. 11,16; Dan. 5,5)
- **ἀστραπή** lightning ▸ 24 + 2 + 9 = 35
  - **ἀστραπαὶ** ▸ 6 + 1 + 4 = 11
    - **Noun** · feminine · plural · nominative · (common) ▸ 5 + 1 + 4 = **10** (Ex. 19,16; Psa. 96,4; Ode. 8,73; Job 20,25; Nah. 2,5; Dan. 3,73; Rev. 4,5; Rev. 8,5; Rev. 11,19; Rev. 16,18)
    - **Noun** · feminine · plural · vocative · (common) ▸ **1** (Dan. 3,73)
  - **ἀστραπαί** ▸ 1
    - **Noun** · feminine · plural · nominative · (common) ▸ **1** (Psa. 76,19)
  - **ἀστραπὰς** ▸ 5
    - **Noun** · feminine · plural · accusative · (common) ▸ **5** (Psa. 17,15; Psa. 134,7; Sir. 43,13; Jer. 10,13; Jer. 28,16)
  - **ἀστραπή** ▸ 3
    - **Noun** · feminine · singular · nominative · (common) ▸ **3** (Sir. 32,10; LetterJ 60; Ezek. 1,13)
  - **ἀστραπὴ** ▸ 1 + 3 = 4
    - **Noun** · feminine · singular · nominative · (common) ▸ 1 + 3 = **4** (Zech. 9,14; Matt. 24,27; Matt. 28,3; Luke 17,24)
  - **ἀστραπῇ** ▸ 1
    - **Noun** · feminine · singular · dative ▸ **1** (Luke 11,36)
  - **ἀστραπὴν** ▸ 4 + 1 = 5
    - **Noun** · feminine · singular · accusative · (common) ▸ 4 + 1 = **5** (Deut. 32,41; 2Sam. 22,15; Psa. 143,6; Ode. 2,41; Luke 10,18)
  - **ἀστραπῆς** ▸ 3 + 1 = 4
    - **Noun** · feminine · singular · genitive · (common) ▸ 3 + 1 = **4** (Ode. 4,11; Hab. 3,11; Dan. 10,6; Dan. 10,6)
  - **ἀστραπῶν** ▸ 1
    - **Noun** · feminine · plural · genitive · (common) ▸ **1** (Wis. 5,21)
- **ἀστράπτω (ἀστραπή)** to flash ▸ 2 + 2 = 4
  - **ἀστράπτοντας** ▸ 1
    - **Verb** · present · active · participle · masculine · plural · accusative ▸ **1** (Wis. 11,18)
  - **ἀστράπτουσα** ▸ 1
    - **Verb** · present · active · participle · feminine · singular · nominative ▸ **1** (Luke 17,24)
  - **ἀστραπτούσῃ** ▸ 1
    - **Verb** · present · active · participle · feminine · singular · dative ▸ **1** (Luke 24,4)
  - **ἄστραψον** ▸ 1
    - **Verb** · second · singular · aorist · active · imperative ▸ **1** (Psa. 143,6)
- **ἀστρολόγος (ἀστήρ; λέγω)** astrologer ▸ 1
  - **ἀστρολόγοι** ▸ 1
    - **Noun** · masculine · plural · nominative · (common) ▸ **1** (Is. 47,13)
- **ἄστρον (ἀστήρ)** star ▸ 38 + 3 + 4 = 45
  - **ἄστρα** ▸ 20 + 2 + 1 = 23
    - **Noun** · neuter · plural · accusative · (common) ▸ 8 + 1 = **9** (Ex. 32,13; Deut. 10,22; Psa. 135,9; Ode. 7,36; Sir. 44,21; Nah. 3,16; Ezek. 32,7; Dan. 3,36; Dan. 3,36)
    - **Noun** · neuter · plural · nominative · (common) ▸ 12 + 1 + 1 = **14** (Deut. 1,10; Deut. 28,62; Psa. 148,3; Ode. 8,63; Job 3,9; Job 25,5; Job 38,7; Joel 2,10; Is. 34,4; LetterJ 59; Dan. 3,63; Dan. 12,3; Dan. 3,63; Heb. 11,12)
  - **ἄστροις** ▸ 2 + 1 = 3
    - **Noun** · neuter · plural · dative · (common) ▸ 2 + 1 = **3** (4Mac. 17,5; Is. 45,12; Luke 21,25)
  - **ἄστρον** ▸ 2 + 1 = 3
    - **Noun** · neuter · singular · accusative · (common) ▸ 1 + 1 = **2** (Amos 5,26; Acts 7,43)
    - **Noun** · neuter · singular · nominative · (common) ▸ **1** (Num. 24,17)
  - **ἄστρων** ▸ 14 + 1 + 1 = 16
    - **Noun** · neuter · plural · genitive · (common) ▸ 14 + 1 + 1 = **16** (Neh. 4,15; 2Mac. 9,10; Psa. 146,4; Job 9,7; Wis. 7,19; Wis. 7,29; Wis. 10,17; Wis. 13,2; Wis. 17,5; Sir. 43,9; Sol. 1,5; Obad. 4; Is.

ἄστρον–ἀσφάλεια

14,13; Jer. 28,9; Dan. 8,10; Acts 27,20)

Ἀστυάγης Astyages ▸ 1
    Ἀστυάγης ▸ 1
        Noun · masculine · singular · nominative · (proper) ▸ 1 (Bel 1)

ἀστυγείτων (ἄστυ; γείτων) nearby, adjoining ▸ 1
    ἀστυγείτονας ▸ 1
        Adjective · feminine · plural · accusative · noDegree ▸ 1 (2Mac. 6,8)

Ασυβηρ Ashbel ▸ 1
    Ασυβηρ ▸ 1
        Noun · masculine · singular · dative · (proper) ▸ 1 (Num. 26,42)

Ασυβηρι Ashbelite ▸ 1
    Ασυβηρι ▸ 1
        Noun · masculine · singular · nominative · (proper) ▸ 1 (Num. 26,42)

Ἀσύγκριτος Asyncritus ▸ 1
    Ἀσύγκριτον ▸ 1
        Noun · masculine · singular · accusative · (proper) ▸ 1 (Rom. 16,14)

Ασυηρος Ahasuerus ▸ 1
    Ασυηρος ▸ 1
        Noun · masculine · singular · nominative · (proper) ▸ 1 (Tob. 14,15)

ἀσυλία (α; σύλη) inviolability ▸ 1
    ἀσυλία ▸ 1
        Noun · feminine · singular · dative · (common) ▸ 1 (2Mac. 3,12)

ἄσυλος (α; συλάω) inviolable ▸ 3
    ἄσυλον ▸ 2
        Adjective · feminine · singular · accusative · noDegree ▸ 1 (Prov. 22,23)
        Adjective · masculine · singular · accusative · noDegree ▸ 1 (2Mac. 4,33)
    ἀσύλου ▸ 1
        Adjective · masculine · singular · genitive · noDegree ▸ 1 (2Mac. 4,34)

ἀσύμφορος (α; σύν; φέρω) inconvenient, disagreeable ▸ 1 + 1 = 2
    ἀσύμφωνοι ▸ 1
        Adjective · masculine · plural · nominative ▸ 1 (Acts 28,25)
    ἀσύμφορον ▸ 1
        Adjective · neuter · singular · nominative · noDegree ▸ 1 (Prov. 25,20)

ἀσύμφωνος (α; σύν; φωνή) unharmonious; disagreement ▸ 2
    ἀσύμφωνον ▸ 1
        Adjective · neuter · singular · nominative · noDegree ▸ 1 (Bel 15-17)
    ἀσύμφωνος ▸ 1
        Adjective · feminine · singular · nominative · noDegree ▸ 1 (Wis. 18,10)

ἀσύνετος (α; σύν; ἵημι) without understanding ▸ 13 + 5 = 18
    ἀσύνετοι ▸ 2
        Adjective · masculine · plural · nominative · noDegree ▸ 2 (Psa. 75,6; Sir. 15,7)
    ἀσύνετοί ▸ 2
        Adjective · masculine · plural · nominative ▸ 2 (Matt. 15,16; Mark 7,18)
    ἀσύνετον ▸ 2
        Adjective · masculine · singular · accusative · noDegree ▸ 2 (Sir. 22,13; Sir. 22,15)
    ἀσύνετος ▸ 1 + 1 = 2
        Adjective · masculine · singular · nominative · noDegree ▸ 1 + 1 = 2 (Psa. 91,7; Rom. 1,21)
    ἀσυνέτου ▸ 1
        Adjective · masculine · singular · genitive · noDegree ▸ 1 (Sir. 21,18)
    ἀσυνέτους ▸ 1
        Adjective · masculine · plural · accusative ▸ 1 (Rom. 1,31)
    ἀσυνέτῳ ▸ 3 + 1 = 4
        Adjective · masculine · singular · dative · noDegree ▸ 1 + 1 = 2 (Sir. 34,1; Rom. 10,19)
        Adjective · neuter · singular · dative · noDegree ▸ 2 (Deut. 32,21; Ode. 2,21)
    ἀσυνέτων ▸ 3
        Adjective · masculine · plural · genitive · noDegree ▸ 3 (Wis. 1,5; Wis. 11,15; Sir. 27,12)
    ἀσυνετώτερός ▸ 1
        Adjective · masculine · singular · nominative · comparative ▸ 1 (Job 13,2)

ἀσυνθεσία (α; σύν; τίθημι) unfaithfulness, faithlessness ▸ 4
    ἀσυνθεσίᾳ ▸ 3
        Noun · feminine · singular · dative · (common) ▸ 3 (Ezra 9,2; Ezra 9,4; Ezra 10,6)
    ἀσυνθεσίαν ▸ 1
        Noun · feminine · singular · accusative · (common) ▸ 1 (Jer. 3,7)

ἀσυνθετέω (α; σύν; τίθημι) to be unfaithful to ▸ 7
    ἀσυνθετῆσαι ▸ 1
        Verb · aorist · active · infinitive ▸ 1 (Neh. 13,27)
    ἀσυνθετήσητε ▸ 1
        Verb · second · plural · aorist · active · subjunctive ▸ 1 (Neh. 1,8)
    ἀσυνθετοῦντας ▸ 1
        Verb · present · active · participle · masculine · plural · accusative ▸ 1 (Psa. 118,158)
    ἠσυνθέτηκα ▸ 1
        Verb · first · singular · perfect · active · indicative ▸ 1 (Psa. 72,15)
    ἠσυνθετήκατε ▸ 1
        Verb · second · plural · perfect · active · indicative ▸ 1 (Ezra 10,10)
    ἠσυνθετήσαμεν ▸ 1
        Verb · first · plural · aorist · active · indicative ▸ 1 (Ezra 10,2)
    ἠσυνθέτησαν ▸ 1
        Verb · third · plural · aorist · active · indicative ▸ 1 (Psa. 77,57)

ἀσύνθετος (α; σύν; τίθημι) covenant breaker; faithless ▸ 4 + 1 = 5
    ἀσύνθετος ▸ 3
        Adjective · feminine · singular · nominative · noDegree ▸ 3 (Jer. 3,7; Jer. 3,8; Jer. 3,10)
    ἀσυνθέτου ▸ 1
        Adjective · feminine · singular · genitive · noDegree ▸ 1 (Jer. 3,11)
    ἀσυνθέτους ▸ 1
        Adjective · masculine · plural · accusative ▸ 1 (Rom. 1,31)

ἀσυρής coarse, lewd ▸ 1
    ἀσυρῆ ▸ 1
        Adjective · feminine · singular · accusative · noDegree ▸ 1 (Sir. 23,13)

ἀσφάλεια (α; σφάλλω) safety ▸ 19 + 1 + 3 = 23
    ἀσφάλεια ▸ 1 + 1 = 2
        Noun · feminine · singular · nominative · (common) ▸ 1 + 1 = 2 (Prov. 8,14; 1Th. 5,3)
    Ἀσφάλεια ▸ 1

Noun · feminine · singular · nominative · (common) ▸ **1** (Is. 18,4)
ἀσφαλείᾳ ▸ **2** + **1** = **3**
    Noun · feminine · singular · dative · (common) ▸ **2** + **1** = **3** (Prov. 28,17; Is. 8,15; Acts 5,23)
ἀσφάλειαν ▸ **4** + **1** = **5**
    Noun · feminine · singular · accusative · (common) ▸ **4** + **1** = **5** (1Mac. 14,37; 2Mac. 15,11; 3Mac. 5,5; Psa. 103,5; Luke 1,4)
ἀσφαλείας ▸ **11** + **1** = **12**
    Noun · feminine · singular · genitive · (common) ▸ **11** + **1** = **12** (Lev. 26,5; Deut. 12,10; 1Esdr. 8,51; 2Mac. 3,22; 2Mac. 4,21; 2Mac. 9,21; 2Mac. 15,1; Prov. 11,15; Sol. 8,18; Sol. 8,19; Is. 34,15; Tob. 14,7)

ἀσφαλής (α; σφάλλω) certainty, safe, steadfast ▸ **6** + **1** + **5** = **12**
  ἀσφαλεῖς ▸ **2**
    Adjective · feminine · plural · accusative · noDegree ▸ **1** (Prov. 8,28)
    Adjective · feminine · plural · nominative · noDegree ▸ **1** (Prov. 15,7)
  ἀσφαλὲς ▸ **1**
    Adjective · neuter · singular · accusative ▸ **1** (Acts 21,34)
  ἀσφαλές ▸ **1** + **3** = **4**
    Adjective · neuter · singular · accusative ▸ **2** (Acts 22,30; Acts 25,26)
    Adjective · neuter · singular · nominative · noDegree ▸ **1** + **1** = **2** (Wis. 7,23; Phil. 3,1)
  ἀσφαλῆ ▸ **2** + **1** = **3**
    Adjective · feminine · singular · accusative · noDegree ▸ **2** + **1** = **3** (Wis. 4,3; Wis. 14,3; Heb. 6,19)
  ἀσφαλής ▸ **1** + **1** = **2**
    Adjective · feminine · singular · nominative · noDegree ▸ **1** + **1** = **2** (Prov. 3,18; Tob. 5,17)

ἀσφαλίζω (α; σφάλλω) to make sure, to keep safe ▸ **4** + **4** = **8**
  ἀσφαλισάμενος ▸ **1**
    Verb · aorist · middle · participle · masculine · singular · nominative ▸ **1** (Wis. 13,15)
  ἀσφαλίσασθε ▸ **1**
    Verb · second · plural · aorist · middle · imperative ▸ **1** (Matt. 27,65)
  ἀσφαλισθῆναι ▸ **1**
    Verb · aorist · passive · infinitive ▸ **1** (Matt. 27,64)
  ἠσφαλισάμην ▸ **1**
    Verb · first · singular · aorist · middle · indicative ▸ **1** (Is. 41,10)
  ἠσφαλίσαντο ▸ **1**
    Verb · third · plural · aorist · middle · indicative ▸ **1** (Matt. 27,66)
  ἠσφαλίσατο ▸ **2** + **1** = **3**
    Verb · third · singular · aorist · middle · indicative ▸ **2** + **1** = **3** (Wis. 4,17; Wis. 10,12; Acts 16,24)

ἀσφαλτόπισσα (α; σφάλλω) bitumen, tar ▸ **1**
  ἀσφαλτοπίσσῃ ▸ **1**
    Noun · feminine · singular · dative · (common) ▸ **1** (Ex. 2,3)

ἄσφαλτος tar, bitumen ▸ **3**
  ἄσφαλτος ▸ **1**
    Noun · feminine · singular · nominative · (common) ▸ **1** (Gen. 11,3)
  ἀσφάλτου ▸ **1**
    Noun · feminine · singular · genitive · (common) ▸ **1** (Gen. 14,10)
  ἀσφάλτῳ ▸ **1**
    Noun · feminine · singular · dative · (common) ▸ **1** (Gen. 6,14)

ἀσφαλτόω (α; σφάλλω) to cover with tar, pitch ▸ **1**
  ἀσφαλτώσεις ▸ **1**
    Verb · second · singular · future · active · indicative ▸ **1** (Gen. 6,14)

ἀσφαλῶς (α; σφάλλω) safely ▸ **6** + **3** = **9**
  ἀσφαλῶς ▸ **6** + **3** = **9**
    Adverb ▸ **6** + **3** = **9** (Gen. 34,25; Tob. 6,4; 1Mac. 6,40; 3Mac. 7,6; Wis. 18,6; Bar. 5,7; Mark 14,44; Acts 2,36; Acts 16,23)

Ασφανεζ Ashpenaz ▸ **1**
  Ασφανεζ ▸ **1**
    Noun · masculine · singular · dative · (proper) ▸ **1** (Dan. 1,3)

Ασφαρ Asphar ▸ **1**
  Ασφαρ ▸ **1**
    Noun · singular · genitive · (proper) ▸ **1** (1Mac. 9,33)

Ασφαρασος Aspharasus ▸ **1**
  Ασφαρασου ▸ **1**
    Noun · masculine · singular · genitive · (proper) ▸ **1** (1Esdr. 5,8)

Ασχα Acsah; Shuhah ▸ **5** + **3** = **8**
  Ασχα ▸ **3** + **3** = **6**
    Noun · feminine · singular · accusative · (proper) ▸ **2** (Judg. 1,12; Judg. 1,13)
    Noun · feminine · singular · nominative · (proper) ▸ **2** + **1** = **3** (Judg. 1,15; 1Chr. 2,49; Judg. 1,15)
    Noun · masculine · singular · genitive · (proper) ▸ **1** (1Chr. 4,11)
  Ασχαν ▸ **2**
    Noun · feminine · singular · accusative · (proper) ▸ **2** (Judg. 1,12; Judg. 1,13)

Ασχαζι Aczib ▸ **1**
  Ασχαζι ▸ **1**
    Noun · masculine · singular · accusative · (proper) ▸ **1** (Judg. 1,31)

Ασχαναζ Ashkenaz ▸ **2**
  Ασχαναζ ▸ **2**
    Noun · masculine · singular · nominative · (proper) ▸ **2** (Gen. 10,3; 1Chr. 1,6)

Ασχανάζαιος Ashkenazi ▸ **1**
  Ασχαναζαίοις ▸ **1**
    Noun · masculine · plural · dative · (proper) ▸ **1** (Jer. 28,27)

ἀσχημονέω (α; ἔχω) to behave improperly ▸ **5** + **2** = **7**
  ἀσχημονεῖ ▸ **1**
    Verb · third · singular · present · active · indicative ▸ **1** (1Cor. 13,5)
  ἀσχημονεῖν ▸ **1**
    Verb · present · active · infinitive ▸ **1** (1Cor. 7,36)
  ἀσχημονήσει ▸ **1**
    Verb · third · singular · future · active · indicative ▸ **1** (Deut. 25,3)
  ἀσχημονοῦσα ▸ **3**
    Verb · present · active · participle · feminine · singular · nominative ▸ **3** (Ezek. 16,7; Ezek. 16,22; Ezek. 23,29)
  ἀσχημονοῦσαν ▸ **1**
    Verb · present · active · participle · feminine · singular · accusative ▸ **1** (Ezek. 16,39)

ἀσχημοσύνη (α; ἔχω) shameless act ▸ **44** + **2** = **46**
  ἀσχημοσύνη ▸ **4**
    Noun · feminine · singular · nominative · (common) ▸ **4** (Lev. 18,8; Lev. 18,10; Lev. 18,16; Deut. 23,15)
  ἀσχημοσύνῃ ▸ **1**
    Noun · feminine · singular · dative · (common) ▸ **1** (Sir. 30,13)
  ἀσχημοσύνην ▸ **38** + **2** = **40**
    Noun · feminine · singular · accusative · (common) ▸ **38** + **2** = **40** (Ex. 20,26; Ex. 28,42; Lev. 18,6; Lev. 18,7; Lev. 18,7; Lev. 18,7; Lev. 18,8; Lev. 18,9; Lev. 18,9; Lev. 18,10; Lev. 18,10; Lev.

18,11; Lev. 18,11; Lev. 18,12; Lev. 18,13; Lev. 18,14; Lev. 18,15; Lev. 18,15; Lev. 18,16; Lev. 18,17; Lev. 18,17; Lev. 18,18; Lev. 18,19; Lev. 20,11; Lev. 20,17; Lev. 20,17; Lev. 20,17; Lev. 20,18; Lev. 20,19; Lev. 20,20; Lev. 20,21; Deut. 23,14; Ezra 4,14; Sir. 26,8; Sir. 29,21; Hos. 2,11; Lam. 1,8; Ezek. 16,8; Rom. 1,27; Rev. 16,15)

  ἀσχημοσύνης ▸ 1
    Noun · feminine · singular · genitive · (common) ▸ **1** (Ex. 22,26)

ἀσχήμων (α; ἔχω) unpresentable, shameful, unworthy ▸ 4 + **1** + 1 = 6
  ἄσχημον ▸ 2 + **1** = 3
    Adjective · neuter · singular · accusative · noDegree ▸ 2 + **1** = 3 (Gen. 34,7; Deut. 24,1; Sus. 63)
  ἀσχήμονα ▸ 1 + **1** = 2
    Adjective · feminine · singular · accusative · noDegree ▸ 1 + **1** = 2 (2Mac. 9,2; 1Cor. 12,23)
  ἀσχήμονι ▸ 1
    Adjective · masculine · singular · dative · noDegree ▸ **1** (Wis. 2,20)

ἀσχολέω (α; σχολή) to engage, occupy ▸ 1
  ἀσχοληθήσεται ▸ 1
    Verb · third · singular · future · passive · indicative ▸ **1** (Sir. 39,1)

ἀσχολία (α; σχολή) occupation, involvement ▸ 2
  Ἀσχολία ▸ 1
    Noun · feminine · singular · nominative · (common) ▸ **1** (Sir. 40,1)
  ἀσχολίαν ▸ 1
    Noun · feminine · singular · accusative · (common) ▸ **1** (3Mac. 5,34)

Ασχωδ Ashhur ▸ 1
  Ασχωδ ▸ 1
    Noun · masculine · singular · accusative · (proper) ▸ **1** (1Chr. 2,24)

Ασωβ Hasshub ▸ 1
  Ασωβ ▸ 1
    Noun · masculine · singular · genitive · (proper) ▸ **1** (1Chr. 9,14)

Ασωθι Hushathite ▸ 1
  Ασωθι ▸ 1
    Noun · masculine · singular · nominative · (proper) ▸ **1** (1Chr. 11,29)

Ασωθίτης Hushathite ▸ 1
  Ασωθίτου ▸ 1
    Noun · masculine · singular · genitive · (proper) ▸ **1** (2Sam. 23,27)

Ασωναῖος Eznite ▸ 1
  Ασωναῖος ▸ 1
    Noun · masculine · singular · nominative · (proper) ▸ **1** (2Sam. 23,8)

Ασωρ Hazor ▸ 14 + **4** = 18
  Ασωρ ▸ 14 + **4** = 18
    Noun · feminine · singular · accusative · (proper) ▸ **4** (Josh. 11,10; Josh. 11,11; Josh. 11,13; 2Kings 15,29)
    Noun · feminine · singular · dative · (proper) ▸ 1 + **1** = 2 (Judg. 4,2; Judg. 4,2)
    Noun · feminine · singular · genitive · (proper) ▸ 5 + **1** = 6 (Josh. 11,1; Josh. 12,19; Judg. 4,17; 1Sam. 12,9; 1Mac. 11,67; Judg. 4,17)
    Noun · feminine · singular · nominative · (proper) ▸ 4 + **2** = 6 (Josh. 11,10; Josh. 15,21; Josh. 15,25; Josh. 19,36; Josh. 15,25; Josh. 19,36)

Ασωρων Hezron ▸ 1

  Ασωρων ▸ 1
    Noun · singular · genitive · (proper) ▸ **1** (Josh. 15,3)

ἀσωτία (α; σῴζω) reckless living; debauchery ▸ 2 + **3** = 5
  ἀσωτία ▸ 1
    Noun · feminine · singular · nominative ▸ **1** (Eph. 5,18)
  ἀσωτίαν ▸ 1
    Noun · feminine · singular · accusative · (common) ▸ **1** (Prov. 28,7)
  ἀσωτίας ▸ 1 + **2** = 3
    Noun · feminine · singular · genitive · (common) ▸ 1 + **2** = 3 (2Mac. 6,4; Titus 1,6; 1Pet. 4,4)

ἄσωτος (α; σῴζω) unruly, debauched ▸ 1
  ἄσωτος ▸ 1
    Adjective · feminine · singular · nominative · noDegree ▸ **1** (Prov. 7,11)

ἀσώτως (α; σῴζω) recklessly ▸ 1
  ἀσώτως ▸ 1
    Adverb ▸ **1** (Luke 15,13)

Αταδ Atad ▸ 2
  Αταδ ▸ 2
    Noun · singular · genitive · (proper) ▸ **2** (Gen. 50,10; Gen. 50,11)

ἀτακτέω (α; τάσσω) to be lazy, idle ▸ 1
  ἠτακτήσαμεν ▸ 1
    Verb · first · plural · aorist · active · indicative ▸ **1** (2Th. 3,7)

ἄτακτος (α; τάσσω) lazy, idle, disorderly ▸ 1 + **1** = 2
  ἄτακτον ▸ 1
    Adjective · masculine · singular · accusative · noDegree ▸ **1** (3Mac. 1,19)
  ἀτάκτους ▸ 1
    Adjective · masculine · plural · accusative ▸ **1** (1Th. 5,14)

ἀτάκτως (α; τάσσω) in idleness ▸ 2
  ἀτάκτως ▸ 2
    Adverb ▸ **2** (2Th. 3,6; 2Th. 3,11)

ἀταξία (α; τάσσω) disorder ▸ 1
  ἀταξία ▸ 1
    Noun · feminine · singular · nominative · (common) ▸ **1** (Wis. 14,26)

Αταρ (ἀτάρ) Ater ▸ 1
  Αταρ ▸ 1
    Noun · masculine · singular · genitive · (proper) ▸ **1** (1Esdr. 5,28)

ἀτάρ but, yet; now ▸ 2
  ἀτάρ ▸ 2
    Conjunction · coordinating ▸ **2** (Job 6,21; Job 7,11)

Αταρα Atarah ▸ 1
  Αταρα ▸ 1
    Noun · feminine · singular · nominative · (proper) ▸ **1** (1Chr. 2,26)

ἀταραξία (α; ταράσσω) untroubled, undisturbed ▸ 1
  ἀταραξίας ▸ 1
    Noun · feminine · singular · genitive · (common) ▸ **1** (4Mac. 8,26)

ἀτάραχος (α; ταράσσω) unperturbed, quiet ▸ 3
  ἀτάραχα ▸ 1
    Adjective · neuter · plural · accusative · noDegree ▸ **1** (Esth. 13,7 # 3,13g)
  ἀτάραχον ▸ 1
    Adjective · neuter · singular · accusative · noDegree ▸ **1** (Esth. 16,8 # 8,12h)
  ἀταράχους ▸ 1
    Adjective · masculine · plural · accusative · noDegree ▸ **1** (2Mac. 11,23)

Αταρωθ Ataroth ▸ 5
   Αταρωθ ▸ 5
      Noun · feminine · singular · accusative · (proper) ▸ **2** (Num. 32,34; Josh. 16,7)
      Noun · feminine · singular · genitive · (proper) ▸ **1** (Josh. 16,5)
      Noun · feminine · singular · nominative · (proper) ▸ **1** (Num. 32,3)
      Noun · masculine · singular · nominative · (proper) ▸ **1** (1Chr. 2,54)

ἄταφος (α; θάπτω) unburied ▸ 1
   ἀτάφων ▸ 1
      Adjective · masculine · plural · genitive · noDegree ▸ **1** (2Mac. 5,10)

ἅτε (ὅς; τε) just as, so as; (+gen) since ▸ 1
   ἅτε ▸ 1
      Adverb ▸ **1** (3Mac. 1,29)

ἀτείχιστος (α; τεῖχος) unfortified ▸ 2
   ἀτειχίστοις ▸ 1
      Adjective · feminine · plural · dative · noDegree ▸ **1** (Num. 13,19)
   ἀτείχιστος ▸ 1
      Adjective · feminine · singular · nominative · noDegree ▸ **1** (Prov. 25,28)

ἀτεκνία (α; τίκτω) childlessness ▸ 5
   ἀτεκνία ▸ 2
      Noun · feminine · singular · nominative · (common) ▸ **2** (Wis. 4,1; Is. 47,9)
   ἀτεκνίαν ▸ 1
      Noun · feminine · singular · accusative · (common) ▸ **1** (Psa. 34,12)
   ἀτεκνίας ▸ 2
      Noun · feminine · singular · genitive · (common) ▸ **2** (4Mac. 18,9; Sol. 4,18)

ἄτεκνος (α; τίκτω) childless ▸ 6 + 2 = 8
   ἄτεκνοι ▸ 3
      Adjective · feminine · plural · nominative · noDegree ▸ **1** (Jer. 18,21)
      Adjective · masculine · plural · nominative · noDegree ▸ **2** (Lev. 20,20; Lev. 20,21)
   ἄτεκνον ▸ 1
      Adjective · masculine · singular · accusative · noDegree ▸ **1** (Sir. 16,3)
   ἄτεκνος ▸ 2 + 2 = 4
      Adjective · feminine · singular · nominative · noDegree ▸ **1** (Is. 49,21)
      Adjective · masculine · singular · nominative · noDegree ▸ **1 + 2 = 3** (Gen. 15,2; Luke 20,28; Luke 20,29)

ἀτεκνόω (α; τίκτω) to make childless ▸ 21
   ἀτεκνουμένη ▸ 2
      Verb · present · passive · participle · feminine · singular · nominative ▸ **2** (2Kings 2,19; 2Kings 2,21)
   ἀτεκνοῦσα ▸ 2
      Verb · present · active · participle · feminine · singular · nominative ▸ **2** (Song 4,2; Song 6,6)
   ἀτεκνοῦσαν ▸ 1
      Verb · present · active · participle · feminine · singular · accusative ▸ **1** (Hos. 9,14)
   ἀτεκνωθῆναι ▸ 1
      Verb · aorist · passive · infinitive ▸ **1** (Ezek. 36,12)
   ἀτεκνωθήσεται ▸ 1
      Verb · third · singular · future · passive · indicative ▸ **1** (1Sam. 15,33)
   ἀτεκνωθήσονται ▸ 1
      Verb · third · plural · future · passive · indicative ▸ **1** (Hos. 9,12)
   ἀτεκνωθῶ ▸ 1
      Verb · first · singular · aorist · passive · subjunctive ▸ **1** (Gen. 27,45)
   ἀτεκνώσει ▸ 2
      Verb · third · singular · future · active · indicative ▸ **2** (Deut. 32,25; Ode. 2,25)
   ἀτεκνώσεις ▸ 1
      Verb · second · singular · future · active · indicative ▸ **1** (Ezek. 36,14)
   ἠτεκνώθησαν ▸ 2
      Verb · third · plural · aorist · passive · indicative ▸ **2** (Gen. 31,38; Jer. 15,7)
   ἠτέκνωμαι ▸ 2
      Verb · first · singular · perfect · passive · indicative ▸ **2** (Gen. 43,14; Gen. 43,14)
   ἠτεκνωμένη ▸ 2
      Verb · perfect · passive · participle · feminine · singular · nominative ▸ **2** (2Sam. 17,8; Ezek. 36,13)
   ἠτεκνώσατε ▸ 1
      Verb · second · plural · aorist · active · indicative ▸ **1** (Gen. 42,36)
   ἠτέκνωσεν ▸ 1
      Verb · third · singular · aorist · active · indicative ▸ **1** (1Sam. 15,33)
   ἠτέκνωσέν ▸ 1
      Verb · third · singular · aorist · active · indicative ▸ **1** (Lam. 1,20)

ἀτέλεια (α; τέλος) debt immunity ▸ 1
   ἀτελείας ▸ 1
      Noun · feminine · singular · genitive · (common) ▸ **1** (1Mac. 10,34)

ἀτέλεστος (α; τέλος) imperfect ▸ 2
   ἀτέλεστα ▸ 1
      Adjective · neuter · plural · nominative · noDegree ▸ **1** (Wis. 3,16)
   ἀτέλεστοι ▸ 1
      Adjective · masculine · plural · nominative · noDegree ▸ **1** (Wis. 4,5)

ἀτελής (α; τέλος) imperfect, ineffectual ▸ 2
   ἀτελέσιν ▸ 1
      Adjective · feminine · plural · dative · noDegree ▸ **1** (Wis. 10,7)
   ἀτελέστατον ▸ 1
      Adjective · masculine · singular · accusative · superlative ▸ **1** (3Mac. 5,42)

ἀτενίζω (α; τείνω) to look steadfastly ▸ 3 + 14 = 17
   ἀτενίζετε ▸ 1
      Verb · second · plural · present · active · indicative ▸ **1** (Acts 3,12)
   ἀτενίζοντας ▸ 1
      Verb · present · active · participle · masculine · plural · accusative ▸ **1** (3Mac. 2,26)
   ἀτενίζοντες ▸ 2
      Verb · present · active · participle · masculine · plural · nominative ▸ **2** (Luke 4,20; Acts 1,10)
   ἀτενίσαι ▸ 2 + 2 = 4
      Verb · aorist · active · infinitive ▸ **2 + 2 = 4** (1Esdr. 6,27; Ode. 12,9; 2Cor. 3,7; 2Cor. 3,13)
   ἀτενίσαντες ▸ 1
      Verb · aorist · active · participle · masculine · plural · nominative ▸ **1** (Acts 6,15)
   ἀτενίσας ▸ 6

Verb · aorist · active · participle · masculine · singular · nominative
▸ **6** (Acts 3,4; Acts 7,55; Acts 10,4; Acts 11,6; Acts 13,9; Acts 14,9)

Ἀτενίσας ▸ **1**
Verb · aorist · active · participle · masculine · singular · nominative
▸ **1** (Acts 23,1)

ἀτενίσασα ▸ **1**
Verb · aorist · active · participle · feminine · singular · nominative
▸ **1** (Luke 22,56)

ἄτερ without ▸ **1** + **2** = **3**
ἄτερ ▸ **1** + **2** = **3**
Preposition · (+genitive) ▸ **1** + **2** = **3** (2Mac. 12,15; Luke 22,6; Luke 22,35)

Ἀτεργάτιον Atargatis ▸ **1**
Ἀτεργατειον ▸ **1**
Noun · neuter · singular · accusative · (proper) ▸ **1** (2Mac. 12,26)

Ἀτηρ Ater ▸ **6**
Ἀτηρ ▸ **6**
Noun · masculine · singular · genitive · (proper) ▸ **5** (1Esdr. 5,15; Ezra 2,16; Ezra 2,42; Neh. 7,21; Neh. 7,45)
Noun · masculine · singular · nominative · (proper) ▸ **1** (Neh. 10,18)

Ἀτητα Hatita ▸ **1**
Ἀτητα ▸ **1**
Noun · masculine · singular · genitive · (proper) ▸ **1** (1Esdr. 5,28)

Ἀτθαριας Attharias ▸ **1**
Ἀτθαριας ▸ **1**
Noun · masculine · singular · nominative · (proper) ▸ **1** (1Esdr. 5,40)

Ἀτιλ Hattil ▸ **1**
Ἀτιλ ▸ **1**
Noun · masculine · singular · genitive · (proper) ▸ **1** (Ezra 2,57)

ἀτιμάζω (α; τιμή) to dishonor ▸ **33** + **7** = **40**
ἀτιμάζει ▸ **3**
Verb · third · singular · present · active · indicative ▸ **3** (Prov. 22,10; Prov. 28,7; Mic. 7,6)
ἀτιμάζεις ▸ **1**
Verb · second · singular · present · active · indicative ▸ **1** (Rom. 2,23)
ἀτιμάζεσθαι ▸ **1**
Verb · present · passive · infinitive · (variant) ▸ **1** (Rom. 1,24)
ἀτιμάζετέ ▸ **1**
Verb · second · plural · present · active · indicative ▸ **1** (John 8,49)
ἀτιμάζοντα ▸ **2**
Verb · present · active · participle · masculine · singular · accusative ▸ **2** (Prov. 30,17; Sir. 10,29)
ἀτιμαζόντων ▸ **1**
Verb · present · active · participle · masculine · plural · genitive ▸ **1** (LetterJ 40)
ἀτιμάζων ▸ **4**
Verb · present · active · participle · masculine · singular · nominative ▸ **4** (Deut. 27,16; Prov. 14,21; Prov. 19,26; Prov. 27,22)
ἀτιμάζωνται ▸ **1**
Verb · third · plural · present · passive · subjunctive ▸ **1** (Sir. 8,4)
ἀτιμάσαι ▸ **3**
Verb · aorist · active · infinitive ▸ **3** (Esth. 1,18; Sir. 10,23; Is. 23,9)
ἀτιμάσαντες ▸ **1** + **1** = **2**
Verb · aorist · active · participle · masculine · plural · nominative ▸ **1** + **1** = **2** (Ezek. 36,5; Luke 20,11)
ἀτιμασάντων ▸ **1**
Verb · aorist · active · participle · masculine · plural · genitive ▸ **1** (Ezek. 28,24)
ἀτιμάσασιν ▸ **1**
Verb · aorist · active · participle · masculine · plural · dative ▸ **1** (Ezek. 28,26)
ἀτιμάσῃς ▸ **3**
Verb · second · singular · aorist · active · subjunctive ▸ **3** (Prov. 22,22; Sir. 3,13; Sir. 8,6)
ἀτιμασθῆναι ▸ **1** + **1** = **2**
Verb · aorist · passive · infinitive ▸ **1** + **1** = **2** (Ezek. 36,3; Acts 5,41)
ἀτιμασθήσεται ▸ **4**
Verb · third · singular · future · passive · indicative ▸ **4** (Prov. 14,2; Sir. 22,5; Is. 5,15; Is. 16,14)
ἀτιμασθήσῃ ▸ **1**
Verb · second · singular · future · passive · indicative ▸ **1** (Prov. 30,32)
ἠτίμασαν ▸ **1** + **1** = **2**
Verb · third · plural · aorist · active · indicative ▸ **1** + **1** = **2** (1Sam. 10,27; Mark 12,4)
ἠτιμάσατε ▸ **1**
Verb · second · plural · aorist · active · indicative ▸ **1** (James 2,6)
ἠτίμασεν ▸ **1**
Verb · third · singular · aorist · active · indicative ▸ **1** (1Sam. 17,42)
ἠτιμάσθη ▸ **2**
Verb · third · singular · aorist · passive · indicative ▸ **2** (Gen. 16,4; Is. 53,3)
ἠτιμάσθην ▸ **1**
Verb · first · singular · aorist · passive · indicative ▸ **1** (Gen. 16,5)
ἠτιμάσθησαν ▸ **1**
Verb · third · plural · aorist · passive · indicative ▸ **1** (Sir. 11,6)
ἠτιμασμένοι ▸ **1**
Verb · perfect · passive · participle · masculine · plural · nominative ▸ **1** (2Sam. 10,5)

ἀτίμητος (α; τιμή) invaluable ▸ **2**
ἀτίμητον ▸ **2**
Adjective · feminine · singular · accusative · noDegree ▸ **1** (3Mac. 3,23)
Adjective · masculine · singular · accusative · noDegree ▸ **1** (Wis. 7,9)

ἀτιμία (α; τιμή) dishonor ▸ **55** + **1** + **7** = **63**
ἀτιμία ▸ **11** + **1** = **12**
Noun · feminine · singular · nominative · (common) ▸ **11** + **1** = **12** (1Mac. 1,40; Prov. 11,2; Prov. 18,3; Sir. 3,10; Sir. 5,13; Sir. 20,26; Hab. 2,16; Jer. 3,25; Jer. 13,26; Jer. 28,51; Ezek. 36,15; 1Cor. 11,14)
ἀτιμίᾳ ▸ **13** + **1** = **14**
Noun · feminine · singular · dative · (common) ▸ **13** + **1** = **14** (Judith 1,11; Prov. 12,9; Sir. 3,10; Sir. 21,24; Sir. 22,1; Sol. 2,21; Sol. 2,25; Sol. 2,27; Sol. 2,31; Sol. 4,14; Sol. 4,16; Sol. 4,19; Sol. 4,20; 1Cor. 15,43)
ἀτιμίαν ▸ **22** + **1** + **3** = **26**
Noun · feminine · singular · accusative · (common) ▸ **22** + **1** + **3** = **26** (Judith 8,23; Prov. 3,35; Prov. 9,7; Prov. 12,11a; Prov. 12,16; Prov. 13,18; Prov. 14,35; Job 12,21; Sir. 1,30; Sir. 29,6; Hos. 4,7; Hos. 4,18; Nah. 3,5; Is. 10,16; Is. 22,18; Jer. 6,15; Jer. 23,40; LetterJ 25; Ezek. 16,52; Ezek. 36,7; Ezek. 39,26; Ezek. 44,13; Tob. 14,10; Rom. 9,21; 2Cor. 11,21; 2Tim. 2,20)
ἀτιμίας ▸ **9** + **2** = **11**
Noun · feminine · plural · accusative · (common) ▸ **2** (Prov. 6,33; Jer. 20,11)
Noun · feminine · singular · genitive · (common) ▸ **7** + **2** = **9** (Psa.

82,17; Prov. 11,16; Job 10,15; Job 40,13; Hab. 2,16; Jer. 30,20; Ezek. 16,63; Rom. 1,26; 2Cor. 6,8)

ἄτιμος (α; τιμή) unhonored, dishonored ▸ 11 + 4 = 15
  ἄτιμα ▸ 1
    Adjective · neuter · plural · accusative · noDegree ▸ 1 (Wis. 12,24)
  ἄτιμοι ▸ 1 + 1 = 2
    Adjective · masculine · plural · nominative · noDegree ▸ 1 + 1 = 2 (Job 30,4; 1Cor. 4,10)
  ἄτιμον ▸ 6
    Adjective · feminine · singular · accusative · noDegree ▸ 1 (Wis. 5,4)
    Adjective · neuter · singular · accusative · noDegree ▸ 1 (Wis. 4,19)
    Adjective · neuter · singular · nominative · noDegree ▸ 4 (Wis. 3,17; Sir. 10,19; Sir. 10,19; Is. 53,3)
  ἄτιμος ▸ 1 + 2 = 3
    Adjective · masculine · singular · nominative · noDegree ▸ 1 (Is. 3,5)
    Adjective · masculine · singular · nominative ▸ 2 (Matt. 13,57; Mark 6,4)
  ἀτιμότερα ▸ 1
    Adjective · neuter · plural · accusative · comparative ▸ 1 (1Cor. 12,23)
  ἀτιμότερος ▸ 1
    Adjective · masculine · singular · nominative · comparative ▸ 1 (Wis. 15,10)
  ἀτίμων ▸ 1
    Adjective · masculine · plural · genitive · noDegree ▸ 1 (Job 30,8)

ἀτιμόω (α; τιμή) to dishonor ▸ 14
  ἀτιμωθήσεται ▸ 1
    Verb · third · singular · future · passive · indicative ▸ 1 (1Sam. 2,30)
  ἀτιμωθήσῃ ▸ 2
    Verb · second · singular · future · passive · indicative ▸ 2 (Jer. 22,22; Ezek. 16,54)
  ἠτιμώθη ▸ 2
    Verb · third · singular · aorist · passive · indicative ▸ 2 (Sol. 2,5; Jer. 22,28)
  ἠτιμωμένη ▸ 2
    Verb · perfect · passive · participle · feminine · singular · nominative ▸ 2 (Jer. 38,22; Lam. 1,11)
  ἠτιμωμένοι ▸ 1
    Verb · perfect · passive · participle · masculine · plural · nominative ▸ 1 (1Chr. 19,5)
  ἠτιμωμένον ▸ 1
    Verb · perfect · passive · participle · neuter · singular · accusative ▸ 1 (1Sam. 15,9)
  ἠτιμωμένος ▸ 1
    Verb · perfect · passive · participle · masculine · singular · nominative ▸ 1 (Obad. 2)
  ἠτίμωσας ▸ 1
    Verb · second · singular · aorist · active · indicative ▸ 1 (Ezek. 16,59)
  ἠτίμωσεν ▸ 3
    Verb · third · singular · aorist · active · indicative ▸ 3 (Ezek. 17,16; Ezek. 17,18; Ezek. 17,19)

ἀτιμώρητος (α; τιμή) unavenged, unpunished; undefended ▸ 4
  ἀτιμώρητος ▸ 4
    Adjective · masculine · singular · nominative · noDegree ▸ 4 (Prov. 11,21; Prov. 19,5; Prov. 19,9; Prov. 28,20)

Ατιτα Hatita ▸ 2
  Ατιτα ▸ 2
    Noun · masculine · singular · genitive · (proper) ▸ 2 (Ezra 2,42; Neh. 7,45)

Ατιφα Hatipha ▸ 2
  Ατιφα ▸ 2
    Noun · masculine · singular · genitive · (proper) ▸ 2 (1Esdr. 5,32; Neh. 7,56)

ἀτμίς (ἄω) vapor, mist, smoke ▸ 11 + 2 = 13
  ἀτμίδα ▸ 1 + 1 = 2
    Noun · feminine · singular · accusative · (common) ▸ 1 + 1 = 2 (Joel 3,3; Acts 2,19)
  ἀτμίδας ▸ 1
    Noun · feminine · plural · accusative · (common) ▸ 1 (Sir. 43,4)
  ἀτμίδος ▸ 1
    Noun · feminine · singular · genitive · (common) ▸ 1 (2Mac. 7,5)
  ἀτμίς ▸ 8 + 1 = 9
    Noun · feminine · singular · nominative · (common) ▸ 8 + 1 = 9 (Gen. 19,28; Lev. 16,13; Wis. 7,25; Sir. 22,24; Sir. 24,15; Sir. 38,28; Hos. 13,3; Ezek. 8,11; James 4,14)

ἄτομος (α; τομός) indivisible, moment, flash ▸ 1
  ἀτόμῳ ▸ 1
    Adjective · neuter · singular · dative ▸ 1 (1Cor. 15,52)

ἀτοπία (α; τόπος) strangeness, impropriety ▸ 1
  ἀτοπίαν ▸ 1
    Noun · feminine · singular · accusative · (common) ▸ 1 (Judith 11,11)

ἄτοπος (α; τόπος) out of place, untrodden, odd; paradoxical, absurd ▸ 8 + 4 = 12
  ἄτοπα ▸ 6
    Adjective · neuter · plural · accusative · noDegree ▸ 6 (Job 4,8; Job 11,11; Job 27,6; Job 34,12; Job 35,13; Job 36,21)
  ἄτοπον ▸ 2 + 3 = 5
    Adjective · neuter · singular · accusative · noDegree ▸ 2 + 2 = 4 (2Mac. 14,23; Prov. 30,20; Luke 23,41; Acts 28,6)
    Adjective · neuter · singular · nominative ▸ 1 (Acts 25,5)
  ἀτόπων ▸ 1
    Adjective · masculine · plural · genitive ▸ 1 (2Th. 3,2)

Ατους Hattush ▸ 3
  Ατους ▸ 3
    Noun · masculine · singular · nominative · (proper) ▸ 3 (Ezra 8,2; Neh. 3,10; Neh. 10,5)

Ατουφα Hatipha ▸ 1
  Ατουφα ▸ 1
    Noun · masculine · singular · genitive · (proper) ▸ 1 (Ezra 2,54)

ἄτρακτος spindle; an arrow ▸ 1
  ἄτρακτον ▸ 1
    Noun · masculine · singular · accusative · (common) ▸ 1 (Prov. 31,19)

ἀτραπός (α; τρέπω) path ▸ 4 + 1 = 5
  ἀτραπὸν ▸ 1
    Noun · feminine · singular · accusative · (common) ▸ 1 (Wis. 5,10)
  ἀτραποὺς ▸ 2
    Noun · feminine · plural · accusative · (common) ▸ 2 (Job 6,19; Job 24,13)
  ἀτραπούς ▸ 1
    Noun · feminine · plural · accusative · (common) ▸ 1 (Judg. 5,6)
  ἀτραπῷ ▸ 1
    Noun · feminine · singular · dative · (common) ▸ 1 (Sir. 5,9)

ἄτρυγος (α; τρυγάω) unpressed ▸ 1
  ἄτρυγον ▸ 1

ἄτρωτος (α; τιτρώσκω) invulnerable, unwounded ▸ 3
  ἄτρωτον ▸ 1
    Adjective · masculine · singular · accusative · noDegree ▸ 1 (2Mac. 10,30)
  ἀτρώτους ▸ 1
    Adjective · masculine · plural · accusative · noDegree ▸ 1 (2Mac. 8,36)
  ἀτρώτῳ ▸ 1
    Adjective · feminine · singular · dative · noDegree ▸ 1 (3Mac. 5,47)

ἀττάκης katydid; locust type ▸ 1
  ἀττάκην ▸ 1
    Noun · masculine · singular · accusative · (common) ▸ 1 (Lev. 11,22)

Ἀττάλεια Attalia ▸ 1
  Ἀττάλειαν ▸ 1
    Noun · feminine · singular · accusative · (proper) ▸ 1 (Acts 14,25)

Ἄτταλος Attalus ▸ 1
  Ἀττάλῳ ▸ 1
    Noun · masculine · singular · dative · (proper) ▸ 1 (1Mac. 15,22)

Ατταν Juttah ▸ 1
  Ατταν ▸ 1
    Noun · feminine · singular · accusative · (proper) ▸ 1 (1Chr. 6,44)

Ατταρατης Attharates ▸ 1
  Ατταρατης ▸ 1
    Noun · masculine · singular · nominative · (proper) ▸ 1 (1Esdr. 9,49)

ἀττέλεβος locust ▸ 1
  ἀττέλεβος ▸ 1
    Noun · masculine · singular · nominative · (common) ▸ 1 (Nah. 3,17)

Αττους Hattush ▸ 1
  Αττους ▸ 1
    Noun · masculine · singular · nominative · (proper) ▸ 1 (1Esdr. 8,29)

ἀτυχέω (α; τυγχάνω) to suffer misfortune; to fail ▸ 1
  ἀτυχῶν ▸ 1
    Verb · present · active · participle · masculine · singular · nominative ▸ 1 (Prov. 27,10)

ἀτυχία (α; τυγχάνω) misfortune ▸ 2
  ἀτυχίας ▸ 2
    Noun · feminine · plural · accusative · (common) ▸ 1 (2Mac. 14,14)
    Noun · feminine · singular · genitive · (common) ▸ 1 (2Mac. 12,30)

Αυα Ivvah ▸ 1
  Αυα ▸ 1
    Noun · singular · nominative · (proper) ▸ 1 (2Kings 19,13)

Αυαραν Avaran ▸ 2
  Αυαραν ▸ 2
    Noun · masculine · singular · nominative · (proper) ▸ 2 (1Mac. 2,5; 1Mac. 6,43)

αὐγάζω (αὐγή) to shine ▸ 7 + 1 = 8
  αὐγάζον ▸ 3
    Verb · present · active · participle · neuter · singular · accusative ▸ 1 (Lev. 13,25)
    Verb · present · active · participle · neuter · singular · nominative ▸ 2 (Lev. 13,24; Lev. 13,28)
  αὐγάζοντα ▸ 2
    Verb · present · active · participle · neuter · plural · nominative ▸ 2 (Lev. 13,38; Lev. 13,39)
  αὐγάζοντι ▸ 1
    Verb · present · active · participle · neuter · singular · dative ▸ 1 (Lev. 13,26)
  αὐγάζοντος ▸ 1
    Verb · present · active · participle · neuter · singular · genitive ▸ 1 (Lev. 14,56)
  αὐγάσαι ▸ 1
    Verb · aorist · active · infinitive ▸ 1 (2Cor. 4,4)

αὔγασμα (αὐγή) brightness ▸ 3
  αὐγάσματα ▸ 2
    Noun · neuter · plural · nominative · (common) ▸ 2 (Lev. 13,38; Lev. 13,39)
  αὐγάσματι ▸ 1
    Noun · neuter · singular · dative · (common) ▸ 1 (Sir. 43,11)

αὐγέω (αὐγή) to glitter, shine ▸ 1
  ηὔγει ▸ 1
    Verb · third · singular · imperfect · active · indicative ▸ 1 (Job 29,3)

αὐγή glare, beams, break of day ▸ 2 + 1 = 3
  αὐγὰς ▸ 1
    Noun · feminine · plural · accusative · (common) ▸ 1 (2Mac. 12,9)
  αὐγὴν ▸ 1
    Noun · feminine · singular · accusative · (common) ▸ 1 (Is. 59,9)
  αὐγῆς ▸ 1
    Noun · feminine · singular · genitive ▸ 1 (Acts 20,11)

Αυγιαν Agia ▸ 1
  Αυγιαν ▸ 1
    Noun · feminine · singular · accusative · (proper) ▸ 1 (1Esdr. 5,38)

Αὔγουστος Augustus; August (mo.) ▸ 1
  Αὐγούστου ▸ 1
    Noun · masculine · singular · genitive · (proper) ▸ 1 (Luke 2,1)

αὐθάδεια (αὐτός; ἥδομαι) self-will ▸ 1
  αὐθάδεια ▸ 1
    Noun · feminine · singular · nominative · (common) ▸ 1 (Is. 24,8)

αὐθάδης (αὐτός; ἥδομαι) self-willed ▸ 3 + 2 = 5
  αὐθάδεις ▸ 1
    Adjective · masculine · plural · nominative ▸ 1 (2Pet. 2,10)
  αὐθάδη ▸ 1
    Adjective · masculine · singular · accusative ▸ 1 (Titus 1,7)
  αὐθάδης ▸ 3
    Adjective · masculine · singular · nominative · noDegree ▸ 3 (Gen. 49,3; Gen. 49,7; Prov. 21,24)

αὐθαίρετος (αὐτός; αἱρέω) of one's own accord ▸ 2
  αὐθαίρετοι ▸ 1
    Adjective · masculine · plural · nominative ▸ 1 (2Cor. 8,3)
  αὐθαίρετος ▸ 1
    Adjective · masculine · singular · nominative ▸ 1 (2Cor. 8,17)

αὐθαιρέτως (αὐτός; αἱρέω) freely, of one's own will ▸ 3
  αὐθαιρέτως ▸ 3
    Adverb ▸ 3 (2Mac. 6,19; 3Mac. 6,6; 3Mac. 7,10)

αὐθεντέω (αὐτός) to domineer, have authority over ▸ 1
  αὐθεντεῖν ▸ 1
    Verb · present · active · infinitive ▸ 1 (1Tim. 2,12)

αὐθέντης (αὐτός) owner, master, ruler; murderer ▸ 1
  αὐθέντας ▸ 1

Noun · masculine · plural · accusative · (common) ▸ **1** (Wis. 12,6)

αὐθεντία (αὐτός) status ▸ 1
   αὐθεντίαν ▸ 1
      Noun · feminine · singular · accusative · (common) ▸ **1** (3Mac. 2,29)

αὐθημερινός (αὐτός; ἡμέρα) hireling, day-worker ▸ 1
   αὐθημερινοῦ ▸ 1
      Adjective · masculine · singular · genitive · noDegree ▸ **1** (Job 7,1)

αὐθημερόν (αὐτός; ἡμέρα) that very day ▸ 2
   αὐθημερὸν ▸ 2
      Adverb ▸ **2** (Deut. 24,15; Prov. 12,16)

αὐθωρί (αὐτός) immediately ▸ 2
   αὐθωρὶ ▸ 2
      Adverb ▸ **2** (3Mac. 3,25; Dan. 3,15)

Αυιμ Avvim ▸ 2
   Αυιμ ▸ 2
      Noun · singular · nominative · (proper) ▸ **2** (Josh. 15,29; Josh. 18,23)

αὐλαία (αὐλή) curtain ▸ 20
   αὐλαία ▸ 1
      Noun · feminine · singular · nominative · (common) ▸ **1** (Ex. 26,2)
   αὐλαίᾳ ▸ 1
      Noun · feminine · singular · dative · (common) ▸ **1** (Ex. 26,5)
   αὐλαῖαι ▸ 5
      Noun · feminine · plural · nominative · (common) ▸ **5** (Ex. 26,3; Ex. 26,3; Ex. 37,10; Ex. 37,13; Ex. 37,14)
   αὐλαίαις ▸ 1
      Noun · feminine · plural · dative · (common) ▸ **1** (Ex. 26,2)
   αὐλαίαν ▸ 1
      Noun · feminine · singular · accusative · (common) ▸ **1** (Judith 14,14)
   αὐλαίας ▸ 10
      Noun · feminine · plural · accusative · (common) ▸ **3** (Ex. 26,1; Ex. 26,6; Ex. 40,19)
      Noun · feminine · singular · genitive · (common) ▸ **7** (Ex. 26,2; Ex. 26,4; Ex. 26,4; Ex. 26,5; Ex. 37,1; Ex. 37,2; Ex. 37,2)
   αὐλαιῶν ▸ 1
      Noun · feminine · plural · genitive · (common) ▸ **1** (Is. 54,2)

αὐλαῖος (αὐλή) court-yard related ▸ 1
   αὐλαίαν ▸ 1
      Adjective · feminine · singular · accusative · noDegree ▸ **1** (2Mac. 14,41)

αὖλαξ (ἕλκω) furrow, pathway ▸ 6
   αὔλακας ▸ 4
      Noun · masculine · plural · accusative · (common) ▸ **4** (Psa. 64,11; Job 39,10; Sir. 7,3; Sir. 38,26)
   αὔλακες ▸ 1
      Noun · masculine · plural · nominative · (common) ▸ **1** (Job 31,38)
   αὔλαξιν ▸ 1
      Noun · masculine · plural · dative · (common) ▸ **1** (Num. 22,24)

αὐλάρχης (αὐλή) court ruler ▸ 1
   αὐλάρχαι ▸ 1
      Noun · masculine · plural · nominative · (common) ▸ **1** (2Sam. 8,18)

αὐλαρχία (αὐλή) court rulership ▸ 1
   αὐλαρχίας ▸ 1
      Noun · feminine · singular · genitive · (common) ▸ **1** (1Kings 2,46h)

αὐλέω to play a flute ▸ 3
   αὐλούμενον ▸ 1
      Verb · present · passive · participle · neuter · singular · nominative · (variant) ▸ **1** (1Cor. 14,7)
   ηὐλήσαμεν ▸ 2
      Verb · first · plural · aorist · active · indicative ▸ **2** (Matt. 11,17; Luke 7,32)

αὐλή courtyard, court ▸ 181 + 6 + 12 = 199
   αὐλαὶ ▸ 1
      Noun · feminine · plural · nominative · (common) ▸ **1** (LetterJ 17)
   αὐλαῖς ▸ 18
      Noun · feminine · plural · dative · (common) ▸ **18** (2Kings 21,5; 2Kings 23,12; 1Chr. 9,22; 1Chr. 9,25; 1Chr. 16,29; 2Chr. 23,5; 2Chr. 31,2; 2Chr. 33,5; Neh. 8,16; Neh. 8,16; 1Mac. 4,38; Psa. 64,5; Psa. 83,11; Psa. 91,14; Psa. 115,10; Psa. 121,2; Psa. 133,1; Psa. 134,2)
   αὐλὰς ▸ 5
      Noun · feminine · plural · accusative · (common) ▸ **5** (1Chr. 23,28; 1Mac. 4,48; Psa. 83,3; Psa. 95,8; Psa. 99,4)
   αὐλή ▸ 8
      Noun · feminine · singular · nominative · (common) ▸ **8** (1Kings 7,45; Is. 34,13; Jer. 30,28; Ezek. 10,4; Ezek. 46,21; Ezek. 46,21; Ezek. 46,22; Ezek. 47,16)
   αὐλῇ ▸ 40 + 1 + 2 = 43
      Noun · feminine · singular · dative · (common) ▸ **40 + 1 + 2 = 43** (Lev. 6,9; Lev. 6,19; Lev. 8,31; 2Sam. 17,18; 2Kings 20,4; 2Chr. 4,9; 2Chr. 24,21; Neh. 13,7; Esth. 11,3 # 1,1b; Esth. 12,1 # 1,1m; Esth. 12,5 # 1,1q; Esth. 1,5; Esth. 2,19; Esth. 3,2; Esth. 3,3; Esth. 5,9; Esth. 5,13; Esth. 6,4; Esth. 6,4; Esth. 6,5; Esth. 6,10; Psa. 28,2; Psa. 95,9; Jer. 19,14; Jer. 30,25; Jer. 33,2; Jer. 39,2; Jer. 39,12; Jer. 40,1; Jer. 43,10; Jer. 44,21; Jer. 45,6; Jer. 45,13; Jer. 45,28; Jer. 46,15; Ezek. 40,20; Ezek. 40,23; Ezek. 40,44; Ezek. 46,1; Dan. 2,49; Dan. 2,49; Matt. 26,69; Mark 14,66)
   αὐλήν ▸ 8 + 1 + 1 = 10
      Noun · feminine · singular · accusative · (common) ▸ **8 + 1 + 1 = 10** (Ex. 37,7; 1Chr. 28,6; Esth. 6,12; 1Mac. 11,46; Zech. 3,7; Is. 1,12; Jer. 42,4; Jer. 43,20; Tob. 2,9; Luke 11,21)
   αὐλὴν ▸ 37 + 5 = 42
      Noun · feminine · singular · accusative · (common) ▸ **37 + 5 = 42** (Ex. 27,9; Ex. 40,33; 1Kings 6,36; 1Kings 7,46; 2Chr. 4,9; 2Chr. 4,9; 2Chr. 29,16; Esth. 12,1 # 1,1m; Esth. 2,11; Esth. 4,2; Esth. 4,11; 2Mac. 13,15; 3Mac. 2,27; 3Mac. 5,10; 3Mac. 5,46; Jer. 39,8; Ezek. 8,16; Ezek. 10,3; Ezek. 40,17; Ezek. 40,23; Ezek. 40,27; Ezek. 40,28; Ezek. 40,31; Ezek. 40,34; Ezek. 40,37; Ezek. 40,44; Ezek. 40,47; Ezek. 41,3; Ezek. 42,1; Ezek. 42,8; Ezek. 42,14; Ezek. 43,5; Ezek. 44,19; Ezek. 44,21; Ezek. 44,27; Ezek. 46,20; Ezek. 46,21; Matt. 26,3; Mark 14,54; John 10,1; John 18,15; Rev. 11,2)
   αὐλῆς ▸ 64 + 4 + 4 = 72
      Noun · feminine · singular · genitive · (common) ▸ **64 + 4 + 4 = 72** (Ex. 27,9; Ex. 27,12; Ex. 27,13; Ex. 27,16; Ex. 27,17; Ex. 27,18; Ex. 27,19; Ex. 35,15 # 35,12a; Ex. 37,7; Ex. 37,13; Ex. 37,14; Ex. 37,15; Ex. 37,16; Ex. 37,16; Ex. 37,18; Ex. 38,19; Ex. 38,20; Ex. 38,21; Ex. 39,8; Ex. 39,8; Ex. 39,8; Ex. 39,19; Ex. 39,19; Num. 3,26; Num. 3,26; Num. 3,37; Num. 4,26; Num. 4,32; Num. 4,32; 1Kings 2,35e; 1Kings 6,36a; 1Kings 7,49; 1Kings 8,64; 2Chr. 6,13; 2Chr. 7,7; 2Chr. 20,5; 1Esdr. 9,1; Neh. 3,25; Esth. 7,4; Tob. 2,9; 1Mac. 9,54; Jer. 30,23; Jer. 46,14; Ezek. 8,7; Ezek. 10,5; Ezek. 40,16; Ezek. 40,17; Ezek. 40,19; Ezek. 40,27; Ezek. 42,3; Ezek. 42,3; Ezek. 42,7; Ezek. 42,9; Ezek. 44,17; Ezek. 44,17; Ezek. 45,19; Ezek. 46,21; Ezek. 46,21; Ezek. 46,21; Ezek. 46,22;

αὐλή–Αυναν

Ezek. 47,2; Ezek. 47,17; Ezek. 48,1; Ezek. 48,1; Tob. 2,9; Tob. 3,17; Tob. 7,1; Tob. 11,10; Matt. 26,58; Mark 15,16; Luke 22,55; John 10,16)

αὐλητής (αὐλέω) flute-player ‣ 2
  αὐλητὰς ‣ 1
    Noun · masculine · plural · accusative ‣ **1** (Matt. 9,23)
  αὐλητῶν ‣ 1
    Noun · masculine · plural · genitive ‣ **1** (Rev. 18,22)

αὐλίζομαι (αὐλή) to lodge, spend the night ‣ 43 + 19 + 2 = 64
  αὐλίζεσθε ‣ 1
    Verb · second · plural · present · middle · indicative ‣ **1** (Neh. 13,21)
  αὐλίζεται ‣ 5
    Verb · third · singular · present · middle · indicative ‣ **5** (Job 19,4; Job 38,19; Job 39,27; Job 41,14; Sol. 3,6)
  αὐλίζων ‣ 1
    Verb · present · active · participle · masculine · singular · nominative ‣ **1** (Jer. 38,9)
  αὐλισθείη ‣ 1
    Verb · third · singular · aorist · passive · optative ‣ **1** (Job 15,28)
  αὐλισθείς ‣ 1
    Verb · aorist · passive · participle · masculine · singular · nominative ‣ **1** (1Esdr. 9,2)
  αὐλισθῆναι ‣ 2 + 5 = 7
    Verb · aorist · passive · infinitive ‣ **2 + 5 = 7** (Judg. 19,10; Sol. 17,27; Judg. 19,10; Judg. 19,15; Judg. 19,15; Judg. 20,4; Tob. 6,11)
  αὐλισθῆς ‣ 2 + 1 = 3
    Verb · second · singular · aorist · passive · subjunctive ‣ **2 + 1 = 3** (Ruth 1,16; 2Sam. 17,16; Tob. 14,9)
  αὐλισθήσεται ‣ 8 + 1 = 9
    Verb · third · singular · future · passive · indicative ‣ **8 + 1 = 9** (2Sam. 19,8; Psa. 24,13; Psa. 29,6; Psa. 90,1; Prov. 19,23; Song 1,13; Job 29,19; Sir. 14,26; Dan. 4,23)
  αὐλισθήσῃ ‣ 2
    Verb · second · singular · future · passive · indicative ‣ **2** (Judg. 19,20; Dan. 4,25)
  αὐλισθήσομαι ‣ 2
    Verb · first · singular · future · passive · indicative ‣ **2** (Ruth 1,16; Sir. 24,7)
  αὐλισθησόμεθα ‣ 1 + 1 = 2
    Verb · first · plural · future · passive · indicative ‣ **1 + 1 = 2** (Tob. 6,11; Judg. 19,13)
  Αὐλίσθητε ‣ 1
    Verb · second · plural · aorist · passive · imperative ‣ **1** (Neh. 4,16)
  αὐλισθῆτε ‣ 1
    Verb · second · plural · aorist · passive · subjunctive ‣ **1** (Tob. 14,9)
  αὐλίσθητε ‣ 1
    Verb · second · plural · aorist · passive · imperative ‣ **1** (Sir. 51,23)
  αὐλίσθητι ‣ 2 + 2 = 4
    Verb · second · singular · aorist · passive · imperative ‣ **2 + 2 = 4** (Judg. 19,6; Ruth 3,13; Judg. 19,6; Judg. 19,9)
  αὐλισθήτω ‣ 2
    Verb · third · singular · aorist · passive · imperative ‣ **2** (Tob. 4,14; Job 11,14)
  αὐλισθῶμεν ‣ 3 + 1 = 4
    Verb · first · plural · aorist · passive · subjunctive ‣ **3 + 1 = 4** (Judg. 19,11; Judg. 19,13; Song 7,12; Judg. 19,11)

ηὐλίζετο ‣ 1 + 1 = 2
  Verb · third · singular · imperfect · middle · indicative ‣ **1 + 1 = 2** (Job 31,32; Luke 21,37)
ηὐλιζόμην ‣ 1
  Verb · first · singular · imperfect · middle · indicative ‣ **1** (Tob. 5,6)
ηὐλίζοντο ‣ 1
  Verb · third · plural · imperfect · middle · indicative ‣ **1** (Tob. 6,1)
ηὐλίσθη ‣ 4 + 1 + 1 = 6
  Verb · third · singular · aorist · passive · indicative ‣ **4 + 1 + 1 = 6** (Judg. 19,7; 2Sam. 12,16; Tob. 9,5; Dan. 6,19; Judg. 19,7; Matt. 21,17)
ηὐλίσθην ‣ 2
  Verb · first · singular · aorist · passive · indicative ‣ **2** (Tob. 5,6; Psa. 54,8)
ηὐλίσθησαν ‣ 1 + 4 = 5
  Verb · third · plural · aorist · passive · indicative ‣ **1 + 4 = 5** (Neh. 13,20; Judg. 18,2; Judg. 19,4; Tob. 6,1; Tob. 9,5)

αὐλός (αὐλέω) flute ‣ 12 + 1 = 13
  αὐλοί ‣ 1
    Noun · masculine · plural · nominative · (common) ‣ **1** (Jer. 31,36)
  αὐλοῖς ‣ 1
    Noun · masculine · plural · dative · (common) ‣ **1** (2Sam. 6,5)
  αὐλὸς ‣ 4 + 1 = 5
    Noun · masculine · singular · accusative · (common) ‣ **1** (1Sam. 10,5)
    Noun · masculine · singular · nominative · (common) ‣ **3 + 1 = 4** (1Mac. 3,45; Sir. 40,21; Jer. 31,36; 1Cor. 14,7)
  αὐλοῦ ‣ 1
    Noun · masculine · singular · genitive · (common) ‣ **1** (Is. 30,29)
  αὐλῶν ‣ 5
    Noun · masculine · plural · genitive · (common) ‣ **5** (1Chr. 28,12; 1Esdr. 5,2; Is. 5,12; Is. 30,32; Jer. 42,2)

Αυλων (ἄημι) Hazeroth; valley ‣ 1
  Αυλων ‣ 1
    Noun · singular · genitive · (proper) ‣ **1** (Deut. 1,1)

αὐλών (ἄημι) valley; Hazeroth ‣ 12
  αὐλών ‣ 1
    Noun · masculine · plural · nominative · (common) ‣ **1** (Jer. 31,8)
  αὐλών ‣ 1
    Noun · masculine · singular · nominative · (common) ‣ **1** (1Sam. 17,3)
  αὐλῶνα ‣ 3
    Noun · masculine · singular · accusative · (common) ‣ **3** (2Chr. 20,26; Judith 4,4; Judith 10,10)
  αὐλῶνας ‣ 2
    Noun · masculine · plural · accusative · (common) ‣ **2** (1Chr. 12,16; 3Mac. 6,17)
  αὐλῶνι ‣ 4
    Noun · masculine · singular · dative · (common) ‣ **4** (1Chr. 10,7; Judith 7,3; Judith 7,17; Judith 10,11)
  αὐλῶσιν ‣ 1
    Noun · masculine · plural · dative · (common) ‣ **1** (1Chr. 27,29)

Αυν On ‣ 1
  Αυν ‣ 1
    Noun · masculine · singular · nominative · (proper) ‣ **1** (Num. 16,1)

Αυναν Aner; Onan ‣ 10
  Αυναν ‣ 10
    Noun · masculine · singular · accusative · (proper) ‣ **1** (Gen.

38,4)
    Noun · masculine · singular · dative · (proper) ▸ **1** (Gen. 38,8)
    Noun · masculine · singular · genitive · (proper) ▸ **1** (Gen. 14,13)
    Noun · masculine · singular · nominative · (proper) ▸ **7** (Gen. 14,24; Gen. 38,9; Gen. 46,12; Gen. 46,12; Num. 26,15; Num. 26,15; 1Chr. 2,3)

αὐξάνω to grow; cause to grow ▸ 37 + **1** + 21 = 59
  αὐξάνει ▸ 1
    Verb · third · singular · present · active · indicative ▸ **1** (Luke 12,27)
  αὐξάνειν ▸ 1
    Verb · present · active · infinitive ▸ **1** (John 3,30)
  Αὐξάνεσθε ▸ 3
    Verb · second · plural · present · passive · imperative ▸ **3** (Gen. 1,22; Gen. 1,28; Gen. 9,1)
  αὐξάνεσθε ▸ 2
    Verb · second · plural · present · passive · imperative ▸ **2** (Gen. 8,17; Gen. 9,7)
  αὐξάνετε ▸ 1
    Verb · second · plural · present · active · imperative ▸ **1** (2Pet. 3,18)
  αὐξανόμενα ▸ 1
    Verb · present · passive · participle · neuter · plural · nominative · (variant) ▸ **1** (Mark 4,8)
  αὐξανομένης ▸ 1
    Verb · present · passive · participle · feminine · singular · genitive · (variant) ▸ **1** (2Cor. 10,15)
  αὐξανόμενοι ▸ 1
    Verb · present · passive · participle · masculine · plural · nominative · (variant) ▸ **1** (Col. 1,10)
  αὐξανόμενον ▸ 1
    Verb · present · passive · participle · neuter · singular · nominative · (variant) ▸ **1** (Col. 1,6)
  αὐξανόμενος ▸ 1
    Verb · present · passive · participle · masculine · singular · nominative ▸ **1** (Sir. 43,8)
  αὐξάνου ▸ 1
    Verb · second · singular · present · passive · imperative ▸ **1** (Gen. 35,11)
  αὐξάνουσιν ▸ 1
    Verb · third · plural · present · active · indicative ▸ **1** (Matt. 6,28)
  αὐξανῶ ▸ 4
    Verb · first · singular · future · active · indicative ▸ **4** (Gen. 17,6; Gen. 17,20; Gen. 48,4; Lev. 26,9)
  αὐξάνων ▸ 1
    Verb · present · active · participle · masculine · singular · nominative ▸ **1** (1Cor. 3,7)
  αὐξηθέντες ▸ 1
    Verb · aorist · passive · participle · masculine · plural · nominative ▸ **1** (4Mac. 13,20)
  αὐξηθῇ ▸ 1 + **1** = 2
    Verb · third · singular · aorist · passive · subjunctive ▸ 1 + **1** = 2 (Jer. 22,30; Matt. 13,32)
  αὐξηθῇς ▸ 2
    Verb · second · singular · aorist · passive · subjunctive ▸ **2** (Ex. 23,30; Sir. 2,3)
  αὐξηθήσεται ▸ 1
    Verb · third · singular · future · passive · indicative ▸ **1** (Num. 24,7)
  αὐξηθήσονται ▸ 1
    Verb · third · plural · future · passive · indicative ▸ **1** (Jer. 23,3)
  αὐξηθῆτε ▸ 1 + **1** = 2
    Verb · second · plural · aorist · passive · subjunctive ▸ 1 + **1** = 2 (Jer. 3,16; 1Pet. 2,2)
  αὐξῆσαι ▸ 1
    Verb · third · singular · aorist · active · optative ▸ **1** (Gen. 28,3)
  αὐξήσει ▸ 1
    Verb · third · singular · future · active · indicative ▸ **1** (2Cor. 9,10)
  αὔξησον ▸ 1
    Verb · second · singular · aorist · active · imperative ▸ **1** (Judg. 5,11)
  αὐξήσω ▸ 1
    Verb · first · singular · future · active · indicative ▸ **1** (1Chr. 17,10)
  αὐξήσωμεν ▸ 1
    Verb · first · plural · aorist · active · subjunctive ▸ **1** (Eph. 4,15)
  ηὔξανεν ▸ 6
    Verb · third · singular · imperfect · active · indicative ▸ **6** (Luke 1,80; Luke 2,40; Acts 6,7; Acts 12,24; Acts 19,20; 1Cor. 3,6)
  ηὐξήθη ▸ 6
    Verb · third · singular · aorist · passive · indicative ▸ **6** (Gen. 21,8; Gen. 21,20; Gen. 30,30; Judg. 13,24; 1Chr. 14,2; 2Chr. 11,23)
  Ηὐξήθησαν ▸ 1
    Verb · third · plural · aorist · passive · indicative ▸ **1** (Gen. 25,27)
  ηὐξήθησαν ▸ 3
    Verb · third · plural · aorist · passive · indicative ▸ **3** (Gen. 47,27; Ex. 1,7; 1Chr. 23,17)
  ηὐξημένος ▸ 2
    Verb · perfect · passive · participle · masculine · singular · nominative ▸ **2** (Gen. 49,22; Gen. 49,22)
  ηὔξησεν ▸ 4 + **2** = 6
    Verb · third · singular · aorist · active · indicative ▸ 4 + **2** = 6 (Gen. 26,22; Josh. 4,14; Psa. 104,24; Job 42,10; Luke 13,19; Acts 7,17)
  Ηὔξησέν ▸ 1
    Verb · third · singular · aorist · active · indicative ▸ **1** (Gen. 41,52)

αὔξησις (αὐξάνω) increase; waxing (of moon) ▸ 1 + **2** = 3
  αὔξησιν ▸ 1 + **2** = 3
    Noun · feminine · singular · accusative · (common) ▸ 1 + **2** = 3 (2Mac. 5,16; Eph. 4,16; Col. 2,19)

αὔξω (αὐξάνω) to increase ▸ 2 + **2** = 4
  αὔξει ▸ 2
    Verb · third · singular · present · active · indicative ▸ **2** (Eph. 2,21; Col. 2,19)
  αὔξονται ▸ 1
    Verb · third · plural · present · passive · indicative ▸ **1** (4Mac. 13,22)
  αὔξουσαν ▸ 1
    Verb · present · active · participle · feminine · singular · accusative ▸ **1** (Is. 61,11)

αὔρα (ἄημι) breeze, whisper ▸ 3
  αὔραν ▸ 2
    Noun · feminine · singular · accusative · (common) ▸ **2** (Psa. 106,29; Job 4,16)
  αὔρας ▸ 1
    Noun · feminine · singular · genitive · (common) ▸ **1** (1Kings 19,12)

Αυρανίτις Hauron ▸ 2
  Αυρανίτιδος ▸ 2
    Noun · feminine · singular · genitive · (proper) ▸ **2** (Ezek. 47,16;

Αυρανίτις–αὐτομολέω

Ezek. 47,18)
Αὐρανος Auranus ▸ 1
 Αυρανου ▸ 1
  Noun · masculine · singular · genitive · (proper) ▸ 1 (2Mac. 4,40)
αὔριον tomorrow ▸ 62 + 2 + 14 = 78
 Αὔριον ▸ 3
  Adverb · (temporal) ▸ 3 (1Sam. 11,9; 1Sam. 11,10; 1Sam. 20,18)
 αὔριον ▸ 59 + 2 + 14 = 75
  Adverb · (temporal) ▸ 59 + 2 + 14 = 75 (Gen. 30,33; Ex. 8,6; Ex. 8,19; Ex. 8,25; Ex. 9,5; Ex. 9,18; Ex. 10,4; Ex. 16,23; Ex. 17,9; Ex. 19,10; Ex. 32,5; Ex. 32,30; Lev. 7,16; Lev. 19,6; Num. 11,18; Num. 14,25; Num. 16,7; Num. 16,16; Deut. 6,20; Josh. 3,5; Josh. 3,5; Josh. 4,6; Josh. 7,13; Josh. 11,6; Josh. 22,18; Josh. 22,24; Josh. 22,27; Josh. 22,28; Judg. 19,9; Judg. 20,28; 1Sam. 9,16; 1Sam. 11,11; 1Sam. 19,2; 1Sam. 19,11; 1Sam. 20,5; 1Sam. 28,19; 2Sam. 11,12; 1Kings 19,2; 1Kings 19,11; 1Kings 21,6; 2Kings 6,28; 2Kings 7,1; 2Kings 7,18; 2Kings 10,6; 2Chr. 20,16; 2Chr. 20,17; Esth. 5,8; Esth. 5,8; Esth. 5,12; Esth. 9,13; 1Mac. 2,63; 1Mac. 5,27; 3Mac. 5,38; Prov. 3,28; Prov. 27,1; Sir. 10,10; Sir. 20,15; Sol. 5,13; Is. 22,13; Judg. 19,9; Judg. 20,28; Matt. 6,30; Matt. 6,34; Matt. 6,34; Luke 10,35; Luke 12,28; Luke 13,32; Luke 13,33; Acts 4,3; Acts 4,5; Acts 23,20; Acts 25,22; 1Cor. 15,32; James 4,13; James 4,14)
Αυση Hoshea ▸ 2
 Αυση ▸ 2
  Noun · masculine · singular · accusative · (proper) ▸ 1 (Num. 13,16)
  Noun · masculine · singular · nominative · (proper) ▸ 1 (Num. 13,8)
Αυσῖτις Uz ▸ 1
 Αυσίτιδι ▸ 1
  Noun · feminine · singular · dative · (proper) ▸ 1 (Job 1,1)
Αυσίτις Uz ▸ 2
 Αυσίτιδι ▸ 1
  Noun · feminine · singular · dative · (proper) ▸ 1 (Job 42,17b)
 Αυσίτιδος ▸ 1
  Noun · feminine · singular · genitive · (proper) ▸ 1 (Job 32,2)
αὐστηρία (αὐστηρός) harshness, severity ▸ 1
 αὐστηρίαν ▸ 1
  Noun · feminine · singular · accusative · (common) ▸ 1 (2Mac. 14,30)
αὐστηρός hard, severe ▸ 1 + 2 = 3
 αὐστηρός ▸ 1
  Adjective · masculine · singular · nominative ▸ 1 (Luke 19,22)
 αὐστηρὸς ▸ 1
  Adjective · masculine · singular · nominative ▸ 1 (Luke 19,21)
 αὐστηρότερον ▸ 1
  Adjective · masculine · singular · accusative · comparative ▸ 1 (2Mac. 14,30)
Αυταιας Hodiah ▸ 1
 Αυταιας ▸ 1
  Noun · masculine · singular · nominative · (proper) ▸ 1 (1Esdr. 9,48)
αὐτάρκεια (αὐτός; ἀρκέω) self-sufficiency ▸ 1 + 2 = 3
 αὐτάρκειαν ▸ 1
  Noun · feminine · singular · accusative ▸ 1 (2Cor. 9,8)
 αὐταρκείας ▸ 1 + 1 = 2
  Noun · feminine · singular · genitive · (common) ▸ 1 + 1 = 2 (Sol. 5,16; 1Tim. 6,6)
αὐταρκέω (αὐτός; ἀρκέω) to supply necessities ▸ 2
 αὐτάρκησεν ▸ 2
  Verb · third · singular · aorist · active · indicative ▸ 2 (Deut. 32,10; Ode. 2,10)
αὐτάρκης (αὐτός; ἀρκέω) content, sufficient ▸ 6 + 1 = 7
 Αὐτάρκη ▸ 2
  Adjective · neuter · plural · nominative · noDegree ▸ 2 (Sir. 5,1; Sir. 11,24)
 αὐτάρκη ▸ 2
  Adjective · feminine · singular · accusative · noDegree ▸ 1 (4Mac. 9,9)
  Adjective · neuter · plural · accusative · noDegree ▸ 1 (Prov. 30,8)
 αὐτάρκης ▸ 1 + 1 = 2
  Adjective · masculine · singular · nominative · noDegree ▸ 1 + 1 = 2 (Sir. 31,28; Phil. 4,11)
 αὐτάρκους ▸ 1
  Adjective · masculine · singular · genitive · noDegree ▸ 1 (Sir. 40,18)
αὐτίκα (αὐτός) presently, immediately ▸ 2
 αὐτίκα ▸ 2
  Adverb ▸ 2 (4Mac. 1,12; 4Mac. 2,8)
αὐτοδέσποτος (αὐτός; δεσπότης) sovereign master ▸ 3
 αὐτοδέσποτός ▸ 3
  Noun · masculine · singular · nominative · (common) ▸ 3 (4Mac. 1,1; 4Mac. 1,30; 4Mac. 13,1)
αὐτόθεν all at once; from the very spot ▸ 1
 αὐτόθεν ▸ 1
  Adverb ▸ 1 (Tob. 8,21)
αὐτόθι (αὐτός) there ▸ 7 + 1 = 8
 αὐτόθι ▸ 7 + 1 = 8
  Adverb ▸ 7 + 1 = 8 (Josh. 5,8; 1Esdr. 8,41; 1Esdr. 8,61; 2Mac. 3,24; 2Mac. 11,8; 2Mac. 12,38; 2Mac. 15,37; Tob. 2,3)
αὐτοκατάκριτος (αὐτός; κατά; κρίνω) condemned ▸ 1
 αὐτοκατάκριτος ▸ 1
  Adjective · masculine · singular · nominative ▸ 1 (Titus 3,11)
αὐτοκράτωρ (αὐτός; κράτος) sovereign, emperor; autocrat; supremacy ▸ 5
 αὐτοκράτορες ▸ 1
  Noun · masculine · plural · nominative · (common) ▸ 1 (4Mac. 8,28)
 αὐτοκράτωρ ▸ 4
  Noun · masculine · singular · nominative · (common) ▸ 4 (4Mac. 1,7; 4Mac. 1,13; 4Mac. 1,30; 4Mac. 16,1)
αὐτόματος (αὐτός) by itself; (n.) by chance ▸ 6 + 2 = 8
 αὐτόματα ▸ 4
  Adjective · neuter · plural · accusative · noDegree ▸ 3 (Lev. 25,5; Lev. 25,11; 2Kings 19,29)
  Adjective · neuter · plural · nominative · noDegree ▸ 1 (Josh. 6,5)
 αὐτομάτη ▸ 1 + 2 = 3
  Adjective · feminine · singular · nominative · noDegree ▸ 1 + 2 = 3 (Wis. 17,6; Mark 4,28; Acts 12,10)
 αὐτόματος ▸ 1
  Adjective · masculine · singular · nominative · noDegree ▸ 1 (Job 24,24)
αὐτομολέω (αὐτός; βλώσκω) to desert, change sides ▸ 9
 αὐτομόλησαν ▸ 2
  Verb · third · plural · aorist · active · indicative ▸ 2 (Josh. 10,1; Josh. 10,4)
 αὐτομολησάντων ▸ 1

Verb · aorist · active · participle · masculine · plural · genitive ▸ **1** (1Mac. 7,19)

αὐτομολήσασιν ▸ 1
  Verb · aorist · active · participle · masculine · plural · dative ▸ **1** (1Mac. 7,24)

αὐτομόλησεν ▸ 1
  Verb · third · singular · aorist · active · indicative ▸ **1** (1Mac. 9,24)

αὐτομολούντων ▸ 2
  Verb · present · active · participle · masculine · plural · genitive ▸ **1** (Judith 16,12)
  Verb · present · active · participle · neuter · plural · genitive ▸ **1** (1Sam. 20,30)

ηὐτομόλησα ▸ 1
  Verb · first · singular · aorist · active · indicative ▸ **1** (2Sam. 3,8)

ηὐτομόλησαν ▸ 1
  Verb · third · plural · aorist · active · indicative ▸ **1** (2Sam. 10,19)

αὐτόπτης (αὐτός; ὁράω) eyewitness ▸ 1
  αὐτόπται ▸ 1
    Noun · masculine · plural · nominative ▸ **1** (Luke 1,2)

αὐτός he, she, it; self, same; they (when pl) ▸ 27399 + 1994 + 5597 = 34990

  αὐτά ▸ 124 + 7 + 20 = 151
    Pronoun · (personal) · third · neuter · plural · accusative ▸ 121 + 6 + 19 = **146** (Gen. 2,19; Gen. 28,22; Gen. 31,9; Gen. 38,23; Gen. 41,15; Ex. 25,29; Ex. 29,2; Ex. 29,33; Ex. 30,29; Ex. 36,2; Ex. 36,3; Ex. 39,23; Lev. 6,22; Lev. 7,4; Lev. 7,6; Lev. 7,6; Lev. 8,11; Lev. 8,31; Lev. 16,4; Lev. 17,5; Lev. 18,5; Lev. 19,10; Lev. 19,37; Lev. 20,8; Lev. 20,22; Lev. 22,9; Lev. 22,9; Lev. 23,22; Num. 7,1; Num. 18,10; Num. 18,10; Num. 18,11; Num. 18,12; Num. 18,13; Deut. 5,1; Deut. 7,12; Deut. 14,24; Deut. 18,1; Deut. 22,1; Deut. 28,32; Judg. 3,2; Judg. 17,3; 1Sam. 15,15; 2Sam. 1,11; 1Kings 12,24r; 2Kings 19,14; 2Kings 23,20; 1Chr. 9,28; Esth. 5,8; Judith 2,13; Judith 11,16; 1Mac. 4,57; 1Mac. 4,60; 1Mac. 11,61; 1Mac. 12,2; Psa. 18,12; Psa. 38,7; Psa. 73,17; Psa. 118,152; Psa. 147,7; Prov. 23,18; Prov. 28,10; Job 12,23; Job 12,23; Job 38,32; Wis. 13,3; Sir. 7,22; Sir. 22,20; Sir. 35,15; Sir. 48,25; Sol. 18,2; Hos. 2,7; Hos. 8,7; Hos. 8,13; Hos. 14,10; Amos 5,22; Mic. 2,1; Hab. 2,2; Hab. 2,11; Zeph. 2,3; Hag. 1,9; Is. 30,22; Is. 43,19; Is. 48,7; Is. 48,7; Jer. 10,4; Jer. 10,9; Jer. 10,5; Jer. 23,2; Jer. 23,20; Jer. 32,17; Jer. 37,24; Jer. 40,3; LetterJ 5; LetterJ 22; LetterJ 40; LetterJ 41; Ezek. 1,9; Ezek. 1,18; Ezek. 4,9; Ezek. 4,10; Ezek. 4,12; Ezek. 7,21; Ezek. 7,22; Ezek. 10,11; Ezek. 10,11; Ezek. 11,20; Ezek. 16,16; Ezek. 17,4; Ezek. 18,9; Ezek. 18,19; Ezek. 20,21; Ezek. 23,39; Ezek. 33,32; Ezek. 34,10; Ezek. 34,11; Ezek. 34,15; Ezek. 37,24; Ezek. 43,11; Dan. 2,34; Bel 8; Judg. 3,2; Tob. 1,18; Tob. 9,5; Dan. 8,10; Bel 8; Bel 12; Matt. 6,26; Matt. 13,4; Matt. 13,7; Matt. 13,28; Matt. 13,30; Matt. 13,39; Matt. 23,4; Mark 10,14; Mark 10,16; Luke 5,7; Luke 14,19; Luke 17,31; Luke 18,16; John 5,36; John 10,3; John 13,17; Rom. 2,3; Gal. 3,10; Rev. 22,18)
    Pronoun · (personal) · intensive · neuter · plural · accusative ▸ **1** (Acts 15,27)
    Pronoun · (personal) · third · neuter · plural · nominative ▸ 3 + 1 = **4** (Psa. 42,3; LetterJ 7; LetterJ 71; Judg. 5,30)

  αὐτά ▸ 307 + 17 + 37 = 361
    Pronoun · (personal) · third · neuter · plural · accusative ▸ 298 + 17 + 26 = **341** (Gen. 1,22; Gen. 2,19; Gen. 15,10; Gen. 15,10; Gen. 26,15; Gen. 26,15; Gen. 26,18; Gen. 30,14; Gen. 30,40; Gen. 30,41; Gen. 31,10; Gen. 31,34; Gen. 35,4; Gen. 35,4; Gen. 40,17; Gen. 45,23; Ex. 4,20; Ex. 4,21; Ex. 9,19; Ex. 12,7; Ex. 22,3; Ex. 25,13; Ex. 25,18; Ex. 27,2; Ex. 28,41; Ex. 28,43; Ex. 29,3; Ex. 29,3; Ex. 29,25; Ex. 29,30; Ex. 30,3; Ex. 31,16; Ex. 32,4; Ex. 32,4; Ex. 35,29; Ex. 39,23; Lev. 1,12; Lev. 2,6; Lev. 2,6; Lev. 2,12; Lev. 3,5; Lev. 5,8; Lev. 7,5; Lev. 7,30; Lev. 7,34; Lev. 8,17; Lev. 8,27; Lev. 8,28; Lev. 8,31; Lev. 9,2; Lev. 9,11; Lev. 14,6; Lev. 14,23; Lev. 14,24; Lev. 15,10; Lev. 15,14; Lev. 15,14; Lev. 15,15; Lev. 15,29; Lev. 16,27; Lev. 16,27; Lev. 16,28; Lev. 22,9; Lev. 22,23; Lev. 22,24; Lev. 23,20; Lev. 23,20; Lev. 24,9; Lev. 25,18; Lev. 25,28; Num. 4,12; Num. 4,14; Num. 6,20; Num. 7,1; Num. 7,5; Num. 7,6; Num. 15,39; Num. 16,7; Num. 16,7; Num. 16,17; Num. 16,18; Num. 17,3; Num. 17,4; Num. 18,8; Num. 18,11; Num. 20,28; Num. 31,30; Num. 31,47; Num. 31,54; Num. 33,52; Deut. 4,13; Deut. 4,14; Deut. 4,19; Deut. 5,1; Deut. 5,22; Deut. 6,7; Deut. 6,8; Deut. 6,9; Deut. 7,15; Deut. 11,18; Deut. 11,19; Deut. 11,19; Deut. 11,20; Deut. 12,18; Deut. 14,25; Deut. 20,19; Deut. 22,1; Deut. 22,2; Deut. 22,2; Deut. 26,10; Deut. 26,13; Deut. 26,16; Deut. 28,38; Deut. 28,39; Deut. 28,57; Deut. 34,11; Josh. 7,23; Josh. 7,23; Judg. 2,23; Judg. 2,23; Judg. 11,24; Judg. 11,24; Judg. 16,3; Judg. 16,3; Judg. 16,12; 1Sam. 3,11; 1Sam. 15,9; 1Sam. 17,39; 1Sam. 19,13; 1Sam. 25,11; 1Sam. 31,9; 2Sam. 1,10; 2Sam. 8,7; 2Sam. 8,7; 2Sam. 18,14; 1Kings 5,23; 1Kings 5,23; 1Kings 5,23; 1Kings 7,33; 1Kings 10,7; 1Kings 10,17; 1Kings 11,12; 1Kings 14,26; 1Kings 14,28; 1Kings 14,28; 1Kings 15,18; 1Kings 19,21; 2Kings 2,12; 2Kings 2,24; 2Kings 18,16; 2Kings 19,14; 2Kings 23,4; 2Kings 25,17; 1Chr. 9,28; 1Chr. 10,12; 2Chr. 1,14; 2Chr. 2,15; 2Chr. 2,15; 2Chr. 3,10; 2Chr. 4,17; 2Chr. 28,24; 2Chr. 32,30; 2Chr. 36,7; 1Esdr. 2,7; 1Esdr. 2,8; 1Esdr. 2,8; 1Esdr. 6,17; 1Esdr. 6,17; 1Esdr. 8,58; Ezra 1,7; Ezra 1,8; Ezra 1,8; Ezra 5,14; Ezra 5,14; Ezra 5,15; Ezra 7,17; Neh. 9,29; Esth. 13,14 # 4,17e; Judith 4,1; Judith 13,20; Judith 15,11; Tob. 1,7; 1Mac. 2,12; 1Mac. 8,27; 1Mac. 10,42; 1Mac. 15,27; 2Mac. 1,15; 2Mac. 2,2; 2Mac. 3,6; 2Mac. 7,28; 2Mac. 10,10; 4Mac. 1,6; 4Mac. 2,12; Psa. 18,12; Psa. 77,3; Psa. 77,5; Psa. 77,6; Psa. 103,12; Psa. 113,16; Psa. 118,129; Psa. 118,167; Psa. 134,18; Psa. 148,6; Prov. 20,11; Prov. 22,20; Eccl. 9,12; Job 4,8; Job 9,5; Job 19,23; Wis. 6,10; Wis. 13,4; Wis. 18,11; Sir. 7,3; Sir. 7,23; Sir. 11,19; Sir. 16,19; Sir. 20,12; Sir. 24,32; Sir. 27,22; Sir. 34,6; Sir. 34,26; Sir. 50,28; Sir. 50,29; Sol. 2,4; Sol. 17,12; Hos. 2,14; Hos. 2,14; Hos. 9,4; Hos. 13,1; Hos. 13,4; Joel 4,2; Zech. 2,4; Zech. 11,5; Mal. 1,13; Mal. 1,13; Is. 19,10; Is. 41,7; Is. 41,7; Is. 46,1; Is. 46,10; Is. 62,9; Is. 62,9; Jer. 8,2; Jer. 19,3; Jer. 23,2; Jer. 23,32; Jer. 45,11; Lam. 1,10; LetterJ 25; LetterJ 38; LetterJ 45; LetterJ 46; LetterJ 48; Ezek. 1,17; Ezek. 1,21; Ezek. 1,21; Ezek. 1,21; Ezek. 1,24; Ezek. 1,24; Ezek. 4,9; Ezek. 4,9; Ezek. 4,12; Ezek. 6,2; Ezek. 7,20; Ezek. 7,20; Ezek. 7,21; Ezek. 7,21; Ezek. 7,22; Ezek. 10,11; Ezek. 10,17; Ezek. 10,17; Ezek. 10,19; Ezek. 11,22; Ezek. 13,20; Ezek. 16,18; Ezek. 16,19; Ezek. 16,20; Ezek. 16,21; Ezek. 17,4; Ezek. 17,19; Ezek. 20,11; Ezek. 20,13; Ezek. 20,19; Ezek. 31,14; Ezek. 33,31; Ezek. 34,12; Ezek. 34,16; Ezek. 37,2; Ezek. 37,8; Ezek. 37,8; Ezek. 43,24; Ezek. 43,24; Ezek. 44,7; Ezek. 45,25; Dan. 1,2; Dan. 1,2; Dan. 2,35; Bel 8; Judg. 2,23; Judg. 2,23; Judg. 3,1; Judg. 6,19; Judg. 11,24; Judg. 16,3; Judg. 16,12; Judg. 19,29; Tob. 1,7; Tob. 1,7; Tob. 1,8; Tob. 1,8; Tob. 1,18; Tob. 6,4; Dan. 1,2; Dan. 2,35; Dan. 9,14; Matt. 10,1; Matt. 11,25; Matt. 13,30; Matt. 19,14; Matt. 27,6; Matt. 27,10; Mark 5,10; Mark 8,7; Mark 10,16; Mark 15,24; Luke 4,41; Luke 10,21; Luke 18,16; John 10,12; John 10,27; John 10,28; John 15,6; Acts 2,45; Rom. 1,32; Rom. 10,5; Gal. 3,12; Eph. 6,4; 1Pet. 1,12; Rev. 10,4; Rev. 11,6; Rev. 18,14)
    Pronoun · (personal) · third · neuter · plural · nominative ▸ **7** (Josh. 7,21; 2Chr. 3,13; 2Mac. 2,13; Sir. 1,22 Prol.; Hos. 2,24; Jer. 10,2; Ezek. 10,22)
    Pronoun · (personal) · intensive · neuter · plural · accusative ▸ 1 + 10 = **11** (Lev. 9,13; Luke 6,23; Luke 6,26; Luke 17,30; John 14,11; Rom. 2,1; Eph. 6,9; Phil. 3,1; 1Th. 2,14; Heb. 9,23; 1Pet.

αὐτός   295

5,9)

Pronoun · (personal) · intensive · neuter · plural · nominative
▸ 1 + 1 = **2** (Eccl. 3,14; John 5,36)

αὐταί ▸ 3

Pronoun · (personal) · third · feminine · plural · nominative ▸ **2**
(Ruth 1,22; Sol. 2,13)

Pronoun · (personal) · intensive · feminine · plural · nominative
▸ **1** (Gen. 31,6)

αὐταί ▸ 1

Pronoun · (personal) · intensive · feminine · plural · nominative
▸ **1** (Psa. 22,4)

αὐταῖς ▸ 78 + 4 + 20 = 102

Adjective · feminine · plural · dative · noDegree ▸ **2** (Esth. 1,2; 2Mac. 3,33)

Pronoun · (personal) · third · feminine · plural · dative ▸ 76 + 4 + 19 = **99** (Gen. 19,8; Gen. 19,29; Gen. 31,5; Ex. 1,17; Ex. 1,18; Ex. 2,17; Ex. 2,18; Ex. 12,16; Ex. 18,20; Ex. 26,4; Ex. 30,4; Ex. 35,19; Ex. 39,12; Lev. 25,31; Num. 10,3; Num. 13,19; Num. 27,7; Num. 27,7; Deut. 8,12; Deut. 9,10; Josh. 17,4; Josh. 21,26; Josh. 24,13; Judg. 14,17; Judg. 16,8; Judg. 19,24; Judg. 21,23; Ruth 1,19; 1Sam. 9,11; 1Sam. 9,20; 1Sam. 31,7; 1Kings 3,23; 2Kings 13,6; 2Kings 13,11; 2Kings 17,29; 2Kings 19,26; 1Chr. 10,7; 2Chr. 11,11; 2Chr. 11,23; Neh. 9,6; Judith 3,4; Judith 3,4; Judith 7,7; Judith 7,13; Judith 8,11; 1Mac. 9,52; 4Mac. 6,35; Psa. 117,19; Song 4,2; Song 6,6; Job 42,15; Wis. 1,14; Hos. 14,10; Hos. 14,10; Zeph. 1,13; Is. 5,9; Jer. 4,29; Jer. 5,17; Jer. 17,19; Jer. 17,19; Jer. 27,40; Lam. 4,10; Ezek. 11,17; Ezek. 16,17; Ezek. 18,24; Ezek. 20,34; Ezek. 20,41; Ezek. 23,36; Ezek. 23,46; Ezek. 33,10; Ezek. 33,18; Ezek. 37,20; Ezek. 37,23; Ezek. 44,19; Ezek. 46,23; Dan. 4,37c; Judg. 16,8; Judg. 19,24; Judg. 21,23; Sus. 18; Matt. 28,9; Matt. 28,10; Mark 16,6; Luke 8,3; Luke 13,14; Luke 24,4; Luke 24,10; Luke 24,11; John 5,39; 1Cor. 14,34; Phil. 4,3; 1Tim. 1,18; 1Tim. 5,16; Heb. 10,3; 2Pet. 3,16; Rev. 9,3; Rev. 9,4; Rev. 9,19; Rev. 15,1)

Pronoun · (personal) · intensive · feminine · plural · dative ▸ **1** (Heb. 10,1)

αὐτάς ▸ 35 + 2 + 2 = 39

Pronoun · (personal) · third · feminine · plural · accusative ▸ 35 + 2 + 2 = **39** (Ex. 2,17; Ex. 26,1; Ex. 26,7; Ex. 38,20; Lev. 20,14; Lev. 22,31; Lev. 26,3; Num. 10,2; Num. 31,18; Deut. 1,22; Judg. 19,24; Ruth 1,9; Ruth 1,20; 1Kings 9,13; 2Kings 1,18c; 2Kings 18,13; 2Kings 19,11; 2Chr. 29,3; 2Chr. 32,1; 1Esdr. 4,26; Neh. 1,9; Judith 13,13; Psa. 102,18; Prov. 19,24; Prov. 21,27; Prov. 28,2; Is. 34,16; Is. 36,1; Is. 42,10; Jer. 4,7; Ezek. 16,50; Ezek. 16,58; Ezek. 16,61; Ezek. 35,10; Ezek. 37,17; Judg. 19,24; Judg. 21,22; Luke 24,5; Col. 3,19)

αὐτάς ▸ 86 + 5 + 10 = 101

Adjective · feminine · plural · accusative · noDegree ▸ **1** (4Mac. 13,24)

Pronoun · (personal) · third · feminine · plural · accusative ▸ 85 + 5 + 9 = **99** (Gen. 11,3; Gen. 19,8; Gen. 30,37; Ex. 1,19; Ex. 2,17; Ex. 30,5; Ex. 32,19; Lev. 16,21; Lev. 23,2; Lev. 23,4; Num. 15,39; Num. 17,19; Num. 32,35; Num. 32,41; Num. 32,42; Deut. 3,14; Deut. 9,17; Deut. 10,2; Deut. 10,4; Josh. 21,42d; Judg. 10,4; Judg. 11,13; Judg. 16,3; Judg. 19,24; Judg. 19,29; Judg. 21,12; Ruth 1,19; 1Sam. 6,10; 1Sam. 7,14; 1Sam. 11,7; 2Sam. 14,30; 2Sam. 20,3; 2Sam. 20,3; 2Sam. 20,3; 1Kings 5,14b; 1Kings 10,26; 2Kings 10,7; 2Kings 10,8; 1Chr. 6,50; 1Chr. 23,22; 2Chr. 8,2; 2Chr. 9,16; 2Chr. 11,11; 2Chr. 11,12; 1Esdr. 9,36; Neh. 13,19; Judith 7,7; Judith 10,17; Judith 13,13; Tob. 1,7; 1Mac. 6,31; 1Mac. 8,8; 1Mac. 8,8; 1Mac. 14,10; 1Mac. 14,48; 2Mac. 6,10; 3Mac. 6,21; Psa. 28,6; Prov. 3,3; Prov. 4,21; Prov. 4,22; Eccl. 6,12; Job 1,15; Job 1,17;
Sir. 7,24; Sir. 10,16; Sir. 28,15; Is. 10,6; Jer. 32,18; Jer. 41,22; Jer. 43,23; Jer. 50,12; Ezek. 13,17; Ezek. 16,47; Ezek. 16,51; Ezek. 16,52; Ezek. 16,52; Ezek. 23,45; Ezek. 23,46; Ezek. 23,47; Ezek. 23,47; Ezek. 37,17; Ezek. 40,41; Ezek. 40,42; Ezek. 44,19; Judg. 10,4; Judg. 11,13; Judg. 16,3; Judg. 19,24; Judg. 21,12; Mark 16,8; Luke 23,28; Luke 24,4; John 2,7; John 11,19; John 14,21; Heb. 11,13; Jude 7; Rev. 7,14)

Pronoun · (personal) · intensive · feminine · plural · accusative
▸ **1** (Heb. 10,11)

αὐτή ▸ 9 + 2 = 11

Pronoun · (personal) · third · feminine · singular · nominative
▸ 7 + 1 = **8** (Gen. 20,5; 1Sam. 13,21; 1Sam. 21,10; 2Sam. 13,2; Tob. 7,12; Amos 5,18; Mic. 1,13; Tob. 2,14)

Pronoun · (personal) · intensive · feminine · singular · nominative
▸ 2 + 1 = **3** (Psa. 17,36; Jer. 3,8; Tob. 7,7)

αὐτή ▸ 74 + 16 + 11 = 101

Adjective · feminine · singular · nominative · noDegree ▸ **1** (4Mac. 10,2)

Pronoun · (demonstrative) · third · feminine · singular · nominative ▸ **1** (Lev. 6,2)

Pronoun · (personal) · third · feminine · singular · nominative
▸ 66 + 15 + 5 = **86** (Gen. 29,9; Gen. 38,5; Gen. 38,25; Gen. 40,10; Lev. 13,4; Lev. 13,21; Lev. 13,28; Lev. 19,20; Lev. 19,20; Lev. 21,9; Lev. 22,12; Num. 5,13; Num. 5,13; Num. 5,14; Num. 5,14; Josh. 2,6; Josh. 2,8; Josh. 2,14; Josh. 6,17; Judg. 4,4; Judg. 4,5; Judg. 5,29; Judg. 11,38; Judg. 11,39; Judg. 14,17; Judg. 18,28; Ruth 1,3; Ruth 1,6; Ruth 1,18; 1Sam. 1,10; 1Sam. 1,13; 1Sam. 21,10; 2Sam. 11,4; 1Kings 3,4; 1Kings 3,27; 1Kings 10,13; 1Kings 17,15; 2Kings 4,5; 2Kings 8,2; 2Kings 22,14; Esth. 2,22; Esth. 15,5 # 5,1b; Judith 10,10; Judith 15,11; Judith 15,13; Tob. 6,18; Tob. 12,9; 4Mac. 17,1; Eccl. 7,24; Wis. 6,16; Hos. 2,4; Hos. 2,10; Hos. 2,10; Nah. 3,10; Mal. 2,14; Lam. 1,4; LetterJ 43; Ezek. 11,7; Ezek. 11,11; Ezek. 16,46; Ezek. 16,48; Ezek. 16,49; Ezek. 21,17; Ezek. 21,17; Ezek. 23,43; Dan. 2,44; Judg. 4,4; Judg. 4,5; Judg. 5,29; Judg. 11,38; Judg. 11,39; Judg. 14,17; Judg. 18,28; Tob. 3,10; Tob. 3,17; Tob. 7,12; Tob. 7,12; Tob. 12,9; Dan. 2,44; Dan. 11,6; Sus. 30; Mark 10,12; Luke 1,36; Luke 8,42; Rom. 16,2; Rev. 18,6)

Pronoun · (personal) · intensive · feminine · singular · nominative
▸ 6 + 1 + 6 = **13** (Gen. 4,22; Gen. 22,20; Gen. 22,24; Judg. 8,31; 1Sam. 21,6; Lam. 1,8; Judg. 8,31; Luke 2,37; Luke 7,12; Rom. 8,21; 1Cor. 11,14; 1Cor. 15,39; Heb. 11,11)

αὐτῇ ▸ 612 + 59 + 108 = 779

Adjective · feminine · singular · dative · noDegree ▸ **5** (Esth. 16,19 # 8,12s; Tob. 3,7; 3Mac. 3,11; Job 31,15; Bel 39)

Pronoun · (personal) · third · feminine · singular · dative ▸ 593 + 52 + 94 = **739** (Gen. 2,3; Gen. 16,1; Gen. 16,6; Gen. 16,8; Gen. 16,9; Gen. 16,10; Gen. 16,11; Gen. 18,6; Gen. 18,24; Gen. 20,13; Gen. 21,17; Gen. 21,23; Gen. 24,45; Gen. 24,47; Gen. 24,58; Gen. 24,60; Gen. 25,22; Gen. 25,23; Gen. 27,15; Gen. 29,24; Gen. 29,29; Gen. 30,2; Gen. 34,3; Gen. 34,10; Gen. 35,17; Gen. 38,16; Gen. 38,18; Gen. 39,10; Gen. 39,10; Gen. 41,48; Ex. 2,8; Ex. 2,10; Ex. 4,17; Ex. 12,30; Ex. 16,26; Ex. 20,10; Ex. 21,8; Ex. 21,9; Ex. 21,11; Ex. 25,11; Ex. 25,12; Ex. 25,24; Ex. 25,25; Ex. 35,2; Ex. 38,3; Ex. 38,10; Ex. 40,9; Lev. 4,14; Lev. 4,23; Lev. 4,28; Lev. 8,7; Lev. 8,11; Lev. 11,22; Lev. 13,30; Lev. 13,31; Lev. 13,32; Lev. 15,26; Lev. 15,28; Lev. 15,29; Lev. 15,32; Lev. 18,3; Lev. 18,18; Lev. 19,20; Lev. 22,13; Lev. 23,21; Lev. 26,32; Lev. 26,32; Num. 1,50; Num. 1,50; Num. 4,16; Num. 5,30; Num. 13,20; Num. 13,32; Num. 15,31; Num. 19,2; Num. 21,25; Num. 28,25; Num. 29,35; Num. 30,5; Num. 30,7; Num. 30,8; Num. 30,10; Num. 30,12; Num. 30,12; Num. 30,13; Num. 30,14; Num. 30,15; Num. 30,15; Num. 30,15; Num. 30,15; Num. 32,39; Num. 33,53; Deut.

αὐτός

1,22; Deut. 5,14; Deut. 5,33; Deut. 10,14; Deut. 11,31; Deut. 13,6; Deut. 13,16; Deut. 16,8; Deut. 20,11; Deut. 21,13; Deut. 22,13; Deut. 22,14; Deut. 22,14; Deut. 22,17; Deut. 22,27; Deut. 24,1; Deut. 24,1; Deut. 24,1; Deut. 24,3; Deut. 25,5; Deut. 25,12; Deut. 28,30; Josh. 2,6; Josh. 2,14; Josh. 3,4; Josh. 6,2; Josh. 6,3; Josh. 6,17; Josh. 6,22; Josh. 6,23; Josh. 6,24; Josh. 10,28; Josh. 10,28; Josh. 10,30; Josh. 10,30; Josh. 10,35; Josh. 10,37; Josh. 10,37; Josh. 10,39; Josh. 10,39; Josh. 11,11; Josh. 11,11; Josh. 15,18; Josh. 15,19; Josh. 19,50; Josh. 21,13; Josh. 21,13; Josh. 21,14; Josh. 21,14; Josh. 21,15; Josh. 21,15; Josh. 21,16; Josh. 21,16; Josh. 21,16; Josh. 21,17; Josh. 21,17; Josh. 21,18; Josh. 21,18; Josh. 21,21; Josh. 21,21; Josh. 21,22; Josh. 21,22; Josh. 21,23; Josh. 21,23; Josh. 21,24; Josh. 21,24; Josh. 21,25; Josh. 21,25; Josh. 21,27; Josh. 21,27; Josh. 21,28; Josh. 21,28; Josh. 21,29; Josh. 21,29; Josh. 21,30; Josh. 21,30; Josh. 21,31; Josh. 21,31; Josh. 21,32; Josh. 21,32; Josh. 21,32; Josh. 21,42c; Josh. 21,43; Josh. 24,17; Judg. 1,14; Judg. 1,15; Judg. 2,22; Judg. 9,45; Judg. 13,14; Judg. 14,16; Judg. 14,17; Judg. 15,15; Judg. 16,4; Judg. 16,5; Judg. 16,8; Judg. 16,17; Judg. 16,17; Judg. 16,18; Judg. 18,1; Judg. 18,6; Judg. 18,7; Judg. 18,9; Judg. 18,28; Judg. 19,11; Judg. 19,25; Judg. 20,5; Ruth 1,10; Ruth 1,14; Ruth 2,2; Ruth 2,11; Ruth 2,14; Ruth 2,14; Ruth 2,16; Ruth 2,16; Ruth 2,16; Ruth 2,18; Ruth 2,19; Ruth 2,20; Ruth 3,1; Ruth 3,6; Ruth 3,15; Ruth 3,16; Ruth 3,16; Ruth 3,17; Ruth 4,13; 1Sam. 1,5; 1Sam. 1,6; 1Sam. 1,6; 1Sam. 1,8; 1Sam. 1,8; 1Sam. 1,14; 1Sam. 1,17; 1Sam. 1,23; 1Sam. 4,20; 1Sam. 4,20; 1Sam. 6,3; 1Sam. 6,4; 1Sam. 6,8; 1Sam. 6,14; 1Sam. 25,31; 1Sam. 25,35; 1Sam. 25,40; 1Sam. 25,42; 1Sam. 28,7; 1Sam. 28,8; 1Sam. 28,10; 1Sam. 28,13; 1Sam. 28,14; 1Sam. 30,2; 1Sam. 31,4; 2Sam. 6,17; 2Sam. 12,29; 2Sam. 12,31; 2Sam. 13,1; 2Sam. 13,2; 2Sam. 13,11; 2Sam. 13,15; 2Sam. 14,27; 2Sam. 20,10; 1Kings 2,13; 1Kings 2,15; 1Kings 2,17; 1Kings 2,19; 1Kings 2,20; 1Kings 2,35f; 1Kings 3,26; 1Kings 3,26; 1Kings 3,27; 1Kings 8,36; 1Kings 8,44; 1Kings 10,3; 1Kings 10,3; 1Kings 10,13; 1Kings 11,32; 1Kings 12,24k; 1Kings 12,24l; 1Kings 12,25; 1Kings 13,9; 1Kings 13,10; 1Kings 13,17; 1Kings 13,25; 1Kings 17,10; 2Kings 4,6; 2Kings 4,14; 2Kings 4,14; 2Kings 4,27; 2Kings 6,27; 2Kings 6,28; 2Kings 8,6; 2Kings 9,35; 2Kings 11,16; 2Kings 15,16; 2Kings 17,32; 2Kings 19,28; 2Kings 19,33; 1Chr. 2,26; 1Chr. 10,4; 1Chr. 15,1; 1Chr. 15,3; 1Chr. 15,12; 1Chr. 16,1; 1Chr. 16,19; 1Chr. 20,3; 2Chr. 1,4; 2Chr. 4,6; 2Chr. 6,27; 2Chr. 6,34; 2Chr. 8,11; 2Chr. 9,2; 2Chr. 9,2; 2Chr. 20,8; 2Chr. 20,8; 2Chr. 23,15; 2Chr. 34,22; 1Esdr. 2,17; 1Esdr. 2,21; 1Esdr. 4,39; 1Esdr. 4,40; 1Esdr. 4,54; Ezra 4,19; Ezra 6,2; Neh. 2,17; Neh. 6,6; Neh. 7,4; Neh. 9,6; Neh. 9,12; Neh. 9,19; Neh. 13,16; Esth. 1,11; Esth. 2,7; Esth. 2,9; Esth. 2,9; Esth. 2,9; Esth. 2,10; Esth. 2,13; Esth. 2,13; Esth. 2,15; Esth. 2,17; Esth. 2,20; Esth. 4,4; Esth. 4,5; Esth. 4,5; Esth. 4,8; Esth. 4,9; Esth. 4,13; Esth. 15,8 # 5,1e; Esth. 8,1; Judith 5,16; Judith 8,7; Judith 8,8; Judith 10,5; Judith 10,6; Judith 10,7; Judith 10,9; Judith 10,11; Judith 10,17; Judith 12,1; Judith 12,12; Judith 12,15; Judith 13,18; Judith 15,12; Judith 16,19; Tob. 2,12; Tob. 2,13; Tob. 2,14; Tob. 3,8; Tob. 4,3; Tob. 5,21; Tob. 6,15; Tob. 6,18; Tob. 6,19; Tob. 7,15; Tob. 7,16; Tob. 10,6; Tob. 14,4; Tob. 14,5; 1Mac. 1,34; 1Mac. 3,12; 1Mac. 6,2; 1Mac. 6,12; 1Mac. 6,49; 1Mac. 8,14; 1Mac. 10,30; 1Mac. 10,32; 1Mac. 10,39; 1Mac. 10,54; 1Mac. 10,77; 1Mac. 13,11; 1Mac. 13,11; 1Mac. 13,48; 1Mac. 13,48; 1Mac. 14,17; 1Mac. 14,37; 1Mac. 15,25; 2Mac. 1,14; 4Mac. 5,22; 4Mac. 15,10; Psa. 23,1; Psa. 34,8; Psa. 45,6; Psa. 67,11; Psa. 68,37; Psa. 74,4; Psa. 86,5; Psa. 86,6; Psa. 97,7; Psa. 103,20; Psa. 104,12; Psa. 106,34; Psa. 117,20; Psa. 117,24; Psa. 136,7; Ode. 4,14; Prov. 2,19; Prov. 2,21; Prov. 2,21; Prov. 3,15; Prov. 3,15; Prov. 5,5; Prov. 7,22; Prov. 9,18; Prov. 10,22; Prov. 15,23; Prov. 15,33; Prov. 20,1; Prov. 31,11; Prov. 31,31; Eccl. 7,26; Eccl. 9,14; Eccl. 9,15; Song 8,8; Job 2,10; Job 28,17; Job 28,19; Job 38,9; Job 38,10; Job 38,11; Job 38,26; Job 39,17; Job 39,17; Wis. 7,9; Wis. 7,22; Wis. 8,16; Sir. 4,14; Sir. 4,15; Sir. 6,19; Sir. 6,20; Sir. 6,26; Sir. 10,28; Sir. 11,20; Sir. 23,13; Sir. 25,19; Sir. 27,26; Sir. 28,16; Sir. 28,26; Sir. 30,23; Sir. 37,27; Sir. 37,27; Sir. 43,23; Sir. 51,15; Sir. 51,17; Sir. 51,19; Sir. 51,22; Sir. 51,28; Sol. 2,11; Sol. 2,21; Sol. 15,13; Hos. 2,10; Hos. 2,10; Hos. 2,17; Amos 3,9; Amos 5,20; Amos 8,8; Mic. 1,2; Mic. 7,5; Joel 2,11; Jonah 1,2; Jonah 3,2; Nah. 1,5; Nah. 3,7; Hab. 3,14; Zeph. 3,3; Zech. 1,16; Zech. 2,9; Zech. 13,8; Zech. 14,11; Is. 1,21; Is. 2,3; Is. 10,15; Is. 13,20; Is. 15,5; Is. 16,3; Is. 17,6; Is. 24,1; Is. 27,5; Is. 27,11; Is. 28,18; Is. 30,21; Is. 31,4; Is. 34,1; Is. 34,1; Is. 34,11; Is. 34,11; Is. 35,2; Is. 35,9; Is. 37,29; Is. 37,34; Is. 40,22; Is. 42,5; Is. 48,17; Is. 51,3; Is. 54,17; Is. 65,18; Is. 65,19; Is. 66,10; Jer. 2,6; Jer. 2,37; Jer. 3,8; Jer. 3,20; Jer. 4,2; Jer. 6,6; Jer. 6,7; Jer. 6,16; Jer. 6,21; Jer. 8,16; Jer. 9,15; Jer. 12,4; Jer. 15,9; Jer. 20,14; Jer. 23,12; Jer. 26,8; Jer. 26,19; Jer. 26,21; Jer. 26,21; Jer. 27,3; Jer. 27,9; Jer. 27,15; Jer. 27,29; Jer. 27,29; Jer. 27,39; Jer. 28,6; Jer. 28,43; Jer. 28,43; Jer. 28,56; Jer. 29,2; Jer. 29,7; Jer. 31,9; Jer. 33,15; Jer. 34,11; Jer. 38,9; Jer. 40,6; Jer. 49,3; Jer. 51,17; Jer. 51,19; Jer. 51,19; Jer. 51,19; Jer. 51,25; Bar. 4,35; Lam. 1,2; Lam. 1,2; Lam. 1,7; Lam. 4,6; Lam. 5,18; LetterJ 58; Ezek. 2,9; Ezek. 2,10; Ezek. 12,19; Ezek. 13,16; Ezek. 14,22; Ezek. 14,23; Ezek. 16,49; Ezek. 19,11; Ezek. 19,14; Ezek. 21,3; Ezek. 22,2; Ezek. 22,24; Ezek. 23,5; Ezek. 23,10; Ezek. 29,11; Ezek. 30,5; Ezek. 30,6; Ezek. 30,8; Ezek. 32,15; Ezek. 33,13; Ezek. 40,26; Ezek. 40,26; Ezek. 40,29; Ezek. 40,33; Ezek. 40,34; Ezek. 40,36; Ezek. 40,37; Ezek. 40,39; Ezek. 44,3; Ezek. 45,3; Dan. 2,41; Dan. 5,9; Dan. 7,4; Dan. 11,33; Dan. 11,42; Sus. 12; Sus. 19; Judg. 1,14; Judg. 1,15; Judg. 2,22; Judg. 9,45; Judg. 11,39; Judg. 13,14; Judg. 14,16; Judg. 14,17; Judg. 15,15; Judg. 16,4; Judg. 16,5; Judg. 16,8; Judg. 16,9; Judg. 16,17; Judg. 16,17; Judg. 16,18; Judg. 18,1; Judg. 18,5; Judg. 18,6; Judg. 18,28; Judg. 19,11; Judg. 19,25; Judg. 20,10; Tob. 1,4; Tob. 2,12; Tob. 2,12; Tob. 2,12; Tob. 2,14; Tob. 3,8; Tob. 5,21; Tob. 7,3; Tob. 7,4; Tob. 7,5; Tob. 7,15; Tob. 7,16; Tob. 7,16; Tob. 8,4; Tob. 10,6; Tob. 11,17; Tob. 14,5; Tob. 14,9; Tob. 14,9; Dan. 2,41; Dan. 7,4; Dan. 7,4; Dan. 7,5; Dan. 7,6; Dan. 7,6; Sus. 11; Sus. 19; Sus. 26; Sus. 63; Matt. 1,20; Matt. 5,31; Matt. 10,11; Matt. 12,39; Matt. 14,7; Matt. 15,23; Matt. 15,28; Matt. 16,4; Matt. 20,21; Matt. 21,19; Matt. 21,19; Matt. 22,39; Mark 5,23; Mark 5,33; Mark 5,34; Mark 5,41; Mark 5,43; Mark 6,23; Mark 7,27; Mark 7,29; Mark 11,13; Mark 11,14; Mark 14,5; Mark 14,6; Luke 1,30; Luke 1,35; Luke 1,45; Luke 1,56; Luke 1,58; Luke 7,12; Luke 7,13; Luke 7,13; Luke 7,48; Luke 8,48; Luke 8,55; Luke 10,9; Luke 10,40; Luke 10,41; Luke 11,29; Luke 13,6; Luke 13,12; Luke 13,13; Luke 24,18; John 2,4; John 4,7; John 4,10; John 4,13; John 4,16; John 4,17; John 4,21; John 4,26; John 8,10; John 11,23; John 11,25; John 11,31; John 11,33; John 11,40; John 20,13; John 20,15; John 20,16; John 20,17; John 20,18; Acts 1,20; Acts 7,5; Acts 9,38; Acts 9,41; Acts 20,22; Rom. 6,2; Rom. 9,12; Rom. 16,2; 1Cor. 11,15; 1Cor. 11,15; Col. 4,2; James 3,9; James 3,9; 2Pet. 3,10; 2John 6; Rev. 1,3; Rev. 2,21; Rev. 10,6; Rev. 10,6; Rev. 13,12; Rev. 16,19; Rev. 18,6; Rev. 18,6; Rev. 18,7; Rev. 18,20; Rev. 18,24; Rev. 19,8; Rev. 19,15; Rev. 20,13; Rev. 21,22; Rev. 21,23; Rev. 22,3)

Pronoun · (personal) · intensive · feminine · singular · dative
▸ 14 + 7 + 14 = **35** (Lev. 22,30; Lev. 23,28; Lev. 23,29; Lev. 23,30; 1Esdr. 8,62; Esth. 8,1; Esth. 9,2; Esth. 9,11; Tob. 2,9; 4Mac. 4,20; Dan. 2,19; Dan. 4,37b; Dan. 5,0; Dan. 5,5; Tob. 2,9; Tob. 14,9; Dan. 3,6; Dan. 3,15; Dan. 4,33; Dan. 5,5; Dan. 5,30; Luke 1,36; Luke 2,8; Luke 2,38; Luke 10,7; Luke 10,21; Luke 12,12; Luke 13,31; Luke 20,19; Luke 23,12; Luke 24,13; Luke 24,33; Acts 16,18; Acts 22,13; 1Cor. 1,10)

αὐτός

αὐτήν ▸ 438 + 36 + 64 = 538
Pronoun ▪ (personal) ▪ third ▪ feminine ▪ singular ▪ accusative
▸ 438 + 36 + 64 = 538 (Gen. 2,3; Gen. 6,16; Gen. 12,16; Gen. 13,17; Gen. 15,8; Gen. 16,13; Gen. 19,13; Gen. 20,2; Gen. 21,14; Gen. 24,16; Gen. 24,42; Gen. 24,67; Gen. 25,24; Gen. 26,9; Gen. 29,20; Gen. 29,21; Gen. 30,3; Gen. 32,9; Gen. 34,2; Gen. 34,21; Gen. 35,12; Gen. 38,2; Gen. 38,15; Gen. 38,18; Gen. 38,20; Gen. 38,24; Gen. 38,26; Ex. 2,1; Ex. 2,5; Ex. 12,14; Ex. 13,11; Ex. 14,16; Ex. 20,8; Ex. 20,11; Ex. 21,8; Ex. 21,8; Ex. 21,9; Ex. 23,11; Ex. 25,11; Ex. 33,1; Ex. 34,12; Ex. 38,26; Lev. 6,9; Lev. 6,11; Lev. 6,14; Lev. 6,15; Lev. 6,19; Lev. 7,9; Lev. 7,12; Lev. 8,11; Lev. 18,20; Lev. 18,25; Lev. 18,28; Lev. 19,29; Lev. 23,41; Lev. 25,10; Lev. 26,35; Num. 12,13; Num. 13,23; Num. 13,30; Num. 13,32; Num. 14,7; Num. 14,23; Num. 14,24; Num. 22,25; Num. 30,6; Num. 30,9; Num. 30,13; Deut. 1,24; Deut. 1,36; Deut. 1,39; Deut. 1,39; Deut. 4,5; Deut. 4,14; Deut. 4,26; Deut. 5,12; Deut. 5,15; Deut. 6,1; Deut. 11,8; Deut. 11,10; Deut. 11,11; Deut. 11,12; Deut. 11,29; Deut. 15,4; Deut. 20,5; Deut. 20,5; Deut. 20,7; Deut. 20,7; Deut. 20,10; Deut. 20,12; Deut. 21,14; Deut. 21,14; Deut. 21,14; Deut. 22,27; Deut. 22,29; Deut. 23,21; Deut. 23,22; Deut. 24,4; Deut. 25,8; Deut. 28,21; Deut. 28,30; Deut. 28,63; Deut. 28,68; Deut. 29,21; Deut. 30,5; Deut. 30,13; Deut. 30,13; Deut. 30,16; Deut. 30,18; Deut. 31,13; Deut. 31,16; Deut. 32,47; Deut. 34,4; Josh. 2,17; Josh. 3,3; Josh. 3,4; Josh. 8,18; Josh. 10,1; Josh. 10,5; Josh. 10,31; Josh. 10,32; Josh. 10,34; Josh. 10,36; Josh. 13,7; Josh. 18,4; Judg. 1,12; Judg. 1,19; Judg. 4,19; Judg. 4,20; Judg. 4,22; Judg. 5,25; Judg. 5,29; Judg. 6,5; Judg. 7,13; Judg. 9,50; Judg. 11,35; Judg. 13,3; Judg. 15,1; Judg. 15,2; Judg. 16,1; Judg. 16,11; Judg. 16,13; Judg. 18,5; Judg. 19,28; Ruth 2,15; Ruth 3,5; Ruth 3,15; Ruth 4,13; 1Sam. 6,8; 1Sam. 9,6; 1Sam. 20,21; 1Sam. 20,36; 1Sam. 21,10; 1Sam. 24,12; 1Sam. 28,9; 1Sam. 31,4; 2Sam. 6,6; 2Sam. 6,6; 2Sam. 6,23; 2Sam. 11,4; 2Sam. 12,3; 2Sam. 12,28; 2Sam. 12,28; 2Sam. 12,29; 2Sam. 13,15; 2Sam. 13,15; 2Sam. 14,2; 2Sam. 20,17; 2Sam. 24,16; 1Kings 1,4; 1Kings 7,10; 1Kings 7,11; 1Kings 11,12; 1Kings 18,6; 1Kings 19,10; 1Kings 19,14; 1Kings 20,6; 1Kings 21,1; 2Kings 3,25; 2Kings 4,3; 2Kings 4,5; 2Kings 4,12; 2Kings 4,13; 2Kings 4,15; 2Kings 4,16; 2Kings 4,25; 2Kings 4,27; 2Kings 4,27; 2Kings 6,25; 2Kings 9,33; 2Kings 9,33; 2Kings 9,33; 2Kings 9,34; 2Kings 10,26; 2Kings 12,18; 2Kings 18,9; 2Kings 18,21; 2Kings 18,21; 2Kings 18,25; 2Kings 19,25; 2Kings 19,25; 2Kings 22,14; 2Kings 24,11; 1Chr. 2,21; 1Chr. 10,4; 1Chr. 20,1; 1Chr. 21,15; 2Chr. 4,3; 2Chr. 8,3; 1Esdr. 1,3; 1Esdr. 4,19; 1Esdr. 4,31; 1Esdr. 4,31; 1Esdr. 8,80; Ezra 9,11; Neh. 2,5; Neh. 9,23; Esth. 2,1; Esth. 2,15; Esth. 15,15 # 5,2b; Judith 8,11; Judith 8,35; Judith 10,4; Judith 10,10; Judith 10,14; Judith 10,18; Judith 12,7; Judith 12,16; Judith 12,16; Judith 13,13; Judith 14,17; Judith 15,9; Judith 15,9; Judith 16,22; Tob. 2,14; Tob. 3,17; Tob. 4,3; Tob. 6,15; Tob. 6,19; Tob. 7,1; Tob. 7,11; Tob. 7,15; Tob. 8,1; Tob. 10,12; Tob. 10,13; 1Mac. 1,28; 1Mac. 1,38; 1Mac. 4,7; 1Mac. 6,3; 1Mac. 6,26; 1Mac. 6,50; 1Mac. 9,62; 1Mac. 10,32; 1Mac. 10,75; 1Mac. 11,65; 1Mac. 12,33; 1Mac. 12,34; 1Mac. 13,1; 1Mac. 13,20; Psa. 9,36; Psa. 23,2; Psa. 33,15; Psa. 39,15; Psa. 47,13; Psa. 59,4; Psa. 64,10; Psa. 64,10; Psa. 67,10; Psa. 68,19; Psa. 68,36; Psa. 68,37; Psa. 73,6; Psa. 79,9; Psa. 79,14; Psa. 79,16; Psa. 94,5; Psa. 101,14; Psa. 108,27; Psa. 110,10; Psa. 131,11; Psa. 131,14; Psa. 138,6; Prov. 1,7; Prov. 2,4; Prov. 3,6; Prov. 4,6; Prov. 4,8; Prov. 4,8; Prov. 6,22; Prov. 9,18a; Prov. 10,26; Prov. 17,21; Prov. 19,7; Prov. 20,5; Prov. 21,1; Prov. 30,15; Prov. 31,28; Eccl. 2,12; Eccl. 5,3; Eccl. 5,10; Song 6,9; Song 6,9; Song 8,7; Job 28,27; Job 34,33; Job 40,2; Wis. 6,12; Wis. 8,3; Wis. 9,10; Sir. 1,19; Sir. 1,26; Sir. 4,11; Sir. 4,16; Sir. 6,21; Sir. 6,27; Sir. 7,25; Sir. 7,26; Sir. 10,2; Sir. 15,1; Sir. 15,7; Sir. 17,1; Sir. 20,22; Sir. 24,28; Sir. 24,28; Sir. 24,34; Sir. 25,26; Sir. 28,23; Sir. 51,14; Sir. 51,15; Sir. 51,20; Sir. 51,21; Sir. 51,26; Sol. 17,11; Hos. 3,3; Hos. 4,3; Amos 1,9; Amos 4,7; Amos 5,2; Amos 6,8; Amos 9,5; Amos 9,5; Mic. 7,10; Jonah 4,10; Nah. 3,7; Hab. 2,8; Hab. 2,17; Zeph. 3,7; Zech. 2,4; Zech. 8,2; Mal. 2,2; Is. 1,7; Is. 7,1; Is. 15,7; Is. 19,17; Is. 20,1; Is. 23,7; Is. 24,5; Is. 24,6; Is. 27,3; Is. 27,4; Is. 29,7; Is. 36,10; Is. 40,2; Is. 42,5; Is. 42,10; Is. 45,18; Is. 45,18; Is. 50,1; Is. 66,10; Jer. 2,24; Jer. 2,24; Jer. 9,11; Jer. 11,16; Jer. 12,8; Jer. 12,9; Jer. 19,15; Jer. 26,20; Jer. 27,14; Jer. 27,15; Jer. 27,15; Jer. 27,21; Jer. 27,26; Jer. 27,32; Jer. 28,8; Jer. 28,11; Jer. 28,29; Jer. 28,53; Jer. 28,64; Jer. 30,8; Jer. 32,29; Jer. 37,17; Jer. 39,3; Jer. 39,24; Jer. 39,28; Jer. 40,2; Jer. 45,3; Jer. 46,1; Bar. 3,32; Lam. 1,2; Lam. 1,8; Lam. 1,9; Lam. 1,17; Lam. 2,16; Lam. 2,16; Ezek. 3,3; Ezek. 4,3; Ezek. 4,3; Ezek. 4,7; Ezek. 14,22; Ezek. 17,6; Ezek. 17,14; Ezek. 19,12; Ezek. 19,14; Ezek. 21,32; Ezek. 22,3; Ezek. 22,30; Ezek. 23,8; Ezek. 23,44; Ezek. 26,17; Ezek. 29,11; Ezek. 29,18; Ezek. 32,16; Ezek. 37,16; Ezek. 40,20; Ezek. 40,22; Dan. 1,1; Dan. 3,22; Dan. 4,31; Dan. 7,23; Dan. 11,17; Sus. 12; Sus. 19; Sus. 19; Sus. 28; Sus. 29; Sus. 32; Sus. 39; Sus. 40; Judg. 1,12; Judg. 4,19; Judg. 4,22; Judg. 5,23; Judg. 5,29; Judg. 6,5; Judg. 7,13; Judg. 9,50; Judg. 13,3; Judg. 15,2; Judg. 15,2; Judg. 16,1; Judg. 16,11; Judg. 16,13; Judg. 19,25; Judg. 19,28; Tob. 2,14; Tob. 3,17; Tob. 6,12; Tob. 6,13; Tob. 6,13; Tob. 6,14; Tob. 6,19; Tob. 6,19; Tob. 7,11; Dan. 1,1; Dan. 4,17; Dan. 4,25; Dan. 4,32; Dan. 5,21; Dan. 5,26; Dan. 11,17; Sus. 12; Sus. 16; Sus. 32; Sus. 33; Matt. 1,19; Matt. 7,14; Matt. 9,18; Matt. 10,12; Matt. 10,13; Matt. 10,39; Matt. 10,39; Matt. 11,12; Matt. 12,41; Matt. 12,42; Matt. 14,4; Matt. 15,23; Matt. 16,25; Matt. 16,25; Matt. 19,7; Matt. 22,28; Matt. 23,37; Mark 6,26; Mark 8,35; Mark 8,35; Mark 9,43; Mark 10,11; Mark 10,15; Mark 14,6; Luke 2,6; Luke 4,6; Luke 4,39; Luke 6,48; Luke 8,52; Luke 9,24; Luke 9,24; Luke 11,32; Luke 13,7; Luke 13,9; Luke 13,18; Luke 13,34; Luke 17,33; Luke 17,33; Luke 18,5; Luke 18,17; Luke 20,31; Luke 21,21; John 10,17; John 10,18; John 10,18; John 11,31; John 12,7; John 12,25; John 12,25; Acts 5,9; Acts 9,41; Acts 15,16; 1Cor. 7,12; Gal. 1,13; Eph. 5,29; Heb. 4,6; Heb. 12,17; 1Pet. 3,11; Rev. 3,8; Rev. 18,8; Rev. 18,11; Rev. 21,23; Rev. 21,24; Rev. 21,26)

αὐτὴν ▸ 695 + 67 + 74 = 836
Adjective ▪ feminine ▪ singular ▪ accusative ▪ noDegree ▸ 8 (Lev. 23,14; 2Mac. 6,8; 2Mac. 10,5; 3Mac. 1,23; 4Mac. 8,5; 4Mac. 10,13; 4Mac. 16,22; Amos 2,7)
Pronoun ▪ (personal) ▪ third ▪ feminine ▪ singular ▪ accusative
▸ 686 + 67 + 65 = **818** (Gen. 2,22; Gen. 3,17; Gen. 6,14; Gen. 6,16; Gen. 8,9; Gen. 8,9; Gen. 12,15; Gen. 12,15; Gen. 12,15; Gen. 12,19; Gen. 13,15; Gen. 16,3; Gen. 16,6; Gen. 16,7; Gen. 17,16; Gen. 19,33; Gen. 19,35; Gen. 24,21; Gen. 24,23; Gen. 24,47; Gen. 28,13; Gen. 29,19; Gen. 29,19; Gen. 29,23; Gen. 29,23; Gen. 30,4; Gen. 30,9; Gen. 30,10; Gen. 34,2; Gen. 34,2; Gen. 34,8; Gen. 35,14; Gen. 35,14; Gen. 35,17; Gen. 35,18; Gen. 38,2; Gen. 38,8; Gen. 38,14; Gen. 38,15; Gen. 38,15; Gen. 38,16; Gen. 38,26; Gen. 38,28; Gen. 40,11; Gen. 48,7; Gen. 48,17; Ex. 2,3; Ex. 2,3; Ex. 2,3; Ex. 2,9; Ex. 4,3; Ex. 4,3; Ex. 4,7; Ex. 6,8; Ex. 6,8; Ex. 7,9; Ex. 9,10; Ex. 10,14; Ex. 10,19; Ex. 12,14; Ex. 22,15; Ex. 22,16; Ex. 25,11; Ex. 32,13; Ex. 38,2; Ex. 38,4; Ex. 40,9; Ex. 40,35; Lev. 2,15; Lev. 2,15; Lev. 6,7; Lev. 6,10; Lev. 6,19; Lev. 8,8; Lev. 10,13; Lev. 12,7; Lev. 16,23; Lev. 17,10; Lev. 20,6; Lev. 20,16; Lev. 20,24; Lev. 22,28; Lev. 24,5; Lev. 25,30; Lev. 26,43; Lev. 27,14; Lev. 27,14; Lev. 27,15; Num. 1,51; Num. 4,6; Num. 4,7; Num. 4,8; Num. 4,8; Num. 4,10; Num. 4,10; Num. 5,16; Num. 5,16; Num. 5,19; Num. 5,24; Num. 5,25; Num. 5,27; Num. 7,1; Num. 7,1; Num. 9,16; Num. 13,32; Num. 14,8; Num. 17,7; Num. 19,2; Num. 19,3; Num. 19,3; Num. 19,3; Num. 19,5; Num. 19,8;

αὐτός

Num. 19,17; Num. 21,32; Num. 22,23; Num. 27,13; Num. 29,12; Num. 32,39; Num. 34,13; Num. 34,13; Deut. 1,38; Deut. 2,19; Deut. 11,31; Deut. 13,16; Deut. 17,14; Deut. 20,13; Deut. 20,19; Deut. 21,11; Deut. 21,12; Deut. 21,12; Deut. 21,13; Deut. 21,14; Deut. 22,13; Deut. 22,16; Deut. 22,19; Deut. 22,21; Deut. 22,23; Deut. 22,29; Deut. 24,1; Deut. 24,3; Deut. 24,3; Deut. 24,3; Deut. 24,4; Deut. 24,4; Deut. 25,5; Deut. 25,5; Deut. 26,1; Deut. 29,7; Deut. 29,22; Deut. 29,26; Deut. 30,12; Deut. 30,12; Deut. 31,7; Deut. 31,19; Deut. 31,19; Deut. 31,22; Deut. 32,44; Deut. 34,4; Josh. 6,17; Josh. 6,21; Josh. 6,22; Josh. 6,23; Josh. 6,26; Josh. 6,26; Josh. 8,19; Josh. 8,24; Josh. 8,28; Josh. 10,28; Josh. 10,30; Josh. 10,30; Josh. 10,30; Josh. 10,31; Josh. 10,32; Josh. 10,32; Josh. 10,34; Josh. 10,35; Josh. 10,35; Josh. 10,35; Josh. 10,37; Josh. 10,37; Josh. 10,38; Josh. 10,39; Josh. 10,39; Josh. 10,39; Josh. 12,6; Josh. 12,7; Josh. 13,6; Josh. 13,8; Josh. 15,17; Josh. 15,18; Josh. 16,10; Josh. 16,10; Josh. 16,10; Josh. 18,4; Josh. 18,9; Josh. 18,9; Josh. 19,48; Josh. 19,48; Josh. 19,48; Josh. 21,21; Josh. 21,43; Josh. 22,9; Josh. 24,32; Judg. 1,8; Judg. 1,8; Judg. 1,13; Judg. 1,14; Judg. 1,14; Judg. 1,17; Judg. 1,17; Judg. 3,16; Judg. 3,21; Judg. 4,5; Judg. 4,8; Judg. 4,18; Judg. 7,9; Judg. 7,13; Judg. 9,45; Judg. 9,50; Judg. 11,38; Judg. 14,2; Judg. 14,8; Judg. 15,2; Judg. 15,6; Judg. 15,6; Judg. 15,15; Judg. 16,5; Judg. 16,7; Judg. 16,18; Judg. 18,2; Judg. 18,10; Judg. 19,3; Judg. 19,3; Judg. 19,25; Judg. 19,25; Judg. 19,25; Judg. 19,28; Judg. 19,29; Judg. 20,6; Judg. 20,9; Ruth 1,18; Ruth 4,5; 1Sam. 1,7; 1Sam. 1,13; 1Sam. 2,14; 1Sam. 2,19; 1Sam. 4,19; 1Sam. 5,1; 1Sam. 5,2; 1Sam. 5,2; 1Sam. 5,9; 1Sam. 6,2; 1Sam. 6,3; 1Sam. 6,8; 1Sam. 6,8; 1Sam. 6,21; 1Sam. 7,1; 1Sam. 9,23; 1Sam. 9,24; 1Sam. 15,28; 1Sam. 17,54; 1Sam. 18,21; 1Sam. 21,11; 1Sam. 25,39; 1Sam. 28,7; 1Sam. 28,17; 1Sam. 28,24; 1Sam. 30,1; 2Sam. 3,15; 2Sam. 4,4; 2Sam. 6,3; 2Sam. 6,6; 2Sam. 6,6; 2Sam. 6,10; 2Sam. 6,17; 2Sam. 10,3; 2Sam. 10,3; 2Sam. 11,25; 2Sam. 11,27; 2Sam. 12,4; 2Sam. 12,24; 2Sam. 13,1; 2Sam. 13,14; 2Sam. 13,14; 2Sam. 13,15; 2Sam. 13,18; 2Sam. 13,20; 2Sam. 14,5; 2Sam. 14,26; 2Sam. 14,30; 2Sam. 15,25; 2Sam. 17,13; 2Sam. 18,18; 2Sam. 19,27; 2Sam. 23,12; 1Kings 1,3; 1Kings 2,19; 1Kings 2,35c; 1Kings 5,14a; 1Kings 5,14b; 1Kings 7,23; 1Kings 11,11; 1Kings 13,4; 1Kings 16,34; 1Kings 17,13; 1Kings 20,23; 1Kings 22,3; 2Kings 3,25; 2Kings 4,17; 2Kings 6,29; 2Kings 9,32; 2Kings 9,35; 2Kings 11,15; 2Kings 12,10; 2Kings 14,22; 2Kings 15,16; 2Kings 16,9; 2Kings 16,9; 2Kings 16,17; 2Kings 17,5; 2Kings 18,10; 2Kings 19,32; 2Kings 19,32; 2Kings 25,1; 2Kings 25,1; 1Chr. 11,6; 1Chr. 11,7; 1Chr. 11,14; 1Chr. 13,3; 1Chr. 13,6; 1Chr. 13,9; 1Chr. 13,13; 1Chr. 16,1; 2Chr. 5,5; 2Chr. 6,13; 2Chr. 20,7; 2Chr. 23,14; 2Chr. 23,15; 2Chr. 26,2; 1Esdr. 4,19; 1Esdr. 4,19; 1Esdr. 4,36; Ezra 9,11; Neh. 3,1; Neh. 3,3; Neh. 3,6; Neh. 3,13; Neh. 3,14; Esth. 1,11; Esth. 1,11; Esth. 2,7; Esth. 4,15; Esth. 15,8 # 5,1e; Esth. 15,8 # 5,1e; Esth. 15,11 # 5,2; Esth. 15,15 # 5,2b; Esth. 9,17; Judith 8,23; Judith 8,28; Judith 10,7; Judith 10,10; Judith 10,12; Judith 10,20; Judith 10,23; Judith 11,1; Judith 11,22; Judith 12,1; Judith 12,3; Judith 12,5; Judith 12,13; Judith 12,16; Judith 12,17; Judith 13,10; Judith 14,1; Judith 15,9; Judith 15,12; Judith 15,12; Judith 16,22; Judith 16,23; Judith 16,24; Judith 16,24; Judith 16,25; Tob. 4,3; Tob. 4,4; Tob. 4,11; Tob. 6,12; Tob. 6,13; Tob. 6,18; Tob. 7,12; Tob. 7,13; Tob. 7,13; Tob. 7,16; Tob. 11,17; Tob. 14,12; 1Mac. 1,30; 1Mac. 1,31; 1Mac. 2,7; 1Mac. 3,39; 1Mac. 5,28; 1Mac. 5,35; 1Mac. 5,35; 1Mac. 5,35; 1Mac. 5,51; 1Mac. 6,20; 1Mac. 6,24; 1Mac. 9,2; 1Mac. 9,64; 1Mac. 10,75; 1Mac. 11,1; 1Mac. 11,12; 1Mac. 11,20; 1Mac. 11,61; 1Mac. 11,65; 1Mac. 11,66; 1Mac. 12,36; 1Mac. 12,38; 1Mac. 12,45; 1Mac. 13,10; 1Mac. 13,43; 1Mac. 13,47; 1Mac. 13,48; 1Mac. 13,51; 1Mac. 14,37; 1Mac. 15,3; 1Mac. 16,10; 4Mac. 2,11; 4Mac. 12,6; Psa. 23,2; Psa. 47,9; Psa. 54,11; Psa. 77,69; Psa. 79,13; Psa. 79,14; Psa. 86,5; Psa. 103,32; Psa. 104,10; Psa. 108,23; Psa. 118,33; Psa. 118,35; Psa. 131,6; Psa. 131,6; Psa. 131,13; Prov. 2,2; Prov. 2,4; Prov. 3,14; Prov. 3,18; Prov. 4,13; Prov. 15,4; Prov. 19,7; Eccl. 9,14; Eccl. 9,14; Eccl. 9,14; Eccl. 9,14; Song 6,9; Song 8,9; Song 8,9; Job 3,4; Job 3,4; Job 3,5; Job 3,5; Job 3,6; Job 3,7; Job 3,8; Job 12,15; Job 20,12; Job 20,13; Job 20,13; Job 28,7; Job 28,7; Job 28,8; Job 28,27; Job 31,37; Job 38,9; Wis. 4,2; Wis. 6,12; Wis. 6,14; Wis. 6,15; Wis. 7,8; Wis. 7,10; Wis. 7,10; Wis. 7,12; Wis. 7,25; Wis. 8,10; Wis. 8,13; Wis. 8,18; Wis. 9,10; Wis. 10,9; Sir. 1,9; Sir. 1,9; Sir. 1,9; Sir. 1,10; Sir. 4,12; Sir. 4,12; Sir. 4,14; Sir. 6,4; Sir. 6,25; Sir. 6,31; Sir. 9,2; Sir. 9,9; Sir. 15,4; Sir. 15,7; Sir. 16,29; Sir. 16,30; Sir. 18,28; Sir. 20,20; Sir. 24,33; Sir. 25,24; Sir. 27,9; Sir. 34,21; Sir. 38,20; Sir. 51,18; Sir. 51,20; Sol. 17,31; Hos. 2,5; Hos. 2,5; Hos. 2,5; Hos. 2,5; Hos. 2,5; Hos. 2,12; Hos. 2,15; Hos. 2,16; Hos. 2,16; Hos. 2,25; Amos 9,8; Amos 9,11; Mic. 6,12; Mic. 6,16; Mic. 7,13; Joel 1,7; Obad. 1; Jonah 4,10; Nah. 1,4; Zeph. 3,18; Zech. 5,8; Zech. 6,10; Zech. 6,14; Zech. 9,4; Zech. 11,10; Zech. 12,3; Zech. 12,3; Is. 7,1; Is. 9,6; Is. 13,20; Is. 13,20; Is. 14,23; Is. 19,17; Is. 22,11; Is. 22,11; Is. 24,1; Is. 29,7; Is. 34,11; Is. 35,9; Is. 36,6; Is. 37,33; Is. 37,33; Is. 37,33; Is. 37,35; Is. 41,2; Is. 41,4; Is. 41,4; Is. 45,18; Is. 52,9; Jer. 2,24; Jer. 3,7; Jer. 3,8; Jer. 3,17; Jer. 4,17; Jer. 6,3; Jer. 6,3; Jer. 6,4; Jer. 6,4; Jer. 15,8; Jer. 21,10; Jer. 23,14; Jer. 25,9; Jer. 26,22; Jer. 27,3; Jer. 27,10; Jer. 27,21; Jer. 27,26; Jer. 27,29; Jer. 27,44; Jer. 28,2; Jer. 28,3; Jer. 28,9; Jer. 28,27; Jer. 28,27; Jer. 28,27; Jer. 28,27; Jer. 28,28; Jer. 28,44; Jer. 30,11; Jer. 30,13; Jer. 30,14; Jer. 31,2; Jer. 31,2; Jer. 34,5; Jer. 39,23; Jer. 39,24; Jer. 39,31; Jer. 39,31; Jer. 40,2; Jer. 40,5; Jer. 40,6; Jer. 41,2; Jer. 41,2; Jer. 41,22; Jer. 41,22; Jer. 41,22; Jer. 44,8; Jer. 44,8; Jer. 45,18; Jer. 52,4; Jer. 52,4; Bar. 1,2; Bar. 3,29; Bar. 3,29; Bar. 3,30; Bar. 3,30; Bar. 3,32; Bar. 3,32; Bar. 3,37; Bar. 4,1; Lam. 1,2; Lam. 1,2; Lam. 1,3; Lam. 1,3; Lam. 1,5; Lam. 1,5; Lam. 1,8; Ezek. 2,10; Ezek. 2,10; Ezek. 4,1; Ezek. 4,1; Ezek. 4,2; Ezek. 4,2; Ezek. 4,2; Ezek. 4,2; Ezek. 5,1; Ezek. 5,1; Ezek. 5,5; Ezek. 12,13; Ezek. 14,13; Ezek. 14,13; Ezek. 14,15; Ezek. 14,19; Ezek. 16,33; Ezek. 17,6; Ezek. 17,7; Ezek. 17,9; Ezek. 19,13; Ezek. 20,42; Ezek. 21,16; Ezek. 21,16; Ezek. 22,31; Ezek. 23,8; Ezek. 23,9; Ezek. 23,10; Ezek. 23,11; Ezek. 23,17; Ezek. 23,17; Ezek. 24,6; Ezek. 25,13; Ezek. 26,4; Ezek. 28,21; Ezek. 30,18; Ezek. 30,24; Ezek. 30,25; Ezek. 36,17; Ezek. 37,16; Ezek. 39,14; Ezek. 40,24; Ezek. 40,32; Ezek. 47,14; Ezek. 47,14; Ezek. 47,22; Ezek. 48,19; Dan. 1,2; Dan. 3,1; Dan. 3,19; Dan. 7,5; Dan. 7,23; Dan. 8,11; Dan. 11,10; Dan. 11,13; Sus. 33; Judg. 1,8; Judg. 1,8; Judg. 1,13; Judg. 1,14; Judg. 3,16; Judg. 3,21; Judg. 4,5; Judg. 4,8; Judg. 4,18; Judg. 4,20; Judg. 7,9; Judg. 7,13; Judg. 11,35; Judg. 11,38; Judg. 14,2; Judg. 14,8; Judg. 15,2; Judg. 15,6; Judg. 15,15; Judg. 16,5; Judg. 16,7; Judg. 16,18; Judg. 18,2; Judg. 18,10; Judg. 19,3; Judg. 19,25; Judg. 19,25; Judg. 19,28; Judg. 19,29; Judg. 19,30; Judg. 20,6; Judg. 20,9; Tob. 2,13; Tob. 3,7; Tob. 3,17; Tob. 3,17; Tob. 4,3; Tob. 4,4; Tob. 6,13; Tob. 6,13; Tob. 6,13; Tob. 6,13; Tob. 6,15; Tob. 6,17; Tob. 6,18; Tob. 7,10; Tob. 7,11; Tob. 7,13; Tob. 7,14; Tob. 7,15; Tob. 7,16; Tob. 8,7; Tob. 10,13; Tob. 11,17; Tob. 14,12; Dan. 3,1; Dan. 4,17; Dan. 7,18; Dan. 7,23; Dan. 11,6; Dan. 11,6; Sus. 8; Sus. 14; Sus. 28; Sus. 37; Sus. 41; Matt. 1,19; Matt. 1,25; Matt. 5,28; Matt. 5,28; Matt. 5,30; Matt. 5,32; Matt. 8,15; Matt. 9,22; Matt. 21,19; Mark 1,31; Mark 1,31; Mark 4,30; Mark 6,17; Mark 6,28; Mark 6,28; Mark 11,2; Mark 11,13; Mark 12,21; Mark 12,23; Luke 1,28; Luke 1,57; Luke 1,61; Luke 6,48; Luke 7,13; Luke 13,8; Luke 13,8; Luke 13,12; Luke 16,16; Luke 19,41; Luke 20,33; John 8,3; John 8,7; John 10,18; John 10,18; John 11,33; John 18,10; John 19,27; Acts 5,8; Acts 5,10; Acts 7,5; Acts 7,44; Acts 9,37; Acts 9,37; Acts 9,41; Acts 12,15; Acts 21,3;

αὐτός

Acts 27,8; Acts 27,32; Rom. 7,3; Rom. 16,2; Eph. 5,26; Col. 4,17; Heb. 5,3; 1John 2,21; Rev. 2,22; Rev. 11,2; Rev. 12,6; Rev. 12,15; Rev. 17,6; Rev. 17,7; Rev. 17,16; Rev. 17,16; Rev. 18,7; Rev. 18,9; Rev. 21,27)

Pronoun · (personal) · intensive · feminine · singular · accusative
▸ 1 + 9 = **10** (2Mac. 4,12; Rom. 12,4; 2Cor. 3,18; 2Cor. 6,13; 2Cor. 8,16; Phil. 2,2; Heb. 6,11; Heb. 10,1; 1Pet. 4,1; 1Pet. 4,4)

αὐτῆς ▸ 1932 + 128 + 169 = 2229

Adjective · feminine · singular · genitive · noDegree ▸ **2** (4Mac. 8,29; 4Mac. 13,20)

Pronoun · (personal) · third · feminine · singular · genitive
▸ 1930 + 128 + 165 = **2223** (Gen. 1,28; Gen. 2,21; Gen. 2,23; Gen. 3,6; Gen. 3,6; Gen. 3,15; Gen. 4,11; Gen. 4,12; Gen. 6,15; Gen. 8,9; Gen. 8,11; Gen. 9,1; Gen. 9,7; Gen. 11,9; Gen. 12,6; Gen. 13,17; Gen. 16,2; Gen. 16,3; Gen. 16,4; Gen. 16,5; Gen. 16,6; Gen. 16,9; Gen. 17,14; Gen. 17,15; Gen. 17,15; Gen. 17,16; Gen. 19,33; Gen. 19,35; Gen. 20,4; Gen. 20,6; Gen. 21,9; Gen. 21,10; Gen. 21,12; Gen. 21,19; Gen. 24,15; Gen. 24,17; Gen. 24,18; Gen. 24,22; Gen. 24,28; Gen. 24,46; Gen. 24,47; Gen. 24,53; Gen. 24,53; Gen. 24,55; Gen. 24,57; Gen. 24,59; Gen. 24,61; Gen. 25,24; Gen. 27,6; Gen. 27,15; Gen. 27,15; Gen. 27,17; Gen. 27,42; Gen. 27,42; Gen. 28,12; Gen. 28,13; Gen. 28,13; Gen. 28,18; Gen. 29,9; Gen. 29,9; Gen. 29,12; Gen. 29,12; Gen. 29,31; Gen. 30,1; Gen. 30,3; Gen. 30,4; Gen. 30,9; Gen. 30,16; Gen. 30,21; Gen. 30,22; Gen. 30,22; Gen. 31,19; Gen. 31,35; Gen. 33,2; Gen. 33,7; Gen. 34,2; Gen. 34,10; Gen. 34,11; Gen. 34,11; Gen. 35,8; Gen. 35,20; Gen. 38,11; Gen. 38,15; Gen. 38,19; Gen. 38,25; Gen. 38,27; Gen. 39,7; Gen. 39,10; Gen. 39,12; Gen. 39,13; Gen. 41,8; Gen. 41,48; Gen. 47,24; Gen. 47,27; Ex. 2,5; Ex. 3,22; Ex. 4,25; Ex. 6,4; Ex. 8,17; Ex. 8,18; Ex. 9,24; Ex. 10,14; Ex. 15,20; Ex. 15,20; Ex. 17,6; Ex. 18,2; Ex. 21,8; Ex. 21,10; Ex. 21,22; Ex. 22,15; Ex. 22,16; Ex. 23,10; Ex. 25,9; Ex. 25,26; Ex. 25,29; Ex. 25,31; Ex. 25,31; Ex. 25,32; Ex. 25,34; Ex. 25,35; Ex. 25,35; Ex. 25,36; Ex. 25,37; Ex. 25,38; Ex. 25,38; Ex. 30,27; Ex. 30,28; Ex. 31,7; Ex. 31,8; Ex. 31,8; Ex. 35,12; Ex. 35,12; Ex. 35,17 # 35,12a; Ex. 35,13; Ex. 35,14; Ex. 35,21; Ex. 38,14; Ex. 38,15; Ex. 38,17; Ex. 38,17; Ex. 39,13; Ex. 39,13; Ex. 39,14; Ex. 39,16; Ex. 39,17; Ex. 39,19; Ex. 40,4; Ex. 40,4; Ex. 40,8; Ex. 40,9; Ex. 40,19; Ex. 40,23; Ex. 40,25; Ex. 40,38; Lev. 2,2; Lev. 2,2; Lev. 2,9; Lev. 2,16; Lev. 2,16; Lev. 4,30; Lev. 4,30; Lev. 5,5; Lev. 5,12; Lev. 5,12; Lev. 5,22; Lev. 6,2; Lev. 6,8; Lev. 6,8; Lev. 6,8; Lev. 6,9; Lev. 6,13; Lev. 6,13; Lev. 6,20; Lev. 6,20; Lev. 7,20; Lev. 7,21; Lev. 7,25; Lev. 7,27; Lev. 9,17; Lev. 12,2; Lev. 12,4; Lev. 12,4; Lev. 12,5; Lev. 12,6; Lev. 12,7; Lev. 12,7; Lev. 12,8; Lev. 12,8; Lev. 13,4; Lev. 13,20; Lev. 13,30; Lev. 14,45; Lev. 14,45; Lev. 15,4; Lev. 15,18; Lev. 15,19; Lev. 15,19; Lev. 15,19; Lev. 15,19; Lev. 15,20; Lev. 15,21; Lev. 15,23; Lev. 15,23; Lev. 15,24; Lev. 15,24; Lev. 15,24; Lev. 15,25; Lev. 15,25; Lev. 15,25; Lev. 15,26; Lev. 15,27; Lev. 15,30; Lev. 15,30; Lev. 15,33; Lev. 17,4; Lev. 17,10; Lev. 18,7; Lev. 18,9; Lev. 18,11; Lev. 18,15; Lev. 18,17; Lev. 18,17; Lev. 18,17; Lev. 18,18; Lev. 18,18; Lev. 18,18; Lev. 18,19; Lev. 18,19; Lev. 18,25; Lev. 20,6; Lev. 20,14; Lev. 20,17; Lev. 20,18; Lev. 20,18; Lev. 20,18; Lev. 20,22; Lev. 21,7; Lev. 21,9; Lev. 22,13; Lev. 22,13; Lev. 22,28; Lev. 23,10; Lev. 23,29; Lev. 23,30; Lev. 25,3; Lev. 25,11; Lev. 25,11; Lev. 25,12; Lev. 25,13; Lev. 25,19; Lev. 25,19; Lev. 25,21; Lev. 25,22; Lev. 25,29; Lev. 25,29; Lev. 25,30; Lev. 26,4; Lev. 26,20; Lev. 26,34; Lev. 26,34; Lev. 26,34; Lev. 26,35; Lev. 26,43; Num. 1,50; Num. 1,50; Num. 3,36; Num. 3,36; Num. 3,36; Num. 4,7; Num. 4,8; Num. 4,9; Num. 4,9; Num. 4,9; Num. 4,10; Num. 4,25; Num. 4,25; Num. 4,31; Num. 4,31; Num. 5,13; Num. 5,13; Num. 5,13; Num. 5,15; Num. 5,18; Num. 5,26; Num. 5,27; Num. 5,27; Num. 5,27; Num. 5,31; Num. 7,1; Num. 8,3; Num. 8,4; Num. 8,4; Num. 9,13; Num. 9,22; Num. 11,9; Num. 12,12; Num. 12,14; Num. 12,14; Num. 13,18; Num. 13,19; Num. 13,27; Num. 13,28; Num. 13,32; Num. 14,30; Num. 14,31; Num. 14,36; Num. 15,30; Num. 15,31; Num. 16,30; Num. 19,4; Num. 19,4; Num. 19,5; Num. 19,5; Num. 19,5; Num. 20,8; Num. 21,32; Num. 25,8; Num. 26,10; Num. 29,11; Num. 29,11; Num. 30,4; Num. 30,4; Num. 30,5; Num. 30,5; Num. 30,5; Num. 30,5; Num. 30,5; Num. 30,5; Num. 30,6; Num. 30,6; Num. 30,6; Num. 30,6; Num. 30,7; Num. 30,7; Num. 30,7; Num. 30,8; Num. 30,8; Num. 30,8; Num. 30,8; Num. 30,9; Num. 30,9; Num. 30,9; Num. 30,9; Num. 30,9; Num. 30,10; Num. 30,11; Num. 30,11; Num. 30,11; Num. 30,12; Num. 30,12; Num. 30,12; Num. 30,12; Num. 30,12; Num. 30,13; Num. 30,13; Num. 30,13; Num. 30,13; Num. 30,13; Num. 30,14; Num. 30,14; Num. 30,15; Num. 30,15; Num. 30,16; Num. 32,33; Num. 32,42; Num. 34,2; Num. 34,12; Num. 35,33; Num. 35,34; Num. 36,8; Deut. 1,33; Deut. 2,10; Deut. 2,20; Deut. 3,11; Deut. 3,11; Deut. 4,26; Deut. 8,9; Deut. 8,9; Deut. 11,6; Deut. 11,12; Deut. 11,17; Deut. 11,25; Deut. 13,17; Deut. 13,17; Deut. 13,17; Deut. 17,14; Deut. 20,13; Deut. 20,19; Deut. 20,19; Deut. 21,11; Deut. 21,12; Deut. 21,13; Deut. 21,13; Deut. 22,14; Deut. 22,14; Deut. 22,21; Deut. 22,21; Deut. 22,21; Deut. 22,23; Deut. 22,25; Deut. 22,25; Deut. 22,28; Deut. 22,29; Deut. 24,1; Deut. 24,3; Deut. 25,5; Deut. 25,11; Deut. 25,12; Deut. 26,1; Deut. 28,56; Deut. 28,56; Deut. 28,56; Deut. 28,56; Deut. 28,56; Deut. 28,57; Deut. 28,57; Deut. 29,21; Deut. 29,22; Deut. 32,22; Josh. 2,18; Josh. 3,3; Josh. 6,1; Josh. 6,2; Josh. 6,17; Josh. 6,23; Josh. 6,23; Josh. 6,23; Josh. 6,23; Josh. 6,25; Josh. 6,26; Josh. 6,26; Josh. 8,2; Josh. 8,24; Josh. 9,24; Josh. 10,1; Josh. 10,1; Josh. 10,2; Josh. 10,30; Josh. 10,30; Josh. 10,39; Josh. 10,39; Josh. 10,39; Josh. 10,39; Josh. 10,40; Josh. 11,10; Josh. 11,14; Josh. 15,16; Josh. 15,36; Josh. 15,45; Josh. 15,47; Josh. 15,47; Josh. 15,47; Josh. 15,47; Josh. 17,11; Josh. 17,11; Josh. 17,11; Josh. 17,16; Josh. 18,9; Josh. 18,20; Josh. 19,48; Josh. 21,11; Josh. 21,12; Josh. 21,34; Josh. 21,34; Josh. 21,35; Josh. 21,35; Josh. 21,36; Josh. 21,36; Josh. 21,37; Josh. 21,37; Josh. 21,38; Josh. 21,38; Josh. 21,39; Josh. 21,39; Josh. 22,33; Josh. 24,13; Judg. 1,14; Judg. 1,15; Judg. 1,18; Judg. 1,18; Judg. 1,18; Judg. 1,18; Judg. 1,26; Judg. 1,26; Judg. 1,27; Judg. 1,27; Judg. 1,27; Judg. 1,27; Judg. 1,27; Judg. 1,27; Judg. 4,18; Judg. 4,20; Judg. 4,21; Judg. 4,21; Judg. 5,23; Judg. 5,26; Judg. 5,26; Judg. 5,27; Judg. 5,27; Judg. 5,29; Judg. 5,29; Judg. 8,14; Judg. 11,26; Judg. 11,26; Judg. 11,34; Judg. 11,37; Judg. 11,38; Judg. 11,38; Judg. 11,39; Judg. 13,6; Judg. 13,9; Judg. 13,9; Judg. 13,9; Judg. 13,10; Judg. 14,17; Judg. 15,1; Judg. 15,2; Judg. 15,2; Judg. 15,2; Judg. 15,2; Judg. 15,6; Judg. 15,6; Judg. 15,19; Judg. 16,16; Judg. 16,19; Judg. 19,2; Judg. 19,3; Judg. 19,3; Judg. 19,3; Judg. 19,3; Judg. 19,26; Judg. 19,27; Judg. 19,27; Judg. 19,29; Judg. 19,30; Judg. 20,28; Ruth 1,3; Ruth 1,5; Ruth 1,5; Ruth 1,6; Ruth 1,7; Ruth 1,7; Ruth 1,8; Ruth 1,8; Ruth 1,9; Ruth 1,14; Ruth 1,14; Ruth 1,15; Ruth 1,15; Ruth 1,18; Ruth 1,22; Ruth 2,1; Ruth 2,10; Ruth 2,18; Ruth 2,19; Ruth 2,19; Ruth 2,20; Ruth 2,21; Ruth 2,22; Ruth 2,23; Ruth 3,1; Ruth 3,6; Ruth 3,16; Ruth 4,16; 1Sam. 1,4; 1Sam. 1,4; 1Sam. 1,5; 1Sam. 1,6; 1Sam. 1,6; 1Sam. 1,6; 1Sam. 1,8; 1Sam. 1,12; 1Sam. 1,13; 1Sam. 1,13; 1Sam. 1,13; 1Sam. 1,18; 1Sam. 1,18; 1Sam. 1,18; 1Sam. 1,18; 1Sam. 1,19; 1Sam. 1,22; 1Sam. 1,23; 1Sam. 1,23; 1Sam. 2,19; 1Sam. 4,19; 1Sam. 4,19; 1Sam. 4,19; 1Sam. 4,20; 1Sam. 4,20; 1Sam. 4,21; 1Sam. 4,21; 1Sam. 5,3; 1Sam. 5,6; 1Sam. 5,11; 1Sam. 6,2; 1Sam. 6,8; 1Sam. 6,9; 1Sam. 6,12; 1Sam. 6,13; 1Sam. 6,15; 1Sam. 6,15; 1Sam. 25,19; 1Sam. 25,19; 1Sam. 25,20; 1Sam. 25,20; 1Sam. 25,23; 1Sam. 25,35; 2Sam. 3,15; 2Sam. 3,16; 2Sam. 3,16; 2Sam. 3,16; 2Sam.

6,2; 2Sam. 6,16; 2Sam. 6,17; 2Sam. 11,4; 2Sam. 11,4; 2Sam. 11,4; 2Sam. 11,26; 2Sam. 11,26; 2Sam. 12,24; 2Sam. 13,5; 2Sam. 13,6; 2Sam. 13,8; 2Sam. 13,10; 2Sam. 13,11; 2Sam. 13,14; 2Sam. 13,14; 2Sam. 13,16; 2Sam. 13,17; 2Sam. 13,18; 2Sam. 13,18; 2Sam. 13,19; 2Sam. 13,19; 2Sam. 13,19; 2Sam. 13,19; 2Sam. 13,20; 2Sam. 13,20; 2Sam. 14,3; 2Sam. 14,4; 2Sam. 15,25; 2Sam. 17,3; 2Sam. 20,8; 2Sam. 20,22; 1Kings 1,22; 1Kings 2,35f; 1Kings 2,35f; 1Kings 3,20; 1Kings 3,20; 1Kings 3,26; 1Kings 3,26; 1Kings 6,6; 1Kings 6,6; 1Kings 7,10; 1Kings 7,10; 1Kings 7,10; 1Kings 7,11; 1Kings 7,12; 1Kings 7,14; 1Kings 7,14; 1Kings 7,20; 1Kings 7,21; 1Kings 7,21; 1Kings 7,21; 1Kings 7,22; 1Kings 7,43; 1Kings 8,6; 1Kings 8,7; 1Kings 10,2; 1Kings 10,3; 1Kings 10,13; 1Kings 10,13; 1Kings 11,20; 1Kings 12,24i; 1Kings 12,24k; 1Kings 15,13; 1Kings 15,13; 1Kings 15,22; 1Kings 16,28b; 1Kings 16,34; 1Kings 17,10; 1Kings 17,11; 1Kings 17,15; 1Kings 17,19; 1Kings 17,20; 1Kings 17,20; 1Kings 18,10; 1Kings 22,43; 2Kings 1,4; 2Kings 1,6; 2Kings 1,16; 2Kings 3,3; 2Kings 4,5; 2Kings 4,5; 2Kings 4,6; 2Kings 4,9; 2Kings 4,14; 2Kings 4,20; 2Kings 4,22; 2Kings 4,24; 2Kings 4,26; 2Kings 4,27; 2Kings 4,30; 2Kings 4,31; 2Kings 4,37; 2Kings 4,39; 2Kings 5,3; 2Kings 6,29; 2Kings 8,2; 2Kings 8,5; 2Kings 8,5; 2Kings 8,6; 2Kings 8,6; 2Kings 9,22; 2Kings 9,30; 2Kings 9,30; 2Kings 9,33; 2Kings 11,1; 2Kings 11,2; 2Kings 11,3; 2Kings 11,15; 2Kings 12,10; 2Kings 14,7; 2Kings 15,16; 2Kings 16,17; 2Kings 17,22; 2Kings 17,24; 2Kings 18,8; 2Kings 19,21; 1Chr. 2,18; 1Chr. 2,23; 1Chr. 6,40; 1Chr. 6,40; 1Chr. 6,41; 1Chr. 6,42; 1Chr. 6,42; 1Chr. 6,42; 1Chr. 6,43; 1Chr. 6,43; 1Chr. 6,44; 1Chr. 6,44; 1Chr. 6,44; 1Chr. 6,45; 1Chr. 6,45; 1Chr. 6,45; 1Chr. 6,52; 1Chr. 6,52; 1Chr. 6,53; 1Chr. 6,53; 1Chr. 6,54; 1Chr. 6,54; 1Chr. 6,55; 1Chr. 6,55; 1Chr. 6,56; 1Chr. 6,56; 1Chr. 6,57; 1Chr. 6,57; 1Chr. 6,58; 1Chr. 6,58; 1Chr. 6,59; 1Chr. 6,59; 1Chr. 6,60; 1Chr. 6,60; 1Chr. 6,61; 1Chr. 6,61; 1Chr. 6,61; 1Chr. 6,62; 1Chr. 6,62; 1Chr. 6,63; 1Chr. 6,63; 1Chr. 6,64; 1Chr. 6,64; 1Chr. 6,65; 1Chr. 6,65; 1Chr. 6,66; 1Chr. 6,66; 1Chr. 7,28; 1Chr. 7,28; 1Chr. 7,28; 1Chr. 7,28; 1Chr. 7,29; 1Chr. 7,29; 1Chr. 7,29; 1Chr. 7,29; 1Chr. 7,29; 1Chr. 8,12; 1Chr. 8,30; 1Chr. 15,29; 1Chr. 18,1; 1Chr. 23,26; 1Chr. 23,26; 2Chr. 4,3; 2Chr. 4,5; 2Chr. 4,5; 2Chr. 4,15; 2Chr. 5,7; 2Chr. 5,8; 2Chr. 6,13; 2Chr. 6,13; 2Chr. 6,13; 2Chr. 6,13; 2Chr. 9,1; 2Chr. 9,2; 2Chr. 9,12; 2Chr. 9,12; 2Chr. 13,19; 2Chr. 13,19; 2Chr. 13,19; 2Chr. 16,6; 2Chr. 22,10; 2Chr. 22,12; 2Chr. 23,13; 2Chr. 23,14; 2Chr. 24,7; 2Chr. 28,18; 2Chr. 28,18; 2Chr. 28,18; 2Chr. 29,18; 2Chr. 36,19; 2Chr. 36,21; 2Chr. 36,21; 1Esdr. 1,53; 1Esdr. 1,55; 1Esdr. 1,55; 1Esdr. 2,14; 1Esdr. 4,39; 1Esdr. 4,39; Ezra 4,12; Ezra 4,12; Ezra 4,13; Ezra 4,15; Ezra 4,16; Ezra 9,9; Neh. 1,3; Neh. 2,3; Neh. 2,13; Neh. 2,17; Neh. 3,1; Neh. 3,3; Neh. 3,3; Neh. 3,3; Neh. 3,6; Neh. 3,6; Neh. 3,6; Neh. 3,13; Neh. 3,13; Neh. 3,13; Neh. 3,14; Neh. 3,14; Neh. 3,14; Neh. 9,36; Neh. 11,30; Neh. 12,38; Esth. 1,11; Esth. 1,18; Esth. 1,19; Esth. 1,19; Esth. 2,7; Esth. 2,9; Esth. 2,10; Esth. 2,20; Esth. 2,20; Esth. 4,5; Esth. 14,1 # 4,17k; Esth. 14,1 # 4,17k; Esth. 14,1 # 4,17k; Esth. 14,1 # 4,17k; Esth. 14,1 # 4,17k; Esth. 15,1; Esth. 15,2 # 5,1a; Esth. 15,5 # 5,1b; Esth. 15,5 # 5,1b; Esth. 15,5 # 5,1b; Esth. 15,7 # 5,1d; Esth. 15,11 # 5:2; Esth. 15,15 # 5,2b; Judith 1,3; Judith 1,3; Judith 1,4; Judith 1,4; Judith 1,9; Judith 1,14; Judith 1,14; Judith 1,14; Judith 8,2; Judith 8,2; Judith 8,2; Judith 8,4; Judith 8,5; Judith 8,5; Judith 8,5; Judith 8,5; Judith 8,6; Judith 8,7; Judith 8,10; Judith 8,10; Judith 8,10; Judith 9,1; Judith 10,2; Judith 10,2; Judith 10,3; Judith 10,3; Judith 10,3; Judith 10,3; Judith 10,3; Judith 10,4; Judith 10,4; Judith 10,5; Judith 10,5; Judith 10,7; Judith 10,7; Judith 10,7; Judith 10,10; Judith 10,10; Judith 10,14; Judith 10,14; Judith 10,17; Judith 10,18; Judith 10,18; Judith 10,19; Judith 10,19; Judith 10,22; Judith 10,23; Judith 11,19; Judith 11,20; Judith 11,20; Judith 12,8; Judith 12,9; Judith 12,15; Judith 12,15; Judith 12,16; Judith 12,19; Judith 12,20; Judith 13,3; Judith 13,3; Judith 13,3; Judith 13,3; Judith 13,4; Judith 13,8; Judith 13,9; Judith 13,10; Judith 13,10; Judith 13,12; Judith 13,12; Judith 14,7; Judith 15,5; Judith 15,8; Judith 15,11; Judith 15,11; Judith 15,12; Judith 15,12; Judith 15,13; Judith 16,6; Judith 16,7; Judith 16,7; Judith 16,8; Judith 16,9; Judith 16,9; Judith 16,10; Judith 16,10; Judith 16,21; Judith 16,21; Judith 16,22; Judith 16,22; Judith 16,23; Judith 16,23; Judith 16,23; Judith 16,24; Judith 16,24; Judith 16,24; Tob. 1,9; Tob. 3,7; Tob. 3,8; Tob. 3,17; Tob. 6,12; Tob. 6,12; Tob. 6,12; Tob. 6,13; Tob. 6,18; Tob. 7,12; Tob. 7,13; Tob. 7,16; Tob. 10,7; Tob. 11,5; Tob. 11,9; Tob. 13,18; Tob. 14,5; 1Mac. 1,21; 1Mac. 1,31; 1Mac. 1,38; 1Mac. 1,38; 1Mac. 1,39; 1Mac. 1,39; 1Mac. 1,39; 1Mac. 1,39; 1Mac. 1,40; 1Mac. 1,40; 1Mac. 1,40; 1Mac. 2,8; 1Mac. 2,9; 1Mac. 2,9; 1Mac. 2,9; 1Mac. 2,9; 1Mac. 2,10; 1Mac. 2,11; 1Mac. 3,8; 1Mac. 3,45; 1Mac. 5,5; 1Mac. 5,8; 1Mac. 5,35; 1Mac. 5,35; 1Mac. 5,46; 1Mac. 5,46; 1Mac. 5,51; 1Mac. 5,65; 1Mac. 5,65; 1Mac. 5,65; 1Mac. 6,33; 1Mac. 9,62; 1Mac. 10,31; 1Mac. 10,58; 1Mac. 10,84; 1Mac. 10,89; 1Mac. 11,4; 1Mac. 11,61; 1Mac. 13,48; 1Mac. 14,7; 1Mac. 14,8; 4Mac. 3,14; 4Mac. 14,6; 4Mac. 15,11; 4Mac. 15,23; 4Mac. 16,3; 4Mac. 17,1; Psa. 23,1; Psa. 36,3; Psa. 36,29; Psa. 44,14; Psa. 44,15; Psa. 44,15; Psa. 45,6; Psa. 47,4; Psa. 47,4; Psa. 47,13; Psa. 47,14; Psa. 47,14; Psa. 49,12; Psa. 54,11; Psa. 54,11; Psa. 54,12; Psa. 57,5; Psa. 59,4; Psa. 64,8; Psa. 64,11; Psa. 64,11; Psa. 64,11; Psa. 66,7; Psa. 67,14; Psa. 67,15; Psa. 67,32; Psa. 73,6; Psa. 74,4; Psa. 77,8; Psa. 77,8; Psa. 79,10; Psa. 79,10; Psa. 79,11; Psa. 79,11; Psa. 79,12; Psa. 79,12; Psa. 79,13; Psa. 83,4; Psa. 84,13; Psa. 88,10; Psa. 88,12; Psa. 93,15; Psa. 95,11; Psa. 97,7; Psa. 101,15; Psa. 101,15; Psa. 103,5; Psa. 106,25; Psa. 106,29; Psa. 106,42; Psa. 121,3; Psa. 122,2; Psa. 124,2; Psa. 131,15; Psa. 131,15; Psa. 131,16; Psa. 131,16; Psa. 135,14; Psa. 136,2; Psa. 138,12; Psa. 138,12; Ode. 2,22; Ode. 4,10; Ode. 4,10; Ode. 4,11; Ode. 5,17; Ode. 6,7; Ode. 10,2; Ode. 11,16; Prov. 2,18; Prov. 2,18; Prov. 2,22; Prov. 3,15; Prov. 3,16; Prov. 3,16; Prov. 3,16a; Prov. 3,17; Prov. 3,17; Prov. 3,18; Prov. 4,6; Prov. 5,5; Prov. 5,6; Prov. 5,8; Prov. 5,8; Prov. 6,25; Prov. 6,29; Prov. 6,34; Prov. 7,6; Prov. 7,8; Prov. 7,11; Prov. 7,25; Prov. 7,27; Prov. 8,11; Prov. 12,4; Prov. 14,1; Prov. 14,12; Prov. 18,11; Prov. 18,21; Prov. 18,21; Prov. 19,9; Prov. 27,18; Prov. 31,11; Prov. 31,13; Prov. 31,16; Prov. 31,17; Prov. 31,17; Prov. 31,18; Prov. 31,19; Prov. 31,19; Prov. 31,20; Prov. 31,21; Prov. 31,21; Prov. 31,22; Prov. 31,23; Prov. 31,25; Prov. 31,25; Prov. 31,27; Prov. 31,28; Prov. 31,28; Prov. 31,28; Prov. 31,31; Prov. 31,31; Eccl. 5,10; Eccl. 7,12; Eccl. 7,12; Eccl. 7,26; Eccl. 7,26; Eccl. 7,26; Eccl. 8,8; Song 2,13; Song 3,7; Song 6,9; Song 6,9; Song 8,5; Song 8,6; Song 8,6; Job 6,10; Job 9,6; Job 9,24; Job 14,18; Job 20,13; Job 24,13; Job 28,5; Job 28,5; Job 28,6; Job 28,8; Job 28,13; Job 28,15; Job 28,15; Job 28,17; Job 28,22; Job 28,23; Job 28,23; Job 31,9; Job 31,38; Job 31,39; Job 36,16; Job 36,32; Job 37,1; Job 38,5; Job 38,5; Job 38,6; Job 38,6; Job 38,8; Job 38,13; Job 39,14; Job 39,16; Wis. 4,1; Wis. 5,10; Wis. 6,15; Wis. 6,16; Wis. 6,17; Wis. 6,18; Wis. 6,22; Wis. 7,8; Wis. 7,9; Wis. 7,9; Wis. 7,11; Wis. 7,11; Wis. 7,13; Wis. 8,2; Wis. 8,6; Wis. 8,16; Wis. 8,16; Wis. 8,18; Wis. 8,18; Wis. 8,18; Wis. 8,18; Wis. 9,11; Wis. 10,3; Sir. 1,6; Sir. 1,16; Sir. 1,17; Sir. 1,19; Sir. 1,20; Sir. 4,11; Sir. 4,13; Sir. 4,15; Sir. 4,17; Sir. 4,17; Sir. 4,18; Sir. 6,19; Sir. 6,19; Sir. 6,19; Sir. 6,22; Sir. 6,24; Sir. 6,24; Sir. 6,25; Sir. 6,26; Sir. 6,28; Sir. 6,29; Sir. 6,30; Sir. 6,30; Sir. 7,19; Sir. 9,3; Sir. 9,4; Sir. 9,5; Sir. 9,7; Sir. 9,9; Sir. 10,4; Sir. 10,13; Sir. 10,28; Sir. 11,3; Sir. 14,21; Sir. 14,21; Sir. 14,22; Sir. 14,22; Sir. 14,23; Sir. 14,23; Sir. 14,24; Sir. 14,24; Sir. 14,25; Sir. 14,26; Sir. 14,26; Sir. 14,27; Sir. 14,27; Sir. 15,4; Sir. 15,8; Sir. 16,30; Sir. 17,2; Sir. 18,32; Sir. 20,20; Sir. 21,2; Sir. 21,3; Sir. 21,10;

αὐτός

Sir. 22,4; Sir. 22,27; Sir. 23,23; Sir. 23,24; Sir. 23,25; Sir. 23,25; Sir. 23,26; Sir. 23,26; Sir. 24,1; Sir. 24,1; Sir. 24,2; Sir. 24,29; Sir. 24,29; Sir. 25,17; Sir. 25,17; Sir. 25,18; Sir. 25,22; Sir. 25,23; Sir. 26,2; Sir. 26,7; Sir. 26,8; Sir. 26,9; Sir. 26,13; Sir. 26,13; Sir. 26,16; Sir. 28,19; Sir. 28,19; Sir. 28,19; Sir. 28,19; Sir. 28,20; Sir. 28,20; Sir. 28,21; Sir. 28,21; Sir. 28,22; Sir. 30,25; Sir. 31,12; Sir. 31,12; Sir. 35,5; Sir. 35,6; Sir. 36,23; Sir. 36,23; Sir. 37,11; Sir. 37,13; Sir. 39,33; Sir. 41,24; Sir. 42,9; Sir. 42,9; Sir. 42,10; Sir. 43,6; Sir. 43,8; Sir. 43,18; Sir. 43,18; Sir. 43,18; Sir. 43,24; Sir. 48,17; Sir. 49,6; Sir. 51,14; Sir. 51,19; Sir. 51,20; Sol. 2,5; Sol. 2,9; Sol. 2,19; Sol. 2,20; Sol. 2,21; Sol. 8,15; Sol. 8,17; Sol. 8,19; Sol. 17,31; Hos. 1,6; Hos. 2,4; Hos. 2,4; Hos. 2,4; Hos. 2,4; Hos. 2,5; Hos. 2,6; Hos. 2,8; Hos. 2,8; Hos. 2,8; Hos. 2,9; Hos. 2,11; Hos. 2,12; Hos. 2,12; Hos. 2,13; Hos. 2,13; Hos. 2,13; Hos. 2,13; Hos. 2,13; Hos. 2,14; Hos. 2,14; Hos. 2,15; Hos. 2,15; Hos. 2,15; Hos. 2,16; Hos. 2,17; Hos. 2,17; Hos. 2,17; Hos. 2,17; Hos. 2,19; Hos. 4,19; Hos. 10,1; Hos. 10,7; Hos. 10,11; Hos. 10,13; Hos. 14,1; Amos 1,7; Amos 1,10; Amos 1,12; Amos 1,14; Amos 1,14; Amos 1,15; Amos 2,2; Amos 2,3; Amos 2,3; Amos 3,9; Amos 3,10; Amos 5,2; Amos 9,5; Amos 9,11; Amos 9,11; Mic. 1,6; Mic. 1,6; Mic. 1,7; Mic. 1,7; Mic. 1,7; Mic. 1,9; Mic. 1,11; Mic. 1,11; Mic. 2,13; Mic. 3,11; Mic. 3,11; Mic. 3,11; Mic. 5,5; Mic. 7,6; Mic. 7,6; Joel 1,7; Joel 1,8; Joel 2,16; Joel 4,17; Jonah 1,2; Jonah 1,15; Jonah 2,7; Jonah 4,5; Nah. 2,8; Nah. 2,9; Nah. 2,10; Nah. 2,10; Nah. 3,3; Nah. 3,4; Nah. 3,4; Nah. 3,8; Nah. 3,8; Nah. 3,9; Nah. 3,9; Nah. 3,10; Nah. 3,10; Nah. 3,10; Nah. 3,10; Nah. 3,17; Hab. 3,10; Hab. 3,10; Hab. 3,11; Zeph. 2,14; Zeph. 2,14; Zeph. 2,14; Zeph. 2,14; Zeph. 2,14; Zeph. 2,15; Zeph. 2,15; Zeph. 3,2; Zeph. 3,3; Zeph. 3,3; Zeph. 3,4; Zeph. 3,4; Zeph. 3,5; Zeph. 3,7; Zeph. 3,9; Hag. 1,10; Zech. 2,6; Zech. 2,8; Zech. 2,9; Zech. 4,2; Zech. 4,2; Zech. 4,2; Zech. 4,3; Zech. 4,7; Zech. 5,8; Zech. 6,10; Zech. 6,14; Zech. 7,7; Zech. 8,5; Zech. 8,12; Zech. 8,12; Zech. 9,2; Zech. 9,4; Zech. 9,5; Is. 1,27; Is. 4,5; Is. 5,14; Is. 6,13; Is. 6,13; Is. 7,6; Is. 9,6; Is. 10,11; Is. 10,11; Is. 12,6; Is. 13,9; Is. 13,10; Is. 13,13; Is. 15,3; Is. 15,3; Is. 15,3; Is. 15,4; Is. 15,6; Is. 15,8; Is. 16,8; Is. 16,12; Is. 19,19; Is. 21,9; Is. 21,9; Is. 23,8; Is. 23,11; Is. 23,13; Is. 23,18; Is. 23,18; Is. 24,1; Is. 24,20; Is. 26,17; Is. 26,21; Is. 27,2; Is. 27,4; Is. 28,16; Is. 28,25; Is. 29,2; Is. 30,14; Is. 31,4; Is. 33,20; Is. 33,20; Is. 34,9; Is. 34,9; Is. 34,9; Is. 34,10; Is. 34,12; Is. 34,12; Is. 34,12; Is. 34,12; Is. 34,13; Is. 34,15; Is. 34,17; Is. 35,8; Is. 38,16; Is. 40,2; Is. 40,2; Is. 40,2; Is. 41,9; Is. 42,5; Is. 42,11; Is. 44,26; Is. 45,12; Is. 47,8; Is. 49,15; Is. 49,15; Is. 51,3; Is. 51,3; Is. 51,15; Is. 52,11; Is. 61,11; Is. 66,8; Is. 66,10; Is. 66,11; Is. 66,11; Jer. 1,15; Jer. 2,23; Jer. 2,23; Jer. 2,24; Jer. 2,24; Jer. 2,32; Jer. 2,32; Jer. 3,7; Jer. 3,8; Jer. 3,9; Jer. 3,10; Jer. 4,28; Jer. 4,31; Jer. 5,1; Jer. 5,10; Jer. 5,10; Jer. 5,22; Jer. 6,5; Jer. 6,6; Jer. 6,7; Jer. 6,7; Jer. 8,7; Jer. 8,16; Jer. 9,19; Jer. 11,16; Jer. 11,16; Jer. 12,7; Jer. 12,8; Jer. 12,9; Jer. 13,23; Jer. 14,2; Jer. 14,3; Jer. 15,9; Jer. 17,27; Jer. 18,16; Jer. 19,8; Jer. 19,8; Jer. 19,15; Jer. 19,15; Jer. 20,5; Jer. 21,14; Jer. 21,14; Jer. 25,9; Jer. 25,13; Jer. 26,21; Jer. 26,23; Jer. 26,25; Jer. 27,3; Jer. 27,13; Jer. 27,15; Jer. 27,15; Jer. 27,15; Jer. 27,26; Jer. 27,26; Jer. 27,26; Jer. 27,27; Jer. 27,29; Jer. 27,29; Jer. 27,30; Jer. 27,30; Jer. 27,30; Jer. 27,32; Jer. 27,32; Jer. 27,35; Jer. 27,35; Jer. 27,36; Jer. 27,37; Jer. 27,38; Jer. 27,44; Jer. 28,2; Jer. 28,2; Jer. 28,3; Jer. 28,3; Jer. 28,4; Jer. 28,6; Jer. 28,6; Jer. 28,7; Jer. 28,8; Jer. 28,9; Jer. 28,13; Jer. 28,30; Jer. 28,30; Jer. 28,33; Jer. 28,36; Jer. 28,36; Jer. 28,42; Jer. 28,43; Jer. 28,44; Jer. 28,52; Jer. 28,52; Jer. 28,53; Jer. 28,55; Jer. 28,55; Jer. 28,56; Jer. 28,57; Jer. 28,57; Jer. 28,57; Jer. 28,58; Jer. 29,2; Jer. 30,7; Jer. 30,7; Jer. 30,12; Jer. 30,13; Jer. 30,16; Jer. 30,18; Jer. 30,20; Jer. 30,30; Jer. 31,9; Jer. 31,38; Jer. 31,39; Jer. 31,44; Jer. 36,7; Jer. 37,3; Jer. 37,18; Jer. 38,15; Jer. 38,36; Jer. 38,39; Jer. 42,7; Jer. 43,29; Jer. 49,16; Bar. 2,34; Bar. 3,15; Bar. 3,15; Bar. 3,21; Bar. 3,21; Bar. 3,23; Bar. 3,31; Bar. 3,31; Bar. 4,1; Bar. 4,2; Bar. 4,2; Bar. 4,34; Bar. 4,34; Lam. 1,2; Lam. 1,2; Lam. 1,3; Lam. 1,3; Lam. 1,4; Lam. 1,4; Lam. 1,4; Lam. 1,5; Lam. 1,5; Lam. 1,5; Lam. 1,6; Lam. 1,6; Lam. 1,7; Lam. 1,7; Lam. 1,7; Lam. 1,7; Lam. 1,7; Lam. 1,7; Lam. 1,8; Lam. 1,9; Lam. 1,9; Lam. 1,9; Lam. 1,10; Lam. 1,10; Lam. 1,11; Lam. 1,11; Lam. 1,17; Lam. 2,2; Lam. 2,2; Lam. 2,5; Lam. 2,7; Lam. 2,9; Lam. 2,9; Lam. 2,9; Lam. 2,9; Lam. 2,9; Lam. 4,7; Lam. 4,11; Lam. 4,13; Lam. 4,13; Lam. 4,13; Lam. 4,14; LetterJ 43; Ezek. 5,2; Ezek. 5,2; Ezek. 5,4; Ezek. 5,5; Ezek. 5,6; Ezek. 9,4; Ezek. 11,6; Ezek. 11,7; Ezek. 11,7; Ezek. 11,9; Ezek. 11,11; Ezek. 11,18; Ezek. 11,18; Ezek. 11,18; Ezek. 12,11; Ezek. 12,19; Ezek. 14,13; Ezek. 14,13; Ezek. 14,14; Ezek. 14,16; Ezek. 14,17; Ezek. 14,18; Ezek. 14,19; Ezek. 14,20; Ezek. 14,21; Ezek. 14,22; Ezek. 14,22; Ezek. 15,3; Ezek. 15,3; Ezek. 15,4; Ezek. 16,2; Ezek. 16,32; Ezek. 16,45; Ezek. 16,45; Ezek. 16,46; Ezek. 16,46; Ezek. 16,48; Ezek. 16,49; Ezek. 16,49; Ezek. 16,53; Ezek. 16,53; Ezek. 16,55; Ezek. 16,55; Ezek. 16,57; Ezek. 17,6; Ezek. 17,6; Ezek. 17,6; Ezek. 17,6; Ezek. 17,7; Ezek. 17,7; Ezek. 17,7; Ezek. 17,9; Ezek. 17,9; Ezek. 17,9; Ezek. 17,10; Ezek. 17,10; Ezek. 17,12; Ezek. 17,12; Ezek. 19,2; Ezek. 19,3; Ezek. 19,5; Ezek. 19,5; Ezek. 19,5; Ezek. 19,7; Ezek. 19,10; Ezek. 19,10; Ezek. 19,11; Ezek. 19,11; Ezek. 19,11; Ezek. 19,12; Ezek. 19,12; Ezek. 19,14; Ezek. 21,25; Ezek. 21,27; Ezek. 22,2; Ezek. 22,3; Ezek. 22,3; Ezek. 22,21; Ezek. 22,22; Ezek. 22,25; Ezek. 22,26; Ezek. 22,27; Ezek. 22,27; Ezek. 22,28; Ezek. 23,4; Ezek. 23,5; Ezek. 23,7; Ezek. 23,7; Ezek. 23,8; Ezek. 23,8; Ezek. 23,8; Ezek. 23,9; Ezek. 23,10; Ezek. 23,10; Ezek. 23,11; Ezek. 23,11; Ezek. 23,11; Ezek. 23,11; Ezek. 23,12; Ezek. 23,14; Ezek. 23,16; Ezek. 23,17; Ezek. 23,17; Ezek. 23,18; Ezek. 23,18; Ezek. 23,18; Ezek. 23,18; Ezek. 23,31; Ezek. 23,34; Ezek. 23,41; Ezek. 24,5; Ezek. 24,5; Ezek. 24,6; Ezek. 24,6; Ezek. 24,7; Ezek. 24,7; Ezek. 24,8; Ezek. 24,11; Ezek. 24,11; Ezek. 24,11; Ezek. 24,12; Ezek. 24,12; Ezek. 24,12; Ezek. 25,13; Ezek. 26,3; Ezek. 26,4; Ezek. 26,4; Ezek. 26,6; Ezek. 26,17; Ezek. 28,26; Ezek. 29,12; Ezek. 29,12; Ezek. 29,19; Ezek. 29,19; Ezek. 30,4; Ezek. 30,6; Ezek. 30,12; Ezek. 30,18; Ezek. 30,18; Ezek. 30,24; Ezek. 30,24; Ezek. 31,4; Ezek. 31,4; Ezek. 31,15; Ezek. 32,7; Ezek. 32,12; Ezek. 32,13; Ezek. 32,15; Ezek. 32,16; Ezek. 32,18; Ezek. 33,9; Ezek. 33,28; Ezek. 34,27; Ezek. 36,38; Ezek. 37,25; Ezek. 40,20; Ezek. 40,21; Ezek. 40,21; Ezek. 40,21; Ezek. 40,22; Ezek. 40,22; Ezek. 40,25; Ezek. 40,25; Ezek. 40,25; Ezek. 40,29; Ezek. 40,33; Ezek. 40,36; Ezek. 40,36; Ezek. 40,38; Ezek. 40,38; Ezek. 40,38; Ezek. 40,47; Ezek. 44,2; Ezek. 44,2; Ezek. 46,9; Ezek. 47,10; Ezek. 48,16; Ezek. 48,18; Ezek. 48,21; Ezek. 48,35; Dan. 2,31; Dan. 2,32; Dan. 2,41; Dan. 3,1; Dan. 3,1; Dan. 3,46; Dan. 4,29; Dan. 7,4; Dan. 7,5; Dan. 9,18; Sus. 7-8; Sus. 7-8; Sus. 10-11; Sus. 10-11; Sus. 30; Sus. 32; Sus. 33; Sus. 34; Sus. 35; Sus. 35; Sus. 35a; Sus. 36; Josh. 15,36; Josh. 15,45; Josh. 15,45; Josh. 15,47; Josh. 15,47; Josh. 15,47; Josh. 15,47; Judg. 1,14; Judg. 1,14; Judg. 1,15; Judg. 1,18; Judg. 1,18; Judg. 1,18; Judg. 1,18; Judg. 1,26; Judg. 1,26; Judg. 1,27; Judg. 1,27; Judg. 1,27; Judg. 1,27; Judg. 1,27; Judg. 1,27; Judg. 1,27; Judg. 1,27; Judg. 1,27; Judg. 1,27; Judg. 3,16; Judg. 4,21; Judg. 5,26; Judg. 5,26; Judg. 5,27; Judg. 5,27; Judg. 5,29; Judg. 5,29; Judg. 11,26; Judg. 11,26; Judg. 11,37; Judg. 11,38; Judg. 11,38; Judg. 11,39; Judg. 13,6; Judg. 13,9; Judg. 13,9; Judg. 13,10; Judg. 14,17; Judg. 15,1; Judg. 15,2; Judg. 15,2; Judg. 15,2; Judg. 15,2; Judg. 15,6; Judg. 15,19; Judg. 16,16; Judg. 16,19; Judg. 18,7; Judg. 19,2; Judg. 19,3; Judg. 19,3; Judg. 19,3; Judg. 19,3; Judg. 19,26; Judg. 19,27; Judg. 19,27; Judg. 20,28; Tob. 1,9; Tob. 3,8; Tob. 3,10; Tob. 3,17; Tob. 4,3; Tob. 4,3; Tob. 4,3; Tob. 4,4; Tob. 4,4; Tob. 5,10; Tob. 5,10; Tob. 6,12; Tob. 6,12; Tob.

6,12; Tob. 6,13; Tob. 6,15; Tob. 6,18; Tob. 6,18; Tob. 7,12; Tob. 7,13; Tob. 7,14; Tob. 7,16; Tob. 10,4; Tob. 10,7; Tob. 11,5; Tob. 11,9; Tob. 13,18; Tob. 14,5; Tob. 14,9; Tob. 14,15; Dan. 2,31; Dan. 2,31; Dan. 2,32; Dan. 2,42; Dan. 3,1; Dan. 3,1; Dan. 5,15; Dan. 5,16; Dan. 5,17; Dan. 7,4; Dan. 7,5; Dan. 7,5; Dan. 7,6; Dan. 9,18; Dan. 11,7; Sus. 3; Sus. 7; Sus. 8; Sus. 10; Sus. 24; Sus. 28; Sus. 30; Sus. 30; Sus. 30; Sus. 32; Sus. 33; Sus. 34; Sus. 35; Sus. 37; Sus. 44; Sus. 45; Sus. 49; Sus. 63; Bel 12; Matt. 1,19; Matt. 2,16; Matt. 2,18; Matt. 6,34; Matt. 7,13; Matt. 7,27; Matt. 8,15; Matt. 9,25; Matt. 10,35; Matt. 10,35; Matt. 11,19; Matt. 14,8; Matt. 14,11; Matt. 15,28; Matt. 16,18; Matt. 20,20; Matt. 21,2; Matt. 21,43; Matt. 23,37; Matt. 24,29; Matt. 24,32; Matt. 26,13; Matt. 26,52; Mark 1,30; Mark 5,26; Mark 5,29; Mark 6,24; Mark 6,28; Mark 7,25; Mark 7,26; Mark 7,30; Mark 10,12; Mark 12,44; Mark 12,44; Mark 13,24; Mark 13,28; Mark 14,9; Mark 16,11; Luke 1,5; Luke 1,18; Luke 1,36; Luke 1,38; Luke 1,41; Luke 1,56; Luke 1,58; Luke 1,58; Luke 2,7; Luke 2,19; Luke 2,36; Luke 2,51; Luke 4,38; Luke 4,39; Luke 7,35; Luke 7,38; Luke 7,44; Luke 7,47; Luke 8,44; Luke 8,54; Luke 8,55; Luke 8,56; Luke 10,10; Luke 10,42; Luke 12,53; Luke 21,4; Luke 21,20; Luke 21,21; John 4,27; John 4,28; John 11,1; John 11,2; John 11,4; John 11,5; John 11,28; John 11,31; John 12,3; John 16,21; Acts 5,10; Acts 8,27; Acts 9,40; Acts 13,17; Acts 15,16; Acts 16,15; Acts 16,16; Acts 16,18; Acts 16,19; Acts 19,27; Acts 27,14; Rom. 7,11; Rom. 13,3; 1Cor. 7,13; 1Cor. 7,39; 1Cor. 10,26; 1Cor. 11,5; Gal. 4,25; Gal. 4,30; Eph. 5,25; Col. 4,15; 2Tim. 3,5; Heb. 6,7; Heb. 7,11; Heb. 7,18; Heb. 9,5; Heb. 11,4; Heb. 12,11; Heb. 12,15; James 5,18; 1Pet. 1,24; 2John 1; Rev. 2,5; Rev. 2,21; Rev. 2,22; Rev. 2,22; Rev. 2,23; Rev. 6,13; Rev. 8,12; Rev. 12,1; Rev. 12,1; Rev. 12,4; Rev. 12,5; Rev. 12,14; Rev. 12,16; Rev. 12,17; Rev. 14,8; Rev. 14,18; Rev. 16,21; Rev. 17,2; Rev. 17,4; Rev. 17,4; Rev. 17,5; Rev. 17,16; Rev. 18,3; Rev. 18,3; Rev. 18,3; Rev. 18,4; Rev. 18,4; Rev. 18,4; Rev. 18,5; Rev. 18,5; Rev. 18,6; Rev. 18,7; Rev. 18,8; Rev. 18,9; Rev. 18,9; Rev. 18,10; Rev. 18,15; Rev. 18,15; Rev. 18,18; Rev. 18,19; Rev. 18,20; Rev. 19,2; Rev. 19,2; Rev. 19,3; Rev. 21,2; Rev. 21,11; Rev. 21,15; Rev. 21,15; Rev. 21,16; Rev. 21,16; Rev. 21,17; Rev. 21,18; Rev. 21,22; Rev. 21,23; Rev. 21,24; Rev. 21,25; Rev. 22,2)

Pronoun · (personal) · intensive · feminine · singular · genitive ▸ **4** (Luke 2,35; Heb. 11,9; James 3,11; 3John 12)

αὐτό ▸ **148** + **6** + **31** = **185**

Adjective · neuter · singular · accusative · noDegree ▸ **1** (Mal. 2,3)

Adjective · neuter · singular · nominative · noDegree ▸ **1** (1Kings 7,10)

Pronoun · (personal) · third · neuter · singular · accusative ▸ **133** + **5** + **25** = **163** (Gen. 18,7; Gen. 21,18; Gen. 40,8; Gen. 41,15; Gen. 41,32; Ex. 1,16; Ex. 1,16; Ex. 1,22; Ex. 2,9; Ex. 2,9; Ex. 12,11; Ex. 12,47; Ex. 13,13; Ex. 19,23; Ex. 22,29; Ex. 22,30; Ex. 23,5; Ex. 26,9; Ex. 27,7; Ex. 27,8; Ex. 27,8; Ex. 28,15; Ex. 28,15; Ex. 29,36; Ex. 29,37; Ex. 34,20; Lev. 3,6; Lev. 3,9; Lev. 4,9; Lev. 4,32; Lev. 5,24; Lev. 7,18; Lev. 9,16; Lev. 11,35; Lev. 11,38; Lev. 11,42; Lev. 13,56; Lev. 13,59; Lev. 15,20; Lev. 15,22; Lev. 15,26; Lev. 18,23; Lev. 22,29; Lev. 27,13; Lev. 27,26; Lev. 27,27; Lev. 27,31; Lev. 27,33; Num. 7,10; Num. 7,84; Num. 9,3; Num. 9,11; Num. 9,11; Num. 9,12; Num. 9,14; Num. 15,20; Deut. 1,17; Deut. 7,25; Deut. 12,22; Deut. 12,25; Deut. 15,22; Deut. 24,19; Deut. 25,11; Judg. 13,16; Judg. 14,16; Judg. 14,16; Judg. 17,2; Judg. 17,3; Ruth 3,15; 1Sam. 1,22; 1Sam. 1,23; 1Sam. 15,27; 1Sam. 26,22; 2Sam. 2,13; 2Sam. 2,16; 2Sam. 12,3; 2Sam. 21,9; 2Sam. 23,17; 1Kings 3,18; 1Kings 13,24; 2Kings 6,7; 2Kings 12,8; 2Kings 12,15; 2Kings 22,8; 2Kings 23,16; 1Chr. 11,19; 1Chr. 11,19; Neh. 6,3; Neh. 8,5; 1Mac. 4,45; 1Mac. 4,45; 2Mac. 14,21; Psa. 36,38; Psa. 54,15; Psa. 73,8; Psa. 80,11; Psa. 82,6; Psa. 97,8; Psa. 118,140; Eccl. 7,24; Eccl. 12,7; Wis. 13,13; Wis. 14,8; Sir. 15,1; Sir. 43,12; Hos. 7,4; Hos. 8,7; Amos 1,15; Hab. 2,18; Zech. 5,4; Mal. 1,8; Is. 43,13; Is. 44,12; Is. 44,13; Is. 46,7; Is. 51,22; Is. 62,2; Jer. 5,22; Jer. 5,22; Jer. 6,12; Jer. 27,4; Bar. 3,33; Lam. 1,13; Ezek. 17,5; Ezek. 21,4; Ezek. 23,34; Ezek. 24,7; Ezek. 24,8; Ezek. 32,13; Ezek. 40,49; Ezek. 43,20; Dan. 4,14; Dan. 4,14; Judg. 13,16; Judg. 14,13; Judg. 17,2; Judg. 17,3; Dan. 4,23; Matt. 2,13; Matt. 17,19; Matt. 18,13; Mark 4,4; Mark 4,7; Mark 9,28; Luke 1,62; Luke 2,40; Luke 8,5; Luke 8,7; Luke 9,40; Luke 9,45; Luke 14,35; Luke 15,4; John 12,7; John 12,14; John 14,17; John 15,2; John 18,11; Acts 27,6; Rev. 5,3; Rev. 5,4; Rev. 10,9; Rev. 10,10; Rev. 10,10)

Pronoun · (personal) · third · neuter · singular · nominative ▸ **1** + **1** = **2** (Judg. 13,18; Judg. 13,18)

Pronoun · (personal) · intensive · neuter · singular · accusative ▸ **11** + **6** = **17** (Deut. 22,10; 1Sam. 11,11; 1Sam. 31,6; 2Sam. 10,15; Neh. 6,7; Psa. 18,10; Psa. 33,4; Psa. 47,5; Psa. 61,10; Psa. 121,3; Psa. 132,1; Matt. 22,34; Luke 17,35; Acts 2,1; Acts 2,47; 2Cor. 2,3; Heb. 9,19)

Pronoun · (personal) · intensive · neuter · singular · nominative ▸ **1** (Hab. 2,19)

αὐτό ▸ **316** + **17** + **74** = **407**

Adjective · neuter · singular · nominative · noDegree ▸ **3** (Ex. 26,2; Ex. 26,8; Ex. 37,2)

Pronoun · (personal) · third · neuter · singular · accusative ▸ **296** + **16** + **35** = **347** (Gen. 2,19; Gen. 9,5; Gen. 23,9; Gen. 26,33; Gen. 37,5; Gen. 37,9; Gen. 41,8; Ex. 2,2; Ex. 2,2; Ex. 2,3; Ex. 2,10; Ex. 12,6; Ex. 12,11; Ex. 12,48; Ex. 15,25; Ex. 16,15; Ex. 16,21; Ex. 16,23; Ex. 16,33; Ex. 19,18; Ex. 21,37; Ex. 23,5; Ex. 24,16; Ex. 26,9; Ex. 26,24; Ex. 26,31; Ex. 26,32; Ex. 27,21; Ex. 28,33; Ex. 28,37; Ex. 29,7; Ex. 29,26; Ex. 29,36; Ex. 30,1; Ex. 30,4; Ex. 30,6; Ex. 30,10; Ex. 30,10; Ex. 30,16; Ex. 30,25; Ex. 31,14; Ex. 32,20; Ex. 36,11; Ex. 36,38; Ex. 37,4; Ex. 38,24; Lev. 1,3; Lev. 1,6; Lev. 1,10; Lev. 1,11; Lev. 1,12; Lev. 1,15; Lev. 1,16; Lev. 1,17; Lev. 1,17; Lev. 2,1; Lev. 2,1; Lev. 3,1; Lev. 3,2; Lev. 3,7; Lev. 3,8; Lev. 3,13; Lev. 4,5; Lev. 4,33; Lev. 4,35; Lev. 5,11; Lev. 5,11; Lev. 5,12; Lev. 5,16; Lev. 5,16; Lev. 5,16; Lev. 6,3; Lev. 6,5; Lev. 6,5; Lev. 6,20; Lev. 6,21; Lev. 8,11; Lev. 8,15; Lev. 8,29; Lev. 9,15; Lev. 10,1; Lev. 10,1; Lev. 10,18; Lev. 11,34; Lev. 13,55; Lev. 13,56; Lev. 13,59; Lev. 14,6; Lev. 14,12; Lev. 14,51; Lev. 15,4; Lev. 15,9; Lev. 15,17; Lev. 15,20; Lev. 16,19; Lev. 16,19; Lev. 17,4; Lev. 17,4; Lev. 17,9; Lev. 17,11; Lev. 17,13; Lev. 17,14; Lev. 19,8; Lev. 22,14; Lev. 23,11; Lev. 27,10; Lev. 27,10; Lev. 27,12; Lev. 27,15; Num. 4,6; Num. 4,11; Num. 4,13; Num. 4,14; Num. 4,14; Num. 4,14; Num. 5,7; Num. 5,15; Num. 5,15; Num. 5,26; Num. 9,3; Num. 11,8; Num. 11,8; Num. 11,8; Num. 16,18; Num. 17,11; Num. 17,11; Num. 18,31; Num. 18,32; Num. 21,18; Num. 21,18; Num. 22,18; Num. 24,13; Deut. 1,17; Deut. 3,9; Deut. 12,15; Deut. 12,15; Deut. 12,16; Deut. 12,24; Deut. 13,1; Deut. 14,23; Deut. 14,28; Deut. 15,20; Deut. 15,21; Deut. 15,23; Deut. 20,19; Deut. 25,5; Deut. 27,6; Deut. 27,15; Deut. 30,14; Deut. 31,26; Josh. 7,26; Josh. 9,2; Josh. 11,5; Judg. 6,24; Judg. 6,32; Judg. 6,33; Judg. 8,27; Judg. 8,27; Judg. 9,48; Judg. 14,9; Judg. 17,4; Judg. 17,4; Judg. 19,6; 1Sam. 9,24; 1Sam. 14,27; 1Sam. 30,24; 2Sam. 12,23; 2Sam. 23,16; 2Sam. 23,16; 1Kings 3,27; 1Kings 6,21; 1Kings 11,30; 1Kings 12,240; 1Kings 13,29; 1Kings 17,12; 2Kings 16,12; 2Kings 16,14; 2Kings 16,15; 2Kings 22,5; 2Kings 22,5; 2Kings 22,9; 2Kings 22,10; 2Kings 23,16; 1Chr. 10,6; 1Chr. 11,18; 1Chr. 11,18; 2Chr. 1,5; 2Chr. 1,6; 2Chr. 24,12; 2Chr. 30,3; 2Chr. 33,16; 2Chr. 34,10; 2Chr. 34,10; 2Chr. 34,18; Ezra 3,2; Ezra 3,3; Ezra 4,3; Neh. 4,2; Neh. 6,2; Esth. 11,12 #

αὐτός

1,1l; Esth. 11,12 # 1,1l; Esth. 14,16 # 4,17w; Esth. 14,16 # 4,17w; Tob. 2,13; Tob. 2,14; Tob. 8,3; 1Mac. 4,54; 1Mac. 4,61; 1Mac. 4,61; 1Mac. 10,84; 2Mac. 13,12; 3Mac. 1,14; 3Mac. 3,1; Psa. 2,2; Psa. 4,9; Psa. 7,13; Psa. 40,8; Psa. 48,3; Psa. 48,11; Psa. 73,6; Psa. 101,23; Prov. 29,5; Eccl. 3,21; Eccl. 3,21; Eccl. 8,15; Eccl. 11,6; Job 11,14; Wis. 13,13; Wis. 13,14; Wis. 13,15; Sir. 14,19; Sir. 27,8; Sir. 29,6; Sir. 43,11; Hos. 2,2; Hos. 8,6; Amos 3,3; Amos 5,8; Amos 9,6; Mic. 2,12; Mic. 4,1; Jonah 1,3; Nah. 1,9; Hab. 2,18; Zech. 5,11; Mal. 1,8; Mal. 1,12; Is. 2,2; Is. 28,4; Is. 28,4; Is. 29,11; Is. 37,14; Is. 44,12; Is. 44,12; Is. 44,13; Is. 44,13; Is. 44,13; Is. 46,7; Is. 51,23; Is. 66,17; Jer. 3,18; Jer. 6,10; Jer. 13,4; Jer. 13,5; Jer. 13,7; Jer. 18,4; Jer. 22,17; Jer. 23,20; Jer. 23,20; Jer. 26,12; Jer. 28,63; Jer. 28,63; Jer. 39,12; Jer. 39,14; Jer. 43,14; Jer. 43,21; LetterJ 26; LetterJ 60; Ezek. 4,3; Ezek. 5,2; Ezek. 15,5; Ezek. 15,6; Ezek. 17,5; Ezek. 22,20; Ezek. 24,7; Ezek. 24,7; Ezek. 32,13; Ezek. 35,2; Ezek. 39,15; Ezek. 39,15; Ezek. 43,18; Ezek. 43,26; Dan. 4,14; Dan. 10,1; Dan. 11,27; Bel 27; Judg. 6,25; Judg. 6,32; Judg. 6,33; Judg. 8,27; Judg. 8,27; Judg. 13,24; Judg. 14,9; Judg. 14,12; Judg. 16,9; Judg. 17,4; Judg. 17,4; Judg. 19,6; Tob. 2,13; Tob. 5,2; Sus. 14; Bel 27; Matt. 12,11; Matt. 18,2; Matt. 26,29; Matt. 26,42; Matt. 27,59; Matt. 27,60; Mark 6,29; Mark 9,18; Mark 9,36; Mark 9,36; Mark 9,50; Mark 14,25; Luke 1,59; Luke 2,28; Luke 9,47; Luke 19,23; Luke 22,16; Luke 23,53; John 1,5; John 6,39; John 14,17; John 15,2; John 19,40; John 21,6; Acts 1,15; Acts 7,6; Rom. 7,17; Rom. 7,20; Gal. 1,12; Eph. 6,18; Col. 2,14; Col. 2,14; Col. 4,4; 1Th. 4,10; 1Pet. 4,10)

Pronoun · (personal) · third · neuter · singular · nominative
▸ 11 + 1 + 2 = **14** (Lev. 11,33; Lev. 13,26; 2Kings 6,5; Psa. 37,11; Eccl. 1,9; Eccl. 1,9; Eccl. 3,22; Eccl. 4,4; Eccl. 5,17; Eccl. 9,9; Sir. 41,12; Dan. 7,7; Luke 11,14; 1Cor. 3,13)

Pronoun · (personal) · intensive · neuter · singular · accusative
▸ 4 + 30 = **34** (Lev. 5,24; 2Chr. 18,13; Neh. 4,11; Psa. 70,10; Matt. 5,46; Matt. 5,47; Matt. 27,44; Luke 6,33; Acts 2,44; Acts 4,26; Acts 14,1; Rom. 9,17; Rom. 12,16; Rom. 13,6; Rom. 15,5; 1Cor. 1,10; 1Cor. 7,5; 1Cor. 10,3; 1Cor. 10,4; 1Cor. 11,20; 1Cor. 12,8; 1Cor. 12,25; 1Cor. 14,23; 2Cor. 4,13; 2Cor. 5,5; 2Cor. 13,11; Gal. 2,10; Eph. 6,22; Phil. 1,6; Phil. 2,2; Phil. 2,18; Phil. 4,2; Col. 4,8; 2Pet. 1,5)

Pronoun · (personal) · intensive · neuter · singular · nominative
▸ 2 + 7 = **9** (Lev. 27,10; Wis. 14,8; Rom. 8,16; Rom. 8,26; 1Cor. 11,5; 1Cor. 12,4; 1Cor. 12,11; 2Cor. 3,14; 2Cor. 7,11)

Αὐτοί ▸ 3 + 4 = 7

Pronoun · (personal) · third · masculine · plural · nominative
▸ 1 + 2 = **3** (Mal. 1,4; Acts 13,4; Acts 13,14)

Pronoun · (personal) · intensive · masculine · plural · nominative
▸ 2 + 2 = **4** (Ex. 19,4; 1Mac. 13,3; 1Th. 2,1; 2Th. 3,7)

αὐτοί ▸ 273 + 16 + 79 = 368

Adjective · masculine · plural · nominative · noDegree ▸ **1** (2Mac. 3,33)

Pronoun · (personal) · third · masculine · plural · nominative
▸ 259 + 16 + 58 = **333** (Gen. 34,22; Gen. 42,8; Gen. 42,23; Gen. 42,35; Gen. 44,3; Ex. 5,7; Ex. 5,8; Ex. 18,22; Ex. 23,9; Ex. 24,2; Ex. 28,5; Ex. 36,3; Ex. 36,4; Ex. 37,18; Lev. 17,5; Lev. 17,7; Lev. 21,6; Lev. 22,2; Lev. 22,15; Lev. 26,43; Num. 1,50; Num. 1,50; Num. 1,53; Num. 14,27; Num. 15,25; Num. 16,16; Num. 16,33; Num. 17,20; Num. 18,21; Num. 18,23; Num. 24,24; Num. 25,6; Num. 25,18; Num. 33,8; Deut. 1,39; Deut. 4,10; Deut. 31,13; Deut. 32,21; Josh. 2,8; Josh. 8,16; Josh. 9,4; Josh. 10,5; Josh. 11,4; Josh. 23,12; Judg. 1,22; Judg. 6,5; Judg. 9,49; Judg. 10,14; Judg. 18,3; Judg. 18,27; Judg. 20,34; 1Sam. 8,8; 1Sam. 9,11; 1Sam. 10,5; 1Sam. 14,15; 1Sam. 14,21; 1Sam. 14,22; 1Sam. 17,2; 1Sam. 23,1; 2Sam. 2,24; 2Sam. 17,17; 2Sam. 20,8; 2Sam. 21,9; 2Sam. 21,9; 1Kings 1,41; 1Kings 8,40; 1Kings 10,22c # 9,22; 1Kings 10,25; 1Kings 11,2; 1Kings 22,32; 2Kings 4,5; 2Kings 12,6; 2Kings 17,34; 2Kings 17,34; 2Kings 17,34; 2Kings 17,40; 2Kings 19,37; 2Kings 22,7; 2Kings 25,23; 2Kings 25,23; 1Chr. 5,23; 1Chr. 12,22; 1Chr. 19,15; 1Chr. 21,3; 1Chr. 24,31; 1Chr. 25,8; 1Chr. 26,8; 2Chr. 6,31; 2Chr. 8,9; 2Chr. 9,24; 2Chr. 18,31; 2Chr. 20,11; 2Chr. 22,4; 2Chr. 23,6; 2Chr. 28,23; 2Chr. 28,23; 2Chr. 31,6; 1Esdr. 1,49; 1Esdr. 3,15; 1Esdr. 4,11; 1Esdr. 8,67; Neh. 1,10; Neh. 2,13; Neh. 3,1; Neh. 3,3; Neh. 3,6; Neh. 3,13; Neh. 6,2; Neh. 8,3; Neh. 9,16; Neh. 9,35; Judith 2,3; Judith 3,7; Judith 4,10; Judith 7,10; Judith 7,14; Judith 11,2; Tob. 2,12; Tob. 7,1; Tob. 10,12; 1Mac. 2,30; 1Mac. 2,38; 1Mac. 3,20; 1Mac. 5,57; 1Mac. 5,62; 1Mac. 6,52; 1Mac. 8,1; 1Mac. 9,12; 1Mac. 11,68; 2Mac. 6,25; 2Mac. 6,29; 2Mac. 8,28; 3Mac. 7,2; 3Mac. 7,16; Psa. 19,9; Psa. 21,18; Psa. 26,2; Psa. 36,9; Psa. 47,6; Psa. 55,7; Psa. 58,16; Psa. 61,10; Psa. 62,10; Psa. 68,27; Psa. 87,6; Psa. 94,10; Psa. 101,27; Psa. 105,43; Psa. 106,24; Ode. 2,21; Prov. 1,18; Eccl. 1,7; Eccl. 3,18; Eccl. 4,2; Eccl. 7,29; Song 6,5; Job 4,19; Job 5,5; Job 18,2; Wis. 11,5; Wis. 12,27; Wis. 13,6; Wis. 13,8; Wis. 16,3; Wis. 16,18; Wis. 19,2; Sir. 7,28; Sir. 8,9; Sir. 18,29; Sir. 38,14; Sir. 46,8; Hos. 3,1; Hos. 4,14; Hos. 6,7; Hos. 7,13; Hos. 8,9; Hos. 8,13; Hos. 9,10; Hos. 11,2; Hos. 13,2; Mic. 4,12; Nah. 2,9; Zeph. 3,13; Zech. 1,15; Is. 1,2; Is. 1,29; Is. 22,13; Is. 28,20; Is. 30,32; Is. 33,7; Is. 37,38; Is. 42,17; Is. 46,2; Is. 63,10; Is. 65,3; Jer. 2,26; Jer. 5,5; Jer. 7,17; Jer. 7,19; Jer. 9,15; Jer. 11,10; Jer. 11,12; Jer. 12,6; Jer. 14,14; Jer. 14,16; Jer. 15,19; Jer. 17,15; Jer. 17,25; Jer. 19,4; Jer. 22,4; Jer. 22,27; Jer. 23,21; Jer. 23,21; Jer. 26,5; Jer. 26,21; Jer. 27,4; Jer. 34,10; Jer. 34,14; Jer. 34,16; Jer. 36,9; Jer. 37,8; Jer. 38,1; Jer. 38,32; Jer. 38,33; Jer. 39,32; Jer. 47,7; Jer. 47,8; Jer. 48,6; Jer. 49,5; Jer. 51,14; Bar. 2,35; Lam. 1,19; LetterJ 41; LetterJ 54; Ezek. 2,3; Ezek. 8,17; Ezek. 13,10; Ezek. 14,14; Ezek. 14,16; Ezek. 14,18; Ezek. 14,20; Ezek. 14,22; Ezek. 21,5; Ezek. 23,8; Ezek. 23,10; Ezek. 23,25; Ezek. 23,45; Ezek. 25,4; Ezek. 25,4; Ezek. 31,17; Ezek. 34,30; Ezek. 37,11; Ezek. 43,7; Ezek. 43,11; Ezek. 44,19; Dan. 3,23; Dan. 6,12; Dan. 6,25; Sus. 38; Judg. 1,22; Judg. 6,5; Judg. 8,18; Judg. 9,31; Judg. 10,14; Judg. 18,3; Judg. 18,3; Judg. 18,22; Judg. 19,21; Judg. 19,22; Judg. 19,30; Judg. 20,34; Tob. 5,14; Tob. 10,12; Dan. 6,25; Bel 12; Matt. 5,4; Matt. 5,5; Matt. 5,6; Matt. 5,7; Matt. 5,8; Matt. 5,9; Matt. 12,27; Matt. 23,4; Matt. 25,44; Mark 7,36; Luke 2,50; Luke 6,11; Luke 9,36; Luke 11,4; Luke 11,19; Luke 11,46; Luke 11,48; Luke 13,4; Luke 14,1; Luke 14,12; Luke 16,28; Luke 17,13; Luke 18,34; Luke 22,23; Luke 24,14; Luke 24,35; Luke 24,52; John 3,28; John 4,45; John 6,24; John 17,8; John 17,11; John 17,19; John 17,21; John 18,28; Acts 16,37; Acts 22,19; Acts 27,36; Acts 28,28; Rom. 11,31; 2Cor. 6,16; 2Cor. 10,12; Gal. 2,9; 1Th. 1,9; 1Th. 2,14; 1Th. 3,3; 2Tim. 2,10; Heb. 1,11; Heb. 3,10; Heb. 8,9; Heb. 8,10; Heb. 13,3; Heb. 13,17; James 2,6; James 2,7; 1John 4,5; Rev. 12,11; Rev. 21,3)

Pronoun · (personal) · intensive · masculine · plural · nominative
▸ 13 + 21 = **34** (Gen. 42,19; Ex. 5,11; Ex. 10,11; Josh. 6,18; Ezra 4,3; Neh. 10,38; 2Mac. 1,18; 2Mac. 11,28; 4Mac. 6,19; Job 13,8; Is. 65,21; Is. 65,21; Jer. 44,8; Mark 6,31; Luke 11,52; Luke 22,71; John 4,42; Acts 2,22; Acts 15,32; Acts 20,34; Acts 24,15; Acts 24,20; Rom. 8,23; Rom. 8,23; Rom. 15,14; 2Cor. 1,4; 2Cor. 1,9; Gal. 2,17; Gal. 6,13; 1Th. 4,9; 1Th. 5,2; 1Pet. 1,15; 1Pet. 2,5; 2Pet. 2,19)

αὐτοί ▸ 17 + 1 + 3 = 21

Pronoun · (personal) · third · masculine · plural · nominative
▸ 17 + 1 + 2 = **20** (Ex. 18,26; Num. 4,49; 1Sam. 19,21; 1Sam. 19,21; 2Sam. 23,6; 3Mac. 3,14; Psa. 54,22; Psa. 108,28; Sol. 2,12; Hos. 14,1; Amos 6,1; Mic. 3,7; Jer. 17,18; LetterJ 46; Ezek. 20,9;

Ezek. 37,25; Ezek. 37,27; Dan. 1,17; Matt. 20,10; Rev. 6,11)
Pronoun · (personal) · intensive · masculine · plural · nominative ▸ 1 (Acts 18,15)

αὐτοῖς ▸ **1410** + **100** + **558** = 2068
Adjective · neuter · plural · dative · noDegree ▸ **1** (4Mac. 10,2)
Pronoun · (personal) · third · masculine · plural · dative ▸ 1283 + 91 + 543 = **1917** (Gen. 6,1; Gen. 9,1; Gen. 10,1; Gen. 11,3; Gen. 11,3; Gen. 14,5; Gen. 14,8; Gen. 15,11; Gen. 17,8; Gen. 18,2; Gen. 18,8; Gen. 18,8; Gen. 19,1; Gen. 19,3; Gen. 19,3; Gen. 19,5; Gen. 24,3; Gen. 24,33; Gen. 26,27; Gen. 26,30; Gen. 29,4; Gen. 29,5; Gen. 29,6; Gen. 29,9; Gen. 30,35; Gen. 32,5; Gen. 34,7; Gen. 34,8; Gen. 34,13; Gen. 34,14; Gen. 34,21; Gen. 34,23; Gen. 37,6; Gen. 37,22; Gen. 39,14; Gen. 40,4; Gen. 40,8; Gen. 40,22; Gen. 41,8; Gen. 42,7; Gen. 42,7; Gen. 42,9; Gen. 42,12; Gen. 42,14; Gen. 42,18; Gen. 42,22; Gen. 42,24; Gen. 42,25; Gen. 42,25; Gen. 42,29; Gen. 42,36; Gen. 43,2; Gen. 43,11; Gen. 43,23; Gen. 43,27; Gen. 43,32; Gen. 44,4; Gen. 44,6; Gen. 44,15; Gen. 45,15; Gen. 45,19; Gen. 45,21; Gen. 45,21; Gen. 45,24; Gen. 45,26; Gen. 45,27; Gen. 47,5; Gen. 47,11; Gen. 47,14; Gen. 47,16; Gen. 47,17; Gen. 47,22; Gen. 47,26; Gen. 48,16; Gen. 49,28; Gen. 49,29; Gen. 50,17; Gen. 50,19; Gen. 50,21; Ex. 1,11; Ex. 2,25; Ex. 3,20; Ex. 5,4; Ex. 5,8; Ex. 5,17; Ex. 5,20; Ex. 5,21; Ex. 6,3; Ex. 6,4; Ex. 6,13; Ex. 6,26; Ex. 7,6; Ex. 7,10; Ex. 7,13; Ex. 7,20; Ex. 9,27; Ex. 10,2; Ex. 10,8; Ex. 11,3; Ex. 12,7; Ex. 12,27; Ex. 12,31; Ex. 12,35; Ex. 12,36; Ex. 12,38; Ex. 13,21; Ex. 14,22; Ex. 14,29; Ex. 16,20; Ex. 16,24; Ex. 17,2; Ex. 18,8; Ex. 18,9; Ex. 18,11; Ex. 18,16; Ex. 18,20; Ex. 18,20; Ex. 19,7; Ex. 19,25; Ex. 20,5; Ex. 20,20; Ex. 23,24; Ex. 23,32; Ex. 24,12; Ex. 24,14; Ex. 25,14; Ex. 25,27; Ex. 25,28; Ex. 25,29; Ex. 26,37; Ex. 28,9; Ex. 28,38; Ex. 28,40; Ex. 28,42; Ex. 29,1; Ex. 29,9; Ex. 29,9; Ex. 29,29; Ex. 29,46; Ex. 30,12; Ex. 30,21; Ex. 32,2; Ex. 32,8; Ex. 32,24; Ex. 32,27; Ex. 32,28; Ex. 32,29; Ex. 32,32; Ex. 34,31; Ex. 34,32; Ex. 36,1; Ex. 36,7; Ex. 38,4; Ex. 38,10; Ex. 38,24; Ex. 40,15; Lev. 4,14; Lev. 4,20; Lev. 6,10; Lev. 7,36; Lev. 8,13; Lev. 10,1; Lev. 10,4; Lev. 13,29; Lev. 15,2; Lev. 15,31; Lev. 16,16; Lev. 18,25; Lev. 19,20; Lev. 19,31; Lev. 22,3; Lev. 26,44; Lev. 27,2; Num. 2,33; Num. 3,4; Num. 3,16; Num. 3,48; Num. 4,19; Num. 5,3; Num. 6,7; Num. 6,23; Num. 8,7; Num. 8,20; Num. 8,22; Num. 10,33; Num. 10,36; Num. 11,1; Num. 11,3; Num. 11,4; Num. 11,21; Num. 11,21; Num. 11,22; Num. 11,22; Num. 11,22; Num. 11,22; Num. 12,9; Num. 13,26; Num. 14,11; Num. 14,16; Num. 14,19; Num. 14,20; Num. 14,28; Num. 15,25; Num. 15,29; Num. 15,29; Num. 16,3; Num. 16,9; Num. 16,26; Num. 16,30; Num. 18,20; Num. 18,24; Num. 20,8; Num. 20,12; Num. 20,13; Num. 21,16; Num. 21,33; Num. 22,20; Num. 25,11; Num. 26,62; Num. 26,65; Num. 31,13; Num. 31,15; Num. 32,7; Num. 32,9; Num. 32,19; Num. 32,28; Num. 32,29; Num. 32,33; Num. 34,8; Num. 35,3; Deut. 1,8; Deut. 1,42; Deut. 2,12; Deut. 2,14; Deut. 2,15; Deut. 2,19; Deut. 2,19; Deut. 3,20; Deut. 3,28; Deut. 4,7; Deut. 4,31; Deut. 5,29; Deut. 5,29; Deut. 5,30; Deut. 5,31; Deut. 7,5; Deut. 7,10; Deut. 7,16; Deut. 8,19; Deut. 8,19; Deut. 9,12; Deut. 9,28; Deut. 10,11; Deut. 11,9; Deut. 11,16; Deut. 11,21; Deut. 12,30; Deut. 17,3; Deut. 18,2; Deut. 18,18; Deut. 18,18; Deut. 19,17; Deut. 21,8; Deut. 23,7; Deut. 23,7; Deut. 23,9; Deut. 26,15; Deut. 28,14; Deut. 28,69; Deut. 29,16; Deut. 29,25; Deut. 29,25; Deut. 30,17; Deut. 30,20; Deut. 31,4; Deut. 31,5; Deut. 31,7; Deut. 31,7; Deut. 31,10; Deut. 31,16; Deut. 31,20; Deut. 31,20; Deut. 31,23; Deut. 31,28; Deut. 32,20; Deut. 32,20; Deut. 32,28; Deut. 32,32; Deut. 32,37; Josh. 1,2; Josh. 1,6; Josh. 1,14; Josh. 1,15; Josh. 2,4; Josh. 2,13; Josh. 2,16; Josh. 2,21; Josh. 2,23; Josh. 4,3; Josh. 4,5; Josh. 4,12; Josh. 5,1; Josh. 6,7; Josh. 8,4; Josh. 8,14; Josh. 9,15; Josh. 9,16; Josh. 9,18; Josh. 9,18; Josh. 9,19; Josh. 9,20; Josh. 9,21; Josh. 9,22; Josh. 9,26; Josh. 10,2; Josh. 10,11; Josh. 10,24; Josh. 11,9; Josh. 11,20; Josh. 13,14; Josh. 14,1; Josh. 14,3; Josh. 17,10; Josh. 17,15; Josh. 18,5; Josh. 18,5; Josh. 18,5; Josh. 18,7; Josh. 18,10; Josh. 19,48a; Josh. 19,49; Josh. 20,9; Josh. 21,11; Josh. 21,21; Josh. 22,2; Josh. 22,4; Josh. 22,30; Josh. 22,32; Josh. 23,5; Josh. 23,7; Josh. 23,7; Josh. 23,12; Josh. 23,16; Josh. 24,5; Josh. 24,31a; Judg. 1,25; Judg. 1,33; Judg. 2,12; Judg. 2,15; Judg. 2,16; Judg. 2,17; Judg. 2,18; Judg. 2,19; Judg. 2,19; Judg. 3,1; Judg. 3,15; Judg. 3,29; Judg. 6,5; Judg. 6,8; Judg. 8,15; Judg. 8,19; Judg. 8,24; Judg. 8,33; Judg. 9,4; Judg. 9,7; Judg. 9,9; Judg. 9,11; Judg. 9,13; Judg. 9,43; Judg. 10,4; Judg. 11,25; Judg. 12,5; Judg. 12,6; Judg. 14,9; Judg. 14,9; Judg. 14,12; Judg. 14,14; Judg. 14,18; Judg. 15,7; Judg. 15,10; Judg. 15,11; Judg. 15,11; Judg. 15,12; Judg. 15,12; Judg. 16,12; Judg. 16,29; Judg. 18,6; Judg. 18,7; Judg. 18,8; Judg. 18,9; Judg. 18,28; Judg. 21,7; Judg. 21,7; Judg. 21,10; Judg. 21,14; Judg. 21,14; Judg. 21,18; Judg. 21,22; Ruth 1,6; Ruth 1,13; 1Sam. 2,8; 1Sam. 2,23; 1Sam. 4,1; 1Sam. 5,6; 1Sam. 5,6; 1Sam. 6,6; 1Sam. 6,19; 1Sam. 8,9; 1Sam. 8,9; 1Sam. 8,22; 1Sam. 9,12; 1Sam. 9,12; 1Sam. 9,22; 1Sam. 11,11; 1Sam. 12,9; 1Sam. 14,34; 1Sam. 14,36; 1Sam. 14,36; 1Sam. 17,8; 1Sam. 19,8; 1Sam. 22,7; 1Sam. 23,5; 1Sam. 23,21; 1Sam. 24,8; 1Sam. 25,7; 1Sam. 25,15; 1Sam. 25,16; 1Sam. 25,20; 1Sam. 30,4; 1Sam. 30,19; 1Sam. 30,22; 2Sam. 2,13; 2Sam. 2,32; 2Sam. 4,9; 2Sam. 5,3; 2Sam. 5,23; 2Sam. 7,24; 2Sam. 10,19; 2Sam. 12,17; 2Sam. 13,29; 2Sam. 16,1; 2Sam. 17,9; 2Sam. 17,17; 2Sam. 17,20; 2Sam. 21,2; 2Sam. 23,7; 2Sam. 23,19; 2Sam. 24,1; 1Kings 1,20; 1Kings 1,33; 1Kings 7,15; 1Kings 8,36; 1Kings 8,45; 1Kings 9,6; 1Kings 9,7; 1Kings 9,9; 1Kings 9,9; 1Kings 12,7; 1Kings 12,7; 1Kings 12,9; 1Kings 12,12; 1Kings 12,24r; 1Kings 15,22; 1Kings 18,21; 1Kings 21,18; 1Kings 22,6; 1Kings 22,54; 2Kings 2,24; 2Kings 5,12; 2Kings 5,22; 2Kings 6,23; 2Kings 7,10; 2Kings 9,11; 2Kings 10,22; 2Kings 11,4; 2Kings 11,4; 2Kings 11,5; 2Kings 17,12; 2Kings 17,13; 2Kings 17,15; 2Kings 17,15; 2Kings 17,25; 2Kings 17,25; 2Kings 17,35; 2Kings 17,35; 2Kings 17,35; 2Kings 17,35; 2Kings 19,6; 2Kings 20,13; 2Kings 20,13; 2Kings 20,13; 2Kings 20,15; 2Kings 21,3; 2Kings 21,8; 2Kings 22,7; 2Kings 22,15; 2Kings 23,19; 2Kings 25,14; 2Kings 25,24; 2Kings 25,24; 1Chr. 5,20; 1Chr. 6,39; 1Chr. 6,40; 1Chr. 9,33; 1Chr. 11,3; 1Chr. 11,21; 1Chr. 12,18; 1Chr. 12,20; 1Chr. 12,40; 1Chr. 12,41; 1Chr. 12,41; 1Chr. 14,8; 1Chr. 14,14; 1Chr. 15,12; 1Chr. 17,22; 1Chr. 19,5; 1Chr. 23,31; 1Chr. 24,2; 1Chr. 26,31; 1Chr. 29,8; 2Chr. 4,6; 2Chr. 4,6; 2Chr. 6,25; 2Chr. 6,27; 2Chr. 7,19; 2Chr. 7,20; 2Chr. 7,22; 2Chr. 7,22; 2Chr. 10,5; 2Chr. 10,7; 2Chr. 12,5; 2Chr. 13,14; 2Chr. 13,17; 2Chr. 14,12; 2Chr. 14,13; 2Chr. 15,4; 2Chr. 15,15; 2Chr. 15,15; 2Chr. 16,6; 2Chr. 18,5; 2Chr. 19,10; 2Chr. 20,12; 2Chr. 20,12; 2Chr. 20,17; 2Chr. 21,3; 2Chr. 23,3; 2Chr. 23,3; 2Chr. 23,14; 2Chr. 24,5; 2Chr. 24,17; 2Chr. 24,19; 2Chr. 25,13; 2Chr. 25,14; 2Chr. 26,14; 2Chr. 28,9; 2Chr. 28,9; 2Chr. 28,13; 2Chr. 28,23; 2Chr. 29,5; 2Chr. 30,12; 2Chr. 33,8; 2Chr. 34,4; 2Chr. 34,23; 2Chr. 35,12; 2Chr. 35,14; 2Chr. 35,15; 2Chr. 35,15; 1Esdr. 1,15; 1Esdr. 3,16; 1Esdr. 4,3; 1Esdr. 4,4; 1Esdr. 4,37; 1Esdr. 4,50; 1Esdr. 4,53; 1Esdr. 4,56; 1Esdr. 4,62; 1Esdr. 5,40; 1Esdr. 5,49; 1Esdr. 5,49; 1Esdr. 5,53; 1Esdr. 5,65; 1Esdr. 5,67; 1Esdr. 6,2; 1Esdr. 6,3; 1Esdr. 8,6; 1Esdr. 8,44; 1Esdr. 8,45; 1Esdr. 8,55; 1Esdr. 8,56; 1Esdr. 8,57; 1Esdr. 9,7; 1Esdr. 9,14; Ezra 2,63; Ezra 4,2; Ezra 4,20; Ezra 5,2; Ezra 5,3; Ezra 5,4; Ezra 5,9; Ezra 5,12; Ezra 6,9; Ezra 8,25; Ezra 10,15; Neh. 2,9; Neh. 2,10; Neh. 2,18; Neh. 2,20; Neh. 2,20; Neh. 4,1; Neh. 5,7; Neh. 5,8; Neh. 5,10; Neh. 5,11; Neh. 5,11; Neh. 6,1; Neh. 6,4; Neh. 6,6; Neh. 6,13; Neh. 7,3; Neh. 8,10; Neh. 8,12; Neh. 9,12; Neh. 9,13; Neh. 9,14; Neh. 9,14; Neh. 9,15; Neh. 9,15; Neh. 9,15; Neh. 9,19; Neh. 9,20; Neh. 9,22; Neh. 9,22; Neh. 9,24; Neh. 9,26; Neh. 9,27; Neh. 9,28; Neh.

αὐτός

9,29; Neh. 9,30; Neh. 9,34; Neh. 9,35; Neh. 9,37; Neh. 12,38; Neh. 12,44; Neh. 13,17; Neh. 13,21; Neh. 13,25; Esth. 1,4; Esth. 1,17; Esth. 1,22; Esth. 3,4; Esth. 5,8; Esth. 5,11; Esth. 8,8; Esth. 8,11; Esth. 16,19 # 8,12s; Esth. 16,19 # 8,12s; Esth. 16,21 # 8,12t; Esth. 9,3; Esth. 9,22; Esth. 9,23; Esth. 9,26; Esth. 10,13 # 10,3k; Judith 2,7; Judith 2,7; Judith 2,20; Judith 4,8; Judith 5,3; Judith 5,11; Judith 5,18; Judith 5,20; Judith 6,4; Judith 6,17; Judith 7,2; Judith 7,15; Judith 7,21; Judith 7,22; Judith 7,27; Judith 8,9; Judith 8,30; Judith 11,9; Judith 11,12; Judith 11,14; Judith 11,15; Judith 13,13; Judith 13,15; Judith 14,8; Judith 15,5; Judith 16,15; Tob. 6,15; Tob. 7,1; Tob. 7,4; Tob. 7,5; Tob. 8,14; Tob. 8,17; Tob. 8,19; Tob. 12,6; Tob. 12,17; Tob. 12,22; Tob. 13,3; Tob. 13,5; 1Mac. 1,6; 1Mac. 1,13; 1Mac. 1,30; 1Mac. 1,33; 1Mac. 2,36; 1Mac. 2,36; 1Mac. 2,43; 1Mac. 2,43; 1Mac. 3,28; 1Mac. 4,29; 1Mac. 4,32; 1Mac. 4,45; 1Mac. 4,45; 1Mac. 4,55; 1Mac. 5,19; 1Mac. 5,23; 1Mac. 5,25; 1Mac. 5,25; 1Mac. 5,39; 1Mac. 5,42; 1Mac. 5,59; 1Mac. 6,21; 1Mac. 6,49; 1Mac. 6,59; 1Mac. 6,61; 1Mac. 7,7; 1Mac. 7,15; 1Mac. 7,17; 1Mac. 7,18; 1Mac. 7,38; 1Mac. 7,41; 1Mac. 8,1; 1Mac. 8,1; 1Mac. 8,1; 1Mac. 8,4; 1Mac. 8,4; 1Mac. 8,7; 1Mac. 8,10; 1Mac. 8,11; 1Mac. 8,11; 1Mac. 8,16; 1Mac. 8,22; 1Mac. 8,25; 1Mac. 8,27; 1Mac. 8,32; 1Mac. 9,11; 1Mac. 9,26; 1Mac. 9,27; 1Mac. 9,35; 1Mac. 9,70; 1Mac. 10,24; 1Mac. 10,25; 1Mac. 10,36; 1Mac. 10,43; 1Mac. 10,46; 1Mac. 10,47; 1Mac. 10,60; 1Mac. 10,61; 1Mac. 11,34; 1Mac. 11,34; 1Mac. 11,35; 1Mac. 11,62; 1Mac. 11,64; 1Mac. 11,66; 1Mac. 12,4; 1Mac. 12,17; 1Mac. 12,25; 1Mac. 12,25; 1Mac. 12,51; 1Mac. 13,3; 1Mac. 13,21; 1Mac. 13,45; 1Mac. 13,47; 1Mac. 13,50; 1Mac. 14,4; 1Mac. 14,30; 1Mac. 14,32; 1Mac. 15,19; 1Mac. 16,2; 1Mac. 16,5; 1Mac. 16,15; 1Mac. 16,19; 2Mac. 2,2; 2Mac. 2,7; 2Mac. 2,22; 2Mac. 3,25; 2Mac. 7,28; 2Mac. 8,19; 2Mac. 8,20; 2Mac. 8,24; 2Mac. 8,27; 2Mac. 10,16; 2Mac. 10,26; 2Mac. 10,38; 2Mac. 11,13; 2Mac. 11,14; 2Mac. 11,24; 2Mac. 11,25; 2Mac. 12,3; 2Mac. 12,11; 2Mac. 13,3; 2Mac. 14,16; 2Mac. 15,1; 2Mac. 15,8; 2Mac. 15,8; 2Mac. 15,18; 3Mac. 2,4; 3Mac. 2,12; 3Mac. 3,21; 3Mac. 3,23; 3Mac. 4,1; 3Mac. 4,2; 3Mac. 4,3; 3Mac. 4,19; 3Mac. 5,25; 3Mac. 5,49; 3Mac. 6,31; 3Mac. 6,36; 3Mac. 6,41; 3Mac. 6,41; 3Mac. 7,6; 3Mac. 7,12; 3Mac. 7,18; 3Mac. 7,22; 4Mac. 3,20; 4Mac. 4,10; 4Mac. 8,4; 4Mac. 8,4; 4Mac. 8,16; 4Mac. 8,29; 4Mac. 10,14; 4Mac. 13,27; 4Mac. 15,9; 4Mac. 15,16; 4Mac. 16,5; 4Mac. 17,5; Psa. 5,12; Psa. 15,3; Psa. 17,8; Psa. 24,14; Psa. 27,4; Psa. 27,4; Psa. 27,4; Psa. 34,8; Psa. 36,40; Psa. 40,11; Psa. 43,4; Psa. 48,14; Psa. 48,21; Psa. 54,20; Psa. 57,5; Psa. 67,18; Psa. 68,12; Psa. 68,35; Psa. 72,10; Psa. 72,18; Psa. 77,11; Psa. 77,24; Psa. 77,24; Psa. 77,25; Psa. 77,29; Psa. 77,66; Psa. 82,10; Psa. 89,10; Psa. 93,23; Psa. 98,7; Psa. 98,8; Psa. 103,8; Psa. 103,21; Psa. 104,27; Psa. 104,39; Psa. 104,39; Psa. 104,44; Psa. 105,15; Psa. 105,26; Psa. 105,29; Psa. 105,34; Psa. 105,36; Psa. 106,5; Psa. 108,25; Psa. 110,6; Psa. 113,16; Psa. 113,16; Psa. 118,93; Psa. 118,165; Psa. 119,7; Psa. 134,18; Psa. 134,18; Psa. 138,16; Psa. 145,6; Psa. 146,4; Psa. 149,9; Psa. 151,5; Ode. 2,20; Ode. 2,20; Ode. 2,28; Ode. 2,32; Ode. 2,37; Ode. 3,8; Ode. 5,15; Ode. 5,19; Prov. 8,8; Prov. 20,26; Eccl. 2,5; Eccl. 2,14; Eccl. 3,18; Eccl. 3,19; Eccl. 4,1; Eccl. 4,1; Eccl. 4,9; Eccl. 4,11; Eccl. 8,11; Eccl. 9,5; Eccl. 9,6; Eccl. 9,11; Eccl. 10,9; Eccl. 10,9; Job 4,21; Job 5,14; Job 15,19; Job 17,6; Job 21,9; Job 21,17; Job 24,17; Job 29,22; Job 34,20; Job 36,9; Job 36,31; Job 37,12; Job 39,4; Job 42,9; Job 42,9; Job 42,10; Wis. 5,23; Wis. 6,16; Wis. 6,16; Wis. 10,17; Wis. 11,4; Wis. 11,7; Wis. 11,15; Wis. 11,17; Wis. 12,27; Wis. 16,5; Wis. 16,20; Wis. 17,6; Wis. 17,14; Wis. 19,12; Sir. 1,14; Sir. 7,28; Sir. 12,5; Sir. 16,2; Sir. 17,2; Sir. 17,2; Sir. 17,6; Sir. 17,7; Sir. 17,8; Sir. 17,11; Sir. 17,11; Sir. 17,12; Sir. 17,14; Sir. 17,14; Sir. 17,23; Sir. 18,11; Sir. 23,1; Sir. 28,23; Sir. 28,23; Sir. 29,4; Sir. 32,1; Sir. 33,13; Sir. 35,19; Sir. 36,3; Sir. 38,14; Sir. 45,19; Sol. 2,7; Sol. 2,23; Sol. 2,25; Sol. 7,10; Sol. 8,14; Sol. 9,1; Sol. 11,4; Sol. 11,5; Sol. 11,5; Sol. 13,3; Sol. 17,7; Sol. 17,8; Sol. 17,8; Sol. 17,15; Sol. 17,19; Sol. 17,21; Sol. 17,28; Sol. 17,40; Sol. 17,41; Sol. 17,41; Sol. 18,10; Sol. 18,12; Hos. 1,6; Hos. 2,1; Hos. 2,15; Hos. 2,20; Hos. 5,4; Hos. 5,7; Hos. 7,7; Hos. 7,13; Hos. 9,4; Hos. 9,12; Hos. 9,14; Hos. 9,14; Hos. 9,14; Hos. 11,4; Hos. 13,2; Hos. 13,7; Hos. 13,8; Amos 5,11; Amos 9,15; Mic. 4,13; Joel 1,18; Obad. 7; Jonah 1,10; Jonah 3,10; Nah. 3,17; Hab. 2,7; Zeph. 2,10; Hag. 1,6; Zech. 1,4; Zech. 2,13; Zech. 8,8; Zech. 10,1; Zech. 10,6; Zech. 10,8; Zech. 12,8; Zech. 14,21; Mal. 1,4; Mal. 2,17; Is. 2,6; Is. 3,9; Is. 7,6; Is. 8,15; Is. 10,2; Is. 13,2; Is. 14,22; Is. 19,1; Is. 19,3; Is. 19,14; Is. 19,16; Is. 19,17; Is. 19,20; Is. 20,5; Is. 23,18; Is. 26,15; Is. 26,19; Is. 28,13; Is. 30,7; Is. 33,24; Is. 33,24; Is. 34,16; Is. 34,17; Is. 36,4; Is. 37,6; Is. 39,2; Is. 39,2; Is. 42,16; Is. 44,23; Is. 47,6; Is. 48,14; Is. 48,21; Is. 49,11; Is. 50,10; Is. 56,5; Is. 56,5; Is. 59,9; Is. 59,21; Is. 61,8; Is. 63,4; Is. 63,8; Is. 63,10; Is. 63,11; Is. 66,4; Jer. 3,2; Jer. 5,1; Jer. 5,5; Jer. 5,13; Jer. 5,13; Jer. 5,19; Jer. 5,21; Jer. 5,21; Jer. 6,10; Jer. 7,22; Jer. 7,23; Jer. 7,27; Jer. 7,31; Jer. 8,9; Jer. 10,5; Jer. 10,11; Jer. 11,5; Jer. 11,10; Jer. 11,12; Jer. 12,6; Jer. 13,10; Jer. 13,10; Jer. 14,10; Jer. 14,12; Jer. 14,14; Jer. 14,16; Jer. 16,11; Jer. 16,11; Jer. 16,11; Jer. 16,21; Jer. 16,21; Jer. 18,8; Jer. 18,10; Jer. 18,17; Jer. 18,23; Jer. 19,3; Jer. 20,6; Jer. 20,12; Jer. 21,7; Jer. 22,9; Jer. 23,4; Jer. 23,12; Jer. 23,32; Jer. 23,33; Jer. 24,7; Jer. 24,7; Jer. 24,10; Jer. 25,6; Jer. 25,6; Jer. 26,23; Jer. 27,27; Jer. 28,39; Jer. 28,56; Jer. 30,17; Jer. 31,13; Jer. 32,27; Jer. 33,2; Jer. 33,3; Jer. 34,4; Jer. 34,18; Jer. 35,9; Jer. 36,23; Jer. 37,9; Jer. 38,33; Jer. 39,22; Jer. 39,23; Jer. 39,23; Jer. 39,35; Jer. 39,38; Jer. 39,39; Jer. 39,39; Jer. 39,40; Jer. 40,6; Jer. 40,6; Jer. 40,9; Jer. 42,15; Jer. 42,18; Jer. 43,3; Jer. 43,6; Jer. 43,13; Jer. 45,26; Jer. 45,27; Jer. 47,9; Jer. 47,14; Jer. 48,6; Jer. 48,6; Jer. 49,4; Jer. 49,9; Jer. 52,22; Bar. 1,12; Bar. 2,31; Bar. 2,35; Bar. 2,35; Bar. 2,35; Bar. 3,27; Bar. 4,10; Bar. 4,14; Lam. 1,19; Lam. 1,22; Lam. 3,64; Lam. 3,65; Lam. 3,65; Lam. 4,4; Lam. 4,16; LetterJ 0; LetterJ 4; LetterJ 11; LetterJ 34; LetterJ 44; LetterJ 57; LetterJ 71; Ezek. 1,18; Ezek. 1,22; Ezek. 3,17; Ezek. 3,25; Ezek. 3,26; Ezek. 5,9; Ezek. 7,20; Ezek. 7,27; Ezek. 8,18; Ezek. 11,15; Ezek. 11,16; Ezek. 11,17; Ezek. 11,19; Ezek. 11,19; Ezek. 11,19; Ezek. 11,20; Ezek. 12,11; Ezek. 14,3; Ezek. 14,4; Ezek. 14,11; Ezek. 16,20; Ezek. 16,36; Ezek. 16,37; Ezek. 20,4; Ezek. 20,5; Ezek. 20,6; Ezek. 20,8; Ezek. 20,11; Ezek. 20,11; Ezek. 20,11; Ezek. 20,12; Ezek. 20,13; Ezek. 20,15; Ezek. 20,25; Ezek. 20,28; Ezek. 21,28; Ezek. 23,17; Ezek. 24,27; Ezek. 25,17; Ezek. 27,25; Ezek. 28,25; Ezek. 30,9; Ezek. 33,11; Ezek. 33,25; Ezek. 33,32; Ezek. 34,10; Ezek. 34,24; Ezek. 34,29; Ezek. 36,12; Ezek. 36,37; Ezek. 37,21; Ezek. 37,23; Ezek. 37,26; Ezek. 37,27; Ezek. 37,27; Ezek. 38,11; Ezek. 39,13; Ezek. 39,24; Ezek. 39,27; Ezek. 39,28; Ezek. 43,11; Ezek. 44,11; Ezek. 44,12; Ezek. 44,23; Ezek. 44,28; Ezek. 44,28; Ezek. 44,28; Ezek. 44,29; Ezek. 45,4; Ezek. 45,5; Ezek. 46,17; Ezek. 47,21; Ezek. 47,23; Ezek. 48,1; Ezek. 48,12; Dan. 1,5; Dan. 1,7; Dan. 1,14; Dan. 1,16; Dan. 1,19; Dan. 2,3; Dan. 2,8; Dan. 3,14; Dan. 3,92; Dan. 3,94; Dan. 5,23; Dan. 6,13; Dan. 11,24; Sus. 22; Sus. 41; Sus. 60-62; Sus. 63; Bel 8; Bel 31-32; Judg. 1,19; Judg. 1,25; Judg. 1,33; Judg. 1,35; Judg. 2,12; Judg. 2,15; Judg. 2,17; Judg. 2,18; Judg. 2,19; Judg. 2,19; Judg. 3,1; Judg. 3,15; Judg. 6,3; Judg. 6,5; Judg. 6,8; Judg. 8,24; Judg. 8,33; Judg. 9,7; Judg. 9,9; Judg. 9,11; Judg. 9,13; Judg. 10,4; Judg. 12,5; Judg. 12,5; Judg. 14,9; Judg. 14,9; Judg. 14,12; Judg. 14,14; Judg. 14,17; Judg. 14,18; Judg. 15,3; Judg. 15,7; Judg. 15,11; Judg. 15,11; Judg. 15,12; Judg. 16,12; Judg. 18,6; Judg. 18,28; Judg. 18,31; Judg. 19,14; Judg. 20,20; Judg. 20,25; Judg. 21,7; Judg. 21,7; Judg. 21,10; Judg. 21,14; Judg. 21,14; Judg. 21,18; Judg. 21,22;

Judg. 21,22; Tob. 1,8; Tob. 4,19; Tob. 6,1; Tob. 6,15; Tob. 7,1; Tob. 7,3; Tob. 7,4; Tob. 7,5; Tob. 8,5; Tob. 8,14; Tob. 8,17; Tob. 10,6; Tob. 11,4; Tob. 12,6; Tob. 12,17; Tob. 12,22; Tob. 13,3; Tob. 13,5; Tob. 14,7; Dan. 1,4; Dan. 1,4; Dan. 1,5; Dan. 1,6; Dan. 1,7; Dan. 1,16; Dan. 1,17; Dan. 2,3; Dan. 3,14; Dan. 3,50; Dan. 3,92; Dan. 3,94; Dan. 6,3; Dan. 11,7; Dan. 11,24; Dan. 11,39; Sus. 41; Sus. 61; Bel 8; Bel 30; Bel 32; Bel 32; Matt. 3,7; Matt. 4,16; Matt. 4,19; Matt. 6,1; Matt. 6,8; Matt. 7,12; Matt. 7,23; Matt. 8,4; Matt. 8,26; Matt. 8,32; Matt. 9,15; Matt. 9,18; Matt. 9,28; Matt. 9,30; Matt. 10,1; Matt. 10,5; Matt. 10,18; Matt. 11,4; Matt. 12,3; Matt. 12,11; Matt. 12,16; Matt. 12,25; Matt. 12,39; Matt. 13,3; Matt. 13,10; Matt. 13,11; Matt. 13,13; Matt. 13,14; Matt. 13,24; Matt. 13,28; Matt. 13,31; Matt. 13,33; Matt. 13,34; Matt. 13,52; Matt. 13,57; Matt. 14,14; Matt. 14,16; Matt. 14,16; Matt. 14,27; Matt. 15,3; Matt. 15,10; Matt. 15,34; Matt. 16,1; Matt. 16,2; Matt. 16,6; Matt. 16,15; Matt. 17,3; Matt. 17,9; Matt. 17,13; Matt. 17,20; Matt. 17,22; Matt. 17,27; Matt. 18,19; Matt. 19,8; Matt. 19,11; Matt. 19,13; Matt. 19,13; Matt. 19,15; Matt. 19,26; Matt. 19,28; Matt. 20,6; Matt. 20,7; Matt. 20,8; Matt. 20,17; Matt. 20,23; Matt. 20,31; Matt. 21,2; Matt. 21,6; Matt. 21,13; Matt. 21,16; Matt. 21,21; Matt. 21,24; Matt. 21,27; Matt. 21,31; Matt. 21,36; Matt. 21,42; Matt. 22,1; Matt. 22,20; Matt. 22,21; Matt. 22,29; Matt. 22,43; Matt. 24,2; Matt. 24,4; Matt. 24,45; Matt. 25,14; Matt. 25,40; Matt. 25,45; Matt. 26,10; Matt. 26,19; Matt. 26,27; Matt. 26,31; Matt. 26,38; Matt. 26,45; Matt. 26,48; Matt. 27,17; Matt. 27,21; Matt. 27,22; Matt. 27,26; Matt. 27,65; Matt. 28,16; Matt. 28,18; Mark 1,17; Mark 1,31; Mark 1,38; Mark 1,44; Mark 2,2; Mark 2,8; Mark 2,17; Mark 2,19; Mark 2,25; Mark 2,27; Mark 3,4; Mark 3,12; Mark 3,17; Mark 3,23; Mark 3,33; Mark 4,2; Mark 4,11; Mark 4,12; Mark 4,13; Mark 4,21; Mark 4,24; Mark 4,33; Mark 4,34; Mark 4,35; Mark 4,40; Mark 5,16; Mark 5,19; Mark 5,39; Mark 5,43; Mark 6,4; Mark 6,7; Mark 6,8; Mark 6,10; Mark 6,11; Mark 6,31; Mark 6,37; Mark 6,37; Mark 6,37; Mark 6,38; Mark 6,39; Mark 6,41; Mark 6,46; Mark 6,48; Mark 6,50; Mark 7,6; Mark 7,9; Mark 7,14; Mark 7,18; Mark 7,36; Mark 7,36; Mark 8,1; Mark 8,15; Mark 8,17; Mark 8,21; Mark 8,27; Mark 8,30; Mark 8,34; Mark 9,1; Mark 9,4; Mark 9,7; Mark 9,9; Mark 9,12; Mark 9,19; Mark 9,29; Mark 9,31; Mark 9,35; Mark 9,36; Mark 10,3; Mark 10,5; Mark 10,11; Mark 10,13; Mark 10,14; Mark 10,24; Mark 10,27; Mark 10,32; Mark 10,36; Mark 10,38; Mark 10,39; Mark 10,42; Mark 11,2; Mark 11,5; Mark 11,6; Mark 11,17; Mark 11,22; Mark 11,29; Mark 11,33; Mark 12,1; Mark 12,15; Mark 12,16; Mark 12,17; Mark 12,24; Mark 12,28; Mark 12,43; Mark 12,44; Mark 13,5; Mark 13,9; Mark 14,7; Mark 14,10; Mark 14,13; Mark 14,16; Mark 14,20; Mark 14,22; Mark 14,23; Mark 14,24; Mark 14,27; Mark 14,34; Mark 14,41; Mark 14,44; Mark 14,48; Mark 15,6; Mark 15,8; Mark 15,9; Mark 15,11; Mark 15,12; Mark 15,14; Mark 15,15; Mark 16,14; Mark 16,15; Mark 16,19; Luke 1,7; Luke 1,22; Luke 1,22; Luke 2,7; Luke 2,9; Luke 2,10; Luke 2,17; Luke 2,50; Luke 2,51; Luke 3,11; Luke 3,14; Luke 4,39; Luke 5,7; Luke 5,14; Luke 6,5; Luke 6,31; Luke 6,39; Luke 7,6; Luke 7,22; Luke 8,3; Luke 8,25; Luke 8,36; Luke 8,56; Luke 9,1; Luke 9,11; Luke 9,13; Luke 9,17; Luke 9,20; Luke 9,21; Luke 9,46; Luke 9,48; Luke 9,55; Luke 10,9; Luke 10,18; Luke 11,2; Luke 11,17; Luke 12,37; Luke 13,2; Luke 13,32; Luke 15,2; Luke 15,6; Luke 15,12; Luke 16,15; Luke 16,28; Luke 17,14; Luke 17,20; Luke 17,37; Luke 18,1; Luke 18,7; Luke 18,15; Luke 18,29; Luke 19,13; Luke 19,32; Luke 19,46; Luke 20,8; Luke 20,15; Luke 20,17; Luke 20,34; Luke 21,4; Luke 21,10; Luke 21,29; Luke 22,4; Luke 22,6; Luke 22,10; Luke 22,13; Luke 22,19; Luke 22,24; Luke 22,25; Luke 22,35; Luke 22,36; Luke 22,38; Luke 22,40; Luke 22,46; Luke 22,67; Luke 23,20; Luke 23,34; Luke 24,15; Luke 24,19; Luke 24,27; Luke 24,29; Luke 24,30; Luke 24,33; Luke 24,35; Luke 24,36; Luke 24,38; Luke 24,40; Luke 24,41; Luke 24,46; John 1,12; John 1,26; John 1,38; John 1,39; John 2,7; John 2,8; John 2,19; John 2,24; John 4,32; John 4,34; John 4,40; John 5,11; John 5,17; John 5,19; John 6,7; John 6,20; John 6,26; John 6,29; John 6,31; John 6,32; John 6,35; John 6,43; John 6,53; John 6,61; John 6,70; John 7,6; John 7,16; John 7,21; John 7,45; John 7,47; John 8,7; John 8,12; John 8,14; John 8,21; John 8,23; John 8,25; John 8,27; John 8,28; John 8,34; John 8,39; John 8,42; John 8,58; John 9,15; John 9,16; John 9,27; John 9,30; John 9,41; John 10,6; John 10,6; John 10,25; John 10,32; John 10,34; John 11,11; John 11,14; John 11,44; John 11,46; John 11,49; John 12,23; John 12,35; John 13,12; John 15,22; John 15,24; John 16,19; John 16,31; John 17,2; John 17,8; John 17,10; John 17,14; John 17,22; John 17,23; John 17,26; John 17,26; John 17,26; John 18,4; John 18,5; John 18,6; John 18,21; John 18,31; John 18,38; John 19,4; John 19,5; John 19,6; John 19,15; John 19,16; John 20,2; John 20,13; John 20,17; John 20,19; John 20,20; John 20,21; John 20,22; John 20,23; John 20,25; John 21,3; John 21,5; John 21,6; John 21,10; John 21,12; John 21,13; Acts 1,3; Acts 1,4; Acts 1,10; Acts 1,26; Acts 2,3; Acts 2,4; Acts 2,14; Acts 3,5; Acts 3,8; Acts 4,1; Acts 4,3; Acts 4,14; Acts 4,17; Acts 4,24; Acts 4,32; Acts 4,34; Acts 5,13; Acts 5,25; Acts 6,6; Acts 7,25; Acts 7,26; Acts 7,43; Acts 7,60; Acts 8,5; Acts 8,18; Acts 9,27; Acts 9,39; Acts 10,8; Acts 10,20; Acts 10,23; Acts 11,3; Acts 11,4; Acts 11,12; Acts 11,17; Acts 11,26; Acts 12,10; Acts 12,17; Acts 12,17; Acts 13,3; Acts 13,8; Acts 13,21; Acts 13,22; Acts 13,42; Acts 13,43; Acts 14,15; Acts 14,18; Acts 14,23; Acts 15,20; Acts 15,38; Acts 16,4; Acts 16,23; Acts 17,2; Acts 17,34; Acts 18,2; Acts 18,3; Acts 18,11; Acts 19,6; Acts 19,15; Acts 20,7; Acts 20,18; Acts 20,36; Acts 21,7; Acts 21,24; Acts 21,24; Acts 21,26; Acts 22,2; Acts 23,21; Acts 23,31; Acts 24,21; Acts 25,6; Acts 25,11; Acts 26,11; Acts 26,30; Acts 27,10; Acts 27,27; Acts 28,14; Rom. 1,19; Rom. 1,19; Rom. 1,24; Rom. 4,11; Rom. 9,26; Rom. 10,2; Rom. 11,8; Rom. 11,9; Rom. 11,17; Rom. 11,27; Rom. 15,27; Rom. 15,28; Rom. 16,14; Rom. 16,15; 1Cor. 1,24; 1Cor. 7,8; 2Cor. 2,13; 2Cor. 5,19; 2Cor. 6,16; 2Cor. 8,22; Gal. 2,2; Eph. 4,18; Phil. 1,28; 1Th. 4,17; 1Th. 5,3; 2Th. 2,11; 2Tim. 2,25; 2Tim. 4,16; Titus 3,13; Heb. 6,16; Heb. 8,10; Heb. 11,16; Heb. 12,10; Heb. 12,19; James 2,16; James 2,16; 1Pet. 1,11; 2Pet. 2,8; 2Pet. 2,19; 2Pet. 2,20; 2Pet. 2,21; 2Pet. 2,21; 2Pet. 2,22; Jude 11; Rev. 6,8; Rev. 6,11; Rev. 6,11; Rev. 7,2; Rev. 8,2; Rev. 9,5; Rev. 11,10; Rev. 11,11; Rev. 11,12; Rev. 12,12; Rev. 13,16; Rev. 14,9; Rev. 16,6; Rev. 20,4; Rev. 20,11; Rev. 20,13)

Pronoun • (personal) • third • neuter • plural • dative ▸ 112 + 9 + 13 = **134** (Gen. 26,18; Gen. 31,34; Ex. 20,5; Ex. 20,11; Ex. 29,33; Ex. 38,12; Ex. 39,11; Lev. 11,9; Lev. 11,10; Lev. 11,12; Lev. 11,21; Lev. 11,43; Lev. 14,51; Lev. 18,4; Lev. 18,5; Lev. 18,30; Lev. 22,8; Lev. 22,25; Lev. 22,25; Lev. 26,15; Num. 3,31; Num. 4,9; Num. 4,12; Num. 4,14; Num. 4,26; Deut. 4,19; Deut. 4,19; Deut. 5,9; Deut. 5,9; Deut. 6,7; Deut. 14,9; Deut. 14,10; Deut. 22,12; Deut. 28,52; Deut. 33,17; Judg. 2,22; Judg. 3,4; Judg. 8,16; 2Sam. 22,8; 2Kings 21,21; 1Chr. 29,4; 2Chr. 10,9; 2Chr. 33,3; 2Chr. 33,22; 1Esdr. 4,2; Neh. 9,29; Neh. 13,29; Esth. 14,5 # 4,17m; Judith 4,5; Judith 7,10; Judith 12,3; Judith 15,10; 1Mac. 6,37; 1Mac. 9,51; 1Mac. 14,34; 4Mac. 1,6; 4Mac. 4,21; Psa. 48,13; Psa. 95,12; Psa. 103,27; Psa. 103,28; Psa. 147,9; Eccl. 1,11; Eccl. 3,12; Eccl. 11,8; Eccl. 12,1; Job 31,26; Sir. 16,20; Sir. 23,8; Sir. 27,9; Sir. 31,5; Sir. 34,7; Sir. 38,4; Sir. 38,7; Sol. 2,4; Hab. 1,16; Zech. 11,5; Is. 5,26; Is. 14,3; Is. 30,14; Is. 46,6; Jer. 8,2; Jer. 10,14; Jer. 16,19; Jer. 21,4; Jer. 28,17; Jer. 52,18; LetterJ 26; LetterJ 50; Ezek. 1,5; Ezek. 1,20; Ezek. 1,21; Ezek. 5,6; Ezek. 10,17; Ezek. 16,21; Ezek. 20,16; Ezek. 20,21; Ezek. 20,25; Ezek.

αὐτός 307

20,43; Ezek. 23,37; Ezek. 23,41; Ezek. 33,16; Ezek. 33,19; Ezek. 37,4; Ezek. 37,8; Ezek. 39,9; Ezek. 42,14; Dan. 4,16; Dan. 4,17; Dan. 4,37; Dan. 5,3; Dan. 7,12; Judg. 2,22; Judg. 3,4; Judg. 8,16; Judg. 16,11; Dan. 2,35; Dan. 5,2; Dan. 5,3; Dan. 5,23; Dan. 7,12; Matt. 13,29; Matt. 25,16; Mark 5,13; Luke 8,31; Luke 8,32; Luke 8,32; John 10,28; Acts 15,8; Rom. 10,5; Gal. 3,12; Eph. 2,10; 1Tim. 4,16; Rev. 5,13)

Pronoun • (personal) • intensive • masculine • plural • dative
  ‣ 12 + 1 = **13** (Gen. 47,24; Ex. 20,23; Ex. 30,37; Lev. 26,1; Num. 16,6; Num. 32,24; Num. 34,7; Num. 34,10; Num. 35,11; Josh. 4,3; 2Chr. 20,15; 3Mac. 4,16; 1Cor. 11,13)

Pronoun • (personal) • intensive • neuter • plural • dative ‣ 2 + 1 = **3** (4Mac. 15,23; Dan. 5,2; 2Cor. 12,18)

αὐτόν ‣ 793 + 63 + 288 = 1144

Pronoun • (personal) • third • masculine • singular • accusative
  ‣ 793 + 63 + 288 = **1144** (Gen. 1,27; Gen. 2,18; Gen. 4,8; Gen. 4,15; Gen. 5,1; Gen. 15,7; Gen. 16,12; Gen. 17,16; Gen. 17,19; Gen. 18,9; Gen. 18,19; Gen. 18,19; Gen. 19,5; Gen. 21,13; Gen. 21,18; Gen. 22,1; Gen. 24,18; Gen. 24,36; Gen. 26,20; Gen. 27,10; Gen. 27,23; Gen. 27,23; Gen. 27,27; Gen. 27,33; Gen. 27,37; Gen. 32,12; Gen. 32,26; Gen. 33,11; Gen. 37,18; Gen. 37,20; Gen. 37,27; Gen. 37,33; Gen. 37,35; Gen. 42,8; Gen. 43,9; Gen. 43,9; Gen. 45,15; Gen. 45,27; Gen. 46,5; Gen. 48,10; Gen. 49,9; Gen. 49,19; Gen. 50,1; Gen. 50,17; Ex. 2,20; Ex. 3,18; Ex. 6,2; Ex. 7,16; Ex. 7,26; Ex. 8,16; Ex. 9,13; Ex. 10,7; Ex. 12,44; Ex. 15,2; Ex. 15,2; Ex. 17,12; Ex. 18,7; Ex. 18,17; Ex. 21,29; Ex. 21,33; Ex. 21,36; Ex. 22,20; Ex. 28,43; Ex. 29,7; Ex. 29,29; Ex. 30,21; Ex. 33,15; Ex. 40,13; Lev. 5,3; Lev. 6,13; Lev. 8,12; Lev. 9,9; Lev. 9,12; Lev. 9,18; Lev. 13,3; Lev. 13,7; Lev. 13,11; Lev. 13,34; Lev. 13,35; Lev. 19,33; Lev. 20,4; Lev. 21,8; Lev. 21,15; Lev. 22,5; Lev. 25,48; Lev. 25,49; Lev. 27,19; Lev. 27,20; Lev. 27,24; Num. 5,8; Num. 7,88; Num. 7,89; Num. 8,2; Num. 9,7; Num. 10,30; Num. 11,25; Num. 15,20; Num. 15,34; Num. 17,20; Num. 19,13; Num. 19,20; Num. 21,34; Num. 22,11; Num. 22,22; Num. 23,6; Num. 23,9; Num. 23,17; Num. 23,25; Num. 24,9; Num. 27,20; Num. 27,23; Num. 35,16; Num. 35,17; Num. 35,18; Num. 35,19; Num. 35,23; Num. 35,23; Deut. 3,2; Deut. 3,28; Deut. 4,25; Deut. 8,6; Deut. 9,18; Deut. 9,20; Deut. 13,9; Deut. 13,10; Deut. 14,25; Deut. 16,7; Deut. 17,7; Deut. 17,15; Deut. 19,6; Deut. 22,2; Deut. 23,17; Deut. 25,3; Deut. 26,3; Deut. 28,30; Deut. 34,7; Deut. 34,9; Josh. 1,3; Josh. 4,7; Josh. 7,3; Josh. 18,4; Judg. 1,28; Judg. 1,32; Judg. 3,20; Judg. 4,6; Judg. 4,18; Judg. 4,24; Judg. 6,3; Judg. 6,12; Judg. 6,31; Judg. 6,31; Judg. 6,31; Judg. 6,31; Judg. 7,3; Judg. 8,14; Judg. 9,38; Judg. 9,52; Judg. 9,54; Judg. 11,28; Judg. 11,36; Judg. 13,10; Judg. 14,6; Judg. 14,17; Judg. 16,2; Judg. 16,5; Judg. 16,9; Judg. 16,12; Judg. 16,14; Judg. 16,16; Judg. 16,26; Judg. 17,9; Judg. 18,15; Judg. 18,19; Judg. 19,3; Judg. 19,12; Judg. 19,18; Judg. 19,22; Judg. 20,23; Judg. 20,42; Ruth 2,10; Ruth 3,4; Ruth 4,15; 1Sam. 1,20; 1Sam. 1,23; 1Sam. 9,2; 1Sam. 9,13; 1Sam. 9,13; 1Sam. 10,21; 1Sam. 13,6; 1Sam. 13,10; 1Sam. 14,48; 1Sam. 14,52; 1Sam. 16,7; 1Sam. 16,11; 1Sam. 16,11; 1Sam. 16,12; 1Sam. 16,15; 1Sam. 17,9; 1Sam. 17,32; 1Sam. 17,35; 1Sam. 17,42; 1Sam. 18,28; 1Sam. 19,4; 1Sam. 19,14; 1Sam. 19,15; 1Sam. 20,17; 1Sam. 20,33; 1Sam. 21,12; 1Sam. 22,17; 1Sam. 23,3; 1Sam. 23,4; 1Sam. 23,17; 1Sam. 23,25; 1Sam. 24,5; 1Sam. 24,6; 1Sam. 24,7; 1Sam. 25,17; 1Sam. 25,36; 1Sam. 26,9; 1Sam. 26,10; 1Sam. 27,4; 1Sam. 28,7; 1Sam. 28,9; 1Sam. 28,21; 1Sam. 30,6; 2Sam. 1,3; 2Sam. 1,10; 2Sam. 1,10; 2Sam. 1,15; 2Sam. 1,16; 2Sam. 2,1; 2Sam. 3,8; 2Sam. 3,11; 2Sam. 3,34; 2Sam. 7,10; 2Sam. 8,10; 2Sam. 9,9; 2Sam. 11,4; 2Sam. 11,7; 2Sam. 11,13; 2Sam. 11,25; 2Sam. 12,4; 2Sam. 12,18; 2Sam. 12,21; 2Sam. 12,23; 2Sam. 12,24; 2Sam. 13,5; 2Sam. 13,6; 2Sam. 13,21; 2Sam. 13,25; 2Sam. 13,25; 2Sam. 13,28; 2Sam. 14,6; 2Sam. 14,26; 2Sam. 14,29; 2Sam. 14,29; 2Sam. 14,31; 2Sam. 15,4; 2Sam. 15,5; 2Sam. 15,12; 2Sam. 16,7; 2Sam. 17,2; 2Sam. 17,2; 2Sam. 17,12; 2Sam. 18,15; 2Sam. 19,1; 2Sam. 19,40; 2Sam. 20,9; 2Sam. 20,16; 2Sam. 20,21; 2Sam. 21,17; 1Kings 1,20; 1Kings 1,27; 1Kings 2,1; 1Kings 2,9; 1Kings 2,25; 1Kings 2,29; 1Kings 2,350; 1Kings 2,42; 1Kings 2,46; 1Kings 3,11; 1Kings 3,19; 1Kings 3,26; 1Kings 3,27; 1Kings 6,3; 1Kings 6,7; 1Kings 6,9; 1Kings 7,3; 1Kings 8,31; 1Kings 8,53a; 1Kings 8,66; 1Kings 11,34; 1Kings 12,1; 1Kings 12,24c; 1Kings 12,24q; 1Kings 13,4; 1Kings 13,4; 1Kings 13,6; 1Kings 13,13; 1Kings 13,18; 1Kings 13,19; 1Kings 13,24; 1Kings 13,30; 1Kings 16,7; 1Kings 16,21; 1Kings 17,21; 1Kings 18,30; 1Kings 19,15; 1Kings 19,19; 1Kings 20,2; 1Kings 20,5; 1Kings 20,10; 1Kings 20,16; 1Kings 20,18; 1Kings 20,20; 1Kings 21,3; 1Kings 21,33; 1Kings 21,34; 1Kings 21,34; 1Kings 21,35; 1Kings 21,36; 1Kings 21,36; 1Kings 21,42; 1Kings 22,8; 1Kings 22,21; 2Kings 1,5; 2Kings 1,6; 2Kings 1,6; 2Kings 1,8; 2Kings 1,9; 2Kings 2,3; 2Kings 2,5; 2Kings 2,16; 2Kings 2,17; 2Kings 2,18; 2Kings 2,20; 2Kings 4,29; 2Kings 4,34; 2Kings 4,36; 2Kings 5,13; 2Kings 6,13; 2Kings 6,15; 2Kings 6,18; 2Kings 6,29; 2Kings 6,29; 2Kings 7,17; 2Kings 9,27; 2Kings 10,9; 2Kings 10,15; 2Kings 10,16; 2Kings 11,8; 2Kings 11,12; 2Kings 12,1; 2Kings 12,22; 2Kings 13,20; 2Kings 15,10; 2Kings 15,14; 2Kings 17,17; 2Kings 18,21; 2Kings 18,25; 2Kings 19,3; 2Kings 19,21; 2Kings 20,1; 2Kings 20,14; 2Kings 21,6; 2Kings 22,16; 2Kings 22,18; 2Kings 23,29; 1Chr. 2,3; 1Chr. 5,20; 1Chr. 7,22; 1Chr. 17,9; 1Chr. 18,10; 1Chr. 19,2; 1Chr. 19,17; 1Chr. 20,4; 1Chr. 21,22; 1Chr. 28,9; 1Chr. 28,9; 2Chr. 1,11; 2Chr. 6,22; 2Chr. 10,1; 2Chr. 10,3; 2Chr. 10,14; 2Chr. 11,22; 2Chr. 13,11; 2Chr. 15,2; 2Chr. 15,2; 2Chr. 15,15; 2Chr. 16,9; 2Chr. 18,7; 2Chr. 18,20; 2Chr. 18,31; 2Chr. 22,4; 2Chr. 22,9; 2Chr. 22,9; 2Chr. 22,11; 2Chr. 24,15; 2Chr. 27,5; 2Chr. 28,5; 2Chr. 28,20; 2Chr. 30,9; 2Chr. 33,6; 2Chr. 33,13; 2Chr. 34,28; 1Esdr. 4,20; 1Esdr. 4,31; Ezra 4,11; Ezra 5,7; Ezra 7,9; Ezra 8,22; Neh. 2,8; Neh. 6,12; Esth. 1,19; Esth. 3,1; Esth. 6,5; Judith 1,11; Judith 2,4; Judith 5,22; Judith 12,4; Judith 14,3; Judith 14,7; Judith 16,6; Judith 16,6; Tob. 1,17; Tob. 2,7; Tob. 3,15; Tob. 5,2; Tob. 5,10; Tob. 5,21; Tob. 8,20; Tob. 12,21; Tob. 14,10; 1Mac. 1,57; 1Mac. 3,33; 1Mac. 5,40; 1Mac. 5,41; 1Mac. 6,46; 1Mac. 6,55; 1Mac. 7,16; 1Mac. 7,30; 1Mac. 8,7; 1Mac. 9,7; 1Mac. 10,1; 1Mac. 10,3; 1Mac. 11,5; 1Mac. 11,15; 1Mac. 11,55; 1Mac. 12,24; 1Mac. 12,40; 1Mac. 12,48; 1Mac. 13,15; 1Mac. 13,16; 1Mac. 13,17; 1Mac. 16,19; 2Mac. 3,33; 2Mac. 14,39; 3Mac. 7,13; 4Mac. 9,26; 4Mac. 12,7; 4Mac. 12,9; Psa. 4,4; Psa. 8,5; Psa. 8,6; Psa. 9,30; Psa. 9,31; Psa. 12,5; Psa. 17,3; Psa. 17,31; Psa. 20,3; Psa. 20,6; Psa. 21,9; Psa. 21,9; Psa. 21,9; Psa. 21,24; Psa. 21,24; Psa. 21,26; Psa. 21,27; Psa. 23,6; Psa. 24,14; Psa. 24,14; Psa. 33,1; Psa. 33,7; Psa. 33,9; Psa. 33,10; Psa. 33,23; Psa. 34,10; Psa. 34,25; Psa. 36,5; Psa. 36,7; Psa. 36,13; Psa. 36,32; Psa. 36,33; Psa. 36,36; Psa. 36,40; Psa. 56,7; Psa. 58,1; Psa. 61,9; Psa. 63,11; Psa. 70,11; Psa. 70,11; Psa. 71,15; Psa. 71,17; Psa. 77,58; Psa. 88,21; Psa. 88,22; Psa. 88,23; Psa. 88,28; Psa. 88,45; Psa. 90,2; Psa. 90,14; Psa. 90,14; Psa. 90,15; Psa. 102,11; Psa. 102,13; Psa. 102,17; Psa. 104,19; Psa. 104,20; Psa. 104,20; Psa. 104,26; Psa. 106,32; Psa. 108,30; Psa. 110,5; Psa. 116,1; Psa. 118,2; Psa. 126,1; Psa. 143,3; Psa. 144,18; Psa. 146,9; Psa. 148,2; Psa. 148,2; Psa. 148,3; Psa. 148,3; Psa. 148,4; Psa. 149,2; Ode. 1,2; Ode. 1,2; Ode. 9,50; Prov. 7,13; Prov. 7,21; Prov. 11,27; Prov. 12,25; Prov. 13,17; Prov. 14,31; Prov. 15,12; Prov. 16,14; Prov. 17,5; Prov. 18,16; Prov. 21,20; Prov. 22,14; Prov. 23,5; Prov. 24,22a; Prov. 25,13; Prov. 25,21; Prov. 25,21; Prov. 26,27; Prov. 27,21; Prov. 28,8; Prov. 30,5; Prov. 24,31; Eccl. 3,22; Eccl. 4,10; Eccl. 6,2; Eccl. 6,10; Eccl. 7,13; Eccl. 8,6; Eccl. 8,9; Eccl. 10,12; Eccl. 11,1;

αὐτός

Song 3,1; Song 3,1; Song 3,2; Song 3,4; Song 4,4; Song 5,3; Song 5,4; Song 5,6; Song 5,6; Song 8,7; Job 2,6; Job 2,11; Job 2,11; Job 8,18; Job 11,13; Job 21,21; Job 22,29; Job 26,13; Job 33,23; Job 33,30; Job 34,11; Job 34,29; Job 35,14; Job 37,13; Job 37,23; Job 40,24; Job 41,4; Job 41,8; Job 41,15; Job 42,8; Job 42,11; Wis. 1,1; Wis. 1,2; Wis. 1,16; Wis. 1,16; Wis. 2,19; Wis. 2,20; Wis. 2,23; Wis. 10,11; Wis. 10,13; Wis. 10,14; Wis. 15,14; Sir. 1,10; Sir. 2,6; Sir. 2,10; Sir. 2,10; Sir. 3,7; Sir. 4,6; Sir. 6,4; Sir. 6,16; Sir. 6,36; Sir. 9,10; Sir. 11,1; Sir. 11,19; Sir. 13,22; Sir. 13,23; Sir. 15,2; Sir. 15,3; Sir. 15,10; Sir. 15,13; Sir. 15,19; Sir. 17,29; Sir. 19,3; Sir. 21,7; Sir. 22,26; Sir. 26,28; Sir. 27,19; Sir. 27,24; Sir. 27,28; Sir. 28,12; Sir. 29,8; Sir. 29,14; Sir. 30,4; Sir. 31,9; Sir. 33,31; Sir. 33,33; Sir. 34,16; Sir. 34,26; Sir. 40,27; Sir. 43,5; Sir. 44,18; Sir. 47,8; Sir. 48,8; Sir. 48,13; Sir. 48,20; Sir. 49,7; Sir. 51,22; Sol. 2,31; Sol. 17,2; Sol. 17,39; Sol. 17,42; Hos. 1,4; Hos. 5,6; Hos. 6,3; Hos. 10,5; Hos. 10,5; Hos. 11,4; Hos. 11,7; Hos. 12,5; Hos. 13,15; Hos. 14,9; Hos. 14,9; Amos 1,3; Amos 1,13; Amos 2,1; Amos 2,4; Amos 2,6; Amos 3,14; Amos 5,6; Amos 7,8; Amos 8,2; Jonah 1,8; Jonah 1,10; Jonah 1,11; Nah. 1,7; Hab. 1,12; Hab. 2,3; Hab. 2,7; Zech. 2,6; Zech. 3,4; Zech. 4,9; Zech. 4,11; Zech. 4,12; Zech. 6,12; Zech. 13,3; Zech. 13,3; Zech. 13,4; Zech. 13,6; Mal. 2,5; Mal. 2,17; Is. 10,15; Is. 16,12; Is. 17,7; Is. 22,25; Is. 31,8; Is. 37,9; Is. 38,1; Is. 39,3; Is. 40,13; Is. 40,14; Is. 40,18; Is. 40,19; Is. 40,19; Is. 42,1; Is. 42,5; Is. 42,24; Is. 43,7; Is. 46,7; Is. 46,7; Is. 47,11; Is. 49,5; Is. 51,2; Is. 53,2; Is. 53,5; Is. 55,4; Is. 66,14; Jer. 7,30; Jer. 7,30; Jer. 9,11; Jer. 17,5; Jer. 17,9; Jer. 17,11; Jer. 21,12; Jer. 22,10; Jer. 22,12; Jer. 22,18; Jer. 22,18; Jer. 23,24; Jer. 23,28; Jer. 26,15; Jer. 26,27; Jer. 27,17; Jer. 30,2; Jer. 31,26; Jer. 31,27; Jer. 33,21; Jer. 33,24; Jer. 36,31; Jer. 38,20; Jer. 43,4; Jer. 44,17; Jer. 45,27; Jer. 46,14; Jer. 47,5; Jer. 49,6; Jer. 52,1; Jer. 52,21; Bar. 3,36; Bar. 4,28; Lam. 1,17; Lam. 3,25; Ezek. 3,18; Ezek. 9,4; Ezek. 12,13; Ezek. 13,10; Ezek. 13,15; Ezek. 13,22; Ezek. 17,7; Ezek. 17,7; Ezek. 17,16; Ezek. 18,23; Ezek. 19,5; Ezek. 31,4; Ezek. 31,4; Ezek. 31,10; Ezek. 31,12; Ezek. 32,16; Ezek. 32,16; Ezek. 33,4; Ezek. 33,11; Ezek. 37,16; Ezek. 37,16; Ezek. 38,6; Ezek. 38,6; Ezek. 46,12; Ezek. 46,13; Dan. 3,95; Dan. 4,19; Dan. 6,9; Dan. 8,7; Dan. 11,26; Bel 4; Bel 30; Bel 38; Judg. 1,28; Judg. 1,32; Judg. 3,9; Judg. 3,19; Judg. 3,19; Judg. 3,20; Judg. 4,6; Judg. 4,19; Judg. 6,12; Judg. 6,31; Judg. 8,14; Judg. 9,29; Judg. 9,54; Judg. 11,21; Judg. 11,23; Judg. 11,25; Judg. 11,28; Judg. 11,36; Judg. 13,6; Judg. 13,10; Judg. 14,6; Judg. 14,11; Judg. 16,2; Judg. 16,5; Judg. 16,16; Judg. 16,19; Judg. 17,9; Judg. 18,26; Judg. 19,18; Judg. 19,22; Tob. 1,17; Tob. 1,21; Tob. 2,4; Tob. 2,7; Tob. 3,15; Tob. 4,3; Tob. 5,2; Tob. 5,10; Tob. 5,10; Tob. 6,15; Tob. 7,4; Tob. 7,7; Tob. 7,13; Tob. 8,12; Tob. 9,6; Tob. 10,8; Tob. 11,11; Tob. 12,21; Tob. 14,10; Tob. 14,10; Dan. 4,16; Dan. 4,19; Dan. 4,23; Dan. 5,6; Dan. 5,11; Dan. 5,21; Dan. 6,15; Dan. 8,7; Dan. 11,26; Dan. 11,45; Sus. 52; Sus. 60; Bel 42; Matt. 3,15; Matt. 3,15; Matt. 3,16; Matt. 6,8; Matt. 7,11; Matt. 8,7; Matt. 10,4; Matt. 12,18; Matt. 12,22; Matt. 13,20; Matt. 13,46; Matt. 17,23; Matt. 21,44; Matt. 22,35; Matt. 23,21; Matt. 24,47; Matt. 26,15; Matt. 26,48; Matt. 26,49; Matt. 26,50; Matt. 26,67; Matt. 27,1; Matt. 27,18; Matt. 27,19; Matt. 27,42; Matt. 27,43; Matt. 27,44; Matt. 27,48; Matt. 27,49; Mark 1,10; Mark 1,34; Mark 2,13; Mark 3,2; Mark 3,8; Mark 3,9; Mark 3,13; Mark 3,19; Mark 3,21; Mark 3,31; Mark 4,16; Mark 5,9; Mark 5,19; Mark 5,21; Mark 5,24; Mark 6,20; Mark 7,15; Mark 8,11; Mark 8,23; Mark 8,38; Mark 9,13; Mark 9,15; Mark 9,18; Mark 9,20; Mark 9,20; Mark 9,22; Mark 9,25; Mark 9,27; Mark 9,28; Mark 9,31; Mark 9,38; Mark 9,39; Mark 9,45; Mark 9,47; Mark 10,1; Mark 10,2; Mark 10,10; Mark 10,17; Mark 10,49; Mark 11,4; Mark 11,7; Mark 11,18; Mark 12,7; Mark 12,13; Mark 12,18; Mark 12,28; Mark 14,45; Mark 14,46; Mark 14,51; Mark 14,55; Mark 15,13; Mark 15,14; Mark 15,18; Mark 15,20; Mark 15,25; Mark 15,32; Mark 15,36; Mark 16,1; Mark 16,6; Luke 1,12; Luke 1,21; Luke 1,50; Luke 2,25; Luke 2,45; Luke 3,12; Luke 3,22; Luke 4,29; Luke 4,35; Luke 4,40; Luke 5,17; Luke 5,33; Luke 7,40; Luke 7,42; Luke 8,30; Luke 8,40; Luke 8,42; Luke 9,9; Luke 9,39; Luke 9,49; Luke 9,53; Luke 9,57; Luke 10,26; Luke 10,38; Luke 11,1; Luke 11,13; Luke 11,22; Luke 11,39; Luke 12,44; Luke 12,48; Luke 14,1; Luke 14,12; Luke 14,18; Luke 14,31; Luke 15,20; Luke 15,22; Luke 15,28; Luke 16,14; Luke 18,33; Luke 18,40; Luke 18,40; Luke 19,5; Luke 19,39; Luke 20,2; Luke 20,14; Luke 20,18; Luke 22,2; Luke 22,4; Luke 22,43; Luke 22,47; Luke 22,51; Luke 22,57; Luke 22,65; Luke 23,21; Luke 23,26; Luke 23,27; Luke 24,16; Luke 24,18; Luke 24,20; Luke 24,31; John 1,12; John 1,19; John 1,21; John 1,31; John 1,32; John 1,33; John 1,33; John 2,3; John 2,19; John 2,20; John 3,26; John 3,36; John 4,23; John 4,30; John 4,48; John 5,12; John 5,23; John 6,6; John 6,28; John 6,34; John 6,44; John 6,64; John 6,71; John 7,5; John 7,29; John 7,32; John 7,35; John 7,39; John 7,43; John 7,44; John 7,45; John 8,2; John 8,6; John 8,7; John 8,20; John 8,30; John 8,33; John 8,55; John 8,55; John 8,55; John 8,57; John 8,59; John 9,36; John 10,31; John 11,11; John 11,15; John 11,29; John 11,34; John 11,36; John 11,45; John 11,48; John 11,53; John 11,57; John 12,37; John 12,42; John 12,47; John 12,48; John 13,11; John 13,16; John 13,32; John 14,7; John 18,30; John 18,31; John 19,12; John 19,15; John 19,24; John 20,2; John 20,13; John 20,15; John 20,15; John 21,12; Acts 2,25; Acts 3,7; Acts 3,12; Acts 7,3; Acts 7,5; Acts 7,54; Acts 8,20; Acts 8,38; Acts 9,11; Acts 9,23; Acts 9,29; Acts 10,13; Acts 10,15; Acts 10,43; Acts 12,4; Acts 12,8; Acts 13,28; Acts 18,27; Acts 19,2; Acts 20,37; Acts 21,36; Acts 22,13; Acts 22,20; Acts 23,15; Acts 23,21; Acts 23,35; Acts 26,26; Acts 28,8; Acts 28,30; Rom. 8,32; Rom. 10,12; Rom. 12,20; Rom. 12,20; Rom. 14,4; 1Cor. 2,9; 1Cor. 2,16; 1Cor. 8,6; 1Cor. 16,12; 2Cor. 7,15; Eph. 1,5; Phil. 2,27; Phil. 2,28; Col. 1,20; Col. 3,10; Col. 4,10; Philem. 12; Heb. 2,6; Heb. 2,7; Heb. 3,3; Heb. 5,5; Heb. 7,1; Heb. 7,21; James 1,12; James 2,5; James 2,14; James 5,19; 1Pet. 5,7; 1John 1,10; 1John 2,3; 1John 3,1; 1John 3,2; 1John 3,6; 1John 3,12; 1John 5,10; 1John 5,14; Rev. 1,17; Rev. 9,6; Rev. 19,5; Rev. 20,11)

αὐτὸν ▸ 1889 + 185 + 672 = 2746

Adjective ▪ masculine ▪ singular ▪ accusative ▪ noDegree ▸ 5 (2Mac. 12,8; 3Mac. 4,13; 4Mac. 15,19; Wis. 17,13; LetterJ 70)

Pronoun ▪ (personal) ▪ third ▪ masculine ▪ singular ▪ accusative ▸ 1877 + 185 + 668 = **2730** (Gen. 2,15; Gen. 2,15; Gen. 3,23; Gen. 3,24; Gen. 4,15; Gen. 5,4; Gen. 5,7; Gen. 5,10; Gen. 5,13; Gen. 5,16; Gen. 5,19; Gen. 5,22; Gen. 5,24; Gen. 5,26; Gen. 5,30; Gen. 8,9; Gen. 8,11; Gen. 8,12; Gen. 11,11; Gen. 11,13; Gen. 11,13; Gen. 11,15; Gen. 11,17; Gen. 11,19; Gen. 11,21; Gen. 11,23; Gen. 11,25; Gen. 12,20; Gen. 14,17; Gen. 15,4; Gen. 15,5; Gen. 17,19; Gen. 17,20; Gen. 17,20; Gen. 17,20; Gen. 17,20; Gen. 17,22; Gen. 18,29; Gen. 19,3; Gen. 19,34; Gen. 20,2; Gen. 22,2; Gen. 22,9; Gen. 22,11; Gen. 22,13; Gen. 24,5; Gen. 24,6; Gen. 24,15; Gen. 25,9; Gen. 26,7; Gen. 26,12; Gen. 26,14; Gen. 26,26; Gen. 27,22; Gen. 27,27; Gen. 27,37; Gen. 27,41; Gen. 28,1; Gen. 28,6; Gen. 28,18; Gen. 29,13; Gen. 29,13; Gen. 29,20; Gen. 31,2; Gen. 31,23; Gen. 31,45; Gen. 31,47; Gen. 31,47; Gen. 32,20; Gen. 32,26; Gen. 32,30; Gen. 33,4; Gen. 35,7; Gen. 35,9; Gen. 35,18; Gen. 35,29; Gen. 37,4; Gen. 37,4; Gen. 37,8; Gen. 37,11; Gen. 37,14; Gen. 37,15; Gen. 37,15; Gen. 37,18; Gen. 37,18; Gen. 37,20; Gen. 37,20; Gen. 37,21; Gen. 37,22; Gen. 37,22; Gen. 37,22; Gen. 37,23; Gen. 37,24; Gen. 37,27; Gen. 37,33; Gen. 37,35; Gen. 38,7; Gen. 39,1; Gen. 39,1; Gen.

αὐτός

39,4; Gen. 39,5; Gen. 39,12; Gen. 39,15; Gen. 39,19; Gen. 39,20; Gen. 41,14; Gen. 41,14; Gen. 41,33; Gen. 41,42; Gen. 41,42; Gen. 41,43; Gen. 41,43; Gen. 42,24; Gen. 42,37; Gen. 42,37; Gen. 42,37; Gen. 42,38; Gen. 43,9; Gen. 43,9; Gen. 44,20; Gen. 44,21; Gen. 44,28; Gen. 44,31; Gen. 44,32; Gen. 44,32; Gen. 45,28; Gen. 47,7; Gen. 47,18; Gen. 50,1; Gen. 50,3; Gen. 50,10; Gen. 50,12; Gen. 50,13; Gen. 50,13; Gen. 50,16; Gen. 50,18; Gen. 50,26; Ex. 2,10; Ex. 2,12; Ex. 3,4; Ex. 4,15; Ex. 4,24; Ex. 15,25; Ex. 16,33; Ex. 18,7; Ex. 19,3; Ex. 21,6; Ex. 21,6; Ex. 21,14; Ex. 21,14; Ex. 21,17; Ex. 22,10; Ex. 22,12; Ex. 22,24; Ex. 29,16; Ex. 29,20; Ex. 30,18; Ex. 30,18; Ex. 31,3; Ex. 31,6; Ex. 32,20; Ex. 32,20; Ex. 32,20; Ex. 32,26; Ex. 32,33; Ex. 33,8; Ex. 34,29; Ex. 34,31; Ex. 34,32; Ex. 34,32; Ex. 35,31; Ex. 40,13; Lev. 4,12; Lev. 4,14; Lev. 4,24; Lev. 5,4; Lev. 5,15; Lev. 8,7; Lev. 8,7; Lev. 8,7; Lev. 8,7; Lev. 8,7; Lev. 8,7; Lev. 8,12; Lev. 8,15; Lev. 8,23; Lev. 13,5; Lev. 13,6; Lev. 13,6; Lev. 13,7; Lev. 13,8; Lev. 13,8; Lev. 13,11; Lev. 13,13; Lev. 13,15; Lev. 13,20; Lev. 13,21; Lev. 13,22; Lev. 13,23; Lev. 13,25; Lev. 13,25; Lev. 13,26; Lev. 13,27; Lev. 13,27; Lev. 13,28; Lev. 13,30; Lev. 13,34; Lev. 13,37; Lev. 13,43; Lev. 13,44; Lev. 14,12; Lev. 14,23; Lev. 15,23; Lev. 16,9; Lev. 16,10; Lev. 16,10; Lev. 16,10; Lev. 16,10; Lev. 16,32; Lev. 19,17; Lev. 19,34; Lev. 20,2; Lev. 20,3; Lev. 20,4; Lev. 20,5; Lev. 20,5; Lev. 20,14; Lev. 22,5; Lev. 22,8; Lev. 24,3; Lev. 24,11; Lev. 24,12; Lev. 24,12; Lev. 24,14; Lev. 24,16; Lev. 24,16; Lev. 24,23; Lev. 25,43; Lev. 25,46; Lev. 25,49; Lev. 25,50; Lev. 25,53; Lev. 27,8; Lev. 27,8; Lev. 27,23; Num. 5,12; Num. 5,30; Num. 6,19; Num. 7,89; Num. 11,12; Num. 13,23; Num. 14,24; Num. 15,6; Num. 15,33; Num. 15,33; Num. 15,34; Num. 15,35; Num. 15,36; Num. 15,36; Num. 20,18; Num. 20,27; Num. 21,2; Num. 21,3; Num. 21,8; Num. 21,8; Num. 21,9; Num. 21,24; Num. 21,34; Num. 21,35; Num. 22,5; Num. 22,11; Num. 22,11; Num. 22,41; Num. 23,4; Num. 23,9; Num. 23,13; Num. 23,13; Num. 23,13; Num. 23,14; Num. 23,25; Num. 23,27; Num. 24,8; Num. 25,13; Num. 27,18; Num. 27,19; Num. 27,21; Num. 27,22; Num. 27,23; Num. 32,15; Num. 35,20; Num. 35,20; Num. 35,21; Num. 35,22; Num. 35,22; Num. 35,25; Num. 35,25; Num. 35,27; Deut. 1,36; Deut. 1,38; Deut. 2,24; Deut. 2,33; Deut. 2,33; Deut. 3,2; Deut. 3,3; Deut. 3,3; Deut. 3,28; Deut. 4,3; Deut. 4,7; Deut. 4,29; Deut. 4,37; Deut. 4,42; Deut. 6,13; Deut. 7,9; Deut. 9,21; Deut. 9,21; Deut. 9,21; Deut. 10,12; Deut. 10,20; Deut. 12,14; Deut. 13,5; Deut. 13,10; Deut. 13,11; Deut. 15,12; Deut. 15,13; Deut. 15,13; Deut. 15,14; Deut. 16,2; Deut. 16,16; Deut. 18,5; Deut. 19,4; Deut. 19,6; Deut. 19,11; Deut. 19,11; Deut. 19,12; Deut. 19,12; Deut. 21,18; Deut. 21,19; Deut. 21,19; Deut. 21,21; Deut. 21,22; Deut. 21,23; Deut. 22,18; Deut. 22,19; Deut. 24,7; Deut. 24,21; Deut. 25,2; Deut. 25,2; Deut. 25,3; Deut. 25,8; Deut. 25,11; Deut. 26,4; Deut. 29,20; Deut. 31,17; Deut. 31,29; Deut. 32,10; Deut. 32,10; Deut. 32,10; Deut. 32,10; Deut. 32,15; Deut. 33,8; Deut. 33,8; Deut. 33,11; Deut. 34,6; Deut. 34,10; Deut. 34,11; Josh. 4,14; Josh. 7,7; Josh. 7,24; Josh. 7,25; Josh. 8,23; Josh. 8,29; Josh. 10,33; Josh. 13,12; Josh. 13,21; Josh. 14,6; Josh. 14,13; Josh. 14,14; Josh. 17,18; Josh. 22,23; Josh. 24,3; Josh. 24,26; Josh. 24,31; Josh. 24,31a; Judg. 1,6; Judg. 1,7; Judg. 1,24; Judg. 1,34; Judg. 2,9; Judg. 3,10; Judg. 3,13; Judg. 3,23; Judg. 4,7; Judg. 4,9; Judg. 4,18; Judg. 4,19; Judg. 4,20; Judg. 4,21; Judg. 5,30; Judg. 5,31; Judg. 6,13; Judg. 6,14; Judg. 6,15; Judg. 6,16; Judg. 6,17; Judg. 6,19; Judg. 6,20; Judg. 6,27; Judg. 7,5; Judg. 7,5; Judg. 7,9; Judg. 8,1; Judg. 8,3; Judg. 8,33; Judg. 9,36; Judg. 9,38; Judg. 9,40; Judg. 9,43; Judg. 9,52; Judg. 9,54; Judg. 10,3; Judg. 11,11; Judg. 11,23; Judg. 11,31; Judg. 12,8; Judg. 12,11; Judg. 12,12; Judg. 12,13; Judg. 13,24; Judg. 14,6; Judg. 14,11; Judg. 14,16; Judg. 14,17; Judg. 14,19; Judg. 15,1; Judg. 15,13; Judg. 15,13;

Judg. 15,14; Judg. 16,2; Judg. 16,5; Judg. 16,5; Judg. 16,5; Judg. 16,8; Judg. 16,12; Judg. 16,14; Judg. 16,15; Judg. 16,16; Judg. 16,19; Judg. 16,21; Judg. 16,21; Judg. 16,24; Judg. 16,25; Judg. 16,31; Judg. 16,31; Judg. 18,25; Judg. 19,3; Judg. 19,4; Judg. 19,7; Judg. 19,21; Judg. 20,28; Judg. 20,42; Judg. 20,43; Judg. 20,43; Ruth 3,3; Ruth 4,1; 1Sam. 1,11; 1Sam. 1,28; 1Sam. 2,11; 1Sam. 3,10; 1Sam. 7,9; 1Sam. 7,12; 1Sam. 9,13; 1Sam. 9,13; 1Sam. 9,15; 1Sam. 9,16; 1Sam. 10,1; 1Sam. 10,1; 1Sam. 10,10; 1Sam. 10,11; 1Sam. 10,14; 1Sam. 10,23; 1Sam. 10,27; 1Sam. 15,3; 1Sam. 15,3; 1Sam. 15,28; 1Sam. 15,32; 1Sam. 16,1; 1Sam. 16,13; 1Sam. 16,14; 1Sam. 16,17; 1Sam. 16,18; 1Sam. 16,21; 1Sam. 17,35; 1Sam. 17,36; 1Sam. 17,51; 1Sam. 17,51; 1Sam. 18,13; 1Sam. 18,13; 1Sam. 18,25; 1Sam. 19,11; 1Sam. 19,11; 1Sam. 19,15; 1Sam. 19,23; 1Sam. 20,34; 1Sam. 21,15; 1Sam. 21,16; 1Sam. 22,1; 1Sam. 22,2; 1Sam. 22,13; 1Sam. 23,7; 1Sam. 23,14; 1Sam. 23,14; 1Sam. 23,20; 1Sam. 23,23; 1Sam. 24,20; 1Sam. 25,1; 1Sam. 25,1; 1Sam. 25,5; 1Sam. 26,8; 1Sam. 28,3; 1Sam. 28,3; 1Sam. 28,23; 1Sam. 29,4; 1Sam. 30,11; 1Sam. 30,11; 1Sam. 30,11; 1Sam. 30,15; 1Sam. 30,16; 1Sam. 30,21; 1Sam. 31,3; 1Sam. 31,9; 2Sam. 1,2; 2Sam. 1,10; 2Sam. 2,5; 2Sam. 2,8; 2Sam. 2,9; 2Sam. 2,23; 2Sam. 2,32; 2Sam. 3,16; 2Sam. 3,22; 2Sam. 3,23; 2Sam. 3,24; 2Sam. 3,26; 2Sam. 3,27; 2Sam. 3,27; 2Sam. 3,27; 2Sam. 4,4; 2Sam. 4,7; 2Sam. 4,10; 2Sam. 5,4; 2Sam. 5,12; 2Sam. 5,13; 2Sam. 6,7; 2Sam. 6,16; 2Sam. 6,20; 2Sam. 7,1; 2Sam. 7,10; 2Sam. 7,14; 2Sam. 7,23; 2Sam. 8,7; 2Sam. 8,10; 2Sam. 8,10; 2Sam. 8,13; 2Sam. 9,2; 2Sam. 9,2; 2Sam. 9,5; 2Sam. 10,2; 2Sam. 10,9; 2Sam. 11,13; 2Sam. 11,21; 2Sam. 11,22; 2Sam. 12,1; 2Sam. 12,4; 2Sam. 12,9; 2Sam. 12,17; 2Sam. 12,17; 2Sam. 12,18; 2Sam. 13,27; 2Sam. 14,3; 2Sam. 14,7; 2Sam. 14,10; 2Sam. 14,26; 2Sam. 14,29; 2Sam. 14,30; 2Sam. 15,2; 2Sam. 15,3; 2Sam. 15,18; 2Sam. 16,10; 2Sam. 16,11; 2Sam. 17,6; 2Sam. 17,12; 2Sam. 17,12; 2Sam. 18,11; 2Sam. 18,17; 2Sam. 18,17; 2Sam. 18,32; 2Sam. 19,27; 2Sam. 19,32; 2Sam. 19,33; 2Sam. 20,10; 2Sam. 20,11; 2Sam. 20,12; 2Sam. 20,12; 2Sam. 20,15; 2Sam. 21,1; 2Sam. 21,2; 2Sam. 21,5; 2Sam. 21,5; 2Sam. 21,21; 2Sam. 22,1; 2Sam. 23,9; 2Sam. 23,9; 2Sam. 23,11; 2Sam. 23,21; 2Sam. 23,21; 2Sam. 23,23; 2Sam. 24,10; 2Sam. 24,17; 1Kings 1,1; 1Kings 1,2; 1Kings 1,6; 1Kings 1,6; 1Kings 1,13; 1Kings 1,33; 1Kings 1,34; 1Kings 1,38; 1Kings 1,44; 1Kings 1,45; 1Kings 1,53; 1Kings 2,29; 1Kings 2,31; 1Kings 2,31; 1Kings 2,32; 1Kings 2,34; 1Kings 2,34; 1Kings 2,35c; 1Kings 2,35k; 1Kings 2,37; 1Kings 3,20; 1Kings 3,21; 1Kings 5,14a; 1Kings 5,17; 1Kings 6,7; 1Kings 6,20; 1Kings 8,21; 1Kings 8,31; 1Kings 8,37; 1Kings 8,58; 1Kings 9,3; 1Kings 10,1; 1Kings 10,18; 1Kings 11,14; 1Kings 11,20; 1Kings 11,28; 1Kings 11,29; 1Kings 11,29; 1Kings 11,43; 1Kings 12,7; 1Kings 12,10; 1Kings 12,18; 1Kings 12,20; 1Kings 12,20; 1Kings 12,24a; 1Kings 12,24b; 1Kings 13,14; 1Kings 13,18; 1Kings 13,20; 1Kings 13,24; 1Kings 13,26; 1Kings 13,29; 1Kings 13,29; 1Kings 13,31; 1Kings 14,21; 1Kings 14,22; 1Kings 14,27; 1Kings 15,4; 1Kings 15,27; 1Kings 15,27; 1Kings 15,28; 1Kings 15,29; 1Kings 16,4; 1Kings 16,4; 1Kings 16,7; 1Kings 16,9; 1Kings 16,10; 1Kings 16,10; 1Kings 16,11; 1Kings 16,11; 1Kings 16,18; 1Kings 17,19; 1Kings 17,19; 1Kings 17,19; 1Kings 17,23; 1Kings 17,23; 1Kings 18,31; 1Kings 19,9; 1Kings 19,13; 1Kings 19,19; 1Kings 20,5; 1Kings 20,7; 1Kings 20,10; 1Kings 20,13; 1Kings 20,13; 1Kings 20,19; 1Kings 20,25; 1Kings 21,10; 1Kings 21,13; 1Kings 21,33; 1Kings 21,33; 1Kings 21,33; 1Kings 21,36; 1Kings 21,37; 1Kings 21,40; 1Kings 21,41; 1Kings 22,19; 1Kings 22,21; 1Kings 22,26; 1Kings 22,27; 1Kings 22,32; 1Kings 22,42; 2Kings 1,9; 2Kings 1,9; 2Kings 1,10; 2Kings 1,11; 2Kings 1,11; 2Kings 1,12; 2Kings 1,12; 2Kings 1,13; 2Kings 1,13; 2Kings 1,16; 2Kings 2,12; 2Kings 2,15; 2Kings 2,16; 2Kings 2,16; 2Kings 2,17; 2Kings 3,12; 2Kings 3,15;

2Kings 3,26; 2Kings 3,27; 2Kings 4,8; 2Kings 4,8; 2Kings 4,19; 2Kings 4,20; 2Kings 4,21; 2Kings 4,21; 2Kings 4,23; 2Kings 5,3; 2Kings 5,6; 2Kings 5,10; 2Kings 5,16; 2Kings 5,18; 2Kings 5,18; 2Kings 5,21; 2Kings 5,25; 2Kings 5,26; 2Kings 6,26; 2Kings 6,28; 2Kings 6,28; 2Kings 6,32; 2Kings 6,32; 2Kings 6,33; 2Kings 7,17; 2Kings 7,20; 2Kings 8,17; 2Kings 8,21; 2Kings 8,26; 2Kings 8,29; 2Kings 8,29; 2Kings 9,2; 2Kings 9,2; 2Kings 9,15; 2Kings 9,15; 2Kings 9,16; 2Kings 9,17; 2Kings 9,19; 2Kings 9,21; 2Kings 9,25; 2Kings 9,25; 2Kings 9,26; 2Kings 9,27; 2Kings 9,28; 2Kings 9,28; 2Kings 9,28; 2Kings 9,32; 2Kings 10,3; 2Kings 10,7; 2Kings 10,15; 2Kings 10,15; 2Kings 10,15; 2Kings 10,16; 2Kings 10,17; 2Kings 10,27; 2Kings 10,35; 2Kings 11,2; 2Kings 11,2; 2Kings 11,2; 2Kings 11,4; 2Kings 11,8; 2Kings 11,12; 2Kings 11,12; 2Kings 11,18; 2Kings 11,19; 2Kings 12,3; 2Kings 12,22; 2Kings 13,9; 2Kings 13,14; 2Kings 13,15; 2Kings 13,25; 2Kings 14,2; 2Kings 14,19; 2Kings 14,19; 2Kings 14,20; 2Kings 14,21; 2Kings 15,2; 2Kings 15,7; 2Kings 15,10; 2Kings 15,10; 2Kings 15,25; 2Kings 15,25; 2Kings 15,25; 2Kings 15,30; 2Kings 15,30; 2Kings 15,33; 2Kings 16,2; 2Kings 17,3; 2Kings 17,4; 2Kings 17,4; 2Kings 17,36; 2Kings 18,2; 2Kings 18,4; 2Kings 18,5; 2Kings 18,18; 2Kings 19,4; 2Kings 19,7; 2Kings 19,37; 2Kings 20,1; 2Kings 20,4; 2Kings 21,1; 2Kings 21,19; 2Kings 21,23; 2Kings 21,26; 2Kings 22,1; 2Kings 22,19; 2Kings 23,6; 2Kings 23,25; 2Kings 23,26; 2Kings 23,29; 2Kings 23,30; 2Kings 23,30; 2Kings 23,30; 2Kings 23,30; 2Kings 23,30; 2Kings 23,31; 2Kings 23,33; 2Kings 23,36; 2Kings 24,3; 2Kings 24,8; 2Kings 24,12; 2Kings 24,18; 2Kings 25,5; 2Kings 25,6; 2Kings 25,7; 2Kings 25,7; 2Kings 25,27; 1Chr. 8,8; 1Chr. 10,3; 1Chr. 10,9; 1Chr. 10,14; 1Chr. 11,10; 1Chr. 11,12; 1Chr. 11,23; 1Chr. 11,23; 1Chr. 11,25; 1Chr. 12,21; 1Chr. 12,24; 1Chr. 13,10; 1Chr. 14,2; 1Chr. 15,29; 1Chr. 16,8; 1Chr. 16,17; 1Chr. 17,9; 1Chr. 17,14; 1Chr. 17,21; 1Chr. 18,10; 1Chr. 18,10; 1Chr. 19,2; 1Chr. 19,10; 1Chr. 19,16; 1Chr. 20,7; 1Chr. 22,9; 1Chr. 26,5; 1Chr. 26,10; 1Chr. 28,5; 1Chr. 29,22; 2Chr. 1,1; 2Chr. 2,3; 2Chr. 3,4; 2Chr. 3,8; 2Chr. 6,22; 2Chr. 6,28; 2Chr. 7,20; 2Chr. 7,21; 2Chr. 9,1; 2Chr. 9,8; 2Chr. 9,17; 2Chr. 9,31; 2Chr. 10,6; 2Chr. 10,18; 2Chr. 11,13; 2Chr. 12,10; 2Chr. 12,12; 2Chr. 12,13; 2Chr. 13,3; 2Chr. 13,7; 2Chr. 13,20; 2Chr. 13,23; 2Chr. 15,1; 2Chr. 15,9; 2Chr. 16,10; 2Chr. 16,14; 2Chr. 16,14; 2Chr. 17,15; 2Chr. 17,16; 2Chr. 17,18; 2Chr. 18,2; 2Chr. 18,31; 2Chr. 20,14; 2Chr. 20,31; 2Chr. 20,36; 2Chr. 21,9; 2Chr. 21,18; 2Chr. 22,6; 2Chr. 22,6; 2Chr. 22,7; 2Chr. 22,9; 2Chr. 22,9; 2Chr. 22,11; 2Chr. 22,11; 2Chr. 22,11; 2Chr. 22,11; 2Chr. 23,11; 2Chr. 23,11; 2Chr. 23,17; 2Chr. 24,1; 2Chr. 24,16; 2Chr. 24,21; 2Chr. 24,23; 2Chr. 24,25; 2Chr. 24,25; 2Chr. 24,25; 2Chr. 24,25; 2Chr. 24,26; 2Chr. 25,7; 2Chr. 25,10; 2Chr. 25,20; 2Chr. 25,23; 2Chr. 25,27; 2Chr. 25,28; 2Chr. 25,28; 2Chr. 26,1; 2Chr. 26,7; 2Chr. 26,19; 2Chr. 26,20; 2Chr. 26,20; 2Chr. 26,20; 2Chr. 26,23; 2Chr. 27,1; 2Chr. 28,1; 2Chr. 28,5; 2Chr. 28,20; 2Chr. 28,22; 2Chr. 28,27; 2Chr. 29,6; 2Chr. 31,10; 2Chr. 32,6; 2Chr. 32,21; 2Chr. 32,25; 2Chr. 32,31; 2Chr. 32,31; 2Chr. 32,31; 2Chr. 32,33; 2Chr. 33,1; 2Chr. 33,11; 2Chr. 33,13; 2Chr. 33,18; 2Chr. 33,20; 2Chr. 33,21; 2Chr. 33,24; 2Chr. 34,1; 2Chr. 34,27; 2Chr. 35,19b; 2Chr. 35,21; 2Chr. 35,22; 2Chr. 35,24; 2Chr. 35,24; 2Chr. 35,24; 2Chr. 35,25; 2Chr. 36,1; 2Chr. 36,1; 2Chr. 36,2; 2Chr. 36,2c; 2Chr. 36,2c; 2Chr. 36,3; 2Chr. 36,4; 2Chr. 36,5; 2Chr. 36,5c; 2Chr. 36,6; 2Chr. 36,6; 2Chr. 36,6; 2Chr. 36,9; 2Chr. 36,10; 2Chr. 36,11; 2Chr. 36,13; 1Esdr. 1,22; 1Esdr. 1,22; 1Esdr. 1,24; 1Esdr. 1,26; 1Esdr. 1,27; 1Esdr. 1,28; 1Esdr. 1,30; 1Esdr. 1,33; 1Esdr. 1,38; 1Esdr. 1,38; 1Esdr. 1,43; 1Esdr. 1,49; 1Esdr. 3,1; 1Esdr. 3,2; 1Esdr. 3,18; 1Esdr. 4,11; 1Esdr. 4,29; 1Esdr. 4,47; 1Esdr. 4,47; 1Esdr. 8,52; 1Esdr. 8,88; Ezra 1,4; Ezra 2,68; Ezra 5,11; Ezra 5,11; Ezra 7,6; Ezra 8,22; Ezra 10,1; Neh. 1,5; Neh. 1,11; Neh. 2,5; Neh. 3,18; Neh. 3,20; Neh. 3,21; Neh. 3,22; Neh. 3,23; Neh. 3,23; Neh. 3,24; Neh. 3,25; Neh. 3,27; Neh. 3,29; Neh. 3,29; Neh. 3,30; Neh. 3,30; Neh. 3,31; Neh. 6,8; Neh. 9,7; Neh. 9,8; Neh. 13,2; Neh. 13,26; Neh. 13,28; Esth. 1,11; Esth. 4,8; Esth. 5,11; Esth. 5,14; Esth. 6,9; Esth. 6,11; Esth. 6,13; Esth. 6,13; Esth. 8,2; Esth. 8,7; Esth. 16,17 # 8,12r; Esth. 9,25; Judith 1,6; Judith 1,15; Judith 1,15; Judith 2,4; Judith 2,28; Judith 3,1; Judith 3,7; Judith 3,8; Judith 5,5; Judith 6,10; Judith 6,11; Judith 6,11; Judith 6,14; Judith 6,14; Judith 6,16; Judith 6,20; Judith 6,21; Judith 8,3; Judith 8,17; Judith 11,5; Judith 11,9; Judith 11,10; Judith 12,14; Judith 13,15; Judith 13,16; Judith 14,5; Judith 14,14; Judith 14,15; Tob. 1,21; Tob. 1,22; Tob. 2,4; Tob. 4,3; Tob. 5,9; Tob. 5,18; Tob. 6,3; Tob. 7,6; Tob. 7,6; Tob. 8,12; Tob. 9,2; Tob. 10,4; Tob. 10,7; Tob. 11,6; Tob. 11,16; Tob. 11,16; Tob. 12,18; Tob. 13,4; Tob. 13,6; Tob. 14,10; Tob. 14,11; Tob. 14,15; 1Mac. 1,9; 1Mac. 2,24; 1Mac. 2,61; 1Mac. 2,70; 1Mac. 3,11; 1Mac. 3,24; 1Mac. 5,38; 1Mac. 5,41; 1Mac. 6,9; 1Mac. 6,14; 1Mac. 6,15; 1Mac. 6,29; 1Mac. 6,63; 1Mac. 7,5; 1Mac. 7,9; 1Mac. 7,22; 1Mac. 7,33; 1Mac. 7,42; 1Mac. 8,7; 1Mac. 8,7; 1Mac. 9,9; 1Mac. 9,19; 1Mac. 9,20; 1Mac. 9,20; 1Mac. 9,32; 1Mac. 9,68; 1Mac. 9,70; 1Mac. 9,70; 1Mac. 10,4; 1Mac. 10,5; 1Mac. 10,6; 1Mac. 10,16; 1Mac. 10,49; 1Mac. 10,53; 1Mac. 10,61; 1Mac. 10,62; 1Mac. 10,63; 1Mac. 10,64; 1Mac. 10,65; 1Mac. 10,65; 1Mac. 10,65; 1Mac. 10,77; 1Mac. 11,11; 1Mac. 11,11; 1Mac. 11,15; 1Mac. 11,16; 1Mac. 11,22; 1Mac. 11,26; 1Mac. 11,27; 1Mac. 11,40; 1Mac. 11,47; 1Mac. 11,53; 1Mac. 11,55; 1Mac. 11,60; 1Mac. 11,63; 1Mac. 11,66; 1Mac. 11,68; 1Mac. 11,73; 1Mac. 12,40; 1Mac. 12,40; 1Mac. 12,42; 1Mac. 12,43; 1Mac. 12,43; 1Mac. 13,14; 1Mac. 13,21; 1Mac. 13,25; 1Mac. 13,26; 1Mac. 13,26; 1Mac. 13,27; 1Mac. 13,31; 1Mac. 13,53; 1Mac. 14,2; 1Mac. 14,3; 1Mac. 14,3; 1Mac. 14,3; 1Mac. 14,18; 1Mac. 14,18; 1Mac. 14,35; 1Mac. 14,39; 1Mac. 14,39; 1Mac. 15,10; 1Mac. 15,11; 1Mac. 15,12; 1Mac. 15,12; 1Mac. 15,28; 1Mac. 16,6; 1Mac. 16,16; 1Mac. 16,22; 1Mac. 16,22; 2Mac. 1,3; 2Mac. 1,13; 2Mac. 3,26; 2Mac. 3,38; 2Mac. 3,38; 2Mac. 4,21; 2Mac. 4,24; 2Mac. 4,42; 2Mac. 6,21; 2Mac. 6,29; 2Mac. 7,5; 2Mac. 7,16; 2Mac. 8,3; 2Mac. 8,16; 2Mac. 8,35; 2Mac. 9,4; 2Mac. 9,5; 2Mac. 9,5; 2Mac. 9,7; 2Mac. 9,13; 2Mac. 9,18; 2Mac. 9,18; 2Mac. 9,25; 2Mac. 9,27; 2Mac. 11,6; 2Mac. 11,13; 2Mac. 12,5; 2Mac. 12,20; 2Mac. 12,20; 2Mac. 12,24; 2Mac. 12,25; 2Mac. 12,35; 2Mac. 13,15; 2Mac. 14,13; 2Mac. 14,25; 2Mac. 14,30; 2Mac. 14,30; 2Mac. 15,13; 3Mac. 1,2; 3Mac. 1,8; 3Mac. 1,8; 3Mac. 1,8; 3Mac. 1,13; 3Mac. 1,27; 3Mac. 2,7; 3Mac. 2,21; 3Mac. 2,22; 3Mac. 2,23; 3Mac. 2,23; 3Mac. 4,19; 3Mac. 6,1; 4Mac. 3,11; 4Mac. 4,21; 4Mac. 4,22; 4Mac. 5,5; 4Mac. 5,18; 4Mac. 6,24; 4Mac. 6,24; 4Mac. 6,25; 4Mac. 9,12; 4Mac. 10,7; 4Mac. 11,9; 4Mac. 11,10; 4Mac. 11,17; 4Mac. 12,2; 4Mac. 16,20; Psa. 7,16; Psa. 8,6; Psa. 8,7; Psa. 9,31; Psa. 17,1; Psa. 20,4; Psa. 20,7; Psa. 21,24; Psa. 21,25; Psa. 31,6; Psa. 32,18; Psa. 33,6; Psa. 33,8; Psa. 36,12; Psa. 36,22; Psa. 36,22; Psa. 36,33; Psa. 40,2; Psa. 40,3; Psa. 40,3; Psa. 40,3; Psa. 40,3; Psa. 48,18; Psa. 50,2; Psa. 51,8; Psa. 55,1; Psa. 56,1; Psa. 62,1; Psa. 63,5; Psa. 65,17; Psa. 66,8; Psa. 67,2; Psa. 68,31; Psa. 68,35; Psa. 73,14; Psa. 77,34; Psa. 77,36; Psa. 77,40; Psa. 77,40; Psa. 77,58; Psa. 77,70; Psa. 77,71; Psa. 80,6; Psa. 80,6; Psa. 84,9; Psa. 84,10; Psa. 88,24; Psa. 88,42; Psa. 90,16; Psa. 93,12; Psa. 104,21; Psa. 104,24; Psa. 105,29; Psa. 105,32; Psa. 105,43; Psa. 105,44; Psa. 106,32; Psa. 108,6; Psa. 108,7; Psa. 112,8; Psa. 118,34; Psa. 131,18; Psa. 141,1; Psa. 142,1; Psa. 144,18; Psa. 144,19; Psa. 144,20; Psa. 146,11; Psa. 148,1; Psa. 150,1; Psa. 150,2; Psa. 150,2; Psa. 150,3; Psa. 150,3; Psa. 150,4; Psa. 150,4; Psa. 150,5; Psa. 150,5; Psa. 151,7; Ode. 2,10; Ode. 2,10; Ode. 2,10; Ode. 2,10; Ode. 2,15; Ode. 3,8; Ode. 8,57; Ode. 8,58; Ode. 8,59; Ode. 8,60; Ode. 8,61; Ode.

αὐτός

8,62; Ode. 8,63; Ode. 8,64; Ode. 8,65; Ode. 8,66; Ode. 8,67; Ode. 8,68; Ode. 8,69; Ode. 8,70; Ode. 8,71; Ode. 8,72; Ode. 8,73; Ode. 8,74; Ode. 8,75; Ode. 8,76; Ode. 8,77; Ode. 8,78; Ode. 8,79; Ode. 8,80; Ode. 8,81; Ode. 8,82; Ode. 8,83; Ode. 8,84; Ode. 8,85; Ode. 8,86; Ode. 8,87; Ode. 8,88; Ode. 10,6; Ode. 10,6; Prov. 1,12; Prov. 2,8; Prov. 7,21; Prov. 11,26; Prov. 14,31; Prov. 16,8; Prov. 18,6; Prov. 18,16; Prov. 20,2; Prov. 23,8; Prov. 23,8; Prov. 23,13; Prov. 23,14; Prov. 29,12; Prov. 24,29; Prov. 30,17; Prov. 30,17; Eccl. 2,18; Eccl. 3,22; Eccl. 5,11; Eccl. 5,18; Eccl. 5,19; Eccl. 6,3; Eccl. 10,8; Song 3,1; Song 3,2; Song 3,4; Song 3,4; Song 3,11; Song 5,6; Song 6,1; Job 1,8; Job 2,3; Job 2,11; Job 2,12; Job 7,10; Job 7,17; Job 7,17; Job 7,18; Job 10,1; Job 14,20; Job 15,23; Job 15,24; Job 18,9; Job 18,9; Job 18,11; Job 18,14; Job 18,18; Job 20,7; Job 20,9; Job 20,15; Job 20,16; Job 20,22; Job 20,23; Job 20,23; Job 20,24; Job 20,26; Job 21,19; Job 22,27; Job 23,3; Job 26,9; Job 27,20; Job 27,21; Job 27,21; Job 27,22; Job 27,23; Job 32,3; Job 33,18; Job 33,19; Job 33,24; Job 33,25; Job 34,21; Job 34,28; Job 36,22; Job 36,30; Job 37,24; Job 37,24; Job 38,14; Job 38,38; Job 40,9; Job 40,28; Job 40,29; Job 40,30; Job 41,1; Job 41,20; Job 41,22; Job 42,11; Job 42,11; Job 42,17a; Job 42,17c; Job 42,17e; Wis. 1,8; Wis. 1,16; Wis. 2,18; Wis. 2,24; Wis. 4,17; Wis. 5,1; Wis. 10,1; Wis. 10,5; Wis. 10,10; Wis. 10,11; Wis. 10,12; Wis. 10,14; Wis. 12,15; Wis. 14,1; Wis. 15,11; Sir. 2,15; Sir. 2,16; Sir. 3,12; Sir. 3,13; Sir. 4,17; Sir. 4,17; Sir. 4,17; Sir. 4,18; Sir. 4,18; Sir. 4,19; Sir. 4,19; Sir. 6,7; Sir. 6,14; Sir. 6,17; Sir. 7,21; Sir. 10,12; Sir. 11,12; Sir. 12,12; Sir. 12,12; Sir. 12,17; Sir. 15,3; Sir. 15,5; Sir. 15,14; Sir. 17,1; Sir. 20,23; Sir. 21,15; Sir. 21,15; Sir. 21,15; Sir. 22,2; Sir. 27,20; Sir. 27,26; Sir. 27,27; Sir. 29,6; Sir. 29,6; Sir. 29,9; Sir. 31,27; Sir. 31,31; Sir. 31,31; Sir. 33,12; Sir. 33,28; Sir. 33,32; Sir. 33,33; Sir. 36,24; Sir. 37,24; Sir. 38,1; Sir. 38,12; Sir. 38,15; Sir. 39,5; Sir. 40,14; Sir. 41,7; Sir. 42,20; Sir. 43,26; Sir. 43,30; Sir. 43,31; Sir. 43,31; Sir. 44,21; Sir. 44,23; Sir. 45,2; Sir. 45,2; Sir. 45,3; Sir. 45,4; Sir. 45,4; Sir. 45,5; Sir. 45,5; Sir. 45,7; Sir. 45,7; Sir. 45,7; Sir. 45,8; Sir. 45,8; Sir. 45,9; Sir. 45,15; Sir. 45,16; Sir. 45,18; Sir. 45,23; Sir. 45,23; Sir. 46,5; Sir. 46,9; Sir. 46,20; Sir. 47,6; Sir. 47,6; Sir. 47,12; Sir. 47,22; Sir. 47,23; Sir. 48,12; Sir. 50,11; Sir. 50,11; Sir. 50,12; Sol. 2,27; Sol. 2,33; Sol. 2,36; Sol. 4,3; Sol. 6,1; Sol. 6,6; Sol. 6,6; Sol. 8,3; Sol. 8,19; Sol. 10,3; Sol. 13,12; Sol. 14,1; Sol. 17,22; Sol. 17,37; Sol. 17,42; Hos. 4,9; Hos. 7,1; Hos. 7,10; Hos. 8,14; Hos. 10,6; Hos. 11,1; Hos. 11,3; Hos. 12,15; Amos 5,19; Amos 8,10; Mic. 2,4; Mic. 3,5; Mic. 3,5; Mic. 5,4; Mic. 6,6; Mic. 7,9; Joel 2,2; Joel 2,20; Jonah 1,6; Jonah 1,15; Nah. 1,7; Hab. 1,15; Hab. 1,15; Hab. 2,5; Hab. 2,5; Hag. 1,12; Hag. 2,3; Zech. 2,8; Zech. 3,4; Zech. 3,5; Zech. 5,4; Zech. 12,10; Zech. 13,3; Zech. 13,3; Zech. 13,3; Is. 5,6; Is. 5,6; Is. 7,15; Is. 8,1; Is. 10,17; Is. 11,2; Is. 11,3; Is. 11,15; Is. 17,13; Is. 17,13; Is. 18,6; Is. 22,21; Is. 22,23; Is. 22,24; Is. 30,32; Is. 36,3; Is. 36,11; Is. 37,7; Is. 37,38; Is. 37,38; Is. 38,1; Is. 42,1; Is. 43,7; Is. 44,6; Is. 45,13; Is. 45,24; Is. 46,11; Is. 48,15; Is. 49,7; Is. 51,2; Is. 51,2; Is. 51,2; Is. 53,4; Is. 53,6; Is. 53,7; Is. 53,10; Is. 55,6; Is. 56,8; Is. 57,17; Is. 57,17; Is. 57,18; Is. 57,18; Is. 62,12; Is. 65,8; Jer. 1,2; Jer. 2,3; Jer. 2,15; Jer. 3,1; Jer. 10,25; Jer. 11,19; Jer. 16,7; Jer. 18,18; Jer. 19,14; Jer. 20,2; Jer. 20,2; Jer. 21,1; Jer. 22,3; Jer. 23,6; Jer. 27,17; Jer. 28,62; Jer. 30,2; Jer. 31,12; Jer. 33,8; Jer. 33,19; Jer. 33,23; Jer. 33,23; Jer. 33,23; Jer. 33,23; Jer. 33,24; Jer. 34,11; Jer. 36,26; Jer. 38,10; Jer. 38,10; Jer. 38,11; Jer. 39,3; Jer. 41,14; Jer. 43,31; Jer. 44,4; Jer. 44,14; Jer. 44,15; Jer. 44,15; Jer. 44,17; Jer. 44,21; Jer. 45,6; Jer. 45,6; Jer. 45,8; Jer. 45,10; Jer. 45,13; Jer. 45,13; Jer. 45,14; Jer. 46,14; Jer. 47,1; Jer. 47,1; Jer. 47,2; Jer. 48,12; Jer. 48,12; Jer. 50,1; Jer. 52,8; Jer. 52,9; Jer. 52,11; Jer. 52,11; Jer. 52,11; Jer. 52,31; Bar. 1,8; Bar. 1,9; Lam. 2,19; Lam. 3,25; Lam. 3,30; Lam. 3,36; LetterJ 12; Ezek.

10,6; Ezek. 12,12; Ezek. 12,13; Ezek. 13,14; Ezek. 13,15; Ezek. 13,22; Ezek. 14,7; Ezek. 14,8; Ezek. 14,8; Ezek. 14,9; Ezek. 14,9; Ezek. 15,3; Ezek. 17,13; Ezek. 17,13; Ezek. 17,17; Ezek. 17,20; Ezek. 17,22; Ezek. 18,13; Ezek. 18,20; Ezek. 18,20; Ezek. 18,23; Ezek. 19,4; Ezek. 19,8; Ezek. 19,8; Ezek. 19,9; Ezek. 19,9; Ezek. 24,3; Ezek. 24,4; Ezek. 29,2; Ezek. 30,21; Ezek. 31,9; Ezek. 31,11; Ezek. 31,12; Ezek. 31,12; Ezek. 31,15; Ezek. 31,15; Ezek. 31,16; Ezek. 31,16; Ezek. 33,2; Ezek. 33,12; Ezek. 33,12; Ezek. 33,22; Ezek. 36,29; Ezek. 37,19; Ezek. 38,2; Ezek. 38,21; Ezek. 38,22; Ezek. 38,22; Ezek. 42,20; Ezek. 44,26; Dan. 2,48; Dan. 3,6; Dan. 3,57; Dan. 3,58; Dan. 3,59; Dan. 3,60; Dan. 3,61; Dan. 3,62; Dan. 3,63; Dan. 3,64; Dan. 3,65; Dan. 3,66; Dan. 3,67; Dan. 3,68; Dan. 3,69; Dan. 3,70; Dan. 3,71; Dan. 3,72; Dan. 3,73; Dan. 3,74; Dan. 3,75; Dan. 3,76; Dan. 3,77; Dan. 3,78; Dan. 3,79; Dan. 3,80; Dan. 3,81; Dan. 3,82; Dan. 3,83; Dan. 3,84; Dan. 3,85; Dan. 3,86; Dan. 3,87; Dan. 3,88; Dan. 4,19; Dan. 4,31; Dan. 5,6; Dan. 5,7; Dan. 5,10; Dan. 5,23; Dan. 6,12; Dan. 6,15; Dan. 6,16; Dan. 6,18; Dan. 7,10; Dan. 8,6; Dan. 8,7; Dan. 8,7; Dan. 8,7; Dan. 8,11; Dan. 8,17; Dan. 10,11; Dan. 10,13; Dan. 10,15; Dan. 10,19; Dan. 11,2; Dan. 11,4; Dan. 11,5; Dan. 11,13; Dan. 11,16; Dan. 11,21; Dan. 11,25; Dan. 11,26; Dan. 11,30; Dan. 11,36; Dan. 11,44; Bel 6; Bel 22; Bel 23; Bel 27; Bel 36; Bel 39; Bel 40; Judg. 1,5; Judg. 1,6; Judg. 1,7; Judg. 1,24; Judg. 1,34; Judg. 2,9; Judg. 2,13; Judg. 3,10; Judg. 3,21; Judg. 3,31; Judg. 4,7; Judg. 4,18; Judg. 4,19; Judg. 4,21; Judg. 5,21; Judg. 5,30; Judg. 5,31; Judg. 6,13; Judg. 6,14; Judg. 6,15; Judg. 6,16; Judg. 6,17; Judg. 6,19; Judg. 6,20; Judg. 6,27; Judg. 7,4; Judg. 7,5; Judg. 7,9; Judg. 8,1; Judg. 8,3; Judg. 8,14; Judg. 8,33; Judg. 9,36; Judg. 9,38; Judg. 9,40; Judg. 9,52; Judg. 9,54; Judg. 10,3; Judg. 11,11; Judg. 11,13; Judg. 11,31; Judg. 12,6; Judg. 12,8; Judg. 12,11; Judg. 12,13; Judg. 14,6; Judg. 14,16; Judg. 14,17; Judg. 14,19; Judg. 15,1; Judg. 15,13; Judg. 15,13; Judg. 15,14; Judg. 16,2; Judg. 16,5; Judg. 16,5; Judg. 16,8; Judg. 16,12; Judg. 16,14; Judg. 16,16; Judg. 16,21; Judg. 16,21; Judg. 16,21; Judg. 16,24; Judg. 16,25; Judg. 16,25; Judg. 16,31; Judg. 16,31; Judg. 18,15; Judg. 18,25; Judg. 19,3; Judg. 19,3; Judg. 19,4; Judg. 19,7; Judg. 19,12; Judg. 19,21; Judg. 20,43; Tob. 1,14; Tob. 1,21; Tob. 1,22; Tob. 2,2; Tob. 2,4; Tob. 2,10; Tob. 2,12; Tob. 5,10; Tob. 5,10; Tob. 6,3; Tob. 7,1; Tob. 7,1; Tob. 7,1; Tob. 7,6; Tob. 8,1; Tob. 8,3; Tob. 9,2; Tob. 9,3-4; Tob. 9,5; Tob. 9,6; Tob. 10,8; Tob. 10,11; Tob. 11,6; Tob. 11,7; Tob. 11,11; Tob. 11,16; Tob. 11,16; Tob. 11,16; Tob. 12,5; Tob. 12,18; Tob. 13,4; Tob. 13,6; Tob. 14,2; Tob. 14,11; Tob. 14,15; Dan. 2,11; Dan. 2,48; Dan. 3,57; Dan. 3,59; Dan. 3,58; Dan. 3,60; Dan. 3,61; Dan. 3,62; Dan. 3,63; Dan. 3,64; Dan. 3,65; Dan. 3,66; Dan. 3,67; Dan. 3,68; Dan. 3,71; Dan. 3,72; Dan. 3,69; Dan. 3,70; Dan. 3,73; Dan. 3,74; Dan. 3,75; Dan. 3,76; Dan. 3,78; Dan. 3,77; Dan. 3,79; Dan. 3,80; Dan. 3,81; Dan. 3,82; Dan. 3,83; Dan. 3,84; Dan. 3,85; Dan. 3,86; Dan. 3,87; Dan. 3,88; Dan. 5,23; Dan. 5,29; Dan. 6,4; Dan. 6,15; Dan. 6,17; Dan. 6,21; Dan. 8,6; Dan. 8,7; Dan. 8,7; Dan. 8,7; Dan. 8,8; Dan. 8,11; Dan. 8,17; Dan. 8,18; Dan. 10,11; Dan. 10,13; Dan. 10,15; Dan. 10,19; Dan. 11,2; Dan. 11,5; Dan. 11,16; Dan. 11,21; Dan. 11,23; Dan. 11,25; Dan. 11,40; Dan. 11,44; Sus. 4; Sus. 4; Sus. 39; Sus. 47; Sus. 56; Bel 3; Bel 4; Bel 19; Bel 22; Bel 23; Bel 30; Bel 31; Bel 36; Matt. 3,5; Matt. 3,14; Matt. 4,5; Matt. 4,5; Matt. 4,8; Matt. 4,11; Matt. 5,15; Matt. 5,29; Matt. 8,5; Matt. 8,18; Matt. 8,25; Matt. 8,31; Matt. 8,34; Matt. 9,31; Matt. 10,33; Matt. 12,10; Matt. 12,14; Matt. 12,16; Matt. 13,2; Matt. 13,2; Matt. 13,4; Matt. 14,3; Matt. 14,5; Matt. 14,5; Matt. 14,12; Matt. 14,22; Matt. 14,26; Matt. 14,35; Matt. 14,36; Matt. 15,23; Matt. 16,1; Matt. 16,21; Matt. 16,22; Matt. 17,8; Matt. 17,10; Matt. 17,12; Matt. 17,14; Matt. 17,16; Matt. 17,16; Matt. 17,17; Matt. 17,25; Matt. 18,8; Matt. 18,9; Matt. 18,15;

Matt. 18,25; Matt. 18,27; Matt. 18,28; Matt. 18,29; Matt. 18,30; Matt. 18,32; Matt. 18,34; Matt. 19,3; Matt. 20,18; Matt. 20,19; Matt. 21,9; Matt. 21,13; Matt. 21,33; Matt. 21,38; Matt. 21,39; Matt. 21,46; Matt. 21,46; Matt. 22,13; Matt. 22,15; Matt. 22,22; Matt. 22,23; Matt. 22,43; Matt. 22,45; Matt. 22,46; Matt. 23,15; Matt. 24,51; Matt. 26,16; Matt. 26,25; Matt. 26,44; Matt. 26,48; Matt. 26,56; Matt. 26,59; Matt. 26,71; Matt. 27,2; Matt. 27,3; Matt. 27,11; Matt. 27,12; Matt. 27,19; Matt. 27,27; Matt. 27,28; Matt. 27,30; Matt. 27,31; Matt. 27,31; Matt. 27,31; Matt. 27,35; Matt. 27,36; Matt. 27,39; Matt. 27,64; Matt. 28,7; Matt. 28,13; Matt. 28,14; Matt. 28,17; Mark 1,5; Mark 1,12; Mark 1,26; Mark 1,32; Mark 1,36; Mark 1,37; Mark 1,40; Mark 1,40; Mark 1,43; Mark 1,45; Mark 1,45; Mark 2,3; Mark 2,15; Mark 2,23; Mark 3,2; Mark 3,6; Mark 3,11; Mark 3,12; Mark 3,31; Mark 3,32; Mark 3,34; Mark 4,1; Mark 4,1; Mark 4,10; Mark 4,10; Mark 4,36; Mark 4,38; Mark 5,3; Mark 5,4; Mark 5,4; Mark 5,10; Mark 5,12; Mark 5,17; Mark 5,18; Mark 5,22; Mark 5,23; Mark 6,17; Mark 6,19; Mark 6,20; Mark 6,27; Mark 6,49; Mark 6,50; Mark 6,54; Mark 6,56; Mark 7,1; Mark 7,5; Mark 7,12; Mark 7,15; Mark 7,17; Mark 7,18; Mark 7,26; Mark 7,32; Mark 7,33; Mark 8,22; Mark 8,23; Mark 8,26; Mark 8,32; Mark 9,11; Mark 9,15; Mark 9,18; Mark 9,19; Mark 9,20; Mark 9,20; Mark 9,22; Mark 9,32; Mark 10,2; Mark 10,17; Mark 10,21; Mark 10,33; Mark 10,33; Mark 10,34; Mark 11,2; Mark 11,3; Mark 11,17; Mark 11,18; Mark 11,27; Mark 12,1; Mark 12,3; Mark 12,6; Mark 12,8; Mark 12,8; Mark 12,12; Mark 12,12; Mark 12,13; Mark 12,18; Mark 12,33; Mark 12,34; Mark 12,34; Mark 12,37; Mark 13,3; Mark 14,1; Mark 14,10; Mark 14,11; Mark 14,44; Mark 14,44; Mark 14,50; Mark 14,61; Mark 14,64; Mark 14,65; Mark 14,65; Mark 14,69; Mark 15,2; Mark 15,4; Mark 15,10; Mark 15,16; Mark 15,17; Mark 15,20; Mark 15,20; Mark 15,20; Mark 15,22; Mark 15,24; Mark 15,29; Mark 15,36; Mark 15,44; Mark 15,46; Mark 15,46; Mark 16,7; Mark 16,14; Luke 1,8; Luke 1,13; Luke 2,4; Luke 2,7; Luke 2,7; Luke 2,21; Luke 2,21; Luke 2,22; Luke 2,44; Luke 2,44; Luke 2,46; Luke 2,48; Luke 2,48; Luke 3,10; Luke 3,14; Luke 4,4; Luke 4,5; Luke 4,9; Luke 4,29; Luke 4,29; Luke 4,35; Luke 4,38; Luke 4,41; Luke 4,42; Luke 4,42; Luke 5,3; Luke 5,9; Luke 5,12; Luke 5,18; Luke 5,18; Luke 5,19; Luke 5,19; Luke 6,1; Luke 6,6; Luke 6,7; Luke 6,12; Luke 7,3; Luke 7,3; Luke 7,4; Luke 7,9; Luke 7,15; Luke 7,20; Luke 7,36; Luke 7,39; Luke 8,4; Luke 8,5; Luke 8,9; Luke 8,16; Luke 8,19; Luke 8,24; Luke 8,29; Luke 8,30; Luke 8,31; Luke 8,32; Luke 8,37; Luke 8,38; Luke 8,40; Luke 8,41; Luke 8,42; Luke 9,18; Luke 9,29; Luke 9,39; Luke 9,39; Luke 9,42; Luke 9,42; Luke 9,45; Luke 9,50; Luke 9,62; Luke 10,6; Luke 10,25; Luke 10,30; Luke 10,31; Luke 10,33; Luke 10,34; Luke 10,34; Luke 11,1; Luke 11,5; Luke 11,27; Luke 11,37; Luke 11,53; Luke 11,54; Luke 12,46; Luke 14,1; Luke 14,4; Luke 14,5; Luke 14,9; Luke 15,15; Luke 15,20; Luke 15,27; Luke 16,2; Luke 16,22; Luke 16,27; Luke 17,25; Luke 18,3; Luke 18,18; Luke 18,24; Luke 18,35; Luke 18,40; Luke 19,4; Luke 19,6; Luke 19,9; Luke 19,11; Luke 19,14; Luke 19,15; Luke 19,30; Luke 19,35; Luke 19,46; Luke 19,47; Luke 20,9; Luke 20,10; Luke 20,14; Luke 20,15; Luke 20,19; Luke 20,20; Luke 20,21; Luke 20,27; Luke 20,40; Luke 20,44; Luke 21,7; Luke 21,38; Luke 22,6; Luke 22,49; Luke 22,52; Luke 22,54; Luke 22,56; Luke 22,58; Luke 22,63; Luke 22,64; Luke 22,66; Luke 23,1; Luke 23,3; Luke 23,7; Luke 23,7; Luke 23,8; Luke 23,9; Luke 23,11; Luke 23,11; Luke 23,15; Luke 23,16; Luke 23,22; Luke 23,23; Luke 23,33; Luke 23,39; Luke 23,53; Luke 24,20; Luke 24,23; Luke 24,24; Luke 24,29; Luke 24,30; Luke 24,51; Luke 24,52; John 1,10; John 1,11; John 1,19; John 1,25; John 1,29; John 1,42; John 1,47; John 2,11; John 2,24; John 2,24; John 3,2; John 3,4; John 3,16; John 3,18; John 4,4; John 4,10; John 4,15; John 4,24; John 4,31; John 4,39; John 4,40; John 4,40; John 4,45; John 4,47; John 4,49; John 4,52; John 5,14; John 5,15; John 5,18; John 6,5; John 6,15; John 6,21; John 6,25; John 6,40; John 6,40; John 6,44; John 6,54; John 7,1; John 7,3; John 7,11; John 7,18; John 7,30; John 7,30; John 7,31; John 7,44; John 7,48; John 7,50; John 8,55; John 9,2; John 9,8; John 9,13; John 9,15; John 9,21; John 9,22; John 9,23; John 9,28; John 9,34; John 9,35; John 9,35; John 9,37; John 10,24; John 10,39; John 10,41; John 10,42; John 11,3; John 11,17; John 11,32; John 11,44; John 11,44; John 11,48; John 12,4; John 12,11; John 12,17; John 12,18; John 12,21; John 12,26; John 12,48; John 13,2; John 13,32; John 14,7; John 14,21; John 14,23; John 14,23; John 16,7; John 16,19; John 18,2; John 18,4; John 18,5; John 18,12; John 18,24; John 18,31; John 19,2; John 19,3; John 19,4; John 19,6; John 19,6; John 19,16; John 19,18; John 19,33; John 19,39; John 20,9; John 20,15; John 21,22; John 21,23; Acts 1,3; Acts 1,6; Acts 1,9; Acts 1,11; Acts 2,24; Acts 2,36; Acts 3,4; Acts 3,7; Acts 3,9; Acts 3,10; Acts 3,26; Acts 5,6; Acts 6,12; Acts 6,15; Acts 7,2; Acts 7,4; Acts 7,8; Acts 7,10; Acts 7,10; Acts 7,21; Acts 7,21; Acts 7,27; Acts 7,57; Acts 8,32; Acts 8,39; Acts 8,40; Acts 9,3; Acts 9,3; Acts 9,8; Acts 9,10; Acts 9,15; Acts 9,16; Acts 9,17; Acts 9,24; Acts 9,25; Acts 9,26; Acts 9,27; Acts 9,30; Acts 9,30; Acts 9,35; Acts 9,38; Acts 10,3; Acts 10,10; Acts 10,26; Acts 10,35; Acts 10,38; Acts 10,40; Acts 10,41; Acts 10,48; Acts 11,2; Acts 12,4; Acts 12,6; Acts 12,7; Acts 12,16; Acts 12,17; Acts 12,19; Acts 12,20; Acts 12,23; Acts 13,9; Acts 13,11; Acts 13,22; Acts 13,30; Acts 13,34; Acts 13,46; Acts 14,17; Acts 14,19; Acts 14,20; Acts 15,21; Acts 16,3; Acts 16,9; Acts 17,15; Acts 17,27; Acts 17,31; Acts 18,12; Acts 18,26; Acts 19,4; Acts 19,30; Acts 19,31; Acts 19,33; Acts 20,14; Acts 20,18; Acts 20,38; Acts 21,12; Acts 21,27; Acts 21,27; Acts 21,30; Acts 21,31; Acts 21,34; Acts 21,35; Acts 22,18; Acts 22,22; Acts 22,24; Acts 22,24; Acts 22,25; Acts 22,29; Acts 22,29; Acts 22,30; Acts 23,3; Acts 23,10; Acts 23,15; Acts 23,15; Acts 23,18; Acts 23,21; Acts 23,30; Acts 24,23; Acts 24,26; Acts 25,2; Acts 25,3; Acts 25,3; Acts 25,7; Acts 25,19; Acts 25,21; Acts 25,21; Acts 25,21; Acts 25,24; Acts 25,25; Acts 25,26; Acts 28,6; Acts 28,6; Acts 28,6; Acts 28,16; Acts 28,17; Acts 28,21; Acts 28,23; Rom. 3,26; Rom. 4,11; Rom. 4,13; Rom. 4,18; Rom. 4,23; Rom. 8,29; Rom. 10,9; Rom. 11,36; Rom. 14,3; Rom. 15,11; 1Cor. 15,25; 1Cor. 16,11; 1Cor. 16,11; 1Cor. 16,11; 2Cor. 2,8; Gal. 1,1; Gal. 1,16; Gal. 1,18; Eph. 1,20; Eph. 1,22; Eph. 4,15; Eph. 4,21; Phil. 1,29; Phil. 2,9; Phil. 2,27; Phil. 2,28; Phil. 2,29; Phil. 3,10; Phil. 3,21; Col. 1,16; Col. 2,12; 2Th. 2,1; 2Th. 2,4; 2Th. 2,6; Philem. 15; Philem. 17; Heb. 2,7; Heb. 3,2; Heb. 5,7; Heb. 7,24; Heb. 9,26; Heb. 9,28; Heb. 11,5; Heb. 11,6; Heb. 11,19; Heb. 13,13; James 5,14; James 5,14; James 5,15; 1Pet. 1,21; 1Pet. 3,6; 1John 2,4; 1John 3,6; 2John 10; Rev. 1,7; Rev. 1,7; Rev. 1,7; Rev. 3,12; Rev. 3,12; Rev. 3,20; Rev. 6,2; Rev. 6,4; Rev. 6,5; Rev. 7,9; Rev. 8,5; Rev. 11,5; Rev. 12,11; Rev. 13,8; Rev. 13,10; Rev. 17,10; Rev. 19,11; Rev. 20,2; Rev. 20,3; Rev. 20,3; Rev. 22,18)

Pronoun · (personal) · third · neuter · singular · accusative ▸ **1** (Gen. 39,23)

Pronoun · (personal) · intensive · masculine · singular · accusative ▸ 6 + 4 = **10** (1Kings 1,26; 2Mac. 4,38; 2Mac. 7,12; 3Mac. 6,24; Is. 8,13; Dan. 12,8; Mark 14,39; John 21,25; Phil. 1,30; Heb. 9,24)

Αὐτός ▸ **2**

Pronoun · (personal) · third · masculine · singular · nominative ▸ **1** (Sir. 15,12)

Pronoun · (personal) · intensive · masculine · singular · nominative ▸ **1** (4Mac. 17,17)

Αὐτὸς ▸ 4 + 7 = **11**

Pronoun · (personal) · third · masculine · singular · nominative

αὐτός

- 2 + 1 = **3** (1Sam. 19,17; Bel 8; Eph. 2,14)

Pronoun · (personal) · intensive · masculine · singular · nominative
- 2 + 6 = **8** (Ex. 33,14; Job 1,21; Mark 6,17; 2Cor. 10,1; 1Th. 3,11; 1Th. 5,23; 2Th. 2,16; 2Th. 3,16)

αὐτός ▸ **45** + **9** + **17** = **71**

Pronoun · (personal) · third · masculine · singular · nominative
- 43 + 9 + 14 = **66** (Gen. 3,15; Gen. 3,16; Gen. 20,5; Gen. 36,1; Gen. 36,8; Gen. 39,6; Gen. 41,11; Gen. 42,9; Ex. 4,14; Ex. 4,16; Num. 22,22; Deut. 8,18; Judg. 7,1; 1Sam. 1,28; 1Sam. 3,18; 1Sam. 10,19; 1Sam. 15,29; 1Sam. 22,17; 1Kings 18,7; 1Kings 18,21; 1Kings 18,27; 1Kings 18,27; 1Kings 21,28; 2Kings 8,29; 1Chr. 27,32; 2Chr. 33,13; Ezra 7,6; 2Mac. 4,1; Psa. 23,10; Psa. 44,12; Psa. 54,23; Psa. 94,7; Psa. 99,3; Job 9,24; Sir. 1,30 Prol.; Sir. 43,27; Zech. 9,9; Jer. 14,22; Jer. 28,19; Jer. 31,26; Lam. 3,10; LetterJ 6; Dan. 4,37; Judg. 7,1; Judg. 8,35; Judg. 9,30; Judg. 11,35; Judg. 13,16; Dan. 2,47; Dan. 6,27; Dan. 8,21; Dan. 10,4; Matt. 11,14; Matt. 12,50; Matt. 16,20; Matt. 21,27; Matt. 26,48; Mark 3,13; Mark 4,27; Mark 14,44; Luke 24,21; Acts 2,34; Col. 1,17; Col. 1,18; 1John 1,7; Rev. 19,12)

Pronoun · (personal) · intensive · masculine · singular · nominative
- 2 + 3 = **5** (1Sam. 9,19; 4Mac. 10,2; Luke 24,39; John 12,49; Eph. 4,10)

αὐτός ▸ **518** + **47** + **144** = **709**

Adjective · masculine · singular · nominative · noDegree ▸ **1** (Psa. 101,28)

Pronoun · (personal) · third · masculine · singular · nominative
- 485 + 47 + 109 = **641** (Gen. 13,1; Gen. 14,13; Gen. 14,15; Gen. 18,8; Gen. 19,30; Gen. 24,7; Gen. 24,40; Gen. 24,54; Gen. 24,62; Gen. 27,31; Gen. 31,21; Gen. 32,7; Gen. 32,19; Gen. 32,22; Gen. 32,32; Gen. 33,3; Gen. 34,19; Gen. 35,6; Gen. 38,12; Gen. 38,14; Gen. 39,23; Gen. 42,38; Gen. 44,5; Gen. 44,10; Gen. 44,17; Gen. 44,20; Gen. 45,26; Gen. 46,1; Gen. 49,10; Gen. 49,13; Gen. 49,19; Gen. 49,20; Gen. 50,14; Gen. 50,22; Ex. 4,14; Ex. 4,16; Ex. 6,27; Ex. 7,15; Ex. 8,16; Ex. 16,29; Ex. 21,3; Ex. 21,4; Ex. 22,7; Ex. 29,21; Lev. 5,18; Lev. 7,8; Lev. 25,54; Num. 6,13; Num. 11,30; Num. 18,23; Num. 22,22; Num. 23,19; Num. 27,3; Num. 27,21; Num. 35,23; Deut. 1,30; Deut. 1,38; Deut. 2,32; Deut. 3,1; Deut. 3,22; Deut. 3,28; Deut. 4,37; Deut. 17,20; Deut. 18,5; Deut. 18,6; Deut. 22,17; Deut. 26,8; Deut. 29,12; Deut. 31,9; Deut. 31,23; Deut. 32,44; Josh. 6,10; Josh. 7,6; Josh. 8,10; Josh. 8,14; Josh. 8,14; Josh. 10,7; Josh. 24,17; Josh. 24,17; Josh. 24,27; Judg. 3,20; Judg. 3,24; Judg. 3,26; Judg. 3,27; Judg. 3,31; Judg. 4,2; Judg. 4,3; Judg. 4,21; Judg. 6,31; Judg. 6,35; Judg. 7,4; Judg. 7,4; Judg. 7,11; Judg. 8,4; Judg. 9,19; Judg. 9,33; Judg. 9,48; Judg. 10,1; Judg. 11,1; Judg. 13,5; Judg. 14,4; Judg. 15,14; Judg. 16,20; Judg. 16,31; Judg. 17,7; Judg. 17,7; Judg. 18,30; Judg. 19,9; Judg. 19,16; Ruth 1,1; Ruth 3,2; Ruth 3,4; 1Sam. 2,10; 1Sam. 4,18; 1Sam. 6,9; 1Sam. 9,26; 1Sam. 10,11; 1Sam. 10,22; 1Sam. 14,18; 1Sam. 15,12; 1Sam. 17,5; 1Sam. 17,33; 1Sam. 17,37; 1Sam. 17,42; 1Sam. 17,42; 1Sam. 18,15; 1Sam. 18,16; 1Sam. 18,27; 1Sam. 19,9; 1Sam. 19,22; 1Sam. 20,36; 1Sam. 23,6; 1Sam. 25,36; 1Sam. 25,37; 1Sam. 27,3; 1Sam. 28,8; 1Sam. 29,11; 1Sam. 30,9; 1Sam. 30,31; 1Sam. 31,5; 2Sam. 2,20; 2Sam. 4,5; 2Sam. 4,10; 2Sam. 7,13; 2Sam. 7,14; 2Sam. 9,13; 2Sam. 12,23; 2Sam. 13,8; 2Sam. 14,19; 2Sam. 14,19; 2Sam. 15,30; 2Sam. 17,2; 2Sam. 17,9; 2Sam. 17,24; 2Sam. 19,10; 2Sam. 19,25; 2Sam. 19,33; 2Sam. 21,16; 2Sam. 21,20; 2Sam. 23,10; 2Sam. 23,18; 2Sam. 23,18; 2Sam. 23,20; 2Sam. 23,20; 2Sam. 23,20; 2Sam. 23,21; 1Kings 1,6; 1Kings 1,13; 1Kings 1,17; 1Kings 1,24; 1Kings 1,30; 1Kings 1,35; 1Kings 2,8; 1Kings 2,8; 1Kings 2,24; 1Kings 2,35n; 1Kings 2,46d; 1Kings 8,60; 1Kings 11,17; 1Kings 12,24c; 1Kings 16,9; 1Kings 17,15; 1Kings 17,19; 1Kings 18,17; 1Kings 18,39; 1Kings 19,4; 1Kings 19,19; 1Kings 19,19; 1Kings 21,12; 1Kings 21,16; 2Kings 2,18; 2Kings 5,15; 2Kings 5,25; 2Kings 6,30; 2Kings 6,32; 2Kings 9,14; 2Kings 9,14; 2Kings 9,16; 2Kings 10,12; 2Kings 14,7; 2Kings 14,11; 2Kings 14,21; 2Kings 14,22; 2Kings 14,25; 2Kings 15,35; 2Kings 17,39; 2Kings 18,4; 2Kings 18,8; 2Kings 18,9; 2Kings 18,10; 2Kings 18,22; 2Kings 24,12; 2Kings 25,8; 1Chr. 2,21; 1Chr. 16,14; 1Chr. 17,12; 1Chr. 17,13; 1Chr. 23,13; 1Chr. 26,26; 1Chr. 27,6; 2Chr. 6,32; 2Chr. 10,2; 2Chr. 21,11; 2Chr. 25,14; 2Chr. 25,21; 2Chr. 26,1; 2Chr. 26,2; 2Chr. 26,2; 2Chr. 26,20; 2Chr. 26,20; 2Chr. 27,3; 2Chr. 27,5; 2Chr. 32,9; 2Chr. 32,30; 2Chr. 33,6; 2Chr. 34,3; 2Chr. 36,23; 1Esdr. 4,7; 1Esdr. 4,11; 1Esdr. 4,57; 1Esdr. 8,55; 1Esdr. 9,4; Ezra 1,2; Ezra 1,3; Ezra 1,4; Ezra 5,8; Ezra 7,6; Ezra 7,6; Ezra 7,9; Ezra 10,8; Ezra 10,23; Neh. 1,2; Neh. 2,20; Neh. 3,12; Neh. 3,14; Neh. 6,10; Neh. 7,2; Neh. 8,5; Neh. 9,6; Neh. 12,8; Esth. 15,6 # 5,1c; Esth. 5,4; Esth. 9,25; Judith 1,16; Judith 1,16; Judith 2,19; Judith 3,6; Judith 7,7; Judith 8,15; Tob. 6,11; Tob. 13,2; Tob. 13,3; Tob. 13,4; Tob. 13,4; Tob. 14,10; 1Mac. 2,28; 1Mac. 2,65; 1Mac. 2,66; 1Mac. 3,22; 1Mac. 4,3; 1Mac. 7,43; 1Mac. 9,34; 1Mac. 10,15; 1Mac. 10,32; 1Mac. 10,47; 1Mac. 10,53; 1Mac. 10,57; 1Mac. 13,52; 1Mac. 14,17; 1Mac. 14,26; 1Mac. 16,6; 1Mac. 16,14; 2Mac. 1,12; 2Mac. 3,39; 2Mac. 7,37; 2Mac. 8,23; 2Mac. 10,19; 2Mac. 10,32; 2Mac. 11,7; 2Mac. 12,24; 2Mac. 15,4; 2Mac. 15,37; 3Mac. 5,11; 4Mac. 4,26; 4Mac. 11,23; 4Mac. 12,15; Psa. 9,9; Psa. 18,6; Psa. 21,29; Psa. 23,2; Psa. 24,15; Psa. 32,9; Psa. 32,9; Psa. 36,5; Psa. 43,22; Psa. 47,15; Psa. 59,14; Psa. 61,3; Psa. 61,7; Psa. 67,36; Psa. 77,38; Psa. 86,5; Psa. 88,27; Psa. 90,3; Psa. 94,5; Psa. 98,6; Psa. 99,3; Psa. 102,14; Psa. 104,7; Psa. 107,14; Psa. 129,8; Psa. 148,5; Psa. 148,5; Psa. 151,3; Psa. 151,4; Ode. 2,6; Ode. 3,10; Prov. 4,27b; Prov. 6,13; Prov. 9,12a; Prov. 21,13; Prov. 21,29; Prov. 22,3; Prov. 22,9; Prov. 24,12; Prov. 28,9; Prov. 28,10; Prov. 30,5; Eccl. 1,6; Eccl. 2,22; Eccl. 3,9; Eccl. 9,4; Eccl. 9,15; Eccl. 10,10; Job 2,9c; Job 5,18; Job 9,13; Job 11,11; Job 21,22; Job 21,31; Job 21,32; Job 23,13; Job 23,13; Job 24,12; Job 28,3; Job 28,23; Job 28,24; Job 31,4; Job 33,27; Job 34,21; Job 34,29; Job 35,13; Job 37,12; Job 41,26; Job 42,17c; Job 42,17d; Wis. 6,7; Wis. 7,15; Wis. 7,17; Wis. 15,17; Sir. 1,12 Prol.; Sir. 6,37; Sir. 8,15; Sir. 13,3; Sir. 13,3; Sir. 13,5; Sir. 15,14; Sir. 15,19; Sir. 17,32; Sir. 20,1; Sir. 21,27; Sir. 28,5; Sir. 31,27; Sir. 34,14; Sir. 37,8; Sir. 38,6; Sir. 38,9; Sir. 39,6; Sir. 39,7; Sir. 39,8; Sir. 43,28; Sir. 45,22; Sir. 46,3; Sir. 46,7; Sir. 49,2; Sir. 49,7; Sir. 49,11; Sir. 49,14; Sir. 50,12; Sol. 2,30; Sol. 4,3; Sol. 5,19; Sol. 9,5; Sol. 17,32; Sol. 17,36; Hos. 5,13; Hos. 6,1; Hos. 7,9; Hos. 7,9; Hos. 10,2; Hos. 11,5; Hos. 11,10; Hos. 13,1; Hos. 13,15; Mic. 7,19; Nah. 1,2; Nah. 1,9; Hab. 1,10; Hab. 1,10; Zech. 6,13; Zech. 13,9; Zech. 13,9; Mal. 2,17; Mal. 3,2; Is. 3,14; Is. 8,13; Is. 10,7; Is. 19,16; Is. 21,9; Is. 25,11; Is. 27,7; Is. 27,7; Is. 27,7; Is. 30,32; Is. 31,2; Is. 34,17; Is. 35,4; Is. 45,18; Is. 52,6; Is. 53,5; Is. 53,7; Is. 53,11; Is. 53,12; Is. 53,12; Is. 54,5; Is. 63,9; Is. 63,9; Is. 63,10; Jer. 10,16; Jer. 18,3; Jer. 18,4; Jer. 18,4; Jer. 28,6; Jer. 32,31; Jer. 40,1; Jer. 44,2; Jer. 44,13; Jer. 45,4; Jer. 45,5; Jer. 45,7; Ezek. 3,20; Ezek. 3,21; Ezek. 12,12; Ezek. 21,28; Ezek. 21,28; Ezek. 33,8; Ezek. 33,19; Ezek. 40,3; Ezek. 45,17; Dan. 2,21; Dan. 4,37; Dan. 5,23; Dan. 6,17; Dan. 6,27; Dan. 7,24; Judg. 3,19; Judg. 3,20; Judg. 3,24; Judg. 3,26; Judg. 3,27; Judg. 3,31; Judg. 4,2; Judg. 4,3; Judg. 4,21; Judg. 7,4; Judg. 7,4; Judg. 7,11; Judg. 8,4; Judg. 9,19; Judg. 9,33; Judg. 10,1; Judg. 11,1; Judg. 13,5; Judg. 14,4; Judg. 16,20; Judg. 16,31; Judg. 17,7; Judg. 18,30; Judg. 19,9; Judg. 19,16; Tob. 1,21; Tob. 5,2; Tob. 5,18; Tob. 5,18; Tob. 11,14; Tob. 13,2; Tob. 13,2; Tob. 13,3; Tob. 13,4; Tob. 13,4; Tob. 13,4; Tob. 13,4; Tob. 14,12; Dan. 2,21; Dan. 2,22; Dan. 5,19; Dan. 5,19; Dan. 5,19; Dan. 5,19; Dan. 6,17; Dan. 11,8; Bel 33; Matt. 1,21; Matt. 3,11; Matt. 8,17;

αὐτός

Matt. 8,24; Matt. 14,2; Matt. 27,57; Mark 1,8; Mark 2,25; Mark 4,38; Mark 5,40; Mark 6,45; Mark 6,47; Mark 8,29; Mark 14,15; Mark 15,43; Luke 1,17; Luke 1,22; Luke 2,28; Luke 3,15; Luke 3,16; Luke 4,15; Luke 4,30; Luke 5,1; Luke 5,14; Luke 5,16; Luke 5,17; Luke 5,37; Luke 6,3; Luke 6,8; Luke 6,20; Luke 6,35; Luke 6,42; Luke 7,5; Luke 8,1; Luke 8,22; Luke 8,37; Luke 8,54; Luke 9,51; Luke 10,1; Luke 10,38; Luke 11,17; Luke 11,28; Luke 15,14; Luke 16,24; Luke 17,11; Luke 17,16; Luke 18,39; Luke 19,2; Luke 19,2; Luke 19,9; Luke 22,41; Luke 23,9; Luke 24,25; Luke 24,28; Luke 24,31; Luke 24,36; John 2,12; John 2,25; John 4,12; John 4,53; John 5,20; John 6,6; John 6,15; John 7,4; John 7,9; John 7,10; John 9,21; John 12,24; John 18,1; Acts 3,10; Acts 7,15; Acts 14,12; Acts 16,33; Acts 17,25; Acts 18,19; Acts 19,22; Acts 20,13; Acts 20,35; 1Cor. 2,15; 1Cor. 3,15; 1Cor. 9,27; 2Cor. 10,7; Eph. 4,11; Eph. 5,23; Eph. 5,27; Col. 1,18; Heb. 1,5; Heb. 2,14; Heb. 2,18; Heb. 5,2; Heb. 13,5; James 1,13; 1Pet. 2,24; 1Pet. 5,10; 1John 2,2; 1John 2,25; 1John 3,24; 1John 4,10; 1John 4,13; 1John 4,15; 1John 4,19; 3John 10; Rev. 3,20; Rev. 14,10; Rev. 14,17; Rev. 17,11; Rev. 19,15; Rev. 19,15; Rev. 21,7)

Pronoun · (personal) · intensive · masculine · singular · nominative ▸ 32 + 35 = **67** (Gen. 4,4; Ex. 33,15; Lev. 26,28; Num. 11,16; Deut. 10,9; Deut. 18,2; Deut. 32,6; Josh. 22,22; Josh. 22,22; 2Sam. 17,10; 1Chr. 10,5; 1Chr. 17,26; Esth. 1,7; Tob. 4,19; 2Mac. 5,20; 2Mac. 11,12; 2Mac. 15,38; 3Mac. 3,13; 4Mac. 8,25; 4Mac. 11,3; 4Mac. 12,4; Psa. 43,5; Psa. 151,3; Sir. 1,24 Prol.; Sir. 1,9; Sol. 17,1; Sol. 17,34; Sol. 17,46; Hos. 2,25; Is. 7,14; Dan. 8,21; Bel 11; Matt. 3,4; Mark 12,36; Mark 12,37; Mark 16,8; Luke 3,23; Luke 20,42; Luke 24,15; John 2,24; John 4,2; John 4,44; John 16,27; Acts 8,13; Acts 10,26; Acts 21,24; Acts 22,20; Acts 24,8; Acts 24,16; Acts 25,22; Rom. 7,25; Rom. 9,3; Rom. 10,12; Rom. 15,14; 1Cor. 9,20; 1Cor. 12,5; 1Cor. 12,6; 1Cor. 15,28; 2Cor. 11,14; 2Cor. 12,13; Phil. 2,24; 1Th. 4,16; Heb. 1,12; Heb. 4,10; Heb. 13,8; 1John 2,6; Rev. 21,3)

αὐτοῦ ▸ 1
Pronoun · (personal) · third · neuter · singular · genitive ▸ 1 (Dan. 7,7)

αὐτοῦ ▸ **8545** + **628** + **1421** = **10594**
Adjective · masculine · singular · genitive · noDegree ▸ **8** (Esth. 9,17; Esth. 10,13 # 10,3k; 2Mac. 10,5; Job 4,19; Job 33,6; Wis. 15,7; Wis. 15,8; Ezek. 42,20)
Adjective · neuter · singular · genitive · noDegree ▸ **2** (Esth. 8,9; 4Mac. 13,20)
Pronoun · (personal) · third · singular · genitive ▸ **1** (Deut. 3,12)
Pronoun · (personal) · third · masculine · singular · genitive ▸ 8263 + 579 + 1372 = **10214** (Gen. 1,11; Gen. 1,12; Gen. 2,2; Gen. 2,2; Gen. 2,3; Gen. 2,7; Gen. 2,19; Gen. 2,21; Gen. 2,24; Gen. 2,24; Gen. 2,24; Gen. 2,25; Gen. 3,3; Gen. 3,3; Gen. 3,5; Gen. 3,8; Gen. 3,15; Gen. 3,20; Gen. 3,21; Gen. 4,1; Gen. 4,2; Gen. 4,4; Gen. 4,4; Gen. 4,5; Gen. 4,7; Gen. 4,7; Gen. 4,8; Gen. 4,8; Gen. 4,17; Gen. 4,17; Gen. 4,21; Gen. 4,25; Gen. 4,25; Gen. 4,26; Gen. 5,3; Gen. 5,3; Gen. 5,3; Gen. 5,29; Gen. 6,5; Gen. 6,9; Gen. 6,12; Gen. 7,7; Gen. 7,7; Gen. 7,7; Gen. 7,7; Gen. 7,13; Gen. 7,13; Gen. 7,16; Gen. 7,23; Gen. 8,1; Gen. 8,8; Gen. 8,9; Gen. 8,18; Gen. 8,18; Gen. 8,18; Gen. 8,18; Gen. 9,1; Gen. 9,6; Gen. 9,8; Gen. 9,8; Gen. 9,21; Gen. 9,22; Gen. 9,22; Gen. 9,24; Gen. 9,25; Gen. 9,26; Gen. 10,10; Gen. 10,25; Gen. 10,25; Gen. 11,28; Gen. 11,31; Gen. 11,31; Gen. 11,31; Gen. 11,31; Gen. 12,4; Gen. 12,5; Gen. 12,5; Gen. 12,8; Gen. 12,11; Gen. 12,12; Gen. 12,13; Gen. 12,17; Gen. 12,20; Gen. 12,20; Gen. 13,1; Gen. 13,1; Gen. 13,1; Gen. 13,3; Gen. 13,10; Gen. 13,11; Gen. 13,14; Gen. 14,5; Gen. 14,12; Gen. 14,14; Gen. 14,14; Gen. 14,15; Gen. 14,16; Gen. 14,16; Gen. 14,17; Gen. 16,11; Gen. 16,12; Gen. 16,12; Gen. 16,15; Gen. 17,3; Gen. 17,14; Gen. 17,16; Gen. 17,17; Gen. 17,19; Gen. 17,19; Gen. 17,23; Gen. 17,23; Gen. 17,24; Gen. 17,25; Gen. 17,25; Gen. 17,26; Gen. 17,27; Gen. 18,1; Gen. 18,1; Gen. 18,2; Gen. 18,2; Gen. 18,2; Gen. 18,10; Gen. 18,19; Gen. 18,19; Gen. 18,33; Gen. 19,3; Gen. 19,6; Gen. 19,14; Gen. 19,14; Gen. 19,14; Gen. 19,16; Gen. 19,16; Gen. 19,16; Gen. 19,16; Gen. 19,26; Gen. 19,30; Gen. 19,30; Gen. 19,30; Gen. 19,30; Gen. 19,32; Gen. 19,34; Gen. 19,37; Gen. 19,38; Gen. 20,2; Gen. 20,8; Gen. 20,14; Gen. 20,17; Gen. 20,17; Gen. 21,3; Gen. 21,5; Gen. 21,8; Gen. 21,11; Gen. 21,22; Gen. 21,22; Gen. 21,32; Gen. 21,32; Gen. 22,3; Gen. 22,3; Gen. 22,5; Gen. 22,6; Gen. 22,7; Gen. 22,9; Gen. 22,10; Gen. 22,10; Gen. 22,13; Gen. 22,13; Gen. 22,19; Gen. 22,21; Gen. 22,24; Gen. 23,3; Gen. 23,6; Gen. 23,9; Gen. 23,17; Gen. 23,19; Gen. 24,2; Gen. 24,2; Gen. 24,2; Gen. 24,7; Gen. 24,9; Gen. 24,9; Gen. 24,10; Gen. 24,10; Gen. 24,21; Gen. 24,27; Gen. 24,30; Gen. 24,30; Gen. 24,30; Gen. 24,32; Gen. 24,32; Gen. 24,40; Gen. 24,40; Gen. 24,48; Gen. 24,54; Gen. 24,59; Gen. 24,67; Gen. 24,67; Gen. 24,67; Gen. 25,5; Gen. 25,5; Gen. 25,6; Gen. 25,6; Gen. 25,6; Gen. 25,8; Gen. 25,9; Gen. 25,10; Gen. 25,11; Gen. 25,13; Gen. 25,17; Gen. 25,18; Gen. 25,21; Gen. 25,21; Gen. 25,21; Gen. 25,25; Gen. 25,26; Gen. 25,26; Gen. 25,26; Gen. 25,28; Gen. 25,30; Gen. 26,7; Gen. 26,8; Gen. 26,11; Gen. 26,11; Gen. 26,15; Gen. 26,15; Gen. 26,18; Gen. 26,18; Gen. 26,18; Gen. 26,21; Gen. 26,22; Gen. 26,22; Gen. 26,25; Gen. 26,26; Gen. 26,26; Gen. 26,31; Gen. 26,31; Gen. 27,1; Gen. 27,1; Gen. 27,5; Gen. 27,5; Gen. 27,11; Gen. 27,12; Gen. 27,14; Gen. 27,14; Gen. 27,16; Gen. 27,16; Gen. 27,18; Gen. 27,19; Gen. 27,20; Gen. 27,22; Gen. 27,23; Gen. 27,23; Gen. 27,26; Gen. 27,27; Gen. 27,30; Gen. 27,30; Gen. 27,30; Gen. 27,31; Gen. 27,31; Gen. 27,32; Gen. 27,34; Gen. 27,36; Gen. 27,36; Gen. 27,37; Gen. 27,37; Gen. 27,38; Gen. 27,39; Gen. 27,40; Gen. 27,41; Gen. 27,44; Gen. 28,7; Gen. 28,8; Gen. 28,9; Gen. 28,11; Gen. 28,16; Gen. 28,18; Gen. 29,6; Gen. 29,9; Gen. 29,10; Gen. 29,10; Gen. 29,10; Gen. 29,11; Gen. 29,13; Gen. 29,13; Gen. 29,14; Gen. 29,20; Gen. 29,23; Gen. 29,24; Gen. 29,24; Gen. 29,28; Gen. 29,29; Gen. 29,29; Gen. 29,32; Gen. 29,33; Gen. 29,34; Gen. 29,35; Gen. 30,6; Gen. 30,8; Gen. 30,11; Gen. 30,13; Gen. 30,14; Gen. 30,18; Gen. 30,20; Gen. 30,24; Gen. 30,35; Gen. 31,17; Gen. 31,17; Gen. 31,18; Gen. 31,18; Gen. 31,18; Gen. 31,18; Gen. 31,19; Gen. 31,21; Gen. 31,23; Gen. 31,23; Gen. 31,25; Gen. 31,25; Gen. 31,32; Gen. 31,46; Gen. 31,48; Gen. 31,53; Gen. 31,54; Gen. 32,1; Gen. 32,1; Gen. 32,1; Gen. 32,4; Gen. 32,4; Gen. 32,7; Gen. 32,8; Gen. 32,14; Gen. 32,17; Gen. 32,17; Gen. 32,21; Gen. 32,21; Gen. 32,21; Gen. 32,22; Gen. 32,23; Gen. 32,24; Gen. 32,25; Gen. 32,26; Gen. 32,26; Gen. 32,32; Gen. 33,1; Gen. 33,1; Gen. 33,3; Gen. 33,4; Gen. 33,16; Gen. 33,17; Gen. 33,19; Gen. 34,4; Gen. 34,5; Gen. 34,5; Gen. 34,5; Gen. 34,13; Gen. 34,19; Gen. 34,20; Gen. 34,24; Gen. 34,25; Gen. 34,26; Gen. 35,2; Gen. 35,2; Gen. 35,6; Gen. 35,7; Gen. 35,13; Gen. 35,13; Gen. 35,14; Gen. 35,15; Gen. 35,16; Gen. 35,18; Gen. 35,22; Gen. 35,22; Gen. 35,27; Gen. 35,29; Gen. 35,29; Gen. 36,6; Gen. 36,6; Gen. 36,6; Gen. 36,24; Gen. 36,32; Gen. 36,33; Gen. 36,34; Gen. 36,35; Gen. 36,35; Gen. 36,36; Gen. 36,37; Gen. 36,38; Gen. 36,39; Gen. 36,39; Gen. 36,39; Gen. 37,1; Gen. 37,2; Gen. 37,2; Gen. 37,3; Gen. 37,4; Gen. 37,4; Gen. 37,5; Gen. 37,8; Gen. 37,8; Gen. 37,9; Gen. 37,9; Gen. 37,10; Gen. 37,11; Gen. 37,11; Gen. 37,12; Gen. 37,17; Gen. 37,19; Gen. 37,20; Gen. 37,22; Gen. 37,23; Gen. 37,26; Gen. 37,26; Gen. 37,27; Gen. 37,29; Gen. 37,30; Gen. 37,34; Gen. 37,34; Gen. 37,34; Gen. 37,35; Gen. 37,35; Gen. 38,1; Gen. 38,3; Gen. 38,4; Gen. 38,5; Gen. 38,6; Gen. 38,9; Gen. 38,9; Gen. 38,11; Gen. 38,11; Gen. 38,12; Gen. 38,12; Gen. 38,13; Gen. 38,13; Gen. 38,16; Gen. 38,18; Gen. 38,20; Gen. 38,28;

αὐτός

Gen. 38,29; Gen. 38,29; Gen. 38,30; Gen. 38,30; Gen. 38,30; Gen. 39,3; Gen. 39,3; Gen. 39,3; Gen. 39,4; Gen. 39,4; Gen. 39,5; Gen. 39,7; Gen. 39,8; Gen. 39,8; Gen. 39,9; Gen. 39,11; Gen. 39,12; Gen. 39,13; Gen. 39,15; Gen. 39,16; Gen. 39,18; Gen. 39,19; Gen. 39,19; Gen. 39,21; Gen. 39,23; Gen. 39,23; Gen. 40,2; Gen. 40,7; Gen. 40,7; Gen. 40,9; Gen. 40,13; Gen. 40,20; Gen. 40,20; Gen. 40,21; Gen. 40,23; Gen. 41,8; Gen. 41,10; Gen. 41,14; Gen. 41,37; Gen. 41,38; Gen. 41,42; Gen. 41,42; Gen. 41,43; Gen. 41,43; Gen. 41,44; Gen. 42,1; Gen. 42,4; Gen. 42,7; Gen. 42,8; Gen. 42,21; Gen. 42,21; Gen. 42,21; Gen. 42,22; Gen. 42,25; Gen. 42,27; Gen. 42,27; Gen. 42,27; Gen. 42,28; Gen. 42,37; Gen. 42,38; Gen. 43,8; Gen. 43,16; Gen. 43,16; Gen. 43,21; Gen. 43,29; Gen. 43,30; Gen. 43,30; Gen. 43,32; Gen. 43,33; Gen. 43,33; Gen. 43,33; Gen. 43,33; Gen. 43,34; Gen. 43,34; Gen. 44,1; Gen. 44,2; Gen. 44,4; Gen. 44,11; Gen. 44,11; Gen. 44,13; Gen. 44,13; Gen. 44,14; Gen. 44,14; Gen. 44,14; Gen. 44,20; Gen. 44,20; Gen. 44,21; Gen. 44,30; Gen. 45,1; Gen. 45,3; Gen. 45,4; Gen. 45,8; Gen. 45,14; Gen. 45,14; Gen. 45,15; Gen. 45,15; Gen. 45,16; Gen. 45,23; Gen. 45,23; Gen. 45,24; Gen. 46,1; Gen. 46,1; Gen. 46,6; Gen. 46,6; Gen. 46,7; Gen. 46,7; Gen. 46,7; Gen. 46,7; Gen. 46,8; Gen. 46,15; Gen. 46,18; Gen. 46,25; Gen. 46,26; Gen. 46,28; Gen. 46,29; Gen. 46,29; Gen. 46,29; Gen. 46,31; Gen. 47,2; Gen. 47,5; Gen. 47,7; Gen. 47,10; Gen. 47,11; Gen. 47,12; Gen. 47,12; Gen. 47,28; Gen. 47,29; Gen. 47,31; Gen. 48,1; Gen. 48,9; Gen. 48,12; Gen. 48,13; Gen. 48,15; Gen. 48,17; Gen. 48,17; Gen. 48,18; Gen. 48,18; Gen. 48,19; Gen. 48,19; Gen. 48,19; Gen. 49,1; Gen. 49,10; Gen. 49,11; Gen. 49,11; Gen. 49,11; Gen. 49,11; Gen. 49,12; Gen. 49,12; Gen. 49,15; Gen. 49,20; Gen. 49,28; Gen. 49,31; Gen. 49,31; Gen. 49,33; Gen. 49,33; Gen. 49,33; Gen. 50,1; Gen. 50,2; Gen. 50,2; Gen. 50,3; Gen. 50,7; Gen. 50,7; Gen. 50,7; Gen. 50,8; Gen. 50,8; Gen. 50,9; Gen. 50,10; Gen. 50,11; Gen. 50,12; Gen. 50,13; Gen. 50,14; Gen. 50,14; Gen. 50,22; Gen. 50,22; Gen. 50,24; Ex. 1,6; Ex. 1,9; Ex. 1,22; Ex. 2,4; Ex. 2,10; Ex. 2,11; Ex. 2,20; Ex. 2,21; Ex. 2,22; Ex. 2,24; Ex. 3,1; Ex. 3,6; Ex. 4,3; Ex. 4,4; Ex. 4,6; Ex. 4,6; Ex. 4,6; Ex. 4,6; Ex. 4,6; Ex. 4,7; Ex. 4,7; Ex. 4,7; Ex. 4,15; Ex. 4,15; Ex. 4,18; Ex. 4,20; Ex. 4,21; Ex. 4,26; Ex. 5,2; Ex. 5,4; Ex. 5,21; Ex. 5,21; Ex. 6,1; Ex. 6,11; Ex. 6,20; Ex. 7,2; Ex. 7,7; Ex. 7,9; Ex. 7,10; Ex. 7,10; Ex. 7,12; Ex. 7,20; Ex. 7,20; Ex. 7,23; Ex. 7,23; Ex. 8,11; Ex. 8,20; Ex. 8,27; Ex. 8,27; Ex. 8,28; Ex. 9,2; Ex. 9,8; Ex. 9,20; Ex. 9,34; Ex. 9,34; Ex. 10,1; Ex. 10,1; Ex. 10,23; Ex. 10,23; Ex. 11,3; Ex. 11,3; Ex. 11,7; Ex. 12,4; Ex. 12,10; Ex. 12,22; Ex. 12,30; Ex. 12,36; Ex. 12,48; Ex. 14,3; Ex. 14,4; Ex. 14,5; Ex. 14,6; Ex. 14,6; Ex. 14,8; Ex. 14,9; Ex. 14,17; Ex. 14,17; Ex. 14,18; Ex. 14,31; Ex. 15,4; Ex. 15,26; Ex. 15,26; Ex. 15,26; Ex. 16,29; Ex. 17,12; Ex. 17,12; Ex. 17,13; Ex. 18,3; Ex. 18,6; Ex. 18,7; Ex. 18,10; Ex. 18,16; Ex. 18,20; Ex. 18,27; Ex. 20,7; Ex. 20,17; Ex. 20,17; Ex. 20,17; Ex. 20,17; Ex. 20,17; Ex. 20,17; Ex. 20,20; Ex. 20,24; Ex. 21,3; Ex. 21,3; Ex. 21,4; Ex. 21,6; Ex. 21,6; Ex. 21,13; Ex. 21,15; Ex. 21,15; Ex. 21,16; Ex. 21,16; Ex. 21,19; Ex. 21,20; Ex. 21,20; Ex. 21,20; Ex. 21,21; Ex. 21,26; Ex. 21,26; Ex. 21,27; Ex. 21,28; Ex. 21,29; Ex. 21,29; Ex. 21,30; Ex. 21,35; Ex. 21,36; Ex. 22,3; Ex. 22,4; Ex. 22,4; Ex. 22,4; Ex. 22,4; Ex. 22,4; Ex. 22,10; Ex. 22,11; Ex. 22,26; Ex. 22,26; Ex. 22,26; Ex. 23,4; Ex. 23,5; Ex. 23,5; Ex. 23,6; Ex. 23,19; Ex. 23,21; Ex. 24,10; Ex. 26,19; Ex. 26,19; Ex. 26,21; Ex. 26,21; Ex. 26,25; Ex. 27,1; Ex. 27,2; Ex. 27,21; Ex. 28,1; Ex. 28,4; Ex. 28,12; Ex. 28,32; Ex. 28,35; Ex. 28,41; Ex. 28,41; Ex. 28,43; Ex. 28,43; Ex. 29,4; Ex. 29,6; Ex. 29,7; Ex. 29,8; Ex. 29,9; Ex. 29,10; Ex. 29,15; Ex. 29,19; Ex. 29,20; Ex. 29,20; Ex. 29,21; Ex. 29,21; Ex. 29,21; Ex. 29,21; Ex. 29,21; Ex. 29,21; Ex. 29,21; Ex. 29,21; Ex. 29,22; Ex. 29,24; Ex. 29,27; Ex. 29,28; Ex. 29,29; Ex. 29,30; Ex. 29,30; Ex. 29,32; Ex. 29,35; Ex. 29,41; Ex. 29,44; Ex. 30,12; Ex. 30,19; Ex. 30,19; Ex. 30,21; Ex. 30,28; Ex. 30,30; Ex. 30,33; Ex. 30,38; Ex. 31,9; Ex. 31,10; Ex. 31,14; Ex. 32,5; Ex. 32,14; Ex. 32,15; Ex. 32,19; Ex. 32,27; Ex. 32,27; Ex. 32,27; Ex. 33,7; Ex. 33,8; Ex. 33,10; Ex. 34,6; Ex. 34,26; Ex. 34,29; Ex. 34,29; Ex. 34,30; Ex. 34,30; Ex. 34,33; Ex. 36,4; Ex. 36,34; Ex. 38,26; Ex. 38,27; Ex. 38,27; Ex. 38,27; Ex. 39,7; Ex. 39,18; Ex. 40,12; Ex. 40,14; Lev. 1,3; Lev. 1,4; Lev. 1,10; Lev. 1,14; Lev. 2,1; Lev. 2,3; Lev. 2,10; Lev. 3,1; Lev. 3,1; Lev. 3,6; Lev. 3,7; Lev. 3,8; Lev. 3,12; Lev. 4,3; Lev. 4,3; Lev. 4,4; Lev. 4,8; Lev. 4,11; Lev. 4,23; Lev. 4,25; Lev. 4,26; Lev. 4,26; Lev. 4,26; Lev. 4,29; Lev. 4,31; Lev. 4,32; Lev. 5,3; Lev. 5,6; Lev. 5,6; Lev. 5,7; Lev. 5,7; Lev. 5,10; Lev. 5,11; Lev. 5,11; Lev. 5,13; Lev. 5,13; Lev. 5,15; Lev. 5,16; Lev. 5,18; Lev. 5,18; Lev. 5,25; Lev. 5,26; Lev. 6,2; Lev. 6,2; Lev. 6,3; Lev. 6,4; Lev. 6,9; Lev. 6,13; Lev. 6,15; Lev. 6,15; Lev. 6,18; Lev. 7,3; Lev. 7,3; Lev. 7,13; Lev. 7,14; Lev. 7,16; Lev. 7,16; Lev. 7,20; Lev. 7,20; Lev. 7,29; Lev. 7,30; Lev. 7,31; Lev. 7,34; Lev. 7,35; Lev. 8,2; Lev. 8,2; Lev. 8,6; Lev. 8,9; Lev. 8,9; Lev. 8,11; Lev. 8,14; Lev. 8,17; Lev. 8,17; Lev. 8,17; Lev. 8,18; Lev. 8,22; Lev. 8,23; Lev. 8,27; Lev. 8,30; Lev. 8,30; Lev. 8,30; Lev. 8,30; Lev. 8,30; Lev. 8,30; Lev. 8,30; Lev. 8,30; Lev. 8,31; Lev. 8,31; Lev. 8,36; Lev. 9,1; Lev. 10,1; Lev. 10,6; Lev. 12,3; Lev. 13,2; Lev. 13,2; Lev. 13,2; Lev. 13,3; Lev. 13,4; Lev. 13,5; Lev. 13,18; Lev. 13,24; Lev. 13,24; Lev. 13,38; Lev. 13,39; Lev. 13,39; Lev. 13,40; Lev. 13,41; Lev. 13,42; Lev. 13,42; Lev. 13,42; Lev. 13,42; Lev. 13,43; Lev. 13,43; Lev. 13,43; Lev. 13,44; Lev. 13,44; Lev. 13,45; Lev. 13,45; Lev. 13,45; Lev. 13,46; Lev. 13,46; Lev. 14,8; Lev. 14,8; Lev. 14,8; Lev. 14,9; Lev. 14,9; Lev. 14,9; Lev. 14,9; Lev. 14,18; Lev. 14,19; Lev. 14,20; Lev. 14,21; Lev. 14,21; Lev. 14,22; Lev. 14,27; Lev. 14,28; Lev. 14,28; Lev. 14,28; Lev. 14,29; Lev. 14,30; Lev. 14,32; Lev. 14,35; Lev. 14,47; Lev. 14,47; Lev. 15,2; Lev. 15,2; Lev. 15,3; Lev. 15,3; Lev. 15,3; Lev. 15,3; Lev. 15,3; Lev. 15,3; Lev. 15,3; Lev. 15,5; Lev. 15,5; Lev. 15,6; Lev. 15,10; Lev. 15,10; Lev. 15,13; Lev. 15,13; Lev. 15,15; Lev. 15,15; Lev. 15,16; Lev. 15,16; Lev. 15,21; Lev. 15,21; Lev. 15,22; Lev. 15,32; Lev. 15,33; Lev. 16,4; Lev. 16,4; Lev. 16,6; Lev. 16,6; Lev. 16,6; Lev. 16,10; Lev. 16,11; Lev. 16,11; Lev. 16,11; Lev. 16,11; Lev. 16,11; Lev. 16,15; Lev. 16,15; Lev. 16,15; Lev. 16,17; Lev. 16,17; Lev. 16,17; Lev. 16,21; Lev. 16,21; Lev. 16,23; Lev. 16,24; Lev. 16,24; Lev. 16,24; Lev. 16,24; Lev. 16,24; Lev. 16,26; Lev. 16,28; Lev. 16,32; Lev. 16,32; Lev. 17,2; Lev. 17,9; Lev. 17,11; Lev. 17,11; Lev. 17,14; Lev. 17,14; Lev. 17,15; Lev. 17,16; Lev. 18,6; Lev. 18,14; Lev. 19,3; Lev. 19,3; Lev. 19,21; Lev. 19,22; Lev. 20,2; Lev. 20,3; Lev. 20,3; Lev. 20,4; Lev. 20,5; Lev. 20,9; Lev. 20,9; Lev. 20,9; Lev. 20,9; Lev. 20,11; Lev. 20,11; Lev. 20,12; Lev. 20,15; Lev. 20,17; Lev. 20,17; Lev. 20,17; Lev. 20,17; Lev. 20,17; Lev. 20,20; Lev. 20,20; Lev. 20,21; Lev. 20,21; Lev. 21,4; Lev. 21,4; Lev. 21,7; Lev. 21,10; Lev. 21,11; Lev. 21,11; Lev. 21,12; Lev. 21,13; Lev. 21,14; Lev. 21,15; Lev. 21,15; Lev. 21,17; Lev. 21,23; Lev. 21,24; Lev. 22,2; Lev. 22,3; Lev. 22,4; Lev. 22,5; Lev. 22,6; Lev. 22,7; Lev. 22,11; Lev. 22,11; Lev. 22,11; Lev. 22,18; Lev. 22,18; Lev. 24,3; Lev. 24,9; Lev. 24,11; Lev. 24,14; Lev. 25,7; Lev. 25,10; Lev. 25,10; Lev. 25,13; Lev. 25,16; Lev. 25,16; Lev. 25,16; Lev. 25,25; Lev. 25,25; Lev. 25,25; Lev. 25,26; Lev. 25,27; Lev. 25,27; Lev. 25,28; Lev. 25,28; Lev. 25,30; Lev. 25,35; Lev. 25,36; Lev. 25,41; Lev. 25,41; Lev. 25,41; Lev. 25,46; Lev. 25,48; Lev. 25,49; Lev. 25,49; Lev. 25,49; Lev. 25,50; Lev. 25,50; Lev. 25,51; Lev. 25,51; Lev. 25,52; Lev. 25,52; Lev. 25,53; Lev. 25,54; Lev. 25,54; Lev. 26,4; Lev. 26,46; Lev. 27,2; Lev. 27,3; Lev. 27,14; Lev. 27,15; Lev. 27,16; Lev. 27,16; Lev. 27,17; Lev. 27,17; Lev. 27,18; Lev. 27,18; Lev. 27,19; Lev. 27,22; Lev. 27,28; Lev. 27,31; Num. 2,2; Num. 2,4; Num. 2,6; Num. 2,8; Num. 2,11; Num. 2,12; Num. 2,13; Num. 2,14; Num. 2,15; Num. 2,19; Num. 2,21;

Num. 2,23; Num. 2,26; Num. 2,27; Num. 2,28; Num. 2,30; Num. 3,7; Num. 3,9; Num. 3,10; Num. 3,38; Num. 3,48; Num. 3,51; Num. 4,5; Num. 4,14; Num. 4,15; Num. 4,19; Num. 4,19; Num. 4,23; Num. 4,27; Num. 5,8; Num. 5,10; Num. 5,12; Num. 5,14; Num. 5,14; Num. 5,15; Num. 5,20; Num. 5,30; Num. 5,30; Num. 6,4; Num. 6,5; Num. 6,7; Num. 6,7; Num. 6,8; Num. 6,9; Num. 6,9; Num. 6,11; Num. 6,11; Num. 6,12; Num. 6,13; Num. 6,14; Num. 6,16; Num. 6,16; Num. 6,17; Num. 6,17; Num. 6,18; Num. 6,19; Num. 6,21; Num. 6,21; Num. 6,21; Num. 6,23; Num. 6,25; Num. 6,26; Num. 7,5; Num. 7,12; Num. 7,13; Num. 7,19; Num. 7,19; Num. 7,25; Num. 7,25; Num. 7,31; Num. 7,31; Num. 7,37; Num. 7,37; Num. 7,43; Num. 7,43; Num. 7,49; Num. 7,49; Num. 7,55; Num. 7,55; Num. 7,61; Num. 7,61; Num. 7,67; Num. 7,67; Num. 7,73; Num. 7,73; Num. 7,79; Num. 7,79; Num. 7,88; Num. 8,13; Num. 8,19; Num. 8,22; Num. 8,26; Num. 9,3; Num. 9,13; Num. 11,10; Num. 11,20; Num. 11,29; Num. 13,23; Num. 13,31; Num. 14,24; Num. 15,4; Num. 15,24; Num. 15,28; Num. 15,31; Num. 16,5; Num. 16,5; Num. 16,6; Num. 16,11; Num. 16,17; Num. 16,17; Num. 16,17; Num. 16,18; Num. 16,19; Num. 16,25; Num. 17,5; Num. 17,17; Num. 17,17; Num. 17,20; Num. 17,24; Num. 18,16; Num. 18,32; Num. 19,3; Num. 19,5; Num. 19,7; Num. 19,7; Num. 19,8; Num. 19,8; Num. 19,13; Num. 19,19; Num. 19,21; Num. 20,11; Num. 20,21; Num. 20,21; Num. 20,24; Num. 20,25; Num. 20,26; Num. 20,26; Num. 20,28; Num. 20,28; Num. 21,2; Num. 21,3; Num. 21,3; Num. 21,23; Num. 21,23; Num. 21,24; Num. 21,26; Num. 21,33; Num. 21,34; Num. 21,34; Num. 21,35; Num. 21,35; Num. 21,35; Num. 22,5; Num. 22,18; Num. 22,21; Num. 22,22; Num. 22,22; Num. 22,22; Num. 22,23; Num. 22,31; Num. 22,31; Num. 22,40; Num. 23,3; Num. 23,6; Num. 23,6; Num. 23,7; Num. 23,13; Num. 23,16; Num. 23,17; Num. 23,17; Num. 23,18; Num. 23,21; Num. 23,21; Num. 24,1; Num. 24,2; Num. 24,3; Num. 24,4; Num. 24,7; Num. 24,7; Num. 24,7; Num. 24,8; Num. 24,8; Num. 24,10; Num. 24,13; Num. 24,15; Num. 24,16; Num. 24,18; Num. 24,20; Num. 24,21; Num. 24,23; Num. 24,25; Num. 25,5; Num. 25,6; Num. 25,13; Num. 25,13; Num. 26,10; Num. 26,59; Num. 27,3; Num. 27,4; Num. 27,8; Num. 27,8; Num. 27,9; Num. 27,10; Num. 27,11; Num. 27,11; Num. 27,11; Num. 27,11; Num. 27,19; Num. 27,20; Num. 27,21; Num. 27,21; Num. 27,23; Num. 28,7; Num. 30,3; Num. 30,3; Num. 30,3; Num. 30,16; Num. 30,17; Num. 32,15; Num. 32,18; Num. 32,21; Num. 32,21; Num. 32,31; Num. 32,42; Num. 33,54; Num. 33,54; Num. 34,4; Num. 35,8; Num. 35,23; Num. 35,25; Num. 35,27; Num. 35,28; Num. 36,2; Num. 36,7; Num. 36,8; Num. 36,9; Deut. 1,16; Deut. 1,31; Deut. 1,36; Deut. 1,41; Deut. 2,12; Deut. 2,24; Deut. 2,30; Deut. 2,30; Deut. 2,30; Deut. 2,31; Deut. 2,31; Deut. 2,32; Deut. 2,33; Deut. 2,33; Deut. 2,34; Deut. 3,1; Deut. 3,2; Deut. 3,2; Deut. 3,3; Deut. 3,3; Deut. 3,4; Deut. 3,11; Deut. 3,20; Deut. 4,13; Deut. 4,30; Deut. 4,35; Deut. 4,36; Deut. 4,36; Deut. 4,36; Deut. 4,37; Deut. 4,39; Deut. 4,40; Deut. 4,40; Deut. 4,47; Deut. 5,11; Deut. 5,21; Deut. 5,21; Deut. 5,21; Deut. 5,21; Deut. 5,21; Deut. 5,21; Deut. 5,24; Deut. 5,24; Deut. 6,2; Deut. 6,2; Deut. 6,13; Deut. 6,22; Deut. 7,3; Deut. 7,3; Deut. 7,9; Deut. 8,2; Deut. 8,5; Deut. 8,6; Deut. 8,11; Deut. 8,11; Deut. 8,18; Deut. 9,5; Deut. 9,23; Deut. 10,6; Deut. 10,6; Deut. 10,8; Deut. 10,9; Deut. 10,12; Deut. 10,13; Deut. 10,20; Deut. 11,1; Deut. 11,1; Deut. 11,1; Deut. 11,2; Deut. 11,3; Deut. 11,3; Deut. 11,3; Deut. 11,8; Deut. 11,13; Deut. 11,22; Deut. 11,32; Deut. 12,5; Deut. 12,8; Deut. 12,11; Deut. 12,21; Deut. 12,23; Deut. 12,26; Deut. 13,5; Deut. 13,5; Deut. 13,9; Deut. 13,10; Deut. 13,18; Deut. 13,19; Deut. 14,21; Deut. 14,23; Deut. 14,24; Deut. 15,17; Deut. 16,2; Deut. 16,6; Deut. 16,11; Deut. 17,2; Deut. 17,8; Deut. 17,10; Deut. 17,17; Deut. 17,18; Deut. 17,19; Deut. 17,19; Deut. 17,19; Deut. 17,20; Deut. 17,20; Deut. 17,20; Deut. 17,20; Deut. 18,2; Deut. 18,5; Deut. 18,5; Deut. 18,6; Deut. 18,7; Deut. 18,7; Deut. 18,10; Deut. 18,10; Deut. 18,15; Deut. 18,18; Deut. 18,19; Deut. 18,22; Deut. 19,4; Deut. 19,5; Deut. 19,6; Deut. 19,9; Deut. 19,11; Deut. 19,12; Deut. 19,16; Deut. 19,18; Deut. 19,19; Deut. 20,5; Deut. 20,6; Deut. 20,6; Deut. 20,6; Deut. 20,7; Deut. 20,8; Deut. 20,8; Deut. 20,8; Deut. 21,5; Deut. 21,16; Deut. 21,16; Deut. 21,17; Deut. 21,19; Deut. 21,19; Deut. 21,19; Deut. 21,19; Deut. 21,21; Deut. 21,23; Deut. 22,1; Deut. 22,3; Deut. 22,3; Deut. 22,3; Deut. 22,4; Deut. 22,4; Deut. 22,19; Deut. 22,26; Deut. 22,29; Deut. 23,1; Deut. 23,1; Deut. 23,8; Deut. 23,11; Deut. 23,12; Deut. 23,16; Deut. 23,16; Deut. 24,1; Deut. 24,1; Deut. 24,3; Deut. 24,5; Deut. 24,5; Deut. 24,7; Deut. 24,10; Deut. 24,12; Deut. 24,13; Deut. 24,13; Deut. 24,15; Deut. 25,2; Deut. 25,6; Deut. 25,7; Deut. 25,7; Deut. 25,8; Deut. 25,9; Deut. 25,9; Deut. 25,9; Deut. 25,9; Deut. 25,9; Deut. 25,10; Deut. 25,11; Deut. 25,11; Deut. 26,2; Deut. 26,8; Deut. 26,17; Deut. 26,17; Deut. 26,17; Deut. 26,18; Deut. 27,10; Deut. 27,10; Deut. 27,16; Deut. 27,16; Deut. 27,20; Deut. 27,20; Deut. 27,22; Deut. 27,23; Deut. 27,23; Deut. 27,24; Deut. 28,1; Deut. 28,9; Deut. 28,12; Deut. 28,12; Deut. 28,15; Deut. 28,31; Deut. 28,39; Deut. 28,45; Deut. 28,45; Deut. 28,54; Deut. 28,55; Deut. 29,1; Deut. 29,1; Deut. 29,11; Deut. 29,18; Deut. 29,19; Deut. 29,19; Deut. 30,2; Deut. 30,8; Deut. 30,10; Deut. 30,10; Deut. 30,10; Deut. 30,16; Deut. 30,16; Deut. 30,16; Deut. 30,20; Deut. 30,20; Deut. 32,4; Deut. 32,4; Deut. 32,9; Deut. 32,9; Deut. 32,11; Deut. 32,11; Deut. 32,11; Deut. 32,11; Deut. 32,15; Deut. 32,19; Deut. 32,36; Deut. 32,36; Deut. 32,43; Deut. 32,43; Deut. 32,43; Deut. 32,50; Deut. 33,1; Deut. 33,2; Deut. 33,2; Deut. 33,3; Deut. 33,3; Deut. 33,7; Deut. 33,7; Deut. 33,7; Deut. 33,8; Deut. 33,8; Deut. 33,9; Deut. 33,9; Deut. 33,11; Deut. 33,11; Deut. 33,12; Deut. 33,13; Deut. 33,17; Deut. 33,17; Deut. 33,18; Deut. 33,21; Deut. 33,21; Deut. 33,24; Deut. 33,24; Deut. 33,25; Deut. 34,6; Deut. 34,7; Deut. 34,7; Deut. 34,9; Deut. 34,9; Deut. 34,11; Deut. 34,11; Josh. 1,15; Josh. 3,15; Josh. 4,5; Josh. 5,13; Josh. 5,13; Josh. 6,26; Josh. 6,26; Josh. 6,27; Josh. 7,6; Josh. 7,8; Josh. 7,24; Josh. 7,24; Josh. 7,24; Josh. 7,24; Josh. 7,24; Josh. 7,24; Josh. 7,24; Josh. 7,24; Josh. 8,1; Josh. 8,11; Josh. 8,14; Josh. 8,18; Josh. 8,29; Josh. 9,9; Josh. 9,24; Josh. 10,7; Josh. 10,21; Josh. 10,29; Josh. 10,31; Josh. 10,33; Josh. 10,34; Josh. 10,36; Josh. 11,15; Josh. 14,7; Josh. 15,17; Josh. 16,10; Josh. 17,18; Josh. 18,7; Josh. 19,22; Josh. 19,33; Josh. 22,5; Josh. 22,5; Josh. 22,7; Josh. 22,14; Josh. 22,23; Josh. 22,27; Josh. 22,29; Josh. 22,30; Josh. 24,3; Josh. 24,4; Josh. 24,24; Josh. 24,28; Josh. 24,31; Josh. 24,31a; Josh. 24,33; Josh. 24,33a; Judg. 1,2; Judg. 1,3; Judg. 1,3; Judg. 1,4; Judg. 1,6; Judg. 1,6; Judg. 1,6; Judg. 1,13; Judg. 1,17; Judg. 1,25; Judg. 1,29; Judg. 1,30; Judg. 2,6; Judg. 2,6; Judg. 2,9; Judg. 3,9; Judg. 3,9; Judg. 3,10; Judg. 3,10; Judg. 3,15; Judg. 3,16; Judg. 3,19; Judg. 3,20; Judg. 3,20; Judg. 3,21; Judg. 3,21; Judg. 3,22; Judg. 3,24; Judg. 3,28; Judg. 4,2; Judg. 4,7; Judg. 4,7; Judg. 4,10; Judg. 4,10; Judg. 4,11; Judg. 4,13; Judg. 4,13; Judg. 4,14; Judg. 4,15; Judg. 4,15; Judg. 4,15; Judg. 4,15; Judg. 4,17; Judg. 4,19; Judg. 4,21; Judg. 4,22; Judg. 4,22; Judg. 5,11; Judg. 5,13; Judg. 5,15; Judg. 5,15; Judg. 5,17; Judg. 5,18; Judg. 5,22; Judg. 5,26; Judg. 5,26; Judg. 5,28; Judg. 5,28; Judg. 5,30; Judg. 5,31; Judg. 6,11; Judg. 6,13; Judg. 6,21; Judg. 6,21; Judg. 6,27; Judg. 6,27; Judg. 6,29; Judg. 6,31; Judg. 6,32; Judg. 6,34; Judg. 6,35; Judg. 6,35; Judg. 7,1; Judg. 7,5; Judg. 7,5; Judg. 7,7; Judg. 7,8; Judg. 7,8; Judg. 7,11; Judg. 7,13; Judg. 7,14; Judg. 7,14; Judg. 7,15; Judg. 7,19; Judg. 7,22; Judg. 8,1; Judg. 8,3; Judg. 8,4; Judg. 8,20; Judg. 8,20; Judg. 8,20; Judg. 8,21; Judg. 8,24; Judg. 8,25; Judg. 8,25; Judg. 8,27; Judg. 8,27; Judg. 8,27; Judg. 8,29; Judg. 8,30; Judg. 8,31; Judg. 8,31; Judg. 8,32;

Judg. 9,1; Judg. 9,1; Judg. 9,3; Judg. 9,3; Judg. 9,4; Judg. 9,5; Judg. 9,5; Judg. 9,7; Judg. 9,16; Judg. 9,16; Judg. 9,17; Judg. 9,18; Judg. 9,18; Judg. 9,19; Judg. 9,21; Judg. 9,24; Judg. 9,24; Judg. 9,26; Judg. 9,28; Judg. 9,28; Judg. 9,31; Judg. 9,33; Judg. 9,34; Judg. 9,35; Judg. 9,40; Judg. 9,41; Judg. 9,44; Judg. 9,48; Judg. 9,48; Judg. 9,48; Judg. 9,48; Judg. 9,53; Judg. 9,54; Judg. 9,54; Judg. 9,55; Judg. 9,56; Judg. 9,56; Judg. 10,1; Judg. 10,18; Judg. 11,3; Judg. 11,3; Judg. 11,11; Judg. 11,13; Judg. 11,20; Judg. 11,20; Judg. 11,21; Judg. 11,23; Judg. 11,32; Judg. 11,34; Judg. 11,34; Judg. 11,34; Judg. 11,35; Judg. 11,39; Judg. 12,7; Judg. 12,9; Judg. 12,14; Judg. 13,2; Judg. 13,5; Judg. 13,6; Judg. 13,6; Judg. 13,7; Judg. 13,11; Judg. 13,12; Judg. 13,19; Judg. 13,20; Judg. 13,21; Judg. 13,22; Judg. 13,23; Judg. 13,24; Judg. 14,1; Judg. 14,2; Judg. 14,2; Judg. 14,3; Judg. 14,3; Judg. 14,3; Judg. 14,4; Judg. 14,4; Judg. 14,5; Judg. 14,5; Judg. 14,5; Judg. 14,6; Judg. 14,6; Judg. 14,9; Judg. 14,9; Judg. 14,9; Judg. 14,10; Judg. 14,11; Judg. 14,13; Judg. 14,19; Judg. 14,20; Judg. 14,20; Judg. 15,1; Judg. 15,6; Judg. 15,6; Judg. 15,14; Judg. 15,14; Judg. 15,14; Judg. 15,14; Judg. 15,15; Judg. 15,17; Judg. 15,19; Judg. 15,19; Judg. 16,3; Judg. 16,5; Judg. 16,9; Judg. 16,9; Judg. 16,12; Judg. 16,14; Judg. 16,14; Judg. 16,14; Judg. 16,17; Judg. 16,18; Judg. 16,18; Judg. 16,19; Judg. 16,19; Judg. 16,19; Judg. 16,20; Judg. 16,20; Judg. 16,21; Judg. 16,21; Judg. 16,22; Judg. 16,29; Judg. 16,29; Judg. 16,30; Judg. 16,30; Judg. 16,31; Judg. 16,31; Judg. 16,31; Judg. 17,2; Judg. 17,2; Judg. 17,3; Judg. 17,3; Judg. 17,4; Judg. 17,4; Judg. 17,5; Judg. 17,6; Judg. 17,8; Judg. 17,11; Judg. 18,21; Judg. 18,26; Judg. 18,26; Judg. 18,30; Judg. 19,2; Judg. 19,2; Judg. 19,3; Judg. 19,3; Judg. 19,3; Judg. 19,4; Judg. 19,4; Judg. 19,5; Judg. 19,7; Judg. 19,9; Judg. 19,9; Judg. 19,9; Judg. 19,10; Judg. 19,10; Judg. 19,10; Judg. 19,11; Judg. 19,12; Judg. 19,13; Judg. 19,16; Judg. 19,21; Judg. 19,21; Judg. 19,24; Judg. 19,25; Judg. 19,25; Judg. 19,27; Judg. 19,27; Judg. 19,28; Judg. 19,29; Judg. 19,29; Judg. 20,8; Judg. 20,8; Judg. 20,33; Judg. 20,33; Judg. 20,40; Judg. 20,41; Judg. 20,45; Judg. 21,1; Judg. 21,22; Judg. 21,24; Judg. 21,24; Judg. 21,24; Judg. 21,25; Ruth 1,1; Ruth 1,1; Ruth 1,2; Ruth 1,2; Ruth 1,6; Ruth 2,2; Ruth 2,5; Ruth 2,12; Ruth 2,15; Ruth 2,20; Ruth 2,22; Ruth 3,2; Ruth 3,4; Ruth 3,7; Ruth 3,7; Ruth 3,8; Ruth 3,14; Ruth 3,14; Ruth 4,5; Ruth 4,7; Ruth 4,7; Ruth 4,7; Ruth 4,8; Ruth 4,10; Ruth 4,10; Ruth 4,10; Ruth 4,17; Ruth 4,17; 1Sam. 1,3; 1Sam. 1,3; 1Sam. 1,4; 1Sam. 1,11; 1Sam. 1,11; 1Sam. 1,17; 1Sam. 1,19; 1Sam. 1,19; 1Sam. 1,20; 1Sam. 1,21; 1Sam. 1,21; 1Sam. 1,21; 1Sam. 1,22; 1Sam. 1,24; 1Sam. 1,25; 1Sam. 1,27; 1Sam. 2,3; 1Sam. 2,10; 1Sam. 2,10; 1Sam. 2,10; 1Sam. 2,10; 1Sam. 2,10; 1Sam. 2,13; 1Sam. 2,19; 1Sam. 2,20; 1Sam. 2,20; 1Sam. 2,22; 1Sam. 2,25; 1Sam. 2,25; 1Sam. 2,33; 1Sam. 2,33; 1Sam. 3,2; 1Sam. 3,2; 1Sam. 3,9; 1Sam. 3,11; 1Sam. 3,12; 1Sam. 3,13; 1Sam. 3,13; 1Sam. 3,13; 1Sam. 3,18; 1Sam. 3,18; 1Sam. 3,19; 1Sam. 3,19; 1Sam. 3,21; 1Sam. 4,10; 1Sam. 4,12; 1Sam. 4,12; 1Sam. 4,13; 1Sam. 4,15; 1Sam. 4,18; 1Sam. 4,19; 1Sam. 5,3; 1Sam. 5,3; 1Sam. 5,4; 1Sam. 5,4; 1Sam. 5,4; 1Sam. 5,7; 1Sam. 6,3; 1Sam. 6,5; 1Sam. 6,9; 1Sam. 6,18; 1Sam. 7,1; 1Sam. 7,9; 1Sam. 7,12; 1Sam. 7,15; 1Sam. 7,17; 1Sam. 7,17; 1Sam. 8,1; 1Sam. 8,2; 1Sam. 8,3; 1Sam. 8,3; 1Sam. 8,10; 1Sam. 8,11; 1Sam. 8,11; 1Sam. 8,11; 1Sam. 8,12; 1Sam. 8,12; 1Sam. 8,12; 1Sam. 8,12; 1Sam. 8,14; 1Sam. 8,15; 1Sam. 8,15; 1Sam. 8,16; 1Sam. 8,22; 1Sam. 9,3; 1Sam. 9,5; 1Sam. 9,5; 1Sam. 9,7; 1Sam. 9,7; 1Sam. 9,10; 1Sam. 9,22; 1Sam. 10,1; 1Sam. 10,1; 1Sam. 10,1; 1Sam. 10,1; 1Sam. 10,9; 1Sam. 10,10; 1Sam. 10,11; 1Sam. 10,12; 1Sam. 10,14; 1Sam. 10,14; 1Sam. 10,16; 1Sam. 10,25; 1Sam. 10,26; 1Sam. 11,6; 1Sam. 11,7; 1Sam. 12,3; 1Sam. 12,5; 1Sam. 12,8; 1Sam. 12,14; 1Sam. 12,22; 1Sam. 12,22; 1Sam. 13,2; 1Sam. 13,7; 1Sam. 13,8; 1Sam. 13,8; 1Sam. 13,14; 1Sam. 13,14; 1Sam. 13,15; 1Sam. 13,15; 1Sam. 13,16; 1Sam. 13,20; 1Sam. 13,20; 1Sam. 13,20; 1Sam. 13,20; 1Sam. 13,22; 1Sam. 14,1; 1Sam. 14,1; 1Sam. 14,2; 1Sam. 14,6; 1Sam. 14,7; 1Sam. 14,12; 1Sam. 14,12; 1Sam. 14,13; 1Sam. 14,13; 1Sam. 14,13; 1Sam. 14,13; 1Sam. 14,13; 1Sam. 14,13; 1Sam. 14,14; 1Sam. 14,17; 1Sam. 14,17; 1Sam. 14,20; 1Sam. 14,20; 1Sam. 14,26; 1Sam. 14,26; 1Sam. 14,27; 1Sam. 14,27; 1Sam. 14,27; 1Sam. 14,27; 1Sam. 14,27; 1Sam. 14,27; 1Sam. 14,34; 1Sam. 14,34; 1Sam. 14,34; 1Sam. 14,42; 1Sam. 14,42; 1Sam. 14,45; 1Sam. 14,47; 1Sam. 14,49; 1Sam. 14,50; 1Sam. 15,2; 1Sam. 15,3; 1Sam. 15,3; 1Sam. 15,3; 1Sam. 15,3; 1Sam. 15,6; 1Sam. 15,17; 1Sam. 15,27; 1Sam. 15,27; 1Sam. 15,34; 1Sam. 15,35; 1Sam. 16,1; 1Sam. 16,4; 1Sam. 16,5; 1Sam. 16,6; 1Sam. 16,7; 1Sam. 16,7; 1Sam. 16,10; 1Sam. 16,13; 1Sam. 16,16; 1Sam. 16,17; 1Sam. 16,18; 1Sam. 16,18; 1Sam. 16,20; 1Sam. 16,21; 1Sam. 16,21; 1Sam. 16,23; 1Sam. 16,23; 1Sam. 17,4; 1Sam. 17,5; 1Sam. 17,5; 1Sam. 17,6; 1Sam. 17,6; 1Sam. 17,7; 1Sam. 17,7; 1Sam. 17,7; 1Sam. 17,7; 1Sam. 17,33; 1Sam. 17,33; 1Sam. 17,34; 1Sam. 17,35; 1Sam. 17,35; 1Sam. 17,35; 1Sam. 17,38; 1Sam. 17,39; 1Sam. 17,39; 1Sam. 17,39; 1Sam. 17,40; 1Sam. 17,40; 1Sam. 17,40; 1Sam. 17,40; 1Sam. 17,43; 1Sam. 17,49; 1Sam. 17,49; 1Sam. 17,49; 1Sam. 17,49; 1Sam. 17,51; 1Sam. 17,51; 1Sam. 17,54; 1Sam. 17,54; 1Sam. 18,7; 1Sam. 18,7; 1Sam. 18,13; 1Sam. 18,14; 1Sam. 18,14; 1Sam. 18,15; 1Sam. 18,20; 1Sam. 18,22; 1Sam. 18,22; 1Sam. 18,27; 1Sam. 18,27; 1Sam. 19,1; 1Sam. 19,1; 1Sam. 19,4; 1Sam. 19,4; 1Sam. 19,5; 1Sam. 19,5; 1Sam. 19,7; 1Sam. 19,8; 1Sam. 19,9; 1Sam. 19,9; 1Sam. 19,11; 1Sam. 19,13; 1Sam. 19,16; 1Sam. 19,24; 1Sam. 20,6; 1Sam. 20,7; 1Sam. 20,25; 1Sam. 20,27; 1Sam. 20,28; 1Sam. 20,33; 1Sam. 20,34; 1Sam. 20,35; 1Sam. 20,38; 1Sam. 20,38; 1Sam. 20,40; 1Sam. 20,40; 1Sam. 20,40; 1Sam. 20,41; 1Sam. 20,41; 1Sam. 20,41; 1Sam. 21,2; 1Sam. 21,12; 1Sam. 21,12; 1Sam. 21,13; 1Sam. 21,14; 1Sam. 21,14; 1Sam. 21,14; 1Sam. 21,14; 1Sam. 21,14; 1Sam. 21,15; 1Sam. 22,1; 1Sam. 22,1; 1Sam. 22,2; 1Sam. 22,4; 1Sam. 22,6; 1Sam. 22,6; 1Sam. 22,6; 1Sam. 22,7; 1Sam. 22,11; 1Sam. 22,15; 1Sam. 23,5; 1Sam. 23,5; 1Sam. 23,6; 1Sam. 23,8; 1Sam. 23,9; 1Sam. 23,13; 1Sam. 23,14; 1Sam. 23,16; 1Sam. 23,18; 1Sam. 23,22; 1Sam. 23,22; 1Sam. 23,24; 1Sam. 23,25; 1Sam. 23,26; 1Sam. 23,26; 1Sam. 23,26; 1Sam. 23,26; 1Sam. 24,3; 1Sam. 24,4; 1Sam. 24,6; 1Sam. 24,7; 1Sam. 24,8; 1Sam. 24,9; 1Sam. 24,9; 1Sam. 24,9; 1Sam. 24,17; 1Sam. 24,20; 1Sam. 24,23; 1Sam. 24,23; 1Sam. 25,1; 1Sam. 25,2; 1Sam. 25,2; 1Sam. 25,3; 1Sam. 25,3; 1Sam. 25,4; 1Sam. 25,10; 1Sam. 25,13; 1Sam. 25,13; 1Sam. 25,17; 1Sam. 25,20; 1Sam. 25,21; 1Sam. 25,21; 1Sam. 25,24; 1Sam. 25,25; 1Sam. 25,25; 1Sam. 25,25; 1Sam. 25,36; 1Sam. 25,37; 1Sam. 25,37; 1Sam. 25,39; 1Sam. 25,39; 1Sam. 25,44; 1Sam. 26,2; 1Sam. 26,3; 1Sam. 26,5; 1Sam. 26,5; 1Sam. 26,7; 1Sam. 26,7; 1Sam. 26,7; 1Sam. 26,9; 1Sam. 26,10; 1Sam. 26,11; 1Sam. 26,12; 1Sam. 26,16; 1Sam. 26,18; 1Sam. 26,19; 1Sam. 26,23; 1Sam. 26,23; 1Sam. 26,25; 1Sam. 26,25; 1Sam. 27,1; 1Sam. 27,1; 1Sam. 27,2; 1Sam. 27,3; 1Sam. 27,3; 1Sam. 27,3; 1Sam. 27,8; 1Sam. 27,11; 1Sam. 27,12; 1Sam. 28,3; 1Sam. 28,5; 1Sam. 28,7; 1Sam. 28,7; 1Sam. 28,8; 1Sam. 28,14; 1Sam. 28,18; 1Sam. 28,23; 1Sam. 28,25; 1Sam. 29,2; 1Sam. 29,4; 1Sam. 29,4; 1Sam. 29,5; 1Sam. 29,5; 1Sam. 29,11; 1Sam. 30,1; 1Sam. 30,3; 1Sam. 30,4; 1Sam. 30,6; 1Sam. 30,6; 1Sam. 30,6; 1Sam. 30,9; 1Sam. 30,12; 1Sam. 30,18; 1Sam. 30,21; 1Sam. 30,22; 1Sam. 30,22; 1Sam. 30,26; 1Sam. 30,31; 1Sam. 31,2; 1Sam. 31,4; 1Sam. 31,4; 1Sam. 31,5; 1Sam. 31,5; 1Sam. 31,5; 1Sam. 31,6; 1Sam. 31,6; 1Sam. 31,7; 1Sam. 31,8; 1Sam. 31,9; 1Sam. 31,10; 1Sam. 31,10; 1Sam. 31,12; 2Sam. 1,2; 2Sam. 1,2; 2Sam. 1,4; 2Sam. 1,5; 2Sam. 1,6; 2Sam. 1,7; 2Sam. 1,10; 2Sam. 1,10; 2Sam.

αὐτός

1,11; 2Sam. 1,11; 2Sam. 1,12; 2Sam. 1,15; 2Sam. 1,17; 2Sam. 2,2; 2Sam. 2,3; 2Sam. 2,3; 2Sam. 2,5; 2Sam. 2,16; 2Sam. 2,16; 2Sam. 2,16; 2Sam. 2,18; 2Sam. 2,20; 2Sam. 2,21; 2Sam. 2,21; 2Sam. 2,23; 2Sam. 2,23; 2Sam. 2,27; 2Sam. 2,29; 2Sam. 2,31; 2Sam. 2,32; 2Sam. 2,32; 2Sam. 3,2; 2Sam. 3,3; 2Sam. 3,20; 2Sam. 3,20; 2Sam. 3,23; 2Sam. 3,29; 2Sam. 3,30; 2Sam. 3,31; 2Sam. 3,32; 2Sam. 3,32; 2Sam. 3,38; 2Sam. 3,39; 2Sam. 4,1; 2Sam. 4,4; 2Sam. 4,4; 2Sam. 4,7; 2Sam. 4,7; 2Sam. 4,7; 2Sam. 4,7; 2Sam. 4,8; 2Sam. 4,8; 2Sam. 4,9; 2Sam. 4,11; 2Sam. 4,11; 2Sam. 4,11; 2Sam. 4,12; 2Sam. 5,6; 2Sam. 5,9; 2Sam. 5,10; 2Sam. 5,12; 2Sam. 5,12; 2Sam. 5,21; 2Sam. 6,2; 2Sam. 6,3; 2Sam. 6,4; 2Sam. 6,6; 2Sam. 6,11; 2Sam. 6,12; 2Sam. 6,19; 2Sam. 6,20; 2Sam. 6,21; 2Sam. 6,21; 2Sam. 7,1; 2Sam. 7,1; 2Sam. 7,12; 2Sam. 7,13; 2Sam. 7,14; 2Sam. 7,15; 2Sam. 7,16; 2Sam. 7,16; 2Sam. 7,16; 2Sam. 7,25; 2Sam. 8,3; 2Sam. 8,3; 2Sam. 8,4; 2Sam. 8,10; 2Sam. 8,10; 2Sam. 8,15; 2Sam. 9,1; 2Sam. 9,3; 2Sam. 9,6; 2Sam. 9,9; 2Sam. 9,11; 2Sam. 9,13; 2Sam. 10,1; 2Sam. 10,1; 2Sam. 10,2; 2Sam. 10,2; 2Sam. 10,2; 2Sam. 10,3; 2Sam. 10,10; 2Sam. 10,12; 2Sam. 10,13; 2Sam. 10,13; 2Sam. 10,13; 2Sam. 10,17; 2Sam. 10,18; 2Sam. 11,1; 2Sam. 11,1; 2Sam. 11,2; 2Sam. 11,8; 2Sam. 11,9; 2Sam. 11,9; 2Sam. 11,10; 2Sam. 11,13; 2Sam. 11,13; 2Sam. 11,13; 2Sam. 11,13; 2Sam. 11,15; 2Sam. 11,27; 2Sam. 12,3; 2Sam. 12,3; 2Sam. 12,3; 2Sam. 12,3; 2Sam. 12,3; 2Sam. 12,4; 2Sam. 12,4; 2Sam. 12,9; 2Sam. 12,9; 2Sam. 12,15; 2Sam. 12,17; 2Sam. 12,19; 2Sam. 12,19; 2Sam. 12,20; 2Sam. 12,20; 2Sam. 12,21; 2Sam. 12,24; 2Sam. 12,24; 2Sam. 12,25; 2Sam. 12,30; 2Sam. 12,30; 2Sam. 13,2; 2Sam. 13,8; 2Sam. 13,9; 2Sam. 13,9; 2Sam. 13,17; 2Sam. 13,17; 2Sam. 13,18; 2Sam. 13,21; 2Sam. 13,21; 2Sam. 13,22; 2Sam. 13,24; 2Sam. 13,27; 2Sam. 13,28; 2Sam. 13,29; 2Sam. 13,31; 2Sam. 13,31; 2Sam. 13,32; 2Sam. 13,33; 2Sam. 13,34; 2Sam. 13,34; 2Sam. 13,36; 2Sam. 13,37; 2Sam. 14,6; 2Sam. 14,7; 2Sam. 14,7; 2Sam. 14,9; 2Sam. 14,10; 2Sam. 14,11; 2Sam. 14,13; 2Sam. 14,14; 2Sam. 14,15; 2Sam. 14,16; 2Sam. 14,22; 2Sam. 14,22; 2Sam. 14,24; 2Sam. 14,24; 2Sam. 14,25; 2Sam. 14,25; 2Sam. 14,26; 2Sam. 14,26; 2Sam. 14,30; 2Sam. 14,33; 2Sam. 15,1; 2Sam. 15,5; 2Sam. 15,5; 2Sam. 15,7; 2Sam. 15,12; 2Sam. 15,14; 2Sam. 15,14; 2Sam. 15,16; 2Sam. 15,16; 2Sam. 15,17; 2Sam. 15,18; 2Sam. 15,18; 2Sam. 15,18; 2Sam. 15,18; 2Sam. 15,22; 2Sam. 15,22; 2Sam. 15,24; 2Sam. 15,26; 2Sam. 15,30; 2Sam. 15,30; 2Sam. 15,32; 2Sam. 15,32; 2Sam. 16,1; 2Sam. 16,8; 2Sam. 16,9; 2Sam. 16,11; 2Sam. 16,12; 2Sam. 16,13; 2Sam. 16,13; 2Sam. 16,13; 2Sam. 16,14; 2Sam. 16,15; 2Sam. 16,18; 2Sam. 16,19; 2Sam. 16,21; 2Sam. 16,22; 2Sam. 17,2; 2Sam. 17,5; 2Sam. 17,5; 2Sam. 17,6; 2Sam. 17,8; 2Sam. 17,10; 2Sam. 17,12; 2Sam. 17,16; 2Sam. 17,22; 2Sam. 17,23; 2Sam. 17,23; 2Sam. 17,23; 2Sam. 17,23; 2Sam. 17,23; 2Sam. 17,23; 2Sam. 17,24; 2Sam. 17,29; 2Sam. 18,1; 2Sam. 18,9; 2Sam. 18,9; 2Sam. 18,9; 2Sam. 18,13; 2Sam. 18,14; 2Sam. 18,14; 2Sam. 18,17; 2Sam. 18,18; 2Sam. 18,19; 2Sam. 18,24; 2Sam. 18,24; 2Sam. 18,25; 2Sam. 18,28; 2Sam. 19,3; 2Sam. 19,5; 2Sam. 19,9; 2Sam. 19,10; 2Sam. 19,12; 2Sam. 19,13; 2Sam. 19,18; 2Sam. 19,18; 2Sam. 19,18; 2Sam. 19,18; 2Sam. 19,18; 2Sam. 19,19; 2Sam. 19,19; 2Sam. 19,19; 2Sam. 19,20; 2Sam. 19,25; 2Sam. 19,25; 2Sam. 19,25; 2Sam. 19,31; 2Sam. 19,40; 2Sam. 19,41; 2Sam. 19,42; 2Sam. 19,42; 2Sam. 20,3; 2Sam. 20,3; 2Sam. 20,6; 2Sam. 20,7; 2Sam. 20,8; 2Sam. 20,8; 2Sam. 20,10; 2Sam. 20,10; 2Sam. 20,14; 2Sam. 20,21; 2Sam. 20,21; 2Sam. 20,21; 2Sam. 20,22; 2Sam. 21,1; 2Sam. 21,4; 2Sam. 21,6; 2Sam. 21,12; 2Sam. 21,13; 2Sam. 21,14; 2Sam. 21,14; 2Sam. 21,15; 2Sam. 21,15; 2Sam. 21,16; 2Sam. 21,19; 2Sam. 21,20; 2Sam. 21,20; 2Sam. 21,22; 2Sam. 22,1; 2Sam. 22,7; 2Sam. 22,7; 2Sam. 22,9; 2Sam. 22,9; 2Sam. 22,10; 2Sam. 22,12; 2Sam. 22,12; 2Sam. 22,12; 2Sam. 22,13; 2Sam. 22,14; 2Sam. 22,16; 2Sam. 22,23; 2Sam. 22,23; 2Sam. 22,25; 2Sam. 22,31; 2Sam. 22,51; 2Sam. 22,51; 2Sam. 22,51; 2Sam. 23,2; 2Sam. 23,8; 2Sam. 23,9; 2Sam. 23,10; 2Sam. 23,10; 2Sam. 23,10; 2Sam. 23,18; 2Sam. 23,21; 2Sam. 23,23; 2Sam. 23,24; 2Sam. 24,2; 2Sam. 24,14; 2Sam. 24,16; 2Sam. 24,20; 2Sam. 24,20; 2Sam. 24,20; 2Sam. 24,21; 2Sam. 24,22; 1Kings 1,2; 1Kings 1,2; 1Kings 1,5; 1Kings 1,6; 1Kings 1,7; 1Kings 1,9; 1Kings 1,10; 1Kings 1,21; 1Kings 1,23; 1Kings 1,25; 1Kings 1,28; 1Kings 1,37; 1Kings 1,40; 1Kings 1,41; 1Kings 1,42; 1Kings 1,44; 1Kings 1,47; 1Kings 1,47; 1Kings 1,49; 1Kings 1,51; 1Kings 1,52; 1Kings 2,1; 1Kings 2,3; 1Kings 2,3; 1Kings 2,4; 1Kings 2,5; 1Kings 2,5; 1Kings 2,5; 1Kings 2,5; 1Kings 2,6; 1Kings 2,9; 1Kings 2,10; 1Kings 2,12; 1Kings 2,12; 1Kings 2,15; 1Kings 2,17; 1Kings 2,19; 1Kings 2,19; 1Kings 2,22; 1Kings 2,23; 1Kings 2,32; 1Kings 2,32; 1Kings 2,33; 1Kings 2,33; 1Kings 2,33; 1Kings 2,33; 1Kings 2,33; 1Kings 2,34; 1Kings 2,35; 1Kings 2,35c; 1Kings 2,35o; 1Kings 2,40; 1Kings 2,40; 1Kings 2,40; 1Kings 2,41; 1Kings 2,46b; 1Kings 2,46g; 1Kings 2,46g; 1Kings 2,46g; 1Kings 2,46h; 1Kings 3,3; 1Kings 3,6; 1Kings 3,6; 1Kings 3,15; 1Kings 3,16; 1Kings 3,27; 1Kings 4,2; 1Kings 4,7; 1Kings 5,1; 1Kings 5,1; 1Kings 5,12; 1Kings 5,14; 1Kings 5,14b; 1Kings 5,15; 1Kings 5,15; 1Kings 5,17; 1Kings 5,24; 1Kings 5,25; 1Kings 6,1d; 1Kings 6,1d; 1Kings 6,2; 1Kings 6,2; 1Kings 6,2; 1Kings 6,3; 1Kings 6,10; 1Kings 6,20; 1Kings 7,2; 1Kings 7,7; 1Kings 7,7; 1Kings 7,12; 1Kings 7,22; 1Kings 7,37; 1Kings 7,38; 1Kings 7,39; 1Kings 7,39; 1Kings 7,39; 1Kings 7,50; 1Kings 8,14; 1Kings 8,15; 1Kings 8,15; 1Kings 8,20; 1Kings 8,22; 1Kings 8,23; 1Kings 8,31; 1Kings 8,32; 1Kings 8,32; 1Kings 8,32; 1Kings 8,37; 1Kings 8,37; 1Kings 8,38; 1Kings 8,38; 1Kings 8,39; 1Kings 8,39; 1Kings 8,44; 1Kings 8,54; 1Kings 8,54; 1Kings 8,56; 1Kings 8,56; 1Kings 8,56; 1Kings 8,58; 1Kings 8,58; 1Kings 8,58; 1Kings 8,59; 1Kings 8,61; 1Kings 8,61; 1Kings 8,65; 1Kings 8,66; 1Kings 8,66; 1Kings 8,66; 1Kings 9,8; 1Kings 9,9a # 9,24; 1Kings 9,11; 1Kings 9,27; 1Kings 10,5; 1Kings 10,5; 1Kings 10,5; 1Kings 10,5; 1Kings 10,5; 1Kings 10,19; 1Kings 10,22a # 9,15; 1Kings 10,22c # 9,22; 1Kings 10,22c # 9,22; 1Kings 10,22c # 9,22; 1Kings 10,24; 1Kings 10,24; 1Kings 10,25; 1Kings 11,4; 1Kings 11,4; 1Kings 11,4; 1Kings 11,4; 1Kings 11,7; 1Kings 11,8; 1Kings 11,9; 1Kings 11,14; 1Kings 11,17; 1Kings 11,17; 1Kings 11,19; 1Kings 11,21; 1Kings 11,22; 1Kings 11,27; 1Kings 11,30; 1Kings 11,33; 1Kings 11,34; 1Kings 11,34; 1Kings 11,35; 1Kings 11,36; 1Kings 11,41; 1Kings 11,43; 1Kings 11,43; 1Kings 11,43; 1Kings 11,43; 1Kings 11,43; 1Kings 11,43; 1Kings 11,43; 1Kings 12,4; 1Kings 12,6; 1Kings 12,6; 1Kings 12,8; 1Kings 12,8; 1Kings 12,10; 1Kings 12,10; 1Kings 12,15; 1Kings 12,16; 1Kings 12,24a; 1Kings 12,24a; 1Kings 12,24a; 1Kings 12,24a; 1Kings 12,24a; 1Kings 12,24a; 1Kings 12,24b; 1Kings 12,24c; 1Kings 12,24e; 1Kings 12,24e; 1Kings 12,24g; 1Kings 12,24g; 1Kings 12,24g; 1Kings 12,24h; 1Kings 12,24h; 1Kings 12,24h; 1Kings 12,24i; 1Kings 12,24k; 1Kings 12,24p; 1Kings 12,24p; 1Kings 12,24r; 1Kings 12,24r; 1Kings 12,24r; 1Kings 12,24s; 1Kings 12,24t; 1Kings 12,24u; 1Kings 12,24u; 1Kings 12,24u; 1Kings 12,24y; 1Kings 12,26; 1Kings 12,33; 1Kings 13,4; 1Kings 13,4; 1Kings 13,11; 1Kings 13,12; 1Kings 13,13; 1Kings 13,19; 1Kings 13,24; 1Kings 13,28; 1Kings 13,31; 1Kings 13,31; 1Kings 13,31; 1Kings 13,33; 1Kings 13,33; 1Kings 14,21; 1Kings 14,21; 1Kings 14,22; 1Kings 14,31; 1Kings 14,31; 1Kings 14,31; 1Kings 14,31; 1Kings 15,2; 1Kings 15,3; 1Kings 15,3; 1Kings 15,3; 1Kings 15,3; 1Kings 15,3; 1Kings 15,4; 1Kings 15,5; 1Kings 15,8; 1Kings 15,8; 1Kings 15,8; 1Kings 15,8; 1Kings 15,10; 1Kings 15,11; 1Kings 15,12; 1Kings 15,13; 1Kings 15,14; 1Kings 15,15; 1Kings 15,15; 1Kings 15,18; 1Kings 15,20; 1Kings 15,23; 1Kings 15,23; 1Kings 15,23; 1Kings 15,24;

αὐτός

1Kings 15,24; 1Kings 15,24; 1Kings 15,26; 1Kings 15,26; 1Kings 15,29; 1Kings 15,30; 1Kings 15,34; 1Kings 16,3; 1Kings 16,4; 1Kings 16,5; 1Kings 16,6; 1Kings 16,6; 1Kings 16,6; 1Kings 16,7; 1Kings 16,7; 1Kings 16,10; 1Kings 16,11; 1Kings 16,13; 1Kings 16,17; 1Kings 16,18; 1Kings 16,19; 1Kings 16,19; 1Kings 16,20; 1Kings 16,22; 1Kings 16,25; 1Kings 16,26; 1Kings 16,27; 1Kings 16,28; 1Kings 16,28; 1Kings 16,28; 1Kings 16,28a; 1Kings 16,28a; 1Kings 16,28b; 1Kings 16,28c; 1Kings 16,28d; 1Kings 16,28h; 1Kings 16,28h; 1Kings 16,28h; 1Kings 16,28h; 1Kings 16,30; 1Kings 16,32; 1Kings 16,33; 1Kings 16,33; 1Kings 16,34; 1Kings 16,34; 1Kings 16,34; 1Kings 17,1; 1Kings 17,17; 1Kings 17,19; 1Kings 17,23; 1Kings 18,7; 1Kings 18,7; 1Kings 18,12; 1Kings 18,15; 1Kings 18,21; 1Kings 18,21; 1Kings 18,46; 1Kings 19,1; 1Kings 19,3; 1Kings 19,4; 1Kings 19,5; 1Kings 19,6; 1Kings 19,7; 1Kings 19,13; 1Kings 19,19; 1Kings 19,19; 1Kings 19,21; 1Kings 20,4; 1Kings 20,4; 1Kings 20,5; 1Kings 20,6; 1Kings 20,7; 1Kings 20,8; 1Kings 20,10; 1Kings 20,10; 1Kings 20,11; 1Kings 20,11; 1Kings 20,13; 1Kings 20,13; 1Kings 20,24; 1Kings 20,25; 1Kings 20,27; 1Kings 20,27; 1Kings 20,28; 1Kings 20,29; 1Kings 20,29; 1Kings 21,1; 1Kings 21,1; 1Kings 21,7; 1Kings 21,12; 1Kings 21,12; 1Kings 21,16; 1Kings 21,20; 1Kings 21,20; 1Kings 21,31; 1Kings 21,33; 1Kings 21,35; 1Kings 21,36; 1Kings 21,38; 1Kings 21,39; 1Kings 21,41; 1Kings 21,42; 1Kings 21,42; 1Kings 22,3; 1Kings 22,7; 1Kings 22,8; 1Kings 22,10; 1Kings 22,17; 1Kings 22,19; 1Kings 22,19; 1Kings 22,19; 1Kings 22,22; 1Kings 22,29; 1Kings 22,31; 1Kings 22,33; 1Kings 22,34; 1Kings 22,40; 1Kings 22,40; 1Kings 22,40; 1Kings 22,42; 1Kings 22,43; 1Kings 22,46; 1Kings 22,51; 1Kings 22,51; 1Kings 22,51; 1Kings 22,51; 1Kings 22,51; 1Kings 22,53; 1Kings 22,53; 1Kings 22,54; 2Kings 1,2; 2Kings 1,2; 2Kings 1,8; 2Kings 1,9; 2Kings 1,10; 2Kings 1,11; 2Kings 1,12; 2Kings 1,13; 2Kings 1,13; 2Kings 1,13; 2Kings 1,15; 2Kings 1,15; 2Kings 1,18b; 2Kings 1,18b; 2Kings 1,18c; 2Kings 2,8; 2Kings 2,12; 2Kings 2,12; 2Kings 2,14; 2Kings 2,15; 2Kings 2,23; 2Kings 2,23; 2Kings 3,2; 2Kings 3,2; 2Kings 3,2; 2Kings 3,11; 2Kings 3,14; 2Kings 3,23; 2Kings 3,27; 2Kings 3,27; 2Kings 3,27; 2Kings 4,5; 2Kings 4,12; 2Kings 4,12; 2Kings 4,14; 2Kings 4,18; 2Kings 4,19; 2Kings 4,19; 2Kings 4,20; 2Kings 4,21; 2Kings 4,25; 2Kings 4,27; 2Kings 4,31; 2Kings 4,32; 2Kings 4,34; 2Kings 4,34; 2Kings 4,34; 2Kings 4,34; 2Kings 4,34; 2Kings 4,35; 2Kings 4,37; 2Kings 4,38; 2Kings 4,38; 2Kings 4,39; 2Kings 4,43; 2Kings 5,1; 2Kings 5,3; 2Kings 5,5; 2Kings 5,6; 2Kings 5,7; 2Kings 5,7; 2Kings 5,11; 2Kings 5,11; 2Kings 5,13; 2Kings 5,14; 2Kings 5,15; 2Kings 5,16; 2Kings 5,19; 2Kings 5,20; 2Kings 5,20; 2Kings 5,20; 2Kings 5,21; 2Kings 5,21; 2Kings 5,23; 2Kings 5,23; 2Kings 5,25; 2Kings 5,27; 2Kings 6,7; 2Kings 6,8; 2Kings 6,11; 2Kings 6,12; 2Kings 6,17; 2Kings 6,24; 2Kings 6,30; 2Kings 6,30; 2Kings 6,32; 2Kings 6,32; 2Kings 6,32; 2Kings 6,32; 2Kings 6,32; 2Kings 6,33; 2Kings 7,2; 2Kings 7,3; 2Kings 7,6; 2Kings 7,9; 2Kings 7,12; 2Kings 7,13; 2Kings 7,17; 2Kings 8,5; 2Kings 8,8; 2Kings 8,9; 2Kings 8,9; 2Kings 8,9; 2Kings 8,11; 2Kings 8,14; 2Kings 8,15; 2Kings 8,15; 2Kings 8,19; 2Kings 8,19; 2Kings 8,20; 2Kings 8,21; 2Kings 8,21; 2Kings 8,24; 2Kings 8,24; 2Kings 8,24; 2Kings 8,24; 2Kings 8,24; 2Kings 8,26; 2Kings 9,2; 2Kings 9,3; 2Kings 9,6; 2Kings 9,11; 2Kings 9,11; 2Kings 9,13; 2Kings 9,13; 2Kings 9,21; 2Kings 9,23; 2Kings 9,24; 2Kings 9,24; 2Kings 9,24; 2Kings 9,24; 2Kings 9,25; 2Kings 9,25; 2Kings 9,26; 2Kings 9,27; 2Kings 9,28; 2Kings 9,28; 2Kings 9,31; 2Kings 9,32; 2Kings 9,36; 2Kings 10,3; 2Kings 10,4; 2Kings 10,10; 2Kings 10,11; 2Kings 10,11; 2Kings 10,11; 2Kings 10,11; 2Kings 10,15; 2Kings 10,15; 2Kings 10,16; 2Kings 10,19; 2Kings 10,19; 2Kings 10,21; 2Kings 10,21; 2Kings 10,21; 2Kings 10,21; 2Kings 10,24; 2Kings 10,24; 2Kings 10,31; 2Kings 10,34; 2Kings 10,35; 2Kings 10,35; 2Kings 10,35; 2Kings 11,2; 2Kings 11,8; 2Kings 11,8; 2Kings 11,9; 2Kings 11,11; 2Kings 11,11; 2Kings 11,18; 2Kings 11,18; 2Kings 12,2; 2Kings 12,18; 2Kings 12,19; 2Kings 12,19; 2Kings 12,21; 2Kings 12,22; 2Kings 12,22; 2Kings 12,22; 2Kings 12,22; 2Kings 12,22; 2Kings 13,4; 2Kings 13,8; 2Kings 13,9; 2Kings 13,9; 2Kings 13,9; 2Kings 13,9; 2Kings 13,12; 2Kings 13,13; 2Kings 13,13; 2Kings 13,14; 2Kings 13,14; 2Kings 13,14; 2Kings 13,16; 2Kings 13,16; 2Kings 13,21; 2Kings 13,23; 2Kings 13,23; 2Kings 13,24; 2Kings 13,24; 2Kings 13,25; 2Kings 14,2; 2Kings 14,3; 2Kings 14,3; 2Kings 14,5; 2Kings 14,5; 2Kings 14,5; 2Kings 14,6; 2Kings 14,12; 2Kings 14,15; 2Kings 14,16; 2Kings 14,16; 2Kings 14,16; 2Kings 14,19; 2Kings 14,20; 2Kings 14,21; 2Kings 14,22; 2Kings 14,25; 2Kings 14,28; 2Kings 14,29; 2Kings 14,29; 2Kings 15,2; 2Kings 15,3; 2Kings 15,5; 2Kings 15,7; 2Kings 15,7; 2Kings 15,7; 2Kings 15,7; 2Kings 15,9; 2Kings 15,10; 2Kings 15,15; 2Kings 15,19; 2Kings 15,19; 2Kings 15,19; 2Kings 15,22; 2Kings 15,22; 2Kings 15,22; 2Kings 15,25; 2Kings 15,25; 2Kings 15,25; 2Kings 15,30; 2Kings 15,33; 2Kings 15,34; 2Kings 15,38; 2Kings 15,38; 2Kings 15,38; 2Kings 15,38; 2Kings 15,38; 2Kings 16,2; 2Kings 16,2; 2Kings 16,3; 2Kings 16,9; 2Kings 16,10; 2Kings 16,10; 2Kings 16,13; 2Kings 16,13; 2Kings 16,13; 2Kings 16,13; 2Kings 16,15; 2Kings 16,20; 2Kings 16,20; 2Kings 16,20; 2Kings 17,2; 2Kings 17,13; 2Kings 17,15; 2Kings 17,18; 2Kings 17,20; 2Kings 17,23; 2Kings 17,23; 2Kings 17,23; 2Kings 17,34; 2Kings 18,2; 2Kings 18,3; 2Kings 18,5; 2Kings 18,6; 2Kings 18,6; 2Kings 18,7; 2Kings 18,12; 2Kings 18,21; 2Kings 18,22; 2Kings 18,22; 2Kings 18,31; 2Kings 18,31; 2Kings 18,31; 2Kings 19,4; 2Kings 19,7; 2Kings 19,7; 2Kings 19,19; 2Kings 19,23; 2Kings 19,23; 2Kings 19,23; 2Kings 19,23; 2Kings 19,37; 2Kings 19,37; 2Kings 19,37; 2Kings 19,37; 2Kings 19,37; 2Kings 20,2; 2Kings 20,13; 2Kings 20,13; 2Kings 20,13; 2Kings 20,20; 2Kings 20,21; 2Kings 20,21; 2Kings 20,21; 2Kings 21,1; 2Kings 21,3; 2Kings 21,6; 2Kings 21,7; 2Kings 21,10; 2Kings 21,12; 2Kings 21,13; 2Kings 21,16; 2Kings 21,17; 2Kings 21,18; 2Kings 21,18; 2Kings 21,18; 2Kings 21,18; 2Kings 21,19; 2Kings 21,20; 2Kings 21,21; 2Kings 21,21; 2Kings 21,22; 2Kings 21,23; 2Kings 21,24; 2Kings 21,24; 2Kings 21,26; 2Kings 21,26; 2Kings 21,26; 2Kings 22,1; 2Kings 22,2; 2Kings 23,2; 2Kings 23,3; 2Kings 23,3; 2Kings 23,3; 2Kings 23,6; 2Kings 23,10; 2Kings 23,10; 2Kings 23,16; 2Kings 23,18; 2Kings 23,18; 2Kings 23,25; 2Kings 23,25; 2Kings 23,25; 2Kings 23,25; 2Kings 23,26; 2Kings 23,26; 2Kings 23,29; 2Kings 23,29; 2Kings 23,30; 2Kings 23,30; 2Kings 23,30; 2Kings 23,31; 2Kings 23,32; 2Kings 23,34; 2Kings 23,34; 2Kings 23,35; 2Kings 23,36; 2Kings 23,37; 2Kings 24,1; 2Kings 24,2; 2Kings 24,3; 2Kings 24,6; 2Kings 24,6; 2Kings 24,6; 2Kings 24,7; 2Kings 24,8; 2Kings 24,9; 2Kings 24,11; 2Kings 24,12; 2Kings 24,12; 2Kings 24,12; 2Kings 24,12; 2Kings 24,12; 2Kings 24,15; 2Kings 24,17; 2Kings 24,17; 2Kings 24,17; 2Kings 24,18; 2Kings 24,20; 2Kings 25,1; 2Kings 25,1; 2Kings 25,5; 2Kings 25,5; 2Kings 25,6; 2Kings 25,7; 2Kings 25,17; 2Kings 25,21; 2Kings 25,25; 2Kings 25,25; 2Kings 25,27; 2Kings 25,27; 2Kings 25,28; 2Kings 25,28; 2Kings 25,28; 2Kings 25,29; 2Kings 25,29; 2Kings 25,29; 2Kings 25,30; 2Kings 25,30; 2Kings 25,30; 1Chr. 1,43; 1Chr. 1,44; 1Chr. 1,45; 1Chr. 1,46; 1Chr. 1,46; 1Chr. 1,47; 1Chr. 1,48; 1Chr. 1,49; 1Chr. 1,50; 1Chr. 1,50; 1Chr. 2,4; 1Chr. 2,13; 1Chr. 2,25; 1Chr. 2,35; 1Chr. 2,35; 1Chr. 2,42; 1Chr. 2,45; 1Chr. 3,3; 1Chr. 3,10; 1Chr. 3,10; 1Chr. 3,10; 1Chr. 3,11; 1Chr. 3,11; 1Chr. 3,11; 1Chr. 3,12; 1Chr. 3,12; 1Chr. 3,12; 1Chr. 3,13; 1Chr. 3,13; 1Chr. 3,13; 1Chr. 3,14; 1Chr. 3,14; 1Chr. 3,16; 1Chr. 3,16; 1Chr. 3,17; 1Chr. 3,21; 1Chr. 3,21; 1Chr. 3,21; 1Chr. 3,21; 1Chr. 3,21; 1Chr. 4,2; 1Chr. 4,9; 1Chr. 4,9; 1Chr. 4,16; 1Chr. 4,18; 1Chr. 4,23; 1Chr. 4,25; 1Chr. 4,25; 1Chr. 4,25; 1Chr. 4,26; 1Chr. 4,26; 1Chr. 4,26; 1Chr. 4,26; 1Chr. 5,1; 1Chr. 5,1; 1Chr.

5,1; 1Chr. 5,2; 1Chr. 5,2; 1Chr. 5,4; 1Chr. 5,5; 1Chr. 5,5; 1Chr. 5,5; 1Chr. 5,6; 1Chr. 5,7; 1Chr. 5,7; 1Chr. 6,5; 1Chr. 6,5; 1Chr. 6,5; 1Chr. 6,6; 1Chr. 6,6; 1Chr. 6,6; 1Chr. 6,6; 1Chr. 6,7; 1Chr. 6,7; 1Chr. 6,7; 1Chr. 6,8; 1Chr. 6,8; 1Chr. 6,8; 1Chr. 6,9; 1Chr. 6,9; 1Chr. 6,9; 1Chr. 6,9; 1Chr. 6,11; 1Chr. 6,11; 1Chr. 6,11; 1Chr. 6,12; 1Chr. 6,12; 1Chr. 6,12; 1Chr. 6,14; 1Chr. 6,14; 1Chr. 6,14; 1Chr. 6,15; 1Chr. 6,15; 1Chr. 6,15; 1Chr. 6,24; 1Chr. 6,24; 1Chr. 6,34; 1Chr. 6,35; 1Chr. 6,35; 1Chr. 6,35; 1Chr. 6,36; 1Chr. 6,36; 1Chr. 6,36; 1Chr. 6,37; 1Chr. 6,37; 1Chr. 6,37; 1Chr. 6,38; 1Chr. 6,38; 1Chr. 7,12; 1Chr. 7,14; 1Chr. 7,15; 1Chr. 7,16; 1Chr. 7,16; 1Chr. 7,16; 1Chr. 7,18; 1Chr. 7,20; 1Chr. 7,20; 1Chr. 7,20; 1Chr. 7,20; 1Chr. 7,21; 1Chr. 7,21; 1Chr. 7,22; 1Chr. 7,23; 1Chr. 7,23; 1Chr. 7,25; 1Chr. 7,25; 1Chr. 7,25; 1Chr. 7,26; 1Chr. 7,26; 1Chr. 7,26; 1Chr. 7,27; 1Chr. 7,27; 1Chr. 7,35; 1Chr. 8,1; 1Chr. 8,8; 1Chr. 8,9; 1Chr. 8,14; 1Chr. 8,29; 1Chr. 8,31; 1Chr. 8,37; 1Chr. 8,37; 1Chr. 8,37; 1Chr. 8,38; 1Chr. 8,39; 1Chr. 8,39; 1Chr. 9,5; 1Chr. 9,5; 1Chr. 9,19; 1Chr. 9,19; 1Chr. 9,20; 1Chr. 9,35; 1Chr. 9,36; 1Chr. 9,43; 1Chr. 9,43; 1Chr. 9,43; 1Chr. 9,44; 1Chr. 10,2; 1Chr. 10,4; 1Chr. 10,4; 1Chr. 10,5; 1Chr. 10,5; 1Chr. 10,6; 1Chr. 10,6; 1Chr. 10,7; 1Chr. 10,8; 1Chr. 10,9; 1Chr. 10,9; 1Chr. 10,10; 1Chr. 10,10; 1Chr. 10,12; 1Chr. 10,13; 1Chr. 11,9; 1Chr. 11,10; 1Chr. 11,10; 1Chr. 11,11; 1Chr. 11,20; 1Chr. 11,22; 1Chr. 11,23; 1Chr. 11,25; 1Chr. 11,45; 1Chr. 11,46; 1Chr. 12,16; 1Chr. 12,20; 1Chr. 12,28; 1Chr. 12,29; 1Chr. 13,6; 1Chr. 13,7; 1Chr. 13,9; 1Chr. 13,10; 1Chr. 13,14; 1Chr. 14,2; 1Chr. 14,2; 1Chr. 14,17; 1Chr. 15,5; 1Chr. 15,6; 1Chr. 15,7; 1Chr. 15,8; 1Chr. 15,9; 1Chr. 15,10; 1Chr. 15,17; 1Chr. 15,17; 1Chr. 16,7; 1Chr. 16,8; 1Chr. 16,8; 1Chr. 16,9; 1Chr. 16,10; 1Chr. 16,10; 1Chr. 16,11; 1Chr. 16,12; 1Chr. 16,12; 1Chr. 16,13; 1Chr. 16,13; 1Chr. 16,14; 1Chr. 16,15; 1Chr. 16,15; 1Chr. 16,16; 1Chr. 16,23; 1Chr. 16,27; 1Chr. 16,27; 1Chr. 16,29; 1Chr. 16,29; 1Chr. 16,29; 1Chr. 16,30; 1Chr. 16,34; 1Chr. 16,37; 1Chr. 16,38; 1Chr. 16,39; 1Chr. 16,41; 1Chr. 16,41; 1Chr. 16,43; 1Chr. 16,43; 1Chr. 17,1; 1Chr. 17,11; 1Chr. 17,12; 1Chr. 17,13; 1Chr. 17,14; 1Chr. 17,14; 1Chr. 17,23; 1Chr. 18,3; 1Chr. 18,3; 1Chr. 18,8; 1Chr. 18,10; 1Chr. 18,14; 1Chr. 19,1; 1Chr. 19,1; 1Chr. 19,2; 1Chr. 19,2; 1Chr. 19,3; 1Chr. 19,7; 1Chr. 19,11; 1Chr. 19,13; 1Chr. 19,14; 1Chr. 19,14; 1Chr. 19,15; 1Chr. 20,2; 1Chr. 20,2; 1Chr. 20,3; 1Chr. 20,5; 1Chr. 20,6; 1Chr. 20,8; 1Chr. 21,3; 1Chr. 21,13; 1Chr. 21,16; 1Chr. 21,16; 1Chr. 21,16; 1Chr. 21,20; 1Chr. 21,20; 1Chr. 21,23; 1Chr. 21,25; 1Chr. 22,5; 1Chr. 22,6; 1Chr. 22,9; 1Chr. 22,10; 1Chr. 22,17; 1Chr. 22,18; 1Chr. 23,1; 1Chr. 23,1; 1Chr. 23,13; 1Chr. 23,13; 1Chr. 23,14; 1Chr. 23,25; 1Chr. 24,27; 1Chr. 24,31; 1Chr. 25,9; 1Chr. 25,9; 1Chr. 25,9; 1Chr. 25,9; 1Chr. 25,10; 1Chr. 25,10; 1Chr. 25,11; 1Chr. 25,11; 1Chr. 25,12; 1Chr. 25,12; 1Chr. 25,13; 1Chr. 25,13; 1Chr. 25,14; 1Chr. 25,14; 1Chr. 25,15; 1Chr. 25,15; 1Chr. 25,16; 1Chr. 25,16; 1Chr. 25,17; 1Chr. 25,17; 1Chr. 25,18; 1Chr. 25,18; 1Chr. 25,19; 1Chr. 25,19; 1Chr. 25,20; 1Chr. 25,20; 1Chr. 25,21; 1Chr. 25,21; 1Chr. 25,22; 1Chr. 25,22; 1Chr. 25,23; 1Chr. 25,23; 1Chr. 25,24; 1Chr. 25,24; 1Chr. 25,25; 1Chr. 25,25; 1Chr. 25,26; 1Chr. 25,26; 1Chr. 25,27; 1Chr. 25,27; 1Chr. 25,28; 1Chr. 25,28; 1Chr. 25,29; 1Chr. 25,29; 1Chr. 25,30; 1Chr. 25,30; 1Chr. 25,31; 1Chr. 25,31; 1Chr. 26,6; 1Chr. 26,6; 1Chr. 26,10; 1Chr. 26,25; 1Chr. 26,26; 1Chr. 26,28; 1Chr. 26,29; 1Chr. 26,30; 1Chr. 26,31; 1Chr. 26,32; 1Chr. 27,2; 1Chr. 27,4; 1Chr. 27,5; 1Chr. 27,6; 1Chr. 27,6; 1Chr. 27,7; 1Chr. 27,7; 1Chr. 27,8; 1Chr. 27,9; 1Chr. 27,10; 1Chr. 27,11; 1Chr. 27,12; 1Chr. 27,13; 1Chr. 27,14; 1Chr. 27,15; 1Chr. 28,1; 1Chr. 28,7; 1Chr. 28,11; 1Chr. 28,11; 1Chr. 28,11; 1Chr. 28,12; 1Chr. 28,20; 1Chr. 29,5; 1Chr. 29,23; 1Chr. 29,23; 1Chr. 29,24; 1Chr. 29,25; 1Chr. 29,28; 1Chr. 29,28; 1Chr. 29,30; 1Chr. 29,30; 2Chr. 1,1; 2Chr. 1,1; 2Chr. 1,1; 2Chr. 1,3; 2Chr. 1,8; 2Chr. 1,18; 2Chr. 2,3; 2Chr. 2,3; 2Chr. 2,5; 2Chr. 2,5; 2Chr. 2,10; 2Chr. 2,11; 2Chr. 2,13; 2Chr. 2,13; 2Chr. 2,14; 2Chr. 2,16; 2Chr. 3,1; 2Chr. 3,2; 2Chr. 3,5; 2Chr. 3,8; 2Chr. 5,1; 2Chr. 5,13; 2Chr. 6,3; 2Chr. 6,4; 2Chr. 6,4; 2Chr. 6,10; 2Chr. 6,12; 2Chr. 6,13; 2Chr. 6,22; 2Chr. 6,23; 2Chr. 6,23; 2Chr. 6,23; 2Chr. 6,29; 2Chr. 6,29; 2Chr. 6,29; 2Chr. 6,30; 2Chr. 6,30; 2Chr. 6,34; 2Chr. 7,3; 2Chr. 7,6; 2Chr. 7,8; 2Chr. 7,10; 2Chr. 7,11; 2Chr. 8,6; 2Chr. 8,9; 2Chr. 8,18; 2Chr. 9,4; 2Chr. 9,4; 2Chr. 9,4; 2Chr. 9,8; 2Chr. 9,23; 2Chr. 9,23; 2Chr. 9,24; 2Chr. 9,31; 2Chr. 9,31; 2Chr. 9,31; 2Chr. 10,4; 2Chr. 10,6; 2Chr. 10,8; 2Chr. 10,8; 2Chr. 10,10; 2Chr. 10,15; 2Chr. 10,16; 2Chr. 11,4; 2Chr. 11,14; 2Chr. 11,21; 2Chr. 11,21; 2Chr. 11,22; 2Chr. 11,23; 2Chr. 12,1; 2Chr. 12,3; 2Chr. 12,12; 2Chr. 12,13; 2Chr. 12,13; 2Chr. 12,14; 2Chr. 12,15; 2Chr. 12,16; 2Chr. 12,16; 2Chr. 12,16; 2Chr. 13,2; 2Chr. 13,5; 2Chr. 13,6; 2Chr. 13,7; 2Chr. 13,10; 2Chr. 13,12; 2Chr. 13,17; 2Chr. 13,19; 2Chr. 13,22; 2Chr. 13,22; 2Chr. 13,23; 2Chr. 13,23; 2Chr. 13,23; 2Chr. 14,1; 2Chr. 14,10; 2Chr. 14,12; 2Chr. 14,12; 2Chr. 15,2; 2Chr. 15,9; 2Chr. 15,9; 2Chr. 15,9; 2Chr. 15,16; 2Chr. 15,17; 2Chr. 15,18; 2Chr. 15,19; 2Chr. 16,4; 2Chr. 16,5; 2Chr. 16,12; 2Chr. 16,12; 2Chr. 16,13; 2Chr. 16,13; 2Chr. 17,1; 2Chr. 17,1; 2Chr. 17,2; 2Chr. 17,3; 2Chr. 17,4; 2Chr. 17,4; 2Chr. 17,5; 2Chr. 17,6; 2Chr. 17,7; 2Chr. 17,7; 2Chr. 17,14; 2Chr. 17,15; 2Chr. 17,16; 2Chr. 17,17; 2Chr. 17,18; 2Chr. 18,2; 2Chr. 18,2; 2Chr. 18,6; 2Chr. 18,7; 2Chr. 18,7; 2Chr. 18,9; 2Chr. 18,16; 2Chr. 18,18; 2Chr. 18,18; 2Chr. 18,18; 2Chr. 18,21; 2Chr. 18,30; 2Chr. 18,31; 2Chr. 18,32; 2Chr. 19,1; 2Chr. 19,2; 2Chr. 20,3; 2Chr. 20,18; 2Chr. 20,20; 2Chr. 20,21; 2Chr. 20,22; 2Chr. 20,25; 2Chr. 20,30; 2Chr. 20,31; 2Chr. 20,32; 2Chr. 21,1; 2Chr. 21,1; 2Chr. 21,1; 2Chr. 21,1; 2Chr. 21,4; 2Chr. 21,4; 2Chr. 21,5; 2Chr. 21,5; 2Chr. 21,6; 2Chr. 21,7; 2Chr. 21,9; 2Chr. 21,10; 2Chr. 21,10; 2Chr. 21,17; 2Chr. 21,17; 2Chr. 21,17; 2Chr. 21,19; 2Chr. 21,19; 2Chr. 21,19; 2Chr. 22,1; 2Chr. 22,1; 2Chr. 22,2; 2Chr. 22,3; 2Chr. 22,4; 2Chr. 22,7; 2Chr. 22,9; 2Chr. 22,11; 2Chr. 23,1; 2Chr. 23,7; 2Chr. 23,8; 2Chr. 23,10; 2Chr. 23,11; 2Chr. 23,13; 2Chr. 23,16; 2Chr. 23,17; 2Chr. 23,17; 2Chr. 24,1; 2Chr. 24,13; 2Chr. 24,16; 2Chr. 24,22; 2Chr. 24,22; 2Chr. 24,22; 2Chr. 24,25; 2Chr. 24,25; 2Chr. 24,25; 2Chr. 24,27; 2Chr. 24,27; 2Chr. 24,27; 2Chr. 25,1; 2Chr. 25,3; 2Chr. 25,3; 2Chr. 25,3; 2Chr. 25,11; 2Chr. 25,13; 2Chr. 25,27; 2Chr. 25,28; 2Chr. 26,1; 2Chr. 26,2; 2Chr. 26,3; 2Chr. 26,4; 2Chr. 26,5; 2Chr. 26,8; 2Chr. 26,16; 2Chr. 26,16; 2Chr. 26,17; 2Chr. 26,17; 2Chr. 26,19; 2Chr. 26,19; 2Chr. 26,21; 2Chr. 26,21; 2Chr. 26,21; 2Chr. 26,23; 2Chr. 26,23; 2Chr. 26,23; 2Chr. 26,23; 2Chr. 27,1; 2Chr. 27,2; 2Chr. 27,6; 2Chr. 27,6; 2Chr. 27,7; 2Chr. 27,9; 2Chr. 27,9; 2Chr. 27,9; 2Chr. 28,1; 2Chr. 28,3; 2Chr. 28,5; 2Chr. 28,7; 2Chr. 28,26; 2Chr. 28,26; 2Chr. 28,27; 2Chr. 28,27; 2Chr. 28,27; 2Chr. 29,1; 2Chr. 29,2; 2Chr. 29,3; 2Chr. 29,10; 2Chr. 29,11; 2Chr. 29,19; 2Chr. 29,19; 2Chr. 30,8; 2Chr. 30,9; 2Chr. 30,27; 2Chr. 31,1; 2Chr. 31,3; 2Chr. 31,8; 2Chr. 31,10; 2Chr. 31,12; 2Chr. 31,13; 2Chr. 31,13; 2Chr. 31,20; 2Chr. 31,21; 2Chr. 31,21; 2Chr. 32,2; 2Chr. 32,3; 2Chr. 32,7; 2Chr. 32,7; 2Chr. 32,8; 2Chr. 32,9; 2Chr. 32,9; 2Chr. 32,12; 2Chr. 32,12; 2Chr. 32,15; 2Chr. 32,16; 2Chr. 32,16; 2Chr. 32,17; 2Chr. 32,17; 2Chr. 32,21; 2Chr. 32,21; 2Chr. 32,21; 2Chr. 32,24; 2Chr. 32,25; 2Chr. 32,26; 2Chr. 32,30; 2Chr. 32,31; 2Chr. 32,31; 2Chr. 32,32; 2Chr. 32,33; 2Chr. 32,33; 2Chr. 32,33; 2Chr. 32,33; 2Chr. 33,3; 2Chr. 33,6; 2Chr. 33,7; 2Chr. 33,10; 2Chr. 33,12; 2Chr. 33,12; 2Chr. 33,13; 2Chr. 33,13; 2Chr. 33,13; 2Chr. 33,18; 2Chr. 33,19; 2Chr. 33,19; 2Chr. 33,19; 2Chr. 33,19; 2Chr. 33,20; 2Chr. 33,20; 2Chr. 33,20; 2Chr. 33,20; 2Chr. 33,22; 2Chr. 33,22; 2Chr. 33,23; 2Chr. 33,23; 2Chr. 33,24; 2Chr. 33,24; 2Chr. 33,25; 2Chr. 33,25; 2Chr. 34,2; 2Chr. 34,3; 2Chr. 34,3; 2Chr. 34,3; 2Chr. 34,4; 2Chr. 34,8; 2Chr. 34,8; 2Chr. 34,8; 2Chr. 34,19; 2Chr. 34,31; 2Chr. 34,31; 2Chr. 34,31; 2Chr. 34,33;

αὐτός

2Chr. 34,33; 2Chr. 35,1; 2Chr. 35,3; 2Chr. 35,4; 2Chr. 35,8; 2Chr. 35,9; 2Chr. 35,19b; 2Chr. 35,19b; 2Chr. 35,19b; 2Chr. 35,19b; 2Chr. 35,19c; 2Chr. 35,22; 2Chr. 35,22; 2Chr. 35,23; 2Chr. 35,24; 2Chr. 35,24; 2Chr. 35,26; 2Chr. 35,27; 2Chr. 36,1; 2Chr. 36,2a; 2Chr. 36,2b; 2Chr. 36,4; 2Chr. 36,4; 2Chr. 36,4; 2Chr. 36,5; 2Chr. 36,5; 2Chr. 36,5a; 2Chr. 36,5a; 2Chr. 36,5b; 2Chr. 36,5c; 2Chr. 36,7; 2Chr. 36,8; 2Chr. 36,8; 2Chr. 36,8; 2Chr. 36,8; 2Chr. 36,10; 2Chr. 36,12; 2Chr. 36,13; 2Chr. 36,13; 2Chr. 36,15; 2Chr. 36,15; 2Chr. 36,15; 2Chr. 36,16; 2Chr. 36,16; 2Chr. 36,16; 2Chr. 36,16; 2Chr. 36,17; 2Chr. 36,20; 2Chr. 36,22; 2Chr. 36,23; 2Chr. 36,23; 2Chr. 36,23; 1Esdr. 1,1; 1Esdr. 1,4; 1Esdr. 1,4; 1Esdr. 1,21; 1Esdr. 1,26; 1Esdr. 1,28; 1Esdr. 1,28; 1Esdr. 1,29; 1Esdr. 1,29; 1Esdr. 1,31; 1Esdr. 1,31; 1Esdr. 1,31; 1Esdr. 1,32; 1Esdr. 1,35; 1Esdr. 1,36; 1Esdr. 1,39; 1Esdr. 1,40; 1Esdr. 1,40; 1Esdr. 1,41; 1Esdr. 1,41; 1Esdr. 1,46; 1Esdr. 1,46; 1Esdr. 1,48; 1Esdr. 1,48; 1Esdr. 1,49; 1Esdr. 1,49; 1Esdr. 1,49; 1Esdr. 1,54; 1Esdr. 2,1; 1Esdr. 2,3; 1Esdr. 2,3; 1Esdr. 2,3; 1Esdr. 2,4; 1Esdr. 3,1; 1Esdr. 3,5; 1Esdr. 3,7; 1Esdr. 3,9; 1Esdr. 4,10; 1Esdr. 4,10; 1Esdr. 4,11; 1Esdr. 4,11; 1Esdr. 4,23; 1Esdr. 4,28; 1Esdr. 4,28; 1Esdr. 4,47; 1Esdr. 4,48; 1Esdr. 4,61; 1Esdr. 4,63; 1Esdr. 5,6; 1Esdr. 5,38; 1Esdr. 5,43; 1Esdr. 5,47; 1Esdr. 5,48; 1Esdr. 5,58; 1Esdr. 6,31; 1Esdr. 6,31; 1Esdr. 6,32; 1Esdr. 6,32; 1Esdr. 8,4; 1Esdr. 8,4; 1Esdr. 8,25; 1Esdr. 8,26; 1Esdr. 8,30; 1Esdr. 8,31; 1Esdr. 8,32; 1Esdr. 8,32; 1Esdr. 8,33; 1Esdr. 8,34; 1Esdr. 8,35; 1Esdr. 8,36; 1Esdr. 8,37; 1Esdr. 8,38; 1Esdr. 8,40; 1Esdr. 8,45; 1Esdr. 8,50; 1Esdr. 8,55; 1Esdr. 8,62; 1Esdr. 9,9; Ezra 1,1; Ezra 1,3; Ezra 1,3; Ezra 1,3; Ezra 1,4; Ezra 1,7; Ezra 2,1; Ezra 2,68; Ezra 3,2; Ezra 3,2; Ezra 3,3; Ezra 3,4; Ezra 3,9; Ezra 3,9; Ezra 3,9; Ezra 3,11; Ezra 3,12; Ezra 4,6; Ezra 4,7; Ezra 6,7; Ezra 6,10; Ezra 6,11; Ezra 6,11; Ezra 6,12; Ezra 6,13; Ezra 7,6; Ezra 7,9; Ezra 7,10; Ezra 7,11; Ezra 7,23; Ezra 7,26; Ezra 7,28; Ezra 8,3; Ezra 8,4; Ezra 8,5; Ezra 8,6; Ezra 8,7; Ezra 8,8; Ezra 8,9; Ezra 8,10; Ezra 8,11; Ezra 8,12; Ezra 8,14; Ezra 8,18; Ezra 8,18; Ezra 8,19; Ezra 8,21; Ezra 8,22; Ezra 8,22; Ezra 8,25; Ezra 8,25; Ezra 8,33; Ezra 9,8; Ezra 10,8; Ezra 10,11; Ezra 10,18; Neh. 1,5; Neh. 2,1; Neh. 2,6; Neh. 2,20; Neh. 3,1; Neh. 3,10; Neh. 3,10; Neh. 3,12; Neh. 3,12; Neh. 3,14; Neh. 3,16; Neh. 3,17; Neh. 3,17; Neh. 3,17; Neh. 3,19; Neh. 3,23; Neh. 3,28; Neh. 3,29; Neh. 3,30; Neh. 3,34; Neh. 3,35; Neh. 4,9; Neh. 4,12; Neh. 4,12; Neh. 4,12; Neh. 4,13; Neh. 4,17; Neh. 5,7; Neh. 5,13; Neh. 5,13; Neh. 6,5; Neh. 6,5; Neh. 6,10; Neh. 6,10; Neh. 6,14; Neh. 6,18; Neh. 6,19; Neh. 7,3; Neh. 7,3; Neh. 7,6; Neh. 8,4; Neh. 8,4; Neh. 8,7; Neh. 8,16; Neh. 9,8; Neh. 9,8; Neh. 9,10; Neh. 9,10; Neh. 10,11; Neh. 10,30; Neh. 11,3; Neh. 11,8; Neh. 11,14; Neh. 12,8; Neh. 12,12; Neh. 12,36; Neh. 12,45; Neh. 12,47; Neh. 13,10; Neh. 13,30; Esth. 11,5 # 1,1d; Esth. 12,6 # 1,1r; Esth. 1,3; Esth. 1,4; Esth. 1,4; Esth. 1,8; Esth. 1,12; Esth. 1,13; Esth. 1,20; Esth. 2,3; Esth. 2,7; Esth. 2,9; Esth. 2,16; Esth. 2,18; Esth. 2,18; Esth. 2,20; Esth. 2,20; Esth. 3,1; Esth. 4,1; Esth. 4,4; Esth. 13,12 # 4,17d; Esth. 14,13 # 4,17s; Esth. 14,13 # 4,17s; Esth. 15,6 # 5,1c; Esth. 15,6 # 5,1c; Esth. 15,7 # 5,1d; Esth. 15,8 # 5,1e; Esth. 15,8 # 5,1e; Esth. 15,15 # 5,2b; Esth. 5,10; Esth. 5,11; Esth. 5,14; Esth. 6,1; Esth. 6,13; Esth. 6,13; Esth. 6,13; Esth. 8,3; Esth. 8,10; Esth. 9,25; Esth. 10,2; Esth. 10,2; Esth. 10,3; Esth. 10,9 # 10,3f; Esth. 10,12 # 10,3i; Esth. 10,12 # 10,3i; Esth. 10,13 # 10,3k; Esth. 11,1 # 10,3l; Judith 1,4; Judith 1,4; Judith 1,11; Judith 1,12; Judith 1,12; Judith 1,13; Judith 1,13; Judith 1,13; Judith 1,13; Judith 1,14; Judith 1,15; Judith 1,16; Judith 1,16; Judith 2,2; Judith 2,2; Judith 2,2; Judith 2,2; Judith 2,3; Judith 2,4; Judith 2,4; Judith 2,14; Judith 2,15; Judith 2,19; Judith 2,22; Judith 2,22; Judith 2,28; Judith 3,6; Judith 3,10; Judith 4,2; Judith 6,2; Judith 6,3; Judith 6,4; Judith 6,10; Judith 6,10; Judith 6,11; Judith 6,21; Judith 7,1; Judith 7,1; Judith 7,1; Judith 7,4; Judith 7,6; Judith 7,7; Judith 7,16; Judith 7,26; Judith 7,30; Judith 8,3; Judith 8,3; Judith 8,3; Judith 8,3; Judith 8,14; Judith 8,14; Judith 8,14; Judith 8,17; Judith 8,20; Judith 8,26; Judith 9,10; Judith 10,13; Judith 10,13; Judith 10,15; Judith 10,15; Judith 10,16; Judith 10,19; Judith 10,20; Judith 10,21; Judith 10,22; Judith 10,23; Judith 10,23; Judith 10,23; Judith 11,6; Judith 11,7; Judith 11,7; Judith 11,9; Judith 11,10; Judith 11,12; Judith 11,19; Judith 11,20; Judith 12,1; Judith 12,1; Judith 12,1; Judith 12,8; Judith 12,10; Judith 12,11; Judith 12,13; Judith 12,14; Judith 12,16; Judith 12,19; Judith 13,1; Judith 13,1; Judith 13,2; Judith 13,4; Judith 13,6; Judith 13,6; Judith 13,7; Judith 13,8; Judith 13,8; Judith 13,8; Judith 13,9; Judith 13,14; Judith 13,15; Judith 13,16; Judith 14,6; Judith 14,10; Judith 14,11; Judith 14,13; Judith 14,15; Judith 14,15; Judith 14,16; Judith 15,11; Judith 16,1; Judith 16,2; Judith 16,3; Judith 16,8; Judith 16,9; Judith 16,9; Judith 16,9; Judith 16,19; Judith 16,21; Judith 16,22; Tob. 1,13; Tob. 1,15; Tob. 1,15; Tob. 1,15; Tob. 1,18; Tob. 1,21; Tob. 1,21; Tob. 1,21; Tob. 1,21; Tob. 3,10; Tob. 3,17; Tob. 4,5; Tob. 4,19; Tob. 4,21; Tob. 5,17; Tob. 5,17; Tob. 5,17; Tob. 5,18; Tob. 5,22; Tob. 6,19; Tob. 7,2; Tob. 7,6; Tob. 7,7; Tob. 7,7; Tob. 7,13; Tob. 7,14; Tob. 7,15; Tob. 8,6; Tob. 8,8; Tob. 8,12; Tob. 8,21; Tob. 9,6; Tob. 10,1; Tob. 10,9; Tob. 10,10; Tob. 10,12; Tob. 10,14; Tob. 10,14; Tob. 11,6; Tob. 11,6; Tob. 11,8; Tob. 11,11; Tob. 11,11; Tob. 11,12; Tob. 11,12; Tob. 11,13; Tob. 11,13; Tob. 11,15; Tob. 11,15; Tob. 11,16; Tob. 11,17; Tob. 11,18; Tob. 11,19; Tob. 12,1; Tob. 12,6; Tob. 13,2; Tob. 13,2; Tob. 13,4; Tob. 13,6; Tob. 13,6; Tob. 13,8; Tob. 13,8; Tob. 13,9; Tob. 13,11; Tob. 14,3; Tob. 14,3; Tob. 14,7; Tob. 14,7; Tob. 14,11; Tob. 14,11; Tob. 14,12; Tob. 14,12; Tob. 14,12; Tob. 14,12; Tob. 14,13; Tob. 14,13; 1Mac. 1,1; 1Mac. 1,3; 1Mac. 1,3; 1Mac. 1,6; 1Mac. 1,6; 1Mac. 1,6; 1Mac. 1,6; 1Mac. 1,8; 1Mac. 1,8; 1Mac. 1,18; 1Mac. 1,24; 1Mac. 1,41; 1Mac. 1,42; 1Mac. 1,43; 1Mac. 1,51; 1Mac. 2,14; 1Mac. 2,16; 1Mac. 2,19; 1Mac. 2,19; 1Mac. 2,19; 1Mac. 2,24; 1Mac. 2,28; 1Mac. 2,39; 1Mac. 2,40; 1Mac. 2,41; 1Mac. 2,45; 1Mac. 2,49; 1Mac. 2,53; 1Mac. 2,57; 1Mac. 2,60; 1Mac. 2,62; 1Mac. 2,63; 1Mac. 2,63; 1Mac. 2,65; 1Mac. 2,66; 1Mac. 2,69; 1Mac. 2,70; 1Mac. 3,1; 1Mac. 3,1; 1Mac. 3,2; 1Mac. 3,2; 1Mac. 3,3; 1Mac. 3,3; 1Mac. 3,4; 1Mac. 3,5; 1Mac. 3,6; 1Mac. 3,6; 1Mac. 3,7; 1Mac. 3,7; 1Mac. 3,13; 1Mac. 3,15; 1Mac. 3,23; 1Mac. 3,23; 1Mac. 3,25; 1Mac. 3,26; 1Mac. 3,27; 1Mac. 3,28; 1Mac. 3,31; 1Mac. 3,33; 1Mac. 3,37; 1Mac. 3,42; 1Mac. 3,43; 1Mac. 3,56; 1Mac. 4,8; 1Mac. 4,24; 1Mac. 4,30; 1Mac. 4,36; 1Mac. 4,59; 1Mac. 5,5; 1Mac. 5,7; 1Mac. 5,10; 1Mac. 5,17; 1Mac. 5,21; 1Mac. 5,24; 1Mac. 5,28; 1Mac. 5,34; 1Mac. 5,40; 1Mac. 5,40; 1Mac. 5,43; 1Mac. 5,50; 1Mac. 5,55; 1Mac. 5,59; 1Mac. 5,61; 1Mac. 5,63; 1Mac. 5,65; 1Mac. 6,7; 1Mac. 6,10; 1Mac. 6,14; 1Mac. 6,14; 1Mac. 6,15; 1Mac. 6,15; 1Mac. 6,17; 1Mac. 6,17; 1Mac. 6,23; 1Mac. 6,23; 1Mac. 6,28; 1Mac. 6,30; 1Mac. 6,37; 1Mac. 6,42; 1Mac. 6,44; 1Mac. 6,45; 1Mac. 6,46; 1Mac. 6,54; 1Mac. 6,55; 1Mac. 6,55; 1Mac. 6,56; 1Mac. 7,2; 1Mac. 7,4; 1Mac. 7,6; 1Mac. 7,10; 1Mac. 7,19; 1Mac. 7,20; 1Mac. 7,23; 1Mac. 7,25; 1Mac. 7,26; 1Mac. 7,27; 1Mac. 7,30; 1Mac. 7,30; 1Mac. 7,31; 1Mac. 7,35; 1Mac. 7,37; 1Mac. 7,38; 1Mac. 7,42; 1Mac. 7,44; 1Mac. 7,47; 1Mac. 8,8; 1Mac. 8,20; 1Mac. 9,1; 1Mac. 9,5; 1Mac. 9,7; 1Mac. 9,16; 1Mac. 9,19; 1Mac. 9,22; 1Mac. 9,30; 1Mac. 9,31; 1Mac. 9,33; 1Mac. 9,33; 1Mac. 9,34; 1Mac. 9,35; 1Mac. 9,35; 1Mac. 9,37; 1Mac. 9,39; 1Mac. 9,39; 1Mac. 9,44; 1Mac. 9,47; 1Mac. 9,47; 1Mac. 9,48; 1Mac. 9,55; 1Mac. 9,55; 1Mac. 9,55; 1Mac. 9,58; 1Mac. 9,60; 1Mac. 9,60; 1Mac. 9,62; 1Mac. 9,63; 1Mac. 9,65; 1Mac. 9,66; 1Mac. 9,67; 1Mac. 9,68; 1Mac. 9,68; 1Mac. 9,69; 1Mac. 9,71; 1Mac. 9,71; 1Mac. 9,72; 1Mac. 10,5; 1Mac. 10,6; 1Mac. 10,13; 1Mac. 10,13; 1Mac. 10,15; 1Mac. 10,53; 1Mac. 10,53; 1Mac.

10,57; 1Mac. 10,58; 1Mac. 10,61; 1Mac. 10,62; 1Mac. 10,63; 1Mac. 10,63; 1Mac. 10,63; 1Mac. 10,63; 1Mac. 10,64; 1Mac. 10,67; 1Mac. 10,74; 1Mac. 10,78; 1Mac. 10,80; 1Mac. 10,80; 1Mac. 10,82; 1Mac. 10,82; 1Mac. 10,87; 1Mac. 11,1; 1Mac. 11,2; 1Mac. 11,4; 1Mac. 11,11; 1Mac. 11,12; 1Mac. 11,13; 1Mac. 11,18; 1Mac. 11,24; 1Mac. 11,25; 1Mac. 11,26; 1Mac. 11,26; 1Mac. 11,38; 1Mac. 11,38; 1Mac. 11,40; 1Mac. 11,40; 1Mac. 11,51; 1Mac. 11,52; 1Mac. 11,52; 1Mac. 11,54; 1Mac. 11,59; 1Mac. 11,64; 1Mac. 11,67; 1Mac. 11,71; 1Mac. 11,71; 1Mac. 11,73; 1Mac. 11,73; 1Mac. 12,25; 1Mac. 12,27; 1Mac. 12,28; 1Mac. 12,29; 1Mac. 12,43; 1Mac. 12,43; 1Mac. 12,43; 1Mac. 12,43; 1Mac. 12,48; 1Mac. 12,50; 1Mac. 12,52; 1Mac. 13,11; 1Mac. 13,12; 1Mac. 13,14; 1Mac. 13,16; 1Mac. 13,20; 1Mac. 13,22; 1Mac. 13,24; 1Mac. 13,25; 1Mac. 13,25; 1Mac. 13,27; 1Mac. 13,27; 1Mac. 13,32; 1Mac. 13,52; 1Mac. 13,53; 1Mac. 14,1; 1Mac. 14,2; 1Mac. 14,2; 1Mac. 14,4; 1Mac. 14,4; 1Mac. 14,4; 1Mac. 14,5; 1Mac. 14,6; 1Mac. 14,10; 1Mac. 14,12; 1Mac. 14,12; 1Mac. 14,14; 1Mac. 14,17; 1Mac. 14,17; 1Mac. 14,18; 1Mac. 14,25; 1Mac. 14,26; 1Mac. 14,26; 1Mac. 14,29; 1Mac. 14,30; 1Mac. 14,32; 1Mac. 14,32; 1Mac. 14,35; 1Mac. 14,35; 1Mac. 14,35; 1Mac. 14,36; 1Mac. 14,36; 1Mac. 14,39; 1Mac. 14,42; 1Mac. 14,43; 1Mac. 14,44; 1Mac. 14,44; 1Mac. 14,49; 1Mac. 15,10; 1Mac. 15,15; 1Mac. 15,28; 1Mac. 16,1; 1Mac. 16,2; 1Mac. 16,6; 1Mac. 16,6; 1Mac. 16,8; 1Mac. 16,13; 1Mac. 16,13; 1Mac. 16,14; 1Mac. 16,16; 1Mac. 16,16; 1Mac. 16,16; 1Mac. 16,16; 1Mac. 16,21; 1Mac. 16,21; 1Mac. 16,23; 1Mac. 16,23; 1Mac. 16,23; 1Mac. 16,24; 1Mac. 16,24; 2Mac. 1,2; 2Mac. 1,2; 2Mac. 1,3; 2Mac. 1,4; 2Mac. 1,7; 2Mac. 2,17; 2Mac. 3,24; 2Mac. 4,9; 2Mac. 4,21; 2Mac. 4,44; 2Mac. 5,27; 2Mac. 6,21; 2Mac. 6,30; 2Mac. 7,6; 2Mac. 7,9; 2Mac. 7,11; 2Mac. 7,11; 2Mac. 7,14; 2Mac. 7,17; 2Mac. 7,23; 2Mac. 7,26; 2Mac. 8,4; 2Mac. 8,7; 2Mac. 8,15; 2Mac. 8,22; 2Mac. 8,36; 2Mac. 9,5; 2Mac. 9,9; 2Mac. 9,9; 2Mac. 9,12; 2Mac. 9,29; 2Mac. 10,4; 2Mac. 10,25; 2Mac. 12,25; 2Mac. 13,9; 2Mac. 14,26; 2Mac. 15,5; 3Mac. 1,1; 3Mac. 1,22; 3Mac. 1,25; 3Mac. 2,9; 3Mac. 5,16; 3Mac. 5,30; 3Mac. 5,35; 3Mac. 5,39; 3Mac. 6,18; 3Mac. 6,20; 3Mac. 6,39; 3Mac. 7,12; 4Mac. 2,21; 4Mac. 4,11; 4Mac. 4,13; 4Mac. 4,15; 4Mac. 4,16; 4Mac. 4,26; 4Mac. 5,4; 4Mac. 6,12; 4Mac. 6,25; 4Mac. 8,15; 4Mac. 9,11; 4Mac. 9,26; 4Mac. 10,5; 4Mac. 10,17; 4Mac. 11,5; 4Mac. 11,10; 4Mac. 11,19; 4Mac. 12,2; 4Mac. 12,11; 4Mac. 17,2; 4Mac. 17,23; 4Mac. 18,16; 4Mac. 18,20; Psa. 1,2; Psa. 1,2; Psa. 2,2; Psa. 2,5; Psa. 2,5; Psa. 2,6; Psa. 2,6; Psa. 2,12; Psa. 3,1; Psa. 3,3; Psa. 3,5; Psa. 4,4; Psa. 7,13; Psa. 7,13; Psa. 7,14; Psa. 7,17; Psa. 7,17; Psa. 7,17; Psa. 7,17; Psa. 7,18; Psa. 8,5; Psa. 8,7; Psa. 9,8; Psa. 9,12; Psa. 9,17; Psa. 9,24; Psa. 9,25; Psa. 9,25; Psa. 9,26; Psa. 9,26; Psa. 9,26; Psa. 9,27; Psa. 9,28; Psa. 9,28; Psa. 9,29; Psa. 9,30; Psa. 9,31; Psa. 9,32; Psa. 9,32; Psa. 9,34; Psa. 9,36; Psa. 9,37; Psa. 10,4; Psa. 10,4; Psa. 10,4; Psa. 10,4; Psa. 10,7; Psa. 11,3; Psa. 13,1; Psa. 13,6; Psa. 13,7; Psa. 14,2; Psa. 14,3; Psa. 14,3; Psa. 14,3; Psa. 14,4; Psa. 14,4; Psa. 14,5; Psa. 15,3; Psa. 15,3; Psa. 17,1; Psa. 17,7; Psa. 17,7; Psa. 17,7; Psa. 17,9; Psa. 17,9; Psa. 17,9; Psa. 17,10; Psa. 17,12; Psa. 17,12; Psa. 17,12; Psa. 17,13; Psa. 17,14; Psa. 17,23; Psa. 17,23; Psa. 17,24; Psa. 17,25; Psa. 17,31; Psa. 17,51; Psa. 17,51; Psa. 17,51; Psa. 18,2; Psa. 18,5; Psa. 18,6; Psa. 18,6; Psa. 18,7; Psa. 18,7; Psa. 18,7; Psa. 19,7; Psa. 19,7; Psa. 19,7; Psa. 19,7; Psa. 20,3; Psa. 20,3; Psa. 20,4; Psa. 20,6; Psa. 20,10; Psa. 21,25; Psa. 21,30; Psa. 21,32; Psa. 22,3; Psa. 23,3; Psa. 23,4; Psa. 23,4; Psa. 23,5; Psa. 24,9; Psa. 24,10; Psa. 24,10; Psa. 24,13; Psa. 24,13; Psa. 24,14; Psa. 24,22; Psa. 26,4; Psa. 26,5; Psa. 26,6; Psa. 27,5; Psa. 27,8; Psa. 27,8; Psa. 28,2; Psa. 28,2; Psa. 28,9; Psa. 28,11; Psa. 28,11; Psa. 29,5; Psa. 29,5; Psa. 29,6; Psa. 29,6; Psa. 30,22; Psa. 30,24; Psa. 31,2; Psa. 32,4; Psa. 32,6; Psa. 32,8; Psa. 32,11; Psa. 32,12; Psa. 32,14; Psa. 32,16; Psa. 32,17; Psa. 32,18; Psa. 32,21; Psa. 33,1; Psa. 33,2; Psa. 33,4; Psa. 33,7; Psa. 33,7; Psa. 33,10; Psa. 33,16; Psa. 33,23; Psa. 34,9; Psa. 34,10; Psa. 34,27; Psa. 35,2; Psa. 35,3; Psa. 35,3; Psa. 35,4; Psa. 35,5; Psa. 36,7; Psa. 36,10; Psa. 36,12; Psa. 36,13; Psa. 36,23; Psa. 36,24; Psa. 36,25; Psa. 36,26; Psa. 36,28; Psa. 36,30; Psa. 36,31; Psa. 36,31; Psa. 36,31; Psa. 36,33; Psa. 36,34; Psa. 36,36; Psa. 37,14; Psa. 37,15; Psa. 38,12; Psa. 39,5; Psa. 40,3; Psa. 40,4; Psa. 40,4; Psa. 40,4; Psa. 40,6; Psa. 40,7; Psa. 41,9; Psa. 45,4; Psa. 45,5; Psa. 45,7; Psa. 46,5; Psa. 46,9; Psa. 47,2; Psa. 48,8; Psa. 48,9; Psa. 48,17; Psa. 48,18; Psa. 48,19; Psa. 48,19; Psa. 48,20; Psa. 49,2; Psa. 49,3; Psa. 49,3; Psa. 49,4; Psa. 49,5; Psa. 49,5; Psa. 49,6; Psa. 51,9; Psa. 51,9; Psa. 51,9; Psa. 52,2; Psa. 52,7; Psa. 54,13; Psa. 54,21; Psa. 54,21; Psa. 54,22; Psa. 54,22; Psa. 54,22; Psa. 56,4; Psa. 56,4; Psa. 57,8; Psa. 57,11; Psa. 58,1; Psa. 58,11; Psa. 59,8; Psa. 60,7; Psa. 60,8; Psa. 61,2; Psa. 61,6; Psa. 61,9; Psa. 61,13; Psa. 63,10; Psa. 64,7; Psa. 65,2; Psa. 65,2; Psa. 65,7; Psa. 65,7; Psa. 65,8; Psa. 65,20; Psa. 66,2; Psa. 67,2; Psa. 67,2; Psa. 67,5; Psa. 67,5; Psa. 67,5; Psa. 67,6; Psa. 67,22; Psa. 67,24; Psa. 67,34; Psa. 67,35; Psa. 67,35; Psa. 67,36; Psa. 67,36; Psa. 68,16; Psa. 68,34; Psa. 68,37; Psa. 68,37; Psa. 71,7; Psa. 71,9; Psa. 71,9; Psa. 71,14; Psa. 71,15; Psa. 71,16; Psa. 71,17; Psa. 71,17; Psa. 71,19; Psa. 71,19; Psa. 74,9; Psa. 75,2; Psa. 75,3; Psa. 75,3; Psa. 75,12; Psa. 76,3; Psa. 76,9; Psa. 76,10; Psa. 76,10; Psa. 77,4; Psa. 77,4; Psa. 77,7; Psa. 77,10; Psa. 77,11; Psa. 77,11; Psa. 77,20; Psa. 77,22; Psa. 77,26; Psa. 77,32; Psa. 77,37; Psa. 77,37; Psa. 77,38; Psa. 77,38; Psa. 77,42; Psa. 77,43; Psa. 77,43; Psa. 77,49; Psa. 77,50; Psa. 77,52; Psa. 77,54; Psa. 77,54; Psa. 77,56; Psa. 77,60; Psa. 77,62; Psa. 77,62; Psa. 77,66; Psa. 77,69; Psa. 77,70; Psa. 77,71; Psa. 77,71; Psa. 77,72; Psa. 77,72; Psa. 78,7; Psa. 80,7; Psa. 80,7; Psa. 83,6; Psa. 83,6; Psa. 84,9; Psa. 84,9; Psa. 84,10; Psa. 84,14; Psa. 84,14; Psa. 86,1; Psa. 88,8; Psa. 88,24; Psa. 88,24; Psa. 88,25; Psa. 88,25; Psa. 88,26; Psa. 88,26; Psa. 88,30; Psa. 88,30; Psa. 88,31; Psa. 88,34; Psa. 88,37; Psa. 88,37; Psa. 88,40; Psa. 88,41; Psa. 88,41; Psa. 88,42; Psa. 88,43; Psa. 88,43; Psa. 88,44; Psa. 88,44; Psa. 88,45; Psa. 88,46; Psa. 88,46; Psa. 88,49; Psa. 90,4; Psa. 90,4; Psa. 90,4; Psa. 90,11; Psa. 90,15; Psa. 90,15; Psa. 93,14; Psa. 93,14; Psa. 94,2; Psa. 94,4; Psa. 94,4; Psa. 94,5; Psa. 94,5; Psa. 94,7; Psa. 94,7; Psa. 94,7; Psa. 95,2; Psa. 95,2; Psa. 95,3; Psa. 95,3; Psa. 95,6; Psa. 95,6; Psa. 95,8; Psa. 95,8; Psa. 95,9; Psa. 95,9; Psa. 95,13; Psa. 96,1; Psa. 96,2; Psa. 96,2; Psa. 96,3; Psa. 96,3; Psa. 96,4; Psa. 96,6; Psa. 96,6; Psa. 96,7; Psa. 96,10; Psa. 96,12; Psa. 97,1; Psa. 97,1; Psa. 97,2; Psa. 97,2; Psa. 97,3; Psa. 97,3; Psa. 98,5; Psa. 98,6; Psa. 98,6; Psa. 98,7; Psa. 98,9; Psa. 99,2; Psa. 99,3; Psa. 99,3; Psa. 99,4; Psa. 99,4; Psa. 99,4; Psa. 99,5; Psa. 99,5; Psa. 100,5; Psa. 101,1; Psa. 101,17; Psa. 101,20; Psa. 101,22; Psa. 101,24; Psa. 102,1; Psa. 102,2; Psa. 102,7; Psa. 102,7; Psa. 102,11; Psa. 102,15; Psa. 102,16; Psa. 102,17; Psa. 102,18; Psa. 102,18; Psa. 102,19; Psa. 102,19; Psa. 102,20; Psa. 102,20; Psa. 102,20; Psa. 102,21; Psa. 102,21; Psa. 102,21; Psa. 102,22; Psa. 102,22; Psa. 103,3; Psa. 103,3; Psa. 103,4; Psa. 103,4; Psa. 103,6; Psa. 103,13; Psa. 103,19; Psa. 103,23; Psa. 103,23; Psa. 103,31; Psa. 104,1; Psa. 104,1; Psa. 104,2; Psa. 104,3; Psa. 104,4; Psa. 104,5; Psa. 104,5; Psa. 104,5; Psa. 104,6; Psa. 104,6; Psa. 104,7; Psa. 104,8; Psa. 104,9; Psa. 104,18; Psa. 104,18; Psa. 104,19; Psa. 104,21; Psa. 104,21; Psa. 104,22; Psa. 104,22; Psa. 104,24; Psa. 104,24; ιδ 104,25; Psa. 104,25; Psa. 104,26; Psa. 104,27; Psa. 104,28; Psa. 104,42; Psa. 104,42; Psa. 104,43; Psa. 104,43; Psa. 104,45; Psa. 104,45; Psa. 105,1; Psa. 105,2; Psa. 105,8; Psa. 105,8; Psa. 105,12; Psa. 105,12; Psa. 105,13; Psa. 105,13; Psa. 105,23; Psa. 105,23; Psa. 105,23; Psa. 105,24; Psa. 105,26; Psa. 105,33; Psa. 105,33; Psa.

αὐτός

105,40; Psa. 105,40; Psa. 105,45; Psa. 105,45; Psa. 106,1; Psa. 106,8; Psa. 106,8; Psa. 106,15; Psa. 106,15; Psa. 106,20; Psa. 106,21; Psa. 106,21; Psa. 106,22; Psa. 106,24; Psa. 106,31; Psa. 106,31; Psa. 107,8; Psa. 108,6; Psa. 108,7; Psa. 108,8; Psa. 108,8; Psa. 108,9; Psa. 108,9; Psa. 108,10; Psa. 108,11; Psa. 108,12; Psa. 108,13; Psa. 108,13; Psa. 108,14; Psa. 108,14; Psa. 108,17; Psa. 108,18; Psa. 108,18; Psa. 109,5; Psa. 110,2; Psa. 110,3; Psa. 110,3; Psa. 110,4; Psa. 110,5; Psa. 110,6; Psa. 110,6; Psa. 110,7; Psa. 110,7; Psa. 110,9; Psa. 110,9; Psa. 110,9; Psa. 110,10; Psa. 111,1; Psa. 111,2; Psa. 111,3; Psa. 111,3; Psa. 111,5; Psa. 111,7; Psa. 111,8; Psa. 111,8; Psa. 111,9; Psa. 111,9; Psa. 111,10; Psa. 112,4; Psa. 112,8; Psa. 113,2; Psa. 113,2; Psa. 114,2; Psa. 115,6; Psa. 115,9; Psa. 116,2; Psa. 117,1; Psa. 117,2; Psa. 117,3; Psa. 117,4; Psa. 117,29; Psa. 118,2; Psa. 118,3; Psa. 118,9; Psa. 124,2; Psa. 126,2; Psa. 126,5; Psa. 127,1; Psa. 128,7; Psa. 128,7; Psa. 129,8; Psa. 131,1; Psa. 131,7; Psa. 131,7; Psa. 131,18; Psa. 132,2; Psa. 134,3; Psa. 134,4; Psa. 134,7; Psa. 134,9; Psa. 134,12; Psa. 134,14; Psa. 134,14; Psa. 135,1; Psa. 135,2; Psa. 135,3; Psa. 135,4; Psa. 135,5; Psa. 135,6; Psa. 135,7; Psa. 135,8; Psa. 135,9; Psa. 135,10; Psa. 135,11; Psa. 135,12; Psa. 135,13; Psa. 135,14; Psa. 135,15; Psa. 135,15; Psa. 135,16; Psa. 135,16; Psa. 135,16; Psa. 135,17; Psa. 135,18; Psa. 135,19; Psa. 135,20; Psa. 135,21; Psa. 135,22; Psa. 135,22; Psa. 135,23; Psa. 135,24; Psa. 135,25; Psa. 135,26; Psa. 135,26; Psa. 140,10; Psa. 141,3; Psa. 141,3; Psa. 143,4; Psa. 143,10; Psa. 143,15; Psa. 144,3; Psa. 144,9; Psa. 144,9; Psa. 144,13a; Psa. 144,13a; Psa. 144,17; Psa. 144,17; Psa. 144,21; Psa. 145,4; Psa. 145,4; Psa. 145,5; Psa. 145,5; Psa. 146,5; Psa. 146,5; Psa. 146,11; Psa. 147,4; Psa. 147,4; Psa. 147,6; Psa. 147,6; Psa. 147,7; Psa. 147,7; Psa. 147,8; Psa. 147,8; Psa. 147,9; Psa. 148,2; Psa. 148,2; Psa. 148,8; Psa. 148,13; Psa. 148,13; Psa. 148,14; Psa. 148,14; Psa. 149,1; Psa. 149,3; Psa. 149,4; Psa. 149,9; Psa. 150,1; Psa. 150,1; Psa. 150,2; Psa. 150,2; Psa. 151,4; Psa. 151,4; Psa. 151,6; Psa. 151,7; Ode. 1,4; Ode. 2,4; Ode. 2,4; Ode. 2,9; Ode. 2,9; Ode. 2,11; Ode. 2,11; Ode. 2,11; Ode. 2,11; Ode. 2,15; Ode. 2,19; Ode. 2,36; Ode. 2,36; Ode. 2,43; Ode. 2,43; Ode. 2,43; Ode. 3,3; Ode. 3,10; Ode. 3,10; Ode. 3,10; Ode. 3,10; Ode. 3,10; Ode. 4,3; Ode. 4,3; Ode. 4,4; Ode. 4,4; Ode. 4,4; Ode. 4,5; Ode. 4,5; Ode. 4,7; Ode. 4,19; Ode. 9,48; Ode. 9,49; Ode. 9,50; Ode. 9,51; Ode. 9,54; Ode. 9,55; Ode. 9,68; Ode. 9,69; Ode. 9,70; Ode. 9,72; Ode. 9,75; Ode. 9,76; Ode. 9,77; Ode. 10,5; Ode. 10,5; Prov. 1,12; Prov. 1,13; Prov. 2,6; Prov. 3,11; Prov. 5,21; Prov. 6,6; Prov. 6,15; Prov. 6,31; Prov. 6,32; Prov. 6,33; Prov. 7,1a; Prov. 7,20; Prov. 7,20; Prov. 8,22; Prov. 8,22; Prov. 8,30; Prov. 10,9; Prov. 11,8; Prov. 11,17; Prov. 11,17; Prov. 12,10; Prov. 12,14; Prov. 12,16; Prov. 13,13a; Prov. 13,24; Prov. 13,25; Prov. 14,2; Prov. 14,10; Prov. 14,14; Prov. 14,26; Prov. 14,32; Prov. 15,20; Prov. 15,29b; Prov. 15,32; Prov. 16,10; Prov. 16,11; Prov. 16,17; Prov. 16,17; Prov. 16,30; Prov. 16,30; Prov. 17,13; Prov. 17,21; Prov. 17,25; Prov. 18,6; Prov. 18,7; Prov. 18,7; Prov. 18,9; Prov. 18,20; Prov. 18,20; Prov. 19,3; Prov. 19,3; Prov. 19,11; Prov. 19,12; Prov. 19,17; Prov. 19,19; Prov. 19,24; Prov. 19,26; Prov. 20,7; Prov. 20,8; Prov. 20,20 # 20,9a; Prov. 20,11; Prov. 20,11; Prov. 20,23; Prov. 20,24; Prov. 20,28; Prov. 21,8; Prov. 21,23; Prov. 21,23; Prov. 21,25; Prov. 21,29; Prov. 22,8; Prov. 22,8a; Prov. 22,15; Prov. 22,19; Prov. 22,23; Prov. 22,25; Prov. 22,29; Prov. 23,3; Prov. 23,5; Prov. 23,6; Prov. 23,8; Prov. 23,14; Prov. 23,24; Prov. 24,12; Prov. 24,17; Prov. 24,18; Prov. 24,18; Prov. 24,22b; Prov. 24,22d; Prov. 25,5; Prov. 25,18; Prov. 25,22; Prov. 26,5; Prov. 26,12; Prov. 26,14; Prov. 26,15; Prov. 26,25; Prov. 27,13; Prov. 27,15; Prov. 27,22; Prov. 28,8; Prov. 28,9; Prov. 28,9; Prov. 28,11; Prov. 28,22; Prov. 28,27; Prov. 29,1; Prov. 29,3; Prov. 29,10; Prov. 29,11; Prov. 29,14; Prov. 29,15; Prov. 29,20; Prov. 30,4; Prov. 30,6; Prov. 24,31; Prov. 31,1; Eccl. 1,3; Eccl. 1,5; Eccl. 1,6; Eccl. 2,14; Eccl. 2,14; Eccl. 2,21; Eccl. 2,21; Eccl. 2,22; Eccl. 2,22; Eccl. 2,23; Eccl. 2,23; Eccl. 2,23; Eccl. 2,24; Eccl. 2,24; Eccl. 2,25; Eccl. 2,26; Eccl. 3,11; Eccl. 3,12; Eccl. 3,13; Eccl. 3,14; Eccl. 3,22; Eccl. 3,22; Eccl. 4,4; Eccl. 4,5; Eccl. 4,5; Eccl. 4,8; Eccl. 4,8; Eccl. 4,10; Eccl. 4,12; Eccl. 4,14; Eccl. 4,15; Eccl. 5,10; Eccl. 5,12; Eccl. 5,12; Eccl. 5,13; Eccl. 5,14; Eccl. 5,14; Eccl. 5,14; Eccl. 5,16; Eccl. 5,17; Eccl. 5,17; Eccl. 5,17; Eccl. 5,18; Eccl. 5,18; Eccl. 5,18; Eccl. 5,19; Eccl. 5,19; Eccl. 6,2; Eccl. 6,2; Eccl. 6,3; Eccl. 6,3; Eccl. 6,4; Eccl. 6,7; Eccl. 6,10; Eccl. 6,12; Eccl. 6,12; Eccl. 7,1; Eccl. 7,2; Eccl. 7,7; Eccl. 7,8; Eccl. 7,14; Eccl. 7,15; Eccl. 7,15; Eccl. 8,1; Eccl. 8,1; Eccl. 8,3; Eccl. 8,12; Eccl. 8,15; Eccl. 8,15; Eccl. 8,16; Eccl. 9,12; Eccl. 9,15; Eccl. 9,16; Eccl. 10,2; Eccl. 10,2; Eccl. 10,3; Eccl. 10,13; Eccl. 10,13; Eccl. 10,14; Eccl. 12,5; Eccl. 12,13; Song 1,2; Song 1,4; Song 1,12; Song 1,12; Song 2,3; Song 2,3; Song 2,6; Song 2,6; Song 3,8; Song 3,8; Song 3,11; Song 3,11; Song 3,11; Song 4,16; Song 4,16; Song 5,4; Song 5,6; Song 5,11; Song 5,11; Song 5,12; Song 5,13; Song 5,13; Song 5,14; Song 5,14; Song 5,15; Song 5,15; Song 5,16; Song 6,2; Song 7,9; Song 7,11; Song 8,3; Song 8,3; Song 8,7; Song 8,10; Song 8,11; Song 8,11; Song 8,12; Job 1,3; Job 1,4; Job 1,10; Job 1,10; Job 1,10; Job 1,10; Job 1,12; Job 1,13; Job 1,20; Job 1,20; Job 2,3; Job 2,4; Job 2,5; Job 2,5; Job 2,6; Job 2,9; Job 2,11; Job 3,1; Job 3,1; Job 3,19; Job 3,23; Job 4,9; Job 4,12; Job 4,17; Job 4,18; Job 4,18; Job 5,18; Job 7,1; Job 7,2; Job 7,2; Job 7,10; Job 7,18; Job 8,4; Job 8,14; Job 8,14; Job 8,15; Job 8,15; Job 8,16; Job 8,16; Job 9,3; Job 9,4; Job 9,13; Job 9,15; Job 9,19; Job 9,34; Job 11,4; Job 11,5; Job 12,5; Job 12,10; Job 13,3; Job 13,7; Job 13,11; Job 13,11; Job 13,15; Job 13,16; Job 14,5; Job 14,5; Job 14,6; Job 14,14; Job 14,21; Job 14,22; Job 14,22; Job 15,15; Job 15,21; Job 15,21; Job 15,21; Job 15,26; Job 15,26; Job 15,27; Job 15,27; Job 15,29; Job 15,30; Job 15,30; Job 15,32; Job 15,32; Job 15,35; Job 16,9; Job 16,20; Job 16,21; Job 18,6; Job 18,7; Job 18,7; Job 18,8; Job 18,10; Job 18,10; Job 18,11; Job 18,13; Job 18,13; Job 18,14; Job 18,15; Job 18,15; Job 18,15; Job 18,16; Job 18,16; Job 18,17; Job 18,19; Job 18,19; Job 18,19; Job 19,6; Job 19,12; Job 19,28; Job 20,6; Job 20,6; Job 20,9; Job 20,10; Job 20,10; Job 20,11; Job 20,11; Job 20,11; Job 20,12; Job 20,12; Job 20,13; Job 20,14; Job 20,15; Job 20,20; Job 20,20; Job 20,21; Job 20,21; Job 20,23; Job 20,25; Job 20,25; Job 20,26; Job 20,27; Job 20,28; Job 21,19; Job 21,20; Job 21,21; Job 21,21; Job 21,21; Job 21,23; Job 21,24; Job 21,24; Job 21,30; Job 21,31; Job 21,31; Job 21,33; Job 21,33; Job 22,14; Job 22,18; Job 22,22; Job 22,22; Job 23,2; Job 23,7; Job 23,9; Job 23,11; Job 23,11; Job 23,12; Job 23,12; Job 23,15; Job 23,15a; Job 23,15a; Job 24,20; Job 24,24; Job 25,2; Job 25,3; Job 25,5; Job 26,5; Job 26,6; Job 26,8; Job 26,8; Job 26,9; Job 26,11; Job 26,14; Job 26,14; Job 27,9; Job 27,10; Job 27,10; Job 27,10; Job 27,14; Job 27,15; Job 27,17; Job 27,18; Job 27,19; Job 27,21; Job 27,22; Job 27,23; Job 27,23; Job 28,9; Job 29,3; Job 29,3; Job 29,20; Job 30,11; Job 30,14; Job 31,23; Job 31,31; Job 32,1; Job 32,4; Job 32,5; Job 32,12; Job 33,17; Job 33,18; Job 33,19; Job 33,20; Job 33,21; Job 33,21; Job 33,22; Job 33,22; Job 33,23; Job 33,24; Job 33,24; Job 33,25; Job 34,26; Job 34,27; Job 34,35; Job 35,14; Job 35,15; Job 35,16; Job 36,7; Job 36,22; Job 36,23; Job 36,24; Job 36,26; Job 36,29; Job 36,33; Job 36,33; Job 37,2; Job 37,3; Job 37,3; Job 37,4; Job 37,4; Job 37,4; Job 37,5; Job 37,6; Job 37,11; Job 37,12; Job 37,13; Job 37,15; Job 37,18; Job 37,21; Job 37,23; Job 38,32; Job 38,32; Job 38,41; Job 39,5; Job 39,6; Job 39,6; Job 39,8; Job 39,10; Job 39,11; Job 39,18; Job 39,19; Job 39,20; Job 39,27; Job 39,29; Job 39,30; Job 40,16; Job 40,17; Job 40,18; Job 40,18; Job 40,19; Job 40,25; Job 40,26; Job 40,26; Job 40,31; Job 40,31; Job 40,32; Job 41,4; Job 41,5; Job 41,5; Job 41,6; Job 41,6; Job 41,7;

Job 41,7; Job 41,9; Job 41,10; Job 41,10; Job 41,11; Job 41,12; Job 41,13; Job 41,13; Job 41,14; Job 41,14; Job 41,15; Job 41,16; Job 41,17; Job 41,22; Job 42,8; Job 42,10; Job 42,10; Job 42,11; Job 42,11; Job 42,12; Job 42,16; Job 42,16; Job 42,17d; Job 42,17d; Wis. 1,6; Wis. 1,6; Wis. 1,6; Wis. 1,9; Wis. 1,9; Wis. 2,4; Wis. 2,15; Wis. 2,15; Wis. 2,17; Wis. 2,17; Wis. 2,18; Wis. 2,19; Wis. 2,19; Wis. 2,20; Wis. 2,20; Wis. 3,9; Wis. 4,11; Wis. 4,11; Wis. 4,14; Wis. 4,15; Wis. 4,15; Wis. 4,17; Wis. 5,1; Wis. 5,4; Wis. 5,4; Wis. 5,5; Wis. 5,17; Wis. 6,4; Wis. 6,14; Wis. 7,16; Wis. 7,26; Wis. 8,4; Wis. 8,21; Wis. 10,3; Wis. 10,10; Wis. 10,14; Wis. 13,7; Wis. 13,13; Wis. 13,17; Wis. 14,9; Wis. 15,10; Wis. 15,10; Wis. 15,10; Wis. 15,17; Wis. 15,19; Wis. 16,14; Wis. 18,24; Sir. 1,1; Sir. 1,8; Sir. 1,9; Sir. 1,10; Sir. 1,13; Sir. 1,22; Sir. 1,24; Sir. 1,24; Sir. 1,27; Sir. 2,7; Sir. 2,10; Sir. 2,15; Sir. 2,15; Sir. 2,16; Sir. 2,17; Sir. 2,18; Sir. 2,18; Sir. 3,4; Sir. 3,5; Sir. 3,6; Sir. 3,8; Sir. 3,11; Sir. 3,12; Sir. 3,16; Sir. 3,31; Sir. 4,2; Sir. 4,6; Sir. 4,6; Sir. 4,16; Sir. 4,17; Sir. 4,17; Sir. 4,19; Sir. 5,6; Sir. 5,6; Sir. 6,5; Sir. 6,8; Sir. 6,15; Sir. 6,17; Sir. 6,17; Sir. 6,36; Sir. 6,37; Sir. 7,11; Sir. 7,20; Sir. 7,29; Sir. 7,30; Sir. 8,1; Sir. 8,3; Sir. 8,6; Sir. 8,10; Sir. 8,14; Sir. 8,15; Sir. 8,15; Sir. 8,16; Sir. 8,16; Sir. 9,11; Sir. 9,17; Sir. 9,18; Sir. 9,18; Sir. 10,1; Sir. 10,2; Sir. 10,3; Sir. 10,5; Sir. 10,9; Sir. 10,12; Sir. 10,20; Sir. 10,29; Sir. 10,29; Sir. 10,30; Sir. 10,30; Sir. 11,1; Sir. 11,2; Sir. 11,2; Sir. 11,4; Sir. 11,12; Sir. 11,13; Sir. 11,17; Sir. 11,18; Sir. 11,18; Sir. 11,22; Sir. 11,26; Sir. 11,27; Sir. 11,28; Sir. 12,2; Sir. 12,5; Sir. 12,9; Sir. 12,9; Sir. 12,10; Sir. 12,11; Sir. 12,14; Sir. 12,16; Sir. 12,16; Sir. 12,16; Sir. 12,18; Sir. 12,18; Sir. 12,18; Sir. 13,7; Sir. 13,7; Sir. 13,11; Sir. 13,11; Sir. 13,15; Sir. 13,16; Sir. 13,23; Sir. 13,25; Sir. 14,1; Sir. 14,2; Sir. 14,2; Sir. 14,4; Sir. 14,4; Sir. 14,5; Sir. 14,6; Sir. 14,7; Sir. 14,10; Sir. 14,20; Sir. 14,21; Sir. 14,25; Sir. 14,26; Sir. 15,5; Sir. 15,5; Sir. 15,14; Sir. 15,19; Sir. 16,12; Sir. 16,12; Sir. 16,12; Sir. 16,14; Sir. 16,18; Sir. 16,20; Sir. 16,21; Sir. 16,26; Sir. 16,27; Sir. 16,28; Sir. 16,28; Sir. 16,29; Sir. 17,3; Sir. 17,4; Sir. 17,8; Sir. 17,8; Sir. 17,10; Sir. 17,12; Sir. 17,13; Sir. 17,15; Sir. 17,15; Sir. 17,19; Sir. 17,19; Sir. 17,20; Sir. 17,22; Sir. 18,4; Sir. 18,4; Sir. 18,5; Sir. 18,5; Sir. 18,8; Sir. 18,8; Sir. 18,8; Sir. 18,11; Sir. 18,12; Sir. 18,13; Sir. 18,13; Sir. 18,14; Sir. 19,4; Sir. 19,16; Sir. 19,26; Sir. 19,30; Sir. 20,14; Sir. 20,15; Sir. 20,17; Sir. 20,17; Sir. 20,21; Sir. 20,22; Sir. 20,26; Sir. 20,26; Sir. 20,28; Sir. 20,31; Sir. 20,31; Sir. 21,5; Sir. 21,5; Sir. 21,8; Sir. 21,8; Sir. 21,11; Sir. 21,13; Sir. 21,15; Sir. 21,17; Sir. 21,20; Sir. 22,1; Sir. 22,12; Sir. 22,13; Sir. 22,13; Sir. 22,13; Sir. 22,13; Sir. 22,23; Sir. 22,23; Sir. 22,25; Sir. 22,26; Sir. 23,8; Sir. 23,11; Sir. 23,11; Sir. 23,11; Sir. 23,15; Sir. 23,17; Sir. 23,18; Sir. 23,18; Sir. 23,19; Sir. 24,2; Sir. 24,10; Sir. 24,12; Sir. 25,11; Sir. 25,18; Sir. 26,1; Sir. 26,2; Sir. 26,13; Sir. 27,3; Sir. 27,4; Sir. 27,5; Sir. 27,16; Sir. 27,17; Sir. 27,17; Sir. 27,17; Sir. 27,18; Sir. 27,22; Sir. 27,23; Sir. 27,23; Sir. 27,25; Sir. 28,1; Sir. 28,4; Sir. 28,5; Sir. 28,10; Sir. 28,10; Sir. 29,1; Sir. 29,2; Sir. 29,3; Sir. 29,5; Sir. 29,6; Sir. 29,9; Sir. 29,15; Sir. 30,1; Sir. 30,1; Sir. 30,2; Sir. 30,3; Sir. 30,4; Sir. 30,5; Sir. 30,5; Sir. 30,7; Sir. 30,7; Sir. 30,12; Sir. 30,13; Sir. 30,14; Sir. 31,1; Sir. 31,3; Sir. 31,9; Sir. 31,11; Sir. 31,11; Sir. 31,19; Sir. 31,20; Sir. 31,20; Sir. 31,23; Sir. 31,24; Sir. 31,27; Sir. 31,31; Sir. 32,13; Sir. 32,15; Sir. 32,17; Sir. 33,5; Sir. 33,13; Sir. 33,13; Sir. 33,13; Sir. 33,13; Sir. 33,29; Sir. 34,14; Sir. 34,15; Sir. 34,20; Sir. 34,25; Sir. 34,25; Sir. 34,26; Sir. 34,26; Sir. 35,9; Sir. 35,16; Sir. 35,22; Sir. 35,23; Sir. 35,23; Sir. 35,24; Sir. 37,6; Sir. 37,8; Sir. 37,12; Sir. 37,22; Sir. 37,23; Sir. 37,26; Sir. 37,26; Sir. 38,1; Sir. 38,1; Sir. 38,3; Sir. 38,5; Sir. 38,6; Sir. 38,7; Sir. 38,8; Sir. 38,8; Sir. 38,12; Sir. 38,16; Sir. 38,16; Sir. 38,16; Sir. 38,17; Sir. 38,23; Sir. 38,23; Sir. 38,24; Sir. 38,25; Sir. 38,26; Sir. 38,26; Sir. 38,27; Sir. 38,27; Sir. 38,27; Sir. 38,28; Sir. 38,28; Sir. 38,28; Sir. 38,28; Sir. 38,28; Sir. 38,29; Sir. 38,29; Sir. 38,29; Sir. 38,29; Sir. 38,30; Sir. 38,30; Sir. 38,30; Sir. 38,31; Sir. 39,1; Sir. 39,5; Sir. 39,5; Sir. 39,5; Sir. 39,6; Sir. 39,7; Sir. 39,7; Sir. 39,8; Sir. 39,9; Sir. 39,9; Sir. 39,9; Sir. 39,10; Sir. 39,10; Sir. 39,15; Sir. 39,15; Sir. 39,16; Sir. 39,17; Sir. 39,17; Sir. 39,18; Sir. 39,18; Sir. 39,19; Sir. 39,19; Sir. 39,20; Sir. 39,22; Sir. 39,23; Sir. 39,24; Sir. 39,31; Sir. 40,5; Sir. 40,6; Sir. 40,7; Sir. 40,29; Sir. 40,29; Sir. 40,30; Sir. 41,1; Sir. 41,15; Sir. 41,15; Sir. 41,24; Sir. 42,15; Sir. 42,16; Sir. 42,17; Sir. 42,17; Sir. 42,20; Sir. 42,21; Sir. 42,22; Sir. 42,25; Sir. 43,3; Sir. 43,3; Sir. 43,5; Sir. 43,13; Sir. 43,13; Sir. 43,15; Sir. 43,16; Sir. 43,16; Sir. 43,17; Sir. 43,23; Sir. 43,26; Sir. 43,26; Sir. 43,28; Sir. 43,29; Sir. 43,32; Sir. 44,2; Sir. 44,20; Sir. 44,20; Sir. 44,21; Sir. 44,21; Sir. 44,22; Sir. 44,23; Sir. 44,23; Sir. 45,1; Sir. 45,3; Sir. 45,3; Sir. 45,3; Sir. 45,5; Sir. 45,5; Sir. 45,6; Sir. 45,9; Sir. 45,9; Sir. 45,13; Sir. 45,13; Sir. 45,13; Sir. 45,14; Sir. 45,15; Sir. 45,15; Sir. 45,17; Sir. 45,17; Sir. 45,19; Sir. 45,21; Sir. 45,23; Sir. 45,24; Sir. 45,24; Sir. 45,25; Sir. 45,26; Sir. 46,1; Sir. 46,1; Sir. 46,2; Sir. 46,3; Sir. 46,4; Sir. 46,5; Sir. 46,6; Sir. 46,6; Sir. 46,9; Sir. 46,11; Sir. 46,13; Sir. 46,13; Sir. 46,15; Sir. 46,15; Sir. 46,16; Sir. 46,17; Sir. 46,19; Sir. 46,20; Sir. 46,20; Sir. 47,4; Sir. 47,5; Sir. 47,5; Sir. 47,8; Sir. 47,8; Sir. 47,10; Sir. 47,11; Sir. 47,11; Sir. 47,13; Sir. 47,22; Sir. 47,22; Sir. 47,22; Sir. 47,22; Sir. 47,23; Sir. 47,23; Sir. 47,23; Sir. 48,1; Sir. 48,2; Sir. 48,12; Sir. 48,12; Sir. 48,13; Sir. 48,14; Sir. 48,14; Sir. 48,17; Sir. 48,18; Sir. 48,18; Sir. 48,18; Sir. 48,21; Sir. 48,22; Sir. 48,22; Sir. 48,23; Sir. 49,3; Sir. 49,15; Sir. 50,1; Sir. 50,1; Sir. 50,2; Sir. 50,3; Sir. 50,4; Sir. 50,12; Sir. 50,15; Sir. 50,19; Sir. 50,20; Sir. 50,20; Sir. 50,20; Sir. 50,22; Sir. 50,24; Sir. 50,27; Sir. 50,28; Sir. 50,29; Sir. 51,29; Sir. 51,29; Sir. 51,30; Sol. 2,8; Sol. 2,26; Sol. 2,27; Sol. 2,29; Sol. 2,36; Sol. 2,36; Sol. 2,36; Sol. 2,37; Sol. 3,2; Sol. 3,4; Sol. 3,5; Sol. 3,7; Sol. 3,7; Sol. 3,8; Sol. 3,8; Sol. 3,9; Sol. 3,9; Sol. 3,10; Sol. 3,10; Sol. 4,3; Sol. 4,4; Sol. 4,4; Sol. 4,5; Sol. 4,6; Sol. 4,6; Sol. 4,7; Sol. 4,10; Sol. 4,12; Sol. 4,13; Sol. 4,14; Sol. 4,14; Sol. 4,14; Sol. 4,15; Sol. 4,15; Sol. 4,15; Sol. 4,16; Sol. 4,16; Sol. 4,17; Sol. 4,17; Sol. 4,17; Sol. 4,17; Sol. 4,18; Sol. 5,4; Sol. 6,1; Sol. 6,2; Sol. 6,2; Sol. 6,2; Sol. 6,3; Sol. 6,3; Sol. 6,4; Sol. 6,4; Sol. 6,4; Sol. 6,5; Sol. 8,7; Sol. 8,10; Sol. 8,17; Sol. 8,18; Sol. 8,18; Sol. 8,23; Sol. 8,24; Sol. 8,34; Sol. 10,4; Sol. 10,5; Sol. 11,8; Sol. 12,3; Sol. 12,6; Sol. 13,5; Sol. 13,9; Sol. 13,10; Sol. 13,12; Sol. 14,1; Sol. 14,2; Sol. 14,3; Sol. 14,8; Sol. 15,4; Sol. 15,12; Sol. 16,3; Sol. 16,4; Sol. 16,14; Sol. 16,14; Sol. 17,2; Sol. 17,2; Sol. 17,4; Sol. 17,4; Sol. 17,10; Sol. 17,12; Sol. 17,13; Sol. 17,24; Sol. 17,25; Sol. 17,25; Sol. 17,26; Sol. 17,29; Sol. 17,30; Sol. 17,31; Sol. 17,32; Sol. 17,34; Sol. 17,34; Sol. 17,35; Sol. 17,37; Sol. 17,37; Sol. 17,38; Sol. 17,39; Sol. 17,40; Sol. 17,43; Sol. 17,43; Sol. 17,45; Sol. 18,5; Sol. 18,7; Sol. 18,12; Hos. 1,4; Hos. 1,9; Hos. 2,11; Hos. 2,11; Hos. 3,5; Hos. 4,9; Hos. 4,9; Hos. 4,12; Hos. 5,5; Hos. 5,11; Hos. 5,13; Hos. 5,13; Hos. 6,2; Hos. 7,1; Hos. 7,5; Hos. 7,8; Hos. 7,9; Hos. 7,10; Hos. 8,12; Hos. 8,14; Hos. 9,8; Hos. 9,9; Hos. 9,9; Hos. 9,13; Hos. 9,16; Hos. 9,17; Hos. 10,1; Hos. 10,1; Hos. 10,5; Hos. 10,5; Hos. 10,5; Hos. 10,6; Hos. 11,1; Hos. 11,4; Hos. 11,5; Hos. 11,6; Hos. 11,6; Hos. 11,7; Hos. 11,7; Hos. 11,7; Hos. 12,3; Hos. 12,3; Hos. 12,4; Hos. 12,4; Hos. 12,6; Hos. 12,8; Hos. 12,9; Hos. 12,15; Hos. 12,15; Hos. 13,12; Hos. 13,15; Hos. 13,15; Hos. 13,15; Hos. 14,6; Hos. 14,7; Hos. 14,7; Hos. 14,8; Hos. 14,8; Amos 1,2; Amos 1,11; Amos 1,11; Amos 1,11; Amos 2,3; Amos 2,4; Amos 2,7; Amos 2,9; Amos 2,9; Amos 2,9; Amos 2,14; Amos 2,14; Amos 2,15; Amos 2,15; Amos 2,16; Amos 3,2; Amos 3,4; Amos 3,4; Amos 3,7; Amos 3,7; Amos 4,2; Amos 4,13; Amos 5,19; Amos 5,19; Amos 6,8; Amos 7,7; Amos 7,10; Amos 7,11; Amos 7,17; Amos 8,10; Amos 9,6; Amos 9,6; Mic. 1,2; Mic. 1,3; Mic. 1,4; Mic. 2,2; Mic. 2,2; Mic. 2,7; Mic. 2,7; Mic. 2,8; Mic. 2,8; Mic. 3,4; Mic. 3,8; Mic. 3,8; Mic. 4,2; Mic. 4,2; Mic.

αὐτός

4,4; Mic. 4,4; Mic. 4,5; Mic. 4,12; Mic. 5,1; Mic. 5,3; Mic. 6,2; Mic. 6,9; Mic. 7,2; Mic. 7,3; Mic. 7,6; Mic. 7,9; Mic. 7,18; Mic. 7,18; Joel 2,3; Joel 2,3; Joel 2,3; Joel 2,3; Joel 2,6; Joel 2,7; Joel 2,8; Joel 2,11; Joel 2,11; Joel 2,11; Joel 2,11; Joel 2,14; Joel 2,16; Joel 2,18; Joel 2,18; Joel 2,19; Joel 2,20; Joel 2,20; Joel 2,20; Joel 2,20; Joel 2,20; Joel 4,16; Joel 4,16; Obad. 3; Obad. 3; Obad. 6; Obad. 11; Obad. 11; Jonah 1,3; Jonah 1,7; Jonah 2,2; Jonah 3,6; Jonah 3,6; Jonah 3,7; Jonah 3,8; Jonah 3,9; Jonah 4,6; Jonah 4,6; Jonah 4,8; Nah. 1,2; Nah. 1,2; Nah. 1,3; Nah. 1,3; Nah. 1,3; Nah. 1,5; Nah. 1,5; Nah. 1,6; Nah. 1,6; Nah. 1,6; Nah. 1,6; Nah. 1,8; Nah. 1,13; Nah. 2,4; Nah. 2,13; Nah. 2,13; Nah. 2,13; Nah. 2,13; Hab. 1,7; Hab. 1,7; Hab. 1,7; Hab. 1,7; Hab. 1,10; Hab. 1,12; Hab. 1,15; Hab. 1,15; Hab. 1,16; Hab. 1,16; Hab. 1,16; Hab. 1,16; Hab. 1,17; Hab. 2,5; Hab. 2,6; Hab. 2,6; Hab. 2,6; Hab. 2,6; Hab. 2,9; Hab. 2,9; Hab. 2,15; Hab. 2,18; Hab. 2,20; Hab. 2,20; Hab. 3,3; Hab. 3,3; Hab. 3,4; Hab. 3,4; Hab. 3,4; Hab. 3,5; Hab. 3,5; Hab. 3,7; Hab. 3,10; Hab. 3,19; Zeph. 1,7; Zeph. 1,7; Zeph. 1,18; Zeph. 2,11; Zeph. 2,13; Zeph. 2,15; Zeph. 3,5; Zeph. 3,17; Hag. 1,9; Hag. 2,3; Hag. 2,12; Hag. 2,12; Hag. 2,22; Zech. 1,8; Zech. 2,5; Zech. 2,12; Zech. 2,16; Zech. 2,17; Zech. 3,1; Zech. 3,4; Zech. 3,4; Zech. 3,5; Zech. 3,5; Zech. 3,10; Zech. 4,1; Zech. 4,9; Zech. 5,4; Zech. 5,4; Zech. 5,4; Zech. 5,11; Zech. 6,12; Zech. 6,13; Zech. 6,13; Zech. 7,2; Zech. 7,9; Zech. 7,10; Zech. 7,12; Zech. 7,13; Zech. 8,4; Zech. 8,4; Zech. 8,10; Zech. 8,12; Zech. 8,16; Zech. 8,17; Zech. 9,1; Zech. 9,14; Zech. 9,16; Zech. 9,16; Zech. 9,17; Zech. 9,17; Zech. 10,3; Zech. 10,3; Zech. 10,4; Zech. 10,4; Zech. 10,4; Zech. 10,4; Zech. 10,12; Zech. 11,6; Zech. 11,6; Zech. 11,9; Zech. 11,17; Zech. 11,17; Zech. 11,17; Zech. 11,17; Zech. 12,4; Zech. 13,3; Zech. 13,3; Zech. 13,3; Zech. 13,3; Zech. 13,4; Zech. 14,3; Zech. 14,4; Zech. 14,5; Zech. 14,9; Zech. 14,13; Zech. 14,13; Zech. 14,13; Mal. 1,1; Mal. 1,3; Mal. 1,3; Mal. 1,6; Mal. 1,9; Mal. 1,12; Mal. 1,14; Mal. 1,14; Mal. 2,5; Mal. 2,6; Mal. 2,6; Mal. 2,7; Mal. 2,10; Mal. 2,15; Mal. 3,2; Mal. 3,2; Mal. 3,10; Mal. 3,10; Mal. 3,14; Mal. 3,16; Mal. 3,16; Mal. 3,16; Mal. 3,17; Mal. 3,20; Mal. 3,23; Is. 1,3; Is. 2,3; Is. 2,6; Is. 2,10; Is. 2,19; Is. 2,20; Is. 2,21; Is. 3,5; Is. 3,6; Is. 3,6; Is. 3,11; Is. 3,13; Is. 3,14; Is. 5,2; Is. 5,5; Is. 5,5; Is. 5,12; Is. 5,14; Is. 5,14; Is. 5,25; Is. 5,25; Is. 6,1; Is. 6,2; Is. 6,3; Is. 7,2; Is. 7,2; Is. 7,14; Is. 8,3; Is. 8,7; Is. 8,8; Is. 8,12; Is. 8,17; Is. 8,19; Is. 9,5; Is. 9,5; Is. 9,6; Is. 9,6; Is. 9,6; Is. 9,18; Is. 9,19; Is. 10,7; Is. 10,12; Is. 10,26; Is. 10,27; Is. 10,27; Is. 10,28; Is. 11,4; Is. 11,5; Is. 11,10; Is. 11,11; Is. 11,15; Is. 12,4; Is. 12,4; Is. 12,4; Is. 13,5; Is. 13,13; Is. 13,14; Is. 13,14; Is. 14,18; Is. 14,30; Is. 14,32; Is. 16,5; Is. 17,4; Is. 17,5; Is. 17,7; Is. 18,2; Is. 18,7; Is. 19,1; Is. 19,2; Is. 19,2; Is. 22,21; Is. 22,23; Is. 22,24; Is. 25,11; Is. 25,11; Is. 27,6; Is. 27,9; Is. 27,9; Is. 28,4; Is. 28,21; Is. 28,21; Is. 28,21; Is. 29,8; Is. 30,26; Is. 30,27; Is. 30,28; Is. 30,30; Is. 30,30; Is. 31,2; Is. 31,3; Is. 31,4; Is. 32,2; Is. 32,6; Is. 32,18; Is. 33,16; Is. 34,16; Is. 34,17; Is. 36,6; Is. 36,16; Is. 36,20; Is. 37,7; Is. 37,7; Is. 37,22; Is. 37,24; Is. 37,38; Is. 37,38; Is. 37,38; Is. 37,38; Is. 38,2; Is. 38,9; Is. 39,2; Is. 39,2; Is. 40,10; Is. 40,10; Is. 40,10; Is. 40,11; Is. 40,11; Is. 40,13; Is. 40,20; Is. 40,26; Is. 40,28; Is. 41,2; Is. 41,3; Is. 42,1; Is. 42,2; Is. 42,4; Is. 42,10; Is. 42,10; Is. 42,12; Is. 42,13; Is. 42,24; Is. 42,24; Is. 42,25; Is. 44,12; Is. 44,19; Is. 44,19; Is. 44,26; Is. 44,26; Is. 45,1; Is. 45,1; Is. 45,13; Is. 46,11; Is. 48,15; Is. 48,16; Is. 48,20; Is. 49,2; Is. 49,2; Is. 49,7; Is. 49,13; Is. 49,13; Is. 50,3; Is. 50,10; Is. 51,22; Is. 52,10; Is. 52,15; Is. 53,2; Is. 53,3; Is. 53,3; Is. 53,5; Is. 53,6; Is. 53,7; Is. 53,8; Is. 53,8; Is. 53,8; Is. 53,9; Is. 53,9; Is. 53,9; Is. 53,11; Is. 53,12; Is. 55,7; Is. 55,7; Is. 56,2; Is. 56,3; Is. 57,2; Is. 57,14; Is. 57,17; Is. 57,17; Is. 57,18; Is. 58,2; Is. 58,5; Is. 59,1; Is. 59,2; Is. 59,16; Is. 60,2; Is. 60,21; Is. 61,11; Is. 62,8; Is. 62,8; Is. 62,11; Is. 63,7; Is. 63,7; Is. 63,10; Is. 63,12; Is. 63,12; Is. 65,20; Is. 66,5; Is. 66,15; Is. 66,16;

Jer. 1,2; Jer. 1,9; Jer. 1,13; Jer. 1,15; Jer. 1,18; Jer. 2,3; Jer. 2,7; Jer. 2,7; Jer. 2,11; Jer. 2,15; Jer. 2,15; Jer. 2,35; Jer. 3,1; Jer. 3,1; Jer. 3,11; Jer. 4,1; Jer. 4,1; Jer. 4,7; Jer. 4,7; Jer. 4,13; Jer. 4,13; Jer. 4,23; Jer. 4,26; Jer. 5,8; Jer. 6,3; Jer. 6,9; Jer. 6,21; Jer. 6,23; Jer. 7,5; Jer. 8,1; Jer. 8,6; Jer. 8,6; Jer. 8,6; Jer. 8,14; Jer. 8,16; Jer. 8,16; Jer. 9,3; Jer. 9,4; Jer. 9,7; Jer. 9,19; Jer. 9,22; Jer. 9,22; Jer. 9,22; Jer. 9,25; Jer. 10,12; Jer. 10,12; Jer. 10,12; Jer. 10,13; Jer. 10,14; Jer. 10,16; Jer. 10,23; Jer. 10,23; Jer. 10,25; Jer. 11,19; Jer. 11,19; Jer. 12,15; Jer. 12,15; Jer. 13,13; Jer. 13,14; Jer. 13,23; Jer. 14,22; Jer. 16,7; Jer. 17,5; Jer. 17,5; Jer. 17,7; Jer. 17,8; Jer. 17,10; Jer. 17,10; Jer. 17,11; Jer. 17,11; Jer. 17,11; Jer. 18,4; Jer. 18,4; Jer. 18,11; Jer. 18,12; Jer. 18,18; Jer. 19,3; Jer. 19,9; Jer. 20,5; Jer. 20,9; Jer. 20,10; Jer. 20,10; Jer. 20,10; Jer. 21,2; Jer. 21,7; Jer. 21,9; Jer. 22,7; Jer. 22,8; Jer. 22,10; Jer. 22,11; Jer. 22,13; Jer. 22,13; Jer. 22,13; Jer. 22,13; Jer. 22,30; Jer. 23,6; Jer. 23,6; Jer. 23,9; Jer. 23,14; Jer. 23,17; Jer. 23,18; Jer. 23,20; Jer. 23,27; Jer. 23,28; Jer. 23,30; Jer. 23,34; Jer. 23,35; Jer. 23,35; Jer. 23,36; Jer. 24,8; Jer. 25,5; Jer. 26,10; Jer. 26,16; Jer. 27,16; Jer. 27,16; Jer. 27,17; Jer. 27,18; Jer. 27,19; Jer. 27,19; Jer. 27,25; Jer. 27,25; Jer. 27,34; Jer. 27,43; Jer. 27,43; Jer. 27,45; Jer. 28,3; Jer. 28,6; Jer. 28,9; Jer. 28,10; Jer. 28,11; Jer. 28,11; Jer. 28,14; Jer. 28,15; Jer. 28,15; Jer. 28,15; Jer. 28,16; Jer. 28,17; Jer. 28,19; Jer. 28,21; Jer. 28,23; Jer. 28,23; Jer. 28,28; Jer. 28,28; Jer. 28,31; Jer. 28,32; Jer. 28,32; Jer. 28,34; Jer. 28,59; Jer. 29,3; Jer. 29,3; Jer. 29,3; Jer. 29,3; Jer. 30,4; Jer. 30,4; Jer. 30,10; Jer. 30,14; Jer. 30,18; Jer. 30,19; Jer. 30,19; Jer. 30,21; Jer. 31,7; Jer. 31,7; Jer. 31,10; Jer. 31,11; Jer. 31,11; Jer. 31,11; Jer. 31,12; Jer. 31,12; Jer. 31,15; Jer. 31,15; Jer. 31,16; Jer. 31,17; Jer. 31,17; Jer. 31,25; Jer. 31,26; Jer. 31,29; Jer. 31,29; Jer. 31,29; Jer. 31,30; Jer. 31,30; Jer. 31,35; Jer. 31,38; Jer. 32,18; Jer. 32,19; Jer. 32,19; Jer. 32,19; Jer. 32,20; Jer. 32,23; Jer. 32,26; Jer. 32,30; Jer. 32,30; Jer. 32,30; Jer. 32,38; Jer. 33,3; Jer. 33,21; Jer. 33,23; Jer. 34,8; Jer. 34,11; Jer. 34,11; Jer. 35,11; Jer. 35,12; Jer. 36,32; Jer. 37,6; Jer. 37,6; Jer. 37,18; Jer. 37,18; Jer. 37,21; Jer. 37,21; Jer. 37,21; Jer. 37,21; Jer. 37,24; Jer. 38,7; Jer. 38,10; Jer. 38,11; Jer. 38,20; Jer. 38,23; Jer. 38,23; Jer. 38,23; Jer. 38,24; Jer. 38,30; Jer. 38,34; Jer. 38,34; Jer. 39,4; Jer. 39,4; Jer. 39,4; Jer. 39,4; Jer. 39,19; Jer. 40,11; Jer. 40,12; Jer. 41,1; Jer. 41,1; Jer. 41,3; Jer. 41,3; Jer. 41,3; Jer. 41,3; Jer. 41,9; Jer. 41,9; Jer. 41,10; Jer. 41,10; Jer. 41,15; Jer. 41,16; Jer. 41,16; Jer. 41,17; Jer. 42,3; Jer. 42,3; Jer. 42,14; Jer. 42,15; Jer. 43,2; Jer. 43,16; Jer. 43,18; Jer. 43,22; Jer. 43,24; Jer. 43,30; Jer. 43,31; Jer. 43,31; Jer. 44,2; Jer. 44,10; Jer. 44,14; Jer. 45,2; Jer. 46,1; Jer. 47,3; Jer. 47,5; Jer. 48,1; Jer. 48,2; Jer. 48,3; Jer. 48,4; Jer. 48,11; Jer. 48,13; Jer. 48,16; Jer. 49,11; Jer. 49,11; Jer. 49,16; Jer. 50,10; Jer. 50,10; Jer. 50,12; Jer. 51,21; Jer. 51,23; Jer. 51,23; Jer. 51,23; Jer. 51,30; Jer. 51,30; Jer. 51,30; Jer. 51,30; Jer. 52,1; Jer. 52,4; Jer. 52,4; Jer. 52,8; Jer. 52,8; Jer. 52,10; Jer. 52,21; Jer. 52,32; Jer. 52,32; Jer. 52,33; Jer. 52,33; Bar. 1,7; Bar. 1,11; Bar. 1,12; Bar. 1,13; Bar. 1,19; Bar. 1,20; Bar. 1,22; Bar. 2,1; Bar. 2,3; Bar. 2,3; Bar. 2,5; Bar. 2,9; Bar. 2,10; Bar. 2,15; Bar. 3,24; Bar. 3,32; Bar. 3,37; Bar. 3,37; Bar. 4,13; Bar. 4,13; Bar. 4,25; Bar. 5,9; Bar. 5,9; Lam. 1,10; Lam. 1,12; Lam. 1,13; Lam. 1,17; Lam. 1,18; Lam. 2,1; Lam. 2,1; Lam. 2,1; Lam. 2,2; Lam. 2,3; Lam. 2,3; Lam. 2,4; Lam. 2,4; Lam. 2,4; Lam. 2,5; Lam. 2,6; Lam. 2,6; Lam. 2,6; Lam. 2,7; Lam. 2,7; Lam. 2,8; Lam. 2,17; Lam. 3,1; Lam. 3,3; Lam. 3,12; Lam. 3,13; Lam. 3,27; Lam. 3,32; Lam. 3,33; Lam. 3,34; Lam. 3,39; Lam. 4,4; Lam. 4,11; Lam. 4,11; Lam. 4,20; LetterJ 40; Ezek. 1,4; Ezek. 1,27; Ezek. 2,2; Ezek. 3,12; Ezek. 3,18; Ezek. 3,18; Ezek. 3,18; Ezek. 3,19; Ezek. 3,19; Ezek. 3,19; Ezek. 3,20; Ezek. 3,20; Ezek. 3,20; Ezek. 3,20; Ezek. 3,20; Ezek. 4,4; Ezek. 4,4; Ezek. 4,17; Ezek. 7,13; Ezek. 7,16; Ezek. 8,2; Ezek. 8,2; Ezek. 8,10; Ezek. 8,11; Ezek. 9,1; Ezek. 9,2; Ezek. 9,2; Ezek.

9,3; Ezek. 9,5; Ezek. 9,11; Ezek. 10,7; Ezek. 12,5; Ezek. 12,12; Ezek. 12,12; Ezek. 12,14; Ezek. 12,14; Ezek. 12,14; Ezek. 13,14; Ezek. 13,22; Ezek. 14,4; Ezek. 14,4; Ezek. 14,4; Ezek. 14,4; Ezek. 14,4; Ezek. 14,7; Ezek. 14,7; Ezek. 14,7; Ezek. 14,7; Ezek. 17,14; Ezek. 17,15; Ezek. 17,16; Ezek. 17,18; Ezek. 17,19; Ezek. 17,20; Ezek. 17,21; Ezek. 17,23; Ezek. 17,23; Ezek. 17,23; Ezek. 18,6; Ezek. 18,6; Ezek. 18,7; Ezek. 18,8; Ezek. 18,8; Ezek. 18,8; Ezek. 18,11; Ezek. 18,11; Ezek. 18,12; Ezek. 18,13; Ezek. 18,14; Ezek. 18,15; Ezek. 18,15; Ezek. 18,16; Ezek. 18,17; Ezek. 18,17; Ezek. 18,18; Ezek. 18,18; Ezek. 18,19; Ezek. 18,20; Ezek. 18,20; Ezek. 18,21; Ezek. 18,22; Ezek. 18,22; Ezek. 18,24; Ezek. 18,24; Ezek. 18,24; Ezek. 18,24; Ezek. 18,26; Ezek. 18,27; Ezek. 18,27; Ezek. 18,28; Ezek. 18,30; Ezek. 19,4; Ezek. 19,7; Ezek. 19,7; Ezek. 19,9; Ezek. 20,7; Ezek. 20,29; Ezek. 20,39; Ezek. 21,8; Ezek. 21,16; Ezek. 21,26; Ezek. 21,28; Ezek. 22,6; Ezek. 22,11; Ezek. 22,11; Ezek. 22,11; Ezek. 22,11; Ezek. 24,23; Ezek. 25,9; Ezek. 26,8; Ezek. 26,9; Ezek. 26,10; Ezek. 26,10; Ezek. 26,10; Ezek. 26,10; Ezek. 26,11; Ezek. 29,3; Ezek. 29,18; Ezek. 29,18; Ezek. 29,19; Ezek. 29,20; Ezek. 30,11; Ezek. 30,11; Ezek. 30,22; Ezek. 30,22; Ezek. 30,22; Ezek. 30,24; Ezek. 31,2; Ezek. 31,3; Ezek. 31,4; Ezek. 31,5; Ezek. 31,5; Ezek. 31,6; Ezek. 31,6; Ezek. 31,6; Ezek. 31,7; Ezek. 31,7; Ezek. 31,7; Ezek. 31,8; Ezek. 31,8; Ezek. 31,8; Ezek. 31,9; Ezek. 31,11; Ezek. 31,12; Ezek. 31,12; Ezek. 31,13; Ezek. 31,13; Ezek. 31,16; Ezek. 31,17; Ezek. 31,17; Ezek. 31,17; Ezek. 31,18; Ezek. 32,7; Ezek. 32,20; Ezek. 32,20; Ezek. 32,22; Ezek. 32,22; Ezek. 32,22; Ezek. 32,24; Ezek. 32,24; Ezek. 32,26; Ezek. 32,26; Ezek. 32,29; Ezek. 32,32; Ezek. 32,32; Ezek. 33,4; Ezek. 33,4; Ezek. 33,5; Ezek. 33,5; Ezek. 33,5; Ezek. 33,8; Ezek. 33,8; Ezek. 33,8; Ezek. 33,9; Ezek. 33,9; Ezek. 33,9; Ezek. 33,11; Ezek. 33,12; Ezek. 33,13; Ezek. 33,13; Ezek. 33,13; Ezek. 33,14; Ezek. 33,16; Ezek. 33,18; Ezek. 33,19; Ezek. 33,20; Ezek. 33,30; Ezek. 34,12; Ezek. 36,20; Ezek. 38,21; Ezek. 38,22; Ezek. 38,22; Ezek. 39,11; Ezek. 40,2; Ezek. 40,3; Ezek. 40,3; Ezek. 40,5; Ezek. 41,2; Ezek. 41,12; Ezek. 43,10; Ezek. 43,10; Ezek. 43,11; Ezek. 43,11; Ezek. 43,11; Ezek. 43,11; Ezek. 43,12; Ezek. 43,13; Ezek. 43,14; Ezek. 43,16; Ezek. 43,17; Ezek. 43,17; Ezek. 43,17; Ezek. 43,18; Ezek. 43,18; Ezek. 43,20; Ezek. 44,3; Ezek. 44,5; Ezek. 44,5; Ezek. 44,14; Ezek. 44,25; Ezek. 45,1; Ezek. 46,2; Ezek. 46,2; Ezek. 46,5; Ezek. 46,7; Ezek. 46,11; Ezek. 46,12; Ezek. 46,12; Ezek. 46,16; Ezek. 46,16; Ezek. 46,16; Ezek. 46,17; Ezek. 46,17; Ezek. 46,18; Ezek. 46,18; Ezek. 46,18; Ezek. 47,3; Ezek. 47,11; Ezek. 47,11; Ezek. 47,11; Ezek. 47,12; Ezek. 47,12; Ezek. 47,12; Ezek. 47,12; Ezek. 47,14; Ezek. 48,14; Ezek. 48,28; Dan. 1,2; Dan. 1,2; Dan. 1,20; Dan. 1,20; Dan. 1,20; Dan. 1,20; Dan. 2,1; Dan. 2,1; Dan. 2,1; Dan. 2,2; Dan. 2,13; Dan. 2,15; Dan. 2,17; Dan. 2,18; Dan. 2,20; Dan. 3,19; Dan. 3,25; Dan. 3,25; Dan. 3,89; Dan. 3,90; Dan. 3,91; Dan. 3,95; Dan. 3,95; Dan. 3,96; Dan. 4,16; Dan. 4,18; Dan. 4,19; Dan. 4,22; Dan. 4,24; Dan. 4,27; Dan. 4,27; Dan. 4,29; Dan. 4,31; Dan. 4,37a; Dan. 4,37a; Dan. 4,37a; Dan. 4,37c; Dan. 4,37c; Dan. 4,37c; Dan. 4,37c; Dan. 4,37c; Dan. 5,0; Dan. 5,0; Dan. 5,0; Dan. 5,0; Dan. 5,1; Dan. 5,2; Dan. 5,2; Dan. 5,2; Dan. 5,5; Dan. 5,6; Dan. 5,6; Dan. 5,23; Dan. 5,29; Dan. 6,2; Dan. 6,4; Dan. 6,4; Dan. 6,5; Dan. 6,5; Dan. 6,6; Dan. 6,11; Dan. 6,11; Dan. 6,11; Dan. 6,14; Dan. 6,15; Dan. 6,18; Dan. 6,19; Dan. 6,19; Dan. 6,23; Dan. 6,26; Dan. 6,29; Dan. 6,29; Dan. 7,1; Dan. 7,9; Dan. 7,10; Dan. 7,14; Dan. 7,14; Dan. 7,16; Dan. 7,25; Dan. 8,4; Dan. 8,4; Dan. 8,5; Dan. 8,7; Dan. 8,8; Dan. 8,8; Dan. 8,18; Dan. 8,21; Dan. 8,22; Dan. 8,22; Dan. 8,22; Dan. 8,24; Dan. 8,24; Dan. 8,25; Dan. 8,25; Dan. 8,25; Dan. 9,2; Dan. 9,12; Dan. 9,14; Dan. 9,26; Dan. 10,5; Dan. 10,6; Dan. 10,6; Dan. 10,6; Dan. 10,6; Dan. 10,6; Dan. 10,9; Dan. 10,17; Dan. 11,2; Dan. 11,4; Dan. 11,4; Dan. 11,4; Dan. 11,4; Dan. 11,5; Dan. 11,6; Dan. 11,6; Dan. 11,6; Dan. 11,7; Dan. 11,7; Dan. 11,7; Dan. 11,9; Dan. 11,10; Dan. 11,11; Dan. 11,12; Dan. 11,15; Dan. 11,15; Dan. 11,16; Dan. 11,16; Dan. 11,16; Dan. 11,17; Dan. 11,17; Dan. 11,17; Dan. 11,18; Dan. 11,18; Dan. 11,19; Dan. 11,19; Dan. 11,20; Dan. 11,21; Dan. 11,21; Dan. 11,22; Dan. 11,23; Dan. 11,24; Dan. 11,24; Dan. 11,24; Dan. 11,25; Dan. 11,25; Dan. 11,26; Dan. 11,28; Dan. 11,28; Dan. 11,28; Dan. 11,31; Dan. 11,36; Dan. 11,37; Dan. 11,38; Dan. 11,38; Dan. 11,39; Dan. 11,43; Dan. 11,45; Dan. 11,45; Sus. 13-14; Bel 8; Bel 14; Bel 14; Bel 30; Bel 36; Bel 36; Bel 41; Bel 42; Josh. 19,29; Josh. 19,33; Judg. 1,2; Judg. 1,3; Judg. 1,3; Judg. 1,6; Judg. 1,6; Judg. 1,6; Judg. 1,13; Judg. 1,17; Judg. 1,25; Judg. 1,29; Judg. 2,6; Judg. 2,9; Judg. 3,10; Judg. 3,10; Judg. 3,15; Judg. 3,16; Judg. 3,20; Judg. 3,21; Judg. 3,21; Judg. 3,21; Judg. 3,22; Judg. 3,23; Judg. 3,24; Judg. 3,24; Judg. 3,28; Judg. 4,2; Judg. 4,7; Judg. 4,7; Judg. 4,10; Judg. 4,10; Judg. 4,11; Judg. 4,13; Judg. 4,13; Judg. 4,14; Judg. 4,15; Judg. 4,15; Judg. 4,15; Judg. 4,15; Judg. 4,17; Judg. 4,21; Judg. 4,22; Judg. 5,15; Judg. 5,17; Judg. 5,18; Judg. 5,22; Judg. 5,26; Judg. 5,26; Judg. 5,28; Judg. 5,28; Judg. 5,30; Judg. 5,31; Judg. 6,11; Judg. 6,13; Judg. 6,21; Judg. 6,21; Judg. 6,27; Judg. 6,29; Judg. 6,31; Judg. 6,32; Judg. 6,34; Judg. 7,1; Judg. 7,5; Judg. 7,5; Judg. 7,7; Judg. 7,8; Judg. 7,8; Judg. 7,11; Judg. 7,13; Judg. 7,14; Judg. 7,14; Judg. 7,15; Judg. 7,19; Judg. 7,22; Judg. 8,3; Judg. 8,4; Judg. 8,20; Judg. 8,20; Judg. 8,24; Judg. 8,25; Judg. 8,25; Judg. 8,27; Judg. 8,27; Judg. 8,27; Judg. 8,29; Judg. 8,30; Judg. 8,31; Judg. 8,31; Judg. 8,32; Judg. 8,32; Judg. 9,1; Judg. 9,1; Judg. 9,3; Judg. 9,3; Judg. 9,4; Judg. 9,5; Judg. 9,5; Judg. 9,7; Judg. 9,16; Judg. 9,16; Judg. 9,17; Judg. 9,18; Judg. 9,18; Judg. 9,19; Judg. 9,21; Judg. 9,24; Judg. 9,24; Judg. 9,26; Judg. 9,28; Judg. 9,28; Judg. 9,31; Judg. 9,33; Judg. 9,34; Judg. 9,35; Judg. 9,40; Judg. 9,41; Judg. 9,44; Judg. 9,48; Judg. 9,48; Judg. 9,48; Judg. 9,48; Judg. 9,53; Judg. 9,54; Judg. 9,54; Judg. 9,55; Judg. 9,56; Judg. 9,56; Judg. 10,1; Judg. 10,16; Judg. 10,18; Judg. 11,3; Judg. 11,3; Judg. 11,11; Judg. 11,20; Judg. 11,20; Judg. 11,21; Judg. 11,23; Judg. 11,32; Judg. 11,34; Judg. 11,34; Judg. 11,35; Judg. 11,39; Judg. 12,6; Judg. 12,7; Judg. 12,9; Judg. 13,5; Judg. 13,6; Judg. 13,6; Judg. 13,7; Judg. 13,11; Judg. 13,12; Judg. 13,19; Judg. 13,20; Judg. 13,21; Judg. 13,22; Judg. 13,23; Judg. 13,24; Judg. 14,2; Judg. 14,2; Judg. 14,3; Judg. 14,3; Judg. 14,3; Judg. 14,4; Judg. 14,4; Judg. 14,5; Judg. 14,5; Judg. 14,5; Judg. 14,6; Judg. 14,6; Judg. 14,6; Judg. 14,9; Judg. 14,9; Judg. 14,9; Judg. 14,10; Judg. 14,11; Judg. 14,19; Judg. 14,20; Judg. 15,1; Judg. 15,6; Judg. 15,6; Judg. 15,14; Judg. 15,14; Judg. 15,14; Judg. 15,14; Judg. 15,15; Judg. 15,17; Judg. 15,19; Judg. 15,19; Judg. 16,3; Judg. 16,5; Judg. 16,9; Judg. 16,12; Judg. 16,14; Judg. 16,14; Judg. 16,17; Judg. 16,18; Judg. 16,18; Judg. 16,19; Judg. 16,19; Judg. 16,19; Judg. 16,20; Judg. 16,20; Judg. 16,21; Judg. 16,22; Judg. 16,26; Judg. 16,29; Judg. 16,29; Judg. 16,30; Judg. 16,30; Judg. 16,31; Judg. 16,31; Judg. 16,31; Judg. 17,2; Judg. 17,2; Judg. 17,3; Judg. 17,3; Judg. 17,4; Judg. 17,4; Judg. 17,5; Judg. 17,6; Judg. 17,8; Judg. 17,11; Judg. 18,26; Judg. 18,30; Judg. 19,2; Judg. 19,2; Judg. 19,2; Judg. 19,3; Judg. 19,3; Judg. 19,3; Judg. 19,4; Judg. 19,4; Judg. 19,5; Judg. 19,7; Judg. 19,9; Judg. 19,9; Judg. 19,9; Judg. 19,10; Judg. 19,10; Judg. 19,10; Judg. 19,11; Judg. 19,12; Judg. 19,13; Judg. 19,16; Judg. 19,17; Judg. 19,21; Judg. 19,24; Judg. 19,25; Judg. 19,25; Judg. 19,27; Judg. 19,27; Judg. 19,28; Judg. 19,29; Judg. 20,8; Judg. 20,8; Judg. 20,33; Judg. 20,33; Judg. 20,40; Judg. 20,43; Judg. 21,1; Judg. 21,22; Judg. 21,24; Judg. 21,24; Judg. 21,24; Judg. 21,25; Tob. 1,9; Tob. 1,15; Tob. 1,15; Tob. 1,18; Tob. 1,18; Tob. 1,21; Tob. 1,21; Tob. 1,21; Tob. 2,2; Tob. 3,17; Tob. 3,17; Tob. 4,2; Tob. 4,3; Tob. 4,5; Tob. 5,1; Tob. 5,2; Tob. 5,3; Tob. 5,3; Tob. 5,3; Tob. 5,4; Tob. 5,4; Tob. 5,9; Tob. 5,9; Tob. 5,10; Tob.

αὐτός

5,17; Tob. 5,17; Tob. 5,17; Tob. 5,17; Tob. 5,18; Tob. 5,22; Tob. 6,1; Tob. 6,1; Tob. 6,4; Tob. 6,4; Tob. 6,5; Tob. 6,8; Tob. 6,8; Tob. 6,13; Tob. 6,19; Tob. 6,19; Tob. 7,1; Tob. 7,2; Tob. 7,6; Tob. 7,7; Tob. 7,13; Tob. 7,15; Tob. 8,6; Tob. 8,11; Tob. 8,18; Tob. 9,3-4; Tob. 9,5; Tob. 10,1; Tob. 10,4; Tob. 10,6; Tob. 10,6; Tob. 10,8; Tob. 10,10; Tob. 10,12; Tob. 10,14; Tob. 11,4; Tob. 11,6; Tob. 11,6; Tob. 11,7; Tob. 11,8; Tob. 11,8; Tob. 11,11; Tob. 11,11; Tob. 11,11; Tob. 11,12; Tob. 11,12; Tob. 11,13; Tob. 11,14; Tob. 11,14; Tob. 11,14; Tob. 11,15; Tob. 11,15; Tob. 11,15; Tob. 11,16; Tob. 11,16; Tob. 11,16; Tob. 11,17; Tob. 11,19; Tob. 12,1; Tob. 12,6; Tob. 12,22; Tob. 13,2; Tob. 13,2; Tob. 13,4; Tob. 13,6; Tob. 13,6; Tob. 13,17; Tob. 14,3; Tob. 14,8; Tob. 14,8; Tob. 14,10; Tob. 14,12; Tob. 14,12; Tob. 14,12; Tob. 14,12; Tob. 14,13; Dan. 1,2; Dan. 1,2; Dan. 1,2; Dan. 1,3; Dan. 1,5; Dan. 1,8; Dan. 1,8; Dan. 1,20; Dan. 2,1; Dan. 2,1; Dan. 2,1; Dan. 2,2; Dan. 2,7; Dan. 2,13; Dan. 2,17; Dan. 2,17; Dan. 2,18; Dan. 2,20; Dan. 2,22; Dan. 2,44; Dan. 3,19; Dan. 3,25; Dan. 3,89; Dan. 3,90; Dan. 3,91; Dan. 3,95; Dan. 3,95; Dan. 3,97; Dan. 4,3; Dan. 4,3; Dan. 4,7; Dan. 4,8; Dan. 4,9; Dan. 4,15; Dan. 4,16; Dan. 4,19; Dan. 4,23; Dan. 4,29; Dan. 4,33; Dan. 4,33; Dan. 4,33; Dan. 4,34; Dan. 4,34; Dan. 4,35; Dan. 4,35; Dan. 4,37; Dan. 4,37; Dan. 5,1; Dan. 5,2; Dan. 5,2; Dan. 5,2; Dan. 5,2; Dan. 5,3; Dan. 5,3; Dan. 5,3; Dan. 5,6; Dan. 5,6; Dan. 5,6; Dan. 5,7; Dan. 5,9; Dan. 5,9; Dan. 5,19; Dan. 5,20; Dan. 5,20; Dan. 5,20; Dan. 5,20; Dan. 5,21; Dan. 5,21; Dan. 5,22; Dan. 5,23; Dan. 5,23; Dan. 5,24; Dan. 5,29; Dan. 5,29; Dan. 6,2; Dan. 6,4; Dan. 6,5; Dan. 6,6; Dan. 6,11; Dan. 6,11; Dan. 6,11; Dan. 6,11; Dan. 6,12; Dan. 6,14; Dan. 6,14; Dan. 6,18; Dan. 6,18; Dan. 6,19; Dan. 6,19; Dan. 6,23; Dan. 6,23; Dan. 6,24; Dan. 6,27; Dan. 6,27; Dan. 7,1; Dan. 7,1; Dan. 7,7; Dan. 7,8; Dan. 7,9; Dan. 7,9; Dan. 7,9; Dan. 7,9; Dan. 7,10; Dan. 7,13; Dan. 7,14; Dan. 7,14; Dan. 7,16; Dan. 7,25; Dan. 7,27; Dan. 8,4; Dan. 8,4; Dan. 8,4; Dan. 8,5; Dan. 8,6; Dan. 8,7; Dan. 8,7; Dan. 8,7; Dan. 8,8; Dan. 8,21; Dan. 8,22; Dan. 8,22; Dan. 8,24; Dan. 8,24; Dan. 8,25; Dan. 8,25; Dan. 8,25; Dan. 9,2; Dan. 9,10; Dan. 9,10; Dan. 9,12; Dan. 9,14; Dan. 9,14; Dan. 9,17; Dan. 10,5; Dan. 10,6; Dan. 10,6; Dan. 10,6; Dan. 10,6; Dan. 10,6; Dan. 10,9; Dan. 10,9; Dan. 11,2; Dan. 11,3; Dan. 11,4; Dan. 11,4; Dan. 11,4; Dan. 11,4; Dan. 11,5; Dan. 11,5; Dan. 11,6; Dan. 11,6; Dan. 11,6; Dan. 11,7; Dan. 11,9; Dan. 11,10; Dan. 11,10; Dan. 11,11; Dan. 11,12; Dan. 11,15; Dan. 11,16; Dan. 11,16; Dan. 11,16; Dan. 11,17; Dan. 11,17; Dan. 11,17; Dan. 11,18; Dan. 11,18; Dan. 11,19; Dan. 11,19; Dan. 11,20; Dan. 11,20; Dan. 11,21; Dan. 11,22; Dan. 11,23; Dan. 11,24; Dan. 11,24; Dan. 11,24; Dan. 11,25; Dan. 11,25; Dan. 11,26; Dan. 11,28; Dan. 11,28; Dan. 11,28; Dan. 11,31; Dan. 11,32; Dan. 11,36; Dan. 11,37; Dan. 11,38; Dan. 11,38; Dan. 11,41; Dan. 11,42; Dan. 11,45; Dan. 11,45; Dan. 12,7; Dan. 12,7; Sus. 4; Sus. 63; Bel 1; Bel 1; Bel 2; Bel 4; Bel 8; Bel 14; Bel 16; Bel 22; Bel 36; Bel 36; Bel 36; Bel 39; Bel 42; Bel 42; Matt. 1,2; Matt. 1,11; Matt. 1,18; Matt. 1,20; Matt. 1,21; Matt. 1,21; Matt. 1,23; Matt. 1,24; Matt. 1,25; Matt. 2,2; Matt. 2,3; Matt. 2,11; Matt. 2,13; Matt. 2,14; Matt. 2,20; Matt. 2,21; Matt. 2,22; Matt. 3,3; Matt. 3,4; Matt. 3,4; Matt. 3,4; Matt. 3,6; Matt. 3,7; Matt. 3,12; Matt. 3,12; Matt. 3,12; Matt. 3,13; Matt. 4,6; Matt. 4,18; Matt. 4,21; Matt. 4,24; Matt. 5,1; Matt. 5,1; Matt. 5,2; Matt. 5,22; Matt. 5,22; Matt. 5,25; Matt. 5,28; Matt. 5,31; Matt. 5,32; Matt. 5,35; Matt. 5,41; Matt. 5,45; Matt. 6,27; Matt. 6,29; Matt. 6,33; Matt. 7,9; Matt. 7,24; Matt. 7,26; Matt. 7,28; Matt. 8,1; Matt. 8,3; Matt. 8,3; Matt. 8,5; Matt. 8,13; Matt. 8,14; Matt. 8,21; Matt. 8,23; Matt. 8,28; Matt. 9,7; Matt. 9,10; Matt. 9,10; Matt. 9,11; Matt. 9,18; Matt. 9,19; Matt. 9,20; Matt. 9,21; Matt. 9,24; Matt. 9,37; Matt. 9,38; Matt. 10,1; Matt. 10,2; Matt. 10,2; Matt. 10,10; Matt. 10,24; Matt. 10,25; Matt. 10,25; Matt. 10,25; Matt. 10,35; Matt. 10,36; Matt. 10,38; Matt. 10,39; Matt. 10,39; Matt. 10,42; Matt. 11,1; Matt. 11,2; Matt. 11,11; Matt. 11,20; Matt. 12,1; Matt. 12,3; Matt. 12,4; Matt. 12,10; Matt. 12,14; Matt. 12,19; Matt. 12,21; Matt. 12,26; Matt. 12,29; Matt. 12,29; Matt. 12,46; Matt. 12,46; Matt. 12,49; Matt. 12,49; Matt. 13,12; Matt. 13,19; Matt. 13,24; Matt. 13,25; Matt. 13,31; Matt. 13,36; Matt. 13,41; Matt. 13,41; Matt. 13,44; Matt. 13,52; Matt. 13,54; Matt. 13,55; Matt. 13,55; Matt. 13,56; Matt. 13,57; Matt. 14,2; Matt. 14,3; Matt. 14,11; Matt. 14,12; Matt. 14,31; Matt. 14,36; Matt. 15,6; Matt. 15,23; Matt. 15,30; Matt. 15,32; Matt. 16,13; Matt. 16,21; Matt. 16,24; Matt. 16,24; Matt. 16,25; Matt. 16,25; Matt. 16,26; Matt. 16,26; Matt. 16,27; Matt. 16,27; Matt. 16,27; Matt. 16,28; Matt. 17,1; Matt. 17,2; Matt. 17,2; Matt. 17,3; Matt. 17,5; Matt. 17,5; Matt. 17,18; Matt. 17,27; Matt. 18,6; Matt. 18,15; Matt. 18,23; Matt. 18,24; Matt. 18,25; Matt. 18,28; Matt. 18,29; Matt. 18,31; Matt. 18,32; Matt. 18,34; Matt. 18,35; Matt. 19,3; Matt. 19,5; Matt. 19,9; Matt. 19,10; Matt. 19,23; Matt. 19,28; Matt. 20,1; Matt. 20,2; Matt. 20,8; Matt. 20,20; Matt. 20,28; Matt. 21,10; Matt. 21,23; Matt. 21,34; Matt. 21,34; Matt. 21,35; Matt. 21,37; Matt. 21,38; Matt. 21,45; Matt. 22,2; Matt. 22,3; Matt. 22,5; Matt. 22,6; Matt. 22,7; Matt. 22,8; Matt. 22,13; Matt. 22,24; Matt. 22,24; Matt. 22,24; Matt. 22,25; Matt. 22,25; Matt. 22,33; Matt. 22,45; Matt. 23,1; Matt. 23,22; Matt. 24,1; Matt. 24,3; Matt. 24,17; Matt. 24,18; Matt. 24,31; Matt. 24,31; Matt. 24,43; Matt. 24,45; Matt. 24,46; Matt. 24,47; Matt. 24,48; Matt. 24,49; Matt. 24,51; Matt. 25,6; Matt. 25,10; Matt. 25,14; Matt. 25,18; Matt. 25,21; Matt. 25,23; Matt. 25,26; Matt. 25,28; Matt. 25,29; Matt. 25,31; Matt. 25,31; Matt. 25,31; Matt. 25,32; Matt. 25,33; Matt. 25,34; Matt. 25,41; Matt. 26,1; Matt. 26,7; Matt. 26,24; Matt. 26,39; Matt. 26,47; Matt. 26,47; Matt. 26,51; Matt. 26,51; Matt. 26,65; Matt. 26,67; Matt. 27,19; Matt. 27,19; Matt. 27,25; Matt. 27,29; Matt. 27,29; Matt. 27,29; Matt. 27,30; Matt. 27,31; Matt. 27,32; Matt. 27,35; Matt. 27,37; Matt. 27,37; Matt. 27,53; Matt. 27,54; Matt. 27,60; Matt. 27,64; Matt. 28,2; Matt. 28,3; Matt. 28,3; Matt. 28,4; Matt. 28,7; Matt. 28,8; Matt. 28,9; Matt. 28,13; Mark 1,3; Mark 1,5; Mark 1,6; Mark 1,7; Mark 1,19; Mark 1,20; Mark 1,22; Mark 1,25; Mark 1,26; Mark 1,28; Mark 1,36; Mark 1,41; Mark 1,42; Mark 2,8; Mark 2,15; Mark 2,15; Mark 2,16; Mark 2,23; Mark 2,25; Mark 3,2; Mark 3,5; Mark 3,6; Mark 3,7; Mark 3,9; Mark 3,10; Mark 3,14; Mark 3,21; Mark 3,27; Mark 3,27; Mark 3,31; Mark 3,31; Mark 4,2; Mark 4,25; Mark 4,36; Mark 5,2; Mark 5,4; Mark 5,18; Mark 5,18; Mark 5,22; Mark 5,24; Mark 5,27; Mark 5,28; Mark 5,30; Mark 5,31; Mark 5,35; Mark 5,37; Mark 5,40; Mark 5,40; Mark 6,1; Mark 6,1; Mark 6,2; Mark 6,3; Mark 6,4; Mark 6,4; Mark 6,4; Mark 6,14; Mark 6,17; Mark 6,20; Mark 6,20; Mark 6,21; Mark 6,21; Mark 6,22; Mark 6,27; Mark 6,28; Mark 6,29; Mark 6,29; Mark 6,35; Mark 6,41; Mark 6,45; Mark 6,56; Mark 6,56; Mark 7,2; Mark 7,17; Mark 7,19; Mark 7,25; Mark 7,25; Mark 7,33; Mark 7,33; Mark 7,33; Mark 7,35; Mark 7,35; Mark 8,4; Mark 8,6; Mark 8,10; Mark 8,11; Mark 8,12; Mark 8,22; Mark 8,23; Mark 8,25; Mark 8,26; Mark 8,27; Mark 8,27; Mark 8,30; Mark 8,33; Mark 8,34; Mark 8,34; Mark 8,35; Mark 8,35; Mark 8,36; Mark 8,37; Mark 8,38; Mark 9,3; Mark 9,7; Mark 9,21; Mark 9,25; Mark 9,27; Mark 9,28; Mark 9,28; Mark 9,31; Mark 9,41; Mark 9,42; Mark 10,7; Mark 10,7; Mark 10,11; Mark 10,17; Mark 10,23; Mark 10,24; Mark 10,45; Mark 10,46; Mark 10,46; Mark 10,50; Mark 11,1; Mark 11,3; Mark 11,14; Mark 11,18; Mark 11,23; Mark 11,27; Mark 12,19; Mark 12,19; Mark 12,32; Mark 12,37; Mark 12,37; Mark 12,38; Mark 12,43; Mark 13,1; Mark 13,1; Mark 13,3; Mark 13,15; Mark 13,16; Mark 13,27; Mark 13,34; Mark 13,34; Mark 13,34; Mark 14,3; Mark 14,3; Mark 14,3; Mark 14,12; Mark 14,13; Mark 14,21; Mark 14,32;

Mark 14,33; Mark 14,35; Mark 14,43; Mark 14,43; Mark 14,47; Mark 14,56; Mark 14,57; Mark 14,58; Mark 14,63; Mark 14,65; Mark 15,3; Mark 15,19; Mark 15,20; Mark 15,21; Mark 15,24; Mark 15,26; Mark 15,27; Mark 15,39; Mark 16,7; Mark 16,10; Luke 1,8; Luke 1,13; Luke 1,14; Luke 1,15; Luke 1,17; Luke 1,23; Luke 1,23; Luke 1,24; Luke 1,31; Luke 1,32; Luke 1,33; Luke 1,48; Luke 1,49; Luke 1,50; Luke 1,51; Luke 1,54; Luke 1,55; Luke 1,58; Luke 1,59; Luke 1,60; Luke 1,62; Luke 1,63; Luke 1,64; Luke 1,64; Luke 1,66; Luke 1,67; Luke 1,68; Luke 1,69; Luke 1,70; Luke 1,72; Luke 1,75; Luke 1,76; Luke 1,77; Luke 1,80; Luke 2,21; Luke 2,27; Luke 2,33; Luke 2,33; Luke 2,34; Luke 2,38; Luke 2,41; Luke 2,43; Luke 2,47; Luke 2,47; Luke 2,48; Luke 2,51; Luke 3,1; Luke 3,4; Luke 3,7; Luke 3,16; Luke 3,17; Luke 3,17; Luke 3,17; Luke 3,19; Luke 3,19; Luke 4,10; Luke 4,13; Luke 4,14; Luke 4,22; Luke 4,24; Luke 4,32; Luke 4,32; Luke 4,35; Luke 4,35; Luke 4,37; Luke 4,42; Luke 5,12; Luke 5,13; Luke 5,13; Luke 5,15; Luke 5,18; Luke 5,25; Luke 5,29; Luke 5,30; Luke 6,1; Luke 6,3; Luke 6,4; Luke 6,6; Luke 6,7; Luke 6,10; Luke 6,13; Luke 6,14; Luke 6,17; Luke 6,18; Luke 6,19; Luke 6,19; Luke 6,20; Luke 6,20; Luke 6,40; Luke 6,45; Luke 7,1; Luke 7,3; Luke 7,6; Luke 7,11; Luke 7,12; Luke 7,15; Luke 7,16; Luke 7,17; Luke 7,18; Luke 7,18; Luke 7,28; Luke 7,30; Luke 7,36; Luke 7,38; Luke 7,38; Luke 7,38; Luke 7,39; Luke 8,5; Luke 8,9; Luke 8,18; Luke 8,19; Luke 8,22; Luke 8,38; Luke 8,41; Luke 8,44; Luke 8,47; Luke 8,49; Luke 8,53; Luke 9,14; Luke 9,23; Luke 9,24; Luke 9,24; Luke 9,26; Luke 9,29; Luke 9,29; Luke 9,31; Luke 9,32; Luke 9,33; Luke 9,34; Luke 9,35; Luke 9,39; Luke 9,42; Luke 9,42; Luke 9,43; Luke 9,51; Luke 9,52; Luke 9,53; Luke 10,1; Luke 10,2; Luke 10,7; Luke 10,34; Luke 10,34; Luke 10,35; Luke 10,37; Luke 10,39; Luke 11,1; Luke 11,1; Luke 11,8; Luke 11,8; Luke 11,16; Luke 11,18; Luke 11,21; Luke 11,22; Luke 11,22; Luke 11,22; Luke 11,53; Luke 11,54; Luke 12,1; Luke 12,15; Luke 12,22; Luke 12,25; Luke 12,27; Luke 12,31; Luke 12,39; Luke 12,42; Luke 12,43; Luke 12,44; Luke 12,45; Luke 12,46; Luke 12,47; Luke 12,47; Luke 12,48; Luke 12,58; Luke 13,6; Luke 13,15; Luke 13,17; Luke 13,17; Luke 14,2; Luke 14,8; Luke 14,17; Luke 14,21; Luke 14,21; Luke 14,29; Luke 14,32; Luke 15,1; Luke 15,5; Luke 15,13; Luke 15,14; Luke 15,15; Luke 15,20; Luke 15,20; Luke 15,20; Luke 15,22; Luke 15,22; Luke 15,25; Luke 15,28; Luke 15,29; Luke 16,1; Luke 16,18; Luke 16,20; Luke 16,21; Luke 16,23; Luke 16,23; Luke 16,24; Luke 17,1; Luke 17,2; Luke 17,12; Luke 17,16; Luke 17,24; Luke 17,31; Luke 17,33; Luke 18,7; Luke 18,13; Luke 18,14; Luke 18,40; Luke 19,14; Luke 19,14; Luke 19,24; Luke 19,31; Luke 19,33; Luke 19,34; Luke 19,36; Luke 19,37; Luke 19,48; Luke 20,1; Luke 20,20; Luke 20,26; Luke 20,26; Luke 20,28; Luke 20,28; Luke 20,44; Luke 20,45; Luke 21,38; Luke 22,36; Luke 22,44; Luke 22,47; Luke 22,50; Luke 22,59; Luke 22,60; Luke 22,71; Luke 23,2; Luke 23,8; Luke 23,8; Luke 23,10; Luke 23,11; Luke 23,14; Luke 23,34; Luke 23,55; Luke 24,8; Luke 24,23; Luke 24,26; Luke 24,47; Luke 24,50; John 1,3; John 1,3; John 1,7; John 1,10; John 1,12; John 1,14; John 1,15; John 1,16; John 1,27; John 1,35; John 1,37; John 1,47; John 2,2; John 2,5; John 2,11; John 2,11; John 2,12; John 2,12; John 2,12; John 2,17; John 2,21; John 2,22; John 2,23; John 2,23; John 3,2; John 3,4; John 3,17; John 3,20; John 3,21; John 3,22; John 3,29; John 3,32; John 3,33; John 3,35; John 4,2; John 4,5; John 4,8; John 4,12; John 4,12; John 4,27; John 4,34; John 4,41; John 4,47; John 4,51; John 4,51; John 4,51; John 4,53; John 5,5; John 5,9; John 5,28; John 5,35; John 5,37; John 5,37; John 5,38; John 6,3; John 6,8; John 6,12; John 6,16; John 6,22; John 6,22; John 6,24; John 6,41; John 6,50; John 6,52; John 6,53; John 6,60; John 6,60; John 6,61; John 6,66; John 6,66; John 7,3; John 7,5; John 7,7; John 7,7; John 7,10; John 7,12; John 7,13; John 7,17; John 7,29; John 7,30; John 7,32; John 7,38; John 7,51; John 7,53; John 8,6; John 8,20; John 8,26; John 8,30; John 8,55; John 9,2; John 9,2; John 9,3; John 9,6; John 9,14; John 9,17; John 9,18; John 9,18; John 9,20; John 9,21; John 9,22; John 9,23; John 9,27; John 9,31; John 9,40; John 10,3; John 10,4; John 10,5; John 10,11; John 10,20; John 11,2; John 11,13; John 11,16; John 11,32; John 11,44; John 12,3; John 12,4; John 12,16; John 12,17; John 12,19; John 12,25; John 12,25; John 12,37; John 12,41; John 12,41; John 12,50; John 13,1; John 13,12; John 13,16; John 13,18; John 13,23; John 14,10; John 15,10; John 15,13; John 15,13; John 15,15; John 15,20; John 16,17; John 16,29; John 17,1; John 18,1; John 18,1; John 18,2; John 18,10; John 18,19; John 18,19; John 18,22; John 18,25; John 18,26; John 19,2; John 19,18; John 19,23; John 19,24; John 19,25; John 19,25; John 19,29; John 19,33; John 19,34; John 19,35; John 19,36; John 19,38; John 20,7; John 20,25; John 20,25; John 20,26; John 20,30; John 20,31; John 21,2; John 21,20; John 21,24; Acts 1,10; Acts 1,14; Acts 1,18; Acts 1,20; Acts 1,20; Acts 1,22; Acts 2,14; Acts 2,22; Acts 2,24; Acts 2,29; Acts 2,30; Acts 2,30; Acts 2,31; Acts 2,41; Acts 3,2; Acts 3,7; Acts 3,11; Acts 3,13; Acts 3,16; Acts 3,16; Acts 3,16; Acts 3,18; Acts 3,21; Acts 3,22; Acts 3,26; Acts 4,26; Acts 5,1; Acts 5,7; Acts 5,10; Acts 5,31; Acts 5,37; Acts 6,11; Acts 6,14; Acts 6,15; Acts 7,4; Acts 7,5; Acts 7,6; Acts 7,9; Acts 7,10; Acts 7,10; Acts 7,13; Acts 7,14; Acts 7,21; Acts 7,22; Acts 7,23; Acts 7,23; Acts 7,25; Acts 7,25; Acts 7,31; Acts 8,1; Acts 8,28; Acts 8,30; Acts 8,32; Acts 8,33; Acts 8,33; Acts 8,33; Acts 8,33; Acts 8,35; Acts 8,39; Acts 9,2; Acts 9,8; Acts 9,18; Acts 9,25; Acts 10,2; Acts 10,22; Acts 10,24; Acts 10,38; Acts 10,43; Acts 11,13; Acts 12,5; Acts 12,7; Acts 12,10; Acts 12,11; Acts 12,13; Acts 12,15; Acts 13,8; Acts 13,24; Acts 13,29; Acts 13,31; Acts 13,36; Acts 14,3; Acts 14,8; Acts 15,14; Acts 16,3; Acts 16,32; Acts 16,33; Acts 17,16; Acts 17,19; Acts 18,2; Acts 18,8; Acts 18,26; Acts 18,27; Acts 19,12; Acts 20,10; Acts 20,32; Acts 20,36; Acts 20,38; Acts 21,14; Acts 21,19; Acts 21,33; Acts 21,34; Acts 21,40; Acts 22,14; Acts 22,14; Acts 22,16; Acts 22,22; Acts 22,29; Acts 23,2; Acts 23,7; Acts 23,15; Acts 23,19; Acts 23,20; Acts 24,2; Acts 24,8; Acts 24,23; Acts 24,24; Acts 24,25; Acts 25,3; Acts 25,5; Acts 25,7; Acts 25,15; Acts 25,22; Acts 25,25; Acts 25,27; Acts 26,24; Acts 28,3; Acts 28,4; Rom. 1,2; Rom. 1,3; Rom. 1,5; Rom. 1,9; Rom. 1,20; Rom. 1,20; Rom. 2,4; Rom. 2,6; Rom. 2,26; Rom. 3,7; Rom. 3,20; Rom. 3,24; Rom. 3,25; Rom. 3,25; Rom. 3,26; Rom. 4,5; Rom. 4,13; Rom. 5,9; Rom. 5,9; Rom. 5,10; Rom. 5,10; Rom. 6,3; Rom. 6,5; Rom. 6,9; Rom. 8,9; Rom. 8,11; Rom. 8,29; Rom. 9,19; Rom. 9,22; Rom. 9,23; Rom. 11,1; Rom. 11,2; Rom. 11,33; Rom. 11,33; Rom. 11,34; Rom. 11,36; Rom. 11,36; Rom. 12,20; Rom. 15,10; Rom. 15,21; Rom. 16,13; Rom. 16,15; 1Cor. 1,9; 1Cor. 1,30; 1Cor. 6,5; 1Cor. 6,14; 1Cor. 7,12; 1Cor. 7,36; 1Cor. 7,37; 1Cor. 8,3; 1Cor. 8,6; 1Cor. 8,10; 1Cor. 9,7; 1Cor. 10,22; 1Cor. 11,4; 1Cor. 14,25; 1Cor. 15,10; 1Cor. 15,23; 1Cor. 15,25; 1Cor. 15,27; 2Cor. 1,20; 2Cor. 2,11; 2Cor. 2,14; 2Cor. 3,7; 2Cor. 3,13; 2Cor. 7,7; 2Cor. 7,13; 2Cor. 7,15; 2Cor. 8,18; 2Cor. 9,9; 2Cor. 9,15; 2Cor. 11,3; 2Cor. 11,15; 2Cor. 11,33; 2Cor. 12,17; Gal. 1,15; Gal. 1,16; Gal. 3,16; Gal. 4,4; Gal. 4,6; Eph. 1,4; Eph. 1,5; Eph. 1,6; Eph. 1,7; Eph. 1,7; Eph. 1,9; Eph. 1,9; Eph. 1,11; Eph. 1,12; Eph. 1,14; Eph. 1,17; Eph. 1,18; Eph. 1,18; Eph. 1,19; Eph. 1,19; Eph. 1,20; Eph. 1,22; Eph. 1,23; Eph. 2,4; Eph. 2,7; Eph. 2,10; Eph. 2,14; Eph. 2,18; Eph. 3,5; Eph. 3,7; Eph. 3,12; Eph. 3,16; Eph. 3,16; Eph. 4,25; Eph. 5,30; Eph. 5,31; Eph. 6,10; Phil. 1,29; Phil. 2,22; Phil. 3,10; Phil. 3,10; Phil. 3,10; Phil. 3,21; Phil. 4,19; Col. 1,9; Col. 1,11; Col. 1,13; Col. 1,16; Col. 1,20; Col. 1,20; Col. 1,20; Col. 1,22; Col. 1,22; Col. 1,24; Col. 1,26; Col. 1,29; Col. 2,18; Col. 3,9; Col. 3,17; 1Th. 1,10; 1Th. 2,19; 1Th. 3,13; 1Th. 4,6; 1Th. 4,8; 2Th. 1,7; 2Th. 1,9; 2Th. 1,10; 2Th. 2,8; 2Th. 2,8; 1Tim.

αὐτός

5,18; 2Tim. 1,8; 2Tim. 2,19; 2Tim. 2,26; 2Tim. 4,1; 2Tim. 4,1; 2Tim. 4,8; 2Tim. 4,14; 2Tim. 4,18; Titus 1,3; Titus 3,5; Heb. 1,3; Heb. 1,3; Heb. 1,7; Heb. 1,7; Heb. 2,4; Heb. 2,6; Heb. 2,8; Heb. 3,2; Heb. 3,5; Heb. 3,6; Heb. 3,7; Heb. 3,15; Heb. 3,18; Heb. 4,1; Heb. 4,4; Heb. 4,7; Heb. 4,10; Heb. 4,10; Heb. 4,13; Heb. 4,13; Heb. 5,3; Heb. 5,7; Heb. 6,10; Heb. 6,17; Heb. 7,25; Heb. 8,11; Heb. 8,11; Heb. 9,26; Heb. 10,13; Heb. 10,13; Heb. 10,20; Heb. 10,30; Heb. 11,4; Heb. 11,7; Heb. 11,21; Heb. 11,22; Heb. 11,23; Heb. 12,5; Heb. 12,10; Heb. 13,13; Heb. 13,15; Heb. 13,15; Heb. 13,21; Heb. 13,21; James 1,8; James 1,9; James 1,10; James 1,11; James 1,11; James 1,11; James 1,18; James 1,23; James 1,25; James 1,26; James 1,26; James 2,21; James 2,22; James 3,13; James 4,11; James 5,20; James 5,20; 1Pet. 1,3; 1Pet. 1,21; 1Pet. 2,9; 1Pet. 2,14; 1Pet. 2,21; 1Pet. 2,22; 1Pet. 2,24; 1Pet. 3,12; 1Pet. 4,13; 1Pet. 5,10; 2Pet. 1,3; 2Pet. 1,9; 2Pet. 3,4; 2Pet. 3,13; 1John 1,3; 1John 1,5; 1John 1,6; 1John 1,7; 1John 1,10; 1John 2,3; 1John 2,4; 1John 2,5; 1John 2,9; 1John 2,10; 1John 2,11; 1John 2,11; 1John 2,12; 1John 2,17; 1John 2,27; 1John 2,27; 1John 2,28; 1John 2,28; 1John 2,29; 1John 3,9; 1John 3,10; 1John 3,12; 1John 3,12; 1John 3,12; 1John 3,15; 1John 3,16; 1John 3,17; 1John 3,17; 1John 3,17; 1John 3,19; 1John 3,22; 1John 3,22; 1John 3,22; 1John 3,23; 1John 3,23; 1John 3,24; 1John 4,9; 1John 4,9; 1John 4,10; 1John 4,12; 1John 4,13; 1John 4,20; 1John 4,20; 1John 4,21; 1John 4,21; 1John 5,1; 1John 5,2; 1John 5,3; 1John 5,3; 1John 5,9; 1John 5,10; 1John 5,11; 1John 5,14; 1John 5,15; 1John 5,16; 1John 5,18; 1John 5,20; 2John 6; 2John 11; 3John 10; Jude 14; Jude 15; Jude 24; Rev. 1,1; Rev. 1,1; Rev. 1,1; Rev. 1,4; Rev. 1,5; Rev. 1,6; Rev. 1,14; Rev. 1,14; Rev. 1,15; Rev. 1,15; Rev. 1,16; Rev. 1,16; Rev. 1,16; Rev. 1,16; Rev. 1,17; Rev. 1,17; Rev. 2,1; Rev. 2,18; Rev. 2,18; Rev. 3,5; Rev. 3,5; Rev. 3,5; Rev. 3,20; Rev. 3,21; Rev. 6,5; Rev. 6,8; Rev. 6,8; Rev. 7,15; Rev. 10,1; Rev. 10,1; Rev. 10,1; Rev. 10,2; Rev. 10,2; Rev. 10,5; Rev. 11,15; Rev. 11,19; Rev. 11,19; Rev. 12,3; Rev. 12,4; Rev. 12,5; Rev. 12,7; Rev. 12,7; Rev. 12,9; Rev. 12,9; Rev. 12,10; Rev. 12,15; Rev. 12,16; Rev. 13,2; Rev. 13,2; Rev. 13,6; Rev. 13,6; Rev. 13,8; Rev. 14,1; Rev. 14,1; Rev. 14,1; Rev. 14,7; Rev. 14,9; Rev. 14,9; Rev. 14,10; Rev. 14,14; Rev. 14,14; Rev. 14,16; Rev. 14,19; Rev. 15,8; Rev. 16,2; Rev. 16,2; Rev. 16,3; Rev. 16,4; Rev. 16,8; Rev. 16,10; Rev. 16,10; Rev. 16,12; Rev. 16,12; Rev. 16,15; Rev. 16,15; Rev. 16,17; Rev. 16,19; Rev. 17,14; Rev. 17,17; Rev. 18,1; Rev. 19,2; Rev. 19,2; Rev. 19,5; Rev. 19,7; Rev. 19,10; Rev. 19,12; Rev. 19,12; Rev. 19,13; Rev. 19,15; Rev. 19,16; Rev. 19,19; Rev. 19,21; Rev. 20,1; Rev. 20,3; Rev. 20,6; Rev. 20,7; Rev. 21,3; Rev. 22,3; Rev. 22,4; Rev. 22,4; Rev. 22,6; Rev. 22,6; Rev. 22,12; Rev. 22,19)

Pronoun · (personal) · third · neuter · singular · genitive ▸ 269 + 49 + 44 = **362** (Gen. 2,17; Gen. 2,17; Gen. 3,6; Gen. 3,11; Gen. 3,17; Gen. 21,16; Gen. 21,16; Gen. 29,2; Gen. 29,3; Gen. 40,5; Gen. 40,12; Gen. 40,18; Ex. 2,3; Ex. 2,6; Ex. 2,7; Ex. 12,10; Ex. 12,10; Ex. 12,43; Ex. 12,44; Ex. 12,45; Ex. 12,46; Ex. 12,48; Ex. 16,16; Ex. 16,19; Ex. 16,20; Ex. 16,24; Ex. 16,31; Ex. 16,31; Ex. 17,15; Ex. 19,12; Ex. 19,13; Ex. 20,26; Ex. 22,13; Ex. 22,14; Ex. 22,14; Ex. 27,3; Ex. 27,3; Ex. 27,3; Ex. 27,3; Ex. 27,3; Ex. 28,8; Ex. 28,32; Ex. 30,2; Ex. 30,2; Ex. 30,3; Ex. 30,3; Ex. 30,3; Ex. 30,4; Ex. 30,7; Ex. 30,7; Ex. 30,8; Ex. 30,9; Ex. 30,9; Ex. 30,10; Ex. 30,26; Ex. 30,28; Ex. 30,33; Ex. 35,16; Ex. 36,12; Ex. 36,12; Ex. 36,27; Ex. 36,28; Ex. 36,37; Ex. 37,6; Ex. 38,23; Ex. 38,24; Ex. 39,15; Ex. 40,10; Ex. 40,27; Lev. 1,10; Lev. 1,11; Lev. 2,11; Lev. 3,13; Lev. 3,14; Lev. 4,19; Lev. 4,34; Lev. 4,35; Lev. 4,35; Lev. 5,8; Lev. 5,24; Lev. 6,5; Lev. 6,5; Lev. 6,8; Lev. 7,15; Lev. 7,18; Lev. 8,11; Lev. 8,11; Lev. 8,15; Lev. 10,18; Lev. 11,21; Lev. 13,25; Lev. 13,54; Lev. 13,58; Lev. 16,18; Lev. 16,19; Lev. 19,23; Lev. 19,23; Lev. 19,24; Lev. 19,25; Lev. 20,16; Lev. 22,14; Lev. 23,13; Lev. 23,13; Lev. 26,20; Lev. 27,13; Lev. 27,27; Lev. 27,27; Lev. 27,33; Num. 3,26; Num. 4,11; Num. 4,14; Num. 5,7; Num. 7,1; Num. 7,13; Num. 9,2; Num. 9,3; Num. 9,7; Num. 9,12; Num. 9,12; Num. 9,13; Num. 9,14; Num. 11,7; Num. 11,8; Num. 18,26; Num. 18,29; Num. 18,30; Num. 19,22; Num. 28,8; Num. 28,8; Num. 28,10; Num. 28,15; Num. 28,24; Num. 34,8; Num. 34,9; Deut. 3,14; Deut. 4,2; Deut. 13,1; Deut. 16,3; Deut. 16,3; Deut. 20,19; Deut. 22,8; Deut. 28,49; Josh. 15,4; Josh. 15,7; Josh. 17,9; Josh. 18,12; Josh. 18,14; Josh. 19,29; Josh. 22,17; Judg. 6,24; 2Sam. 22,9; 1Kings 3,25; 1Kings 3,25; 1Kings 6,3; 1Kings 6,24; 1Kings 6,24; 1Kings 6,24; 2Kings 23,15; 1Chr. 21,30; 2Chr. 4,11; 2Chr. 24,11; 2Chr. 29,18; 1Esdr. 4,36; 1Esdr. 5,49; Ezra 6,3; Ezra 6,11; Esth. 7,9; Judith 1,2; Judith 1,3; 1Mac. 6,36; 1Mac. 6,37; 1Mac. 10,43; 2Mac. 11,17; 3Mac. 4,11; Psa. 1,3; Psa. 1,3; Psa. 1,3; Psa. 130,2; Prov. 13,13; Prov. 30,12; Prov. 30,13; Eccl. 3,14; Song 3,10; Song 3,10; Song 3,10; Song 3,10; Job 14,7; Job 14,8; Job 14,8; Job 27,23; Job 40,23; Job 40,24; Wis. 5,12; Wis. 13,11; Wis. 13,14; Wis. 13,15; Wis. 13,16; Sir. 7,13; Sir. 14,19; Sir. 27,6; Sir. 39,16; Sir. 39,28; Sir. 43,11; Sol. 12,2; Joel 1,6; Joel 1,6; Joel 2,22; Hab. 1,6; Hab. 1,8; Hab. 1,8; Hab. 1,10; Zech. 14,4; Zech. 14,4; Zech. 14,4; Zech. 14,8; Zech. 14,8; Is. 8,20; Is. 44,15; Is. 44,16; Is. 44,16; Is. 44,19; Is. 44,19; Is. 44,19; Is. 44,20; Is. 46,7; Jer. 5,15; Jer. 22,28; Ezek. 1,4; Ezek. 1,12; Ezek. 1,26; Ezek. 15,5; Ezek. 21,9; Ezek. 21,10; Ezek. 35,7; Ezek. 37,7; Ezek. 41,22; Ezek. 41,22; Ezek. 41,22; Ezek. 42,5; Ezek. 47,20; Ezek. 48,10; Ezek. 48,15; Ezek. 48,15; Ezek. 48,20; Dan. 2,4; Dan. 4,10; Dan. 4,11; Dan. 4,11; Dan. 4,11; Dan. 4,12; Dan. 4,12; Dan. 4,12; Dan. 4,15; Dan. 4,17a; Dan. 4,17a; Dan. 4,19; Dan. 4,22; Dan. 7,6; Dan. 7,7; Dan. 7,8; Dan. 7,8; Dan. 7,8; Dan. 7,11; Dan. 7,12; Dan. 7,19; Dan. 7,19; Dan. 7,20; Dan. 7,20; Dan. 7,20; Judg. 6,24; Tob. 2,4; Tob. 2,13; Dan. 2,5; Dan. 2,6; Dan. 2,6; Dan. 2,7; Dan. 2,9; Dan. 2,16; Dan. 2,26; Dan. 2,36; Dan. 2,45; Dan. 4,10; Dan. 4,11; Dan. 4,11; Dan. 4,12; Dan. 4,12; Dan. 4,12; Dan. 4,12; Dan. 4,12; Dan. 4,14; Dan. 4,14; Dan. 4,14; Dan. 4,14; Dan. 4,14; Dan. 4,15; Dan. 4,18; Dan. 4,19; Dan. 4,20; Dan. 4,21; Dan. 4,21; Dan. 4,21; Dan. 4,21; Dan. 4,23; Dan. 4,24; Dan. 5,12; Dan. 7,7; Dan. 7,7; Dan. 7,8; Dan. 7,8; Dan. 7,11; Dan. 7,19; Dan. 7,19; Dan. 7,19; Dan. 7,20; Dan. 7,20; Dan. 7,20; Dan. 7,24; Dan. 8,8; Matt. 9,16; Matt. 12,33; Matt. 12,33; Matt. 12,36; Matt. 13,32; Matt. 23,18; Matt. 23,20; Matt. 23,26; Matt. 26,27; Mark 2,21; Mark 4,32; Mark 14,23; Luke 13,19; John 3,8; John 4,12; John 6,39; John 8,44; Rom. 6,12; 1Cor. 9,23; Rev. 5,2; Rev. 5,5; Rev. 5,9; Rev. 13,1; Rev. 13,1; Rev. 13,2; Rev. 13,2; Rev. 13,3; Rev. 13,3; Rev. 13,4; Rev. 13,6; Rev. 13,12; Rev. 13,12; Rev. 13,17; Rev. 13,18; Rev. 14,9; Rev. 14,11; Rev. 14,11; Rev. 15,2; Rev. 15,2; Rev. 19,20; Rev. 19,20; Rev. 19,20; Rev. 20,4; Rev. 22,2)

Pronoun · (personal) · intensive · masculine · singular · genitive ▸ 1 + 3 = **4** (4Mac. 9,4; Rom. 16,2; 2Cor. 8,19; Eph. 2,20)

Pronoun · (personal) · intensive · neuter · singular · genitive ▸ 1 + 2 = **3** (4Mac. 17,8; Rom. 9,21; James 3,10)

αὐτούς ▸ 723 + 40 + 138 = 901

Pronoun · (personal) · third · masculine · plural · accusative ▸ 723 + 40 + 138 = **901** (Gen. 1,27; Gen. 3,21; Gen. 5,2; Gen. 5,2; Gen. 6,7; Gen. 15,5; Gen. 17,27; Gen. 18,16; Gen. 18,24; Gen. 18,26; Gen. 19,3; Gen. 19,7; Gen. 19,18; Gen. 24,56; Gen. 31,32; Gen. 32,1; Gen. 32,3; Gen. 34,5; Gen. 37,13; Gen. 38,5; Gen. 40,4; Gen. 40,6; Gen. 41,6; Gen. 43,27; Gen. 43,34; Gen. 48,9; Gen. 48,9; Gen. 48,10; Gen. 49,28; Gen. 49,28; Ex. 1,7; Ex. 1,10; Ex. 3,9; Ex. 3,13; Ex. 3,13; Ex. 3,16; Ex. 4,1; Ex. 4,23; Ex. 6,5; Ex. 9,17; Ex. 10,1; Ex. 10,10; Ex. 10,27; Ex. 12,21; Ex. 12,50; Ex. 15,5; Ex. 16,15; Ex. 16,19; Ex. 16,23; Ex. 19,14; Ex. 20,25; Ex. 22,18; Ex. 23,23; Ex. 23,27; Ex. 28,41; Ex. 29,1; Ex. 29,33;

Ex. 34,33; Ex. 35,1; Ex. 35,1; Ex. 39,5; Ex. 40,15; Lev. 1,2; Lev. 7,36; Lev. 9,22; Lev. 10,2; Lev. 12,2; Lev. 17,2; Lev. 17,8; Lev. 18,2; Lev. 19,2; Lev. 20,23; Lev. 20,27; Lev. 21,1; Lev. 21,8; Lev. 21,23; Lev. 22,9; Lev. 22,16; Lev. 22,18; Lev. 23,2; Lev. 23,10; Lev. 24,15; Lev. 25,2; Lev. 26,43; Lev. 26,44; Num. 1,3; Num. 3,15; Num. 4,23; Num. 4,29; Num. 4,30; Num. 5,12; Num. 6,2; Num. 6,23; Num. 8,6; Num. 8,21; Num. 11,12; Num. 11,17; Num. 11,25; Num. 11,28; Num. 11,29; Num. 12,6; Num. 13,2; Num. 13,17; Num. 13,30; Num. 14,9; Num. 15,2; Num. 15,18; Num. 18,26; Num. 18,30; Num. 20,6; Num. 20,10; Num. 22,8; Num. 25,17; Num. 27,17; Num. 28,3; Num. 33,51; Num. 33,56; Num. 34,2; Num. 35,10; Deut. 1,3; Deut. 1,8; Deut. 3,6; Deut. 5,1; Deut. 5,31; Deut. 7,2; Deut. 7,2; Deut. 7,2; Deut. 7,3; Deut. 7,10; Deut. 7,17; Deut. 7,18; Deut. 7,20; Deut. 7,23; Deut. 7,24; Deut. 9,3; Deut. 9,3; Deut. 9,14; Deut. 11,9; Deut. 12,2; Deut. 18,14; Deut. 20,3; Deut. 20,17; Deut. 22,4; Deut. 27,26; Deut. 29,1; Deut. 31,2; Deut. 31,3; Deut. 31,4; Deut. 32,12; Deut. 32,21; Deut. 32,23; Deut. 32,26; Deut. 32,30; Deut. 32,46; Josh. 2,5; Josh. 2,8; Josh. 2,9; Josh. 2,10; Josh. 2,21; Josh. 5,1; Josh. 7,11; Josh. 9,11; Josh. 9,15; Josh. 9,20; Josh. 9,20; Josh. 9,26; Josh. 10,8; Josh. 10,8; Josh. 10,18; Josh. 10,25; Josh. 11,12; Josh. 11,14; Josh. 12,6; Josh. 14,12; Josh. 15,63; Josh. 19,48a; Josh. 22,6; Josh. 22,7; Josh. 22,12; Josh. 23,2; Josh. 24,7; Josh. 24,10; Judg. 2,1; Judg. 2,10; Judg. 2,14; Judg. 2,16; Judg. 2,18; Judg. 3,9; Judg. 3,28; Judg. 5,21; Judg. 7,4; Judg. 7,17; Judg. 8,2; Judg. 8,19; Judg. 8,20; Judg. 9,43; Judg. 9,44; Judg. 11,21; Judg. 11,32; Judg. 15,16; Judg. 16,26; Judg. 18,2; Judg. 18,4; Judg. 18,9; Judg. 18,9; Judg. 19,23; Judg. 21,22; Judg. 21,22; 1Sam. 2,25; 1Sam. 4,9; 1Sam. 4,10; 1Sam. 6,6; 1Sam. 8,9; 1Sam. 11,12; 1Sam. 14,8; 1Sam. 14,9; 1Sam. 14,13; 1Sam. 15,18; 1Sam. 15,18; 1Sam. 21,7; 1Sam. 23,26; 1Sam. 26,12; 1Sam. 30,8; 2Sam. 2,5; 2Sam. 5,24; 2Sam. 8,1; 2Sam. 9,10; 2Sam. 10,4; 2Sam. 21,2; 2Sam. 22,15; 2Sam. 22,15; 2Sam. 22,38; 2Sam. 22,39; 2Sam. 22,41; 2Sam. 22,43; 1Kings 6,1b; 1Kings 8,35; 1Kings 8,44; 1Kings 8,48; 1Kings 8,50; 1Kings 8,50; 1Kings 10,22b # 9,20; 1Kings 11,2; 1Kings 12,5; 1Kings 12,10; 1Kings 18,28; 1Kings 18,40; 1Kings 20,11; 1Kings 21,18; 1Kings 21,23; 1Kings 21,25; 2Kings 1,2; 2Kings 1,3; 2Kings 1,4; 2Kings 1,5; 2Kings 3,21; 2Kings 6,11; 2Kings 6,21; 2Kings 6,23; 2Kings 7,15; 2Kings 9,12; 2Kings 9,37; 2Kings 10,6; 2Kings 10,7; 2Kings 10,7; 2Kings 10,18; 2Kings 10,25; 2Kings 11,15; 2Kings 12,8; 2Kings 17,20; 2Kings 17,26; 2Kings 18,23; 2Kings 19,18; 1Chr. 15,15; 1Chr. 19,4; 1Chr. 19,17; 1Chr. 24,4; 2Chr. 4,4; 2Chr. 6,26; 2Chr. 6,34; 2Chr. 7,14; 2Chr. 12,7; 2Chr. 14,13; 2Chr. 20,10; 2Chr. 20,16; 2Chr. 22,1; 2Chr. 22,8; 2Chr. 28,23; 2Chr. 29,23; 2Chr. 30,9; 2Chr. 36,5d; 1Esdr. 1,48; 1Esdr. 5,40; 1Esdr. 6,1; 1Esdr. 8,41; Ezra 3,7; Ezra 5,1; Ezra 5,5; Ezra 7,24; Ezra 8,28; Ezra 10,10; Neh. 2,17; Neh. 6,8; Neh. 6,17; Neh. 9,10; Neh. 9,17; Neh. 9,27; Neh. 9,27; Neh. 9,27; Neh. 9,31; Neh. 11,9; Neh. 11,23; Neh. 13,21; Esth. 2,23; Esth. 3,8; Esth. 3,9; Esth. 14,11 # 4,17q; Esth. 9,2; Esth. 9,24; Esth. 9,24; Judith 5,20; Judith 6,12; Judith 8,11; Judith 10,9; Judith 11,2; Judith 11,10; Judith 14,12; Judith 15,3; Judith 16,12; Tob. 1,19; Tob. 6,15; Tob. 7,13; 1Mac. 1,38; 1Mac. 1,52; 1Mac. 1,61; 1Mac. 2,33; 1Mac. 2,69; 1Mac. 4,18; 1Mac. 4,28; 1Mac. 5,7; 1Mac. 5,9; 1Mac. 5,30; 1Mac. 6,10; 1Mac. 6,19; 1Mac. 7,25; 1Mac. 7,46; 1Mac. 8,9; 1Mac. 8,10; 1Mac. 8,11; 1Mac. 8,15; 1Mac. 8,31; 1Mac. 9,7; 1Mac. 9,8; 1Mac. 9,9; 1Mac. 9,40; 1Mac. 9,61; 1Mac. 10,49; 1Mac. 11,72; 1Mac. 12,30; 1Mac. 12,53; 1Mac. 13,47; 1Mac. 14,12; 1Mac. 15,19; 1Mac. 16,9; 1Mac. 16,13; 1Mac. 16,22; 2Mac. 1,25; 2Mac. 7,21; 2Mac. 8,15; 2Mac. 8,26; 2Mac. 12,11; 2Mac. 12,12; 3Mac. 5,20; 3Mac. 6,11; 3Mac. 6,15; 4Mac. 4,23; 4Mac. 14,1; Psa. 2,4; Psa. 2,4; Psa. 2,5; Psa. 2,9; Psa. 5,11; Psa. 5,11; Psa. 9,21; Psa. 16,13; Psa. 17,15; Psa. 17,39; Psa. 17,43; Psa. 20,10; Psa. 21,5; Psa. 27,5; Psa. 33,8; Psa. 33,18; Psa. 33,20; Psa. 34,5; Psa. 34,6; Psa. 34,8; Psa. 35,9; Psa. 36,40; Psa. 41,11; Psa. 43,3; Psa. 43,3; Psa. 43,4; Psa. 48,15; Psa. 52,6; Psa. 53,7; Psa. 54,16; Psa. 54,20; Psa. 55,8; Psa. 58,9; Psa. 58,12; Psa. 58,12; Psa. 63,6; Psa. 63,9; Psa. 68,25; Psa. 77,13; Psa. 77,34; Psa. 77,45; Psa. 77,45; Psa. 77,72; Psa. 80,17; Psa. 82,16; Psa. 96,10; Psa. 98,7; Psa. 101,27; Psa. 103,35; Psa. 104,38; Psa. 104,40; Psa. 105,11; Psa. 105,21; Psa. 105,23; Psa. 105,32; Psa. 105,41; Psa. 105,43; Psa. 105,46; Psa. 106,6; Psa. 106,13; Psa. 106,19; Psa. 106,19; Psa. 106,28; Psa. 106,38; Psa. 117,10; Psa. 117,11; Psa. 117,12; Psa. 131,12; Psa. 138,18; Psa. 138,22; Psa. 139,10; Psa. 139,11; Psa. 143,6; Psa. 143,6; Psa. 144,19; Ode. 1,5; Ode. 2,12; Ode. 2,21; Ode. 2,23; Ode. 2,26; Ode. 2,30; Prov. 11,6; Prov. 12,6; Prov. 12,26; Prov. 14,3; Eccl. 5,7; Eccl. 10,15; Song 5,3; Job 15,19; Job 17,4; Job 27,13; Job 29,24; Job 36,13; Job 37,4; Wis. 3,6; Wis. 5,23; Wis. 10,19; Wis. 11,13; Wis. 11,19; Wis. 15,16; Wis. 15,16; Wis. 16,10; Wis. 16,12; Wis. 18,17; Wis. 19,9; Sir. 10,13; Sir. 17,3; Sir. 28,23; Sir. 34,13; Sir. 44,9; Sir. 44,12; Sir. 47,25; Sir. 48,2; Sol. 2,9; Sol. 7,2; Sol. 17,32; Sol. 18,12; Hos. 2,9; Hos. 2,9; Hos. 7,6; Hos. 7,12; Hos. 7,13; Hos. 8,5; Hos. 8,10; Hos. 9,2; Hos. 9,2; Hos. 9,15; Hos. 9,15; Hos. 10,10; Hos. 11,2; Hos. 11,3; Hos. 13,8; Hos. 13,14; Amos 1,6; Amos 1,11; Amos 9,2; Amos 9,2; Amos 9,3; Amos 9,3; Amos 9,4; Amos 9,12; Mic. 3,4; Mic. 4,13; Obad. 17; Obad. 18; Jonah 1,9; Jonah 1,12; Jonah 1,13; Hab. 2,14; Zeph. 2,9; Zeph. 2,9; Zeph. 3,13; Hag. 1,12; Zech. 1,3; Zech. 2,13; Zech. 10,6; Zech. 10,6; Zech. 10,6; Zech. 10,8; Zech. 10,8; Zech. 10,10; Zech. 11,8; Zech. 11,12; Zech. 13,9; Zech. 13,9; Mal. 1,7; Mal. 3,19; Is. 2,9; Is. 5,25; Is. 5,29; Is. 6,10; Is. 9,15; Is. 10,19; Is. 10,20; Is. 11,6; Is. 13,3; Is. 13,3; Is. 14,2; Is. 19,20; Is. 19,20; Is. 19,20; Is. 19,22; Is. 24,13; Is. 25,4; Is. 27,8; Is. 27,11; Is. 30,31; Is. 31,3; Is. 35,10; Is. 36,8; Is. 36,12; Is. 37,19; Is. 40,24; Is. 41,16; Is. 41,16; Is. 41,17; Is. 41,28; Is. 42,16; Is. 42,16; Is. 42,22; Is. 44,9; Is. 44,15; Is. 47,14; Is. 48,13; Is. 48,21; Is. 49,10; Is. 51,11; Is. 57,19; Is. 60,22; Is. 61,9; Is. 63,10; Is. 63,14; Jer. 1,12; Jer. 2,3; Jer. 2,34; Jer. 4,12; Jer. 5,3; Jer. 5,3; Jer. 5,6; Jer. 5,7; Jer. 5,14; Jer. 6,11; Jer. 6,30; Jer. 9,6; Jer. 11,3; Jer. 11,6; Jer. 11,22; Jer. 12,13; Jer. 13,13; Jer. 14,12; Jer. 14,14; Jer. 14,15; Jer. 14,16; Jer. 15,1; Jer. 15,2; Jer. 15,6; Jer. 15,16; Jer. 15,19; Jer. 16,5; Jer. 16,16; Jer. 17,18; Jer. 17,20; Jer. 21,7; Jer. 23,4; Jer. 23,21; Jer. 25,17; Jer. 27,6; Jer. 27,6; Jer. 27,7; Jer. 27,7; Jer. 27,33; Jer. 27,33; Jer. 28,39; Jer. 32,15; Jer. 33,19; Jer. 34,8; Jer. 34,15; Jer. 34,16; Jer. 35,10; Jer. 36,9; Jer. 37,19; Jer. 37,20; Jer. 37,21; Jer. 37,21; Jer. 38,33; Jer. 39,18; Jer. 39,39; Jer. 39,42; Jer. 42,17; Jer. 43,14; Jer. 45,5; Jer. 49,17; Jer. 50,1; Bar. 2,34; Bar. 3,35; Lam. 4,15; LetterJ 14; LetterJ 19; LetterJ 28; LetterJ 64; LetterJ 68; Ezek. 2,4; Ezek. 2,7; Ezek. 3,4; Ezek. 3,11; Ezek. 3,27; Ezek. 5,1; Ezek. 5,12; Ezek. 5,13; Ezek. 5,13; Ezek. 6,12; Ezek. 7,18; Ezek. 7,27; Ezek. 9,7; Ezek. 11,4; Ezek. 12,10; Ezek. 12,23; Ezek. 12,23; Ezek. 12,28; Ezek. 13,2; Ezek. 13,6; Ezek. 14,4; Ezek. 15,7; Ezek. 15,7; Ezek. 16,37; Ezek. 20,3; Ezek. 20,5; Ezek. 20,7; Ezek. 20,12; Ezek. 20,13; Ezek. 20,21; Ezek. 20,26; Ezek. 20,27; Ezek. 20,29; Ezek. 20,38; Ezek. 21,19; Ezek. 23,7; Ezek. 23,40; Ezek. 24,3; Ezek. 24,20; Ezek. 25,17; Ezek. 28,24; Ezek. 29,3; Ezek. 29,9; Ezek. 33,2; Ezek. 34,14; Ezek. 34,23; Ezek. 34,27; Ezek. 34,28; Ezek. 34,28; Ezek. 36,19; Ezek. 36,20; Ezek. 37,19; Ezek. 37,23; Ezek. 38,17; Ezek. 39,10; Ezek. 39,21; Ezek. 44,12; Ezek. 46,18; Dan. 1,18; Dan. 3,50; Dan. 10,7; Dan. 11,6; Dan. 11,30; Sus. 6; Sus. 51; Judg. 1,1; Judg. 1,17; Judg. 2,1; Judg. 2,10; Judg. 2,14; Judg. 2,16; Judg. 2,18; Judg. 3,9; Judg. 3,28; Judg. 5,21; Judg. 7,17; Judg. 8,2; Judg. 8,19; Judg. 8,20; Judg. 8,24; Judg. 9,24; Judg. 9,43; Judg. 9,44; Judg. 11,32; Judg. 12,2; Judg. 15,16;

αὐτός

Judg. 16,26; Judg. 16,26; Judg. 18,2; Judg. 18,4; Judg. 18,9; Judg. 20,23; Judg. 20,42; Tob. 1,19; Tob. 6,14; Tob. 6,15; Tob. 8,19; Tob. 10,12; Dan. 1,18; Dan. 6,4; Dan. 7,21; Dan. 10,7; Sus. 38; Sus. 51; Sus. 62; Matt. 2,9; Matt. 4,21; Matt. 4,24; Matt. 7,16; Matt. 7,20; Matt. 7,24; Matt. 10,21; Matt. 10,26; Matt. 13,15; Matt. 14,18; Matt. 15,14; Matt. 15,30; Matt. 17,5; Matt. 17,27; Matt. 19,4; Matt. 21,3; Matt. 21,14; Mark 1,20; Mark 2,13; Mark 4,15; Mark 6,33; Mark 6,34; Mark 6,36; Mark 6,48; Mark 8,5; Mark 8,9; Mark 8,29; Mark 9,14; Mark 9,16; Mark 9,16; Mark 9,33; Mark 10,1; Mark 10,6; Mark 11,6; Mark 13,12; Luke 1,65; Luke 2,9; Luke 2,18; Luke 2,20; Luke 2,46; Luke 2,49; Luke 3,13; Luke 4,23; Luke 4,40; Luke 5,22; Luke 5,31; Luke 5,34; Luke 6,9; Luke 6,47; Luke 8,21; Luke 8,22; Luke 9,3; Luke 9,5; Luke 9,13; Luke 9,34; Luke 9,54; Luke 10,2; Luke 11,5; Luke 11,31; Luke 11,47; Luke 11,48; Luke 12,15; Luke 12,24; Luke 13,4; Luke 13,23; Luke 14,7; Luke 14,25; Luke 18,31; Luke 19,13; Luke 19,33; Luke 20,3; Luke 20,23; Luke 20,25; Luke 20,41; Luke 22,15; Luke 23,12; Luke 23,14; Luke 23,22; Luke 24,17; Luke 24,25; Luke 24,44; Luke 24,50; John 7,50; John 8,2; John 12,40; John 13,1; John 17,14; John 18,7; Acts 1,7; Acts 2,38; Acts 4,8; Acts 4,19; Acts 4,21; Acts 4,21; Acts 4,33; Acts 5,21; Acts 5,33; Acts 5,35; Acts 5,38; Acts 5,39; Acts 7,34; Acts 8,11; Acts 10,20; Acts 10,28; Acts 12,21; Acts 13,2; Acts 14,5; Acts 15,2; Acts 15,7; Acts 15,17; Acts 15,33; Acts 16,10; Acts 16,23; Acts 16,37; Acts 17,9; Acts 18,6; Acts 19,2; Acts 19,6; Acts 21,32; Acts 22,30; Acts 28,17; Acts 28,27; Rom. 11,11; Rom. 11,23; Eph. 6,9; 2Th. 2,10; Heb. 1,12; Heb. 8,10; Heb. 10,16; 1John 4,4; Rev. 7,15; Rev. 9,5; Rev. 11,7; Rev. 11,11; Rev. 13,7; Rev. 17,14; Rev. 20,9; Rev. 22,5)

αὐτούς ▸ 1458 + 95 + 220 = 1773

Adjective · masculine · plural · accusative · noDegree ▸ **1** (3Mac. 5,36)

Pronoun · (personal) · third · masculine · plural · accusative
▸ 1453 + 95 + 219 = **1767** (Gen. 1,17; Gen. 1,28; Gen. 4,8; Gen. 5,2; Gen. 6,3; Gen. 6,13; Gen. 11,2; Gen. 11,8; Gen. 11,9; Gen. 11,31; Gen. 13,6; Gen. 14,15; Gen. 14,15; Gen. 14,15; Gen. 15,13; Gen. 15,13; Gen. 15,13; Gen. 19,5; Gen. 19,6; Gen. 19,17; Gen. 23,8; Gen. 25,6; Gen. 25,26; Gen. 26,31; Gen. 27,9; Gen. 32,24; Gen. 33,13; Gen. 36,7; Gen. 37,17; Gen. 37,18; Gen. 40,3; Gen. 40,6; Gen. 42,17; Gen. 42,24; Gen. 42,35; Gen. 43,16; Gen. 43,23; Gen. 44,4; Gen. 44,6; Gen. 47,2; Gen. 47,5; Gen. 47,17; Gen. 48,10; Gen. 48,10; Gen. 48,12; Gen. 48,13; Gen. 48,15; Gen. 48,20; Gen. 49,7; Gen. 49,7; Gen. 50,21; Ex. 1,11; Ex. 1,12; Ex. 1,14; Ex. 3,8; Ex. 3,8; Ex. 3,8; Ex. 5,5; Ex. 5,10; Ex. 5,13; Ex. 5,14; Ex. 6,1; Ex. 6,1; Ex. 6,4; Ex. 8,10; Ex. 10,11; Ex. 12,33; Ex. 12,39; Ex. 12,42; Ex. 13,17; Ex. 14,3; Ex. 14,9; Ex. 14,13; Ex. 14,25; Ex. 15,7; Ex. 15,10; Ex. 15,12; Ex. 15,15; Ex. 15,16; Ex. 15,17; Ex. 15,19; Ex. 15,22; Ex. 16,3; Ex. 16,4; Ex. 16,12; Ex. 18,8; Ex. 18,9; Ex. 18,16; Ex. 18,21; Ex. 18,25; Ex. 19,10; Ex. 20,25; Ex. 21,26; Ex. 21,27; Ex. 22,22; Ex. 23,29; Ex. 23,30; Ex. 23,31; Ex. 25,28; Ex. 26,37; Ex. 27,5; Ex. 27,6; Ex. 28,41; Ex. 29,1; Ex. 29,4; Ex. 29,8; Ex. 29,9; Ex. 29,24; Ex. 29,29; Ex. 29,46; Ex. 30,30; Ex. 32,10; Ex. 32,10; Ex. 32,12; Ex. 32,12; Ex. 32,13; Ex. 32,21; Ex. 32,25; Ex. 32,34; Ex. 34,31; Ex. 35,35; Ex. 36,14; Ex. 38,11; Ex. 39,23; Ex. 40,12; Ex. 40,14; Lev. 7,35; Lev. 8,6; Lev. 8,13; Lev. 8,13; Lev. 10,11; Lev. 14,40; Lev. 15,31; Lev. 16,1; Lev. 16,7; Lev. 20,25; Lev. 22,16; Lev. 22,18; Lev. 23,43; Lev. 24,6; Lev. 25,46; Lev. 26,36; Lev. 26,41; Lev. 26,44; Lev. 26,44; Lev. 26,45; Num. 1,3; Num. 3,6; Num. 3,16; Num. 4,19; Num. 4,27; Num. 4,32; Num. 4,49; Num. 5,4; Num. 8,7; Num. 8,13; Num. 8,15; Num. 8,15; Num. 8,16; Num. 8,17; Num. 8,21; Num. 9,8; Num. 10,36; Num. 11,16; Num. 11,17; Num. 11,24; Num. 11,26; Num. 13,3; Num. 13,17; Num. 14,2; Num. 14,10; Num. 14,12; Num. 14,12; Num. 14,16; Num. 14,31; Num. 14,45; Num. 14,45; Num. 15,38; Num. 16,19; Num. 16,21; Num. 16,30; Num. 16,32; Num. 16,33; Num. 17,10; Num. 20,25; Num. 22,6; Num. 22,10; Num. 23,22; Num. 25,2; Num. 25,4; Num. 26,10; Num. 26,61; Num. 27,17; Num. 28,2; Num. 31,6; Num. 32,8; Num. 32,13; Num. 32,17; Num. 32,20; Num. 32,29; Deut. 1,15; Deut. 1,30; Deut. 2,5; Deut. 2,9; Deut. 2,11; Deut. 2,12; Deut. 2,12; Deut. 2,15; Deut. 2,20; Deut. 2,21; Deut. 2,23; Deut. 7,2; Deut. 7,2; Deut. 7,22; Deut. 7,23; Deut. 7,23; Deut. 9,3; Deut. 9,4; Deut. 9,5; Deut. 9,28; Deut. 9,28; Deut. 9,28; Deut. 10,15; Deut. 11,4; Deut. 11,6; Deut. 12,29; Deut. 12,30; Deut. 17,5; Deut. 18,12; Deut. 19,1; Deut. 20,10; Deut. 21,5; Deut. 23,5; Deut. 27,2; Deut. 27,4; Deut. 27,5; Deut. 28,25; Deut. 29,6; Deut. 29,24; Deut. 29,27; Deut. 29,27; Deut. 31,5; Deut. 31,17; Deut. 31,17; Deut. 31,20; Deut. 31,21; Deut. 32,11; Deut. 32,11; Deut. 32,13; Deut. 32,13; Deut. 32,21; Deut. 32,23; Deut. 32,24; Deut. 32,25; Deut. 32,30; Deut. 32,36; Josh. 2,4; Josh. 2,6; Josh. 2,6; Josh. 2,8; Josh. 2,15; Josh. 4,3; Josh. 5,6; Josh. 5,7; Josh. 5,12; Josh. 7,5; Josh. 7,5; Josh. 7,24; Josh. 8,3; Josh. 8,6; Josh. 8,9; Josh. 8,24; Josh. 9,8; Josh. 9,12; Josh. 9,15; Josh. 9,15; Josh. 9,16; Josh. 9,22; Josh. 9,26; Josh. 9,27; Josh. 10,9; Josh. 10,10; Josh. 10,10; Josh. 10,10; Josh. 10,10; Josh. 10,11; Josh. 10,12; Josh. 10,19; Josh. 10,20; Josh. 10,24; Josh. 10,25; Josh. 10,25; Josh. 10,26; Josh. 10,26; Josh. 10,27; Josh. 10,27; Josh. 11,6; Josh. 11,7; Josh. 11,7; Josh. 11,8; Josh. 11,8; Josh. 11,8; Josh. 11,12; Josh. 11,14; Josh. 11,17; Josh. 11,21; Josh. 11,23; Josh. 13,6; Josh. 17,13; Josh. 19,47a; Josh. 19,47a; Josh. 21,2; Josh. 21,44; Josh. 22,6; Josh. 22,7; Josh. 22,15; Josh. 22,33; Josh. 23,5; Josh. 23,5; Josh. 23,9; Josh. 23,12; Josh. 24,1; Josh. 24,5; Josh. 24,7; Josh. 24,8; Josh. 24,8; Josh. 24,11; Josh. 24,12; Josh. 24,31a; Josh. 24,33b; Judg. 1,4; Judg. 2,3; Judg. 2,12; Judg. 2,14; Judg. 2,14; Judg. 2,15; Judg. 2,16; Judg. 2,18; Judg. 2,18; Judg. 3,2; Judg. 3,8; Judg. 3,12; Judg. 3,30; Judg. 4,2; Judg. 5,14; Judg. 5,21; Judg. 6,1; Judg. 6,4; Judg. 6,9; Judg. 7,4; Judg. 8,8; Judg. 8,14; Judg. 8,16; Judg. 8,23; Judg. 8,24; Judg. 8,34; Judg. 9,1; Judg. 9,24; Judg. 9,25; Judg. 9,49; Judg. 9,57; Judg. 10,7; Judg. 11,9; Judg. 11,26; Judg. 11,32; Judg. 11,33; Judg. 12,2; Judg. 12,3; Judg. 12,6; Judg. 13,1; Judg. 14,11; Judg. 15,8; Judg. 18,18; Judg. 18,27; Judg. 19,15; Judg. 19,23; Judg. 19,25; Judg. 20,13; Judg. 20,32; Judg. 20,38; Judg. 20,48; Judg. 21,13; Ruth 1,13; 1Sam. 1,9; 1Sam. 3,13; 1Sam. 4,7; 1Sam. 5,3; 1Sam. 5,3; 1Sam. 5,8; 1Sam. 5,9; 1Sam. 7,11; 1Sam. 8,8; 1Sam. 8,11; 1Sam. 8,12; 1Sam. 8,21; 1Sam. 9,22; 1Sam. 11,2; 1Sam. 11,6; 1Sam. 11,8; 1Sam. 12,8; 1Sam. 12,8; 1Sam. 12,9; 1Sam. 14,10; 1Sam. 14,12; 1Sam. 14,37; 1Sam. 14,52; 1Sam. 15,4; 1Sam. 15,6; 1Sam. 16,5; 1Sam. 16,6; 1Sam. 17,40; 1Sam. 25,7; 1Sam. 30,17; 1Sam. 30,17; 1Sam. 30,21; 1Sam. 31,12; 1Sam. 31,12; 2Sam. 4,12; 2Sam. 4,12; 2Sam. 5,19; 2Sam. 5,21; 2Sam. 8,2; 2Sam. 8,2; 2Sam. 11,23; 2Sam. 12,31; 2Sam. 17,18; 2Sam. 17,21; 2Sam. 18,4; 2Sam. 19,4; 2Sam. 21,2; 2Sam. 21,6; 2Sam. 21,9; 2Sam. 21,9; 2Sam. 21,10; 2Sam. 21,10; 2Sam. 21,11; 2Sam. 21,12; 2Sam. 21,12; 2Sam. 22,38; 2Sam. 22,43; 2Sam. 24,3; 2Sam. 24,3; 1Kings 2,5; 1Kings 2,32; 1Kings 5,17; 1Kings 5,28; 1Kings 8,9; 1Kings 8,21; 1Kings 8,34; 1Kings 8,46; 1Kings 8,46; 1Kings 8,46; 1Kings 8,50; 1Kings 8,53; 1Kings 9,9; 1Kings 10,9; 1Kings 10,22b # 9,20; 1Kings 10,22b # 9,20; 1Kings 11,2; 1Kings 12,14; 1Kings 13,12; 1Kings 15,18; 1Kings 18,4; 1Kings 18,4; 1Kings 18,27; 1Kings 18,40; 1Kings 18,40; 1Kings 20,11; 1Kings 21,18; 1Kings 21,20; 1Kings 21,23; 1Kings 21,25; 2Kings 1,7; 2Kings 2,9; 2Kings 3,10; 2Kings 3,13; 2Kings 4,40; 2Kings 6,18; 2Kings 6,19; 2Kings 6,19; 2Kings 7,12; 2Kings 10,6; 2Kings 10,14; 2Kings 10,14; 2Kings 10,14; 2Kings 10,25; 2Kings 10,32; 2Kings 11,4; 2Kings 11,4; 2Kings 13,3; 2Kings 13,4; 2Kings 13,7;

2Kings 13,7; 2Kings 13,23; 2Kings 13,23; 2Kings 13,23; 2Kings 13,23; 2Kings 13,23; 2Kings 14,27; 2Kings 15,29; 2Kings 17,6; 2Kings 17,7; 2Kings 17,18; 2Kings 17,20; 2Kings 17,20; 2Kings 17,20; 2Kings 17,21; 2Kings 17,26; 2Kings 17,27; 2Kings 17,28; 2Kings 17,33; 2Kings 18,11; 2Kings 18,19; 2Kings 18,27; 2Kings 19,12; 2Kings 21,9; 2Kings 21,14; 2Kings 22,7; 2Kings 23,34; 2Kings 24,2; 2Kings 24,16; 2Kings 24,20; 2Kings 25,20; 2Kings 25,20; 2Kings 25,21; 2Kings 25,21; 1Chr. 4,22; 1Chr. 4,41; 1Chr. 5,26; 1Chr. 7,21; 1Chr. 8,6; 1Chr. 9,27; 1Chr. 12,19; 1Chr. 12,19; 1Chr. 14,10; 1Chr. 14,10; 1Chr. 14,11; 1Chr. 14,12; 1Chr. 15,2; 1Chr. 16,19; 1Chr. 16,21; 1Chr. 18,1; 1Chr. 18,7; 1Chr. 19,4; 1Chr. 19,17; 1Chr. 23,6; 1Chr. 23,28; 1Chr. 24,3; 1Chr. 24,5; 1Chr. 24,6; 1Chr. 26,32; 2Chr. 2,10; 2Chr. 2,16; 2Chr. 5,10; 2Chr. 6,25; 2Chr. 6,36; 2Chr. 6,36; 2Chr. 6,36; 2Chr. 6,38; 2Chr. 7,22; 2Chr. 7,22; 2Chr. 8,8; 2Chr. 8,8; 2Chr. 9,8; 2Chr. 9,25; 2Chr. 10,14; 2Chr. 11,14; 2Chr. 11,16; 2Chr. 12,7; 2Chr. 13,16; 2Chr. 14,8; 2Chr. 15,6; 2Chr. 15,9; 2Chr. 18,31; 2Chr. 19,4; 2Chr. 19,9; 2Chr. 20,16; 2Chr. 20,27; 2Chr. 20,29; 2Chr. 24,19; 2Chr. 24,25; 2Chr. 25,5; 2Chr. 25,5; 2Chr. 25,5; 2Chr. 25,12; 2Chr. 25,12; 2Chr. 25,14; 2Chr. 25,14; 2Chr. 28,6; 2Chr. 28,9; 2Chr. 28,15; 2Chr. 28,15; 2Chr. 28,15; 2Chr. 29,4; 2Chr. 29,8; 2Chr. 29,24; 2Chr. 30,7; 2Chr. 32,18; 2Chr. 32,22; 2Chr. 32,26; 2Chr. 33,11; 2Chr. 34,14; 2Chr. 35,2; 2Chr. 35,3; 2Chr. 36,5b; 2Chr. 36,17; 1Esdr. 1,49; 1Esdr. 4,4; 1Esdr. 4,16; 1Esdr. 5,2; 1Esdr. 5,3; 1Esdr. 5,43; 1Esdr. 5,49; 1Esdr. 5,53; 1Esdr. 6,3; 1Esdr. 6,11; 1Esdr. 6,11; 1Esdr. 6,14; 1Esdr. 7,15; 1Esdr. 8,41; 1Esdr. 8,82; Ezra 2,68; Ezra 3,3; Ezra 3,8; Ezra 4,3; Ezra 4,4; Ezra 4,5; Ezra 4,10; Ezra 4,23; Ezra 5,3; Ezra 5,10; Ezra 5,12; Ezra 6,21; Ezra 6,22; Ezra 6,22; Ezra 8,15; Ezra 8,17; Ezra 9,9; Ezra 10,3; Neh. 1,2; Neh. 1,9; Neh. 1,9; Neh. 3,36; Neh. 4,3; Neh. 4,5; Neh. 5,7; Neh. 5,12; Neh. 5,15; Neh. 6,3; Neh. 9,11; Neh. 9,12; Neh. 9,13; Neh. 9,19; Neh. 9,19; Neh. 9,20; Neh. 9,21; Neh. 9,23; Neh. 9,24; Neh. 9,26; Neh. 9,27; Neh. 9,27; Neh. 9,28; Neh. 9,28; Neh. 9,29; Neh. 9,30; Neh. 9,30; Neh. 9,31; Neh. 10,30; Neh. 12,27; Neh. 12,43; Neh. 13,11; Neh. 13,11; Neh. 13,13; Neh. 13,18; Neh. 13,25; Neh. 13,25; Neh. 13,25; Neh. 13,30; Esth. 4,8; Esth. 6,2; Judith 2,7; Judith 2,7; Judith 2,10; Judith 2,11; Judith 2,16; Judith 4,7; Judith 5,8; Judith 5,11; Judith 5,11; Judith 5,11; Judith 5,12; Judith 5,14; Judith 6,2; Judith 6,2; Judith 6,3; Judith 6,4; Judith 6,12; Judith 7,11; Judith 7,13; Judith 7,14; Judith 7,26; Judith 7,30; Judith 8,9; Judith 8,32; Judith 11,11; Judith 11,12; Judith 11,19; Judith 13,14; Judith 14,1; Judith 14,2; Judith 14,3; Judith 14,4; Judith 15,2; Judith 15,5; Judith 15,5; Judith 15,5; Judith 15,6; Judith 16,5; Judith 16,12; Judith 16,17; Tob. 1,18; Tob. 3,8; Tob. 3,8; Tob. 7,1; Tob. 7,1; Tob. 7,3; Tob. 7,7; Tob. 10,11; Tob. 11,1; Tob. 14,5; Tob. 14,5; 1Mac. 2,16; 1Mac. 2,30; 1Mac. 2,32; 1Mac. 2,32; 1Mac. 2,32; 1Mac. 2,35; 1Mac. 2,38; 1Mac. 2,39; 1Mac. 2,42; 1Mac. 3,22; 1Mac. 3,23; 1Mac. 3,35; 1Mac. 3,41; 1Mac. 3,50; 1Mac. 4,2; 1Mac. 4,5; 1Mac. 4,9; 1Mac. 4,12; 1Mac. 4,15; 1Mac. 4,33; 1Mac. 5,3; 1Mac. 5,3; 1Mac. 5,4; 1Mac. 5,5; 1Mac. 5,5; 1Mac. 5,7; 1Mac. 5,15; 1Mac. 5,22; 1Mac. 5,34; 1Mac. 5,43; 1Mac. 5,47; 1Mac. 5,48; 1Mac. 5,64; 1Mac. 5,67; 1Mac. 6,19; 1Mac. 6,27; 1Mac. 6,34; 1Mac. 6,37; 1Mac. 6,60; 1Mac. 7,2; 1Mac. 7,4; 1Mac. 7,7; 1Mac. 7,16; 1Mac. 7,19; 1Mac. 7,34; 1Mac. 7,34; 1Mac. 7,45; 1Mac. 8,2; 1Mac. 8,4; 1Mac. 8,4; 1Mac. 8,5; 1Mac. 8,5; 1Mac. 8,6; 1Mac. 8,10; 1Mac. 8,10; 1Mac. 8,10; 1Mac. 8,17; 1Mac. 9,25; 1Mac. 9,26; 1Mac. 9,26; 1Mac. 9,40; 1Mac. 9,48; 1Mac. 9,53; 1Mac. 9,58; 1Mac. 10,9; 1Mac. 10,46; 1Mac. 11,62; 1Mac. 11,66; 1Mac. 11,72; 1Mac. 12,1; 1Mac. 12,4; 1Mac. 12,4; 1Mac. 12,16; 1Mac. 12,26; 1Mac. 12,31; 1Mac. 12,45; 1Mac. 12,53; 1Mac. 13,3; 1Mac. 13,21; 1Mac. 13,47; 1Mac. 13,50; 1Mac. 14,13; 1Mac. 14,24; 1Mac. 15,19; 1Mac. 15,21; 1Mac. 15,21; 1Mac. 16,15; 2Mac. 1,20; 2Mac. 4,16; 2Mac. 6,14; 2Mac. 6,22; 2Mac. 8,15; 2Mac. 8,16; 2Mac. 8,21; 2Mac. 8,25; 2Mac. 8,27; 2Mac. 9,15; 2Mac. 10,1; 2Mac. 10,12; 2Mac. 10,12; 2Mac. 11,10; 2Mac. 11,26; 2Mac. 11,34; 2Mac. 12,2; 2Mac. 12,3; 2Mac. 12,4; 2Mac. 12,12; 2Mac. 12,20; 2Mac. 12,22; 2Mac. 12,30; 2Mac. 13,12; 2Mac. 15,9; 2Mac. 15,9; 2Mac. 15,9; 2Mac. 15,10; 3Mac. 1,8; 3Mac. 2,12; 3Mac. 2,26; 3Mac. 3,2; 3Mac. 3,21; 3Mac. 4,11; 3Mac. 5,5; 3Mac. 5,6; 3Mac. 5,8; 3Mac. 5,40; 3Mac. 5,51; 3Mac. 6,30; 3Mac. 6,34; 3Mac. 6,38; 3Mac. 6,39; 3Mac. 7,5; 3Mac. 7,8; 3Mac. 7,9; 3Mac. 7,12; 3Mac. 7,17; 4Mac. 2,10; 4Mac. 2,13; 4Mac. 4,22; 4Mac. 8,12; 4Mac. 13,2; 4Mac. 15,6; 4Mac. 15,7; 4Mac. 16,13; 4Mac. 17,20; 4Mac. 17,24; 4Mac. 18,4; Psa. 2,5; Psa. 2,9; Psa. 9,35; Psa. 16,13; Psa. 16,14; Psa. 17,15; Psa. 17,38; Psa. 17,43; Psa. 20,10; Psa. 20,10; Psa. 20,13; Psa. 27,5; Psa. 27,9; Psa. 27,9; Psa. 30,14; Psa. 30,21; Psa. 30,21; Psa. 32,19; Psa. 34,13; Psa. 36,20; Psa. 36,40; Psa. 36,40; Psa. 44,17; Psa. 54,24; Psa. 57,12; Psa. 58,12; Psa. 63,9; Psa. 68,25; Psa. 72,6; Psa. 72,18; Psa. 77,14; Psa. 77,15; Psa. 77,27; Psa. 77,31; Psa. 77,42; Psa. 77,45; Psa. 77,49; Psa. 77,52; Psa. 77,53; Psa. 77,54; Psa. 77,55; Psa. 77,72; Psa. 80,13; Psa. 80,15; Psa. 80,17; Psa. 82,5; Psa. 82,14; Psa. 82,16; Psa. 93,23; Psa. 100,6; Psa. 104,12; Psa. 104,14; Psa. 104,37; Psa. 105,8; Psa. 105,9; Psa. 105,10; Psa. 105,10; Psa. 105,26; Psa. 105,27; Psa. 105,41; Psa. 105,42; Psa. 105,44; Psa. 105,46; Psa. 106,3; Psa. 106,6; Psa. 106,7; Psa. 106,13; Psa. 106,14; Psa. 106,20; Psa. 106,20; Psa. 106,28; Psa. 106,30; Psa. 106,40; Psa. 139,11; Ode. 1,7; Ode. 1,10; Ode. 1,12; Ode. 1,15; Ode. 1,16; Ode. 1,17; Ode. 1,19; Ode. 2,11; Ode. 2,11; Ode. 2,13; Ode. 2,13; Ode. 2,21; Ode. 2,23; Ode. 2,24; Ode. 2,25; Ode. 2,30; Ode. 2,36; Ode. 7,36; Prov. 6,21; Prov. 7,3; Prov. 16,29; Prov. 22,18; Prov. 23,11; Prov. 30,1; Prov. 24,25; Eccl. 3,18; Eccl. 4,1; Eccl. 8,14; Eccl. 8,14; Eccl. 9,12; Job 1,5; Job 4,19; Job 4,20; Job 4,21; Job 11,20; Job 12,24; Job 21,17; Job 21,26; Job 24,8; Job 24,14; Job 30,2; Job 33,16; Job 36,7; Job 36,12; Wis. 2,21; Wis. 3,5; Wis. 3,5; Wis. 3,6; Wis. 4,18; Wis. 4,19; Wis. 4,19; Wis. 4,20; Wis. 5,16; Wis. 10,17; Wis. 10,18; Wis. 10,18; Wis. 11,12; Wis. 12,8; Wis. 12,27; Wis. 14,30; Wis. 17,4; Wis. 17,4; Wis. 17,9; Wis. 17,18; Wis. 17,20; Wis. 18,5; Wis. 18,19; Wis. 19,2; Wis. 19,4; Sir. 1,2 Prol.; Sir. 1,4 Prol.; Sir. 1,16; Sir. 10,17; Sir. 17,3; Sir. 17,7; Sir. 18,11; Sir. 27,29; Sir. 28,14; Sir. 29,17; Sir. 32,2; Sir. 33,11; Sir. 33,12; Sir. 33,13; Sir. 35,23; Sir. 36,10; Sir. 39,28; Sir. 40,10; Sir. 44,21; Sir. 46,8; Sir. 47,10; Sir. 47,24; Sir. 48,2; Sir. 48,20; Sir. 48,21; Sir. 49,10; Sir. 51,8; Sol. 2,7; Sol. 4,22; Sol. 4,23; Sol. 8,14; Sol. 9,1; Sol. 9,1; Sol. 11,3; Sol. 15,10; Sol. 17,7; Sol. 17,9; Sol. 17,27; Sol. 17,28; Sol. 17,41; Sol. 18,8; Sol. 18,11; Hos. 1,7; Hos. 1,7; Hos. 2,9; Hos. 4,16; Hos. 5,7; Hos. 5,10; Hos. 6,5; Hos. 7,2; Hos. 7,12; Hos. 7,12; Hos. 9,6; Hos. 9,6; Hos. 9,15; Hos. 9,17; Hos. 10,9; Hos. 10,10; Hos. 10,10; Hos. 11,4; Hos. 11,11; Hos. 12,1; Hos. 13,8; Hos. 13,14; Hos. 14,5; Amos 1,6; Amos 1,11; Amos 2,4; Amos 2,4; Amos 9,4; Amos 9,15; Mic. 3,6; Mic. 4,7; Mic. 4,12; Mic. 5,2; Joel 4,2; Joel 4,6; Joel 4,7; Joel 4,7; Joel 4,8; Obad. 18; Nah. 2,3; Zeph. 1,18; Zeph. 2,7; Zeph. 2,7; Zeph. 2,11; Zeph. 3,8; Zeph. 3,19; Zech. 7,14; Zech. 8,8; Zech. 9,8; Zech. 9,14; Zech. 9,15; Zech. 9,15; Zech. 9,15; Zech. 9,16; Zech. 10,3; Zech. 10,9; Zech. 10,10; Zech. 10,10; Zech. 10,12; Zech. 11,13; Zech. 11,13; Zech. 14,13; Mal. 3,3; Mal. 3,17; Mal. 3,19; Is. 5,11; Is. 5,13; Is. 5,25; Is. 5,30; Is. 7,6; Is. 9,10; Is. 10,26; Is. 13,8; Is. 14,1; Is. 14,2; Is. 18,6; Is. 19,22; Is. 20,6; Is. 23,5; Is. 26,6; Is. 27,8; Is. 27,11; Is. 29,14; Is. 30,5; Is. 30,6; Is. 30,28; Is. 30,28; Is. 31,2; Is. 33,8; Is. 34,2; Is. 34,6; Is. 37,12; Is. 40,24; Is. 41,3; Is. 41,12; Is. 42,25; Is. 42,25; Is. 42,25; Is. 49,10; Is. 49,10; Is. 49,18; Is. 49,18; Is. 54,17; Is. 56,7; Is. 56,7; Is. 59,9; Is. 59,16; Is. 61,9; Is. 63,3; Is. 63,3; Is. 63,5; Is. 63,6; Is. 63,9; Is.

αὐτός 333

63,9; Is. 63,9; Is. 63,9; Is. 63,9; Is. 63,13; Is. 65,24; Is. 66,4; Is. 66,12; Jer. 1,16; Jer. 1,17; Jer. 5,6; Jer. 6,30; Jer. 7,16; Jer. 7,22; Jer. 8,3; Jer. 9,6; Jer. 9,12; Jer. 9,13; Jer. 9,14; Jer. 9,14; Jer. 9,15; Jer. 9,15; Jer. 9,15; Jer. 11,4; Jer. 11,12; Jer. 11,17; Jer. 12,2; Jer. 12,3; Jer. 12,14; Jer. 12,15; Jer. 12,15; Jer. 12,15; Jer. 13,14; Jer. 13,21; Jer. 13,24; Jer. 14,14; Jer. 14,16; Jer. 14,17; Jer. 15,3; Jer. 15,4; Jer. 15,7; Jer. 16,3; Jer. 16,3; Jer. 16,6; Jer. 16,15; Jer. 16,16; Jer. 17,18; Jer. 18,7; Jer. 18,17; Jer. 18,21; Jer. 18,22; Jer. 19,7; Jer. 19,9; Jer. 20,4; Jer. 20,4; Jer. 20,5; Jer. 21,3; Jer. 21,7; Jer. 23,3; Jer. 23,3; Jer. 23,12; Jer. 23,15; Jer. 23,15; Jer. 23,22; Jer. 23,26; Jer. 23,32; Jer. 23,8; Jer. 23,8; Jer. 24,1; Jer. 24,6; Jer. 24,6; Jer. 24,6; Jer. 24,6; Jer. 24,7; Jer. 24,9; Jer. 24,9; Jer. 24,10; Jer. 25,9; Jer. 25,9; Jer. 25,9; Jer. 25,12; Jer. 25,16; Jer. 25,17; Jer. 25,17; Jer. 26,21; Jer. 27,7; Jer. 27,33; Jer. 27,34; Jer. 27,44; Jer. 28,40; Jer. 30,13; Jer. 30,24; Jer. 30,27; Jer. 32,30; Jer. 34,3; Jer. 36,21; Jer. 36,21; Jer. 37,3; Jer. 38,8; Jer. 38,8; Jer. 38,9; Jer. 38,13; Jer. 38,28; Jer. 38,28; Jer. 38,32; Jer. 39,33; Jer. 39,37; Jer. 39,37; Jer. 39,37; Jer. 39,37; Jer. 39,40; Jer. 39,41; Jer. 39,41; Jer. 39,42; Jer. 40,7; Jer. 40,8; Jer. 41,11; Jer. 41,13; Jer. 41,20; Jer. 41,22; Jer. 42,2; Jer. 42,2; Jer. 42,4; Jer. 43,31; Jer. 43,31; Jer. 45,4; Jer. 47,11; Jer. 48,7; Jer. 48,8; Jer. 50,9; Jer. 50,10; Jer. 50,12; Jer. 51,27; Jer. 51,27; Jer. 52,26; Jer. 52,26; Jer. 52,27; Bar. 2,4; Bar. 2,4; Bar. 2,29; Bar. 2,34; Bar. 3,35; Bar. 4,11; Bar. 4,15; Bar. 5,6; Lam. 2,12; Lam. 3,66; Lam. 4,14; LetterJ 10; LetterJ 39; LetterJ 44; LetterJ 63; Ezek. 2,6; Ezek. 3,11; Ezek. 5,3; Ezek. 5,4; Ezek. 5,4; Ezek. 5,16; Ezek. 6,14; Ezek. 7,18; Ezek. 9,8; Ezek. 11,16; Ezek. 11,16; Ezek. 11,17; Ezek. 11,17; Ezek. 11,17; Ezek. 12,15; Ezek. 12,15; Ezek. 15,7; Ezek. 16,33; Ezek. 16,37; Ezek. 17,12; Ezek. 20,4; Ezek. 20,6; Ezek. 20,8; Ezek. 20,9; Ezek. 20,9; Ezek. 20,10; Ezek. 20,10; Ezek. 20,12; Ezek. 20,13; Ezek. 20,14; Ezek. 20,15; Ezek. 20,15; Ezek. 20,17; Ezek. 20,17; Ezek. 20,17; Ezek. 20,21; Ezek. 20,22; Ezek. 20,23; Ezek. 20,23; Ezek. 20,23; Ezek. 20,26; Ezek. 20,28; Ezek. 22,28; Ezek. 23,16; Ezek. 23,16; Ezek. 23,22; Ezek. 23,27; Ezek. 23,39; Ezek. 23,40; Ezek. 25,2; Ezek. 25,10; Ezek. 25,12; Ezek. 28,26; Ezek. 29,7; Ezek. 29,12; Ezek. 29,14; Ezek. 29,15; Ezek. 29,15; Ezek. 29,16; Ezek. 30,23; Ezek. 30,26; Ezek. 34,10; Ezek. 34,13; Ezek. 34,13; Ezek. 34,13; Ezek. 34,13; Ezek. 34,23; Ezek. 34,26; Ezek. 34,27; Ezek. 36,18; Ezek. 36,19; Ezek. 36,19; Ezek. 36,37; Ezek. 37,10; Ezek. 37,19; Ezek. 37,21; Ezek. 37,21; Ezek. 37,22; Ezek. 37,23; Ezek. 37,28; Ezek. 39,10; Ezek. 39,12; Ezek. 39,13; Ezek. 39,23; Ezek. 39,26; Ezek. 39,27; Ezek. 39,27; Ezek. 43,8; Ezek. 43,8; Ezek. 44,14; Ezek. 44,17; Ezek. 44,17; Ezek. 44,19; Ezek. 44,21; Ezek. 46,10; Ezek. 46,10; Dan. 1,4; Dan. 1,5; Dan. 1,14; Dan. 1,20; Dan. 1,20; Dan. 1,20; Dan. 1,20; Dan. 3,22; Dan. 3,24; Dan. 3,36; Dan. 3,46; Dan. 3,46; Dan. 3,46; Dan. 3,91; Dan. 3,93; Dan. 3,97; Dan. 6,25; Dan. 7,21; Dan. 9,7; Dan. 11,34; Sus. 10-11; Sus. 37; Sus. 51; Sus. 52; Sus. 54; Sus. 58; Sus. 60-62; Sus. 60-62; Bel 22; Bel 22; Judg. 1,4; Judg. 2,3; Judg. 2,12; Judg. 2,14; Judg. 2,14; Judg. 2,15; Judg. 2,15; Judg. 2,16; Judg. 2,18; Judg. 2,18; Judg. 3,2; Judg. 3,8; Judg. 3,12; Judg. 3,30; Judg. 4,2; Judg. 5,14; Judg. 6,1; Judg. 6,4; Judg. 6,9; Judg. 7,4; Judg. 8,8; Judg. 8,23; Judg. 8,34; Judg. 8,34; Judg. 9,1; Judg. 9,25; Judg. 9,43; Judg. 9,43; Judg. 9,49; Judg. 9,57; Judg. 10,7; Judg. 11,9; Judg. 11,11; Judg. 11,16; Judg. 11,24; Judg. 11,26; Judg. 11,32; Judg. 11,33; Judg. 12,3; Judg. 13,1; Judg. 15,8; Judg. 16,29; Judg. 18,18; Judg. 18,27; Judg. 19,15; Judg. 19,23; Judg. 19,25; Judg. 20,10; Judg. 20,13; Judg. 20,28; Judg. 20,32; Judg. 20,34; Judg. 20,37; Judg. 20,38; Judg. 20,41; Judg. 20,42; Judg. 20,48; Judg. 21,13; Tob. 3,8; Tob. 3,8; Tob. 5,10; Tob. 6,9; Tob. 7,1; Tob. 7,3; Tob. 7,8; Tob. 8,13; Tob. 10,11; Tob. 10,14; Tob. 14,5; Tob. 14,5; Tob. 14,13; Tob. 14,13; Dan. 1,4; Dan. 1,5; Dan. 1,14; Dan. 1,18; Dan. 1,20; Dan. 2,34; Dan. 3,36;

Dan. 3,46; Dan. 3,97; Dan. 6,2; Dan. 9,7; Dan. 11,34; Dan. 11,34; Dan. 11,35; Sus. 6; Sus. 15; Sus. 39; Sus. 51; Sus. 51; Sus. 54; Sus. 58; Sus. 61; Bel 22; Matt. 1,18; Matt. 2,8; Matt. 5,2; Matt. 7,6; Matt. 7,26; Matt. 7,29; Matt. 12,15; Matt. 13,42; Matt. 13,50; Matt. 13,54; Matt. 13,54; Matt. 14,25; Matt. 15,30; Matt. 15,32; Matt. 16,4; Matt. 17,1; Matt. 19,2; Matt. 20,2; Matt. 20,12; Matt. 20,25; Matt. 20,32; Matt. 21,17; Matt. 21,37; Matt. 21,41; Matt. 22,41; Matt. 25,32; Matt. 26,40; Matt. 26,43; Matt. 26,44; Matt. 28,19; Matt. 28,20; Mark 1,19; Mark 1,22; Mark 3,5; Mark 3,14; Mark 3,20; Mark 3,23; Mark 4,2; Mark 5,12; Mark 5,14; Mark 6,7; Mark 6,33; Mark 6,34; Mark 6,48; Mark 6,48; Mark 6,51; Mark 8,3; Mark 8,13; Mark 8,31; Mark 9,2; Mark 9,14; Mark 10,32; Mark 10,42; Mark 12,4; Mark 12,6; Mark 12,12; Mark 14,37; Mark 14,40; Mark 16,18; Luke 2,6; Luke 2,27; Luke 2,34; Luke 2,43; Luke 4,21; Luke 4,31; Luke 4,40; Luke 4,43; Luke 5,36; Luke 6,3; Luke 6,10; Luke 6,32; Luke 9,2; Luke 9,10; Luke 9,11; Luke 9,14; Luke 9,16; Luke 9,18; Luke 9,33; Luke 9,34; Luke 10,1; Luke 10,38; Luke 11,49; Luke 12,16; Luke 12,37; Luke 14,5; Luke 15,3; Luke 16,30; Luke 17,14; Luke 18,1; Luke 19,11; Luke 19,27; Luke 19,27; Luke 20,19; Luke 22,45; Luke 22,47; Luke 22,70; Luke 24,15; Luke 24,50; Luke 24,51; John 1,38; John 6,17; John 9,19; John 17,6; John 17,11; John 17,12; John 17,15; John 17,15; John 17,17; John 17,18; John 17,23; John 18,29; John 20,10; Acts 2,40; Acts 3,11; Acts 4,2; Acts 4,7; Acts 4,13; Acts 4,15; Acts 4,18; Acts 4,23; Acts 5,13; Acts 5,18; Acts 5,19; Acts 5,22; Acts 5,26; Acts 5,27; Acts 5,27; Acts 7,26; Acts 7,36; Acts 7,42; Acts 8,6; Acts 8,14; Acts 8,17; Acts 9,21; Acts 10,8; Acts 10,23; Acts 10,24; Acts 10,48; Acts 11,15; Acts 13,15; Acts 13,17; Acts 13,18; Acts 13,43; Acts 13,50; Acts 13,51; Acts 14,1; Acts 14,23; Acts 15,5; Acts 15,13; Acts 15,27; Acts 15,39; Acts 16,7; Acts 16,20; Acts 16,24; Acts 16,30; Acts 16,33; Acts 16,34; Acts 16,39; Acts 17,2; Acts 17,5; Acts 17,6; Acts 17,16; Acts 18,16; Acts 19,16; Acts 19,17; Acts 20,2; Acts 20,6; Acts 21,19; Acts 21,21; Acts 21,25; Acts 24,22; Acts 26,11; Acts 26,18; Acts 27,43; Acts 28,23; Rom. 1,20; Rom. 1,24; Rom. 1,26; Rom. 1,28; 2Cor. 8,24; 2Cor. 9,13; Gal. 4,17; Gal. 6,16; Col. 2,15; 1Th. 2,16; 1Th. 5,13; 2Th. 2,11; Titus 1,13; Titus 3,1; Heb. 1,4; Heb. 2,11; Heb. 4,8; Heb. 8,8; Heb. 8,9; Heb. 10,16; Heb. 11,16; James 3,3; 2Pet. 2,1; 2Pet. 3,5; Rev. 2,2; Rev. 2,27; Rev. 3,9; Rev. 5,10; Rev. 7,16; Rev. 7,17; Rev. 7,17; Rev. 8,6; Rev. 11,5; Rev. 11,5; Rev. 11,7; Rev. 11,12; Rev. 12,4; Rev. 12,10; Rev. 16,14; Rev. 16,16; Rev. 19,15; Rev. 20,4; Rev. 20,8; Rev. 20,10)

Pronoun · (personal) · intensive · masculine · plural · accusative
▸ 4 + 1 = **5** (Deut. 4,37; Deut. 10,15; 2Mac. 3,2; 4Mac. 9,3; 2Th. 1,4)

αὐτῷ ▸ 1967 + 220 + 859 = **3046**

Adjective · masculine · singular · dative · noDegree ▸ 8 + 2 = **10** (Josh. 4,9; 1Esdr. 6,3; Ezra 5,3; Tob. 3,17; 4Mac. 13,20; 4Mac. 13,24; Hos. 11,8; Bel 23; Tob. 3,11; Tob. 3,16)

Adjective · neuter · singular · dative · noDegree ▸ 2 + 1 = **3** (Zech. 10,4; Jer. 13,14; Tob. 10,13)

Pronoun · (personal) · third · masculine · singular · dative
▸ 1880 + 212 + 834 = **2926** (Gen. 1,11; Gen. 1,12; Gen. 2,18; Gen. 2,20; Gen. 3,9; Gen. 3,10; Gen. 3,11; Gen. 4,15; Gen. 6,22; Gen. 7,5; Gen. 7,9; Gen. 9,24; Gen. 10,21; Gen. 12,4; Gen. 12,7; Gen. 12,7; Gen. 12,16; Gen. 12,20; Gen. 14,17; Gen. 14,20; Gen. 15,5; Gen. 15,6; Gen. 15,9; Gen. 15,10; Gen. 15,12; Gen. 16,1; Gen. 16,3; Gen. 16,15; Gen. 17,1; Gen. 17,3; Gen. 17,23; Gen. 18,1; Gen. 18,18; Gen. 19,21; Gen. 20,6; Gen. 20,9; Gen. 20,14; Gen. 21,2; Gen. 21,3; Gen. 21,3; Gen. 21,4; Gen. 21,5; Gen. 21,21; Gen. 21,26; Gen. 22,3; Gen. 22,9; Gen. 22,11; Gen. 22,12; Gen. 23,9; Gen. 23,17; Gen. 23,20; Gen. 24,9; Gen. 24,24; Gen. 24,25; Gen. 24,31; Gen. 24,35; Gen. 24,36; Gen. 24,36; Gen. 24,47;

Gen. 25,2; Gen. 25,28; Gen. 25,33; Gen. 25,33; Gen. 26,2; Gen. 26,9; Gen. 26,9; Gen. 26,10; Gen. 26,14; Gen. 26,24; Gen. 26,32; Gen. 27,1; Gen. 27,13; Gen. 27,25; Gen. 27,25; Gen. 27,26; Gen. 27,32; Gen. 27,35; Gen. 27,39; Gen. 27,42; Gen. 27,45; Gen. 28,1; Gen. 28,6; Gen. 29,13; Gen. 29,14; Gen. 29,19; Gen. 29,28; Gen. 29,28; Gen. 29,30; Gen. 29,34; Gen. 30,4; Gen. 30,4; Gen. 30,16; Gen. 30,20; Gen. 30,27; Gen. 30,29; Gen. 30,31; Gen. 30,31; Gen. 30,34; Gen. 30,43; Gen. 31,7; Gen. 31,14; Gen. 31,15; Gen. 31,20; Gen. 31,24; Gen. 31,32; Gen. 31,32; Gen. 31,44; Gen. 31,46; Gen. 32,2; Gen. 32,27; Gen. 32,28; Gen. 32,29; Gen. 32,32; Gen. 33,4; Gen. 33,13; Gen. 34,6; Gen. 34,8; Gen. 35,7; Gen. 35,10; Gen. 35,11; Gen. 35,26; Gen. 36,5; Gen. 37,3; Gen. 37,3; Gen. 37,4; Gen. 37,8; Gen. 37,10; Gen. 37,10; Gen. 37,13; Gen. 37,14; Gen. 37,17; Gen. 37,22; Gen. 38,9; Gen. 38,14; Gen. 39,4; Gen. 39,4; Gen. 39,5; Gen. 39,5; Gen. 39,6; Gen. 39,8; Gen. 39,17; Gen. 39,21; Gen. 40,8; Gen. 40,12; Gen. 40,18; Gen. 41,12; Gen. 41,38; Gen. 41,45; Gen. 41,45; Gen. 41,50; Gen. 42,4; Gen. 42,6; Gen. 42,29; Gen. 42,31; Gen. 43,3; Gen. 43,7; Gen. 43,19; Gen. 43,26; Gen. 43,26; Gen. 43,28; Gen. 43,32; Gen. 44,5; Gen. 44,7; Gen. 44,18; Gen. 44,20; Gen. 44,24; Gen. 44,29; Gen. 45,1; Gen. 45,3; Gen. 45,9; Gen. 45,14; Gen. 45,26; Gen. 45,27; Gen. 46,20; Gen. 46,20; Gen. 46,27; Gen. 46,28; Gen. 46,29; Gen. 46,31; Gen. 47,18; Gen. 47,21; Gen. 47,29; Gen. 47,31; Gen. 48,12; Gen. 48,13; Gen. 48,17; Gen. 49,10; Gen. 49,23; Gen. 49,32; Gen. 50,12; Gen. 50,15; Ex. 3,6; Ex. 3,13; Ex. 4,2; Ex. 4,6; Ex. 4,16; Ex. 4,24; Ex. 4,27; Ex. 4,28; Ex. 5,1; Ex. 5,3; Ex. 6,20; Ex. 6,23; Ex. 6,23; Ex. 6,25; Ex. 6,25; Ex. 7,2; Ex. 7,15; Ex. 9,1; Ex. 9,29; Ex. 10,3; Ex. 12,4; Ex. 13,14; Ex. 15,3; Ex. 15,25; Ex. 15,25; Ex. 16,21; Ex. 16,24; Ex. 17,10; Ex. 18,7; Ex. 18,24; Ex. 19,7; Ex. 19,19; Ex. 19,24; Ex. 21,4; Ex. 21,4; Ex. 21,6; Ex. 21,17; Ex. 21,30; Ex. 21,30; Ex. 21,31; Ex. 21,34; Ex. 21,36; Ex. 22,1; Ex. 22,2; Ex. 22,2; Ex. 22,15; Ex. 22,16; Ex. 22,24; Ex. 22,25; Ex. 23,4; Ex. 23,15; Ex. 23,21; Ex. 23,21; Ex. 24,13; Ex. 28,7; Ex. 28,8; Ex. 28,43; Ex. 29,5; Ex. 30,18; Ex. 30,21; Ex. 31,18; Ex. 32,1; Ex. 32,1; Ex. 32,8; Ex. 32,8; Ex. 32,23; Ex. 34,4; Ex. 34,5; Ex. 34,29; Ex. 34,34; Ex. 34,34; Ex. 34,35; Ex. 35,34; Ex. 35,34; Ex. 40,16; Lev. 1,1; Lev. 1,4; Lev. 4,23; Lev. 4,26; Lev. 4,28; Lev. 4,31; Lev. 4,35; Lev. 5,6; Lev. 5,10; Lev. 5,13; Lev. 5,16; Lev. 5,18; Lev. 5,23; Lev. 5,24; Lev. 5,26; Lev. 5,26; Lev. 7,7; Lev. 7,8; Lev. 7,9; Lev. 7,14; Lev. 7,15; Lev. 7,18; Lev. 7,18; Lev. 7,33; Lev. 8,4; Lev. 9,13; Lev. 10,20; Lev. 11,14; Lev. 11,15; Lev. 11,16; Lev. 11,16; Lev. 11,19; Lev. 11,22; Lev. 11,22; Lev. 11,22; Lev. 13,14; Lev. 15,3; Lev. 15,13; Lev. 15,24; Lev. 19,22; Lev. 20,5; Lev. 21,3; Lev. 21,12; Lev. 21,17; Lev. 21,18; Lev. 21,19; Lev. 21,20; Lev. 21,21; Lev. 21,21; Lev. 22,3; Lev. 23,20; Lev. 24,9; Lev. 24,19; Lev. 24,19; Lev. 24,20; Lev. 25,26; Lev. 25,27; Lev. 25,28; Lev. 25,37; Lev. 25,37; Lev. 25,48; Lev. 25,48; Lev. 25,50; Lev. 25,52; Lev. 26,1; Lev. 27,15; Lev. 27,18; Lev. 27,19; Lev. 27,27; Lev. 27,28; Lev. 27,31; Num. 3,6; Num. 5,7; Num. 5,8; Num. 5,8; Num. 5,9; Num. 5,10; Num. 5,14; Num. 5,14; Num. 6,7; Num. 6,9; Num. 7,89; Num. 11,25; Num. 11,29; Num. 12,6; Num. 12,6; Num. 12,8; Num. 13,27; Num. 13,30; Num. 14,24; Num. 17,12; Num. 17,21; Num. 19,13; Num. 20,19; Num. 20,20; Num. 21,34; Num. 22,7; Num. 22,9; Num. 22,16; Num. 22,20; Num. 22,32; Num. 22,36; Num. 22,41; Num. 23,2; Num. 23,7; Num. 23,17; Num. 23,21; Num. 23,22; Num. 23,30; Num. 24,2; Num. 24,8; Num. 24,17; Num. 25,12; Num. 25,13; Num. 26,37; Num. 27,3; Num. 27,4; Num. 27,8; Num. 27,9; Num. 27,10; Num. 27,19; Num. 27,22; Num. 32,16; Num. 35,17; Num. 35,18; Num. 35,19; Num. 35,21; Num. 35,23; Deut. 1,3; Deut. 3,2; Deut. 4,20; Deut. 6,13; Deut. 7,6; Deut. 9,23; Deut. 10,9; Deut. 10,18; Deut. 10,20; Deut. 11,13; Deut. 11,22; Deut. 12,12; Deut. 12,18; Deut. 13,5; Deut. 13,9; Deut. 13,9; Deut. 13,9; Deut. 14,2; Deut. 14,13; Deut. 14,14; Deut. 14,17; Deut. 14,18; Deut. 14,27; Deut. 14,29; Deut. 15,3; Deut. 15,8; Deut. 15,8; Deut. 15,9; Deut. 15,10; Deut. 15,10; Deut. 15,14; Deut. 15,16; Deut. 16,15; Deut. 17,1; Deut. 17,7; Deut. 18,2; Deut. 18,4; Deut. 18,18; Deut. 19,13; Deut. 19,19; Deut. 19,21; Deut. 21,5; Deut. 21,15; Deut. 21,17; Deut. 21,17; Deut. 22,1; Deut. 22,2; Deut. 23,14; Deut. 23,14; Deut. 23,17; Deut. 24,5; Deut. 24,11; Deut. 24,15; Deut. 24,15; Deut. 25,5; Deut. 25,8; Deut. 26,18; Deut. 28,55; Deut. 29,12; Deut. 29,19; Deut. 29,19; Deut. 31,7; Deut. 31,14; Deut. 31,23; Deut. 32,5; Deut. 32,43; Deut. 32,43; Deut. 32,43; Deut. 33,7; Deut. 33,11; Deut. 33,12; Deut. 33,28; Deut. 34,1; Josh. 1,8; Josh. 1,18; Josh. 2,23; Josh. 5,13; Josh. 5,14; Josh. 5,14; Josh. 7,15; Josh. 7,26; Josh. 8,14; Josh. 8,29; Josh. 10,24; Josh. 11,9; Josh. 11,15; Josh. 14,7; Josh. 15,13; Josh. 15,16; Josh. 15,17; Josh. 15,17; Josh. 15,18; Josh. 15,19; Josh. 17,3; Josh. 17,18; Josh. 19,50; Josh. 21,42b; Josh. 21,42b; Josh. 22,5; Josh. 22,5; Josh. 24,3; Josh. 24,4; Josh. 24,14; Josh. 24,22; Josh. 24,25; Josh. 24,27; Josh. 24,33; Judg. 1,1; Judg. 1,5; Judg. 1,12; Judg. 1,13; Judg. 1,15; Judg. 1,24; Judg. 1,31; Judg. 3,8; Judg. 3,19; Judg. 3,26; Judg. 3,27; Judg. 4,3; Judg. 4,13; Judg. 4,22; Judg. 5,25; Judg. 6,12; Judg. 6,14; Judg. 6,23; Judg. 6,25; Judg. 6,25; Judg. 6,28; Judg. 6,30; Judg. 7,1; Judg. 8,8; Judg. 8,8; Judg. 8,30; Judg. 8,31; Judg. 9,4; Judg. 9,16; Judg. 9,25; Judg. 9,26; Judg. 9,28; Judg. 9,28; Judg. 9,33; Judg. 9,38; Judg. 9,43; Judg. 9,54; Judg. 10,4; Judg. 10,6; Judg. 11,2; Judg. 11,2; Judg. 11,19; Judg. 11,34; Judg. 11,34; Judg. 12,9; Judg. 12,14; Judg. 13,2; Judg. 13,11; Judg. 13,18; Judg. 13,23; Judg. 13,25; Judg. 14,3; Judg. 14,11; Judg. 14,13; Judg. 14,16; Judg. 14,18; Judg. 15,3; Judg. 15,10; Judg. 15,12; Judg. 15,13; Judg. 15,19; Judg. 16,12; Judg. 16,20; Judg. 16,25; Judg. 16,30; Judg. 17,1; Judg. 17,5; Judg. 17,5; Judg. 17,9; Judg. 17,10; Judg. 17,11; Judg. 17,12; Judg. 18,3; Judg. 18,4; Judg. 18,5; Judg. 18,27; Judg. 19,2; Judg. 19,9; Judg. 19,28; Ruth 2,1; Ruth 2,4; Ruth 4,8; Ruth 4,13; Ruth 4,16; 1Sam. 1,1; 1Sam. 1,8; 1Sam. 2,19; 1Sam. 2,19; 1Sam. 2,35; 1Sam. 2,36; 1Sam. 3,7; 1Sam. 3,13; 1Sam. 4,15; 1Sam. 4,16; 1Sam. 7,3; 1Sam. 8,5; 1Sam. 8,17; 1Sam. 8,19; 1Sam. 9,1; 1Sam. 9,2; 1Sam. 9,6; 1Sam. 9,17; 1Sam. 10,1; 1Sam. 10,9; 1Sam. 10,16; 1Sam. 10,24; 1Sam. 10,27; 1Sam. 11,3; 1Sam. 11,5; 1Sam. 12,14; 1Sam. 12,24; 1Sam. 13,6; 1Sam. 13,10; 1Sam. 13,14; 1Sam. 14,7; 1Sam. 14,37; 1Sam. 14,43; 1Sam. 14,44; 1Sam. 15,2; 1Sam. 15,12; 1Sam. 15,13; 1Sam. 15,16; 1Sam. 16,4; 1Sam. 16,21; 1Sam. 16,23; 1Sam. 17,4; 1Sam. 17,40; 1Sam. 18,21; 1Sam. 18,21; 1Sam. 18,24; 1Sam. 18,27; 1Sam. 18,27; 1Sam. 19,7; 1Sam. 19,18; 1Sam. 19,18; 1Sam. 19,23; 1Sam. 20,2; 1Sam. 20,28; 1Sam. 20,30; 1Sam. 20,41; 1Sam. 21,2; 1Sam. 21,6; 1Sam. 21,7; 1Sam. 21,8; 1Sam. 21,11; 1Sam. 22,6; 1Sam. 22,7; 1Sam. 22,10; 1Sam. 22,10; 1Sam. 22,10; 1Sam. 22,13; 1Sam. 22,13; 1Sam. 22,13; 1Sam. 22,15; 1Sam. 22,20; 1Sam. 23,4; 1Sam. 24,2; 1Sam. 24,5; 1Sam. 24,9; 1Sam. 24,20; 1Sam. 25,23; 1Sam. 25,25; 1Sam. 25,31; 1Sam. 25,35; 1Sam. 25,36; 1Sam. 25,36; 1Sam. 25,37; 1Sam. 25,37; 1Sam. 25,40; 1Sam. 25,42; 1Sam. 25,43; 1Sam. 26,8; 1Sam. 27,6; 1Sam. 28,6; 1Sam. 28,13; 1Sam. 28,14; 1Sam. 28,14; 1Sam. 28,20; 1Sam. 29,3; 1Sam. 29,4; 1Sam. 29,4; 1Sam. 29,6; 1Sam. 30,8; 1Sam. 30,11; 1Sam. 30,12; 1Sam. 30,12; 1Sam. 30,13; 2Sam. 1,2; 2Sam. 1,3; 2Sam. 1,4; 2Sam. 1,5; 2Sam. 1,6; 2Sam. 1,6; 2Sam. 1,13; 2Sam. 1,14; 2Sam. 1,15; 2Sam. 2,21; 2Sam. 3,9; 2Sam. 3,9; 2Sam. 4,4; 2Sam. 5,1; 2Sam. 5,14; 2Sam. 5,25; 2Sam. 7,11; 2Sam. 7,14; 2Sam. 7,23; 2Sam. 8,8; 2Sam. 9,2; 2Sam. 9,6; 2Sam. 9,6; 2Sam. 9,7; 2Sam. 9,10; 2Sam. 9,12; 2Sam. 11,22; 2Sam. 11,27; 2Sam. 11,27; 2Sam. 12,1; 2Sam. 12,3; 2Sam. 12,18; 2Sam. 12,20; 2Sam. 12,20; 2Sam. 13,3; 2Sam. 13,4; 2Sam. 13,4; 2Sam. 13,5; 2Sam. 13,7;

αὐτός

2Sam. 13,11; 2Sam. 13,12; 2Sam. 13,16; 2Sam. 13,17; 2Sam. 13,26; 2Sam. 13,31; 2Sam. 14,4; 2Sam. 14,25; 2Sam. 14,27; 2Sam. 14,30; 2Sam. 14,33; 2Sam. 14,33; 2Sam. 15,2; 2Sam. 15,5; 2Sam. 15,9; 2Sam. 15,32; 2Sam. 15,33; 2Sam. 16,5; 2Sam. 16,10; 2Sam. 16,11; 2Sam. 16,18; 2Sam. 17,12; 2Sam. 17,18; 2Sam. 17,19; 2Sam. 17,25; 2Sam. 18,18; 2Sam. 18,19; 2Sam. 18,20; 2Sam. 18,23; 2Sam. 19,24; 2Sam. 19,26; 2Sam. 19,27; 2Sam. 19,30; 2Sam. 19,38; 2Sam. 19,39; 2Sam. 20,1; 2Sam. 20,5; 2Sam. 20,10; 2Sam. 20,17; 2Sam. 21,4; 2Sam. 21,17; 2Sam. 22,3; 2Sam. 22,24; 2Sam. 22,31; 2Sam. 23,18; 2Sam. 23,22; 2Sam. 24,13; 2Sam. 24,13; 2Sam. 24,18; 2Sam. 24,19; 1Kings 1,4; 1Kings 1,52; 1Kings 1,53; 1Kings 2,8; 1Kings 2,9; 1Kings 2,14; 1Kings 2,15; 1Kings 2,16; 1Kings 2,19; 1Kings 2,20; 1Kings 2,22; 1Kings 2,22; 1Kings 2,22; 1Kings 2,30; 1Kings 2,31; 1Kings 2,31; 1Kings 2,35n; 1Kings 2,35o; 1Kings 2,36; 1Kings 2,46g; 1Kings 3,6; 1Kings 3,28; 1Kings 4,11; 1Kings 5,4; 1Kings 5,26; 1Kings 7,45; 1Kings 8,25; 1Kings 8,32; 1Kings 9,4; 1Kings 9,12; 1Kings 9,12; 1Kings 10,2; 1Kings 11,1; 1Kings 11,9; 1Kings 11,10; 1Kings 11,10; 1Kings 11,18; 1Kings 11,18; 1Kings 11,19; 1Kings 11,20; 1Kings 11,22; 1Kings 11,30; 1Kings 11,32; 1Kings 11,34; 1Kings 12,8; 1Kings 12,13; 1Kings 12,24b; 1Kings 12,24b; 1Kings 12,24d; 1Kings 12,24e; 1Kings 12,24h; 1Kings 12,24m; 1Kings 12,24o; 1Kings 12,24s; 1Kings 13,2; 1Kings 13,11; 1Kings 13,12; 1Kings 13,13; 1Kings 13,14; 1Kings 13,14; 1Kings 13,15; 1Kings 13,18; 1Kings 13,23; 1Kings 13,31; 1Kings 15,4; 1Kings 15,5; 1Kings 16,31; 1Kings 16,31; 1Kings 17,6; 1Kings 17,17; 1Kings 18,8; 1Kings 18,15; 1Kings 18,16; 1Kings 18,27; 1Kings 19,5; 1Kings 19,7; 1Kings 19,18; 1Kings 19,21; 1Kings 21,8; 1Kings 21,9; 1Kings 21,12; 1Kings 21,34; 1Kings 22,13; 1Kings 22,15; 1Kings 22,16; 2Kings 2,6; 2Kings 2,15; 2Kings 2,23; 2Kings 3,12; 2Kings 3,13; 2Kings 4,10; 2Kings 4,10; 2Kings 4,13; 2Kings 4,29; 2Kings 4,31; 2Kings 5,1; 2Kings 5,26; 2Kings 6,6; 2Kings 6,10; 2Kings 6,13; 2Kings 6,31; 2Kings 8,6; 2Kings 8,7; 2Kings 8,10; 2Kings 8,14; 2Kings 8,18; 2Kings 8,19; 2Kings 9,1; 2Kings 9,6; 2Kings 9,11; 2Kings 9,26; 2Kings 9,36; 2Kings 10,18; 2Kings 13,15; 2Kings 13,18; 2Kings 13,19; 2Kings 15,16; 2Kings 16,16; 2Kings 17,3; 2Kings 17,3; 2Kings 17,36; 2Kings 17,36; 2Kings 18,4; 2Kings 18,5; 2Kings 18,7; 2Kings 18,36; 2Kings 18,36; 2Kings 18,37; 2Kings 19,7; 2Kings 19,10; 2Kings 23,17; 2Kings 23,25; 2Kings 23,25; 2Kings 24,1; 2Kings 24,1; 2Kings 24,2; 2Kings 25,30; 1Chr. 1,32; 1Chr. 2,3; 1Chr. 2,4; 1Chr. 2,9; 1Chr. 2,19; 1Chr. 2,21; 1Chr. 2,22; 1Chr. 2,24; 1Chr. 2,29; 1Chr. 2,34; 1Chr. 2,35; 1Chr. 3,1; 1Chr. 3,4; 1Chr. 3,5; 1Chr. 4,6; 1Chr. 6,52; 1Chr. 10,13; 1Chr. 11,42; 1Chr. 12,21; 1Chr. 14,1; 1Chr. 14,4; 1Chr. 14,10; 1Chr. 14,14; 1Chr. 14,16; 1Chr. 15,1; 1Chr. 15,2; 1Chr. 16,5; 1Chr. 16,9; 1Chr. 16,9; 1Chr. 17,4; 1Chr. 17,13; 1Chr. 17,25; 1Chr. 19,19; 1Chr. 20,2; 1Chr. 21,11; 1Chr. 21,22; 1Chr. 21,26; 1Chr. 21,28; 1Chr. 22,5; 1Chr. 22,6; 1Chr. 22,9; 1Chr. 22,10; 1Chr. 23,22; 1Chr. 24,28; 1Chr. 28,3; 1Chr. 28,6; 1Chr. 28,6; 1Chr. 28,9; 1Chr. 28,10; 1Chr. 28,15; 1Chr. 28,16; 1Chr. 28,18; 1Chr. 28,19; 1Chr. 29,1; 1Chr. 29,24; 1Chr. 29,25; 1Chr. 29,30; 2Chr. 1,7; 2Chr. 1,14; 2Chr. 2,2; 2Chr. 2,2; 2Chr. 2,3; 2Chr. 2,5; 2Chr. 2,5; 2Chr. 2,13; 2Chr. 6,15; 2Chr. 6,16; 2Chr. 6,23; 2Chr. 7,12; 2Chr. 10,7; 2Chr. 10,8; 2Chr. 10,10; 2Chr. 11,12; 2Chr. 11,19; 2Chr. 11,20; 2Chr. 14,5; 2Chr. 14,5; 2Chr. 14,9; 2Chr. 16,7; 2Chr. 16,14; 2Chr. 17,5; 2Chr. 17,11; 2Chr. 17,13; 2Chr. 18,2; 2Chr. 18,3; 2Chr. 18,12; 2Chr. 18,14; 2Chr. 18,15; 2Chr. 18,23; 2Chr. 19,2; 2Chr. 20,30; 2Chr. 21,2; 2Chr. 21,7; 2Chr. 21,7; 2Chr. 21,12; 2Chr. 21,17; 2Chr. 22,4; 2Chr. 24,3; 2Chr. 24,6; 2Chr. 24,21; 2Chr. 24,25; 2Chr. 24,27; 2Chr. 25,15; 2Chr. 25,15; 2Chr. 25,16; 2Chr. 25,16; 2Chr. 25,27; 2Chr. 26,5; 2Chr. 26,10; 2Chr. 26,18; 2Chr. 27,5; 2Chr. 27,5; 2Chr. 28,5; 2Chr. 28,5; 2Chr. 28,9; 2Chr. 28,16; 2Chr. 28,21; 2Chr. 28,23; 2Chr. 29,11; 2Chr. 32,3; 2Chr. 32,15; 2Chr. 32,24; 2Chr. 32,25; 2Chr. 32,29; 2Chr. 32,33; 2Chr. 33,24; 2Chr. 34,26; 2Chr. 35,19b; 2Chr. 35,20; 2Chr. 35,24; 2Chr. 36,5a; 2Chr. 36,20; 2Chr. 36,23; 1Esdr. 1,23; 1Esdr. 1,54; 1Esdr. 2,2; 1Esdr. 2,4; 1Esdr. 2,12; 1Esdr. 3,5; 1Esdr. 3,9; 1Esdr. 3,9; 1Esdr. 4,31; 1Esdr. 4,31; 1Esdr. 4,42; 1Esdr. 4,47; 1Esdr. 5,66; 1Esdr. 6,18; 1Esdr. 8,4; 1Esdr. 8,19; 1Esdr. 9,43; Ezra 1,2; Ezra 4,2; Ezra 5,15; Ezra 7,6; Neh. 2,6; Neh. 3,33; Neh. 6,18; Neh. 6,19; Neh. 8,3; Neh. 9,7; Neh. 9,8; Neh. 13,1; Neh. 13,5; Neh. 13,7; Neh. 13,26; Esth. 12,5 # 1,1q; Esth. 1,14; Esth. 1,15; Esth. 2,5; Esth. 2,9; Esth. 3,2; Esth. 3,2; Esth. 3,4; Esth. 3,5; Esth. 4,2; Esth. 4,7; Esth. 4,8; Esth. 4,8; Esth. 4,11; Esth. 4,17; Esth. 14,13 # 4,17s; Esth. 15,13 # 5,2a; Esth. 5,11; Esth. 6,1; Esth. 6,3; Esth. 6,13; Esth. 16,17 # 8,12r; Judith 1,11; Judith 2,15; Judith 2,25; Judith 3,5; Judith 3,8; Judith 3,8; Judith 6,14; Judith 7,8; Judith 8,17; Judith 8,27; Judith 10,2; Judith 10,18; Judith 10,22; Judith 10,23; Judith 11,7; Judith 13,2; Judith 14,8; Judith 14,18; Judith 16,1; Judith 16,6; Tob. 3,10; Tob. 3,15; Tob. 3,15; Tob. 3,15; Tob. 4,2; Tob. 4,14; Tob. 5,1; Tob. 5,3; Tob. 5,3; Tob. 5,3; Tob. 5,5; Tob. 5,6; Tob. 5,7; Tob. 5,8; Tob. 5,11; Tob. 5,12; Tob. 5,12; Tob. 5,14; Tob. 5,17; Tob. 5,22; Tob. 6,3; Tob. 6,4; Tob. 6,5; Tob. 6,8; Tob. 6,11; Tob. 6,16; Tob. 7,3; Tob. 7,6; Tob. 8,6; Tob. 8,6; Tob. 8,6; Tob. 8,20; Tob. 9,1; Tob. 9,5; Tob. 9,5; Tob. 10,2; Tob. 10,4; Tob. 10,7; Tob. 10,9; Tob. 10,9; Tob. 10,10; Tob. 11,9; Tob. 11,10; Tob. 11,15; Tob. 12,1; Tob. 12,1; Tob. 12,2; Tob. 12,2; Tob. 12,4; Tob. 12,5; Tob. 12,6; Tob. 12,6; Tob. 12,6; Tob. 13,3; Tob. 13,7; Tob. 13,8; Tob. 13,10; Tob. 14,2; Tob. 14,3; Tob. 14,10; Tob. 14,10; 1Mac. 1,4; 1Mac. 1,30; 1Mac. 2,2; 1Mac. 2,52; 1Mac. 2,64; 1Mac. 3,2; 1Mac. 3,11; 1Mac. 3,14; 1Mac. 3,15; 1Mac. 3,16; 1Mac. 3,34; 1Mac. 3,34; 1Mac. 4,2; 1Mac. 4,27; 1Mac. 5,38; 1Mac. 5,44; 1Mac. 5,48; 1Mac. 6,4; 1Mac. 6,5; 1Mac. 6,8; 1Mac. 6,15; 1Mac. 6,45; 1Mac. 6,46; 1Mac. 7,2; 1Mac. 7,3; 1Mac. 7,9; 1Mac. 7,9; 1Mac. 7,16; 1Mac. 7,20; 1Mac. 7,26; 1Mac. 7,33; 1Mac. 7,39; 1Mac. 8,2; 1Mac. 8,31; 1Mac. 9,14; 1Mac. 9,29; 1Mac. 9,59; 1Mac. 9,69; 1Mac. 9,71; 1Mac. 9,71; 1Mac. 9,72; 1Mac. 10,2; 1Mac. 10,6; 1Mac. 10,6; 1Mac. 10,8; 1Mac. 10,15; 1Mac. 10,17; 1Mac. 10,20; 1Mac. 10,47; 1Mac. 10,58; 1Mac. 10,58; 1Mac. 10,59; 1Mac. 10,63; 1Mac. 10,74; 1Mac. 10,74; 1Mac. 10,86; 1Mac. 10,89; 1Mac. 10,89; 1Mac. 11,2; 1Mac. 11,2; 1Mac. 11,2; 1Mac. 11,4; 1Mac. 11,10; 1Mac. 11,15; 1Mac. 11,21; 1Mac. 11,22; 1Mac. 11,26; 1Mac. 11,26; 1Mac. 11,27; 1Mac. 11,28; 1Mac. 11,38; 1Mac. 11,38; 1Mac. 11,40; 1Mac. 11,40; 1Mac. 11,40; 1Mac. 11,40; 1Mac. 11,44; 1Mac. 11,53; 1Mac. 11,58; 1Mac. 11,58; 1Mac. 11,60; 1Mac. 11,68; 1Mac. 12,1; 1Mac. 12,26; 1Mac. 12,41; 1Mac. 12,43; 1Mac. 12,46; 1Mac. 12,47; 1Mac. 13,14; 1Mac. 13,18; 1Mac. 13,20; 1Mac. 13,35; 1Mac. 13,35; 1Mac. 13,35; 1Mac. 14,7; 1Mac. 14,26; 1Mac. 14,38; 1Mac. 14,42; 1Mac. 14,43; 1Mac. 15,13; 1Mac. 15,26; 1Mac. 15,26; 1Mac. 15,27; 1Mac. 15,27; 1Mac. 15,28; 1Mac. 15,32; 1Mac. 15,33; 1Mac. 15,36; 1Mac. 15,36; 1Mac. 15,38; 1Mac. 15,39; 1Mac. 15,39; 1Mac. 15,41; 1Mac. 16,18; 2Mac. 1,11; 2Mac. 1,14; 2Mac. 2,4; 2Mac. 3,7; 2Mac. 3,26; 2Mac. 3,26; 2Mac. 4,9; 2Mac. 4,38; 2Mac. 6,21; 2Mac. 7,12; 2Mac. 7,27; 2Mac. 8,1; 2Mac. 8,9; 2Mac. 8,11; 2Mac. 8,12; 2Mac. 9,3; 2Mac. 9,4; 2Mac. 10,1; 2Mac. 10,19; 2Mac. 11,7; 2Mac. 12,10; 2Mac. 12,35; 2Mac. 13,2; 2Mac. 13,14; 2Mac. 13,17; 2Mac. 14,3; 2Mac. 14,4; 2Mac. 14,13; 2Mac. 14,46; 2Mac. 15,2; 2Mac. 15,8; 2Mac. 15,21; 3Mac. 1,2; 3Mac. 5,19; 3Mac. 5,27; 3Mac. 5,28; 3Mac. 5,42; 3Mac. 6,22; 3Mac. 6,31; 3Mac. 6,33; 4Mac. 1,24; 4Mac. 4,14; 4Mac. 4,17; 4Mac. 4,18; 4Mac. 5,1; 4Mac. 6,13; 4Mac. 6,18; 4Mac. 6,33; 4Mac. 8,17; 4Mac. 12,8; Psa. 2,11; Psa. 2,12; Psa. 3,3; Psa. 11,6; Psa. 20,3; Psa. 20,5; Psa. 20,7; Psa. 21,30; Psa.

21,31; Psa. 24,12; Psa. 27,7; Psa. 27,7; Psa. 32,2; Psa. 32,3; Psa. 32,21; Psa. 36,33; Psa. 40,4; Psa. 41,6; Psa. 41,12; Psa. 42,5; Psa. 44,13; Psa. 48,18; Psa. 48,19; Psa. 49,5; Psa. 49,18; Psa. 49,23; Psa. 51,2; Psa. 62,12; Psa. 65,6; Psa. 67,5; Psa. 67,17; Psa. 71,11; Psa. 71,11; Psa. 71,15; Psa. 71,17; Psa. 77,17; Psa. 77,36; Psa. 80,16; Psa. 88,22; Psa. 88,23; Psa. 88,29; Psa. 88,29; Psa. 90,16; Psa. 91,16; Psa. 93,13; Psa. 94,2; Psa. 94,6; Psa. 96,7; Psa. 97,1; Psa. 99,4; Psa. 101,24; Psa. 102,16; Psa. 103,26; Psa. 103,34; Psa. 104,2; Psa. 104,2; Psa. 105,31; Psa. 108,11; Psa. 108,12; Psa. 108,17; Psa. 108,19; Psa. 129,7; Psa. 143,2; Psa. 143,3; Psa. 148,14; Psa. 149,3; Ode. 1,3; Ode. 2,5; Ode. 2,43; Ode. 2,43; Ode. 2,43; Ode. 9,75; Ode. 10,2; Ode. 10,4; Prov. 3,9; Prov. 7,10; Prov. 7,13; Prov. 8,27; Prov. 8,30; Prov. 11,1; Prov. 11,20; Prov. 12,14; Prov. 12,22; Prov. 15,8; Prov. 16,15; Prov. 17,11; Prov. 18,3; Prov. 18,7; Prov. 18,10; Prov. 18,13; Prov. 19,17; Prov. 22,10; Prov. 22,11; Prov. 23,5; Prov. 23,32; Prov. 24,17; Prov. 24,18; Prov. 25,13; Prov. 26,4; Prov. 30,4; Prov. 24,29; Eccl. 1,13; Eccl. 2,21; Eccl. 2,21; Eccl. 3,10; Eccl. 4,8; Eccl. 4,10; Eccl. 4,16; Eccl. 5,15; Eccl. 5,17; Eccl. 5,18; Eccl. 6,2; Eccl. 6,2; Eccl. 6,3; Eccl. 8,4; Eccl. 8,7; Eccl. 8,12; Eccl. 8,15; Eccl. 8,15; Eccl. 10,8; Eccl. 10,14; Song 2,16; Song 5,8; Job 1,2; Job 1,3; Job 1,8; Job 1,10; Job 1,12; Job 1,14; Job 1,22; Job 2,9; Job 2,10; Job 2,11; Job 2,13; Job 6,13; Job 9,3; Job 9,3; Job 9,12; Job 11,10; Job 12,13; Job 12,13; Job 12,16; Job 12,16; Job 13,9; Job 14,20; Job 15,31; Job 15,35; Job 18,6; Job 18,12; Job 18,17; Job 18,20; Job 19,28; Job 20,25; Job 20,26; Job 20,27; Job 20,28; Job 20,29; Job 21,15; Job 21,15; Job 21,31; Job 21,33; Job 23,13; Job 23,15; Job 24,5; Job 24,20; Job 26,14; Job 27,9; Job 27,20; Job 28,6; Job 33,26; Job 34,9; Job 34,14; Job 35,7; Job 36,27; Job 37,19; Job 39,11; Job 39,11; Job 39,20; Job 39,23; Job 40,29; Job 40,30; Job 40,32; Job 41,18; Job 41,25; Job 42,11; Job 42,11; Job 42,11; Job 42,11; Job 42,13; Job 42,17b; Wis. 1,2; Wis. 2,16; Wis. 3,9; Wis. 3,9; Wis. 3,14; Wis. 5,11; Wis. 5,20; Wis. 10,2; Wis. 10,10; Wis. 10,10; Wis. 10,12; Wis. 10,14; Wis. 10,14; Wis. 10,14; Wis. 15,9; Wis. 15,11; Wis. 15,16; Sir. 1,22; Sir. 1,23; Sir. 1,28; Sir. 2,3; Sir. 2,6; Sir. 2,8; Sir. 3,26; Sir. 3,28; Sir. 4,8; Sir. 4,18; Sir. 5,6; Sir. 5,13; Sir. 6,7; Sir. 6,21; Sir. 6,34; Sir. 7,31; Sir. 8,14; Sir. 9,10; Sir. 11,12; Sir. 11,13; Sir. 12,5; Sir. 12,5; Sir. 12,11; Sir. 13,1; Sir. 13,22; Sir. 13,22; Sir. 14,13; Sir. 15,2; Sir. 15,17; Sir. 16,11; Sir. 21,15; Sir. 22,23; Sir. 23,11; Sir. 23,20; Sir. 27,24; Sir. 27,27; Sir. 28,4; Sir. 29,6; Sir. 29,6; Sir. 30,1; Sir. 30,2; Sir. 30,2; Sir. 30,3; Sir. 30,4; Sir. 30,9; Sir. 30,10; Sir. 30,11; Sir. 30,13; Sir. 31,10; Sir. 31,14; Sir. 31,31; Sir. 32,15; Sir. 33,2; Sir. 33,3; Sir. 33,26; Sir. 33,29; Sir. 33,32; Sir. 35,12; Sir. 36,20; Sir. 37,21; Sir. 38,23; Sir. 39,11; Sir. 40,26; Sir. 44,21; Sir. 44,23; Sir. 45,3; Sir. 45,3; Sir. 45,5; Sir. 45,6; Sir. 45,7; Sir. 45,15; Sir. 45,15; Sir. 45,17; Sir. 45,18; Sir. 45,20; Sir. 45,20; Sir. 45,21; Sir. 45,22; Sir. 45,24; Sir. 45,24; Sir. 46,9; Sir. 46,19; Sir. 47,6; Sir. 47,11; Sir. 49,8; Sol. 3,5; Sol. 7,4; Sol. 8,16; Sol. 8,16; Sol. 14,3; Sol. 17,4; Sol. 17,30; Hos. 1,3; Hos. 1,6; Hos. 4,9; Hos. 4,12; Hos. 7,9; Hos. 8,11; Hos. 8,12; Hos. 9,4; Hos. 10,11; Hos. 11,4; Hos. 12,3; Hos. 12,9; Hos. 12,15; Hos. 13,13; Hos. 14,3; Hos. 14,9; Amos 4,13; Amos 5,8; Amos 5,19; Amos 5,27; Amos 9,6; Mic. 6,5; Mic. 7,9; Joel 2,2; Joel 2,3; Jonah 1,6; Jonah 4,6; Hab. 2,4; Zeph. 2,11; Zeph. 3,9; Hag. 1,8; Zech. 2,7; Zech. 2,15; Zech. 3,1; Zech. 6,12; Zech. 12,1; Zech. 13,9; Mal. 2,5; Mal. 3,17; Mal. 3,24; Is. 3,11; Is. 5,2; Is. 5,4; Is. 7,4; Is. 8,14; Is. 8,14; Is. 8,17; Is. 9,5; Is. 10,8; Is. 11,10; Is. 12,2; Is. 12,2; Is. 22,15; Is. 22,21; Is. 22,22; Is. 22,24; Is. 27,5; Is. 28,12; Is. 28,16; Is. 29,12; Is. 30,18; Is. 30,32; Is. 30,32; Is. 33,16; Is. 36,6; Is. 36,21; Is. 36,22; Is. 37,3; Is. 37,10; Is. 37,21; Is. 39,5; Is. 40,14; Is. 40,14; Is. 42,24; Is. 44,17; Is. 45,16; Is. 47,4; Is. 48,2; Is. 49,7; Is. 52,15; Is. 53,2; Is. 53,11; Is. 54,5; Is. 54,9; Is. 56,6; Is. 56,6; Is. 57,15; Is. 57,18; Is. 59,5; Is. 59,15; Is. 63,12; Is. 65,5; Is. 65,8; Is. 65,15; Jer. 4,2; Jer. 7,10; Jer. 7,11; Jer. 7,12; Jer. 7,14; Jer. 7,14; Jer. 10,16; Jer. 17,8; Jer. 19,4; Jer. 19,12; Jer. 20,3; Jer. 20,10; Jer. 20,10; Jer. 20,13; Jer. 22,13; Jer. 26,25; Jer. 27,34; Jer. 28,3; Jer. 28,19; Jer. 28,57; Jer. 28,62; Jer. 31,11; Jer. 31,12; Jer. 31,17; Jer. 33,8; Jer. 34,6; Jer. 34,6; Jer. 34,11; Jer. 34,11; Jer. 38,3; Jer. 38,20; Jer. 38,20; Jer. 38,36; Jer. 39,9; Jer. 39,34; Jer. 40,2; Jer. 41,2; Jer. 41,15; Jer. 41,18; Jer. 43,8; Jer. 43,15; Jer. 43,30; Jer. 43,32; Jer. 44,21; Jer. 45,14; Jer. 45,16; Jer. 45,17; Jer. 45,24; Jer. 45,27; Jer. 47,2; Jer. 47,3; Jer. 47,5; Jer. 47,7; Jer. 47,14; Jer. 49,2; Jer. 51,20; Jer. 51,34; Jer. 52,9; Jer. 52,32; Jer. 52,34; Bar. 1,18; Bar. 2,26; Bar. 2,28; Bar. 3,33; LetterJ 0; Ezek. 1,4; Ezek. 3,18; Ezek. 3,20; Ezek. 3,21; Ezek. 14,4; Ezek. 14,7; Ezek. 14,7; Ezek. 17,7; Ezek. 17,15; Ezek. 17,18; Ezek. 21,32; Ezek. 24,6; Ezek. 28,12; Ezek. 29,18; Ezek. 29,20; Ezek. 31,8; Ezek. 31,15; Ezek. 32,2; Ezek. 38,3; Ezek. 40,46; Ezek. 43,17; Ezek. 43,17; Ezek. 44,26; Ezek. 45,8; Ezek. 46,14; Ezek. 46,17; Dan. 1,3; Dan. 2,16; Dan. 2,22; Dan. 2,24; Dan. 2,25; Dan. 2,46; Dan. 4,14; Dan. 4,18; Dan. 4,37a; Dan. 4,37b; Dan. 4,37b; Dan. 4,37c; Dan. 5,7; Dan. 5,7; Dan. 5,12; Dan. 5,13; Dan. 5,23; Dan. 5,29; Dan. 5,29; Dan. 6,4; Dan. 6,13a; Dan. 6,24; Dan. 6,28; Dan. 7,10; Dan. 7,13; Dan. 7,14; Dan. 7,14; Dan. 7,27; Dan. 7,27; Dan. 8,14; Dan. 9,11; Dan. 11,15; Dan. 11,15; Dan. 11,17; Dan. 11,30; Dan. 11,37; Dan. 11,40; Dan. 11,40; Dan. 11,45; Sus. 52; Sus. 56; Bel 3; Bel 4; Bel 6; Bel 7; Bel 18; Bel 24; Bel 26; Bel 26; Judg. 1,12; Judg. 1,13; Judg. 1,15; Judg. 1,24; Judg. 1,30; Judg. 1,31; Judg. 3,26; Judg. 3,27; Judg. 4,3; Judg. 4,18; Judg. 4,22; Judg. 4,22; Judg. 5,13; Judg. 6,12; Judg. 6,23; Judg. 6,24; Judg. 6,25; Judg. 6,28; Judg. 6,30; Judg. 6,31; Judg. 6,31; Judg. 6,31; Judg. 6,32; Judg. 7,1; Judg. 8,8; Judg. 8,30; Judg. 8,31; Judg. 9,4; Judg. 9,16; Judg. 9,25; Judg. 9,26; Judg. 9,28; Judg. 9,28; Judg. 9,33; Judg. 9,38; Judg. 9,38; Judg. 9,52; Judg. 9,54; Judg. 10,4; Judg. 10,6; Judg. 11,2; Judg. 11,2; Judg. 11,15; Judg. 11,19; Judg. 11,34; Judg. 12,6; Judg. 12,9; Judg. 12,14; Judg. 13,2; Judg. 13,2; Judg. 13,11; Judg. 13,18; Judg. 13,23; Judg. 13,25; Judg. 14,3; Judg. 14,13; Judg. 14,17; Judg. 14,18; Judg. 15,10; Judg. 15,12; Judg. 15,13; Judg. 16,5; Judg. 16,9; Judg. 16,30; Judg. 17,1; Judg. 17,5; Judg. 17,5; Judg. 17,9; Judg. 17,10; Judg. 17,11; Judg. 17,12; Judg. 18,3; Judg. 18,4; Judg. 18,5; Judg. 18,19; Judg. 18,27; Judg. 19,1; Judg. 19,3; Judg. 19,9; Tob. 1,13; Tob. 1,14; Tob. 2,3; Tob. 3,10; Tob. 3,15; Tob. 3,15; Tob. 3,15; Tob. 3,15; Tob. 4,2; Tob. 4,3; Tob. 5,2; Tob. 5,3; Tob. 5,3; Tob. 5,5; Tob. 5,5; Tob. 5,5; Tob. 5,6; Tob. 5,7; Tob. 5,8; Tob. 5,9; Tob. 5,9; Tob. 5,10; Tob. 5,10; Tob. 5,10; Tob. 5,10; Tob. 5,10; Tob. 5,10; Tob. 5,10; Tob. 5,11; Tob. 5,12; Tob. 5,13; Tob. 5,14; Tob. 5,15; Tob. 5,17; Tob. 5,17; Tob. 5,17; Tob. 5,17; Tob. 5,22; Tob. 6,4; Tob. 6,7; Tob. 6,8; Tob. 6,11; Tob. 6,11; Tob. 6,11; Tob. 6,12; Tob. 6,16; Tob. 6,19; Tob. 7,1; Tob. 7,6; Tob. 7,12; Tob. 7,13; Tob. 7,14; Tob. 8,6; Tob. 8,6; Tob. 8,6; Tob. 8,20; Tob. 9,1; Tob. 9,2; Tob. 9,5; Tob. 9,5; Tob. 9,5; Tob. 9,6; Tob. 9,6; Tob. 10,2; Tob. 10,7; Tob. 10,9; Tob. 10,9; Tob. 10,10; Tob. 10,11; Tob. 10,14; Tob. 11,4; Tob. 11,9; Tob. 11,13; Tob. 12,1; Tob. 12,1; Tob. 12,2; Tob. 12,2; Tob. 12,2; Tob. 12,3; Tob. 12,4; Tob. 12,4; Tob. 12,6; Tob. 12,6; Tob. 12,18; Tob. 12,22; Tob. 13,3; Tob. 13,7; Tob. 14,3; Tob. 14,10; Dan. 2,16; Dan. 2,24; Dan. 2,25; Dan. 2,46; Dan. 2,48; Dan. 3,95; Dan. 4,16; Dan. 4,35; Dan. 5,9; Dan. 5,11; Dan. 5,12; Dan. 5,12; Dan. 5,19; Dan. 6,4; Dan. 6,7; Dan. 6,11; Dan. 6,15; Dan. 6,19; Dan. 6,24; Dan. 6,24; Dan. 7,10; Dan. 7,10; Dan. 7,14; Dan. 7,14; Dan. 7,27; Dan. 8,3; Dan. 8,11; Dan. 8,14; Dan. 9,11; Dan. 10,1; Dan. 11,17; Dan. 11,17; Dan. 11,18; Dan. 11,30; Sus. 1; Sus. 4; Sus. 50; Sus. 56; Sus. 59; Bel 4; Bel 5; Bel 6; Bel 21; Bel 24; Matt. 1,20; Matt. 1,24; Matt. 2,2; Matt. 2,5; Matt. 2,8; Matt. 2,11; Matt. 2,11; Matt. 3,16; Matt. 4,3;

αὐτός

Matt. 4,6; Matt. 4,7; Matt. 4,8; Matt. 4,9; Matt. 4,10; Matt. 4,10; Matt. 4,11; Matt. 4,20; Matt. 4,22; Matt. 4,24; Matt. 4,25; Matt. 5,1; Matt. 5,39; Matt. 5,40; Matt. 7,9; Matt. 7,10; Matt. 8,1; Matt. 8,2; Matt. 8,4; Matt. 8,5; Matt. 8,7; Matt. 8,15; Matt. 8,16; Matt. 8,19; Matt. 8,20; Matt. 8,21; Matt. 8,22; Matt. 8,23; Matt. 8,23; Matt. 8,27; Matt. 8,28; Matt. 9,2; Matt. 9,9; Matt. 9,9; Matt. 9,14; Matt. 9,18; Matt. 9,19; Matt. 9,27; Matt. 9,28; Matt. 9,28; Matt. 9,32; Matt. 10,32; Matt. 11,3; Matt. 12,2; Matt. 12,4; Matt. 12,15; Matt. 12,22; Matt. 12,32; Matt. 12,32; Matt. 12,38; Matt. 12,46; Matt. 12,47; Matt. 12,48; Matt. 13,10; Matt. 13,12; Matt. 13,27; Matt. 13,28; Matt. 13,36; Matt. 13,51; Matt. 13,57; Matt. 14,2; Matt. 14,4; Matt. 14,13; Matt. 14,15; Matt. 14,17; Matt. 14,28; Matt. 14,31; Matt. 14,33; Matt. 14,35; Matt. 15,12; Matt. 15,15; Matt. 15,25; Matt. 15,30; Matt. 15,33; Matt. 16,17; Matt. 16,22; Matt. 17,12; Matt. 17,14; Matt. 17,26; Matt. 18,6; Matt. 18,21; Matt. 18,21; Matt. 18,22; Matt. 18,24; Matt. 18,26; Matt. 18,27; Matt. 18,28; Matt. 18,32; Matt. 19,2; Matt. 19,3; Matt. 19,7; Matt. 19,10; Matt. 19,13; Matt. 19,16; Matt. 19,17; Matt. 19,18; Matt. 19,20; Matt. 19,21; Matt. 19,27; Matt. 20,7; Matt. 20,20; Matt. 20,21; Matt. 20,22; Matt. 20,29; Matt. 20,33; Matt. 20,34; Matt. 21,14; Matt. 21,16; Matt. 21,23; Matt. 21,25; Matt. 21,32; Matt. 21,32; Matt. 21,32; Matt. 21,33; Matt. 21,33; Matt. 21,41; Matt. 21,41; Matt. 22,12; Matt. 22,16; Matt. 22,19; Matt. 22,21; Matt. 22,23; Matt. 22,37; Matt. 22,42; Matt. 22,46; Matt. 23,21; Matt. 24,1; Matt. 24,3; Matt. 25,21; Matt. 25,23; Matt. 25,26; Matt. 25,37; Matt. 26,7; Matt. 26,15; Matt. 26,18; Matt. 26,22; Matt. 26,24; Matt. 26,25; Matt. 26,33; Matt. 26,34; Matt. 26,35; Matt. 26,50; Matt. 26,52; Matt. 26,58; Matt. 26,62; Matt. 26,63; Matt. 26,64; Matt. 26,69; Matt. 27,13; Matt. 27,14; Matt. 27,28; Matt. 27,29; Matt. 27,31; Matt. 27,34; Matt. 27,38; Matt. 27,44; Matt. 27,55; Matt. 28,9; Mark 1,13; Mark 1,18; Mark 1,27; Mark 1,30; Mark 1,37; Mark 1,40; Mark 1,41; Mark 1,43; Mark 1,44; Mark 2,4; Mark 2,14; Mark 2,14; Mark 2,15; Mark 2,18; Mark 2,24; Mark 2,26; Mark 3,9; Mark 3,10; Mark 3,11; Mark 3,32; Mark 4,25; Mark 4,38; Mark 4,41; Mark 5,2; Mark 5,6; Mark 5,8; Mark 5,9; Mark 5,19; Mark 5,20; Mark 5,24; Mark 5,31; Mark 5,33; Mark 5,33; Mark 6,1; Mark 6,3; Mark 6,14; Mark 6,19; Mark 6,30; Mark 6,35; Mark 6,37; Mark 7,28; Mark 7,32; Mark 7,32; Mark 7,34; Mark 8,4; Mark 8,11; Mark 8,19; Mark 8,20; Mark 8,22; Mark 8,23; Mark 8,28; Mark 8,29; Mark 8,32; Mark 9,13; Mark 9,17; Mark 9,21; Mark 9,23; Mark 9,38; Mark 9,42; Mark 10,13; Mark 10,18; Mark 10,20; Mark 10,21; Mark 10,21; Mark 10,28; Mark 10,32; Mark 10,34; Mark 10,34; Mark 10,35; Mark 10,35; Mark 10,37; Mark 10,39; Mark 10,48; Mark 10,49; Mark 10,51; Mark 10,51; Mark 10,52; Mark 10,52; Mark 11,7; Mark 11,21; Mark 11,23; Mark 11,28; Mark 11,31; Mark 12,14; Mark 12,16; Mark 12,17; Mark 12,26; Mark 12,32; Mark 12,34; Mark 13,1; Mark 13,2; Mark 14,11; Mark 14,12; Mark 14,13; Mark 14,19; Mark 14,21; Mark 14,29; Mark 14,30; Mark 14,40; Mark 14,45; Mark 14,46; Mark 14,51; Mark 14,54; Mark 14,61; Mark 14,65; Mark 14,65; Mark 14,67; Mark 14,72; Mark 15,2; Mark 15,17; Mark 15,19; Mark 15,19; Mark 15,20; Mark 15,23; Mark 15,27; Mark 15,32; Mark 15,41; Mark 15,41; Mark 15,41; Luke 1,5; Luke 1,11; Luke 1,19; Luke 1,32; Luke 1,74; Luke 2,5; Luke 2,26; Luke 4,3; Luke 4,5; Luke 4,6; Luke 4,8; Luke 4,8; Luke 4,9; Luke 4,12; Luke 4,16; Luke 4,17; Luke 4,20; Luke 4,22; Luke 5,1; Luke 5,9; Luke 5,11; Luke 5,14; Luke 5,27; Luke 5,28; Luke 5,29; Luke 6,10; Luke 7,2; Luke 7,6; Luke 7,9; Luke 7,11; Luke 7,43; Luke 8,1; Luke 8,18; Luke 8,19; Luke 8,20; Luke 8,25; Luke 8,27; Luke 8,28; Luke 8,38; Luke 8,39; Luke 8,42; Luke 8,47; Luke 8,50; Luke 8,51; Luke 9,10; Luke 9,11; Luke 9,12; Luke 9,18; Luke 9,30; Luke 9,32; Luke 9,32; Luke 9,37; Luke 9,52; Luke 9,58; Luke 9,60; Luke 10,28; Luke 10,37; Luke 11,5; Luke 11,6; Luke 11,8; Luke 11,8; Luke 11,11; Luke 11,12; Luke 11,27; Luke 11,37; Luke 11,45; Luke 12,8; Luke 12,10; Luke 12,13; Luke 12,14; Luke 12,15; Luke 12,20; Luke 12,36; Luke 13,1; Luke 13,1; Luke 13,8; Luke 13,15; Luke 13,17; Luke 13,23; Luke 13,31; Luke 14,15; Luke 14,16; Luke 14,18; Luke 14,25; Luke 14,29; Luke 15,1; Luke 15,16; Luke 15,18; Luke 15,21; Luke 15,27; Luke 15,30; Luke 15,31; Luke 16,1; Luke 16,2; Luke 16,6; Luke 16,7; Luke 16,31; Luke 17,2; Luke 17,3; Luke 17,3; Luke 17,4; Luke 17,7; Luke 17,8; Luke 17,12; Luke 17,16; Luke 17,19; Luke 17,37; Luke 18,7; Luke 18,15; Luke 18,19; Luke 18,22; Luke 18,37; Luke 18,39; Luke 18,42; Luke 18,43; Luke 19,15; Luke 19,17; Luke 19,22; Luke 19,25; Luke 20,5; Luke 20,10; Luke 20,38; Luke 22,5; Luke 22,9; Luke 22,10; Luke 22,14; Luke 22,33; Luke 22,39; Luke 22,43; Luke 22,48; Luke 22,56; Luke 22,56; Luke 22,61; Luke 22,63; Luke 23,3; Luke 23,9; Luke 23,15; Luke 23,22; Luke 23,26; Luke 23,27; Luke 23,32; Luke 23,36; Luke 23,36; Luke 23,38; Luke 23,40; Luke 23,43; Luke 23,49; Luke 23,49; Luke 23,55; Luke 24,19; Luke 24,42; John 1,4; John 1,6; John 1,22; John 1,25; John 1,38; John 1,39; John 1,40; John 1,41; John 1,42; John 1,43; John 1,45; John 1,46; John 1,46; John 1,48; John 1,48; John 1,49; John 1,50; John 1,51; John 2,10; John 2,18; John 3,1; John 3,2; John 3,3; John 3,9; John 3,10; John 3,15; John 3,26; John 3,27; John 4,9; John 4,11; John 4,14; John 4,14; John 4,14; John 4,17; John 4,19; John 4,25; John 4,33; John 4,50; John 4,50; John 4,51; John 4,52; John 4,53; John 5,6; John 5,7; John 5,8; John 5,14; John 5,20; John 5,20; John 5,27; John 6,2; John 6,7; John 6,8; John 6,25; John 6,30; John 6,56; John 6,65; John 6,68; John 7,18; John 7,26; John 7,52; John 8,4; John 8,13; John 8,19; John 8,25; John 8,29; John 8,31; John 8,39; John 8,41; John 8,44; John 8,48; John 8,52; John 9,3; John 9,7; John 9,9; John 9,10; John 9,12; John 9,24; John 9,26; John 9,34; John 9,37; John 9,38; John 9,40; John 10,4; John 10,13; John 10,24; John 10,33; John 11,8; John 11,10; John 11,12; John 11,20; John 11,24; John 11,27; John 11,30; John 11,32; John 11,34; John 11,39; John 12,2; John 12,2; John 12,6; John 12,13; John 12,16; John 12,16; John 12,18; John 12,29; John 12,34; John 13,3; John 13,6; John 13,7; John 13,8; John 13,8; John 13,9; John 13,10; John 13,25; John 13,26; John 13,27; John 13,28; John 13,29; John 13,31; John 13,32; John 13,32; John 13,36; John 13,36; John 13,37; John 14,5; John 14,6; John 14,8; John 14,9; John 14,21; John 14,22; John 14,23; John 14,23; John 15,5; John 17,2; John 17,2; John 18,5; John 18,20; John 18,23; John 18,25; John 18,30; John 18,31; John 18,33; John 18,37; John 18,38; John 18,38; John 19,3; John 19,4; John 19,6; John 19,7; John 19,9; John 19,10; John 19,11; John 19,32; John 20,6; John 20,15; John 20,16; John 20,25; John 20,28; John 20,29; John 21,3; John 21,5; John 21,15; John 21,15; John 21,16; John 21,16; John 21,16; John 21,17; John 21,17; John 21,17; John 21,17; John 21,19; John 21,22; John 21,23; Acts 2,30; Acts 3,10; Acts 3,16; Acts 4,32; Acts 4,37; Acts 5,17; Acts 5,21; Acts 5,32; Acts 5,36; Acts 5,37; Acts 5,39; Acts 7,5; Acts 7,5; Acts 7,5; Acts 7,8; Acts 7,10; Acts 7,23; Acts 7,30; Acts 7,33; Acts 7,35; Acts 7,38; Acts 7,40; Acts 7,47; Acts 8,2; Acts 8,11; Acts 8,31; Acts 8,35; Acts 9,4; Acts 9,7; Acts 9,12; Acts 9,16; Acts 9,27; Acts 9,34; Acts 9,39; Acts 10,3; Acts 10,4; Acts 10,4; Acts 10,7; Acts 10,7; Acts 10,19; Acts 10,23; Acts 10,25; Acts 10,27; Acts 10,35; Acts 10,41; Acts 12,8; Acts 13,31; Acts 14,9; Acts 16,3; Acts 16,32; Acts 17,16; Acts 17,18; Acts 17,24; Acts 17,28; Acts 17,34; Acts 18,18; Acts 18,26; Acts 19,22; Acts 19,31; Acts 19,38; Acts 20,3; Acts 20,4; Acts 20,10; Acts 20,10; Acts 20,16; Acts 20,16; Acts 21,8; Acts 21,20; Acts 21,29; Acts 22,15; Acts 22,24; Acts 22,27; Acts 23,2; Acts 23,9; Acts 23,11; Acts 23,17; Acts 23,28; Acts 23,32; Acts 23,33; Acts

24,10; Acts 24,23; Acts 24,26; Acts 24,26; Acts 25,2; Acts 28,8; Acts 28,23; Rom. 4,3; Rom. 4,22; Rom. 4,23; Rom. 6,4; Rom. 6,8; Rom. 8,32; Rom. 9,33; Rom. 10,11; Rom. 11,4; Rom. 11,35; Rom. 11,35; Rom. 11,36; Rom. 15,12; 1Cor. 1,5; 1Cor. 2,11; 1Cor. 2,14; 1Cor. 11,14; 1Cor. 15,27; 1Cor. 15,28; 1Cor. 15,28; 2Cor. 1,19; 2Cor. 1,20; 2Cor. 5,9; 2Cor. 5,21; 2Cor. 7,14; 2Cor. 13,4; 2Cor. 13,4; Gal. 2,11; Gal. 2,13; Gal. 3,6; Eph. 1,4; Eph. 1,9; Eph. 1,10; Eph. 2,15; Eph. 2,16; Eph. 3,21; Eph. 4,21; Eph. 6,9; Phil. 2,9; Phil. 3,9; Phil. 3,21; Col. 1,16; Col. 1,17; Col. 1,19; Col. 2,6; Col. 2,7; Col. 2,9; Col. 2,10; Col. 2,12; Col. 2,13; Col. 2,15; Col. 3,4; Col. 4,13; 1Th. 4,14; 1Th. 5,10; 2Th. 1,12; 2Th. 3,14; 1Tim. 1,8; 1Tim. 1,16; 2Tim. 1,18; 2Tim. 4,14; Heb. 1,5; Heb. 1,6; Heb. 2,8; Heb. 2,8; Heb. 2,8; Heb. 2,10; Heb. 2,13; Heb. 5,9; Heb. 7,10; Heb. 10,38; Heb. 12,2; James 1,5; James 2,23; James 4,17; James 5,7; James 5,15; 1Pet. 1,21; 1Pet. 2,6; 1Pet. 3,22; 1Pet. 5,7; 1Pet. 5,11; 2Pet. 1,17; 2Pet. 1,18; 2Pet. 3,14; 2Pet. 3,15; 2Pet. 3,18; 1John 1,5; 1John 2,5; 1John 2,6; 1John 2,8; 1John 2,10; 1John 2,15; 1John 2,27; 1John 2,28; 1John 3,2; 1John 3,3; 1John 3,5; 1John 3,6; 1John 3,9; 1John 3,15; 1John 3,17; 1John 3,24; 1John 3,24; 1John 4,13; 1John 4,15; 1John 4,16; 1John 5,10; 1John 5,16; 2John 10; 2John 11; Rev. 1,1; Rev. 1,6; Rev. 2,7; Rev. 2,17; Rev. 2,17; Rev. 2,26; Rev. 2,28; Rev. 3,21; Rev. 6,2; Rev. 6,4; Rev. 6,4; Rev. 6,8; Rev. 7,14; Rev. 7,15; Rev. 8,3; Rev. 9,1; Rev. 9,11; Rev. 10,6; Rev. 10,9; Rev. 11,1; Rev. 14,7; Rev. 16,8; Rev. 16,9; Rev. 19,7; Rev. 19,10; Rev. 19,14; Rev. 21,7; Rev. 22,3)

Pronoun · (personal) · third · neuter · singular · dative ▸ 76 + 4 + 19 = **99** (Ex. 2,3; Ex. 2,4; Ex. 3,2; Ex. 22,14; Ex. 27,4; Ex. 28,17; Ex. 28,36; Ex. 29,36; Ex. 30,3; Ex. 30,35; Ex. 30,38; Ex. 31,14; Ex. 36,17; Ex. 38,24; Lev. 5,25; Lev. 6,21; Lev. 7,7; Lev. 11,32; Lev. 13,21; Lev. 13,37; Lev. 13,47; Lev. 13,52; Lev. 15,23; Lev. 22,20; Lev. 22,21; Num. 4,5; Num. 19,15; Num. 21,17; Deut. 4,7; Deut. 4,8; Deut. 15,21; Deut. 17,19; Deut. 22,11; Josh. 17,16; 2Sam. 20,8; 1Kings 13,3; 2Kings 12,15; 1Chr. 16,32; 2Chr. 3,14; 2Chr. 32,12; 2Chr. 35,18; 2Chr. 35,19b; 1Esdr. 3,13; 1Esdr. 4,63; 1Esdr. 8,6; Ezra 5,7; Neh. 2,12; Neh. 7,5; 1Mac. 4,44; 1Mac. 6,43; Psa. 7,14; Psa. 73,2; Eccl. 3,14; Job 40,22; Wis. 13,14; Wis. 13,15; Sir. 13,15; Sir. 22,14; Sir. 31,7; Sir. 31,7; Sir. 31,10; Hab. 2,19; Zech. 5,11; Mal. 1,14; Is. 44,19; Jer. 43,14; Jer. 43,29; Jer. 43,32; Ezek. 1,4; Ezek. 18,26; Ezek. 45,2; Dan. 4,10; Dan. 4,11; Dan. 4,12; Dan. 4,21; Dan. 7,6; Dan. 4,12; Dan. 4,21; Dan. 7,7; Dan. 9,26; Matt. 17,18; Matt. 18,13; Matt. 23,20; Mark 1,25; Mark 9,25; Luke 4,35; John 11,38; Rom. 1,17; 1Cor. 15,38; Eph. 6,20; Phil. 3,16; 1Pet. 2,2; Rev. 13,2; Rev. 13,5; Rev. 13,5; Rev. 13,7; Rev. 13,7; Rev. 13,14; Rev. 13,15)

Pronoun · (personal) · intensive · masculine · singular · dative ▸ 1 + 1 + 2 = **4** (Gen. 23,11; Dan. 4,36; 1Cor. 1,10; 2Pet. 3,7)

Pronoun · (personal) · intensive · neuter · singular · dative ▸ 4 (Luke 23,40; 1Cor. 12,9; 2Cor. 12,18; Heb. 4,11)

Αὐτῶν ▸ 1

Pronoun · (personal) · third · masculine · plural · genitive ▸ 1 (Matt. 9,32)

αὐτῶν ▸ **4893** + 224 + 566 = 5683

Adjective · feminine · plural · genitive · noDegree ▸ 1 (4Mac. 13,21)

Adjective · neuter · plural · genitive · noDegree ▸ 3 (4Mac. 11,15; Wis. 18,9; Wis. 19,16)

Pronoun · (personal) · third · feminine · plural · genitive ▸ 175 + 26 + 18 = **219** (Gen. 19,33; Gen. 19,36; Gen. 32,16; Gen. 33,2; Gen. 33,6; Gen. 41,21; Gen. 41,27; Gen. 49,24; Ex. 1,15; Ex. 2,16; Ex. 2,16; Ex. 2,17; Ex. 2,18; Ex. 15,21; Ex. 32,15; Ex. 35,26; Ex. 37,10; Ex. 37,13; Ex. 38,17; Lev. 14,37; Lev. 18,10; Lev. 18,17; Lev. 18,29; Lev. 19,8; Lev. 23,4; Lev. 23,37; Lev. 23,37; Num. 25,2; Num. 25,2; Num. 25,2; Num. 27,5; Num. 27,7; Num. 27,7; Num. 35,2; Num. 35,3; Num. 35,7; Num. 36,3; Num. 36,4; Num. 36,4; Num. 36,6; Num. 36,6; Num. 36,11; Num. 36,12; Num. 36,12; Deut. 21,15; Deut. 21,15; Josh. 15,24; Josh. 15,28; Josh. 15,28; Josh. 15,32; Josh. 15,36; Josh. 15,41; Josh. 15,44; Josh. 15,45; Josh. 15,46; Josh. 15,51; Josh. 15,54; Josh. 15,57; Josh. 15,59; Josh. 15,59a; Josh. 15,60; Josh. 15,62; Josh. 16,7; Josh. 16,9; Josh. 17,4; Josh. 17,5; Josh. 17,6; Josh. 18,24; Josh. 18,28; Josh. 19,6; Josh. 19,6; Josh. 19,7; Josh. 19,8; Josh. 19,16; Josh. 19,23; Josh. 19,31; Josh. 19,47; Josh. 21,3; Josh. 21,8; Josh. 21,33; Josh. 21,41; Josh. 24,1; Josh. 24,1; Josh. 24,1; Judg. 21,22; Judg. 21,22; Ruth 1,9; Ruth 1,14; 1Sam. 1,24; 2Sam. 13,18; 2Sam. 20,3; 1Kings 6,32; 1Kings 11,4; 1Chr. 5,16; 1Chr. 23,22; 2Chr. 4,7; 2Chr. 4,9; 2Chr. 34,4; 1Esdr. 4,16; 1Esdr. 9,16; Ezra 2,65; Ezra 10,44; Esth. 1,18; Esth. 9,28; Judith 3,6; Judith 4,7; Judith 7,27; Judith 13,10; Judith 15,11; Judith 15,12; Tob. 4,13; 1Mac. 1,60; 1Mac. 1,61; 1Mac. 1,61; 1Mac. 4,59; 1Mac. 6,39; 1Mac. 6,47; 4Mac. 1,33; 4Mac. 3,10; 4Mac. 10,16; 4Mac. 14,19; Psa. 33,20; Eccl. 2,6; Job 1,14; Job 39,2; Job 39,2; Job 39,3; Job 39,3; Job 39,4; Sir. 7,24; Sir. 8,8; Sir. 28,15; Sol. 18,12; Amos 4,1; Joel 1,17; Joel 2,22; Nah. 2,8; Zeph. 1,13; Zech. 5,9; Zech. 13,2; Is. 1,31; Is. 1,31; Is. 2,4; Is. 2,4; Is. 2,6; Is. 2,7; Is. 3,8; Is. 3,17; Is. 3,18; Is. 3,18; Is. 3,19; Is. 14,29; Is. 25,2; Is. 30,28; Jer. 4,16; Jer. 8,7; Jer. 19,13; Lam. 4,10; Lam. 5,6; LetterJ 27; LetterJ 43; Ezek. 16,53; Ezek. 23,28; Ezek. 23,36; Ezek. 23,37; Ezek. 23,37; Ezek. 23,37; Ezek. 23,48; Ezek. 42,11; Ezek. 42,11; Ezek. 42,11; Ezek. 42,11; Ezek. 42,11; Ezek. 42,12; Josh. 15,28; Josh. 15,28; Josh. 15,32; Josh. 15,36; Josh. 15,41; Josh. 15,44; Josh. 15,51; Josh. 15,54; Josh. 15,57; Josh. 15,59; Josh. 15,59a; Josh. 15,60; Josh. 15,60; Josh. 15,62; Josh. 18,24; Josh. 18,28; Josh. 18,28; Josh. 19,6; Josh. 19,6; Josh. 19,7; Josh. 19,11; Josh. 19,14; Josh. 19,16; Josh. 19,22; Josh. 19,23; Josh. 19,31; Matt. 4,8; Matt. 25,2; Matt. 25,3; Matt. 25,10; Matt. 28,11; Luke 4,2; Luke 4,6; Luke 4,26; Luke 24,5; Acts 9,39; Acts 19,19; Heb. 11,35; Rev. 9,5; Rev. 9,8; Rev. 9,9; Rev. 9,10; Rev. 9,10; Rev. 9,11)

Pronoun · (personal) · third · masculine · plural · genitive ▸ 4457 + 195 + 514 = **5166** (Gen. 1,9; Gen. 2,1; Gen. 4,4; Gen. 5,2; Gen. 6,3; Gen. 6,13; Gen. 9,23; Gen. 9,23; Gen. 9,23; Gen. 9,27; Gen. 10,5; Gen. 10,5; Gen. 10,5; Gen. 10,20; Gen. 10,20; Gen. 10,20; Gen. 10,20; Gen. 10,30; Gen. 10,31; Gen. 10,31; Gen. 10,31; Gen. 10,31; Gen. 10,32; Gen. 10,32; Gen. 11,6; Gen. 11,7; Gen. 12,5; Gen. 13,6; Gen. 14,11; Gen. 14,14; Gen. 15,11; Gen. 17,7; Gen. 17,9; Gen. 17,10; Gen. 17,23; Gen. 18,16; Gen. 18,20; Gen. 18,21; Gen. 19,13; Gen. 19,35; Gen. 20,8; Gen. 24,37; Gen. 24,59; Gen. 24,60; Gen. 25,16; Gen. 25,16; Gen. 25,16; Gen. 25,16; Gen. 26,20; Gen. 30,36; Gen. 31,43; Gen. 33,3; Gen. 34,13; Gen. 34,20; Gen. 34,20; Gen. 34,21; Gen. 34,23; Gen. 34,23; Gen. 34,24; Gen. 34,24; Gen. 34,27; Gen. 34,28; Gen. 34,28; Gen. 34,28; Gen. 34,29; Gen. 34,29; Gen. 34,29; Gen. 35,4; Gen. 35,4; Gen. 35,5; Gen. 36,7; Gen. 36,7; Gen. 36,7; Gen. 36,19; Gen. 36,30; Gen. 36,40; Gen. 36,40; Gen. 36,40; Gen. 36,40; Gen. 36,43; Gen. 37,2; Gen. 37,12; Gen. 37,17; Gen. 37,21; Gen. 37,22; Gen. 37,25; Gen. 37,32; Gen. 40,1; Gen. 41,19; Gen. 41,21; Gen. 41,21; Gen. 41,23; Gen. 42,7; Gen. 42,23; Gen. 42,24; Gen. 42,24; Gen. 42,24; Gen. 42,25; Gen. 42,26; Gen. 42,28; Gen. 42,29; Gen. 42,35; Gen. 42,35; Gen. 42,35; Gen. 42,35; Gen. 42,36; Gen. 43,2; Gen. 43,11; Gen. 43,15; Gen. 43,24; Gen. 43,24; Gen. 43,26; Gen. 44,3; Gen. 44,4; Gen. 44,13; Gen. 45,25; Gen. 45,27; Gen. 46,5; Gen. 46,5; Gen. 46,6; Gen. 46,17; Gen. 46,32; Gen. 47,1; Gen. 47,1; Gen. 47,17; Gen. 47,20; Gen. 47,20; Gen. 47,22; Gen. 47,30; Gen. 48,6; Gen. 49,5; Gen. 49,6; Gen. 49,6; Gen. 49,6; Gen. 49,6; Gen. 49,7; Gen. 49,7; Gen. 49,19;

αὐτός

Gen. 49,24; Gen. 49,28; Gen. 50,15; Gen. 50,17; Gen. 50,17; Gen. 50,21; Ex. 1,1; Ex. 1,1; Ex. 1,14; Ex. 2,11; Ex. 2,23; Ex. 2,24; Ex. 3,7; Ex. 3,7; Ex. 4,5; Ex. 4,31; Ex. 5,20; Ex. 6,3; Ex. 6,14; Ex. 6,16; Ex. 6,17; Ex. 6,19; Ex. 6,20; Ex. 6,25; Ex. 6,26; Ex. 7,5; Ex. 7,11; Ex. 7,13; Ex. 7,19; Ex. 7,19; Ex. 7,19; Ex. 7,19; Ex. 7,22; Ex. 7,22; Ex. 8,3; Ex. 8,11; Ex. 8,14; Ex. 8,15; Ex. 8,22; Ex. 9,12; Ex. 10,6; Ex. 10,7; Ex. 10,26; Ex. 12,34; Ex. 12,34; Ex. 12,42; Ex. 12,51; Ex. 13,21; Ex. 14,2; Ex. 14,4; Ex. 14,9; Ex. 14,10; Ex. 14,17; Ex. 14,19; Ex. 14,19; Ex. 14,23; Ex. 14,25; Ex. 14,25; Ex. 14,28; Ex. 14,28; Ex. 16,1; Ex. 17,1; Ex. 18,3; Ex. 18,19; Ex. 18,21; Ex. 18,25; Ex. 19,21; Ex. 19,22; Ex. 19,24; Ex. 21,1; Ex. 21,26; Ex. 21,27; Ex. 21,32; Ex. 21,34; Ex. 22,22; Ex. 23,24; Ex. 23,24; Ex. 23,24; Ex. 23,32; Ex. 23,33; Ex. 24,2; Ex. 25,3; Ex. 25,20; Ex. 25,20; Ex. 26,21; Ex. 26,25; Ex. 26,32; Ex. 26,32; Ex. 26,37; Ex. 27,10; Ex. 27,10; Ex. 27,10; Ex. 27,11; Ex. 27,11; Ex. 27,12; Ex. 27,13; Ex. 27,14; Ex. 27,15; Ex. 27,16; Ex. 27,17; Ex. 27,17; Ex. 27,18; Ex. 28,10; Ex. 28,12; Ex. 28,20; Ex. 28,21; Ex. 28,38; Ex. 28,41; Ex. 28,42; Ex. 29,10; Ex. 29,13; Ex. 29,15; Ex. 29,19; Ex. 29,20; Ex. 29,20; Ex. 29,22; Ex. 29,25; Ex. 29,29; Ex. 29,33; Ex. 29,35; Ex. 29,45; Ex. 29,46; Ex. 29,46; Ex. 30,8; Ex. 30,10; Ex. 30,12; Ex. 30,12; Ex. 31,16; Ex. 32,3; Ex. 32,4; Ex. 32,13; Ex. 32,25; Ex. 32,34; Ex. 33,6; Ex. 34,13; Ex. 34,13; Ex. 34,13; Ex. 34,13; Ex. 34,15; Ex. 34,15; Ex. 34,15; Ex. 34,16; Ex. 34,16; Ex. 34,16; Ex. 34,16; Ex. 35,21; Ex. 35,21; Ex. 35,29; Ex. 36,21; Ex. 36,36; Ex. 37,4; Ex. 37,4; Ex. 37,6; Ex. 37,6; Ex. 37,6; Ex. 37,8; Ex. 37,9; Ex. 37,10; Ex. 37,12; Ex. 37,13; Ex. 37,15; Ex. 37,15; Ex. 37,17; Ex. 37,17; Ex. 37,17; Ex. 38,8; Ex. 38,16; Ex. 38,27; Ex. 38,27; Ex. 39,5; Ex. 40,15; Ex. 40,15; Ex. 40,17; Ex. 40,36; Ex. 40,38; Lev. 3,4; Lev. 3,10; Lev. 3,15; Lev. 4,9; Lev. 4,15; Lev. 4,20; Lev. 4,22; Lev. 7,4; Lev. 7,36; Lev. 7,38; Lev. 8,16; Lev. 8,18; Lev. 8,22; Lev. 8,24; Lev. 8,24; Lev. 8,25; Lev. 8,28; Lev. 9,7; Lev. 9,19; Lev. 10,5; Lev. 10,17; Lev. 10,19; Lev. 10,19; Lev. 15,31; Lev. 15,31; Lev. 16,16; Lev. 16,16; Lev. 16,16; Lev. 16,21; Lev. 16,21; Lev. 16,22; Lev. 16,27; Lev. 16,27; Lev. 16,27; Lev. 16,34; Lev. 17,5; Lev. 17,7; Lev. 17,7; Lev. 18,3; Lev. 20,4; Lev. 20,5; Lev. 20,6; Lev. 20,17; Lev. 20,18; Lev. 20,24; Lev. 20,27; Lev. 21,1; Lev. 21,2; Lev. 21,5; Lev. 21,6; Lev. 21,6; Lev. 21,6; Lev. 22,6; Lev. 22,13; Lev. 22,16; Lev. 22,18; Lev. 22,18; Lev. 23,18; Lev. 23,18; Lev. 24,14; Lev. 25,32; Lev. 25,33; Lev. 25,33; Lev. 25,33; Lev. 25,34; Lev. 25,34; Lev. 25,44; Lev. 25,45; Lev. 26,36; Lev. 26,36; Lev. 26,39; Lev. 26,40; Lev. 26,40; Lev. 26,41; Lev. 26,41; Lev. 26,41; Lev. 26,41; Lev. 26,43; Lev. 26,43; Lev. 26,43; Lev. 26,44; Lev. 26,44; Lev. 26,44; Lev. 26,45; Lev. 26,45; Num. 1,1; Num. 1,2; Num. 1,2; Num. 1,2; Num. 1,2; Num. 1,3; Num. 1,18; Num. 1,18; Num. 1,18; Num. 1,18; Num. 1,20; Num. 1,20; Num. 1,20; Num. 1,20; Num. 1,20; Num. 1,21; Num. 1,22; Num. 1,22; Num. 1,22; Num. 1,22; Num. 1,22; Num. 1,23; Num. 1,24; Num. 1,24; Num. 1,24; Num. 1,24; Num. 1,24; Num. 1,25; Num. 1,26; Num. 1,26; Num. 1,26; Num. 1,26; Num. 1,26; Num. 1,27; Num. 1,28; Num. 1,28; Num. 1,28; Num. 1,28; Num. 1,28; Num. 1,29; Num. 1,30; Num. 1,30; Num. 1,30; Num. 1,30; Num. 1,30; Num. 1,31; Num. 1,32; Num. 1,32; Num. 1,32; Num. 1,32; Num. 1,32; Num. 1,33; Num. 1,34; Num. 1,34; Num. 1,34; Num. 1,34; Num. 1,34; Num. 1,35; Num. 1,36; Num. 1,36; Num. 1,36; Num. 1,36; Num. 1,36; Num. 1,37; Num. 1,38; Num. 1,38; Num. 1,38; Num. 1,38; Num. 1,38; Num. 1,39; Num. 1,40; Num. 1,40; Num. 1,40; Num. 1,40; Num. 1,40; Num. 1,41; Num. 1,42; Num. 1,42; Num. 1,42; Num. 1,42; Num. 1,42; Num. 1,43; Num. 1,45; Num. 1,47; Num. 1,49; Num. 1,52; Num. 2,2; Num. 2,3; Num. 2,9; Num. 2,10; Num. 2,16; Num. 2,18; Num. 2,24; Num. 2,25; Num. 2,31; Num. 2,32; Num. 2,32; Num. 2,34; Num. 2,34; Num. 2,34; Num. 3,3; Num. 3,4; Num. 3,4; Num. 3,10; Num. 3,12; Num. 3,15; Num. 3,15; Num. 3,15; Num. 3,17; Num. 3,18; Num. 3,19; Num. 3,20; Num. 3,20; Num. 3,22; Num. 3,22; Num. 3,31; Num. 3,31; Num. 3,34; Num. 3,36; Num. 3,36; Num. 3,37; Num. 3,37; Num. 3,39; Num. 3,45; Num. 4,2; Num. 4,2; Num. 4,19; Num. 4,22; Num. 4,22; Num. 4,27; Num. 4,27; Num. 4,27; Num. 4,28; Num. 4,29; Num. 4,29; Num. 4,31; Num. 4,31; Num. 4,32; Num. 4,32; Num. 4,32; Num. 4,32; Num. 4,32; Num. 4,32; Num. 4,33; Num. 4,34; Num. 4,34; Num. 4,36; Num. 4,36; Num. 4,38; Num. 4,38; Num. 4,40; Num. 4,40; Num. 4,40; Num. 4,42; Num. 4,42; Num. 4,44; Num. 4,44; Num. 4,44; Num. 4,46; Num. 4,49; Num. 5,3; Num. 6,7; Num. 7,2; Num. 7,3; Num. 7,5; Num. 7,7; Num. 7,8; Num. 7,10; Num. 7,11; Num. 7,87; Num. 7,87; Num. 8,7; Num. 8,7; Num. 8,7; Num. 8,10; Num. 8,12; Num. 8,21; Num. 8,22; Num. 8,26; Num. 9,1; Num. 10,6; Num. 10,12; Num. 10,14; Num. 10,14; Num. 10,18; Num. 10,18; Num. 10,22; Num. 10,22; Num. 10,25; Num. 10,25; Num. 10,28; Num. 10,33; Num. 11,10; Num. 11,10; Num. 11,12; Num. 11,16; Num. 11,33; Num. 13,2; Num. 13,2; Num. 13,4; Num. 13,33; Num. 13,33; Num. 14,6; Num. 14,9; Num. 14,13; Num. 14,14; Num. 14,14; Num. 14,23; Num. 14,23; Num. 15,12; Num. 15,25; Num. 15,25; Num. 15,25; Num. 15,38; Num. 15,38; Num. 15,39; Num. 16,15; Num. 16,15; Num. 16,15; Num. 16,22; Num. 16,26; Num. 16,27; Num. 16,27; Num. 16,27; Num. 16,27; Num. 16,29; Num. 16,30; Num. 16,30; Num. 16,31; Num. 16,32; Num. 16,32; Num. 16,33; Num. 16,34; Num. 16,34; Num. 17,3; Num. 17,10; Num. 17,11; Num. 17,17; Num. 17,17; Num. 17,17; Num. 17,18; Num. 17,21; Num. 17,21; Num. 17,21; Num. 17,25; Num. 18,9; Num. 18,9; Num. 18,9; Num. 18,11; Num. 18,12; Num. 18,13; Num. 18,20; Num. 18,21; Num. 18,23; Num. 18,23; Num. 18,26; Num. 20,8; Num. 20,8; Num. 20,11; Num. 21,1; Num. 21,18; Num. 21,18; Num. 21,29; Num. 21,29; Num. 21,30; Num. 21,35; Num. 22,6; Num. 22,7; Num. 22,12; Num. 24,8; Num. 24,20; Num. 25,18; Num. 26,2; Num. 26,7; Num. 26,14; Num. 26,16; Num. 26,18; Num. 26,19; Num. 26,21; Num. 26,22; Num. 26,23; Num. 26,24; Num. 26,27; Num. 26,28; Num. 26,31; Num. 26,32; Num. 26,38; Num. 26,41; Num. 26,41; Num. 26,42; Num. 26,45; Num. 26,45; Num. 26,46; Num. 26,46; Num. 26,47; Num. 26,48; Num. 26,50; Num. 26,54; Num. 26,54; Num. 26,55; Num. 26,56; Num. 26,57; Num. 26,59; Num. 26,62; Num. 26,65; Num. 27,1; Num. 27,14; Num. 27,17; Num. 27,17; Num. 27,19; Num. 28,20; Num. 28,28; Num. 29,3; Num. 29,9; Num. 29,14; Num. 29,16; Num. 29,16; Num. 29,18; Num. 29,18; Num. 29,18; Num. 29,18; Num. 29,19; Num. 29,19; Num. 29,21; Num. 29,21; Num. 29,21; Num. 29,21; Num. 29,22; Num. 29,22; Num. 29,24; Num. 29,24; Num. 29,24; Num. 29,24; Num. 29,25; Num. 29,25; Num. 29,27; Num. 29,27; Num. 29,27; Num. 29,27; Num. 29,28; Num. 29,28; Num. 29,30; Num. 29,30; Num. 29,30; Num. 29,30; Num. 29,31; Num. 29,31; Num. 29,33; Num. 29,33; Num. 29,33; Num. 29,33; Num. 29,34; Num. 29,34; Num. 29,37; Num. 29,37; Num. 29,37; Num. 29,37; Num. 29,38; Num. 29,38; Num. 31,6; Num. 31,6; Num. 31,8; Num. 31,8; Num. 31,9; Num. 31,9; Num. 31,9; Num. 31,9; Num. 31,10; Num. 31,10; Num. 31,10; Num. 31,11; Num. 31,29; Num. 31,40; Num. 31,49; Num. 31,51; Num. 32,30; Num. 32,30; Num. 32,30; Num. 32,38; Num. 32,41; Num. 33,1; Num. 33,2; Num. 33,2; Num. 33,2; Num. 33,4; Num. 33,52; Num. 33,52; Num. 33,52; Num. 33,53; Num. 33,54; Num. 33,54; Num. 33,54; Num. 33,55; Num. 34,14; Num. 34,14; Num. 34,15; Num. 35,2; Num. 35,3; Num. 35,3; Deut. 1,8; Deut. 1,25; Deut. 1,29; Deut. 1,35; Deut. 2,5; Deut. 2,6; Deut. 2,6; Deut. 2,9; Deut. 2,12; Deut. 2,12; Deut. 2,21; Deut. 2,21; Deut. 2,22; Deut. 2,22; Deut. 2,23; Deut. 2,34; Deut. 2,34; Deut. 3,4; Deut. 4,10; Deut. 4,37; Deut. 4,38; Deut. 4,45; Deut. 4,46; Deut. 5,29; Deut. 5,29; Deut. 6,4; Deut.

Α, α

7,5; Deut. 7,5; Deut. 7,5; Deut. 7,5; Deut. 7,16; Deut. 7,21; Deut. 7,24; Deut. 7,24; Deut. 7,25; Deut. 9,5; Deut. 9,14; Deut. 9,27; Deut. 10,9; Deut. 10,11; Deut. 10,15; Deut. 11,4; Deut. 11,4; Deut. 11,4; Deut. 11,4; Deut. 11,6; Deut. 11,6; Deut. 11,6; Deut. 11,6; Deut. 11,9; Deut. 12,2; Deut. 12,3; Deut. 12,3; Deut. 12,3; Deut. 12,3; Deut. 12,3; Deut. 12,29; Deut. 12,29; Deut. 12,30; Deut. 12,30; Deut. 12,31; Deut. 12,31; Deut. 12,31; Deut. 12,31; Deut. 13,14; Deut. 15,18; Deut. 18,1; Deut. 18,2; Deut. 18,18; Deut. 19,1; Deut. 20,1; Deut. 20,3; Deut. 20,18; Deut. 20,18; Deut. 21,5; Deut. 21,10; Deut. 21,18; Deut. 21,20; Deut. 22,24; Deut. 25,2; Deut. 25,5; Deut. 25,11; Deut. 28,25; Deut. 28,55; Deut. 28,60; Deut. 29,7; Deut. 29,16; Deut. 29,16; Deut. 29,24; Deut. 29,24; Deut. 29,27; Deut. 31,4; Deut. 31,6; Deut. 31,11; Deut. 31,13; Deut. 31,17; Deut. 31,18; Deut. 31,19; Deut. 31,20; Deut. 31,21; Deut. 31,21; Deut. 31,21; Deut. 31,21; Deut. 31,28; Deut. 32,12; Deut. 32,16; Deut. 32,17; Deut. 32,20; Deut. 32,21; Deut. 32,26; Deut. 32,31; Deut. 32,32; Deut. 32,32; Deut. 32,32; Deut. 32,33; Deut. 32,35; Deut. 32,35; Deut. 32,37; Deut. 32,38; Deut. 32,38; Deut. 33,29; Josh. 2,5; Josh. 2,7; Josh. 2,7; Josh. 3,14; Josh. 4,11; Josh. 4,23; Josh. 5,1; Josh. 5,6; Josh. 5,6; Josh. 5,7; Josh. 6,5; Josh. 7,5; Josh. 7,6; Josh. 7,11; Josh. 7,12; Josh. 7,12; Josh. 8,5; Josh. 8,15; Josh. 8,18; Josh. 8,19; Josh. 8,20; Josh. 8,22; Josh. 8,33 # 9,2d; Josh. 8,33 # 9,2d; Josh. 9,4; Josh. 9,5; Josh. 9,5; Josh. 9,5; Josh. 9,5; Josh. 9,5; Josh. 9,5; Josh. 9,11; Josh. 9,14; Josh. 9,16; Josh. 9,17; Josh. 9,17; Josh. 9,19; Josh. 10,5; Josh. 10,8; Josh. 10,13; Josh. 10,19; Josh. 10,19; Josh. 10,24; Josh. 10,24; Josh. 10,24; Josh. 10,33; Josh. 10,40; Josh. 10,42; Josh. 10,42; Josh. 11,4; Josh. 11,4; Josh. 11,6; Josh. 11,6; Josh. 11,6; Josh. 11,8; Josh. 11,9; Josh. 11,9; Josh. 11,12; Josh. 11,14; Josh. 11,17; Josh. 11,20; Josh. 11,21; Josh. 11,23; Josh. 12,1; Josh. 12,7; Josh. 13,14; Josh. 13,15; Josh. 13,16; Josh. 13,23; Josh. 13,23; Josh. 13,23; Josh. 13,24; Josh. 13,25; Josh. 13,28; Josh. 13,28; Josh. 13,28; Josh. 13,29; Josh. 13,30; Josh. 13,31; Josh. 14,4; Josh. 14,4; Josh. 15,1; Josh. 15,2; Josh. 15,4; Josh. 15,5; Josh. 15,12; Josh. 15,12; Josh. 15,21; Josh. 16,5; Josh. 16,5; Josh. 16,8; Josh. 17,2; Josh. 17,2; Josh. 17,11; Josh. 18,1; Josh. 18,7; Josh. 18,11; Josh. 18,11; Josh. 18,12; Josh. 18,21; Josh. 18,28; Josh. 19,1; Josh. 19,2; Josh. 19,8; Josh. 19,9; Josh. 19,9; Josh. 19,10; Josh. 19,10; Josh. 19,11; Josh. 19,16; Josh. 19,18; Josh. 19,23; Josh. 19,25; Josh. 19,31; Josh. 19,33; Josh. 19,41; Josh. 19,47; Josh. 19,47; Josh. 19,47a; Josh. 19,47a; Josh. 19,49; Josh. 21,7; Josh. 21,20; Josh. 21,40; Josh. 21,42a; Josh. 21,43; Josh. 21,44; Josh. 21,44; Josh. 21,44; Josh. 21,44; Josh. 21,44; Josh. 22,6; Josh. 22,7; Josh. 22,8; Josh. 22,8; Josh. 22,9; Josh. 22,34; Josh. 22,34; Josh. 23,1; Josh. 23,2; Josh. 23,2; Josh. 23,2; Josh. 23,2; Josh. 23,5; Josh. 23,5; Josh. 23,7; Josh. 23,14; Josh. 24,8; Josh. 24,10; Josh. 24,15; Josh. 24,33b; Josh. 24,33b; Josh. 24,33b; Judg. 1,7; Judg. 1,7; Judg. 1,22; Judg. 2,2; Judg. 2,2; Judg. 2,2; Judg. 2,3; Judg. 2,4; Judg. 2,10; Judg. 2,12; Judg. 2,12; Judg. 2,14; Judg. 2,14; Judg. 2,17; Judg. 2,17; Judg. 2,18; Judg. 2,18; Judg. 2,19; Judg. 2,19; Judg. 2,19; Judg. 2,20; Judg. 2,21; Judg. 2,22; Judg. 3,2; Judg. 3,4; Judg. 3,6; Judg. 3,6; Judg. 3,6; Judg. 3,6; Judg. 3,7; Judg. 3,25; Judg. 3,27; Judg. 5,20; Judg. 6,5; Judg. 6,5; Judg. 6,5; Judg. 6,9; Judg. 6,10; Judg. 7,2; Judg. 7,6; Judg. 7,6; Judg. 7,8; Judg. 7,8; Judg. 7,12; Judg. 7,19; Judg. 7,20; Judg. 7,20; Judg. 8,3; Judg. 8,10; Judg. 8,10; Judg. 8,12; Judg. 8,12; Judg. 8,18; Judg. 8,21; Judg. 8,26; Judg. 8,28; Judg. 8,34; Judg. 8,34; Judg. 9,3; Judg. 9,24; Judg. 9,24; Judg. 9,27; Judg. 9,27; Judg. 9,57; Judg. 10,12; Judg. 10,16; Judg. 11,11; Judg. 11,16; Judg. 12,2; Judg. 12,6; Judg. 13,20; Judg. 14,19; Judg. 15,13; Judg. 16,18; Judg. 16,23; Judg. 16,24; Judg. 16,25; Judg. 16,26; Judg. 16,29; Judg. 18,2; Judg. 18,2; Judg. 18,3; Judg. 18,8; Judg. 18,8; Judg. 18,14; Judg.

αὐτός

18,21; Judg. 18,22; Judg. 18,23; Judg. 18,26; Judg. 18,29; Judg. 19,11; Judg. 19,21; Judg. 19,22; Judg. 19,22; Judg. 20,13; Judg. 20,14; Judg. 20,20; Judg. 20,25; Judg. 20,34; Judg. 20,42; Judg. 20,45; Judg. 21,2; Judg. 21,6; Judg. 21,23; Judg. 21,23; Ruth 2,9; 1Sam. 1,19; 1Sam. 2,25; 1Sam. 2,27; 1Sam. 3,21; 1Sam. 5,3; 1Sam. 5,9; 1Sam. 6,1; 1Sam. 6,2; 1Sam. 6,6; 1Sam. 6,7; 1Sam. 6,10; 1Sam. 6,13; 1Sam. 8,7; 1Sam. 8,9; 1Sam. 8,22; 1Sam. 9,5; 1Sam. 9,11; 1Sam. 9,14; 1Sam. 9,14; 1Sam. 9,16; 1Sam. 9,27; 1Sam. 10,4; 1Sam. 10,5; 1Sam. 10,6; 1Sam. 10,10; 1Sam. 10,12; 1Sam. 10,26; 1Sam. 11,4; 1Sam. 12,9; 1Sam. 13,15; 1Sam. 13,16; 1Sam. 14,11; 1Sam. 14,22; 1Sam. 14,30; 1Sam. 14,46; 1Sam. 15,24; 1Sam. 17,1; 1Sam. 17,3; 1Sam. 17,51; 1Sam. 17,52; 1Sam. 17,53; 1Sam. 18,27; 1Sam. 19,20; 1Sam. 19,24; 1Sam. 22,2; 1Sam. 22,17; 1Sam. 22,17; 1Sam. 23,5; 1Sam. 25,7; 1Sam. 25,12; 1Sam. 25,14; 1Sam. 26,13; 1Sam. 28,1; 1Sam. 28,23; 1Sam. 29,1; 1Sam. 30,2; 1Sam. 30,3; 1Sam. 30,3; 1Sam. 30,3; 1Sam. 30,4; 1Sam. 30,17; 1Sam. 30,19; 1Sam. 31,7; 1Sam. 31,9; 1Sam. 31,9; 1Sam. 31,13; 2Sam. 1,11; 2Sam. 1,23; 2Sam. 1,23; 2Sam. 3,18; 2Sam. 3,22; 2Sam. 3,30; 2Sam. 3,36; 2Sam. 4,12; 2Sam. 4,12; 2Sam. 5,21; 2Sam. 5,23; 2Sam. 5,23; 2Sam. 6,13; 2Sam. 10,3; 2Sam. 10,4; 2Sam. 10,4; 2Sam. 10,4; 2Sam. 10,5; 2Sam. 10,16; 2Sam. 12,30; 2Sam. 13,30; 2Sam. 13,30; 2Sam. 13,31; 2Sam. 13,36; 2Sam. 14,6; 2Sam. 14,30; 2Sam. 15,11; 2Sam. 15,16; 2Sam. 15,18; 2Sam. 15,36; 2Sam. 15,36; 2Sam. 15,36; 2Sam. 17,8; 2Sam. 17,11; 2Sam. 18,1; 2Sam. 18,28; 2Sam. 20,2; 2Sam. 20,8; 2Sam. 21,7; 2Sam. 22,42; 2Sam. 22,46; 2Sam. 23,7; 2Sam. 23,17; 1Kings 1,40; 1Kings 2,4; 1Kings 2,4; 1Kings 2,4; 1Kings 2,32; 1Kings 2,33; 1Kings 4,8; 1Kings 5,28; 1Kings 6,34; 1Kings 7,13; 1Kings 7,16; 1Kings 7,17; 1Kings 7,19; 1Kings 7,19; 1Kings 7,19; 1Kings 7,43; 1Kings 8,25; 1Kings 8,34; 1Kings 8,35; 1Kings 8,45; 1Kings 8,45; 1Kings 8,47; 1Kings 8,47; 1Kings 8,48; 1Kings 8,48; 1Kings 8,48; 1Kings 8,48; 1Kings 8,48; 1Kings 8,50; 1Kings 8,50; 1Kings 8,52; 1Kings 9,9; 1Kings 9,9; 1Kings 10,9; 1Kings 10,22b # 9,20; 1Kings 11,2; 1Kings 11,5; 1Kings 11,7; 1Kings 11,18; 1Kings 11,33; 1Kings 12,16; 1Kings 12,24q; 1Kings 12,24q; 1Kings 12,24r; 1Kings 12,27; 1Kings 13,11; 1Kings 13,12; 1Kings 13,20; 1Kings 14,22; 1Kings 16,2; 1Kings 16,13; 1Kings 16,26; 1Kings 18,28; 1Kings 18,39; 1Kings 18,40; 1Kings 19,2; 1Kings 21,6; 1Kings 21,6; 1Kings 21,19; 1Kings 21,24; 1Kings 21,24; 1Kings 21,25; 1Kings 21,27; 1Kings 21,27; 1Kings 21,32; 1Kings 21,32; 1Kings 22,10; 2Kings 1,14; 2Kings 1,15; 2Kings 1,18c; 2Kings 2,11; 2Kings 2,24; 2Kings 2,24; 2Kings 3,9; 2Kings 3,24; 2Kings 5,24; 2Kings 6,4; 2Kings 6,16; 2Kings 6,20; 2Kings 6,20; 2Kings 6,22; 2Kings 6,22; 2Kings 6,23; 2Kings 6,33; 2Kings 7,7; 2Kings 7,7; 2Kings 7,7; 2Kings 7,10; 2Kings 7,15; 2Kings 8,12; 2Kings 8,12; 2Kings 8,12; 2Kings 8,12; 2Kings 8,21; 2Kings 9,17; 2Kings 9,18; 2Kings 9,18; 2Kings 9,20; 2Kings 10,7; 2Kings 10,14; 2Kings 10,25; 2Kings 10,29; 2Kings 12,6; 2Kings 12,16; 2Kings 12,16; 2Kings 13,2; 2Kings 13,5; 2Kings 13,21; 2Kings 16,15; 2Kings 16,15; 2Kings 16,17; 2Kings 17,7; 2Kings 17,9; 2Kings 17,9; 2Kings 17,11; 2Kings 17,14; 2Kings 17,14; 2Kings 17,15; 2Kings 17,16; 2Kings 17,17; 2Kings 17,17; 2Kings 17,19; 2Kings 17,25; 2Kings 17,29; 2Kings 17,29; 2Kings 17,31; 2Kings 17,32; 2Kings 17,33; 2Kings 17,34; 2Kings 17,34; 2Kings 17,34; 2Kings 17,35; 2Kings 17,40; 2Kings 17,41; 2Kings 17,41; 2Kings 17,41; 2Kings 18,12; 2Kings 18,27; 2Kings 18,27; 2Kings 18,35; 2Kings 19,18; 2Kings 19,29; 2Kings 21,8; 2Kings 21,11; 2Kings 21,14; 2Kings 21,14; 2Kings 21,15; 2Kings 22,17; 2Kings 23,2; 2Kings 23,4; 2Kings 23,9; 2Kings 23,12; 2Kings 23,14; 2Kings 25,13; 2Kings 25,22; 2Kings 25,23; 2Kings 25,23; 2Kings 25,24; 1Chr. 1,43; 1Chr. 2,16; 1Chr. 2,23; 1Chr. 3,9; 1Chr. 3,19; 1Chr. 4,3; 1Chr. 4,27; 1Chr. 4,27; 1Chr. 4,31; 1Chr. 4,32; 1Chr. 4,33;

αὐτός

1Chr. 4,33; 1Chr. 4,33; 1Chr. 4,38; 1Chr. 4,38; 1Chr. 4,39; 1Chr. 4,40; 1Chr. 4,41; 1Chr. 4,41; 1Chr. 4,41; 1Chr. 4,42; 1Chr. 4,42; 1Chr. 5,7; 1Chr. 5,7; 1Chr. 5,9; 1Chr. 5,10; 1Chr. 5,11; 1Chr. 5,13; 1Chr. 5,13; 1Chr. 5,20; 1Chr. 5,20; 1Chr. 5,20; 1Chr. 5,21; 1Chr. 5,22; 1Chr. 5,24; 1Chr. 5,24; 1Chr. 5,25; 1Chr. 5,25; 1Chr. 6,4; 1Chr. 6,17; 1Chr. 6,17; 1Chr. 6,18; 1Chr. 6,29; 1Chr. 6,33; 1Chr. 6,33; 1Chr. 6,39; 1Chr. 6,39; 1Chr. 6,39; 1Chr. 6,45; 1Chr. 6,45; 1Chr. 6,47; 1Chr. 6,48; 1Chr. 6,49; 1Chr. 6,51; 1Chr. 7,2; 1Chr. 7,2; 1Chr. 7,2; 1Chr. 7,4; 1Chr. 7,4; 1Chr. 7,4; 1Chr. 7,5; 1Chr. 7,5; 1Chr. 7,7; 1Chr. 7,9; 1Chr. 7,9; 1Chr. 7,9; 1Chr. 7,21; 1Chr. 7,22; 1Chr. 7,28; 1Chr. 7,28; 1Chr. 7,30; 1Chr. 7,32; 1Chr. 7,40; 1Chr. 7,40; 1Chr. 8,28; 1Chr. 8,32; 1Chr. 8,32; 1Chr. 8,38; 1Chr. 9,1; 1Chr. 9,1; 1Chr. 9,2; 1Chr. 9,6; 1Chr. 9,9; 1Chr. 9,9; 1Chr. 9,9; 1Chr. 9,13; 1Chr. 9,17; 1Chr. 9,19; 1Chr. 9,20; 1Chr. 9,22; 1Chr. 9,22; 1Chr. 9,22; 1Chr. 9,23; 1Chr. 9,25; 1Chr. 9,25; 1Chr. 9,28; 1Chr. 9,29; 1Chr. 9,32; 1Chr. 9,34; 1Chr. 9,38; 1Chr. 9,38; 1Chr. 9,44; 1Chr. 10,7; 1Chr. 10,9; 1Chr. 10,10; 1Chr. 10,12; 1Chr. 11,19; 1Chr. 11,19; 1Chr. 12,9; 1Chr. 12,18; 1Chr. 12,30; 1Chr. 12,31; 1Chr. 12,33; 1Chr. 12,33; 1Chr. 12,33; 1Chr. 12,35; 1Chr. 12,40; 1Chr. 13,2; 1Chr. 13,2; 1Chr. 14,4; 1Chr. 14,12; 1Chr. 14,14; 1Chr. 14,14; 1Chr. 15,16; 1Chr. 15,18; 1Chr. 15,18; 1Chr. 16,21; 1Chr. 16,42; 1Chr. 18,4; 1Chr. 18,4; 1Chr. 19,4; 1Chr. 19,7; 1Chr. 19,16; 1Chr. 20,2; 1Chr. 21,2; 1Chr. 21,6; 1Chr. 21,10; 1Chr. 21,16; 1Chr. 23,3; 1Chr. 23,3; 1Chr. 23,24; 1Chr. 23,24; 1Chr. 23,24; 1Chr. 23,24; 1Chr. 23,24; 1Chr. 23,32; 1Chr. 24,2; 1Chr. 24,3; 1Chr. 24,3; 1Chr. 24,3; 1Chr. 24,19; 1Chr. 24,19; 1Chr. 24,19; 1Chr. 24,19; 1Chr. 24,30; 1Chr. 24,31; 1Chr. 25,1; 1Chr. 25,1; 1Chr. 25,1; 1Chr. 25,3; 1Chr. 25,6; 1Chr. 25,7; 1Chr. 25,7; 1Chr. 26,8; 1Chr. 26,8; 1Chr. 26,12; 1Chr. 26,13; 1Chr. 26,20; 1Chr. 26,31; 1Chr. 27,1; 1Chr. 27,23; 1Chr. 28,14; 1Chr. 29,18; 1Chr. 29,20; 1Chr. 29,21; 2Chr. 1,17; 2Chr. 2,1; 2Chr. 2,17; 2Chr. 3,15; 2Chr. 4,3; 2Chr. 4,4; 2Chr. 4,4; 2Chr. 4,12; 2Chr. 4,16; 2Chr. 4,19; 2Chr. 4,21; 2Chr. 4,21; 2Chr. 5,6; 2Chr. 5,12; 2Chr. 5,12; 2Chr. 5,12; 2Chr. 6,16; 2Chr. 6,25; 2Chr. 6,26; 2Chr. 6,28; 2Chr. 6,35; 2Chr. 6,35; 2Chr. 6,35; 2Chr. 6,37; 2Chr. 6,37; 2Chr. 6,37; 2Chr. 6,38; 2Chr. 6,38; 2Chr. 6,38; 2Chr. 6,39; 2Chr. 6,39; 2Chr. 7,6; 2Chr. 7,6; 2Chr. 7,6; 2Chr. 7,10; 2Chr. 7,14; 2Chr. 7,14; 2Chr. 7,14; 2Chr. 7,22; 2Chr. 8,8; 2Chr. 8,14; 2Chr. 8,14; 2Chr. 8,14; 2Chr. 9,4; 2Chr. 9,4; 2Chr. 10,16; 2Chr. 10,17; 2Chr. 11,14; 2Chr. 11,16; 2Chr. 11,16; 2Chr. 12,10; 2Chr. 13,10; 2Chr. 13,13; 2Chr. 13,16; 2Chr. 13,18; 2Chr. 14,3; 2Chr. 14,13; 2Chr. 14,13; 2Chr. 15,12; 2Chr. 17,8; 2Chr. 17,8; 2Chr. 17,9; 2Chr. 17,14; 2Chr. 17,14; 2Chr. 18,9; 2Chr. 18,12; 2Chr. 19,4; 2Chr. 19,10; 2Chr. 20,1; 2Chr. 20,10; 2Chr. 20,10; 2Chr. 20,10; 2Chr. 20,13; 2Chr. 20,25; 2Chr. 20,25; 2Chr. 20,27; 2Chr. 20,27; 2Chr. 20,33; 2Chr. 21,3; 2Chr. 21,9; 2Chr. 22,5; 2Chr. 24,13; 2Chr. 24,18; 2Chr. 24,23; 2Chr. 24,24; 2Chr. 24,24; 2Chr. 25,4; 2Chr. 25,5; 2Chr. 25,10; 2Chr. 25,10; 2Chr. 25,14; 2Chr. 25,15; 2Chr. 26,11; 2Chr. 26,13; 2Chr. 26,15; 2Chr. 28,2; 2Chr. 28,5; 2Chr. 28,6; 2Chr. 28,8; 2Chr. 28,8; 2Chr. 28,15; 2Chr. 28,25; 2Chr. 29,9; 2Chr. 29,15; 2Chr. 29,23; 2Chr. 29,24; 2Chr. 29,34; 2Chr. 29,34; 2Chr. 30,7; 2Chr. 30,10; 2Chr. 30,16; 2Chr. 30,16; 2Chr. 30,18; 2Chr. 30,19; 2Chr. 30,22; 2Chr. 30,27; 2Chr. 30,27; 2Chr. 31,1; 2Chr. 31,6; 2Chr. 31,12; 2Chr. 31,15; 2Chr. 31,16; 2Chr. 31,17; 2Chr. 31,18; 2Chr. 31,18; 2Chr. 31,19; 2Chr. 32,6; 2Chr. 32,13; 2Chr. 32,14; 2Chr. 32,17; 2Chr. 33,8; 2Chr. 33,17; 2Chr. 34,6; 2Chr. 34,12; 2Chr. 34,25; 2Chr. 34,30; 2Chr. 34,32; 2Chr. 34,33; 2Chr. 35,2; 2Chr. 35,10; 2Chr. 35,10; 2Chr. 35,11; 2Chr. 35,14; 2Chr. 35,15; 2Chr. 35,15; 2Chr. 36,15; 2Chr. 36,17; 2Chr. 36,17; 2Chr. 36,17; 2Chr. 36,17; 1Esdr. 1,14; 1Esdr. 1,14; 1Esdr. 1,15; 1Esdr. 1,15; 1Esdr. 1,19; 1Esdr. 1,48; 1Esdr. 1,48; 1Esdr. 1,50; 1Esdr. 1,50; 1Esdr. 1,50; 1Esdr. 2,6; 1Esdr. 2,13; 1Esdr. 3,14; 1Esdr. 3,15; 1Esdr. 4,3; 1Esdr. 4,3; 1Esdr. 4,14; 1Esdr. 4,14; 1Esdr. 4,37; 1Esdr. 4,37; 1Esdr. 4,49; 1Esdr. 4,53; 1Esdr. 4,62; 1Esdr. 5,1; 1Esdr. 5,1; 1Esdr. 5,1; 1Esdr. 5,1; 1Esdr. 5,2; 1Esdr. 5,3; 1Esdr. 5,4; 1Esdr. 5,4; 1Esdr. 5,8; 1Esdr. 5,9; 1Esdr. 5,36; 1Esdr. 5,37; 1Esdr. 5,43; 1Esdr. 5,45; 1Esdr. 5,54; 1Esdr. 5,60; 1Esdr. 6,6; 1Esdr. 6,9; 1Esdr. 6,30; 1Esdr. 7,12; 1Esdr. 7,15; 1Esdr. 8,13; 1Esdr. 8,15; 1Esdr. 8,28; 1Esdr. 8,39; 1Esdr. 8,39; 1Esdr. 8,47; 1Esdr. 8,54; 1Esdr. 8,54; 1Esdr. 8,62; 1Esdr. 8,66; 1Esdr. 8,67; 1Esdr. 8,67; 1Esdr. 8,80; 1Esdr. 8,81; 1Esdr. 8,81; 1Esdr. 8,90; 1Esdr. 9,4; 1Esdr. 9,20; 1Esdr. 9,20; 1Esdr. 9,37; Ezra 1,5; Ezra 1,6; Ezra 1,9; Ezra 2,59; Ezra 2,59; Ezra 2,61; Ezra 2,62; Ezra 2,65; Ezra 2,66; Ezra 2,66; Ezra 2,67; Ezra 2,67; Ezra 2,69; Ezra 2,70; Ezra 2,70; Ezra 3,1; Ezra 3,8; Ezra 3,9; Ezra 3,9; Ezra 3,12; Ezra 4,5; Ezra 4,17; Ezra 4,23; Ezra 5,2; Ezra 5,3; Ezra 5,6; Ezra 5,8; Ezra 5,10; Ezra 5,10; Ezra 6,6; Ezra 6,18; Ezra 6,18; Ezra 6,20; Ezra 6,22; Ezra 7,14; Ezra 7,17; Ezra 7,17; Ezra 8,1; Ezra 8,13; Ezra 8,13; Ezra 8,17; Ezra 8,17; Ezra 8,19; Ezra 8,24; Ezra 8,24; Ezra 8,26; Ezra 8,33; Ezra 9,1; Ezra 9,2; Ezra 9,2; Ezra 9,11; Ezra 9,11; Ezra 9,12; Ezra 9,12; Ezra 9,12; Ezra 9,12; Ezra 10,3; Ezra 10,9; Ezra 10,14; Ezra 10,19; Ezra 10,19; Ezra 10,19; Neh. 2,18; Neh. 3,4; Neh. 3,4; Neh. 3,4; Neh. 3,5; Neh. 3,5; Neh. 3,5; Neh. 3,8; Neh. 3,9; Neh. 3,10; Neh. 3,18; Neh. 3,23; Neh. 3,35; Neh. 3,35; Neh. 3,36; Neh. 3,36; Neh. 4,3; Neh. 4,5; Neh. 4,6; Neh. 4,7; Neh. 4,7; Neh. 4,7; Neh. 4,8; Neh. 4,9; Neh. 4,10; Neh. 4,15; Neh. 5,1; Neh. 5,1; Neh. 5,5; Neh. 5,6; Neh. 5,11; Neh. 5,11; Neh. 5,11; Neh. 5,11; Neh. 5,12; Neh. 5,14; Neh. 5,14; Neh. 5,15; Neh. 5,15; Neh. 6,9; Neh. 6,16; Neh. 7,3; Neh. 7,61; Neh. 7,61; Neh. 7,63; Neh. 7,64; Neh. 7,67; Neh. 7,67; Neh. 7,73; Neh. 7,73; Neh. 8,6; Neh. 8,15; Neh. 8,16; Neh. 9,2; Neh. 9,2; Neh. 9,3; Neh. 9,3; Neh. 9,3; Neh. 9,4; Neh. 9,6; Neh. 9,9; Neh. 9,11; Neh. 9,15; Neh. 9,15; Neh. 9,16; Neh. 9,17; Neh. 9,17; Neh. 9,17; Neh. 9,19; Neh. 9,20; Neh. 9,20; Neh. 9,21; Neh. 9,21; Neh. 9,23; Neh. 9,23; Neh. 9,24; Neh. 9,24; Neh. 9,24; Neh. 9,24; Neh. 9,26; Neh. 9,27; Neh. 9,28; Neh. 9,29; Neh. 9,35; Neh. 10,29; Neh. 10,29; Neh. 10,29; Neh. 10,30; Neh. 10,31; Neh. 10,32; Neh. 11,3; Neh. 11,12; Neh. 11,14; Neh. 11,19; Neh. 11,25; Neh. 11,30; Neh. 12,7; Neh. 12,24; Neh. 12,24; Neh. 12,27; Neh. 12,32; Neh. 12,36; Neh. 12,37; Neh. 12,43; Neh. 12,43; Neh. 12,45; Neh. 13,11; Neh. 13,13; Neh. 13,13; Neh. 13,15; Neh. 13,24; Neh. 13,25; Neh. 13,25; Neh. 13,25; Esth. 11,6 # 1,1e; Esth. 11,7 # 1,1f; Esth. 11,10 # 1,1i; Esth. 12,2 # 1,1n; Esth. 12,2 # 1,1n; Esth. 12,2 # 1,1n; Esth. 1,22; Esth. 1,22; Esth. 3,4; Esth. 3,8; Esth. 3,12; Esth. 3,13; Esth. 13,18 # 4,17i; Esth. 13,18 # 4,17i; Esth. 13,18 # 4,17i; Esth. 14,5 # 4,17m; Esth. 14,6 # 4,17n; Esth. 14,8 # 4,17o; Esth. 14,8 # 4,17o; Esth. 14,11 # 4,17q; Esth. 6,14; Esth. 8,11; Esth. 8,11; Esth. 8,11; Esth. 8,13; Esth. 9,16; Esth. 9,22; Esth. 9,26; Esth. 9,27; Esth. 9,27; Esth. 9,31; Esth. 9,31; Esth. 10,5 # 10,3b; Judith 1,11; Judith 1,11; Judith 1,16; Judith 2,2; Judith 2,5; Judith 2,8; Judith 2,8; Judith 2,8; Judith 2,9; Judith 2,10; Judith 2,10; Judith 2,17; Judith 2,17; Judith 2,19; Judith 2,20; Judith 2,26; Judith 2,26; Judith 2,27; Judith 2,27; Judith 2,27; Judith 2,27; Judith 3,7; Judith 3,8; Judith 3,8; Judith 3,8; Judith 4,1; Judith 4,2; Judith 4,5; Judith 4,9; Judith 4,10; Judith 4,10; Judith 4,10; Judith 4,10; Judith 4,10; Judith 4,11; Judith 4,11; Judith 4,12; Judith 4,12; Judith 4,13; Judith 4,13; Judith 4,14; Judith 4,15; Judith 5,3; Judith 5,3; Judith 5,3; Judith 5,3; Judith 5,3; Judith 5,7; Judith 5,8; Judith 5,8; Judith 5,9; Judith 5,9; Judith 5,10; Judith 5,12; Judith 5,12; Judith 5,13; Judith 5,15; Judith 5,16; Judith 5,17; Judith 5,17; Judith 5,17; Judith 5,18; Judith 5,18; Judith 5,19; Judith 5,19; Judith 5,20; Judith 5,21; Judith 5,21; Judith 5,21; Judith 5,21; Judith 6,2; Judith 6,2; Judith 6,2; Judith 6,4; Judith 6,4; Judith 6,4; Judith 6,4; Judith 6,4; Judith 6,6; Judith 6,8; Judith 6,12; Judith 6,12;

Judith 6,13; Judith 6,14; Judith 6,14; Judith 6,16; Judith 6,16; Judith 6,19; Judith 7,2; Judith 7,2; Judith 7,4; Judith 7,4; Judith 7,5; Judith 7,5; Judith 7,7; Judith 7,10; Judith 7,10; Judith 7,13; Judith 7,14; Judith 7,14; Judith 7,14; Judith 7,16; Judith 7,17; Judith 7,18; Judith 7,18; Judith 7,19; Judith 7,19; Judith 7,19; Judith 7,19; Judith 7,20; Judith 7,20; Judith 7,20; Judith 7,22; Judith 7,25; Judith 7,25; Judith 7,32; Judith 7,32; Judith 8,7; Judith 8,21; Judith 8,24; Judith 8,27; Judith 8,36; Judith 9,3; Judith 9,3; Judith 9,3; Judith 9,3; Judith 9,4; Judith 9,4; Judith 9,4; Judith 9,4; Judith 9,7; Judith 9,8; Judith 9,8; Judith 9,9; Judith 9,9; Judith 9,10; Judith 9,13; Judith 10,12; Judith 10,14; Judith 10,17; Judith 10,19; Judith 11,3; Judith 11,10; Judith 11,11; Judith 11,11; Judith 11,12; Judith 11,16; Judith 11,17; Judith 11,18; Judith 13,1; Judith 13,12; Judith 13,13; Judith 14,3; Judith 14,3; Judith 14,4; Judith 14,9; Judith 14,12; Judith 14,12; Judith 14,19; Judith 14,19; Judith 14,19; Judith 15,3; Judith 15,4; Judith 15,5; Judith 15,13; Judith 16,3; Judith 16,3; Judith 16,6; Judith 16,11; Judith 16,17; Judith 16,18; Judith 16,18; Judith 16,20; Tob. 3,8; Tob. 3,9; Tob. 4,12; Tob. 4,12; Tob. 4,12; Tob. 5,17; Tob. 6,15; Tob. 8,17; Tob. 11,4; Tob. 11,16; Tob. 14,6; Tob. 14,13; 1Mac. 1,9; 1Mac. 1,9; 1Mac. 1,10; 1Mac. 1,11; 1Mac. 1,12; 1Mac. 1,25; 1Mac. 1,48; 1Mac. 1,48; 1Mac. 1,53; 1Mac. 1,58; 1Mac. 2,14; 1Mac. 2,30; 1Mac. 2,30; 1Mac. 2,30; 1Mac. 2,32; 1Mac. 2,38; 1Mac. 2,38; 1Mac. 2,38; 1Mac. 2,44; 1Mac. 2,44; 1Mac. 2,47; 1Mac. 2,51; 1Mac. 3,12; 1Mac. 3,17; 1Mac. 3,22; 1Mac. 3,24; 1Mac. 3,25; 1Mac. 3,35; 1Mac. 3,36; 1Mac. 3,36; 1Mac. 3,39; 1Mac. 3,40; 1Mac. 3,41; 1Mac. 3,42; 1Mac. 3,47; 1Mac. 3,47; 1Mac. 3,48; 1Mac. 3,53; 1Mac. 4,8; 1Mac. 4,8; 1Mac. 4,12; 1Mac. 4,15; 1Mac. 4,16; 1Mac. 4,31; 1Mac. 4,32; 1Mac. 4,32; 1Mac. 4,34; 1Mac. 4,39; 1Mac. 4,46; 1Mac. 5,2; 1Mac. 5,3; 1Mac. 5,6; 1Mac. 5,9; 1Mac. 5,11; 1Mac. 5,12; 1Mac. 5,13; 1Mac. 5,16; 1Mac. 5,16; 1Mac. 5,22; 1Mac. 5,25; 1Mac. 5,26; 1Mac. 5,28; 1Mac. 5,30; 1Mac. 5,33; 1Mac. 5,34; 1Mac. 5,39; 1Mac. 5,43; 1Mac. 5,45; 1Mac. 5,45; 1Mac. 5,54; 1Mac. 5,58; 1Mac. 5,62; 1Mac. 5,63; 1Mac. 5,68; 1Mac. 5,68; 1Mac. 6,6; 1Mac. 6,21; 1Mac. 6,25; 1Mac. 6,27; 1Mac. 6,35; 1Mac. 6,41; 1Mac. 6,48; 1Mac. 6,52; 1Mac. 6,54; 1Mac. 6,58; 1Mac. 6,58; 1Mac. 6,59; 1Mac. 6,59; 1Mac. 7,3; 1Mac. 7,5; 1Mac. 7,11; 1Mac. 7,13; 1Mac. 7,15; 1Mac. 7,16; 1Mac. 7,17; 1Mac. 7,18; 1Mac. 7,22; 1Mac. 7,25; 1Mac. 7,34; 1Mac. 7,38; 1Mac. 7,45; 1Mac. 7,46; 1Mac. 8,2; 1Mac. 8,2; 1Mac. 8,4; 1Mac. 8,4; 1Mac. 8,5; 1Mac. 8,6; 1Mac. 8,8; 1Mac. 8,10; 1Mac. 8,10; 1Mac. 8,10; 1Mac. 8,10; 1Mac. 8,11; 1Mac. 8,12; 1Mac. 8,12; 1Mac. 8,14; 1Mac. 8,16; 1Mac. 8,16; 1Mac. 8,18; 1Mac. 8,21; 1Mac. 8,23; 1Mac. 8,24; 1Mac. 8,24; 1Mac. 8,26; 1Mac. 8,30; 1Mac. 9,1; 1Mac. 9,6; 1Mac. 9,10; 1Mac. 9,15; 1Mac. 9,15; 1Mac. 9,19; 1Mac. 9,24; 1Mac. 9,35; 1Mac. 9,38; 1Mac. 9,39; 1Mac. 9,39; 1Mac. 9,40; 1Mac. 9,41; 1Mac. 9,42; 1Mac. 9,60; 1Mac. 9,66; 1Mac. 9,68; 1Mac. 9,69; 1Mac. 9,72; 1Mac. 10,4; 1Mac. 10,9; 1Mac. 10,33; 1Mac. 10,35; 1Mac. 10,37; 1Mac. 10,37; 1Mac. 10,37; 1Mac. 10,37; 1Mac. 10,55; 1Mac. 10,60; 1Mac. 10,60; 1Mac. 10,72; 1Mac. 10,79; 1Mac. 10,81; 1Mac. 10,83; 1Mac. 10,84; 1Mac. 11,4; 1Mac. 11,12; 1Mac. 11,21; 1Mac. 11,33; 1Mac. 11,34; 1Mac. 11,44; 1Mac. 11,49; 1Mac. 11,62; 1Mac. 11,69; 1Mac. 11,70; 1Mac. 11,73; 1Mac. 12,26; 1Mac. 12,28; 1Mac. 12,28; 1Mac. 12,30; 1Mac. 12,31; 1Mac. 12,35; 1Mac. 12,45; 1Mac. 12,53; 1Mac. 12,53; 1Mac. 13,45; 1Mac. 13,49; 1Mac. 14,8; 1Mac. 14,8; 1Mac. 14,21; 1Mac. 14,22; 1Mac. 14,23; 1Mac. 14,26; 1Mac. 14,29; 1Mac. 14,29; 1Mac. 14,29; 1Mac. 14,30; 1Mac. 14,31; 1Mac. 14,31; 1Mac. 14,31; 1Mac. 14,35; 1Mac. 14,41; 1Mac. 14,42; 1Mac. 14,49; 1Mac. 15,19; 1Mac. 15,19; 1Mac. 15,20; 1Mac. 15,21; 1Mac. 15,21; 1Mac. 15,29; 1Mac. 16,5; 1Mac. 16,6; 1Mac. 16,8; 1Mac. 16,10; 1Mac. 16,14; 1Mac. 16,16; 1Mac. 16,18; 2Mac. 2,3; 2Mac. 4,42; 2Mac. 4,49; 2Mac. 7,2; 2Mac. 7,4; 2Mac. 7,21; 2Mac. 8,15; 2Mac. 8,17; 2Mac. 8,25; 2Mac. 8,30; 2Mac. 10,21; 2Mac. 10,26; 2Mac. 11,7; 2Mac. 11,8; 2Mac. 11,11; 2Mac. 11,12; 2Mac. 11,25; 2Mac. 11,31; 2Mac. 12,3; 2Mac. 12,37; 2Mac. 15,11; 3Mac. 1,15; 3Mac. 2,17; 3Mac. 2,17; 3Mac. 2,28; 3Mac. 2,30; 3Mac. 2,33; 3Mac. 3,11; 3Mac. 3,17; 3Mac. 3,19; 3Mac. 3,21; 3Mac. 4,2; 3Mac. 4,4; 3Mac. 4,17; 3Mac. 5,7; 3Mac. 5,8; 3Mac. 5,13; 3Mac. 5,43; 3Mac. 5,50; 3Mac. 6,11; 3Mac. 6,15; 3Mac. 6,29; 3Mac. 6,36; 3Mac. 6,37; 3Mac. 6,38; 3Mac. 6,40; 3Mac. 7,10; 3Mac. 7,16; 3Mac. 7,17; 3Mac. 7,19; 3Mac. 7,22; 4Mac. 1,11; 4Mac. 1,12; 4Mac. 2,17; 4Mac. 2,19; 4Mac. 3,7; 4Mac. 3,20; 4Mac. 4,23; 4Mac. 6,24; 4Mac. 6,28; 4Mac. 6,29; 4Mac. 6,29; 4Mac. 9,10; 4Mac. 9,11; 4Mac. 12,13; 4Mac. 13,18; 4Mac. 13,25; 4Mac. 15,7; 4Mac. 15,9; 4Mac. 15,19; 4Mac. 16,12; 4Mac. 17,11; 4Mac. 17,17; 4Mac. 17,22; 4Mac. 17,23; 4Mac. 17,23; 4Mac. 18,9; Psa. 2,3; Psa. 2,3; Psa. 4,8; Psa. 5,10; Psa. 5,10; Psa. 5,10; Psa. 5,10; Psa. 5,11; Psa. 5,11; Psa. 9,6; Psa. 9,7; Psa. 9,13; Psa. 9,16; Psa. 9,38; Psa. 10,6; Psa. 13,3; Psa. 13,3; Psa. 13,3; Psa. 13,3; Psa. 13,3; Psa. 13,3; Psa. 15,4; Psa. 15,4; Psa. 15,4; Psa. 16,10; Psa. 16,10; Psa. 16,11; Psa. 16,14; Psa. 16,14; Psa. 16,14; Psa. 17,42; Psa. 17,46; Psa. 18,5; Psa. 18,5; Psa. 20,11; Psa. 20,11; Psa. 20,13; Psa. 21,14; Psa. 21,27; Psa. 25,10; Psa. 27,3; Psa. 27,3; Psa. 27,4; Psa. 27,4; Psa. 27,4; Psa. 27,4; Psa. 31,9; Psa. 32,6; Psa. 32,15; Psa. 32,15; Psa. 32,19; Psa. 33,16; Psa. 33,17; Psa. 33,18; Psa. 33,18; Psa. 33,21; Psa. 34,6; Psa. 34,7; Psa. 34,16; Psa. 34,17; Psa. 34,21; Psa. 34,25; Psa. 36,14; Psa. 36,15; Psa. 36,15; Psa. 36,15; Psa. 36,18; Psa. 36,39; Psa. 39,16; Psa. 43,2; Psa. 43,4; Psa. 43,4; Psa. 43,13; Psa. 45,4; Psa. 47,7; Psa. 48,7; Psa. 48,7; Psa. 48,11; Psa. 48,12; Psa. 48,12; Psa. 48,12; Psa. 48,12; Psa. 48,12; Psa. 48,14; Psa. 48,14; Psa. 48,15; Psa. 48,15; Psa. 48,15; Psa. 53,5; Psa. 54,10; Psa. 54,16; Psa. 54,16; Psa. 54,24; Psa. 55,6; Psa. 56,5; Psa. 56,5; Psa. 57,7; Psa. 57,7; Psa. 58,8; Psa. 58,8; Psa. 58,13; Psa. 58,13; Psa. 58,13; Psa. 61,5; Psa. 61,5; Psa. 63,4; Psa. 63,4; Psa. 63,8; Psa. 63,9; Psa. 64,10; Psa. 67,22; Psa. 67,28; Psa. 68,23; Psa. 68,23; Psa. 68,24; Psa. 68,24; Psa. 68,26; Psa. 68,26; Psa. 68,28; Psa. 71,14; Psa. 71,14; Psa. 72,4; Psa. 72,4; Psa. 72,6; Psa. 72,7; Psa. 72,9; Psa. 72,9; Psa. 72,17; Psa. 72,19; Psa. 72,20; Psa. 73,3; Psa. 73,4; Psa. 73,8; Psa. 73,8; Psa. 75,6; Psa. 75,6; Psa. 77,4; Psa. 77,5; Psa. 77,6; Psa. 77,7; Psa. 77,8; Psa. 77,12; Psa. 77,18; Psa. 77,18; Psa. 77,28; Psa. 77,28; Psa. 77,29; Psa. 77,30; Psa. 77,30; Psa. 77,30; Psa. 77,31; Psa. 77,33; Psa. 77,33; Psa. 77,35; Psa. 77,35; Psa. 77,36; Psa. 77,36; Psa. 77,37; Psa. 77,38; Psa. 77,44; Psa. 77,44; Psa. 77,46; Psa. 77,46; Psa. 77,47; Psa. 77,47; Psa. 77,48; Psa. 77,48; Psa. 77,50; Psa. 77,50; Psa. 77,51; Psa. 77,53; Psa. 77,55; Psa. 77,55; Psa. 77,57; Psa. 77,58; Psa. 77,58; Psa. 77,61; Psa. 77,61; Psa. 77,63; Psa. 77,63; Psa. 77,64; Psa. 77,64; Psa. 78,3; Psa. 78,10; Psa. 78,12; Psa. 78,12; Psa. 80,13; Psa. 80,13; Psa. 80,15; Psa. 80,16; Psa. 82,9; Psa. 82,12; Psa. 82,12; Psa. 82,17; Psa. 84,3; Psa. 85,14; Psa. 88,18; Psa. 88,33; Psa. 88,33; Psa. 89,5; Psa. 89,10; Psa. 89,16; Psa. 92,3; Psa. 93,23; Psa. 93,23; Psa. 96,7; Psa. 98,6; Psa. 98,8; Psa. 98,8; Psa. 101,18; Psa. 101,29; Psa. 103,11; Psa. 103,22; Psa. 103,29; Psa. 103,29; Psa. 104,14; Psa. 104,17; Psa. 104,25; Psa. 104,29; Psa. 104,29; Psa. 104,30; Psa. 104,30; Psa. 104,31; Psa. 104,32; Psa. 104,32; Psa. 104,33; Psa. 104,33; Psa. 104,33; Psa. 104,35; Psa. 104,35; Psa. 104,36; Psa. 104,36; Psa. 104,37; Psa. 104,38; Psa. 104,38; Psa. 105,11; Psa. 105,15; Psa. 105,15; Psa. 105,18; Psa. 105,20; Psa. 105,25; Psa. 105,27; Psa. 105,29; Psa. 105,37; Psa. 105,37; Psa. 105,38; Psa. 105,39; Psa. 105,39; Psa. 105,41; Psa. 105,42; Psa. 105,42; Psa. 105,43; Psa. 105,43; Psa. 105,44; Psa. 106,5; Psa. 106,6; Psa. 106,12; Psa. 106,13; Psa. 106,14;

αὐτός

Psa. 106,17; Psa. 106,17; Psa. 106,17; Psa. 106,18; Psa. 106,19; Psa. 106,20; Psa. 106,26; Psa. 106,27; Psa. 106,28; Psa. 106,30; Psa. 106,38; Psa. 108,10; Psa. 108,15; Psa. 108,25; Psa. 108,29; Psa. 113,10; Psa. 113,15; Psa. 113,17; Psa. 113,17; Psa. 113,18; Psa. 113,18; Psa. 113,19; Psa. 113,19; Psa. 118,70; Psa. 118,118; Psa. 122,2; Psa. 123,3; Psa. 123,6; Psa. 124,3; Psa. 125,2; Psa. 125,6; Psa. 125,6; Psa. 126,5; Psa. 126,5; Psa. 128,3; Psa. 131,12; Psa. 134,12; Psa. 134,17; Psa. 134,17; Psa. 135,10; Psa. 135,11; Psa. 135,21; Psa. 138,17; Psa. 139,4; Psa. 139,4; Psa. 139,10; Psa. 139,10; Psa. 140,4; Psa. 140,5; Psa. 140,6; Psa. 143,8; Psa. 143,11; Psa. 143,12; Psa. 143,12; Psa. 143,13; Psa. 143,13; Psa. 143,13; Psa. 143,14; Psa. 143,14; Psa. 144,15; Psa. 144,19; Psa. 145,4; Psa. 146,3; Psa. 149,2; Psa. 149,5; Psa. 149,6; Psa. 149,6; Psa. 149,8; Psa. 149,8; Ode. 2,12; Ode. 2,16; Ode. 2,17; Ode. 2,20; Ode. 2,21; Ode. 2,26; Ode. 2,31; Ode. 2,32; Ode. 2,32; Ode. 2,32; Ode. 2,33; Ode. 2,35; Ode. 2,35; Ode. 2,37; Ode. 2,38; Ode. 2,38; Ode. 4,14; Ode. 4,17; Ode. 5,14; Ode. 6,9; Ode. 7,36; Ode. 7,44; Ode. 9,51; Ode. 12,1; Ode. 12,2; Prov. 1,15; Prov. 1,15; Prov. 1,16; Prov. 2,7; Prov. 2,15; Prov. 3,31; Prov. 4,16; Prov. 8,21; Prov. 9,15; Prov. 11,6; Prov. 11,20; Prov. 12,13; Prov. 12,15; Prov. 14,8; Prov. 15,28a; Prov. 16,24; Prov. 16,25; Prov. 17,6; Prov. 22,5; Prov. 22,14a; Prov. 23,11; Prov. 24,1; Prov. 24,2; Prov. 24,2; Prov. 24,21; Prov. 26,10; Prov. 30,14; Eccl. 2,3; Eccl. 2,10; Eccl. 3,11; Eccl. 4,9; Eccl. 4,16; Eccl. 5,9; Eccl. 9,1; Eccl. 9,1; Eccl. 9,3; Eccl. 9,3; Eccl. 9,3; Eccl. 9,5; Eccl. 9,6; Eccl. 9,6; Eccl. 9,6; Eccl. 12,11; Song 3,4; Job 1,4; Job 1,4; Job 1,5; Job 1,5; Job 1,5; Job 1,5; Job 1,6; Job 1,13; Job 1,18; Job 2,1; Job 2,13; Job 3,15; Job 5,3; Job 5,4; Job 5,5; Job 5,12; Job 8,4; Job 8,21; Job 8,22; Job 11,20; Job 12,6; Job 12,18; Job 14,12; Job 15,18; Job 17,4; Job 18,5; Job 19,15; Job 19,29; Job 21,8; Job 21,8; Job 21,9; Job 21,10; Job 21,10; Job 21,11; Job 21,13; Job 21,16; Job 21,29; Job 22,16; Job 22,18; Job 22,20; Job 22,20; Job 24,6; Job 24,7; Job 24,13; Job 24,14; Job 24,18; Job 24,19; Job 27,15; Job 29,10; Job 29,10; Job 29,17; Job 29,25; Job 30,1; Job 30,2; Job 30,4; Job 30,6; Job 30,9; Job 30,12; Job 30,12; Job 31,13; Job 31,20; Job 31,34; Job 32,1; Job 32,15; Job 33,23; Job 34,11; Job 34,19; Job 34,25; Job 36,9; Job 36,9; Job 36,11; Job 36,11; Job 36,14; Job 36,14; Job 36,20; Job 38,40; Job 40,13; Job 42,15; Wis. 2,21; Wis. 3,1; Wis. 3,2; Wis. 3,4; Wis. 3,7; Wis. 3,8; Wis. 3,11; Wis. 3,11; Wis. 3,12; Wis. 3,12; Wis. 3,12; Wis. 3,17; Wis. 4,5; Wis. 4,6; Wis. 4,19; Wis. 4,20; Wis. 4,20; Wis. 5,15; Wis. 5,15; Wis. 5,16; Wis. 5,22; Wis. 8,12; Wis. 10,17; Wis. 10,19; Wis. 11,1; Wis. 11,5; Wis. 11,15; Wis. 12,10; Wis. 12,10; Wis. 12,10; Wis. 13,10; Wis. 15,15; Wis. 16,4; Wis. 16,9; Wis. 18,5; Wis. 18,12; Wis. 19,1; Wis. 19,10; Wis. 19,13; Wis. 19,15; Sir. 1,15; Sir. 1,17; Sir. 2,17; Sir. 2,17; Sir. 3,24; Sir. 3,24; Sir. 4,10; Sir. 7,23; Sir. 7,28; Sir. 8,8; Sir. 8,9; Sir. 8,9; Sir. 10,14; Sir. 10,17; Sir. 10,17; Sir. 10,20; Sir. 10,22; Sir. 10,24; Sir. 16,2; Sir. 16,3; Sir. 16,3; Sir. 16,7; Sir. 16,8; Sir. 16,9; Sir. 16,10; Sir. 17,8; Sir. 17,12; Sir. 17,13; Sir. 17,13; Sir. 17,15; Sir. 17,19; Sir. 17,19; Sir. 17,20; Sir. 17,20; Sir. 17,23; Sir. 17,23; Sir. 18,12; Sir. 21,9; Sir. 21,26; Sir. 21,26; Sir. 23,1; Sir. 23,2; Sir. 23,14; Sir. 25,2; Sir. 25,6; Sir. 27,13; Sir. 27,14; Sir. 27,15; Sir. 27,29; Sir. 31,6; Sir. 31,6; Sir. 31,18; Sir. 32,1; Sir. 32,1; Sir. 33,9; Sir. 33,9; Sir. 33,11; Sir. 33,12; Sir. 33,12; Sir. 33,12; Sir. 33,12; Sir. 34,13; Sir. 35,22; Sir. 36,3; Sir. 38,13; Sir. 38,25; Sir. 38,31; Sir. 38,32; Sir. 38,34; Sir. 40,1; Sir. 40,2; Sir. 41,6; Sir. 41,11; Sir. 42,18; Sir. 43,10; Sir. 44,3; Sir. 44,3; Sir. 44,4; Sir. 44,6; Sir. 44,7; Sir. 44,8; Sir. 44,9; Sir. 44,11; Sir. 44,11; Sir. 44,12; Sir. 44,12; Sir. 44,13; Sir. 44,13; Sir. 44,14; Sir. 44,14; Sir. 44,15; Sir. 45,26; Sir. 45,26; Sir. 45,26; Sir. 46,11; Sir. 46,12; Sir. 46,12; Sir. 46,12; Sir. 46,12; Sir. 47,7; Sir. 47,9; Sir. 47,24; Sir. 47,24; Sir. 48,6; Sir. 48,15; Sir. 48,15; Sir. 48,16; Sir. 48,19; Sir. 48,20; Sir. 48,20; Sir. 49,5; Sir. 49,5; Sir. 49,12; Sir. 50,13; Sir. 50,13; Sir. 50,17; Sir. 50,18; Sol. 1,4; Sol. 1,4; Sol. 1,6; Sol. 1,7; Sol. 1,8; Sol. 1,8; Sol. 2,2; Sol. 2,6; Sol. 2,7; Sol. 2,8; Sol. 2,8; Sol. 2,12; Sol. 2,12; Sol. 2,16; Sol. 2,16; Sol. 2,17; Sol. 2,17; Sol. 2,24; Sol. 2,34; Sol. 3,6; Sol. 3,12; Sol. 4,8; Sol. 4,9; Sol. 4,23; Sol. 7,2; Sol. 8,6; Sol. 8,8; Sol. 8,9; Sol. 8,19; Sol. 8,20; Sol. 8,21; Sol. 8,22; Sol. 8,22; Sol. 11,1; Sol. 11,3; Sol. 11,4; Sol. 11,5; Sol. 11,6; Sol. 13,3; Sol. 13,3; Sol. 13,10; Sol. 13,11; Sol. 14,4; Sol. 14,6; Sol. 14,7; Sol. 14,9; Sol. 15,9; Sol. 15,10; Sol. 15,11; Sol. 15,11; Sol. 15,13; Sol. 17,6; Sol. 17,7; Sol. 17,8; Sol. 17,8; Sol. 17,9; Sol. 17,9; Sol. 17,11; Sol. 17,14; Sol. 17,15; Sol. 17,16; Sol. 17,16; Sol. 17,17; Sol. 17,17; Sol. 17,18; Sol. 17,20; Sol. 17,21; Sol. 17,24; Sol. 17,25; Sol. 17,27; Sol. 17,27; Sol. 17,27; Sol. 17,28; Sol. 17,32; Sol. 17,32; Sol. 17,40; Sol. 18,2; Sol. 18,11; Hos. 1,7; Hos. 2,19; Hos. 3,5; Hos. 3,5; Hos. 4,7; Hos. 4,7; Hos. 4,8; Hos. 4,8; Hos. 4,12; Hos. 4,18; Hos. 4,19; Hos. 5,4; Hos. 5,4; Hos. 5,5; Hos. 5,5; Hos. 5,6; Hos. 5,7; Hos. 5,15; Hos. 7,2; Hos. 7,2; Hos. 7,2; Hos. 7,3; Hos. 7,3; Hos. 7,6; Hos. 7,7; Hos. 7,7; Hos. 7,10; Hos. 7,12; Hos. 7,14; Hos. 7,14; Hos. 7,15; Hos. 7,16; Hos. 7,16; Hos. 7,16; Hos. 8,1; Hos. 8,4; Hos. 8,4; Hos. 8,7; Hos. 8,13; Hos. 8,13; Hos. 8,14; Hos. 9,4; Hos. 9,4; Hos. 9,4; Hos. 9,6; Hos. 9,6; Hos. 9,10; Hos. 9,11; Hos. 9,12; Hos. 9,12; Hos. 9,13; Hos. 9,15; Hos. 9,15; Hos. 9,15; Hos. 9,16; Hos. 10,2; Hos. 10,2; Hos. 10,2; Hos. 10,8; Hos. 10,10; Hos. 11,6; Hos. 11,11; Hos. 12,12; Hos. 13,2; Hos. 13,6; Hos. 13,6; Hos. 13,8; Hos. 14,1; Hos. 14,1; Hos. 14,5; Hos. 14,5; Amos 1,13; Amos 1,15; Amos 1,15; Amos 2,4; Amos 2,4; Amos 2,7; Amos 2,8; Amos 2,8; Amos 2,9; Amos 3,10; Amos 5,11; Amos 5,11; Amos 5,26; Amos 6,2; Amos 6,4; Amos 6,10; Amos 6,10; Amos 9,1; Amos 9,1; Amos 9,1; Amos 9,4; Amos 9,14; Amos 9,14; Amos 9,15; Amos 9,15; Mic. 2,1; Mic. 2,1; Mic. 2,9; Mic. 2,9; Mic. 2,12; Mic. 2,12; Mic. 2,13; Mic. 2,13; Mic. 2,13; Mic. 2,13; Mic. 3,2; Mic. 3,2; Mic. 3,2; Mic. 3,2; Mic. 3,3; Mic. 3,3; Mic. 3,3; Mic. 3,4; Mic. 3,4; Mic. 3,4; Mic. 3,5; Mic. 3,5; Mic. 3,7; Mic. 3,7; Mic. 4,13; Mic. 4,13; Mic. 5,2; Mic. 5,3; Mic. 6,12; Mic. 6,12; Mic. 6,12; Mic. 6,16; Mic. 7,3; Mic. 7,4; Mic. 7,4; Mic. 7,13; Mic. 7,16; Mic. 7,16; Mic. 7,16; Mic. 7,17; Joel 1,5; Joel 2,4; Joel 2,7; Joel 2,8; Joel 2,8; Joel 2,10; Joel 2,10; Joel 2,17; Joel 2,17; Joel 2,19; Joel 4,6; Joel 4,13; Joel 4,15; Joel 4,19; Joel 4,21; Obad. 11; Obad. 12; Obad. 13; Obad. 13; Obad. 13; Obad. 13; Obad. 13; Obad. 14; Obad. 14; Obad. 14; Jonah 1,3; Jonah 1,5; Jonah 2,9; Jonah 3,5; Jonah 3,5; Jonah 3,8; Jonah 3,10; Jonah 3,10; Jonah 4,11; Jonah 4,11; Nah. 1,10; Nah. 2,3; Nah. 2,4; Nah. 2,4; Nah. 2,5; Nah. 2,6; Nah. 2,6; Nah. 2,6; Nah. 3,3; Hab. 1,9; Hab. 2,15; Hab. 3,14; Zeph. 1,5; Zeph. 1,9; Zeph. 1,12; Zeph. 1,12; Zeph. 1,13; Zeph. 1,13; Zeph. 1,17; Zeph. 1,17; Zeph. 1,18; Zeph. 1,18; Zeph. 2,7; Zeph. 2,7; Zeph. 2,10; Zeph. 3,6; Zeph. 3,6; Zeph. 3,6; Zeph. 3,7; Zeph. 3,13; Hag. 1,11; Hag. 1,12; Hag. 1,12; Hag. 1,14; Hag. 2,14; Hag. 2,14; Hag. 2,14; Hag. 2,22; Zech. 2,4; Zech. 2,4; Zech. 5,6; Zech. 6,6; Zech. 6,15; Zech. 7,11; Zech. 7,12; Zech. 7,14; Zech. 9,7; Zech. 9,7; Zech. 9,7; Zech. 9,7; Zech. 9,15; Zech. 10,5; Zech. 10,6; Zech. 10,7; Zech. 10,7; Zech. 10,7; Zech. 10,9; Zech. 10,10; Zech. 10,12; Zech. 11,3; Zech. 11,5; Zech. 11,6; Zech. 11,8; Zech. 11,13; Zech. 11,16; Zech. 12,5; Zech. 12,5; Zech. 12,8; Zech. 12,12; Zech. 12,12; Zech. 12,12; Zech. 12,13; Zech. 12,13; Zech. 12,14; Zech. 14,12; Zech. 14,12; Zech. 14,12; Zech. 14,12; Zech. 14,12; Zech. 14,12; Zech. 14,12; Zech. 14,21; Mal. 3,19; Is. 1,29; Is. 1,29; Is. 2,7; Is. 2,7; Is. 2,8; Is. 2,8; Is. 3,4; Is. 3,4; Is. 3,8; Is. 3,9; Is. 3,9; Is. 3,9; Is. 3,10; Is. 4,4; Is. 5,24; Is. 5,24; Is. 5,25; Is. 6,10; Is. 6,10; Is. 9,3; Is. 9,3; Is. 9,10; Is. 9,16; Is. 9,16; Is. 9,16; Is. 10,5; Is. 10,13; Is. 10,19; Is. 10,22; Is. 10,25; Is. 13,8; Is. 13,11; Is. 13,16; Is. 13,16; Is. 13,16; Is. 13,16; Is. 13,18; Is. 13,22; Is. 14,1; Is. 14,2; Is. 14,9; Is. 14,22; Is. 14,25; Is. 14,25; Is. 14,25; Is. 15,4; Is. 17,3; Is. 17,6;

Is. 17,8; Is. 17,8; Is. 17,8; Is. 17,8; Is. 19,1; Is. 19,3; Is. 19,3; Is. 19,3; Is. 19,4; Is. 19,11; Is. 19,14; Is. 19,22; Is. 24,22; Is. 26,14; Is. 27,9; Is. 27,9; Is. 29,8; Is. 29,10; Is. 29,10; Is. 29,10; Is. 29,13; Is. 29,13; Is. 29,15; Is. 29,23; Is. 30,6; Is. 31,2; Is. 31,7; Is. 31,7; Is. 34,2; Is. 34,3; Is. 34,3; Is. 34,3; Is. 34,7; Is. 34,7; Is. 34,13; Is. 34,16; Is. 35,10; Is. 35,10; Is. 37,18; Is. 37,19; Is. 37,20; Is. 37,30; Is. 40,24; Is. 41,2; Is. 41,2; Is. 41,17; Is. 42,19; Is. 42,25; Is. 43,27; Is. 44,9; Is. 44,18; Is. 44,18; Is. 44,25; Is. 45,20; Is. 46,1; Is. 47,14; Is. 49,9; Is. 49,9; Is. 49,26; Is. 49,26; Is. 50,2; Is. 51,7; Is. 51,11; Is. 52,15; Is. 53,11; Is. 53,12; Is. 56,2; Is. 56,7; Is. 56,7; Is. 56,11; Is. 57,5; Is. 57,9; Is. 58,1; Is. 58,1; Is. 59,5; Is. 59,6; Is. 59,6; Is. 59,6; Is. 59,7; Is. 59,7; Is. 59,7; Is. 59,8; Is. 59,8; Is. 59,9; Is. 59,9; Is. 59,14; Is. 60,9; Is. 60,10; Is. 61,6; Is. 61,7; Is. 61,8; Is. 61,9; Is. 61,9; Is. 63,3; Is. 63,6; Is. 63,9; Is. 65,2; Is. 65,4; Is. 65,6; Is. 65,7; Is. 65,7; Is. 65,7; Is. 65,7; Is. 65,16; Is. 65,16; Is. 65,17; Is. 65,21; Is. 65,22; Is. 65,23; Is. 65,23; Is. 65,24; Is. 65,24; Is. 66,3; Is. 66,3; Is. 66,3; Is. 66,4; Is. 66,5; Is. 66,12; Is. 66,18; Is. 66,18; Is. 66,19; Is. 66,19; Is. 66,20; Is. 66,21; Is. 66,24; Is. 66,24; Jer. 1,8; Jer. 1,16; Jer. 1,16; Jer. 1,17; Jer. 1,17; Jer. 2,15; Jer. 2,25; Jer. 2,26; Jer. 2,26; Jer. 2,26; Jer. 2,26; Jer. 2,27; Jer. 2,27; Jer. 3,17; Jer. 3,18; Jer. 3,21; Jer. 3,21; Jer. 3,24; Jer. 3,24; Jer. 3,24; Jer. 3,24; Jer. 4,10; Jer. 5,3; Jer. 5,6; Jer. 5,6; Jer. 5,6; Jer. 5,6; Jer. 5,24; Jer. 5,27; Jer. 5,31; Jer. 6,3; Jer. 6,10; Jer. 6,12; Jer. 6,12; Jer. 6,13; Jer. 6,15; Jer. 6,15; Jer. 6,15; Jer. 6,18; Jer. 6,19; Jer. 6,24; Jer. 6,27; Jer. 6,29; Jer. 7,16; Jer. 7,18; Jer. 7,18; Jer. 7,18; Jer. 7,19; Jer. 7,20; Jer. 7,24; Jer. 7,24; Jer. 7,25; Jer. 7,26; Jer. 7,26; Jer. 7,26; Jer. 7,27; Jer. 7,30; Jer. 7,31; Jer. 7,31; Jer. 8,1; Jer. 8,5; Jer. 8,10; Jer. 8,10; Jer. 8,13; Jer. 8,19; Jer. 9,1; Jer. 9,2; Jer. 9,3; Jer. 9,4; Jer. 9,7; Jer. 9,7; Jer. 9,12; Jer. 9,13; Jer. 9,13; Jer. 9,15; Jer. 9,24; Jer. 9,25; Jer. 11,10; Jer. 11,10; Jer. 11,11; Jer. 11,11; Jer. 11,12; Jer. 11,14; Jer. 11,14; Jer. 11,18; Jer. 11,20; Jer. 11,22; Jer. 11,22; Jer. 11,22; Jer. 11,23; Jer. 11,23; Jer. 12,2; Jer. 12,2; Jer. 12,3; Jer. 12,13; Jer. 12,14; Jer. 12,14; Jer. 13,13; Jer. 13,14; Jer. 13,14; Jer. 13,14; Jer. 14,3; Jer. 14,3; Jer. 14,4; Jer. 14,6; Jer. 14,10; Jer. 14,10; Jer. 14,12; Jer. 14,13; Jer. 14,14; Jer. 14,16; Jer. 14,16; Jer. 14,16; Jer. 14,16; Jer. 15,7; Jer. 15,8; Jer. 15,9; Jer. 15,9; Jer. 15,11; Jer. 15,11; Jer. 15,11; Jer. 15,17; Jer. 16,3; Jer. 16,3; Jer. 16,5; Jer. 16,7; Jer. 16,8; Jer. 16,15; Jer. 16,15; Jer. 16,17; Jer. 16,17; Jer. 16,18; Jer. 16,18; Jer. 16,18; Jer. 16,18; Jer. 17,22; Jer. 17,23; Jer. 17,23; Jer. 17,25; Jer. 17,25; Jer. 18,8; Jer. 18,15; Jer. 18,16; Jer. 18,16; Jer. 18,17; Jer. 18,17; Jer. 18,20; Jer. 18,20; Jer. 18,20; Jer. 18,21; Jer. 18,21; Jer. 18,21; Jer. 18,21; Jer. 18,22; Jer. 18,23; Jer. 18,23; Jer. 18,23; Jer. 18,23; Jer. 19,2; Jer. 19,4; Jer. 19,5; Jer. 19,7; Jer. 19,7; Jer. 19,7; Jer. 19,9; Jer. 19,9; Jer. 19,9; Jer. 19,15; Jer. 20,4; Jer. 20,11; Jer. 21,7; Jer. 21,7; Jer. 22,4; Jer. 22,4; Jer. 22,9; Jer. 22,25; Jer. 22,27; Jer. 23,3; Jer. 23,10; Jer. 23,10; Jer. 23,11; Jer. 23,12; Jer. 23,12; Jer. 23,16; Jer. 23,17; Jer. 23,22; Jer. 23,26; Jer. 23,27; Jer. 23,27; Jer. 23,32; Jer. 23,32; Jer. 23,8; Jer. 24,7; Jer. 25,10; Jer. 25,15; Jer. 25,17; Jer. 25,17; Jer. 25,17; Jer. 26,5; Jer. 26,10; Jer. 26,21; Jer. 26,27; Jer. 27,4; Jer. 27,5; Jer. 27,6; Jer. 27,6; Jer. 27,7; Jer. 27,7; Jer. 27,27; Jer. 27,27; Jer. 27,37; Jer. 27,37; Jer. 27,37; Jer. 27,42; Jer. 27,43; Jer. 27,45; Jer. 27,45; Jer. 28,5; Jer. 28,5; Jer. 28,21; Jer. 28,24; Jer. 28,30; Jer. 28,32; Jer. 28,39; Jer. 28,56; Jer. 29,3; Jer. 29,3; Jer. 29,4; Jer. 30,1; Jer. 30,2; Jer. 30,3; Jer. 30,4; Jer. 30,14; Jer. 30,15; Jer. 30,17; Jer. 30,17; Jer. 30,24; Jer. 30,24; Jer. 30,24; Jer. 30,24; Jer. 30,24; Jer. 30,27; Jer. 30,27; Jer. 30,27; Jer. 30,27; Jer. 30,27; Jer. 31,13; Jer. 31,34; Jer. 31,34; Jer. 32,16; Jer. 32,36; Jer. 32,38; Jer. 33,3; Jer. 34,3; Jer. 34,3; Jer. 34,4; Jer. 34,8; Jer. 35,13; Jer. 36,5; Jer. 36,7; Jer. 36,22; Jer. 36,23; Jer. 36,28; Jer. 36,32; Jer. 37,3; Jer. 37,8; Jer. 37,8; Jer. 37,9; Jer. 37,9; Jer. 37,16; Jer. 37,19; Jer. 37,20; Jer. 37,20; Jer. 38,12; Jer. 38,13; Jer. 38,32; Jer. 38,32; Jer. 38,32; Jer. 38,33; Jer. 38,33; Jer. 38,34; Jer. 38,34; Jer. 38,34; Jer. 38,34; Jer. 38,39; Jer. 39,13; Jer. 39,18; Jer. 39,22; Jer. 39,29; Jer. 39,30; Jer. 39,32; Jer. 39,32; Jer. 39,32; Jer. 39,32; Jer. 39,34; Jer. 39,34; Jer. 39,35; Jer. 39,35; Jer. 39,39; Jer. 39,40; Jer. 39,40; Jer. 39,44; Jer. 40,5; Jer. 40,5; Jer. 40,8; Jer. 40,8; Jer. 41,14; Jer. 41,16; Jer. 41,20; Jer. 41,20; Jer. 41,21; Jer. 41,21; Jer. 41,21; Jer. 42,5; Jer. 42,16; Jer. 42,18; Jer. 42,18; Jer. 43,3; Jer. 43,3; Jer. 43,3; Jer. 43,6; Jer. 43,7; Jer. 43,7; Jer. 43,24; Jer. 44,5; Jer. 45,19; Jer. 46,17; Jer. 47,7; Jer. 47,7; Jer. 47,8; Jer. 47,9; Jer. 48,5; Jer. 48,7; Jer. 48,8; Jer. 48,12; Jer. 48,18; Jer. 49,17; Jer. 49,17; Jer. 50,12; Jer. 50,13; Jer. 51,3; Jer. 51,5; Jer. 51,5; Jer. 51,10; Jer. 51,14; Jer. 51,15; Jer. 52,17; Jer. 52,20; Bar. 1,11; Bar. 1,12; Bar. 2,8; Bar. 2,17; Bar. 2,17; Bar. 2,24; Bar. 2,30; Bar. 2,30; Bar. 2,31; Bar. 2,32; Bar. 2,33; Bar. 2,33; Bar. 2,33; Bar. 2,34; Bar. 3,4; Bar. 3,17; Bar. 3,18; Bar. 3,19; Bar. 3,21; Bar. 3,21; Bar. 3,28; Bar. 3,34; Bar. 4,25; Lam. 1,17; Lam. 1,19; Lam. 1,22; Lam. 2,10; Lam. 2,12; Lam. 2,12; Lam. 2,12; Lam. 2,15; Lam. 2,16; Lam. 2,18; Lam. 2,20; Lam. 3,14; Lam. 3,46; Lam. 3,60; Lam. 3,60; Lam. 3,61; Lam. 3,61; Lam. 3,62; Lam. 3,63; Lam. 3,63; Lam. 3,63; Lam. 3,64; Lam. 4,3; Lam. 4,7; Lam. 4,8; Lam. 4,8; Lam. 4,8; Lam. 4,14; Lam. 4,16; Lam. 4,20; Lam. 5,7; Lam. 5,8; Lam. 5,12; Lam. 5,14; LetterJ 8; LetterJ 9; LetterJ 11; LetterJ 11; LetterJ 15; LetterJ 15; LetterJ 16; LetterJ 17; LetterJ 19; LetterJ 19; LetterJ 20; LetterJ 21; LetterJ 25; LetterJ 27; LetterJ 27; LetterJ 27; LetterJ 27; LetterJ 30; LetterJ 31; LetterJ 32; LetterJ 32; LetterJ 46; LetterJ 53; LetterJ 62; LetterJ 63; LetterJ 67; LetterJ 69; LetterJ 70; Ezek. 1,16; Ezek. 1,17; Ezek. 1,18; Ezek. 1,18; Ezek. 2,3; Ezek. 2,5; Ezek. 2,6; Ezek. 2,6; Ezek. 2,6; Ezek. 3,6; Ezek. 3,8; Ezek. 3,8; Ezek. 3,9; Ezek. 3,9; Ezek. 3,15; Ezek. 3,25; Ezek. 4,4; Ezek. 4,5; Ezek. 4,12; Ezek. 4,17; Ezek. 5,2; Ezek. 5,12; Ezek. 6,9; Ezek. 6,9; Ezek. 6,9; Ezek. 6,9; Ezek. 6,9; Ezek. 6,13; Ezek. 7,16; Ezek. 7,19; Ezek. 7,19; Ezek. 7,19; Ezek. 7,19; Ezek. 7,19; Ezek. 7,20; Ezek. 7,22; Ezek. 7,24; Ezek. 7,24; Ezek. 7,27; Ezek. 7,27; Ezek. 8,11; Ezek. 8,11; Ezek. 8,12; Ezek. 8,12; Ezek. 8,16; Ezek. 8,16; Ezek. 9,2; Ezek. 9,10; Ezek. 9,10; Ezek. 10,10; Ezek. 10,12; Ezek. 11,1; Ezek. 11,19; Ezek. 11,21; Ezek. 11,21; Ezek. 11,21; Ezek. 11,21; Ezek. 11,21; Ezek. 12,2; Ezek. 12,3; Ezek. 12,3; Ezek. 12,4; Ezek. 12,5; Ezek. 12,6; Ezek. 12,7; Ezek. 12,10; Ezek. 12,12; Ezek. 12,14; Ezek. 12,16; Ezek. 12,16; Ezek. 12,19; Ezek. 12,19; Ezek. 12,20; Ezek. 13,3; Ezek. 13,11; Ezek. 13,17; Ezek. 13,20; Ezek. 14,3; Ezek. 14,3; Ezek. 14,3; Ezek. 14,3; Ezek. 14,5; Ezek. 14,5; Ezek. 14,10; Ezek. 14,11; Ezek. 14,14; Ezek. 14,20; Ezek. 14,20; Ezek. 14,22; Ezek. 14,22; Ezek. 14,23; Ezek. 14,23; Ezek. 16,18; Ezek. 16,19; Ezek. 16,39; Ezek. 16,40; Ezek. 16,45; Ezek. 16,45; Ezek. 16,47; Ezek. 16,47; Ezek. 16,53; Ezek. 17,22; Ezek. 19,4; Ezek. 19,7; Ezek. 19,8; Ezek. 19,8; Ezek. 20,4; Ezek. 20,5; Ezek. 20,6; Ezek. 20,8; Ezek. 20,12; Ezek. 20,16; Ezek. 20,18; Ezek. 20,18; Ezek. 20,18; Ezek. 20,21; Ezek. 20,24; Ezek. 20,24; Ezek. 20,26; Ezek. 20,27; Ezek. 20,28; Ezek. 20,28; Ezek. 20,30; Ezek. 20,38; Ezek. 21,7; Ezek. 21,11; Ezek. 21,20; Ezek. 21,28; Ezek. 21,33; Ezek. 22,4; Ezek. 22,26; Ezek. 22,26; Ezek. 22,30; Ezek. 22,31; Ezek. 22,31; Ezek. 23,3; Ezek. 23,3; Ezek. 23,4; Ezek. 23,4; Ezek. 23,8; Ezek. 23,15; Ezek. 23,15; Ezek. 23,15; Ezek. 23,17; Ezek. 23,20; Ezek. 23,20; Ezek. 23,22; Ezek. 23,23; Ezek. 23,24; Ezek. 23,24; Ezek. 23,39; Ezek. 23,39; Ezek. 23,42; Ezek. 23,42; Ezek. 23,45; Ezek. 23,47; Ezek. 23,47; Ezek. 23,47; Ezek. 23,47; Ezek. 24,17; Ezek. 24,22; Ezek. 24,25; Ezek. 24,25; Ezek. 24,25; Ezek. 24,25; Ezek. 24,25; Ezek. 24,25; Ezek. 25,4; Ezek. 25,4; Ezek. 26,10; Ezek. 26,16; Ezek. 26,16; Ezek. 26,16; Ezek. 26,16; Ezek. 27,9; Ezek. 27,9; Ezek. 27,11; Ezek. 27,30; Ezek. 27,30; Ezek. 27,32; Ezek. 27,35; Ezek. 27,35; Ezek. 28,3; Ezek. 28,7; Ezek. 28,24; Ezek. 28,25; Ezek. 28,26;

Ezek. 28,26; Ezek. 28,26; Ezek. 29,7; Ezek. 29,7; Ezek. 29,16; Ezek. 29,21; Ezek. 30,7; Ezek. 30,11; Ezek. 30,12; Ezek. 31,12; Ezek. 31,14; Ezek. 31,14; Ezek. 31,14; Ezek. 31,17; Ezek. 32,10; Ezek. 32,10; Ezek. 32,10; Ezek. 32,14; Ezek. 32,14; Ezek. 32,22; Ezek. 32,23; Ezek. 32,24; Ezek. 32,24; Ezek. 32,26; Ezek. 32,26; Ezek. 32,27; Ezek. 32,27; Ezek. 32,27; Ezek. 32,27; Ezek. 32,30; Ezek. 32,30; Ezek. 32,30; Ezek. 32,31; Ezek. 33,2; Ezek. 33,6; Ezek. 33,17; Ezek. 33,29; Ezek. 33,29; Ezek. 33,31; Ezek. 33,31; Ezek. 33,33; Ezek. 34,10; Ezek. 34,10; Ezek. 34,13; Ezek. 34,14; Ezek. 34,23; Ezek. 34,24; Ezek. 34,27; Ezek. 34,27; Ezek. 34,27; Ezek. 34,30; Ezek. 35,15; Ezek. 36,7; Ezek. 36,12; Ezek. 36,17; Ezek. 36,17; Ezek. 36,17; Ezek. 36,17; Ezek. 36,17; Ezek. 36,19; Ezek. 36,19; Ezek. 36,21; Ezek. 36,23; Ezek. 36,31; Ezek. 37,10; Ezek. 37,20; Ezek. 37,21; Ezek. 37,22; Ezek. 37,23; Ezek. 37,23; Ezek. 37,24; Ezek. 37,25; Ezek. 37,25; Ezek. 37,25; Ezek. 37,26; Ezek. 37,26; Ezek. 37,28; Ezek. 38,12; Ezek. 38,13; Ezek. 39,22; Ezek. 39,23; Ezek. 39,23; Ezek. 39,24; Ezek. 39,24; Ezek. 39,24; Ezek. 39,26; Ezek. 39,28; Ezek. 39,29; Ezek. 41,13; Ezek. 41,25; Ezek. 42,4; Ezek. 42,9; Ezek. 42,11; Ezek. 42,14; Ezek. 42,20; Ezek. 43,7; Ezek. 43,7; Ezek. 43,7; Ezek. 43,8; Ezek. 43,8; Ezek. 43,8; Ezek. 43,8; Ezek. 43,9; Ezek. 43,9; Ezek. 43,9; Ezek. 43,10; Ezek. 43,11; Ezek. 43,11; Ezek. 43,26; Ezek. 44,10; Ezek. 44,10; Ezek. 44,12; Ezek. 44,13; Ezek. 44,18; Ezek. 44,18; Ezek. 44,19; Ezek. 44,19; Ezek. 44,20; Ezek. 44,20; Ezek. 44,20; Ezek. 44,28; Ezek. 45,4; Ezek. 45,8; Ezek. 46,10; Ezek. 46,10; Ezek. 47,12; Ezek. 47,12; Ezek. 47,12; Ezek. 47,14; Ezek. 47,23; Ezek. 48,29; Dan. 1,15; Dan. 1,16; Dan. 1,16; Dan. 1,20; Dan. 3,21; Dan. 3,21; Dan. 3,21; Dan. 3,21; Dan. 3,36; Dan. 3,44; Dan. 3,46; Dan. 3,46; Dan. 3,50; Dan. 3,91; Dan. 3,94; Dan. 3,94; Dan. 3,94; Dan. 3,95; Dan. 3,95; Dan. 4,37; Dan. 5,4; Dan. 5,4; Dan. 6,3; Dan. 6,3; Dan. 6,16; Dan. 6,18; Dan. 6,25; Dan. 6,25; Dan. 6,25; Dan. 7,27; Dan. 8,10; Dan. 8,11; Dan. 8,23; Dan. 8,23; Dan. 11,8; Dan. 11,8; Dan. 11,8; Dan. 11,8; Dan. 11,18; Sus. 7-8; Sus. 9; Sus. 9; Sus. 34; Sus. 35a; Sus. 48; Sus. 52; Sus. 60-62; Sus. 63; Josh. 19,1; Josh. 19,2; Josh. 19,8; Josh. 19,9; Josh. 19,9; Josh. 19,10; Josh. 19,10; Josh. 19,16; Josh. 19,18; Josh. 19,23; Josh. 19,24; Josh. 19,25; Josh. 19,31; Josh. 19,31; Josh. 19,33; Josh. 19,41; Judg. 1,4; Judg. 1,7; Judg. 1,7; Judg. 1,22; Judg. 1,23; Judg. 1,30; Judg. 2,2; Judg. 2,2; Judg. 2,2; Judg. 2,3; Judg. 2,4; Judg. 2,10; Judg. 2,12; Judg. 2,12; Judg. 2,14; Judg. 2,14; Judg. 2,17; Judg. 2,18; Judg. 2,18; Judg. 2,19; Judg. 2,19; Judg. 2,19; Judg. 2,20; Judg. 2,21; Judg. 2,22; Judg. 3,2; Judg. 3,4; Judg. 3,6; Judg. 3,6; Judg. 3,6; Judg. 3,6; Judg. 3,7; Judg. 3,25; Judg. 3,27; Judg. 5,19; Judg. 5,20; Judg. 6,4; Judg. 6,5; Judg. 6,5; Judg. 6,5; Judg. 6,9; Judg. 6,10; Judg. 6,35; Judg. 7,2; Judg. 7,6; Judg. 7,6; Judg. 7,6; Judg. 7,8; Judg. 7,8; Judg. 7,12; Judg. 7,19; Judg. 7,20; Judg. 7,20; Judg. 8,3; Judg. 8,10; Judg. 8,10; Judg. 8,12; Judg. 8,14; Judg. 8,21; Judg. 8,26; Judg. 8,28; Judg. 9,3; Judg. 9,24; Judg. 9,24; Judg. 9,27; Judg. 9,27; Judg. 9,51; Judg. 9,57; Judg. 10,12; Judg. 10,16; Judg. 12,2; Judg. 13,20; Judg. 14,19; Judg. 14,19; Judg. 15,3; Judg. 15,13; Judg. 16,18; Judg. 16,23; Judg. 16,24; Judg. 16,25; Judg. 16,25; Judg. 18,2; Judg. 18,8; Judg. 18,8; Judg. 18,14; Judg. 18,16; Judg. 18,21; Judg. 18,23; Judg. 18,26; Judg. 18,29; Judg. 19,21; Judg. 19,22; Judg. 20,13; Judg. 20,14; Judg. 20,42; Judg. 20,45; Judg. 20,45; Judg. 20,45; Judg. 21,2; Judg. 21,6; Judg. 21,22; Judg. 21,22; Judg. 21,23; Judg. 21,23; Tob. 1,8; Tob. 1,18; Tob. 2,10; Tob. 2,12; Tob. 3,8; Tob. 3,9; Tob. 4,6; Tob. 5,22; Tob. 6,1; Tob. 6,9; Tob. 6,14; Tob. 6,14; Tob. 6,15; Tob. 7,7; Tob. 8,17; Tob. 10,14; Tob. 11,16; Tob. 12,16; Tob. 13,13; Tob. 13,13; Tob. 13,17; Tob. 14,5; Tob. 14,6; Tob. 14,6; Tob. 14,8; Dan. 1,14; Dan. 1,15; Dan. 1,16; Dan. 1,16; Dan. 1,19; Dan. 1,19; Dan. 1,20; Dan. 3,21; Dan. 3,21; Dan. 3,36; Dan. 3,44; Dan. 3,50; Dan. 3,91; Dan. 3,94; Dan. 3,94; Dan. 3,94; Dan. 3,95; Dan. 3,95; Dan. 3,96; Dan. 4,7; Dan. 6,3; Dan. 6,3; Dan. 6,25; Dan. 6,25; Dan. 6,25; Dan. 6,25; Dan. 7,24; Dan. 8,23; Dan. 8,23; Dan. 9,7; Dan. 11,8; Dan. 11,8; Dan. 11,8; Dan. 11,18; Dan. 11,27; Dan. 11,43; Sus. 3; Sus. 9; Sus. 10; Sus. 11; Sus. 14; Sus. 27; Sus. 42; Sus. 48; Sus. 52; Sus. 61; Sus. 63; Bel 15; Bel 15; Bel 21; Matt. 1,21; Matt. 2,4; Matt. 2,7; Matt. 2,11; Matt. 2,12; Matt. 2,13; Matt. 3,6; Matt. 4,21; Matt. 4,21; Matt. 4,22; Matt. 4,23; Matt. 5,3; Matt. 5,10; Matt. 6,2; Matt. 6,5; Matt. 6,7; Matt. 6,14; Matt. 6,16; Matt. 6,16; Matt. 7,6; Matt. 7,16; Matt. 7,20; Matt. 7,29; Matt. 8,30; Matt. 8,34; Matt. 9,2; Matt. 9,4; Matt. 9,15; Matt. 9,15; Matt. 9,29; Matt. 9,30; Matt. 9,35; Matt. 9,36; Matt. 10,17; Matt. 11,1; Matt. 12,9; Matt. 12,25; Matt. 13,15; Matt. 13,43; Matt. 13,54; Matt. 13,58; Matt. 14,14; Matt. 14,32; Matt. 15,2; Matt. 15,8; Matt. 15,27; Matt. 17,2; Matt. 17,6; Matt. 17,7; Matt. 17,8; Matt. 17,9; Matt. 17,12; Matt. 17,22; Matt. 17,24; Matt. 17,25; Matt. 18,2; Matt. 18,10; Matt. 18,17; Matt. 18,20; Matt. 20,13; Matt. 20,29; Matt. 20,34; Matt. 21,3; Matt. 21,7; Matt. 21,7; Matt. 21,41; Matt. 21,45; Matt. 22,7; Matt. 22,16; Matt. 22,18; Matt. 22,35; Matt. 23,3; Matt. 23,4; Matt. 23,5; Matt. 23,5; Matt. 23,30; Matt. 23,34; Matt. 23,34; Matt. 24,31; Matt. 25,19; Matt. 26,21; Matt. 26,26; Matt. 26,36; Matt. 26,43; Matt. 26,73; Matt. 27,17; Matt. 27,39; Matt. 27,48; Mark 1,5; Mark 1,20; Mark 1,23; Mark 1,39; Mark 2,5; Mark 2,6; Mark 2,19; Mark 2,19; Mark 2,20; Mark 3,5; Mark 5,17; Mark 6,6; Mark 6,50; Mark 6,52; Mark 6,54; Mark 7,6; Mark 8,3; Mark 8,3; Mark 9,2; Mark 9,9; Mark 9,36; Mark 9,48; Mark 11,7; Mark 11,8; Mark 11,12; Mark 12,15; Mark 12,23; Mark 12,28; Mark 14,18; Mark 14,22; Mark 14,40; Mark 14,59; Mark 14,69; Mark 14,70; Mark 15,29; Mark 16,8; Mark 16,12; Mark 16,14; Luke 1,7; Luke 1,16; Luke 1,20; Luke 1,51; Luke 1,66; Luke 1,77; Luke 2,8; Luke 2,15; Luke 2,22; Luke 2,42; Luke 2,46; Luke 2,51; Luke 3,15; Luke 4,15; Luke 4,27; Luke 4,29; Luke 4,30; Luke 4,40; Luke 4,42; Luke 5,6; Luke 5,15; Luke 5,20; Luke 5,22; Luke 5,25; Luke 5,29; Luke 5,30; Luke 5,34; Luke 5,35; Luke 6,8; Luke 6,13; Luke 6,17; Luke 6,18; Luke 6,23; Luke 6,26; Luke 7,42; Luke 7,42; Luke 8,12; Luke 8,23; Luke 8,37; Luke 9,37; Luke 9,45; Luke 9,46; Luke 9,47; Luke 9,57; Luke 10,7; Luke 11,15; Luke 11,17; Luke 11,49; Luke 13,1; Luke 15,12; Luke 16,4; Luke 16,29; Luke 17,15; Luke 18,8; Luke 18,34; Luke 19,11; Luke 19,33; Luke 19,35; Luke 19,36; Luke 20,23; Luke 20,33; Luke 21,1; Luke 21,8; Luke 21,12; Luke 22,23; Luke 22,24; Luke 22,41; Luke 22,50; Luke 22,55; Luke 22,58; Luke 22,66; Luke 23,1; Luke 23,23; Luke 23,24; Luke 23,25; Luke 23,51; Luke 24,11; Luke 24,13; Luke 24,16; Luke 24,30; Luke 24,31; Luke 24,31; Luke 24,36; Luke 24,36; Luke 24,41; Luke 24,43; Luke 24,45; Luke 24,51; John 3,19; John 3,22; John 4,38; John 4,52; John 7,44; John 7,50; John 10,8; John 10,20; John 10,39; John 11,37; John 11,46; John 11,49; John 12,36; John 12,37; John 12,40; John 12,40; John 13,12; John 15,22; John 15,25; John 17,9; John 17,12; John 17,12; John 17,19; John 17,20; John 18,5; John 18,9; John 18,18; John 19,31; John 20,24; John 20,26; Acts 1,9; Acts 1,9; Acts 1,19; Acts 2,3; Acts 2,6; Acts 2,11; Acts 3,5; Acts 4,1; Acts 4,5; Acts 4,16; Acts 4,29; Acts 4,31; Acts 5,15; Acts 5,24; Acts 6,1; Acts 7,19; Acts 7,34; Acts 7,39; Acts 7,41; Acts 7,54; Acts 7,57; Acts 7,58; Acts 8,15; Acts 8,16; Acts 9,24; Acts 9,28; Acts 10,10; Acts 10,46; Acts 11,20; Acts 11,21; Acts 11,22; Acts 11,28; Acts 11,29; Acts 12,20; Acts 13,2; Acts 13,13; Acts 13,27; Acts 13,33; Acts 13,42; Acts 13,50; Acts 14,3; Acts 14,5; Acts 14,11; Acts 14,14; Acts 14,27; Acts 15,2; Acts 15,4; Acts 15,12; Acts 15,22; Acts 15,23; Acts 15,26; Acts 15,38; Acts 16,19; Acts 16,22; Acts 16,22; Acts 16,24; Acts 16,25; Acts 17,4; Acts 17,12; Acts 17,26; Acts 17,33; Acts 18,6; Acts 18,20; Acts 19,9; Acts 19,12; Acts 19,16; Acts 19,18; Acts 20,30; Acts 21,1; Acts

αὐτός–αὐτόχθων

21,26; Acts 22,22; Acts 22,23; Acts 23,10; Acts 23,10; Acts 23,21; Acts 23,27; Acts 23,28; Acts 23,29; Acts 25,17; Acts 26,10; Acts 26,18; Acts 27,21; Acts 28,6; Acts 28,17; Acts 28,27; Rom. 1,21; Rom. 1,21; Rom. 1,24; Rom. 1,24; Rom. 1,26; Rom. 1,27; Rom. 1,27; Rom. 2,15; Rom. 2,15; Rom. 3,3; Rom. 3,13; Rom. 3,13; Rom. 3,13; Rom. 3,15; Rom. 3,16; Rom. 3,18; Rom. 10,1; Rom. 10,18; Rom. 10,18; Rom. 11,9; Rom. 11,10; Rom. 11,10; Rom. 11,11; Rom. 11,12; Rom. 11,12; Rom. 11,12; Rom. 11,14; Rom. 11,15; Rom. 11,27; Rom. 15,27; Rom. 15,27; Rom. 16,5; Rom. 16,17; 1Cor. 1,2; 1Cor. 3,19; 1Cor. 8,7; 1Cor. 8,12; 1Cor. 10,5; 1Cor. 10,7; 1Cor. 10,8; 1Cor. 10,9; 1Cor. 10,10; 1Cor. 15,10; 1Cor. 15,29; 1Cor. 16,19; 2Cor. 3,14; 2Cor. 3,15; 2Cor. 5,15; 2Cor. 5,19; 2Cor. 6,16; 2Cor. 6,17; 2Cor. 8,2; 2Cor. 8,2; 2Cor. 8,2; 2Cor. 9,14; 2Cor. 11,15; Gal. 2,13; Eph. 4,17; Eph. 4,18; Eph. 5,7; Eph. 5,12; Eph. 6,9; Phil. 3,19; Col. 2,2; 1Th. 2,16; 1Th. 5,13; 2Tim. 2,17; 2Tim. 3,9; Titus 1,12; Titus 1,12; Titus 1,15; Heb. 2,10; Heb. 7,5; Heb. 7,6; Heb. 7,25; Heb. 8,9; Heb. 8,9; Heb. 8,9; Heb. 8,10; Heb. 8,10; Heb. 8,11; Heb. 8,12; Heb. 8,12; Heb. 10,16; Heb. 10,16; Heb. 10,17; Heb. 10,17; Heb. 11,16; Heb. 11,28; James 1,27; James 3,3; James 5,3; 1Pet. 3,12; 1Pet. 3,14; 1Pet. 4,19; 2Pet. 2,2; 2Pet. 2,3; 2Pet. 2,11; 2Pet. 2,12; 2Pet. 2,13; 2Pet. 3,3; 2Pet. 3,16; 1John 4,5; 3John 9; Jude 15; Jude 16; Rev. 2,16; Rev. 3,4; Rev. 4,4; Rev. 4,10; Rev. 5,11; Rev. 6,11; Rev. 6,11; Rev. 6,17; Rev. 7,3; Rev. 7,9; Rev. 7,11; Rev. 7,14; Rev. 7,17; Rev. 8,12; Rev. 9,6; Rev. 9,7; Rev. 9,7; Rev. 9,17; Rev. 9,17; Rev. 9,18; Rev. 9,19; Rev. 9,19; Rev. 9,19; Rev. 9,20; Rev. 9,21; Rev. 9,21; Rev. 9,21; Rev. 9,21; Rev. 11,5; Rev. 11,5; Rev. 11,6; Rev. 11,7; Rev. 11,7; Rev. 11,8; Rev. 11,8; Rev. 11,9; Rev. 11,9; Rev. 11,11; Rev. 11,12; Rev. 11,16; Rev. 11,16; Rev. 12,8; Rev. 12,11; Rev. 12,11; Rev. 13,16; Rev. 13,16; Rev. 14,1; Rev. 14,2; Rev. 14,5; Rev. 14,11; Rev. 14,13; Rev. 14,13; Rev. 14,13; Rev. 16,10; Rev. 16,11; Rev. 16,11; Rev. 16,11; Rev. 17,13; Rev. 17,17; Rev. 17,17; Rev. 18,11; Rev. 18,19; Rev. 19,18; Rev. 19,19; Rev. 19,21; Rev. 20,4; Rev. 20,8; Rev. 20,12; Rev. 20,13; Rev. 21,3; Rev. 21,3; Rev. 21,3; Rev. 21,4; Rev. 21,8; Rev. 21,14; Rev. 21,24; Rev. 22,4; Rev. 22,14; Rev. 22,14)

Pronoun · (personal) · third · neuter · plural · genitive ▸ 245 + 3 + 29 = **277** (Gen. 1,21; Gen. 1,25; Gen. 6,20; Gen. 8,19; Gen. 24,22; Gen. 30,38; Gen. 40,8; Ex. 12,9; Ex. 27,10; Ex. 27,11; Ex. 27,12; Ex. 27,13; Ex. 27,14; Ex. 27,15; Ex. 27,16; Ex. 28,14; Ex. 29,33; Ex. 30,29; Ex. 37,8; Ex. 37,9; Ex. 37,12; Ex. 37,17; Ex. 38,16; Ex. 38,16; Ex. 38,16; Lev. 4,2; Lev. 6,11; Lev. 6,23; Lev. 7,7; Lev. 7,25; Lev. 11,8; Lev. 11,8; Lev. 11,11; Lev. 11,11; Lev. 11,22; Lev. 11,24; Lev. 11,25; Lev. 11,26; Lev. 11,27; Lev. 11,28; Lev. 11,31; Lev. 11,32; Lev. 11,32; Lev. 11,35; Lev. 11,36; Lev. 11,37; Lev. 11,38; Lev. 11,39; Lev. 11,40; Lev. 22,22; Lev. 26,4; Lev. 27,9; Lev. 27,11; Num. 3,43; Num. 4,31; Num. 4,31; Num. 6,15; Num. 6,15; Num. 18,17; Num. 18,28; Num. 28,14; Num. 28,31; Num. 28,31; Num. 29,6; Num. 29,6; Num. 29,6; Num. 29,6; Num. 29,6; Deut. 7,19; Deut. 7,25; Deut. 14,8; Deut. 14,8; Deut. 14,12; Deut. 14,19; Deut. 19,1; Deut. 19,1; Deut. 20,16; Deut. 20,16; Deut. 26,14; Deut. 26,14; Deut. 26,14; Josh. 1,7; Josh. 7,21; Josh. 7,21; Josh. 7,22; Josh. 16,3; Josh. 16,8; Josh. 19,14; Josh. 24,17; 2Sam. 8,4; 2Sam. 22,23; 2Sam. 24,12; 1Kings 6,27; 1Kings 6,27; 1Kings 14,27; 1Chr. 26,27; 2Chr. 3,13; 2Chr. 3,13; 2Chr. 5,8; 1Esdr. 1,52; 1Esdr. 8,62; Neh. 9,35; Judith 12,2; Judith 12,15; Tob. 4,8; 1Mac. 5,43; 1Mac. 14,36; 1Mac. 14,42; 1Mac. 15,31; 3Mac. 5,37; 4Mac. 2,18; 4Mac. 4,5; 4Mac. 14,14; 4Mac. 14,17; 4Mac. 15,11; Psa. 18,4; Psa. 33,21; Psa. 103,17; Psa. 105,35; Psa. 105,36; Psa. 146,9; Prov. 4,15; Job 6,4; Job 37,12; Job 38,20; Job 38,20; Wis. 7,12; Wis. 13,4; Wis. 13,5; Wis. 13,13; Wis. 14,12; Wis. 14,14; Sir. 10,15; Sir. 16,26; Sir. 16,26; Sir. 16,27; Sir. 16,27; Sir. 16,27; Sir. 16,30; Sir. 27,30; Sir. 33,20; Sir. 37,18; Sir. 39,21; Sir. 39,28; Sir. 39,31; Sir. 49,10; Sol. 5,10; Sol. 8,23; Sol. 13,3; Hos. 2,7; Hos. 13,4; Amos 2,4; Mic. 4,3; Mic. 4,3; Joel 1,3; Joel 1,3; Joel 1,3; Jonah 1,5; Is. 5,27; Is. 5,27; Is. 5,27; Is. 5,28; Is. 5,28; Is. 5,28; Is. 5,30; Is. 11,7; Is. 14,2; Is. 18,3; Is. 41,28; Is. 43,9; Is. 43,9; Is. 44,15; Is. 44,16; Is. 44,20; Jer. 2,11; Jer. 8,2; Jer. 10,2; Jer. 10,15; Jer. 24,2; Jer. 24,3; Jer. 24,8; Jer. 28,18; LetterJ 5; LetterJ 7; LetterJ 9; LetterJ 48; LetterJ 54; Ezek. 1,5; Ezek. 1,7; Ezek. 1,7; Ezek. 1,7; Ezek. 1,8; Ezek. 1,8; Ezek. 1,8; Ezek. 1,9; Ezek. 1,10; Ezek. 1,11; Ezek. 1,11; Ezek. 1,19; Ezek. 1,22; Ezek. 1,23; Ezek. 1,23; Ezek. 1,24; Ezek. 1,24; Ezek. 1,25; Ezek. 3,13; Ezek. 4,15; Ezek. 7,20; Ezek. 9,3; Ezek. 10,1; Ezek. 10,8; Ezek. 10,11; Ezek. 10,12; Ezek. 10,12; Ezek. 10,12; Ezek. 10,16; Ezek. 10,16; Ezek. 10,16; Ezek. 10,17; Ezek. 10,19; Ezek. 10,19; Ezek. 10,19; Ezek. 10,21; Ezek. 10,22; Ezek. 10,22; Ezek. 11,22; Ezek. 11,22; Ezek. 11,22; Ezek. 20,9; Ezek. 20,9; Ezek. 20,14; Ezek. 20,22; Ezek. 23,30; Ezek. 24,5; Ezek. 36,23; Ezek. 38,16; Ezek. 39,23; Ezek. 48,8; Dan. 2,35; Dan. 4,17a; Dan. 5,0; Dan. 5,17; Dan. 7,8; Dan. 7,12; Dan. 8,9; Tob. 14,4; Dan. 7,8; Dan. 8,9; Matt. 6,26; Matt. 10,29; Matt. 18,12; Matt. 20,25; Matt. 20,25; Matt. 27,7; Mark 10,13; Mark 10,42; Mark 10,42; Mark 10,42; Luke 5,2; Luke 12,6; Luke 15,4; Luke 18,15; Luke 22,25; Luke 22,25; John 10,4; John 10,32; John 16,4; John 16,4; Acts 13,19; Acts 14,16; Acts 15,9; Acts 15,9; 1Cor. 12,18; Rev. 4,8; Rev. 6,14; Rev. 9,16; Rev. 17,9)

Pronoun · (personal) · intensive · masculine · plural · genitive ▸ 12 + 3 = **15** (Ex. 35,5; Deut. 13,6; Deut. 17,7; Deut. 19,19; Deut. 21,9; Deut. 21,21; Deut. 22,21; Deut. 22,24; Deut. 24,7; Josh. 7,12; 4Mac. 6,11; LetterJ 40; Acts 20,30; 1Cor. 5,13; 1Cor. 7,35)

Pronoun · (personal) · intensive · neuter · plural · genitive ▸ **2** (2Cor. 1,6; Heb. 2,14)

αὐτοσχεδίως (αὐτός; σχεδόν) by chance ▸ 1
αὐτοσχεδίως ▸ 1
Adverb · **1** (Wis. 2,2)

αὐτοῦ (αὐτός) here, there ▸ 8 + 1 + 4 = 13
αὐτοῦ ▸ 8 + 1 + 4 = 13
Adverb · (place) ▸ 8 + 1 + 4 = **13** (Gen. 22,5; Ex. 24,14; Num. 9,8; Num. 22,8; Num. 22,19; Num. 32,6; Deut. 5,31; 2Sam. 20,4; Tob. 8,20; Matt. 26,36; Luke 9,27; Acts 18,19; Acts 21,4)

αὐτόφωρος (αὐτός; φώρ) in the act ▸ 1
αὐτοφώρῳ ▸ 1
Adjective · neuter · singular · dative ▸ **1** (John 8,4)

αὐτόχειρ (αὐτός; χείρ) with one's own hands; the very doer ▸ 1
αὐτόχειρες ▸ 1
Noun · masculine · plural · nominative ▸ **1** (Acts 27,19)

αὐτόχθων (αὐτός; χθών) native ▸ 14
αὐτόχθονες ▸ 2
Noun · masculine · plural · nominative · (common) ▸ **2** (Lev. 20,4; Ezek. 47,22)
αὐτόχθονι ▸ 1
Noun · masculine · singular · dative · (common) ▸ **1** (Num. 9,14)
αὐτοχθόνων ▸ 1
Noun · masculine · plural · genitive · (common) ▸ **1** (Num. 15,30)
αὐτόχθοσιν ▸ 2
Noun · masculine · plural · dative · (common) ▸ **2** (Ex. 12,19; Lev. 17,15)
αὐτόχθων ▸ 8
Noun · masculine · singular · nominative · (common) ▸ **8** (Ex. 12,48; Lev. 16,29; Lev. 19,34; Lev. 23,42; Lev. 24,16; Num. 15,13; Josh. 8,33 # 9,2d; Jer. 14,8)

αὐχέω to boast ▸ 1
  αὐχεῖ ▸ 1
    Verb · third · singular · present · active · indicative ▸ 1 (James 3,5)
αὐχήν neck, throat; isthmus, strait; narrow pass ▸ 5
  αὐχένα ▸ 3
    Noun · masculine · singular · accusative · (common) ▸ 3 (Josh. 7,8; Josh. 7,12; 2Chr. 29,6)
  αὐχένας ▸ 2
    Noun · masculine · plural · accusative · (common) ▸ 2 (3Mac. 4,8; Psa. 128,4)
αὐχμηρός (αὐστηρός) drab, dusty, rough, squalid ▸ 1
  αὐχμηρῷ ▸ 1
    Adjective · masculine · singular · dative ▸ 1 (2Pet. 1,19)
αὐχμός (αὔω) drought ▸ 1
  αὐχμοῦ ▸ 1
    Noun · masculine · singular · genitive · (common) ▸ 1 (Jer. 31,31)
αὐχμώδης (αὔω) dry ▸ 5
  αὐχμώδει ▸ 2
    Adjective · feminine · singular · dative · noDegree ▸ 1 (1Sam. 23,14)
    Adjective · neuter · singular · dative · noDegree ▸ 1 (1Sam. 23,15)
  αὐχμώδης ▸ 1
    Adjective · feminine · singular · nominative · noDegree ▸ 1 (Mic. 4,8)
  αὐχμώδους ▸ 2
    Adjective · feminine · singular · genitive · noDegree ▸ 2 (1Sam. 23,19; 1Sam. 26,1)
Αυωθ Havvoth ▸ 1
  Αυωθ ▸ 1
    Noun · singular · accusative · (proper) ▸ 1 (Deut. 3,14)
ἀφαγνίζω (ἀπό; ἄγος) to purify, consecrate ▸ 10
  ἀφαγνιεῖ ▸ 1
    Verb · third · singular · future · active · indicative ▸ 1 (Lev. 14,52)
  ἀφαγνιεῖς ▸ 1
    Verb · second · singular · future · active · indicative ▸ 1 (Num. 8,6)
  ἀφαγνιεῖτε ▸ 1
    Verb · second · plural · future · active · indicative ▸ 1 (Num. 31,20)
  ἀφαγνίσαι ▸ 1
    Verb · aorist · active · infinitive ▸ 1 (Lev. 14,49)
  ἀφαγνίσασθαι ▸ 2
    Verb · aorist · middle · infinitive ▸ 2 (Num. 6,2; Num. 8,21)
  ἀφαγνισθῇ ▸ 3
    Verb · third · singular · aorist · passive · subjunctive ▸ 3 (Num. 19,12; Num. 19,13; Num. 19,20)
  ἀφαγνισθήσεται ▸ 1
    Verb · third · singular · future · passive · indicative ▸ 1 (Num. 19,19)
Αφαιρεμα (ἀπό; αἱρέω) portion ▸ 1
  Αφαιρεμα ▸ 1
    Noun · singular · accusative · (proper) ▸ 1 (1Mac. 11,34)
ἀφαίρεμα (ἀπό; αἱρέω) portion ▸ 39
  ἀφαίρεμα ▸ 26
    Noun · neuter · singular · accusative · (common) ▸ 20 (Ex. 35,5; Ex. 35,21; Ex. 35,24; Ex. 35,29; Lev. 7,14; Lev. 7,32; Lev. 8,27; Lev. 9,21; Lev. 14,21; Num. 15,19; Num. 15,20; Num. 15,20; Num. 15,21; Num. 18,19; Num. 18,24; Num. 18,26; Num. 18,28; Num. 18,29; Num. 31,41; Ezek. 45,15)
    Noun · neuter · singular · nominative · (common) ▸ 6 (Ex. 29,28; Ex. 29,28; Ex. 29,28; Ex. 39,2; Num. 18,27; Num. 31,52)
  ἀφαιρέματα ▸ 5
    Noun · neuter · plural · accusative · (common) ▸ 3 (Ex. 35,22; Ex. 35,24; Ex. 36,3)
    Noun · neuter · plural · nominative · (common) ▸ 2 (Num. 18,27; Ezek. 44,30)
  ἀφαιρέματος ▸ 7
    Noun · neuter · singular · genitive · (common) ▸ 7 (Ex. 29,27; Ex. 39,6; Ex. 39,11; Lev. 7,34; Lev. 10,14; Lev. 10,15; Num. 6,20)
  ἀφαιρεμάτων ▸ 1
    Noun · neuter · plural · genitive · (common) ▸ 1 (Num. 18,28)
ἀφαίρεσις (ἀπό; αἱρέω) taking away, capture ▸ 2
  ἀφαιρέσεως ▸ 1
    Noun · feminine · singular · genitive · (common) ▸ 1 (Sir. 41,23)
  ἀφαίρεσιν ▸ 1
    Noun · feminine · singular · accusative · (common) ▸ 1 (3Mac. 1,1)
ἀφαιρέω (ἀπό; αἱρέω) to seize, to take away; cut off ▸ 165 + 1 + 10 = 176
  ἀφαιρεθείη ▸ 1
    Verb · third · singular · aorist · passive · optative ▸ 1 (Sol. 4,16)
  ἀφαιρεθέντος ▸ 1
    Verb · aorist · passive · participle · neuter · singular · genitive ▸ 1 (Wis. 14,15)
  ἀφαιρεθήσεται ▸ 13 + 1 = 14
    Verb · third · singular · future · passive · indicative ▸ 13 + 1 = 14 (Num. 36,3; Num. 36,3; Num. 36,4; Zech. 10,11; Is. 10,27; Is. 11,13; Is. 14,25; Is. 14,25; Is. 22,25; Is. 27,9; Jer. 6,2; Ezek. 48,14; Dan. 9,27; Luke 10,42)
  ἀφαιρεθήσῃ ▸ 1
    Verb · second · singular · future · passive · indicative ▸ 1 (Is. 22,19)
  ἀφαιρεῖν ▸ 1
    Verb · present · active · infinitive ▸ 1 (Heb. 10,4)
  ἀφαιρεῖται ▸ 5 + 1 = 6
    Verb · third · singular · present · middle · indicative ▸ 4 + 1 = 5 (Lev. 4,10; Prov. 13,18; Prov. 14,35; Prov. 22,9a; Luke 16,3)
    Verb · third · singular · present · passive · indicative ▸ 1 (Ex. 5,11)
  ἀφαιρεῖταί ▸ 1
    Verb · third · singular · present · passive · indicative ▸ 1 (Job 9,21)
  ἀφαιρῆτε ▸ 2
    Verb · second · plural · present · active · subjunctive ▸ 2 (Num. 18,30; Num. 18,32)
  ἀφαιρούμενος ▸ 1
    Verb · present · middle · participle · masculine · singular · nominative ▸ 1 (Sir. 34,22)
  ἀφαιρουμένῳ ▸ 1
    Verb · present · middle · participle · masculine · singular · dative ▸ 1 (Psa. 75,13)
  ἀφαιροῦνται ▸ 2
    Verb · third · plural · present · middle · indicative ▸ 1 (Prov. 1,19)
    Verb · third · plural · present · passive · indicative ▸ 1 (Prov. 11,30)
  ἀφαιροῦσαν ▸ 1
    Verb · present · active · participle · feminine · singular · accusative ▸ 1 (1Esdr. 4,30)
  ἀφαιροῦσιν ▸ 3

ἀφαιρέω

Verb · third · plural · present · active · indicative ▸ **3** (Lev. 22,15; 1Sam. 17,39; 2Sam. 4,7)

ἀφαιρῶν ▸ 4
Verb · present · active · participle · masculine · singular · nominative ▸ **4** (Ex. 34,7; Ex. 35,24; Num. 14,18; Dan. 4,37)

ἀφείλαντο ▸ 5
Verb · third · plural · aorist · middle · indicative ▸ **5** (Gen. 21,25; 1Sam. 7,14; Job 24,7; Job 24,10; Sol. 17,5)

ἀφεῖλας ▸ 1
Verb · second · singular · aorist · active · indicative ▸ **1** (Job 38,15)

ἀφείλατο ▸ 6
Verb · third · singular · aorist · middle · indicative ▸ **6** (Gen. 31,9; Gen. 31,16; 1Sam. 30,18; 1Chr. 11,23; Esth. 8,2; Job 1,21)

ἀφείλατό ▸ 2
Verb · third · singular · aorist · middle · indicative ▸ **2** (Ode. 11,15; Is. 38,15)

ἀφεῖλε ▸ 1
Verb · third · singular · aorist · active · indicative ▸ **1** (Judith 13,9)

ἀφεῖλεν ▸ **18** + **3** = **21**
Verb · third · singular · aorist · active · indicative ▸ **18** + **3** = **21** (Lev. 8,29; Lev. 9,21; 1Sam. 17,51; 1Sam. 24,5; 1Sam. 24,6; 2Sam. 20,22; 1Kings 15,12; 1Kings 21,41; 1Chr. 19,4; Judith 13,8; 1Mac. 11,17; Job 19,9; Sir. 47,11; Is. 7,17; Is. 9,13; Is. 25,8; Is. 25,8; Is. 40,27; Matt. 26,51; Mark 14,47; Luke 22,50)

Ἀφεῖλεν ▸ 1
Verb · third · singular · aorist · active · indicative ▸ **1** (Gen. 30,23)

ἀφεῖλον ▸ 3
Verb · first · singular · aorist · active · indicative ▸ **1** (Josh. 5,9)
Verb · third · plural · aorist · active · indicative ▸ **2** (Num. 31,52; 1Mac. 7,47)

ἀφείλου ▸ 1
Verb · second · singular · aorist · middle · indicative ▸ **1** (Job 22,6)

Ἀφείλου ▸ 1
Verb · second · singular · aorist · middle · indicative ▸ **1** (Ezek. 21,31)

ἀφείλω ▸ 1
Verb · second · singular · aorist · middle · indicative ▸ **1** (Wis. 18,5)

ἄφελε ▸ 2
Verb · second · singular · aorist · active · imperative ▸ **2** (Is. 4,1; Is. 20,2)

ἀφελεῖ ▸ **14** + **1** = **15**
Verb · third · singular · future · active · indicative ▸ **14** + **1** = **15** (Gen. 40,19; Lev. 1,16; Lev. 2,9; Lev. 6,3; Lev. 6,8; Job 36,7; Is. 3,1; Is. 3,18; Is. 6,7; Is. 7,20; Is. 8,8; Is. 18,5; Is. 18,5; Is. 22,17; Rev. 22,19)

ἀφελεῖν ▸ **6** + **1** = **7**
Verb · aorist · active · infinitive ▸ **6** + **1** = **7** (Gen. 48,17; 2Kings 6,32; Esth. 8,3; 1Mac. 8,30; Eccl. 3,14; Is. 53,10; Luke 1,25)

ἀφελεῖς ▸ 4
Verb · second · singular · future · active · indicative ▸ **4** (Ex. 5,8; Ex. 13,12; Ex. 34,9; Deut. 13,1)

ἀφελεῖτε ▸ 7
Verb · second · plural · future · active · indicative ▸ **7** (Num. 15,19; Num. 15,20; Num. 18,26; Num. 18,28; Num. 18,29; Num. 31,28; Deut. 4,2)

ἀφελέσθαι ▸ 3
Verb · aorist · middle · infinitive ▸ **3** (Esth. 4,4; Mic. 2,8; LetterJ 33)

ἀφέλεσθε ▸ 2
Verb · second · plural · aorist · middle · imperative ▸ **2** (Ex. 33,5; Ezek. 45,9)

ἀφέλετε ▸ 3
Verb · second · plural · aorist · active · imperative ▸ **3** (Is. 1,16; Is. 30,11; Is. 30,11)

Ἀφέλετε ▸ 1
Verb · second · plural · aorist · active · imperative ▸ **1** (Zech. 3,4)

ἀφελέτω ▸ 1
Verb · third · singular · aorist · active · imperative ▸ **1** (Num. 21,7)

ἀφέλῃ ▸ **1** + **1** = **2**
Verb · third · singular · aorist · active · subjunctive ▸ **1** + **1** = **2** (Is. 28,18; Rev. 22,19)

ἀφέλῃς ▸ 5
Verb · second · singular · aorist · active · subjunctive ▸ **5** (Gen. 31,31; 4Mac. 10,18; Prov. 30,7; Is. 58,9; Jer. 33,2)

ἀφέληται ▸ 1
Verb · third · singular · aorist · middle · subjunctive ▸ **1** (Sir. 9,13)

ἀφέλητε ▸ 1
Verb · second · plural · aorist · active · subjunctive ▸ **1** (Lev. 10,17)

ἀφελομένη ▸ 1
Verb · aorist · middle · participle · feminine · singular · nominative ▸ **1** (Esth. 14,1 # 4,17k)

ἀφελόμενοι ▸ 1
Verb · aorist · middle · participle · masculine · plural · nominative ▸ **1** (LetterJ 32)

ἀφελόμενος ▸ 2
Verb · aorist · middle · participle · masculine · singular · nominative ▸ **2** (1Mac. 11,12; 2Mac. 14,7)

ἀφελόντες ▸ 1
Verb · aorist · active · participle · masculine · plural · nominative ▸ **1** (2Mac. 1,16)

ἀφελοῦ ▸ 2
Verb · second · singular · aorist · middle · imperative ▸ **2** (Prov. 26,7; Prov. 27,13)

ἀφελοῦμαι ▸ 1
Verb · first · singular · future · middle · indicative ▸ **1** (Hos. 2,11)

ἀφελοῦνται ▸ 1
Verb · third · plural · future · middle · indicative ▸ **1** (Ezek. 26,16)

ἀφελοῦσιν ▸ 2
Verb · third · plural · future · active · indicative ▸ **2** (Jer. 11,15; Ezek. 23,25)

ἀφελῶ ▸ 10
Verb · first · singular · future · active · indicative ▸ **10** (Ex. 33,23; Num. 11,17; 1Sam. 17,36; 1Sam. 17,46; 2Sam. 16,9; Ode. 10,5; Is. 1,25; Is. 5,5; Is. 10,13; Ezek. 36,26)

ἀφέλωμαι ▸ **1** + **1** = **2**
Verb · first · singular · aorist · middle · subjunctive ▸ **1** + **1** = **2** (Is. 27,9; Rom. 11,27)

ἀφέλωνται ▸ 1
Verb · third · plural · aorist · middle · subjunctive ▸ **1** (Ode. 10,8)

ἀφέλωνταί ▸ 1
Verb · third · plural · aorist · middle · subjunctive ▸ **1** (Is. 5,8)

ἀφέλωσιν ▸ 2
Verb · third · plural · aorist · active · subjunctive ▸ **2** (Num. 18,19; 1Mac. 8,30)

ἀφαιρέω–ἀφανίζω

ἀφῃρέθη ▸ 1 + 1 = 2
    Verb ▪ third ▪ singular ▪ aorist ▪ passive ▪ indicative ▸ 1 + 1 = 2 (1Mac. 2,11; Dan. 5,20)

ἀφῄρηκα ▸ 2
    Verb ▪ first ▪ singular ▪ perfect ▪ active ▪ indicative ▸ 2 (1Sam. 24,12; Zech. 3,4)

ἀφῃρημένα ▸ 1
    Verb ▪ perfect ▪ passive ▪ participle ▪ neuter ▪ plural ▪ nominative ▸ 1 (1Sam. 5,4)

ἀφῃρημένοι ▸ 1
    Verb ▪ perfect ▪ passive ▪ participle ▪ masculine ▪ plural ▪ nominative ▸ 1 (1Sam. 21,7)

ἀφῃρημένος ▸ 1
    Verb ▪ perfect ▪ passive ▪ participle ▪ masculine ▪ singular ▪ nominative ▸ 1 (Is. 16,2)

ἀφῄρηται ▸ 3
    Verb ▪ third ▪ singular ▪ perfect ▪ passive ▪ indicative ▸ 3 (Ex. 29,27; Prov. 4,16; Is. 9,3)

Ἀφῄρηται ▸ 1
    Verb ▪ third ▪ singular ▪ perfect ▪ passive ▪ indicative ▸ 1 (Judg. 21,6)

ἀφῄρηταί ▸ 1
    Verb ▪ third ▪ singular ▪ perfect ▪ passive ▪ indicative ▸ 1 (Dan. 4,31)

ἀφῄρητο ▸ 1
    Verb ▪ third ▪ singular ▪ pluperfect ▪ passive ▪ indicative ▸ 1 (Judith 14,15)

Αφακα Aphekah ▸ 1
    Αφακα ▸ 1
        Noun ▪ singular ▪ nominative ▪ (proper) ▸ 1 (Josh. 15,53)

Αφαληλ Ephlal ▸ 2
    Αφαληλ ▸ 2
        Noun ▪ masculine ▪ singular ▪ accusative ▪ (proper) ▸ 1 (1Chr. 2,37)
        Noun ▪ masculine ▪ singular ▪ nominative ▪ (proper) ▸ 1 (1Chr. 2,37)

ἀφάλλομαι (ἀπό; ἄλλομαι) to spring from, jump off, go away ▸ 3
    ἀφαλλομένῳ ▸ 1
        Verb ▪ present ▪ middle ▪ participle ▪ masculine ▪ singular ▪ dative ▸ 1 (Sir. 36,26)
    ἀφήλαντο ▸ 1
        Verb ▪ third ▪ plural ▪ aorist ▪ middle ▪ indicative ▸ 1 (Ezek. 44,10)
    ἀφήλατο ▸ 1
        Verb ▪ third ▪ singular ▪ aorist ▪ middle ▪ indicative ▸ 1 (Nah. 3,17)

ἀφανής (α; φαίνω) that is not manifest, hidden, unseen ▸ 4 + 1 = 5
    ἀφανεῖς ▸ 1
        Adjective ▪ masculine ▪ plural ▪ nominative ▪ noDegree ▸ 1 (2Mac. 3,34)
    ἀφανής ▸ 2
        Adjective ▪ masculine ▪ singular ▪ nominative ▪ noDegree ▸ 2 (Sir. 20,30; Sir. 41,14)
    ἀφανής ▸ 1 + 1 = 2
        Adjective ▪ feminine ▪ singular ▪ nominative ▸ 1 (Heb. 4,13)
        Adjective ▪ masculine ▪ singular ▪ nominative ▪ noDegree ▸ 1 (Job 24,20)

ἀφανίζω (α; φαίνω) to hide, conceal, darken; ruin, destroy ▸ 88 + 4 + 5 = 97
    ἀφανιεῖ ▸ 4
        Verb ▪ third ▪ singular ▪ future ▪ active ▪ indicative ▸ 4 (Psa. 93,23; Psa. 145,9; Job 39,24; Dan. 8,25)
    ἀφανιεῖς ▸ 3
        Verb ▪ second ▪ singular ▪ future ▪ active ▪ indicative ▸ 3 (Deut. 7,2; Deut. 13,6; 1Sam. 24,22)
    ἀφανιεῖτε ▸ 1
        Verb ▪ second ▪ plural ▪ future ▪ active ▪ indicative ▸ 1 (Ex. 12,15)
    ἀφανίζει ▸ 2
        Verb ▪ third ▪ singular ▪ present ▪ active ▪ indicative ▸ 2 (Matt. 6,19; Matt. 6,20)
    ἀφανίζεται ▸ 2
        Verb ▪ third ▪ singular ▪ present ▪ passive ▪ indicative ▸ 2 (Prov. 10,25; Prov. 12,7)
    ἀφανιζομένη ▸ 1
        Verb ▪ present ▪ passive ▪ participle ▪ feminine ▪ singular ▪ nominative ▪ (variant) ▸ 1 (James 4,14)
    ἀφανίζοντας ▸ 1
        Verb ▪ present ▪ active ▪ participle ▪ masculine ▪ plural ▪ accusative ▸ 1 (Song 2,15)
    ἀφανίζουσιν ▸ 1
        Verb ▪ third ▪ plural ▪ present ▪ active ▪ indicative ▸ 1 (Matt. 6,16)
    ἀφανίσαι ▸ 13 + 2 = 15
        Verb ▪ aorist ▪ active ▪ infinitive ▸ 12 + 2 = 14 (Ex. 8,5; 2Kings 10,17; Ezra 6,12; Esth. 3,6; Esth. 3,13; Esth. 14,8 # 4,17o; Esth. 9,24; 3Mac. 4,14; 3Mac. 5,40; Ezek. 30,9; Ezek. 36,5; Dan. 11,44; Dan. 7,26; Dan. 11,44)
        Verb ▪ third ▪ singular ▪ aorist ▪ active ▪ optative ▸ 1 (1Esdr. 6,32)
    ἀφανίσατε ▸ 1
        Verb ▪ second ▪ plural ▪ aorist ▪ active ▪ imperative ▸ 1 (Jer. 28,3)
    ἀφανίσει ▸ 1
        Verb ▪ third ▪ singular ▪ future ▪ active ▪ indicative ▸ 1 (Dan. 2,44)
    ἀφανίσῃ ▸ 3
        Verb ▪ third ▪ singular ▪ aorist ▪ active ▪ subjunctive ▸ 3 (Ex. 21,29; Ex. 21,36; Deut. 19,1)
    ἀφανίσῃς ▸ 1
        Verb ▪ second ▪ singular ▪ aorist ▪ active ▪ subjunctive ▸ 1 (Esth. 13,17 # 4,17h)
    ἀφανισθῇ ▸ 3
        Verb ▪ third ▪ singular ▪ aorist ▪ passive ▪ subjunctive ▸ 3 (Sir. 45,26; Jer. 27,45; Ezek. 12,19)
    ἀφανισθῇς ▸ 1
        Verb ▪ second ▪ singular ▪ aorist ▪ passive ▪ subjunctive ▸ 1 (Prov. 30,10)
    ἀφανισθήσεται ▸ 6
        Verb ▪ third ▪ singular ▪ future ▪ passive ▪ indicative ▸ 6 (Wis. 3,16; Hos. 14,1; Mic. 6,15; Zech. 7,14; Ezek. 4,17; Ezek. 6,6)
    ἀφανισθήσονται ▸ 4
        Verb ▪ third ▪ plural ▪ future ▪ passive ▪ indicative ▸ 4 (Prov. 14,11; Job 4,9; Hos. 10,2; Amos 7,9)
    ἀφανισθητε ▸ 1 + 1 = 2
        Verb ▪ second ▪ plural ▪ aorist ▪ passive ▪ imperative ▸ 1 + 1 = 2 (Hab. 1,5; Acts 13,41)
    ἀφανισθῶσιν ▸ 1
        Verb ▪ third ▪ plural ▪ aorist ▪ passive ▪ subjunctive ▸ 1 (Hos. 5,15)
    ἀφάνισον ▸ 1
        Verb ▪ second ▪ singular ▪ aorist ▪ active ▪ imperative ▸ 1 (Jer. 27,21)
    ἀφανίσω ▸ 1
        Verb ▪ first ▪ singular ▪ aorist ▪ active ▪ subjunctive ▸ 1 (Ezek. 20,26)
    ἀφανίσωμεν ▸ 1

Verb · first · plural · aorist · active · subjunctive ▸ **1** (2Sam. 21,5)
ἀφανιῶ ▸ 8
Verb · first · singular · future · active · indicative ▸ **8** (2Sam. 22,38; Hos. 2,14; Mic. 5,13; Mic. 6,13; Joel 2,20; Jer. 29,4; Ezek. 14,9; Ezek. 34,25)
ἠφάνισαν ▸ 1
Verb · third · plural · aorist · active · indicative ▸ **1** (Sol. 17,11)
ἠφάνισεν ▸ 4
Verb · third · singular · aorist · active · indicative ▸ **4** (2Kings 10,28; 2Kings 21,9; 1Mac. 9,73; Ezek. 19,7)
ἠφανίσθη ▸ 4 + **1** = **5**
Verb · third · singular · aorist · passive · indicative ▸ **4** + **1** = **5** (Job 22,20; Jer. 12,11; Lam. 5,18; Ezek. 25,3; Judg. 21,16)
ἠφανίσθησαν ▸ 7
Verb · third · plural · aorist · passive · indicative ▸ **7** (Joel 1,17; Joel 1,18; Zeph. 3,6; Jer. 4,26; Jer. 12,4; Bar. 3,19; Lam. 4,5)
ἠφανισμέναι ▸ 2
Verb · perfect · passive · participle · feminine · plural · nominative ▸ **2** (Lam. 1,4; Ezek. 36,35)
ἠφανισμένας ▸ 2
Verb · perfect · passive · participle · feminine · plural · accusative ▸ **2** (Amos 9,14; Ezek. 36,36)
ἠφανισμένη ▸ 4
Verb · perfect · passive · participle · feminine · singular · nominative ▸ **4** (Zeph. 2,9; Ezek. 36,34; Ezek. 36,34; Ezek. 36,35)
ἠφανισμένην ▸ 2
Verb · perfect · passive · participle · feminine · singular · accusative ▸ **2** (Lam. 1,13; Lam. 3,11)
ἠφανισμένοι ▸ 1
Verb · perfect · passive · participle · masculine · plural · nominative ▸ **1** (Lam. 1,16)
ἠφανισμένοις ▸ 1
Verb · perfect · passive · participle · neuter · plural · dative ▸ **1** (Ezek. 36,4)
ἠφανισμένον ▸ 1
Verb · perfect · passive · participle · neuter · singular · accusative ▸ **1** (Dan. 11,31)
ἠφανισμένος ▸ 1
Verb · perfect · passive · participle · masculine · singular · nominative ▸ **1** (Sir. 21,18)
ἠφάνισται ▸ 1
Verb · third · singular · perfect · passive · indicative ▸ **1** (Judg. 21,16)
ἠφάνισταί ▸ 1
Verb · third · singular · perfect · passive · indicative ▸ **1** (Job 2,9b)

ἀφανισμός (α; φαίνω) disappearing, destruction, extermination, vanishing ▸ 56 + **2** + **1** = 59
ἀφανισμοῖς ▸ 1
Noun · masculine · plural · dative · (common) ▸ **1** (Dan. 9,26)
ἀφανισμόν ▸ 12
Noun · masculine · singular · accusative · (common) ▸ **12** (2Chr. 36,19; Judith 4,1; 3Mac. 5,20; 3Mac. 5,38; Mic. 1,7; Zeph. 1,13; Zeph. 2,4; Zeph. 2,15; Zech. 7,14; Jer. 25,11; Jer. 27,3; Ezek. 7,27)
ἀφανισμόν ▸ 33 + **1** = **34**
Noun · masculine · singular · accusative · (common) ▸ **33** + **1** = **34** (1Kings 9,7; 1Kings 13,34; 2Kings 22,19; 2Chr. 29,8; Esth. 16,15 # 8,12p; Judith 2,27; Judith 4,12; Hos. 5,9; Mic. 6,16; Mic. 7,13; Joel 1,7; Joel 4,19; Zeph. 2,13; Mal. 1,3; Jer. 9,10; Jer. 10,22; Jer. 12,11; Jer. 18,16; Jer. 19,8; Jer. 25,9; Jer. 25,12; Jer. 26,19; Jer. 27,13; Jer. 27,23; Jer. 28,26; Jer. 28,29; Jer. 28,37; Jer. 28,41; Ezek. 6,14; Ezek. 12,20; Ezek. 14,8; Ezek. 14,15; Ezek. 15,8; Dan. 9,18)
ἀφανισμός ▸ 1
Noun · masculine · singular · nominative · (common) ▸ **1** (2Mac. 5,13)
ἀφανισμός ▸ 2
Noun · masculine · singular · nominative · (common) ▸ **2** (Ezra 4,22; Jer. 28,62)
ἀφανισμοῦ ▸ 5 + **1** = **6**
Noun · masculine · singular · genitive · (common) ▸ **5** + **1** = **6** (Joel 2,3; Joel 4,19; Zeph. 1,15; Ezek. 12,19; Ezek. 23,33; Heb. 8,13)
ἀφανισμῷ ▸ 3
Noun · masculine · singular · dative · (common) ▸ **3** (Deut. 7,2; Jer. 12,11; Ezek. 4,16)

ἄφαντος (α; φαίνω) vanish out of sight ▸ 1
ἄφαντος ▸ 1
Adjective · masculine · singular · nominative ▸ **1** (Luke 24,31)

ἀφάπτω (ἀπό; ἅπτω) to hang upon, append, affix ▸ 5
ἄφαψαι ▸ 2
Verb · second · singular · aorist · middle · imperative ▸ **2** (Prov. 3,3; Prov. 6,21)
ἀφάψεις ▸ 1
Verb · second · singular · future · active · indicative ▸ **1** (Deut. 6,8)
ἀφάψετε ▸ 1
Verb · second · plural · future · active · indicative ▸ **1** (Deut. 11,18)
ἀφῆπται ▸ 1
Verb · third · singular · perfect · passive · indicative ▸ **1** (Judg. 20,34)

Αφαρ Parah ▸ 1
Αφαρ ▸ 1
Noun · singular · nominative · (proper) ▸ **1** (Josh. 18,23)

Αφαρσαθαχαῖοι Apharsathachi (Aram. officials) ▸ 1
Αφαρσαθαχαῖοι ▸ 1
Noun · masculine · plural · nominative · (proper) ▸ **1** (Ezra 4,9)

Αφαρσαῖοι Apharsai (Aram. Persians) ▸ 1
Αφαρσαῖοι ▸ 1
Noun · masculine · plural · nominative · (proper) ▸ **1** (Ezra 4,9)

Αφαρσαχαῖοι Apharsachai (Aram. envoys, officials) ▸ 2
Αφαρσαχαῖοι ▸ 2
Noun · masculine · plural · nominative · (proper) ▸ **1** (Ezra 5,6)
Noun · masculine · plural · vocative · (proper) ▸ **1** (Ezra 6,6)

ἀφασία (α; φημί) speechlessness ▸ 1
ἀφασίαν ▸ 1
Noun · feminine · singular · accusative · (common) ▸ **1** (2Mac. 14,17)

ἀφεγγής (α; φέγγος) obscure ▸ 1
ἀφεγγεῖ ▸ 1
Adjective · neuter · singular · dative · noDegree ▸ **1** (Wis. 17,3)

ἄφεδρος (ἀπό; ἕζομαι) menstruation ▸ 12
ἄφεδρον ▸ 2
Noun · feminine · singular · accusative · (common) ▸ **2** (Lev. 12,5; Lev. 15,25)
ἀφέδρου ▸ 5
Noun · feminine · singular · genitive · (common) ▸ **5** (Lev. 12,2; Lev. 15,25; Lev. 15,25; Lev. 15,26; Lev. 15,26)
ἀφέδρῳ ▸ 5

ἄφεδρος–ἀφηγέομαι

Noun · feminine · singular · dative · (common) ▸ **5** (Lev. 15,19; Lev. 15,20; Lev. 15,33; Sol. 8,12; Ezek. 18,6)

ἀφεδρών (ἀπό; ἕζομαι) latrine ▸ 2
ἀφεδρῶνα ▸ 2
Noun · masculine · singular · accusative ▸ **2** (Matt. 15,17; Mark 7,19)

ἀφειδία (α; φείδομαι) harsh treatment, neglect ▸ 1
ἀφειδίᾳ ▸ 1
Noun · feminine · singular · dative ▸ **1** (Col. 2,23)

ἀφειδῶς (α; φείδομαι) without sparing ▸ 3
ἀφειδῶς ▸ 3
Adverb ▸ **3** (2Mac. 5,6; 2Mac. 5,12; Prov. 21,26)

Αφεκ Aphek ▸ 8 + 1 = 9
Αφεκ ▸ 8 + 1 = 9
Noun · singular · accusative · (proper) ▸ **1** (1Sam. 29,1)
Noun · singular · dative · (proper) ▸ **2** (1Sam. 4,1; 2Kings 13,17)
Noun · singular · genitive · (proper) ▸ **2** (Josh. 12,18; Josh. 13,4)
Noun · singular · nominative · (proper) ▸ 1 + 1 = **2** (Josh. 19,30; Josh. 19,30)
Noun · feminine · singular · accusative · (proper) ▸ **1** (Judg. 1,31)
Noun · masculine · singular · genitive · (proper) ▸ **1** (1Sam. 9,1)

Αφεκα Aphek ▸ 2
Αφεκα ▸ 2
Noun · singular · accusative · (proper) ▸ **2** (1Kings 21,26; 1Kings 21,30)

ἀφελότης singleness ▸ 1
ἀφελότητι ▸ 1
Noun · feminine · singular · dative ▸ **1** (Acts 2,46)

ἄφεμα (ἀπό; ἵημι) tax immunity ▸ 3
ἀφέματα ▸ 3
Noun · neuter · plural · accusative · (common) ▸ **3** (1Mac. 10,28; 1Mac. 13,37; 1Mac. 15,5)

Αφερ Epher ▸ 2
Αφερ ▸ 2
Noun · masculine · singular · nominative · (proper) ▸ **2** (Gen. 25,4; 1Chr. 4,17)

Αφεραϊμ Hapharaim ▸ 1
Αφεραϊμ ▸ 1
Noun · singular · nominative · (proper) ▸ **1** (Josh. 19,19)

Αφερρα Apherra ▸ 1
Αφερρα ▸ 1
Noun · masculine · singular · genitive · (proper) ▸ **1** (1Esdr. 5,34)

ἄφεσις (ἀπό; ἵημι) forgiveness, release, remission ▸ 50 + 17 = 67
ἀφέσει ▸ 7 + 2 = 9
Noun · feminine · singular · dative · (common) ▸ **7 + 2 = 9** (Lev. 25,28; Lev. 25,30; Lev. 25,31; Lev. 25,33; Lev. 25,41; Ode. 9,77; Is. 58,6; Luke 1,77; Luke 4,18)
ἀφέσεις ▸ 4
Noun · feminine · plural · accusative · (common) ▸ **1** (Lam. 3,48)
Noun · feminine · plural · nominative · (common) ▸ **3** (2Sam. 22,16; Joel 1,20; Joel 4,18)
ἀφέσεως ▸ 21
Noun · feminine · singular · genitive · (common) ▸ **21** (Lev. 25,10; Lev. 25,11; Lev. 25,12; Lev. 25,13; Lev. 25,28; Lev. 25,40; Lev. 25,50; Lev. 25,52; Lev. 25,54; Lev. 27,17; Lev. 27,18; Lev. 27,21; Lev. 27,23; Lev. 27,24; Deut. 15,2; Deut. 15,9; Deut. 31,10; 1Mac. 10,34; Ezek. 46,17; Ezek. 47,3; Dan. 12,7)
ἄφεσιν ▸ 16 + 12 = 28
Noun · feminine · singular · accusative · (common) ▸ **16 + 12 = 28** (Ex. 18,2; Ex. 23,11; Lev. 16,26; Lev. 25,10; Lev. 27,18; Deut. 15,1; Deut. 15,3; 1Esdr. 4,62; Esth. 2,18; Judith 11,14; 1Mac. 13,34; Is. 61,1; Jer. 41,8; Jer. 41,15; Jer. 41,17; Jer. 41,17; Matt. 26,28; Mark 1,4; Mark 3,29; Luke 3,3; Luke 4,18; Luke 24,47; Acts 2,38; Acts 5,31; Acts 10,43; Acts 26,18; Eph. 1,7; Col. 1,14)
ἄφεσις ▸ 2 + 3 = 5
Noun · feminine · singular · nominative · (common) ▸ **2 + 3 = 5** (Num. 36,4; Deut. 15,2; Acts 13,38; Heb. 9,22; Heb. 10,18)

Αφεσση Happizzez ▸ 1
Αφεσση ▸ 1
Noun · masculine · singular · dative · (proper) ▸ **1** (1Chr. 24,15)

ἀφεύκτως (α; φεύγω) inescapably ▸ 1
ἀφεύκτως ▸ 1
Adverb ▸ **1** (3Mac. 7,9)

ἁφή (ἅπτω) joint; infection, wound; sand, dust ▸ 69 + 2 = 71
ἁφαῖς ▸ 1
Noun · feminine · plural · dative · (common) ▸ **1** (2Sam. 7,14)
ἁφή ▸ 12
Noun · feminine · singular · nominative · (common) ▸ **12** (Lev. 13,6; Lev. 13,45; Lev. 13,46; Lev. 13,51; Lev. 13,52; Lev. 13,54; Lev. 13,55; Lev. 13,57; Lev. 13,58; Lev. 14,40; Lev. 14,48; Deut. 21,5)
ἁφή ▸ 28
Noun · feminine · singular · nominative · (common) ▸ **28** (Lev. 13,2; Lev. 13,3; Lev. 13,5; Lev. 13,6; Lev. 13,9; Lev. 13,17; Lev. 13,22; Lev. 13,25; Lev. 13,27; Lev. 13,29; Lev. 13,42; Lev. 13,44; Lev. 13,47; Lev. 13,49; Lev. 13,49; Lev. 13,51; Lev. 13,53; Lev. 13,55; Lev. 13,56; Lev. 14,3; Lev. 14,32; Lev. 14,35; Lev. 14,39; Lev. 14,43; Lev. 14,44; Lev. 14,48; Deut. 17,8)
ἁφῇ ▸ 3
Noun · feminine · singular · dative · (common) ▸ **3** (Lev. 13,3; Deut. 24,8; Jer. 31,9)
ἁφήν ▸ 4
Noun · feminine · singular · accusative · (common) ▸ **4** (Lev. 13,13; Lev. 13,17; Lev. 13,50; Lev. 13,55)
ἁφήν ▸ 16
Noun · feminine · singular · accusative · (common) ▸ **16** (Lev. 13,3; Lev. 13,4; Lev. 13,5; Lev. 13,30; Lev. 13,31; Lev. 13,31; Lev. 13,32; Lev. 13,50; Lev. 13,51; Lev. 13,54; Lev. 14,34; Lev. 14,36; Lev. 14,37; Lev. 14,54; 1Kings 8,38; 2Chr. 6,29)
ἁφῆς ▸ 5 + 1 = 6
Noun · feminine · singular · genitive · (common) ▸ **5 + 1 = 6** (Lev. 13,3; Lev. 13,12; Lev. 13,43; Lev. 13,59; Deut. 17,8; Eph. 4,16)
ἁφῶν ▸ 1
Noun · feminine · plural · genitive ▸ **1** (Col. 2,19)

ἀφηγέομαι (ἀπό; ἄγω) to lead, go ahead ▸ 34 + 2 = 36
ἀφηγεῖσθαι ▸ 1
Verb · present · middle · infinitive ▸ **1** (4Mac. 4,18)
ἀφηγεῖται ▸ 1
Verb · third · singular · present · middle · indicative ▸ **1** (2Mac. 14,6)
ἀφηγῇ ▸ 1
Verb · second · singular · present · middle · indicative ▸ **1** (Ex. 11,8)
ἀφηγήσεται ▸ 1
Verb · third · singular · future · middle · indicative ▸ **1** (Sol. 17,26)
ἀφηγήσῃ ▸ 1
Verb · second · singular · future · middle · indicative ▸ **1** (4Mac. 12,5)
ἀφηγούμενε ▸ 1
Verb · present · middle · participle · masculine · singular

- vocative ▸ **1** (Ezek. 21,30)

ἀφηγούμενοι ▸ 6
   Verb · present · middle · participle · masculine · plural · nominative ▸ **6** (Ezra 6,7; 2Mac. 10,29; Ezek. 22,6; Ezek. 22,25; Ezek. 45,8; Ezek. 45,9)

ἀφηγουμένοις ▸ 1
   Verb · present · middle · participle · masculine · plural · dative ▸ **1** (Ezek. 21,17)

ἀφηγούμενον ▸ 1
   Verb · present · middle · participle · masculine · singular · accusative ▸ **1** (Ezek. 46,8)

ἀφηγούμενος ▸ **11** + **2** = **13**
   Verb · present · middle · participle · masculine · singular · nominative ▸ **11** + **2** = **13** (Judg. 1,1; Judg. 20,18; Judg. 20,18; Ezek. 12,10; Ezek. 45,22; Ezek. 46,2; Ezek. 46,4; Ezek. 46,10; Ezek. 46,12; Ezek. 46,16; Ezek. 46,18; Judg. 1,1; Judg. 20,18)

ἀφηγουμένου ▸ 2
   Verb · present · middle · participle · masculine · singular · genitive ▸ **2** (Ezek. 45,17; Ezek. 48,21)

ἀφηγουμένους ▸ 2
   Verb · present · middle · participle · masculine · plural · accusative ▸ **2** (1Esdr. 6,11; Ezek. 11,1)

ἀφηγουμένῳ ▸ 3
   Verb · present · middle · participle · masculine · singular · dative ▸ **3** (Ezek. 45,16; Ezek. 46,17; Ezek. 48,21)

ἀφηγουμένων ▸ 2
   Verb · present · middle · participle · masculine · plural · genitive ▸ **2** (Ezek. 48,22; Ezek. 48,22)

ἀφήγημα (ἀπό; ἄγω) tale, narrative; leading, command ▸ 1
   ἀφηγήμασιν ▸ 1
     Noun · neuter · plural · dative · (common) ▸ **1** (4Mac. 14,6)

ἀφθαρσία (α; φθείρω) incorruptibility, immortality ▸ **5** + **7** = **12**
   ἀφθαρσία ▸ 2
     Noun · feminine · singular · nominative · (common) ▸ **2** (4Mac. 17,12; Wis. 6,19)
   ἀφθαρσίᾳ ▸ **1** + **2** = **3**
     Noun · feminine · singular · dative · (common) ▸ **1** + **2** = **3** (Wis. 2,23; 1Cor. 15,42; Eph. 6,24)
   ἀφθαρσίαν ▸ **1** + **5** = **6**
     Noun · feminine · singular · accusative · (common) ▸ **1** + **5** = **6** (4Mac. 9,22; Rom. 2,7; 1Cor. 15,50; 1Cor. 15,53; 1Cor. 15,54; 2Tim. 1,10)
   ἀφθαρσίας ▸ 1
     Noun · feminine · singular · genitive · (common) ▸ **1** (Wis. 6,18)

ἄφθαρτος (α; φθείρω) imperishable, immortal, incorruptible ▸ **2** + **8** = **10**
   ἄφθαρτοι ▸ 1
     Adjective · masculine · plural · nominative ▸ **1** (1Cor. 15,52)
   ἄφθαρτον ▸ **1** + **3** = **4**
     Adjective · feminine · singular · accusative ▸ **1** (1Pet. 1,4)
     Adjective · masculine · singular · accusative ▸ **1** (1Cor. 9,25)
     Adjective · neuter · singular · nominative · noDegree ▸ **1** + **1** = **2** (Wis. 18,4; Mark 16,8)
   ἄφθαρτόν ▸ 1
     Adjective · neuter · singular · nominative · noDegree ▸ **1** (Wis. 12,1)
   ἀφθάρτου ▸ 2
     Adjective · feminine · singular · genitive ▸ **1** (1Pet. 1,23)
     Adjective · masculine · singular · genitive ▸ **1** (Rom. 1,23)
   ἀφθάρτῳ ▸ 2
     Adjective · masculine · singular · dative ▸ **1** (1Tim. 1,17)
     Adjective · neuter · singular · dative ▸ **1** (1Pet. 3,4)

ἄφθονος (α; φθόνος) bountiful ▸ 2
   ἀφθόνους ▸ 1
     Adjective · feminine · plural · accusative · noDegree ▸ **1** (4Mac. 3,10)
   ἀφθόνῳ ▸ 1
     Adjective · feminine · singular · dative · noDegree ▸ **1** (3Mac. 5,2)

ἀφθόνως (α; φθόνος) abundantly ▸ 1
   ἀφθόνως ▸ 1
     Adverb ▸ **1** (Wis. 7,13)

ἀφθορία (α; φθείρω) integrity ▸ 1
   ἀφθορίαν ▸ 1
     Noun · feminine · singular · accusative ▸ **1** (Titus 2,7)

ἄφθορος (α; φθείρω) uncorrupted, pure ▸ 1
   ἄφθορα ▸ 1
     Adjective · neuter · plural · accusative · noDegree ▸ **1** (Esth. 2,2)

ἀφιερόω (ἀπό; ἱερός) to set apart, consecrate ▸ 1
   ἀφιερώσωμεν ▸ 1
     Verb · first · plural · aorist · active · subjunctive ▸ **1** (4Mac. 13,13)

ἀφίημι (ἀπό; ἵημι) to forgive, permit, free, neglect, abandon ▸ **125** + **12** + **143** = **280**
   ἀφεθείς ▸ 1
     Verb · aorist · passive · participle · masculine · singular · nominative ▸ **1** (1Mac. 13,16)
   ἀφεθεῖσα ▸ 1
     Verb · aorist · passive · participle · feminine · singular · nominative ▸ **1** (Dan. 4,26)
   ἀφεθέντες ▸ 1
     Verb · aorist · passive · participle · masculine · plural · nominative ▸ **1** (Judith 10,19)
   ἀφέθη ▸ 1
     Verb · third · singular · aorist · passive · indicative ▸ **1** (Is. 33,24)
   ἀφεθῇ ▸ 3
     Verb · third · singular · aorist · passive · subjunctive ▸ **3** (Matt. 24,2; Mark 4,12; Mark 13,2)
   ἀφεθῆναί ▸ 1
     Verb · aorist · passive · infinitive ▸ **1** (Gen. 4,13)
   ἀφέθησαν ▸ **1** + **1** = **2**
     Verb · third · plural · aorist · passive · indicative ▸ **1** + **1** = **2** (Psa. 31,1; Rom. 4,7)
   ἀφεθήσεται ▸ **14** + **11** = **25**
     Verb · third · singular · future · passive · indicative ▸ **14** + **11** = **25** (Lev. 4,20; Lev. 4,26; Lev. 4,31; Lev. 4,35; Lev. 5,6; Lev. 5,10; Lev. 5,13; Lev. 5,16; Lev. 5,18; Lev. 5,26; Lev. 19,22; Num. 15,25; Num. 15,26; Is. 22,14; Matt. 12,31; Matt. 12,31; Matt. 12,32; Matt. 12,32; Mark 3,28; Luke 12,10; Luke 12,10; Luke 17,34; Luke 17,35; Luke 21,6; James 5,15)
   ἀφεθήσεταί ▸ 1
     Verb · third · singular · future · passive · indicative ▸ **1** (Acts 8,22)
   ἀφειμένη ▸ 1
     Verb · perfect · passive · participle · feminine · singular · nominative ▸ **1** (1Mac. 10,31)
   ἀφεῖναι ▸ **1** + **1** = **2**
     Verb · aorist · active · infinitive ▸ **1** + **1** = **2** (1Esdr. 4,7; Luke 5,21)
   ἀφεῖς ▸ **1** + **1** = **2**
     Verb · second · singular · present · active · indicative ▸ **1** + **1** = **2** (Ex. 32,32; Rev. 2,20)
   ἀφείς ▸ **1** + **5** = **6**

ἀφίημι

    Verb · aorist · active · participle · masculine · singular · nominative ▸ 1 + 5 = **6** (Job 39,5; Matt. 13,36; Matt. 26,44; Mark 8,13; Mark 13,34; Mark 15,37)

Ἀφεῖσα ▸ 3
    Verb · aorist · active · participle · feminine · singular · nominative ▸ **3** (Judg. 9,9; Judg. 9,11; Judg. 9,13)

ἀφέντες ▸ 1 + 15 = 16
    Verb · aorist · active · participle · masculine · plural · nominative ▸ 1 + 15 = **16** (1Esdr. 4,19; Matt. 4,20; Matt. 4,22; Matt. 22,22; Matt. 26,56; Mark 1,18; Mark 1,20; Mark 4,36; Mark 7,8; Mark 12,12; Mark 14,50; Luke 5,11; Luke 10,30; Luke 18,28; Rom. 1,27; Heb. 6,1)

ἄφες ▸ 6 + 15 = 21
    Verb · second · singular · aorist · active · imperative ▸ 6 + 15 = **21** (Ex. 32,32; Num. 14,19; 2Chr. 10,4; 2Chr. 10,10; Psa. 24,18; Sir. 28,2; Matt. 3,15; Matt. 5,24; Matt. 5,40; Matt. 6,12; Matt. 7,4; Matt. 8,22; Matt. 27,49; Mark 7,27; Luke 6,42; Luke 9,60; Luke 11,4; Luke 13,8; Luke 17,3; Luke 23,34; John 12,7)

Ἄφες ▸ 2 + 1 = 3
    Verb · second · singular · aorist · active · imperative ▸ 2 + 1 = **3** (Gen. 50,17; 2Kings 4,27; Judg. 16,26)

ἄφετε ▸ 6 + 10 = 16
    Verb · second · plural · aorist · active · imperative ▸ 6 + 10 = **16** (Gen. 42,33; Ruth 2,16; 2Sam. 16,10; 2Sam. 16,11; Ezra 6,7; Dan. 4,15; Matt. 13,30; Matt. 15,14; Matt. 19,14; Mark 10,14; Mark 14,6; Mark 15,36; Luke 18,16; John 11,44; John 18,8; Acts 5,38)

Ἄφετε ▸ 1
    Verb · second · plural · aorist · active · imperative ▸ **1** (2Kings 23,18)

Ἀφετέ ▸ 1
    Verb · second · plural · aorist · active · imperative ▸ **1** (Is. 22,4)

ἀφέτω ▸ 1
    Verb · third · singular · aorist · active · imperative ▸ **1** (Eccl. 11,6)

ἀφέωνται ▸ 3
    Verb · third · plural · perfect · passive · indicative · (variant) ▸ **3** (Luke 7,47; John 20,23; 1John 2,12)

ἀφέωνταί ▸ 3
    Verb · third · plural · perfect · passive · indicative · (variant) ▸ **3** (Luke 5,20; Luke 5,23; Luke 7,48)

ἀφῇ ▸ 1 + 3 = 4
    Verb · third · singular · aorist · active · subjunctive ▸ 1 + 3 = **4** (Ex. 22,4; Mark 11,25; Mark 12,19; 1John 1,9)

ἀφῆκα ▸ 2 + 2 = 4
    Verb · first · singular · aorist · active · indicative ▸ 2 + 2 = **4** (Sir. 39,32; Jer. 12,7; Tob. 2,4; Tob. 10,8)

ἀφῆκά ▸ 2 + 1 + 1 = 4
    Verb · first · singular · aorist · active · indicative ▸ 2 + 1 + 1 = **4** (Gen. 20,6; Tob. 10,5; Tob. 10,5; Matt. 18,32)

ἀφήκαμεν ▸ 1 + 3 = 4
    Verb · first · plural · aorist · active · indicative ▸ 1 + 3 = **4** (Tob. 11,2; Matt. 6,12; Matt. 19,27; Mark 10,28)

ἀφῆκαν ▸ 5 + 1 + 2 = 8
    Verb · third · plural · aorist · active · indicative ▸ 5 + 1 + 2 = **8** (Judg. 3,28; 2Chr. 28,14; Judith 6,13; 1Mac. 15,12; Psa. 16,14; Judg. 1,34; Mark 11,6; Mark 12,22)

ἀφῆκάν ▸ 2
    Verb · third · plural · aorist · active · indicative ▸ **2** (1Mac. 15,5; 1Mac. 15,5)

ἀφῆκας ▸ 4
    Verb · second · singular · aorist · active · indicative ▸ **4** (Tob. 11,2; Psa. 31,5; Psa. 84,3; Sir. 27,19)

ἀφήκατε ▸ 1
    Verb · second · plural · aorist · active · indicative ▸ **1** (Matt. 23,23)

ἀφῆκεν ▸ 21 + 5 + 19 = 45
    Verb · third · singular · aorist · active · indicative ▸ 21 + 5 + 19 = **45** (Gen. 45,2; Ex. 9,21; Judg. 1,34; Judg. 2,21; Judg. 2,23; Judg. 3,1; Judg. 15,1; 2Sam. 15,16; 2Sam. 20,3; 1Kings 19,3; 1Chr. 16,21; Judith 16,23; 1Mac. 7,20; 1Mac. 12,47; 1Mac. 13,19; Psa. 104,14; Psa. 104,20; Job 42,10; Wis. 10,14; Sir. 15,14; Sol. 17,9; Judg. 2,21; Judg. 2,23; Judg. 3,1; Judg. 3,28; Tob. 6,5; Matt. 8,15; Matt. 18,27; Matt. 19,29; Matt. 22,25; Matt. 27,50; Mark 1,31; Mark 5,19; Mark 5,37; Mark 10,29; Mark 12,20; Luke 4,39; Luke 8,51; Luke 12,39; Luke 18,29; John 4,3; John 4,28; John 4,52; Acts 14,17; Heb. 2,8)

ἀφῆκέν ▸ 1
    Verb · third · singular · aorist · active · indicative ▸ **1** (John 8,29)

ἀφῆκες ▸ 1
    Verb · second · singular · aorist · active · indicative ▸ **1** (Rev. 2,4)

ἀφῇς ▸ 5
    Verb · second · singular · aorist · active · subjunctive ▸ **5** (Prov. 4,13; Prov. 24,31; Eccl. 10,4; Sir. 6,27; Sir. 23,1)

ἀφήσει ▸ 7 + 3 = 10
    Verb · third · singular · future · active · indicative ▸ 7 + 3 = **10** (Ex. 12,23; Lev. 16,10; Psa. 124,3; Job 39,14; Sol. 17,27; Sol. 17,40; Is. 55,7; Matt. 6,14; Matt. 6,15; Matt. 18,12)

ἀφήσεις ▸ 4 + 1 = 5
    Verb · second · singular · future · active · indicative ▸ 4 + 1 = **5** (Deut. 15,2; Deut. 26,10; Sir. 6,3; Sol. 9,7; Luke 17,4)

ἀφήσομεν ▸ 2
    Verb · first · plural · future · active · indicative ▸ **2** (1Mac. 10,28; 1Mac. 13,16)

ἀφήσουσιν ▸ 1 + 1 + 1 = 3
    Verb · third · plural · future · active · indicative ▸ 1 + 1 + 1 = **3** (Is. 32,14; Tob. 14,6; Luke 19,44)

ἀφήσουσίν ▸ 1
    Verb · third · plural · future · active · indicative ▸ **1** (Ezek. 16,39)

ἀφήσω ▸ 2 + 2 = 4
    Verb · first · singular · future · active · indicative ▸ 2 + 2 = **4** (Gen. 18,26; Song 3,4; Matt. 18,21; John 14,18)

ἀφῆτε ▸ 2 + 5 = 7
    Verb · second · plural · aorist · active · subjunctive ▸ 2 + 5 = **7** (Josh. 10,19; 1Mac. 5,42; Matt. 6,14; Matt. 6,15; Matt. 18,35; John 16,32; John 20,23)

ἀφίεμεν ▸ 1
    Verb · first · plural · present · active · indicative ▸ **1** (1Mac. 13,39)

ἀφιέναι ▸ 3 + 6 = 9
    Verb · present · active · infinitive ▸ 3 + 6 = **9** (Gen. 35,18; 1Mac. 1,48; 1Mac. 13,37; Matt. 9,6; Matt. 23,23; Mark 2,7; Mark 2,10; Luke 5,24; 1Cor. 7,11)

ἀφίενταί ▸ 4
    Verb · third · plural · present · passive · indicative · (variant) ▸ **4** (Matt. 9,2; Matt. 9,5; Mark 2,5; Mark 2,9)

ἀφιέσθω ▸ 1
    Verb · third · singular · present · passive · imperative ▸ **1** (1Mac. 15,8)

ἀφίεται ▸ 1 + 5 = 6
    Verb · third · singular · present · passive · indicative ▸ 1 + 5 = **6** (1Mac. 10,42; Matt. 23,38; Matt. 24,40; Matt. 24,41; Luke 7,47; Luke 13,35)

ἀφίετε ▸ 3
    Verb · second · plural · present · active · indicative ▸ **2** (Matt.

23,13; Mark 7,12)
    Verb · second · plural · present · active · imperative ▸ **1** (Mark 11,25)

ἀφιέτω ▸ **2**
    Verb · third · singular · present · active · imperative ▸ **2** (1Cor. 7,12; 1Cor. 7,13)

ἀφιέτωσαν ▸ **1**
    Verb · third · plural · present · active · imperative ▸ **1** (1Mac. 10,33)

ἀφίημι ▸ **4 + 2 = 6**
    Verb · first · singular · present · active · indicative ▸ **4 + 2 = 6** (1Mac. 10,29; 1Mac. 10,30; 1Mac. 10,32; 1Mac. 10,33; John 14,27; John 16,28)

ἀφίησι ▸ **1**
    Verb · third · singular · present · active · indicative ▸ **1** (1Esdr. 4,21)

ἀφίησιν ▸ **1 + 4 = 5**
    Verb · third · singular · present · active · indicative ▸ **1 + 4 = 5** (Sir. 2,11; Matt. 3,15; Matt. 4,11; Luke 7,49; John 10,12)

ἀφίησίν ▸ **1**
    Verb · third · singular · present · active · indicative ▸ **1** (Num. 22,13)

ἀφίομεν ▸ **1**
    Verb · first · plural · present · active · indicative ▸ **1** (Luke 11,4)

ἀφίουσιν ▸ **1 + 1 = 2**
    Verb · third · plural · present · active · indicative ▸ **1 + 1 = 2** (1Esdr. 4,7; Rev. 11,9)

ἀφίω ▸ **1**
    Verb · first · singular · present · active · indicative ▸ **1** (Eccl. 2,18)

ἀφίων ▸ **1**
    Verb · present · active · participle · masculine · singular · nominative ▸ **1** (Eccl. 5,11)

ἀφιῶσι ▸ **1**
    Verb · third · plural · present · active · subjunctive ▸ **1** (1Esdr. 4,50)

ἀφῶμεν ▸ **1**
    Verb · first · plural · aorist · active · subjunctive ▸ **1** (John 11,48)

ἠφίεις ▸ **1**
    Verb · second · singular · imperfect · active · indicative ▸ **1** (Sus. 53)

ἤφιεν ▸ **2**
    Verb · third · singular · imperfect · active · indicative ▸ **2** (Mark 1,34; Mark 11,16)

ἀφικνέομαι (ἀπό; ἱκανός) to arrive at, reach ▸ **14 + 1 = 15**

ἀφίκετο ▸ **4 + 1 = 5**
    Verb · third · singular · aorist · middle · indicative ▸ **4 + 1 = 5** (Gen. 38,1; Judith 1,14; Job 15,8; Sir. 47,16; Rom. 16,19)

ἀφίκησθε ▸ **1**
    Verb · second · plural · aorist · middle · subjunctive ▸ **1** (Sir. 43,30)

ἀφίκηται ▸ **1**
    Verb · third · singular · aorist · middle · subjunctive ▸ **1** (Prov. 1,27)

ἀφικνεῖτο ▸ **1**
    Verb · third · singular · imperfect · middle · indicative ▸ **1** (Gen. 28,12)

ἀφίκοιτό ▸ **1**
    Verb · third · singular · aorist · middle · optative ▸ **1** (Job 16,20)

ἀφικομένων ▸ **1**
    Verb · aorist · middle · participle · feminine · plural · genitive ▸ **1** (2Mac. 6,15)

ἀφίκοντο ▸ **1**
    Verb · third · plural · aorist · middle · indicative ▸ **1** (Gen. 47,9)

ἀφίκου ▸ **2**
    Verb · second · singular · aorist · middle · indicative ▸ **2** (Job 11,7; Job 13,27)

ἀφικώμεθα ▸ **1**
    Verb · first · plural · aorist · middle · subjunctive ▸ **1** (Sir. 43,27)

ἀφίξεται ▸ **1**
    Verb · third · singular · future · middle · indicative ▸ **1** (Judith 8,32)

ἀφιλάγαθος (α; φίλος; ἀγαθός) not a friend of the good ▸ **1**

ἀφιλάγαθοι ▸ **1**
    Adjective · masculine · plural · nominative ▸ **1** (2Tim. 3,3)

ἀφιλάργυρος (α; φίλος; ἄργυρος) not covetous ▸ **2**

ἀφιλάργυρον ▸ **1**
    Adjective · masculine · singular · accusative ▸ **1** (1Tim. 3,3)

Ἀφιλάργυρος ▸ **1**
    Adjective · masculine · singular · nominative ▸ **1** (Heb. 13,5)

ἄφιξις (ἀπό; ἱκανός) arrival; departure ▸ **1 + 1 = 2**

ἄφιξιν ▸ **1**
    Noun · feminine · singular · accusative · (common) ▸ **1** (3Mac. 7,18)

ἄφιξίν ▸ **1**
    Noun · feminine · singular · accusative ▸ **1** (Acts 20,29)

ἀφίστημι (ἀπό; ἵστημι) to withdraw, remove, depart, leave ▸ **218 + 12 + 14 = 244**

ἀπέστη ▸ **45 + 5 + 2 = 52**
    Verb · third · singular · aorist · active · indicative ▸ **45 + 5 + 2 = 52** (Gen. 12,8; Num. 12,10; Deut. 32,15; Judg. 16,19; Judg. 16,20; 1Sam. 16,14; 1Sam. 19,10; 2Kings 1,18c; 2Kings 3,3; 2Kings 10,29; 2Kings 10,31; 2Kings 13,2; 2Kings 13,11; 2Kings 14,24; 2Kings 15,9; 2Kings 15,18; 2Kings 15,24; 2Kings 15,28; 2Kings 18,6; 2Kings 22,2; 2Chr. 13,6; 2Chr. 21,8; 2Chr. 21,10; 2Chr. 21,10; 2Chr. 25,27; 2Chr. 28,19; 2Chr. 36,5a; 1Esdr. 1,46; Tob. 1,4; 2Mac. 1,7; Psa. 43,19; Ode. 2,15; Sir. 10,12; Sir. 27,20; Sol. 4,10; Is. 40,27; Is. 59,9; Jer. 14,19; Ezek. 23,17; Ezek. 23,18; Ezek. 23,18; Ezek. 23,22; Ezek. 23,28; Dan. 2,8; Dan. 4,17a; Judg. 16,19; Judg. 16,20; Dan. 2,5; Dan. 2,8; Dan. 6,19; Luke 4,13; Acts 12,10)

ἀπέστημεν ▸ **3 + 2 = 5**
    Verb · first · plural · aorist · active · indicative ▸ **3 + 2 = 5** (Is. 59,13; Dan. 9,5; Dan. 9,9; Dan. 9,5; Dan. 9,9)

ἀπέστην ▸ **2**
    Verb · first · singular · aorist · active · indicative ▸ **2** (2Sam. 22,23; Sir. 15,11)

ἀπέστης ▸ **1**
    Verb · second · singular · aorist · active · indicative ▸ **1** (2Chr. 26,18)

ἀπέστησα ▸ **6**
    Verb · first · singular · aorist · active · indicative ▸ **6** (2Sam. 7,15; 2Sam. 7,15; 2Kings 23,27; 1Chr. 17,13; 2Chr. 35,19d; Psa. 17,23)

ἀπεστήσαμεν ▸ **1**
    Verb · first · plural · aorist · active · indicative ▸ **1** (Is. 59,14)

ἀπέστησαν ▸ **30 + 2 + 1 = 33**
    Verb · third · plural · aorist · active · indicative ▸ **30 + 2 + 1 = 33** (Gen. 14,4; Num. 16,27; Num. 32,9; Deut. 1,28; Deut. 13,14; Josh. 8,16; Judg. 2,19; 2Sam. 2,28; 2Kings 13,6; 2Kings 17,22; 2Chr. 15,17; 2Chr. 29,6; 2Chr. 30,7; 2Chr. 36,5b; 1Esdr. 1,28; Neh. 9,26; Judith 5,18; 1Mac. 1,15; 1Mac. 11,43; Job 19,13; Sir. 16,7; Sir. 48,15; Sol. 18,12; Is. 33,14; Jer. 2,5; Jer. 5,25; Jer. 40,8;

ἀφίστημι 355

Bar. 3,8; Ezek. 20,8; Dan. 9,11; Tob. 1,4; Tob. 1,15; Acts 22,29)

ἀπέστησε ‣ 1
    Verb · third · singular · aorist · active · indicative ‣ **1** (Dan. 7,12)

ἀπέστησεν ‣ **16** + **1** = **17**
    Verb · third · singular · aorist · active · indicative ‣ 16 + 1 = **17** (Gen. 30,36; 1Sam. 18,13; 1Kings 11,29; 2Kings 1,18c; 2Kings 14,25; 2Kings 17,18; 2Kings 18,22; 2Kings 23,19; 2Chr. 14,2; 2Chr. 14,4; 2Chr. 28,24; Esth. 6,1; Judith 13,14; Psa. 65,20; Psa. 80,7; Sir. 47,23; Acts 5,37)

ἀπέστητε ‣ 1
    Verb · second · plural · aorist · active · indicative ‣ **1** (Num. 14,31)

ἀπόστα ‣ 2
    Verb · second · singular · aorist · active · imperative ‣ **2** (Job 7,16; Job 14,6)

Ἀπόστα ‣ 2
    Verb · second · singular · aorist · active · imperative ‣ **2** (Gen. 19,9; Job 21,14)

ἀποσταθῇ ‣ 1
    Verb · third · singular · aorist · passive · subjunctive ‣ **1** (Dan. 12,11)

ἀποσταθήσεται ‣ 2
    Verb · third · singular · future · passive · indicative ‣ **2** (Dan. 9,26; Dan. 11,4)

ἀποσταίη ‣ 1
    Verb · third · singular · aorist · active · optative ‣ **1** (Job 31,22)

ἀποστάντα ‣ 1
    Verb · aorist · active · participle · masculine · singular · accusative ‣ **1** (Acts 15,38)

ἀποστάντες ‣ 2
    Verb · aorist · active · participle · masculine · plural · nominative ‣ **2** (Job 30,10; Wis. 3,10)

ἀποστὰς ‣ **1** + **1** = **2**
    Verb · aorist · active · participle · masculine · singular · nominative ‣ 1 + 1 = **2** (Wis. 10,3; Acts 19,9)

ἀποστατοῦντας ‣ 1
    Verb · aorist · active · participle · masculine · plural · accusative ‣ **1** (Psa. 118,118)

ἀποστῇ ‣ **4** + **1** = **5**
    Verb · third · singular · aorist · active · subjunctive ‣ 4 + 1 = **5** (1Sam. 6,3; Sir. 35,18; Jer. 6,8; Jer. 17,5; 2Cor. 12,8)

ἀπόστηθι ‣ 2
    Verb · second · singular · aorist · active · imperative ‣ **2** (1Esdr. 1,25; Sir. 7,2)

Ἀπόστηθι ‣ 1
    Verb · third · singular · aorist · active · imperative ‣ **1** (2Sam. 2,22)

ἀποστῆναι ‣ **13** + **1** + **1** = **15**
    Verb · aorist · active · infinitive ‣ 13 + 1 + 1 = **15** (Josh. 22,23; Josh. 22,29; 2Sam. 2,23; 2Chr. 28,22; 1Mac. 2,19; 2Mac. 2,3; Ode. 7,29; Sir. 35,3; Sir. 35,3; Sol. 9,1; Jer. 39,40; Dan. 3,29; Dan. 9,13; Dan. 3,29; Heb. 3,12)

ἀποστῇς ‣ 6
    Verb · second · singular · aorist · active · subjunctive ‣ **6** (Tob. 4,21; Psa. 21,12; Psa. 34,22; Psa. 37,22; Sir. 2,3; Is. 57,8)

ἀποστῆσαι ‣ 4
    Verb · aorist · active · infinitive ‣ **4** (Num. 31,16; 2Kings 24,3; 2Chr. 36,5c; Sir. 47,24)

ἀποστῆσαί ‣ 1
    Verb · aorist · active · infinitive ‣ **1** (Deut. 13,11)

ἀποστήσας ‣ 1
    Verb · aorist · active · participle · masculine · singular · nominative ‣ **1** (3Mac. 6,25)

Ἀποστήσατέ ‣ 1
    Verb · second · plural · aorist · active · imperative ‣ **1** (1Esdr. 1,28)

ἀποστήσει ‣ 3
    Verb · third · singular · future · active · indicative ‣ **3** (Deut. 7,4; Sir. 27,22; Sir. 31,2)

ἀποστήσεται ‣ **11** + **1** = **12**
    Verb · third · singular · future · middle · indicative ‣ 11 + 1 = **12** (Lev. 13,58; Num. 8,25; Josh. 1,8; Judg. 16,17; 2Sam. 12,10; Judith 13,19; Prov. 23,18; Sir. 23,11; Sir. 23,12; Sir. 39,9; Ezek. 17,15; Judg. 16,17)

ἀποστήσῃ ‣ 1
    Verb · second · singular · future · middle · indicative ‣ **1** (Ex. 23,7)

ἀποστήσῃς ‣ **4** + **1** = **5**
    Verb · second · singular · aorist · active · subjunctive ‣ 4 + 1 = **5** (Ode. 7,35; Sol. 9,8; Sol. 16,6; Dan. 3,35; Dan. 3,35)

ἀποστησόμεθα ‣ 1
    Verb · first · plural · future · middle · indicative ‣ **1** (Gen. 31,49)

ἀπόστησον ‣ 7
    Verb · second · singular · aorist · active · imperative ‣ **7** (1Kings 21,24; Psa. 38,11; Psa. 118,29; Eccl. 11,10; Sir. 30,23; Sir. 38,10; Sir. 38,20)

ἀποστήσονταί ‣ 1
    Verb · third · plural · future · middle · indicative ‣ **1** (1Tim. 4,1)

ἀποστήσουσι ‣ 1
    Verb · third · plural · future · active · indicative ‣ **1** (Dan. 11,31)

ἀποστήσουσιν ‣ 1
    Verb · third · plural · future · active · indicative ‣ **1** (Sir. 19,2)

ἀποστήσω ‣ 4
    Verb · first · singular · future · active · indicative ‣ **4** (2Sam. 7,15; 2Kings 23,27; 1Chr. 17,13; 2Chr. 35,19d)

ἀπόστητε ‣ **6** + **2** = **8**
    Verb · second · plural · aorist · active · imperative ‣ 6 + 2 = **8** (Josh. 22,19; Psa. 6,9; Is. 52,11; Is. 52,11; Lam. 4,15; Lam. 4,15; Luke 13,27; Acts 5,38)

ἀποστῆτε ‣ 1
    Verb · second · plural · aorist · active · subjunctive ‣ **1** (Josh. 22,18)

Ἀπόστητε ‣ 2
    Verb · second · plural · aorist · active · imperative ‣ **2** (1Sam. 14,9; Lam. 4,15)

ἀποστήτω ‣ **1** + **1** = **2**
    Verb · third · singular · aorist · active · imperative ‣ 1 + 1 = **2** (Sir. 38,12; 2Tim. 2,19)

ἀποστήτωσαν ‣ 1
    Verb · third · plural · aorist · active · imperative ‣ **1** (Deut. 4,9)

ἀποστῶμεν ‣ 1
    Verb · first · plural · aorist · active · subjunctive ‣ **1** (Psa. 79,19)

ἀφέστακα ‣ 1
    Verb · first · singular · perfect · active · indicative ‣ **1** (Jer. 16,5)

ἀφέστηκας ‣ 1
    Verb · second · singular · perfect · active · indicative ‣ **1** (Psa. 9,22)

ἀφέστηκεν ‣ 6
    Verb · third · singular · perfect · active · indicative ‣ **6** (Num. 14,9; 1Sam. 28,15; 1Sam. 28,16; Sol. 4,1; Is. 59,11; Is. 59,14)

ἀφεστηκὸς ‣ 1
    Verb · perfect · active · participle · neuter · singular · nominative ‣ **1** (Josh. 3,16)

ἀφεστηκότα ‣ 1

Verb · perfect · active · participle · masculine · singular · accusative ▸ **1** (Lam. 3,11)

ἀφεστηκότας ▸ 1
Verb · perfect · active · participle · masculine · plural · accusative ▸ **1** (Ezek. 20,38)

ἀφεστηκότες ▸ 2
Verb · perfect · active · participle · masculine · plural · nominative ▸ **2** (Jer. 3,14; Jer. 17,13)

ἀφιστᾷ ▸ 2
Verb · third · singular · present · active · indicative ▸ **2** (Sir. 31,1; Sir. 42,9)

ἀφίστανται ▸ 1
Verb · third · plural · present · middle · indicative ▸ **1** (Luke 8,13)

ἀφίσταντο ▸ 1
Verb · third · plural · imperfect · middle · indicative ▸ **1** (1Mac. 6,36)

ἀφίστασθαι ▸ 1
Verb · present · middle · infinitive ▸ **1** (Sir. 10,12)

Ἀφίσταται ▸ 1
Verb · third · singular · present · middle · indicative ▸ **1** (1Mac. 6,10)

ἀφίστατο ▸ 2 + 1 = 3
Verb · third · singular · imperfect · middle · indicative ▸ **2 + 1 = 3** (Gen. 31,40; 1Sam. 16,23; Luke 2,37)

ἀφίστησιν ▸ 1
Verb · third · singular · present · active · indicative ▸ **1** (2Mac. 6,16)

ἀφίστω ▸ 1
Verb · second · singular · present · middle · imperative ▸ **1** (Sir. 13,10)

ἄφνω suddenly ▸ 10 + 3 = 13
ἄφνω ▸ 10 + 3 = 13
Adverb ▸ **10 + 3 = 13** (Josh. 10,9; 1Mac. 3,23; 1Mac. 4,2; 1Mac. 5,28; 2Mac. 3,27; Prov. 1,27; Eccl. 9,12; Jer. 4,20; Jer. 18,22; Jer. 28,8; Acts 2,2; Acts 16,26; Acts 28,6)

ἀφοβία (α; φόβος) fearlessness ▸ 1
ἀφοβίας ▸ 1
Noun · feminine · singular · genitive · (common) ▸ **1** (Prov. 15,16)

ἄφοβος (α; φόβος) fearless ▸ 4
ἄφοβος ▸ 3
Adjective · masculine · singular · nominative · noDegree ▸ **3** (Prov. 3,24; Prov. 19,23; Sir. 5,5)
ἀφόβους ▸ 1
Adjective · masculine · plural · accusative · noDegree ▸ **1** (Wis. 17,4)

ἀφόβως (α; φόβος) without fear, fearlessly ▸ 2 + 4 = 6
ἀφόβως ▸ 2 + 4 = 6
Adverb ▸ **2 + 4 = 6** (Ode. 9,74; Prov. 1,33; Luke 1,74; 1Cor. 16,10; Phil. 1,14; Jude 12)

ἀφόδευμα excrement ▸ 1
ἀφόδευμα ▸ 1
Noun · neuter · singular · nominative · (common) ▸ **1** (Tob. 2,10)

ἀφοδεύω (ἀπό; ὁδός) to empty the bowls ▸ 1
ἀφώδευσαν ▸ 1
Verb · third · plural · aorist · active · indicative ▸ **1** (Tob. 2,10)

ἄφοδος (ἀπό; ὁδός) departure; setting (of the sun) ▸ 1
ἄφοδον ▸ 1
Noun · feminine · singular · accusative · (common) ▸ **1** (3Mac. 7,10)

ἀφόμοιος (ἀπό; ὁμός) reproduction, copy ▸ 1
ἀφόμοιον ▸ 1
Noun · neuter · singular · accusative · (common) ▸ **1** (Sir. 1,29 Prol.)

ἀφομοιόω (ἀπό; ὁμός) to make like, liken ▸ 4 + 1 = 5
ἀφομοιωθέντες ▸ 1
Verb · aorist · passive · participle · masculine · plural · nominative ▸ **1** (LetterJ 4)
ἀφομοιωθῆτε ▸ 1
Verb · second · plural · aorist · passive · subjunctive ▸ **1** (LetterJ 4)
ἀφωμοιωμένα ▸ 1
Verb · perfect · passive · participle · neuter · plural · nominative ▸ **1** (LetterJ 62)
ἀφωμοιωμένος ▸ 1
Verb · perfect · passive · participle · masculine · singular · nominative · (variant) ▸ **1** (Heb. 7,3)
ἀφωμοίωνται ▸ 1
Verb · third · plural · perfect · passive · indicative ▸ **1** (LetterJ 70)

ἀφοράω (ἀπό; ὁράω) to look away, look up to ▸ 4 + 2 = 6
ἀπίδῃ ▸ 1
Verb · third · singular · aorist · active · subjunctive ▸ **1** (Jonah 4,5)
ἀπιδών ▸ 1
Verb · aorist · active · participle · masculine · singular · nominative ▸ **1** (4Mac. 17,23)
ἀφίδω ▸ 1
Verb · first · singular · aorist · active · subjunctive ▸ **1** (Phil. 2,23)
ἀφιδών ▸ 1
Verb · aorist · active · participle · masculine · singular · nominative ▸ **1** (3Mac. 6,8)
ἀφορῶντες ▸ 1 + 1 = 2
Verb · present · active · participle · masculine · plural · nominative ▸ **1 + 1 = 2** (4Mac. 17,10; Heb. 12,2)

ἀφόρητος (α; φέρω) intolerable ▸ 1
ἀφόρητον ▸ 1
Adjective · neuter · singular · accusative · noDegree ▸ **1** (2Mac. 9,10)

ἀφορία (α; φέρω) blight ▸ 1
ἀφορίᾳ ▸ 1
Noun · feminine · singular · dative · (common) ▸ **1** (Hag. 2,17)

ἀφορίζω (ἀπό; ὅρος 2nd homograph) to separate, divide ▸ 87 + 10 = 97
ἀφοριεῖ ▸ 12
Verb · third · singular · future · active · indicative ▸ **12** (Lev. 13,4; Lev. 13,5; Lev. 13,11; Lev. 13,21; Lev. 13,26; Lev. 13,31; Lev. 13,33; Lev. 13,50; Lev. 13,54; Lev. 14,12; Lev. 14,38; Num. 8,11)
Ἀφοριεῖ ▸ 1
Verb · third · singular · future · active · indicative ▸ **1** (Is. 56,3)
ἀφοριεῖς ▸ 4
Verb · second · singular · future · active · indicative ▸ **4** (Ex. 19,12; Ex. 29,24; Ex. 29,26; Psa. 67,10)
ἀφοριεῖτε ▸ 5
Verb · second · plural · future · active · indicative ▸ **5** (Lev. 20,25; Num. 15,20; Ezek. 45,1; Ezek. 45,13; Ezek. 48,20)
ἀφορίζει ▸ 1
Verb · third · singular · present · active · indicative ▸ **1** (Matt. 25,32)
ἀφορίζεται ▸ 1

άφορίζω–Αφρα

Verb · third · singular · present · middle · indicative   ▸ **1**   (Gen. 2,10)
άφορίζοντες ▸ 1
   Verb · present · active · participle · masculine · plural · nominative   ▸ **1** (Is. 45,24)
άφορίζω ▸ 1
   Verb · first · singular · present · active · indicative   ▸ **1** (Mal. 2,3)
άφοριοῦσι ▸ 1
   Verb · third · plural · future · active · indicative   ▸ **1** (Ezek. 48,9)
άφοριοῦσιν ▸ 1
   Verb · third · plural · future · active · indicative   ▸ **1** (Matt. 13,49)
άφορίσαι ▸ 2
   Verb · aorist · active · infinitive   ▸ **2** (Lev. 10,15; 4Mac. 3,20)
Ἀφόρισαι ▸ 1
   Verb · second · singular · aorist · middle · imperative   ▸ **1**   (Ex. 19,23)
άφορίσας ▸ 1 + 1 = 2
   Verb · aorist · active · participle · masculine · singular · nominative   ▸ **1 + 1 = 2** (Lev. 20,26; Gal. 1,15)
άφορίσατε ▸ 1
   Verb · second · plural · aorist · active · imperative   ▸ **1** (Acts 13,2)
άφορίσει ▸ 1
   Verb · third · singular · future · active · indicative   ▸ **1**   (Matt. 25,32)
άφορισθεῖσαι ▸ 1
   Verb · aorist · passive · participle · feminine · plural · nominative   ▸ **1** (Josh. 16,9)
άφορίσθητε ▸ 1 + 1 = 2
   Verb · second · plural · aorist · passive · imperative   ▸ **1 + 1 = 2** (Is. 52,11; 2Cor. 6,17)
άφορισθήτω ▸ 1
   Verb · third · singular · aorist · passive · imperative   ▸ **1** (Num. 12,14)
άφορίσωσιν ▸ 1 + 1 = 2
   Verb · third · plural · aorist · active · subjunctive   ▸ **1 + 1 = 2** (Num. 18,24; Luke 6,22)
άφώριζεν ▸ 1 + 1 = 2
   Verb · third · singular · imperfect · active · indicative   ▸ **1 + 1 = 2** (Prov. 8,27; Gal. 2,12)
άφώρισα ▸ 1
   Verb · first · singular · aorist · active · indicative   ▸ **1** (Lev. 20,25)
άφώρισεν ▸ 2 + 1 = 3
   Verb · third · singular · aorist · active · indicative   ▸ **2 + 1 = 3** (Deut. 4,41; Is. 29,22; Acts 19,9)
άφωρίσθη ▸ 1
   Verb · third · singular · aorist · passive · indicative   ▸ **1**   (Num. 12,15)
άφωρίσθησαν ▸ 1
   Verb · third · plural · aorist · passive · indicative   ▸ **1** (Gen. 10,5)
άφωρισμένα ▸ 38
   Verb · perfect · passive · participle · neuter · plural · accusative
      ▸ **36** (Josh. 21,13; Josh. 21,13; Josh. 21,14; Josh. 21,14; Josh. 21,15; Josh. 21,15; Josh. 21,16; Josh. 21,16; Josh. 21,16; Josh. 21,17; Josh. 21,17; Josh. 21,18; Josh. 21,18; Josh. 21,21; Josh. 21,21; Josh. 21,22; Josh. 21,22; Josh. 21,23; Josh. 21,23; Josh. 21,24; Josh. 21,24; Josh. 21,25; Josh. 21,25; Josh. 21,27; Josh. 21,27; Josh. 21,28; Josh. 21,28; Josh. 21,29; Josh. 21,29; Josh. 21,30; Josh. 21,30; Josh. 21,31; Josh. 21,31; Josh. 21,32; Josh. 21,32; Josh. 21,32)
   Verb · perfect · passive · participle · neuter · plural · nominative
      ▸ **2** (Josh. 14,4; Josh. 21,26)
άφωρισμένας ▸ 1

   Verb · perfect · passive · participle · feminine · plural · accusative
      ▸ **1** (Josh. 21,27)
άφωρισμένη ▸ 2
   Verb · perfect · passive · participle · feminine · singular · nominative   ▸ **2** (Lev. 14,46; Lev. 27,21)
άφωρισμένην ▸ 2
   Verb · perfect · passive · participle · feminine · singular · accusative   ▸ **2** (Josh. 21,32; 2Sam. 8,1)
άφωρισμένοι ▸ 1
   Verb · perfect · passive · participle · masculine · plural · nominative   ▸ **1** (Lev. 25,34)
άφωρισμένον ▸ 1
   Verb · perfect · passive · participle · neuter · singular · nominative   ▸ **1** (Sir. 47,2)
άφωρισμένος ▸ 1
   Verb · perfect · passive · participle · masculine · singular · nominative · (variant)   ▸ **1** (Rom. 1,1)
άφωρισμένους ▸ 1
   Verb · perfect · passive · participle · masculine · plural · accusative   ▸ **1** (Ezek. 45,4)
άφώρισται ▸ 1
   Verb · third · singular · perfect · passive · indicative   ▸ **1**   (Ex. 29,27)
άφόρισμα (α; φέρω)   wave offering; enclosure ▸ 11
   άφόρισμα ▸ 8
      Noun · neuter · singular · accusative · (common) ▸ **7** (Ex. 29,24; Ex. 29,26; Ex. 29,27; Ex. 36,37; Lev. 10,15; Lev. 14,12; Num. 15,19)
      Noun · neuter · singular · nominative · (common)   ▸ **1**   (Ezek. 44,29)
   άφορίσματα ▸ 1
      Noun · neuter · plural · nominative · (common) ▸ **1** (Num. 35,3)
   άφορίσματος ▸ 2
      Noun · neuter · singular · genitive · (common) ▸ **2** (Lev. 10,14; Lev. 10,15)
άφορισμός (άπό; ὅρος 2nd homograph)   delimitation, assignment ▸ 3
   άφορισμοῖς ▸ 1
      Noun · masculine · plural · dative · (common) ▸ **1** (Ezek. 20,31)
   άφορισμοῦ ▸ 1
      Noun · masculine · singular · genitive · (common)   ▸ **1**   (Ezek. 48,8)
   άφορισμῶν ▸ 1
      Noun · masculine · plural · genitive · (common) ▸ **1** (Ezek. 20,40)
άφορμή (άπό; όρμή)   occasion ▸ 3 + 7 = 10
   άφορμή ▸ 1
      Noun · feminine · singular · nominative · (common)   ▸ **1** (Ezek. 5,7)
   άφορμήν ▸ 1 + 1 = 2
      Noun · feminine · singular · accusative · (common)   ▸ **1 + 1 = 2** (Prov. 9,9; 2Cor. 11,12)
   άφορμήν ▸ 6
      Noun · feminine · singular · accusative ▸ **6** (Rom. 7,8; Rom. 7,11; 2Cor. 5,12; 2Cor. 11,12; Gal. 5,13; 1Tim. 5,14)
   άφορμῆς ▸ 1
      Noun · feminine · singular · genitive · (common) ▸ **1** (3Mac. 3,2)
άφορολόγητος (α; φέρω; λέγω)   without tribute ▸ 2
   άφορολόγητον ▸ 2
      Adjective · feminine · singular · accusative · noDegree   ▸ **2** (1Esdr. 4,50; 1Mac. 11,28)
Αφρα   Ophrah ▸ 1
   Αφρα ▸ 1

Noun · singular · nominative · (proper) ▸ **1** (Josh. 18,23)

ἀφρίζω (ἀφρός)   to foam ▸ **2**
- ἀφρίζει ▸ **1**
  - **Verb** · third · singular · present · active · indicative ▸ **1** (Mark 9,18)
- ἀφρίζων ▸ **1**
  - **Verb** · present · active · participle · masculine · singular · nominative ▸ **1** (Mark 9,20)

ἀφρονεύομαι (α; φρήν)   to act like a fool ▸ **1**
- ἠφρονεύσαντο ▸ **1**
  - **Verb** · third · plural · aorist · middle · indicative ▸ **1** (Jer. 10,21)

ἀφρόνως (α; φρήν)   foolishly ▸ **1**
- ἀφρόνως ▸ **1**
  - **Adverb** ▸ **1** (Gen. 31,28)

ἀφρός   foam ▸ **1**
- ἀφροῦ ▸ **1**
  - **Noun** · masculine · singular · genitive ▸ **1** (Luke 9,39)

ἀφροσύνη (α; φρήν)   foolishness, thoughtlessness ▸ **35** + **2** + **4** = **41**
- ἀφροσόνη ▸ **1**
  - **Noun** · feminine · singular · nominative · (common) ▸ **1** (Eccl. 10,13)
- ἀφροσύναις ▸ **1**
  - **Noun** · feminine · plural · dative · (common) ▸ **1** (Eccl. 9,17)
- ἀφροσύνη ▸ **4** + **1** = **5**
  - **Noun** · feminine · singular · nominative · (common) ▸ **4** + **1** = **5** (1Sam. 25,25; Prov. 18,13; Prov. 19,3; Eccl. 10,3; Mark 7,22)
- ἀφροσύνη ▸ **7** + **2** = **9**
  - **Noun** · feminine · singular · dative · (common) ▸ **7** + **2** = **9** (Prov. 18,2; Eccl. 2,3; Job 4,6; Wis. 12,23; Sir. 8,15; Sir. 13,8; Sir. 47,20; 2Cor. 11,17; 2Cor. 11,21)
- ἀφροσύνην ▸ **17** + **1** = **18**
  - **Noun** · feminine · singular · accusative · (common) ▸ **17** + **1** = **18** (Deut. 22,21; Judg. 19,23; Judg. 20,6; Judg. 20,10; 2Sam. 13,12; Psa. 68,6; Prov. 5,23; Prov. 9,6; Prov. 26,4; Prov. 26,5; Prov. 27,22; Eccl. 2,12; Eccl. 2,13; Eccl. 7,25; Job 1,22; Sir. 47,23; Lam. 2,14; Judg. 19,23)
- ἀφροσύνης ▸ **5** + **1** + **1** = **7**
  - **Noun** · feminine · singular · genitive · (common) ▸ **5** + **1** + **1** = **7** (Judg. 19,24; Psa. 37,6; Prov. 5,5; Eccl. 10,1; Wis. 10,8; Judg. 19,24; 2Cor. 11,1)

ἄφρων (α; φρήν)   foolish ▸ **133** + **11** = **144**
- ἄφρονα ▸ **6** + **2** = **8**
  - **Adjective** · masculine · singular · accusative · noDegree ▸ **6** + **2** = **8** (Prov. 19,28; Prov. 27,22; Eccl. 4,13; Eccl. 6,8; Job 5,2; Sol. 16,7; 2Cor. 11,16; 2Cor. 11,16)
- ἄφρονας ▸ **3**
  - **Adjective** · masculine · plural · accusative · noDegree ▸ **3** (Job 5,3; Wis. 1,3; Sir. 34,1)
- ἄφρονες ▸ **11** + **2** = **13**
  - **Adjective** · feminine · plural · nominative · noDegree ▸ **1** (Wis. 3,12)
  - **Adjective** · masculine · plural · nominative · noDegree ▸ **9** + **1** = **10** (Prov. 1,22; Prov. 10,21; Prov. 14,18; Prov. 17,12; Prov. 21,20; Prov. 22,3; Prov. 27,12; Job 34,36; Wis. 5,4; Eph. 5,17)
  - **Adjective** · masculine · plural · vocative · noDegree ▸ **1** + **1** = **2** (Psa. 93,8; Luke 11,40)
- ἄφρονές ▸ **1**
  - **Adjective** · masculine · plural · nominative · noDegree ▸ **1** (Jer. 4,22)
- ἀφρονέστατοι ▸ **1**
  - **Adjective** · masculine · plural · nominative · superlative ▸ **1** (Wis. 15,14)
- ἀφρονέστατοί ▸ **1**
  - **Adjective** · masculine · plural · nominative · superlative ▸ **1** (Prov. 10,18)
- ἀφρονέστατος ▸ **2**
  - **Adjective** · masculine · singular · nominative · superlative ▸ **2** (Prov. 9,16; Prov. 30,2)
- ἄφρονι ▸ **10**
  - **Adjective** · masculine · singular · dative · noDegree ▸ **10** (Psa. 38,9; Prov. 10,4a; Prov. 14,7; Prov. 17,7; Prov. 17,16; Prov. 19,10; Prov. 26,1; Prov. 26,4; Prov. 26,5; Prov. 26,8)
- ἄφρονος ▸ **18**
  - **Adjective** · masculine · singular · genitive · noDegree ▸ **18** (Psa. 73,22; Prov. 17,21; Prov. 17,24; Prov. 18,6; Prov. 18,7; Prov. 23,9; Prov. 26,6; Prov. 27,3; Eccl. 2,15; Eccl. 2,16; Eccl. 2,16; Eccl. 5,2; Eccl. 10,2; Eccl. 10,12; Sir. 20,14; Sir. 20,22; Sir. 22,13; Sir. 31,30)
- ἀφρόνων ▸ **28** + **3** = **31**
  - **Adjective** · feminine · plural · genitive · noDegree ▸ **1** (Job 2,10)
  - **Adjective** · masculine · plural · genitive · noDegree ▸ **26** + **3** = **29** (2Sam. 13,13; Prov. 12,15; Prov. 12,23; Prov. 14,3; Prov. 14,8; Prov. 14,24; Prov. 14,33; Prov. 15,2; Prov. 15,7; Prov. 16,22; Prov. 17,2; Prov. 19,29; Prov. 26,7; Prov. 26,9; Prov. 26,10; Eccl. 4,17; Eccl. 7,4; Eccl. 7,5; Eccl. 7,6; Eccl. 7,9; Eccl. 10,15; Job 30,8; Wis. 3,2; Wis. 12,24; Wis. 14,11; Is. 59,7; Rom. 2,20; 2Cor. 11,19; 1Pet. 2,15)
  - **Adjective** · neuter · plural · genitive · noDegree ▸ **1** (Prov. 7,7)
- ἄφροσι ▸ **1**
  - **Adjective** · masculine · plural · dative · noDegree ▸ **1** (Prov. 13,20)
- ἄφροσιν ▸ **2**
  - **Adjective** · masculine · plural · dative · noDegree ▸ **2** (Eccl. 5,3; Wis. 15,5)
- ἄφρων ▸ **49** + **4** = **53**
  - **Adjective** · feminine · singular · nominative · noDegree ▸ **1** (Prov. 9,13)
  - **Adjective** · masculine · singular · nominative · noDegree ▸ **48** + **2** = **50** (Psa. 13,1; Psa. 48,11; Psa. 52,2; Psa. 73,18; Psa. 91,7; Prov. 6,12; Prov. 9,4; Prov. 10,1; Prov. 10,23; Prov. 11,29; Prov. 12,1; Prov. 12,16; Prov. 13,16; Prov. 14,1; Prov. 14,16; Prov. 14,29; Prov. 15,5; Prov. 15,20; Prov. 16,27; Prov. 17,10; Prov. 17,18; Prov. 17,25; Prov. 18,22a; Prov. 19,13; Prov. 19,25; Prov. 20,3; Prov. 24,9; Prov. 26,11; Prov. 26,12; Prov. 28,26; Prov. 29,11; Prov. 29,20; Prov. 24,30; Prov. 30,22; Eccl. 2,14; Eccl. 2,15; Eccl. 2,19; Eccl. 4,5; Eccl. 10,3; Eccl. 10,6; Eccl. 10,14; Sir. 16,23; Sir. 19,23; Sir. 20,7; Sir. 21,23; Sir. 27,11; Sir. 31,7; Jer. 17,11; 2Cor. 12,6; 2Cor. 12,11)
  - **Adjective** · masculine · singular · vocative · (variant) ▸ **2** (Luke 12,20; 1Cor. 15,36)

ἀφυλάκτως (α; φυλάσσω)   unguardedly ▸ **1**
- ἀφυλάκτως ▸ **1**
  - **Adverb** ▸ **1** (Ezek. 7,22)

ἀφυπνόω (ἀπό; ὕπνος)   to fall asleep ▸ **1**
- ἀφύπνωσεν ▸ **1**
  - **Verb** · third · singular · aorist · active · indicative ▸ **1** (Luke 8,23)

ἀφυστερέω (ἀπό; ὕστερος)   to withdraw, fall behind, cheat ▸ **2**
- ἀφυστέρησας ▸ **1**
  - **Verb** · aorist · active · participle · masculine · singular · nominative ▸ **1** (Neh. 9,20)
- ἀφυστερήσῃς ▸ **1**
  - **Verb** · second · singular · aorist · active · subjunctive ▸ **1** (Sir.

ἀφυστερέω–ἀχάριστος

14,14)
Αφφαιμ Appaim ‣ 2
  Αφφαιμ ‣ 2
    Noun · masculine · singular · genitive · (proper) ‣ **1** (1Chr. 2,31)
    Noun · masculine · singular · nominative · (proper) ‣ **1** (1Chr. 2,30)
αφφουσωθ (Hebr.) separate ‣ 2
  αφφουσωθ ‣ 2
    Noun ‣ **2** (2Kings 15,5; 2Chr. 26,21)
αφφω (Hebr.) then; he also ‣ 2
  αφφω ‣ 2
    Interjection ‣ **2** (2Kings 2,14; 2Kings 10,10)
ἄφωνος (α; φωνή) speechless; unsounded, unvoiced; consonant ‣ 3 + 4 = 7
  ἄφωνα ‣ 1
    Adjective · neuter · plural · accusative ‣ **1** (1Cor. 12,2)
  ἄφωνον ‣ 2
    Adjective · neuter · singular · nominative ‣ **2** (1Cor. 14,10; 2Pet. 2,16)
  ἄφωνος ‣ 2 + 1 = 3
    Adjective · masculine · singular · nominative · noDegree ‣ 2 + 1 = **3** (2Mac. 3,29; Is. 53,7; Acts 8,32)
  ἀφώνους ‣ 1
    Adjective · masculine · plural · accusative · noDegree ‣ **1** (Wis. 4,19)
Αχααβ Ahab ‣ 92
  Αχααβ ‣ 92
    Noun · masculine · singular · accusative · (proper) ‣ **9** (1Kings 17,1; 1Kings 20,3; 1Kings 20,15; 1Kings 21,2; 1Kings 22,20; 2Kings 1,1; 2Kings 3,5; 2Chr. 18,2; 2Chr. 18,19)
    Noun · masculine · singular · dative · (proper) ‣ **7** (1Kings 18,1; 1Kings 18,2; 1Kings 18,12; 1Kings 18,16; 1Kings 18,41; 1Kings 18,44; 2Kings 10,1)
    Noun · masculine · singular · genitive · (proper) ‣ **47** (1Kings 16,28; 1Kings 18,9; 1Kings 18,46; 1Kings 20,1; 1Kings 20,4; 1Kings 20,8; 1Kings 20,18; 1Kings 20,21; 1Kings 20,24; 1Kings 20,28; 1Kings 22,39; 1Kings 22,41; 1Kings 22,52; 1Kings 22,53; 2Kings 1,18a; 2Kings 1,18d; 2Kings 3,1; 2Kings 8,16; 2Kings 8,18; 2Kings 8,18; 2Kings 8,25; 2Kings 8,27; 2Kings 8,27; 2Kings 8,28; 2Kings 8,29; 2Kings 9,7; 2Kings 9,8; 2Kings 9,8; 2Kings 9,9; 2Kings 9,25; 2Kings 10,1; 2Kings 10,10; 2Kings 10,11; 2Kings 10,17; 2Kings 10,30; 2Kings 21,13; 2Chr. 18,1; 2Chr. 21,6; 2Chr. 21,6; 2Chr. 21,13; 2Chr. 22,3; 2Chr. 22,4; 2Chr. 22,5; 2Chr. 22,6; 2Chr. 22,7; 2Chr. 22,8; Mic. 6,16)
    Noun · masculine · singular · nominative · (proper) ‣ **29** (1Kings 16,29; 1Kings 16,30; 1Kings 16,33; 1Kings 16,33; 1Kings 18,3; 1Kings 18,5; 1Kings 18,6; 1Kings 18,16; 1Kings 18,17; 1Kings 18,17; 1Kings 18,20; 1Kings 18,42; 1Kings 18,45; 1Kings 19,1; 1Kings 20,2; 1Kings 20,16; 1Kings 20,16; 1Kings 20,20; 1Kings 20,25; 1Kings 20,27; 1Kings 20,29; 1Kings 21,14; 1Kings 21,14; 1Kings 21,15; 1Kings 22,40; 2Kings 10,18; 2Kings 21,3; 2Chr. 18,2; 2Chr. 18,3)
Αχαβαρ Ahban ‣ 1
  Αχαβαρ ‣ 1
    Noun · masculine · singular · accusative · (proper) ‣ **1** (1Chr. 2,29)
Αχαζ Ahaz ‣ 38
  Αχαζ ‣ 38
    Noun · masculine · singular · accusative · (proper) ‣ **3** (2Kings 16,5; 2Chr. 28,19; Is. 7,3)
    Noun · masculine · singular · dative · (proper) ‣ **3** (2Kings 17,1; Is. 7,10; Jer. 22,15)
    Noun · masculine · singular · genitive · (proper) ‣ **7** (2Kings 16,19; 2Kings 18,1; 2Kings 23,12; Hos. 1,1; Mic. 1,1; Is. 1,1; Is. 7,1)
    Noun · masculine · singular · nominative · (proper) ‣ **25** (2Kings 15,38; 2Kings 16,1; 2Kings 16,2; 2Kings 16,7; 2Kings 16,8; 2Kings 16,10; 2Kings 16,10; 2Kings 16,11; 2Kings 16,15; 2Kings 16,16; 2Kings 16,17; 2Kings 16,20; 1Chr. 3,13; 1Chr. 8,35; 1Chr. 8,36; 1Chr. 9,42; 2Chr. 27,9; 2Chr. 28,1; 2Chr. 28,16; 2Chr. 28,21; 2Chr. 28,24; 2Chr. 28,27; 2Chr. 29,19; Is. 7,12; Is. 14,28)
Ἀχάζ Ahaz ‣ 2
  Ἀχάζ ‣ 1
    Noun · masculine · singular · accusative · (proper) ‣ **1** (Matt. 1,9)
  Ἀχάζ ‣ 1
    Noun · masculine · singular · nominative · (proper) ‣ **1** (Matt. 1,9)
Αχαζιβ Aczib ‣ 1
  Αχαζιβ ‣ 1
    Noun · masculine · singular · accusative · (proper) ‣ **1** (Judg. 1,31)
Ἀχαΐα Achaia ‣ 10
  Ἀχαΐα ‣ 2
    Noun · feminine · singular · nominative · (proper) ‣ **2** (Rom. 15,26; 2Cor. 9,2)
  Ἀχαΐᾳ ‣ 3
    Noun · feminine · singular · dative · (proper) ‣ **3** (2Cor. 1,1; 1Th. 1,7; 1Th. 1,8)
  Ἀχαΐαν ‣ 2
    Noun · feminine · singular · accusative · (proper) ‣ **2** (Acts 18,27; Acts 19,21)
  Ἀχαΐας ‣ 3
    Noun · feminine · singular · genitive · (proper) ‣ **3** (Acts 18,12; 1Cor. 16,15; 2Cor. 11,10)
Ἀχαϊκός Achaicus ‣ 1
  Ἀχαϊκοῦ ‣ 1
    Noun · masculine · singular · genitive · (proper) ‣ **1** (1Cor. 16,17)
Αχαλια Hacaliah ‣ 2
  Αχαλια ‣ 2
    Noun · masculine · singular · genitive · (proper) ‣ **2** (Neh. 1,1; Neh. 10,2)
Αχαμανι Hacmoni ‣ 2
  Αχαμανι ‣ 2
    Noun · masculine · singular · genitive · (proper) ‣ **2** (1Chr. 11,11; 1Chr. 27,32)
ἀχανής (α; χάσκω) dense ‣ 1
  ἀχανεῖ ‣ 1
    Adjective · neuter · singular · dative · noDegree ‣ **1** (Wis. 19,17)
Αχαρ Achan; Achar ‣ 8
  Αχαρ ‣ 8
    Noun · masculine · singular · accusative · (proper) ‣ **1** (Josh. 7,24)
    Noun · masculine · singular · dative · (proper) ‣ **2** (Josh. 7,19; Josh. 7,25)
    Noun · masculine · singular · nominative · (proper) ‣ **5** (Josh. 7,1; Josh. 7,18; Josh. 7,20; Josh. 22,20; 1Chr. 2,7)
ἄχαρις (α; χάρις) disagreeable; unthankful, thankless ‣ 1
  ἄχαρις ‣ 1
    Adjective · masculine · singular · nominative · noDegree ‣ **1** (Sir. 20,19)
ἀχάριστος (α; χάρις) ungrateful; unthankful ‣ 4 + 2 = 6
  ἀχάριστα ‣ 1

    Adjective · neuter · plural · accusative · noDegree ▸ **1** (Sir. 29,25)
  ἀχάριστοι ▸ 1
    Adjective · masculine · plural · nominative · (verbal) ▸ **1** (2Tim. 3,2)
  ἀχάριστος ▸ 1
    Adjective · masculine · singular · nominative · noDegree ▸ **1** (Sir. 29,16)
  ἀχαρίστου ▸ 1
    Adjective · masculine · singular · genitive · noDegree ▸ **1** (Wis. 16,29)
  ἀχαρίστους ▸ 1
    Adjective · masculine · plural · accusative · (verbal) ▸ **1** (Luke 6,35)
  ἀχαρίστων ▸ 1
    Adjective · masculine · plural · genitive · noDegree ▸ **1** (4Mac. 9,10)

ἀχαρίστως (α; χάρις) ungraciously, unthankfully ▸ 1
  ἀχαρίστως ▸ 1
    Adverb ▸ **1** (Sir. 18,18)

Αχασελωθ Kesulloth ▸ 1
  Αχασελωθ ▸ 1
    Noun · singular · nominative · (proper) ▸ **1** (Josh. 19,18)

ἀχάτης agate ▸ 3
  ἀχάτην ▸ 1
    Noun · masculine · singular · accusative · (common) ▸ **1** (Ezek. 28,13)
  ἀχάτης ▸ 2
    Noun · masculine · singular · nominative · (common) ▸ **2** (Ex. 28,19; Ex. 36,19)

ἄχει Ahisha ▸ 2
  ἄχει ▸ 2
    Noun · singular · dative · (common) ▸ **2** (Gen. 41,2; Gen. 41,18)

ἀχειροποίητος (α; χείρ; ποιέω) made without hands ▸ 3
  ἀχειροποίητον ▸ 2
    Adjective · feminine · singular · accusative ▸ **1** (2Cor. 5,1)
    Adjective · masculine · singular · accusative ▸ **1** (Mark 14,58)
  ἀχειροποιήτῳ ▸ 1
    Adjective · feminine · singular · dative ▸ **1** (Col. 2,11)

Αχελ Halak ▸ 2
  Αχελ ▸ 2
    Noun · singular · genitive · (proper) ▸ **1** (Josh. 11,17)
    Noun · masculine · singular · genitive · (proper) ▸ **1** (1Kings 4,14)

Αχελγαι Iye ▸ 1
  Αχελγαι ▸ 1
    Noun · singular · dative · (proper) ▸ **1** (Num. 21,11)

Αχεχαρ (Hebr.) plain ▸ 1
  Αχεχαρ ▸ 1
    Noun · masculine · singular · genitive · (proper) ▸ **1** (Neh. 3,22)

Αχζιβ Aczib ▸ 1
  Αχζιβ ▸ 1
    Noun · singular · nominative · (proper) ▸ **1** (Josh. 15,44)

Αχζιφ Aczib ▸ 1
  Αχζιφ ▸ 1
    Noun · singular · nominative · (proper) ▸ **1** (Josh. 19,29)

ἄχι (Hebr.) reeds, bulrushes ▸ 2
  ἄχι ▸ 2
    Noun · neuter · singular · nominative · (common) ▸ **2** (Sir. 40,16; Is. 19,7)

Αχια Ahijah; Ahilud ▸ 21
  Αχια ▸ 21
    Noun · masculine · singular · accusative · (proper) ▸ **2** (1Kings 12,24k; 1Chr. 8,7)
    Noun · masculine · singular · dative · (proper) ▸ **2** (1Sam. 14,18; 1Kings 12,24i)
    Noun · masculine · singular · genitive · (proper) ▸ **9** (2Sam. 8,16; 1Kings 12,15; 1Kings 15,27; 1Kings 15,29; 1Kings 15,33; 1Kings 20,22; 2Kings 9,9; 2Chr. 9,29; 2Chr. 10,15)
    Noun · masculine · singular · nominative · (proper) ▸ **8** (1Sam. 14,3; 1Kings 4,3; 1Kings 11,30; 1Kings 12,24h; 1Kings 12,24k; 1Kings 12,24l; 1Chr. 8,4; 1Chr. 11,36)

Αχιαβ Ahab ▸ 2
  Αχιαβ ▸ 2
    Noun · masculine · singular · accusative · (proper) ▸ **2** (Jer. 36,21; Jer. 36,22)

Αχιαν Ahiam ▸ 1
  Αχιαν ▸ 1
    Noun · masculine · singular · nominative · (proper) ▸ **1** (2Sam. 23,33)

Αχιας Ahijah ▸ 2
  Αχιας ▸ 2
    Noun · masculine · singular · nominative · (proper) ▸ **2** (1Kings 11,29; 1Kings 11,29)

Αχιαχαρος Cyaxares ▸ 2 + 2 = 4
  Αχιαχαρον ▸ 1
    Noun · masculine · singular · accusative · (proper) ▸ **1** (Tob. 1,21)
  Αχιαχαρος ▸ 1 + 2 = 3
    Noun · masculine · singular · nominative · (proper) ▸ 1 + 2 = 3 (Tob. 11,19; Tob. 2,10; Tob. 14,15)

Ἀχιάχαρος Cyaxares ▸ 5
  Αχιαχαρος ▸ 4
    Noun · masculine · singular · nominative · (proper) ▸ **4** (Tob. 1,22; Tob. 1,22; Tob. 2,10; Tob. 14,10)
  Αχιαχάρῳ ▸ 1
    Noun · masculine · singular · dative · (proper) ▸ **1** (Tob. 14,10)

Αχιβα Hakupha ▸ 1
  Αχιβα ▸ 1
    Noun · masculine · singular · genitive · (proper) ▸ **1** (1Esdr. 5,31)

Αχιεζερ Ahiezer ▸ 7
  Αχιεζερ ▸ 7
    Noun · masculine · singular · dative · (proper) ▸ **1** (Num. 26,34)
    Noun · masculine · singular · genitive · (proper) ▸ **1** (Num. 7,71)
    Noun · masculine · singular · nominative · (proper) ▸ **5** (Num. 1,12; Num. 2,25; Num. 7,66; Num. 10,25; 1Chr. 12,3)

Αχιεζερι Iezerite ▸ 1
  Αχιεζερι ▸ 1
    Noun · masculine · singular · nominative · (proper) ▸ **1** (Num. 26,34)

Αχιηλ Ahishar; Hiel ▸ 2
  Αχιηλ ▸ 2
    Noun · masculine · singular · nominative · (proper) ▸ **2** (1Kings 4,6; 1Kings 16,34)

Αχιθαλαμ Ahithalam (?) ▸ 1
  Αχιθαλαμ ▸ 1
    Noun · masculine · singular · genitive · (proper) ▸ **1** (1Kings 2,46h)

Αχικαμ Ahikam ▸ 10
  Αχικαμ ▸ 10
    Noun · masculine · singular · dative · (proper) ▸ **2** (2Kings 22,12; 2Chr. 34,20)
    Noun · masculine · singular · genitive · (proper) ▸ **7** (2Kings 25,22; Jer. 33,24; Jer. 46,14; Jer. 47,5; Jer. 47,11; Jer. 48,10;

Αχικαρ Ahikar ▸ 1
　Αχικαρ ▸ 1
　　Noun · masculine · singular · nominative · (proper) ▸ 1 (Tob. 11,19)

Αχικαρος Ahikar ▸ 2
　Αχικαρον ▸ 1
　　Noun · masculine · singular · accusative · (proper) ▸ 1 (Tob. 14,10)
　Αχικαρος ▸ 1
　　Noun · masculine · singular · nominative · (proper) ▸ 1 (Tob. 14,10)

Αχίκαρος Ahikar ▸ 1
　Αχικάρῳ ▸ 1
　　Noun · masculine · singular · dative · (proper) ▸ 1 (Tob. 14,10)

Αχιλιδ Ahilud ▸ 2
　Αχιλιδ ▸ 2
　　Noun · masculine · singular · genitive · (proper) ▸ 2 (1Kings 4,3; 1Kings 4,12)

Αχιλουδ Ahilud ▸ 1
　Αχιλουδ ▸ 1
　　Noun · masculine · singular · genitive · (proper) ▸ 1 (1Chr. 18,15)

Αχιλουθ Ahilud ▸ 1
　Αχιλουθ ▸ 1
　　Noun · masculine · singular · genitive · (proper) ▸ 1 (2Sam. 20,24)

Αχιμ Achim ▸ 1
　Αχιμ ▸ 1
　　Noun · masculine · singular · nominative · (proper) ▸ 1 (1Chr. 11,35)

Ἀχίμ Achim ▸ 2
　Ἀχίμ ▸ 1
　　Noun · masculine · singular · nominative · (proper) ▸ 1 (Matt. 1,14)
　Ἀχίμ ▸ 1
　　Noun · masculine · singular · accusative · (proper) ▸ 1 (Matt. 1,14)

Αχιμα Anak ▸ 1
　Αχιμα ▸ 1
　　Noun · masculine · singular · accusative · (proper) ▸ 1 (Josh. 15,14)

Αχιμαας Ahimaaz ▸ 15
　Αχιμαας ▸ 15
　　Noun · singular · genitive · (proper) ▸ 1 (1Sam. 14,50)
　　Noun · masculine · singular · accusative · (proper) ▸ 1 (1Chr. 5,34)
　　Noun · masculine · singular · genitive · (proper) ▸ 1 (2Sam. 18,27)
　　Noun · masculine · singular · nominative · (proper) ▸ 12 (2Sam. 15,27; 2Sam. 15,36; 2Sam. 17,17; 2Sam. 17,20; 2Sam. 18,19; 2Sam. 18,22; 2Sam. 18,23; 2Sam. 18,28; 2Sam. 18,29; 1Kings 4,15; 1Chr. 5,35; 1Chr. 6,38)

Αχιμαν Ahiman ▸ 2
　Αχιμαν ▸ 2
　　Noun · masculine · singular · accusative · (proper) ▸ 1 (Judg. 1,10)
　　Noun · masculine · singular · nominative · (proper) ▸ 1 (Num. 13,22)

Αχιμελεχ Ahimelech ▸ 7
　Αχιμελεχ ▸ 7
　　Noun · masculine · singular · accusative · (proper) ▸ 1 (1Sam. 26,6)
　　Noun · masculine · singular · genitive · (proper) ▸ 2 (1Sam. 30,7; 1Chr. 24,31)
　　Noun · masculine · singular · nominative · (proper) ▸ 4 (2Sam. 8,17; 1Chr. 18,16; 1Chr. 24,3; 1Chr. 24,6)

Αχιμι Ahumai ▸ 1
　Αχιμι ▸ 1
　　Noun · masculine · singular · accusative · (proper) ▸ 1 (1Chr. 4,2)

Αχιμωθ Ahimoth ▸ 1
　Αχιμωθ ▸ 1
　　Noun · masculine · singular · nominative · (proper) ▸ 1 (1Chr. 6,10)

Αχινααμ Ahinoam ▸ 3
　Αχινααμ ▸ 3
　　Noun · feminine · singular · accusative · (proper) ▸ 1 (1Sam. 25,43)
　　Noun · feminine · singular · dative · (proper) ▸ 1 (1Chr. 3,1)
　　Noun · feminine · singular · nominative · (proper) ▸ 1 (1Sam. 27,3)

Αχινααν Ahiman ▸ 1
　Αχινααν ▸ 1
　　Noun · masculine · singular · accusative · (proper) ▸ 1 (Judg. 1,10)

Αχιναδαβ Ahinadab ▸ 1
　Αχιναδαβ ▸ 1
　　Noun · masculine · singular · nominative · (proper) ▸ 1 (1Kings 4,14)

Αχινοομ Ahinoam ▸ 4
　Αχινοομ ▸ 4
　　Noun · feminine · singular · genitive · (proper) ▸ 1 (2Sam. 3,2)
　　Noun · feminine · singular · nominative · (proper) ▸ 3 (1Sam. 14,50; 1Sam. 30,5; 2Sam. 2,2)

Αχιου Ahiou (Heb. his brothers) ▸ 1
　Αχιου ▸ 1
　　Noun · masculine · singular · nominative · (proper) ▸ 1 (1Chr. 26,7)

Αχιουραογα Ahiouraogah (Heb. Ahi and Rohgah) ▸ 1
　Αχιουραογα ▸ 1
　　Noun · masculine · singular · nominative · (proper) ▸ 1 (1Chr. 7,34)

Αχιρε Ahira ▸ 6
　Αχιρε ▸ 6
　　Noun · masculine · singular · genitive · (proper) ▸ 1 (Num. 7,83)
　　Noun · masculine · singular · nominative · (proper) ▸ 5 (Num. 1,15; Num. 2,29; Num. 7,78; Num. 10,27; 1Kings 2,46h)

Αχισααρ Ahishahar ▸ 1
　Αχισααρ ▸ 1
　　Noun · masculine · singular · nominative · (proper) ▸ 1 (1Chr. 7,10)

Αχισαμαι Ahishammai (Heb. brother of Shammai) ▸ 1
　Αχισαμαι ▸ 1
　　Noun · masculine · singular · nominative · (proper) ▸ 1 (1Chr. 2,32)

Αχισαμακ Ahisamach, Ahisamak ▸ 2
　Αχισαμακ ▸ 2
　　Noun · masculine · singular · genitive · (proper) ▸ 2 (Ex. 35,34; Ex. 37,21)

Αχισαμαχ Ahisamach ▸ 1
　Αχισαμαχ ▸ 1

Ἀχιτοφελ Ahithophel ▸ 20
  Ἀχιτοφελ ▸ 20
    Noun · masculine · singular · accusative · (proper) ▸ **2** (2Sam. 15,12; 2Sam. 16,20)
    Noun · masculine · singular · genitive · (proper) ▸ **7** (2Sam. 15,31; 2Sam. 15,34; 2Sam. 16,23; 2Sam. 16,23; 2Sam. 17,14; 2Sam. 17,14; 2Sam. 23,34)
    Noun · masculine · singular · nominative · (proper) ▸ **11** (2Sam. 15,31; 2Sam. 16,15; 2Sam. 16,21; 2Sam. 17,1; 2Sam. 17,6; 2Sam. 17,7; 2Sam. 17,15; 2Sam. 17,21; 2Sam. 17,23; 1Chr. 27,33; 1Chr. 27,34)

Ἀχιτωβ Ahitub ▸ 16
  Ἀχιτωβ ▸ 16
    Noun · masculine · singular · accusative · (proper) ▸ **2** (1Chr. 5,33; 1Chr. 5,37)
    Noun · masculine · singular · genitive · (proper) ▸ **11** (1Sam. 14,3; 1Sam. 22,9; 1Sam. 22,11; 1Sam. 22,12; 1Sam. 22,20; 2Sam. 8,17; 1Chr. 9,11; 1Chr. 18,16; 1Esdr. 8,2; Ezra 7,2; Judith 8,1)
    Noun · masculine · singular · nominative · (proper) ▸ **3** (1Chr. 5,34; 1Chr. 5,38; 1Chr. 6,37)

Ἀχιφα Hakupha ▸ 1
  Ἀχιφα ▸ 1
    Noun · masculine · singular · genitive · (proper) ▸ **1** (Neh. 7,53)

Ἀχιχαρος Ahikar ▸ 3
  Ἀχιχαρον ▸ 1
    Noun · masculine · singular · accusative · (proper) ▸ **1** (Tob. 1,21)
  Ἀχιχαρος ▸ 2
    Noun · masculine · singular · nominative · (proper) ▸ **2** (Tob. 1,22; Tob. 1,22)

Ἀχιχωδ Ahihud ▸ 1
  Ἀχιχωδ ▸ 1
    Noun · masculine · singular · accusative · (proper) ▸ **1** (1Chr. 8,7)

Ἀχιωρ Ahihud; Achior ▸ 14
  Ἀχιωρ ▸ 14
    Noun · masculine · singular · accusative · (proper) ▸ **7** (Judith 6,1; Judith 6,10; Judith 6,13; Judith 6,16; Judith 6,20; Judith 14,5; Judith 14,6)
    Noun · masculine · singular · nominative · (proper) ▸ **6** (Num. 34,27; Judith 5,5; Judith 5,22; Judith 6,2; Judith 11,9; Judith 14,10)
    Noun · masculine · singular · vocative · (proper) ▸ **1** (Judith 6,5)

Ἀχλαι Ahlai ▸ 1
  Ἀχλαι ▸ 1
    Noun · masculine · singular · nominative · (proper) ▸ **1** (1Chr. 2,31)

Ἀχλια Ahlai ▸ 1
  Ἀχλια ▸ 1
    Noun · masculine · singular · genitive · (proper) ▸ **1** (1Chr. 11,41)

ἀχλύς mist ▸ 1
  ἀχλὺς ▸ 1
    Noun · feminine · singular · nominative ▸ **1** (Acts 13,11)

Ἀχοβωρ Acbor ▸ 6
  Ἀχοβωρ ▸ 6
    Noun · masculine · singular · dative · (proper) ▸ **1** (2Kings 22,12)
    Noun · masculine · singular · genitive · (proper) ▸ **4** (Gen. 36,38; Gen. 36,39; 1Chr. 1,49; 1Chr. 1,50)
    Noun · masculine · singular · nominative · (proper) ▸ **1** (2Kings 22,14)

αχουχ (Hebr.) thistle ▸ 2
  αχουχ ▸ 2
    Noun ▸ **2** (2Chr. 25,18; 2Chr. 25,18)

Ἀχραθαῖος Hathach ▸ 5
  Ἀχραθαῖον ▸ 3
    Noun · masculine · singular · accusative · (proper) ▸ **3** (Esth. 4,5; Esth. 4,10; Esth. 4,13)
  Ἀχραθαῖος ▸ 2
    Noun · masculine · singular · nominative · (proper) ▸ **2** (Esth. 4,9; Esth. 4,12)

Ἀχραν Ebron ▸ 1
  Ἀχραν ▸ 1
    Noun · singular · nominative · (proper) ▸ **1** (Josh. 19,28)

ἀχρεῖος (α; χράομαι) useless, unprofitable, worthless ▸ 2 + 2 = 4
  ἀχρεῖοί ▸ 1
    Adjective · masculine · plural · nominative ▸ **1** (Luke 17,10)
  ἀχρεῖον ▸ 1 + 1 = 2
    Adjective · neuter · singular · nominative · noDegree ▸ 1 + 1 = **2** (LetterJ 15; Matt. 25,30)
  ἀχρεῖος ▸ 1
    Adjective · masculine · singular · nominative · noDegree ▸ **1** (2Sam. 6,22)

ἀχρειότης (α; χράομαι) unprofitability; worthlessness ▸ 2
  ἀχρειότης ▸ 1
    Noun · feminine · singular · nominative · (common) ▸ **1** (Tob. 4,13)
  ἀχρειότητι ▸ 1
    Noun · feminine · singular · dative · (common) ▸ **1** (Tob. 4,13)

ἀχρειόω (α; χράομαι) to become unprofitable, worthless ▸ 7 + 1 = 8
  ἀχρειῶσαι ▸ 1
    Verb · aorist · active · infinitive ▸ **1** (Dan. 4,14)
  ἀχρειώσετε ▸ 1
    Verb · second · plural · future · active · indicative ▸ **1** (2Kings 3,19)
  ἀχρεῶσαι ▸ 1
    Verb · aorist · active · infinitive ▸ **1** (1Esdr. 1,53)
  ἠχρείωκάν ▸ 1
    Verb · third · plural · perfect · active · indicative ▸ **1** (Dan. 6,21)
  ἠχρεώθησαν ▸ 3 + 1 = 4
    Verb · third · plural · aorist · passive · indicative ▸ 3 + 1 = **4** (Psa. 13,3; Psa. 52,4; Jer. 11,16; Rom. 3,12)

ἄχρηστος (α; χράομαι) useless, unprofitable, worthless ▸ 10 + 1 = 11
  ἄχρηστα ▸ 1
    Adjective · neuter · plural · nominative · noDegree ▸ **1** (Wis. 3,11)
  ἄχρηστον ▸ 5 + 1 = 6
    Adjective · masculine · singular · accusative · noDegree ▸ 2 + 1 = **3** (2Mac. 7,5; Wis. 13,10; Philem. 11)
    Adjective · neuter · singular · nominative · noDegree ▸ **3** (Wis. 2,11; Wis. 16,29; Hos. 8,8)
  ἄχρηστος ▸ 3
    Adjective · masculine · singular · nominative · noDegree ▸ **3** (3Mac. 3,29; Wis. 4,5; Sir. 37,19)
  ἀχρήστων ▸ 1
    Adjective · neuter · plural · genitive · noDegree ▸ **1** (Sir. 16,1)

ἄχρι (ἀκή) until ▸ 3 + 1 + 49 = 53
  ἄχρι ▸ 3 + 45 = 48
    Conjunction · subordinating · (temporal) ▸ 2 + 5 = **7** (2Mac. 14,10; Job 32,11; Rev. 7,3; Rev. 15,8; Rev. 17,17; Rev. 20,3; Rev. 20,5)

ἄωρος–ἄωρος

ImproperPreposition · (+genitive) ▸ 1 + 40 = **41** (2Mac. 14,15; Matt. 24,38; Mark 16,8; Luke 1,20; Luke 4,13; Luke 17,27; Luke 21,24; Acts 1,2; Acts 2,29; Acts 3,21; Acts 7,18; Acts 11,5; Acts 13,6; Acts 13,11; Acts 20,6; Acts 20,11; Acts 22,4; Acts 22,22; Acts 23,1; Acts 26,22; Acts 28,15; Rom. 1,13; Rom. 5,13; Rom. 8,22; Rom. 11,25; 1Cor. 4,11; 1Cor. 11,26; 1Cor. 15,25; 2Cor. 3,14; 2Cor. 10,13; 2Cor. 10,14; Gal. 4,2; Phil. 1,5; Phil. 1,6; Heb. 4,12; Heb. 6,11; Rev. 2,10; Rev. 2,26; Rev. 12,11; Rev. 14,20; Rev. 18,5)

Ἄχρι ▸ 1
 ImproperPreposition · (+genitive) ▸ **1** (Acts 27,33)

ἄχρις ▸ 1 + 3 = 4
 ImproperPreposition · (+genitive) ▸ 1 + 3 = **4** (Judg. 11,33; Gal. 3,19; Heb. 3,13; Rev. 2,25)

Αχσαν Acsah ▸ 2
 Αχσαν ▸ 2
  Noun · feminine · singular · accusative · (proper) ▸ **2** (Josh. 15,16; Josh. 15,17)

Αχσαφ Acsaph ▸ 1
 Αχσαφ ▸ 1
  Noun · singular · nominative · (proper) ▸ **1** (Josh. 19,25)

ἄχυρον straw, chaff ▸ 21 + 1 + 2 = 24
 ἄχυρα ▸ 12 + 1 = 13
  Noun · neuter · plural · accusative · (common) ▸ **9** (Gen. 24,32; Ex. 5,7; Ex. 5,10; Ex. 5,11; Ex. 5,12; Job 41,19; Is. 11,7; Is. 30,24; Is. 65,25)
  Noun · neuter · plural · nominative · (common) ▸ 3 + 1 = **4** (Gen. 24,25; Judg. 19,19; Job 21,18; Judg. 19,19)
 ἀχύροις ▸ 1
  Noun · neuter · plural · dative · (common) ▸ **1** (Nah. 3,14)
 ἄχυρον ▸ 6 + 2 = 8
  Noun · neuter · singular · accusative · (common) ▸ 2 + 2 = **4** (Ex. 5,7; 1Kings 5,1; Matt. 3,12; Luke 3,17)
  Noun · neuter · singular · nominative · (common) ▸ **4** (Ex. 5,13; Ex. 5,16; Ex. 5,18; Jer. 23,28)
 ἀχύρου ▸ 2
  Noun · neuter · singular · genitive · (common) ▸ **2** (Is. 17,13; Dan. 2,35)

Αχωι Ahoh ▸ 1
 Αχωι ▸ 1
  Noun · masculine · singular · nominative · (proper) ▸ **1** (1Chr. 11,29)

Αχωρ Achor ▸ 4
 Αχωρ ▸ 4
  Noun · singular · genitive · (proper) ▸ **3** (Josh. 15,7; Hos. 2,17; Is. 65,10)
  Noun · masculine · singular · genitive · (proper) ▸ **1** (Josh. 7,24)

Αχωχι Ahohite ▸ 1
 Αχωχι ▸ 1
  Noun · masculine · singular · nominative · (proper) ▸ **1** (1Chr. 11,12)

Αψαλωμος Absalom ▸ 2
 Αψαλωμου ▸ 2
  Noun · masculine · singular · genitive · (proper) ▸ **2** (1Mac. 11,70; 1Mac. 13,11)

ἀψευδής (α; ψεύδομαι) who never lies ▸ 1 + 1 = 2
 ἀψευδῆ ▸ 1
  Adjective · feminine · singular · accusative · noDegree ▸ **1** (Wis. 7,17)
 ἀψευδής ▸ 1
  Adjective · masculine · singular · nominative ▸ **1** (Titus 1,2)

ἄψινθος wormwood ▸ 2
 ἄψινθον ▸ 1
  Noun · feminine · singular · accusative ▸ **1** (Rev. 8,11)
 Ἄψινθος ▸ 1
  Noun · masculine · singular · nominative · (proper) ▸ **1** (Rev. 8,11)

ἄψυχος (α; ψύχω) lifeless, inanimate; faint-hearted ▸ 2 + 1 = 3
 ἄψυχα ▸ 1
  Adjective · neuter · plural · nominative ▸ **1** (1Cor. 14,7)
 ἀψύχοις ▸ 1
  Adjective · neuter · plural · dative · noDegree ▸ **1** (Wis. 14,29)
 ἀψύχῳ ▸ 1
  Adjective · neuter · singular · dative · noDegree ▸ **1** (Wis. 13,17)

Αωδ Ohad; Ehud ▸ 13 + 12 = 25
 Αωδ ▸ 13 + 12 = 25
  Noun · masculine · singular · accusative · (proper) ▸ 1 + 1 = **2** (Judg. 3,15; Judg. 3,15)
  Noun · masculine · singular · genitive · (proper) ▸ **1** (1Chr. 8,6)
  Noun · masculine · singular · nominative · (proper) ▸ 11 + 11 = **22** (Gen. 46,10; Ex. 6,15; Judg. 3,16; Judg. 3,18; Judg. 3,19; Judg. 3,20; Judg. 3,20; Judg. 3,21; Judg. 3,23; Judg. 3,26; Judg. 3,30; Judg. 3,16; Judg. 3,18; Judg. 3,19; Judg. 3,20; Judg. 3,20; Judg. 3,21; Judg. 3,22; Judg. 3,26; Judg. 3,27; Judg. 3,30; Judg. 4,1)

Αωδα Naarah ▸ 2
 Αωδα ▸ 2
  Noun · feminine · singular · nominative · (proper) ▸ **2** (1Chr. 4,5; 1Chr. 4,6)

Αωδας Naarah ▸ 1
 Αωδας ▸ 1
  Noun · feminine · singular · genitive · (proper) ▸ **1** (1Chr. 4,6)

Αωθ Ehud ▸ 1
 Αωθ ▸ 1
  Noun · masculine · singular · nominative · (proper) ▸ **1** (1Chr. 7,10)

Αωίτης Ahohite ▸ 1
 Αωίτης ▸ 1
  Noun · masculine · singular · nominative · (proper) ▸ **1** (2Sam. 23,28)

ἀωρία (α; ὥρα) night ▸ 4
 ἀωρίᾳ ▸ 2
  Noun · feminine · singular · dative · (common) ▸ **2** (Psa. 118,147; Is. 59,9)
 ἀωρίας ▸ 2
  Noun · feminine · singular · genitive · (common) ▸ **2** (1Esdr. 1,14; Zeph. 1,15)

ἄωρος (α; ὥρα) untimely, unripe ▸ 7
 ἄωροι ▸ 3
  Adjective · feminine · plural · nominative · noDegree ▸ **2** (Prov. 11,30; Prov. 13,2)
  Adjective · masculine · plural · nominative · noDegree ▸ **1** (Job 22,16)
 ἄωρον ▸ 1
  Adjective · neuter · singular · accusative · noDegree ▸ **1** (Prov. 10,6)
 ἄωρος ▸ 2
  Adjective · masculine · singular · nominative · noDegree ▸ **2** (Wis. 4,5; Is. 65,20)
 ἀώρῳ ▸ 1
  Adjective · neuter · singular · dative · noDegree ▸ **1** (Wis. 14,15)

B, β

β′ beta (letter of alphabet) or number: two; ▸ 1 + 3 = 4
  Β′ ▸ 3
    Adjective · neuter · singular · (ordinal · numeral) ▸ 3
    (2Cor. 1,0; 2Th. 1,0; 2Tim. 1,0)
  β′ ▸ 1
    Adjective · neuter · singular · (ordinal · numeral) ▸ 1
    (Psa. 118,9)

Βααδα Baara ▸ 1
  Βααδα ▸ 1
    Noun · feminine · singular · accusative · (proper) ▸ 1 (1Chr. 8,8)

Βααζ Boaz ▸ 1
  Βααζ ▸ 1
    Noun · singular · accusative · (proper) ▸ 1 (1Kings 7,7)

Βααλ Baal ▸ 73 + 7 = 80
  Βααλ ▸ 72 + 7 = 79
    Noun · singular · accusative · (proper) ▸ 1 (Josh. 15,9)
    Noun · singular · genitive · (proper) ▸ 2 (Josh. 15,10; Judg. 9,4)
    Noun · feminine · singular · dative · (proper) ▸ 19 (Judg. 2,13; 2Kings 1,2; 2Kings 1,3; 2Kings 1,6; 2Kings 1,16; 2Kings 21,3; Tob. 1,5; Hos. 2,10; Hos. 13,1; Jer. 2,8; Jer. 2,28; Jer. 7,9; Jer. 11,13; Jer. 11,17; Jer. 12,16; Jer. 19,5; Jer. 23,27; Jer. 39,29; Jer. 39,35)
    Noun · feminine · singular · genitive · (proper) ▸ 5 (2Chr. 23,17; 2Chr. 23,17; Zeph. 1,4; Jer. 2,23; Jer. 23,13)
    Noun · masculine · singular · accusative · (proper) ▸ 1 (2Kings 10,28)
    Noun · masculine · singular · dative · (proper) ▸ 9 + 2 = 11 (1Kings 16,31; 1Kings 16,32; 1Kings 19,18; 2Kings 10,18; 2Kings 10,19; 2Kings 10,20; 2Kings 17,16; 2Kings 23,4; 2Kings 23,5; Judg. 2,13; Judg. 8,33)
    Noun · masculine · singular · genitive · (proper) ▸ 30 + 4 = 34 (Num. 22,41; Judg. 6,25; Judg. 6,28; Judg. 6,30; Judg. 6,31; Judg. 6,32; Judg. 9,46; 1Kings 6,1d; 1Kings 18,22; 1Kings 18,26; 1Kings 18,40; 2Kings 1,18c; 2Kings 3,2; 2Kings 10,19; 2Kings 10,19; 2Kings 10,21; 2Kings 10,21; 2Kings 10,21; 2Kings 10,21; 2Kings 10,22; 2Kings 10,23; 2Kings 10,23; 2Kings 10,23; 2Kings 10,25; 2Kings 10,26; 2Kings 10,27; 2Kings 10,27; 2Kings 11,18; 2Kings 11,18; 1Chr. 4,33; Judg. 6,25; Judg. 6,28; Judg. 6,30; Judg. 6,31)
    Noun · masculine · singular · nominative · (proper) ▸ 5 + 1 = 6 (1Kings 18,21; 1Kings 18,26; 1Chr. 5,5; 1Chr. 8,30; 1Chr. 9,36; Judg. 6,32)
  Βααλιμ ▸ 1
    Noun · feminine · plural · dative · (proper) ▸ 1 (2Chr. 24,7)

Βάαλ Baal ▸ 1
  Βάαλ ▸ 1
    Noun · masculine · singular · dative · (proper) ▸ 1 (Rom. 11,4)

Βααλα Baalah ▸ 1
  Βααλα ▸ 1
    Noun · singular · nominative · (proper) ▸ 1 (Josh. 15,29)

Βααλαθ Baalath ▸ 2
  Βααλαθ ▸ 2
    Noun · feminine · singular · accusative · (proper) ▸ 1 (2Chr. 8,6)
    Noun · neuter · plural · accusative · (proper) ▸ 1 (1Kings 2,35i)

Βααλβεριθ Baal-Berith ▸ 1 + 1 = 2
  Βααλβεριθ ▸ 1 + 1 = 2
    Noun · masculine · singular · accusative · (proper) ▸ 1 (Judg. 8,33)
    Noun · masculine · singular · genitive · (proper) ▸ 1 (Judg. 9,4)

Βααλγαδ Baal Gad ▸ 2
  Βααλγαδ ▸ 2
    Noun · singular · genitive · (proper) ▸ 2 (Josh. 11,17; Josh. 12,7)

Βααλεθβηρραμωθ Baalath Beer-Ramah ▸ 1
  Βααλεθβηρραμωθ ▸ 1
    Noun · singular · genitive · (proper) ▸ 1 (Josh. 19,8)

Βααλερμων Baal Hermon ▸ 1
  Βααλερμων ▸ 1
    Noun · singular · genitive · (proper) ▸ 1 (1Chr. 5,23)

Βααλθαμαρ Baal Tamar ▸ 1 + 1 = 2
  Βααλθαμαρ ▸ 1 + 1 = 2
    Noun · singular · dative · (proper) ▸ 1 + 1 = 2 (Judg. 20,33; Judg. 20,33)

Βααλια Bealiah ▸ 1
  Βααλια ▸ 1
    Noun · masculine · singular · nominative · (proper) ▸ 1 (1Chr. 12,6)

Βααλιμ Baalim (Heb. pl. of Baal) ▸ 15 + 5 = 20
  Βααλιμ ▸ 15 + 5 = 20
    Noun · feminine · plural · accusative · (proper) ▸ 1 (1Sam. 7,4)
    Noun · feminine · plural · dative · (proper) ▸ 4 (Judg. 3,7; Judg. 10,6; Judg. 10,10; 2Chr. 33,3)
    Noun · feminine · plural · genitive · (proper) ▸ 1 (2Chr. 34,4)
    Noun · masculine · dative · (proper) ▸ 1 (Judg. 10,10)
    Noun · masculine · plural · dative · (proper) ▸ 4 + 3 = 7 (Judg. 2,11; 1Sam. 12,10; 1Kings 22,54; Hos. 11,2; Judg. 2,11; Judg. 3,7; Judg. 10,6)
    Noun · masculine · plural · genitive · (proper) ▸ 4 + 1 = 5 (Judg. 8,33; 1Kings 18,18; Hos. 2,15; Hos. 2,19; Judg. 8,33)
    Noun · masculine · plural · nominative · (proper) ▸ 1 (Hos. 2,18)

Βααλιμαθ Baalimath ▸ 1
    Βααλιμαθ ▸ 1
        Noun · singular · nominative · (proper) ▸ **1** (2Sam. 5,16a)
Βααλσαμος Baalsamus ▸ 1
    Βααλσαμος ▸ 1
        Noun · masculine · singular · nominative · (proper) ▸ **1** (1Esdr. 9,43)
βααλταμ commander ▸ 3
    βααλταμ ▸ 3
        Noun ▸ **3** (Ezra 4,8; Ezra 4,9; Ezra 4,17)
Βααλφαρασιν Baal Perazim ▸ 1
    Βααλφαρασιν ▸ 1
        Noun · singular · accusative · (proper) ▸ **1** (1Chr. 14,11)
Βααλων Baalath ▸ 1
    Βααλων ▸ 1
        Noun · singular · nominative · (proper) ▸ **1** (Josh. 19,44)
Βαανα Baanah ▸ 14
    Βαανα ▸ 14
        Noun · masculine · singular · accusative · (proper) ▸ **2** (1Chr. 8,37; 1Chr. 9,43)
        Noun · masculine · singular · dative · (proper) ▸ **1** (2Sam. 4,9)
        Noun · masculine · singular · genitive · (proper) ▸ **4** (2Sam. 23,29; 1Esdr. 5,8; Neh. 3,4; Neh. 7,7)
        Noun · masculine · singular · nominative · (proper) ▸ **7** (2Sam. 4,2; 2Sam. 4,5; 2Sam. 4,6; 1Kings 4,16; 1Chr. 2,25; Ezra 2,2; Neh. 10,28)
Βαανι Bani ▸ 2
    Βαανι ▸ 2
        Noun · masculine · singular · genitive · (proper) ▸ **2** (1Esdr. 9,34; Ezra 8,10)
Βαασα Baasha ▸ 25
    Βαασα ▸ 25
        Noun · masculine · singular · accusative · (proper) ▸ **5** (1Kings 15,19; 1Kings 16,1; 1Kings 16,7; 2Chr. 16,3; 2Chr. 16,5)
        Noun · masculine · singular · genitive · (proper) ▸ **11** (1Kings 15,16; 1Kings 16,3; 1Kings 16,4; 1Kings 16,5; 1Kings 16,8; 1Kings 16,11; 1Kings 16,12; 1Kings 16,13; 1Kings 20,22; 2Kings 9,9; Jer. 48,9)
        Noun · masculine · singular · nominative · (proper) ▸ **9** (1Kings 15,17; 1Kings 15,21; 1Kings 15,22; 1Kings 15,27; 1Kings 15,28; 1Kings 15,33; 1Kings 16,6; 2Chr. 16,1; 2Chr. 16,6)
Βαβι Bebai ▸ 5
    Βαβι ▸ 5
        Noun · masculine · singular · genitive · (proper) ▸ **5** (1Esdr. 8,37; Ezra 2,11; Ezra 8,11; Ezra 8,11; Ezra 10,28)
Βαβυλών Babylon ▸ 276 + 22 + 12 = 310
    Βαβυλών ▸ 4
        Noun · feminine · singular · nominative · (proper) ▸ **3** (Is. 13,19; Is. 21,9; Jer. 27,2)
        Noun · feminine · singular · vocative · (proper) ▸ **1** (Jer. 27,24)
    Βαβυλών ▸ 9 + 1 + 6 = 16
        Noun · feminine · singular · nominative · (proper) ▸ 9 + 1 + 5 = **15** (Gen. 10,10; Jer. 27,23; Jer. 28,7; Jer. 28,8; Jer. 28,37; Jer. 28,41; Jer. 28,53; Jer. 28,64; Dan. 4,30; Dan. 4,30; Rev. 14,8; Rev. 16,19; Rev. 17,5; Rev. 18,2; Rev. 18,21)
        Noun · feminine · singular · vocative · (proper) · (variant) ▸ **1** (Rev. 18,10)
    Βαβυλῶνα ▸ 74 + 3 = 77
        Noun · feminine · singular · accusative · (proper) ▸ 74 + 3 = **77** (2Kings 20,17; 2Kings 24,15; 2Kings 24,15; 2Kings 24,16; 2Kings 25,7; 2Kings 25,13; 1Chr. 9,1; 2Chr. 33,11; 2Chr. 36,6; 2Chr. 36,7; 2Chr. 36,10; 2Chr. 36,18; 2Chr. 36,20; 1Esdr. 1,38; 1Esdr. 1,43; 1Esdr. 1,51; 1Esdr. 1,53; 1Esdr. 4,44; 1Esdr. 4,61; 1Esdr. 5,7; 1Esdr. 6,15; 1Esdr. 6,25; Ezra 2,1; Ezra 5,12; Ezra 6,5; 1Mac. 6,4; Is. 39,6; Is. 43,14; Is. 48,14; Jer. 20,5; Jer. 24,1; Jer. 27,1; Jer. 27,9; Jer. 27,14; Jer. 27,29; Jer. 27,34; Jer. 27,35; Jer. 27,45; Jer. 28,1; Jer. 28,2; Jer. 28,2; Jer. 28,9; Jer. 28,11; Jer. 28,12; Jer. 28,29; Jer. 28,35; Jer. 28,42; Jer. 28,44; Jer. 28,55; Jer. 28,56; Jer. 28,59; Jer. 28,60; Jer. 28,60; Jer. 28,61; Jer. 34,22; Jer. 36,1; Jer. 36,3; Jer. 36,28; Jer. 39,5; Jer. 41,3; Jer. 47,1; Jer. 47,4; Jer. 47,7; Jer. 50,3; Jer. 52,11; Jer. 52,17; Bar. 1,9; LetterJ 0; LetterJ 1; LetterJ 2; Ezek. 12,13; Ezek. 17,12; Dan. 1,2; Bel 35; Bel 34; Bel 35; Bel 36)
    Βαβυλῶνι ▸ 20 + 3 + 1 = 24
        Noun · feminine · singular · dative · (proper) ▸ 20 + 3 + 1 = **24** (2Kings 25,28; 2Chr. 36,7; 1Esdr. 1,39; 1Esdr. 6,17; 1Esdr. 6,20; 1Esdr. 6,22; Ezra 6,1; Jer. 20,6; Jer. 28,24; Jer. 28,49; Jer. 28,54; Jer. 36,10; Jer. 36,15; Jer. 36,22; Jer. 52,32; Bar. 1,1; Bar. 1,4; LetterJ 3; Bel 34; Bel 36; Tob. 14,4; Dan. 4,29; Sus. 1; 1Pet. 5,13)
    Βαβυλῶνος ▸ 169 + 15 + 5 = 189
        Noun · feminine · singular · genitive · (proper) ▸ 169 + 15 + 5 = **189** (2Kings 17,24; 2Kings 17,30; 2Kings 20,12; 2Kings 20,14; 2Kings 20,18; 2Kings 24,1; 2Kings 24,7; 2Kings 24,10; 2Kings 24,11; 2Kings 24,12; 2Kings 24,12; 2Kings 24,16; 2Kings 24,17; 2Kings 24,20; 2Kings 25,1; 2Kings 25,6; 2Kings 25,8; 2Kings 25,8; 2Kings 25,11; 2Kings 25,20; 2Kings 25,21; 2Kings 25,22; 2Kings 25,23; 2Kings 25,24; 2Kings 25,27; 2Chr. 32,31; 2Chr. 36,5a; 2Chr. 36,6; 1Esdr. 1,38; 1Esdr. 2,11; 1Esdr. 4,57; 1Esdr. 5,7; 1Esdr. 6,14; 1Esdr. 8,3; 1Esdr. 8,6; 1Esdr. 8,28; Ezra 1,11; Ezra 2,1; Ezra 5,12; Ezra 5,17; Ezra 7,6; Ezra 7,9; Ezra 7,16; Ezra 8,1; Neh. 7,6; Neh. 13,6; Esth. 11,4 # 1,1c; Esth. 2,6; Psa. 86,4; Psa. 136,1; Psa. 136,8; Mic. 4,8; Mic. 4,10; Zech. 2,11; Zech. 5,11; Zech. 6,10; Is. 10,9; Is. 13,1; Is. 14,4; Is. 39,3; Is. 47,1; Is. 48,20; Jer. 20,4; Jer. 21,2; Jer. 21,10; Jer. 24,1; Jer. 26,2; Jer. 26,13; Jer. 27,8; Jer. 27,13; Jer. 27,16; Jer. 27,17; Jer. 27,18; Jer. 27,28; Jer. 27,42; Jer. 27,43; Jer. 27,46; Jer. 28,6; Jer. 28,12; Jer. 28,29; Jer. 28,30; Jer. 28,31; Jer. 28,33; Jer. 28,34; Jer. 28,58; Jer. 30,23; Jer. 30,25; Jer. 34,6; Jer. 34,8; Jer. 34,9; Jer. 34,11; Jer. 34,14; Jer. 34,16; Jer. 34,20; Jer. 35,2; Jer. 35,4; Jer. 35,6; Jer. 35,11; Jer. 35,14; Jer. 36,3; Jer. 36,21; Jer. 36,22; Jer. 39,1; Jer. 39,2; Jer. 39,3; Jer. 39,4; Jer. 39,28; Jer. 39,36; Jer. 41,1; Jer. 41,2; Jer. 41,7; Jer. 41,21; Jer. 43,29; Jer. 44,17; Jer. 44,19; Jer. 45,3; Jer. 45,17; Jer. 45,22; Jer. 45,23; Jer. 46,1; Jer. 46,3; Jer. 46,3; Jer. 47,5; Jer. 47,7; Jer. 47,9; Jer. 47,11; Jer. 48,2; Jer. 48,18; Jer. 49,11; Jer. 50,10; Jer. 51,30; Jer. 52,4; Jer. 52,9; Jer. 52,10; Jer. 52,11; Jer. 52,12; Jer. 52,26; Jer. 52,27; Jer. 52,31; Jer. 52,34; Bar. 1,9; Bar. 1,11; Bar. 1,12; Bar. 2,21; Bar. 2,22; Bar. 2,24; Ezek. 17,12; Ezek. 17,16; Ezek. 19,9; Ezek. 21,24; Ezek. 21,26; Ezek. 23,17; Ezek. 23,23; Ezek. 24,2; Ezek. 26,7; Ezek. 29,18; Ezek. 29,19; Ezek. 30,10; Ezek. 30,24; Ezek. 30,25; Ezek. 30,25; Ezek. 32,11; Dan. 1,1; Dan. 2,18; Dan. 4,31; Dan. 4,33; Dan. 4,33a; Dan. 5,11; Bel 1; Dan. 1,1; Dan. 2,12; Dan. 2,14; Dan. 2,18; Dan. 2,24; Dan. 2,24; Dan. 2,48; Dan. 2,48; Dan. 2,49; Dan. 3,1; Dan. 3,12; Dan. 3,97; Dan. 4,6; Dan. 5,7; Sus. 5; Matt. 1,11; Matt. 1,12; Matt. 1,17; Matt. 1,17; Acts 7,43)
Βαβυλωνία Babylonia ▸ 18
    Βαβυλωνία ▸ 1
        Noun · feminine · singular · dative · (proper) ▸ **1** (2Mac. 8,20)
    Βαβυλωνίαν ▸ 2
        Noun · feminine · singular · accusative · (proper) ▸ **2** (3Mac. 6,6; Is. 14,23)
    Βαβυλωνίας ▸ 15
        Noun · feminine · singular · genitive · (proper) ▸ **15** (1Esdr. 4,53; 1Esdr. 6,16; 1Esdr. 8,13; Is. 11,11; Is. 39,1; Dan.

2,12; Dan. 2,14; Dan. 2,24; Dan. 2,24; Dan. 2,48; Dan. 2,48; Dan. 2,49; Dan. 3,1; Dan. 3,12; Dan. 7,1)

Βαβυλώνιος Babylonian ▸ 2 + 3 = 5
  Βαβυλώνιοι ▸ 2 + 2 = 4
    Noun · masculine · plural · nominative · (proper) ▸ 2 + 2 = **4** (Bel 3; Bel 23; Bel 23; Bel 28)
  Βαβυλωνίοις ▸ 1
    Noun · masculine · plural · dative · (proper) ▸ **1** (Bel 3)

Βαβυλώνιος Babylonian ▸ 4
  Βαβυλώνιοι ▸ 1
    Noun · masculine · plural · nominative · (proper) ▸ **1** (Ezra 4,9)
  Βαβυλωνίων ▸ 3
    Noun · masculine · plural · genitive · (proper) ▸ **3** (Is. 39,7; LetterJ 0; LetterJ 1)

Βαγαδιηλ Beth Dagon ▸ 1
  Βαγαδιηλ ▸ 1
    Noun · singular · nominative · (proper) ▸ **1** (Josh. 15,41)

Βαγο Bigvai ▸ 2
  Βαγο ▸ 2
    Noun · masculine · singular · genitive · (proper) ▸ **2** (1Esdr. 8,40; Ezra 8,14)

Βαγοι Bigvai ▸ 5
  Βαγοι ▸ 5
    Noun · masculine · singular · genitive · (proper) ▸ **4** (1Esdr. 5,14; Ezra 2,14; Neh. 7,7; Neh. 7,19)
    Noun · masculine · singular · nominative · (proper) ▸ **1** (Neh. 10,17)

Βαγουι Bigvai ▸ 1
  Βαγουι ▸ 1
    Noun · masculine · singular · nominative · (proper) ▸ **1** (Ezra 2,2)

Βαγώας Bagoas ▸ 6
  Βαγώα ▸ 2
    Noun · masculine · singular · dative · (proper) ▸ **2** (Judith 12,11; Judith 13,3)
  Βαγώας ▸ 3
    Noun · masculine · singular · nominative · (proper) ▸ **3** (Judith 12,13; Judith 13,1; Judith 14,14)
  Βαγώου ▸ 1
    Noun · masculine · singular · genitive · (proper) ▸ **1** (Judith 12,15)

Βαδαια Bedeiah ▸ 1
  Βαδαια ▸ 1
    Noun · masculine · singular · nominative · (proper) ▸ **1** (Ezra 10,35)

Βαδαν Bedan ▸ 1
  Βαδαν ▸ 1
    Noun · masculine · singular · nominative · (proper) ▸ **1** (1Chr. 7,17)

Βαδδαργις Baddargis (?) ▸ 1 + 1 = 2
  Βαδδαργις ▸ 1 + 1 = 2
    Noun · singular · nominative · (proper) ▸ 1 + 1 = **2** (Josh. 15,61; Josh. 15,61)

βαδδιν fine linnen ▸ 3
  βαδδιν ▸ 3
    Noun ▸ **3** (Dan. 10,5; Dan. 12,6; Dan. 12,7)

Βαδεκαρ Bidkar ▸ 1
  Βαδεκαρ ▸ 1
    Noun · masculine · singular · accusative · (proper) ▸ **1** (2Kings 9,25)

βαδίζω (βαίνω) to go, walk ▸ 63 + 9 = 72
  βαδιεῖται ▸ 2
    Verb · third · singular · future · middle · indicative ▸ **2** (Jer. 30,19; Jer. 31,2)
  Βάδιζε ▸ 10
    Verb · second · singular · present · active · imperative ▸ **10** (Ex. 4,18; Ex. 4,19; Ex. 19,24; Ex. 32,7; Deut. 10,11; 2Sam. 15,9; 2Sam. 24,1; Hos. 1,2; Amos 7,15; Jer. 35,13)
  βάδιζε ▸ 10 + 3 = 13
    Verb · second · singular · present · active · imperative ▸ 10 + 3 = **13** (Ex. 6,6; Ex. 32,34; 2Sam. 7,3; 2Sam. 14,8; Tob. 3,9; Ode. 5,20; Amos 7,12; Is. 26,20; Ezek. 3,4; Ezek. 3,11; Tob. 2,2; Tob. 3,9; Tob. 10,12)
  βαδίζει ▸ 2
    Verb · third · singular · present · active · indicative ▸ **2** (1Esdr. 4,24; Bar. 2,18)
  βαδίζειν ▸ 1
    Verb · present · active · infinitive ▸ **1** (Ezek. 1,9)
  Βαδίζετε ▸ 1
    Verb · second · plural · present · active · imperative ▸ **1** (Ex. 10,24)
  βαδίζετε ▸ 6
    Verb · second · plural · present · active · indicative ▸ **1** (Judg. 10,14)
    Verb · second · plural · present · active · imperative ▸ **5** (Ex. 12,31; Jer. 6,16; Jer. 6,25; Bar. 4,19; Bar. 4,19)
  βαδίζον ▸ 1
    Verb · present · active · participle · neuter · singular · accusative ▸ **1** (Jonah 1,3)
  βαδίζοντες ▸ 1
    Verb · present · active · participle · masculine · plural · nominative ▸ **1** (Jer. 27,4)
  βαδίζουσιν ▸ 2
    Verb · third · plural · present · active · indicative ▸ **2** (1Esdr. 4,4; Jer. 11,10)
  βαδίζων ▸ 1
    Verb · present · active · participle · masculine · singular · nominative ▸ **1** (Mic. 7,4)
  βαδιοῦνται ▸ 1
    Verb · third · plural · future · middle · indicative ▸ **1** (Is. 40,31)
  βαδίσαι ▸ 1
    Verb · aorist · active · infinitive ▸ **1** (Tob. 2,10)
  βαδίσαντες ▸ 2
    Verb · aorist · active · participle · masculine · plural · nominative ▸ **2** (1Esdr. 9,51; Is. 55,1)
  Βαδίσας ▸ 3
    Verb · aorist · active · participle · masculine · singular · nominative ▸ **3** (2Sam. 18,21; Esth. 4,16; Is. 21,6)
  βαδίσας ▸ 1 + 2 = 3
    Verb · aorist · active · participle · masculine · singular · nominative ▸ 1 + 2 = **3** (Esth. 4,17; Tob. 8,3; Tob. 8,19)
  βαδίσασα ▸ 1
    Verb · aorist · active · participle · feminine · singular · nominative ▸ **1** (Tob. 7,16)
  Βαδίσατε ▸ 1
    Verb · second · plural · aorist · active · imperative ▸ **1** (Gen. 44,25)
  βαδίσατε ▸ 3
    Verb · second · plural · aorist · active · imperative ▸ **3** (Gen. 42,19; Jer. 12,9; Jer. 38,2)
  βαδίσῃ ▸ 1
    Verb · third · singular · aorist · active · subjunctive ▸ **1** (Bar. 5,7)
  βαδίσῃς ▸ 1 + 1 = 2
    Verb · second · singular · aorist · active · subjunctive ▸ 1 + 1 = **2**

(Jer. 51,35; Tob. 5,7)
- **Βάδισον** ▸ 7
  - **Verb** · second · singular · aorist · active · imperative ▸ 7 (Tob. 2,2; Jer. 13,1; Jer. 17,19; Jer. 19,1; Jer. 41,2; Jer. 42,2; Jer. 43,19)
- **βάδισον** ▸ 5
  - **Verb** · second · singular · aorist · active · imperative ▸ 5 (Ex. 7,15; Deut. 5,30; Jer. 13,4; Jer. 13,6; Dan. 12,13)
- **Βαδίσωμεν** ▸ 1
  - **Verb** · first · plural · aorist · active · subjunctive ▸ 1 (Deut. 13,7)
- **ἐβάδισεν** ▸ 1
  - **Verb** · third · singular · aorist · active · indicative ▸ 1 (Tob. 11,11)

Βαδιηλ Zabdiel ▸ 1
- Βαδιηλ ▸ 1
  - **Noun** · masculine · singular · nominative · (proper) ▸ 1 (Neh. 11,14)

βάδος (βαίνω) bath (liquid measure) ▸ 2
- βάδων ▸ 2
  - **Noun** · masculine · plural · genitive · (common) ▸ 2 (Ezra 7,22; Ezra 7,22)

Βαζαν Biztha ▸ 1
- Βαζαν ▸ 1
  - **Noun** · masculine · singular · dative · (proper) ▸ 1 (Esth. 1,10)

Βαζες Bozez ▸ 1
- Βαζες ▸ 1
  - **Noun** · masculine · singular · nominative · (proper) ▸ 1 (1Sam. 14,4)

Βαζκαθ Bozkath ▸ 1
- Βαζκαθ ▸ 1
  - **Noun** · singular · nominative · (proper) ▸ 1 (Josh. 15,39)

Βαθαρωθ Beth Lebaoth ▸ 1
- Βαθαρωθ ▸ 1
  - **Noun** · singular · nominative · (proper) ▸ 1 (Josh. 19,6)

βαθέως (βαθύς) deeply ▸ 1
- βαθέως ▸ 1
  - **Adverb** ▸ 1 (Is. 29,15)

Βαθησαρ Mareshah (?) ▸ 1
- Βαθησαρ ▸ 1
  - **Noun** · singular · nominative · (proper) ▸ 1 (Josh. 15,44)

βαθμός (βαίνω) degree; step; grade, rank ▸ 7 + 1 = 8
- βαθμὸν ▸ 1 + 1 = 2
  - **Noun** · masculine · singular · accusative · (common) ▸ 1 + 1 = 2 (1Sam. 5,5; 1Tim. 3,13)
- βαθμούς ▸ 4
  - **Noun** · masculine · plural · accusative · (common) ▸ 4 (2Kings 20,9; 2Kings 20,9; 2Kings 20,10; 2Kings 20,11)
- βαθμοὺς ▸ 2
  - **Noun** · masculine · plural · accusative · (common) ▸ 2 (2Kings 20,10; Sir. 6,36)

βάθος (βαθύς) depth ▸ 23 + 8 = 31
- βάθη ▸ 9 + 1 = 10
  - **Noun** · neuter · plural · accusative · (common) ▸ 8 + 1 = 9 (Psa. 68,3; Ode. 6,4; Job 28,11; Amos 9,3; Mic. 7,19; Jonah 2,4; Is. 51,10; Ezek. 26,20; 1Cor. 2,10)
  - **Noun** · neuter · plural · nominative · (common) ▸ 1 (Zech. 10,11)
- βάθος ▸ 10 + 6 = 16
  - **Noun** · neuter · singular · accusative · (common) ▸ 8 + 3 = 11 (Judith 8,14; Prov. 18,3; Wis. 4,3; Is. 7,11; Ezek. 31,14; Ezek. 31,18; Ezek. 32,18; Ezek. 32,24; Matt. 13,5; Mark 4,5; Luke 5,4)
  - **Noun** · neuter · singular · nominative · (common) ▸ 2 + 3 = 5 (Eccl. 7,24; Ezek. 43,13; Rom. 8,39; Rom. 11,33; Eph. 3,18)
- βάθους ▸ 4 + 1 = 5
  - **Noun** · neuter · singular · genitive · (common) ▸ 4 + 1 = 5 (Psa. 68,15; Wis. 10,19; Sir. 51,5; Ezek. 43,14; 2Cor. 8,2)

Βαθουηλ Bethuel ▸ 12
- Βαθουηλ ▸ 12
  - **Noun** · singular · dative · (proper) ▸ 1 (1Chr. 4,30)
  - **Noun** · masculine · singular · accusative · (proper) ▸ 2 (Gen. 22,22; Gen. 28,2)
  - **Noun** · masculine · singular · dative · (proper) ▸ 1 (Gen. 24,15)
  - **Noun** · masculine · singular · genitive · (proper) ▸ 6 (Gen. 24,24; Gen. 24,47; Gen. 25,20; Gen. 28,5; Gen. 29,1; Joel 1,1)
  - **Noun** · masculine · singular · nominative · (proper) ▸ 2 (Gen. 22,23; Gen. 24,50)

Βαθουλ Balah ▸ 1
- Βαθουλ ▸ 1
  - **Noun** · singular · nominative · (proper) ▸ 1 (Josh. 19,3)

Βαθρεφαν Beth Rapha ▸ 1
- Βαθρεφαν ▸ 1
  - **Noun** · masculine · singular · accusative · (proper) ▸ 1 (1Chr. 4,12)

βαθύνω (βαθύς) to dig deep ▸ 3 + 1 = 4
- βαθύνατε ▸ 2
  - **Verb** · second · plural · aorist · active · imperative ▸ 2 (Jer. 30,2; Jer. 30,25)
- ἐβάθυνεν ▸ 1
  - **Verb** · third · singular · aorist · active · indicative ▸ 1 (Luke 6,48)
- ἐβαθύνθησαν ▸ 1
  - **Verb** · third · plural · aorist · passive · indicative ▸ 1 (Psa. 91,6)

βαθύς deep ▸ 23 + 1 + 4 = 28
- βαθέα ▸ 2 + 1 + 1 = 4
  - **Adjective** · neuter · plural · accusative · noDegree ▸ 2 + 1 + 1 = 4 (Job 12,22; Dan. 2,22; Dan. 2,22; Rev. 2,24)
- βαθεῖ ▸ 1 + 1 = 2
  - **Adjective** · masculine · singular · dative · noDegree ▸ 1 + 1 = 2 (3Mac. 5,12; Acts 20,9)
- βάθει ▸ 5
  - **Adjective** · neuter · singular · dative · noDegree ▸ 5 (3Mac. 2,7; Sir. 24,5; Ezek. 27,34; Ezek. 32,21; Ezek. 32,22)
- βαθεῖα ▸ 3
  - **Adjective** · feminine · singular · nominative · noDegree ▸ 3 (Psa. 63,7; Prov. 25,3; Jer. 17,9)
- βαθεῖαν ▸ 4
  - **Adjective** · feminine · singular · accusative · noDegree ▸ 4 (4Mac. 3,20; Wis. 16,11; Is. 30,33; Is. 31,6)
- βαθέος ▸ 1
  - **Adjective** · masculine · singular · genitive · noDegree ▸ 1 (Sir. 22,9)
- βαθέων ▸ 1
  - **Adjective** · masculine · plural · genitive · noDegree ▸ 1 (Psa. 129,1)
- βαθέως ▸ 1
  - **Adjective** · masculine · singular · genitive ▸ 1 (Luke 24,1)
- βαθὺ ▸ 4
  - **Adjective** · neuter · singular · accusative · noDegree ▸ 1 (Ezek. 23,32)
  - **Adjective** · neuter · singular · nominative · noDegree ▸ 3 (Prov. 18,4; Prov. 20,5; Eccl. 7,24)
- βαθύ ▸ 1
  - **Adjective** · masculine · singular · nominative ▸ 1 (John 4,11)
- βαθὺς ▸ 1
  - **Adjective** · masculine · singular · nominative · noDegree ▸ 1 (Prov. 22,14)

βαθύτερα ▸ 1
    Adjective · neuter · plural · accusative · comparative ▸ 1 (Job 11,8)

βαθύφωνος (βαθύς; φωνή) deep-voiced ▸ 1
  βαθύφωνον ▸ 1
    Adjective · masculine · singular · accusative · noDegree ▸ 1 (Is. 33,19)

βαθύχειλος (βαθύς; χεῖλος) obscure language ▸ 1
  βαθύχειλον ▸ 1
    Adjective · masculine · singular · accusative · noDegree ▸ 1 (Ezek. 3,5)

Βαιαν Beon ▸ 2
  Βαιαν ▸ 2
    Noun · singular · genitive · (proper) ▸ 1 (1Mac. 5,4)
    Noun · masculine · singular · nominative · (proper) ▸ 1 (Num. 32,3)

Βαιηρ Beer ▸ 1
  Βαιηρ ▸ 1
    Noun · masculine · singular · genitive · (proper) ▸ 1 (Judg. 9,21)

Βαιθαβαρα Beth Arabah ▸ 1
  Βαιθαβαρα ▸ 1
    Noun · singular · nominative · (proper) ▸ 1 (Josh. 18,22)

Βαιθαγγαν Beth Haggan ▸ 1
  Βαιθαγγαν ▸ 1
    Noun · singular · genitive · (proper) ▸ 1 (2Kings 9,27)

Βαιθαγλα Beth Hoglah ▸ 2
  Βαιθαγλα ▸ 2
    Noun · singular · accusative · (proper) ▸ 1 (Josh. 15,6)
    Noun · singular · genitive · (proper) ▸ 1 (Josh. 18,19)

Βαιθακαδ Beth Eked ▸ 2
  Βαιθακαδ ▸ 2
    Noun · masculine · singular · accusative · (proper) ▸ 1 (2Kings 10,14)
    Noun · masculine · singular · dative · (proper) ▸ 1 (2Kings 10,12)

Βαιθαμμαρχαβωθ Beth Marcaboth ▸ 1
  Βαιθαμμαρχαβωθ ▸ 1
    Noun · singular · nominative · (proper) ▸ 1 (Josh. 19,5)

Βαιθαναβρα Beth Nimrah ▸ 1
  Βαιθαναβρα ▸ 1
    Noun · singular · accusative · (proper) ▸ 1 (Josh. 13,27)

Βαιθαναθ Beth Anath ▸ 2
  Βαιθαναθ ▸ 2
    Noun · singular · nominative · (proper) ▸ 1 (Josh. 19,38)
    Noun · feminine · singular · accusative · (proper) ▸ 1 (Judg. 1,33)

Βαιθαναμ Beth Anoth ▸ 1
  Βαιθαναμ ▸ 1
    Noun · singular · nominative · (proper) ▸ 1 (Josh. 15,59)

Βαιθαναν Beth Hanan ▸ 1
  Βαιθαναν ▸ 1
    Noun · masculine · singular · genitive · (proper) ▸ 1 (1Kings 4,9)

Βαιθανι Mithnite ▸ 1
  Βαιθανι ▸ 1
    Noun · masculine · singular · nominative · (proper) ▸ 1 (1Chr. 11,43)

Βαιθανωθ Beth Anoth ▸ 1
  Βαιθανωθ ▸ 1
    Noun · singular · nominative · (proper) ▸ 1 (Josh. 15,59)

Βαιθαρ Abiathar ▸ 1
  Βαιθαρ ▸ 1
    Noun · singular · genitive · (proper) ▸ 1 (2Sam. 15,24)

Βαιθαραβα Beth Arabah ▸ 3 + 1 = 4
  Βαιθαραβα ▸ 3 + 1 = 4
    Noun · singular · accusative · (proper) ▸ 2 (Josh. 15,6; Josh. 19,11)
    Noun · singular · genitive · (proper) ▸ 1 (Josh. 18,18)
    Noun · singular · nominative · (proper) ▸ 1 (Josh. 18,22)

Βαιθαραμ Beth Haram ▸ 1
  Βαιθαραμ ▸ 1
    Noun · singular · genitive · (proper) ▸ 1 (Josh. 13,27)

Βαιθαραν Beth Haran ▸ 1
  Βαιθαραν ▸ 1
    Noun · feminine · singular · accusative · (proper) ▸ 1 (Num. 32,36)

Βαιθασεττα Beth Shittah ▸ 1
  Βαιθασεττα ▸ 1
    Noun · feminine · singular · genitive · (proper) ▸ 1 (Judg. 7,22)

Βαιθασιμωθ Beth Jeshimoth ▸ 1
  Βαιθασιμωθ ▸ 1
    Noun · singular · accusative · (proper) ▸ 1 (Josh. 13,20)

Βαιθαχαρμα Beth Hakkerem ▸ 1
  Βαιθαχαρμα ▸ 1
    Noun · feminine · singular · accusative · (proper) ▸ 1 (Jer. 6,1)

Βαιθαχου Beth Tappuah ▸ 1
  Βαιθαχου ▸ 1
    Noun · singular · nominative · (proper) ▸ 1 (Josh. 15,53)

Βαιθβασι Beth Basi ▸ 2
  Βαιθβασι ▸ 2
    Noun · feminine · singular · accusative · (proper) ▸ 2 (1Mac. 9,62; 1Mac. 9,64)

Βαιθβηρα Beth Barah ▸ 2
  Βαιθβηρα ▸ 2
    Noun · singular · genitive · (proper) ▸ 2 (Judg. 7,24; Judg. 7,24)

Βαιθγεδωρ Beth Gader ▸ 1
  Βαιθγεδωρ ▸ 1
    Noun · masculine · singular · genitive · (proper) ▸ 1 (1Chr. 2,51)

Βαιθεγενεθ Beth Dagon ▸ 1
  Βαιθεγενεθ ▸ 1
    Noun · singular · genitive · (proper) ▸ 1 (Josh. 19,27)

Βαιθεγλιω Beth Hoglah ▸ 1
  Βαιθεγλιω ▸ 1
    Noun · singular · nominative · (proper) ▸ 1 (Josh. 18,21)

Βαιθενεθ Beth Anath ▸ 2 + 1 = 3
  Βαιθενεθ ▸ 2 + 1 = 3
    Noun · feminine · singular · accusative · (proper) ▸ 2 + 1 = 3 (Judg. 1,33; Judg. 1,33; Judg. 1,33)

Βαιθεωρ Betheor (?) ▸ 1
  Βαιθεωρ ▸ 1
    Noun · masculine · singular · accusative · (proper) ▸ 1 (1Sam. 14,47)

Βαιθζαχαρια Beth Zechariah ▸ 2
  Βαιθζαχαρια ▸ 2
    Noun · singular · accusative · (proper) ▸ 2 (1Mac. 6,32; 1Mac. 6,33)

Βαιθηλ Bethel ▸ 64 + 11 = 75
  Βαιθηλ ▸ 64 + 11 = 75
    Noun · feminine · singular · accusative · (proper) ▸ 27 + 8 = 35 (Gen. 35,1; Gen. 35,3; Gen. 35,7; Gen. 35,15; Josh. 7,2; Josh. 16,1; Josh. 16,2; Judg. 1,22; Judg. 1,23; Judg. 2,1; Judg. 20,18; Judg. 20,26; Judg. 20,31; Judg. 21,2; 1Sam. 7,16; 1Sam. 10,3; 1Kings 13,1; 1Kings 13,10; 2Kings 2,2; 2Kings 2,23; 2Kings 23,4; 2Chr. 13,19; 1Mac. 9,50; Amos 4,4; Amos 5,5; Amos 7,13; Zech. 7,2; Judg. 1,22; Judg. 1,23; Judg. 2,1; Judg. 20,18; Judg. 20,26; Judg. 20,31; Judg. 21,2; Tob. 2,6)
    Noun · feminine · singular · dative · (proper) ▸ 13 (Gen. 12,8; 1Kings 12,29; 1Kings 12,32; 1Kings 12,32; 1Kings 13,4; 1Kings

13,11; 1Kings 13,11; 1Kings 13,32; 2Kings 2,3; 2Kings 10,29; 2Kings 17,28; 2Kings 23,15; 2Kings 23,19)

Noun · feminine · singular · genitive · (proper) ▸ 19 + 3 = **22** (Gen. 12,8; Gen. 13,3; Gen. 13,3; Gen. 35,8; Gen. 35,16; Josh. 6,26; Josh. 8,9; Josh. 12,9; Judg. 4,5; Judg. 21,19; Judg. 21,19; 1Sam. 13,2; 2Kings 2,2; 2Kings 23,17; Ezra 2,28; Song 2,9; Amos 3,14; Amos 7,10; Jer. 31,13; Judg. 4,5; Judg. 21,19; Judg. 21,19)

Noun · feminine · singular · nominative · (proper) ▸ **5** (Gen. 35,6; Josh. 15,30; Josh. 18,13; 1Chr. 7,28; Amos 5,5)

Βαιθηλβεριθ Bethel-berith; house of El-berith ▸ **2**
Βαιθηλβεριθ ▸ **2**
Noun · feminine · singular · genitive · (proper) ▸ **1** (Judg. 9,50)
Noun · masculine · singular · genitive · (proper) ▸ **1** (Judg. 9,46)

Βαιθηλίτης Bethelite ▸ **1**
Βαιθηλίτης ▸ **1**
Noun · masculine · singular · nominative · (proper) ▸ **1** (1Kings 16,34)

Βαιθηρ Bether ▸ **1**
Βαιθηρ ▸ **1**
Noun · singular · nominative · (proper) ▸ **1** (Josh. 15,59a)

Βαιθηρα Beth-barah ▸ **2**
Βαιθηρα ▸ **2**
Noun · singular · genitive · (proper) ▸ **2** (Judg. 7,24; Judg. 7,24)

Βαιθθαμε Beth Anath ▸ **1**
Βαιθθαμε ▸ **1**
Noun · singular · nominative · (proper) ▸ **1** (Josh. 19,38)

Βαιθθαπφουε Beth Tappuah ▸ **1**
Βαιθθαπφουε ▸ **1**
Noun · singular · nominative · (proper) ▸ **1** (Josh. 15,53)

Βαιθλαβαθ Beth Lebaoth ▸ **1**
Βαιθλαβαθ ▸ **1**
Noun · singular · nominative · (proper) ▸ **1** (Josh. 19,6)

Βαιθλαεμ Bethlehem; Bethlaem ▸ **4**
Βαιθλαεμ ▸ **4**
Noun · singular · genitive · (proper) ▸ **1** (1Chr. 11,26)
Noun · masculine · singular · genitive · (proper) ▸ **2** (1Chr. 2,51; 1Chr. 4,4)
Noun · masculine · singular · nominative · (proper) ▸ **1** (1Chr. 2,54)

Βαιθλεεμ Bethlehem ▸ 21 + 4 = **25**
Βαιθλεεμ ▸ 21 + 4 = **25**
Noun · genitive · (proper) ▸ **1** (Ruth 1,1)
Noun · singular · accusative · (proper) ▸ **2** (Ruth 1,19; Ruth 1,22)
Noun · singular · dative · (proper) ▸ 7 + 1 = **8** (Ruth 4,11; 2Sam. 2,32; 2Sam. 23,14; 2Sam. 23,15; 2Sam. 23,15; 2Sam. 23,16; 2Sam. 23,24; Judg. 12,10)
Noun · singular · genitive · (proper) ▸ 4 + 2 = **6** (Judg. 12,8; Ruth 2,4; Ezra 2,21; Neh. 7,26; Judg. 12,8; Judg. 17,9)
Noun · singular · nominative · (proper) ▸ 2 + 1 = **3** (Gen. 48,7; Josh. 15,59a; Josh. 19,15)
Noun · feminine · singular · accusative · (proper) ▸ **1** (2Chr. 11,6)
Noun · feminine · singular · dative · (proper) ▸ **2** (1Chr. 11,16; 1Chr. 11,18)
Noun · feminine · singular · genitive · (proper) ▸ **2** (Ruth 1,2; 1Chr. 11,17)

Βαιθλεεμίτης Bethlehemite ▸ **1**
Βαιθλεεμίτης ▸ **1**
Noun · masculine · singular · nominative · (proper) ▸ **1** (2Sam. 21,19)

Βαιθλωμων Bethlomon ▸ **1**
Βαιθλωμων ▸ **1**
Noun · masculine · singular · genitive · (proper) ▸ **1** (1Esdr. 5,17)

Βαιθμαν Bethman (Bethlehem?) ▸ **1**
Βαιθμαν ▸ **1**
Noun · singular · nominative · (proper) ▸ **1** (Josh. 19,15)

Βαιθμαρχαβωθ Beth Marcaboth ▸ **1**
Βαιθμαρχαβωθ ▸ **1**
Noun · singular · dative · (proper) ▸ **1** (1Chr. 4,31)

Βαιθμαχα Beth Maacah ▸ **2**
Βαιθμαχα ▸ **2**
Noun · singular · accusative · (proper) ▸ **1** (2Sam. 20,14)
Noun · feminine · singular · accusative · (proper) ▸ **1** (2Sam. 20,15)

Βαιθμαχερεβ Beth Marcaboth ▸ **1**
Βαιθμαχερεβ ▸ **1**
Noun · singular · nominative · (proper) ▸ **1** (Josh. 19,5)

Βαιθοκ Beten ▸ **1**
Βαιθοκ ▸ **1**
Noun · singular · nominative · (proper) ▸ **1** (Josh. 19,25)

Βαιθροωβ Beth Rehob ▸ **1**
Βαιθροωβ ▸ **1**
Noun · singular · genitive · (proper) ▸ **1** (2Sam. 10,6)

Βαιθσααν Beth-shean; Beth Shan ▸ **1**
Βαιθσααν ▸ **1**
Noun · masculine · singular · nominative · (proper) ▸ **1** (1Chr. 7,29)

Βαιθσαμυς Beth Shemesh ▸ 20 + 2 = **22**
Βαιθσαμυς ▸ 20 + 2 = **22**
Noun · feminine · singular · accusative · (proper) ▸ 6 + 2 = **8** (Josh. 19,22; Josh. 21,16; Judg. 1,33; Judg. 1,33; 1Sam. 6,9; 2Chr. 28,18; Judg. 1,33; Judg. 1,33)
Noun · feminine · singular · dative · (proper) ▸ **6** (1Sam. 6,13; 1Sam. 6,14; 2Kings 14,11; 2Kings 14,13; 2Chr. 25,21; 2Chr. 25,23)
Noun · feminine · singular · genitive · (proper) ▸ **7** (Josh. 18,17; Josh. 19,12; 1Sam. 6,12; 1Sam. 6,12; 1Sam. 6,15; 1Sam. 6,19; 1Sam. 6,20)
Noun · feminine · singular · nominative · (proper) ▸ **1** (1Kings 4,9)

Βαιθσαμυσίτης Bet Shemesh? ▸ **1**
Βαιθσαμυσίτου ▸ **1**
Noun · masculine · singular · genitive · (proper) ▸ **1** (1Sam. 6,18)

Βαιθσαν Beth Shan ▸ 9 + 1 = **10**
Βαιθσαν ▸ 9 + 1 = **10**
Noun · singular · accusative · (proper) ▸ **2** (1Mac. 12,40; 1Mac. 12,41)
Noun · singular · genitive · (proper) ▸ **5** (Josh. 17,11; 1Sam. 31,10; 1Sam. 31,12; 2Sam. 21,12; 1Mac. 5,52)
Noun · feminine · singular · accusative · (proper) ▸ 1 + 1 = **2** (Judg. 1,27; Judg. 1,27)
Noun · feminine · singular · dative · (proper) ▸ **1** (Josh. 17,16)

Βαιθσαρισα Beth Shalishah ▸ **1**
Βαιθσαρισα ▸ **1**
Noun · feminine · singular · genitive · (proper) ▸ **1** (2Kings 4,42)

Βαιθσμας Beth Shemesh ▸ **1**
Βαιθσμας ▸ **1**
Noun · singular · accusative · (proper) ▸ **1** (Josh. 19,22)

Βαιθσουρ Beth Zur ▸ 3 + 1 = **4**
Βαιθσουρ ▸ 3 + 1 = **4**
Noun · singular · dative · (proper) ▸ **1** (1Sam. 30,27)
Noun · singular · nominative · (proper) ▸ 1 + 1 = **2** (Josh. 15,58; Josh. 15,58)
Noun · masculine · singular · genitive · (proper) ▸ **1** (1Chr. 2,45)

Βαιθσουρα Beth Zur, Baithsoura ▸ **16**

Βαιθσουρα ▸ 4
  Noun · singular · accusative · (proper) ▸ **1** (2Mac. 13,19)
  Noun · singular · dative · (proper) ▸ **1** (2Mac. 11,5)
  Noun · feminine · singular · accusative · (proper) ▸ **2** (2Chr. 11,7; 1Mac. 11,65)
Βαιθσουραν ▸ 7
  Noun · feminine · singular · accusative · (proper) ▸ **7** (1Mac. 4,61; 1Mac. 6,7; 1Mac. 6,26; 1Mac. 6,31; 1Mac. 6,50; 1Mac. 9,52; 1Mac. 14,33)
Βαιθσουροις ▸ 3
  Noun · neuter · plural · dative · (proper) ▸ **3** (1Mac. 4,29; 1Mac. 10,14; 2Mac. 13,22)
Βαιθσουρων ▸ 2
  Noun · plural · genitive · (proper) ▸ **2** (1Mac. 6,49; 1Mac. 14,7)
Βαιθφαλεθ Beth Pelet ▸ 1
  Βαιθφαλεθ ▸ 1
  Noun · singular · nominative · (proper) ▸ **1** (Josh. 15,27)
Βαιθφασης Beth Pazzez ▸ 1
  Βαιθφασης ▸ 1
  Noun · singular · nominative · (proper) ▸ **1** (Josh. 19,21)
Βαιθφογωρ Beth Peor ▸ 1
  Βαιθφογωρ ▸ 1
  Noun · singular · accusative · (proper) ▸ **1** (Josh. 13,20)
Βαιθχορ Beth Car ▸ 1
  Βαιθχορ ▸ 1
  Noun · singular · genitive · (proper) ▸ **1** (1Sam. 7,11)
Βαιθων Beth Aven ▸ 3
  Βαιθων ▸ 3
  Noun · singular · genitive · (proper) ▸ **1** (Josh. 18,12)
  Noun · feminine · singular · accusative · (proper) ▸ **1** (1Sam. 14,23)
  Noun · feminine · singular · genitive · (proper) ▸ **1** (1Sam. 13,5)
Βαιθωρων Beth Horon ▸ 18
  Βαιθωρων ▸ 18
  Noun · feminine · singular · accusative · (proper) ▸ **8** (Josh. 21,22; 1Kings 2,35i; 1Kings 10,22a # 9,15; 1Chr. 6,53; 1Chr. 7,24; 2Chr. 8,5; 2Chr. 8,5; 1Mac. 9,50)
  Noun · feminine · singular · dative · (proper) ▸ **1** (1Mac. 7,39)
  Noun · feminine · singular · genitive · (proper) ▸ **9** (Josh. 16,3; Josh. 16,5; Josh. 18,13; Josh. 18,14; 1Sam. 13,18; 2Chr. 25,13; Judith 4,4; 1Mac. 3,16; 1Mac. 3,24)
Βαιλμαιν Belmain ▸ 1
  Βελμαιν ▸ 1
  Noun · singular · genitive · (proper) ▸ **1** (Judith 4,4)
βαΐνη palm branch ▸ 1
  βαΐνην ▸ 1
  Noun · feminine · singular · accusative · (common) ▸ **1** (1Mac. 13,37)
βαίνω to walk ▸ 4
  βαίνειν ▸ 1
  Verb · present · active · infinitive ▸ **1** (Deut. 28,56)
  βεβήκει ▸ 1
  Verb · third · singular · pluperfect · active · indicative ▸ **1** (Wis. 18,16)
  βεβηκότα ▸ 1
  Verb · perfect · active · participle · neuter · plural · nominative ▸ **1** (Wis. 4,4)
  βεβηκότες ▸ 1
  Verb · perfect · active · participle · masculine · plural · nominative ▸ **1** (3Mac. 6,31)
βάϊον (βάϊς) branch ▸ 1 + 1 = 2
  βαΐα ▸ 1
  Noun · neuter · plural · accusative ▸ **1** (John 12,13)
  βαΐων ▸ 1
  Noun · neuter · plural · genitive · (common) ▸ **1** (1Mac. 13,51)
Βαισαφουδ Beth Shan ▸ 1
  Βαισαφουδ ▸ 1
  Noun · masculine · singular · genitive · (proper) ▸ **1** (1Kings 4,12)
Βαιτασμων Beth Asmoth ▸ 1
  Βαιτασμων ▸ 1
  Noun · masculine · singular · genitive · (proper) ▸ **1** (1Esdr. 5,18)
Βαιτηρους Baiterus ▸ 1
  Βαιτηρους ▸ 1
  Noun · masculine · singular · genitive · (proper) ▸ **1** (1Esdr. 5,17)
Βαιτολιω Betolio ▸ 1
  Βαιτολιω ▸ 1
  Noun · masculine · singular · genitive · (proper) ▸ **1** (1Esdr. 5,21)
Βαιτομασθαιμ Betomasthaim ▸ 1
  Βαιτομασθαιμ ▸ 1
  Noun · singular · accusative · (proper) ▸ **1** (Judith 15,4)
Βαιτομεσθαιμ Betomesthaim ▸ 1
  Βαιτομεσθαιμ ▸ 1
  Noun · feminine · singular · accusative · (proper) ▸ **1** (Judith 4,6)
Βαιτυλουα Bethulia ▸ 20
  Βαιτυλουα ▸ 20
  Noun · feminine · singular · accusative · (proper) ▸ **9** (Judith 6,10; Judith 6,14; Judith 7,1; Judith 7,6; Judith 7,13; Judith 7,20; Judith 15,6; Judith 16,21; Judith 16,23)
  Noun · feminine · singular · dative · (proper) ▸ **3** (Judith 4,6; Judith 8,3; Judith 8,11)
  Noun · feminine · singular · genitive · (proper) ▸ **8** (Judith 6,11; Judith 7,3; Judith 7,3; Judith 10,6; Judith 11,9; Judith 12,7; Judith 13,10; Judith 15,3)
Βαιφαλαδ Beth Pelet ▸ 1
  Βαιφαλαδ ▸ 1
  Noun · singular · nominative · (proper) ▸ **1** (Josh. 15,27)
Βαιων Bohan ▸ 2
  Βαιων ▸ 2
  Noun · singular · genitive · (proper) ▸ **2** (Josh. 15,6; Josh. 18,17)
Βακβακαρ Bakbakkar ▸ 1
  Βακβακαρ ▸ 1
  Noun · masculine · singular · nominative · (proper) ▸ **1** (1Chr. 9,15)
Βακβουκ Bakbuk ▸ 2
  Βακβουκ ▸ 2
  Noun · masculine · singular · genitive · (proper) ▸ **2** (Ezra 2,51; Neh. 7,53)
Βακήνωρ Bacenor ▸ 1
  Βακήνορος ▸ 1
  Noun · masculine · singular · genitive · (proper) ▸ **1** (2Mac. 12,35)
βακτηρία (βιβάζω) staff ▸ 10
  βακτηρία ▸ 3
  Noun · feminine · singular · nominative · (common) ▸ **3** (Psa. 22,4; Prov. 14,3; Jer. 31,17)
  βακτηρίαι ▸ 1
  Noun · feminine · plural · nominative · (common) ▸ **1** (Ex. 12,11)
  βακτηρίαν ▸ 1
  Noun · feminine · singular · accusative · (common) ▸ **1** (Jer. 1,11)
  βακτηρίαν ▸ 4
  Noun · feminine · singular · accusative · (common) ▸ **4** (1Sam. 17,40; 2Kings 4,29; 2Kings 4,29; 2Kings 4,31)
  βακτηρίας ▸ 1
  Noun · feminine · singular · genitive · (common) ▸ **1**

(Prov. 13,24)

Βακχα Baana ▸ 1
   Βακχα ▸ 1
     Noun · masculine · singular · nominative · (proper) ▸ **1** (1Kings 4,12)

Βακχίδης Bacchides ▸ 21
   Βακχίδην ▸ 9
     Noun · masculine · singular · accusative · (proper) ▸ **9** (1Mac. 7,8; 1Mac. 7,12; 1Mac. 9,1; 1Mac. 9,26; 1Mac. 9,29; 1Mac. 9,47; 1Mac. 9,58; 1Mac. 9,68; 2Mac. 8,30)
   Βακχίδης ▸ 11
     Noun · masculine · singular · nominative · (proper) ▸ **11** (1Mac. 7,19; 1Mac. 7,20; 1Mac. 9,11; 1Mac. 9,14; 1Mac. 9,25; 1Mac. 9,32; 1Mac. 9,34; 1Mac. 9,43; 1Mac. 9,57; 1Mac. 9,63; 1Mac. 10,12)
   Βακχίδου ▸ 1
     Noun · masculine · singular · genitive · (proper) ▸ **1** (1Mac. 9,49)

Βακχιρ Bukki ▸ 1
   Βακχιρ ▸ 1
     Noun · masculine · singular · nominative · (proper) ▸ **1** (Num. 34,22)

βακχούριον (Hebr.) firstfruits ▸ 1
   βακχουρίοις ▸ 1
     Noun · neuter · plural · dative · (common) ▸ **1** (Neh. 13,31)

Βακχουρος Zaccur ▸ 1
   Βακχουρος ▸ 1
     Noun · masculine · singular · nominative · (proper) ▸ **1** (1Esdr. 9,24)

Βακωκ Bakok (Iim?) ▸ 1
   Βακωκ ▸ 1
     Noun · singular · nominative · (proper) ▸ **1** (Josh. 15,29)

Βαλα Baalah ▸ 4
   Βαλα ▸ 4
     Noun · singular · nominative · (proper) ▸ **1** (Josh. 15,29)
     Noun · feminine · singular · genitive · (proper) ▸ **1** (Josh. 15,11)
     Noun · masculine · singular · genitive · (proper) ▸ **1** (Gen. 46,21)
     Noun · masculine · singular · nominative · (proper) ▸ **1** (Gen. 46,21)

Βαλαα Bilhah ▸ 2
   Βαλαα ▸ 2
     Noun · singular · dative · (proper) ▸ **1** (1Chr. 4,29)
     Noun · masculine · singular · genitive · (proper) ▸ **1** (1Chr. 7,13)

Βαλααμ Balaam ▸ 62
   Βαλααμ ▸ 62
     Noun · feminine · singular · accusative · (proper) ▸ **1** (Judg. 1,27)
     Noun · masculine · singular · accusative · (proper) ▸ **19** (Num. 22,5; Num. 22,7; Num. 22,9; Num. 22,12; Num. 22,16; Num. 22,20; Num. 22,35; Num. 22,37; Num. 22,41; Num. 23,11; Num. 23,25; Num. 23,27; Num. 23,28; Num. 24,10; Num. 31,8; Deut. 23,5; Josh. 13,22; Josh. 24,9; Neh. 13,2)
     Noun · masculine · singular · dative · (proper) ▸ **7** (Num. 22,8; Num. 22,28; Num. 22,30; Num. 22,40; Num. 23,4; Num. 23,16; Num. 24,10)
     Noun · masculine · singular · genitive · (proper) ▸ **6** (Num. 22,25; Num. 22,27; Num. 22,31; Num. 23,5; Num. 31,16; Deut. 23,6)
     Noun · masculine · singular · nominative · (proper) ▸ **29** (Num. 22,10; Num. 22,13; Num. 22,14; Num. 22,18; Num. 22,21; Num. 22,27; Num. 22,29; Num. 22,34; Num. 22,35; Num. 22,36; Num. 22,38; Num. 22,39; Num. 23,1; Num. 23,2; Num. 23,3; Num. 23,3; Num. 23,4; Num. 23,12; Num. 23,15; Num. 23,26; Num. 23,29; Num. 23,30; Num. 24,1; Num. 24,2; Num. 24,3; Num. 24,12; Num. 24,15; Num. 24,25; Mic. 6,5)

Βαλαάμ Balaam ▸ 3
   Βαλαάμ ▸ 1
     Noun · masculine · singular · genitive · (proper) ▸ **1** (Rev. 2,14)
   Βαλαάμ ▸ 2
     Noun · masculine · singular · genitive · (proper) ▸ **2** (2Pet. 2,15; Jude 11)

Βαλααν Bilhan ▸ 4
   Βαλααν ▸ 4
     Noun · masculine · singular · genitive · (proper) ▸ **1** (1Chr. 7,10)
     Noun · masculine · singular · nominative · (proper) ▸ **3** (Gen. 36,27; 1Chr. 1,42; 1Chr. 7,10)

Βαλαδ Balad ▸ 1
   Βαλαδ ▸ 1
     Noun · feminine · singular · nominative · (proper) ▸ **1** (1Chr. 7,29)

Βαλαδαν Baladan ▸ 1
   Βαλαδαν ▸ 1
     Noun · masculine · singular · genitive · (proper) ▸ **1** (2Kings 20,12)

Βαλαεννων Baal-Hanan ▸ 4
   Βαλαεννων ▸ 4
     Noun · masculine · singular · nominative · (proper) ▸ **4** (Gen. 36,38; Gen. 36,39; 1Chr. 1,49; 1Chr. 1,50)

Βαλαερμων Baal Hermon ▸ 1
   Βαλαερμων ▸ 1
     Noun · singular · genitive · (proper) ▸ **1** (Judg. 3,3)

Βαλακ Balak ▸ 52 + 2 = 54
   Βαλακ ▸ 52 + 2 = 54
     Noun · feminine · singular · accusative · (proper) ▸ **1** (Judg. 1,27)
     Noun · feminine · singular · genitive · (proper) ▸ **2** (Gen. 14,2; Gen. 14,8)
     Noun · masculine · singular · accusative · (proper) ▸ **10 + 1 = 11** (Num. 22,14; Num. 22,38; Num. 23,3; Num. 23,5; Num. 23,12; Num. 23,15; Num. 23,16; Num. 23,29; Num. 24,12; Job 42,17d; Judg. 11,25)
     Noun · masculine · singular · dative · (proper) ▸ **2** (Num. 23,1; Num. 23,26)
     Noun · masculine · singular · genitive · (proper) ▸ **6** (Num. 22,7; Num. 22,13; Num. 22,18; Num. 22,35; Num. 22,39; Judg. 11,25)
     Noun · masculine · singular · nominative · (proper) ▸ **31** (Gen. 36,32; Gen. 36,33; Num. 22,2; Num. 22,4; Num. 22,10; Num. 22,15; Num. 22,16; Num. 22,18; Num. 22,36; Num. 22,37; Num. 22,40; Num. 22,41; Num. 23,2; Num. 23,3; Num. 23,7; Num. 23,11; Num. 23,13; Num. 23,17; Num. 23,25; Num. 23,27; Num. 23,28; Num. 23,30; Num. 24,10; Num. 24,10; Num. 24,13; Num. 24,25; Josh. 24,9; 1Chr. 1,43; 1Chr. 1,44; Job 42,17d; Mic. 6,5)
     Noun · masculine · singular · vocative · (proper) ▸ **1** (Num. 23,18)

Βαλάκ Bela, Balak ▸ 1
   Βαλὰκ ▸ 1
     Noun · masculine · singular · dative · (proper) ▸ **1** (Rev. 2,14)

Βαλαμων Balamon ▸ 1
   Βαλαμων ▸ 1
     Noun · singular · genitive · (proper) ▸ **1** (Judith 8,3)

Βαλανας Baal-Hanan ▸ 1
   Βαλανας ▸ 1
     Noun · masculine · singular · nominative · (proper) ▸ **1** (1Chr. 27,28)

Βάλανος (βάλανος) Oak ▸ 1
   Βάλανος ▸ 1
     Noun · feminine · singular · accusative · (proper) ▸ **1** (Gen. 35,8)

βάλανος oak, acorn, oak bar ▸ 5 + 1 = 6

βάλανοι ▸ 1
  Noun ▪ feminine ▪ plural ▪ nominative ▪ (common) ▸ **1** (Jer. 30,26)
βάλανον ▸ 1
  Noun ▪ feminine ▪ singular ▪ accusative ▪ (common) ▸ **1** (Gen. 35,8)
βάλανος ▸ 1
  Noun ▪ feminine ▪ singular ▪ nominative ▪ (common) ▸ **1** (Is. 6,13)
βαλάνου ▸ 1
  Noun ▪ feminine ▪ singular ▪ genitive ▪ (common) ▸ **1** (Is. 2,13)
βαλάνῳ ▸ **1** + **1** = **2**
  Noun ▪ feminine ▪ singular ▪ dative ▪ (common) ▸ **1** + **1** = **2** (Judg. 9,6; Judg. 9,6)
Βαλασαν Bilshan ▸ 1
  Βαλασαν ▸ 1
    Noun ▪ masculine ▪ singular ▪ nominative ▪ (proper) ▸ **1** (Ezra 2,2)
Βαλγα Bilgah ▸ 1
  Βαλγα ▸ 1
    Noun ▪ masculine ▪ singular ▪ dative ▪ (proper) ▸ **1** (Neh. 12,18)
Βαλδαδ Bildad ▸ 6
  Βαλδαδ ▸ 6
    Noun ▪ masculine ▪ singular ▪ nominative ▪ (proper) ▸ **6** (Job 2,11; Job 8,1; Job 18,1; Job 25,1; Job 42,9; Job 42,17e)
Βαλε Bela ▸ 6
  Βαλε ▸ 6
    Noun ▪ masculine ▪ singular ▪ accusative ▪ (proper) ▸ **1** (1Chr. 8,1)
    Noun ▪ masculine ▪ singular ▪ dative ▪ (proper) ▸ **2** (Num. 26,42; 1Chr. 8,3)
    Noun ▪ masculine ▪ singular ▪ genitive ▪ (proper) ▸ **2** (Num. 26,44; 1Chr. 7,7)
    Noun ▪ masculine ▪ singular ▪ nominative ▪ (proper) ▸ **1** (1Chr. 7,6)
Βαλεγδαε Beeliada ▸ 1
  Βαλεγδαε ▸ 1
    Noun ▪ masculine ▪ singular ▪ nominative ▪ (proper) ▸ **1** (1Chr. 14,7)
Βαλεϊ Belaite ▸ 1
  Βαλεϊ ▸ 1
    Noun ▪ masculine ▪ singular ▪ nominative ▪ (proper) ▸ **1** (Num. 26,42)
Βαλεκ Bela ▸ 1
  Βαλεκ ▸ 1
    Noun ▪ masculine ▪ singular ▪ nominative ▪ (proper) ▸ **1** (1Chr. 5,8)
Βαλλα Balla; Bilhah ▸ 10
  Βαλλα ▸ 4
    Noun ▪ feminine ▪ singular ▪ nominative ▪ (proper) ▸ **3** (Gen. 30,3; Gen. 30,5; Gen. 30,7)
    Noun ▪ masculine ▪ singular ▪ genitive ▪ (proper) ▸ **1** (Gen. 14,2)
  Βαλλαν ▸ 2
    Noun ▪ feminine ▪ singular ▪ accusative ▪ (proper) ▸ **2** (Gen. 29,29; Gen. 30,4)
  Βαλλας ▸ 4
    Noun ▪ feminine ▪ singular ▪ genitive ▪ (proper) ▸ **4** (Gen. 35,22; Gen. 35,25; Gen. 37,2; Gen. 46,25)
βαλλάντιον coin bag ▸ **2** + **2** + **4** = **8**
  βαλλάντια ▸ **1** + **1** = **2**
    Noun ▪ neuter ▪ plural ▪ accusative ▸ **1** + **1** = **2** (Tob. 1,14; Luke 12,33)
  βαλλάντιον ▸ **1** + **2** = **3**
    Noun ▪ neuter ▪ singular ▪ accusative ▪ (common) ▸ **1** + **2** = **3** (Prov. 1,14; Luke 10,4; Luke 22,36)
  βαλλαντίου ▸ **1** + **1** = **2**
    Noun ▪ neuter ▪ singular ▪ genitive ▪ (common) ▸ **1** + **1** = **2** (Tob. 8,2; Luke 22,35)
  βαλλαντίῳ ▸ 1
    Noun ▪ neuter ▪ singular ▪ dative ▪ (common) ▸ **1** (Job 14,17)
βάλλω to throw, put ▸ **54** + **5** + **122** = **181**
  βάλε ▸ **1** + **9** = **10**
    Verb ▪ second ▪ singular ▪ aorist ▪ active ▪ imperative ▸ **1** + **9** = **10** (Prov. 1,14; Matt. 4,6; Matt. 5,29; Matt. 5,30; Matt. 17,27; Matt. 18,8; Matt. 18,9; Luke 4,9; John 18,11; John 20,27)
  βαλεῖ ▸ **3** + **1** = **4**
    Verb ▪ third ▪ singular ▪ future ▪ active ▪ indicative ▸ **3** + **1** = **4** (Hos. 14,6; Hab. 1,10; Jer. 17,8; Luke 12,58)
  βαλεῖν ▸ **4** + **8** = **12**
    Verb ▪ aorist ▪ active ▪ infinitive ▸ **4** + **8** = **12** (Eccl. 3,5; Ezek. 21,27; Ezek. 21,27; Ezek. 21,27; Matt. 10,34; Matt. 10,34; Matt. 15,26; Matt. 25,27; Matt. 27,6; Mark 7,27; Luke 12,49; Rev. 2,14)
  βαλεῖτε ▸ 2
    Verb ▪ second ▪ plural ▪ future ▪ active ▪ indicative ▸ **2** (Ezek. 47,22; Ezek. 48,29)
  Βάλετε ▸ 1
    Verb ▪ second ▪ plural ▪ aorist ▪ active ▪ imperative ▸ **1** (1Sam. 14,42)
  βάλετε ▸ **1** + **1** = **2**
    Verb ▪ second ▪ plural ▪ aorist ▪ active ▪ imperative ▸ **1** + **1** = **2** (Jer. 47,10; John 21,6)
  βαλέτω ▸ 1
    Verb ▪ third ▪ singular ▪ aorist ▪ active ▪ imperative ▸ **1** (John 8,7)
  βάλῃ ▸ **4** + **2** = **6**
    Verb ▪ third ▪ singular ▪ aorist ▪ active ▪ subjunctive ▸ **4** + **2** = **6** (Num. 22,38; Job 15,29; Sir. 37,8; Is. 37,33; Mark 4,26; John 5,7)
  βάλητε ▸ 1
    Verb ▪ second ▪ plural ▪ aorist ▪ active ▪ subjunctive ▸ **1** (Matt. 7,6)
  βάλλει ▸ **1** + **6** = **7**
    Verb ▪ third ▪ singular ▪ present ▪ active ▪ indicative ▸ **1** + **6** = **7** (Sir. 27,25; Mark 2,22; Mark 12,41; Luke 5,37; John 13,5; 1John 4,18; Rev. 6,13)
  βάλλειν ▸ **1** + **1** = **2**
    Verb ▪ present ▪ active ▪ infinitive ▸ **1** + **1** = **2** (2Chr. 26,15; Rev. 2,10)
  βάλλεσθαι ▸ 1
    Verb ▪ present ▪ middle ▪ infinitive ▸ **1** (1Mac. 6,51)
  βάλλεται ▸ 3
    Verb ▪ third ▪ singular ▪ present ▪ passive ▪ indicative ▪ (variant) ▸ **3** (Matt. 3,10; Matt. 7,19; Luke 3,9)
  βάλλομεν ▸ 1
    Verb ▪ first ▪ plural ▪ present ▪ active ▪ indicative ▸ **1** (James 3,3)
  βαλλόμενα ▸ 1
    Verb ▪ present ▪ passive ▪ participle ▪ neuter ▪ plural ▪ accusative ▪ (variant) ▸ **1** (John 12,6)
  βαλλόμενον ▸ 2
    Verb ▪ present ▪ passive ▪ participle ▪ masculine ▪ singular ▪ accusative ▪ (variant) ▸ **2** (Matt. 6,30; Luke 12,28)
  βάλλοντας ▸ **1** + **2** = **3**
    Verb ▪ present ▪ active ▪ participle ▪ masculine ▪ plural ▪ accusative ▸ **1** + **2** = **3** (Job 5,3; Matt. 4,18; Luke 21,1)
  βάλλοντες ▸ **6** + **2** = **8**
    Verb ▪ present ▪ active ▪ participle ▪ masculine ▪ plural ▪ nominative ▸ **6** + **2** = **8** (Judg. 20,16; 2Mac. 1,16; Psa. 77,9; Job 16,13; Is. 19,8; Is. 19,8; Matt. 27,35; Mark 15,24)
  βάλλοντος ▸ 1

Verb · present · active · participle · masculine · singular · genitive ▸ **1** (Psa. 147,6)

βαλλόντων ▸ **2**
Verb · present · active · participle · masculine · plural · genitive ▸ **2** (Mark 12,43; Acts 22,23)

βάλλουσαν ▸ **1**
Verb · present · active · participle · feminine · singular · accusative ▸ **1** (Luke 21,2)

βάλλουσιν ▸ **1 + 4 = 5**
Verb · third · plural · present · active · indicative ▸ **1 + 4 = 5** (1Sam. 14,42; Matt. 9,17; Matt. 9,17; Luke 14,35; John 15,6)

βάλλω ▸ **2**
Verb · first · singular · present · active · indicative ▸ **2** (Rev. 2,22; Rev. 2,24)

βάλλων ▸ **3**
Verb · present · active · participle · masculine · singular · nominative ▸ **3** (Sir. 22,20; Sir. 27,25; Mic. 2,5)

βαλοῦσα ▸ **1**
Verb · aorist · active · participle · feminine · singular · nominative ▸ **1** (Matt. 26,12)

βαλοῦσιν ▸ **2 + 3 = 5**
Verb · third · plural · future · active · indicative ▸ **2 + 3 = 5** (Nah. 3,10; Ezek. 23,24; Matt. 13,42; Matt. 13,50; Rev. 4,10)

βάλω ▸ **3**
Verb · first · singular · aorist · active · subjunctive ▸ **3** (Luke 13,8; John 20,25; John 20,25)

βαλῶ ▸ **1**
Verb · first · singular · future · active · indicative ▸ **1** (Is. 29,3)

βάλωμεν ▸ **1**
Verb · first · plural · aorist · active · subjunctive ▸ **1** (Jonah 1,7)

βαλών ▸ **1**
Verb · aorist · active · participle · masculine · singular · nominative ▸ **1** (Job 38,6)

βάλωσιν ▸ **1**
Verb · third · plural · aorist · active · subjunctive ▸ **1** (John 8,59)

βεβληκότος ▸ **1**
Verb · perfect · active · participle · masculine · singular · genitive ▸ **1** (John 13,2)

βεβλημένην ▸ **1**
Verb · perfect · passive · participle · feminine · singular · accusative · (variant) ▸ **1** (Matt. 8,14)

βεβλημένοι ▸ **1**
Verb · perfect · passive · participle · masculine · plural · nominative ▸ **1** (Judg. 7,12)

βεβλημένον ▸ **3**
Verb · perfect · passive · participle · masculine · singular · accusative · (variant) ▸ **2** (Matt. 9,2; Luke 23,25)
Verb · perfect · passive · participle · neuter · singular · accusative · (variant) ▸ **1** (Mark 7,30)

βεβλημένος ▸ **1**
Verb · perfect · passive · participle · masculine · singular · nominative · (variant) ▸ **1** (John 3,24)

βέβληται ▸ **2**
Verb · third · singular · perfect · passive · indicative · (variant) ▸ **2** (Matt. 8,6; Mark 9,42)

βληθείς ▸ **1**
Verb · aorist · passive · participle · masculine · singular · nominative ▸ **1** (Luke 23,19)

βληθείσῃ ▸ **1**
Verb · aorist · passive · participle · feminine · singular · dative ▸ **1** (Matt. 13,47)

βληθέν ▸ **1**
Verb · aorist · passive · participle · neuter · singular · accusative ▸ **1** (Matt. 5,13)

βληθέντος ▸ **1**
Verb · aorist · passive · participle · neuter · singular · genitive ▸ **1** (Wis. 5,12)

βληθῇ ▸ **1**
Verb · third · singular · aorist · passive · subjunctive ▸ **1** (Matt. 5,29)

βληθῆναι ▸ **4**
Verb · aorist · passive · infinitive ▸ **4** (Matt. 18,8; Matt. 18,9; Mark 9,45; Mark 9,47)

βληθήσεται ▸ **1**
Verb · third · singular · future · passive · indicative ▸ **1** (Rev. 18,21)

βληθήσῃ ▸ **1**
Verb · second · singular · future · passive · indicative ▸ **1** (Matt. 5,25)

βλήθητι ▸ **2**
Verb · second · singular · aorist · passive · imperative ▸ **2** (Matt. 21,21; Mark 11,23)

ἔβαλαν ▸ **1 + 1 = 2**
Verb · third · plural · aorist · active · indicative ▸ **1 + 1 = 2** (1Kings 6,1b; Acts 16,37)

ἔβαλεν ▸ **2 + 2 + 21 = 25**
Verb · third · singular · aorist · active · indicative ▸ **2 + 2 + 21 = 25** (2Sam. 20,22; Esth. 3,7; Judg. 6,19; Judg. 8,25; Matt. 18,30; Mark 7,33; Mark 9,22; Mark 12,42; Mark 12,43; Mark 12,44; Luke 13,19; Luke 21,3; Luke 21,4; John 21,7; Acts 16,24; Acts 27,14; Rev. 8,5; Rev. 12,4; Rev. 12,15; Rev. 12,16; Rev. 14,16; Rev. 14,19; Rev. 14,19; Rev. 18,21; Rev. 20,3)

ἔβαλες ▸ **2**
Verb · second · singular · aorist · active · indicative ▸ **2** (Ode. 4,13; Hab. 3,13)

ἔβαλλον ▸ **1 + 1 = 2**
Verb · third · plural · imperfect · active · indicative ▸ **1 + 1 = 2** (Judith 6,12; Mark 12,41)

ἐβάλομεν ▸ **1 + 1 = 2**
Verb · first · plural · aorist · active · indicative ▸ **1 + 1 = 2** (Neh. 10,35; Dan. 3,91)

ἔβαλον ▸ **7 + 8 = 15**
Verb · third · plural · aorist · active · indicative ▸ **7 + 8 = 15** (1Chr. 25,8; 1Chr. 26,13; 1Chr. 26,14; Psa. 21,19; Joel 4,3; Obad. 11; Jonah 1,7; Matt. 13,48; Mark 12,44; Luke 21,4; Luke 23,34; John 19,24; John 21,6; Acts 16,23; Rev. 18,19)

ἐβάλοσαν ▸ **1**
Verb · third · plural · aorist · active · indicative ▸ **1** (Neh. 11,1)

ἐβέβλητο ▸ **1**
Verb · third · singular · pluperfect · passive · indicative · (variant) ▸ **1** (Luke 16,20)

ἐβλήθη ▸ **1 + 9 = 10**
Verb · third · singular · aorist · passive · indicative ▸ **1 + 9 = 10** (4Mac. 16,21; John 15,6; Rev. 8,7; Rev. 8,8; Rev. 12,9; Rev. 12,9; Rev. 12,10; Rev. 12,13; Rev. 20,10; Rev. 20,15)

ἐβλήθησαν ▸ **1 + 1 + 3 = 5**
Verb · third · plural · aorist · passive · indicative ▸ **1 + 1 + 3 = 5** (Dan. 3,21; Dan. 3,21; Rev. 12,9; Rev. 19,20; Rev. 20,14)

Βαλμαιναν Bealoth (?) ▸ **1**
Βαλμαιναν ▸ **1**
Noun · singular · nominative · (proper) ▸ **1** (Josh. 15,24)

Βαλνουος Belnuus ▸ **1**
Βαλνουος ▸ **1**
Noun · masculine · singular · nominative · (proper) ▸ **1** (1Esdr.

Βαλσαν Bilshan ▸ 1
　Βαλσαν ▸ 1
　　Noun · masculine · singular · genitive · (proper) ▸ **1** (Neh. 7,7)
Βαλτασαρ Belshazzar; Belteshazzar ▸ 13 + 18 = 31
　Βαλτασαρ ▸ 13 + 18 = 31
　　Noun · masculine · singular · accusative · (proper) ▸ 1 + 2 = **3** (Dan. 1,7; Dan. 1,7; Dan. 5,12)
　　Noun · masculine · singular · dative · (proper) ▸ **1** (Dan. 2,26)
　　Noun · masculine · singular · genitive · (proper) ▸ 5 + 2 = **7** (Bar. 1,11; Bar. 1,12; Dan. 5,5; Dan. 7,1; Dan. 8,1; Dan. 7,1; Dan. 8,1)
　　Noun · masculine · singular · nominative · (proper) ▸ 6 + 11 = **17** (Dan. 5,0; Dan. 5,0; Dan. 5,1; Dan. 5,29; Dan. 5,30; Dan. 10,1; Dan. 2,26; Dan. 4,8; Dan. 4,19; Dan. 4,19; Dan. 5,1; Dan. 5,2; Dan. 5,9; Dan. 5,22; Dan. 5,29; Dan. 5,30; Dan. 10,1)
　　Noun · masculine · singular · vocative · (proper) ▸ **3** (Dan. 4,9; Dan. 4,18; Dan. 4,19)
Βαλωθ Bealoth ▸ 1
　Βαλωθ ▸ 1
　　Noun · singular · nominative · (proper) ▸ **1** (Josh. 15,24)
Βαμα (Hebr.) High Place ▸ 9
　Βαμα ▸ 9
　　Noun · feminine · singular · accusative · (proper) ▸ **3** (1Sam. 9,13; 1Sam. 9,14; 1Sam. 9,19)
　　Noun · feminine · singular · dative · (proper) ▸ **4** (1Sam. 9,12; 1Sam. 11,8; 1Chr. 16,39; 1Chr. 21,29)
　　Noun · feminine · singular · genitive · (proper) ▸ **2** (1Sam. 9,25; 1Sam. 10,5)
βαμα (Hebr.) High Place ▸ 1
　βαμα ▸ 1
　　Noun ▸ **1** (2Chr. 1,13)
Βαμαηλ Bimhal ▸ 1
　Βαμαηλ ▸ 1
　　Noun · masculine · singular · nominative · (proper) ▸ **1** (1Chr. 7,33)
Βαμεθ Ramah ▸ 1
　Βαμεθ ▸ 1
　　Noun · singular · accusative · (proper) ▸ **1** (Josh. 19,8)
βάμμα (βάπτω) dyed garment ▸ 2 + 3 = 5
　βάμματα ▸ 1
　　Noun · neuter · plural · nominative · (common) ▸ **1** (Judg. 5,30)
　βαμμάτων ▸ 2 + 2 = 4
　　Noun · neuter · plural · genitive · (common) ▸ 2 + 2 = **4** (Judg. 5,30; Judg. 5,30; Judg. 5,30; Judg. 5,30)
Βαμωθ Bamoth ▸ 2
　Βαμωθ ▸ 2
　　Noun · singular · accusative · (proper) ▸ **1** (Num. 21,19)
　　Noun · singular · genitive · (proper) ▸ **1** (Num. 21,20)
Βαμωθβααλ Bamoth Baal ▸ 1
　Βαμωθβααλ ▸ 1
　　Noun · singular · accusative · (proper) ▸ **1** (Josh. 13,17)
Βαναι Benaiah ▸ 1
　Βαναι ▸ 1
　　Noun · masculine · singular · nominative · (proper) ▸ **1** (1Chr. 15,24)
Βαναια Bene Jaakan; Benaiah; Binnui ▸ 11
　Βαναια ▸ 11
　　Noun · singular · accusative · (proper) ▸ **1** (Num. 33,31)
　　Noun · singular · genitive · (proper) ▸ **1** (Num. 33,32)
　　Noun · masculine · singular · genitive · (proper) ▸ **2** (1Chr. 9,8; Ezra 8,33)
　　Noun · masculine · singular · nominative · (proper) ▸ **7** (1Chr. 4,36; 1Chr. 5,4; 1Chr. 15,18; Ezra 10,25; Ezra 10,30; Ezra 10,35; Ezra 10,43)
Βαναιας Benaiah ▸ 38
　Βαναια ▸ 2
　　Noun · masculine · singular · dative · (proper) ▸ **1** (1Kings 2,46)
　　Noun · masculine · singular · nominative · (proper) ▸ **1** (1Kings 2,46h)
　Βαναιαν ▸ 4
　　Noun · masculine · singular · accusative · (proper) ▸ **4** (1Kings 1,10; 1Kings 1,26; 1Kings 1,32; 1Kings 1,44)
　Βαναιας ▸ 25
　　Noun · masculine · singular · nominative · (proper) ▸ **25** (2Sam. 8,18; 2Sam. 20,23; 2Sam. 23,20; 2Sam. 23,22; 2Sam. 23,30; 1Kings 1,8; 1Kings 1,36; 1Kings 1,38; 1Kings 2,30; 1Chr. 9,32; 1Chr. 11,22; 1Chr. 11,23; 1Chr. 11,24; 1Chr. 11,31; 1Chr. 15,20; 1Chr. 16,5; 1Chr. 16,6; 1Chr. 18,17; 1Chr. 27,5; 1Chr. 27,6; 1Chr. 27,14; 2Chr. 31,13; 2Chr. 35,9; 1Esdr. 9,35; Neh. 8,7)
　Βαναιου ▸ 7
　　Noun · masculine · singular · accusative · (proper) ▸ **2** (1Kings 2,29; 1Kings 2,35)
　　Noun · masculine · singular · genitive · (proper) ▸ **3** (1Kings 2,25; 1Chr. 27,34; 2Chr. 20,14)
　　Noun · masculine · singular · nominative · (proper) ▸ **2** (1Kings 2,30; 1Kings 2,34)
Βαναιβακατ Bene Berak ▸ 1
　Βαναιβακατ ▸ 1
　　Noun · singular · nominative · (proper) ▸ **1** (Josh. 19,45)
Βαναιου Binnui; Benaiah ▸ 3
　Βαναιου ▸ 3
　　Noun · masculine · singular · genitive · (proper) ▸ **2** (Ezek. 11,1; Ezek. 11,13)
　　Noun · masculine · singular · nominative · (proper) ▸ **1** (Neh. 10,10)
Βανηβαρακ Bene Berak ▸ 1
　Βανηβαρακ ▸ 1
　　Noun · singular · nominative · (proper) ▸ **1** (Josh. 19,45)
Βανηελαμ Baneelam; (Hebr.) sons of Helem ▸ 1
　Βανηελαμ ▸ 1
　　Noun · masculine · singular · nominative · (proper) ▸ **1** (1Chr. 7,35)
Βανι Bani ▸ 8
　Βανι ▸ 8
　　Noun · masculine · singular · genitive · (proper) ▸ **6** (1Chr. 6,31; 1Esdr. 5,12; 1Esdr. 8,36; Ezra 10,34; Neh. 3,17; Neh. 11,22)
　　Noun · masculine · singular · nominative · (proper) ▸ **2** (Neh. 3,24; Neh. 10,16)
Βανναιας Benaiah ▸ 1
　Βανναιας ▸ 1
　　Noun · masculine · singular · nominative · (proper) ▸ **1** (1Esdr. 9,26)
Βάννας Bannas ▸ 1
　Βαννου ▸ 1
　　Noun · masculine · singular · genitive · (proper) ▸ **1** (1Esdr. 5,26)
Βαννους Binnui, Bannous ▸ 1
　Βαννους ▸ 1
　　Noun · masculine · singular · nominative · (proper) ▸ **1** (1Esdr. 9,34)
Βανουι Binnui ▸ 6
　Βανουι ▸ 6
　　Noun · masculine · singular · genitive · (proper) ▸ **4** (Ezra 2,10; Ezra 10,29; Ezra 10,38; Neh. 7,15)
　　Noun · masculine · singular · nominative · (proper) ▸ **2** (Ezra

10,30; Neh. 12,8)

Βανουναι Beninu ▸ 1
  Βανουναι ▸ 1
    Noun · masculine · singular · genitive · (proper) · **1** (Neh. 10,14)

Βαουριμ Bahurim ▸ 4
  Βαουριμ ▸ 4
    Noun · dative · (proper) · **1** (2Sam. 17,18)
    Noun · genitive · (proper) · **1** (2Sam. 19,17)
    Noun · singular · accusative · (proper) · **1** (2Sam. 16,5)
    Noun · masculine · singular · genitive · (proper) · **1** (1Kings 2,8)

βαπτίζω (βάπτω) to baptize, wash, dip ▸ 4 + 77 = 81
  βαπτίζει ▸ 1 + 2 = 3
    Verb · third · singular · present · active · indicative ▸ 1 + 2 = **3** (Is. 21,4; John 3,26; John 4,1)
  βαπτίζειν ▸ 2
    Verb · present · active · infinitive ▸ **2** (John 1,33; 1Cor. 1,17)
  βαπτίζεις ▸ 1
    Verb · second · singular · present · active · indicative ▸ **1** (John 1,25)
  βαπτίζομαι ▸ 2
    Verb · first · singular · present · passive · indicative · (variant) ▸ **2** (Mark 10,38; Mark 10,39)
  βαπτιζόμενοι ▸ 1
    Verb · present · passive · participle · masculine · plural · nominative · (variant) ▸ **1** (1Cor. 15,29)
  βαπτιζόμενος ▸ 1
    Verb · present · middle · participle · masculine · singular · nominative ▸ **1** (Sir. 34,25)
  βαπτίζονται ▸ 1
    Verb · third · plural · present · passive · indicative · (variant) ▸ **1** (1Cor. 15,29)
  βαπτίζοντες ▸ 1
    Verb · present · active · participle · masculine · plural · nominative ▸ **1** (Matt. 28,19)
  βαπτίζοντος ▸ 1
    Verb · present · active · participle · masculine · singular · genitive ▸ **1** (Mark 6,24)
  βαπτίζω ▸ 3
    Verb · first · singular · present · active · indicative ▸ **3** (Matt. 3,11; Luke 3,16; John 1,26)
  βαπτίζων ▸ 7
    Verb · present · active · participle · masculine · singular · nominative ▸ **7** (Mark 1,4; Mark 6,14; John 1,28; John 1,31; John 1,33; John 3,23; John 10,40)
  βάπτισαι ▸ 1
    Verb · second · singular · aorist · middle · imperative ▸ **1** (Acts 22,16)
  βαπτίσει ▸ 3
    Verb · third · singular · future · active · indicative ▸ **3** (Matt. 3,11; Mark 1,8; Luke 3,16)
  βαπτισθείς ▸ 3
    Verb · aorist · passive · participle · masculine · singular · nominative ▸ **3** (Matt. 3,16; Mark 16,16; Acts 8,13)
  βαπτισθέντες ▸ 2
    Verb · aorist · passive · participle · masculine · plural · nominative ▸ **2** (Luke 7,29; Luke 7,30)
  βαπτισθέντος ▸ 1
    Verb · aorist · passive · participle · masculine · singular · genitive ▸ **1** (Luke 3,21)
  βαπτισθῆναι ▸ 10
    Verb · aorist · passive · infinitive ▸ **10** (Matt. 3,13; Matt. 3,14; Mark 10,38; Luke 3,7; Luke 3,12; Luke 3,21; Luke 12,50; Acts 8,36; Acts 10,47; Acts 10,48)
  βαπτισθήσεσθε ▸ 3
    Verb · second · plural · future · passive · indicative ▸ **3** (Mark 10,39; Acts 1,5; Acts 11,16)
  βαπτισθήτω ▸ 1
    Verb · third · singular · aorist · passive · imperative ▸ **1** (Acts 2,38)
  βαπτίσωνται ▸ 1
    Verb · third · plural · aorist · middle · subjunctive ▸ **1** (Mark 7,4)
  βεβαπτισμένοι ▸ 1
    Verb · perfect · passive · participle · masculine · plural · nominative · (variant) ▸ **1** (Acts 8,16)
  ἐβάπτιζεν ▸ 2
    Verb · third · singular · imperfect · active · indicative ▸ **2** (John 3,22; John 4,2)
  ἐβαπτίζετο ▸ 1
    Verb · third · singular · imperfect · middle · indicative ▸ **1** (Judith 12,7)
  ἐβαπτίζοντο ▸ 5
    Verb · third · plural · imperfect · passive · indicative · (variant) ▸ **5** (Matt. 3,6; Mark 1,5; John 3,23; Acts 8,12; Acts 18,8)
  ἐβάπτισα ▸ 4
    Verb · first · singular · aorist · active · indicative ▸ **4** (Mark 1,8; 1Cor. 1,14; 1Cor. 1,16; 1Cor. 1,16)
  ἐβαπτίσατο ▸ 1
    Verb · third · singular · aorist · middle · indicative ▸ **1** (2Kings 5,14)
  ἐβάπτισεν ▸ 4
    Verb · third · singular · aorist · active · indicative ▸ **4** (Acts 1,5; Acts 8,38; Acts 11,16; Acts 19,4)
  ἐβαπτίσθη ▸ 5
    Verb · third · singular · aorist · passive · indicative ▸ **5** (Mark 1,9; Luke 11,38; Acts 9,18; Acts 16,15; Acts 16,33)
  ἐβαπτίσθημεν ▸ 3
    Verb · first · plural · aorist · passive · indicative ▸ **3** (Rom. 6,3; Rom. 6,3; 1Cor. 12,13)
  ἐβαπτίσθησαν ▸ 3
    Verb · third · plural · aorist · passive · indicative ▸ **3** (Acts 2,41; Acts 19,5; 1Cor. 10,2)
  ἐβαπτίσθητε ▸ 4
    Verb · second · plural · aorist · passive · indicative ▸ **4** (Acts 19,3; 1Cor. 1,13; 1Cor. 1,15; Gal. 3,27)

βάπτισμα (βάπτω) washing, baptism ▸ 19
  βάπτισμα ▸ 17
    Noun · neuter · singular · accusative ▸ **12** (Matt. 3,7; Mark 1,4; Mark 10,38; Mark 10,39; Luke 3,3; Luke 7,29; Luke 12,50; Acts 10,37; Acts 13,24; Acts 18,25; Acts 19,3; Acts 19,4)
    Noun · neuter · singular · nominative ▸ **5** (Matt. 21,25; Mark 11,30; Luke 20,4; Eph. 4,5; 1Pet. 3,21)
  βαπτίσματος ▸ 2
    Noun · neuter · singular · genitive ▸ **2** (Acts 1,22; Rom. 6,4)

βαπτισμός (βάπτω) baptism, washing ▸ 4
  βαπτισμοῖς ▸ 1
    Noun · masculine · plural · dative ▸ **1** (Heb. 9,10)
  βαπτισμοὺς ▸ 1
    Noun · masculine · plural · accusative ▸ **1** (Mark 7,4)
  βαπτισμῷ ▸ 1
    Noun · masculine · singular · dative ▸ **1** (Col. 2,12)
  βαπτισμῶν ▸ 1
    Noun · masculine · plural · genitive ▸ **1** (Heb. 6,2)

βαπτιστής (βάπτω) washer, baptizer, Baptist ▸ 12
  βαπτιστήν ▸ 3

βαπτιστής–Βαραχίας

Noun · masculine · singular · accusative ▸ 3 (Matt. 16,14; Mark 8,28; Luke 9,19)
βαπτιστής ▸ 1
  Noun · masculine · singular · nominative ▸ 1 (Matt. 14,2)
βαπτιστής ▸ 3
  Noun · masculine · singular · nominative ▸ 3 (Matt. 3,1; Luke 7,20; Luke 7,33)
βαπτιστοῦ ▸ 5
  Noun · masculine · singular · genitive ▸ 5 (Matt. 11,11; Matt. 11,12; Matt. 14,8; Matt. 17,13; Mark 6,25)

βαπτός (βάπτω) dipped, dyed ▸ 1
  βαπταί ▸ 1
    Adjective · feminine · plural · nominative · noDegree ▸ 1 (Ezek. 23,15)

βάπτω to dip ▸ 16 + 2 + 4 = 22
  βαφῇ ▸ 1
    Verb · third · singular · aorist · passive · subjunctive ▸ 1 (Psa. 67,24)
  βαφήσεται ▸ 1
    Verb · third · singular · future · passive · indicative ▸ 1 (Lev. 11,32)
  βάψαντες ▸ 1
    Verb · aorist · active · participle · masculine · plural · nominative ▸ 1 (Ex. 12,22)
  βάψας ▸ 1
    Verb · aorist · active · participle · masculine · singular · nominative ▸ 1 (John 13,26)
  βάψει ▸ 7
    Verb · third · singular · future · active · indicative ▸ 7 (Lev. 4,6; Lev. 4,17; Lev. 14,6; Lev. 14,16; Lev. 14,51; Num. 19,18; Deut. 33,24)
  βάψεις ▸ 1
    Verb · second · singular · future · active · indicative ▸ 1 (Ruth 2,14)
  βάψῃ ▸ 1
    Verb · third · singular · aorist · active · subjunctive ▸ 1 (Luke 16,24)
  βάψω ▸ 1
    Verb · first · singular · future · active · indicative ▸ 1 (John 13,26)
  βεβαμμένον ▸ 1
    Verb · perfect · passive · participle · neuter · singular · accusative · (variant) ▸ 1 (Rev. 19,13)
  ἐβάφη ▸ 2
    Verb · third · singular · aorist · passive · indicative ▸ 2 (Dan. 4,33; Dan. 5,21)
  ἐβάφησαν ▸ 1
    Verb · third · plural · aorist · passive · indicative ▸ 1 (Josh. 3,15)
  ἔβαψας ▸ 1
    Verb · second · singular · aorist · active · indicative ▸ 1 (Job 9,31)
  ἔβαψεν ▸ 3
    Verb · third · singular · aorist · active · indicative ▸ 3 (Lev. 9,9; 1Sam. 14,27; 2Kings 8,15)

βαρ son ▸ 1
  βαρ ▸ 1
    Noun · singular · accusative · (common) ▸ 1 (1Sam. 2,18)

Βαραββᾶς Barabbas ▸ 11
  Βαραββᾶν ▸ 9
    Noun · masculine · singular · accusative · (proper) ▸ 9 (Matt. 27,16; Matt. 27,17; Matt. 27,20; Matt. 27,21; Matt. 27,26; Mark 15,11; Mark 15,15; Luke 23,18; John 18,40)
  Βαραββᾶς ▸ 2
    Noun · masculine · singular · nominative · (proper) ▸ 2 (Mark 15,7; John 18,40)

Βαραγα Beriah ▸ 1
  Βαραγα ▸ 1
    Noun · masculine · singular · accusative · (proper) ▸ 1 (1Chr. 7,23)

Βαραδ Bered; Bedad ▸ 7
  Βαραδ ▸ 7
    Noun · singular · genitive · (proper) ▸ 1 (Gen. 16,14)
    Noun · masculine · singular · genitive · (proper) ▸ 5 (Gen. 36,35; Gen. 36,39; 1Chr. 1,46; 1Chr. 1,50; Job 42,17d)
    Noun · masculine · singular · nominative · (proper) ▸ 1 (1Chr. 7,20)

βάραθρον pit, gulf ▸ 1
  βάραθρον ▸ 1
    Noun · neuter · singular · accusative · (common) ▸ 1 (Is. 14,23)

Βαραια Beraiah ▸ 1
  Βαραια ▸ 1
    Noun · masculine · singular · nominative · (proper) ▸ 1 (1Chr. 8,21)

Βαρακ Barak ▸ 14 + 14 = 28
  Βαρακ ▸ 14 + 14 = 28
    Noun · masculine · singular · accusative · (proper) ▸ 4 + 3 = 7 (Judg. 4,6; Judg. 4,14; Judg. 5,12; 1Sam. 12,11; Judg. 4,6; Judg. 4,14; Judg. 5,15)
    Noun · masculine · singular · genitive · (proper) ▸ 2 + 3 = 5 (Judg. 4,9; Judg. 4,15; Judg. 4,9; Judg. 4,15; Judg. 5,15)
    Noun · masculine · singular · nominative · (proper) ▸ 7 + 7 = 14 (Judg. 4,8; Judg. 4,10; Judg. 4,12; Judg. 4,14; Judg. 4,16; Judg. 4,22; Judg. 5,1; Judg. 4,8; Judg. 4,10; Judg. 4,12; Judg. 4,14; Judg. 4,16; Judg. 4,22; Judg. 5,1)
    Noun · masculine · singular · vocative · (proper) ▸ 1 + 1 = 2 (Judg. 5,12; Judg. 5,12)

Βαράκ Barak ▸ 1
  Βαράκ ▸ 1
    Noun · masculine · singular · genitive · (proper) ▸ 1 (Heb. 11,32)

βαρακηνιμ (Hebr.) thorns ▸ 1 + 1 = 2
  βαρακηνιμ ▸ 1 + 1 = 2
    Noun · feminine · plural · dative · (common) ▸ 1 + 1 = 2 (Judg. 8,16; Judg. 8,16)

Βαρακιμ Bahurim ▸ 1
  Βαρακιμ ▸ 1
    Noun · singular · dative · (proper) ▸ 1 (2Sam. 3,16)

Βαραχια Berekiah ▸ 6
  Βαραχια ▸ 6
    Noun · masculine · singular · genitive · (proper) ▸ 3 (1Chr. 6,24; 1Chr. 15,17; Neh. 6,18)
    Noun · masculine · singular · nominative · (proper) ▸ 3 (1Chr. 3,20; 1Chr. 9,16; 1Chr. 15,23)

Βαραχιας Berekiah, Barachias ▸ 2
  Βαραχιου ▸ 2
    Noun · masculine · singular · genitive · (proper) ▸ 2 (Neh. 3,4; Is. 8,2)

Βαραχίας Berekiah, Barachias ▸ 3 + 1 = 4
  Βαραχιας ▸ 1
    Noun · masculine · singular · nominative · (proper) ▸ 1 (2Chr. 28,12)
  Βαραχιου ▸ 2
    Noun · masculine · singular · genitive · (proper) ▸ 2 (Zech. 1,1; Zech. 1,7)
  Βαραχίου ▸ 1
    Noun · masculine · singular · genitive · (proper) ▸ 1 (Matt. 23,35)

Βαραχιηλ Barakel ‣ 2
  Βαραχιηλ ‣ 2
    Noun • masculine • singular • genitive • (proper) ‣ 2 (Job 32,2; Job 32,6)
βάρβαρος foreign; foreigner; barbaric, barbarian ‣ 7 + 6 = 13
  βάρβαρα ‣ 1
    Adjective • neuter • plural • accusative • noDegree ‣ 1 (2Mac. 2,21)
  βάρβαροι ‣ 2
    Adjective • masculine • plural • nominative ‣ 2 (Acts 28,2; Acts 28,4)
  βαρβάροις ‣ 1 + 1 = 2
    Adjective • neuter • plural • dative • noDegree ‣ 1 + 1 = 2 (2Mac. 10,4; Rom. 1,14)
  βάρβαρος ‣ 3
    Adjective • masculine • singular • nominative ‣ 3 (1Cor. 14,11; 1Cor. 14,11; Col. 3,11)
  βαρβάρου ‣ 2
    Adjective • masculine • singular • genitive • noDegree ‣ 2 (2Mac. 4,25; Psa. 113,1)
  βαρβάρους ‣ 1
    Adjective • masculine • plural • accusative • noDegree ‣ 1 (3Mac. 3,24)
  βαρβάρων ‣ 1
    Adjective • masculine • plural • genitive • noDegree ‣ 1 (Ezek. 21,36)
  βαρβαρώτερον ‣ 1
    Adjective • masculine • singular • accusative • comparative ‣ 1 (2Mac. 5,22)
βαρβαρόω (βάρβαρος) to act barbarously ‣ 1
  βεβαρβαρωμένος ‣ 1
    Verb • perfect • passive • participle • masculine • singular • nominative ‣ 1 (2Mac. 13,9)
βαρβάρως (βάρβαρος) barbarously ‣ 1
  βαρβάρως ‣ 1
    Adverb ‣ 1 (2Mac. 15,2)
Βαρεα Barea (Adalia?) ‣ 1
  Βαρεα ‣ 1
    Noun • masculine • singular • accusative • (proper) ‣ 1 (Esth. 9,8)
Βαρεκ Baalath Beer ‣ 1
  Βαρεκ ‣ 1
    Noun • singular • genitive • (proper) ‣ 1 (Josh. 19,8)
βαρέω (βαρύς) to be heavy, to weigh down ‣ 1 + 6 = 7
  βαρείσθω ‣ 1
    Verb • third • singular • present • passive • imperative • (variant) ‣ 1 (1Tim. 5,16)
  βαρηθῶσιν ‣ 1
    Verb • third • plural • aorist • passive • subjunctive ‣ 1 (Luke 21,34)
  βαρούμενοι ‣ 1
    Verb • present • passive • participle • masculine • plural • nominative • (variant) ‣ 1 (2Cor. 5,4)
  βεβαρημένοι ‣ 2
    Verb • perfect • passive • participle • masculine • plural • nominative • (variant) ‣ 2 (Matt. 26,43; Luke 9,32)
  Βεβάρηται ‣ 1
    Verb • third • singular • perfect • passive • indicative ‣ 1 (Ex. 7,14)
  ἐβαρήθημεν ‣ 1
    Verb • first • plural • aorist • passive • indicative ‣ 1 (2Cor. 1,8)
βαρέως (βαρύς) with difficulty ‣ 5 + 2 = 7

  βαρέως ‣ 5 + 2 = 7
    Adverb ‣ 5 + 2 = 7 (Gen. 31,35; 2Mac. 11,1; 2Mac. 14,27; 4Mac. 9,28; Is. 6,10; Matt. 13,15; Acts 28,27)
Βαρθολομαῖος Bartholomew ‣ 4
  Βαρθολομαῖον ‣ 2
    Noun • masculine • singular • accusative • (proper) ‣ 2 (Mark 3,18; Luke 6,14)
  Βαρθολομαῖος ‣ 2
    Noun • masculine • singular • nominative • (proper) ‣ 2 (Matt. 10,3; Acts 1,13)
Βαρι Beri ‣ 1
  Βαρι ‣ 1
    Noun • masculine • singular • nominative • (proper) ‣ 1 (1Chr. 7,36)
Βαρια Beriah ‣ 3
  Βαρια ‣ 3
    Noun • masculine • singular • dative • (proper) ‣ 1 (Num. 26,28)
    Noun • masculine • singular • genitive • (proper) ‣ 1 (Gen. 46,17)
    Noun • masculine • singular • nominative • (proper) ‣ 1 (Gen. 46,17)
Βαριαϊ Beriite ‣ 1
  Βαριαϊ ‣ 1
    Noun • masculine • singular • nominative • (proper) ‣ 1 (Num. 26,28)
Βαριγα Beriah ‣ 1
  Βαριγα ‣ 1
    Noun • masculine • singular • genitive • (proper) ‣ 1 (1Chr. 8,16)
Βαριησοῦς Bar-Jesus ‣ 1
  Βαριησοῦ ‣ 1
    Noun • masculine • singular • genitive • (proper) ‣ 1 (Acts 13,6)
βάρις palace, mansion ‣ 8 + 1 = 9
  βάρει ‣ 2 + 1 = 3
    Noun • feminine • singular • dative • (common) ‣ 2 + 1 = 3 (1Esdr. 6,22; Ezra 6,2; Dan. 8,2)
  βάρεις ‣ 3
    Noun • feminine • plural • accusative • (common) ‣ 3 (2Chr. 36,19; Psa. 47,14; Lam. 2,5)
  βάρεσιν ‣ 1
    Noun • feminine • plural • dative • (common) ‣ 1 (Psa. 47,4)
  βάρεων ‣ 2
    Noun • feminine • plural • genitive • (common) ‣ 2 (Psa. 44,9; Lam. 2,7)
Βαριωνᾶ Bar-Jona ‣ 1
  Βαριωνᾶ ‣ 1
    Noun • masculine • singular • vocative • (proper) ‣ 1 (Matt. 16,17)
βαρκοννιμ (Hebr.) thorns ‣ 1
  βαρκοννιμ ‣ 1
    Noun • feminine • plural • dative • (common) ‣ 1 (Judg. 8,7)
Βαρκους Barkos, Barkous ‣ 2
  Βαρκους ‣ 2
    Noun • masculine • singular • genitive • (proper) ‣ 2 (Ezra 2,53; Neh. 7,55)
Βαρναβᾶς Barnabas ‣ 28
  Βαρναβᾶ ‣ 4
    Noun • masculine • singular • genitive • (proper) ‣ 4 (Acts 11,30; Acts 15,12; Gal. 2,1; Col. 4,10)
  Βαρναβᾶ ‣ 6
    Noun • masculine • singular • dative • (proper) ‣ 6 (Acts 13,43; Acts 14,20; Acts 15,2; Acts 15,22; Acts 15,25; Gal. 2,9)
  Βαρναβᾶν ‣ 8
    Noun • masculine • singular • accusative • (proper) ‣ 8 (Acts

Βαρναβᾶς–βαρύνω

11,22; Acts 13,2; Acts 13,7; Acts 13,50; Acts 14,12; Acts 15,2; Acts 15,36; Acts 15,39

Βαρναβᾶς ▸ 10

Noun • masculine • singular • nominative • (proper) ▸ 10 (Acts 4,36; Acts 9,27; Acts 12,25; Acts 13,1; Acts 13,46; Acts 14,14; Acts 15,35; Acts 15,37; 1Cor. 9,6; Gal. 2,13)

Βαρνη Barnea ▸ 11

Βαρνη ▸ 11

Noun • singular • genitive • (proper) ▸ 11 (Num. 32,8; Num. 34,4; Deut. 1,2; Deut. 1,19; Deut. 2,14; Deut. 9,23; Josh. 10,41; Josh. 14,6; Josh. 14,7; Josh. 15,3; Judith 5,14)

βάρος (βαρύς) burden, load, weight ▸ 3 + 1 + 6 = 10

βάρει ▸ 1

Noun • neuter • singular • dative ▸ 1 (1Th. 2,7)

βάρη ▸ 1

Noun • neuter • plural • accusative ▸ 1 (Gal. 6,2)

βάρος ▸ 3 + 1 + 4 = 8

Noun • neuter • singular • accusative • (common) ▸ 3 + 1 + 4 = 8 (Judith 7,4; 2Mac. 9,10; Sir. 13,2; Judg. 18,21; Matt. 20,12; Acts 15,28; 2Cor. 4,17; Rev. 2,24)

Βαρουμσεωριμ (Hebr.) Biri and Shaaraim ▸ 1

Βαρουμσεωριμ ▸ 1

Noun • masculine • plural • genitive • (proper) ▸ 1 (1Chr. 4,31)

Βαρουχ Baruch ▸ 26

Βαρουχ ▸ 26

Noun • masculine • singular • accusative • (proper) ▸ 7 (Jer. 39,16; Jer. 43,4; Jer. 43,14; Jer. 43,17; Jer. 43,26; Jer. 50,6; Jer. 51,31)

Noun • masculine • singular • dative • (proper) ▸ 4 (Jer. 39,12; Jer. 39,13; Jer. 43,5; Jer. 43,19)

Noun • masculine • singular • genitive • (proper) ▸ 2 (Neh. 11,5; Jer. 43,13)

Noun • masculine • singular • nominative • (proper) ▸ 13 (Neh. 3,20; Neh. 10,7; Jer. 43,8; Jer. 43,10; Jer. 43,14; Jer. 43,15; Jer. 43,18; Jer. 43,27; Jer. 43,32; Jer. 50,3; Jer. 51,32; Bar. 1,1; Bar. 1,3)

Βαρσα Birsha ▸ 1

Βαρσα ▸ 1

Noun • masculine • singular • genitive • (proper) ▸ 1 (Gen. 14,2)

Βαρσαββᾶς Barsabbas ▸ 2

Βαρσαββᾶν ▸ 2

Noun • masculine • singular • accusative • (proper) ▸ 2 (Acts 1,23; Acts 15,22)

Βαρσαμίτης Barhumite ▸ 1

Βαρσαμίτης ▸ 1

Noun • masculine • singular • nominative • (proper) ▸ 1 (2Sam. 23,31)

Βάρτακος Bartacus ▸ 1

Βαρτάκου ▸ 1

Noun • masculine • singular • genitive • (proper) ▸ 1 (1Esdr. 4,29)

Βαρτιμαῖος Bartimaeus ▸ 1

Βαρτιμαῖος ▸ 1

Noun • masculine • singular • nominative • (proper) ▸ 1 (Mark 10,46)

βαρύγλωσσος (βαρύς; γλῶσσα) heavy-tongued ▸ 1

βαρύγλωσσον ▸ 1

Adjective • masculine • singular • accusative • noDegree ▸ 1 (Ezek. 3,5)

βαρυηχής (βαρύς; ἠχή) heavy-sounding, tumultuous ▸ 1

βαρυηχῆ ▸ 1

Adjective • masculine • singular • accusative • noDegree ▸ 1 (3Mac. 5,48)

βαρυθυμέω (βαρύς; θυμός) to be heavily angered, indignant ▸ 3

ἐβαρυθύμησεν ▸ 3

Verb • third • singular • aorist • active • indicative ▸ 3 (Num. 16,15; 1Kings 11,25; Sol. 2,9)

βαρύθυμος (βαρύς; θυμός) heavily angered, indignant ▸ 1

βαρύθυμον ▸ 1

Adjective • neuter • singular • accusative • noDegree ▸ 1 (3Mac. 6,20)

βαρυκάρδιος (βαρύς; καρδία) heavy (slow) hearted ▸ 1

βαρυκάρδιοι ▸ 1

Adjective • masculine • plural • nominative • noDegree ▸ 1 (Psa. 4,3)

βαρύνω (βαρύς) to make heavy ▸ 49 + 1 = 50

βαρύνει ▸ 2

Verb • third • singular • present • active • indicative ▸ 2 (Job 35,16; Wis. 9,15)

βαρύνεσθαι ▸ 3

Verb • present • middle • infinitive ▸ 3 (1Sam. 3,2; 2Mac. 9,9; Sol. 2,22)

βαρυνέσθω ▸ 1

Verb • third • singular • present • middle • imperative ▸ 1 (Ex. 5,9)

βαρύνεται ▸ 1

Verb • third • singular • present • passive • indicative ▸ 1 (1Sam. 31,3)

βαρύνετε ▸ 1

Verb • second • plural • present • active • indicative ▸ 1 (1Sam. 6,6)

βαρύνῃς ▸ 1

Verb • second • singular • present • active • subjunctive ▸ 1 (Sol. 5,6)

βαρύνηται ▸ 1

Verb • third • singular • present • middle • subjunctive ▸ 1 (Sir. 8,15)

βαρυνθεῖσα ▸ 1

Verb • aorist • passive • participle • feminine • singular • nominative ▸ 1 (Wis. 2,4)

βαρυνθήσεται ▸ 4

Verb • third • singular • future • passive • indicative ▸ 4 (Sir. 3,27; Sir. 21,24; Sir. 22,14; Zech. 11,8)

βαρυνθήσῃ ▸ 1

Verb • second • singular • future • passive • indicative ▸ 1 (Nah. 3,15)

βάρυνον ▸ 1

Verb • second • singular • aorist • active • imperative ▸ 1 (Sir. 33,29)

βαρύνων ▸ 2

Verb • present • active • participle • masculine • singular • nominative ▸ 2 (Hab. 2,6; Is. 33,15)

βεβάρυνται ▸ 1

Verb • third • singular • perfect • passive • indicative ▸ 1 (Nah. 2,10)

ἐβάρυναν ▸ 2

Verb • third • plural • aorist • active • indicative ▸ 2 (Neh. 5,15; Zech. 7,11)

ἐβάρυνας ▸ 2

Verb • second • singular • aorist • active • indicative ▸ 2 (1Mac. 8,31; Is. 47,6)

Ἐβαρύνατε ▸ 1

Verb · second · plural · aorist · active · indicative ▸ **1** (Mal. 3,13)
ἐβάρυνεν ▸ 12
Verb · third · singular · aorist · active · indicative ▸ **12** (Ex. 8,28; Ex. 9,34; 1Sam. 6,6; 1Kings 12,4; 1Kings 12,10; 1Kings 12,14; 1Kings 12,24p; 1Kings 12,24p; 2Chr. 10,10; 2Chr. 10,14; Is. 59,1; Lam. 3,7)
ἐβαρύνθη ▸ 10 + 1 = 11
Verb · third · singular · aorist · passive · indicative ▸ **10 + 1 = 11** (Ex. 8,11; Ex. 9,7; Josh. 19,48a; Judg. 1,35; Judg. 20,34; 1Sam. 5,3; 1Sam. 5,6; 1Chr. 10,3; 1Mac. 9,17; Psa. 31,4; Judg. 1,35)
ἐβαρύνθης ▸ 1
Verb · second · singular · aorist · passive · indicative ▸ **1** (Ezek. 27,25)
ἐβαρύνθησαν ▸ 1
Verb · third · plural · aorist · passive · indicative ▸ **1** (Psa. 37,5)

βαρύς heavy, hard ▸ 46 + 2 + 6 = 54
βαρέα ▸ 2 + 2 = 4
Adjective · neuter · plural · accusative · noDegree ▸ **1 + 2 = 3** (3Mac. 6,5; Matt. 23,4; Acts 25,7)
Adjective · neuter · plural · nominative · noDegree ▸ **1** (Sir. 29,28)
βαρεῖ ▸ 8
Adjective · masculine · singular · dative · noDegree ▸ **8** (Num. 20,20; 1Kings 12,11; 2Chr. 10,11; 1Mac. 1,17; 1Mac. 1,20; 1Mac. 1,29; 3Mac. 5,30; Psa. 34,18)
βάρει ▸ 1
Adjective · masculine · singular · dative · noDegree ▸ **1** (3Mac. 5,47)
βαρεῖα ▸ 6 + 1 = 7
Adjective · feminine · singular · nominative · noDegree ▸ **6 + 1 = 7** (1Sam. 5,11; 2Chr. 25,19; Neh. 5,18; Job 23,2; Job 33,7; Wis. 17,20; Judg. 20,34)
βαρείᾳ ▸ 5
Adjective · feminine · singular · dative · noDegree ▸ **5** (1Kings 10,2; 2Kings 18,17; 2Chr. 9,1; 3Mac. 5,1; 3Mac. 5,47)
βαρεῖαι ▸ 1 + 2 = 3
Adjective · feminine · plural · nominative · noDegree ▸ **1 + 2 = 3** (Ex. 17,12; 2Cor. 10,10; 1John 5,3)
βαρεῖαν ▸ 1
Adjective · feminine · singular · accusative · noDegree ▸ **1** (2Kings 6,14)
βαρείας ▸ 1
Adjective · feminine · singular · genitive · noDegree ▸ **1** (Nah. 3,3)
βαρεῖς ▸ 1
Adjective · masculine · plural · nominative ▸ **1** (Acts 20,29)
βαρέος ▸ 2
Adjective · masculine · singular · genitive · noDegree ▸ **2** (1Kings 12,4; 2Chr. 10,4)
βαρύ ▸ 1
Adjective · neuter · singular · nominative · noDegree ▸ **1** (Ex. 18,18)
βαρύ ▸ 5
Adjective · neuter · singular · accusative · noDegree ▸ **2** (3Mac. 6,33; Psa. 37,5)
Adjective · neuter · singular · nominative · noDegree ▸ **3** (Gen. 48,17; Prov. 27,3; Sir. 31,2)
βαρὺν ▸ 2
Adjective · masculine · singular · accusative · noDegree ▸ **2** (1Kings 3,9; 3Mac. 6,5)
βαρύς ▸ 3 + 1 = 4
Adjective · masculine · singular · nominative · noDegree ▸ **3 + 1 = 4** (1Sam. 4,18; Wis. 2,14; Dan. 2,11; Dan. 2,11)
βαρύς ▸ 1
Adjective · masculine · singular · nominative · noDegree ▸ **1** (Sir. 40,1)
βαρυτάτου ▸ 1
Adjective · masculine · singular · genitive · superlative ▸ **1** (4Mac. 4,5)
βαρυτέρα ▸ 2
Adjective · neuter · plural · accusative · comparative ▸ **2** (Prov. 27,3; Job 6,3)
βαρύτερα ▸ 1
Adjective · neuter · plural · accusative · comparative ▸ **1** (Matt. 23,23)
βαρύτεροι ▸ 1
Adjective · masculine · plural · nominative · comparative ▸ **1** (Wis. 17,20)
βαρύτερόν ▸ 1
Adjective · masculine · singular · nominative · comparative ▸ **1** (Num. 11,14)
βαρύτερος ▸ 1
Adjective · masculine · singular · nominative · comparative ▸ **1** (Job 15,10)
βαρυτέρως ▸ 1
Adverb ▸ **1** (3Mac. 3,1)

βαρύτιμος (βαρύς; τιμή) very expensive ▸ 1
βαρυτίμου ▸ 1
Adjective · neuter · singular · genitive ▸ **1** (Matt. 26,7)

βαρυωπέω (βαρύς; ὁράω) to be hard of sight ▸ 1
ἐβαρυώπησαν ▸ 1
Verb · third · plural · aorist · active · indicative ▸ **1** (Gen. 48,10)

Βαρχαβωθ (Hebr.) Departed Glory ▸ 1
βαρχαβωθ ▸ 1
Noun · singular · nominative · (proper) ▸ **1** (1Sam. 4,21)

Βαρχια Berekiah ▸ 1
Βαρχια ▸ 1
Noun · masculine · singular · genitive · (proper) ▸ **1** (Neh. 3,30)

Βαρχους Barkos ▸ 1
Βαρχους ▸ 1
Noun · masculine · singular · genitive · (proper) ▸ **1** (1Esdr. 5,32)

Βαρωδις Barodis ▸ 1
Βαρωδις ▸ 1
Noun · masculine · singular · genitive · (proper) ▸ **1** (1Esdr. 5,34)

Βασα Basha ▸ 1
Βασα ▸ 1
Noun · masculine · singular · nominative · (proper) ▸ **1** (1Kings 2,46h)

Βασαλωθ Bazluth ▸ 3
Βασαλωθ ▸ 3
Noun · masculine · singular · genitive · (proper) ▸ **3** (1Esdr. 5,31; Ezra 2,52; Neh. 7,54)

Βασαμυς Beth Shemesh ▸ 1
Βασαμυς ▸ 1
Noun · feminine · singular · accusative · (proper) ▸ **1** (1Chr. 6,44)

Βασαν Bashan ▸ 38
Βασαν ▸ 38
Noun · singular · genitive · (proper) ▸ **1** (Psa. 67,23)
Noun · feminine · singular · accusative · (proper) ▸ **8** (Num. 21,33; Deut. 3,1; Deut. 3,13; Deut. 3,13; Deut. 3,14; Josh. 12,5; 2Kings 10,33; Jer. 22,20)
Noun · feminine · singular · dative · (proper) ▸ **8** (Deut. 3,4; Deut. 3,10; Deut. 4,43; 1Kings 4,13; 1Chr. 5,11; 1Chr. 5,12; 1Chr. 5,16; 1Chr. 6,47)

Noun · feminine · singular · genitive · (proper) ▸ **16** (Num. 21,33; Num. 32,33; Deut. 1,4; Deut. 3,1; Deut. 3,3; Deut. 3,11; Deut. 4,47; Deut. 29,6; Josh. 9,10; Josh. 12,4; Josh. 13,30; 1Chr. 5,23; 1Chr. 6,56; Psa. 134,11; Psa. 135,20; Is. 2,13)

Noun · feminine · singular · nominative · (proper) ▸ **1** (Deut. 3,10)

Noun · masculine · singular · dative · (proper) ▸ **1** (Josh. 21,6)

Noun · masculine · singular · genitive · (proper) ▸ **3** (Deut. 33,22; 1Kings 4,18; Neh. 9,22)

Βασανι Bashan ▸ **1**

  Βασανι ▸ **1**

    Noun · singular · genitive · (proper) ▸ **1** (Josh. 13,30)

βασανίζω (βάσανος) to torment, torture ▸ **29 + 12 = 41**

  βασανιεῖ ▸ **1**

    Verb · third · singular · future · active · indicative ▸ **1** (2Mac. 7,17)

  βασάνιζε ▸ **1**

    Verb · second · singular · present · active · imperative ▸ **1** (4Mac. 11,16)

  βασανίζειν ▸ **2**

    Verb · present · active · infinitive ▸ **2** (4Mac. 8,2; 4Mac. 11,16)

  βασανίζεσθαι ▸ **3**

    Verb · present · passive · infinitive ▸ **3** (4Mac. 8,27; 4Mac. 9,27; 4Mac. 9,30)

  βασανίζῃ ▸ **1**

    Verb · second · singular · present · passive · indicative ▸ **1** (4Mac. 9,32)

  βασανιζομένη ▸ **1**

    Verb · present · passive · participle · feminine · singular · nominative · (variant) ▸ **1** (Rev. 12,2)

  βασανιζόμενον ▸ **1 + 1 = 2**

    Verb · present · passive · participle · masculine · singular · accusative ▸ **1** (4Mac. 16,15)

    Verb · present · passive · participle · neuter · singular · nominative · (variant) ▸ **1** (Matt. 14,24)

  βασανιζόμενος ▸ **2 + 1 = 3**

    Verb · present · passive · participle · masculine · singular · nominative ▸ **2 + 1 = 3** (4Mac. 6,5; 4Mac. 11,20; Matt. 8,6)

  βασανιζομένους ▸ **2 + 1 = 3**

    Verb · present · passive · participle · masculine · plural · accusative ▸ **2 + 1 = 3** (4Mac. 13,27; 4Mac. 16,3; Mark 6,48)

  βασανιζομένων ▸ **1**

    Verb · present · passive · participle · masculine · plural · genitive ▸ **1** (4Mac. 15,22)

  βασανίζοντας ▸ **1**

    Verb · present · active · participle · masculine · plural · accusative ▸ **1** (4Mac. 6,10)

  βασανιζόντων ▸ **1**

    Verb · present · active · participle · masculine · plural · genitive ▸ **1** (4Mac. 6,11)

  βασανίζων ▸ **1**

    Verb · present · active · participle · masculine · singular · nominative ▸ **1** (4Mac. 9,7)

  βασανίσαι ▸ **1 + 1 = 2**

    Verb · aorist · active · infinitive ▸ **1 + 1 = 2** (4Mac. 12,13; Matt. 8,29)

  βασανίσαντα ▸ **1**

    Verb · aorist · active · participle · neuter · plural · accusative ▸ **1** (2Mac. 9,6)

  βασανίσει ▸ **1**

    Verb · third · singular · future · active · indicative ▸ **1** (Sir. 4,17)

  βασανίσῃς ▸ **2**

    Verb · second · singular · aorist · active · subjunctive ▸ **2** (Mark 5,7; Luke 8,28)

  βασανισθείς ▸ **1**

    Verb · aorist · passive · participle · masculine · singular · nominative ▸ **1** (4Mac. 12,4)

  βασανισθήσεται ▸ **1**

    Verb · third · singular · future · passive · indicative ▸ **1** (Rev. 14,10)

  βασανισθήσονται ▸ **2**

    Verb · third · plural · future · passive · indicative ▸ **2** (Rev. 9,5; Rev. 20,10)

  βασάνισον ▸ **1**

    Verb · second · singular · aorist · active · imperative ▸ **1** (2Mac. 1,28)

  ἐβασανίζετο ▸ **1**

    Verb · third · singular · imperfect · passive · indicative ▸ **1** (4Mac. 15,22)

  ἐβασάνιζεν ▸ **1**

    Verb · third · singular · imperfect · active · indicative ▸ **1** (2Pet. 2,8)

  ἐβασάνιζον ▸ **1**

    Verb · third · plural · imperfect · active · indicative ▸ **1** (2Mac. 7,13)

  ἐβασανίζοντο ▸ **2**

    Verb · third · plural · imperfect · passive · indicative ▸ **2** (Wis. 11,9; Wis. 16,4)

  ἐβασάνισαν ▸ **1**

    Verb · third · plural · aorist · active · indicative ▸ **1** (Rev. 11,10)

  ἐβασάνισας ▸ **1**

    Verb · second · singular · aorist · active · indicative ▸ **1** (Wis. 12,23)

  ἐβασάνισεν ▸ **1**

    Verb · third · singular · aorist · active · indicative ▸ **1** (1Sam. 5,3)

  ἐβασανίσθησαν ▸ **1**

    Verb · third · plural · aorist · passive · indicative ▸ **1** (Wis. 16,1)

βασανισμός (βάσανος) torment, torture ▸ **2 + 6 = 8**

  βασανισμόν ▸ **1 + 1 = 2**

    Noun · masculine · singular · accusative · (common) ▸ **1 + 1 = 2** (4Mac. 11,2; Rev. 18,7)

  βασανισμός ▸ **2**

    Noun · masculine · singular · nominative ▸ **2** (Rev. 9,5; Rev. 9,5)

  βασανισμοῦ ▸ **3**

    Noun · masculine · singular · genitive ▸ **3** (Rev. 14,11; Rev. 18,10; Rev. 18,15)

  βασανισμούς ▸ **1**

    Noun · masculine · plural · accusative · (common) ▸ **1** (4Mac. 9,6)

βασανιστήριον (βάσανος) torture implement ▸ **5**

  βασανιστήρια ▸ **4**

    Noun · neuter · plural · accusative · (common) ▸ **4** (4Mac. 6,1; 4Mac. 8,12; 4Mac. 8,19; 4Mac. 8,25)

  βασανιστηρίων ▸ **1**

    Noun · neuter · plural · genitive · (common) ▸ **1** (4Mac. 8,1)

βασανιστής (βάσανος) tormentor ▸ **1**

  βασανισταῖς ▸ **1**

    Noun · masculine · plural · dative ▸ **1** (Matt. 18,34)

Βασανῖτις Bashan, Bashanite ▸ **10**

  Βασανίτιδι ▸ **7**

    Noun · feminine · singular · dative · (proper) ▸ **7** (Josh. 13,12; Josh. 13,30; Josh. 13,31; Josh. 17,1; Josh. 20,8; Josh. 21,27; Josh. 22,7)

Βασανῖτιν ▸ 2
    Noun ▪ feminine ▪ singular ▪ accusative ▪ (proper) ▸ 2 (Josh. 13,11; Mic. 7,14)
Βασανῖτις ▸ 1
    Noun ▪ masculine ▪ singular ▪ nominative ▪ (proper) ▸ 1 (Nah. 1,4)

Βασανῖτις Bashan, Bashanite ▸ 3
Βασανίτιδος ▸ 3
    Noun ▪ feminine ▪ singular ▪ genitive ▪ (proper) ▸ 3 (Amos 4,1; Zech. 11,2; Ezek. 27,6)

βάσανος torment, torture ▸ 61 + 3 = 64
βάσανοι ▸ 3
    Noun ▪ feminine ▪ plural ▪ nominative ▪ (common) ▸ 3 (2Mac. 9,5; 4Mac. 15,11; Sir. 33,27)
βασάνοις ▸ 12 + 2 = 14
    Noun ▪ feminine ▪ plural ▪ dative ▪ (common) ▸ 12 + 2 = 14 (3Mac. 3,27; 4Mac. 6,27; 4Mac. 6,30; 4Mac. 11,1; 4Mac. 12,12; 4Mac. 14,11; 4Mac. 15,18; 4Mac. 15,22; 4Mac. 15,32; 4Mac. 17,23; 4Mac. 18,21; Wis. 19,4; Matt. 4,24; Luke 16,23)
βάσανον ▸ 6
    Noun ▪ feminine ▪ singular ▪ accusative ▪ (common) ▸ 6 (2Mac. 7,8; 4Mac. 9,9; Wis. 17,12; Ezek. 3,20; Ezek. 32,24; Ezek. 32,30)
βασανόν ▸ 2
    Noun ▪ feminine ▪ singular ▪ accusative ▪ (common) ▸ 2 (Ezek. 16,52; Ezek. 16,54)
βάσανος ▸ 2
    Noun ▪ feminine ▪ singular ▪ nominative ▪ (common) ▸ 2 (Wis. 3,1; Ezek. 7,19)
βασάνου ▸ 6 + 1 = 7
    Noun ▪ feminine ▪ singular ▪ genitive ▪ (common) ▸ 6 + 1 = 7 (1Sam. 6,3; 1Sam. 6,4; 1Sam. 6,8; 1Sam. 6,17; 1Mac. 9,56; Ezek. 12,18; Luke 16,28)
βασάνους ▸ 8
    Noun ▪ feminine ▪ plural ▪ accusative ▪ (common) ▸ 8 (4Mac. 9,6; 4Mac. 10,11; 4Mac. 10,16; 4Mac. 16,1; 4Mac. 16,17; 4Mac. 17,7; 4Mac. 17,10; 4Mac. 18,20)
βασάνῳ ▸ 2
    Noun ▪ feminine ▪ singular ▪ dative ▪ (common) ▸ 2 (4Mac. 13,15; Wis. 2,19)
βασάνων ▸ 20
    Noun ▪ feminine ▪ plural ▪ genitive ▪ (common) ▸ 20 (4Mac. 4,26; 4Mac. 5,6; 4Mac. 6,30; 4Mac. 7,2; 4Mac. 7,10; 4Mac. 7,16; 4Mac. 8,9; 4Mac. 8,19; 4Mac. 9,5; 4Mac. 9,16; 4Mac. 9,18; 4Mac. 11,6; 4Mac. 11,23; 4Mac. 14,5; 4Mac. 14,8; 4Mac. 15,19; 4Mac. 15,20; 4Mac. 15,21; 4Mac. 16,2; 4Mac. 17,3)

Βασελλαν Mishal ▸ 1
Βασελλαν ▸ 1
    Noun ▪ feminine ▪ singular ▪ accusative ▪ (proper) ▸ 1 (Josh. 21,30)

Βασεμμαθ Basemath ▸ 7
Βασεμμαθ ▸ 7
    Noun ▪ feminine ▪ singular ▪ accusative ▪ (proper) ▸ 3 (Gen. 26,34; Gen. 36,3; 1Kings 4,15)
    Noun ▪ feminine ▪ singular ▪ genitive ▪ (proper) ▸ 3 (Gen. 36,10; Gen. 36,13; Gen. 36,17)
    Noun ▪ feminine ▪ singular ▪ nominative ▪ (proper) ▸ 1 (Gen. 36,4)

Βασηδωθ Bozkath ▸ 1
Βασηδωθ ▸ 1
    Noun ▪ singular ▪ nominative ▪ (proper) ▸ 1 (Josh. 15,39)

Βασηζα Meshezabel ▸ 1
Βασηζα ▸ 1
    Noun ▪ masculine ▪ singular ▪ genitive ▪ (proper) ▸ 1 (Neh. 11,24)

Βασθαι Basthai ▸ 1
Βασθαι ▸ 1
    Noun ▪ masculine ▪ singular ▪ genitive ▪ (proper) ▸ 1 (1Esdr. 5,31)

Βασι Besai ▸ 1
Βασι ▸ 1
    Noun ▪ masculine ▪ singular ▪ genitive ▪ (proper) ▸ 1 (Ezra 2,49)

βασιλεία (βασιλεύς) kingdom ▸ 363 + 74 + 162 = 599
βασιλεία ▸ 49 + 21 + 55 = 125
    Noun ▪ feminine ▪ singular ▪ nominative ▪ (common) ▸ 49 + 21 + 55 = 125 (Num. 24,7; Num. 24,7; Josh. 13,30; Josh. 13,30; 1Sam. 13,14; 1Sam. 20,31; 1Sam. 24,21; 2Sam. 3,28; 2Sam. 5,12; 2Sam. 7,16; 1Kings 2,12; 1Kings 2,15; 1Kings 2,15; 1Kings 2,35; 1Kings 12,26; 1Kings 18,10; 2Kings 14,5; 1Chr. 14,2; 2Chr. 12,1; 2Chr. 20,30; 2Chr. 25,3; Tob. 13,2; 1Mac. 1,16; Psa. 21,29; Psa. 102,19; Psa. 144,13; Psa. 144,13; Sir. 10,8; Sol. 17,3; Mic. 4,8; Obad. 21; Is. 7,8; Is. 17,3; Is. 37,20; Jer. 34,8; Dan. 2,39; Dan. 2,39; Dan. 2,40; Dan. 2,41; Dan. 2,44; Dan. 4,31; Dan. 4,36; Dan. 5,26-28; Dan. 5,26-28; Dan. 7,14; Dan. 7,23; Dan. 9,26; Dan. 11,4; Dan. 11,4; Tob. 13,2; Dan. 2,39; Dan. 2,39; Dan. 2,40; Dan. 2,41; Dan. 2,44; Dan. 4,3; Dan. 4,3; Dan. 4,26; Dan. 4,31; Dan. 4,34; Dan. 5,28; Dan. 6,27; Dan. 7,14; Dan. 7,14; Dan. 7,23; Dan. 7,27; Dan. 7,27; Dan. 7,27; Dan. 11,4; Dan. 11,4; Matt. 3,2; Matt. 4,17; Matt. 5,3; Matt. 5,10; Matt. 6,10; Matt. 10,7; Matt. 11,12; Matt. 12,25; Matt. 12,26; Matt. 12,28; Matt. 13,24; Matt. 13,31; Matt. 13,33; Matt. 13,44; Matt. 13,45; Matt. 13,47; Matt. 18,23; Matt. 19,14; Matt. 20,1; Matt. 21,43; Matt. 22,2; Matt. 24,7; Matt. 25,1; Mark 1,15; Mark 3,24; Mark 3,24; Mark 4,26; Mark 10,14; Mark 11,10; Mark 13,8; Luke 6,20; Luke 10,9; Luke 10,11; Luke 11,2; Luke 11,17; Luke 11,18; Luke 11,20; Luke 13,18; Luke 16,16; Luke 17,20; Luke 17,20; Luke 17,21; Luke 18,16; Luke 19,11; Luke 21,10; Luke 21,31; Luke 22,18; John 18,36; John 18,36; John 18,36; Rom. 14,17; 1Cor. 4,20; Rev. 11,15; Rev. 12,10; Rev. 16,10)
βασιλείᾳ ▸ 58 + 9 + 21 = 88
    Noun ▪ feminine ▪ singular ▪ dative ▪ (common) ▸ 58 + 9 + 21 = 88 (Gen. 14,1; Num. 21,18; 1Kings 10,20; 1Kings 16,28a; 1Chr. 4,23; 1Chr. 11,10; 1Chr. 17,14; 2Chr. 1,18; 2Chr. 2,11; 2Chr. 8,6; 2Chr. 8,9; 2Chr. 9,19; 2Chr. 29,19; 2Chr. 36,22; 1Esdr. 2,1; 1Esdr. 8,10; 1Esdr. 8,28; Ezra 1,1; Ezra 4,6; Ezra 6,15; Ezra 7,1; Ezra 7,13; Ezra 8,1; Neh. 9,35; Neh. 12,22; Esth. 1,20; Esth. 3,8; Esth. 4,13; Esth. 8,5; Esth. 8,12; Esth. 8,13; Esth. 9,4; Esth. 9,16; Esth. 9,20; Esth. 10,3; Judith 11,8; 1Mac. 1,41; 1Mac. 1,51; 1Mac. 3,14; 1Mac. 7,8; 1Mac. 10,34; 1Mac. 10,43; 1Mac. 11,1; 1Mac. 11,51; 1Mac. 15,4; 1Mac. 15,29; 2Mac. 9,25; 3Mac. 6,24; Eccl. 4,14; Sol. 5,18; Is. 1,1; Jer. 1,2; Dan. 1,20; Dan. 1,20; Dan. 4,31; Dan. 4,37c; Dan. 6,4; Dan. 6,27; Dan. 1,20; Dan. 3,97; Dan. 5,7; Dan. 5,11; Dan. 5,16; Dan. 5,29; Dan. 6,2; Dan. 6,29; Dan. 6,29; Matt. 5,19; Matt. 5,19; Matt. 8,11; Matt. 11,11; Matt. 13,43; Matt. 13,52; Matt. 16,28; Matt. 18,1; Matt. 18,4; Matt. 20,21; Matt. 26,29; Mark 14,25; Luke 7,28; Luke 9,62; Luke 13,28; Luke 13,29; Luke 14,15; Luke 22,16; Luke 22,30; Eph. 5,5; Rev. 1,9)
βασιλεῖαι ▸ 4 + 1 = 5
    Noun ▪ feminine ▪ plural ▪ nominative ▪ (common) ▸ 4 + 1 = 5 (2Kings 19,19; Psa. 45,7; Psa. 67,33; Dan. 7,17; Dan. 7,17)
βασιλείαις ▸ 11 + 1 = 12
    Noun ▪ feminine ▪ plural ▪ dative ▪ (common) ▸ 11 + 1 = 12 (Deut. 28,25; 1Kings 2,46b; 2Kings 19,15; 2Chr. 17,10; Sir. 44,3; Nah. 3,5; Is. 23,17; Jer. 15,4; Jer. 28,27; Jer. 41,17; Bar. 2,4; Dan. 11,2)
βασιλείαν ▸ 87 + 11 + 61 = 159
    Noun ▪ feminine ▪ singular ▪ accusative ▪ (common) ▸ 87 + 11 + 61 = 159 (Gen. 20,9; Num. 32,33; Num. 32,33; Deut. 3,13;

βασιλεία–βασιλεύς

Josh. 13,12; Josh. 13,21; Josh. 13,27; 1Sam. 11,14; 1Sam. 13,13; 1Sam. 15,28; 1Sam. 28,17; 2Sam. 3,10; 2Sam. 7,12; 2Sam. 16,3; 2Sam. 16,8; 1Kings 2,22; 1Kings 11,11; 1Kings 11,13; 1Kings 11,31; 1Kings 11,34; 1Kings 11,35; 1Kings 12,21; 1Kings 12,24b; 1Kings 18,10; 1Chr. 10,14; 1Chr. 12,24; 1Chr. 17,11; 1Chr. 28,7; 2Chr. 1,1; 2Chr. 11,1; 2Chr. 11,17; 2Chr. 13,5; 2Chr. 17,5; 2Chr. 21,3; 2Chr. 21,4; 2Chr. 21,5; 2Chr. 33,13; 1Esdr. 1,22; 1Esdr. 8,21; Ezra 7,23; Esth. 1,19; Esth. 1,22; Esth. 2,18; Esth. 3,6; Esth. 3,13; Esth. 13,2 # 3,13b; Esth. 13,5 # 3,13e; Esth. 16,8 # 8,12h; Esth. 16,16 # 8,12q; Esth. 10,1; 1Mac. 1,6; 1Mac. 8,18; 1Mac. 10,33; 1Mac. 10,52; 2Mac. 4,7; 2Mac. 10,11; 2Mac. 14,6; 3Mac. 7,3; 3Mac. 7,12; 4Mac. 2,23; 4Mac. 12,11; Wis. 6,20; Wis. 10,10; Sir. 46,13; Sir. 47,21; Hos. 1,4; Amos 9,8; Is. 9,6; Jer. 18,7; Jer. 18,9; Ezek. 17,14; Dan. 2,37; Dan. 2,44; Dan. 4,32; Dan. 4,37; Dan. 4,37a; Dan. 4,37c; Dan. 6,1; Dan. 6,29; Dan. 7,18; Dan. 7,18; Dan. 7,27; Dan. 7,27; Dan. 9,1; Dan. 11,5; Dan. 11,6; Dan. 11,9; Dan. 2,37; Dan. 2,44; Dan. 4,36; Dan. 5,18; Dan. 5,26; Dan. 6,1; Dan. 7,18; Dan. 7,22; Dan. 9,1; Dan. 11,9; Bel 1; Matt. 5,20; Matt. 6,33; Matt. 7,21; Matt. 18,3; Matt. 19,12; Matt. 19,23; Matt. 19,24; Matt. 21,31; Matt. 23,13; Matt. 24,7; Matt. 25,34; Mark 4,30; Mark 9,1; Mark 9,47; Mark 10,15; Mark 10,23; Mark 10,24; Mark 10,25; Mark 13,8; Mark 15,43; Luke 4,43; Luke 8,1; Luke 9,2; Luke 9,27; Luke 9,60; Luke 12,31; Luke 12,32; Luke 13,20; Luke 18,17; Luke 18,24; Luke 18,25; Luke 19,12; Luke 19,15; Luke 21,10; Luke 22,29; Luke 23,42; Luke 23,51; John 3,3; John 3,5; Acts 1,6; Acts 14,22; Acts 20,25; Acts 28,23; Acts 28,31; 1Cor. 6,9; 1Cor. 6,10; 1Cor. 15,24; 1Cor. 15,50; Gal. 5,21; Col. 1,13; Col. 4,11; 1Th. 2,12; 2Tim. 4,1; 2Tim. 4,18; Heb. 12,28; 2Pet. 1,11; Rev. 1,6; Rev. 5,10; Rev. 17,12; Rev. 17,17; Rev. 17,18)

βασιλείας ▸ 147 + 31 + 25 = 203

Noun ▪ feminine ▪ plural ▪ accusative ▪ (common) ▸ 18 + 2 + 3 = 23 (Deut. 3,21; 1Chr. 29,30; 2Chr. 20,29; 2Chr. 36,23; Ezra 1,2; Neh. 9,22; 1Mac. 1,16; 1Mac. 8,11; Psa. 78,6; Psa. 101,23; Psa. 134,11; Jer. 1,10; Jer. 1,15; Jer. 24,9; Jer. 32,26; Jer. 35,8; Ezek. 37,22; Dan. 2,44; Dan. 2,44; Dan. 7,23; Matt. 4,8; Luke 4,5; Heb. 11,33)

Noun ▪ feminine ▪ singular ▪ genitive ▪ (common) ▸ 129 + 29 + 22 = 180 (Gen. 10,10; Deut. 3,4; Deut. 3,10; Josh. 13,31; 1Sam. 10,16; 2Sam. 12,26; 2Sam. 19,10; 1Kings 1,46; 1Kings 9,5; 1Kings 11,14; 2Kings 11,1; 2Kings 24,12; 2Kings 25,1; 2Kings 25,27; 1Chr. 16,20; 1Chr. 22,10; 1Chr. 26,31; 1Chr. 28,5; 1Chr. 29,30; 2Chr. 3,2; 2Chr. 7,18; 2Chr. 12,2; 2Chr. 12,8; 2Chr. 13,1; 2Chr. 13,8; 2Chr. 15,10; 2Chr. 15,19; 2Chr. 16,1; 2Chr. 16,12; 2Chr. 16,13; 2Chr. 17,7; 2Chr. 22,9; 2Chr. 22,10; 2Chr. 23,20; 2Chr. 26,21; 2Chr. 29,3; 2Chr. 29,21; 2Chr. 32,15; 2Chr. 34,3; 2Chr. 34,3; 2Chr. 34,8; 2Chr. 35,19; 2Chr. 36,20; 1Esdr. 2,26; 1Esdr. 4,49; 1Esdr. 5,6; 1Esdr. 5,71; 1Esdr. 6,1; Ezra 4,5; Ezra 4,6; Ezra 4,24; Esth. 1,4; Esth. 2,3; Esth. 2,16; Esth. 3,7; Esth. 4,11; Esth. 15,6 # 5,1c; Esth. 5,3; Esth. 5,11; Esth. 7,2; Esth. 16,13 # 8,12n; Esth. 10,2; Judith 1,1; Judith 1,12; Judith 2,12; Tob. 1,21; 1Mac. 1,10; 1Mac. 2,19; 1Mac. 2,57; 1Mac. 3,27; 1Mac. 3,32; 1Mac. 3,37; 1Mac. 6,14; 1Mac. 6,47; 1Mac. 6,57; 1Mac. 7,2; 1Mac. 7,4; 1Mac. 10,37; 1Mac. 10,53; 1Mac. 10,55; 1Mac. 11,1; 1Mac. 11,9; 1Mac. 11,11; 1Mac. 11,52; 1Mac. 15,3; 1Mac. 15,3; 1Mac. 15,9; 1Mac. 15,28; 2Mac. 1,7; 2Mac. 11,23; 2Mac. 14,26; 4Mac. 12,5; Psa. 44,7; Psa. 104,13; Psa. 144,11; Psa. 144,12; Ode. 8,55; Wis. 6,4; Wis. 10,14; Amos 7,13; Is. 37,16; Is. 47,5; Is. 62,3; Jer. 28,59; Jer. 52,4; Bar. 5,6; Ezek. 17,13; Dan. 1,21; Dan. 2,1; Dan. 2,42; Dan. 3,54; Dan. 4,4; Dan. 4,27; Dan. 4,30; Dan. 4,31; Dan. 4,37a; Dan. 4,37b; Dan. 5,7; Dan. 5,16; Dan. 5,26-28; Dan. 5,29; Dan. 6,2; Dan. 6,4; Dan. 6,5; Dan. 6,29; Dan. 7,24; Dan. 8,23; Dan. 9,2; Dan. 11,20; Tob. 1,21; Dan. 1,1; Dan. 1,3; Dan. 2,1; Dan. 2,42; Dan. 3,54; Dan. 4,17; Dan. 4,18; Dan. 4,25; Dan. 4,29; Dan. 4,30; Dan. 4,32; Dan. 4,36; Dan. 5,20; Dan. 5,21; Dan. 6,2; Dan. 6,4; Dan. 6,8; Dan. 6,27; Dan. 8,1; Dan. 8,23; Dan. 9,2; Dan. 10,13; Dan. 10,13; Dan. 11,17; Dan. 11,20; Dan. 11,20; Dan. 11,21; Dan. 11,21; Matt. 4,23; Matt. 8,12; Matt. 9,35; Matt. 13,11; Matt. 13,19; Matt. 13,38; Matt. 13,41; Matt. 16,19; Matt. 24,14; Mark 4,11; Mark 6,23; Mark 12,34; Luke 1,33; Luke 8,10; Luke 9,11; Luke 18,29; Acts 1,3; Acts 8,12; Acts 19,8; 2Th. 1,5; Heb. 1,8; James 2,5)

βασιλειῶν ▸ 7

Noun ▪ feminine ▪ plural ▪ genitive ▪ (common) ▸ 7 (Josh. 11,10; 1Sam. 10,18; 2Chr. 20,6; Esth. 13,3 # 3,13c; 1Mac. 6,29; Amos 6,2; Dan. 7,27)

βασίλειον (βασιλεύς) palace, royal authority, kingdom ▸ 24

βασίλεια ▸ 3

Noun ▪ neuter ▪ plural ▪ accusative ▪ (common) ▸ 2 (1Mac. 2,10; Dan. 6,19)

Noun ▪ neuter ▪ plural ▪ nominative ▪ (common) ▸ 1 (Nah. 2,7)

βασιλείοις ▸ 2

Noun ▪ neuter ▪ plural ▪ dative ▪ (common) ▸ 2 (Esth. 1,9; LetterJ 58)

βασίλειον ▸ 15

Noun ▪ neuter ▪ singular ▪ accusative ▪ (common) ▸ 8 (2Sam. 1,10; 1Chr. 28,4; 2Chr. 23,11; 2Mac. 2,17; Wis. 5,16; Sol. 17,4; Sol. 17,6; Dan. 7,22)

Noun ▪ neuter ▪ singular ▪ nominative ▪ (common) ▸ 7 (1Esdr. 4,40; Prov. 18,19; Wis. 1,14; Dan. 4,34; Dan. 4,37c; Dan. 4,37c; Dan. 5,30)

βασιλείόν ▸ 2

Noun ▪ neuter ▪ singular ▪ accusative ▪ (common) ▸ 2 (1Esdr. 4,43; Dan. 5,23)

βασιλείων ▸ 2

Noun ▪ neuter ▪ plural ▪ genitive ▪ (common) ▸ 2 (Esth. 2,13; Dan. 5,0)

βασίλειος (βασιλεύς) royal; emperor ▸ 4 + 2 = 6

βασιλείοις ▸ 1

Adjective ▪ neuter ▪ plural ▪ dative ▪ 1 (Luke 7,25)

βασίλειον ▸ 3 + 1 = 4

Adjective ▪ feminine ▪ singular ▪ accusative ▪ noDegree ▸ 1 (4Mac. 3,8)

Adjective ▪ neuter ▪ singular ▪ nominative ▪ noDegree ▸ 2 + 1 = 3 (Ex. 19,6; Ex. 23,22; 1Pet. 2,9)

βασιλείων ▸ 1

Adjective ▪ masculine ▪ plural ▪ genitive ▪ noDegree ▸ 1 (Wis. 18,15)

Βασιλεύς (βασιλεύς) King ▸ 1

Βασιλεὺς ▸ 1

Noun ▪ masculine ▪ singular ▪ nominative ▪ (common) ▸ 1 (2Chr. 18,31)

βασιλεύς king ▸ 3180 + 262 + 115 = 3557

Βασιλέα ▸ 1

Noun ▪ masculine ▪ singular ▪ accusative ▪ (common) ▸ 1 (LetterJ 52)

βασιλέα ▸ 548 + 28 + 15 = 591

Noun ▪ masculine ▪ singular ▪ accusative ▪ (common) ▸ 548 + 28 + 15 = 591 (Gen. 14,9; Gen. 14,9; Gen. 14,9; Gen. 14,9; Gen. 14,22; Gen. 26,1; Gen. 36,31; Ex. 3,10; Ex. 3,11; Ex. 3,18; Ex. 6,13; Ex. 6,27; Ex. 6,29; Num. 20,14; Num. 21,21; Num. 21,26; Deut. 1,4; Deut. 1,4; Deut. 2,24; Deut. 2,26; Deut. 2,31; Deut. 3,3; Deut. 3,6; Josh. 6,2; Josh. 8,1; Josh. 8,2; Josh. 8,23; Josh. 8,29; Josh. 10,1; Josh. 10,1; Josh. 10,3; Josh. 10,3; Josh. 10,3;

Josh. 10,3; Josh. 10,23; Josh. 10,23; Josh. 10,23; Josh. 10,23; Josh. 10,23; Josh. 10,30; Josh. 10,39; Josh. 11,1; Josh. 11,1; Josh. 11,1; Josh. 11,10; Josh. 12,2; Josh. 12,9; Josh. 12,9; Josh. 12,10; Josh. 12,10; Josh. 12,11; Josh. 12,11; Josh. 12,12; Josh. 12,12; Josh. 12,13; Josh. 12,13; Josh. 12,14; Josh. 12,14; Josh. 12,15; Josh. 12,15; Josh. 12,16; Josh. 12,17; Josh. 12,17; Josh. 12,18; Josh. 12,19; Josh. 12,20; Josh. 12,20; Josh. 12,20; Josh. 12,21; Josh. 12,21; Josh. 12,22; Josh. 12,22; Josh. 12,23; Josh. 12,23; Josh. 12,24; Judg. 3,10; Judg. 3,12; Judg. 4,23; Judg. 4,24; Judg. 9,6; Judg. 9,8; Judg. 9,15; Judg. 11,12; Judg. 11,14; Judg. 11,17; Judg. 11,17; Judg. 11,19; 1Sam. 8,5; 1Sam. 8,6; 1Sam. 8,10; 1Sam. 8,18; 1Sam. 8,22; 1Sam. 10,19; 1Sam. 11,15; 1Sam. 12,1; 1Sam. 12,13; 1Sam. 12,15; 1Sam. 12,17; 1Sam. 12,19; 1Sam. 14,47; 1Sam. 15,1; 1Sam. 15,8; 1Sam. 15,11; 1Sam. 15,17; 1Sam. 15,20; 1Sam. 15,23; 1Sam. 15,26; 1Sam. 15,32; 1Sam. 21,11; 1Sam. 22,3; 1Sam. 22,11; 1Sam. 26,15; 1Sam. 26,15; 1Sam. 26,16; 1Sam. 27,2; 2Sam. 2,7; 2Sam. 3,21; 2Sam. 3,24; 2Sam. 4,8; 2Sam. 5,3; 2Sam. 5,3; 2Sam. 5,12; 2Sam. 6,16; 2Sam. 7,3; 2Sam. 8,3; 2Sam. 8,10; 2Sam. 9,3; 2Sam. 9,4; 2Sam. 9,6; 2Sam. 9,11; 2Sam. 10,6; 2Sam. 11,19; 2Sam. 11,22; 2Sam. 12,7; 2Sam. 13,6; 2Sam. 13,13; 2Sam. 13,24; 2Sam. 13,35; 2Sam. 13,37; 2Sam. 14,3; 2Sam. 14,4; 2Sam. 14,9; 2Sam. 14,12; 2Sam. 14,13; 2Sam. 14,15; 2Sam. 14,15; 2Sam. 14,22; 2Sam. 14,29; 2Sam. 14,32; 2Sam. 14,33; 2Sam. 14,33; 2Sam. 15,2; 2Sam. 15,6; 2Sam. 15,15; 2Sam. 16,3; 2Sam. 16,9; 2Sam. 16,9; 2Sam. 17,2; 2Sam. 17,16; 2Sam. 18,28; 2Sam. 19,6; 2Sam. 19,11; 2Sam. 19,11; 2Sam. 19,12; 2Sam. 19,12; 2Sam. 19,13; 2Sam. 19,15; 2Sam. 19,16; 2Sam. 19,19; 2Sam. 19,20; 2Sam. 19,20; 2Sam. 19,28; 2Sam. 19,29; 2Sam. 19,31; 2Sam. 19,31; 2Sam. 19,33; 2Sam. 19,35; 2Sam. 19,36; 2Sam. 19,42; 2Sam. 19,42; 2Sam. 19,42; 2Sam. 19,44; 2Sam. 20,21; 2Sam. 20,22; 2Sam. 21,5; 2Sam. 24,3; 2Sam. 24,9; 2Sam. 24,20; 2Sam. 24,23; 1Kings 1,3; 1Kings 1,4; 1Kings 1,13; 1Kings 1,15; 1Kings 1,34; 1Kings 1,45; 1Kings 1,47; 1Kings 1,51; 1Kings 2,15; 1Kings 2,17; 1Kings 2,19; 1Kings 2,38; 1Kings 2,39; 1Kings 3,26; 1Kings 7,2; 1Kings 10,6; 1Kings 10,9; 1Kings 11,14; 1Kings 11,18; 1Kings 11,27; 1Kings 11,40; 1Kings 12,3; 1Kings 12,12; 1Kings 12,24c; 1Kings 12,27; 1Kings 13,8; 1Kings 15,19; 1Kings 16,16; 1Kings 19,15; 1Kings 19,16; 1Kings 20,7; 1Kings 20,10; 1Kings 20,13; 1Kings 21,2; 1Kings 21,22; 1Kings 21,31; 1Kings 21,39; 1Kings 22,2; 1Kings 22,5; 1Kings 22,7; 1Kings 22,12; 1Kings 22,15; 1Kings 22,18; 1Kings 22,20; 1Kings 22,30; 1Kings 22,31; 1Kings 22,32; 1Kings 22,34; 1Kings 22,37; 2Kings 1,6; 2Kings 1,15; 2Kings 3,7; 2Kings 3,13; 2Kings 3,26; 2Kings 4,13; 2Kings 5,5; 2Kings 5,6; 2Kings 5,8; 2Kings 6,9; 2Kings 7,18; 2Kings 8,3; 2Kings 8,5; 2Kings 8,20; 2Kings 9,3; 2Kings 9,6; 2Kings 9,12; 2Kings 11,7; 2Kings 11,8; 2Kings 11,11; 2Kings 11,14; 2Kings 11,19; 2Kings 14,9; 2Kings 14,13; 2Kings 14,17; 2Kings 14,22; 2Kings 15,37; 2Kings 16,7; 2Kings 17,4; 2Kings 18,14; 2Kings 18,14; 2Kings 18,17; 2Kings 19,8; 2Kings 19,32; 2Kings 20,14; 2Kings 21,23; 2Kings 21,24; 2Kings 22,9; 2Kings 22,10; 2Kings 22,18; 2Kings 23,29; 2Kings 24,12; 2Kings 25,6; 2Kings 25,6; 2Kings 25,11; 2Kings 25,20; 1Chr. 11,3; 1Chr. 11,3; 1Chr. 15,29; 1Chr. 18,3; 1Chr. 18,10; 1Chr. 19,7; 1Chr. 21,20; 1Chr. 28,4; 1Chr. 28,4; 1Chr. 29,22; 2Chr. 2,2; 2Chr. 2,10; 2Chr. 5,3; 2Chr. 8,18; 2Chr. 9,5; 2Chr. 9,8; 2Chr. 9,8; 2Chr. 10,16; 2Chr. 12,11; 2Chr. 16,3; 2Chr. 16,7; 2Chr. 16,7; 2Chr. 18,3; 2Chr. 18,4; 2Chr. 18,14; 2Chr. 18,19; 2Chr. 18,30; 2Chr. 18,33; 2Chr. 20,35; 2Chr. 21,8; 2Chr. 22,5; 2Chr. 22,6; 2Chr. 23,7; 2Chr. 23,10; 2Chr. 23,12; 2Chr. 23,12; 2Chr. 23,13; 2Chr. 23,20; 2Chr. 23,20; 2Chr. 24,14; 2Chr. 24,17; 2Chr. 25,3; 2Chr. 25,17; 2Chr. 25,18; 2Chr. 25,23; 2Chr. 25,25; 2Chr. 26,2; 2Chr. 26,18; 2Chr. 27,5; 2Chr. 28,16; 2Chr. 28,19; 2Chr. 29,18; 2Chr. 32,9; 2Chr. 33,25; 2Chr. 34,16; 2Chr. 34,26; 2Chr. 35,20; 2Chr. 35,23; 2Chr. 36,1; 2Chr. 36,4; 2Chr. 36,13; 2Chr. 36,17; 1Esdr. 1,23; 1Esdr. 1,27; 1Esdr. 1,32; 1Esdr. 1,35; 1Esdr. 1,35; 1Esdr. 1,44; 1Esdr. 2,2; 1Esdr. 3,21; 1Esdr. 4,15; 1Esdr. 4,30; 1Esdr. 5,57; 1Esdr. 6,32; 1Esdr. 8,51; Ezra 4,7; Ezra 4,11; Ezra 5,17; Ezra 6,12; Neh. 2,5; Neh. 2,7; Neh. 2,19; Neh. 6,6; Neh. 6,7; Neh. 13,6; Neh. 13,26; Esth. 1,16; Esth. 1,16; Esth. 2,12; Esth. 2,13; Esth. 2,14; Esth. 2,15; Esth. 2,16; Esth. 2,21; Esth. 3,8; Esth. 4,8; Esth. 4,11; Esth. 4,11; Esth. 4,16; Esth. 14,10 # 4,17p; Esth. 6,4; Esth. 6,7; Esth. 7,9; Esth. 8,3; Esth. 9,25; Esth. 10,3; Judith 1,5; Judith 1,13; Tob. 13,7; Tob. 13,9; Tob. 13,11; Tob. 13,16; 1Mac. 1,1; 1Mac. 1,13; 1Mac. 1,18; 1Mac. 6,22; 1Mac. 6,57; 1Mac. 7,6; 1Mac. 7,20; 1Mac. 7,25; 1Mac. 8,5; 1Mac. 8,6; 1Mac. 9,57; 1Mac. 10,51; 1Mac. 11,9; 1Mac. 11,21; 1Mac. 11,24; 1Mac. 11,28; 1Mac. 11,41; 1Mac. 11,44; 1Mac. 11,45; 1Mac. 11,48; 1Mac. 11,49; 1Mac. 12,39; 1Mac. 13,34; 1Mac. 15,36; 2Mac. 1,11; 2Mac. 3,3; 2Mac. 3,35; 2Mac. 4,5; 2Mac. 4,45; 2Mac. 4,46; 2Mac. 7,12; 2Mac. 9,25; 2Mac. 11,14; 2Mac. 12,1; 2Mac. 14,4; 3Mac. 1,25; 3Mac. 5,11; 3Mac. 5,14; 3Mac. 5,35; 3Mac. 5,46; 3Mac. 6,5; 3Mac. 7,10; 4Mac. 3,20; 4Mac. 4,4; 4Mac. 8,22; Psa. 19,10; Psa. 134,11; Psa. 134,11; Psa. 135,19; Psa. 135,20; Prov. 24,21; Eccl. 4,13; Eccl. 10,20; Wis. 9,7; Sol. 17,4; Sol. 17,21; Hos. 3,5; Hos. 5,13; Hos. 8,10; Hos. 10,7; Hos. 13,10; Hos. 13,11; Amos 7,10; Jonah 3,6; Zech. 14,9; Is. 6,5; Is. 7,17; Is. 8,6; Is. 8,7; Is. 14,4; Is. 33,17; Is. 36,2; Is. 36,21; Is. 37,1; Is. 37,8; Is. 37,33; Is. 39,3; Is. 43,15; Is. 45,13; Jer. 15,4; Jer. 21,3; Jer. 21,7; Jer. 22,18; Jer. 24,1; Jer. 24,1; Jer. 24,8; Jer. 25,18; Jer. 26,13; Jer. 27,18; Jer. 27,18; Jer. 28,28; Jer. 32,19; Jer. 33,23; Jer. 34,3; Jer. 34,3; Jer. 34,3; Jer. 34,3; Jer. 34,3; Jer. 34,3; Jer. 34,12; Jer. 36,3; Jer. 37,9; Jer. 41,2; Jer. 41,6; Jer. 41,8; Jer. 41,21; Jer. 43,20; Jer. 43,21; Jer. 43,27; Jer. 43,30; Jer. 44,7; Jer. 45,8; Jer. 50,10; Jer. 51,30; Jer. 51,30; Jer. 52,9; Jer. 52,9; Jer. 52,26; Bar. 1,9; Lam. 2,2; Lam. 2,6; Lam. 2,9; LetterJ 17; LetterJ 33; LetterJ 58; Ezek. 17,12; Ezek. 19,9; Ezek. 26,7; Ezek. 29,2; Ezek. 30,22; Ezek. 31,2; Ezek. 32,2; Dan. 1,2; Dan. 1,10; Dan. 1,18; Dan. 2,1; Dan. 2,4; Dan. 2,16; Dan. 2,24; Dan. 2,25; Dan. 2,49; Dan. 3,13; Dan. 3,91; Dan. 4,37a; Dan. 5,13; Dan. 6,5; Dan. 6,9; Dan. 11,14; Dan. 11,25; Bel 5; Bel 9; Bel 10; Judg. 3,10; Judg. 3,12; Judg. 4,23; Judg. 4,24; Judg. 4,24; Judg. 9,8; Judg. 11,12; Judg. 11,14; Judg. 11,17; Judg. 11,17; Judg. 11,19; Judg. 11,19; Judg. 11,25; Tob. 13,7; Tob. 13,16; Dan. 1,2; Dan. 1,10; Dan. 2,16; Dan. 4,24; Dan. 4,28; Dan. 4,37; Dan. 11,6; Dan. 11,8; Dan. 11,14; Dan. 11,25; Bel 19; Bel 28; Bel 29; Matt. 1,6; Mark 6,25; Mark 15,9; Mark 15,12; Luke 23,2; John 6,15; John 18,39; John 19,12; John 19,15; John 19,15; Acts 13,21; Acts 13,22; Acts 17,7; 1Pet. 2,17; Rev. 9,11)

βασιλέας ▸ 2

Noun · masculine · plural · accusative · (common) ▸ **2** (2Kings 7,6; 2Kings 7,6)

Βασιλεῖ ▸ 2

Noun · masculine · singular · dative · (common) ▸ **2** (1Esdr. 2,13; 1Esdr. 6,8)

βασιλεῖ ▸ 308 + 29 + 6 = 343

Noun · masculine · singular · dative · (common) ▸ 308 + 29 + 6 = 343 (Gen. 40,1; Gen. 40,5; Ex. 6,11; Ex. 14,5; Num. 21,29; Num. 21,34; Deut. 3,2; Deut. 11,3; Josh. 2,2; Josh. 9,10; Josh. 9,10; Josh. 10,28; Josh. 10,28; Josh. 10,30; Josh. 10,30; Josh. 10,39; Josh. 10,39; Josh. 24,33b; Judg. 3,14; Judg. 3,15; Judg. 3,17; 1Sam. 18,22; 1Sam. 18,23; 1Sam. 18,26; 1Sam. 18,27; 1Sam. 18,27; 1Sam. 22,14; 1Sam. 27,6; 2Sam. 4,8; 2Sam. 6,12; 2Sam. 8,5; 2Sam. 8,14; 2Sam. 11,18; 2Sam. 13,34; 2Sam. 14,19; 2Sam. 15,21; 2Sam. 17,17; 2Sam. 17,21; 2Sam. 18,19; 2Sam. 18,21; 2Sam. 18,25; 2Sam. 18,28; 2Sam. 18,28; 2Sam. 18,31;

βασιλεύς

2Sam. 19,29; 2Sam. 19,44; 2Sam. 20,2; 2Sam. 24,20; 2Sam. 24,23; 1Kings 1,2; 1Kings 1,2; 1Kings 1,15; 1Kings 1,16; 1Kings 1,23; 1Kings 1,23; 1Kings 1,31; 1Kings 1,36; 1Kings 1,53; 1Kings 2,18; 1Kings 2,30; 1Kings 3,16; 1Kings 4,7; 1Kings 5,1; 1Kings 7,26; 1Kings 7,31; 1Kings 9,28; 1Kings 10,10; 1Kings 10,22; 1Kings 10,22; 1Kings 11,5; 1Kings 11,33; 1Kings 12,16; 1Kings 12,23; 1Kings 12,24y; 1Kings 13,11; 1Kings 15,17; 1Kings 21,13; 1Kings 21,17; 1Kings 21,28; 1Kings 21,32; 1Kings 21,38; 1Kings 22,52; 2Kings 3,1; 2Kings 3,4; 2Kings 3,5; 2Kings 6,11; 2Kings 6,12; 2Kings 7,15; 2Kings 8,5; 2Kings 8,16; 2Kings 8,25; 2Kings 12,7; 2Kings 12,19; 2Kings 13,1; 2Kings 13,10; 2Kings 13,16; 2Kings 13,18; 2Kings 14,1; 2Kings 15,1; 2Kings 15,8; 2Kings 15,13; 2Kings 15,17; 2Kings 15,20; 2Kings 16,8; 2Kings 16,10; 2Kings 17,1; 2Kings 17,4; 2Kings 17,26; 2Kings 18,1; 2Kings 18,7; 2Kings 18,9; 2Kings 18,9; 2Kings 18,10; 2Kings 18,13; 2Kings 18,16; 2Kings 18,23; 2Kings 22,3; 2Kings 22,9; 2Kings 22,20; 2Kings 24,20; 2Kings 25,8; 2Kings 25,24; 1Chr. 18,5; 1Chr. 25,5; 1Chr. 29,20; 2Chr. 2,11; 2Chr. 4,11; 2Chr. 4,16; 2Chr. 9,9; 2Chr. 9,9; 2Chr. 9,12; 2Chr. 9,14; 2Chr. 9,21; 2Chr. 9,21; 2Chr. 16,1; 2Chr. 17,19; 2Chr. 24,23; 2Chr. 26,13; 2Chr. 28,21; 2Chr. 29,25; 2Chr. 32,23; 2Chr. 34,16; 2Chr. 34,18; 2Chr. 34,28; 1Esdr. 2,14; 1Esdr. 2,16; 1Esdr. 4,5; 1Esdr. 4,6; 1Esdr. 4,6; 1Esdr. 4,43; 1Esdr. 4,46; 1Esdr. 4,58; 1Esdr. 6,8; 1Esdr. 6,21; 1Esdr. 8,5; 1Esdr. 8,52; Ezra 4,8; Ezra 4,12; Ezra 4,13; Ezra 4,14; Ezra 4,16; Ezra 5,6; Ezra 5,7; Ezra 5,8; Ezra 7,7; Ezra 7,8; Ezra 8,22; Neh. 1,11; Neh. 2,1; Neh. 2,1; Neh. 2,3; Neh. 2,5; Neh. 2,7; Neh. 2,8; Neh. 6,7; Esth. 12,2 # 1,1n; Esth. 12,2 # 1,1n; Esth. 1,14; Esth. 1,17; Esth. 1,17; Esth. 1,18; Esth. 1,19; Esth. 1,21; Esth. 2,2; Esth. 2,4; Esth. 2,4; Esth. 2,22; Esth. 3,8; Esth. 3,9; Esth. 4,7; Esth. 4,8; Esth. 4,8; Esth. 5,4; Esth. 5,14; Esth. 5,14; Esth. 6,2; Esth. 6,4; Esth. 8,4; Esth. 9,11; Esth. 9,13; Judith 11,1; Tob. 1,19; Tob. 13,13; 1Mac. 7,8; 1Mac. 8,8; 1Mac. 11,5; 1Mac. 11,6; 1Mac. 15,16; 1Mac. 15,22; 1Mac. 16,18; 2Mac. 1,33; 2Mac. 3,7; 2Mac. 4,8; 2Mac. 4,23; 2Mac. 4,24; 2Mac. 4,27; 2Mac. 5,11; 2Mac. 8,10; 2Mac. 11,18; 2Mac. 11,36; 2Mac. 14,8; 2Mac. 14,29; 3Mac. 2,31; 3Mac. 3,7; 3Mac. 4,11; 3Mac. 4,17; 3Mac. 5,10; 3Mac. 6,37; 4Mac. 3,14; 4Mac. 4,3; 4Mac. 4,14; 4Mac. 8,26; 4Mac. 10,13; 4Mac. 12,8; Psa. 44,2; Psa. 44,15; Psa. 46,7; Psa. 71,1; Psa. 149,2; Ode. 7,32; Prov. 14,35; Prov. 16,12; Prov. 16,13; Prov. 20,28; Prov. 24,22b; Song 3,11; Job 34,18; Wis. 18,11; Sir. 7,5; Sir. 46,20; Sir. 48,23; Sir. 51,6; Sol. 17,0; Hos. 10,6; Zech. 14,16; Zech. 14,17; Is. 19,11; Is. 36,8; Is. 37,10; Jer. 13,18; Jer. 28,31; Jer. 34,6; Jer. 34,9; Jer. 34,14; Jer. 35,14; Jer. 39,1; Jer. 39,1; Jer. 39,1; Jer. 39,35; Jer. 43,9; Jer. 43,16; Jer. 43,20; Jer. 43,25; Jer. 44,18; Jer. 45,4; Jer. 45,15; Jer. 47,9; Jer. 52,5; Bar. 2,21; Bar. 2,22; Bar. 2,24; LetterJ 55; Ezek. 29,19; Dan. 1,19; Dan. 2,2; Dan. 2,2; Dan. 2,10; Dan. 2,11; Dan. 2,23; Dan. 2,24; Dan. 2,25; Dan. 2,28; Dan. 2,30; Dan. 2,45; Dan. 3,16; Dan. 3,32; Dan. 5,7; Dan. 5,9; Dan. 5,11; Dan. 5,17; Dan. 5,30; Dan. 6,13; Dan. 11,2; Dan. 11,8; Bel 13; Bel 19; Bel 21; Bel 27; Judg. 3,14; Judg. 3,15; Judg. 3,17; Judg. 9,25; Tob. 1,19; Tob. 10,14; Tob. 13,13; Tob. 13,17; Dan. 1,10; Dan. 2,2; Dan. 2,4; Dan. 2,16; Dan. 2,24; Dan. 2,25; Dan. 2,27; Dan. 2,28; Dan. 2,30; Dan. 2,45; Dan. 3,9; Dan. 3,16; Dan. 3,32; Dan. 3,91; Dan. 5,8; Dan. 5,17; Dan. 6,7; Dan. 6,13; Dan. 6,16; Dan. 6,22; Bel 9; Matt. 18,23; Matt. 22,2; Luke 14,31; Acts 25,14; 1Tim. 1,17; 1Pet. 2,13)

βασιλεῖς ▸ 179 + 12 + 16 = 207
- **Noun** · masculine · plural · accusative · (common) ▸ 70 + 4 + 4 = 78 (Num. 31,8; Num. 31,8; Deut. 7,24; Josh. 10,22; Josh. 10,23; Josh. 10,40; Josh. 10,42; Josh. 11,2; Josh. 11,12; Josh. 11,17; Josh. 11,18; Josh. 23,5; Josh. 24,12; Judg. 8,12; 1Kings 10,23; 1Kings 16,33; 1Kings 21,24; 2Kings 3,10; 2Kings 3,13; 1Chr. 16,21; 2Chr. 9,22; 1Esdr. 1,49; 1Esdr. 2,17; 1Esdr. 2,24; Ezra 4,13; Ezra 4,15; Ezra 4,19; Neh. 9,24; Neh. 9,32; 1Mac. 1,2; 1Mac. 3,7; 1Mac. 3,30; 2Mac. 3,2; 3Mac. 3,3; Psa. 67,15; Psa. 104,14; Psa. 109,5; Psa. 134,10; Psa. 135,17; Psa. 135,18; Psa. 149,8; Job 12,18; Sir. 48,6; Sir. 48,8; Sol. 2,30; Sol. 5,11; Hos. 7,3; Zeph. 3,8; Is. 14,9; Is. 14,16; Is. 23,11; Is. 24,21; Is. 41,2; Is. 60,11; Jer. 13,13; Jer. 28,20; Jer. 32,18; Jer. 32,20; Jer. 32,22; Jer. 32,22; Jer. 32,25; Jer. 32,25; Jer. 32,26; Bar. 2,1; Ezek. 27,33; Dan. 2,21; Dan. 6,23; Dan. 7,24; Dan. 9,6; Judg. 8,12; Dan. 2,21; Dan. 7,24; Dan. 9,6; Matt. 10,18; Luke 21,12; Rev. 16,14; Rev. 19,19)
- **Noun** · masculine · plural · nominative · (common) ▸ 104 + 7 + 12 = 123 (Gen. 14,5; Gen. 14,9; Gen. 17,6; Gen. 17,16; Gen. 35,11; Gen. 36,31; Num. 21,18; Josh. 5,1; Josh. 5,1; Josh. 9,1; Josh. 10,5; Josh. 10,6; Josh. 10,16; Josh. 10,17; Josh. 11,4; Josh. 11,5; Josh. 12,1; Josh. 12,7; Josh. 12,24; Judg. 1,7; Judg. 5,6; Judg. 5,19; Judg. 5,19; 2Sam. 10,19; 1Kings 10,24; 1Kings 21,1; 1Kings 21,12; 1Kings 21,16; 1Kings 21,16; 1Kings 21,31; 1Kings 21,31; 2Kings 3,21; 2Kings 3,23; 2Kings 10,4; 2Kings 12,19; 2Kings 17,2; 2Kings 17,8; 2Kings 19,11; 2Kings 19,17; 2Kings 23,5; 2Kings 23,11; 2Kings 23,12; 2Kings 23,19; 1Chr. 1,43; 1Chr. 19,9; 2Chr. 9,23; 2Chr. 34,11; 2Chr. 35,18; 1Esdr. 1,19; 1Esdr. 2,22; Ezra 4,20; Ezra 9,7; Neh. 9,34; 1Mac. 10,49; 1Mac. 10,58; 1Mac. 12,13; 1Mac. 14,13; 1Mac. 15,5; Psa. 2,2; Psa. 47,5; Psa. 67,30; Psa. 71,10; Psa. 71,10; Psa. 71,11; Psa. 101,16; Psa. 137,4; Psa. 148,11; Prov. 6,8b; Prov. 8,15; Job 42,17d; Sir. 49,4; Hos. 7,7; Amos 1,15; Is. 14,18; Is. 14,32; Is. 19,4; Is. 34,12; Is. 37,11; Is. 37,13; Is. 37,18; Is. 49,7; Is. 49,23; Is. 51,4; Is. 52,15; Is. 60,3; Is. 60,10; Is. 60,12; Is. 62,2; Jer. 2,26; Jer. 17,19; Jer. 17,25; Jer. 19,4; Jer. 22,4; Jer. 27,41; Jer. 39,32; Jer. 51,17; Jer. 51,21; Lam. 4,12; Ezek. 27,35; Ezek. 32,10; Dan. 7,24; Dan. 8,22; Dan. 11,2; Dan. 11,27; Judg. 1,7; Judg. 5,19; Judg. 5,19; Dan. 7,24; Dan. 8,22; Dan. 11,2; Dan. 11,27; Matt. 17,25; Luke 10,24; Luke 22,25; Acts 4,26; Rev. 6,15; Rev. 17,2; Rev. 17,9; Rev. 17,12; Rev. 17,12; Rev. 18,3; Rev. 18,9; Rev. 21,24)
- **Noun** · masculine · plural · vocative · (common) ▸ 5 + 1 = 6 (Judg. 5,3; Psa. 2,10; Wis. 6,1; Jer. 17,20; Jer. 19,3; Judg. 5,3)

βασιλεῦ ▸ 10 + 5 = 15
- **Noun** · masculine · singular · vocative · (common) ▸ 10 + 5 = 15 (2Chr. 19,2; 2Chr. 25,7; 3Mac. 5,40; 3Mac. 6,2; Dan. 2,7; Dan. 3,16; Dan. 4,19; Dan. 6,22; Bel 19; Bel 25; Dan. 2,4; Dan. 3,9; Dan. 5,10; Dan. 6,13; Dan. 6,22)

βασιλεῦ ▸ 62 + 25 + 9 = 96
- **Noun** · masculine · singular · vocative · (common) ▸ 62 + 25 + 9 = 96 (Deut. 9,26; Judg. 3,19; Judg. 3,20; 1Sam. 24,9; 1Sam. 24,15; 1Sam. 26,17; 2Sam. 14,4; 2Sam. 14,9; 2Sam. 14,19; 2Sam. 14,22; 2Sam. 15,34; 2Sam. 16,4; 2Sam. 19,27; 1Kings 1,13; 1Kings 1,17; 1Kings 1,18; 1Kings 1,20; 1Kings 1,24; 1Kings 2,38; 1Kings 21,4; 2Kings 6,12; 2Kings 6,26; 2Kings 8,5; 2Chr. 35,21; 1Esdr. 1,24; 1Esdr. 2,18; 1Esdr. 4,46; 1Esdr. 6,20; Esth. 13,9 # 4,17b; Esth. 14,12 # 4,17r; Judith 9,12; 2Mac. 14,9; 3Mac. 2,2; 3Mac. 2,9; 3Mac. 2,13; 3Mac. 5,29; 4Mac. 7,10; Ode. 14,10; Sir. 51,1; Jer. 22,2; Jer. 41,4; Jer. 44,20; Dan. 2,4; Dan. 2,11; Dan. 2,28; Dan. 2,29; Dan. 2,31; Dan. 2,37; Dan. 3,9; Dan. 3,10; Dan. 3,17; Dan. 4,20; Dan. 4,22; Dan. 4,31; Dan. 4,33; Dan. 5,23; Dan. 6,13; Dan. 6,13; Dan. 6,23; Bel 11; Bel 15-17; Bel 27; Judg. 3,19; Judg. 3,20; Dan. 2,29; Dan. 2,31; Dan. 2,37; Dan. 3,10; Dan. 3,12; Dan. 3,17; Dan. 3,18; Dan. 3,91; Dan. 4,22; Dan. 4,24; Dan. 4,27; Dan. 4,31; Dan. 5,18; Dan. 6,7; Dan. 6,8; Dan. 6,9; Dan. 6,13; Dan. 6,16; Dan. 6,23; Bel 7; Bel 11; Bel 17; Bel 25; Matt. 27,29; Mark 15,18; Acts 25,24; Acts 25,26; Acts 26,2; Acts 26,7; Acts 26,13; Acts 26,19; Acts 26,27)

Βασιλεὺς ▸ 14 + 1 = 15

B, β

Noun · masculine · singular · nominative · (common) ▸ 14 + 1 = **15** (2Kings 3,7; 1Esdr. 8,9; Esth. 13,1 # 3,13a; Esth. 16,2 # 8,12b; 1Mac. 10,18; 1Mac. 10,25; 1Mac. 11,30; 1Mac. 11,32; 1Mac. 13,36; 1Mac. 15,2; 2Mac. 11,22; 2Mac. 11,27; 3Mac. 3,12; 3Mac. 7,1; Rev. 19,16)

βασιλεύς ▸ 135 + 18 + 4 = 157

Noun · masculine · singular · nominative · (common) ▸ 135 + 18 + 4 = **157** (1Sam. 10,24; 1Sam. 12,13; 1Sam. 28,13; 2Sam. 9,2; 2Sam. 9,3; 2Sam. 9,4; 2Sam. 10,5; 2Sam. 13,26; 2Sam. 14,5; 2Sam. 14,8; 2Sam. 14,10; 2Sam. 14,18; 2Sam. 14,19; 2Sam. 14,19; 2Sam. 14,24; 2Sam. 15,9; 2Sam. 15,15; 2Sam. 15,21; 2Sam. 16,3; 2Sam. 16,10; 2Sam. 16,16; 2Sam. 18,4; 2Sam. 18,25; 2Sam. 18,26; 2Sam. 18,27; 2Sam. 18,29; 2Sam. 18,30; 2Sam. 18,31; 2Sam. 19,24; 2Sam. 19,25; 2Sam. 19,26; 2Sam. 19,30; 2Sam. 19,39; 2Sam. 19,43; 2Sam. 21,6; 2Sam. 21,14; 1Kings 1,2; 1Kings 1,16; 1Kings 1,48; 1Kings 2,20; 1Kings 2,26; 1Kings 2,30; 1Kings 2,31; 1Kings 3,24; 1Kings 3,25; 1Kings 3,28; 1Kings 5,1; 1Kings 22,6; 1Kings 22,15; 1Kings 22,16; 1Kings 22,37; 2Kings 1,11; 2Kings 6,28; 2Kings 9,18; 2Kings 9,19; 2Kings 11,12; 2Kings 18,29; 2Kings 23,13; 2Kings 23,25; 1Chr. 19,5; 2Chr. 18,14; 2Chr. 18,15; 2Chr. 18,26; 2Chr. 23,11; 2Chr. 24,8; 2Chr. 24,17; 2Chr. 28,22; 2Chr. 29,24; 2Chr. 35,3; 1Esdr. 1,3; 1Esdr. 3,9; 1Esdr. 3,11; 1Esdr. 3,13; 1Esdr. 4,12; 1Esdr. 4,37; Ezra 7,6; Ezra 7,21; Neh. 2,2; Neh. 2,4; Esth. 5,3; Esth. 5,5; Esth. 6,3; Esth. 6,4; Esth. 6,5; Esth. 7,5; Esth. 7,8; Esth. 7,9; Tob. 1,18; 1Mac. 4,27; 1Mac. 6,17; 1Mac. 6,28; 1Mac. 6,43; 1Mac. 10,58; 1Mac. 10,61; 1Mac. 11,5; 1Mac. 15,41; 2Mac. 1,35; 2Mac. 11,15; Psa. 5,3; Psa. 43,5; Psa. 59,9; Psa. 83,4; Psa. 107,9; Psa. 144,1; Prov. 22,11; Eccl. 10,16; Eccl. 10,17; Job 2,11; Job 2,11; Job 42,17e; Job 42,17e; Hos. 13,10; Amos 7,1; Zech. 9,9; Is. 6,1; Is. 14,28; Is. 36,14; Jer. 28,57; Jer. 45,5; Jer. 45,14; Jer. 45,24; Jer. 45,25; Jer. 45,25; Jer. 45,27; Dan. 1,5; Dan. 1,19; Dan. 1,20; Dan. 2,3; Dan. 2,8; Dan. 2,27; Dan. 3,2; Dan. 3,5; Bel 20; Bel 28; Bel 41; Dan. 1,19; Dan. 1,20; Dan. 2,3; Dan. 3,2; Dan. 3,3; Dan. 3,5; Dan. 3,7; Dan. 3,92; Dan. 4,18; Dan. 6,13; Dan. 6,15; Dan. 6,25; Bel 5; Bel 6; Bel 17; Bel 20; Bel 26; Bel 28; Matt. 21,5; John 12,15; John 18,37; John 19,21)

βασιλεύς ▸ 918 + 81 + 43 = 1042

Noun · masculine · singular · nominative · (common) ▸ 918 + 81 + 41 = **1040** (Gen. 14,1; Gen. 14,1; Gen. 14,1; Gen. 14,8; Gen. 14,8; Gen. 14,8; Gen. 14,8; Gen. 14,8; Gen. 14,10; Gen. 14,10; Gen. 14,17; Gen. 14,18; Gen. 14,21; Gen. 20,2; Gen. 23,6; Gen. 26,8; Gen. 40,17; Gen. 47,5; Ex. 1,8; Ex. 1,15; Ex. 1,17; Ex. 1,18; Ex. 2,23; Ex. 3,19; Ex. 4,19; Ex. 5,4; Num. 21,1; Num. 21,33; Num. 22,4; Num. 22,10; Num. 23,7; Num. 33,40; Deut. 2,30; Deut. 2,32; Deut. 3,1; Deut. 3,11; Deut. 29,6; Deut. 29,6; Josh. 2,3; Josh. 8,14; Josh. 10,1; Josh. 10,3; Josh. 10,5; Josh. 10,5; Josh. 10,5; Josh. 10,5; Josh. 10,5; Josh. 10,33; Josh. 11,1; Josh. 12,4; Josh. 13,13; Josh. 16,10; Josh. 24,9; Judg. 11,13; Judg. 11,17; Judg. 11,28; Judg. 17,6; Judg. 18,1; Judg. 19,1; Judg. 21,25; 1Sam. 8,19; 1Sam. 8,20; 1Sam. 12,2; 1Sam. 12,12; 1Sam. 12,12; 1Sam. 12,12; 1Sam. 12,14; 1Sam. 12,25; 1Sam. 18,22; 1Sam. 18,25; 1Sam. 19,4; 1Sam. 20,24; 1Sam. 20,25; 1Sam. 21,3; 1Sam. 21,12; 1Sam. 22,11; 1Sam. 22,15; 1Sam. 22,16; 1Sam. 22,17; 1Sam. 22,18; 1Sam. 26,19; 1Sam. 26,20; 2Sam. 3,31; 2Sam. 3,32; 2Sam. 3,33; 2Sam. 3,36; 2Sam. 3,38; 2Sam. 5,3; 2Sam. 5,11; 2Sam. 5,17; 2Sam. 6,20; 2Sam. 7,1; 2Sam. 7,2; 2Sam. 7,18; 2Sam. 8,7; 2Sam. 8,8; 2Sam. 8,9; 2Sam. 8,11; 2Sam. 9,5; 2Sam. 9,9; 2Sam. 9,11; 2Sam. 10,1; 2Sam. 13,6; 2Sam. 13,21; 2Sam. 13,24; 2Sam. 13,25; 2Sam. 13,31; 2Sam. 13,32; 2Sam. 13,33; 2Sam. 13,36; 2Sam. 13,37; 2Sam. 14,9; 2Sam. 14,11; 2Sam. 14,15; 2Sam. 14,16; 2Sam. 14,17; 2Sam. 14,18; 2Sam. 14,21; 2Sam. 14,22; 2Sam. 14,33; 2Sam. 15,10; 2Sam. 15,16; 2Sam. 15,16; 2Sam. 15,17; 2Sam. 15,19; 2Sam. 15,22; 2Sam. 15,23; 2Sam. 15,23; 2Sam. 15,25; 2Sam. 15,27; 2Sam. 15,34; 2Sam. 16,2; 2Sam. 16,4; 2Sam. 16,5; 2Sam. 16,14; 2Sam. 18,4; 2Sam. 18,5; 2Sam. 18,12; 2Sam. 18,32; 2Sam. 19,1; 2Sam. 19,2; 2Sam. 19,3; 2Sam. 19,5; 2Sam. 19,5; 2Sam. 19,9; 2Sam. 19,9; 2Sam. 19,10; 2Sam. 19,12; 2Sam. 19,16; 2Sam. 19,20; 2Sam. 19,24; 2Sam. 19,28; 2Sam. 19,34; 2Sam. 19,37; 2Sam. 19,40; 2Sam. 19,40; 2Sam. 19,41; 2Sam. 20,3; 2Sam. 20,4; 2Sam. 21,2; 2Sam. 21,7; 2Sam. 21,8; 2Sam. 24,2; 2Sam. 24,3; 2Sam. 24,21; 2Sam. 24,22; 2Sam. 24,24; 1Kings 1,1; 1Kings 1,4; 1Kings 1,15; 1Kings 1,21; 1Kings 1,25; 1Kings 1,29; 1Kings 1,31; 1Kings 1,32; 1Kings 1,33; 1Kings 1,34; 1Kings 1,39; 1Kings 1,43; 1Kings 1,44; 1Kings 1,47; 1Kings 1,51; 1Kings 1,53; 1Kings 2,19; 1Kings 2,22; 1Kings 2,23; 1Kings 2,25; 1Kings 2,29; 1Kings 2,35; 1Kings 2,35; 1Kings 2,36; 1Kings 2,37; 1Kings 2,42; 1Kings 2,44; 1Kings 2,45; 1Kings 2,46; 1Kings 2,46a; 1Kings 3,23; 1Kings 3,27; 1Kings 4,1; 1Kings 5,14b; 1Kings 5,15; 1Kings 5,27; 1Kings 6,1a; 1Kings 6,2; 1Kings 7,1; 1Kings 7,33; 1Kings 7,34; 1Kings 8,1; 1Kings 8,5; 1Kings 8,14; 1Kings 8,14; 1Kings 8,62; 1Kings 8,63; 1Kings 8,63; 1Kings 8,64; 1Kings 9,11; 1Kings 9,11; 1Kings 9,26; 1Kings 10,12; 1Kings 10,13; 1Kings 10,18; 1Kings 10,22a # 9,15; 1Kings 10,27; 1Kings 11,1; 1Kings 11,37; 1Kings 11,43; 1Kings 12,1; 1Kings 12,6; 1Kings 12,12; 1Kings 12,13; 1Kings 12,15; 1Kings 12,16; 1Kings 12,18; 1Kings 12,18; 1Kings 12,24a; 1Kings 12,28; 1Kings 13,4; 1Kings 13,4; 1Kings 13,6; 1Kings 13,7; 1Kings 14,25; 1Kings 14,27; 1Kings 14,28; 1Kings 15,17; 1Kings 15,18; 1Kings 15,22; 1Kings 15,22; 1Kings 16,28e; 1Kings 16,28f; 1Kings 16,28g; 1Kings 21,4; 1Kings 21,7; 1Kings 21,11; 1Kings 21,20; 1Kings 21,21; 1Kings 21,22; 1Kings 21,39; 1Kings 21,40; 1Kings 21,41; 1Kings 21,43; 1Kings 22,2; 1Kings 22,3; 1Kings 22,4; 1Kings 22,5; 1Kings 22,6; 1Kings 22,8; 1Kings 22,8; 1Kings 22,8; 1Kings 22,9; 1Kings 22,10; 1Kings 22,10; 1Kings 22,18; 1Kings 22,26; 1Kings 22,29; 1Kings 22,29; 1Kings 22,30; 1Kings 22,30; 1Kings 22,31; 1Kings 22,32; 1Kings 22,33; 1Kings 22,35; 2Kings 1,9; 2Kings 1,11; 2Kings 1,13; 2Kings 3,4; 2Kings 3,5; 2Kings 3,6; 2Kings 3,9; 2Kings 3,9; 2Kings 3,9; 2Kings 3,10; 2Kings 3,12; 2Kings 3,12; 2Kings 3,12; 2Kings 3,13; 2Kings 3,26; 2Kings 5,5; 2Kings 5,7; 2Kings 5,8; 2Kings 6,8; 2Kings 6,10; 2Kings 6,21; 2Kings 6,24; 2Kings 6,26; 2Kings 6,30; 2Kings 7,2; 2Kings 7,6; 2Kings 7,12; 2Kings 7,14; 2Kings 7,17; 2Kings 7,17; 2Kings 8,4; 2Kings 8,6; 2Kings 8,6; 2Kings 8,7; 2Kings 8,8; 2Kings 8,9; 2Kings 8,16; 2Kings 8,29; 2Kings 9,15; 2Kings 9,16; 2Kings 9,16; 2Kings 9,21; 2Kings 9,21; 2Kings 9,27; 2Kings 11,14; 2Kings 12,8; 2Kings 12,18; 2Kings 12,19; 2Kings 13,4; 2Kings 13,7; 2Kings 13,14; 2Kings 13,18; 2Kings 13,24; 2Kings 14,1; 2Kings 14,9; 2Kings 14,11; 2Kings 14,11; 2Kings 14,13; 2Kings 14,17; 2Kings 15,19; 2Kings 15,20; 2Kings 15,29; 2Kings 16,5; 2Kings 16,5; 2Kings 16,6; 2Kings 16,9; 2Kings 16,9; 2Kings 16,10; 2Kings 16,10; 2Kings 16,11; 2Kings 16,12; 2Kings 16,15; 2Kings 16,16; 2Kings 16,17; 2Kings 17,3; 2Kings 17,4; 2Kings 17,4; 2Kings 17,5; 2Kings 17,6; 2Kings 17,24; 2Kings 17,27; 2Kings 18,9; 2Kings 18,11; 2Kings 18,13; 2Kings 18,14; 2Kings 18,14; 2Kings 18,16; 2Kings 18,17; 2Kings 18,19; 2Kings 18,19; 2Kings 18,21; 2Kings 18,31; 2Kings 19,1; 2Kings 19,4; 2Kings 19,13; 2Kings 19,13; 2Kings 19,36; 2Kings 20,12; 2Kings 21,3; 2Kings 21,11; 2Kings 22,3; 2Kings 22,11; 2Kings 22,12; 2Kings 22,16; 2Kings 23,1; 2Kings 23,2; 2Kings 23,3; 2Kings 23,4; 2Kings 23,12; 2Kings 23,13; 2Kings 23,21; 2Kings 23,24; 2Kings 23,29; 2Kings 24,1; 2Kings 24,7; 2Kings 24,7; 2Kings 24,10; 2Kings 24,11; 2Kings 24,12; 2Kings 24,12; 2Kings 24,13; 2Kings 24,16; 2Kings 24,17; 2Kings 25,1; 2Kings 25,21; 2Kings 25,22; 2Kings 25,23; 2Kings 25,27; 1Chr. 5,6; 1Chr. 11,3; 1Chr. 11,4; 1Chr. 14,1; 1Chr. 14,8;

βασιλεύς

1Chr. 17,16; 1Chr. 18,9; 1Chr. 19,1; 1Chr. 21,2; 1Chr. 21,23; 1Chr. 21,24; 1Chr. 25,1; 1Chr. 26,26; 1Chr. 26,32; 1Chr. 29,1; 1Chr. 29,9; 1Chr. 29,10; 1Chr. 29,11; 2Chr. 1,15; 2Chr. 2,10; 2Chr. 4,17; 2Chr. 5,6; 2Chr. 6,3; 2Chr. 7,4; 2Chr. 7,5; 2Chr. 9,11; 2Chr. 9,12; 2Chr. 9,15; 2Chr. 9,16; 2Chr. 9,17; 2Chr. 9,27; 2Chr. 9,30; 2Chr. 10,6; 2Chr. 10,12; 2Chr. 10,13; 2Chr. 10,13; 2Chr. 10,15; 2Chr. 10,16; 2Chr. 10,18; 2Chr. 10,18; 2Chr. 12,2; 2Chr. 12,6; 2Chr. 12,9; 2Chr. 16,1; 2Chr. 16,6; 2Chr. 17,19; 2Chr. 18,3; 2Chr. 18,5; 2Chr. 18,7; 2Chr. 18,7; 2Chr. 18,8; 2Chr. 18,9; 2Chr. 18,9; 2Chr. 18,17; 2Chr. 18,25; 2Chr. 18,28; 2Chr. 18,28; 2Chr. 18,29; 2Chr. 18,29; 2Chr. 18,30; 2Chr. 18,32; 2Chr. 18,34; 2Chr. 19,1; 2Chr. 20,15; 2Chr. 20,35; 2Chr. 22,6; 2Chr. 23,13; 2Chr. 24,6; 2Chr. 24,12; 2Chr. 25,18; 2Chr. 25,21; 2Chr. 25,21; 2Chr. 25,23; 2Chr. 25,25; 2Chr. 26,21; 2Chr. 27,5; 2Chr. 28,6; 2Chr. 28,20; 2Chr. 29,19; 2Chr. 29,20; 2Chr. 29,29; 2Chr. 29,30; 2Chr. 30,2; 2Chr. 31,13; 2Chr. 32,1; 2Chr. 32,4; 2Chr. 32,9; 2Chr. 32,10; 2Chr. 32,20; 2Chr. 34,19; 2Chr. 34,20; 2Chr. 34,22; 2Chr. 34,29; 2Chr. 34,30; 2Chr. 34,31; 2Chr. 35,19a; 2Chr. 35,20; 2Chr. 35,20; 2Chr. 35,23; 2Chr. 36,3; 2Chr. 36,5a; 2Chr. 36,6; 2Chr. 36,10; 2Chr. 36,23; 1Esdr. 1,24; 1Esdr. 1,28; 1Esdr. 1,33; 1Esdr. 1,35; 1Esdr. 1,38; 1Esdr. 2,2; 1Esdr. 2,7; 1Esdr. 2,8; 1Esdr. 2,19; 1Esdr. 3,1; 1Esdr. 3,3; 1Esdr. 3,5; 1Esdr. 3,9; 1Esdr. 4,3; 1Esdr. 4,14; 1Esdr. 4,28; 1Esdr. 4,31; 1Esdr. 4,33; 1Esdr. 4,42; 1Esdr. 4,47; 1Esdr. 5,7; 1Esdr. 5,68; 1Esdr. 6,16; 1Esdr. 6,17; 1Esdr. 6,22; 1Esdr. 6,23; 1Esdr. 6,33; 1Esdr. 8,4; 1Esdr. 8,19; 1Esdr. 8,55; Ezra 1,2; Ezra 1,7; Ezra 1,8; Ezra 2,1; Ezra 4,3; Ezra 4,17; Ezra 5,11; Ezra 5,13; Ezra 5,14; Ezra 5,17; Ezra 6,1; Ezra 6,3; Ezra 6,13; Ezra 7,12; Ezra 7,15; Ezra 8,25; Neh. 2,3; Neh. 2,6; Neh. 2,8; Neh. 2,9; Neh. 7,6; Neh. 13,26; Neh. 13,26; Esth. 11,4 # 1,1c; Esth. 12,3 # 1,10; Esth. 12,4 # 1,1p; Esth. 12,5 # 1,1q; Esth. 1,2; Esth. 1,5; Esth. 1,7; Esth. 1,8; Esth. 1,9; Esth. 1,10; Esth. 1,12; Esth. 1,19; Esth. 1,21; Esth. 2,1; Esth. 2,3; Esth. 2,6; Esth. 2,17; Esth. 2,18; Esth. 2,23; Esth. 2,23; Esth. 3,1; Esth. 3,2; Esth. 3,10; Esth. 3,11; Esth. 3,15; Esth. 4,11; Esth. 13,15 # 4,17f; Esth. 14,3 # 4,17l; Esth. 15,15 # 5,2b; Esth. 5,6; Esth. 5,8; Esth. 5,11; Esth. 6,6; Esth. 6,6; Esth. 6,7; Esth. 6,8; Esth. 6,8; Esth. 6,9; Esth. 6,9; Esth. 6,10; Esth. 6,11; Esth. 7,1; Esth. 7,2; Esth. 7,7; Esth. 7,8; Esth. 7,10; Esth. 8,1; Esth. 8,2; Esth. 8,4; Esth. 8,7; Esth. 9,12; Esth. 10,1; Esth. 10,6 # 10,3c; Judith 1,5; Judith 1,7; Judith 2,4; Judith 2,5; Judith 5,3; Judith 5,11; Judith 6,4; Judith 11,7; 1Mac. 1,29; 1Mac. 1,41; 1Mac. 1,44; 1Mac. 3,27; 1Mac. 3,37; 1Mac. 6,1; 1Mac. 6,2; 1Mac. 6,8; 1Mac. 6,16; 1Mac. 6,33; 1Mac. 6,48; 1Mac. 6,50; 1Mac. 6,55; 1Mac. 6,61; 1Mac. 6,62; 1Mac. 7,8; 1Mac. 7,26; 1Mac. 8,31; 1Mac. 10,2; 1Mac. 10,8; 1Mac. 10,15; 1Mac. 10,37; 1Mac. 10,48; 1Mac. 10,55; 1Mac. 10,59; 1Mac. 10,62; 1Mac. 10,63; 1Mac. 10,65; 1Mac. 10,68; 1Mac. 10,88; 1Mac. 11,1; 1Mac. 11,8; 1Mac. 11,14; 1Mac. 11,16; 1Mac. 11,18; 1Mac. 11,26; 1Mac. 11,29; 1Mac. 11,34; 1Mac. 11,38; 1Mac. 11,44; 1Mac. 11,46; 1Mac. 11,47; 1Mac. 11,52; 1Mac. 12,20; 1Mac. 13,35; 1Mac. 14,1; 1Mac. 14,2; 1Mac. 14,38; 1Mac. 15,25; 1Mac. 15,36; 1Mac. 15,38; 1Mac. 15,39; 2Mac. 1,24; 2Mac. 1,34; 2Mac. 3,32; 2Mac. 4,31; 2Mac. 6,1; 2Mac. 7,3; 2Mac. 7,9; 2Mac. 7,25; 2Mac. 7,39; 2Mac. 9,19; 2Mac. 13,4; 2Mac. 13,9; 2Mac. 13,18; 2Mac. 13,22; 2Mac. 14,27; 3Mac. 4,16; 3Mac. 5,16; 3Mac. 5,18; 3Mac. 5,36; 3Mac. 5,42; 3Mac. 6,16; 3Mac. 6,30; 3Mac. 6,33; 3Mac. 6,41; 4Mac. 3,10; 4Mac. 4,13; Psa. 2,6; Psa. 20,2; Psa. 20,8; Psa. 23,7; Psa. 23,8; Psa. 23,9; Psa. 23,10; Psa. 23,10; Psa. 28,10; Psa. 32,16; Psa. 44,12; Psa. 46,3; Psa. 46,8; Psa. 62,12; Psa. 67,13; Psa. 73,12; Psa. 94,3; Psa. 104,20; Prov. 13,17; Prov. 20,8; Prov. 20,26; Prov. 28,16; Prov. 29,4; Prov. 30,31; Eccl. 1,12; Eccl. 5,8; Eccl. 8,4; Eccl. 9,14; Song 1,4; Song 1,12; Song 3,9; Song 7,6; Job 29,25; Job 41,26; Wis. 6,24; Wis. 11,10; Wis. 12,14; Sir. 10,3; Sir. 10,10; Sol. 2,30; Sol. 2,32; Sol. 5,19; Sol. 17,1; Sol. 17,20; Sol. 17,32; Sol. 17,32; Sol. 17,34; Sol. 17,46; Hos. 10,3; Hos. 10,3; Hos. 10,15; Hos. 11,5; Mic. 2,13; Mic. 4,9; Mic. 6,5; Nah. 3,18; Zeph. 3,15; Zech. 7,2; Zech. 9,5; Mal. 1,14; Is. 7,1; Is. 7,1; Is. 20,4; Is. 32,1; Is. 33,22; Is. 36,1; Is. 36,2; Is. 36,4; Is. 36,4; Is. 36,6; Is. 36,16; Is. 37,4; Is. 37,8; Is. 37,9; Is. 37,37; Is. 39,1; Is. 41,21; Is. 44,6; Jer. 8,19; Jer. 21,1; Jer. 21,2; Jer. 22,24; Jer. 23,5; Jer. 26,2; Jer. 27,17; Jer. 27,17; Jer. 27,43; Jer. 28,34; Jer. 30,23; Jer. 30,25; Jer. 33,21; Jer. 33,22; Jer. 34,20; Jer. 36,3; Jer. 36,22; Jer. 39,3; Jer. 41,1; Jer. 43,21; Jer. 43,22; Jer. 43,24; Jer. 43,26; Jer. 43,28; Jer. 43,29; Jer. 44,3; Jer. 44,17; Jer. 44,19; Jer. 44,21; Jer. 45,5; Jer. 45,7; Jer. 45,10; Jer. 45,14; Jer. 45,16; Jer. 45,19; Jer. 46,1; Jer. 47,5; Jer. 47,7; Jer. 47,11; Jer. 47,14; Jer. 48,2; Jer. 48,9; Jer. 48,18; Jer. 52,4; Jer. 52,10; Jer. 52,11; Jer. 52,20; Jer. 52,27; Jer. 52,31; Bar. 1,8; Ezek. 17,12; Ezek. 17,16; Ezek. 21,26; Ezek. 24,2; Ezek. 26,7; Ezek. 29,18; Ezek. 32,31; Dan. 1,1; Dan. 1,3; Dan. 1,18; Dan. 1,20; Dan. 2,2; Dan. 2,5; Dan. 2,10; Dan. 2,12; Dan. 2,26; Dan. 2,37; Dan. 2,46; Dan. 2,47; Dan. 2,48; Dan. 3,1; Dan. 3,2; Dan. 3,14; Dan. 3,24; Dan. 3,91; Dan. 3,93; Dan. 3,95; Dan. 3,97; Dan. 4,29; Dan. 4,31; Dan. 4,33a; Dan. 4,37; Dan. 4,37b; Dan. 4,37b; Dan. 4,37c; Dan. 5,0; Dan. 5,1; Dan. 5,6; Dan. 5,7; Dan. 5,7; Dan. 5,9; Dan. 5,13; Dan. 5,29; Dan. 6,4; Dan. 6,5; Dan. 6,10; Dan. 6,13; Dan. 6,15; Dan. 6,15; Dan. 6,17; Dan. 6,18; Dan. 6,18; Dan. 6,19; Dan. 6,20; Dan. 6,21; Dan. 6,29; Dan. 7,24; Dan. 8,20; Dan. 8,21; Dan. 8,21; Dan. 8,23; Dan. 11,3; Dan. 11,6; Dan. 11,7; Dan. 11,11; Dan. 11,13; Dan. 11,15; Dan. 11,21; Dan. 11,25; Dan. 11,36; Dan. 11,40; Dan. 11,40; Bel 4; Bel 4; Bel 5; Bel 6; Bel 8; Bel 18; Bel 22; Bel 24; Bel 26; Bel 30; Bel 40; Bel 42; Judg. 11,13; Judg. 11,17; Judg. 11,28; Judg. 17,6; Judg. 18,1; Judg. 19,1; Judg. 21,25; Tob. 1,5; Tob. 1,18; Tob. 1,19; Tob. 14,15; Dan. 1,1; Dan. 1,3; Dan. 1,5; Dan. 1,18; Dan. 2,2; Dan. 2,5; Dan. 2,7; Dan. 2,8; Dan. 2,10; Dan. 2,11; Dan. 2,12; Dan. 2,24; Dan. 2,26; Dan. 2,27; Dan. 2,37; Dan. 2,46; Dan. 2,47; Dan. 2,48; Dan. 3,1; Dan. 3,97; Dan. 4,1; Dan. 4,19; Dan. 4,23; Dan. 4,30; Dan. 5,1; Dan. 5,2; Dan. 5,3; Dan. 5,5; Dan. 5,7; Dan. 5,9; Dan. 5,11; Dan. 5,12; Dan. 5,13; Dan. 5,13; Dan. 5,30; Dan. 6,3; Dan. 6,4; Dan. 6,10; Dan. 6,16; Dan. 6,17; Dan. 6,17; Dan. 6,18; Dan. 6,19; Dan. 6,20; Dan. 6,24; Dan. 6,26; Dan. 8,20; Dan. 8,21; Dan. 8,21; Dan. 8,23; Dan. 11,3; Dan. 11,5; Dan. 11,11; Dan. 11,13; Dan. 11,15; Dan. 11,25; Dan. 11,36; Dan. 11,40; Bel 1; Bel 4; Bel 8; Bel 10; Bel 13; Bel 16; Bel 18; Bel 21; Bel 22; Bel 24; Bel 30; Bel 40; Matt. 2,2; Matt. 2,3; Matt. 14,9; Matt. 22,7; Matt. 22,11; Matt. 22,13; Matt. 25,34; Matt. 25,40; Matt. 27,11; Matt. 27,37; Matt. 27,42; Mark 6,14; Mark 6,22; Mark 6,26; Mark 6,27; Mark 15,2; Mark 15,26; Mark 15,32; Luke 14,31; Luke 19,38; Luke 23,3; Luke 23,37; Luke 23,38; John 1,49; John 12,13; John 18,33; John 18,37; John 19,14; John 19,19; John 19,21; Acts 7,18; Acts 12,1; Acts 25,13; Acts 26,26; Acts 26,30; 1Tim. 6,15; Heb. 7,1; Heb. 7,2; Heb. 7,2; Heb. 7,2; Rev. 17,14)

Noun · masculine · singular · vocative · (variant) ▸ **2** (John 19,3; Rev. 15,3)

βασιλεῦσι ▸ **6** + **1** = **7**
Noun · masculine · plural · dative · (common) ▸ **6** + **1** = **7** (Deut. 3,21; 2Chr. 1,12; 1Mac. 10,60; Psa. 75,13; Prov. 22,29; LetterJ 50; Judg. 8,26)

βασιλεῦσιν ▸ **60** + **1** + **1** = **62**
Noun · masculine · plural · dative · (common) ▸ **60** + **1** + **1** = **62** (Deut. 31,4; Josh. 2,10; Josh. 9,10; Judg. 8,26; 1Sam. 2,10; 1Kings 2,46f; 1Kings 2,46k; 1Kings 3,13; 1Kings 10,29; 1Kings 10,29; 1Kings 14,29; 1Kings 15,7; 1Kings 15,23; 1Kings 15,31; 2Kings 1,18; 2Kings 8,23; 2Kings 10,34; 2Kings 12,20; 2Kings 13,8; 2Kings 13,12; 2Kings 14,15; 2Kings 14,18; 2Kings 14,28;

2Kings 15,6; 2Kings 15,11; 2Kings 15,15; 2Kings 15,21; 2Kings 15,26; 2Kings 15,31; 2Kings 15,36; 2Kings 16,19; 2Kings 18,5; 2Kings 20,20; 2Kings 21,17; 2Kings 21,25; 2Kings 23,28; 2Kings 24,5; 2Chr. 1,17; 2Chr. 1,17; 2Chr. 36,8; 1Esdr. 2,15; 1Esdr. 2,21; 1Esdr. 8,74; 1Esdr. 8,74; Ezra 4,22; Neh. 9,37; 1Mac. 15,15; 1Mac. 15,19; 3Mac. 3,19; Psa. 88,28; Psa. 143,10; Ode. 3,10; Prov. 25,15; Wis. 10,16; Mic. 1,14; Hab. 1,10; Jer. 1,18; Bar. 1,16; LetterJ 65; Dan. 9,8; Dan. 9,8; Rev. 10,11)

βασιλέων ▸ 104 + 5 + 11 = 120

Noun · masculine · plural · genitive · (common) ▸ 104 + 5 + 11 = **120** (Gen. 14,17; Deut. 3,8; Deut. 4,47; Josh. 11,12; Judg. 8,5; Judg. 8,18; 2Sam. 11,1; 1Kings 5,14; 1Kings 10,15; 1Kings 10,26a; 1Kings 16,5; 1Kings 16,14; 1Kings 16,20; 1Kings 16,27; 1Kings 16,28c; 1Kings 22,39; 1Kings 22,46; 2Kings 8,18; 2Kings 11,19; 2Kings 14,16; 2Kings 14,29; 2Kings 23,22; 2Kings 23,22; 2Kings 25,25; 2Kings 25,28; 1Chr. 9,1; 1Chr. 20,1; 2Chr. 9,14; 2Chr. 9,26; 2Chr. 16,11; 2Chr. 20,34; 2Chr. 21,6; 2Chr. 21,13; 2Chr. 21,20; 2Chr. 24,16; 2Chr. 24,25; 2Chr. 24,27; 2Chr. 25,26; 2Chr. 26,23; 2Chr. 27,7; 2Chr. 28,2; 2Chr. 28,26; 2Chr. 28,27; 2Chr. 32,32; 2Chr. 35,27; 1Esdr. 1,31; 1Esdr. 1,31; 1Esdr. 1,40; 1Esdr. 8,77; Ezra 6,14; Ezra 7,12; Ezra 9,7; Ezra 9,9; Neh. 9,32; Esth. 13,4 # 3,13d; Esth. 10,2; 1Mac. 2,48; 1Mac. 8,4; 1Mac. 8,12; 1Mac. 10,89; 1Mac. 13,36; 2Mac. 2,13; 2Mac. 2,13; 2Mac. 5,16; 2Mac. 13,4; 3Mac. 5,35; 4Mac. 14,2; Psa. 44,10; Psa. 104,30; Psa. 118,46; Prov. 19,6; Eccl. 2,8; Job 3,14; Job 36,7; Wis. 7,5; Sir. 8,2; Sir. 45,3; Sir. 47,11; Hos. 1,1; Hos. 7,5; Mic. 1,1; Hag. 2,22; Hag. 2,22; Is. 7,16; Is. 13,4; Is. 19,11; Is. 45,1; Is. 60,16; Jer. 8,1; Jer. 19,13; Jer. 51,9; Jer. 52,32; Bar. 1,4; Bar. 2,19; Bar. 2,24; Ezek. 26,7; Ezek. 28,17; Dan. 2,37; Dan. 2,44; Dan. 2,47; Dan. 3,2; Dan. 4,37; Dan. 4,37; Dan. 4,37b; Judg. 8,5; Dan. 2,37; Dan. 2,44; Dan. 2,47; Dan. 7,27; Matt. 11,8; Mark 13,9; Acts 9,15; 1Tim. 2,2; Heb. 7,1; Rev. 1,5; Rev. 16,12; Rev. 17,14; Rev. 17,18; Rev. 19,16; Rev. 19,18)

βασιλέως ▸ 831 + 57 + 9 = 897

Noun · masculine · singular · genitive · (common) ▸ 831 + 57 + 9 = **897** (Gen. 14,1; Gen. 14,2; Gen. 14,2; Gen. 14,2; Gen. 14,2; Gen. 14,2; Gen. 14,17; Gen. 39,20; Gen. 40,1; Gen. 41,46; Gen. 45,21; Ex. 14,8; Num. 21,26; Num. 32,33; Num. 32,33; Deut. 4,46; Deut. 4,47; Deut. 7,8; Josh. 12,5; Josh. 13,10; Josh. 13,21; Josh. 13,27; Josh. 13,30; Judg. 3,8; Judg. 4,2; Judg. 4,17; Judg. 11,25; 1Sam. 8,9; 1Sam. 8,11; 1Sam. 8,18; 1Sam. 10,18; 1Sam. 10,25; 1Sam. 12,9; 1Sam. 12,9; 1Sam. 18,25; 1Sam. 20,5; 1Sam. 20,29; 1Sam. 21,9; 1Sam. 21,13; 1Sam. 22,4; 1Sam. 22,14; 1Sam. 22,17; 1Sam. 23,20; 1Sam. 23,20; 1Sam. 25,36; 1Sam. 26,16; 1Sam. 26,22; 1Sam. 29,3; 1Sam. 29,8; 2Sam. 3,3; 2Sam. 3,37; 2Sam. 3,39; 2Sam. 5,2; 2Sam. 8,7; 2Sam. 8,12; 2Sam. 9,11; 2Sam. 9,13; 2Sam. 11,2; 2Sam. 11,8; 2Sam. 11,8; 2Sam. 11,9; 2Sam. 11,20; 2Sam. 11,24; 2Sam. 12,30; 2Sam. 13,4; 2Sam. 13,18; 2Sam. 13,23; 2Sam. 13,27; 2Sam. 13,27; 2Sam. 13,29; 2Sam. 13,30; 2Sam. 13,32; 2Sam. 13,33; 2Sam. 13,35; 2Sam. 13,36; 2Sam. 13,39; 2Sam. 14,1; 2Sam. 14,13; 2Sam. 14,17; 2Sam. 14,24; 2Sam. 14,28; 2Sam. 14,32; 2Sam. 14,33; 2Sam. 15,3; 2Sam. 15,15; 2Sam. 15,18; 2Sam. 15,19; 2Sam. 15,35; 2Sam. 16,2; 2Sam. 16,6; 2Sam. 16,6; 2Sam. 18,5; 2Sam. 18,12; 2Sam. 18,13; 2Sam. 18,18; 2Sam. 18,20; 2Sam. 18,29; 2Sam. 18,32; 2Sam. 19,9; 2Sam. 19,16; 2Sam. 19,17; 2Sam. 19,18; 2Sam. 19,19; 2Sam. 19,19; 2Sam. 19,21; 2Sam. 19,25; 2Sam. 19,26; 2Sam. 19,27; 2Sam. 19,32; 2Sam. 19,35; 2Sam. 19,37; 2Sam. 19,38; 2Sam. 19,41; 2Sam. 19,43; 2Sam. 22,51; 2Sam. 23,24; 2Sam. 24,3; 2Sam. 24,4; 2Sam. 24,4; 1Kings 1,9; 1Kings 1,14; 1Kings 1,19; 1Kings 1,20; 1Kings 1,22; 1Kings 1,23; 1Kings 1,25; 1Kings 1,27; 1Kings 1,27; 1Kings 1,28; 1Kings 1,32; 1Kings 1,36; 1Kings 1,37; 1Kings 1,37; 1Kings 1,38; 1Kings 1,44; 1Kings 1,47; 1Kings 2,19; 1Kings 3,22; 1Kings 3,24; 1Kings 3,28; 1Kings 4,5; 1Kings 4,18; 1Kings 4,18; 1Kings 5,1; 1Kings 6,1; 1Kings 7,31; 1Kings 7,31; 1Kings 9,1; 1Kings 9,10; 1Kings 10,3; 1Kings 10,12; 1Kings 10,13; 1Kings 10,22a # 9,15; 1Kings 10,26; 1Kings 10,28; 1Kings 12,24a; 1Kings 12,24d; 1Kings 12,24e; 1Kings 13,6; 1Kings 14,26; 1Kings 14,26; 1Kings 14,27; 1Kings 15,9; 1Kings 15,16; 1Kings 15,18; 1Kings 15,18; 1Kings 15,20; 1Kings 15,25; 1Kings 15,28; 1Kings 15,33; 1Kings 16,6; 1Kings 16,18; 1Kings 16,18; 1Kings 16,23; 1Kings 16,31; 1Kings 20,1; 1Kings 20,18; 1Kings 21,23; 1Kings 22,3; 1Kings 22,6; 1Kings 22,13; 1Kings 22,15; 1Kings 22,26; 1Kings 22,41; 1Kings 22,45; 2Kings 1,3; 2Kings 1,18a; 2Kings 3,11; 2Kings 3,14; 2Kings 6,11; 2Kings 7,9; 2Kings 7,11; 2Kings 7,14; 2Kings 8,26; 2Kings 8,28; 2Kings 8,29; 2Kings 9,14; 2Kings 9,15; 2Kings 9,16; 2Kings 9,29; 2Kings 9,34; 2Kings 10,6; 2Kings 10,7; 2Kings 10,8; 2Kings 10,13; 2Kings 10,13; 2Kings 11,2; 2Kings 11,2; 2Kings 11,4; 2Kings 11,5; 2Kings 11,8; 2Kings 11,10; 2Kings 11,12; 2Kings 11,16; 2Kings 11,17; 2Kings 11,17; 2Kings 11,19; 2Kings 11,20; 2Kings 12,11; 2Kings 12,19; 2Kings 13,3; 2Kings 13,12; 2Kings 13,16; 2Kings 14,8; 2Kings 14,14; 2Kings 14,15; 2Kings 14,23; 2Kings 15,1; 2Kings 15,5; 2Kings 15,5; 2Kings 15,23; 2Kings 15,25; 2Kings 15,27; 2Kings 15,29; 2Kings 15,32; 2Kings 15,32; 2Kings 16,1; 2Kings 16,3; 2Kings 16,7; 2Kings 16,7; 2Kings 16,8; 2Kings 16,15; 2Kings 16,18; 2Kings 16,18; 2Kings 17,7; 2Kings 18,1; 2Kings 18,15; 2Kings 18,28; 2Kings 18,30; 2Kings 18,33; 2Kings 18,36; 2Kings 19,5; 2Kings 19,6; 2Kings 19,9; 2Kings 19,10; 2Kings 19,20; 2Kings 20,6; 2Kings 20,18; 2Kings 22,10; 2Kings 22,12; 2Kings 23,11; 2Kings 23,23; 2Kings 23,34; 2Kings 24,7; 2Kings 24,13; 2Kings 24,15; 2Kings 24,15; 2Kings 25,2; 2Kings 25,4; 2Kings 25,5; 2Kings 25,8; 2Kings 25,9; 2Kings 25,19; 2Kings 25,27; 2Kings 25,27; 2Kings 25,30; 1Chr. 3,2; 1Chr. 4,23; 1Chr. 4,31; 1Chr. 4,41; 1Chr. 5,17; 1Chr. 5,17; 1Chr. 5,26; 1Chr. 5,26; 1Chr. 9,18; 1Chr. 11,2; 1Chr. 18,9; 1Chr. 18,17; 1Chr. 20,2; 1Chr. 21,3; 1Chr. 21,4; 1Chr. 21,6; 1Chr. 24,6; 1Chr. 24,31; 1Chr. 25,2; 1Chr. 25,6; 1Chr. 26,30; 1Chr. 26,32; 1Chr. 27,1; 1Chr. 27,24; 1Chr. 27,25; 1Chr. 27,31; 1Chr. 27,32; 1Chr. 27,33; 1Chr. 27,33; 1Chr. 27,34; 1Chr. 28,1; 1Chr. 29,6; 1Chr. 29,24; 1Chr. 29,25; 1Chr. 29,25; 1Chr. 29,29; 2Chr. 1,14; 2Chr. 1,16; 2Chr. 7,6; 2Chr. 7,11; 2Chr. 8,10; 2Chr. 8,11; 2Chr. 8,15; 2Chr. 9,11; 2Chr. 9,20; 2Chr. 9,25; 2Chr. 10,2; 2Chr. 12,9; 2Chr. 12,10; 2Chr. 16,2; 2Chr. 16,2; 2Chr. 16,4; 2Chr. 18,5; 2Chr. 18,11; 2Chr. 18,12; 2Chr. 18,25; 2Chr. 19,11; 2Chr. 21,2; 2Chr. 21,12; 2Chr. 21,17; 2Chr. 22,1; 2Chr. 22,11; 2Chr. 22,11; 2Chr. 22,11; 2Chr. 23,3; 2Chr. 23,3; 2Chr. 23,3; 2Chr. 23,5; 2Chr. 23,7; 2Chr. 23,9; 2Chr. 23,11; 2Chr. 23,15; 2Chr. 23,16; 2Chr. 23,20; 2Chr. 24,11; 2Chr. 24,11; 2Chr. 24,21; 2Chr. 25,16; 2Chr. 25,24; 2Chr. 26,11; 2Chr. 28,5; 2Chr. 28,5; 2Chr. 28,7; 2Chr. 28,7; 2Chr. 28,21; 2Chr. 28,23; 2Chr. 29,15; 2Chr. 29,23; 2Chr. 29,25; 2Chr. 29,27; 2Chr. 30,4; 2Chr. 30,6; 2Chr. 30,6; 2Chr. 30,6; 2Chr. 30,12; 2Chr. 30,26; 2Chr. 31,3; 2Chr. 32,7; 2Chr. 32,8; 2Chr. 32,11; 2Chr. 32,21; 2Chr. 32,22; 2Chr. 33,11; 2Chr. 34,18; 2Chr. 34,20; 2Chr. 34,24; 2Chr. 35,3; 2Chr. 35,4; 2Chr. 35,7; 2Chr. 35,10; 2Chr. 35,15; 2Chr. 35,16; 2Chr. 36,18; 2Chr. 36,22; 2Chr. 36,22; 1Esdr. 1,4; 1Esdr. 1,15; 1Esdr. 1,16; 1Esdr. 1,46; 1Esdr. 2,1; 1Esdr. 2,12; 1Esdr. 2,25; 1Esdr. 2,26; 1Esdr. 3,4; 1Esdr. 3,8; 1Esdr. 3,19; 1Esdr. 4,1; 1Esdr. 4,5; 1Esdr. 4,29; 1Esdr. 4,29; 1Esdr. 4,30; 1Esdr. 5,6; 1Esdr. 5,53; 1Esdr. 5,66; 1Esdr. 5,70; 1Esdr. 6,13; 1Esdr. 6,14; 1Esdr. 6,14; 1Esdr. 6,20; 1Esdr. 6,21; 1Esdr. 6,24; 1Esdr. 6,30; 1Esdr. 7,1; 1Esdr. 7,5; 1Esdr. 7,5; 1Esdr. 7,15; 1Esdr. 8,1; 1Esdr. 8,8; 1Esdr. 8,21; 1Esdr. 8,25; 1Esdr. 8,26; 1Esdr. 8,28; 1Esdr. 8,64; Ezra 1,1; Ezra 1,1; Ezra 3,7; Ezra 3,10; Ezra 4,2; Ezra 4,5; Ezra 4,5; Ezra 4,14; Ezra 4,23; Ezra 4,24; Ezra

βασιλεύω

5,12; Ezra 5,13; Ezra 5,14; Ezra 5,14; Ezra 5,17; Ezra 5,17; Ezra 6,3; Ezra 6,4; Ezra 6,8; Ezra 6,10; Ezra 6,15; Ezra 6,22; Ezra 7,1; Ezra 7,14; Ezra 7,20; Ezra 7,23; Ezra 7,26; Ezra 7,27; Ezra 7,28; Ezra 7,28; Ezra 8,1; Ezra 8,22; Ezra 8,36; Ezra 8,36; Neh. 2,6; Neh. 2,9; Neh. 2,14; Neh. 2,18; Neh. 3,15; Neh. 3,25; Neh. 5,4; Neh. 9,22; Neh. 9,22; Neh. 11,23; Neh. 11,24; Neh. 13,6; Neh. 13,6; Esth. 11,3 # 1,1b; Esth. 11,4 # 1,1c; Esth. 12,1 # 1,1m; Esth. 12,6 # 1,1r; Esth. 12,6 # 1,1r; Esth. 1,5; Esth. 1,10; Esth. 1,14; Esth. 1,15; Esth. 1,16; Esth. 1,20; Esth. 2,2; Esth. 2,3; Esth. 2,8; Esth. 2,14; Esth. 2,21; Esth. 3,3; Esth. 3,3; Esth. 3,4; Esth. 3,8; Esth. 3,9; Esth. 3,12; Esth. 3,12; Esth. 4,2; Esth. 14,17 # 4,17x; Esth. 15,6 # 5,1c; Esth. 15,8 # 5,1e; Esth. 5,8; Esth. 5,9; Esth. 5,12; Esth. 6,1; Esth. 6,2; Esth. 6,3; Esth. 6,5; Esth. 6,8; Esth. 6,9; Esth. 7,3; Esth. 7,4; Esth. 7,6; Esth. 7,9; Esth. 8,1; Esth. 8,8; Esth. 8,10; Esth. 8,14; Esth. 9,1; Esth. 9,4; Judith 1,6; Judith 1,11; Judith 2,1; Judith 2,18; Judith 2,19; Judith 3,2; Judith 4,1; Judith 11,4; Judith 11,23; Judith 14,18; Tob. 1,2; Tob. 1,18; Tob. 12,7; Tob. 12,11; 1Mac. 1,10; 1Mac. 1,42; 1Mac. 1,50; 1Mac. 1,57; 1Mac. 2,15; 1Mac. 2,17; 1Mac. 2,18; 1Mac. 2,18; 1Mac. 2,19; 1Mac. 2,22; 1Mac. 2,23; 1Mac. 2,25; 1Mac. 2,31; 1Mac. 2,31; 1Mac. 2,33; 1Mac. 2,34; 1Mac. 3,14; 1Mac. 3,26; 1Mac. 3,32; 1Mac. 3,38; 1Mac. 3,39; 1Mac. 3,42; 1Mac. 4,3; 1Mac. 6,32; 1Mac. 6,40; 1Mac. 6,42; 1Mac. 6,48; 1Mac. 6,56; 1Mac. 6,60; 1Mac. 7,7; 1Mac. 7,8; 1Mac. 7,33; 1Mac. 7,41; 1Mac. 10,20; 1Mac. 10,36; 1Mac. 10,36; 1Mac. 10,37; 1Mac. 10,40; 1Mac. 10,44; 1Mac. 10,45; 1Mac. 11,2; 1Mac. 11,7; 1Mac. 11,51; 1Mac. 11,57; 1Mac. 13,31; 1Mac. 15,1; 1Mac. 15,32; 1Mac. 15,32; 2Mac. 1,10; 2Mac. 1,20; 2Mac. 3,6; 2Mac. 3,8; 2Mac. 3,37; 2Mac. 4,10; 2Mac. 4,18; 2Mac. 4,21; 2Mac. 4,28; 2Mac. 4,30; 2Mac. 4,36; 2Mac. 4,44; 2Mac. 5,18; 2Mac. 6,7; 2Mac. 6,21; 2Mac. 7,1; 2Mac. 7,30; 2Mac. 8,8; 2Mac. 11,1; 2Mac. 11,22; 2Mac. 11,27; 2Mac. 11,35; 2Mac. 13,13; 2Mac. 13,26; 2Mac. 15,22; 3Mac. 2,26; 3Mac. 5,21; 3Mac. 5,26; 3Mac. 5,26; 3Mac. 5,35; 3Mac. 6,20; 3Mac. 6,22; 3Mac. 6,40; 3Mac. 7,11; 3Mac. 7,18; 3Mac. 7,20; 4Mac. 3,6; 4Mac. 3,12; 4Mac. 3,12; 4Mac. 4,3; 4Mac. 4,6; 4Mac. 4,15; 4Mac. 6,4; 4Mac. 6,13; 4Mac. 8,17; Psa. 17,51; Psa. 44,6; Psa. 44,14; Psa. 44,16; Psa. 47,3; Psa. 60,7; Psa. 67,25; Psa. 71,1; Psa. 88,19; Psa. 97,6; Psa. 98,4; Prov. 14,28; Prov. 16,10; Prov. 16,14; Prov. 16,15; Prov. 19,12; Prov. 20,2; Prov. 21,1; Prov. 24,22c; Prov. 25,1; Prov. 25,2; Prov. 25,3; Prov. 25,5; Prov. 25,6; Prov. 29,12; Prov. 29,14; Prov. 30,28; Prov. 31,1; Eccl. 1,1; Eccl. 8,2; Wis. 14,17; Sir. 1,27 Prol.; Sir. 7,4; Sir. 38,2; Sir. 45,25; Sol. 17,42; Hos. 1,1; Hos. 3,4; Hos. 5,1; Amos 1,1; Amos 1,1; Amos 2,1; Amos 7,13; Jonah 3,7; Zeph. 1,1; Zeph. 1,5; Zeph. 1,8; Hag. 1,1; Hag. 1,15; Zech. 7,1; Zech. 11,6; Zech. 14,5; Zech. 14,10; Is. 7,1; Is. 7,20; Is. 8,4; Is. 13,19; Is. 19,11; Is. 20,1; Is. 20,6; Is. 23,15; Is. 36,13; Is. 36,13; Is. 36,15; Is. 36,18; Is. 37,5; Is. 37,6; Is. 37,10; Is. 37,21; Is. 38,6; Is. 38,9; Is. 39,7; Jer. 1,2; Jer. 1,3; Jer. 1,3; Jer. 3,6; Jer. 4,9; Jer. 20,4; Jer. 20,5; Jer. 21,10; Jer. 21,11; Jer. 22,1; Jer. 22,6; Jer. 25,1; Jer. 25,3; Jer. 25,20; Jer. 26,2; Jer. 26,2; Jer. 26,17; Jer. 28,11; Jer. 28,33; Jer. 28,59; Jer. 33,1; Jer. 33,10; Jer. 33,18; Jer. 34,8; Jer. 34,11; Jer. 35,1; Jer. 35,2; Jer. 35,4; Jer. 35,11; Jer. 36,2; Jer. 36,21; Jer. 39,2; Jer. 39,2; Jer. 39,3; Jer. 39,4; Jer. 39,28; Jer. 39,36; Jer. 40,4; Jer. 41,2; Jer. 41,7; Jer. 41,21; Jer. 42,1; Jer. 43,1; Jer. 43,2; Jer. 43,12; Jer. 43,21; Jer. 43,26; Jer. 44,17; Jer. 45,3; Jer. 45,6; Jer. 45,7; Jer. 45,11; Jer. 45,17; Jer. 45,22; Jer. 45,22; Jer. 45,23; Jer. 45,26; Jer. 46,1; Jer. 46,3; Jer. 46,3; Jer. 48,1; Jer. 48,9; Jer. 48,10; Jer. 49,11; Jer. 50,6; Jer. 51,30; Jer. 51,31; Jer. 52,7; Jer. 52,8; Jer. 52,12; Jer. 52,13; Jer. 52,25; Jer. 52,31; Jer. 52,31; Jer. 52,34; Bar. 1,3; Bar. 1,11; Bar. 1,12; LetterJ 0; LetterJ 1; Ezek. 1,2; Ezek. 21,24; Ezek. 30,10; Ezek. 30,21; Ezek. 30,24; Ezek. 30,25; Ezek. 30,25; Ezek. 32,11; Dan. 1,1; Dan. 1,4; Dan. 1,5; Dan. 1,5; Dan. 1,8; Dan. 1,21; Dan. 2,10; Dan. 2,14; Dan. 2,15; Dan. 2,16; Dan. 2,16; Dan. 2,19; Dan. 2,24; Dan. 2,27; Dan. 2,36; Dan. 3,22; Dan. 3,46; Dan. 3,94; Dan. 3,95; Dan. 4,37a; Dan. 5,5; Dan. 5,12; Dan. 6,4; Dan. 6,4; Dan. 6,6; Dan. 6,6; Dan. 6,7; Dan. 6,8; Dan. 6,9; Dan. 10,1; Dan. 10,13; Dan. 10,13; Dan. 10,20; Dan. 11,1; Dan. 11,11; Dan. 11,15; Dan. 11,20; Dan. 11,21; Bel 2; Bel 11; Bel 14; Bel 31-32; Judg. 3,8; Judg. 4,2; Judg. 4,17; Judg. 8,18; Tob. 1,2; Tob. 1,22; Tob. 2,1; Tob. 12,7; Tob. 12,11; Dan. 1,1; Dan. 1,4; Dan. 1,5; Dan. 1,5; Dan. 1,8; Dan. 1,13; Dan. 1,15; Dan. 1,19; Dan. 1,21; Dan. 2,2; Dan. 2,10; Dan. 2,10; Dan. 2,11; Dan. 2,14; Dan. 2,15; Dan. 2,15; Dan. 2,23; Dan. 2,24; Dan. 2,25; Dan. 2,27; Dan. 2,36; Dan. 2,49; Dan. 2,49; Dan. 3,13; Dan. 3,22; Dan. 3,46; Dan. 3,94; Dan. 3,95; Dan. 4,31; Dan. 5,5; Dan. 5,6; Dan. 5,8; Dan. 5,13; Dan. 5,17; Dan. 6,14; Dan. 7,1; Dan. 8,1; Dan. 8,27; Dan. 10,1; Dan. 11,6; Dan. 11,7; Dan. 11,9; Dan. 11,11; Dan. 11,15; Dan. 11,40; Bel 2; Bel 14; Bel 14; Matt. 2,1; Matt. 2,9; Matt. 5,35; Luke 1,5; Acts 7,10; Acts 12,20; 2Cor. 11,32; Heb. 11,23; Heb. 11,27)

βασιλεύω (βασιλεύς)   to reign; to make a king ▸ 389 + 12 + 21 = 422

βασίλευε ▸ 1

Verb · second · singular · present · active · imperative   ▸ 1 (Psa. 44,5)

βασιλεύει ▸ 15 + 1 = 16

Verb · third · singular · present · active · indicative   ▸ 15 + 1 = 16 (1Kings 15,1; 1Kings 15,8; 1Kings 15,9; 1Kings 15,24; 1Kings 15,25; 1Kings 15,33; 1Kings 16,6; 1Kings 16,23; 1Kings 16,23; 1Kings 16,28; 1Kings 16,28a; 1Kings 16,29; 2Kings 1,18a; 1Esdr. 1,42; 1Esdr. 1,44; Matt. 2,22)

βασιλεύειν ▸ 38 + 1 + 1 = 40

Verb · present · active · infinitive   ▸ 38 + 1 + 1 = 40 (1Sam. 8,7; 1Sam. 16,1; 1Sam. 16,1; 2Sam. 2,4; 2Sam. 3,17; 1Kings 12,24a; 1Kings 14,21; 1Kings 22,42; 2Kings 8,17; 2Kings 8,26; 2Kings 12,1; 2Kings 14,2; 2Kings 15,2; 2Kings 15,33; 2Kings 16,2; 2Kings 18,2; 2Kings 21,1; 2Kings 21,19; 2Kings 22,1; 2Kings 23,31; 2Kings 23,33; 2Kings 23,36; 2Kings 24,8; 2Kings 24,18; 2Chr. 33,21; 2Chr. 36,2; 2Chr. 36,2c; 2Chr. 36,5; 2Chr. 36,9; 2Chr. 36,11; 1Esdr. 1,33; Esth. 1,11; 1Mac. 6,15; 1Mac. 6,17; 1Mac. 8,13; Is. 30,33; Jer. 44,1; Jer. 52,1; Judg. 9,15; 1Cor. 15,25)

βασιλευέτω ▸ 1

Verb · third · singular · present · active · imperative   ▸ 1 (Rom. 6,12)

βασιλευομένη ▸ 1

Verb · present · passive · participle · feminine · singular · dative ▸ 1 (1Sam. 27,5)

βασιλεύοντα ▸ 2

Verb · present · active · participle · masculine · singular · accusative ▸ 2 (2Kings 8,13; Jer. 22,11)

βασιλεύοντας ▸ 1

Verb · present · active · participle · masculine · plural · accusative ▸ 1 (1Mac. 8,7)

Βασιλεύοντος ▸ 1

Verb · present · active · participle · masculine · singular · genitive ▸ 1 (1Esdr. 2,1)

βασιλεύοντος ▸ 17

Verb · present · active · participle · masculine · singular · genitive ▸ 17 (1Kings 6,1; 1Kings 14,25; 1Kings 15,1; 1Esdr. 1,20; 1Esdr. 6,16; 1Esdr. 6,23; 1Esdr. 8,1; 1Esdr. 8,5; Esth. 11,2 # 1,1a; Esth. 1,3; Esth. 11,1 # 10,3l; 1Mac. 12,7; 2Mac. 1,7; Is. 36,1; Jer. 25,20; Dan. 7,1; Dan. 8,1)

βασιλευόντων ▸ 1

Verb · present · active · participle · masculine · plural · genitive

▸ **1** (1Tim. 6,15)

βασιλεύουσα ▸ **1**
Verb · present · active · participle · feminine · singular · nominative ▸ **1** (2Kings 11,3)

βασιλεύουσιν ▸ **2**
Verb · third · plural · present · active · indicative ▸ **2** (1Mac. 8,13; Prov. 8,15)

βασιλεῦσαι ▸ **25 + 2 = 27**
Verb · aorist · active · infinitive ▸ **25 + 2 = 27** (Gen. 36,31; 2Sam. 5,4; 1Kings 12,1; 1Kings 16,11; 1Kings 16,21; 1Chr. 11,10; 1Chr. 12,32; 1Chr. 12,39; 1Chr. 12,39; 2Chr. 10,1; 2Chr. 11,22; 2Chr. 12,13; 2Chr. 20,31; 2Chr. 24,1; 2Chr. 27,1; 2Chr. 28,1; 2Chr. 33,1; 2Chr. 34,1; 1Esdr. 1,54; 1Mac. 1,16; 1Mac. 6,55; 1Mac. 12,39; Eccl. 4,14; Sol. 17,21; Dan. 7,27; Luke 19,14; Luke 19,27)

βασιλεύσαντας ▸ **1**
Verb · aorist · active · participle · masculine · plural · accusative ▸ **1** (Jer. 41,5)

βασιλεύσαντες ▸ **2**
Verb · aorist · active · participle · masculine · plural · nominative ▸ **2** (Gen. 36,31; Job 42,17d)

βασιλεύσας ▸ **1**
Verb · aorist · active · participle · masculine · singular · nominative ▸ **1** (Ezek. 17,16)

βασιλευσάτω ▸ **1**
Verb · third · singular · aorist · active · imperative ▸ **1** (2Chr. 23,3)

Βασιλεύσει ▸ **1**
Verb · third · singular · future · active · indicative ▸ **1** (Is. 52,7)

βασιλεύσει ▸ **18 + 2 = 20**
Verb · third · singular · future · active · indicative ▸ **18 + 2 = 20** (1Sam. 8,9; 1Sam. 8,11; 1Sam. 11,12; 1Sam. 12,12; 1Kings 1,13; 1Kings 1,17; 1Kings 1,24; 1Kings 1,30; 1Kings 1,35; Esth. 2,4; 4Mac. 2,23; Psa. 9,37; Psa. 145,10; Wis. 3,8; Mic. 4,7; Is. 24,23; Is. 32,1; Jer. 23,5; Luke 1,33; Rev. 11,15)

βασιλεύσεις ▸ **7**
Verb · second · singular · future · active · indicative ▸ **7** (Gen. 37,8; 1Sam. 23,17; 1Sam. 24,21; 2Sam. 3,21; 1Kings 11,37; 1Mac. 11,9; Jer. 22,15)

βασιλεύσῃ ▸ **3 + 1 = 4**
Verb · third · singular · aorist · active · subjunctive ▸ **3 + 1 = 4** (1Mac. 1,16; 1Mac. 11,40; Prov. 30,22; Rom. 5,21)

βασιλεύσητε ▸ **1**
Verb · second · plural · aorist · active · subjunctive ▸ **1** (Wis. 6,21)

βασιλεύσομεν ▸ **2**
Verb · first · plural · future · active · indicative ▸ **2** (2Kings 10,5; Is. 7,6)

Βασίλευσον ▸ **1 + 1 = 2**
Verb · second · singular · aorist · active · imperative ▸ **1 + 1 = 2** (Judg. 9,8; Judg. 9,8)

βασίλευσον ▸ **4 + 3 = 7**
Verb · second · singular · aorist · active · imperative ▸ **4 + 3 = 7** (Judg. 9,10; Judg. 9,12; Judg. 9,14; 1Sam. 8,22; Judg. 9,10; Judg. 9,12; Judg. 9,14)

βασιλεύσουσιν ▸ **4**
Verb · third · plural · future · active · indicative ▸ **4** (Rom. 5,17; Rev. 5,10; Rev. 20,6; Rev. 22,5)

βασιλεύσω ▸ **2**
Verb · first · singular · future · active · indicative ▸ **2** (1Kings 1,5; Ezek. 20,33)

βασιλεύω ▸ **1**
Verb · first · singular · present · active · indicative ▸ **1** (2Sam. 19,23)

βασιλεύων ▸ **8**
Verb · present · active · participle · masculine · singular · nominative ▸ **8** (Gen. 37,8; Ex. 15,18; 1Sam. 12,14; 1Sam. 24,21; 1Kings 4,1; 1Chr. 16,31; Ode. 1,18; Job 34,30)

Βεβασίλευκεν ▸ **1**
Verb · third · singular · perfect · active · indicative ▸ **1** (2Sam. 15,10)

ἐβασίλευσα ▸ **2**
Verb · first · singular · aorist · active · indicative ▸ **2** (1Sam. 12,1; 1Sam. 15,11)

ἐβασίλευσά ▸ **1**
Verb · first · singular · aorist · active · indicative ▸ **1** (2Chr. 1,11)

ἐβασίλευσαν ▸ **15 + 1 + 1 = 17**
Verb · third · plural · aorist · active · indicative ▸ **15 + 1 + 1 = 17** (Judg. 9,6; 1Kings 12,20; 1Kings 16,16; 2Kings 8,20; 2Kings 14,21; 2Kings 17,21; 2Kings 23,30; 1Chr. 29,22; 2Chr. 21,8; 2Chr. 22,1; 2Chr. 23,11; 2Chr. 26,1; Hos. 8,4; Is. 1,1; Dan. 9,1; Judg. 9,6; Rev. 20,4)

ἐβασίλευσας ▸ **2 + 1 = 3**
Verb · second · singular · aorist · active · indicative ▸ **2 + 1 = 3** (2Sam. 16,8; Esth. 4,14; Rev. 11,17)

ἐβασίλευσάς ▸ **2**
Verb · second · singular · aorist · active · indicative ▸ **2** (2Chr. 1,8; 2Chr. 1,9)

ἐβασιλεύσατε ▸ **2 + 2 + 2 = 6**
Verb · second · plural · aorist · active · indicative ▸ **2 + 2 + 2 = 6** (Judg. 9,16; Judg. 9,18; Judg. 9,16; Judg. 9,18; 1Cor. 4,8; 1Cor. 4,8)

ἐβασίλευσεν ▸ **206 + 4 + 4 = 214**
Verb · third · singular · aorist · active · indicative ▸ **206 + 4 + 4 = 214** (Gen. 36,32; Gen. 36,33; Gen. 36,34; Gen. 36,35; Gen. 36,36; Gen. 36,37; Gen. 36,38; Gen. 36,39; Josh. 13,10; Josh. 13,12; Judg. 4,2; 1Sam. 15,35; 2Sam. 2,9; 2Sam. 2,10; 2Sam. 2,10; 2Sam. 2,11; 2Sam. 5,4; 2Sam. 5,5; 2Sam. 5,5; 2Sam. 8,15; 2Sam. 10,1; 1Kings 1,11; 1Kings 1,13; 1Kings 1,18; 1Kings 1,43; 1Kings 2,11; 1Kings 2,11; 1Kings 2,46l; 1Kings 11,25; 1Kings 11,42; 1Kings 11,43; 1Kings 12,24a; 1Kings 12,24a; 1Kings 14,21; 1Kings 14,21; 1Kings 14,31; 1Kings 15,2; 1Kings 15,10; 1Kings 15,25; 1Kings 15,28; 1Kings 15,29; 1Kings 16,8; 1Kings 16,10; 1Kings 16,15; 1Kings 16,22; 1Kings 16,28a; 1Kings 16,28h; 1Kings 16,29; 1Kings 22,40; 1Kings 22,41; 1Kings 22,41; 1Kings 22,42; 1Kings 22,51; 1Kings 22,52; 1Kings 22,52; 2Kings 3,1; 2Kings 3,1; 2Kings 3,27; 2Kings 8,15; 2Kings 8,16; 2Kings 8,17; 2Kings 8,24; 2Kings 8,25; 2Kings 8,26; 2Kings 9,29; 2Kings 10,35; 2Kings 10,36; 2Kings 11,12; 2Kings 12,2; 2Kings 12,2; 2Kings 12,22; 2Kings 13,1; 2Kings 13,9; 2Kings 13,10; 2Kings 13,24; 2Kings 14,1; 2Kings 14,2; 2Kings 14,16; 2Kings 14,23; 2Kings 14,29; 2Kings 15,1; 2Kings 15,2; 2Kings 15,5; 2Kings 15,7; 2Kings 15,8; 2Kings 15,10; 2Kings 15,13; 2Kings 15,13; 2Kings 15,17; 2Kings 15,22; 2Kings 15,23; 2Kings 15,25; 2Kings 15,27; 2Kings 15,30; 2Kings 15,32; 2Kings 15,33; 2Kings 15,38; 2Kings 16,1; 2Kings 16,2; 2Kings 16,20; 2Kings 17,1; 2Kings 18,1; 2Kings 18,2; 2Kings 19,37; 2Kings 20,21; 2Kings 21,1; 2Kings 21,18; 2Kings 21,19; 2Kings 21,24; 2Kings 21,26; 2Kings 22,1; 2Kings 23,31; 2Kings 23,34; 2Kings 23,36; 2Kings 24,6; 2Kings 24,8; 2Kings 24,17; 2Kings 24,18; 1Chr. 1,44; 1Chr. 1,45; 1Chr. 1,46; 1Chr. 1,47; 1Chr. 1,48; 1Chr. 1,49; 1Chr. 1,50; 1Chr. 3,4; 1Chr. 3,4; 1Chr. 18,14; 1Chr. 19,1; 1Chr. 23,1; 1Chr. 29,26; 1Chr. 29,28; 2Chr. 1,13; 2Chr. 9,30; 2Chr. 9,31; 2Chr. 10,17; 2Chr. 12,13; 2Chr. 12,13; 2Chr. 12,16; 2Chr. 13,1; 2Chr. 13,2; 2Chr. 13,23; 2Chr. 17,1; 2Chr. 20,31; 2Chr. 20,31; 2Chr. 21,1; 2Chr. 21,5;

2Chr. 21,20; 2Chr. 21,20; 2Chr. 22,1; 2Chr. 22,2; 2Chr. 22,2; 2Chr. 22,12; 2Chr. 24,1; 2Chr. 24,27; 2Chr. 25,1; 2Chr. 25,1; 2Chr. 26,3; 2Chr. 26,3; 2Chr. 26,23; 2Chr. 27,1; 2Chr. 27,9; 2Chr. 28,1; 2Chr. 28,27; 2Chr. 29,1; 2Chr. 29,1; 2Chr. 32,33; 2Chr. 33,1; 2Chr. 33,20; 2Chr. 33,21; 2Chr. 33,25; 2Chr. 34,1; 2Chr. 36,2; 2Chr. 36,5; 2Chr. 36,8; 2Chr. 36,9; 2Chr. 36,10; 2Chr. 36,11; 1Esdr. 1,33; 1Esdr. 1,37; 1Esdr. 1,41; Judith 1,1; Judith 1,1; Tob. 1,15; Tob. 1,21; 1Mac. 1,1; 1Mac. 1,7; 1Mac. 1,10; 1Mac. 6,2; 1Mac. 7,1; 1Mac. 10,1; 1Mac. 11,19; 1Mac. 11,54; 1Mac. 13,32; Psa. 46,9; Psa. 92,1; Psa. 95,10; Psa. 96,1; Psa. 98,1; Prov. 1,1; Sir. 47,13; Is. 37,38; Jer. 44,1; Jer. 44,1; Jer. 52,1; Jer. 52,31; Judg. 4,2; Tob. 1,15; Tob. 1,21; Dan. 9,1; Rom. 5,14; Rom. 5,17; Rom. 5,21; Rev. 19,6)

Ἐβασίλευσεν ▸ 1
   Verb · third · singular · aorist · active · indicative   ▸ 1   (2Kings 9,13)

βασιλικός (βασιλεύς) royal; royal officer; palace ▸ 41 + 2 + 5 = 48
   βασιλικά ▸ 2
      Adjective · neuter · plural · accusative · noDegree   ▸ 2   (1Esdr. 6,31; Dan. 8,27)
   βασιλικά ▸ 3
      Adjective · neuter · plural · accusative · noDegree   ▸ 2   (1Mac. 10,43; 2Mac. 4,11)
      Adjective · neuter · plural · nominative · noDegree   ▸ 1   (1Mac. 15,8)
   βασιλικάς ▸ 4
      Adjective · feminine · plural · accusative · noDegree   ▸ 4   (1Esdr. 1,51; 2Mac. 3,13; 2Mac. 4,25; 2Mac. 15,5)
   βασιλικῇ ▸ 5 + 1 = 6
      Adjective · feminine · singular · dative · noDegree   ▸ 5 + 1 = 6   (Num. 20,17; Num. 21,22; Esth. 2,23; Job 18,14; Dan. 2,49; Dan. 6,8)
   βασιλικήν ▸ 2 + 1 = 3
      Adjective · feminine · singular · accusative · noDegree   ▸ 2 + 1 = 3 (Esth. 8,15; 2Mac. 13,15; Acts 12,21)
   βασιλικῆς ▸ 3 + 1 = 4
      Adjective · feminine · singular · genitive · noDegree   ▸ 3 + 1 = 4 (2Mac. 4,6; 3Mac. 7,12; Dan. 1,5; Acts 12,20)
   βασιλικοί ▸ 1
      Adjective · masculine · plural · nominative · noDegree   ▸ 1 (Esth. 9,3)
   βασιλικοῖς ▸ 4
      Adjective · masculine · plural · dative · noDegree   ▸ 2   (1Esdr. 8,64; 1Mac. 6,43)
      Adjective · neuter · plural · dative · noDegree   ▸ 2   (1Esdr. 6,20; 1Esdr. 6,22)
   βασιλικόν ▸ 3 + 1 = 4
      Adjective · masculine · singular · accusative · noDegree   ▸ 1 (1Esdr. 8,24)
      Adjective · neuter · singular · accusative · noDegree   ▸ 2 + 1 = 3 (Esth. 1,19; Dan. 2,5; Tob. 1,20)
   βασιλικόν ▸ 4 + 1 = 5
      Adjective · masculine · singular · accusative · noDegree   ▸ 1 (James 2,8)
      Adjective · neuter · singular · accusative · noDegree   ▸ 3   (1Mac. 13,15; 2Mac. 3,13; Dan. 1,15)
      Adjective · neuter · singular · nominative · noDegree   ▸ 1 (1Mac. 15,8)
   βασιλικός ▸ 1
      Adjective · masculine · singular · nominative · noDegree   ▸ 1 (John 4,49)
   βασιλικὸς ▸ 1
      Adjective · masculine · singular · nominative · noDegree   ▸ 1 (John 4,46)
   βασιλικοῦ ▸ 6
      Adjective · masculine · singular · genitive · noDegree   ▸ 1 (Esth. 16,11 # 8,12l)
      Adjective · neuter · singular · genitive · noDegree   ▸ 5   (1Esdr. 8,18; Esth. 2,9; 3Mac. 3,28; Dan. 1,3; Dan. 1,13)
   βασιλικῷ ▸ 1
      Adjective · masculine · singular · dative · noDegree   ▸ 1 (2Sam. 14,26)
   βασιλικῶν ▸ 2
      Adjective · neuter · plural · genitive · noDegree   ▸ 2 (1Esdr. 1,7; 1Mac. 11,34)
   βασιλικώτεροι ▸ 1
      Adjective · masculine · plural · nominative · comparative   ▸ 1 (4Mac. 14,2)

βασιλίσκος (βασιλεύς) adder, serpent ▸ 2
   βασιλίσκον ▸ 1
      Noun · masculine · singular · accusative · (common)   ▸ 1 (Psa. 90,13)
   βασιλίσκος ▸ 1
      Noun · masculine · singular · nominative · (common)   ▸ 1 (Is. 59,5)

βασίλισσα (βασιλεύς) queen ▸ 39 + 1 + 4 = 44
   βασίλισσα ▸ 19 + 1 + 3 = 23
      Noun · feminine · singular · nominative · (common) ▸ 17 + 1 + 3 = 21 (1Kings 10,1; 1Kings 10,4; 1Kings 10,10; 2Chr. 9,1; 2Chr. 9,3; 2Chr. 9,9; Esth. 1,9; Esth. 1,12; Esth. 1,16; Esth. 1,19; Esth. 14,1 # 4,17k; Esth. 15,7 # 5,1d; Esth. 5,12; Esth. 9,29; Esth. 9,31; Psa. 44,10; Dan. 5,10; Dan. 5,10; Matt. 12,42; Luke 11,31; Rev. 18,7)
      Noun · feminine · singular · vocative · (common)   ▸ 2 (Esth. 5,6; Esth. 7,2)
   βασίλισσαι ▸ 2
      Noun · feminine · plural · nominative · (common)   ▸ 2 (Song 6,8; Song 6,9)
   βασίλισσαν ▸ 5
      Noun · feminine · singular · accusative · (common)   ▸ 5   (Esth. 1,11; Esth. 7,7; Esth. 7,8; Esth. 10,6 # 10,3c; Dan. 5,9)
   βασιλίσσῃ ▸ 9
      Noun · feminine · singular · dative · (common)   ▸ 9 (1Kings 10,13; 2Chr. 9,12; Esth. 1,15; Esth. 7,1; Jer. 30,23; Jer. 51,17; Jer. 51,18; Jer. 51,19; Jer. 51,25)
   βασιλίσσης ▸ 4 + 1 = 5
      Noun · feminine · singular · genitive · (common)   ▸ 4 + 1 = 5 (Esth. 1,17; Esth. 4,4; Esth. 7,6; Jer. 36,2; Acts 8,27)

βάσις (βαίνω) foot, pedestal, foundation ▸ 70 + 1 = 71
   βάσει ▸ 1
      Noun · feminine · singular · dative · (common)   ▸ 1 (Wis. 13,18)
   βάσεις ▸ 42 + 1 = 43
      Noun · feminine · plural · accusative · (common)   ▸ 17 (Ex. 26,19; Ex. 26,19; Ex. 26,19; Ex. 26,21; Ex. 26,21; Ex. 26,37; Ex. 39,7; Ex. 39,8; Ex. 39,8; Ex. 39,13; Num. 3,36; Num. 3,37; Num. 4,31; Num. 4,32; Song 5,15; Jer. 52,17)
      Noun · feminine · plural · nominative · (common)   ▸ 25 + 1 = 26 (Ex. 26,25; Ex. 26,25; Ex. 26,25; Ex. 26,32; Ex. 27,10; Ex. 27,11; Ex. 27,11; Ex. 27,12; Ex. 27,13; Ex. 27,14; Ex. 27,15; Ex. 27,16; Ex. 27,17; Ex. 27,18; Ex. 37,4; Ex. 37,6; Ex. 37,8; Ex. 37,9; Ex. 37,10; Ex. 37,12; Ex. 37,13; Ex. 37,15; Ex. 37,17; Num. 4,31; Num. 4,32; Acts 3,7)
   βάσεως ▸ 1

Noun · feminine · singular · genitive · (common) ▸ **1** (Sir. 26,18)
βάσιν ▸ 25
Noun · feminine · singular · accusative · (common) ▸ **25** (Ex. 29,12; Ex. 30,18; Ex. 30,28; Ex. 31,9; Ex. 38,23; Ex. 38,26; Lev. 1,15; Lev. 4,7; Lev. 4,18; Lev. 4,25; Lev. 4,30; Lev. 4,34; Lev. 5,9; Lev. 7,2; Lev. 8,11; Lev. 8,15; Lev. 9,9; Num. 4,14; Deut. 12,27; 2Kings 16,17; 2Chr. 6,13; Wis. 4,3; Ezek. 16,31; Ezek. 16,39; Ezek. 43,20)
βάσις ▸ 1
Noun · feminine · singular · nominative · (common) ▸ **1** (Ezek. 41,22)

βασκαίνω (βάσκανος) to bewitch; begrudge; deceive ▸ 4 + 1 = 5
βασκαίνοντος ▸ 1
Verb · present · active · participle · masculine · singular · genitive ▸ **1** (Sir. 14,6)
βασκαίνων ▸ 1
Verb · present · active · participle · masculine · singular · nominative ▸ **1** (Sir. 14,8)
βασκανεῖ ▸ 2
Verb · third · singular · future · active · indicative ▸ **2** (Deut. 28,54; Deut. 28,56)
ἐβάσκανεν ▸ 1
Verb · third · singular · aorist · active · indicative ▸ **1** (Gal. 3,1)

Βασκαμα Baskama ▸ 1
Βασκαμα ▸ 1
Noun · feminine · singular · genitive · (proper) ▸ **1** (1Mac. 13,23)

βασκανία (βάσκανος) witchcraft ▸ 3
βασκανία ▸ 2
Noun · feminine · singular · nominative · (common) ▸ **2** (4Mac. 1,26; Wis. 4,12)
βασκανίας ▸ 1
Noun · feminine · singular · genitive · (common) ▸ **1** (4Mac. 2,15)

βάσκανος begrudging ▸ 5
βάσκανος ▸ 1
Adjective · masculine · singular · nominative · noDegree ▸ **1** (Prov. 28,22)
βασκάνου ▸ 2
Noun · masculine · singular · genitive · (common) ▸ **2** (Sir. 18,18; Sir. 37,11)
βασκάνῳ ▸ 2
Adjective · masculine · singular · dative · noDegree ▸ **2** (Prov. 23,6; Sir. 14,3)

Βασου Bezai ▸ 1
Βασου ▸ 1
Noun · masculine · singular · genitive · (proper) ▸ **1** (Ezra 2,17)

Βασουρωθ Bozkath ▸ 1
Βασουρωθ ▸ 1
Noun · singular · genitive · (proper) ▸ **1** (2Kings 22,1)

Βασσαι Bezai ▸ 1
Βασσαι ▸ 1
Noun · masculine · singular · genitive · (proper) ▸ **1** (1Esdr. 5,16)

βάσταγμα (βαστάζω) burden ▸ 7
βάσταγμα ▸ 2
Noun · neuter · singular · accusative · (common) ▸ **2** (2Sam. 15,33; Neh. 13,15)
βαστάγματα ▸ 5
Noun · neuter · plural · accusative · (common) ▸ **5** (Neh. 13,19; Jer. 17,21; Jer. 17,22; Jer. 17,24; Jer. 17,27)

βαστάζω to bear ▸ 4 + 2 + 27 = 33
βαστάζει ▸ 1
Verb · third · singular · present · active · indicative ▸ **1** (Luke 14,27)
βαστάζειν ▸ 2
Verb · present · active · infinitive ▸ **2** (John 16,12; Rom. 15,1)
βαστάζεις ▸ 1
Verb · second · singular · present · active · indicative ▸ **1** (Rom. 11,18)
βαστάζεσθαι ▸ 1
Verb · present · passive · infinitive · (variant) ▸ **1** (Acts 21,35)
βαστάζετε ▸ 2
Verb · second · plural · present · active · imperative ▸ **2** (Luke 10,4; Gal. 6,2)
βαστάζοντες ▸ 1 + 1 = 2
Verb · present · active · participle · masculine · plural · nominative ▸ **1 + 1 = 2** (Ruth 2,16; Luke 7,14)
βαστάζοντος ▸ 1
Verb · present · active · participle · neuter · singular · genitive ▸ **1** (Rev. 17,7)
βαστάζω ▸ 1
Verb · first · singular · present · active · indicative ▸ **1** (Gal. 6,17)
βαστάζων ▸ 3
Verb · present · active · participle · masculine · singular · nominative ▸ **3** (Mark 14,13; Luke 22,10; John 19,17)
βαστάξατε ▸ 1
Verb · second · plural · aorist · active · imperative ▸ **1** (Ruth 2,16)
βάσταξον ▸ 1
Verb · second · singular · aorist · active · imperative ▸ **1** (Sir. 6,25)
βαστάσαι ▸ 4
Verb · aorist · active · infinitive ▸ **4** (Matt. 3,11; Acts 9,15; Acts 15,10; Rev. 2,2)
βαστάσας ▸ 1
Verb · aorist · active · participle · masculine · singular · nominative ▸ **1** (Bel 36)
βαστάσασά ▸ 1
Verb · aorist · active · participle · feminine · singular · nominative ▸ **1** (Luke 11,27)
βαστάσασιν ▸ 1
Verb · aorist · active · participle · masculine · plural · dative ▸ **1** (Matt. 20,12)
βαστάσει ▸ 2
Verb · third · singular · future · active · indicative ▸ **2** (Gal. 5,10; Gal. 6,5)
βαστάσω ▸ 1
Verb · first · singular · future · active · indicative ▸ **1** (2Kings 18,14)
ἐβάσταζεν ▸ 1
Verb · third · singular · imperfect · active · indicative ▸ **1** (John 12,6)
ἐβαστάζετο ▸ 1
Verb · third · singular · imperfect · passive · indicative · (variant) ▸ **1** (Acts 3,2)
ἐβάσταξεν ▸ 1
Verb · third · singular · aorist · active · indicative ▸ **1** (Judg. 16,30)
Ἐβάστασαν ▸ 1
Verb · third · plural · aorist · active · indicative ▸ **1** (John 10,31)
ἐβάστασας ▸ 2
Verb · second · singular · aorist · active · indicative ▸ **2** (John 20,15; Rev. 2,3)
ἐβάστασεν ▸ 1

βαστάζω–βδελυκτός

Verb · third · singular · aorist · active · indicative ▸ **1** (Matt. 8,17)

Βασωδια Besodeiah ▸ 1
  Βασωδια ▸ 1
    Noun · masculine · singular · genitive · (proper) ▸ **1** (Neh. 3,6)

Βατανή Bethany ▸ 1
  Βατανη ▸ 1
    Noun · singular · genitive · (proper) ▸ **1** (Judith 1,9)

Βατνε Beten ▸ 1
  Βατνε ▸ 1
    Noun · singular · nominative · (proper) ▸ **1** (Josh. 19,25)

βάτος (1st homograph) thorn-bush ▸ 7 + 5 = 12
  βάτος ▸ 4
    Noun · masculine · singular · nominative · (common) ▸ **4** (Ex. 3,2; Ex. 3,2; Ex. 3,3; Job 31,40)
  βάτου ▸ 2 + 4 = 6
    Noun · feminine · singular · genitive ▸ **2** (Mark 12,26; Acts 7,30)
    Noun · masculine · singular · genitive · (common) ▸ 2 + 2 = **4** (Ex. 3,2; Ex. 3,4; Luke 6,44; Luke 20,37)
  βάτῳ ▸ 1 + 1 = 2
    Noun · feminine · singular · dative ▸ **1** (Acts 7,35)
    Noun · masculine · singular · dative · (common) ▸ **1** (Deut. 33,16)

βάτος (2nd homograph) measure, jug ▸ 1
  βάτους ▸ 1
    Noun · masculine · plural · accusative ▸ **1** (Luke 16,6)

βάτραχος frog ▸ 15 + 1 = 16
  βάτραχοι ▸ 3 + 1 = 4
    Noun · masculine · plural · nominative · (common) ▸ 3 + 1 = **4** (Ex. 7,29; Ex. 8,7; Ex. 8,9; Rev. 16,13)
  βατράχοις ▸ 1
    Noun · masculine · plural · dative · (common) ▸ **1** (Ex. 7,27)
  βάτραχον ▸ 1
    Noun · masculine · singular · accusative · (common) ▸ **1** (Psa. 77,45)
  βάτραχος ▸ 1
    Noun · masculine · singular · nominative · (common) ▸ **1** (Ex. 8,2)
  βατράχους ▸ 7
    Noun · masculine · plural · accusative · (common) ▸ **7** (Ex. 7,28; Ex. 8,1; Ex. 8,2; Ex. 8,3; Ex. 8,4; Ex. 8,5; Psa. 104,30)
  βατράχων ▸ 2
    Noun · masculine · plural · genitive · (common) ▸ **2** (Ex. 8,8; Wis. 19,10)

βατταλογέω (βάττος; λέγω) to babble ▸ 1
  βατταλογήσητε ▸ 1
    Verb · second · plural · aorist · active · subjunctive ▸ **1** (Matt. 6,7)

Βαυξ Buz ▸ 1
  Βαυξ ▸ 1
    Noun · masculine · singular · accusative · (proper) ▸ **1** (Gen. 22,21)

βαφή (βάπτω) dipping, dipped ▸ 2
  βαφή ▸ 1
    Noun · feminine · singular · nominative · (common) ▸ **1** (Judg. 5,30)
  βαφῇ ▸ 1
    Noun · feminine · singular · dative · (common) ▸ **1** (Sir. 31,26)

Βαχιρ Becorath; Beker ▸ 4
  Βαχιρ ▸ 4
    Noun · masculine · singular · genitive · (proper) ▸ **3** (1Sam. 9,1; 1Chr. 7,8; 1Chr. 7,8)
    Noun · masculine · singular · nominative · (proper) ▸ **1** (1Chr. 7,6)

βδέλλα (βδελύσσω) leech ▸ 1
  βδέλλῃ ▸ 1
    Noun · feminine · singular · dative · (common) ▸ **1** (Prov. 30,15)

βδέλυγμα (βδελύσσω) something detestable, abomination ▸ 120 + 3 + 6 = 129
  βδέλυγμα ▸ 50 + 3 + 4 = 57
    Noun · neuter · singular · accusative · (common) ▸ 19 + 2 + 3 = **24** (Lev. 20,13; Deut. 7,26; Deut. 14,3; Deut. 22,5; Deut. 27,15; 1Mac. 1,54; 1Mac. 6,7; Psa. 87,9; Wis. 14,11; Sir. 10,13; Sir. 15,13; Sir. 17,26; Is. 41,24; Is. 44,19; Jer. 2,7; Jer. 11,15; Jer. 39,35; Dan. 9,27; Dan. 11,31; Dan. 11,31; Dan. 12,11; Matt. 24,15; Mark 13,14; Rev. 21,27)
    Noun · neuter · singular · nominative · (common) ▸ 31 + 1 + 1 = **33** (Gen. 43,32; Gen. 46,34; Lev. 11,12; Lev. 11,41; Lev. 11,42; Lev. 18,22; Deut. 7,25; Deut. 13,15; Deut. 17,1; Deut. 17,4; Deut. 18,12; Deut. 23,19; Deut. 25,16; Prov. 11,1; Prov. 11,20; Prov. 12,22; Prov. 15,8; Prov. 15,9; Prov. 15,26; Prov. 16,12; Prov. 20,23; Prov. 21,27; Prov. 27,20a; Prov. 29,27; Prov. 29,27; Sir. 1,25; Sir. 13,20; Sir. 13,20; Sir. 19,23; Mal. 2,11; Dan. 12,11; Dan. 9,27; Luke 16,15)
  βδέλυγμά ▸ 5
    Noun · neuter · singular · accusative · (common) ▸ **1** (Deut. 24,4)
    Noun · neuter · singular · nominative · (common) ▸ **4** (Lev. 11,10; Lev. 11,13; Lev. 11,23; Is. 1,13)
  βδελύγμασιν ▸ 5
    Noun · neuter · plural · dative · (common) ▸ **5** (Deut. 32,16; Ode. 2,16; Ezek. 6,9; Ezek. 6,11; Ezek. 36,31)
  βδελύγμασίν ▸ 1
    Noun · neuter · plural · dative · (common) ▸ **1** (Ezek. 5,11)
  βδελύγματα ▸ 31
    Noun · neuter · plural · accusative · (common) ▸ **28** (Ex. 8,22; Ex. 8,22; Lev. 18,27; Deut. 12,31; Deut. 18,9; Deut. 20,18; Deut. 29,16; 2Kings 16,3; 2Kings 17,32; 2Kings 21,2; 2Kings 21,11; 2Chr. 15,8; 2Chr. 28,3; 2Chr. 34,33; Ode. 12,10; Sir. 49,2; Zech. 9,7; Is. 2,20; Is. 17,8; Is. 66,3; Is. 66,17; Jer. 4,1; Jer. 7,10; Jer. 7,30; Ezek. 11,18; Ezek. 20,7; Ezek. 20,8; Ezek. 33,29)
    Noun · neuter · plural · nominative · (common) ▸ **3** (Lev. 11,11; Sir. 27,30; Ezek. 8,10)
  βδελύγματά ▸ 7
    Noun · neuter · plural · accusative · (common) ▸ **5** (Jer. 13,27; Ezek. 5,9; Ezek. 7,5; Ezek. 7,6; Ezek. 7,7)
    Noun · neuter · plural · nominative · (common) ▸ **2** (Lev. 11,20; Ezek. 7,8)
  βδελύγματι ▸ 4
    Noun · neuter · singular · dative · (common) ▸ **4** (Deut. 7,26; 1Kings 11,6; 1Kings 11,33; 2Kings 23,13)
  βδελύγματος ▸ 1
    Noun · neuter · singular · genitive · (common) ▸ **1** (Lev. 7,21)
  βδελυγμάτων ▸ 16 + 2 = 18
    Noun · neuter · plural · genitive · (common) ▸ 16 + 2 = **18** (Lev. 5,2; Lev. 18,26; Lev. 18,29; Deut. 18,12; 1Kings 14,24; 1Kings 20,26; 2Chr. 33,2; 2Chr. 36,14; 1Esdr. 7,13; Wis. 12,23; Is. 2,8; Jer. 16,18; Jer. 51,22; Ezek. 7,20; Ezek. 11,21; Ezek. 20,30; Rev. 17,4; Rev. 17,5)

βδελυγμός (βδελύσσω) abomination ▸ 2
  βδελυγμὸν ▸ 1
    Noun · masculine · singular · accusative · (common) ▸ **1** (Nah. 3,6)
  βδελυγμὸς ▸ 1
    Noun · neuter · singular · accusative · (common) ▸ **1** (1Sam. 25,31)

βδελυκτός (βδελύσσω) detestable, abominable ▸ 2

+ 1 = 3
- **βδελυκτοί** ▸ 1
  - **Adjective** · masculine · plural · nominative · (verbal) ▸ **1** (Titus 1,16)
- **βδελυκτὸς** ▸ 1
  - **Adjective** · masculine · singular · nominative · noDegree ▸ **1** (Prov. 17,15)
- **βδελυκτοὺς** ▸ 1
  - **Adjective** · masculine · plural · accusative · noDegree ▸ **1** (2Mac. 1,27)

βδελυρός (βδελύσσω)   detestable, repulsive ▸ 1
- **βδελυρὰ** ▸ 1
  - **Adjective** · neuter · plural · nominative · noDegree ▸ **1** (Sir. 41,5)

βδελύσσομαι (βδελύσσω)   to feel nausea, be sick; be loathsome ▸ 2
- **βδελυσσόμενος** ▸ 1
  - **Verb** · present · middle · participle · masculine · singular · vocative · (variant) ▸ **1** (Rom. 2,22)
- **ἐβδελυγμένοις** ▸ 1
  - **Verb** · perfect · passive · participle · masculine · plural · dative · (variant) ▸ **1** (Rev. 21,8)

βδελύσσω   to make detestable ▸ 50
- **βδελύξαι** ▸ 1
  - **Verb** · aorist · active · infinitive ▸ **1** (1Mac. 1,48)
- **βδελύξεσθε** ▸ 2
  - **Verb** · second · plural · future · middle · indicative ▸ **2** (Lev. 11,11; Lev. 11,13)
- **βδελύξεται** ▸ 1
  - **Verb** · third · singular · future · middle · indicative ▸ **1** (Lev. 26,11)
- **βδελύξετε** ▸ 1
  - **Verb** · second · plural · future · active · indicative ▸ **1** (Lev. 20,25)
- **βδελύξῃ** ▸ 4
  - **Verb** · second · singular · aorist · active · subjunctive ▸ **1** (Sir. 11,2)
  - **Verb** · second · singular · future · middle · indicative ▸ **3** (Deut. 7,26; Deut. 23,8; Deut. 23,8)
- **βδελύξητε** ▸ 1
  - **Verb** · second · plural · aorist · active · subjunctive ▸ **1** (Lev. 11,43)
- **βδελύσσεται** ▸ 1
  - **Verb** · third · singular · present · middle · indicative ▸ **1** (Psa. 5,7)
- **βδελύσσῃ** ▸ 1
  - **Verb** · second · singular · present · middle · indicative ▸ **1** (Wis. 11,24)
- **βδελύσσομαι** ▸ 4
  - **Verb** · first · singular · present · middle · indicative ▸ **4** (Esth. 14,15 # 4,17u; Esth. 14,16 # 4,17w; Esth. 14,16 # 4,17w; Amos 6,8)
- **βδελυσσόμενοι** ▸ 1
  - **Verb** · present · middle · participle · masculine · plural · nominative ▸ **1** (Mic. 3,9)
- **βδελυσσομένοις** ▸ 1
  - **Verb** · present · middle · participle · masculine · plural · dative ▸ **1** (Is. 66,5)
- **βδελυσσόμενον** ▸ 1
  - **Verb** · present · passive · participle · masculine · singular · accusative ▸ **1** (Is. 49,7)
- **βδελυσσόμενος** ▸ 1
  - **Verb** · present · passive · participle · masculine · singular · nominative ▸ **1** (2Mac. 5,8)
- **βδελύσσονται** ▸ 1
  - **Verb** · third · plural · present · middle · indicative ▸ **1** (3Mac. 3,23)
- **βδελύττῃ** ▸ 1
  - **Verb** · second · singular · present · middle · subjunctive ▸ **1** (4Mac. 5,8)
- **βδελυχθήσεται** ▸ 1
  - **Verb** · third · singular · future · passive · indicative ▸ **1** (Sir. 20,8)
- **ἐβδελυγμένα** ▸ 1
  - **Verb** · perfect · passive · participle · neuter · plural · nominative ▸ **1** (Prov. 8,7)
- **ἐβδελυγμένοι** ▸ 1
  - **Verb** · perfect · passive · participle · masculine · plural · nominative ▸ **1** (Hos. 9,10)
- **ἐβδελυγμένον** ▸ 1
  - **Verb** · perfect · passive · participle · masculine · singular · accusative ▸ **1** (Psa. 37,21)
- **ἐβδελυγμένος** ▸ 2
  - **Verb** · perfect · passive · participle · masculine · singular · nominative ▸ **2** (Job 15,16; Is. 14,19)
- **ἐβδελυγμένων** ▸ 2
  - **Verb** · perfect · passive · participle · neuter · plural · genitive ▸ **2** (Lev. 18,30; 3Mac. 6,9)
- **ἐβδέλυκται** ▸ 1
  - **Verb** · third · singular · perfect · middle · indicative ▸ **1** (Prov. 28,9)
- **ἐβδελυξάμεθα** ▸ 1
  - **Verb** · first · plural · aorist · middle · indicative ▸ **1** (Gen. 26,29)
- **ἐβδελυξάμην** ▸ 2
  - **Verb** · first · singular · aorist · middle · indicative ▸ **2** (Lev. 20,23; Psa. 118,163)
- **ἐβδελύξαντο** ▸ 4
  - **Verb** · third · plural · aorist · middle · indicative ▸ **4** (Judith 9,4; Job 19,19; Job 30,10; Amos 5,10)
- **ἐβδελύξατε** ▸ 1
  - **Verb** · second · plural · aorist · active · indicative ▸ **1** (Ex. 5,21)
- **ἐβδελύξατο** ▸ 5
  - **Verb** · third · singular · aorist · middle · indicative ▸ **5** (Psa. 105,40; Psa. 106,18; Job 9,31; Sir. 16,8; Sol. 2,9)
- **ἐβδελύσσοντο** ▸ 3
  - **Verb** · third · plural · imperfect · middle · indicative ▸ **3** (Ex. 1,12; 3Mac. 2,33; Psa. 55,6)
- **ἐβδελύχθη** ▸ 1
  - **Verb** · third · singular · aorist · passive · indicative ▸ **1** (1Kings 20,26)
- **ἐβδελύχθησαν** ▸ 2
  - **Verb** · third · plural · aorist · passive · indicative ▸ **2** (Psa. 13,1; Psa. 52,2)

βέβαιος (βαίνω)   sure, firm, certain ▸ 5 + 8 = 13
- **βεβαία** ▸ 2
  - **Adjective** · feminine · singular · nominative ▸ **2** (2Cor. 1,7; Heb. 9,17)
- **βεβαίᾳ** ▸ 1
  - **Adjective** · feminine · singular · dative · noDegree ▸ **1** (Esth. 13,3 # 3,13c)
- **βεβαίαν** ▸ 3 + 4 = 7
  - **Adjective** · feminine · singular · accusative · noDegree ▸ 3 + 4 = **7** (3Mac. 5,31; 3Mac. 7,7; 4Mac. 17,4; Rom. 4,16; Heb. 3,14; Heb. 6,19; 2Pet. 1,10)

βέβαιον ▸ 1
  Adjective · neuter · singular · nominative · noDegree ▸ **1** (Wis. 7,23)
βέβαιος ▸ 1
  Adjective · masculine · singular · nominative ▸ **1** (Heb. 2,2)
βεβαιότερον ▸ 1
  Adjective · masculine · singular · accusative · comparative ▸ **1** (2Pet. 1,19)

βεβαιόω (βαίνω) to confirm ▸ 2 + 8 = 10
  βεβαιούμενοι ▸ 1
    Verb · present · passive · participle · masculine · plural · nominative · (variant) ▸ **1** (Col. 2,7)
  βεβαιοῦντος ▸ 1
    Verb · present · active · participle · masculine · singular · genitive ▸ **1** (Mark 16,20)
  βεβαιοῦσθαι ▸ 1
    Verb · present · passive · infinitive · (variant) ▸ **1** (Heb. 13,9)
  βεβαιῶν ▸ 1
    Verb · present · active · participle · masculine · singular · nominative ▸ **1** (2Cor. 1,21)
  βεβαιῶσαι ▸ 1
    Verb · aorist · active · infinitive ▸ **1** (Rom. 15,8)
  βεβαιώσει ▸ 1
    Verb · third · singular · future · active · indicative ▸ **1** (1Cor. 1,8)
  βεβαίωσόν ▸ 1
    Verb · second · singular · aorist · active · imperative ▸ **1** (Psa. 118,28)
  ἐβεβαιώθη ▸ 2
    Verb · third · singular · aorist · passive · indicative ▸ **2** (1Cor. 1,6; Heb. 2,3)
  ἐβεβαίωσάς ▸ 1
    Verb · second · singular · aorist · active · indicative ▸ **1** (Psa. 40,13)

βεβαίως (βαίνω) firmly ▸ 2
  βεβαίως ▸ 2
    Adverb ▸ **2** (Lev. 25,30; 3Mac. 5,42)

βεβαίωσις (βαίνω) confirmation ▸ 2 + 2 = 4
  βεβαιώσει ▸ 1
    Noun · feminine · singular · dative ▸ **1** (Phil. 1,7)
  βεβαίωσιν ▸ 1 + 1 = 2
    Noun · feminine · singular · accusative · (common) ▸ **1 + 1 = 2** (Lev. 25,23; Heb. 6,16)
  βεβαίωσις ▸ 1
    Noun · feminine · singular · nominative · (common) ▸ **1** (Wis. 6,18)

βέβηλος (βαίνω) vile, profane ▸ 15 + 5 = 20
  βέβηλα ▸ 1
    Adjective · neuter · plural · nominative · noDegree ▸ **1** (Sol. 8,12)
  βέβηλε ▸ 2
    Adjective · masculine · singular · vocative · noDegree ▸ **1** (Ezek. 21,30)
    Adjective · neuter · singular · vocative · noDegree ▸ **1** (Sol. 4,1)
  βέβηλοι ▸ 2
    Adjective · feminine · plural · nominative · noDegree ▸ **1** (Sol. 2,13)
    Adjective · masculine · plural · nominative · noDegree ▸ **1** (1Sam. 21,5)
  βεβήλοις ▸ 1 + 1 = 2
    Adjective · feminine · plural · dative · noDegree ▸ **1 + 1 = 2** (2Mac. 5,16; 1Tim. 1,9)
  βέβηλος ▸ 2 + 1 = 3
    Adjective · feminine · singular · nominative · noDegree ▸ **1** (1Sam. 21,6)
    Adjective · masculine · singular · nominative · noDegree ▸ **1 + 1 = 2** (3Mac. 2,14; Heb. 12,16)
  βεβήλου ▸ 3
    Adjective · masculine · singular · genitive · noDegree ▸ **1** (3Mac. 2,2)
    Adjective · neuter · singular · genitive · noDegree ▸ **2** (Ezek. 22,26; Ezek. 44,23)
  βεβήλους ▸ 1 + 3 = 4
    Adjective · feminine · plural · accusative ▸ **2** (1Tim. 6,20; 2Tim. 2,16)
    Adjective · masculine · plural · accusative · noDegree ▸ **1 + 1 = 2** (3Mac. 7,15; 1Tim. 4,7)
  βεβήλῳ ▸ 1
    Adjective · neuter · singular · dative · noDegree ▸ **1** (3Mac. 4,16)
  βεβήλων ▸ 2
    Adjective · masculine · plural · genitive · noDegree ▸ **1** (Sol. 17,45)
    Adjective · neuter · plural · genitive · noDegree ▸ **1** (Lev. 10,10)

βεβηλόω (βαίνω) to desecrate, profane ▸ 86 + 1 + 2 = 89
  βεβηλοῖ ▸ 1
    Verb · third · singular · present · active · indicative ▸ **1** (Lev. 21,9)
  βεβηλοῦν ▸ 3
    Verb · present · active · infinitive ▸ **3** (Is. 56,2; Is. 56,6; Ezek. 23,39)
  βεβηλοῦνται ▸ 1
    Verb · third · plural · present · passive · indicative ▸ **1** (Psa. 9,26)
  βεβηλοῦσιν ▸ 1 + 1 = 2
    Verb · third · plural · present · active · indicative ▸ **1 + 1 = 2** (Zeph. 3,4; Matt. 12,5)
  βεβηλοῦται ▸ 1
    Verb · third · singular · present · passive · indicative ▸ **1** (Is. 48,11)
  βεβηλοῦτε ▸ 2
    Verb · second · plural · present · active · indicative ▸ **2** (Neh. 13,17; Mal. 1,12)
  βεβηλῶ ▸ 1
    Verb · first · singular · present · active · indicative ▸ **1** (Ezek. 24,21)
  βεβηλωθὲν ▸ 1
    Verb · aorist · passive · participle · neuter · singular · accusative ▸ **1** (Ezek. 36,23)
  βεβηλωθέντα ▸ 1
    Verb · aorist · passive · participle · masculine · singular · accusative ▸ **1** (2Mac. 8,2)
  βεβηλωθῇ ▸ 6
    Verb · third · singular · aorist · passive · subjunctive ▸ **6** (Lev. 21,9; Sir. 42,10; Ezek. 20,9; Ezek. 20,14; Ezek. 20,22; Ezek. 20,44)
  βεβηλωθήσεται ▸ 1
    Verb · third · singular · future · passive · indicative ▸ **1** (Ezek. 39,7)
  βεβηλωμένην ▸ 2
    Verb · perfect · passive · participle · feminine · singular · accusative ▸ **2** (Lev. 21,7; Lev. 21,14)
  βεβηλωμένον ▸ 1
    Verb · present · passive · participle · neuter · singular · accusative ▸ **1** (1Mac. 4,38)
  βεβηλωμένου ▸ 1

Verb · present · passive · participle · neuter · singular · genitive ▸ **1** (1Mac. 4,44)
βεβηλῶν ▸ 1
   Verb · present · active · participle · masculine · singular · nominative ▸ **1** (Ex. 31,14)
βεβήλωνται ▸ 1
   Verb · third · plural · present · passive · subjunctive ▸ **1** (1Mac. 3,51)
βεβηλῶσαι ▸ 5 + 1 = 6
   Verb · aorist · active · infinitive ▸ **5 + 1 = 6** (Neh. 13,18; Judith 9,8; 1Mac. 1,45; 1Mac. 2,34; Mal. 2,10; Acts 24,6)
βεβηλώσει ▸ 4
   Verb · third · singular · future · active · indicative ▸ **4** (Lev. 21,12; Lev. 21,15; Lev. 21,23; Num. 30,3)
βεβηλώσεις ▸ 2
   Verb · second · singular · future · active · indicative ▸ **2** (Lev. 18,21; Lev. 19,29)
βεβηλώσετε ▸ 4
   Verb · second · plural · future · active · indicative ▸ **4** (Lev. 19,12; Lev. 22,32; Num. 18,32; Ezek. 20,39)
βεβηλώσῃ ▸ 1
   Verb · third · singular · aorist · active · subjunctive ▸ **1** (Lev. 20,3)
βεβηλώσουσιν ▸ 7 + 1 = 8
   Verb · third · plural · future · active · indicative ▸ **7 + 1 = 8** (Lev. 21,6; Lev. 22,2; Lev. 22,15; Psa. 88,32; Ezek. 7,21; Ezek. 7,22; Ezek. 43,7; Dan. 11,31)
βεβηλώσω ▸ 1
   Verb · first · singular · aorist · active · subjunctive ▸ **1** (Psa. 88,35)
βεβηλώσωσιν ▸ 3
   Verb · third · plural · aorist · active · subjunctive ▸ **3** (Lev. 22,9; 1Mac. 1,63; Amos 2,7)
ἐβεβηλούμην ▸ 1
   Verb · first · singular · imperfect · passive · indicative ▸ **1** (Ezek. 22,26)
ἐβεβήλουν ▸ 8
   Verb · third · plural · imperfect · active · indicative ▸ **8** (Ezek. 13,19; Ezek. 20,16; Ezek. 20,21; Ezek. 20,24; Ezek. 22,8; Ezek. 22,26; Ezek. 23,38; Ezek. 44,7)
ἐβεβηλοῦσαν ▸ 1
   Verb · third · plural · imperfect · active · indicative ▸ **1** (Sol. 2,3)
ἐβεβηλώθη ▸ 3
   Verb · third · singular · aorist · passive · indicative ▸ **3** (Num. 25,1; 2Mac. 10,5; Ezek. 25,3)
ἐβεβήλωσαν ▸ 12
   Verb · third · plural · aorist · active · indicative ▸ **12** (Judith 9,2; 1Mac. 1,43; 1Mac. 2,12; 1Mac. 4,54; Psa. 54,21; Psa. 73,7; Sol. 1,8; Jer. 16,18; Ezek. 20,13; Ezek. 36,20; Ezek. 36,21; Ezek. 43,8)
ἐβεβήλωσας ▸ 3
   Verb · second · singular · aorist · active · indicative ▸ **3** (Psa. 88,40; Sir. 47,20; Ezek. 28,18)
ἐβεβηλώσατε ▸ 3
   Verb · second · plural · aorist · active · indicative ▸ **3** (Jer. 41,16; Ezek. 36,22; Ezek. 36,23)
ἐβεβήλωσεν ▸ 3
   Verb · third · singular · aorist · active · indicative ▸ **3** (Lev. 19,8; Mal. 2,11; Lam. 2,2)

βεβήλωσις (βαίνω) desecration, profanation ▸ 9
   βεβηλώσει ▸ 4
      Noun · feminine · singular · dative · (common) ▸ **4** (1Mac. 1,48; 3Mac. 2,17; Sol. 1,8; Sol. 8,21)
   βεβηλώσεως ▸ 2
      Noun · feminine · singular · genitive · (common) ▸ **2** (Judith 4,3; 3Mac. 1,29)
   βεβηλώσιν ▸ 3
      Noun · feminine · singular · accusative · (common) ▸ **3** (Lev. 21,4; Judith 4,12; Judith 8,21)

Βεγεθων Gibbethon ▸ 1
   Βεγεθων ▸ 1
      Noun · singular · nominative · (proper) ▸ **1** (Josh. 19,44)

βεδεκ (Hebr.) damage ▸ 9
   βεδεκ ▸ 9
      Noun ▸ **9** (2Kings 12,6; 2Kings 12,6; 2Kings 12,7; 2Kings 12,8; 2Kings 12,8; 2Kings 12,9; 2Kings 12,13; 2Kings 22,5; 2Kings 22,6)

Βεελαμων Baal Hamon ▸ 1
   Βεελαμων ▸ 1
      Noun · singular · dative · (proper) ▸ **1** (Song 8,11)

Βεελζεβούλ Beelzebub ▸ 7
   Βεελζεβούλ ▸ 7
      Noun · masculine · singular · accusative · (proper) ▸ **2** (Matt. 10,25; Mark 3,22)
      Noun · masculine · singular · dative · (proper) ▸ **5** (Matt. 12,24; Matt. 12,27; Luke 11,15; Luke 11,18; Luke 11,19)

Βεελιμ Beelim (?) ▸ 1
   Βεελιμ ▸ 1
      Noun · masculine · singular · dative · (proper) ▸ **1** (Ezek. 27,9)

Βεελμαων Baal Meon ▸ 1
   Βεελμαων ▸ 1
      Noun · masculine · singular · accusative · (proper) ▸ **1** (1Chr. 5,8)

Βεελμεων Baal Meon ▸ 1
   Βεελμεων ▸ 1
      Noun · feminine · singular · accusative · (proper) ▸ **1** (Num. 32,38)

Βεελμων Baal Meon ▸ 1
   Βεελμων ▸ 1
      Noun · singular · genitive · (proper) ▸ **1** (Josh. 13,17)

Βεελσαρος Beelsarus ▸ 1
   Βεελσαρου ▸ 1
      Noun · masculine · singular · genitive · (proper) ▸ **1** (1Esdr. 5,8)

Βεελσεπφων Baal Zephon; Baalsephon ▸ 3
   Βεελσεπφων ▸ 3
      Noun · singular · (proper) ▸ **2** (Ex. 14,2; Ex. 14,9)
      Noun · singular · genitive · (proper) ▸ **1** (Num. 33,7)

Βεελτέεμος Beltethmus; Beelteemus ▸ 1
   Βεελτέεμος ▸ 1
      Noun · masculine · singular · nominative · (proper) ▸ **1** (1Esdr. 2,12)

Βεέλτεθμος Beltethmus ▸ 1
   Βεελτεέμῳ ▸ 1
      Noun · masculine · singular · dative · (proper) ▸ **1** (1Esdr. 2,19)

Βεελφεγωρ Baal Peor ▸ 6
   Βεελφεγωρ ▸ 6
      Noun · masculine · singular · accusative · (proper) ▸ **1** (Hos. 9,10)
      Noun · masculine · singular · dative · (proper) ▸ **4** (Num. 25,3; Num. 25,5; Deut. 4,3; Psa. 105,28)
      Noun · masculine · singular · genitive · (proper) ▸ **1** (Deut. 4,3)

Βεερμι Baharumite ▸ 1
   Βεερμι ▸ 1
      Noun · masculine · singular · nominative · (proper) ▸ **1** (1Chr. 11,33)

Βεζεκ Bezek ▸ 2 + 2 = 4
   Βεζεκ ▸ 2 + 2 = 4

Noun · singular · dative · (proper) ▸ 2 + 1 = **3** (Judg. 1,4; Judg. 1,5; Judg. 1,4)
Noun · feminine · singular · dative · (proper) ▸ **1** (Judg. 1,5)

Βεηρ Beeri; Beer ▸ 1
  Βεηρ ▸ 1
    Noun · masculine · singular · genitive · (proper) ▸ **1** (Gen. 26,34)

Βεηρα Beerah ▸ 2
  Βεηρα ▸ 2
    Noun · masculine · singular · nominative · (proper) ▸ **2** (1Chr. 5,6; 1Chr. 7,37)

Βεηρι Beeri ▸ 1
  Βεηρι ▸ 1
    Noun · masculine · singular · genitive · (proper) ▸ **1** (Hos. 1,1)

Βεηρσαβεε Beersheba ▸ 2
  Βεηρσαβεε ▸ 2
    Noun · masculine · singular · dative · (proper) ▸ **2** (Neh. 11,27; Neh. 11,30)

Βεηρωθα Beeroth ▸ 1
  Βεηρωθα ▸ 1
    Noun · feminine · singular · nominative · (proper) ▸ **1** (Josh. 18,25)

βεθ (Hebr.) bath (measure) ▸ 1
  βεθ ▸ 1
    Noun ▸ **1** (1Kings 5,25)

Βεκτιλεθ Bectileth ▸ 2
  Βεκτιλεθ ▸ 2
    Noun · singular · genitive · (proper) ▸ **2** (Judith 2,21; Judith 2,21)

Βελααν Bilhan ▸ 1
  Βελααν ▸ 1
    Noun · masculine · singular · genitive · (proper) ▸ **1** (1Kings 15,27)

Βελασωρ Baal Hazor ▸ 1
  Βελασωρ ▸ 1
    Noun · singular · dative · (proper) ▸ **1** (2Sam. 13,23)

Βελβαιμ Balbaim ▸ 1
  Βελβαιμ ▸ 1
    Noun · singular · genitive · (proper) ▸ **1** (Judith 7,3)

Βελγα Bilgah ▸ 1
  Βελγα ▸ 1
    Noun · masculine · singular · dative · (proper) ▸ **1** (1Chr. 24,14)

Βελγαι Bilgai ▸ 1
  Βελγαι ▸ 1
    Noun · masculine · singular · nominative · (proper) ▸ **1** (Neh. 10,9)

Βελιαλ Belial ▸ 1
  Βελιαλ ▸ 1
    Noun · singular · genitive · (proper) ▸ **1** (Judg. 20,13)

Βελιάρ Belial ▸ 1
  Βελιάρ ▸ 1
    Noun · masculine · singular · accusative · (proper) ▸ **1** (2Cor. 6,15)

Βελισα Baalis ▸ 1
  Βελισα ▸ 1
    Noun · masculine · singular · nominative · (proper) ▸ **1** (Jer. 47,14)

βελόνη (βάλλω) pin, point, needle ▸ 1
  βελόνης ▸ 1
    Noun · feminine · singular · genitive ▸ **1** (Luke 18,25)

βέλος (βάλλω) arrow ▸ 43 + 1 = 44
  βέλει ▸ 1
    Noun · neuter · singular · dative · (common) ▸ **1** (Job 39,22)
  βέλεσιν ▸ 3
    Noun · neuter · plural · dative · (common) ▸ **3** (2Chr. 26,15; Job 30,14; Joel 2,8)
  βέλη ▸ 22 + 1 = 23
    Noun · neuter · plural · accusative · (common) ▸ 15 + 1 = **16** (Deut. 32,23; Deut. 32,42; 2Sam. 18,14; 2Sam. 22,15; 2Kings 13,15; 2Kings 13,15; 1Mac. 6,51; Psa. 7,14; Psa. 10,2; Psa. 17,15; Psa. 56,5; Psa. 119,4; Psa. 143,6; Ode. 2,23; Ode. 2,42; Eph. 6,16)
    Noun · neuter · plural · nominative · (common) ▸ **7** (Psa. 37,3; Psa. 44,6; Psa. 76,18; Psa. 126,4; Job 6,4; Job 16,9; Is. 5,28)
  Βέλος ▸ 1
    Noun · masculine · singular · nominative · (common) ▸ **1** (2Kings 13,17)
  βέλος ▸ 10
    Noun · neuter · singular · accusative · (common) ▸ **5** (2Kings 9,24; 2Kings 19,32; Is. 37,33; Is. 49,2; Lam. 3,12)
    Noun · neuter · singular · nominative · (common) ▸ **5** (2Kings 13,17; Psa. 63,8; Job 20,25; Job 34,6; Sir. 19,12)
  βέλους ▸ 4
    Noun · neuter · singular · genitive · (common) ▸ **4** (Psa. 90,5; Wis. 5,12; Sir. 26,12; Is. 7,24)
  βελῶν ▸ 2
    Noun · neuter · plural · genitive · (common) ▸ **2** (2Mac. 5,3; 2Mac. 12,27)

βελόστασις (βάλλω; ἵστημι) war implement ▸ 6
  βελοστάσεις ▸ 5
    Noun · feminine · plural · accusative · (common) ▸ **5** (1Mac. 6,20; 1Mac. 6,51; Jer. 28,27; Ezek. 4,2; Ezek. 21,27)
  βελοστάσεων ▸ 1
    Noun · feminine · plural · genitive · (common) ▸ **1** (Ezek. 17,17)

Βελσαττιμ Abel Shittim ▸ 1
  Βελσαττιμ ▸ 1
    Noun · singular · genitive · (proper) ▸ **1** (Num. 33,49)

Βεναμιουδ Ammihud ▸ 1
  Βεναμιουδ ▸ 1
    Noun · masculine · singular · genitive · (proper) ▸ **1** (Num. 34,28)

Βενι Binnui ▸ 1
  Βενι ▸ 1
    Noun · masculine · singular · nominative · (proper) ▸ **1** (Neh. 3,18)

Βενιαμιν Benjamin ▸ 179 + 47 = 226
  Βενιαμιν ▸ 179 + 47 = 226
    Noun · feminine · singular · genitive · (proper) ▸ **1** (Judg. 20,4)
    Noun · masculine · singular · accusative · (proper) ▸ 19 + 5 = **24** (Gen. 35,18; Gen. 42,4; Gen. 42,36; Gen. 43,14; Gen. 43,15; Gen. 43,16; Gen. 43,29; Judg. 20,24; Judg. 20,30; Judg. 20,35; Judg. 20,43; Judg. 21,13; 2Sam. 2,9; 1Chr. 21,6; 2Chr. 11,1; 2Chr. 11,3; 2Chr. 15,9; Ezra 4,1; Obad. 19; Judg. 10,9; Judg. 20,20; Judg. 20,35; Judg. 20,43; Judg. 21,6)
    Noun · masculine · singular · dative · (proper) ▸ 17 + 6 = **23** (Gen. 45,22; Deut. 33,12; Judg. 10,9; Judg. 20,35; Judg. 20,36; Judg. 20,46; Judg. 21,1; Judg. 21,15; Judg. 21,17; Judg. 21,18; 2Sam. 3,19; 1Kings 4,17; 2Chr. 15,2; 2Chr. 34,32; Ezra 1,5; Neh. 11,36; Neh. 12,17; Judg. 19,14; Judg. 20,36; Judg. 21,1; Judg. 21,15; Judg. 21,17; Judg. 21,18)
    Noun · masculine · singular · genitive · (proper) ▸ 118 + 32 = **150** (Gen. 43,34; Gen. 44,12; Gen. 45,12; Gen. 45,14; Gen. 46,21; Num. 1,11; Num. 1,34; Num. 1,35; Num. 2,22; Num. 2,22; Num. 7,60; Num. 10,24; Num. 13,9; Num. 26,42; Num. 26,45; Num. 34,21; Josh. 18,11; Josh. 18,20; Josh. 18,21; Josh. 18,28; Josh. 21,4; Josh. 21,9; Josh. 21,17; Judg. 1,21; Judg. 1,21; Judg. 19,14; Judg. 19,16; Judg. 20,3; Judg. 20,10; Judg. 20,12;

Judg. 20,13; Judg. 20,14; Judg. 20,15; Judg. 20,17; Judg. 20,18; Judg. 20,20; Judg. 20,21; Judg. 20,23; Judg. 20,28; Judg. 20,31; Judg. 20,32; Judg. 20,41; Judg. 20,44; Judg. 20,48; Judg. 21,6; Judg. 21,16; Judg. 21,20; Judg. 21,21; Judg. 21,23; 1Sam. 9,1; 1Sam. 9,16; 1Sam. 9,21; 1Sam. 10,2; 1Sam. 10,20; 1Sam. 10,21; 1Sam. 13,2; 1Sam. 13,15; 1Sam. 13,16; 1Sam. 14,16; 1Sam. 22,7; 2Sam. 2,15; 2Sam. 2,25; 2Sam. 2,31; 2Sam. 3,19; 2Sam. 4,2; 2Sam. 4,2; 2Sam. 19,18; 2Sam. 21,14; 2Sam. 23,29; 1Kings 12,20; 1Kings 12,21; 1Kings 12,23; 1Kings 12,24u; 1Kings 12,24x; 1Kings 12,24y; 1Kings 15,22; 1Chr. 6,45; 1Chr. 8,40; 1Chr. 9,3; 1Chr. 9,7; 1Chr. 12,2; 1Chr. 12,17; 1Chr. 12,30; 1Chr. 27,12; 1Chr. 27,21; 2Chr. 11,10; 2Chr. 11,23; 2Chr. 14,7; 2Chr. 15,8; 2Chr. 17,17; 2Chr. 31,1; 2Chr. 31,15; 2Chr. 34,9; 1Esdr. 2,5; 1Esdr. 5,63; 1Esdr. 9,5; Ezra 10,9; Neh. 11,4; Neh. 11,7; Neh. 11,31; Esth. 11,2 # 1,1a; Esth. 2,5; 2Mac. 3,4; Psa. 79,3; Zech. 14,10; Jer. 1,1; Jer. 6,1; Jer. 17,26; Jer. 39,8; Jer. 39,44; Jer. 40,13; Jer. 44,12; Jer. 44,13; Jer. 45,7; Ezek. 48,22; Ezek. 48,23; Ezek. 48,24; Ezek. 48,32; Judg. 1,21; Judg. 1,21; Judg. 19,16; Judg. 20,3; Judg. 20,4; Judg. 20,10; Judg. 20,12; Judg. 20,13; Judg. 20,14; Judg. 20,15; Judg. 20,17; Judg. 20,18; Judg. 20,21; Judg. 20,23; Judg. 20,24; Judg. 20,25; Judg. 20,28; Judg. 20,30; Judg. 20,31; Judg. 20,32; Judg. 20,35; Judg. 20,36; Judg. 20,39; Judg. 20,41; Judg. 20,44; Judg. 20,46; Judg. 20,48; Judg. 21,13; Judg. 21,16; Judg. 21,20; Judg. 21,21; Judg. 21,23)

Noun · masculine · singular · nominative · (proper) ▸ **22 + 3 = 25** (Gen. 35,24; Gen. 45,14; Gen. 46,19; Gen. 49,27; Ex. 1,3; Deut. 27,12; Judg. 20,25; Judg. 20,36; Judg. 20,39; Judg. 20,40; Judg. 21,14; 1Chr. 2,2; 1Chr. 7,10; 1Chr. 8,1; 1Chr. 11,31; 2Chr. 11,12; Ezra 10,32; Neh. 3,23; Neh. 12,34; Neh. 12,41; Psa. 67,28; Hos. 5,8; Josh. 18,28; Judg. 20,40; Judg. 21,14)

Noun · masculine · singular · vocative · (proper) ▸ **2 + 1 = 3** (Judg. 5,14; 2Chr. 15,2; Judg. 5,14)

Βενιαμίν Benjamin ▸ **1 + 4 = 5**
 Βενιαμιν ▸ **1**
  Noun · masculine · singular · genitive · (proper) ▸ **1** (1Chr. 7,6)
 Βενιαμίν ▸ **1**
  Noun · masculine · singular · genitive · (proper) ▸ **1** (Rev. 7,8)
 Βενιαμίν ▸ **3**
  Noun · masculine · singular · genitive · (proper) ▸ **3** (Acts 13,21; Rom. 11,1; Phil. 3,5)

Βενναιας Bennaias; (Hebr.) sons of ▸ **1**
 Βενναιας ▸ **1**
  Noun · masculine · singular · nominative · (proper) ▸ **1** (1Chr. 11,34)

Βενωρ Ben-Hur ▸ **1**
 Βενωρ ▸ **1**
  Noun · masculine · singular · nominative · (proper) ▸ **1** (1Kings 4,8)

Βερεα Berea ▸ **1**
 Βερεαν ▸ **1**
  Noun · feminine · singular · accusative · (proper) ▸ **1** (1Mac. 9,4)

Βερζαιθ Birzaith ▸ **1**
 Βερζαιθ ▸ **1**
  Noun · masculine · singular · genitive · (proper) ▸ **1** (1Chr. 7,31)

Βερζελλαι Barzillai, Berzellai ▸ **2**
 Βερζελλαι ▸ **2**
  Noun · masculine · singular · genitive · (proper) ▸ **2** (Ezra 2,61; Ezra 2,61)

Βερζελλι Barzillai ▸ **10**
 Βερζελλι ▸ **10**
  Noun · masculine · singular · accusative · (proper) ▸ **2** (2Sam. 19,34; 2Sam. 19,40)

  Noun · masculine · singular · genitive · (proper) ▸ **4** (2Sam. 21,8; 1Kings 2,7; Neh. 7,63; Neh. 7,63)
  Noun · masculine · singular · nominative · (proper) ▸ **4** (2Sam. 17,27; 2Sam. 19,32; 2Sam. 19,33; 2Sam. 19,35)

Βερθι Berothite ▸ **1**
 Βερθι ▸ **1**
  Noun · masculine · singular · nominative · (proper) ▸ **1** (1Chr. 11,39)

Βερια Beriah ▸ **2**
 Βερια ▸ **2**
  Noun · masculine · singular · nominative · (proper) ▸ **2** (1Chr. 23,10; 1Chr. 23,11)

Βεριγα Beriah; Beraiah ▸ **3**
 Βεριγα ▸ **3**
  Noun · masculine · singular · genitive · (proper) ▸ **1** (1Chr. 7,31)
  Noun · masculine · singular · nominative · (proper) ▸ **2** (1Chr. 7,30; 1Chr. 8,13)

Βερνίκη Bernice ▸ **3**
 Βερνίκη ▸ **2**
  Noun · feminine · singular · nominative · (proper) ▸ **2** (Acts 25,13; Acts 26,30)
 Βερνίκης ▸ **1**
  Noun · feminine · singular · genitive · (proper) ▸ **1** (Acts 25,23)

Βέροια Berea ▸ **1 + 2 = 3**
 Βεροία ▸ **1**
  Noun · feminine · singular · dative · (proper) ▸ **1** (Acts 17,13)
 Βέροιαν ▸ **1 + 1 = 2**
  Noun · feminine · singular · accusative · (proper) ▸ **1 + 1 = 2** (2Mac. 13,4; Acts 17,10)

Βεροιαῖος Berean ▸ **1**
 Βεροιαῖος ▸ **1**
  Adjective · masculine · singular · nominative · (proper) ▸ **1** (Acts 20,4)

βερσεχθαν (Hebr.) in a bag? ▸ **1**
 βερσεχθαν ▸ **1**
  Noun · singular · accusative · (common) ▸ **1** (1Sam. 6,8)

Βερχια Beracah ▸ **1**
 Βερχια ▸ **1**
  Noun · masculine · singular · nominative · (proper) ▸ **1** (1Chr. 12,3)

Βεσελεηλ Bezalel, Beseleel ▸ **8**
 Βεσελεηλ ▸ **8**
  Noun · masculine · singular · accusative · (proper) ▸ **4** (Ex. 31,2; Ex. 35,30; Ex. 36,2; 1Chr. 2,20)
  Noun · masculine · singular · nominative · (proper) ▸ **4** (Ex. 36,1; Ex. 37,20; Ex. 38,1; 2Chr. 1,5)

Βεσεληλ Bezalel ▸ **1**
 Βεσεληλ ▸ **1**
  Noun · masculine · singular · nominative · (proper) ▸ **1** (Ezra 10,30)

Βεσεμιιν Zaanannim ▸ **1**
 Βεσεμιιν ▸ **1**
  Noun · singular · nominative · (proper) ▸ **1** (Josh. 19,33)

Βεσενανιμ Zaanannim ▸ **1**
 Βεσενανιμ ▸ **1**
  Noun · singular · nominative · (proper) ▸ **1** (Josh. 19,33)

Βεσι Bezai ▸ **1**
 Βεσι ▸ **1**
  Noun · masculine · singular · genitive · (proper) ▸ **1** (Neh. 7,23)

Βεσκασπασμυς Bescaspasmys ▸ **1**
 Βεσκασπασμυς ▸ **1**
  Noun · masculine · singular · nominative · (proper) ▸ **1** (1Esdr.

Βεσλεμος Bishlam ▸ 1
- Βεσλεμος ▸ 1
  - **Noun** · masculine · singular · nominative · (proper) ▸ 1 (1Esdr. 2,12)

Βεωρ Beor ▸ 11
- Βεωρ ▸ 11
  - **Noun** · masculine · singular · accusative · (proper) ▸ 1 (Num. 31,8)
  - **Noun** · masculine · singular · dative · (proper) ▸ 1 (Num. 24,22)
  - **Noun** · masculine · singular · genitive · (proper) ▸ 9 (Gen. 36,32; Num. 22,5; Num. 24,3; Num. 24,15; Deut. 23,5; Josh. 13,22; 1Chr. 1,43; Job 42,17d; Mic. 6,5)

Βηβαι Bebai ▸ 5
- Βηβαι ▸ 5
  - **Noun** · singular · accusative · (proper) ▸ 1 (Judith 15,4)
  - **Noun** · masculine · singular · genitive · (proper) ▸ 3 (1Esdr. 5,13; 1Esdr. 8,37; 1Esdr. 9,29)
  - **Noun** · masculine · singular · nominative · (proper) ▸ 1 (Neh. 10,16)

Βηβι Bebai ▸ 1
- Βηβι ▸ 1
  - **Noun** · masculine · singular · genitive · (proper) ▸ 1 (Neh. 7,16)

βηθ (Hebr.) beth ▸ 1
- βηθ ▸ 1
  - **Noun** ▸ 1 (Psa. 118,9)

Βηθαγγαβαριμ (Hebr.) House of Heroes ▸ 1
- Βηθαγγαβαριμ ▸ 1
  - **Noun** · genitive · (proper) ▸ 1 (Neh. 3,16)

Βηθαγλα Beth Hoglah ▸ 1
- Βηθαγλα ▸ 1
  - **Noun** · singular · nominative · (proper) ▸ 1 (Josh. 18,21)

Βηθαζαρια (Hebr.) House of Arariah ▸ 1
- Βηθαζαρια ▸ 1
  - **Noun** · masculine · singular · genitive · (proper) ▸ 1 (Neh. 3,24)

Βηθαλαμιν Shaalbim ▸ 1
- Βηθαλαμιν ▸ 1
  - **Noun** · masculine · singular · nominative · (proper) ▸ 1 (1Kings 4,9)

Βηθαναθινιμ (Hebr.) House of temple servants ▸ 1
- Βηθαναθινιμ ▸ 1
  - **Noun** · masculine · singular · genitive · (proper) ▸ 1 (Neh. 3,31)

Βηθανία Bethany ▸ 12
- Βηθανία ▸ 1
  - **Noun** · feminine · singular · nominative · (proper) ▸ 1 (John 11,18)
- Βηθανία ▸ 3
  - **Noun** · feminine · singular · dative · (proper) ▸ 3 (Matt. 26,6; Mark 14,3; John 1,28)
- Βηθανίαν ▸ 6
  - **Noun** · feminine · singular · accusative · (proper) ▸ 6 (Matt. 21,17; Mark 11,1; Mark 11,11; Luke 19,29; Luke 24,50; John 12,1)
- Βηθανίας ▸ 2
  - **Noun** · feminine · singular · genitive · (proper) ▸ 2 (Mark 11,12; John 11,1)

Βηθαραβα Beth Arabah ▸ 1
- Βηθαραβα ▸ 1
  - **Noun** · singular · nominative · (proper) ▸ 1 (Josh. 15,61)

Βηθασμωθ Beth Azmaveth ▸ 1
- Βηθασμωθ ▸ 1
  - **Noun** · masculine · singular · genitive · (proper) ▸ 1 (Neh. 7,28)

Βηθαχαρμ Beth Hakkerem ▸ 1
- Βηθαχαρμ ▸ 1
  - **Noun** · masculine · singular · genitive · (proper) ▸ 1 (Neh. 3,14)

Βηθδαγων Beth Dagon ▸ 1 + 2 = 3
- Βηθδαγων ▸ 1 + 2 = 3
  - **Noun** · singular · accusative · (proper) ▸ 1 (1Mac. 10,83)
  - **Noun** · singular · dative · (proper) ▸ 1 (Josh. 19,27)
  - **Noun** · singular · nominative · (proper) ▸ 1 (Josh. 15,41)

Βηθελισουβ (Hebr.) House of Eliashib ▸ 3
- Βηθελισουβ ▸ 3
  - **Noun** · masculine · singular · genitive · (proper) ▸ 3 (Neh. 3,20; Neh. 3,21; Neh. 3,21)

Βηθζαθά Bethzatha ▸ 1
- Βηθζαθά ▸ 1
  - **Noun** · feminine · singular · nominative · (proper) ▸ 1 (John 5,2)

Βηθζαιθ Beth Zaith ▸ 1
- Βηθζαιθ ▸ 1
  - **Noun** · singular · dative · (proper) ▸ 1 (1Mac. 7,19)

Βηθηλ Bethel ▸ 1 + 1 = 2
- Βηθηλ ▸ 1 + 1 = 2
  - **Noun** · singular · genitive · (proper) ▸ 1 (Neh. 7,32)
  - **Noun** · singular · nominative · (proper) ▸ 1 (Josh. 18,22)

Βηθλεεμ Bethlehem ▸ 15 + 7 = 22
- Βηθλεεμ ▸ 15 + 7 = 22
  - **Noun** · singular · genitive · (proper) ▸ 1 (Judg. 19,18)
  - **Noun** · feminine · singular · accusative · (proper) ▸ 6 + 1 = 7 (Judg. 19,2; 1Sam. 16,1; 1Sam. 16,4; 1Sam. 20,6; 1Sam. 20,28; Jer. 48,17; Judg. 19,2)
  - **Noun** · feminine · singular · dative · (proper) ▸ 1 (Judg. 12,10)
  - **Noun** · feminine · singular · genitive · (proper) ▸ 6 + 4 = 10 (Judg. 17,7; Judg. 17,8; Judg. 17,9; Judg. 19,1; Judg. 19,18; Judg. 19,18; Judg. 17,7; Judg. 17,8; Judg. 19,1; Judg. 19,18)
  - **Noun** · feminine · singular · nominative · (proper) ▸ 1 + 1 = 2 (Gen. 35,19; Josh. 15,59a)
  - **Noun** · feminine · singular · vocative · (proper) ▸ 1 (Mic. 5,1)

Βηθλέεμ Bethlehem ▸ 8
- Βηθλέεμ ▸ 8
  - **Noun** · feminine · singular · accusative · (proper) ▸ 1 (Matt. 2,8)
  - **Noun** · feminine · singular · dative · (proper) ▸ 3 (Matt. 2,1; Matt. 2,5; Matt. 2,16)
  - **Noun** · feminine · singular · genitive · (proper) ▸ 2 (Luke 2,15; John 7,42)
  - **Noun** · feminine · singular · nominative · (proper) ▸ 1 (Luke 2,4)
  - **Noun** · feminine · singular · vocative · (proper) ▸ 1 (Matt. 2,6)

Βηθλεεμίτης Bethlehemite ▸ 1
- Βηθλεεμίτην ▸ 1
  - **Noun** · masculine · singular · accusative · (proper) ▸ 1 (1Sam. 16,18)

Βηθμααλλων Beth Millo ▸ 2
- Βηθμααλλων ▸ 2
  - **Noun** · singular · genitive · (proper) ▸ 2 (Judg. 9,20; Judg. 9,20)

Βηθμααλων Beth Millo ▸ 1
- Βηθμααλων ▸ 1
  - **Noun** · singular · genitive · (proper) ▸ 1 (Judg. 9,6)

Βηθσαϊδά Bethsaida ▸ 7
- Βηθσαϊδά ▸ 4
  - **Noun** · feminine · singular · accusative · (proper) ▸ 1 (Luke 9,10)
  - **Noun** · feminine · singular · genitive · (proper) ▸ 1 (John 1,44)
  - **Noun** · feminine · singular · vocative · (proper) ▸ 2 (Matt. 11,21; Luke 10,13)
- Βηθσαϊδά ▸ 1
  - **Noun** · feminine · singular · genitive · (proper) ▸ 1 (John 12,21)

Βηθσαϊδάν ▸ 2
    Noun · feminine · singular · accusative · (proper) ▸ **2** (Mark 6,45; Mark 8,22)

Βηθσεεδτα Beth Shittah ▸ 1
  Βηθσεεδτα ▸ 1
    Noun · singular · genitive · (proper) ▸ **1** (Judg. 7,22)

Βηθσουρ Beth Zur ▸ 1
  Βηθσουρ ▸ 1
    Noun · masculine · singular · genitive · (proper) ▸ **1** (Neh. 3,16)

Βηθφαγή Bethphage ▸ 3
  Βηθφαγή ▸ 3
    Noun · feminine · singular · accusative · (proper) ▸ **3** (Matt. 21,1; Mark 11,1; Luke 19,29)

Βηλ Bel ▸ 15 + 13 = 28
  Βηλ ▸ 15 + 13 = 28
    Noun · masculine · singular · accusative · (proper) ▸ 2 + 4 = **6** (Bel 22; Bel 28; Bel 6; Bel 8; Bel 22; Bel 28)
    Noun · masculine · singular · dative · (proper) ▸ 6 + 2 = **8** (Bel 5; Bel 8; Bel 9; Bel 11; Bel 15-17; Bel 21; Bel 5; Bel 13)
    Noun · masculine · singular · genitive · (proper) ▸ 2 + 4 = **6** (Bel 15-17; Bel 21; Bel 9; Bel 10; Bel 11; Bel 11)
    Noun · masculine · singular · nominative · (proper) ▸ 5 + 2 = **7** (Is. 46,1; Bel 3; Bel 8; Bel 9; Bel 18; Bel 3; Bel 8)
    Noun · masculine · singular · vocative · (proper) ▸ **1** (Bel 18)

Βηλα Ain (?) ▸ 1
  Βηλα ▸ 1
    Noun · singular · accusative · (proper) ▸ **1** (Num. 34,11)

Βήλιον Bel temple ▸ 1
  Βηλίου ▸ 1
    Noun · neuter · singular · genitive · (proper) ▸ **1** (Bel 22)

Βῆλος Belus; Bel ▸ 2
  Βῆλον ▸ 1
    Noun · masculine · singular · accusative · (proper) ▸ **1** (LetterJ 40)
  Βῆλος ▸ 1
    Noun · feminine · singular · nominative · (proper) ▸ **1** (Jer. 27,2)

βῆμα (βαίνω) step, platform, judgment seat ▸ 6 + 12 = 18
  βῆμα ▸ 2 + 2 = 4
    Noun · neuter · singular · accusative · (common) ▸ 2 + 2 = **4** (Deut. 2,5; 2Mac. 13,26; Acts 7,5; Acts 18,12)
  βήμασιν ▸ 1
    Noun · neuter · plural · dative · (common) ▸ **1** (Sir. 45,9)
  βήματα ▸ 1
    Noun · neuter · plural · nominative · (common) ▸ **1** (Sir. 19,30)
  βήματι ▸ 1
    Noun · neuter · singular · dative ▸ **1** (Rom. 14,10)
  βήματος ▸ 2 + 9 = 11
    Noun · neuter · singular · genitive · (common) ▸ 2 + 9 = **11** (1Esdr. 9,42; Neh. 8,4; Matt. 27,19; John 19,13; Acts 12,21; Acts 18,16; Acts 18,17; Acts 25,6; Acts 25,10; Acts 25,17; 2Cor. 5,10)

Βην-ιωναθας Ben-Jonathos ▸ 1
  Βην-ιωναθου ▸ 1
    Noun · masculine · singular · nominative · (proper) ▸ **1** (1Esdr. 8,32)

Βηρβηθνεμα (Hebr.) in Arubboth ▸ 1
  Βηρβηθνεμα ▸ 1
    Noun · masculine · singular · nominative · (proper) ▸ **1** (1Kings 4,10)

Βηροτ Beeroth ▸ 1
  Βηροτ ▸ 1
    Noun · masculine · singular · genitive · (proper) ▸ **1** (1Esdr. 5,19)

Βηρσαβεε Beersheba; Bathsheba ▸ 35 + 3 = 38
  Βηρσαβεε ▸ 35 + 3 = 38
    Noun · feminine · singular · accusative · (proper) ▸ **7** (2Sam. 12,24; 2Sam. 24,7; 1Kings 1,11; 1Kings 1,28; 1Kings 2,13; 1Kings 19,3; Psa. 50,2)
    Noun · feminine · singular · dative · (proper) ▸ **5** (1Sam. 8,2; 1Sam. 30,30; 1Kings 2,16; 1Chr. 3,5; 1Chr. 4,28)
    Noun · feminine · singular · genitive · (proper) ▸ 14 + 1 = **15** (Judg. 20,1; 1Sam. 3,20; 2Sam. 3,10; 2Sam. 6,19; 2Sam. 17,11; 2Sam. 24,2; 2Sam. 24,15; 1Kings 2,46g; 2Kings 12,2; 2Kings 23,8; 1Chr. 21,2; 2Chr. 19,4; 2Chr. 24,1; 2Chr. 30,5; Judg. 20,1)
    Noun · feminine · singular · nominative · (proper) ▸ 8 + 2 = **10** (Josh. 15,28; Josh. 19,2; 2Sam. 11,3; 1Kings 1,15; 1Kings 1,16; 1Kings 1,31; 1Kings 2,18; 1Kings 2,19; Josh. 15,28; Josh. 19,2)
    Noun · feminine · singular · vocative · (proper) ▸ **1** (Amos 8,14)

Βηρσαφης Beth Bazzez ▸ 1
  Βηρσαφης ▸ 1
    Noun · singular · nominative · (proper) ▸ **1** (Josh. 19,21)

βηρύλλιον (βήρυλλος) small beryl ▸ 3
  βηρύλλιον ▸ 3
    Noun · neuter · singular · accusative · (common) ▸ **1** (Ezek. 28,13)
    Noun · neuter · singular · nominative · (common) ▸ **2** (Ex. 28,20; Ex. 36,20)

βήρυλλος beryl ▸ 1 + 1 = 2
  βήρυλλος ▸ 1
    Noun · masculine · singular · nominative ▸ **1** (Rev. 21,20)
  βηρύλλῳ ▸ 1
    Noun · feminine · singular · dative · (common) ▸ **1** (Tob. 13,17)

Βηρωθ Beeroth; (Hebr.) wells ▸ 5 + 1 = 6
  Βηρωθ ▸ 5 + 1 = 6
    Noun · genitive · (proper) ▸ **1** (Deut. 10,6)
    Noun · singular · genitive · (proper) ▸ **1** (Ezra 2,25)
    Noun · singular · nominative · (proper) ▸ 2 + 1 = **3** (Josh. 9,17; 2Sam. 4,2; Josh. 18,25)
    Noun · masculine · singular · nominative · (proper) ▸ **1** (Neh. 7,29)

Βηρωθα Beerothah ▸ 1
  Βηρωθα ▸ 1
    Noun · singular · nominative · (proper) ▸ **1** (Ezek. 47,16)

Βηρωθαῖος Beerothite ▸ 5
  Βηρωθαῖοι ▸ 1
    Noun · masculine · plural · nominative · (proper) ▸ **1** (2Sam. 4,3)
  Βηρωθαῖος ▸ 1
    Noun · masculine · singular · nominative · (proper) ▸ **1** (2Sam. 23,37)
  Βηρωθαίου ▸ 3
    Noun · singular · genitive · (proper) ▸ **1** (2Sam. 4,2)
    Noun · masculine · singular · genitive · (proper) ▸ **2** (2Sam. 4,5; 2Sam. 4,9)

Βησανα Bethel ▸ 1
  Βησανα ▸ 1
    Noun · singular · nominative · (proper) ▸ **1** (Josh. 18,22)

Βησι Besai ▸ 2
  Βησι ▸ 2
    Noun · masculine · singular · genitive · (proper) ▸ **1** (Neh. 7,52)
    Noun · masculine · singular · nominative · (proper) ▸ **1** (Neh. 10,19)

βία violence ▸ 30 + 3 = 33
  βία ▸ 2
    Noun · feminine · singular · nominative · (common) ▸ **2** (4Mac.

βία ▸ 17
    Noun · feminine · singular · dative · (common) ▸ **17** (Ex. 1,13; 1Mac. 6,63; 3Mac. 2,28; 3Mac. 3,15; Ode. 4,6; Wis. 5,11; Wis. 17,17; Wis. 19,13; Sir. 20,4; Hab. 3,6; Is. 17,13; Is. 28,2; Is. 30,30; Is. 52,4; Is. 63,1; Ezek. 44,18; Dan. 11,17)
βίαν ▸ 3 + **1** = 4
    Noun · feminine · singular · accusative · (common) ▸ 3 + **1** = **4** (Neh. 5,14; 4Mac. 17,2; 4Mac. 17,9; Acts 21,35)
βίας ▸ 8 + **2** = 10
    Noun · feminine · plural · accusative · (common) ▸ **2** (Neh. 5,15; Wis. 7,20)
    Noun · feminine · singular · genitive · (common) ▸ 6 + **2** = **8** (Ex. 1,14; Ex. 14,25; Neh. 5,18; 3Mac. 4,7; Wis. 4,4; Sol. 17,5; Acts 5,26; Acts 27,41)

βιάζομαι (βία) to force, urge; to force, use violence ▸ 16
    βιαζέσθωσαν ▸ 1
        Verb · third · plural · present · middle · imperative ▸ **1** (Ex. 19,24)
    βιάζεται ▸ 1
        Verb · third · singular · present · middle · indicative ▸ **1** (4Mac. 2,8)
    βιάζῃ ▸ 1
        Verb · second · singular · present · middle · indicative ▸ **1** (Esth. 7,8)
    βιαζομένων ▸ 1
        Verb · present · middle · participle · masculine · plural · genitive ▸ **1** (2Mac. 14,41)
    βιάζου ▸ 1
        Verb · second · singular · present · middle · imperative ▸ **1** (Sir. 4,26)
    βιαζώμεθα ▸ 1
        Verb · first · plural · present · middle · subjunctive ▸ **1** (4Mac. 8,24)
    βιασάμενος ▸ 2
        Verb · aorist · middle · participle · masculine · singular · nominative ▸ **2** (Deut. 22,25; Deut. 22,28)
    βιάσασθαι ▸ 1
        Verb · aorist · middle · infinitive ▸ **1** (4Mac. 11,25)
    βιάσῃ ▸ 1
        Verb · second · singular · aorist · middle · subjunctive ▸ **1** (Judg. 13,16)
    Βιασώμεθα ▸ 1
        Verb · first · plural · aorist · middle · subjunctive ▸ **1** (Judg. 13,15)
    ἐβιάσατο ▸ 4
        Verb · third · singular · aorist · middle · indicative ▸ **4** (Gen. 33,11; Judg. 19,7; 2Sam. 13,25; 2Sam. 13,27)
    ἐβιάσθης ▸ 1
        Verb · second · singular · aorist · passive · indicative ▸ **1** (Sir. 31,21)

βιάζω (βία) to force, urge; to force, use violence ▸ 1 + **2** = 3
    βιάζεται ▸ 2
        Verb · third · singular · present · middle · indicative ▸ **1** (Luke 16,16)
        Verb · third · singular · present · passive · indicative · (variant) ▸ **1** (Matt. 11,12)
    ἐβιάσατο ▸ **1**
        Verb · third · singular · aorist · middle · indicative ▸ **1** (Judg. 19,7)

βίαιος (βία) mighty ▸ 12 + **1** = 13
    βιαίας ▸ **1** + 1 = 2
        Adjective · feminine · singular · genitive · noDegree ▸ **1** + 1 = **2** (3Mac. 4,5; Acts 2,2)
    βίαιον ▸ 2
        Adjective · neuter · singular · accusative · noDegree ▸ **1** (Wis. 13,2)
        Adjective · neuter · singular · nominative · noDegree ▸ **1** (Job 34,6)
    βίαιος ▸ 1
        Adjective · masculine · singular · nominative · noDegree ▸ **1** (Is. 59,19)
    βιαιοτέραν ▸ 1
        Adjective · feminine · singular · accusative · comparative ▸ **1** (4Mac. 5,16)
    βιαιότερε ▸ 1
        Adjective · masculine · singular · vocative · comparative ▸ **1** (4Mac. 7,10)
    βιαιοτέρων ▸ 1
        Adjective · neuter · plural · genitive · comparative ▸ **1** (4Mac. 2,15)
    βιαίου ▸ 1
        Adjective · masculine · singular · genitive · noDegree ▸ **1** (Wis. 19,7)
    βιαίῳ ▸ 3
        Adjective · masculine · singular · dative · noDegree ▸ **1** (Ex. 14,21)
        Adjective · neuter · singular · dative · noDegree ▸ **2** (Psa. 47,8; Is. 11,15)
    βιαίων ▸ 1
        Adjective · neuter · plural · genitive · noDegree ▸ **1** (Is. 58,6)

βιαίως (βία) violently ▸ 3
    βιαίως ▸ 3
        Adverb ▸ **3** (Esth. 13,7 # 3,13g; Is. 30,30; Jer. 18,14)

βιαστής (βία) violent person ▸ 1
    βιασταί ▸ 1
        Noun · masculine · plural · nominative ▸ **1** (Matt. 11,12)

βιβάζω (βαίνω) to approach an animal sexually ▸ 2
    βιβασθῆναι ▸ 2
        Verb · aorist · passive · infinitive ▸ **2** (Lev. 18,23; Lev. 20,16)

βιβλαρίδιον (βίβλος) small scroll, book ▸ 3
    βιβλαρίδιον ▸ 3
        Noun · neuter · singular · accusative ▸ **3** (Rev. 10,2; Rev. 10,9; Rev. 10,10)

βιβλιαφόρος (βαίνω; φέρω) courier ▸ 2
    βιβλιαφόρων ▸ 2
        Noun · masculine · plural · genitive · (common) ▸ **2** (Esth. 3,13; Esth. 8,10)

βιβλιοθήκη (βίβλος; τίθημι) library, record office ▸ 3
    βιβλιοθήκαις ▸ 1
        Noun · feminine · plural · dative · (common) ▸ **1** (Ezra 6,1)
    βιβλιοθήκῃ ▸ 1
        Noun · feminine · singular · dative · (common) ▸ **1** (Esth. 2,23)
    βιβλιοθήκην ▸ 1
        Noun · feminine · singular · accusative · (common) ▸ **1** (2Mac. 2,13)

βιβλίον (βίβλος) scroll, papyrus strip ▸ 183 + **3** + 34 = 220
    βιβλία ▸ 7 + **3** = 10
        Noun · neuter · plural · accusative · (common) ▸ 7 + **2** = **9** (2Kings 19,14; 2Kings 20,12; 1Mac. 1,44; 1Mac. 1,56; 1Mac.

12,9; 2Mac. 2,13; Eccl. 12,12; John 21,25; 2Tim. 4,13)

Noun · neuter · plural · nominative ▸ **1** (Rev. 20,12)

βιβλίοις ▸ **4 + 1 = 5**

Noun · neuter · plural · dative · (common) ▸ **4 + 1 = 5** (1Kings 20,9; 1Kings 20,11; 1Esdr. 2,16; 1Mac. 14,23; Rev. 20,12)

Βιβλίον ▸ **4**

Noun · neuter · singular · accusative · (common) ▸ **3** (2Kings 22,8; 2Kings 22,10; 2Chr. 34,18)

Noun · neuter · singular · nominative · (common) ▸ **1** (2Chr. 34,15)

βιβλίον ▸ **59 + 2 + 18 = 79**

Noun · neuter · singular · accusative · (common) ▸ **51 + 2 + 15 = 68** (Ex. 24,7; Num. 5,23; Deut. 17,18; Deut. 24,1; Deut. 24,3; Deut. 31,9; Deut. 31,24; Deut. 31,26; Josh. 18,9; Josh. 24,26; 2Sam. 11,14; 1Kings 20,8; 1Kings 20,8; 2Kings 5,5; 2Kings 5,6; 2Kings 5,7; 2Kings 10,1; 2Kings 10,6; 2Kings 22,8; 2Kings 23,3; 2Chr. 20,34; 2Chr. 32,17; 2Chr. 34,14; 2Chr. 34,15; 2Chr. 34,16; 1Esdr. 9,45; Neh. 7,5; Neh. 8,1; Neh. 8,3; Neh. 8,5; Esth. 9,20; Tob. 7,14; Tob. 12,20; 1Mac. 3,48; Psa. 138,16; Sir. 1,33 Prol.; Mal. 3,16; Is. 30,8; Is. 37,14; Jer. 3,8; Jer. 28,63; Jer. 36,29; Jer. 39,10; Jer. 39,11; Jer. 39,14; Jer. 39,14; Jer. 39,16; Jer. 39,25; Jer. 39,44; Bar. 1,14; Dan. 12,4; Tob. 7,14; Dan. 12,4; Matt. 19,7; Mark 10,4; Luke 4,17; Luke 4,20; Heb. 9,19; Rev. 1,11; Rev. 5,1; Rev. 5,2; Rev. 5,3; Rev. 5,4; Rev. 5,5; Rev. 5,8; Rev. 5,9; Rev. 10,8; Rev. 17,8)

Noun · neuter · singular · nominative · (common) ▸ **8 + 3 = 11** (2Kings 5,6; 2Kings 10,2; 2Kings 10,7; 1Mac. 1,57; Nah. 1,1; Is. 29,12; Is. 34,4; Is. 50,1; Luke 4,17; Rev. 6,14; Rev. 20,12)

βιβλίου ▸ **28 + 1 + 6 = 35**

Noun · neuter · singular · genitive · (common) ▸ **28 + 1 + 6 = 35** (2Sam. 1,18; 2Kings 1,18; 2Kings 15,6; 2Kings 22,11; 2Kings 22,13; 2Kings 22,13; 2Kings 22,16; 2Kings 23,2; 2Kings 23,21; 2Kings 23,24; 2Chr. 25,26; 2Chr. 32,32; 2Chr. 34,21; 2Chr. 34,30; 2Chr. 35,19a; Ezra 6,18; Ezra 7,11; Psa. 39,8; Is. 29,11; Is. 29,18; Jer. 37,2; Jer. 43,2; Jer. 43,4; Jer. 43,11; Jer. 43,32; Bar. 1,1; Bar. 1,3; Ezek. 2,9; Tob. 7,14; Heb. 10,7; Rev. 22,7; Rev. 22,9; Rev. 22,10; Rev. 22,18; Rev. 22,19)

βιβλίῳ ▸ **77 + 6 = 83**

Noun · neuter · singular · dative · (common) ▸ **77 + 6 = 83** (Ex. 17,14; Num. 21,14; Deut. 28,58; Deut. 28,61; Deut. 29,19; Deut. 29,20; Deut. 29,26; Deut. 30,10; Josh. 23,6; 1Sam. 10,25; 2Sam. 11,15; 1Kings 8,53a; 1Kings 11,41; 1Kings 14,29; 1Kings 15,7; 1Kings 15,23; 1Kings 15,31; 1Kings 16,5; 1Kings 16,14; 1Kings 16,20; 1Kings 16,27; 1Kings 16,28c; 1Kings 22,39; 1Kings 22,46; 2Kings 8,23; 2Kings 10,34; 2Kings 12,20; 2Kings 13,8; 2Kings 13,12; 2Kings 14,6; 2Kings 14,15; 2Kings 14,18; 2Kings 14,28; 2Kings 15,11; 2Kings 15,15; 2Kings 15,21; 2Kings 15,26; 2Kings 15,31; 2Kings 15,36; 2Kings 16,19; 2Kings 20,20; 2Kings 21,17; 2Kings 21,25; 2Kings 23,28; 2Kings 24,5; 1Chr. 9,1; 1Chr. 27,24; 2Chr. 13,22; 2Chr. 16,11; 2Chr. 27,7; 2Chr. 28,26; 2Chr. 34,21; 2Chr. 34,24; 2Chr. 34,31; 2Chr. 35,12; 2Chr. 35,27; 2Chr. 36,8; 1Esdr. 1,12; Ezra 4,15; Ezra 7,17; Neh. 8,8; Neh. 8,18; Neh. 9,3; Neh. 12,23; Neh. 13,1; Esth. 10,2; 1Mac. 16,24; Job 19,23; Sir. 50,27; Jer. 25,13; Jer. 28,60; Jer. 39,12; Jer. 43,8; Jer. 43,10; Jer. 43,18; Jer. 51,31; Dan. 12,1; John 20,30; Gal. 3,10; Rev. 13,8; Rev. 21,27; Rev. 22,18; Rev. 22,19)

βιβλίων ▸ **3**

Noun · neuter · plural · genitive · (common) ▸ **3** (2Mac. 2,23; Sir. 1,10 Prol.; Sir. 1,25 Prol.)

βυβλίῳ ▸ **1**

Noun · neuter · singular · dative · (common) ▸ **1** (1Esdr. 1,31)

βιβλιοφυλάκιον (βίβλος; φυλάσσω) archive room ▸ **2**

βιβλιοφυλακίοις ▸ **2**

Noun · neuter · plural · dative · (common) ▸ **2** (1Esdr. 6,20; 1Esdr. 6,22)

βίβλος scroll, book, record ▸ **24 + 7 + 10 = 41**

βίβλοι ▸ **1 + 1 = 2**

Noun · feminine · plural · nominative · (common) ▸ **1 + 1 = 2** (Dan. 7,10; Dan. 7,10)

βίβλοις ▸ **1**

Noun · feminine · plural · dative · (common) ▸ **1** (Dan. 9,2)

βίβλον ▸ **3**

Noun · feminine · singular · accusative · (common) ▸ **3** (2Mac. 8,23; Sir. 1,30 Prol.; Bar. 1,3)

Βίβλος ▸ **1 + 1 + 1 = 3**

Noun · feminine · singular · nominative · (common) ▸ **1 + 1 + 1 = 3** (Tob. 1,1; Tob. 1,1; Matt. 1,1)

βίβλος ▸ **6**

Noun · feminine · singular · nominative · (common) ▸ **6** (Gen. 2,4; Gen. 5,1; Josh. 1,8; Job 37,20; Sir. 24,23; Bar. 4,1)

βίβλου ▸ **5 + 2 + 1 = 8**

Noun · feminine · singular · genitive · (common) ▸ **5 + 2 + 1 = 8** (Ex. 32,32; Ex. 32,33; Psa. 68,29; Job 42,17b; Jer. 36,1; Tob. 6,13; Tob. 7,12; Rev. 3,5)

βίβλους ▸ **1**

Noun · feminine · plural · accusative ▸ **1** (Acts 19,19)

βίβλῳ ▸ **5 + 2 + 7 = 14**

Noun · feminine · singular · dative · (common) ▸ **5 + 2 + 7 = 14** (1Esdr. 1,40; 1Esdr. 5,48; 1Esdr. 7,6; 1Esdr. 7,9; 2Mac. 6,12; Tob. 7,13; Dan. 12,1; Mark 12,26; Luke 3,4; Luke 20,42; Acts 1,20; Acts 7,42; Phil. 4,3; Rev. 20,15)

βύβλοις ▸ **1**

Noun · feminine · plural · dative · (common) ▸ **1** (Dan. 9,2)

βύβλος ▸ **1**

Noun · masculine · singular · nominative · (common) ▸ **1** (2Chr. 17,9)

βύβλῳ ▸ **1**

Noun · feminine · singular · dative · (common) ▸ **1** (1Esdr. 1,31)

βιβρώσκω to eat ▸ **40 + 3 + 1 = 44**

βέβρωκα ▸ **1**

Verb · first · singular · perfect · active · indicative ▸ **1** (Ezek. 4,14)

βέβρωκε ▸ **1**

Verb · third · singular · perfect · active · indicative ▸ **1** (Bel 7)

βεβρώκει ▸ **1**

Verb · third · singular · pluperfect · active · indicative ▸ **1** (1Sam. 30,12)

βέβρωκεν ▸ **1 + 1 = 2**

Verb · third · singular · perfect · active · indicative ▸ **1 + 1 = 2** (Ezek. 18,15; Bel 7)

βεβρωκέναι ▸ **1**

Verb · perfect · active · infinitive ▸ **1** (Josh. 5,12)

βεβρωκόσιν ▸ **1**

Verb · perfect · active · participle · masculine · plural · dative ▸ **1** (John 6,13)

βεβρωμένα ▸ **1**

Verb · perfect · passive · participle · neuter · plural · accusative ▸ **1** (Bel 11)

βεβρωμένοι ▸ **1**

Verb · perfect · passive · participle · masculine · plural · nominative ▸ **1** (Josh. 9,12)

βεβρωμένος ▸ **1**

Verb · perfect · passive · participle · masculine · singular

- nominative ▸ **1** (Josh. 9,5)
- **βεβρῶσθαι** ▸ **1**
  - **Verb** · perfect · passive · infinitive ▸ **1** (2Mac. 2,11)
- **βιβρώσκοντος** ▸ **1**
  - **Verb** · present · active · participle · masculine · singular · genitive ▸ **1** (Judg. 14,14)
- **βρωθείησαν** ▸ **1**
  - **Verb** · third · plural · aorist · passive · optative ▸ **1** (Job 18,13)
- **βρωθῇ** ▸ **1**
  - **Verb** · third · singular · aorist · passive · subjunctive ▸ **1** (Lev. 19,7)
- **βρωθήσεται** ▸ **27**
  - **Verb** · third · singular · future · passive · indicative ▸ **27** (Ex. 12,46; Ex. 13,3; Ex. 21,28; Ex. 29,34; Lev. 6,9; Lev. 6,16; Lev. 6,19; Lev. 6,23; Lev. 7,15; Lev. 7,16; Lev. 7,19; Lev. 7,24; Lev. 11,13; Lev. 11,41; Lev. 19,6; Lev. 19,23; Lev. 22,30; Deut. 12,23; Job 6,6; Nah. 1,10; Is. 9,17; Is. 28,28; Is. 51,8; Is. 51,8; Jer. 24,2; Jer. 24,3; Jer. 24,8)
- **βρωθήσονται** ▸ **2**
  - **Verb** · third · plural · future · passive · indicative ▸ **2** (Jer. 37,16; LetterJ 71)
- **ἐβρώθη** ▸ **1**
  - **Verb** · third · singular · aorist · passive · indicative ▸ **1** (Job 5,3)

Βιθυνία Bithynia ▸ **2**
- **Βιθυνίαν** ▸ **1**
  - **Noun** · feminine · singular · accusative · (proper) ▸ **1** (Acts 16,7)
- **Βιθυνίας** ▸ **1**
  - **Noun** · feminine · singular · genitive · (proper) ▸ **1** (1Pet. 1,1)

βῖκος clay jar ▸ **2**
- **βῖκον** ▸ **2**
  - **Noun** · masculine · singular · accusative · (common) ▸ **2** (Jer. 19,1; Jer. 19,10)

βίος life ▸ **69** + **10** = **79**
- **βίον** ▸ **23** + **7** = **30**
  - **Noun** · masculine · singular · accusative · (common) ▸ **23** + **7** = **30** (1Esdr. 1,29; 2Mac. 4,7; 2Mac. 5,5; 2Mac. 6,19; 2Mac. 6,27; 2Mac. 9,28; 2Mac. 10,13; 3Mac. 6,1; 4Mac. 1,15; 4Mac. 6,18; 4Mac. 10,15; 4Mac. 18,9; Prov. 5,9; Prov. 31,3; Prov. 31,12; Prov. 31,14; Song 8,7; Job 14,6; Job 21,13; Wis. 5,4; Wis. 7,6; Wis. 15,9; Wis. 15,12; Mark 12,44; Luke 8,43; Luke 15,12; Luke 15,30; Luke 21,4; 1Tim. 2,2; 1John 3,17)
- **βίος** ▸ **18**
  - **Noun** · masculine · singular · nominative · (common) ▸ **18** (3Mac. 6,10; 4Mac. 17,14; Job 7,1; Job 7,6; Job 7,16; Job 8,9; Job 9,25; Job 10,5; Job 14,5; Job 15,20; Wis. 2,1; Wis. 2,4; Wis. 2,15; Wis. 4,9; Wis. 15,10; Sir. 29,22; Sir. 38,19; Sir. 40,29)
- **βίου** ▸ **19** + **3** = **22**
  - **Noun** · masculine · singular · genitive · (common) ▸ **19** + **3** = **22** (Ezra 7,26; 2Mac. 14,25; 3Mac. 4,4; 3Mac. 4,6; 3Mac. 5,49; 4Mac. 4,1; 4Mac. 5,36; 4Mac. 7,7; 4Mac. 7,15; 4Mac. 8,8; 4Mac. 8,23; 4Mac. 16,18; Prov. 3,2; Prov. 3,16; Prov. 4,10; Prov. 16,17; Job 10,20; Job 14,14; Sir. 31,4; Luke 8,14; 2Tim. 2,4; 1John 2,16)
- **βίους** ▸ **2**
  - **Noun** · masculine · plural · accusative · (common) ▸ **2** (Esth. 13,2 # 3,13b; Wis. 14,24)
- **βίῳ** ▸ **7**
  - **Noun** · masculine · singular · dative · (common) ▸ **7** (4Mac. 12,18; 4Mac. 13,24; Job 12,12; Wis. 8,5; Wis. 8,7; Wis. 10,8; Wis. 14,21)

βιοτεύω (βίος) to live, get food ▸ **1**
- **βιοτεύειν** ▸ **1**
  - **Verb** · present · active · infinitive ▸ **1** (Sir. 1,36 Prol.)

βιότης (βίος) life, sustenance ▸ **1**
- **βιότητος** ▸ **1**
  - **Noun** · feminine · singular · genitive · (common) ▸ **1** (Prov. 5,23)

βιόω (βίος) to live ▸ **7** + **1** = **8**
- **βιούντων** ▸ **1**
  - **Verb** · present · active · participle · masculine · plural · genitive ▸ **1** (4Mac. 5,22)
- **βιοῦσιν** ▸ **1**
  - **Verb** · third · plural · present · active · indicative ▸ **1** (4Mac. 17,18)
- **βιῶσαι** ▸ **1**
  - **Verb** · aorist · active · infinitive ▸ **1** (1Pet. 4,2)
- **βιώσαντας** ▸ **1**
  - **Verb** · aorist · active · participle · masculine · plural · accusative ▸ **1** (Wis. 12,23)
- **βιώσεις** ▸ **1**
  - **Verb** · second · singular · future · active · indicative ▸ **1** (Prov. 7,2)
- **βιώσῃς** ▸ **1**
  - **Verb** · second · singular · aorist · active · subjunctive ▸ **1** (Sir. 40,28)
- **βιώσητε** ▸ **1**
  - **Verb** · second · plural · aorist · active · subjunctive ▸ **1** (Prov. 9,6)
- **βιώσω** ▸ **1**
  - **Verb** · first · singular · future · active · indicative ▸ **1** (Job 29,18)

βιρα (Hebr.) palace ▸ **1**
- **βιρα** ▸ **1**
  - **Noun** · singular · genitive · (common) ▸ **1** (Neh. 7,2)

βίωσις (βίος) way of life ▸ **1** + **1** = **2**
- **βιώσεως** ▸ **1**
  - **Noun** · feminine · singular · genitive · (common) ▸ **1** (Sir. 1,14 Prol.)
- **βίωσίν** ▸ **1**
  - **Noun** · feminine · singular · accusative ▸ **1** (Acts 26,4)

βιωτικός (βίος) pertaining to this life ▸ **3**
- **βιωτικά** ▸ **1**
  - **Adjective** · neuter · plural · accusative ▸ **1** (1Cor. 6,3)
- **βιωτικὰ** ▸ **1**
  - **Adjective** · neuter · plural · accusative ▸ **1** (1Cor. 6,4)
- **βιωτικαῖς** ▸ **1**
  - **Adjective** · feminine · plural · dative ▸ **1** (Luke 21,34)

βλαβερός (βλάπτω) harmful ▸ **1** + **1** = **2**
- **βλαβεράς** ▸ **1**
  - **Adjective** · feminine · plural · accusative ▸ **1** (1Tim. 6,9)
- **βλαβερὸν** ▸ **1**
  - **Adjective** · neuter · singular · nominative · noDegree ▸ **1** (Prov. 10,26)

βλάβη (βλάπτω) damage, harm ▸ **1**
- **βλάβη** ▸ **1**
  - **Noun** · feminine · singular · nominative · (common) ▸ **1** (Wis. 11,19)

βλάπτω to harm; distract, mislead ▸ **6** + **1** + **2** = **9**
- **βλάπτει** ▸ **1**
  - **Verb** · third · singular · present · active · indicative ▸ **1** (Prov. 25,20a)
- **βλάπτειν** ▸ **1**
  - **Verb** · present · active · infinitive ▸ **1** (4Mac. 9,7)
- **βλάπτεσθαι** ▸ **1**
  - **Verb** · present · passive · infinitive ▸ **1** (2Mac. 12,22)
- **βλάπτομαι** ▸ **1** + **1** = **2**
  - **Verb** · first · singular · present · passive · indicative ▸ **1** (Tob.

12,2)
    Verb · first · singular · present · middle · indicative ▸ **1** (Tob. 12,2)
βλάπτουσιν ▸ 1
    Verb · third · plural · present · active · indicative ▸ **1** (Wis. 18,2)
βλάψαν ▸ 1
    Verb · aorist · active · participle · neuter · singular · nominative ▸ **1** (Luke 4,35)
βλάψῃ ▸ 1
    Verb · third · singular · aorist · active · subjunctive ▸ **1** (Mark 16,18)
ἐβλάβησαν ▸ 1
    Verb · third · plural · aorist · passive · indicative ▸ **1** (Wis. 10,8)

βλαστάνω to sprout ▸ **1 + 4 = 5**
βλαστᾷ ▸ 1
    Verb · third · singular · present · active · subjunctive ▸ **1** (Mark 4,27)
βλαστάνειν ▸ 1
    Verb · present · active · infinitive ▸ **1** (Judg. 16,22)
βλαστήσασα ▸ 1
    Verb · aorist · active · participle · feminine · singular · nominative ▸ **1** (Heb. 9,4)
ἐβλάστησεν ▸ 2
    Verb · third · singular · aorist · active · indicative ▸ **2** (Matt. 13,26; James 5,18)

βλαστάω to sprout ▸ **1**
βλαστῶντα ▸ 1
    Verb · present · active · participle · masculine · singular · accusative ▸ **1** (Eccl. 2,6)

βλαστέω to sprout, grow ▸ **8**
βεβλάστηκεν ▸ 1
    Verb · third · singular · perfect · active · indicative ▸ **1** (Joel 2,22)
βλαστήσατε ▸ 1
    Verb · second · plural · aorist · active · imperative ▸ **1** (Sir. 39,13)
Βλαστησάτω ▸ 1
    Verb · third · singular · aorist · active · imperative ▸ **1** (Gen. 1,11)
βλαστήσει ▸ 1
    Verb · third · singular · future · active · indicative ▸ **1** (Is. 27,6)
βλαστήσῃ ▸ 1
    Verb · third · singular · aorist · active · subjunctive ▸ **1** (2Sam. 23,5)
ἐβλάστησα ▸ 1
    Verb · first · singular · aorist · active · indicative ▸ **1** (Sir. 24,17)
ἐβλάστησεν ▸ 2
    Verb · third · singular · aorist · active · indicative ▸ **2** (Num. 17,23; Num. 17,23)

βλάστημα (βλαστός) sprout, bud ▸ **1**
βλάστημα ▸ 1
    Noun · neuter · singular · nominative · (common) ▸ **1** (Sir. 50,12)

βλαστός sprout, shoot, bud ▸ **12**
βλαστοί ▸ 1
    Noun · masculine · plural · nominative · (common) ▸ **1** (Ex. 38,15)
βλαστὸν ▸ 3
    Noun · masculine · singular · accusative · (common) ▸ **3** (Num. 17,23; Job 15,30; Ezek. 17,23)
βλαστός ▸ 3
    Noun · masculine · singular · nominative · (common) ▸ **3** (1Kings 7,12; Sir. 50,8; Ezek. 19,10)
βλαστοῦ ▸ 2
    Noun · masculine · singular · genitive · (common) ▸ **2** (Gen. 49,9; Job 30,12)
βλαστούς ▸ 1
    Noun · masculine · plural · accusative · (common) ▸ **1** (Gen. 40,10)
βλαστοὺς ▸ 2
    Noun · masculine · plural · accusative · (common) ▸ **2** (2Chr. 4,5; Ezek. 17,8)

Βλάστος (βλαστός) Blastus ▸ **1**
Βλάστον ▸ 1
    Noun · masculine · singular · accusative · (proper) ▸ **1** (Acts 12,20)

βλασφημέω (βλάπτω; φημί) to verbally abuse, blaspheme ▸ **7 + 2 + 34 = 43**
βλασφημεῖ ▸ 2
    Verb · third · singular · present · active · indicative ▸ **2** (Matt. 9,3; Mark 2,7)
βλασφημεῖν ▸ **1 + 3 = 4**
    Verb · present · active · infinitive ▸ **1 + 3 = 4** (2Kings 19,4; Acts 26,11; 1Tim. 1,20; Titus 3,2)
βλασφημεῖς ▸ 1
    Verb · second · singular · present · active · indicative ▸ **1** (John 10,36)
βλασφημείσθω ▸ 1
    Verb · third · singular · present · passive · imperative · (variant) ▸ **1** (Rom. 14,16)
βλασφημεῖται ▸ **1 + 1 = 2**
    Verb · third · singular · present · passive · indicative ▸ **1 + 1 = 2** (Is. 52,5; Rom. 2,24)
βλασφημηθήσεται ▸ 1
    Verb · third · singular · future · passive · indicative ▸ **1** (2Pet. 2,2)
βλασφημῆσαι ▸ 1
    Verb · aorist · active · infinitive ▸ **1** (Rev. 13,6)
βλασφημήσαντι ▸ 1
    Verb · aorist · active · participle · masculine · singular · dative ▸ **1** (Luke 12,10)
βλασφημήσῃ ▸ **1 + 1 = 2**
    Verb · third · singular · aorist · active · subjunctive ▸ **1 + 1 = 2** (Dan. 3,96; Mark 3,29)
βλασφημήσωσιν ▸ 1
    Verb · third · plural · aorist · active · subjunctive ▸ **1** (Mark 3,28)
βλασφημῆται ▸ 2
    Verb · third · singular · present · passive · subjunctive · (variant) ▸ **2** (1Tim. 6,1; Titus 2,5)
βλασφημοῦμαι ▸ 1
    Verb · first · singular · present · passive · indicative · (variant) ▸ **1** (1Cor. 10,30)
βλασφημούμεθα ▸ 1
    Verb · first · plural · present · passive · indicative · (variant) ▸ **1** (Rom. 3,8)
βλασφημοῦντας ▸ 1
    Verb · present · active · participle · masculine · plural · accusative ▸ **1** (Acts 19,37)
βλασφημοῦντες ▸ **1 + 5 = 6**
    Verb · present · active · participle · masculine · plural · nominative ▸ **1 + 5 = 6** (2Mac. 12,14; Luke 22,65; Acts 13,45; 1Pet. 4,4; 2Pet. 2,10; 2Pet. 2,12)
βλασφημούντων ▸ 1
    Verb · present · active · participle · masculine · plural · genitive ▸ **1** (Acts 18,6)
βλασφημοῦσιν ▸ 3

βλασφημέω–βλέπω

    Verb · third · plural · present · active · indicative ▸ **3** (James 2,7; Jude 8; Jude 10)

ἐβλασφήμει ▸ **1**
    Verb · third · singular · imperfect · active · indicative ▸ **1** (Luke 23,39)

ἐβλασφήμησαν ▸ **1** + **3** = **4**
    Verb · third · plural · aorist · active · indicative ▸ **1** + **3** = **4** (2Kings 19,6; Rev. 16,9; Rev. 16,11; Rev. 16,21)

ἐβλασφήμησας ▸ **1**
    Verb · second · singular · aorist · active · indicative ▸ **1** (2Kings 19,22)

ἐβλασφήμησεν ▸ **2** + **1** = **3**
    Verb · third · singular · aorist · active · indicative ▸ **2** + **1** = **3** (Tob. 1,18; Bel 8; Matt. 26,65)

ἐβλασφήμουν ▸ **1** + **2** = **3**
    Verb · third · plural · imperfect · active · indicative ▸ **1** + **2** = **3** (2Mac. 10,34; Matt. 27,39; Mark 15,29)

βλασφημία (βλάπτω; φημί) abusive speech, blasphemy ▸ **5** + **2** + **18** = **25**

βλασφημία ▸ **4**
    Noun · feminine · singular · nominative ▸ **4** (Matt. 12,31; Matt. 12,31; Mark 7,22; Eph. 4,31)

βλασφημίαι ▸ **3**
    Noun · feminine · plural · nominative ▸ **3** (Matt. 15,19; Mark 3,28; 1Tim. 6,4)

βλασφημίαν ▸ **1** + **3** = **4**
    Noun · feminine · singular · accusative ▸ **1** + **3** = **4** (Dan. 3,96; Matt. 26,65; Col. 3,8; Rev. 2,9)

βλασφημίας ▸ **3** + **8** = **11**
    Noun · feminine · plural · accusative · (common) ▸ **2** + **3** = **5** (1Mac. 2,6; 2Mac. 10,35; Luke 5,21; Rev. 13,5; Rev. 13,6)
    Noun · feminine · singular · genitive · (common) ▸ **1** + **5** = **6** (2Mac. 15,24; Mark 14,64; John 10,33; Jude 9; Rev. 13,1; Rev. 17,3)

βλασφημιῶν ▸ **2** + **1** = **3**
    Noun · feminine · plural · genitive · (common) ▸ **2** + **1** = **3** (2Mac. 8,4; Ezek. 35,12; Tob. 1,18)

βλάσφημος (βλάπτω; φημί) blasphemous, blasphemer ▸ **6** + **4** = **10**

βλάσφημα ▸ **1**
    Adjective · neuter · plural · accusative ▸ **1** (Acts 6,11)

βλάσφημοι ▸ **1**
    Adjective · masculine · plural · nominative ▸ **1** (2Tim. 3,2)

βλασφήμοις ▸ **1**
    Adjective · neuter · plural · dative · noDegree ▸ **1** (2Mac. 10,4)

βλάσφημον ▸ **1** + **2** = **3**
    Adjective · feminine · singular · accusative ▸ **1** (2Pet. 2,11)
    Adjective · masculine · singular · accusative · noDegree ▸ **1** + **1** = **2** (Wis. 1,6; 1Tim. 1,13)

βλάσφημος ▸ **3**
    Adjective · masculine · singular · nominative · noDegree ▸ **3** (2Mac. 9,28; Sir. 3,16; Is. 66,3)

βλασφήμους ▸ **1**
    Adjective · masculine · plural · accusative · noDegree ▸ **1** (2Mac. 10,36)

βλέμμα (βλέπω) what is seen ▸ **1**

βλέμματι ▸ **1**
    Noun · neuter · singular · dative ▸ **1** (2Pet. 2,8)

βλέπω to see ▸ **123** + **10** + **132** = **265**

Βλέπε ▸ **1**
    Verb · second · singular · present · active · imperative ▸ **1** (1Kings 17,23)

βλέπε ▸ **2** + **1** = **3**
    Verb · second · singular · present · active · imperative ▸ **2** + **1** = **3** (1Sam. 25,35; 2Chr. 10,16; Col. 4,17)

βλέπει ▸ **2** + **10** = **12**
    Verb · third · singular · present · active · indicative ▸ **2** + **10** = **12** (2Kings 2,19; Prov. 16,25; Luke 24,12; John 1,29; John 9,19; John 9,21; John 11,9; John 20,1; John 20,5; John 21,20; Rom. 8,24; 2Cor. 12,6)

βλέπειν ▸ **16** + **2** + **10** = **28**
    Verb · present · active · infinitive ▸ **16** + **2** + **10** = **28** (Gen. 48,10; Deut. 29,3; 1Sam. 3,2; 1Kings 12,24i; Psa. 9,32; Psa. 39,13; Psa. 68,24; Ode. 11,14; Eccl. 11,7; Is. 8,22; Is. 21,3; Is. 38,14; Is. 44,18; Jer. 20,18; Ezek. 12,2; Sus. 9; Tob. 3,6; Sus. 9; Matt. 12,22; Luke 7,21; Acts 8,6; Acts 12,9; Rom. 11,8; Rom. 11,10; Rev. 1,12; Rev. 5,3; Rev. 5,4; Rev. 9,20)

βλέπεις ▸ **4** + **1** + **10** = **15**
    Verb · second · singular · present · active · indicative ▸ **4** + **1** + **10** = **15** (Psa. 9,35; Amos 8,2; Zech. 4,2; Zech. 5,2; Judg. 9,36; Matt. 7,3; Matt. 22,16; Mark 5,31; Mark 8,23; Mark 12,14; Mark 13,2; Luke 6,41; Luke 7,44; James 2,22; Rev. 1,11)

Βλέπετε ▸ **9**
    Verb · second · plural · present · active · indicative ▸ **1** (1Cor. 1,26)
    Verb · second · plural · present · active · imperative ▸ **8** (Mark 13,9; Mark 13,33; Luke 8,18; Eph. 5,15; Phil. 3,2; Col. 2,8; Heb. 3,12; Heb. 12,25)

βλέπετε ▸ **2** + **24** = **26**
    Verb · second · plural · present · active · indicative ▸ **2** + **9** = **11** (Neh. 2,17; Hag. 2,3; Matt. 11,4; Matt. 13,17; Matt. 24,2; Mark 8,18; Luke 10,23; Luke 10,24; Acts 2,33; 2Cor. 10,7; Heb. 10,25)
    Verb · second · plural · present · active · imperative ▸ **15** (Matt. 24,4; Mark 4,24; Mark 8,15; Mark 12,38; Mark 13,5; Mark 13,23; Luke 21,8; Acts 13,40; 1Cor. 8,9; 1Cor. 10,18; 1Cor. 16,10; Gal. 5,15; Phil. 3,2; Phil. 3,2; 2John 8)

βλεπέτω ▸ **1** + **2** = **3**
    Verb · third · singular · present · active · imperative ▸ **1** + **2** = **3** (2Sam. 14,24; 1Cor. 3,10; 1Cor. 10,12)

βλεπέτωσαν ▸ **1**
    Verb · third · plural · present · active · imperative ▸ **1** (Prov. 4,25)

βλέπῃ ▸ **1**
    Verb · third · singular · present · active · subjunctive ▸ **1** (John 5,19)

βλέπῃς ▸ **1**
    Verb · second · singular · present · active · subjunctive ▸ **1** (Rev. 3,18)

βλέπομεν ▸ **5**
    Verb · first · plural · present · active · indicative ▸ **5** (John 9,41; Rom. 8,25; 1Cor. 13,12; Heb. 2,9; Heb. 3,19)

βλεπόμενα ▸ **2** + **4** = **6**
    Verb · present · middle · participle · neuter · plural · accusative ▸ **1** (Wis. 17,6)
    Verb · present · passive · participle · neuter · plural · accusative · (variant) ▸ **2** (2Cor. 4,18; 2Cor. 4,18)
    Verb · present · passive · participle · neuter · plural · nominative ▸ **1** + **2** = **3** (Wis. 13,7; 2Cor. 4,18; 2Cor. 4,18)

βλεπομένη ▸ **1**
    Verb · present · passive · participle · feminine · singular · nominative · (variant) ▸ **1** (Rom. 8,24)

βλεπόμενον ▸ **1**
    Verb · present · passive · participle · neuter · singular · accusative · (variant) ▸ **1** (Heb. 11,3)

βλεπόμενος ▸ 1
    Verb · present · passive · participle · masculine · singular · nominative ▸ **1** (Wis. 2,14)
βλεπομένων ▸ 2
    Verb · present · passive · participle · neuter · plural · genitive · (variant) ▸ **2** (Heb. 11,1; Heb. 11,7)
βλέπον ▸ 2
    Verb · present · active · participle · neuter · singular · accusative ▸ **2** (Num. 21,20; Josh. 18,14)
βλέποντα ▸ 2 + 1 = 3
    Verb · present · active · participle · masculine · singular · accusative ▸ **2 + 1 = 3** (Ex. 4,11; 1Sam. 9,9; Acts 27,12)
βλέποντας ▸ 2
    Verb · present · active · participle · masculine · plural · accusative ▸ **2** (Matt. 15,31; Matt. 15,31)
βλέποντες ▸ 10 + 2 + 11 = 23
    Verb · present · active · participle · masculine · plural · nominative ▸ **10 + 2 + 11 = 23** (1Chr. 21,3; 2Chr. 4,4; 2Chr. 4,4; 2Chr. 4,4; 2Chr. 4,4; 2Mac. 2,2; Wis. 16,18; Is. 6,9; Ezek. 13,6; Ezek. 43,17; Judg. 13,19; Judg. 13,20; Matt. 13,13; Matt. 13,14; Mark 4,12; Luke 8,10; Luke 10,23; Luke 21,30; John 9,39; John 9,39; Acts 4,14; Acts 28,26; Rev. 18,18)
βλέποντος ▸ 4
    Verb · present · active · participle · masculine · singular · genitive ▸ **4** (Deut. 4,34; 1Sam. 9,18; 1Chr. 29,29; 1Chr. 29,29)
βλεπόντων ▸ 2 + 2 = 4
    Verb · present · active · participle · masculine · plural · genitive ▸ **2 + 2 = 4** (Ex. 23,8; Esth. 2,15; Acts 1,9; Rev. 17,8)
βλέπουσα ▸ 7
    Verb · present · active · participle · feminine · singular · nominative ▸ **7** (Ezek. 40,20; Ezek. 40,22; Ezek. 40,23; Ezek. 40,24; Ezek. 40,45; Ezek. 40,46; Ezek. 46,1)
βλέπουσαι ▸ 2
    Verb · present · active · participle · feminine · plural · nominative ▸ **2** (Eccl. 12,3; Ezek. 42,7)
βλέπουσαν ▸ 6
    Verb · present · active · participle · feminine · singular · accusative ▸ **6** (Ezek. 11,1; Ezek. 40,6; Ezek. 40,32; Ezek. 43,1; Ezek. 46,12; Ezek. 46,19)
βλεπούσης ▸ 16
    Verb · present · active · participle · feminine · singular · genitive ▸ **16** (Ezek. 8,3; Ezek. 8,14; Ezek. 9,2; Ezek. 40,19; Ezek. 40,19; Ezek. 40,21; Ezek. 40,23; Ezek. 40,40; Ezek. 40,44; Ezek. 40,44; Ezek. 42,15; Ezek. 42,16; Ezek. 43,2; Ezek. 43,4; Ezek. 44,1; Ezek. 47,2)
βλέπουσιν ▸ 6 + 1 + 5 = 12
    Verb · third · plural · present · active · indicative ▸ **6 + 1 + 5 = 12** (Gen. 45,12; 1Kings 1,48; Jer. 5,21; Jer. 49,2; Ezek. 12,2; Ezek. 13,3; Dan. 5,23; Matt. 13,13; Matt. 13,16; Matt. 18,10; John 21,9; Rev. 11,9)
βλεπουσῶν ▸ 1
    Verb · present · active · participle · feminine · plural · genitive ▸ **1** (Ezek. 42,8)
βλέπω ▸ 2 + 3 + 5 = 10
    Verb · first · singular · present · active · indicative ▸ **2 + 3 + 5 = 10** (2Kings 9,17; Tob. 11,14; Tob. 5,10; Tob. 5,10; Tob. 11,14; Mark 8,24; John 9,15; John 9,25; Rom. 7,23; 2Cor. 7,8)
βλέπων ▸ 16 + 1 + 12 = 29
    Verb · present · active · participle · masculine · singular · nominative ▸ **16 + 1 + 12 = 29** (1Sam. 9,9; 1Sam. 9,11; 1Sam. 16,4; 1Sam. 26,12; 1Chr. 9,22; 4Mac. 15,18; Ode. 8,54; Prov. 12,13a; Eccl. 8,16; Eccl. 11,4; Sir. 15,18; Sir. 25,7; Sir. 30,20; Sir. 40,29; Lam. 3,1; Dan. 3,55; Judg. 19,30; Matt. 5,28; Matt. 6,4; Matt. 6,6; Matt. 6,18; Matt. 14,30; Luke 6,42; Luke 9,62; John 9,7; Acts 9,9; Acts 13,11; Col. 2,5; Rev. 22,8)
βλέπωσιν ▸ 7
    Verb · third · plural · present · active · subjunctive ▸ **7** (Mark 4,12; Luke 8,10; Luke 8,16; Luke 11,33; John 9,39; Rev. 16,15; Rev. 18,9)
βλέψετε ▸ 1 + 2 = 3
    Verb · second · plural · future · active · indicative ▸ **1 + 2 = 3** (Is. 6,9; Matt. 13,14; Acts 28,26)
βλέψῃ ▸ 2
    Verb · second · singular · future · middle · indicative ▸ **2** (Deut. 28,34; Job 10,4)
βλέψητε ▸ 1
    Verb · second · plural · aorist · active · subjunctive ▸ **1** (Sus. 52)
βλέψητέ ▸ 1
    Verb · second · plural · aorist · active · subjunctive ▸ **1** (Song 1,6)
βλέψον ▸ 1 + 1 = 2
    Verb · second · singular · aorist · active · imperative ▸ **1 + 1 = 2** (Judith 9,9; Acts 3,4)
βλέψονται ▸ 2
    Verb · third · plural · future · middle · indicative ▸ **2** (Deut. 28,32; Is. 29,18)
ἔβλεπεν ▸ 2 + 1 = 3
    Verb · third · singular · imperfect · active · indicative ▸ **2 + 1 = 3** (1Sam. 4,15; Ezek. 47,1; Acts 9,8)
ἔβλεπον ▸ 1 + 1 = 2
    Verb · third · plural · imperfect · active · indicative ▸ **1 + 1 = 2** (1Mac. 12,29; John 13,22)
ἐβλέποντο ▸ 2
    Verb · third · plural · imperfect · passive · indicative ▸ **2** (2Chr. 5,9; 2Chr. 5,9)
ἔβλεψα ▸ 1
    Verb · first · singular · aorist · active · indicative ▸ **1** (Rev. 22,8)
ἔβλεψεν ▸ 2
    Verb · third · singular · aorist · active · indicative ▸ **2** (Esth. 15,7 # 5,1d; Tob. 11,16)

βλέφαρον (βλέπω) eyelid; eye ▸ 9
βλέφαρα ▸ 2
    Noun · neuter · plural · nominative · (common) ▸ **2** (Psa. 10,4; Jer. 9,17)
βλεφαρά ▸ 1
    Noun · neuter · plural · nominative · (common) ▸ **1** (Prov. 4,25)
βλεφάροις ▸ 5
    Noun · neuter · plural · dative · (common) ▸ **5** (Psa. 131,4; Prov. 6,4; Prov. 30,13; Job 16,16; Sir. 26,9)
βλεφάρων ▸ 1
    Noun · neuter · plural · genitive · (common) ▸ **1** (Prov. 6,25)

βλητέος (βάλλω) must be put ▸ 1
βλητέον ▸ 1
    Adjective · neuter · singular · nominative · (verbal) ▸ **1** (Luke 5,38)

Βοανηργές Boanerges ▸ 1
Βοανηργές ▸ 1
    Noun · masculine · plural · accusative · (proper) ▸ **1** (Mark 3,17)

Βοασομ Boasam; (Hebr.) in Ezem ▸ 1
Βοασομ ▸ 1
    Noun · singular · dative · (proper) ▸ **1** (1Chr. 4,29)

βοάω (βοή) to cry out ▸ 133 + 19 + 12 = 164
βοᾷ ▸ 5
    Verb · third · singular · present · active · indicative ▸ **5** (Gen.

βοάω–βοή

4,10; Is. 14,7; Is. 15,4; Is. 15,5; Is. 15,5)
βοᾶν ▸ 2
Verb · present · active · infinitive ▸ **2** (1Sam. 7,8; 2Chr. 13,15)
βοᾷς ▸ 1
Verb · second · singular · present · active · indicative ▸ **1** (Ex. 14,15)
βοᾶτε ▸ 4
Verb · second · plural · present · active · indicative ▸ **1** (Judg. 10,14)
Verb · second · plural · present · active · imperative ▸ **3** (Josh. 6,10; 1Kings 18,24; Is. 12,4)
βοῆσαι ▸ 2
Verb · aorist · active · infinitive ▸ **2** (2Sam. 20,5; 2Kings 8,3)
βοήσαντες ▸ 2
Verb · aorist · active · participle · masculine · plural · nominative ▸ **2** (Esth. 10,9 # 10,3f; Job 2,12)
βοήσας ▸ 1
Verb · aorist · active · participle · masculine · singular · nominative ▸ **1** (Gen. 29,11)
βοήσατε ▸ 5 + **1** = 6
Verb · second · plural · aorist · active · imperative ▸ **5 + 1 = 6** (Tob. 6,18; Is. 44,23; Jer. 31,31; Bar. 4,21; Bar. 4,27; Judg. 10,14)
βοήσει ▸ 2
Verb · third · singular · future · active · indicative ▸ **2** (Is. 5,29; Is. 5,30)
βοήσεσθε ▸ 1
Verb · second · plural · future · middle · indicative ▸ **1** (1Sam. 8,18)
βοήσεται ▸ 5
Verb · third · singular · future · middle · indicative ▸ **5** (Deut. 15,9; Job 37,4; Hab. 2,11; Is. 42,13; Is. 44,5)
βοήσῃ ▸ 3
Verb · second · singular · future · middle · indicative ▸ **1** (Is. 58,9)
Verb · third · singular · aorist · active · subjunctive ▸ **2** (Is. 31,4; Is. 46,7)
βοήσομαι ▸ 3
Verb · first · singular · future · middle · indicative ▸ **3** (2Sam. 22,7; Joel 1,19; Hab. 1,2)
βοησόμεθα ▸ 1
Verb · first · plural · future · middle · indicative ▸ **1** (2Chr. 20,9)
Βόησον ▸ 1
Verb · second · singular · aorist · active · imperative ▸ **1** (Is. 40,6)
βόησον ▸ 2 + **1** = 3
Verb · second · singular · aorist · active · imperative ▸ **2 + 1 = 3** (Is. 54,1; Jer. 22,20; Gal. 4,27)
Βόησόν ▸ 1
Verb · second · singular · aorist · active · imperative ▸ **1** (2Sam. 20,4)
βοήσονται ▸ 6
Verb · third · plural · future · middle · indicative ▸ **6** (2Sam. 22,42; Job 30,7; Job 35,9; Job 36,13; Is. 24,14; Is. 27,5)
βοήσουσιν ▸ 2
Verb · third · plural · future · active · indicative ▸ **2** (Is. 34,14; Is. 42,11)
βοήσω ▸ 2
Verb · first · singular · future · active · indicative ▸ **2** (Is. 40,6; Lam. 3,8)
βοήσωμεν ▸ 1
Verb · first · plural · aorist · active · subjunctive ▸ **1** (1Mac. 4,10)
βοῶντα ▸ 1
Verb · present · active · participle · neuter · plural · accusative ▸ **1** (Acts 8,7)
βοῶντες ▸ **1** + **2** = 3
Verb · present · active · participle · masculine · plural · nominative ▸ **1 + 2 = 3** (LetterJ 31; Acts 17,6; Acts 25,24)
βοῶντος ▸ **1** + **4** = 5
Verb · present · active · participle · masculine · singular · genitive ▸ **1 + 4 = 5** (Is. 40,3; Matt. 3,3; Mark 1,3; Luke 3,4; John 1,23)
βοώντων ▸ **1** + **1** = 2
Verb · present · active · participle · masculine · plural · genitive ▸ **1 + 1 = 2** (Is. 22,2; Luke 18,7)
βοῶσα ▸ 2
Verb · present · active · participle · feminine · singular · nominative ▸ **2** (2Kings 8,5; Judith 10,1)
ἐβόα ▸ 4 + **1** = 5
Verb · third · singular · imperfect · active · indicative ▸ **4 + 1 = 5** (1Kings 21,39; 2Kings 2,12; 2Kings 4,1; Esth. 4,1; Dan. 3,4)
ἐβόησα ▸ 4 + **1** = 5
Verb · first · singular · aorist · active · indicative ▸ **4 + 1 = 5** (Gen. 39,14; Gen. 39,15; Gen. 39,18; Judg. 12,2; Judg. 12,2)
Ἐβόησα ▸ 3
Verb · first · singular · aorist · active · indicative ▸ **3** (Ode. 6,3; Sol. 1,1; Jonah 2,3)
ἐβόησαν ▸ 25 + **5** = 30
Verb · third · plural · aorist · active · indicative ▸ **25 + 5 = 30** (1Sam. 5,10; 1Sam. 11,7; 1Sam. 12,8; 1Sam. 12,10; 2Kings 7,10; 2Kings 7,11; 2Kings 18,18; 1Chr. 5,20; 2Chr. 13,14; 2Chr. 13,15; 2Chr. 32,20; 1Esdr. 5,59; Neh. 9,4; Esth. 11,9 # 1,1h; Judith 4,12; Judith 6,18; Judith 7,29; 1Mac. 3,50; 1Mac. 3,54; 1Mac. 4,40; 1Mac. 5,33; 1Mac. 13,45; 1Mac. 13,50; Hos. 7,14; Jer. 12,6; Judg. 6,6; Judg. 7,23; Judg. 10,10; Judg. 18,22; Sus. 24)
ἐβόησας ▸ 1
Verb · second · singular · aorist · active · indicative ▸ **1** (Judg. 18,23)
ἐβοήσατε ▸ 1
Verb · second · plural · aorist · active · indicative ▸ **1** (Judg. 10,12)
ἐβόησεν ▸ **38** + **9** + **3** = 50
Verb · third · singular · aorist · active · indicative ▸ **38 + 9 + 3 = 50** (Ex. 8,8; Ex. 15,25; Ex. 17,4; Num. 12,13; Deut. 22,24; Deut. 22,27; Josh. 15,18; Judg. 6,34; Judg. 6,35; Judg. 7,23; Judg. 7,24; Judg. 9,54; Judg. 15,18; Judg. 16,28; 1Sam. 7,9; 1Sam. 15,11; 1Sam. 24,9; 2Sam. 15,2; 2Sam. 18,26; 2Sam. 18,28; 2Sam. 20,16; 1Kings 17,10; 1Kings 17,11; 2Kings 6,5; 2Kings 6,26; 2Kings 11,14; 2Kings 18,28; 2Kings 20,11; 1Chr. 21,26; 2Chr. 14,10; 2Chr. 18,31; 2Chr. 20,20; 2Chr. 23,13; 2Chr. 32,18; Judith 9,1; Judith 14,16; Judith 14,17; Is. 36,13; Judg. 4,10; Judg. 7,24; Judg. 9,54; Judg. 12,1; Dan. 5,7; Dan. 6,21; Sus. 46; Bel 18; Bel 37; Mark 15,34; Luke 9,38; Luke 18,38)
Ἐβόησεν ▸ 1
Verb · third · singular · aorist · active · indicative ▸ **1** (Lam. 2,18)
ἐβόων ▸ 1
Verb · third · plural · imperfect · active · indicative ▸ **1** (Judith 4,15)
Βόες Boaz ▸ 2
Βόες ▸ 2
Noun · masculine · singular · accusative · (proper) ▸ **1** (Matt. 1,5)
Noun · masculine · singular · nominative · (proper) ▸ **1** (Matt. 1,5)
βοή cry ▸ **17** + **1** = 18
βοαί ▸ 1
Noun · feminine · plural · nominative ▸ **1** (James 5,4)

βοή ▸ 2
  Noun · feminine · singular · nominative · (common) ▸ **2** (3Mac. 1,28; Wis. 18,10)
βοή ▸ 6
  Noun · feminine · singular · nominative · (common) ▸ **6** (Ex. 2,23; 1Sam. 4,14; 1Sam. 9,16; Judith 14,19; 3Mac. 4,2; Is. 15,8)
βοῇ ▸ 3
  Noun · feminine · singular · dative · (common) ▸ **3** (3Mac. 5,7; Sir. 30,7; Ezek. 21,27)
βοῆς ▸ 5
  Noun · feminine · singular · genitive · (common) ▸ **5** (1Sam. 4,14; 2Chr. 33,13; Esth. 11,10 # 1,1i; Judith 14,16; 3Mac. 7,16)
βοῶν ▸ 1
  Noun · feminine · plural · genitive · (common) ▸ **1** (2Mac. 4,22)

βοήθεια (βοή)   help; remedy ▸ 67 + 3 + 2 = 72
  βοήθεια ▸ 15
    Noun · feminine · singular · nominative · (common) ▸ **15** (2Sam. 18,3; Esth. 4,14; Judith 7,31; 1Mac. 16,3; Psa. 48,15; Psa. 123,8; Prov. 21,31; Prov. 24,6; Job 6,13; Job 31,21; Sir. 8,16; Sir. 34,16; Sir. 40,24; Is. 31,3; Is. 47,15)
  βοήθειά ▸ 4
    Noun · feminine · singular · nominative · (common) ▸ **4** (Psa. 7,11; Psa. 120,1; Psa. 120,2; Jer. 16,19)
  βοηθεία ▸ 3
    Noun · feminine · singular · dative · (common) ▸ **3** (2Mac. 8,35; 2Mac. 13,13; Psa. 90,1)
  βοηθείαις ▸ 1
    Noun · feminine · plural · dative ▸ **1** (Acts 27,17)
  βοήθειαν ▸ 32 + 3 + 1 = 36
    Noun · feminine · singular · accusative · (common) ▸ **32 + 3 + 1 = 36** (Judg. 5,23; 1Chr. 12,17; 2Chr. 28,21; Judith 6,21; Judith 8,11; Judith 8,17; 1Mac. 5,39; 1Mac. 10,24; 1Mac. 10,74; 1Mac. 11,47; 1Mac. 12,15; 1Mac. 14,1; 1Mac. 16,18; 2Mac. 8,20; 2Mac. 9,2; 2Mac. 12,11; Psa. 19,3; Psa. 59,13; Psa. 88,20; Psa. 88,44; Psa. 107,13; Prov. 28,12; Sir. 40,26; Sol. 5,5; Sol. 15,1; Is. 8,20; Is. 20,6; Is. 30,5; Is. 30,6; Is. 31,1; Jer. 44,7; Lam. 4,17; Judg. 5,23; Judg. 5,23; Dan. 11,34; Heb. 4,16)
  βοήθειάν ▸ 6
    Noun · feminine · singular · accusative · (common) ▸ **6** (Psa. 21,20; Psa. 34,2; Psa. 37,23; Psa. 69,2; Psa. 70,12; Lam. 3,57)
  βοηθείας ▸ 7
    Noun · feminine · singular · genitive · (common) ▸ **7** (2Mac. 8,23; 2Mac. 15,35; 3Mac. 5,35; Psa. 61,8; Wis. 13,16; Is. 30,32; Jer. 29,4)

βοηθέω (βοή)   to help ▸ 106 + 2 + 8 = 116
  βεβοήθηται ▸ 1
    Verb · third · singular · perfect · passive · indicative ▸ **1** (Prov. 28,18)
  βοήθει ▸ 2
    Verb · second · singular · present · active · imperative ▸ **2** (Matt. 15,25; Mark 9,24)
  βοηθεῖ ▸ 4
    Verb · third · singular · present · active · indicative ▸ **4** (4Mac. 14,17; Psa. 53,6; Psa. 93,18; Is. 50,9)
  βοηθεῖν ▸ 8
    Verb · present · active · infinitive ▸ **8** (2Sam. 18,3; 1Mac. 7,20; 1Mac. 8,13; 3Mac. 1,4; 3Mac. 1,16; 3Mac. 3,8; Prov. 3,27; Job 26,2)
  βοηθεῖς ▸ 1
    Verb · second · singular · present · active · indicative ▸ **1** (2Chr. 19,2)
  βοηθεῖτε ▸ 1
    Verb · second · plural · present · active · imperative ▸ **1** (Acts 21,28)
  βοηθείτωσαν ▸ 1
    Verb · third · plural · present · active · imperative ▸ **1** (1Esdr. 2,4)
  βοηθηθῆναι ▸ 3
    Verb · aorist · passive · infinitive ▸ **3** (2Chr. 26,15; Is. 10,3; Is. 30,2)
  βοηθηθήσῃ ▸ 1
    Verb · second · singular · future · passive · indicative ▸ **1** (Is. 44,2)
  βοηθηθήσονται ▸ 1
    Verb · third · plural · future · passive · indicative ▸ **1** (Dan. 11,34)
  βοηθήσαι ▸ 1
    Verb · third · singular · aorist · active · optative ▸ **1** (Psa. 40,4)
  βοηθῆσαι ▸ 17 + 1 = 18
    Verb · aorist · active · infinitive ▸ **17 + 1 = 18** (2Sam. 8,5; 1Chr. 12,34; 1Chr. 12,37; 1Chr. 18,5; 1Chr. 19,19; 2Chr. 26,13; 2Chr. 28,16; Judith 8,15; 1Mac. 3,15; 2Mac. 6,11; 3Mac. 5,25; 4Mac. 3,3; Job 4,20; Job 20,14; Wis. 13,16; Is. 41,6; Bar. 4,17; Heb. 2,18)
  βοηθῆσαί ▸ 3 + 1 = 4
    Verb · aorist · active · infinitive ▸ **3 + 1 = 4** (Esth. 8,11; Psa. 39,14; Dan. 10,13; Dan. 10,13)
  βοηθήσασιν ▸ 1
    Verb · aorist · active · participle · masculine · plural · dative ▸ **1** (Sir. 29,4)
  βοηθήσατέ ▸ 1
    Verb · second · plural · aorist · active · imperative ▸ **1** (Josh. 10,4)
  βοηθησάτωσαν ▸ 2
    Verb · third · plural · aorist · active · imperative ▸ **2** (Deut. 32,38; Ode. 2,38)
  βοηθήσει ▸ 5
    Verb · third · singular · future · active · indicative ▸ **5** (Psa. 36,40; Psa. 45,6; Psa. 118,175; Eccl. 7,19; Hos. 13,9)
  βοηθήσῃ ▸ 1
    Verb · second · singular · aorist · middle · subjunctive ▸ **1** (Prov. 20,20 # 20,9c)
  βοηθήσῃς ▸ 1
    Verb · second · singular · aorist · active · subjunctive ▸ **1** (1Mac. 3,53)
  βοήθησον ▸ 3 + 2 = 5
    Verb · second · singular · aorist · active · imperative ▸ **3 + 2 = 5** (Josh. 10,6; Psa. 43,27; Psa. 78,9; Mark 9,22; Acts 16,9)
  βοήθησόν ▸ 6
    Verb · second · singular · aorist · active · imperative ▸ **6** (Esth. 14,3 # 4,17l; Esth. 14,14 # 4,17t; Psa. 69,6; Psa. 108,26; Psa. 118,86; Psa. 118,117)
  βοηθήσων ▸ 2
    Verb · future · active · participle · masculine · singular · nominative ▸ **2** (Deut. 22,27; Josh. 10,33)
  βοηθήσωσιν ▸ 1
    Verb · third · plural · aorist · active · subjunctive ▸ **1** (LetterJ 57)
  βοηθούμενος ▸ 1
    Verb · present · passive · participle · masculine · singular · nominative ▸ **1** (Prov. 18,19)
  βοηθοῦντα ▸ 1
    Verb · present · active · participle · masculine · singular · accusative ▸ **1** (1Mac. 12,53)
  βοηθοῦντες ▸ 5
    Verb · present · active · participle · masculine · plural · nominative

▸ **5** (1Chr. 12,1; Ezra 5,2; 1Mac. 10,72; Is. 31,3; Ezek. 30,8)

βοηθοῦντος ▸ 1
: **Verb** · present · active · participle · masculine · singular · genitive ▸ **1** (3Mac. 4,21)

βοηθούντων ▸ 1
: **Verb** · present · active · participle · masculine · plural · genitive ▸ **1** (1Esdr. 6,2)

βοηθοῦσαν ▸ 1
: **Verb** · present · active · participle · feminine · singular · accusative ▸ **1** (1Mac. 12,15)

βοηθῶν ▸ 14
: **Verb** · present · active · participle · masculine · singular · nominative ▸ **14** (Deut. 28,29; Deut. 28,31; 2Kings 14,26; Ezra 10,15; Psa. 9,35; Psa. 21,12; Psa. 106,12; Prov. 13,12; Sir. 12,17; Sir. 51,7; Is. 60,15; Lam. 1,7; Dan. 10,21; Dan. 11,45)

ἐβοήθει ▸ 1
: **Verb** · third · singular · imperfect · active · indicative ▸ **1** (Dan. 6,15)

ἐβοηθήθην ▸ 1
: **Verb** · first · singular · aorist · passive · indicative ▸ **1** (Psa. 27,7)

ἐβοήθησα ▸ 1
: **Verb** · first · singular · aorist · active · indicative ▸ **1** (Job 29,12)

ἐβοήθησά ▸ 3 + 1 = 4
: **Verb** · first · singular · aorist · active · indicative ▸ 3 + 1 = **4** (Is. 41,10; Is. 41,14; Is. 49,8; 2Cor. 6,2)

ἐβοήθησαν ▸ 1
: **Verb** · third · plural · aorist · active · indicative ▸ **1** (1Esdr. 2,6)

ἐβοήθησας ▸ 1
: **Verb** · second · singular · aorist · active · indicative ▸ **1** (3Mac. 2,12)

ἐβοήθησάς ▸ 1
: **Verb** · second · singular · aorist · active · indicative ▸ **1** (Psa. 85,17)

ἐβοήθησεν ▸ 4 + 1 = 5
: **Verb** · third · singular · aorist · active · indicative ▸ 4 + 1 = **5** (1Sam. 7,12; 2Sam. 21,17; 1Chr. 12,20; Psa. 106,41; Rev. 12,16)

ἐβοήθησέν ▸ 3
: **Verb** · third · singular · aorist · active · indicative ▸ **3** (Gen. 49,25; 1Chr. 12,19; Psa. 93,17)

ἐβοήθουν ▸ 3
: **Verb** · third · plural · imperfect · active · indicative ▸ **3** (1Kings 1,7; Esth. 9,16; 1Mac. 3,2)

βοήθημα (βοή) help, assistance ▸ 2

βοηθήματα ▸ 1
: **Noun** · neuter · plural · accusative · (common) ▸ **1** (2Mac. 15,8)

βοηθημάτων ▸ 1
: **Noun** · neuter · plural · genitive · (common) ▸ **1** (Wis. 17,11)

βοηθός (βοή) helpful; (subst) helper ▸ 56 + 2 + 1 = 59

βοηθέ ▸ 1
: **Noun** · masculine · singular · vocative · (common) ▸ **1** (Psa. 18,15)

βοηθοί ▸ 1
: **Noun** · masculine · plural · nominative · (common) ▸ **1** (Nah. 3,9)

βοηθοῖς ▸ 1
: **Noun** · masculine · plural · dative · (common) ▸ **1** (1Chr. 12,19)

βοηθόν ▸ 1
: **Noun** · masculine · singular · accusative · (common) ▸ **1** (Judith 9,4)

βοηθὸν ▸ 7 + 2 = 9
: **Noun** · masculine · singular · accusative · (common) ▸ 7 + 2 = **9** (Gen. 2,18; Esth. 14,3 # 4,17l; Tob. 8,6; Tob. 8,6; Psa. 51,9; Psa. 93,22; Sir. 36,24; Tob. 8,6; Tob. 8,6)

βοηθός ▸ 21 + 1 = 22
: **Adjective** · masculine · singular · nominative ▸ **1** (Heb. 13,6)
: **Noun** · masculine · singular · nominative · (common) ▸ **21** (Ex. 18,4; Deut. 33,26; Deut. 33,29; 2Sam. 22,42; Judith 9,11; Psa. 17,3; Psa. 26,9; Psa. 27,7; Psa. 29,11; Psa. 39,18; Psa. 58,18; Psa. 62,8; Psa. 69,6; Psa. 71,12; Psa. 117,6; Psa. 117,7; Psa. 118,114; Psa. 145,5; Job 29,12; Is. 50,7; Is. 63,5)

βοηθὸς ▸ 20
: **Noun** · masculine · singular · nominative · (common) ▸ **20** (Gen. 2,20; Ex. 15,2; Deut. 33,7; Judg. 5,23; Judith 7,25; 2Mac. 3,39; Psa. 9,10; Psa. 32,20; Psa. 45,2; Psa. 61,9; Psa. 70,7; Psa. 77,35; Psa. 113,17; Psa. 113,18; Psa. 113,19; Ode. 1,2; Job 22,25; Sir. 51,2; Sir. 51,2; Is. 25,4)

βοηθοῦ ▸ 2
: **Noun** · masculine · singular · genitive · (common) ▸ **2** (1Sam. 7,12; Is. 17,10)

βοηθοὺς ▸ 1
: **Noun** · masculine · plural · accusative · (common) ▸ **1** (Ezek. 12,14)

βοηθῷ ▸ 1
: **Noun** · masculine · singular · dative · (common) ▸ **1** (Psa. 80,2)

βόθρος ditch, pit, hole ▸ 22

βόθροις ▸ 1
: **Noun** · masculine · plural · dative · (common) ▸ **1** (1Sam. 13,6)

βόθρον ▸ 15
: **Noun** · masculine · singular · accusative · (common) ▸ **15** (Josh. 8,29; Psa. 7,16; Psa. 56,7; Prov. 26,27; Eccl. 10,8; Sir. 12,16; Sir. 27,26; Zech. 3,9; Ezek. 26,20; Ezek. 26,20; Ezek. 31,14; Ezek. 32,18; Ezek. 32,24; Ezek. 32,29; Ezek. 32,30)

βόθρος ▸ 3
: **Noun** · masculine · singular · nominative · (common) ▸ **3** (Psa. 93,13; Prov. 22,14; Sir. 21,10)

βόθρου ▸ 3
: **Noun** · masculine · singular · genitive · (common) ▸ **3** (Amos 9,7; Ezek. 32,21; Ezek. 32,22)

βόθυνος (βόθρος) ditch, pit, trench ▸ 12 + 3 = 15

βόθυνον ▸ 4 + 3 = 7
: **Noun** · masculine · singular · accusative · (common) ▸ 4 + 3 = **7** (2Sam. 18,17; Is. 24,18; Is. 51,1; Jer. 31,44; Matt. 12,11; Matt. 15,14; Luke 6,39)

βόθυνος ▸ 3
: **Noun** · masculine · singular · nominative · (common) ▸ **3** (Is. 24,17; Is. 47,11; Jer. 31,43)

βοθύνου ▸ 3
: **Noun** · masculine · singular · genitive · (common) ▸ **3** (Is. 24,18; Jer. 31,28; Jer. 31,44)

βοθύνους ▸ 2
: **Noun** · masculine · plural · accusative · (common) ▸ **2** (2Kings 3,16; 2Kings 3,16)

βοίδιον (βοῦς) calf ▸ 1

βοΐδια ▸ 1
: **Noun** · neuter · plural · nominative · (common) ▸ **1** (Jer. 27,11)

Βοκκα Bukki, Bokka ▸ 1

Βοκκα ▸ 1
: **Noun** · masculine · singular · genitive · (proper) ▸ **1** (1Esdr. 8,2)

Βοκκι Bukki ▸ 1

Βοκκι ▸ 1
: **Noun** · masculine · singular · genitive · (proper) ▸ **1** (Ezra 7,4)

βόλβιτον cow dung ▸ 5

βόλβιτα ▸ 2
: **Noun** · neuter · plural · accusative · (common) ▸ **2** (Zeph. 1,17; Ezek. 4,15)

βολβίτοις ▸ 1
  Noun ▪ neuter ▪ plural ▪ dative ▪ (common) ▸ **1** (Ezek. 4,12)
βολβίτῳ ▸ 1
  Noun ▪ neuter ▪ singular ▪ dative ▪ (common) ▸ **1** (Sir. 22,2)
βολβίτων ▸ 1
  Noun ▪ neuter ▪ plural ▪ genitive ▪ (common) ▸ **1** (Ezek. 4,15)

βολή (βάλλω) throw, stroke, glance ▸ 3 + 1 = 4
  βολαί ▸ 1
    Noun ▪ feminine ▪ plural ▪ nominative ▪ (common) ▸ **1** (3Mac. 5,26)
  βολάς ▸ 1
    Noun ▪ feminine ▪ plural ▪ accusative ▪ (common) ▸ **1** (2Mac. 5,3)
  βολήν ▸ 1
    Noun ▪ feminine ▪ singular ▪ accusative ▪ (common) ▸ **1** (Gen. 21,16)
  βολήν ▸ 1
    Noun ▪ feminine ▪ singular ▪ accusative ▸ **1** (Luke 22,41)

βολίζω (βάλλω) take a depth sounding ▸ 2
  βολίσαντες ▸ 2
    Verb ▪ aorist ▪ active ▪ participle ▪ masculine ▪ plural ▪ nominative ▸ **2** (Acts 27,28; Acts 27,28)

βολίς (βάλλω) javelin, spear ▸ 15
  βολίδα ▸ 1
    Noun ▪ feminine ▪ singular ▪ accusative ▪ (common) ▸ **1** (Neh. 4,11)
  βολίδας ▸ 2
    Noun ▪ feminine ▪ plural ▪ accusative ▪ (common) ▸ **2** (Josh. 23,13; Ezek. 5,16)
  βολίδες ▸ 6
    Noun ▪ feminine ▪ plural ▪ nominative ▪ (common) ▸ **6** (Num. 33,55; Psa. 54,22; Ode. 4,11; Song 4,4; Wis. 5,21; Hab. 3,11)
  βολίδι ▸ 1
    Noun ▪ feminine ▪ singular ▪ dative ▪ (common) ▸ **1** (Ex. 19,13)
  βολίς ▸ 2
    Noun ▪ feminine ▪ singular ▪ nominative ▪ (common) ▸ **2** (Jer. 9,7; Jer. 27,9)
  βολίς ▸ 1
    Noun ▪ feminine ▪ singular ▪ nominative ▪ (common) ▸ **1** (Zech. 9,14)
  βολίσι ▸ 1
    Noun ▪ feminine ▪ plural ▪ dative ▪ (common) ▸ **1** (1Sam. 14,14)
  βολίσιν ▸ 1
    Noun ▪ feminine ▪ plural ▪ dative ▪ (common) ▸ **1** (Num. 24,8)

βομβέω (βόμβος) to make a deep noise ▸ 4
  βομβήσει ▸ 2
    Verb ▪ third ▪ singular ▪ future ▪ active ▪ indicative ▸ **2** (1Chr. 16,32; Jer. 31,36)
  βομβήσουσιν ▸ 1
    Verb ▪ third ▪ plural ▪ future ▪ active ▪ indicative ▸ **1** (Jer. 31,36)
  ἐβόμβησεν ▸ 1
    Verb ▪ third ▪ singular ▪ aorist ▪ active ▪ indicative ▸ **1** (Jer. 38,36)

βόμβησις (βόμβος) roaring, buzzing ▸ 1
  βόμβησις ▸ 1
    Noun ▪ feminine ▪ singular ▪ nominative ▪ (common) ▸ **1** (Bar. 2,29)

Βοννι Beno ▸ 1
  Βοννι ▸ 1
    Noun ▪ masculine ▪ singular ▪ genitive ▪ (proper) ▸ **1** (1Chr. 24,26)

βοοζύγιον (βοῦς; ζυγόν) yoke for oxen ▸ 1
  βοοζύγιον ▸ 1
    Noun ▪ neuter ▪ singular ▪ nominative ▪ (common) ▸ **1** (Sir. 26,7)

Βοος Boaz ▸ 28
  Βοος ▸ 28
    Noun ▪ masculine ▪ singular ▪ accusative ▪ (proper) ▸ **2** (Ruth 4,21; 1Chr. 2,11)
    Noun ▪ masculine ▪ singular ▪ dative ▪ (proper) ▸ **1** (Ruth 4,8)
    Noun ▪ masculine ▪ singular ▪ genitive ▪ (proper) ▸ **2** (Ruth 2,3; Ruth 2,23)
    Noun ▪ masculine ▪ singular ▪ nominative ▪ (proper) ▸ **23** (Ruth 2,1; Ruth 2,4; Ruth 2,5; Ruth 2,8; Ruth 2,11; Ruth 2,14; Ruth 2,14; Ruth 2,15; Ruth 2,19; Ruth 3,2; Ruth 3,7; Ruth 3,10; Ruth 3,14; Ruth 4,1; Ruth 4,1; Ruth 4,1; Ruth 4,2; Ruth 4,3; Ruth 4,5; Ruth 4,9; Ruth 4,13; Ruth 4,21; 1Chr. 2,12)

Βόος Boaz ▸ 1
  Βόος ▸ 1
    Noun ▪ masculine ▪ singular ▪ genitive ▪ (proper) ▸ **1** (Luke 3,32)

βορά (βιβρώσκω) food, meat ▸ 5
  βοράν ▸ 4
    Noun ▪ feminine ▪ singular ▪ accusative ▪ (common) ▸ **4** (Job 4,11; Job 9,26; Job 38,39; Job 38,41)
  βοράν ▸ 1
    Noun ▪ feminine ▪ singular ▪ accusative ▪ (common) ▸ **1** (3Mac. 6,7)

βόρβορος mire, mud, muck ▸ 2 + 1 = 3
  βόρβορος ▸ 1
    Noun ▪ masculine ▪ singular ▪ nominative ▪ (common) ▸ **1** (Jer. 45,6)
  βορβόρου ▸ 1
    Noun ▪ masculine ▪ singular ▪ genitive ▸ **1** (2Pet. 2,22)
  βορβόρῳ ▸ 1
    Noun ▪ masculine ▪ singular ▪ dative ▪ (common) ▸ **1** (Jer. 45,6)

βορέας north, north wind ▸ 5
  βορέαν ▸ 1
    Noun ▪ masculine ▪ singular ▪ accusative ▪ (common) ▸ **1** (Job 26,7)
  βορέας ▸ 2
    Noun ▪ masculine ▪ singular ▪ nominative ▪ (common) ▸ **2** (Prov. 25,23; Prov. 27,16)
  βορέης ▸ 1
    Noun ▪ masculine ▪ singular ▪ nominative ▪ (common) ▸ **1** (Sir. 43,20)
  βορέου ▸ 1
    Noun ▪ masculine ▪ singular ▪ genitive ▪ (common) ▸ **1** (Sir. 43,17)

Βορολείας Reeliah ▸ 1
  Βορολιου ▸ 1
    Noun ▪ masculine ▪ singular ▪ genitive ▪ (proper) ▸ **1** (1Esdr. 5,8)

βορρᾶς north ▸ 146 + 15 + 2 = 163
  βορρᾶ ▸ 74 + 12 + 2 = 88
    Noun ▪ masculine ▪ singular ▪ genitive ▪ (common) ▸ 73 + 12 + 2 = **87** (Num. 34,9; Josh. 15,5; Josh. 15,6; Josh. 15,8; Josh. 15,10; Josh. 16,6; Josh. 18,5; Josh. 18,12; Josh. 18,12; Josh. 18,16; Josh. 18,18; Josh. 18,19; Josh. 24,31; Judg. 2,9; Judg. 7,1; Judg. 21,19; 1Sam. 14,5; 1Chr. 26,14; 1Chr. 26,17; Judith 16,3; Psa. 47,3; Psa. 106,3; Job 37,22; Sol. 11,3; Amos 8,12; Joel 2,20; Zech. 2,10; Zech. 6,6; Zech. 6,8; Zech. 6,8; Is. 14,31; Is. 41,25; Is. 49,12; Jer. 1,13; Jer. 1,14; Jer. 1,15; Jer. 3,18; Jer. 4,6; Jer. 6,1; Jer. 6,22; Jer. 10,22; Jer. 13,20; Jer. 16,15; Jer. 23,8; Jer. 25,9; Jer. 26,10; Jer. 26,20; Jer. 26,24; Jer. 27,3; Jer. 27,9; Jer. 27,41; Jer. 29,2; Jer. 38,8; Ezek. 1,4; Ezek. 8,5; Ezek. 21,3; Ezek. 21,9; Ezek. 23,24; Ezek. 26,7; Ezek. 32,30; Ezek. 38,6; Ezek. 38,15; Ezek. 39,2; Ezek. 40,23; Ezek. 42,17; Dan. 11,6; Dan. 11,7; Dan. 11,8; Dan. 11,11; Dan. 11,13; Dan. 11,15; Dan. 11,40; Dan. 11,44; Josh. 19,14; Judg. 2,9; Judg. 7,1; Judg. 21,19; Dan. 11,6; Dan. 11,7; Dan. 11,8; Dan. 11,11; Dan. 11,13; Dan. 11,15; Dan. 11,40; Dan.

11,44; Luke 13,29; Rev. 21,13)
    Noun · masculine · singular · vocative · (common) ▸ **1** (Song 4,16)
βορρᾷ ▸ **2**
    Noun · masculine · singular · dative · (common) ▸ **2** (Eccl. 11,3; Is. 43,6)
βορρᾶν ▸ **70 + 3 = 73**
    Noun · masculine · singular · accusative · (common) ▸ **70 + 3 = 73** (Gen. 13,14; Gen. 28,14; Ex. 26,18; Ex. 26,35; Ex. 37,9; Ex. 40,22; Lev. 1,11; Num. 2,25; Num. 3,35; Num. 10,6; Num. 34,7; Num. 35,5; Deut. 2,3; Deut. 3,27; Josh. 15,11; Josh. 17,9; Josh. 17,10; Josh. 17,10; Josh. 18,19; Josh. 19,14; Josh. 19,27; 1Kings 7,13; 2Kings 16,14; 1Chr. 9,24; 2Chr. 4,4; 2Chr. 14,9; Psa. 88,13; Eccl. 1,6; Zeph. 2,13; Zech. 14,4; Is. 14,13; Jer. 3,12; Jer. 26,6; Ezek. 8,3; Ezek. 8,5; Ezek. 8,5; Ezek. 8,14; Ezek. 9,2; Ezek. 40,19; Ezek. 40,20; Ezek. 40,35; Ezek. 40,40; Ezek. 40,44; Ezek. 40,44; Ezek. 40,46; Ezek. 41,11; Ezek. 42,1; Ezek. 42,1; Ezek. 42,2; Ezek. 42,4; Ezek. 42,7; Ezek. 42,11; Ezek. 42,13; Ezek. 42,17; Ezek. 44,4; Ezek. 46,9; Ezek. 46,9; Ezek. 46,19; Ezek. 47,2; Ezek. 47,15; Ezek. 47,17; Ezek. 48,1; Ezek. 48,1; Ezek. 48,10; Ezek. 48,16; Ezek. 48,17; Ezek. 48,30; Ezek. 48,31; Dan. 8,4; Dan. 8,9; Josh. 19,27; Judg. 12,1; Dan. 8,4)

βόσκημα (βόσκω) sheep, cattle, pasture ▸ **7**
  βόσκημα ▸ **3**
    Noun · neuter · singular · accusative · (common) ▸ **3** (Is. 7,25; Is. 27,10; Is. 49,11)
  βοσκήματα ▸ **3**
    Noun · neuter · plural · accusative · (common) ▸ **2** (2Mac. 12,11; Jer. 32,36)
    Noun · neuter · plural · nominative · (common) ▸ **1** (Is. 32,14)
  βοσκημάτων ▸ **1**
    Noun · neuter · plural · genitive · (common) ▸ **1** (2Chr. 7,5)

βόσκω to feed, graze ▸ **28 + 9 = 37**
  βόσκε ▸ **1 + 2 = 3**
    Verb · second · singular · present · active · imperative ▸ **1 + 2 = 3** (1Kings 12,16; John 21,15; John 21,17)
  βόσκειν ▸ **1 + 1 = 2**
    Verb · present · active · infinitive ▸ **1 + 1 = 2** (Gen. 37,12; Luke 15,15)
  βόσκεσθαι ▸ **1**
    Verb · present · middle · infinitive ▸ **1** (Is. 34,17)
  βόσκετε ▸ **2**
    Verb · second · plural · present · active · indicative ▸ **1** (Ezek. 34,3)
    Verb · second · plural · present · active · imperative ▸ **1** (Gen. 29,7)
  βοσκηθῇ ▸ **1**
    Verb · third · singular · aorist · passive · subjunctive ▸ **1** (Dan. 4,16)
  βοσκηθήσεταί ▸ **1**
    Verb · third · singular · future · passive · indicative ▸ **1** (Is. 30,23)
  βοσκηθήσονται ▸ **7**
    Verb · third · plural · future · passive · indicative ▸ **7** (Is. 5,17; Is. 11,6; Is. 11,7; Is. 14,30; Is. 49,9; Is. 65,25; Ezek. 34,14)
  βοσκήσουσιν ▸ **1**
    Verb · third · plural · future · active · indicative ▸ **1** (Ezek. 34,10)
  βοσκήσω ▸ **4**
    Verb · first · singular · future · active · indicative ▸ **4** (Ezek. 34,13; Ezek. 34,14; Ezek. 34,15; Ezek. 34,16)
  βοσκομένη ▸ **3**
    Verb · present · passive · participle · feminine · singular · nominative · (variant) ▸ **3** (Matt. 8,30; Mark 5,11; Luke 8,32)
  βόσκοντες ▸ **3**
    Verb · present · active · participle · masculine · plural · nominative ▸ **3** (Matt. 8,33; Mark 5,14; Luke 8,34)
  βόσκουσιν ▸ **3**
    Verb · third · plural · present · active · indicative ▸ **3** (Gen. 37,16; Ezek. 34,2; Ezek. 34,2)
  βόσκων ▸ **1**
    Verb · present · active · participle · masculine · singular · nominative ▸ **1** (Jer. 38,10)
  ἔβοσκεν ▸ **1**
    Verb · third · singular · imperfect · active · indicative ▸ **1** (Gen. 29,9)
  ἐβόσκησαν ▸ **2**
    Verb · third · plural · aorist · active · indicative ▸ **2** (Ezek. 34,8; Ezek. 34,8)
  ἐβόσκοντο ▸ **2**
    Verb · third · plural · imperfect · middle · indicative ▸ **2** (Gen. 41,2; Job 1,14)

Βοσορ Bezer ▸ **12**
  Βοσορ ▸ **12**
    Noun · singular · accusative · (proper) ▸ **4** (Josh. 20,8; 1Mac. 5,26; 1Mac. 5,36; Jer. 31,24)
    Noun · feminine · singular · accusative · (proper) ▸ **3** (Deut. 4,43; Josh. 21,36; 1Chr. 6,63)
    Noun · masculine · singular · dative · (proper) ▸ **2** (1Sam. 30,21; Is. 34,6)
    Noun · masculine · singular · genitive · (proper) ▸ **3** (1Sam. 30,9; 1Sam. 30,10; Is. 63,1)

Βοσόρ Besor; Bosor ▸ **1**
  Βοσὸρ ▸ **1**
    Noun · masculine · singular · genitive · (proper) ▸ **1** (2Pet. 2,15)

Βοσοραν Be Eshterah ▸ **1**
  Βοσοραν ▸ **1**
    Noun · feminine · singular · accusative · (proper) ▸ **1** (Josh. 21,27)

Βοσορρα Bozrah, Bosorra ▸ **5**
  Βοσορρα ▸ **2**
    Noun · feminine · singular · accusative · (proper) ▸ **2** (1Mac. 5,26; 1Mac. 5,28)
  Βοσορρας ▸ **3**
    Noun · feminine · singular · genitive · (proper) ▸ **3** (Gen. 36,33; 1Chr. 1,44; Job 42,17c)

βόστρυχος (βότρυς) lock of hair ▸ **4**
  βόστρυχοι ▸ **1**
    Noun · masculine · plural · nominative · (common) ▸ **1** (Song 5,11)
  βόστρυχοί ▸ **1**
    Noun · masculine · plural · nominative · (common) ▸ **1** (Song 5,2)
  βοστρύχους ▸ **2**
    Noun · masculine · plural · accusative · (common) ▸ **2** (Judg. 16,14; Judg. 16,19)

βοτάνη (βόσκω) pasture; herb ▸ **16 + 1 = 17**
  βοτάνη ▸ **6**
    Noun · feminine · singular · nominative · (common) ▸ **6** (2Kings 19,26; Job 8,12; Wis. 16,12; Is. 58,11; Is. 66,14; Jer. 14,5)
  βοτάνῃ ▸ **2**
    Noun · feminine · singular · dative · (common) ▸ **2** (Ex. 10,15; Jer. 27,11)
  βοτάνην ▸ **8 + 1 = 9**
    Noun · feminine · singular · accusative · (common) ▸ **8 + 1 = 9** (Gen. 1,11; Gen. 1,12; Ex. 9,22; Ex. 9,25; Ex. 10,12; Ex. 10,15;

1Kings 18,5; Zech. 10,1; Heb. 6,7)

Βοτανιν Betonim ▸ 1
  Βοτανιν ▸ 1
    Noun · singular · accusative · (proper) ▸ **1** (Josh. 13,26)

βοτρύδιον (βότρυς) small grape-cluster ▸ 1
  βοτρύδια ▸ 1
    Noun · neuter · plural · accusative · (common) ▸ **1** (Is. 18,5)

βότρυς bunch of grapes ▸ 14 + 1 = 15
  βότρυας ▸ 1
    Noun · masculine · plural · accusative ▸ **1** (Rev. 14,18)
  βότρυες ▸ 2
    Noun · masculine · plural · nominative · (common) ▸ **2** (Gen. 40,10; Song 7,9)
  βότρυι ▸ 1
    Noun · masculine · singular · dative · (common) ▸ **1** (Is. 65,8)
  βότρυν ▸ 2
    Noun · masculine · singular · accusative · (common) ▸ **2** (Num. 13,23; Num. 13,24)
  βότρυος ▸ 5
    Noun · masculine · singular · genitive · (common) ▸ **5** (Num. 13,23; Num. 13,24; Num. 32,9; Deut. 1,24; Mic. 7,1)
  βότρυς ▸ 3
    Noun · masculine · singular · nominative · (common) ▸ **3** (Deut. 32,32; Ode. 2,32; Song 1,14)
  βότρυσιν ▸ 1
    Noun · masculine · plural · dative · (common) ▸ **1** (Song 7,8)

Βουα Bouah (?) ▸ 1
  Βουα ▸ 1
    Noun · masculine · singular · genitive · (proper) ▸ **1** (Ezra 2,60)

βούβαλος (βούβαλις) gazelle, antelope ▸ 1
  βούβαλον ▸ 1
    Noun · masculine · singular · accusative · (common) ▸ **1** (Deut. 14,5)

Βούβαστος Bubastis ▸ 1
  Βουβάστου ▸ 1
    Noun · singular · genitive · (proper) ▸ **1** (Ezek. 30,17)

Βουγαθαν Harbona; Bougathan ▸ 1
  Βουγαθαν ▸ 1
    Noun · masculine · singular · nominative · (proper) ▸ **1** (Esth. 7,9)

Βουγαῖος Bougean ▸ 3
  Βουγαῖον ▸ 1
    Noun · masculine · singular · accusative · (proper) ▸ **1** (Esth. 3,1)
  Βουγαῖος ▸ 1
    Noun · masculine · singular · nominative · (proper) ▸ **1** (Esth. 12,6 # 1,1r)
  Βουγαίου ▸ 1
    Noun · masculine · singular · genitive · (proper) ▸ **1** (Esth. 9,10)

Βουζι Buzi ▸ 1
  Βουζι ▸ 1
    Noun · masculine · singular · genitive · (proper) ▸ **1** (Ezek. 1,3)

Βουζίτης Buzite ▸ 2
  Βουζίτης ▸ 2
    Noun · masculine · singular · nominative · (proper) ▸ **2** (Job 32,2; Job 32,6)

Βουθαν Etham ▸ 2
  Βουθαν ▸ 2
    Noun · neuter · singular · accusative · (proper) ▸ **1** (Num. 33,6)
    Noun · neuter · singular · genitive · (proper) ▸ **1** (Num. 33,7)

βούκεντρον (βοῦς; κεντέω) ox goad ▸ 1
  βούκεντρα ▸ 1
    Noun · neuter · plural · nominative · (common) ▸ **1** (Eccl. 12,11)

Βουκιας Bukkiah ▸ 2
  Βουκιας ▸ 2
    Noun · masculine · singular · nominative · (proper) ▸ **2** (1Chr. 25,4; 1Chr. 25,13)

βουκόλιον (βουκόλος) herd ▸ 22 + 1 = 23
  βουκόλια ▸ 13
    Noun · neuter · plural · accusative · (common) ▸ **8** (Deut. 7,13; Deut. 28,51; 1Sam. 8,16; 1Sam. 14,32; 1Sam. 15,21; 1Sam. 27,9; 1Sam. 30,20; Judith 2,27)
    Noun · neuter · plural · nominative · (common) ▸ **5** (Deut. 28,4; Deut. 28,18; 2Sam. 12,2; Judith 3,3; Joel 1,18)
  βουκόλιον ▸ 1
    Noun · neuter · singular · accusative · (common) ▸ **1** (Tob. 8,19)
  βουκολίου ▸ 2
    Noun · neuter · singular · genitive · (common) ▸ **2** (Lev. 23,18; Eccl. 2,7)
  βουκολίων ▸ 7
    Noun · neuter · plural · genitive · (common) ▸ **7** (Ex. 13,12; Lev. 22,19; Lev. 22,21; 1Sam. 15,9; 2Sam. 12,4; Amos 6,4; Is. 65,10)

Βουλα Bethul ▸ 1
  Βουλα ▸ 1
    Noun · singular · nominative · (proper) ▸ **1** (Josh. 19,4)

βουλευτήριον (βούλομαι) council chamber ▸ 4
  βουλευτήριον ▸ 3
    Noun · neuter · singular · accusative · (common) ▸ **3** (1Mac. 8,15; 1Mac. 8,19; 1Mac. 12,3)
  βουλευτηρίῳ ▸ 1
    Noun · neuter · singular · dative · (common) ▸ **1** (4Mac. 15,25)

βουλευτής (βούλομαι) counselor ▸ 2 + 2 = 4
  βουλευτὰς ▸ 1
    Noun · masculine · plural · accusative · (common) ▸ **1** (Job 12,17)
  βουλευτής ▸ 1
    Noun · masculine · singular · nominative ▸ **1** (Mark 15,43)
  βουλευτής ▸ 1
    Noun · masculine · singular · nominative ▸ **1** (Luke 23,50)
  βουλευτῶν ▸ 1
    Noun · masculine · plural · genitive · (common) ▸ **1** (Job 3,14)

βουλευτικός (βούλομαι) pertaining to a counselor ▸ 1
  βουλευτικῆς ▸ 1
    Adjective · feminine · singular · genitive · noDegree ▸ **1** (Prov. 24,6)

βουλεύω (βούλομαι) to take counsel, to plan, to devise ▸ 85 + 6 = 91
  βεβούλευμαι ▸ 3
    Verb · first · singular · perfect · middle · indicative ▸ **3** (Is. 14,24; Is. 46,10; Is. 46,11)
  βεβούλευνται ▸ 1
    Verb · third · plural · perfect · middle · indicative ▸ **1** (Is. 3,9)
  βεβούλευται ▸ 6
    Verb · third · singular · perfect · middle · indicative ▸ **6** (Esth. 11,12 # 1,1l; Is. 14,26; Is. 14,27; Is. 19,12; Is. 19,17; Jer. 27,45)
  βουλεύεσθε ▸ 3
    Verb · second · plural · present · middle · indicative ▸ **3** (1Kings 12,6; 2Chr. 10,6; 2Chr. 10,9)
  βουλεύομαι ▸ 2
    Verb · first · singular · present · middle · indicative ▸ **2** (2Cor. 1,17; 2Cor. 1,17)
  βουλευόμενοι ▸ 4
    Verb · present · middle · participle · masculine · plural · nominative ▸ **4** (Ezra 4,5; 1Mac. 8,15; Is. 31,6; Ezek. 11,2)
  βουλευομένων ▸ 1

βουλεύω–βούλημα

Verb · present · middle · participle · masculine · plural · genitive ▸ **1** (Prov. 15,22)

βουλεύονται ▸ **1**
  Verb · third · plural · present · middle · indicative ▸ **1** (LetterJ 48)

βουλεύοντες ▸ **1**
  Verb · present · active · participle · masculine · plural · nominative ▸ **1** (Sir. 44,3)

βουλεύου ▸ **2**
  Verb · second · singular · present · middle · imperative ▸ **2** (Sir. 37,10; Is. 16,3)

Βουλευσαμένους ▸ **1**
  Verb · aorist · middle · participle · masculine · plural · accusative ▸ **1** (Wis. 18,5)

βουλεύσασθαι ▸ **2**
  Verb · aorist · middle · infinitive ▸ **2** (1Mac. 5,16; 3Mac. 1,10)

βουλεύσασθε ▸ **2**
  Verb · second · plural · aorist · middle · imperative ▸ **2** (Is. 28,29; Is. 45,20)

βουλεύσεται ▸ **3 + 1 = 4**
  Verb · third · singular · future · middle · indicative ▸ **3 + 1 = 4** (Sir. 12,16; Sir. 37,8; Is. 32,7; Luke 14,31)

βουλεύσησθε ▸ **1**
  Verb · second · plural · aorist · middle · subjunctive ▸ **1** (Is. 8,10)

βουλεύσονται ▸ **1**
  Verb · third · plural · future · middle · indicative ▸ **1** (Dan. 7,26)

βουλευσώμεθα ▸ **1**
  Verb · first · plural · aorist · middle · subjunctive ▸ **1** (Neh. 6,7)

βουλεύσωνται ▸ **1**
  Verb · third · plural · aorist · middle · subjunctive ▸ **1** (1Mac. 8,30)

ἐβουλεύετο ▸ **2**
  Verb · third · singular · imperfect · middle · indicative ▸ **2** (1Mac. 12,35; 1Mac. 16,13)

ἐβουλεύοντο ▸ **1 + 1 = 2**
  Verb · third · plural · imperfect · middle · indicative ▸ **1 + 1 = 2** (1Mac. 8,15; Acts 27,39)

ἐβουλεύσαντο ▸ **16 + 2 = 18**
  Verb · third · plural · aorist · middle · indicative ▸ **16 + 2 = 18** (Judith 9,8; Judith 9,13; Judith 11,12; 1Mac. 2,41; 1Mac. 4,44; 1Mac. 5,2; 1Mac. 8,9; 1Mac. 9,58; Psa. 30,14; Psa. 61,5; Psa. 70,10; Psa. 82,4; Psa. 82,6; Is. 7,5; Is. 32,8; Dan. 6,5; John 11,53; John 12,10)

ἐβουλεύσασθε ▸ **1**
  Verb · second · plural · aorist · middle · indicative ▸ **1** (Gen. 50,20)

ἐβουλεύσατο ▸ **28**
  Verb · third · singular · aorist · middle · indicative ▸ **28** (Gen. 50,20; 2Sam. 16,23; 2Sam. 17,7; 2Sam. 17,21; 1Kings 12,28; 2Kings 6,8; 1Chr. 13,1; 2Chr. 20,21; 2Chr. 25,17; 2Chr. 30,2; 2Chr. 30,23; 2Chr. 32,3; Neh. 5,7; Esth. 3,6; Judith 12,4; 1Mac. 3,31; 1Mac. 9,69; 1Mac. 14,35; 2Mac. 13,13; 2Mac. 15,1; Wis. 4,17; Mic. 6,5; Is. 23,9; Is. 51,13; Jer. 30,14; Jer. 30,25; Dan. 6,4; Dan. 6,5)

ἐβούλευσεν ▸ **1**
  Verb · third · singular · aorist · active · indicative ▸ **1** (Is. 23,8)

ἐβουλεύσω ▸ **2**
  Verb · second · singular · aorist · middle · indicative ▸ **2** (Judith 9,6; Hab. 2,10)

βουλή (βούλομαι) counsel; council, senate ▸ **170 + 5 + 12 = 187**

βουλαί ▸ **4**
  Noun · feminine · plural · nominative · (common) ▸ **4** (Tob. 4,19; Is. 41,21; Is. 55,8; Dan. 7,8)

βουλαί ▸ **1**
  Noun · feminine · plural · nominative · (common) ▸ **1** (Is. 55,8)

βουλαῖς ▸ **6**
  Noun · feminine · plural · dative · (common) ▸ **6** (2Chr. 22,5; 1Mac. 14,22; Psa. 65,5; Prov. 1,30; Mic. 6,16; Is. 47,13)

βουλάς ▸ **1**
  Noun · feminine · plural · accusative · (common) ▸ **1** (Prov. 1,25)

βουλάς ▸ **8 + 1 = 9**
  Noun · feminine · plural · accusative · (common) ▸ **8 + 1 = 9** (Judith 8,16; Psa. 12,3; Psa. 32,10; Psa. 32,10; Prov. 11,13; Job 5,12; Wis. 6,3; Is. 55,7; 1Cor. 4,5)

βουλή ▸ **7 + 1 + 1 = 9**
  Noun · feminine · singular · nominative · (common) ▸ **7 + 1 + 1 = 9** (2Sam. 17,7; Prov. 15,22; Job 18,7; Sir. 25,5; Sir. 37,16; Mic. 4,9; Is. 14,26; Dan. 4,27; Acts 4,28)

βουλή ▸ **36 + 2 = 38**
  Noun · feminine · singular · nominative · (common) ▸ **36 + 2 = 38** (2Sam. 16,23; 2Sam. 16,23; 2Sam. 17,14; 2Sam. 17,23; 2Kings 18,20; Ezra 10,8; 1Mac. 4,45; 1Mac. 7,31; 1Mac. 9,60; 1Mac. 9,68; Psa. 32,11; Prov. 2,11; Prov. 2,17; Prov. 8,14; Prov. 9,10; Prov. 19,21; Prov. 20,5; Prov. 21,30; Job 12,13; Job 22,18; Sir. 19,22; Sir. 21,13; Sir. 24,29; Sir. 40,25; Zech. 6,13; Is. 5,19; Is. 7,7; Is. 19,11; Is. 25,7; Is. 28,8; Is. 32,7; Is. 32,8; Is. 46,10; Jer. 18,18; Jer. 30,1; Ezek. 7,26; Acts 5,38; Acts 27,42)

βουλῇ ▸ **21 + 3 = 24**
  Noun · feminine · singular · dative · (common) ▸ **21 + 3 = 24** (1Chr. 12,20; 1Mac. 8,4; 2Mac. 14,5; 3Mac. 3,11; Psa. 1,1; Psa. 1,5; Psa. 72,24; Psa. 88,8; Psa. 105,43; Psa. 110,1; Prov. 11,14; Job 10,3; Job 29,21; Sir. 6,2; Sir. 23,1; Sir. 30,21; Sol. 8,20; Sol. 17,37; Hos. 10,6; Is. 4,2; Is. 36,5; Luke 23,51; Acts 2,23; Acts 13,36)

βουλήν ▸ **16**
  Noun · feminine · singular · accusative · (common) ▸ **16** (Deut. 32,28; Judg. 20,7; Tob. 4,19; Psa. 19,5; Psa. 20,12; Ode. 2,28; Prov. 8,12; Job 38,2; Job 42,3; Sir. 25,4; Sir. 37,7; Sir. 37,10; Is. 8,10; Is. 19,17; Is. 28,8; Ezek. 27,9)

βουλήν ▸ **55 + 4 + 4 = 63**
  Noun · feminine · singular · accusative · (common) ▸ **55 + 4 + 4 = 63** (Gen. 49,6; Judg. 19,30; 2Sam. 15,31; 2Sam. 15,34; 2Sam. 16,20; 2Sam. 17,14; 2Sam. 17,14; 1Kings 12,8; 1Kings 12,13; 1Kings 12,14; 1Kings 12,24r; 2Chr. 10,8; 2Chr. 10,13; 2Chr. 10,14; 1Esdr. 7,15; Ezra 4,5; Neh. 4,9; Esth. 14,11 # 4,17q; Esth. 9,31; Judith 2,4; 3Mac. 5,8; 3Mac. 7,17; Psa. 13,6; Psa. 105,13; Psa. 106,11; Prov. 3,21; Prov. 22,20; Job 5,13; Wis. 6,4; Wis. 9,13; Wis. 9,17; Sir. 37,13; Sir. 38,33; Sir. 39,7; Mic. 4,12; Is. 3,9; Is. 7,5; Is. 10,25; Is. 19,3; Is. 25,1; Is. 29,15; Is. 29,15; Is. 30,1; Is. 31,6; Is. 44,25; Is. 44,26; Jer. 18,23; Jer. 19,7; Jer. 19,7; Jer. 27,45; Jer. 30,14; Jer. 30,25; Ezek. 11,2; Dan. 2,14; Dan. 6,5; Judg. 19,30; Judg. 20,7; Tob. 4,19; Dan. 2,14; Luke 7,30; Acts 20,27; Acts 27,12; Eph. 1,11)

βουλῆς ▸ **15 + 1 = 16**
  Noun · feminine · singular · genitive · (common) ▸ **15 + 1 = 16** (Num. 16,2; 1Esdr. 2,13; Judith 2,2; 1Mac. 2,65; Prov. 25,28; Prov. 31,4; Prov. 31,4; Eccl. 2,12; Sir. 22,16; Sir. 32,18; Sir. 32,19; Sir. 47,23; Is. 9,5; Is. 11,2; Jer. 39,19; Heb. 6,17)

βούλημα (βούλομαι) counsel, will, intent ▸ **2 + 3 = 5**

βούλημα ▸ **1 + 1 = 2**
  Noun · neuter · singular · accusative · (common) ▸ **1 + 1 = 2** (2Mac. 15,5; 1Pet. 4,3)

βουλήμασιν ▸ **1**

Noun · neuter · plural · dative · (common) ▸ **1** (4Mac. 8,18)
βουλήματι ▸ **1**
    Noun · neuter · singular · dative ▸ **1** (Rom. 9,19)
βουλήματος ▸ **1**
    Noun · neuter · singular · genitive ▸ **1** (Acts 27,43)

βούλομαι to will, want ▸ **121** + **7** + **37** = **165**

βούλει ▸ **7** + **1** = **8**
    Verb · second · singular · present · middle · indicative ▸ **7** + **1** = **8** (Ex. 4,23; Ex. 7,27; Ex. 9,2; Ex. 10,3; Ex. 10,7; 1Kings 20,6; Esth. 3,11; Luke 22,42)

βούλεσθαι ▸ **4**
    Verb · present · middle · infinitive ▸ **4** (2Mac. 11,29; Job 36,12; Is. 8,6; Is. 8,6)

βούλεσθε ▸ **3** + **2** = **5**
    Verb · second · plural · present · middle · indicative ▸ **3** + **2** = **5** (Ex. 16,28; Is. 36,16; Jer. 49,22; John 18,39; Acts 5,28)

βούλεται ▸ **8** + **2** = **10**
    Verb · third · singular · present · middle · indicative ▸ **8** + **2** = **10** (Gen. 24,5; 1Sam. 18,25; 2Sam. 24,3; Tob. 4,19; Job 30,14; Job 35,13; Is. 53,10; Is. 53,10; 1Cor. 12,11; James 3,4)

βούλῃ ▸ **3**
    Verb · second · singular · present · middle · subjunctive ▸ **3** (Ex. 8,17; 1Esdr. 8,16; Ezra 10,3)

βουληθείς ▸ **1**
    Verb · aorist · passive · participle · masculine · singular · nominative ▸ **1** (James 1,18)

βουληθῇ ▸ **1**
    Verb · third · singular · aorist · passive · subjunctive ▸ **1** (James 4,4)

βουληθῇς ▸ **1**
    Verb · second · singular · aorist · passive · subjunctive ▸ **1** (Prov. 1,10)

βουληθῶσιν ▸ **1**
    Verb · third · plural · aorist · passive · subjunctive ▸ **1** (Jer. 6,10)

βουλήσεται ▸ **1**
    Verb · third · singular · future · middle · indicative ▸ **1** (Job 39,9)

βούλησθε ▸ **1**
    Verb · second · plural · present · middle · subjunctive ▸ **1** (Lev. 26,21)

βούληται ▸ **10** + **2** = **12**
    Verb · third · singular · present · middle · subjunctive ▸ **10** + **2** = **12** (Ex. 22,16; Deut. 25,7; Ruth 3,13; 1Sam. 20,3; Judith 8,15; Job 9,3; Job 13,3; Job 37,10; Dan. 4,31; Dan. 11,3; Matt. 11,27; Luke 10,22)

βούλοιτο ▸ **3** + **1** = **4**
    Verb · third · singular · present · middle · optative ▸ **3** + **1** = **4** (4Mac. 9,27; 4Mac. 11,13; Job 34,14; Acts 25,20)

Βούλομαι ▸ **1** + **1** + **2** = **4**
    Verb · first · singular · present · middle · indicative ▸ **1** + **1** + **2** = **4** (Tob. 5,12; Tob. 5,12; 1Tim. 2,8; 1Tim. 5,14)

βούλομαι ▸ **6** + **3** = **9**
    Verb · first · singular · present · middle · indicative ▸ **6** + **3** = **9** (Deut. 25,8; 1Mac. 15,3; 1Mac. 15,4; Job 21,14; Is. 1,11; Ezek. 33,11; Acts 18,15; Phil. 1,12; Jude 5)

βούλομαί ▸ **1**
    Verb · first · singular · present · middle · indicative ▸ **1** (Titus 3,8)

βουλόμεθα ▸ **1** + **1** = **2**
    Verb · first · plural · present · middle · indicative ▸ **1** + **1** = **2** (2Mac. 11,28; Acts 17,20)

βουλομένη ▸ **1**
    Verb · present · middle · participle · feminine · singular · dative ▸ **1** (2Mac. 1,3)

βουλόμενοι ▸ **4** + **1** = **5**
    Verb · present · middle · participle · masculine · plural · nominative ▸ **4** + **1** = **5** (1Mac. 5,67; 1Mac. 11,63; 2Mac. 11,23; Prov. 12,20; 1Tim. 6,9)

βουλόμενοί ▸ **1**
    Verb · present · middle · participle · masculine · plural · nominative ▸ **1** (Psa. 69,3)

βουλομένοις ▸ **2**
    Verb · present · middle · participle · masculine · plural · dative ▸ **2** (2Mac. 2,25; Sir. 1,34 Prol.)

βουλόμενον ▸ **1**
    Verb · present · middle · participle · masculine · singular · accusative ▸ **1** (3Mac. 3,28)

βουλόμενος ▸ **9** + **6** = **15**
    Verb · present · middle · participle · masculine · singular · nominative ▸ **9** + **6** = **15** (1Sam. 2,25; 2Sam. 20,11; 1Kings 13,33; 1Mac. 7,5; 2Mac. 12,35; 2Mac. 14,39; 3Mac. 5,47; Prov. 18,1; Wis. 14,19; Mark 15,15; Acts 12,4; Acts 22,30; Acts 27,43; 2Cor. 1,17; Heb. 6,17)

βουλόμενός ▸ **2**
    Verb · present · middle · participle · masculine · singular · nominative ▸ **1** (Acts 23,28)
    Verb · present · passive · participle · masculine · singular · nominative · (variant) ▸ **1** (2Pet. 3,9)

βουλομένου ▸ **2**
    Verb · present · middle · participle · masculine · singular · genitive ▸ **2** (Acts 18,27; Acts 19,30)

βουλομένους ▸ **4** + **1** = **5**
    Verb · present · middle · participle · masculine · plural · accusative ▸ **4** + **1** = **5** (Ex. 36,2; 1Esdr. 8,10; 2Mac. 12,8; Jer. 13,10; 3John 10)

βούλονται ▸ **6**
    Verb · third · plural · present · middle · indicative ▸ **6** (Esth. 8,11; 1Mac. 12,34; 3Mac. 3,19; Prov. 21,7; LetterJ 45; Ezek. 3,7)

βούλωνται ▸ **3**
    Verb · third · plural · present · middle · subjunctive ▸ **3** (1Mac. 8,13; 1Mac. 8,13; Jer. 32,28)

ἐβούλετο ▸ **13** + **1** + **1** = **15**
    Verb · third · singular · imperfect · middle · indicative ▸ **13** + **1** + **1** = **15** (Judg. 13,23; 1Sam. 2,25; 1Sam. 15,9; 1Sam. 31,4; 2Sam. 2,23; 2Sam. 6,10; 1Kings 16,28g; 1Chr. 10,4; 1Chr. 11,19; 2Chr. 21,7; 2Chr. 25,16; Wis. 16,21; Is. 42,21; Tob. 6,2; Acts 15,37)

ἐβουλήθη ▸ **6** + **1** = **7**
    Verb · third · singular · aorist · passive · indicative ▸ **6** + **1** = **7** (Ex. 10,27; 1Sam. 28,23; Tob. 6,2; 1Mac. 7,30; 1Mac. 16,13; Psa. 35,4; Matt. 1,19)

ἐβουλήθημεν ▸ **1**
    Verb · first · plural · aorist · passive · indicative ▸ **1** (3Mac. 3,21)

ἐβουλήθην ▸ **2** + **1** = **3**
    Verb · first · singular · aorist · passive · indicative ▸ **2** + **1** = **3** (Esth. 13,2 # 3,13b; Psa. 39,9; 2John 12)

ἐβουλήθης ▸ **1**
    Verb · second · singular · aorist · passive · indicative ▸ **1** (Wis. 12,6)

ἐβουλήθησαν ▸ **3**
    Verb · third · plural · aorist · passive · indicative ▸ **3** (1Sam. 22,17; Judith 5,7; 1Mac. 14,31)

ἐβουλόμην ▸ **2** + **1** + **3** = **6**
    Verb · first · singular · imperfect · middle · indicative ▸ **2** + **1** + **3**

βούλομαι–βοῦς

= **6** (Is. 65,12; Is. 66,4; Tob. 5,14; Acts 25,22; 2Cor. 1,15; Philem. 13)

ἐβούλοντο ▸ **1** + **2** = **3**
  Verb · third · plural · imperfect · middle · indicative ▸ **1** + **2** = **3** (Is. 42,24; Acts 5,33; Acts 28,18)

ἐβούλου ▸ **1**
  Verb · second · singular · imperfect · middle · indicative ▸ **1** (Jonah 1,14)

ἠβούλεσθε ▸ **1**
  Verb · second · plural · imperfect · middle · indicative ▸ **1** (Is. 30,15)

ἠβούλετο ▸ **2** + **4** = **6**
  Verb · third · singular · imperfect · middle · indicative ▸ **2** + **4** = **6** (1Mac. 3,34; 1Mac. 15,27; Dan. 5,19; Dan. 5,19; Dan. 5,19; Dan. 5,19)

ἠβουλόμεθα ▸ **1**
  Verb · first · plural · imperfect · middle · indicative ▸ **1** (1Mac. 12,14)

ἠβούλοντο ▸ **6**
  Verb · third · plural · aorist · middle · indicative ▸ **1** (Is. 1,29)
  Verb · third · plural · imperfect · middle · indicative ▸ **5** (1Mac. 4,6; 1Mac. 5,48; 1Mac. 11,45; 1Mac. 11,49; Is. 30,9)

βουνίζω (βουνός) to pile up ▸ **2**
  βεβουνισμένων ▸ **1**
    Verb · perfect · passive · participle · neuter · plural · genitive ▸ **1** (Ruth 2,16)
  ἐβούνισεν ▸ **1**
    Verb · third · singular · aorist · active · indicative ▸ **1** (Ruth 2,14)

Βουνός (βουνός) Hill ▸ **4**
  Βουνὸς ▸ **4**
    Noun · masculine · singular · nominative · (proper) ▸ **4** (Gen. 31,47; Gen. 31,47; Gen. 31,48; Josh. 5,3)

βουνός hill, high place ▸ **92** + **1** + **2** = **95**
  βουνοὶ ▸ **18**
    Noun · masculine · plural · nominative · (common) ▸ **18** (Judith 7,4; Psa. 64,13; Psa. 71,3; Psa. 113,4; Psa. 113,6; Ode. 4,6; Sol. 11,4; Amos 9,13; Mic. 6,1; Joel 4,18; Nah. 1,5; Hab. 3,6; Is. 10,18; Is. 10,32; Is. 44,23; Is. 49,13; Is. 55,12; Jer. 3,23)
  βουνοί ▸ **6** + **1** = **7**
    Noun · masculine · plural · nominative · (common) ▸ **6** + **1** = **7** (Psa. 148,9; Ode. 8,75; Hos. 10,9; Mic. 6,2; Is. 54,10; Dan. 3,75; Dan. 3,75)
  βουνοῖς ▸ **5** + **1** = **6**
    Noun · masculine · plural · dative · (common) ▸ **5** + **1** = **6** (Psa. 77,58; Hos. 10,8; Ezek. 6,3; Ezek. 36,4; Ezek. 36,6; Luke 23,30)
  βουνόν ▸ **3**
    Noun · masculine · singular · accusative · (common) ▸ **3** (Gen. 31,46; 1Sam. 10,10; 1Sam. 10,13)
  βουνὸν ▸ **13**
    Noun · masculine · singular · accusative · (common) ▸ **12** (Gen. 31,52; 1Sam. 10,5; 1Sam. 23,19; 1Sam. 26,1; 1Kings 14,23; Song 4,6; Is. 2,14; Jer. 2,20; Jer. 27,6; Ezek. 6,13; Ezek. 20,28; Ezek. 34,6)
    Noun · neuter · singular · accusative · (common) ▸ **1** (1Kings 15,22)
  βουνὸς ▸ **4** + **1** = **5**
    Noun · masculine · singular · nominative · (common) ▸ **4** + **1** = **5** (Gen. 31,46; Gen. 31,48; Gen. 31,48; Is. 40,4; Luke 3,5)
  βουνοῦ ▸ **13**
    Noun · masculine · singular · genitive · (common) ▸ **13** (Gen. 31,46; Ex. 17,9; Ex. 17,10; Judg. 7,1; 1Sam. 14,2; 2Sam. 2,24; 2Sam. 2,25; 1Chr. 11,31; Hos. 9,9; Is. 30,17; Is. 30,25; Jer. 16,16; Jer. 30,10)
  βουνούς ▸ **3**
    Noun · masculine · plural · accusative · (common) ▸ **3** (Judith 16,3; Song 2,8; Hos. 5,8)
  βουνοὺς ▸ **5**
    Noun · masculine · plural · accusative · (common) ▸ **5** (2Kings 10,8; Hos. 4,13; Is. 41,15; Jer. 4,24; Ezek. 35,8)
  βουνῷ ▸ **9**
    Noun · masculine · singular · dative · (common) ▸ **9** (1Sam. 7,1; 1Sam. 13,3; 1Sam. 22,6; 1Sam. 23,19; 1Sam. 26,1; 1Sam. 26,3; 2Sam. 6,3; 2Kings 17,10; Hos. 10,9)
  βουνῶν ▸ **13**
    Noun · masculine · plural · genitive · (common) ▸ **13** (Num. 23,9; Deut. 33,15; 2Sam. 17,9; 2Kings 2,16; 2Kings 16,4; Prov. 8,25; Mic. 4,1; Zeph. 1,10; Is. 2,2; Is. 9,17; Is. 65,7; Jer. 13,27; Jer. 38,39)

βοῦς ox, cow ▸ **175** + **7** + **8** = **190**
  βόας ▸ **30** + **2** + **2** = **34**
    Noun · feminine · plural · accusative · (common) ▸ **9** (Gen. 18,7; Gen. 41,3; Gen. 41,4; Gen. 41,20; 1Sam. 6,7; 1Sam. 6,10; 1Kings 18,23; 1Kings 19,20; Psa. 8,8)
    Noun · masculine · plural · accusative · (common) ▸ **21** + **2** + **2** = **25** (Gen. 32,8; Gen. 32,16; Gen. 34,28; Gen. 46,32; Gen. 50,8; Ex. 12,32; Num. 7,3; Num. 7,6; Num. 7,7; Num. 7,8; Deut. 16,2; 1Sam. 6,7; 1Sam. 6,14; 1Sam. 11,7; 2Sam. 24,24; 1Kings 7,30; 1Kings 8,5; 2Kings 5,26; Judith 2,17; Psa. 65,15; Sir. 38,25; Tob. 8,19; Tob. 10,10; John 2,14; John 2,15)
  βόες ▸ **35**
    Noun · feminine · plural · nominative · (common) ▸ **15** (Gen. 33,13; Gen. 41,2; Gen. 41,3; Gen. 41,4; Gen. 41,18; Gen. 41,19; Gen. 41,20; Gen. 41,26; Gen. 41,27; Gen. 45,10; Ex. 34,3; Num. 7,87; Num. 7,88; Num. 11,22; 1Sam. 6,12)
    Noun · masculine · plural · nominative · (common) ▸ **20** (Gen. 13,5; Gen. 30,43; Gen. 32,6; Gen. 47,1; Ex. 12,38; Num. 31,33; Num. 31,38; Num. 31,44; 2Sam. 24,22; 1Kings 2,46e; 1Kings 5,3; 1Kings 7,13; 1Kings 7,16; Psa. 49,10; Psa. 143,14; Ode. 4,17; Prov. 14,4; Jonah 3,7; Hab. 3,17; Is. 30,24)
  βοὶ ▸ **1**
    Noun · masculine · singular · dative · (common) ▸ **1** (Ex. 23,4)
  βοός ▸ **1**
    Noun · masculine · singular · genitive · (common) ▸ **1** (Is. 7,25)
  βοὸς ▸ **3**
    Noun · masculine · singular · genitive · (common) ▸ **3** (Ex. 20,17; Deut. 5,21; Prov. 14,4)
  βοῦν ▸ **5** + **3** + **3** = **11**
    Noun · feminine · singular · accusative · (common) ▸ **1** (Job 24,3)
    Noun · masculine · singular · accusative · (common) ▸ **4** + **3** + **3** = **10** (Deut. 25,4; 1Kings 18,23; Dan. 4,32; Dan. 4,33a; Dan. 4,25; Dan. 4,32; Dan. 5,21; Luke 13,15; 1Cor. 9,9; 1Tim. 5,18)
  βοῦς ▸ **12** + **1** + **1** = **14**
    Noun · feminine · singular · nominative · (common) ▸ **2** (Job 6,5; Job 21,10)
    Noun · masculine · singular · nominative · (common) ▸ **10** + **1** + **1** = **12** (Ex. 20,10; Ex. 23,12; Deut. 5,14; Prov. 7,22; Is. 1,3; Is. 11,7; Is. 11,7; Is. 32,20; Is. 65,25; Dan. 4,15; Dan. 4,33; Luke 14,5)
  βουσὶ ▸ **1**
    Noun · masculine · plural · dative · (common) ▸ **1** (Deut. 14,26)
  βουσὶν ▸ **4**
    Noun · feminine · plural · dative · (common) ▸ **1** (Job 40,15)
    Noun · masculine · plural · dative · (common) ▸ **3** (Ex. 9,3; Ex. 10,9; 1Sam. 11,7)

βουσίν ▸ 2
: **Noun** · masculine · plural · dative · (common) ▸ **2** (Deut. 15,19; 1Kings 19,19)

βοῶν ▸ **81** + **1** + 2 = 84
: **Noun** · feminine · plural · genitive · (common) ▸ **3** (Job 1,3; Job 1,14; Job 42,12)
: **Noun** · masculine · plural · genitive · (common) ▸ 78 + **1** + 2 = **81** (Gen. 26,14; Gen. 47,17; Ex. 10,24; Ex. 29,1; Lev. 1,2; Lev. 1,3; Lev. 3,1; Lev. 4,3; Lev. 4,14; Lev. 7,23; Lev. 9,2; Lev. 16,3; Lev. 27,32; Num. 7,15; Num. 7,21; Num. 7,27; Num. 7,33; Num. 7,39; Num. 7,45; Num. 7,51; Num. 7,57; Num. 7,63; Num. 7,69; Num. 7,75; Num. 7,81; Num. 8,8; Num. 8,8; Num. 15,3; Num. 15,8; Num. 15,24; Num. 28,11; Num. 28,19; Num. 28,27; Num. 29,2; Num. 29,8; Num. 29,13; Num. 31,28; Num. 31,30; Deut. 7,13; Deut. 8,13; Deut. 12,6; Deut. 12,17; Deut. 12,21; Deut. 14,4; Deut. 14,23; Deut. 21,3; Deut. 28,4; Deut. 28,18; Deut. 28,51; Deut. 32,14; Judg. 3,31; 1Sam. 14,32; 1Sam. 15,14; 1Sam. 15,15; 1Sam. 16,2; 2Sam. 17,29; 2Sam. 24,22; 1Kings 7,16; 1Kings 8,63; 1Kings 19,19; 1Kings 19,21; 1Kings 19,21; 2Kings 16,17; 1Chr. 27,29; 1Chr. 27,29; 2Chr. 13,9; 2Chr. 32,29; Ezra 6,9; Neh. 10,37; Ode. 2,14; Joel 1,18; Is. 5,10; Is. 7,21; Ezek. 4,15; Ezek. 43,19; Ezek. 43,23; Ezek. 43,25; Ezek. 45,18; Judg. 3,31; Luke 14,19; 1Cor. 9,9)

βούτομον (βοῦς; τέμνω) sedge, reeds ▸ 2
: βούτομον ▸ 2
: **Noun** · neuter · singular · accusative · (common) ▸ **1** (Job 40,21)
: **Noun** · neuter · singular · nominative · (common) ▸ **1** (Job 8,11)

βούτυρον (βοῦς; τυρός) butter ▸ **10** + **1** = **11**
: βούτυρον ▸ 8 + **1** = 9
: **Noun** · neuter · singular · accusative · (common) ▸ 7 + **1** = **8** (Gen. 18,8; Deut. 32,14; Judg. 5,25; 2Sam. 17,29; Ode. 2,14; Is. 7,15; Is. 7,22; Judg. 5,25)
: **Noun** · neuter · singular · nominative · (common) ▸ **1** (Prov. 30,33)
: βουτύρου ▸ 1
: **Noun** · neuter · singular · genitive · (common) ▸ **1** (Job 20,17)
: βουτύρῳ ▸ 1
: **Noun** · neuter · singular · dative · (common) ▸ **1** (Job 29,6)

Βοχορι Bichri ▸ 8
: Βοχορι ▸ 8
: **Noun** · masculine · singular · genitive · (proper) ▸ **8** (2Sam. 20,1; 2Sam. 20,2; 2Sam. 20,6; 2Sam. 20,7; 2Sam. 20,10; 2Sam. 20,13; 2Sam. 20,21; 2Sam. 20,22)

βραβεῖον (βραβεύω) prize ▸ 2
: βραβεῖον ▸ 2
: **Noun** · neuter · singular · accusative ▸ **2** (1Cor. 9,24; Phil. 3,14)

βραβεύω to arbitrate; to act like a judge ▸ 1 + 1 = 2
: βραβευέτω ▸ 1
: **Verb** · third · singular · present · active · imperative ▸ **1** (Col. 3,15)
: ἐβράβευσεν ▸ 1
: **Verb** · third · singular · aorist · active · indicative ▸ **1** (Wis. 10,12)

βραγχιάω (βραγχός) to suffer a sore throat ▸ 1
: ἐβραγχίασεν ▸ 1
: **Verb** · third · singular · aorist · active · indicative ▸ **1** (Psa. 68,4)

βραδέως (βραδύς) slowly ▸ 1
: βραδέως ▸ 1
: **Adverb** ▸ **1** (2Mac. 14,17)

βραδύγλωσσος (βραδύς; γλῶσσα) slow in speech ▸ 1
: βραδύγλωσσος ▸ 1
: **Adjective** · masculine · singular · nominative · noDegree ▸ **1** (Ex. 4,10)

βραδύνω (βραδύς) to delay, go slowly, be negligent ▸ 4 + 2 = 6
: βραδύνει ▸ 1
: **Verb** · third · singular · present · active · indicative ▸ **1** (2Pet. 3,9)
: βραδυνεῖ ▸ 1
: **Verb** · third · singular · future · active · indicative ▸ **1** (Deut. 7,10)
: βραδύνῃ ▸ 1
: **Verb** · third · singular · aorist · active · subjunctive ▸ **1** (Sir. 35,19)
: βραδύνω ▸ 1
: **Verb** · first · singular · present · active · subjunctive ▸ **1** (1Tim. 3,15)
: βραδυνῶ ▸ 1
: **Verb** · first · singular · future · active · indicative ▸ **1** (Is. 46,13)
: ἐβραδύναμεν ▸ 1
: **Verb** · first · plural · aorist · active · indicative ▸ **1** (Gen. 43,10)

βραδυπλοέω (βραδύς; πλέω) to sail slowly ▸ 1
: βραδυπλοοῦντες ▸ 1
: **Verb** · present · active · participle · masculine · plural · nominative ▸ **1** (Acts 27,7)

βραδύς slow ▸ 3
: βραδεῖς ▸ 1
: **Adjective** · masculine · plural · vocative ▸ **1** (Luke 24,25)
: βραδύς ▸ 2
: **Adjective** · masculine · singular · nominative ▸ **2** (James 1,19; James 1,19)

βραδύτης (βραδύς) slowness ▸ 1
: βραδύτητα ▸ 1
: **Noun** · feminine · singular · accusative ▸ **1** (2Pet. 3,9)

βραχέως (βραχύς) briefly, seldomly ▸ 4
: βραχέως ▸ 4
: **Adverb** ▸ **4** (2Mac. 5,17; 2Mac. 7,33; 2Mac. 13,11; 4Mac. 9,5)

βραχίων arm ▸ **122** + **7** + 3 = **132**
: βραχίονα ▸ 21
: **Noun** · masculine · singular · accusative · (common) ▸ **21** (Gen. 24,18; Ex. 29,22; Ex. 29,27; Lev. 7,32; Lev. 7,34; Lev. 8,25; Lev. 8,26; Lev. 9,21; Lev. 10,14; Lev. 10,15; Num. 6,19; Num. 18,18; Deut. 3,24; Deut. 7,19; Deut. 11,2; Deut. 18,3; Deut. 33,20; Psa. 9,36; Job 38,15; Sir. 36,5; Is. 52,10)
: βραχίονά ▸ 7
: **Noun** · masculine · singular · accusative · (common) ▸ **7** (2Chr. 6,32; Psa. 70,18; Song 8,6; Hos. 11,3; Is. 51,5; Is. 51,5; Ezek. 4,7)
: βραχίονας ▸ 11
: **Noun** · masculine · plural · accusative · (common) ▸ **11** (Gen. 27,16; 4Mac. 9,11; 4Mac. 10,6; Prov. 31,17; Hos. 7,15; Zech. 11,17; Ezek. 30,21; Ezek. 30,22; Ezek. 30,24; Ezek. 30,25; Dan. 11,22)
: βραχίονάς ▸ 1
: **Noun** · masculine · plural · accusative · (common) ▸ **1** (Psa. 17,35)
: βραχίονες ▸ 8 + **4** = 12
: **Noun** · masculine · plural · nominative · (common) ▸ 8 + **4** = **12** (2Chr. 32,8; Psa. 36,17; Is. 15,2; Ezek. 30,25; Dan. 2,32; Dan. 10,6; Dan. 11,15; Dan. 11,31; Dan. 2,32; Dan. 10,6; Dan. 11,15; Dan. 11,22)
: βραχίονι ▸ **25** + **1** = 26
: **Noun** · masculine · singular · dative · (common) ▸ 25 + **1** = **26**

(Ex. 6,1; Ex. 6,6; Deut. 4,34; Deut. 5,15; Deut. 6,21; Deut. 7,8; Deut. 26,8; 2Kings 17,36; Judith 9,7; Psa. 88,11; Psa. 135,12; Ode. 9,51; Wis. 5,16; Sir. 21,21; Sir. 38,30; Is. 17,5; Is. 40,11; Is. 44,12; Is. 59,16; Jer. 21,5; Jer. 39,21; Bar. 2,11; Ezek. 17,9; Ezek. 20,33; Ezek. 20,34; Luke 1,51)

βραχίονί ‣ 7
  Noun · masculine · singular · dative · (common) ‣ 7 (Ex. 32,11; Deut. 9,26; Deut. 9,29; 2Sam. 22,35; Psa. 76,16; Jer. 39,17; Dan. 9,15)

βραχίονος ‣ 8 + 1 + 1 = 10
  Noun · masculine · singular · genitive · (common) ‣ 8 + 1 + 1 = 10 (Num. 6,20; 2Sam. 1,10; Job 35,9; Is. 9,19; Is. 30,30; Is. 62,8; Jer. 17,5; Jer. 28,14; Dan. 11,6; Acts 13,17)

βραχίονός ‣ 7
  Noun · masculine · singular · genitive · (common) ‣ 7 (Ex. 15,16; 2Mac. 15,24; Psa. 78,11; Ode. 1,16; Wis. 11,21; Wis. 16,16; Is. 51,9)

βραχιόνων ‣ 7 + 1 = 8
  Noun · masculine · plural · genitive · (common) ‣ 7 + 1 = 8 (Gen. 49,24; Deut. 33,27; Judg. 15,14; Judg. 16,12; 2Kings 9,24; Sir. 7,31; Ezek. 13,20; Judg. 16,12)

βραχίοσιν ‣ 1 + 1 = 2
  Noun · masculine · plural · dative · (common) ‣ 1 + 1 = 2 (Judg. 15,14; Judg. 15,14)

βραχίων ‣ 19 + 1 = 20
  Noun · masculine · singular · nominative · (common) ‣ 19 + 1 = 20 (Lev. 7,33; Psa. 43,4; Psa. 43,4; Psa. 88,14; Psa. 88,22; Psa. 97,1; Ode. 5,11; Job 26,2; Job 31,22; Job 40,9; Sol. 13,2; Zech. 11,17; Is. 26,11; Is. 40,10; Is. 53,1; Is. 63,5; Is. 63,12; Dan. 11,6; Dan. 11,6; John 12,38)

βραχύς short, small, little ‣ 18 + 7 = 25
  βραχέα ‣ 1
    Adjective · neuter · plural · accusative · noDegree ‣ 1 (Ex. 18,22)
  βραχεῖ ‣ 3
    Adjective · masculine · singular · dative · noDegree ‣ 2 (Deut. 26,5; Deut. 28,62)
    Adjective · neuter · singular · dative · noDegree ‣ 1 (3Mac. 4,14)
  βραχεῖαν ‣ 1
    Adjective · feminine · singular · accusative · noDegree ‣ 1 (Dan. 11,34)
  βραχείας ‣ 1
    Adjective · feminine · singular · genitive · noDegree ‣ 1 (Wis. 16,27)
  βραχεῖς ‣ 1
    Adjective · masculine · plural · accusative · noDegree ‣ 1 (Psa. 104,12)
  βραχέων ‣ 1
    Adjective · neuter · plural · genitive ‣ 1 (Heb. 13,22)
  βραχύ ‣ 3 + 3 = 6
    Adverb ‣ 2 (Heb. 2,7; Heb. 2,9)
    Adjective · neuter · singular · accusative · noDegree ‣ 3 + 1 = 4 (2Sam. 16,1; Psa. 8,6; Is. 57,17; John 6,7)
  βραχὺ ‣ 7 + 3 = 10
    Adverb ‣ 2 (Acts 5,34; Acts 27,28)
    Adjective · neuter · singular · accusative · noDegree ‣ 7 + 1 = 8 (1Sam. 14,29; 1Sam. 14,43; 2Sam. 19,37; Psa. 93,17; Psa. 118,87; Wis. 12,8; Wis. 12,10; Luke 22,58)
  βραχὺν ‣ 1
    Adjective · masculine · singular · accusative · noDegree ‣ 1 (2Mac. 7,36)

βραχυτελής (βραχύς; τέλος) brief ‣ 1
  βραχυτελῆ ‣ 1
    Adjective · masculine · singular · accusative · noDegree ‣ 1 (Wis. 15,9)

βρέφος infant ‣ 5 + 8 = 13
  βρέφη ‣ 3 + 3 = 6
    Noun · neuter · plural · accusative · (common) ‣ 3 + 2 = 5 (1Mac. 1,61; 2Mac. 6,10; 3Mac. 5,49; Luke 18,15; Acts 7,19)
    Noun · neuter · plural · nominative ‣ 1 (1Pet. 2,2)
  βρέφος ‣ 4
    Noun · neuter · singular · accusative ‣ 2 (Luke 2,12; Luke 2,16)
    Noun · neuter · singular · nominative ‣ 2 (Luke 1,41; Luke 1,44)
  βρέφους ‣ 1 + 1 = 2
    Noun · neuter · singular · genitive · (common) ‣ 1 + 1 = 2 (Sir. 19,11; 2Tim. 3,15)
  βρεφῶν ‣ 1
    Noun · neuter · plural · genitive · (common) ‣ 1 (4Mac. 4,25)

βρέχω to rain, drench ‣ 16 + 7 = 23
  βραχήσεται ‣ 2
    Verb · third · singular · future · passive · indicative ‣ 2 (Amos 4,7; Is. 34,3)
  βρέξαι ‣ 2 + 1 = 3
    Verb · aorist · active · infinitive ‣ 2 + 1 = 3 (Ode. 10,6; Is. 5,6; James 5,17)
  βρέξει ‣ 1
    Verb · third · singular · future · active · indicative ‣ 1 (Joel 2,23)
  βρέξω ‣ 5
    Verb · first · singular · future · active · indicative ‣ 5 (Psa. 6,7; Amos 4,7; Amos 4,7; Amos 4,7; Ezek. 38,22)
  βρέχει ‣ 1
    Verb · third · singular · present · active · indicative ‣ 1 (Matt. 5,45)
  βρέχειν ‣ 1
    Verb · present · active · infinitive ‣ 1 (Luke 7,38)
  βρέχῃ ‣ 1
    Verb · third · singular · present · active · subjunctive ‣ 1 (Rev. 11,6)
  βρεχομένη ‣ 1
    Verb · present · passive · participle · feminine · singular · nominative ‣ 1 (Ezek. 22,24)
  ἔβρεξεν ‣ 5 + 2 = 7
    Verb · third · singular · aorist · active · indicative ‣ 5 + 2 = 7 (Gen. 2,5; Gen. 19,24; Ex. 9,23; Psa. 77,24; Psa. 77,27; Luke 17,29; James 5,17)
  ἔβρεξέν ‣ 1
    Verb · third · singular · aorist · active · indicative ‣ 1 (Luke 7,44)

βρίθω to weigh down ‣ 1
  βρίθει ‣ 1
    Verb · third · singular · present · active · indicative ‣ 1 (Wis. 9,15)

βρόμος (βρέμω) loud voice ‣ 4
  βρόμον ‣ 2
    Noun · masculine · singular · accusative · (common) ‣ 2 (Job 6,7; Wis. 11,18)
  βρόμος ‣ 1
    Noun · masculine · singular · nominative · (common) ‣ 1 (Joel 2,20)
  βρόμῳ ‣ 1
    Noun · masculine · singular · dative · (common) ‣ 1 (Job 17,11)

βροντάω (βροντή) to thunder ‣ 10
  βροντᾷς ‣ 1
    Verb · second · singular · present · active · indicative ‣ 1 (Job 40,9)
  βροντήσει ‣ 2

Verb · third · singular · future · active · indicative ▸ **2** (Job 37,4; Job 37,5)
ἐβρόντησεν ▸ 7
Verb · third · singular · aorist · active · indicative ▸ **7** (1Sam. 2,10; 1Sam. 7,10; 2Sam. 22,14; Psa. 17,14; Psa. 28,3; Ode. 3,10; Sir. 46,17)

βροντή thunder ▸ 9 + 12 = 21
βρονταί ▸ 1 + 4 = 5
Noun · feminine · plural · nominative · (common) ▸ **1 + 4 = 5** (Esth. 11,5 # 1,1d; Rev. 8,5; Rev. 10,3; Rev. 11,19; Rev. 16,18)
βρονταί ▸ 3
Noun · feminine · plural · nominative ▸ **3** (Rev. 4,5; Rev. 10,4; Rev. 10,4)
βροντή ▸ 1
Noun · feminine · singular · nominative · (common) ▸ **1** (Sir. 40,13)
βροντήν ▸ 1 + 1 = 2
Noun · feminine · singular · accusative · (common) ▸ **1 + 1 = 2** (Amos 4,13; John 12,29)
βροντῆς ▸ 6 + 3 = 9
Noun · feminine · singular · genitive · (common) ▸ **6 + 3 = 9** (Psa. 76,19; Psa. 103,7; Job 26,14; Sir. 32,10; Sir. 43,17; Is. 29,6; Mark 3,17; Rev. 6,1; Rev. 14,2)
βροντῶν ▸ 1
Noun · feminine · plural · genitive ▸ **1** (Rev. 19,6)

βροτός mortal human ▸ 17
βροτοί ▸ 1
Noun · masculine · plural · nominative · (common) ▸ **1** (Job 36,25)
βροτοῖς ▸ 1
Noun · masculine · plural · dative · (common) ▸ **1** (Job 32,8)
βροτὸν ▸ 1
Noun · masculine · singular · accusative · (common) ▸ **1** (Job 32,21)
βροτός ▸ 1
Noun · masculine · singular · nominative · (common) ▸ **1** (Job 15,14)
βροτὸς ▸ 9
Noun · masculine · singular · nominative · (common) ▸ **9** (Job 4,17; Job 9,2; Job 10,4; Job 11,12; Job 14,1; Job 14,10; Job 25,4; Job 28,13; Job 34,15)
βροτῶν ▸ 4
Noun · masculine · plural · genitive · (common) ▸ **4** (Job 10,22; Job 28,4; Job 33,12; Job 36,28)

βροῦχος (βροτός) locust ▸ 10
βροῦχον ▸ 1
Noun · masculine · singular · accusative · (common) ▸ **1** (Lev. 11,22)
βροῦχος ▸ 8
Noun · masculine · singular · nominative · (common) ▸ **8** (1Kings 8,37; 2Chr. 6,28; Psa. 104,34; Amos 7,1; Joel 1,4; Joel 2,25; Nah. 3,15; Nah. 3,16)
βρούχου ▸ 1
Noun · masculine · singular · genitive · (common) ▸ **1** (Joel 1,4)

βροχή (βρέχω) rain ▸ 2 + 2 = 4
βροχὰς ▸ 1
Noun · feminine · plural · accusative · (common) ▸ **1** (Psa. 104,32)
βροχὴ ▸ 2
Noun · feminine · singular · nominative ▸ **2** (Matt. 7,25; Matt. 7,27)
βροχὴν ▸ 1
Noun · feminine · singular · accusative · (common) ▸ **1** (Psa. 67,10)

βρόχος snare, restriction ▸ 4 + 1 = 5
βρόχοις ▸ 2
Noun · masculine · plural · dative · (common) ▸ **2** (3Mac. 4,8; Prov. 7,21)
βρόχον ▸ 1
Noun · masculine · singular · accusative ▸ **1** (1Cor. 7,35)
βρόχους ▸ 1
Noun · masculine · plural · accusative · (common) ▸ **1** (Prov. 22,25)
βρόχων ▸ 1
Noun · masculine · plural · genitive · (common) ▸ **1** (Prov. 6,5)

βρυγμός (βρύχω) grinding, gnashing ▸ 2 + 7 = 9
βρυγμὸς ▸ 7
Noun · masculine · singular · nominative ▸ **7** (Matt. 8,12; Matt. 13,42; Matt. 13,50; Matt. 22,13; Matt. 24,51; Matt. 25,30; Luke 13,28)
βρυγμῷ ▸ 1
Noun · masculine · singular · dative · (common) ▸ **1** (Prov. 19,12)
βρυγμῶν ▸ 1
Noun · masculine · plural · genitive · (common) ▸ **1** (Sir. 51,3)

βρύχω to grind, gnash ▸ 5 + 1 = 6
βρύξει ▸ 2
Verb · third · singular · future · active · indicative ▸ **2** (Psa. 36,12; Psa. 111,10)
ἔβρυξαν ▸ 2
Verb · third · plural · aorist · active · indicative ▸ **2** (Psa. 34,16; Lam. 2,16)
ἔβρυξεν ▸ 1
Verb · third · singular · aorist · active · indicative ▸ **1** (Job 16,9)
ἔβρυχον ▸ 1
Verb · third · plural · imperfect · active · indicative ▸ **1** (Acts 7,54)

βρύω to swell with, teem with; abound; send forth ▸ 1
βρύει ▸ 1
Verb · third · singular · present · active · indicative ▸ **1** (James 3,11)

βρῶμα (βιβρώσκω) food ▸ 73 + 2 + 17 = 92
βρῶμα ▸ 10 + 5 = 15
Noun · neuter · singular · accusative · (common) ▸ **7 + 3 = 10** (2Sam. 13,5; 2Sam. 13,7; 2Sam. 13,10; Psa. 73,14; Psa. 106,18; Sir. 36,18; Sir. 51,3; Rom. 14,15; 1Cor. 3,2; 1Cor. 10,3)
Noun · neuter · singular · nominative · (common) ▸ **3 + 2 = 5** (Lev. 11,34; Sir. 36,18; Is. 3,6; 1Cor. 8,8; 1Cor. 8,13)
βρῶμά ▸ 2 + 1 = 3
Noun · neuter · singular · accusative · (common) ▸ **1** (Psa. 68,22)
Noun · neuter · singular · nominative · (common) ▸ **1 + 1 = 2** (Ezek. 4,10; John 4,34)
βρώμασιν ▸ 4 + 3 = 7
Noun · neuter · plural · dative · (common) ▸ **4 + 3 = 7** (1Mac. 1,63; Job 20,21; Sir. 13,7; Sir. 37,30; 1Cor. 6,13; Heb. 9,10; Heb. 13,9)
βρώματα ▸ 39 + 2 + 5 = 46
Noun · neuter · plural · accusative · (common) ▸ **33 + 2 + 4 = 39** (Gen. 14,11; Gen. 41,35; Gen. 41,35; Gen. 41,48; Gen. 41,48; Gen. 41,48; Gen. 42,2; Gen. 42,7; Gen. 42,10; Gen. 43,2; Gen. 43,4; Gen. 43,20; Gen. 43,22; Gen. 44,25; Deut. 2,6; Deut. 2,28; 1Kings 10,5; 1Kings 12,24p; 1Chr. 12,41; 2Chr. 2,9; 2Chr. 9,4; Ezra 3,7; 1Mac. 13,33; 1Mac. 14,10; Psa. 77,18; Psa. 78,2; Prov. 31,15; Job 6,5; Sir. 36,19; Joel 2,23; Hab. 1,16; Mal. 1,7; Bel 21; Bel 11; Bel 13; Matt. 14,15; Mark 7,19; Luke 3,11; Luke 9,13)

βρῶμα–βύσσινος

Noun · neuter · plural · nominative · (common) ▸ 6 + 1 = **7** (Gen. 41,36; Judith 11,12; 1Mac. 6,53; Joel 1,16; Mal. 1,12; Bel 11; 1Cor. 6,13)

βρώματά ▸ 3

Noun · neuter · plural · accusative · (common) ▸ **2** (Lev. 25,37; Is. 62,8)

Noun · neuter · plural · nominative · (common) ▸ **1** (Lev. 25,6)

βρώματί ▸ 1

Noun · neuter · singular · dative ▸ **1** (Rom. 14,15)

βρώματος ▸ 2 + 1 = 3

Noun · neuter · singular · genitive · (common) ▸ 2 + 1 = **3** (Sir. 36,18; Hag. 2,12; Rom. 14,20)

βρωμάτων ▸ 13 + 1 = 14

Noun · neuter · plural · genitive · (common) ▸ 13 + 1 = **14** (Gen. 6,21; Gen. 44,1; Deut. 23,20; 2Chr. 11,11; Judith 13,10; 1Mac. 9,52; 2Mac. 12,14; 4Mac. 1,34; 4Mac. 6,15; Prov. 23,6; Sir. 30,18; Sir. 30,25; LetterJ 10; 1Tim. 4,3)

βρώσιμος (βιβρώσκω) edible; food ▸ 3 + 1 = 4

βρώσιμον ▸ 3 + 1 = 4

Adjective · neuter · singular · accusative · noDegree ▸ 2 + 1 = **3** (Lev. 19,23; Neh. 9,25; Luke 24,41)

Adjective · neuter · singular · nominative · noDegree ▸ **1** (Ezek. 47,12)

βρῶσις (βιβρώσκω) food, eating, rust ▸ 41 + 1 + 11 = 53

βρώσει ▸ 8 + 1 = 9

Noun · feminine · singular · dative · (common) ▸ 8 + 1 = **9** (Gen. 2,16; Lev. 19,7; Deut. 32,24; 2Sam. 19,43; Psa. 13,4; Psa. 52,5; Ode. 2,24; Lam. 1,11; Col. 2,16)

βρώσεως ▸ 5 + 2 = 7

Noun · feminine · singular · genitive · (common) ▸ 5 + 2 = **7** (1Kings 19,8; Psa. 43,12; Psa. 77,30; Ode. 4,17; Hab. 3,17; 1Cor. 8,4; Heb. 12,16)

βρῶσιν ▸ 25 + 1 + 4 = 30

Noun · feminine · singular · accusative · (common) ▸ 25 + 1 + 4 = **30** (Gen. 1,29; Gen. 1,30; Gen. 2,9; Gen. 3,6; Gen. 9,3; Gen. 47,24; Lev. 7,24; Lev. 25,7; 1Sam. 2,28; 2Sam. 16,2; Psa. 103,21; Ode. 4,17; Job 33,20; Job 34,3; Wis. 4,5; Hab. 3,17; Mal. 3,11; Is. 55,10; Jer. 7,25; Jer. 15,3; Jer. 19,7; Lam. 1,19; Lam. 4,10; Ezek. 47,12; Dan. 1,10; Dan. 1,10; John 4,32; John 6,27; John 6,27; 2Cor. 9,10)

βρῶσις ▸ 3 + 4 = 7

Noun · feminine · singular · nominative · (common) ▸ 3 + 4 = **7** (Gen. 25,28; Judg. 14,14; Jer. 41,20; Matt. 6,19; Matt. 6,20; John 6,55; Rom. 14,17)

Βρωτόν food ▸ 1

βρωτά ▸ 1

Noun · neuter · plural · accusative · (proper) ▸ **1** (1Esdr. 5,53)

βρωτός (βιβρώσκω) to be eaten; food ▸ 1 + 1 = 2

βρωτόν ▸ 1 + 1 = 2

Adjective · neuter · singular · accusative · noDegree ▸ **1** (Job 33,20)

Adjective · neuter · singular · nominative · noDegree ▸ **1** (Judg. 14,14)

βύβλινος (βύβλος) of papyrus ▸ 1

βυβλίνας ▸ 1

Adjective · feminine · plural · accusative · noDegree ▸ **1** (Is. 18,2)

Βύβλιοι Byblos (Gebal?) ▸ 1

Βυβλίων ▸ 1

Noun · masculine · plural · genitive · (proper) ▸ **1** (Ezek. 27,9)

βυθίζω (βυθός) to sink ▸ 1 + 2 = 3

βυθίζεσθαι ▸ 1

Verb · present · passive · infinitive · (variant) ▸ **1** (Luke 5,7)

βυθίζουσιν ▸ 1

Verb · third · plural · present · active · indicative ▸ **1** (1Tim. 6,9)

ἐβύθισαν ▸ 1

Verb · third · plural · aorist · active · indicative ▸ **1** (2Mac. 12,4)

βυθός deep sea ▸ 7 + 1 = 8

βυθοῖς ▸ 1

Noun · masculine · plural · dative · (common) ▸ **1** (Psa. 67,23)

βυθόν ▸ 3

Noun · masculine · singular · accusative · (common) ▸ **3** (Ex. 15,5; Neh. 9,11; Ode. 1,5)

βυθός ▸ 1

Noun · masculine · singular · nominative · (common) ▸ **1** (Psa. 68,16)

βυθοῦ ▸ 1

Noun · masculine · singular · genitive · (common) ▸ **1** (Psa. 68,3)

βυθῷ ▸ 1 + 1 = 2

Noun · masculine · singular · dative · (common) ▸ 1 + 1 = **2** (Psa. 106,24; 2Cor. 11,25)

βυθοτρεφής (βυθός; τρέφω) living in the deep sea ▸ 1

βυθοτρεφοῦς ▸ 1

Adjective · neuter · singular · genitive · noDegree ▸ **1** (3Mac. 6,8)

βύρσα animal hide; skin ▸ 4

βύρσαν ▸ 3

Noun · feminine · singular · accusative · (common) ▸ **3** (Lev. 8,17; Lev. 9,11; Job 40,31)

βύρσης ▸ 1

Noun · feminine · singular · genitive · (common) ▸ **1** (Job 16,15)

βυρσεύς tanner ▸ 3

βυρσεῖ ▸ 2

Noun · masculine · singular · dative ▸ **2** (Acts 9,43; Acts 10,6)

βυρσέως ▸ 1

Noun · masculine · singular · genitive ▸ **1** (Acts 10,32)

βύσσινος (βύσσος) made of fine linen ▸ 17 + 5 = 22

βύσσινα ▸ 5

Adjective · neuter · plural · accusative · noDegree ▸ **4** (Is. 3,23; Dan. 10,5; Dan. 12,6; Dan. 12,7)

Adjective · neuter · plural · nominative · noDegree ▸ **1** (Ezek. 16,13)

βυσσίνας ▸ 1

Adjective · feminine · plural · accusative · noDegree ▸ **1** (2Chr. 5,12)

βυσσίνη ▸ 1

Adjective · feminine · singular · nominative · noDegree ▸ **1** (1Chr. 15,27)

βυσσίνῃ ▸ 1

Adjective · feminine · singular · dative · noDegree ▸ **1** (1Chr. 15,27)

βυσσίνην ▸ 4

Adjective · feminine · singular · accusative · noDegree ▸ **4** (Gen. 41,42; Ex. 28,39; 1Esdr. 3,6; Esth. 6,8)

βυσσίνοις ▸ 2

Adjective · masculine · plural · dative · noDegree ▸ **1** (Esth. 1,6)

Adjective · neuter · plural · dative · noDegree ▸ **1** (Esth. 1,6)

βύσσινον ▸ 1 + 4 = 5

Adjective · neuter · singular · accusative · noDegree ▸ 1 + 3 = **4** (Esth. 8,15; Rev. 18,16; Rev. 19,8; Rev. 19,14)

Adjective · neuter · singular · nominative ▸ **1** (Rev. 19,8)

βυσσίνου ▸ 1

Adjective · neuter · singular · genitive ▸ **1** (Rev. 18,12)
βυσσίνους ▸ 1
Adjective · masculine · plural · accusative · noDegree ▸ **1** (Ex. 36,34)
βυσσίνῳ ▸ 1
Adjective · masculine · singular · dative · noDegree ▸ **1** (Dan. 10,5)

βύσσος fine linen ▸ 40 + 1 = 41
βύσσον ▸ 7 + 1 = 8
Noun · feminine · singular · accusative · (common) ▸ **7 + 1 = 8** (Ex. 25,4; Ex. 28,5; Ex. 31,4; Ex. 35,6; Ex. 35,25; Is. 3,23; Is. 19,9; Luke 16,19)
βύσσος ▸ 2
Noun · feminine · singular · nominative · (common) ▸ **2** (Ex. 35,23; Ezek. 27,7)
βύσσου ▸ 26
Noun · feminine · singular · genitive · (common) ▸ **26** (Ex. 26,1; Ex. 26,31; Ex. 26,36; Ex. 27,9; Ex. 27,16; Ex. 27,18; Ex. 28,6; Ex. 28,8; Ex. 28,15; Ex. 28,33; Ex. 28,39; Ex. 36,9; Ex. 36,12; Ex. 36,15; Ex. 36,31; Ex. 36,35; Ex. 36,35; Ex. 36,35; Ex. 36,36; Ex. 37,3; Ex. 37,5; Ex. 37,7; Ex. 37,14; Ex. 37,16; 2Chr. 3,14; Prov. 31,22)
βύσσῳ ▸ 5
Noun · feminine · singular · dative · (common) ▸ **5** (Ex. 35,35; Ex. 36,10; Ex. 37,21; 2Chr. 2,13; Ezek. 16,10)

βύω to plug up ▸ 1
βυούσης ▸ 1
Verb · present · active · participle · feminine · singular · nominative ▸ **1** (Psa. 57,5)

Βωκαι Bukki ▸ 3
Βωκαι ▸ 3
Noun · masculine · singular · accusative · (proper) ▸ **1** (1Chr. 5,31)
Noun · masculine · singular · nominative · (proper) ▸ **2** (1Chr. 5,31; 1Chr. 6,36)

Βωλα Balah ▸ 1 + 1 = 2
Βωλα ▸ 1 + 1 = 2
Noun · singular · nominative · (proper) ▸ **1 + 1 = 2** (Josh. 19,3; Josh. 19,3)

βῶλαξ (βῶλος) dirt clod ▸ 1
βώλακας ▸ 1
Noun · feminine · plural · accusative · (common) ▸ **1** (Job 7,5)

βῶλος lump of earth, dirt clod ▸ 4
βῶλον ▸ 1
Noun · feminine · singular · accusative · (common) ▸ **1** (Sir. 22,15)
βώλους ▸ 1
Noun · feminine · plural · accusative · (common) ▸ **1** (Job 38,28)
βώλῳ ▸ 2
Noun · masculine · singular · dative · (common) ▸ **2** (Ezek. 17,7; Ezek. 17,10)

βωμός (βαίνω) raised platform, altar; tomb ▸ 46 + 1 = 47
βωμοί ▸ 3
Noun · masculine · plural · nominative · (common) ▸ **3** (Hos. 10,8; Amos 7,9; Jer. 30,18)
βωμοῖς ▸ 2
Noun · masculine · plural · dative · (common) ▸ **2** (Is. 16,12; Is. 17,8)
βωμόν ▸ 6
Noun · masculine · singular · accusative · (common) ▸ **6** (Num. 23,2; Num. 23,4; Num. 23,14; Num. 23,30; 1Mac. 1,59; 1Mac. 2,24)
βωμὸν ▸ 13 + 1 = 14
Noun · masculine · singular · accusative · (common) ▸ **13 + 1 = 14** (Num. 3,10; Josh. 22,10; Josh. 22,10; Josh. 22,11; Josh. 22,16; Josh. 22,19; Josh. 22,23; Josh. 22,26; Josh. 22,34; 1Mac. 2,25; 2Mac. 13,8; Jer. 7,31; Jer. 31,35; Acts 17,23)
Βωμὸς ▸ 1
Noun · masculine · singular · nominative · (common) ▸ **1** (Jer. 7,32)
βωμὸς ▸ 1
Noun · masculine · singular · nominative · (common) ▸ **1** (Is. 15,2)
βωμοῦ ▸ 3
Noun · masculine · singular · genitive · (common) ▸ **3** (1Mac. 2,23; 2Mac. 2,19; Sir. 50,12)
βωμούς ▸ 1
Noun · masculine · plural · accusative · (common) ▸ **1** (1Mac. 1,54)
βωμοὺς ▸ 14
Noun · masculine · plural · accusative · (common) ▸ **14** (Ex. 34,13; Num. 23,1; Num. 23,4; Num. 23,14; Num. 23,29; Deut. 7,5; Deut. 12,3; 2Chr. 31,1; 1Mac. 1,47; 1Mac. 2,45; 1Mac. 5,68; 2Mac. 10,2; Jer. 11,13; Jer. 39,35)
βωμῶν ▸ 2
Noun · masculine · plural · genitive · (common) ▸ **2** (Sir. 50,14; Is. 27,9)

Βωραζη Bigtha ▸ 1
Βωραζη ▸ 1
Noun · masculine · singular · dative · (proper) ▸ **1** (Esth. 1,10)

Γ, γ

γ′ gamma (letter of alphabet) or number: three; ▸ 1
  γ′ ▸ 1
    Adjective ▪ neuter ▪ singular ▪ (ordinal ▪ numeral) ▸ 1
      (Psa. 118,17)

Γααλ Gaal ▸ 9 + 9 = 18
  Γααλ ▸ 9 + 9 = 18
    Noun ▪ masculine ▪ singular ▪ accusative ▪ (proper) ▸ 1 + 1 = 2
      (Judg. 9,41; Judg. 9,41)
    Noun ▪ masculine ▪ singular ▪ genitive ▪ (proper) ▸ 1 + 1 = 2
      (Judg. 9,30; Judg. 9,30)
    Noun ▪ masculine ▪ singular ▪ nominative ▪ (proper) ▸ 7 + 7 = 14
      (Judg. 9,26; Judg. 9,28; Judg. 9,31; Judg. 9,35; Judg. 9,36; Judg. 9,37; Judg. 9,39; Judg. 9,26; Judg. 9,28; Judg. 9,31; Judg. 9,35; Judg. 9,36; Judg. 9,37; Judg. 9,39)

Γααλλα Silla ▸ 1
  Γααλλα ▸ 1
    Noun ▪ feminine ▪ singular ▪ dative ▪ (proper) ▸ 1 (2Kings 12,21)

Γααμ Gaham ▸ 1
  Γααμ ▸ 1
    Noun ▪ masculine ▪ singular ▪ accusative ▪ (proper) ▸ 1
      (Gen. 22,24)

Γααρ Gahar ▸ 1
  Γααρ ▸ 1
    Noun ▪ masculine ▪ singular ▪ genitive ▪ (proper) ▸ 1 (Neh. 7,49)

Γαας Gaash ▸ 2 + 1 = 3
  Γαας ▸ 2 + 1 = 3
    Noun ▪ singular ▪ genitive ▪ (proper) ▸ 2 + 1 = 3
      (Josh. 24,31; Judg. 2,9; Judg. 2,9)

Γαβα Geba ▸ 1
  Γαβα ▸ 1
    Noun ▪ masculine ▪ singular ▪ genitive ▪ (proper) ▸ 1 (Neh. 11,31)

Γαβαα Geba, Gibeah ▸ 32 + 26 = 58
  Γαβαα ▸ 32 + 26 = 58
    Noun ▪ singular ▪ accusative ▪ (proper) ▸ 4
      (1Sam. 10,26; 1Sam. 11,4; 1Sam. 13,15; 1Sam. 15,34)
    Noun ▪ singular ▪ genitive ▪ (proper) ▸ 2 (Ezra 2,26; Neh. 7,30)
    Noun ▪ singular ▪ nominative ▪ (proper) ▸ 2 + 1 = 3
      (Josh. 15,57; Josh. 18,24; Josh. 15,57)
    Noun ▪ feminine ▪ singular ▪ accusative ▪ (proper) ▸ 9 + 11 = 20
      (Judg. 20,4; Judg. 20,14; Judg. 20,15; Judg. 20,19; Judg. 20,20; Judg. 20,30; Judg. 20,31; Judg. 20,36; Judg. 20,37; Judg. 20,4; Judg. 20,10; Judg. 20,14; Judg. 20,15; Judg. 20,19; Judg. 20,20; Judg. 20,30; Judg. 20,31; Judg. 20,36; Judg. 20,37; Judg. 20,39)
    Noun ▪ feminine ▪ singular ▪ dative ▪ (proper) ▸ 7 + 6 = 13
      (Judg. 19,13; Judg. 19,15; Judg. 19,16; Judg. 20,9; Judg. 20,10; Judg. 20,13; Judg. 20,29; Judg. 19,13; Judg. 19,15; Judg. 19,16; Judg. 20,9; Judg. 20,13; Judg. 20,29)
    Noun ▪ feminine ▪ singular ▪ genitive ▪ (proper) ▸ 8 + 7 = 15
      (Judg. 19,12; Judg. 19,14; Judg. 20,5; Judg. 20,25; Judg. 20,33; Judg. 20,34; Judg. 20,43; 2Kings 23,8; Judg. 19,12; Judg. 19,14; Judg. 20,5; Judg. 20,21; Judg. 20,25; Judg. 20,34; Judg. 20,43)
    Noun ▪ feminine ▪ singular ▪ nominative ▪ (proper) ▸ 1
      (Josh. 18,24)

Γαβααθ Gibeah ▸ 2 + 2 = 4
  Γαβααθ ▸ 2 + 2 = 4
    Noun ▪ feminine ▪ singular ▪ dative ▪ (proper) ▸ 2
      (Josh. 24,33; Josh. 24,33a)
    Noun ▪ singular ▪ genitive ▪ (proper) ▸ 1 (Judg. 7,1)
    Noun ▪ singular ▪ nominative ▪ (proper) ▸ 1 (Josh. 18,28)

Γαβαε Geba ▸ 1
  Γαβαε ▸ 1
    Noun ▪ feminine ▪ singular ▪ accusative ▪ (proper) ▸ 1 (2Chr. 16,6)

Γαβαεθ Gibeah ▸ 1
  Γαβαεθ ▸ 1
    Noun ▪ singular ▪ genitive ▪ (proper) ▸ 1 (2Sam. 23,29)

Γαβαηλ Gabael ▸ 2 + 2 = 4
  Γαβαηλ ▸ 2 + 2 = 4
    Noun ▪ masculine ▪ singular ▪ dative ▪ (proper) ▸ 1 (Tob. 1,1)
    Noun ▪ masculine ▪ singular ▪ genitive ▪ (proper) ▸ 1 + 1 = 2
      (Tob. 4,1; Tob. 1,1)
    Noun ▪ masculine ▪ singular ▪ nominative ▪ (proper) ▸ 1
      (Tob. 10,2)

Γαβαήλ Gabael ▸ 3
  Γαβαηλ ▸ 3
    Noun ▪ masculine ▪ singular ▪ accusative ▪ (proper) ▸ 2
      (Tob. 5,6; Tob. 9,2)
    Noun ▪ masculine ▪ singular ▪ nominative ▪ (proper) ▸ 1
      (Tob. 10,2)

Γαβάηλος Gabael, Gabaelos ▸ 3 + 5 = 8
  Γαβαήλῳ ▸ 3 + 5 = 8
    Noun ▪ singular ▪ dative ▪ (proper) ▸ 1 (Tob. 9,2)
    Noun ▪ masculine ▪ singular ▪ dative ▪ (proper) ▸ 3 + 4 = 7 (Tob. 1,14; Tob. 4,20; Tob. 9,5; Tob. 1,14; Tob. 4,1; Tob. 5,6; Tob. 9,5)

Γαβαήλος Gabael ▸ 1
  Γαβαήλῳ ▸ 1
    Noun ▪ masculine ▪ singular ▪ dative ▪ (proper) ▸ 1 (Tob. 4,20)

Γαβαθα Gabatha ▸ 1

Γαβαθα ‣ 1
   Noun · masculine · singular · genitive · (proper) ‣ **1**
   (Esth. 12,1 # 1,1m)

Γαβαθων Gibbethon ‣ 4 + 1 = 5
   Γαβαθων ‣ 4 + 1 = 5
     Noun · singular · nominative · (proper) ‣ **1** (Josh. 19,44)
     Noun · feminine · singular · accusative · (proper) ‣ **2**
     (1Kings 15,27; 1Kings 16,15)
     Noun · feminine · singular · dative · (proper) ‣ **1** (1Kings 15,27)
     Noun · feminine · singular · genitive · (proper) ‣ **1** (1Kings 16,17)

Γαβαωθιαριμ (Hebr.) Gibeah and Kiriath ‣ 1
   Γαβαωθιαριμ ‣ 1
     Noun · singular · nominative · (proper) ‣ **1** (Josh. 18,28)

Γαβαων Gibeon ‣ 41 + 1 = 42
   Γαβαων ‣ 41 + 1 = 42
     Noun · feminine · singular · accusative · (proper) ‣ **10** (Josh. 9,3; Josh. 9,27; Josh. 10,1; Josh. 10,4; Josh. 10,5; Josh. 10,6; Josh. 10,12; Josh. 21,17; 2Sam. 2,12; 1Kings 3,4)
     Noun · feminine · singular · dative · (proper) ‣ **14** (Josh. 10,10; Josh. 10,12; 2Sam. 2,16; 2Sam. 3,30; 2Sam. 21,6; 1Kings 3,4; 1Kings 9,2; 1Chr. 8,29; 1Chr. 9,35; 1Chr. 16,39; 1Chr. 21,29; 2Chr. 1,3; 2Chr. 1,13; Jer. 48,12)
     Noun · feminine · singular · genitive · (proper) ‣ **13** (Josh. 10,2; Josh. 10,41; 2Sam. 2,13; 2Sam. 2,13; 2Sam. 2,24; 2Sam. 5,25; 2Sam. 20,8; 1Chr. 14,16; 2Chr. 13,2; Neh. 7,25; Is. 28,21; Jer. 35,1; Jer. 48,16)
     Noun · feminine · singular · nominative · (proper) ‣ **2 + 1 = 3** (Josh. 9,17; Josh. 18,25; Josh. 18,25)
     Noun · masculine · singular · genitive · (proper) ‣ **2** (1Chr. 8,29; 1Chr. 9,35)

Γαβαωνίτης Gibeonite ‣ 7
   Γαβαωνῖται ‣ 2
     Noun · masculine · plural · nominative · (proper) ‣ **2** (2Sam. 21,2; 2Sam. 21,4)
   Γαβαωνίτας ‣ 3
     Noun · masculine · plural · accusative · (proper) ‣ **3** (2Sam. 21,1; 2Sam. 21,2; 2Sam. 21,3)
   Γαβαωνίτης ‣ 1
     Noun · masculine · singular · nominative · (proper) ‣ **1** (1Chr. 12,4)
   Γαβαωνιτῶν ‣ 1
     Noun · masculine · plural · genitive · (proper) ‣ **1** (2Sam. 21,9)

Γαββαθᾶ Gabbatha ‣ 1
   Γαββαθα ‣ 1
     Noun · neuter · singular · accusative · (proper) ‣ **1** (John 19,13)

Γαββης Geba ‣ 1
   Γαββης ‣ 1
     Noun · masculine · singular · genitive · (proper) ‣ **1** (1Esdr. 5,20)

Γαβε Geba ‣ 1
   Γαβε ‣ 1
     Noun · singular · genitive · (proper) ‣ **1** (Zech. 14,10)

Γαβεε Gibeah ‣ 7
   Γαβεε ‣ 7
     Noun · singular · dative · (proper) ‣ **4** (1Sam. 13,2; 1Sam. 13,16; 1Sam. 14,5; 1Sam. 14,16)
     Noun · singular · genitive · (proper) ‣ **1** (1Sam. 13,18)
     Noun · feminine · singular · accusative · (proper) ‣ **2** (1Chr. 6,45; 1Chr. 8,6)

Γαβερ Geber; Gibbar ‣ 3
   Γαβερ ‣ 3
     Noun · masculine · singular · genitive · (proper) ‣ **2** (1Kings 4,13; Ezra 2,20)
     Noun · masculine · singular · nominative · (proper) ‣ **1** (1Kings 4,18)

Γαβηρωθ-χαμααμ Geruth Kimham ‣ 1
   Γαβηρωθ-χαμααμ ‣ 1
     Noun · singular · dative · (proper) ‣ **1** (Jer. 48,17)

γαβης (Hebr.) pain ‣ 1
   γαβης ‣ 1
     Noun ‣ **1** (1Chr. 4,9)

γαβιν farmers ‣ 1
   γαβιν ‣ 1
     Noun ‣ **1** (2Kings 25,12)

γαβις (Hebr.) quartz, crystal, jasper ‣ 1
   γαβις ‣ 1
     Noun ‣ **1** (Job 28,18)

Γαβλι Gebalites ‣ 1
   Γαβλι ‣ 1
     Noun · singular · genitive · (proper) ‣ **1** (Josh. 13,5)

Γαβρι Gabri ‣ 2
   Γαβρι ‣ 2
     Noun · masculine · singular · dative · (proper) ‣ **1** (Tob. 1,14)
     Noun · masculine · singular · genitive · (proper) ‣ **1** (Tob. 4,20)

Γαβρια Gabri ‣ 2
   Γαβρια ‣ 2
     Noun · masculine · singular · genitive · (proper) ‣ **2** (Tob. 1,14; Tob. 4,20)

Γαβριηλ Gabriel ‣ 2 + 2 = 4
   Γαβριηλ ‣ 2 + 2 = 4
     Noun · masculine · singular · nominative · (proper) ‣ **1 + 1 = 2** (Dan. 9,21; Dan. 9,21)
     Noun · masculine · singular · vocative · (proper) ‣ **1 + 1 = 2** (Dan. 8,16; Dan. 8,16)

Γαβριήλ Gabriel ‣ 2
   Γαβριήλ ‣ 2
     Noun · masculine · singular · nominative · (proper) ‣ **2** (Luke 1,19; Luke 1,26)

γάγγραινα gangrene ‣ 1
   γάγγραινα ‣ 1
     Noun · feminine · singular · nominative ‣ **1** (2Tim. 2,17)

Γαδ Gad ‣ 79
   Γαδ ‣ 79
     Noun · singular · nominative · (proper) ‣ **1** (Josh. 18,7)
     Noun · masculine · plural · genitive · (proper) ‣ **1** (Josh. 22,34)
     Noun · masculine · singular · accusative · (proper) ‣ **8** (Gen. 30,11; Num. 33,45; Deut. 33,20; 2Sam. 24,11; 2Sam. 24,14; 1Chr. 21,9; 1Chr. 21,13; Jer. 30,17)
     Noun · masculine · singular · dative · (proper) ‣ **7** (Deut. 3,12; Deut. 3,16; Deut. 33,20; Josh. 1,12; Josh. 12,6; Josh. 13,8; 1Chr. 21,18)
     Noun · masculine · singular · genitive · (proper) ‣ **53** (Gen. 46,16; Num. 1,14; Num. 1,36; Num. 1,37; Num. 2,14; Num. 2,14; Num. 7,42; Num. 10,20; Num. 13,15; Num. 26,24; Num. 26,27; Num. 32,1; Num. 32,2; Num. 32,6; Num. 32,25; Num. 32,29; Num. 32,31; Num. 32,33; Num. 32,34; Num. 33,46; Num. 34,14; Josh. 4,12; Josh. 13,24; Josh. 13,28; Josh. 20,8; Josh. 21,7; Josh. 21,38; Josh. 22,1; Josh. 22,9; Josh. 22,10; Josh. 22,11; Josh. 22,13; Josh. 22,15; Josh. 22,21; Josh. 22,30; Josh. 22,31; Josh. 22,32; Josh. 22,33; 1Sam. 13,7; 2Sam. 24,5; 2Sam. 24,19; 1Kings 4,18; 1Chr. 5,11; 1Chr. 5,18; 1Chr. 6,48; 1Chr. 6,65; 1Chr. 12,15; 1Chr. 21,19; 1Chr. 29,29; 2Chr. 29,25; Ezek. 48,27; Ezek. 48,28; Ezek. 48,34)
     Noun · masculine · singular · nominative · (proper) ‣ **8** (Gen. 35,26; Ex. 1,4; Deut. 27,13; 1Sam. 22,5; 2Sam. 24,13; 2Sam. 24,18; 1Chr. 2,2; 1Chr. 21,11)

Γάδ Gad ▸ 1
  Γάδ ▸ 1
    Noun · masculine · singular · vocative · (proper) ▸ 1 (Gen. 49,19)
  Γάδ ▸ 1
    Noun · masculine · singular · genitive · (proper) ▸ 1 (Rev. 7,5)

Γαδααμ Gidom ▸ 1
  Γαδααμ ▸ 1
    Noun · singular · genitive · (proper) ▸ 1 (Judg. 20,45)

Γαδαλια Gedaliah ▸ 1
  Γαδαλια ▸ 1
    Noun · masculine · singular · nominative · (proper) ▸ 1 (Ezra 10,18)

Γαδαραθι Gedarathite ▸ 1
  Γαδαραθι ▸ 1
    Noun · masculine · singular · nominative · (proper) ▸ 1 (1Chr. 12,5)

Γαδαρηνός Gadarene ▸ 1
  Γαδαρηνῶν ▸ 1
    Adjective · masculine · plural · genitive · (proper) ▸ 1 (Matt. 8,28)

Γαδγαδ Haggidgad; Gudgodah ▸ 4
  Γαδγαδ ▸ 4
    Noun · singular · accusative · (proper) ▸ 1 (Deut. 10,7)
    Noun · singular · genitive · (proper) ▸ 3 (Num. 33,32; Num. 33,33; Deut. 10,7)

Γαδδι Gadi ▸ 10
  Γαδδι ▸ 10
    Noun · masculine · singular · accusative · (proper) ▸ 1 (1Chr. 5,26)
    Noun · masculine · singular · genitive · (proper) ▸ 7 (2Sam. 23,36; 2Kings 10,33; 2Kings 15,14; 2Kings 15,17; 1Chr. 12,9; 1Chr. 12,38; 1Chr. 26,32)
    Noun · masculine · singular · nominative · (proper) ▸ 2 (Num. 13,11; 1Mac. 2,2)

Γαδδιδι Gaddite ▸ 1
  Γαδδι ▸ 1
    Noun · masculine · singular · dative · (proper) ▸ 1 (Deut. 29,7)

Γαδδιδιδι Gaddite ▸ 1
  Γαδδι ▸ 1
    Noun · masculine · singular · dative · (proper) ▸ 1 (Deut. 4,43)

Γαδερ Geder ▸ 2
  Γαδερ ▸ 2
    Noun · singular · genitive · (proper) ▸ 2 (Gen. 35,16; Josh. 12,13)

Γαδεωνι Gideoni ▸ 5
  Γαδεωνι ▸ 5
    Noun · masculine · singular · genitive · (proper) ▸ 5 (Num. 1,11; Num. 2,22; Num. 7,60; Num. 7,65; Num. 10,24)

Γαδηλ Giddel ▸ 2
  Γαδηλ ▸ 2
    Noun · masculine · singular · genitive · (proper) ▸ 2 (Neh. 7,49; Neh. 7,58)

Γαδηρα Gederah ▸ 2 + 1 = 3
  Γαδηρα ▸ 2 + 1 = 3
    Noun · feminine · singular · dative · (proper) ▸ 1 (1Chr. 4,23)
    Noun · feminine · singular · nominative · (proper) ▸ 1 + 1 = 2 (Josh. 15,36; Josh. 15,36)

Γαδηρωθ Gederoth ▸ 1 + 1 = 2
  Γαδηρωθ ▸ 1 + 1 = 2
    Noun · feminine · singular · accusative · (proper) ▸ 1 (2Chr. 28,18)
    Noun · feminine · singular · nominative · (proper) ▸ 1 (Josh. 15,41)

Γαερ Gahar ▸ 1
  Γαερ ▸ 1
    Noun · masculine · singular · genitive · (proper) ▸ 1 (Ezra 2,47)

Γάζα (γάζα) Gaza ▸ 22 + 5 + 1 = 28
  Γάζα ▸ 3 + 1 = 4
    Noun · feminine · singular · nominative · (proper) ▸ 3 + 1 = 4 (Josh. 15,47; Zeph. 2,4; Zech. 9,5; Josh. 15,47)
  Γάζαν ▸ 7 + 4 + 1 = 12
    Noun · feminine · singular · accusative · (proper) ▸ 7 + 4 + 1 = 12 (Gen. 10,19; Judg. 1,18; Judg. 6,4; Judg. 16,1; Judg. 16,21; 1Mac. 11,61; Jer. 32,20; Judg. 1,18; Judg. 6,4; Judg. 16,1; Judg. 16,21; Acts 8,26)
  Γάζῃ ▸ 1
    Noun · feminine · singular · dative · (proper) ▸ 1 (Josh. 11,22)
  Γάζης ▸ 11
    Noun · feminine · singular · genitive · (proper) ▸ 11 (Deut. 2,23; Josh. 10,41; Josh. 13,4; 1Sam. 6,17; 1Kings 2,46f; 2Kings 18,8; 1Mac. 11,61; 1Mac. 11,62; Amos 1,6; Amos 1,7; Zech. 9,5)

γάζα treasure ▸ 6 + 1 = 7
  γάζα ▸ 1
    Noun · feminine · singular · nominative · (common) ▸ 1 (Ezra 6,1)
  γάζαις ▸ 1
    Noun · feminine · plural · dative · (common) ▸ 1 (Ezra 7,21)
  γάζαν ▸ 1
    Noun · feminine · singular · accusative · (common) ▸ 1 (Esth. 4,7)
  γάζης ▸ 3 + 1 = 4
    Noun · feminine · singular · genitive · (common) ▸ 3 + 1 = 4 (Ezra 5,17; Ezra 7,20; Is. 39,2; Acts 8,27)

Γαζαῖος Gazite ▸ 2 + 1 = 3
  Γαζαίοις ▸ 1 + 1 = 2
    Noun · masculine · plural · dative · (proper) ▸ 1 + 1 = 2 (Judg. 16,2; Judg. 16,2)
  Γαζαίῳ ▸ 1
    Noun · masculine · plural · genitive · (proper) ▸ 1 (Josh. 13,3)

Γάζαν Gaza ▸ 1
  Γάζαν ▸ 1
    Noun · feminine · singular · accusative · (proper) ▸ 1 (Jer. 29,5)

Γαζαρα Gezer; Gazara ▸ 14
  Γαζαρα ▸ 8
    Noun · singular · accusative · (proper) ▸ 3 (1Mac. 16,19; 1Mac. 16,21; 2Mac. 10,32)
    Noun · feminine · singular · accusative · (proper) ▸ 3 (Josh. 21,21; 1Mac. 9,52; 1Mac. 13,43)
    Noun · feminine · singular · genitive · (proper) ▸ 2 (Josh. 16,5; 1Chr. 14,16)
  Γαζαραν ▸ 1
    Noun · feminine · singular · accusative · (proper) ▸ 1 (1Mac. 14,34)
  Γαζαροις ▸ 1
    Noun · feminine · plural · dative · (proper) ▸ 1 (1Mac. 13,53)
  Γαζαρων ▸ 4
    Noun · feminine · plural · genitive · (proper) ▸ 1 (1Mac. 14,7)
    Noun · feminine · plural · genitive · (proper) ▸ 3 (1Mac. 15,28; 1Mac. 15,35; 1Mac. 16,1)

γαζαρηνός soothsayer ▸ 3 + 5 = 8
  γαζαρηνοί ▸ 1 + 2 = 3
    Noun · masculine · plural · nominative · (common) ▸ 1 + 2 = 3 (Dan. 5,8; Dan. 4,7; Dan. 5,15)
  γαζαρηνούς ▸ 1 + 1 = 2
    Noun · masculine · plural · accusative · (common) ▸ 1 + 1 = 2 (Dan. 5,7; Dan. 5,7)

γαζαρηνῶν ▸ 1 + 2 = 3
    Noun · masculine · plural · genitive · (common) ▸ 1 + 2 = 3 (Dan. 2,27; Dan. 2,27; Dan. 5,11)

Γαζεμ Gazzam ▸ 1
    Γαζεμ ▸ 1
    Noun · masculine · singular · genitive · (proper) ▸ 1 (Ezra 2,48)

Γαζερ Gezer ▸ 13 + 2 = 15
    Γαζερ ▸ 13 + 2 = 15
    Noun · singular · dative · (proper) ▸ 4 + 2 = 6 (Josh. 16,10; Josh. 16,10; Judg. 1,29; Judg. 1,29; Judg. 1,29; Judg. 1,29)
    Noun · singular · genitive · (proper) ▸ 2 (Josh. 10,33; Josh. 12,12)
    Noun · feminine · singular · accusative · (proper) ▸ 5 (1Kings 2,35i; 1Kings 5,14b; 1Kings 5,14b; 1Kings 10,22a # 9,15; 1Chr. 6,52)
    Noun · feminine · singular · dative · (proper) ▸ 1 (1Chr. 20,4)
    Noun · feminine · singular · genitive · (proper) ▸ 1 (1Chr. 7,28)

Γαζηρα Gazera ▸ 3
    Γαζηρα ▸ 3
    Noun · singular · accusative · (proper) ▸ 1 (1Mac. 7,45)
    Noun · singular · genitive · (proper) ▸ 1 (2Sam. 5,25)
    Noun · masculine · singular · genitive · (proper) ▸ 1 (1Esdr. 5,31)

Γαζηρων Gazara ▸ 1
    Γαζηρων ▸ 1
    Noun · singular · genitive · (proper) ▸ 1 (1Mac. 4,15)

Γαζμωθ Azmaveth ▸ 1
    Γαζμωθ ▸ 1
    Noun · masculine · singular · accusative · (proper) ▸ 1 (1Chr. 9,42)

Γαζουβα Azubah ▸ 3
    Γαζουβα ▸ 3
    Noun · feminine · singular · accusative · (proper) ▸ 1 (1Chr. 2,18)
    Noun · feminine · singular · nominative · (proper) ▸ 2 (1Kings 16,28a; 1Chr. 2,19)

γαζοφυλάκιον (γάζα; φυλάσσω) treasury ▸ 25 + 5 = 30
    γαζοφυλάκια ▸ 2
    Noun · neuter · plural · accusative · (common) ▸ 2 (Neh. 10,39; Neh. 13,9)
    γαζοφυλακίοις ▸ 1
    Noun · neuter · plural · dative · (common) ▸ 1 (4Mac. 4,3)
    γαζοφυλάκιον ▸ 12 + 3 = 15
    Noun · neuter · singular · accusative · (common) ▸ 12 + 3 = 15 (2Kings 23,11; 1Esdr. 5,44; Ezra 10,6; Neh. 10,38; Neh. 13,5; Neh. 13,7; Esth. 3,9; 1Mac. 3,28; 2Mac. 3,6; 2Mac. 3,24; 2Mac. 3,28; 2Mac. 4,42; Mark 12,41; Mark 12,43; Luke 21,1)
    γαζοφυλακίου ▸ 7 + 1 = 8
    Noun · neuter · singular · genitive · (common) ▸ 7 + 1 = 8 (1Esdr. 8,18; 1Esdr. 8,44; Neh. 3,30; Neh. 13,8; 2Mac. 3,40; 2Mac. 5,18; 4Mac. 4,6; Mark 12,41)
    γαζοφυλακίῳ ▸ 2 + 1 = 3
    Noun · neuter · singular · dative · (common) ▸ 2 + 1 = 3 (Neh. 13,4; 1Mac. 14,49; John 8,20)
    γαζοφυλακίων ▸ 1
    Noun · neuter · plural · genitive · (common) ▸ 1 (Neh. 12,44)

γαζοφύλαξ (γάζα; φυλάσσω) treasurer ▸ 4
    γαζοφύλακας ▸ 1
    Noun · masculine · plural · accusative · (common) ▸ 1 (1Chr. 28,1)
    γαζοφύλακι ▸ 1
    Noun · masculine · singular · dative · (common) ▸ 1 (1Esdr. 2,8)
    γαζοφύλαξι ▸ 1
    Noun · masculine · plural · dative · (common) ▸ 1 (1Esdr. 8,19)
    γαζοφύλαξιν ▸ 1
    Noun · masculine · plural · dative · (common) ▸ 1 (1Esdr. 8,45)

Γαθεθ Geba ▸ 1
    Γαθεθ ▸ 1
    Noun · feminine · singular · accusative · (proper) ▸ 1 (Josh. 21,17)

Γαθερ Gether ▸ 1
    Γαθερ ▸ 1
    Noun · masculine · singular · nominative · (proper) ▸ 1 (Gen. 10,23)

Γαι (Hebr.) valley ▸ 38 + 1 = 39
    Γαι ▸ 38 + 1 = 39
    Noun · singular · accusative · (proper) ▸ 1 (1Sam. 13,18)
    Noun · singular · dative · (proper) ▸ 2 (Num. 33,44; Deut. 34,6)
    Noun · singular · genitive · (proper) ▸ 2 (Num. 33,45; 2Sam. 2,24)
    Noun · singular · nominative · (proper) ▸ 1 (Jer. 30,19)
    Noun · feminine · singular · accusative · (proper) ▸ 11 (Josh. 7,2; Josh. 7,2; Josh. 7,2; Josh. 8,1; Josh. 8,2; Josh. 8,3; Josh. 8,5; Josh. 8,24; Josh. 8,25; Josh. 10,1; Josh. 10,1)
    Noun · feminine · singular · dative · (proper) ▸ 3 + 1 = 4 (Josh. 8,17; Josh. 8,24; Josh. 9,3; Josh. 19,27)
    Noun · feminine · singular · genitive · (proper) ▸ 14 (Josh. 7,4; Josh. 7,5; Josh. 8,1; Josh. 8,9; Josh. 8,9; Josh. 8,10; Josh. 8,14; Josh. 8,20; Josh. 8,21; Josh. 8,23; Josh. 8,29; Josh. 12,9; Josh. 19,27; 1Chr. 4,39)
    Noun · feminine · singular · nominative · (proper) ▸ 1 (2Kings 9,27)
    Noun · masculine · singular · accusative · (proper) ▸ 1 (Esth. 2,8)
    Noun · masculine · singular · genitive · (proper) ▸ 1 (Esth. 2,8)
    Noun · masculine · singular · nominative · (proper) ▸ 1 (Esth. 2,14)

γαι (Hebr.) valley ▸ 2
    γαι ▸ 2
    Noun ▸ 2 (Ezek. 39,11; Ezek. 39,15)

γαῖα (γῆ) land, country, earth ▸ 7
    γαιῶν ▸ 7
    Noun · feminine · plural · genitive · (common) ▸ 7 (2Kings 18,35; Ezra 3,3; Ezra 9,1; Ezra 9,2; Ezra 9,14; Psa. 48,12; Ezek. 36,24)

Γαιαν Ayyah ▸ 1
    Γαιαν ▸ 1
    Noun · feminine · singular · genitive · (proper) ▸ 1 (1Chr. 7,28)

Γαιβαα Gibea ▸ 1
    Γαιβαα ▸ 1
    Noun · masculine · singular · genitive · (proper) ▸ 1 (1Chr. 2,49)

Γαιβαι Geba ▸ 1
    Γαιβαι ▸ 1
    Noun · genitive · (proper) ▸ 1 (Judith 3,10)

Γαιβαλ Ebal ▸ 5
    Γαιβαλ ▸ 5
    Noun · genitive · (proper) ▸ 2 (Deut. 27,4; Deut. 27,13)
    Noun · singular · genitive · (proper) ▸ 3 (Deut. 11,29; Josh. 8,30 # 9,2a; Josh. 8,33 # 9,2d)

Γαι-βαναι-εννον (Hebr.) Valley of Ben Hinnom ▸ 1
    Γαι-βαναι-εννομ ▸ 1
    Noun · singular · dative · (proper) ▸ 1 (2Chr. 33,6)

Γαιβενενομ (Hebr.) Valley of Ben Hinnom ▸ 1
    Γαιβενενομ ▸ 1
    Noun · singular · dative · (proper) ▸ 1 (2Chr. 28,3)

Γαιβηλ Ebal ▸ 2
    Γαιβηλ ▸ 2
    Noun · masculine · singular · nominative · (proper) ▸ 2 (Gen. 36,23; 1Chr. 1,40)

Γαιδαδ Irad ▸ 2
  Γαιδαδ ▸ 2
    Noun · masculine · singular · nominative · (proper) ▸ 2 (Gen. 4,18; Gen. 4,18)

Γαιεννα (Hebr.) Valley of Hinnom ▸ 1
  Γαιεννα ▸ 1
    Noun · singular · accusative · (proper) ▸ 1 (Josh. 18,16)

Γαιθαν Ethan ▸ 1
  Γαιθαν ▸ 1
    Noun · masculine · singular · accusative · (proper) ▸ 1 (1Kings 5,11)

Γαιθβωρ Tabor ▸ 1
  Γαιθβωρ ▸ 1
    Noun · singular · accusative · (proper) ▸ 1 (Josh. 19,22)

Γαιιεφθαηλ Valley of Iphtah El ▸ 1
  Γαιιεφθαηλ ▸ 1
    Noun · singular · accusative · (proper) ▸ 1 (Josh. 19,14)

Γαιμελε (Hebr.) Valley of Salt ▸ 2
  Γαιμελε ▸ 2
    Noun · singular · dative · (proper) ▸ 2 (2Sam. 8,13; 2Kings 14,7)

Γάϊος Gaius ▸ 5
  Γάϊον ▸ 2
    Noun · masculine · singular · accusative · (proper) ▸ 2 (Acts 19,29; 1Cor. 1,14)
  Γάϊος ▸ 2
    Noun · masculine · singular · nominative · (proper) ▸ 2 (Acts 20,4; Rom. 16,23)
  Γαΐῳ ▸ 1
    Noun · masculine · singular · dative · (proper) ▸ 1 (3John 1)

γαῖσος spear ▸ 3
  γαῖσον ▸ 1
    Noun · masculine · singular · accusative · (common) ▸ 1 (Josh. 8,18)
  γαίσῳ ▸ 2
    Noun · masculine · singular · dative · (common) ▸ 2 (Josh. 8,18; Judith 9,7)

Γαιφα Ephah ▸ 5
  Γαιφα ▸ 5
    Noun · singular · genitive · (proper) ▸ 1 (Is. 60,6)
    Noun · feminine · singular · nominative · (proper) ▸ 1 (1Chr. 2,46)
    Noun · masculine · singular · nominative · (proper) ▸ 3 (Gen. 25,4; 1Chr. 1,33; 1Chr. 2,47)

Γαιφαηλ Iphtah El ▸ 1
  Γαιφαηλ ▸ 1
    Noun · singular · accusative · (proper) ▸ 1 (Josh. 19,14)

γάλα milk ▸ 47 + 2 + 5 = 54
  γάλα ▸ 39 + 1 + 2 = 42
    Noun · neuter · singular · accusative · (common) ▸ 35 + 1 + 2 = 38 (Gen. 18,8; Ex. 3,8; Ex. 3,17; Ex. 13,5; Ex. 33,3; Lev. 20,24; Num. 13,27; Num. 14,8; Num. 16,13; Num. 16,14; Deut. 6,3; Deut. 11,9; Deut. 26,9; Deut. 26,10; Deut. 26,15; Deut. 27,3; Deut. 31,20; Deut. 32,14; Josh. 5,6; Judg. 5,25; 3Mac. 5,49; Ode. 2,14; Prov. 30,33; Job 10,10; Sir. 46,8; Joel 4,18; Is. 7,22; Is. 60,16; Jer. 11,5; Jer. 39,22; Bar. 1,20; Lam. 4,7; Ezek. 20,6; Ezek. 20,15; Ezek. 34,3; Judg. 5,25; 1Cor. 3,2; 1Pet. 2,2)
    Noun · neuter · singular · nominative · (common) ▸ 4 (Gen. 49,12; Psa. 118,70; Song 4,11; Sir. 39,26)
  γάλακτι ▸ 5
    Noun · neuter · singular · dative · (common) ▸ 5 (Ex. 23,19; Ex. 34,26; Deut. 14,21; Song 5,12; Job 29,6)
  γάλακτος ▸ 2 + 1 + 3 = 6
    Noun · neuter · singular · genitive · (common) ▸ 2 + 1 + 3 = 6 (Judg. 4,19; Is. 28,9; Judg. 4,19; 1Cor. 9,7; Heb. 5,12; Heb. 5,13)
  γάλακτός ▸ 1
    Noun · neuter · singular · genitive · (common) ▸ 1 (Song 5,1)

Γαλααδ Gilead ▸ 122 + 32 = 154
  Γαλααδ ▸ 122 + 32 = 154
    Noun · singular · dative · (proper) ▸ 2 (Gen. 31,25; Deut. 4,43)
    Noun · singular · genitive · (proper) ▸ 11 (Gen. 31,23; Gen. 37,25; Deut. 2,36; Deut. 3,12; Deut. 3,13; Deut. 34,1; 1Kings 22,3; 1Kings 22,4; 1Kings 22,6; 1Kings 22,12; 1Kings 22,29)
    Noun · feminine · singular · accusative · (proper) ▸ 9 (Gen. 31,21; Num. 32,40; Deut. 3,15; Josh. 22,9; 1Sam. 11,1; 2Sam. 24,6; 2Kings 10,33; 2Kings 15,29; 1Chr. 10,11)
    Noun · feminine · singular · dative · (proper) ▸ 8 (Josh. 20,8; Josh. 21,38; 1Kings 4,13; 1Chr. 2,22; 1Chr. 5,16; 1Chr. 27,21; Judith 15,5; 1Mac. 5,9)
    Noun · feminine · singular · genitive · (proper) ▸ 36 (Num. 32,1; Num. 32,26; Num. 32,29; Deut. 3,16; Josh. 12,2; Josh. 12,5; Josh. 13,25; Josh. 13,31; Josh. 17,5; Josh. 17,6; Josh. 22,13; Josh. 22,15; Josh. 22,32; 1Sam. 13,7; 2Sam. 17,26; 2Sam. 21,12; 1Kings 17,1; 1Kings 22,15; 1Kings 22,20; 2Kings 8,28; 2Kings 9,1; 2Kings 9,4; 2Kings 9,14; 2Kings 10,33; 1Chr. 5,9; 1Chr. 5,10; 1Chr. 6,65; 1Chr. 10,12; 2Chr. 18,5; 2Chr. 18,11; 2Chr. 18,14; 2Chr. 18,19; 2Chr. 18,28; 2Chr. 22,5; Judith 1,8; 1Mac. 5,55)
    Noun · feminine · singular · nominative · (proper) ▸ 3 (Deut. 3,10; Hos. 6,8; Hos. 12,12)
    Noun · masculine · singular · accusative · (proper) ▸ 5 + 2 = 7 (Gen. 46,20; Num. 26,33; Num. 32,39; Judg. 10,18; Judg. 11,8; Judg. 10,18; Judg. 11,29)
    Noun · masculine · singular · dative · (proper) ▸ 6 + 5 = 11 (Num. 26,33; Judg. 10,17; Judg. 11,1; Amos 1,3; Jer. 8,22; Jer. 27,19; Judg. 10,8; Judg. 10,17; Judg. 11,1; Judg. 11,8; Judg. 12,7)
    Noun · masculine · singular · genitive · (proper) ▸ 36 + 21 = 57 (Num. 26,34; Num. 27,1; Num. 36,1; Josh. 17,1; Josh. 22,11; Judg. 7,3; Judg. 10,4; Judg. 10,18; Judg. 11,2; Judg. 11,5; Judg. 11,7; Judg. 11,8; Judg. 11,9; Judg. 11,10; Judg. 11,11; Judg. 11,29; Judg. 11,29; Judg. 11,29; Judg. 12,4; Judg. 12,4; Judg. 12,5; Judg. 12,5; Judg. 12,7; Judg. 20,1; Judg. 21,8; Judg. 21,9; Judg. 21,10; Judg. 21,12; Judg. 21,14; 1Chr. 2,21; 1Chr. 2,23; 1Chr. 5,14; 1Chr. 7,14; 1Chr. 7,17; Song 4,1; Song 6,5; Judg. 7,3; Judg. 10,4; Judg. 10,18; Judg. 11,2; Judg. 11,5; Judg. 11,7; Judg. 11,8; Judg. 11,9; Judg. 11,10; Judg. 11,11; Judg. 11,29; Judg. 11,40; Judg. 12,4; Judg. 12,4; Judg. 12,5; Judg. 20,1; Judg. 21,8; Judg. 21,9; Judg. 21,10; Judg. 21,12; Judg. 21,14)
    Noun · masculine · singular · nominative · (proper) ▸ 5 + 4 = 9 (Judg. 5,17; Judg. 12,4; Psa. 59,9; Psa. 107,9; Jer. 22,6; Judg. 5,17; Judg. 10,3; Judg. 12,4; Judg. 12,5)
    Noun · masculine · singular · vocative · (proper) ▸ 1 (Jer. 26,11)

Γαλααδι Gileadite ▸ 1
  Γαλααδι ▸ 1
    Noun · masculine · singular · nominative · (proper) ▸ 1 (Num. 26,33)

Γαλααδίτης Gileadite ▸ 9 + 2 = 11
  Γαλααδίτης ▸ 5 + 2 = 7
    Noun · masculine · singular · nominative · (proper) ▸ 5 + 2 = 7 (Judg. 10,3; Judg. 11,1; Judg. 12,7; 2Sam. 17,27; 2Sam. 19,32; Judg. 11,1; Judg. 12,7)
  Γαλααδίτου ▸ 4
    Noun · masculine · singular · genitive · (proper) ▸ 4 (Judg. 11,40; 1Kings 2,7; Ezra 2,61; Neh. 7,63)

Γαλααδῖτις Gileadite ▸ 22

Γαλααδίτιδα ▸ 1
: **Noun** · feminine · singular · accusative · (proper) ▸ **1** (Josh. 13,11)

Γαλααδίτιδι ▸ 4
: **Noun** · feminine · singular · dative · (proper) ▸ **4** (Josh. 17,1; Judg. 10,8; 1Mac. 5,25; 1Mac. 5,45)

Γαλααδίτιδος ▸ 8
: **Noun** · feminine · singular · genitive · (proper) ▸ **8** (1Sam. 31,11; 2Sam. 2,4; 2Sam. 2,5; 1Chr. 26,31; 2Chr. 18,2; 2Chr. 18,3; 1Mac. 5,36; Ezek. 47,18)

Γαλααδίτιδός ▸ 1
: **Noun** · feminine · singular · genitive · (proper) ▸ **1** (1Mac. 5,27)

Γαλααδῖτιν ▸ 7
: **Noun** · feminine · singular · accusative · (proper) ▸ **7** (2Sam. 2,9; 1Mac. 5,17; 1Mac. 5,20; 1Mac. 13,22; Mic. 7,14; Obad. 19; Zech. 10,10)

Γαλααδιτῶν ▸ 1
: **Noun** · masculine · plural · genitive · (proper) ▸ **1** (Amos 1,13)

γαλαθηνός (γάλα; θάω) suckling ▸ 3
: γαλαθηνά ▸ 1
  : **Adjective** · neuter · plural · accusative · noDegree ▸ **1** (Amos 6,4)
: γαλαθηνόν ▸ 1
  : **Adjective** · masculine · singular · accusative · noDegree ▸ **1** (1Sam. 7,9)
: γαλαθηνοῦ ▸ 1
  : **Adjective** · masculine · singular · genitive · noDegree ▸ **1** (Sir. 46,16)

γαλακτοποτέω (γάλα; πίνω) to drink milk ▸ 1
: γαλακτοποτοῦντες ▸ 1
  : **Verb** · present · active · participle · masculine · plural · nominative ▸ **1** (4Mac. 13,21)

γαλακτοτροφία (γάλα; τρέφω) nursing ▸ 1
: γαλακτοτροφίαι ▸ 1
  : **Noun** · feminine · plural · nominative · (common) ▸ **1** (4Mac. 16,7)

Γαλαλ Galal ▸ 2
: Γαλαλ ▸ 2
  : **Noun** · masculine · singular · genitive · (proper) ▸ **1** (1Chr. 9,16)
  : **Noun** · masculine · singular · nominative · (proper) ▸ **1** (1Chr. 9,15)

Γαλαμααν Galamaan (?) ▸ 1
: Γαλαμααν ▸ 1
  : **Noun** · singular · nominative · (proper) ▸ **1** (2Sam. 5,16a)

Γαλάται Gauls; Galatians ▸ 2
: Γαλάταις ▸ 1
  : **Noun** · masculine · plural · dative · (proper) ▸ **1** (1Mac. 8,2)
: Γαλάτας ▸ 1
  : **Noun** · masculine · plural · accusative · (proper) ▸ **1** (2Mac. 8,20)

Γαλάτης Galatian ▸ 2
: Γαλάται ▸ 1
  : **Noun** · masculine · plural · vocative · (proper) ▸ **1** (Gal. 3,1)
: ΓΑΛΑΤΑΣ ▸ 1
  : **Noun** · masculine · plural · accusative · (proper) ▸ **1** (Gal. 1,0)

Γαλατία Galatia ▸ 4
: Γαλατίαν ▸ 1
  : **Noun** · feminine · singular · accusative · (proper) ▸ **1** (2Tim. 4,10)
: Γαλατίας ▸ 3
  : **Noun** · feminine · singular · genitive · (proper) ▸ **3** (1Cor. 16,1; Gal. 1,2; 1Pet. 1,1)

Γαλατικός Galatian ▸ 2
: Γαλατικὴν ▸ 2
  : **Adjective** · feminine · singular · accusative · (proper) ▸ **2** (Acts 16,6; Acts 18,23)

Γαλγαλ Baal Gad; Gilgal ▸ 9 + 2 = 11
: Γαλγαλ ▸ 9 + 2 = 11
  : **Noun** · singular · accusative · (proper) ▸ **1** (Hos. 9,15)
  : **Noun** · singular · dative · (proper) ▸ **1** (Hos. 12,12)
  : **Noun** · singular · genitive · (proper) ▸ **1** (Mic. 6,5)
  : **Noun** · feminine · singular · accusative · (proper) ▸ **1** (Josh. 15,7)
  : **Noun** · feminine · singular · dative · (proper) ▸ **2** (Josh. 14,6; 1Sam. 15,33)
  : **Noun** · feminine · singular · genitive · (proper) ▸ 3 + 2 = **5** (Josh. 13,5; Judg. 2,1; Judg. 3,19; Judg. 2,1; Judg. 3,19)

Γαλγαλα Gilgal ▸ 30
: Γαλγαλα ▸ 17
  : **Noun** · feminine · singular · accusative · (proper) ▸ **15** (Josh. 9,6; Josh. 10,6; Josh. 22,10; 1Sam. 7,16; 1Sam. 11,14; 1Sam. 11,15; 1Sam. 13,8; 1Sam. 13,12; 1Sam. 15,12; 2Sam. 19,16; 2Sam. 19,41; 2Kings 4,38; Hos. 4,15; Amos 4,4; Amos 5,5)
  : **Noun** · feminine · singular · genitive · (proper) ▸ **1** (1Sam. 10,8)
  : **Noun** · feminine · singular · nominative · (proper) ▸ **1** (Josh. 5,9)
: Γαλγαλοις ▸ 8
  : **Noun** · feminine · plural · dative · (proper) ▸ **2** (Josh. 4,19; Josh. 4,20)
  : **Noun** · neuter · plural · dative · (proper) ▸ **6** (Josh. 24,31a; 1Sam. 11,15; 1Sam. 13,4; 1Sam. 13,7; 1Sam. 15,4; 1Sam. 15,21)
: Γαλγαλων ▸ 5
  : **Noun** · feminine · plural · genitive · (proper) ▸ **5** (Josh. 10,7; Josh. 10,9; 1Sam. 13,15; 1Sam. 13,15; 2Kings 2,1)

Γάλγαλα Gilgal ▸ 2
: Γαλγαλα ▸ 2
  : **Noun** · feminine · singular · accusative · (proper) ▸ **2** (1Mac. 9,2; Amos 5,5)

γαλεάγρα (γαλῆ; ἄγω) cage ▸ 1
: γαλεάγρᾳ ▸ 1
  : **Noun** · feminine · singular · dative · (common) ▸ **1** (Ezek. 19,9)

Γαλεμ Alem (?) ▸ 1
: Γαλεμ ▸ 1
  : **Noun** · singular · nominative · (proper) ▸ **1** (Josh. 15,59a)

Γαλεμαθ Alemeth ▸ 1
: Γαλεμαθ ▸ 1
  : **Noun** · masculine · singular · accusative · (proper) ▸ **1** (1Chr. 8,36)

Γαλεμεθ Alemeth ▸ 2
: Γαλεμεθ ▸ 2
  : **Noun** · feminine · singular · accusative · (proper) ▸ **1** (1Chr. 6,45)
  : **Noun** · masculine · singular · accusative · (proper) ▸ **1** (1Chr. 9,42)

γαλῆ weasel ▸ 1
: γαλῆ ▸ 1
  : **Noun** · feminine · singular · nominative · (common) ▸ **1** (Lev. 11,29)

γαλήνη calmness ▸ 3
: γαλήνη ▸ 3
  : **Noun** · feminine · singular · nominative ▸ **3** (Matt. 8,26; Mark 4,39; Luke 8,24)

γαληνός (γαλήνη) calm ▸ 1
: γαληνὸν ▸ 1
  : **Adjective** · neuter · singular · accusative · noDegree ▸ **1** (4Mac. 13,6)

Γαλιλαία Galilee ▸ 25 + 2 + 61 = 88
: Γαλιλαία ▸ 3 + 1 = 4
  : **Noun** · feminine · singular · nominative · (proper) ▸ **3** (Joel 4,4; Is.

Γαλιλαία–γαμβρός

8,23; Is. 33,9)
Noun · feminine · singular · vocative · (proper) · (variant) ▸ 1 (Matt. 4,15)

Γαλιλαίᾳ ▸ 10 + 1 + 6 = 17
Noun · feminine · singular · dative · (proper) ▸ 10 + 1 + 6 = 17 (Josh. 20,7; Josh. 21,32; 1Kings 9,11; 1Chr. 6,61; Judith 15,5; Tob. 1,2; 1Mac. 5,17; 1Mac. 5,55; 1Mac. 11,63; 1Mac. 12,47; Tob. 1,2; Matt. 4,23; Matt. 17,22; Mark 15,41; Luke 24,6; John 7,1; John 7,9)

Γαλιλαίαν ▸ 8 + 17 = 25
Noun · feminine · singular · accusative · (proper) ▸ 8 + 17 = 25 (1Kings 9,12; 2Kings 15,29; Judith 1,8; 1Mac. 5,15; 1Mac. 5,20; 1Mac. 5,21; 1Mac. 12,49; Ezek. 47,8; Matt. 4,12; Matt. 26,32; Matt. 28,7; Matt. 28,10; Matt. 28,16; Mark 1,14; Mark 1,39; Mark 14,28; Mark 16,7; Luke 2,39; Luke 4,14; John 1,43; John 4,3; John 4,43; John 4,45; John 4,47; John 4,54)

Γαλιλαίας ▸ 4 + 1 + 37 = 42
Noun · feminine · singular · genitive · (proper) ▸ 4 + 1 + 37 = 42 (Josh. 12,23; 1Mac. 5,14; 1Mac. 5,23; 1Mac. 10,30; Tob. 1,5; Matt. 2,22; Matt. 3,13; Matt. 4,18; Matt. 4,25; Matt. 15,29; Matt. 19,1; Matt. 21,11; Matt. 27,55; Mark 1,9; Mark 1,16; Mark 1,28; Mark 3,7; Mark 6,21; Mark 7,31; Mark 9,30; Luke 1,26; Luke 2,4; Luke 3,1; Luke 4,31; Luke 5,17; Luke 8,26; Luke 17,11; Luke 23,5; Luke 23,49; Luke 23,55; John 2,1; John 2,11; John 4,46; John 6,1; John 7,41; John 7,52; John 7,52; John 12,21; John 21,2; Acts 9,31; Acts 10,37; Acts 13,31)

Γαλιλαῖος Galilean ▸ 11
Γαλιλαῖοι ▸ 4
Adjective · masculine · plural · nominative · (proper) ▸ 3 (Luke 13,2; John 4,45; Acts 2,7)
Adjective · masculine · plural · vocative · (proper) ▸ 1 (Acts 1,11)
Γαλιλαῖος ▸ 2
Adjective · masculine · singular · nominative · (proper) ▸ 2 (Mark 14,70; Acts 5,37)
Γαλιλαῖός ▸ 2
Adjective · masculine · singular · nominative · (proper) ▸ 2 (Luke 22,59; Luke 23,6)
Γαλιλαίου ▸ 1
Adjective · masculine · singular · genitive · (proper) ▸ 1 (Matt. 26,69)
Γαλιλαίους ▸ 1
Adjective · masculine · plural · accusative · (proper) ▸ 1 (Luke 13,2)
Γαλιλαίων ▸ 1
Adjective · masculine · plural · genitive · (proper) ▸ 1 (Luke 13,1)

Γαλιλωθ Geliloth ▸ 1
Γαλιλωθ ▸ 1
Noun · feminine · singular · accusative · (proper) ▸ 1 (Josh. 18,17)

Γαλλιμ Gallim ▸ 1 + 1 = 2
Γαλλιμ ▸ 1 + 1 = 2
Noun · singular · genitive · (proper) ▸ 1 (Is. 10,30)
Noun · singular · nominative · (proper) ▸ 1 (Josh. 15,59a)

Γαλλίων Gallio ▸ 3
Γαλλίων ▸ 1
Noun · masculine · singular · nominative · (proper) ▸ 1 (Acts 18,14)
Γαλλίωνι ▸ 1
Noun · masculine · singular · dative · (proper) ▸ 1 (Acts 18,17)
Γαλλίωνος ▸ 1
Noun · masculine · singular · genitive · (proper) ▸ 1 (Acts 18,12)

Γαμαλα Almon ▸ 1
Γαμαλα ▸ 1
Noun · feminine · singular · accusative · (proper) ▸ 1 (Josh. 21,18)

Γαμαλι Gemalli ▸ 1
Γαμαλι ▸ 1
Noun · masculine · singular · genitive · (proper) ▸ 1 (Num. 13,12)

Γαμαλιηλ Gamaliel ▸ 5
Γαμαλιηλ ▸ 5
Noun · masculine · singular · genitive · (proper) ▸ 1 (Num. 7,59)
Noun · masculine · singular · nominative · (proper) ▸ 4 (Num. 1,10; Num. 2,20; Num. 7,54; Num. 10,23)

Γαμαλιήλ Gamaliel ▸ 2
Γαμαλιήλ ▸ 1
Noun · masculine · singular · nominative · (proper) ▸ 1 (Acts 5,34)
Γαμαλιὴλ ▸ 1
Noun · masculine · singular · genitive · (proper) ▸ 1 (Acts 22,3)

Γαμαριας Gemariah ▸ 2
Γαμαριας ▸ 2
Noun · masculine · singular · nominative · (proper) ▸ 2 (Jer. 43,12; Jer. 43,25)

Γαμαριος Gemariah ▸ 3
Γαμαριου ▸ 3
Noun · masculine · singular · genitive · (proper) ▸ 3 (Jer. 36,3; Jer. 43,10; Jer. 43,11)

γαμβρεύω (γάμος) to marry ▸ 2
γάμβρευσαι ▸ 1
Verb · second · singular · aorist · middle · imperative ▸ 1 (Gen. 38,8)
γαμβρεύσητε ▸ 1
Verb · second · plural · aorist · active · subjunctive ▸ 1 (Deut. 7,3)

γαμβρός (γάμος) in-law; son-in-law; father-in-law ▸ 27 + 5 = 32
γαμβροὶ ▸ 1
Noun · masculine · plural · nominative · (common) ▸ 1 (Gen. 19,12)
γαμβρόν ▸ 1
Noun · masculine · singular · accusative · (common) ▸ 1 (Ex. 18,27)
γαμβρὸν ▸ 2
Noun · masculine · singular · accusative · (common) ▸ 2 (Ex. 4,18; Judg. 19,5)
γαμβρός ▸ 1
Noun · masculine · singular · nominative · (common) ▸ 1 (Ex. 18,6)
γαμβρὸς ▸ 12 + 3 = 15
Noun · masculine · singular · nominative · (common) ▸ 12 + 3 = 15 (Ex. 18,1; Ex. 18,2; Ex. 18,5; Ex. 18,12; Ex. 18,17; Judg. 15,6; Judg. 19,4; Judg. 19,7; Judg. 19,9; 1Sam. 22,14; Neh. 6,18; 1Mac. 16,12; Judg. 19,4; Judg. 19,7; Judg. 19,9)
γαμβροῦ ▸ 4 + 2 = 6
Noun · masculine · singular · genitive · (common) ▸ 4 + 2 = 6 (Ex. 3,1; Ex. 18,12; Ex. 18,24; Judg. 4,11; Judg. 1,16; Judg. 4,11)
γαμβροὺς ▸ 1
Noun · masculine · plural · accusative · (common) ▸ 1 (Gen. 19,14)
γαμβρῷ ▸ 4
Noun · masculine · singular · dative · (common) ▸ 4 (Ex. 18,7; Ex. 18,8; Ex. 18,15; Num. 10,29)

γαμβρῶν ‣ 1
  Noun · masculine · plural · genitive · (common) ‣ 1 (Gen. 19,14)

Γαμερ Gomer ‣ 4
  Γαμερ ‣ 4
    Noun · masculine · singular · genitive · (proper) ‣ 2 (Gen. 10,3; 1Chr. 1,6)
    Noun · masculine · singular · nominative · (proper) ‣ 2 (Gen. 10,2; 1Chr. 1,5)

γαμετή (γάμος) wife ‣ 1
  γαμετὴν ‣ 1
    Noun · feminine · singular · accusative · (common) ‣ 1 (4Mac. 2,11)

γαμέω (γάμος) to marry ‣ 4 + 28 = 32
  γαμεῖν ‣ 3
    Verb · present · active · infinitive ‣ 3 (1Tim. 4,3; 1Tim. 5,11; 1Tim. 5,14)
  γαμείτωσαν ‣ 1
    Verb · third · plural · present · active · imperative ‣ 1 (1Cor. 7,36)
  γαμηθῆναι ‣ 1
    Verb · aorist · passive · infinitive ‣ 1 (1Cor. 7,39)
  γαμῆσαι ‣ 2
    Verb · aorist · active · infinitive ‣ 2 (Matt. 19,10; 1Cor. 7,9)
  γαμήσας ‣ 1
    Verb · aorist · active · participle · masculine · singular · nominative ‣ 1 (1Cor. 7,33)
  γαμήσασα ‣ 1
    Verb · aorist · active · participle · feminine · singular · nominative ‣ 1 (1Cor. 7,34)
  γαμησάτωσαν ‣ 1
    Verb · third · plural · aorist · active · imperative ‣ 1 (1Cor. 7,9)
  γαμήσῃ ‣ 4
    Verb · third · singular · aorist · active · subjunctive ‣ 4 (Matt. 5,32; Matt. 19,9; Mark 10,11; Mark 10,12)
  γαμήσῃς ‣ 1
    Verb · second · singular · aorist · active · subjunctive ‣ 1 (1Cor. 7,28)
  γαμοῦντες ‣ 1
    Verb · present · active · participle · masculine · plural · nominative ‣ 1 (Matt. 24,38)
  γαμοῦσιν ‣ 4
    Verb · third · plural · present · active · indicative ‣ 4 (Matt. 22,30; Mark 12,25; Luke 20,34; Luke 20,35)
  γαμῶν ‣ 2
    Verb · present · active · participle · masculine · singular · nominative ‣ 2 (Luke 16,18; Luke 16,18)
  γεγαμηκόσιν ‣ 1
    Verb · perfect · active · participle · masculine · plural · dative ‣ 1 (1Cor. 7,10)
  γῆμαι ‣ 1
    Verb · aorist · active · infinitive ‣ 1 (2Mac. 14,25)
  γήμαντες ‣ 1
    Verb · aorist · active · participle · masculine · plural · nominative ‣ 1 (4Mac. 16,9)
  γήμας ‣ 1
    Verb · aorist · active · participle · masculine · singular · nominative ‣ 1 (Matt. 22,25)
  γήμῃ ‣ 1
    Verb · third · singular · aorist · active · subjunctive ‣ 1 (1Cor. 7,28)
  ἐγάμησεν ‣ 2 + 1 = 3
    Verb · third · singular · aorist · active · indicative ‣ 2 + 1 = 3 (Esth. 10,6 # 10,3c; 2Mac. 14,25; Mark 6,17)
  ἐγάμουν ‣ 1
    Verb · third · plural · imperfect · active · indicative ‣ 1 (Luke 17,27)
  ἔγημα ‣ 1
    Verb · first · singular · aorist · active · indicative ‣ 1 (Luke 14,20)

Γαμζω Gimzo ‣ 1
  Γαμζω ‣ 1
    Noun · feminine · singular · accusative · (proper) ‣ 1 (2Chr. 28,18)

Γαμηλος Gamael ‣ 1
  Γαμηλος ‣ 1
    Noun · masculine · singular · nominative · (proper) ‣ 1 (1Esdr. 8,29)

γαμίζω (γάμος) to give in marriage ‣ 7
  γαμίζονται ‣ 3
    Verb · third · plural · present · passive · indicative · (variant) ‣ 3 (Matt. 22,30; Mark 12,25; Luke 20,35)
  γαμίζοντες ‣ 1
    Verb · present · active · participle · masculine · plural · nominative ‣ 1 (Matt. 24,38)
  γαμίζων ‣ 2
    Verb · present · active · participle · masculine · singular · nominative ‣ 2 (1Cor. 7,38; 1Cor. 7,38)
  ἐγαμίζοντο ‣ 1
    Verb · third · plural · imperfect · passive · indicative · (variant) ‣ 1 (Luke 17,27)

γαμικός (γάμος) bridal chamber ‣ 1
  γαμικὸν ‣ 1
    Adjective · masculine · singular · accusative · noDegree ‣ 1 (3Mac. 4,6)

γαμίσκω (γάμος) to give in marriage ‣ 1
  γαμίσκονται ‣ 1
    Verb · third · plural · present · passive · indicative · (variant) ‣ 1 (Luke 20,34)

γάμος marriage ‣ 19 + 6 + 16 = 41
  γάμον ‣ 7 + 3 + 1 = 11
    Noun · masculine · singular · accusative · (common) ‣ 7 + 3 + 1 = 11 (Gen. 29,22; Tob. 6,13; Tob. 8,19; Tob. 9,2; Tob. 9,6; 1Mac. 9,37; 1Mac. 10,58; Tob. 6,13; Tob. 9,5; Tob. 9,6; John 2,2)
  γάμος ‣ 2 + 1 + 5 = 8
    Noun · masculine · singular · nominative · (common) ‣ 2 + 1 + 5 = 8 (Tob. 11,19; 1Mac. 9,41; Tob. 12,1; Matt. 22,8; Matt. 22,10; John 2,1; Heb. 13,4; Rev. 19,7)
  γάμου ‣ 4 + 1 + 3 = 8
    Noun · masculine · singular · genitive · (common) ‣ 4 + 1 + 3 = 8 (Esth. 1,5; Tob. 8,20; Tob. 8,20; Tob. 10,7; Tob. 10,8; Matt. 22,11; Matt. 22,12; Rev. 19,9)
  γάμους ‣ 2 + 1 + 6 = 9
    Noun · masculine · plural · accusative · (common) ‣ 2 + 1 + 6 = 9 (Esth. 2,18; Wis. 14,24; Tob. 9,2; Matt. 22,2; Matt. 22,3; Matt. 22,4; Matt. 22,9; Matt. 25,10; Luke 14,8)
  γάμων ‣ 4 + 1 = 5
    Noun · masculine · plural · genitive · (common) ‣ 4 + 1 = 5 (Esth. 9,22; 3Mac. 4,8; Wis. 13,17; Wis. 14,26; Luke 12,36)

Γαμουλ Gamul ‣ 1
  Γαμουλ ‣ 1
    Noun · masculine · singular · dative · (proper) ‣ 1 (1Chr. 24,17)

Γαμωλ Gamul ‣ 1
  Γαμωλ ‣ 1
    Noun · singular · genitive · (proper) ‣ 1 (Jer. 31,23)

Γαναθων Ginnethon ‣ 2

Γαναθων ‣ 2
    Noun · masculine · singular · dative · (proper) ‣ **1** (Neh. 12,16)
    Noun · masculine · singular · nominative · (proper) ‣ **1** (Neh. 10,7)
Γανηβαθ Genubath ‣ 2
    Γανηβαθ ‣ 2
        Noun · masculine · singular · accusative · (proper) ‣ **1** (1Kings 11,20)
        Noun · masculine · singular · nominative · (proper) ‣ **1** (1Kings 11,20)
Γανοζα Gazona (?) ‣ 1
    Γανοζα ‣ 1
        Noun · singular · dative · (proper) ‣ **1** (2Chr. 36,8)
γάρ for, since, then, indeed ‣ 1522 + 26 + 1041 = 2589
    γάρ ‣ 161 + 4 + 113 = 278
        Conjunction · coordinating · (explanatory) ‣ 161 + 4 + 113 = 278 (Gen. 4,25; Gen. 18,15; Gen. 20,11; Gen. 21,16; Gen. 26,9; Gen. 26,24; Gen. 27,36; Gen. 30,16; Gen. 30,27; Gen. 31,31; Gen. 32,21; Gen. 35,18; Gen. 38,11; Gen. 42,4; Gen. 42,21; Gen. 43,14; Gen. 43,32; Gen. 45,3; Gen. 45,7; Gen. 46,34; Gen. 47,4; Ex. 5,8; Ex. 15,26; Ex. 19,5; Ex. 20,5; Ex. 22,26; Ex. 23,22; Ex. 29,14; Ex. 29,34; Ex. 32,23; Lev. 5,9; Lev. 10,13; Lev. 13,6; Lev. 18,7; Lev. 18,14; Lev. 18,17; Lev. 18,22; Lev. 18,23; Lev. 20,12; Lev. 25,23; Num. 14,42; Num. 23,23; Num. 35,34; Deut. 1,42; Deut. 3,24; Deut. 7,7; Josh. 7,3; Josh. 18,7; 1Esdr. 8,84; Judith 6,4; Judith 7,10; Judith 9,2; Judith 12,3; 1Mac. 7,14; 1Mac. 9,44; 1Mac. 10,4; 1Mac. 12,53; 1Mac. 13,5; 2Mac. 3,25; 4Mac. 4,1; 4Mac. 5,7; 4Mac. 9,1; 4Mac. 11,21; 4Mac. 17,19; 4Mac. 18,18; Psa. 24,11; Psa. 49,12; Psa. 54,20; Psa. 72,25; Psa. 80,11; Psa. 134,17; Ode. 2,31; Ode. 11,17; Prov. 4,22; Prov. 5,21; Prov. 7,12; Prov. 22,22; Prov. 25,7; Prov. 26,25; Prov. 27,13; Prov. 30,2; Job 3,25; Job 4,17; Job 6,2; Job 6,5; Job 6,11; Job 6,22; Job 6,30; Job 7,16; Job 7,17; Job 8,9; Job 8,9; Job 8,16; Job 9,4; Job 9,18; Job 11,3; Job 11,19; Job 13,19; Job 15,7; Job 16,3; Job 16,11; Job 18,4; Job 21,4; Job 25,3; Job 27,8; Job 30,13; Job 31,12; Job 32,18; Job 32,18; Job 33,12; Job 36,22; Job 41,2; Job 42,3; Wis. 2,18; Wis. 4,1; Wis. 7,17; Wis. 7,25; Wis. 7,26; Wis. 8,4; Wis. 9,6; Wis. 12,18; Wis. 13,16; Wis. 15,12; Wis. 15,17; Wis. 16,10; Wis. 16,16; Wis. 17,1; Wis. 17,11; Wis. 19,22; Sir. 3,10; Sir. 3,22; Sir. 4,6; Sir. 19,9; Sir. 32,3; Sir. 33,22; Sir. 38,21; Sir. 41,12; Sir. 41,16; Sir. 51,11; Hos. 2,7; Is. 1,24; Is. 8,1; Is. 8,12; Is. 10,13; Is. 15,5; Is. 16,10; Is. 29,11; Is. 38,14; Is. 38,17; Is. 41,10; Is. 41,10; Is. 55,8; Is. 60,1; Is. 61,8; Is. 61,10; Bar. 5,4; LetterJ 23; Dan. 4,27; Dan. 6,27; Dan. 12,13; Bel 38; Tob. 6,18; Tob. 7,10; Tob. 8,10; Bel 38; Matt. 3,3; Matt. 4,10; Matt. 5,29; Matt. 5,30; Matt. 6,21; Matt. 7,12; Matt. 9,5; Matt. 10,26; Matt. 12,8; Matt. 18,20; Matt. 20,1; Matt. 22,14; Matt. 23,8; Matt. 23,9; Matt. 26,28; Matt. 26,31; Mark 4,22; Mark 7,27; Mark 9,39; Mark 13,11; Mark 14,2; Mark 16,8; Luke 1,18; Luke 5,39; Luke 6,43; Luke 8,17; Luke 12,34; Luke 14,14; Luke 18,25; Luke 19,21; Luke 20,6; Luke 20,36; John 6,40; John 7,4; John 11,39; John 13,13; Acts 2,39; Acts 16,28; Acts 16,37; Acts 17,20; Acts 19,24; Acts 19,35; Acts 25,27; Acts 26,26; Acts 27,23; Rom. 1,9; Rom. 2,11; Rom. 3,3; Rom. 3,22; Rom. 4,9; Rom. 6,14; Rom. 10,12; Rom. 11,23; Rom. 12,19; Rom. 14,11; Rom. 14,17; 1Cor. 1,11; 1Cor. 1,19; 1Cor. 3,9; 1Cor. 3,19; 1Cor. 4,7; 1Cor. 4,9; 1Cor. 5,3; 1Cor. 5,12; 1Cor. 6,16; 1Cor. 7,9; 1Cor. 8,10; 1Cor. 9,15; 1Cor. 9,16; 1Cor. 9,16; 1Cor. 11,5; 1Cor. 11,8; 1Cor. 14,33; 1Cor. 14,35; 1Cor. 15,9; 1Cor. 16,9; 2Cor. 2,17; 2Cor. 6,2; 2Cor. 12,13; Gal. 4,24; Gal. 4,27; Eph. 2,10; Eph. 2,14; Eph. 5,8; Eph. 5,29; Eph. 6,1; Phil. 1,8; Phil. 1,18; Phil. 2,13; Phil. 3,3; 1Th. 2,5; 1Th. 2,9; 1Th. 2,20; 1Th. 4,3; 2Th. 3,11; 1Tim. 5,4; 1Tim. 5,15; 2Tim. 2,7; 2Tim. 3,6; 2Tim. 4,10; 2Tim. 4,11; Titus 3,3; Heb. 4,2; Heb. 4,4; Heb. 5,13; Heb. 8,5; James 4,14; 1Pet. 3,5; 1Pet. 4,15; 2Pet. 2,19; 1John 5,3; Jude 4; Rev. 14,4)
    γάρ ‣ 1361 + 22 + 928 = 2311
        Conjunction · coordinating · (explanatory) ‣ 1361 + 22 + 928 = 2311 (Gen. 2,5; Gen. 3,5; Gen. 7,4; Gen. 9,5; Gen. 14,12; Gen. 15,16; Gen. 16,13; Gen. 18,19; Gen. 19,22; Gen. 19,30; Gen. 20,2; Gen. 20,12; Gen. 21,6; Gen. 21,10; Gen. 21,17; Gen. 21,18; Gen. 22,12; Gen. 23,6; Gen. 24,41; Gen. 26,3; Gen. 26,7; Gen. 26,20; Gen. 27,23; Gen. 28,11; Gen. 29,2; Gen. 29,9; Gen. 29,15; Gen. 29,21; Gen. 29,34; Gen. 30,20; Gen. 30,26; Gen. 30,30; Gen. 31,12; Gen. 31,15; Gen. 31,30; Gen. 31,52; Gen. 32,11; Gen. 32,21; Gen. 32,27; Gen. 32,31; Gen. 34,14; Gen. 34,19; Gen. 35,7; Gen. 35,17; Gen. 36,7; Gen. 37,17; Gen. 38,14; Gen. 38,15; Gen. 38,16; Gen. 39,23; Gen. 41,31; Gen. 41,49; Gen. 41,57; Gen. 42,5; Gen. 42,18; Gen. 42,23; Gen. 43,5; Gen. 43,10; Gen. 43,16; Gen. 43,25; Gen. 43,30; Gen. 43,32; Gen. 44,26; Gen. 44,32; Gen. 44,34; Gen. 45,5; Gen. 45,6; Gen. 45,11; Gen. 45,20; Gen. 45,26; Gen. 46,3; Gen. 46,30; Gen. 46,32; Gen. 47,4; Gen. 47,13; Gen. 47,15; Gen. 47,18; Gen. 47,20; Gen. 47,20; Gen. 47,22; Gen. 48,18; Gen. 49,4; Gen. 50,3; Gen. 50,19; Ex. 1,19; Ex. 3,5; Ex. 3,6; Ex. 3,7; Ex. 4,1; Ex. 4,19; Ex. 5,11; Ex. 5,18; Ex. 6,1; Ex. 8,22; Ex. 8,22; Ex. 9,11; Ex. 9,14; Ex. 9,15; Ex. 9,19; Ex. 9,31; Ex. 9,32; Ex. 10,1; Ex. 10,9; Ex. 10,11; Ex. 10,26; Ex. 12,17; Ex. 12,30; Ex. 12,33; Ex. 12,39; Ex. 12,39; Ex. 13,3; Ex. 13,4; Ex. 13,9; Ex. 13,16; Ex. 13,17; Ex. 13,19; Ex. 14,3; Ex. 14,12; Ex. 14,13; Ex. 14,25; Ex. 15,1; Ex. 15,21; Ex. 15,23; Ex. 16,8; Ex. 16,9; Ex. 16,15; Ex. 16,25; Ex. 16,29; Ex. 18,1; Ex. 18,4; Ex. 18,16; Ex. 19,11; Ex. 19,13; Ex. 19,23; Ex. 20,7; Ex. 20,11; Ex. 20,20; Ex. 20,25; Ex. 21,21; Ex. 22,20; Ex. 22,26; Ex. 23,8; Ex. 23,9; Ex. 23,9; Ex. 23,15; Ex. 23,18; Ex. 23,21; Ex. 23,21; Ex. 23,23; Ex. 23,33; Ex. 29,22; Ex. 29,28; Ex. 29,33; Ex. 32,1; Ex. 32,7; Ex. 32,22; Ex. 32,23; Ex. 32,25; Ex. 33,3; Ex. 33,17; Ex. 33,20; Ex. 34,9; Ex. 34,14; Ex. 34,14; Ex. 34,18; Ex. 34,24; Ex. 34,27; Ex. 40,38; Lev. 2,11; Lev. 5,19; Lev. 7,34; Lev. 8,33; Lev. 8,35; Lev. 10,7; Lev. 10,13; Lev. 10,14; Lev. 10,17; Lev. 10,18; Lev. 13,28; Lev. 14,13; Lev. 16,2; Lev. 16,30; Lev. 17,11; Lev. 17,11; Lev. 17,14; Lev. 18,12; Lev. 18,13; Lev. 18,15; Lev. 18,24; Lev. 18,27; Lev. 20,19; Lev. 21,6; Lev. 23,28; Lev. 24,9; Num. 3,13; Num. 5,15; Num. 14,9; Num. 15,34; Num. 17,18; Num. 21,1; Num. 21,13; Num. 21,26; Num. 22,12; Num. 22,17; Num. 22,34; Num. 26,62; Num. 31,16; Num. 32,11; Num. 33,53; Num. 35,28; Num. 35,31; Num. 35,33; Deut. 2,5; Deut. 2,7; Deut. 2,9; Deut. 2,9; Deut. 2,19; Deut. 2,20; Deut. 4,22; Deut. 5,11; Deut. 5,26; Deut. 7,4; Deut. 8,7; Deut. 9,25; Deut. 10,17; Deut. 10,19; Deut. 11,10; Deut. 11,31; Deut. 12,9; Deut. 12,31; Deut. 13,6; Deut. 15,11; Deut. 16,19; Deut. 18,12; Deut. 18,12; Deut. 18,14; Deut. 28,41; Deut. 28,57; Deut. 31,7; Deut. 31,20; Deut. 31,21; Deut. 31,21; Deut. 31,23; Deut. 31,27; Deut. 31,29; Deut. 32,32; Deut. 32,36; Deut. 34,9; Josh. 1,6; Josh. 2,3; Josh. 2,9; Josh. 2,10; Josh. 3,4; Josh. 5,6; Josh. 5,15; Josh. 6,16; Josh. 8,18; Josh. 9,9; Josh. 10,2; Josh. 10,4; Josh. 10,8; Josh. 10,19; Josh. 14,7; Josh. 17,1; Josh. 17,18; Josh. 17,18; Josh. 18,7; Josh. 23,12; Josh. 24,18; Judg. 19,14; Judg. 21,22; Ruth 3,11; Ruth 3,18; 1Sam. 20,30; 1Sam. 28,20; 2Sam. 17,9; 2Sam. 18,23; 2Sam. 23,5; 2Sam. 23,5; 1Chr. 8,32; 2Chr. 12,12; 2Chr. 19,8; 2Chr. 20,26; 2Chr. 21,11; 2Chr. 24,7; 2Chr. 26,20; 2Chr. 28,2; 2Chr. 28,5; 2Chr. 30,3; 1Esdr. 1,14; 1Esdr. 1,15; 1Esdr. 1,25; 1Esdr. 1,28; 1Esdr. 1,41; 1Esdr. 5,62; 1Esdr. 5,66; 1Esdr. 5,68; 1Esdr. 8,6; 1Esdr. 8,7; 1Esdr. 8,51; 1Esdr. 8,52; 1Esdr. 8,67; 1Esdr. 8,72; 1Esdr. 8,79; 1Esdr. 8,86; 1Esdr. 8,87; 1Esdr. 8,88; 1Esdr. 8,91; 1Esdr. 9,11; 1Esdr. 9,45; 1Esdr. 9,52; 1Esdr. 9,52; Esth. 1,17; Esth. 2,10; Esth. 2,12; Esth. 2,15; Esth. 2,20; Esth. 3,2; Esth. 4,2; Esth. 7,4; Esth. 7,4; Esth. 7,7; Esth. 8,1;

Esth. 8,6; Esth. 8,8; Esth. 16,10 # 8,12k; Esth. 16,14 # 8,12o; Esth. 16,21 # 8,12t; Esth. 9,1; Esth. 9,2; Esth. 9,3; Esth. 9,3; Esth. 9,4; Esth. 9,16; Esth. 9,22; Esth. 10,5 # 10,3b; Esth. 10,5 # 10,3b; Judith 2,20; Judith 5,10; Judith 5,23; Judith 5,23; Judith 6,4; Judith 7,10; Judith 7,27; Judith 7,27; Judith 7,30; Judith 8,3; Judith 8,34; Judith 9,5; Judith 9,6; Judith 9,7; Judith 9,8; Judith 9,11; Judith 10,18; Judith 11,3; Judith 11,4; Judith 11,7; Judith 11,8; Judith 11,10; Judith 12,12; Judith 13,1; Judith 13,2; Judith 13,3; Judith 14,14; Judith 15,5; Judith 15,7; Judith 16,6; Judith 16,7; Judith 16,15; Tob. 1,18; Tob. 2,13; Tob. 3,4; Tob. 3,5; Tob. 4,9; Tob. 4,11; Tob. 4,13; Tob. 5,14; Tob. 5,20; Tob. 5,22; Tob. 7,10; Tob. 12,9; 1Mac. 4,20; 1Mac. 6,41; 1Mac. 6,59; 1Mac. 7,11; 1Mac. 7,18; 1Mac. 9,22; 1Mac. 9,45; 1Mac. 10,5; 1Mac. 10,14; 1Mac. 10,82; 1Mac. 11,4; 1Mac. 11,10; 1Mac. 11,10; 1Mac. 11,41; 1Mac. 12,10; 1Mac. 12,15; 1Mac. 12,25; 1Mac. 12,29; 1Mac. 12,30; 1Mac. 12,34; 1Mac. 12,45; 1Mac. 14,26; 1Mac. 14,40; 1Mac. 15,12; 1Mac. 16,12; 1Mac. 16,22; 2Mac. 1,12; 2Mac. 1,13; 2Mac. 1,14; 2Mac. 1,19; 2Mac. 2,18; 2Mac. 2,18; 2Mac. 2,24; 2Mac. 2,29; 2Mac. 2,32; 2Mac. 3,16; 2Mac. 3,17; 2Mac. 3,33; 2Mac. 3,39; 2Mac. 4,6; 2Mac. 4,12; 2Mac. 4,17; 2Mac. 4,28; 2Mac. 6,4; 2Mac. 6,10; 2Mac. 6,13; 2Mac. 6,14; 2Mac. 6,24; 2Mac. 6,26; 2Mac. 7,2; 2Mac. 7,14; 2Mac. 7,18; 2Mac. 7,32; 2Mac. 7,35; 2Mac. 7,36; 2Mac. 8,18; 2Mac. 8,26; 2Mac. 9,2; 2Mac. 9,4; 2Mac. 9,18; 2Mac. 9,27; 2Mac. 10,11; 2Mac. 10,12; 2Mac. 11,15; 2Mac. 11,16; 2Mac. 11,36; 2Mac. 12,21; 2Mac. 12,44; 2Mac. 13,8; 2Mac. 13,25; 2Mac. 14,8; 2Mac. 14,10; 2Mac. 14,26; 2Mac. 14,38; 2Mac. 14,40; 2Mac. 15,18; 2Mac. 15,39; 3Mac. 1,29; 3Mac. 2,3; 3Mac. 2,15; 3Mac. 3,8; 3Mac. 3,9; 3Mac. 3,26; 3Mac. 4,4; 3Mac. 4,5; 3Mac. 6,23; 3Mac. 7,9; 4Mac. 1,2; 4Mac. 1,6; 4Mac. 1,9; 4Mac. 1,11; 4Mac. 1,30; 4Mac. 1,35; 4Mac. 2,3; 4Mac. 2,10; 4Mac. 2,16; 4Mac. 2,16; 4Mac. 2,18; 4Mac. 2,20; 4Mac. 2,21; 4Mac. 3,1; 4Mac. 3,5; 4Mac. 3,7; 4Mac. 3,17; 4Mac. 3,20; 4Mac. 4,12; 4Mac. 4,22; 4Mac. 5,8; 4Mac. 5,9; 4Mac. 5,13; 4Mac. 5,20; 4Mac. 5,21; 4Mac. 5,23; 4Mac. 5,25; 4Mac. 5,38; 4Mac. 6,18; 4Mac. 6,32; 4Mac. 7,1; 4Mac. 7,5; 4Mac. 7,11; 4Mac. 7,23; 4Mac. 8,2; 4Mac. 8,28; 4Mac. 9,2; 4Mac. 9,4; 4Mac. 9,8; 4Mac. 9,18; 4Mac. 9,31; 4Mac. 10,19; 4Mac. 10,21; 4Mac. 11,15; 4Mac. 11,25; 4Mac. 11,27; 4Mac. 12,3; 4Mac. 13,2; 4Mac. 13,4; 4Mac. 13,6; 4Mac. 13,8; 4Mac. 13,15; 4Mac. 13,17; 4Mac. 13,24; 4Mac. 13,25; 4Mac. 13,26; 4Mac. 14,7; 4Mac. 14,10; 4Mac. 14,12; 4Mac. 14,15; 4Mac. 15,5; 4Mac. 15,10; 4Mac. 15,25; 4Mac. 15,31; 4Mac. 16,5; 4Mac. 16,15; 4Mac. 16,17; 4Mac. 16,23; 4Mac. 17,3; 4Mac. 17,6; 4Mac. 17,8; 4Mac. 17,11; 4Mac. 17,12; 4Mac. 17,23; 4Mac. 18,5; 4Mac. 18,9; Psa. 9,27; Psa. 9,32; Psa. 9,34; Psa. 15,6; Psa. 18,12; Psa. 22,4; Psa. 24,3; Psa. 25,12; Psa. 36,25; Psa. 40,10; Psa. 43,4; Psa. 43,7; Psa. 43,8; Psa. 43,22; Psa. 50,7; Psa. 50,8; Psa. 53,6; Psa. 57,3; Psa. 61,2; Psa. 61,3; Psa. 64,14; Psa. 67,9; Psa. 67,17; Psa. 67,19; Psa. 68,20; Psa. 70,22; Psa. 76,18; Psa. 82,9; Psa. 83,4; Psa. 83,7; Psa. 84,13; Psa. 88,22; Psa. 88,48; Psa. 92,1; Psa. 95,10; Psa. 106,17; Psa. 118,3; Psa. 118,23; Psa. 118,24; Psa. 118,39; Psa. 118,120; Psa. 121,4; Psa. 128,2; Psa. 138,10; Ode. 1,1; Ode. 2,32; Ode. 2,36; Ode. 5,10; Ode. 5,12; Ode. 5,19; Ode. 9,48; Ode. 9,76; Ode. 10,7; Ode. 10,9; Ode. 11,13; Ode. 11,14; Ode. 11,16; Ode. 11,18; Ode. 11,19; Prov. 1,5; Prov. 1,9; Prov. 1,16; Prov. 1,17; Prov. 1,18; Prov. 1,19; Prov. 1,28; Prov. 1,29; Prov. 1,32; Prov. 2,3; Prov. 2,10; Prov. 2,18; Prov. 2,19; Prov. 2,20; Prov. 3,2; Prov. 3,12; Prov. 3,14; Prov. 3,16; Prov. 3,24; Prov. 3,26; Prov. 3,28; Prov. 3,32; Prov. 4,2; Prov. 4,3; Prov. 4,11; Prov. 4,12; Prov. 4,16; Prov. 4,17; Prov. 4,23; Prov. 4,27a; Prov. 5,3; Prov. 5,5; Prov. 5,6; Prov. 5,19; Prov. 6,2; Prov. 6,3; Prov. 6,7; Prov. 6,26; Prov. 6,30; Prov. 6,34; Prov. 7,6; Prov. 7,19; Prov. 7,26; Prov. 8,2; Prov. 8,3; Prov. 8,6; Prov. 8,11; Prov. 8,35; Prov. 9,10a; Prov. 9,11; Prov. 9,12b; Prov. 9,18b; Prov. 13,12; Prov. 16,12; Prov. 17,16; Prov. 17,17; Prov. 18,2; Prov. 19,18; Prov. 20,25; Prov. 21,7; Prov. 21,8; Prov. 21,25; Prov. 21,27; Prov. 22,9; Prov. 22,10; Prov. 22,23; Prov. 22,27; Prov. 23,3; Prov. 23,5; Prov. 23,7; Prov. 23,8; Prov. 23,11; Prov. 23,14; Prov. 23,18; Prov. 23,21; Prov. 23,27; Prov. 23,28; Prov. 23,31; Prov. 24,2; Prov. 24,13; Prov. 24,14; Prov. 24,16; Prov. 24,20; Prov. 24,22; Prov. 24,22d; Prov. 25,13; Prov. 25,22; Prov. 26,10; Prov. 27,1; Prov. 29,1; Prov. 29,19; Prov. 31,12; Prov. 31,21; Prov. 31,30; Eccl. 5,15; Job 1,5; Job 2,9b; Job 2,13; Job 3,10; Job 3,11; Job 3,20; Job 3,23; Job 3,24; Job 4,3; Job 4,21; Job 5,2; Job 5,5; Job 5,6; Job 5,18; Job 5,23; Job 6,4; Job 6,7; Job 6,7; Job 6,8; Job 6,10; Job 6,25; Job 6,26; Job 7,9; Job 7,16; Job 8,8; Job 8,13; Job 8,14; Job 8,20; Job 9,2; Job 9,3; Job 9,13; Job 9,15; Job 9,19; Job 9,20; Job 9,21; Job 9,24; Job 9,27; Job 9,28; Job 9,30; Job 9,32; Job 9,35; Job 10,7; Job 10,14; Job 10,15; Job 10,15; Job 10,16; Job 10,19; Job 11,4; Job 11,11; Job 11,13; Job 11,15; Job 11,20; Job 12,4; Job 12,5; Job 12,11; Job 13,9; Job 13,16; Job 13,17; Job 14,1; Job 14,4; Job 14,7; Job 14,7; Job 14,8; Job 14,11; Job 14,13; Job 14,14; Job 15,9; Job 15,14; Job 15,22; Job 15,31; Job 15,34; Job 16,6; Job 17,7; Job 17,10; Job 17,13; Job 19,21; Job 19,23; Job 19,25; Job 19,26; Job 19,29; Job 20,5; Job 20,7; Job 20,19; Job 21,6; Job 21,16; Job 22,3; Job 23,7; Job 23,8; Job 23,10; Job 23,11; Job 23,13; Job 23,17; Job 24,19; Job 24,21; Job 24,24; Job 25,2; Job 25,4; Job 27,5; Job 27,6; Job 28,1; Job 28,2; Job 28,24; Job 29,12; Job 30,11; Job 30,23; Job 30,23; Job 30,24; Job 31,11; Job 31,14; Job 31,23; Job 31,26; Job 31,34; Job 32,1; Job 32,11; Job 32,16; Job 32,21; Job 32,22; Job 33,2; Job 33,9; Job 33,12; Job 33,14; Job 33,32; Job 34,9; Job 34,14; Job 34,20; Job 34,21; Job 34,23; Job 35,13; Job 35,13; Job 36,2; Job 36,21; Job 36,31; Job 37,5; Job 38,40; Job 38,41; Job 41,19; Job 42,7; Job 42,8; Job 42,8; Wis. 1,3; Wis. 1,5; Wis. 1,6; Wis. 1,9; Wis. 1,14; Wis. 1,15; Wis. 2,1; Wis. 2,5; Wis. 2,11; Wis. 2,20; Wis. 2,21; Wis. 3,4; Wis. 3,11; Wis. 3,14; Wis. 3,15; Wis. 3,17; Wis. 3,19; Wis. 4,4; Wis. 4,6; Wis. 4,8; Wis. 4,12; Wis. 4,14; Wis. 4,17; Wis. 6,6; Wis. 6,7; Wis. 6,10; Wis. 6,14; Wis. 6,15; Wis. 6,17; Wis. 7,5; Wis. 7,14; Wis. 7,16; Wis. 7,21; Wis. 7,22; Wis. 7,24; Wis. 7,28; Wis. 7,29; Wis. 7,30; Wis. 8,7; Wis. 8,16; Wis. 9,11; Wis. 9,13; Wis. 9,14; Wis. 9,15; Wis. 10,8; Wis. 11,5; Wis. 11,9; Wis. 11,10; Wis. 11,12; Wis. 11,13; Wis. 11,14; Wis. 11,17; Wis. 11,21; Wis. 11,24; Wis. 11,24; Wis. 12,1; Wis. 12,3; Wis. 12,11; Wis. 12,12; Wis. 12,13; Wis. 12,16; Wis. 12,17; Wis. 12,20; Wis. 12,24; Wis. 12,27; Wis. 13,1; Wis. 13,3; Wis. 13,5; Wis. 13,6; Wis. 13,7; Wis. 13,9; Wis. 14,2; Wis. 14,6; Wis. 14,7; Wis. 14,9; Wis. 14,10; Wis. 14,12; Wis. 14,13; Wis. 14,14; Wis. 14,15; Wis. 14,19; Wis. 14,23; Wis. 14,27; Wis. 14,28; Wis. 14,29; Wis. 14,31; Wis. 15,2; Wis. 15,3; Wis. 15,4; Wis. 15,7; Wis. 15,13; Wis. 15,16; Wis. 15,16; Wis. 15,18; Wis. 16,4; Wis. 16,5; Wis. 16,7; Wis. 16,9; Wis. 16,11; Wis. 16,12; Wis. 16,13; Wis. 16,17; Wis. 16,17; Wis. 16,18; Wis. 16,21; Wis. 16,24; Wis. 16,27; Wis. 16,29; Wis. 17,2; Wis. 17,3; Wis. 17,4; Wis. 17,8; Wis. 17,9; Wis. 17,10; Wis. 17,14; Wis. 17,16; Wis. 17,16; Wis. 17,19; Wis. 18,4; Wis. 18,8; Wis. 18,9; Wis. 18,12; Wis. 18,13; Wis. 18,14; Wis. 18,19; Wis. 18,21; Wis. 18,23; Wis. 18,24; Wis. 18,25; Wis. 19,1; Wis. 19,3; Wis. 19,4; Wis. 19,6; Wis. 19,9; Wis. 19,10; Wis. 19,12; Wis. 19,13; Wis. 19,13; Wis. 19,14; Wis. 19,18; Wis. 19,19; Sir. 1,21 Prol.; Sir. 1,27 Prol.; Sir. 1,22; Sir. 1,27; Sir. 2,18; Sir. 3,2; Sir. 3,9; Sir. 3,11; Sir. 3,14; Sir. 3,23; Sir. 3,24; Sir. 3,28; Sir. 4,21; Sir. 4,24; Sir. 5,3; Sir. 5,4; Sir. 5,6; Sir. 5,7; Sir. 5,8; Sir. 5,14; Sir. 5,15; Sir. 6,8; Sir. 6,19; Sir. 6,22; Sir. 6,28; Sir. 6,30; Sir. 7,8; Sir. 7,11; Sir. 7,13; Sir. 7,19; Sir. 7,35; Sir. 8,2; Sir. 8,6; Sir. 8,9; Sir. 8,14; Sir. 8,15; Sir. 8,17; Sir. 8,18; Sir. 9,10; Sir. 9,11; Sir. 10,11; Sir. 11,29; Sir. 11,31; Sir. 11,33;

Sir. 12,5; Sir. 12,10; Sir. 13,11; Sir. 14,17; Sir. 15,10; Sir. 15,11; Sir. 15,12; Sir. 16,3; Sir. 16,4; Sir. 16,11; Sir. 16,17; Sir. 16,22; Sir. 17,30; Sir. 19,15; Sir. 20,6; Sir. 20,14; Sir. 20,20; Sir. 21,2; Sir. 22,11; Sir. 22,11; Sir. 22,21; Sir. 22,22; Sir. 23,10; Sir. 23,11; Sir. 23,12; Sir. 23,13; Sir. 23,14; Sir. 23,23; Sir. 24,20; Sir. 24,29; Sir. 27,7; Sir. 27,18; Sir. 28,8; Sir. 28,13; Sir. 28,20; Sir. 29,15; Sir. 30,4; Sir. 30,19; Sir. 30,23; Sir. 31,9; Sir. 31,25; Sir. 32,23; Sir. 33,28; Sir. 34,7; Sir. 34,13; Sir. 35,4; Sir. 35,11; Sir. 36,26; Sir. 37,8; Sir. 37,13; Sir. 37,14; Sir. 37,21; Sir. 37,28; Sir. 37,30; Sir. 38,1; Sir. 38,2; Sir. 38,12; Sir. 38,12; Sir. 38,14; Sir. 38,18; Sir. 39,4; Sir. 39,16; Sir. 39,21; Sir. 39,34; Sir. 42,13; Sir. 42,18; Sir. 43,28; Sir. 43,30; Sir. 43,30; Sir. 43,32; Sir. 43,33; Sir. 45,21; Sir. 45,22; Sir. 46,3; Sir. 46,7; Sir. 47,5; Sir. 47,7; Sir. 48,11; Sir. 48,22; Sir. 49,4; Sir. 49,5; Sir. 49,7; Sir. 49,9; Sir. 49,10; Sir. 49,14; Sir. 50,29; Sir. 51,18; Sol. 2,8; Sol. 2,19; Sol. 5,3; Sol. 5,8; Sol. 7,4; Sol. 9,3; Sol. 9,5; Sol. 10,2; Sol. 10,3; Sol. 10,4; Sol. 13,11; Sol. 15,2; Sol. 15,7; Sol. 15,9; Sol. 15,11; Sol. 17,27; Sol. 17,33; Sol. 17,35; Hos. 13,2; Mic. 2,6; Zech. 11,8; Is. 1,12; Is. 1,15; Is. 1,20; Is. 1,27; Is. 1,30; Is. 2,3; Is. 2,6; Is. 2,7; Is. 2,11; Is. 2,12; Is. 2,20; Is. 3,7; Is. 5,7; Is. 5,9; Is. 5,9; Is. 5,10; Is. 5,11; Is. 5,12; Is. 5,24; Is. 6,10; Is. 7,4; Is. 7,25; Is. 8,9; Is. 8,20; Is. 9,3; Is. 9,5; Is. 9,20; Is. 10,1; Is. 10,3; Is. 10,11; Is. 10,22; Is. 10,24; Is. 10,25; Is. 10,28; Is. 10,33; Is. 13,6; Is. 13,9; Is. 13,10; Is. 13,13; Is. 13,15; Is. 14,27; Is. 14,29; Is. 14,29; Is. 15,1; Is. 15,2; Is. 15,6; Is. 15,7; Is. 15,8; Is. 15,9; Is. 16,2; Is. 16,7; Is. 16,8; Is. 17,3; Is. 18,2; Is. 19,14; Is. 20,5; Is. 22,13; Is. 23,10; Is. 24,3; Is. 24,20; Is. 25,4; Is. 25,7; Is. 25,8; Is. 26,8; Is. 26,10; Is. 26,12; Is. 26,19; Is. 26,21; Is. 27,3; Is. 27,11; Is. 28,7; Is. 28,8; Is. 28,27; Is. 28,28; Is. 29,1; Is. 29,2; Is. 29,6; Is. 30,3; Is. 30,31; Is. 30,33; Is. 31,1; Is. 31,9; Is. 32,1; Is. 32,6; Is. 32,7; Is. 33,2; Is. 33,7; Is. 33,8; Is. 33,22; Is. 33,24; Is. 34,8; Is. 34,12; Is. 34,14; Is. 35,10; Is. 36,11; Is. 37,18; Is. 37,19; Is. 37,24; Is. 38,1; Is. 38,13; Is. 38,16; Is. 38,18; Is. 38,19; Is. 39,1; Is. 40,20; Is. 40,24; Is. 40,27; Is. 40,30; Is. 41,1; Is. 41,11; Is. 41,12; Is. 41,17; Is. 41,26; Is. 41,28; Is. 41,29; Is. 42,22; Is. 43,7; Is. 44,22; Is. 45,15; Is. 47,10; Is. 48,8; Is. 49,20; Is. 51,8; Is. 51,11; Is. 51,11; Is. 51,13; Is. 51,14; Is. 51,17; Is. 52,12; Is. 54,1; Is. 54,10; Is. 55,10; Is. 55,12; Is. 55,12; Is. 56,1; Is. 56,7; Is. 57,1; Is. 57,13; Is. 57,16; Is. 58,3; Is. 58,14; Is. 59,3; Is. 59,6; Is. 59,8; Is. 59,12; Is. 59,12; Is. 59,19; Is. 59,21; Is. 60,10; Is. 60,12; Is. 60,20; Is. 60,20; Is. 62,4; Is. 62,7; Is. 62,11; Is. 63,4; Is. 63,16; Is. 64,4; Is. 65,15; Is. 65,16; Is. 65,16; Is. 65,17; Is. 65,20; Is. 65,22; Is. 66,2; Is. 66,15; Is. 66,16; Is. 66,22; Is. 66,24; Jer. 27,5; Jer. 27,5; Bar. 4,7; Bar. 4,9; Bar. 4,10; Bar. 4,11; Bar. 4,15; Bar. 4,18; Bar. 4,19; Bar. 4,22; Bar. 4,23; Bar. 4,24; Bar. 4,27; Bar. 4,28; Bar. 4,29; Bar. 4,33; Bar. 4,35; Bar. 5,3; Bar. 5,6; Bar. 5,7; Bar. 5,9; Lam. 1,8; Lam. 1,10; LetterJ 6; LetterJ 7; LetterJ 15; LetterJ 23; LetterJ 29; LetterJ 41; LetterJ 47; LetterJ 48; LetterJ 50; LetterJ 52; LetterJ 53; LetterJ 54; LetterJ 59; LetterJ 65; LetterJ 69; LetterJ 72; Ezek. 12,19; Ezek. 31,17; Ezek. 39,16; Dan. 2,9; Dan. 3,17; Dan. 3,95; Dan. 4,14; Dan. 4,37a; Dan. 6,6; Dan. 6,28; Dan. 8,17; Dan. 8,19; Dan. 8,26; Dan. 9,18; Dan. 10,11; Dan. 10,14; Dan. 11,27; Dan. 11,35; Dan. 11,36; Sus. 55; Sus. 63; Bel 7; Tob. 1,18; Tob. 1,22; Tob. 2,8; Tob. 2,13; Tob. 5,6; Tob. 5,7; Tob. 5,22; Tob. 6,4; Tob. 9,3-4; Tob. 10,8; Tob. 14,9; Dan. 3,17; Dan. 8,17; Dan. 8,19; Dan. 11,36; Dan. 12,13; Sus. 22; Sus. 32; Sus. 49; Sus. 55; Sus. 59; Bel 7; Matt. 1,20; Matt. 1,21; Matt. 2,2; Matt. 2,5; Matt. 2,6; Matt. 2,13; Matt. 2,20; Matt. 3,2; Matt. 3,9; Matt. 3,15; Matt. 4,6; Matt. 4,17; Matt. 4,18; Matt. 5,12; Matt. 5,18; Matt. 5,20; Matt. 5,46; Matt. 6,7; Matt. 6,8; Matt. 6,14; Matt. 6,16; Matt. 6,24; Matt. 6,32; Matt. 6,32; Matt. 6,34; Matt. 7,2; Matt. 7,8; Matt. 7,25; Matt. 7,29; Matt. 8,9; Matt. 9,13; Matt. 9,16; Matt. 9,21; Matt. 9,24; Matt. 10,10; Matt. 10,17; Matt. 10,19; Matt. 10,20; Matt. 10,23; Matt. 10,35; Matt. 11,13; Matt. 11,18; Matt. 11,30; Matt. 12,33; Matt. 12,34; Matt. 12,37; Matt. 12,40; Matt. 12,50; Matt. 13,12; Matt. 13,15; Matt. 13,17; Matt. 14,3; Matt. 14,4; Matt. 14,24; Matt. 15,2; Matt. 15,4; Matt. 15,19; Matt. 15,27; Matt. 16,2; Matt. 16,3; Matt. 16,25; Matt. 16,26; Matt. 16,27; Matt. 17,15; Matt. 17,20; Matt. 18,7; Matt. 18,10; Matt. 19,12; Matt. 19,14; Matt. 19,22; Matt. 21,26; Matt. 21,32; Matt. 22,16; Matt. 22,28; Matt. 22,30; Matt. 23,3; Matt. 23,5; Matt. 23,13; Matt. 23,17; Matt. 23,19; Matt. 23,39; Matt. 24,5; Matt. 24,6; Matt. 24,7; Matt. 24,21; Matt. 24,24; Matt. 24,27; Matt. 24,37; Matt. 24,38; Matt. 25,3; Matt. 25,14; Matt. 25,29; Matt. 25,35; Matt. 25,42; Matt. 26,9; Matt. 26,10; Matt. 26,11; Matt. 26,12; Matt. 26,43; Matt. 26,52; Matt. 26,73; Matt. 27,18; Matt. 27,19; Matt. 27,23; Matt. 27,43; Matt. 28,2; Matt. 28,5; Matt. 28,6; Mark 1,16; Mark 1,22; Mark 1,38; Mark 2,15; Mark 3,10; Mark 3,21; Mark 3,35; Mark 4,25; Mark 5,8; Mark 5,28; Mark 5,42; Mark 6,14; Mark 6,17; Mark 6,18; Mark 6,20; Mark 6,31; Mark 6,48; Mark 6,50; Mark 6,52; Mark 7,3; Mark 7,10; Mark 7,21; Mark 8,35; Mark 8,36; Mark 8,37; Mark 8,38; Mark 9,6; Mark 9,6; Mark 9,31; Mark 9,34; Mark 9,40; Mark 9,41; Mark 9,49; Mark 10,14; Mark 10,22; Mark 10,27; Mark 10,45; Mark 11,13; Mark 11,18; Mark 11,18; Mark 11,32; Mark 12,12; Mark 12,14; Mark 12,23; Mark 12,25; Mark 12,44; Mark 13,8; Mark 13,19; Mark 13,22; Mark 13,33; Mark 13,35; Mark 14,5; Mark 14,7; Mark 14,40; Mark 14,56; Mark 14,70; Mark 15,10; Mark 15,14; Mark 16,4; Mark 16,8; Luke 1,15; Luke 1,30; Luke 1,44; Luke 1,48; Luke 1,66; Luke 1,76; Luke 2,10; Luke 3,8; Luke 4,10; Luke 5,9; Luke 6,23; Luke 6,23; Luke 6,26; Luke 6,32; Luke 6,33; Luke 6,38; Luke 6,44; Luke 6,44; Luke 6,45; Luke 7,5; Luke 7,6; Luke 7,8; Luke 7,33; Luke 8,18; Luke 8,29; Luke 8,29; Luke 8,40; Luke 8,46; Luke 8,52; Luke 9,14; Luke 9,24; Luke 9,25; Luke 9,26; Luke 9,44; Luke 9,48; Luke 9,50; Luke 10,7; Luke 10,24; Luke 10,42; Luke 11,4; Luke 11,10; Luke 11,30; Luke 12,12; Luke 12,23; Luke 12,30; Luke 12,52; Luke 12,58; Luke 14,24; Luke 14,28; Luke 16,2; Luke 16,13; Luke 16,28; Luke 17,21; Luke 17,24; Luke 18,16; Luke 18,23; Luke 18,32; Luke 19,5; Luke 19,10; Luke 19,48; Luke 20,19; Luke 20,33; Luke 20,36; Luke 20,38; Luke 20,40; Luke 20,42; Luke 21,4; Luke 21,8; Luke 21,9; Luke 21,15; Luke 21,23; Luke 21,26; Luke 21,35; Luke 22,2; Luke 22,16; Luke 22,18; Luke 22,27; Luke 22,37; Luke 22,37; Luke 22,59; Luke 22,71; Luke 23,8; Luke 23,12; Luke 23,15; Luke 23,22; Luke 23,34; Luke 23,41; John 2,25; John 3,2; John 3,16; John 3,17; John 3,19; John 3,20; John 3,24; John 3,34; John 3,34; John 4,8; John 4,9; John 4,18; John 4,23; John 4,37; John 4,42; John 4,44; John 4,45; John 4,47; John 5,13; John 5,19; John 5,20; John 5,21; John 5,22; John 5,26; John 5,36; John 5,46; John 5,46; John 6,6; John 6,27; John 6,33; John 6,55; John 6,64; John 6,71; John 7,1; John 7,5; John 7,39; John 7,41; John 8,24; John 8,42; John 8,42; John 9,22; John 9,30; John 12,8; John 12,43; John 12,47; John 13,11; John 13,15; John 13,29; John 14,30; John 16,7; John 16,13; John 16,27; John 18,13; John 19,6; John 19,31; John 19,36; John 20,9; John 20,17; John 21,7; John 21,8; Acts 1,20; Acts 2,15; Acts 2,15; Acts 2,25; Acts 2,34; Acts 4,3; Acts 4,12; Acts 4,16; Acts 4,20; Acts 4,22; Acts 4,27; Acts 4,34; Acts 4,34; Acts 5,26; Acts 5,36; Acts 6,14; Acts 7,33; Acts 7,40; Acts 8,7; Acts 8,16; Acts 8,21; Acts 8,23; Acts 8,31; Acts 8,39; Acts 9,11; Acts 9,16; Acts 10,46; Acts 13,8; Acts 13,27; Acts 13,36; Acts 13,47; Acts 15,21; Acts 15,28; Acts 16,3; Acts 17,23; Acts 17,28; Acts 17,28; Acts 18,3; Acts 18,18; Acts 18,28; Acts 19,32; Acts 19,37; Acts 19,40; Acts 20,10; Acts 20,13; Acts 20,16; Acts 20,16; Acts 20,27; Acts 21,3; Acts 21,13; Acts 21,29; Acts 21,36; Acts 22,22; Acts 22,26; Acts 23,5; Acts 23,8; Acts 23,11; Acts 23,17; Acts 23,21; Acts 24,5; Acts

26,16; Acts 26,26; Acts 26,26; Acts 27,22; Acts 27,25; Acts 27,34; Acts 27,34; Acts 28,2; Acts 28,20; Acts 28,22; Acts 28,27; Rom. 1,11; Rom. 1,16; Rom. 1,16; Rom. 1,17; Rom. 1,18; Rom. 1,19; Rom. 1,20; Rom. 1,26; Rom. 2,1; Rom. 2,1; Rom. 2,12; Rom. 2,13; Rom. 2,14; Rom. 2,24; Rom. 2,25; Rom. 2,28; Rom. 3,2; Rom. 3,9; Rom. 3,20; Rom. 3,23; Rom. 3,28; Rom. 4,2; Rom. 4,3; Rom. 4,13; Rom. 4,14; Rom. 4,15; Rom. 5,6; Rom. 5,7; Rom. 5,7; Rom. 5,10; Rom. 5,13; Rom. 5,15; Rom. 5,16; Rom. 5,17; Rom. 5,19; Rom. 6,5; Rom. 6,7; Rom. 6,10; Rom. 6,14; Rom. 6,19; Rom. 6,20; Rom. 6,21; Rom. 6,23; Rom. 7,1; Rom. 7,2; Rom. 7,5; Rom. 7,7; Rom. 7,8; Rom. 7,11; Rom. 7,14; Rom. 7,15; Rom. 7,15; Rom. 7,18; Rom. 7,18; Rom. 7,19; Rom. 7,22; Rom. 8,2; Rom. 8,3; Rom. 8,5; Rom. 8,6; Rom. 8,7; Rom. 8,7; Rom. 8,13; Rom. 8,14; Rom. 8,15; Rom. 8,18; Rom. 8,19; Rom. 8,20; Rom. 8,22; Rom. 8,24; Rom. 8,24; Rom. 8,26; Rom. 8,38; Rom. 9,3; Rom. 9,6; Rom. 9,9; Rom. 9,11; Rom. 9,15; Rom. 9,17; Rom. 9,19; Rom. 9,28; Rom. 10,2; Rom. 10,3; Rom. 10,4; Rom. 10,5; Rom. 10,10; Rom. 10,11; Rom. 10,12; Rom. 10,13; Rom. 10,16; Rom. 11,1; Rom. 11,15; Rom. 11,21; Rom. 11,24; Rom. 11,25; Rom. 11,29; Rom. 11,30; Rom. 11,32; Rom. 11,34; Rom. 12,3; Rom. 12,4; Rom. 12,20; Rom. 13,1; Rom. 13,3; Rom. 13,4; Rom. 13,4; Rom. 13,4; Rom. 13,6; Rom. 13,6; Rom. 13,8; Rom. 13,9; Rom. 13,11; Rom. 14,3; Rom. 14,4; Rom. 14,5; Rom. 14,6; Rom. 14,7; Rom. 14,8; Rom. 14,9; Rom. 14,10; Rom. 14,15; Rom. 14,18; Rom. 15,3; Rom. 15,4; Rom. 15,8; Rom. 15,18; Rom. 15,24; Rom. 15,26; Rom. 15,27; Rom. 15,27; Rom. 16,2; Rom. 16,18; Rom. 16,19; 1Cor. 1,17; 1Cor. 1,18; 1Cor. 1,21; 1Cor. 1,26; 1Cor. 2,2; 1Cor. 2,8; 1Cor. 2,10; 1Cor. 2,11; 1Cor. 2,14; 1Cor. 2,16; 1Cor. 3,2; 1Cor. 3,3; 1Cor. 3,3; 1Cor. 3,4; 1Cor. 3,11; 1Cor. 3,13; 1Cor. 3,17; 1Cor. 3,19; 1Cor. 3,21; 1Cor. 4,4; 1Cor. 4,15; 1Cor. 4,15; 1Cor. 4,20; 1Cor. 5,7; 1Cor. 6,20; 1Cor. 7,14; 1Cor. 7,16; 1Cor. 7,22; 1Cor. 7,31; 1Cor. 8,5; 1Cor. 8,11; 1Cor. 9,2; 1Cor. 9,9; 1Cor. 9,10; 1Cor. 9,16; 1Cor. 9,17; 1Cor. 9,19; 1Cor. 10,1; 1Cor. 10,4; 1Cor. 10,5; 1Cor. 10,17; 1Cor. 10,26; 1Cor. 10,29; 1Cor. 11,6; 1Cor. 11,7; 1Cor. 11,9; 1Cor. 11,12; 1Cor. 11,18; 1Cor. 11,19; 1Cor. 11,21; 1Cor. 11,22; 1Cor. 11,23; 1Cor. 11,26; 1Cor. 11,29; 1Cor. 12,8; 1Cor. 12,12; 1Cor. 12,13; 1Cor. 12,14; 1Cor. 13,9; 1Cor. 13,12; 1Cor. 14,2; 1Cor. 14,2; 1Cor. 14,8; 1Cor. 14,9; 1Cor. 14,14; 1Cor. 14,17; 1Cor. 14,31; 1Cor. 14,34; 1Cor. 15,3; 1Cor. 15,16; 1Cor. 15,21; 1Cor. 15,22; 1Cor. 15,25; 1Cor. 15,27; 1Cor. 15,32; 1Cor. 15,34; 1Cor. 15,41; 1Cor. 15,52; 1Cor. 15,53; 1Cor. 16,5; 1Cor. 16,7; 1Cor. 16,7; 1Cor. 16,10; 1Cor. 16,11; 1Cor. 16,18; 2Cor. 1,8; 2Cor. 1,12; 2Cor. 1,13; 2Cor. 1,19; 2Cor. 1,20; 2Cor. 1,24; 2Cor. 2,1; 2Cor. 2,2; 2Cor. 2,4; 2Cor. 2,9; 2Cor. 2,10; 2Cor. 2,11; 2Cor. 3,6; 2Cor. 3,9; 2Cor. 3,10; 2Cor. 3,11; 2Cor. 3,14; 2Cor. 4,5; 2Cor. 4,11; 2Cor. 4,15; 2Cor. 4,17; 2Cor. 4,18; 2Cor. 5,1; 2Cor. 5,2; 2Cor. 5,4; 2Cor. 5,7; 2Cor. 5,10; 2Cor. 5,13; 2Cor. 5,14; 2Cor. 6,14; 2Cor. 6,16; 2Cor. 7,3; 2Cor. 7,5; 2Cor. 7,8; 2Cor. 7,9; 2Cor. 7,10; 2Cor. 7,11; 2Cor. 8,9; 2Cor. 8,10; 2Cor. 8,12; 2Cor. 8,13; 2Cor. 8,21; 2Cor. 9,1; 2Cor. 9,2; 2Cor. 9,7; 2Cor. 10,3; 2Cor. 10,4; 2Cor. 10,8; 2Cor. 10,12; 2Cor. 10,14; 2Cor. 10,14; 2Cor. 10,18; 2Cor. 11,2; 2Cor. 11,2; 2Cor. 11,4; 2Cor. 11,5; 2Cor. 11,9; 2Cor. 11,13; 2Cor. 11,14; 2Cor. 11,19; 2Cor. 11,20; 2Cor. 12,6; 2Cor. 12,6; 2Cor. 12,9; 2Cor. 12,10; 2Cor. 12,11; 2Cor. 12,11; 2Cor. 12,14; 2Cor. 12,14; 2Cor. 12,20; 2Cor. 13,4; 2Cor. 13,4; 2Cor. 13,8; 2Cor. 13,9; Gal. 1,10; Gal. 1,11; Gal. 1,12; Gal. 1,13; Gal. 2,6; Gal. 2,8; Gal. 2,12; Gal. 2,18; Gal. 2,19; Gal. 2,21; Gal. 3,10; Gal. 3,10; Gal. 3,18; Gal. 3,21; Gal. 3,26; Gal. 3,27; Gal. 3,28; Gal. 4,15; Gal. 4,22; Gal. 4,25; Gal. 4,30; Gal. 5,5; Gal. 5,6; Gal. 5,13; Gal. 5,14; Gal. 5,17; Gal. 5,17; Gal. 6,3; Gal. 6,5; Gal. 6,7; Gal. 6,9; Gal. 6,13; Gal. 6,15; Gal. 6,17; Eph. 2,8; Eph. 5,5; Eph. 5,6; Eph. 5,9; Eph. 5,12; Eph. 5,14; Phil. 1,19; Phil. 1,21; Phil. 1,23; Phil. 2,20; Phil. 2,21; Phil. 2,27; Phil. 3,18; Phil. 3,20; Phil. 4,11; Col. 2,1; Col. 2,5; Col. 3,3; Col. 3,20; Col. 3,25; Col. 4,13; 1Th. 1,8; 1Th. 1,9; 1Th. 2,1; 1Th. 2,3; 1Th. 2,14; 1Th. 2,19; 1Th. 3,3; 1Th. 3,4; 1Th. 3,9; 1Th. 4,2; 1Th. 4,7; 1Th. 4,9; 1Th. 4,10; 1Th. 4,14; 1Th. 4,15; 1Th. 5,2; 1Th. 5,5; 1Th. 5,7; 1Th. 5,18; 2Th. 2,7; 2Th. 3,2; 2Th. 3,7; 2Th. 3,10; 1Tim. 2,5; 1Tim. 2,13; 1Tim. 3,13; 1Tim. 4,5; 1Tim. 4,8; 1Tim. 4,10; 1Tim. 4,16; 1Tim. 5,11; 1Tim. 5,18; 1Tim. 6,7; 1Tim. 6,10; 2Tim. 1,7; 2Tim. 1,12; 2Tim. 2,11; 2Tim. 2,13; 2Tim. 2,16; 2Tim. 3,2; 2Tim. 3,9; 2Tim. 4,3; 2Tim. 4,6; 2Tim. 4,15; Titus 1,7; Titus 1,10; Titus 2,11; Titus 3,9; Titus 3,12; Philem. 7; Philem. 15; Philem. 22; Heb. 1,5; Heb. 2,2; Heb. 2,5; Heb. 2,8; Heb. 2,10; Heb. 2,11; Heb. 2,16; Heb. 2,18; Heb. 3,3; Heb. 3,4; Heb. 3,14; Heb. 3,16; Heb. 4,3; Heb. 4,8; Heb. 4,10; Heb. 4,12; Heb. 4,15; Heb. 5,1; Heb. 5,12; Heb. 5,13; Heb. 6,4; Heb. 6,7; Heb. 6,10; Heb. 6,13; Heb. 6,16; Heb. 7,1; Heb. 7,10; Heb. 7,11; Heb. 7,12; Heb. 7,13; Heb. 7,14; Heb. 7,17; Heb. 7,18; Heb. 7,19; Heb. 7,20; Heb. 7,26; Heb. 7,27; Heb. 7,28; Heb. 8,3; Heb. 8,7; Heb. 8,8; Heb. 9,2; Heb. 9,13; Heb. 9,16; Heb. 9,17; Heb. 9,19; Heb. 9,24; Heb. 10,1; Heb. 10,4; Heb. 10,14; Heb. 10,15; Heb. 10,23; Heb. 10,26; Heb. 10,30; Heb. 10,34; Heb. 10,36; Heb. 10,37; Heb. 11,2; Heb. 11,5; Heb. 11,6; Heb. 11,10; Heb. 11,14; Heb. 11,16; Heb. 11,26; Heb. 11,27; Heb. 11,32; Heb. 12,3; Heb. 12,6; Heb. 12,7; Heb. 12,10; Heb. 12,17; Heb. 12,17; Heb. 12,18; Heb. 12,20; Heb. 12,25; Heb. 12,29; Heb. 13,2; Heb. 13,4; Heb. 13,5; Heb. 13,9; Heb. 13,11; Heb. 13,14; Heb. 13,16; Heb. 13,17; Heb. 13,17; Heb. 13,18; Heb. 13,22; James 1,6; James 1,7; James 1,11; James 1,13; James 1,20; James 1,24; James 2,2; James 2,10; James 2,11; James 2,13; James 2,26; James 3,2; James 3,7; James 3,16; 1Pet. 2,19; 1Pet. 2,20; 1Pet. 2,21; 1Pet. 2,25; 1Pet. 3,10; 1Pet. 3,17; 1Pet. 4,3; 1Pet. 4,6; 2Pet. 1,8; 2Pet. 1,9; 2Pet. 1,10; 2Pet. 1,11; 2Pet. 1,16; 2Pet. 1,17; 2Pet. 1,21; 2Pet. 2,4; 2Pet. 2,8; 2Pet. 2,18; 2Pet. 2,20; 2Pet. 2,21; 2Pet. 3,4; 2Pet. 3,5; 1John 2,19; 1John 4,20; 2John 11; 3John 3; 3John 7; Rev. 1,3; Rev. 3,2; Rev. 9,19; Rev. 9,19; Rev. 13,18; Rev. 14,13; Rev. 16,14; Rev. 17,17; Rev. 19,8; Rev. 19,10; Rev. 21,1; Rev. 21,22; Rev. 21,23; Rev. 21,25; Rev. 22,10)

Γαραβεθθι Arbathite ▸ 1
 Γαραβεθθι ▸ 1
  Noun · masculine · singular · nominative · (proper) ▸ 1 (1Chr. 11,32)

Γαραγαθα Zererah ▸ 1
 Γαραγαθα ▸ 1
  Noun · singular · genitive · (proper) ▸ 1 (Judg. 7,22)

Γαργασι Geshurites ▸ 1
 Γαργασι ▸ 1
  Noun · singular · genitive · (proper) ▸ 1 (Deut. 3,14)

γαρεμ (Hebr.) bone ▸ 1
 γαρεμ ▸ 1
  Noun ▸ 1 (2Kings 9,13)

Γαρηβ Gareb ▸ 3
 Γαρηβ ▸ 3
  Noun · masculine · singular · genitive · (proper) ▸ 1 (Jer. 38,39)
  Noun · masculine · singular · nominative · (proper) ▸ 2 (2Sam. 23,38; 1Chr. 11,40)

Γαριζιν Gerizim ▸ 6 + 1 = 7
 Γαριζιν ▸ 6 + 1 = 7
  Noun · singular · dative · (proper) ▸ 2 (2Mac. 5,23; 2Mac. 6,2)
  Noun · singular · genitive · (proper) ▸ 4 + 1 = 5 (Deut. 11,29; Deut. 27,12; Josh. 8,33 # 9,2d; Judg. 9,7; Judg. 9,7)

Γαρσομος Gershom ▸ 1
 Γαρσομος ▸ 1
  Noun · masculine · singular · nominative · (proper) ▸ 1 (1Esdr.

8,29)
Γας Gas ▸ 1
  Γας ▸ 1
    Noun · masculine · singular · genitive · (proper) ▸ **1** (1Esdr. 5,34)
γασβαρηνός (Hebr.) treasurer ▸ 1
  γασβαρηνου ▸ 1
    Noun · masculine · singular · genitive · (common) ▸ **1** (Ezra 1,8)
Γασιν Gasin (?) ▸ 1
  Γασιν ▸ 1
    Noun · singular · accusative · (proper) ▸ **1** (Josh. 18,15)
Γασιωνγαβερ Ezion Geber ▸ 5
  Γασιωνγαβερ ▸ 5
    Noun · singular · accusative · (proper) ▸ **1** (2Chr. 8,17)
    Noun · singular · dative · (proper) ▸ **3** (1Kings 9,26; 1Kings 16,28f; 2Chr. 20,36)
    Noun · singular · genitive · (proper) ▸ **1** (Deut. 2,8)
γαστήρ stomach, womb ▸ 67 + 3 + 9 = 79
  γαστέρα ▸ 3
    Noun · feminine · singular · accusative · (common) ▸ **3** (Num. 5,22; 4Mac. 7,6; Job 20,23)
  γαστέρες ▸ 1
    Noun · feminine · plural · nominative ▸ **1** (Titus 1,12)
  γαστήρ ▸ 3
    Noun · feminine · singular · nominative · (common) ▸ **3** (Psa. 30,10; Job 16,16; Job 32,19)
  γαστὴρ ▸ 2
    Noun · feminine · singular · nominative · (common) ▸ **2** (Psa. 16,14; Psa. 43,26)
  γαστρὶ ▸ 36 + 2 + 8 = 46
    Noun · feminine · singular · dative · (common) ▸ **36 + 2 + 8 = 46** (Gen. 16,4; Gen. 16,5; Gen. 16,11; Gen. 25,21; Gen. 30,41; Gen. 38,18; Gen. 38,24; Gen. 38,25; Gen. 38,27; Ex. 2,2; Ex. 2,22; Ex. 21,22; Num. 11,12; Judg. 13,3; Judg. 13,5; Judg. 13,7; 2Sam. 11,5; 2Sam. 11,5; 2Kings 4,17; 2Kings 8,12; 2Kings 15,16; 1Chr. 7,23; 2Mac. 7,27; 3Mac. 6,8; Ode. 5,18; Eccl. 11,5; Job 15,35; Job 20,14; Job 21,10; Hos. 14,1; Amos 1,3; Amos 1,13; Is. 7,14; Is. 8,3; Is. 26,18; Is. 40,11; Judg. 13,5; Judg. 13,7; Matt. 1,18; Matt. 1,23; Matt. 24,19; Mark 13,17; Luke 1,31; Luke 21,23; 1Th. 5,3; Rev. 12,2)
  γαστρί ▸ 2
    Noun · feminine · singular · dative · (common) ▸ **2** (Gen. 25,23; Job 31,15)
  γαστρός ▸ 9
    Noun · feminine · singular · genitive · (common) ▸ **9** (Judg. 13,5; 4Mac. 13,19; Psa. 21,10; Psa. 57,4; Psa. 70,6; Psa. 126,3; Job 32,18; Job 40,16; Sir. 37,5)
  γαστρὸς ▸ 12 + 1 = 13
    Noun · feminine · singular · genitive · (common) ▸ **12 + 1 = 13** (Judg. 13,7; 3Mac. 7,11; Psa. 109,3; Psa. 138,13; Eccl. 5,14; Job 3,10; Job 3,11; Job 10,19; Job 15,2; Job 31,18; Job 38,29; Sir. 40,1; Judg. 13,7)
γαστριμαργία (γαστήρ; μάργος) gluttony ▸ 1
  γαστριμαργίας ▸ 1
    Noun · feminine · singular · genitive · (common) ▸ **1** (4Mac. 1,3)
γαστρίμαργος (γαστήρ; μάργος) gluttonous ▸ 1
  γαστρίμαργος ▸ 1
    Adjective · masculine · singular · nominative · noDegree ▸ **1** (4Mac. 2,7)
Γαυλων Golan ▸ 3
  Γαυλων ▸ 3
    Noun · feminine · singular · accusative · (proper) ▸ **3** (Deut. 4,43; Josh. 20,8; Josh. 21,27)

Γαυνι Guni ▸ 2
  Γαυνι ▸ 2
    Noun · masculine · singular · dative · (proper) ▸ **1** (Num. 26,48)
    Noun · masculine · singular · nominative · (proper) ▸ **1** (Num. 26,48)
γαυρίαμα pride, boasting, exulting ▸ 5
  Γαυρίαμα ▸ 1
    Noun · neuter · singular · nominative · (common) ▸ **1** (Sir. 43,1)
  γαυρίαμα ▸ 4
    Noun · neuter · singular · accusative · (common) ▸ **2** (Judith 10,8; Sir. 47,4)
    Noun · neuter · singular · nominative · (common) ▸ **2** (Judith 15,9; Job 4,10)
γαυριάω (γαίω) to exalt, boast, glory ▸ 4
  γαυριᾷ ▸ 2
    Verb · third · singular · present · active · indicative ▸ **2** (Job 39,21; Job 39,23)
  γαυριωθήσεται ▸ 1
    Verb · third · singular · future · passive · indicative ▸ **1** (Num. 23,24)
  ἐγαυρίασαν ▸ 1
    Verb · third · plural · aorist · active · indicative ▸ **1** (Judith 9,7)
γαυρόω (γαίω) to glory ▸ 3
  γαυρωθέντα ▸ 1
    Verb · aorist · passive · participle · masculine · singular · accusative ▸ **1** (3Mac. 6,5)
  γεγαυρωμένοι ▸ 1
    Verb · perfect · passive · participle · masculine · plural · nominative ▸ **1** (Wis. 6,2)
  γεγαυρωμένος ▸ 1
    Verb · perfect · passive · participle · masculine · singular · nominative ▸ **1** (3Mac. 3,11)
γέ yet, indeed, surely ▸ 162 + 14 + 26 = 202
  γε ▸ 155 + 14 + 26 = 195
    Particle · (emphatic) ▸ **155 + 14 + 26 = 195** (Gen. 18,13; Gen. 26,9; Gen. 37,10; Ex. 35,34; Josh. 9,4; Judg. 1,3; Judg. 1,22; Judg. 2,17; Judg. 3,22; Judg. 8,31; Judg. 11,17; Judg. 19,19; Judg. 19,19; Ruth 1,5; Ruth 2,15; Ruth 2,16; Ruth 2,21; Ruth 3,12; Ruth 4,10; 2Sam. 2,6; 2Sam. 2,7; 2Sam. 11,12; 2Sam. 11,17; 2Sam. 11,21; 2Sam. 11,24; 2Sam. 12,14; 2Sam. 13,36; 2Sam. 14,6; 2Sam. 14,7; 2Sam. 15,20; 2Sam. 15,24; 2Sam. 16,23; 2Sam. 16,23; 2Sam. 17,5; 2Sam. 17,5; 2Sam. 17,10; 2Sam. 17,12; 2Sam. 17,16; 2Sam. 18,2; 2Sam. 18,22; 2Sam. 18,26; 2Sam. 18,27; 2Sam. 19,31; 2Sam. 19,41; 2Sam. 19,44; 2Sam. 20,26; 2Sam. 21,20; 1Kings 1,6; 1Kings 1,48; 1Kings 2,5; 1Kings 22,22; 2Kings 2,5; 2Kings 8,1; 2Kings 9,27; 2Kings 10,18; 2Kings 13,6; 2Kings 16,3; 2Kings 17,19; 2Kings 17,41; 2Kings 21,11; 2Kings 21,16; 2Kings 22,19; 2Kings 23,15; 2Kings 23,15; 2Kings 23,19; 2Kings 23,24; 2Kings 23,27; 2Kings 24,4; 1Chr. 10,5; 2Chr. 6,37; 2Chr. 14,14; 2Chr. 35,19d; Ezra 1,1; 4Mac. 6,34; 4Mac. 14,11; 4Mac. 14,14; 4Mac. 14,19; Eccl. 1,11; Eccl. 1,17; Eccl. 2,1; Eccl. 2,7; Eccl. 2,8; Eccl. 2,9; Eccl. 2,14; Eccl. 2,15; Eccl. 2,15; Eccl. 2,19; Eccl. 2,21; Eccl. 2,23; Eccl. 2,23; Eccl. 2,24; Eccl. 2,26; Eccl. 3,11; Eccl. 3,13; Eccl. 3,18; Eccl. 4,4; Eccl. 4,8; Eccl. 4,8; Eccl. 4,8; Eccl. 4,11; Eccl. 4,14; Eccl. 4,16; Eccl. 4,16; Eccl. 5,9; Eccl. 5,15; Eccl. 5,16; Eccl. 5,18; Eccl. 6,3; Eccl. 6,5; Eccl. 6,7; Eccl. 6,9; Eccl. 7,6; Eccl. 7,14; Eccl. 7,18; Eccl. 7,21; Eccl. 7,22; Eccl. 8,10; Eccl. 8,12; Eccl. 8,14; Eccl. 8,16; Eccl. 8,17; Eccl. 9,1; Eccl. 9,1; Eccl. 9,3; Eccl. 9,6; Eccl. 9,6; Eccl. 9,6; Eccl. 9,11; Eccl. 9,11; Eccl. 9,11; Eccl. 9,12; Eccl. 9,13; Eccl. 10,3; Eccl. 10,20; Eccl. 11,2; Eccl. 12,5; Song 1,16; Song 8,1; Job 13,9; Job 15,10; Job 15,10; Job 16,4; Job 30,2; Job 30,24; Sir. 31,12; Zech. 3,7; Jer. 4,10; Lam. 1,8; Lam. 2,9;

Lam. 3,8; Lam. 4,3; Lam. 4,15; Lam. 4,21; Dan. 3,15; Bel 8; Judg. 1,22; Judg. 2,10; Judg. 2,10; Judg. 2,17; Judg. 2,21; Judg. 3,22; Judg. 3,31; Judg. 6,39; Judg. 8,31; Judg. 9,19; Judg. 9,49; Judg. 9,49; Judg. 19,19; Dan. 11,8; Matt. 6,1; Matt. 7,20; Matt. 9,17; Matt. 17,26; Luke 5,36; Luke 5,37; Luke 10,6; Luke 11,8; Luke 13,9; Luke 14,32; Luke 18,5; Luke 24,21; Acts 2,18; Acts 8,30; Acts 17,27; Acts 17,27; Rom. 8,32; 1Cor. 4,8; 1Cor. 6,3; 1Cor. 9,2; 2Cor. 5,3; 2Cor. 11,16; Gal. 3,4; Eph. 3,2; Eph. 4,21; Col. 1,23)

γέ ▸ 7
    Particle ▸ 7 (4Mac. 2,17; 4Mac. 4,11; 4Mac. 5,1; 4Mac. 6,8; 4Mac. 6,11; 4Mac. 8,1; 4Mac. 17,17)

Γεβαλ Gebal ▸ 1
    Γεβαλ ▸ 1
        Noun · masculine · singular · nominative · (proper) ▸ 1 (Psa. 82,8)

Γεβεελαν Baalath ▸ 1
    Γεβεελαν ▸ 1
        Noun · singular · nominative · (proper) ▸ 1 (Josh. 19,44)

Γεβερε Gath Hepher ▸ 1
    Γεβερε ▸ 1
        Noun · singular · accusative · (proper) ▸ 1 (Josh. 19,13)

Γεβωθίτης Gibeathite ▸ 1
    Γεβωθίτου ▸ 1
        Noun · masculine · singular · genitive · (proper) ▸ 1 (1Chr. 12,3)

Γεδαν Gidom ▸ 1
    Γεδαν ▸ 1
        Noun · singular · genitive · (proper) ▸ 1 (Judg. 20,45)

Γεδδουρ Geddur ▸ 1
    Γεδδουρ ▸ 1
        Noun · masculine · singular · genitive · (proper) ▸ 1 (1Esdr. 5,30)

γεδδουρ (Hebr.) band, raiding party ▸ 5
    γεδδουρ ▸ 5
        Noun · neuter · singular · accusative · (common) ▸ 4 (1Sam. 30,15; 1Sam. 30,15; 1Sam. 30,23; 1Chr. 12,22)
        Noun · neuter · singular · genitive · (common) ▸ 1 (1Sam. 30,8)

Γεδδων Gedor ▸ 1
    Γεδδων ▸ 1
        Noun · singular · nominative · (proper) ▸ 1 (Josh. 15,58)

Γεδδωρ Gederoth ▸ 1
    Γεδδωρ ▸ 1
        Noun · singular · nominative · (proper) ▸ 1 (Josh. 15,41)

Γεδεων Gideon ▸ 45 + 45 = 90
    Γεδεων ▸ 45 + 45 = 90
        Noun · masculine · singular · accusative · (proper) ▸ 8 + 8 = 16 (Judg. 6,34; Judg. 7,2; Judg. 7,4; Judg. 7,5; Judg. 7,7; Judg. 7,25; Judg. 8,22; Judg. 8,27; Judg. 6,34; Judg. 7,2; Judg. 7,4; Judg. 7,5; Judg. 7,7; Judg. 7,25; Judg. 8,1; Judg. 8,22)
        Noun · masculine · singular · dative · (proper) ▸ 4 + 4 = 8 (Judg. 7,18; Judg. 7,20; Judg. 8,27; Judg. 8,30; Judg. 7,18; Judg. 7,20; Judg. 8,27; Judg. 8,30)
        Noun · masculine · singular · genitive · (proper) ▸ 4 + 2 = 6 (Judg. 7,14; Judg. 8,28; Judg. 8,35; Judith 8,1; Judg. 7,14; Judg. 8,28)
        Noun · masculine · singular · nominative · (proper) ▸ 29 + 31 = 60 (Judg. 6,11; Judg. 6,13; Judg. 6,15; Judg. 6,17; Judg. 6,19; Judg. 6,22; Judg. 6,22; Judg. 6,24; Judg. 6,27; Judg. 6,29; Judg. 6,36; Judg. 6,38; Judg. 6,39; Judg. 7,1; Judg. 7,13; Judg. 7,15; Judg. 7,19; Judg. 7,24; Judg. 8,4; Judg. 8,7; Judg. 8,11; Judg. 8,13; Judg. 8,15; Judg. 8,19; Judg. 8,21; Judg. 8,23; Judg. 8,24; Judg. 8,32; Judg. 8,33; Judg. 6,11; Judg. 6,13; Judg. 6,15; Judg. 6,17; Judg. 6,19; Judg. 6,22; Judg. 6,24; Judg. 6,27; Judg. 6,29; Judg. 6,36; Judg. 6,39; Judg. 7,1; Judg. 7,13; Judg. 7,15; Judg. 7,19; Judg. 7,24; Judg. 8,4; Judg. 8,7; Judg. 8,9; Judg. 8,11; Judg. 8,13; Judg. 8,15; Judg. 8,19; Judg. 8,21; Judg. 8,23; Judg. 8,24; Judg. 8,27; Judg. 8,32; Judg. 8,33; Judg. 8,35)

Γεδεών Gideon ▸ 1
    Γεδεών ▸ 1
        Noun · masculine · singular · genitive · (proper) ▸ 1 (Heb. 11,32)

Γεδηλ Giddel ▸ 1
    Γεδηλ ▸ 1
        Noun · masculine · singular · genitive · (proper) ▸ 1 (Ezra 2,56)

Γεδουρ Gedor ▸ 2
    Γεδουρ ▸ 2
        Noun · masculine · singular · nominative · (proper) ▸ 2 (1Chr. 8,31; 1Chr. 9,37)

Γεδσουρ Geshur ▸ 7
    Γεδσουρ ▸ 7
        Noun · singular · accusative · (proper) ▸ 2 (2Sam. 13,38; 2Sam. 14,23)
        Noun · singular · dative · (proper) ▸ 1 (2Sam. 15,8)
        Noun · singular · genitive · (proper) ▸ 2 (2Sam. 13,37; 2Sam. 14,32)
        Noun · feminine · singular · accusative · (proper) ▸ 1 (1Chr. 2,23)
        Noun · feminine · singular · genitive · (proper) ▸ 1 (1Chr. 3,2)

Γεδσων Gershon ▸ 29
    Γεδσων ▸ 29
        Noun · masculine · singular · dative · (proper) ▸ 4 (Num. 3,21; Num. 26,57; 1Chr. 6,5; 1Chr. 23,6)
        Noun · masculine · singular · genitive · (proper) ▸ 21 (Ex. 6,17; Num. 3,18; Num. 3,21; Num. 3,23; Num. 3,24; Num. 3,25; Num. 4,22; Num. 4,24; Num. 4,27; Num. 4,28; Num. 4,38; Num. 4,41; Num. 7,7; Num. 10,17; Josh. 21,6; Josh. 21,27; Josh. 21,33; 1Chr. 6,2; 1Chr. 6,28; 1Chr. 6,47; 1Chr. 6,56)
        Noun · masculine · singular · nominative · (proper) ▸ 4 (Ex. 6,16; Num. 3,17; 1Chr. 5,27; 1Chr. 6,1)

Γεδσωνι Gershonite ▸ 2
    Γεδσωνι ▸ 2
        Noun · masculine · singular · genitive · (proper) ▸ 1 (2Chr. 29,12)
        Noun · masculine · singular · nominative · (proper) ▸ 1 (Num. 26,57)

Γεδωρ Gedor ▸ 5 + 1 = 6
    Γεδωρ ▸ 4 + 1 = 5
        Noun · singular · genitive · (proper) ▸ 2 (2Chr. 14,12; 2Chr. 14,13)
        Noun · singular · nominative · (proper) ▸ 1 (Josh. 15,58)
        Noun · masculine · singular · genitive · (proper) ▸ 2 (1Chr. 4,4; 1Chr. 4,18)
    γεδωρ ▸ 1
        Noun · masculine · singular · genitive · (proper) ▸ 1 (1Chr. 12,8)

Γεδωρίτη Gederite ▸ 1
    Γεδωρίτης ▸ 1
        Noun · masculine · singular · nominative · (proper) ▸ 1 (1Chr. 27,28)

γέεννα hell, Gehenna ▸ 12
    γέενναν ▸ 8
        Noun · feminine · singular · accusative ▸ 8 (Matt. 5,22; Matt. 5,29; Matt. 5,30; Matt. 18,9; Mark 9,43; Mark 9,45; Mark 9,47; Luke 12,5)
    γεέννη ▸ 1
        Noun · feminine · singular · dative ▸ 1 (Matt. 10,28)
    γεέννης ▸ 3
        Noun · feminine · singular · genitive ▸ 3 (Matt. 23,15; Matt. 23,33; James 3,6)

Γεζουε Gazez ▸ 2
    Γεζουε ▸ 2

Noun · masculine · singular · accusative · (proper) ▸ **2** (1Chr. 2,46; 1Chr. 2,46)

Γεθ Gath ▸ 35
   Γεθ ▸ 35
      Noun · feminine · singular · accusative · (proper) ▸ **11** (1Sam. 21,11; 1Sam. 27,4; 1Sam. 27,11; 1Sam. 27,11; 1Kings 2,40; 1Kings 2,41; 2Kings 12,18; 1Chr. 8,13; 1Chr. 18,1; 2Chr. 11,8; Amos 6,2)
      Noun · feminine · singular · dative · (proper) ▸ **12** (Josh. 11,22; 1Sam. 27,3; 1Sam. 30,28a; 2Sam. 1,20; 2Sam. 21,18; 2Sam. 21,20; 2Sam. 21,22; 1Kings 2,39; 1Chr. 20,6; 1Chr. 20,8; Psa. 55,1; Mic. 1,10)
      Noun · feminine · singular · genitive · (proper) ▸ **12** (1Sam. 6,17; 1Sam. 17,4; 1Sam. 17,52; 1Sam. 17,52; 1Sam. 21,13; 1Sam. 27,2; 2Sam. 15,18; 1Kings 2,39; 1Kings 2,40; 1Chr. 7,21; 2Chr. 26,6; Mic. 1,14)

Γεθεδαν Gibbethon ▸ 1
   Γεθεδαν ▸ 1
      Noun · feminine · singular · accusative · (proper) ▸ **1** (Josh. 21,23)

Γεθερεμμων Gath Rimmon ▸ 1
   Γεθερεμμων ▸ 1
      Noun · feminine · singular · accusative · (proper) ▸ **1** (Josh. 21,24)

Γεθθα Gath ▸ 1 + 1 = 2
   Γεθθα ▸ 1 + 1 = 2
      Noun · singular · accusative · (proper) ▸ 1 + 1 = **2** (1Sam. 5,8; Josh. 19,13)

Γεθθαιμ Gittaim; Avith ▸ 4
   Γεθθαιμ ▸ 4
      Noun · singular · accusative · (proper) ▸ **1** (2Sam. 4,3)
      Noun · singular · nominative · (proper) ▸ **2** (Gen. 36,35; Job 42,17d)
      Noun · feminine · singular · nominative · (proper) ▸ **1** (1Chr. 1,46)

Γεθθαῖος Gittite ▸ 12
   Γεθθαῖοι ▸ 3
      Noun · masculine · plural · nominative · (proper) ▸ **3** (1Sam. 5,8; 1Sam. 5,9; 2Sam. 15,18)
   Γεθθαῖον ▸ 2
      Noun · masculine · singular · accusative · (proper) ▸ **2** (2Sam. 15,19; 2Sam. 21,19)
   Γεθθαῖος ▸ 1
      Noun · masculine · singular · nominative · (proper) ▸ **1** (2Sam. 15,22)
   Γεθθαίου ▸ 5
      Noun · masculine · singular · genitive · (proper) ▸ **5** (2Sam. 6,10; 2Sam. 6,11; 2Sam. 18,2; 1Chr. 13,13; 1Chr. 20,5)
   Γεθθαίῳ ▸ 1
      Noun · masculine · singular · dative · (proper) ▸ **1** (Josh. 13,3)

Γεθθεμ Gethem (?) ▸ 1
   Γεθθεμ ▸ 1
      Noun · singular · dative · (proper) ▸ **1** (1Sam. 14,33)

Γεθρεμμων Gath Rimmon ▸ 2 + 1 = 3
   Γεθρεμμων ▸ 2 + 1 = 3
      Noun · singular · nominative · (proper) ▸ 1 + 1 = **2** (Josh. 19,45; Josh. 19,45)
      Noun · feminine · singular · accusative · (proper) ▸ **1** (1Chr. 6,54)

Γεθσημανί Gethsemane ▸ 2
   Γεθσημανί ▸ 2
      Noun · neuter · singular · accusative · (proper) ▸ **1** (Matt. 26,36)
      Noun · neuter · singular · nominative · (proper) ▸ **1** (Mark 14,32)

Γεθχοβερ Gath Hepher ▸ 1
   Γεθχοβερ ▸ 1
      Noun · feminine · singular · genitive · (proper) ▸ **1** (2Kings 14,25)

γεῖσος eave, cornice ▸ 7
   γεῖσος ▸ 4
      Noun · neuter · singular · accusative · (common) ▸ **2** (Ezek. 40,43; Ezek. 43,17)
      Noun · neuter · singular · nominative · (common) ▸ **2** (Jer. 52,22; Ezek. 43,13)
   γείσους ▸ 2
      Noun · neuter · singular · genitive · (common) ▸ **2** (Jer. 52,22; Jer. 52,22)
   γεισῶν ▸ 1
      Noun · neuter · plural · genitive · (common) ▸ **1** (1Kings 7,46)

γειτνιάω (γείτων) to be a neighbor, to border ▸ 1 + 1 = 2
   γειτνιῶν ▸ 1
      Verb · present · active · participle · masculine · singular · nominative ▸ **1** (Sus. 4)
   γειτνιῶντας ▸ 1
      Verb · present · active · participle · masculine · plural · accusative ▸ **1** (2Mac. 9,25)

γείτων (γῆ) neighbor, borderer; neighboring, bordering (adj.) ▸ 16 + 4 = 20
   γείτονα ▸ 1
      Noun · masculine · singular · accusative · (common) ▸ **1** (Ex. 12,4)
   γείτονας ▸ 3
      Noun · feminine · plural · accusative ▸ **1** (Luke 15,9)
      Noun · masculine · plural · accusative ▸ **2** (Luke 14,12; Luke 15,6)
   γείτονες ▸ 2 + 1 = 3
      Noun · feminine · plural · nominative · (common) ▸ **1** (Ruth 4,17)
      Noun · masculine · plural · nominative · (common) ▸ 1 + 1 = **2** (Job 19,15; John 9,8)
   γείτονές ▸ 1
      Noun · masculine · plural · nominative · (common) ▸ **1** (3Mac. 3,10)
   γείτονος ▸ 2
      Noun · feminine · singular · genitive · (common) ▸ **1** (Ex. 3,22)
      Noun · masculine · singular · genitive · (common) ▸ **1** (Jer. 30,4)
   γειτόνων ▸ 3
      Noun · masculine · plural · genitive · (common) ▸ **3** (2Kings 4,3; Job 26,5; Jer. 12,14)
   γείτοσιν ▸ 5
      Noun · masculine · plural · dative · (common) ▸ **5** (Psa. 43,14; Psa. 78,4; Psa. 78,12; Psa. 79,7; Psa. 88,42)
   γείτοσίν ▸ 1
      Noun · masculine · plural · dative · (common) ▸ **1** (Psa. 30,12)
   γείτων ▸ 1
      Noun · masculine · singular · nominative · (common) ▸ **1** (Jer. 6,21)

γειώρας alien, sojourner ▸ 1
   γειώραις ▸ 1
      Noun · masculine · plural · dative · (common) ▸ **1** (Ex. 12,19)

Γελαμψουρ Shur ▸ 1
   Γελαμψουρ ▸ 1
      Noun · singular · genitive · (proper) ▸ **1** (1Sam. 27,8)

γελάω to laugh ▸ 15 + 2 + 2 = 19
   γελᾷ ▸ 1
      Verb · third · singular · present · active · indicative ▸ **1** (1Esdr. 4,31)
   γελάσαι ▸ 1

Γ, γ

   Verb · aorist · active · infinitive ▸ **1** (Eccl. 3,4)
   γελάσας ▸ **1**
      Verb · aorist · active · participle · masculine · singular · nominative ▸ **1** (Bel 7)
   γελάσεις ▸ **1**
      Verb · second · singular · future · active · indicative ▸ **1** (4Mac. 5,28)
   γελάσετε ▸ **1**
      Verb · second · plural · future · active · indicative ▸ **1** (Luke 6,21)
   γελάσομαι ▸ **1**
      Verb · first · singular · future · middle · indicative ▸ **1** (Jer. 20,8)
   γελάσονται ▸ **1**
      Verb · third · plural · future · middle · indicative ▸ **1** (Psa. 51,8)
   γελάσω ▸ **1**
      Verb · first · singular · aorist · active · subjunctive ▸ **1** (Job 29,24)
   γελῶ ▸ **1**
      Verb · first · singular · present · active · indicative ▸ **1** (Job 19,7)
   γελῶντες ▸ **1**
      Verb · present · active · participle · masculine · plural · vocative · (variant) ▸ **1** (Luke 6,25)
   ἐγέλασα ▸ **1**
      Verb · first · singular · aorist · active · indicative ▸ **1** (Gen. 18,15)
   ἐγέλασαν ▸ **2**
      Verb · third · plural · aorist · active · indicative ▸ **2** (Job 22,19; Lam. 1,7)
   ἐγέλασας ▸ **1**
      Verb · second · singular · aorist · active · indicative ▸ **1** (Gen. 18,15)
   ἐγέλασε ▸ **1**
      Verb · third · singular · aorist · active · indicative ▸ **1** (Bel 19)
   ἐγέλασεν ▸ **3 + 1 = 4**
      Verb · third · singular · aorist · active · indicative ▸ **3 + 1 = 4** (Gen. 17,17; Gen. 18,12; Gen. 18,13; Bel 19)

Γελβουε Gilboa ▸ **8**
   Γελβουε ▸ **8**
      Noun · singular · accusative · (proper) ▸ **1** (1Sam. 28,4)
      Noun · singular · dative · (proper) ▸ **5** (1Sam. 31,1; 2Sam. 1,6; 2Sam. 1,21; 1Chr. 10,1; 1Chr. 10,8)
      Noun · singular · genitive · (proper) ▸ **1** (1Sam. 31,8)
      Noun · masculine · singular · dative · (proper) ▸ **1** (2Sam. 21,12)

Γελγελ Gelgel (Heb. Wheel) ▸ **1**
   Γελγελ ▸ **1**
      Noun · singular · nominative · (proper) ▸ **1** (Ezek. 10,13)

Γελια Gelia (?) ▸ **1**
   Γελια ▸ **1**
      Noun · feminine · singular · genitive · (proper) ▸ **1** (1Chr. 4,18)

Γελλα Holon ▸ **1**
   Γελλα ▸ **1**
      Noun · feminine · singular · accusative · (proper) ▸ **1** (Josh. 21,15)

Γελμων Almon ▸ **2**
   Γελμων ▸ **2**
      Noun · singular · dative · (proper) ▸ **1** (Num. 33,46)
      Noun · singular · genitive · (proper) ▸ **1** (Num. 33,47)

Γελμωναῖος Gilonite ▸ **1**
   Γελμωναῖον ▸ **1**
      Noun · masculine · singular · accusative · (proper) ▸ **1** (2Sam. 15,12)

γελοιάζω (γελάω) to joke, laugh ▸ **1**
   γελοιάζειν ▸ **1**
      Verb · present · active · infinitive ▸ **1** (Gen. 19,14)

γελοιασμός (γελάω) joking ▸ **1**
   γελοιασμὸν ▸ **1**
      Noun · masculine · singular · accusative · (common) ▸ **1** (Jer. 31,27)

γελοιαστής (γελάω) joker ▸ **1**
   γελοιαστῶν ▸ **1**
      Noun · masculine · plural · genitive · (common) ▸ **1** (Job 31,5)

γελοῖος (γελάω) jokable, laughable, ridiculous ▸ **3**
   γελοῖον ▸ **2**
      Adjective · masculine · singular · accusative · noDegree ▸ **1** (4Mac. 1,5)
      Adjective · neuter · singular · nominative · noDegree ▸ **1** (4Mac. 6,34)
   γελοῖος ▸ **1**
      Adjective · masculine · singular · nominative · noDegree ▸ **1** (4Mac. 3,1)

Γελωνίτης Gilonite ▸ **1**
   Γελωνίτου ▸ **1**
      Noun · masculine · singular · genitive · (proper) ▸ **1** (2Sam. 23,34)

Γελωραι Naharai ▸ **1**
   Γελωραι ▸ **1**
      Noun · masculine · singular · nominative · (proper) ▸ **1** (2Sam. 23,37)

γέλως (γελάω) laughter; derision ▸ **20 + 1 = 21**
   γέλως ▸ **5 + 1 = 6**
      Noun · masculine · singular · nominative · (common) ▸ **5 + 1 = 6** (Eccl. 7,6; Job 17,6; Sir. 19,30; Sir. 27,13; Lam. 3,14; James 4,9)
   γέλωτα ▸ **9**
      Noun · masculine · singular · accusative · (common) ▸ **9** (4Mac. 5,28; Eccl. 7,3; Eccl. 10,19; Wis. 5,4; Mic. 1,10; Mic. 1,10; Jer. 20,7; Jer. 31,26; Jer. 31,39)
   Γέλωτά ▸ **1**
      Noun · masculine · singular · accusative · (common) ▸ **1** (Gen. 21,6)
   γέλωτι ▸ **3**
      Noun · masculine · singular · dative · (common) ▸ **3** (Prov. 10,23; Eccl. 2,2; Sir. 21,20)
   γέλωτος ▸ **2**
      Noun · masculine · singular · genitive · (common) ▸ **2** (Job 8,21; Amos 7,9)

Γεμεεθ Alemeth ▸ **1**
   Γεμεεθ ▸ **1**
      Noun · masculine · singular · nominative · (proper) ▸ **1** (1Chr. 7,8)

γεμίζω (γέμω) to fill ▸ **2 + 8 = 10**
   γεμίζεσθαι ▸ **1**
      Verb · present · passive · infinitive · (variant) ▸ **1** (Mark 4,37)
   γεμίσας ▸ **1 + 1 = 2**
      Verb · aorist · active · participle · masculine · singular · nominative ▸ **1 + 1 = 2** (3Mac. 5,47; Mark 15,36)
   γεμίσατε ▸ **1 + 1 = 2**
      Verb · second · plural · aorist · active · imperative ▸ **1 + 1 = 2** (Gen. 45,17; John 2,7)
   γεμισθῇ ▸ **1**
      Verb · third · singular · aorist · passive · subjunctive ▸ **1** (Luke 14,23)
   ἐγέμισαν ▸ **2**
      Verb · third · plural · aorist · active · indicative ▸ **2** (John 2,7; John 6,13)
   ἐγέμισεν ▸ **1**
      Verb · third · singular · aorist · active · indicative ▸ **1** (Rev. 8,5)
   ἐγεμίσθη ▸ **1**

Verb · third · singular · aorist · passive · indicative ▸ **1** (Rev. 15,8)

Γεμνα Gemna (?) ▸ **1**
    Γεμνα ▸ **1**
        Noun · singular · genitive · (proper) ▸ **1** (Josh. 15,46)

γέμω to be full ▸ **7** + **11** = **18**
    γέμει ▸ **2** + **2** = **4**
        Verb · third · singular · present · active · indicative ▸ **2** + **2** = **4** (Psa. 9,28; Psa. 13,3; Luke 11,39; Rom. 3,14)
    γέμειν ▸ **1**
        Verb · present · active · infinitive ▸ **1** (2Mac. 3,6)
    γέμον ▸ **1** + **1** = **2**
        Verb · present · active · participle · neuter · singular · nominative ▸ **1** + **1** = **2** (2Mac. 3,30; Rev. 17,4)
    γέμοντα ▸ **1** + **2** = **3**
        Verb · present · active · participle · masculine · singular · accusative ▸ **1** (Rev. 17,3)
        Verb · present · active · participle · neuter · plural · nominative ▸ **1** + **1** = **2** (2Chr. 9,21; Rev. 4,6)
    γεμόντων ▸ **1**
        Verb · present · active · participle · feminine · plural · genitive ▸ **1** (Rev. 21,9)
    γέμουσα ▸ **1**
        Verb · present · active · participle · feminine · singular · nominative ▸ **1** (Amos 2,13)
    γεμούσας ▸ **2**
        Verb · present · active · participle · feminine · plural · accusative ▸ **2** (Rev. 5,8; Rev. 15,7)
    γέμουσιν ▸ **3**
        Verb · third · plural · present · active · indicative ▸ **3** (Matt. 23,25; Matt. 23,27; Rev. 4,8)
    ἔγεμον ▸ **1**
        Verb · third · plural · imperfect · active · indicative ▸ **1** (Gen. 37,25)

γενεά (γίνομαι) generation ▸ **225** + **14** + **43** = **282**
    γενεά ▸ **1**
        Noun · feminine · singular · nominative · (common) ▸ **1** (Psa. 77,8)
    γενεά ▸ **26** + **2** + **11** = **39**
        Noun · feminine · singular · nominative · (common) ▸ **26** + **2** + **8** = **36** (Gen. 15,16; Ex. 1,6; Ex. 13,18; Num. 32,13; Deut. 2,14; Deut. 23,9; Deut. 29,21; Deut. 32,5; Deut. 32,20; Judg. 2,10; Judg. 2,10; Psa. 21,31; Psa. 23,6; Psa. 77,6; Psa. 77,8; Psa. 111,2; Psa. 144,4; Psa. 144,4; Ode. 2,5; Ode. 2,20; Prov. 22,4; Eccl. 1,4; Eccl. 1,4; Sir. 14,18; Sol. 18,9; Is. 51,9; Judg. 2,10; Judg. 2,10; Matt. 12,39; Matt. 16,4; Matt. 24,34; Mark 8,12; Mark 13,30; Luke 11,29; Luke 11,29; Luke 21,32)
        Noun · feminine · singular · vocative ▸ **3** (Matt. 17,17; Mark 9,19; Luke 9,41)
    γενεᾷ ▸ **17** + **6** = **23**
        Noun · feminine · singular · dative · (common) ▸ **17** + **6** = **23** (Gen. 6,9; Gen. 7,1; Psa. 13,5; Psa. 44,18; Psa. 44,18; Psa. 70,18; Psa. 72,15; Psa. 89,1; Psa. 89,1; Psa. 94,10; Psa. 101,25; Psa. 108,13; Psa. 144,13; Psa. 144,13; Ode. 14,39; Ode. 14,39; Sol. 18,6; Matt. 12,45; Mark 8,12; Mark 8,38; Luke 11,30; Acts 13,36; Heb. 3,10)
    γενεαί ▸ **5** + **1** + **4** = **10**
        Noun · feminine · plural · nominative · (common) ▸ **5** + **1** + **4** = **10** (Lev. 23,43; Num. 13,22; Tob. 13,13; Sir. 4,16; Is. 61,3; Tob. 13,13; Matt. 1,17; Matt. 1,17; Matt. 1,17; Matt. 1,17)
    γενεαί ▸ **1** + **1** = **2**
        Noun · feminine · plural · nominative · (common) ▸ **1** + **1** = **2** (Ode. 9,48; Luke 1,48)
    γενεαῖς ▸ **13** + **2** = **15**
        Noun · feminine · plural · dative · (common) ▸ **13** + **2** = **15** (Ex. 3,15; Ex. 30,21; Num. 9,10; Num. 15,14; Josh. 22,28; Judith 8,18; 1Mac. 2,51; Sir. 44,7; Sir. 44,16; Is. 58,12; Is. 60,15; Dan. 4,37b; Dan. 4,37b; Acts 14,16; Eph. 3,5)
    γενεάν ▸ **14** + **2** = **16**
        Noun · feminine · singular · accusative · (common) ▸ **14** + **2** = **16** (Gen. 31,3; Ex. 34,7; Num. 10,30; 1Mac. 2,61; Psa. 32,11; Psa. 48,12; Psa. 76,9; Psa. 84,6; Psa. 101,13; Psa. 134,13; Psa. 145,10; Prov. 27,24; Job 42,16; Lam. 5,19; Dan. 4,3; Dan. 4,34)
    γενεᾶν ▸ **34** + **2** + **4** = **40**
        Noun · feminine · singular · accusative · (common) ▸ **34** + **2** + **4** = **40** (Gen. 43,7; Lev. 25,41; Num. 13,28; Deut. 5,9; Esth. 9,27; Esth. 9,27; 1Mac. 2,61; Psa. 9,27; Psa. 32,11; Psa. 47,14; Psa. 48,12; Psa. 77,4; Psa. 78,13; Psa. 78,13; Psa. 88,2; Psa. 88,2; Psa. 88,5; Psa. 88,5; Psa. 101,13; Psa. 101,19; Psa. 105,31; Psa. 105,31; Psa. 118,90; Psa. 118,90; Psa. 134,13; Psa. 145,10; Ode. 9,50; Ode. 9,50; Job 8,8; Joel 1,3; Zeph. 3,9; Is. 53,8; Jer. 7,29; Lam. 5,19; Dan. 4,3; Dan. 4,34; Matt. 11,16; Matt. 23,36; Luke 16,8; Acts 8,33)
    γενεάς ▸ **6**
        Noun · feminine · plural · accusative · (common) ▸ **6** (Ex. 17,16; 1Chr. 16,15; Psa. 104,8; Sir. 44,14; Is. 61,4; Dan. 4,37c)
    γενεάς ▸ **62** + **4** + **3** = **69**
        Noun · feminine · plural · accusative · (common) ▸ **62** + **4** + **3** = **69** (Gen. 9,12; Gen. 17,7; Gen. 17,9; Gen. 17,10; Gen. 17,12; Ex. 12,14; Ex. 12,17; Ex. 12,42; Ex. 16,32; Ex. 16,33; Ex. 27,21; Ex. 29,42; Ex. 30,8; Ex. 30,10; Ex. 30,31; Ex. 31,13; Ex. 31,16; Ex. 40,15; Lev. 3,17; Lev. 6,11; Lev. 7,36; Lev. 10,9; Lev. 17,7; Lev. 21,17; Lev. 22,3; Lev. 23,14; Lev. 23,21; Lev. 23,31; Lev. 23,41; Lev. 24,3; Lev. 25,30; Num. 10,8; Num. 15,15; Num. 15,21; Num. 15,23; Num. 15,38; Num. 18,23; Num. 35,29; Deut. 7,9; Judg. 3,2; 1Esdr. 5,37; Esth. 10,13 # 10,3k; Judith 8,32; Tob. 1,4; Tob. 13,12; Tob. 14,5; 3Mac. 6,36; Psa. 71,5; Wis. 7,27; Sir. 2,10; Sir. 16,27; Sir. 24,33; Sir. 39,9; Sir. 45,26; Joel 2,2; Joel 4,20; Is. 34,10; Is. 34,17; Is. 51,8; Is. 58,11; Jer. 10,25; Dan. 6,27; Judg. 3,2; Tob. 1,4; Tob. 13,12; Tob. 13,13; Luke 1,50; Luke 1,50; Eph. 3,21)
    γενεᾶς ▸ **20** + **2** + **10** = **32**
        Noun · feminine · singular · genitive · (common) ▸ **20** + **2** + **10** = **32** (Gen. 50,23; Ex. 20,5; Deut. 23,4; Deut. 32,7; 1Esdr. 5,5; Tob. 5,14; Psa. 9,27; Psa. 11,8; Psa. 48,20; Psa. 60,7; Psa. 60,7; Psa. 76,9; Psa. 84,6; Psa. 99,5; Psa. 99,5; Ode. 2,7; Prov. 27,24; Wis. 3,19; Jer. 8,3; Dan. 9,1; Tob. 5,14; Tob. 8,5; Matt. 12,41; Matt. 12,42; Luke 7,31; Luke 11,31; Luke 11,32; Luke 11,50; Luke 11,51; Luke 17,25; Acts 2,40; Phil. 2,15)
    γενεῶν ▸ **26** + **1** + **2** = **29**
        Noun · feminine · plural · genitive · (common) ▸ **26** + **1** + **2** = **29** (Gen. 25,13; Ex. 3,15; Ex. 17,16; Deut. 32,7; Josh. 22,27; Esth. 9,28; Judith 8,32; Tob. 13,13; Psa. 71,5; Psa. 101,25; Ode. 2,7; Sir. 39,9; Sol. 18,12; Joel 2,2; Joel 4,20; Is. 13,20; Is. 24,22; Is. 34,17; Is. 41,4; Is. 51,8; Is. 58,11; Is. 58,12; Is. 60,15; LetterJ 2; Dan. 4,37c; Dan. 6,27; Tob. 13,13; Acts 15,21; Col. 1,26)

γενεαλογέω (γίνομαι; λέγω) to descend from ▸ **1** + **1** = **2**
    γενεαλογούμενος ▸ **1**
        Verb · present · passive · participle · masculine · singular · nominative · (variant) ▸ **1** (Heb. 7,6)
    ἐγενεαλογήθη ▸ **1**
        Verb · third · singular · aorist · passive · indicative ▸ **1** (1Chr. 5,1)

γενεαλογία (γίνομαι; λέγω) genealogy ▸ 2
  γενεαλογίαις ▸ 1
    Noun · feminine · plural · dative ▸ **1** (1Tim. 1,4)
  γενεαλογίας ▸ 1
    Noun · feminine · plural · accusative ▸ **1** (Titus 3,9)

γενέθλιος (γίνομαι) related to birth ▸ 1
  γενέθλιον ▸ 1
    Adjective · feminine · singular · accusative · noDegree ▸ **1** (2Mac. 6,7)

γένειον (γενύς) chin; beard ▸ 2
  γένεια ▸ 1
    Noun · neuter · plural · accusative · (common) ▸ **1** (4Mac. 15,15)
  γενείων ▸ 1
    Noun · neuter · plural · genitive · (common) ▸ **1** (4Mac. 9,28)

γενέσια (γίνομαι) birthday ▸ 2
  Γενεσίοις ▸ 1
    Noun · neuter · plural · dative ▸ **1** (Matt. 14,6)
  γενεσίοις ▸ 1
    Noun · neuter · plural · dative ▸ **1** (Mark 6,21)

γενεσιάρχης (γίνομαι; ἄρχω) creator, source ▸ 1
  γενεσιάρχης ▸ 1
    Noun · masculine · singular · nominative · (common) ▸ **1** (Wis. 13,3)

γενεσιουργός (γίνομαι; ἔργον) creator ▸ 1
  γενεσιουργὸς ▸ 1
    Noun · masculine · singular · nominative · (common) ▸ **1** (Wis. 13,5)

γένεσις (γίνομαι) birth, lineage, offspring, family ▸ 57 + **1** + **5** = 63
  γενέσει ▸ **1** + **1** = 2
    Noun · feminine · singular · dative · (common) ▸ **1** + **1** = **2** (Sir. 44,1; Luke 1,14)
  γενέσεις ▸ 29
    Noun · feminine · plural · accusative · (common) ▸ **12** (Gen. 10,32; Ex. 6,25; Ex. 28,10; Num. 1,18; 1Chr. 5,7; 1Chr. 7,2; 1Chr. 7,4; 1Chr. 7,9; 1Chr. 8,28; 1Chr. 9,9; 1Chr. 9,34; 1Chr. 26,31)
    Noun · feminine · plural · nominative · (common) ▸ **17** (Gen. 6,9; Gen. 10,1; Gen. 11,10; Gen. 11,27; Gen. 25,12; Gen. 25,19; Gen. 36,1; Gen. 36,9; Gen. 37,2; Ex. 6,24; Num. 3,1; Ruth 4,18; 1Chr. 1,29; 1Chr. 4,2; 1Chr. 4,21; Wis. 1,14; Wis. 16,26)
  γενέσεσιν ▸ 1
    Noun · feminine · plural · dative · (common) ▸ **1** (1Chr. 4,38)
  γενέσεως ▸ **12** + **1** + **3** = 16
    Noun · feminine · singular · genitive · (common) ▸ **12** + **1** + **3** = **16** (Gen. 2,4; Gen. 5,1; Gen. 40,20; Eccl. 7,1; Wis. 6,22; Wis. 7,5; Wis. 14,6; Wis. 14,26; Wis. 19,10; Sol. 3,9; Hos. 2,5; Sus. 35a; Sus. 42; Matt. 1,1; James 1,23; James 3,6)
  γενέσεώς ▸ 5
    Noun · feminine · singular · genitive · (common) ▸ **5** (Gen. 31,13; Gen. 32,10; Ruth 2,11; Judith 12,18; Ezek. 4,14)
  γένεσιν ▸ 4
    Noun · feminine · singular · accusative · (common) ▸ **4** (2Mac. 7,23; 2Mac. 7,23; 4Mac. 15,25; Dan. 2,43)
  γένεσις ▸ **3** + **1** = 4
    Noun · feminine · singular · nominative · (common) ▸ **3** + **1** = **4** (Wis. 3,12; Wis. 12,10; Wis. 18,12; Matt. 1,18)
  γένεσίς ▸ 2
    Noun · feminine · singular · nominative · (common) ▸ **2** (Ezek. 16,3; Ezek. 16,4)

γενετή (γίνομαι) birth ▸ 2 + **1** = 3
  γενετῆς ▸ **2** + **1** = 3
    Noun · feminine · singular · genitive · (common) ▸ **2** + **1** = **3** (Lev. 25,47; Esth. 14,5 # 4,17m; John 9,1)

γενέτις (γίνομαι) mother ▸ 1
  γενέτιν ▸ 1
    Noun · feminine · singular · accusative · (common) ▸ **1** (Wis. 7,12)

γένημα (γίνομαι) product, harvest, offspring ▸ 76 + **1** + **4** = 81
  γένημα ▸ 9
    Noun · neuter · singular · accusative · (common) ▸ **4** (Ex. 22,4; Deut. 14,22; Deut. 22,9; Eccl. 5,9)
    Noun · neuter · singular · nominative · (common) ▸ **5** (Lev. 25,7; Lev. 25,22; Num. 18,30; Num. 18,30; 2Chr. 31,5)
  γένημά ▸ 1
    Noun · neuter · singular · accusative · (common) ▸ **1** (Judg. 9,11)
  γενήμασιν ▸ 4
    Noun · neuter · plural · dative · (common) ▸ **4** (Deut. 28,11; Deut. 30,9; 1Mac. 1,38; Song 6,11)
  γενήμασίν ▸ 1
    Noun · neuter · plural · dative · (common) ▸ **1** (Deut. 16,15)
  γενήματα ▸ **36** + **1** = 37
    Noun · neuter · plural · accusative · (common) ▸ **26** + **1** = **27** (Gen. 41,34; Ex. 23,10; Lev. 23,39; Lev. 25,12; Lev. 25,20; Lev. 25,21; Lev. 26,4; Deut. 28,42; Deut. 28,51; Deut. 32,13; Deut. 32,22; 2Kings 8,6; 2Chr. 32,28; 1Mac. 14,8; Psa. 64,11; Ode. 2,13; Ode. 2,22; Wis. 16,19; Hos. 10,12; Zech. 8,12; Is. 3,10; Is. 29,1; Is. 65,21; Jer. 7,20; Jer. 8,13; Ezek. 36,30; 2Cor. 9,10)
    Noun · neuter · plural · nominative · (common) ▸ **10** (Gen. 47,24; Lev. 19,25; Deut. 28,4; Deut. 28,18; Ode. 4,17; Prov. 8,19; Prov. 14,4; Prov. 15,29a; Hab. 3,17; Ezek. 48,18)
  γενήματά ▸ 1
    Noun · neuter · plural · accusative · (common) ▸ **1** (Judg. 9,11)
  γενήματι ▸ 2
    Noun · neuter · singular · dative · (common) ▸ **2** (Gen. 49,21; Job 39,4)
  γενήματος ▸ **6** + **3** = 9
    Noun · neuter · singular · genitive · (common) ▸ **6** + **3** = **9** (Deut. 14,22; Deut. 22,9; Psa. 106,37; Amos 8,6; Is. 30,23; Is. 32,12; Matt. 26,29; Mark 14,25; Luke 22,18)
  γενημάτων ▸ 17
    Noun · neuter · plural · genitive · (common) ▸ **17** (Lev. 25,15; Lev. 25,16; Lev. 25,22; Deut. 14,28; Deut. 26,10; Deut. 26,12; Deut. 33,14; Tob. 1,6; Tob. 1,7; Tob. 5,14; 1Mac. 3,45; 1Mac. 11,34; Sir. 1,17; Sir. 6,19; Sir. 24,19; Jer. 2,3; Lam. 4,9)

γενικός (γίνομαι) general, generic; related; principle ▸ 1
  γενικῆς ▸ 1
    Adjective · feminine · singular · genitive · noDegree ▸ **1** (1Esdr. 5,39)

Γενναῖος (γίνομαι) Gennaeus ▸ 1
  Γενναίου ▸ 1
    Noun · masculine · singular · genitive · (proper) ▸ **1** (2Mac. 12,2)

γενναῖος (γίνομαι) noble, renowned, strong ▸ 12
  γενναία ▸ 1
    Adjective · feminine · singular · nominative · noDegree ▸ **1** (4Mac. 15,24)
  γενναίᾳ ▸ 1
    Adjective · feminine · singular · dative · noDegree ▸ **1** (3Mac. 2,32)
  γενναῖοι ▸ 1
    Adjective · masculine · plural · nominative · noDegree ▸ **1** (4Mac. 8,3)

γενναῖος–γεννάω

γενναῖον ▸ 1
  Adjective · neuter · singular · accusative · noDegree ▸ 1 (2Mac. 6,28)
γενναῖος ▸ 3
  Adjective · masculine · singular · nominative · noDegree ▸ 3 (2Mac. 12,42; 4Mac. 6,10; 4Mac. 16,16)
γενναιοτέρα ▸ 1
  Adjective · feminine · singular · nominative · comparative ▸ 1 (4Mac. 15,30)
γενναιοτέρων ▸ 1
  Adjective · masculine · plural · genitive · comparative ▸ 1 (4Mac. 11,12)
γενναίους ▸ 1
  Adjective · masculine · plural · accusative · noDegree ▸ 1 (4Mac. 17,24)
γενναίῳ ▸ 2
  Adjective · feminine · singular · dative · noDegree ▸ 1 (2Mac. 7,21)
  Adjective · masculine · singular · dative · noDegree ▸ 1 (4Mac. 7,8)
γενναιότης (γίνομαι) nobility ▸ 2
  γενναιότητα ▸ 1
    Noun · feminine · singular · accusative · (common) ▸ 1 (4Mac. 17,2)
  γενναιότητος ▸ 1
    Noun · feminine · singular · genitive · (common) ▸ 1 (2Mac. 6,31)
γενναίως (γίνομαι) nobly ▸ 11
  γενναίως ▸ 11
    Adverb ▸ 11 (1Mac. 4,35; 2Mac. 6,28; 2Mac. 7,5; 2Mac. 7,11; 2Mac. 8,16; 2Mac. 13,14; 2Mac. 14,31; 2Mac. 14,43; 2Mac. 15,17; 4Mac. 15,32; 4Mac. 17,3)
γεννάω (γίνομαι) to be father of, to bear, beget; engender ▸ 251 + 3 + 97 = 351
  γεγέννηκά ▸ 1 + 3 = 4
    Verb · first · singular · perfect · active · indicative ▸ 1 + 3 = 4 (Psa. 2,7; Acts 13,33; Heb. 1,5; Heb. 5,5)
  γεγεννηκότων ▸ 1
    Verb · perfect · active · participle · masculine · plural · genitive ▸ 1 (Jer. 16,3)
  γεγέννημαι ▸ 2
    Verb · first · singular · perfect · passive · indicative · (variant) ▸ 2 (John 18,37; Acts 22,28)
  γεγεννήμεθα ▸ 1
    Verb · first · plural · perfect · passive · indicative · (variant) ▸ 1 (John 8,41)
  γεγεννημένα ▸ 1
    Verb · perfect · passive · participle · neuter · plural · nominative · (variant) ▸ 1 (2Pet. 2,12)
  γεγεννημένης ▸ 1
    Verb · perfect · passive · participle · feminine · singular · genitive ▸ 1 (Lev. 18,9)
  γεγεννημένον ▸ 4
    Verb · perfect · passive · participle · masculine · singular · accusative · (variant) ▸ 1 (1John 5,1)
    Verb · perfect · passive · participle · neuter · singular · nominative · (variant) ▸ 3 (John 3,6; John 3,6; 1John 5,4)
  γεγεννημένος ▸ 4
    Verb · perfect · passive · participle · masculine · singular · nominative · (variant) ▸ 4 (John 3,8; Acts 22,3; 1John 3,9; 1John 5,18)
  γεγεννημένου ▸ 1
    Verb · perfect · passive · participle · masculine · singular · genitive · (variant) ▸ 1 (John 9,32)
  γεγέννησαι ▸ 2
    Verb · second · singular · perfect · passive · indicative ▸ 2 (Job 38,21; Ezek. 21,35)
  γεγέννηται ▸ 5
    Verb · third · singular · perfect · passive · indicative · (variant) ▸ 5 (Gal. 4,23; 1John 2,29; 1John 3,9; 1John 4,7; 1John 5,1)
  γεννᾷ ▸ 2
    Verb · third · singular · present · active · indicative ▸ 2 (Prov. 8,25; Job 42,17c)
  γεννᾶται ▸ 3 + 1 = 4
    Verb · third · singular · present · passive · indicative ▸ 3 + 1 = 4 (Prov. 11,19; Job 5,7; Sir. 14,18; Matt. 2,4)
  γεννηθείς ▸ 3
    Verb · aorist · passive · participle · masculine · singular · nominative ▸ 3 (Gal. 4,29; Heb. 11,23; 1John 5,18)
  γεννηθεῖσιν ▸ 1
    Verb · aorist · passive · participle · masculine · plural · dative ▸ 1 (4Mac. 15,4)
  γεννηθέν ▸ 1
    Verb · aorist · passive · participle · neuter · singular · nominative ▸ 1 (Matt. 1,20)
  γεννηθέντες ▸ 2
    Verb · aorist · passive · participle · masculine · plural · nominative ▸ 2 (4Mac. 11,15; Wis. 5,13)
  γεννηθέντος ▸ 1
    Verb · aorist · passive · participle · masculine · singular · genitive ▸ 1 (Matt. 2,1)
  γεννηθέντων ▸ 1 + 1 = 2
    Verb · aorist · passive · participle · masculine · plural · genitive ▸ 1 + 1 = 2 (2Sam. 5,14; Rom. 9,11)
  γεννηθῇ ▸ 3
    Verb · third · singular · aorist · passive · subjunctive ▸ 3 (John 3,3; John 3,5; John 9,2)
  γεννηθῆναι ▸ 3
    Verb · aorist · passive · infinitive ▸ 3 (John 3,4; John 3,4; John 3,7)
  γεννηθήσεσθε ▸ 1
    Verb · second · plural · future · passive · indicative ▸ 1 (Sir. 41,9)
  γεννηθήσεταί ▸ 1
    Verb · third · singular · future · passive · indicative ▸ 1 (Jer. 16,2)
  γεννηθῆτε ▸ 1
    Verb · second · plural · aorist · passive · subjunctive ▸ 1 (Sir. 41,9)
  γεννῆσαι ▸ 18
    Verb · aorist · active · infinitive ▸ 18 (Gen. 5,4; Gen. 5,7; Gen. 5,10; Gen. 5,13; Gen. 5,16; Gen. 5,19; Gen. 5,22; Gen. 5,26; Gen. 5,30; Gen. 11,11; Gen. 11,13; Gen. 11,13; Gen. 11,15; Gen. 11,17; Gen. 11,19; Gen. 11,21; Gen. 11,23; Gen. 11,25)
  γεννήσαντα ▸ 1
    Verb · aorist · active · participle · masculine · singular · accusative ▸ 1 (1John 5,1)
  γεννήσαντά ▸ 2
    Verb · aorist · active · participle · masculine · singular · accusative ▸ 2 (Deut. 32,18; Ode. 2,18)
  γεννήσαντες ▸ 2
    Verb · aorist · active · participle · masculine · plural · nominative ▸ 2 (Zech. 13,3; Zech. 13,3)
  γεννήσαντές ▸ 1
    Verb · aorist · active · participle · masculine · plural · nominative ▸ 1 (Tob. 10,12)

γεννήσαντος ‣ 1
Verb ⋅ aorist ⋅ active ⋅ participle ⋅ masculine ⋅ singular ⋅ genitive ‣ **1** (Sir. 22,4)

γεννήσαντός ‣ 1
Verb ⋅ aorist ⋅ active ⋅ participle ⋅ masculine ⋅ singular ⋅ genitive ‣ **1** (Prov. 23,22)

γεννήσασιν ‣ 1
Verb ⋅ aorist ⋅ active ⋅ participle ⋅ masculine ⋅ plural ⋅ dative ‣ **1** (Sir. 3,7)

γεννήσει ‣ 1 + 1 = 2
Verb ⋅ third ⋅ singular ⋅ future ⋅ active ⋅ indicative ‣ **1 + 1 = 2** (Gen. 17,20; Luke 1,13)

γεννήσεις ‣ 4
Verb ⋅ second ⋅ singular ⋅ future ⋅ active ⋅ indicative ‣ **4** (Deut. 28,41; 2Kings 20,18; 1Chr. 4,8; Is. 45,10)

γεννήση ‣ 3 + 1 = 4
Verb ⋅ third ⋅ singular ⋅ aorist ⋅ active ⋅ subjunctive ‣ **3 + 1 = 4** (Eccl. 6,3; Ezek. 18,10; Ezek. 18,14; John 16,21)

γεννήσης ‣ 2
Verb ⋅ second ⋅ singular ⋅ aorist ⋅ active ⋅ subjunctive ‣ **2** (Gen. 48,6; Deut. 4,25)

γεννήσω ‣ 1
Verb ⋅ first ⋅ singular ⋅ future ⋅ active ⋅ indicative ‣ **1** (Ezek. 36,12)

γεννήσωσιν ‣ 1
Verb ⋅ third ⋅ plural ⋅ aorist ⋅ active ⋅ subjunctive ‣ **1** (Hos. 9,16)

γεννώμενα ‣ 2
Verb ⋅ present ⋅ passive ⋅ participle ⋅ neuter ⋅ plural ⋅ accusative ‣ **1** (4Mac. 14,14)
Verb ⋅ present ⋅ passive ⋅ participle ⋅ neuter ⋅ plural ⋅ nominative ‣ **1** (Wis. 4,6)

γεννωμένοις ‣ 1
Verb ⋅ present ⋅ passive ⋅ participle ⋅ masculine ⋅ plural ⋅ dative ‣ **1** (4Mac. 13,19)

γεννώμενον ‣ 1
Verb ⋅ present ⋅ passive ⋅ participle ⋅ neuter ⋅ singular ⋅ nominative ⋅ (variant) ‣ **1** (Luke 1,35)

γεννωμένων ‣ 1
Verb ⋅ present ⋅ passive ⋅ participle ⋅ masculine ⋅ plural ⋅ genitive ‣ **1** (Jer. 16,3)

γεννῶνται ‣ 2
Verb ⋅ third ⋅ plural ⋅ present ⋅ passive ⋅ indicative ‣ **2** (Prov. 17,17; Job 42,13)

γεννῶσα ‣ 1
Verb ⋅ present ⋅ active ⋅ participle ⋅ feminine ⋅ singular ⋅ nominative ‣ **1** (Gal. 4,24)

γεννῶσαν ‣ 1
Verb ⋅ present ⋅ active ⋅ participle ⋅ feminine ⋅ singular ⋅ accusative ‣ **1** (Is. 66,9)

γεννῶσιν ‣ 1
Verb ⋅ third ⋅ plural ⋅ present ⋅ active ⋅ indicative ‣ **1** (2Tim. 2,23)

ἐγεννήθη ‣ 4 + 7 = 11
Verb ⋅ third ⋅ singular ⋅ aorist ⋅ passive ⋅ indicative ‣ **4 + 7 = 11** (Judith 12,20; Eccl. 4,14; Sir. 49,15; Is. 9,5; Matt. 1,16; Matt. 26,24; Mark 14,21; John 9,19; John 9,20; John 16,21; Acts 7,20)

ἐγεννήθημεν ‣ 1
Verb ⋅ first ⋅ plural ⋅ aorist ⋅ passive ⋅ indicative ‣ **1** (Acts 2,8)

ἐγεννήθην ‣ 2
Verb ⋅ first ⋅ singular ⋅ aorist ⋅ passive ⋅ indicative ‣ **2** (1Mac. 2,7; Job 3,3)

ἐγεννήθης ‣ 2 + 1 = 3
Verb ⋅ second ⋅ singular ⋅ aorist ⋅ passive ⋅ indicative ‣ **2 + 1 = 3** (Sir. 7,28; Sir. 23,14; John 9,34)

ἐγεννήθησαν ‣ 6 + 3 = 9
Verb ⋅ third ⋅ plural ⋅ aorist ⋅ passive ⋅ indicative ‣ **6 + 3 = 9** (Num. 26,60; 1Chr. 2,3; 1Chr. 3,4; 1Chr. 7,15; Hos. 5,7; Bar. 3,26; Matt. 19,12; John 1,13; Heb. 11,12)

ἐγέννησα ‣ 2 + 1 + 2 = 5
Verb ⋅ first ⋅ singular ⋅ aorist ⋅ active ⋅ indicative ‣ **2 + 1 + 2 = 5** (Tob. 1,9; Is. 1,2; Tob. 1,9; 1Cor. 4,15; Philem. 10)

ἐγέννησαν ‣ 4 + 1 = 5
Verb ⋅ third ⋅ plural ⋅ aorist ⋅ active ⋅ indicative ‣ **4 + 1 = 5** (1Esdr. 4,15; Ezra 10,44; Sol. 8,21; Ezek. 47,22; Luke 23,29)

ἐγέννησάν ‣ 1
Verb ⋅ third ⋅ plural ⋅ aorist ⋅ active ⋅ indicative ‣ **1** (Ezek. 23,37)

ἐγέννησας ‣ 2
Verb ⋅ second ⋅ singular ⋅ aorist ⋅ active ⋅ indicative ‣ **2** (Is. 39,7; Ezek. 16,20)

ἐγέννησάς ‣ 1
Verb ⋅ second ⋅ singular ⋅ aorist ⋅ active ⋅ indicative ‣ **1** (Jer. 2,27)

ἐγέννησε ‣ 1
Verb ⋅ third ⋅ singular ⋅ aorist ⋅ active ⋅ indicative ‣ **1** (1Chr. 5,32)

ἐγέννησεν ‣ 161 + 1 + 42 = 204
Verb ⋅ third ⋅ singular ⋅ aorist ⋅ active ⋅ indicative ‣ **161 + 1 + 42 = 204** (Gen. 4,18; Gen. 4,18; Gen. 4,18; Gen. 5,3; Gen. 5,4; Gen. 5,6; Gen. 5,7; Gen. 5,9; Gen. 5,10; Gen. 5,12; Gen. 5,13; Gen. 5,15; Gen. 5,16; Gen. 5,18; Gen. 5,19; Gen. 5,21; Gen. 5,22; Gen. 5,25; Gen. 5,26; Gen. 5,28; Gen. 5,30; Gen. 5,32; Gen. 6,10; Gen. 10,8; Gen. 10,13; Gen. 10,15; Gen. 10,24; Gen. 10,24; Gen. 10,24; Gen. 10,26; Gen. 11,10; Gen. 11,11; Gen. 11,12; Gen. 11,13; Gen. 11,13; Gen. 11,13; Gen. 11,14; Gen. 11,15; Gen. 11,16; Gen. 11,17; Gen. 11,18; Gen. 11,19; Gen. 11,20; Gen. 11,21; Gen. 11,22; Gen. 11,23; Gen. 11,24; Gen. 11,25; Gen. 11,26; Gen. 11,27; Gen. 11,27; Gen. 22,23; Gen. 25,3; Gen. 25,19; Gen. 46,20; Gen. 46,21; Ex. 6,20; Num. 26,33; Num. 26,58; Ruth 4,18; Ruth 4,19; Ruth 4,19; Ruth 4,20; Ruth 4,20; Ruth 4,21; Ruth 4,21; Ruth 4,22; Ruth 4,22; 1Chr. 1,10; 1Chr. 1,34; 1Chr. 2,10; 1Chr. 2,10; 1Chr. 2,11; 1Chr. 2,11; 1Chr. 2,12; 1Chr. 2,12; 1Chr. 2,13; 1Chr. 2,17; 1Chr. 2,18; 1Chr. 2,20; 1Chr. 2,20; 1Chr. 2,22; 1Chr. 2,36; 1Chr. 2,36; 1Chr. 2,37; 1Chr. 2,37; 1Chr. 2,38; 1Chr. 2,38; 1Chr. 2,39; 1Chr. 2,39; 1Chr. 2,40; 1Chr. 2,40; 1Chr. 2,41; 1Chr. 2,41; 1Chr. 2,44; 1Chr. 2,44; 1Chr. 2,46; 1Chr. 2,46; 1Chr. 2,48; 1Chr. 2,49; 1Chr. 4,2; 1Chr. 4,2; 1Chr. 4,8; 1Chr. 4,11; 1Chr. 4,12; 1Chr. 4,14; 1Chr. 4,14; 1Chr. 4,17; 1Chr. 5,30; 1Chr. 5,30; 1Chr. 5,31; 1Chr. 5,31; 1Chr. 5,32; 1Chr. 5,32; 1Chr. 5,33; 1Chr. 5,33; 1Chr. 5,34; 1Chr. 5,34; 1Chr. 5,35; 1Chr. 5,35; 1Chr. 5,36; 1Chr. 5,37; 1Chr. 5,37; 1Chr. 5,38; 1Chr. 5,38; 1Chr. 5,39; 1Chr. 5,39; 1Chr. 5,40; 1Chr. 5,40; 1Chr. 7,32; 1Chr. 8,1; 1Chr. 8,7; 1Chr. 8,8; 1Chr. 8,9; 1Chr. 8,11; 1Chr. 8,32; 1Chr. 8,33; 1Chr. 8,33; 1Chr. 8,33; 1Chr. 8,34; 1Chr. 8,36; 1Chr. 8,36; 1Chr. 8,36; 1Chr. 8,37; 1Chr. 9,38; 1Chr. 9,39; 1Chr. 9,39; 1Chr. 9,39; 1Chr. 9,40; 1Chr. 9,42; 1Chr. 9,42; 1Chr. 9,42; 1Chr. 9,43; 2Chr. 11,21; 2Chr. 13,21; 2Chr. 24,3; Neh. 12,10; Neh. 12,10; Neh. 12,11; Neh. 12,11; 4Mac. 10,2; Eccl. 5,13; Judg. 11,1; Matt. 1,2; Matt. 1,2; Matt. 1,2; Matt. 1,3; Matt. 1,3; Matt. 1,3; Matt. 1,4; Matt. 1,4; Matt. 1,4; Matt. 1,5; Matt. 1,5; Matt. 1,5; Matt. 1,6; Matt. 1,6; Matt. 1,7; Matt. 1,7; Matt. 1,7; Matt. 1,8; Matt. 1,8; Matt. 1,8; Matt. 1,9; Matt. 1,9; Matt. 1,9; Matt. 1,10; Matt. 1,10; Matt. 1,10; Matt. 1,11; Matt. 1,12; Matt. 1,12; Matt. 1,13; Matt. 1,13; Matt. 1,13; Matt. 1,14; Matt. 1,14; Matt. 1,14; Matt. 1,15; Matt. 1,15; Matt. 1,15; Matt. 1,16; Luke 1,57; Acts 7,8; Acts 7,29)

ἐγέννησέν ▸ 2
   Verb · third · singular · aorist · active · indicative ▸ **2** (Zech. 13,5; Is. 49,21)
ἐγέννωσαν ▸ 2
   Verb · third · plural · imperfect · active · indicative ▸ **2** (Gen. 6,4; Ezek. 31,6)

γέννημα (γίνομαι)   produce, harvest, offspring ▸ 2 + 1 + 4 = 7
   γεννήμασιν ▸ 1
      Noun · neuter · plural · dative · (common) ▸ **1** (Sir. 10,18)
   γεννήματα ▸ 1 + 1 + 4 = 6
      Noun · neuter · plural · accusative · (common) ▸ **1** + **1** = **2** (Judg. 1,10; Judg. 1,10)
      Noun · neuter · plural · vocative ▸ **4** (Matt. 3,7; Matt. 12,34; Matt. 23,33; Luke 3,7)

Γεννησαρ   Gennesaret ▸ 1
   Γεννησαρ ▸ 1
      Noun · singular · genitive · (proper) ▸ **1** (1Mac. 11,67)

Γεννησαρέτ   Gennesaret ▸ 3
   Γεννησαρὲτ ▸ 2
      Noun · feminine · singular · accusative · (proper) ▸ **1** (Mark 6,53)
      Noun · feminine · singular · genitive · (proper) ▸ **1** (Luke 5,1)
   Γεννησαρέτ ▸ 1
      Noun · feminine · singular · accusative · (proper) ▸ **1** (Matt. 14,34)

γέννησις (γίνομαι)   offspring ▸ 1
   γεννήσει ▸ 1
      Noun · feminine · singular · dative · (common) ▸ **1** (Sir. 22,3)

γεννητός (γίνομαι)   born ▸ 5 + 2 = 7
   γεννητοῖς ▸ 2
      Adjective · masculine · plural · dative · (verbal) ▸ **2** (Matt. 11,11; Luke 7,28)
   γεννητὸς ▸ 5
      Adjective · masculine · singular · nominative · noDegree ▸ **5** (Job 11,2; Job 11,12; Job 14,1; Job 15,14; Job 25,4)

Γεννουνι   Gizonite ▸ 1
   Γεννουνι ▸ 1
      Noun · masculine · singular · nominative · (proper) ▸ **1** (1Chr. 11,34)

γένος (γίνομαι)   family, race, kind; offspring ▸ 112 + 7 + 20 = 139
   γένει ▸ 4 + 5 = 9
      Noun · neuter · singular · dative · (common) ▸ **4** + **5** = **9** (Judith 16,17; 3Mac. 6,4; Wis. 19,6; Jer. 38,1; Mark 7,26; Acts 4,36; Acts 18,2; Acts 18,24; Gal. 1,14)
   γένεσι ▸ 1
      Noun · neuter · plural · dative · (common) ▸ **1** (4Mac. 15,13)
   γένεσιν ▸ 1
      Noun · neuter · plural · dative · (common) ▸ **1** (Wis. 19,11)
   γένη ▸ 6 + 3 = 9
      Noun · neuter · plural · accusative · (common) ▸ **6** + **1** = **7** (Gen. 1,21; 2Chr. 4,3; 2Chr. 4,13; 2Chr. 16,14; Job 40,30; Dan. 7,14; 1Cor. 12,28)
      Noun · neuter · plural · nominative ▸ **2** (1Cor. 12,10; 1Cor. 14,10)
   γένος ▸ 54 + 1 + 7 = 62
      Noun · neuter · singular · accusative · (common) ▸ **48** + **1** + **1** = **50** (Gen. 1,11; Gen. 1,11; Gen. 1,12; Gen. 1,12; Gen. 1,21; Gen. 1,24; Gen. 1,24; Gen. 1,25; Gen. 1,25; Gen. 1,25; Gen. 6,20; Gen. 6,20; Gen. 6,20; Gen. 7,14; Gen. 7,14; Gen. 7,14; Gen. 7,14; Gen. 8,19; Gen. 25,17; Gen. 35,29; 1Esdr. 1,30; Esth. 2,10; Esth. 3,7; Esth. 3,13; Judith 6,2; Judith 6,5; Tob. 5,12; 1Mac. 5,2; 2Mac. 5,22; 2Mac. 5,22; 2Mac. 7,16; 2Mac. 7,28; 2Mac. 7,38; 2Mac. 8,9; 2Mac. 12,31; 3Mac. 1,3; 4Mac. 5,4; 4Mac. 17,10; Job 8,8; Wis. 19,21; Sir. 13,16; Sol. 7,8; Is. 43,20; Jer. 36,32; Jer. 38,35; Jer. 43,31; Bar. 2,15; Dan. 6,29; Tob. 5,9; Acts 7,19)
      Noun · neuter · singular · nominative · (common) ▸ **6** + **6** = **12** (Gen. 11,6; Gen. 34,16; Ex. 1,9; Judith 11,10; 2Mac. 14,8; Jer. 38,37; Mark 9,29; Acts 7,13; Acts 17,28; Acts 17,29; 1Pet. 2,9; Rev. 22,16)
   γένους ▸ 45 + 6 + 5 = 56
      Noun · neuter · singular · genitive · (common) ▸ **45** + **6** + **5** = **56** (Gen. 17,14; Gen. 19,38; Gen. 26,10; Ex. 5,14; Lev. 20,17; Lev. 20,18; Lev. 21,13; Lev. 21,14; Lev. 21,17; Josh. 4,14; Josh. 11,21; Esth. 6,13; Esth. 16,21 # 8,12t; Judith 5,10; Judith 6,19; Judith 8,20; Judith 8,32; Judith 9,14; Judith 12,3; Judith 13,20; Judith 15,9; Judith 16,24; Tob. 1,10; Tob. 1,17; Tob. 2,3; Tob. 6,12; Tob. 6,16; 1Mac. 3,32; 1Mac. 12,21; 2Mac. 1,10; 2Mac. 6,12; 2Mac. 14,9; 3Mac. 3,2; 3Mac. 3,6; 3Mac. 6,9; 3Mac. 6,13; 3Mac. 7,10; Sol. 17,7; Is. 22,4; Is. 42,6; Is. 49,6; Jer. 48,1; Dan. 1,3; Dan. 1,6; Dan. 3,5; Tob. 1,10; Tob. 1,16; Dan. 3,5; Dan. 3,7; Dan. 3,10; Dan. 3,15; Matt. 13,47; Acts 4,6; Acts 13,26; 2Cor. 11,26; Phil. 3,5)
   γενῶν ▸ 1
      Noun · neuter · plural · genitive · (common) ▸ **1** (Gen. 40,17)

γεραιός (γέρας)   aged, old man ▸ 7
   γεραιὰ ▸ 2
      Adjective · feminine · singular · nominative · noDegree ▸ **2** (4Mac. 16,1; 4Mac. 17,9)
   γεραιᾶς ▸ 1
      Adjective · feminine · singular · genitive · noDegree ▸ **1** (4Mac. 8,3)
   γεραιὸν ▸ 1
      Adjective · masculine · singular · accusative · noDegree ▸ **1** (4Mac. 6,2)
   γεραιοῦ ▸ 1
      Adjective · masculine · singular · genitive · noDegree ▸ **1** (3Mac. 3,27)
   γεραιῶν ▸ 2
      Adjective · masculine · plural · genitive · noDegree ▸ **2** (3Mac. 1,23; 3Mac. 4,5)

γεραίρω (γέρας)   to honor ▸ 1
   γεραιρομένους ▸ 1
      Verb · present · middle · participle · masculine · plural · accusative ▸ **1** (3Mac. 5,17)

Γεραρα   Gerar ▸ 11
   Γεραρα ▸ 3
      Noun · neuter · plural · accusative · (proper) ▸ **3** (Gen. 10,19; Gen. 26,1; 1Chr. 4,39)
   Γεραροις ▸ 2
      Noun · neuter · plural · dative · (proper) ▸ **2** (Gen. 20,1; Gen. 26,6)
   Γεραρων ▸ 6
      Noun · neuter · plural · genitive · (proper) ▸ **6** (Gen. 20,2; Gen. 26,8; Gen. 26,17; Gen. 26,19; Gen. 26,20; Gen. 26,26)

γέρας   prize, reward ▸ 3
   γέρας ▸ 3
      Noun · neuter · singular · accusative · (common) ▸ **3** (Num. 18,8; Esth. 13,3 # 3,13c; Wis. 2,22)

Γερασηνός   Gerasene ▸ 3
   Γερασηνῶν ▸ 3
      Adjective · masculine · plural · genitive · (proper) ▸ **3** (Mark 5,1; Luke 8,26; Luke 8,37)

Γεργεσαῖος   Girgashite ▸ 16
   Γεργεσαῖοι ▸ 1
      Noun · masculine · plural · nominative · (proper) ▸ **1** (Josh. 9,1)

Γεργεσαῖον ▸ 7
  Noun · masculine · singular · accusative · (proper) ▸ 7 (Gen. 10,16; Ex. 23,23; Ex. 33,2; Ex. 34,11; Deut. 7,1; Deut. 20,17; Josh. 3,10)
Γεργεσαῖος ▸ 1
  Noun · masculine · singular · nominative · (proper) ▸ 1 (Josh. 24,11)
Γεργεσαίου ▸ 1
  Noun · masculine · singular · genitive · (proper) ▸ 1 (1Kings 10,22b # 9,20)
Γεργεσαίους ▸ 2
  Noun · masculine · plural · accusative · (proper) ▸ 2 (Gen. 15,21; Judith 5,16)
Γεργεσαίων ▸ 4
  Noun · masculine · plural · genitive · (proper) ▸ 4 (Ex. 3,8; Ex. 3,17; Ex. 13,5; Neh. 9,8)

γερουσία (γέρων) council ▸ 35 + 1 = 36
  γερουσία ▸ 17
    Noun · feminine · singular · nominative · (common) ▸ 17 (Ex. 3,18; Num. 22,7; Num. 22,7; Deut. 5,23; Deut. 19,12; Deut. 21,2; Deut. 21,3; Deut. 21,4; Deut. 21,6; Deut. 22,18; Deut. 25,8; Deut. 27,1; Deut. 29,9; Judith 4,8; Judith 15,8; 1Mac. 12,6; 2Mac. 1,10)
  γερουσίᾳ ▸ 4
    Noun · feminine · singular · dative · (common) ▸ 4 (Lev. 9,3; Num. 22,4; Deut. 22,16; 2Mac. 11,27)
  γερουσίαν ▸ 8 + 1 = 9
    Noun · feminine · singular · accusative · (common) ▸ 8 + 1 = 9 (Ex. 3,16; Ex. 4,29; Ex. 12,21; Lev. 9,1; Deut. 21,19; Deut. 22,15; Deut. 25,7; Josh. 23,2; Acts 5,21)
  γερουσίας ▸ 6
    Noun · feminine · singular · genitive · (common) ▸ 6 (Ex. 24,9; Deut. 22,17; Deut. 25,9; Judith 11,14; 2Mac. 4,44; 3Mac. 1,8)

Γερρηνοί Gerarites ▸ 1
  Γερρηνῶν ▸ 1
    Noun · masculine · plural · genitive · (proper) ▸ 1 (2Mac. 13,24)

γέρων old man ▸ 20 + 1 = 21
  γέροντα ▸ 4
    Noun · masculine · singular · accusative · (common) ▸ 4 (2Mac. 6,1; 4Mac. 8,2; 4Mac. 16,17; Sir. 25,2)
  γέροντες ▸ 2
    Noun · masculine · plural · nominative · (common) ▸ 2 (4Mac. 9,6; Job 32,9)
  γέροντι ▸ 1
    Noun · masculine · singular · dative · (common) ▸ 1 (4Mac. 8,5)
  γερόντων ▸ 5
    Noun · masculine · plural · genitive · (common) ▸ 5 (Prov. 17,6; Prov. 31,23; Sir. 8,9; Sir. 25,5; Sir. 25,6)
  γέρων ▸ 8 + 1 = 9
    Noun · masculine · singular · nominative · (common) ▸ 7 + 1 = 8 (4Mac. 5,31; 4Mac. 6,6; 4Mac. 6,10; 4Mac. 7,13; 4Mac. 7,16; 4Mac. 9,6; 4Mac. 17,9; John 3,4)
    Noun · masculine · singular · vocative · (common) ▸ 1 (4Mac. 7,10)

Γεσεηλ Jehallelel ▸ 1
  Γεσεηλ ▸ 1
    Noun · masculine · singular · nominative · (proper) ▸ 1 (1Chr. 4,16)

Γεσεμ Goshen ▸ 10
  Γεσεμ ▸ 10
    Noun · singular · genitive · (proper) ▸ 10 (Gen. 45,10; Gen. 46,34; Gen. 47,1; Gen. 47,4; Gen. 47,5; Gen. 47,27; Gen. 50,8; Ex. 8,18; Ex. 9,26; Judith 1,9)

Γεσιρ Geshur ▸ 1
  Γεσιρ ▸ 1
    Noun · singular · genitive · (proper) ▸ 1 (2Sam. 3,3)

Γεσιρι Geshurite ▸ 5
  Γεσιρι ▸ 5
    Noun · singular · genitive · (proper) ▸ 2 (Josh. 13,11; Josh. 13,13)
    Noun · masculine · singular · accusative · (proper) ▸ 2 (Josh. 13,13; 1Sam. 27,8)
    Noun · masculine · singular · nominative · (proper) ▸ 1 (Josh. 13,2)

Γεσιωνγαβερ Ezion Geber ▸ 2
  Γεσιωνγαβερ ▸ 2
    Noun · singular · accusative · (proper) ▸ 1 (Num. 33,35)
    Noun · singular · genitive · (proper) ▸ 1 (Num. 33,36)

Γεσουρι Geshurite ▸ 1
  Γεσουρι ▸ 1
    Noun · singular · genitive · (proper) ▸ 1 (Josh. 12,5)

γεῦμα (γεύω) taste ▸ 5
  γεῦμα ▸ 5
    Noun · neuter · singular · accusative · (common) ▸ 1 (2Mac. 13,18)
    Noun · neuter · singular · nominative · (common) ▸ 4 (Ex. 16,31; Num. 11,8; Job 6,6; Jer. 31,11)

γεύομαι to taste, experience ▸ 15
  γευσάμενος ▸ 2
    Verb · aorist · middle · participle · masculine · singular · nominative ▸ 2 (Matt. 27,34; Acts 20,11)
  γευσαμένους ▸ 2
    Verb · aorist · middle · participle · masculine · plural · accusative ▸ 2 (Heb. 6,4; Heb. 6,5)
  γεύσασθαι ▸ 2
    Verb · aorist · middle · infinitive ▸ 2 (Acts 10,10; Acts 23,14)
  γεύσεταί ▸ 1
    Verb · third · singular · future · middle · indicative ▸ 1 (Luke 14,24)
  γεύσῃ ▸ 1
    Verb · second · singular · aorist · middle · subjunctive ▸ 1 (Col. 2,21)
  γεύσηται ▸ 2
    Verb · third · singular · aorist · middle · subjunctive ▸ 2 (John 8,52; Heb. 2,9)
  γεύσωνται ▸ 3
    Verb · third · plural · aorist · middle · subjunctive ▸ 3 (Matt. 16,28; Mark 9,1; Luke 9,27)
  ἐγεύσασθε ▸ 1
    Verb · second · plural · aorist · middle · indicative ▸ 1 (1Pet. 2,3)
  ἐγεύσατο ▸ 1
    Verb · third · singular · aorist · middle · indicative ▸ 1 (John 2,9)

γεῦσις (γεύω) taste, tasting ▸ 3 + 1 = 4
  γεύσει ▸ 1
    Noun · feminine · singular · dative · (common) ▸ 1 (Dan. 5,2)
  γεύσεως ▸ 1
    Noun · feminine · singular · genitive · (common) ▸ 1 (Wis. 16,3)
  γεῦσιν ▸ 2
    Noun · feminine · singular · accusative · (common) ▸ 2 (Wis. 16,2; Wis. 16,20)

γεύω to give a taste, to taste ▸ 18 + 1 = 19
  γεύεται ▸ 3
    Verb · third · singular · present · middle · indicative ▸ 3 (Job 12,11; Job 34,3; Sir. 36,19)
  Γευσάμενος ▸ 1

γεύω–γῆ

    Verb · aorist · middle · participle · masculine · singular · nominative ▸ **1** (1Sam. 14,43)
- γεύσασθαι ▸ 1
  - **Verb** · aorist · middle · infinitive ▸ **1** (2Mac. 6,20)
- γεύσασθαί ▸ 1 + 1 = 2
  - **Verb** · aorist · middle · infinitive ▸ 1 + 1 = **2** (Tob. 2,4; Tob. 2,4)
- γεύσασθε ▸ 1
  - **Verb** · second · plural · aorist · middle · imperative ▸ **1** (Psa. 33,9)
- γευσάσθωσαν ▸ 1
  - **Verb** · third · plural · aorist · middle · imperative ▸ **1** (Jonah 3,7)
- γεύσεται ▸ 2
  - **Verb** · third · singular · future · middle · indicative ▸ **2** (2Sam. 19,36; Job 20,18)
- γεύσομαι ▸ 1
  - **Verb** · first · singular · future · middle · indicative ▸ **1** (Tob. 7,12)
- Γεῦσόν ▸ 1
  - **Verb** · second · singular · aorist · active · imperative ▸ **1** (Gen. 25,30)
- γεύσωμαι ▸ 1
  - **Verb** · first · singular · aorist · middle · subjunctive ▸ **1** (2Sam. 3,35)
- ἐγευσάμην ▸ 2
  - **Verb** · first · singular · aorist · middle · indicative ▸ **2** (1Sam. 14,29; 1Sam. 14,43)
- ἐγεύσατο ▸ 3
  - **Verb** · third · singular · aorist · middle · indicative ▸ **3** (1Sam. 14,24; 1Esdr. 9,2; Prov. 31,18)

γέφυρα dam, well, mound, earthworks, bridge ▸ 2
- γεφύραις ▸ 1
  - **Noun** · feminine · plural · dative · (common) ▸ **1** (2Mac. 12,13)
- γέφυραν ▸ 1
  - **Noun** · feminine · singular · accusative · (common) ▸ **1** (Is. 37,25)

γεώδης (γῆ; εἶδος) earthlike, earthy, earthly ▸ 2
- γεῶδες ▸ 1
  - **Adjective** · neuter · singular · nominative · noDegree ▸ **1** (Wis. 9,15)
- γεώδους ▸ 1
  - **Adjective** · feminine · singular · genitive · noDegree ▸ **1** (Wis. 15,13)

γεωμετρία (γῆ; μέτρον) geometry ▸ 1
- γεωμετρίας ▸ 1
  - **Noun** · feminine · singular · genitive · (common) ▸ **1** (Is. 34,11)

γεωμετρικός (γῆ; μέτρον) geometrical; geomatrician ▸ 1
- γεωμετρικόν ▸ 1
  - **Adjective** · neuter · singular · nominative · noDegree ▸ **1** (Zech. 2,5)

γεωργέω (γῆ; ἔργον) to cultivate ▸ 3 + 1 = 4
- γεωργεῖται ▸ 1
  - **Verb** · third · singular · present · passive · indicative · (variant) ▸ **1** (Heb. 6,7)
- γεωργοῦντες ▸ 1
  - **Verb** · present · active · participle · masculine · plural · nominative ▸ **1** (1Mac. 14,8)
- γεωργούντων ▸ 1
  - **Verb** · present · active · participle · masculine · plural · genitive ▸ **1** (1Chr. 27,26)
- γεωργοῦσιν ▸ 1
  - **Verb** · third · plural · present · active · indicative ▸ **1** (1Esdr. 4,6)

γεωργία (γῆ; ἔργον) farming ▸ 2
- γεωργίαν ▸ 2
  - **Noun** · feminine · singular · accusative · (common) ▸ **2** (2Mac. 12,1; Sir. 7,15)

γεώργιον (γῆ; ἔργον) farming, field ▸ 8 + 1 = 9
- γεώργια ▸ 1
  - **Noun** · neuter · plural · nominative · (common) ▸ **1** (Gen. 26,14)
- γεώργιον ▸ 4 + 1 = 5
  - **Noun** · neuter · singular · accusative · (common) ▸ **3** (Prov. 31,16; Sir. 27,6; Jer. 28,23)
  - **Noun** · neuter · singular · nominative · (common) ▸ 1 + 1 = **2** (Prov. 24,30; 1Cor. 3,9)
- γεωργίου ▸ 3
  - **Noun** · neuter · singular · genitive · (common) ▸ **3** (Prov. 6,7; Prov. 9,12b; Prov. 24,5)

γεωργός (γῆ; ἔργον) farmer ▸ 9 + 19 = 28
- γεωργοί ▸ 5
  - **Noun** · masculine · plural · nominative ▸ **5** (Matt. 21,35; Matt. 21,38; Mark 12,7; Luke 20,10; Luke 20,14)
- γεωργοί ▸ 2
  - **Noun** · masculine · plural · nominative · (common) ▸ **2** (Joel 1,11; Jer. 14,4)
- γεωργοῖς ▸ 5
  - **Noun** · masculine · plural · dative ▸ **5** (Matt. 21,33; Matt. 21,40; Matt. 21,41; Mark 12,1; Luke 20,9)
- γεωργόν ▸ 1 + 1 = 2
  - **Noun** · masculine · singular · accusative · (common) ▸ 1 + 1 = **2** (Jer. 28,23; 2Tim. 2,6)
- γεωργός ▸ 1 + 1 = 2
  - **Noun** · masculine · singular · nominative · (common) ▸ 1 + 1 = **2** (Gen. 49,15; John 15,1)
- γεωργὸς ▸ 3 + 1 = 4
  - **Noun** · masculine · singular · nominative · (common) ▸ 3 + 1 = **4** (Gen. 9,20; Wis. 17,16; Amos 5,16; James 5,7)
- γεωργούς ▸ 5
  - **Noun** · masculine · plural · accusative ▸ **5** (Matt. 21,34; Mark 12,2; Mark 12,9; Luke 20,10; Luke 20,16)
- γεωργούς ▸ 1
  - **Noun** · masculine · plural · accusative · (common) ▸ **1** (Jer. 52,16)
- γεωργῷ ▸ 1
  - **Noun** · masculine · singular · dative · (common) ▸ **1** (Jer. 38,24)
- γεωργῶν ▸ 1
  - **Noun** · masculine · plural · genitive ▸ **1** (Mark 12,2)

γῆ earth, land ▸ 3042 + 130 + 250 = 3422
- γαῖς ▸ 1
  - **Noun** · feminine · plural · dative · (common) ▸ **1** (2Kings 19,11)
- γᾶς ▸ 1
  - **Noun** · feminine · plural · accusative · (common) ▸ **1** (2Kings 18,35)
- Γῆ ▸ 1
  - **Noun** · feminine · singular · nominative · (common) ▸ **1** (Ezek. 33,2)
- γῆ ▸ 352 + 11 + 24 = 387
  - **Noun** · feminine · singular · nominative · (common) ▸ 346 + 11 + 21 = **378** (Gen. 1,2; Gen. 1,11; Gen. 1,12; Gen. 1,24; Gen. 2,1; Gen. 3,17; Gen. 3,19; Gen. 6,11; Gen. 6,11; Gen. 6,13; Gen. 8,14; Gen. 10,25; Gen. 11,1; Gen. 13,6; Gen. 13,9; Gen. 13,10; Gen. 18,27; Gen. 20,15; Gen. 23,15; Gen. 28,13; Gen. 34,10; Gen. 34,21; Gen. 36,7; Gen. 41,36; Gen. 41,47; Gen. 41,55; Gen. 47,6; Gen. 47,13; Gen. 47,13; Gen. 47,18; Gen. 47,19; Gen. 47,19; Gen. 47,19; Gen. 47,20; Ex. 1,7; Ex. 3,5; Ex. 8,10; Ex. 8,20; Ex. 9,29; Ex. 10,15; Ex. 15,12; Ex. 19,5; Ex. 23,22; Ex. 23,29; Lev. 18,25; Lev. 18,25; Lev. 18,27; Lev. 18,28; Lev. 19,29; Lev. 19,29; Lev. 20,22; Lev. 25,2; Lev. 25,19; Lev. 25,23; Lev. 25,23; Lev.

26,4; Lev. 26,20; Lev. 26,33; Lev. 26,34; Lev. 26,34; Lev. 26,38; Lev. 26,43; Lev. 26,43; Lev. 27,21; Num. 13,19; Num. 13,20; Num. 13,32; Num. 14,7; Num. 14,8; Num. 16,30; Num. 16,31; Num. 16,32; Num. 16,33; Num. 16,34; Num. 26,10; Num. 26,53; Num. 26,55; Num. 32,4; Num. 32,5; Num. 32,22; Num. 32,22; Num. 34,2; Num. 34,12; Num. 34,13; Num. 35,33; Deut. 1,25; Deut. 2,20; Deut. 3,13; Deut. 7,22; Deut. 8,8; Deut. 8,8; Deut. 8,9; Deut. 8,9; Deut. 10,7; Deut. 10,14; Deut. 11,6; Deut. 11,10; Deut. 11,10; Deut. 11,11; Deut. 11,11; Deut. 11,12; Deut. 11,17; Deut. 28,23; Deut. 29,22; Deut. 32,1; Deut. 33,13; Deut. 33,21; Deut. 34,4; Josh. 11,23; Josh. 13,1; Josh. 13,2; Josh. 14,9; Josh. 14,15; Josh. 17,6; Josh. 18,1; Josh. 22,19; Judg. 3,11; Judg. 3,30; Judg. 5,4; Judg. 5,31; Judg. 8,28; Judg. 18,10; Judg. 20,1; 1Sam. 4,5; 1Sam. 4,12; 1Sam. 6,1; 1Sam. 14,15; 1Sam. 14,25; 1Sam. 17,46; 1Sam. 27,8; 2Sam. 1,2; 2Sam. 15,23; 2Sam. 15,32; 2Sam. 22,8; 1Kings 1,40; 2Kings 2,19; 2Kings 3,20; 2Kings 18,32; 2Kings 18,32; 2Kings 18,32; 1Chr. 4,40; 1Chr. 16,23; 1Chr. 16,30; 1Chr. 16,30; 1Chr. 16,31; 1Chr. 22,18; 2Chr. 13,23; 2Chr. 14,5; 2Chr. 36,4a; 1Esdr. 4,34; 1Esdr. 4,36; 1Esdr. 8,80; 1Esdr. 8,80; Ezra 9,11; Ezra 9,11; Neh. 9,36; Judith 11,16; Tob. 3,6; 1Mac. 1,3; 1Mac. 1,28; 1Mac. 2,37; 1Mac. 7,50; 1Mac. 9,13; 1Mac. 9,57; 1Mac. 11,38; 1Mac. 11,52; 1Mac. 14,4; 1Mac. 14,8; Psa. 17,8; Psa. 23,1; Psa. 32,5; Psa. 32,8; Psa. 45,7; Psa. 65,1; Psa. 65,4; Psa. 66,7; Psa. 67,9; Psa. 68,35; Psa. 71,19; Psa. 74,4; Psa. 75,9; Psa. 76,19; Psa. 79,10; Psa. 84,13; Psa. 88,12; Psa. 92,1; Psa. 95,1; Psa. 95,9; Psa. 95,11; Psa. 96,1; Psa. 96,1; Psa. 96,4; Psa. 97,4; Psa. 98,1; Psa. 99,1; Psa. 103,13; Psa. 103,24; Psa. 104,30; Psa. 105,17; Psa. 105,38; Psa. 113,7; Psa. 118,64; Psa. 142,6; Ode. 1,12; Ode. 2,1; Ode. 4,3; Ode. 4,6; Ode. 4,9; Ode. 5,19; Ode. 8,74; Prov. 25,3; Prov. 30,16; Prov. 30,21; Eccl. 1,4; Eccl. 10,17; Job 15,19; Job 16,18; Job 20,27; Job 28,5; Job 29,23; Job 30,23; Job 31,38; Job 38,38; Wis. 12,7; Wis. 19,10; Sir. 10,9; Sir. 16,18; Sir. 17,32; Sol. 2,9; Sol. 2,10; Sol. 8,8; Hos. 1,2; Hos. 2,24; Hos. 4,3; Hos. 8,1; Amos 3,11; Amos 7,10; Amos 7,17; Amos 8,8; Mic. 1,2; Mic. 7,13; Joel 1,10; Joel 2,3; Joel 2,10; Joel 4,16; Obad. 20; Nah. 1,5; Hab. 2,14; Hab. 2,20; Hab. 3,3; Hab. 3,6; Hab. 3,9; Zeph. 1,18; Zeph. 3,8; Hag. 1,10; Hag. 1,11; Zech. 1,11; Zech. 7,14; Zech. 8,12; Zech. 12,12; Mal. 3,12; Is. 1,7; Is. 2,7; Is. 2,8; Is. 6,3; Is. 6,11; Is. 7,16; Is. 7,24; Is. 8,23; Is. 9,18; Is. 13,13; Is. 14,7; Is. 24,3; Is. 24,3; Is. 24,4; Is. 24,5; Is. 24,19; Is. 24,19; Is. 24,20; Is. 26,19; Is. 26,21; Is. 32,13; Is. 33,9; Is. 34,1; Is. 34,7; Is. 34,9; Is. 34,9; Is. 34,15; Is. 36,17; Is. 36,17; Is. 45,8; Is. 49,13; Is. 51,6; Is. 62,4; Is. 65,17; Is. 66,1; Is. 66,8; Is. 66,16; Is. 66,22; Jer. 2,31; Jer. 4,20; Jer. 4,27; Jer. 4,28; Jer. 7,34; Jer. 8,16; Jer. 9,11; Jer. 12,4; Jer. 12,11; Jer. 23,10; Jer. 25,11; Jer. 26,12; Jer. 27,38; Jer. 27,46; Jer. 28,5; Jer. 28,29; Jer. 28,43; Jer. 30,15; Jer. 32,38; Jer. 41,1; Jer. 51,22; Bar. 2,15; Bar. 2,23; Ezek. 7,23; Ezek. 9,9; Ezek. 11,15; Ezek. 12,19; Ezek. 12,20; Ezek. 14,13; Ezek. 14,16; Ezek. 22,24; Ezek. 29,9; Ezek. 30,11; Ezek. 32,6; Ezek. 32,15; Ezek. 33,24; Ezek. 34,27; Ezek. 36,34; Ezek. 36,35; Ezek. 39,12; Ezek. 39,16; Ezek. 43,2; Ezek. 47,14; Ezek. 48,29; Dan. 2,40; Dan. 3,74; Dan. 12,4; Judg. 3,11; Judg. 3,30; Judg. 5,4; Judg. 5,31; Judg. 8,28; Judg. 18,10; Judg. 20,1; Tob. 3,6; Tob. 14,4; Dan. 3,74; Dan. 11,42; Matt. 5,18; Matt. 24,35; Matt. 27,51; Mark 4,28; Mark 13,31; Luke 21,33; Acts 7,33; Acts 7,49; 1Cor. 10,26; Heb. 6,7; James 5,18; 2Pet. 3,5; 2Pet. 3,7; 2Pet. 3,10; Rev. 12,16; Rev. 12,16; Rev. 13,3; Rev. 14,16; Rev. 18,1; Rev. 20,11; Rev. 21,1)

Noun · feminine · singular · vocative · (common)   ▸ 6 + 3 = **9**
(Joel 2,21; Zeph. 2,5; Is. 1,2; Jer. 6,19; Jer. 22,29; Jer. 22,29; Matt. 2,6; Matt. 4,15; Matt. 4,15)

γῆ   ▸ 473 + 32 + 13 = 518
Noun · feminine · singular · dative · (common)   ▸ 473 + 32 + 13

= **518** (Gen. 4,16; Gen. 10,5; Gen. 10,10; Gen. 11,2; Gen. 11,28; Gen. 13,12; Gen. 15,13; Gen. 16,3; Gen. 19,31; Gen. 21,23; Gen. 21,34; Gen. 23,2; Gen. 23,19; Gen. 24,37; Gen. 24,62; Gen. 26,2; Gen. 26,3; Gen. 26,12; Gen. 28,12; Gen. 33,18; Gen. 35,6; Gen. 35,22; Gen. 35,27; Gen. 36,5; Gen. 36,6; Gen. 36,16; Gen. 36,17; Gen. 36,21; Gen. 36,30; Gen. 36,43; Gen. 37,1; Gen. 37,1; Gen. 41,19; Gen. 41,29; Gen. 41,30; Gen. 41,36; Gen. 41,36; Gen. 41,44; Gen. 41,48; Gen. 41,52; Gen. 41,53; Gen. 41,54; Gen. 41,54; Gen. 41,57; Gen. 42,5; Gen. 42,13; Gen. 42,32; Gen. 42,34; Gen. 45,10; Gen. 46,6; Gen. 46,12; Gen. 46,20; Gen. 46,27; Gen. 46,31; Gen. 46,34; Gen. 47,1; Gen. 47,4; Gen. 47,4; Gen. 47,4; Gen. 47,5; Gen. 47,6; Gen. 47,11; Gen. 47,11; Gen. 47,11; Gen. 47,13; Gen. 47,14; Gen. 47,14; Gen. 47,24; Gen. 47,27; Gen. 47,28; Gen. 48,3; Gen. 48,7; Gen. 49,30; Gen. 50,5; Gen. 50,8; Ex. 2,15; Ex. 2,22; Ex. 6,28; Ex. 7,3; Ex. 7,19; Ex. 7,21; Ex. 8,12; Ex. 8,13; Ex. 8,21; Ex. 9,9; Ex. 9,11; Ex. 9,14; Ex. 9,16; Ex. 9,25; Ex. 9,26; Ex. 10,6; Ex. 10,15; Ex. 10,19; Ex. 11,5; Ex. 11,9; Ex. 11,10; Ex. 12,1; Ex. 12,12; Ex. 12,12; Ex. 12,13; Ex. 12,29; Ex. 12,30; Ex. 12,40; Ex. 12,40; Ex. 13,15; Ex. 14,3; Ex. 14,11; Ex. 16,3; Ex. 18,3; Ex. 20,4; Ex. 22,20; Ex. 23,9; Ex. 23,31; Ex. 23,33; Ex. 34,10; Lev. 17,13; Lev. 19,33; Lev. 19,34; Lev. 25,4; Lev. 25,5; Lev. 25,7; Lev. 25,9; Lev. 25,9; Lev. 25,45; Lev. 26,1; Lev. 26,6; Lev. 26,34; Lev. 26,36; Lev. 26,39; Lev. 26,41; Lev. 26,44; Num. 3,13; Num. 8,17; Num. 9,14; Num. 10,9; Num. 13,29; Num. 14,2; Num. 15,14; Num. 18,13; Num. 18,20; Num. 26,15; Num. 32,30; Num. 33,4; Num. 33,40; Num. 33,52; Num. 34,29; Num. 35,14; Deut. 1,5; Deut. 1,30; Deut. 4,5; Deut. 4,22; Deut. 4,43; Deut. 4,46; Deut. 5,8; Deut. 5,15; Deut. 5,31; Deut. 6,1; Deut. 6,21; Deut. 10,19; Deut. 11,3; Deut. 11,14; Deut. 11,30; Deut. 12,29; Deut. 15,4; Deut. 15,7; Deut. 15,15; Deut. 16,12; Deut. 19,10; Deut. 19,14; Deut. 21,1; Deut. 23,8; Deut. 24,18; Deut. 24,20; Deut. 24,22; Deut. 25,19; Deut. 28,12; Deut. 28,24; Deut. 28,52; Deut. 28,69; Deut. 29,1; Deut. 29,1; Deut. 29,15; Deut. 29,23; Deut. 30,16; Deut. 31,4; Deut. 32,10; Deut. 32,49; Deut. 34,5; Deut. 34,6; Deut. 34,11; Deut. 34,11; Josh. 1,14; Josh. 7,21; Josh. 13,4; Josh. 14,1; Josh. 14,4; Josh. 17,12; Josh. 21,2; Josh. 22,9; Josh. 22,10; Josh. 24,3; Josh. 24,7; Judg. 1,27; Judg. 4,21; Judg. 6,5; Judg. 6,10; Judg. 10,4; Judg. 10,8; Judg. 11,3; Judg. 11,5; Judg. 11,12; Judg. 11,21; Judg. 12,12; Judg. 12,15; Judg. 18,9; Judg. 18,10; Judg. 21,12; Ruth 1,1; 1Sam. 2,27; 1Sam. 13,19; 1Sam. 23,14; 2Sam. 7,23; 2Sam. 14,20; 2Sam. 15,4; 2Sam. 21,14; 2Sam. 21,14; 2Sam. 24,8; 2Sam. 24,13; 2Sam. 24,13; 2Sam. 24,25; 1Kings 4,18; 1Kings 4,18; 1Kings 4,18; 1Kings 8,47; 1Kings 8,47; 1Kings 8,48; 1Kings 9,8; 1Kings 9,11; 1Kings 9,26; 1Kings 10,6; 1Kings 10,7; 1Kings 10,22a # 9,15; 1Kings 10,22b # 9,20; 1Kings 11,25; 1Kings 12,32; 1Kings 14,24; 2Kings 4,38; 2Kings 5,15; 2Kings 8,2; 2Kings 13,20; 2Kings 15,20; 2Kings 17,5; 2Kings 19,7; 2Kings 23,24; 2Kings 23,33; 2Kings 24,2; 2Kings 25,21; 2Kings 25,22; 2Kings 25,24; 1Chr. 5,9; 1Chr. 5,23; 1Chr. 6,40; 1Chr. 7,21; 1Chr. 13,2; 1Chr. 14,17; 1Chr. 16,14; 1Chr. 21,12; 1Chr. 22,2; 2Chr. 2,16; 2Chr. 6,37; 2Chr. 6,38; 2Chr. 7,21; 2Chr. 8,8; 2Chr. 8,17; 2Chr. 9,5; 2Chr. 9,11; 2Chr. 14,5; 2Chr. 14,7; 2Chr. 14,7; 2Chr. 16,9; 2Chr. 29,9; 2Chr. 35,19a; 2Chr. 36,2c; Neh. 3,36; Neh. 5,14; Neh. 9,35; Judith 1,12; Judith 2,6; Judith 2,11; Judith 5,7; Judith 5,15; Judith 11,8; Judith 16,21; Tob. 1,4; Tob. 3,15; Tob. 13,8; Tob. 14,4; 1Mac. 1,9; 1Mac. 1,19; 1Mac. 1,52; 1Mac. 3,29; 1Mac. 3,40; 1Mac. 5,55; 1Mac. 5,65; 1Mac. 6,13; 1Mac. 6,49; 1Mac. 10,37; 1Mac. 10,72; 1Mac. 15,9; 2Mac. 10,25; 3Mac. 6,3; 3Mac. 6,15; Psa. 8,2; Psa. 8,10; Psa. 11,7; Psa. 15,3; Psa. 16,11; Psa. 26,13; Psa. 40,3; Psa. 45,11; Psa. 57,3; Psa. 57,12; Psa. 62,2; Psa. 66,3; Psa. 66,5; Psa. 71,16; Psa. 77,12; Psa. 77,40; Psa. 77,69; Psa. 82,11; Psa. 84,10; Psa. 87,13; Psa. 104,7; Psa. 104,23; Psa.

γῆ 445

104,27; Psa. 104,32; Psa. 104,35; Psa. 104,36; Psa. 105,22; Psa. 111,2; Psa. 112,6; Psa. 113,11; Psa. 118,19; Psa. 118,87; Psa. 134,6; Psa. 141,6; Psa. 142,10; Psa. 146,8; Psa. 147,4; Ode. 5,19; Ode. 7,37; Ode. 8,76; Prov. 21,19; Eccl. 7,20; Song 2,12; Song 2,12; Job 12,8; Job 14,8; Job 16,15; Job 18,10; Job 28,24; Job 30,19; Job 38,19; Job 42,17b; Sir. 24,6; Sir. 39,4; Sir. 40,3; Sir. 44,17; Sir. 45,22; Sir. 48,15; Hos. 2,23; Hos. 6,3; Hos. 7,16; Hos. 9,3; Hos. 13,5; Amos 7,17; Joel 4,19; Jonah 4,2; Zeph. 3,19; Zech. 5,6; Zech. 5,11; Zech. 6,8; Zech. 9,1; Zech. 13,8; Is. 12,5; Is. 19,24; Is. 24,6; Is. 24,13; Is. 26,19; Is. 28,2; Is. 32,2; Is. 35,6; Is. 37,7; Is. 51,23; Is. 53,2; Is. 54,5; Is. 54,9; Is. 60,18; Is. 62,4; Jer. 1,1; Jer. 2,6; Jer. 2,6; Jer. 2,6; Jer. 5,19; Jer. 5,19; Jer. 7,7; Jer. 12,5; Jer. 15,10; Jer. 15,14; Jer. 16,3; Jer. 17,6; Jer. 23,15; Jer. 24,8; Jer. 27,22; Jer. 27,25; Jer. 28,4; Jer. 28,52; Jer. 28,54; Jer. 38,23; Jer. 38,24; Jer. 39,8; Jer. 39,15; Jer. 39,20; Jer. 39,41; Jer. 39,43; Jer. 39,44; Jer. 40,13; Jer. 47,5; Jer. 47,5; Jer. 47,6; Jer. 47,7; Jer. 47,9; Jer. 47,11; Jer. 47,11; Jer. 48,18; Jer. 49,10; Jer. 49,13; Jer. 49,16; Jer. 50,4; Jer. 50,5; Jer. 51,1; Jer. 51,1; Jer. 51,8; Jer. 51,9; Jer. 51,13; Jer. 51,14; Jer. 51,15; Jer. 51,26; Jer. 51,26; Jer. 51,27; Jer. 51,28; Jer. 52,27; Bar. 2,30; Bar. 2,32; Bar. 3,10; Bar. 3,10; Ezek. 1,3; Ezek. 7,2; Ezek. 19,13; Ezek. 20,5; Ezek. 21,35; Ezek. 29,14; Ezek. 29,14; Ezek. 31,16; Ezek. 32,27; Ezek. 37,22; Dan. 1,20; Dan. 3,37; Dan. 4,15; Dan. 4,20; Dan. 4,27; Dan. 6,26; Dan. 9,2; Judg. 1,27; Judg. 2,21; Judg. 4,21; Judg. 6,4; Judg. 6,10; Judg. 10,4; Judg. 10,8; Judg. 11,3; Judg. 11,12; Judg. 11,17; Judg. 11,18; Judg. 11,19; Judg. 11,26; Judg. 12,12; Judg. 12,15; Judg. 18,7; Judg. 18,10; Judg. 21,12; Tob. 1,4; Tob. 3,15; Tob. 14,4; Tob. 14,6; Tob. 14,7; Dan. 3,37; Dan. 3,76; Dan. 4,1; Dan. 4,15; Dan. 4,23; Dan. 6,26; Dan. 7,23; Dan. 9,7; Dan. 11,16; Matt. 5,35; Matt. 9,31; Matt. 10,15; Matt. 11,24; Matt. 25,25; Luke 8,15; Luke 12,51; Acts 7,6; Acts 7,29; Acts 7,36; Acts 13,17; Acts 13,19; Rom. 9,17)

γῆν ▸ 989 + 56 + 78 = 1123

Noun ▪ feminine ▪ singular ▪ accusative ▪ (common) ▸ 989 + 56 + 78 = **1123** (Gen. 1,1; Gen. 1,10; Gen. 1,28; Gen. 2,4; Gen. 2,5; Gen. 2,5; Gen. 2,11; Gen. 2,13; Gen. 3,14; Gen. 3,19; Gen. 3,19; Gen. 3,23; Gen. 4,2; Gen. 4,12; Gen. 6,12; Gen. 6,13; Gen. 6,17; Gen. 7,3; Gen. 7,4; Gen. 8,1; Gen. 8,21; Gen. 9,1; Gen. 9,7; Gen. 9,11; Gen. 9,14; Gen. 9,19; Gen. 11,31; Gen. 12,1; Gen. 12,5; Gen. 12,5; Gen. 12,6; Gen. 12,6; Gen. 12,7; Gen. 13,7; Gen. 13,15; Gen. 13,17; Gen. 14,19; Gen. 14,22; Gen. 15,7; Gen. 15,18; Gen. 17,8; Gen. 17,8; Gen. 18,2; Gen. 18,25; Gen. 19,1; Gen. 19,23; Gen. 20,1; Gen. 21,32; Gen. 22,2; Gen. 24,4; Gen. 24,5; Gen. 24,5; Gen. 24,7; Gen. 24,8; Gen. 24,52; Gen. 25,6; Gen. 26,3; Gen. 26,4; Gen. 28,4; Gen. 28,15; Gen. 29,1; Gen. 30,25; Gen. 31,3; Gen. 31,13; Gen. 31,18; Gen. 32,4; Gen. 32,10; Gen. 33,3; Gen. 34,30; Gen. 35,12; Gen. 35,12; Gen. 35,16; Gen. 36,20; Gen. 37,10; Gen. 38,9; Gen. 41,30; Gen. 41,46; Gen. 42,6; Gen. 42,29; Gen. 42,30; Gen. 43,26; Gen. 44,11; Gen. 44,14; Gen. 45,17; Gen. 45,25; Gen. 46,28; Gen. 47,19; Gen. 47,20; Gen. 47,20; Gen. 47,22; Gen. 47,23; Gen. 47,23; Gen. 47,26; Gen. 48,4; Gen. 48,21; Gen. 49,15; Gen. 50,13; Gen. 50,24; Ex. 2,15; Ex. 3,8; Ex. 3,8; Ex. 3,17; Ex. 3,17; Ex. 4,3; Ex. 4,3; Ex. 6,4; Ex. 6,4; Ex. 6,8; Ex. 7,9; Ex. 8,2; Ex. 8,3; Ex. 8,17; Ex. 8,18; Ex. 8,20; Ex. 9,9; Ex. 9,22; Ex. 9,23; Ex. 9,33; Ex. 10,5; Ex. 10,12; Ex. 10,12; Ex. 10,13; Ex. 10,14; Ex. 10,21; Ex. 10,22; Ex. 11,6; Ex. 12,25; Ex. 13,5; Ex. 13,5; Ex. 13,11; Ex. 16,35; Ex. 18,27; Ex. 20,11; Ex. 23,10; Ex. 23,20; Ex. 23,30; Ex. 31,17; Ex. 32,13; Ex. 33,1; Ex. 33,3; Ex. 34,8; Lev. 14,34; Lev. 16,22; Lev. 19,23; Lev. 20,24; Lev. 20,24; Lev. 23,10; Lev. 25,2; Lev. 25,24; Lev. 25,38; Lev. 26,19; Lev. 26,32; Num. 10,30; Num. 11,12; Num. 13,2; Num. 13,16; Num. 13,17; Num. 13,18; Num. 13,21; Num. 13,25; Num. 13,27; Num. 13,27; Num. 13,32; Num. 14,3; Num. 14,6; Num. 14,8; Num. 14,16; Num. 14,21; Num. 14,23; Num. 14,23; Num. 14,24; Num. 14,30; Num. 14,31; Num. 14,31; Num. 14,34; Num. 14,36; Num. 14,38; Num. 15,2; Num. 15,18; Num. 16,14; Num. 20,12; Num. 20,24; Num. 21,4; Num. 21,26; Num. 21,34; Num. 21,35; Num. 27,12; Num. 32,4; Num. 32,7; Num. 32,8; Num. 32,9; Num. 32,9; Num. 32,11; Num. 32,17; Num. 32,29; Num. 32,30; Num. 32,32; Num. 32,33; Num. 33,51; Num. 33,53; Num. 33,53; Num. 33,54; Num. 34,2; Num. 34,17; Num. 34,18; Num. 35,10; Num. 35,28; Num. 35,33; Num. 35,33; Num. 35,34; Num. 36,2; Deut. 1,7; Deut. 1,8; Deut. 1,8; Deut. 1,21; Deut. 1,22; Deut. 1,35; Deut. 1,36; Deut. 2,12; Deut. 2,24; Deut. 2,29; Deut. 2,31; Deut. 2,31; Deut. 2,37; Deut. 3,2; Deut. 3,8; Deut. 3,12; Deut. 3,18; Deut. 3,20; Deut. 3,25; Deut. 3,28; Deut. 4,1; Deut. 4,21; Deut. 4,22; Deut. 4,26; Deut. 4,38; Deut. 4,47; Deut. 4,47; Deut. 6,3; Deut. 6,10; Deut. 6,18; Deut. 6,23; Deut. 7,1; Deut. 8,1; Deut. 8,7; Deut. 8,19; Deut. 9,4; Deut. 9,5; Deut. 9,6; Deut. 9,23; Deut. 9,28; Deut. 9,28; Deut. 10,11; Deut. 11,8; Deut. 11,9; Deut. 11,29; Deut. 11,31; Deut. 12,16; Deut. 12,24; Deut. 12,29; Deut. 15,23; Deut. 16,20; Deut. 17,14; Deut. 18,9; Deut. 19,1; Deut. 19,8; Deut. 20,16; Deut. 21,23; Deut. 24,4; Deut. 26,1; Deut. 26,3; Deut. 26,9; Deut. 26,9; Deut. 26,10; Deut. 26,15; Deut. 26,15; Deut. 27,2; Deut. 27,3; Deut. 27,3; Deut. 28,1; Deut. 29,7; Deut. 29,26; Deut. 29,27; Deut. 30,5; Deut. 30,19; Deut. 31,7; Deut. 31,20; Deut. 31,20; Deut. 31,21; Deut. 31,23; Deut. 31,28; Deut. 32,22; Deut. 32,43; Deut. 32,49; Deut. 32,52; Deut. 34,1; Deut. 34,2; Deut. 34,2; Deut. 34,2; Josh. 1,2; Josh. 1,6; Josh. 1,11; Josh. 1,13; Josh. 1,15; Josh. 2,1; Josh. 2,2; Josh. 2,3; Josh. 2,9; Josh. 2,24; Josh. 2,24; Josh. 5,6; Josh. 5,6; Josh. 5,14; Josh. 6,27; Josh. 7,6; Josh. 7,9; Josh. 8,1; Josh. 9,11; Josh. 9,24; Josh. 10,40; Josh. 10,42; Josh. 11,3; Josh. 11,16; Josh. 11,16; Josh. 11,23; Josh. 12,1; Josh. 12,1; Josh. 13,5; Josh. 13,7; Josh. 13,21; Josh. 14,5; Josh. 14,7; Josh. 15,19; Josh. 18,3; Josh. 18,4; Josh. 18,6; Josh. 18,8; Josh. 18,8; Josh. 18,9; Josh. 19,49; Josh. 19,51; Josh. 21,42a; Josh. 21,43; Josh. 22,4; Josh. 22,9; Josh. 22,9; Josh. 22,13; Josh. 22,15; Josh. 22,19; Josh. 22,32; Josh. 22,33; Josh. 23,5; Josh. 24,8; Josh. 24,8; Josh. 24,13; Josh. 24,18; Judg. 1,2; Judg. 1,14; Judg. 1,15; Judg. 1,26; Judg. 1,32; Judg. 1,33; Judg. 2,1; Judg. 2,2; Judg. 2,6; Judg. 3,25; Judg. 6,9; Judg. 6,37; Judg. 6,39; Judg. 6,40; Judg. 7,1; Judg. 11,13; Judg. 11,15; Judg. 11,15; Judg. 11,18; Judg. 11,18; Judg. 11,21; Judg. 11,29; Judg. 13,20; Judg. 16,24; Judg. 18,2; Judg. 18,2; Judg. 18,9; Judg. 18,9; Judg. 18,14; Judg. 18,17; Judg. 20,21; Judg. 20,25; Judg. 21,21; Ruth 1,7; Ruth 2,10; Ruth 2,11; 1Sam. 2,5; 1Sam. 3,19; 1Sam. 6,5; 1Sam. 7,6; 1Sam. 9,2; 1Sam. 13,3; 1Sam. 13,7; 1Sam. 13,17; 1Sam. 13,20; 1Sam. 14,29; 1Sam. 14,32; 1Sam. 14,45; 1Sam. 17,49; 1Sam. 22,5; 1Sam. 23,27; 1Sam. 24,9; 1Sam. 25,23; 1Sam. 25,41; 1Sam. 26,7; 1Sam. 26,8; 1Sam. 26,20; 1Sam. 27,1; 1Sam. 27,9; 1Sam. 28,14; 1Sam. 28,20; 1Sam. 29,11; 1Sam. 31,9; 2Sam. 1,2; 2Sam. 2,22; 2Sam. 5,6; 2Sam. 8,2; 2Sam. 9,10; 2Sam. 10,2; 2Sam. 13,31; 2Sam. 13,37; 2Sam. 14,4; 2Sam. 14,11; 2Sam. 14,22; 2Sam. 14,33; 2Sam. 17,12; 2Sam. 17,26; 2Sam. 18,11; 2Sam. 18,28; 2Sam. 20,10; 2Sam. 24,6; 2Sam. 24,20; 1Kings 1,23; 1Kings 1,31; 1Kings 1,52; 1Kings 8,34; 1Kings 8,36; 1Kings 8,46; 1Kings 10,13; 1Kings 11,21; 1Kings 11,22; 1Kings 11,22; 1Kings 11,43; 1Kings 12,24d; 1Kings 12,24f; 1Kings 18,5; 1Kings 18,12; 1Kings 18,42; 1Kings 21,27; 1Kings 22,36; 2Kings 2,15; 2Kings 3,27; 2Kings 4,37; 2Kings 6,23; 2Kings 8,1; 2Kings 8,1; 2Kings 8,6; 2Kings 10,10; 2Kings 10,33; 2Kings 13,18; 2Kings 15,19; 2Kings 15,29; 2Kings 18,25; 2Kings 18,32; 2Kings 19,7; 2Kings 19,15; 2Kings 19,37; 2Kings 23,33; 2Kings 23,35; 1Chr. 10,9; 1Chr. 11,4; 1Chr. 16,18; 1Chr. 16,33; 1Chr. 19,2; 1Chr. 19,3; 1Chr. 21,21; 1Chr. 22,5; 1Chr. 22,18; 1Chr. 27,26; 1Chr.

Γ, γ

28,8; 2Chr. 2,11; 2Chr. 6,25; 2Chr. 6,27; 2Chr. 6,36; 2Chr. 6,36; 2Chr. 7,3; 2Chr. 7,14; 2Chr. 9,12; 2Chr. 20,7; 2Chr. 30,9; 2Chr. 32,21; 2Chr. 34,8; 2Chr. 36,3; 2Chr. 36,5a; 2Chr. 36,21; 1Esdr. 1,55; 1Esdr. 4,2; 1Esdr. 4,6; 1Esdr. 6,12; 1Esdr. 9,47; Neh. 8,6; Neh. 9,6; Neh. 9,8; Neh. 9,15; Neh. 9,22; Neh. 9,22; Neh. 9,23; Neh. 9,24; Esth. 13,10 # 4,17c; Judith 1,9; Judith 1,11; Judith 1,12; Judith 2,1; Judith 2,7; Judith 5,9; Judith 5,12; Judith 5,18; Judith 7,28; Judith 10,19; Judith 11,23; Judith 13,18; Judith 14,2; Tob. 4,12; Tob. 6,3; Tob. 14,5; 1Mac. 1,24; 1Mac. 3,24; 1Mac. 3,36; 1Mac. 3,39; 1Mac. 4,22; 1Mac. 4,40; 1Mac. 5,45; 1Mac. 5,48; 1Mac. 5,53; 1Mac. 5,66; 1Mac. 5,68; 1Mac. 5,68; 1Mac. 6,5; 1Mac. 6,46; 1Mac. 7,10; 1Mac. 7,22; 1Mac. 9,1; 1Mac. 9,69; 1Mac. 9,72; 1Mac. 10,13; 1Mac. 10,55; 1Mac. 10,67; 1Mac. 11,71; 1Mac. 12,4; 1Mac. 12,46; 1Mac. 12,52; 1Mac. 13,1; 1Mac. 13,12; 1Mac. 13,24; 1Mac. 14,8; 1Mac. 15,10; 1Mac. 15,33; 2Mac. 3,27; 2Mac. 5,21; 2Mac. 7,28; 2Mac. 9,8; 2Mac. 14,15; 3Mac. 2,9; 3Mac. 6,5; Psa. 2,10; Psa. 7,6; Psa. 18,5; Psa. 21,30; Psa. 24,13; Psa. 32,14; Psa. 36,3; Psa. 36,9; Psa. 36,11; Psa. 36,22; Psa. 36,29; Psa. 36,34; Psa. 43,4; Psa. 43,26; Psa. 44,17; Psa. 45,3; Psa. 46,3; Psa. 49,1; Psa. 49,4; Psa. 56,6; Psa. 56,12; Psa. 59,4; Psa. 64,10; Psa. 71,6; Psa. 73,7; Psa. 81,8; Psa. 82,19; Psa. 84,2; Psa. 88,40; Psa. 88,45; Psa. 89,2; Psa. 93,2; Psa. 95,13; Psa. 96,9; Psa. 97,9; Psa. 101,20; Psa. 101,26; Psa. 103,5; Psa. 103,9; Psa. 103,32; Psa. 104,11; Psa. 104,16; Psa. 105,24; Psa. 106,34; Psa. 106,35; Psa. 107,6; Psa. 113,23; Psa. 113,24; Psa. 118,90; Psa. 120,2; Psa. 123,8; Psa. 133,3; Psa. 134,12; Psa. 135,6; Psa. 135,21; Psa. 142,3; Psa. 145,4; Psa. 145,6; Ode. 2,22; Ode. 2,43; Ode. 3,5; Ode. 4,12; Ode. 6,7; Ode. 7,32; Ode. 12,2; Prov. 1,11; Prov. 2,21; Prov. 3,19; Prov. 8,24; Prov. 9,12c; Prov. 10,30; Prov. 12,11; Prov. 28,19; Eccl. 3,21; Eccl. 11,2; Eccl. 11,3; Eccl. 12,7; Job 1,7; Job 2,12; Job 5,10; Job 7,21; Job 10,9; Job 10,21; Job 10,22; Job 12,15; Job 15,29; Job 16,13; Job 26,7; Job 27,16; Job 34,13; Job 34,15; Job 37,13; Job 38,4; Job 38,14; Job 38,26; Job 38,37; Job 39,14; Job 39,24; Job 40,13; Job 42,6; Wis. 1,1; Wis. 5,23; Wis. 7,3; Wis. 10,4; Wis. 11,22; Wis. 15,7; Sir. 16,29; Sir. 20,28; Sir. 24,3; Sir. 40,11; Sir. 41,10; Sir. 43,17; Sir. 46,8; Sir. 47,15; Sir. 50,17; Sol. 1,4; Sol. 2,21; Sol. 5,15; Sol. 8,15; Sol. 8,24; Sol. 9,1; Sol. 15,12; Sol. 17,10; Sol. 17,11; Sol. 17,18; Sol. 17,18; Sol. 17,35; Sol. 18,3; Hos. 2,5; Hos. 4,1; Hos. 13,4; Hos. 13,15; Amos 2,10; Amos 3,5; Amos 3,14; Amos 5,7; Amos 7,12; Amos 8,11; Amos 9,9; Mic. 1,10; Mic. 4,3; Mic. 5,4; Mic. 5,5; Mic. 5,5; Mic. 7,17; Joel 1,2; Joel 1,6; Joel 1,14; Joel 2,1; Joel 2,18; Joel 2,20; Joel 4,2; Obad. 3; Jonah 1,13; Jonah 2,7; Hab. 3,12; Zeph. 1,18; Hag. 1,11; Hag. 2,6; Hag. 2,21; Zech. 1,10; Zech. 1,11; Zech. 2,4; Zech. 2,16; Zech. 4,10; Zech. 6,6; Zech. 6,6; Zech. 6,7; Zech. 6,7; Zech. 6,7; Zech. 6,8; Zech. 7,14; Zech. 11,6; Zech. 11,6; Zech. 11,16; Zech. 12,1; Zech. 13,5; Zech. 14,9; Zech. 14,10; Mal. 3,23; Is. 2,10; Is. 2,10; Is. 2,19; Is. 2,21; Is. 3,26; Is. 5,30; Is. 8,22; Is. 11,4; Is. 14,12; Is. 14,16; Is. 14,20; Is. 14,21; Is. 14,21; Is. 16,1; Is. 21,9; Is. 23,10; Is. 23,13; Is. 24,6; Is. 28,22; Is. 28,24; Is. 29,4; Is. 29,4; Is. 30,24; Is. 33,17; Is. 35,7; Is. 36,17; Is. 36,20; Is. 37,11; Is. 37,16; Is. 40,12; Is. 40,23; Is. 40,24; Is. 41,2; Is. 41,18; Is. 41,19; Is. 42,5; Is. 44,24; Is. 45,9; Is. 45,12; Is. 45,18; Is. 47,1; Is. 48,13; Is. 49,8; Is. 51,6; Is. 51,6; Is. 51,13; Is. 51,16; Is. 55,10; Is. 57,13; Is. 60,2; Is. 60,21; Is. 61,7; Is. 61,11; Is. 63,3; Is. 63,3; Is. 63,6; Is. 65,25; Jer. 1,14; Jer. 2,7; Jer. 2,15; Jer. 3,2; Jer. 3,18; Jer. 3,19; Jer. 4,7; Jer. 4,23; Jer. 6,8; Jer. 6,12; Jer. 8,16; Jer. 9,18; Jer. 9,20; Jer. 10,11; Jer. 10,12; Jer. 10,18; Jer. 11,5; Jer. 12,15; Jer. 13,13; Jer. 14,18; Jer. 16,13; Jer. 16,15; Jer. 16,18; Jer. 18,16; Jer. 22,10; Jer. 22,12; Jer. 22,26; Jer. 22,27; Jer. 22,28; Jer. 23,24; Jer. 23,8; Jer. 24,5; Jer. 24,6; Jer. 25,9; Jer. 25,13; Jer. 26,8; Jer. 26,13; Jer. 27,3; Jer. 27,16; Jer. 27,18; Jer. 27,34; Jer. 28,2; Jer. 28,7; Jer. 28,9; Jer. 28,15; Jer. 28,25; Jer. 28,29; Jer. 29,2; Jer. 29,2; Jer. 31,21; Jer. 32,30; Jer. 34,5; Jer. 34,6; Jer. 37,3; Jer. 38,12; Jer. 39,17; Jer. 39,22; Jer. 39,22; Jer. 40,2; Jer. 41,22; Jer. 42,11; Jer. 43,29; Jer. 43,31; Jer. 44,7; Jer. 44,12; Jer. 44,19; Jer. 47,12; Jer. 49,12; Jer. 49,14; Jer. 49,17; Jer. 50,11; Jer. 50,12; Jer. 51,14; Jer. 51,28; Bar. 1,8; Bar. 1,20; Bar. 2,21; Bar. 2,34; Bar. 3,32; Lam. 2,1; Lam. 2,2; Lam. 2,9; Lam. 2,10; Lam. 2,10; Lam. 2,11; LetterJ 25; Ezek. 6,14; Ezek. 7,4; Ezek. 8,12; Ezek. 8,17; Ezek. 9,9; Ezek. 11,16; Ezek. 11,17; Ezek. 11,24; Ezek. 12,6; Ezek. 12,12; Ezek. 12,13; Ezek. 13,9; Ezek. 13,14; Ezek. 14,15; Ezek. 14,17; Ezek. 14,19; Ezek. 15,8; Ezek. 16,29; Ezek. 17,4; Ezek. 19,4; Ezek. 19,7; Ezek. 19,12; Ezek. 20,6; Ezek. 20,6; Ezek. 20,6; Ezek. 20,15; Ezek. 20,15; Ezek. 20,15; Ezek. 20,28; Ezek. 20,38; Ezek. 20,42; Ezek. 20,42; Ezek. 21,7; Ezek. 21,8; Ezek. 23,16; Ezek. 24,7; Ezek. 24,7; Ezek. 25,3; Ezek. 25,6; Ezek. 25,9; Ezek. 26,11; Ezek. 26,16; Ezek. 27,29; Ezek. 27,30; Ezek. 28,17; Ezek. 29,10; Ezek. 29,12; Ezek. 29,19; Ezek. 29,20; Ezek. 30,11; Ezek. 30,12; Ezek. 30,14; Ezek. 30,25; Ezek. 32,4; Ezek. 32,8; Ezek. 32,9; Ezek. 33,3; Ezek. 33,24; Ezek. 33,28; Ezek. 33,29; Ezek. 34,13; Ezek. 36,5; Ezek. 36,6; Ezek. 36,24; Ezek. 37,12; Ezek. 37,14; Ezek. 37,21; Ezek. 38,2; Ezek. 38,8; Ezek. 38,8; Ezek. 38,9; Ezek. 38,11; Ezek. 38,11; Ezek. 38,16; Ezek. 38,16; Ezek. 38,18; Ezek. 38,20; Ezek. 39,14; Ezek. 39,15; Ezek. 39,26; Ezek. 40,2; Ezek. 45,1; Ezek. 45,8; Ezek. 47,21; Dan. 2,35; Dan. 3,32; Dan. 4,11; Dan. 4,37; Dan. 7,23; Dan. 8,7; Dan. 8,10; Dan. 8,11; Dan. 10,9; Dan. 10,15; Dan. 11,9; Bel 5; Judg. 1,2; Judg. 1,14; Judg. 1,15; Judg. 1,26; Judg. 1,32; Judg. 1,33; Judg. 2,1; Judg. 2,2; Judg. 2,6; Judg. 3,25; Judg. 3,27; Judg. 6,5; Judg. 6,9; Judg. 6,37; Judg. 6,39; Judg. 6,40; Judg. 11,13; Judg. 11,15; Judg. 11,15; Judg. 11,18; Judg. 11,18; Judg. 11,21; Judg. 11,21; Judg. 13,20; Judg. 16,24; Judg. 18,2; Judg. 18,2; Judg. 18,9; Judg. 18,9; Judg. 18,14; Judg. 18,17; Judg. 20,21; Judg. 20,25; Judg. 21,21; Tob. 6,3; Tob. 14,5; Tob. 14,10; Dan. 1,2; Dan. 2,35; Dan. 3,32; Dan. 4,20; Dan. 4,35; Dan. 7,23; Dan. 8,7; Dan. 8,10; Dan. 8,18; Dan. 10,9; Dan. 10,15; Dan. 11,9; Dan. 11,28; Dan. 11,28; Dan. 11,39; Dan. 11,40; Dan. 11,41; Dan. 11,42; Bel 5; Matt. 2,20; Matt. 2,21; Matt. 5,5; Matt. 9,26; Matt. 10,29; Matt. 10,34; Matt. 13,5; Matt. 13,8; Matt. 13,23; Matt. 14,34; Matt. 15,35; Matt. 25,18; Matt. 27,45; Mark 4,5; Mark 4,8; Mark 4,20; Mark 6,53; Mark 15,33; Luke 4,25; Luke 5,11; Luke 6,49; Luke 8,8; Luke 8,27; Luke 12,49; Luke 13,7; Luke 14,35; Luke 16,17; Luke 22,44; Luke 23,44; Luke 24,5; John 3,22; John 8,6; John 8,8; John 12,24; John 21,9; John 21,11; Acts 4,24; Acts 7,3; Acts 7,4; Acts 9,4; Acts 13,19; Acts 14,15; Acts 26,14; Acts 27,39; Acts 27,43; Acts 27,44; Rom. 10,18; Heb. 1,10; Heb. 11,9; Heb. 12,26; Heb. 12,26; James 5,12; 2Pet. 3,13; Rev. 5,6; Rev. 6,13; Rev. 7,2; Rev. 7,3; Rev. 8,5; Rev. 8,7; Rev. 9,1; Rev. 9,3; Rev. 10,6; Rev. 11,6; Rev. 11,18; Rev. 12,4; Rev. 12,9; Rev. 12,12; Rev. 12,13; Rev. 13,12; Rev. 13,13; Rev. 14,7; Rev. 14,16; Rev. 14,19; Rev. 16,1; Rev. 16,2; Rev. 17,2; Rev. 19,2; Rev. 21,1)

γῆς ▸ **1225** + **31** + **135** = **1391**

Noun ▪ feminine ▪ singular ▪ genitive ▪ (common) ▸ 1225 + 31 + 135 = **1391** (Gen. 1,11; Gen. 1,12; Gen. 1,14; Gen. 1,15; Gen. 1,17; Gen. 1,20; Gen. 1,22; Gen. 1,24; Gen. 1,25; Gen. 1,25; Gen. 1,26; Gen. 1,26; Gen. 1,28; Gen. 1,28; Gen. 1,29; Gen. 1,30; Gen. 1,30; Gen. 2,4; Gen. 2,5; Gen. 2,6; Gen. 2,6; Gen. 2,7; Gen. 2,9; Gen. 2,12; Gen. 2,19; Gen. 3,1; Gen. 3,14; Gen. 4,3; Gen. 4,10; Gen. 4,11; Gen. 4,12; Gen. 4,14; Gen. 4,14; Gen. 5,29; Gen. 6,1; Gen. 6,4; Gen. 6,5; Gen. 6,6; Gen. 6,7; Gen. 6,12; Gen. 6,17; Gen. 6,20; Gen. 7,4; Gen. 7,6; Gen. 7,8; Gen. 7,10; Gen. 7,12; Gen. 7,14; Gen. 7,17; Gen. 7,17; Gen. 7,18; Gen. 7,19; Gen. 7,21; Gen. 7,21; Gen. 7,23; Gen. 7,23; Gen. 7,24; Gen. 8,3; Gen. 8,7; Gen. 8,8; Gen. 8,9; Gen. 8,11; Gen. 8,13; Gen. 8,13; Gen. 8,17; Gen.

γῆ

Γ, γ

8,17; Gen. 8,19; Gen. 8,22; Gen. 9,2; Gen. 9,2; Gen. 9,10; Gen. 9,13; Gen. 9,16; Gen. 9,17; Gen. 9,20; Gen. 10,8; Gen. 10,11; Gen. 10,32; Gen. 11,4; Gen. 11,8; Gen. 11,9; Gen. 11,9; Gen. 12,1; Gen. 12,3; Gen. 12,10; Gen. 12,10; Gen. 13,16; Gen. 13,16; Gen. 18,18; Gen. 19,25; Gen. 19,28; Gen. 19,28; Gen. 19,31; Gen. 21,21; Gen. 22,18; Gen. 23,7; Gen. 23,12; Gen. 23,13; Gen. 24,3; Gen. 24,7; Gen. 24,7; Gen. 26,1; Gen. 26,4; Gen. 26,15; Gen. 26,22; Gen. 27,28; Gen. 27,39; Gen. 27,46; Gen. 28,14; Gen. 28,14; Gen. 31,13; Gen. 34,2; Gen. 34,21; Gen. 36,6; Gen. 36,34; Gen. 40,15; Gen. 41,31; Gen. 41,33; Gen. 41,34; Gen. 41,34; Gen. 41,41; Gen. 41,43; Gen. 41,56; Gen. 42,6; Gen. 42,6; Gen. 42,7; Gen. 42,12; Gen. 42,30; Gen. 42,33; Gen. 43,1; Gen. 43,11; Gen. 44,8; Gen. 45,6; Gen. 45,7; Gen. 45,8; Gen. 45,9; Gen. 45,18; Gen. 45,19; Gen. 45,26; Gen. 47,1; Gen. 47,15; Gen. 47,15; Gen. 47,22; Gen. 47,26; Gen. 47,27; Gen. 48,7; Gen. 48,12; Gen. 48,16; Gen. 49,25; Gen. 50,7; Gen. 50,11; Gen. 50,24; Ex. 1,10; Ex. 3,8; Ex. 3,10; Ex. 3,11; Ex. 6,1; Ex. 6,11; Ex. 6,13; Ex. 6,26; Ex. 7,2; Ex. 7,4; Ex. 8,12; Ex. 8,13; Ex. 8,13; Ex. 8,18; Ex. 8,19; Ex. 9,5; Ex. 9,15; Ex. 9,22; Ex. 9,23; Ex. 10,5; Ex. 10,5; Ex. 10,5; Ex. 10,6; Ex. 10,12; Ex. 10,15; Ex. 10,15; Ex. 11,10; Ex. 12,17; Ex. 12,19; Ex. 12,33; Ex. 12,41; Ex. 12,42; Ex. 12,48; Ex. 12,51; Ex. 13,3; Ex. 13,14; Ex. 13,17; Ex. 13,18; Ex. 16,1; Ex. 16,6; Ex. 16,14; Ex. 16,32; Ex. 19,1; Ex. 20,2; Ex. 20,4; Ex. 20,12; Ex. 20,24; Ex. 23,19; Ex. 23,26; Ex. 23,29; Ex. 29,46; Ex. 32,4; Ex. 32,7; Ex. 32,8; Ex. 32,11; Ex. 32,12; Ex. 33,1; Ex. 33,16; Ex. 34,12; Ex. 34,15; Ex. 34,24; Ex. 34,26; Lev. 4,27; Lev. 11,2; Lev. 11,21; Lev. 11,29; Lev. 11,31; Lev. 11,41; Lev. 11,42; Lev. 11,43; Lev. 11,44; Lev. 11,45; Lev. 11,46; Lev. 14,34; Lev. 18,3; Lev. 18,3; Lev. 18,27; Lev. 19,9; Lev. 19,36; Lev. 20,2; Lev. 20,4; Lev. 20,25; Lev. 22,24; Lev. 22,33; Lev. 23,22; Lev. 23,39; Lev. 23,43; Lev. 25,6; Lev. 25,10; Lev. 25,18; Lev. 25,24; Lev. 25,31; Lev. 25,38; Lev. 25,42; Lev. 25,55; Lev. 26,5; Lev. 26,6; Lev. 26,6; Lev. 26,13; Lev. 26,22; Lev. 26,42; Lev. 26,45; Lev. 27,24; Lev. 27,30; Lev. 27,30; Num. 1,1; Num. 5,17; Num. 9,1; Num. 9,14; Num. 11,31; Num. 12,3; Num. 13,20; Num. 13,26; Num. 13,32; Num. 14,9; Num. 14,14; Num. 14,36; Num. 14,37; Num. 15,19; Num. 15,41; Num. 16,13; Num. 20,17; Num. 20,23; Num. 21,22; Num. 21,24; Num. 22,5; Num. 22,5; Num. 22,6; Num. 22,11; Num. 22,11; Num. 32,29; Num. 32,33; Num. 33,1; Num. 33,37; Num. 33,38; Num. 33,55; Num. 33,55; Num. 35,32; Deut. 1,25; Deut. 1,27; Deut. 2,5; Deut. 2,9; Deut. 2,19; Deut. 2,27; Deut. 3,24; Deut. 4,10; Deut. 4,14; Deut. 4,17; Deut. 4,18; Deut. 4,18; Deut. 4,25; Deut. 4,26; Deut. 4,32; Deut. 4,36; Deut. 4,39; Deut. 4,40; Deut. 4,45; Deut. 4,46; Deut. 5,6; Deut. 5,8; Deut. 5,16; Deut. 5,33; Deut. 6,4; Deut. 6,12; Deut. 6,15; Deut. 7,6; Deut. 7,13; Deut. 7,13; Deut. 8,10; Deut. 8,14; Deut. 9,12; Deut. 9,26; Deut. 9,29; Deut. 11,9; Deut. 11,17; Deut. 11,21; Deut. 11,21; Deut. 11,25; Deut. 12,1; Deut. 12,1; Deut. 12,10; Deut. 12,19; Deut. 13,6; Deut. 13,8; Deut. 13,8; Deut. 13,11; Deut. 14,2; Deut. 15,11; Deut. 15,11; Deut. 16,3; Deut. 19,2; Deut. 19,3; Deut. 20,1; Deut. 21,8; Deut. 22,6; Deut. 23,21; Deut. 25,15; Deut. 26,2; Deut. 26,10; Deut. 26,12; Deut. 28,1; Deut. 28,4; Deut. 28,8; Deut. 28,10; Deut. 28,11; Deut. 28,11; Deut. 28,18; Deut. 28,21; Deut. 28,25; Deut. 28,26; Deut. 28,33; Deut. 28,42; Deut. 28,49; Deut. 28,51; Deut. 28,56; Deut. 28,63; Deut. 28,64; Deut. 28,64; Deut. 29,21; Deut. 29,21; Deut. 29,24; Deut. 29,27; Deut. 30,9; Deut. 30,18; Deut. 30,20; Deut. 31,13; Deut. 31,16; Deut. 32,13; Deut. 32,24; Deut. 32,47; Deut. 33,16; Deut. 33,17; Deut. 33,28; Josh. 2,10; Josh. 2,11; Josh. 3,11; Josh. 3,13; Josh. 4,7; Josh. 4,18; Josh. 4,24; Josh. 5,6; Josh. 5,11; Josh. 5,12; Josh. 7,9; Josh. 9,6; Josh. 9,9; Josh. 12,1; Josh. 13,25; Josh. 15,8; Josh. 22,11; Josh. 22,32; Josh. 23,13; Josh. 23,14; Josh. 23,15; Josh. 24,15; Judg. 2,12; Judg. 6,4; Judg. 9,37; Judg. 11,17; Judg. 11,18; Judg. 11,19; Judg. 18,30; 1Sam. 1,21; 1Sam. 2,8; 1Sam. 2,10; 1Sam. 2,10; 1Sam. 3,21; 1Sam. 6,5; 1Sam. 9,4; 1Sam. 9,4; 1Sam. 9,4; 1Sam. 9,16; 1Sam. 17,44; 1Sam. 17,46; 1Sam. 20,15; 1Sam. 20,31; 1Sam. 21,12; 1Sam. 23,23; 1Sam. 27,8; 1Sam. 28,3; 1Sam. 28,9; 1Sam. 28,13; 1Sam. 28,14; 1Sam. 28,23; 1Sam. 30,16; 1Sam. 30,16; 1Sam. 30,16; 2Sam. 4,11; 2Sam. 5,25; 2Sam. 7,9; 2Sam. 12,16; 2Sam. 12,17; 2Sam. 12,20; 2Sam. 14,7; 2Sam. 14,14; 2Sam. 18,8; 2Sam. 18,9; 2Sam. 19,10; 2Sam. 22,43; 2Sam. 23,4; 1Kings 2,2; 1Kings 2,46k; 1Kings 5,14; 1Kings 7,33; 1Kings 8,9; 1Kings 8,21; 1Kings 8,23; 1Kings 8,27; 1Kings 8,40; 1Kings 8,48; 1Kings 8,51; 1Kings 8,53; 1Kings 8,53; 1Kings 8,60; 1Kings 9,7; 1Kings 10,12; 1Kings 10,15; 1Kings 10,23; 1Kings 10,24; 1Kings 10,26a; 1Kings 12,28; 1Kings 13,34; 1Kings 15,12; 1Kings 15,20; 1Kings 16,2; 1Kings 16,28d; 1Kings 17,7; 1Kings 17,14; 1Kings 18,1; 2Kings 5,2; 2Kings 5,4; 2Kings 5,17; 2Kings 5,19; 2Kings 8,3; 2Kings 11,3; 2Kings 11,14; 2Kings 11,18; 2Kings 11,19; 2Kings 11,20; 2Kings 15,5; 2Kings 17,7; 2Kings 17,23; 2Kings 17,26; 2Kings 17,26; 2Kings 17,27; 2Kings 17,36; 2Kings 19,15; 2Kings 19,19; 2Kings 20,14; 2Kings 21,8; 2Kings 21,24; 2Kings 21,24; 2Kings 23,30; 2Kings 23,35; 2Kings 24,7; 2Kings 24,14; 2Kings 24,15; 2Kings 25,3; 2Kings 25,12; 2Kings 25,19; 2Kings 25,19; 2Kings 25,21; 1Chr. 1,10; 1Chr. 1,45; 1Chr. 5,25; 1Chr. 17,8; 1Chr. 17,21; 1Chr. 21,16; 1Chr. 22,8; 1Chr. 27,12; 1Chr. 29,11; 1Chr. 29,15; 1Chr. 29,30; 2Chr. 1,9; 2Chr. 4,17; 2Chr. 5,10; 2Chr. 6,5; 2Chr. 6,14; 2Chr. 6,18; 2Chr. 6,28; 2Chr. 6,31; 2Chr. 6,32; 2Chr. 6,33; 2Chr. 6,38; 2Chr. 7,20; 2Chr. 7,22; 2Chr. 9,14; 2Chr. 9,23; 2Chr. 9,26; 2Chr. 9,28; 2Chr. 12,8; 2Chr. 13,9; 2Chr. 14,6; 2Chr. 15,8; 2Chr. 17,6; 2Chr. 17,10; 2Chr. 19,3; 2Chr. 20,10; 2Chr. 20,24; 2Chr. 20,29; 2Chr. 22,12; 2Chr. 23,17; 2Chr. 23,20; 2Chr. 23,21; 2Chr. 26,1; 2Chr. 26,21; 2Chr. 30,25; 2Chr. 32,13; 2Chr. 32,17; 2Chr. 32,19; 2Chr. 32,31; 2Chr. 33,8; 2Chr. 33,25; 2Chr. 33,25; 2Chr. 34,7; 2Chr. 34,33; 2Chr. 36,1; 2Chr. 36,4a; 2Chr. 36,14; 2Chr. 36,23; 1Esdr. 4,15; 1Esdr. 5,49; 1Esdr. 5,49; 1Esdr. 5,69; 1Esdr. 7,13; 1Esdr. 8,66; 1Esdr. 8,67; 1Esdr. 8,74; 1Esdr. 8,80; 1Esdr. 8,82; 1Esdr. 8,84; 1Esdr. 8,89; 1Esdr. 9,9; Ezra 1,2; Ezra 4,4; Ezra 5,11; Ezra 6,21; Ezra 9,12; Ezra 10,2; Ezra 10,11; Neh. 9,10; Neh. 9,24; Neh. 9,30; Neh. 10,29; Neh. 10,31; Neh. 10,32; Neh. 10,36; Neh. 10,38; Esth. 11,5 # 1,1d; Esth. 11,8 # 1,1g; Esth. 13,16 # 4,17g; Esth. 10,1; Judith 2,2; Judith 2,5; Judith 2,7; Judith 2,9; Judith 2,19; Judith 2,20; Judith 3,8; Judith 5,10; Judith 5,21; Judith 6,2; Judith 6,4; Judith 7,4; Judith 7,18; Judith 8,22; Judith 9,12; Judith 11,1; Judith 11,7; Judith 11,21; Judith 13,18; Tob. 3,13; Tob. 7,17; Tob. 14,4; 1Mac. 1,1; 1Mac. 1,2; 1Mac. 1,3; 1Mac. 1,16; 1Mac. 1,19; 1Mac. 1,44; 1Mac. 2,40; 1Mac. 2,56; 1Mac. 3,9; 1Mac. 3,41; 1Mac. 5,48; 1Mac. 7,6; 1Mac. 8,4; 1Mac. 8,10; 1Mac. 8,16; 1Mac. 9,72; 1Mac. 10,30; 1Mac. 10,33; 1Mac. 11,34; 1Mac. 13,32; 1Mac. 14,10; 1Mac. 14,11; 1Mac. 14,13; 1Mac. 15,14; 1Mac. 15,29; 2Mac. 1,7; 2Mac. 5,15; 2Mac. 13,7; 2Mac. 15,5; 3Mac. 2,14; 3Mac. 6,7; 3Mac. 7,20; 4Mac. 15,15; 4Mac. 18,5; Psa. 1,4; Psa. 2,2; Psa. 2,8; Psa. 9,37; Psa. 9,39; Psa. 16,14; Psa. 20,11; Psa. 21,28; Psa. 21,30; Psa. 33,17; Psa. 41,7; Psa. 45,9; Psa. 45,10; Psa. 46,8; Psa. 46,10; Psa. 47,3; Psa. 47,11; Psa. 51,7; Psa. 58,14; Psa. 60,3; Psa. 62,10; Psa. 64,6; Psa. 66,8; Psa. 67,33; Psa. 70,20; Psa. 70,21; Psa. 71,16; Psa. 71,17; Psa. 72,9; Psa. 72,25; Psa. 73,8; Psa. 73,12; Psa. 73,17; Psa. 73,20; Psa. 74,9; Psa. 75,10; Psa. 75,13; Psa. 78,2; Psa. 80,6; Psa. 80,11; Psa. 81,5; Psa. 84,12; Psa. 88,28; Psa. 94,4; Psa. 96,5; Psa. 97,3; Psa. 100,6; Psa. 100,8; Psa. 101,16; Psa. 102,11; Psa. 103,14; Psa. 103,30; Psa. 103,35; Psa. 104,35; Psa. 108,15; Psa. 109,6; Psa. 112,7; Psa. 118,119; Psa. 134,7; Psa. 136,4; Psa. 137,4; Psa. 138,15; Psa. 139,12; Psa. 140,7; Psa. 140,7; Psa. 146,6; Psa. 148,7; Psa. 148,11; Psa.

148,11; Psa. 148,13; Ode. 2,13; Ode. 2,24; Ode. 3,8; Ode. 3,10; Ode. 3,10; Ode. 4,7; Ode. 5,9; Ode. 5,9; Ode. 5,10; Ode. 5,15; Ode. 5,18; Ode. 5,18; Ode. 10,8; Ode. 11,11; Ode. 12,13; Ode. 14,2; Prov. 1,12; Prov. 2,21; Prov. 2,22; Prov. 8,16; Prov. 8,29; Prov. 15,6; Prov. 17,24; Prov. 25,25; Prov. 30,4; Prov. 30,14; Prov. 30,24; Prov. 31,23; Eccl. 5,1; Eccl. 5,8; Eccl. 8,14; Eccl. 8,16; Eccl. 10,7; Job 1,3; Job 1,8; Job 1,10; Job 2,3; Job 2,9b; Job 3,14; Job 5,6; Job 7,1; Job 7,5; Job 8,9; Job 8,19; Job 11,9; Job 12,17; Job 12,19; Job 12,24; Job 14,5; Job 14,19; Job 18,17; Job 19,25; Job 20,4; Job 21,26; Job 22,8; Job 24,4; Job 24,13; Job 24,18; Job 24,19; Job 28,2; Job 30,8; Job 31,8; Job 31,39; Job 35,11; Job 37,3; Job 37,6; Job 37,12; Job 37,17; Job 38,13; Job 38,14; Job 41,17; Job 41,25; Wis. 1,14; Wis. 6,1; Wis. 9,16; Wis. 9,18; Wis. 12,3; Wis. 15,8; Wis. 15,10; Wis. 16,19; Wis. 18,15; Wis. 18,16; Wis. 19,7; Wis. 19,19; Sir. 1,3; Sir. 10,4; Sir. 10,16; Sir. 10,17; Sir. 16,19; Sir. 17,1; Sir. 33,10; Sir. 36,17; Sir. 38,4; Sir. 38,8; Sir. 39,31; Sir. 40,11; Sir. 41,10; Sir. 43,19; Sir. 44,21; Sir. 44,21; Sir. 46,9; Sir. 46,20; Sir. 47,24; Sir. 48,15; Sir. 49,14; Sir. 49,14; Sir. 51,9; Sol. 1,4; Sol. 2,17; Sol. 2,26; Sol. 2,29; Sol. 2,32; Sol. 4,22; Sol. 8,7; Sol. 8,15; Sol. 8,16; Sol. 8,23; Sol. 9,2; Sol. 17,2; Sol. 17,7; Sol. 17,12; Sol. 17,28; Sol. 17,30; Sol. 17,31; Hos. 2,2; Hos. 2,14; Hos. 2,17; Hos. 2,20; Hos. 2,20; Hos. 2,25; Hos. 4,1; Hos. 4,2; Hos. 4,3; Hos. 10,1; Hos. 11,11; Hos. 12,10; Hos. 13,4; Amos 1,11; Amos 2,7; Amos 2,10; Amos 3,1; Amos 3,2; Amos 3,5; Amos 4,13; Amos 5,2; Amos 5,8; Amos 7,2; Amos 7,11; Amos 7,17; Amos 8,4; Amos 8,9; Amos 9,5; Amos 9,6; Amos 9,6; Amos 9,7; Amos 9,8; Amos 9,15; Amos 9,15; Mic. 1,3; Mic. 4,13; Mic. 5,3; Mic. 5,10; Mic. 6,2; Mic. 6,4; Mic. 7,2; Joel 3,3; Nah. 2,14; Nah. 3,13; Hab. 1,6; Hab. 2,8; Hab. 2,17; Hab. 3,7; Zeph. 1,2; Zeph. 1,3; Zeph. 2,3; Zeph. 2,11; Zeph. 2,14; Zeph. 3,20; Hag. 2,4; Zech. 2,10; Zech. 3,9; Zech. 4,14; Zech. 5,3; Zech. 5,9; Zech. 6,5; Zech. 7,5; Zech. 8,7; Zech. 8,7; Zech. 9,10; Zech. 9,16; Zech. 10,10; Zech. 12,3; Zech. 13,2; Zech. 13,2; Zech. 14,17; Mal. 3,11; Is. 1,19; Is. 2,19; Is. 4,2; Is. 5,8; Is. 5,26; Is. 6,12; Is. 7,22; Is. 8,9; Is. 8,19; Is. 11,4; Is. 11,12; Is. 11,16; Is. 13,5; Is. 14,1; Is. 14,2; Is. 14,9; Is. 14,15; Is. 14,25; Is. 16,4; Is. 18,1; Is. 18,2; Is. 18,6; Is. 18,6; Is. 19,3; Is. 21,1; Is. 23,1; Is. 23,8; Is. 23,9; Is. 24,4; Is. 24,11; Is. 24,14; Is. 24,16; Is. 24,17; Is. 24,18; Is. 24,21; Is. 25,8; Is. 26,1; Is. 26,9; Is. 26,9; Is. 26,10; Is. 26,15; Is. 26,18; Is. 26,18; Is. 26,21; Is. 29,4; Is. 30,23; Is. 30,23; Is. 37,20; Is. 38,11; Is. 39,3; Is. 40,21; Is. 40,22; Is. 40,28; Is. 41,5; Is. 41,9; Is. 41,24; Is. 42,4; Is. 42,10; Is. 43,6; Is. 43,6; Is. 44,23; Is. 45,19; Is. 45,22; Is. 46,11; Is. 48,16; Is. 48,19; Is. 48,20; Is. 49,6; Is. 49,12; Is. 49,23; Is. 52,10; Is. 53,8; Is. 55,9; Is. 58,14; Is. 62,7; Is. 62,11; Is. 63,11; Is. 65,16; Is. 65,16; Jer. 1,15; Jer. 1,18; Jer. 2,6; Jer. 3,16; Jer. 3,18; Jer. 4,5; Jer. 4,16; Jer. 5,30; Jer. 6,20; Jer. 6,22; Jer. 7,20; Jer. 7,22; Jer. 7,25; Jer. 7,33; Jer. 8,2; Jer. 8,19; Jer. 9,2; Jer. 9,21; Jer. 9,23; Jer. 10,11; Jer. 10,13; Jer. 10,22; Jer. 11,4; Jer. 11,19; Jer. 12,12; Jer. 12,12; Jer. 12,14; Jer. 14,2; Jer. 14,4; Jer. 14,8; Jer. 14,13; Jer. 14,15; Jer. 15,3; Jer. 15,4; Jer. 16,4; Jer. 16,4; Jer. 16,13; Jer. 16,14; Jer. 16,15; Jer. 16,19; Jer. 17,13; Jer. 17,26; Jer. 19,7; Jer. 23,3; Jer. 23,5; Jer. 23,7; Jer. 23,8; Jer. 24,9; Jer. 24,10; Jer. 25,5; Jer. 26,10; Jer. 27,8; Jer. 27,9; Jer. 27,20; Jer. 27,23; Jer. 27,28; Jer. 27,41; Jer. 28,16; Jer. 28,27; Jer. 28,28; Jer. 28,41; Jer. 28,49; Jer. 28,50; Jer. 32,26; Jer. 32,29; Jer. 32,31; Jer. 32,32; Jer. 32,33; Jer. 32,33; Jer. 32,33; Jer. 33,6; Jer. 33,17; Jer. 33,20; Jer. 34,10; Jer. 34,11; Jer. 35,8; Jer. 35,16; Jer. 36,7; Jer. 38,8; Jer. 38,16; Jer. 38,32; Jer. 38,35; Jer. 39,21; Jer. 39,37; Jer. 40,9; Jer. 40,11; Jer. 41,13; Jer. 41,17; Jer. 41,20; Jer. 42,7; Jer. 42,15; Jer. 42,19; Jer. 44,2; Jer. 48,2; Jer. 51,8; Jer. 51,21; Jer. 52,6; Jer. 52,25; Jer. 52,25; Bar. 1,9; Bar. 1,11; Bar. 1,19; Bar. 1,20; Bar. 2,11; Bar. 2,35; Bar. 3,16; Bar. 3,20; Bar. 3,23; Bar. 3,38; Bar. 5,7; Lam. 2,15; Lam. 3,34; Lam. 4,12; Lam. 4,21; LetterJ 19; LetterJ 53; Ezek. 1,15; Ezek. 1,19; Ezek. 1,21; Ezek. 7,2; Ezek. 7,21; Ezek. 7,27; Ezek. 8,3; Ezek. 10,16; Ezek. 10,19; Ezek. 12,19; Ezek. 12,19; Ezek. 12,22; Ezek. 14,17; Ezek. 16,3; Ezek. 17,5; Ezek. 17,13; Ezek. 20,6; Ezek. 20,8; Ezek. 20,9; Ezek. 20,10; Ezek. 20,32; Ezek. 20,36; Ezek. 21,37; Ezek. 22,29; Ezek. 22,30; Ezek. 23,15; Ezek. 23,27; Ezek. 23,48; Ezek. 26,20; Ezek. 26,20; Ezek. 27,33; Ezek. 28,18; Ezek. 28,25; Ezek. 29,5; Ezek. 29,12; Ezek. 30,13; Ezek. 31,12; Ezek. 31,14; Ezek. 31,18; Ezek. 32,4; Ezek. 32,18; Ezek. 32,23; Ezek. 32,24; Ezek. 32,24; Ezek. 32,26; Ezek. 32,32; Ezek. 33,2; Ezek. 33,24; Ezek. 34,6; Ezek. 34,13; Ezek. 34,25; Ezek. 34,27; Ezek. 34,28; Ezek. 34,29; Ezek. 35,14; Ezek. 36,17; Ezek. 36,20; Ezek. 36,28; Ezek. 37,25; Ezek. 38,12; Ezek. 38,19; Ezek. 38,20; Ezek. 38,20; Ezek. 39,13; Ezek. 39,14; Ezek. 39,18; Ezek. 42,6; Ezek. 45,1; Ezek. 45,4; Ezek. 45,7; Ezek. 45,22; Ezek. 46,3; Ezek. 46,9; Ezek. 47,13; Ezek. 47,15; Ezek. 47,18; Ezek. 48,12; Ezek. 48,14; Dan. 1,12; Dan. 2,10; Dan. 2,39; Dan. 3,1; Dan. 3,76; Dan. 3,81; Dan. 4,10; Dan. 4,12; Dan. 4,15; Dan. 4,17; Dan. 4,17a; Dan. 4,17a; Dan. 4,21; Dan. 4,21; Dan. 4,22; Dan. 4,32; Dan. 4,33a; Dan. 4,33b; Dan. 7,4; Dan. 7,14; Dan. 7,17; Dan. 7,23; Dan. 8,5; Dan. 8,5; Dan. 9,6; Dan. 12,2; Judg. 2,12; Judg. 6,8; Judg. 9,37; Judg. 11,5; Judg. 18,30; Judg. 19,30; Tob. 3,6; Tob. 3,13; Tob. 10,14; Tob. 12,20; Tob. 13,2; Tob. 13,13; Tob. 13,13; Tob. 14,4; Tob. 14,7; Dan. 2,39; Dan. 4,10; Dan. 4,11; Dan. 4,15; Dan. 4,22; Dan. 4,35; Dan. 6,28; Dan. 7,4; Dan. 7,17; Dan. 8,5; Dan. 8,5; Dan. 9,6; Dan. 9,15; Dan. 11,19; Dan. 12,1; Dan. 12,2; Matt. 5,13; Matt. 6,10; Matt. 6,19; Matt. 9,6; Matt. 11,25; Matt. 12,40; Matt. 12,42; Matt. 13,5; Matt. 14,24; Matt. 16,19; Matt. 16,19; Matt. 17,25; Matt. 18,18; Matt. 18,18; Matt. 18,19; Matt. 23,9; Matt. 23,35; Matt. 24,30; Matt. 28,18; Mark 2,10; Mark 4,1; Mark 4,5; Mark 4,26; Mark 4,31; Mark 4,31; Mark 6,47; Mark 8,6; Mark 9,3; Mark 9,20; Mark 13,27; Mark 14,35; Luke 2,14; Luke 5,3; Luke 5,24; Luke 10,21; Luke 11,31; Luke 12,56; Luke 18,8; Luke 21,23; Luke 21,25; Luke 21,35; John 3,31; John 3,31; John 3,31; John 6,21; John 12,32; John 17,4; John 21,8; Acts 1,8; Acts 2,19; Acts 3,25; Acts 4,26; Acts 7,3; Acts 7,4; Acts 7,40; Acts 8,33; Acts 9,8; Acts 10,11; Acts 10,12; Acts 11,6; Acts 13,47; Acts 17,24; Acts 17,26; Acts 22,22; Rom. 9,28; 1Cor. 8,5; 1Cor. 15,47; Eph. 1,10; Eph. 3,15; Eph. 4,9; Eph. 6,3; Col. 1,16; Col. 1,20; Col. 3,2; Col. 3,5; Heb. 8,4; Heb. 8,9; Heb. 11,13; Heb. 11,29; Heb. 11,38; Heb. 12,25; James 5,5; James 5,7; James 5,17; Jude 5; Rev. 1,5; Rev. 1,7; Rev. 3,10; Rev. 5,3; Rev. 5,3; Rev. 5,10; Rev. 5,13; Rev. 5,13; Rev. 6,4; Rev. 6,8; Rev. 6,8; Rev. 6,10; Rev. 6,15; Rev. 7,1; Rev. 7,1; Rev. 7,1; Rev. 8,7; Rev. 8,13; Rev. 9,3; Rev. 9,4; Rev. 10,2; Rev. 10,5; Rev. 10,8; Rev. 11,4; Rev. 11,10; Rev. 11,10; Rev. 13,8; Rev. 13,11; Rev. 13,14; Rev. 13,14; Rev. 14,3; Rev. 14,6; Rev. 14,15; Rev. 14,18; Rev. 14,19; Rev. 16,18; Rev. 17,2; Rev. 17,5; Rev. 17,8; Rev. 17,18; Rev. 18,3; Rev. 18,3; Rev. 18,9; Rev. 18,11; Rev. 18,23; Rev. 18,24; Rev. 19,19; Rev. 20,8; Rev. 20,9; Rev. 21,24)

Γηβι Gabbai ▸ 1
   Γηβι ▸ 1
      Noun ▪ masculine ▪ singular ▪ nominative ▪ (proper) ▸ 1 (Neh. 11,8)

γηγενής (γίνομαι) earth-born ▸ 5
   γηγενεῖς ▸ 2
      Adjective ▪ masculine ▪ plural ▪ nominative ▪ noDegree ▸ 2 (Psa. 48,3; Prov. 9,18)
   γηγενέσιν ▸ 1
      Adjective ▪ masculine ▪ plural ▪ dative ▪ noDegree ▸ 1 (Jer. 39,20)
   γηγενοῦς ▸ 1
      Adjective ▪ masculine ▪ singular ▪ genitive ▪ noDegree ▸ 1 (Wis.

γηγενής–γίγας

7,1)
- **γηγενῶν** ▸ 1
  - **Adjective** · masculine · plural · genitive · noDegree ▸ 1 (Prov. 2,18)

Γηζαμ Gazam ▸ 1
- **Γηζαμ** ▸ 1
  - **Noun** · masculine · singular · genitive · (proper) ▸ 1 (Neh. 7,51)

Γηλων Giloh ▸ 1
- **Γηλων** ▸ 1
  - **Noun** · singular · nominative · (proper) ▸ 1 (Josh. 15,51)

Γηρα Gera ▸ 11 + 1 = 12
- **Γηρα** ▸ 11 + 1 = 12
  - **Noun** · masculine · singular · accusative · (proper) ▸ 1 (1Chr. 8,7)
  - **Noun** · masculine · singular · genitive · (proper) ▸ 6 + 1 = 7 (Judg. 3,15; 2Sam. 16,5; 2Sam. 19,17; 2Sam. 19,19; 1Kings 2,8; 1Kings 2,35l; Judg. 3,15)
  - **Noun** · masculine · singular · nominative · (proper) ▸ 4 (Gen. 46,21; Gen. 46,21; 1Chr. 8,3; 1Chr. 8,5)

γῆρας (γέρων) old age ▸ 44 + 1 + 1 = 46
- **γήρᾳ** ▸ 3
  - **Noun** · neuter · singular · dative · (common) ▸ 3 (Sir. 3,12; Sir. 8,6; Sir. 25,3)
- **γῆρας** ▸ 15 + 1 = 16
  - **Noun** · neuter · singular · accusative · (common) ▸ 12 + 1 = 13 (Gen. 21,2; Gen. 42,38; Gen. 44,29; Gen. 44,31; Tob. 3,10; 4Mac. 5,12; 4Mac. 5,33; 4Mac. 8,20; Prov. 30,17; Wis. 4,16; Sir. 30,24; Sol. 4,18; Tob. 3,10)
  - **Noun** · neuter · singular · nominative · (common) ▸ 3 (Prov. 16,31; Wis. 3,17; Wis. 4,8)
- **γῆράς** ▸ 2
  - **Noun** · neuter · singular · accusative · (common) ▸ 1 (2Sam. 19,34)
  - **Noun** · neuter · singular · nominative · (common) ▸ 1 (Psa. 91,11)
- **γήρει** ▸ 6 + 1 = 7
  - **Noun** · neuter · singular · dative · (common) ▸ 6 + 1 = 7 (Gen. 15,15; Gen. 21,7; Gen. 25,8; 1Chr. 29,28; Psa. 91,15; Dan. 6,1; Luke 1,36)
- **γήρους** ▸ 7
  - **Noun** · neuter · singular · genitive · (common) ▸ 7 (Gen. 37,3; Gen. 48,10; 1Kings 11,4; Psa. 70,9; Psa. 70,18; Sir. 46,9; Is. 46,4)
- **γήρως** ▸ 11
  - **Noun** · neuter · singular · genitive · (common) ▸ 11 (Gen. 44,20; 1Kings 15,23; 2Mac. 6,23; 2Mac. 6,25; 2Mac. 6,27; 3Mac. 4,5; 4Mac. 5,36; 4Mac. 6,12; 4Mac. 6,18; 4Mac. 7,15; Wis. 4,9)

γηράσκω (γέρων) to be old, grow old ▸ 20 + 2 = 22
- **γεγήρακα** ▸ 7
  - **Verb** · first · singular · perfect · active · indicative ▸ 7 (Gen. 18,13; Gen. 27,2; Josh. 23,2; Ruth 1,12; 1Sam. 12,2; Tob. 14,3; 1Mac. 16,3)
- **γεγήρακας** ▸ 1
  - **Verb** · second · singular · perfect · active · indicative ▸ 1 (1Sam. 8,5)
- **γεγήρακέν** ▸ 1
  - **Verb** · third · singular · perfect · active · indicative ▸ 1 (Prov. 23,22)
- **γηρᾶσαι** ▸ 2
  - **Verb** · aorist · active · infinitive ▸ 2 (Gen. 24,36; Gen. 27,1)
- **γηράσει** ▸ 1
  - **Verb** · third · singular · future · active · indicative ▸ 1 (Job 29,18)
- **γηράσῃ** ▸ 1
  - **Verb** · third · singular · aorist · active · subjunctive ▸ 1 (Job 14,8)
- **γηράσῃς** ▸ 1
  - **Verb** · second · singular · aorist · active · subjunctive ▸ 1 (John 21,18)
- **γηράσκον** ▸ 1
  - **Verb** · present · active · participle · neuter · singular · nominative ▸ 1 (Heb. 8,13)
- **γηράσκουσιν** ▸ 1
  - **Verb** · third · plural · present · active · indicative ▸ 1 (Sir. 8,6)
- **ἐγήρασα** ▸ 1
  - **Verb** · first · singular · aorist · active · indicative ▸ 1 (Psa. 36,25)
- **ἐγήρασεν** ▸ 5
  - **Verb** · third · singular · aorist · active · indicative ▸ 5 (1Sam. 8,1; 2Chr. 24,15; Judith 16,23; Tob. 14,3; Tob. 14,13)

γηροβοσκέω to feed during old age ▸ 1
- **ἐγηροβόσκησεν** ▸ 1
  - **Verb** · third · singular · aorist · active · indicative ▸ 1 (Tob. 14,13)

Γηρσαμ Gershom ▸ 6
- **Γηρσαμ** ▸ 6
  - **Noun** · masculine · singular · accusative · (proper) ▸ 1 (Ex. 18,3)
  - **Noun** · masculine · singular · genitive · (proper) ▸ 3 (1Chr. 15,7; 1Chr. 23,16; 1Chr. 26,24)
  - **Noun** · masculine · singular · nominative · (proper) ▸ 1 (1Chr. 23,15)
  - **Noun** · neuter · singular · accusative · (proper) ▸ 1 (Ex. 2,22)

Γηρσομ Gershom ▸ 1
- **Γηρσομ** ▸ 1
  - **Noun** · masculine · singular · genitive · (proper) ▸ 1 (Judg. 18,30)

Γηρσωμ Gershom ▸ 3
- **Γηρσωμ** ▸ 3
  - **Noun** · masculine · singular · genitive · (proper) ▸ 1 (Judg. 18,30)
  - **Noun** · masculine · singular · nominative · (proper) ▸ 2 (1Chr. 2,47; Ezra 8,2)

Γηρσων Gershon ▸ 1
- **Γηρσων** ▸ 1
  - **Noun** · masculine · singular · nominative · (proper) ▸ 1 (Gen. 46,11)

Γηρσωνι Gershonite ▸ 3
- **Γηρσωνι** ▸ 3
  - **Noun** · masculine · singular · dative · (proper) ▸ 2 (1Chr. 26,21; 1Chr. 26,21)
  - **Noun** · masculine · singular · genitive · (proper) ▸ 1 (1Chr. 29,8)

Γησαμ Geshem ▸ 3
- **Γησαμ** ▸ 3
  - **Noun** · masculine · singular · dative · (proper) ▸ 1 (Neh. 6,1)
  - **Noun** · masculine · singular · nominative · (proper) ▸ 2 (Neh. 2,19; Neh. 6,2)

Γηων Gihon ▸ 3
- **Γηων** ▸ 3
  - **Noun** · singular · nominative · (proper) ▸ 2 (Gen. 2,13; Sir. 24,27)
  - **Noun** · feminine · singular · genitive · (proper) ▸ 1 (Jer. 2,18)

Γιββιρ Gebim ▸ 1
- **Γιββιρ** ▸ 1
  - **Noun** · singular · accusative · (proper) ▸ 1 (Is. 10,31)

γίγαρτον grape seed ▸ 1
- **γιγάρτου** ▸ 1
  - **Noun** · neuter · singular · genitive · (common) ▸ 1 (Num. 6,4)

γίγας giant ▸ 41
- **γίγαντα** ▸ 4
  - **Noun** · masculine · singular · accusative · (common) ▸ 4 (Sir. 47,4; Is. 3,2; Is. 49,25; Ezek. 39,20)
- **γίγαντας** ▸ 3

Noun · masculine · plural · accusative · (common) ▸ **3** (Gen. 14,5; Num. 13,33; Ezek. 32,27)
γίγαντες ▸ 10
Noun · masculine · plural · nominative · (common) ▸ **10** (Gen. 6,4; Gen. 6,4; 1Chr. 20,8; Judith 16,6; 3Mac. 2,4; Job 26,5; Is. 13,3; Is. 14,9; Bar. 3,26; Ezek. 32,21)
γίγαντος ▸ 1
Noun · masculine · singular · genitive · (common) ▸ **1** (Is. 49,24)
γιγάντων ▸ 16
Noun · masculine · plural · genitive · (common) ▸ **16** (Deut. 1,28; Josh. 12,4; Josh. 13,12; 2Sam. 21,11; 2Sam. 21,22; 1Chr. 11,15; 1Chr. 14,9; 1Chr. 14,13; 1Chr. 20,4; 1Chr. 20,6; Prov. 21,16; Wis. 14,6; Sir. 16,7; Ezek. 32,12; Ezek. 32,27; Ezek. 39,18)
γίγας ▸ 7
Noun · masculine · singular · nominative · (common) ▸ **7** (Gen. 10,8; Gen. 10,9; Gen. 10,9; 1Chr. 1,10; 1Mac. 3,3; Psa. 18,6; Psa. 32,16)

γίγνομαι (γίνομαι) to become, be, be born, be created ▸ 7
γίγνεσθαι ▸ 1
Verb · present · middle · infinitive ▸ **1** (1Esdr. 6,33)
γιγνέσθω ▸ 2
Verb · third · singular · present · middle · imperative ▸ **2** (Ezra 7,21; Ezra 7,23)
γίγνεται ▸ 1
Verb · third · singular · present · middle · indicative ▸ **1** (1Esdr. 8,83)
γίγνηται ▸ 1
Verb · third · singular · present · middle · subjunctive ▸ **1** (1Esdr. 8,22)
γιγνόμενα ▸ 1
Verb · present · middle · participle · neuter · plural · nominative ▸ **1** (1Esdr. 6,9)
γιγνόμενον ▸ 1
Verb · present · passive · participle · neuter · singular · nominative ▸ **1** (Ezra 7,26)

Γιεζι Gehazi ▸ 14
Γιεζι ▸ 14
Noun · masculine · singular · accusative · (proper) ▸ **5** (2Kings 4,12; 2Kings 4,25; 2Kings 4,36; 2Kings 4,41; 2Kings 8,4)
Noun · masculine · singular · dative · (proper) ▸ **1** (2Kings 4,29)
Noun · masculine · singular · nominative · (proper) ▸ **7** (2Kings 4,14; 2Kings 4,27; 2Kings 4,31; 2Kings 5,20; 2Kings 5,21; 2Kings 5,25; 2Kings 8,5)
Noun · masculine · singular · vocative · (proper) ▸ **1** (2Kings 5,25)

γιμαλ (Hebr.) Gimel ▸ 1
γιμαλ ▸ 1
Noun ▸ **1** (Psa. 118,17)

γίνομαι to become, be, be born, be created ▸ 2077 + 139 + 669 = 2885
γεγένημαι ▸ 1
Verb · first · singular · perfect · middle · indicative ▸ **1** (4Mac. 16,6)
γεγενημένας ▸ 1
Verb · perfect · passive · participle · feminine · plural · accusative ▸ **1** (3Mac. 5,50)
γεγενημένοις ▸ 1
Verb · perfect · passive · participle · neuter · plural · dative ▸ **1** (Ezek. 22,13)
γεγενημένον ▸ 1 + 1 = 2
Verb · perfect · passive · participle · neuter · singular · accusative ▸ 1 + 1 = 2 (1Mac. 4,35; John 2,9)
γεγενημένος ▸ 1
Verb · perfect · passive · participle · masculine · singular · nominative ▸ **1** (4Mac. 17,11)
γεγενημένων ▸ 2
Verb · perfect · passive · participle · masculine · plural · genitive ▸ **1** (Psa. 86,6)
Verb · perfect · passive · participle · neuter · plural · genitive ▸ **1** (3Mac. 7,8)
γεγενῆσθαι ▸ 2 + 1 = 3
Verb · perfect · middle · infinitive ▸ **2 + 1 = 3** (Josh. 5,7; 2Mac. 5,4; Rom. 15,8)
γεγενῆσθαί ▸ 1
Verb · perfect · middle · infinitive ▸ **1** (Is. 60,15)
γεγένηται ▸ 4 + 1 = 5
Verb · third · singular · perfect · middle · indicative ▸ **4 + 1 = 5** (Ex. 9,24; Deut. 13,15; Deut. 17,4; Bel 15-17; Dan. 12,1)
γέγονα ▸ 2 + 4 = 6
Verb · first · singular · perfect · active · indicative ▸ **2 + 4 = 6** (Gen. 32,11; Job 30,29; 1Cor. 9,22; 1Cor. 13,1; 1Cor. 13,11; Gal. 4,16)
Γέγονα ▸ 1
Verb · first · singular · perfect · active · indicative ▸ **1** (2Cor. 12,11)
γεγόναμεν ▸ 1 + 2 = 3
Verb · first · plural · perfect · active · indicative ▸ **1 + 2 = 3** (Job 31,15; Rom. 6,5; Heb. 3,14)
γέγοναν ▸ 2
Verb · third · plural · perfect · active · indicative ▸ **2** (Rom. 16,7; Rev. 21,6)
γέγονας ▸ 1 + 3 = 4
Verb · second · singular · perfect · active · indicative ▸ **1 + 3 = 4** (Deut. 27,9; John 5,14; John 6,25; James 2,11)
γεγόνασί ▸ 1
Verb · third · plural · perfect · active · indicative ▸ **1** (Ezek. 22,18)
γεγόνασιν ▸ 7 + 2 = 9
Verb · third · plural · perfect · active · indicative ▸ **7 + 2 = 9** (Gen. 47,9; Ex. 10,6; Josh. 9,12; 1Chr. 19,10; Job 19,13; Job 31,15; Is. 23,2; Heb. 12,8; 1John 2,18)
γεγόνατε ▸ 2
Verb · second · plural · perfect · active · indicative ▸ **2** (Heb. 5,11; Heb. 5,12)
γέγονε ▸ 1
Verb · third · singular · perfect · active · indicative ▸ **1** (1Sam. 21,6)
γεγόνει ▸ 1
Verb · third · singular · pluperfect · active · indicative ▸ **1** (Acts 4,22)
γέγονεν ▸ 46 + 3 + 31 = 80
Verb · third · singular · perfect · active · indicative ▸ **46 + 3 + 31 = 80** (Gen. 3,22; Gen. 18,12; Gen. 38,14; Gen. 44,28; Ex. 2,14; Ex. 8,11; Ex. 9,18; Ex. 9,24; Ex. 10,14; Ex. 11,6; Ex. 32,1; Ex. 32,23; Ex. 34,10; Lev. 18,30; Deut. 4,32; Deut. 17,4; Judg. 19,30; 1Sam. 4,7; 1Sam. 6,9; 1Sam. 14,38; 1Sam. 28,16; 1Sam. 29,3; 1Kings 1,27; 1Kings 3,12; 1Kings 3,13; 1Kings 10,20; 1Kings 12,24; 1Kings 12,24y; Esth. 10,9 # 10,3f; 1Mac. 14,17; 2Mac. 5,17; 2Mac. 7,18; Eccl. 1,10; Eccl. 3,15; Job 23,2; Sir. 45,13; Joel 1,2; Joel 2,2; Hab. 1,3; Mal. 1,9; Jer. 2,10; Ezek. 21,20; Ezek. 21,20; Ezek. 37,11; Ezek. 44,25; Bel 28; Dan. 9,12; Dan. 12,1; Bel 28; Matt. 1,22; Matt. 19,8; Matt. 21,4; Matt. 24,21; Matt. 25,6; Matt. 26,56; Mark 5,33; Mark 9,21; Mark 13,19; Mark 14,4; Luke 14,22;

γίνομαι

John 1,3; John 1,15; John 1,30; John 12,30; John 14,22; Acts 4,16; Rom. 2,25; Rom. 11,5; Rom. 11,25; 2Cor. 1,19; 2Cor. 5,17; Gal. 3,24; 1Th. 2,1; 1Tim. 2,14; Heb. 7,16; Heb. 7,22; James 2,10; James 5,2; 2Pet. 2,20; Rev. 16,17)

γέγονέν ▸ 1
   Verb · third · singular · perfect · active · indicative ▸ **1** (1Kings 2,29)

γεγονέναι ▸ 2 + 4 = 6
   Verb · perfect · active · infinitive ▸ 2 + 4 = **6** (Judith 13,1; 2Mac. 4,21; Luke 10,36; John 12,29; 2Tim. 2,18; Heb. 11,3)

γεγονός ▸ 3 + 2 = 5
   Verb · perfect · active · participle · neuter · singular · accusative ▸ 2 + 2 = **4** (Judith 15,1; 1Mac. 4,20; Luke 8,56; Luke 24,12)
   Verb · perfect · active · participle · neuter · singular · nominative ▸ **1** (Eccl. 1,9)

γεγονὸς ▸ 6 + 6 = 12
   Verb · perfect · active · participle · neuter · singular · accusative ▸ 4 + 5 = **9** (Esth. 4,4; Esth. 4,7; 2Mac. 11,13; 2Mac. 12,42; Luke 2,15; Luke 8,34; Luke 8,35; Acts 5,7; Acts 13,12)
   Verb · perfect · active · participle · neuter · singular · nominative ▸ 2 + 1 = **3** (1Sam. 4,16; 1Sam. 10,11; Mark 5,14)

γεγονόσι ▸ 1
   Verb · perfect · active · participle · neuter · plural · dative ▸ **1** (2Mac. 11,1)

γεγονότα ▸ 7
   Verb · perfect · active · participle · masculine · singular · accusative ▸ **2** (2Mac. 2,14; 2Mac. 5,15)
   Verb · perfect · active · participle · neuter · plural · accusative ▸ **3** (2Kings 23,24; Judith 15,5; 2Mac. 12,42)
   Verb · perfect · active · participle · neuter · plural · nominative ▸ **2** (2Mac. 9,3; Ezek. 46,23)

γεγονότας ▸ 2 + 1 = 3
   Verb · perfect · active · participle · masculine · plural · accusative ▸ 2 + 1 = **3** (4Mac. 12,13; 4Mac. 17,21; James 3,9)

γεγονότες ▸ 2 + 2 = 4
   Verb · perfect · active · participle · masculine · plural · nominative ▸ 2 + 2 = **4** (Sir. 44,9; Jer. 35,8; Heb. 7,20; Heb. 7,23)

γεγονότι ▸ 1
   Verb · perfect · active · participle · neuter · singular · dative ▸ **1** (Acts 4,21)

γεγονότος ▸ 2
   Verb · perfect · active · participle · masculine · singular · genitive ▸ **1** (2Mac. 3,9)
   Verb · perfect · active · participle · neuter · singular · genitive ▸ **1** (2Mac. 10,21)

γεγονότων ▸ 3
   Verb · perfect · active · participle · neuter · plural · genitive ▸ **3** (2Mac. 5,11; 2Mac. 13,9; Wis. 19,18)

γεγονυῖα ▸ 1
   Verb · perfect · active · participle · feminine · singular · nominative ▸ **1** (1Tim. 5,9)

γεγονυῖαν ▸ 2
   Verb · perfect · active · participle · feminine · singular · accusative ▸ **2** (2Mac. 10,12; 2Mac. 12,5)

γεγονυίας ▸ 1
   Verb · perfect · active · participle · feminine · singular · genitive ▸ **1** (Neh. 3,16)

γεγονὼς ▸ 1 + 1 = 2
   Verb · perfect · active · participle · masculine · singular · nominative ▸ 1 + 1 = **2** (2Mac. 4,1; Gal. 3,17)

γενέσθαι ▸ 55 + 8 + 37 = 100
   Verb · aorist · middle · infinitive ▸ 55 + 8 + 37 = **100** (Gen. 2,5; Gen. 42,16; Ex. 8,22; Ex. 23,1; Deut. 14,2; Deut. 26,18; Josh. 22,16; Ruth 1,13; 1Sam. 3,21; 1Sam. 19,8; 2Sam. 24,13; 2Sam. 24,13; 1Kings 8,35; 1Chr. 16,19; 1Chr. 28,4; 2Chr. 6,6; 2Chr. 6,26; 1Esdr. 8,21; Esth. 9,14; Tob. 3,8; 1Mac. 10,38; 1Mac. 15,9; 2Mac. 7,25; 2Mac. 7,37; 2Mac. 10,5; 2Mac. 10,16; 2Mac. 11,14; 2Mac. 11,19; 2Mac. 11,23; 2Mac. 13,11; 2Mac. 13,13; 2Mac. 14,35; 2Mac. 14,42; 3Mac. 7,10; Sir. 7,6; Sir. 47,21; Sir. 50,23; Sol. 1,3; Sol. 14,8; Zeph. 2,2; Is. 46,10; Is. 47,11; Jer. 13,11; Jer. 36,26; Jer. 38,37; LetterJ 45; Ezek. 6,8; Ezek. 17,14; Ezek. 34,8; Ezek. 34,8; Ezek. 35,5; Dan. 2,11; Dan. 2,28; Dan. 2,29; Dan. 2,29; Judg. 18,19; Tob. 3,8; Tob. 8,18; Dan. 2,28; Dan. 2,29; Dan. 2,29; Dan. 2,45; Sus. 39; Matt. 20,26; Matt. 24,6; Matt. 26,54; Mark 1,17; Mark 10,43; Mark 13,7; Luke 3,22; Luke 9,36; Luke 21,9; Luke 23,24; John 1,12; John 3,9; John 5,6; John 8,58; John 9,27; John 13,19; John 14,29; Acts 1,22; Acts 4,28; Acts 7,39; Acts 10,40; Acts 19,21; Acts 20,16; Acts 22,17; Acts 26,29; Acts 27,16; Acts 27,29; Rom. 4,18; Rom. 7,4; 1Cor. 7,21; Phil. 1,13; 1Th. 1,7; 2John 12; Rev. 1,1; Rev. 1,19; Rev. 4,1; Rev. 22,6)

γένεσθε ▸ 4
   Verb · second · plural · aorist · middle · imperative ▸ **4** (Job 13,8; Is. 1,16; Is. 32,11; Jer. 27,8)

γένεσθέ ▸ 1
   Verb · second · plural · aorist · middle · imperative ▸ **1** (Is. 43,10)

Γενέσθω ▸ 1
   Verb · third · singular · aorist · middle · imperative ▸ **1** (Gen. 26,28)

γενέσθω ▸ 13 + 2 + 1 = 16
   Verb · third · singular · aorist · middle · imperative ▸ 13 + 2 + 1 = **16** (2Sam. 24,17; 2Chr. 19,7; 1Esdr. 8,90; Psa. 108,7; Psa. 118,173; Psa. 121,7; Ode. 7,40; Is. 39,8; Is. 48,20; Jer. 18,23; Jer. 23,12; Jer. 27,26; Dan. 3,40; Judg. 6,39; Dan. 3,40; 1Cor. 3,18)

γενέσθωσαν ▸ 2
   Verb · third · plural · aorist · middle · imperative ▸ **2** (Jer. 18,21; Jer. 18,21)

γένῃ ▸ 12
   Verb · second · singular · aorist · active · subjunctive ▸ **1** (2Chr. 10,7)
   Verb · second · singular · aorist · middle · subjunctive ▸ **11** (Ex. 20,12; Deut. 5,16; Deut. 25,15; Prov. 9,12; Prov. 19,20; Prov. 25,10a; Prov. 26,4; Prov. 30,6; Hos. 3,3; Ezek. 21,15; Dan. 4,27)

γενηθείς ▸ 2
   Verb · aorist · passive · participle · masculine · singular · nominative ▸ **2** (2Mac. 5,27; Wis. 15,8)

γενηθεῖσα ▸ 2
   Verb · aorist · passive · participle · feminine · singular · nominative ▸ **2** (Esth. 15,2 # 5,1a; 4Mac. 9,24)

γενηθείσῃ ▸ 1
   Verb · aorist · passive · participle · feminine · singular · dative ▸ **1** (3Mac. 6,33)

γενηθέντας ▸ 1
   Verb · aorist · passive · participle · masculine · plural · accusative ▸ **1** (Heb. 6,4)

γενηθέντες ▸ 2
   Verb · aorist · passive · participle · masculine · plural · nominative ▸ **2** (Heb. 10,33; 2Pet. 1,16)

γενηθέντος ▸ 2
   Verb · aorist · passive · participle · masculine · singular · genitive ▸ **1** (2Mac. 2,4)
   Verb · aorist · passive · participle · neuter · singular · genitive ▸ **1** (Ex. 19,16)

γενηθέντων ▸ 1 + 1 = 2

Verb · aorist · passive · participle · neuter · plural · genitive ▸ 1 + 1 = **2** (Dan. 4,37c; Heb. 4,3)

γενηθῇ ▸ 2
Verb · third · singular · aorist · passive · subjunctive ▸ **2** (Gen. 50,20; Num. 15,24)

γενηθῆναι ▸ 5 + 1 = 6
Verb · aorist · passive · infinitive ▸ 5 + 1 = **6** (Ex. 9,28; Judith 7,27; Judith 11,22; Judith 12,13; Psa. 89,2; Heb. 5,5)

γενηθῆναί ▸ 1
Verb · aorist · passive · infinitive ▸ **1** (Ruth 1,12)

γενηθῇς ▸ 1
Verb · second · singular · aorist · passive · subjunctive ▸ **1** (Jer. 17,17)

γενήθητε ▸ 1 + 1 = 2
Verb · second · plural · aorist · passive · imperative ▸ 1 + 1 = **2** (Josh. 22,19; 1Pet. 1,15)

γενήθητι ▸ 1
Verb · second · singular · aorist · passive · imperative ▸ **1** (Judith 12,17)

Γενηθήτω ▸ 4
Verb · third · singular · aorist · passive · imperative ▸ **4** (Gen. 1,3; Gen. 1,6; 2Kings 2,9; 2Chr. 24,8)

γενηθήτω ▸ 21 + 1 + 7 = 29
Verb · third · singular · aorist · passive · imperative ▸ 21 + 1 + 7 = **29** (Gen. 9,27; Gen. 49,17; Ex. 9,9; Ex. 10,21; Judg. 6,39; Judg. 6,39; 1Chr. 21,17; Ezra 10,3; Psa. 30,19; Psa. 34,6; Psa. 68,23; Psa. 68,26; Psa. 79,18; Psa. 108,12; Psa. 108,13; Psa. 108,19; Psa. 118,76; Psa. 118,80; Psa. 129,2; Prov. 1,14; Jer. 18,22; Judg. 6,39; Matt. 6,10; Matt. 8,13; Matt. 9,29; Matt. 15,28; Matt. 26,42; Acts 1,20; Rom. 11,9)

Γενηθήτωσαν ▸ 1
Verb · third · plural · aorist · passive · imperative ▸ **1** (Gen. 1,14)

γενηθήτωσαν ▸ 7
Verb · third · plural · aorist · passive · imperative ▸ **7** (Deut. 32,38; Psa. 34,5; Psa. 108,8; Psa. 108,9; Psa. 108,15; Psa. 128,6; Ode. 2,38)

γενηθῶμεν ▸ 1
Verb · first · plural · aorist · passive · subjunctive ▸ **1** (Titus 3,7)

γενηθῶσιν ▸ 2
Verb · third · plural · aorist · passive · subjunctive ▸ **2** (Deut. 23,9; 1Esdr. 3,23)

γενήσεσθε ▸ 1
Verb · second · plural · future · middle · indicative ▸ **1** (John 8,33)

γενήσεται ▸ 1 + 9 = 10
Verb · third · singular · future · middle · indicative ▸ 1 + 9 = **10** (Gen. 17,17; Matt. 18,19; Matt. 21,21; Luke 8,17; John 4,14; John 15,7; John 16,20; 1Cor. 3,13; 1Cor. 4,5; 1Cor. 15,54)

γένησθε ▸ 5 + 8 = 13
Verb · second · plural · aorist · middle · subjunctive ▸ 5 + 8 = **13** (Gen. 34,15; Deut. 4,40; Deut. 30,18; Jer. 51,8; Ezek. 11,11; Matt. 5,45; Matt. 18,3; John 12,36; John 15,8; Phil. 2,15; Heb. 6,12; 1Pet. 3,13; 2Pet. 1,4)

γενησόμενον ▸ 1 + 1 = 2
Verb · future · middle · participle · neuter · singular · accusative ▸ **1** (1Cor. 15,37)
Verb · future · middle · participle · neuter · singular · nominative ▸ **1** (Eccl. 1,9)

γενησομένων ▸ 1
Verb · future · middle · participle · neuter · plural · genitive ▸ **1** (Eccl. 1,11)

γενήσονται ▸ 1
Verb · third · plural · future · middle · indicative ▸ **1** (John 10,16)

γένηται ▸ 109 + 5 + 45 = 159
Verb · third · singular · aorist · middle · subjunctive ▸ 109 + 5 + 45 = **159** (Gen. 12,13; Gen. 38,11; Gen. 40,14; Ex. 13,9; Ex. 18,16; Ex. 20,12; Ex. 20,20; Ex. 22,9; Ex. 22,12; Ex. 22,13; Ex. 23,29; Ex. 23,29; Ex. 34,12; Lev. 13,2; Lev. 13,2; Lev. 13,9; Lev. 13,18; Lev. 13,19; Lev. 13,24; Lev. 13,24; Lev. 13,29; Lev. 13,38; Lev. 13,42; Lev. 13,47; Lev. 13,49; Lev. 14,36; Lev. 15,2; Lev. 15,24; Lev. 20,27; Lev. 22,12; Lev. 22,13; Lev. 27,26; Num. 9,10; Num. 9,21; Num. 12,6; Num. 12,12; Num. 15,14; Num. 24,22; Num. 30,7; Num. 36,4; Deut. 4,40; Deut. 5,16; Deut. 6,18; Deut. 7,22; Deut. 12,25; Deut. 12,28; Deut. 14,24; Deut. 15,7; Deut. 15,9; Deut. 17,9; Deut. 18,22; Deut. 19,11; Deut. 21,8; Deut. 21,15; Deut. 21,22; Deut. 22,7; Deut. 22,20; Deut. 22,23; Deut. 24,2; Deut. 25,1; Deut. 28,65; Judg. 6,37; 1Kings 1,52; 1Kings 8,37; 1Kings 8,37; 1Kings 8,37; 1Kings 8,38; 2Kings 2,10; 1Chr. 21,3; 2Chr. 6,28; 2Chr. 6,28; 2Chr. 6,28; 2Chr. 6,29; 2Chr. 7,13; 1Esdr. 2,24; Ezra 7,23; Neh. 2,3; Judith 7,9; Judith 11,11; Judith 12,2; 1Mac. 4,45; 2Mac. 2,7; 2Mac. 14,22; 3Mac. 2,10; 4Mac. 12,17; Ode. 7,30; Prov. 22,19; Prov. 24,20; Prov. 26,11; Eccl. 3,22; Job 40,23; Sir. 42,10; Amos 7,6; Amos 9,10; Is. 7,4; Is. 10,22; Is. 23,5; Is. 23,16; Is. 65,20; Jer. 3,1; Jer. 22,24; Jer. 49,6; Jer. 51,26; Ezek. 16,16; Ezek. 18,3; Ezek. 25,10; Ezek. 44,22; Ezek. 48,35; Dan. 3,30; Judg. 6,37; Tob. 6,18; Tob. 8,5; Tob. 13,17; Dan. 3,30; Matt. 5,18; Matt. 10,25; Matt. 18,13; Matt. 21,19; Matt. 23,15; Matt. 23,26; Matt. 24,20; Matt. 24,21; Matt. 24,32; Matt. 24,34; Matt. 26,5; Mark 9,50; Mark 13,18; Mark 13,19; Mark 13,28; Mark 13,30; Luke 1,20; Luke 4,3; Luke 14,12; Luke 20,14; Luke 21,32; Luke 23,31; John 5,14; John 9,22; John 13,19; John 14,29; Acts 20,16; Rom. 3,19; Rom. 7,3; Rom. 7,13; Rom. 15,16; Rom. 15,31; 1Cor. 3,18; 1Cor. 8,9; 1Cor. 9,15; 1Cor. 16,10; 2Cor. 8,14; 2Cor. 8,14; Gal. 3,14; Eph. 6,3; Col. 1,18; 1Th. 3,5; 2Th. 2,7; Philem. 6; Heb. 2,17)

γένηταί ▸ 7 + 1 = 8
Verb · third · singular · aorist · middle · subjunctive ▸ 7 + 1 = **8** (Ex. 13,12; Deut. 12,26; Deut. 31,19; Josh. 22,28; Ruth 3,1; Prov. 23,15; Ezek. 21,37; Matt. 18,12)

γενοίμεθα ▸ 1
Verb · first · plural · aorist · middle · optative ▸ **1** (4Mac. 6,19)

γενοίμην ▸ 1
Verb · first · singular · aorist · middle · optative ▸ **1** (Job 31,8)

Γένοιντο ▸ 1
Verb · third · plural · aorist · middle · optative ▸ **1** (2Sam. 18,32)

γένοιντο ▸ 4
Verb · third · plural · aorist · middle · optative ▸ **4** (1Sam. 25,26; Psa. 113,16; Psa. 134,18; Job 5,4)

Γένοιτο ▸ 21
Verb · third · singular · aorist · middle · optative ▸ **21** (Num. 5,22; Deut. 27,15; Deut. 27,16; Deut. 27,17; Deut. 27,18; Deut. 27,19; Deut. 27,20; Deut. 27,21; Deut. 27,22; Deut. 27,23; Deut. 27,23; Deut. 27,24; Deut. 27,25; Deut. 27,26; 1Kings 1,36; Judith 13,20; Judith 15,10; Psa. 105,48; Sol. 4,14; Jer. 3,19; Jer. 11,5)

γένοιτο ▸ 34 + 5 + 16 = 55
Verb · third · singular · aorist · middle · optative ▸ 34 + 5 + 16 = **55** (Gen. 44,7; Gen. 44,17; Num. 5,22; Num. 23,10; Deut. 28,67; Deut. 28,67; Deut. 29,18; Josh. 22,29; Josh. 24,16; Ruth 2,12; Ruth 4,12; 1Sam. 24,16; 1Kings 2,33; 1Kings 8,57; 1Kings 10,9; 1Kings 20,3; Judith 13,20; Tob. 5,19; 1Mac. 8,23; 1Mac. 9,10; 1Mac. 13,5; 4Mac. 14,10; Psa. 32,22; Psa. 40,14; Psa. 40,14; Psa. 71,19; Psa. 71,19; Psa. 88,53; Psa. 88,53; Psa. 105,48; Sol. 4,25; Is. 25,1; Jer. 15,11; Ezek. 15,2; Tob. 5,10; Tob. 5,17; Tob. 5,19; Tob. 7,6; Tob. 11,14; Luke 20,16; Acts 5,24; Rom. 3,4; Rom.

γίνομαι   453

3,6; Rom. 3,31; Rom. 6,2; Rom. 6,15; Rom. 7,7; Rom. 7,13; Rom. 9,14; Rom. 11,1; Rom. 11,11; 1Cor. 6,15; Gal. 2,17; Gal. 3,21; Gal. 6,14)

γένοιτό ▸ 1
  Verb · third · singular · aorist · middle · optative ▸ **1** (Luke 1,38)

γενόμενα ▸ 4 + **1** + 7 = **12**
  Verb · aorist · middle · participle · neuter · plural · accusative
  ▸ 3 + **1** + 7 = **11** (1Kings 22,54; Ezra 10,3; Tob. 11,15; Dan. 9,12; Matt. 18,31; Matt. 18,31; Matt. 27,54; Matt. 28,11; Luke 4,23; Luke 23,48; Luke 24,18)
  Verb · aorist · middle · participle · neuter · plural · nominative
  ▸ **1** (1Esdr. 1,10)

γενόμεναι ▸ 4
  Verb · aorist · middle · participle · feminine · plural · nominative
  ▸ **4** (Matt. 11,21; Matt. 11,23; Luke 10,13; Luke 24,22)

γενομένας ▸ 4
  Verb · aorist · middle · participle · feminine · plural · accusative
  ▸ **4** (Deut. 4,32; 2Mac. 2,21; 2Mac. 8,19; 2Mac. 14,26)

γενομένη ▸ 4 + **1** = **5**
  Verb · aorist · middle · participle · feminine · singular · nominative
  ▸ 4 + **1** = **5** (Gen. 38,21; Num. 28,6; Num. 30,7; Judg. 20,12; Judg. 20,12)

γενομένην ▸ 4 + 4 = **8**
  Verb · aorist · middle · participle · feminine · singular · accusative
  ▸ 4 + 4 = **8** (1Esdr. 6,21; 1Mac. 4,35; 2Mac. 8,20; 3Mac. 1,1; Luke 23,19; Acts 13,32; Acts 26,4; Rom. 7,3)

γενομένης ▸ 14 + 30 = **44**
  Verb · aorist · middle · participle · feminine · singular · genitive
  ▸ 14 + 30 = **44** (1Esdr. 6,5; 1Esdr. 8,61; 2Mac. 5,5; 2Mac. 6,7; 2Mac. 10,29; 2Mac. 12,11; 2Mac. 12,22; 2Mac. 14,20; 2Mac. 15,29; 3Mac. 1,4; 3Mac. 3,14; 3Mac. 6,36; 4Mac. 3,8; Job 6,17; Matt. 8,16; Matt. 13,21; Matt. 14,15; Matt. 14,23; Matt. 16,2; Matt. 20,8; Matt. 26,20; Matt. 27,1; Matt. 27,57; Mark 1,32; Mark 4,17; Mark 4,35; Mark 6,21; Mark 6,35; Mark 6,47; Mark 14,17; Mark 15,33; Mark 15,42; Luke 6,48; John 21,4; Acts 2,6; Acts 11,19; Acts 15,2; Acts 15,7; Acts 16,35; Acts 20,3; Acts 21,40; Acts 25,26; Acts 26,6; 2Cor. 1,8)

Γενομένης ▸ 3
  Verb · aorist · middle · participle · feminine · singular · genitive
  ▸ **3** (Luke 4,42; Acts 12,18; Acts 23,12)

γενόμενοι ▸ 9 + 6 = **15**
  Verb · aorist · middle · participle · masculine · plural · nominative
  ▸ 9 + 6 = **15** (Gen. 46,27; 2Mac. 10,27; 2Mac. 15,28; Prov. 1,22; Wis. 16,3; Sir. 1,13 Prol.; Sol. 17,44; Sol. 18,6; Bar. 3,26; Luke 1,2; Luke 24,37; Acts 13,5; Acts 19,28; Acts 27,7; Acts 27,36)

γενόμενοί ▸ 1
  Verb · aorist · middle · participle · masculine · plural · nominative
  ▸ **1** (Gen. 48,5)

γενομένοις ▸ 3 + 3 = **6**
  Verb · aorist · middle · participle · masculine · plural · dative
  ▸ 2 + 2 = **4** (2Kings 18,5; Eccl. 1,10; Mark 16,10; Acts 15,25)
  Verb · aorist · middle · participle · neuter · plural · dative ▸ 1 + 1 = **2** (Eccl. 1,11; Matt. 14,6)

γενόμενον ▸ 9 + 5 = **14**
  Verb · aorist · middle · participle · masculine · singular · accusative ▸ 7 + 3 = **10** (Ex. 18,8; 2Mac. 7,4; 2Mac. 7,5; 2Mac. 10,10; 2Mac. 10,26; 2Mac. 14,12; 2Mac. 15,12; Luke 18,24; Gal. 4,4; Gal. 4,4)
  Verb · aorist · middle · participle · neuter · singular · accusative
  ▸ 1 + 2 = **3** (Eccl. 10,14; Luke 23,47; Acts 10,37)
  Verb · aorist · middle · participle · neuter · singular · nominative
  ▸ **1** (Eccl. 3,15)

γενόμενος ▸ 35 + **1** + 26 = **62**
  Verb · aorist · middle · participle · masculine · singular · nominative ▸ 35 + **1** + 26 = **62** (Ex. 2,11; Esth. 1,10; 2Mac. 1,13; 2Mac. 3,32; 2Mac. 7,2; 2Mac. 7,3; 2Mac. 7,9; 2Mac. 7,14; 2Mac. 7,29; 2Mac. 7,31; 2Mac. 7,39; 2Mac. 8,5; 2Mac. 9,8; 2Mac. 10,14; 2Mac. 13,13; 2Mac. 14,27; 2Mac. 14,41; Job 9,4; Wis. 4,10; Wis. 7,3; Sir. 6,27; Is. 2,1; Jer. 11,1; Jer. 18,1; Jer. 21,1; Jer. 22,24; Jer. 25,1; Jer. 37,1; Jer. 39,1; Jer. 41,1; Jer. 41,8; Jer. 42,1; Jer. 47,1; Jer. 51,1; Dan. 2,12; Tob. 3,1; Mark 6,26; Mark 9,33; Luke 10,32; Luke 22,40; Luke 22,44; Acts 1,18; Acts 4,11; Acts 7,32; Acts 7,38; Acts 10,4; Acts 12,11; Acts 12,23; Acts 16,27; Acts 16,29; Acts 24,25; Gal. 3,13; Phil. 2,7; Phil. 2,8; Phil. 3,6; 2Tim. 1,17; Heb. 1,4; Heb. 6,20; Heb. 7,26; Heb. 11,24; James 1,12; James 1,25)

γενομένου ▸ 8 + 7 = **15**
  Verb · aorist · middle · participle · masculine · singular · genitive ▸ 4 + 5 = **9** (Gen. 21,3; 2Mac. 2,22; 2Mac. 8,24; Job 31,25; Matt. 26,6; Acts 1,16; Acts 25,15; Rom. 1,3; Heb. 9,15)
  Verb · aorist · middle · participle · neuter · singular · genitive
  ▸ 4 + 2 = **6** (2Mac. 12,22; 2Mac. 14,44; 3Mac. 1,15; 3Mac. 5,17; Mark 6,2; Acts 28,9)

γενομένους ▸ 8
  Verb · aorist · middle · participle · masculine · plural · accusative
  ▸ **8** (Josh. 21,42d; 1Kings 16,25; 1Kings 16,33; 2Mac. 10,22; 2Mac. 10,24; 3Mac. 2,5; Eccl. 2,7; Eccl. 2,9)

γενομένῳ ▸ 1
  Verb · aorist · middle · participle · masculine · singular · dative
  ▸ **1** (Josh. 4,9)

Γενομένων ▸ 2 + **1** = **3**
  Verb · aorist · middle · participle · feminine · plural · genitive
  ▸ **1** (2Mac. 12,1)
  Verb · aorist · middle · participle · masculine · plural · genitive
  ▸ **1** (Acts 21,17)
  Verb · aorist · middle · participle · neuter · plural · genitive ▸ **1** (2Mac. 4,39)

γενομένων ▸ 5 + 2 = **7**
  Verb · aorist · middle · participle · feminine · plural · genitive
  ▸ 1 + **1** = **2** (2Mac. 8,4; Luke 24,5)
  Verb · aorist · middle · participle · masculine · plural · genitive
  ▸ **2** (4Mac. 18,9; Job 14,21)
  Verb · aorist · middle · participle · neuter · plural · genitive ▸ 2 + 1 = **3** (2Mac. 5,20; Wis. 9,2; Heb. 9,11)

γενοῦ ▸ 13 + 4 = **17**
  Verb · second · singular · aorist · middle · imperative ▸ 13 + 4 = **17** (Gen. 23,11; Ex. 32,12; Deut. 21,8; Judg. 17,10; 1Kings 20,7; 4Mac. 6,28; Psa. 26,9; Psa. 30,3; Psa. 70,3; Prov. 6,6; Job 22,21; Amos 7,2; Is. 3,6; Judg. 18,19; Tob. 6,3; Tob. 7,10; Sus. 20)

γένωμαι ▸ 5 + **1** + 2 = **8**
  Verb · first · singular · aorist · middle · subjunctive ▸ 5 + **1** + 2 = **8** (Neh. 6,13; Tob. 3,6; Prov. 30,9; Song 1,7; Job 14,14; Tob. 3,6; 1Cor. 9,23; 1Cor. 9,27)

γένωμαί ▸ 1
  Verb · first · singular · aorist · middle · subjunctive ▸ **1** (Jer. 5,7)

γενώμεθα ▸ **1** + **1** + **1** = **3**
  Verb · first · plural · aorist · middle · subjunctive ▸ **1** + **1** + **1** = **3** (4Mac. 6,19; Tob. 8,10; 2Cor. 5,21)

γένωνται ▸ 16 + 4 = **20**
  Verb · third · plural · aorist · middle · subjunctive ▸ 16 + 4 = **20** (Lev. 25,45; Num. 36,3; Num. 36,4; Deut. 21,15; Josh. 2,19; Tob. 4,19; Psa. 77,8; Prov. 4,10; Job 14,21; Job 27,14; Wis. 3,17; Wis. 16,11; Is. 5,9; LetterJ 45; LetterJ 46; Ezek. 4,17; Matt. 4,3; John 9,39; John 12,42; 1Cor. 11,19)

γένωνταί ‣ 1
    Verb ‑ third ‑ plural ‑ aorist ‑ middle ‑ subjunctive ‣ **1** (Lev. 25,44)
γίνεσθαι ‣ **12** + **1** + **10** = **23**
    Verb ‑ present ‑ middle ‑ infinitive ‣ **12** + **1** + 9 = **22** (Gen. 6,1; Gen. 18,11; Gen. 25,22; 1Esdr. 1,30; 2Mac. 8,3; 2Mac. 11,29; 3Mac. 1,11; 3Mac. 3,7; Eccl. 3,15; Sir. 1,4 Prol.; Is. 48,6; Ezek. 44,7; Tob. 6,18; Luke 21,7; Luke 21,28; Luke 21,36; Acts 14,3; Acts 26,22; Acts 27,33; 1Cor. 7,36; 1Cor. 10,20; James 3,10)
    Verb ‑ present ‑ passive ‑ infinitive ‑ (variant) ‣ **1** (Acts 4,30)
γίνεσθαί ‣ 1
    Verb ‑ present ‑ middle ‑ infinitive ‣ **1** (Judg. 18,19)
Γίνεσθε ‣ **1** + **4** = **5**
    Verb ‑ second ‑ plural ‑ present ‑ middle ‑ imperative ‣ **1** + **4** = **5** (Ex. 19,15; Luke 6,36; Gal. 4,12; Eph. 5,1; James 1,22)
γίνεσθε ‣ **14** + **20** = **34**
    Verb ‑ second ‑ plural ‑ present ‑ middle ‑ indicative ‣ **2** (2Sam. 19,12; 2Sam. 19,13)
    Verb ‑ second ‑ plural ‑ present ‑ middle ‑ imperative ‣ **12** + **20** = **32** (Num. 14,9; Num. 16,16; Josh. 8,4; 1Sam. 4,9; 2Sam. 2,7; 2Sam. 13,28; 2Chr. 30,7; 1Mac. 3,58; 1Mac. 3,58; 1Mac. 16,3; Psa. 31,9; Zech. 1,4; Matt. 6,16; Matt. 10,16; Matt. 24,44; Luke 12,40; Rom. 12,16; 1Cor. 4,16; 1Cor. 7,23; 1Cor. 10,7; 1Cor. 10,32; 1Cor. 11,1; 1Cor. 14,20; 1Cor. 14,20; 1Cor. 15,58; 2Cor. 6,14; Eph. 4,32; Eph. 5,7; Eph. 5,17; Phil. 3,17; Col. 3,15; James 3,1)
γίνεσθέ ‣ 1
    Verb ‑ second ‑ plural ‑ present ‑ middle ‑ indicative ‣ **1** (2Sam. 19,23)
Γινέσθω ‣ **1** + **1** = **2**
    Verb ‑ third ‑ singular ‑ present ‑ middle ‑ imperative ‣ **1** + **1** = **2** (Bel 9; Bel 9)
γινέσθω ‣ **4** + **7** = **11**
    Verb ‑ third ‑ singular ‑ present ‑ middle ‑ imperative ‣ **4** + **7** = **11** (1Sam. 29,4; 1Mac. 13,40; 3Mac. 3,29; Job 40,32; Luke 22,26; Luke 22,42; Acts 21,14; Rom. 3,4; 1Cor. 14,26; 1Cor. 14,40; 1Cor. 16,14)
Γινέσθωσαν ‣ 1
    Verb ‑ third ‑ plural ‑ present ‑ middle ‑ imperative ‣ **1** (1Sam. 22,3)
γίνεται ‣ **41** + **1** + **26** = **68**
    Verb ‑ third ‑ singular ‑ present ‑ middle ‑ indicative ‣ **41** + **1** + **26** = **68** (Num. 6,4; 1Sam. 5,9; 1Sam. 14,1; 1Sam. 25,37; 1Sam. 25,42; 2Sam. 14,27; 1Kings 16,21; 1Kings 16,21; 1Esdr. 4,16; Ezra 5,8; Judith 7,11; Judith 11,4; 2Mac. 7,28; Prov. 9,13; Prov. 10,5; Prov. 11,3; Prov. 13,11; Prov. 19,6; Prov. 19,25; Prov. 20,25; Prov. 21,11; Prov. 24,6; Prov. 28,12; Prov. 29,26; Prov. 24,31; Prov. 31,23; Eccl. 2,22; Job 28,1; Job 28,2; Wis. 6,5; Wis. 14,7; Sir. 19,15; Sir. 22,3; Sir. 31,4; Sir. 41,5; Sir. 43,19; Is. 36,5; Is. 48,7; Jer. 6,1; LetterJ 15; Dan. 11,36; Dan. 11,36; Matt. 9,16; Matt. 12,45; Matt. 13,22; Matt. 13,32; Matt. 26,2; Matt. 27,24; Mark 2,15; Mark 2,21; Mark 4,11; Mark 4,19; Mark 4,32; Mark 4,37; Mark 11,23; Luke 11,26; Luke 12,54; Luke 12,55; Luke 15,10; Luke 20,33; Rom. 11,6; 1Cor. 14,25; 1Tim. 6,4; Heb. 7,12; Heb. 7,18; Heb. 9,22; Heb. 11,6; 2Pet. 1,20)
γίνῃ ‣ 2
    Verb ‑ second ‑ singular ‑ present ‑ middle ‑ subjunctive ‣ **2** (Neh. 6,6; Ezek. 33,32)
γίνομαι ‣ 1
    Verb ‑ first ‑ singular ‑ present ‑ middle ‑ indicative ‣ **1** (Job 7,4)
γινόμενα ‣ **3** + **4** = **7**
    Verb ‑ present ‑ middle ‑ participle ‑ neuter ‑ plural ‑ accusative ‣ **2** + **4** = **6** (Prov. 8,21a; Job 38,33; Mark 13,29; Luke 9,7; Luke 21,31; Eph. 5,12)
    Verb ‑ present ‑ middle ‑ participle ‑ neuter ‑ plural ‑ nominative ‣ **1** (LetterJ 44)
γινόμεναι ‣ 1
    Verb ‑ present ‑ middle ‑ participle ‑ feminine ‑ plural ‑ nominative ‣ **1** (Mark 6,2)
γινομέναις ‣ 1
    Verb ‑ present ‑ middle ‑ participle ‑ feminine ‑ plural ‑ dative ‣ **1** (Ezek. 9,4)
γινομένας ‣ **5** + **1** = **6**
    Verb ‑ present ‑ middle ‑ participle ‑ feminine ‑ plural ‑ accusative ‣ **5** + **1** = **6** (1Mac. 2,6; 2Mac. 5,3; 3Mac. 3,8; 3Mac. 5,42; Eccl. 4,1; Acts 8,13)
γινομένη ‣ **2** + **1** = **3**
    Verb ‑ present ‑ middle ‑ participle ‑ feminine ‑ singular ‑ nominative ‣ **2** + **1** = **3** (Eccl. 8,11; Jer. 15,18; Acts 12,5)
γινομένῃ ‣ **1** + **1** = **2**
    Verb ‑ present ‑ middle ‑ participle ‑ feminine ‑ singular ‑ dative ‣ **1** + **1** = **2** (4Mac. 5,13; 1Pet. 4,12)
γινομένην ‣ 1
    Verb ‑ present ‑ middle ‑ participle ‑ feminine ‑ singular ‑ accusative ‣ **1** (2Mac. 8,20)
γινομένης ‣ 1
    Verb ‑ present ‑ middle ‑ participle ‑ feminine ‑ singular ‑ genitive ‣ **1** (Acts 23,10)
γινόμενοι ‣ 2
    Verb ‑ present ‑ middle ‑ participle ‑ masculine ‑ plural ‑ nominative ‣ **2** (Acts 19,26; 1Pet. 5,3)
γινομένοις ‣ 1
    Verb ‑ present ‑ middle ‑ participle ‑ neuter ‑ plural ‑ dative ‣ **1** (Luke 13,17)
γινόμενον ‣ **4** + **4** = **8**
    Verb ‑ present ‑ middle ‑ participle ‑ masculine ‑ singular ‑ accusative ‣ **1** + **1** = **2** (Job 40,32; John 6,19)
    Verb ‑ present ‑ middle ‑ participle ‑ neuter ‑ singular ‑ accusative ‣ **1** + **2** = **3** (3Mac. 1,17; Luke 23,8; Acts 28,6)
    Verb ‑ present ‑ middle ‑ participle ‑ neuter ‑ singular ‑ nominative ‣ **2** + **1** = **3** (1Kings 13,32; Neh. 5,18; Acts 12,9)
γινόμενος ‣ 3
    Verb ‑ present ‑ middle ‑ participle ‑ masculine ‑ singular ‑ nominative ‣ **3** (Gen. 18,18; 2Mac. 4,5; 2Mac. 14,46)
γινομένου ‣ 1
    Verb ‑ present ‑ middle ‑ participle ‑ neuter ‑ singular ‑ genitive ‣ **1** (John 13,2)
γινομένῳ ‣ 1
    Verb ‑ present ‑ middle ‑ participle ‑ masculine ‑ singular ‑ dative ‣ **1** (Eccl. 2,18)
γινομένων ‣ **1** + **1** = **2**
    Verb ‑ present ‑ middle ‑ participle ‑ neuter ‑ plural ‑ genitive ‣ **1** + **1** = **2** (Eccl. 1,13; Acts 24,2)
γίνονται ‣ 7
    Verb ‑ third ‑ plural ‑ present ‑ middle ‑ indicative ‣ **7** (Ezra 4,19; Ezra 4,20; Prov. 11,16; Prov. 15,28a; Prov. 23,30; Prov. 29,16; Prov. 29,16)
Γίνου ‣ 2
    Verb ‑ second ‑ singular ‑ present ‑ middle ‑ imperative ‣ **2** (Job 37,6; Sir. 5,11)
γίνου ‣ **30** + **1** + **5** = **36**
    Verb ‑ second ‑ singular ‑ present ‑ middle ‑ imperative ‣ **30** + **1** + **5** = **36** (Gen. 17,1; Gen. 24,60; Gen. 27,29; Ex. 18,19; Ex. 34,2; 1Kings 22,13; Judith 15,10; Tob. 5,17; Tob. 7,10; Tob. 7,11; Tob.

γίνομαι

14,9; Prov. 23,19; Prov. 27,11; Eccl. 7,16; Eccl. 7,17; Job 11,3; Sir. 4,10; Sir. 4,29; Sir. 5,5; Sir. 5,15; Sir. 8,12; Sir. 13,9; Sir. 18,23; Sir. 18,33; Sir. 31,22; Sir. 32,1; Sir. 32,8; Sir. 33,23; Ezek. 2,8; Ezek. 32,21; Judg. 17,10; Luke 19,19; John 20,27; 1Tim. 4,12; Rev. 2,10; Rev. 3,2)

γινώμεθα ▸ 2
  Verb ▪ first ▪ plural ▪ present ▪ middle ▪ subjunctive ▸ 2 (Gal. 5,26; 3John 8)

γίνωνται ▸ 1
  Verb ▪ third ▪ plural ▪ present ▪ middle ▪ subjunctive ▸ 1 (1Cor. 16,2)

ἐγεγόνει ▸ 4 + 1 = 5
  Verb ▪ third ▪ singular ▪ pluperfect ▪ active ▪ indicative ▸ 4 + 1 = 5 (1Mac. 4,27; 2Mac. 12,39; 2Mac. 13,17; Job 4,12; John 6,17)

ἐγένεσθε ▸ 2 + 4 = 6
  Verb ▪ second ▪ plural ▪ aorist ▪ middle ▪ indicative ▸ 2 + 4 = 6 (Amos 4,11; Ezek. 22,19; Luke 16,11; Luke 16,12; Acts 7,52; James 2,4)

ἐγένετο ▸ 759 + 71 + 170 = 1000
  Verb ▪ third ▪ singular ▪ aorist ▪ middle ▪ indicative ▸ 759 + 71 + 170 = **1000** (Gen. 1,3; Gen. 1,5; Gen. 1,5; Gen. 1,6; Gen. 1,8; Gen. 1,8; Gen. 1,9; Gen. 1,11; Gen. 1,13; Gen. 1,13; Gen. 1,15; Gen. 1,19; Gen. 1,19; Gen. 1,20; Gen. 1,23; Gen. 1,23; Gen. 1,24; Gen. 1,30; Gen. 1,31; Gen. 1,31; Gen. 2,4; Gen. 2,7; Gen. 4,2; Gen. 4,3; Gen. 4,8; Gen. 4,26; Gen. 6,1; Gen. 7,6; Gen. 7,10; Gen. 7,10; Gen. 7,12; Gen. 7,17; Gen. 8,6; Gen. 8,13; Gen. 10,10; Gen. 10,30; Gen. 11,2; Gen. 11,3; Gen. 12,10; Gen. 12,11; Gen. 12,14; Gen. 13,7; Gen. 15,4; Gen. 15,17; Gen. 19,17; Gen. 19,26; Gen. 19,29; Gen. 19,34; Gen. 20,13; Gen. 21,5; Gen. 21,9; Gen. 21,20; Gen. 22,1; Gen. 24,15; Gen. 24,22; Gen. 24,30; Gen. 24,45; Gen. 24,52; Gen. 24,67; Gen. 25,11; Gen. 26,1; Gen. 26,8; Gen. 26,13; Gen. 26,14; Gen. 26,32; Gen. 27,30; Gen. 27,30; Gen. 27,34; Gen. 29,10; Gen. 29,13; Gen. 29,23; Gen. 29,25; Gen. 30,41; Gen. 30,42; Gen. 30,43; Gen. 31,10; Gen. 34,25; Gen. 35,5; Gen. 35,16; Gen. 35,17; Gen. 35,18; Gen. 37,23; Gen. 38,7; Gen. 38,28; Gen. 39,2; Gen. 39,5; Gen. 39,7; Gen. 39,11; Gen. 39,13; Gen. 39,19; Gen. 40,20; Gen. 41,54; Gen. 42,35; Gen. 42,36; Gen. 43,2; Gen. 43,21; Gen. 44,24; Gen. 45,2; Gen. 47,20; Gen. 50,9; Ex. 4,3; Ex. 4,4; Ex. 7,10; Ex. 7,19; Ex. 9,10; Ex. 9,11; Ex. 9,26; Ex. 10,22; Ex. 12,41; Ex. 12,51; Ex. 14,20; Ex. 16,13; Ex. 16,13; Ex. 16,22; Ex. 16,24; Ex. 16,27; Ex. 18,13; Ex. 19,16; Ex. 32,30; Ex. 33,7; Ex. 39,1; Ex. 40,17; Lev. 8,29; Num. 1,45; Num. 4,36; Num. 4,40; Num. 7,1; Num. 10,11; Num. 10,34; Num. 10,36; Num. 11,35; Num. 17,7; Num. 17,23; Num. 21,9; Num. 24,2; Num. 26,1; Num. 26,7; Num. 31,16; Num. 31,37; Num. 31,43; Num. 31,52; Num. 36,12; Deut. 4,36; Deut. 5,23; Deut. 9,11; Deut. 9,21; Deut. 26,5; Josh. 1,1; Josh. 2,7; Josh. 3,2; Josh. 4,11; Josh. 4,18; Josh. 5,1; Josh. 5,13; Josh. 7,5; Josh. 8,14; Josh. 9,16; Josh. 10,14; Josh. 10,20; Josh. 11,20; Josh. 13,23; Josh. 13,25; Josh. 13,30; Josh. 15,1; Josh. 15,18; Josh. 16,1; Josh. 17,1; Josh. 21,4; Josh. 23,1; Josh. 24,30; Josh. 24,33; Judg. 1,1; Judg. 1,14; Judg. 1,28; Judg. 1,29; Judg. 1,30; Judg. 1,31; Judg. 1,35; Judg. 2,4; Judg. 2,19; Judg. 3,4; Judg. 3,10; Judg. 3,18; Judg. 3,21; Judg. 3,27; Judg. 6,3; Judg. 6,7; Judg. 6,27; Judg. 6,38; Judg. 6,40; Judg. 6,40; Judg. 7,6; Judg. 7,15; Judg. 8,27; Judg. 9,35; Judg. 11,4; Judg. 11,39; Judg. 13,2; Judg. 13,20; Judg. 14,11; Judg. 14,15; Judg. 14,17; Judg. 15,1; Judg. 15,17; Judg. 16,4; Judg. 16,16; Judg. 16,25; Judg. 17,1; Judg. 17,4; Judg. 17,7; Judg. 19,1; Judg. 19,1; Judg. 19,2; Judg. 19,30; Judg. 20,3; Judg. 21,4; Ruth 1,1; Ruth 1,1; Ruth 3,8; 1Sam. 3,2; 1Sam. 4,10; 1Sam. 4,17; 1Sam. 4,18; 1Sam. 5,4; 1Sam. 5,6; 1Sam. 8,1; 1Sam. 9,26; 1Sam. 13,10; 1Sam. 14,20; 1Sam. 19,9; 1Sam. 23,6; 1Sam. 24,17; 1Sam. 25,37; 1Sam. 25,38; 1Sam. 30,25; 2Sam. 1,1; 2Sam. 1,2; 2Sam. 2,1; 2Sam. 2,17; 2Sam. 2,23; 2Sam. 3,1; 2Sam. 3,6; 2Sam. 3,37; 2Sam. 4,4; 2Sam. 6,16; 2Sam. 6,23; 2Sam. 7,1; 2Sam. 7,4; 2Sam. 7,4; 2Sam. 8,1; 2Sam. 8,2; 2Sam. 8,2; 2Sam. 8,6; 2Sam. 10,1; 2Sam. 11,1; 2Sam. 11,2; 2Sam. 11,14; 2Sam. 12,18; 2Sam. 13,20; 2Sam. 13,23; 2Sam. 13,30; 2Sam. 13,35; 2Sam. 13,36; 2Sam. 14,26; 2Sam. 15,1; 2Sam. 15,2; 2Sam. 15,2; 2Sam. 15,5; 2Sam. 15,7; 2Sam. 15,12; 2Sam. 17,21; 2Sam. 17,27; 2Sam. 18,6; 2Sam. 18,7; 2Sam. 18,8; 2Sam. 19,3; 2Sam. 19,26; 2Sam. 21,1; 2Sam. 21,19; 2Sam. 21,20; 2Sam. 22,19; 2Sam. 23,19; 2Sam. 24,9; 2Sam. 24,11; 1Kings 2,15; 1Kings 8,1; 1Kings 8,10; 1Kings 8,17; 1Kings 8,54; 1Kings 10,5; 1Kings 11,11; 1Kings 11,15; 1Kings 12,20; 1Kings 12,22; 1Kings 12,24k; 1Kings 12,24n; 1Kings 12,24o; 1Kings 12,24x; 1Kings 12,24y; 1Kings 12,30; 1Kings 13,4; 1Kings 13,6; 1Kings 13,20; 1Kings 13,20; 1Kings 13,23; 1Kings 13,31; 1Kings 13,34; 1Kings 14,25; 1Kings 14,28; 1Kings 15,21; 1Kings 15,29; 1Kings 16,1; 1Kings 17,2; 1Kings 17,7; 1Kings 17,7; 1Kings 17,8; 1Kings 17,17; 1Kings 17,22; 1Kings 18,1; 1Kings 18,1; 1Kings 18,4; 1Kings 18,17; 1Kings 18,27; 1Kings 18,29; 1Kings 18,44; 1Kings 18,45; 1Kings 18,45; 1Kings 19,13; 1Kings 20,4; 1Kings 20,15; 1Kings 20,16; 1Kings 20,16; 1Kings 20,28; 1Kings 21,12; 1Kings 21,26; 1Kings 21,29; 1Kings 21,39; 1Kings 22,32; 1Kings 22,33; 2Kings 2,1; 2Kings 2,9; 2Kings 2,11; 2Kings 3,5; 2Kings 3,15; 2Kings 3,15; 2Kings 3,20; 2Kings 3,27; 2Kings 4,8; 2Kings 4,8; 2Kings 4,11; 2Kings 4,18; 2Kings 4,25; 2Kings 4,40; 2Kings 5,7; 2Kings 5,8; 2Kings 6,20; 2Kings 6,24; 2Kings 6,25; 2Kings 6,30; 2Kings 7,16; 2Kings 7,18; 2Kings 7,20; 2Kings 8,3; 2Kings 8,5; 2Kings 8,15; 2Kings 8,21; 2Kings 9,20; 2Kings 9,22; 2Kings 10,7; 2Kings 10,9; 2Kings 10,25; 2Kings 11,8; 2Kings 12,11; 2Kings 12,17; 2Kings 13,21; 2Kings 14,5; 2Kings 15,12; 2Kings 17,7; 2Kings 17,25; 2Kings 18,1; 2Kings 18,9; 2Kings 19,1; 2Kings 19,35; 2Kings 19,37; 2Kings 20,4; 2Kings 22,11; 1Chr. 6,39; 1Chr. 7,23; 1Chr. 10,8; 1Chr. 11,6; 1Chr. 12,20; 1Chr. 14,17; 1Chr. 15,26; 1Chr. 15,29; 1Chr. 17,1; 1Chr. 17,3; 1Chr. 17,3; 1Chr. 18,1; 1Chr. 19,1; 1Chr. 20,1; 1Chr. 20,4; 1Chr. 20,4; 1Chr. 20,5; 1Chr. 20,6; 1Chr. 22,7; 1Chr. 22,8; 1Chr. 23,3; 1Chr. 25,1; 1Chr. 25,7; 1Chr. 27,24; 1Chr. 28,2; 1Chr. 29,25; 2Chr. 1,11; 2Chr. 5,11; 2Chr. 5,13; 2Chr. 6,7; 2Chr. 6,8; 2Chr. 6,8; 2Chr. 8,1; 2Chr. 9,4; 2Chr. 10,2; 2Chr. 11,2; 2Chr. 11,4; 2Chr. 12,1; 2Chr. 12,2; 2Chr. 12,7; 2Chr. 12,11; 2Chr. 13,13; 2Chr. 13,15; 2Chr. 14,7; 2Chr. 15,1; 2Chr. 15,17; 2Chr. 16,5; 2Chr. 17,3; 2Chr. 17,5; 2Chr. 17,10; 2Chr. 17,13; 2Chr. 18,31; 2Chr. 18,32; 2Chr. 19,2; 2Chr. 20,14; 2Chr. 20,29; 2Chr. 21,9; 2Chr. 21,19; 2Chr. 22,7; 2Chr. 22,8; 2Chr. 24,4; 2Chr. 24,4; 2Chr. 24,11; 2Chr. 24,17; 2Chr. 24,18; 2Chr. 24,23; 2Chr. 25,3; 2Chr. 25,14; 2Chr. 25,15; 2Chr. 25,16; 2Chr. 25,20; 2Chr. 26,11; 2Chr. 29,3; 2Chr. 29,32; 2Chr. 29,36; 2Chr. 30,12; 2Chr. 30,26; 2Chr. 30,26; 2Chr. 32,25; 2Chr. 32,27; 2Chr. 32,31; 2Chr. 34,19; 2Chr. 35,18; 1Esdr. 3,3; 1Esdr. 9,3; Neh. 1,1; Neh. 1,4; Neh. 2,1; Neh. 2,10; Neh. 3,33; Neh. 4,1; Neh. 4,6; Neh. 4,9; Neh. 4,10; Neh. 6,1; Neh. 6,16; Neh. 7,1; Neh. 7,66; Neh. 8,5; Neh. 8,17; Neh. 13,3; Neh. 13,19; Esth. 11,6 # 1,1e; Esth. 11,10 # 1,1i; Esth. 1,1 # 1,1s; Esth. 1,8; Esth. 8,16; Esth. 9,26; Esth. 10,4 # 10,3a; Esth. 10,6 # 10,3c; Judith 2,1; Judith 2,4; Judith 5,22; Judith 7,29; Judith 8,18; Judith 8,26; Judith 10,1; Judith 10,18; Judith 12,10; Judith 13,1; Judith 13,12; Judith 14,19; Judith 16,21; Tob. 11,18; 1Mac. 1,1; 1Mac. 1,25; 1Mac. 1,33; 1Mac. 1,36; 1Mac. 1,38; 1Mac. 1,38; 1Mac. 1,64; 1Mac. 2,8; 1Mac. 2,11; 1Mac. 2,53; 1Mac. 2,55; 1Mac. 5,1; 1Mac. 5,30; 1Mac. 6,8; 1Mac. 6,8; 1Mac. 7,2; 1Mac. 9,13; 1Mac. 9,23; 1Mac. 9,27; 1Mac. 9,27; 1Mac. 10,47; 1Mac. 10,64; 1Mac. 10,88; 1Mac. 13,44; 2Mac. 1,22; 2Mac. 12,40; 2Mac. 13,22; 4Mac. 15,6; Psa.

γίνομαι

9,10; Psa. 17,19; Psa. 103,20; Psa. 117,23; Ode. 10,1; Ode. 11,12; Prov. 31,14; Eccl. 2,10; Eccl. 3,20; Eccl. 4,3; Eccl. 6,3; Eccl. 6,10; Eccl. 7,10; Eccl. 12,9; Job 1,6; Job 1,21; Job 24,20; Wis. 2,14; Wis. 6,22; Wis. 10,17; Wis. 14,21; Wis. 18,20; Sir. 5,4; Sir. 24,31; Sir. 40,10; Sir. 44,17; Sir. 44,17; Sir. 44,20; Sir. 46,1; Hos. 5,9; Hos. 7,8; Hos. 8,8; Mic. 1,1; Mic. 1,14; Jonah 1,1; Jonah 1,4; Jonah 3,1; Jonah 4,8; Hag. 1,1; Hag. 1,3; Hag. 1,9; Hag. 2,10; Hag. 2,16; Hag. 2,20; Zech. 1,1; Zech. 1,7; Zech. 4,8; Zech. 6,9; Zech. 7,1; Zech. 7,1; Zech. 7,4; Zech. 7,8; Zech. 7,12; Zech. 8,1; Zech. 8,18; Mal. 2,11; Is. 1,21; Is. 6,1; Is. 7,1; Is. 24,9; Is. 26,7; Is. 33,9; Is. 36,1; Is. 37,1; Is. 38,4; Is. 38,12; Is. 40,13; Is. 42,22; Is. 43,10; Is. 46,1; Is. 48,3; Is. 48,16; Is. 48,18; Is. 48,19; Is. 50,11; Is. 59,9; Is. 63,8; Jer. 1,1; Jer. 1,3; Jer. 1,4; Jer. 1,11; Jer. 1,13; Jer. 2,14; Jer. 3,9; Jer. 6,10; Jer. 13,6; Jer. 14,1; Jer. 18,5; Jer. 20,9; Jer. 23,10; Jer. 24,4; Jer. 25,20; Jer. 28,41; Jer. 31,19; Jer. 31,39; Jer. 33,8; Jer. 35,1; Jer. 35,12; Jer. 36,30; Jer. 39,24; Jer. 39,26; Jer. 40,1; Jer. 42,9; Jer. 42,12; Jer. 43,27; Jer. 44,6; Jer. 44,11; Jer. 44,13; Jer. 46,1; Jer. 46,15; Jer. 48,1; Jer. 48,4; Jer. 48,7; Jer. 48,13; Jer. 50,8; Jer. 52,4; Jer. 52,31; Bar. 4,28; Lam. 1,1; Lam. 1,8; Ezek. 1,1; Ezek. 1,3; Ezek. 1,3; Ezek. 3,3; Ezek. 3,14; Ezek. 3,16; Ezek. 3,22; Ezek. 6,1; Ezek. 7,1; Ezek. 7,19; Ezek. 8,1; Ezek. 8,1; Ezek. 9,8; Ezek. 10,6; Ezek. 11,13; Ezek. 11,14; Ezek. 12,1; Ezek. 12,8; Ezek. 12,17; Ezek. 12,21; Ezek. 12,26; Ezek. 13,1; Ezek. 14,2; Ezek. 14,12; Ezek. 15,1; Ezek. 16,1; Ezek. 16,19; Ezek. 16,23; Ezek. 16,34; Ezek. 16,34; Ezek. 17,1; Ezek. 17,6; Ezek. 17,6; Ezek. 17,7; Ezek. 17,11; Ezek. 18,1; Ezek. 19,3; Ezek. 19,6; Ezek. 19,10; Ezek. 19,11; Ezek. 20,1; Ezek. 20,2; Ezek. 21,1; Ezek. 21,6; Ezek. 21,13; Ezek. 21,17; Ezek. 21,17; Ezek. 21,23; Ezek. 21,27; Ezek. 22,1; Ezek. 22,17; Ezek. 22,23; Ezek. 22,24; Ezek. 23,1; Ezek. 23,10; Ezek. 24,1; Ezek. 24,15; Ezek. 24,20; Ezek. 25,1; Ezek. 26,1; Ezek. 27,1; Ezek. 27,7; Ezek. 28,1; Ezek. 28,11; Ezek. 28,20; Ezek. 29,1; Ezek. 29,17; Ezek. 29,17; Ezek. 30,1; Ezek. 30,20; Ezek. 30,20; Ezek. 31,1; Ezek. 31,1; Ezek. 31,3; Ezek. 31,7; Ezek. 32,1; Ezek. 32,1; Ezek. 32,17; Ezek. 33,1; Ezek. 34,1; Ezek. 35,1; Ezek. 36,16; Ezek. 37,1; Ezek. 37,7; Ezek. 37,15; Ezek. 38,1; Ezek. 40,1; Ezek. 40,1; Ezek. 40,21; Ezek. 44,12; Dan. 2,1; Dan. 2,35; Dan. 2,35; Dan. 2,35; Dan. 3,91; Dan. 8,15; Dan. 9,2; Dan. 10,4; Bel 14; Bel 15-17; Bel 33; Josh. 19,33; Judg. 1,1; Judg. 1,14; Judg. 1,28; Judg. 1,29; Judg. 1,30; Judg. 1,31; Judg. 2,4; Judg. 2,19; Judg. 3,4; Judg. 3,10; Judg. 3,18; Judg. 3,21; Judg. 3,27; Judg. 6,3; Judg. 6,25; Judg. 6,38; Judg. 6,40; Judg. 7,6; Judg. 7,15; Judg. 8,26; Judg. 8,27; Judg. 8,33; Judg. 9,42; Judg. 11,5; Judg. 11,29; Judg. 11,35; Judg. 11,39; Judg. 11,39; Judg. 13,20; Judg. 14,11; Judg. 14,15; Judg. 14,17; Judg. 14,20; Judg. 15,1; Judg. 15,17; Judg. 16,4; Judg. 16,11; Judg. 16,14; Judg. 16,16; Judg. 17,1; Judg. 17,5; Judg. 17,12; Judg. 17,12; Judg. 19,1; Judg. 19,1; Judg. 19,5; Judg. 19,30; Judg. 19,30; Judg. 20,3; Judg. 21,4; Tob. 8,16; Tob. 10,6; Tob. 11,18; Tob. 14,2; Dan. 1,6; Dan. 1,16; Dan. 1,21; Dan. 2,1; Dan. 3,7; Dan. 4,31; Dan. 8,15; Dan. 9,16; Sus. 7; Sus. 15; Sus. 19; Sus. 28; Sus. 64; Bel 13; Bel 18; Bel 28; Matt. 7,28; Matt. 8,24; Matt. 8,26; Matt. 9,10; Matt. 11,1; Matt. 11,26; Matt. 13,53; Matt. 17,2; Matt. 19,1; Matt. 21,42; Matt. 26,1; Matt. 27,45; Matt. 28,2; Mark 1,4; Mark 1,9; Mark 1,11; Mark 2,23; Mark 2,27; Mark 4,4; Mark 4,10; Mark 4,22; Mark 4,39; Mark 5,16; Mark 6,14; Mark 9,3; Mark 9,7; Mark 9,7; Mark 9,26; Mark 11,19; Mark 12,11; Mark 15,33; Luke 1,23; Luke 1,41; Luke 1,44; Luke 1,59; Luke 1,65; Luke 2,2; Luke 2,13; Luke 2,15; Luke 2,42; Luke 2,46; Luke 3,2; Luke 4,25; Luke 4,36; Luke 5,12; Luke 5,17; Luke 6,13; Luke 6,16; Luke 6,49; Luke 7,11; Luke 8,1; Luke 8,24; Luke 9,18; Luke 9,29; Luke 9,33; Luke 9,34; Luke 9,35; Luke 10,21; Luke 11,1; Luke 11,14; Luke 11,30; Luke 13,19; Luke 14,1; Luke 15,14; Luke 16,22; Luke 17,11; Luke 17,14; Luke 17,26; Luke 17,28; Luke 19,9; Luke 19,15; Luke 19,29; Luke 20,1; Luke 22,14; Luke 22,44; Luke 22,66; Luke 23,44; Luke 24,4; Luke 24,15; Luke 24,19; Luke 24,21; Luke 24,30; Luke 24,31; Luke 24,51; John 1,3; John 1,3; John 1,10; John 1,14; John 1,17; John 1,28; John 2,1; John 5,9; John 6,16; John 6,21; John 7,43; John 10,19; John 10,35; John 19,36; Acts 1,19; Acts 2,2; Acts 5,5; Acts 5,11; Acts 6,1; Acts 7,13; Acts 7,29; Acts 7,31; Acts 7,40; Acts 8,8; Acts 9,3; Acts 9,37; Acts 9,42; Acts 10,10; Acts 10,10; Acts 10,13; Acts 10,16; Acts 10,25; Acts 11,10; Acts 11,26; Acts 11,28; Acts 12,18; Acts 14,5; Acts 15,39; Acts 16,26; Acts 19,10; Acts 19,17; Acts 19,34; Acts 20,3; Acts 20,37; Acts 21,1; Acts 21,5; Acts 21,30; Acts 21,35; Acts 23,7; Acts 23,9; Acts 27,27; Acts 27,39; Acts 27,42; Acts 27,44; Acts 28,8; Rom. 7,13; Rom. 11,34; 1Cor. 15,45; 2Cor. 1,19; 1Th. 3,4; 2Tim. 3,9; 2Tim. 3,11; Heb. 2,2; Heb. 5,9; Heb. 11,7; Rev. 2,8; Rev. 6,12; Rev. 6,12; Rev. 6,12; Rev. 8,1; Rev. 8,7; Rev. 8,8; Rev. 8,11; Rev. 11,13; Rev. 11,15; Rev. 12,7; Rev. 12,10; Rev. 16,2; Rev. 16,3; Rev. 16,4; Rev. 16,10; Rev. 16,18; Rev. 16,18; Rev. 16,18; Rev. 16,19; Rev. 18,2)

Ἐγένετο ▸ 21 + 32 = 53

Verb • third • singular • aorist • middle • indicative ▸ 21 + 32 = 53 (Gen. 14,1; Gen. 17,1; Gen. 21,22; Gen. 22,20; Gen. 23,1; Gen. 26,1; Gen. 27,1; Gen. 30,25; Gen. 35,22; Gen. 38,1; Gen. 38,24; Gen. 38,27; Gen. 40,1; Gen. 41,1; Gen. 41,8; Gen. 48,1; Ex. 2,11; Ex. 4,24; Job 2,1; Job 42,7; Is. 38,1; Luke 1,5; Luke 1,8; Luke 2,1; Luke 2,6; Luke 3,21; Luke 5,1; Luke 6,1; Luke 6,6; Luke 6,12; Luke 8,22; Luke 9,28; Luke 9,37; Luke 9,51; Luke 11,27; Luke 18,35; Luke 22,24; John 1,6; John 3,25; John 10,22; Acts 4,5; Acts 5,7; Acts 8,1; Acts 9,19; Acts 9,32; Acts 9,43; Acts 14,1; Acts 16,16; Acts 19,1; Acts 19,23; Acts 22,6; Acts 22,17; Acts 28,17)

ἐγένετό ▸ 13 + 1 = 14

Verb • third • singular • aorist • middle • indicative ▸ 13 + 1 = 14 (Ex. 15,2; Tob. 8,16; Psa. 93,22; Psa. 117,14; Ode. 1,2; Eccl. 2,7; Sir. 24,31; Sir. 51,17; Is. 12,2; Is. 22,1; Jer. 3,3; Jer. 20,17; Ezek. 27,7; Judg. 17,13)

ἐγενήθη ▸ 273 + 21 + 12 = 306

Verb • third • singular • aorist • passive • indicative ▸ 273 + 21 + 12 = 306 (Gen. 4,18; Gen. 10,21; Gen. 11,28; Gen. 15,1; Gen. 20,12; Gen. 39,5; Gen. 41,13; Gen. 42,25; Gen. 44,2; Gen. 49,15; Ex. 2,10; Ex. 4,6; Ex. 10,13; Ex. 11,3; Ex. 12,30; Ex. 14,24; Ex. 39,4; Lev. 9,1; Num. 4,44; Num. 14,24; Num. 22,41; Num. 23,7; Num. 31,32; Num. 31,36; Deut. 1,3; Deut. 2,16; Deut. 2,36; Deut. 9,21; Deut. 32,9; Josh. 10,27; Josh. 13,16; Josh. 14,14; Josh. 15,2; Josh. 16,5; Josh. 16,5; Josh. 17,2; Josh. 17,6; Josh. 17,7; Josh. 17,13; Josh. 18,12; Josh. 19,1; Josh. 19,2; Josh. 19,9; Josh. 19,18; Josh. 19,25; Josh. 19,33; Josh. 19,41; Josh. 21,10; Josh. 21,20; Josh. 21,40; Josh. 22,17; Josh. 22,20; Judg. 6,25; Judg. 7,9; Judg. 8,26; Judg. 8,33; Judg. 9,42; Judg. 11,5; Judg. 11,29; Judg. 11,35; Judg. 11,39; Judg. 12,5; Judg. 16,11; Judg. 17,5; Judg. 17,8; Judg. 17,11; Judg. 17,12; Judg. 17,13; Judg. 18,29; Judg. 19,5; Judg. 19,30; Judg. 21,3; Ruth 2,17; Ruth 4,13; Ruth 4,16; 1Sam. 1,4; 1Sam. 1,12; 1Sam. 1,20; 1Sam. 4,1; 1Sam. 4,5; 1Sam. 5,9; 1Sam. 5,10; 1Sam. 5,11; 1Sam. 7,2; 1Sam. 7,13; 1Sam. 10,9; 1Sam. 10,12; 1Sam. 11,1; 1Sam. 11,11; 1Sam. 13,22; 1Sam. 14,14; 1Sam. 14,15; 1Sam. 14,15; 1Sam. 14,19; 1Sam. 15,10; 1Sam. 16,6; 1Sam. 16,21; 1Sam. 16,23; 1Sam. 19,11; 1Sam. 19,20; 1Sam. 19,23; 1Sam. 20,27; 1Sam. 20,35; 1Sam. 24,2; 1Sam. 24,6; 1Sam. 25,2; 1Sam. 25,20; 1Sam. 27,6; 1Sam. 27,7; 1Sam. 28,1; 1Sam. 30,1; 1Sam. 30,25; 1Sam. 31,8; 2Sam. 1,2; 2Sam. 10,9; 2Sam. 11,16; 2Sam. 11,27; 2Sam. 13,1; 2Sam. 16,16; 2Sam. 17,23; 2Sam. 21,15; 2Sam. 21,18; 1Kings 2,15; 1Kings 2,39; 1Kings 3,18; 1Kings 5,21; 1Kings 6,1; 1Kings 8,18; 1Kings 9,1; 1Kings 11,4; 1Kings 11,29; 1Kings 11,43; 1Kings

γίνομαι

14,24; 1Kings 16,11; 1Kings 16,18; 1Kings 21,40; 1Kings 22,2; 2Kings 4,41; 2Kings 6,25; 2Kings 12,7; 2Kings 17,3; 2Kings 18,5; 2Kings 19,25; 2Kings 22,3; 2Kings 23,22; 2Kings 23,23; 2Kings 23,25; 2Kings 24,1; 2Kings 25,1; 2Kings 25,25; 2Kings 25,27; 2Chr. 1,12; 2Chr. 9,19; 2Chr. 14,13; 2Chr. 14,13; 2Chr. 18,1; 2Chr. 35,19b; 1Esdr. 8,75; Ezra 8,33; Neh. 6,8; Neh. 6,16; Esth. 15,1; Judith 5,18; Tob. 2,1; Tob. 2,10; Tob. 8,6; 1Mac. 4,25; 1Mac. 4,58; 1Mac. 5,61; 1Mac. 9,24; 1Mac. 14,30; 1Mac. 16,24; 2Mac. 1,32; 2Mac. 1,33; 2Mac. 5,10; 3Mac. 4,12; 3Mac. 6,20; Psa. 17,8; Psa. 21,15; Psa. 29,11; Psa. 41,4; Psa. 68,11; Psa. 75,3; Psa. 76,19; Psa. 86,5; Psa. 88,42; Psa. 105,36; Psa. 113,2; Psa. 117,22; Psa. 118,56; Ode. 2,9; Ode. 7,33; Song 8,11; Job 12,4; Job 16,8; Sir. 31,6; Sir. 44,17; Sir. 45,15; Sir. 46,4; Sol. 17,18; Hos. 1,1; Hos. 7,6; Joel 1,1; Jonah 4,10; Zeph. 1,1; Zeph. 2,15; Is. 2,6; Is. 5,1; Is. 5,13; Is. 5,13; Is. 5,25; Is. 9,5; Is. 14,28; Is. 30,15; Is. 33,2; Is. 50,7; Is. 64,9; Is. 64,9; Is. 64,10; Jer. 1,2; Jer. 5,23; Jer. 5,30; Jer. 8,8; Jer. 12,8; Jer. 13,3; Jer. 13,8; Jer. 15,18; Jer. 20,8; Jer. 27,6; Jer. 27,23; Jer. 32,38; Jer. 33,1; Jer. 37,7; Jer. 38,26; Jer. 39,6; Jer. 41,12; Jer. 42,11; Jer. 43,1; Jer. 43,9; Jer. 43,16; Jer. 43,23; Jer. 49,7; Jer. 49,7; Jer. 50,1; Jer. 51,22; Lam. 1,1a; Lam. 1,1a; Lam. 1,12; Lam. 1,17; Lam. 3,37; Lam. 3,47; Lam. 5,1; Lam. 5,17; Ezek. 19,2; Ezek. 26,1; Ezek. 29,18; Ezek. 32,17; Ezek. 32,22; Ezek. 33,21; Ezek. 33,22; Ezek. 33,23; Ezek. 34,5; Ezek. 36,2; Ezek. 36,17; Ezek. 36,34; Ezek. 36,35; Ezek. 38,8; Dan. 3,33; Dan. 3,92; Dan. 8,11; Dan. 9,12; Dan. 9,12; Dan. 12,1; Josh. 19,1; Josh. 19,2; Josh. 19,9; Josh. 19,18; Josh. 19,25; Josh. 19,41; Judg. 1,35; Judg. 6,27; Judg. 6,40; Judg. 7,9; Judg. 15,14; Judg. 17,4; Judg. 17,7; Judg. 17,11; Judg. 21,3; Tob. 2,1; Tob. 8,6; Dan. 2,35; Dan. 3,33; Dan. 8,11; Dan. 9,2; Matt. 21,42; Mark 12,10; Luke 18,23; Luke 20,17; Acts 4,4; Rom. 16,2; 1Cor. 1,30; 1Cor. 15,10; 2Cor. 3,7; 2Cor. 7,14; 1Th. 1,5; 1Pet. 2,7)

Ἐγενήθη ▸ 4
  Verb · third · singular · aorist · passive · indicative   ▸ **4**   (Ex. 12,29; 2Sam. 15,13; 2Sam. 17,9; Lam. 2,5)

ἐγενήθημεν ▸ 11 + 7 = 18
  Verb · first · plural · aorist · passive · indicative   ▸ 11 + 7 = **18** (2Sam. 11,23; Neh. 3,36; Psa. 78,4; Psa. 125,1; Psa. 125,3; Ode. 5,17; Wis. 2,2; Is. 1,9; Is. 26,17; Is. 64,5; Lam. 5,3; Rom. 9,29; 1Cor. 4,9; 1Cor. 4,13; 1Th. 1,5; 1Th. 2,5; 1Th. 2,7; 1Th. 2,10)

ἐγενήθην ▸ 18 + 1 + 1 = 20
  Verb · first · singular · aorist · passive · indicative   ▸ 18 + 1 + 1 = **20** (Gen. 24,7; Judg. 18,4; 2Chr. 6,10; 1Mac. 10,70; 4Mac. 18,7; Psa. 29,8; Psa. 30,12; Psa. 30,13; Psa. 68,9; Psa. 70,7; Psa. 87,5; Psa. 101,7; Psa. 101,8; Psa. 108,25; Psa. 118,83; Jer. 23,9; Lam. 1,11; Lam. 3,14; Tob. 1,9; Eph. 3,7)

ἐγενήθης ▸ 11
  Verb · second · singular · aorist · passive · indicative   ▸ **11**   (Psa. 58,17; Psa. 60,4; Psa. 62,8; Psa. 89,1; Ode. 14,39; Job 15,7; Jer. 14,8; Ezek. 28,13; Ezek. 28,14; Ezek. 28,15; Ezek. 29,6)

ἐγενήθησαν ▸ 43 + 1 + 5 = 49
  Verb · third · plural · aorist · passive · indicative   ▸ 43 + 1 + 5 = **49** (Gen. 6,1; Gen. 10,1; Gen. 10,25; Num. 4,48; Num. 26,10; Num. 26,62; Num. 36,12; Josh. 7,12; Josh. 8,22; Josh. 8,25; Josh. 18,21; Josh. 19,33; Judg. 1,33; 1Sam. 10,11; 1Sam. 11,11; 2Sam. 2,25; Judith 9,5; Judith 16,14; 1Mac. 14,29; Psa. 32,9; Psa. 63,8; Psa. 82,9; Psa. 82,11; Psa. 86,4; Psa. 148,5; Job 38,7; Wis. 14,11; Is. 9,4; Jer. 5,8; Jer. 7,24; Jer. 28,30; Jer. 28,43; Jer. 31,28; Jer. 51,6; Bar. 2,5; Bar. 3,21; Lam. 4,8; Lam. 4,10; Ezek. 31,7; Ezek. 31,8; Ezek. 32,27; Dan. 8,12; Dan. 12,1; Josh. 19,33; Matt. 11,23; Matt. 28,4; Luke 10,13; 1Cor. 10,6; Heb. 11,34)

Ἐγενήθησαν ▸ 1
  Verb · third · plural · aorist · passive · indicative   ▸ **1**   (Josh. 15,21)

ἐγενήθησάν ▸ 2 + 1 = 3
  Verb · third · plural · aorist · passive · indicative   ▸ 2 + 1 = **3** (Psa. 44,17; Jer. 23,14; Col. 4,11)

ἐγενήθητε ▸ 2 + 5 = 7
  Verb · second · plural · aorist · passive · indicative   ▸ 2 + 5 = **7** (Lev. 19,34; Hos. 5,1; Eph. 2,13; 1Th. 1,6; 1Th. 2,8; 1Th. 2,14; 1Pet. 3,6)

ἐγενήθητέ ▸ 1
  Verb · second · plural · aorist · passive · indicative   ▸ **1** (Is. 1,14)

ἐγενόμεθα ▸ 2
  Verb · first · plural · aorist · middle · indicative   ▸ **2** (Is. 63,19; Jer. 51,17)

ἐγενόμην ▸ 22 + 2 + 12 = 36
  Verb · first · singular · aorist · middle · indicative   ▸ 22 + 2 + 12 = **36** (Gen. 24,4; 1Esdr. 8,27; Tob. 1,9; Psa. 36,25; Psa. 37,15; Psa. 68,12; Psa. 72,14; Psa. 72,22; Prov. 4,3; Prov. 5,14; Eccl. 1,12; Job 6,18; Job 10,19; Job 31,9; Job 31,15; Job 31,29; Wis. 8,2; Mic. 7,1; Is. 65,1; Jer. 2,31; Jer. 20,7; Jer. 38,9; Judg. 18,4; Tob. 5,6; Acts 20,18; Acts 26,19; Rom. 10,20; 1Cor. 2,3; 1Cor. 9,20; 1Cor. 9,22; Col. 1,23; Col. 1,25; Rev. 1,9; Rev. 1,10; Rev. 1,18; Rev. 4,2)

ἐγένοντο ▸ 114 + 4 + 12 = 130
  Verb · third · plural · aorist · middle · indicative   ▸ 114 + 4 + 12 = **130** (Gen. 5,4; Gen. 5,5; Gen. 5,8; Gen. 5,11; Gen. 5,14; Gen. 5,17; Gen. 5,20; Gen. 5,23; Gen. 5,27; Gen. 5,31; Gen. 9,29; Gen. 10,19; Gen. 11,32; Gen. 12,16; Gen. 25,3; Gen. 35,26; Gen. 35,28; Gen. 36,5; Gen. 36,11; Gen. 36,22; Gen. 41,21; Gen. 41,50; Gen. 41,53; Gen. 46,12; Gen. 46,20; Gen. 46,20; Gen. 46,21; Gen. 47,28; Ex. 1,7; Ex. 7,12; Ex. 8,13; Ex. 8,13; Ex. 8,14; Ex. 17,12; Num. 1,20; Num. 3,43; Num. 17,3; Num. 17,14; Num. 25,9; Num. 26,16; Num. 26,17; Num. 26,37; Num. 26,44; Num. 27,3; Num. 36,11; Josh. 5,4; Josh. 9,27; Josh. 10,11; Josh. 19,48a; Josh. 24,4; Judg. 10,4; Judg. 12,9; Judg. 12,14; Judg. 15,14; Judg. 16,30; Judg. 20,46; 1Sam. 7,2; 2Sam. 2,11; 2Sam. 2,18; 2Sam. 5,13; 2Sam. 8,14; 1Kings 1,7; 1Kings 21,15; 2Kings 19,26; 1Chr. 6,51; 1Chr. 20,8; 1Chr. 23,11; 1Chr. 29,30; 2Chr. 1,14; 2Chr. 20,25; 2Chr. 28,23; 2Chr. 30,10; 1Esdr. 4,16; 1Esdr. 4,26; Esth. 9,25; Judith 5,7; Judith 5,10; 1Mac. 1,4; 1Mac. 1,35; 1Mac. 2,43; 1Mac. 10,85; 2Mac. 3,34; 2Mac. 8,30; 2Mac. 10,17; Psa. 72,19; Prov. 1,23; Eccl. 1,16; Eccl. 4,16; Job 1,2; Job 3,22; Sir. 44,9; Hos. 5,10; Hos. 7,2; Hos. 7,16; Hos. 8,11; Hos. 9,10; Amos 1,1; Nah. 3,9; Hag. 2,16; Is. 37,27; Is. 42,22; Is. 44,11; Jer. 4,17; Lam. 1,2; Lam. 1,6; Lam. 1,16; Lam. 1,21; Lam. 2,22; Lam. 4,19; Ezek. 27,8; Ezek. 31,8; Ezek. 31,13; Ezek. 36,4; Dan. 4,33b; Judg. 1,33; Judg. 20,46; Dan. 2,35; Sus. 8; Matt. 11,20; Matt. 11,21; Mark 9,6; Luke 13,2; Luke 13,4; Luke 23,12; Acts 5,36; Rev. 8,5; Rev. 11,13; Rev. 11,15; Rev. 11,19; Rev. 16,18)

Ἐγένοντο ▸ 2 + 1 = 3
  Verb · third · plural · aorist · middle · indicative   ▸ 2 + 1 = **3** (Mic. 2,1; Lam. 1,5; 2Pet. 2,1)

ἐγένοντό ▸ 5
  Verb · third · plural · aorist · middle · indicative   ▸ **5** (Gen. 32,6; Psa. 138,22; Eccl. 2,7; Ezek. 23,4; Ezek. 27,9)

ἐγένου ▸ 20 + 2 = 22
  Verb · second · singular · aorist · middle · indicative   ▸ 20 + 2 = **22** (Gen. 4,6; Gen. 26,16; Num. 14,19; Deut. 23,8; Judg. 11,35; 2Sam. 7,24; Psa. 117,21; Psa. 117,28; Sir. 51,2; Sir. 51,2; Is. 25,4; Is. 30,12; Is. 43,4; Ezek. 16,8; Ezek. 16,13; Ezek. 16,31; Ezek. 27,36; Ezek. 28,19; Ezek. 31,10; Ezek. 36,13; Luke 19,17; Rom. 11,17)

ἐγίνετο ▸ 16 + 3 = 19

Verb · third · singular · imperfect · middle · indicative ▸ 16 + 3 = **19** (Gen. 15,17; Gen. 19,15; Gen. 26,13; Gen. 38,9; Ex. 17,11; Num. 9,16; 1Kings 4,7; 1Kings 13,33; 2Chr. 13,9; 1Esdr. 7,3; 2Mac. 3,17; 2Mac. 5,13; 2Mac. 8,5; 3Mac. 4,15; 4Mac. 9,13; Sus. 12; Acts 2,43; Acts 2,43; Acts 5,12)

ἐγινόμην ▸ 1
Verb · first · singular · imperfect · middle · indicative ▸ **1** (Gen. 31,40)

ἐγίνοντο ▸ 6
Verb · third · plural · imperfect · middle · indicative ▸ **6** (Ex. 1,12; Ex. 19,16; Ex. 19,19; 2Mac. 8,27; 2Mac. 12,1; Job 29,22)

ἐγίνοντό ▸ 1
Verb · third · plural · imperfect · middle · indicative ▸ **1** (Neh. 5,18)

ἐγίνου ▸ 1
Verb · second · singular · imperfect · middle · indicative ▸ **1** (Psa. 98,8)

γινώσκω to know, come to know, recognize ▸ 690 + 64 + 222 = **976**

γίγνωσκε ▸ 1
Verb · second · singular · present · active · imperative ▸ **1** (Job 36,5)

γιγνώσκει ▸ 1
Verb · third · singular · present · active · indicative ▸ **1** (1Chr. 28,9)

γιγνώσκοντας ▸ 1
Verb · present · active · participle · masculine · plural · accusative ▸ **1** (Dan. 1,4)

γίνωσκε ▸ 3 + 1 + 1 = 5
Verb · second · singular · present · active · imperative ▸ 3 + 1 + 1 = **5** (Judg. 4,9; Prov. 24,12; Prov. 29,20; Judg. 4,9; 2Tim. 3,1)

γινώσκει ▸ 15 + 1 + 12 = 28
Verb · third · singular · present · active · indicative ▸ 15 + 1 + 12 = **28** (Gen. 33,13; Gen. 39,8; Esth. 4,11; Tob. 13,8; Psa. 1,6; Psa. 36,18; Psa. 38,7; Psa. 43,22; Psa. 89,11; Psa. 93,11; Psa. 137,6; Psa. 138,14; Prov. 24,12; Eccl. 8,5; Bar. 3,32; Tob. 5,2; Matt. 24,50; Luke 10,22; Luke 12,46; Luke 16,15; John 7,27; John 10,15; John 14,17; Acts 19,35; 1Cor. 3,20; 1John 3,1; 1John 3,20; 1John 4,7)

γινώσκειν ▸ 7 + 1 + 1 = 9
Verb · present · active · infinitive ▸ 7 + 1 + 1 = **9** (Gen. 2,17; Gen. 3,22; 1Sam. 2,10; 2Mac. 14,32; Ode. 3,10; Jer. 9,23; Ezek. 20,20; Tob. 6,13; John 2,24)

Γινώσκειν ▸ 1
Verb · present · active · infinitive ▸ **1** (Phil. 1,12)

Γινώσκεις ▸ 1
Verb · second · singular · present · active · indicative ▸ **1** (Dan. 10,20)

γινώσκεις ▸ 14 + 3 + 7 = 24
Verb · second · singular · present · active · indicative ▸ 14 + 3 + 7 = **24** (Gen. 30,26; Gen. 30,29; 2Chr. 6,30; Esth. 13,12 # 4,17d; Tob. 3,14; Tob. 11,2; Psa. 68,20; Prov. 27,1; Eccl. 11,2; Eccl. 11,6; Sir. 8,18; Zech. 4,5; Jer. 12,3; Jer. 47,14; Tob. 3,14; Tob. 9,3-4; Tob. 11,2; John 1,48; John 3,10; John 21,17; Acts 8,30; Acts 21,37; Rom. 2,18; 2Tim. 1,18)

γινώσκεται ▸ 3 + 2 = 5
Verb · third · singular · present · passive · indicative ▸ 3 + 2 = **5** (Psa. 9,17; Psa. 47,4; Wis. 4,1; Matt. 12,33; Luke 6,44)

Γινώσκετε ▸ 2 + 1 + 1 = 4
Verb · second · plural · present · active · indicative ▸ 2 + 1 = **3** (Gen. 29,5; Tob. 7,4; Tob. 7,4)

Verb · second · plural · present · active · imperative · (variant) ▸ **1** (Heb. 13,23)

γινώσκετε ▸ 4 + 21 = 25
Verb · second · plural · present · active · indicative ▸ 4 + 14 = **18** (Gen. 44,27; Josh. 23,13; 3Mac. 7,9; Dan. 3,15; Matt. 16,3; Matt. 24,32; Mark 13,28; Luke 21,30; John 8,43; John 14,7; John 14,17; Acts 20,34; 2Cor. 8,9; Gal. 3,7; Phil. 2,22; 1John 2,29; John 13,12; 1John 4,2)

Verb · second · plural · present · active · imperative · (variant) ▸ **7** (Matt. 24,33; Matt. 24,43; Mark 13,29; Luke 10,11; Luke 12,39; Luke 21,31; John 15,18)

γινωσκέτω ▸ 3
Verb · third · singular · present · active · imperative ▸ **3** (Matt. 9,30; Acts 2,36; James 5,20)

γινώσκῃ ▸ 1
Verb · third · singular · present · active · subjunctive ▸ **1** (John 17,23)

γινώσκητε ▸ 1
Verb · second · plural · present · active · subjunctive ▸ **1** (John 10,38)

Γινώσκομεν ▸ 2 + 1 = 3
Verb · first · plural · present · active · indicative ▸ 2 + 1 = **3** (Gen. 29,5; Tob. 7,4; Tob. 7,4)

γινώσκομεν ▸ 9
Verb · first · plural · present · active · indicative ▸ **9** (1Cor. 13,9; 2Cor. 5,16; 1John 2,3; 1John 2,5; 1John 2,18; 1John 3,24; 1John 4,6; 1John 4,13; 1John 5,2)

γινωσκομένη ▸ 1
Verb · present · passive · participle · feminine · singular · nominative · (variant) ▸ **1** (2Cor. 3,2)

γινώσκοντά ▸ 1
Verb · present · active · participle · neuter · plural · accusative ▸ **1** (Psa. 78,6)

γινώσκοντες ▸ 7 + 1 + 6 = 14
Verb · present · active · participle · masculine · plural · nominative ▸ 7 + 1 + 6 = **14** (Gen. 3,5; 1Chr. 12,33; 1Chr. 12,33; 4Mac. 18,2; Psa. 9,11; Psa. 118,79; Eccl. 9,5; Dan. 11,32; Rom. 6,6; Eph. 5,5; Heb. 10,34; James 1,3; 2Pet. 1,20; 2Pet. 3,3)

γινώσκουσαν ▸ 1
Verb · present · active · participle · feminine · singular · accusative ▸ **1** (Judg. 21,11)

γινώσκουσιν ▸ 2 + 1 + 1 = 4
Verb · present · active · participle · masculine · plural · dative ▸ 1 + 1 = **2** (Eccl. 9,11; Rom. 7,1)

Verb · third · plural · present · active · indicative ▸ 1 + 1 = **2** (Psa. 34,8; Dan. 5,23)

γινώσκουσίν ▸ 3 + 1 = 4
Verb · present · active · participle · masculine · plural · dative ▸ **3** (Psa. 35,11; Psa. 86,4; Ode. 14,46)

Verb · third · plural · present · active · indicative ▸ **1** (John 10,14)

Γινώσκω ▸ 2
Verb · first · singular · present · active · indicative ▸ **2** (Gen. 12,11; 2Chr. 25,16)

γινώσκω ▸ 10 + 7 + 7 = 24
Verb · first · singular · present · active · indicative ▸ 10 + 7 + 7 = **24** (Gen. 4,9; Gen. 27,2; 1Sam. 24,21; Tob. 5,2; Psa. 50,5; Ode. 12,12; Eccl. 8,12; Is. 48,4; Is. 48,7; Bel 35; Tob. 5,2; Tob. 5,2; Tob. 5,10; Tob. 6,16; Tob. 10,8; Tob. 14,4; Bel 35; Luke 1,34; John 10,14; John 10,15; John 10,27; Acts 19,15; Rom. 7,15; 1Cor. 13,12)

γινώσκωμεν ▸ 1

γινώσκω

Verb · first · plural · present · active · subjunctive ▸ **1** (1John 5,20)

Γινώσκων ▸ 3
Verb · present · active · participle · masculine · singular · nominative ▸ **3** (Gen. 15,13; 1Sam. 20,3; 1Sam. 28,1)

γινώσκων ▸ **14** + **1** + **2** = **17**
Verb · present · active · participle · masculine · singular · nominative ▸ **14** + **1** + **2** = **17** (Gen. 39,23; 1Sam. 20,9; 1Sam. 26,12; 1Kings 2,37; 1Kings 2,42; 2Mac. 15,21; Psa. 88,16; Eccl. 8,7; Eccl. 11,5; Sir. 32,8; Nah. 1,7; Bar. 3,31; Dan. 2,22; Dan. 11,32; Dan. 2,22; John 7,49; 1John 4,6)

γινώσκωσιν ▸ 1
Verb · third · plural · present · active · subjunctive ▸ **1** (John 17,3)

γνοῖ ▸ 3
Verb · third · singular · aorist · active · subjunctive ▸ **3** (Mark 5,43; Mark 9,30; Luke 19,15)

γνοίη ▸ 1
Verb · third · singular · aorist · active · optative ▸ **1** (Job 23,3)

γνόντα ▸ 1
Verb · aorist · active · participle · masculine · singular · accusative ▸ **1** (2Cor. 5,21)

γνόντες ▸ **8** + **5** = **13**
Verb · aorist · active · participle · masculine · plural · nominative ▸ **8** + **5** = **13** (Ode. 5,11; Is. 26,11; Jer. 13,12; Jer. 33,15; Jer. 49,19; Jer. 51,15; LetterJ 28; LetterJ 64; Mark 6,38; Luke 9,11; Rom. 1,21; Gal. 2,9; Gal. 4,9)

γνούς ▸ 1
Verb · aorist · active · participle · masculine · singular · nominative ▸ **1** (Luke 12,48)

γνοὺς ▸ **5** + **9** = **14**
Verb · aorist · active · participle · masculine · singular · nominative ▸ **5** + **9** = **14** (Gen. 38,9; Ezra 5,17; 4Mac. 4,4; Job 24,14; Wis. 8,21; Matt. 12,15; Matt. 16,8; Matt. 22,18; Mark 8,17; Mark 15,45; Luke 12,47; John 5,6; John 6,15; Phil. 2,19)

Γνοὺς ▸ 2
Verb · aorist · active · participle · masculine · singular · nominative ▸ **2** (Matt. 26,10; Acts 23,6)

γνῶ ▸ **6** + **1** = **7**
Verb · first · singular · aorist · active · subjunctive ▸ **6** + **1** = **7** (Gen. 18,21; Ex. 33,13; 1Sam. 20,9; 1Sam. 22,3; Psa. 38,5; Wis. 9,10; 2Cor. 2,9)

γνῷ ▸ **11** + **1** + **3** = **15**
Verb · third · singular · aorist · active · subjunctive ▸ **11** + **1** + **3** = **15** (Ex. 22,9; Lev. 5,3; Lev. 5,4; 2Chr. 6,29; Tob. 8,12; Psa. 77,6; Job 37,7; Wis. 10,12; Is. 37,20; Bar. 2,15; Dan. 4,17; Tob. 8,12; John 7,51; John 11,57; John 14,31)

γνώην ▸ 1
Verb · first · singular · aorist · active · optative ▸ **1** (Job 23,5)

Γνῶθι ▸ **1** + **1** = **2**
Verb · second · singular · aorist · active · imperative ▸ **1** + **1** = **2** (Jer. 38,34; Dan. 6,16)

γνῶθι ▸ **19** + **1** + **1** = **21**
Verb · second · singular · aorist · active · imperative ▸ **19** + **1** + **1** = **21** (Gen. 20,7; 1Sam. 20,7; 1Sam. 24,12; 1Sam. 25,17; 2Sam. 24,13; 1Kings 21,22; 1Chr. 28,9; Psa. 138,23; Psa. 138,23; Eccl. 11,9; Job 5,27; Sir. 12,1; Sir. 37,8; Is. 47,10; Is. 51,12; Jer. 2,19; Jer. 2,23; Jer. 3,13; Jer. 15,15; Bel 19; Heb. 8,11)

γνῶμεν ▸ **5** + **1** = **6**
Verb · first · plural · aorist · active · subjunctive ▸ **5** + **1** = **6** (Judg. 19,22; Job 34,4; Wis. 2,19; Is. 5,19; Is. 41,26; Judg. 19,22)

γνῶναι ▸ **35** + **4** + **14** = **53**
Verb · aorist · active · infinitive ▸ **35** + **4** + **14** = **53** (Gen. 24,21; Gen. 38,26; Judg. 3,4; 1Sam. 3,7; 2Sam. 3,25; 2Sam. 3,25; 2Sam. 14,20; 2Chr. 6,33; 2Chr. 13,5; 1Esdr. 4,22; 2Mac. 7,28; Psa. 66,3; Psa. 72,16; Prov. 1,2; Prov. 4,1; Prov. 9,10a; Prov. 13,15; Eccl. 1,17; Eccl. 7,25; Eccl. 7,25; Eccl. 8,16; Eccl. 8,17; Wis. 10,8; Sir. 24,28; Hos. 6,3; Mic. 3,1; Hab. 2,14; Is. 7,15; Is. 7,16; Is. 8,4; Is. 11,9; Is. 50,4; Bar. 3,9; Bar. 3,14; Ezek. 20,12; Judg. 3,4; Tob. 5,12; Tob. 5,14; Dan. 2,3; Matt. 13,11; Mark 7,24; Luke 8,10; Acts 1,7; Acts 17,19; Acts 17,20; Acts 21,34; Acts 22,14; Acts 22,30; 1Cor. 2,14; 1Cor. 8,2; Phil. 3,10; 1Th. 3,5; James 2,20)

γνῶναί ▸ **3** + **1** = **4**
Verb · aorist · active · infinitive ▸ **3** + **1** = **4** (Is. 58,2; Jer. 22,16; Jer. 38,19; Eph. 3,19)

γνῷς ▸ **10** + **4** + **1** = **15**
Verb · second · singular · aorist · active · subjunctive ▸ **10** + **4** + **1** = **15** (Ex. 9,29; 1Kings 8,39; 2Chr. 6,30; Ezra 5,17; Prov. 22,17; Prov. 30,4; Song 1,8; Is. 45,3; Is. 47,11; Is. 47,11; Dan. 2,30; Dan. 4,25; Dan. 4,26; Dan. 4,32; Rev. 3,3)

γνώσει ▸ 3
Verb · second · singular · future · middle · indicative ▸ **3** (Num. 11,23; 1Sam. 28,1; 1Sam. 28,2)

γνώσεσθε ▸ **29** + **6** = **35**
Verb · second · plural · future · middle · indicative ▸ **29** + **6** = **35** (Ex. 6,7; Ex. 10,2; Ex. 16,6; Ex. 16,12; Num. 14,34; Num. 16,28; Num. 16,30; Num. 32,23; Deut. 11,2; Josh. 3,10; Josh. 23,14; 2Chr. 32,13; Zech. 2,13; Zech. 6,15; Is. 40,21; Is. 43,19; Jer. 33,15; Jer. 37,24; Jer. 49,19; LetterJ 22; LetterJ 71; Ezek. 6,13; Ezek. 13,23; Ezek. 22,16; Ezek. 23,49; Ezek. 36,11; Ezek. 37,6; Ezek. 37,13; Ezek. 37,14; Mark 4,13; John 8,28; John 8,32; John 14,7; John 14,20; 2Cor. 13,6)

γνώσεται ▸ **16** + **1** = **17**
Verb · third · singular · future · middle · indicative ▸ **16** + **1** = **17** (Josh. 22,22; 1Sam. 17,46; 1Sam. 17,47; Psa. 73,9; Psa. 91,7; Prov. 15,14; Prov. 24,22; Eccl. 8,5; Job 21,19; Wis. 9,13; Sol. 2,10; Sol. 17,27; Is. 15,4; Is. 29,15; Is. 52,6; Jer. 17,9; John 7,17)

γνώσῃ ▸ **34** + **1** + **1** = **36**
Verb · second · singular · future · middle · indicative ▸ **34** + **1** + **1** = **36** (Gen. 15,13; Ex. 7,17; Deut. 4,39; Deut. 7,9; Deut. 8,5; Deut. 9,3; Deut. 9,6; Ruth 3,4; 1Kings 2,9; 1Kings 2,350; 1Kings 2,37; 1Kings 2,42; 1Kings 21,13; 1Kings 21,28; 1Esdr. 2,17; Ezra 4,15; Eccl. 11,5; Job 5,24; Job 5,25; Job 11,6; Sir. 12,11; Hos. 13,4; Is. 30,15; Is. 49,23; Is. 60,16; Jer. 6,27; Jer. 27,24; Ezek. 28,22; Ezek. 35,4; Ezek. 35,9; Ezek. 35,12; Ezek. 35,15; Ezek. 39,8; Dan. 9,25; Dan. 9,25; John 13,7)

γνωσθέντες ▸ 1
Verb · aorist · passive · participle · masculine · plural · nominative ▸ **1** (Gal. 4,9)

γνωσθῇ ▸ **4** + **1** = **5**
Verb · third · singular · aorist · passive · subjunctive ▸ **4** + **1** = **5** (Lev. 4,14; Lev. 4,23; Lev. 4,28; Mic. 6,5; Luke 8,17)

γνωσθῆναι ▸ 1
Verb · aorist · passive · infinitive ▸ **1** (Sir. 38,5)

γνωσθήσεται ▸ **11** + **4** = **15**
Verb · third · singular · future · passive · indicative ▸ **11** + **4** = **15** (Psa. 87,13; Prov. 10,9; Prov. 13,20; Sir. 4,24; Sir. 11,28; Sir. 26,9; Is. 61,9; Is. 66,14; Jer. 15,12; LetterJ 50; Ezek. 39,7; Matt. 10,26; Luke 12,2; 1Cor. 14,7; 1Cor. 14,9)

γνωσθήσεταί ▸ 1
Verb · third · singular · future · passive · indicative ▸ **1** (Sir. 6,27)

γνωσθήσῃ ▸ 2
Verb · second · singular · future · passive · indicative ▸ **2** (Ode.

4,2; Hab. 3,2)

γνωσθήσομαι ▸ 2
    Verb · first · singular · future · passive · indicative ▸ **2** (Num. 12,6; Ezek. 38,23)

γνωσθήσομαί ▸ 6
    Verb · first · singular · future · passive · indicative ▸ **6** (Ex. 25,22; Ex. 29,42; Ex. 30,6; Ex. 30,36; Num. 17,19; Ezek. 35,11)

γνωσθήσονται ▸ 1
    Verb · third · plural · future · passive · indicative ▸ **1** (Psa. 76,20)

γνώσθητι ▸ 1
    Verb · second · singular · aorist · passive · imperative ▸ **1** (Esth. 14,12 # 4,17г)

γνωσθήτω ▸ 2 + 1 = 3
    Verb · third · singular · aorist · passive · imperative ▸ **2 + 1 = 3** (Ruth 3,14; Psa. 78,10; Phil. 4,5)

γνωσθῶ ▸ 1
    Verb · first · singular · aorist · passive · subjunctive ▸ **1** (Sir. 16,17)

γνῶσιν ▸ 14 + 1 + 1 = 16
    Verb · third · plural · aorist · active · subjunctive ▸ **14 + 1 + 1 = 16** (Josh. 3,7; Josh. 4,24; 1Kings 8,38; 1Kings 8,43; 1Kings 8,43; 1Kings 8,60; 2Chr. 6,33; Wis. 11,16; Wis. 16,22; Sir. 46,6; Is. 41,20; Is. 45,6; Is. 45,21; Ezek. 38,16; Dan. 4,17; Rev. 3,9)

γνώσομαι ▸ 15 + 2 + 2 = 19
    Verb · first · singular · future · middle · indicative ▸ **15 + 2 + 2 = 19** (Gen. 15,8; Gen. 24,14; Gen. 24,44; Gen. 42,33; Gen. 42,34; Num. 22,19; Judg. 6,37; Ruth 4,4; 2Sam. 19,36; 2Sam. 24,2; 1Chr. 21,2; Psa. 118,125; Is. 47,8; Jer. 11,18; Dan. 2,9; Judg. 6,37; Dan. 2,9; Luke 1,18; 1Cor. 4,19)

γνωσόμεθα ▸ 8 + 1 + 1 = 10
    Verb · first · plural · future · middle · indicative ▸ **8 + 1 + 1 = 10** (Deut. 18,21; Judg. 18,5; 1Sam. 6,9; Job 36,26; Hos. 6,3; Is. 41,22; Is. 41,23; Jer. 13,12; Judg. 18,5; 1John 3,19)

γνώσονται ▸ 57 + 1 + 3 = 61
    Verb · third · plural · future · middle · indicative ▸ **57 + 1 + 3 = 61** (Ex. 7,5; Ex. 14,4; Ex. 14,18; Ex. 29,46; 2Kings 19,19; 2Chr. 12,8; Neh. 4,5; 1Mac. 4,11; Psa. 13,4; Psa. 52,5; Psa. 58,14; Eccl. 9,5; Job 19,29; Sir. 36,17; Zech. 11,11; Is. 9,8; Is. 19,21; Is. 29,24; Is. 33,13; Jer. 16,21; Jer. 35,9; Jer. 51,28; Bar. 2,31; Ezek. 2,5; Ezek. 7,27; Ezek. 12,15; Ezek. 12,16; Ezek. 13,9; Ezek. 17,24; Ezek. 26,6; Ezek. 28,23; Ezek. 28,24; Ezek. 28,26; Ezek. 29,6; Ezek. 29,9; Ezek. 29,16; Ezek. 29,21; Ezek. 30,8; Ezek. 30,19; Ezek. 30,25; Ezek. 30,26; Ezek. 32,15; Ezek. 33,29; Ezek. 33,33; Ezek. 34,15; Ezek. 34,27; Ezek. 34,30; Ezek. 36,23; Ezek. 36,36; Ezek. 36,38; Ezek. 37,28; Ezek. 38,23; Ezek. 39,6; Ezek. 39,7; Ezek. 39,22; Ezek. 39,23; Ezek. 39,28; Dan. 12,7; John 13,35; Acts 21,24; Rev. 2,23)

Γνῶτε ▸ 1
    Verb · second · plural · aorist · active · imperative ▸ **1** (1Kings 21,7)

γνῶτε ▸ 17 + 1 + 6 = 24
    Verb · second · plural · aorist · active · imperative ▸ **14 + 1 + 1 = 16** (Judg. 18,14; 1Sam. 12,17; 1Sam. 14,38; 1Sam. 23,22; 1Sam. 23,23; 2Kings 5,7; Psa. 4,4; Psa. 45,11; Psa. 99,3; Job 19,3; Job 19,6; Is. 8,9; Is. 44,20; Jer. 5,1; Judg. 18,14; Luke 21,20)
    Verb · second · plural · aorist · active · subjunctive ▸ **3 + 5 = 8** (Ex. 31,13; Deut. 29,5; Is. 43,10; John 10,38; John 19,4; 2Cor. 2,4; Eph. 6,22; Col. 4,8)

γνώτω ▸ 7 + 1 = 8
    Verb · third · singular · aorist · active · imperative ▸ **7 + 1 = 8** (1Sam. 20,3; 1Sam. 21,3; 1Kings 18,37; 2Kings 5,8; Jer. 43,19; Jer. 45,24; Jer. 47,15; Matt. 6,3)

γνώτωσαν ▸ 9 + 1 = 10
    Verb · third · plural · aorist · active · imperative ▸ **9 + 1 = 10** (1Kings 18,36; 1Mac. 7,42; 2Mac. 1,27; Psa. 9,21; Psa. 82,19; Psa. 108,27; Ode. 7,45; Wis. 13,3; Dan. 3,45; Dan. 3,45)

ἐγίνωσκεν ▸ 4
    Verb · third · singular · imperfect · active · indicative ▸ **4** (Matt. 1,25; Mark 15,10; Luke 7,39; John 2,25)

ἐγίνωσκον ▸ 3 + 1 + 1 = 5
    Verb · first · singular · imperfect · active · indicative ▸ **2 + 1 = 3** (Psa. 34,11; Psa. 100,4; Tob. 5,14)
    Verb · third · plural · imperfect · active · indicative ▸ **1 + 1 = 2** (Jer. 9,15; Luke 18,34)

ἔγνω ▸ 88 + 8 + 14 = 110
    Verb · third · singular · aorist · active · indicative ▸ **88 + 8 + 14 = 110** (Gen. 4,1; Gen. 4,17; Gen. 8,11; Gen. 9,24; Gen. 24,16; Gen. 38,16; Lev. 5,17; Num. 16,5; Deut. 34,10; Judg. 11,39; Judg. 13,16; Judg. 13,21; Judg. 16,20; 1Sam. 1,19; 1Sam. 14,29; 1Sam. 20,33; 1Sam. 20,39; 1Sam. 23,9; 1Sam. 26,4; 1Sam. 28,14; 2Sam. 3,36; 2Sam. 3,37; 2Sam. 5,12; 2Sam. 14,1; 2Sam. 14,22; 2Sam. 19,21; 1Kings 1,4; 1Kings 1,11; 1Kings 2,32; 1Kings 2,44; 1Chr. 14,2; 2Chr. 33,13; Judith 8,29; Judith 16,22; 1Mac. 1,5; 1Mac. 2,39; 1Mac. 3,11; 1Mac. 7,25; 1Mac. 7,31; 1Mac. 9,32; 1Mac. 9,33; 1Mac. 9,34; 1Mac. 9,63; 1Mac. 10,80; 1Mac. 13,17; 2Mac. 2,7; Psa. 72,11; Psa. 80,6; Psa. 90,14; Psa. 102,14; Psa. 103,19; Eccl. 4,13; Eccl. 6,5; Eccl. 9,12; Eccl. 10,14; Eccl. 10,15; Song 6,12; Job 12,9; Job 12,20; Job 22,13; Job 28,7; Job 35,15; Wis. 3,13; Wis. 9,17; Wis. 10,5; Sir. 1,6; Sir. 18,28; Sir. 23,19; Sir. 34,9; Sir. 42,18; Sol. 8,8; Sol. 17,42; Hos. 2,10; Hos. 7,9; Hos. 9,2; Hos. 12,1; Amos 3,10; Nah. 3,17; Zeph. 3,5; Is. 1,3; Is. 1,3; Is. 40,13; Is. 44,19; Is. 63,16; Jer. 8,7; Jer. 8,7; Jer. 48,4; Sus. 10-11; Judg. 11,39; Judg. 13,16; Judg. 13,21; Judg. 16,20; Tob. 1,19; Tob. 5,4; Dan. 5,21; Dan. 6,11; Mark 5,29; John 1,10; John 4,1; John 4,53; John 13,28; John 17,25; Rom. 10,19; Rom. 11,34; 1Cor. 1,21; 1Cor. 2,16; 1Cor. 8,2; 2Tim. 2,19; 1John 3,1; 1John 4,8)

Ἔγνω ▸ 1 + 2 = 3
    Verb · third · singular · aorist · active · indicative ▸ **1 + 2 = 3** (Gen. 4,25; John 12,9; John 16,19)

ἔγνωκα ▸ 7 + 2 = 9
    Verb · first · singular · perfect · active · indicative ▸ **7 + 2 = 9** (2Sam. 19,7; 1Kings 17,24; 2Kings 2,3; 2Kings 5,15; Psa. 49,11; Prov. 30,3; Jonah 1,12; John 5,42; 1John 2,4)

ἐγνώκαμεν ▸ 1 + 6 = 7
    Verb · first · plural · perfect · active · indicative ▸ **1 + 6 = 7** (Josh. 22,31; John 6,69; John 8,52; 2Cor. 5,16; 1John 2,3; 1John 3,16; 1John 4,16)

ἐγνώκαμέν ▸ 1
    Verb · first · plural · perfect · active · indicative ▸ **1** (Hos. 8,2)

ἔγνωκαν ▸ 1
    Verb · third · plural · perfect · active · indicative ▸ **1** (John 17,7)

ἔγνωκάς ▸ 1
    Verb · second · singular · perfect · active · indicative ▸ **1** (John 14,9)

ἐγνώκατε ▸ 4
    Verb · second · plural · perfect · active · indicative ▸ **4** (John 8,55; 1John 2,13; 1John 2,14; 1John 2,14)

ἐγνώκατέ ▸ 1
    Verb · second · plural · perfect · active · indicative ▸ **1** (John 14,7)

ἐγνώκειτε ▸ 1
    Verb · second · plural · pluperfect · active · indicative ▸ **1** (Matt. 12,7)

ἔγνωκεν ▸ 1 + 3 = 4

Verb · third · singular · perfect · active · indicative ▸ 1 + 3 = **4** (Num. 31,17; 1Cor. 2,8; 1Cor. 2,11; 1John 3,6)

ἐγνωκέναι ▸ 1
Verb · perfect · active · infinitive ▸ **1** (1Cor. 8,2)

ἐγνωκότας ▸ 1 + **1** = **2**
Verb · perfect · active · participle · masculine · plural · accusative ▸ 1 + **1** = **2** (Judg. 3,1; Judg. 3,1)

ἐγνωκότες ▸ 1 + **1** = **2**
Verb · perfect · active · participle · masculine · plural · nominative ▸ 1 + **1** = **2** (3Mac. 7,6; 2John 1)

ἔγνωμεν ▸ 5
Verb · first · plural · aorist · active · indicative ▸ **5** (Judith 8,20; 1Mac. 12,22; Psa. 77,3; Is. 59,12; Jer. 14,20)

ἔγνων ▸ 41 + **2** + **6** = **49**
Verb · first · singular · aorist · active · indicative ▸ 41 + **2** + **6** = **49** (Gen. 20,6; Gen. 21,26; Gen. 22,12; Ex. 18,11; Judg. 17,13; 2Sam. 18,29; 2Sam. 22,44; 2Kings 2,5; 2Kings 4,9; 2Kings 19,27; 1Chr. 29,17; Neh. 13,10; 1Mac. 6,13; Psa. 17,44; Psa. 19,7; Psa. 34,15; Psa. 40,12; Psa. 55,10; Psa. 70,15; Psa. 72,22; Psa. 118,75; Psa. 118,152; Psa. 134,5; Psa. 139,13; Eccl. 1,17; Eccl. 2,14; Eccl. 3,12; Eccl. 3,14; Job 9,11; Wis. 7,21; Hos. 5,3; Amos 3,2; Amos 5,12; Jonah 4,2; Is. 48,8; Is. 50,7; Jer. 11,19; Jer. 31,30; Jer. 39,8; Bar. 2,30; Ezek. 10,20; Judg. 17,13; Dan. 4,9; Matt. 7,23; Matt. 25,24; Luke 8,46; Luke 16,4; John 17,25; Rom. 7,7)

ἔγνως ▸ 25 + **1** + **3** = **29**
Verb · second · singular · aorist · active · indicative ▸ 25 + **1** + **3** = **29** (Deut. 7,15; 1Sam. 28,14; 1Kings 1,18; 1Kings 2,5; 2Kings 2,3; 2Kings 2,5; 2Kings 4,1; Neh. 9,10; Psa. 39,10; Psa. 68,6; Psa. 138,1; Psa. 138,2; Psa. 138,5; Psa. 141,4; Job 20,4; Job 34,33; Job 39,1; Mic. 4,9; Is. 40,28; Is. 45,4; Is. 48,8; Is. 58,3; Jer. 18,23; Jer. 40,3; Ezek. 32,9; Dan. 5,22; Luke 19,42; Luke 19,44; Luke 24,18)

ἔγνωσαν ▸ 49 + **9** + **17** = **75**
Verb · third · plural · aorist · active · indicative ▸ 49 + **9** + **17** = **75** (Gen. 3,7; Gen. 19,8; Num. 31,35; Judg. 2,7; Judg. 2,10; Judg. 3,2; Judg. 14,4; Judg. 19,25; Judg. 20,34; Judg. 21,12; 1Sam. 3,20; 1Sam. 4,6; 1Sam. 10,24; 1Sam. 20,39; 1Sam. 22,17; 2Sam. 15,11; 2Kings 4,39; 2Kings 7,12; 2Kings 17,26; Neh. 2,16; Neh. 6,16; Judith 9,7; 1Mac. 12,29; Psa. 13,3; Psa. 73,4; Psa. 81,5; Psa. 94,10; Job 19,13; Wis. 2,22; Wis. 11,9; Sol. 2,31; Hos. 11,3; Mic. 4,12; Jonah 1,10; Jonah 4,11; Zech. 7,14; Is. 42,16; Is. 42,25; Is. 44,18; Is. 45,20; Is. 56,10; Jer. 5,4; Jer. 6,15; Jer. 9,2; Jer. 22,16; Bar. 3,20; Bar. 3,23; Bar. 4,13; Dan. 11,38; Judg. 2,7; Judg. 2,10; Judg. 3,2; Judg. 6,29; Judg. 14,4; Judg. 19,25; Judg. 20,34; Judg. 21,12; Dan. 11,38; Matt. 21,45; Matt. 24,39; Mark 12,12; Luke 2,43; Luke 20,19; John 7,26; John 8,27; John 10,6; John 12,16; John 16,3; John 17,8; John 17,25; Acts 17,13; Rom. 3,17; 1Cor. 2,8; Heb. 3,10; Rev. 2,24)

ἔγνωσάν ▸ 1
Verb · third · plural · aorist · active · indicative ▸ **1** (Jer. 2,16)

ἐγνώσθη ▸ 14 + **1** + **2** = **17**
Verb · third · singular · aorist · passive · indicative ▸ 14 + **1** + **2** = **17** (Ex. 2,25; Deut. 9,24; Judg. 16,9; Judg. 16,14; 2Sam. 17,19; Neh. 4,9; 1Mac. 6,3; 1Mac. 7,3; 1Mac. 7,30; 1Mac. 8,10; 1Mac. 9,60; Eccl. 6,10; Wis. 2,1; Sir. 46,15; Judg. 16,9; Luke 24,35; Acts 9,24)

ἐγνώσθην ▸ 2
Verb · first · singular · aorist · passive · indicative ▸ **2** (Ezek. 20,5; Ezek. 20,9)

ἐγνώσθης ▸ 1
Verb · second · singular · aorist · passive · indicative ▸ **1** (Psa. 143,3)

ἔγνωσται ▸ 2 + **1** = **3**
Verb · third · singular · perfect · passive · indicative ▸ 2 + **1** = **3** (1Sam. 22,6; Sir. 23,20; 1Cor. 8,3)

ἔγνωτε ▸ 3 + **1** = **4**
Verb · second · plural · aorist · active · indicative ▸ 3 + **1** = **4** (Is. 40,21; Is. 48,6; Jer. 51,3; Judg. 14,18)

Ἔγνωτε ▸ 1
Verb · second · plural · aorist · active · indicative ▸ **1** (Judg. 18,14)

Γιων Gihon ▸ 5
Γιων ▸ 5
Noun · singular · accusative · (proper) ▸ **1** (2Chr. 33,14)
Noun · singular · genitive · (proper) ▸ **1** (2Chr. 32,30)
Noun · masculine · singular · accusative · (proper) ▸ **2** (1Kings 1,33; 1Kings 1,38)
Noun · masculine · singular · dative · (proper) ▸ **1** (1Kings 1,45)

γιώρας sojourner ▸ 1
γιώρας ▸ 1
Noun · masculine · singular · nominative · (common) ▸ **1** (Is. 14,1)

γλαύξ (γλαυκός) owl ▸ 3
γλαῦκα ▸ 3
Noun · feminine · singular · accusative · (common) ▸ **3** (Lev. 11,16; Lev. 11,19; Deut. 14,15)

γλεῦκος (γλυκύς) new wine ▸ 1 + **1** = **2**
γλεύκους ▸ 1 + **1** = **2**
Noun · neuter · singular · genitive · (common) ▸ 1 + **1** = **2** (Job 32,19; Acts 2,13)

γλυκάζω (γλυκύς) to have a sweet taste ▸ 1
γλυκάζον ▸ 1
Verb · present · active · participle · neuter · singular · nominative ▸ **1** (Ezek. 3,3)

γλυκαίνω (γλυκύς) to sweeten ▸ 13
γλυκαίνειν ▸ 1
Verb · present · active · infinitive ▸ **1** (Sir. 47,9)
γλυκανεῖ ▸ 2
Verb · third · singular · future · active · indicative ▸ **2** (Sir. 12,16; Sir. 27,23)
γλυκανθῇ ▸ 2
Verb · third · singular · aorist · passive · subjunctive ▸ **2** (Prov. 24,13; Job 20,12)
γλυκανθήσεται ▸ 3
Verb · third · singular · future · passive · indicative ▸ **3** (Sir. 40,18; Sir. 40,30; Sir. 49,1)
ἐγλύκανας ▸ 1
Verb · second · singular · aorist · active · indicative ▸ **1** (Psa. 54,15)
ἐγλυκάνθη ▸ 3
Verb · third · singular · aorist · passive · indicative ▸ **3** (Ex. 15,25; Sir. 38,5; Sir. 50,18)
ἐγλυκάνθησαν ▸ 1
Verb · third · plural · aorist · passive · indicative ▸ **1** (Job 21,33)

γλύκασμα (γλυκύς) sweetness; sweet wine ▸ 4
γλύκασμα ▸ 1
Noun · neuter · singular · nominative · (common) ▸ **1** (Prov. 16,24)
γλυκάσματα ▸ 2
Noun · neuter · plural · accusative · (common) ▸ **2** (1Esdr. 9,51; Neh. 8,10)
γλυκασμάτων ▸ 1
Noun · neuter · plural · genitive · (common) ▸ **1** (Sir. 11,3)

γλυκασμός (γλυκύς) sweetness ▸ 3
γλυκασμοὶ ▸ 1

Noun · masculine · plural · nominative · (common) ▸ **1** (Song 5,16)
γλυκασμόν ▸ **2**
   Noun · masculine · singular · accusative · (common) ▸ **2** (Amos 9,13; Joel 4,18)

γλυκερός (γλυκύς) sweet, delicious ▸ **1**
γλυκεροῦ ▸ **1**
   Adjective · neuter · singular · genitive · noDegree ▸ **1** (Prov. 9,17)

γλυκύς sweet ▸ **15** + **2** + **4** = **21**
γλυκέα ▸ **1**
   Adjective · neuter · plural · nominative · noDegree ▸ **1** (Psa. 118,103)
γλυκεῖα ▸ **1**
   Adjective · feminine · singular · nominative · noDegree ▸ **1** (Prov. 27,7)
γλυκεῖς ▸ **1**
   Adjective · masculine · plural · nominative · noDegree ▸ **1** (Prov. 16,21)
γλυκέος ▸ **1**
   Adjective · masculine · singular · genitive · noDegree ▸ **1** (4Mac. 8,23)
γλυκύ ▸ **2** + **1** = **3**
   Adjective · neuter · singular · accusative · noDegree ▸ **1** (Sir. 24,20)
   Adjective · neuter · singular · nominative · noDegree ▸ **1** + **1** = **2** (Judg. 14,14; Judg. 14,14)
γλυκὺ ▸ **3** + **4** = **7**
   Adjective · neuter · singular · accusative · noDegree ▸ **2** + **2** = **4** (Is. 5,20; Is. 5,20; James 3,11; James 3,12)
   Adjective · neuter · singular · nominative · noDegree ▸ **1** + **2** = **3** (Eccl. 11,7; Rev. 10,9; Rev. 10,10)
γλυκὺς ▸ **3**
   Adjective · masculine · singular · nominative · noDegree ▸ **3** (Eccl. 5,11; Song 2,3; Sir. 6,5)
γλυκύτερα ▸ **1**
   Adjective · neuter · plural · nominative · comparative ▸ **1** (Psa. 18,11)
γλυκύτερον ▸ **2** + **1** = **3**
   Adjective · neuter · singular · nominative · comparative ▸ **2** + **1** = **3** (Judg. 14,18; Sir. 23,27; Judg. 14,18)

γλυκύτης (γλυκύς) sweetness ▸ **2** + **1** = **3**
γλυκύτητα ▸ **1**
   Noun · feminine · singular · accusative · (common) ▸ **1** (Wis. 16,21)
γλυκύτητά ▸ **1** + **1** = **2**
   Noun · feminine · singular · accusative · (common) ▸ **1** + **1** = **2** (Judg. 9,11; Judg. 9,11)

γλύμμα (γλύφω) engraving, inscription ▸ **5**
Γλύμμα ▸ **1**
   Noun · neuter · singular · nominative · (common) ▸ **1** (Is. 60,18)
γλύμμα ▸ **2**
   Noun · neuter · singular · accusative · (common) ▸ **2** (Ex. 28,11; Is. 45,20)
γλύμματα ▸ **1**
   Noun · neuter · plural · accusative · (common) ▸ **1** (Sir. 38,27)
γλύμματος ▸ **1**
   Noun · neuter · singular · genitive · (common) ▸ **1** (Sir. 45,11)

γλυπτός (γλυκύς) carved ▸ **54** + **11** = **65**
γλυπτά ▸ **2**
   Adjective · neuter · plural · accusative · noDegree ▸ **1** (Mic. 5,12)
   Adjective · neuter · plural · nominative · noDegree ▸ **1** (Wis. 14,17)
γλυπτὰ ▸ **18** + **2** = **20**
   Adjective · neuter · plural · accusative · noDegree ▸ **15** + **2** = **17** (Ex. 34,13; Lev. 26,1; Deut. 7,5; Deut. 7,25; Deut. 12,3; Judg. 2,2; Judg. 3,26; 2Chr. 28,2; 2Chr. 33,19; 2Chr. 34,4; 1Mac. 5,68; Wis. 15,13; Mic. 1,7; Nah. 1,14; Jer. 28,52; Judg. 2,2; Judg. 3,26)
   Adjective · neuter · plural · nominative · noDegree ▸ **3** (Is. 10,10; Is. 46,1; Is. 48,5)
γλυπτοῖς ▸ **11**
   Adjective · neuter · plural · dative · noDegree ▸ **11** (2Kings 17,41; Psa. 77,58; Psa. 96,7; Psa. 105,36; Psa. 105,38; Hos. 11,2; Is. 42,8; Is. 42,17; Jer. 8,19; Jer. 10,14; Ezek. 21,26)
γλυπτόν ▸ **2** + **3** = **5**
   Adjective · neuter · singular · accusative · noDegree ▸ **1** + **3** = **4** (Judg. 18,24; Judg. 18,24; Judg. 18,30; Judg. 18,31)
   Adjective · neuter · singular · nominative · noDegree ▸ **1** (Hab. 2,18)
γλυπτὸν ▸ **16** + **5** = **21**
   Adjective · masculine · singular · accusative · noDegree ▸ **1** (Is. 44,17)
   Adjective · neuter · singular · accusative · noDegree ▸ **14** + **4** = **18** (Deut. 4,16; Deut. 4,23; Deut. 4,25; Deut. 27,15; Judg. 17,3; Judg. 17,4; Judg. 18,17; Judg. 18,18; Judg. 18,20; Judg. 18,30; Judg. 18,31; 2Kings 21,7; 2Chr. 33,7; 2Chr. 33,15; Judg. 17,3; Judg. 17,4; Judg. 18,18; Judg. 18,20)
   Adjective · neuter · singular · nominative · noDegree ▸ **1** + **1** = **2** (Judg. 18,14; Judg. 18,14)
γλυπτοὺς ▸ **1**
   Adjective · masculine · plural · accusative · noDegree ▸ **1** (Dan. 5,0)
γλυπτῷ ▸ **1**
   Adjective · neuter · singular · dative · noDegree ▸ **1** (Psa. 105,19)
γλυπτῶν ▸ **3** + **1** = **4**
   Adjective · neuter · plural · genitive · noDegree ▸ **3** + **1** = **4** (Judg. 3,19; Jer. 27,38; Jer. 28,17; Judg. 3,19)

γλυφή (γλύφω) carving ▸ **9**
γλυφαὶ ▸ **1**
   Noun · feminine · plural · nominative · (common) ▸ **1** (Ex. 28,21)
γλυφὰς ▸ **1**
   Noun · feminine · plural · accusative · (common) ▸ **1** (2Chr. 2,13)
γλυφή ▸ **1**
   Noun · feminine · singular · nominative · (common) ▸ **1** (Ezek. 41,25)
γλυφὴν ▸ **4**
   Noun · feminine · singular · accusative · (common) ▸ **4** (Ex. 25,7; Ex. 35,9; 2Chr. 2,6; Ezek. 41,25)
γλυφῆς ▸ **1**
   Noun · feminine · singular · genitive · (common) ▸ **1** (Wis. 18,24)
γλυφῶν ▸ **1**
   Noun · feminine · plural · genitive · (common) ▸ **1** (1Kings 7,27)

γλύφω to carve, engrave ▸ **13**
γεγλυμμένα ▸ **1**
   Verb · perfect · passive · participle · neuter · plural · nominative ▸ **1** (Ezek. 41,18)
γεγλυμμένους ▸ **1**
   Verb · perfect · passive · participle · masculine · plural · accusative ▸ **1** (Ex. 36,13)
γλύφοντες ▸ **3**
   Verb · present · active · participle · masculine · plural · nominative ▸ **3** (Sir. 38,27; Is. 44,9; Is. 44,10)
γλύψαι ▸ **2**

γλύφω–γνάθος

Verb · aorist · active · infinitive ▸ **2** (2Chr. 2,6; 2Chr. 2,13)
γλύψεις ▸ 1
   Verb · second · singular · future · active · indicative ▸ **1** (Ex. 28,9)
ἐγλύφην ▸ 1
   Verb · first · singular · aorist · passive · indicative ▸ **1** (Wis. 7,1)
ἔγλυψαν ▸ 1
   Verb · third · plural · aorist · active · indicative ▸ **1** (Hab. 2,18)
ἔγλυψεν ▸ 3
   Verb · third · singular · aorist · active · indicative ▸ **3** (2Chr. 3,5; 2Chr. 3,7; Wis. 13,13)

γλῶσσα tongue, language; bar, ingot ▸ 160 + 9 + 50 = 219
   Γλῶσσα ▸ 1
     Noun · feminine · singular · nominative · (common) ▸ **1** (LetterJ 7)
   γλῶσσα ▸ 33 + 1 + 6 = 40
     Noun · feminine · singular · nominative · (common) ▸ **33 + 1 + 6 = 40** (4Mac. 10,19; Psa. 36,30; Psa. 56,5; Psa. 67,24; Psa. 72,9; Psa. 125,2; Prov. 6,17; Prov. 10,20; Prov. 10,31; Prov. 15,2; Prov. 24,22c; Prov. 25,15; Prov. 26,28; Job 20,16; Job 29,10; Sir. 5,13; Sir. 6,5; Sir. 28,14; Sir. 28,15; Sir. 40,21; Sol. 4,4; Sol. 12,4; Mic. 6,12; Zeph. 3,13; Zech. 14,12; Is. 35,6; Is. 41,17; Is. 45,23; Is. 59,3; Jer. 9,4; Jer. 9,7; Lam. 4,4; Dan. 7,6; Dan. 3,96; Luke 1,64; Rom. 14,11; Phil. 2,11; James 3,5; James 3,6; James 3,6)
   γλῶσσά ▸ 13 + 1 = 14
     Noun · feminine · singular · nominative · (common) ▸ **13 + 1 = 14** (Psa. 15,9; Psa. 21,16; Psa. 34,28; Psa. 44,2; Psa. 49,19; Psa. 50,16; Psa. 51,4; Psa. 70,24; Psa. 118,172; Psa. 136,6; Job 33,2; Sir. 22,27; Sir. 37,18; Acts 2,26)
   γλῶσσαι ▸ 9 + 4 + 4 = 17
     Noun · feminine · plural · nominative · (common) ▸ **8 + 4 + 4 = 16** (Judith 3,8; Psa. 63,9; Prov. 12,18; Is. 3,8; Is. 29,24; Is. 32,4; Dan. 3,7; Dan. 3,96; Dan. 3,4; Dan. 3,7; Dan. 5,19; Dan. 7,14; Acts 2,3; 1Cor. 13,8; 1Cor. 14,22; Rev. 17,15)
     Noun · feminine · plural · vocative · (common) ▸ **1** (Dan. 3,4)
   γλώσσαις ▸ 4 + 2 + 15 = 21
     Noun · feminine · plural · dative · (common) ▸ **4 + 2 + 15 = 21** (Psa. 5,10; Psa. 13,3; Dan. 4,37b; Dan. 6,26; Dan. 4,1; Dan. 6,26; Mark 16,17; Acts 2,4; Acts 2,11; Acts 10,46; Acts 19,6; Rom. 3,13; 1Cor. 12,30; 1Cor. 13,1; 1Cor. 14,5; 1Cor. 14,5; 1Cor. 14,6; 1Cor. 14,18; 1Cor. 14,23; 1Cor. 14,39; Rev. 10,11)
   γλῶσσαν ▸ 23 + 1 + 6 = 30
     Noun · feminine · singular · accusative · (common) ▸ **23 + 1 + 6 = 30** (Gen. 10,5; Gen. 11,7; Josh. 7,21; 2Mac. 7,10; 2Mac. 15,33; Psa. 9,28; Psa. 11,4; Psa. 11,5; Psa. 51,6; Psa. 80,6; Psa. 119,3; Psa. 139,4; Prov. 12,19; Prov. 21,23; Prov. 25,23; Job 20,12; Sir. 1,22 Prol.; Sir. 17,6; Sir. 28,18; Zeph. 3,9; Is. 50,4; Is. 57,4; Jer. 9,2; Dan. 1,4; 1Cor. 14,26; James 1,26; James 3,8; 1Pet. 3,10; Rev. 13,7; Rev. 14,6)
   γλῶσσάν ▸ 6 + 1 = 7
     Noun · feminine · singular · accusative · (common) ▸ **6 + 1 = 7** (Psa. 33,14; Psa. 65,17; Song 4,11; Sir. 51,22; Sol. 16,10; Ezek. 3,26; Luke 16,24)
   γλώσσας ▸ 8 + 1 = 9
     Noun · feminine · plural · accusative · (common) ▸ **8 + 1 = 9** (Gen. 10,20; Gen. 10,31; 4Mac. 18,21; Psa. 54,10; Psa. 63,4; Wis. 10,21; Is. 66,18; Dan. 3,2; Rev. 16,10)
   γλώσσῃ ▸ 29 + 1 + 7 = 37
     Noun · feminine · singular · dative · (common) ▸ **29 + 1 + 7 = 37** (Ex. 11,7; Josh. 10,21; Judg. 7,5; Judg. 7,6; Judith 11,19; 3Mac. 6,4; Psa. 14,3; Psa. 38,2; Psa. 38,4; Psa. 77,36; Psa. 108,2; Psa. 138,4; Prov. 17,20; Prov. 21,6; Prov. 27,20a; Prov. 31,25; Job 6,30; Sir. 4,29; Sir. 5,14; Sir. 19,16; Sir. 20,17; Sir. 21,7; Sir. 25,8; Sol. 12,0; Sol. 12,3; Is. 19,18; Jer. 18,18; Ezek. 3,6; Ezek. 36,3; Judg. 7,5; 1Cor. 14,2; 1Cor. 14,4; 1Cor. 14,13; 1Cor. 14,14; 1Cor. 14,19; 1Cor. 14,27; 1John 3,18)
   γλώσσης ▸ 29 + 4 = 33
     Noun · feminine · singular · genitive · (common) ▸ **29 + 4 = 33** (2Sam. 23,2; 3Mac. 2,17; Psa. 119,2; Prov. 3,16a; Prov. 6,24; Prov. 15,4; Prov. 17,4; Prov. 18,21; Prov. 24,22b; Prov. 24,22b; Job 5,21; Wis. 1,6; Wis. 1,11; Sir. 4,24; Sir. 20,18; Sir. 25,7; Sir. 26,6; Sir. 28,17; Sir. 36,23; Sir. 51,2; Sir. 51,5; Sir. 51,6; Sol. 12,1; Sol. 12,2; Sol. 15,3; Hos. 7,16; Is. 28,11; Jer. 5,15; Jer. 23,31; Mark 7,33; Mark 7,35; 1Cor. 14,9; Rev. 5,9)
   γλωσσῶν ▸ 3 + 5 = 8
     Noun · feminine · plural · genitive · (common) ▸ **3 + 5 = 8** (Psa. 30,21; Zech. 8,23; Dan. 4,21; 1Cor. 12,10; 1Cor. 12,10; 1Cor. 12,28; Rev. 7,9; Rev. 11,9)
   γλῶτταν ▸ 2
     Noun · feminine · singular · accusative · (common) ▸ **2** (4Mac. 10,17; 4Mac. 10,21)

γλωσσόκομον (γλῶσσα; κομέω) box, money bag; coffin ▸ 4 + 2 = 6
   γλωσσόκομον ▸ 4 + 2 = 6
     Noun · neuter · singular · accusative · (common) ▸ **4 + 2 = 6** (2Chr. 24,8; 2Chr. 24,10; 2Chr. 24,11; 2Chr. 24,11; John 12,6; John 13,29)

γλωσσότμητος (γλῶσσα; τέμνω) tongueless ▸ 1
   γλωσσότμητον ▸ 1
     Adjective · neuter · singular · accusative · noDegree ▸ **1** (Lev. 22,22)

γλωσσοτομέω (γλῶσσα; τέμνω) to cut out a tongue ▸ 3
   γλωσσοτομεῖν ▸ 1
     Verb · present · active · infinitive ▸ **1** (2Mac. 7,4)
   γλωττοτομῆσαι ▸ 1
     Verb · aorist · active · infinitive ▸ **1** (4Mac. 12,13)
   γλωττοτομήσεις ▸ 1
     Verb · second · singular · future · active · indicative ▸ **1** (4Mac. 10,19)

γλωσσοχαριτέω (γλῶσσα; χάρις) to flatter ▸ 1
   γλωσσοχαριτοῦντος ▸ 1
     Verb · present · active · participle · masculine · singular · genitive ▸ **1** (Prov. 28,23)

γλωσσώδης (γλῶσσα; εἶδος) railing, slanderous, talkative ▸ 5
   γλωσσώδης ▸ 3
     Adjective · feminine · singular · nominative · noDegree ▸ **1** (Sir. 25,20)
     Adjective · masculine · singular · nominative · noDegree ▸ **2** (Psa. 139,12; Sir. 9,18)
   γλωσσώδους ▸ 2
     Adjective · feminine · singular · genitive · noDegree ▸ **1** (Prov. 21,19)
     Adjective · masculine · singular · genitive · noDegree ▸ **1** (Sir. 8,3)

γνάθος jaw ▸ 3
   γνάθον ▸ 1
     Noun · feminine · singular · accusative · (common) ▸ **1** (Judg. 5,26)
   γνάθῳ ▸ 2
     Noun · feminine · singular · dative · (common) ▸ **2** (Judg. 4,21; Judg. 4,22)

γναφεύς cloth refiner ▸ 3 + 1 = 4
  γναφεὺς ▸ 1
    Noun · masculine · singular · nominative ▸ **1** (Mark 9,3)
  γναφέως ▸ 3
    Noun · masculine · singular · genitive · (common) ▸ **3** (2Kings 18,17; Is. 7,3; Is. 36,2)

γνήσιος (γίνομαι) genuine ▸ 2 + 4 = 6
  γνήσιε ▸ 1
    Adjective · masculine · singular · vocative ▸ **1** (Phil. 4,3)
  γνήσιον ▸ 2 + 1 = 3
    Adjective · masculine · singular · accusative · noDegree ▸ **1** (Sir. 7,18)
    Adjective · neuter · singular · accusative · noDegree ▸ 1 + 1 = **2** (3Mac. 3,19; 2Cor. 8,8)
  γνησίῳ ▸ 2
    Adjective · neuter · singular · dative ▸ **2** (1Tim. 1,2; Titus 1,4)

γνησίως (γίνομαι) genuinely ▸ 2 + 1 = 3
  γνησίως ▸ 2 + 1 = 3
    Adverb ▸ 2 + 1 = **3** (2Mac. 14,8; 3Mac. 3,23; Phil. 2,20)

γνοφερός (γνόφος) dark ▸ 1
  γνοφεράν ▸ 1
    Adjective · feminine · singular · accusative · noDegree ▸ **1** (Job 10,21)

γνόφος darkness ▸ 27 + 1 = 28
  γνόφον ▸ 4
    Noun · masculine · singular · accusative · (common) ▸ **4** (Ex. 20,21; Josh. 24,7; Sir. 45,5; Is. 44,22)
  γνόφος ▸ 13
    Noun · masculine · singular · nominative · (common) ▸ **13** (Ex. 10,22; Ex. 14,20; Deut. 4,11; Deut. 5,22; 2Sam. 22,10; Psa. 17,10; Psa. 96,2; Job 3,5; Job 23,17; Job 27,20; Amos 5,20; Is. 60,2; Ezek. 34,12)
  γνόφου ▸ 5
    Noun · masculine · singular · genitive · (common) ▸ **5** (Esth. 11,8 # 1,1g; Job 22,13; Joel 2,2; Zeph. 1,15; Ezek. 34,12)
  γνόφῳ ▸ 5 + 1 = 6
    Noun · masculine · singular · dative · (common) ▸ 5 + 1 = **6** (1Kings 8,53a; 2Chr. 6,1; Job 9,17; Job 17,13; Jer. 23,12; Heb. 12,18)

γνοφόω (γνόφος) to darken ▸ 1
  ἐγνόφωσεν ▸ 1
    Verb · third · singular · aorist · active · indicative ▸ **1** (Lam. 2,1)

γνοφώδης (γνόφος; εἶδος) dark ▸ 2
  γνοφώδης ▸ 2
    Adjective · feminine · singular · nominative · noDegree ▸ **2** (Ex. 19,16; Prov. 7,9)

γνώμη (γινώσκω) opinion; intent, purpose; consent ▸ 32 + 2 + 9 = 43
  γνῶμαι ▸ 1
    Noun · feminine · plural · nominative · (common) ▸ **1** (Prov. 12,26)
  γνώμη ▸ 6 + 1 = 7
    Noun · feminine · singular · nominative · (common) ▸ 6 + 1 = **7** (Ezra 4,19; Ezra 5,5; Ezra 5,17; Ezra 6,8; Ezra 6,11; Ezra 7,13; Dan. 2,15)
  γνώμῃ ▸ 1 + 1 = 2
    Noun · feminine · singular · dative · (common) ▸ 1 + 1 = **2** (Ezra 7,23; 1Cor. 1,10)
  γνώμην ▸ 15 + 1 + 6 = 22
    Noun · feminine · singular · accusative · (common) ▸ 15 + 1 + 6 = **22** (Ezra 4,21; Ezra 5,3; Ezra 5,9; Ezra 5,13; Ezra 6,1; Ezra 6,3; Ezra 6,12; Ezra 7,21; 2Mac. 9,20; 4Mac. 9,27; Psa. 82,4; Wis. 7,15; Sir. 6,23; Dan. 2,14; Dan. 6,5; Dan. 2,14; 1Cor. 7,25; 1Cor. 7,40; 2Cor. 8,10; Rev. 17,13; Rev. 17,17; Rev. 17,17)
  γνώμης ▸ 9 + 2 = 11
    Noun · feminine · singular · genitive · (common) ▸ 9 + 2 = **11** (1Esdr. 6,21; 1Esdr. 7,5; Ezra 4,21; Ezra 6,14; Ezra 6,14; 2Mac. 4,39; 2Mac. 11,37; 2Mac. 14,20; Prov. 2,16; Acts 20,3; Philem. 14)

γνωρίζω (γινώσκω) to make known ▸ 48 + 20 + 25 = 93
  γνωριεῖς ▸ 1
    Verb · second · singular · future · active · indicative ▸ **1** (Ezek. 43,11)
  γνωριεῖτε ▸ 1
    Verb · second · plural · future · active · indicative ▸ **1** (Ezra 7,25)
  γνώριζε ▸ 2
    Verb · second · singular · present · active · imperative ▸ **2** (Prov. 3,6; Prov. 9,9)
  γνωριζέσθω ▸ 1
    Verb · third · singular · present · passive · imperative · (variant) ▸ **1** (Phil. 4,6)
  γνωρίζεται ▸ 1
    Verb · third · singular · present · passive · indicative ▸ **1** (Prov. 15,10)
  γνωρίζηται ▸ 1
    Verb · third · singular · present · passive · subjunctive ▸ **1** (Ex. 21,36)
  γνωρίζομεν ▸ 1
    Verb · first · plural · present · active · indicative ▸ **1** (Ezra 4,16)
  Γνωρίζομεν ▸ 1
    Verb · first · plural · present · active · indicative ▸ **1** (2Cor. 8,1)
  γνωρίζοντες ▸ 1
    Verb · present · active · participle · masculine · plural · nominative ▸ **1** (3Mac. 3,21)
  γνωρίζω ▸ 1 + 2 = 3
    Verb · first · singular · present · active · indicative ▸ 1 + 2 = **3** (Dan. 8,19; 1Cor. 12,3; Phil. 1,22)
  Γνωρίζω ▸ 2
    Verb · first · singular · present · active · indicative ▸ **2** (1Cor. 15,1; Gal. 1,11)
  γνωρίζων ▸ 1
    Verb · present · active · participle · masculine · singular · nominative ▸ **1** (Job 34,25)
  γνωριοῦμεν ▸ 1
    Verb · first · plural · future · active · indicative ▸ **1** (1Sam. 14,12)
  γνωριοῦσιν ▸ 1
    Verb · third · plural · future · active · indicative ▸ **1** (Ezek. 44,23)
  γνωρίσαι ▸ 7 + 4 + 3 = 14
    Verb · aorist · active · infinitive ▸ 7 + 4 + 3 = **14** (1Sam. 28,15; 2Sam. 7,21; 1Esdr. 6,11; Ezra 5,10; Psa. 77,5; Psa. 105,8; Psa. 144,12; Dan. 2,10; Dan. 2,30; Dan. 5,8; Dan. 5,16; Rom. 9,22; Eph. 6,19; Col. 1,27)
  γνωρίσας ▸ 1
    Verb · aorist · active · participle · masculine · singular · nominative ▸ **1** (Eph. 1,9)
  γνωρίσατε ▸ 2
    Verb · second · plural · aorist · active · imperative ▸ **2** (1Sam. 6,2; 1Chr. 16,8)
  γνωρίσει ▸ 2
    Verb · third · singular · future · active · indicative ▸ **2** (Eph. 6,21; Col. 4,7)
  γνωρίσῃ ▸ 1 + 1 + 1 = 3
    Verb · third · singular · aorist · active · subjunctive ▸ 1 + 1 + 1

γνωρίζω–γνῶσις

= 3 (Prov. 22,19; Dan. 5,7; Rom. 9,23)

γνωρίσητέ ▸ 2
  Verb · second · plural · aorist · active · subjunctive ▸ 2 (Dan. 2,5; Dan. 2,6)

γνωρισθέντος ▸ 1
  Verb · aorist · passive · participle · neuter · singular · genitive ▸ 1 (Rom. 16,26)

γνωρισθῇ ▸ 1
  Verb · third · singular · aorist · passive · subjunctive ▸ 1 (Eph. 3,10)

γνωρισθῆς ▸ 1
  Verb · second · singular · aorist · passive · subjunctive ▸ 1 (Ruth 3,3)

γνώρισον ▸ 1
  Verb · second · singular · aorist · active · imperative ▸ 1 (Psa. 89,12)

Γνώρισόν ▸ 1
  Verb · second · singular · aorist · active · imperative ▸ 1 (Psa. 38,5)

γνώρισόν ▸ 3
  Verb · second · singular · aorist · active · imperative ▸ 3 (Psa. 24,4; Psa. 142,8; Jer. 11,18)

γνωρίσουσιν ▸ 1
  Verb · third · plural · future · active · indicative ▸ 1 (Col. 4,9)

γνωρίσω ▸ 1 + 1 + 1 = 3
  Verb · first · singular · future · active · indicative ▸ 1 + 1 = 2 (1Sam. 10,8; John 17,26)
  Verb · first · singular · aorist · active · subjunctive ▸ 1 (Dan. 5,17)

γνωρίσωσιν ▸ 1
  Verb · third · plural · aorist · active · subjunctive ▸ 1 (Amos 3,3)

γνωρίσωσίν ▸ 2
  Verb · third · plural · aorist · active · subjunctive ▸ 2 (Dan. 4,6; Dan. 5,15)

γνωριῶ ▸ 2
  Verb · first · singular · future · active · indicative ▸ 2 (1Sam. 16,3; Jer. 16,21)

ἐγνώρισα ▸ 2 + 2 = 4
  Verb · first · singular · aorist · active · indicative ▸ 2 + 2 = 4 (Psa. 31,5; Ezek. 20,11; John 15,15; John 17,26)

ἐγνωρίσαμεν ▸ 1 + 1 = 2
  Verb · first · plural · aorist · active · indicative ▸ 1 + 1 = 2 (Ezra 4,14; 2Pet. 1,16)

ἐγνώρισαν ▸ 1
  Verb · third · plural · aorist · active · indicative ▸ 1 (Luke 2,17)

ἐγνώρισάν ▸ 1 + 1 = 2
  Verb · third · plural · aorist · active · indicative ▸ 1 + 1 = 2 (Hos. 8,4; Dan. 4,7)

ἐγνώρισας ▸ 5
  Verb · second · singular · aorist · active · indicative ▸ 5 (1Kings 1,27; Neh. 9,14; 3Mac. 2,6; 3Mac. 2,6; Psa. 76,15)

ἐγνώρισάς ▸ 1 + 2 + 1 = 4
  Verb · second · singular · aorist · active · indicative ▸ 1 + 2 + 1 = 4 (Psa. 15,11; Dan. 2,23; Dan. 2,23; Acts 2,28)

ἐγνώρισεν ▸ 5 + 4 + 1 = 10
  Verb · third · singular · aorist · active · indicative ▸ 5 + 4 + 1 = 10 (1Kings 8,53a; Neh. 8,12; 1Mac. 14,28; Psa. 97,2; Psa. 102,7; Dan. 2,15; Dan. 2,17; Dan. 2,28; Dan. 2,45; Luke 2,15)

ἐγνώρισέν ▸ 2
  Verb · third · singular · aorist · active · indicative ▸ 2 (Dan. 2,29; Dan. 7,16)

ἐγνωρίσθη ▸ 2
  Verb · third · singular · aorist · passive · indicative ▸ 2 (Eph. 3,3; Eph. 3,5)

ἐγνωρίσθην ▸ 1
  Verb · first · singular · aorist · passive · indicative ▸ 1 (Ezek. 20,5)

ἐγνώρισται ▸ 1
  Verb · third · singular · perfect · passive · indicative ▸ 1 (Ezra 7,24)

γνώριμος (γινώσκω)   well-known; acquaintance, friend; pupil ▸ 7
  γνώριμοί ▸ 1
    Adjective · masculine · plural · nominative · noDegree ▸ 1 (LetterJ 14)
  γνώριμον ▸ 1
    Adjective · feminine · singular · accusative · noDegree ▸ 1 (Prov. 7,4)
  γνώριμος ▸ 3
    Adjective · masculine · singular · nominative · noDegree ▸ 3 (Ruth 2,1; Ruth 3,2; 4Mac. 5,4)
  γνωρίμων ▸ 2
    Adjective · masculine · plural · genitive · noDegree ▸ 2 (2Sam. 3,8; Sir. 30,2)

γνωριστής (γινώσκω)   spiritist, medium ▸ 1
  γνωριστάς ▸ 1
    Noun · masculine · plural · accusative · (common) ▸ 1 (2Kings 23,24)

γνῶσις (γινώσκω)   knowledge ▸ 60 + 2 + 29 = 91
  γνώσει ▸ 5 + 8 = 13
    Noun · feminine · singular · dative · (common) ▸ 5 + 8 = 13 (Prov. 9,6; Eccl. 2,21; Sir. 33,8; Jer. 47,14; Dan. 2,30; 1Cor. 1,5; 1Cor. 8,11; 1Cor. 14,6; 2Cor. 6,6; 2Cor. 8,7; 2Cor. 11,6; 2Pet. 1,6; 2Pet. 3,18)
  γνώσεων ▸ 2
    Noun · feminine · plural · genitive · (common) ▸ 2 (1Sam. 2,3; Ode. 3,3)
  γνώσεως ▸ 8 + 12 = 20
    Noun · feminine · singular · genitive · (common) ▸ 8 + 12 = 20 (Prov. 13,16; Prov. 13,19; Eccl. 1,18; Eccl. 7,12; Hos. 10,12; Is. 11,2; Jer. 10,14; Jer. 28,17; Luke 11,52; Rom. 2,20; Rom. 11,33; Rom. 15,14; 1Cor. 12,8; 2Cor. 2,14; 2Cor. 4,6; 2Cor. 10,5; Eph. 3,19; Phil. 3,8; Col. 2,3; 1Tim. 6,20)
  γνώσεώς ▸ 2
    Noun · feminine · singular · genitive · (common) ▸ 2 (Sol. 9,3; Sol. 9,3)
  γνῶσιν ▸ 34 + 1 + 6 = 41
    Noun · feminine · singular · accusative · (common) ▸ 34 + 1 + 6 = 41 (1Chr. 4,10; Esth. 14,15 # 4,17u; 2Mac. 6,21; 2Mac. 6,30; Psa. 18,3; Psa. 93,10; Psa. 118,66; Ode. 9,77; Prov. 8,9; Prov. 8,10; Prov. 8,12; Prov. 16,8; Prov. 21,11; Prov. 22,20; Prov. 22,21; Prov. 27,21a; Prov. 29,7; Prov. 30,3; Eccl. 1,16; Eccl. 1,17; Eccl. 1,18; Eccl. 2,26; Eccl. 12,9; Wis. 1,7; Wis. 2,13; Wis. 6,22; Wis. 7,17; Wis. 10,10; Wis. 14,22; Sir. 1,19; Sir. 21,14; Sir. 40,5; Hos. 4,6; Mal. 2,7; Dan. 1,4; Luke 1,77; 1Cor. 8,1; 1Cor. 8,10; 1Cor. 13,2; 1Pet. 3,7; 2Pet. 1,5)
  γνῶσις ▸ 8 + 1 + 3 = 12
    Noun · feminine · singular · nominative · (common) ▸ 8 + 1 + 3 = 12 (4Mac. 1,16; Psa. 72,11; Prov. 2,6; Prov. 19,23; Eccl. 8,6; Eccl. 9,10; Sir. 21,13; Sir. 21,18; Dan. 12,4; 1Cor. 8,1; 1Cor. 8,7; 1Cor. 13,8)
  γνῶσίς ▸ 1
    Noun · feminine · singular · nominative · (common) ▸ 1 (Psa. 138,6)

γνωστέον one must know ▸ 1
  γνωστέον ▸ 1
    Adjective · neuter · singular · nominative · noDegree · (verbal)
    ▸ 1 (LetterJ 51)

γνώστης (γινώσκω) one who knows; medium ▸ 4 + 1 + 1 = 6
  γνώστας ▸ 4
    Noun · masculine · plural · accusative · (common) ▸ 4 (1Sam. 28,3; 1Sam. 28,9; 2Kings 21,6; 2Chr. 35,19a)
  γνώστην ▸ 1
    Noun · masculine · singular · accusative ▸ 1 (Acts 26,3)
  γνώστης ▸ 1
    Noun · masculine · singular · nominative · (common) ▸ 1 (Sus. 42)

γνωστός (γινώσκω) known, friend ▸ 22 + 2 + 15 = 39
  γνωστά ▸ 1 + 1 = 2
    Adjective · neuter · plural · nominative · noDegree ▸ 1 + 1 = 2 (Bar. 4,4; Tob. 2,14)
  γνωστὰ ▸ 2 + 1 = 3
    Adjective · neuter · plural · accusative · (verbal) ▸ 1 (Acts 15,18)
    Adjective · neuter · plural · nominative · noDegree ▸ 2 (1Esdr. 6,8; Tob. 2,14)
  γνωσταὶ ▸ 1
    Adjective · feminine · plural · nominative · noDegree ▸ 1 (Sol. 14,8)
  γνωστέ ▸ 1
    Adjective · masculine · singular · vocative · noDegree ▸ 1 (Psa. 54,14)
  γνωστὴ ▸ 1
    Adjective · feminine · singular · nominative · noDegree ▸ 1 (Zech. 14,7)
  γνωστοὶ ▸ 1
    Adjective · masculine · plural · nominative · (verbal) ▸ 1 (Luke 23,49)
  γνωστοί ▸ 1
    Adjective · masculine · plural · nominative · noDegree ▸ 1 (Neh. 5,10)
  γνωστοῖς ▸ 1 + 1 = 2
    Adjective · masculine · plural · dative · noDegree ▸ 1 + 1 = 2 (Psa. 30,12; Luke 2,44)
  γνωστὸν ▸ 8 + 1 + 10 = 19
    Adjective · neuter · singular · accusative · noDegree ▸ 1 (Gen. 2,9)
    Adjective · neuter · singular · nominative · noDegree ▸ 7 + 1 + 10 = 18 (Ex. 33,16; 1Esdr. 2,14; Ezra 4,12; Ezra 4,13; Ezra 5,8; Wis. 16,28; Ezek. 36,32; Dan. 3,18; Acts 1,19; Acts 2,14; Acts 4,10; Acts 4,16; Acts 9,42; Acts 13,38; Acts 19,17; Acts 28,22; Acts 28,28; Rom. 1,19)
  Γνωστὸς ▸ 1
    Adjective · masculine · singular · nominative · noDegree ▸ 1 (Psa. 75,2)
  γνωστὸς ▸ 2 + 2 = 4
    Adjective · masculine · singular · nominative · noDegree ▸ 2 + 2 = 4 (Sir. 21,7; Is. 19,21; John 18,15; John 18,16)
  γνωστούς ▸ 2
    Adjective · masculine · plural · accusative · noDegree ▸ 2 (Psa. 87,9; Psa. 87,19)
  γνωστοὺς ▸ 1
    Adjective · masculine · plural · accusative · noDegree ▸ 1 (2Kings 10,11)

γνωστῶς (γινώσκω) obviously, clearly ▸ 2
  γνωστῶς ▸ 2
    Adverb · 2 (Ex. 33,13; Prov. 27,23)

Γοβ Gob ▸ 1
  Γοβ ▸ 1
    Noun · singular · dative · (proper) ▸ 1 (2Sam. 21,19)

γογγύζω to grumble ▸ 15 + 1 + 8 = 24
  γογγύζετε ▸ 2
    Verb · second · plural · present · active · imperative ▸ 2 (John 6,43; 1Cor. 10,10)
  γογγύζοντες ▸ 1
    Verb · present · active · participle · masculine · plural · nominative ▸ 1 (Is. 29,24)
  γογγύζοντος ▸ 1
    Verb · present · active · participle · masculine · singular · genitive ▸ 1 (John 7,32)
  γογγύζουσιν ▸ 2 + 1 = 3
    Verb · third · plural · present · active · indicative ▸ 2 + 1 = 3 (Num. 14,27; Num. 17,20; John 6,61)
  γογγύζων ▸ 1
    Verb · present · active · participle · masculine · singular · nominative ▸ 1 (Num. 11,1)
  γογγύσει ▸ 2
    Verb · third · singular · future · active · indicative ▸ 2 (Sir. 10,25; Lam. 3,39)
  γογγύσουσιν ▸ 1
    Verb · third · plural · future · active · indicative ▸ 1 (Psa. 58,16)
  ἐγόγγυζεν ▸ 2 + 1 = 3
    Verb · third · singular · imperfect · active · indicative ▸ 2 + 1 = 3 (Ex. 17,3; Judg. 1,14; Judg. 1,14)
  ἐγόγγυζον ▸ 2
    Verb · third · plural · imperfect · active · indicative ▸ 2 (Matt. 20,11; Luke 5,30)
  Ἐγόγγυζον ▸ 1
    Verb · third · plural · imperfect · active · indicative ▸ 1 (John 6,41)
  ἐγόγγυσαν ▸ 4 + 1 = 5
    Verb · third · plural · aorist · active · indicative ▸ 4 + 1 = 5 (Num. 14,27; Num. 14,29; Num. 17,6; Psa. 105,25; 1Cor. 10,10)
  ἐγόγγυσας ▸ 1
    Verb · second · singular · aorist · active · indicative ▸ 1 (Is. 30,12)
  ἐγόγγυσεν ▸ 1
    Verb · third · singular · aorist · active · indicative ▸ 1 (Judith 5,22)

γόγγυσις (γογγύζω) murmuring, muttering ▸ 1
  γόγγυσιν ▸ 1
    Noun · feminine · singular · accusative · (common) ▸ 1 (Num. 14,27)

γογγυσμός (γογγύζω) murmuring, grumbling ▸ 13 + 4 = 17
  γογγυσμόν ▸ 1
    Noun · masculine · singular · accusative · (common) ▸ 1 (Ex. 16,9)
  γογγυσμὸν ▸ 7
    Noun · masculine · singular · accusative · (common) ▸ 7 (Ex. 16,7; Ex. 16,8; Ex. 16,12; Num. 17,20; Wis. 1,11; Sir. 46,7; Sol. 16,11)
  γογγυσμὸς ▸ 2 + 2 = 4
    Noun · masculine · singular · nominative · (common) ▸ 2 + 2 = 4 (Ex. 16,8; Num. 17,25; John 7,12; Acts 6,1)
  γογγυσμοῦ ▸ 2 + 1 = 3
    Noun · masculine · singular · genitive · (common) ▸ 2 + 1 = 3 (Sol. 5,13; Is. 58,9; 1Pet. 4,9)

γογγυσμῶν ▸ 1 + 1 = 2
  Noun ▪ masculine ▪ plural ▪ genitive ▪ (common) ▸ 1 + 1 = 2 (Wis. 1,10; Phil. 2,14)

γογγυστής (γογγύζω) grumbler ▸ 1
  γογγυσταί ▸ 1
    Noun ▪ masculine ▪ plural ▪ nominative ▸ 1 (Jude 16)

Γοδολια Gedaliah ▸ 2
  Γοδολια ▸ 2
    Noun ▪ masculine ▪ singular ▪ dative ▪ (proper) ▸ 1 (1Chr. 25,9)
    Noun ▪ masculine ▪ singular ▪ nominative ▪ (proper) ▸ 1 (1Chr. 25,3)

Γοδολιας Gedaliah ▸ 28
  Γοδολια ▸ 2
    Noun ▪ masculine ▪ singular ▪ dative ▪ (proper) ▸ 2 (Jer. 47,15; Jer. 48,10)
  Γοδολιαν ▸ 17
    Noun ▪ masculine ▪ singular ▪ accusative ▪ (proper) ▸ 17 (2Kings 25,22; 2Kings 25,23; 2Kings 25,23; 2Kings 25,25; Jer. 46,14; Jer. 47,5; Jer. 47,6; Jer. 47,7; Jer. 47,8; Jer. 47,11; Jer. 47,12; Jer. 47,13; Jer. 48,1; Jer. 48,2; Jer. 48,4; Jer. 48,6; Jer. 48,18)
  Γοδολιας ▸ 6
    Noun ▪ masculine ▪ singular ▪ nominative ▪ (proper) ▸ 6 (2Kings 25,24; Jer. 43,25; Jer. 45,1; Jer. 47,9; Jer. 47,14; Jer. 47,16)
  Γοδολιου ▸ 3
    Noun ▪ masculine ▪ singular ▪ genitive ▪ (proper) ▸ 3 (Zeph. 1,1; Jer. 42,4; Jer. 50,6)

Γοδολλαθι Giddalti ▸ 2
  Γοδολλαθι ▸ 2
    Noun ▪ masculine ▪ singular ▪ nominative ▪ (proper) ▸ 2 (1Chr. 25,4; 1Chr. 25,29)

γοερός (γόος) distressing ▸ 1
  γοεροῖς ▸ 1
    Adjective ▪ neuter ▪ plural ▪ dative ▪ noDegree ▸ 1 (3Mac. 5,25)

γόης sorcerer, enchanter; imposter; swindler ▸ 1
  γόητες ▸ 1
    Noun ▪ masculine ▪ plural ▪ nominative ▸ 1 (2Tim. 3,13)

γοητεία (γοητεύω) trickery ▸ 1
  γοητείας ▸ 1
    Noun ▪ feminine ▪ singular ▪ genitive ▪ (common) ▸ 1 (2Mac. 12,24)

Γοθνι Othni ▸ 1
  Γοθνι ▸ 1
    Noun ▪ masculine ▪ singular ▪ nominative ▪ (proper) ▸ 1 (1Chr. 26,7)

Γοθολια Athaliah ▸ 15
  Γοθολια ▸ 11
    Noun ▪ feminine ▪ singular ▪ nominative ▪ (proper) ▸ 11 (2Kings 8,26; 2Kings 11,1; 2Kings 11,3; 2Kings 11,13; 2Kings 11,14; 2Chr. 22,2; 2Chr. 22,10; 2Chr. 22,12; 2Chr. 23,12; 2Chr. 23,13; 2Chr. 24,7)
  Γοθολιαν ▸ 2
    Noun ▪ feminine ▪ singular ▪ accusative ▪ (proper) ▸ 2 (2Kings 11,20; 2Chr. 23,21)
  Γοθολιας ▸ 2
    Noun ▪ feminine ▪ singular ▪ genitive ▪ (proper) ▸ 2 (2Kings 11,2; 2Chr. 22,11)

Γοθολίας Gotholiah ▸ 1
  Γοθολιου ▸ 1
    Noun ▪ masculine ▪ singular ▪ genitive ▪ (proper) ▸ 1 (1Esdr. 8,33)

Γοθομ Gatam ▸ 2
  Γοθομ ▸ 2
    Noun ▪ masculine ▪ singular ▪ nominative ▪ (proper) ▸ 2 (Gen. 36,11; Gen. 36,16)

Γοθονιηλ Othniel ▸ 8 + 4 = 12
  Γοθονιηλ ▸ 8 + 4 = 12
    Noun ▪ singular ▪ nominative ▪ (proper) ▸ 1 (Josh. 15,17)
    Noun ▪ masculine ▪ singular ▪ accusative ▪ (proper) ▸ 1 + 1 = 2 (Judg. 3,9; Judg. 3,9)
    Noun ▪ masculine ▪ singular ▪ dative ▪ (proper) ▸ 1 (1Chr. 27,15)
    Noun ▪ masculine ▪ singular ▪ genitive ▪ (proper) ▸ 2 (1Chr. 4,13; Judith 6,15)
    Noun ▪ masculine ▪ singular ▪ nominative ▪ (proper) ▸ 3 + 3 = 6 (Judg. 1,13; Judg. 3,11; 1Chr. 4,13; Judg. 1,13; Judg. 1,14; Judg. 3,11)

Γολαθμαιν (Hebr.) springs of water ▸ 3
  Γολαθμαιν ▸ 3
    Noun ▪ feminine ▪ singular ▪ accusative ▪ (proper) ▸ 3 (Josh. 15,19; Josh. 15,19; Josh. 15,19)

Γολγοθᾶ Golgotha ▸ 3
  Γολγοθα ▸ 1
    Noun ▪ feminine ▪ singular ▪ nominative ▪ (proper) ▸ 1 (John 19,17)
  Γολγοθᾶ ▸ 1
    Noun ▪ feminine ▪ singular ▪ accusative ▪ (proper) ▸ 1 (Matt. 27,33)
  Γολγοθᾶν ▸ 1
    Noun ▪ feminine ▪ singular ▪ accusative ▪ (proper) ▸ 1 (Mark 15,22)

Γολγολ Gilgal ▸ 1
  Γολγολ ▸ 1
    Noun ▪ singular ▪ genitive ▪ (proper) ▸ 1 (Deut. 11,30)

Γολιαδ Goliath, Goliad ▸ 4
  Γολιαδ ▸ 4
    Noun ▪ masculine ▪ singular ▪ accusative ▪ (proper) ▸ 1 (Psa. 143,1)
    Noun ▪ masculine ▪ singular ▪ dative ▪ (proper) ▸ 1 (Psa. 151,1)
    Noun ▪ masculine ▪ singular ▪ genitive ▪ (proper) ▸ 1 (1Sam. 22,10)
    Noun ▪ masculine ▪ singular ▪ nominative ▪ (proper) ▸ 1 (1Sam. 17,42)

Γολιαθ Goliath ▸ 5
  Γολιαθ ▸ 5
    Noun ▪ masculine ▪ singular ▪ accusative ▪ (proper) ▸ 1 (2Sam. 21,19)
    Noun ▪ masculine ▪ singular ▪ genitive ▪ (proper) ▸ 3 (1Sam. 21,10; 1Chr. 20,5; Sir. 47,4)
    Noun ▪ masculine ▪ singular ▪ nominative ▪ (proper) ▸ 1 (1Sam. 17,4)

Γομερ Gomer ▸ 2
  Γομερ ▸ 2
    Noun ▪ feminine ▪ singular ▪ accusative ▪ (proper) ▸ 1 (Hos. 1,3)
    Noun ▪ masculine ▪ singular ▪ nominative ▪ (proper) ▸ 1 (Ezek. 38,6)

Γομορ omer (= 1/10 ephah) ▸ 1
  Γομορ ▸ 1
    Noun ▪ neuter ▪ plural ▪ accusative ▪ (common) ▸ 1 (Ex. 16,22)

γομορ omer (= 1/10 ephah) ▸ 13
  γομορ ▸ 13
    Noun ▪ neuter ▪ singular ▪ accusative ▪ (common) ▸ 5 (Ex. 16,32; Ex. 16,33; 1Sam. 16,20; 1Sam. 25,18; Ezek. 45,11)
    Noun ▪ neuter ▪ singular ▪ dative ▪ (common) ▸ 2 (Ex. 16,18; Hos. 3,2)
    Noun ▪ neuter ▪ singular ▪ genitive ▪ (common) ▸ 3 (Ezek. 45,11; Ezek. 45,11; Ezek. 45,13)

Noun · neuter · singular · nominative · (common) ▸ **3** (Ex. 16,16; Ex. 16,36; Ezek. 45,14)

Γομορρα Gomorrah ▸ **21**
  Γομορρα ▸ **10**
    Noun · feminine · singular · accusative · (proper) ▸ **5** (Gen. 13,10; Gen. 19,24; Amos 4,11; Is. 13,19; Jer. 27,40)
    Noun · feminine · singular · nominative · (proper) ▸ **5** (Deut. 29,22; Zeph. 2,9; Is. 1,9; Jer. 23,14; Jer. 30,12)
  Γομορρας ▸ **11**
    Noun · feminine · singular · genitive · (proper) ▸ **11** (Gen. 10,19; Gen. 14,2; Gen. 14,8; Gen. 14,10; Gen. 14,11; Gen. 18,16; Gen. 18,20; Gen. 19,28; Deut. 32,32; Ode. 2,32; Is. 1,10)

Γόμορρα Gomorrah ▸ **4**
  Γόμορρα ▸ **2**
    Noun · feminine · singular · nominative · (proper) ▸ **2** (Rom. 9,29; Jude 7)
  Γομόρρας ▸ **1**
    Noun · feminine · singular · genitive · (proper) ▸ **1** (2Pet. 2,6)
  Γομόρρων ▸ **1**
    Noun · neuter · plural · genitive · (proper) ▸ **1** (Matt. 10,15)

γόμος (γέμω) cargo ▸ **2 + 3 = 5**
  γόμον ▸ **1 + 3 = 4**
    Noun · masculine · singular · accusative · (common) ▸ **1 + 3 = 4** (Ex. 23,5; Acts 21,3; Rev. 18,11; Rev. 18,12)
  γόμος ▸ **1**
    Noun · masculine · singular · nominative · (common) ▸ **1** (2Kings 5,17)

γομφιάζω (γομφίος) to grind one's teeth ▸ **2**
  γομφιάσεις ▸ **1**
    Verb · second · singular · future · active · indicative ▸ **1** (Sir. 30,10)
  ἐγομφίασαν ▸ **1**
    Verb · third · plural · aorist · active · indicative ▸ **1** (Ezek. 18,2)

γομφιασμός (γομφίος) grinding of teeth ▸ **1**
  γομφιασμόν ▸ **1**
    Noun · masculine · singular · accusative · (common) ▸ **1** (Amos 4,6)

γονεύς (γίνομαι) parent ▸ **14 + 3 + 20 = 37**
  γονεῖς ▸ **9 + 3 + 14 = 26**
    Noun · masculine · plural · accusative · (common) ▸ **5 + 5 = 10** (Esth. 2,7; 2Mac. 12,24; 4Mac. 2,10; Prov. 29,15; Wis. 12,6; Matt. 10,21; Mark 13,12; Luke 2,27; Luke 18,29; John 9,18)
    Noun · masculine · plural · nominative · (common) ▸ **4 + 3 + 9 = 16** (Tob. 10,12; 3Mac. 5,31; 3Mac. 5,49; 3Mac. 6,14; Tob. 10,12; Sus. 3; Sus. 30; Luke 2,41; Luke 2,43; Luke 8,56; John 9,2; John 9,3; John 9,20; John 9,22; John 9,23; 2Cor. 12,14)
  γονεῦσιν ▸ **1 + 5 = 6**
    Noun · masculine · plural · dative · (common) ▸ **1 + 5 = 6** (1Mac. 10,9; Rom. 1,30; 2Cor. 12,14; Eph. 6,1; Col. 3,20; 2Tim. 3,2)
  γονέων ▸ **4 + 1 = 5**
    Noun · masculine · plural · genitive · (common) ▸ **4 + 1 = 5** (Judith 5,8; 4Mac. 15,4; 4Mac. 15,13; Wis. 4,6; Luke 21,16)

γονορρυής (γόνος; ῥέω) discharge ▸ **14**
  γονορρυῇ ▸ **1**
    Adjective · masculine · singular · accusative · noDegree ▸ **1** (Num. 5,2)
  γονορρυής ▸ **6**
    Adjective · masculine · singular · nominative · noDegree ▸ **6** (Lev. 15,4; Lev. 15,4; Lev. 15,6; Lev. 15,9; Lev. 15,12; Lev. 22,4)
  γονορρυῆς ▸ **5**
    Adjective · masculine · singular · nominative · noDegree ▸ **5** (Lev. 15,8; Lev. 15,11; Lev. 15,13; Lev. 15,33; 2Sam. 3,29)
  γονορρυοῦς ▸ **2**
    Adjective · masculine · singular · genitive · noDegree ▸ **2** (Lev. 15,7; Lev. 15,32)

γόνος (γίνομαι) offspring, product, child ▸ **2**
  γόνοι ▸ **1**
    Noun · masculine · plural · nominative · (common) ▸ **1** (3Mac. 5,31)
  γόνον ▸ **1**
    Noun · masculine · singular · accusative · (common) ▸ **1** (Lev. 15,3)

γόνυ knee ▸ **32 + 6 + 12 = 50**
  γόνασιν ▸ **1 + 1 = 2**
    Noun · neuter · singular · dative · (common) ▸ **1 + 1 = 2** (3Mac. 5,42; Luke 5,8)
  γόνασίν ▸ **1**
    Noun · neuter · plural · dative · (common) ▸ **1** (Job 4,4)
  γόνατα ▸ **15 + 5 + 7 = 27**
    Noun · neuter · plural · accusative · (common) ▸ **12 + 4 + 7 = 23** (Deut. 28,35; Judg. 7,5; Judg. 7,6; 1Kings 8,54; 1Kings 19,18; 2Kings 1,13; 2Kings 9,24; 1Chr. 29,20; 2Chr. 6,13; 1Esdr. 8,70; 3Mac. 2,1; 4Mac. 11,10; Judg. 7,5; Judg. 7,6; Judg. 16,19; Dan. 6,11; Mark 15,19; Luke 22,41; Acts 7,60; Acts 9,40; Acts 20,36; Acts 21,5; Heb. 12,12)
    Noun · neuter · plural · nominative · (common) ▸ **3 + 1 = 4** (Job 3,12; Sir. 25,23; Is. 35,3; Dan. 5,6)
  γόνατά ▸ **3 + 1 + 1 = 5**
    Noun · neuter · plural · accusative · (common) ▸ **1 + 1 + 1 = 3** (Ezra 9,5; Dan. 10,10; Eph. 3,14)
    Noun · neuter · plural · nominative · (common) ▸ **2** (Psa. 108,24; Sol. 8,5)
  γονάτων ▸ **9**
    Noun · neuter · plural · genitive · (common) ▸ **9** (Gen. 30,3; Gen. 48,12; Judg. 4,21; Judg. 16,19; 1Kings 18,42; 2Kings 4,20; Nah. 2,11; Is. 66,12; Dan. 10,10)
  γόνυ ▸ **3 + 3 = 6**
    Noun · neuter · singular · accusative · (common) ▸ **2 + 1 = 3** (1Kings 19,18; Ode. 12,11; Rom. 11,4)
    Noun · neuter · singular · nominative · (common) ▸ **1 + 2 = 3** (Is. 45,23; Rom. 14,11; Phil. 2,10)

γονυπετέω (γόνυ; πίπτω) to kneel ▸ **4**
  γονυπετήσαντες ▸ **1**
    Verb · aorist · active · participle · masculine · plural · nominative ▸ **1** (Matt. 27,29)
  γονυπετήσας ▸ **1**
    Verb · aorist · active · participle · masculine · singular · nominative ▸ **1** (Mark 10,17)
  γονυπετῶν ▸ **2**
    Verb · present · active · participle · masculine · singular · nominative ▸ **2** (Matt. 17,14; Mark 1,40)

γόος weeping, wailing, mourning ▸ **4**
  γόου ▸ **1**
    Noun · masculine · singular · genitive · (common) ▸ **1** (3Mac. 1,18)
  γόους ▸ **2**
    Noun · masculine · plural · accusative · (common) ▸ **2** (3Mac. 4,6; 3Mac. 5,49)
  γόων ▸ **1**
    Noun · masculine · plural · genitive · (common) ▸ **1** (3Mac. 4,3)

Γοργίας Gorgias ▸ **11**
  Γοργίαν ▸ **4**
    Noun · feminine · singular · accusative · (proper) ▸ **1** (2Mac. 8,9)

Γοργίας–γραμματεύς

Noun · masculine · singular · accusative · (proper) ▸ **3** (1Mac. 3,38; 2Mac. 12,32; 2Mac. 12,37)

Γοργίας ▸ 6

Noun · masculine · singular · nominative · (proper) ▸ **6** (1Mac. 4,1; 1Mac. 4,5; 1Mac. 4,18; 1Mac. 5,59; 2Mac. 10,14; 2Mac. 12,35)

Γοργίου ▸ 1

Noun · masculine · singular · genitive · (proper) ▸ **1** (2Mac. 12,35)

Γόρτυνα Gortyna ▸ 1

Γόρτυναν ▸ 1

Noun · feminine · singular · accusative · (proper) ▸ **1** (1Mac. 15,23)

Γοσομ Goshen ▸ 3 + 1 = 4

Γοσομ ▸ 3 + 1 = 4

Noun · feminine · singular · accusative · (proper) ▸ **1** (Josh. 10,41)

Noun · feminine · singular · genitive · (proper) ▸ **1** (Josh. 11,16)

Noun · feminine · singular · nominative · (proper) ▸ 1 + 1 = **2** (Josh. 15,51; Josh. 15,51)

Γουγ Gog ▸ 1

Γουγ ▸ 1

Noun · masculine · singular · genitive · (proper) ▸ **1** (1Chr. 5,4)

Γουδιηλ Gaddiel; Geuel ▸ 2

Γουδιηλ ▸ 2

Noun · masculine · singular · nominative · (proper) ▸ **2** (Num. 13,10; Num. 13,15)

γοῦν (γε; οὖν) at least then, at any rate, anyway; hence, then ▸ 5

γοῦν ▸ 5

Particle ▸ **5** (2Mac. 5,21; 4Mac. 2,2; 4Mac. 2,5; 4Mac. 2,8; 4Mac. 3,6)

Γουνι Guni ▸ 1

Γουνι ▸ 1

Noun · masculine · singular · genitive · (proper) ▸ **1** (1Chr. 5,15)

Γοφερα Ophrah ▸ 2

Γοφερα ▸ 2

Noun · singular · genitive · (proper) ▸ **1** (1Sam. 13,17)

Noun · masculine · singular · accusative · (proper) ▸ **1** (1Chr. 4,14)

Γοωθαμ Gatam ▸ 1

Γοωθαμ ▸ 1

Noun · masculine · singular · nominative · (proper) ▸ **1** (1Chr. 1,36)

γράμμα (γράφω) character; letter (of alphabet); epistle ▸ 23 + 4 + 14 = 41

γράμμα ▸ 3 + 1 = 4

Noun · neuter · singular · accusative · (common) ▸ **2** (1Esdr. 3,9; 1Esdr. 3,13)

Noun · neuter · singular · nominative · (common) ▸ 1 + 1 = **2** (1Esdr. 3,14; 2Cor. 3,6)

γράμμασιν ▸ 1 + 3 = 4

Noun · neuter · plural · dative · (common) ▸ 1 + 3 = **4** (Esth. 16,17 # 8,12r; John 5,47; 2Cor. 3,7; Gal. 6,11)

γράμματα ▸ 13 + 1 + 6 = 20

Noun · neuter · plural · accusative · (common) ▸ 11 + 1 + 5 = **17** (Ex. 36,37; Lev. 19,28; Esth. 6,1; Esth. 6,2; Esth. 8,5; Esth. 8,10; 1Mac. 5,10; Is. 29,11; Is. 29,12; Is. 29,12; Dan. 1,4; Dan. 1,4; Luke 16,6; Luke 16,7; John 7,15; Acts 28,21; 2Tim. 3,15)

Noun · neuter · plural · nominative · (common) ▸ 2 + 1 = **3** (Esth. 4,3; Esth. 9,1; Acts 26,24)

γράμματι ▸ 1

Noun · neuter · singular · dative ▸ **1** (Rom. 2,29)

γράμματος ▸ 3

Noun · neuter · singular · genitive ▸ **3** (Rom. 2,27; Rom. 7,6; 2Cor. 3,6)

γραμμάτων ▸ 6 + 3 = 9

Noun · neuter · plural · genitive · (common) ▸ 6 + 3 = **9** (Josh. 15,15; Josh. 15,16; Josh. 15,49; Josh. 21,29; Judg. 1,11; Judg. 1,12; Josh. 15,49; Judg. 1,11; Judg. 1,12)

γραμματεία (γράφω) office of scribe; learning ▸ 2

γραμματείας ▸ 2

Noun · feminine · plural · accusative · (common) ▸ **2** (Psa. 70,15; Sir. 44,4)

γραμματεύς (γράφω) scribe ▸ 84 + 1 + 63 = 148

γραμματέα ▸ 9

Noun · masculine · singular · accusative · (common) ▸ **9** (2Kings 19,2; 2Kings 22,3; 2Kings 22,8; 2Kings 25,19; 2Chr. 34,15; Ezra 4,17; Neh. 8,13; Is. 37,2; Jer. 52,25)

γραμματεῖ ▸ 6

Noun · masculine · singular · dative · (common) ▸ **6** (2Kings 22,12; 2Chr. 34,20; 1Esdr. 2,19; Ezra 7,11; Ezra 7,12; Neh. 8,1)

γραμματεῖς ▸ 23 + 39 = 62

Noun · masculine · plural · accusative · (common) ▸ 4 + 5 = **9** (Josh. 23,2; Josh. 24,1; Ezra 7,25; 1Mac. 5,42; Matt. 2,4; Matt. 23,34; Mark 9,14; Acts 4,5; Acts 6,12)

Noun · masculine · plural · nominative · (common) ▸ 19 + 28 = **47** (Ex. 5,10; Ex. 5,14; Ex. 5,15; Ex. 5,19; Num. 11,16; Deut. 20,5; Deut. 20,8; Deut. 20,9; Josh. 3,2; Josh. 8,33 # 9,2d; 1Kings 4,3; 1Chr. 23,4; 1Chr. 27,1; 2Chr. 19,11; 2Chr. 34,13; Esth. 3,12; Esth. 8,9; Esth. 9,3; 3Mac. 4,17; Matt. 7,29; Matt. 15,1; Matt. 17,10; Matt. 21,15; Matt. 23,2; Matt. 26,57; Mark 1,22; Mark 2,16; Mark 3,22; Mark 7,5; Mark 9,11; Mark 11,18; Mark 11,27; Mark 12,35; Mark 14,1; Mark 14,53; Luke 5,21; Luke 5,30; Luke 6,7; Luke 11,53; Luke 15,2; Luke 19,47; Luke 20,1; Luke 20,19; Luke 22,2; Luke 22,66; Luke 23,10; John 8,3)

Noun · masculine · plural · vocative ▸ **6** (Matt. 23,13; Matt. 23,15; Matt. 23,23; Matt. 23,25; Matt. 23,27; Matt. 23,29)

γραμματεύς ▸ 4 + 2 = 6

Noun · masculine · singular · nominative · (common) ▸ 4 + 2 = **6** (2Sam. 8,17; 2Sam. 20,25; Neh. 12,26; Job 37,20; Mark 12,32; 1Cor. 1,20)

γραμματεύς ▸ 25 + 3 = 28

Noun · masculine · singular · nominative · (common) ▸ 25 + 3 = **28** (1Kings 2,46h; 2Kings 12,11; 2Kings 18,18; 2Kings 18,37; 2Kings 22,10; 1Chr. 5,12; 1Chr. 18,16; 1Chr. 24,6; 1Chr. 27,32; 2Chr. 24,11; 2Chr. 34,18; 1Esdr. 2,12; 1Esdr. 2,13; 1Esdr. 2,25; 1Esdr. 8,3; Ezra 4,8; Ezra 4,9; Ezra 7,6; Ezra 7,21; Neh. 8,4; Neh. 8,9; Neh. 12,36; Is. 36,3; Is. 36,22; Jer. 43,12; Matt. 8,19; Matt. 13,52; Acts 19,35)

γραμματεῦσιν ▸ 3 + 2 = 5

Noun · masculine · plural · dative · (common) ▸ 3 + 2 = **5** (Ex. 5,6; Josh. 1,10; Jer. 8,8; Matt. 20,18; Mark 10,33)

γραμματέων ▸ 3 + 17 = 20

Noun · masculine · plural · genitive · (common) ▸ 3 + 17 = **20** (1Chr. 2,55; 1Mac. 7,12; 2Mac. 6,18; Matt. 5,20; Matt. 9,3; Matt. 12,38; Matt. 16,21; Matt. 27,41; Mark 2,6; Mark 7,1; Mark 8,31; Mark 12,28; Mark 12,38; Mark 14,43; Mark 15,1; Mark 15,31; Luke 9,22; Luke 20,39; Luke 20,46; Acts 23,9)

γραμματέως ▸ 11 + 1 = 12

Noun · masculine · singular · genitive · (common) ▸ 11 + 1 = **12** (2Chr. 26,11; Ezra 4,23; Neh. 13,13; Psa. 44,2; Sir. 10,5; Sir. 38,24; Jer. 43,10; Jer. 43,12; Jer. 43,23; Jer. 44,15; Jer. 44,20; Judg. 5,14)

γραμματεύω (γράφω) to serve as scribe ▸ 2
  γραμματεύειν ▸ 1
    Verb · present · active · infinitive ▸ 1 (1Chr. 26,29)
  γραμματεύοντα ▸ 1
    Verb · present · active · participle · masculine · singular · accusative ▸ 1 (Jer. 52,25)

γραμματικός (γράφω) literate, scholarly; grammarian ▸ 3 + 1 = 4
  γραμματικῇ ▸ 1 + 1 = 2
    Adjective · feminine · singular · dative · noDegree ▸ 1 + 1 = 2 (Dan. 1,17; Dan. 1,17)
  γραμματικοί ▸ 1
    Adjective · masculine · plural · nominative · noDegree ▸ 1 (Is. 33,18)
  γραμματικούς ▸ 1
    Adjective · masculine · plural · accusative · noDegree ▸ 1 (Dan. 1,4)

γραμματοεισαγωγεύς (γράφω; εἰς 2nd homograph; ἄγω) instructor ▸ 4
  γραμματοεισαγωγεῖς ▸ 4
    Noun · masculine · plural · accusative · (common) ▸ 3 (Deut. 1,15; Deut. 16,18; Deut. 31,28)
    Noun · masculine · plural · nominative · (common) ▸ 1 (Deut. 29,9)

γραπτόν (γράφω) writing, written form ▸ 4
  γραπτῷ ▸ 2
    Noun · neuter · singular · dative · (common) ▸ 2 (2Chr. 36,22; Ezra 1,1)
  γραπτῶν ▸ 2
    Noun · neuter · plural · genitive · (common) ▸ 2 (1Esdr. 2,1; 2Mac. 11,15)

γραπτός (γράφω) written, written form, engraved ▸ 1
  γραπτόν ▸ 1
    Adjective · neuter · singular · accusative · (verbal) ▸ 1 (Rom. 2,15)

γραφεῖον (γράφω) stylus ▸ 1
  γραφείῳ ▸ 1
    Noun · neuter · singular · dative · (common) ▸ 1 (Job 19,24)

γραφή (γράφω) written document, scripture ▸ 41 + 9 + 50 = 100
  γραφαὶ ▸ 2
    Noun · feminine · plural · nominative ▸ 2 (Matt. 26,54; Matt. 26,56)
  γραφαί ▸ 1
    Noun · feminine · plural · nominative ▸ 1 (Mark 14,49)
  γραφαῖς ▸ 4
    Noun · feminine · plural · dative ▸ 4 (Matt. 21,42; Luke 24,27; Acts 18,24; Rom. 1,2)
  γραφάς ▸ 3
    Noun · feminine · plural · accusative ▸ 3 (Luke 24,32; Luke 24,45; John 5,39)
  γραφὰς ▸ 6
    Noun · feminine · plural · accusative ▸ 6 (Matt. 22,29; Mark 12,24; Acts 17,11; 1Cor. 15,3; 1Cor. 15,4; 2Pet. 3,16)
  γραφή ▸ 2 + 7 = 9
    Noun · feminine · singular · nominative · (common) ▸ 2 + 7 = 9 (Ezra 7,22; Dan. 5,17; John 7,38; John 10,35; John 19,28; Rom. 10,11; Rom. 11,2; Gal. 4,30; 1Tim. 5,18)
  γραφὴ ▸ 2 + 1 + 14 = 17
    Noun · feminine · singular · nominative · (common) ▸ 2 + 1 + 14 = 17 (Ex. 32,16; Ex. 32,16; Dan. 5,25; Luke 4,21; John 7,42; John 13,18; John 17,12; John 19,24; John 19,36; John 19,37; Rom. 4,3; Rom. 9,17; Gal. 3,8; Gal. 3,22; 2Tim. 3,16; James 2,23; James 4,5)
  γραφῇ ▸ 10 + 1 + 2 = 13
    Noun · feminine · singular · dative · (common) ▸ 10 + 1 + 2 = 13 (1Chr. 28,19; 2Chr. 2,10; 1Mac. 12,21; 2Mac. 2,4; Psa. 86,6; Sir. 39,32; Sir. 42,7; Sir. 44,5; Sir. 45,11; Ezek. 13,9; Dan. 10,21; John 2,22; 1Pet. 2,6)
  γραφήν ▸ 4 + 1 + 1 = 6
    Noun · feminine · singular · accusative · (common) ▸ 4 + 1 + 1 = 6 (1Chr. 15,15; 2Chr. 30,5; 2Chr. 30,18; Dan. 5,7; Dan. 6,9; James 2,8)
  γραφὴν ▸ 12 + 6 + 3 = 21
    Noun · feminine · singular · accusative · (common) ▸ 12 + 6 + 3 = 21 (Deut. 10,4; 2Chr. 24,27; 2Chr. 35,4; 1Esdr. 1,4; Ezra 2,62; Ezra 4,7; Ezra 6,18; Neh. 7,64; 1Mac. 14,48; 3Mac. 2,27; 4Mac. 18,14; Dan. 5,6; Dan. 5,7; Dan. 5,8; Dan. 5,15; Dan. 5,16; Dan. 5,17; Dan. 5,24; Mark 12,10; John 20,9; Acts 1,16)
  γραφῆς ▸ 11 + 3 = 14
    Noun · feminine · singular · genitive · (common) ▸ 11 + 3 = 14 (1Esdr. 5,39; 1Esdr. 8,30; 1Mac. 14,27; Dan. 5,7; Dan. 5,7; Dan. 5,7; Dan. 5,8; Dan. 5,9; Dan. 5,16; Dan. 5,17; Dan. 5,26-28; Acts 8,32; Acts 8,35; 2Pet. 1,20)
  γραφῶν ▸ 4
    Noun · feminine · plural · genitive ▸ 4 (Acts 17,2; Acts 18,28; Rom. 15,4; Rom. 16,26)

γραφικός (γράφω) capable of writing; for writing, graphics, painting; graphic ▸ 1
  γραφικούς ▸ 1
    Adjective · masculine · plural · accusative · noDegree ▸ 1 (3Mac. 4,20)

γραφίς (γράφω) stylus, engraving implement ▸ 4
  γραφίδι ▸ 4
    Noun · feminine · singular · dative · (common) ▸ 4 (Ex. 32,4; 1Kings 6,29; Is. 8,1; Ezek. 23,14)

γράφω to write, engrave, inscribe, record, paint ▸ 291 + 13 + 191 = 495
  γεγραμμένα ▸ 50 + 7 = 57
    Verb · perfect · passive · participle · neuter · plural · accusative ▸ 16 + 4 = 20 (Deut. 28,58; Josh. 1,8; Josh. 8,34 # 9,2e; Josh. 23,6; 1Kings 2,3; 2Kings 22,13; 2Kings 23,3; 1Chr. 16,40; 2Chr. 34,21; 2Chr. 35,26; 1Esdr. 1,12; 1Esdr. 2,17; Ezra 3,2; Jer. 25,13; Bar. 2,2; Dan. 9,13; Luke 21,22; Luke 24,44; Acts 13,29; Rev. 1,3)
    Verb · perfect · passive · participle · neuter · plural · nominative ▸ 34 + 3 = 37 (1Kings 14,29; 1Kings 15,7; 1Kings 15,23; 1Kings 15,31; 1Kings 16,5; 1Kings 16,14; 1Kings 16,20; 1Kings 16,27; 1Kings 16,28c; 1Kings 22,46; 2Kings 1,18; 2Kings 10,34; 2Kings 12,20; 2Kings 13,8; 2Kings 13,12; 2Kings 14,15; 2Kings 14,18; 2Kings 14,28; 2Kings 15,6; 2Kings 15,11; 2Kings 15,15; 2Kings 15,21; 2Kings 15,26; 2Kings 15,31; 2Kings 15,36; 2Kings 16,19; 2Kings 20,20; 2Kings 21,17; 2Kings 21,25; 2Kings 23,28; 2Kings 24,5; 2Chr. 24,27; 2Chr. 36,8; Ezek. 2,10; Luke 18,31; John 12,16; John 20,30)
  γεγραμμέναι ▸ 4
    Verb · perfect · passive · participle · feminine · plural · nominative ▸ 4 (Ex. 32,15; Deut. 29,19; 2Chr. 28,26; 2Mac. 11,16)
  γεγραμμένας ▸ 6 + 1 = 7
    Verb · perfect · passive · participle · feminine · plural · accusative ▸ 6 + 1 = 7 (Ex. 31,18; Deut. 9,10; Deut. 29,20; Deut. 29,26; Deut. 30,10; 2Chr. 31,3; Rev. 22,18)
  γεγραμμένην ▸ 1 + 1 + 1 = 3
    Verb · perfect · passive · participle · feminine · singular · accusative ▸ 1 + 1 + 1 = 3 (Deut. 28,61; Tob. 7,13; Matt.

γράφω

27,37)

γεγραμμένοι ▸ 13 + 1 = 14
- **Verb** · perfect · passive · participle · masculine · plural · nominative ▸ 13 + 1 = **14** (1Chr. 4,41; 1Chr. 29,29; 2Chr. 9,29; 2Chr. 12,15; 2Chr. 13,22; 2Chr. 16,11; 2Chr. 20,34; 2Chr. 25,26; 2Chr. 26,22; 2Chr. 27,7; 2Chr. 35,27; Neh. 12,22; Neh. 12,23; Rev. 21,27)

γεγραμμένοις ▸ 1 + 2 = 3
- **Verb** · perfect · passive · participle · neuter · plural · dative ▸ 1 + 2 = **3** (Esth. 13,6 # 3,13f; Acts 24,14; Gal. 3,10)

γεγραμμένον ▸ 8 + 17 = 25
- **Verb** · perfect · passive · participle · neuter · singular · accusative ▸ 5 + 7 = **12** (Ezra 3,4; Neh. 7,5; Neh. 8,14; Neh. 8,15; Eccl. 12,10; Luke 22,37; 2Cor. 4,13; Rev. 2,17; Rev. 5,1; Rev. 14,1; Rev. 19,12; Rev. 19,16)
- **Verb** · perfect · passive · participle · neuter · singular · nominative ▸ 3 + 10 = **13** (Ezra 6,2; Neh. 6,6; Neh. 13,1; Luke 4,17; Luke 20,17; John 2,17; John 6,31; John 6,45; John 10,34; John 12,14; John 19,19; John 19,20; Rev. 17,5)

γεγραμμένος ▸ 1 + 2 + 3 = 6
- **Verb** · perfect · passive · participle · masculine · singular · nominative ▸ 1 + 2 + 3 = **6** (Dan. 9,11; Dan. 9,11; Dan. 12,1; John 15,25; 1Cor. 15,54; Rev. 20,15)

γεγραμμένους ▸ 5
- **Verb** · perfect · passive · participle · masculine · plural · accusative ▸ **5** (2Kings 23,24; 2Chr. 34,24; 2Chr. 34,31; 2Chr. 35,19a; Jer. 28,60)

γεγραμμένων ▸ 3 + 2 = 5
- **Verb** · perfect · passive · participle · neuter · plural · genitive ▸ 3 + 2 = **5** (1Esdr. 3,16; 1Esdr. 4,42; Esth. 3,10; Rev. 20,12; Rev. 22,19)

γέγραπται ▸ 25 + 2 + 67 = 94
- **Verb** · third · singular · perfect · passive · indicative ▸ 25 + 2 + 67 = **94** (Josh. 8,31 # 9,2b; 2Sam. 1,18; 1Kings 8,53a; 1Kings 11,41; 1Kings 20,11; 1Kings 22,39; 2Kings 8,23; 2Kings 14,6; 2Kings 23,21; 2Chr. 23,18; 2Chr. 25,4; 2Chr. 32,32; 2Chr. 33,19; 2Chr. 35,12; 2Chr. 35,25; 1Esdr. 3,9; Ezra 5,7; Neh. 10,35; Neh. 10,37; Esth. 10,2; Tob. 1,6; 1Mac. 16,24; Psa. 39,8; Job 42,17a; Is. 65,6; Tob. 1,6; Dan. 9,13; Matt. 2,5; Matt. 4,4; Matt. 4,6; Matt. 4,7; Matt. 4,10; Matt. 11,10; Matt. 21,13; Matt. 26,24; Matt. 26,31; Mark 1,2; Mark 7,6; Mark 9,12; Mark 9,13; Mark 11,17; Mark 14,21; Mark 14,27; Luke 2,23; Luke 3,4; Luke 4,4; Luke 4,8; Luke 4,10; Luke 7,27; Luke 10,26; Luke 19,46; Luke 24,46; John 8,17; John 20,31; Acts 1,20; Acts 7,42; Acts 13,33; Acts 15,15; Acts 23,5; Rom. 1,17; Rom. 2,24; Rom. 3,4; Rom. 3,10; Rom. 4,17; Rom. 8,36; Rom. 9,13; Rom. 9,33; Rom. 10,15; Rom. 11,8; Rom. 11,26; Rom. 12,19; Rom. 14,11; Rom. 15,3; Rom. 15,9; Rom. 15,21; 1Cor. 1,19; 1Cor. 1,31; 1Cor. 2,9; 1Cor. 3,19; 1Cor. 4,6; 1Cor. 9,9; 1Cor. 10,7; 1Cor. 14,21; 1Cor. 15,45; 2Cor. 8,15; 2Cor. 9,9; Gal. 3,10; Gal. 3,13; Gal. 4,22; Gal. 4,27; Heb. 10,7; 1Pet. 1,16; Rev. 13,8; Rev. 17,8)

γέγραφα ▸ 1 + 2 = 3
- **Verb** · first · singular · perfect · active · indicative ▸ 1 + 2 = **3** (2Mac. 9,25; John 19,22; John 19,22)

γεγράφαμεν ▸ 2
- **Verb** · first · plural · perfect · active · indicative ▸ **2** (1Mac. 11,31; 2Mac. 1,7)

γράφε ▸ 1
- **Verb** · second · singular · present · active · imperative ▸ **1** (John 19,21)

γράφει ▸ 1 + 1 = 2
- **Verb** · third · singular · present · active · indicative ▸ 1 + 1 = **2** (Esth. 13,1 # 3,13a; Rom. 10,5)

γράφειν ▸ 2 + 7 = 9
- **Verb** · present · active · infinitive ▸ 2 + 7 = **9** (1Mac. 13,37; 1Mac. 13,42; 2Cor. 9,1; Phil. 3,1; 1Th. 4,9; 2John 12; 3John 13; Jude 3; Rev. 10,4)

γραφὲν ▸ 1
- **Verb** · aorist · passive · participle · neuter · singular · accusative ▸ **1** (1Esdr. 5,53)

γραφέντα ▸ 3
- **Verb** · aorist · passive · participle · neuter · plural · accusative ▸ **2** (Esth. 6,2; Esth. 8,5)
- **Verb** · aorist · passive · participle · neuter · plural · nominative ▸ **1** (Esth. 9,1)

γραφέντες ▸ 1
- **Verb** · aorist · passive · participle · masculine · plural · nominative ▸ **1** (Is. 4,3)

γραφέντος ▸ 1
- **Verb** · aorist · passive · participle · neuter · singular · genitive ▸ **1** (1Esdr. 8,8)

γραφέντων ▸ 1
- **Verb** · aorist · passive · participle · neuter · plural · genitive ▸ **1** (1Esdr. 2,25)

γράφεσθαι ▸ 1
- **Verb** · present · passive · infinitive · (variant) ▸ **1** (1Th. 5,1)

γράφεται ▸ 1
- **Verb** · third · singular · present · passive · indicative ▸ **1** (Esth. 8,8)

γραφῆναι ▸ 3 + 1 = 4
- **Verb** · aorist · passive · infinitive ▸ 3 + 1 = **4** (1Mac. 8,20; 1Mac. 13,40; Job 19,23; Dan. 6,10)

γραφήσονται ▸ 2
- **Verb** · third · plural · future · passive · indicative ▸ **2** (Psa. 138,16; Ezek. 13,9)

γράφηται ▸ 1
- **Verb** · third · singular · present · passive · subjunctive · (variant) ▸ **1** (John 21,25)

γραφήτω ▸ 2
- **Verb** · third · singular · aorist · passive · imperative ▸ **2** (Esth. 1,19; Psa. 101,19)

γραφήτωσαν ▸ 2
- **Verb** · third · plural · aorist · passive · imperative ▸ **2** (Psa. 68,29; Jer. 17,13)

γράφομεν ▸ 1 + 2 = 3
- **Verb** · first · plural · present · active · indicative ▸ 1 + 2 = **3** (Neh. 10,1; 2Cor. 1,13; 1John 1,4)

γραφόμενα ▸ 1
- **Verb** · present · passive · participle · neuter · plural · accusative · (variant) ▸ **1** (John 21,25)

γράφοντας ▸ 1
- **Verb** · present · active · participle · masculine · plural · accusative ▸ **1** (Sir. 1,6 Prol.)

γράφοντες ▸ 2
- **Verb** · present · active · participle · masculine · plural · nominative ▸ **2** (1Mac. 12,22; Is. 10,1)

γράφοντι ▸ 1
- **Verb** · present · active · participle · masculine · singular · dative ▸ **1** (1Esdr. 2,19)

γραφόντων ▸ 1
- **Verb** · present · active · participle · masculine · plural · genitive ▸ **1** (Jer. 39,12)

γράφουσαν ▸ 1
- **Verb** · present · active · participle · feminine · singular

- accusative ▸ **1** (Dan. 5,5)

γραφούσης ▸ **1**
  Verb · present · active · participle · feminine · singular · genitive ▸ **1** (Dan. 5,5)

γράφουσιν ▸ **3**
  Verb · present · active · participle · masculine · plural · dative ▸ **1** (Is. 10,1)
  Verb · third · plural · present · active · indicative ▸ **2** (Prov. 8,15; Is. 10,1)

Γράφω ▸ **1**
  Verb · first · singular · present · active · indicative ▸ **1** (1John 2,12)

γράφω ▸ **12**
  Verb · first · singular · present · active · indicative ▸ **12** (1Cor. 4,14; 1Cor. 14,37; 2Cor. 13,10; Gal. 1,20; 2Th. 3,17; 1Tim. 3,14; 2Pet. 3,1; 1John 2,1; 1John 2,7; 1John 2,8; 1John 2,13; 1John 2,13)

γράφων ▸ **1 + 1 = 2**
  Verb · present · active · participle · masculine · singular · nominative ▸ **1 + 1 = 2** (Deut. 31,24; 2John 5)

γράφωνται ▸ **1**
  Verb · third · plural · present · passive · subjunctive ▸ **1** (1Mac. 14,43)

γράψαι ▸ **4 + 5 = 9**
  Verb · aorist · active · infinitive ▸ **4 + 5 = 9** (1Esdr. 6,11; Ezra 5,10; 1Mac. 15,19; Bar. 2,28; Mark 10,4; Luke 1,3; Acts 25,26; 3John 13; Jude 3)

γράψαντες ▸ **1 + 1 = 2**
  Verb · aorist · active · participle · masculine · plural · nominative ▸ **1 + 1 = 2** (1Esdr. 3,8; Acts 15,23)

γράψας ▸ **3**
  Verb · aorist · active · participle · masculine · singular · nominative ▸ **3** (John 21,24; Acts 23,25; Rom. 16,22)

γράψασα ▸ **1**
  Verb · aorist · active · participle · feminine · singular · nominative ▸ **1** (Dan. 5,17)

γράψατε ▸ **3 + 1 = 4**
  Verb · second · plural · aorist · active · imperative ▸ **3 + 1 = 4** (Deut. 31,19; Esth. 8,8; Tob. 12,20; Tob. 12,20)

γράψει ▸ **5**
  Verb · third · singular · future · active · indicative ▸ **5** (Num. 5,23; Deut. 17,18; Deut. 24,1; Deut. 24,3; Is. 10,19)

γράψεις ▸ **4**
  Verb · second · singular · future · active · indicative ▸ **4** (Deut. 27,3; Deut. 27,8; Jer. 39,44; Ezek. 37,16)

γράψετε ▸ **2**
  Verb · second · plural · future · active · indicative ▸ **2** (Deut. 6,9; Deut. 11,20)

γράψῃς ▸ **1**
  Verb · second · singular · aorist · active · subjunctive ▸ **1** (Rev. 10,4)

Γράψον ▸ **4**
  Verb · second · singular · aorist · active · imperative ▸ **4** (Ex. 34,27; Hab. 2,2; Jer. 22,30; Jer. 37,2)

γράψον ▸ **6 + 14 = 20**
  Verb · second · singular · aorist · active · imperative ▸ **6 + 14 = 20** (Is. 8,1; Is. 30,8; Jer. 43,2; Jer. 43,28; Ezek. 24,2; Ezek. 37,16; Luke 16,6; Luke 16,7; Rev. 1,11; Rev. 1,19; Rev. 2,1; Rev. 2,8; Rev. 2,12; Rev. 2,18; Rev. 3,1; Rev. 3,7; Rev. 3,14; Rev. 14,13; Rev. 19,9; Rev. 21,5)

γράψω ▸ **4 + 2 = 6**
  Verb · first · singular · future · active · indicative ▸ **4 + 1 = 5** (Ex. 34,1; Deut. 10,2; 1Mac. 10,24; Jer. 38,33; Rev. 3,12)
  Verb · first · singular · aorist · active · subjunctive ▸ **1** (Acts 25,26)

ἐγέγραπτο ▸ **5**
  Verb · third · singular · pluperfect · passive · indicative ▸ **5** (Deut. 9,10; 1Kings 20,9; 1Mac. 15,15; 3Mac. 3,30; Ezek. 2,10)

ἔγραφεν ▸ **1 + 1 = 2**
  Verb · third · singular · imperfect · active · indicative ▸ **1 + 1 = 2** (Jer. 51,31; John 8,8)

ἐγράφη ▸ **5 + 4 = 9**
  Verb · third · singular · aorist · passive · indicative ▸ **5 + 4 = 9** (1Esdr. 8,62; Ezra 8,34; Esth. 8,9; Esth. 8,10; Esth. 9,32; Rom. 4,23; Rom. 15,4; 1Cor. 9,10; 1Cor. 10,11)

ἔγραφον ▸ **1 + 1 = 2**
  Verb · first · singular · imperfect · active · indicative ▸ **1** (Jer. 43,18)
  Verb · third · plural · imperfect · active · indicative ▸ **1** (Dan. 5,5)

ἔγραψα ▸ **3 + 16 = 19**
  Verb · first · singular · aorist · active · indicative ▸ **3 + 16 = 19** (Ex. 24,12; Jer. 39,10; Jer. 39,25; Rom. 15,15; 1Cor. 5,11; 1Cor. 9,15; 2Cor. 2,3; 2Cor. 2,4; 2Cor. 2,9; 2Cor. 7,12; Gal. 6,11; Philem. 19; 1Pet. 5,12; 1John 2,14; 1John 2,14; 1John 2,14; 1John 2,21; 1John 2,26; 1John 5,13)

Ἔγραψα ▸ **1**
  Verb · first · singular · aorist · active · indicative ▸ **1** (1Cor. 5,9)

ἔγραψά ▸ **1**
  Verb · first · singular · aorist · active · indicative ▸ **1** (Philem. 21)

Ἔγραψά ▸ **1**
  Verb · first · singular · aorist · active · indicative ▸ **1** (3John 9)

ἐγράψαμεν ▸ **3**
  Verb · first · plural · aorist · active · indicative ▸ **3** (1Mac. 8,31; 1Mac. 11,31; 2Mac. 2,16)

ἔγραψαν ▸ **8 + 1 = 9**
  Verb · third · plural · aorist · active · indicative ▸ **8 + 1 = 9** (Josh. 18,9; Ezra 4,6; Ezra 4,8; Esth. 3,12; 1Mac. 14,18; 1Mac. 14,23; 1Mac. 15,24; Dan. 5,5; Acts 18,27)

ἔγραψας ▸ **6**
  Verb · second · singular · aorist · active · indicative ▸ **6** (Ex. 32,32; 1Mac. 10,56; Is. 22,16; Jer. 43,17; Jer. 43,29; Ezek. 37,20)

ἐγράψατε ▸ **1**
  Verb · second · plural · aorist · active · indicative ▸ **1** (1Cor. 7,1)

ἔγραψε ▸ **3**
  Verb · third · singular · aorist · active · indicative ▸ **3** (1Esdr. 4,56; Dan. 4,37b; Dan. 6,26)

ἔγραψεν ▸ **68 + 4 + 8 = 80**
  Verb · third · singular · aorist · active · indicative ▸ **68 + 4 + 8 = 80** (Ex. 24,4; Ex. 34,28; Ex. 36,37; Num. 33,2; Deut. 4,13; Deut. 5,22; Deut. 10,4; Deut. 31,9; Deut. 31,22; Deut. 32,44; Josh. 8,32 # 9,2c; Josh. 8,32 # 9,2c; Josh. 24,26; 1Sam. 10,25; 2Sam. 11,14; 2Sam. 11,15; 1Kings 6,29; 1Kings 20,8; 2Kings 10,1; 2Kings 10,6; 2Kings 17,37; 1Chr. 24,6; 2Chr. 30,1; 2Chr. 32,17; 1Esdr. 3,10; 1Esdr. 3,11; 1Esdr. 3,12; 1Esdr. 4,47; 1Esdr. 4,48; 1Esdr. 4,49; 1Esdr. 4,54; 1Esdr. 4,55; 1Esdr. 6,7; 1Esdr. 6,16; Ezra 4,7; Ezra 4,7; Esth. 12,4 # 1,1p; Esth. 12,4 # 1,1p; Esth. 9,23; Esth. 9,29; Judith 4,6; Tob. 7,14; Tob. 13,1; 1Mac. 1,41; 1Mac. 1,51; 1Mac. 7,16; 1Mac. 10,17; 1Mac. 10,59; 1Mac. 10,65; 1Mac. 11,22; 1Mac. 11,29; 1Mac. 11,57; 1Mac. 12,5; 1Mac. 13,35; 1Mac. 15,22; 1Mac. 16,18; 2Mac. 8,8; 2Mac. 9,18; 2Mac. 14,27; 3Mac. 3,11; 3Mac. 6,41; Mal. 3,16; Jer. 28,60; Jer. 43,4; Jer. 43,27; Jer. 43,32; Bar. 1,1; Dan. 7,1; Judg. 8,14; Tob. 7,14; Dan. 6,26; Dan. 7,1; Mark 10,5; Mark 12,19; Luke 1,63; Luke 20,28; John 1,45; John 5,46; John 19,19; 2Pet. 3,15)

γράφω–γυμνός

Ἔγραψεν ▸ 2
    Verb · third · singular · aorist · active · indicative ▸ **2** (Esth. 9,20; Esth. 10,1)

γραώδης (γραῖα; εἶδος) foolish, silly ▸ 1
  γραώδεις ▸ 1
    Adjective · masculine · plural · accusative ▸ **1** (1Tim. 4,7)

γρηγορέω (ἐγείρω) to be or become alert, awake ▸ 8 + 1 + 22 = 31
  γρηγορεῖν ▸ 1
    Verb · present · active · infinitive ▸ **1** (1Mac. 12,27)
  Γρηγορεῖτε ▸ 3
    Verb · second · plural · present · active · imperative ▸ **3** (Matt. 25,13; Matt. 24,42; 1Cor. 16,13)
  γρηγορεῖτε ▸ 7
    Verb · second · plural · present · active · imperative ▸ **7** (Matt. 26,38; Matt. 26,41; Mark 13,35; Mark 13,37; Mark 14,34; Mark 14,38; Acts 20,31)
  γρηγορῇ ▸ 1
    Verb · third · singular · present · active · subjunctive ▸ **1** (Mark 13,34)
  γρηγορῆσαι ▸ 2
    Verb · aorist · active · infinitive ▸ **2** (Matt. 26,40; Mark 14,37)
  γρηγορήσατε ▸ 1
    Verb · second · plural · aorist · active · imperative ▸ **1** (1Pet. 5,8)
  γρηγορήσῃς ▸ 1
    Verb · second · singular · aorist · active · subjunctive ▸ **1** (Rev. 3,3)
  γρηγόρησον ▸ 1
    Verb · second · singular · aorist · active · imperative ▸ **1** (Sol. 3,2)
  γρηγορήσω ▸ 1
    Verb · first · singular · future · active · indicative ▸ **1** (Jer. 38,28)
  γρηγοροῦντας ▸ 1
    Verb · present · active · participle · masculine · plural · accusative ▸ **1** (Luke 12,37)
  γρηγοροῦντες ▸ 1
    Verb · present · active · participle · masculine · plural · nominative ▸ **1** (Col. 4,2)
  γρηγορούντων ▸ 1
    Verb · present · active · participle · masculine · plural · genitive ▸ **1** (Neh. 7,3)
  γρηγορῶμεν ▸ 2
    Verb · first · plural · present · active · subjunctive ▸ **2** (1Th. 5,6; 1Th. 5,10)
  γρηγορῶν ▸ 2
    Verb · present · active · participle · masculine · singular · nominative ▸ **2** (Rev. 3,2; Rev. 16,15)
  Ἐγρηγορήθη ▸ 1
    Verb · third · singular · aorist · passive · indicative ▸ **1** (Lam. 1,14)
  ἐγρηγόρησεν ▸ 2 + 1 + 1 = 4
    Verb · third · singular · aorist · active · indicative ▸ **2 + 1 + 1 = 4** (Jer. 5,6; Bar. 2,9; Dan. 9,14; Matt. 24,43)
  ἐγρηγόρουν ▸ 1
    Verb · first · singular · imperfect · active · indicative ▸ **1** (Jer. 38,28)

γρηγόρησις (ἐγείρω) alertness, wakefulness ▸ 2 + 2 = 4
  γρηγόρησιν ▸ 2
    Noun · feminine · singular · accusative · (common) ▸ **2** (Sol. 3,2; Sol. 16,4)
  γρηγόρησις ▸ 2
    Noun · feminine · singular · nominative · (common) ▸ **2** (Dan. 5,11; Dan. 5,14)

γρύζω (γρῦ) to grumble, growl ▸ 3
  γρύξει ▸ 2
    Verb · third · singular · future · active · indicative ▸ **2** (Ex. 11,7; Judith 11,19)
  ἔγρυξεν ▸ 1
    Verb · third · singular · aorist · active · indicative ▸ **1** (Josh. 10,21)

γρύψ griffin ▸ 2
  γρύπα ▸ 2
    Noun · masculine · singular · accusative · (common) ▸ **2** (Lev. 11,13; Deut. 14,12)

γυμνάζω (γυμνός) to exercise, harass ▸ 1 + 4 = 5
  γεγυμνασμένα ▸ 1
    Verb · perfect · passive · participle · neuter · plural · accusative · (variant) ▸ **1** (Heb. 5,14)
  γεγυμνασμένην ▸ 1
    Verb · perfect · passive · participle · feminine · singular · accusative · (variant) ▸ **1** (2Pet. 2,14)
  γεγυμνασμένοις ▸ 1
    Verb · perfect · passive · participle · masculine · plural · dative · (variant) ▸ **1** (Heb. 12,11)
  Γύμναζε ▸ 1
    Verb · second · singular · present · active · imperative ▸ **1** (1Tim. 4,7)
  ἐγύμναζον ▸ 1
    Verb · third · plural · imperfect · active · indicative ▸ **1** (2Mac. 10,15)

γυμνασία (γυμνός) exercise ▸ 1 + 1 = 2
  γυμνασία ▸ 1
    Noun · feminine · singular · nominative ▸ **1** (1Tim. 4,8)
  γυμνασίαν ▸ 1
    Noun · feminine · singular · accusative · (common) ▸ **1** (4Mac. 11,20)

γυμνάσιον (γυμνός) exercise and education center ▸ 4
  γυμνάσιον ▸ 4
    Noun · neuter · singular · accusative · (common) ▸ **4** (1Mac. 1,14; 2Mac. 4,9; 2Mac. 4,12; 4Mac. 4,20)

γυμνιτεύω (γυμνός) to be naked ▸ 1
  γυμνιτεύομεν ▸ 1
    Verb · first · plural · present · active · indicative ▸ **1** (1Cor. 4,11)

γυμνός naked ▸ 35 + 1 + 15 = 51
  γυμνὰ ▸ 1 + 1 = 2
    Adjective · neuter · plural · accusative · noDegree ▸ **1** (Gen. 27,16)
    Adjective · neuter · plural · nominative ▸ **1** (Heb. 4,13)
  γυμναί ▸ 2
    Adjective · feminine · plural · nominative · noDegree ▸ **2** (Amos 4,3; Is. 32,11)
  γυμνή ▸ 1
    Adjective · feminine · singular · nominative · noDegree ▸ **1** (Mic. 1,8)
  γυμνὴ ▸ 3
    Adjective · feminine · singular · nominative · noDegree ▸ **3** (Ezek. 16,7; Ezek. 16,22; Ezek. 23,29)
  γυμνὴν ▸ 2 + 1 = 3
    Adjective · feminine · singular · accusative · noDegree ▸ **2 + 1 = 3** (Hos. 2,5; Ezek. 16,39; Rev. 17,16)
  γυμνοί ▸ 2 + 2 = 4
    Adjective · masculine · plural · nominative · noDegree ▸ **2 + 2**

= **4** (Gen. 3,7; 2Mac. 11,12; 2Cor. 5,3; James 2,15)
γυμνοί ▸ 1
   Adjective · masculine · plural · nominative · noDegree ▸ **1** (Gen. 2,25)
γυμνοῖς ▸ 2 + **1** = **3**
   Adjective · masculine · plural · dative · noDegree ▸ 2 + **1** = **3** (Tob. 1,17; Tob. 4,16; Tob. 1,17)
γυμνόν ▸ 1
   Adjective · masculine · singular · accusative · noDegree ▸ **1** (Is. 58,7)
γυμνὸν ▸ 3 + **3** = **6**
   Adjective · masculine · singular · accusative · noDegree ▸ 3 + **3** = **6** (Job 31,19; Ezek. 18,7; Ezek. 18,16; Matt. 25,38; Matt. 25,44; 1Cor. 15,37)
γυμνός ▸ 2 + **2** = **4**
   Adjective · masculine · singular · nominative · noDegree ▸ 2 + **2** = **4** (Gen. 3,10; Eccl. 5,14; John 21,7; Rev. 3,17)
γυμνὸς ▸ 9 + **4** = **13**
   Adjective · masculine · singular · nominative · noDegree ▸ 9 + **4** = **13** (Gen. 3,11; 1Sam. 19,24; Job 1,21; Job 1,21; Job 26,6; Amos 2,16; Is. 20,2; Is. 20,3; Dan. 4,33b; Matt. 25,36; Matt. 25,43; Mark 14,52; Rev. 16,15)
γυμνότερος ▸ 1
   Adjective · masculine · singular · nominative · comparative ▸ **1** (Prov. 23,31)
γυμνοῦ ▸ 1
   Adjective · neuter · singular · genitive ▸ **1** (Mark 14,51)
γυμνοὺς ▸ 4 + **1** = **5**
   Adjective · masculine · plural · accusative · noDegree ▸ 4 + **1** = **5** (2Chr. 28,15; Job 24,7; Job 24,10; Is. 20,4; Acts 19,16)
γυμνῶν ▸ 1
   Adjective · masculine · plural · genitive · noDegree ▸ **1** (Job 22,6)
γυμνότης (γυμνός) nakedness ▸ 1 + **3** = **4**
γυμνότης ▸ 1
   Noun · feminine · singular · nominative ▸ **1** (Rom. 8,35)
γυμνότητι ▸ 1 + **1** = **2**
   Noun · feminine · singular · dative · (common) ▸ 1 + **1** = **2** (Deut. 28,48; 2Cor. 11,27)
γυμνότητός ▸ 1
   Noun · feminine · singular · genitive ▸ **1** (Rev. 3,18)
γυμνόω to strip naked ▸ 3
ἐγυμνώθη ▸ 1
   Verb · third · singular · aorist · passive · indicative ▸ **1** (Gen. 9,21)
ἐγύμνωσαν ▸ 1
   Verb · third · plural · aorist · active · indicative ▸ **1** (Judith 9,2)
ἐγύμνωσεν ▸ 1
   Verb · third · singular · aorist · active · indicative ▸ **1** (Judith 9,1)
γύμνωσις (γυμνός) nakedness, exposing ▸ 3
γύμνωσιν ▸ 3
   Noun · feminine · singular · accusative · (common) ▸ **3** (Gen. 9,22; Gen. 9,23; Gen. 9,23)
γυναικάριον (γυνή) little woman; idle woman ▸ 1
γυναικάρια ▸ 1
   Noun · neuter · plural · accusative ▸ **1** (2Tim. 3,6)
γυναικεῖος (γυνή) female; feminine ▸ 6 + **1** + **1** = **8**
γυναικεῖα ▸ 1
   Adjective · neuter · plural · nominative · noDegree ▸ **1** (Gen. 18,11)
γυναικείαν ▸ 2
   Adjective · feminine · singular · accusative · noDegree ▸ **2** (Deut. 22,5; Esth. 2,11)
γυναικείοις ▸ 1 + **1** = **2**
   Adjective · neuter · plural · dative · noDegree ▸ 1 + **1** = **2** (Tob. 2,11; Tob. 2,11)
γυναικεῖον ▸ 1
   Adjective · neuter · singular · accusative · noDegree ▸ **1** (Esth. 2,17)
γυναικείῳ ▸ 1 + **1** = **2**
   Adjective · masculine · singular · dative · noDegree ▸ **1** (Judith 12,15)
   Adjective · neuter · singular · dative ▸ **1** (1Pet. 3,7)
γυναικῶν (γυνή) harem; women's quarters ▸ 4
γυναικῶνα ▸ 2
   Noun · masculine · singular · accusative · (common) ▸ **2** (Esth. 2,3; Esth. 2,14)
γυναικῶνι ▸ 1
   Noun · masculine · singular · dative · (common) ▸ **1** (Esth. 2,9)
γυναικῶνος ▸ 1
   Noun · masculine · singular · genitive · (common) ▸ **1** (Esth. 2,13)
γύναιον (γυνή) little woman; weak woman; woman (Philo) ▸ 1
γύναιον ▸ 1
   Noun · neuter · singular · accusative · (common) ▸ **1** (Job 24,21)
γυνή woman, wife ▸ 967 + **107** + **215** = **1289**
γύναι ▸ 3 + **10** = **13**
   Noun · feminine · singular · vocative · (common) ▸ 3 + **10** = **13** (Judith 11,1; 4Mac. 15,17; 4Mac. 16,14; Matt. 15,28; Luke 13,12; Luke 22,57; John 2,4; John 4,21; John 8,10; John 19,26; John 20,13; John 20,15; 1Cor. 7,16)
Γυναῖκα ▸ 2 + **1** = **3**
   Noun · feminine · singular · accusative · (common) ▸ 2 + **1** = **3** (Judg. 14,2; Prov. 31,10; Judg. 14,2)
γυναῖκα ▸ 245 + **35** + **50** = **330**
   Noun · feminine · singular · accusative · (common) ▸ 245 + **35** + **50** = **330** (Gen. 2,22; Gen. 2,24; Gen. 4,1; Gen. 4,17; Gen. 4,25; Gen. 11,31; Gen. 12,5; Gen. 12,14; Gen. 12,19; Gen. 12,20; Gen. 16,3; Gen. 20,7; Gen. 20,12; Gen. 20,14; Gen. 20,17; Gen. 21,21; Gen. 23,19; Gen. 24,3; Gen. 24,4; Gen. 24,7; Gen. 24,37; Gen. 24,38; Gen. 24,40; Gen. 25,1; Gen. 25,10; Gen. 25,20; Gen. 26,34; Gen. 27,46; Gen. 28,1; Gen. 28,2; Gen. 28,6; Gen. 28,6; Gen. 28,9; Gen. 29,28; Gen. 30,4; Gen. 30,9; Gen. 34,4; Gen. 34,8; Gen. 34,12; Gen. 38,6; Gen. 38,8; Gen. 38,9; Gen. 38,14; Gen. 39,9; Gen. 41,45; Gen. 49,31; Gen. 49,31; Ex. 2,7; Ex. 2,21; Ex. 4,20; Ex. 6,20; Ex. 6,23; Ex. 6,25; Ex. 18,2; Ex. 20,17; Ex. 21,4; Ex. 21,5; Ex. 21,22; Ex. 21,28; Ex. 21,29; Ex. 22,15; Ex. 22,16; Lev. 18,14; Lev. 18,18; Lev. 18,19; Lev. 18,20; Lev. 20,10; Lev. 20,10; Lev. 20,14; Lev. 20,16; Lev. 20,21; Lev. 21,7; Lev. 21,7; Lev. 21,13; Lev. 21,14; Num. 5,14; Num. 5,14; Num. 5,15; Num. 5,18; Num. 5,21; Num. 5,24; Num. 5,26; Num. 5,30; Num. 5,30; Num. 12,1; Num. 25,8; Num. 31,17; Deut. 5,21; Deut. 17,5; Deut. 20,7; Deut. 21,11; Deut. 21,11; Deut. 22,13; Deut. 22,14; Deut. 22,16; Deut. 22,22; Deut. 22,24; Deut. 23,1; Deut. 24,1; Deut. 24,3; Deut. 24,4; Deut. 24,5; Deut. 24,5; Deut. 25,5; Deut. 25,7; Deut. 28,30; Deut. 28,54; Josh. 15,16; Josh. 15,17; Judg. 1,12; Judg. 1,13; Judg. 13,3; Judg. 13,9; Judg. 13,11; Judg. 13,13; Judg. 13,21; Judg. 13,22; Judg. 14,1; Judg. 14,2; Judg. 14,3; Judg. 14,10; Judg. 15,1; Judg. 15,6; Judg. 16,1; Judg. 16,4; Judg. 19,1; Judg. 21,1; Judg. 21,11; Judg. 21,18; Judg. 21,21; Judg. 21,22; Ruth 4,10; Ruth 4,10; Ruth 4,13; 1Sam. 1,19; 1Sam. 2,20; 1Sam. 18,27; 1Sam. 25,39; 1Sam. 25,40; 1Sam. 25,42; 1Sam. 25,44; 1Sam. 27,9; 1Sam. 27,11; 1Sam. 28,7; 1Sam. 28,8; 1Sam. 30,2; 1Sam. 30,22; 2Sam. 11,2; 2Sam. 11,3; 2Sam. 11,27; 2Sam. 12,9;

γυνή

2Sam. 12,9; 2Sam. 12,10; 2Sam. 12,10; 2Sam. 12,24; 2Sam. 14,2; 2Sam. 14,18; 2Sam. 17,20; 1Kings 2,17; 1Kings 2,21; 1Kings 4,11; 1Kings 4,15; 1Kings 5,14a; 1Kings 11,19; 1Kings 12,24e; 1Kings 12,24g; 1Kings 12,24h; 1Kings 16,31; 1Kings 17,19; 2Kings 8,1; 2Kings 8,6; 2Kings 8,18; 2Kings 14,9; 2Kings 22,14; 1Chr. 2,18; 1Chr. 2,35; 1Chr. 7,15; 1Chr. 7,23; 1Chr. 8,8; 2Chr. 11,18; 2Chr. 25,18; 2Chr. 34,22; 1Esdr. 4,18; 1Esdr. 4,20; 1Esdr. 4,25; 1Esdr. 5,38; Ezra 2,61; Neh. 6,18; Esth. 2,7; Esth. 5,10; Esth. 7,8; Judith 12,11; Judith 12,12; Tob. 1,9; Tob. 3,15; Tob. 3,17; Tob. 4,12; Tob. 4,12; Tob. 4,13; Tob. 6,12; Tob. 6,16; Tob. 6,16; Tob. 6,16; Tob. 7,13; Tob. 7,14; Tob. 7,15; Tob. 8,6; Tob. 9,6; Tob. 10,10; Tob. 10,14; 1Mac. 10,54; 4Mac. 2,5; Prov. 6,29; Prov. 18,22; Prov. 18,22a; Eccl. 7,26; Eccl. 7,28; Job 31,11; Job 42,17c; Sir. 9,1; Sir. 25,21; Sir. 36,24; Sol. 4,4; Sol. 8,10; Hos. 1,2; Hos. 3,1; Mal. 2,15; Is. 54,6; Is. 54,6; Jer. 3,1; Jer. 5,8; Jer. 13,21; Jer. 16,1; Jer. 28,22; Jer. 51,7; Ezek. 18,6; Ezek. 18,6; Ezek. 18,11; Ezek. 18,15; Ezek. 22,11; Ezek. 23,44; Ezek. 44,22; Sus. 7-8; Sus. 7-8; Sus. 7-8; Judg. 1,12; Judg. 1,13; Judg. 13,3; Judg. 13,9; Judg. 13,11; Judg. 13,13; Judg. 13,21; Judg. 13,22; Judg. 14,1; Judg. 14,2; Judg. 14,3; Judg. 14,10; Judg. 15,1; Judg. 15,6; Judg. 16,1; Judg. 16,4; Judg. 19,1; Judg. 21,1; Judg. 21,11; Judg. 21,18; Judg. 21,21; Judg. 21,22; Tob. 1,9; Tob. 3,15; Tob. 3,17; Tob. 6,16; Tob. 7,13; Tob. 7,14; Tob. 7,15; Tob. 8,6; Tob. 8,11; Tob. 9,5; Tob. 10,10; Tob. 11,15; Sus. 2; Matt. 1,24; Matt. 5,28; Matt. 5,31; Matt. 5,32; Matt. 14,3; Matt. 18,25; Matt. 19,3; Matt. 19,9; Matt. 22,24; Matt. 22,25; Mark 6,17; Mark 6,18; Mark 10,2; Mark 10,7; Mark 10,11; Mark 12,19; Mark 12,19; Mark 12,20; Mark 12,23; Luke 4,26; Luke 7,44; Luke 7,44; Luke 7,50; Luke 14,20; Luke 14,26; Luke 16,18; Luke 18,29; Luke 20,28; Luke 20,28; Luke 20,29; Luke 20,33; John 8,3; Acts 18,2; 1Cor. 7,2; 1Cor. 7,10; 1Cor. 7,11; 1Cor. 7,12; 1Cor. 7,16; 1Cor. 7,27; 1Cor. 9,5; 1Cor. 11,9; 1Cor. 11,13; Eph. 5,28; Eph. 5,31; Eph. 5,33; Rev. 2,20; Rev. 12,13; Rev. 17,3; Rev. 17,6; Rev. 21,9)

γυναῖκά ▸ 7 + 3 + 2 = 12

    Noun · feminine · singular · accusative · (common) ▸ 7 + 3 + 2 = 12 (Gen. 19,15; Gen. 29,21; Judg. 15,1; Ruth 4,11; 2Sam. 3,14; Tob. 12,3; Job 19,17; Judg. 15,1; Tob. 10,11; Tob. 12,3; Matt. 1,20; 1Cor. 5,1)

γυναῖκας ▸ 98 + 8 + 10 = 116

    Noun · feminine · plural · accusative · (common) ▸ 98 + 8 + 10 = 116 (Gen. 4,19; Gen. 6,2; Gen. 11,29; Gen. 14,16; Gen. 31,17; Gen. 31,50; Gen. 32,23; Gen. 33,5; Gen. 34,16; Gen. 34,21; Gen. 34,29; Gen. 36,2; Gen. 36,6; Gen. 46,5; Num. 31,9; Num. 32,30; Deut. 2,34; Deut. 3,6; Deut. 17,17; Deut. 31,12; Judg. 3,6; Judg. 12,9; Judg. 21,7; Judg. 21,7; Judg. 21,10; Judg. 21,14; Judg. 21,16; Judg. 21,18; Judg. 21,23; Ruth 1,4; 1Sam. 15,33; 1Sam. 30,2; 1Sam. 30,18; 2Sam. 5,13; 2Sam. 12,8; 2Sam. 15,16; 2Sam. 20,3; 1Kings 11,1; 2Kings 24,15; 1Chr. 7,4; 1Chr. 14,3; 2Chr. 11,21; 2Chr. 11,21; 2Chr. 13,21; 2Chr. 24,3; 2Chr. 28,8; 1Esdr. 4,26; 1Esdr. 4,27; 1Esdr. 8,89; 1Esdr. 8,90; 1Esdr. 9,7; 1Esdr. 9,12; 1Esdr. 9,17; 1Esdr. 9,18; 1Esdr. 9,20; 1Esdr. 9,36; Ezra 10,2; Ezra 10,3; Ezra 10,10; Ezra 10,14; Ezra 10,17; Ezra 10,18; Ezra 10,19; Ezra 10,44; Neh. 7,63; Neh. 13,23; Neh. 13,27; Judith 4,12; Judith 7,27; Judith 7,32; Judith 9,4; Judith 10,19; Judith 13,18; Tob. 4,12; 1Mac. 1,32; 1Mac. 1,60; 1Mac. 3,20; 1Mac. 3,56; 1Mac. 5,13; 1Mac. 5,45; 1Mac. 8,10; 2Mac. 5,24; 2Mac. 12,21; 4Mac. 4,25; Sir. 28,15; Is. 13,16; Jer. 8,10; Jer. 36,6; Jer. 36,6; Jer. 36,23; Jer. 47,7; Jer. 48,16; Jer. 50,6; Lam. 5,11; LetterJ 32; Ezek. 9,6; Ezek. 16,34; Ezek. 23,10; Judg. 3,6; Judg. 21,7; Judg. 21,7; Judg. 21,14; Judg. 21,16; Judg. 21,18; Judg. 21,23; Bel 21; Matt. 19,8; Acts 8,3; Acts 9,2; Acts 13,50; Acts 22,4; 1Cor. 7,29; Eph. 5,25; Eph. 5,28; Col. 3,19; 1Tim. 2,9)

Γυναῖκας ▸ 1

    Noun · feminine · plural · accusative ▸ 1 (1Tim. 3,11)

γυναῖκάς ▸ 4

    Noun · feminine · plural · accusative · (common) ▸ 4 (Gen. 30,26; 2Sam. 12,11; 1Kings 21,5; Jer. 45,23)

Γυναῖκες ▸ 1

    Noun · feminine · plural · nominative · (common) ▸ 1 (Is. 32,9)

γυναῖκες ▸ 105 + 6 + 13 = 124

    Noun · feminine · plural · nominative · (common) ▸ 103 + 6 + 10 = 119 (Gen. 6,18; Gen. 7,7; Gen. 7,13; Gen. 8,16; Gen. 8,18; Gen. 30,13; Ex. 1,19; Ex. 15,20; Ex. 22,23; Ex. 35,26; Lev. 26,26; Num. 14,3; Num. 16,27; Num. 21,30; Num. 32,26; Num. 36,3; Num. 36,3; Num. 36,4; Num. 36,6; Num. 36,6; Num. 36,8; Num. 36,12; Deut. 3,19; Deut. 21,15; Deut. 29,10; Josh. 1,14; Judg. 8,30; Judg. 9,49; Judg. 9,51; Judg. 16,27; Ruth 4,14; 1Sam. 1,2; 1Sam. 4,20; 1Sam. 18,7; 1Sam. 25,43; 1Sam. 27,3; 1Sam. 30,3; 1Sam. 30,5; 2Sam. 2,2; 1Kings 3,16; 1Kings 11,4; 2Kings 23,7; 1Chr. 4,5; 2Chr. 20,13; 2Chr. 29,9; 1Esdr. 3,12; 1Esdr. 4,14; 1Esdr. 4,15; 1Esdr. 4,22; 1Esdr. 4,32; 1Esdr. 4,34; 1Esdr. 4,37; 1Esdr. 5,1; 1Esdr. 8,88; Ezra 10,1; Neh. 10,29; Neh. 12,43; Neh. 13,26; Esth. 1,20; Judith 4,10; Judith 6,16; Judith 7,14; Judith 7,22; Judith 7,23; 1Mac. 2,30; 1Mac. 2,38; 2Mac. 3,19; 2Mac. 6,10; Prov. 14,1; Wis. 3,12; Sir. 19,2; Nah. 3,13; Zech. 5,9; Zech. 12,12; Zech. 12,12; Zech. 12,12; Zech. 12,13; Zech. 12,14; Zech. 14,2; Is. 4,1; Is. 19,16; Is. 27,11; Jer. 6,12; Jer. 7,18; Jer. 14,16; Jer. 18,21; Jer. 27,37; Jer. 28,30; Jer. 42,8; Jer. 45,22; Jer. 51,15; Jer. 51,15; Jer. 51,25; Lam. 2,20; LetterJ 27; LetterJ 29; LetterJ 42; Ezek. 8,14; Ezek. 23,2; Ezek. 23,48; Ezek. 30,17; Dan. 6,25; Judg. 8,30; Judg. 9,49; Judg. 9,51; Judg. 16,27; Dan. 6,25; Bel 15; Matt. 27,55; Mark 15,40; Luke 23,49; Luke 23,55; Luke 24,24; Acts 8,12; 1Cor. 14,34; Eph. 5,24; Heb. 11,35; 1Pet. 3,5)

    Noun · feminine · plural · vocative · (common) ▸ 2 + 3 = 5 (Gen. 4,23; Jer. 9,19; Eph. 5,22; Col. 3,18; 1Pet. 3,1)

γυναῖκές ▸ 2 + 2 = 4

    Noun · feminine · plural · nominative · (common) ▸ 2 + 2 = 4 (1Kings 10,8; 1Kings 21,3; Luke 8,2; Luke 24,22)

γυναικί ▸ 38 + 4 + 12 = 54

    Noun · feminine · singular · dative · (common) ▸ 38 + 4 + 12 = 54 (Gen. 3,16; Gen. 3,21; Gen. 11,29; Gen. 11,29; Gen. 12,11; Gen. 36,39; Gen. 39,8; Lev. 13,29; Lev. 13,38; Num. 25,15; Judg. 14,15; Ruth 1,2; 1Sam. 1,4; 1Sam. 14,50; 1Sam. 25,3; 1Sam. 25,14; 1Sam. 28,24; 1Kings 5,14b; 1Kings 12,24k; 1Kings 17,9; 1Kings 19,1; 1Chr. 3,3; 1Chr. 8,29; Esth. 1,19; Esth. 6,13; Tob. 7,2; Tob. 8,12; Prov. 11,22; Job 31,9; Sir. 9,2; Sir. 9,3; Sir. 25,8; Sir. 25,25; Sir. 26,6; Sir. 42,6; Sol. 4,5; Hos. 12,13; Hos. 12,13; Judg. 14,15; Tob. 7,2; Tob. 8,19; Tob. 11,17; Matt. 19,5; John 4,42; Acts 5,1; Acts 24,24; 1Cor. 7,3; 1Cor. 7,14; 1Cor. 11,6; 1Cor. 14,35; 1Tim. 2,12; Rev. 12,14; Rev. 12,16; Rev. 12,17)

γυναικί ▸ 10 + 2 + 3 = 15

    Noun · feminine · singular · dative · (common) ▸ 10 + 2 + 3 = 15 (Gen. 3,1; Gen. 3,4; Gen. 3,13; Ex. 19,15; Num. 5,19; Num. 5,21; Deut. 22,5; Judg. 14,7; Prov. 5,3; Sir. 33,20; Judg. 14,7; Tob. 9,6; Matt. 26,10; 1Cor. 7,27; 1Cor. 7,33)

Γυναικός ▸ 1

    Noun · feminine · singular · genitive · (common) ▸ 1 (Sir. 26,1)

γυναικός ▸ 24 + 4 + 5 = 33

    Noun · feminine · singular · genitive · (common) ▸ 24 + 4 + 5 = 33 (Gen. 3,17; Gen. 20,3; Gen. 20,11; Gen. 26,10; Gen. 38,20; Ex. 21,22; Lev. 18,22; Lev. 20,13; Josh. 6,21; 1Sam. 21,5; 1Sam. 22,19; 2Sam. 11,11; 2Kings 6,30; 2Chr. 15,13; Tob. 1,20; Tob. 6,8; Tob. 11,3; Prov. 31,30; Eccl. 9,9; Job 15,14; Job 25,4; Sir. 25,13; Sir. 25,19; Sir. 42,13; Tob. 1,20; Tob. 6,8; Tob. 9,6; Tob. 11,3;

Matt. 19,10; Acts 5,2; 1Cor. 7,27; 1Cor. 11,12; Gal. 4,4)

γυναικὸς ‣ **107** + **7** + **17** = **131**
  Noun · feminine · singular · genitive · (common) ‣ 107 + 7 + 17 = **131** (Gen. 3,15; Gen. 3,20; Gen. 12,17; Gen. 19,16; Gen. 20,2; Gen. 20,18; Gen. 24,15; Gen. 25,21; Gen. 26,7; Gen. 26,8; Gen. 26,11; Gen. 36,10; Gen. 36,10; Gen. 36,12; Gen. 36,13; Gen. 36,14; Gen. 36,17; Gen. 36,18; Gen. 39,19; Gen. 46,19; Lev. 18,8; Lev. 18,11; Lev. 18,16; Lev. 18,17; Lev. 19,20; Lev. 20,11; Lev. 20,18; Lev. 24,10; Lev. 24,11; Num. 5,18; Num. 5,25; Num. 12,1; Num. 26,59; Num. 30,17; Deut. 22,22; Deut. 22,22; Deut. 27,20; Deut. 27,23; Josh. 2,1; Josh. 6,22; Josh. 6,23; Josh. 8,25; Judg. 4,9; Judg. 4,17; Judg. 11,1; Judg. 11,2; Judg. 11,2; Judg. 13,11; Judg. 20,4; Ruth 4,5; 1Sam. 2,20; 1Sam. 15,3; 1Sam. 21,6; 2Sam. 3,5; 2Sam. 3,8; 2Sam. 6,19; 1Kings 3,19; 1Kings 7,2; 1Kings 11,19; 1Kings 11,26; 1Kings 12,24e; 1Kings 17,17; 2Kings 5,2; 1Chr. 2,29; 1Chr. 4,19; 1Chr. 8,9; 1Chr. 9,35; 1Chr. 16,3; 1Esdr. 4,21; 1Esdr. 9,40; Neh. 8,2; Tob. 14,12; 4Mac. 14,11; Prov. 5,3; Prov. 5,18; Prov. 6,24; Prov. 7,5; Prov. 21,19; Prov. 25,24; Prov. 30,16; Prov. 30,20; Job 11,2; Job 11,12; Job 14,1; Sir. 7,19; Sir. 9,8; Sir. 9,8; Sir. 9,9; Sir. 25,16; Sir. 25,17; Sir. 25,21; Sir. 25,24; Sir. 26,9; Sir. 26,13; Sir. 26,16; Sir. 36,22; Sir. 37,11; Sir. 41,22; Sir. 41,23; Sir. 42,13; Sol. 16,7; Sol. 16,8; Mal. 2,14; Is. 13,8; Jer. 30,16; Ezek. 16,30; Dan. 11,37; Judg. 4,9; Judg. 4,17; Judg. 11,1; Judg. 11,2; Judg. 11,2; Judg. 13,11; Judg. 20,4; Luke 3,19; Luke 17,32; John 4,9; John 4,27; John 4,39; Acts 16,1; 1Cor. 7,1; 1Cor. 11,3; 1Cor. 11,8; 1Cor. 11,11; Eph. 5,23; 1Tim. 3,2; 1Tim. 3,12; Titus 1,6; Rev. 12,4; Rev. 12,15; Rev. 17,7)

γυναικῶν ‣ **45** + **6** + **11** = **62**
  Noun · feminine · plural · genitive · (common) ‣ 45 + 6 + 11 = **62** (Gen. 31,35; Gen. 37,2; Gen. 46,26; Ex. 32,2; Ex. 35,22; Num. 31,18; Num. 31,35; Deut. 20,14; Judg. 5,24; Judg. 5,24; Judg. 16,27; Judg. 21,14; 1Sam. 15,33; 2Sam. 1,26; 2Sam. 12,11; 2Sam. 19,6; 1Kings 21,7; 2Chr. 11,23; 1Esdr. 4,13; 1Esdr. 4,17; 1Esdr. 9,9; 1Esdr. 9,41; Ezra 10,11; Neh. 4,8; Neh. 5,1; Neh. 8,3; Esth. 2,3; Esth. 2,8; Esth. 2,12; Esth. 2,14; Esth. 2,15; Judith 15,13; 1Mac. 1,26; 1Mac. 13,6; 2Mac. 5,13; 2Mac. 15,18; 4Mac. 4,9; Job 2,10; Sir. 10,18; Sir. 42,12; Jer. 51,9; Lam. 4,10; Ezek. 16,41; Bel 9; Bel 20; Judg. 5,24; Judg. 16,27; Dan. 11,17; Dan. 11,37; Bel 9; Bel 20; Matt. 11,11; Matt. 14,21; Matt. 15,38; Luke 7,28; Luke 23,27; Acts 5,14; Acts 17,4; Acts 17,12; 1Pet. 3,1; Rev. 9,8; Rev. 14,4)

γυναιξὶ ‣ **4**
  Noun · feminine · plural · dative · (common) ‣ 4 (Esth. 13,6 # 3,13f; 2Mac. 6,4; 3Mac. 3,25; Prov. 31,3)

γυναιξὶν ‣ **14** + **1** + **4** = **19**
  Noun · feminine · plural · dative · (common) ‣ 14 + 1 + 4 = **19** (Gen. 28,9; Josh. 8,35 # 9,2f; 1Kings 11,7; 1Esdr. 1,30; 1Esdr. 4,22; Esth. 1,9; Judith 15,12; 1Mac. 5,23; 1Mac. 13,45; 2Mac. 12,3; 3Mac. 1,4; Job 38,36; Sir. 47,19; Jer. 51,20; Judg. 5,24; Luke 1,42; Acts 1,14; Acts 21,5; 1Tim. 2,10)

γυναιξίν ‣ **8** + **1** + **2** = **11**
  Noun · feminine · plural · dative · (common) ‣ 8 + 1 + 2 = **11** (Gen. 4,23; Gen. 45,19; 2Chr. 21,14; Tob. 3,8; Song 1,8; Song 5,9; Song 6,1; Jer. 51,24; Tob. 3,8; Matt. 28,5; Acts 16,13)

Γυνή ‣ **3**
  Noun · feminine · singular · nominative · (common) ‣ 3 (Gen. 20,2; Gen. 26,7; Lev. 12,2)

Γυνή ‣ **3** + **1** + **2** = **6**
  Noun · feminine · singular · nominative · (common) ‣ 3 + 1 + 2 = **6** (Gen. 12,12; Judg. 9,54; Prov. 9,13; Judg. 9,54; 1Cor. 7,39; 1Tim. 2,11)

γυνή ‣ **64** + **6** + **13** = **83**
  Noun · feminine · singular · nominative · (common) ‣ 64 + 6 + 13 = **83** (Gen. 2,23; Gen. 3,12; Gen. 3,13; Gen. 6,18; Gen. 8,16; Gen. 12,18; Gen. 12,19; Gen. 17,15; Gen. 17,19; Gen. 18,9; Gen. 18,10; Gen. 24,44; Gen. 24,67; Gen. 26,9; Gen. 44,27; Ex. 35,29; Lev. 15,18; Lev. 15,19; Lev. 15,25; Lev. 20,16; Lev. 20,27; Num. 5,6; Num. 5,22; Num. 6,2; Deut. 17,2; Deut. 21,13; Deut. 22,19; Deut. 22,29; Judg. 14,3; Judg. 21,16; 1Sam. 1,15; 1Sam. 28,11; 1Sam. 28,23; 2Sam. 11,5; 2Sam. 14,12; 2Sam. 14,13; 2Sam. 14,17; 2Sam. 14,18; 2Sam. 17,20; 2Sam. 20,17; 1Kings 3,26; 1Kings 12,24n; 1Kings 17,12; 2Kings 8,5; 2Kings 8,5; 2Chr. 8,11; 2Chr. 21,6; Esth. 2,4; Esth. 4,11; Esth. 6,13; Tob. 2,1; Tob. 2,11; Tob. 8,21; Tob. 10,4; Psa. 127,3; Job 31,10; Sir. 7,26; Sir. 36,21; Sir. 36,25; Sir. 42,14; Hos. 2,4; Amos 7,17; Is. 49,15; Ezek. 24,18; Judg. 14,3; Judg. 21,16; Tob. 2,1; Tob. 2,11; Tob. 6,16; Tob. 8,21; Matt. 22,27; Matt. 22,28; Mark 12,23; Luke 1,13; Luke 1,18; Luke 20,33; John 4,11; John 4,15; John 4,19; John 4,25; 1Cor. 7,4; 1Cor. 11,6; 1Tim. 5,9)

γυνή ‣ **179** + **22** + **58** = **259**
  Noun · feminine · singular · nominative · (common) ‣ 179 + 22 + 58 = **259** (Gen. 2,25; Gen. 3,2; Gen. 3,6; Gen. 3,8; Gen. 7,7; Gen. 7,13; Gen. 8,18; Gen. 12,11; Gen. 13,1; Gen. 16,1; Gen. 16,3; Gen. 19,26; Gen. 24,5; Gen. 24,8; Gen. 24,36; Gen. 24,39; Gen. 24,51; Gen. 25,21; Gen. 31,32; Gen. 38,12; Gen. 39,7; Ex. 2,9; Ex. 2,22; Ex. 3,22; Ex. 11,2; Ex. 18,5; Ex. 18,6; Ex. 21,3; Ex. 21,3; Ex. 21,4; Ex. 35,25; Ex. 36,6; Lev. 18,15; Lev. 18,23; Num. 5,12; Num. 5,27; Num. 5,28; Num. 5,29; Num. 5,31; Num. 30,4; Deut. 13,7; Deut. 25,5; Deut. 25,7; Deut. 25,9; Deut. 25,11; Deut. 29,17; Josh. 2,4; Judg. 4,4; Judg. 4,4; Judg. 4,21; Judg. 5,24; Judg. 9,53; Judg. 11,2; Judg. 13,2; Judg. 13,6; Judg. 13,10; Judg. 13,19; Judg. 13,20; Judg. 13,23; Judg. 13,24; Judg. 14,16; Judg. 14,20; Judg. 19,26; Judg. 19,27; Ruth 1,1; Ruth 1,5; Ruth 3,8; Ruth 3,11; Ruth 3,14; 1Sam. 1,18; 1Sam. 1,23; 1Sam. 1,26; 1Sam. 4,19; 1Sam. 19,11; 1Sam. 25,3; 1Sam. 25,37; 1Sam. 27,3; 1Sam. 28,7; 1Sam. 28,9; 1Sam. 28,12; 1Sam. 28,12; 1Sam. 28,21; 1Sam. 30,5; 2Sam. 2,2; 2Sam. 11,2; 2Sam. 11,3; 2Sam. 11,21; 2Sam. 11,22; 2Sam. 11,26; 2Sam. 12,15; 2Sam. 14,2; 2Sam. 14,4; 2Sam. 14,5; 2Sam. 14,9; 2Sam. 14,19; 2Sam. 14,27; 2Sam. 14,27; 2Sam. 17,19; 2Sam. 20,16; 2Sam. 20,21; 2Sam. 20,22; 1Kings 3,17; 1Kings 3,17; 1Kings 3,18; 1Kings 3,22; 1Kings 12,24b; 1Kings 12,24i; 1Kings 17,10; 1Kings 17,15; 1Kings 17,24; 1Kings 20,5; 1Kings 20,7; 1Kings 20,25; 2Kings 4,1; 2Kings 4,8; 2Kings 4,9; 2Kings 4,17; 2Kings 4,37; 2Kings 6,26; 2Kings 6,28; 2Kings 8,2; 2Kings 8,3; 1Chr. 2,24; 1Chr. 2,26; 1Chr. 4,18; 1Chr. 7,16; 2Chr. 22,11; Esth. 5,14; Judith 4,11; Judith 8,31; Judith 11,21; Judith 14,18; Judith 15,12; Tob. 7,7; 4Mac. 16,1; 4Mac. 16,2; 4Mac. 16,5; 4Mac. 16,10; 4Mac. 17,9; Psa. 108,9; Prov. 6,26; Prov. 7,10; Prov. 11,16; Prov. 11,16; Prov. 12,4; Prov. 12,4; Prov. 19,14; Prov. 27,15; Prov. 30,23; Prov. 31,30; Job 2,9; Sir. 15,2; Sir. 23,22; Sir. 25,1; Sir. 25,20; Sir. 25,22; Sir. 25,23; Sir. 26,2; Sir. 26,3; Sir. 26,6; Sir. 26,7; Sir. 26,8; Sir. 26,14; Sir. 26,15; Sir. 40,19; Sir. 40,23; Sir. 42,14; Zech. 5,7; Mal. 2,14; Is. 49,15; Jer. 3,1; Jer. 3,20; Jer. 6,11; Jer. 9,19; Ezek. 16,32; Sus. 10-11; Sus. 29; Sus. 30; Sus. 31; Judg. 4,4; Judg. 4,4; Judg. 4,21; Judg. 5,24; Judg. 9,53; Judg. 11,2; Judg. 13,2; Judg. 13,6; Judg. 13,10; Judg. 13,19; Judg. 13,20; Judg. 13,23; Judg. 13,24; Judg. 14,16; Judg. 14,20; Judg. 19,26; Judg. 19,27; Tob. 7,7; Tob. 10,4; Tob. 14,12; Sus. 29; Sus. 63; Matt. 9,20; Matt. 9,22; Matt. 13,33; Matt. 15,22; Matt. 26,7; Matt. 27,19; Mark 5,25; Mark 5,33; Mark 7,25; Mark 7,26; Mark 12,22; Mark 14,3; Luke 1,5; Luke 1,24; Luke 7,37; Luke 7,39; Luke 8,3; Luke 8,43; Luke 8,47; Luke 10,38; Luke 11,27; Luke 13,11; Luke 13,21; Luke 15,8; Luke 20,32; Luke 20,33; John 4,7; John 4,9; John 4,17; John 4,28; John 8,4; John 8,9; John 16,21;

Acts 5,7; Acts 16,14; Acts 17,34; Rom. 7,2; 1Cor. 7,3; 1Cor. 7,4; 1Cor. 7,13; 1Cor. 7,14; 1Cor. 7,34; 1Cor. 11,5; 1Cor. 11,7; 1Cor. 11,8; 1Cor. 11,9; 1Cor. 11,10; 1Cor. 11,11; 1Cor. 11,12; 1Cor. 11,15; Eph. 5,33; 1Tim. 2,14; Rev. 12,1; Rev. 12,6; Rev. 17,4; Rev. 17,9; Rev. 17,18; Rev. 19,7)

γῦρος   ring, circle ‣ 3
γῦρον ‣ 3
Noun · masculine · singular · accusative · (common)   ‣ 3   (Job 22,14; Sir. 24,5; Is. 40,22)

γυρόω (γῦρος)   to bend, make round; encircle ‣ 2
ἐγύρωσεν ‣ 2
Verb · third · singular · aorist · active · indicative   ‣ 2 (Job 26,10; Sir. 43,12)

γύψ   vulture ‣ 6
γύπα ‣ 2
Noun · masculine · singular · accusative · (common)   ‣ 2   (Lev. 11,14; Deut. 14,13)
γυπός ‣ 1
Noun · masculine · singular · genitive · (common) ‣ 1 (Job 28,7)
γυπὸς ‣ 1
Noun · masculine · singular · genitive · (common) ‣ 1 (Job 5,7)
γὺψ ‣ 1
Noun · masculine · singular · nominative · (common)   ‣ 1   (Job 39,27)
γυψίν ‣ 1
Noun · masculine · plural · dative · (common) ‣ 1 (Job 15,23)

Γωγ   Gog ‣ 14
Γωγ ‣ 14
Noun · masculine · singular · accusative · (proper)   ‣ 4   (Ezek. 38,2; Ezek. 39,1; Ezek. 39,6; Ezek. 39,11)
Noun · masculine · singular · dative · (proper) ‣ 3 (Ezek. 38,14; Ezek. 38,17; Ezek. 39,11)
Noun · masculine · singular · genitive · (proper) ‣ 3 (Num. 24,7; Ezek. 39,11; Ezek. 39,15)
Noun · masculine · singular · nominative · (proper)   ‣ 2   (Amos 7,1; Ezek. 38,18)
Noun · masculine · singular · vocative · (proper) ‣ 2 (Ezek. 38,3; Ezek. 39,1)

Γώγ   Gog ‣ 1
Γώγ ‣ 1
Noun · masculine · singular · accusative · (proper) ‣ 1 (Rev. 20,8)

Γωζαν   Gozan ‣ 5
Γωζαν ‣ 5
Noun · feminine · singular · accusative · (proper)   ‣ 2   (2Kings 19,12; Is. 37,12)
Noun · feminine · singular · genitive · (proper)   ‣ 3 (2Kings 17,6; 2Kings 18,11; 1Chr. 5,26)

Γωθι   Uthai ‣ 1
Γωθι ‣ 1
Noun · masculine · singular · nominative · (proper)   ‣ 1   (1Chr. 9,4)

Γωιμ   Goyim ‣ 1
Γωιμ ‣ 1
Noun · singular · genitive · (proper) ‣ 1 (Josh. 12,23)

Γωλα   Alvah; Giloh ‣ 4
Γωλα ‣ 4
Noun · singular · genitive · (proper) ‣ 1 (Josh. 19,11)
Noun · masculine · singular · genitive · (proper)   ‣ 1   (2Sam. 15,12)

Noun · masculine · singular · nominative · (proper)   ‣ 2   (Gen. 36,40; 1Chr. 1,51)

γωλαθ   (Hebr.) small sphere ‣ 2
γωλαθ ‣ 2
Noun ‣ 2 (2Chr. 4,12; 2Chr. 4,13)

Γωλαμ   Alvah; Golan ‣ 1
Γωλαμ ‣ 1
Noun · masculine · singular · nominative · (proper)   ‣ 1   (1Chr. 1,40)

Γωλαν   Golan ‣ 1
Γωλαν ‣ 1
Noun · feminine · singular · accusative · (proper) ‣ 1 (1Chr. 6,56)

γωληλα   Golela (Hebr.) "valley during the night" ‣ 1
γωληλα ‣ 1
Noun · singular · genitive · (common) ‣ 1 (Neh. 2,13)

Γωλων   Alvan ‣ 1
Γωλων ‣ 1
Noun · masculine · singular · nominative · (proper)   ‣ 1   (Gen. 36,23)

Γωναθ   Ginath ‣ 2
Γωναθ ‣ 2
Noun · masculine · singular · genitive · (proper)   ‣ 2   (1Kings 16,21; 1Kings 16,22)

Γωνι   Guni ‣ 1
Γωνι ‣ 1
Noun · masculine · singular · nominative · (proper)   ‣ 1   (1Chr. 7,13)

γωνία   corner, leader ‣ 31 + 1 + 9 = 41
γωνίᾳ ‣ 1 + 1 + 1 = 3
Noun · feminine · singular · dative · (common)   ‣ 1 + 1 + 1 = 3   (2Chr. 28,24; Sus. 38; Acts 26,26)
γωνίαι ‣ 2
Noun · feminine · plural · nominative · (common) ‣ 2 (Zeph. 3,6; Ezek. 41,15)
γωνίαις ‣ 1 + 2 = 3
Noun · feminine · plural · dative · (common)   ‣ 1 + 2 = 3   (Ex. 26,24; Matt. 6,5; Rev. 20,8)
γωνίαν ‣ 3
Noun · feminine · singular · accusative · (common) ‣ 3 (Prov. 7,8; Prov. 7,12; Jer. 28,26)
γωνίας ‣ 17 + 6 = 23
Noun · feminine · plural · accusative · (common)   ‣ 4 + 1 = 5   (1Sam. 14,38; Zeph. 1,16; Ezek. 43,20; Ezek. 45,19; Rev. 7,1)
Noun · feminine · singular · genitive · (common)   ‣ 13 + 5 = 18   (2Kings 14,13; 2Chr. 4,10; 2Chr. 25,23; 2Chr. 26,9; Neh. 3,19; Neh. 3,20; Neh. 3,24; Neh. 3,25; Psa. 117,22; Prov. 21,9; Prov. 25,24; Jer. 38,38; Jer. 38,40; Matt. 21,42; Mark 12,10; Luke 20,17; Acts 4,11; 1Pet. 2,7)
γωνιῶν ‣ 7
Noun · feminine · plural · genitive · (common) ‣ 7 (Ex. 26,23; Ex. 27,2; 1Kings 7,20; 2Chr. 26,9; 2Chr. 26,15; Job 1,19; Zech. 14,10)

γωνιαῖος (γωνία)   at the corner, angle ‣ 1
γωνιαῖον ‣ 1
Adjective · masculine · singular · accusative · noDegree ‣ 1 (Job 38,6)

Γωυνι   Guni ‣ 1
Γωυνι ‣ 1
Noun · masculine · singular · nominative · (proper)   ‣ 1   (Gen. 46,24)

Δ, δ

δʹ delta (letter of alphabet) or number: four; ▸ 1
    δʹ ▸ 1
        Adjective · neuter · singular · (ordinal · numeral) ▸ **1**
           (Psa. 118,25)

Δαβασθαι Dabbesheth ▸ 1
    Δαβασθαι ▸ 1
        Noun · singular · accusative · (proper) ▸ **1** (Josh. 19,11)

Δαββων Abdon ▸ 1
    Δαββων ▸ 1
        Noun · feminine · singular · accusative · (proper) ▸ **1**
           (Josh. 21,30)

Δαβιρ Debir ▸ 13 + 3 = 16
    Δαβιρ ▸ 13 + 3 = 16
        Noun · feminine · singular · accusative · (proper) ▸ **6 + 1 = 7**
           (Josh. 10,3; Josh. 10,38; Josh. 15,15; Josh. 21,15; Judg. 1,11; 1Chr. 6,43; Judg. 1,11)
        Noun · feminine · singular · dative · (proper) ▸ **1** (Josh. 10,39)
        Noun · feminine · singular · genitive · (proper) ▸ **5 + 1 = 6**
           (Josh. 11,21; Josh. 12,13; Josh. 13,26; Josh. 15,15; Judg. 1,11; Judg. 1,11)
        Noun · feminine · singular · nominative · (proper) ▸ **1 + 1 = 2**
           (Josh. 15,49; Josh. 15,49)

δαβιρ (Hebr.) inner sanctuary ▸ 13
    δαβιρ ▸ 13
        Noun ▸ **13** (1Kings 6,5; 1Kings 6,16; 1Kings 6,19; 1Kings 6,21; 1Kings 6,23; 1Kings 6,31; 1Kings 7,35; 1Kings 8,6; 1Kings 8,8; 2Chr. 3,16; 2Chr. 4,20; 2Chr. 5,7; 2Chr. 5,9)

Δαβιρωθ Dabiroth ▸ 1
    Δαβιρωθ ▸ 1
        Noun · singular · accusative · (proper) ▸ **1** (Josh. 19,12)

Δαβιρων Rabbith ▸ 1
    Δαβιρων ▸ 1
        Noun · singular · nominative · (proper) ▸ **1** (Josh. 19,20)

Δαβραθ Daberath ▸ 1
    Δαβραθ ▸ 1
        Noun · singular · accusative · (proper) ▸ **1** (Josh. 19,12)

Δαβρι Dibri ▸ 1
    Δαβρι ▸ 1
        Noun · singular · genitive · (proper) ▸ **1** (Lev. 24,11)

Δαβωρ Ramoth ▸ 1
    Δαβωρ ▸ 1
        Noun · feminine · singular · accusative · (proper) ▸ **1** (1Chr. 6,58)

Δαγων Dagon ▸ 17 + 1 = 18
    Δαγων ▸ 17 + 1 = 18
        Noun · masculine · singular · accusative · (proper) ▸ **2**
           (1Sam. 5,3; 1Sam. 5,7)
        Noun · masculine · singular · dative · (proper) ▸ **1 + 1 = 2**
           (Judg. 16,23; Judg. 16,23)
        Noun · masculine · singular · genitive · (proper) ▸ **11**
           (1Sam. 5,2; 1Sam. 5,2; 1Sam. 5,3; 1Sam. 5,4; 1Sam. 5,4; 1Sam. 5,5; 1Sam. 5,5; 1Sam. 5,5; 1Chr. 10,10; 1Mac. 10,84; 1Mac. 11,4)
        Noun · masculine · singular · nominative · (proper) ▸ **3**
           (1Sam. 5,3; 1Sam. 5,4; Is. 46,1)

Δαδαν Dedan ▸ 1
    Δαδαν ▸ 1
        Noun · masculine · singular · nominative · (proper) ▸ **1**
           (Gen. 10,7)

δᾳδουχία (δᾴς) torch-bearing; torch light ▸ 1
    δᾳδουχίας ▸ 1
        Noun · feminine · singular · genitive · (common) ▸ **1**
           (2Mac. 4,22)

Δαεμια Raamiah ▸ 1
    Δαεμια ▸ 1
        Noun · masculine · singular · genitive · (proper) ▸ **1** (Neh. 7,7)

Δαθαν Dathan ▸ 9
    Δαθαν ▸ 9
        Noun · masculine · singular · accusative · (proper) ▸ **2**
           (Num. 16,12; Num. 16,25)
        Noun · masculine · singular · dative · (proper) ▸ **1** (Deut. 11,6)
        Noun · masculine · singular · genitive · (proper) ▸ **2**
           (4Mac. 2,17; Sir. 45,18)
        Noun · masculine · singular · nominative · (proper) ▸ **4**
           (Num. 16,1; Num. 16,27; Num. 26,9; Psa. 105,17)

Δαθεμα Dathema ▸ 1
    Δαθεμα ▸ 1
        Noun · singular · accusative · (proper) ▸ **1** (1Mac. 5,9)

Δαιβαν Dibon ▸ 1
    Δαιβαν ▸ 1
        Noun · singular · genitive · (proper) ▸ **1** (Josh. 13,9)

Δαιβων Dibon ▸ 8
    Δαιβων ▸ 8
        Noun · singular · accusative · (proper) ▸ **1** (Josh. 13,17)
        Noun · feminine · singular · accusative · (proper) ▸ **3**
           (Num. 32,34; Num. 33,45; Jer. 31,22)
        Noun · feminine · singular · genitive · (proper) ▸ **2**
           (Num. 21,30; Num. 33,46)
        Noun · feminine · singular · nominative · (proper) ▸ **2**
           (Num. 32,3; Jer. 31,18)

Δαιδαν Dedan ▸ 8
  Δαιδαν ▸ 8
    Noun · singular · dative · (proper) ▸ **1** (Jer. 30,2)
    Noun · singular · genitive · (proper) ▸ **1** (Is. 21,13)
    Noun · singular · nominative · (proper) ▸ **2** (Ezek. 27,20; Ezek. 38,13)
    Noun · feminine · singular · accusative · (proper) ▸ **1** (Jer. 32,23)
    Noun · masculine · singular · accusative · (proper) ▸ **1** (Gen. 25,3)
    Noun · masculine · singular · genitive · (proper) ▸ **1** (Gen. 25,3)
    Noun · masculine · singular · nominative · (proper) ▸ **1** (1Chr. 1,32)

δαιμονίζομαι (δαιμόνιον) to be demon possessed, demonized ▸ 13
  δαιμονίζεται ▸ 1
    Verb · third · singular · present · passive · indicative · (variant) ▸ **1** (Matt. 15,22)
  δαιμονιζόμενοι ▸ 1
    Verb · present · passive · participle · masculine · plural · nominative · (variant) ▸ **1** (Matt. 8,28)
  δαιμονιζόμενον ▸ 2
    Verb · present · passive · participle · masculine · singular · accusative · (variant) ▸ **2** (Matt. 9,32; Mark 5,15)
  δαιμονιζόμενος ▸ 1
    Verb · present · middle · participle · masculine · singular · nominative ▸ **1** (Matt. 12,22)
  δαιμονιζομένου ▸ 1
    Verb · present · passive · participle · masculine · singular · genitive · (variant) ▸ **1** (John 10,21)
  δαιμονιζομένους ▸ 3
    Verb · present · passive · participle · masculine · plural · accusative · (variant) ▸ **3** (Matt. 4,24; Matt. 8,16; Mark 1,32)
  δαιμονιζομένῳ ▸ 1
    Verb · present · passive · participle · masculine · singular · dative · (variant) ▸ **1** (Mark 5,16)
  δαιμονιζομένων ▸ 1
    Verb · present · passive · participle · masculine · plural · genitive · (variant) ▸ **1** (Matt. 8,33)
  δαιμονισθείς ▸ 1
    Verb · aorist · passive · participle · masculine · singular · nominative ▸ **1** (Mark 5,18)
  δαιμονισθείς ▸ 1
    Verb · aorist · passive · participle · masculine · singular · nominative ▸ **1** (Luke 8,36)

δαιμόνιον demon ▸ 17 + 7 + 63 = 87
  δαιμόνια ▸ 3 + 32 = 35
    Noun · neuter · plural · accusative ▸ **24** (Matt. 7,22; Matt. 9,34; Matt. 10,8; Matt. 12,24; Matt. 12,27; Matt. 12,28; Mark 1,34; Mark 1,34; Mark 1,39; Mark 3,15; Mark 3,22; Mark 6,13; Mark 9,38; Mark 16,9; Mark 16,17; Luke 8,27; Luke 9,1; Luke 9,49; Luke 11,15; Luke 11,18; Luke 11,19; Luke 11,20; Luke 13,32; Rev. 9,20)
    Noun · neuter · plural · nominative · (common) ▸ **3 + 8 = 11** (Psa. 95,5; Is. 13,21; Is. 34,14; Luke 4,41; Luke 8,2; Luke 8,30; Luke 8,33; Luke 8,35; Luke 8,38; Luke 10,17; James 2,19)
  δαιμονίοις ▸ 5 + 1 = 6
    Noun · neuter · plural · dative · (common) ▸ **5 + 1 = 6** (Deut. 32,17; Psa. 105,37; Ode. 2,17; Is. 65,3; Bar. 4,7; 1Cor. 10,20)
  δαιμόνιον ▸ 6 + 5 + 15 = 26
    Noun · neuter · singular · accusative · (common) ▸ **1 + 1 + 10 = 12** (Tob. 3,17; Tob. 3,17; Matt. 11,18; Mark 7,26; Mark 7,30; Luke 7,33; Luke 11,14; John 7,20; John 8,48; John 8,49; John 8,52; John 10,20)
    Noun · neuter · singular · nominative · (common) ▸ **5 + 4 + 5 = 14** (Tob. 3,8; Tob. 6,8; Tob. 6,15; Tob. 6,17; Tob. 8,3; Tob. 3,8; Tob. 6,14; Tob. 6,17; Tob. 8,3; Matt. 17,18; Mark 7,29; Luke 4,35; Luke 9,42; John 10,21)
  δαιμονίου ▸ 2 + 2 + 4 = 8
    Noun · neuter · singular · genitive · (common) ▸ **2 + 2 + 4 = 8** (Tob. 6,16; Psa. 90,6; Tob. 6,8; Tob. 6,16; Matt. 9,33; Luke 4,33; Luke 8,29; Luke 11,14)
  δαιμονίων ▸ 1 + 11 = 12
    Noun · neuter · plural · genitive · (common) ▸ **1 + 11 = 12** (Bar. 4,35; Matt. 9,34; Matt. 12,24; Mark 3,22; Luke 11,15; Acts 17,18; 1Cor. 10,20; 1Cor. 10,21; 1Cor. 10,21; 1Tim. 4,1; Rev. 16,14; Rev. 18,2)

δαιμονιώδης (δαιμόνιον; εἶδος) demonic ▸ 1
  δαιμονιώδης ▸ 1
    Adjective · feminine · singular · nominative ▸ **1** (James 3,15)

δαίμων (δαιμόνιον) god, deity; fortune; demon ▸ 1 + 1 = 2
  δαίμονες ▸ 1
    Noun · masculine · plural · nominative ▸ **1** (Matt. 8,31)
  δαίμονι ▸ 1
    Noun · masculine · singular · dative · (common) ▸ **1** (Is. 65,11)

Δαισαν Rezin ▸ 1
  Δαισαν ▸ 1
    Noun · masculine · singular · genitive · (proper) ▸ **1** (1Esdr. 5,31)

Δαισων Dishan; Dishon ▸ 3
  Δαισων ▸ 3
    Noun · masculine · singular · genitive · (proper) ▸ **1** (1Chr. 1,42)
    Noun · masculine · singular · nominative · (proper) ▸ **2** (1Chr. 1,38; 1Chr. 1,41)

Δακεθ Rakkath ▸ 1
  Δακεθ ▸ 1
    Noun · singular · nominative · (proper) ▸ **1** (Josh. 19,35)

δάκνω to bite, sting ▸ 15 + 1 = 16
  δάκῃ ▸ 3
    Verb · third · singular · aorist · active · subjunctive ▸ **3** (Num. 21,8; Eccl. 10,11; Amos 5,19)
  δάκνετε ▸ 1
    Verb · second · plural · present · active · indicative ▸ **1** (Gal. 5,15)
  δάκνοντας ▸ 1
    Verb · present · active · participle · masculine · plural · accusative ▸ **1** (Mic. 3,5)
  δάκνοντες ▸ 1
    Verb · present · active · participle · masculine · plural · nominative ▸ **1** (Hab. 2,7)
  δάκνων ▸ 2
    Verb · present · active · participle · masculine · singular · nominative ▸ **2** (Gen. 49,17; Deut. 8,15)
  δεδηγμένος ▸ 1
    Verb · perfect · passive · participle · masculine · singular · nominative ▸ **1** (Num. 21,8)
  δήξεται ▸ 2
    Verb · third · singular · future · middle · indicative ▸ **2** (Eccl. 10,8; Amos 9,3)
  δήξεταί ▸ 1
    Verb · third · singular · future · middle · indicative ▸ **1** (Sir. 21,2)
  δήξονται ▸ 1
    Verb · third · plural · future · middle · indicative ▸ **1** (Jer. 8,17)

δάκνω–δάκτυλος

δηχθείς ▸ 1
    Verb · aorist · passive · participle · masculine · singular · nominative ▸ **1** (Tob. 11,8)

ἔδακνεν ▸ 1
    Verb · third · singular · imperfect · active · indicative ▸ **1** (Num. 21,9)

ἔδακνον ▸ 1
    Verb · third · plural · imperfect · active · indicative ▸ **1** (Num. 21,6)

δάκρυ   teardrop ▸ 34 + 1 = 35

δάκρυα ▸ 10 + 1 = 11
    Noun · neuter · plural · accusative · (common) ▸ 9 + 1 = **10** (Tob. 7,16; 3Mac. 6,22; Sir. 22,19; Sir. 38,16; Jer. 9,17; Jer. 13,17; Jer. 14,17; Lam. 1,2; Lam. 2,18; Tob. 7,16)
    Noun · neuter · plural · nominative · (common) ▸ **1** (Sir. 35,15)

δάκρυά ▸ 4
    Noun · neuter · plural · accusative · (common) ▸ **3** (2Kings 20,5; Psa. 55,9; Is. 38,5)
    Noun · neuter · plural · nominative · (common) ▸ **1** (Psa. 41,4)

δάκρυον ▸ 2
    Noun · neuter · singular · accusative · (common) ▸ **1** (Is. 25,8)
    Noun · neuter · singular · nominative · (common) ▸ **1** (Eccl. 4,1)

δάκρυσιν ▸ 5
    Noun · neuter · plural · dative · (common) ▸ **5** (Psa. 79,6; Psa. 125,5; Mic. 2,6; Mal. 2,13; Lam. 2,11)

δάκρυσίν ▸ 1
    Noun · neuter · plural · dative · (common) ▸ **1** (Psa. 6,7)

δακρύων ▸ 12
    Noun · neuter · plural · genitive · (common) ▸ **12** (2Mac. 11,6; 3Mac. 1,4; 3Mac. 1,16; 3Mac. 4,2; 3Mac. 5,7; 3Mac. 6,14; 4Mac. 4,11; Psa. 38,13; Psa. 79,6; Psa. 114,8; Jer. 8,23; Jer. 38,16)

δάκρυον (δάκρυ)   teardrop ▸ 10

δάκρυον ▸ 2
    Noun · neuter · singular · accusative ▸ **2** (Rev. 7,17; Rev. 21,4)

δάκρυσιν ▸ 2
    Noun · neuter · plural · dative ▸ **2** (Luke 7,38; Luke 7,44)

δακρύων ▸ 6
    Noun · neuter · plural · genitive ▸ **6** (Acts 20,19; Acts 20,31; 2Cor. 2,4; 2Tim. 1,4; Heb. 5,7; Heb. 12,17)

δακρύω (δάκρυ)   to weep ▸ 9 + 1 = 10

δακρύει ▸ 1
    Verb · third · singular · present · active · indicative ▸ **1** (Sir. 31,13)

δακρύειν ▸ 1
    Verb · present · active · infinitive ▸ **1** (3Mac. 4,4)

δακρυέτωσαν ▸ 1
    Verb · third · plural · present · active · imperative ▸ **1** (Mic. 2,6)

δακρύσας ▸ 2
    Verb · aorist · active · participle · masculine · singular · nominative ▸ **2** (2Mac. 4,37; 3Mac. 6,23)

δακρύσει ▸ 1
    Verb · third · singular · future · active · indicative ▸ **1** (Sir. 12,16)

δακρύω ▸ 1
    Verb · first · singular · present · active · indicative ▸ **1** (Job 3,24)

ἐδάκρυσας ▸ 1
    Verb · second · singular · aorist · active · indicative ▸ **1** (4Mac. 15,20)

ἐδάκρυσεν ▸ 1 + 1 = 2
    Verb · third · singular · aorist · active · indicative ▸ 1 + 1 = **2** (Ezek. 27,35; John 11,35)

δακτυλήθρα (δείκνυμι; λανθάνω)   thumbscrews ▸ 1

δακτυλήθρας ▸ 1
    Noun · feminine · plural · accusative · (common) ▸ **1** (4Mac. 8,13)

δακτύλιος (δείκνυμι)   ring ▸ 41 + 5 + 1 = 47

δακτύλιοι ▸ 1
    Noun · masculine · plural · nominative · (common) ▸ **1** (Ex. 25,27)

δακτυλίοις ▸ 3
    Noun · masculine · plural · dative · (common) ▸ **3** (Ex. 25,15; Dan. 6,18; Bel 14)

δακτύλιον ▸ 5 + 1 = 6
    Noun · masculine · singular · accusative · (common) ▸ 5 + 1 = **6** (Gen. 41,42; Num. 31,50; Esth. 3,10; Esth. 8,2; 1Mac. 6,15; Luke 15,22)

δακτύλιόν ▸ 1
    Noun · masculine · singular · accusative · (common) ▸ **1** (Gen. 38,18)

δακτύλιος ▸ 1
    Noun · masculine · singular · nominative · (common) ▸ **1** (Gen. 38,25)

δακτυλίου ▸ 1 + 1 = 2
    Noun · masculine · singular · genitive · (common) ▸ 1 + 1 = **2** (Tob. 1,22; Tob. 1,22)

δακτυλίους ▸ 23
    Noun · masculine · plural · accusative · (common) ▸ **23** (Ex. 25,12; Ex. 25,12; Ex. 25,12; Ex. 25,14; Ex. 25,26; Ex. 25,26; Ex. 26,29; Ex. 27,4; Ex. 27,7; Ex. 30,4; Ex. 35,22; Ex. 36,23; Ex. 36,23; Ex. 36,24; Ex. 36,26; Ex. 36,27; Ex. 36,28; Ex. 38,3; Ex. 38,10; Ex. 38,18; Ex. 38,24; Judith 10,4; Is. 3,20)

δακτυλίῳ ▸ 5 + 4 = 9
    Noun · masculine · singular · dative · (common) ▸ 5 + 4 = **9** (Esth. 8,8; Esth. 8,8; Esth. 8,10; Dan. 6,18; Bel 14; Dan. 6,18; Dan. 6,18; Bel 11; Bel 14)

δακτυλίων ▸ 1
    Noun · masculine · plural · genitive · (common) ▸ **1** (Ex. 36,28)

δάκτυλος (δείκνυμι)   finger; toe ▸ 40 + 3 + 8 = 51

δάκτυλοι ▸ 10 + 2 = 12
    Noun · masculine · plural · nominative · (common) ▸ 10 + 2 = **12** (2Sam. 21,20; 2Sam. 21,20; 1Chr. 20,6; Wis. 15,15; Is. 2,8; Is. 17,8; Is. 59,3; Dan. 2,42; Dan. 5,0; Dan. 5,5; Dan. 2,42; Dan. 5,5)

δάκτυλοί ▸ 2
    Noun · masculine · plural · nominative · (common) ▸ **2** (Psa. 151,2; Song 5,5)

δακτύλοις ▸ 1
    Noun · masculine · plural · dative · (common) ▸ **1** (Prov. 7,3)

δάκτυλον ▸ 5
    Noun · masculine · singular · accusative · (common) ▸ **5** (Lev. 4,6; Lev. 4,17; Lev. 9,9; Lev. 14,16; Job 29,9)

δάκτυλόν ▸ 2
    Noun · masculine · singular · accusative ▸ **2** (John 20,25; John 20,27)

Δάκτυλος ▸ 1
    Noun · masculine · singular · nominative · (common) ▸ **1** (Ex. 8,15)

δάκτυλός ▸ 1
    Noun · masculine · singular · nominative · (common) ▸ **1** (2Chr. 10,10)

δακτύλου ▸ 1
    Noun · masculine · singular · genitive ▸ **1** (Luke 16,24)

δακτύλους ▸ 3 + 1 + 1 = 5
    Noun · masculine · plural · accusative · (common) ▸ 3 + 1 + 1 = **5** (4Mac. 10,6; 4Mac. 15,15; Psa. 143,1; Dan. 2,41; Mark 7,33)

δακτύλῳ ‣ 12 + 3 = 15
   Noun · masculine · singular · dative · (common) ‣ 12 + 3 = **15** (Ex. 29,12; Ex. 31,18; Lev. 4,25; Lev. 4,30; Lev. 4,34; Lev. 8,15; Lev. 14,16; Lev. 14,27; Lev. 16,14; Lev. 16,14; Lev. 16,19; Deut. 9,10; Matt. 23,4; Luke 11,20; John 8,6)
δακτύλων ‣ 5 + 1 = 6
   Noun · masculine · plural · genitive · (common) ‣ 5 + 1 = **6** (1Kings 7,3; 4Mac. 10,7; Psa. 8,4; Prov. 6,13; Jer. 52,21; Luke 11,46)

Δαλααν Dilean ‣ 1
   Δαλααν ‣ 1
      Noun · singular · nominative · (proper) ‣ **1** (Josh. 15,38)

Δαλαια Delaiah ‣ 5
   Δαλαια ‣ 5
      Noun · masculine · singular · dative · (proper) ‣ **1** (1Chr. 24,18)
      Noun · masculine · singular · genitive · (proper) ‣ **3** (Ezra 2,60; Neh. 6,10; Neh. 7,62)
      Noun · masculine · singular · nominative · (proper) ‣ **1** (1Chr. 3,24)

Δαλαιας Delaiah ‣ 1
   Δαλαιας ‣ 1
      Noun · masculine · singular · nominative · (proper) ‣ **1** (Jer. 43,12)

Δαλαλ Dilean ‣ 1
   Δαλαλ ‣ 1
      Noun · singular · nominative · (proper) ‣ **1** (Josh. 15,38)

Δαλαν Delaiah ‣ 1
   Δαλαν ‣ 1
      Noun · masculine · singular · genitive · (proper) ‣ **1** (1Esdr. 5,37)

Δαλια Delaiah (?) ‣ 1
   Δαλια ‣ 1
      Noun · masculine · singular · nominative · (proper) ‣ **1** (1Chr. 4,19)

Δαλιδα Delilah ‣ 10
   Δαλιδα ‣ 10
      Noun · feminine · singular · nominative · (proper) ‣ **10** (Judg. 16,4; Judg. 16,6; Judg. 16,10; Judg. 16,12; Judg. 16,13; Judg. 16,14; Judg. 16,15; Judg. 16,18; Judg. 16,19; Judg. 16,20)

Δαλιλα Delilah ‣ 9
   Δαλιλα ‣ 9
      Noun · feminine · singular · nominative · (proper) ‣ **9** (Judg. 16,4; Judg. 16,6; Judg. 16,10; Judg. 16,12; Judg. 16,13; Judg. 16,14; Judg. 16,15; Judg. 16,18; Judg. 16,20)

Δαλμανουθά Dalmanutha ‣ 1
   Δαλμανουθά ‣ 1
      Noun · feminine · singular · genitive · (proper) ‣ **1** (Mark 8,10)

Δαλματία Dalmatia ‣ 1
   Δαλματίαν ‣ 1
      Noun · feminine · singular · accusative · (proper) ‣ **1** (2Tim. 4,10)

δαλός (δαίω) burning stick ‣ 5
   δαλὸν ‣ 2
      Noun · masculine · singular · accusative · (common) ‣ **2** (Zech. 12,6; Ezek. 24,9)
   δαλὸς ‣ 2
      Noun · masculine · singular · nominative · (common) ‣ **2** (Amos 4,11; Zech. 3,2)
   δαλῶν ‣ 1
      Noun · masculine · plural · genitive · (common) ‣ **1** (Is. 7,4)

Δαλουια Kileab ‣ 1
   Δαλουια ‣ 1
      Noun · masculine · singular · nominative · (proper) ‣ **1** (2Sam. 3,3)

δαμάζω to tame, subdue ‣ 1 + 2 + 4 = 7
   δαμάζει ‣ 1
      Verb · third · singular · present · active · indicative ‣ **1** (Dan. 2,40)
   δαμάζεται ‣ 1
      Verb · third · singular · present · passive · indicative · (variant) ‣ **1** (James 3,7)
   δαμάζων ‣ 1
      Verb · present · active · participle · masculine · singular · nominative ‣ **1** (Dan. 2,40)
   δαμάσαι ‣ 2
      Verb · aorist · active · infinitive ‣ **2** (Mark 5,4; James 3,8)
   δαμάσει ‣ 1
      Verb · third · singular · future · active · indicative ‣ **1** (Dan. 2,40)
   δεδάμασται ‣ 1
      Verb · third · singular · perfect · passive · indicative · (variant) ‣ **1** (James 3,7)

δάμαλις (δαμάζω) heifer ‣ 40 + 1 + 1 = 42
   δαμάλει ‣ 1 + 1 = 2
      Noun · feminine · singular · dative · (common) ‣ 1 + 1 = **2** (Tob. 1,5; Judg. 14,18)
   δαμάλεις ‣ 18
      Noun · feminine · plural · accusative · (common) ‣ **13** (Num. 7,17; Num. 7,23; Num. 7,29; Num. 7,35; Num. 7,41; Num. 7,53; Num. 7,59; Num. 7,65; Num. 7,71; Num. 7,77; Num. 7,83; 1Kings 12,28; 2Kings 17,16)
      Noun · feminine · plural · nominative · (common) ‣ **4** (Num. 7,47; Num. 7,88; 2Kings 10,29; Joel 1,17)
      Noun · feminine · plural · vocative · (common) ‣ **1** (Amos 4,1)
   δαμάλεσιν ‣ 2
      Noun · feminine · plural · dative · (common) ‣ **2** (1Kings 12,32; Psa. 67,31)
   δαμάλεων ‣ 1
      Noun · feminine · plural · genitive · (common) ‣ **1** (Sir. 38,26)
   δαμάλεως ‣ 5 + 1 = 6
      Noun · feminine · singular · genitive · (common) ‣ 5 + 1 = **6** (Num. 19,6; Num. 19,9; Num. 19,10; Deut. 21,6; Is. 5,18; Heb. 9,13)
   Δάμαλιν ‣ 1
      Noun · feminine · singular · accusative · (common) ‣ **1** (1Sam. 16,2)
   δάμαλιν ‣ 7
      Noun · feminine · singular · accusative · (common) ‣ **7** (Gen. 15,9; Num. 19,2; Deut. 21,3; Deut. 21,4; Deut. 21,4; Judg. 14,18; Is. 7,21)
   δάμαλις ‣ 5
      Noun · feminine · singular · nominative · (common) ‣ **5** (1Sam. 28,24; Hos. 4,16; Hos. 10,11; Is. 15,5; Jer. 26,20)

Δαμαν Ramah ‣ 1
   Δαμαν ‣ 1
      Noun · singular · genitive · (proper) ‣ **1** (Jer. 47,1)

Δάμαρις Damaris ‣ 1
   Δάμαρις ‣ 1
      Noun · feminine · singular · nominative · (proper) ‣ **1** (Acts 17,34)

Δαμασεκ Damascus (?) ‣ 1
   Δαμασεκ ‣ 1
      Noun · feminine · singular · accusative · (proper) ‣ **1** (1Kings 11,14)

Δαμασκηνή Damascene ‣ 1
   Δαμασκηνῆς ‣ 1

Δαμασκηνή–δάνειον

Noun · feminine · singular · genitive · (proper) ▸ **1** (Judith 1,12)

Δαμασκηνός of Damascus ▸ 1
   Δαμασκηνῶν ▸ 1
      Adjective · masculine · plural · genitive · (proper) ▸ **1** (2Cor. 11,32)

Δαμασκός Damascus ▸ 47 + 15 = 62
   Δαμασκόν ▸ 5 + 3 = 8
      Noun · feminine · singular · accusative · (proper) ▸ **5 + 3 = 8** (2Sam. 8,6; 2Kings 8,7; 2Kings 16,10; 1Chr. 18,6; 2Chr. 28,5; Acts 9,8; Acts 22,11; Gal. 1,17)
   Δαμασκὸν ▸ 6 + 4 = 10
      Noun · feminine · singular · accusative · (proper) ▸ **6 + 4 = 10** (2Kings 14,28; 2Kings 16,9; Judith 1,7; Judith 15,5; 1Mac. 12,32; Is. 10,9; Acts 9,2; Acts 22,5; Acts 22,10; Acts 26,12)
   Δαμασκός ▸ 2
      Noun · feminine · singular · nominative · (proper) ▸ **2** (Is. 7,8; Jer. 30,30)
   Δαμασκὸς ▸ 4
      Noun · feminine · singular · nominative · (proper) ▸ **3** (Zeph. 2,9; Is. 17,1; Ezek. 27,18)
      Noun · masculine · singular · nominative · (proper) ▸ **1** (Gen. 15,2)
   Δαμασκοῦ ▸ 23
      Noun · feminine · singular · genitive · (proper) ▸ **23** (Gen. 14,15; 2Sam. 8,5; 1Kings 19,15; 2Kings 5,12; 2Kings 8,9; 2Kings 16,11; 1Chr. 18,5; 2Chr. 24,23; 2Chr. 28,23; Judith 2,27; 1Mac. 11,62; Song 7,5; Amos 1,3; Amos 1,5; Amos 5,27; Zech. 9,1; Is. 8,4; Is. 17,1; Jer. 30,33; Ezek. 47,16; Ezek. 47,17; Ezek. 47,18; Ezek. 48,1)
   Δαμασκῷ ▸ 7 + 8 = 15
      Noun · feminine · singular · dative · (proper) ▸ **7 + 8 = 15** (1Kings 15,18; 1Kings 21,34; 2Kings 16,10; 2Chr. 16,2; Amos 3,12; Is. 17,3; Jer. 30,29; Acts 9,3; Acts 9,10; Acts 9,19; Acts 9,22; Acts 9,27; Acts 22,6; Acts 26,20; 2Cor. 11,32)

Δαν Dan ▸ 74 + 20 = 94
   Δαν ▸ 74 + 20 = 94
      Noun · singular · genitive · (proper) ▸ **1** (Josh. 19,47a)
      Noun · feminine · singular · accusative · (proper) ▸ **2** (1Kings 15,20; 2Chr. 16,4)
      Noun · feminine · singular · dative · (proper) ▸ **3 + 1 = 4** (2Sam. 20,18; 1Kings 12,29; 2Kings 10,29; Tob. 1,5)
      Noun · feminine · singular · genitive · (proper) ▸ **12 + 1 = 13** (1Sam. 3,20; 2Sam. 3,10; 2Sam. 6,19; 2Sam. 17,11; 2Sam. 24,2; 2Sam. 24,15; 1Kings 2,46g; 1Kings 12,30; 1Chr. 21,2; 2Chr. 30,5; Jer. 4,15; Jer. 8,16; Judg. 20,1)
      Noun · feminine · singular · vocative · (proper) ▸ **1** (Amos 8,14)
      Noun · masculine · singular · accusative · (proper) ▸ **1** (Gen. 30,6)
      Noun · masculine · singular · dative · (proper) ▸ **3 + 1 = 4** (Deut. 33,22; Josh. 19,40; 1Chr. 27,22; Josh. 19,40)
      Noun · masculine · singular · genitive · (proper) ▸ **41 + 15 = 56** (Gen. 14,14; Gen. 46,23; Ex. 31,6; Ex. 35,34; Ex. 37,21; Lev. 24,11; Num. 1,12; Num. 1,38; Num. 1,39; Num. 2,25; Num. 2,25; Num. 2,31; Num. 7,66; Num. 10,25; Num. 13,12; Num. 26,46; Num. 26,46; Num. 34,22; Deut. 34,1; Josh. 19,47; Josh. 21,5; Josh. 21,23; Judg. 1,34; Judg. 13,2; Judg. 13,25; Judg. 18,1; Judg. 18,2; Judg. 18,11; Judg. 18,12; Judg. 18,16; Judg. 18,22; Judg. 18,23; Judg. 18,25; Judg. 18,26; Judg. 18,30; Judg. 18,30; Judg. 20,1; 2Chr. 2,13; Ezek. 48,1; Ezek. 48,2; Ezek. 48,32; Judg. 1,34; Judg. 13,25; Judg. 18,1; Judg. 18,2; Judg. 18,11; Judg. 18,12; Judg. 18,16; Judg. 18,22; Judg. 18,23; Judg. 18,25; Judg. 18,26; Judg. 18,27; Judg. 18,29; Judg. 18,30; Judg. 18,30)

Noun · masculine · singular · nominative · (proper) ▸ **10 + 2 = 12** (Gen. 35,25; Gen. 49,16; Gen. 49,17; Ex. 1,4; Deut. 27,13; Deut. 33,22; Judg. 5,17; Judg. 18,29; 2Sam. 21,11; 1Chr. 2,2; Judg. 5,17; Judg. 18,29)

δανείζω (δάνος) to lend; borrow ▸ 23 + 4 = 27
   δανείζει ▸ 1
      Verb · third · singular · present · active · indicative ▸ **1** (Psa. 36,26)
   δανείζεται ▸ 1
      Verb · third · singular · present · middle · indicative ▸ **1** (Psa. 36,21)
   δανειζόμενος ▸ 1
      Verb · present · passive · participle · masculine · singular · nominative ▸ **1** (Is. 24,2)
   δανείζων ▸ 2
      Verb · present · active · participle · masculine · singular · nominative ▸ **2** (4Mac. 2,8; Is. 24,2)
   δανείσῃς ▸ 2
      Verb · second · singular · aorist · active · subjunctive ▸ **2** (Sir. 8,12; Sir. 8,12)
   δάνεισον ▸ 1
      Verb · second · singular · aorist · active · imperative ▸ **1** (Sir. 29,2)
   δανιεῖ ▸ 3
      Verb · third · singular · future · active · indicative ▸ **3** (Deut. 28,44; Sir. 20,15; Sir. 29,1)
   δανιεῖς ▸ 5
      Verb · second · singular · future · active · indicative ▸ **5** (Deut. 15,6; Deut. 15,8; Deut. 15,10; Deut. 28,12; Deut. 28,44)
   δανίζει ▸ 1
      Verb · third · singular · present · active · indicative ▸ **1** (Prov. 19,17)
   δανίζετε ▸ 1
      Verb · second · plural · present · active · imperative ▸ **1** (Luke 6,35)
   δανιζόμενος ▸ 1
      Verb · present · middle · participle · masculine · singular · nominative ▸ **1** (Prov. 20,4)
   δανίζουσιν ▸ 1
      Verb · third · plural · present · active · indicative ▸ **1** (Luke 6,34)
   δανιῇ ▸ 2
      Verb · second · singular · future · middle · indicative ▸ **2** (Deut. 15,6; Deut. 28,12)
   δανιοῦσιν ▸ 1
      Verb · third · plural · future · active · indicative ▸ **1** (Prov. 22,7)
   δανίσασθαι ▸ 1
      Verb · aorist · middle · infinitive ▸ **1** (Matt. 5,42)
   δανίσητε ▸ 1
      Verb · second · plural · aorist · active · subjunctive ▸ **1** (Luke 6,34)
   δεδανεισμένος ▸ 1
      Verb · perfect · middle · participle · masculine · singular · nominative ▸ **1** (Wis. 15,16)
   ἐδανεισάμεθα ▸ 1
      Verb · first · plural · aorist · middle · indicative ▸ **1** (Neh. 5,4)

δάνειον (δάνος) loan, debt ▸ 4 + 1 = 5
   δάνειον ▸ 3 + 1 = 4
      Noun · neuter · singular · accusative · (common) ▸ **3 + 1 = 4** (Deut. 15,8; Deut. 15,10; 4Mac. 2,8; Matt. 18,27)
   δανειόν ▸ 1
      Noun · neuter · singular · nominative · (common) ▸ **1** (Deut. 24,11)

δανεισμός (δάνος) money for borrowing ▸ 1
   δανεισμοῦ ▸ 1
      Noun · masculine · singular · genitive · (common) ▸ **1** (Sir. 18,33)

δανειστής (δάνος) creditor ▸ 4
   δανειστής ▸ 1
      Noun · masculine · singular · nominative · (common) ▸ **1** (Psa. 108,11)
   δανειστοῦ ▸ 1
      Noun · masculine · singular · genitive · (common) ▸ **1** (Sir. 29,28)
   δανιστής ▸ 1
      Noun · masculine · singular · nominative · (common) ▸ **1** (2Kings 4,1)
   δανιστοῦ ▸ 1
      Noun · masculine · singular · genitive · (common) ▸ **1** (Prov. 29,13)

Δανι Danite ▸ 1
   Δανι ▸ 1
      Noun · masculine · singular · genitive · (proper) ▸ **1** (Judg. 13,2)

Δανιδαν Dan (Jaan) ▸ 1
   Δανιδαν ▸ 1
      Noun · singular · accusative · (proper) ▸ **1** (2Sam. 24,6)

Δανιηλ Daniel ▸ 127 + **105** = **232**
   Δανιηλ ▸ 127 + **105** = **232**
      Noun · masculine · singular · accusative · (proper) ▸ 24 + 17 = **41** (3Mac. 6,7; 4Mac. 18,13; Dan. 1,11; Dan. 2,25; Dan. 2,47; Dan. 2,48; Dan. 4,18; Dan. 5,29; Dan. 6,4; Dan. 6,5; Dan. 6,6; Dan. 6,12; Dan. 6,14; Dan. 6,15; Dan. 6,21; Dan. 6,24; Dan. 6,28; Bel 18; Bel 28; Bel 30; Bel 31-32; Bel 37; Bel 40; Bel 42; Dan. 1,9; Dan. 1,11; Dan. 2,13; Dan. 2,25; Dan. 2,48; Dan. 5,29; Dan. 6,5; Dan. 6,6; Dan. 6,12; Dan. 6,17; Dan. 6,24; Dan. 6,25; Dan. 6,28; Bel 29; Bel 30; Bel 32; Bel 40)
      Noun · masculine · singular · dative · (proper) ▸ 19 + 16 = **35** (Dan. 1,7; Dan. 1,9; Dan. 1,10; Dan. 1,17; Dan. 1,19; Dan. 2,15; Dan. 2,19; Dan. 2,26; Dan. 2,46; Dan. 6,15; Dan. 6,17; Dan. 6,19; Dan. 10,1; Sus. 44-45; Bel 5; Bel 22; Bel 22; Bel 24; Bel 34; Dan. 1,7; Dan. 1,10; Dan. 1,19; Dan. 2,15; Dan. 2,19; Dan. 2,26; Dan. 2,46; Dan. 2,47; Dan. 5,13; Dan. 6,17; Dan. 6,18; Dan. 6,19; Dan. 10,1; Bel 22; Bel 24; Bel 34)
      Noun · masculine · singular · genitive · (proper) ▸ 12 + 4 = **16** (4Mac. 16,3; Ezek. 28,3; Dan. 5,10; Dan. 6,5; Dan. 6,19; Dan. 6,19; Dan. 6,25; Dan. 6,27; Dan. 6,28; Bel 11; Bel 39; Bel 42; Dan. 6,15; Dan. 6,27; Bel 10; Bel 41)
      Noun · masculine · singular · nominative · (proper) ▸ 65 + 58 = **123** (1Chr. 3,1; Ezra 8,2; Neh. 10,7; 1Mac. 2,60; 4Mac. 16,21; Ezek. 14,14; Ezek. 14,20; Dan. 1,6; Dan. 1,8; Dan. 1,11; Dan. 1,21; Dan. 2,13; Dan. 2,14; Dan. 2,16; Dan. 2,17; Dan. 2,18; Dan. 2,19; Dan. 2,24; Dan. 2,27; Dan. 2,49; Dan. 2,49; Dan. 4,19; Dan. 5,13; Dan. 5,17; Dan. 6,3; Dan. 6,4; Dan. 6,6; Dan. 6,9; Dan. 6,11; Dan. 6,18; Dan. 6,18; Dan. 6,22; Dan. 6,29; Dan. 7,1; Dan. 7,1; Dan. 7,15; Dan. 7,28; Dan. 8,1; Dan. 8,15; Dan. 8,27; Dan. 9,2; Dan. 10,2; Dan. 10,7; Dan. 12,5; Sus. 48; Sus. 52; Sus. 52; Sus. 59; Bel 2; Bel 4; Bel 5; Bel 7; Bel 8; Bel 9; Bel 11; Bel 14; Bel 15-17; Bel 19; Bel 19; Bel 21; Bel 25; Bel 27; Bel 31-32; Bel 38; Bel 39; Dan. 1,6; Dan. 1,8; Dan. 1,11; Dan. 1,17; Dan. 1,21; Dan. 2,14; Dan. 2,16; Dan. 2,17; Dan. 2,18; Dan. 2,20; Dan. 2,24; Dan. 2,27; Dan. 2,49; Dan. 2,49; Dan. 4,8; Dan. 4,19; Dan. 5,12; Dan. 5,13; Dan. 5,13; Dan. 5,17; Dan. 6,3; Dan. 6,4; Dan. 6,11; Dan. 6,14; Dan. 6,22; Dan. 6,24; Dan. 6,29; Dan. 7,1; Dan. 7,2; Dan. 7,15; Dan. 7,28; Dan. 8,1; Dan. 8,15; Dan. 8,27; Dan. 9,2; Dan. 10,2; Dan. 10,7; Dan. 12,5; Sus. 45; Sus. 51; Sus. 55; Sus. 59; Sus. 61; Sus. 64; Bel 2; Bel 4; Bel 7; Bel 8; Bel 9; Bel 11; Bel 14; Bel 16; Bel 19; Bel 25; Bel 27; Bel 38; Bel 39; Bel 40)
      Noun · masculine · singular · vocative · (proper) ▸ 7 + 10 = **17** (Dan. 5,16; Dan. 6,21; Dan. 9,22; Dan. 10,11; Dan. 10,12; Dan. 12,4; Dan. 12,9; Dan. 4,18; Dan. 6,21; Dan. 9,22; Dan. 10,11; Dan. 10,12; Dan. 12,4; Dan. 12,9; Bel 17; Bel 37; Bel 37)

Δανιηλ Daniel ▸ 1
   Δανιηλ ▸ 1
      Noun · masculine · singular · genitive · (proper) ▸ **1** (Matt. 24,15)

δανιστής (δάνος) moneylender ▸ 1
   δανιστῇ ▸ 1
      Noun · masculine · singular · dative ▸ **1** (Luke 7,41)

Δανιτῶν Danite ▸ 1
   Δανιτῶν ▸ 1
      Noun · masculine · plural · genitive · (proper) ▸ **1** (1Chr. 12,36)

δάνος loan ▸ 1
   δάνος ▸ 1
      Noun · neuter · singular · accusative · (common) ▸ **1** (Sir. 29,4)

δαπανάω (δαπάνη) to spend ▸ 10 + 3 + 5 = **18**
   δαπανᾶται ▸ 1
      Verb · third · singular · present · passive · indicative ▸ **1** (Bel 6)
   δαπανῆσαι ▸ 1
      Verb · aorist · active · infinitive ▸ **1** (Judith 11,12)
   δαπανήσαντος ▸ 1
      Verb · aorist · active · participle · masculine · singular · genitive ▸ **1** (Luke 15,14)
   δαπανήσασα ▸ 1
      Verb · aorist · active · participle · feminine · singular · nominative ▸ **1** (Mark 5,26)
   δαπανήσει ▸ 1
      Verb · third · singular · future · active · indicative ▸ **1** (Judith 12,4)
   δαπανήσητε ▸ 1
      Verb · second · plural · aorist · active · subjunctive ▸ **1** (James 4,3)
   δαπάνησον ▸ 1
      Verb · second · singular · aorist · active · imperative ▸ **1** (Acts 21,24)
   δαπανήσω ▸ 1
      Verb · first · singular · future · active · indicative ▸ **1** (2Cor. 12,15)
   δαπανωμένης ▸ 1
      Verb · present · passive · participle · feminine · singular · genitive ▸ **1** (2Mac. 1,23)
   δεδαπανημένα ▸ 1
      Verb · perfect · passive · participle · neuter · plural · accusative ▸ **1** (Bel 18)
   ἐδαπανήθη ▸ 1
      Verb · third · singular · aorist · passive · indicative ▸ **1** (2Mac. 1,32)
   ἐδαπάνησεν ▸ 2
      Verb · third · singular · aorist · active · indicative ▸ **2** (1Mac. 14,32; 2Mac. 2,10)
   ἐδαπάνων ▸ 2 + 2 = **4**
      Verb · first · singular · imperfect · active · indicative ▸ **1** (Tob. 1,7)
      Verb · third · plural · imperfect · active · indicative ▸ 2 + 1 = **3** (Tob. 1,7; Bel 21; Bel 21)
   ἐδαπανῶντο ▸ 1
      Verb · third · plural · imperfect · passive · indicative ▸ **1** (Bel 3)

δαπάνη cost, expense ▸ 8 + 1 + 1 = **10**
   δαπάνας ▸ 1
      Noun · feminine · plural · accusative · (common) ▸ **1** (1Mac. 3,30)

δαπάνη – Δαυιδ

δαπάνη ▸ 4
- Noun · feminine · singular · nominative · (common) ▸ 4 (Ezra 6,4; Ezra 6,8; 1Mac. 10,44; 1Mac. 10,45)
- δαπάνην ▸ 3 + 1 + 1 = 5
  - Noun · feminine · singular · accusative · (common) ▸ 3 + 1 + 1 = 5 (1Mac. 10,39; 2Mac. 4,19; Bel 22; Bel 8; Luke 14,28)

δαπάνημα (δαπάνη) cost ▸ 3
- δαπάνημα ▸ 1
  - Noun · neuter · singular · accusative · (common) ▸ 1 (1Esdr. 6,24)
- δαπανήμασιν ▸ 1
  - Noun · neuter · plural · dative · (common) ▸ 1 (2Mac. 11,31)
- δαπανήματα ▸ 1
  - Noun · neuter · plural · accusative · (common) ▸ 1 (2Mac. 3,3)

Δαρα Dara ▸ 1
- Δαρα ▸ 1
  - Noun · masculine · singular · nominative · (proper) ▸ 1 (1Chr. 2,6)

Δαρδα Darda ▸ 1
- Δαρδα ▸ 1
  - Noun · masculine · singular · accusative · (proper) ▸ 1 (1Kings 5,11)

Δαρεῖον Darius ▸ 1
- Δαρεῖον ▸ 1
  - Noun · masculine · singular · accusative · (proper) ▸ 1 (1Mac. 1,1)

Δαρεῖος Darius ▸ 46
- Δαρεῖε ▸ 1
  - Noun · masculine · singular · vocative · (proper) ▸ 1 (Dan. 6,13)
- Δαρεῖος ▸ 17
  - Noun · masculine · singular · nominative · (proper) ▸ 17 (1Esdr. 3,1; 1Esdr. 3,3; 1Esdr. 3,5; 1Esdr. 4,47; 1Esdr. 5,2; 1Esdr. 6,22; 1Esdr. 6,33; Ezra 6,1; Ezra 6,12; Ezra 6,13; Dan. 6,1; Dan. 6,10; Dan. 6,17; Dan. 6,20; Dan. 6,26; Dan. 6,28; Dan. 6,29)
- Δαρείου ▸ 22
  - Noun · masculine · singular · genitive · (proper) ▸ 22 (1Esdr. 2,26; 1Esdr. 3,7; 1Esdr. 3,7; 1Esdr. 3,8; 1Esdr. 5,6; 1Esdr. 5,71; 1Esdr. 6,1; 1Esdr. 7,1; 1Esdr. 7,5; 1Esdr. 7,5; Ezra 4,5; Ezra 4,24; Ezra 6,14; Ezra 6,15; Neh. 12,22; Zech. 1,1; Zech. 7,1; Dan. 6,4; Dan. 6,6; Dan. 6,8; Dan. 6,29; Dan. 9,1)
- Δαρείῳ ▸ 6
  - Noun · masculine · singular · dative · (proper) ▸ 6 (1Esdr. 6,6; 1Esdr. 6,7; 1Esdr. 6,8; Ezra 5,5; Ezra 5,6; Ezra 5,7)

Δαρεῖος Darius ▸ 4 + 7 = 11
- Δαρεῖε ▸ 1
  - Noun · masculine · singular · vocative · (proper) ▸ 1 (Dan. 6,7)
- Δαρεῖος ▸ 3
  - Noun · masculine · singular · nominative · (proper) ▸ 3 (Dan. 6,1; Dan. 6,10; Dan. 6,26)
- Δαρείου ▸ 4 + 3 = 7
  - Noun · masculine · singular · genitive · (proper) ▸ 4 + 3 = 7 (Hag. 1,1; Hag. 1,15; Hag. 2,10; Zech. 1,7; Dan. 6,2; Dan. 6,29; Dan. 9,1)

Δαρκων Darkon ▸ 1
- Δαρκων ▸ 1
  - Noun · masculine · singular · genitive · (proper) ▸ 1 (Ezra 2,56)

Δαρωμ Darom (Heb. the south?) ▸ 1
- Δαρωμ ▸ 1
  - Noun · singular · accusative · (proper) ▸ 1 (Ezek. 21,2)

Δασεμ Resen ▸ 1
- Δασεμ ▸ 1
  - Noun · feminine · singular · accusative · (proper) ▸ 1 (Gen. 10,12)

δάσος (δασύς) thicket ▸ 2
- δάσεσι ▸ 1
  - Noun · neuter · plural · dative · (common) ▸ 1 (Is. 9,17)
- δάσος ▸ 1
  - Noun · neuter · singular · accusative · (common) ▸ 1 (2Sam. 18,9)

δασύπους (δασύς; πούς) hare ▸ 2
- δασύποδα ▸ 2
  - Noun · masculine · singular · accusative · (common) ▸ 2 (Lev. 11,5; Deut. 14,7)

δασύς hairy ▸ 11
- δασέα ▸ 1
  - Adjective · neuter · plural · accusative · noDegree ▸ 1 (Is. 57,5)
- δασεῖαι ▸ 1
  - Adjective · feminine · plural · nominative · noDegree ▸ 1 (Gen. 27,23)
- δασεῖς ▸ 1
  - Adjective · masculine · plural · accusative · noDegree ▸ 1 (Lev. 23,40)
- δασέος ▸ 4
  - Adjective · neuter · singular · genitive · noDegree ▸ 4 (Deut. 12,2; Neh. 8,15; Sir. 14,18; Hab. 3,3)
- δασέως ▸ 1
  - Adjective · neuter · singular · genitive · noDegree ▸ 1 (Ode. 4,3)
- δασύς ▸ 2
  - Adjective · masculine · singular · nominative · noDegree ▸ 2 (Gen. 25,25; Gen. 27,11)
- δασὺς ▸ 1
  - Adjective · masculine · singular · nominative · noDegree ▸ 1 (2Kings 1,8)

Δαυιδ David ▸ 1090 + 1 = 1091
- Δαυιδ ▸ 1090 + 1 = 1091
  - Noun · masculine · singular · accusative · (proper) ▸ 158 (Ruth 4,22; 1Sam. 16,12; 1Sam. 16,13; 1Sam. 16,19; 1Sam. 17,33; 1Sam. 17,37; 1Sam. 17,38; 1Sam. 17,39; 1Sam. 17,42; 1Sam. 17,43; 1Sam. 17,43; 1Sam. 17,44; 1Sam. 18,6; 1Sam. 18,9; 1Sam. 18,16; 1Sam. 18,20; 1Sam. 19,1; 1Sam. 19,1; 1Sam. 19,4; 1Sam. 19,5; 1Sam. 19,7; 1Sam. 19,7; 1Sam. 19,10; 1Sam. 19,12; 1Sam. 19,14; 1Sam. 19,15; 1Sam. 19,20; 1Sam. 20,4; 1Sam. 20,11; 1Sam. 20,12; 1Sam. 20,33; 1Sam. 20,34; 1Sam. 22,5; 1Sam. 23,6; 1Sam. 23,8; 1Sam. 23,15; 1Sam. 23,16; 1Sam. 23,26; 1Sam. 24,3; 1Sam. 24,18; 1Sam. 25,23; 1Sam. 26,2; 1Sam. 26,8; 1Sam. 26,25; 1Sam. 27,10; 1Sam. 28,1; 1Sam. 28,2; 1Sam. 29,6; 1Sam. 29,9; 1Sam. 30,11; 2Sam. 1,1; 2Sam. 1,1; 2Sam. 1,2; 2Sam. 2,4; 2Sam. 3,12; 2Sam. 3,17; 2Sam. 3,20; 2Sam. 3,21; 2Sam. 3,23; 2Sam. 3,35; 2Sam. 5,1; 2Sam. 5,3; 2Sam. 5,11; 2Sam. 5,17; 2Sam. 5,19; 2Sam. 6,16; 2Sam. 6,20; 2Sam. 7,5; 2Sam. 7,17; 2Sam. 8,6; 2Sam. 8,10; 2Sam. 8,14; 2Sam. 9,2; 2Sam. 9,6; 2Sam. 11,6; 2Sam. 11,11; 2Sam. 11,23; 2Sam. 12,1; 2Sam. 12,7; 2Sam. 12,13; 2Sam. 12,27; 2Sam. 13,30; 2Sam. 15,13; 2Sam. 15,32; 2Sam. 16,6; 2Sam. 16,10; 2Sam. 17,21; 2Sam. 20,21; 2Sam. 21,16; 2Sam. 23,13; 2Sam. 23,16; 2Sam. 24,1; 2Sam. 24,12; 2Sam. 24,13; 2Sam. 24,18; 2Sam. 24,22; 1Kings 1,13; 1Kings 1,47; 1Kings 2,1; 1Kings 2,35l; 1Kings 5,15; 1Kings 5,17; 1Kings 5,19; 1Kings 8,16; 1Kings 8,18; 1Kings 11,12; 1Kings 11,13; 1Kings 11,15; 1Kings 11,32; 1Kings 11,34; 1Kings 15,4; 2Kings 8,19; 2Kings 19,34; 2Kings 20,6; 2Kings 21,7; 1Chr. 11,1; 1Chr. 11,3; 1Chr. 11,15; 1Chr. 11,18; 1Chr. 12,1; 1Chr. 12,9; 1Chr. 12,20; 1Chr. 12,23; 1Chr. 12,24; 1Chr. 12,32; 1Chr. 12,39; 1Chr. 12,39; 1Chr. 14,1; 1Chr. 14,8; 1Chr. 15,29; 1Chr. 17,2; 1Chr. 17,4; 1Chr. 17,15; 1Chr. 18,6; 1Chr. 18,10; 1Chr. 18,13; 1Chr. 21,1; 1Chr. 21,10; 1Chr. 21,11;

Δαυιδ

1Chr. 21,18; 1Chr. 21,23; 1Chr. 21,28; 2Chr. 1,9; 2Chr. 6,4; 2Chr. 6,8; 2Chr. 33,7; 1Esdr. 5,57; 4Mac. 18,15; Psa. 77,70; Psa. 88,21; Psa. 143,10; Psa. 151,1; Sol. 17,4; Hos. 3,5; Is. 29,3; Is. 37,35; Jer. 37,9; Ezek. 34,23)

Noun · masculine · singular · dative · (proper) ▸ **169** (1Sam. 18,8; 1Sam. 18,22; 1Sam. 18,25; 1Sam. 18,26; 1Sam. 19,2; 1Sam. 19,11; 1Sam. 20,17; 1Sam. 20,35; 1Sam. 21,5; 1Sam. 22,21; 1Sam. 23,1; 1Sam. 23,25; 1Sam. 25,8; 1Sam. 25,12; 1Sam. 25,22; 1Sam. 28,17; 2Sam. 2,4; 2Sam. 3,2; 2Sam. 3,5; 2Sam. 3,9; 2Sam. 4,8; 2Sam. 5,6; 2Sam. 5,11; 2Sam. 5,13; 2Sam. 6,12; 2Sam. 7,8; 2Sam. 8,2; 2Sam. 8,6; 2Sam. 10,5; 2Sam. 10,17; 2Sam. 11,5; 2Sam. 11,10; 2Sam. 11,22; 2Sam. 12,15; 2Sam. 15,31; 2Sam. 16,23; 2Sam. 17,16; 2Sam. 17,17; 2Sam. 17,21; 2Sam. 17,29; 2Sam. 19,44; 2Sam. 20,1; 2Sam. 21,11; 2Sam. 22,51; 1Kings 2,33; 1Kings 2,44; 1Kings 5,21; 1Kings 8,24; 1Kings 8,25; 1Kings 8,26; 1Kings 8,66; 1Kings 9,5; 1Kings 11,36; 1Kings 11,38; 1Kings 12,16; 1Kings 12,24t; 1Chr. 10,14; 1Chr. 11,5; 1Chr. 11,10; 1Chr. 12,22; 1Chr. 12,34; 1Chr. 17,7; 1Chr. 18,2; 1Chr. 18,6; 1Chr. 19,5; 1Chr. 19,17; 1Chr. 21,5; 1Chr. 21,21; 1Chr. 22,4; 2Chr. 2,11; 2Chr. 3,1; 2Chr. 6,6; 2Chr. 6,15; 2Chr. 6,16; 2Chr. 6,17; 2Chr. 7,10; 2Chr. 7,18; 2Chr. 10,16; 2Chr. 13,5; 2Chr. 21,7; Psa. 3,1; Psa. 4,1; Psa. 5,1; Psa. 6,1; Psa. 7,1; Psa. 8,1; Psa. 9,1; Psa. 10,1; Psa. 11,1; Psa. 12,1; Psa. 13,1; Psa. 14,1; Psa. 15,1; Psa. 17,1; Psa. 17,51; Psa. 18,1; Psa. 19,1; Psa. 20,1; Psa. 21,1; Psa. 22,1; Psa. 23,1; Psa. 24,1; Psa. 28,1; Psa. 29,1; Psa. 30,1; Psa. 31,1; Psa. 32,1; Psa. 33,1; Psa. 34,1; Psa. 35,1; Psa. 37,1; Psa. 38,1; Psa. 39,1; Psa. 40,1; Psa. 42,1; Psa. 50,1; Psa. 51,1; Psa. 52,1; Psa. 53,1; Psa. 54,1; Psa. 55,1; Psa. 56,1; Psa. 57,1; Psa. 58,1; Psa. 59,1; Psa. 60,1; Psa. 61,1; Psa. 62,1; Psa. 63,1; Psa. 64,1; Psa. 67,1; Psa. 68,1; Psa. 69,1; Psa. 70,1; Psa. 85,1; Psa. 88,4; Psa. 88,36; Psa. 88,50; Psa. 90,1; Psa. 92,1; Psa. 93,1; Psa. 94,1; Psa. 95,1; Psa. 96,1; Psa. 97,1; Psa. 98,1; Psa. 100,1; Psa. 102,1; Psa. 103,1; Psa. 107,1; Psa. 108,1; Psa. 109,1; Psa. 130,1; Psa. 131,11; Psa. 131,17; Psa. 132,1; Psa. 136,1; Psa. 137,1; Psa. 138,1; Psa. 139,1; Psa. 140,1; Psa. 141,1; Psa. 142,1; Psa. 143,1; Psa. 144,1; Sir. 45,25; Sir. 47,22; Jer. 23,5; Ezek. 34,25)

Noun · masculine · singular · genitive · (proper) ▸ 298 + 1 = **299** (Ruth 4,17; 1Sam. 16,20; 1Sam. 17,48; 1Sam. 18,12; 1Sam. 18,23; 1Sam. 18,26; 1Sam. 18,28; 1Sam. 18,29; 1Sam. 19,4; 1Sam. 19,11; 1Sam. 20,12; 1Sam. 20,15; 1Sam. 20,16; 1Sam. 20,16; 1Sam. 20,25; 1Sam. 20,27; 1Sam. 22,4; 1Sam. 22,17; 1Sam. 22,20; 1Sam. 23,3; 1Sam. 23,6; 1Sam. 23,25; 1Sam. 23,28; 1Sam. 24,5; 1Sam. 24,6; 1Sam. 25,9; 1Sam. 25,10; 1Sam. 25,12; 1Sam. 25,13; 1Sam. 25,23; 1Sam. 25,40; 1Sam. 25,42; 1Sam. 25,44; 1Sam. 26,17; 1Sam. 30,5; 1Sam. 30,20; 1Sam. 30,21; 1Sam. 30,21; 1Sam. 30,22; 2Sam. 2,10; 2Sam. 2,13; 2Sam. 2,15; 2Sam. 2,17; 2Sam. 2,30; 2Sam. 2,31; 2Sam. 3,1; 2Sam. 3,1; 2Sam. 3,5; 2Sam. 3,6; 2Sam. 3,8; 2Sam. 3,10; 2Sam. 3,18; 2Sam. 3,18; 2Sam. 3,19; 2Sam. 3,22; 2Sam. 3,22; 2Sam. 3,26; 2Sam. 5,7; 2Sam. 5,8; 2Sam. 5,9; 2Sam. 6,10; 2Sam. 6,12; 2Sam. 6,16; 2Sam. 8,18; 2Sam. 9,11; 2Sam. 10,2; 2Sam. 10,4; 2Sam. 10,6; 2Sam. 10,17; 2Sam. 11,17; 2Sam. 12,18; 2Sam. 12,30; 2Sam. 13,1; 2Sam. 13,3; 2Sam. 13,32; 2Sam. 15,12; 2Sam. 15,37; 2Sam. 16,6; 2Sam. 16,16; 2Sam. 17,1; 2Sam. 18,7; 2Sam. 19,17; 2Sam. 19,42; 2Sam. 20,2; 2Sam. 20,11; 2Sam. 20,26; 2Sam. 21,1; 2Sam. 21,7; 2Sam. 21,17; 2Sam. 21,21; 2Sam. 21,22; 2Sam. 23,1; 2Sam. 23,8; 2Sam. 23,9; 2Sam. 23,24; 2Sam. 24,10; 2Sam. 24,11; 1Kings 1,8; 1Kings 1,37; 1Kings 1,38; 1Kings 2,10; 1Kings 2,12; 1Kings 2,24; 1Kings 2,35c; 1Kings 2,35f; 1Kings 2,35f; 1Kings 2,45; 1Kings 2,46l; 1Kings 3,3; 1Kings 3,6; 1Kings 3,7; 1Kings 5,14a; 1Kings 5,15; 1Kings 7,37; 1Kings 8,1; 1Kings 8,15; 1Kings 8,17; 1Kings 8,20; 1Kings 9,9a # 9,24; 1Kings 10,22a # 9,15; 1Kings 11,4; 1Kings 11,27; 1Kings 11,43; 1Kings 12,19; 1Kings 12,20; 1Kings 12,24a; 1Kings 12,24a; 1Kings 12,24b; 1Kings 12,26; 1Kings 13,2; 1Kings 14,31; 1Kings 15,3; 1Kings 15,8; 1Kings 15,24; 1Kings 16,28h; 1Kings 22,51; 2Kings 8,24; 2Kings 9,28; 2Kings 11,10; 2Kings 12,22; 2Kings 14,20; 2Kings 15,7; 2Kings 15,38; 2Kings 16,20; 2Kings 17,21; 2Kings 20,5; 2Kings 20,21; 2Kings 22,2; 2Kings 23,30; 1Chr. 3,1; 1Chr. 3,9; 1Chr. 4,31; 1Chr. 7,2; 1Chr. 11,5; 1Chr. 11,7; 1Chr. 11,11; 1Chr. 11,13; 1Chr. 12,17; 1Chr. 13,6; 1Chr. 13,13; 1Chr. 14,17; 1Chr. 15,1; 1Chr. 15,27; 1Chr. 15,29; 1Chr. 17,24; 1Chr. 18,13; 1Chr. 18,17; 1Chr. 19,2; 1Chr. 19,4; 1Chr. 19,6; 1Chr. 19,17; 1Chr. 19,18; 1Chr. 19,19; 1Chr. 20,2; 1Chr. 20,7; 1Chr. 20,8; 1Chr. 23,27; 1Chr. 27,18; 1Chr. 27,24; 1Chr. 27,31; 1Chr. 27,32; 1Chr. 29,22; 1Chr. 29,23; 1Chr. 29,24; 1Chr. 29,29; 2Chr. 1,1; 2Chr. 1,8; 2Chr. 2,2; 2Chr. 2,13; 2Chr. 5,1; 2Chr. 5,2; 2Chr. 6,7; 2Chr. 6,10; 2Chr. 6,42; 2Chr. 7,6; 2Chr. 7,6; 2Chr. 8,11; 2Chr. 8,11; 2Chr. 8,14; 2Chr. 8,14; 2Chr. 9,31; 2Chr. 10,19; 2Chr. 11,17; 2Chr. 11,18; 2Chr. 12,16; 2Chr. 13,6; 2Chr. 13,8; 2Chr. 13,23; 2Chr. 15,18; 2Chr. 16,14; 2Chr. 21,1; 2Chr. 21,7; 2Chr. 21,12; 2Chr. 21,20; 2Chr. 23,3; 2Chr. 23,9; 2Chr. 23,18; 2Chr. 24,16; 2Chr. 24,25; 2Chr. 25,28; 2Chr. 27,9; 2Chr. 28,27; 2Chr. 29,25; 2Chr. 29,26; 2Chr. 29,27; 2Chr. 29,30; 2Chr. 30,26; 2Chr. 32,5; 2Chr. 32,30; 2Chr. 32,33; 2Chr. 33,14; 2Chr. 34,2; 2Chr. 34,3; 2Chr. 35,3; 2Chr. 35,4; 2Chr. 35,15; 1Esdr. 1,3; 1Esdr. 1,4; 1Esdr. 1,15; 1Esdr. 5,5; 1Esdr. 8,29; Ezra 3,10; Ezra 8,2; Neh. 3,15; Neh. 3,16; Neh. 12,24; Neh. 12,36; Neh. 12,37; Neh. 12,37; Neh. 12,45; Neh. 12,46; 1Mac. 1,33; 1Mac. 2,31; 1Mac. 4,30; 1Mac. 7,32; 1Mac. 14,36; 2Mac. 2,13; 4Mac. 3,6; Psa. 16,1; Psa. 25,1; Psa. 26,1; Psa. 27,1; Psa. 36,1; Psa. 71,20; Psa. 121,5; Psa. 131,1; Psa. 131,10; Ode. 9,69; Prov. 1,1; Eccl. 1,1; Song 4,4; Sir. 47,1; Sir. 48,16; Sir. 48,22; Sir. 49,4; Sol. 17,6; Sol. 17,21; Amos 9,11; Zech. 12,7; Zech. 12,8; Zech. 12,10; Zech. 12,12; Zech. 13,1; Is. 7,2; Is. 7,13; Is. 9,6; Is. 16,5; Is. 22,9; Is. 22,22; Is. 38,5; Is. 55,3; Jer. 13,13; Jer. 17,25; Jer. 21,12; Jer. 22,2; Jer. 22,4; Jer. 22,30; Jer. 43,30; Tob. 1,4)

Noun · masculine · singular · nominative · (proper) ▸ **461** (1Sam. 16,21; 1Sam. 16,22; 1Sam. 16,23; 1Sam. 17,32; 1Sam. 17,34; 1Sam. 17,39; 1Sam. 17,43; 1Sam. 17,45; 1Sam. 17,49; 1Sam. 17,51; 1Sam. 17,54; 1Sam. 18,7; 1Sam. 18,14; 1Sam. 18,23; 1Sam. 18,24; 1Sam. 18,27; 1Sam. 19,8; 1Sam. 19,9; 1Sam. 19,10; 1Sam. 19,10; 1Sam. 19,18; 1Sam. 19,18; 1Sam. 19,19; 1Sam. 19,22; 1Sam. 20,1; 1Sam. 20,3; 1Sam. 20,5; 1Sam. 20,6; 1Sam. 20,10; 1Sam. 20,24; 1Sam. 20,28; 1Sam. 20,39; 1Sam. 20,41; 1Sam. 21,1; 1Sam. 21,2; 1Sam. 21,3; 1Sam. 21,6; 1Sam. 21,9; 1Sam. 21,10; 1Sam. 21,11; 1Sam. 21,11; 1Sam. 21,12; 1Sam. 21,12; 1Sam. 21,13; 1Sam. 22,1; 1Sam. 22,3; 1Sam. 22,5; 1Sam. 22,6; 1Sam. 22,14; 1Sam. 22,22; 1Sam. 23,2; 1Sam. 23,4; 1Sam. 23,5; 1Sam. 23,5; 1Sam. 23,7; 1Sam. 23,9; 1Sam. 23,9; 1Sam. 23,10; 1Sam. 23,13; 1Sam. 23,13; 1Sam. 23,14; 1Sam. 23,15; 1Sam. 23,15; 1Sam. 23,18; 1Sam. 23,19; 1Sam. 23,24; 1Sam. 23,26; 1Sam. 23,26; 1Sam. 24,1; 1Sam. 24,2; 1Sam. 24,4; 1Sam. 24,5; 1Sam. 24,7; 1Sam. 24,8; 1Sam. 24,9; 1Sam. 24,9; 1Sam. 24,9; 1Sam. 24,10; 1Sam. 24,10; 1Sam. 24,17; 1Sam. 24,23; 1Sam. 24,23; 1Sam. 25,1; 1Sam. 25,4; 1Sam. 25,5; 1Sam. 25,10; 1Sam. 25,13; 1Sam. 25,14; 1Sam. 25,20; 1Sam. 25,21; 1Sam. 25,32; 1Sam. 25,35; 1Sam. 25,39; 1Sam. 25,39; 1Sam. 25,40; 1Sam. 25,43; 1Sam. 26,1; 1Sam. 26,3; 1Sam. 26,3; 1Sam. 26,4; 1Sam. 26,5; 1Sam. 26,6; 1Sam. 26,7; 1Sam. 26,9; 1Sam. 26,10; 1Sam. 26,12; 1Sam. 26,13; 1Sam. 26,14; 1Sam. 26,15; 1Sam. 26,17; 1Sam. 26,22; 1Sam. 26,25; 1Sam. 27,1; 1Sam. 27,2; 1Sam. 27,3; 1Sam. 27,3; 1Sam. 27,4; 1Sam. 27,5; 1Sam. 27,7; 1Sam. 27,8; 1Sam. 27,10; 1Sam. 27,11; 1Sam. 27,11; 1Sam. 27,12; 1Sam. 28,2; 1Sam. 29,2; 1Sam. 29,3; 1Sam. 29,5; 1Sam. 29,5;

1Sam. 29,8; 1Sam. 29,11; 1Sam. 30,1; 1Sam. 30,3; 1Sam. 30,4; 1Sam. 30,6; 1Sam. 30,6; 1Sam. 30,7; 1Sam. 30,8; 1Sam. 30,9; 1Sam. 30,13; 1Sam. 30,15; 1Sam. 30,17; 1Sam. 30,18; 1Sam. 30,19; 1Sam. 30,20; 1Sam. 30,21; 1Sam. 30,21; 1Sam. 30,23; 1Sam. 30,26; 1Sam. 30,31; 2Sam. 1,3; 2Sam. 1,4; 2Sam. 1,5; 2Sam. 1,11; 2Sam. 1,13; 2Sam. 1,14; 2Sam. 1,15; 2Sam. 1,16; 2Sam. 1,17; 2Sam. 2,1; 2Sam. 2,1; 2Sam. 2,2; 2Sam. 2,5; 2Sam. 2,11; 2Sam. 3,13; 2Sam. 3,14; 2Sam. 3,20; 2Sam. 3,21; 2Sam. 3,26; 2Sam. 3,28; 2Sam. 3,31; 2Sam. 3,31; 2Sam. 3,35; 2Sam. 4,9; 2Sam. 4,12; 2Sam. 5,3; 2Sam. 5,4; 2Sam. 5,6; 2Sam. 5,6; 2Sam. 5,7; 2Sam. 5,8; 2Sam. 5,9; 2Sam. 5,10; 2Sam. 5,12; 2Sam. 5,13; 2Sam. 5,17; 2Sam. 5,17; 2Sam. 5,19; 2Sam. 5,20; 2Sam. 5,20; 2Sam. 5,21; 2Sam. 5,23; 2Sam. 5,25; 2Sam. 6,1; 2Sam. 6,2; 2Sam. 6,5; 2Sam. 6,8; 2Sam. 6,9; 2Sam. 6,10; 2Sam. 6,10; 2Sam. 6,12; 2Sam. 6,14; 2Sam. 6,14; 2Sam. 6,15; 2Sam. 6,17; 2Sam. 6,17; 2Sam. 6,18; 2Sam. 6,20; 2Sam. 6,21; 2Sam. 7,18; 2Sam. 7,20; 2Sam. 8,1; 2Sam. 8,1; 2Sam. 8,2; 2Sam. 8,3; 2Sam. 8,4; 2Sam. 8,4; 2Sam. 8,5; 2Sam. 8,6; 2Sam. 8,7; 2Sam. 8,8; 2Sam. 8,9; 2Sam. 8,11; 2Sam. 8,13; 2Sam. 8,15; 2Sam. 8,15; 2Sam. 9,1; 2Sam. 9,5; 2Sam. 9,6; 2Sam. 9,7; 2Sam. 10,2; 2Sam. 10,2; 2Sam. 10,3; 2Sam. 10,3; 2Sam. 10,7; 2Sam. 10,18; 2Sam. 11,1; 2Sam. 11,1; 2Sam. 11,2; 2Sam. 11,3; 2Sam. 11,4; 2Sam. 11,6; 2Sam. 11,7; 2Sam. 11,8; 2Sam. 11,10; 2Sam. 11,12; 2Sam. 11,13; 2Sam. 11,14; 2Sam. 11,22; 2Sam. 11,25; 2Sam. 11,27; 2Sam. 11,27; 2Sam. 12,5; 2Sam. 12,5; 2Sam. 12,13; 2Sam. 12,16; 2Sam. 12,16; 2Sam. 12,19; 2Sam. 12,19; 2Sam. 12,19; 2Sam. 12,20; 2Sam. 12,22; 2Sam. 12,24; 2Sam. 12,29; 2Sam. 12,31; 2Sam. 13,1; 2Sam. 13,7; 2Sam. 13,21; 2Sam. 13,37; 2Sam. 15,14; 2Sam. 15,30; 2Sam. 15,31; 2Sam. 15,32; 2Sam. 15,33; 2Sam. 16,1; 2Sam. 16,5; 2Sam. 16,11; 2Sam. 16,13; 2Sam. 17,22; 2Sam. 17,24; 2Sam. 17,27; 2Sam. 18,1; 2Sam. 18,2; 2Sam. 18,2; 2Sam. 18,9; 2Sam. 18,24; 2Sam. 19,10; 2Sam. 19,12; 2Sam. 19,23; 2Sam. 20,3; 2Sam. 20,5; 2Sam. 20,6; 2Sam. 21,1; 2Sam. 21,2; 2Sam. 21,3; 2Sam. 21,12; 2Sam. 21,15; 2Sam. 21,15; 2Sam. 22,1; 2Sam. 23,1; 2Sam. 23,14; 2Sam. 23,15; 2Sam. 23,23; 2Sam. 24,10; 2Sam. 24,11; 2Sam. 24,14; 2Sam. 24,14; 2Sam. 24,17; 2Sam. 24,19; 2Sam. 24,21; 2Sam. 24,24; 2Sam. 24,25; 1Kings 1,1; 1Kings 1,11; 1Kings 1,28; 1Kings 1,31; 1Kings 1,32; 1Kings 1,43; 1Kings 2,10; 1Kings 2,11; 1Kings 2,32; 1Kings 3,14; 1Kings 9,4; 1Kings 11,8; 1Kings 11,21; 1Kings 11,33; 1Kings 11,38; 1Kings 12,16; 1Kings 14,26; 1Kings 15,5; 1Kings 15,11; 2Kings 14,3; 2Kings 16,2; 2Kings 18,3; 1Chr. 2,15; 1Chr. 6,16; 1Chr. 9,22; 1Chr. 11,3; 1Chr. 11,6; 1Chr. 11,7; 1Chr. 11,9; 1Chr. 11,16; 1Chr. 11,17; 1Chr. 11,18; 1Chr. 11,25; 1Chr. 12,18; 1Chr. 12,19; 1Chr. 12,19; 1Chr. 13,1; 1Chr. 13,2; 1Chr. 13,5; 1Chr. 13,6; 1Chr. 13,8; 1Chr. 13,11; 1Chr. 13,12; 1Chr. 13,13; 1Chr. 14,2; 1Chr. 14,3; 1Chr. 14,3; 1Chr. 14,8; 1Chr. 14,8; 1Chr. 14,10; 1Chr. 14,11; 1Chr. 14,11; 1Chr. 14,12; 1Chr. 14,14; 1Chr. 15,2; 1Chr. 15,3; 1Chr. 15,4; 1Chr. 15,11; 1Chr. 15,16; 1Chr. 15,25; 1Chr. 15,27; 1Chr. 16,1; 1Chr. 16,2; 1Chr. 16,7; 1Chr. 16,43; 1Chr. 17,1; 1Chr. 17,1; 1Chr. 17,16; 1Chr. 17,18; 1Chr. 18,1; 1Chr. 18,3; 1Chr. 18,4; 1Chr. 18,4; 1Chr. 18,5; 1Chr. 18,6; 1Chr. 18,7; 1Chr. 18,8; 1Chr. 18,9; 1Chr. 18,11; 1Chr. 18,14; 1Chr. 19,2; 1Chr. 19,2; 1Chr. 19,3; 1Chr. 19,8; 1Chr. 19,18; 1Chr. 20,1; 1Chr. 20,2; 1Chr. 20,3; 1Chr. 20,3; 1Chr. 21,2; 1Chr. 21,8; 1Chr. 21,9; 1Chr. 21,13; 1Chr. 21,16; 1Chr. 21,16; 1Chr. 21,17; 1Chr. 21,19; 1Chr. 21,21; 1Chr. 21,22; 1Chr. 21,24; 1Chr. 21,25; 1Chr. 21,26; 1Chr. 21,30; 1Chr. 22,1; 1Chr. 22,2; 1Chr. 22,3; 1Chr. 22,5; 1Chr. 22,5; 1Chr. 22,7; 1Chr. 22,17; 1Chr. 23,1; 1Chr. 23,6; 1Chr. 23,25; 1Chr. 24,3; 1Chr. 25,1; 1Chr. 26,26; 1Chr. 26,32; 1Chr. 27,23; 1Chr. 28,1; 1Chr. 28,2; 1Chr. 28,11; 1Chr. 28,19; 1Chr. 28,20; 1Chr. 29,1; 1Chr. 29,9; 1Chr. 29,10; 1Chr. 29,20; 1Chr. 29,21; 1Chr. 29,26; 2Chr. 1,4; 2Chr. 2,6; 2Chr. 2,16; 2Chr. 3,1; 2Chr. 7,17; 2Chr. 23,18; 2Chr. 28,1; 2Chr. 29,2; 1Esdr. 8,48; Ezra 8,20; 1Mac. 2,57; 4Mac. 3,7; Psa. 51,2; Psa. 53,2; Sir. 47,2; Zech. 12,8; Is. 29,1; Ezek. 34,24; Ezek. 37,24; Ezek. 37,25)

    Noun · masculine · singular · vocative · (proper) ▸ **4** (1Sam. 24,17; 1Sam. 26,17; 1Sam. 26,21; 2Chr. 10,16)

Δαυίδ David ▸ 59

Δαυίδ ▸ 37

    Noun · masculine · singular · accusative · (proper) ▸ **3** (Matt. 1,6; Acts 13,22; Acts 13,22)

    Noun · masculine · singular · dative · (proper) ▸ **1** (Heb. 4,7)

    Noun · masculine · singular · genitive · (proper) ▸ **17** (Matt. 1,1; Matt. 1,17; Matt. 1,17; Mark 10,47; Luke 1,27; Luke 1,32; Luke 1,69; Luke 2,4; Luke 3,31; Luke 20,41; John 7,42; Acts 1,16; Acts 2,29; Acts 4,25; Acts 13,34; Acts 15,16; Rom. 1,3)

    Noun · masculine · singular · nominative · (proper) ▸ **16** (Matt. 1,6; Matt. 12,3; Matt. 22,43; Matt. 22,45; Mark 2,25; Mark 12,36; Mark 12,37; Luke 6,3; Luke 20,42; Luke 20,44; John 7,42; Acts 2,25; Acts 2,34; Acts 13,36; Rom. 4,6; Rom. 11,9)

Δαυίδ ▸ 22

    Noun · masculine · singular · genitive · (proper) ▸ **22** (Matt. 1,20; Matt. 9,27; Matt. 12,23; Matt. 15,22; Matt. 20,30; Matt. 20,31; Matt. 21,9; Matt. 21,15; Matt. 22,42; Mark 10,48; Mark 11,10; Mark 12,35; Luke 2,4; Luke 2,11; Luke 18,38; Luke 18,39; Acts 7,45; 2Tim. 2,8; Heb. 11,32; Rev. 3,7; Rev. 5,5; Rev. 22,16)

Δάφνη Daphne ▸ 1

Δάφνης ▸ 1

    Noun · feminine · singular · genitive · (proper) ▸ **1** (2Mac. 4,33)

δαψιλεύομαι (δαψιλής) to worry about ▸ 1

ἐδαψιλεύσατο ▸ 1

    Verb · third · singular · aorist · middle · indicative ▸ **1** (1Sam. 10,2)

δαψιλής abundant ▸ 4

δαψιλὲς ▸ 1

    Adjective · neuter · singular · accusative · noDegree ▸ **1** (Wis. 11,7)

δαψιλέσι ▸ 1

    Adjective · masculine · plural · dative · noDegree ▸ **1** (3Mac. 5,2)

δαψιλῆ ▸ 1

    Adjective · feminine · singular · accusative · noDegree ▸ **1** (3Mac. 5,31)

δαψιλῇ ▸ 1

    Adjective · feminine · singular · dative · noDegree ▸ **1** (1Mac. 3,30)

δέ but, and, now ▸ 4837 + 69 + 2791 = 7697

δ' ▸ 59 + 1 + 24 = 84

    Conjunction · coordinating ▸ 59 + 1 + 23 = **83** (Gen. 2,17; Gen. 30,42; Ex. 10,28; Ex. 32,34; Ex. 33,8; Ex. 33,9; Ex. 33,22; Ex. 34,34; Ex. 40,36; Josh. 9,1; Judith 5,21; Judith 14,15; Judith 16,15; 1Mac. 3,60; 1Mac. 8,13; 1Mac. 8,13; 1Mac. 14,45; 1Mac. 15,9; 2Mac. 3,21; 2Mac. 4,13; 2Mac. 6,6; 2Mac. 6,17; 2Mac. 9,7; 2Mac. 9,8; 2Mac. 15,4; 2Mac. 15,33; 3Mac. 3,27; 4Mac. 7,17; 4Mac. 8,2; 4Mac. 8,6; 4Mac. 9,6; 4Mac. 9,27; 4Mac. 11,3; Prov. 6,13; Prov. 6,22; Prov. 9,12a; Prov. 17,8; Prov. 18,17; Prov. 19,9; Prov. 24,22c; Job 7,4; Job 23,3; Job 31,12; Job 37,21; Job 39,30; Wis. 8,21; Wis. 13,8; Wis. 14,24; Wis. 14,25; Wis. 16,23; Wis. 17,4; Wis. 17,6; Wis. 18,2; Wis. 18,5; Wis. 18,10; Wis. 18,16; Is. 55,6; LetterJ 7; LetterJ 60; Judg. 19,22; Matt. 5,19; Matt. 5,21; Matt. 5,22; Matt. 5,22; Matt. 10,11; Matt. 10,33; Matt. 12,32; Matt. 16,25; Matt. 18,6; Matt. 21,44; Matt. 23,16; Matt. 23,18; Matt. 27,44; Mark 3,29; Mark 8,35; Luke 9,24; Luke 10,5; Luke 10,10; Luke 17,33; Luke 20,18; 2Cor. 11,21; 1John 2,5; 1John 3,17)

Conjunction · coordinating · (copulative) ▸ 1 (John 4,14)
δέ ▸ 4567 + 62 + 2623 = 7252
Conjunction · coordinating ▸ 4567 + 62 + 2361 = **6990** (Gen. 1,2; Gen. 2,6; Gen. 2,10; Gen. 2,12; Gen. 2,14; Gen. 2,17; Gen. 2,20; Gen. 3,1; Gen. 3,3; Gen. 3,17; Gen. 4,1; Gen. 4,2; Gen. 4,5; Gen. 4,7; Gen. 4,9; Gen. 4,16; Gen. 4,18; Gen. 4,22; Gen. 4,22; Gen. 4,23; Gen. 4,24; Gen. 4,25; Gen. 4,26; Gen. 5,3; Gen. 5,4; Gen. 5,6; Gen. 5,22; Gen. 6,2; Gen. 6,3; Gen. 6,4; Gen. 6,5; Gen. 6,8; Gen. 6,9; Gen. 6,10; Gen. 6,11; Gen. 6,16; Gen. 6,17; Gen. 6,18; Gen. 6,21; Gen. 7,2; Gen. 7,2; Gen. 7,6; Gen. 7,7; Gen. 7,19; Gen. 8,5; Gen. 8,5; Gen. 8,14; Gen. 9,7; Gen. 9,18; Gen. 9,24; Gen. 9,28; Gen. 10,1; Gen. 10,6; Gen. 10,7; Gen. 10,7; Gen. 10,8; Gen. 10,15; Gen. 10,24; Gen. 10,26; Gen. 11,27; Gen. 12,4; Gen. 12,6; Gen. 12,11; Gen. 12,12; Gen. 12,14; Gen. 12,18; Gen. 13,1; Gen. 13,2; Gen. 13,7; Gen. 13,8; Gen. 13,9; Gen. 13,12; Gen. 13,12; Gen. 13,13; Gen. 13,14; Gen. 14,1; Gen. 14,4; Gen. 14,5; Gen. 14,8; Gen. 14,10; Gen. 14,10; Gen. 14,10; Gen. 14,11; Gen. 14,12; Gen. 14,13; Gen. 14,13; Gen. 14,14; Gen. 14,17; Gen. 14,18; Gen. 14,21; Gen. 14,21; Gen. 14,22; Gen. 15,1; Gen. 15,2; Gen. 15,2; Gen. 15,2; Gen. 15,3; Gen. 15,5; Gen. 15,7; Gen. 15,9; Gen. 15,10; Gen. 15,10; Gen. 15,11; Gen. 15,12; Gen. 15,14; Gen. 15,14; Gen. 15,15; Gen. 15,16; Gen. 15,17; Gen. 16,1; Gen. 16,1; Gen. 16,2; Gen. 16,2; Gen. 16,5; Gen. 16,5; Gen. 16,6; Gen. 16,7; Gen. 16,9; Gen. 16,16; Gen. 17,1; Gen. 17,9; Gen. 17,15; Gen. 17,16; Gen. 17,18; Gen. 17,19; Gen. 17,20; Gen. 17,21; Gen. 17,22; Gen. 17,24; Gen. 17,25; Gen. 18,1; Gen. 18,2; Gen. 18,8; Gen. 18,8; Gen. 18,9; Gen. 18,9; Gen. 18,10; Gen. 18,11; Gen. 18,11; Gen. 18,12; Gen. 18,12; Gen. 18,13; Gen. 18,15; Gen. 18,16; Gen. 18,16; Gen. 18,17; Gen. 18,18; Gen. 18,20; Gen. 18,21; Gen. 18,22; Gen. 18,26; Gen. 18,28; Gen. 18,29; Gen. 18,30; Gen. 18,31; Gen. 18,32; Gen. 18,33; Gen. 19,1; Gen. 19,1; Gen. 19,1; Gen. 19,6; Gen. 19,6; Gen. 19,7; Gen. 19,10; Gen. 19,11; Gen. 19,12; Gen. 19,14; Gen. 19,14; Gen. 19,15; Gen. 19,18; Gen. 19,19; Gen. 19,27; Gen. 19,30; Gen. 19,31; Gen. 19,33; Gen. 19,34; Gen. 19,35; Gen. 19,38; Gen. 20,2; Gen. 20,2; Gen. 20,4; Gen. 20,6; Gen. 20,7; Gen. 20,7; Gen. 20,8; Gen. 20,10; Gen. 20,11; Gen. 20,13; Gen. 20,14; Gen. 20,16; Gen. 20,17; Gen. 21,4; Gen. 21,5; Gen. 21,6; Gen. 21,9; Gen. 21,11; Gen. 21,12; Gen. 21,13; Gen. 21,14; Gen. 21,14; Gen. 21,15; Gen. 21,16; Gen. 21,16; Gen. 21,17; Gen. 21,20; Gen. 21,22; Gen. 21,32; Gen. 21,34; Gen. 22,1; Gen. 22,3; Gen. 22,3; Gen. 22,5; Gen. 22,6; Gen. 22,6; Gen. 22,7; Gen. 22,7; Gen. 22,8; Gen. 22,8; Gen. 22,11; Gen. 22,19; Gen. 22,20; Gen. 23,1; Gen. 23,2; Gen. 23,5; Gen. 23,6; Gen. 23,7; Gen. 23,10; Gen. 23,10; Gen. 23,14; Gen. 23,15; Gen. 24,5; Gen. 24,6; Gen. 24,8; Gen. 24,13; Gen. 24,15; Gen. 24,16; Gen. 24,16; Gen. 24,17; Gen. 24,18; Gen. 24,21; Gen. 24,22; Gen. 24,29; Gen. 24,31; Gen. 24,32; Gen. 24,35; Gen. 24,39; Gen. 24,45; Gen. 24,47; Gen. 24,49; Gen. 24,50; Gen. 24,52; Gen. 24,55; Gen. 24,56; Gen. 24,57; Gen. 24,58; Gen. 24,61; Gen. 24,62; Gen. 24,62; Gen. 24,65; Gen. 24,65; Gen. 24,67; Gen. 25,1; Gen. 25,2; Gen. 25,3; Gen. 25,3; Gen. 25,4; Gen. 25,5; Gen. 25,7; Gen. 25,11; Gen. 25,12; Gen. 25,18; Gen. 25,20; Gen. 25,21; Gen. 25,21; Gen. 25,22; Gen. 25,22; Gen. 25,25; Gen. 25,25; Gen. 25,26; Gen. 25,27; Gen. 25,27; Gen. 25,28; Gen. 25,28; Gen. 25,29; Gen. 25,29; Gen. 25,31; Gen. 25,32; Gen. 25,33; Gen. 25,34; Gen. 26,1; Gen. 26,1; Gen. 26,2; Gen. 26,2; Gen. 26,7; Gen. 26,8; Gen. 26,8; Gen. 26,9; Gen. 26,9; Gen. 26,10; Gen. 26,11; Gen. 26,12; Gen. 26,12; Gen. 26,14; Gen. 26,14; Gen. 26,16; Gen. 26,21; Gen. 26,21; Gen. 26,22; Gen. 26,23; Gen. 26,25; Gen. 26,27; Gen. 26,32; Gen. 26,34; Gen. 27,1; Gen. 27,5; Gen. 27,5; Gen. 27,6; Gen. 27,11; Gen. 27,11; Gen. 27,13; Gen. 27,14; Gen. 27,18; Gen. 27,20; Gen. 27,20; Gen. 27,21; Gen. 27,22; Gen. 27,22; Gen. 27,24; Gen. 27,29; Gen. 27,32; Gen. 27,33; Gen. 27,34; Gen. 27,35; Gen. 27,37; Gen. 27,37; Gen. 27,38; Gen. 27,38; Gen. 27,39; Gen. 27,40; Gen. 27,41; Gen. 27,42; Gen. 27,46; Gen. 28,1; Gen. 28,3; Gen. 28,5; Gen. 28,6; Gen. 28,13; Gen. 28,16; Gen. 29,1; Gen. 29,2; Gen. 29,2; Gen. 29,4; Gen. 29,4; Gen. 29,5; Gen. 29,5; Gen. 29,6; Gen. 29,6; Gen. 29,8; Gen. 29,10; Gen. 29,13; Gen. 29,15; Gen. 29,16; Gen. 29,17; Gen. 29,17; Gen. 29,18; Gen. 29,19; Gen. 29,21; Gen. 29,22; Gen. 29,24; Gen. 29,25; Gen. 29,25; Gen. 29,26; Gen. 29,28; Gen. 29,29; Gen. 29,30; Gen. 29,31; Gen. 29,31; Gen. 29,32; Gen. 29,33; Gen. 30,1; Gen. 30,1; Gen. 30,2; Gen. 30,3; Gen. 30,4; Gen. 30,9; Gen. 30,10; Gen. 30,14; Gen. 30,14; Gen. 30,15; Gen. 30,15; Gen. 30,16; Gen. 30,22; Gen. 30,23; Gen. 30,25; Gen. 30,27; Gen. 30,29; Gen. 30,31; Gen. 30,34; Gen. 30,36; Gen. 30,37; Gen. 30,37; Gen. 30,40; Gen. 30,41; Gen. 30,42; Gen. 30,42; Gen. 31,1; Gen. 31,3; Gen. 31,4; Gen. 31,5; Gen. 31,6; Gen. 31,7; Gen. 31,8; Gen. 31,11; Gen. 31,17; Gen. 31,19; Gen. 31,19; Gen. 31,20; Gen. 31,22; Gen. 31,24; Gen. 31,25; Gen. 31,25; Gen. 31,26; Gen. 31,28; Gen. 31,29; Gen. 31,31; Gen. 31,32; Gen. 31,33; Gen. 31,33; Gen. 31,34; Gen. 31,35; Gen. 31,36; Gen. 31,36; Gen. 31,43; Gen. 31,44; Gen. 31,45; Gen. 31,46; Gen. 31,47; Gen. 31,48; Gen. 32,1; Gen. 32,3; Gen. 32,4; Gen. 32,8; Gen. 32,10; Gen. 32,11; Gen. 32,13; Gen. 32,17; Gen. 32,22; Gen. 32,23; Gen. 32,25; Gen. 32,26; Gen. 32,27; Gen. 32,28; Gen. 32,28; Gen. 32,29; Gen. 32,30; Gen. 32,32; Gen. 32,32; Gen. 33,1; Gen. 33,3; Gen. 33,5; Gen. 33,8; Gen. 33,9; Gen. 33,10; Gen. 33,13; Gen. 33,14; Gen. 33,15; Gen. 33,15; Gen. 33,16; Gen. 34,1; Gen. 34,4; Gen. 34,5; Gen. 34,5; Gen. 34,5; Gen. 34,6; Gen. 34,7; Gen. 34,7; Gen. 34,11; Gen. 34,13; Gen. 34,14; Gen. 34,17; Gen. 34,19; Gen. 34,20; Gen. 34,21; Gen. 34,25; Gen. 34,27; Gen. 34,30; Gen. 34,30; Gen. 34,31; Gen. 35,1; Gen. 35,2; Gen. 35,6; Gen. 35,8; Gen. 35,9; Gen. 35,11; Gen. 35,13; Gen. 35,16; Gen. 35,16; Gen. 35,17; Gen. 35,18; Gen. 35,18; Gen. 35,19; Gen. 35,22; Gen. 35,22; Gen. 35,24; Gen. 35,25; Gen. 35,26; Gen. 35,27; Gen. 35,28; Gen. 36,1; Gen. 36,2; Gen. 36,4; Gen. 36,6; Gen. 36,8; Gen. 36,9; Gen. 36,11; Gen. 36,12; Gen. 36,13; Gen. 36,14; Gen. 36,14; Gen. 36,18; Gen. 36,20; Gen. 36,22; Gen. 36,22; Gen. 36,23; Gen. 36,25; Gen. 36,26; Gen. 36,27; Gen. 36,28; Gen. 36,33; Gen. 36,34; Gen. 36,35; Gen. 36,36; Gen. 36,37; Gen. 36,38; Gen. 36,39; Gen. 36,39; Gen. 37,1; Gen. 37,2; Gen. 37,2; Gen. 37,3; Gen. 37,3; Gen. 37,4; Gen. 37,5; Gen. 37,7; Gen. 37,8; Gen. 37,9; Gen. 37,11; Gen. 37,11; Gen. 37,12; Gen. 37,13; Gen. 37,14; Gen. 37,15; Gen. 37,16; Gen. 37,17; Gen. 37,18; Gen. 37,19; Gen. 37,21; Gen. 37,22; Gen. 37,22; Gen. 37,23; Gen. 37,24; Gen. 37,25; Gen. 37,25; Gen. 37,26; Gen. 37,27; Gen. 37,27; Gen. 37,29; Gen. 37,30; Gen. 37,31; Gen. 37,34; Gen. 37,35; Gen. 37,36; Gen. 38,1; Gen. 38,5; Gen. 38,7; Gen. 38,8; Gen. 38,9; Gen. 38,10; Gen. 38,11; Gen. 38,11; Gen. 38,12; Gen. 38,14; Gen. 38,16; Gen. 38,16; Gen. 38,17; Gen. 38,17; Gen. 38,18; Gen. 38,18; Gen. 38,20; Gen. 38,21; Gen. 38,23; Gen. 38,23; Gen. 38,24; Gen. 38,24; Gen. 38,25; Gen. 38,26; Gen. 38,27; Gen. 38,28; Gen. 38,28; Gen. 38,29; Gen. 38,29; Gen. 39,1; Gen. 39,3; Gen. 39,4; Gen. 39,5; Gen. 39,8; Gen. 39,8; Gen. 39,10; Gen. 39,11; Gen. 39,15; Gen. 39,18; Gen. 39,19; Gen. 40,1; Gen. 40,4; Gen. 40,6; Gen. 40,8; Gen. 40,8; Gen. 40,10; Gen. 40,17; Gen. 40,18; Gen. 40,20; Gen. 40,22; Gen. 40,23; Gen. 41,1; Gen. 41,3; Gen. 41,4; Gen. 41,6; Gen. 41,7; Gen. 41,8; Gen. 41,12; Gen. 41,13; Gen. 41,13; Gen. 41,14; Gen. 41,15; Gen. 41,15; Gen. 41,16; Gen. 41,17; Gen. 41,21; Gen. 41,23; Gen. 41,28; Gen. 41,30; Gen. 41,32; Gen. 41,37; Gen. 41,39; Gen. 41,41; Gen. 41,44; Gen. 41,46; Gen. 41,46; Gen. 41,50; Gen. 41,51; Gen. 41,52; Gen. 41,53; Gen. 41,54; Gen. 41,55; Gen. 41,55; Gen.

41,56; Gen. 42,1; Gen. 42,3; Gen. 42,4; Gen. 42,5; Gen. 42,6; Gen. 42,6; Gen. 42,7; Gen. 42,7; Gen. 42,8; Gen. 42,8; Gen. 42,10; Gen. 42,12; Gen. 42,13; Gen. 42,13; Gen. 42,14; Gen. 42,16; Gen. 42,16; Gen. 42,18; Gen. 42,19; Gen. 42,20; Gen. 42,20; Gen. 42,22; Gen. 42,23; Gen. 42,24; Gen. 42,25; Gen. 42,27; Gen. 42,29; Gen. 42,31; Gen. 42,32; Gen. 42,33; Gen. 42,33; Gen. 42,35; Gen. 42,36; Gen. 42,37; Gen. 42,38; Gen. 43,1; Gen. 43,2; Gen. 43,3; Gen. 43,5; Gen. 43,6; Gen. 43,7; Gen. 43,8; Gen. 43,9; Gen. 43,11; Gen. 43,14; Gen. 43,15; Gen. 43,16; Gen. 43,17; Gen. 43,18; Gen. 43,19; Gen. 43,21; Gen. 43,23; Gen. 43,23; Gen. 43,25; Gen. 43,26; Gen. 43,27; Gen. 43,28; Gen. 43,29; Gen. 43,30; Gen. 43,30; Gen. 43,33; Gen. 43,33; Gen. 43,34; Gen. 43,34; Gen. 43,34; Gen. 44,2; Gen. 44,4; Gen. 44,5; Gen. 44,6; Gen. 44,7; Gen. 44,9; Gen. 44,10; Gen. 44,10; Gen. 44,12; Gen. 44,14; Gen. 44,15; Gen. 44,16; Gen. 44,16; Gen. 44,17; Gen. 44,17; Gen. 44,18; Gen. 44,20; Gen. 44,20; Gen. 44,21; Gen. 44,22; Gen. 44,23; Gen. 44,24; Gen. 44,24; Gen. 44,25; Gen. 44,26; Gen. 44,27; Gen. 44,30; Gen. 44,30; Gen. 44,31; Gen. 44,33; Gen. 45,2; Gen. 45,3; Gen. 45,4; Gen. 45,16; Gen. 45,17; Gen. 45,19; Gen. 45,21; Gen. 45,21; Gen. 45,22; Gen. 45,24; Gen. 45,27; Gen. 45,27; Gen. 45,28; Gen. 46,1; Gen. 46,2; Gen. 46,2; Gen. 46,5; Gen. 46,8; Gen. 46,9; Gen. 46,10; Gen. 46,11; Gen. 46,12; Gen. 46,12; Gen. 46,12; Gen. 46,13; Gen. 46,14; Gen. 46,16; Gen. 46,17; Gen. 46,17; Gen. 46,19; Gen. 46,20; Gen. 46,20; Gen. 46,20; Gen. 46,20; Gen. 46,20; Gen. 46,21; Gen. 46,21; Gen. 46,21; Gen. 46,23; Gen. 46,26; Gen. 46,27; Gen. 46,28; Gen. 46,29; Gen. 46,31; Gen. 46,32; Gen. 47,1; Gen. 47,2; Gen. 47,3; Gen. 47,4; Gen. 47,5; Gen. 47,5; Gen. 47,5; Gen. 47,7; Gen. 47,8; Gen. 47,13; Gen. 47,13; Gen. 47,14; Gen. 47,15; Gen. 47,16; Gen. 47,17; Gen. 47,18; Gen. 47,23; Gen. 47,24; Gen. 47,27; Gen. 47,28; Gen. 47,28; Gen. 47,29; Gen. 47,30; Gen. 48,1; Gen. 48,2; Gen. 48,6; Gen. 48,7; Gen. 48,8; Gen. 48,9; Gen. 48,10; Gen. 48,13; Gen. 48,13; Gen. 48,13; Gen. 48,13; Gen. 48,14; Gen. 48,14; Gen. 48,17; Gen. 48,18; Gen. 48,21; Gen. 48,22; Gen. 49,1; Gen. 49,19; Gen. 50,4; Gen. 50,15; Gen. 50,20; Gen. 50,24; Ex. 1,5; Ex. 1,5; Ex. 1,6; Ex. 1,7; Ex. 1,7; Ex. 1,8; Ex. 1,9; Ex. 1,12; Ex. 1,16; Ex. 1,17; Ex. 1,18; Ex. 1,19; Ex. 1,20; Ex. 1,22; Ex. 2,2; Ex. 2,3; Ex. 2,5; Ex. 2,6; Ex. 2,8; Ex. 2,8; Ex. 2,9; Ex. 2,9; Ex. 2,9; Ex. 2,10; Ex. 2,10; Ex. 2,11; Ex. 2,11; Ex. 2,12; Ex. 2,13; Ex. 2,14; Ex. 2,14; Ex. 2,15; Ex. 2,15; Ex. 2,15; Ex. 2,16; Ex. 2,16; Ex. 2,17; Ex. 2,17; Ex. 2,18; Ex. 2,18; Ex. 2,19; Ex. 2,20; Ex. 2,21; Ex. 2,22; Ex. 2,23; Ex. 3,2; Ex. 3,2; Ex. 3,3; Ex. 3,4; Ex. 3,4; Ex. 3,6; Ex. 3,7; Ex. 3,12; Ex. 3,19; Ex. 3,21; Ex. 4,1; Ex. 4,2; Ex. 4,2; Ex. 4,6; Ex. 4,8; Ex. 4,10; Ex. 4,11; Ex. 4,16; Ex. 4,18; Ex. 4,19; Ex. 4,19; Ex. 4,20; Ex. 4,20; Ex. 4,21; Ex. 4,21; Ex. 4,22; Ex. 4,24; Ex. 4,27; Ex. 4,29; Ex. 4,31; Ex. 5,6; Ex. 5,10; Ex. 5,13; Ex. 5,15; Ex. 5,19; Ex. 5,20; Ex. 5,22; Ex. 6,2; Ex. 6,9; Ex. 6,10; Ex. 6,12; Ex. 6,12; Ex. 6,13; Ex. 6,20; Ex. 6,23; Ex. 6,24; Ex. 7,2; Ex. 7,2; Ex. 7,3; Ex. 7,6; Ex. 7,7; Ex. 7,7; Ex. 7,10; Ex. 7,11; Ex. 7,14; Ex. 7,19; Ex. 7,22; Ex. 7,23; Ex. 7,24; Ex. 7,26; Ex. 7,27; Ex. 8,1; Ex. 8,3; Ex. 8,5; Ex. 8,6; Ex. 8,8; Ex. 8,9; Ex. 8,11; Ex. 8,12; Ex. 8,14; Ex. 8,16; Ex. 8,17; Ex. 8,19; Ex. 8,20; Ex. 8,21; Ex. 8,25; Ex. 8,26; Ex. 8,27; Ex. 9,1; Ex. 9,6; Ex. 9,7; Ex. 9,8; Ex. 9,12; Ex. 9,13; Ex. 9,19; Ex. 9,21; Ex. 9,22; Ex. 9,23; Ex. 9,24; Ex. 9,24; Ex. 9,25; Ex. 9,27; Ex. 9,27; Ex. 9,29; Ex. 9,31; Ex. 9,31; Ex. 9,32; Ex. 9,33; Ex. 9,34; Ex. 10,1; Ex. 10,3; Ex. 10,4; Ex. 10,8; Ex. 10,11; Ex. 10,11; Ex. 10,12; Ex. 10,16; Ex. 10,18; Ex. 10,21; Ex. 10,22; Ex. 10,23; Ex. 10,26; Ex. 10,27; Ex. 10,29; Ex. 11,1; Ex. 11,1; Ex. 11,3; Ex. 11,8; Ex. 11,9; Ex. 11,10; Ex. 11,10; Ex. 12,1; Ex. 12,4; Ex. 12,10; Ex. 12,11; Ex. 12,15; Ex. 12,20; Ex. 12,21; Ex. 12,22; Ex. 12,22; Ex. 12,25; Ex. 12,27; Ex. 12,29; Ex. 12,32; Ex. 12,34; Ex. 12,35; Ex. 12,37; Ex. 12,40; Ex. 12,43; Ex. 13,1; Ex. 13,3; Ex. 13,6; Ex. 13,13; Ex. 13,14; Ex. 13,15; Ex. 13,17; Ex. 13,18; Ex. 13,20; Ex. 13,21; Ex. 13,21; Ex. 14,4; Ex. 14,8; Ex. 14,10; Ex. 14,13; Ex. 14,15; Ex. 14,19; Ex. 14,19; Ex. 14,21; Ex. 14,23; Ex. 14,24; Ex. 14,26; Ex. 14,27; Ex. 14,27; Ex. 14,29; Ex. 14,29; Ex. 14,31; Ex. 14,31; Ex. 15,19; Ex. 15,20; Ex. 15,21; Ex. 15,22; Ex. 15,23; Ex. 15,25; Ex. 15,27; Ex. 16,1; Ex. 16,1; Ex. 16,4; Ex. 16,7; Ex. 16,8; Ex. 16,9; Ex. 16,10; Ex. 16,13; Ex. 16,15; Ex. 16,15; Ex. 16,17; Ex. 16,19; Ex. 16,21; Ex. 16,22; Ex. 16,22; Ex. 16,23; Ex. 16,25; Ex. 16,26; Ex. 16,27; Ex. 16,28; Ex. 16,31; Ex. 16,31; Ex. 16,32; Ex. 16,35; Ex. 16,36; Ex. 17,1; Ex. 17,3; Ex. 17,4; Ex. 17,5; Ex. 17,6; Ex. 17,8; Ex. 17,9; Ex. 17,11; Ex. 17,12; Ex. 17,14; Ex. 18,1; Ex. 18,2; Ex. 18,6; Ex. 18,7; Ex. 18,9; Ex. 18,12; Ex. 18,13; Ex. 18,14; Ex. 18,17; Ex. 18,22; Ex. 18,22; Ex. 18,24; Ex. 18,26; Ex. 18,26; Ex. 18,27; Ex. 19,1; Ex. 19,6; Ex. 19,7; Ex. 19,8; Ex. 19,8; Ex. 19,9; Ex. 19,9; Ex. 19,10; Ex. 19,14; Ex. 19,16; Ex. 19,18; Ex. 19,19; Ex. 19,19; Ex. 19,20; Ex. 19,24; Ex. 19,24; Ex. 19,25; Ex. 20,10; Ex. 20,18; Ex. 20,21; Ex. 20,21; Ex. 20,22; Ex. 20,25; Ex. 21,2; Ex. 21,3; Ex. 21,4; Ex. 21,4; Ex. 21,5; Ex. 21,8; Ex. 21,9; Ex. 21,10; Ex. 21,11; Ex. 21,12; Ex. 21,13; Ex. 21,18; Ex. 21,18; Ex. 21,21; Ex. 21,22; Ex. 21,23; Ex. 21,27; Ex. 21,28; Ex. 21,28; Ex. 21,29; Ex. 21,29; Ex. 21,30; Ex. 21,31; Ex. 21,32; Ex. 21,34; Ex. 21,35; Ex. 21,36; Ex. 21,36; Ex. 22,1; Ex. 22,2; Ex. 22,2; Ex. 22,3; Ex. 22,4; Ex. 22,4; Ex. 22,5; Ex. 22,7; Ex. 22,11; Ex. 22,12; Ex. 22,13; Ex. 22,13; Ex. 22,14; Ex. 22,14; Ex. 22,15; Ex. 22,16; Ex. 22,22; Ex. 22,24; Ex. 22,25; Ex. 22,29; Ex. 23,4; Ex. 23,5; Ex. 23,11; Ex. 23,11; Ex. 23,12; Ex. 23,22; Ex. 24,2; Ex. 24,2; Ex. 24,3; Ex. 24,3; Ex. 24,4; Ex. 24,6; Ex. 24,6; Ex. 24,8; Ex. 24,17; Ex. 25,13; Ex. 25,32; Ex. 26,3; Ex. 27,5; Ex. 27,12; Ex. 27,18; Ex. 28,33; Ex. 29,12; Ex. 29,14; Ex. 29,21; Ex. 29,34; Ex. 30,13; Ex. 31,15; Ex. 32,26; Ex. 32,31; Ex. 32,32; Ex. 32,34; Ex. 33,11; Ex. 33,12; Ex. 33,23; Ex. 34,20; Ex. 34,21; Ex. 34,29; Ex. 34,29; Ex. 35,2; Ex. 36,30; Ex. 39,11; Ex. 40,37; Lev. 1,9; Lev. 1,10; Lev. 1,14; Lev. 2,1; Lev. 2,4; Lev. 2,5; Lev. 2,7; Lev. 2,10; Lev. 2,12; Lev. 2,14; Lev. 3,1; Lev. 3,6; Lev. 3,12; Lev. 4,13; Lev. 4,22; Lev. 4,27; Lev. 4,32; Lev. 5,1; Lev. 5,3; Lev. 5,7; Lev. 5,9; Lev. 5,11; Lev. 5,13; Lev. 6,9; Lev. 6,21; Lev. 7,18; Lev. 7,18; Lev. 7,20; Lev. 11,4; Lev. 11,36; Lev. 11,37; Lev. 11,38; Lev. 11,39; Lev. 12,5; Lev. 12,8; Lev. 13,4; Lev. 13,7; Lev. 13,12; Lev. 13,16; Lev. 13,21; Lev. 13,22; Lev. 13,23; Lev. 13,26; Lev. 13,26; Lev. 13,27; Lev. 13,28; Lev. 13,28; Lev. 13,30; Lev. 13,33; Lev. 13,35; Lev. 13,37; Lev. 13,41; Lev. 13,42; Lev. 13,51; Lev. 13,53; Lev. 13,57; Lev. 14,17; Lev. 14,18; Lev. 14,21; Lev. 14,29; Lev. 14,43; Lev. 14,48; Lev. 15,8; Lev. 15,13; Lev. 15,23; Lev. 15,24; Lev. 15,28; Lev. 16,28; Lev. 17,16; Lev. 19,7; Lev. 19,8; Lev. 19,23; Lev. 19,25; Lev. 20,4; Lev. 21,14; Lev. 22,11; Lev. 22,13; Lev. 22,23; Lev. 22,27; Lev. 22,29; Lev. 24,16; Lev. 25,4; Lev. 25,14; Lev. 25,20; Lev. 25,25; Lev. 25,26; Lev. 25,28; Lev. 25,30; Lev. 25,31; Lev. 25,35; Lev. 25,39; Lev. 25,47; Lev. 25,49; Lev. 25,52; Lev. 25,54; Lev. 26,14; Lev. 26,27; Lev. 27,4; Lev. 27,5; Lev. 27,5; Lev. 27,6; Lev. 27,6; Lev. 27,7; Lev. 27,7; Lev. 27,8; Lev. 27,9; Lev. 27,10; Lev. 27,11; Lev. 27,13; Lev. 27,15; Lev. 27,16; Lev. 27,17; Lev. 27,18; Lev. 27,19; Lev. 27,20; Lev. 27,22; Lev. 27,27; Lev. 27,27; Lev. 27,28; Lev. 27,31; Lev. 27,33; Num. 1,47; Num. 1,53; Num. 2,33; Num. 4,42; Num. 5,8; Num. 5,13; Num. 5,14; Num. 5,14; Num. 5,18; Num. 5,20; Num. 5,28; Num. 8,12; Num. 8,26; Num. 9,14; Num. 10,4; Num. 10,9; Num. 11,6; Num. 11,7; Num. 11,15; Num. 11,25; Num. 14,6; Num. 14,9; Num. 14,9; Num. 14,23; Num. 14,24; Num. 14,25; Num. 14,33; Num. 14,44; Num. 15,8; Num. 15,14; Num. 15,22; Num. 15,27; Num. 16,31; Num. 19,12; Num. 20,18; Num. 20,19; Num. 20,20; Num. 21,5; Num. 21,31; Num. 22,30; Num. 22,31; Num. 22,33; Num. 23,13; Num. 23,15; Num. 25,6; Num. 25,14; Num. 26,5; Num. 26,11; Num. 26,15; Num. 26,16; Num. 27,9; Num.

27,10; Num. 27,11; Num. 30,4; Num. 30,6; Num. 30,7; Num. 30,9; Num. 30,11; Num. 30,13; Num. 30,15; Num. 30,16; Num. 32,23; Num. 32,27; Num. 32,30; Num. 33,55; Num. 35,16; Num. 35,17; Num. 35,18; Num. 35,20; Num. 35,22; Num. 35,23; Num. 35,26; Num. 36,4; Deut. 4,4; Deut. 4,20; Deut. 4,22; Deut. 4,25; Deut. 5,14; Deut. 5,31; Deut. 7,1; Deut. 7,17; Deut. 10,22; Deut. 11,11; Deut. 11,13; Deut. 12,20; Deut. 12,21; Deut. 12,27; Deut. 12,27; Deut. 12,29; Deut. 13,2; Deut. 13,7; Deut. 13,13; Deut. 14,24; Deut. 15,5; Deut. 15,6; Deut. 15,6; Deut. 15,7; Deut. 15,12; Deut. 15,13; Deut. 15,16; Deut. 15,21; Deut. 16,15; Deut. 17,2; Deut. 17,8; Deut. 17,14; Deut. 17,16; Deut. 18,2; Deut. 18,6; Deut. 18,9; Deut. 18,14; Deut. 18,21; Deut. 19,1; Deut. 19,4; Deut. 19,8; Deut. 19,11; Deut. 19,16; Deut. 20,1; Deut. 20,10; Deut. 20,12; Deut. 20,16; Deut. 20,19; Deut. 20,19; Deut. 21,1; Deut. 21,9; Deut. 21,10; Deut. 21,15; Deut. 21,22; Deut. 22,2; Deut. 22,6; Deut. 22,7; Deut. 22,8; Deut. 22,20; Deut. 22,22; Deut. 22,23; Deut. 22,25; Deut. 23,10; Deut. 23,21; Deut. 23,22; Deut. 23,23; Deut. 23,25; Deut. 23,26; Deut. 23,26; Deut. 24,7; Deut. 24,12; Deut. 24,19; Deut. 24,20; Deut. 24,21; Deut. 25,1; Deut. 25,3; Deut. 25,5; Deut. 25,5; Deut. 25,7; Deut. 25,11; Deut. 25,18; Deut. 26,12; Deut. 28,12; Deut. 28,12; Deut. 28,43; Deut. 28,44; Deut. 28,44; Deut. 29,28; Deut. 31,2; Deut. 31,18; Deut. 31,24; Deut. 32,31; Deut. 34,7; Josh. 1,14; Josh. 1,18; Josh. 2,5; Josh. 2,6; Josh. 2,8; Josh. 2,18; Josh. 2,19; Josh. 3,13; Josh. 3,14; Josh. 3,15; Josh. 3,15; Josh. 3,16; Josh. 4,9; Josh. 4,10; Josh. 5,2; Josh. 5,4; Josh. 5,7; Josh. 5,8; Josh. 5,12; Josh. 5,14; Josh. 6,3; Josh. 6,9; Josh. 6,10; Josh. 6,20; Josh. 8,2; Josh. 8,3; Josh. 8,7; Josh. 9,12; Josh. 9,17; Josh. 9,22; Josh. 10,1; Josh. 10,11; Josh. 10,19; Josh. 11,1; Josh. 11,10; Josh. 11,14; Josh. 13,8; Josh. 13,23; Josh. 13,24; Josh. 14,8; Josh. 14,8; Josh. 14,12; Josh. 14,15; Josh. 15,15; Josh. 15,21; Josh. 17,6; Josh. 17,13; Josh. 17,14; Josh. 17,14; Josh. 18,6; Josh. 21,11; Josh. 22,4; Josh. 23,3; Josh. 23,5; Josh. 23,14; Josh. 24,15; Josh. 24,15; Josh. 24,33b; Judg. 1,10; Judg. 1,23; Judg. 1,25; Judg. 1,33; Judg. 6,39; Judg. 6,40; Judg. 7,8; Judg. 7,8; Judg. 7,10; Judg. 8,5; Judg. 8,11; Judg. 11,35; Judg. 15,13; Judg. 16,26; Judg. 16,27; Judg. 18,22; Judg. 19,18; Judg. 19,22; Ruth 1,14; Ruth 1,16; Ruth 1,18; Ruth 1,19; Ruth 1,22; Ruth 2,1; Ruth 2,2; Ruth 2,13; Ruth 3,1; Ruth 3,3; Ruth 3,5; Ruth 3,7; Ruth 3,8; Ruth 3,9; Ruth 3,13; Ruth 3,14; Ruth 3,16; Ruth 3,18; Ruth 4,4; Ruth 4,4; Ruth 4,19; 1Sam. 7,17; 1Sam. 10,16; 1Sam. 12,15; 1Sam. 13,21; 1Sam. 16,7; 1Sam. 17,9; 1Sam. 19,17; 1Sam. 24,18; 1Sam. 30,3; 1Sam. 30,10; 2Sam. 3,30; 2Sam. 3,39; 2Sam. 7,15; 2Sam. 7,19; 2Sam. 14,5; 2Sam. 17,6; 2Sam. 17,21; 2Sam. 18,12; 2Sam. 18,20; 2Sam. 20,4; 2Sam. 20,13; 2Sam. 20,17; 2Sam. 20,17; 2Sam. 20,19; 2Sam. 21,9; 2Sam. 23,15; 2Sam. 23,21; 2Sam. 24,14; 1Kings 1,17; 1Kings 2,13; 1Kings 2,21; 1Kings 3,8; 1Kings 3,22; 1Kings 9,6; 1Kings 11,36; 1Kings 12,11; 1Kings 12,24r; 1Kings 15,14; 1Kings 17,13; 1Kings 18,21; 1Kings 20,2; 1Kings 20,6; 1Kings 21,9; 1Kings 21,23; 1Kings 21,39; 2Kings 3,15; 2Kings 4,2; 2Kings 4,13; 2Kings 4,16; 2Kings 4,23; 2Kings 4,26; 2Kings 4,28; 2Kings 5,3; 2Kings 23,29; 1Chr. 1,28; 1Chr. 1,29; 1Chr. 1,40; 1Chr. 1,41; 1Chr. 11,5; 1Chr. 21,4; 1Chr. 27,26; 1Chr. 27,28; 1Chr. 27,30; 1Chr. 27,30; 1Chr. 29,29; 2Chr. 6,34; 2Chr. 32,8; 1Esdr. 1,14; 1Esdr. 1,22; 1Esdr. 1,31; 1Esdr. 1,36; 1Esdr. 1,37; 1Esdr. 1,38; 1Esdr. 1,40; 1Esdr. 1,42; 1Esdr. 1,44; 1Esdr. 1,47; 1Esdr. 1,49; 1Esdr. 2,8; 1Esdr. 2,8; 1Esdr. 2,9; 1Esdr. 2,11; 1Esdr. 2,11; 1Esdr. 2,12; 1Esdr. 2,12; 1Esdr. 3,3; 1Esdr. 3,12; 1Esdr. 4,3; 1Esdr. 4,4; 1Esdr. 4,5; 1Esdr. 4,11; 1Esdr. 4,11; 1Esdr. 4,13; 1Esdr. 4,18; 1Esdr. 4,31; 1Esdr. 4,38; 1Esdr. 4,54; 1Esdr. 5,1; 1Esdr. 5,5; 1Esdr. 5,7; 1Esdr. 5,26; 1Esdr. 5,41; 1Esdr. 5,46; 1Esdr. 5,69; 1Esdr. 6,1; 1Esdr. 6,12; 1Esdr. 6,16; 1Esdr. 6,26; 1Esdr. 6,26; 1Esdr. 6,26; 1Esdr. 6,27; 1Esdr. 6,29; 1Esdr. 8,8; 1Esdr. 8,10; 1Esdr. 8,19; 1Esdr. 8,20; 1Esdr. 8,22; 1Esdr. 8,23; 1Esdr. 8,63; 1Esdr. 8,72; 1Esdr. 9,12; 1Esdr. 9,13; Ezra 2,64; Ezra 5,12; Ezra 7,9; Neh. 9,18; Esth. 11,4 # 1,1c; Esth. 11,10 # 1,1i; Esth. 1,5; Esth. 1,8; Esth. 1,8; Esth. 1,10; Esth. 2,7; Esth. 2,11; Esth. 2,12; Esth. 2,15; Esth. 2,19; Esth. 2,20; Esth. 2,23; Esth. 3,1; Esth. 3,2; Esth. 3,8; Esth. 3,8; Esth. 3,11; Esth. 13,1 # 3,13a; Esth. 13,2 # 3,13b; Esth. 3,14; Esth. 3,15; Esth. 3,15; Esth. 3,15; Esth. 4,1; Esth. 4,4; Esth. 4,5; Esth. 4,7; Esth. 4,9; Esth. 4,10; Esth. 4,14; Esth. 4,16; Esth. 14,11 # 4,17q; Esth. 14,14 # 4,17t; Esth. 15,2 # 5,1a; Esth. 15,5 # 5,1b; Esth. 15,15 # 5,2b; Esth. 5,4; Esth. 5,6; Esth. 5,9; Esth. 5,14; Esth. 5,14; Esth. 6,1; Esth. 6,2; Esth. 6,3; Esth. 6,4; Esth. 6,4; Esth. 6,4; Esth. 6,6; Esth. 6,6; Esth. 6,7; Esth. 6,10; Esth. 6,11; Esth. 6,12; Esth. 6,12; Esth. 7,1; Esth. 7,2; Esth. 7,5; Esth. 7,6; Esth. 7,6; Esth. 7,7; Esth. 7,7; Esth. 7,8; Esth. 7,8; Esth. 7,8; Esth. 7,8; Esth. 7,9; Esth. 7,9; Esth. 8,2; Esth. 8,4; Esth. 8,4; Esth. 8,9; Esth. 8,10; Esth. 16,5 # 8,12e; Esth. 16,7 # 8,12g; Esth. 16,9 # 8,12i; Esth. 16,12 # 8,12m; Esth. 16,15 # 8,12p; Esth. 16,15 # 8,12p; Esth. 16,16 # 8,12q; Esth. 16,19 # 8,12s; Esth. 16,22 # 8,12u; Esth. 16,24 # 8,12x; Esth. 8,13; Esth. 8,14; Esth. 8,15; Esth. 8,15; Esth. 8,16; Esth. 9,12; Esth. 9,12; Esth. 9,16; Esth. 9,18; Esth. 9,18; Esth. 9,19; Esth. 9,20; Esth. 9,25; Esth. 9,27; Esth. 9,28; Esth. 10,1; Esth. 10,3; Esth. 10,7 # 10,3d; Esth. 10,8 # 10,3e; Esth. 10,9 # 10,3f; Judith 2,10; Judith 2,11; Judith 2,13; Judith 5,18; Judith 6,14; Judith 7,1; Judith 7,4; Judith 7,6; Judith 7,31; Judith 8,16; Judith 8,20; Judith 8,34; Judith 9,1; Judith 10,7; Judith 10,10; Judith 10,14; Judith 10,16; Judith 10,23; Judith 11,22; Judith 12,3; Judith 13,1; Judith 13,2; Judith 13,14; Judith 14,5; Judith 14,6; Judith 14,7; Judith 14,9; Judith 14,10; Judith 14,11; Judith 14,12; Judith 14,12; Judith 14,19; Judith 15,5; Judith 15,5; Judith 15,6; Judith 15,7; Judith 15,9; Judith 16,15; Judith 16,16; Judith 16,18; Judith 16,21; Tob. 1,11; Tob. 1,19; Tob. 1,19; Tob. 1,22; Tob. 1,22; Tob. 2,1; Tob. 2,10; Tob. 2,13; Tob. 2,14; Tob. 2,14; Tob. 5,9; Tob. 5,13; Tob. 5,17; Tob. 5,18; Tob. 6,1; Tob. 6,2; Tob. 6,3; Tob. 6,5; Tob. 6,9; Tob. 6,10; Tob. 6,16; Tob. 6,18; Tob. 7,1; Tob. 7,4; Tob. 7,5; Tob. 7,9; Tob. 7,12; Tob. 7,12; Tob. 8,1; Tob. 8,2; Tob. 8,3; Tob. 8,4; Tob. 8,12; Tob. 8,18; Tob. 9,5; Tob. 10,4; Tob. 10,7; Tob. 10,8; Tob. 10,9; Tob. 10,10; Tob. 11,4; Tob. 11,10; Tob. 11,12; Tob. 12,7; Tob. 12,10; Tob. 12,11; Tob. 12,17; Tob. 14,3; Tob. 14,4; Tob. 14,9; Tob. 14,10; Tob. 14,11; Tob. 14,12; 1Mac. 3,17; 1Mac. 3,21; 1Mac. 3,22; 1Mac. 3,23; 1Mac. 3,24; 1Mac. 3,27; 1Mac. 4,15; 1Mac. 4,21; 1Mac. 4,21; 1Mac. 4,26; 1Mac. 4,27; 1Mac. 4,35; 1Mac. 4,35; 1Mac. 4,36; 1Mac. 5,16; 1Mac. 5,17; 1Mac. 5,20; 1Mac. 5,37; 1Mac. 5,41; 1Mac. 5,42; 1Mac. 5,62; 1Mac. 6,12; 1Mac. 6,39; 1Mac. 6,48; 1Mac. 6,53; 1Mac. 7,25; 1Mac. 7,44; 1Mac. 8,11; 1Mac. 8,24; 1Mac. 8,27; 1Mac. 8,30; 1Mac. 9,9; 1Mac. 9,11; 1Mac. 9,45; 1Mac. 9,49; 1Mac. 10,46; 1Mac. 10,70; 1Mac. 10,74; 1Mac. 10,81; 1Mac. 11,3; 1Mac. 11,4; 1Mac. 11,8; 1Mac. 11,14; 1Mac. 11,16; 1Mac. 11,22; 1Mac. 11,23; 1Mac. 11,39; 1Mac. 11,54; 1Mac. 11,64; 1Mac. 11,68; 1Mac. 11,69; 1Mac. 12,12; 1Mac. 12,13; 1Mac. 12,23; 1Mac. 12,27; 1Mac. 12,29; 1Mac. 12,45; 1Mac. 12,47; 1Mac. 12,47; 1Mac. 12,48; 1Mac. 13,13; 1Mac. 13,21; 1Mac. 13,23; 1Mac. 13,31; 1Mac. 13,39; 1Mac. 13,49; 1Mac. 14,17; 1Mac. 14,23; 1Mac. 14,25; 1Mac. 14,29; 1Mac. 14,49; 1Mac. 15,3; 1Mac. 15,3; 1Mac. 15,4; 1Mac. 15,7; 1Mac. 15,18; 1Mac. 15,20; 1Mac. 15,24; 1Mac. 15,25; 1Mac. 15,31; 1Mac. 15,31; 1Mac. 15,33; 1Mac. 15,34; 1Mac. 15,35; 1Mac. 15,36; 1Mac. 15,37; 1Mac. 15,39; 1Mac. 16,3; 1Mac. 16,3; 1Mac. 16,3; 1Mac. 16,7; 1Mac. 16,8; 1Mac. 16,9; 1Mac. 16,14; 2Mac. 1,10; 2Mac. 1,20; 2Mac. 1,20; 2Mac. 1,21; 2Mac. 1,22; 2Mac. 1,23; 2Mac. 1,23; 2Mac. 1,24; 2Mac. 1,30; 2Mac. 1,31; 2Mac. 1,32; 2Mac. 1,32; 2Mac. 1,33; 2Mac. 1,34; 2Mac. 1,36; 2Mac. 1,36; 2Mac. 2,1;

2Mac. 2,4; 2Mac. 2,4; 2Mac. 2,7; 2Mac. 2,9; 2Mac. 2,13; 2Mac. 2,14; 2Mac. 2,17; 2Mac. 2,19; 2Mac. 2,25; 2Mac. 2,25; 2Mac. 2,26; 2Mac. 2,28; 2Mac. 2,29; 2Mac. 2,31; 2Mac. 2,32; 2Mac. 3,6; 2Mac. 3,7; 2Mac. 3,7; 2Mac. 3,8; 2Mac. 3,8; 2Mac. 3,9; 2Mac. 3,9; 2Mac. 3,10; 2Mac. 3,11; 2Mac. 3,11; 2Mac. 3,11; 2Mac. 3,12; 2Mac. 3,13; 2Mac. 3,14; 2Mac. 3,14; 2Mac. 3,15; 2Mac. 3,16; 2Mac. 3,18; 2Mac. 3,19; 2Mac. 3,19; 2Mac. 3,19; 2Mac. 3,19; 2Mac. 3,20; 2Mac. 3,23; 2Mac. 3,24; 2Mac. 3,25; 2Mac. 3,25; 2Mac. 3,26; 2Mac. 3,26; 2Mac. 3,26; 2Mac. 3,27; 2Mac. 3,30; 2Mac. 3,32; 2Mac. 3,33; 2Mac. 3,34; 2Mac. 3,34; 2Mac. 3,35; 2Mac. 3,36; 2Mac. 3,37; 2Mac. 4,1; 2Mac. 4,3; 2Mac. 4,5; 2Mac. 4,7; 2Mac. 4,9; 2Mac. 4,10; 2Mac. 4,15; 2Mac. 4,18; 2Mac. 4,19; 2Mac. 4,20; 2Mac. 4,21; 2Mac. 4,22; 2Mac. 4,23; 2Mac. 4,24; 2Mac. 4,25; 2Mac. 4,25; 2Mac. 4,27; 2Mac. 4,27; 2Mac. 4,28; 2Mac. 4,29; 2Mac. 4,30; 2Mac. 4,32; 2Mac. 4,34; 2Mac. 4,35; 2Mac. 4,36; 2Mac. 4,39; 2Mac. 4,40; 2Mac. 4,40; 2Mac. 4,41; 2Mac. 4,41; 2Mac. 4,41; 2Mac. 4,42; 2Mac. 4,42; 2Mac. 4,42; 2Mac. 4,43; 2Mac. 4,44; 2Mac. 4,45; 2Mac. 4,47; 2Mac. 4,50; 2Mac. 5,1; 2Mac. 5,2; 2Mac. 5,5; 2Mac. 5,5; 2Mac. 5,6; 2Mac. 5,6; 2Mac. 5,7; 2Mac. 5,11; 2Mac. 5,13; 2Mac. 5,14; 2Mac. 5,14; 2Mac. 5,15; 2Mac. 5,18; 2Mac. 5,22; 2Mac. 5,22; 2Mac. 5,23; 2Mac. 5,23; 2Mac. 5,23; 2Mac. 5,24; 2Mac. 5,24; 2Mac. 5,24; 2Mac. 5,25; 2Mac. 5,27; 2Mac. 6,1; 2Mac. 6,2; 2Mac. 6,3; 2Mac. 6,4; 2Mac. 6,5; 2Mac. 6,7; 2Mac. 6,7; 2Mac. 6,8; 2Mac. 6,9; 2Mac. 6,10; 2Mac. 6,11; 2Mac. 6,12; 2Mac. 6,16; 2Mac. 6,19; 2Mac. 6,20; 2Mac. 6,21; 2Mac. 6,21; 2Mac. 6,23; 2Mac. 6,23; 2Mac. 6,28; 2Mac. 6,28; 2Mac. 6,29; 2Mac. 6,30; 2Mac. 6,30; 2Mac. 7,1; 2Mac. 7,2; 2Mac. 7,3; 2Mac. 7,4; 2Mac. 7,5; 2Mac. 7,5; 2Mac. 7,7; 2Mac. 7,8; 2Mac. 7,9; 2Mac. 7,9; 2Mac. 7,10; 2Mac. 7,13; 2Mac. 7,15; 2Mac. 7,16; 2Mac. 7,16; 2Mac. 7,17; 2Mac. 7,18; 2Mac. 7,19; 2Mac. 7,20; 2Mac. 7,21; 2Mac. 7,24; 2Mac. 7,25; 2Mac. 7,26; 2Mac. 7,27; 2Mac. 7,30; 2Mac. 7,30; 2Mac. 7,31; 2Mac. 7,33; 2Mac. 7,36; 2Mac. 7,38; 2Mac. 7,39; 2Mac. 7,41; 2Mac. 8,1; 2Mac. 8,2; 2Mac. 8,3; 2Mac. 8,4; 2Mac. 8,5; 2Mac. 8,6; 2Mac. 8,8; 2Mac. 8,8; 2Mac. 8,9; 2Mac. 8,9; 2Mac. 8,10; 2Mac. 8,11; 2Mac. 8,12; 2Mac. 8,14; 2Mac. 8,14; 2Mac. 8,16; 2Mac. 8,16; 2Mac. 8,17; 2Mac. 8,18; 2Mac. 8,19; 2Mac. 8,23; 2Mac. 8,24; 2Mac. 8,24; 2Mac. 8,24; 2Mac. 8,25; 2Mac. 8,25; 2Mac. 8,27; 2Mac. 8,28; 2Mac. 8,29; 2Mac. 8,30; 2Mac. 8,31; 2Mac. 8,31; 2Mac. 8,32; 2Mac. 8,33; 2Mac. 8,34; 2Mac. 9,1; 2Mac. 9,3; 2Mac. 9,4; 2Mac. 9,5; 2Mac. 9,5; 2Mac. 9,7; 2Mac. 9,7; 2Mac. 9,9; 2Mac. 9,13; 2Mac. 9,15; 2Mac. 9,15; 2Mac. 9,16; 2Mac. 9,16; 2Mac. 9,17; 2Mac. 9,18; 2Mac. 9,18; 2Mac. 9,23; 2Mac. 9,25; 2Mac. 9,25; 2Mac. 9,29; 2Mac. 10,1; 2Mac. 10,2; 2Mac. 10,2; 2Mac. 10,4; 2Mac. 10,5; 2Mac. 10,7; 2Mac. 10,8; 2Mac. 10,10; 2Mac. 10,10; 2Mac. 10,11; 2Mac. 10,14; 2Mac. 10,15; 2Mac. 10,16; 2Mac. 10,17; 2Mac. 10,18; 2Mac. 10,19; 2Mac. 10,20; 2Mac. 10,20; 2Mac. 10,21; 2Mac. 10,23; 2Mac. 10,24; 2Mac. 10,25; 2Mac. 10,27; 2Mac. 10,27; 2Mac. 10,28; 2Mac. 10,28; 2Mac. 10,29; 2Mac. 10,30; 2Mac. 10,31; 2Mac. 10,31; 2Mac. 10,32; 2Mac. 10,33; 2Mac. 10,34; 2Mac. 10,35; 2Mac. 10,36; 2Mac. 10,36; 2Mac. 10,36; 2Mac. 10,38; 2Mac. 11,1; 2Mac. 11,3; 2Mac. 11,3; 2Mac. 11,4; 2Mac. 11,5; 2Mac. 11,5; 2Mac. 11,6; 2Mac. 11,7; 2Mac. 11,7; 2Mac. 11,8; 2Mac. 11,9; 2Mac. 11,9; 2Mac. 11,11; 2Mac. 11,11; 2Mac. 11,11; 2Mac. 11,12; 2Mac. 11,12; 2Mac. 11,13; 2Mac. 11,15; 2Mac. 11,18; 2Mac. 11,20; 2Mac. 11,22; 2Mac. 11,27; 2Mac. 11,28; 2Mac. 11,32; 2Mac. 11,34; 2Mac. 11,36; 2Mac. 12,1; 2Mac. 12,1; 2Mac. 12,2; 2Mac. 12,2; 2Mac. 12,2; 2Mac. 12,3; 2Mac. 12,4; 2Mac. 12,5; 2Mac. 12,6; 2Mac. 12,7; 2Mac. 12,8; 2Mac. 12,10; 2Mac. 12,10; 2Mac. 12,11; 2Mac. 12,12; 2Mac. 12,13; 2Mac. 12,13; 2Mac. 12,14; 2Mac. 12,15; 2Mac. 12,17; 2Mac. 12,18; 2Mac. 12,19; 2Mac. 12,20; 2Mac. 12,20; 2Mac. 12,21; 2Mac. 12,22; 2Mac. 12,23; 2Mac. 12,24; 2Mac. 12,24; 2Mac. 12,25; 2Mac. 12,26; 2Mac. 12,27; 2Mac. 12,27; 2Mac. 12,27; 2Mac. 12,28; 2Mac. 12,28; 2Mac. 12,29; 2Mac. 12,30; 2Mac. 12,32; 2Mac. 12,33; 2Mac. 12,33; 2Mac. 12,34; 2Mac. 12,36; 2Mac. 12,38; 2Mac. 12,38; 2Mac. 12,39; 2Mac. 12,40; 2Mac. 12,40; 2Mac. 12,42; 2Mac. 13,1; 2Mac. 13,2; 2Mac. 13,3; 2Mac. 13,3; 2Mac. 13,4; 2Mac. 13,5; 2Mac. 13,5; 2Mac. 13,9; 2Mac. 13,10; 2Mac. 13,12; 2Mac. 13,13; 2Mac. 13,14; 2Mac. 13,14; 2Mac. 13,15; 2Mac. 13,17; 2Mac. 13,18; 2Mac. 13,20; 2Mac. 13,21; 2Mac. 14,1; 2Mac. 14,3; 2Mac. 14,4; 2Mac. 14,5; 2Mac. 14,8; 2Mac. 14,9; 2Mac. 14,11; 2Mac. 14,12; 2Mac. 14,13; 2Mac. 14,13; 2Mac. 14,14; 2Mac. 14,15; 2Mac. 14,15; 2Mac. 14,16; 2Mac. 14,17; 2Mac. 14,17; 2Mac. 14,18; 2Mac. 14,20; 2Mac. 14,21; 2Mac. 14,23; 2Mac. 14,26; 2Mac. 14,27; 2Mac. 14,27; 2Mac. 14,28; 2Mac. 14,29; 2Mac. 14,30; 2Mac. 14,31; 2Mac. 14,32; 2Mac. 14,34; 2Mac. 14,34; 2Mac. 14,39; 2Mac. 14,41; 2Mac. 14,43; 2Mac. 14,44; 2Mac. 14,45; 2Mac. 15,1; 2Mac. 15,2; 2Mac. 15,2; 2Mac. 15,3; 2Mac. 15,5; 2Mac. 15,7; 2Mac. 15,8; 2Mac. 15,9; 2Mac. 15,11; 2Mac. 15,12; 2Mac. 15,12; 2Mac. 15,14; 2Mac. 15,15; 2Mac. 15,15; 2Mac. 15,17; 2Mac. 15,17; 2Mac. 15,18; 2Mac. 15,18; 2Mac. 15,19; 2Mac. 15,21; 2Mac. 15,22; 2Mac. 15,25; 2Mac. 15,26; 2Mac. 15,27; 2Mac. 15,28; 2Mac. 15,29; 2Mac. 15,31; 2Mac. 15,34; 2Mac. 15,35; 2Mac. 15,36; 2Mac. 15,36; 2Mac. 15,38; 2Mac. 15,39; 2Mac. 15,39; 2Mac. 15,39; 3Mac. 1,1; 3Mac. 1,3; 3Mac. 1,3; 3Mac. 1,4; 3Mac. 1,5; 3Mac. 1,6; 3Mac. 1,7; 3Mac. 1,8; 3Mac. 1,9; 3Mac. 1,10; 3Mac. 1,11; 3Mac. 1,11; 3Mac. 1,12; 3Mac. 1,16; 3Mac. 1,19; 3Mac. 1,20; 3Mac. 1,20; 3Mac. 1,21; 3Mac. 1,23; 3Mac. 1,23; 3Mac. 1,25; 3Mac. 1,26; 3Mac. 1,28; 3Mac. 2,7; 3Mac. 2,12; 3Mac. 2,13; 3Mac. 2,14; 3Mac. 2,24; 3Mac. 2,24; 3Mac. 2,25; 3Mac. 2,28; 3Mac. 2,28; 3Mac. 2,30; 3Mac. 2,32; 3Mac. 3,2; 3Mac. 3,3; 3Mac. 3,4; 3Mac. 3,5; 3Mac. 3,7; 3Mac. 3,7; 3Mac. 3,8; 3Mac. 3,8; 3Mac. 3,10; 3Mac. 3,11; 3Mac. 3,13; 3Mac. 3,15; 3Mac. 3,17; 3Mac. 3,17; 3Mac. 3,19; 3Mac. 3,20; 3Mac. 3,21; 3Mac. 3,22; 3Mac. 3,22; 3Mac. 3,28; 3Mac. 3,29; 3Mac. 4,2; 3Mac. 4,6; 3Mac. 4,6; 3Mac. 4,7; 3Mac. 4,9; 3Mac. 4,9; 3Mac. 4,11; 3Mac. 4,12; 3Mac. 4,14; 3Mac. 4,14; 3Mac. 4,16; 3Mac. 4,16; 3Mac. 4,17; 3Mac. 4,18; 3Mac. 4,19; 3Mac. 4,21; 3Mac. 5,4; 3Mac. 5,6; 3Mac. 5,10; 3Mac. 5,11; 3Mac. 5,12; 3Mac. 5,14; 3Mac. 5,18; 3Mac. 5,19; 3Mac. 5,20; 3Mac. 5,21; 3Mac. 5,23; 3Mac. 5,24; 3Mac. 5,25; 3Mac. 5,26; 3Mac. 5,27; 3Mac. 5,28; 3Mac. 5,30; 3Mac. 5,34; 3Mac. 5,36; 3Mac. 5,37; 3Mac. 5,37; 3Mac. 5,39; 3Mac. 5,43; 3Mac. 5,45; 3Mac. 5,47; 3Mac. 5,48; 3Mac. 5,49; 3Mac. 5,50; 3Mac. 6,10; 3Mac. 6,13; 3Mac. 6,16; 3Mac. 6,29; 3Mac. 6,31; 3Mac. 6,32; 3Mac. 6,33; 3Mac. 6,36; 3Mac. 6,37; 3Mac. 6,38; 3Mac. 6,38; 3Mac. 6,40; 3Mac. 6,41; 3Mac. 7,2; 3Mac. 7,5; 3Mac. 7,6; 3Mac. 7,10; 3Mac. 7,12; 3Mac. 7,15; 3Mac. 7,16; 3Mac. 7,17; 3Mac. 7,19; 4Mac. 1,8; 4Mac. 1,10; 4Mac. 1,18; 4Mac. 1,19; 4Mac. 1,20; 4Mac. 1,20; 4Mac. 1,21; 4Mac. 1,22; 4Mac. 1,23; 4Mac. 1,23; 4Mac. 1,24; 4Mac. 1,25; 4Mac. 1,27; 4Mac. 1,30; 4Mac. 1,32; 4Mac. 1,32; 4Mac. 2,4; 4Mac. 2,9; 4Mac. 2,14; 4Mac. 2,15; 4Mac. 2,18; 4Mac. 2,22; 4Mac. 3,1; 4Mac. 3,10; 4Mac. 3,15; 4Mac. 3,19; 4Mac. 4,4; 4Mac. 4,8; 4Mac. 4,9; 4Mac. 4,15; 4Mac. 4,18; 4Mac. 5,4; 4Mac. 5,18; 4Mac. 5,22; 4Mac. 5,26; 4Mac. 5,27; 4Mac. 5,38; 4Mac. 6,5; 4Mac. 6,9; 4Mac. 6,13; 4Mac. 6,13; 4Mac. 6,15; 4Mac. 6,20; 4Mac. 6,21; 4Mac. 6,23; 4Mac. 6,26; 4Mac. 6,33; 4Mac. 7,13; 4Mac. 7,13; 4Mac. 8,12; 4Mac. 8,13; 4Mac. 8,15; 4Mac. 8,22; 4Mac. 9,5; 4Mac. 9,9; 4Mac. 9,12; 4Mac. 9,17; 4Mac. 9,20; 4Mac. 9,26; 4Mac. 9,28; 4Mac. 9,32; 4Mac. 10,2; 4Mac. 10,5; 4Mac. 10,9; 4Mac. 10,11; 4Mac. 10,14; 4Mac. 10,18; 4Mac. 10,21; 4Mac. 11,1; 4Mac. 11,9; 4Mac. 11,13; 4Mac. 11,13; 4Mac.

11,14; 4Mac. 11,20; 4Mac. 12,1; 4Mac. 12,4; 4Mac. 12,5; 4Mac. 12,7; 4Mac. 12,14; 4Mac. 12,17; 4Mac. 12,18; 4Mac. 13,1; 4Mac. 13,3; 4Mac. 13,12; 4Mac. 13,13; 4Mac. 13,19; 4Mac. 14,9; 4Mac. 14,13; 4Mac. 14,16; 4Mac. 14,17; 4Mac. 15,6; 4Mac. 15,9; 4Mac. 16,1; 4Mac. 16,8; 4Mac. 16,9; 4Mac. 16,17; 4Mac. 16,25; 4Mac. 17,1; 4Mac. 17,7; 4Mac. 17,13; 4Mac. 17,13; 4Mac. 17,13; 4Mac. 17,14; 4Mac. 17,15; 4Mac. 18,6; 4Mac. 18,7; 4Mac. 18,9; 4Mac. 18,9; 4Mac. 18,12; 4Mac. 18,13; 4Mac. 18,14; 4Mac. 18,23; Psa. 2,6; Psa. 5,8; Psa. 6,6; Psa. 8,8; Psa. 10,3; Psa. 10,5; Psa. 12,6; Psa. 14,4; Psa. 15,7; Psa. 15,9; Psa. 16,15; Psa. 18,2; Psa. 19,8; Psa. 19,9; Psa. 21,4; Psa. 21,18; Psa. 25,11; Psa. 26,10; Psa. 27,3; Psa. 29,7; Psa. 29,8; Psa. 30,7; Psa. 30,15; Psa. 30,23; Psa. 31,10; Psa. 32,8; Psa. 32,10; Psa. 32,11; Psa. 32,17; Psa. 33,11; Psa. 33,17; Psa. 34,9; Psa. 34,13; Psa. 35,5; Psa. 35,8; Psa. 36,9; Psa. 36,11; Psa. 36,13; Psa. 36,17; Psa. 36,20; Psa. 36,21; Psa. 36,22; Psa. 36,28; Psa. 36,29; Psa. 36,33; Psa. 36,38; Psa. 36,39; Psa. 37,14; Psa. 37,20; Psa. 39,7; Psa. 39,18; Psa. 40,13; Psa. 43,10; Psa. 49,8; Psa. 49,16; Psa. 49,17; Psa. 51,10; Psa. 54,17; Psa. 54,24; Psa. 55,4; Psa. 58,16; Psa. 58,17; Psa. 59,14; Psa. 62,10; Psa. 62,12; Psa. 67,10; Psa. 68,14; Psa. 69,6; Psa. 70,14; Psa. 70,24; Psa. 72,2; Psa. 72,28; Psa. 73,12; Psa. 74,10; Psa. 77,37; Psa. 78,13; Psa. 81,1; Psa. 81,7; Psa. 87,16; Psa. 88,10; Psa. 88,34; Psa. 88,39; Psa. 89,10; Psa. 90,7; Psa. 91,9; Psa. 95,5; Psa. 101,27; Psa. 101,28; Psa. 102,17; Psa. 103,34; Psa. 105,43; Psa. 108,4; Psa. 108,28; Psa. 113,11; Psa. 113,24; Psa. 115,1; Psa. 118,23; Psa. 118,51; Psa. 118,69; Psa. 118,70; Psa. 118,78; Psa. 118,87; Psa. 118,150; Psa. 118,163; Psa. 124,5; Psa. 125,6; Psa. 131,18; Psa. 138,17; Psa. 140,5; Psa. 146,6; Psa. 151,7; Ode. 1,19; Ode. 2,31; Ode. 4,18; Ode. 5,11; Ode. 5,14; Ode. 5,19; Ode. 6,10; Ode. 10,2; Ode. 10,4; Ode. 10,5; Ode. 10,7; Prov. 1,4; Prov. 1,5; Prov. 1,7; Prov. 1,7; Prov. 1,7; Prov. 1,11; Prov. 1,12; Prov. 1,13; Prov. 1,14; Prov. 1,14; Prov. 1,15; Prov. 1,18; Prov. 1,20; Prov. 1,21; Prov. 1,21; Prov. 1,21; Prov. 1,22; Prov. 1,23; Prov. 1,25; Prov. 1,27; Prov. 1,28; Prov. 1,29; Prov. 1,30; Prov. 1,33; Prov. 2,2; Prov. 2,3; Prov. 2,10; Prov. 2,11; Prov. 2,21; Prov. 2,22; Prov. 3,1; Prov. 3,3; Prov. 3,5; Prov. 3,6; Prov. 3,7; Prov. 3,10; Prov. 3,12; Prov. 3,15; Prov. 3,16; Prov. 3,16a; Prov. 3,19; Prov. 3,20; Prov. 3,21; Prov. 3,22a; Prov. 3,23; Prov. 3,24; Prov. 3,32; Prov. 3,33; Prov. 3,34; Prov. 3,35; Prov. 4,9; Prov. 4,12; Prov. 4,15; Prov. 4,17; Prov. 4,18; Prov. 4,19; Prov. 4,20; Prov. 4,25; Prov. 4,27; Prov. 4,27b; Prov. 4,27b; Prov. 5,1; Prov. 5,2; Prov. 5,5; Prov. 5,6; Prov. 5,10; Prov. 5,16; Prov. 5,19; Prov. 5,21; Prov. 5,22; Prov. 5,23; Prov. 6,3; Prov. 6,9; Prov. 6,10; Prov. 6,10; Prov. 6,10; Prov. 6,11a; Prov. 6,11a; Prov. 6,13; Prov. 6,13; Prov. 6,14; Prov. 6,16; Prov. 6,21; Prov. 6,26; Prov. 6,27; Prov. 6,28; Prov. 6,31; Prov. 6,32; Prov. 6,33; Prov. 7,1; Prov. 7,1a; Prov. 7,2; Prov. 7,3; Prov. 7,3; Prov. 7,4; Prov. 7,10; Prov. 7,11; Prov. 7,12; Prov. 7,13; Prov. 7,16; Prov. 7,17; Prov. 7,19; Prov. 7,21; Prov. 7,22; Prov. 7,22; Prov. 7,23; Prov. 8,2; Prov. 8,3; Prov. 8,5; Prov. 8,7; Prov. 8,10; Prov. 8,11; Prov. 8,13; Prov. 8,14; Prov. 8,17; Prov. 8,19; Prov. 8,25; Prov. 8,30; Prov. 8,36; Prov. 9,7; Prov. 9,12; Prov. 9,12b; Prov. 9,12c; Prov. 9,12c; Prov. 9,16; Prov. 9,18; Prov. 9,18c; Prov. 10,1; Prov. 10,2; Prov. 10,3; Prov. 10,4; Prov. 10,4a; Prov. 10,5; Prov. 10,6; Prov. 10,7; Prov. 10,8; Prov. 10,9; Prov. 10,10; Prov. 10,11; Prov. 10,12; Prov. 10,14; Prov. 10,15; Prov. 10,16; Prov. 10,17; Prov. 10,18; Prov. 10,19; Prov. 10,20; Prov. 10,21; Prov. 10,23; Prov. 10,24; Prov. 10,25; Prov. 10,27; Prov. 10,28; Prov. 10,29; Prov. 10,30; Prov. 10,31; Prov. 10,32; Prov. 11,1; Prov. 11,2; Prov. 11,3; Prov. 11,5; Prov. 11,6; Prov. 11,7; Prov. 11,8; Prov. 11,9; Prov. 11,11; Prov. 11,12; Prov. 11,13; Prov. 11,14; Prov. 11,15; Prov. 11,16; Prov. 11,16; Prov. 11,17; Prov. 11,18; Prov. 11,19; Prov. 11,20; Prov. 11,21; Prov. 11,23; Prov. 11,25; Prov. 11,26; Prov. 11,27; Prov. 11,28; Prov. 11,29; Prov. 11,30; Prov. 12,1; Prov. 12,2; Prov. 12,3; Prov. 12,4; Prov. 12,5; Prov. 12,6; Prov. 12,7; Prov. 12,8; Prov. 12,10; Prov. 12,11; Prov. 12,12; Prov. 12,13; Prov. 12,13a; Prov. 12,14; Prov. 12,15; Prov. 12,16; Prov. 12,17; Prov. 12,18; Prov. 12,19; Prov. 12,20; Prov. 12,21; Prov. 12,22; Prov. 12,23; Prov. 12,24; Prov. 12,25; Prov. 12,26; Prov. 12,26; Prov. 12,27; Prov. 12,28; Prov. 13,1; Prov. 13,2; Prov. 13,3; Prov. 13,4; Prov. 13,5; Prov. 13,6; Prov. 13,8; Prov. 13,9; Prov. 13,9a; Prov. 13,10; Prov. 13,11; Prov. 13,13; Prov. 13,13a; Prov. 13,14; Prov. 13,15; Prov. 13,15; Prov. 13,16; Prov. 13,17; Prov. 13,18; Prov. 13,19; Prov. 13,20; Prov. 13,21; Prov. 13,22; Prov. 13,23; Prov. 13,24; Prov. 13,25; Prov. 14,1; Prov. 14,2; Prov. 14,3; Prov. 14,4; Prov. 14,5; Prov. 14,6; Prov. 14,7; Prov. 14,8; Prov. 14,9; Prov. 14,10; Prov. 14,11; Prov. 14,12; Prov. 14,13; Prov. 14,14; Prov. 14,15; Prov. 14,16; Prov. 14,17; Prov. 14,18; Prov. 14,20; Prov. 14,21; Prov. 14,22; Prov. 14,22; Prov. 14,23; Prov. 14,24; Prov. 14,25; Prov. 14,26; Prov. 14,27; Prov. 14,28; Prov. 14,29; Prov. 14,30; Prov. 14,31; Prov. 14,32; Prov. 14,33; Prov. 14,34; Prov. 14,35; Prov. 15,1; Prov. 15,1; Prov. 15,2; Prov. 15,4; Prov. 15,5; Prov. 15,6; Prov. 15,6; Prov. 15,7; Prov. 15,8; Prov. 15,9; Prov. 15,10; Prov. 15,12; Prov. 15,13; Prov. 15,14; Prov. 15,15; Prov. 15,18; Prov. 15,18a; Prov. 15,19; Prov. 15,20; Prov. 15,21; Prov. 15,22; Prov. 15,25; Prov. 15,26; Prov. 15,27; Prov. 15,27a; Prov. 15,28; Prov. 15,28a; Prov. 15,29; Prov. 15,30; Prov. 15,32; Prov. 16,2; Prov. 16,5; Prov. 16,7; Prov. 16,8; Prov. 16,9; Prov. 16,10; Prov. 16,11; Prov. 16,13; Prov. 16,14; Prov. 16,15; Prov. 16,16; Prov. 16,17; Prov. 16,17; Prov. 16,17; Prov. 16,18; Prov. 16,20; Prov. 16,21; Prov. 16,22; Prov. 16,23; Prov. 16,24; Prov. 16,27; Prov. 16,30; Prov. 16,31; Prov. 16,32; Prov. 16,33; Prov. 17,2; Prov. 17,4; Prov. 17,5; Prov. 17,5; Prov. 17,6; Prov. 17,6a; Prov. 17,9; Prov. 17,10; Prov. 17,11; Prov. 17,12; Prov. 17,14; Prov. 17,15; Prov. 17,16a; Prov. 17,17; Prov. 17,20; Prov. 17,21; Prov. 17,21; Prov. 17,22; Prov. 17,23; Prov. 17,24; Prov. 17,27; Prov. 18,1; Prov. 18,3; Prov. 18,4; Prov. 18,6; Prov. 18,7; Prov. 18,8; Prov. 18,10; Prov. 18,11; Prov. 18,14; Prov. 18,15; Prov. 18,18; Prov. 18,19; Prov. 18,20; Prov. 18,21; Prov. 18,22; Prov. 18,22a; Prov. 19,3; Prov. 19,4; Prov. 19,5; Prov. 19,6; Prov. 19,7; Prov. 19,7; Prov. 19,8; Prov. 19,11; Prov. 19,12; Prov. 19,14; Prov. 19,15; Prov. 19,16; Prov. 19,17; Prov. 19,18; Prov. 19,19; Prov. 19,21; Prov. 19,22; Prov. 19,23; Prov. 19,25; Prov. 19,28; Prov. 20,1; Prov. 20,2; Prov. 20,3; Prov. 20,5; Prov. 20,6; Prov. 20,20 # 20,9a; Prov. 20,24; Prov. 20,29; Prov. 20,30; Prov. 21,2; Prov. 21,4; Prov. 21,11; Prov. 21,14; Prov. 21,15; Prov. 21,18; Prov. 21,20; Prov. 21,24; Prov. 21,26; Prov. 21,28; Prov. 21,29; Prov. 21,31; Prov. 22,1; Prov. 22,2; Prov. 22,3; Prov. 22,5; Prov. 22,8; Prov. 22,8a; Prov. 22,11; Prov. 22,12; Prov. 22,12; Prov. 22,13; Prov. 22,14; Prov. 22,14a; Prov. 22,15; Prov. 22,16; Prov. 22,17; Prov. 22,20; Prov. 22,24; Prov. 23,3; Prov. 23,4; Prov. 23,10; Prov. 23,12; Prov. 23,14; Prov. 23,18; Prov. 23,24; Prov. 23,26; Prov. 23,32; Prov. 23,35; Prov. 24,6; Prov. 24,9; Prov. 24,9; Prov. 24,12; Prov. 24,16; Prov. 24,17; Prov. 24,20; Prov. 24,22; Prov. 24,22a; Prov. 25,2; Prov. 25,3; Prov. 25,3; Prov. 25,10; Prov. 25,15; Prov. 25,22; Prov. 25,23; Prov. 25,27; Prov. 26,9; Prov. 26,18; Prov. 26,19; Prov. 26,20; Prov. 26,21; Prov. 26,22; Prov. 26,24; Prov. 26,26; Prov. 26,27; Prov. 26,28; Prov. 27,3; Prov. 27,7; Prov. 27,9; Prov. 27,10; Prov. 27,12; Prov. 27,16; Prov. 27,17; Prov. 27,18; Prov. 27,21; Prov. 27,21a; Prov. 28,1; Prov. 28,2; Prov. 28,4; Prov. 28,5; Prov. 28,7; Prov. 28,10; Prov. 28,11; Prov. 28,12; Prov. 28,13; Prov. 28,14; Prov. 28,16; Prov. 28,18; Prov. 28,19; Prov. 28,20; Prov. 28,25; Prov. 28,26; Prov. 28,27; Prov. 28,28; Prov. 29,2; Prov. 29,3; Prov. 29,4; Prov. 29,6;

Prov. 29,7; Prov. 29,8; Prov. 29,9; Prov. 29,10; Prov. 29,11; Prov. 29,15; Prov. 29,16; Prov. 29,18; Prov. 29,21; Prov. 29,22; Prov. 29,23; Prov. 29,24; Prov. 29,25; Prov. 29,25; Prov. 29,26; Prov. 29,27; Prov. 30,5; Prov. 30,8; Prov. 30,11; Prov. 30,12; Prov. 30,13; Prov. 24,23; Prov. 24,25; Prov. 24,25; Prov. 24,26; Prov. 24,29; Prov. 24,31; Prov. 24,33; Prov. 24,33; Prov. 24,34; Prov. 30,21; Prov. 30,33; Prov. 30,33; Prov. 31,4; Prov. 31,9; Prov. 31,14; Prov. 31,16; Prov. 31,19; Prov. 31,20; Prov. 31,20; Prov. 31,22; Prov. 31,23; Prov. 31,24; Prov. 31,27; Prov. 31,28; Prov. 31,28; Prov. 31,29; Prov. 31,30; Job 1,2; Job 1,4; Job 1,9; Job 1,15; Job 1,17; Job 1,19; Job 2,1; Job 2,3; Job 2,3; Job 2,3; Job 2,4; Job 2,5; Job 2,6; Job 2,7; Job 2,9; Job 2,10; Job 2,11; Job 2,12; Job 3,5; Job 3,11; Job 3,12; Job 3,12; Job 3,13; Job 3,18; Job 3,20; Job 3,22; Job 3,24; Job 4,1; Job 4,2; Job 4,5; Job 4,5; Job 4,8; Job 4,9; Job 4,10; Job 4,10; Job 4,11; Job 4,13; Job 4,18; Job 4,19; Job 5,2; Job 5,3; Job 5,4; Job 5,5; Job 5,7; Job 5,8; Job 5,8; Job 5,13; Job 5,14; Job 5,15; Job 5,15; Job 5,16; Job 5,16; Job 5,17; Job 5,17; Job 5,19; Job 5,20; Job 5,22; Job 5,24; Job 5,25; Job 5,25; Job 5,26; Job 5,27; Job 6,1; Job 6,2; Job 6,5; Job 6,6; Job 6,9; Job 6,13; Job 6,14; Job 6,18; Job 6,21; Job 6,24; Job 6,27; Job 6,28; Job 7,3; Job 7,4; Job 7,5; Job 7,6; Job 7,6; Job 7,13; Job 7,15; Job 7,20; Job 7,21; Job 7,21; Job 8,1; Job 8,5; Job 8,7; Job 8,8; Job 8,14; Job 8,15; Job 8,17; Job 8,19; Job 8,20; Job 8,21; Job 8,21; Job 8,22; Job 8,22; Job 9,1; Job 9,6; Job 9,7; Job 9,24; Job 9,25; Job 9,34; Job 10,3; Job 10,9; Job 10,11; Job 10,12; Job 10,12; Job 10,14; Job 10,16; Job 10,17; Job 10,17; Job 11,1; Job 11,8; Job 11,10; Job 11,11; Job 11,12; Job 11,12; Job 11,13; Job 11,14; Job 11,15; Job 11,17; Job 11,17; Job 11,18; Job 11,19; Job 11,20; Job 11,20; Job 12,1; Job 12,6; Job 12,7; Job 12,8; Job 12,11; Job 12,12; Job 12,15; Job 12,17; Job 12,19; Job 12,20; Job 12,21; Job 12,22; Job 12,24; Job 12,25; Job 13,3; Job 13,3; Job 13,5; Job 13,6; Job 13,7; Job 13,8; Job 13,10; Job 13,11; Job 13,12; Job 13,12; Job 13,27; Job 14,2; Job 14,5; Job 14,8; Job 14,9; Job 14,10; Job 14,10; Job 14,11; Job 14,12; Job 14,15; Job 14,21; Job 14,21; Job 14,22; Job 15,1; Job 15,4; Job 15,6; Job 15,8; Job 15,13; Job 15,15; Job 15,16; Job 15,20; Job 15,21; Job 15,23; Job 15,23; Job 15,23; Job 15,24; Job 15,25; Job 15,26; Job 15,28; Job 15,28; Job 15,28; Job 15,30; Job 15,33; Job 15,33; Job 15,34; Job 15,35; Job 15,35; Job 15,35; Job 16,1; Job 16,4; Job 16,5; Job 16,5; Job 16,6; Job 16,7; Job 16,10; Job 16,11; Job 16,15; Job 16,16; Job 16,17; Job 16,19; Job 16,20; Job 16,21; Job 16,22; Job 17,1; Job 17,6; Job 17,8; Job 17,9; Job 17,9; Job 17,10; Job 17,11; Job 17,13; Job 18,1; Job 18,6; Job 18,7; Job 18,8; Job 18,9; Job 18,11; Job 18,12; Job 18,13; Job 18,14; Job 18,14; Job 18,20; Job 18,21; Job 19,1; Job 19,4; Job 19,4a; Job 19,5; Job 19,6; Job 19,9; Job 19,9; Job 19,10; Job 19,12; Job 19,13; Job 19,17; Job 19,18; Job 19,20; Job 19,22; Job 19,23; Job 19,28; Job 20,1; Job 20,5; Job 20,6; Job 20,7; Job 20,8; Job 20,10; Job 20,16; Job 20,16; Job 20,19; Job 20,22; Job 20,22; Job 20,25; Job 20,25; Job 20,26; Job 20,26; Job 20,27; Job 20,27; Job 21,1; Job 21,3; Job 21,7; Job 21,8; Job 21,9; Job 21,9; Job 21,10; Job 21,11; Job 21,11; Job 21,13; Job 21,13; Job 21,14; Job 21,16; Job 21,17; Job 21,17; Job 21,17; Job 21,18; Job 21,20; Job 21,22; Job 21,23; Job 21,24; Job 21,24; Job 21,25; Job 21,26; Job 21,26; Job 21,34; Job 21,34; Job 22,1; Job 22,6; Job 22,6; Job 22,8; Job 22,9; Job 22,9; Job 22,11; Job 22,12; Job 22,18; Job 22,18; Job 22,19; Job 22,22; Job 22,23; Job 22,25; Job 22,28; Job 23,1; Job 23,4; Job 23,4; Job 23,5; Job 23,5; Job 23,7; Job 23,8; Job 23,11; Job 23,12; Job 23,13; Job 23,15; Job 23,16; Job 23,16; Job 24,1; Job 24,2; Job 24,5; Job 24,6; Job 24,7; Job 24,9; Job 24,10; Job 24,10; Job 24,11; Job 24,12; Job 24,12; Job 24,13; Job 24,14; Job 24,19; Job 24,20; Job 24,20; Job 24,20; Job 24,22; Job 24,24; Job 24,25; Job 25,1; Job 25,3; Job 25,5; Job 26,1; Job 26,4; Job 26,12; Job 26,13; Job 26,13; Job 26,14; Job 27,1; Job 27,3; Job 27,6; Job 27,7; Job 27,13; Job 27,14; Job 27,14; Job 27,15; Job 27,15; Job 27,16; Job 27,17; Job 27,18; Job 27,20; Job 28,1; Job 28,2; Job 28,4; Job 28,9; Job 28,10; Job 28,10; Job 28,11; Job 28,11; Job 28,12; Job 28,12; Job 28,20; Job 28,20; Job 28,22; Job 28,23; Job 28,28; Job 28,28; Job 29,1; Job 29,6; Job 29,7; Job 29,8; Job 29,9; Job 29,10; Job 29,11; Job 29,13; Job 29,14; Job 29,14; Job 29,15; Job 29,17; Job 29,17; Job 29,21; Job 29,22; Job 29,22; Job 30,1; Job 30,4; Job 30,9; Job 30,10; Job 30,17; Job 30,20; Job 30,25; Job 30,25; Job 30,26; Job 30,28; Job 30,29; Job 30,30; Job 30,30; Job 30,31; Job 30,31; Job 31,5; Job 31,5; Job 31,6; Job 31,7; Job 31,7; Job 31,8; Job 31,10; Job 31,13; Job 31,14; Job 31,15; Job 31,16; Job 31,16; Job 31,17; Job 31,19; Job 31,20; Job 31,20; Job 31,22; Job 31,24; Job 31,25; Job 31,25; Job 31,26; Job 31,27; Job 31,29; Job 31,30; Job 31,31; Job 31,32; Job 31,32; Job 31,33; Job 31,34; Job 31,35; Job 31,38; Job 31,39; Job 31,39; Job 31,40; Job 32,1; Job 32,2; Job 32,2; Job 32,3; Job 32,4; Job 32,6; Job 32,7; Job 32,7; Job 32,8; Job 32,14; Job 32,17; Job 32,19; Job 32,22; Job 33,1; Job 33,3; Job 33,4; Job 33,10; Job 33,11; Job 33,14; Job 33,17; Job 33,18; Job 33,19; Job 33,20; Job 33,22; Job 33,22; Job 33,23; Job 33,23; Job 33,24; Job 33,24; Job 33,25; Job 33,25; Job 33,26; Job 33,26; Job 33,26; Job 34,1; Job 34,6; Job 34,12; Job 34,15; Job 34,16; Job 34,20; Job 34,21; Job 34,26; Job 34,26; Job 34,27; Job 34,34; Job 34,35; Job 34,35; Job 34,36; Job 34,37; Job 35,1; Job 35,5; Job 35,6; Job 35,7; Job 35,11; Job 35,14; Job 36,1; Job 36,5; Job 36,12; Job 36,14; Job 36,15; Job 36,17; Job 36,18; Job 36,27; Job 36,28; Job 36,28a; Job 37,8; Job 37,8; Job 37,9; Job 37,10; Job 37,16; Job 37,16; Job 37,17; Job 37,17; Job 37,24; Job 38,1; Job 38,2; Job 38,2; Job 38,8; Job 38,9; Job 38,9; Job 38,10; Job 38,11; Job 38,12; Job 38,15; Job 38,15; Job 38,16; Job 38,16; Job 38,17; Job 38,18; Job 38,19; Job 38,19; Job 38,20; Job 38,21; Job 38,22; Job 38,22; Job 38,24; Job 38,25; Job 38,25; Job 38,29; Job 38,29; Job 38,30; Job 38,31; Job 38,33; Job 38,34; Job 38,35; Job 38,36; Job 38,37; Job 38,37; Job 38,38; Job 38,38; Job 38,39; Job 38,39; Job 38,40; Job 38,41; Job 39,1; Job 39,2; Job 39,2; Job 39,3; Job 39,5; Job 39,6; Job 39,7; Job 39,10; Job 39,11; Job 39,11; Job 39,12; Job 39,19; Job 39,20; Job 39,20; Job 39,21; Job 39,25; Job 39,25; Job 39,26; Job 39,27; Job 39,27; Job 39,30; Job 40,3; Job 40,4; Job 40,5; Job 40,6; Job 40,10; Job 40,11; Job 40,11; Job 40,12; Job 40,12; Job 40,13; Job 40,13; Job 40,16; Job 40,17; Job 40,18; Job 40,20; Job 40,22; Job 40,25; Job 40,25; Job 40,26; Job 40,28; Job 40,28; Job 40,29; Job 40,30; Job 40,30; Job 40,31; Job 40,32; Job 41,5; Job 41,7; Job 41,8; Job 41,10; Job 41,13; Job 41,14; Job 41,15; Job 41,16; Job 41,17; Job 41,19; Job 41,21; Job 41,22; Job 41,23; Job 41,24; Job 41,26; Job 42,1; Job 42,3; Job 42,3; Job 42,5; Job 42,6; Job 42,7; Job 42,8; Job 42,8; Job 42,9; Job 42,10; Job 42,10; Job 42,10; Job 42,11; Job 42,11; Job 42,11; Job 42,12; Job 42,12; Job 42,13; Job 42,14; Job 42,14; Job 42,15; Job 42,16; Job 42,16; Job 42,17a; Job 42,17b; Job 42,17c; Job 42,17c; Job 42,17c; Job 42,17d; Job 42,17d; Job 42,17d; Job 42,17e; Wis. 1,2; Wis. 1,9; Wis. 1,11; Wis. 1,16; Wis. 2,11; Wis. 2,24; Wis. 2,24; Wis. 3,1; Wis. 3,10; Wis. 3,16; Wis. 4,3; Wis. 4,7; Wis. 4,14; Wis. 4,16; Wis. 4,18; Wis. 5,7; Wis. 5,11; Wis. 5,13; Wis. 5,15; Wis. 5,20; Wis. 5,20; Wis. 5,22; Wis. 6,6; Wis. 6,8; Wis. 6,17; Wis. 6,18; Wis. 6,18; Wis. 6,19; Wis. 6,24; Wis. 7,3; Wis. 7,6; Wis. 7,12; Wis. 7,12; Wis. 7,15; Wis. 7,24; Wis. 7,27; Wis. 7,30; Wis. 8,1; Wis. 8,5; Wis. 8,6; Wis. 8,8; Wis. 8,19; Wis. 8,20; Wis. 8,21; Wis. 9,16; Wis. 10,3; Wis. 10,9; Wis. 10,19; Wis. 11,10; Wis. 11,11; Wis. 11,15; Wis. 11,20; Wis. 11,23; Wis. 11,25; Wis. 11,26; Wis. 12,10; Wis. 12,12; Wis. 12,15; Wis. 12,18; Wis. 12,22; Wis. 12,26; Wis. 13,4; Wis. 13,10; Wis. 13,11; Wis. 13,12; Wis. 13,13; Wis. 13,17; Wis. 13,18; Wis. 13,18; Wis. 13,19; Wis. 14,2; Wis. 14,3; Wis. 14,5; Wis. 14,8; Wis. 14,12; Wis. 14,18; Wis. 14,20; Wis. 14,30; Wis. 15,7; Wis. 15,14; Wis.

15,17; Wis. 15,17; Wis. 15,18; Wis. 15,19; Wis. 16,3; Wis. 16,4; Wis. 16,6; Wis. 16,8; Wis. 16,10; Wis. 16,14; Wis. 16,14; Wis. 16,15; Wis. 16,19; Wis. 16,21; Wis. 16,22; Wis. 17,6; Wis. 17,7; Wis. 17,10; Wis. 17,12; Wis. 17,13; Wis. 17,14; Wis. 17,20; Wis. 17,20; Wis. 18,1; Wis. 18,1; Wis. 18,3; Wis. 18,7; Wis. 18,11; Wis. 18,12; Wis. 18,17; Wis. 18,20; Wis. 18,22; Wis. 18,25; Wis. 19,1; Wis. 19,5; Wis. 19,7; Wis. 19,10; Wis. 19,11; Wis. 19,14; Wis. 19,16; Wis. 19,17; Sir. 1,23 Prol.; Sir. 1,25; Sir. 3,9; Sir. 5,12; Sir. 6,6; Sir. 6,14; Sir. 11,5; Sir. 11,21; Sir. 13,21; Sir. 14,18; Sir. 14,18; Sir. 16,4; Sir. 16,21; Sir. 18,13; Sir. 20,7; Sir. 20,13; Sir. 20,25; Sir. 21,7; Sir. 21,12; Sir. 21,16; Sir. 21,20; Sir. 21,22; Sir. 21,23; Sir. 21,24; Sir. 21,25; Sir. 21,26; Sir. 22,3; Sir. 22,6; Sir. 22,11; Sir. 22,12; Sir. 25,2; Sir. 26,4; Sir. 27,11; Sir. 27,12; Sir. 27,17; Sir. 27,21; Sir. 27,23; Sir. 28,17; Sir. 29,6; Sir. 33,2; Sir. 34,10; Sir. 36,18; Sir. 36,21; Sir. 37,31; Sir. 38,16; Sir. 40,29; Sir. 41,11; Sir. 41,14; Sir. 47,22; Sir. 48,16; Sir. 50,12; Sol. 3,12; Sol. 5,14; Sol. 13,11; Sol. 13,12; Sol. 14,10; Sol. 15,8; Sol. 15,13; Sol. 16,12; Sol. 17,3; Hos. 1,7; Hos. 2,10; Hos. 2,15; Hos. 4,4; Hos. 5,2; Hos. 5,4; Hos. 6,4; Hos. 7,9; Hos. 7,13; Hos. 7,13; Hos. 8,7; Hos. 10,3; Hos. 10,11; Hos. 12,2; Hos. 12,6; Hos. 12,10; Hos. 13,4; Hos. 14,10; Amos 2,9; Amos 4,7; Amos 7,11; Amos 7,13; Amos 7,17; Mic. 2,13; Mic. 4,5; Mic. 4,12; Mic. 7,7; Joel 4,16; Joel 4,16; Joel 4,20; Obad. 17; Obad. 18; Obad. 18; Jonah 1,5; Jonah 2,10; Jonah 3,3; Jonah 4,11; Hab. 2,4; Hab. 2,5; Hab. 2,20; Hab. 3,18; Zeph. 3,5; Hag. 1,4; Hag. 1,9; Zech. 1,15; Zech. 6,14; Zech. 12,4; Zech. 12,8; Zech. 13,8; Zech. 14,2; Zech. 14,10; Zech. 14,18; Mal. 1,3; Mal. 1,12; Mal. 2,8; Is. 1,18; Is. 1,20; Is. 1,21; Is. 1,25; Is. 2,11; Is. 3,9; Is. 3,14; Is. 4,2; Is. 5,2; Is. 5,4; Is. 5,5; Is. 5,7; Is. 5,12; Is. 8,12; Is. 8,14; Is. 10,7; Is. 10,25; Is. 10,34; Is. 11,14; Is. 14,10; Is. 14,11; Is. 14,13; Is. 14,15; Is. 14,19; Is. 14,30; Is. 14,30; Is. 15,5; Is. 15,9; Is. 17,7; Is. 17,11; Is. 17,11; Is. 19,5; Is. 19,16; Is. 22,6; Is. 22,7; Is. 22,13; Is. 23,4; Is. 23,5; Is. 23,11; Is. 24,5; Is. 24,14; Is. 24,18; Is. 26,11; Is. 26,14; Is. 26,19; Is. 27,3; Is. 27,12; Is. 28,17; Is. 28,20; Is. 28,21; Is. 28,27; Is. 29,8; Is. 29,13; Is. 29,13; Is. 29,21; Is. 29,24; Is. 30,2; Is. 31,3; Is. 31,8; Is. 31,9; Is. 32,8; Is. 32,19; Is. 33,1; Is. 33,2; Is. 33,4; Is. 34,3; Is. 35,8; Is. 36,7; Is. 37,3; Is. 37,26; Is. 37,28; Is. 37,29; Is. 37,30; Is. 37,30; Is. 37,38; Is. 38,1; Is. 39,6; Is. 40,8; Is. 40,16; Is. 40,23; Is. 40,31; Is. 41,16; Is. 41,25; Is. 42,17; Is. 43,26; Is. 44,1; Is. 44,15; Is. 44,17; Is. 45,4; Is. 46,2; Is. 46,7; Is. 47,6; Is. 47,8; Is. 47,9; Is. 47,15; Is. 49,12; Is. 49,14; Is. 49,15; Is. 49,21; Is. 49,21; Is. 49,21; Is. 49,22; Is. 49,23; Is. 49,25; Is. 49,25; Is. 50,5; Is. 50,6; Is. 50,6; Is. 51,6; Is. 51,6; Is. 51,6; Is. 51,6; Is. 51,8; Is. 51,8; Is. 53,5; Is. 54,16; Is. 54,17; Is. 55,13; Is. 57,3; Is. 57,13; Is. 57,20; Is. 59,3; Is. 59,7; Is. 60,2; Is. 60,17; Is. 60,17; Is. 60,17; Is. 61,6; Is. 62,1; Is. 62,12; Is. 63,10; Is. 64,7; Is. 65,11; Is. 65,13; Is. 65,13; Is. 65,13; Is. 65,14; Is. 65,15; Is. 65,15; Is. 65,20; Is. 65,23; Is. 65,25; Is. 66,1; Is. 66,3; Is. 66,3; Is. 66,9; Jer. 2,11; Jer. 2,21; Jer. 2,25; Jer. 2,32; Jer. 3,13; Jer. 3,24; Jer. 4,12; Jer. 4,22; Jer. 4,27; Jer. 5,10; Jer. 5,23; Jer. 7,8; Jer. 8,7; Jer. 11,19; Jer. 11,21; Jer. 12,17; Jer. 13,17; Jer. 17,16; Jer. 22,5; Jer. 22,27; Jer. 26,27; Jer. 26,28; Jer. 31,30; Jer. 32,31; Jer. 42,16; Jer. 47,5; Bar. 1,15; Bar. 2,6; Bar. 3,20; Bar. 3,34; Bar. 4,1; Bar. 4,6; Bar. 4,8; Bar. 4,8; Bar. 4,11; Bar. 4,13; Bar. 4,17; Bar. 4,20; Bar. 5,6; Bar. 5,8; Lam. 1,19; LetterJ 2; LetterJ 3; LetterJ 5; LetterJ 9; LetterJ 9; LetterJ 10; LetterJ 13; LetterJ 13; LetterJ 19; LetterJ 21; LetterJ 27; LetterJ 27; LetterJ 31; LetterJ 38; LetterJ 40; LetterJ 42; LetterJ 54; LetterJ 55; LetterJ 62; LetterJ 70; Ezek. 3,7; Ezek. 3,21; Ezek. 6,12; Ezek. 7,15; Ezek. 9,6; Ezek. 10,13; Ezek. 11,3; Ezek. 11,7; Ezek. 14,16; Ezek. 14,21; Ezek. 16,7; Ezek. 16,27; Ezek. 18,5; Ezek. 18,14; Ezek. 18,18; Ezek. 18,20; Ezek. 18,20; Ezek. 18,24; Ezek. 21,22; Ezek. 22,12; Ezek. 22,13; Ezek. 28,2; Ezek. 28,9; Ezek. 30,25; Ezek. 33,8; Ezek. 33,9; Ezek. 34,8; Ezek. 40,44; Ezek. 46,1; Ezek. 46,12; Ezek. 46,17; Ezek. 48,13; Ezek. 48,15; Ezek. 48,19; Ezek. 48,21; Dan. 1,7; Dan. 1,15; Dan. 1,18; Dan. 2,5; Dan. 2,6; Dan. 2,7; Dan. 2,13; Dan. 2,16; Dan. 2,24; Dan. 2,26; Dan. 2,26; Dan. 2,27; Dan. 2,30; Dan. 2,33; Dan. 2,36; Dan. 2,43; Dan. 2,44; Dan. 3,15; Dan. 3,16; Dan. 3,23; Dan. 3,25; Dan. 3,46; Dan. 3,49; Dan. 3,51; Dan. 3,95; Dan. 4,19; Dan. 4,22; Dan. 4,31; Dan. 4,33; Dan. 4,37b; Dan. 5,0; Dan. 6,5; Dan. 6,6; Dan. 6,11; Dan. 6,13; Dan. 6,13; Dan. 6,17; Dan. 6,23; Dan. 6,23; Dan. 7,7; Dan. 7,7; Dan. 7,16; Dan. 8,4; Dan. 12,2; Dan. 12,2; Sus. 28; Sus. 29; Sus. 30; Sus. 31; Sus. 34; Sus. 35; Sus. 36; Sus. 39; Sus. 40; Sus. 48; Sus. 52; Sus. 53; Sus. 55; Sus. 56; Sus. 58; Bel 3; Bel 4; Bel 6; Bel 7; Bel 8; Bel 8; Bel 9; Bel 9; Bel 13; Bel 14; Bel 15-17; Bel 22; Bel 31-32; Bel 39; Bel 39; Bel 40; Judg. 1,11; Judg. 1,23; Judg. 1,25; Judg. 1,33; Judg. 6,17; Judg. 6,39; Judg. 9,20; Judg. 11,36; Judg. 17,6; Judg. 21,11; Judg. 21,25; Tob. 1,11; Tob. 1,22; Tob. 5,2; Tob. 5,4; Tob. 7,10; Tob. 10,1; Tob. 12,7; Dan. 2,6; Dan. 2,15; Dan. 2,30; Dan. 3,15; Dan. 3,49; Dan. 5,17; Dan. 6,23; Sus. 21; Sus. 24; Sus. 26; Sus. 27; Sus. 29; Sus. 31; Sus. 32; Sus. 33; Sus. 34; Sus. 35; Sus. 36; Sus. 38; Sus. 40; Sus. 42; Sus. 47; Sus. 48; Sus. 52; Sus. 53; Sus. 54; Sus. 55; Sus. 58; Sus. 59; Sus. 63; Bel 4; Bel 5; Bel 7; Bel 8; Bel 12; Bel 15; Bel 17; Bel 29; Bel 31; Bel 32; Bel 32; Bel 39; Bel 40; Bel 42; Matt. 1,18; Matt. 1,19; Matt. 1,20; Matt. 1,21; Matt. 1,22; Matt. 1,24; Matt. 2,1; Matt. 2,3; Matt. 2,5; Matt. 2,8; Matt. 2,9; Matt. 2,10; Matt. 2,13; Matt. 2,14; Matt. 2,19; Matt. 2,21; Matt. 2,22; Matt. 2,22; Matt. 3,1; Matt. 3,4; Matt. 3,4; Matt. 3,7; Matt. 3,10; Matt. 3,12; Matt. 3,14; Matt. 3,15; Matt. 3,16; Matt. 4,4; Matt. 4,12; Matt. 4,18; Matt. 4,20; Matt. 4,22; Matt. 5,1; Matt. 5,13; Matt. 5,22; Matt. 5,28; Matt. 5,29; Matt. 5,32; Matt. 5,33; Matt. 5,34; Matt. 5,37; Matt. 5,37; Matt. 5,39; Matt. 5,44; Matt. 6,1; Matt. 6,1; Matt. 6,3; Matt. 6,6; Matt. 6,7; Matt. 6,15; Matt. 6,16; Matt. 6,17; Matt. 6,20; Matt. 6,23; Matt. 6,27; Matt. 6,29; Matt. 6,30; Matt. 6,33; Matt. 7,3; Matt. 7,3; Matt. 7,17; Matt. 8,1; Matt. 8,5; Matt. 8,10; Matt. 8,11; Matt. 8,12; Matt. 8,16; Matt. 8,18; Matt. 8,20; Matt. 8,21; Matt. 8,22; Matt. 8,24; Matt. 8,27; Matt. 8,30; Matt. 8,31; Matt. 8,32; Matt. 8,33; Matt. 9,6; Matt. 9,8; Matt. 9,12; Matt. 9,13; Matt. 9,14; Matt. 9,15; Matt. 9,16; Matt. 9,17; Matt. 9,22; Matt. 9,25; Matt. 9,28; Matt. 9,31; Matt. 9,32; Matt. 9,34; Matt. 9,36; Matt. 10,2; Matt. 10,6; Matt. 10,7; Matt. 10,12; Matt. 10,17; Matt. 10,18; Matt. 10,19; Matt. 10,21; Matt. 10,22; Matt. 10,23; Matt. 10,28; Matt. 10,28; Matt. 10,30; Matt. 11,2; Matt. 11,7; Matt. 11,11; Matt. 11,12; Matt. 11,16; Matt. 12,1; Matt. 12,2; Matt. 12,3; Matt. 12,6; Matt. 12,7; Matt. 12,11; Matt. 12,14; Matt. 12,15; Matt. 12,24; Matt. 12,25; Matt. 12,28; Matt. 12,31; Matt. 12,36; Matt. 12,39; Matt. 12,43; Matt. 12,48; Matt. 13,6; Matt. 13,11; Matt. 13,11; Matt. 13,12; Matt. 13,16; Matt. 13,20; Matt. 13,21; Matt. 13,21; Matt. 13,22; Matt. 13,23; Matt. 13,25; Matt. 13,26; Matt. 13,27; Matt. 13,28; Matt. 13,28; Matt. 13,30; Matt. 13,37; Matt. 13,38; Matt. 13,38; Matt. 13,38; Matt. 13,39; Matt. 13,39; Matt. 13,39; Matt. 13,46; Matt. 13,48; Matt. 13,52; Matt. 13,57; Matt. 14,6; Matt. 14,8; Matt. 14,13; Matt. 14,15; Matt. 14,16; Matt. 14,17; Matt. 14,18; Matt. 14,19; Matt. 14,21; Matt. 14,23; Matt. 14,24; Matt. 14,25; Matt. 14,26; Matt. 14,27; Matt. 14,28; Matt. 14,29; Matt. 14,30; Matt. 14,31; Matt. 14,33; Matt. 15,3; Matt. 15,5; Matt. 15,8; Matt. 15,9; Matt. 15,13; Matt. 15,14; Matt. 15,15; Matt. 15,16; Matt. 15,18; Matt. 15,20; Matt. 15,23; Matt. 15,24; Matt. 15,25; Matt. 15,26; Matt. 15,27; Matt. 15,32; Matt. 15,34; Matt. 15,36; Matt. 15,38; Matt. 16,2; Matt. 16,6; Matt. 16,7; Matt. 16,8; Matt. 16,11; Matt. 16,13; Matt. 16,14; Matt. 16,16; Matt. 16,17; Matt. 16,23; Matt. 16,26; Matt. 17,2; Matt. 17,4; Matt. 17,8; Matt. 17,11; Matt. 17,17; Matt. 17,20; Matt. 17,22; Matt. 17,24; Matt. 17,27; Matt. 18,8; Matt. 18,15; Matt. 18,16; Matt. 18,17; Matt. 18,17;

Matt. 18,24; Matt. 18,25; Matt. 18,27; Matt. 18,28; Matt. 18,30; Matt. 19,4; Matt. 19,8; Matt. 19,9; Matt. 19,11; Matt. 19,13; Matt. 19,14; Matt. 19,17; Matt. 19,17; Matt. 19,18; Matt. 19,22; Matt. 19,23; Matt. 19,24; Matt. 19,25; Matt. 19,26; Matt. 19,26; Matt. 19,28; Matt. 19,30; Matt. 20,2; Matt. 20,5; Matt. 20,5; Matt. 20,6; Matt. 20,8; Matt. 20,11; Matt. 20,13; Matt. 20,14; Matt. 20,21; Matt. 20,22; Matt. 20,25; Matt. 20,31; Matt. 20,31; Matt. 20,34; Matt. 21,3; Matt. 21,4; Matt. 21,6; Matt. 21,8; Matt. 21,8; Matt. 21,9; Matt. 21,11; Matt. 21,13; Matt. 21,15; Matt. 21,16; Matt. 21,18; Matt. 21,21; Matt. 21,24; Matt. 21,25; Matt. 21,26; Matt. 21,28; Matt. 21,29; Matt. 21,29; Matt. 21,30; Matt. 21,30; Matt. 21,32; Matt. 21,32; Matt. 21,34; Matt. 21,37; Matt. 21,38; Matt. 22,5; Matt. 22,7; Matt. 22,11; Matt. 22,12; Matt. 22,14; Matt. 22,18; Matt. 22,19; Matt. 22,25; Matt. 22,27; Matt. 22,29; Matt. 22,31; Matt. 22,34; Matt. 22,37; Matt. 22,39; Matt. 22,41; Matt. 23,3; Matt. 23,4; Matt. 23,4; Matt. 23,5; Matt. 23,6; Matt. 23,8; Matt. 23,8; Matt. 23,11; Matt. 23,12; Matt. 23,13; Matt. 23,23; Matt. 23,24; Matt. 23,25; Matt. 24,2; Matt. 24,3; Matt. 24,6; Matt. 24,8; Matt. 24,13; Matt. 24,19; Matt. 24,20; Matt. 24,22; Matt. 24,29; Matt. 24,32; Matt. 24,35; Matt. 24,36; Matt. 24,43; Matt. 24,48; Matt. 24,49; Matt. 25,2; Matt. 25,4; Matt. 25,5; Matt. 25,6; Matt. 25,8; Matt. 25,9; Matt. 25,10; Matt. 25,11; Matt. 25,12; Matt. 25,18; Matt. 25,19; Matt. 25,22; Matt. 25,24; Matt. 25,26; Matt. 25,29; Matt. 25,31; Matt. 25,46; Matt. 26,6; Matt. 26,8; Matt. 26,10; Matt. 26,11; Matt. 26,15; Matt. 26,17; Matt. 26,18; Matt. 26,20; Matt. 26,23; Matt. 26,25; Matt. 26,26; Matt. 26,29; Matt. 26,32; Matt. 26,33; Matt. 26,48; Matt. 26,50; Matt. 26,56; Matt. 26,57; Matt. 26,58; Matt. 26,59; Matt. 26,60; Matt. 26,63; Matt. 26,66; Matt. 26,67; Matt. 26,69; Matt. 26,70; Matt. 26,71; Matt. 26,73; Matt. 27,1; Matt. 27,4; Matt. 27,6; Matt. 27,7; Matt. 27,11; Matt. 27,11; Matt. 27,15; Matt. 27,16; Matt. 27,19; Matt. 27,20; Matt. 27,20; Matt. 27,21; Matt. 27,21; Matt. 27,23; Matt. 27,23; Matt. 27,24; Matt. 27,26; Matt. 27,32; Matt. 27,35; Matt. 27,39; Matt. 27,45; Matt. 27,46; Matt. 27,47; Matt. 27,49; Matt. 27,50; Matt. 27,54; Matt. 27,55; Matt. 27,57; Matt. 27,61; Matt. 27,62; Matt. 27,66; Matt. 28,1; Matt. 28,3; Matt. 28,4; Matt. 28,5; Matt. 28,9; Matt. 28,11; Matt. 28,15; Matt. 28,16; Matt. 28,17; Mark 1,8; Mark 1,14; Mark 1,30; Mark 1,32; Mark 1,45; Mark 2,10; Mark 2,18; Mark 2,20; Mark 2,21; Mark 2,22; Mark 3,4; Mark 4,11; Mark 4,29; Mark 4,34; Mark 4,34; Mark 5,11; Mark 5,33; Mark 5,34; Mark 5,36; Mark 5,40; Mark 6,15; Mark 6,15; Mark 6,16; Mark 6,19; Mark 6,24; Mark 6,37; Mark 6,38; Mark 6,49; Mark 6,50; Mark 7,6; Mark 7,6; Mark 7,7; Mark 7,11; Mark 7,20; Mark 7,24; Mark 7,26; Mark 7,28; Mark 7,36; Mark 8,5; Mark 8,9; Mark 8,28; Mark 8,28; Mark 8,29; Mark 8,33; Mark 9,12; Mark 9,19; Mark 9,21; Mark 9,23; Mark 9,25; Mark 9,27; Mark 9,32; Mark 9,34; Mark 9,39; Mark 9,50; Mark 10,3; Mark 10,4; Mark 10,5; Mark 10,6; Mark 10,13; Mark 10,14; Mark 10,18; Mark 10,20; Mark 10,21; Mark 10,22; Mark 10,24; Mark 10,24; Mark 10,26; Mark 10,31; Mark 10,32; Mark 10,32; Mark 10,36; Mark 10,37; Mark 10,38; Mark 10,39; Mark 10,39; Mark 10,40; Mark 10,48; Mark 10,50; Mark 10,51; Mark 11,6; Mark 11,8; Mark 11,17; Mark 11,29; Mark 12,7; Mark 12,15; Mark 12,16; Mark 12,16; Mark 12,17; Mark 12,26; Mark 12,44; Mark 13,5; Mark 13,7; Mark 13,9; Mark 13,13; Mark 13,14; Mark 13,15; Mark 13,17; Mark 13,18; Mark 13,23; Mark 13,28; Mark 13,31; Mark 13,32; Mark 13,37; Mark 14,1; Mark 14,6; Mark 14,7; Mark 14,9; Mark 14,11; Mark 14,20; Mark 14,29; Mark 14,31; Mark 14,31; Mark 14,44; Mark 14,46; Mark 14,52; Mark 14,55; Mark 14,61; Mark 14,62; Mark 14,63; Mark 14,64; Mark 14,68; Mark 14,70; Mark 14,71; Mark 15,2; Mark 15,4; Mark 15,5; Mark 15,6; Mark 15,7; Mark 15,9; Mark 15,11; Mark 15,12; Mark 15,13; Mark 15,14; Mark 15,14; Mark 15,15; Mark 15,16; Mark 15,23; Mark 15,25; Mark 15,37; Mark 15,39; Mark 15,40; Mark 15,44; Mark 15,47; Mark 16,6; Mark 16,8; Mark 16,8; Mark 16,9; Mark 16,12; Mark 16,14; Mark 16,16; Mark 16,17; Luke 1,6; Luke 1,8; Luke 1,11; Luke 1,13; Luke 1,22; Luke 1,24; Luke 1,26; Luke 1,29; Luke 1,34; Luke 1,38; Luke 1,39; Luke 1,56; Luke 1,57; Luke 1,62; Luke 1,64; Luke 1,80; Luke 2,1; Luke 2,4; Luke 2,6; Luke 2,17; Luke 2,19; Luke 2,35; Luke 2,40; Luke 2,44; Luke 2,47; Luke 3,1; Luke 3,1; Luke 3,9; Luke 3,11; Luke 3,12; Luke 3,13; Luke 3,14; Luke 3,15; Luke 3,17; Luke 3,21; Luke 4,1; Luke 4,3; Luke 4,9; Luke 4,21; Luke 4,25; Luke 4,30; Luke 4,38; Luke 4,38; Luke 4,39; Luke 4,40; Luke 4,40; Luke 4,41; Luke 4,42; Luke 4,43; Luke 5,1; Luke 5,2; Luke 5,3; Luke 5,3; Luke 5,4; Luke 5,5; Luke 5,6; Luke 5,8; Luke 5,10; Luke 5,12; Luke 5,15; Luke 5,16; Luke 5,22; Luke 5,24; Luke 5,33; Luke 5,33; Luke 5,34; Luke 5,35; Luke 5,36; Luke 5,36; Luke 5,37; Luke 6,1; Luke 6,2; Luke 6,6; Luke 6,7; Luke 6,8; Luke 6,8; Luke 6,9; Luke 6,10; Luke 6,11; Luke 6,12; Luke 6,39; Luke 6,40; Luke 6,41; Luke 6,41; Luke 6,48; Luke 6,49; Luke 7,3; Luke 7,4; Luke 7,6; Luke 7,6; Luke 7,9; Luke 7,12; Luke 7,14; Luke 7,16; Luke 7,20; Luke 7,24; Luke 7,28; Luke 7,30; Luke 7,39; Luke 7,41; Luke 7,43; Luke 7,44; Luke 7,45; Luke 7,46; Luke 7,47; Luke 7,48; Luke 7,50; Luke 8,4; Luke 8,9; Luke 8,10; Luke 8,10; Luke 8,11; Luke 8,12; Luke 8,13; Luke 8,14; Luke 8,15; Luke 8,16; Luke 8,19; Luke 8,20; Luke 8,21; Luke 8,22; Luke 8,23; Luke 8,24; Luke 8,24; Luke 8,25; Luke 8,25; Luke 8,27; Luke 8,28; Luke 8,30; Luke 8,30; Luke 8,32; Luke 8,33; Luke 8,34; Luke 8,35; Luke 8,36; Luke 8,37; Luke 8,38; Luke 8,38; Luke 8,40; Luke 8,42; Luke 8,45; Luke 8,46; Luke 8,47; Luke 8,48; Luke 8,50; Luke 8,51; Luke 8,52; Luke 8,52; Luke 8,54; Luke 8,56; Luke 9,1; Luke 9,6; Luke 9,7; Luke 9,8; Luke 9,8; Luke 9,9; Luke 9,11; Luke 9,12; Luke 9,12; Luke 9,13; Luke 9,13; Luke 9,14; Luke 9,16; Luke 9,19; Luke 9,19; Luke 9,19; Luke 9,20; Luke 9,20; Luke 9,20; Luke 9,21; Luke 9,23; Luke 9,25; Luke 9,27; Luke 9,28; Luke 9,32; Luke 9,32; Luke 9,34; Luke 9,34; Luke 9,37; Luke 9,41; Luke 9,42; Luke 9,42; Luke 9,43; Luke 9,43; Luke 9,45; Luke 9,46; Luke 9,47; Luke 9,49; Luke 9,50; Luke 9,51; Luke 9,54; Luke 9,55; Luke 9,58; Luke 9,59; Luke 9,59; Luke 9,60; Luke 9,60; Luke 9,61; Luke 9,61; Luke 9,62; Luke 10,1; Luke 10,2; Luke 10,6; Luke 10,7; Luke 10,16; Luke 10,17; Luke 10,18; Luke 10,20; Luke 10,26; Luke 10,27; Luke 10,28; Luke 10,29; Luke 10,31; Luke 10,32; Luke 10,34; Luke 10,37; Luke 10,37; Luke 10,38; Luke 10,40; Luke 10,40; Luke 10,41; Luke 11,2; Luke 11,11; Luke 11,14; Luke 11,15; Luke 11,16; Luke 11,17; Luke 11,18; Luke 11,19; Luke 11,20; Luke 11,22; Luke 11,27; Luke 11,28; Luke 11,29; Luke 11,34; Luke 11,37; Luke 11,37; Luke 11,38; Luke 11,39; Luke 11,39; Luke 11,42; Luke 11,46; Luke 11,47; Luke 12,2; Luke 12,4; Luke 12,5; Luke 12,8; Luke 12,9; Luke 12,10; Luke 12,11; Luke 12,14; Luke 12,15; Luke 12,16; Luke 12,20; Luke 12,20; Luke 12,22; Luke 12,25; Luke 12,27; Luke 12,28; Luke 12,30; Luke 12,39; Luke 12,41; Luke 12,45; Luke 12,47; Luke 12,48; Luke 12,48; Luke 12,48; Luke 12,50; Luke 12,54; Luke 12,56; Luke 12,57; Luke 13,6; Luke 13,7; Luke 13,8; Luke 13,10; Luke 13,12; Luke 13,14; Luke 13,15; Luke 13,16; Luke 13,23; Luke 13,28; Luke 13,35; Luke 14,4; Luke 14,7; Luke 14,12; Luke 14,16; Luke 14,25; Luke 14,32; Luke 14,34; Luke 15,1; Luke 15,3; Luke 15,12; Luke 15,14; Luke 15,17; Luke 15,17; Luke 15,20; Luke 15,21; Luke 15,22; Luke 15,25; Luke 15,27; Luke 15,28; Luke 15,28; Luke 15,29; Luke 15,30; Luke 15,31; Luke 15,32; Luke 16,1; Luke 16,3; Luke 16,6; Luke 16,6; Luke 16,7; Luke 16,7; Luke 16,14; Luke 16,15; Luke 16,22; Luke 16,22; Luke 16,25; Luke 16,25; Luke 16,25; Luke 16,29; Luke 16,30; Luke 16,31; Luke 17,1; Luke 17,6; Luke 17,7; Luke 17,15; Luke 17,17; Luke 17,17; Luke 17,20; Luke 17,22; Luke 17,25;

Luke 17,29; Luke 17,35; Luke 17,37; Luke 18,1; Luke 18,3; Luke 18,4; Luke 18,6; Luke 18,7; Luke 18,9; Luke 18,13; Luke 18,14; Luke 18,15; Luke 18,15; Luke 18,16; Luke 18,19; Luke 18,21; Luke 18,22; Luke 18,23; Luke 18,24; Luke 18,26; Luke 18,27; Luke 18,28; Luke 18,29; Luke 18,31; Luke 18,35; Luke 18,36; Luke 18,37; Luke 18,39; Luke 18,40; Luke 18,40; Luke 18,41; Luke 19,8; Luke 19,9; Luke 19,11; Luke 19,13; Luke 19,14; Luke 19,16; Luke 19,19; Luke 19,26; Luke 19,32; Luke 19,33; Luke 19,34; Luke 19,36; Luke 19,37; Luke 19,42; Luke 19,46; Luke 19,47; Luke 20,3; Luke 20,5; Luke 20,6; Luke 20,9; Luke 20,10; Luke 20,11; Luke 20,12; Luke 20,13; Luke 20,14; Luke 20,16; Luke 20,17; Luke 20,23; Luke 20,24; Luke 20,25; Luke 20,31; Luke 20,35; Luke 20,37; Luke 20,38; Luke 20,41; Luke 20,45; Luke 21,1; Luke 21,4; Luke 21,7; Luke 21,8; Luke 21,9; Luke 21,12; Luke 21,16; Luke 21,20; Luke 21,28; Luke 21,33; Luke 21,34; Luke 21,36; Luke 21,37; Luke 21,37; Luke 22,1; Luke 22,3; Luke 22,7; Luke 22,9; Luke 22,10; Luke 22,13; Luke 22,24; Luke 22,25; Luke 22,26; Luke 22,27; Luke 22,32; Luke 22,33; Luke 22,34; Luke 22,35; Luke 22,36; Luke 22,38; Luke 22,38; Luke 22,39; Luke 22,40; Luke 22,43; Luke 22,48; Luke 22,49; Luke 22,51; Luke 22,52; Luke 22,54; Luke 22,54; Luke 22,55; Luke 22,56; Luke 22,57; Luke 22,58; Luke 22,60; Luke 22,67; Luke 22,68; Luke 22,69; Luke 22,70; Luke 22,70; Luke 22,71; Luke 23,2; Luke 23,3; Luke 23,3; Luke 23,4; Luke 23,5; Luke 23,6; Luke 23,8; Luke 23,9; Luke 23,9; Luke 23,10; Luke 23,11; Luke 23,12; Luke 23,13; Luke 23,18; Luke 23,18; Luke 23,20; Luke 23,21; Luke 23,22; Luke 23,23; Luke 23,25; Luke 23,25; Luke 23,27; Luke 23,28; Luke 23,32; Luke 23,34; Luke 23,34; Luke 23,35; Luke 23,36; Luke 23,38; Luke 23,39; Luke 23,40; Luke 23,45; Luke 23,46; Luke 23,47; Luke 23,49; Luke 23,55; Luke 23,56; Luke 24,1; Luke 24,2; Luke 24,3; Luke 24,5; Luke 24,10; Luke 24,12; Luke 24,16; Luke 24,17; Luke 24,18; Luke 24,19; Luke 24,21; Luke 24,24; Luke 24,31; Luke 24,36; Luke 24,37; Luke 24,41; Luke 24,42; Luke 24,44; Luke 24,49; Luke 24,50; John 1,12; John 1,38; John 1,38; John 1,44; John 2,2; John 2,6; John 2,8; John 2,9; John 2,9; John 2,21; John 2,23; John 2,24; John 3,1; John 3,18; John 3,21; John 3,23; John 3,29; John 3,30; John 3,36; John 4,4; John 4,6; John 4,39; John 4,43; John 4,51; John 4,54; John 5,2; John 5,7; John 5,9; John 5,11; John 5,13; John 5,17; John 5,29; John 5,34; John 5,35; John 5,36; John 5,47; John 6,2; John 6,3; John 6,4; John 6,6; John 6,10; John 6,12; John 6,16; John 6,20; John 6,51; John 6,61; John 6,71; John 7,2; John 7,6; John 7,7; John 7,9; John 7,10; John 7,14; John 7,18; John 7,27; John 7,31; John 7,37; John 7,39; John 7,41; John 7,44; John 8,1; John 8,2; John 8,3; John 8,5; John 8,6; John 8,6; John 8,7; John 8,9; John 8,10; John 8,11; John 8,11; John 8,14; John 8,16; John 8,17; John 8,35; John 8,40; John 8,45; John 8,50; John 8,55; John 8,59; John 9,14; John 9,15; John 9,16; John 9,17; John 9,21; John 9,28; John 9,29; John 9,38; John 9,41; John 10,2; John 10,5; John 10,6; John 10,20; John 10,38; John 11,2; John 11,4; John 11,5; John 11,13; John 11,13; John 11,18; John 11,19; John 11,20; John 11,29; John 11,30; John 11,37; John 11,38; John 11,41; John 11,42; John 11,46; John 11,51; John 11,55; John 11,57; John 12,2; John 12,3; John 12,4; John 12,6; John 12,8; John 12,10; John 12,14; John 12,20; John 12,23; John 12,24; John 12,33; John 12,37; John 12,44; John 13,1; John 13,7; John 13,20; John 13,28; John 13,30; John 13,36; John 14,2; John 14,10; John 14,11; John 14,19; John 14,21; John 14,26; John 15,15; John 15,19; John 15,22; John 15,24; John 15,27; John 16,4; John 16,5; John 16,7; John 16,13; John 16,20; John 16,21; John 17,13; John 17,20; John 18,2; John 18,5; John 18,7; John 18,10; John 18,14; John 18,15; John 18,15; John 18,16; John 18,18; John 18,18; John 18,22; John 18,23; John 18,25; John 18,28; John 18,36; John 18,39; John 18,40; John 19,9; John 19,12; John 19,13; John 19,14; John 19,18; John 19,19; John 19,19; John 19,23; John 19,25; John 19,38; John 19,38; John 19,39; John 19,41; John 20,1; John 20,4; John 20,11; John 20,17; John 20,24; John 20,25; John 20,31; John 21,1; John 21,4; John 21,6; John 21,8; John 21,12; John 21,18; John 21,19; John 21,21; John 21,23; John 21,25; Acts 2,5; Acts 2,6; Acts 2,7; Acts 2,12; Acts 2,13; Acts 2,14; Acts 2,26; Acts 2,34; Acts 2,37; Acts 2,38; Acts 2,42; Acts 2,43; Acts 2,44; Acts 2,47; Acts 3,1; Acts 3,4; Acts 3,5; Acts 3,6; Acts 3,6; Acts 3,7; Acts 3,10; Acts 3,11; Acts 3,12; Acts 3,18; Acts 3,23; Acts 3,24; Acts 4,1; Acts 4,4; Acts 4,5; Acts 4,13; Acts 4,15; Acts 4,19; Acts 4,21; Acts 4,23; Acts 4,24; Acts 4,32; Acts 4,35; Acts 4,36; Acts 5,3; Acts 5,5; Acts 5,6; Acts 5,7; Acts 5,8; Acts 5,8; Acts 5,9; Acts 5,10; Acts 5,10; Acts 5,12; Acts 5,13; Acts 5,14; Acts 5,16; Acts 5,17; Acts 5,19; Acts 5,21; Acts 5,21; Acts 5,22; Acts 5,22; Acts 5,23; Acts 5,24; Acts 5,27; Acts 5,29; Acts 5,33; Acts 5,39; Acts 5,39; Acts 6,1; Acts 6,2; Acts 6,4; Acts 6,8; Acts 7,1; Acts 7,2; Acts 7,6; Acts 7,11; Acts 7,12; Acts 7,14; Acts 7,17; Acts 7,21; Acts 7,22; Acts 7,23; Acts 7,25; Acts 7,25; Acts 7,27; Acts 7,29; Acts 7,31; Acts 7,31; Acts 7,32; Acts 7,33; Acts 7,42; Acts 7,47; Acts 7,49; Acts 7,54; Acts 7,55; Acts 7,57; Acts 7,60; Acts 8,1; Acts 8,1; Acts 8,1; Acts 8,2; Acts 8,3; Acts 8,6; Acts 8,7; Acts 8,8; Acts 8,11; Acts 8,12; Acts 8,13; Acts 8,14; Acts 8,16; Acts 8,18; Acts 8,20; Acts 8,24; Acts 8,26; Acts 8,29; Acts 8,30; Acts 8,31; Acts 8,32; Acts 8,34; Acts 8,35; Acts 8,36; Acts 8,39; Acts 8,40; Acts 9,1; Acts 9,3; Acts 9,7; Acts 9,8; Acts 9,8; Acts 9,8; Acts 9,10; Acts 9,11; Acts 9,13; Acts 9,15; Acts 9,17; Acts 9,19; Acts 9,21; Acts 9,22; Acts 9,23; Acts 9,24; Acts 9,24; Acts 9,25; Acts 9,26; Acts 9,27; Acts 9,29; Acts 9,30; Acts 9,32; Acts 9,33; Acts 9,37; Acts 9,37; Acts 9,38; Acts 9,39; Acts 9,40; Acts 9,40; Acts 9,41; Acts 9,41; Acts 9,42; Acts 9,43; Acts 10,4; Acts 10,4; Acts 10,7; Acts 10,9; Acts 10,10; Acts 10,10; Acts 10,14; Acts 10,16; Acts 10,17; Acts 10,19; Acts 10,21; Acts 10,22; Acts 10,23; Acts 10,24; Acts 10,24; Acts 10,25; Acts 10,26; Acts 10,34; Acts 10,48; Acts 11,1; Acts 11,2; Acts 11,4; Acts 11,7; Acts 11,9; Acts 11,10; Acts 11,12; Acts 11,12; Acts 11,13; Acts 11,15; Acts 11,16; Acts 11,18; Acts 11,22; Acts 11,25; Acts 11,26; Acts 11,27; Acts 11,28; Acts 11,29; Acts 12,1; Acts 12,2; Acts 12,3; Acts 12,3; Acts 12,6; Acts 12,7; Acts 12,8; Acts 12,8; Acts 12,9; Acts 12,10; Acts 12,13; Acts 12,14; Acts 12,15; Acts 12,15; Acts 12,16; Acts 12,16; Acts 12,17; Acts 12,18; Acts 12,19; Acts 12,20; Acts 12,20; Acts 12,21; Acts 12,22; Acts 12,23; Acts 12,24; Acts 12,25; Acts 13,1; Acts 13,2; Acts 13,5; Acts 13,6; Acts 13,8; Acts 13,13; Acts 13,13; Acts 13,14; Acts 13,15; Acts 13,16; Acts 13,25; Acts 13,29; Acts 13,30; Acts 13,34; Acts 13,42; Acts 13,43; Acts 13,44; Acts 13,45; Acts 13,48; Acts 13,49; Acts 13,50; Acts 13,51; Acts 14,1; Acts 14,2; Acts 14,4; Acts 14,5; Acts 14,12; Acts 14,14; Acts 14,19; Acts 14,20; Acts 14,23; Acts 14,27; Acts 14,28; Acts 15,2; Acts 15,4; Acts 15,7; Acts 15,12; Acts 15,13; Acts 15,33; Acts 15,35; Acts 15,37; Acts 15,38; Acts 15,39; Acts 15,40; Acts 15,41; Acts 16,1; Acts 16,1; Acts 16,4; Acts 16,6; Acts 16,7; Acts 16,8; Acts 16,10; Acts 16,11; Acts 16,11; Acts 16,12; Acts 16,15; Acts 16,16; Acts 16,18; Acts 16,18; Acts 16,19; Acts 16,25; Acts 16,25; Acts 16,26; Acts 16,26; Acts 16,27; Acts 16,28; Acts 16,29; Acts 16,31; Acts 16,35; Acts 16,36; Acts 16,37; Acts 16,38; Acts 16,38; Acts 16,40; Acts 17,1; Acts 17,2; Acts 17,5; Acts 17,6; Acts 17,8; Acts 17,10; Acts 17,11; Acts 17,14; Acts 17,15; Acts 17,16; Acts 17,18; Acts 17,21; Acts 17,22; Acts 17,32; Acts 17,34; Acts 18,4; Acts 18,5; Acts 18,6; Acts 18,8; Acts 18,9; Acts 18,11; Acts 18,12; Acts 18,14; Acts 18,17; Acts 18,18; Acts 18,19; Acts 18,19; Acts 18,20; Acts 18,26; Acts 18,27; Acts 19,1; Acts 19,2; Acts 19,3; Acts 19,4; Acts 19,5; Acts 19,7; Acts 19,8; Acts 19,10; Acts 19,15; Acts 19,17; Acts 19,19; Acts 19,21; Acts 19,22; Acts 19,23; Acts 19,27; Acts 19,28; Acts 19,30; Acts 19,31; Acts 19,33; Acts 19,34;

Acts 19,35; Acts 20,1; Acts 20,2; Acts 20,4; Acts 20,4; Acts 20,4; Acts 20,5; Acts 20,6; Acts 20,7; Acts 20,8; Acts 20,10; Acts 20,11; Acts 20,12; Acts 20,13; Acts 20,14; Acts 20,15; Acts 20,15; Acts 20,17; Acts 20,18; Acts 20,37; Acts 20,38; Acts 21,1; Acts 21,1; Acts 21,3; Acts 21,4; Acts 21,5; Acts 21,6; Acts 21,7; Acts 21,8; Acts 21,9; Acts 21,10; Acts 21,12; Acts 21,14; Acts 21,15; Acts 21,16; Acts 21,17; Acts 21,18; Acts 21,20; Acts 21,21; Acts 21,25; Acts 21,27; Acts 21,32; Acts 21,34; Acts 21,34; Acts 21,35; Acts 21,37; Acts 21,39; Acts 21,40; Acts 22,2; Acts 22,3; Acts 22,8; Acts 22,9; Acts 22,10; Acts 22,11; Acts 22,14; Acts 22,22; Acts 22,25; Acts 22,26; Acts 22,27; Acts 22,27; Acts 22,28; Acts 22,28; Acts 22,28; Acts 22,29; Acts 22,30; Acts 23,1; Acts 23,2; Acts 23,4; Acts 23,6; Acts 23,6; Acts 23,7; Acts 23,9; Acts 23,10; Acts 23,11; Acts 23,12; Acts 23,13; Acts 23,15; Acts 23,16; Acts 23,17; Acts 23,19; Acts 23,20; Acts 23,29; Acts 23,34; Acts 24,1; Acts 24,2; Acts 24,4; Acts 24,9; Acts 24,14; Acts 24,17; Acts 24,19; Acts 24,22; Acts 24,24; Acts 24,25; Acts 24,25; Acts 24,27; Acts 25,6; Acts 25,7; Acts 25,9; Acts 25,10; Acts 25,13; Acts 25,14; Acts 25,20; Acts 25,21; Acts 25,22; Acts 25,25; Acts 25,25; Acts 26,1; Acts 26,15; Acts 26,15; Acts 26,24; Acts 26,25; Acts 26,28; Acts 26,29; Acts 26,32; Acts 27,1; Acts 27,2; Acts 27,7; Acts 27,9; Acts 27,11; Acts 27,12; Acts 27,13; Acts 27,14; Acts 27,15; Acts 27,18; Acts 27,20; Acts 27,27; Acts 27,28; Acts 27,30; Acts 27,33; Acts 27,35; Acts 27,36; Acts 27,37; Acts 27,38; Acts 27,39; Acts 27,41; Acts 27,42; Acts 27,43; Acts 28,3; Acts 28,4; Acts 28,6; Acts 28,7; Acts 28,8; Acts 28,9; Acts 28,11; Acts 28,16; Acts 28,17; Acts 28,17; Acts 28,19; Acts 28,21; Acts 28,22; Acts 28,23; Acts 28,25; Acts 28,30; Rom. 1,13; Rom. 1,17; Rom. 2,2; Rom. 2,3; Rom. 2,5; Rom. 2,8; Rom. 2,10; Rom. 2,17; Rom. 3,4; Rom. 3,4; Rom. 3,5; Rom. 3,7; Rom. 3,19; Rom. 3,21; Rom. 3,22; Rom. 4,3; Rom. 4,4; Rom. 4,5; Rom. 4,5; Rom. 4,15; Rom. 4,20; Rom. 4,23; Rom. 5,4; Rom. 5,4; Rom. 5,5; Rom. 5,8; Rom. 5,13; Rom. 5,20; Rom. 5,20; Rom. 6,8; Rom. 6,10; Rom. 6,17; Rom. 6,17; Rom. 6,18; Rom. 6,22; Rom. 6,22; Rom. 6,22; Rom. 6,23; Rom. 7,2; Rom. 7,3; Rom. 7,6; Rom. 7,8; Rom. 7,9; Rom. 7,9; Rom. 7,10; Rom. 7,14; Rom. 7,16; Rom. 7,17; Rom. 7,18; Rom. 7,20; Rom. 7,23; Rom. 8,5; Rom. 8,6; Rom. 8,8; Rom. 8,9; Rom. 8,10; Rom. 8,13; Rom. 8,17; Rom. 8,24; Rom. 8,25; Rom. 8,26; Rom. 8,27; Rom. 8,28; Rom. 8,30; Rom. 8,30; Rom. 8,34; Rom. 9,6; Rom. 9,13; Rom. 9,18; Rom. 9,22; Rom. 9,27; Rom. 9,30; Rom. 9,31; Rom. 10,6; Rom. 10,10; Rom. 10,14; Rom. 10,14; Rom. 10,15; Rom. 10,17; Rom. 10,20; Rom. 10,21; Rom. 11,6; Rom. 11,7; Rom. 11,7; Rom. 11,12; Rom. 11,13; Rom. 11,16; Rom. 11,17; Rom. 11,18; Rom. 11,20; Rom. 11,30; Rom. 12,4; Rom. 12,5; Rom. 12,6; Rom. 13,1; Rom. 13,2; Rom. 13,3; Rom. 13,4; Rom. 13,12; Rom. 13,12; Rom. 14,1; Rom. 14,3; Rom. 14,10; Rom. 14,23; Rom. 14,23; Rom. 15,1; Rom. 15,5; Rom. 15,9; Rom. 15,13; Rom. 15,15; Rom. 15,20; Rom. 15,23; Rom. 15,23; Rom. 15,25; Rom. 15,29; Rom. 15,30; Rom. 15,33; Rom. 16,1; Rom. 16,17; Rom. 16,19; Rom. 16,19; Rom. 16,20; Rom. 16,25; Rom. 16,26; 1Cor. 1,10; 1Cor. 1,10; 1Cor. 1,12; 1Cor. 1,16; 1Cor. 1,23; 1Cor. 1,30; 1Cor. 2,6; 1Cor. 2,6; 1Cor. 2,10; 1Cor. 2,12; 1Cor. 2,14; 1Cor. 2,15; 1Cor. 2,15; 1Cor. 2,16; 1Cor. 3,8; 1Cor. 3,8; 1Cor. 3,10; 1Cor. 3,10; 1Cor. 3,15; 1Cor. 3,15; 1Cor. 3,23; 1Cor. 3,23; 1Cor. 4,3; 1Cor. 4,4; 1Cor. 4,7; 1Cor. 4,7; 1Cor. 4,10; 1Cor. 4,10; 1Cor. 4,10; 1Cor. 4,19; 1Cor. 5,11; 1Cor. 5,13; 1Cor. 6,13; 1Cor. 6,13; 1Cor. 6,14; 1Cor. 6,17; 1Cor. 6,18; 1Cor. 7,1; 1Cor. 7,2; 1Cor. 7,3; 1Cor. 7,4; 1Cor. 7,6; 1Cor. 7,7; 1Cor. 7,8; 1Cor. 7,9; 1Cor. 7,10; 1Cor. 7,11; 1Cor. 7,12; 1Cor. 7,14; 1Cor. 7,15; 1Cor. 7,15; 1Cor. 7,25; 1Cor. 7,25; 1Cor. 7,28; 1Cor. 7,28; 1Cor. 7,28; 1Cor. 7,32; 1Cor. 7,33; 1Cor. 7,34; 1Cor. 7,35; 1Cor. 7,37; 1Cor. 7,37; 1Cor. 7,39; 1Cor. 7,40; 1Cor. 8,1; 1Cor. 8,1; 1Cor. 8,7; 1Cor. 8,8; 1Cor. 8,9; 1Cor. 8,12; 1Cor. 9,15; 1Cor. 9,15; 1Cor. 9,17; 1Cor. 9,23; 1Cor. 10,4; 1Cor. 10,6; 1Cor. 10,11; 1Cor. 10,11; 1Cor. 10,13; 1Cor. 10,20; 1Cor. 10,29; 1Cor. 11,2; 1Cor. 11,3; 1Cor. 11,3; 1Cor. 11,3; 1Cor. 11,5; 1Cor. 11,6; 1Cor. 11,12; 1Cor. 11,17; 1Cor. 11,28; 1Cor. 11,31; 1Cor. 11,32; 1Cor. 11,34; 1Cor. 12,1; 1Cor. 12,4; 1Cor. 12,4; 1Cor. 12,6; 1Cor. 12,7; 1Cor. 12,12; 1Cor. 12,18; 1Cor. 12,19; 1Cor. 12,20; 1Cor. 12,20; 1Cor. 12,21; 1Cor. 12,24; 1Cor. 12,31; 1Cor. 13,1; 1Cor. 13,2; 1Cor. 13,3; 1Cor. 13,6; 1Cor. 13,8; 1Cor. 13,10; 1Cor. 13,12; 1Cor. 13,12; 1Cor. 13,13; 1Cor. 13,13; 1Cor. 14,1; 1Cor. 14,1; 1Cor. 14,2; 1Cor. 14,3; 1Cor. 14,4; 1Cor. 14,5; 1Cor. 14,5; 1Cor. 14,5; 1Cor. 14,14; 1Cor. 14,15; 1Cor. 14,15; 1Cor. 14,20; 1Cor. 14,22; 1Cor. 14,23; 1Cor. 14,24; 1Cor. 14,28; 1Cor. 14,28; 1Cor. 14,29; 1Cor. 14,30; 1Cor. 14,40; 1Cor. 15,1; 1Cor. 15,6; 1Cor. 15,8; 1Cor. 15,10; 1Cor. 15,10; 1Cor. 15,12; 1Cor. 15,13; 1Cor. 15,14; 1Cor. 15,15; 1Cor. 15,17; 1Cor. 15,20; 1Cor. 15,23; 1Cor. 15,27; 1Cor. 15,28; 1Cor. 15,35; 1Cor. 15,38; 1Cor. 15,51; 1Cor. 15,54; 1Cor. 15,56; 1Cor. 15,56; 1Cor. 15,57; 1Cor. 16,1; 1Cor. 16,3; 1Cor. 16,4; 1Cor. 16,5; 1Cor. 16,6; 1Cor. 16,8; 1Cor. 16,10; 1Cor. 16,11; 1Cor. 16,12; 1Cor. 16,12; 1Cor. 16,15; 1Cor. 16,17; 2Cor. 1,6; 2Cor. 1,12; 2Cor. 1,13; 2Cor. 1,18; 2Cor. 1,21; 2Cor. 1,23; 2Cor. 2,12; 2Cor. 2,14; 2Cor. 3,4; 2Cor. 3,6; 2Cor. 3,7; 2Cor. 3,16; 2Cor. 3,17; 2Cor. 3,17; 2Cor. 3,18; 2Cor. 4,3; 2Cor. 4,5; 2Cor. 4,7; 2Cor. 4,12; 2Cor. 4,13; 2Cor. 4,18; 2Cor. 5,5; 2Cor. 5,8; 2Cor. 5,11; 2Cor. 5,11; 2Cor. 5,18; 2Cor. 6,1; 2Cor. 6,13; 2Cor. 7,7; 2Cor. 7,10; 2Cor. 7,13; 2Cor. 8,1; 2Cor. 8,11; 2Cor. 8,16; 2Cor. 8,18; 2Cor. 8,22; 2Cor. 8,22; 2Cor. 9,3; 2Cor. 9,8; 2Cor. 9,10; 2Cor. 10,1; 2Cor. 10,2; 2Cor. 10,13; 2Cor. 10,15; 2Cor. 10,17; 2Cor. 11,3; 2Cor. 11,6; 2Cor. 11,12; 2Cor. 11,16; 2Cor. 12,5; 2Cor. 12,15; 2Cor. 12,19; 2Cor. 13,6; 2Cor. 13,7; 2Cor. 13,7; 2Cor. 13,9; Gal. 1,15; Gal. 1,19; Gal. 1,20; Gal. 1,22; Gal. 1,23; Gal. 2,2; Gal. 2,2; Gal. 2,4; Gal. 2,6; Gal. 2,9; Gal. 2,11; Gal. 2,12; Gal. 2,16; Gal. 2,17; Gal. 2,20; Gal. 3,8; Gal. 3,11; Gal. 3,12; Gal. 3,16; Gal. 3,17; Gal. 3,18; Gal. 3,20; Gal. 3,20; Gal. 3,23; Gal. 3,25; Gal. 3,29; Gal. 4,7; Gal. 4,18; Gal. 4,20; Gal. 4,25; Gal. 4,25; Gal. 4,26; Gal. 5,3; Gal. 5,10; Gal. 5,15; Gal. 5,17; Gal. 5,18; Gal. 5,24; Gal. 6,4; Gal. 6,6; Gal. 6,8; Gal. 6,9; Gal. 6,10; Gal. 6,14; Eph. 2,4; Eph. 2,13; Eph. 3,20; Eph. 4,7; Eph. 4,9; Eph. 4,15; Eph. 4,20; Eph. 4,23; Eph. 4,28; Eph. 5,3; Eph. 5,8; Eph. 5,11; Eph. 5,33; Phil. 1,12; Phil. 1,28; Phil. 2,8; Phil. 2,25; Phil. 2,25; Phil. 2,27; Phil. 3,18; Phil. 4,10; Phil. 4,15; Phil. 4,18; Col. 2,17; 1Th. 3,12; 1Th. 4,10; 1Th. 4,13; 1Th. 5,12; 1Th. 5,14; 2Th. 2,1; 2Th. 2,13; 2Th. 2,16; 2Th. 3,4; 2Th. 3,5; 2Th. 3,6; 2Th. 3,12; 2Th. 3,16; 1Tim. 1,5; 1Tim. 1,8; 1Tim. 1,14; 1Tim. 1,17; 1Tim. 2,12; 1Tim. 2,14; 1Tim. 3,7; 1Tim. 3,10; 1Tim. 3,15; 1Tim. 4,1; 1Tim. 4,7; 1Tim. 4,7; 1Tim. 4,8; 1Tim. 5,5; 1Tim. 5,6; 1Tim. 5,11; 1Tim. 5,13; 1Tim. 5,13; 1Tim. 5,24; 1Tim. 6,2; 1Tim. 6,6; 1Tim. 6,8; 1Tim. 6,9; 1Tim. 6,11; 2Tim. 1,5; 2Tim. 1,10; 2Tim. 2,5; 2Tim. 2,16; 2Tim. 2,20; 2Tim. 2,22; 2Tim. 2,23; 2Tim. 2,24; 2Tim. 3,1; 2Tim. 3,5; 2Tim. 3,8; 2Tim. 3,10; 2Tim. 3,12; 2Tim. 3,13; 2Tim. 3,14; 2Tim. 4,5; 2Tim. 4,8; 2Tim. 4,12; 2Tim. 4,17; 2Tim. 4,20; Titus 1,1; Titus 1,3; Titus 1,16; Titus 2,1; Titus 3,4; Titus 3,9; Titus 3,14; Philem. 9; Philem. 11; Philem. 14; Philem. 16; Philem. 22; Heb. 1,11; Heb. 1,13; Heb. 3,17; Heb. 4,13; Heb. 4,15; Heb. 6,8; Heb. 6,11; Heb. 6,12; Heb. 7,3; Heb. 7,4; Heb. 7,6; Heb. 7,7; Heb. 7,28; Heb. 8,1; Heb. 8,6; Heb. 8,13; Heb. 9,3; Heb. 9,5; Heb. 9,6; Heb. 9,11; Heb. 9,12; Heb. 9,21; Heb. 9,26; Heb. 9,27; Heb. 10,5; Heb. 10,15; Heb. 10,18; Heb. 10,32; Heb. 10,38; Heb. 10,39; Heb. 11,1; Heb. 11,6; Heb. 11,35; Heb. 11,36; Heb. 11,36; Heb. 12,6; Heb. 12,8; Heb. 12,11; Heb. 12,13; Heb. 12,26; Heb. 12,27; Heb. 13,16; Heb. 13,19; Heb. 13,20; Heb. 13,22; James 1,4; James 1,6; James 1,9; James 1,10; James 1,13; James 1,14; James 1,15; James 1,19; James 1,22; James 1,25; James 2,2; James 2,3; James 2,6; James 2,9; James 2,11; James 2,16; James

2,20; James 2,23; James 3,3; James 3,8; James 3,14; James 3,17; James 3,18; James 4,6; James 4,7; James 4,11; James 4,12; James 4,16; 1Pet. 1,7; 1Pet. 1,8; 1Pet. 1,12; 1Pet. 1,25; 1Pet. 2,14; 1Pet. 2,23; 1Pet. 3,8; 1Pet. 3,9; 1Pet. 3,11; 1Pet. 3,12; 1Pet. 3,14; 1Pet. 3,15; 1Pet. 4,7; 1Pet. 4,16; 1Pet. 4,16; 1Pet. 4,17; 1Pet. 5,5; 1Pet. 5,10; 2Pet. 1,5; 2Pet. 1,5; 2Pet. 1,6; 2Pet. 1,6; 2Pet. 1,6; 2Pet. 1,7; 2Pet. 1,7; 2Pet. 1,13; 2Pet. 1,15; 2Pet. 2,1; 2Pet. 2,9; 2Pet. 2,10; 2Pet. 2,16; 2Pet. 3,7; 2Pet. 3,8; 2Pet. 3,10; 2Pet. 3,13; 2Pet. 3,18; 1John 1,3; 1John 2,2; 1John 2,11; 1John 4,18; 3John 12; 3John 14; Jude 5; Jude 8; Jude 10; Jude 14; Rev. 2,5; Rev. 10,2; Rev. 19,12)

Conjunction · coordinating · (continuative) ▸ **6** (Phil. 2,19; 1Th. 3,11; 1Th. 4,9; 1Th. 5,1; 1Th. 5,23; Jude 24)

Conjunction · coordinating · (copulative) ▸ **78** (Matt. 1,2; Matt. 1,2; Matt. 1,3; Matt. 1,3; Matt. 1,3; Matt. 1,4; Matt. 1,4; Matt. 1,4; Matt. 1,5; Matt. 1,5; Matt. 1,5; Matt. 1,6; Matt. 1,6; Matt. 1,7; Matt. 1,7; Matt. 1,7; Matt. 1,8; Matt. 1,8; Matt. 1,8; Matt. 1,9; Matt. 1,9; Matt. 1,9; Matt. 1,10; Matt. 1,10; Matt. 1,10; Matt. 1,11; Matt. 1,12; Matt. 1,12; Matt. 1,13; Matt. 1,13; Matt. 1,13; Matt. 1,14; Matt. 1,14; Matt. 1,14; Matt. 1,15; Matt. 1,15; Matt. 1,15; Matt. 1,16; John 4,32; Acts 21,40; Acts 23,9; Rom. 7,25; Rom. 8,11; 1Cor. 9,25; 1Cor. 12,11; 2Cor. 6,10; 2Cor. 6,10; 2Cor. 6,12; 2Cor. 6,15; 2Cor. 6,16; Gal. 2,20; Gal. 4,4; Gal. 4,13; Gal. 5,22; Eph. 4,32; Eph. 5,13; Eph. 6,21; Phil. 1,22; Phil. 1,23; Phil. 2,18; Phil. 2,22; Phil. 4,19; Phil. 4,22; Col. 1,22; Col. 3,14; 1Th. 2,16; 1Th. 5,21; 2Tim. 2,22; Heb. 1,6; Heb. 2,8; Heb. 3,10; Heb. 3,18; James 2,25; 2Pet. 2,20; 1John 3,12; 1John 5,20; Jude 1; Rev. 1,14)

Conjunction · coordinating · (adversative) ▸ **31** (Gal. 2,20; Eph. 5,32; Phil. 1,24; Phil. 3,12; Col. 1,26; Col. 3,8; 1Th. 3,6; 1Th. 5,8; 1Tim. 1,9; 1Tim. 2,15; Titus 1,15; Heb. 1,12; Heb. 2,9; Heb. 3,4; Heb. 6,9; James 2,10; James 2,14; James 4,6; James 5,12; 1Pet. 2,7; 1Pet. 2,9; 1Pet. 2,10; 1Pet. 2,10; 1Pet. 5,5; 2Pet. 2,12; 2Pet. 3,10; 1John 2,17; Jude 9; Rev. 2,16; Rev. 2,24; Rev. 21,8)

Conjunction · subordinating · (concessive) ▸ **1** (Phil. 4,20)

Particle · (alternating) ▸ **146** (Matt. 3,11; Matt. 9,37; Matt. 10,13; Matt. 13,5; Matt. 13,7; Matt. 13,8; Matt. 13,8; Matt. 13,8; Matt. 13,23; Matt. 13,23; Matt. 13,32; Matt. 16,3; Matt. 16,14; Matt. 16,14; Matt. 16,15; Matt. 17,12; Matt. 20,23; Matt. 21,35; Matt. 21,35; Matt. 22,5; Matt. 22,6; Matt. 22,8; Matt. 23,27; Matt. 25,15; Matt. 25,15; Matt. 25,33; Matt. 26,24; Matt. 26,41; Mark 12,5; Mark 14,21; Mark 14,38; Mark 16,20; Luke 3,16; Luke 3,19; Luke 10,2; Luke 11,48; Luke 13,9; Luke 23,33; Luke 23,41; John 7,12; John 10,41; John 16,11; John 16,22; John 19,33; Acts 1,5; Acts 1,7; Acts 3,14; Acts 3,15; Acts 8,5; Acts 9,7; Acts 11,16; Acts 12,5; Acts 13,37; Acts 14,4; Acts 15,31; Acts 17,13; Acts 17,32; Acts 18,15; Acts 19,15; Acts 19,33; Acts 22,9; Acts 23,8; Acts 23,32; Acts 25,4; Acts 25,11; Acts 27,41; Acts 27,44; Acts 28,6; Acts 28,24; Rom. 2,8; Rom. 2,25; Rom. 5,16; Rom. 6,11; Rom. 7,25; Rom. 8,10; Rom. 8,17; Rom. 9,21; Rom. 11,22; Rom. 11,28; Rom. 14,2; Rom. 14,5; 1Cor. 1,12; 1Cor. 1,12; 1Cor. 1,12; 1Cor. 1,18; 1Cor. 1,23; 1Cor. 1,24; 1Cor. 5,3; 1Cor. 7,7; 1Cor. 9,24; 1Cor. 9,25; 1Cor. 11,7; 1Cor. 11,15; 1Cor. 11,21; 1Cor. 12,8; 1Cor. 12,9; 1Cor. 12,10; 1Cor. 12,10; 1Cor. 12,10; 1Cor. 12,10; 1Cor. 15,39; 1Cor. 15,39; 1Cor. 15,39; 1Cor. 15,40; 2Cor. 2,16; 2Cor. 8,17; 2Cor. 10,1; 2Cor. 10,10; 2Cor. 12,1; Gal. 4,9; Gal. 4,9; Gal. 4,23; Eph. 4,11; Eph. 4,11; Eph. 4,11; Phil. 1,15; Phil. 1,17; Phil. 2,24; Phil. 3,1; Phil. 3,13; 2Tim. 1,10; 2Tim. 2,20; 2Tim. 4,4; Heb. 1,8; Heb. 3,6; Heb. 7,2; Heb. 7,8; Heb. 7,19; Heb. 7,21; Heb. 7,24; Heb. 9,7; Heb. 9,23; Heb. 10,12; Heb. 10,33; Heb. 11,16; Heb. 12,9; Heb. 12,10; Heb. 12,11; 1Pet. 1,20; 1Pet. 2,4; 1Pet. 3,18; 1Pet. 4,6; Jude 8; Jude 10; Jude 23; Jude 23)

δέ ▸ 211 + 6 + 144 = 361

Conjunction · coordinating ▸ 211 + 6 + 132 = **349** (Gen. 15,8; Gen. 18,10; Gen. 18,27; Gen. 19,2; Gen. 19,8; Gen. 19,9; Gen. 20,3; Gen. 20,12; Gen. 25,22; Gen. 27,18; Gen. 47,31; Ex. 2,1; Ex. 4,23; Ex. 12,48; Ex. 21,7; Ex. 21,14; Ex. 21,20; Ex. 21,26; Ex. 21,33; Ex. 21,37; Ex. 22,6; Ex. 22,9; Ex. 33,12; Lev. 13,4; Lev. 13,40; Lev. 19,33; Lev. 25,29; Lev. 25,51; Num. 6,9; Deut. 21,18; Deut. 22,13; Deut. 22,28; Deut. 24,1; Deut. 24,5; Josh. 2,20; Ruth 3,9; 2Sam. 14,32; Esth. 13,3 # 3,13c; Judith 6,5; 2Mac. 3,4; 2Mac. 3,31; 2Mac. 7,34; 2Mac. 7,37; 2Mac. 12,35; 2Mac. 14,3; 2Mac. 14,37; 2Mac. 15,13; 3Mac. 1,2; 3Mac. 1,15; 3Mac. 2,30; 3Mac. 4,1; 3Mac. 6,1; 3Mac. 6,12; 4Mac. 5,3; 4Mac. 5,10; 4Mac. 9,32; 4Mac. 13,11; Psa. 3,4; Psa. 21,7; Psa. 21,20; Psa. 39,12; Psa. 40,11; Psa. 54,14; Psa. 54,24; Psa. 77,38; Psa. 101,13; Psa. 103,28; Psa. 103,29; Ode. 9,76; Prov. 1,26; Prov. 3,15; Prov. 4,11; Prov. 4,27a; Prov. 6,8b; Prov. 7,11; Prov. 9,18d; Prov. 17,28; Prov. 23,35; Prov. 30,8; Prov. 30,18; Prov. 30,24; Prov. 30,24; Prov. 30,29; Prov. 31,10; Job 3,26; Job 4,12; Job 4,14; Job 4,15; Job 5,1; Job 6,10; Job 7,5; Job 8,6; Job 9,14; Job 9,17; Job 9,18; Job 9,29; Job 9,31; Job 10,10; Job 10,13; Job 10,18; Job 13,4; Job 13,14; Job 13,20; Job 13,22; Job 13,22; Job 13,24; Job 13,26; Job 13,27; Job 13,27; Job 14,13; Job 14,15; Job 14,16; Job 14,17; Job 14,17; Job 15,17; Job 16,17; Job 16,22; Job 17,3; Job 17,5; Job 17,6; Job 17,14; Job 19,5; Job 19,11; Job 19,11; Job 19,13; Job 19,16; Job 19,19; Job 19,22; Job 19,27; Job 21,6; Job 22,5; Job 22,8; Job 22,27; Job 22,27; Job 22,28; Job 23,10; Job 23,17; Job 25,6; Job 29,5; Job 29,16; Job 29,18; Job 30,10; Job 30,15; Job 30,16; Job 30,17; Job 30,19; Job 30,21; Job 30,22; Job 31,35; Job 32,6; Job 33,9; Job 33,10; Job 33,11; Job 33,13; Job 34,13; Job 36,3; Job 36,23; Job 38,3; Job 38,3; Job 38,4; Job 38,6; Job 38,17; Job 38,23; Job 38,28; Job 38,35; Job 39,5; Job 39,9; Job 39,12; Job 40,7; Job 40,7; Job 40,8; Job 40,27; Job 42,2; Job 42,4; Job 42,4; Job 42,4; Wis. 3,3; Wis. 4,9; Wis. 6,22; Wis. 7,11; Wis. 9,17; Wis. 12,19; Wis. 14,8; Wis. 15,1; Wis. 15,2; Hos. 4,15; Hos. 6,7; Hab. 2,19; Is. 1,2; Is. 1,3; Is. 16,2; Is. 37,20; Is. 37,30; Is. 38,7; Is. 41,8; Is. 48,10; Is. 49,21; Bar. 4,23; Lam. 5,19; LetterJ 43; Ezek. 36,8; Dan. 2,24; Dan. 2,33; Dan. 2,41; Dan. 2,42; Dan. 3,12; Dan. 4,37c; Sus. 23; Bel 7; Bel 10; Bel 15-17; Dan. 2,24; Dan. 2,41; Dan. 2,42; Dan. 4,18; Bel 11; Bel 25; Matt. 5,31; Matt. 7,15; Matt. 12,47; Matt. 13,29; Matt. 16,18; Matt. 17,26; Matt. 23,28; Matt. 25,38; Matt. 25,39; Matt. 26,5; Mark 2,6; Mark 4,15; Mark 10,43; Mark 14,4; Mark 14,47; Mark 15,36; Luke 1,76; Luke 4,24; Luke 6,46; Luke 7,2; Luke 7,36; Luke 7,40; Luke 9,9; Luke 10,33; Luke 10,38; Luke 10,42; Luke 11,45; Luke 12,13; Luke 13,1; Luke 13,23; Luke 14,15; Luke 15,11; Luke 16,17; Luke 16,19; Luke 16,20; Luke 16,27; Luke 20,27; Luke 20,39; Luke 21,2; Luke 22,28; John 3,19; John 5,5; John 6,39; John 11,1; John 11,10; John 11,49; John 17,3; John 17,25; Acts 5,1; Acts 5,25; Acts 5,34; Acts 6,3; Acts 6,9; Acts 8,9; Acts 9,5; Acts 9,5; Acts 9,10; Acts 9,36; Acts 10,1; Acts 11,8; Acts 11,20; Acts 13,9; Acts 15,5; Acts 15,36; Acts 17,18; Acts 18,24; Acts 19,9; Acts 19,13; Acts 19,14; Acts 20,9; Acts 22,6; Acts 22,12; Acts 22,17; Acts 23,30; Acts 25,19; Acts 27,16; Acts 27,26; Acts 27,39; Rom. 1,12; Rom. 5,3; Rom. 5,11; Rom. 8,9; Rom. 8,23; Rom. 9,10; Rom. 11,17; Rom. 11,23; Rom. 14,4; Rom. 15,14; 1Cor. 3,12; 1Cor. 4,6; 1Cor. 4,18; 1Cor. 7,29; 1Cor. 7,36; 1Cor. 7,40; 1Cor. 8,3; 1Cor. 10,28; 1Cor. 11,16; 1Cor. 12,27; 1Cor. 14,6; 1Cor. 14,24; 1Cor. 14,35; 1Cor. 14,38; 1Cor. 15,50; 2Cor. 2,5; 2Cor. 2,10; 2Cor. 8,19; 2Cor. 9,6; 2Cor. 12,6; 2Cor. 12,16; Gal. 4,1; Gal. 4,6; Gal. 4,28; Gal. 5,11; Gal. 5,16; Gal. 5,19; Phil. 3,13; 1Th. 2,17; 1Th. 5,4; 2Th. 3,3; 2Th. 3,13; 2Th. 3,14; 1Tim. 3,5; 1Tim. 5,4; 1Tim. 5,8; 1Tim. 6,11; Philem. 18; Heb. 5,14; Heb. 10,27; James 1,5; James 5,12; 1Pet. 1,25; 1John 5,5)

Conjunction · coordinating · (copulative) ▸ **3** (Acts 22,10; 1Cor. 3,5; James 2,16)

Conjunction · coordinating · (adversative) ▸ **5** (Phil. 4,10; Heb. 2,6; James 2,11; Jude 17; Jude 20)

Particle · (alternating) ▸ **4** (John 16,10; Acts 19,39; Acts 21,39; 1Cor. 3,4)

Δεββα Daberath ▸ 1
Δεββα ▸ **1**
Noun · feminine · singular · accusative · (proper) ▸ **1** (Josh. 21,28)

Δεββωρα Deborah ▸ 14 + 11 = 25
Δεββωρα ▸ **13 + 10 = 23**
Noun · feminine · singular · genitive · (proper) ▸ **1 + 1 = 2** (Judg. 4,5; Judg. 4,5)
Noun · feminine · singular · nominative · (proper) ▸ **10 + 8 = 18** (Gen. 35,8; Judg. 4,4; Judg. 4,6; Judg. 4,9; Judg. 4,9; Judg. 4,10; Judg. 4,14; Judg. 5,1; Judg. 5,7; Tob. 1,8; Judg. 4,4; Judg. 4,6; Judg. 4,9; Judg. 4,10; Judg. 4,14; Judg. 5,1; Judg. 5,7; Tob. 1,8)
Noun · feminine · singular · vocative · (proper) ▸ **2 + 1 = 3** (Judg. 5,12; Judg. 5,12; Judg. 5,12)

Δεββωρας ▸ **1 + 1 = 2**
Noun · feminine · singular · genitive · (proper) ▸ **1 + 1 = 2** (Judg. 5,15; Judg. 5,15)

Δεβερι Daberath ▸ 1
Δεβερι ▸ **1**
Noun · feminine · singular · accusative · (proper) ▸ **1** (1Chr. 6,57)

Δεβηλαιμ Diblaim ▸ 1
Δεβηλαιμ ▸ **1**
Noun · masculine · singular · genitive · (proper) ▸ **1** (Hos. 1,3)

Δεβλαθα Riblah, Deblatha ▸ 10
Δεβλαθα ▸ **10**
Noun · singular · accusative · (proper) ▸ **2** (Jer. 52,9; Jer. 52,26)
Noun · singular · dative · (proper) ▸ **3** (2Chr. 36,2c; Jer. 52,10; Jer. 52,27)
Noun · singular · genitive · (proper) ▸ **1** (Ezek. 6,14)
Noun · feminine · singular · accusative · (proper) ▸ **2** (2Kings 25,6; 2Kings 25,20)
Noun · feminine · singular · dative · (proper) ▸ **2** (2Kings 23,33; 2Kings 25,21)

Δεβλαθαιμ Diblathaim ▸ 3
Δεβλαθαιμ ▸ **3**
Noun · singular · dative · (proper) ▸ **1** (Num. 33,46)
Noun · singular · genitive · (proper) ▸ **2** (Num. 33,47; Jer. 31,22)

δεβραθα Debratha (Heb. a distance) ▸ 1
δεβραθα ▸ **1**
Noun ▸ **1** (2Kings 5,19)

δέησις (δέομαι) entreaty, request, prayer ▸ 79 + 3 + 18 = 100
δεήσει ▸ **4 + 5 = 9**
Noun · feminine · singular · dative · (common) ▸ **4 + 5 = 9** (Psa. 16,1; Psa. 21,25; Job 40,27; Jer. 11,14; 2Cor. 1,11; 2Cor. 9,14; Eph. 6,18; Phil. 1,4; Phil. 4,6)

δεήσεις ▸ **1 + 1 + 3 = 5**
Noun · feminine · plural · accusative · (common) ▸ **1 + 1 + 3 = 5** (Dan. 9,17; Dan. 9,3; Luke 5,33; 1Tim. 2,1; Heb. 5,7)

δεήσεων ▸ **1 + 1 = 2**
Noun · feminine · plural · genitive · (common) ▸ **1 + 1 = 2** (2Mac. 1,5; Dan. 9,17)

δεήσεσιν ▸ **2**
Noun · feminine · plural · dative ▸ **2** (Luke 2,37; 1Tim. 5,5)

δεήσεσίν ▸ **1**
Noun · feminine · plural · dative ▸ **1** (2Tim. 1,3)

δεήσεως ▸ **21 + 2 = 23**
Noun · feminine · singular · genitive · (common) ▸ **21 + 2 = 23** (1Kings 8,30; 1Kings 8,45; 2Chr. 6,19; 2Chr. 6,21; 2Chr. 6,35; 2Chr. 6,39; 1Mac. 7,37; 1Mac. 11,49; 2Mac. 10,27; 3Mac. 1,23; 3Mac. 2,10; Psa. 105,44; Psa. 144,19; Job 8,6; Job 36,19; Sir. 4,6; Sir. 36,16; Jer. 3,21; Jer. 14,12; Bar. 2,14; Sus. 35a; Eph. 6,18; Phil. 1,19)

δεήσεώς ▸ **19 + 1 = 20**
Noun · feminine · singular · genitive · (common) ▸ **19 + 1 = 20** (1Kings 9,3; Esth. 13,17 # 4,17h; Judith 9,12; Psa. 5,3; Psa. 6,10; Psa. 27,2; Psa. 27,6; Psa. 30,23; Psa. 38,13; Psa. 39,2; Psa. 60,2; Psa. 65,19; Psa. 85,6; Psa. 114,1; Psa. 129,2; Psa. 139,7; Psa. 140,1; Bar. 4,20; Dan. 9,23; Dan. 9,23)

δέησιν ▸ **17 + 2 = 19**
Noun · feminine · singular · accusative · (common) ▸ **17 + 2 = 19** (1Kings 8,38; 1Kings 8,52; 1Kings 8,52; 1Kings 8,54; 2Chr. 6,40; 3Mac. 2,1; Psa. 33,16; Psa. 101,1; Psa. 101,18; Ode. 14,22; Job 27,9; Sir. 35,13; Sol. 5,5; Sol. 18,2; Is. 1,15; Dan. 2,18; Dan. 4,33a; Phil. 1,4; 1Pet. 3,12)

δέησίν ▸ **8**
Noun · feminine · singular · accusative · (common) ▸ **8** (1Kings 8,28; 2Chr. 6,19; Psa. 54,2; Psa. 87,3; Psa. 141,3; Psa. 141,7; Psa. 142,1; Lam. 3,56)

δέησις ▸ **6 + 2 = 8**
Noun · feminine · singular · nominative · (common) ▸ **6 + 2 = 8** (2Chr. 6,29; 3Mac. 1,21; Job 16,20; Sir. 21,5; Sir. 35,16; Sir. 38,34; Rom. 10,1; James 5,16)

δέησίς ▸ **2 + 1 = 3**
Noun · feminine · singular · nominative · (common) ▸ **2 + 1 = 3** (Psa. 118,169; Sir. 51,11; Luke 1,13)

δεῖ (δέω) it is necessary ▸ 45 + 8 + 101 = 154
δέῃ ▸ **2**
Verb · third · singular · present · active · subjunctive ▸ **2** (Matt. 26,35; Mark 14,31)

δεήσει ▸ **1**
Verb · third · singular · future · active · indicative ▸ **1** (Josh. 18,4)

δεῖ ▸ **25 + 6 + 76 = 107**
Verb · third · singular · present · active · indicative ▸ **25 + 6 + 76 = 107** (Lev. 4,2; Lev. 5,17; Ruth 4,5; 2Kings 4,13; 2Kings 4,14; 1Esdr. 4,22; Esth. 1,15; Tob. 6,8; Tob. 12,1; 3Mac. 1,12; 3Mac. 5,37; 4Mac. 7,8; 4Mac. 14,18; Prov. 22,14a; Prov. 22,29; Prov. 23,2; Job 15,3; Wis. 12,19; Wis. 16,28; Is. 30,29; Is. 50,4; LetterJ 5; Dan. 2,28; Dan. 2,29; Dan. 2,29; Tob. 6,11; Dan. 2,28; Dan. 2,29; Dan. 2,29; Dan. 2,45; Dan. 6,16; Matt. 16,21; Matt. 17,10; Matt. 24,6; Matt. 26,54; Mark 8,31; Mark 9,11; Mark 13,7; Mark 13,10; Mark 13,14; Luke 2,49; Luke 4,43; Luke 9,22; Luke 12,12; Luke 13,14; Luke 13,33; Luke 17,25; Luke 19,5; Luke 21,9; Luke 22,37; Luke 24,7; Luke 24,44; John 3,7; John 3,14; John 3,30; John 4,20; John 4,24; John 9,4; John 10,16; John 12,34; John 20,9; Acts 1,21; Acts 3,21; Acts 4,12; Acts 5,29; Acts 9,6; Acts 9,16; Acts 14,22; Acts 15,5; Acts 16,30; Acts 19,21; Acts 20,35; Acts 23,11; Acts 25,10; Acts 27,24; Acts 27,26; Rom. 8,26; Rom. 12,3; 1Cor. 8,2; 1Cor. 11,19; 1Cor. 15,25; 2Cor. 5,10; 2Cor. 11,30; 2Cor. 12,1; Eph. 6,20; Col. 4,4; Col. 4,6; 1Th. 4,1; 2Th. 3,7; 1Tim. 3,2; 1Tim. 3,7; 1Tim. 3,15; 2Tim. 2,6; 2Tim. 2,24; Titus 1,7; Titus 1,11; Titus 1,11; Heb. 2,1; Heb. 11,6; 2Pet. 3,11; Rev. 1,1; Rev. 4,1; Rev. 10,11; Rev. 11,5; Rev. 17,10; Rev. 20,3; Rev. 22,6)

Δεῖ ▸ **1**
Verb · third · singular · present · active · indicative ▸ **1** (1Cor. 15,53)

δεῖν ▸ **2 + 3 = 5**
Verb · present · active · infinitive ▸ **2 + 3 = 5** (3Mac. 1,12; Wis. 15,12; Luke 18,1; Acts 25,24; Acts 26,9)

δέον ‣ 4 + 2 = 6
    Verb · present · active · participle · neuter · singular · accusative ‣ **2** (1Mac. 12,11; 2Mac. 1,18)
    Verb · present · active · participle · neuter · singular · nominative ‣ 2 + 2 = **4** (Sir. 1,3 Prol.; Sir. 1,4 Prol.; Acts 19,36; 1Pet. 1,6)

δέοντα ‣ 5 + 1 + 1 = 7
    Verb · present · active · participle · neuter · plural · accusative ‣ 4 + 1 + 1 = **6** (Ex. 16,22; Ex. 21,10; 2Mac. 13,20; Prov. 30,8; Dan. 11,26; 1Tim. 5,13)
    Verb · present · active · participle · neuter · plural · nominative ‣ **1** (1Kings 5,2)

δέοντά ‣ 1 + 1 = 2
    Verb · present · active · participle · neuter · plural · accusative ‣ 1 + 1 = **2** (Tob. 5,15; Tob. 5,15)

ἔδει ‣ 7 + 15 = 22
    Verb · third · singular · imperfect · active · indicative ‣ 7 + 15 = **22** (2Sam. 4,10; 2Mac. 6,20; 2Mac. 11,18; Job 19,4a; Wis. 16,4; Ezek. 13,19; Dan. 3,19; Matt. 18,33; Matt. 23,23; Matt. 25,27; Luke 11,42; Luke 13,16; Luke 15,32; Luke 22,7; Luke 24,26; Acts 1,16; Acts 17,3; Acts 24,19; Acts 27,21; Rom. 1,27; 2Cor. 2,3; Heb. 9,26)

Ἔδει ‣ 1
    Verb · third · singular · imperfect · active · indicative ‣ **1** (John 4,4)

δεῖγμα (δείκνυμι) example ‣ 1
    δεῖγμα ‣ 1
        Noun · neuter · singular · accusative ‣ **1** (Jude 7)

δειγματίζω (δείκνυμι) to disgrace, make a show ‣ 2
    δειγματίσαι ‣ 1
        Verb · aorist · active · infinitive ‣ **1** (Matt. 1,19)
    ἐδειγμάτισεν ‣ 1
        Verb · third · singular · aorist · active · indicative ‣ **1** (Col. 2,15)

δείδω (δέος) to fear ‣ 8
    δέδοικας ‣ 1
        Verb · second · singular · perfect · active · indicative ‣ **1** (Job 41,2)
    δεδοίκασιν ‣ 2
        Verb · third · plural · perfect · active · indicative ‣ **2** (Job 26,13; Job 38,40)
    δεδοικότες ‣ 1
        Verb · perfect · active · participle · masculine · plural · nominative ‣ **1** (Is. 60,14)
    δεδοικὼς ‣ 2
        Verb · perfect · active · participle · masculine · singular · nominative ‣ **2** (Job 3,19; Job 7,2)
    ἐδεδοίκειν ‣ 2
        Verb · first · singular · pluperfect · active · indicative ‣ **2** (Job 3,25; Job 31,35)

δείκνυμι to show ‣ 121 + 6 + 30 = 157
    δεδειγμένον ‣ 2
        Verb · perfect · passive · participle · masculine · singular · accusative ‣ **1** (Ex. 25,40)
        Verb · perfect · passive · participle · neuter · singular · accusative ‣ **1** (Ex. 26,30)
    δέδειχα ‣ 1
        Verb · first · singular · perfect · active · indicative ‣ **1** (Deut. 4,5)
    δέδειχά ‣ 1
        Verb · first · singular · perfect · active · indicative ‣ **1** (Is. 48,17)
    δείκνυμι ‣ 1
        Verb · first · singular · present · active · indicative ‣ **1** (1Cor. 12,31)
    δεικνύντας ‣ 1
        Verb · present · active · participle · masculine · plural · accusative ‣ **1** (LetterJ 3)

δεικνύουσιν ‣ 1
    Verb · third · plural · present · active · indicative ‣ **1** (1Kings 13,12)

δεικνὺς ‣ 3
    Verb · present · active · participle · masculine · singular · nominative ‣ **3** (3Mac. 6,5; Wis. 14,4; Wis. 18,21)

δείκνυσιν ‣ 2
    Verb · third · singular · present · active · indicative ‣ **2** (Matt. 4,8; John 5,20)

δεικνύω ‣ 3
    Verb · first · singular · present · active · indicative ‣ **3** (Ex. 25,9; Tob. 13,8; Ezek. 40,4)

δεικνύων ‣ 1
    Verb · present · active · participle · masculine · singular · nominative ‣ **1** (Deut. 1,33)

δεῖξαι ‣ 12 + 2 = 14
    Verb · aorist · active · infinitive ‣ 12 + 2 = **14** (Ex. 13,21; Deut. 3,24; Esth. 1,4; Esth. 1,11; Esth. 4,8; 1Mac. 7,33; 3Mac. 5,13; Eccl. 3,18; Wis. 5,13; Sir. 17,8; Is. 11,11; Is. 53,11; Rev. 1,1; Rev. 22,6)

δεῖξαί ‣ 1
    Verb · aorist · active · infinitive ‣ **1** (Ezek. 40,4)

δείξας ‣ 1
    Verb · aorist · active · participle · masculine · singular · nominative ‣ **1** (Wis. 11,8)

δείξασα ‣ 1
    Verb · aorist · active · participle · feminine · singular · nominative ‣ **1** (4Mac. 17,2)

δείξατέ ‣ 1
    Verb · second · plural · aorist · active · imperative ‣ **1** (Luke 20,24)

δειξάτω ‣ 1
    Verb · third · singular · aorist · active · imperative ‣ **1** (James 3,13)

δείξει ‣ 8 + 4 = 12
    Verb · third · singular · future · active · indicative ‣ 8 + 4 = **12** (Lev. 13,49; Num. 16,30; 2Sam. 15,25; Psa. 4,7; Psa. 58,11; Eccl. 2,24; Is. 30,30; Bar. 5,3; Mark 14,15; Luke 22,12; John 5,20; 1Tim. 6,15)

δείξεις ‣ 1
    Verb · second · singular · future · active · indicative ‣ **1** (Ezek. 40,4)

δείξῃ ‣ 5
    Verb · third · singular · aorist · active · subjunctive ‣ **5** (Num. 23,3; Josh. 7,14; Josh. 7,14; Josh. 7,14; Job 33,23)

δείξῃς ‣ 2
    Verb · second · singular · aorist · active · subjunctive ‣ **2** (Ode. 12,14; Wis. 12,13)

δείξητε ‣ 1 + 1 = 2
    Verb · second · plural · aorist · active · subjunctive ‣ 1 + 1 = **2** (1Mac. 7,3; Bel 8)

Δεῖξον ‣ 1 + 1 = 2
    Verb · second · singular · aorist · active · imperative ‣ 1 + 1 = **2** (Judg. 1,24; Judg. 1,24)

δεῖξον ‣ 3 + 5 = 8
    Verb · second · singular · aorist · active · imperative ‣ 3 + 5 = **8** (Psa. 84,8; Sir. 18,21; Ezek. 43,10; Matt. 8,4; Mark 1,44; Luke 5,14; John 14,8; John 14,9)

Δεῖξόν ‣ 1
    Verb · second · singular · aorist · active · imperative ‣ **1** (Ex.

33,18)

δεῖξόν ▸ 2 + 1 = 3
    Verb · second · singular · aorist · active · imperative ▸ 2 + 1 = 3 (Song 2,14; Job 34,32; James 2,18)

δείξουσιν ▸ 1
    Verb · third · plural · future · active · indicative ▸ 1 (Mic. 4,2)

Δείξω ▸ 1
    Verb · first · singular · future · active · indicative ▸ 1 (Num. 24,17)

δείξω ▸ 14 + 1 + 5 = 20
    Verb · first · singular · aorist · active · subjunctive ▸ 1 + 1 = 2 (Gen. 12,1; Acts 7,3)
    Verb · first · singular · future · active · indicative ▸ 13 + 1 + 4 = 18 (Ex. 33,5; Deut. 32,20; Judg. 4,22; 1Sam. 12,23; Judith 10,13; Psa. 49,23; Psa. 90,16; Ode. 2,20; Nah. 3,5; Zech. 1,9; Zech. 8,12; Is. 48,9; Jer. 18,17; Judg. 4,22; James 2,18; Rev. 4,1; Rev. 17,1; Rev. 21,9)

δείξωσιν ▸ 1
    Verb · third · plural · aorist · active · subjunctive ▸ 1 (LetterJ 66)

δειχθέντα ▸ 1
    Verb · aorist · passive · participle · masculine · singular · accusative ▸ 1 (Heb. 8,5)

δειχθῆναι ▸ 1
    Verb · aorist · passive · infinitive ▸ 1 (Wis. 16,4)

δειχθήτω ▸ 1
    Verb · third · singular · aorist · passive · imperative ▸ 1 (3Mac. 6,15)

ἔδειξα ▸ 3 + 1 = 4
    Verb · first · singular · aorist · active · indicative ▸ 3 + 1 = 4 (Deut. 34,4; 2Kings 20,15; Hos. 5,9; John 10,32)

ἔδειξαν ▸ 3 + 1 = 4
    Verb · third · plural · aorist · active · indicative ▸ 3 + 1 = 4 (Num. 13,26; 1Mac. 6,34; 1Mac. 11,4; Bel 21)

ἔδειξας ▸ 3
    Verb · second · singular · aorist · active · indicative ▸ 3 (Psa. 59,5; Sol. 8,25; Hab. 1,3)

ἔδειξάς ▸ 1
    Verb · second · singular · aorist · active · indicative ▸ 1 (Psa. 70,20)

ἔδειξεν ▸ 25 + 2 + 4 = 31
    Verb · third · singular · aorist · active · indicative ▸ 25 + 2 + 4 = 31 (Gen. 41,25; Gen. 41,28; Gen. 41,39; Ex. 15,25; Num. 8,4; Num. 22,41; Deut. 5,24; Deut. 34,1; Judg. 1,25; 2Kings 6,6; 2Kings 11,4; 2Kings 20,13; 2Kings 20,13; 2Chr. 23,3; Judith 13,15; Psa. 77,11; Job 28,11; Wis. 10,10; Wis. 10,14; Sir. 45,3; Is. 39,2; Is. 39,2; Is. 40,14; Is. 40,14; Bel 27; Judg. 1,25; Judg. 13,23; Luke 4,5; Luke 24,40; John 20,20; Acts 10,28)

ἔδειξέν ▸ 12 + 2 = 14
    Verb · third · singular · aorist · active · indicative ▸ 12 + 2 = 14 (Gen. 48,11; Deut. 4,36; 2Kings 8,10; Sol. 2,26; Amos 7,1; Amos 7,4; Amos 7,7; Amos 8,1; Zech. 2,3; Zech. 3,1; Jer. 45,21; Ezek. 11,25; Rev. 21,10; Rev. 22,1)

Ἔδειξέν ▸ 2
    Verb · third · singular · aorist · active · indicative ▸ 2 (2Kings 8,13; Jer. 24,1)

ἐδείχθη ▸ 1
    Verb · third · singular · aorist · passive · indicative ▸ 1 (Dan. 10,1)

δεικνύω to show ▸ 3
    δεικνύειν ▸ 1
        Verb · present · active · infinitive ▸ 1 (Matt. 16,21)
    δεικνύεις ▸ 1
        Verb · second · singular · present · active · indicative ▸ 1 (John 2,18)
    δεικνύοντός ▸ 1
        Verb · present · active · participle · masculine · singular · genitive ▸ 1 (Rev. 22,8)

δειλαίνω (δέος) to be a coward ▸ 1
    δειλανθῇ ▸ 1
        Verb · third · singular · aorist · passive · subjunctive ▸ 1 (1Mac. 5,41)

δείλαιος (δέος) cowardly, wretched ▸ 5
    Δειλαία ▸ 1
        Adjective · feminine · singular · nominative · noDegree ▸ 1 (Nah. 3,7)
    δειλαία ▸ 1
        Adjective · feminine · singular · nominative · noDegree ▸ 1 (Bar. 4,32)
    δείλαιαι ▸ 1
        Adjective · feminine · plural · nominative · noDegree ▸ 1 (Bar. 4,32)
    δείλαιοι ▸ 1
        Adjective · masculine · plural · nominative · noDegree ▸ 1 (Bar. 4,31)
    δείλαιοί ▸ 1
        Adjective · masculine · plural · nominative · noDegree ▸ 1 (Hos. 7,13)

δειλανδρέω (δέος; ἀνήρ) to be a coward ▸ 3
    δειλανδρῆσαι ▸ 1
        Verb · aorist · active · infinitive ▸ 1 (4Mac. 10,14)
    δειλανδρήσωμεν ▸ 1
        Verb · first · plural · aorist · active · subjunctive ▸ 1 (4Mac. 13,10)
    δειλανδροῦντες ▸ 1
        Verb · present · active · participle · masculine · plural · nominative ▸ 1 (2Mac. 8,13)

δείλη (δέος) afternoon; evening ▸ 13
    δείλης ▸ 13
        Noun · feminine · singular · genitive · (common) ▸ 13 (Gen. 24,63; Ex. 18,14; 1Sam. 20,5; 1Sam. 30,17; 2Sam. 1,12; 1Kings 17,6; 2Chr. 2,3; 2Chr. 13,11; 2Chr. 13,11; Esth. 2,14; 1Mac. 10,80; Zeph. 2,7; Jer. 31,33)

δειλία (δέος) fear, cowardice ▸ 9 + 1 = 10
    δειλία ▸ 2
        Noun · feminine · singular · nominative · (common) ▸ 2 (Psa. 54,5; Prov. 19,15)
    δειλίᾳ ▸ 1
        Noun · feminine · singular · dative · (common) ▸ 1 (4Mac. 6,20)
    δειλίαν ▸ 5
        Noun · feminine · singular · accusative · (common) ▸ 5 (Lev. 26,36; 1Mac. 4,32; 2Mac. 3,24; Psa. 88,41; Sir. 4,17)
    δειλίας ▸ 1 + 1 = 2
        Noun · feminine · singular · genitive · (common) ▸ 1 + 1 = 2 (3Mac. 6,19; 2Tim. 1,7)

δειλιαίνω (δέος) to instill fear ▸ 1
    δειλιάνῃ ▸ 1
        Verb · third · singular · aorist · active · subjunctive ▸ 1 (Deut. 20,8)

δειλιάω (δέος) to be afraid ▸ 17 + 1 = 18
    δειλία ▸ 2
        Verb · second · singular · present · active · imperative ▸ 2 (Deut. 31,6; Deut. 31,8)
    δειλιᾶν ▸ 1
        Verb · present · active · infinitive ▸ 1 (2Mac. 15,8)

δειλιάσει ▸ 3
  Verb · third · singular · future · active · indicative ▸ 3 (Sir. 22,16; Is. 13,7; Jer. 15,5)
δειλιάσῃ ▸ 1
  Verb · third · singular · aorist · active · subjunctive ▸ 1 (Sir. 34,14)
δειλιάσῃς ▸ 2
  Verb · second · singular · aorist · active · subjunctive ▸ 2 (Josh. 1,9; Josh. 8,1)
δειλιάσητε ▸ 2
  Verb · second · plural · aorist · active · subjunctive ▸ 2 (Deut. 1,21; Josh. 10,25)
δειλιάσουσιν ▸ 1
  Verb · third · plural · future · active · indicative ▸ 1 (Psa. 103,7)
δειλιάσω ▸ 1
  Verb · first · singular · future · active · indicative ▸ 1 (Psa. 26,1)
δειλιάτω ▸ 1
  Verb · third · singular · present · active · imperative ▸ 1 (John 14,27)
ἐδειλίασαν ▸ 2
  Verb · third · plural · aorist · active · indicative ▸ 2 (Psa. 13,5; Psa. 77,53)
ἐδειλίασεν ▸ 2
  Verb · third · singular · aorist · active · indicative ▸ 2 (4Mac. 14,4; Psa. 118,161)
δειλινός (δέος) in the evening ▸ 9
  δειλινήν ▸ 1
    Adjective · feminine · singular · accusative · noDegree ▸ 1 (2Chr. 31,3)
  δειλινῆς ▸ 1
    Adjective · feminine · singular · genitive · noDegree ▸ 1 (1Esdr. 8,69)
  δειλινόν ▸ 5
    Adjective · neuter · singular · accusative · noDegree ▸ 4 (Gen. 3,8; Ex. 29,39; Ex. 29,41; Lev. 6,13)
    Adjective · neuter · singular · nominative · noDegree ▸ 1 (1Kings 18,29)
  δειλινὸν ▸ 2
    Adjective · neuter · singular · accusative · noDegree ▸ 2 (1Esdr. 5,49; Sus. 7-8)
δειλόομαι (δέος) to be afraid ▸ 3
  δειλούμενον ▸ 1
    Verb · present · passive · participle · masculine · singular · accusative ▸ 1 (1Mac. 16,6)
  δειλωθῆτε ▸ 1
    Verb · second · plural · aorist · passive · subjunctive ▸ 1 (1Mac. 4,8)
  ἐδειλώθησαν ▸ 1
    Verb · third · plural · aorist · passive · indicative ▸ 1 (1Mac. 4,21)
δειλός (δέος) cowardly, afraid; vile, worthless ▸ 10 + 2 + 3 = 15
  δειλαῖς ▸ 1
    Adjective · feminine · plural · dative · noDegree ▸ 1 (Sir. 2,12)
  δειλή ▸ 1
    Adjective · feminine · singular · nominative · noDegree ▸ 1 (Sir. 22,18)
  δειλοί ▸ 2 + 2 = 4
    Adjective · masculine · plural · nominative · noDegree ▸ 2 + 2 = 4 (Wis. 4,20; Wis. 9,14; Matt. 8,26; Mark 4,40)
  δειλοῖς ▸ 1 + 1 = 2
    Adjective · masculine · plural · dative · noDegree ▸ 1 + 1 = 2 (1Mac. 3,56; Rev. 21,8)
  δειλὸν ▸ 1
    Adjective · neuter · singular · nominative · noDegree ▸ 1 (Wis. 17,10)
  δειλός ▸ 1
    Adjective · masculine · singular · nominative · noDegree ▸ 1 (Judg. 7,3)
  δειλὸς ▸ 3
    Adjective · masculine · singular · nominative · noDegree ▸ 3 (Deut. 20,8; Judg. 7,3; 2Chr. 13,7)
  δειλοῦ ▸ 1
    Adjective · masculine · singular · genitive · noDegree ▸ 1 (Sir. 37,11)
  δειλούς ▸ 1
    Adjective · masculine · plural · accusative · noDegree ▸ 1 (Judg. 9,4)
δειλόψυχος (δέος; ψύχω) timid, faint-hearted ▸ 2
  δειλόψυχοί ▸ 1
    Adjective · masculine · plural · nominative · noDegree ▸ 1 (4Mac. 8,16)
  δειλόψυχος ▸ 1
    Adjective · feminine · singular · nominative · noDegree ▸ 1 (4Mac. 16,5)
δεῖμα (δέος) fear ▸ 1
  δείματα ▸ 1
    Noun · neuter · plural · accusative · (common) ▸ 1 (Wis. 17,8)
δεῖνα such a person, a certain person ▸ 1
  δεῖνα ▸ 1
    Noun · masculine · singular · accusative ▸ 1 (Matt. 26,18)
δεινάζω (δέος) to be indignant ▸ 2
  ἐδείναζον ▸ 2
    Verb · third · plural · imperfect · active · indicative ▸ 2 (2Mac. 4,35; 2Mac. 13,25)
δεινός (δέος) terrible, dreadful; skillful; formidable ▸ 16
  δεινά ▸ 3
    Adjective · neuter · plural · accusative · noDegree ▸ 2 (4Mac. 8,15; Sir. 38,16)
    Adjective · neuter · plural · nominative · noDegree ▸ 1 (Job 13,11)
  δειναῖς ▸ 1
    Adjective · feminine · plural · dative · noDegree ▸ 1 (4Mac. 8,9)
  δεινή ▸ 1
    Adjective · feminine · singular · nominative · noDegree ▸ 1 (Sol. 13,6)
  δεινήν ▸ 1
    Adjective · feminine · singular · accusative · noDegree ▸ 1 (Job 2,13)
  δεινοῖς ▸ 2
    Adjective · masculine · plural · dative · noDegree ▸ 1 (Wis. 19,16)
    Adjective · neuter · plural · dative · noDegree ▸ 1 (Wis. 12,9)
  δεινόν ▸ 1
    Adjective · neuter · singular · nominative · noDegree ▸ 1 (2Sam. 1,9)
  δεινός ▸ 1
    Adjective · masculine · singular · nominative · noDegree ▸ 1 (4Mac. 4,15)
  δεινὸς ▸ 2
    Adjective · masculine · singular · nominative · noDegree ▸ 2 (Job 33,15; Wis. 16,5)
  δεινοὺς ▸ 2
    Adjective · masculine · plural · accusative · noDegree ▸ 2 (4Mac.

15,25; Wis. 11,18)
- δεινῷ ▸ 1
  - **Adjective** · masculine · singular · dative · noDegree ▸ 1 (Wis. 5,2)
- δεινῶν ▸ 1
  - **Adjective** · masculine · plural · genitive · noDegree ▸ 1 (Wis. 18,17)

δεινῶς (δέος) terribly ▸ 4 + 2 = 6
- δεινῶς ▸ 4 + 2 = 6
  - **Adverb** ▸ 4 + 2 = 6 (4Mac. 12,2; Job 10,16; Job 19,11; Wis. 17,3; Matt. 8,6; Luke 11,53)

δειπνέω (δεῖπνον) to eat, dine ▸ 3 + 1 + 4 = 8
- δειπνεῖν ▸ 1
  - **Verb** · present · active · infinitive ▸ 1 (Prov. 23,1)
- δειπνῆσαι ▸ 1 + 2 = 3
  - **Verb** · aorist · active · infinitive ▸ 1 + 2 = 3 (Tob. 7,9; Luke 22,20; 1Cor. 11,25)
- δειπνήσουσιν ▸ 1
  - **Verb** · third · plural · future · active · indicative ▸ 1 (Dan. 11,27)
- δειπνήσω ▸ 2
  - **Verb** · first · singular · aorist · active · subjunctive ▸ 1 (Luke 17,8)
  - **Verb** · first · singular · future · active · indicative ▸ 1 (Rev. 3,20)
- δειπνοῦντες ▸ 1
  - **Verb** · present · active · participle · masculine · plural · nominative ▸ 1 (Tob. 8,1)

δεῖπνον dinner, supper ▸ 5 + 2 + 16 = 23
- δείπνοις ▸ 3
  - **Noun** · neuter · plural · dative ▸ 3 (Matt. 23,6; Mark 12,39; Luke 20,46)
- δεῖπνον ▸ 3 + 2 + 8 = 13
  - **Noun** · neuter · singular · accusative · (common) ▸ 3 + 2 + 8 = 13 (4Mac. 3,9; Dan. 1,15; Dan. 1,16; Dan. 1,16; Dan. 5,1; Mark 6,21; Luke 14,12; Luke 14,16; John 12,2; 1Cor. 11,20; 1Cor. 11,21; Rev. 19,9; Rev. 19,17)
- δείπνου ▸ 1 + 4 = 5
  - **Noun** · neuter · singular · genitive · (common) ▸ 1 + 4 = 5 (Dan. 1,13; Luke 14,17; Luke 14,24; John 13,2; John 13,4)
- δείπνῳ ▸ 1 + 1 = 2
  - **Noun** · neuter · singular · dative · (common) ▸ 1 + 1 = 2 (Dan. 1,8; John 21,20)

Δεῖρα Dura ▸ 1
- Δεῖρα ▸ 1
  - **Noun** · singular · genitive · (proper) ▸ 1 (Dan. 3,1)

δεισιδαιμονία (δέος; δαιμόνιον) religion; fear of the gods; superstition ▸ 1
- δεισιδαιμονίας ▸ 1
  - **Noun** · feminine · singular · genitive ▸ 1 (Acts 25,19)

δεισιδαίμων (δέος; δαιμόνιον) religious; superstitious ▸ 1
- δεισιδαιμονεστέρους ▸ 1
  - **Adjective** · masculine · plural · accusative · comparative ▸ 1 (Acts 17,22)

δέκα ten ▸ 293 + 33 + 25 = 351
- Δέκα ▸ 1 + 1 = 2
  - **Adjective** · feminine · plural · genitive · (cardinal · numeral) ▸ 1 (Tob. 8,20)
  - **Adjective** · feminine · plural · nominative · (cardinal) ▸ 1 (2Sam. 19,44)
- δέκα ▸ 292 + 32 + 25 = 349
  - **Adjective** · feminine · plural · accusative · (cardinal · numeral) ▸ 48 + 5 + 5 = 58 (Gen. 24,10; Gen. 24,55; Gen. 45,23; Gen. 46,18; Ex. 26,1; Ex. 37,1; Num. 11,19; Judg. 1,4; Judg. 3,29; Judg. 4,6; 2Sam. 15,16; 2Sam. 17,28; 2Sam. 20,3; 1Kings 7,14; 1Kings 7,23; 1Kings 7,25; 1Kings 7,29; 1Kings 12,240; 2Kings 5,5; 2Kings 14,7; 2Kings 24,14; 1Chr. 6,46; 1Chr. 6,48; 1Chr. 18,12; 1Chr. 29,7; 2Chr. 4,7; 2Chr. 4,8; 2Chr. 4,14; 2Chr. 11,21; 2Chr. 13,21; 2Chr. 13,21; 2Chr. 25,11; 2Chr. 25,12; 2Chr. 27,5; 2Chr. 27,5; 2Chr. 30,24; 2Chr. 36,9; Judith 2,5; Judith 2,15; 1Mac. 10,40; 1Mac. 10,74; 1Mac. 11,47; Sir. 44,23; Jer. 49,7; Ezek. 45,3; Dan. 1,12; Dan. 1,14; Dan. 1,15; Judg. 1,4; Judg. 3,29; Judg. 4,6; Dan. 1,12; Dan. 1,14; Luke 15,8; Luke 19,13; Luke 19,16; Luke 19,24; Luke 19,25)
  - **Adjective** · feminine · plural · dative · (cardinal · numeral) ▸ 2 + 2 = 4 (1Kings 7,24; 1Mac. 4,29; Matt. 25,1; Luke 14,31)
  - **Adjective** · feminine · plural · genitive · (cardinal · numeral) ▸ 3 + 1 + 3 = 7 (Neh. 5,18; Tob. 8,19; Ezek. 45,14; Dan. 1,15; Luke 19,17; Acts 25,6; Rev. 2,10)
  - **Adjective** · feminine · plural · nominative · (cardinal · numeral) ▸ 44 + 12 = 56 (Gen. 46,22; Ex. 26,25; Ex. 27,12; Ex. 27,13; Ex. 37,10; Lev. 26,26; Num. 17,14; Num. 31,46; Num. 31,52; Josh. 15,36; Josh. 15,44; Josh. 18,24; Josh. 18,28; Josh. 19,6; Josh. 21,4; Josh. 21,5; Josh. 21,6; Josh. 21,19; Josh. 21,26; Josh. 21,33; Josh. 21,40; Judg. 4,10; Judg. 4,14; Judg. 7,3; Judg. 20,34; 1Sam. 14,23; 1Sam. 25,38; 2Sam. 18,3; 1Kings 5,28; 2Kings 13,7; 1Chr. 12,32; 1Esdr. 2,10; Judith 7,2; Tob. 8,20; Tob. 10,7; Ezek. 45,5; Ezek. 45,14; Ezek. 48,10; Ezek. 48,10; Ezek. 48,13; Ezek. 48,18; Ezek. 48,18; Ezek. 48,35; Bel 3; Josh. 15,36; Josh. 15,51; Josh. 18,28; Josh. 19,6; Josh. 19,38; Judg. 4,10; Judg. 4,14; Judg. 7,3; Judg. 8,10; Judg. 20,34; Judg. 20,44; Tob. 10,8)
  - **Adjective** · masculine · plural · accusative · (cardinal · numeral) ▸ 48 + 2 + 1 = 51 (Gen. 7,20; Gen. 14,14; Gen. 32,16; Gen. 32,16; Gen. 45,23; Ex. 28,21; Ex. 34,28; Num. 11,32; Num. 29,13; Num. 29,13; Num. 29,15; Num. 29,17; Num. 29,20; Num. 29,23; Num. 29,23; Num. 29,26; Num. 29,29; Num. 29,32; Deut. 10,4; Judg. 6,27; Judg. 20,10; Ruth 4,2; 2Sam. 17,28; 2Sam. 18,11; 1Kings 7,24; 1Kings 7,29; 2Kings 20,9; 2Kings 20,9; 2Kings 20,10; 2Kings 20,10; 2Kings 20,11; 1Chr. 24,4; 1Chr. 25,5; 2Chr. 4,3; 2Chr. 4,6; 1Esdr. 8,46; 1Esdr. 8,54; 1Esdr. 8,54; 1Esdr. 8,63; Esth. 2,12; Esth. 9,10; Esth. 9,13; Eccl. 7,19; Is. 38,8; Is. 38,8; Is. 38,8; Jer. 39,9; Ezek. 43,17; Judg. 6,27; Judg. 20,10; Luke 19,13)
  - **Adjective** · masculine · plural · genitive · (cardinal · numeral) ▸ 31 (Gen. 18,32; Gen. 24,22; Gen. 31,7; Ex. 26,16; Ex. 27,15; Num. 7,14; Num. 7,20; Num. 7,26; Num. 7,32; Num. 7,38; Num. 7,44; Num. 7,50; Num. 7,56; Num. 7,62; Num. 7,68; Num. 7,74; Num. 7,80; Josh. 22,14; 1Kings 6,23; 2Chr. 4,1; 2Chr. 4,2; Ezra 8,24; Neh. 11,1; Zech. 5,2; Ezek. 40,11; Ezek. 40,11; Ezek. 40,48; Ezek. 40,49; Ezek. 41,2; Ezek. 42,4; Ezek. 43,17)
  - **Adjective** · masculine · plural · nominative · (cardinal · numeral) ▸ 60 + 2 + 5 = 67 (Gen. 18,32; Gen. 42,3; Ex. 27,12; Ex. 27,13; Ex. 28,21; Ex. 37,10; 2Sam. 19,18; 1Kings 2,46e; 1Kings 5,3; 1Kings 6,3; 1Kings 7,3; 1Kings 7,10; 1Kings 7,11; 1Kings 7,40; 2Kings 13,7; 2Kings 25,25; 1Chr. 9,22; 1Chr. 15,10; 1Chr. 25,9; 1Chr. 25,10; 1Chr. 25,11; 1Chr. 25,12; 1Chr. 25,13; 1Chr. 25,14; 1Chr. 25,15; 1Chr. 25,16; 1Chr. 25,17; 1Chr. 25,18; 1Chr. 25,19; 1Chr. 25,20; 1Chr. 25,21; 1Chr. 25,22; 1Chr. 25,23; 1Chr. 25,24; 1Chr. 25,25; 1Chr. 25,26; 1Chr. 25,27; 1Chr. 25,28; 1Chr. 25,29; 1Chr. 25,30; 1Chr. 25,31; 1Chr. 26,9; 1Esdr. 5,11; 1Esdr. 5,16; 1Esdr. 5,25; 1Esdr. 8,35; 1Esdr. 8,38; Ezra 2,6; Ezra 2,18; Neh. 7,11; Neh. 7,42; Amos 5,3; Amos 6,9; Zech. 8,23; Jer. 48,1; Jer. 48,2; Jer. 48,8; Ezek. 45,12; Ezek. 45,12; Dan. 7,24; Judg. 17,10; Dan. 7,24; Matt. 20,24; Mark 10,41; Luke 17,12; Luke 17,17; Rev. 17,12)
  - **Adjective** · masculine · singular · dative · (cardinal · numeral)

▸ **2** (1Kings 6,24; 1Kings 6,26)
  Adjective · neuter · plural · accusative · (cardinal · numeral)
  ▸ 34 + 5 + 7 = **46** (Gen. 5,10; Gen. 5,14; Gen. 16,3; Gen. 31,41; Gen. 47,28; Gen. 50,22; Deut. 4,13; Josh. 24,33b; Judg. 3,14; Judg. 12,11; Judg. 17,10; Ruth 1,4; 1Sam. 1,8; 1Sam. 25,5; 1Kings 11,31; 1Kings 11,31; 1Kings 11,35; 1Kings 12,240; 1Kings 14,21; 2Kings 1,18a; 2Kings 5,5; 2Kings 15,17; 2Kings 20,6; 2Chr. 13,23; 2Chr. 25,25; 2Chr. 27,1; 2Chr. 28,1; 1Esdr. 4,52; Tob. 1,14; Tob. 4,20; Sir. 41,4; Hag. 2,16; Is. 38,5; Dan. 7,7; Judg. 3,14; Judg. 10,8; Judg. 12,11; Tob. 1,14; Tob. 4,20; Matt. 25,28; Luke 13,16; Rev. 12,3; Rev. 13,1; Rev. 13,1; Rev. 17,3; Rev. 17,7)
  Adjective · neuter · plural · dative · (cardinal · numeral) ▸ **1** (Gen. 31,41)
  Adjective · neuter · plural · genitive · (cardinal · numeral) ▸ 12 + 3 = **15** (Gen. 17,25; Gen. 37,2; Gen. 50,26; Josh. 24,30; Judg. 2,8; 2Chr. 26,1; 2Chr. 26,3; 2Chr. 33,1; 1Esdr. 1,41; 1Esdr. 1,42; Ezek. 45,15; Dan. 7,20; Judg. 2,8; Tob. 14,14; Dan. 7,20)
  Adjective · neuter · plural · nominative · (cardinal · numeral)
  ▸ 7 + 2 + 2 = **11** (Lev. 27,5; Lev. 27,7; 2Sam. 18,15; Ezra 8,9; Ezra 8,12; Is. 5,10; Dan. 7,24; Dan. 7,7; Dan. 7,24; Rev. 17,12; Rev. 17,16)

δεκάδαρχος (δέκα; ἄρχω) commander of ten ▸ 4
  δεκαδάρχους ▸ 4
  Noun · masculine · plural · accusative · (common) ▸ **4** (Ex. 18,21; Ex. 18,25; Deut. 1,15; 1Mac. 3,55)

δεκαέξ (δέκα; ἕξ) sixteen ▸ 1 + 1 = 2
  δεκαὲξ ▸ 1 + 1 = 2
  Adjective · feminine · plural · nominative · (cardinal · numeral)
  ▸ 1 + 1 = **2** (Josh. 15,41; Josh. 15,41)

δεκαμηνιαῖος (δέκα; μήν) ten-month period ▸ 1
  δεκαμηνιαίῳ ▸ 1
  Adjective · masculine · singular · dative ▸ **1** (Wis. 7,2)

δεκάμηνος (δέκα; μήν) ten months ▸ 1
  δεκάμηνοι ▸ 1
  Noun · masculine · plural · nominative · (common) ▸ **1** (4Mac. 16,7)

δεκαοκτώ (δέκα; ὀκτώ) eighteen ▸ 2
  δεκαοκτώ ▸ 2
  Adjective · masculine · plural · nominative · (cardinal · numeral)
  ▸ **1** (Luke 13,4)
  Adjective · neuter · plural · accusative · (cardinal · numeral) ▸ **1** (Luke 13,11)

δεκαπέντε (δέκα; πέντε) fifteen ▸ 3
  δεκαπέντε ▸ 3
  Adjective · feminine · plural · accusative · (cardinal · numeral)
  ▸ **2** (Acts 27,28; Gal. 1,18)
  Adjective · neuter · plural · genitive · (cardinal · numeral) ▸ **1** (John 11,18)

δεκάπηχυς (δέκα; πῆχυς) ten cubits ▸ 1
  δεκαπήχεσιν ▸ 1
  Adjective · masculine · plural · dative ▸ **1** (1Kings 7,47)

δεκαπλασιάζω (δέκα; πλάσσω) to multiply tenfold ▸ 1
  δεκαπλασιάσατε ▸ 1
  Verb · second · plural · aorist · active · imperative ▸ **1** (Bar. 4,28)

δεκαπλασίων tenfold ▸ 1
  δεκαπλασίονας ▸ 1
  Adjective · masculine · plural · accusative · (numeral) ▸ **1** (Dan. 1,20)

δεκαπλασίως (δέκα; πλάσσω) tenfold ▸ 1
  δεκαπλασίως ▸ 1
  Adverb ▸ **1** (Dan. 1,20)

Δεκάπολις Decapolis ▸ 3
  Δεκαπόλει ▸ 1
  Noun · feminine · singular · dative · (proper) ▸ **1** (Mark 5,20)
  Δεκαπόλεως ▸ 2
  Noun · feminine · singular · genitive · (proper) ▸ **2** (Matt. 4,25; Mark 7,31)

δεκατέσσαρες (δέκα; τέσσαρες) fourteen ▸ 5
  δεκατέσσαρες ▸ 3
  Adjective · feminine · plural · nominative · (cardinal · numeral)
  ▸ **3** (Matt. 1,17; Matt. 1,17; Matt. 1,17)
  δεκατεσσάρων ▸ 2
  Adjective · neuter · plural · genitive · (cardinal · numeral) ▸ **2** (2Cor. 12,2; Gal. 2,1)

δέκατος (δέκα) tenth, tithe ▸ 98 + 3 + 7 = 108
  δέκατα ▸ 17
  Adjective · neuter · plural · accusative · (ordinal · numeral)
  ▸ **16** (Lev. 14,10; Num. 15,6; Num. 15,9; Num. 28,9; Num. 28,12; Num. 28,12; Num. 28,20; Num. 28,20; Num. 28,28; Num. 28,28; Num. 29,3; Num. 29,3; Num. 29,9; Num. 29,9; Num. 29,14; Num. 29,14)
  Adjective · neuter · plural · nominative · noDegree · (ordinal)
  ▸ **1** (Lev. 23,13)
  δεκάται ▸ 1
  Adjective · feminine · plural · nominative · (ordinal · numeral)
  ▸ **1** (1Mac. 10,31)
  δεκάταις ▸ 1
  Adjective · feminine · plural · dative · (ordinal · numeral) ▸ **1** (Neh. 12,44)
  δεκάτας ▸ 5 + 1 + 2 = 8
  Adjective · feminine · plural · accusative · (ordinal · numeral)
  ▸ 5 + 1 + 2 = **8** (1Sam. 1,21; Judith 11,13; Tob. 1,6; Tob. 5,14; 1Mac. 3,49; Tob. 1,6; Heb. 7,8; Heb. 7,9)
  δεκάτη ▸ 3 + 1 = 4
  Adjective · feminine · singular · nominative · (ordinal · numeral)
  ▸ 3 + 1 = **4** (Lev. 27,30; Lev. 27,32; Zech. 8,19; John 1,39)
  δεκάτῃ ▸ 14
  Adjective · feminine · singular · dative · (ordinal · numeral)
  ▸ **14** (Ex. 12,3; Lev. 16,29; Lev. 23,27; Lev. 25,9; Num. 7,66; Num. 29,7; Josh. 4,19; Neh. 10,39; Jer. 52,4; Jer. 52,12; Bar. 1,8; Ezek. 20,1; Ezek. 24,1; Ezek. 40,1)
  Δεκάτην ▸ 1
  Adjective · feminine · singular · accusative · (ordinal · numeral)
  ▸ **1** (Deut. 14,22)
  δεκάτην ▸ 10 + 2 + 2 = 14
  Adjective · feminine · singular · accusative · (ordinal · numeral)
  ▸ 10 + 2 + 2 = **14** (Gen. 14,20; Gen. 28,22; Lev. 27,31; Neh. 10,38; Neh. 10,39; Neh. 13,5; Neh. 13,12; Tob. 1,7; Tob. 1,7; Sir. 35,8; Tob. 1,7; Tob. 1,7; Heb. 7,2; Heb. 7,4)
  δεκάτης ▸ 3
  Adjective · feminine · singular · genitive · (ordinal · numeral)
  ▸ **3** (Deut. 23,4; Neh. 10,39; 3Mac. 5,14)
  δέκατον ▸ 24 + 1 = 25
  Adjective · neuter · singular · accusative · (ordinal · numeral)
  ▸ **20** (Ex. 29,40; Lev. 5,11; Lev. 14,21; Num. 5,15; Num. 14,22; Num. 15,4; Num. 28,5; Num. 28,13; Num. 28,21; Num. 28,21; Num. 28,29; Num. 28,29; Num. 29,4; Num. 29,4; Num. 29,10; Num. 29,10; Num. 29,15; Num. 29,15; Sir. 25,7; Ezek. 45,11)
  Adjective · neuter · singular · nominative · (ordinal · numeral)
  ▸ 4 + 1 = **5** (Ex. 16,36; Lev. 6,13; Lev. 27,32; Ezek. 45,11; Rev. 11,13)
  δέκατος ▸ 4 + 1 = 5
  Adjective · masculine · singular · nominative · (ordinal

δέκατος–δένδρον

• numeral) ▸ 4 + 1 = 5 (1Chr. 12,14; 1Chr. 24,11; 1Chr. 25,17; 1Chr. 27,13; Rev. 21,20)

δέκατός ▸ 1
    Adjective • masculine • singular • nominative • (ordinal • numeral) ▸ 1 (2Mac. 5,27)

δεκάτου ▸ 3
    Adjective • masculine • singular • genitive • (ordinal • numeral) ▸ 3 (Gen. 8,5; 1Esdr. 9,16; Ezra 10,16)

δεκάτῳ ▸ 8
    Adjective • masculine • singular • dative • (ordinal • numeral) ▸ 7 (2Kings 25,1; 1Chr. 27,13; Jer. 39,1; Jer. 46,1; Jer. 52,4; Ezek. 24,1; Ezek. 29,1)
    Adjective • neuter • singular • dative • (ordinal • numeral) ▸ 1 (Ezek. 29,1)

δεκατῶν ▸ 1
    Adjective • feminine • plural • genitive • (ordinal • numeral) ▸ 1 (1Mac. 11,35)

δεκάτων ▸ 2
    Adjective • neuter • plural • genitive • (ordinal • numeral) ▸ 2 (Lev. 23,17; Lev. 24,5)

δεκατόω (δέκα) to collect tithes, pay tithes ▸ 1 + 2 = 3

δεδεκάτωκεν ▸ 1
    Verb • third • singular • perfect • active • indicative ▸ 1 (Heb. 7,6)

δεδεκάτωται ▸ 1
    Verb • third • singular • perfect • passive • indicative • (variant) ▸ 1 (Heb. 7,9)

δεκατοῦντες ▸ 1
    Verb • present • active • participle • masculine • plural • nominative ▸ 1 (Neh. 10,38)

δεκάχορδος (δέκα; χορδή) ten-stringed ▸ 3

δεκαχόρδῳ ▸ 3
    Adjective • neuter • singular • dative ▸ 3 (Psa. 32,2; Psa. 91,4; Psa. 143,9)

Δεκλα Diklah ▸ 1

Δεκλα ▸ 1
    Noun • masculine • singular • accusative • (proper) ▸ 1 (Gen. 10,27)

Δεκμων Kedemoth ▸ 1

Δεκμων ▸ 1
    Noun • feminine • singular • accusative • (proper) ▸ 1 (Josh. 21,37)

δεκτός (δέχομαι) acceptable ▸ 34 + 5 = 39

δεκτά ▸ 1
    Adjective • neuter • plural • nominative • noDegree ▸ 1 (Jer. 6,20)

δεκτὰ ▸ 6
    Adjective • neuter • plural • nominative • noDegree ▸ 6 (Lev. 22,19; Deut. 33,16; Prov. 16,7; Prov. 16,13; Job 33,26; Is. 60,7)

δεκταί ▸ 3
    Adjective • feminine • plural • nominative • noDegree ▸ 3 (Prov. 15,8; Prov. 15,28a; Is. 56,7)

δεκταί ▸ 1
    Adjective • feminine • plural • nominative • noDegree ▸ 1 (Prov. 14,9)

δεκτή ▸ 2
    Adjective • feminine • singular • nominative • noDegree ▸ 2 (Prov. 10,24; Sir. 35,6)

δεκτήν ▸ 1 + 1 = 2
    Adjective • feminine • singular • accusative • noDegree ▸ 1 + 1 = 2 (Is. 58,5; Phil. 4,18)

δεκτὴν ▸ 1
    Adjective • feminine • singular • accusative • noDegree ▸ 1 (Lev. 19,5)

δεκτοί ▸ 2
    Adjective • masculine • plural • nominative • noDegree ▸ 2 (Prov. 22,11; Sir. 2,5)

δεκτόν ▸ 1 + 1 = 2
    Adjective • neuter • singular • accusative • noDegree ▸ 1 + 1 = 2 (Lev. 22,21; Luke 4,19)

δεκτὸν ▸ 10
    Adjective • masculine • singular • accusative • noDegree ▸ 1 (Is. 61,2)
    Adjective • neuter • singular • accusative • noDegree ▸ 7 (Ex. 28,38; Lev. 1,3; Lev. 1,4; Lev. 17,4; Lev. 22,29; Lev. 23,11; Mal. 2,13)
    Adjective • neuter • singular • nominative • noDegree ▸ 2 (Lev. 22,20; Prov. 11,1)

δεκτός ▸ 1
    Adjective • masculine • singular • nominative • (verbal) ▸ 1 (Luke 4,24)

δεκτὸς ▸ 3 + 1 = 4
    Adjective • masculine • singular • nominative • noDegree ▸ 3 + 1 = 4 (Deut. 33,24; Prov. 12,22; Prov. 14,35; Acts 10,35)

δεκτοῦ ▸ 1
    Adjective • masculine • singular • genitive • noDegree ▸ 1 (Sir. 3,17)

δεκτῷ ▸ 1 + 1 = 2
    Adjective • masculine • singular • dative • noDegree ▸ 1 + 1 = 2 (Is. 49,8; 2Cor. 6,2)

δεκτῶν ▸ 1
    Adjective • neuter • plural • genitive • noDegree ▸ 1 (Deut. 33,23)

δελεάζω (δόλος) to entice ▸ 3

δελεαζόμενος ▸ 1
    Verb • present • passive • participle • masculine • singular • nominative • (variant) ▸ 1 (James 1,14)

δελεάζοντες ▸ 1
    Verb • present • active • participle • masculine • plural • nominative ▸ 1 (2Pet. 2,14)

δελεάζουσιν ▸ 1
    Verb • third • plural • present • active • indicative ▸ 1 (2Pet. 2,18)

δελθ (Hebr.) daleth ▸ 1

δελθ ▸ 1
    Noun ▸ 1 (Psa. 118,25)

δέλτος (δέλτα) writing tablet ▸ 4

δέλτοις ▸ 4
    Noun • feminine • plural • dative • (common) ▸ 4 (1Mac. 8,22; 1Mac. 14,18; 1Mac. 14,26; 1Mac. 14,48)

Δελφων Delphon ▸ 1

Δελφων ▸ 1
    Noun • masculine • singular • accusative • (proper) ▸ 1 (Esth. 9,7)

Δεμνα Dimnah ▸ 1

Δεμνα ▸ 1
    Noun • feminine • singular • accusative • (proper) ▸ 1 (Josh. 21,35)

δένδρον tree ▸ 32 + 8 + 25 = 65

δένδρα ▸ 10 + 4 = 14
    Noun • neuter • plural • accusative • (common) ▸ 6 + 3 = 9 (Deut. 20,19; Job 40,21; Sol. 12,3; Is. 16,9; Is. 17,8; Is. 57,5; Mark 8,24; Luke 21,29; Rev. 7,3)
    Noun • neuter • plural • nominative • (common) ▸ 4 + 1 = 5 (Num. 13,20; Job 40,22; Is. 27,9; Ezek. 47,7; Jude 12)

δένδρον ▸ 15 + 7 + 17 = 39
    Noun • neuter • singular • accusative • (common) ▸ 9 + 4 + 5 = 18 (Gen. 18,4; Gen. 18,8; Job 19,10; Is. 2,13; Dan. 2,40;

Dan. 4,22; Dan. 4,23; Sus. 54; Sus. 58; Dan. 4,14; Dan. 4,23; Sus. 54; Sus. 58; Matt. 12,33; Matt. 12,33; Luke 13,19; Rev. 7,1; Rev. 9,4)

Noun · neuter · singular · nominative · (common) ▸ 6 + 3 + 12 = **21** (Gen. 23,17; Prov. 11,30; Prov. 13,12; Prov. 15,4; Dan. 4,10; Dan. 4,20; Dan. 4,10; Dan. 4,11; Dan. 4,20; Matt. 3,10; Matt. 7,17; Matt. 7,17; Matt. 7,18; Matt. 7,18; Matt. 7,19; Matt. 12,33; Matt. 13,32; Luke 3,9; Luke 6,43; Luke 6,43; Luke 6,44)

δένδρου ▸ 5 + **1** = **6**

Noun · neuter · singular · genitive · (common) ▸ 5 + **1** = **6** (Deut. 12,2; Sir. 14,18; Hos. 4,13; Ezek. 6,13; Dan. 4,26; Dan. 4,26)

δένδρῳ ▸ **1**

Noun · neuter · singular · dative · (common) ▸ **1** (Job 14,7)

δένδρων ▸ **1** + **4** = **5**

Noun · neuter · plural · genitive · (common) ▸ **1** + **4** = **5** (4Mac. 14,16; Matt. 3,10; Matt. 21,8; Luke 3,9; Rev. 8,7)

δένδρος (δένδρον) tree ▸ **1**

δένδρει ▸ **1**

Noun · masculine · singular · dative · (common) ▸ **1** (Deut. 22,6)

δενδροτομέω (δένδρον; τομός) to cut down trees ▸ **1**

δενδροτομῶν ▸ **1**

Verb · present · active · participle · masculine · singular · nominative ▸ **1** (4Mac. 2,14)

Δενεθι Nebadiah ▸ **1**

Δενεθι ▸ **1**

Noun · masculine · singular · nominative · (proper) ▸ **1** (1Chr. 3,18)

Δενναβα Dinhabah ▸ **3**

Δενναβα ▸ **3**

Noun · singular · nominative · (proper) ▸ **2** (Gen. 36,32; 1Chr. 1,43)

Noun · feminine · singular · nominative · (proper) ▸ **1** (Job 42,17d)

δεξαμενή (δέχομαι) trough ▸ **1**

δεξαμενὰς ▸ **1**

Noun · feminine · plural · accusative · (common) ▸ **1** (Ex. 2,16)

δεξιάζω (δεξιός) to greet with the right hand ▸ **1**

δεξιασθεὶς ▸ **1**

Verb · aorist · passive · participle · masculine · singular · nominative ▸ **1** (2Mac. 4,34)

δεξιολάβος (δεξιός; λαμβάνω) bowman, slinger ▸ **1**

δεξιολάβους ▸ **1**

Noun · masculine · plural · accusative ▸ **1** (Acts 23,23)

δεξιός right, right hand ▸ 220 + **7** + **54** = **281**

Δεξιὰ ▸ **2**

Adjective · feminine · singular · nominative · noDegree ▸ **2** (Psa. 117,15; Sol. 13,1)

δεξιά ▸ 21 + **2** = **23**

Adjective · feminine · singular · nominative · noDegree ▸ 17 + **2** = **19** (Ex. 15,6; Ex. 15,6; Psa. 17,36; Psa. 20,9; Psa. 43,4; Psa. 44,5; Psa. 47,11; Psa. 62,9; Psa. 79,16; Psa. 136,5; Psa. 137,7; Psa. 138,10; Ode. 1,6; Ode. 1,6; Job 23,9; Job 40,14; Is. 48,13; Matt. 5,30; Matt. 6,3)

Adjective · neuter · plural · accusative · noDegree ▸ **3** (Gen. 13,9; Gen. 13,9; Is. 9,19)

Adjective · neuter · singular · nominative · noDegree ▸ **1** (Psa. 88,14)

δεξιὰ ▸ 33 + **2** = **35**

Adjective · feminine · singular · nominative · noDegree ▸ 15 + **1** = **16** (2Sam. 20,9; 2Mac. 11,30; Psa. 25,10; Psa. 77,54; Psa. 97,1; Psa. 117,16; Psa. 117,16; Psa. 143,8; Psa. 143,8; Psa. 143,11; Psa. 143,11; Song 2,6; Song 8,3; Sol. 13,1; Is. 30,21; Luke 6,6)

Adjective · neuter · plural · accusative · noDegree ▸ 18 + **1** = **19** (Num. 20,17; Deut. 2,27; Deut. 5,32; Deut. 17,11; Deut. 17,20; Deut. 28,14; Josh. 1,7; 1Sam. 6,12; 2Sam. 2,19; 2Sam. 2,21; 2Sam. 14,19; 1Kings 2,42; 2Kings 22,2; 2Chr. 34,2; 1Mac. 6,45; Psa. 141,5; Prov. 4,27; Is. 54,3; John 21,6)

δεξιᾷ ▸ 19 + **1** + **13** = **33**

Adjective · feminine · singular · dative · noDegree ▸ 19 + **1** + **13** = **33** (Gen. 48,13; Deut. 32,40; Judg. 7,20; Judg. 16,29; 1Chr. 6,24; 1Esdr. 4,29; Psa. 15,11; Psa. 16,7; Psa. 59,7; Psa. 107,7; Ode. 2,40; Ode. 14,23; Prov. 3,16; Wis. 5,16; Sir. 47,5; Is. 41,10; Is. 44,20; Is. 63,12; LetterJ 13; Judg. 16,29; Matt. 27,29; Acts 2,33; Acts 5,31; Rom. 8,34; Eph. 1,20; Col. 3,1; Heb. 1,3; Heb. 8,1; Heb. 10,12; Heb. 12,2; 1Pet. 3,22; Rev. 1,16; Rev. 2,1)

δεξιαῖς ▸ **1**

Adjective · feminine · plural · dative · noDegree ▸ **1** (Judg. 7,20)

δεξιάν ▸ **8**

Adjective · feminine · singular · accusative · noDegree ▸ **8** (Gen. 48,18; Ex. 15,12; 1Kings 6,8; 2Mac. 4,34; Psa. 73,11; Psa. 89,12; Psa. 120,5; Ode. 1,12)

δεξιὰν ▸ 18 + **2** + **4** = **24**

Adjective · feminine · singular · accusative · noDegree ▸ 18 + **2** + **4** = **24** (Gen. 24,49; Gen. 48,14; Gen. 48,17; Num. 22,26; Josh. 23,6; Judg. 5,26; 1Mac. 2,22; 1Mac. 5,46; 1Mac. 7,47; 2Mac. 13,22; 2Mac. 14,33; 2Mac. 15,15; Psa. 88,26; Psa. 88,43; Jonah 4,11; Lam. 2,3; Lam. 2,4; Dan. 12,7; Judg. 5,26; Dan. 12,7; Matt. 5,39; Rev. 1,17; Rev. 5,1; Rev. 10,5)

δεξιάς ▸ **2**

Adjective · feminine · plural · accusative · noDegree ▸ **2** (2Mac. 11,26; 2Mac. 14,19)

δεξιὰς ▸ 8 + **1** = **9**

Adjective · feminine · plural · accusative · noDegree ▸ 8 + **1** = **9** (1Mac. 6,58; 1Mac. 11,50; 1Mac. 11,62; 1Mac. 11,66; 1Mac. 13,45; 1Mac. 13,50; 2Mac. 12,11; 2Mac. 12,12; Gal. 2,9)

δεξιᾶς ▸ 20 + **4** = **24**

Adjective · feminine · singular · genitive · noDegree ▸ 20 + **4** = **24** (Ex. 29,20; Lev. 8,23; Lev. 14,14; Lev. 14,17; Lev. 14,25; Lev. 14,28; 2Kings 11,11; 2Chr. 23,10; Psa. 19,7; Psa. 72,23; Psa. 76,11; Psa. 79,18; Sir. 21,19; Sir. 49,11; Hab. 2,16; Is. 41,13; Is. 45,1; Is. 62,8; Jer. 22,24; Ezek. 39,3; Acts 3,7; Rev. 1,20; Rev. 5,7; Rev. 13,16)

δεξιοῖς ▸ **1** + **1** = **2**

Adjective · neuter · plural · dative · noDegree ▸ **1** + **1** = **2** (1Mac. 9,14; Mark 16,5)

δεξιὸν ▸ 5 + **2** = **7**

Adjective · masculine · singular · accusative · noDegree ▸ **5** (Ex. 29,22; Lev. 8,25; Lev. 8,26; 1Sam. 11,2; Sir. 36,5)

Adjective · neuter · singular · accusative ▸ **2** (Luke 22,50; John 18,10)

δεξιὸν ▸ 11 + **1** + **1** = **13**

Adjective · masculine · singular · accusative · noDegree ▸ 6 + **1** + **1** = **8** (Lev. 7,32; Lev. 9,21; Lev. 14,16; Num. 18,18; Judg. 3,16; Zech. 11,17; Judg. 3,16; Rev. 10,2)

Adjective · neuter · singular · accusative · noDegree ▸ **3** (1Mac. 9,1; Eccl. 10,2; Ezek. 4,6)

Adjective · neuter · singular · nominative · noDegree ▸ **2** (1Mac. 9,15; 1Mac. 9,16)

δεξιὸς ▸ **2** + **1** = **3**

Adjective · masculine · singular · nominative · noDegree ▸ **2** + **1** = **3** (Lev. 7,33; Zech. 11,17; Matt. 5,29)

δεξιοῦ ▸ 15 + **1** = **16**

Adjective · masculine · singular · genitive · noDegree ▸ 8 + **1**

δέομαι

= 9 (Ex. 29,20; Lev. 8,23; Lev. 14,14; Lev. 14,17; Lev. 14,25; Lev. 14,28; Judg. 3,21; Ezek. 47,1; Judg. 3,21)
  Adjective · neuter · singular · genitive · noDegree ▸ 7 (Ex. 29,20; Lev. 8,23; Lev. 14,14; Lev. 14,17; Lev. 14,25; Lev. 14,28; Ezek. 47,2)

δεξιῷ ▸ 3
  Adjective · masculine · singular · dative · noDegree ▸ 2 (Lev. 14,27; Sir. 21,21)
  Adjective · neuter · singular · dative · noDegree ▸ 1 (1Mac. 9,11)

δεξιῶν ▸ 52 + 1 + 23 = 76
  Adjective · feminine · plural · genitive · noDegree ▸ 2 + 1 = 3 (Ex. 29,20; Lev. 8,24; 2Cor. 6,7)
  Adjective · masculine · plural · genitive · noDegree ▸ 2 (Ex. 29,20; Lev. 8,24)
  Adjective · neuter · plural · genitive · noDegree ▸ 48 + 1 + 22 = 71 (Gen. 48,13; Ex. 14,22; Ex. 14,29; Ex. 29,20; Lev. 8,24; Deut. 33,2; 1Sam. 23,19; 1Sam. 23,24; 2Sam. 16,6; 2Sam. 24,5; 1Kings 2,19; 1Kings 7,25; 1Kings 7,25; 1Kings 7,35; 1Kings 22,19; 2Kings 23,13; 1Chr. 12,2; 2Chr. 3,17; 2Chr. 3,17; 2Chr. 4,6; 2Chr. 4,7; 2Chr. 4,8; 2Chr. 4,10; 2Chr. 18,18; 1Esdr. 9,43; Neh. 8,4; Neh. 12,31; Tob. 1,2; Psa. 15,8; Psa. 44,10; Psa. 90,7; Psa. 108,6; Psa. 108,31; Psa. 109,1; Psa. 109,5; Prov. 4,27a; Job 30,12; Sir. 12,12; Zech. 3,1; Zech. 4,3; Zech. 4,11; Zech. 6,13; Zech. 12,6; Ezek. 1,10; Ezek. 10,3; Ezek. 16,46; Ezek. 21,21; Ezek. 21,26; Tob. 1,2; Matt. 20,21; Matt. 20,23; Matt. 22,44; Matt. 25,33; Matt. 25,34; Matt. 26,64; Matt. 27,38; Mark 10,37; Mark 10,40; Mark 12,36; Mark 14,62; Mark 15,27; Mark 16,19; Luke 1,11; Luke 20,42; Luke 22,69; Luke 23,33; Acts 2,25; Acts 2,34; Acts 7,55; Acts 7,56; Heb. 1,13)

δέομαι to pray, ask, beg ▸ 91 + 7 + 22 = 120
  δεδέημαι ▸ 1
    Verb · first · singular · perfect · middle · indicative ▸ 1 (1Kings 8,59)
  δέεσθαί ▸ 2
    Verb · present · middle · infinitive ▸ 2 (Psa. 27,2; Psa. 63,2)
  δέῃ ▸ 1
    Verb · second · singular · present · middle · subjunctive ▸ 1 (Sir. 33,20)
  δεηθείς ▸ 1
    Verb · aorist · passive · participle · masculine · singular · nominative ▸ 1 (Job 30,24)
  δεηθέντος ▸ 1
    Verb · aorist · passive · participle · masculine · singular · genitive ▸ 1 (Sir. 28,2)
  δεηθέντων ▸ 1
    Verb · aorist · passive · participle · masculine · plural · genitive ▸ 1 (Acts 4,31)
  δεηθῆναι ▸ 1 + 2 = 3
    Verb · aorist · passive · infinitive ▸ 1 + 2 = 3 (Zech. 8,21; Tob. 3,10; Tob. 8,5)
  δεηθῆναί ▸ 1
    Verb · aorist · passive · infinitive ▸ 1 (Sir. 33,22)
  δεηθήσεται ▸ 2
    Verb · third · singular · future · passive · indicative ▸ 2 (Sir. 39,5; Sir. 39,5)
  δεηθήσῃ ▸ 1
    Verb · second · singular · future · passive · indicative ▸ 1 (Is. 37,4)
  δεηθήσομαι ▸ 3
    Verb · first · singular · future · passive · indicative ▸ 3 (Psa. 29,9; Job 5,8; Job 9,15)
  δεηθήσονται ▸ 3
    Verb · third · plural · future · passive · indicative ▸ 3 (1Kings 8,33; Job 11,19; Sir. 38,14)
  δεήθητε ▸ 1 + 1 + 3 = 5
    Verb · second · plural · aorist · passive · imperative ▸ 1 + 3 = 4 (Tob. 6,18; Matt. 9,38; Luke 10,2; Acts 8,24)
    Verb · second · plural · aorist · passive · subjunctive ▸ 1 (Mal. 1,9)
  Δεήθητι ▸ 1
    Verb · second · singular · aorist · passive · imperative ▸ 1 (1Kings 13,6)
  δεήθητι ▸ 5 + 1 = 6
    Verb · second · singular · aorist · passive · imperative ▸ 5 + 1 = 6 (Judith 8,31; Sir. 17,25; Sir. 21,1; Sir. 37,15; Dan. 4,27; Acts 8,22)
  δεηθῶμεν ▸ 1 + 1 = 2
    Verb · first · plural · aorist · passive · subjunctive ▸ 1 + 1 = 2 (3Mac. 2,10; Tob. 8,4)
  δεηθῶσιν ▸ 1
    Verb · third · plural · aorist · passive · subjunctive ▸ 1 (2Chr. 6,24)
  δεηθῶσίν ▸ 2
    Verb · third · plural · aorist · passive · subjunctive ▸ 2 (1Kings 8,47; 2Chr. 6,37)
  δέηται ▸ 1
    Verb · third · singular · present · middle · subjunctive ▸ 1 (Prov. 26,25)
  δεῖσθαι ▸ 1
    Verb · present · middle · infinitive ▸ 1 (Job 34,20)
  δεῖται ▸ 3
    Verb · third · singular · present · middle · indicative ▸ 3 (Sir. 28,4; Dan. 6,6; Dan. 6,9)
  Δέομαι ▸ 7
    Verb · first · singular · present · middle · indicative ▸ 7 (Gen. 19,18; Gen. 44,18; Ex. 4,10; Ex. 4,13; Ex. 32,31; Num. 12,11; Josh. 7,7)
  δέομαι ▸ 2 + 4 = 6
    Verb · first · singular · present · middle · indicative ▸ 2 + 1 = 3 (1Esdr. 4,46; Job 17,1; Acts 26,3)
    Verb · first · singular · present · passive · indicative ▸ 3 (Acts 21,39; 2Cor. 10,2; Gal. 4,12)
  δέομαί ▸ 1 + 3 = 4
    Verb · first · singular · present · middle · indicative ▸ 1 + 3 = 4 (Num. 12,13; Luke 8,28; Luke 9,38; Acts 8,34)
  Δεόμεθα ▸ 1
    Verb · first · plural · present · middle · indicative ▸ 1 (Gen. 43,20)
  δεόμεθα ▸ 1 + 1 = 2
    Verb · first · plural · present · middle · indicative ▸ 1 + 1 = 2 (Dan. 9,18; 2Cor. 5,20)
  δεόμενοι ▸ 1 + 3 = 4
    Verb · present · middle · participle · masculine · plural · nominative ▸ 1 + 1 = 2 (3Mac. 5,7; Luke 21,36)
    Verb · present · passive · participle · masculine · plural · nominative ▸ 2 (2Cor. 8,4; 1Th. 3,10)
  δεομένοις ▸ 1
    Verb · present · middle · participle · masculine · plural · dative ▸ 1 (4Mac. 2,8)
  δεόμενον ▸ 2 + 1 = 3
    Verb · present · middle · participle · masculine · singular · accusative ▸ 1 + 1 = 2 (Dan. 6,14; Dan. 6,12)
    Verb · present · middle · participle · neuter · singular · nominative ▸ 1 (3Mac. 1,24)

δεόμενος ▸ 3 + 2 = 5
    Verb · present · middle · participle · masculine · singular · nominative ▸ 3 + 1 = **4** (Ode. 12,11; Job 8,5; Dan. 9,20; Rom. 1,10)
    Verb · present · passive · participle · masculine · singular · nominative ▸ **1** (Acts 10,2)

δεομενός ▸ 1
    Verb · present · middle · participle · masculine · singular · nominative ▸ **1** (Ode. 12,13)

δεομένου ▸ 1
    Verb · present · middle · participle · masculine · singular · genitive ▸ **1** (Sir. 4,5)

δεομένων ▸ 2
    Verb · present · middle · participle · masculine · plural · genitive ▸ **2** (3Mac. 1,16; Wis. 16,25)

ἐδέετο ▸ 2
    Verb · third · singular · imperfect · middle · indicative ▸ **2** (Judith 12,8; Job 19,16)

ἐδεήθη ▸ 9 + 1 + 1 = 11
    Verb · third · singular · aorist · passive · indicative ▸ 9 + 1 + 1 = **11** (Ex. 32,11; Judg. 13,8; 1Kings 13,6; 2Kings 1,13; 2Kings 13,4; Esth. 13,8 # 4,17a; Tob. 3,11; Sir. 50,19; Sol. 6,5; Tob. 3,11; Luke 5,12)

ἐδεήθημεν ▸ 3 + 1 = 4
    Verb · first · plural · aorist · passive · indicative ▸ 3 + 1 = **4** (1Esdr. 8,53; 2Mac. 1,8; Bar. 2,8; Dan. 9,13)

ἐδεήθην ▸ 13 + 2 = 15
    Verb · first · singular · aorist · passive · indicative ▸ 13 + 2 = **15** (Deut. 3,23; Deut. 9,18; Deut. 9,25; Deut. 9,25; 1Sam. 13,12; Psa. 118,58; Psa. 141,2; Wis. 8,21; Sir. 26,5; Sir. 51,9; Sol. 2,22; Dan. 4,33a; Dan. 4,34; Luke 9,40; Luke 22,32)

ἐδεήθης ▸ 1
    Verb · second · singular · aorist · passive · indicative ▸ **1** (1Kings 9,3)

ἐδεήθησαν ▸ 1
    Verb · third · plural · aorist · passive · indicative ▸ **1** (Jer. 33,19)

ἐδεήθησάν ▸ 1
    Verb · third · plural · aorist · passive · indicative ▸ **1** (Hos. 12,5)

ἐδεῖτο ▸ 3 + 1 = 4
    Verb · third · singular · imperfect · middle · indicative ▸ 3 + 1 = **4** (Gen. 25,21; Esth. 14,1 # 4,17k; Dan. 6,11; Luke 8,38)

ἐδέοντο ▸ 2
    Verb · third · plural · imperfect · middle · indicative ▸ **2** (3Mac. 5,25; Wis. 18,2)

δέος awe, fear ▸ 5 + 1 = 6
    δέος ▸ 2
        Noun · neuter · singular · accusative · (common) ▸ **1** (2Mac. 15,23)
        Noun · neuter · singular · nominative · (common) ▸ **1** (2Mac. 3,17)
    δέους ▸ 3 + 1 = 4
        Noun · neuter · singular · genitive · (common) ▸ 3 + 1 = **4** (2Mac. 3,30; 2Mac. 12,22; 2Mac. 13,16; Heb. 12,28)

Δερβαῖος Derbean ▸ 1
    Δερβαῖος ▸ 1
        Adjective · masculine · singular · nominative · (proper) ▸ **1** (Acts 20,4)

Δέρβη Derbe ▸ 3
    Δέρβην ▸ 3
        Noun · feminine · singular · accusative · (proper) ▸ **3** (Acts 14,6; Acts 14,20; Acts 16,1)

δέρμα (δέρω) skin, hide ▸ 78 + 1 = 79
    Δέρμα ▸ 1
        Noun · neuter · singular · nominative · (common) ▸ **1** (Job 2,4)
    δέρμα ▸ 19
        Noun · neuter · singular · accusative · (common) ▸ **11** (Ex. 29,14; Lev. 4,11; Lev. 13,12; Lev. 13,13; Num. 4,6; 2Mac. 7,7; Job 10,11; Job 19,26; Jer. 13,23; Lam. 3,4; Ezek. 37,6)
        Noun · neuter · singular · nominative · (common) ▸ **8** (Lev. 7,8; Lev. 13,33; Lev. 15,17; Num. 19,5; Job 30,30; Lam. 4,8; Lam. 5,10; Ezek. 37,8)
    δέρμασιν ▸ 1
        Noun · neuter · plural · dative ▸ **1** (Heb. 11,37)
    δέρματα ▸ 15
        Noun · neuter · plural · accusative · (common) ▸ **12** (Gen. 27,16; Ex. 25,5; Ex. 25,5; Ex. 26,14; Ex. 26,14; Ex. 35,7; Ex. 35,7; Ex. 39,20; Ex. 39,20; Lev. 16,27; Mic. 3,2; Mic. 3,3)
        Noun · neuter · plural · nominative · (common) ▸ **3** (Ex. 35,23; Ex. 35,23; Lev. 13,51)
    δέρματι ▸ 28
        Noun · neuter · singular · dative · (common) ▸ **28** (Lev. 13,2; Lev. 13,2; Lev. 13,3; Lev. 13,4; Lev. 13,5; Lev. 13,6; Lev. 13,7; Lev. 13,8; Lev. 13,10; Lev. 13,11; Lev. 13,12; Lev. 13,18; Lev. 13,22; Lev. 13,24; Lev. 13,24; Lev. 13,27; Lev. 13,28; Lev. 13,34; Lev. 13,35; Lev. 13,36; Lev. 13,38; Lev. 13,39; Lev. 13,39; Lev. 13,43; Lev. 13,48; Lev. 13,48; Lev. 13,49; Lev. 13,51)
    δέρματί ▸ 1
        Noun · neuter · singular · dative · (common) ▸ **1** (Job 19,20)
    δέρματος ▸ 14
        Noun · neuter · singular · genitive · (common) ▸ **14** (Lev. 11,32; Lev. 13,3; Lev. 13,4; Lev. 13,20; Lev. 13,21; Lev. 13,25; Lev. 13,26; Lev. 13,30; Lev. 13,31; Lev. 13,32; Lev. 13,34; Lev. 13,49; Lev. 13,56; Job 2,4)

δερμάτινος (δέρω) made of skin, hide ▸ 14 + 2 = 16
    δερματίνην ▸ 1 + 2 = 3
        Adjective · feminine · singular · accusative · noDegree ▸ 1 + 2 = **3** (2Kings 1,8; Matt. 3,4; Mark 1,6)
    δερμάτινον ▸ 5
        Adjective · neuter · singular · accusative · noDegree ▸ **4** (Num. 4,10; Num. 4,14; Num. 4,14; Num. 31,20)
        Adjective · neuter · singular · nominative · noDegree ▸ **1** (Lev. 13,58)
    δερματίνου ▸ 1
        Adjective · neuter · singular · genitive · noDegree ▸ **1** (Lev. 13,59)
    δερματίνους ▸ 1
        Adjective · masculine · plural · accusative · noDegree ▸ **1** (Gen. 3,21)
    δερματίνῳ ▸ 6
        Adjective · neuter · singular · dative · noDegree ▸ **6** (Lev. 13,52; Lev. 13,53; Lev. 13,57; Num. 4,8; Num. 4,11; Num. 4,12)

δέρρις (δέρω) skin, hide ▸ 26
    δέρρει ▸ 2
        Noun · feminine · singular · dative · (common) ▸ **2** (Judg. 4,18; Judg. 4,20)
    δέρρεις ▸ 9
        Noun · feminine · plural · accusative · (common) ▸ **6** (Ex. 26,7; Ex. 26,7; Ex. 26,9; Ex. 26,9; Ex. 26,11; Num. 4,25)
        Noun · feminine · plural · nominative · (common) ▸ **3** (Song 1,5; Jer. 4,20; Jer. 10,20)
    δέρρεσι ▸ 1
        Noun · feminine · plural · dative · (common) ▸ **1** (Ex. 26,8)
    δέρρεσιν ▸ 1
        Noun · feminine · plural · dative · (common) ▸ **1** (Ex. 26,12)

δέρρις–δεσμός

δέρρεων ‣ 4
  Noun · feminine · plural · genitive · (common) ‣ **4** (Ex. 26,12; Ex. 26,13; Ex. 26,13; 1Chr. 17,1)
δέρρεών ‣ 1
  Noun · feminine · plural · genitive · (common) ‣ **1** (Jer. 10,20)
δέρρεως ‣ 5
  Noun · feminine · singular · genitive · (common) ‣ **5** (Ex. 26,8; Ex. 26,8; Ex. 26,10; Ex. 26,10; Ex. 26,12)
δέρριν ‣ 3
  Noun · feminine · singular · accusative · (common) ‣ **3** (Ex. 26,9; Psa. 103,2; Zech. 13,4)

δέρω to beat, skin, flay ‣ 1 + 15 = 16
  δαρήσεσθε ‣ 1
    Verb · second · plural · future · passive · indicative ‣ **1** (Mark 13,9)
  δαρήσεται ‣ 2
    Verb · third · singular · future · passive · indicative ‣ **2** (Luke 12,47; Luke 12,48)
  δεῖραι ‣ 1
    Verb · aorist · active · infinitive ‣ **1** (2Chr. 29,34)
  δείραντες ‣ 4
    Verb · aorist · active · participle · masculine · plural · nominative ‣ **4** (Luke 20,10; Luke 20,11; Acts 5,40; Acts 16,37)
  δέρει ‣ 1
    Verb · third · singular · present · active · indicative ‣ **1** (2Cor. 11,20)
  δέρεις ‣ 1
    Verb · second · singular · present · active · indicative ‣ **1** (John 18,23)
  δέροντες ‣ 2
    Verb · present · active · participle · masculine · plural · nominative ‣ **2** (Mark 12,5; Luke 22,63)
  δέρων ‣ 2
    Verb · present · active · participle · masculine · singular · nominative ‣ **2** (Acts 22,19; 1Cor. 9,26)
  ἔδειραν ‣ 2
    Verb · third · plural · aorist · active · indicative ‣ **2** (Matt. 21,35; Mark 12,3)

Δεσεθ Kir Hareseth (?) ‣ 1
  Δεσεθ ‣ 1
    Noun · singular · accusative · (proper) ‣ **1** (Is. 16,7)

δέσις (δέω) setting (for stones) ‣ 1
  δέσει ‣ 1
    Noun · feminine · singular · dative · (common) ‣ **1** (Sir. 45,11)

δεσμεύω (δέω) to bind ‣ 8 + 1 + 3 = 12
  δεσμεύειν ‣ 1
    Verb · present · active · infinitive ‣ **1** (Gen. 37,7)
  δεσμεύεις ‣ 1
    Verb · second · singular · present · active · indicative ‣ **1** (1Sam. 24,12)
  δεσμεύοντας ‣ 1
    Verb · present · active · participle · masculine · plural · accusative ‣ **1** (Judith 8,3)
  δεσμεύοντες ‣ 1 + 1 = 2
    Verb · present · active · participle · masculine · plural · nominative ‣ **1** + **1** = **2** (Amos 2,8; Judg. 16,11)
  δεσμεύουσιν ‣ 1
    Verb · third · plural · present · active · indicative ‣ **1** (Matt. 23,4)
  δεσμεύων ‣ 3 + 1 = 4
    Verb · present · active · participle · masculine · singular · nominative ‣ **3** + **1** = **4** (Gen. 49,11; Psa. 146,3; Job 26,8; Acts 22,4)
  ἐδεσμεύετο ‣ 1
    Verb · third · singular · imperfect · passive · indicative · (variant) ‣ **1** (Luke 8,29)
  ἐδέσμευον ‣ 1
    Verb · third · plural · imperfect · active · indicative ‣ **1** (3Mac. 5,5)

δέσμη (δέω) bundle ‣ 1 + 1 = 2
  δέσμας ‣ 1
    Noun · feminine · plural · accusative ‣ **1** (Matt. 13,30)
  δέσμην ‣ 1
    Noun · feminine · singular · accusative · (common) ‣ **1** (Ex. 12,22)

δέσμιος (δέω) bound, prisoner ‣ 9 + 16 = 25
  δέσμιαι ‣ 1
    Adjective · feminine · plural · nominative · noDegree ‣ **1** (3Mac. 4,7)
  δέσμιοι ‣ 2 + 1 = 3
    Adjective · masculine · plural · nominative · noDegree ‣ **1** (Wis. 17,2)
    Adjective · masculine · plural · vocative · noDegree ‣ **1** (Zech. 9,12)
    Noun · masculine · plural · nominative ‣ **1** (Acts 16,25)
  δεσμίοις ‣ 1
    Noun · masculine · plural · dative ‣ **1** (Heb. 10,34)
  δέσμιον ‣ 1 + 5 = 6
    Adjective · masculine · singular · accusative · noDegree ‣ **1** (2Mac. 14,27)
    Noun · masculine · singular · accusative ‣ **5** (Matt. 27,15; Matt. 27,16; Mark 15,6; Acts 25,27; 2Tim. 1,8)
  δέσμιόν ‣ 1
    Adjective · masculine · singular · accusative · noDegree ‣ **1** (2Mac. 14,33)
  δέσμιος ‣ 7
    Noun · masculine · singular · nominative ‣ **7** (Acts 23,18; Acts 25,14; Acts 28,17; Eph. 3,1; Eph. 4,1; Philem. 1; Philem. 9)
  δεσμίους ‣ 3 + 1 = 4
    Adjective · masculine · plural · accusative · noDegree ‣ **3** (3Mac. 7,5; Zech. 9,11; Lam. 3,34)
    Noun · masculine · plural · accusative ‣ **1** (Acts 16,27)
  δεσμίων ‣ 1 + 1 = 2
    Adjective · masculine · plural · genitive · noDegree ‣ **1** (Eccl. 4,14)
    Noun · masculine · plural · genitive ‣ **1** (Heb. 13,3)

δεσμός (δέω) bond, chain, imprisonment; bundle ‣ 48 + 4 + 18 = 70
  δεσμά ‣ 2
    Noun · neuter · plural · accusative · (common) ‣ **2** (Ezra 7,26; 3Mac. 6,27)
  δεσμά ‣ 1 + 3 = 4
    Noun · neuter · plural · accusative · (common) ‣ **1** + **1** = **2** (4Mac. 12,2; Luke 8,29)
    Noun · neuter · plural · nominative ‣ **2** (Acts 16,26; Acts 20,23)
  δεσμοί ‣ 5 + 1 = 6
    Noun · masculine · plural · nominative · (common) ‣ **5** + **1** = **6** (Judg. 15,14; Eccl. 7,26; Sir. 6,30; Sir. 28,20; Sir. 28,20; Judg. 15,14)
  δεσμοί ‣ 2
    Noun · masculine · plural · nominative · (common) ‣ **2** (Is. 28,22; Ezek. 3,25)
  δεσμοῖς ‣ 7 + 6 = 13
    Noun · masculine · plural · dative · (common) ‣ **7** + **6** = **13** (2Chr. 33,11; 3Mac. 3,25; Wis. 10,14; Sir. 6,25; Sir. 28,19; Hos. 11,4;

Is. 49,9; Phil. 1,7; Phil. 1,14; Phil. 1,17; Philem. 10; Philem. 13; Jude 6)

δεσμὸν ▸ 6
   Noun · masculine · singular · accusative · (common) ▸ **6** (Gen. 42,27; Lev. 26,13; Num. 19,15; Job 38,31; Hag. 1,6; Is. 52,2)

δεσμός ▸ 1 + 1 = 2
   Noun · masculine · singular · nominative · (common) ▸ 1 + 1 = **2** (Gen. 42,35; Mark 7,35)

δεσμοῦ ▸ 1 + 1 = 2
   Noun · masculine · singular · genitive · (common) ▸ 1 + 1 = **2** (Num. 30,14; Luke 13,16)

δεσμούς ▸ 5 + 1 = 6
   Noun · masculine · plural · accusative · (common) ▸ 5 + 1 = **6** (Psa. 115,7; Nah. 1,13; Jer. 2,20; Jer. 5,5; Ezek. 4,8; Phil. 1,13)

δεσμούς ▸ 9
   Noun · masculine · plural · accusative · (common) ▸ **9** (Gen. 42,35; Psa. 2,3; Psa. 106,14; Ode. 4,13; Prov. 7,22; Job 39,5; Hab. 3,13; Jer. 34,2; Jer. 37,8)

δεσμῷ ▸ 5 + 3 = 8
   Noun · masculine · singular · dative · (common) ▸ 5 + 3 = **8** (Judg. 15,13; Judg. 16,11; 1Sam. 25,29; 1Esdr. 1,38; Ode. 12,10; Judg. 15,13; Dan. 4,15; Dan. 4,23)

δεσμῶν ▸ 4 + 6 = 10
   Noun · masculine · plural · genitive · (common) ▸ 4 + 6 = **10** (3Mac. 5,6; Sir. 13,12; Mal. 3,20; Is. 42,7; Acts 23,29; Acts 26,29; Acts 26,31; Col. 4,18; 2Tim. 2,9; Heb. 11,36)

δεσμοφύλαξ (δέω; φυλάσσω) jailer ▸ 1 + 3 = 4
   δεσμοφύλακι ▸ 1 + 1 = 2
      Noun · masculine · singular · dative · (common) ▸ 1 + 1 = **2** (Gen. 40,3; Acts 16,23)
   δεσμοφύλαξ ▸ 2
      Noun · masculine · singular · nominative ▸ **2** (Acts 16,27; Acts 16,36)

δεσμωτήριον (δέω) prison ▸ 6 + 2 + 4 = 12
   δεσμωτήριον ▸ 3 + 2 = 5
      Noun · neuter · singular · accusative · (common) ▸ 3 + 2 = **5** (Gen. 39,22; Gen. 40,3; Is. 24,22; Acts 5,21; Acts 5,23)
   δεσμωτηρίου ▸ 1 + 2 + 1 = 4
      Noun · neuter · singular · genitive · (common) ▸ 1 + 2 + 1 = **4** (Gen. 39,23; Judg. 16,21; Judg. 16,25; Acts 16,26)
   δεσμωτηρίῳ ▸ 2 + 1 = 3
      Noun · neuter · singular · dative · (common) ▸ 2 + 1 = **3** (Gen. 39,22; Gen. 40,5; Matt. 11,2)

δεσμώτης (δέω) prisoner ▸ 4 + 2 = 6
   δεσμῶται ▸ 1
      Noun · masculine · plural · nominative · (common) ▸ **1** (Gen. 39,20)
   δεσμώτας ▸ 2 + 2 = 4
      Noun · masculine · plural · accusative · (common) ▸ 2 + 2 = **4** (Jer. 24,1; Bar. 1,9; Acts 27,1; Acts 27,42)
   δεσμώτου ▸ 1
      Noun · masculine · singular · genitive · (common) ▸ **1** (Jer. 36,2)

δεσπόζω (δέω) to master, be master ▸ 17
   δεσπόζει ▸ 7
      Verb · third · singular · present · active · indicative ▸ **7** (1Esdr. 4,3; 4Mac. 1,5; 4Mac. 2,13; 4Mac. 2,16; Psa. 21,29; Psa. 58,14; Psa. 102,19)
   δεσπόζειν ▸ 1
      Verb · present · active · infinitive ▸ **1** (Wis. 12,16)
   δεσπόζεις ▸ 2
      Verb · second · singular · present · active · indicative ▸ **2** (1Chr. 29,11; Psa. 88,10)

   δεσπόζῃ ▸ 1
      Verb · third · singular · present · active · subjunctive ▸ **1** (Wis. 9,2)
   δεσπόζοντα ▸ 2
      Verb · present · active · participle · masculine · singular · accusative ▸ **2** (2Mac. 14,46; 3Mac. 7,9)
   δεσπόζοντι ▸ 1
      Verb · present · active · participle · masculine · singular · dative ▸ **1** (Psa. 65,7)
   δεσπόζων ▸ 2
      Verb · present · active · participle · masculine · singular · nominative ▸ **2** (1Esdr. 4,14; Wis. 12,18)
   δεσπόσεις ▸ 1
      Verb · second · singular · future · active · indicative ▸ **1** (4Mac. 5,38)

δεσποτεία (δέω) dominion, mastery ▸ 2
   δεσποτεία ▸ 1
      Noun · feminine · singular · nominative · (common) ▸ **1** (Psa. 144,13)
   δεσποτείας ▸ 1
      Noun · feminine · singular · genitive · (common) ▸ **1** (Psa. 102,22)

δεσποτεύω (δέω) to be master ▸ 1
   δεσποτεύοντος ▸ 1
      Verb · present · active · participle · masculine · singular · genitive ▸ **1** (3Mac. 5,28)

δεσπότης (δέω) master, lord, slaveowner ▸ 56 + 4 + 10 = 70
   Δέσποτα ▸ 3
      Noun · masculine · singular · vocative · (common) ▸ **3** (Gen. 15,2; Gen. 15,8; Josh. 5,14)
   δέσποτα ▸ 28 + 3 + 2 = 33
      Noun · masculine · singular · vocative · (common) ▸ 28 + 3 + 2 = **33** (1Esdr. 4,60; Judith 5,20; Judith 5,24; Judith 7,11; Judith 9,12; Judith 11,10; Tob. 8,17; 2Mac. 15,22; 3Mac. 2,2; 3Mac. 6,5; 3Mac. 6,10; Ode. 7,37; Ode. 13,29; Wis. 11,26; Sir. 23,1; Sir. 36,1; Jonah 4,3; Jer. 1,6; Jer. 4,10; Jer. 15,11; LetterJ 5; Dan. 3,37; Dan. 9,8; Dan. 9,15; Dan. 9,16; Dan. 9,17; Dan. 9,19; Tob. 3,14; Tob. 8,17; Dan. 3,37; Luke 2,29; Acts 4,24)
   δεσπόταις ▸ 2 + 2 = 4
      Noun · masculine · plural · dative · (common) ▸ 2 + 2 = **4** (Prov. 22,7; Sir. 3,7; Titus 2,9; 1Pet. 2,18)
   δεσπότας ▸ 2
      Noun · masculine · plural · accusative ▸ **2** (1Tim. 6,1; 1Tim. 6,2)
   δεσπότῃ ▸ 2 + 1 = 3
      Noun · masculine · singular · dative · (common) ▸ 2 + 1 = **3** (Prov. 29,25; Wis. 18,11; 2Tim. 2,21)
   δεσπότην ▸ 4 + 2 = 6
      Noun · masculine · singular · accusative · (common) ▸ 4 + 2 = **6** (2Mac. 9,13; Prov. 6,7; Job 5,8; Wis. 13,9; 2Pet. 2,1; Jude 4)
   δεσπότης ▸ 13 + 1 + 1 = 15
      Noun · masculine · singular · nominative · (common) ▸ 13 + 1 = **14** (Judith 7,9; 2Mac. 5,17; 2Mac. 6,14; 4Mac. 2,24; 4Mac. 6,31; 4Mac. 18,2; Wis. 6,7; Wis. 8,3; Wis. 13,3; Sir. 34,24; Is. 1,24; Is. 3,1; Is. 10,33; Sus. 5)
      Noun · masculine · singular · vocative · (variant) ▸ **1** (Rev. 6,10)
   δεσπότου ▸ 3
      Noun · masculine · singular · genitive · (common) ▸ **3** (2Mac. 5,20; 3Mac. 5,12; Prov. 30,10)
   δεσποτῶν ▸ 1
      Noun · masculine · plural · genitive · (common) ▸ **1** (Prov. 17,2)

Δεσσα Rissah ▸ 2

Δεσσα ▸ 2
  Noun · singular · accusative · (proper) ▸ **1** (Num. 33,21)
  Noun · singular · genitive · (proper) ▸ **1** (Num. 33,22)
Δεσσαος Dessau ▸ 1
  Δεσσαου ▸ 1
    Noun · masculine · singular · genitive · (proper) ▸ **1** (2Mac. 14,16)
δεῦρο to here; to now; come! ▸ 68 + 11 + 9 = 88
  Δεῦρο ▸ 36 + 9 = 45
    Adverb ▸ 36 + 9 = **45** (Gen. 24,31; Num. 23,7; Num. 23,13; Num. 23,27; Judg. 4,22; Judg. 9,10; Judg. 9,12; Judg. 9,14; Judg. 11,6; Judg. 19,11; Judg. 19,13; 1Sam. 9,5; 1Sam. 9,9; 1Sam. 14,1; 1Sam. 14,6; 1Sam. 17,44; 1Sam. 20,21; 2Sam. 13,11; 2Sam. 15,22; 1Kings 1,53; 1Kings 13,15; 1Kings 18,5; 2Kings 4,3; 2Kings 4,7; 2Kings 5,5; 2Kings 5,19; 2Kings 8,10; 2Kings 10,16; 2Kings 14,8; 2Chr. 25,17; Neh. 6,2; 1Mac. 11,9; Eccl. 2,1; Eccl. 9,7; Song 4,8; Bel 19; Judg. 4,22; Judg. 9,10; Judg. 9,12; Judg. 9,14; Judg. 11,6; Judg. 19,11; Judg. 19,13; Dan. 12,9; Sus. 50)
  δεῦρο ▸ 32 + 2 + 9 = 43
    Adverb ▸ 32 + 2 + 1 = **35** (Gen. 19,32; Gen. 31,44; Gen. 37,13; Ex. 3,10; Num. 10,29; Num. 22,6; Num. 22,11; Num. 22,17; Num. 23,7; Num. 24,14; 1Sam. 9,10; 1Sam. 16,1; 1Sam. 23,27; 2Sam. 18,22; 1Kings 1,12; 1Kings 1,13; 1Kings 15,19; 2Kings 1,3; 2Kings 3,13; 2Kings 4,25; 2Kings 4,29; 2Kings 6,3; 2Kings 7,9; 2Kings 8,1; 2Kings 8,8; 2Kings 9,1; 2Chr. 16,3; Neh. 6,7; 1Mac. 12,45; 2Mac. 14,7; Prov. 7,18; Song 4,8; Judg. 18,19; Dan. 12,13; Rom. 1,13)
    Interjection ▸ **8** (Matt. 19,21; Mark 10,21; Luke 18,22; John 11,43; Acts 7,3; Acts 7,34; Rev. 17,1; Rev. 21,9)
δεῦτε (δεῦρο) come! come, now! ▸ 41 + 2 + 12 = 55
  Δεῦτε ▸ 18 + 2 = 20
    Adverb ▸ **18** (Gen. 11,3; Gen. 11,4; Josh. 10,4; 2Kings 1,2; 2Kings 1,6; 2Kings 6,2; 2Kings 6,13; 2Kings 7,14; 2Kings 22,13; Psa. 73,8; Psa. 82,5; Psa. 94,1; Mic. 4,2; Jonah 1,7; Is. 2,3; Jer. 11,19; Jer. 18,18; Dan. 6,6)
    Interjection ▸ **2** (Matt. 11,28; Rev. 19,17)
  δεῦτε ▸ 23 + 2 + 10 = 35
    Adverb ▸ 23 + 2 = **25** (Gen. 11,7; Gen. 37,20; Gen. 37,27; Ex. 1,10; Judg. 9,15; 2Kings 6,19; 2Kings 7,4; Neh. 2,17; Psa. 33,12; Psa. 45,9; Psa. 65,5; Psa. 65,16; Psa. 94,6; Job 17,10; Wis. 2,6; Sol. 8,16; Is. 1,18; Is. 2,5; Is. 9,9; Is. 27,11; Is. 56,9; Jer. 18,18; Jer. 28,10; Judg. 9,15; Dan. 3,93)
    Interjection ▸ **10** (Matt. 4,19; Matt. 21,38; Matt. 22,4; Matt. 25,34; Matt. 28,6; Mark 1,17; Mark 6,31; Mark 12,7; John 4,29; John 21,12)
δευτεραῖος (δύο) on the second day ▸ 1
  δευτεραῖοι ▸ 1
    Adjective · masculine · plural · nominative ▸ **1** (Acts 28,13)
δευτερεύω (δύο) to be second ▸ 4
  δευτερεῦον ▸ 1
    Verb · present · active · participle · neuter · singular · accusative ▸ **1** (2Chr. 35,24)
  δευτερεύοντα ▸ 1
    Verb · present · active · participle · masculine · singular · accusative ▸ **1** (Jer. 52,24)
  δευτερεύων ▸ 2
    Verb · present · active · participle · masculine · singular · nominative ▸ **2** (1Chr. 16,5; Esth. 4,8)
δευτέριος (δύο) second, secondary ▸ 1
  δευτέριον ▸ 1
    Adjective · neuter · singular · accusative ▸ **1** (1Esdr. 1,29)
δευτερολογέω (δύο; λέγω) to speak a second time ▸ 1
  ἐδευτερολόγησεν ▸ 1
    Verb · third · singular · aorist · active · indicative ▸ **1** (2Mac. 13,22)
Δευτερονόμιον (δύο; νόμος 1st homograph) Deuteronomy (Bible book) ▸ 1
  Δευτερονομίῳ ▸ 1
    Noun · neuter · singular · dative · (proper) ▸ **1** (Ode. 2,0)
δευτερονόμιον (δύο; νόμος 1st homograph) second law ▸ 2
  δευτερονόμιον ▸ 2
    Noun · neuter · singular · accusative · (common) ▸ **2** (Deut. 17,18; Josh. 8,32 # 9,2c)
δεύτερος (δύο) second ▸ 217 + 11 + 45 = 273
  ΔΕΥΤΕΡΑ ▸ 2
    Adjective · feminine · singular · nominative · (ordinal · numeral) ▸ **2** (2Pet. 1,0; 2John 0)
  δευτέρα ▸ 4 + 3 = 7
    Adjective · feminine · singular · nominative · (ordinal · numeral) ▸ 4 + 3 = **7** (Gen. 1,8; Gen. 32,9; 1Kings 6,34; Neh. 12,38; Matt. 22,39; Mark 12,31; Rev. 11,14)
  δευτέρᾳ ▸ 24 + 2 + 1 = 27
    Adjective · feminine · singular · dative · (ordinal · numeral) ▸ 24 + 2 + 1 = **27** (Gen. 4,19; Ex. 2,13; Ex. 26,4; Num. 7,18; Num. 29,17; Josh. 6,12; Josh. 10,32; Judg. 20,24; Judg. 20,25; Ruth 1,4; 1Sam. 1,2; 1Sam. 14,49; 1Sam. 20,27; 1Sam. 20,34; 2Kings 6,29; Neh. 8,13; Esth. 7,2; Judith 2,1; Judith 7,6; 1Mac. 15,25; Psa. 47,1; Jer. 48,4; Ezek. 41,24; Ezek. 43,22; Judg. 20,24; Judg. 20,25; Luke 12,38)
  δευτέραν ▸ 6 + 1 + 6 = 13
    Adjective · feminine · singular · accusative · (ordinal · numeral) ▸ 6 + 1 + 6 = **13** (Num. 10,6; Tob. 1,7; 2Mac. 5,1; Job 42,14; Zech. 11,14; Ezek. 37,16; Tob. 1,7; Acts 12,10; 2Cor. 1,15; Titus 3,10; Heb. 9,7; 2Pet. 3,1; Rev. 6,3)
  δευτέρας ▸ 9 + 1 + 1 = 11
    Adjective · feminine · singular · genitive · (ordinal · numeral) ▸ 9 + 1 + 1 = **11** (Ex. 1,15; Ex. 26,5; Ex. 26,10; 1Chr. 26,11; Tob. 1,22; Zeph. 1,10; Is. 61,7; Ezek. 40,39; Ezek. 40,40; Tob. 1,22; Heb. 8,7)
  δεύτεροι ▸ 2
    Adjective · masculine · plural · nominative · (ordinal · numeral) ▸ **2** (Num. 2,16; 1Chr. 15,18)
  δεύτερον ▸ 57 + 5 + 10 = 72
    Adverb ▸ 15 + 1 + 5 = **21** (Gen. 22,15; Gen. 27,36; Gen. 41,5; Lev. 13,5; Lev. 13,6; Lev. 13,7; Lev. 13,33; Lev. 13,54; Lev. 13,58; Deut. 9,18; 1Sam. 3,6; 1Kings 9,2; 2Mac. 14,8; Sir. 23,23; Jer. 40,1; Dan. 2,7; John 3,4; John 21,16; 1Cor. 12,28; 2Cor. 13,2; Rev. 19,3)
    Adjective · masculine · singular · accusative · (ordinal · numeral) ▸ 19 + 3 = **22** (Gen. 29,33; Gen. 30,7; Gen. 30,12; Ex. 28,10; Ex. 29,19; Ex. 29,39; Ex. 29,41; Lev. 8,22; Num. 28,4; Num. 28,8; 1Sam. 23,17; 1Kings 7,7; 2Kings 9,19; 1Chr. 8,1; 1Chr. 26,16; Esth. 2,14; Judith 2,4; 2Mac. 7,7; 4Mac. 9,26; Judg. 6,25; Judg. 6,26; Judg. 6,28)
    Adjective · neuter · singular · accusative · (ordinal · numeral) ▸ 19 + 4 = **23** (Gen. 41,43; Gen. 45,6; Ex. 25,12; Ex. 26,20; Ex. 27,15; Ex. 38,3; Ex. 38,7; Lev. 5,10; Deut. 26,12; 2Sam. 16,19; 2Kings 10,6; Neh. 3,19; Neh. 3,20; Neh. 3,21; Neh. 3,24; Neh. 3,27; Neh. 3,30; Esth. 13,3 # 3,13c; Esth. 16,11 # 8,12l; John 4,54; Heb. 9,3; Heb. 10,9; Jude 5)
    Adjective · neuter · singular · nominative · (ordinal · numeral) ▸ 4 + 1 + 1 = **6** (1Sam. 29,3; 1Kings 6,24; 1Kings 6,26; Ezek. 40,7; Dan. 7,5; Rev. 4,7)

δεύτερος ▸ 28 + 1 + 11 = 40
    Adjective · masculine · singular · nominative · (ordinal · numeral) ▸ 28 + 1 + 11 = **40** (Ex. 28,18; Ex. 36,18; Josh. 19,1; 2Sam. 3,3; 1Kings 7,3; 1Chr. 2,13; 1Chr. 3,1; 1Chr. 3,15; 1Chr. 5,12; 1Chr. 8,39; 1Chr. 12,10; 1Chr. 23,11; 1Chr. 23,19; 1Chr. 23,20; 1Chr. 24,7; 1Chr. 24,17; 1Chr. 24,23; 1Chr. 25,9; 1Chr. 25,29; 1Chr. 26,2; 1Chr. 26,4; 1Esdr. 3,7; 1Esdr. 4,1; Neh. 3,11; Neh. 11,9; 4Mac. 15,18; Eccl. 4,8; Eccl. 4,10; Josh. 19,1; Matt. 22,26; Mark 12,21; Luke 19,18; Luke 20,30; 1Cor. 15,47; Rev. 8,8; Rev. 14,8; Rev. 16,3; Rev. 20,6; Rev. 21,8; Rev. 21,19)

δεύτερός ▸ 1
    Adjective · masculine · singular · nominative · (ordinal · numeral) ▸ **1** (Rev. 20,14)

δευτέρου ▸ 40 + 8 = 48
    Adjective · masculine · singular · genitive · (ordinal · numeral) ▸ 11 + 1 = **12** (Gen. 7,11; Gen. 41,52; Ex. 18,4; 1Sam. 8,2; 1Chr. 27,4; 2Chr. 30,15; 1Esdr. 5,54; 1Esdr. 5,55; Esth. 13,6 # 3,13f; 1Mac. 13,51; Eccl. 4,15; Rev. 2,11)
    Adjective · neuter · singular · genitive · (ordinal · numeral) ▸ 29 + 7 = **36** (Gen. 11,10; Ex. 25,19; Ex. 25,32; Ex. 37,13; Ex. 38,10; Num. 1,1; Num. 1,1; Num. 1,18; 2Sam. 14,29; 1Kings 6,27; 1Kings 7,4; 1Kings 19,7; 1Chr. 29,22; 1Esdr. 2,26; 1Esdr. 5,55; Ezra 4,24; Neh. 5,14; Esth. 11,2 # 1,1a; 1Mac. 9,1; 1Mac. 9,3; 1Mac. 10,57; 1Mac. 14,27; Jonah 3,1; Hag. 2,10; Hag. 2,20; Zech. 1,1; Zech. 4,12; Jer. 1,13; Dan. 2,7; Matt. 26,42; Mark 14,72; John 9,24; Acts 10,15; Acts 11,9; Heb. 9,28; Rev. 6,3)

δευτέρῳ ▸ 47 + 1 + 2 = 50
    Adjective · masculine · singular · dative · (ordinal · numeral) ▸ 20 + 1 = **21** (Gen. 2,13; Gen. 8,14; Gen. 32,20; Ex. 16,1; Num. 9,11; Num. 10,11; Num. 10,11; Num. 11,26; 2Sam. 4,2; 1Kings 6,1; 1Kings 6,1c; 2Kings 25,17; 1Chr. 7,15; 2Chr. 3,2; 2Chr. 30,2; 2Chr. 30,13; Ezra 3,8; 1Mac. 9,54; Is. 37,30; Jer. 52,22; Acts 13,33)
    Adjective · neuter · singular · dative · (ordinal · numeral) ▸ 27 + 1 + 1 = **29** (Gen. 47,18; Ex. 26,27; Ex. 40,17; Num. 9,1; 1Kings 6,25; 1Kings 7,5; 1Kings 7,6; 1Kings 15,25; 1Kings 16,29; 2Kings 14,1; 2Kings 15,27; 2Kings 15,32; 2Kings 19,29; 2Chr. 27,5; 1Esdr. 5,6; 1Esdr. 5,54; 1Esdr. 6,1; Ezra 3,8; Neh. 13,6; 1Mac. 14,1; Job 33,14; Job 40,5; Hag. 1,1; Hag. 1,15; Zech. 1,7; Zech. 6,2; Dan. 2,1; Dan. 2,1; Acts 7,13)

δευτερόω (δύο) to do a second time; repeat ▸ 13
    δευτερῶσαι ▸ 2
        Verb · aorist · active · infinitive ▸ **2** (Gen. 41,32; Jer. 2,36)
    Δευτερώσατε ▸ 1
        Verb · second · plural · aorist · active · imperative ▸ **1** (1Kings 18,34)
    δευτερώσῃ ▸ 2
        Verb · third · singular · aorist · active · subjunctive ▸ **2** (Sir. 19,14; Sol. 5,13)
    δευτερώσῃς ▸ 2
        Verb · second · singular · aorist · active · subjunctive ▸ **2** (Sir. 7,14; Sir. 19,7)
    δευτερώσητε ▸ 1
        Verb · second · plural · aorist · active · subjunctive ▸ **1** (Neh. 13,21)
    δευτερώσω ▸ 1
        Verb · first · singular · future · active · indicative ▸ **1** (1Sam. 26,8)
    ἐδευτέρωσαν ▸ 2
        Verb · third · plural · aorist · active · indicative ▸ **2** (1Kings 18,34; Sir. 50,21)
    ἐδευτέρωσεν ▸ 2
        Verb · third · singular · aorist · active · indicative ▸ **2** (2Sam. 20,10; 1Kings 21,20)

δευτέρωσις (δύο) second rank, retelling ▸ 3
    δευτερώσεως ▸ 3
        Noun · feminine · singular · genitive · (common) ▸ **3** (2Kings 23,4; 2Kings 25,18; Sir. 41,26)

Δεφρωνα Ziphron ▸ 1
    Δεφρωνα ▸ 1
        Noun · singular · accusative · (proper) ▸ **1** (Num. 34,9)

δέχομαι to take, receive ▸ 62 + 56 = 118
    δέδεκται ▸ 1
        Verb · third · singular · perfect · middle · indicative ▸ **1** (Acts 8,14)
    Δέξαι ▸ 1
        Verb · second · singular · aorist · middle · imperative ▸ **1** (Judith 11,5)
    δέξαι ▸ 5 + 3 = 8
        Verb · second · singular · aorist · middle · imperative ▸ 5 + 3 = **8** (Gen. 33,10; Gen. 50,17; Deut. 33,11; Prov. 4,10; Sir. 2,4; Luke 16,6; Luke 16,7; Acts 7,59)
    δεξαμένη ▸ 1 + 1 = 2
        Verb · aorist · middle · participle · feminine · singular · nominative ▸ 1 + 1 = **2** (Bar. 4,32; Heb. 11,31)
    δεξάμενοι ▸ 1
        Verb · aorist · middle · participle · masculine · plural · nominative ▸ **1** (1Th. 1,6)
    δεξάμενος ▸ 2 + 3 = 5
        Verb · aorist · middle · participle · masculine · singular · nominative ▸ 2 + 3 = **5** (Prov. 2,1; Prov. 30,1; Luke 22,17; Acts 22,5; Phil. 4,18)
    δέξασθαι ▸ 7 + 3 = 10
        Verb · aorist · middle · infinitive ▸ 7 + 3 = **10** (Gen. 4,11; 2Chr. 7,7; 1Mac. 15,20; 1Mac. 15,27; Jer. 5,3; Jer. 17,23; Jer. 32,28; Matt. 11,14; Acts 3,21; 2Cor. 6,1)
    δέξασθαί ▸ 1
        Verb · aorist · middle · infinitive ▸ **1** (Prov. 1,3)
    δέξασθε ▸ 2 + 3 = 5
        Verb · second · plural · aorist · middle · imperative ▸ 2 + 3 = **5** (1Mac. 2,51; Zeph. 3,7; Eph. 6,17; Col. 4,10; James 1,21)
    δέξασθέ ▸ 1
        Verb · second · plural · aorist · middle · imperative ▸ **1** (2Cor. 11,16)
    δεξάσθω ▸ 1
        Verb · third · singular · aorist · middle · imperative ▸ **1** (Jer. 9,19)
    δέξεται ▸ 5
        Verb · third · singular · future · middle · indicative ▸ **5** (Prov. 10,8; Prov. 21,11; Job 8,20; Job 40,24; Hos. 10,6)
    δέξεταί ▸ 1
        Verb · third · singular · future · middle · indicative ▸ **1** (Job 4,12)
    δέξῃ ▸ 2
        Verb · second · singular · future · middle · indicative ▸ **2** (Deut. 30,1; Prov. 1,9)
    δέξηται ▸ 1 + 8 = 9
        Verb · third · singular · aorist · middle · subjunctive ▸ 1 + 8 = **9** (Wis. 12,7; Matt. 10,14; Matt. 18,5; Mark 6,11; Mark 9,37; Mark 10,15; Luke 9,48; Luke 9,48; Luke 18,17)
    δέξομαι ▸ 1
        Verb · first · singular · future · middle · indicative ▸ **1** (Psa. 49,9)
    δέξωνται ▸ 1
        Verb · third · plural · aorist · middle · subjunctive ▸ **1** (Luke 16,9)

δέξωνται ▸ 1
Verb · third · plural · aorist · middle · subjunctive ▸ **1** (Luke 16,4)
δέχεσθαι ▸ 2
Verb · present · middle · infinitive ▸ **2** (Prov. 9,9; Sir. 50,12)
δέχεσθε ▸ 1
Verb · second · plural · present · middle · indicative ▸ **1** (Zech. 1,6)
δέχεται ▸ 8
Verb · third · singular · present · middle · indicative ▸ **8** (Matt. 10,40; Matt. 10,40; Matt. 18,5; Mark 9,37; Mark 9,37; Luke 9,48; Luke 9,48; 1Cor. 2,14)
δέχηται ▸ 1
Verb · third · singular · present · middle · subjunctive ▸ **1** (Mark 9,37)
δεχθήσεται ▸ 6
Verb · third · singular · future · passive · indicative ▸ **6** (Lev. 7,18; Lev. 19,7; Lev. 22,23; Lev. 22,25; Lev. 22,27; Sir. 35,16)
δεχόμενος ▸ 2 + 4 = 6
Verb · present · middle · participle · masculine · singular · nominative ▸ **2 + 4 = 6** (Prov. 16,17; Prov. 24,22a; Matt. 10,40; Matt. 10,40; Matt. 10,41; Matt. 10,41)
δέχονται ▸ 1
Verb · third · plural · present · middle · indicative ▸ **1** (Luke 8,13)
δέχωνται ▸ 3
Verb · third · plural · present · middle · subjunctive ▸ **3** (Luke 9,5; Luke 10,8; Luke 10,10)
ἐδεξάμεθα ▸ 1 + 1 = 2
Verb · first · plural · aorist · middle · indicative ▸ **1 + 1 = 2** (Job 2,10; Acts 28,21)
ἐδεξάμην ▸ 1
Verb · first · singular · aorist · middle · indicative ▸ **1** (Sir. 51,16)
ἐδέξαντο ▸ 4 + 5 = 9
Verb · third · plural · aorist · middle · indicative ▸ **4 + 5 = 9** (2Chr. 29,16; 2Chr. 29,22; Ezra 8,30; Judith 3,7; Luke 9,53; John 4,45; Acts 11,1; Acts 17,11; 2Th. 2,10)
ἐδέξασθε ▸ 2 + 3 = 5
Verb · second · plural · aorist · middle · indicative ▸ **2 + 3 = 5** (Amos 5,11; Jer. 2,30; 2Cor. 7,15; 2Cor. 11,4; 1Th. 2,13)
ἐδέξασθέ ▸ 1
Verb · second · plural · aorist · middle · indicative ▸ **1** (Gal. 4,14)
ἐδέξατο ▸ 10 + 3 = 13
Verb · third · singular · aorist · middle · indicative ▸ **10 + 3 = 13** (Ex. 32,4; Deut. 32,11; Deut. 33,3; Judg. 13,23; Ode. 2,11; Prov. 24,22a; Hos. 4,11; Zeph. 3,2; Is. 40,2; Jer. 7,27; Luke 2,28; Acts 7,38; 2Cor. 8,17)
ἐδέχοντο ▸ 3
Verb · third · plural · imperfect · middle · indicative ▸ **3** (2Chr. 30,16; Job 36,18; Wis. 19,14)

δέω to bind, stop ▸ 58 + 13 + 43 = 114
δεδεκώς ▸ 1
Verb · perfect · active · participle · masculine · singular · nominative ▸ **1** (Acts 22,29)
δέδεμαι ▸ 1
Verb · first · singular · perfect · passive · indicative · (variant) ▸ **1** (Col. 4,3)
δεδεμένα ▸ 1
Verb · perfect · passive · participle · neuter · plural · nominative · (variant) ▸ **1** (Matt. 18,18)
δεδεμένην ▸ 1
Verb · perfect · passive · participle · feminine · singular · accusative · (variant) ▸ **1** (Matt. 21,2)
δεδεμένοι ▸ 2
Verb · perfect · passive · participle · masculine · plural · nominative ▸ **2** (Is. 22,3; Is. 45,14)
δεδεμένον ▸ 6
Verb · perfect · passive · participle · masculine · singular · accusative · (variant) ▸ **5** (Mark 11,2; Mark 11,4; Luke 19,30; John 18,24; Acts 24,27)
Verb · perfect · passive · participle · neuter · singular · nominative · (variant) ▸ **1** (Matt. 16,19)
δεδεμένος ▸ 4 + 4 = 8
Verb · perfect · passive · participle · masculine · singular · nominative ▸ **4 + 4 = 8** (2Kings 7,10; Song 7,6; Job 32,19; Jer. 40,1; Mark 15,7; John 11,44; Acts 12,6; Acts 20,22)
δεδεμένους ▸ 2 + 4 = 6
Verb · perfect · passive · participle · masculine · plural · accusative ▸ **2 + 4 = 6** (Is. 42,7; Ezek. 27,24; Acts 9,2; Acts 9,21; Acts 22,5; Rev. 9,14)
δέδεσαι ▸ 1
Verb · second · singular · perfect · passive · indicative · (variant) ▸ **1** (1Cor. 7,27)
δεδέσθαι ▸ 1
Verb · perfect · passive · infinitive · (variant) ▸ **1** (Mark 5,4)
δέδεται ▸ 2 + 3 = 5
Verb · third · singular · perfect · passive · indicative ▸ **2 + 3 = 5** (Prov. 15,7; Prov. 25,12; Rom. 7,2; 1Cor. 7,39; 2Tim. 2,9)
δεθήσῃ ▸ 3 + 3 = 6
Verb · second · singular · future · passive · indicative ▸ **3 + 3 = 6** (Judg. 16,6; Judg. 16,10; Judg. 16,13; Judg. 16,6; Judg. 16,10; Judg. 16,13)
δεθῆναι ▸ 2
Verb · aorist · passive · infinitive ▸ **2** (Acts 21,13; Acts 21,33)
δεθήσονται ▸ 2
Verb · third · plural · future · passive · indicative ▸ **2** (Nah. 3,10; Is. 43,14)
Δῆσαι ▸ 1 + 1 = 2
Verb · aorist · active · infinitive ▸ **1 + 1 = 2** (Judg. 15,10; Judg. 15,10)
δῆσαι ▸ 3 + 2 = 5
Verb · aorist · active · infinitive ▸ **3 + 2 = 5** (Tob. 3,17; Psa. 149,8; Ezek. 37,17; Mark 5,3; Acts 9,14)
Δῆσαί ▸ 1
Verb · aorist · active · infinitive ▸ **1** (Judg. 15,12)
δῆσαί ▸ 1
Verb · aorist · active · infinitive ▸ **1** (Judg. 15,12)
δήσαντες ▸ 3 + 3 = 6
Verb · aorist · active · participle · masculine · plural · nominative ▸ **3 + 3 = 6** (4Mac. 11,9; 4Mac. 11,10; Hos. 10,6; Matt. 22,13; Matt. 27,2; Mark 15,1)
δήσας ▸ 1 + 1 = 2
Verb · aorist · active · participle · masculine · singular · nominative ▸ **1 + 1 = 2** (1Esdr. 1,38; Acts 21,11)
δήσατε ▸ 1
Verb · second · plural · aorist · active · imperative ▸ **1** (Matt. 13,30)
δήσεις ▸ 3
Verb · second · singular · future · active · indicative ▸ **3** (Job 39,10; Job 40,26; Job 40,29)
δήσῃ ▸ 2
Verb · third · singular · aorist · active · subjunctive ▸ **2** (Matt. 12,29; Mark 3,27)
δήσῃς ▸ 1

Verb · second · singular · aorist · active · subjunctive ▸ **1** (Matt. 16,19)
δήσητε ▸ 1
Verb · second · plural · aorist · active · subjunctive ▸ **1** (Matt. 18,18)
δήσομεν ▸ **1** + **1** = **2**
Verb · first · plural · future · active · indicative ▸ **1** + **1** = **2** (Judg. 16,5; Judg. 16,5)
δήσομέν ▸ **1** + **1** = **2**
Verb · first · plural · future · active · indicative ▸ **1** + **1** = **2** (Judg. 15,13; Judg. 15,13)
δήσουσί ▸ 1
Verb · third · plural · future · active · indicative ▸ **1** (Dan. 4,32)
δήσουσιν ▸ 1
Verb · third · plural · future · active · indicative ▸ **1** (Acts 21,11)
δήσουσίν ▸ 1
Verb · third · plural · future · active · indicative ▸ **1** (Ezek. 3,25)
Δήσωμεν ▸ 1
Verb · first · plural · aorist · active · subjunctive ▸ **1** (Is. 3,10)
δήσωσίν ▸ **2** + **2** = **4**
Verb · third · plural · aorist · active · subjunctive ▸ **2** + **2** = **4** (Judg. 16,7; Judg. 16,11; Judg. 16,7; Judg. 16,11)
ἐδέθη ▸ 2
Verb · third · singular · aorist · passive · indicative ▸ **2** (Sir. 28,19; Dan. 4,17a)
ἐδέθησαν ▸ 2
Verb · third · plural · aorist · passive · indicative ▸ **2** (2Sam. 3,34; Wis. 17,16)
ἔδησαν ▸ **7** + **1** + **2** = **10**
Verb · third · plural · aorist · active · indicative ▸ **7** + **1** + **2** = **10** (Judg. 15,13; Judg. 16,21; 2Kings 12,21; 2Chr. 33,11; Judith 6,13; 3Mac. 6,19; Ezek. 16,4; Judg. 15,13; John 18,12; John 19,40)
ἐδήσατο ▸ 1
Verb · third · singular · aorist · middle · indicative ▸ **1** (Judith 16,8)
ἔδησεν ▸ **12** + **3** + **4** = **19**
Verb · third · singular · aorist · active · indicative ▸ **12** + **3** + **4** = **19** (Gen. 38,28; Gen. 42,24; Judg. 16,8; Judg. 16,12; 2Kings 17,4; 2Kings 25,7; 2Chr. 36,2c; 2Chr. 36,6; 1Esdr. 1,36; Tob. 8,3; Job 36,13; Jer. 52,11; Judg. 15,4; Judg. 16,8; Judg. 16,12; Matt. 14,3; Mark 6,17; Luke 13,16; Rev. 20,2)

δή indeed, then, therefore, now ▸ **293** + **33** + **5** = **331**
δή ▸ **50** + **7** + **1** = **58**
Particle · (emphatic) ▸ **50** + **7** + **1** = **58** (Judg. 13,15; Judg. 15,2; Judg. 16,10; Judg. 16,13; Judg. 19,23; Ruth 1,11; Ruth 1,12; Ruth 1,13; 1Sam. 10,15; 1Sam. 16,17; 1Sam. 20,29; 1Sam. 22,7; 1Sam. 22,12; 1Sam. 26,16; 1Sam. 27,5; 1Sam. 28,8; 1Sam. 30,15; 2Sam. 13,25; 1Kings 17,10; 1Kings 17,11; 1Kings 21,35; 1Kings 21,37; 2Kings 4,22; 2Kings 6,20; 2Kings 8,4; 2Kings 20,3; Neh. 1,5; Neh. 1,11; Judith 5,3; Judith 8,11; Judith 12,18; Judith 14,1; Tob. 12,11; 4Mac. 3,21; Psa. 79,15; Psa. 93,8; Psa. 117,25; Psa. 117,25; Psa. 118,108; Job 17,10; Job 38,18; Wis. 15,12; Wis. 17,15; Sol. 8,25; Amos 7,5; Zech. 3,8; Is. 7,13; Jer. 9,19; Lam. 1,18; Ezek. 18,25; Judg. 1,15; Judg. 15,2; Judg. 16,6; Judg. 16,13; Judg. 16,28; Judg. 19,23; Sus. 17; Acts 13,2)
δή ▸ **243** + **26** + **4** = **273**
Particle · (emphatic) ▸ **243** + **26** + **4** = **273** (Gen. 15,5; Gen. 18,4; Gen. 27,34; Gen. 27,38; Deut. 32,26; Judg. 4,19; Judg. 7,3; Judg. 8,5; Judg. 8,21; Judg. 9,2; Judg. 12,6; Judg. 13,3; Judg. 13,8; Judg. 13,12; Judg. 14,15; Judg. 16,26; Judg. 16,28; Judg. 18,5; Judg. 18,25; Judg. 19,9; Judg. 19,11; Judg. 19,24; Judg. 19,30; Ruth 1,8; Ruth 1,15; Ruth 1,20; Ruth 2,2; Ruth 2,7; 1Sam. 3,17; 1Sam. 6,3; 1Sam. 9,6; 1Sam. 9,18; 1Sam. 14,17; 1Sam. 14,29; 1Sam. 14,41; 1Sam. 15,25; 1Sam. 15,30; 1Sam. 16,15; 1Sam. 16,16; 1Sam. 16,22; 1Sam. 17,32; 1Sam. 20,5; 1Sam. 20,29; 1Sam. 22,3; 1Sam. 23,22; 1Sam. 25,8; 1Sam. 25,24; 1Sam. 25,25; 1Sam. 25,28; 1Sam. 26,11; 1Sam. 26,19; 1Sam. 27,5; 1Sam. 28,9; 1Sam. 28,21; 1Sam. 28,22; 2Sam. 1,9; 2Sam. 2,14; 2Sam. 3,21; 2Sam. 7,2; 2Sam. 13,5; 2Sam. 13,6; 2Sam. 13,7; 2Sam. 13,13; 2Sam. 13,17; 2Sam. 13,24; 2Sam. 13,24; 2Sam. 13,26; 2Sam. 14,2; 2Sam. 14,11; 2Sam. 14,12; 2Sam. 14,15; 2Sam. 14,17; 2Sam. 14,18; 2Sam. 14,18; 2Sam. 14,21; 2Sam. 15,7; 2Sam. 15,31; 2Sam. 16,9; 2Sam. 17,1; 2Sam. 17,5; 2Sam. 18,19; 2Sam. 19,38; 2Sam. 20,16; 2Sam. 24,2; 2Sam. 24,10; 2Sam. 24,14; 2Sam. 24,17; 1Kings 1,12; 1Kings 2,17; 1Kings 8,26; 1Kings 12,24k; 1Kings 17,21; 1Kings 19,4; 1Kings 21,7; 1Kings 21,31; 1Kings 21,32; 1Kings 22,5; 1Kings 22,13; 1Kings 22,13; 2Kings 1,13; 2Kings 1,14; 2Kings 2,2; 2Kings 2,4; 2Kings 2,6; 2Kings 2,9; 2Kings 2,16; 2Kings 2,16; 2Kings 4,9; 2Kings 4,10; 2Kings 4,13; 2Kings 4,25; 2Kings 5,7; 2Kings 5,8; 2Kings 5,11; 2Kings 5,15; 2Kings 5,17; 2Kings 5,18; 2Kings 5,22; 2Kings 6,1; 2Kings 6,2; 2Kings 6,18; 2Kings 7,12; 2Kings 7,13; 2Kings 9,12; 2Kings 9,26; 2Kings 9,34; 2Kings 18,19; 2Kings 18,23; 2Kings 18,26; 2Kings 20,3; 1Chr. 21,8; 1Chr. 21,13; 2Chr. 6,17; 2Chr. 6,40; 2Chr. 18,4; 2Chr. 18,12; Ezra 10,14; Neh. 1,6; Neh. 1,8; Neh. 1,11; Neh. 5,10; Neh. 5,11; Judith 5,5; Judith 5,21; Judith 5,24; Judith 7,9; Judith 12,6; Judith 12,11; Judith 12,13; Judith 12,17; Judith 13,11; Judith 14,13; 1Mac. 9,44; 2Mac. 9,2; 2Mac. 9,4; 2Mac. 14,7; 3Mac. 1,9; 3Mac. 1,29; 3Mac. 2,11; 4Mac. 1,2; 4Mac. 1,12; 4Mac. 1,13; 4Mac. 1,15; 4Mac. 1,16; 4Mac. 1,17; 4Mac. 1,19; 4Mac. 1,31; 4Mac. 3,8; 4Mac. 5,17; 4Mac. 7,16; 4Mac. 8,2; 4Mac. 13,23; Psa. 7,10; Psa. 49,22; Psa. 65,2; Psa. 117,2; Psa. 117,3; Psa. 117,4; Psa. 118,76; Psa. 121,6; Psa. 121,7; Psa. 121,8; Psa. 123,1; Psa. 128,1; Psa. 132,1; Psa. 133,1; Ode. 2,26; Ode. 7,34; Ode. 10,1; Eccl. 2,1; Song 3,2; Song 7,9; Job 6,3; Job 6,29; Job 12,7; Job 15,17; Job 19,4; Job 19,19; Job 19,29; Job 22,21; Job 23,2; Job 27,11; Job 27,12; Job 40,10; Job 40,15; Job 40,16; Sir. 42,15; Sir. 44,1; Amos 8,4; Mic. 3,1; Mic. 3,9; Mic. 6,1; Mic. 6,5; Joel 1,2; Hag. 1,1; Hag. 1,5; Hag. 2,2; Hag. 2,15; Hag. 2,18; Mal. 1,1; Mal. 1,8; Mal. 3,10; Is. 3,1; Is. 5,1; Is. 22,17; Is. 33,7; Is. 39,8; Jer. 5,21; Jer. 5,24; Jer. 8,6; Jer. 18,11; Jer. 18,13; Jer. 44,3; Jer. 45,4; Jer. 45,14; Jer. 47,5; Jer. 49,2; Bar. 3,4; Lam. 1,21; Lam. 5,16; LetterJ 46; Ezek. 17,12; Dan. 1,12; Judg. 4,19; Judg. 4,20; Judg. 6,39; Judg. 7,3; Judg. 8,5; Judg. 9,2; Judg. 9,38; Judg. 11,17; Judg. 11,19; Judg. 11,37; Judg. 12,6; Judg. 13,4; Judg. 13,8; Judg. 14,15; Judg. 18,5; Judg. 18,25; Judg. 19,6; Judg. 19,8; Judg. 19,9; Judg. 19,11; Judg. 21,19; Dan. 1,12; Dan. 3,34; Dan. 9,16; Sus. 13; Bel 19; Matt. 13,23; Luke 2,15; Acts 15,36; 1Cor. 6,20)

Δηβων Dibon ▸ **1**
Δηβων ▸ 1
Noun · singular · nominative · (proper) ▸ **1** (Is. 15,2)

δῆγμα (δάκνω) bite, sting ▸ **3**
δήγμασίν ▸ 1
Noun · neuter · plural · dative · (common) ▸ **1** (Wis. 16,5)
δήγματα ▸ 2
Noun · neuter · plural · nominative · (common) ▸ **2** (Wis. 16,9; Mic. 5,4)

δηλαϊστός (δῆλος) wretched ▸ **1**
δηλαϊστή ▸ 1
Adjective · feminine · singular · nominative · noDegree ▸ **1** (Ezek. 5,15)

Δηλαναθ Micmethath (?) ▸ **1**
Δηλαναθ ▸ 1
Noun · feminine · singular · nominative · (proper) ▸ **1** (Josh.

17,7)

Δῆλος (δῆλος) Delos ▸ 1
    Δῆλον ▸ 1
        Noun · singular · accusative · (proper) ▸ **1** (1Mac. 15,23)

δῆλος evident, clear ▸ 8 + 3 = 11
    δήλοις ▸ 2
        Adjective · neuter · plural · dative · noDegree ▸ **2** (1Sam. 28,6; Sir. 45,10)
    δῆλον ▸ 1 + 2 = 3
        Adjective · neuter · singular · nominative · noDegree ▸ 1 + 2 = **3** (4Mac. 2,7; 1Cor. 15,27; Gal. 3,11)
    δῆλόν ▸ 1
        Adjective · masculine · singular · accusative ▸ **1** (Matt. 26,73)
    δήλους ▸ 2
        Adjective · masculine · plural · accusative · noDegree ▸ **2** (Deut. 33,8; 1Sam. 14,41)
    δήλων ▸ 3
        Adjective · masculine · plural · genitive · noDegree ▸ **2** (Num. 27,21; Hos. 3,4)
        Adjective · neuter · plural · genitive · noDegree ▸ **1** (Sir. 33,3)

δηλόω (δῆλος) to make clear, declare ▸ 36 + 1 + 7 = 44
    δεδηλωμένα ▸ 1
        Verb · perfect · passive · participle · neuter · plural · accusative ▸ **1** (2Mac. 2,23)
    δεδηλώσθω ▸ 1
        Verb · third · singular · perfect · passive · imperative ▸ **1** (2Mac. 7,42)
    δηλωθῆναι ▸ 2
        Verb · aorist · passive · infinitive ▸ **2** (1Sam. 3,21; Dan. 2,30)
    δηλοῖ ▸ 1
        Verb · third · singular · present · active · indicative ▸ **1** (Heb. 12,27)
    δηλοῦντος ▸ 1
        Verb · present · active · participle · neuter · singular · genitive ▸ **1** (Heb. 9,8)
    δηλῶσαι ▸ 3
        Verb · aorist · active · infinitive ▸ **3** (Psa. 24,14; Dan. 2,23; Dan. 2,47)
    δηλῶσαί ▸ 1 + 1 = 2
        Verb · aorist · active · infinitive ▸ 1 + 1 = **2** (Dan. 2,26; Dan. 4,18)
    δηλώσας ▸ 1
        Verb · aorist · active · participle · masculine · singular · nominative ▸ **1** (Col. 1,8)
    δηλώσατέ ▸ 1
        Verb · second · plural · aorist · active · imperative ▸ **1** (Dan. 2,6)
    δηλώσει ▸ 3 + 1 = 4
        Verb · third · singular · future · active · indicative ▸ 3 + 1 = **4** (2Mac. 4,17; Dan. 2,11; Dan. 2,25; 1Cor. 3,13)
    δηλώσεις ▸ 3
        Verb · second · singular · future · active · indicative ▸ **3** (Josh. 4,7; 1Kings 8,36; 2Chr. 6,27)
    δηλώσετε ▸ 1
        Verb · second · plural · future · active · indicative ▸ **1** (Dan. 2,9)
    δηλώσῃ ▸ 1
        Verb · third · singular · aorist · active · subjunctive ▸ **1** (Dan. 2,16)
    δηλώσητε ▸ 1
        Verb · second · plural · aorist · active · subjunctive ▸ **1** (Dan. 2,9)
    δηλώσητέ ▸ 1
        Verb · second · plural · aorist · active · subjunctive ▸ **1** (Dan. 2,5)
    δηλώσομεν ▸ 1
        Verb · first · plural · future · active · indicative ▸ **1** (2Mac. 10,10)
    δηλώσουσιν ▸ 3
        Verb · third · plural · future · active · indicative ▸ **3** (Deut. 33,10; 1Esdr. 3,15; Tob. 10,9)
    δηλώσω ▸ 2
        Verb · first · singular · future · active · indicative ▸ **2** (Jer. 16,21; Dan. 2,24)
    δηλώσων ▸ 1
        Verb · future · active · participle · masculine · singular · nominative ▸ **1** (4Mac. 4,14)
    ἐδήλου ▸ 1
        Verb · third · singular · imperfect · active · indicative ▸ **1** (1Pet. 1,11)
    ἐδηλοῦτο ▸ 1
        Verb · third · singular · imperfect · passive · indicative ▸ **1** (2Mac. 2,8)
    ἐδηλώθη ▸ 2 + 1 = 3
        Verb · third · singular · aorist · passive · indicative ▸ 2 + 1 = **3** (Esth. 2,22; Is. 42,9; 1Cor. 1,11)
    ἐδήλωσα ▸ 1
        Verb · first · singular · aorist · active · indicative ▸ **1** (Ex. 6,3)
    ἐδήλωσάς ▸ 2
        Verb · second · singular · aorist · active · indicative ▸ **2** (Ex. 33,12; Psa. 50,8)
    ἐδήλωσε ▸ 1
        Verb · third · singular · aorist · active · indicative ▸ **1** (Dan. 2,28)
    ἐδήλωσέ ▸ 2
        Verb · third · singular · aorist · active · indicative ▸ **2** (Dan. 2,29; Dan. 7,16)
    ἐδήλωσεν ▸ 1
        Verb · third · singular · aorist · active · indicative ▸ **1** (Psa. 147,9)
    ἐδήλωσέν ▸ 1
        Verb · third · singular · aorist · active · indicative ▸ **1** (2Pet. 1,14)

δήλωσις (δῆλος) revelation ▸ 5
    δήλωσιν ▸ 3
        Noun · feminine · singular · accusative · (common) ▸ **3** (Ex. 28,30; Lev. 8,8; 1Esdr. 5,40)
    δήλωσις ▸ 2
        Noun · feminine · singular · nominative · (common) ▸ **2** (Psa. 118,130; Dan. 2,27)

δημαγωγία (δῆμος; ἄγω) control of people, demagoguery ▸ 1
    δημαγωγίας ▸ 1
        Noun · feminine · plural · accusative · (common) ▸ **1** (1Esdr. 5,70)

Δημᾶς Demas ▸ 3
    Δημᾶς ▸ 3
        Noun · masculine · singular · nominative · (proper) ▸ **3** (Col. 4,14; 2Tim. 4,10; Philem. 24)

δημεύω (δῆμος) to take as public property ▸ 1
    δημευθήσεται ▸ 1
        Verb · third · singular · future · passive · indicative ▸ **1** (Dan. 3,96)

δημηγορέω (δῆμος; ἀγορά) to make a speech in public ▸ 2 + 1 = 3
    δημηγορεῖν ▸ 1
        Verb · present · active · infinitive ▸ **1** (4Mac. 5,15)
    δημηγορῶν ▸ 1
        Verb · present · active · participle · masculine · singular · nominative ▸ **1** (Prov. 30,31)
    ἐδημηγόρει ▸ 1
        Verb · third · singular · imperfect · active · indicative ▸ **1** (Acts 12,21)

Δημήτριος Demetrius ▸ 46 + 3 = 49
  Δημήτριον ▸ 8
    Noun ▪ masculine ▪ singular ▪ accusative ▪ (proper) ▸ 8 (1Mac. 10,52; 1Mac. 11,9; 1Mac. 11,41; 1Mac. 13,34; 2Mac. 14,1; 2Mac. 14,4; 2Mac. 14,11; 2Mac. 14,26)
  Δημήτριος ▸ 25 + 2 = 27
    Noun ▪ masculine ▪ singular ▪ nominative ▪ (proper) ▸ 25 + 2 = 27 (1Mac. 7,1; 1Mac. 7,4; 1Mac. 8,31; 1Mac. 9,1; 1Mac. 10,2; 1Mac. 10,3; 1Mac. 10,15; 1Mac. 10,22; 1Mac. 10,25; 1Mac. 10,50; 1Mac. 10,67; 1Mac. 10,69; 1Mac. 11,19; 1Mac. 11,30; 1Mac. 11,32; 1Mac. 11,38; 1Mac. 11,40; 1Mac. 11,42; 1Mac. 11,52; 1Mac. 11,55; 1Mac. 13,35; 1Mac. 13,36; 1Mac. 14,1; 1Mac. 14,2; 1Mac. 14,38; Acts 19,24; Acts 19,38)
  Δημητρίου ▸ 11
    Noun ▪ masculine ▪ singular ▪ genitive ▪ (proper) ▸ 11 (1Mac. 10,48; 1Mac. 10,49; 1Mac. 10,67; 1Mac. 11,39; 1Mac. 11,63; 1Mac. 12,24; 1Mac. 12,34; 1Mac. 14,3; 1Mac. 15,1; 2Mac. 1,7; 2Mac. 14,5)
  Δημητρίῳ ▸ 2 + 1 = 3
    Noun ▪ masculine ▪ singular ▪ dative ▪ (proper) ▸ 2 + 1 = 3 (1Mac. 11,12; 1Mac. 15,22; 3John 12)

δήμιος (δῆμος) public; public executioner ▸ 2
  δήμιον ▸ 1
    Adjective ▪ masculine ▪ singular ▪ accusative ▪ noDegree ▸ 1 (2Mac. 7,29)
  δήμιος ▸ 1
    Adjective ▪ masculine ▪ singular ▪ nominative ▪ noDegree ▸ 1 (2Mac. 5,8)

δημιουργέω to work, form, create ▸ 3
  δεδημιουργημένους ▸ 1
    Verb ▪ perfect ▪ passive ▪ participle ▪ masculine ▪ plural ▪ accusative ▸ 1 (2Mac. 10,2)
  δημιουργοῦντας ▸ 1
    Verb ▪ present ▪ active ▪ participle ▪ masculine ▪ plural ▪ accusative ▸ 1 (4Mac. 7,8)
  δημιουργῶν ▸ 1
    Verb ▪ present ▪ active ▪ participle ▪ masculine ▪ singular ▪ nominative ▸ 1 (Wis. 15,13)

δημιουργός (δῆμος; ἔργον) builder, maker, creator ▸ 1 + 1 = 2
  δημιουργὸς ▸ 1 + 1 = 2
    Noun ▪ masculine ▪ singular ▪ nominative ▪ (common) ▸ 1 + 1 = 2 (2Mac. 4,1; Heb. 11,10)

δῆμος people ▸ 208 + 12 + 4 = 224
  δῆμοι ▸ 19
    Noun ▪ masculine ▪ plural ▪ nominative ▪ (common) ▸ 19 (Num. 3,20; Num. 3,21; Num. 3,27; Num. 3,29; Num. 3,33; Num. 26,7; Num. 26,14; Num. 26,18; Num. 26,21; Num. 26,23; Num. 26,27; Num. 26,31; Num. 26,38; Num. 26,41; Num. 26,41; Num. 26,46; Num. 26,47; Num. 26,50; Num. 26,58)
  δήμοις ▸ 2
    Noun ▪ masculine ▪ plural ▪ dative ▪ (common) ▸ 2 (Josh. 21,20; Josh. 21,26)
  δῆμον ▸ 6 + 1 + 2 = 9
    Noun ▪ masculine ▪ singular ▪ accusative ▪ (common) ▸ 6 + 1 + 2 = 9 (Num. 4,18; Num. 18,2; Josh. 7,14; 1Mac. 14,21; 1Mac. 14,23; Dan. 8,24; Judg. 18,19; Acts 17,5; Acts 19,30)
  δῆμος ▸ 77 + 1 = 78
    Noun ▪ masculine ▪ singular ▪ nominative ▪ (common) ▸ 77 + 1 = 78 (Num. 3,21; Num. 3,21; Num. 3,27; Num. 3,27; Num. 3,27; Num. 3,27; Num. 3,33; Num. 3,33; Num. 4,42; Num. 26,5; Num. 26,5; Num. 26,6; Num. 26,6; Num. 26,12; Num. 26,12; Num. 26,12; Num. 26,12; Num. 26,13; Num. 26,13; Num. 26,16; Num. 26,16; Num. 26,16; Num. 26,17; Num. 26,17; Num. 26,19; Num. 26,19; Num. 26,20; Num. 26,20; Num. 26,22; Num. 26,22; Num. 26,22; Num. 26,24; Num. 26,24; Num. 26,24; Num. 26,25; Num. 26,25; Num. 26,26; Num. 26,26; Num. 26,28; Num. 26,28; Num. 26,28; Num. 26,29; Num. 26,29; Num. 26,33; Num. 26,33; Num. 26,34; Num. 26,34; Num. 26,35; Num. 26,35; Num. 26,36; Num. 26,36; Num. 26,39; Num. 26,39; Num. 26,40; Num. 26,42; Num. 26,42; Num. 26,42; Num. 26,43; Num. 26,44; Num. 26,44; Num. 26,46; Num. 26,48; Num. 26,48; Num. 26,49; Num. 26,49; Num. 26,57; Num. 26,57; Num. 26,57; Num. 26,58; Num. 26,58; Num. 26,58; Num. 26,58; Josh. 7,17; Judith 8,18; 1Mac. 12,6; 1Mac. 14,25; Dan. 11,32; Acts 12,22)
  δῆμός ▸ 1
    Noun ▪ masculine ▪ singular ▪ nominative ▪ (common) ▸ 1 (Dan. 9,16)
  δήμου ▸ 21 + 2 = 23
    Noun ▪ masculine ▪ singular ▪ genitive ▪ (common) ▸ 21 + 2 = 23 (Num. 3,24; Num. 3,35; Num. 4,24; Num. 4,33; Num. 4,37; Num. 4,41; Num. 4,45; Num. 27,1; Num. 27,4; Num. 36,6; Num. 36,8; Num. 36,12; Num. 36,12; Josh. 21,10; Judg. 17,7; Judith 4,8; Judith 6,1; 1Mac. 14,22; 1Mac. 15,17; Wis. 6,24; Dan. 11,23; Judg. 13,2; Judg. 17,7)
  δήμους ▸ 72 + 7 = 79
    Noun ▪ masculine ▪ plural ▪ accusative ▪ (common) ▸ 72 + 7 = 79 (Num. 1,20; Num. 1,22; Num. 1,24; Num. 1,26; Num. 1,28; Num. 1,30; Num. 1,32; Num. 1,34; Num. 1,36; Num. 1,38; Num. 1,40; Num. 1,42; Num. 2,34; Num. 3,15; Num. 3,18; Num. 3,19; Num. 3,20; Num. 3,39; Num. 4,2; Num. 4,22; Num. 4,29; Num. 4,34; Num. 4,36; Num. 4,38; Num. 4,40; Num. 4,42; Num. 4,44; Num. 4,46; Num. 11,10; Num. 13,2; Num. 23,10; Num. 26,16; Num. 26,19; Num. 26,22; Num. 26,24; Num. 26,28; Num. 26,32; Num. 26,41; Num. 26,42; Num. 26,45; Num. 26,46; Num. 26,46; Num. 26,48; Num. 26,57; Josh. 7,14; Josh. 7,17; Josh. 13,15; Josh. 13,23; Josh. 13,24; Josh. 13,28; Josh. 13,29; Josh. 13,31; Josh. 15,1; Josh. 15,12; Josh. 16,5; Josh. 16,8; Josh. 17,2; Josh. 17,2; Josh. 18,11; Josh. 18,20; Josh. 18,21; Josh. 18,28; Josh. 19,8; Josh. 19,10; Josh. 19,16; Josh. 19,23; Josh. 19,31; Josh. 19,47; Josh. 21,7; Josh. 21,33; Josh. 21,40; Neh. 4,7; Josh. 18,28; Josh. 19,8; Josh. 19,10; Josh. 19,16; Josh. 19,23; Josh. 19,24; Josh. 19,31)
  δήμῳ ▸ 8 + 1 = 9
    Noun ▪ masculine ▪ singular ▪ dative ▪ (common) ▸ 8 + 1 = 9 (Josh. 21,4; Josh. 21,34; 1Esdr. 9,53; 1Mac. 8,29; 1Mac. 14,20; 1Mac. 14,23; 1Mac. 14,23; 2Mac. 11,34; Acts 19,33)
  δήμων ▸ 2 + 2 = 4
    Noun ▪ masculine ▪ plural ▪ genitive ▪ (common) ▸ 2 + 2 = 4 (Num. 3,30; 2Mac. 4,48; Judg. 18,2; Judg. 18,11)

δημόσιος (δῆμος) public ▸ 3 + 4 = 7
  δημοσίᾳ ▸ 3 + 4 = 7
    Adverb ▪ 3 + 3 = 6 (2Mac. 6,10; 3Mac. 2,27; 3Mac. 4,7; Acts 16,37; Acts 18,28; Acts 20,20)
    Adjective ▪ feminine ▪ singular ▪ dative ▪ (variant) ▸ 1 (Acts 5,18)

δημοτελής (δῆμος; τέλος) public, national ▸ 1
  δημοτελῆς ▸ 1
    Adjective ▪ feminine ▪ singular ▪ nominative ▪ noDegree ▸ 1 (3Mac. 4,1)

δημότης (δῆμος) senator ▸ 1
  δημότης ▸ 1
    Noun ▪ masculine ▪ singular ▪ nominative ▪ (common) ▸ 1 (Wis. 18,11)

Δημοφῶν Demophon ▸ 1
  Δημοφῶν ▸ 1

Δημοφῶν–διά

Noun • masculine • singular • nominative • (proper) ▸ **1** (2Mac. 12,2)

δηνάριον denarius ▸ 16
  δηνάρια ▸ 3
    Noun • neuter • plural • accusative ▸ **3** (Matt. 18,28; Luke 7,41; Luke 10,35)
  δηνάριον ▸ 5
    Noun • neuter • singular • accusative ▸ **5** (Matt. 20,9; Matt. 20,10; Matt. 22,19; Mark 12,15; Luke 20,24)
  δηναρίου ▸ 4
    Noun • neuter • singular • genitive ▸ **4** (Matt. 20,2; Matt. 20,13; Rev. 6,6; Rev. 6,6)
  δηναρίων ▸ 4
    Noun • neuter • plural • genitive ▸ **4** (Mark 6,37; Mark 14,5; John 6,7; John 12,5)

δήπου (δή; ποῦ) of course ▸ 1
  δήπου ▸ 1
    Adverb ▸ **1** (Heb. 2,16)

Δησων Dishon ▸ 6
  Δησων ▸ 6
    Noun • masculine • singular • genitive • (proper) ▸ **2** (Gen. 36,26; 1Chr. 1,41)
    Noun • masculine • singular • nominative • (proper) ▸ **4** (Gen. 36,21; Gen. 36,25; Gen. 36,30; 1Chr. 1,38)

διά through; (+acc) because of ▸ 1391 + 33 + 667 = 2091
  Δι' ▸ 2 + 2 = 4
    Preposition • (+accusative) ▸ **1** (2Tim. 1,6)
    Preposition • (+genitive) ▸ 2 + 1 = **3** (Deut. 15,1; Wis. 19,18; Heb. 13,15)
  δι' ▸ 214 + 5 + 146 = 365
    Preposition • (+accusative) ▸ 107 + 2 + 43 = **152** (Gen. 12,16; Gen. 18,26; Gen. 20,2; Gen. 22,12; Gen. 22,16; Gen. 26,9; Gen. 39,8; Gen. 39,23; Lev. 18,25; Lev. 19,17; Lev. 22,9; Lev. 22,9; Lev. 26,43; Num. 18,32; Num. 35,20; Num. 35,22; Deut. 1,37; Deut. 7,25; Deut. 32,19; Deut. 32,27; Judg. 8,15; 1Sam. 10,2; 1Sam. 23,10; 2Kings 13,14; 2Kings 19,34; 2Kings 20,6; 2Chr. 28,19; 1Esdr. 2,17; 1Esdr. 4,26; 1Mac. 1,38; 1Mac. 13,15; 2Mac. 3,13; 2Mac. 4,28; 2Mac. 4,35; 2Mac. 4,42; 2Mac. 4,49; 2Mac. 6,25; 2Mac. 7,18; 2Mac. 8,15; 2Mac. 8,26; 3Mac. 3,4; 3Mac. 3,18; 3Mac. 7,4; 4Mac. 2,10; 4Mac. 5,13; 4Mac. 7,16; 4Mac. 8,14; 4Mac. 8,22; 4Mac. 9,8; 4Mac. 16,14; 4Mac. 16,20; 4Mac. 17,7; 4Mac. 17,18; 4Mac. 17,20; 4Mac. 18,4; Psa. 9,36; Psa. 105,32; Psa. 108,24; Psa. 118,112; Ode. 2,19; Ode. 2,27; Ode. 7,35; Prov. 5,23; Prov. 6,16; Prov. 6,32; Prov. 12,13; Prov. 28,14; Job 36,18; Job 41,4; Job 42,8; Wis. 6,15; Wis. 8,10; Wis. 8,13; Wis. 10,4; Wis. 18,18; Wis. 18,19; Sir. 10,30; Sir. 20,22; Sir. 22,26; Sir. 25,24; Sir. 26,28; Sir. 29,10; Sir. 32,2; Sir. 37,31; Sir. 40,10; Sir. 41,7; Sir. 43,26; Sir. 44,12; Sir. 44,22; Sir. 47,12; Sol. 5,6; Hos. 7,16; Hos. 12,9; Mic. 3,12; Jonah 1,12; Hab. 2,8; Is. 5,30; Is. 29,23; Is. 37,35; Is. 50,11; Is. 52,5; Is. 57,17; Is. 65,4; Jer. 12,11; Jer. 36,23; Ezek. 36,32; Dan. 8,11; Dan. 3,35; Dan. 8,11; Matt. 27,19; Luke 8,47; John 6,57; John 7,43; John 11,15; John 12,11; John 12,30; John 12,30; Acts 10,21; Acts 22,24; Acts 23,28; Rom. 2,24; Rom. 4,23; Rom. 4,24; Rom. 11,28; 1Cor. 4,6; 1Cor. 8,11; 1Cor. 9,10; 1Cor. 9,10; 1Cor. 10,28; 2Cor. 2,10; 2Cor. 4,15; 2Cor. 8,9; Gal. 4,13; Phil. 1,15; Phil. 1,24; Phil. 3,8; Col. 3,6; Col. 4,3; 1Th. 1,5; 1Th. 3,9; 2Tim. 1,12; Titus 1,13; Heb. 2,10; Heb. 2,11; Heb. 3,19; Heb. 4,6; Heb. 5,3; Heb. 6,7; 1Pet. 1,20; 2Pet. 2,2; 2Pet. 3,6; 2Pet. 3,12)
    Preposition • (+genitive) ▸ 107 + 3 + 103 = **213** (Num. 4,8; Num. 4,27; Num. 5,8; Num. 12,8; Num. 20,17; Num. 20,17; Num. 20,18; Num. 20,20; Num. 31,23; Deut. 1,22; Deut. 2,30; Deut. 5,29; Deut. 12,28; Josh. 2,18; Josh. 2,18; Josh. 4,18; Josh. 24,17; 1Sam. 9,4; 1Kings 6,10; 1Kings 9,8; 1Kings 10,8; 1Kings 22,7; 1Kings 22,8; 2Kings 1,2; 2Chr. 18,7; 2Chr. 20,10; 2Chr. 24,21; 2Chr. 29,25; 1Esdr. 5,58; Esth. 3,12; Judith 4,7; 1Mac. 6,18; 1Mac. 12,27; 1Mac. 14,42; 2Mac. 2,23; 2Mac. 3,17; 2Mac. 4,8; 2Mac. 6,17; 2Mac. 6,21; 2Mac. 7,24; 2Mac. 11,17; 2Mac. 13,10; 2Mac. 14,18; 2Mac. 15,16; 2Mac. 15,21; 3Mac. 7,10; 4Mac. 1,11; 4Mac. 1,17; 4Mac. 3,7; 4Mac. 3,10; 4Mac. 5,21; 4Mac. 5,33; 4Mac. 5,38; 4Mac. 9,24; 4Mac. 10,16; 4Mac. 17,11; 4Mac. 17,12; Psa. 77,49; Prov. 7,20; Prov. 8,15; Prov. 8,16; Prov. 8,16; Prov. 9,12c; Prov. 26,6; Prov. 28,2; Wis. 4,19; Wis. 10,4; Wis. 10,18; Wis. 11,5; Wis. 11,16; Wis. 12,20; Wis. 14,7; Wis. 16,1; Wis. 18,4; Wis. 19,8; Sir. 7,28; Sol. 8,2; Hos. 8,4; Mic. 2,13; Joel 4,17; Zeph. 2,15; Is. 14,30; Is. 14,32; Is. 21,1; Is. 30,1; Is. 37,24; Is. 43,2; Is. 48,21; Is. 54,15; Is. 59,14; Is. 60,21; Is. 63,13; Jer. 18,16; Jer. 20,11; LetterJ 25; LetterJ 26; Ezek. 12,5; Ezek. 12,12; Ezek. 23,37; Ezek. 38,8; Ezek. 42,9; Ezek. 42,12; Ezek. 44,2; Ezek. 44,2; Dan. 7,8; Dan. 7,20; Bel 21; Dan. 4,6; Bel 12; Bel 21; Matt. 2,12; Matt. 7,13; Matt. 12,43; Matt. 18,7; Matt. 26,24; Mark 2,1; Mark 14,21; Mark 16,8; Luke 5,5; Luke 11,24; Luke 17,1; Luke 22,22; John 1,3; John 1,7; John 1,10; John 3,17; John 10,9; John 11,4; John 14,6; John 19,23; Acts 1,3; Acts 2,22; Acts 3,16; Acts 4,16; Acts 13,49; Acts 15,12; Acts 18,9; Acts 24,17; Rom. 1,5; Rom. 4,11; Rom. 5,2; Rom. 5,9; Rom. 5,11; Rom. 5,12; Rom. 5,16; Rom. 5,18; Rom. 5,18; Rom. 7,11; Rom. 8,25; Rom. 11,36; Rom. 14,14; Rom. 15,18; Rom. 15,28; 1Cor. 1,9; 1Cor. 3,5; 1Cor. 8,6; 1Cor. 8,6; 1Cor. 13,12; 1Cor. 15,2; 1Cor. 15,21; 1Cor. 15,21; 1Cor. 16,3; 2Cor. 1,16; 2Cor. 1,19; 2Cor. 1,19; 2Cor. 1,20; 2Cor. 1,20; 2Cor. 2,14; 2Cor. 5,20; 2Cor. 9,11; 2Cor. 10,11; 2Cor. 12,17; Gal. 1,1; Gal. 1,12; Gal. 3,18; Gal. 3,19; Gal. 4,23; Gal. 5,6; Gal. 6,14; Eph. 2,18; Col. 1,16; Col. 1,20; Col. 1,20; Col. 3,17; 2Th. 2,2; 2Th. 2,2; 2Th. 2,15; 1Tim. 2,10; 2Tim. 4,17; Heb. 1,2; Heb. 2,2; Heb. 2,10; Heb. 7,9; Heb. 7,19; Heb. 7,25; Heb. 9,12; Heb. 11,4; Heb. 11,4; Heb. 11,7; Heb. 12,1; Heb. 12,11; Heb. 12,15; Heb. 12,28; 1Pet. 1,3; 1Pet. 1,21; 1Pet. 2,14; 1Pet. 3,20; 1Pet. 3,21; 1Pet. 5,12; 2Pet. 1,4; 2Pet. 3,5; 1John 4,9; 1John 5,6)
  Διὰ ▸ 51 + 4 + 17 = 72
    Preposition • (+accusative) ▸ 50 + 4 + 14 = **68** (Gen. 43,18; Ex. 2,13; Ex. 5,14; Ex. 13,8; Lev. 10,17; Num. 22,32; Deut. 1,27; Deut. 9,4; Deut. 29,23; Josh. 9,22; Josh. 17,14; Judg. 5,28; 1Sam. 15,20; 1Kings 1,6; 2Chr. 24,6; Neh. 2,2; Neh. 13,11; Neh. 13,21; 1Mac. 8,31; 2Mac. 2,11; 4Mac. 8,1; Job 33,13; Wis. 16,1; Sir. 15,11; Sir. 33,7; Sir. 39,32; Sol. 8,14; Hos. 2,16; Hos. 6,5; Zeph. 3,8; Is. 8,6; Is. 10,24; Is. 62,1; Is. 65,13; Jer. 9,12; Jer. 13,22; Jer. 16,10; Jer. 16,14; Jer. 22,8; Jer. 23,7; Jer. 39,3; Jer. 43,29; LetterJ 1; Ezek. 20,27; Ezek. 21,7; Ezek. 25,15; Dan. 3,14; Sus. 56; Sus. 63; Bel 5; Judg. 8,7; Judg. 11,8; Judg. 12,1; Bel 5; Matt. 6,25; Matt. 12,31; Matt. 18,23; Matt. 23,34; John 10,17; Rom. 1,26; Rom. 4,16; Rom. 5,12; 1Cor. 4,17; 2Cor. 4,1; 2Cor. 13,10; Eph. 1,15; Col. 1,9; Heb. 2,1)
    Preposition • (+genitive) ▸ 1 + 3 = **4** (4Mac. 16,24; Acts 5,12; Eph. 6,18; 1Pet. 5,12)
  διὰ ▸ 5 + 3 = 8
    Preposition • (+accusative) ▸ 2 + 2 = **4** (3Mac. 1,15; 3Mac. 3,21; Luke 11,8; Luke 18,5)
    Preposition • (+genitive) ▸ 3 + 1 = **4** (2Mac. 4,3; 3Mac. 2,25; 3Mac. 7,20; Rom. 16,26)
  διὰ ▸ 1119 + 24 + 499 = 1642
    Preposition • (+accusative) ▸ 688 + 19 + 221 = **928** (Gen. 6,3; Gen. 7,7; Gen. 8,21; Gen. 10,9; Gen. 11,9; Gen. 12,13; Gen. 19,22; Gen. 21,31; Gen. 25,30; Gen. 26,24; Gen. 26,33; Gen. 27,46; Gen. 29,34; Gen. 29,35; Gen. 30,6; Gen. 31,48; Gen. 33,17; Gen. 38,29; Gen. 39,5; Gen. 39,9; Gen. 39,23; Gen. 47,22; Gen. 49,24; Gen.

50,11; Ex. 5,8; Ex. 5,17; Ex. 5,22; Ex. 9,11; Ex. 13,15; Ex. 15,23; Ex. 16,8; Ex. 16,29; Ex. 17,7; Ex. 17,7; Ex. 18,14; Ex. 19,18; Ex. 20,11; Ex. 33,3; Lev. 15,31; Lev. 17,12; Lev. 26,39; Num. 11,11; Num. 12,8; Num. 13,24; Num. 16,3; Num. 18,24; Num. 20,12; Num. 21,14; Num. 21,27; Num. 22,37; Num. 25,18; Num. 25,18; Num. 25,18; Num. 27,3; Num. 32,17; Num. 35,21; Deut. 1,36; Deut. 4,37; Deut. 5,15; Deut. 9,4; Deut. 9,5; Deut. 9,5; Deut. 9,5; Deut. 9,6; Deut. 9,19; Deut. 10,9; Deut. 15,10; Deut. 15,11; Deut. 15,15; Deut. 19,7; Deut. 24,18; Deut. 24,20; Deut. 24,22; Deut. 28,20; Deut. 28,34; Deut. 28,47; Deut. 28,55; Deut. 28,56; Deut. 28,56; Deut. 28,57; Deut. 31,18; Josh. 5,7; Josh. 7,26; Josh. 9,20; Josh. 9,27; Josh. 10,11; Josh. 14,14; Josh. 14,14; Josh. 22,19; Judg. 2,5; Judg. 3,2; Judg. 3,12; Judg. 5,28; Judg. 6,7; Judg. 10,13; Judg. 15,19; Judg. 18,12; 1Sam. 1,6; 1Sam. 2,30; 1Sam. 5,5; 1Sam. 9,12; 1Sam. 9,13; 1Sam. 10,12; 1Sam. 12,22; 1Sam. 19,24; 1Sam. 20,29; 1Sam. 21,6; 1Sam. 23,28; 1Sam. 26,15; 1Sam. 27,6; 1Sam. 28,18; 2Sam. 5,8; 2Sam. 5,12; 2Sam. 5,20; 2Sam. 7,21; 2Sam. 7,27; 2Sam. 9,7; 2Sam. 13,2; 2Sam. 21,1; 2Sam. 21,7; 2Sam. 22,50; 1Kings 9,9; 1Kings 10,9; 1Kings 11,12; 1Kings 11,13; 1Kings 11,13; 1Kings 11,32; 1Kings 11,32; 1Kings 11,34; 1Kings 15,4; 1Kings 18,36; 1Kings 20,19; 1Kings 21,23; 2Kings 8,19; 2Kings 13,23; 2Kings 19,28; 2Kings 19,34; 2Kings 20,6; 1Chr. 11,7; 1Chr. 13,10; 1Chr. 14,2; 1Chr. 14,11; 1Chr. 17,25; 2Chr. 6,32; 2Chr. 7,22; 2Chr. 16,7; 2Chr. 19,2; 2Chr. 20,26; 2Chr. 21,7; 2Chr. 29,36; 2Chr. 36,5c; 1Esdr. 1,49; 1Esdr. 3,7; 1Esdr. 4,26; 1Esdr. 4,27; 1Esdr. 5,62; 1Esdr. 6,32; 1Esdr. 8,74; 1Esdr. 8,83; 1Esdr. 9,6; Ezra 4,14; Ezra 4,15; Neh. 2,3; Neh. 6,6; Esth. 16,17 # 8,12r; Esth. 8,17; Esth. 9,19; Esth. 9,26; Esth. 9,26; Esth. 9,26; Esth. 9,26; Esth. 10,10 # 10,3g; Judith 5,4; Judith 11,7; Judith 13,1; Judith 13,20; Tob. 8,7; 1Mac. 6,53; 1Mac. 10,42; 1Mac. 10,70; 1Mac. 10,70; 1Mac. 10,77; 1Mac. 11,2; 1Mac. 13,22; 1Mac. 14,35; 2Mac. 2,14; 2Mac. 2,24; 2Mac. 2,27; 2Mac. 3,1; 2Mac. 3,18; 2Mac. 3,29; 2Mac. 3,33; 2Mac. 3,38; 2Mac. 4,13; 2Mac. 4,19; 2Mac. 4,20; 2Mac. 4,21; 2Mac. 4,30; 2Mac. 4,37; 2Mac. 4,50; 2Mac. 5,9; 2Mac. 5,17; 2Mac. 5,19; 2Mac. 5,19; 2Mac. 5,21; 2Mac. 6,11; 2Mac. 6,12; 2Mac. 6,20; 2Mac. 6,21; 2Mac. 6,22; 2Mac. 6,25; 2Mac. 6,25; 2Mac. 6,29; 2Mac. 6,30; 2Mac. 7,11; 2Mac. 7,20; 2Mac. 7,23; 2Mac. 7,32; 2Mac. 8,15; 2Mac. 8,20; 2Mac. 8,36; 2Mac. 8,36; 2Mac. 9,8; 2Mac. 9,10; 2Mac. 10,12; 2Mac. 10,13; 2Mac. 10,35; 2Mac. 12,11; 2Mac. 12,21; 2Mac. 12,24; 2Mac. 12,40; 2Mac. 12,42; 2Mac. 13,17; 2Mac. 14,17; 2Mac. 14,43; 2Mac. 15,17; 3Mac. 1,11; 3Mac. 1,13; 3Mac. 2,13; 3Mac. 4,17; 3Mac. 5,6; 3Mac. 5,30; 3Mac. 5,32; 3Mac. 5,41; 3Mac. 6,36; 3Mac. 7,17; 4Mac. 1,34; 4Mac. 2,9; 4Mac. 2,11; 4Mac. 2,12; 4Mac. 2,13; 4Mac. 2,14; 4Mac. 2,19; 4Mac. 3,20; 4Mac. 5,4; 4Mac. 5,8; 4Mac. 5,31; 4Mac. 6,27; 4Mac. 6,30; 4Mac. 7,4; 4Mac. 7,20; 4Mac. 7,22; 4Mac. 7,22; 4Mac. 9,6; 4Mac. 9,7; 4Mac. 9,9; 4Mac. 9,29; 4Mac. 9,30; 4Mac. 9,31; 4Mac. 10,10; 4Mac. 10,11; 4Mac. 11,20; 4Mac. 11,27; 4Mac. 12,3; 4Mac. 13,12; 4Mac. 13,27; 4Mac. 15,4; 4Mac. 15,7; 4Mac. 15,8; 4Mac. 15,9; 4Mac. 15,14; 4Mac. 15,24; 4Mac. 16,14; 4Mac. 16,17; 4Mac. 16,18; 4Mac. 16,19; 4Mac. 16,19; 4Mac. 16,21; 4Mac. 16,25; 4Mac. 17,9; 4Mac. 17,20; 4Mac. 18,3; Psa. 1,5; Psa. 15,9; Psa. 16,4; Psa. 17,50; Psa. 24,8; Psa. 30,23; Psa. 32,16; Psa. 40,13; Psa. 41,7; Psa. 41,10; Psa. 44,3; Psa. 44,8; Psa. 44,18; Psa. 45,3; Psa. 51,7; Psa. 65,19; Psa. 72,6; Psa. 72,10; Psa. 72,18; Psa. 72,19; Psa. 77,21; Psa. 106,17; Psa. 109,7; Psa. 118,67; Psa. 118,104; Psa. 118,119; Psa. 118,127; Psa. 118,128; Psa. 118,129; Psa. 118,154; Ode. 5,14; Ode. 5,18; Ode. 7,28; Ode. 7,34; Ode. 7,35; Ode. 7,37; Ode. 9,78; Ode. 14,9; Prov. 6,3; Prov. 6,15; Prov. 28,12; Eccl. 8,11; Song 1,3; Job 3,11; Job 7,20; Job 7,21; Job 9,29; Job 10,2; Job 10,19; Job 13,24; Job 17,4; Job 18,3; Job 19,22; Job 20,21; Job 21,4; Job 21,7; Job 23,15; Job 24,1; Job 24,12; Job 37,19; Job 42,9; Wis. 1,8; Wis. 4,14; Wis. 5,3; Wis. 5,16; Wis. 7,7; Wis. 7,14; Wis. 7,24; Wis. 7,25; Wis. 10,20; Wis. 12,25; Wis. 14,5; Wis. 14,11; Wis. 14,14; Wis. 14,17; Wis. 14,20; Wis. 16,3; Wis. 16,7; Wis. 16,7; Wis. 16,25; Wis. 17,1; Wis. 18,13; Sir. 2,13; Sir. 10,8; Sir. 10,13; Sir. 10,30; Sir. 16,8; Sir. 18,11; Sir. 18,12; Sir. 28,18; Sir. 31,13; Sir. 43,14; Sir. 44,17; Sir. 44,21; Sir. 45,24; Sir. 51,12; Sir. 51,20; Sir. 51,21; Sol. 13,5; Sol. 14,9; Hos. 2,8; Hos. 2,11; Hos. 4,3; Hos. 4,13; Hos. 8,10; Hos. 9,6; Hos. 9,15; Hos. 13,3; Amos 2,13; Amos 3,2; Amos 3,11; Amos 4,12; Amos 5,11; Amos 5,13; Amos 5,16; Amos 6,7; Amos 7,17; Mic. 1,5; Mic. 1,5; Mic. 1,14; Mic. 2,3; Mic. 2,5; Mic. 2,9; Mic. 2,9; Mic. 3,6; Mic. 3,12; Mic. 5,2; Obad. 10; Jonah 4,2; Hab. 1,4; Hab. 1,17; Hab. 2,17; Zeph. 2,9; Hag. 1,9; Hag. 1,10; Zech. 1,16; Zech. 9,4; Zech. 10,2; Zech. 11,6; Is. 1,24; Is. 3,24; Is. 5,13; Is. 5,13; Is. 5,24; Is. 7,14; Is. 8,7; Is. 8,15; Is. 9,16; Is. 9,18; Is. 13,7; Is. 13,13; Is. 15,4; Is. 16,9; Is. 16,11; Is. 17,10; Is. 19,17; Is. 19,20; Is. 21,3; Is. 21,15; Is. 21,15; Is. 21,15; Is. 21,15; Is. 21,15; Is. 22,4; Is. 24,5; Is. 24,6; Is. 24,6; Is. 24,15; Is. 25,3; Is. 25,4; Is. 26,14; Is. 26,17; Is. 27,4; Is. 27,4; Is. 27,9; Is. 27,11; Is. 27,11; Is. 28,7; Is. 28,7; Is. 28,11; Is. 28,14; Is. 28,16; Is. 29,14; Is. 29,19; Is. 29,22; Is. 30,12; Is. 30,13; Is. 30,16; Is. 30,16; Is. 30,17; Is. 30,17; Is. 30,18; Is. 30,31; Is. 33,3; Is. 35,10; Is. 36,21; Is. 37,33; Is. 37,35; Is. 49,4; Is. 50,7; Is. 51,21; Is. 52,6; Is. 53,5; Is. 53,5; Is. 53,7; Is. 53,12; Is. 53,12; Is. 57,10; Is. 59,2; Is. 59,9; Is. 60,9; Is. 60,9; Is. 60,10; Is. 60,10; Is. 60,15; Is. 62,1; Is. 63,2; Is. 63,9; Is. 63,17; Is. 63,17; Is. 64,4; Is. 64,5; Is. 64,6; Is. 65,14; Jer. 2,9; Jer. 2,14; Jer. 2,31; Jer. 5,2; Jer. 5,6; Jer. 5,14; Jer. 5,27; Jer. 6,15; Jer. 6,18; Jer. 6,21; Jer. 7,20; Jer. 7,32; Jer. 7,32; Jer. 8,5; Jer. 8,10; Jer. 8,19; Jer. 8,22; Jer. 9,6; Jer. 9,14; Jer. 10,21; Jer. 11,11; Jer. 11,21; Jer. 12,8; Jer. 13,22; Jer. 14,15; Jer. 14,21; Jer. 15,4; Jer. 15,7; Jer. 15,13; Jer. 15,19; Jer. 16,21; Jer. 18,13; Jer. 18,21; Jer. 19,6; Jer. 20,11; Jer. 22,18; Jer. 23,2; Jer. 23,12; Jer. 23,15; Jer. 23,30; Jer. 23,37; Jer. 23,38; Jer. 23,39; Jer. 25,8; Jer. 26,15; Jer. 26,19; Jer. 27,18; Jer. 27,30; Jer. 27,39; Jer. 27,45; Jer. 28,7; Jer. 28,36; Jer. 28,52; Jer. 30,4; Jer. 30,14; Jer. 30,17; Jer. 30,18; Jer. 30,32; Jer. 31,11; Jer. 31,12; Jer. 31,31; Jer. 31,36; Jer. 31,36; Jer. 35,16; Jer. 36,27; Jer. 36,28; Jer. 36,32; Jer. 37,16; Jer. 38,3; Jer. 38,20; Jer. 38,26; Jer. 38,27; Jer. 39,28; Jer. 39,32; Jer. 41,17; Jer. 42,17; Jer. 42,18; Jer. 43,30; Jer. 49,15; Jer. 51,11; Jer. 51,26; Bar. 2,26; Bar. 3,7; Bar. 3,28; Bar. 4,6; Bar. 4,12; Lam. 1,8; Lam. 3,21; LetterJ 11; LetterJ 25; Ezek. 5,7; Ezek. 5,8; Ezek. 5,10; Ezek. 5,11; Ezek. 11,4; Ezek. 11,7; Ezek. 11,16; Ezek. 11,17; Ezek. 12,23; Ezek. 12,28; Ezek. 13,8; Ezek. 13,8; Ezek. 13,13; Ezek. 13,20; Ezek. 13,23; Ezek. 14,4; Ezek. 14,6; Ezek. 15,6; Ezek. 16,35; Ezek. 16,37; Ezek. 17,9; Ezek. 17,19; Ezek. 20,30; Ezek. 20,33; Ezek. 21,17; Ezek. 21,29; Ezek. 22,4; Ezek. 22,19; Ezek. 22,19; Ezek. 23,9; Ezek. 23,22; Ezek. 23,35; Ezek. 24,6; Ezek. 24,9; Ezek. 24,14; Ezek. 25,4; Ezek. 25,7; Ezek. 25,9; Ezek. 25,13; Ezek. 25,16; Ezek. 26,3; Ezek. 28,6; Ezek. 28,17; Ezek. 28,18; Ezek. 29,8; Ezek. 29,10; Ezek. 30,22; Ezek. 31,7; Ezek. 31,9; Ezek. 31,10; Ezek. 33,6; Ezek. 33,25; Ezek. 33,28; Ezek. 33,29; Ezek. 34,5; Ezek. 34,7; Ezek. 34,20; Ezek. 35,6; Ezek. 35,10; Ezek. 35,11; Ezek. 36,3; Ezek. 36,4; Ezek. 36,5; Ezek. 36,6; Ezek. 36,7; Ezek. 36,14; Ezek. 36,21; Ezek. 36,22; Ezek. 36,22; Ezek. 37,12; Ezek. 38,14; Ezek. 39,23; Ezek. 39,25; Ezek. 39,25; Ezek. 42,6; Ezek. 44,9; Dan. 3,28; Dan. 3,34; Dan. 3,35; Dan. 3,35; Dan. 3,37; Dan. 9,18; Judg. 3,2; Judg. 3,12; Judg. 10,13; Judg. 11,7; Judg. 11,26; Judg. 15,19; Judg. 18,12; Tob. 2,9; Tob. 6,13; Tob. 8,7; Dan. 3,28; Dan. 3,34; Dan. 3,35; Dan. 3,37; Dan. 4,27; Dan. 5,24; Sus. 4; Sus. 21; Sus. 39; Matt. 9,11; Matt. 9,14; Matt. 10,22; Matt. 12,27; Matt. 13,5; Matt. 13,6; Matt. 13,10; Matt. 13,13; Matt. 13,21; Matt. 13,52; Matt. 13,58; Matt.

14,2; Matt. 14,3; Matt. 14,9; Matt. 15,2; Matt. 15,3; Matt. 15,3; Matt. 15,6; Matt. 17,19; Matt. 17,20; Matt. 19,12; Matt. 21,25; Matt. 21,43; Matt. 24,9; Matt. 24,12; Matt. 24,22; Matt. 24,44; Matt. 27,18; Mark 2,4; Mark 2,18; Mark 2,27; Mark 2,27; Mark 3,9; Mark 4,5; Mark 4,6; Mark 4,17; Mark 5,4; Mark 6,6; Mark 6,14; Mark 6,17; Mark 6,26; Mark 7,5; Mark 7,29; Mark 11,24; Mark 11,31; Mark 12,24; Mark 13,13; Mark 13,20; Mark 15,10; Luke 1,78; Luke 2,4; Luke 5,19; Luke 5,30; Luke 6,48; Luke 8,6; Luke 8,19; Luke 9,7; Luke 11,8; Luke 11,19; Luke 11,49; Luke 12,22; Luke 14,20; Luke 17,11; Luke 19,11; Luke 19,23; Luke 19,31; Luke 20,5; Luke 21,17; Luke 23,8; Luke 23,19; Luke 23,25; Luke 24,38; John 1,31; John 2,24; John 3,29; John 4,39; John 4,41; John 4,42; John 5,16; John 5,18; John 6,57; John 6,65; John 7,13; John 7,22; John 7,45; John 8,43; John 8,46; John 8,47; John 9,23; John 10,19; John 10,32; John 11,42; John 12,5; John 12,9; John 12,18; John 12,27; John 12,39; John 12,42; John 13,11; John 13,37; John 14,11; John 15,3; John 15,19; John 15,21; John 16,15; John 16,21; John 19,11; John 19,38; John 19,42; John 20,19; Acts 2,26; Acts 4,2; Acts 4,21; Acts 5,3; Acts 8,11; Acts 12,20; Acts 16,3; Acts 18,2; Acts 18,3; Acts 21,34; Acts 21,35; Acts 27,4; Acts 27,9; Acts 28,2; Acts 28,2; Acts 28,18; Acts 28,20; Rom. 3,25; Rom. 4,25; Rom. 4,25; Rom. 6,19; Rom. 8,10; Rom. 8,10; Rom. 8,20; Rom. 9,32; Rom. 11,28; Rom. 13,5; Rom. 13,5; Rom. 13,6; Rom. 14,15; Rom. 15,9; Rom. 15,15; 1Cor. 4,10; 1Cor. 6,7; 1Cor. 6,7; 1Cor. 7,2; 1Cor. 7,5; 1Cor. 7,26; 1Cor. 9,23; 1Cor. 10,25; 1Cor. 10,27; 1Cor. 11,9; 1Cor. 11,9; 1Cor. 11,10; 1Cor. 11,10; 1Cor. 11,30; 2Cor. 3,7; 2Cor. 4,5; 2Cor. 4,11; 2Cor. 7,13; 2Cor. 9,14; 2Cor. 11,11; Gal. 2,4; Eph. 2,4; Eph. 4,18; Eph. 4,18; Eph. 5,6; Eph. 5,17; Eph. 6,13; Phil. 1,7; Phil. 1,15; Phil. 2,30; Phil. 3,7; Phil. 3,8; Col. 1,5; 1Th. 2,13; 1Th. 3,5; 1Th. 3,7; 1Th. 5,13; 2Th. 2,11; 1Tim. 1,16; 1Tim. 5,23; 2Tim. 2,10; 2Tim. 2,10; Philem. 9; Philem. 15; Heb. 1,9; Heb. 1,14; Heb. 2,9; Heb. 5,12; Heb. 5,14; Heb. 7,18; Heb. 7,23; Heb. 7,24; Heb. 9,15; Heb. 10,2; James 4,2; 1Pet. 2,13; 1Pet. 2,19; 1Pet. 3,14; 1John 2,12; 1John 3,1; 1John 4,5; 2John 2; 3John 10; Rev. 1,9; Rev. 2,3; Rev. 4,11; Rev. 6,9; Rev. 6,9; Rev. 7,15; Rev. 12,11; Rev. 12,11; Rev. 12,12; Rev. 13,14; Rev. 17,7; Rev. 18,8; Rev. 18,10; Rev. 18,15; Rev. 20,4; Rev. 20,4)

Preposition • (+genitive) ▸ 431 + 5 + 278 = **714** (Gen. 4,1; Gen. 24,62; Gen. 26,8; Gen. 30,35; Gen. 32,17; Gen. 33,10; Gen. 39,4; Gen. 39,22; Gen. 39,23; Gen. 40,8; Gen. 40,14; Ex. 14,29; Ex. 15,8; Ex. 15,19; Ex. 17,1; Ex. 22,8; Ex. 25,30; Ex. 27,20; Ex. 28,30; Ex. 28,38; Ex. 30,8; Ex. 32,27; Ex. 35,29; Ex. 37,19; Lev. 6,6; Lev. 6,13; Lev. 10,11; Lev. 11,42; Lev. 15,3; Lev. 15,3; Lev. 24,2; Lev. 24,8; Lev. 24,12; Lev. 25,31; Lev. 25,32; Lev. 26,6; Lev. 26,16; Num. 3,16; Num. 3,39; Num. 3,51; Num. 4,7; Num. 4,37; Num. 4,41; Num. 4,45; Num. 4,49; Num. 7,8; Num. 9,16; Num. 9,18; Num. 9,18; Num. 9,20; Num. 9,20; Num. 9,23; Num. 9,23; Num. 10,13; Num. 13,3; Num. 20,17; Num. 20,21; Num. 21,22; Num. 21,23; Num. 25,8; Num. 26,55; Num. 28,10; Num. 28,15; Num. 28,23; Num. 28,24; Num. 28,31; Num. 29,6; Num. 29,11; Num. 29,16; Num. 29,19; Num. 29,22; Num. 29,25; Num. 29,28; Num. 29,31; Num. 29,34; Num. 29,38; Num. 31,23; Num. 33,2; Num. 33,8; Num. 33,38; Num. 35,30; Num. 36,5; Deut. 2,4; Deut. 2,27; Deut. 8,3; Deut. 8,7; Deut. 8,7; Deut. 8,15; Deut. 9,11; Deut. 11,12; Deut. 23,24; Deut. 28,57; Deut. 33,10; Deut. 34,5; Josh. 2,15; Josh. 3,2; Josh. 3,17; Josh. 4,6; Josh. 11,20; Josh. 15,13; Josh. 17,4; Josh. 17,4; Josh. 19,50; Josh. 20,2; Josh. 21,3; Josh. 22,9; Judg. 5,28; Judg. 5,28; Judg. 11,17; Judg. 11,19; Judg. 11,20; 1Sam. 9,4; 1Sam. 9,4; 1Sam. 9,4; 1Sam. 17,49; 1Sam. 19,12; 1Sam. 22,10; 1Sam. 22,13; 1Sam. 22,15; 1Sam. 23,2; 1Sam. 23,4; 1Sam. 28,6; 1Sam. 30,8; 2Sam. 5,19; 2Sam. 5,23; 2Sam. 6,16; 2Sam. 9,7; 2Sam. 9,10; 2Sam. 9,13; 2Sam. 12,31; 2Sam. 20,21; 1Kings 1,27; 1Kings 5,13; 1Kings 6,15; 1Kings 10,13; 1Kings 10,22; 1Kings 17,1; 2Kings 1,2; 2Kings 4,9; 2Kings 9,24; 2Kings 9,30; 2Kings 14,27; 2Kings 25,29; 2Kings 25,30; 1Chr. 11,3; 1Chr. 14,10; 1Chr. 15,29; 1Chr. 16,6; 1Chr. 16,11; 1Chr. 16,37; 1Chr. 16,40; 1Chr. 23,31; 1Chr. 24,19; 1Chr. 26,28; 1Chr. 29,5; 1Chr. 29,8; 2Chr. 2,3; 2Chr. 2,3; 2Chr. 7,6; 2Chr. 9,7; 2Chr. 9,21; 2Chr. 13,8; 2Chr. 18,2; 2Chr. 23,15; 2Chr. 23,18; 2Chr. 23,18; 2Chr. 23,20; 2Chr. 24,11; 2Chr. 24,14; 2Chr. 26,11; 2Chr. 26,11; 2Chr. 28,3; 2Chr. 28,5; 2Chr. 29,15; 2Chr. 31,13; 2Chr. 31,15; 2Chr. 31,15; 2Chr. 32,4; 2Chr. 34,14; 2Chr. 35,4; 2Chr. 35,6; 2Chr. 35,22; 2Chr. 36,21; 2Chr. 36,22; 1Esdr. 1,48; 1Esdr. 2,1; 1Esdr. 2,8; 1Esdr. 3,21; 1Esdr. 5,61; 1Esdr. 6,8; 1Esdr. 6,13; 1Esdr. 6,23; 1Esdr. 6,24; 1Esdr. 7,4; Esth. 1,15; Esth. 3,13; Esth. 13,2 # 3,13b; Esth. 13,5 # 3,13e; Esth. 13,7 # 3,13g; Esth. 4,1; Esth. 15,6 # 5,1c; Esth. 6,9; Esth. 6,11; Esth. 8,10; Esth. 8,10; Esth. 16,13 # 8,12n; Esth. 16,14 # 8,12o; Esth. 16,17 # 8,12r; Judith 11,7; Judith 11,19; Judith 13,14; Judith 16,16; 1Mac. 1,36; 1Mac. 5,46; 1Mac. 5,48; 1Mac. 5,51; 1Mac. 5,62; 1Mac. 6,12; 1Mac. 6,27; 1Mac. 6,31; 1Mac. 8,15; 1Mac. 8,32; 1Mac. 8,32; 1Mac. 13,21; 1Mac. 15,25; 2Mac. 2,18; 2Mac. 2,23; 2Mac. 2,25; 2Mac. 3,19; 2Mac. 4,9; 2Mac. 4,11; 2Mac. 5,2; 2Mac. 7,6; 2Mac. 7,24; 2Mac. 7,30; 2Mac. 8,35; 2Mac. 11,15; 2Mac. 12,25; 2Mac. 13,18; 2Mac. 14,1; 2Mac. 14,24; 2Mac. 14,34; 3Mac. 2,29; 3Mac. 3,23; 3Mac. 5,43; 3Mac. 7,6; 3Mac. 7,9; 4Mac. 1,30; 4Mac. 2,22; 4Mac. 3,6; 4Mac. 4,1; 4Mac. 4,24; 4Mac. 4,26; 4Mac. 5,24; 4Mac. 6,16; 4Mac. 6,25; 4Mac. 7,9; 4Mac. 7,9; 4Mac. 7,11; 4Mac. 7,12; 4Mac. 7,14; 4Mac. 8,9; 4Mac. 8,9; 4Mac. 8,12; 4Mac. 8,15; 4Mac. 8,29; 4Mac. 9,5; 4Mac. 9,8; 4Mac. 9,9; 4Mac. 9,18; 4Mac. 11,12; 4Mac. 13,5; 4Mac. 13,19; 4Mac. 13,19; 4Mac. 13,20; 4Mac. 13,21; 4Mac. 13,22; 4Mac. 14,5; 4Mac. 14,9; 4Mac. 14,18; 4Mac. 15,20; 4Mac. 15,29; 4Mac. 17,3; 4Mac. 17,22; 4Mac. 18,14; Psa. 6,11; Psa. 15,4; Psa. 15,8; Psa. 18,15; Psa. 24,3; Psa. 24,15; Psa. 30,7; Psa. 33,2; Psa. 34,27; Psa. 37,18; Psa. 39,12; Psa. 39,17; Psa. 49,8; Psa. 49,16; Psa. 50,5; Psa. 65,12; Psa. 68,24; Psa. 69,5; Psa. 70,6; Psa. 70,14; Psa. 71,15; Psa. 72,23; Psa. 73,23; Psa. 88,35; Psa. 104,4; Psa. 108,15; Psa. 108,19; Psa. 118,33; Psa. 118,44; Psa. 118,109; Psa. 118,117; Psa. 118,119; Psa. 135,14; Ode. 1,8; Ode. 1,19; Ode. 9,70; Ode. 12,15; Prov. 6,21; Prov. 13,9; Prov. 15,15; Prov. 15,28a; Prov. 23,29; Prov. 27,21; Prov. 30,21; Song 2,9; Song 2,9; Job 2,3; Job 6,5; Job 9,17; Job 20,25; Job 22,6; Job 38,1; Wis. 7,23; Wis. 7,24; Wis. 11,5; Wis. 11,8; Wis. 11,13; Wis. 11,16; Wis. 12,6; Wis. 12,19; Wis. 12,23; Wis. 14,17; Wis. 16,1; Sir. 1,1 Prol.; Sir. 1,14 Prol.; Sir. 6,37; Sir. 11,21; Sir. 14,23; Sir. 17,15; Sir. 23,10; Sir. 23,11; Sir. 27,11; Sir. 38,29; Sir. 45,13; Sol. 2,36; Sol. 3,3; Sol. 3,4; Sol. 3,7; Sol. 14,8; Hos. 12,7; Amos 5,17; Mic. 2,13; Joel 2,9; Nah. 2,1; Nah. 3,19; Hab. 1,17; Zech. 13,9; Is. 11,4; Is. 13,20; Is. 16,3; Is. 19,7; Is. 21,8; Is. 24,22; Is. 28,11; Is. 29,15; Is. 30,1; Is. 30,27; Is. 30,29; Is. 30,29; Is. 43,2; Is. 49,1; Is. 49,10; Is. 49,16; Is. 51,20; Is. 52,1; Is. 52,5; Is. 57,16; Is. 58,11; Is. 60,11; Is. 62,6; Is. 62,10; Is. 63,13; Is. 63,14; Is. 65,3; Jer. 3,23; Jer. 6,7; Jer. 9,20; Jer. 17,16; Jer. 17,24; Jer. 17,25; Jer. 22,8; Jer. 23,13; Jer. 27,13; Jer. 44,4; Jer. 52,33; Jer. 52,34; Lam. 4,12; Ezek. 3,9; Ezek. 12,12; Ezek. 14,17; Ezek. 16,8; Ezek. 27,21; Ezek. 30,10; Ezek. 37,19; Ezek. 38,17; Ezek. 39,14; Ezek. 42,14; Ezek. 45,17; Ezek. 46,14; Ezek. 46,15; Dan. 4,33b; Dan. 6,9; Dan. 9,10; Dan. 12,11; Sus. 60-62; Bel 15-17; Judg. 1,1; Judg. 5,28; Judg. 9,37; Dan. 4,17; Sus. 26; Matt. 1,22; Matt. 2,5; Matt. 2,15; Matt. 2,17; Matt. 2,23; Matt. 3,3; Matt. 4,4; Matt. 4,14; Matt. 7,13; Matt. 8,17; Matt. 8,28; Matt. 11,2; Matt. 12,1; Matt. 12,17; Matt. 13,35; Matt. 18,10; Matt. 19,24; Matt. 21,4; Matt. 24,15; Matt. 26,61; Matt. 27,9; Mark 2,23; Mark 5,5; Mark 6,2; Mark 7,31; Mark 9,30; Mark 10,25; Mark 11,16; Mark

14,58; Mark 16,20; Luke 1,70; Luke 4,30; Luke 5,19; Luke 6,1; Luke 8,4; Luke 13,24; Luke 18,25; Luke 18,31; Luke 24,53; John 1,17; John 1,17; John 4,4; John 10,1; John 10,2; John 17,20; Acts 1,2; Acts 1,16; Acts 2,16; Acts 2,23; Acts 2,25; Acts 2,43; Acts 3,18; Acts 3,21; Acts 4,25; Acts 4,30; Acts 5,19; Acts 7,25; Acts 8,18; Acts 8,20; Acts 9,25; Acts 9,32; Acts 10,2; Acts 10,36; Acts 10,43; Acts 11,28; Acts 11,30; Acts 12,9; Acts 13,38; Acts 14,3; Acts 14,22; Acts 15,7; Acts 15,11; Acts 15,23; Acts 15,27; Acts 15,32; Acts 16,9; Acts 17,10; Acts 18,27; Acts 18,28; Acts 19,11; Acts 19,26; Acts 20,3; Acts 20,28; Acts 21,4; Acts 21,19; Acts 23,31; Acts 24,2; Acts 24,2; Acts 24,16; Acts 28,25; Rom. 1,2; Rom. 1,8; Rom. 1,12; Rom. 2,12; Rom. 2,16; Rom. 2,23; Rom. 2,27; Rom. 3,20; Rom. 3,22; Rom. 3,24; Rom. 3,25; Rom. 3,27; Rom. 3,27; Rom. 3,30; Rom. 3,31; Rom. 4,13; Rom. 4,13; Rom. 5,1; Rom. 5,5; Rom. 5,10; Rom. 5,11; Rom. 5,12; Rom. 5,17; Rom. 5,17; Rom. 5,19; Rom. 5,19; Rom. 5,21; Rom. 5,21; Rom. 6,4; Rom. 6,4; Rom. 7,4; Rom. 7,5; Rom. 7,7; Rom. 7,8; Rom. 7,11; Rom. 7,13; Rom. 7,13; Rom. 7,25; Rom. 8,3; Rom. 8,11; Rom. 8,37; Rom. 10,17; Rom. 11,10; Rom. 12,1; Rom. 12,3; Rom. 14,20; Rom. 15,4; Rom. 15,4; Rom. 15,30; Rom. 15,30; Rom. 15,32; Rom. 16,18; Rom. 16,27; 1Cor. 1,1; 1Cor. 1,10; 1Cor. 1,21; 1Cor. 1,21; 1Cor. 2,10; 1Cor. 3,15; 1Cor. 4,15; 1Cor. 6,14; 1Cor. 10,1; 1Cor. 11,12; 1Cor. 12,8; 1Cor. 14,9; 1Cor. 15,57; 2Cor. 1,1; 2Cor. 1,4; 2Cor. 1,5; 2Cor. 1,11; 2Cor. 2,4; 2Cor. 3,4; 2Cor. 3,11; 2Cor. 4,15; 2Cor. 5,7; 2Cor. 5,7; 2Cor. 5,10; 2Cor. 5,18; 2Cor. 6,7; 2Cor. 6,8; 2Cor. 6,8; 2Cor. 8,5; 2Cor. 8,8; 2Cor. 8,18; 2Cor. 9,12; 2Cor. 9,13; 2Cor. 10,1; 2Cor. 10,9; 2Cor. 11,33; 2Cor. 11,33; Gal. 1,1; Gal. 1,15; Gal. 2,1; Gal. 2,16; Gal. 2,19; Gal. 2,21; Gal. 3,14; Gal. 3,26; Gal. 4,7; Gal. 5,13; Eph. 1,1; Eph. 1,5; Eph. 1,7; Eph. 2,8; Eph. 2,16; Eph. 3,6; Eph. 3,10; Eph. 3,12; Eph. 3,16; Eph. 3,17; Eph. 4,6; Eph. 4,16; Phil. 1,11; Phil. 1,19; Phil. 1,20; Phil. 1,20; Phil. 1,26; Phil. 3,9; Col. 1,1; Col. 1,20; Col. 1,22; Col. 2,8; Col. 2,12; Col. 2,19; 1Th. 3,7; 1Th. 4,2; 1Th. 4,14; 1Th. 5,9; 2Th. 2,2; 2Th. 2,2; 2Th. 2,14; 2Th. 2,15; 2Th. 3,14; 2Th. 3,16; 1Tim. 2,15; 1Tim. 4,5; 1Tim. 4,14; 2Tim. 1,1; 2Tim. 1,6; 2Tim. 1,10; 2Tim. 1,10; 2Tim. 1,14; 2Tim. 2,2; 2Tim. 3,15; Titus 3,5; Titus 3,6; Philem. 7; Philem. 22; Heb. 2,3; Heb. 2,10; Heb. 2,14; Heb. 2,15; Heb. 3,16; Heb. 6,12; Heb. 6,18; Heb. 7,11; Heb. 7,21; Heb. 9,6; Heb. 9,11; Heb. 9,12; Heb. 9,14; Heb. 9,26; Heb. 10,10; Heb. 10,20; Heb. 11,29; Heb. 11,33; Heb. 11,39; Heb. 13,2; Heb. 13,11; Heb. 13,12; Heb. 13,15; Heb. 13,21; Heb. 13,22; James 2,12; 1Pet. 1,5; 1Pet. 1,7; 1Pet. 1,12; 1Pet. 1,23; 1Pet. 2,5; 1Pet. 3,1; 1Pet. 4,11; 2Pet. 1,3; 2Pet. 1,4; 2John 12; 3John 13; Jude 25; Rev. 1,1; Rev. 21,24)

διαβάθρα (διά; βαίνω) ladder ▸ 1
    διαβάθρας ▸ 1
        Noun · feminine · singular · genitive · (common) ▸ **1** (2Sam. 23,21)

διαβαίνω (διά; βαίνω) to cross over, come over; transcend ▸ 123 + 5 + 3 = 131
    διάβαινε ▸ 1
        Verb · second · singular · present · active · imperative ▸ **1** (2Sam. 15,22)
    διαβαίνει ▸ 2
        Verb · third · singular · present · active · indicative ▸ **2** (Josh. 3,11; Prov. 30,29)
    διαβαίνειν ▸ 2
        Verb · present · active · infinitive ▸ **2** (Josh. 5,1; Psa. 67,8)
    διαβαίνεις ▸ 4
        Verb · second · singular · present · active · indicative ▸ **4** (Deut. 3,21; Deut. 9,1; Deut. 11,29; Sir. 9,13)
    διαβαίνετε ▸ 11
        Verb · second · plural · present · active · indicative ▸ **10** (Num. 33,51; Num. 35,10; Deut. 4,22; Deut. 4,26; Deut. 11,8; Deut. 11,31; Deut. 30,18; Deut. 31,13; Deut. 32,47; Josh. 1,11)
        Verb · second · plural · present · active · imperative ▸ **1** (Amos 5,5)
    διαβαίνῃς ▸ 1
        Verb · second · singular · present · active · subjunctive ▸ **1** (Is. 43,2)
    Διαβαίνομεν ▸ 1
        Verb · first · plural · present · active · indicative ▸ **1** (Judg. 19,18)
    διαβαίνομεν ▸ 1
        Verb · first · plural · present · active · indicative ▸ **1** (1Sam. 14,8)
    διαβαίνοντα ▸ 1
        Verb · present · active · participle · masculine · singular · accusative ▸ **1** (Tob. 11,16)
    διαβαίνοντες ▸ 2
        Verb · present · active · participle · masculine · plural · nominative ▸ **2** (1Sam. 13,7; 2Sam. 19,41)
    διαβαίνοντος ▸ 1
        Verb · present · active · participle · masculine · singular · genitive ▸ **1** (2Sam. 19,19)
    διαβαίνω ▸ 1
        Verb · first · singular · present · active · indicative ▸ **1** (Deut. 4,22)
    διαβαίνων ▸ 3
        Verb · present · active · participle · masculine · singular · nominative ▸ **3** (Josh. 3,17; Josh. 4,1; 2Sam. 17,16)
    διαβάντες ▸ 3
        Verb · aorist · active · participle · masculine · plural · nominative ▸ **3** (Deut. 27,12; 1Chr. 12,16; Judith 5,15)
    διαβὰς ▸ 1 + 1 = 2
        Verb · aorist · active · participle · masculine · singular · nominative ▸ 1 + 1 = **2** (Deut. 3,25; Acts 16,9)
    διαβάσης ▸ 1
        Verb · aorist · active · participle · feminine · singular · genitive ▸ **1** (Wis. 5,10)
    διαβῇ ▸ 1
        Verb · third · singular · aorist · active · subjunctive ▸ **1** (1Mac. 5,40)
    διάβηθι ▸ 2
        Verb · second · singular · aorist · active · imperative ▸ **2** (Josh. 1,2; Is. 47,2)
    διαβῆναι ▸ 7 + 1 + 1 = 9
        Verb · aorist · active · infinitive ▸ 7 + 1 + 1 = **9** (Num. 32,7; Josh. 3,1; Josh. 3,14; Josh. 4,11; Judg. 3,28; 1Sam. 14,4; 2Kings 2,9; Judg. 3,28; Luke 16,26)
    διαβῇς ▸ 2
        Verb · second · singular · aorist · active · subjunctive ▸ **2** (Gen. 31,52; 2Sam. 15,33)
    διαβήσεσθε ▸ 2
        Verb · second · plural · future · middle · indicative ▸ **2** (Deut. 12,10; Josh. 1,14)
    διαβήσεται ▸ 3
        Verb · third · singular · future · middle · indicative ▸ **3** (Deut. 3,28; 2Sam. 19,37; 2Sam. 19,38)
    διαβήσῃ ▸ 5
        Verb · second · singular · future · middle · indicative ▸ **5** (Deut. 3,27; Deut. 31,2; 2Sam. 19,34; 1Kings 2,37; Prov. 9,18b)
    διαβήσομαι ▸ 1
        Verb · first · singular · future · middle · indicative ▸ **1** (2Sam. 16,9)
    διαβησόμεθα ▸ 1
        Verb · first · plural · future · middle · indicative ▸ **1** (Num. 32,32)

διαβήσονται ▸ 2
: **Verb** · third · plural · future · middle · indicative ▸ 2 (Is. 45,14; Ezek. 47,5)

διαβῆτε ▸ 4
: **Verb** · second · plural · aorist · active · subjunctive ▸ 4 (Deut. 27,2; Deut. 27,3; Deut. 27,4; Deut. 28,1)

διάβητε ▸ 3
: **Verb** · second · plural · aorist · active · imperative ▸ 3 (Josh. 22,19; 2Sam. 17,21; Amos 6,2)

διαβήτω ▸ 1
: **Verb** · third · singular · aorist · active · imperative ▸ 1 (2Sam. 19,39)

διαβῶ ▸ 3
: **Verb** · first · singular · aorist · active · subjunctive ▸ 3 (Gen. 31,52; Deut. 4,21; Job 19,8)

Διαβῶμεν ▸ 1 + 1 = 2
: **Verb** · first · plural · aorist · active · subjunctive ▸ 1 + 1 = 2 (Judg. 12,5; Judg. 12,5)

διαβῶμεν ▸ 2
: **Verb** · first · plural · aorist · active · subjunctive ▸ 2 (1Sam. 14,1; 1Sam. 14,6)

διαβῶσιν ▸ 2
: **Verb** · third · plural · aorist · active · subjunctive ▸ 2 (Num. 32,29; Num. 32,30)

διέβαιναν ▸ 1
: **Verb** · third · plural · imperfect · active · indicative ▸ 1 (2Sam. 2,29)

διέβαινεν ▸ 1
: **Verb** · third · singular · imperfect · active · indicative ▸ 1 (Josh. 4,7)

διέβαινον ▸ 1
: **Verb** · third · plural · imperfect · active · indicative ▸ 1 (Josh. 3,17)

διέβη ▸ 23 + 1 = 24
: **Verb** · third · singular · aorist · active · indicative ▸ 23 + 1 = 24 (Gen. 31,21; Gen. 32,23; Gen. 32,24; Josh. 4,11; Josh. 4,22; Judg. 8,4; Judg. 11,29; Judg. 11,29; Judg. 11,32; 1Sam. 26,13; 2Sam. 10,17; 2Sam. 15,23; 2Sam. 17,24; 2Sam. 19,19; 2Sam. 19,32; 2Sam. 19,40; 2Sam. 19,40; 2Sam. 19,41; 2Sam. 19,41; 2Kings 2,14; 2Kings 4,8; 1Chr. 19,17; Bar. 3,30; Judg. 8,4)

διέβην ▸ 2
: **Verb** · first · singular · aorist · active · indicative ▸ 2 (Gen. 32,11; Judg. 12,3)

διέβησαν ▸ 17 + 1 + 1 = 19
: **Verb** · third · plural · aorist · active · indicative ▸ 17 + 1 + 1 = 19 (Num. 33,8; Josh. 2,23; Josh. 4,10; Josh. 4,12; Josh. 4,13; Josh. 4,23; Judg. 6,33; Judg. 10,9; 1Sam. 13,7; 2Sam. 17,22; 2Sam. 24,5; 2Kings 2,8; 1Mac. 5,24; 1Mac. 5,52; 1Mac. 9,48; 1Mac. 12,30; Is. 16,8; Judg. 10,9; Heb. 11,29)

διέβητε ▸ 1
: **Verb** · second · plural · aorist · active · indicative ▸ 1 (Josh. 24,11)

διαβάλλω (διά; βάλλω) to accuse ▸ 3 + 2 + 1 = 6
: διαβάλλων ▸ 2
: **Verb** · present · active · participle · masculine · singular · nominative ▸ 2 (2Mac. 3,11; 4Mac. 4,1)

διέβαλον ▸ 1 + 1 = 2
: **Verb** · third · plural · aorist · active · indicative ▸ 1 + 1 = 2 (Dan. 3,8; Dan. 3,8)

διαβαλόντας ▸ 1
: **Verb** · aorist · active · participle · masculine · plural · accusative ▸ 1 (Dan. 6,25)

διεβλήθη ▸ 1
: **Verb** · third · singular · aorist · passive · indicative ▸ 1 (Luke 16,1)

διάβασις (διά; βαίνω) passage, ford ▸ 11 + 3 = 14
: διαβάσει ▸ 1
: **Noun** · feminine · singular · dative · (common) ▸ 1 (Sol. 6,3)

διαβάσεις ▸ 4 + 3 = 7
: **Noun** · feminine · plural · accusative · (common) ▸ 4 + 3 = 7 (Josh. 2,7; Judg. 3,28; Judg. 12,5; Judg. 12,6; Judg. 3,28; Judg. 12,5; Judg. 12,6)

διαβάσεων ▸ 1
: **Noun** · feminine · plural · genitive · (common) ▸ 1 (Jer. 28,32)

διαβάσεως ▸ 3
: **Noun** · feminine · singular · genitive · (common) ▸ 3 (Josh. 4,8; 1Sam. 14,4; Is. 51,10)

διάβασιν ▸ 1
: **Noun** · feminine · singular · accusative · (common) ▸ 1 (Gen. 32,23)

διάβασις ▸ 1
: **Noun** · feminine · singular · nominative · (common) ▸ 1 (2Sam. 19,19)

διαβεβαιόομαι (διά; βαίνω) to speak confidently ▸ 2
: διαβεβαιοῦνται ▸ 1
: **Verb** · third · plural · present · middle · indicative ▸ 1 (1Tim. 1,7)

διαβεβαιοῦσθαι ▸ 1
: **Verb** · present · middle · infinitive ▸ 1 (Titus 3,8)

διάβημα (διά; βαίνω) step ▸ 17
: διαβήματα ▸ 6
: **Noun** · neuter · plural · accusative · (common) ▸ 1 (Psa. 84,14)
: **Noun** · neuter · plural · nominative · (common) ▸ 5 (Psa. 36,23; Psa. 36,31; Prov. 4,12; Prov. 15,29b; Prov. 20,24)

διαβήματά ▸ 11
: **Noun** · neuter · plural · accusative · (common) ▸ 8 (2Sam. 22,37; Psa. 16,5; Psa. 17,37; Psa. 39,3; Psa. 118,133; Psa. 139,5; Job 31,4; Sol. 16,9)
: **Noun** · neuter · plural · nominative · (common) ▸ 3 (Psa. 16,5; Psa. 72,2; Song 7,2)

διαβιάζομαι (διά; βία) to act forcefully ▸ 1
: διαβιασάμενοι ▸ 1
: **Verb** · aorist · middle · participle · masculine · plural · nominative ▸ 1 (Num. 14,44)

διαβιβάζω (διά; βία) to carry over, lead over ▸ 8
: διαβιβάσαι ▸ 2
: **Verb** · aorist · active · infinitive ▸ 2 (2Sam. 19,16; 2Sam. 19,19)

διαβιβάσετε ▸ 1
: **Verb** · second · plural · future · active · indicative ▸ 1 (Num. 32,30)

διαβιβάσῃς ▸ 1
: **Verb** · second · singular · aorist · active · subjunctive ▸ 1 (Num. 32,5)

διεβίβασαν ▸ 1
: **Verb** · third · plural · aorist · active · indicative ▸ 1 (2Sam. 19,42)

διεβίβασεν ▸ 3
: **Verb** · third · singular · aorist · active · indicative ▸ 3 (Gen. 32,24; Josh. 7,7; Wis. 10,18)

διαβιόω (διά; βίος) to live through, survive; to spend one's life ▸ 1
: διαβιώσῃ ▸ 1
: **Verb** · third · singular · aorist · active · subjunctive ▸ 1 (Ex. 21,21)

διαβλέπω (διά; βλέπω) to see clearly ▸ 3

διαβλέψεις ▸ 2
    Verb · second · singular · future · active · indicative ▸ **2** (Matt. 7,5; Luke 6,42)

διέβλεψεν ▸ 1
    Verb · third · singular · aorist · active · indicative ▸ **1** (Mark 8,25)

διαβοάω (διά; βοή) to proclaim, pass around ▸ 3

διαβοήσετε ▸ 1
    Verb · second · plural · future · active · indicative ▸ **1** (Lev. 25,10)

διεβοήθη ▸ 2
    Verb · third · singular · aorist · passive · indicative ▸ **2** (Gen. 45,16; Judith 10,18)

διαβολή (διά; βάλλω) slander ▸ 10

διαβολαῖς ▸ 2
    Noun · feminine · plural · dative · (common) ▸ **2** (2Mac. 14,27; 3Mac. 6,7)

διαβολή ▸ 1
    Noun · feminine · singular · nominative · (common) ▸ **1** (Sir. 19,15)

διαβολὴ ▸ 1
    Noun · feminine · singular · nominative · (common) ▸ **1** (Sir. 51,6)

διαβολήν ▸ 2
    Noun · feminine · singular · accusative · (common) ▸ **2** (Num. 22,32; Sir. 28,9)

διαβολὴν ▸ 1
    Noun · feminine · singular · accusative · (common) ▸ **1** (Sir. 26,5)

διαβολῆς ▸ 3
    Noun · feminine · singular · genitive · (common) ▸ **3** (Prov. 6,24; Sir. 38,17; Sir. 51,2)

διάβολος (διά; βάλλω) enemy, adversary, devil ▸ 22 + 37 = 59

διάβολε ▸ 1
    Noun · masculine · singular · vocative · (common) ▸ **1** (Zech. 3,2)

διάβολοι ▸ 1
    Adjective · masculine · plural · nominative ▸ **1** (2Tim. 3,3)

διάβολον ▸ 3 + 1 = 4
    Adjective · masculine · singular · accusative ▸ **1** (Heb. 2,14)
    Noun · masculine · singular · accusative · (common) ▸ **2** (Job 2,3; Zech. 3,2)
    Noun · neuter · singular · accusative · (common) ▸ **1** (1Mac. 1,36)

διάβολος ▸ 12 + 13 = 25
    Adjective · masculine · singular · nominative ▸ **13** (Matt. 4,5; Matt. 4,8; Matt. 4,11; Matt. 13,39; Luke 4,3; Luke 4,6; Luke 4,13; Luke 8,12; 1Pet. 5,8; 1John 3,8; Rev. 2,10; Rev. 12,12; Rev. 20,10)
    Noun · masculine · singular · nominative · (common) ▸ **12** (1Chr. 21,1; Esth. 7,4; Psa. 108,6; Job 1,6; Job 1,7; Job 1,9; Job 1,12; Job 2,1; Job 2,2; Job 2,4; Job 2,7; Zech. 3,1)

Διάβολος ▸ 2
    Adjective · masculine · singular · nominative ▸ **2** (Rev. 12,9; Rev. 20,2)

διάβολός ▸ 1
    Adjective · masculine · singular · nominative ▸ **1** (John 6,70)

διαβόλου ▸ 1 + 13 = 14
    Adjective · masculine · singular · genitive ▸ **13** (Matt. 4,1; Luke 4,2; John 8,44; John 13,2; Acts 10,38; Acts 13,10; Eph. 6,11; 1Tim. 3,6; 1Tim. 3,7; 2Tim. 2,26; 1John 3,8; 1John 3,8; 1John 3,10)
    Noun · masculine · singular · genitive · (common) ▸ **1** (Wis. 2,24)

διαβόλους ▸ 2
    Adjective · feminine · plural · accusative ▸ **2** (1Tim. 3,11; Titus 2,3)

διαβόλῳ ▸ 5 + 4 = 9
    Adjective · masculine · singular · dative ▸ **4** (Matt. 25,41; Eph. 4,27; James 4,7; Jude 9)
    Noun · masculine · singular · dative · (common) ▸ **5** (Esth. 8,1; Job 1,7; Job 1,12; Job 2,2; Job 2,6)

διαβουλεύομαι (διά; βούλομαι) to develop sinister plans ▸ 1

διαβουλευόμενοι ▸ 1
    Verb · present · middle · participle · masculine · plural · nominative ▸ **1** (Gen. 49,23)

διαβουλία (διά; βούλομαι) deliberation, intrigue ▸ 2

διαβουλιῶν ▸ 2
    Noun · feminine · plural · genitive · (common) ▸ **2** (Psa. 5,11; Hos. 11,6)

διαβούλιον (διά; βούλομαι) counsel, intrigue ▸ 9

διαβούλια ▸ 4
    Noun · neuter · plural · accusative · (common) ▸ **2** (Hos. 4,9; Ezek. 11,5)
    Noun · neuter · plural · nominative · (common) ▸ **2** (Hos. 5,4; Hos. 7,2)

διαβουλίοις ▸ 3
    Noun · masculine · plural · dative · (common) ▸ **1** (Sir. 44,4)
    Noun · neuter · plural · dative · (common) ▸ **2** (Psa. 9,23; Wis. 1,9)

διαβούλιον ▸ 1
    Noun · neuter · singular · accusative · (common) ▸ **1** (Sir. 17,6)

διαβουλίου ▸ 1
    Noun · neuter · singular · genitive · (common) ▸ **1** (Sir. 15,14)

διαγγέλλω (διά; ἄγγελος) to announce through a messenger; to preach ▸ 9 + 3 = 12

διαγγείλῃ ▸ 1
    Verb · third · singular · aorist · active · subjunctive ▸ **1** (Josh. 6,10)

διαγγελεῖτε ▸ 2
    Verb · second · plural · future · active · indicative ▸ **2** (Lev. 25,9; Lev. 25,9)

διαγγελῇ ▸ 1 + 1 = 2
    Verb · third · singular · aorist · passive · subjunctive ▸ **1 + 1 = 2** (Ex. 9,16; Rom. 9,17)

διαγγελήσονται ▸ 1
    Verb · third · plural · future · passive · indicative ▸ **1** (Psa. 58,13)

διάγγελλε ▸ 1 + 1 = 2
    Verb · second · singular · present · active · imperative ▸ **1 + 1 = 2** (2Mac. 3,34; Luke 9,60)

διαγγέλλων ▸ 2 + 1 = 3
    Verb · present · active · participle · masculine · singular · nominative ▸ **2 + 1 = 3** (Psa. 2,7; Sir. 43,2; Acts 21,26)

διηγγέλη ▸ 1
    Verb · third · singular · aorist · passive · indicative ▸ **1** (2Mac. 1,33)

διάγγελμα (διά; ἄγγελος) message, notice ▸ 1

διαγγέλματα ▸ 1
    Noun · neuter · plural · accusative · (common) ▸ **1** (1Kings 5,1)

διαγίνομαι (διά; γίνομαι) to live; to pass time ▸ 1 + 3 = 4

διαγενομένου ▸ 2
    Verb · aorist · middle · participle · masculine · singular · genitive ▸ **1** (Mark 16,1)
    Verb · aorist · middle · participle · neuter · singular · genitive ▸ **1** (Acts 27,9)

διαγενομένων ▸ 1
    Verb · aorist · middle · participle · feminine · plural · genitive

▸ 1 (Acts 25,13)
   διαγίνωνται ▸ 1
      Verb · third · plural · present · middle · subjunctive ▸ 1 (2Mac. 11,26)

διαγινώσκω (διά; γινώσκω) to discern, investigate ▸ 9 + 2 = 11
   διαγινώσκειν ▸ 1
      Verb · present · active · infinitive ▸ 1 (Acts 23,15)
   διαγινώσκεται ▸ 1
      Verb · third · singular · present · passive · indicative ▸ 1 (Prov. 14,33)
   διάγνωθι ▸ 1
      Verb · second · singular · aorist · active · imperative ▸ 1 (Deut. 2,7)
   διαγνωσθῇ ▸ 1
      Verb · third · singular · aorist · passive · subjunctive ▸ 1 (Deut. 8,2)
   διαγνώσομαι ▸ 1
      Verb · first · singular · future · middle · indicative ▸ 1 (Acts 24,22)
   διεγνώκει ▸ 2
      Verb · third · singular · pluperfect · active · indicative ▸ 2 (2Mac. 9,15; 2Mac. 15,6)
   διεγνώκειν ▸ 1
      Verb · first · singular · pluperfect · active · indicative ▸ 1 (Num. 33,56)
   διέγνωσαν ▸ 2
      Verb · third · plural · aorist · active · indicative ▸ 2 (Judith 11,12; 2Mac. 15,17)
   διεγνωσμένον ▸ 1
      Verb · perfect · passive · participle · neuter · singular · accusative ▸ 1 (2Mac. 3,23)

διαγλύφω (διά; γλύφω) to engrave ▸ 4
   διαγεγλυμμένα ▸ 1
      Verb · perfect · passive · participle · neuter · plural · nominative ▸ 1 (2Chr. 4,5)
   διαγεγλυμμένοι ▸ 1
      Verb · perfect · passive · participle · masculine · plural · nominative ▸ 1 (Ezek. 41,20)
   διαγεγλυμμένος ▸ 1
      Verb · perfect · passive · participle · masculine · singular · nominative ▸ 1 (Ezek. 41,19)
   διαγλύψεις ▸ 1
      Verb · second · singular · future · active · indicative ▸ 1 (Ex. 28,11)

διάγνωσις (διά; γινώσκω) decision ▸ 1 + 1 = 2
   διαγνώσεως ▸ 1
      Noun · feminine · singular · genitive · (common) ▸ 1 (Wis. 3,18)
   διάγνωσιν ▸ 1
      Noun · feminine · singular · accusative ▸ 1 (Acts 25,21)

διαγογγύζω (διά; γογγύζω) to murmur, grumble ▸ 10 + 2 = 12
   διαγογγύζετε ▸ 3
      Verb · second · plural · present · active · indicative ▸ 3 (Ex. 16,7; Ex. 16,8; Num. 16,11)
   διαγογγύσει ▸ 1
      Verb · third · singular · future · active · indicative ▸ 1 (Sir. 31,24)
   διεγόγγυζεν ▸ 2
      Verb · third · singular · imperfect · active · indicative ▸ 2 (Ex. 15,24; Ex. 16,2)
   διεγογγύζετε ▸ 1
      Verb · second · plural · imperfect · active · indicative ▸ 1 (Deut. 1,27)
   διεγόγγυζον ▸ 1 + 2 = 3
      Verb · third · plural · imperfect · active · indicative ▸ 1 + 2 = 3 (Num. 14,2; Luke 15,2; Luke 19,7)
   διεγόγγυσαν ▸ 2
      Verb · third · plural · aorist · active · indicative ▸ 2 (Num. 14,36; Josh. 9,18)

διαγορεύω (διά; ἀγορά) to declare, converse ▸ 2
   διαγορεύει ▸ 1
      Verb · third · singular · present · active · indicative ▸ 1 (Sus. 60-62)
   διηγορευμένοις ▸ 1
      Verb · perfect · passive · participle · neuter · plural · dative ▸ 1 (1Esdr. 5,48)

διαγραφή (διά; γράφω) plan, scheme ▸ 1
   διαγραφὴν ▸ 1
      Noun · feminine · singular · accusative · (common) ▸ 1 (Ezek. 43,12)

διαγράφω (διά; γράφω) to deliniate ▸ 9
   διαγεγραμμένα ▸ 1
      Verb · perfect · passive · participle · neuter · plural · nominative ▸ 1 (Ezek. 8,10)
   διαγεγραμμέναι ▸ 1
      Verb · perfect · passive · participle · feminine · plural · nominative ▸ 1 (Ezek. 42,3)
   διαγράφειν ▸ 1
      Verb · present · active · infinitive ▸ 1 (2Mac. 4,9)
   διαγραφάτωσαν ▸ 1
      Verb · third · plural · aorist · active · imperative ▸ 1 (Josh. 18,4)
   διαγράψεις ▸ 3
      Verb · second · singular · future · active · indicative ▸ 3 (Ezek. 4,1; Ezek. 43,11; Ezek. 43,11)
   διαγράψω ▸ 1
      Verb · first · singular · future · active · indicative ▸ 1 (Esth. 3,9)
   διαγράψωμεν ▸ 1
      Verb · first · plural · aorist · active · subjunctive ▸ 1 (Song 8,9)

διαγρηγορέω (διά; ἐγείρω) to be awake ▸ 1
   διαγρηγορήσαντες ▸ 1
      Verb · aorist · active · participle · masculine · plural · nominative ▸ 1 (Luke 9,32)

διάγω (διά; ἄγω) to pass through; to lead; to spend one's life ▸ 21 + 2 = 23
   διαγαγόντι ▸ 2
      Verb · aorist · active · participle · masculine · singular · dative ▸ 2 (Psa. 135,14; Psa. 135,16)
   διαγαγών ▸ 1
      Verb · aorist · active · participle · masculine · singular · nominative ▸ 1 (3Mac. 1,3)
   διάγει ▸ 1
      Verb · third · singular · present · active · indicative ▸ 1 (Sir. 38,27)
   διάγειν ▸ 1
      Verb · present · active · infinitive ▸ 1 (2Kings 23,10)
   διάγοντες ▸ 1
      Verb · present · active · participle · masculine · plural · nominative ▸ 1 (Titus 3,3)
   διάγωμεν ▸ 1
      Verb · first · plural · present · active · subjunctive ▸ 1 (1Tim. 2,2)
   διάγων ▸ 1
      Verb · present · active · participle · masculine · singular · nominative ▸ 1 (Job 12,17)
   διάξω ▸ 2

       Verb · first · singular · future · active · indicative ▸ **2** (Zech. 13,9; Ezek. 20,37)

  διήγαγεν ▸ 4

       Verb · third · singular · aorist · active · indicative ▸ **4** (2Sam. 12,31; 2Chr. 33,6; Psa. 77,13; Wis. 10,18)

  διήγαγες ▸ 1

       Verb · second · singular · aorist · active · indicative ▸ **1** (Ezek. 16,25)

  διήγαγον ▸ 2

       Verb · third · plural · aorist · active · indicative ▸ **2** (2Mac. 12,38; Ezek. 23,37)

  διῆγεν ▸ 3

       Verb · third · singular · imperfect · active · indicative ▸ **3** (2Kings 16,3; 2Kings 21,6; 2Chr. 28,3)

  διῆγον ▸ 3

       Verb · third · plural · imperfect · active · indicative ▸ **3** (2Kings 17,17; 3Mac. 4,8; 3Mac. 6,35)

διαγωγή (διά; ἄγω) arrangement, management; course of life; amusement ▸ 1

  διαγωγὴν ▸ 1

       Noun · feminine · singular · accusative · (common) ▸ **1** (Esth. 13,5 # 3,13e)

διαδέχομαι (διά; δέχομαι) to receive possession of; to succeed ▸ 9 + 1 = 10

  διαδεξάμενοι ▸ 1

       Verb · aorist · middle · participle · masculine · plural · nominative ▸ **1** (Acts 7,45)

  διαδεξάμενον ▸ 1

       Verb · aorist · middle · participle · masculine · singular · accusative ▸ **1** (2Mac. 9,23)

  διαδέχεσθαι ▸ 1

       Verb · present · middle · infinitive ▸ **1** (Wis. 17,20)

  διαδέχεται ▸ 2

       Verb · third · singular · present · middle · indicative ▸ **2** (4Mac. 4,15; Wis. 7,30)

  διαδεχόμενον ▸ 1

       Verb · present · middle · participle · masculine · singular · accusative ▸ **1** (2Mac. 4,31)

  διαδεχόμενος ▸ 1

       Verb · present · middle · participle · masculine · singular · nominative ▸ **1** (2Chr. 31,12)

  διαδεχομένους ▸ 2

       Verb · present · middle · participle · masculine · plural · accusative ▸ **2** (1Chr. 26,18; 1Chr. 26,18)

  διεδέχετο ▸ 1

       Verb · third · singular · imperfect · middle · indicative ▸ **1** (Esth. 10,3)

διαδέω (διά; δέω) to bind ▸ 1

  διέδησαν ▸ 1

       Verb · third · plural · aorist · active · indicative ▸ **1** (4Mac. 9,11)

διάδηλος (διά; δῆλος) distinguishable, evident ▸ 2

  διάδηλοι ▸ 1

       Adjective · masculine · plural · nominative · noDegree ▸ **1** (Gen. 41,21)

  διαδήλους ▸ 1

       Adjective · masculine · plural · accusative · noDegree ▸ **1** (3Mac. 2,5)

διάδημα (διά; δέω) crown, diadem ▸ 17 + 3 = 20

  διάδημα ▸ 14

       Noun · neuter · singular · accusative · (common) ▸ **12** (1Esdr. 4,30; Esth. 1,11; Esth. 2,17; Esth. 8,15; 1Mac. 6,15; 1Mac. 11,13; 1Mac. 11,54; 1Mac. 12,39; 1Mac. 13,32; Wis. 5,16; Sir. 11,5; Sir. 47,6)

       Noun · neuter · singular · nominative · (common) ▸ **2** (1Mac. 8,14; Is. 62,3)

  διαδήματα ▸ 2 + 3 = 5

       Noun · neuter · plural · accusative · (common) ▸ 2 + 2 = **4** (1Mac. 1,9; 1Mac. 11,13; Rev. 12,3; Rev. 13,1)

       Noun · neuter · plural · nominative ▸ **1** (Rev. 19,12)

  διαδήματος ▸ 1

       Noun · neuter · singular · genitive · (common) ▸ **1** (Wis. 18,24)

διαδιδράσκω (διά; διδράσκω) to flee, escape ▸ 2

  διαδράς ▸ 1

       Verb · aorist · active · participle · masculine · singular · nominative ▸ **1** (Sir. 11,10)

  διεδίδρασκον ▸ 1

       Verb · third · plural · imperfect · active · indicative ▸ **1** (2Mac. 8,13)

διαδίδωμι (διά; δίδωμι) to divide, distribute ▸ 11 + 4 = 15

  διαδιδούσης ▸ 1

       Verb · present · active · participle · feminine · singular · genitive ▸ **1** (2Mac. 7,5)

  διαδίδωσιν ▸ 1

       Verb · third · singular · present · active · indicative ▸ **1** (Luke 11,22)

  διαδοθείσης ▸ 2

       Verb · aorist · passive · participle · feminine · singular · genitive ▸ **2** (2Mac. 4,39; 4Mac. 4,22)

  διάδος ▸ 2 + 1 = 3

       Verb · second · singular · aorist · active · imperative ▸ 2 + 1 = **3** (Josh. 13,6; Sir. 33,24; Luke 18,22)

  διάδοτε ▸ 1

       Verb · second · plural · aorist · active · imperative ▸ **1** (Sir. 39,14)

  διαδοῦναι ▸ 1

       Verb · aorist · active · infinitive ▸ **1** (3Mac. 2,27)

  διαδώσει ▸ 1

       Verb · third · singular · future · active · indicative ▸ **1** (Gen. 49,27)

  διαδώσουσιν ▸ 1

       Verb · third · plural · future · active · indicative ▸ **1** (Sir. 23,25)

  διεδίδετο ▸ 1

       Verb · third · singular · imperfect · passive · indicative · (variant) ▸ **1** (Acts 4,35)

  διεδόθη ▸ 1

       Verb · third · singular · aorist · passive · indicative ▸ **1** (Sol. 1,4)

  διέδωκα ▸ 1

       Verb · first · singular · aorist · active · indicative ▸ **1** (Sir. 24,15)

  διέδωκεν ▸ 1

       Verb · third · singular · aorist · active · indicative ▸ **1** (John 6,11)

διάδοχος (διά; δέχομαι) succeeding, successor ▸ 7 + 1 = 8

  διάδοχοι ▸ 1

       Noun · masculine · plural · nominative · (common) ▸ **1** (1Chr. 18,17)

  διάδοχον ▸ 3 + 1 = 4

       Noun · masculine · singular · accusative · (common) ▸ 3 + 1 = **4** (2Chr. 28,7; 2Mac. 4,29; 2Mac. 14,26; Acts 24,27)

  διάδοχος ▸ 1

       Noun · masculine · singular · nominative · (common) ▸ **1** (Sir. 46,1)

  διαδόχου ▸ 1

       Noun · masculine · singular · genitive · (common) ▸ **1** (2Chr.

διάδοχος–διαθήκη

26,11)
- **διαδόχους ▸ 1**
  - **Noun** · masculine · plural · accusative · (common) ▸ **1** (Sir. 48,8)
- **διαδύνω (διά; δύω)** to slip through, slip away ▸ 1
  - **διέδυ ▸ 1**
    - **Verb** · third · singular · aorist · active · indicative ▸ **1** (1Sam. 17,49)
- **διαζάω (διά; ζάω)** to live through ▸ 1
  - **διέζη ▸ 1**
    - **Verb** · third · singular · aorist · passive · indicative ▸ **1** (2Mac. 5,27)
- **διάζομαι** to begin to weave ▸ 2
  - **διαζόμενοι ▸ 1**
    - **Verb** · present · middle · participle · masculine · plural · nominative ▸ **1** (Is. 19,10)
  - **ἐδιάσατο ▸ 1**
    - **Verb** · third · singular · aorist · middle · indicative ▸ **1** (Judg. 16,14)
- **διαζώννυμι (διά; ζώννυμι)** to wrap around, put on ▸ 3
  - **διεζώσατο ▸ 1**
    - **Verb** · third · singular · aorist · middle · indicative ▸ **1** (John 21,7)
  - **διέζωσεν ▸ 1**
    - **Verb** · third · singular · aorist · active · indicative ▸ **1** (John 13,4)
  - **διεζωσμένος ▸ 1**
    - **Verb** · perfect · passive · participle · masculine · singular · nominative · (variant) ▸ **1** (John 13,5)
- **διαθερμαίνω (διά; θέρμη)** to warm up ▸ 4
  - **διαθερμάναντος ▸ 1**
    - **Verb** · aorist · active · participle · masculine · singular · genitive ▸ **1** (1Sam. 11,9)
  - **διεθέρμαινεν ▸ 1**
    - **Verb** · third · singular · imperfect · active · indicative ▸ **1** (Ex. 16,21)
  - **διεθερμάνθη ▸ 2**
    - **Verb** · third · singular · aorist · passive · indicative ▸ **2** (1Sam. 11,11; 2Kings 4,34)
- **διάθεσις (διά; τίθημι)** arrangement, disposition ▸ 9
  - **διαθέσει ▸ 3**
    - **Noun** · feminine · singular · dative · (common) ▸ **3** (Esth. 16,16 # 8,12q; 2Mac. 14,5; 3Mac. 3,26)
  - **διάθεσιν ▸ 4**
    - **Noun** · feminine · singular · accusative · (common) ▸ **4** (2Mac. 5,23; 3Mac. 2,28; 3Mac. 3,2; Psa. 72,7)
  - **διάθεσις ▸ 2**
    - **Noun** · feminine · singular · nominative · (common) ▸ **2** (3Mac. 3,8; 4Mac. 1,25)
- **διαθήκη (διά; τίθημι)** covenant; testament ▸ 345 + 13 + 33 = 391
  - **διαθῆκαι ▸ 1 + 2 = 3**
    - **Noun** · feminine · plural · nominative · (common) ▸ **1 + 2 = 3** (Sir. 44,18; Rom. 9,4; Gal. 4,24)
  - **διαθήκαις ▸ 2**
    - **Noun** · feminine · plural · dative · (common) ▸ **2** (Sir. 44,12; Sir. 45,17)
  - **διαθήκας ▸ 3**
    - **Noun** · feminine · plural · accusative · (common) ▸ **3** (2Mac. 8,15; Wis. 18,22; Ezek. 16,29)
  - **διαθήκη ▸ 23 + 7 = 30**
    - **Noun** · feminine · singular · nominative · (common) ▸ **23 + 7 = 30** (Gen. 17,4; Gen. 17,10; Gen. 17,13; Ex. 31,16; Num. 18,19; Num. 25,13; 1Kings 8,21; 2Chr. 6,11; Psa. 24,14; Psa. 88,29; Sir. 14,12; Sir. 14,17; Sir. 16,22; Sir. 45,24; Sir. 45,25; Mal. 2,5; Is. 33,8; Is. 54,10; Is. 59,21; Jer. 27,5; Jer. 38,33; Ezek. 37,26; Dan. 9,27; Luke 22,20; Rom. 11,27; 1Cor. 11,25; Heb. 8,10; Heb. 9,16; Heb. 9,17; Heb. 10,16)
  - **διαθήκῃ ▸ 14 + 2 = 16**
    - **Noun** · feminine · singular · dative · (common) ▸ **14 + 2 = 16** (Deut. 29,11; 1Kings 21,34; 2Kings 23,3; 2Chr. 15,12; 1Mac. 2,20; Psa. 43,18; Psa. 77,37; Sir. 11,20; Sir. 44,20; Sol. 9,10; Jer. 38,32; Jer. 41,10; Ezek. 16,8; Dan. 9,13; Heb. 8,9; Heb. 9,15)
  - **διαθήκην ▸ 180 + 11 + 5 = 196**
    - **Noun** · feminine · singular · accusative · (common) ▸ **180 + 11 + 5 = 196** (Gen. 6,18; Gen. 9,9; Gen. 9,11; Gen. 9,16; Gen. 15,18; Gen. 17,2; Gen. 17,7; Gen. 17,7; Gen. 17,9; Gen. 17,13; Gen. 17,14; Gen. 17,19; Gen. 17,19; Gen. 17,21; Gen. 21,27; Gen. 21,32; Gen. 26,28; Gen. 31,44; Ex. 6,4; Ex. 19,5; Ex. 23,22; Ex. 23,32; Ex. 34,10; Ex. 34,12; Ex. 34,15; Ex. 34,27; Lev. 24,8; Lev. 26,9; Lev. 26,11; Lev. 26,15; Lev. 26,44; Num. 25,12; Deut. 4,13; Deut. 4,23; Deut. 4,31; Deut. 5,2; Deut. 5,3; Deut. 7,2; Deut. 7,9; Deut. 7,12; Deut. 8,18; Deut. 9,5; Deut. 17,2; Deut. 29,13; Deut. 29,24; Deut. 31,16; Deut. 31,20; Deut. 33,9; Josh. 7,11; Josh. 7,15; Josh. 9,6; Josh. 9,7; Josh. 9,11; Josh. 9,15; Josh. 9,16; Josh. 23,16; Josh. 24,25; Judg. 2,1; Judg. 2,2; Judg. 2,20; Judg. 8,33; 1Sam. 11,1; 1Sam. 11,2; 1Sam. 20,8; 1Sam. 22,8; 1Sam. 23,18; 2Sam. 3,12; 2Sam. 3,13; 2Sam. 3,21; 2Sam. 5,3; 2Sam. 23,5; 1Kings 5,26; 1Kings 8,23; 1Kings 15,19; 1Kings 15,19; 1Kings 19,14; 1Kings 21,34; 2Kings 11,4; 2Kings 11,17; 2Kings 13,23; 2Kings 17,35; 2Kings 17,38; 2Kings 18,12; 2Kings 23,3; 1Chr. 11,3; 1Chr. 16,17; 2Chr. 6,14; 2Chr. 13,5; 2Chr. 16,3; 2Chr. 21,7; 2Chr. 23,3; 2Chr. 23,16; 2Chr. 25,4; 2Chr. 29,10; 2Chr. 34,31; 2Chr. 34,32; Ezra 10,3; Neh. 1,5; Neh. 9,8; Neh. 9,32; 1Mac. 1,11; 1Mac. 1,63; 1Mac. 2,27; 1Mac. 2,54; 1Mac. 11,9; 2Mac. 7,36; Psa. 24,10; Psa. 49,5; Psa. 49,16; Psa. 54,21; Psa. 73,20; Psa. 77,10; Psa. 82,6; Psa. 88,4; Psa. 88,35; Psa. 88,40; Psa. 102,18; Psa. 104,10; Psa. 110,9; Psa. 131,12; Ode. 7,34; Prov. 2,17; Job 31,1; Job 40,28; Sir. 17,12; Sir. 28,7; Sir. 38,33; Sir. 44,20; Sir. 44,23; Sir. 45,5; Sir. 45,7; Sir. 45,15; Sir. 47,11; Hos. 2,20; Hos. 6,7; Hos. 8,1; Hos. 10,4; Hos. 12,2; Zech. 11,10; Mal. 2,4; Mal. 2,8; Mal. 2,10; Is. 24,5; Is. 28,15; Is. 28,18; Is. 42,6; Is. 49,6; Is. 49,8; Is. 55,3; Is. 61,8; Jer. 11,10; Jer. 14,21; Jer. 22,9; Jer. 38,31; Jer. 38,32; Jer. 39,40; Jer. 41,8; Jer. 41,13; Jer. 41,15; Jer. 41,18; Jer. 41,18; Bar. 2,35; Ezek. 16,59; Ezek. 16,60; Ezek. 16,62; Ezek. 17,13; Ezek. 17,14; Ezek. 17,15; Ezek. 17,16; Ezek. 17,18; Ezek. 17,19; Ezek. 34,25; Ezek. 37,26; Ezek. 44,7; Dan. 3,34; Dan. 9,4; Dan. 9,27; Dan. 11,28; Dan. 11,30; Dan. 11,30; Judg. 2,1; Judg. 2,2; Judg. 2,20; Judg. 8,33; Dan. 3,34; Dan. 9,4; Dan. 9,27; Dan. 11,28; Dan. 11,30; Dan. 11,30; Dan. 11,32; Acts 7,8; Gal. 3,15; Gal. 3,17; Heb. 8,8; Heb. 8,9)
  - **διαθήκης ▸ 122 + 2 + 16 = 140**
    - **Noun** · feminine · singular · genitive · (common) ▸ **122 + 2 + 16 = 140** (Gen. 9,12; Gen. 9,13; Gen. 9,15; Gen. 9,17; Gen. 17,11; Ex. 2,24; Ex. 6,5; Ex. 24,7; Ex. 24,8; Ex. 27,21; Ex. 31,7; Ex. 34,28; Ex. 39,14; Lev. 2,13; Lev. 26,25; Lev. 26,42; Lev. 26,42; Lev. 26,45; Num. 10,33; Num. 14,44; Deut. 9,9; Deut. 9,11; Deut. 10,8; Deut. 28,69; Deut. 28,69; Deut. 29,8; Deut. 29,19; Deut. 29,20; Deut. 31,9; Deut. 31,25; Deut. 31,26; Josh. 3,3; Josh. 3,6; Josh. 3,6; Josh. 3,8; Josh. 3,11; Josh. 3,13; Josh. 3,14; Josh. 3,15; Josh. 3,15; Josh. 3,17; Josh. 4,7; Josh. 4,9; Josh. 4,10; Josh. 4,11; Josh. 4,16; Josh. 4,18; Josh. 6,8; Josh. 6,9; Josh. 6,11; Josh. 6,12; Josh. 6,13; Josh. 8,33 # 9,2d; Judg. 9,4; Judg. 9,46; Judg. 20,27; 1Sam. 5,4; 1Sam. 6,3; 1Sam. 6,18; 1Sam. 7,1; 1Sam. 7,1; 2Sam. 6,10; 2Sam. 15,24; 1Kings 2,26; 1Kings 3,15; 1Kings 6,19;

1Kings 8,1; 1Kings 8,9; 2Kings 23,2; 2Kings 23,3; 2Kings 23,21; 1Chr. 15,25; 1Chr. 15,26; 1Chr. 15,27; 1Chr. 15,28; 1Chr. 15,29; 1Chr. 16,4; 1Chr. 16,6; 1Chr. 16,15; 1Chr. 16,37; 1Chr. 17,1; 1Chr. 22,19; 1Chr. 28,2; 1Chr. 28,18; 2Chr. 5,2; 2Chr. 5,7; 2Chr. 34,30; 2Chr. 34,31; Neh. 13,29; Judith 9,13; 1Mac. 1,15; 1Mac. 1,57; 1Mac. 2,50; 1Mac. 4,10; 2Mac. 1,2; Psa. 104,8; Psa. 105,45; Psa. 110,5; Ode. 9,72; Sir. 24,23; Sir. 39,8; Sir. 41,20; Sir. 42,2; Sol. 10,4; Sol. 17,15; Amos 1,9; Obad. 7; Zech. 9,11; Mal. 2,14; Mal. 3,1; Is. 56,4; Is. 56,6; Jer. 3,16; Jer. 11,2; Jer. 11,3; Jer. 11,6; Ezek. 16,60; Ezek. 16,61; Ezek. 30,5; Dan. 11,23; Dan. 11,32; Judg. 20,27; Dan. 11,22; Matt. 26,28; Mark 14,24; Luke 1,72; Acts 3,25; 2Cor. 3,6; 2Cor. 3,14; Heb. 7,22; Heb. 8,6; Heb. 9,4; Heb. 9,4; Heb. 9,15; Heb. 9,20; Heb. 10,29; Heb. 12,24; Heb. 13,20; Rev. 11,19)

διαθηκῶν ▸ 1
    Noun · feminine · plural · genitive ▸ **1** (Eph. 2,12)

διαθρύπτω (διά; θρύπτω) to break in pieces ▸ **6**
  διάθρυπτε ▸ 1
    Verb · second · singular · present · active · imperative ▸ **1** (Is. 58,7)
  διαθρύψεις ▸ 1
    Verb · second · singular · future · active · indicative ▸ **1** (Lev. 2,6)
  διεθρύβη ▸ 2
    Verb · third · singular · aorist · passive · indicative ▸ **2** (Ode. 4,6; Hab. 3,6)
  διεθρύβησαν ▸ 2
    Verb · third · plural · aorist · passive · indicative ▸ **2** (Sir. 43,15; Nah. 1,6)

διαίρεσις (διά; αἱρέω) diversity ▸ **33 + 1 + 3 = 37**
  διαιρέσεις ▸ 11 + 1 + 2 = 14
    Noun · feminine · plural · accusative · (common) ▸ **7 + 1 = 8** (1Chr. 26,1; 1Chr. 27,1; 2Chr. 8,14; 2Chr. 8,14; 2Chr. 35,5; 2Chr. 35,10; Psa. 135,13; Judg. 5,16)
    Noun · feminine · plural · nominative · (common) ▸ **4 + 2 = 6** (Josh. 19,51; 1Chr. 24,1; 1Chr. 26,12; 1Chr. 26,19; 1Cor. 12,5; 1Cor. 12,6)
  Διαιρέσεις ▸ 1
    Noun · feminine · plural · nominative ▸ **1** (1Cor. 12,4)
  διαιρέσεσιν ▸ 2
    Noun · feminine · plural · dative · (common) ▸ **2** (Judg. 5,15; Ezra 6,18)
  διαιρέσεως ▸ 16
    Noun · feminine · singular · genitive · (common) ▸ **16** (1Chr. 26,11; 1Chr. 27,2; 1Chr. 27,2; 1Chr. 27,4; 1Chr. 27,4; 1Chr. 27,5; 1Chr. 27,6; 1Chr. 27,7; 1Chr. 27,8; 1Chr. 27,9; 1Chr. 27,10; 1Chr. 27,11; 1Chr. 27,12; 1Chr. 27,13; 1Chr. 27,14; 1Chr. 27,15)
  διαίρεσιν ▸ 3
    Noun · feminine · singular · accusative · (common) ▸ **3** (2Chr. 35,12; Judith 9,4; Sir. 14,15)
  διαίρεσις ▸ 1
    Noun · feminine · singular · nominative · (common) ▸ **1** (1Chr. 27,1)

διαιρέω (διά; αἱρέω) to divide, separate ▸ **38 + 7 + 2 = 47**
  διαιρεθήσεται ▸ 2 + 1 = 3
    Verb · third · singular · future · passive · indicative ▸ **2 + 1 = 3** (1Sam. 15,29; Is. 30,28; Dan. 11,4)
  διαιρεθῶσιν ▸ 1
    Verb · third · plural · aorist · passive · subjunctive ▸ **1** (Ezek. 37,22)
  διαιρεῖται ▸ 1
    Verb · third · singular · present · middle · indicative ▸ **1** (Prov. 16,19)
  διαιρούμενοι ▸ 1
    Verb · present · middle · participle · masculine · plural · nominative ▸ **1** (Is. 9,2)
  διαιροῦν ▸ 1
    Verb · present · active · participle · neuter · singular · nominative ▸ **1** (1Cor. 12,11)
  διαιρῶν ▸ 1
    Verb · present · active · participle · masculine · singular · nominative ▸ **1** (Amos 5,9)
  διείλαντο ▸ 1
    Verb · third · plural · aorist · middle · indicative ▸ **1** (Josh. 22,8)
  διεῖλεν ▸ 14 + 2 + 1 = 17
    Verb · third · singular · aorist · active · indicative ▸ **14 + 2 + 1 = 17** (Gen. 15,10; Gen. 15,10; Gen. 32,8; Num. 31,42; Josh. 18,5; Judg. 7,16; Judg. 9,43; 1Chr. 23,6; 1Chr. 24,3; 1Chr. 24,4; 1Chr. 24,5; Judith 16,24; 1Mac. 1,6; 1Mac. 16,7; Judg. 7,16; Judg. 9,43; Luke 15,12)
  διεῖλον ▸ 1 + 1 = 2
    Verb · third · plural · aorist · active · indicative ▸ **1 + 1 = 2** (1Mac. 6,35; Tob. 5,3)
  διελεῖ ▸ 3 + 1 = 4
    Verb · third · singular · future · active · indicative ▸ **3 + 1 = 4** (Lev. 1,17; Lev. 5,8; Sir. 27,25; Dan. 11,39)
  διελεῖν ▸ 1
    Verb · aorist · active · infinitive ▸ **1** (Josh. 18,4)
  διελεῖσθε ▸ 1
    Verb · second · plural · future · middle · indicative ▸ **1** (2Sam. 19,30)
  διελεῖται ▸ 1
    Verb · third · singular · future · middle · indicative ▸ **1** (Prov. 17,2)
  διελεῖτε ▸ 1
    Verb · second · plural · future · active · indicative ▸ **1** (Num. 31,27)
  διελέσθαι ▸ 1
    Verb · aorist · middle · infinitive ▸ **1** (Psa. 67,13)
  Διέλετε ▸ 1
    Verb · second · plural · aorist · active · imperative ▸ **1** (1Kings 3,25)
  διέλετε ▸ 1
    Verb · second · plural · aorist · active · imperative ▸ **1** (1Kings 3,26)
  διέλῃς ▸ 1
    Verb · second · singular · aorist · active · subjunctive ▸ **1** (Gen. 4,7)
  διελοῦνται ▸ 2
    Verb · third · plural · future · middle · indicative ▸ **2** (Ex. 21,35; Ex. 21,35)
  διελοῦσιν ▸ 1
    Verb · third · plural · future · active · indicative ▸ **1** (Lev. 1,12)
  διῃρέθη ▸ 1
    Verb · third · singular · aorist · passive · indicative ▸ **1** (2Kings 2,8)
  διῃρέθησαν ▸ 1
    Verb · third · plural · aorist · passive · indicative ▸ **1** (Job 21,21)
  διῃρημένη ▸ 1
    Verb · perfect · passive · participle · feminine · singular · nominative ▸ **1** (Dan. 2,41)
  διῄρηται ▸ 1
    Verb · third · singular · perfect · passive · indicative ▸ **1** (Dan.

δίαιτα lifestyle ▸ 13
  δίαιτα ▸ 3
    Noun ▪ feminine ▪ singular ▪ nominative ▪ (common) ▸ 3 (Job 5,3; Job 5,24; Job 8,22)
  δίαιταις ▸ 1
    Noun ▪ feminine ▪ plural ▪ dative ▪ (common) ▸ 1 (Job 20,25)
  δίαιταν ▸ 5
    Noun ▪ feminine ▪ singular ▪ accusative ▪ (common) ▸ 5 (Judith 12,15; Job 8,6; Job 20,19; Job 22,28; Job 39,6)
  διαίτῃ ▸ 2
    Noun ▪ feminine ▪ singular ▪ dative ▪ (common) ▸ 2 (Job 11,14; Job 18,6)
  διαίτης ▸ 2
    Noun ▪ feminine ▪ singular ▪ genitive ▪ (common) ▸ 2 (Job 18,14; Job 22,23)

διαιτάω (διά; αἰτέω) to regulate, lead one's life ▸ 2
  διῄτησεν ▸ 1
    Verb ▪ third ▪ singular ▪ aorist ▪ active ▪ indicative ▸ 1 (4Mac. 2,17)
  διῃτῶντο ▸ 1
    Verb ▪ third ▪ plural ▪ imperfect ▪ middle ▪ indicative ▸ 1 (Job 30,7)

διαιτέομαι (διά; αἰτέω) to waver ▸ 1
  διαιτηθῆναι ▸ 1
    Verb ▪ aorist ▪ passive ▪ infinitive ▸ 1 (Judith 8,16)

διακαθαίρω (διά; καθαρός) to clean out ▸ 1
  διακαθᾶραι ▸ 1
    Verb ▪ aorist ▪ active ▪ infinitive ▸ 1 (Luke 3,17)

διακαθαρίζω (διά; καθαρός) to clean out ▸ 1
  διακαθαριεῖ ▸ 1
    Verb ▪ third ▪ singular ▪ future ▪ active ▪ indicative ▸ 1 (Matt. 3,12)

διακαθιζάνω (διά; κατά; ἵζω) to relieve oneself ▸ 1
  διακαθιζάνῃς ▸ 1
    Verb ▪ second ▪ singular ▪ present ▪ active ▪ subjunctive ▸ 1 (Deut. 23,14)

διακαθίζω (διά; κατά; ἵζω) to lay siege to ▸ 1
  διεκάθισαν ▸ 1
    Verb ▪ third ▪ plural ▪ aorist ▪ active ▪ indicative ▸ 1 (2Sam. 11,1)

διακαίω (διά; καίω) to burn through ▸ 1
  διέκαιον ▸ 1
    Verb ▪ third ▪ plural ▪ imperfect ▪ active ▪ indicative ▸ 1 (4Mac. 11,19)

διακάμπτω (διά; κάμπτω) to bend around ▸ 1
  διέκαμψεν ▸ 1
    Verb ▪ third ▪ singular ▪ aorist ▪ active ▪ indicative ▸ 1 (2Kings 4,34)

διακαρτερέω (διά; κράτος) to endure, last out ▸ 2
  διακαρτερήσωμεν ▸ 1
    Verb ▪ first ▪ plural ▪ aorist ▪ active ▪ subjunctive ▸ 1 (Judith 7,30)
  διεκαρτέρει ▸ 1
    Verb ▪ third ▪ singular ▪ imperfect ▪ active ▪ indicative ▸ 1 (4Mac. 6,9)

διακατελέγχομαι (διά; κατά; ἐλέγχω) to refute ▸ 1
  διακατηλέγχετο ▸ 1
    Verb ▪ third ▪ singular ▪ imperfect ▪ middle ▪ indicative ▸ 1 (Acts 18,28)

διακατέχω (διά; κατά; ἔχω) to hold in check; have dominion ▸ 1
  διακατασχεῖν ▸ 1
    Verb ▪ aorist ▪ active ▪ infinitive ▸ 1 (Judith 4,7)

διάκειμαι (διά; κεῖμαι) to be firm, solid ▸ 2
  διακειμένους ▸ 1
    Verb ▪ present ▪ middle ▪ participle ▪ masculine ▪ plural ▪ accusative ▸ 1 (3Mac. 3,23)
  διακειμένῳ ▸ 1
    Verb ▪ present ▪ passive ▪ participle ▪ neuter ▪ singular ▪ dative ▸ 1 (3Mac. 4,10)

διάκενος (διά; κενός) miserable, worthless ▸ 1
  διακένῳ ▸ 1
    Noun ▪ masculine ▪ singular ▪ dative ▪ (common) ▸ 1 (Num. 21,5)

διακινδυνεύω (διά; κίνδυνος) to try desperately ▸ 1
  διακινδυνεύοντας ▸ 1
    Verb ▪ present ▪ active ▪ participle ▪ masculine ▪ plural ▪ accusative ▸ 1 (2Mac. 11,7)

διακινέω (διά; κινέω) to move, stir up ▸ 1
  διεκίνει ▸ 1
    Verb ▪ third ▪ singular ▪ imperfect ▪ active ▪ indicative ▸ 1 (3Mac. 5,23)

διακλάω (διά; κλάω) to cut, break apart ▸ 1
  διακλῶν ▸ 1
    Verb ▪ present ▪ active ▪ participle ▪ masculine ▪ singular ▪ nominative ▸ 1 (Lam. 4,4)

διακλέπτω (διά; κλέπτω) to sneak away ▸ 2
  διακλέπτεται ▸ 1
    Verb ▪ third ▪ singular ▪ present ▪ middle ▪ indicative ▸ 1 (2Sam. 19,4)
  διεκλέπτετο ▸ 1
    Verb ▪ third ▪ singular ▪ imperfect ▪ middle ▪ indicative ▸ 1 (2Sam. 19,4)

διακολυμβάω (διά; κόλυμβος) to swim across ▸ 1
  διεκολύμβησαν ▸ 1
    Verb ▪ third ▪ plural ▪ aorist ▪ active ▪ indicative ▸ 1 (1Mac. 9,48)

διακομίζω (διά; κομίζω) to carry across ▸ 10
  διακομίσαντες ▸ 1
    Verb ▪ aorist ▪ active ▪ participle ▪ masculine ▪ plural ▪ nominative ▸ 1 (Josh. 4,3)
  Διακομισθείς ▸ 1
    Verb ▪ aorist ▪ passive ▪ participle ▪ masculine ▪ singular ▪ nominative ▸ 1 (3Mac. 2,25)
  διακομισθείς ▸ 1
    Verb ▪ aorist ▪ passive ▪ participle ▪ masculine ▪ singular ▪ nominative ▸ 1 (3Mac. 1,9)
  διακομισθέντες ▸ 1
    Verb ▪ aorist ▪ passive ▪ participle ▪ masculine ▪ plural ▪ nominative ▸ 1 (3Mac. 3,20)
  διεκόμισαν ▸ 1
    Verb ▪ third ▪ plural ▪ aorist ▪ active ▪ indicative ▸ 1 (Josh. 4,8)
  διεκόμισας ▸ 1
    Verb ▪ second ▪ singular ▪ aorist ▪ active ▪ indicative ▸ 1 (3Mac. 2,7)
  διεκομίσθη ▸ 4
    Verb ▪ third ▪ singular ▪ aorist ▪ passive ▪ indicative ▸ 4 (1Esdr. 2,11; 2Mac. 4,5; 2Mac. 9,29; 3Mac. 1,2)

διακονέω (διά; κόνις) to serve, wait on ▸ 37
  διακόνει ▸ 1
    Verb ▪ second ▪ singular ▪ present ▪ active ▪ imperative ▸ 1 (Luke 17,8)
  διακονεῖ ▸ 1
    Verb ▪ third ▪ singular ▪ present ▪ active ▪ indicative ▸ 1 (1Pet. 4,11)
  διακονεῖν ▸ 2
    Verb ▪ present ▪ active ▪ infinitive ▸ 2 (Luke 10,40; Acts 6,2)

διακονείτωσαν ▸ 1
Verb · third · plural · present · active · imperative ▸ **1** (1Tim. 3,10)
διακονῇ ▸ 3
Verb · third · singular · present · active · subjunctive ▸ **3** (John 12,26; John 12,26; Philem. 13)
διακονηθεῖσα ▸ 1
Verb · aorist · passive · participle · feminine · singular · nominative ▸ **1** (2Cor. 3,3)
διακονηθῆναι ▸ 2
Verb · aorist · passive · infinitive ▸ **2** (Matt. 20,28; Mark 10,45)
διακονῆσαι ▸ 2
Verb · aorist · active · infinitive ▸ **2** (Matt. 20,28; Mark 10,45)
διακονήσαντες ▸ 2
Verb · aorist · active · participle · masculine · plural · nominative ▸ **2** (1Tim. 3,13; Heb. 6,10)
διακονήσει ▸ 1
Verb · third · singular · future · active · indicative ▸ **1** (Luke 12,37)
διακονουμένη ▸ 2
Verb · present · passive · participle · feminine · singular · dative · (variant) ▸ **2** (2Cor. 8,19; 2Cor. 8,20)
διακονοῦντες ▸ 2
Verb · present · active · participle · masculine · plural · nominative ▸ **2** (Heb. 6,10; 1Pet. 4,10)
διακονούντων ▸ 1
Verb · present · active · participle · masculine · plural · genitive ▸ **1** (Acts 19,22)
διακονοῦσαι ▸ 1
Verb · present · active · participle · feminine · plural · nominative ▸ **1** (Matt. 27,55)
διακονῶν ▸ 4
Verb · present · active · participle · masculine · singular · nominative ▸ **4** (Luke 22,26; Luke 22,27; Luke 22,27; Rom. 15,25)
διηκόνει ▸ 4
Verb · third · singular · imperfect · active · indicative ▸ **4** (Matt. 8,15; Mark 1,31; Luke 4,39; John 12,2)
διηκονήσαμέν ▸ 1
Verb · first · plural · aorist · active · indicative ▸ **1** (Matt. 25,44)
διηκόνησεν ▸ 1
Verb · third · singular · aorist · active · indicative ▸ **1** (2Tim. 1,18)
διηκόνουν ▸ 5
Verb · third · plural · imperfect · active · indicative ▸ **5** (Matt. 4,11; Mark 1,13; Mark 15,41; Luke 8,3; 1Pet. 1,12)

διακονία (διά; κόνις)   service, ministry ▸ 1 + 34 = 35
διακονία ▸ 6
Noun · feminine · singular · nominative ▸ **6** (Rom. 15,31; 2Cor. 3,7; 2Cor. 3,8; 2Cor. 3,9; 2Cor. 6,3; 2Cor. 9,12)
διακονίᾳ ▸ 4
Noun · feminine · singular · dative ▸ **4** (Acts 6,1; Acts 6,4; Rom. 12,7; 2Cor. 3,9)
διακονίαν ▸ 1 + 16 = 17
Noun · feminine · singular · accusative · (common) ▸ **1 + 16 = 17** (1Mac. 11,58; Luke 10,40; Acts 11,29; Acts 12,25; Acts 20,24; Rom. 11,13; Rom. 12,7; 1Cor. 16,15; 2Cor. 4,1; 2Cor. 5,18; 2Cor. 11,8; Col. 4,17; 1Tim. 1,12; 2Tim. 4,5; 2Tim. 4,11; Heb. 1,14; Rev. 2,19)
διακονίας ▸ 7
Noun · feminine · singular · genitive ▸ **7** (Acts 1,17; Acts 1,25; Acts 21,19; 2Cor. 8,4; 2Cor. 9,1; 2Cor. 9,13; Eph. 4,12)
διακονιῶν ▸ 1
Noun · feminine · plural · genitive ▸ **1** (1Cor. 12,5)

διάκονος (διά; κόνις)   servant, minister ▸ 6 + 29 = 35
διάκονοι ▸ 4 + 7 = 11
Noun · masculine · plural · nominative · (common) ▸ **3 + 7 = 10** (Esth. 2,2; Esth. 6,3; Esth. 6,5; John 2,9; 1Cor. 3,5; 2Cor. 6,4; 2Cor. 11,15; 2Cor. 11,15; 2Cor. 11,23; 1Tim. 3,12)
Noun · masculine · plural · vocative · (common) ▸ **1** (4Mac. 9,17)
διακόνοις ▸ 1 + 3 = 4
Noun · masculine · plural · dative · (common) ▸ **1 + 3 = 4** (Esth. 1,10; Matt. 22,13; John 2,5; Phil. 1,1)
διάκονον ▸ 2
Noun · feminine · singular · accusative ▸ **1** (Rom. 16,1)
Noun · masculine · singular · accusative ▸ **1** (Rom. 15,8)
διάκονος ▸ 13
Noun · masculine · singular · nominative ▸ **13** (Matt. 20,26; Matt. 23,11; Mark 9,35; Mark 10,43; John 12,26; Gal. 2,17; Eph. 3,7; Eph. 6,21; Col. 1,7; Col. 1,23; Col. 1,25; Col. 4,7; 1Tim. 4,6)
διάκονός ▸ 2
Noun · masculine · singular · nominative ▸ **2** (Rom. 13,4; Rom. 13,4)
Διακόνους ▸ 1
Noun · masculine · plural · accusative ▸ **1** (1Tim. 3,8)
διακόνους ▸ 1
Noun · masculine · plural · accusative ▸ **1** (2Cor. 3,6)
διακόνῳ ▸ 1
Noun · masculine · singular · dative · (common) ▸ **1** (Prov. 10,4a)

Διακοπή (διά; κόπτω)   Break-Out ▸ 2
Διακοπή ▸ 2
Noun · feminine · singular · nominative · (proper) ▸ **2** (1Chr. 13,11; 1Chr. 14,11)

διακοπή (διά; κόπτω)   break, gash, cleft ▸ 11 + 1 = 12
διακοπὰς ▸ 1
Noun · feminine · plural · accusative · (common) ▸ **1** (Judg. 5,17)
Διακοπή ▸ 1
Noun · feminine · singular · nominative · (common) ▸ **1** (2Sam. 6,8)
διακοπή ▸ 2
Noun · feminine · singular · nominative · (common) ▸ **2** (Prov. 6,15; Job 28,4)
διακοπὴν ▸ 4 + 1 = 5
Noun · feminine · singular · accusative · (common) ▸ **4 + 1 = 5** (Judg. 21,15; 2Sam. 6,8; 1Chr. 13,11; 1Chr. 14,11; Judg. 21,15)
διακοπῆς ▸ 1
Noun · feminine · singular · genitive · (common) ▸ **1** (Mic. 2,13)
διακοπῶν ▸ 2
Noun · feminine · plural · genitive · (common) ▸ **2** (2Sam. 5,20; 2Sam. 5,20)

διακόπτω (διά; κόπτω)   to cut apart, divide ▸ 18
διακόπτεται ▸ 1
Verb · third · singular · present · passive · indicative ▸ **1** (2Sam. 5,20)
διακόπτοντος ▸ 1
Verb · present · active · participle · masculine · singular · genitive ▸ **1** (Psa. 28,7)
διακόψαι ▸ 1
Verb · aorist · active · infinitive ▸ **1** (2Kings 3,26)
διάκοψον ▸ 1
Verb · second · singular · aorist · active · imperative ▸ **1** (Amos 9,1)
διεκόπη ▸ 2
Verb · third · singular · aorist · passive · indicative ▸ **2** (Gen.

38,29; Jer. 52,7)
- **διέκοπτον** ▸ 1
  - **Verb** · third · plural · imperfect · active · indicative ▸ **1** (2Mac. 10,36)
- **διεκόπτοντο** ▸ 1
  - **Verb** · third · plural · imperfect · passive · indicative ▸ **1** (2Mac. 10,30)
- **διέκοψαν** ▸ 1
  - **Verb** · third · plural · aorist · active · indicative ▸ **1** (Mic. 2,13)
- **διέκοψας** ▸ 2
  - **Verb** · second · singular · aorist · active · indicative ▸ **2** (Ode. 4,14; Hab. 3,14)
- **Διέκοψεν** ▸ 2
  - **Verb** · third · singular · aorist · active · indicative ▸ **2** (2Sam. 5,20; 1Chr. 14,11)
- **διέκοψεν** ▸ 5
  - **Verb** · third · singular · aorist · active · indicative ▸ **5** (2Sam. 6,8; 1Kings 2,35f; 1Chr. 13,11; 1Chr. 15,13; Judith 2,23)

διακόσιοι (δύο; ἑκατόν) two hundred ▸ 89 + 2 + 8 = 99
- **διακόσια** ▸ 12
  - **Adjective** · neuter · plural · accusative · (cardinal · numeral) ▸ **9** (Gen. 5,3; Gen. 5,6; Gen. 5,22; Gen. 11,19; Gen. 11,21; Gen. 11,23; Gen. 32,15; Num. 16,17; Josh. 7,21)
  - **Adjective** · neuter · plural · nominative · (cardinal · numeral) ▸ **3** (Gen. 11,32; 2Mac. 3,11; Job 42,16)
- **διακόσιαι** ▸ 4 + 1 + 1 = 6
  - **Adjective** · feminine · plural · nominative · (cardinal · numeral) ▸ 4 + 1 + 1 = **6** (2Chr. 14,7; 2Chr. 17,15; 2Chr. 17,16; 2Chr. 17,17; Dan. 12,11; Acts 27,37)
- **διακοσίας** ▸ 6 + 2 = 8
  - **Adjective** · feminine · plural · accusative · (cardinal · numeral) ▸ 5 + 2 = **7** (Gen. 32,15; 1Sam. 25,18; Neh. 7,71; Neh. 7,72; Dan. 12,11; Rev. 11,3; Rev. 12,6)
  - **Adjective** · feminine · singular · genitive · (cardinal · numeral) ▸ **1** (1Chr. 5,21)
- **διακόσιοι** ▸ 52
  - **Adjective** · masculine · plural · nominative · (cardinal · numeral) ▸ **52** (Num. 1,33; Num. 2,21; Num. 3,43; Num. 4,36; Num. 4,44; Num. 16,2; Num. 26,14; 1Sam. 25,13; 1Sam. 30,10; 2Sam. 15,11; 2Sam. 16,1; 1Kings 21,15; 1Chr. 7,9; 1Chr. 7,11; 1Chr. 9,22; 1Chr. 12,33; 1Chr. 15,6; 1Chr. 15,8; 1Chr. 25,7; 2Chr. 8,10; 2Chr. 29,32; 1Esdr. 5,12; 1Esdr. 5,25; 1Esdr. 5,41; 1Esdr. 5,42; 1Esdr. 8,31; 1Esdr. 8,32; 1Esdr. 8,35; 1Esdr. 8,48; Ezra 1,10; Ezra 2,7; Ezra 2,12; Ezra 2,19; Ezra 2,31; Ezra 2,38; Ezra 2,65; Ezra 2,66; Ezra 8,4; Ezra 8,9; Ezra 8,20; Neh. 7,12; Neh. 7,34; Neh. 7,41; Neh. 7,67; Neh. 7,68; Neh. 11,13; Neh. 11,18; Song 8,12; Ezek. 48,17; Ezek. 48,17; Ezek. 48,17; Ezek. 48,17)
- **διακοσίοις** ▸ 1
  - **Adjective** · neuter · plural · dative · (cardinal · numeral) ▸ **1** (2Chr. 12,3)
- **διακοσίους** ▸ 11 + 1 + 2 = 14
  - **Adjective** · masculine · plural · accusative · (cardinal · numeral) ▸ 11 + 1 + 2 = **14** (Ex. 30,23; Ex. 30,23; Num. 16,35; Num. 26,10; Judg. 17,4; 1Sam. 25,18; 1Sam. 30,21; 2Sam. 14,26; 2Chr. 9,15; 1Esdr. 7,7; Ezra 6,17; Judg. 17,4; Acts 23,23; Acts 23,23)
- **διακοσίων** ▸ 3 + 3 = 6
  - **Adjective** · masculine · plural · genitive · (cardinal · numeral) ▸ 3 + 1 = **4** (Num. 3,46; 2Mac. 12,4; 2Mac. 12,9; John 21,8)
  - **Adjective** · neuter · plural · genitive · (cardinal · numeral) ▸ **2** (Mark 6,37; John 6,7)

διακοσμέω (διά; κόσμος) to adorn ▸ 1
- **διακεκοσμημένος** ▸ 1
  - **Verb** · perfect · passive · participle · masculine · singular · nominative ▸ **1** (2Mac. 3,25)

διακόσμησις (διά; κόσμος) adornment, decoration; regulating ▸ 1
- **διακόσμησιν** ▸ 1
  - **Noun** · feminine · singular · accusative · (common) ▸ **1** (2Mac. 2,29)

διακούω (διά; ἀκούω) to hear out, have a hearing ▸ 2 + 1 = 3
- **Διακούετε** ▸ 1
  - **Verb** · second · plural · present · active · imperative ▸ **1** (Deut. 1,16)
- **διακούσομαί** ▸ 1
  - **Verb** · first · singular · future · middle · indicative ▸ **1** (Acts 23,35)
- **διακούων** ▸ 1
  - **Verb** · present · active · participle · masculine · singular · nominative ▸ **1** (Job 9,33)

διακρατέω (διά; κράτος) to hold back ▸ 2
- **διακρατοῦσιν** ▸ 1
  - **Verb** · third · plural · present · active · indicative ▸ **1** (1Esdr. 4,50)
- **διεκράτησαν** ▸ 1
  - **Verb** · third · plural · aorist · active · indicative ▸ **1** (Judith 6,12)

διακριβόω (διά; ἀκριβόω) to examine closely ▸ 2
- **διακριβοῦν** ▸ 1
  - **Verb** · present · active · infinitive ▸ **1** (2Mac. 2,28)
- **διηκριβασάμην** ▸ 1
  - **Verb** · first · singular · aorist · middle · indicative ▸ **1** (Sir. 51,19)

διακρίνω (διά; κρίνω) to evaluate, consider, doubt ▸ 28 + 19 = 47
- **διακριθῇ** ▸ 1
  - **Verb** · third · singular · aorist · passive · subjunctive ▸ **1** (Mark 11,23)
- **διακριθήσομαι** ▸ 2
  - **Verb** · first · singular · future · passive · indicative ▸ **2** (Joel 4,2; Ezek. 20,35)
- **διακριθῆτε** ▸ 1
  - **Verb** · second · plural · aorist · passive · subjunctive ▸ **1** (Matt. 21,21)
- **διακρῖναι** ▸ 3 + 1 = 4
  - **Verb** · aorist · active · infinitive ▸ 3 + 1 = **4** (Lev. 24,12; Psa. 49,4; Joel 4,12; 1Cor. 6,5)
- **διακρίναντα** ▸ 1
  - **Verb** · aorist · active · participle · masculine · singular · accusative ▸ **1** (Acts 11,12)
- **διάκρινε** ▸ 1
  - **Verb** · second · singular · present · active · imperative ▸ **1** (Prov. 31,9)
- **διακρινεῖ** ▸ 4
  - **Verb** · third · singular · future · active · indicative ▸ **4** (Eccl. 3,18; Job 9,14; Job 21,22; Sol. 17,43)
- **διακρίνει** ▸ 2 + 1 = 3
  - **Verb** · third · singular · present · active · indicative ▸ 2 + 1 = **3** (Psa. 81,1; Job 12,11; 1Cor. 4,7)
- **διακρίνειν** ▸ 3 + 1 = 4
  - **Verb** · present · active · infinitive ▸ 3 + 1 = **4** (1Kings 3,9; 1Chr. 26,29; Ezek. 44,24; Matt. 16,3)
- **διακρινεῖς** ▸ 1
  - **Verb** · second · singular · future · active · indicative ▸ **1** (Zech. 3,7)

διακρινέτωσαν ‣ 1
   Verb ‧ third ‧ plural ‧ present ‧ active ‧ imperative ‣ **1** (1Cor. 14,29)
διακρίνομεν ‣ 1
   Verb ‧ first ‧ plural ‧ present ‧ active ‧ indicative ‣ **1** (4Mac. 1,14)
διακρινόμενον ‣ 1
   Verb ‧ present ‧ middle ‧ participle ‧ masculine ‧ singular ‧ accusative ‣ **1** (Jer. 15,10)
διακρινόμενος ‣ 5
   Verb ‧ present ‧ middle ‧ participle ‧ masculine ‧ singular ‧ nominative ‣ **5** (Acts 10,20; Rom. 14,23; James 1,6; James 1,6; Jude 9)
διακρίνοντες ‣ 1
   Verb ‧ present ‧ active ‧ participle ‧ masculine ‧ plural ‧ nominative ‣ **1** (Esth. 16,9 # 8,12i)
διακρινομένους ‣ 1
   Verb ‧ present ‧ middle ‧ participle ‧ masculine ‧ plural ‧ accusative ‣ **1** (Jude 22)
διακρινοῦσιν ‣ 1
   Verb ‧ third ‧ plural ‧ future ‧ active ‧ indicative ‣ **1** (Deut. 33,7)
διακρινῶ ‣ 3
   Verb ‧ first ‧ singular ‧ future ‧ active ‧ indicative ‣ **3** (Wis. 9,12; Ezek. 34,17; Ezek. 34,20)
διακρίνω ‣ 1
   Verb ‧ first ‧ singular ‧ present ‧ active ‧ indicative ‣ **1** (Ex. 18,16)
διακρίνων ‣ 1
   Verb ‧ present ‧ active ‧ participle ‧ masculine ‧ singular ‧ nominative ‣ **1** (1Cor. 11,29)
διακρίνωσιν ‣ 1
   Verb ‧ third ‧ plural ‧ aorist ‧ active ‧ subjunctive ‣ **1** (LetterJ 53)
διεκρίθη ‣ 1
   Verb ‧ third ‧ singular ‧ aorist ‧ passive ‧ indicative ‣ **1** (Rom. 4,20)
διεκρίθην ‣ 1
   Verb ‧ first ‧ singular ‧ aorist ‧ passive ‧ indicative ‣ **1** (Ezek. 20,36)
διεκρίθητε ‣ 1
   Verb ‧ second ‧ plural ‧ aorist ‧ passive ‧ indicative ‣ **1** (James 2,4)
διέκρινας ‣ 1
   Verb ‧ second ‧ singular ‧ aorist ‧ active ‧ indicative ‣ **1** (Job 15,5)
διέκρινεν ‣ 1 + 1 = 2
   Verb ‧ third ‧ singular ‧ aorist ‧ active ‧ indicative ‣ **1 + 1 = 2** (Job 23,10; Acts 15,9)
διεκρίνομεν ‣ 1
   Verb ‧ first ‧ plural ‧ imperfect ‧ active ‧ indicative ‣ **1** (1Cor. 11,31)
διεκρίνοντο ‣ 1
   Verb ‧ third ‧ plural ‧ imperfect ‧ middle ‧ indicative ‣ **1** (Acts 11,2)

διάκρισις (διά; κρίνω) dispute, dissolution ‣ 1 + 3 = 4
διακρίσεις ‣ 2
   Noun ‧ feminine ‧ plural ‧ accusative ‣ **1** (Rom. 14,1)
   Noun ‧ feminine ‧ plural ‧ nominative ‣ **1** (1Cor. 12,10)
διάκρισιν ‣ 1 + 1 = 2
   Noun ‧ feminine ‧ singular ‧ accusative ‧ (common) ‣ **1 + 1 = 2** (Job 37,16; Heb. 5,14)

διακυβερνάω (διά; κυβέρνησις) to steer, govern ‣ 2
διακυβερνᾷ ‣ 1
   Verb ‧ third ‧ singular ‧ present ‧ active ‧ indicative ‣ **1** (Wis. 14,3)
διακυβερνῶν ‣ 1
   Verb ‧ present ‧ active ‧ participle ‧ masculine ‧ singular ‧ vocative ‣ **1** (3Mac. 6,2)

διακύπτω (διά; κύπτω) to bend down to see ‣ 11
διακύπτειν ‣ 2
   Verb ‧ present ‧ active ‧ infinitive ‣ **2** (Ezek. 41,16; Ezek. 41,16)
διακύψῃ ‣ 1
   Verb ‧ third ‧ singular ‧ aorist ‧ active ‧ subjunctive ‣ **1** (Lam. 3,50)
διέκυπτεν ‣ 2
   Verb ‧ third ‧ singular ‧ imperfect ‧ active ‧ indicative ‣ **2** (Judg. 5,28; 2Sam. 6,16)
διέκυψαν ‣ 1
   Verb ‧ third ‧ plural ‧ aorist ‧ active ‧ indicative ‣ **1** (Psa. 91,8)
διέκυψεν ‣ 5
   Verb ‧ third ‧ singular ‧ aorist ‧ active ‧ indicative ‣ **5** (2Sam. 24,20; 2Kings 9,30; Psa. 13,2; Psa. 52,3; Psa. 84,12)

διακωλύω (διά; κωλύω) to forbid ‣ 2 + 1 = 3
διακωλύειν ‣ 1
   Verb ‧ present ‧ active ‧ infinitive ‣ **1** (Judith 12,7)
διακωλῦσαι ‣ 1
   Verb ‧ aorist ‧ active ‧ infinitive ‣ **1** (Judith 4,7)
διεκώλυεν ‣ 1
   Verb ‧ third ‧ singular ‧ imperfect ‧ active ‧ indicative ‣ **1** (Matt. 3,14)

διαλαλέω (διά; λάλος) to discuss ‣ 2
διελαλεῖτο ‣ 1
   Verb ‧ third ‧ singular ‧ imperfect ‧ passive ‧ indicative ‧ (variant) ‣ **1** (Luke 1,65)
διελάλουν ‣ 1
   Verb ‧ third ‧ plural ‧ imperfect ‧ active ‧ indicative ‣ **1** (Luke 6,11)

διαλαμβάνω (διά; λαμβάνω) to perceive, comprehend; trace out ‣ 5
διαλήμψεσθε ‣ 1
   Verb ‧ second ‧ plural ‧ future ‧ middle ‧ indicative ‣ **1** (Judith 8,14)
διειλήφαμεν ‣ 1
   Verb ‧ first ‧ plural ‧ perfect ‧ active ‧ indicative ‣ **1** (3Mac. 3,26)
διειληφότες ‣ 1
   Verb ‧ perfect ‧ active ‧ participle ‧ masculine ‧ plural ‧ nominative ‣ **1** (Esth. 13,5 # 3,13e)
διέλαβεν ‣ 1
   Verb ‧ third ‧ singular ‧ aorist ‧ active ‧ indicative ‣ **1** (2Mac. 5,11)
διελάμβανον ‣ 1
   Verb ‧ third ‧ plural ‧ imperfect ‧ active ‧ indicative ‣ **1** (2Mac. 6,29)

διαλανθάνω (διά; λανθάνω) to avoid notice ‣ 1
διέλαθον ‣ 1
   Verb ‧ third ‧ plural ‧ aorist ‧ active ‧ indicative ‣ **1** (2Sam. 4,6)

διαλέγομαι (διά; λέγω) to dispute, discuss ‣ 6 + 1 + 13 = 20
διαλέγεσθαι ‣ 1
   Verb ‧ present ‧ middle ‧ infinitive ‣ **1** (Esth. 15,15 # 5,2b)
διαλέγεται ‣ 1
   Verb ‧ third ‧ singular ‧ present ‧ middle ‧ indicative ‣ **1** (Heb. 12,5)
διαλεγῆναι ‣ 1
   Verb ‧ aorist ‧ middle ‧ infinitive ‣ **1** (1Esdr. 8,45)
διαλέγομαι ‣ 1
   Verb ‧ first ‧ singular ‧ present ‧ middle ‧ indicative ‣ **1** (Is. 63,1)
διαλεγόμενοι ‣ 1

διαλέγομαι–διαλλάσσω

Verb · present · middle · participle · masculine · plural · nominative ▸ **1** (Ex. 6,27)
διαλεγόμενον ▸ 1
Verb · present · middle · participle · masculine · singular · accusative ▸ **1** (Acts 24,12)
διαλεγόμενος ▸ 2
Verb · present · middle · participle · masculine · singular · nominative ▸ **2** (Acts 19,8; Acts 19,9)
διαλεγομένου ▸ 2
Verb · present · middle · participle · masculine · singular · genitive ▸ **2** (Acts 20,9; Acts 24,25)
διαλεχθῆναι ▸ 1
Verb · aorist · passive · infinitive ▸ **1** (2Mac. 11,20)
διαλεχθήσεται ▸ 1
Verb · third · singular · future · passive · indicative ▸ **1** (Sir. 14,20)
Διελέγετο ▸ 1
Verb · third · singular · imperfect · middle · indicative ▸ **1** (Acts 18,4)
διελέγετο ▸ 3
Verb · third · singular · imperfect · middle · indicative ▸ **3** (Acts 17,17; Acts 20,7; Jude 9)
διελέξαντο ▸ 1
Verb · third · plural · aorist · middle · indicative ▸ **1** (Judg. 8,1)
διελέξατο ▸ 2
Verb · third · singular · aorist · middle · indicative ▸ **2** (Acts 17,2; Acts 18,19)
διελέχθησαν ▸ 1
Verb · third · plural · aorist · passive · indicative ▸ **1** (Mark 9,34)

διαλείπω (διά; λείπω) to cease ▸ 12 + **1** + 1 = 14
διαλείψει ▸ 1
Verb · third · singular · future · active · indicative ▸ **1** (Jer. 17,8)
διαλείψεις ▸ 1
Verb · second · singular · future · active · indicative ▸ **1** (1Sam. 10,8)
διαλιπεῖν ▸ 1
Verb · aorist · active · infinitive ▸ **1** (Is. 5,14)
Διαλιπέτω ▸ 1
Verb · third · singular · aorist · active · imperative ▸ **1** (Jer. 38,16)
διαλιπέτωσαν ▸ 1
Verb · third · plural · aorist · active · imperative ▸ **1** (Jer. 14,17)
διαλίπητε ▸ 1
Verb · second · plural · aorist · active · subjunctive ▸ **1** (2Chr. 29,11)
διέλειπον ▸ 1
Verb · third · plural · imperfect · active · indicative ▸ **1** (Dan. 3,46)
διέλιπεν ▸ 3 + **1** = 4
Verb · third · singular · aorist · active · indicative ▸ **3** + **1** = 4 (1Sam. 13,8; 1Kings 15,21; Jer. 8,6; Luke 7,45)
διελίπομεν ▸ 1
Verb · first · plural · aorist · active · indicative ▸ **1** (Jer. 51,18)
διέλιπον ▸ 2
Verb · third · plural · aorist · active · indicative ▸ **2** (Jer. 9,4; Dan. 3,46)

διάλεκτος (διά; λέγω) language ▸ 2 + 6 = 8
διάλεκτον ▸ 1
Noun · feminine · singular · accusative · (common) ▸ **1** (Dan. 1,4)
διαλέκτῳ ▸ **1** + 6 = 7
Noun · feminine · singular · dative · (common) ▸ **1** + 6 = 7 (Esth. 9,26; Acts 1,19; Acts 2,6; Acts 2,8; Acts 21,40; Acts 22,2; Acts 26,14)

διάλευκος (διά; λευκός) white-spotted; thoroughly white ▸ 8
διάλευκα ▸ 1
Adjective · neuter · plural · accusative · noDegree ▸ **1** (Gen. 30,39)
διάλευκοι ▸ 1
Adjective · masculine · plural · nominative · noDegree ▸ **1** (Gen. 31,10)
διάλευκον ▸ 3
Adjective · masculine · singular · accusative · noDegree ▸ **1** (Gen. 30,40)
Adjective · neuter · singular · accusative · noDegree ▸ **1** (Gen. 30,32)
Adjective · neuter · singular · nominative · noDegree ▸ **1** (Gen. 30,33)
διαλεύκους ▸ 3
Adjective · feminine · plural · accusative · noDegree ▸ **1** (Gen. 30,35)
Adjective · masculine · plural · accusative · noDegree ▸ **2** (Gen. 30,35; Gen. 31,12)

διάλημψις (διά; λαμβάνω) judgment, opinion ▸ 1
διάλημψιν ▸ 1
Noun · feminine · singular · accusative · (common) ▸ **1** (2Mac. 3,32)

διαλιμπάνω (διά; λείπω) to cease ▸ 1
διελίμπανεν ▸ 1
Verb · third · singular · imperfect · active · indicative ▸ **1** (Tob. 10,7)

διαλλαγή (διά; ἄλλος) reconciliation ▸ 2
διαλλαγή ▸ 2
Noun · feminine · singular · nominative · (common) ▸ **2** (Sir. 22,22; Sir. 27,21)

διαλλάσσομαι (διά; ἄλλος) to reconcile ▸ 1
διαλλάγηθι ▸ 1
Verb · second · singular · aorist · passive · imperative ▸ **1** (Matt. 5,24)

διαλλάσσω (διά; ἄλλος) to exchange, interchange; reconcile ▸ 10
διαλλαγῇ ▸ 1
Verb · third · singular · aorist · passive · subjunctive ▸ **1** (1Esdr. 4,31)
διαλλαγήσεται ▸ 1
Verb · third · singular · future · passive · indicative ▸ **1** (1Sam. 29,4)
διαλλάξαι ▸ 1
Verb · aorist · active · infinitive ▸ **1** (Judg. 19,3)
διαλλάξας ▸ 1
Verb · aorist · active · participle · masculine · singular · nominative ▸ **1** (2Mac. 6,27)
διαλλάσσεταί ▸ 1
Verb · third · singular · present · passive · indicative ▸ **1** (Job 36,28b)
διαλλάσσοντα ▸ 1
Verb · present · active · participle · masculine · singular · accusative ▸ **1** (Job 5,12)
διαλλάσσουσιν ▸ 1
Verb · third · plural · present · active · indicative ▸ **1** (Wis. 19,18)
διαλλάσσων ▸ 2
Verb · present · active · participle · masculine · singular · nominative ▸ **2** (Job 12,20; Job 12,24)
διηλλαγμένοις ▸ 1

διάλλομαι (διά; ἅλλομαι) to jump over ▸ 1
   διαλλόμενος ▸ 1
      Verb · present · middle · participle · masculine · singular · nominative ▸ 1 (Song 2,8)

διαλογή (διά; λέγω) dialogue, account ▸ 2
   Διαλογή ▸ 1
      Noun · feminine · singular · nominative · (common) ▸ 1 (Sol. 4,0)
   διαλογή ▸ 1
      Noun · feminine · singular · nominative · (common) ▸ 1 (Psa. 103,34)

διαλογίζομαι (διά; λέγω) to reason, discuss, consider ▸ 12 + 16 = 28
   διαλογιεῖσθε ▸ 1
      Verb · second · plural · future · middle · indicative ▸ 1 (4Mac. 8,11)
   διαλογίζεσθαι ▸ 1
      Verb · present · middle · infinitive ▸ 1 (Luke 5,21)
   διαλογίζεσθε ▸ 4
      Verb · second · plural · present · middle · indicative ▸ 4 (Matt. 16,8; Mark 2,8; Mark 8,17; Luke 5,22)
   διαλογιζόμενοι ▸ 1
      Verb · present · middle · participle · masculine · plural · nominative ▸ 1 (Mark 2,6)
   διαλογιζόμενος ▸ 1
      Verb · present · middle · participle · masculine · singular · nominative ▸ 1 (2Mac. 12,43)
   διαλογιζομένων ▸ 1
      Verb · present · middle · participle · masculine · plural · genitive ▸ 1 (Luke 3,15)
   διαλογίζονται ▸ 1 + 1 = 2
      Verb · third · plural · present · middle · indicative ▸ 1 + 1 = 2 (Psa. 9,23; Mark 2,8)
   διαλογιοῦνται ▸ 1
      Verb · third · plural · future · middle · indicative ▸ 1 (Prov. 17,12)
   διαλογισάσθω ▸ 1
      Verb · third · singular · aorist · middle · imperative ▸ 1 (2Sam. 19,20)
   διελογίζεσθε ▸ 1
      Verb · second · plural · imperfect · middle · indicative ▸ 1 (Mark 9,33)
   διελογίζετο ▸ 1 + 2 = 3
      Verb · third · singular · imperfect · middle · indicative ▸ 1 + 2 = 3 (1Mac. 11,8; Luke 1,29; Luke 12,17)
   διελογίζοντο ▸ 1 + 5 = 6
      Verb · third · plural · imperfect · middle · indicative ▸ 1 + 5 = 6 (Psa. 34,20; Matt. 16,7; Matt. 21,25; Mark 8,16; Mark 11,31; Luke 20,14)
   διελογισάμην ▸ 2
      Verb · first · singular · aorist · middle · indicative ▸ 2 (Psa. 76,6; Psa. 118,59)
   διελογίσαντο ▸ 2
      Verb · third · plural · aorist · middle · indicative ▸ 2 (Psa. 20,12; Psa. 139,9)
   διελογίσατο ▸ 1
      Verb · third · singular · aorist · middle · indicative ▸ 1 (Psa. 35,5)

διαλογισμός (διά; λέγω) thought, opinion, discussion ▸ 19 + 6 + 14 = 39
   διαλογισμοί ▸ 6 + 2 + 3 = 11
      Noun · masculine · plural · nominative · (common) ▸ 6 + 2 + 3 = 11 (Psa. 55,6; Psa. 145,4; Sir. 13,26; Is. 59,7; Is. 59,7; Jer. 4,14; Dan. 4,19; Dan. 5,6; Matt. 15,19; Mark 7,21; Luke 24,38)
   διαλογισμοί ▸ 1 + 3 + 1 = 5
      Noun · masculine · plural · nominative · (common) ▸ 1 + 3 + 1 = 5 (Psa. 91,6; Dan. 2,29; Dan. 5,10; Dan. 7,28; Luke 2,35)
   διαλογισμοῖς ▸ 1 + 1 = 2
      Noun · masculine · plural · dative · (common) ▸ 1 + 1 = 2 (Psa. 39,6; Rom. 1,21)
   διαλογισμόν ▸ 1
      Noun · masculine · singular · accusative ▸ 1 (Luke 9,47)
   διαλογισμόν ▸ 1
      Noun · masculine · singular · accusative · (common) ▸ 1 (Psa. 138,20)
   διαλογισμός ▸ 1
      Noun · masculine · singular · nominative · (common) ▸ 1 (Sir. 9,15)
   διαλογισμὸς ▸ 2 + 1 = 3
      Noun · masculine · singular · nominative · (common) ▸ 2 + 1 = 3 (1Mac. 2,63; Sir. 33,5; Luke 9,46)
   διαλογισμούς ▸ 1
      Noun · masculine · plural · accusative · (common) ▸ 1 (Psa. 138,2)
   διαλογισμοῦ ▸ 1
      Noun · masculine · singular · genitive ▸ 1 (1Tim. 2,8)
   διαλογισμοὺς ▸ 5 + 1 + 3 = 9
      Noun · masculine · plural · accusative · (common) ▸ 5 + 1 + 3 = 9 (Psa. 93,11; Wis. 7,20; Sir. 40,2; Lam. 3,60; Lam. 3,61; Dan. 2,30; Luke 5,22; Luke 6,8; 1Cor. 3,20)
   διαλογισμῷ ▸ 1
      Noun · masculine · singular · dative · (common) ▸ 1 (Sir. 27,5)
   διαλογισμῶν ▸ 3
      Noun · masculine · plural · genitive ▸ 3 (Rom. 14,1; Phil. 2,14; James 2,4)

διαλοιδόρησις (διά; λοίδορος) scolding ▸ 1
   διαλοιδόρησις ▸ 1
      Noun · feminine · singular · nominative · (common) ▸ 1 (Sir. 27,15)

διάλυσις (διά; λύω) separating, dissolution ▸ 1
   διαλύσει ▸ 1
      Noun · feminine · singular · dative · (common) ▸ 1 (Neh. 1,7)

διαλύω (διά; λύω) to scatter, break up, dissolve; solve ▸ 11 + 1 + 1 = 13
   διαλέλυται ▸ 1
      Verb · third · singular · perfect · passive · indicative ▸ 1 (Job 30,17)
   διάλυε ▸ 1
      Verb · second · singular · present · active · imperative ▸ 1 (Is. 58,6)
   διαλυθῇ ▸ 1
      Verb · third · singular · aorist · passive · subjunctive ▸ 1 (Prov. 6,35)
   διαλυθήσεται ▸ 1
      Verb · third · singular · future · passive · indicative ▸ 1 (Sir. 22,16)
   διαλῦον ▸ 1
      Verb · present · active · participle · neuter · singular · nominative ▸ 1 (1Kings 19,11)
   διαλῦσαι ▸ 2
      Verb · aorist · active · infinitive ▸ 2 (3Mac. 1,2; Sol. 4,9)
   διαλύσει ▸ 1
      Verb · third · singular · future · active · indicative ▸ 1 (Sir. 22,20)
   διέλυεν ▸ 1

Verb · third · singular · imperfect · active · indicative ▸ **1** (4Mac. 14,10)
διελύθησαν ▸ **1** + **1** = **2**
Verb · third · plural · aorist · passive · indicative ▸ **1** + **1** = **2** (Judg. 15,14; Acts 5,36)
διελύοντο ▸ **1**
Verb · third · plural · imperfect · passive · indicative ▸ **1** (Dan. 5,6)
διελύσαμεν ▸ **1**
Verb · first · plural · aorist · active · indicative ▸ **1** (Neh. 1,7)

διαμαρτάνω (διά; ἁμαρτάνω) to fail, miss ▸ **2**
διαμαρτάνοντες ▸ **1**
Verb · present · active · participle · masculine · plural · nominative ▸ **1** (Judg. 20,16)
διαμάρτητε ▸ **1**
Verb · second · plural · aorist · active · subjunctive ▸ **1** (Num. 15,22)

διαμαρτυρέω (διά; μάρτυς) to warn, testify against ▸ **4**
διαμεμαρτύρημαι ▸ **1**
Verb · first · singular · perfect · middle · indicative ▸ **1** (1Sam. 21,3)
διαμεμαρτυρημένοι ▸ **1**
Verb · perfect · middle · participle · masculine · plural · nominative ▸ **1** (Ex. 21,36)
διαμεμαρτύρησαι ▸ **1**
Verb · second · singular · perfect · middle · indicative ▸ **1** (Ex. 19,23)
διαμεμαρτύρηται ▸ **1**
Verb · third · singular · perfect · middle · indicative ▸ **1** (Gen. 43,3)

διαμαρτυρία (διά; μάρτυς) testimony ▸ **2**
Διαμαρτυρία ▸ **1**
Noun · feminine · singular · accusative · (common) ▸ **1** (Gen. 43,3)
διαμαρτυρίας ▸ **1**
Noun · feminine · singular · genitive · (common) ▸ **1** (4Mac. 16,16)

διαμαρτύρομαι (διά; μάρτυς) to testify, declare solemnly ▸ **26** + **15** = **41**
διαμάρτυραι ▸ **4**
Verb · second · singular · aorist · middle · imperative ▸ **4** (Ex. 19,10; Ex. 19,21; Ezek. 16,2; Ezek. 20,4)
διαμαρτυράμενοι ▸ **1**
Verb · aorist · middle · participle · masculine · plural · nominative ▸ **1** (Acts 8,25)
διαμαρτύρασθαι ▸ **2**
Verb · aorist · middle · infinitive ▸ **2** (Acts 10,42; Acts 20,24)
διαμαρτύρεταί ▸ **1**
Verb · third · singular · present · middle · indicative ▸ **1** (Acts 20,23)
διαμαρτύρῃ ▸ **1**
Verb · second · singular · present · middle · subjunctive ▸ **1** (1Sam. 8,9)
διαμαρτυρῇ ▸ **2**
Verb · second · singular · future · middle · indicative ▸ **2** (Ex. 18,20; Jer. 39,44)
διαμαρτύρηται ▸ **1**
Verb · third · singular · present · middle · subjunctive ▸ **1** (Luke 16,28)
διαμαρτύρομαι ▸ **4**
Verb · first · singular · present · middle · indicative ▸ **4** (Deut. 4,26; Deut. 8,19; Deut. 30,19; Deut. 32,46)
Διαμαρτύρομαι ▸ **2**
Verb · first · singular · present · middle · indicative ▸ **2** (1Tim. 5,21; 2Tim. 4,1)
διαμαρτύρομαί ▸ **2**
Verb · first · singular · present · middle · indicative ▸ **2** (Psa. 49,7; Psa. 80,9)
διαμαρτυρόμενος ▸ **1** + **4** = **5**
Verb · present · middle · participle · masculine · singular · nominative ▸ **1** + **4** = **5** (1Sam. 8,9; Acts 18,5; Acts 20,21; Acts 28,23; 2Tim. 2,14)
διαμαρτύρωμαι ▸ **2**
Verb · first · singular · present · middle · subjunctive ▸ **2** (Deut. 31,28; Jer. 6,10)
διαμαρτύρωνται ▸ **1**
Verb · third · plural · present · middle · subjunctive ▸ **1** (Ex. 21,29)
διεμαρτυράμεθα ▸ **1**
Verb · first · plural · aorist · middle · indicative ▸ **1** (1Th. 4,6)
διεμαρτυράμην ▸ **2**
Verb · first · singular · aorist · middle · indicative ▸ **2** (Neh. 13,21; Jer. 39,10)
διεμαρτύραντο ▸ **2**
Verb · third · plural · aorist · middle · indicative ▸ **2** (2Chr. 24,19; Neh. 9,26)
διεμαρτύρατο ▸ **4** + **2** = **6**
Verb · third · singular · aorist · middle · indicative ▸ **4** + **2** = **6** (2Kings 17,13; 2Kings 17,15; Zech. 3,6; Mal. 2,14; Acts 2,40; Heb. 2,6)
διεμαρτύρω ▸ **1** + **1** = **2**
Verb · second · singular · aorist · middle · indicative ▸ **1** + **1** = **2** (Neh. 9,34; Acts 23,11)

διαμασάομαι (διά; μάσσω) to devour ▸ **1**
διαμασῶ ▸ **1**
Verb · second · singular · present · middle · imperative ▸ **1** (Sir. 31,16)

διαμαχίζομαι (διά; μάχη) to strive after ▸ **1**
διαμεμάχισται ▸ **1**
Verb · third · singular · perfect · middle · indicative ▸ **1** (Sir. 51,19)

διαμάχομαι (διά; μάχη) to contend, protest violently ▸ **4** + **1** = **5**
διαμάχεσθαι ▸ **1**
Verb · present · middle · infinitive ▸ **1** (Dan. 10,20)
διαμαχήσεται ▸ **1**
Verb · third · singular · future · passive · indicative ▸ **1** (Sir. 38,28)
διαμάχου ▸ **2**
Verb · second · singular · present · middle · imperative ▸ **2** (Sir. 8,1; Sir. 8,3)
διεμάχοντο ▸ **1**
Verb · third · plural · imperfect · middle · indicative ▸ **1** (Acts 23,9)

διαμελίζω (διά; μέλος) to dismember ▸ **1**
διαμελισθήσεται ▸ **1**
Verb · third · singular · future · passive · indicative ▸ **1** (Dan. 3,96)

διαμένω (διά; μένω) to continue ▸ **20** + **5** = **25**
διαμείνῃ ▸ **1** + **1** = **2**
Verb · third · singular · aorist · active · subjunctive ▸ **1** + **1** = **2** (Jer. 39,14; Gal. 2,5)
διαμεμενηκότες ▸ **1**

Verb · perfect · active · participle · masculine · plural · nominative ▸ **1** (Luke 22,28)

διάμενε ▸ **1**
Verb · second · singular · present · active · imperative ▸ **1** (Sir. 22,23)

διαμενεῖ ▸ **8**
Verb · third · singular · future · active · indicative ▸ **8** (Psa. 60,8; Psa. 71,17; Sir. 12,15; Sir. 40,17; Sir. 41,12; Sir. 41,13; Sir. 44,11; Jer. 3,5)

διαμένει ▸ **4 + 1 = 5**
Verb · third · singular · present · active · indicative ▸ **4 + 1 = 5** (Psa. 118,89; Psa. 118,90; Psa. 118,91; Sir. 27,4; 2Pet. 3,4)

διαμενεῖν ▸ **1**
Verb · future · active · infinitive ▸ **1** (3Mac. 3,11)

διαμένεις ▸ **1**
Verb · second · singular · present · active · indicative ▸ **1** (Heb. 1,11)

διαμενεῖς ▸ **1**
Verb · second · singular · future · active · indicative ▸ **1** (Psa. 101,27)

διαμενοῦσιν ▸ **1**
Verb · third · plural · future · active · indicative ▸ **1** (Psa. 5,6)

διαμένων ▸ **1**
Verb · present · active · participle · masculine · singular · nominative ▸ **1** (Psa. 18,10)

διέμεινεν ▸ **2**
Verb · third · singular · aorist · active · indicative ▸ **2** (Wis. 11,25; Sir. 46,9)

διέμενεν ▸ **1**
Verb · third · singular · imperfect · active · indicative ▸ **1** (Luke 1,22)

διαμερίζω (διά; μέρος) to divide ▸ **19 + 1 + 11 = 31**

διαμεμερισμένοι ▸ **1**
Verb · perfect · passive · participle · masculine · plural · nominative · (variant) ▸ **1** (Luke 12,52)

διαμεριζόμεναι ▸ **1**
Verb · present · passive · participle · feminine · plural · nominative · (variant) ▸ **1** (Acts 2,3)

διαμεριζόμενοι ▸ **1**
Verb · present · middle · participle · masculine · plural · nominative ▸ **1** (Luke 23,34)

διαμερίζοντα ▸ **1 + 1 = 2**
Verb · present · active · participle · masculine · singular · accusative ▸ **1 + 1 = 2** (Judg. 5,30; Judg. 5,30)

διαμερίζονται ▸ **1**
Verb · third · plural · present · middle · indicative ▸ **1** (Mark 15,24)

διαμερίσας ▸ **1**
Verb · aorist · active · participle · masculine · singular · nominative ▸ **1** (Josh. 21,42a)

διαμερίσατε ▸ **1**
Verb · second · plural · aorist · active · imperative ▸ **1** (Luke 22,17)

διαμερίσετε ▸ **1**
Verb · second · plural · future · active · indicative ▸ **1** (Ezek. 47,21)

διαμερισθεῖσα ▸ **1**
Verb · aorist · passive · participle · feminine · singular · nominative ▸ **1** (Luke 11,17)

διαμερισθήσεται ▸ **1**
Verb · third · singular · future · passive · indicative ▸ **1** (Zech. 14,1)

διαμερισθήσονται ▸ **1**
Verb · third · plural · future · passive · indicative ▸ **1** (Luke 12,53)

διαμέρισον ▸ **1**
Verb · second · singular · aorist · active · imperative ▸ **1** (Psa. 16,14)

διαμεριῶ ▸ **3**
Verb · first · singular · future · active · indicative ▸ **3** (Gen. 49,7; Psa. 59,8; Psa. 107,8)

διεμέριζεν ▸ **2**
Verb · third · singular · imperfect · active · indicative ▸ **2** (Deut. 32,8; Ode. 2,8)

διεμέριζον ▸ **1**
Verb · third · plural · imperfect · active · indicative ▸ **1** (Acts 2,45)

διεμερίσαντο ▸ **2 + 2 = 4**
Verb · third · plural · aorist · middle · indicative ▸ **2 + 2 = 4** (2Mac. 8,28; Psa. 21,19; Matt. 27,35; John 19,24)

διεμέρισας ▸ **1**
Verb · second · singular · aorist · active · indicative ▸ **1** (Neh. 9,22)

διεμέρισεν ▸ **3**
Verb · third · singular · aorist · active · indicative ▸ **3** (2Sam. 6,19; 1Chr. 16,3; Is. 34,17)

διεμερίσθη ▸ **1 + 1 = 2**
Verb · third · singular · aorist · passive · indicative ▸ **1 + 1 = 2** (Gen. 10,25; Luke 11,18)

διεμερίσθησαν ▸ **2**
Verb · third · plural · aorist · passive · indicative ▸ **2** (Psa. 54,22; Mic. 2,4)

διαμερισμός (διά; μέρος) division ▸ **3 + 1 = 4**

διαμερισμοί ▸ **1**
Noun · masculine · plural · nominative · (common) ▸ **1** (Ezek. 48,29)

διαμερισμόν ▸ **2**
Noun · masculine · singular · accusative · (common) ▸ **2** (Mic. 7,12; Mic. 7,12)

διαμερισμόν ▸ **1**
Noun · masculine · singular · accusative ▸ **1** (Luke 12,51)

διαμετρέω (διά; μέτρον) to measure out ▸ **36**

Διαμετρῆσαι ▸ **1**
Verb · aorist · active · infinitive ▸ **1** (Zech. 2,6)

διαμετρήσεις ▸ **1**
Verb · second · singular · future · active · indicative ▸ **1** (Ezek. 45,3)

διαμετρήσω ▸ **2**
Verb · first · singular · future · active · indicative ▸ **2** (Psa. 59,8; Psa. 107,8)

διεμέτρησεν ▸ **32**
Verb · third · singular · aorist · active · indicative ▸ **32** (2Sam. 8,2; Ezek. 40,5; Ezek. 40,6; Ezek. 40,11; Ezek. 40,13; Ezek. 40,19; Ezek. 40,20; Ezek. 40,23; Ezek. 40,24; Ezek. 40,27; Ezek. 40,28; Ezek. 40,32; Ezek. 40,35; Ezek. 40,47; Ezek. 40,48; Ezek. 41,1; Ezek. 41,2; Ezek. 41,3; Ezek. 41,4; Ezek. 41,5; Ezek. 41,13; Ezek. 41,15; Ezek. 41,26; Ezek. 42,15; Ezek. 42,16; Ezek. 42,17; Ezek. 42,18; Ezek. 42,19; Ezek. 47,3; Ezek. 47,4; Ezek. 47,4; Ezek. 47,5)

διαμέτρησις (διά; μέτρον) measure ▸ **5**

διαμετρήσεως ▸ **1**
Noun · feminine · singular · genitive · (common) ▸ **1** (Ezek. 45,3)

διαμέτρησιν ▸ **1**
Noun · feminine · singular · accusative · (common) ▸ **1** (2Chr.

4,2)
- **διαμέτρησις** ‣ 3
    - Noun • feminine • singular • nominative • (common) ‣ 3 (2Chr. 3,3; Jer. 38,39; Ezek. 42,15)
- **διαναπαύω (διά; ἀνά; παύω)** to rest for awhile ‣ 1
    - **διαναπαύσει** ‣ 1
        - Verb • third • singular • future • active • indicative ‣ 1 (Gen. 5,29)
- **διανέμω (διά; νέμω)** to distribute, apportion, spread ‣ 1 + 1 = 2
    - **διανεμηθῇ** ‣ 1
        - Verb • third • singular • aorist • passive • subjunctive ‣ 1 (Acts 4,17)
    - **διένειμεν** ‣ 1
        - Verb • third • singular • aorist • active • indicative ‣ 1 (Deut. 29,25)
- **διανεύω (διά; νεύω)** to beckon, make signs ‣ 2 + 1 = 3
    - **διανεύοντες** ‣ 1
        - Verb • present • active • participle • masculine • plural • nominative ‣ 1 (Psa. 34,19)
    - **διανεύων** ‣ 1
        - Verb • present • active • participle • masculine • singular • nominative ‣ 1 (Luke 1,22)
    - **Διανεύων** ‣ 1
        - Verb • present • active • participle • masculine • singular • nominative ‣ 1 (Sir. 27,22)
- **διανήθω (διά; νήθω)** to spin out ‣ 6
    - **διανενησμένον** ‣ 1
        - Verb • perfect • passive • participle • neuter • singular • accusative ‣ 1 (Ex. 35,6)
    - **διανενησμένου** ‣ 4
        - Verb • perfect • passive • participle • neuter • singular • genitive ‣ 4 (Ex. 28,8; Ex. 28,33; Ex. 36,12; Ex. 36,15)
    - **διανενησμένῳ** ‣ 1
        - Verb • perfect • passive • participle • neuter • singular • dative ‣ 1 (Ex. 36,10)
- **διανθίζω (διά; ἄνθος)** to decorate with flowers ‣ 1
    - **διηνθισμέναι** ‣ 1
        - Verb • aorist • middle • participle • feminine • plural • nominative ‣ 1 (Esth. 1,6)
- **διανίστημι (διά; ἀνά; ἵστημι)** to rise up ‣ 3
    - **διαναστᾶσα** ‣ 1
        - Verb • aorist • active • participle • feminine • singular • nominative ‣ 1 (Judith 12,15)
    - **διανιστάμενος** ‣ 1
        - Verb • present • middle • participle • masculine • singular • nominative ‣ 1 (Deut. 6,7)
    - **διανισταμένους** ‣ 1
        - Verb • present • middle • participle • masculine • plural • accusative ‣ 1 (Deut. 11,19)
- **διανοέομαι (διά; νοῦς)** to intend, plan, understand ‣ 55 + 1 = 56
    - **διανενόημαι** ‣ 1
        - Verb • first • singular • perfect • middle • indicative ‣ 1 (Zech. 8,15)
    - **διανοεῖσθαι** ‣ 3
        - Verb • present • middle • infinitive ‣ 3 (Ex. 31,4; 2Chr. 2,13; Sir. 17,6)
    - **διανοεῖται** ‣ 3
        - Verb • third • singular • present • middle • indicative ‣ 3 (Gen. 6,5; Sir. 16,23; Sir. 16,23)
    - **διανοηθείς** ‣ 2
        - Verb • aorist • passive • participle • masculine • singular • nominative ‣ 2 (3Mac. 1,2; Sir. 39,12)
    - **διανοηθείς** ‣ 1
        - Verb • aorist • passive • participle • masculine • singular • nominative ‣ 1 (Gen. 8,21)
    - **διανοηθῆναι** ‣ 4
        - Verb • aorist • passive • infinitive ‣ 4 (Dan. 8,15; Dan. 9,13; Dan. 9,24; Dan. 10,12)
    - **διανοηθήσεται** ‣ 7
        - Verb • third • singular • future • passive • indicative ‣ 7 (Sir. 3,29; Sir. 16,20; Sir. 39,7; Dan. 10,1; Dan. 11,24; Dan. 11,25; Dan. 11,30)
    - **διανοηθήσῃ** ‣ 1
        - Verb • second • singular • future • passive • indicative ‣ 1 (Dan. 9,25)
    - **διανοηθήσονται** ‣ 3
        - Verb • third • plural • future • passive • indicative ‣ 3 (Sir. 21,17; Sir. 38,33; Dan. 11,35)
    - **Διανοήθητι** ‣ 1
        - Verb • second • singular • aorist • passive • imperative ‣ 1 (Dan. 8,17)
    - **διανοήθητι** ‣ 2
        - Verb • second • singular • aorist • passive • imperative ‣ 2 (Dan. 9,23; Dan. 10,11)
    - **διανοηθῶσι** ‣ 1
        - Verb • third • plural • aorist • passive • subjunctive ‣ 1 (Dan. 12,10)
    - **διανοοῦ** ‣ 3
        - Verb • second • singular • present • middle • imperative ‣ 3 (Sir. 3,22; Sir. 6,37; Sir. 31,15)
    - **διανοούμενοι** ‣ 1
        - Verb • present • middle • participle • masculine • plural • nominative ‣ 1 (Dan. 12,10)
    - **διανοούμενος** ‣ 3
        - Verb • present • middle • participle • masculine • singular • nominative ‣ 3 (Sir. 14,21; Dan. 8,23; Dan. 8,27)
    - **διανοουμένου** ‣ 2
        - Verb • present • middle • participle • masculine • singular • genitive ‣ 2 (3Mac. 1,22; Sir. 39,1)
    - **διανοουμένους** ‣ 1
        - Verb • present • middle • participle • masculine • plural • accusative ‣ 1 (Dan. 1,4)
    - **διανοουμένων** ‣ 1
        - Verb • present • middle • participle • masculine • plural • genitive ‣ 1 (Sir. 27,12)
    - **διενοεῖτο** ‣ 2
        - Verb • third • singular • imperfect • middle • indicative ‣ 2 (2Sam. 21,16; 2Chr. 11,22)
    - **διενοήθη** ‣ 2
        - Verb • third • singular • aorist • passive • indicative ‣ 2 (Gen. 6,6; Sir. 42,18)
    - **διενοήθην** ‣ 9
        - Verb • first • singular • aorist • passive • indicative ‣ 9 (Judith 9,9; Sir. 39,32; Sir. 51,18; Zech. 8,14; Jer. 7,31; Jer. 19,5; Dan. 9,2; Dan. 10,1; Dan. 12,8)
    - **διενοήθης** ‣ 1
        - Verb • second • singular • aorist • passive • indicative ‣ 1 (Judith 9,5)
    - **διενοήθησαν** ‣ 1
        - Verb • third • plural • aorist • passive • indicative ‣ 1 (Psa. 72,8)
    - **διενοούμην** ‣ 1
        - Verb • first • singular • imperfect • middle • indicative ‣ 1 (Dan. 8,5)

διανόημα (διά; νοῦς) thought ▸ 13 + 1 = 14
  διανόημα ▸ 5
    Noun · neuter · singular · accusative · (common) ▸ **1** (Sir. 32,18)
    Noun · neuter · singular · nominative · (common) ▸ **4** (Sir. 24,29; Sir. 25,5; Sir. 42,20; Dan. 8,25)
  διανοήματα ▸ 4 + 1 = 5
    Noun · neuter · plural · accusative · (common) ▸ 2 + 1 = **3** (Ezek. 14,3; Ezek. 14,4; Luke 11,17)
    Noun · neuter · plural · nominative · (common) ▸ **2** (Prov. 15,24; Is. 55,9)
  διανοήματος ▸ 2
    Noun · neuter · singular · genitive · (common) ▸ **2** (Sir. 22,16; Sir. 22,18)
  διανοήματός ▸ 1
    Noun · neuter · singular · genitive · (common) ▸ **1** (Sir. 23,2)
  διανοημάτων ▸ 1
    Noun · neuter · plural · genitive · (common) ▸ **1** (Prov. 14,14)
διανόησις (διά; νοῦς) skill, cunning ▸ 1
  διανόησιν ▸ 1
    Noun · feminine · singular · accusative · (common) ▸ **1** (2Chr. 2,13)
διάνοια (διά; νοῦς) mind, thought, intention ▸ 69 + 12 = 81
  διάνοια ▸ 7
    Noun · feminine · singular · nominative · (common) ▸ **7** (Ex. 35,29; Gen. 8,21; Gen. 45,26; Deut. 29,17; Job 36,28b; Bar. 4,28; Ezek. 14,4)
  διανοίᾳ ▸ 30 + 5 = 35
    Noun · feminine · singular · dative · (common) ▸ 30 + 5 = **35** (Gen. 17,17; Gen. 24,15; Gen. 24,45; Gen. 27,41; Ex. 9,21; Ex. 28,3; Ex. 35,22; Ex. 35,25; Ex. 35,26; Ex. 35,34; Ex. 36,1; Lev. 19,17; Num. 22,18; Deut. 4,39; Deut. 7,17; 1Chr. 29,18; 1Mac. 10,74; 4Mac. 2,2; 4Mac. 11,14; Ode. 9,51; Job 1,5; Job 1,8; Job 9,4; Wis. 4,14; Sir. 29,16; Is. 14,13; Is. 35,4; Bar. 1,22; LetterJ 5; Dan. 11,25; Matt. 22,37; Luke 1,51; Luke 10,27; Eph. 4,18; Col. 1,21)
  διάνοιαι ▸ 2
    Noun · feminine · plural · nominative · (common) ▸ **2** (Josh. 5,1; Dan. 11,14)
  διανοίαις ▸ 3
    Noun · feminine · plural · dative · (common) ▸ **3** (1Esdr. 4,26; 1Mac. 11,49; 2Mac. 2,2)
  διάνοιαν ▸ 15 + 4 = 19
    Noun · feminine · singular · accusative · (common) ▸ 15 + 4 = **19** (Gen. 34,3; 1Esdr. 3,18; 1Esdr. 3,19; 1Esdr. 3,20; 2Mac. 3,16; 2Mac. 5,17; 3Mac. 4,1; 3Mac. 5,28; 3Mac. 5,39; 4Mac. 7,5; Prov. 2,10; Is. 57,11; Is. 59,15; Jer. 38,33; Dan. 9,22; Heb. 8,10; Heb. 10,16; 2Pet. 3,1; 1John 5,20)
  διανοίας ▸ 11 + 2 = 13
    Noun · feminine · plural · accusative · (common) ▸ **2** (Num. 32,7; Sir. 3,24)
    Noun · feminine · singular · genitive · (common) ▸ 9 + 2 = **11** (Ex. 35,35; Deut. 28,28; Josh. 22,5; Judith 8,14; 4Mac. 13,4; Prov. 9,10a; Prov. 13,15; Sir. 22,17; Is. 55,9; Mark 12,30; 1Pet. 1,13)
  διανοιῶν ▸ 1 + 1 = 2
    Noun · feminine · plural · genitive · (common) ▸ 1 + 1 = **2** (Num. 15,39; Eph. 2,3)
διανοίγω (διά; ἀνοίγω) to open up, reveal ▸ 36 + 8 = 44
  διανοίγειν ▸ 1
    Verb · present · active · infinitive ▸ **1** (1Kings 2,46c)
  διανοιγόμενος ▸ 1
    Verb · present · passive · participle · masculine · singular · nominative ▸ **1** (Zech. 13,1)
  διανοῖγον ▸ 8 + 1 = 9
    Verb · present · active · participle · neuter · singular · accusative ▸ **5** (Ex. 13,12; Ex. 13,12; Ex. 13,13; Ex. 13,15; Ezek. 20,26)
    Verb · present · active · participle · neuter · singular · nominative ▸ 3 + 1 = **4** (Ex. 13,2; Ex. 34,19; Num. 18,15; Luke 2,23)
  διανοίγοντος ▸ 1
    Verb · present · active · participle · masculine · singular · genitive ▸ **1** (Num. 3,12)
  διανοιγόντων ▸ 1
    Verb · present · active · participle · masculine · plural · genitive ▸ **1** (Num. 8,16)
  διανοίγων ▸ 1
    Verb · present · active · participle · masculine · singular · nominative ▸ **1** (Acts 17,3)
  διανοῖξαι ▸ 2
    Verb · aorist · active · infinitive ▸ **2** (Hos. 2,17; Ezek. 21,27)
  διανοίξαι ▸ 1
    Verb · third · singular · aorist · active · optative ▸ **1** (2Mac. 1,4)
  διανοίξεις ▸ 1
    Verb · second · singular · future · active · indicative ▸ **1** (Job 38,32)
  Διάνοιξον ▸ 1
    Verb · second · singular · aorist · active · imperative ▸ **1** (Zech. 11,1)
  διάνοιξον ▸ 2
    Verb · second · singular · aorist · active · imperative ▸ **2** (2Kings 6,17; Prov. 20,13)
  διανοίξουσιν ▸ 2
    Verb · third · plural · future · active · indicative ▸ **2** (Ode. 4,14; Hab. 3,14)
  διανοίξω ▸ 1
    Verb · first · singular · future · active · indicative ▸ **1** (Zech. 12,4)
  διανοιχθήσεται ▸ 1
    Verb · third · singular · future · passive · indicative ▸ **1** (Ezek. 24,27)
  διανοιχθήσονται ▸ 1
    Verb · third · plural · future · passive · indicative ▸ **1** (Gen. 3,5)
  διανοίχθητι ▸ 1
    Verb · second · singular · aorist · passive · imperative ▸ **1** (Mark 7,34)
  διήνοιγεν ▸ 1
    Verb · third · singular · imperfect · active · indicative ▸ **1** (Luke 24,32)
  διηνοιγμένους ▸ 1
    Verb · perfect · passive · participle · masculine · plural · accusative · (variant) ▸ **1** (Acts 7,56)
  διήνοικται ▸ 1
    Verb · third · singular · perfect · passive · indicative ▸ **1** (Job 29,19)
  διήνοιξα ▸ 1
    Verb · first · singular · aorist · active · indicative ▸ **1** (Ezek. 3,2)
  Διήνοιξαν ▸ 2
    Verb · third · plural · aorist · active · indicative ▸ **2** (Lam. 2,16; Lam. 3,46)
  διήνοιξεν ▸ 6 + 2 = 8
    Verb · third · singular · aorist · active · indicative ▸ 6 + 2 = **8** (2Kings 6,17; 2Kings 6,20; Prov. 31,20; Prov. 31,25; Job 27,19; Is. 5,14; Luke 24,45; Acts 16,14)
  διηνοίχθησαν ▸ 2 + 1 = 3
    Verb · third · plural · aorist · passive · indicative ▸ 2 + 1 = **3**

(Gen. 3,7; Nah. 2,7; Luke 24,31)

διανυκτερεύω (διά; νύξ) to spend the night ▸ 1 + 1 = 2
   διανυκτερεύων ▸ 1 + 1 = 2
      Verb · present · active · participle · masculine · singular · nominative ▸ 1 + 1 = 2 (Job 2,9c; Luke 6,12)

διανύω (διά; ἀνά; ἀνύω) to arrive; to finish ▸ 1 + 1 = 2
   διήνυσαν ▸ 1
      Verb · third · plural · aorist · active · indicative ▸ 1 (2Mac. 12,17)
   διανύσαντες ▸ 1
      Verb · aorist · active · participle · masculine · plural · nominative ▸ 1 (Acts 21,7)

διαξαίνω (διά; ξαίνω) to comb ▸ 1
   διέξανε ▸ 1
      Verb · third · singular · aorist · active · indicative ▸ 1 (Judith 10,3)

διαπαρατηρέομαι (διά; παρά; τηρέω) to lie in wait for ▸ 1
   διεπαρετηροῦντο ▸ 1
      Verb · third · plural · imperfect · middle · indicative ▸ 1 (2Sam. 3,30)

διαπαρατριβή (διά; παρά; τριβος) constant arguing ▸ 1
   διαπαρατριβαὶ ▸ 1
      Noun · feminine · plural · nominative ▸ 1 (1Tim. 6,5)

διαπαρθενεύω (διά; παρθένος) to rape (a virgin) ▸ 2
   διεπαρθενεύθησαν ▸ 1
      Verb · third · plural · aorist · passive · indicative ▸ 1 (Ezek. 23,3)
   διεπαρθένευσαν ▸ 1
      Verb · third · plural · aorist · active · indicative ▸ 1 (Ezek. 23,8)

διαπαύω (διά; παύω) to cease ▸ 2
   διαπαύσετε ▸ 1
      Verb · second · plural · future · active · indicative ▸ 1 (Lev. 2,13)
   διαπαύσῃ ▸ 1
      Verb · third · singular · aorist · active · subjunctive ▸ 1 (Hos. 5,13)

διαπειλέω (διά; ἀπειλή) to intimidate, threaten ▸ 3
   διαπειλησάμενοι ▸ 1
      Verb · aorist · middle · participle · masculine · plural · nominative ▸ 1 (3Mac. 7,6)
   διαπειλήσῃ ▸ 1
      Verb · second · singular · future · middle · indicative ▸ 1 (Ezek. 3,17)
   διηπειλεῖτο ▸ 1
      Verb · third · singular · imperfect · middle · indicative ▸ 1 (3Mac. 6,23)

διαπειράζω (διά; πέραν) to thoroughly test ▸ 1
   διαπειράζεις ▸ 1
      Verb · second · singular · present · active · indicative ▸ 1 (3Mac. 5,40)

διαπείρω (διά; πείρω) to pierce ▸ 1
   διαπείραντες ▸ 1
      Verb · aorist · active · participle · masculine · plural · nominative ▸ 1 (4Mac. 11,19)

διαπέμπω (διά; πέμπω) to send across ▸ 6
   διαπέμπεται ▸ 1
      Verb · third · singular · present · middle · indicative ▸ 1 (Prov. 16,28)
   διαπεμφθῆναι ▸ 1
      Verb · aorist · passive · infinitive ▸ 1 (2Mac. 3,37)
   διαπεμψάμενος ▸ 1
      Verb · aorist · middle · participle · masculine · singular · nominative ▸ 1 (2Mac. 11,26)
   διαπεμψαμένων ▸ 1
      Verb · aorist · middle · participle · masculine · plural · genitive ▸ 1 (3Mac. 1,8)
   διέπεμψαν ▸ 1
      Verb · third · plural · aorist · active · indicative ▸ 1 (Judith 14,12)
   διεπέμψατο ▸ 1
      Verb · third · singular · aorist · middle · indicative ▸ 1 (1Esdr. 1,24)

διαπεράω (διά; πέραν) to go over, pass through ▸ 9 + 6 = 15
   διαπερᾶσαι ▸ 1
      Verb · aorist · active · infinitive ▸ 1 (1Mac. 16,6)
   διαπεράσαντες ▸ 2
      Verb · aorist · active · participle · masculine · plural · nominative ▸ 2 (Matt. 14,34; Mark 6,53)
   διαπεράσαντος ▸ 1
      Verb · aorist · active · participle · masculine · singular · genitive ▸ 1 (Mark 5,21)
   διαπεράσει ▸ 1
      Verb · third · singular · future · active · indicative ▸ 1 (Deut. 30,13)
   διαπεράσομεν ▸ 1
      Verb · first · plural · future · active · indicative ▸ 1 (1Mac. 5,41)
   διαπερῶν ▸ 1
      Verb · present · active · participle · neuter · singular · accusative ▸ 1 (Acts 21,2)
   διαπερῶντες ▸ 1
      Verb · present · active · participle · masculine · plural · nominative ▸ 1 (Is. 23,2)
   διαπερῶσιν ▸ 1
      Verb · third · plural · present · active · subjunctive ▸ 1 (Luke 16,26)
   διεπέρασαν ▸ 1
      Verb · third · plural · aorist · active · indicative ▸ 1 (1Mac. 16,6)
   διεπέρασεν ▸ 4 + 1 = 5
      Verb · third · singular · aorist · active · indicative ▸ 4 + 1 = 5 (1Mac. 3,37; 1Mac. 5,6; 1Mac. 5,43; 1Mac. 16,6; Matt. 9,1)

διαπετάννυμι (διά; πετάννυμι) to open, spread out ▸ 22 + 1 = 23
   διαπεπετακότα ▸ 1
      Verb · perfect · active · participle · neuter · plural · nominative ▸ 1 (2Chr. 5,8)
   διαπεπετασμένα ▸ 3
      Verb · perfect · middle · participle · neuter · plural · nominative ▸ 1 (1Kings 8,7)
      Verb · perfect · passive · participle · neuter · plural · accusative ▸ 1 (1Kings 6,35)
      Verb · perfect · passive · participle · neuter · plural · nominative ▸ 1 (1Kings 6,32)
   διαπεπετασμέναι ▸ 2
      Verb · perfect · passive · participle · feminine · plural · nominative ▸ 2 (1Kings 8,54; 2Chr. 3,13)
   διαπεπετασμένων ▸ 1
      Verb · perfect · middle · participle · neuter · plural · genitive ▸ 1 (1Chr. 28,18)
   διαπετάσῃ ▸ 2
      Verb · third · singular · aorist · active · subjunctive ▸ 2 (1Kings 8,38; 2Chr. 6,29)
   διεπέτασα ▸ 3
      Verb · first · singular · aorist · active · indicative ▸ 3 (Psa. 87,10; Psa. 142,6; Ezek. 16,8)

διεπετάσαμεν ▸ 1
Verb · first · plural · aorist · active · indicative ▸ **1** (Psa. 43,21)
διεπετάσασα ▸ 1
Verb · aorist · active · participle · feminine · singular · nominative ▸ **1** (Tob. 3,11)
Διεπέτασεν ▸ 1
Verb · third · singular · aorist · active · indicative ▸ **1** (Lam. 1,17)
διεπέτασεν ▸ 8
Verb · third · singular · aorist · active · indicative ▸ **8** (2Sam. 17,19; 1Kings 6,27; 1Kings 8,22; 2Chr. 6,12; 2Chr. 6,13; Psa. 104,39; Lam. 1,13; Lam. 2,6)

διαπίπτω (διά; πίπτω) to fall to pieces ▸ 17 + **1** = 18
διαπεπτωκότα ▸ 2
Verb · perfect · active · participle · masculine · singular · accusative ▸ **1** (2Mac. 2,14)
Verb · perfect · active · participle · neuter · plural · accusative ▸ **1** (Num. 5,21)
διαπεσεῖν ▸ 1
Verb · aorist · active · infinitive ▸ **1** (Num. 5,22)
διαπεσεῖται ▸ 3
Verb · third · singular · future · active · indicative ▸ **1** (Job 14,18)
Verb · third · singular · future · middle · indicative ▸ **2** (Num. 5,27; Judith 6,9)
διαπέσῃ ▸ 1
Verb · third · singular · aorist · active · subjunctive ▸ **1** (Tob. 14,4)
διαπέσητε ▸ 1
Verb · second · plural · aorist · active · subjunctive ▸ **1** (Neh. 8,10)
διαπίπτειν ▸ 1
Verb · present · active · infinitive ▸ **1** (2Mac. 9,9)
διαπίπτουσαν ▸ 1
Verb · present · active · participle · feminine · singular · accusative ▸ **1** (Jer. 19,12)
διαπίπτων ▸ 1
Verb · present · active · participle · masculine · singular · nominative ▸ **1** (Jer. 19,13)
διέπεσαν ▸ 2
Verb · third · plural · aorist · active · indicative ▸ **2** (Deut. 2,15; Deut. 2,16)
διέπεσεν ▸ 5
Verb · third · singular · aorist · active · indicative ▸ **5** (Deut. 2,14; Josh. 21,45; Josh. 23,14; Nah. 2,7; Jer. 18,4)

διαπλατύνω (διά; πλατύς) to lengthen, prolong ▸ 1
διαπλατύνηται ▸ 1
Verb · third · singular · present · passive · subjunctive ▸ **1** (Ezek. 41,7)

διαπλέω (διά; πλέω) to sail over; unfold ▸ 1
διαπλεύσαντες ▸ 1
Verb · aorist · active · participle · masculine · plural · nominative ▸ **1** (Acts 27,5)

διαπληκτίζομαι (διά; πλήσσω) to fist-fight ▸ 1
διαπληκτιζομένους ▸ 1
Verb · present · middle · participle · masculine · plural · accusative ▸ **1** (Ex. 2,13)

διαπνέω (διά; πνέω) to get breathe, blow through ▸ 3
διαπνεύσῃ ▸ 2
Verb · third · singular · aorist · active · subjunctive ▸ **2** (Song 2,17; Song 4,6)
διάπνευσον ▸ 1
Verb · second · singular · aorist · active · imperative ▸ **1** (Song 4,16)

διαπονέομαι (διά; πόνος) to grieve ▸ 2
διαπονηθείς ▸ 1
Verb · aorist · passive · participle · masculine · singular · nominative ▸ **1** (Acts 16,18)
διαπονούμενοι ▸ 1
Verb · present · middle · participle · masculine · plural · nominative ▸ **1** (Acts 4,2)

διαπονέω (διά; πόνος) to work out ▸ 2
διαπονηθήσεται ▸ 1
Verb · third · singular · future · passive · indicative ▸ **1** (Eccl. 10,9)
διαπονοῦντες ▸ 1
Verb · present · active · participle · masculine · plural · nominative ▸ **1** (2Mac. 2,28)

διαπορεύομαι (διά; πορεύομαι) to pass through ▸ 43 + **5** = 48
διαπορεύεσθαι ▸ 2 + **1** = 3
Verb · present · middle · infinitive ▸ **2 + 1 = 3** (Zech. 9,8; Is. 11,15; Luke 6,1)
διαπορεύεσθαί ▸ 1
Verb · present · middle · infinitive ▸ **1** (Ezek. 20,26)
διαπορευέσθω ▸ 1
Verb · third · singular · present · middle · imperative ▸ **1** (Prov. 5,16)
διαπορεύεται ▸ 5
Verb · third · singular · present · middle · indicative ▸ **5** (Josh. 15,3; 1Sam. 12,2; 2Kings 4,9; Psa. 38,7; Prov. 9,12c)
διαπορεύηται ▸ 2
Verb · third · singular · present · middle · subjunctive ▸ **2** (Num. 31,23; Ezek. 33,15)
Διαπορευθείς ▸ 1
Verb · aorist · passive · participle · masculine · singular · nominative ▸ **1** (Job 2,2)
διαπορευόμενα ▸ 1
Verb · present · middle · participle · neuter · plural · accusative ▸ **1** (Psa. 8,9)
διαπορευομένης ▸ 1
Verb · present · middle · participle · feminine · singular · genitive ▸ **1** (Sol. 13,2)
διαπορευόμενοι ▸ 3
Verb · present · middle · participle · masculine · plural · nominative ▸ **3** (1Sam. 29,3; 2Chr. 30,10; Jer. 18,16)
διαπορευόμενον ▸ 3
Verb · present · middle · participle · masculine · singular · accusative ▸ **1** (Ezek. 33,28)
Verb · present · middle · participle · neuter · singular · nominative ▸ **2** (Psa. 57,8; Is. 30,25)
διαπορευόμενος ▸ 5 + **1** = 6
Verb · present · middle · participle · masculine · singular · nominative ▸ **5 + 1 = 6** (1Kings 9,8; 2Kings 6,26; 2Chr. 7,21; Zeph. 2,15; Ezek. 39,15; Rom. 15,24)
διαπορευομένου ▸ 1 + **1** = 2
Verb · present · middle · participle · neuter · singular · genitive ▸ **1 + 1 = 2** (Psa. 90,6; Luke 18,36)
διαπορευομένους ▸ 1
Verb · present · middle · participle · masculine · plural · accusative ▸ **1** (Judg. 9,25)
διαπορευομένων ▸ 1
Verb · present · middle · participle · masculine · plural · genitive ▸ **1** (Psa. 67,22)
διαπορεύονται ▸ 3
Verb · third · plural · present · middle · indicative ▸ **3** (Psa.

76,18; Psa. 81,5; Psa. 103,26)
- διαπορεύου ▸ 2
   - **Verb** · second · singular · present · middle · imperative ▸ 2 (Sir. 8,16; Ezek. 21,21)
- διαπορεύσεται ▸ 1
   - **Verb** · third · singular · future · middle · indicative ▸ 1 (Job 22,14)
- διεπορεύετο ▸ 8 + 1 = 9
   - **Verb** · third · singular · imperfect · middle · indicative ▸ 8 + 1 = 9 (Num. 11,8; 1Kings 18,35; 2Kings 6,30; 1Mac. 3,37; 1Mac. 5,66; 1Mac. 6,1; 1Mac. 11,60; Dan. 4,29; Luke 13,22)
- διεπορευόμην ▸ 1
   - **Verb** · first · singular · imperfect · middle · indicative ▸ 1 (Psa. 100,2)
- διεπορεύοντο ▸ 1
   - **Verb** · third · plural · imperfect · middle · indicative ▸ 1 (Acts 16,4)

διαπορέω (διά; πορεύομαι) to doubt ▸ 4
- διηπόρει ▸ 2
   - **Verb** · third · singular · imperfect · active · indicative ▸ 2 (Luke 9,7; Acts 10,17)
- διηπόρουν ▸ 2
   - **Verb** · third · plural · imperfect · active · indicative ▸ 2 (Acts 2,12; Acts 5,24)

διαπραγματεύομαι (διά; πράσσω) to make a profit ▸ 1
- διεπραγματεύσαντο ▸ 1
   - **Verb** · third · plural · aorist · middle · indicative ▸ 1 (Luke 19,15)

διάπρασις (διά; πράσσω) selling ▸ 1
- διάπρασις ▸ 1
   - **Noun** · feminine · singular · nominative · (common) ▸ 1 (Lev. 25,33)

διαπράσσω (διά; πράσσω) to go through, pass through ▸ 2
- διαπραξάμενοι ▸ 2
   - **Verb** · aorist · middle · participle · masculine · plural · nominative ▸ 2 (2Mac. 8,29; 2Mac. 10,38)

διαπρεπής (διά; πρέπω) prominent, illustrious ▸ 2
- διαπρεπεῖς ▸ 2
   - **Adjective** · feminine · plural · nominative · noDegree ▸ 1 (2Mac. 3,26)
   - **Adjective** · masculine · plural · nominative · noDegree ▸ 1 (2Mac. 10,29)

διαπρίω (διά; πρίων) to be furious ▸ 1 + 2 = 3
- διεπρίοντο ▸ 2
   - **Verb** · third · plural · imperfect · passive · indicative · (variant) ▸ 2 (Acts 5,33; Acts 7,54)
- διέπρισεν ▸ 1
   - **Verb** · third · singular · aorist · active · indicative ▸ 1 (1Chr. 20,3)

διάπτωσις (διά; πίπτω) error ▸ 2
- διαπτώσεως ▸ 1
   - **Noun** · feminine · singular · genitive · (common) ▸ 1 (Jer. 19,14)
- Διάπτωσις ▸ 1
   - **Noun** · feminine · singular · nominative · (common) ▸ 1 (Jer. 19,6)

διάπυρος (διά; πῦρ) red-hot, fiery ▸ 2
- διάπυρον ▸ 1
   - **Adjective** · masculine · singular · accusative · noDegree ▸ 1 (3Mac. 6,6)
- διάπυρος ▸ 1
   - **Adjective** · feminine · singular · nominative · noDegree ▸ 1 (Dan. 3,46)

διαπυρόω (διά; πῦρ) to be very thirsty ▸ 1
- διαπυρούμενος ▸ 1
   - **Verb** · present · passive · participle · masculine · singular · nominative ▸ 1 (4Mac. 3,15)

διαρήγνυμι (διά; ῥήγνυμι) to break through; tear ▸ 5
- διαρρήξαντες ▸ 1
   - **Verb** · aorist · active · participle · masculine · plural · nominative ▸ 1 (Acts 14,14)
- διαρρήξας ▸ 1
   - **Verb** · aorist · active · participle · masculine · singular · nominative ▸ 1 (Mark 14,63)
- διαρρήσσων ▸ 1
   - **Verb** · present · active · participle · masculine · singular · nominative ▸ 1 (Luke 8,29)
- διέρρηξεν ▸ 1
   - **Verb** · third · singular · aorist · active · indicative ▸ 1 (Matt. 26,65)
- διερρήσσετο ▸ 1
   - **Verb** · third · singular · imperfect · passive · indicative · (variant) ▸ 1 (Luke 5,6)

διαριθμέω (διά; ἀριθμός) to count ▸ 1
- διηριθμήσαντο ▸ 1
   - **Verb** · third · plural · aorist · middle · indicative ▸ 1 (3Mac. 3,6)

διαρκέω (διά; ἀρκέω) to have full strength; to endure, last ▸ 1
- διηρκέσθη ▸ 1
   - **Verb** · third · singular · aorist · passive · indicative ▸ 1 (3Mac. 2,26)

διαρπαγή (διά; ἁρπάζω) plundering, plunder; robbery ▸ 18 + 2 = 20
- διαρπαγή ▸ 1
   - **Noun** · feminine · singular · nominative · (common) ▸ 1 (Mal. 3,10)
- διαρπαγῇ ▸ 2 + 1 = 3
   - **Noun** · feminine · singular · dative · (common) ▸ 2 + 1 = 3 (Num. 14,31; Ezra 9,7; Dan. 11,33)
- διαρπαγήν ▸ 4 + 1 = 5
   - **Noun** · feminine · singular · accusative · (common) ▸ 4 + 1 = 5 (Num. 14,3; Judith 7,27; Ode. 10,5; Is. 5,5; Dan. 3,96)
- διαρπαγήν ▸ 11
   - **Noun** · feminine · singular · accusative · (common) ▸ 11 (2Kings 21,14; Esth. 7,4; Judith 2,7; Judith 4,12; Judith 8,19; Tob. 3,4; Hab. 2,7; Zeph. 1,13; Is. 42,24; Ezek. 23,46; Ezek. 25,7)

διαρπάζω (διά; ἁρπάζω) to seize, despoil, plunder ▸ 37 + 2 + 3 = 42
- διαρπαγῇ ▸ 1
   - **Verb** · third · singular · aorist · passive · subjunctive ▸ 1 (Sir. 6,2)
- διαρπαγήσεται ▸ 1
   - **Verb** · third · singular · future · passive · indicative ▸ 1 (Sir. 36,25)
- διαρπαγήσονται ▸ 2 + 1 = 3
   - **Verb** · third · plural · future · passive · indicative ▸ 2 + 1 = 3 (Amos 3,11; Zech. 14,2; Dan. 2,5)
- διαρπαζόμενος ▸ 1
   - **Verb** · present · passive · participle · masculine · singular · nominative ▸ 1 (Deut. 28,29)
- διαρπάζοντες ▸ 2
   - **Verb** · present · active · participle · masculine · plural · nominative ▸ 2 (Jer. 27,11; Ezek. 22,29)

διαρπαζόντων ▸ 2
   Verb · present · active · participle · masculine · plural · genitive ▸ 2 (2Kings 17,20; Psa. 34,10)
διαρπάζουσιν ▸ 1
   Verb · third · plural · present · active · indicative ▸ 1 (1Sam. 23,1)
διαρπάσαι ▸ 2 + 1 = 3
   Verb · aorist · active · infinitive ▸ 2 + 1 = 3 (Esth. 3,13; Ezek. 7,21; Mark 3,27)
διαρπασάτωσαν ▸ 1
   Verb · third · plural · aorist · active · imperative ▸ 1 (Psa. 108,11)
διαρπάσει ▸ 2
   Verb · third · singular · future · active · indicative ▸ 2 (Matt. 12,29; Mark 3,27)
διαρπασθῆναι ▸ 1
   Verb · aorist · passive · infinitive ▸ 1 (3Mac. 5,41)
διαρπάσωμεν ▸ 1
   Verb · first · plural · aorist · active · subjunctive ▸ 1 (1Sam. 14,36)
διαρπῶνται ▸ 1
   Verb · third · plural · future · middle · indicative ▸ 1 (Zeph. 2,9)
διηρπάγη ▸ 1
   Verb · third · singular · aorist · passive · indicative ▸ 1 (Tob. 1,20)
διήρπαζον ▸ 5 + 1 = 6
   Verb · third · plural · imperfect · active · indicative ▸ 5 + 1 = 6 (Psa. 43,11; Mic. 2,2; Mic. 2,2; Nah. 2,10; Nah. 2,10; Judg. 9,25)
διηρπάζοντο ▸ 1
   Verb · third · plural · imperfect · passive · indicative ▸ 1 (1Mac. 6,24)
διηρπάζοσαν ▸ 1
   Verb · third · plural · imperfect · active · indicative ▸ 1 (Sol. 8,11)
διήρπασαν ▸ 7
   Verb · third · plural · aorist · active · indicative ▸ 7 (Gen. 34,27; Gen. 34,29; Judg. 21,23; Esth. 9,10; Esth. 9,15; Esth. 9,16; Psa. 88,42)
διήρπασεν ▸ 1
   Verb · third · singular · aorist · active · indicative ▸ 1 (2Kings 7,16)
διηρπασμένη ▸ 1
   Verb · perfect · passive · participle · feminine · singular · nominative ▸ 1 (Zeph. 2,4)
διηρπασμένοι ▸ 1
   Verb · perfect · passive · participle · masculine · plural · nominative ▸ 1 (Is. 5,17)
διηρπασμένον ▸ 2
   Verb · perfect · middle · participle · neuter · singular · accusative ▸ 1 (Jer. 21,12)
   Verb · perfect · passive · participle · masculine · singular · accusative ▸ 1 (Jer. 22,3)
διηρπασμένος ▸ 1
   Verb · perfect · passive · participle · masculine · singular · nominative ▸ 1 (Is. 42,22)

διαρραίνω (διά; ῥαίνω) to sprinkle ▸ 1
διέρραγκα ▸ 1
   Verb · first · singular · perfect · active · indicative ▸ 1 (Prov. 7,17)

διαρρέω (διά; ῥέω) to flow through ▸ 1
διαρρυῆναι ▸ 1
   Verb · aorist · active · infinitive ▸ 1 (2Mac. 10,20)

διαρρήγνυμι (διά; ῥήγνυμι) to break through, tear, burst ▸ 85 + 2 = 87
διαρραγήσονται ▸ 1
   Verb · third · plural · future · passive · indicative ▸ 1 (Hos. 14,1)
διαρραγῶσιν ▸ 1
   Verb · third · plural · aorist · passive · subjunctive ▸ 1 (Is. 33,20)
διαρρῆξαί ▸ 1
   Verb · aorist · active · infinitive ▸ 1 (Ezra 9,5)
διαρρήξαντες ▸ 1
   Verb · aorist · active · participle · masculine · plural · nominative ▸ 1 (4Mac. 9,11)
Διαρρήξατε ▸ 1
   Verb · second · plural · aorist · active · imperative ▸ 1 (2Sam. 3,31)
διαρρήξατε ▸ 1
   Verb · second · plural · aorist · middle · imperative ▸ 1 (Joel 2,13)
διαρρήξει ▸ 2
   Verb · third · singular · future · active · indicative ▸ 2 (Lev. 21,10; 1Sam. 28,17)
διαρρήξετε ▸ 1
   Verb · second · plural · future · active · indicative ▸ 1 (Lev. 10,6)
διαρρήξω ▸ 7
   Verb · first · singular · future · active · indicative ▸ 7 (1Kings 11,11; Hos. 13,8; Nah. 1,13; Is. 45,1; Jer. 37,8; Ezek. 13,20; Ezek. 13,21)
Διαρρήξωμεν ▸ 1
   Verb · first · plural · aorist · active · subjunctive ▸ 1 (Psa. 2,3)
διαρρήσσων ▸ 1
   Verb · present · active · participle · masculine · singular · nominative ▸ 1 (1Kings 11,11)
διερράγη ▸ 3 + 1 = 4
   Verb · third · singular · aorist · passive · indicative ▸ 3 + 1 = 4 (Psa. 140,7; LetterJ 43; Bel 27; Bel 27)
διερράγησαν ▸ 2
   Verb · third · plural · aorist · passive · indicative ▸ 2 (2Kings 2,14; Neh. 9,21)
διερρηγμένα ▸ 2
   Verb · perfect · passive · participle · neuter · plural · accusative ▸ 2 (1Esdr. 8,70; Prov. 23,21)
διερρηγμένοι ▸ 1
   Verb · perfect · middle · participle · masculine · plural · nominative ▸ 1 (Jer. 48,5)
διερρήγνυντο ▸ 1
   Verb · third · plural · imperfect · passive · indicative ▸ 1 (2Chr. 25,12)
διερρηγότα ▸ 1
   Verb · perfect · active · participle · neuter · plural · nominative ▸ 1 (1Sam. 4,12)
διέρρηξα ▸ 2
   Verb · first · singular · aorist · active · indicative ▸ 2 (1Esdr. 8,68; Ezra 9,3)
διέρρηξαν ▸ 11
   Verb · third · plural · aorist · active · indicative ▸ 11 (Gen. 44,13; Num. 14,6; 2Sam. 1,11; 2Sam. 13,31; 2Sam. 23,16; 1Chr. 11,18; Judith 14,19; 1Mac. 3,47; 1Mac. 4,39; Jer. 5,5; Jer. 43,24)
διέρρηξας ▸ 6
   Verb · second · singular · aorist · active · indicative ▸ 6 (2Kings 5,8; 2Kings 22,19; 2Chr. 34,27; Psa. 29,12; Psa. 73,15; Psa. 115,7)
Διέρρηξεν ▸ 1
   Verb · third · singular · aorist · active · indicative ▸ 1 (1Sam. 15,28)
διέρρηξεν ▸ 30 + 1 = 31

διαρρήγνυμι–διασκεδάζω

Verb · third · singular · aorist · active · indicative ▸ 30 + 1 = **31** (Gen. 37,29; Gen. 37,34; Josh. 7,6; Judg. 11,35; Judg. 16,9; 1Sam. 15,27; 2Sam. 1,11; 2Sam. 13,19; 2Sam. 13,31; 1Kings 11,30; 1Kings 20,16; 1Kings 20,27; 2Kings 2,12; 2Kings 5,7; 2Kings 5,8; 2Kings 6,30; 2Kings 11,14; 2Kings 19,1; 2Kings 22,11; 2Chr. 23,13; 2Chr. 34,19; Esth. 4,1; Judith 14,16; 1Mac. 2,14; 1Mac. 11,71; Psa. 77,13; Psa. 77,15; Psa. 104,41; Psa. 106,14; Job 1,20; Judg. 11,35)

διερρηχότες ▸ 4
Verb · perfect · active · participle · masculine · plural · nominative ▸ **3** (2Sam. 14,30; 1Mac. 5,14; 1Mac. 13,45)
Verb · perfect · passive · participle · masculine · plural · nominative ▸ **1** (2Kings 18,37)

διερρηχώς ▸ 1
Verb · perfect · active · participle · masculine · singular · nominative ▸ **1** (2Sam. 15,32)

διερρωγότα ▸ 1
Verb · perfect · active · participle · neuter · plural · nominative ▸ **1** (2Sam. 1,2)

διερρωγότας ▸ 1
Verb · perfect · active · participle · masculine · plural · accusative ▸ **1** (LetterJ 30)

διαρρίπτω (διά; ῥίπτω) to throw, scatter ▸ 2
διαρριπτοῦνται ▸ 1
Verb · third · plural · present · middle · indicative ▸ **1** (Job 41,11)
διαρρίψατε ▸ 1
Verb · second · plural · aorist · active · imperative ▸ **1** (Is. 62,10)

διαρτάω (διά; ἀρτάω) to deceive ▸ 1
διαρτηθῆναι ▸ 1
Verb · aorist · passive · infinitive ▸ **1** (Num. 23,19)

διαρτίζω (διά; ἀρτάω) to form ▸ 2
διήρτισαι ▸ 1
Verb · second · singular · perfect · middle · indicative ▸ **1** (Job 33,6)
διηρτίσμεθα ▸ 1
Verb · first · plural · perfect · passive · indicative ▸ **1** (Job 33,6)

διαρυθμίζω (διά; ῥέω) to educate, train ▸ 1
διερρύθμισα ▸ 1
Verb · first · singular · aorist · active · indicative ▸ **1** (2Mac. 7,22)

διασαλεύω (διά; σάλος) to shake ▸ 1
διασαλεύθητι ▸ 1
Verb · second · singular · aorist · passive · imperative ▸ **1** (Hab. 2,16)

διασαφέω (διά; σαφής) to explain, show clearly ▸ 10 + 2 = 12
διασαφεῖ ▸ 1
Verb · third · singular · present · active · indicative ▸ **1** (2Mac. 10,26)
διασαφῆσαι ▸ 2
Verb · aorist · active · infinitive ▸ **2** (Deut. 1,5; 2Mac. 1,18)
διασαφήσητέ ▸ 1
Verb · second · plural · aorist · active · subjunctive ▸ **1** (Dan. 2,6)
διασάφησον ▸ 1
Verb · second · singular · aorist · active · imperative ▸ **1** (Matt. 13,36)
διεσαφεῖτο ▸ 2
Verb · third · singular · imperfect · passive · indicative ▸ **2** (1Mac. 12,8; 2Mac. 2,9)
διεσάφησα ▸ 1
Verb · first · singular · aorist · active · indicative ▸ **1** (2Mac. 11,18)
διεσάφησαν ▸ 1 + 1 = 2

Verb · third · plural · aorist · active · indicative ▸ 1 + 1 = **2** (2Mac. 1,20; Matt. 18,31)
διεσάφησεν ▸ 2
Verb · third · singular · aorist · active · indicative ▸ **2** (2Mac. 3,9; 2Mac. 7,6)

διασάφησις (διά; σαφής) explanation ▸ 3
Διασάφησις ▸ 1
Noun · feminine · singular · nominative · (common) ▸ **1** (Ezra 5,6)
διασάφησις ▸ 2
Noun · feminine · singular · nominative · (common) ▸ **2** (Gen. 40,8; Ezra 7,11)

διασείω (διά; σείω) to shake, to extort ▸ 1 + 1 = 2
διασείσητε ▸ 1
Verb · second · plural · aorist · active · subjunctive ▸ **1** (Luke 3,14)
διασεισθέντες ▸ 1
Verb · aorist · passive · participle · masculine · plural · nominative ▸ **1** (3Mac. 7,21)

διασκεδάζω (διά; σκεδάννυμι) to scatter, break ▸ 45 + 2 = 47
διασκεδάζει ▸ 1
Verb · third · singular · present · active · indicative ▸ **1** (Psa. 32,10)
διασκεδάννυται ▸ 1
Verb · third · singular · present · passive · indicative ▸ **1** (Job 38,24)
διασκεδάσαι ▸ 8
Verb · aorist · active · infinitive ▸ **8** (Lev. 26,15; Lev. 26,44; 2Sam. 17,14; Ezra 4,5; Ezra 9,14; Zech. 11,10; Zech. 11,14; Is. 32,7)
διασκεδάσει ▸ 4
Verb · third · singular · future · active · indicative ▸ **4** (Is. 8,10; Is. 9,10; Is. 14,27; Is. 44,25)
διασκεδάσεις ▸ 1
Verb · second · singular · future · active · indicative ▸ **1** (2Sam. 15,34)
διασκεδάσῃς ▸ 3 + 1 = 4
Verb · second · singular · aorist · active · subjunctive ▸ 3 + 1 = **4** (Ode. 7,34; Jer. 14,21; Dan. 3,34; Dan. 3,34)
διασκεδασθῇ ▸ 1
Verb · third · singular · aorist · passive · subjunctive ▸ **1** (Eccl. 12,5)
διασκεδασθήσεται ▸ 2
Verb · third · singular · future · passive · indicative ▸ **2** (Wis. 2,4; Zech. 11,11)
Διασκέδασον ▸ 1
Verb · second · singular · aorist · active · imperative ▸ **1** (2Sam. 15,31)
διασκέδασον ▸ 3
Verb · second · singular · aorist · active · imperative ▸ **3** (1Kings 15,19; 2Chr. 16,3; 3Mac. 2,19)
διασκεδάσουσιν ▸ 2
Verb · third · plural · future · active · indicative ▸ **2** (Deut. 31,16; Deut. 31,20)
διασκεδάσω ▸ 4 + 1 = 5
Verb · first · singular · aorist · active · subjunctive ▸ **1** (Psa. 88,34)
Verb · first · singular · future · active · indicative ▸ 3 + 1 = **4** (Judg. 2,1; Mal. 2,2; Is. 19,3; Judg. 2,1)
διεσκεδάσαμεν ▸ 1
Verb · first · plural · aorist · active · indicative ▸ **1** (1Mac. 6,59)
διεσκέδασαν ▸ 3

Verb · third · plural · aorist · active · indicative ▸ **3** (1Mac. 2,31; Psa. 118,126; Jer. 11,10)

διεσκέδασεν ▸ 6
  Verb · third · singular · aorist · active · indicative ▸ **6** (Gen. 17,14; Ex. 32,25; Num. 15,31; 1Kings 12,24r; Neh. 4,9; Is. 9,3)

διεσκέδασέν ▸ 1
  Verb · third · singular · aorist · active · indicative ▸ **1** (Job 16,12)

διεσκεδάσθαι ▸ 1
  Verb · perfect · passive · infinitive ▸ **1** (3Mac. 5,30)

διεσκέδασται ▸ 2
  Verb · third · singular · perfect · passive · indicative ▸ **2** (Ex. 32,25; Hab. 1,4)

διασκευάζω (διά; σκεῦος) to be equipped ▸ 2
  διεσκευάσθησαν ▸ 1
    Verb · third · plural · aorist · passive · indicative ▸ **1** (1Mac. 6,33)
  διεσκευασμένοι ▸ 1
    Verb · perfect · passive · participle · masculine · plural · nominative ▸ **1** (Josh. 4,12)

διασκευή (διά; σκεῦος) equipment ▸ 2
  διασκευῇ ▸ 1
    Noun · feminine · singular · dative · (common) ▸ **1** (2Mac. 11,10)
  διασκευὴν ▸ 1
    Noun · feminine · singular · accusative · (common) ▸ **1** (Ex. 31,7)

διασκιρτάω (διά; σκαίρω) to leap around ▸ 1
  διεσκίρτησαν ▸ 1
    Verb · third · plural · aorist · active · indicative ▸ **1** (Wis. 19,9)

διασκορπίζω (διά; σκορπίζω) to scatter, squander ▸ 50 + 5 + 9 = 64
  διασκορπιεῖ ▸ 1 + 1 = 2
    Verb · third · singular · future · active · indicative ▸ 1 + 1 = 2 (Job 37,11; Dan. 11,24)
  διασκορπίζεις ▸ 1
    Verb · second · singular · present · active · indicative ▸ **1** (Jer. 28,20)
  διασκορπίζηται ▸ 1
    Verb · third · singular · present · passive · subjunctive ▸ **1** (Ezek. 46,18)
  διασκορπίζοντες ▸ 1
    Verb · present · active · participle · masculine · plural · nominative ▸ **1** (Jer. 23,1)
  διασκορπίζων ▸ 1
    Verb · present · active · participle · masculine · singular · nominative ▸ **1** (Luke 16,1)
  διασκορπίσαι ▸ 4
    Verb · aorist · active · infinitive ▸ **4** (Psa. 105,27; Zech. 2,4; Ezek. 12,15; Ezek. 20,23)
  διασκορπίσαντα ▸ 2
    Verb · aorist · active · participle · neuter · plural · nominative ▸ **2** (Zech. 2,2; Zech. 2,4)
  διασκορπίσατε ▸ 1
    Verb · second · plural · aorist · active · imperative ▸ **1** (Dan. 4,14)
  διασκορπίσεις ▸ 1
    Verb · second · singular · future · active · indicative ▸ **1** (Ezek. 5,2)
  διασκορπίσῃ ▸ 1
    Verb · third · singular · aorist · active · subjunctive ▸ **1** (Deut. 30,1)
  διασκορπισθήσονται ▸ 3 + 1 + 2 = 6
    Verb · third · plural · future · passive · indicative ▸ 3 + 1 + 2 = 6 (Psa. 58,16; Psa. 91,10; Jer. 27,37; Tob. 14,4; Matt. 26,31; Mark 14,27)
  διασκορπισθῆτε ▸ 1
    Verb · second · plural · aorist · passive · subjunctive ▸ **1** (Tob. 13,5)
  διασκορπισθήτωσαν ▸ 2
    Verb · third · plural · aorist · passive · imperative ▸ **2** (Num. 10,34; Psa. 67,2)
  διασκόρπισον ▸ 3
    Verb · second · singular · aorist · active · imperative ▸ **3** (Psa. 58,12; Psa. 67,31; Ezek. 10,2)
  διασκορπιῶ ▸ 15
    Verb · first · singular · future · active · indicative ▸ **15** (Neh. 1,8; Jer. 9,15; Jer. 13,14; Jer. 28,20; Jer. 28,21; Jer. 28,21; Jer. 28,22; Jer. 28,22; Jer. 28,23; Jer. 28,23; Jer. 28,23; Ezek. 5,10; Ezek. 6,5; Ezek. 11,16; Ezek. 22,15)
  διεσκόρπισα ▸ 1
    Verb · first · singular · aorist · active · indicative ▸ **1** (Matt. 25,26)
  διεσκόρπισας ▸ 2 + 1 + 1 = 4
    Verb · second · singular · aorist · active · indicative ▸ 2 + 1 + 1 = 4 (Psa. 88,11; Dan. 9,7; Tob. 3,4; Matt. 25,24)
  διεσκορπίσατε ▸ 1
    Verb · second · plural · aorist · active · indicative ▸ **1** (Jer. 23,2)
  διεσκόρπισεν ▸ 2 + 2 = 4
    Verb · third · singular · aorist · active · indicative ▸ 2 + 2 = 4 (Psa. 52,6; Ode. 9,51; Luke 1,51; Luke 15,13)
  διεσκόρπισέν ▸ 1
    Verb · third · singular · aorist · active · indicative ▸ **1** (Deut. 30,3)
  διεσκορπίσθη ▸ 2
    Verb · third · singular · aorist · passive · indicative ▸ **2** (Psa. 21,15; Psa. 140,7)
  διεσκορπίσθησαν ▸ 4 + 1 = 5
    Verb · third · plural · aorist · passive · indicative ▸ 4 + 1 = 5 (Sir. 48,15; Jer. 10,21; Ezek. 28,25; Ezek. 29,13; Acts 5,37)
  διεσκορπίσθητε ▸ 2
    Verb · second · plural · aorist · passive · indicative ▸ **2** (Ezek. 20,34; Ezek. 20,41)
  διεσκορπισμένα ▸ 1
    Verb · perfect · passive · participle · neuter · plural · accusative · (variant) ▸ **1** (John 11,52)
  διεσκορπισμένον ▸ 1
    Verb · perfect · passive · participle · neuter · singular · accusative ▸ **1** (Zech. 11,16)

διασκορπισμός (διά; σκορπίζω) scattering, dispersion ▸ 3 + 1 = 4
  διασκορπισμόν ▸ 1
    Noun · masculine · singular · accusative · (common) ▸ **1** (Ezek. 13,20)
  διασκορπισμὸν ▸ 1 + 1 = 2
    Noun · masculine · singular · accusative · (common) ▸ 1 + 1 = 2 (Jer. 24,9; Dan. 12,7)
  διασκορπισμῷ ▸ 1
    Noun · masculine · singular · dative · (common) ▸ **1** (Ezek. 6,8)

δίασμα (διά; σμάω) warp, loom pin ▸ 2 + 2 = 4
  δίασμα ▸ 1
    Noun · neuter · singular · accusative · (common) ▸ **1** (Judg. 16,14)
  διάσματι ▸ 2
    Noun · neuter · singular · dative · (common) ▸ **2** (Judg. 16,13; Judg. 16,14)
  διάσματος ▸ 1
    Noun · neuter · singular · genitive · (common) ▸ **1** (Judg. 16,13)

διασπασμός (διά; σπάω) tearing apart ▸ 1
   διασπασμὸν ▸ 1
      Noun · masculine · singular · accusative · (common) ▸ 1 (Jer. 15,3)

διασπάω (διά; σπάω) to tear apart ▸ 10 + 2 + 2 = 14
   διάσπα ▸ 1
      Verb · second · singular · present · active · imperative ▸ 1 (Is. 58,6)
   διασπάσαι ▸ 1
      Verb · third · singular · aorist · active · optative ▸ 1 (Judg. 14,6)
   διασπάσει ▸ 1
      Verb · third · singular · future · active · indicative ▸ 1 (Hos. 13,8)
   διασπασθῇ ▸ 1
      Verb · third · singular · aorist · passive · subjunctive ▸ 1 (Acts 23,10)
   διασπᾶται ▸ 1
      Verb · third · singular · present · passive · indicative ▸ 1 (Judg. 16,9)
   διέσπασας ▸ 1
      Verb · second · singular · aorist · active · indicative ▸ 1 (Jer. 2,20)
   διέσπασεν ▸ 2 + 2 = 4
      Verb · third · singular · aorist · active · indicative ▸ 2 + 2 = 4 (Judg. 14,6; Judg. 16,12; Judg. 16,9; Judg. 16,12)
   διέσπασέν ▸ 1
      Verb · third · singular · aorist · active · indicative ▸ 1 (Job 19,10)
   διεσπάσθαι ▸ 1
      Verb · perfect · passive · infinitive · (variant) ▸ 1 (Mark 5,4)
   διεσπάσθησαν ▸ 2
      Verb · third · plural · aorist · passive · indicative ▸ 2 (Jer. 4,20; Jer. 10,20)

διασπείρω (διά; σπείρω) to scatter abroad ▸ 67 + 2 + 3 = 72
   διασπαρέντες ▸ 2
      Verb · aorist · passive · participle · masculine · plural · nominative ▸ 2 (Acts 8,4; Acts 11,19)
   διασπαρῇ ▸ 1
      Verb · third · singular · aorist · passive · subjunctive ▸ 1 (Jer. 47,15)
   διασπαρῆναι ▸ 1
      Verb · aorist · passive · infinitive ▸ 1 (Gen. 11,4)
   διασπαρήσεσθε ▸ 1
      Verb · second · plural · future · passive · indicative ▸ 1 (Jer. 30,21)
   Διασπάρητε ▸ 1
      Verb · second · plural · aorist · active · imperative ▸ 1 (1Sam. 14,34)
   διασπεῖραι ▸ 2
      Verb · aorist · active · infinitive ▸ 2 (Is. 32,6; Ezek. 20,23)
   διασπείρω ▸ 1
      Verb · first · singular · aorist · active · subjunctive ▸ 1 (Ezek. 32,15)
   διασπερεῖ ▸ 4
      Verb · third · singular · future · active · indicative ▸ 4 (Deut. 4,27; Deut. 28,64; Is. 24,1; Is. 41,16)
   Διασπερῶ ▸ 2
      Verb · first · singular · future · active · indicative ▸ 2 (Deut. 32,26; Ode. 2,26)
   διασπερῶ ▸ 13
      Verb · first · singular · future · active · indicative ▸ 13 (Gen. 49,7; Lev. 26,33; Jer. 15,7; Jer. 18,17; Jer. 25,16; Bar. 2,29; Ezek. 12,14; Ezek. 12,15; Ezek. 17,21; Ezek. 22,15; Ezek. 29,12; Ezek. 30,23; Ezek. 30,26)
   διεσπάρη ▸ 8
      Verb · third · singular · aorist · passive · indicative ▸ 8 (Ex. 5,12; 1Sam. 13,8; 1Sam. 13,11; 1Kings 12,24u; 2Kings 25,5; Ezek. 34,5; Ezek. 34,6; Ezek. 34,6)
   διεσπάρησαν ▸ 11 + 1 = 12
      Verb · third · plural · aorist · passive · indicative ▸ 11 + 1 = 12 (Gen. 9,19; Gen. 10,18; Gen. 10,32; 1Sam. 11,11; 2Sam. 20,22; Judith 5,19; 1Mac. 11,47; Joel 4,2; Is. 33,3; Jer. 52,8; Ezek. 34,12; Acts 8,1)
   διεσπαρμένοι ▸ 2
      Verb · perfect · passive · participle · masculine · plural · nominative ▸ 2 (Esth. 9,19; Is. 35,8)
   διεσπαρμένον ▸ 2
      Verb · perfect · passive · participle · masculine · singular · accusative ▸ 1 (1Kings 22,17)
      Verb · perfect · passive · participle · neuter · singular · nominative ▸ 1 (Esth. 3,8)
   διεσπαρμένος ▸ 2
      Verb · perfect · passive · participle · masculine · singular · nominative ▸ 2 (1Sam. 14,23; 2Sam. 18,8)
   διεσπαρμένους ▸ 3
      Verb · perfect · passive · participle · masculine · plural · accusative ▸ 3 (2Chr. 18,16; Is. 11,12; Is. 56,8)
   διέσπειρα ▸ 4
      Verb · first · singular · aorist · active · indicative ▸ 4 (Jer. 13,24; Jer. 39,37; Ezek. 11,17; Ezek. 36,19)
   διέσπειρας ▸ 3 + 1 = 4
      Verb · second · singular · aorist · active · indicative ▸ 3 + 1 = 4 (Psa. 43,12; Bar. 2,13; Bar. 3,8; Dan. 9,7)
   διέσπειρεν ▸ 6 + 1 = 7
      Verb · third · singular · aorist · active · indicative ▸ 6 + 1 = 7 (Gen. 11,8; Gen. 11,9; Deut. 32,8; Tob. 13,3; Ode. 2,8; Bar. 2,4; Tob. 13,3)

διασπορά (διά; σπείρω) Diaspora, dispersion ▸ 12 + 3 = 15
   διασπορά ▸ 1
      Noun · feminine · singular · nominative · (common) ▸ 1 (Deut. 30,4)
   διασπορὰ ▸ 2
      Noun · feminine · singular · nominative · (common) ▸ 2 (Neh. 1,9; Sol. 9,2)
   διασπορᾷ ▸ 2 + 1 = 3
      Noun · feminine · singular · dative · (common) ▸ 2 + 1 = 3 (Deut. 28,25; Jer. 15,7; James 1,1)
   διασπορὰν ▸ 5 + 1 = 6
      Noun · feminine · singular · accusative · (common) ▸ 5 + 1 = 6 (2Mac. 1,27; Sol. 8,28; Is. 49,6; Jer. 41,17; Dan. 12,2; John 7,35)
   διασπορὰς ▸ 1
      Noun · feminine · plural · accusative · (common) ▸ 1 (Psa. 146,2)
   διασπορᾶς ▸ 1 + 1 = 2
      Noun · feminine · singular · genitive · (common) ▸ 1 + 1 = 2 (Judith 5,19; 1Pet. 1,1)

διάσταλσις (διά; στέλλω) pact ▸ 1
   διαστάλσεις ▸ 1
      Noun · feminine · plural · accusative · (common) ▸ 1 (2Mac. 13,25)

διάστασις (διά; ἵστημι) difference, dissension ▸ 1
   διάστασιν ▸ 1
      Noun · feminine · singular · accusative · (common) ▸ 1 (3Mac. 3,7)

διαστέλλω (διά; στέλλω) to order, command ▸ 57 + 1

+ 8 = 66

διασταλήσεται ▸ 1
  Verb · third · singular · future · passive · indicative ▸ **1** (Ezra 10,8)
διασταλήσονται ▸ 2
  Verb · third · plural · future · passive · indicative ▸ **2** (Gen. 25,23; Nah. 1,12)
διαστάλητε ▸ 1
  Verb · second · plural · aorist · passive · subjunctive ▸ **1** (Ezra 10,11)
διαστεῖλαι ▸ 3
  Verb · aorist · active · infinitive ▸ **3** (Lev. 10,10; Lev. 11,47; Sol. 2,34)
διαστείλας ▸ 4
  Verb · aorist · active · participle · masculine · singular · nominative ▸ **4** (Lev. 22,21; Judith 14,15; Mic. 5,7; Sus. 48)
διαστείλασθαι ▸ 1
  Verb · aorist · middle · infinitive ▸ **1** (Ezek. 3,18)
διαστείλῃ ▸ 3
  Verb · second · singular · aorist · middle · subjunctive ▸ **2** (Ezek. 3,19; Ezek. 3,21)
  Verb · third · singular · aorist · active · subjunctive ▸ **1** (Lev. 5,4)
διάστειλον ▸ 1
  Verb · second · singular · aorist · active · imperative ▸ **1** (Gen. 30,28)
διαστελεῖ ▸ 3
  Verb · third · singular · future · active · indicative ▸ **3** (Deut. 29,20; Ruth 1,17; Hos. 13,15)
διαστελεῖς ▸ 3
  Verb · second · singular · future · active · indicative ▸ **3** (Num. 8,14; Deut. 19,2; Deut. 19,7)
διαστελεῖσθε ▸ 1
  Verb · second · plural · future · middle · indicative ▸ **1** (2Chr. 19,10)
διαστελεῖτε ▸ 1
  Verb · second · plural · future · active · indicative ▸ **1** (Num. 35,11)
διαστέλλειν ▸ 2
  Verb · present · active · infinitive ▸ **2** (Psa. 67,15; Ezek. 42,20)
διαστελλόμενον ▸ 1
  Verb · present · passive · participle · neuter · singular · accusative · (variant) ▸ **1** (Heb. 12,20)
διαστέλλουσα ▸ 2
  Verb · present · active · participle · feminine · singular · nominative ▸ **2** (Lev. 5,4; 1Sam. 3,1)
διαστελοῦσιν ▸ 1
  Verb · third · plural · future · active · indicative ▸ **1** (Ezek. 39,14)
διαστελῶ ▸ 2
  Verb · first · singular · future · active · indicative ▸ **2** (Mal. 3,11; Ezek. 24,14)
διεστάλη ▸ 1
  Verb · third · singular · aorist · passive · indicative ▸ **1** (1Chr. 23,13)
διεστάλησαν ▸ 1
  Verb · third · plural · aorist · passive · indicative ▸ **1** (Ezra 10,16)
διεσταλμένα ▸ 2
  Verb · perfect · passive · participle · neuter · plural · accusative ▸ **2** (2Mac. 14,28; Jer. 22,14)
διεσταλμένον ▸ 1
  Verb · perfect · passive · participle · masculine · singular · accusative ▸ **1** (Lev. 16,26)
διέστειλα ▸ 1
  Verb · first · singular · aorist · active · indicative ▸ **1** (Ezra 8,24)
διεστειλάμεθα ▸ 1
  Verb · first · plural · aorist · middle · indicative ▸ **1** (Acts 15,24)
διέστειλαν ▸ 1
  Verb · third · plural · aorist · active · indicative ▸ **1** (2Kings 2,11)
διέστειλας ▸ 1
  Verb · second · singular · aorist · active · indicative ▸ **1** (1Kings 8,53)
διεστείλατο ▸ 2 + 1 + 4 = 7
  Verb · third · singular · aorist · middle · indicative ▸ **2 + 1 + 4 = 7** (Judg. 1,19; Judith 11,12; Judg. 1,19; Matt. 16,20; Mark 5,43; Mark 7,36; Mark 9,9)
διέστειλεν ▸ 10
  Verb · third · singular · aorist · active · indicative ▸ **10** (Gen. 30,35; Gen. 30,40; Num. 16,9; Deut. 10,8; Josh. 20,7; 2Chr. 23,18; Psa. 65,14; Psa. 105,33; Sir. 16,26; Sir. 44,23)
διεστείλω ▸ 3
  Verb · second · singular · aorist · middle · indicative ▸ **3** (Ezek. 3,18; Ezek. 3,20; Ezek. 3,21)
διέστελλεν ▸ 1
  Verb · third · singular · imperfect · active · indicative ▸ **1** (Neh. 8,8)
διεστέλλετο ▸ 2
  Verb · third · singular · imperfect · middle · indicative ▸ **2** (Mark 7,36; Mark 8,15)
διέστελλον ▸ 2
  Verb · third · plural · imperfect · active · indicative ▸ **2** (Ezek. 22,26; Ezek. 22,26)

διάστημα (διά; ἵστημι) interval ▸ 16 + 1 = 17
διάστημα ▸ 11 + 1 = 12
  Noun · neuter · singular · accusative · (common) ▸ **4** (Gen. 32,17; 1Kings 6,6; 3Mac. 4,17; Ezek. 48,15)
  Noun · neuter · singular · nominative · (common) ▸ **7 + 1 = 8** (Ezek. 41,6; Ezek. 41,8; Ezek. 41,8; Ezek. 42,5; Ezek. 42,5; Ezek. 45,2; Ezek. 48,17; Acts 5,7)
διαστήματι ▸ 1
  Noun · neuter · singular · dative · (common) ▸ **1** (Sir. 1,32 Prol.)
διαστήματος ▸ 3
  Noun · neuter · singular · genitive · (common) ▸ **3** (1Kings 7,46; 2Mac. 14,44; Ezek. 42,12)
διαστημάτων ▸ 1
  Noun · neuter · plural · genitive · (common) ▸ **1** (Ezek. 42,13)

διαστολή (διά; στέλλω) order, distinction ▸ 5 + 3 = 8
διαστολή ▸ 1
  Noun · feminine · singular · nominative ▸ **1** (Rom. 3,22)
διαστολή ▸ 1 + 1 = 2
  Noun · feminine · singular · nominative · (common) ▸ **1 + 1 = 2** (Num. 19,2; Rom. 10,12)
διαστολήν ▸ 3 + 1 = 4
  Noun · feminine · singular · accusative · (common) ▸ **3 + 1 = 4** (Ex. 8,19; Num. 30,7; 1Mac. 8,7; 1Cor. 14,7)
διαστολῆς ▸ 1
  Noun · feminine · singular · genitive · (common) ▸ **1** (Sol. 4,4)

διαστράπτω (διά; ἀστραπή) to flash (like lightning) ▸ 1
διαστράπτον ▸ 1
  Verb · present · active · participle · neuter · singular · nominative ▸ **1** (Wis. 16,22)

διαστρέφω (διά; στρέφω) to turn, to pervert ▸ 35 + 3 + 7 = 45
διαστραφήσεσθε ▸ 1
  Verb · second · plural · future · passive · indicative ▸ **1** (Num.

διαστρέφω–διασώζω

15,39)
διαστραφῶσιν ▸ 1
  Verb · third · plural · aorist · passive · subjunctive ▸ **1** (Eccl. 12,3)
διαστρέφειν ▸ 1
  Verb · present · active · infinitive ▸ **1** (Ezek. 13,18)
διαστρέφετε ▸ 2
  Verb · second · plural · present · active · indicative ▸ **2** (Ex. 5,4; Num. 32,7)
διαστρέφοντα ▸ 1
  Verb · present · active · participle · masculine · singular · accusative ▸ **1** (Luke 23,2)
διαστρέφοντες ▸ 1
  Verb · present · active · participle · masculine · plural · nominative ▸ **1** (Mic. 3,9)
διαστρέφω ▸ 1
  Verb · first · singular · present · active · indicative ▸ **1** (1Kings 18,18)
διαστρέφων ▸ 3 + 1 = 4
  Verb · present · active · participle · masculine · singular · nominative ▸ **3** + **1** = **4** (1Kings 18,17; Prov. 10,9; Sir. 19,25; Acts 13,10)
διαστρέψαι ▸ 1
  Verb · aorist · active · infinitive ▸ **1** (Acts 13,8)
διαστρέψει ▸ 4
  Verb · third · singular · future · active · indicative ▸ **4** (Job 37,12; Sir. 11,34; Sir. 27,23; Sol. 10,3)
διαστρέψεις ▸ 2
  Verb · second · singular · future · active · indicative ▸ **2** (Ex. 23,6; Psa. 17,27)
διαστρέψῃ ▸ 1
  Verb · third · singular · aorist · active · subjunctive ▸ **1** (Eccl. 7,13)
διεστραμμένα ▸ 2 + 1 = 3
  Verb · perfect · passive · participle · neuter · plural · accusative · (variant) ▸ **1** (Acts 20,30)
  Verb · perfect · passive · participle · neuter · plural · nominative ▸ **2** (Prov. 16,30; Ezek. 16,34)
διεστραμμέναι ▸ 3
  Verb · perfect · passive · participle · feminine · plural · nominative ▸ **3** (Prov. 4,27a; Prov. 11,20; Is. 59,8)
διεστραμμένας ▸ 2 + 1 = 3
  Verb · perfect · passive · participle · feminine · plural · accusative ▸ **2** + **1** = **3** (Judg. 5,6; Prov. 8,13; Judg. 5,6)
διεστραμμένη ▸ 2 + 2 = 4
  Verb · perfect · passive · participle · feminine · singular · nominative ▸ **2** (Deut. 32,5; Ode. 2,5)
  Verb · perfect · passive · participle · feminine · singular · vocative · (variant) ▸ **2** (Matt. 17,17; Luke 9,41)
διεστραμμένῃ ▸ 1
  Verb · perfect · passive · participle · feminine · singular · dative ▸ **1** (Prov. 6,14)
διεστραμμένης ▸ 1
  Verb · perfect · passive · participle · feminine · singular · genitive · (variant) ▸ **1** (Phil. 2,15)
διεστραμμένον ▸ 4
  Verb · perfect · passive · participle · neuter · singular · accusative ▸ **2** (Eccl. 1,15; Ezek. 16,34)
  Verb · perfect · passive · participle · neuter · singular · nominative ▸ **2** (Hab. 1,4; Sus. 56)
διεστράφησαν ▸ 1
  Verb · third · plural · aorist · passive · indicative ▸ **1** (Ezek. 13,18)
διεστρέφετε ▸ 1
  Verb · second · plural · imperfect · active · indicative ▸ **1** (Ezek. 13,22)
διέστρεφον ▸ 1
  Verb · first · singular · imperfect · active · indicative ▸ **1** (Ezek. 13,22)
διέστρεψαν ▸ 1 + 1 = 2
  Verb · third · plural · aorist · active · indicative ▸ **1** + **1** = **2** (Sus. 9; Sus. 9)
διέστρεψεν ▸ 1
  Verb · third · singular · aorist · active · indicative ▸ **1** (Sus. 56)
διαστροφή (διά; στρέφω) turning, perversion, distortion ▸ 1
διαστροφῇ ▸ 1
  Noun · feminine · singular · dative · (common) ▸ **1** (Prov. 2,14)
διαστρώννυμι (διά; στρωννύω) to spread ▸ 1
διέστρωσαν ▸ 1
  Verb · third · plural · aorist · active · indicative ▸ **1** (1Sam. 9,25)
διασυρίζω (διά; συρίζω) to whistle ▸ 1 + 1 = 2
διασυρίζον ▸ 1 + 1 = 2
  Verb · present · active · participle · neuter · singular · accusative ▸ **1** + **1** = **2** (Dan. 3,50; Dan. 3,50)
διασφαγή (διά; σφάζω) gap ▸ 1
διασφαγαί ▸ 1
  Noun · feminine · plural · nominative · (common) ▸ **1** (Neh. 4,1)
διασφάλλω (διά; σφάλλω) to appoint ▸ 1
διεσφαλμένος ▸ 1
  Verb · perfect · passive · participle · masculine · singular · nominative ▸ **1** (3Mac. 5,12)
διασχίζω (διά; σχίζω) to sever, cut off ▸ 2
διέσχισεν ▸ 1
  Verb · third · singular · aorist · active · indicative ▸ **1** (Wis. 18,23)
διεσχίσθησαν ▸ 1
  Verb · third · plural · aorist · passive · indicative ▸ **1** (Psa. 34,15)
διασώζω (διά; σώζω) to rescue, save; escape ▸ 69 + 8 + 8 = 85
διασέσωσμαι ▸ 1
  Verb · first · singular · perfect · passive · indicative ▸ **1** (2Sam. 1,3)
διασεσωσμένη ▸ 1
  Verb · perfect · passive · participle · feminine · singular · nominative ▸ **1** (Judg. 21,17)
διασεσωσμένοι ▸ 2
  Verb · perfect · passive · participle · masculine · plural · nominative ▸ **2** (Judg. 12,4; Judg. 12,5)
διασεσωσμένον ▸ 3
  Verb · perfect · passive · participle · masculine · singular · accusative ▸ **2** (Josh. 10,39; Josh. 11,8)
  Verb · perfect · passive · participle · neuter · singular · accusative ▸ **1** (2Kings 19,30)
διασεσωσμένος ▸ 3
  Verb · perfect · passive · participle · masculine · singular · nominative ▸ **3** (Josh. 10,28; Josh. 10,30; Josh. 10,37)
διασέσωται ▸ 1
  Verb · third · singular · perfect · passive · indicative ▸ **1** (1Sam. 23,13)
διασώζει ▸ 1
  Verb · third · singular · present · active · indicative ▸ **1** (Job 36,12)
διασώζεσθαι ▸ 1

Verb · present · passive · infinitive ▸ **1** (Num. 21,29)
διασῴζεται ▸ 1
   Verb · third · singular · present · passive · indicative ▸ **1** (1Sam. 22,20)
διασῳζόμενοι ▸ 2 + 2 = 4
   Verb · present · passive · participle · masculine · plural · nominative ▸ **2 + 2 = 4** (Josh. 10,20; Ezra 9,15; Judg. 12,4; Judg. 12,5)
διασῳζόμενον ▸ 1
   Verb · present · passive · participle · masculine · singular · accusative ▸ **1** (Ezra 9,14)
διασῳζόμενος ▸ 1
   Verb · present · passive · participle · masculine · singular · nominative ▸ **1** (Dan. 11,42)
διασῳζομένων ▸ 1
   Verb · present · passive · participle · masculine · plural · genitive ▸ **1** (Judg. 21,17)
διασῴζονται ▸ 1
   Verb · third · plural · present · middle · indicative ▸ **1** (LetterJ 10)
διασῴζουσα ▸ 1
   Verb · present · active · participle · feminine · singular · nominative ▸ **1** (LetterJ 58)
διασῴζων ▸ 2
   Verb · present · active · participle · masculine · singular · nominative ▸ **2** (2Mac. 1,25; 4Mac. 2,14)
διασωθείη ▸ 1
   Verb · third · singular · aorist · passive · optative ▸ **1** (Job 21,20)
διασωθείς ▸ 1
   Verb · aorist · passive · participle · masculine · singular · nominative ▸ **1** (4Mac. 4,14)
διασωθέντα ▸ 1
   Verb · aorist · passive · participle · masculine · singular · accusative ▸ **1** (Acts 28,4)
διασωθέντες ▸ 1
   Verb · aorist · passive · participle · masculine · plural · nominative ▸ **1** (Acts 28,1)
διασωθέντι ▸ 1
   Verb · aorist · passive · participle · masculine · singular · dative ▸ **1** (Josh. 6,26)
διασωθῇ ▸ 4
   Verb · third · singular · aorist · passive · subjunctive ▸ **4** (2Kings 10,24; 2Mac. 3,38; Amos 2,15; Amos 9,1)
διασωθῆναι ▸ 1 + 1 = 2
   Verb · aorist · passive · infinitive ▸ **1 + 1 = 2** (Gen. 19,19; Acts 27,44)
διασωθῇς ▸ 1
   Verb · second · singular · aorist · passive · subjunctive ▸ **1** (Mic. 6,14)
διασωθήσεσθε ▸ 1
   Verb · second · plural · future · passive · indicative ▸ **1** (Num. 10,9)
διασωθήσεται ▸ 1
   Verb · third · singular · future · passive · indicative ▸ **1** (Ezek. 17,15)
διασωθήσομαι ▸ 1
   Verb · first · singular · future · passive · indicative ▸ **1** (1Sam. 20,29)
διασωθήσονται ▸ 1 + 1 = 2
   Verb · third · plural · future · passive · indicative ▸ **1 + 1 = 2** (LetterJ 54; Dan. 11,41)
διασώθητε ▸ 1
   Verb · second · plural · aorist · passive · subjunctive ▸ **1** (1Mac. 9,46)
διασώθητι ▸ 1
   Verb · second · singular · aorist · passive · imperative ▸ **1** (Job 22,30)
διασωθῶσιν ▸ 2
   Verb · third · plural · aorist · passive · subjunctive ▸ **2** (Mic. 6,14; LetterJ 57)
διασῶσαι ▸ 2 + 1 = 3
   Verb · aorist · active · infinitive ▸ **2 + 1 = 3** (Deut. 20,4; Josh. 9,15; Acts 27,43)
διασώσαι ▸ 1
   Verb · third · singular · aorist · active · optative ▸ **1** (Tob. 5,17)
διασώσαντι ▸ 1
   Verb · aorist · active · participle · masculine · singular · dative ▸ **1** (2Mac. 8,27)
διασωσάτω ▸ 1
   Verb · third · singular · aorist · active · imperative ▸ **1** (Hos. 13,10)
διασώσει ▸ 2
   Verb · third · singular · future · active · indicative ▸ **2** (Eccl. 8,8; Eccl. 9,15)
διασώσῃ ▸ 1 + 1 = 2
   Verb · third · singular · aorist · active · subjunctive ▸ **1 + 1 = 2** (Jonah 1,6; Luke 7,3)
διασώσω ▸ 1
   Verb · first · singular · future · active · indicative ▸ **1** (Zech. 8,13)
διασώσωσιν ▸ 1
   Verb · third · plural · aorist · active · subjunctive ▸ **1** (Acts 23,24)
διεσῴζοντο ▸ 1
   Verb · third · plural · imperfect · passive · indicative ▸ **1** (Wis. 16,11)
διεσώθη ▸ 10 + 3 = 13
   Verb · third · singular · aorist · passive · indicative ▸ **10 + 3 = 13** (Judg. 3,26; Judg. 3,26; Judg. 3,29; 1Sam. 19,10; 1Sam. 19,17; 1Sam. 19,18; 1Sam. 22,1; 2Mac. 11,12; Prov. 10,5; Job 21,10; Judg. 3,26; Judg. 3,26; Judg. 3,29)
διεσώθημεν ▸ 1
   Verb · first · plural · aorist · passive · indicative ▸ **1** (Jer. 8,20)
διεσώθην ▸ 1
   Verb · first · singular · aorist · passive · indicative ▸ **1** (Sir. 34,12)
διεσώθησαν ▸ 6 + 2 = 8
   Verb · third · plural · aorist · passive · indicative ▸ **6 + 2 = 8** (Josh. 10,20; 1Mac. 4,26; 2Mac. 11,12; Wis. 14,5; Sir. 46,8; Is. 37,38; Matt. 14,36; 1Pet. 3,20)
διέσωσα ▸ 1
   Verb · first · singular · aorist · active · indicative ▸ **1** (Job 29,12)
διέσωσεν ▸ 1
   Verb · third · singular · aorist · active · indicative ▸ **1** (4Mac. 17,22)
διέσωσέν ▸ 1
   Verb · third · singular · aorist · active · indicative ▸ **1** (Gen. 35,3)
διαταγή (διά; τάσσω)   decree, ordinance ▸ **1 + 2 = 3**
διαταγὰς ▸ 1
   Noun · feminine · plural · accusative ▸ **1** (Acts 7,53)
διαταγή ▸ 1
   Noun · feminine · singular · nominative · (common) ▸ **1** (Ezra 4,11)
διαταγῇ ▸ 1
   Noun · feminine · singular · dative ▸ **1** (Rom. 13,2)
διάταγμα (διά; τάσσω)   commandment ▸ **3 + 1 = 4**
διάταγμα ▸ 1

Noun · neuter · singular · accusative ▸ **1** (Heb. 11,23)
διατάγματα ▸ 1
Noun · neuter · plural · accusative · (common) ▸ **1** (Esth. 13,4 # 3,13d)
διατάγματος ▸ 2
Noun · neuter · singular · genitive · (common) ▸ **2** (Ezra 7,11; Wis. 11,7)

διάταξις (διά; τάσσω) command, plan, arrangement ▸ 9
διατάξει ▸ 4
Noun · feminine · singular · dative · (common) ▸ **4** (2Chr. 31,17; Psa. 118,91; Ezek. 42,15; Ezek. 42,20)
διατάξεις ▸ 2
Noun · feminine · plural · accusative · (common) ▸ **2** (Judith 1,4; Judith 8,36)
διατάξεως ▸ 1
Noun · feminine · plural · genitive · (common) ▸ **1** (2Chr. 31,16)
διάταξιν ▸ 2
Noun · feminine · singular · accusative · (common) ▸ **2** (1Kings 6,1d; Ezek. 43,10)

διαταράσσω (διά; ταράσσω) to trouble ▸ 1
διεταράχθη ▸ 1
Verb · third · singular · aorist · passive · indicative ▸ **1** (Luke 1,29)

διατάσσω (διά; τάσσω) to assign, arrange, command ▸ 20 + 3 + 16 = 39
διαταγείς ▸ 1
Verb · aorist · passive · participle · masculine · singular · nominative ▸ **1** (Gal. 3,19)
διαταξάμενος ▸ 1
Verb · aorist · middle · participle · masculine · singular · nominative ▸ **1** (Acts 24,23)
διαταξαμένου ▸ 1
Verb · aorist · middle · participle · masculine · singular · genitive ▸ **1** (4Mac. 8,3)
διατάξας ▸ 2
Verb · aorist · active · participle · masculine · singular · nominative ▸ **2** (2Mac. 12,20; Sol. 18,10)
διατάξεις ▸ 1
Verb · second · singular · future · active · indicative ▸ **1** (Ezek. 21,25)
διατάξομαι ▸ 1
Verb · first · singular · future · middle · indicative ▸ **1** (1Cor. 11,34)
διάταξον ▸ 1
Verb · second · singular · aorist · active · imperative ▸ **1** (Ezek. 21,24)
διατάσσομαι ▸ 1
Verb · first · singular · present · middle · indicative ▸ **1** (1Cor. 7,17)
διατάσσων ▸ 1
Verb · present · active · participle · masculine · singular · nominative ▸ **1** (Matt. 11,1)
διαταχθέντα ▸ 2
Verb · aorist · passive · participle · neuter · plural · accusative ▸ **2** (Luke 17,9; Luke 17,10)
διατεταγμένα ▸ 1 + 1 = 2
Verb · perfect · passive · participle · neuter · plural · accusative ▸ **1** + **1** = **2** (Judg. 5,9; Judg. 5,9)
διατεταγμέναι ▸ 1
Verb · perfect · passive · participle · feminine · plural · nominative ▸ **1** (1Chr. 9,33)
διατεταγμένας ▸ 1
Verb · perfect · middle · participle · feminine · plural · accusative ▸ **1** (2Mac. 5,3)
διατεταγμένη ▸ 1
Verb · perfect · passive · participle · feminine · singular · nominative ▸ **1** (1Mac. 6,35)
διατεταγμένην ▸ 1
Verb · perfect · passive · participle · feminine · singular · accusative ▸ **1** (Prov. 9,12c)
διατεταγμένοι ▸ 1
Verb · perfect · passive · participle · masculine · plural · nominative ▸ **1** (2Chr. 5,11)
διατεταγμένον ▸ 2
Verb · perfect · passive · participle · neuter · singular · accusative · (variant) ▸ **2** (Luke 3,13; Acts 23,31)
διατεταγμένος ▸ 1
Verb · perfect · passive · participle · masculine · singular · nominative · (variant) ▸ **1** (Acts 20,13)
διατεταγμένους ▸ 1 + 1 = 2
Verb · perfect · passive · participle · masculine · plural · accusative ▸ **1** + **1** = **2** (3Mac. 1,19; Judg. 3,23)
διατεταχέναι ▸ 1
Verb · perfect · active · infinitive ▸ **1** (Acts 18,2)
διέταξα ▸ 1
Verb · first · singular · aorist · active · indicative ▸ **1** (1Cor. 16,1)
διεταξάμην ▸ 1
Verb · first · singular · aorist · middle · indicative ▸ **1** (Titus 1,5)
διέταξας ▸ 1
Verb · second · singular · aorist · active · indicative ▸ **1** (Wis. 11,20)
διετάξατε ▸ 1
Verb · second · plural · aorist · active · indicative ▸ **1** (Ezek. 44,8)
διετάξατο ▸ 1
Verb · third · singular · aorist · middle · indicative ▸ **1** (Acts 7,44)
διέταξεν ▸ 4 + 1 + 2 = 7
Verb · third · singular · aorist · active · indicative ▸ **4** + **1** + **2** = **7** (1Kings 11,18; Judith 2,16; 2Mac. 14,22; Ezek. 42,20; Dan. 1,5; Luke 8,55; 1Cor. 9,14)
διετάξω ▸ 1
Verb · second · singular · aorist · middle · indicative ▸ **1** (1Sam. 13,11)
διέτασσον ▸ 1
Verb · third · plural · imperfect · active · indicative ▸ **1** (3Mac. 5,44)

διατείνω (διά; τείνω) to stretch out, extend; exert ▸ 5
διατείνας ▸ 1
Verb · aorist · active · participle · masculine · singular · nominative ▸ **1** (Is. 40,22)
διατείνει ▸ 1
Verb · third · singular · present · active · indicative ▸ **1** (Wis. 8,1)
διατενεῖς ▸ 1
Verb · second · singular · future · active · indicative ▸ **1** (Psa. 84,6)
διατεταμένων ▸ 1
Verb · perfect · passive · participle · neuter · plural · genitive ▸ **1** (Is. 21,15)
διέτειναν ▸ 1
Verb · third · plural · aorist · active · indicative ▸ **1** (Psa. 139,6)

διατελέω (διά; τέλος) to continue ▸ 5 + 1 = 6
διατελεῖν ▸ 1
Verb · present · active · infinitive ▸ **1** (Esth. 16,11 # 8,12l)
διατελεῖτε ▸ 1

Verb · second · plural · present · active · indicative ▸ 1 (Acts 27,33)
  διετελεῖτε ▸ 1
    Verb · second · plural · imperfect · active · indicative ▸ 1 (Deut. 9,7)
  διετέλεσα ▸ 1
    Verb · first · singular · aorist · active · indicative ▸ 1 (Jer. 20,7)
  διετέλεσαν ▸ 1
    Verb · third · plural · aorist · active · indicative ▸ 1 (Jer. 20,18)
  διετέλουν ▸ 1
    Verb · third · plural · imperfect · active · indicative ▸ 1 (2Mac. 5,27)
διατήκω (διά; τήκω) to melt away, soften ▸ 1
  διετάκη ▸ 1
    Verb · third · singular · aorist · passive · indicative ▸ 1 (Hab. 3,6)
διατηρέω (διά; τηρέω) to keep, maintain ▸ 24 + 2 = 26
  διατετηρημένον ▸ 1
    Verb · perfect · passive · participle · neuter · singular · nominative ▸ 1 (Ex. 12,6)
  διατηρεῖ ▸ 3
    Verb · third · singular · present · active · indicative ▸ 3 (Prov. 21,23; Wis. 16,26; Sir. 28,5)
  διατηρήσας ▸ 1
    Verb · aorist · active · participle · masculine · singular · nominative ▸ 1 (2Mac. 15,34)
  διατηρήσει ▸ 1
    Verb · third · singular · future · active · indicative ▸ 1 (Sir. 28,1)
  διατηρήσεις ▸ 4
    Verb · second · singular · future · active · indicative ▸ 4 (Gen. 17,9; Gen. 17,10; Judith 2,10; Psa. 11,8)
  διατηρήσετε ▸ 2
    Verb · second · plural · future · active · indicative ▸ 2 (Num. 18,7; Num. 28,2)
  διατήρησον ▸ 2
    Verb · second · singular · aorist · active · imperative ▸ 2 (2Mac. 14,36; Sir. 1,26)
  Διατήρησόν ▸ 1
    Verb · second · singular · aorist · active · imperative ▸ 1 (Ex. 2,9)
  διατηροῦντες ▸ 1
    Verb · present · active · participle · masculine · plural · nominative ▸ 1 (Acts 15,29)
  διατηροῦσιν ▸ 1
    Verb · third · plural · present · active · indicative ▸ 1 (Prov. 22,12)
  διατηρῶν ▸ 4
    Verb · present · active · participle · masculine · singular · nominative ▸ 4 (Ex. 34,7; Deut. 7,8; Sir. 28,1; Is. 56,2)
  διετηρήθη ▸ 1
    Verb · third · singular · aorist · passive · indicative ▸ 1 (Wis. 11,25)
  διετηρήθης ▸ 1
    Verb · second · singular · aorist · passive · indicative ▸ 1 (Ex. 9,16)
  διετήρει ▸ 1
    Verb · third · singular · imperfect · active · indicative ▸ 1 (Luke 2,51)
  διετήρησεν ▸ 2
    Verb · third · singular · aorist · active · indicative ▸ 2 (Gen. 37,11; Deut. 33,9)
διατήρησις (διά; τηρέω) preservation ▸ 5
  διατήρησιν ▸ 5
    Noun · feminine · singular · accusative · (common) ▸ 5 (Ex. 16,33; Ex. 16,34; Num. 17,25; Num. 18,8; Num. 19,9)
διατίθημι (διά; τίθημι) to make (a covenant) ▸ 86 + 1 + 7 = 94
  διαθέμενος ▸ 1
    Verb · aorist · middle · participle · masculine · singular · nominative ▸ 1 (Heb. 9,17)
  διαθεμένου ▸ 1
    Verb · aorist · middle · participle · masculine · singular · genitive ▸ 1 (Heb. 9,16)
  διαθέσθαι ▸ 3
    Verb · aorist · middle · infinitive ▸ 3 (Josh. 9,16; 1Sam. 22,8; 2Chr. 29,10)
  διάθεσθε ▸ 2
    Verb · second · plural · aorist · middle · imperative ▸ 2 (Josh. 9,6; Josh. 9,11)
  διαθήσεσθε ▸ 1 + 1 = 2
    Verb · second · plural · future · middle · indicative ▸ 1 + 1 = 2 (Judg. 2,2; Judg. 2,2)
  διαθήσεται ▸ 2
    Verb · third · singular · future · middle · indicative ▸ 2 (Hos. 10,4; Ezek. 17,13)
  διαθήσῃ ▸ 1
    Verb · second · singular · future · middle · indicative ▸ 1 (Deut. 7,2)
  διάθησθε ▸ 1
    Verb · second · plural · aorist · middle · subjunctive ▸ 1 (4Mac. 8,9)
  διαθήσομαι ▸ 11 + 2 = 13
    Verb · first · singular · future · middle · indicative ▸ 11 + 2 = 13 (1Sam. 11,2; 2Sam. 3,13; 2Sam. 3,21; Hos. 2,20; Is. 55,3; Is. 61,8; Jer. 38,31; Jer. 38,33; Jer. 39,40; Ezek. 34,25; Ezek. 37,26; Heb. 8,10; Heb. 10,16)
  διαθησόμεθα ▸ 1
    Verb · first · plural · future · middle · indicative ▸ 1 (Gen. 26,28)
  Διάθου ▸ 4
    Verb · second · singular · aorist · middle · imperative ▸ 4 (1Sam. 11,1; 2Sam. 3,12; 1Kings 15,19; 2Chr. 16,3)
  διαθῶ ▸ 3
    Verb · first · singular · aorist · active · subjunctive ▸ 3 (Hos. 11,8; Hos. 11,8; Ezek. 16,30)
  διαθῶμαι ▸ 1
    Verb · first · singular · aorist · middle · subjunctive ▸ 1 (Josh. 9,7)
  διαθώμεθα ▸ 3
    Verb · first · plural · aorist · middle · subjunctive ▸ 3 (Gen. 31,44; Ezra 10,3; 1Mac. 1,11)
  διατίθεμαι ▸ 1 + 1 = 2
    Verb · first · singular · present · middle · indicative ▸ 1 + 1 = 2 (Deut. 29,13; Luke 22,29)
  διατιθέμεθα ▸ 1
    Verb · first · plural · present · middle · indicative ▸ 1 (Neh. 10,1)
  διατιθεμένους ▸ 1
    Verb · present · middle · participle · masculine · plural · accusative ▸ 1 (Psa. 49,5)
  διατίθεται ▸ 1
    Verb · third · singular · present · middle · indicative ▸ 1 (Deut. 29,11)
  Διεθέμην ▸ 1
    Verb · first · singular · aorist · middle · indicative ▸ 1 (Psa. 88,4)
  διεθέμην ▸ 7
    Verb · first · singular · aorist · middle · indicative ▸ 7 (Gen. 9,17;

διατίθημι–διατρίβω

Deut. 31,16; Josh. 7,11; 2Chr. 7,18; Zech. 11,10; Jer. 11,10; Jer. 38,32)
διέθεντο ▸ 8
 Verb · third · plural · aorist · active · indicative ▸ 1 (2Chr. 23,3)
 Verb · third · plural · aorist · middle · indicative ▸ 7 (Gen. 21,27; Gen. 21,32; 1Sam. 23,18; 1Kings 5,26; 1Chr. 19,19; Psa. 82,6; Wis. 18,9)
διέθετο ▸ 30 + 1 = 31
 Verb · third · singular · aorist · middle · indicative ▸ 30 + 1 = 31 (Gen. 15,18; Ex. 24,8; Deut. 4,23; Deut. 5,2; Deut. 5,3; Deut. 9,9; Deut. 28,69; Deut. 29,24; Josh. 9,15; Josh. 24,25; 2Sam. 5,3; 1Kings 8,9; 1Kings 8,21; 1Kings 21,34; 2Kings 11,4; 2Kings 11,17; 2Kings 17,35; 2Kings 17,38; 2Kings 23,3; 1Chr. 11,3; 1Chr. 16,16; 2Chr. 5,10; 2Chr. 6,11; 2Chr. 21,7; 2Chr. 23,16; 2Chr. 34,31; Judith 5,18; Psa. 83,6; Psa. 104,9; Hos. 12,2; Acts 3,25)
διέθετό ▸ 1
 Verb · third · singular · aorist · middle · indicative ▸ 1 (Luke 22,29)
διέθηκεν ▸ 1
 Verb · third · singular · aorist · active · indicative ▸ 1 (2Mac. 9,28)
διέθου ▸ 2
 Verb · second · singular · aorist · middle · indicative ▸ 2 (Neh. 9,8; Sol. 9,10)

διατίλλω (διά; τίλλω) to pluck, glean ▸ 1
διέτιλεν ▸ 1
 Verb · third · singular · aorist · active · indicative ▸ 1 (Job 16,12)

διατόνιον (διά; τείνω) beam ▸ 1
διατόνια ▸ 1
 Noun · neuter · plural · accusative · (common) ▸ 1 (Ex. 35,11)

διατρέπω (διά; τρέπω) to twist, pervert ▸ 4 + 1 = 5
διατετραμμένα ▸ 1
 Verb · perfect · passive · participle · neuter · plural · accusative ▸ 1 (Dan. 1,10)
διατετραμμένη ▸ 1
 Verb · perfect · passive · participle · feminine · singular · nominative ▸ 1 (Dan. 1,13)
διατρέπων ▸ 1
 Verb · present · active · participle · masculine · singular · nominative ▸ 1 (Judg. 18,7)
διετράπη ▸ 1
 Verb · third · singular · aorist · passive · indicative ▸ 1 (Esth. 7,8)
διετράπην ▸ 1
 Verb · first · singular · aorist · passive · indicative ▸ 1 (Job 31,34)

διατρέφω (διά; τρέφω) to sustain, support ▸ 17
διαθρέψαι ▸ 3
 Verb · aorist · active · infinitive ▸ 3 (Gen. 7,3; Ruth 4,15; Psa. 32,19)
διαθρέψει ▸ 1
 Verb · third · singular · future · active · indicative ▸ 1 (Psa. 54,23)
διαθρέψεις ▸ 1
 Verb · second · singular · future · active · indicative ▸ 1 (Psa. 30,4)
διαθρέψω ▸ 2
 Verb · first · singular · future · active · indicative ▸ 2 (Gen. 50,21; 2Sam. 19,34)
διατραφῇ ▸ 1
 Verb · third · singular · aorist · passive · subjunctive ▸ 1 (Gen. 50,20)
διατραφήσεται ▸ 1
 Verb · third · singular · future · passive · indicative ▸ 1 (Prov. 22,9)
διατρέφειν ▸ 2
 Verb · present · active · infinitive ▸ 2 (1Kings 17,4; 1Kings 17,9)
διέθρεψας ▸ 1
 Verb · second · singular · aorist · active · indicative ▸ 1 (Neh. 9,21)
διέθρεψεν ▸ 2
 Verb · third · singular · aorist · active · indicative ▸ 2 (2Sam. 19,33; 2Sam. 20,3)
διέθρεψέν ▸ 1
 Verb · third · singular · aorist · active · indicative ▸ 1 (Josh. 14,10)
διετράφησαν ▸ 1
 Verb · third · plural · aorist · passive · indicative ▸ 1 (Judith 5,10)
διέτρεφεν ▸ 1
 Verb · third · singular · imperfect · active · indicative ▸ 1 (1Kings 18,4)

διατρέχω (διά; τρέχω) to run over ▸ 4
διαδραμοῦνται ▸ 1
 Verb · third · plural · future · middle · indicative ▸ 1 (Wis. 3,7)
διατρέχουσαι ▸ 1
 Verb · present · active · participle · feminine · plural · nominative ▸ 1 (Nah. 2,5)
διέτρεχεν ▸ 1
 Verb · third · singular · imperfect · active · indicative ▸ 1 (Ex. 9,23)
διέτρεχον ▸ 1
 Verb · third · plural · imperfect · active · indicative ▸ 1 (1Kings 18,26)

διατριβή (διά; τρίβος) lifestyle; amusement, pastime ▸ 5
διατριβαί ▸ 1
 Noun · feminine · plural · nominative · (common) ▸ 1 (Prov. 31,27)
διατριβαῖς ▸ 1
 Noun · feminine · plural · dative · (common) ▸ 1 (Prov. 12,11a)
διατριβή ▸ 1
 Noun · feminine · singular · nominative · (common) ▸ 1 (Lev. 13,46)
διατριβή ▸ 2
 Noun · feminine · singular · nominative · (common) ▸ 2 (Prov. 14,24; Jer. 30,28)

διατρίβω (διά; τρίβος) to remain, stay ▸ 6 + 9 = 15
διατρίβετε ▸ 1
 Verb · second · plural · present · active · indicative ▸ 1 (Jer. 42,7)
διατρίβοντες ▸ 1
 Verb · present · active · participle · masculine · plural · nominative ▸ 1 (Acts 16,12)
Διατρίψας ▸ 1
 Verb · aorist · active · participle · masculine · singular · nominative ▸ 1 (Acts 25,6)
διατρίψει ▸ 2
 Verb · third · singular · future · active · indicative ▸ 2 (Lev. 14,8; Tob. 11,8)
διέτριβεν ▸ 2 + 2 = 4
 Verb · third · singular · imperfect · active · indicative ▸ 2 + 2 = 4 (Judith 10,2; 2Mac. 14,23; John 3,22; Acts 12,19)
διέτριβον ▸ 3
 Verb · third · plural · imperfect · active · indicative ▸ 3 (Acts 14,28; Acts 15,35; Acts 25,14)
διετρίψαμεν ▸ 1
 Verb · first · plural · aorist · active · indicative ▸ 1 (Acts 20,6)

διέτριψαν ▸ 1
    Verb · third · plural · aorist · active · indicative ▸ **1** (Acts 14,3)
διέτριψε ▸ 1
    Verb · third · singular · aorist · active · indicative ▸ **1** (Tob. 11,12)

διατροφή (διά; τρέφω)   food, sustenance ▸ 1 + 1 = 2
  διατροφὰς ▸ 1
    Noun · feminine · plural · accusative ▸ **1** (1Tim. 6,8)
  διατροφή ▸ 1
    Noun · feminine · singular · nominative · (common) ▸ **1** (1Mac. 6,49)

διατυπόω (διά; τύπος)   to form perfectly; represent; conceive ▸ 1
  διετυποῦτο ▸ 1
    Verb · third · singular · imperfect · passive · indicative ▸ **1** (Wis. 19,6)

διαυγάζω (διά; αὐγή)   to dawn ▸ 1
  διαυγάσῃ ▸ 1
    Verb · third · singular · aorist · active · subjunctive ▸ **1** (2Pet. 1,19)

διαυγής (διά; αὐγή)   transparent ▸ 1
  διαυγής ▸ 1
    Adjective · feminine · singular · nominative ▸ **1** (Rev. 21,21)

διαφαίνω (διά; φαίνω)   to shine through ▸ 1
  διεφαίνετο ▸ 1
    Verb · third · singular · imperfect · middle · indicative ▸ **1** (Wis. 17,6)

διαφανής (διά; φαίνω)   transparent ▸ 3
  διαφανεῖς ▸ 1
    Adjective · feminine · plural · nominative · noDegree ▸ **1** (Esth. 1,6)
  διαφανῆ ▸ 2
    Adjective · masculine · singular · accusative · noDegree ▸ **1** (Ex. 30,34)
    Adjective · neuter · plural · accusative · noDegree ▸ **1** (Is. 3,22)

διαφαύσκω (διά; φαίνω)   to show light through; to dawn ▸ 5 + 1 = 6
  διαφαύσῃ ▸ 2 + 1 = 3
    Verb · third · singular · aorist · active · subjunctive ▸ **2 + 1 = 3** (1Sam. 14,36; Judith 14,2; Judg. 16,2)
  διέφαυσεν ▸ 3
    Verb · third · singular · aorist · active · indicative ▸ **3** (Gen. 44,3; Judg. 19,26; 2Sam. 2,32)

διαφέρω (διά; φέρω)   to be better, to differ, spread, carry over ▸ 16 + 1 + 13 = 30
  διαφέρει ▸ 1 + 4 = 5
    Verb · third · singular · present · active · indicative ▸ **1 + 4 = 5** (Prov. 20,2; Matt. 12,12; 1Cor. 15,41; Gal. 2,6; Gal. 4,1)
  διαφέρειν ▸ 2
    Verb · present · active · infinitive ▸ **2** (1Esdr. 5,53; Prov. 27,14)
  διαφέρετε ▸ 4
    Verb · second · plural · present · active · indicative ▸ **4** (Matt. 6,26; Matt. 10,31; Luke 12,7; Luke 12,24)
  διαφερόμενον ▸ 1
    Verb · present · passive · participle · masculine · singular · accusative ▸ **1** (Sol. 2,27)
  διαφερομένων ▸ 1
    Verb · present · passive · participle · masculine · plural · genitive · (variant) ▸ **1** (Acts 27,27)
  διαφέροντα ▸ 2 + 1 + 2 = 5
    Verb · present · active · participle · masculine · singular · accusative ▸ **1** (2Mac. 15,13)
    Verb · present · active · participle · neuter · plural · accusative ▸ **2** (Rom. 2,18; Phil. 1,10)
    Verb · present · active · participle · neuter · plural · nominative ▸ **1 + 1 = 2** (Dan. 7,3; Dan. 7,3)
  διαφέροντας ▸ 1
    Verb · present · active · participle · masculine · plural · accusative ▸ **1** (3Mac. 6,26)
  διενέγκας ▸ 1
    Verb · aorist · active · participle · masculine · singular · nominative ▸ **1** (Esth. 13,3 # 3,13c)
  διενέγκῃ ▸ 1
    Verb · third · singular · aorist · active · subjunctive ▸ **1** (Mark 11,16)
  διενεχθῆναι ▸ 2
    Verb · aorist · passive · infinitive ▸ **2** (Wis. 18,2; Sol. 16,3)
  διενηνεγμένων ▸ 1
    Verb · perfect · passive · participle · neuter · plural · genitive ▸ **1** (2Mac. 4,39)
  διεφέρετο ▸ 1 + 1 = 2
    Verb · third · singular · imperfect · passive · indicative ▸ **1 + 1 = 2** (Wis. 18,10; Acts 13,49)
  διήνεγκεν ▸ 1
    Verb · third · singular · aorist · active · indicative ▸ **1** (Dan. 7,28)
  διηνέχθη ▸ 1
    Verb · third · singular · aorist · passive · indicative ▸ **1** (2Mac. 3,4)
  διοίσει ▸ 2
    Verb · third · singular · future · active · indicative ▸ **2** (Dan. 7,23; Dan. 7,24)

διαφεύγω (διά; φεύγω)   to escape ▸ 15 + 1 = 16
  διαπεφεύγασιν ▸ 1
    Verb · third · plural · perfect · active · indicative ▸ **1** (1Mac. 15,21)
  διαπεφευγότα ▸ 2
    Verb · perfect · active · participle · masculine · singular · accusative ▸ **2** (Josh. 8,22; Josh. 10,33)
  διαπεφευγώς ▸ 2
    Verb · perfect · active · participle · masculine · singular · nominative ▸ **2** (Josh. 10,28; Josh. 10,30)
  διαπεφευγὼς ▸ 1
    Verb · perfect · active · participle · masculine · singular · nominative ▸ **1** (2Kings 9,15)
  διαφεύξεται ▸ 1
    Verb · third · singular · future · middle · indicative ▸ **1** (Prov. 19,5)
  διαφεύξεταί ▸ 1
    Verb · third · singular · future · middle · indicative ▸ **1** (Is. 10,14)
  διαφεύξῃ ▸ 1
    Verb · second · singular · future · middle · indicative ▸ **1** (Jer. 11,15)
  διαφυγεῖν ▸ 1
    Verb · aorist · active · infinitive ▸ **1** (Judith 7,19)
  διαφύγῃ ▸ 1 + 1 = 2
    Verb · third · singular · aorist · active · subjunctive ▸ **1 + 1 = 2** (Amos 9,1; Acts 27,42)
  διαφύγῃς ▸ 1
    Verb · second · singular · aorist · active · subjunctive ▸ **1** (2Mac. 7,31)
  διαφυγόντες ▸ 1
    Verb · aorist · active · participle · masculine · plural · nominative ▸ **1** (3Mac. 5,13)
  διέφυγεν ▸ 2

Verb · third · singular · aorist · active · indicative ▸ **2** (Deut. 2,36; 2Mac. 12,35)

διαφημίζω (διά; φημί) to spread around ▸ **3**
   διαφημίζειν ▸ 1
      Verb · present · active · infinitive ▸ **1** (Mark 1,45)
   διεφήμισαν ▸ 1
      Verb · third · plural · aorist · active · indicative ▸ **1** (Matt. 9,31)
   διεφημίσθη ▸ 1
      Verb · third · singular · aorist · passive · indicative ▸ **1** (Matt. 28,15)

διαφθείρω (διά; φθείρω) to destroy, ruin; lose, forget ▸ **65 + 18 + 6 = 89**
   διαφθαρῇ ▸ 1
      Verb · third · singular · aorist · passive · subjunctive ▸ **1** (Jer. 27,45)
   διαφθαρῆναι ▸ 1
      Verb · aorist · passive · infinitive ▸ **1** (3Mac. 1,5)
   διαφθαρήσεται ▸ 3
      Verb · third · singular · future · passive · indicative ▸ **3** (Dan. 2,44; Dan. 6,27; Dan. 7,14)
   διαφθεῖραι ▸ 11 + 1 + 1 = 13
      Verb · aorist · active · infinitive ▸ **11 + 1 + 1 = 13** (1Sam. 2,25; 1Sam. 23,10; 1Sam. 26,15; 2Sam. 1,14; 2Sam. 14,11; 2Sam. 24,16; 2Kings 8,19; 2Kings 13,23; 2Kings 18,25; Jer. 5,26; Lam. 2,8; Dan. 11,17; Rev. 11,18)
   διαφθείρατε ▸ 1
      Verb · second · plural · aorist · active · imperative ▸ **1** (Dan. 4,23)
   διαφθείρει ▸ 1
      Verb · third · singular · present · active · indicative ▸ **1** (Luke 12,33)
   διαφθείρειν ▸ 1
      Verb · present · active · infinitive ▸ **1** (Judg. 6,5)
   διαφθείρεται ▸ 1
      Verb · third · singular · present · passive · indicative · (variant) ▸ **1** (2Cor. 4,16)
   διαφθείρῃ ▸ 3
      Verb · third · singular · present · active · subjunctive ▸ **3** (Eccl. 5,5; Wis. 16,19; Sir. 47,22)
   διαφθείρῃς ▸ 4
      Verb · second · singular · present · active · subjunctive ▸ **4** (Psa. 56,1; Psa. 57,1; Psa. 58,1; Psa. 74,1)
   διαφθεῖρον ▸ 1
      Verb · present · active · participle · neuter · singular · accusative ▸ **1** (Jer. 28,25)
   διάφθειρον ▸ 1
      Verb · second · singular · aorist · active · imperative ▸ **1** (2Kings 18,25)
   διαφθείροντα ▸ 1
      Verb · present · active · participle · masculine · singular · accusative ▸ **1** (Jer. 28,1)
   διαφθείροντας ▸ 1
      Verb · present · active · participle · masculine · plural · accusative ▸ **1** (Rev. 11,18)
   διαφθείροντες ▸ 1
      Verb · present · active · participle · masculine · plural · nominative ▸ **1** (1Sam. 14,15)
   διαφθείροντι ▸ 1
      Verb · present · active · participle · masculine · singular · dative ▸ **1** (2Sam. 24,16)
   διαφθείροντος ▸ 1
      Verb · present · active · participle · neuter · singular · genitive ▸ **1** (Dan. 7,19)
   διαφθειρόντων ▸ 1
      Verb · present · active · participle · masculine · plural · genitive ▸ **1** (1Sam. 6,5)
   διαφθείρω ▸ 2
      Verb · first · singular · present · active · indicative ▸ **1** (Ruth 4,6)
      Verb · first · singular · present · active · subjunctive ▸ **1** (Mal. 3,11)
   διαφθείρωμεν ▸ 1
      Verb · first · plural · present · active · subjunctive ▸ **1** (Jer. 6,5)
   διαφθείρων ▸ 1
      Verb · present · active · participle · masculine · singular · nominative ▸ **1** (1Sam. 13,17)
   διαφθερεῖ ▸ 1 + 4 = 5
      Verb · third · singular · future · active · indicative ▸ **1 + 4 = 5** (Psa. 77,38; Dan. 8,24; Dan. 8,24; Dan. 8,25; Dan. 9,26)
   διαφθερῶ ▸ 2
      Verb · first · singular · future · active · indicative ▸ **2** (2Sam. 20,20; Jer. 15,6)
   διεφθάρη ▸ 1
      Verb · third · singular · aorist · passive · indicative ▸ **1** (Ezek. 28,17)
   διεφθάρησαν ▸ 1 + 1 = 2
      Verb · third · plural · aorist · passive · indicative ▸ **1 + 1 = 2** (Psa. 52,2; Rev. 8,9)
   διεφθάρητε ▸ 1
      Verb · second · plural · aorist · passive · indicative ▸ **1** (Mic. 2,10)
   διεφθαρμένα ▸ 2
      Verb · perfect · passive · participle · neuter · plural · accusative ▸ **1** (Ezek. 20,44)
      Verb · perfect · passive · participle · neuter · plural · nominative ▸ **1** (Is. 49,19)
   διεφθαρμέναις ▸ 1
      Verb · perfect · passive · participle · feminine · plural · dative ▸ **1** (Judg. 16,7)
   διεφθαρμένας ▸ 1
      Verb · perfect · passive · participle · feminine · plural · accusative ▸ **1** (Judg. 16,8)
   διεφθαρμένοι ▸ 1
      Verb · perfect · passive · participle · masculine · plural · nominative ▸ **1** (Jer. 6,28)
   διεφθαρμένον ▸ 3 + 1 = 4
      Verb · perfect · passive · participle · neuter · singular · accusative ▸ **2 + 1 = 3** (Mal. 1,14; Jer. 28,25; Dan. 2,9)
      Verb · perfect · passive · participle · neuter · singular · nominative ▸ **1** (Jer. 13,7)
   διεφθαρμένων ▸ 1
      Verb · perfect · passive · participle · masculine · plural · genitive · (variant) ▸ **1** (1Tim. 6,5)
   διέφθαρται ▸ 1
      Verb · third · singular · perfect · passive · indicative ▸ **1** (Zeph. 3,7)
   διέφθαρτο ▸ 1
      Verb · third · singular · pluperfect · passive · indicative ▸ **1** (Wis. 18,12)
   διέφθειραν ▸ 10 + 4 = 14
      Verb · third · plural · aorist · active · indicative ▸ **10 + 4 = 14** (Judg. 2,19; Judg. 6,4; Judg. 20,21; Judg. 20,35; Judg. 20,42; 2Sam. 11,1; 2Kings 19,12; Psa. 13,1; Nah. 2,3; Jer. 12,10; Judg. 2,19; Judg. 20,21; Judg. 20,25; Judg. 20,35)
   διέφθειρας ▸ 1

Verb · second · singular · aorist · active · indicative ▸ **1** (3Mac. 2,4)
    διεφθείρατε ▸ 1
        Verb · second · plural · aorist · active · indicative ▸ **1** (Mal. 2,8)
    διέφθειρε ▸ 1
        Verb · third · singular · imperfect · active · indicative ▸ **1** (Ezek. 23,11)
    διέφθειρεν ▸ 4
        Verb · third · singular · aorist · active · indicative ▸ **4** (Judg. 20,25; Psa. 77,45; Lam. 2,5; Lam. 2,6)
    διέφθειρέν ▸ 1
        Verb · third · singular · aorist · active · indicative ▸ **1** (2Mac. 12,23)
    διέφθειρον ▸ 2
        Verb · third · plural · imperfect · active · indicative ▸ **2** (Judg. 6,5; Judg. 20,42)
    διεφθείροντο ▸ 1
        Verb · third · plural · imperfect · passive · indicative ▸ **1** (Wis. 16,5)

διαφθορά (διά; φθείρω) decay, rot ▸ 20 + 3 + 6 = 29
    διαφθορά ▸ 2
        Noun · feminine · singular · nominative · (common) ▸ **2** (Dan. 3,92; Dan. 6,24)
    διαφθορᾷ ▸ 8
        Noun · feminine · singular · dative · (common) ▸ **8** (2Mac. 8,35; Psa. 9,16; Hos. 11,4; Hos. 13,9; Zeph. 3,6; Jer. 28,8; Ezek. 19,4; Ezek. 19,8)
    διαφθοραῖς ▸ 1
        Noun · feminine · plural · dative · (common) ▸ **1** (Lam. 4,20)
    διαφθοράν ▸ 6 + 1 + 6 = 13
        Noun · feminine · singular · accusative · (common) ▸ 6 + 1 + 6 = **13** (Psa. 15,10; Psa. 29,10; Psa. 139,12; Job 33,28; Jer. 15,3; Ezek. 21,36; Dan. 10,8; Acts 2,27; Acts 2,31; Acts 13,34; Acts 13,35; Acts 13,36; Acts 13,37)
    διαφθορὰν ▸ 2
        Noun · feminine · singular · accusative · (common) ▸ **2** (Psa. 34,7; Prov. 28,10)
    διαφθορᾶς ▸ 2
        Noun · feminine · singular · genitive · (common) ▸ **2** (Psa. 54,24; Jer. 13,14)
    διαφθορῶν ▸ 1
        Noun · feminine · plural · genitive · (common) ▸ **1** (Psa. 106,20)

διαφλέγω (διά; φλόξ) to burn up ▸ 1
    διαφλέξει ▸ 1
        Verb · third · singular · future · active · indicative ▸ **1** (Psa. 82,15)

διαφορά (διά; φέρω) difference ▸ 3
    διαφορά ▸ 1
        Noun · feminine · singular · nominative · (common) ▸ **1** (1Mac. 3,18)
    διαφορὰν ▸ 1
        Noun · feminine · singular · accusative · (common) ▸ **1** (Sir. 1,26 Prol.)
    διαφοράς ▸ 1
        Noun · feminine · plural · accusative · (common) ▸ **1** (Wis. 7,20)

διαφορέω (διά; φέρω) to tear apart ▸ 1
    διαφοροῦντές ▸ 1
        Verb · present · active · participle · masculine · plural · nominative ▸ **1** (Jer. 37,16)

διαφόρημα (διά; φέρω) something torn apart, prey ▸ 1
    διαφόρημα ▸ 1
        Noun · neuter · singular · accusative · (common) ▸ **1** (Jer. 37,16)

διάφορος (διά; φέρω) different, superior; unlike ▸ 11 + 2 + 4 = 17
    διάφορα ▸ 4 + 1 = 5
        Adjective · neuter · plural · accusative · noDegree ▸ 3 + 1 = **4** (1Esdr. 4,39; 2Mac. 1,35; Sir. 31,5; Rom. 12,6)
        Adjective · neuter · plural · nominative · noDegree ▸ **1** (Ezra 8,27)
    διαφόροις ▸ 1
        Adjective · masculine · plural · dative ▸ **1** (Heb. 9,10)
    διάφορον ▸ 2 + 2 = 4
        Adjective · neuter · singular · accusative · noDegree ▸ 2 + 2 = **4** (Lev. 19,19; Deut. 22,9; Dan. 7,7; Dan. 7,19)
    διαφόρου ▸ 3
        Adjective · feminine · singular · genitive · noDegree ▸ **1** (Sir. 42,5)
        Adjective · masculine · singular · genitive · noDegree ▸ **1** (Sir. 7,18)
        Adjective · neuter · singular · genitive · noDegree ▸ **1** (Sir. 27,1)
    διαφόρων ▸ 2
        Adjective · masculine · plural · genitive · noDegree ▸ **1** (2Mac. 3,6)
        Adjective · neuter · plural · genitive · noDegree ▸ **1** (2Mac. 4,28)
    διαφορωτέρας ▸ 1
        Adjective · feminine · singular · genitive · comparative ▸ **1** (Heb. 8,6)
    διαφορώτερον ▸ 1
        Adjective · neuter · singular · accusative · comparative ▸ **1** (Heb. 1,4)

διαφόρως (διά; φέρω) differently, variously, excellently ▸ 1
    διαφόρως ▸ 1
        Adverb ▸ **1** (Dan. 7,7)

διαφυλάσσω (διά; φυλάσσω) to keep, guard carefully ▸ 30 + 1 = 31
    διαπεφυλαγμένη ▸ 1
        Verb · perfect · passive · participle · feminine · singular · nominative ▸ **1** (Lev. 19,20)
    διαφυλάξαι ▸ 4 + 1 = 5
        Verb · aorist · active · infinitive ▸ 3 + 1 = **4** (2Mac. 3,15; Psa. 90,11; Sir. 41,16; Luke 4,10)
        Verb · third · singular · aorist · active · optative ▸ **1** (Psa. 40,3)
    διαφυλάξας ▸ 1
        Verb · aorist · active · participle · masculine · singular · nominative ▸ **1** (2Mac. 15,30)
    διαφυλάξει ▸ 2
        Verb · third · singular · future · active · indicative ▸ **2** (Deut. 7,12; Prov. 2,8)
    διαφυλάξῃ ▸ 1
        Verb · third · singular · aorist · active · subjunctive ▸ **1** (Gen. 28,20)
    διαφυλάξῃς ▸ 1
        Verb · second · singular · aorist · active · subjunctive ▸ **1** (Zech. 3,7)
    διαφύλαξον ▸ 3
        Verb · second · singular · aorist · active · imperative ▸ **3** (2Mac. 1,26; Job 2,6; Sol. 16,9)
    διαφυλάσσειν ▸ 2
        Verb · present · active · infinitive ▸ **2** (2Mac. 3,22; Prov. 6,24)
    διαφυλάσσοντας ▸ 1
        Verb · present · active · participle · masculine · plural · accusative ▸ **1** (Psa. 30,7)

διαφυλάσσων ▸ 2
    Verb ▪ present ▪ active ▪ participle ▪ masculine ▪ singular ▪ nominative ▸ **2** (Gen. 28,15; Judith 7,12)
διαφυλάττειν ▸ 1
    Verb ▪ present ▪ active ▪ infinitive ▸ **1** (2Mac. 6,6)
διαφυλαχθήσεται ▸ 1
    Verb ▪ third ▪ singular ▪ future ▪ passive ▪ indicative ▸ **1** (Jer. 3,5)
διεφύλαξαν ▸ 1
    Verb ▪ third ▪ plural ▪ aorist ▪ active ▪ indicative ▸ **1** (Judith 11,13)
διεφύλαξεν ▸ 5
    Verb ▪ third ▪ singular ▪ aorist ▪ active ▪ indicative ▸ **5** (Deut. 32,10; Josh. 24,17; Ode. 2,10; Wis. 10,1; Wis. 10,12)
διεφύλαξέν ▸ 1
    Verb ▪ third ▪ singular ▪ aorist ▪ active ▪ indicative ▸ **1** (Judith 13,16)
διεφύλαττεν ▸ 1
    Verb ▪ third ▪ singular ▪ imperfect ▪ active ▪ indicative ▸ **1** (Wis. 17,4)
διεφύλαττον ▸ 1
    Verb ▪ third ▪ plural ▪ imperfect ▪ active ▪ indicative ▸ **1** (2Mac. 10,30)
διεφυλάχθη ▸ 1
    Verb ▪ third ▪ singular ▪ aorist ▪ passive ▪ indicative ▸ **1** (Hos. 12,14)
διαφωνέω (διά; φωνή) to be lost, missing ▸ 7
    διαπεφωνήκαμεν ▸ 1
        Verb ▪ first ▪ plural ▪ perfect ▪ active ▪ indicative ▸ **1** (Ezek. 37,11)
    διαπεφώνηκεν ▸ 1
        Verb ▪ third ▪ singular ▪ perfect ▪ active ▪ indicative ▸ **1** (Num. 31,49)
    διαφωνήσει ▸ 1
        Verb ▪ third ▪ singular ▪ future ▪ active ▪ indicative ▸ **1** (Judith 10,13)
    διεφώνησεν ▸ 4
        Verb ▪ third ▪ singular ▪ aorist ▪ active ▪ indicative ▸ **4** (Ex. 24,11; Josh. 23,14; 1Sam. 30,19; 1Kings 8,56)
διαφώσκω to dawn ▸ 1
    διαφῶσαι ▸ 1
        Verb ▪ aorist ▪ active ▪ infinitive ▸ **1** (Judg. 19,26)
διαφωτίζω (διά; φῶς) to dawn, to rise (sun) ▸ 1
    διαφωτίσαι ▸ 1
        Verb ▪ aorist ▪ active ▪ infinitive ▸ **1** (Neh. 8,3)
διαχειρίζω (διά; χείρ) to slay ▸ 2
    διαχειρίσασθαι ▸ 1
        Verb ▪ aorist ▪ middle ▪ infinitive ▸ **1** (Acts 26,21)
    διεχειρίσασθε ▸ 1
        Verb ▪ second ▪ plural ▪ aorist ▪ middle ▪ indicative ▸ **1** (Acts 5,30)
διαχέω (διά; χέω) to spread, scatter ▸ 25 + **1** = 26
    διακεχυμένοι ▸ 1
        Verb ▪ perfect ▪ passive ▪ participle ▪ masculine ▪ plural ▪ nominative ▸ **1** (1Sam. 30,16)
    διακέχυται ▸ 2
        Verb ▪ third ▪ singular ▪ perfect ▪ passive ▪ indicative ▸ **2** (Lev. 13,36; Lev. 14,44)
    διαχέηται ▸ 6
        Verb ▪ third ▪ singular ▪ aorist ▪ passive ▪ subjunctive ▸ **6** (Lev. 13,22; Lev. 13,23; Lev. 13,27; Lev. 13,35; Lev. 13,51; Lev. 13,53)
    διαχεῖται ▸ 4
        Verb ▪ third ▪ singular ▪ present ▪ passive ▪ indicative ▸ **4** (Lev. 13,55; Lev. 14,48; Prov. 23,32; Job 21,24)
    διαχεομένης ▸ 1
        Verb ▪ present ▪ passive ▪ participle ▪ feminine ▪ singular ▪ genitive ▸ **1** (2Mac. 10,28)
    διαχυθῇ ▸ 1
        Verb ▪ third ▪ singular ▪ aorist ▪ passive ▪ subjunctive ▸ **1** (Lev. 13,28)
    διαχυθήσεται ▸ 2
        Verb ▪ third ▪ singular ▪ future ▪ passive ▪ indicative ▸ **2** (Wis. 2,3; Ezek. 30,16)
    διαχυθήσομαι ▸ 1
        Verb ▪ first ▪ singular ▪ future ▪ passive ▪ indicative ▸ **1** (Jer. 2,20)
    διαχυθήσονται ▸ 1
        Verb ▪ third ▪ plural ▪ future ▪ passive ▪ indicative ▸ **1** (Zech. 1,17)
    διέχεας ▸ 1
        Verb ▪ second ▪ singular ▪ aorist ▪ active ▪ indicative ▸ **1** (Jer. 3,13)
    διεχεῖτο ▸ **1** + **1** = 2
        Verb ▪ third ▪ singular ▪ imperfect ▪ passive ▪ indicative ▸ **1** + **1** = **2** (Dan. 3,47; Dan. 3,47)
    διεχύθη ▸ 4
        Verb ▪ third ▪ singular ▪ aorist ▪ passive ▪ indicative ▸ **4** (Lev. 13,32; Lev. 13,34; Lev. 14,39; Wis. 5,14)
διαχλευάζω (διά; χλευάζω) to make fun of ▸ 1
    διαχλευάζοντες ▸ 1
        Verb ▪ present ▪ active ▪ participle ▪ masculine ▪ plural ▪ nominative ▸ **1** (Acts 2,13)
διαχρίομαι (διά; χρίω) to be sprinkled with oil ▸ 2
    διακεχρισμένα ▸ 2
        Verb ▪ perfect ▪ passive ▪ participle ▪ neuter ▪ plural ▪ accusative ▸ **2** (Lev. 2,4; Lev. 7,12)
διάχρυσος (διά; χρυσός) interwoven with gold ▸ 2
    διαχρύσους ▸ 1
        Adjective ▪ feminine ▪ plural ▪ accusative ▪ noDegree ▸ **1** (2Mac. 5,2)
    διαχρύσῳ ▸ 1
        Adjective ▪ masculine ▪ singular ▪ dative ▪ noDegree ▸ **1** (Psa. 44,10)
διάχυσις (διά; χέω) diffusing; merriment, delight ▸ 3
    διαχύσει ▸ 3
        Noun ▪ feminine ▪ singular ▪ dative ▪ (common) ▸ **3** (Lev. 13,27; Lev. 13,35; Lev. 14,48)
διαχωρίζω (διά; χωρίς) to depart, separate ▸ 23 + **4** + **1** = 28
    διακεχωρισμένοι ▸ 1
        Verb ▪ perfect ▪ passive ▪ participle ▪ masculine ▪ plural ▪ nominative ▸ **1** (2Sam. 1,23)
    διακεχωρισμένος ▸ 1
        Verb ▪ perfect ▪ passive ▪ participle ▪ masculine ▪ singular ▪ nominative ▸ **1** (Num. 32,12)
    διακεχωρισμένων ▸ 1
        Verb ▪ perfect ▪ passive ▪ participle ▪ neuter ▪ plural ▪ genitive ▸ **1** (Ezek. 34,12)
    διαχωρίζει ▸ 1
        Verb ▪ third ▪ singular ▪ present ▪ active ▪ indicative ▸ **1** (Prov. 16,28)
    διαχωρίζειν ▸ 3
        Verb ▪ present ▪ active ▪ infinitive ▸ **3** (Gen. 1,14; Gen. 1,18; 1Mac. 12,36)
    διαχωρίζεσθαι ▸ 1
        Verb ▪ present ▪ middle ▪ infinitive ▸ **1** (Luke 9,33)
    διαχωρίζον ▸ 1
        Verb ▪ present ▪ active ▪ participle ▪ neuter ▪ singular ▪ nominative ▸ **1** (Gen. 1,6)

Διαχωρίσατε ▸ 1
: **Verb** · second · plural · aorist · active · imperative ▸ **1** (Sus. 51)

διαχωρίσατέ ▸ 1
: **Verb** · second · plural · aorist · active · imperative ▸ **1** (Sus. 51)

διαχωρισθῆναι ▸ 1
: **Verb** · aorist · passive · infinitive ▸ **1** (Gen. 13,14)

διαχωρισθήσεται ▸ 1
: **Verb** · third · singular · future · passive · indicative ▸ **1** (Sir. 12,9)

διαχωρίσθητι ▸ 2
: **Verb** · second · singular · aorist · passive · imperative ▸ **2** (Gen. 13,9; Sir. 6,13)

διαχώρισον ▸ 1
: **Verb** · second · singular · aorist · active · imperative ▸ **1** (Gen. 30,32)

διεχώρισεν ▸ 5 + 1 = 6
: **Verb** · third · singular · aorist · active · indicative ▸ 5 + 1 = **6** (Gen. 1,4; Gen. 1,7; Gen. 30,40; 2Chr. 25,10; Sir. 33,11; Judg. 13,19)

διεχωρίσθησαν ▸ 4 + 2 = 6
: **Verb** · third · plural · aorist · passive · indicative ▸ 4 + 2 = **6** (Gen. 13,11; 2Sam. 1,23; Sir. 33,8; Sus. 52; Sus. 13; Sus. 52)

διάψαλμα (διά; ψάλλω) leading motif (Heb. selah) ▸ 81

διάψαλμα ▸ 80
: **Noun** · neuter · singular · nominative · (common) ▸ **80** (Psa. 2,2; Psa. 3,3; Psa. 3,5; Psa. 4,3; Psa. 4,5; Psa. 7,6; Psa. 9,21; Psa. 19,4; Psa. 20,3; Psa. 23,6; Psa. 31,4; Psa. 31,5; Psa. 31,7; Psa. 33,11; Psa. 38,6; Psa. 38,12; Psa. 43,9; Psa. 45,4; Psa. 45,8; Psa. 46,5; Psa. 47,9; Psa. 48,14; Psa. 48,16; Psa. 49,6; Psa. 49,15; Psa. 51,5; Psa. 51,7; Psa. 53,5; Psa. 54,8; Psa. 54,20; Psa. 56,4; Psa. 56,7; Psa. 58,6; Psa. 58,14; Psa. 59,6; Psa. 60,5; Psa. 61,5; Psa. 61,9; Psa. 65,4; Psa. 65,7; Psa. 65,15; Psa. 66,2; Psa. 66,5; Psa. 67,8; Psa. 67,14; Psa. 67,20; Psa. 67,33; Psa. 74,4; Psa. 75,4; Psa. 75,10; Psa. 76,4; Psa. 76,10; Psa. 76,16; Psa. 79,8; Psa. 80,8; Psa. 81,2; Psa. 82,9; Psa. 83,5; Psa. 83,9; Psa. 84,3; Psa. 86,3; Psa. 86,6; Psa. 87,8; Psa. 88,5; Psa. 88,38; Psa. 88,46; Psa. 88,49; Psa. 93,15; Psa. 139,4; Psa. 139,6; Psa. 139,9; Psa. 142,6; Ode. 4,3; Ode. 4,9; Ode. 4,13; Sol. 17,29; Sol. 18,9; Hab. 3,3; Hab. 3,9; Hab. 3,13)

διαψάλματος ▸ 1
: **Noun** · neuter · singular · genitive · (common) ▸ **1** (Psa. 9,17)

διαψεύδομαι (διά; ψεύδω) to deceive, cheat ▸ 3

διαψεύσῃ ▸ 1
: **Verb** · second · singular · aorist · middle · subjunctive ▸ **1** (2Kings 4,16)

διεψεύσατο ▸ 1
: **Verb** · third · singular · aorist · middle · indicative ▸ **1** (1Mac. 13,19)

διεψευσμένος ▸ 1
: **Verb** · perfect · passive · participle · masculine · singular · nominative ▸ **1** (3Mac. 5,12)

διαψιθυρίζω (διά; ψίθυρος) to whisper ▸ 1

διαψιθυρίσει ▸ 1
: **Verb** · third · singular · future · active · indicative ▸ **1** (Sir. 12,18)

δίγλωσσος (δύο; γλῶσσα) double-tongued ▸ 5

δίγλωσσον ▸ 1
: **Adjective** · masculine · singular · accusative ▸ **1** (Sir. 28,13)

δίγλωσσος ▸ 3
: **Adjective** · masculine · singular · nominative ▸ **3** (Prov. 11,13; Sir. 5,9; Sir. 5,15)

διγλώσσου ▸ 1
: **Adjective** · masculine · singular · genitive ▸ **1** (Sir. 5,14)

διγομία double load ▸ 1

διγομίας ▸ 1
: **Noun** · feminine · singular · genitive · (common) ▸ **1** (Judg. 5,16)

διδακτικός (διδάσκω) able to teach ▸ 2

διδακτικόν ▸ 2
: **Adjective** · masculine · singular · accusative ▸ **2** (1Tim. 3,2; 2Tim. 2,24)

διδακτός (διδάσκω) taught ▸ 3 + 3 = 6

διδακτοί ▸ 1 + 1 = 2
: **Adjective** · masculine · plural · nominative · (verbal) · noDegree ▸ 1 + 1 = **2** (1Mac. 4,7; John 6,45)

διδακτὸς ▸ 1
: **Adjective** · masculine · singular · nominative · noDegree ▸ **1** (Sol. 17,32)

διδακτοῖς ▸ 2
: **Adjective** · masculine · plural · dative · (verbal) ▸ **2** (1Cor. 2,13; 1Cor. 2,13)

διδακτοὺς ▸ 1
: **Adjective** · masculine · plural · accusative · noDegree ▸ **1** (Is. 54,13)

διδασκαλία (διδάσκω) teaching ▸ 4 + 21 = 25

διδασκαλία ▸ 1
: **Noun** · feminine · singular · nominative ▸ **1** (1Tim. 6,1)

διδασκαλίᾳ ▸ 10
: **Noun** · feminine · singular · dative ▸ **10** (Rom. 12,7; 1Tim. 1,10; 1Tim. 4,13; 1Tim. 4,16; 1Tim. 5,17; 1Tim. 6,3; 2Tim. 3,10; Titus 1,9; Titus 2,1; Titus 2,7)

διδασκαλίαις ▸ 1
: **Noun** · feminine · plural · dative ▸ **1** (1Tim. 4,1)

διδασκαλίαν ▸ 2 + 3 = 5
: **Noun** · feminine · singular · accusative · (common) ▸ 2 + 3 = **5** (Prov. 2,17; Sir. 24,33; Rom. 15,4; 2Tim. 3,16; Titus 2,10)

διδασκαλίας ▸ 2 + 6 = 8
: **Noun** · feminine · plural · accusative · (common) ▸ 1 + 3 = **4** (Is. 29,13; Matt. 15,9; Mark 7,7; Col. 2,22)
: **Noun** · feminine · singular · genitive · (common) ▸ 1 + 3 = **4** (Sir. 39,8; Eph. 4,14; 1Tim. 4,6; 2Tim. 4,3)

διδάσκαλος (διδάσκω) teacher ▸ 2 + 59 = 61

διδάσκαλε ▸ 31
: **Noun** · masculine · singular · vocative ▸ **31** (Matt. 8,19; Matt. 12,38; Matt. 19,16; Matt. 22,16; Matt. 22,24; Matt. 22,36; Mark 4,38; Mark 9,17; Mark 9,38; Mark 10,17; Mark 10,20; Mark 10,35; Mark 12,14; Mark 12,19; Mark 12,32; Mark 13,1; Luke 3,12; Luke 7,40; Luke 9,38; Luke 10,25; Luke 11,45; Luke 12,13; Luke 18,18; Luke 19,39; Luke 20,21; Luke 20,28; Luke 20,39; Luke 21,7; John 1,38; John 8,4; John 20,16)

διδάσκαλοι ▸ 4
: **Noun** · masculine · plural · nominative ▸ **4** (Acts 13,1; 1Cor. 12,29; Heb. 5,12; James 3,1)

διδάσκαλον ▸ 5
: **Noun** · masculine · singular · accusative ▸ **5** (Matt. 10,24; Mark 5,35; Luke 6,40; Luke 8,49; Rom. 2,20)

διδάσκαλος ▸ 15
: **Noun** · masculine · singular · nominative ▸ **15** (Matt. 9,11; Matt. 10,25; Matt. 17,24; Matt. 23,8; Matt. 26,18; Mark 14,14; Luke 6,40; Luke 22,11; John 3,2; John 3,10; John 11,28; John 13,13; John 13,14; 1Tim. 2,7; 2Tim. 1,11)

διδασκάλους ▸ 3
: **Noun** · masculine · plural · accusative ▸ **3** (1Cor. 12,28; Eph. 4,11; 2Tim. 4,3)

διδασκάλῳ ▸ 2
: **Noun** · masculine · singular · dative · (common) ▸ **2** (Esth. 6,1;

διδάσκω
    2Mac. 1,10)
- **διδασκάλων** ▸ 1
  - **Noun** · masculine · plural · genitive ▸ **1** (Luke 2,46)
- **διδάσκω**   to teach ▸ 103 + **4** + 97 = 204
  - **δεδιδαγμένη** ▸ 1
    - **Verb** · perfect · passive · participle · feminine · singular · nominative ▸ **1** (Hos. 10,11)
  - **δεδιδαγμένοι** ▸ 3
    - **Verb** · perfect · middle · participle · masculine · plural · nominative ▸ **1** (1Chr. 25,7)
    - **Verb** · perfect · passive · participle · masculine · plural · nominative ▸ **2** (1Chr. 5,18; Song 3,8)
  - **δεδίδαχέν** ▸ 1
    - **Verb** · third · singular · perfect · active · indicative ▸ **1** (Prov. 30,3)
  - **διδάξαι** ▸ 8 + **2** + 3 = 13
    - **Verb** · aorist · active · infinitive ▸ 8 + **2** + 3 = **13** (Deut. 4,14; Deut. 6,1; Judg. 3,2; 2Sam. 1,18; 1Esdr. 8,7; Sir. 45,5; Sir. 45,17; Dan. 1,4; Judg. 3,2; Dan. 1,4; Acts 11,26; Acts 20,20; 2Tim. 2,2)
  - **διδάξατε** ▸ 1
    - **Verb** · second · plural · aorist · active · imperative ▸ **1** (Jer. 9,19)
  - **διδάξατέ** ▸ 1
    - **Verb** · second · plural · aorist · active · imperative ▸ **1** (Job 6,24)
  - **διδάξει** ▸ 3 + **2** = 5
    - **Verb** · third · singular · future · active · indicative ▸ 3 + **2** = **5** (Psa. 17,36; Psa. 24,9; Dan. 11,4; Luke 12,12; John 14,26)
  - **διδάξεις** ▸ 2
    - **Verb** · second · singular · future · active · indicative ▸ **2** (Deut. 5,31; 1Esdr. 8,23)
  - **διδάξετε** ▸ 2
    - **Verb** · second · plural · future · active · indicative ▸ **2** (Deut. 11,19; Deut. 31,19)
  - **διδάξῃ** ▸ 2
    - **Verb** · third · singular · aorist · active · subjunctive ▸ **2** (Matt. 5,19; Matt. 5,19)
  - **διδάξῃς** ▸ 3
    - **Verb** · second · singular · aorist · active · subjunctive ▸ **3** (Psa. 93,12; Psa. 118,171; Sir. 9,1)
  - **δίδαξον** ▸ 1 + **1** = 2
    - **Verb** · second · singular · aorist · active · imperative ▸ 1 + **1** = **2** (Job 42,4; Luke 11,1)
  - **δίδαξόν** ▸ 17
    - **Verb** · second · singular · aorist · active · imperative ▸ **17** (Psa. 24,4; Psa. 24,5; Psa. 118,12; Psa. 118,26; Psa. 118,64; Psa. 118,66; Psa. 118,68; Psa. 118,108; Psa. 118,124; Psa. 118,135; Psa. 142,10; Ode. 14,36; Ode. 14,37; Ode. 14,38; Ode. 14,43; Job 13,23; Job 37,19)
  - **διδάξουσιν** ▸ 2
    - **Verb** · third · plural · future · active · indicative ▸ **2** (Job 8,10; Ezek. 44,23)
  - **διδάξω** ▸ 6
    - **Verb** · first · singular · aorist · active · subjunctive ▸ **1** (Job 36,2)
    - **Verb** · first · singular · future · active · indicative ▸ **5** (Psa. 33,12; Psa. 50,15; Psa. 131,12; Prov. 1,23; Job 33,33)
  - **διδάξωσιν** ▸ 3 + **1** = 4
    - **Verb** · third · plural · aorist · active · subjunctive ▸ 3 + **1** = **4** (Deut. 4,10; Deut. 20,18; Jer. 38,34; Heb. 8,11)
  - **δίδασκε** ▸ 1 + **2** = 3
    - **Verb** · second · singular · present · active · imperative ▸ 1 + **2** = **3** (Job 10,2; 1Tim. 4,11; 1Tim. 6,2)
  - **διδάσκει** ▸ 1 + **3** = 4
    - **Verb** · third · singular · present · active · indicative ▸ 1 + **3** = **4** (Prov. 6,13; 1Cor. 11,14; 1John 2,27; Rev. 2,20)
  - **διδάσκειν** ▸ 2 + **13** = 15
    - **Verb** · present · active · infinitive ▸ 2 + **13** = **15** (2Chr. 17,7; Ezra 7,10; Matt. 11,1; Mark 4,1; Mark 6,2; Mark 6,34; Mark 8,31; Luke 6,6; John 7,35; Acts 1,1; Acts 4,2; Acts 4,18; Acts 5,28; 1Tim. 2,12; Heb. 5,12)
  - **διδάσκεις** ▸ 7
    - **Verb** · second · singular · present · active · indicative ▸ **7** (Matt. 22,16; Mark 12,14; Luke 20,21; Luke 20,21; John 9,34; Acts 21,21; Rom. 2,21)
  - **διδάσκῃ** ▸ 1
    - **Verb** · third · singular · present · active · subjunctive ▸ **1** (1John 2,27)
  - **διδάσκοντα** ▸ 1
    - **Verb** · present · active · participle · masculine · singular · accusative ▸ **1** (Is. 9,14)
  - **διδάσκοντάς** ▸ 1
    - **Verb** · present · active · participle · masculine · plural · accusative ▸ **1** (Psa. 118,99)
  - **διδάσκοντες** ▸ 1 + **9** = 10
    - **Verb** · present · active · participle · masculine · plural · nominative ▸ 1 + **9** = **10** (Is. 29,13; Matt. 15,9; Matt. 28,20; Mark 7,7; Acts 5,25; Acts 5,42; Acts 15,35; Col. 1,28; Col. 3,16; Titus 1,11)
  - **διδάσκοντι** ▸ 1
    - **Verb** · present · active · participle · masculine · singular · dative ▸ **1** (Matt. 21,23)
  - **διδάσκοντος** ▸ 1
    - **Verb** · present · active · participle · masculine · singular · genitive ▸ **1** (Luke 20,1)
  - **διδάσκοντός** ▸ 1
    - **Verb** · present · active · participle · masculine · singular · genitive ▸ **1** (Prov. 5,13)
  - **διδάσκουσα** ▸ 1
    - **Verb** · present · active · participle · feminine · singular · nominative ▸ **1** (Job 32,8)
  - **διδάσκουσά** ▸ 1
    - **Verb** · present · active · participle · feminine · singular · nominative ▸ **1** (Job 33,4)
  - **διδάσκουσι** ▸ 1
    - **Verb** · present · active · participle · masculine · plural · dative ▸ **1** (1Esdr. 9,49)
  - **διδάσκω** ▸ 3 + **1** = 4
    - **Verb** · first · singular · present · active · indicative ▸ 3 + **1** = **4** (Deut. 4,1; Prov. 4,11; Prov. 22,21; 1Cor. 4,17)
  - **διδάσκων** ▸ 10 + **23** = 33
    - **Verb** · present · active · participle · masculine · singular · nominative ▸ 10 + **22** = **32** (2Sam. 22,35; 4Mac. 18,18; Psa. 17,35; Psa. 93,10; Psa. 143,1; Job 21,22; Job 22,2; Sir. 18,13; Sir. 22,9; Sir. 30,3; Matt. 4,23; Matt. 7,29; Matt. 9,35; Matt. 26,55; Mark 1,22; Mark 6,6; Mark 12,35; Mark 14,49; Luke 4,31; Luke 5,17; Luke 13,10; Luke 13,22; Luke 19,47; Luke 21,37; Luke 23,5; John 6,59; John 7,28; John 8,20; Acts 18,11; Acts 21,28; Acts 28,31; Rom. 12,7)
    - **Verb** · present · active · participle · masculine · singular · vocative · (variant) ▸ **1** (Rom. 2,21)
  - **διδαχθέντες** ▸ 1
    - **Verb** · aorist · passive · participle · masculine · plural · nominative ▸ **1** (Wis. 6,10)
  - **διδαχθήσεσθε** ▸ 1
    - **Verb** · second · plural · future · passive · indicative ▸ **1** (Is. 55,12)
  - **διδαχθῶσιν** ▸ 1
    - **Verb** · third · plural · aorist · passive · subjunctive ▸ **1** (Dan.

12,4)

ἐδίδαξα ▸ 2 + 1 = 3
Verb · first · singular · aorist · active · indicative ▸ 2 + 1 = 3 (Jer. 39,33; Jer. 39,33; John 18,20)

ἐδίδαξαν ▸ 2 + 1 + 1 = 4
Verb · third · plural · aorist · active · indicative ▸ 2 + 1 + 1 = 4 (Jer. 9,13; Jer. 12,16; Sus. 3; Mark 6,30)

ἐδίδαξας ▸ 1 + 1 = 2
Verb · second · singular · aorist · active · indicative ▸ 1 + 1 = 2 (Jer. 13,21; Luke 13,26)

Ἐδίδαξας ▸ 1
Verb · second · singular · aorist · active · indicative ▸ 1 (Wis. 12,19)

ἐδίδαξάς ▸ 1
Verb · second · singular · aorist · active · indicative ▸ 1 (Psa. 70,17)

ἐδίδαξεν ▸ 5 + 2 = 7
Verb · third · singular · aorist · active · indicative ▸ 5 + 2 = 7 (Deut. 31,22; Deut. 32,44; 4Mac. 18,18; Eccl. 12,9; Sir. 33,28; Luke 11,1; 1John 2,27)

ἐδίδαξέν ▸ 1 + 1 = 2
Verb · third · singular · aorist · active · indicative ▸ 1 + 1 = 2 (Wis. 7,21; John 8,28)

ἐδίδασκεν ▸ 2 + 14 = 16
Verb · third · singular · imperfect · active · indicative ▸ 2 + 14 = 16 (Neh. 8,8; 4Mac. 18,10; Matt. 5,2; Matt. 13,54; Mark 1,21; Mark 2,13; Mark 4,2; Mark 9,31; Mark 10,1; Mark 11,17; Luke 4,15; Luke 5,3; John 7,14; John 8,2; Acts 18,25; Rev. 2,14)

ἐδίδασκέν ▸ 1
Verb · third · singular · imperfect · active · indicative ▸ 1 (4Mac. 18,12)

ἐδίδασκον ▸ 3 + 2 = 5
Verb · third · plural · imperfect · active · indicative ▸ 3 + 2 = 5 (2Chr. 17,9; 2Chr. 17,9; 1Esdr. 9,48; Acts 5,21; Acts 15,1)

ἐδίδασκόν ▸ 1
Verb · third · plural · imperfect · active · indicative ▸ 1 (Prov. 4,4)

ἐδιδάχθην ▸ 1 + 1 = 2
Verb · first · singular · aorist · passive · indicative ▸ 1 + 1 = 2 (Jer. 38,18; Gal. 1,12)

ἐδιδάχθησαν ▸ 2 + 1 = 3
Verb · third · plural · aorist · passive · indicative ▸ 2 + 1 = 3 (1Esdr. 9,55; Wis. 9,18; Matt. 28,15)

ἐδιδάχθητε ▸ 3
Verb · second · plural · aorist · passive · indicative ▸ 3 (Eph. 4,21; Col. 2,7; 2Th. 2,15)

διδαχή (διδάσκω) teaching ▸ 1 + 30 = 31

Διδαχαῖς ▸ 1
Noun · feminine · plural · dative ▸ 1 (Heb. 13,9)

διδαχή ▸ 1
Noun · feminine · singular · nominative ▸ 1 (Acts 17,19)

διδαχή ▸ 2
Noun · feminine · singular · nominative ▸ 2 (Mark 1,27; John 7,16)

διδαχῇ ▸ 13
Noun · feminine · singular · dative ▸ 13 (Matt. 7,28; Matt. 22,33; Mark 1,22; Mark 4,2; Mark 11,18; Mark 12,38; Luke 4,32; Acts 2,42; Acts 13,12; 1Cor. 14,6; 2Tim. 4,2; 2John 9; 2John 9)

διδαχήν ▸ 1
Noun · feminine · singular · accusative · (common) ▸ 1 (Psa. 59,1)

διδαχήν ▸ 7
Noun · feminine · singular · accusative ▸ 7 (Rom. 16,17; 1Cor. 14,26; Titus 1,9; 2John 10; Rev. 2,14; Rev. 2,15; Rev. 2,24)

διδαχῆς ▸ 6
Noun · feminine · singular · genitive ▸ 6 (Matt. 16,12; John 7,17; John 18,19; Acts 5,28; Rom. 6,17; Heb. 6,2)

δίδραχμον (δύο; δράσσομαι) two-drachma coin ▸ 26 + 2 = 28

δίδραχμα ▸ 16 + 2 = 18
Noun · neuter · plural · accusative · (common) ▸ 7 + 2 = 9 (Gen. 20,14; Gen. 20,16; Gen. 23,16; Ex. 21,32; Deut. 22,29; Josh. 7,21; Neh. 5,15; Matt. 17,24; Matt. 17,24)
Noun · neuter · plural · nominative · (common) ▸ 9 (Lev. 27,3; Lev. 27,4; Lev. 27,5; Lev. 27,5; Lev. 27,6; Lev. 27,6; Lev. 27,7; Lev. 27,7; Lev. 27,16)

δίδραχμον ▸ 4
Noun · neuter · singular · accusative · (common) ▸ 2 (Ex. 30,13; Num. 3,47)
Noun · neuter · singular · nominative · (common) ▸ 2 (Ex. 30,13; Lev. 27,25)

διδράχμου ▸ 4
Noun · neuter · singular · genitive · (common) ▸ 4 (Ex. 30,13; Ex. 30,13; Ex. 30,15; Neh. 10,33)

διδράχμων ▸ 2
Noun · neuter · plural · genitive · (common) ▸ 2 (Gen. 23,15; Josh. 7,21)

διδυμεύω (δύο) to bear twins ▸ 2

διδυμεύουσαι ▸ 2
Verb · present · active · participle · feminine · plural · nominative ▸ 2 (Song 4,2; Song 6,6)

δίδυμος (δύο) twin, double ▸ 6

δίδυμα ▸ 2
Adjective · neuter · plural · nominative ▸ 2 (Gen. 25,24; Gen. 38,27)

δίδυμοι ▸ 2
Adjective · masculine · plural · nominative ▸ 2 (Song 4,5; Song 7,4)

διδύμου ▸ 1
Adjective · neuter · singular · genitive ▸ 1 (Josh. 8,29)

διδύμων ▸ 1
Adjective · masculine · plural · genitive ▸ 1 (Deut. 25,11)

Δίδυμος (δύο) Didymus (Twin) ▸ 3

Δίδυμος ▸ 3
Noun · masculine · singular · nominative · (proper) ▸ 3 (John 11,16; John 20,24; John 21,2)

δίδωμι to give ▸ 1991 + 139 + 415 = 2545

δεδομένα ▸ 2
Verb · perfect · passive · participle · neuter · plural · nominative ▸ 2 (Deut. 28,31; Job 15,20)

δεδομέναι ▸ 2
Verb · perfect · passive · participle · feminine · plural · nominative ▸ 2 (Deut. 28,32; Job 7,3)

δεδομένη ▸ 2
Verb · perfect · passive · participle · feminine · singular · nominative ▸ 2 (Tob. 3,8; Ezek. 48,12)

δεδομένην ▸ 1
Verb · perfect · passive · participle · feminine · singular · accusative · (variant) ▸ 1 (2Cor. 8,1)

δεδομένης ▸ 1
Verb · perfect · passive · participle · feminine · singular · genitive ▸ 1 (Ezek. 3,3)

δεδομένοι ▸ 3
Verb · perfect · passive · participle · masculine · plural

δίδωμι

- nominative ▸ **3** (Num. 3,9; 1Chr. 6,33; 1Chr. 9,2)

δεδομένον ▸ **2** + **4** = **6**
  Verb · perfect · passive · participle · neuter · singular · accusative ▸ **1** (Num. 18,6)
  Verb · perfect · passive · participle · neuter · singular · nominative ▸ **1** + **4** = **5** (Judith 3,8; John 3,27; John 6,65; John 19,11; Acts 4,12)

δεδομένους ▸ **1**
  Verb · perfect · passive · participle · masculine · plural · accusative ▸ **1** (Num. 8,19)

δεδομένων ▸ **2**
  Verb · perfect · passive · participle · neuter · plural · genitive ▸ **2** (Wis. 7,15; Sir. 1,2 Prol.)

δέδονται ▸ **2**
  Verb · third · plural · perfect · passive · indicative ▸ **2** (Ezek. 3,25; Ezek. 47,11)

δεδόσθαι ▸ **2**
  Verb · perfect · middle · infinitive ▸ **2** (Tob. 6,14; 2Mac. 4,30)

δέδοται ▸ **7** + **1** + **6** = **14**
  Verb · third · singular · perfect · passive · indicative ▸ **7** + **1** + **6** = **14** (Ruth 4,3; Tob. 5,20; Job 3,20; Ezek. 11,15; Ezek. 15,4; Ezek. 33,24; Ezek. 35,12; Tob. 5,20; Matt. 13,11; Matt. 13,11; Matt. 19,11; Mark 4,11; Luke 8,10; 1Cor. 11,15)

Δέδοταί ▸ **1**
  Verb · third · singular · perfect · passive · indicative ▸ **1** (Bel 26)

δέδοταί ▸ **1** + **2** = **3**
  Verb · third · singular · perfect · passive · indicative ▸ **1** + **2** = **3** (Tob. 2,14; Tob. 2,14; Tob. 7,12)

δέδωκα ▸ **60** + **1** + **5** = **66**
  Verb · first · singular · perfect · active · indicative ▸ **60** + **1** + **5** = **66** (Gen. 1,29; Gen. 9,2; Gen. 9,3; Gen. 16,5; Gen. 20,16; Gen. 35,12; Gen. 35,12; Ex. 31,6; Lev. 17,11; Num. 18,8; Num. 18,8; Num. 18,11; Num. 18,12; Num. 18,19; Num. 18,21; Num. 18,24; Num. 18,26; Num. 20,12; Num. 20,24; Num. 33,53; Deut. 2,5; Deut. 2,9; Deut. 2,19; Deut. 3,16; Deut. 22,16; Deut. 30,15; Deut. 30,19; Josh. 8,1; Judg. 1,2; 2Sam. 9,9; 1Chr. 21,23; 1Chr. 21,23; 1Chr. 29,3; 2Chr. 2,9; Tob. 3,12; 1Mac. 10,39; Sir. 24,15; Hos. 2,10; Mal. 2,9; Is. 46,13; Is. 50,6; Is. 55,4; Jer. 1,9; Jer. 5,14; Jer. 21,8; Ezek. 3,8; Ezek. 4,8; Ezek. 7,20; Ezek. 9,10; Ezek. 11,21; Ezek. 15,6; Ezek. 15,6; Ezek. 16,43; Ezek. 22,31; Ezek. 24,8; Ezek. 25,10; Ezek. 28,25; Ezek. 29,20; Ezek. 32,32; Ezek. 37,25; Judg. 1,2; Luke 10,19; John 17,8; John 17,14; John 17,22; Rev. 3,8)

δέδωκά ▸ **16**
  Verb · first · singular · perfect · active · indicative ▸ **16** (Gen. 23,11; Ex. 7,1; 1Kings 3,12; 1Kings 3,13; 2Chr. 25,16; Obad. 2; Jer. 6,27; Ezek. 3,17; Ezek. 4,5; Ezek. 4,15; Ezek. 12,6; Ezek. 16,7; Ezek. 22,4; Ezek. 29,5; Ezek. 33,7; Ezek. 39,4)

δεδώκαμέν ▸ **1**
  Verb · first · plural · perfect · active · indicative ▸ **1** (1Chr. 29,14)

δέδωκας ▸ **2** + **2** = **4**
  Verb · second · singular · perfect · active · indicative ▸ **2** + **2** = **4** (Ezek. 16,33; Ezek. 28,6; John 17,2; Rev. 16,6)

δέδωκάς ▸ **1** + **9** = **10**
  Verb · second · singular · perfect · active · indicative ▸ **1** + **9** = **10** (Josh. 15,19; John 17,4; John 17,7; John 17,9; John 17,11; John 17,12; John 17,22; John 17,24; John 17,24; John 18,9)

δεδώκατε ▸ **1**
  Verb · second · plural · perfect · active · indicative ▸ **1** (Judg. 21,22)

δεδώκει ▸ **1** + **2** = **3**
  Verb · third · singular · pluperfect · active · indicative ▸ **1** + **2** = **3** (1Kings 10,13; Mark 14,44; Luke 19,15)

δεδώκειν ▸ **1**
  Verb · first · singular · pluperfect · active · indicative ▸ **1** (2Sam. 18,11)

δεδώκεισαν ▸ **1**
  Verb · third · plural · pluperfect · active · indicative ▸ **1** (John 11,57)

δέδωκεν ▸ **6** + **1** + **9** = **16**
  Verb · third · singular · perfect · active · indicative ▸ **6** + **1** + **9** = **16** (Deut. 2,12; Josh. 1,15; Josh. 2,9; Josh. 13,8; 1Sam. 12,13; Ezek. 17,18; Sus. 50; John 3,35; John 5,22; John 6,32; John 7,19; John 7,22; John 12,49; 1John 3,1; 1John 4,13; 1John 5,20)

δέδωκέν ▸ **4**
  Verb · third · singular · perfect · active · indicative ▸ **4** (John 5,36; John 6,39; John 10,29; John 18,11)

δεδωκότας ▸ **1**
  Verb · perfect · active · participle · masculine · plural · accusative ▸ **1** (3Mac. 6,6)

δεδωκότες ▸ **2**
  Verb · perfect · active · participle · masculine · plural · nominative ▸ **2** (Ezek. 32,24; Ezek. 32,26)

διδόασιν ▸ **4** + **1** = **5**
  Verb · third · plural · present · active · indicative ▸ **4** + **1** = **5** (1Sam. 30,11; 1Sam. 30,12; 1Mac. 8,4; Prov. 29,15; Rev. 17,13)

διδοῖ ▸ **1**
  Verb · third · singular · present · active · indicative ▸ **1** (Psa. 36,21)

διδοῖς ▸ **1**
  Verb · second · singular · present · active · indicative ▸ **1** (Wis. 12,19)

διδόμενά ▸ **2**
  Verb · present · passive · participle · neuter · plural · accusative ▸ **2** (1Esdr. 8,17; Ezra 7,19)

διδομένη ▸ **1**
  Verb · present · passive · participle · feminine · singular · nominative ▸ **1** (Ezra 6,8)

διδομένης ▸ **1**
  Verb · present · passive · participle · feminine · singular · genitive ▸ **1** (3Mac. 3,2)

διδόμενον ▸ **3** + **1** = **4**
  Verb · present · passive · participle · neuter · singular · accusative ▸ **1** (2Kings 22,7)
  Verb · present · passive · participle · neuter · singular · nominative ▸ **2** + **1** = **3** (Ezra 6,9; Prov. 26,23; Luke 22,19)

διδόναι ▸ **8** + **6** = **14**
  Verb · present · active · infinitive ▸ **8** + **6** = **14** (Ex. 5,7; Ex. 16,8; Ex. 30,15; Tob. 5,15; 1Mac. 8,7; 1Mac. 8,7; Sol. 5,9; LetterJ 34; Matt. 7,11; Luke 11,13; Luke 12,42; Luke 23,2; Acts 20,35; 1Tim. 5,14)

διδόντα ▸ **5** + **2** = **7**
  Verb · present · active · participle · masculine · singular · accusative ▸ **5** + **1** = **6** (2Mac. 15,15; Psa. 145,7; Job 5,10; Sir. 7,20; Jer. 5,24; 1Th. 4,8)
  Verb · present · active · participle · neuter · plural · nominative ▸ **1** (1Cor. 14,7)

Διδόντες ▸ **1** + **1** = **2**
  Verb · present · active · participle · masculine · plural · nominative ▸ **1** + **1** = **2** (Judg. 8,25; Judg. 8,25)

διδόντες ▸ **2** + **2** = **4**
  Verb · present · active · participle · masculine · plural · nominative ▸ **2** + **2** = **4** (Neh. 12,47; Neh. 13,5; 2Cor. 5,12; 2Cor. 6,3)

διδόντι ▸ **5** + **2** = **7**

δίδωμι

Verb · present · active · participle · masculine · singular · dative ▸ 5 + 2 = **7** (2Mac. 10,38; Psa. 143,10; Psa. 146,9; Prov. 26,8; Sir. 51,17; Acts 14,3; 1Cor. 15,57)

διδόντος ▸ 2 + 2 = 4
Verb · present · active · participle · masculine · singular · genitive ▸ 2 + 2 = **4** (Deut. 15,10; Psa. 147,5; 2Th. 1,8; James 1,5)

διδόντων ▸ 2
Verb · present · active · participle · masculine · plural · genitive ▸ **2** (Sir. 17,27; Hos. 2,7)

δίδοσθαι ▸ 5
Verb · present · middle · infinitive ▸ **1** (1Mac. 10,89)
Verb · present · passive · infinitive ▸ **4** (1Esdr. 6,28; Judith 10,12; Wis. 18,4; Dan. 1,5)

δίδοται ▸ 5 + 3 = 8
Verb · third · singular · present · passive · indicative ▸ 5 + 3 = **8** (Ex. 5,16; Num. 26,62; Ezra 4,20; Dan. 4,31; Dan. 5,26-28; Acts 8,18; 1Cor. 12,7; 1Cor. 12,8)

δίδοταί ▸ 1
Verb · third · singular · present · passive · indicative ▸ **1** (Tob. 7,12)

δίδοτε ▸ 4 + 2 = 6
Verb · second · plural · present · active · indicative ▸ 4 + 2 = **6** (1Esdr. 4,22; Tob. 12,6; Prov. 31,6; Jer. 33,15; Luke 6,38; Eph. 4,27)

δίδου ▸ 3 + 2 = 5
Verb · second · singular · present · active · imperative ▸ 3 + 2 = **5** (Tob. 4,16; Prov. 9,9; Prov. 22,26; Luke 6,30; Luke 11,3)

Διδούς ▸ 1
Verb · present · active · participle · masculine · singular · nominative ▸ **1** (Jer. 38,33)

διδούς ▸ 1
Verb · present · active · participle · masculine · singular · nominative ▸ **1** (Sir. 34,17)

διδούς ▸ 18 + 4 + 5 = 27
Verb · present · active · participle · masculine · singular · nominative ▸ 18 + 4 + 5 = **27** (Deut. 15,10; Judg. 21,18; 1Sam. 2,9; 2Sam. 22,48; 1Kings 5,24; 1Kings 22,6; 4Mac. 1,12; Psa. 17,48; Psa. 135,25; Ode. 3,9; Is. 40,23; Is. 40,29; Is. 42,5; Is. 43,16; Is. 57,15; Is. 57,15; Is. 66,3; Dan. 2,21; Judg. 11,30; Judg. 21,18; Tob. 12,2; Dan. 2,21; John 6,33; Acts 14,17; Acts 17,25; Heb. 8,10; Heb. 10,16)

διδῶ ▸ 1
Verb · first · singular · present · active · indicative ▸ **1** (Rev. 3,9)

Δίδωμι ▸ 1
Verb · first · singular · present · active · indicative ▸ **1** (Bel 30)

δίδωμι ▸ 28 + 1 + 9 = 38
Verb · first · singular · present · active · indicative ▸ 28 + 1 + 9 = **38** (Gen. 9,12; Gen. 23,11; Ex. 5,10; Lev. 14,34; Lev. 23,10; Lev. 25,2; Lev. 25,2; Num. 13,2; Num. 15,2; Num. 25,12; Num. 27,12; Deut. 4,8; Deut. 5,31; Deut. 9,23; Deut. 11,26; Deut. 11,32; Deut. 32,49; Josh. 1,2; 1Kings 21,13; 2Kings 19,7; 1Mac. 10,32; 1Mac. 10,40; Job 1,12; Jer. 6,21; Jer. 36,21; Jer. 39,3; Jer. 51,30; Ezek. 29,19; Tob. 5,15; Luke 4,6; Luke 19,8; John 10,28; John 13,34; John 14,27; John 14,27; Acts 3,6; 1Cor. 7,25; 2Cor. 8,10)

δίδωμί ▸ 4
Verb · first · singular · present · active · indicative ▸ **4** (Gen. 48,22; 2Chr. 1,12; Jer. 20,4; Ezek. 2,8)

Δίδωμί ▸ 1
Verb · first · singular · present · active · indicative ▸ **1** (Bel 26)

δίδως ▸ 3
Verb · second · singular · present · active · indicative ▸ **3** (1Kings 18,9; Psa. 144,15; Jer. 44,18)

διδῶσιν ▸ 1
Verb · third · singular · present · active · indicative ▸ **1** (1Esdr. 8,19)

δίδωσιν ▸ 28 + 2 + 10 = 40
Verb · third · singular · present · active · indicative ▸ 28 + 2 + 10 = **40** (Lev. 19,23; Num. 32,7; Deut. 1,20; Deut. 1,25; Deut. 2,29; Deut. 3,20; Deut. 4,1; Deut. 8,18; Deut. 11,31; Deut. 12,1; Deut. 12,9; Deut. 24,4; Deut. 28,1; Josh. 1,11; Josh. 1,15; 1Sam. 2,10; 1Sam. 18,27; Neh. 2,12; Tob. 4,19; Tob. 10,2; Ode. 3,10; Prov. 2,6; Prov. 3,34; Prov. 13,15; Prov. 17,14; Prov. 22,16; Prov. 28,27; Prov. 29,25; Tob. 7,14; Tob. 10,2; John 3,34; John 6,32; John 13,26; John 14,27; John 21,13; Acts 7,25; 1Cor. 15,38; James 4,6; James 4,6; 1Pet. 5,5)

δίδωσίν ▸ 32 + 1 = 33
Verb · third · singular · present · active · indicative ▸ 32 + 1 = **33** (Ex. 20,12; Deut. 4,21; Deut. 4,40; Deut. 5,16; Deut. 7,16; Deut. 9,6; Deut. 13,13; Deut. 15,4; Deut. 15,7; Deut. 16,5; Deut. 16,18; Deut. 16,20; Deut. 17,2; Deut. 17,14; Deut. 18,9; Deut. 19,1; Deut. 19,2; Deut. 19,10; Deut. 19,14; Deut. 20,14; Deut. 20,16; Deut. 21,1; Deut. 21,23; Deut. 25,15; Deut. 25,19; Deut. 26,1; Deut. 26,2; Deut. 27,2; Deut. 27,3; Deut. 28,8; Deut. 30,18; Is. 50,4; John 6,37)

δοθείη ▸ 1
Verb · third · singular · aorist · passive · optative ▸ **1** (Psa. 119,3)

Δοθεῖσα ▸ 1
Verb · aorist · passive · participle · feminine · singular · nominative ▸ **1** (Jer. 39,28)

δοθεῖσα ▸ 1 + 1 + 1 = 3
Verb · aorist · passive · participle · feminine · singular · nominative ▸ 1 + 1 + 1 = **3** (Dan. 8,13; Dan. 8,13; Mark 6,2)

δοθεῖσαν ▸ 1 + 3 = 4
Verb · aorist · passive · participle · feminine · singular · accusative ▸ 1 + 3 = **4** (1Esdr. 8,6; Rom. 12,6; 2Tim. 1,9; 2Pet. 3,15)

δοθεῖσάν ▸ 4
Verb · aorist · passive · participle · feminine · singular · accusative ▸ **4** (Rom. 15,15; 1Cor. 3,10; Gal. 2,9; Col. 1,25)

δοθείσας ▸ 1
Verb · aorist · passive · participle · feminine · plural · accusative ▸ **1** (Eccl. 9,9)

δοθείση ▸ 1
Verb · aorist · passive · participle · feminine · singular · dative ▸ **1** (1Cor. 1,4)

δοθείσης ▸ 3
Verb · aorist · passive · participle · feminine · singular · genitive ▸ **3** (Rom. 12,3; Eph. 3,2; Eph. 3,7)

δοθέν ▸ 2
Verb · aorist · passive · participle · neuter · singular · accusative ▸ **1** (1Esdr. 1,6)
Verb · aorist · passive · participle · neuter · singular · nominative ▸ **1** (2Chr. 34,16)

δοθέν ▸ 1
Verb · aorist · passive · participle · neuter · singular · nominative ▸ **1** (Sol. 16,12)

δοθέντος ▸ 1 + 1 = 2
Verb · aorist · passive · participle · masculine · singular · genitive ▸ **1** (2Mac. 7,30)
Verb · aorist · passive · participle · neuter · singular · genitive ▸ **1** (Rom. 5,5)

δοθῇ ▸ 3 + 3 = 6
Verb · third · singular · aorist · passive · subjunctive ▸ 3 + 3 = **6** (Josh. 11,20; Dan. 2,16; Dan. 4,27; Mark 13,11; Gal. 3,22; Eph.

δίδωμι

δοθῆναι ▸ 11 + 2 + 5 = 18
  Verb · aorist · passive · infinitive ▸ 11 + 2 + 5 = **18** (Ex. 32,29; 1Esdr. 4,51; 1Esdr. 6,24; 1Mac. 2,7; Is. 61,3; Jer. 19,12; Ezek. 30,21; Ezek. 30,21; Ezek. 30,21; Dan. 9,24; Dan. 12,11; Tob. 7,12; Dan. 12,11; Matt. 14,9; Matt. 26,9; Mark 5,43; Mark 14,5; Luke 8,55)

δοθῆναί ▸ 1
  Verb · aorist · passive · infinitive ▸ **1** (Tob. 6,12)

δοθήσεται ▸ 23 + 3 + 16 = 42
  Verb · third · singular · future · passive · indicative ▸ 23 + 3 + 16 = **42** (Ex. 5,18; Lev. 24,20; Num. 26,54; Deut. 14,21; 1Esdr. 3,9; Ezra 6,4; 1Mac. 8,28; 1Mac. 10,36; 1Mac. 10,44; 1Mac. 10,45; Psa. 71,15; Prov. 12,14; Wis. 3,14; Sir. 15,17; Sir. 26,3; Is. 29,12; Is. 33,16; Jer. 45,18; Ezek. 23,49; Ezek. 44,28; Dan. 5,7; Dan. 9,27; Dan. 11,21; Dan. 4,16; Dan. 7,25; Dan. 9,27; Matt. 7,7; Matt. 10,19; Matt. 12,39; Matt. 13,12; Matt. 16,4; Matt. 21,43; Matt. 25,29; Mark 4,25; Mark 8,12; Luke 6,38; Luke 8,18; Luke 11,9; Luke 11,29; Luke 19,26; Acts 24,26; James 1,5)

δοθήσεταί ▸ 2 + 1 = 3
  Verb · third · singular · future · passive · indicative ▸ 2 + 1 = **3** (Tob. 6,16; Sir. 6,37; Tob. 6,16)

δοθήσῃ ▸ 1
  Verb · second · singular · future · passive · indicative ▸ **1** (Jer. 41,3)

δοθήσονται ▸ 3
  Verb · third · plural · future · passive · indicative ▸ **3** (2Chr. 18,14; Ezek. 33,27; Ezek. 39,4)

δοθήσονταί ▸ 1
  Verb · third · plural · future · passive · indicative ▸ **1** (Judith 11,15)

Δοθήτω ▸ 2
  Verb · third · singular · aorist · passive · imperative ▸ **2** (1Kings 2,21; Esth. 9,13)

δοθήτω ▸ 7
  Verb · third · singular · aorist · passive · imperative ▸ **7** (Num. 32,5; 2Kings 5,17; Ezra 6,5; Esth. 2,3; Esth. 7,3; 1Mac. 11,37; Dan. 1,12)

δοῖ ▸ 1
  Verb · third · singular · aorist · active · subjunctive ▸ **1** (Mark 8,37)

δόντα ▸ 2
  Verb · aorist · active · participle · masculine · singular · accusative ▸ **2** (Matt. 9,8; 1Pet. 1,21)

δόντας ▸ 1
  Verb · aorist · active · participle · masculine · plural · accusative ▸ **1** (3Mac. 5,17)

δόντες ▸ 2
  Verb · aorist · active · participle · masculine · plural · nominative ▸ **2** (Ezek. 32,23; Ezek. 32,29)

δόντι ▸ 2 + 1 = 3
  Verb · aorist · active · participle · masculine · singular · dative ▸ 2 + 1 = **3** (4Mac. 13,13; Psa. 135,21; 2Cor. 8,16)

δόντος ▸ 2 + 2 = 4
  Verb · aorist · active · participle · masculine · singular · genitive ▸ 2 + 2 = **4** (Psa. 65,9; Psa. 103,28; 2Cor. 5,18; Gal. 1,4)

Δός ▸ 11
  Verb · second · singular · aorist · active · imperative ▸ **11** (Gen. 14,21; Gen. 30,1; Gen. 30,14; Josh. 15,19; Judg. 1,15; 1Sam. 9,23; 1Kings 17,19; 1Kings 20,2; 1Kings 20,6; 1Chr. 21,22; Hos. 13,10)

Δὸς ▸ 13 + 1 = 14
  Verb · second · singular · aorist · active · imperative ▸ 13 + 1 = **14** (Gen. 47,15; Ex. 17,2; Num. 11,13; Josh. 7,19; 1Sam. 2,15; 1Sam. 8,6; 2Sam. 14,7; 2Kings 4,43; 2Kings 6,28; 2Kings 6,29; 2Kings 14,9; 2Chr. 25,18; 1Mac. 11,50; Judg. 1,15)

δός ▸ 9 + 2 + 6 = 17
  Verb · second · singular · aorist · active · imperative ▸ 9 + 2 + 6 = **17** (Josh. 15,19; 1Sam. 21,10; 1Chr. 21,22; 2Chr. 1,10; 1Mac. 10,54; Prov. 23,26; Job 33,5; Wis. 9,4; Bel 25; Dan. 5,17; Bel 25; Matt. 5,42; Matt. 14,8; Luke 15,12; John 4,7; John 4,10; John 4,15)

δὸς ▸ 52 + 2 + 10 = 64
  Verb · second · singular · aorist · active · imperative ▸ 52 + 2 + 10 = **64** (Gen. 42,37; Gen. 47,19; Ex. 17,14; Josh. 7,19; 1Sam. 14,41; 1Sam. 14,41; 1Sam. 21,4; 1Sam. 25,8; 2Kings 5,22; 2Kings 10,15; 1Chr. 29,19; Neh. 1,11; Neh. 3,36; Esth. 14,13 # 4,17s; Judith 9,9; Judith 9,13; 1Mac. 4,32; 3Mac. 2,20; Psa. 27,4; Psa. 27,4; Psa. 59,13; Psa. 71,1; Psa. 85,16; Psa. 107,13; Psa. 113,9; Ode. 5,12; Ode. 7,43; Prov. 23,12; Eccl. 11,2; Sir. 7,31; Sir. 10,28; Sir. 12,4; Sir. 12,7; Sir. 14,13; Sir. 14,16; Sir. 19,17; Sir. 35,9; Sir. 36,14; Sir. 36,15; Sir. 38,11; Sir. 38,12; Hos. 9,14; Hos. 9,14; Is. 26,12; Jer. 18,21; Jer. 22,20; Jer. 38,21; Bar. 2,14; Ezek. 9,4; Ezek. 23,46; Dan. 3,43; Dan. 4,34; Tob. 9,2; Dan. 3,43; Matt. 6,11; Matt. 17,27; Matt. 19,21; Mark 10,21; Mark 10,37; Luke 12,58; Luke 14,9; John 6,34; John 9,24; Acts 4,29)

Δότε ▸ 7 + 1 = 8
  Verb · second · plural · aorist · active · imperative ▸ 7 + 1 = **8** (Ex. 7,9; Deut. 33,8; Josh. 20,2; Judg. 8,5; 1Kings 3,27; 1Kings 3,27; 2Kings 4,42; Judg. 8,5)

δότε ▸ 33 + 3 + 14 = 50
  Verb · second · plural · aorist · active · imperative ▸ 33 + 3 + 14 = **50** (Gen. 23,4; Gen. 34,8; Gen. 34,9; Num. 27,4; Deut. 1,13; Deut. 32,3; Josh. 18,4; Judg. 8,24; Judg. 20,7; Judg. 20,13; 1Sam. 17,10; 2Sam. 20,21; 1Kings 3,25; 1Kings 3,26; 1Chr. 16,28; 1Chr. 16,28; 1Chr. 16,29; 1Chr. 22,19; 2Chr. 30,8; 1Esdr. 9,8; Ezra 10,11; 1Mac. 2,50; 1Mac. 15,31; Psa. 65,2; Psa. 67,35; Psa. 80,3; Ode. 2,3; Prov. 31,31; Sir. 39,15; Zech. 11,12; Jer. 13,16; Jer. 31,9; Jer. 36,6; Judg. 8,24; Judg. 20,7; Judg. 20,13; Matt. 10,8; Matt. 14,16; Matt. 25,8; Matt. 25,28; Mark 6,37; Luke 9,13; Luke 11,41; Luke 12,33; Luke 15,22; Luke 19,24; Acts 8,19; Rom. 12,19; Rev. 14,7; Rev. 18,7)

δότω ▸ 7 + 1 = 8
  Verb · third · singular · aorist · active · imperative ▸ 7 + 1 = **8** (Gen. 23,9; Gen. 23,9; 1Sam. 22,15; 2Sam. 21,6; Neh. 2,7; Esth. 1,19; Esth. 6,9; Matt. 5,31)

δότωσαν ▸ 3 + 1 = 4
  Verb · third · plural · aorist · active · imperative ▸ 3 + 1 = **4** (1Sam. 27,5; 1Kings 18,23; 2Kings 22,5; Dan. 1,12)

δοῦναι ▸ 125 + 6 + 31 = 162
  Verb · aorist · active · infinitive ▸ 125 + 6 + 31 = **162** (Gen. 29,26; Gen. 34,14; Gen. 38,9; Gen. 42,25; Gen. 42,27; Ex. 5,21; Ex. 6,4; Ex. 6,8; Ex. 22,16; Ex. 32,13; Lev. 7,36; Lev. 20,4; Lev. 25,38; Num. 5,21; Num. 11,13; Num. 20,21; Num. 34,13; Num. 36,2; Deut. 1,8; Deut. 2,25; Deut. 6,23; Deut. 6,23; Deut. 10,11; Deut. 10,18; Deut. 11,9; Deut. 11,21; Deut. 19,8; Deut. 21,17; Deut. 26,3; Deut. 26,15; Deut. 28,12; Deut. 28,55; Deut. 30,20; Deut. 31,7; Deut. 31,20; Josh. 1,6; Josh. 5,6; Josh. 9,24; Josh. 17,4; Josh. 21,2; Josh. 21,43; Judg. 2,1; Judg. 8,7; Judg. 21,7; Judg. 21,18; Ruth 1,6; 1Sam. 1,6; 2Sam. 4,10; 1Kings 3,6; 1Kings 5,17; 1Kings 5,23; 1Kings 6,19; 1Kings 7,4; 1Kings 8,32; 1Kings 8,32; 1Kings 17,14; 1Kings 20,3; 2Kings 3,10; 2Kings 8,19; 2Kings 12,16; 2Kings 15,20; 2Kings 18,23; 2Kings 23,35; 2Chr. 16,1; 2Chr. 21,7; 2Chr. 30,12; 2Chr. 31,4; 2Chr. 31,14; 2Chr. 31,15; 2Chr. 31,19; 2Chr. 36,4a; 2Chr. 36,4a; 1Esdr. 2,15;

1Esdr. 4,55; 1Esdr. 4,56; 1Esdr. 5,44; 1Esdr. 8,76; 1Esdr. 8,78; 1Esdr. 8,78; 1Esdr. 9,54; Ezra 7,20; Ezra 9,8; Ezra 9,8; Ezra 9,9; Ezra 9,9; Neh. 9,8; Neh. 9,15; Neh. 10,31; Neh. 10,33; Esth. 2,9; Judith 2,11; Judith 4,12; Judith 12,3; Judith 16,17; Tob. 3,17; 1Mac. 13,45; 2Mac. 12,11; 2Mac. 14,19; Psa. 77,20; Psa. 103,27; Psa. 110,6; Ode. 9,74; Ode. 9,77; Eccl. 2,26; Job 32,4; Wis. 12,9; Sir. 8,9; Sir. 41,25; Sir. 50,20; Mal. 2,2; Is. 8,20; Is. 36,8; Jer. 11,5; Jer. 17,10; Jer. 36,11; Jer. 39,19; Bar. 1,20; Ezek. 17,15; Ezek. 20,28; Ezek. 20,42; Ezek. 21,16; Ezek. 25,17; Ezek. 30,25; Ezek. 47,14; Judg. 8,7; Judg. 21,7; Judg. 21,18; Tob. 3,17; Tob. 7,10; Tob. 12,1; Matt. 14,7; Matt. 19,7; Matt. 20,14; Matt. 20,23; Matt. 20,28; Matt. 22,17; Matt. 24,45; Matt. 26,15; Mark 10,40; Mark 10,45; Mark 12,14; Mark 14,11; Luke 1,73; Luke 1,77; Luke 2,24; Luke 12,32; Luke 12,51; Luke 17,18; Luke 20,22; Luke 22,5; John 6,52; Acts 5,31; Acts 7,5; Acts 7,38; Acts 19,31; Acts 20,32; Rev. 11,18; Rev. 13,15; Rev. 16,9; Rev. 16,19; Rev. 17,17)

δοῦναί ▸ 16 + 2 + 2 = 20
  Verb · aorist · active · infinitive ▸ 16 + 2 + 2 = **20** (Gen. 4,12; Gen. 15,7; Gen. 29,19; Gen. 29,19; Ex. 13,5; Deut. 4,38; Deut. 6,3; Deut. 6,10; Deut. 7,13; Deut. 28,11; 1Sam. 22,13; 1Kings 10,9; 2Chr. 9,8; 2Chr. 25,9; Neh. 2,8; Jer. 39,16; Judg. 15,12; Tob. 7,13; Luke 11,7; Rev. 10,9)

δούς ▸ 1 + 1 = 2
  Verb · aorist · active · participle · masculine · singular · nominative ▸ 1 + 1 = **2** (Prov. 22,9a; Luke 20,2)

δούς ▸ 16 + 10 = 26
  Verb · aorist · active · participle · masculine · singular · nominative ▸ 16 + 10 = **26** (1Esdr. 8,25; Tob. 12,2; 1Mac. 11,10; 2Mac. 2,2; 2Mac. 3,7; 2Mac. 4,34; 2Mac. 8,23; 2Mac. 11,26; 2Mac. 13,14; 2Mac. 14,13; Prov. 6,31; Wis. 12,20; Sir. 1,7 Prol.; Jer. 38,36; Dan. 2,48; Dan. 3,97; Matt. 26,26; Mark 13,34; Acts 9,41; Acts 15,8; Rom. 4,20; 1Cor. 12,24; 2Cor. 1,22; 2Cor. 5,5; 2Th. 2,16; 1Tim. 2,6)

δοῦσα ▸ 1
  Verb · aorist · active · participle · feminine · singular · nominative ▸ **1** (Ezek. 26,17)

δῶ ▸ 12 + 2 = 14
  Verb · first · singular · aorist · active · subjunctive ▸ 12 + 2 = **14** (Ex. 25,16; Ex. 25,21; Deut. 2,5; Deut. 2,9; Deut. 2,19; 2Kings 4,43; 2Chr. 1,7; Job 40,4; Mic. 6,7; Ezek. 26,19; Ezek. 30,8; Ezek. 32,15; Tob. 5,2; Tob. 12,3)

δῷ ▸ 30 + 3 + 6 = 39
  Verb · third · singular · aorist · active · subjunctive ▸ 30 + 3 + 6 = **39** (Gen. 28,20; Ex. 12,25; Ex. 21,4; Ex. 22,6; Ex. 22,9; Ex. 30,33; Lev. 20,2; Lev. 20,15; Lev. 24,19; Lev. 24,20; Lev. 27,9; Num. 5,10; Num. 11,29; Num. 22,18; Num. 24,13; Deut. 12,21; Deut. 13,2; Deut. 16,10; Deut. 19,8; Tob. 6,13; 1Mac. 16,19; Psa. 126,2; Prov. 1,4; Prov. 4,9; Song 8,7; Wis. 8,21; Sir. 11,33; Is. 55,10; Ezek. 46,16; Ezek. 46,17; Tob. 5,2; Tob. 7,9; Dan. 2,16; John 13,29; John 15,16; 1Cor. 14,7; 1Cor. 14,8; Eph. 3,16; Eph. 4,29)

Δώη ▸ 2
  Verb · third · singular · aorist · active · optative ▸ **2** (Num. 5,21; Ruth 4,11)

δώη ▸ 2
  Verb · third · singular · aorist · active · subjunctive ▸ **2** (Eph. 1,17; 2Tim. 2,25)

δώη ▸ 27 + 3 + 4 = 34
  Verb · third · singular · aorist · active · optative ▸ 27 + 3 + 4 = **34** (Gen. 27,28; Gen. 28,4; Gen. 43,14; Num. 6,26; Num. 11,29; Deut. 28,24; Deut. 28,25; Judg. 9,29; Ruth 1,9; 1Sam. 1,17; 2Sam. 19,1; 1Chr. 22,12; Judith 10,8; Tob. 7,17; Tob. 10,13; 2Mac. 1,3; Psa. 19,5; Song 8,1; Job 6,8; Job 6,8; Job 19,23; Job 31,31; Job 31,35; Wis. 7,15; Sir. 45,26; Sir. 50,23; Jer. 9,1; Judg. 9,29; Tob. 7,17; Tob. 9,6; Rom. 15,5; 2Th. 3,16; 2Tim. 1,16; 2Tim. 1,18)

δῴης ▸ 1
  Verb · second · singular · aorist · active · optative ▸ **1** (Psa. 84,8)

Δῶμεν ▸ 1
  Verb · first · plural · aorist · active · subjunctive ▸ **1** (Num. 14,4)

δῶμεν ▸ 1 + 5 = 6
  Verb · first · plural · aorist · active · subjunctive ▸ 1 + 5 = **6** (1Mac. 6,58; Mark 12,14; Mark 12,14; John 1,22; 1Cor. 9,12; 2Th. 3,9)

δῶς ▸ 42 + 1 + 1 = 44
  Verb · second · singular · aorist · active · subjunctive ▸ 42 + 1 + 1 = **44** (Gen. 28,22; Gen. 38,17; Ex. 34,16; 1Sam. 1,11; 1Sam. 1,16; 1Kings 13,8; 2Chr. 2,13; Tob. 4,17; 1Mac. 7,38; Psa. 120,3; Prov. 2,3; Prov. 6,4; Prov. 23,31; Prov. 30,8; Prov. 31,3; Eccl. 5,5; Job 34,36; Sir. 4,5; Sir. 9,2; Sir. 9,6; Sir. 12,5; Sir. 12,5; Sir. 18,15; Sir. 23,4; Sir. 25,25; Sir. 30,11; Sir. 30,21; Sir. 33,20; Sir. 33,20; Sir. 33,23; Sir. 34,6; Sir. 37,27; Sir. 38,20; Sol. 5,3; Sol. 7,3; Joel 2,17; Jonah 1,14; Is. 58,10; Jer. 50,3; Bar. 4,3; Lam. 2,18; Ezek. 16,41; Judg. 11,30; Mark 6,25)

δώσει ▸ 117 + 7 + 19 = 143
  Verb · third · singular · future · active · indicative ▸ 117 + 7 + 19 = **143** (Gen. 49,20; Ex. 13,11; Ex. 21,22; Ex. 21,23; Ex. 21,30; Ex. 21,32; Ex. 21,34; Lev. 5,16; Lev. 15,14; Lev. 22,14; Lev. 25,19; Lev. 26,4; Lev. 26,20; Lev. 26,20; Num. 5,18; Num. 11,18; Num. 14,8; Num. 20,8; Deut. 5,29; Deut. 11,14; Deut. 11,15; Deut. 11,17; Deut. 13,18; Deut. 18,3; Deut. 22,29; Deut. 24,1; Deut. 24,3; Deut. 28,1; Deut. 28,65; Deut. 30,7; Judg. 21,1; Ruth 4,12; 1Sam. 8,14; 1Sam. 8,15; 1Sam. 12,17; 1Sam. 15,28; 1Sam. 22,7; 1Sam. 28,17; 1Sam. 28,19; 1Kings 2,17; 1Kings 22,6; 1Kings 22,12; 1Kings 22,15; 2Chr. 18,5; 2Chr. 18,11; 1Esdr. 3,5; Psa. 1,3; Psa. 13,7; Psa. 28,11; Psa. 36,4; Psa. 48,8; Psa. 52,7; Psa. 54,7; Psa. 54,23; Psa. 67,12; Psa. 67,34; Psa. 67,36; Psa. 83,7; Psa. 83,12; Psa. 84,13; Psa. 84,13; Prov. 28,17a; Prov. 29,17; Eccl. 2,21; Eccl. 6,2; Eccl. 7,2; Job 15,2; Job 22,27; Job 28,15; Job 36,6; Job 36,31; Job 37,10; Wis. 4,3; Sir. 1,12; Sir. 13,6; Sir. 18,28; Sir. 20,15; Sir. 22,27; Sir. 27,23; Sir. 36,20; Sir. 38,26; Sir. 38,27; Sir. 38,28; Sir. 51,30; Amos 3,4; Mic. 5,2; Joel 2,11; Joel 4,16; Zeph. 3,5; Zech. 8,12; Zech. 8,12; Zech. 8,12; Zech. 10,1; Is. 7,14; Is. 13,10; Is. 25,10; Is. 30,20; Is. 41,2; Is. 41,2; Jer. 8,23; Jer. 14,22; Jer. 32,30; Bar. 1,12; Lam. 3,30; Ezek. 18,7; Ezek. 18,8; Ezek. 26,8; Ezek. 26,8; Ezek. 34,27; Ezek. 34,27; Ezek. 45,16; Ezek. 45,19; Dan. 4,31; Dan. 11,17; Dan. 11,17; Dan. 11,18; Dan. 11,24; Judg. 21,1; Tob. 4,19; Dan. 4,17; Dan. 4,25; Dan. 4,32; Dan. 5,21; Dan. 11,17; Matt. 7,11; Matt. 16,26; Matt. 24,29; Mark 12,9; Mark 13,24; Luke 1,32; Luke 11,8; Luke 11,8; Luke 11,13; Luke 16,12; Luke 20,16; John 6,27; John 11,22; John 14,16; John 16,23; Rom. 14,12; 2Tim. 2,7; 1John 5,16; Rev. 8,3)

δώσειν ▸ 6
  Verb · future · active · infinitive ▸ **6** (Judith 16,4; 2Mac. 12,11; 2Mac. 15,33; 3Mac. 1,4; 4Mac. 4,17; Jer. 45,19)

δώσεις ▸ 59 + 1 + 2 = 62
  Verb · second · singular · future · active · indicative ▸ 59 + 1 + 2 = **62** (Gen. 15,2; Gen. 30,31; Gen. 38,16; Gen. 40,13; Ex. 4,15; Ex. 10,25; Ex. 22,28; Ex. 30,16; Ex. 34,20; Lev. 18,20; Lev. 18,21; Lev. 18,23; Lev. 25,37; Lev. 25,37; Num. 3,9; Num. 3,48; Num. 7,5; Num. 19,3; Num. 27,7; Num. 27,20; Num. 31,29; Num. 31,30; Deut. 7,3; Deut. 11,29; Deut. 14,26; Deut. 15,9; Deut. 15,10; Deut. 15,14; Deut. 18,4; Deut. 26,12; Josh. 13,7; Judg. 1,15; 1Sam. 2,16; 1Sam. 9,8; 1Sam. 25,27; 1Kings 3,9; 1Kings 8,36; 1Kings

δίδωμι 561

8,39; 1Kings 8,50; 1Kings 12,240; 1Kings 21,5; 2Kings 5,17; 1Chr. 14,10; 2Chr. 6,27; 2Chr. 6,30; 1Esdr. 8,18; Ezra 7,20; Psa. 15,10; Psa. 20,7; Job 35,7; Sol. 5,8; Hos. 9,14; Mic. 1,14; Mic. 7,20; Jer. 36,26; Ezek. 4,2; Ezek. 4,2; Ezek. 43,19; Ezek. 45,6; Judg. 1,15; Acts 2,27; Acts 13,35)

δώσετε ▸ 26 + 1 = 27
  Verb · second · plural · future · active · indicative ▸ 26 + 1 = **27** (Gen. 47,24; Lev. 7,32; Lev. 22,22; Lev. 25,24; Num. 15,21; Num. 18,28; Num. 27,9; Num. 27,10; Num. 27,11; Num. 32,29; Num. 32,32; Num. 35,4; Num. 35,6; Num. 35,6; Num. 35,7; Num. 35,8; Num. 35,13; Num. 35,14; Num. 35,14; Judg. 14,13; 1Sam. 6,5; 2Kings 12,8; Ezra 6,6; Judith 14,2; Ezek. 44,30; Ezek. 47,23; Judg. 14,13)

δώσετέ ▸ 1
  Verb · second · plural · future · active · indicative ▸ **1** (Gen. 34,12)

δώση ▸ 1
  Verb · third · singular · aorist · active · subjunctive ▸ **1** (John 17,2)

δῶσι ▸ 1
  Verb · third · plural · aorist · active · subjunctive ▸ **1** (Num. 18,12)

δῶσιν ▸ 4 + 1 = 5
  Verb · third · plural · aorist · active · subjunctive ▸ 4 + 1 = **5** (Gen. 24,41; Is. 29,11; LetterJ 52; Ezek. 33,2; Rev. 13,16)

δώσομεν ▸ 9 + 4 + 1 = 14
  Verb · first · plural · future · active · indicative ▸ 9 + 4 + 1 = **14** (Gen. 34,11; Gen. 34,16; Gen. 34,21; Judg. 8,6; Judg. 8,15; Judg. 8,25; 1Sam. 30,22; 1Mac. 10,28; 1Mac. 15,35; Judg. 8,6; Judg. 8,15; Judg. 8,25; Tob. 5,3; Mark 6,37)

δώσομέν ▸ 2 + 1 = 3
  Verb · first · plural · future · active · indicative ▸ 2 + 1 = **3** (Judg. 16,5; 1Esdr. 4,42; Judg. 16,5)

δώσουσι ▸ 1
  Verb · third · plural · future · active · indicative ▸ **1** (Dan. 11,31)

δώσουσιν ▸ 23 + 3 + 5 = 31
  Verb · third · plural · future · active · indicative ▸ 23 + 3 + 5 = **31** (Ex. 30,12; Ex. 30,13; Ex. 30,14; Num. 17,18; Num. 35,2; Num. 35,2; Num. 35,8; Deut. 22,19; Judg. 5,11; 2Kings 12,15; 1Esdr. 3,9; Ezra 4,13; 1Mac. 8,26; 1Mac. 10,41; Psa. 103,12; Is. 13,10; Is. 32,3; Is. 42,12; Jer. 16,13; Jer. 27,5; Bar. 2,17; LetterJ 9; Ezek. 25,4; Judg. 5,11; Tob. 13,13; Dan. 11,31; Matt. 24,24; Mark 13,22; Luke 6,38; Luke 20,10; Rev. 4,9)

δώσουσίν ▸ 3
  Verb · third · plural · future · active · indicative ▸ **3** (1Sam. 10,4; Tob. 13,13; Bar. 2,18)

Δώσω ▸ 1
  Verb · first · singular · future · active · indicative ▸ **1** (1Sam. 18,21)

δώσω ▸ 200 + 8 + 23 = 231
  Verb · first · singular · future · active · indicative ▸ 200 + 8 + 23 = **231** (Gen. 12,7; Gen. 13,15; Gen. 13,17; Gen. 15,18; Gen. 17,8; Gen. 17,16; Gen. 17,20; Gen. 24,7; Gen. 26,3; Gen. 26,4; Gen. 28,13; Gen. 29,27; Gen. 30,28; Gen. 30,31; Gen. 34,12; Gen. 35,12; Gen. 38,18; Gen. 45,18; Gen. 47,16; Gen. 48,4; Ex. 2,9; Ex. 3,21; Ex. 6,8; Ex. 8,19; Ex. 21,13; Ex. 23,27; Ex. 24,12; Ex. 33,1; Lev. 14,34; Lev. 20,24; Lev. 26,4; Lev. 26,6; Num. 10,29; Num. 11,21; Num. 14,23; Num. 20,19; Num. 21,16; Deut. 1,36; Deut. 1,39; Deut. 18,18; Deut. 34,4; Josh. 1,3; Josh. 15,16; Judg. 1,12; Judg. 14,12; Judg. 17,10; 1Sam. 1,11; 1Sam. 17,44; 1Sam. 17,46; 1Sam. 25,11; 2Sam. 12,11; 2Sam. 21,6; 1Kings 5,19; 1Kings 5,20; 1Kings 11,11; 1Kings 11,13; 1Kings 11,31; 1Kings 11,35; 1Kings 11,36; 1Kings 12,24d; 1Kings 13,7; 1Kings 16,3; 1Kings 18,1; 1Kings 20,2; 1Kings 20,2; 1Kings 20,6; 1Kings 20,6; 1Kings 20,7; 1Kings 20,22; 1Kings 21,28; 2Kings 9,9; 2Kings 18,23; 1Chr. 14,10; 1Chr. 16,18; 1Chr. 22,9; 2Chr. 1,12; 2Chr. 7,20; 2Chr. 12,7; Judith 2,7; Tob. 5,3; 1Mac. 10,54; 1Mac. 11,9; Psa. 2,8; Psa. 104,11; Psa. 131,4; Prov. 3,28; Song 6,11; Song 7,13; Job 13,22; Job 35,4; Sir. 51,17; Hos. 2,17; Amos 4,6; Joel 2,19; Joel 3,3; Zeph. 3,20; Hag. 2,9; Zech. 3,7; Is. 22,21; Is. 22,21; Is. 22,22; Is. 36,8; Is. 41,27; Is. 42,8; Is. 43,4; Is. 44,3; Is. 45,3; Is. 48,11; Is. 53,9; Is. 56,5; Is. 56,5; Is. 60,17; Is. 61,8; Is. 62,8; Jer. 3,15; Jer. 3,19; Jer. 8,10; Jer. 9,10; Jer. 14,13; Jer. 15,9; Jer. 15,13; Jer. 15,20; Jer. 19,7; Jer. 20,4; Jer. 20,5; Jer. 21,7; Jer. 23,40; Jer. 24,7; Jer. 24,9; Jer. 25,9; Jer. 28,25; Jer. 28,39; Jer. 33,6; Jer. 33,6; Jer. 34,5; Jer. 37,16; Jer. 38,33; Jer. 39,39; Jer. 39,40; Jer. 41,17; Jer. 41,18; Jer. 41,20; Jer. 41,21; Jer. 41,22; Jer. 45,16; Jer. 46,17; Jer. 49,12; Jer. 51,35; Bar. 2,31; Ezek. 3,20; Ezek. 7,5; Ezek. 7,6; Ezek. 7,7; Ezek. 7,8; Ezek. 11,17; Ezek. 11,19; Ezek. 11,19; Ezek. 11,19; Ezek. 13,11; Ezek. 15,7; Ezek. 15,8; Ezek. 16,61; Ezek. 17,19; Ezek. 23,24; Ezek. 23,25; Ezek. 23,31; Ezek. 25,5; Ezek. 25,7; Ezek. 25,14; Ezek. 26,4; Ezek. 26,14; Ezek. 26,21; Ezek. 28,18; Ezek. 29,4; Ezek. 29,10; Ezek. 29,12; Ezek. 29,21; Ezek. 30,12; Ezek. 30,14; Ezek. 30,16; Ezek. 30,24; Ezek. 32,5; Ezek. 32,8; Ezek. 33,28; Ezek. 34,26; Ezek. 34,26; Ezek. 35,3; Ezek. 35,7; Ezek. 36,26; Ezek. 36,26; Ezek. 36,26; Ezek. 36,27; Ezek. 36,29; Ezek. 37,6; Ezek. 37,6; Ezek. 37,14; Ezek. 37,19; Ezek. 37,22; Ezek. 39,11; Ezek. 39,21; Judg. 1,12; Judg. 7,7; Judg. 14,12; Judg. 17,10; Judg. 20,28; Tob. 5,7; Tob. 5,10; Tob. 12,2; Matt. 4,9; Matt. 16,19; Matt. 20,4; Mark 6,22; Mark 6,23; Luke 4,6; Luke 21,15; John 4,14; John 4,14; John 6,51; John 13,26; Acts 2,19; Acts 13,34; Rev. 2,7; Rev. 2,10; Rev. 2,17; Rev. 2,17; Rev. 2,23; Rev. 2,26; Rev. 2,28; Rev. 3,21; Rev. 11,3; Rev. 21,6)

δώσωμεν ▸ 1
  Verb · first · plural · aorist · active · subjunctive ▸ **1** (Rev. 19,7)

δῶτε ▸ 5 + 3 = 8
  Verb · second · plural · aorist · active · subjunctive ▸ 5 + 3 = **8** (Lev. 23,38; Ezra 9,12; Neh. 13,25; Is. 53,10; Jer. 49,15; Matt. 7,6; 1Cor. 14,9; James 2,16)

ἐδίδετο ▸ 1
  Verb · third · singular · imperfect · passive · indicative ▸ **1** (Bel 32)

ἐδίδοσαν ▸ 4 + 1 = 5
  Verb · third · plural · imperfect · active · indicative ▸ 4 + 1 = **5** (Judith 7,21; 3Mac. 2,31; Jer. 44,21; Ezek. 23,42; John 19,3)

ἐδίδοτο ▸ 2
  Verb · third · singular · imperfect · passive · indicative ▸ **2** (Ex. 5,13; Jer. 52,34)

ἐδίδου ▸ 4 + 1 + 9 = 14
  Verb · third · singular · imperfect · active · indicative ▸ 4 + 1 + 9 = **14** (Ruth 4,7; 1Kings 5,25; 1Mac. 3,30; 1Mac. 14,8; Dan. 1,16; Matt. 13,8; Matt. 15,36; Mark 4,8; Mark 6,7; Mark 6,41; Mark 8,6; Luke 9,16; Luke 15,16; Acts 2,4)

ἐδίδουν ▸ 7 + 4 + 2 = 13
  Verb · first · singular · imperfect · active · indicative ▸ 4 + 4 = **8** (Tob. 1,7; Tob. 1,7; Tob. 1,8; Tob. 1,17; Tob. 1,7; Tob. 1,8; Tob. 1,8; Tob. 1,17)
  Verb · third · plural · imperfect · active · indicative ▸ 3 + 2 = **5** (2Kings 12,16; 2Chr. 27,5; 3Mac. 3,10; Mark 3,6; Mark 15,23)

ἐδίδους ▸ 2
  Verb · second · singular · imperfect · active · indicative ▸ **2** (Wis. 12,10; Wis. 12,11)

ἐδόθη ▸ 31 + 12 + 31 = 74
  Verb · third · singular · aorist · passive · indicative ▸ 31 + 12

+ 31 = **74** (Ex. 36,1; Lev. 10,14; Lev. 19,20; Josh. 13,14; Josh. 14,4; Josh. 17,4; 2Kings 25,30; 1Esdr. 1,7; Neh. 10,30; 1Mac. 5,62; Eccl. 10,6; Job 15,19; Wis. 6,3; Wis. 7,7; Wis. 11,4; Sir. 13,22; Sir. 37,21; Mic. 3,5; Is. 9,5; Is. 35,2; Jer. 13,20; Jer. 39,24; Jer. 39,25; Ezek. 16,34; Dan. 5,30; Dan. 7,4; Dan. 7,6; Dan. 7,11; Dan. 7,12; Dan. 7,14; Dan. 7,22; Tob. 6,14; Dan. 5,21; Dan. 5,28; Dan. 7,4; Dan. 7,6; Dan. 7,11; Dan. 7,12; Dan. 7,14; Dan. 7,27; Dan. 8,12; Dan. 10,1; Bel 32; Matt. 14,11; Matt. 28,18; Luke 12,48; John 1,17; John 12,5; 2Cor. 12,7; Gal. 3,21; Eph. 3,8; Eph. 4,7; 1Tim. 4,14; Rev. 6,2; Rev. 6,4; Rev. 6,4; Rev. 6,8; Rev. 6,11; Rev. 7,2; Rev. 8,3; Rev. 9,1; Rev. 9,3; Rev. 9,5; Rev. 11,1; Rev. 11,2; Rev. 13,5; Rev. 13,5; Rev. 13,7; Rev. 13,7; Rev. 13,14; Rev. 13,15; Rev. 16,8; Rev. 19,8; Rev. 20,4)

ἐδόθησαν ▸ **13** + 2 = 15
  Verb · third · plural · aorist · passive · indicative ▸ 13 + 2 = **15** (Josh. 13,31; 1Chr. 5,20; Neh. 2,17; Neh. 13,10; Judith 8,19; Eccl. 12,11; Sir. 31,6; Jer. 32,31; Ezek. 31,14; Ezek. 32,22; Ezek. 32,26; Ezek. 32,29; Dan. 4,17a; Rev. 8,2; Rev. 12,14)

ἔδωκα ▸ **78** + 6 + 2 = 86
  Verb · first · singular · aorist · active · indicative ▸ 78 + 6 + 2 = **86** (Gen. 30,18; Gen. 38,26; Gen. 40,11; Ex. 4,21; Ex. 31,6; Lev. 6,10; Lev. 7,34; Deut. 3,12; Deut. 3,13; Deut. 3,15; Deut. 3,19; Deut. 3,20; Deut. 26,13; Deut. 26,14; Deut. 29,7; Deut. 30,1; Josh. 24,3; Josh. 24,4; Judg. 6,9; Judg. 15,2; 1Sam. 2,28; 1Kings 9,7; 2Kings 21,8; 2Chr. 7,19; 2Chr. 7,20; 2Chr. 25,9; 2Chr. 33,8; Neh. 2,1; Neh. 2,6; Neh. 2,9; Neh. 5,7; Esth. 8,7; Tob. 7,11; Psa. 50,18; Eccl. 1,13; Eccl. 1,17; Eccl. 8,9; Eccl. 8,16; Eccl. 9,1; Amos 9,15; Zech. 3,9; Mal. 2,5; Is. 42,1; Is. 43,20; Is. 43,28; Is. 47,6; Is. 49,4; Is. 57,18; Is. 59,21; Is. 66,9; Jer. 3,8; Jer. 7,7; Jer. 7,14; Jer. 9,12; Jer. 12,7; Jer. 16,15; Jer. 23,39; Jer. 24,10; Jer. 25,5; Jer. 33,4; Jer. 34,6; Jer. 37,3; Jer. 39,12; Jer. 42,5; Jer. 42,15; Jer. 51,10; Jer. 51,30; Bar. 2,21; Bar. 2,35; Ezek. 16,12; Ezek. 20,11; Ezek. 20,12; Ezek. 20,15; Ezek. 20,25; Ezek. 36,28; Dan. 4,33a; Dan. 9,3; Dan. 10,15; Judg. 6,9; Judg. 15,2; Tob. 5,3; Tob. 7,11; Dan. 9,3; Dan. 10,15; John 13,15; Rev. 2,21)

ἔδωκά ▸ **11**
  Verb · first · singular · aorist · active · indicative ▸ **11** (1Sam. 9,23; 2Sam. 12,8; 2Sam. 12,8; 1Kings 16,2; Hos. 13,11; Is. 42,6; Is. 49,8; Jer. 30,9; Ezek. 16,17; Ezek. 16,19; Ezek. 28,17)

ἐδώκαμεν ▸ **1**
  Verb · first · plural · aorist · active · indicative ▸ **1** (1Th. 4,2)

ἔδωκαν ▸ **95** + 7 + 8 = 110
  Verb · third · plural · aorist · active · indicative ▸ 95 + 7 + 8 = **110** (Gen. 35,4; Num. 17,21; Josh. 6,24; Josh. 19,49; Josh. 19,50; Josh. 21,3; Josh. 21,8; Josh. 21,21; Josh. 21,42b; Josh. 21,42b; Josh. 21,42b; Judg. 3,6; Judg. 9,4; Judg. 21,14; 1Sam. 18,8; 1Sam. 18,8; 2Kings 12,10; 2Kings 12,12; 2Kings 19,18; 2Kings 22,9; 2Kings 23,5; 2Kings 23,11; 2Kings 23,35; 1Chr. 6,40; 1Chr. 6,41; 1Chr. 6,42; 1Chr. 6,49; 1Chr. 6,50; 1Chr. 6,52; 1Chr. 29,7; 1Chr. 29,8; 2Chr. 11,16; 2Chr. 23,15; 2Chr. 24,10; 2Chr. 26,8; 2Chr. 28,15; 2Chr. 29,6; 2Chr. 32,33; 2Chr. 34,9; 2Chr. 34,10; 2Chr. 34,10; 2Chr. 34,11; 2Chr. 34,17; 2Chr. 35,8; 2Chr. 35,25; 2Chr. 36,4a; 1Esdr. 1,9; 1Esdr. 3,13; 1Esdr. 5,53; Ezra 2,69; Ezra 3,7; Ezra 8,36; Ezra 10,19; Neh. 7,70; Neh. 7,71; Neh. 7,72; Neh. 9,17; Neh. 9,29; Judith 15,11; 1Mac. 2,48; 1Mac. 8,8; 1Mac. 12,4; 1Mac. 14,29; Psa. 68,22; Psa. 76,18; Song 2,13; Song 7,14; Sir. 49,5; Hos. 5,4; Joel 2,22; Joel 4,3; Zech. 7,11; Jer. 2,15; Jer. 4,16; Jer. 12,10; Jer. 31,34; Jer. 43,20; Jer. 44,4; Jer. 45,7; Jer. 46,14; Lam. 1,11; Lam. 2,7; Ezek. 6,13; Ezek. 19,8; Ezek. 27,10; Ezek. 27,12; Ezek. 27,13; Ezek. 27,14; Ezek. 27,16; Ezek. 27,17; Ezek. 27,19; Ezek. 27,22; Ezek. 31,14; Ezek. 36,5; Ezek. 43,8; Judg. 1,20; Judg. 3,6; Judg. 9,4; Judg. 21,14; Tob. 2,12; Tob. 2,12; Dan. 11,21; Matt. 27,10; Matt. 27,34; Matt. 28,12; Acts 1,26; 2Cor. 8,5; Gal. 2,9; Rev. 11,13; Rev. 20,13)

ἔδωκάν ▸ **2**
  Verb · third · plural · aorist · active · indicative ▸ **2** (Ex. 32,24; Hos. 2,14)

ἔδωκας ▸ **62** + 2 + 5 = 69
  Verb · second · singular · aorist · active · indicative ▸ 62 + 2 + 5 = **69** (Gen. 3,12; Gen. 15,3; Num. 16,14; Deut. 26,15; Judg. 15,18; 1Kings 3,7; 1Kings 8,34; 1Kings 8,36; 1Kings 8,40; 1Kings 8,48; 1Chr. 17,22; 2Chr. 6,25; 2Chr. 6,27; 2Chr. 6,31; 2Chr. 6,38; 2Chr. 20,7; 2Chr. 20,10; 2Chr. 20,11; 1Esdr. 8,79; 1Esdr. 8,84; Ezra 9,11; Ezra 9,13; Neh. 9,10; Neh. 9,13; Neh. 9,15; Neh. 9,20; Neh. 9,20; Neh. 9,22; Neh. 9,24; Neh. 9,27; Neh. 9,27; Neh. 9,30; Neh. 9,35; Neh. 9,35; Neh. 9,36; Neh. 9,37; Judith 9,2; Judith 9,3; Judith 9,4; Tob. 3,4; Tob. 8,6; Psa. 4,8; Psa. 20,3; Psa. 20,5; Psa. 43,12; Psa. 59,6; Psa. 60,6; Psa. 73,14; Wis. 9,17; Wis. 11,7; Wis. 12,21; Wis. 14,3; Sir. 47,20; Is. 47,6; Jer. 39,22; Bar. 3,7; Ezek. 16,21; Ezek. 16,36; Ezek. 28,2; Ezek. 31,10; Dan. 9,10; Dan. 10,12; Tob. 3,4; Dan. 10,12; Luke 7,44; Luke 7,45; Luke 15,29; John 17,2; John 17,6)

ἔδωκάς ▸ **9** + 1 + 3 = 13
  Verb · second · singular · aorist · active · indicative ▸ 9 + 1 + 3 = **13** (Deut. 26,10; 2Sam. 22,36; 2Sam. 22,41; 1Kings 9,13; 1Esdr. 4,60; Psa. 17,36; Psa. 17,41; Psa. 38,9; Dan. 2,23; Dan. 2,23; Luke 19,23; John 17,6; John 17,8)

ἐδώκατε ▸ **1**
  Verb · second · plural · aorist · active · indicative ▸ **1** (Judg. 21,22)

ἐδώκατέ ▸ **3**
  Verb · second · plural · aorist · active · indicative ▸ **3** (Matt. 25,35; Matt. 25,42; Gal. 4,15)

ἔδωκε ▸ **7**
  Verb · third · singular · aorist · active · indicative ▸ **7** (1Kings 10,22c # 9,22; Ezek. 18,13; Dan. 1,9; Dan. 1,17; Dan. 7,22; Dan. 7,27; Bel 22)

ἔδωκέ ▸ **1**
  Verb · third · singular · aorist · active · indicative ▸ **1** (Dan. 5,23)

ἔδωκεν ▸ **405** + 27 + 63 = 495
  Verb · third · singular · aorist · active · indicative ▸ 405 + 27 + 63 = **495** (Gen. 3,6; Gen. 3,12; Gen. 14,20; Gen. 16,3; Gen. 18,7; Gen. 20,14; Gen. 21,14; Gen. 21,27; Gen. 24,32; Gen. 24,35; Gen. 24,36; Gen. 24,53; Gen. 24,53; Gen. 25,6; Gen. 25,34; Gen. 27,17; Gen. 28,4; Gen. 29,24; Gen. 29,28; Gen. 29,29; Gen. 30,4; Gen. 30,9; Gen. 30,35; Gen. 31,7; Gen. 32,17; Gen. 38,14; Gen. 38,18; Gen. 39,4; Gen. 39,8; Gen. 39,21; Gen. 39,22; Gen. 40,21; Gen. 41,45; Gen. 43,23; Gen. 43,24; Gen. 45,21; Gen. 45,21; Gen. 45,22; Gen. 45,22; Gen. 46,18; Gen. 46,25; Gen. 47,11; Gen. 47,17; Gen. 47,22; Gen. 47,22; Ex. 4,11; Ex. 9,5; Ex. 9,23; Ex. 11,3; Ex. 12,36; Ex. 16,15; Ex. 16,29; Ex. 16,29; Ex. 31,18; Ex. 35,34; Ex. 36,2; Lev. 10,17; Lev. 20,3; Lev. 26,46; Num. 3,51; Num. 7,6; Num. 7,7; Num. 7,8; Num. 7,9; Num. 14,1; Num. 21,23; Num. 31,41; Num. 31,47; Num. 32,9; Num. 32,33; Num. 32,40; Deut. 3,18; Deut. 6,22; Deut. 9,10; Deut. 9,11; Deut. 10,4; Deut. 11,17; Deut. 18,14; Deut. 26,9; Deut. 29,3; Deut. 31,9; Josh. 1,13; Josh. 1,14; Josh. 11,23; Josh. 12,6; Josh. 12,7; Josh. 13,8; Josh. 13,15; Josh. 13,29; Josh. 14,3; Josh. 14,13; Josh. 15,13; Josh. 15,13; Josh. 15,17; Josh. 15,19; Josh. 16,10; Josh. 18,3; Josh. 18,7; Josh. 20,8; Josh. 21,9; Josh. 21,11; Josh. 21,12; Josh. 21,43; Josh. 22,4; Josh. 22,7; Josh. 22,7; Josh. 23,13; Josh. 23,15; Josh. 24,7; Josh. 24,13; Josh. 24,25; Josh. 24,32; Josh. 24,33; Judg. 1,4; Judg. 1,13; Judg. 1,15; Judg. 1,20; Judg. 5,25; Judg. 7,16; Judg. 14,9; Judg. 14,19; Judg. 15,6; Judg. 17,4; Judg. 20,36;

Ruth 2,18; Ruth 4,8; Ruth 4,13; 1Sam. 1,4; 1Sam. 1,5; 1Sam. 1,6; 1Sam. 12,18; 1Sam. 20,40; 1Sam. 21,7; 1Sam. 21,11; 1Sam. 22,10; 1Sam. 22,10; 1Sam. 24,8; 1Sam. 25,44; 1Sam. 27,6; 2Sam. 4,8; 2Sam. 10,10; 2Sam. 16,8; 2Sam. 19,43; 2Sam. 20,3; 2Sam. 21,9; 2Sam. 21,10; 2Sam. 22,14; 2Sam. 24,9; 2Sam. 24,15; 2Sam. 24,23; 1Kings 1,48; 1Kings 2,5; 1Kings 2,35; 1Kings 2,35; 1Kings 2,35a; 1Kings 5,9; 1Kings 5,14b; 1Kings 5,21; 1Kings 5,25; 1Kings 5,26; 1Kings 6,5; 1Kings 6,6; 1Kings 7,34; 1Kings 7,37; 1Kings 8,56; 1Kings 9,6; 1Kings 9,11; 1Kings 9,12; 1Kings 10,10; 1Kings 10,10; 1Kings 10,13; 1Kings 10,17; 1Kings 10,24; 1Kings 10,27; 1Kings 10,27; 1Kings 11,18; 1Kings 11,19; 1Kings 12,4; 1Kings 12,9; 1Kings 12,24b; 1Kings 12,24e; 1Kings 12,29; 1Kings 13,3; 1Kings 13,5; 1Kings 15,4; 1Kings 15,18; 1Kings 17,23; 1Kings 19,21; 1Kings 22,23; 2Kings 5,1; 2Kings 5,23; 2Kings 8,6; 2Kings 10,15; 2Kings 11,10; 2Kings 11,12; 2Kings 12,10; 2Kings 13,3; 2Kings 13,5; 2Kings 15,19; 2Kings 16,14; 2Kings 16,17; 2Kings 17,20; 2Kings 18,15; 2Kings 18,16; 2Kings 22,5; 2Kings 22,8; 2Kings 23,33; 2Kings 23,35; 2Kings 25,28; 1Chr. 2,35; 1Chr. 5,1; 1Chr. 14,17; 1Chr. 19,11; 1Chr. 21,5; 1Chr. 21,14; 1Chr. 21,25; 1Chr. 22,18; 1Chr. 25,5; 1Chr. 28,11; 1Chr. 28,15; 1Chr. 28,16; 1Chr. 28,19; 1Chr. 29,25; 2Chr. 2,11; 2Chr. 3,16; 2Chr. 5,1; 2Chr. 8,2; 2Chr. 8,9; 2Chr. 9,9; 2Chr. 9,9; 2Chr. 9,12; 2Chr. 9,16; 2Chr. 9,23; 2Chr. 9,27; 2Chr. 10,4; 2Chr. 10,9; 2Chr. 11,11; 2Chr. 11,23; 2Chr. 13,5; 2Chr. 17,2; 2Chr. 17,5; 2Chr. 17,19; 2Chr. 18,22; 2Chr. 20,3; 2Chr. 20,22; 2Chr. 21,3; 2Chr. 21,3; 2Chr. 22,11; 2Chr. 23,9; 2Chr. 23,11; 2Chr. 24,12; 2Chr. 28,21; 2Chr. 29,8; 2Chr. 32,24; 2Chr. 32,25; 2Chr. 32,29; 2Chr. 34,15; 2Chr. 35,8; 1Esdr. 1,8; 1Esdr. 4,62; 1Esdr. 8,4; 1Esdr. 8,48; Ezra 1,7; Ezra 5,12; Ezra 5,14; Ezra 5,16; Ezra 7,6; Ezra 7,6; Ezra 7,10; Ezra 7,11; Ezra 7,27; Ezra 8,20; Neh. 7,5; Neh. 13,26; Esth. 12,5 # 1,1q; Esth. 3,10; Esth. 4,8; Esth. 8,2; Judith 2,27; Judith 4,1; Judith 10,5; Judith 14,9; Judith 15,12; Judith 16,19; Judith 16,19; Tob. 1,13; Tob. 5,3; Tob. 9,5; Tob. 9,5; Tob. 10,10; 1Mac. 1,13; 1Mac. 3,28; 1Mac. 6,15; 1Mac. 6,44; 1Mac. 10,6; 1Mac. 10,8; 1Mac. 10,60; 1Mac. 10,89; 1Mac. 11,12; 1Mac. 11,23; 1Mac. 11,58; 1Mac. 11,62; 1Mac. 11,66; 1Mac. 12,25; 1Mac. 12,43; 1Mac. 13,50; 1Mac. 14,32; 1Mac. 15,38; 2Mac. 13,22; 3Mac. 7,12; 4Mac. 2,23; Psa. 14,5; Psa. 17,14; Psa. 45,7; Psa. 56,4; Psa. 66,7; Psa. 77,24; Psa. 77,46; Psa. 77,66; Psa. 98,7; Psa. 104,44; Psa. 105,15; Psa. 105,46; Psa. 110,5; Psa. 111,9; Psa. 113,24; Psa. 123,6; Psa. 134,12; Ode. 4,10; Prov. 22,9; Prov. 31,15; Eccl. 1,13; Eccl. 2,26; Eccl. 2,26; Eccl. 3,10; Eccl. 3,11; Eccl. 5,17; Eccl. 5,18; Eccl. 8,15; Eccl. 12,7; Song 1,12; Song 8,11; Job 1,21; Job 1,22; Job 38,36; Job 42,10; Job 42,11; Job 42,15; Wis. 7,17; Wis. 10,10; Wis. 10,14; Sir. 15,20; Sir. 17,2; Sir. 17,2; Sir. 17,6; Sir. 17,24; Sir. 29,15; Sir. 38,6; Sir. 43,33; Sir. 44,23; Sir. 45,5; Sir. 45,7; Sir. 45,17; Sir. 45,20; Sir. 45,21; Sir. 46,9; Sir. 47,5; Sir. 47,8; Sir. 47,10; Sir. 47,11; Sir. 47,22; Sir. 47,24; Sir. 51,22; Sol. 9,1; Amos 1,2; Joel 2,23; Jonah 1,3; Hab. 3,10; Is. 8,18; Is. 8,20; Is. 42,24; Jer. 12,8; Jer. 28,55; Jer. 37,21; Jer. 47,5; Jer. 47,11; Jer. 52,11; Jer. 52,32; Bar. 1,18; Bar. 2,4; Bar. 2,10; Bar. 3,27; Bar. 3,37; Lam. 1,14; Lam. 5,6; Ezek. 10,7; Ezek. 17,5; Ezek. 18,16; Ezek. 21,16; Ezek. 23,7; Dan. 1,17; Dan. 2,37; Dan. 5,0; Dan. 5,29; Sus. 44-45; Judg. 1,13; Judg. 1,15; Judg. 5,25; Judg. 6,1; Judg. 6,13; Judg. 7,16; Judg. 12,3; Judg. 14,9; Judg. 14,19; Judg. 15,1; Judg. 15,6; Judg. 17,4; Judg. 18,10; Judg. 20,36; Tob. 9,5; Dan. 1,2; Dan. 1,9; Dan. 1,17; Dan. 2,37; Dan. 2,38; Dan. 2,48; Dan. 5,18; Dan. 5,19; Dan. 7,22; Dan. 9,10; Bel 22; Bel 27; Matt. 10,1; Matt. 14,19; Matt. 21,23; Matt. 25,15; Matt. 26,27; Matt. 26,48; Mark 2,26; Mark 4,7; Mark 6,28; Mark 6,28; Mark 11,28; Mark 14,22; Mark 14,23; Luke 6,4; Luke 7,15; Luke 9,1; Luke 10,35; Luke 18,43; Luke 19,13; Luke 22,19; John 1,12; John 3,16; John 4,5; John 4,10; John 4,12; John 5,26; John 5,27; John 6,31; John 13,3; John 18,22; John 19,9; Acts 3,16; Acts 5,32; Acts 7,5; Acts 7,8; Acts 7,10; Acts 10,40; Acts 11,17; Acts 11,18; Acts 12,23; Acts 13,20; Acts 13,21; Rom. 11,8; 1Cor. 3,5; 2Cor. 9,9; 2Cor. 10,8; Eph. 1,22; Eph. 4,8; Eph. 4,11; 2Tim. 1,7; Titus 2,14; Heb. 2,13; Heb. 7,4; James 5,18; 1John 3,23; 1John 3,24; 1John 5,11; Rev. 1,1; Rev. 13,2; Rev. 13,4; Rev. 15,7; Rev. 17,17; Rev. 20,13)

Ἔδωκεν ▸ 3 + 1 = 4
    Verb · third · singular · aorist · active · indicative ▸ 3 + 1 = 4 (Gen. 25,5; Gen. 30,18; Josh. 13,24; Judg. 16,23)

ἔδωκέν ▸ 25 + 2 + 1 = 28
    Verb · third · singular · aorist · active · indicative ▸ 25 + 2 + 1 = 28 (Gen. 30,6; Gen. 31,9; Gen. 48,9; Num. 5,20; Deut. 5,22; Deut. 8,10; Deut. 12,15; Deut. 16,17; Deut. 26,11; Deut. 28,52; Deut. 28,53; Ruth 3,17; 1Sam. 1,27; 1Kings 20,15; 2Kings 22,10; 1Chr. 28,5; 2Chr. 2,10; 2Chr. 9,8; 2Chr. 34,18; 2Chr. 36,23; Ezra 1,2; Neh. 2,8; Wis. 10,2; Jer. 36,26; Lam. 1,13; Tob. 1,13; Tob. 5,3; 2Cor. 13,10)

διεγγυάω (διά; ἐν; γύαλον)   to mortgage property ▸ 1
  διεγγυῶμεν ▸ 1
    Verb · first · plural · present · active · indicative ▸ 1 (Neh. 5,3)

διεγείρω (διά; ἐγείρω)   to raise up; to awaken ▸ 5 + 6 = 11
  διεγείρας ▸ 2
    Verb · aorist · active · participle · masculine · singular · nominative ▸ 2 (2Mac. 15,10; 3Mac. 5,15)
  διεγείρασα ▸ 1
    Verb · aorist · active · participle · feminine · singular · nominative ▸ 1 (2Mac. 7,21)
  διεγείρειν ▸ 1
    Verb · present · active · infinitive ▸ 1 (2Pet. 1,13)
  διεγείρετο ▸ 1
    Verb · third · singular · imperfect · passive · indicative · (variant) ▸ 1 (John 6,18)
  διεγειρομένας ▸ 1
    Verb · present · middle · participle · feminine · plural · accusative ▸ 1 (Judith 1,4)
  διεγείρω ▸ 1
    Verb · first · singular · present · active · indicative ▸ 1 (2Pet. 3,1)
  διεγερθεὶς ▸ 1 + 2 = 3
    Verb · aorist · passive · participle · masculine · singular · nominative ▸ 1 + 2 = 3 (Esth. 11,12 # 1,1l; Mark 4,39; Luke 8,24)
  διήγειραν ▸ 1
    Verb · third · plural · aorist · active · indicative ▸ 1 (Luke 8,24)

διεκβάλλω (διά; ἐκ; βάλλω)   to terminate at ▸ 9
  διεκβαλεῖ ▸ 6
    Verb · third · singular · future · active · indicative ▸ 6 (Josh. 15,4; Josh. 15,7; Josh. 15,11; Josh. 15,11; Josh. 15,11; Josh. 16,7)
  διεκβάλλει ▸ 3
    Verb · third · singular · present · active · indicative ▸ 3 (Josh. 15,8; Josh. 15,9; Josh. 15,9)

διεκβολή (διά; ἐκ; βάλλω)   passage, gate ▸ 6
  διεκβολαὶ ▸ 1
    Noun · feminine · plural · nominative · (common) ▸ 1 (Ezek. 48,30)
  διεκβολὰς ▸ 2
    Noun · feminine · plural · accusative · (common) ▸ 2 (Obad. 14; Zech. 9,10)
  διεκβολῇ ▸ 1
    Noun · feminine · singular · dative · (common) ▸ 1 (Ezek. 47,11)
  διεκβολὴν ▸ 1

Noun · feminine · singular · accusative · (common) ▸ **1** (Jer. 12,12)
   διεκβολῆς ▸ **1**
      Noun · feminine · singular · genitive · (common) ▸ **1** (Ezek. 47,8)

διεκκύπτω (διά; ἐκ; κύπτω) to look out through ▸ **1**
   διεξέκυπτον ▸ **1**
      Verb · third · plural · imperfect · active · indicative ▸ **1** (2Mac. 3,19)

διελαύνω (διά; ἐλαύνω) to go through ▸ **2**
   διήλασεν ▸ **2**
      Verb · third · singular · aorist · active · indicative ▸ **2** (Judg. 4,21; Judg. 5,26)

διελέγχω (διά; ἐλέγχω) to discuss, argue ▸ **2**
   διελεγχθήσεται ▸ **1**
      Verb · third · singular · future · passive · indicative ▸ **1** (Mic. 6,2)
   διελεγχθῶμεν ▸ **1**
      Verb · first · plural · aorist · active · subjunctive ▸ **1** (Is. 1,18)

διεμβάλλω (διά; ἐν; βάλλω) to insert ▸ **5**
   διεμβαλοῦσιν ▸ **4**
      Verb · third · plural · future · active · indicative ▸ **4** (Num. 4,6; Num. 4,8; Num. 4,11; Num. 4,14)
   διενέβαλεν ▸ **1**
      Verb · third · singular · aorist · active · indicative ▸ **1** (Ex. 40,18)

διεμπίμπλημι (διά; ἐν; πίμπλημι) to fill up ▸ **1**
   διεμπιπλαμένων ▸ **1**
      Verb · present · passive · participle · masculine · plural · genitive ▸ **1** (2Mac. 4,40)

διενθυμέομαι (διά; ἐν; θυμός) to think over ▸ **1**
   διενθυμουμένου ▸ **1**
      Verb · present · middle · participle · masculine · singular · genitive ▸ **1** (Acts 10,19)

διεξάγω (διά; ἐκ; ἄγω) to bring to an end ▸ **5**
   διεξαγαγόντα ▸ **1**
      Verb · perfect · active · participle · masculine · singular · accusative ▸ **1** (2Mac. 14,30)
   διέξαγε ▸ **1**
      Verb · second · singular · present · active · imperative ▸ **1** (Sir. 3,17)
   διεξάγειν ▸ **1**
      Verb · present · active · infinitive ▸ **1** (2Mac. 10,12)
   διεξάγεται ▸ **1**
      Verb · third · singular · present · passive · indicative ▸ **1** (Hab. 1,4)
   διεξάγων ▸ **1**
      Verb · present · active · participle · masculine · singular · nominative ▸ **1** (Esth. 13,2 # 3,13b)

διεξέρχομαι (διά; ἐκ; ἔρχομαι) to pass through ▸ **4** + **1** = **5**
   διεξελεύσῃ ▸ **1**
      Verb · second · singular · future · middle · indicative ▸ **1** (Ezek. 12,5)
   διεξέλθοι ▸ **1**
      Verb · third · singular · aorist · active · optative ▸ **1** (Job 20,25)
   διεξῄεσαν ▸ **1**
      Verb · third · plural · imperfect · active · indicative ▸ **1** (4Mac. 3,13)
   διεξῆλθεν ▸ **1** + **1** = **2**
      Verb · third · singular · aorist · active · indicative ▸ **1** + **1** = **2** (2Sam. 2,23; Judg. 4,21)

διεξοδεύω (διά; ἐκ; ὁδός) to make a way out, spread out ▸ **1**
   διεξώδευσε ▸ **1**
      Verb · third · singular · aorist · active · indicative ▸ **1** (Dan. 3,48)

διέξοδος (διά; ὁδός) going out or forth, along the main roads (?) ▸ **26** + **5** + **1** = **32**
   διέξοδοι ▸ **2** + **1** = **3**
      Noun · feminine · plural · nominative · (common) ▸ **2** + **1** = **3** (Josh. 19,33; Psa. 67,21; Josh. 19,33)
   διεξόδοις ▸ **1**
      Noun · feminine · plural · dative · (common) ▸ **1** (Judg. 5,17)
   διέξοδον ▸ **2**
      Noun · feminine · singular · accusative · (common) ▸ **2** (2Kings 2,21; Sir. 25,25)
   διέξοδος ▸ **18** + **3** = **21**
      Noun · feminine · singular · nominative · (common) ▸ **18** + **3** = **21** (Num. 34,4; Num. 34,5; Num. 34,8; Num. 34,9; Num. 34,12; Josh. 15,4; Josh. 15,7; Josh. 15,11; Josh. 16,3; Josh. 16,8; Josh. 17,9; Josh. 18,12; Josh. 18,14; Josh. 18,19; Josh. 19,14; Josh. 19,22; Josh. 19,29; Psa. 143,14; Josh. 19,14; Josh. 19,22; Josh. 19,29)
   διεξόδους ▸ **4** + **1** = **5**
      Noun · feminine · plural · accusative · (common) ▸ **4** + **1** = **5** (Psa. 1,3; Psa. 106,33; Psa. 106,35; Psa. 118,136; Matt. 22,9)

διέπω (διά; ἔπω) to manage, order, arrange ▸ **2**
   διέπεις ▸ **1**
      Verb · second · singular · present · active · indicative ▸ **1** (Wis. 12,15)
   διέπῃ ▸ **1**
      Verb · third · singular · present · active · subjunctive ▸ **1** (Wis. 9,3)

διερεθίζω (διά; ἐρεθέω) to provoke, stimulate ▸ **1**
   διερεθίζον ▸ **1**
      Verb · present · active · participle · neuter · singular · accusative ▸ **1** (4Mac. 9,19)

διερευνάω (διά; ἐρευνάω) to search carefully ▸ **2**
   διερευνήσει ▸ **1**
      Verb · third · singular · future · active · indicative ▸ **1** (Wis. 6,3)
   διερευνῶσιν ▸ **1**
      Verb · third · plural · present · active · indicative ▸ **1** (Wis. 13,7)

διερμηνευτής (διά; ἑρμηνεύω) interpreter ▸ **1**
   διερμηνευτής ▸ **1**
      Noun · masculine · singular · nominative ▸ **1** (1Cor. 14,28)

διερμηνεύω (διά; ἑρμηνεύω) to explain, interpret ▸ **1** + **6** = **7**
   διερμηνεύεται ▸ **1**
      Verb · third · singular · present · passive · indicative ▸ **1** (2Mac. 1,36)
   διερμηνευέτω ▸ **1**
      Verb · third · singular · present · active · imperative ▸ **1** (1Cor. 14,27)
   διερμηνεύῃ ▸ **2**
      Verb · third · singular · present · active · subjunctive ▸ **2** (1Cor. 14,5; 1Cor. 14,13)
   διερμηνευομένη ▸ **1**
      Verb · present · passive · participle · feminine · singular · nominative · (variant) ▸ **1** (Acts 9,36)
   διερμηνεύουσιν ▸ **1**
      Verb · third · plural · present · active · indicative ▸ **1** (1Cor. 12,30)
   διερμήνευσεν ▸ **1**
      Verb · third · singular · aorist · active · indicative ▸ **1** (Luke 24,27)

διέρχομαι (διά; ἔρχομαι) to pass through ▸ **146** + **6** + **43** = **195**

διέρχομαι

διελεύσεται ▸ 23 + 4 + 1 = 28
    Verb ▪ third ▪ singular ▪ future ▪ middle ▪ indicative ▸ 23 + 4 + 1
    = **28** (Lev. 26,6; Num. 31,23; Num. 31,23; Josh. 16,3; Josh. 16,6;
    Josh. 18,13; Josh. 18,14; Josh. 18,15; Josh. 18,17; Josh. 18,18;
    Josh. 19,12; Josh. 19,13; Josh. 19,27; Josh. 19,34; 1Sam. 2,30;
    1Sam. 2,35; Judith 6,6; Sir. 39,4; Amos 8,5; Hab. 1,11; Is. 41,3;
    Jer. 13,1; Lam. 4,21; Josh. 19,12; Josh. 19,13; Josh. 19,27; Josh.
    19,34; Luke 2,35)

διελεύσῃ ▸ 3
    Verb ▪ second ▪ singular ▪ future ▪ middle ▪ indicative ▸ **3** (Num.
    20,18; Num. 20,20; Song 4,8)

διελεύσομαι ▸ 3
    Verb ▪ first ▪ singular ▪ future ▪ middle ▪ indicative ▸ **3** (Ex. 12,12;
    Psa. 41,5; Amos 5,17)

Διελευσόμεθα ▸ 1
    Verb ▪ first ▪ plural ▪ future ▪ middle ▪ indicative ▸ **1** (1Mac. 5,48)

διελευσόμεθα ▸ 2
    Verb ▪ first ▪ plural ▪ future ▪ middle ▪ indicative ▸ **2** (Gen. 22,5;
    Num. 20,17)

διελεύσονται ▸ 8
    Verb ▪ third ▪ plural ▪ future ▪ middle ▪ indicative ▸ **8** (Psa. 65,6;
    Psa. 103,10; Psa. 103,20; Prov. 28,10; Joel 4,17; Zech. 10,11;
    Jer. 22,8; Ezek. 5,17)

διελήλυθα ▸ 1
    Verb ▪ first ▪ singular ▪ perfect ▪ active ▪ indicative ▸ **1** (1Sam.
    12,2)

Διεληλύθασιν ▸ 1
    Verb ▪ third ▪ plural ▪ perfect ▪ active ▪ indicative ▸ **1** (2Sam.
    15,34)

διελήλυθεν ▸ 1
    Verb ▪ third ▪ singular ▪ perfect ▪ active ▪ indicative ▸ **1** (2Sam.
    15,34)

διεληλυθότα ▸ 1
    Verb ▪ perfect ▪ active ▪ participle ▪ masculine ▪ singular
    ▪ accusative ▸ **1** (Heb. 4,14)

Διέλθατε ▸ 1
    Verb ▪ second ▪ plural ▪ aorist ▪ active ▪ imperative ▸ **1** (Judg.
    21,20)

διέλθατε ▸ 2
    Verb ▪ second ▪ plural ▪ aorist ▪ active ▪ imperative ▸ **2** (Ex. 32,27;
    Amos 6,2)

διελθάτω ▸ 1
    Verb ▪ third ▪ singular ▪ aorist ▪ active ▪ imperative ▸ **1** (Ezek.
    14,17)

Δίελθε ▸ 2
    Verb ▪ second ▪ singular ▪ aorist ▪ active ▪ imperative ▸ **2** (2Sam.
    24,2; Ezek. 9,4)

διελθεῖν ▸ 10 + 6 = 16
    Verb ▪ aorist ▪ active ▪ infinitive ▸ 10 + 6 = **16** (Judg. 5,16; Judg.
    11,20; 1Sam. 6,20; 1Kings 18,6; 2Chr. 20,10; 2Chr. 30,5; Nah.
    2,1; Is. 52,1; Is. 59,14; Ezek. 47,5; Matt. 19,24; Mark 10,25; Acts
    9,38; Acts 11,22; Acts 18,27; 2Cor. 1,16)

διέλθετε ▸ 1
    Verb ▪ second ▪ plural ▪ aorist ▪ active ▪ imperative ▸ **1** (Jer. 2,10)

διελθέτω ▸ 2
    Verb ▪ third ▪ singular ▪ aorist ▪ active ▪ imperative ▸ **2** (1Sam.
    9,27; 1Sam. 26,22)

διελθέτωσαν ▸ 1
    Verb ▪ third ▪ plural ▪ aorist ▪ active ▪ imperative ▸ **1** (Josh. 18,4)

διέλθῃ ▸ 5
    Verb ▪ third ▪ singular ▪ aorist ▪ active ▪ subjunctive ▸ **5** (Job 41,8;
    Mic. 5,7; Ezek. 29,11; Ezek. 29,11; Ezek. 44,2)

διέλθῃς ▸ 2
    Verb ▪ second ▪ singular ▪ aorist ▪ active ▪ subjunctive ▸ **2** (4Mac.
    18,14; Is. 43,2)

διέλθοι ▸ 1
    Verb ▪ third ▪ singular ▪ aorist ▪ active ▪ optative ▸ **1** (Is. 21,1)

διελθόντα ▸ 1
    Verb ▪ aorist ▪ active ▪ participle ▪ masculine ▪ singular ▪ accusative
    ▸ **1** (Acts 19,1)

διελθόντες ▸ 2 + 3 = 5
    Verb ▪ aorist ▪ active ▪ participle ▪ masculine ▪ plural ▪ nominative
    ▸ 2 + 3 = **5** (1Chr. 4,38; Wis. 14,5; Acts 12,10; Acts 13,14; Acts
    14,24)

Διελθόντες ▸ 1
    Verb ▪ aorist ▪ active ▪ participle ▪ masculine ▪ plural ▪ nominative
    ▸ **1** (Acts 13,6)

διελθόντων ▸ 1
    Verb ▪ aorist ▪ active ▪ participle ▪ neuter ▪ plural ▪ genitive ▸ **1**
    (2Mac. 1,20)

διελθοῦσαι ▸ 1
    Verb ▪ aorist ▪ active ▪ participle ▪ feminine ▪ plural ▪ nominative
    ▸ **1** (Judith 13,10)

διέλθω ▸ 1
    Verb ▪ first ▪ singular ▪ aorist ▪ active ▪ subjunctive ▸ **1** (1Cor.
    16,5)

Διέλθωμεν ▸ 1
    Verb ▪ first ▪ plural ▪ aorist ▪ active ▪ subjunctive ▸ **1** (Gen. 4,8)

διέλθωμεν ▸ 1 + 3 = 4
    Verb ▪ first ▪ plural ▪ aorist ▪ active ▪ subjunctive ▸ 1 + 3 = **4**
    (1Kings 18,5; Mark 4,35; Luke 2,15; Luke 8,22)

διελθών ▸ 1 + 3 = 4
    Verb ▪ aorist ▪ active ▪ participle ▪ masculine ▪ singular ▪ nominative
    ▸ 1 + 3 = **4** (2Mac. 14,45; Luke 4,30; Acts 19,21; Acts 20,2)

διέλθωσιν ▸ 2
    Verb ▪ third ▪ plural ▪ aorist ▪ active ▪ subjunctive ▸ **2** (Judith 7,31;
    Is. 13,20)

διέρχεσθαι ▸ 2
    Verb ▪ present ▪ middle ▪ infinitive ▸ **2** (Luke 19,4; John 4,4)

διέρχεται ▸ 2
    Verb ▪ third ▪ singular ▪ present ▪ middle ▪ indicative ▸ **2** (Matt.
    12,43; Luke 11,24)

διέρχομαι ▸ 1
    Verb ▪ first ▪ singular ▪ present ▪ middle ▪ indicative ▸ **1** (1Cor.
    16,5)

διερχομένη ▸ 1
    Verb ▪ present ▪ middle ▪ participle ▪ feminine ▪ singular
    ▪ nominative ▸ **1** (Wis. 5,10)

διερχόμενον ▸ 1
    Verb ▪ present ▪ middle ▪ participle ▪ masculine ▪ singular
    ▪ accusative ▸ **1** (Acts 9,32)

διερχόμενος ▸ 3
    Verb ▪ present ▪ middle ▪ participle ▪ masculine ▪ singular
    ▪ nominative ▸ **3** (Acts 8,40; Acts 17,23; Acts 18,23)

διέρχωμαι ▸ 1
    Verb ▪ first ▪ singular ▪ present ▪ middle ▪ subjunctive ▸ **1** (John
    4,15)

διῆλθεν ▸ 38 + 2 = 40
    Verb ▪ third ▪ singular ▪ aorist ▪ active ▪ indicative ▸ 38 + 2 = **40**
    (Gen. 41,46; Ex. 14,20; Judg. 11,18; 1Sam. 14,23; 1Sam. 30,31;
    2Sam. 11,27; 2Sam. 17,22; 2Sam. 17,24; 2Sam. 20,14; 1Kings
    3,6; 2Kings 4,31; 2Kings 4,42; 1Chr. 21,4; 2Chr. 15,12; 2Chr.
    23,15; Esth. 6,11; Judith 2,24; Judith 10,10; Judith 16,9; 1Mac.
    1,3; 1Mac. 3,8; 1Mac. 5,51; 1Mac. 11,62; 2Mac. 1,22; Psa. 72,9;

Psa. 89,4; Psa. 102,16; Psa. 104,18; Psa. 123,4; Psa. 123,5; Sir. 28,19; Sir. 35,17; Jer. 8,20; Jer. 31,32; Jer. 44,4; Ezek. 47,3; Ezek. 47,4; Ezek. 47,4; Acts 10,38; Rom. 5,12)

διῆλθες ‣ 1
   Verb · second · singular · aorist · active · indicative ‣ **1** (Deut. 2,7)

διήλθομεν ‣ 1
   Verb · first · plural · aorist · active · indicative ‣ **1** (Psa. 65,12)

Διῆλθον ‣ 1
   Verb · first · singular · aorist · active · indicative ‣ **1** (Acts 16,6)

διῆλθον ‣ 24 + 2 + 4 = 30
   Verb · first · singular · aorist · active · indicative ‣ 4 + 1 + 1 = **6** (2Sam. 7,7; 1Chr. 17,6; Ezek. 16,6; Ezek. 16,8; Tob. 5,10; Acts 20,25)
   Verb · third · plural · aorist · active · indicative ‣ 20 + 1 + 3 = **24** (Gen. 15,17; Josh. 3,2; 1Sam. 9,4; 1Sam. 9,4; 1Sam. 9,4; 1Sam. 9,4; 2Kings 14,9; 2Chr. 17,9; Neh. 12,31; Tob. 1,21; 1Mac. 12,10; Psa. 17,13; Psa. 41,8; Psa. 87,17; Psa. 104,13; Ode. 6,4; Wis. 19,8; Mic. 2,13; Jonah 2,4; Lam. 5,18; Tob. 1,21; Acts 8,4; Acts 11,19; 1Cor. 10,1)

διήλθοσαν ‣ 1
   Verb · third · plural · aorist · active · indicative ‣ **1** (Psa. 72,7)

διήρχετο ‣ 4
   Verb · third · singular · imperfect · middle · indicative ‣ **4** (Luke 5,15; Luke 17,11; Luke 19,1; Acts 15,41)

διήρχοντο ‣ 2
   Verb · third · plural · imperfect · middle · indicative ‣ **2** (Luke 9,6; Acts 15,3)

διερωτάω (διά; ἐρωτάω)   to inquire; learn by inquiry ‣ 1
   διερωτήσαντες ‣ 1
      Verb · aorist · active · participle · masculine · plural · nominative ‣ **1** (Acts 10,17)

δίεσις   discharge; deliberation; (music) half-tone ‣ 1
   διέσεως ‣ 1
      Noun · feminine · singular · genitive · (common) ‣ **1** (Wis. 12,20)

διεστραμμένως (διά; στρέφω)   perversely ‣ 1
   διεστραμμένως ‣ 1
      Adverb ‣ **1** (Sir. 4,17)

διετηρίς (δύο; ἔτος)   two year period ‣ 1
   διετηρίδα ‣ 1
      Noun · feminine · singular · accusative · (common) ‣ **1** (2Sam. 13,23)

διετής (δύο; ἔτος)   two years old ‣ 1 + 1 = 2
   διετῆ ‣ 1
      Adjective · masculine · singular · accusative ‣ **1** (2Mac. 10,3)
   διετοῦς ‣ 1
      Adjective · masculine · singular · genitive ‣ **1** (Matt. 2,16)

διετία (δύο; ἔτος)   two years ‣ 2
   διετίαν ‣ 1
      Noun · feminine · singular · accusative ‣ **1** (Acts 28,30)
   Διετίας ‣ 1
      Noun · feminine · singular · genitive ‣ **1** (Acts 24,27)

διευλαβέομαι (διά; εὖ; λαμβάνω)   to fear, reverence ‣ 3
   διευλαβηθείς ‣ 1
      Verb · aorist · passive · participle · masculine · singular · nominative ‣ **1** (2Mac. 9,29)
   διευλαβοῦ ‣ 1
      Verb · second · singular · imperfect · middle · indicative ‣ **1** (Deut. 28,60)
   διευλαβοῦντο ‣ 1
      Verb · third · plural · imperfect · middle · indicative ‣ **1** (Job 6,16)

διηγέομαι (διά; ἄγω)   to describe in detail; tell, explain ‣ 63 + 2 + 8 = 73
   διηγεῖσθαι ‣ 1
      Verb · present · middle · infinitive ‣ **1** (Is. 43,21)
   διηγεῖσθε ‣ 1
      Verb · second · plural · present · middle · imperative ‣ **1** (Judg. 5,11)
   διηγεῖτο ‣ 1
      Verb · third · singular · imperfect · middle · indicative ‣ **1** (Esth. 10,3)
   διηγῇ ‣ 1
      Verb · second · singular · present · middle · indicative ‣ **1** (Psa. 49,16)
   Διήγησαι ‣ 1
      Verb · second · singular · aorist · middle · imperative ‣ **1** (2Kings 8,4)
   διήγησαι ‣ 1
      Verb · second · singular · aorist · middle · imperative ‣ **1** (Ezek. 17,2)
   διηγησάμεθα ‣ 1
      Verb · first · plural · aorist · middle · indicative ‣ **1** (Gen. 41,12)
   διηγησάμην ‣ 1
      Verb · first · singular · aorist · middle · indicative ‣ **1** (Dan. 4,18)
   διηγήσαντο ‣ 10 + 1 + 2 = 13
      Verb · third · plural · aorist · middle · indicative ‣ 10 + 1 + 2 = **13** (Num. 13,27; Josh. 2,23; Judg. 6,13; 1Kings 13,11; 1Mac. 5,25; 1Mac. 8,2; 1Mac. 10,15; 1Mac. 11,5; Psa. 63,6; Psa. 77,3; Judg. 6,13; Mark 5,16; Luke 9,10)
   διηγήσαντό ‣ 1
      Verb · third · plural · aorist · middle · indicative ‣ **1** (Psa. 118,85)
   διηγήσασθαι ‣ 1
      Verb · aorist · middle · infinitive ‣ **1** (Psa. 25,7)
   διηγήσασθε ‣ 5
      Verb · second · plural · aorist · middle · indicative ‣ **2** (1Chr. 16,9; Psa. 47,13)
      Verb · second · plural · aorist · middle · imperative ‣ **3** (Gen. 40,8; Psa. 104,2; Joel 1,3)
   διηγησάσθω ‣ 2
      Verb · third · singular · aorist · middle · imperative ‣ **2** (Jer. 23,28; Jer. 23,28)
   διηγήσατο ‣ 10 + 2 = 12
      Verb · third · singular · aorist · middle · indicative ‣ 10 + 2 = **12** (Gen. 24,66; Gen. 29,13; Gen. 37,9; Gen. 40,9; Gen. 41,8; Ex. 18,8; Ex. 24,3; 2Kings 8,6; Esth. 1,17; Esth. 6,13; Acts 9,27; Acts 12,17)
   διηγήσεται ‣ 2 + 1 = 3
      Verb · third · singular · future · middle · indicative ‣ 2 + 1 = **3** (Psa. 86,6; Is. 53,8; Acts 8,33)
   διηγήσεταί ‣ 1
      Verb · third · singular · future · middle · indicative ‣ **1** (Psa. 87,12)
   διηγήσησθε ‣ 2
      Verb · second · plural · aorist · middle · subjunctive ‣ **2** (Ex. 10,2; Psa. 47,14)
   Διηγήσομαι ‣ 1
      Verb · first · singular · future · middle · indicative ‣ **1** (Psa. 72,15)
   διηγήσομαι ‣ 5
      Verb · first · singular · future · middle · indicative ‣ **5** (Psa. 9,2; Psa. 21,23; Psa. 54,18; Psa. 65,16; Psa. 74,3)

διηγήσονται ▸ 5
  Verb · third · plural · future · middle · indicative ▸ 5 (Psa. 144,5; Psa. 144,6; Sir. 21,25; Sir. 39,10; Sir. 44,15)
διηγήσωνται ▸ 1
  Verb · third · plural · aorist · middle · subjunctive ▸ 1 (Mark 9,9)
διηγοῦ ▸ 1 + 1 = 2
  Verb · second · singular · present · middle · imperative ▸ 1 + 1 = 2 (Sir. 19,8; Luke 8,39)
διηγούμενοι ▸ 1
  Verb · present · middle · participle · masculine · plural · nominative ▸ 1 (Sir. 44,5)
διηγούμενον ▸ 1
  Verb · present · middle · participle · masculine · singular · accusative ▸ 1 (Heb. 11,32)
διηγούμενος ▸ 3
  Verb · present · middle · participle · masculine · singular · nominative ▸ 3 (Sir. 22,10; Sir. 22,10; Sir. 25,9)
διηγοῦνται ▸ 3
  Verb · third · plural · present · middle · indicative ▸ 3 (1Sam. 11,5; Psa. 18,2; Sir. 43,24)
διηγοῦντο ▸ 2
  Verb · third · plural · imperfect · middle · indicative ▸ 2 (Jer. 23,27; Jer. 23,32)
διηγῶνται ▸ 1
  Verb · third · plural · present · middle · subjunctive ▸ 1 (Sir. 17,10)
διήγημα (διά; ἄγω) story, tale ▸ 6
  διήγημα ▸ 3
    Noun · neuter · singular · accusative · (common) ▸ 3 (2Chr. 7,20; Sir. 8,8; Ezek. 17,2)
  διηγήμασιν ▸ 1
    Noun · neuter · plural · dative · (common) ▸ 1 (2Mac. 2,24)
  διηγήματι ▸ 1
    Noun · neuter · singular · dative · (common) ▸ 1 (Deut. 28,37)
  διηγήματος ▸ 1
    Noun · neuter · singular · genitive · (common) ▸ 1 (Sir. 8,9)
διήγησις (διά; ἄγω) tale, declaration ▸ 11 + 1 + 1 = 13
  διηγήσεως ▸ 1 + 1 = 2
    Noun · feminine · singular · genitive · (common) ▸ 1 + 1 = 2 (2Mac. 2,32; Judg. 5,14)
  διήγησιν ▸ 5 + 1 = 6
    Noun · feminine · singular · accusative · (common) ▸ 5 + 1 = 6 (Judg. 7,15; 2Mac. 6,17; Sir. 6,35; Sir. 39,2; Hab. 2,6; Luke 1,1)
  διήγησις ▸ 4
    Noun · feminine · singular · nominative · (common) ▸ 4 (Sir. 22,6; Sir. 27,11; Sir. 27,13; Sir. 38,25)
  διήγησίς ▸ 1
    Noun · feminine · singular · nominative · (common) ▸ 1 (Sir. 9,15)
διηθέω (διά; ἠθέω) to filter, purify ▸ 1
  διηθεῖται ▸ 1
    Verb · third · singular · aorist · middle · indicative ▸ 1 (Job 28,1)
διήκω (διά; ἥκω) to extend, reach; pass through ▸ 1
  διήκει ▸ 1
    Verb · third · singular · present · active · indicative ▸ 1 (Wis. 7,24)
διηλόω to drive a nail into ▸ 2
  διήλωσεν ▸ 2
    Verb · third · singular · aorist · active · indicative ▸ 2 (Judg. 5,26; Judg. 5,26)
διηνεκής (διά; φέρω) continually ▸ 4
  διηνεκὲς ▸ 3
    Adjective · neuter · singular · accusative ▸ 3 (Heb. 10,1; Heb. 10,12; Heb. 10,14)
  διηνεκές ▸ 1
    Adjective · neuter · singular · accusative ▸ 1 (Heb. 7,3)
διηνεκῶς (διά; φέρω) continually ▸ 4
  διηνεκῶς ▸ 4
    Adverb ▸ 4 (Esth. 13,4 # 3,13d; 3Mac. 3,11; 3Mac. 3,22; 3Mac. 4,16)
διηχέω (διά; ἠχή) to spread abroad ▸ 1
  διηχεῖτο ▸ 1
    Verb · third · singular · imperfect · active · indicative ▸ 1 (2Mac. 8,7)
διθάλασσος (δύο; ἅλας) between the seas ▸ 1
  διθάλασσον ▸ 1
    Adjective · masculine · singular · accusative ▸ 1 (Acts 27,41)
δίθυμος (δύο; θυμός) gossip ▸ 1
  δίθυμος ▸ 1
    Adjective · masculine · singular · nominative · noDegree ▸ 1 (Prov. 26,20)
διΐημι (διά; ἵημι) to spread ▸ 2
  διεὶς ▸ 2
    Verb · aorist · active · participle · masculine · singular · nominative ▸ 2 (Deut. 32,11; Ode. 2,11)
διϊκνέομαι (διά; ἱκανός) to go through, penetrate ▸ 1 + 1 = 2
  διικνείσθω ▸ 1
    Verb · third · singular · present · middle · imperative ▸ 1 (Ex. 26,28)
  διϊκνούμενος ▸ 1
    Verb · present · middle · participle · masculine · singular · nominative ▸ 1 (Heb. 4,12)
διίπταμαι (διά; πέτομαι) to catch hold of ▸ 1
  διιπτάντος ▸ 1
    Verb · present · active · participle · neuter · singular · genitive ▸ 1 (Wis. 5,11)
διΐστημι (διά; ἵστημι) to set apart, separate ▸ 10 + 1 + 3 = 14
  διαστάσης ▸ 1
    Verb · aorist · active · participle · feminine · singular · genitive ▸ 1 (Luke 22,59)
  διαστήσεις ▸ 1
    Verb · second · singular · future · active · indicative ▸ 1 (Ezek. 5,1)
  διαστήσαντες ▸ 1
    Verb · aorist · active · participle · masculine · plural · nominative ▸ 1 (Acts 27,28)
  διαστήσῃς ▸ 1
    Verb · second · singular · aorist · active · subjunctive ▸ 1 (Tob. 7,12)
  διέστη ▸ 3 + 1 = 4
    Verb · third · singular · aorist · active · indicative ▸ 3 + 1 = 4 (Ex. 15,8; 2Kings 2,14; Ode. 1,8; Luke 24,51)
  διεστηκὼς ▸ 1
    Verb · perfect · active · participle · masculine · singular · nominative ▸ 1 (Esth. 16,10 # 8,12k)
  διέστησαν ▸ 1
    Verb · third · plural · aorist · active · indicative ▸ 1 (3Mac. 2,32)
  διεστήσατο ▸ 1
    Verb · third · singular · aorist · middle · indicative ▸ 1 (2Mac. 8,10)
  διέστησεν ▸ 1
    Verb · third · singular · aorist · active · indicative ▸ 1 (Sir. 28,14)

διίστησιν ‣ 1
Verb · third · singular · present · active · indicative ‣ 1 (Prov. 17,9)
διιστῶσιν ‣ 1
Verb · third · plural · present · active · indicative ‣ 1 (Is. 59,2)
διϊσχυρίζομαι (διά; ἰσχύς) to maintain firmly; rely on ‣ 2
διϊσχυρίζετο ‣ 2
Verb · third · singular · imperfect · middle · indicative ‣ 2 (Luke 22,59; Acts 12,15)
δικάζω (δίκη) to judge, condemn ‣ 21 + 4 = 25
δικάζειν ‣ 2
Verb · present · active · infinitive ‣ 2 (1Sam. 8,5; 1Sam. 8,6)
δικάζεσθε ‣ 1 + 1 = 2
Verb · second · plural · present · middle · indicative ‣ 1 + 1 = 2 (Judg. 6,31; Judg. 6,31)
δικαζέσθω ‣ 1
Verb · third · singular · present · middle · imperative ‣ 1 (Judg. 6,31)
δικάζηται ‣ 1
Verb · third · singular · present · middle · subjunctive ‣ 1 (Hos. 4,4)
δικαζόμενον ‣ 1
Verb · present · middle · participle · masculine · singular · accusative ‣ 1 (Jer. 15,10)
δικάζονται ‣ 1
Verb · third · plural · present · middle · indicative ‣ 1 (Mic. 7,2)
δικάζου ‣ 1
Verb · second · singular · present · middle · imperative ‣ 1 (Sir. 8,14)
δικάζωσιν ‣ 1
Verb · third · plural · present · active · subjunctive ‣ 1 (1Esdr. 8,23)
δικάσαι ‣ 2
Verb · aorist · active · infinitive ‣ 1 (1Sam. 24,16)
Verb · third · singular · aorist · active · optative ‣ 1 (1Sam. 24,13)
δικάσαντας ‣ 1
Verb · aorist · active · participle · masculine · plural · accusative ‣ 1 (Bar. 2,1)
Δικασάσθω ‣ 1
Verb · third · singular · aorist · middle · imperative ‣ 1 (Judg. 6,32)
δικάσει ‣ 1
Verb · third · singular · future · active · indicative ‣ 1 (1Sam. 8,20)
δικάσηται ‣ 1
Verb · third · singular · aorist · middle · subjunctive ‣ 1 (Judg. 6,31)
Δίκασον ‣ 1
Verb · second · singular · aorist · active · imperative ‣ 1 (Psa. 34,1)
δίκασον ‣ 2
Verb · second · singular · aorist · active · imperative ‣ 2 (Psa. 42,1; Psa. 73,22)
δικάσω ‣ 1
Verb · first · singular · future · active · indicative ‣ 1 (1Sam. 12,7)
ἐδίκαζεν ‣ 4
Verb · third · singular · imperfect · active · indicative ‣ 4 (1Sam. 7,6; 1Sam. 7,15; 1Sam. 7,16; 1Sam. 7,17)
Ἐδίκασας ‣ 1

Verb · second · singular · aorist · active · indicative ‣ 1 (Lam. 3,58)
δικαιοκρισία (δίκη; κρίνω) righteous, just judgment ‣ 1
δικαιοκρισίας ‣ 1
Noun · feminine · singular · genitive ‣ 1 (Rom. 2,5)
δικαιοκρίτης (δίκη; κρίνω) righteous judge ‣ 1
δικαιοκρίτου ‣ 1
Noun · masculine · singular · genitive · (common) ‣ 1 (2Mac. 12,41)
δικαιολογία (δίκη; λέγω) speech in defense; pleading ‣ 1
δικαιολογίαν ‣ 1
Noun · feminine · singular · accusative · (common) ‣ 1 (2Mac. 4,44)
δίκαιος (δίκη) right, fair; righteous, just ‣ 421 + 12 + 79 = 512
δικαία ‣ 4 + 2 = 6
Adjective · feminine · singular · nominative · noDegree ‣ 4 + 2 = 6 (2Mac. 9,18; 4Mac. 9,24; Psa. 7,11; Ezek. 45,10; John 5,30; Rom. 7,12)
δίκαια ‣ 27 + 1 + 2 = 30
Adjective · neuter · plural · accusative · noDegree ‣ 18 (Ex. 23,8; 1Esdr. 4,39; 1Mac. 7,12; 1Mac. 11,33; 2Mac. 7,36; Prov. 4,25; Prov. 11,16; Prov. 15,29b; Prov. 16,7; Prov. 21,3; Prov. 21,7; Job 36,3; Job 37,23; Sol. 5,1; Sol. 8,8; Is. 59,4; Jer. 11,20; Jer. 20,12)
Adjective · neuter · plural · nominative · noDegree ‣ 9 + 1 + 2 = 12 (Lev. 19,36; Lev. 19,36; Deut. 4,8; Prov. 10,18; Prov. 16,11; Prov. 16,13; Prov. 16,33; Wis. 14,30; Sol. 2,10; Tob. 3,2; Phil. 4,8; 1John 3,12)
δικαίᾳ ‣ 3
Adjective · feminine · singular · dative · noDegree ‣ 3 (3Mac. 2,22; Psa. 13,5; Is. 41,10)
δίκαιαι ‣ 3
Adjective · feminine · plural · nominative ‣ 3 (Rev. 15,3; Rev. 16,7; Rev. 19,2)
δικαίαν ‣ 8 + 2 = 10
Adjective · feminine · singular · accusative · noDegree ‣ 8 + 2 = 10 (Deut. 16,18; Tob. 3,2; 4Mac. 2,23; Prov. 10,3; Job 24,11; Job 28,4; Is. 58,2; Jer. 23,5; John 7,24; 2Pet. 2,8)
δικαίας ‣ 5 + 1 = 6
Adjective · feminine · plural · accusative · noDegree ‣ 1 (Prov. 10,17)
Adjective · feminine · singular · genitive · noDegree ‣ 4 + 1 = 5 (Psa. 2,12; Prov. 2,16; Job 24,4; Sol. 15,3; 2Th. 1,5)
δίκαιε ‣ 1
Adjective · masculine · singular · vocative ‣ 1 (John 17,25)
Δίκαιοι ‣ 2
Adjective · masculine · plural · nominative · noDegree ‣ 2 (2Kings 10,9; Wis. 5,15)
δίκαιοι ‣ 34 + 1 + 9 = 44
Adjective · masculine · plural · nominative · noDegree ‣ 33 + 1 + 9 = 43 (Gen. 18,24; Gen. 18,28; Judg. 5,11; Psa. 31,11; Psa. 32,1; Psa. 33,18; Psa. 36,29; Psa. 51,8; Psa. 67,4; Psa. 117,20; Psa. 124,3; Psa. 139,14; Psa. 141,8; Prov. 13,9a; Prov. 13,23; Prov. 18,10; Prov. 28,28; Prov. 28,28; Prov. 29,16; Eccl. 8,14; Eccl. 9,1; Job 5,5; Job 9,23; Job 22,19; Job 27,17; Wis. 10,20; Wis. 16,23; Sir. 9,16; Sol. 3,3; Hos. 14,10; Is. 54,17; Is. 57,1; Ezek. 23,45; Sus. 3; Matt. 13,17; Matt. 13,43; Matt. 23,28; Matt. 25,37; Matt. 25,46; Luke 1,6; Luke 18,9; Rom. 2,13; Rom. 5,19)
Adjective · masculine · plural · vocative · noDegree ‣ 1 (Psa. 96,12)

δικαιοσύνη

δίκαιοί ▸ 1
   Adjective · masculine · plural · nominative · noDegree ▸ 1
   (4Mac. 15,10)

δικαίοις ▸ 15 + 1 = 16
   Adjective · masculine · plural · dative · noDegree ▸ 13 + 1 = **14**
   (1Kings 2,32; Ode. 12,8; Prov. 3,32; Prov. 10,28; Prov. 13,9; Prov. 13,22; Prov. 17,26; Prov. 23,31; Prov. 29,27; Wis. 11,14; Wis. 12,9; Sir. 35,18; Is. 61,8; Luke 15,7)
   Adjective · neuter · plural · dative · noDegree ▸ **2** (2Mac. 11,14; 2Mac. 13,23)

Δίκαιον ▸ 1
   Adjective · masculine · singular · accusative · noDegree ▸ 1
   (2Mac. 9,12)

δίκαιον ▸ 74 + 1 + 17 = 92
   Adjective · masculine · singular · accusative · noDegree ▸ 48 + 1 + 9 = **58** (Gen. 7,1; Gen. 18,23; Gen. 18,25; Ex. 23,7; Deut. 25,1; 2Sam. 4,11; 1Kings 8,32; 2Chr. 6,23; 2Mac. 12,6; Psa. 5,13; Psa. 7,10; Psa. 10,5; Psa. 33,22; Psa. 36,12; Psa. 36,25; Psa. 36,32; Prov. 1,11; Prov. 17,15; Prov. 17,15; Prov. 17,26; Prov. 25,26; Eccl. 3,17; Job 32,2; Job 34,17; Wis. 2,10; Wis. 2,12; Wis. 10,4; Wis. 10,5; Wis. 10,6; Wis. 10,10; Wis. 10,13; Wis. 12,19; Sol. 2,35; Sol. 13,9; Sol. 16,15; Amos 2,6; Amos 5,12; Hab. 1,4; Hab. 1,13; Is. 3,10; Is. 29,21; Is. 53,11; Jer. 49,5; Ezek. 3,20; Ezek. 18,24; Ezek. 18,26; Ezek. 33,18; Sus. 53; Sus. 53; Matt. 10,41; Mark 6,20; Acts 3,14; Acts 22,14; Rom. 3,26; Titus 1,8; James 5,6; 2Pet. 2,7; 1John 2,1)
   Adjective · neuter · singular · accusative · noDegree ▸ 18 + 3 = **21** (Gen. 20,4; Deut. 16,20; 2Mac. 4,34; 2Mac. 10,12; Prov. 18,5; Job 8,3; Job 34,10; Sir. 27,8; Joel 4,19; Jonah 1,14; Zech. 7,9; Is. 5,23; Is. 47,3; Is. 51,1; Is. 64,4; Jer. 38,23; Lam. 4,13; Ezek. 18,8; Luke 12,57; Col. 4,1; 2Pet. 1,13)
   Adjective · neuter · singular · nominative · noDegree ▸ 8 + 5 = **13** (Deut. 25,15; Deut. 25,15; Esth. 11,9 # 1,1h; Prov. 11,1; Prov. 29,26; Prov. 30,12; Sir. 10,23; Ezek. 45,10; Matt. 20,4; Matt. 23,35; Eph. 6,1; Phil. 1,7; 2Th. 1,6)

δίκαιόν ▸ 1 + 1 = 2
   Adjective · neuter · singular · nominative · noDegree ▸ 1 + 1 = **2**
   (4Mac. 6,34; Acts 4,19)

Δίκαιος ▸ 7 + 1 = 8
   Adjective · masculine · singular · nominative · noDegree ▸ 7 + 1 = **8** (1Sam. 24,18; 2Chr. 12,6; Tob. 3,2; Psa. 118,137; Wis. 4,7; Sol. 10,5; Jer. 12,1; Tob. 3,2)

δίκαιος ▸ 107 + 3 + 16 = 126
   Adjective · masculine · singular · nominative · noDegree ▸ 107 + 3 + 16 = **126** (Gen. 6,9; Gen. 18,23; Gen. 18,25; Ex. 9,27; Lev. 19,36; Deut. 32,4; 1Sam. 2,2; Ezra 9,15; Neh. 9,8; Neh. 9,33; Esth. 14,6 # 4,17n; Tob. 14,9; 2Mac. 1,24; 2Mac. 1,25; 3Mac. 2,3; 4Mac. 16,21; Psa. 7,12; Psa. 10,3; Psa. 10,7; Psa. 36,21; Psa. 57,11; Psa. 63,11; Psa. 91,13; Psa. 111,4; Psa. 111,6; Psa. 114,5; Psa. 128,4; Psa. 140,5; Psa. 144,17; Ode. 2,4; Ode. 3,2; Ode. 3,10; Ode. 7,27; Prov. 10,25; Prov. 10,30; Prov. 11,3; Prov. 11,8; Prov. 11,19; Prov. 11,31; Prov. 12,10; Prov. 12,13; Prov. 12,17; Prov. 12,26; Prov. 13,5; Prov. 13,11; Prov. 13,25; Prov. 14,32; Prov. 17,4; Prov. 18,17; Prov. 19,22; Prov. 20,8; Prov. 21,2; Prov. 21,12; Prov. 21,26; Prov. 23,24; Prov. 24,16; Prov. 28,1; Prov. 29,4; Prov. 29,6; Prov. 29,7; Eccl. 7,15; Eccl. 7,16; Eccl. 7,20; Job 1,1; Job 9,2; Job 9,15; Job 9,20; Job 10,15; Job 11,2; Job 12,4; Job 13,18; Job 15,14; Job 17,8; Job 25,4; Job 32,1; Job 35,7; Job 40,8; Wis. 2,18; Wis. 4,16; Wis. 5,1; Wis. 12,15; Sir. 44,17; Sol. 2,18; Sol. 2,32; Sol. 3,4; Sol. 3,5; Sol. 3,7; Sol. 9,2; Sol. 13,8; Sol. 17,32; Hab. 2,4; Zeph. 3,5; Zech. 9,9; Is. 32,1; Is. 45,21; Is. 57,1; Is. 57,1; Is. 60,21; Bar. 2,9; LetterJ 72; Ezek. 3,21; Ezek. 18,5; Ezek. 18,9; Ezek. 33,12; Ezek. 45,10; Dan. 3,27; Dan. 9,14; Tob. 7,6; Dan. 3,27; Dan. 9,14; Matt. 1,19; Luke 2,25; Luke 23,47; Luke 23,50; Acts 10,22; Rom. 1,17; Rom. 3,10; Gal. 3,11; 2Tim. 4,8; Heb. 11,4; 1Pet. 3,18; 1Pet. 4,18; 2Pet. 2,8; 1John 1,9; Rev. 16,5; Rev. 22,11)

Δίκαιός ▸ 5
   Adjective · masculine · singular · nominative · noDegree ▸ **5**
   (Prov. 24,24; Job 33,12; Job 34,5; Job 35,2; Lam. 1,18)

δίκαιός ▸ 4
   Adjective · masculine · singular · nominative ▸ **4** (Heb. 10,38; 1John 2,29; 1John 3,7; 1John 3,7)

δικαιοτάτοις ▸ 1
   Adjective · masculine · plural · dative · superlative ▸ **1** (Esth. 16,15 # 8,12p)

δικαιότερον ▸ 1
   Adjective · neuter · singular · accusative · comparative ▸ **1**
   (4Mac. 9,6)

δικαίου ▸ 35 + 1 + 6 = 42
   Adjective · masculine · singular · genitive · noDegree ▸ 33 + 1 + 6 = **40** (1Sam. 2,9; Psa. 30,19; Psa. 36,30; Psa. 74,11; Psa. 93,21; Ode. 3,9; Prov. 6,17; Prov. 10,6; Prov. 10,11; Prov. 10,20; Prov. 10,22; Prov. 10,24; Prov. 10,31; Prov. 11,7; Prov. 12,25; Prov. 21,18; Eccl. 3,16; Job 36,7; Job 36,10; Wis. 3,10; Wis. 19,17; Sir. 35,5; Sir. 35,6; Sol. 2,34; Sol. 3,6; Sol. 4,8; Sol. 13,6; Mal. 3,18; Is. 5,23; Ezek. 13,22; Ezek. 18,11; Ezek. 18,20; Ezek. 33,12; Tob. 9,6; Matt. 10,41; Matt. 10,41; Matt. 23,35; Acts 7,52; Rom. 5,7; James 5,16)
   Adjective · neuter · singular · genitive · noDegree ▸ **2** (3Mac. 2,25; Ode. 12,1)

δικαίους ▸ 10 + 6 = 16
   Adjective · masculine · plural · accusative · noDegree ▸ 10 + 6 = **16** (Gen. 18,26; Ex. 18,21; Psa. 33,16; Psa. 36,17; Psa. 145,8; Prov. 13,21; Job 27,5; Sol. 3,11; Sol. 9,7; Sol. 15,6; Matt. 5,45; Matt. 9,13; Mark 2,17; Luke 5,32; Luke 20,20; 1Pet. 3,12)

δικαίῳ ▸ 17 + 2 = 19
   Adjective · masculine · singular · dative · noDegree ▸ 16 + 2 = **18** (4Mac. 13,24; Psa. 36,16; Psa. 54,23; Psa. 57,12; Psa. 96,11; Prov. 9,9; Prov. 11,15; Prov. 12,21; Prov. 17,7; Eccl. 9,2; Job 6,29; Job 31,6; Sol. 2,35; Sol. 13,8; Ezek. 3,21; Ezek. 33,13; Matt. 27,19; 1Tim. 1,9)
   Adjective · neuter · singular · dative · noDegree ▸ **1** (Eccl. 7,15)

Δικαίων ▸ 1
   Adjective · masculine · plural · genitive · noDegree ▸ **1** (Wis. 3,1)

δικαίων ▸ 62 + 4 + 6 = 72
   Adjective · masculine · plural · genitive · noDegree ▸ 59 + 3 + 6 = **68** (Gen. 18,24; Num. 23,10; Deut. 16,19; Esth. 11,7 # 1,1f; Tob. 4,17; Tob. 13,10; Tob. 13,15; Tob. 13,15; 4Mac. 18,15; Psa. 1,5; Psa. 1,6; Psa. 33,20; Psa. 36,39; Psa. 68,29; Psa. 117,15; Psa. 124,3; Ode. 8,86; Ode. 12,8; Prov. 3,9; Prov. 3,33; Prov. 4,18; Prov. 10,7; Prov. 10,16; Prov. 10,21; Prov. 10,32; Prov. 11,9; Prov. 11,10; Prov. 11,18; Prov. 11,23; Prov. 11,28; Prov. 12,3; Prov. 12,5; Prov. 12,7; Prov. 14,9; Prov. 14,19; Prov. 15,6; Prov. 15,28; Prov. 15,28a; Prov. 15,29; Prov. 21,15; Prov. 24,15; Prov. 28,12; Prov. 28,21; Prov. 29,2; Eccl. 8,14; Job 36,17; Wis. 2,16; Wis. 16,17; Wis. 18,7; Wis. 18,20; Sol. 3,0; Sol. 3,6; Sol. 10,3; Sol. 13,0; Sol. 13,7; Sol. 13,11; Sol. 14,9; Sol. 15,7; Dan. 3,86; Tob. 13,15; Dan. 3,86; Dan. 12,3; Matt. 13,49; Matt. 23,29; Luke 1,17; Luke 14,14; Acts 24,15; Heb. 12,23)
   Adjective · neuter · plural · genitive · noDegree ▸ 3 + 1 = **4**
   (3Mac. 3,5; Wis. 19,16; Sus. 9; Sus. 9)

δικαιοσύνη (δίκη) righteousness, justice ▸ 336 + 14

+ 92 = 442
δικαιοσύναι ▸ 6 + 1 = 7
   Noun · feminine · plural · nominative · (common) ▸ 6 + 1 = 7 (Tob. 2,14; Sir. 44,10; Sol. 9,3; Ezek. 3,20; Ezek. 18,24; Ezek. 33,13; Tob. 2,14)
δικαιοσύναις ▸ 1 + 2 = 3
   Noun · feminine · plural · dative · (common) ▸ 1 + 2 = 3 (Dan. 9,18; Tob. 1,3; Dan. 9,18)
δικαιοσύνας ▸ 5 + 3 = 8
   Noun · feminine · plural · accusative · (common) ▸ 5 + 3 = 8 (Deut. 9,4; Deut. 9,6; 1Sam. 26,23; Tob. 12,9; Psa. 10,7; Judg. 5,11; Judg. 5,11; Tob. 4,5)
Δικαιοσύνη ▸ 2
   Noun · feminine · singular · nominative · (common) ▸ 2 (Is. 45,24; Ezek. 33,12)
δικαιοσύνη ▸ 58 + 2 + 12 = 72
   Noun · feminine · singular · nominative · (common) ▸ 58 + 2 + 12 = 72 (Gen. 30,33; Neh. 2,20; Tob. 14,11; 4Mac. 1,18; Psa. 35,7; Psa. 71,7; Psa. 84,11; Psa. 84,12; Psa. 84,14; Psa. 87,13; Psa. 88,15; Psa. 93,15; Psa. 96,2; Psa. 102,17; Psa. 110,3; Psa. 111,3; Psa. 111,9; Psa. 118,75; Psa. 118,142; Psa. 118,142; Psa. 118,144; Psa. 118,172; Prov. 3,16a; Prov. 8,18; Prov. 10,2; Prov. 11,5; Prov. 11,6; Prov. 13,6; Prov. 14,34; Prov. 16,11; Job 35,8; Wis. 1,15; Wis. 14,7; Wis. 15,3; Sol. 2,15; Amos 5,24; Mic. 6,5; Is. 1,21; Is. 32,16; Is. 32,17; Is. 39,8; Is. 45,23; Is. 48,18; Is. 51,5; Is. 51,6; Is. 51,8; Is. 58,8; Is. 59,9; Is. 59,14; Is. 62,1; Is. 64,5; Bar. 1,15; Bar. 2,6; Ezek. 18,20; Dan. 6,23; Dan. 8,12; Dan. 9,7; Dan. 9,9; Dan. 8,12; Dan. 9,7; Matt. 5,20; Rom. 1,17; Rom. 3,21; Rom. 3,22; Rom. 10,6; Rom. 14,17; 1Cor. 1,30; 2Cor. 5,21; 2Cor. 9,9; Gal. 2,21; Gal. 3,21; 2Pet. 3,13)
δικαιοσύνη ▸ 63 + 1 + 14 = 78
   Noun · feminine · singular · dative · (common) ▸ 63 + 1 + 14 = 78 (Gen. 20,5; Ex. 15,13; Lev. 19,15; Josh. 24,14; 1Kings 3,6; 1Kings 3,9; 1Kings 10,9; Tob. 14,7; Psa. 5,9; Psa. 9,9; Psa. 16,15; Psa. 30,2; Psa. 64,5; Psa. 68,28; Psa. 70,2; Psa. 71,2; Psa. 71,3; Psa. 88,17; Psa. 95,13; Psa. 97,9; Psa. 118,40; Psa. 142,1; Psa. 142,11; Psa. 144,7; Ode. 1,13; Ode. 9,75; Prov. 15,6; Prov. 20,7; Prov. 20,28; Prov. 25,5; Job 27,6; Wis. 9,3; Sir. 45,26; Sol. 4,24; Sol. 5,17; Sol. 5,17; Sol. 8,6; Sol. 8,24; Sol. 8,25; Sol. 9,2; Sol. 9,4; Sol. 9,5; Sol. 14,2; Sol. 17,26; Sol. 17,40; Hos. 2,21; Zech. 8,8; Mal. 3,3; Is. 5,16; Is. 9,6; Is. 10,22; Is. 11,5; Is. 33,15; Is. 42,6; Is. 54,14; Is. 60,17; Jer. 4,2; Bar. 4,13; Bar. 5,9; Ezek. 14,14; Ezek. 14,20; Ezek. 18,22; Ezek. 33,13; Tob. 14,6; Luke 1,75; Acts 17,31; Rom. 6,18; Rom. 6,19; Rom. 6,20; Rom. 10,3; 2Cor. 6,14; Eph. 4,24; Eph. 5,9; 2Tim. 3,16; Titus 3,5; 1Pet. 2,24; 2Pet. 1,1; Rev. 19,11)
δικαιοσύνην ▸ 121 + 3 + 37 = 161
   Noun · feminine · singular · accusative · (common) ▸ 121 + 3 + 37 = 161 (Gen. 15,6; Gen. 18,19; Gen. 19,19; Gen. 20,13; Gen. 21,23; Gen. 24,27; Gen. 24,49; Ex. 34,7; Deut. 9,5; Deut. 33,21; Judg. 5,11; 1Sam. 2,10; 1Sam. 12,7; 2Sam. 8,15; 2Sam. 22,21; 2Sam. 22,25; 1Kings 8,32; 1Chr. 18,14; 1Chr. 29,17; 2Chr. 6,23; 2Chr. 9,8; Tob. 4,5; Tob. 4,7; Tob. 13,8; 1Mac. 2,29; 1Mac. 2,52; 1Mac. 14,35; 4Mac. 5,24; Psa. 7,9; Psa. 7,18; Psa. 9,5; Psa. 14,2; Psa. 17,21; Psa. 17,25; Psa. 21,32; Psa. 34,24; Psa. 34,27; Psa. 34,28; Psa. 35,11; Psa. 36,6; Psa. 37,21; Psa. 39,10; Psa. 39,11; Psa. 44,8; Psa. 49,6; Psa. 50,16; Psa. 51,5; Psa. 57,2; Psa. 70,15; Psa. 70,18; Psa. 70,24; Psa. 71,1; Psa. 96,6; Psa. 97,2; Psa. 98,4; Psa. 105,3; Psa. 105,31; Psa. 118,121; Psa. 118,138; Psa. 131,9; Ode. 3,10; Ode. 5,9; Ode. 5,10; Ode. 10,7; Ode. 11,19; Prov. 1,3; Prov. 2,9; Prov. 8,15; Prov. 11,21; Prov. 15,9; Job 29,14; Job 33,26; Wis. 1,1; Wis. 5,18; Wis. 8,7; Wis. 8,7; Sol. 9,4; Sol. 9,5; Sol. 17,19; Hos. 10,12; Amos 5,7; Mic. 7,9; Joel 2,23; Zeph. 2,3; Is. 5,7; Is. 16,5; Is. 26,2; Is. 26,9; Is. 26,10; Is. 38,19; Is. 41,2; Is. 45,8; Is. 45,8; Is. 45,19; Is. 46,13; Is. 49,13; Is. 56,1; Is. 57,12; Is. 58,2; Is. 59,17; Is. 61,8; Is. 61,11; Is. 62,2; Is. 63,1; Jer. 9,23; Jer. 22,3; Jer. 22,15; Jer. 23,5; Bar. 2,18; Ezek. 18,5; Ezek. 18,17; Ezek. 18,19; Ezek. 18,21; Ezek. 18,27; Ezek. 33,14; Ezek. 33,16; Ezek. 33,19; Ezek. 45,9; Dan. 9,13; Dan. 9,16; Dan. 9,24; Tob. 4,7; Tob. 14,8; Dan. 9,24; Matt. 3,15; Matt. 5,6; Matt. 6,1; Matt. 6,33; Acts 10,35; Rom. 3,5; Rom. 4,3; Rom. 4,5; Rom. 4,6; Rom. 4,9; Rom. 4,11; Rom. 4,22; Rom. 6,16; Rom. 8,10; Rom. 9,30; Rom. 9,30; Rom. 9,30; Rom. 10,3; Rom. 10,3; Rom. 10,4; Rom. 10,5; Rom. 10,10; Gal. 3,6; Phil. 3,6; Phil. 3,9; Phil. 3,9; 1Tim. 6,11; 2Tim. 2,22; Heb. 1,9; Heb. 11,33; James 1,20; James 2,23; 1Pet. 3,14; 1John 2,29; 1John 3,7; 1John 3,10; Rev. 22,11)
δικαιοσύνης ▸ 79 + 2 + 29 = 110
   Noun · feminine · singular · genitive · (common) ▸ 79 + 2 + 29 = 110 (Gen. 32,11; Deut. 33,19; Tob. 1,3; Tob. 12,8; Tob. 12,8; Tob. 13,7; 4Mac. 1,4; 4Mac. 1,6; 4Mac. 2,6; Psa. 4,2; Psa. 4,6; Psa. 16,1; Psa. 22,3; Psa. 44,5; Psa. 47,11; Psa. 50,21; Psa. 70,16; Psa. 117,19; Psa. 118,7; Psa. 118,62; Psa. 118,106; Psa. 118,123; Psa. 118,160; Psa. 118,164; Prov. 1,22; Prov. 2,20; Prov. 3,9; Prov. 8,8; Prov. 8,20; Prov. 11,30; Prov. 12,28; Prov. 13,2; Prov. 15,29a; Prov. 16,8; Prov. 16,9; Prov. 16,12; Prov. 16,17; Prov. 16,31; Prov. 17,14; Prov. 17,23; Prov. 21,16; Prov. 21,21; Eccl. 5,7; Job 8,6; Job 22,28; Job 24,13; Wis. 2,11; Wis. 5,6; Wis. 12,16; Sir. 16,22; Sir. 26,28; Sol. 1,2; Sol. 1,3; Sol. 8,26; Sol. 17,23; Sol. 17,29; Sol. 17,37; Sol. 18,7; Sol. 18,8; Hos. 10,12; Amos 6,12; Mal. 2,17; Mal. 3,20; Is. 1,26; Is. 32,17; Is. 33,5; Is. 33,6; Is. 45,13; Is. 46,12; Is. 48,1; Is. 61,3; Is. 63,7; Jer. 22,13; Jer. 27,7; Bar. 5,2; Bar. 5,4; Ezek. 18,24; Ezek. 18,26; Ezek. 33,18; Tob. 12,8; Tob. 13,7; Matt. 5,10; Matt. 21,32; John 16,8; John 16,10; Acts 13,10; Acts 24,25; Rom. 3,25; Rom. 3,26; Rom. 4,11; Rom. 4,13; Rom. 5,17; Rom. 5,21; Rom. 6,13; Rom. 9,31; 2Cor. 3,9; 2Cor. 6,7; 2Cor. 9,10; 2Cor. 11,15; Gal. 5,5; Eph. 6,14; Phil. 1,11; 2Tim. 4,8; Heb. 5,13; Heb. 7,2; Heb. 11,7; Heb. 12,11; James 3,18; 2Pet. 2,5; 2Pet. 2,21)
δικαιοσυνῶν ▸ 1
   Noun · feminine · plural · genitive · (common) ▸ 1 (Ezek. 3,20)
δικαιόω (δίκη) to pronounce righteous, justify ▸ 49 + 3 + 39 = 91
δεδικαίωμαι ▸ 1
   Verb · first · singular · perfect · passive · indicative · (variant) ▸ 1 (1Cor. 4,4)
δεδικαιωμένα ▸ 1
   Verb · perfect · passive · participle · neuter · plural · nominative ▸ 1 (Psa. 18,10)
δεδικαιωμένος ▸ 1
   Verb · perfect · passive · participle · masculine · singular · nominative · (variant) ▸ 1 (Luke 18,14)
Δεδικαίωται ▸ 1
   Verb · third · singular · perfect · passive · indicative ▸ 1 (Gen. 38,26)
δεδικαίωται ▸ 1 + 1 = 2
   Verb · third · singular · perfect · passive · indicative ▸ 1 + 1 = 2 (Ezek. 21,18; Rom. 6,7)
Δεδικαίωταί ▸ 1
   Verb · third · singular · perfect · passive · indicative ▸ 1 (Tob. 6,13)
δικαιοῖ ▸ 1
   Verb · third · singular · present · active · indicative ▸ 1 (Gal. 3,8)
δικαιοῦ ▸ 1
   Verb · second · singular · present · middle · imperative ▸ 1 (Sir.

δικαίωμα 571

7,5)
δικαιούμενοι ▸ 1
  Verb ▪ present ▪ passive ▪ participle ▪ masculine ▪ plural ▪ nominative ▪ (variant) ▸ 1 (Rom. 3,24)
δικαιοῦντα ▸ 2
  Verb ▪ present ▪ active ▪ participle ▪ masculine ▪ singular ▪ accusative ▸ 2 (Rom. 3,26; Rom. 4,5)
δικαιοῦντες ▸ 1 + 1 = 2
  Verb ▪ present ▪ active ▪ participle ▪ masculine ▪ plural ▪ nominative ▸ 1 + 1 = 2 (Is. 5,23; Luke 16,15)
δικαιοῦσθαι ▸ 1
  Verb ▪ present ▪ passive ▪ infinitive ▪ (variant) ▸ 1 (Rom. 3,28)
δικαιοῦσθε ▸ 1
  Verb ▪ second ▪ plural ▪ present ▪ passive ▪ indicative ▪ (variant) ▸ 1 (Gal. 5,4)
δικαιοῦται ▸ 1 + 4 = 5
  Verb ▪ third ▪ singular ▪ present ▪ passive ▪ indicative ▸ 1 + 4 = 5 (Tob. 6,12; Acts 13,39; Gal. 2,16; Gal. 3,11; James 2,24)
Δικαιοῦται ▸ 1 + 1 = 2
  Verb ▪ third ▪ singular ▪ present ▪ passive ▪ indicative ▸ 1 + 1 = 2 (Tob. 12,4; Tob. 12,4)
Δικαιωθέντες ▸ 1
  Verb ▪ aorist ▪ passive ▪ participle ▪ masculine ▪ plural ▪ nominative ▸ 1 (Rom. 5,1)
δικαιωθέντες ▸ 2
  Verb ▪ aorist ▪ passive ▪ participle ▪ masculine ▪ plural ▪ nominative ▸ 2 (Rom. 5,9; Titus 3,7)
δικαιωθῇ ▸ 1
  Verb ▪ third ▪ singular ▪ aorist ▪ passive ▪ subjunctive ▸ 1 (Is. 42,21)
δικαιωθῆναι ▸ 2 + 2 = 4
  Verb ▪ aorist ▪ passive ▪ infinitive ▸ 2 + 2 = 4 (Sir. 1,22; Sir. 18,22; Acts 13,38; Gal. 2,17)
δικαιωθῆναί ▸ 1
  Verb ▪ aorist ▪ passive ▪ infinitive ▸ 1 (Job 33,32)
δικαιωθῇς ▸ 3 + 1 = 4
  Verb ▪ second ▪ singular ▪ aorist ▪ passive ▪ subjunctive ▸ 3 + 1 = 4 (Psa. 50,6; Sol. 9,2; Is. 43,26; Rom. 3,4)
δικαιωθήσεται ▸ 6 + 2 = 8
  Verb ▪ third ▪ singular ▪ future ▪ passive ▪ indicative ▸ 6 + 2 = 8 (Psa. 142,2; Sir. 18,2; Sir. 23,11; Sir. 26,29; Sir. 31,5; Mic. 6,11; Rom. 3,20; Gal. 2,16)
δικαιωθήσῃ ▸ 1
  Verb ▪ second ▪ singular ▪ future ▪ passive ▪ indicative ▸ 1 (Matt. 12,37)
δικαιωθήσονται ▸ 1 + 1 = 2
  Verb ▪ third ▪ plural ▪ future ▪ passive ▪ indicative ▸ 1 + 1 = 2 (Is. 45,25; Rom. 2,13)
δικαιωθήτωσαν ▸ 1
  Verb ▪ third ▪ plural ▪ aorist ▪ passive ▪ imperative ▸ 1 (Is. 43,9)
δικαιωθῶμεν ▸ 1 + 2 = 3
  Verb ▪ first ▪ plural ▪ aorist ▪ passive ▪ subjunctive ▸ 1 + 2 = 3 (Gen. 44,16; Gal. 2,16; Gal. 3,24)
δικαιωθῶσιν ▸ 1
  Verb ▪ third ▪ plural ▪ aorist ▪ passive ▪ subjunctive ▸ 1 (Sir. 9,12)
δικαιῶν ▸ 1
  Verb ▪ present ▪ active ▪ participle ▪ masculine ▪ singular ▪ nominative ▸ 1 (Rom. 8,33)
δικαιῶσαι ▸ 5 + 1 = 6
  Verb ▪ aorist ▪ active ▪ infinitive ▸ 5 + 1 = 6 (1Kings 8,32; 2Chr. 6,23; Sir. 42,2; Mic. 7,9; Is. 53,11; Luke 10,29)
δικαιῶσαί ▸ 1
  Verb ▪ aorist ▪ active ▪ infinitive ▸ 1 (Ezek. 16,52)
δικαιώσαισαν ▸ 1
  Verb ▪ third ▪ plural ▪ aorist ▪ active ▪ optative ▸ 1 (Sol. 4,8)
δικαιώσας ▸ 1
  Verb ▪ aorist ▪ active ▪ participle ▪ masculine ▪ singular ▪ nominative ▸ 1 (Is. 50,8)
δικαιώσατε ▸ 2
  Verb ▪ second ▪ plural ▪ aorist ▪ active ▪ imperative ▸ 2 (Psa. 81,3; Is. 1,17)
δικαιώσει ▸ 1 + 1 = 2
  Verb ▪ third ▪ singular ▪ future ▪ active ▪ indicative ▸ 1 + 1 = 2 (Sir. 10,29; Rom. 3,30)
δικαιώσεις ▸ 1
  Verb ▪ second ▪ singular ▪ future ▪ active ▪ indicative ▸ 1 (Ex. 23,7)
δικαιώσουσιν ▸ 1
  Verb ▪ third ▪ plural ▪ future ▪ active ▪ indicative ▸ 1 (Ezek. 44,24)
δικαιώσω ▸ 2
  Verb ▪ first ▪ singular ▪ future ▪ active ▪ indicative ▸ 2 (2Sam. 15,4; Sol. 2,15)
δικαιώσωσιν ▸ 1
  Verb ▪ third ▪ plural ▪ aorist ▪ active ▪ subjunctive ▸ 1 (Deut. 25,1)
ἐδικαιώθη ▸ 1 + 6 = 7
  Verb ▪ third ▪ singular ▪ aorist ▪ passive ▪ indicative ▸ 1 + 6 = 7 (Sol. 8,23; Matt. 11,19; Luke 7,35; Rom. 4,2; 1Tim. 3,16; James 2,21; James 2,25)
ἐδικαιώθητε ▸ 1
  Verb ▪ second ▪ plural ▪ aorist ▪ passive ▪ indicative ▸ 1 (1Cor. 6,11)
ἐδικαίωσα ▸ 2
  Verb ▪ first ▪ singular ▪ aorist ▪ active ▪ indicative ▸ 2 (Psa. 72,13; Sol. 8,7)
ἐδικαιώσαμεν ▸ 1
  Verb ▪ first ▪ plural ▪ aorist ▪ active ▪ indicative ▸ 1 (Sol. 8,26)
ἐδικαίωσαν ▸ 1 + 1 = 2
  Verb ▪ third ▪ plural ▪ aorist ▪ active ▪ indicative ▸ 1 + 1 = 2 (Sir. 13,22; Luke 7,29)
ἐδικαίωσας ▸ 2
  Verb ▪ second ▪ singular ▪ aorist ▪ active ▪ indicative ▸ 2 (Ezek. 16,51; Ezek. 16,52)
ἐδικαίωσεν ▸ 2 + 2 = 4
  Verb ▪ third ▪ singular ▪ aorist ▪ active ▪ indicative ▸ 2 + 2 = 4 (Esth. 10,12 # 10,3i; Sol. 3,5; Rom. 8,30; Rom. 8,30)
Ἐδικαίωσεν ▸ 1
  Verb ▪ third ▪ singular ▪ aorist ▪ active ▪ indicative ▸ 1 (Jer. 3,11)
δικαίωμα (δίκη) ordinance, requirement, righteousness ▸ 140 + 10 = 150
  δικαίωμα ▸ 21 + 3 = 24
    Noun ▪ neuter ▪ singular ▪ accusative ▪ (common) ▸ 13 + 2 = 15 (Ex. 21,9; Ex. 21,31; Num. 35,29; 1Sam. 8,9; 1Sam. 10,25; 1Sam. 30,25; 1Kings 3,28; 1Kings 8,45; 1Kings 8,59; 1Kings 8,59; 2Chr. 6,35; Prov. 19,28; Bar. 2,17; Rom. 1,32; Rom. 5,16)
    Noun ▪ neuter ▪ singular ▪ nominative ▪ (common) ▸ 8 + 1 = 9 (Num. 15,16; Num. 27,11; Num. 31,21; Ruth 4,7; 1Sam. 2,13; 1Sam. 8,11; 1Sam. 27,11; 2Sam. 19,29; Rom. 8,4)
  δικαίωμά ▸ 1
    Noun ▪ neuter ▪ singular ▪ accusative ▪ (common) ▸ 1 (Jer. 11,20)
  δικαιώμασιν ▸ 3 + 1 = 4
    Noun ▪ neuter ▪ plural ▪ dative ▪ (common) ▸ 3 + 1 = 4 (2Kings 17,8; 2Kings 17,19; Sir. 4,17; Luke 1,6)
  δικαιώμασίν ▸ 7
    Noun ▪ neuter ▪ plural ▪ dative ▪ (common) ▸ 7 (Psa. 118,16; Psa.

118,23; Psa. 118,48; Psa. 118,80; Psa. 118,117; Bar. 2,12; Ezek. 36,27)
- δικαιώματα ▸ **58** + **4** = **62**
  - **Noun** · neuter · plural · accusative · (common) ▸ **47** + **2** = **49** (Ex. 15,25; Ex. 15,26; Ex. 24,3; Deut. 4,5; Deut. 4,6; Deut. 4,14; Deut. 4,40; Deut. 5,1; Deut. 5,31; Deut. 6,2; Deut. 6,17; Deut. 6,24; Deut. 7,11; Deut. 7,12; Deut. 8,11; Deut. 10,13; Deut. 11,1; Deut. 17,19; Deut. 26,16; Deut. 26,17; Deut. 27,10; Deut. 28,45; Deut. 30,10; Deut. 30,16; 1Sam. 8,3; 1Kings 2,3; 2Kings 17,34; 2Kings 17,37; 2Kings 23,3; 1Esdr. 8,7; 1Mac. 1,13; 1Mac. 1,49; 1Mac. 2,21; 4Mac. 18,6; Psa. 17,23; Psa. 104,45; Psa. 147,8; Job 34,27; Sir. 32,16; Hos. 13,1; Mic. 6,16; Mal. 3,24; Bar. 2,19; Bar. 4,13; Ezek. 5,7; Ezek. 20,18; Ezek. 20,25; Rom. 2,26; Heb. 9,1)
  - **Noun** · neuter · plural · nominative · (common) ▸ **11** + **2** = **13** (Ex. 21,1; Num. 30,17; Num. 36,13; Deut. 4,8; Deut. 4,45; Deut. 6,1; Deut. 6,4; Deut. 6,20; 2Sam. 22,23; 2Chr. 19,10; Psa. 18,9; Heb. 9,10; Rev. 19,8)
- δικαιώματά ▸ **41** + **1** = **42**
  - **Noun** · neuter · plural · accusative · (common) ▸ **38** (Gen. 26,5; Lev. 25,18; Deut. 33,10; 2Kings 17,13; Psa. 49,16; Psa. 88,32; Psa. 118,5; Psa. 118,8; Psa. 118,12; Psa. 118,26; Psa. 118,56; Psa. 118,64; Psa. 118,68; Psa. 118,71; Psa. 118,83; Psa. 118,94; Psa. 118,112; Psa. 118,124; Psa. 118,135; Psa. 118,141; Psa. 118,145; Psa. 118,155; Psa. 118,171; Ode. 14,36; Ode. 14,37; Ode. 14,38; Ezek. 5,6; Ezek. 5,6; Ezek. 5,7; Ezek. 18,9; Ezek. 20,11; Ezek. 20,13; Ezek. 20,16; Ezek. 20,19; Ezek. 20,21; Ezek. 20,24; Ezek. 43,11; Ezek. 44,24)
  - **Noun** · neuter · plural · nominative · (common) ▸ **3** + **1** = **4** (Psa. 118,24; Psa. 118,54; Ezek. 11,20; Rev. 15,4)
- δικαιώματος ▸ **1** + **1** = **2**
  - **Noun** · neuter · singular · genitive · (common) ▸ **1** + **1** = **2** (Prov. 8,20; Rom. 5,18)
- δικαιώματός ▸ **1**
  - **Noun** · neuter · singular · genitive · (common) ▸ **1** (Jer. 18,19)
- δικαιωμάτων ▸ **7**
  - **Noun** · neuter · plural · genitive · (common) ▸ **7** (Deut. 4,1; 1Mac. 2,40; Psa. 118,27; Psa. 118,33; Psa. 118,93; Psa. 118,118; Prov. 2,8)

δικαίως (δίκη) justly, rightly ▸ **12** + **5** = **17**
- Δικαίως ▸ **1**
  - **Adverb** ▸ **1** (Gen. 27,36)
- δικαίως ▸ **11** + **5** = **16**
  - **Adverb** ▸ **11** + **5** = **16** (Deut. 1,16; Deut. 16,20; 2Mac. 7,38; 2Mac. 9,6; 2Mac. 13,8; 3Mac. 7,7; Prov. 28,18; Prov. 31,9; Wis. 9,12; Wis. 12,15; Wis. 19,13; Luke 23,41; 1Cor. 15,34; 1Th. 2,10; Titus 2,12; 1Pet. 2,23)

δικαίωσις (δίκη) justification ▸ **2** + **2** = **4**
- δικαιώσει ▸ **1**
  - **Noun** · feminine · singular · dative · (common) ▸ **1** (Sol. 3,3)
- δικαίωσιν ▸ **2**
  - **Noun** · feminine · singular · accusative ▸ **2** (Rom. 4,25; Rom. 5,18)
- δικαίωσις ▸ **1**
  - **Noun** · feminine · singular · nominative · (common) ▸ **1** (Lev. 24,22)

Δικαστήριον (δίκη) lawcourt ▸ **1**
- Δικαστήριον ▸ **1**
  - **Noun** · neuter · singular · accusative · (proper) ▸ **1** (Judg. 6,32)

δικαστής (δίκη) judge ▸ **13** + **2** = **15**
- δικασταὶ ▸ **3**
  - **Noun** · masculine · plural · nominative · (common) ▸ **2** (Josh. 8,33 # 9,2d; 1Sam. 8,2)
  - **Noun** · masculine · plural · vocative · (common) ▸ **1** (Wis. 6,1)
- δικαστάς ▸ **1**
  - **Noun** · masculine · plural · accusative · (common) ▸ **1** (1Esdr. 8,23)
- δικαστάς ▸ **4**
  - **Noun** · masculine · plural · accusative · (common) ▸ **4** (Josh. 23,2; Josh. 24,1; 1Sam. 8,1; Bar. 2,1)
- δικαστήν ▸ **1**
  - **Noun** · masculine · singular · accusative ▸ **1** (Acts 7,35)
- δικαστὴν ▸ **4** + **1** = **5**
  - **Noun** · masculine · singular · accusative · (common) ▸ **4** + **1** = **5** (Ex. 2,14; 1Sam. 24,16; Wis. 9,7; Is. 3,2; Acts 7,27)
- δικαστοῦ ▸ **1**
  - **Noun** · masculine · singular · genitive · (common) ▸ **1** (Sir. 38,33)

δίκη punishment; justice, right, custom; lawsuit ▸ **39** + **3** = **42**
- δίκας ▸ **2**
  - **Noun** · feminine · plural · accusative · (common) ▸ **2** (4Mac. 9,32; Lam. 3,58)
- δίκη ▸ **7** + **1** = **8**
  - **Noun** · feminine · singular · nominative · (common) ▸ **7** + **1** = **8** (4Mac. 4,21; 4Mac. 8,22; 4Mac. 12,12; 4Mac. 18,22; Wis. 1,8; Wis. 14,31; Hos. 13,14; Acts 28,4)
- δίκῃ ▸ **4**
  - **Noun** · feminine · singular · dative · (common) ▸ **4** (Ex. 21,20; 4Mac. 6,28; 4Mac. 11,3; Wis. 18,11)
- δίκην ▸ **19** + **2** = **21**
  - **Noun** · feminine · singular · accusative · (common) ▸ **19** + **2** = **21** (Lev. 26,25; Deut. 32,41; Deut. 32,43; Esth. 16,4 # 8,12d; 2Mac. 8,11; 2Mac. 8,13; 4Mac. 8,14; Psa. 9,5; Psa. 34,23; Psa. 42,1; Psa. 73,22; Psa. 139,13; Ode. 2,41; Ode. 2,43; Job 29,16; Wis. 12,24; Amos 7,4; Mic. 7,9; Ezek. 25,12; 2Th. 1,9; Jude 7)
- δίκης ▸ **7**
  - **Noun** · feminine · singular · genitive · (common) ▸ **7** (4Mac. 4,13; 4Mac. 9,9; 4Mac. 9,15; Job 33,13; Wis. 11,20; Joel 4,14; Joel 4,14)

δίκτυον net; lattice ▸ **22** + **12** = **34**
- δίκτυα ▸ **7** + **8** = **15**
  - **Noun** · neuter · plural · accusative · (common) ▸ **6** + **7** = **13** (1Kings 7,5; 1Kings 7,27; 2Chr. 4,12; 2Chr. 4,13; Ezek. 19,8; Ezek. 32,3; Matt. 4,20; Matt. 4,21; Mark 1,18; Mark 1,19; Luke 5,2; Luke 5,4; Luke 5,5)
  - **Noun** · neuter · plural · nominative · (common) ▸ **1** + **1** = **2** (Prov. 1,17; Luke 5,6)
- δικτύοις ▸ **1**
  - **Noun** · neuter · plural · dative · (common) ▸ **1** (1Kings 7,28)
- δίκτυον ▸ **6** + **4** = **10**
  - **Noun** · neuter · singular · accusative · (common) ▸ **4** + **3** = **7** (1Kings 7,5; 1Kings 7,5; Prov. 29,5; Lam. 1,13; John 21,6; John 21,8; John 21,11)
  - **Noun** · neuter · singular · nominative · (common) ▸ **2** + **1** = **3** (Hos. 5,1; Jer. 52,22; John 21,11)
- δίκτυόν ▸ **3**
  - **Noun** · neuter · singular · accusative · (common) ▸ **3** (Hos. 7,12; Ezek. 12,13; Ezek. 17,20)
- δικτύου ▸ **1**
  - **Noun** · neuter · singular · genitive · (common) ▸ **1** (Jer. 52,23)
- δικτύῳ ▸ **3**
  - **Noun** · neuter · singular · dative · (common) ▸ **3** (1Kings 7,28; 2Chr. 4,13; Job 18,8)
- δικτύων ▸ **1**
  - **Noun** · neuter · plural · genitive · (common) ▸ **1** (Song 2,9)

δικτυόομαι (δίκη) to be caught in a net; formed

δικτυόομαι–δίοδος

in a network ▸ 1
δεδικτυωμένοι ▸ 1
  Verb · perfect · passive · participle · masculine · plural · nominative ▸ **1** (1Kings 7,6)

δικτυωτός (δίκη) formed into a lattice, networked ▸ 5
  δικτυωταί ▸ 1
    Adjective · feminine · plural · nominative · noDegree ▸ **1** (Ezek. 41,16)
  δικτυωτῆς ▸ 1
    Adjective · feminine · singular · genitive · noDegree ▸ **1** (Judg. 5,28)
  δικτυωτόν ▸ 1
    Adjective · neuter · singular · accusative · noDegree ▸ **1** (Ex. 38,24)
  δικτυωτοῦ ▸ 1
    Adjective · masculine · singular · genitive · noDegree ▸ **1** (2Kings 1,2)
  δικτυωτῷ ▸ 1
    Adjective · neuter · singular · dative · noDegree ▸ **1** (Ex. 27,4)

δίλογος (δύο; λέγω) insincere ▸ 1
  διλόγους ▸ 1
    Adjective · masculine · plural · accusative ▸ **1** (1Tim. 3,8)

διμερής (δύο; μέρος) in two parts ▸ 1
  διμερής ▸ 1
    Adjective · feminine · singular · nominative ▸ **1** (Dan. 2,41)

Δίμετρον (δύο; μέτρον) double measure ▸ 1
  Δίμετρον ▸ 1
    Noun · neuter · singular · nominative · (proper) ▸ **1** (2Kings 7,18)

δίμετρον (δύο; μέτρον) double measure ▸ 2
  δίμετρον ▸ 2
    Noun · neuter · singular · nominative · (common) ▸ **2** (2Kings 7,1; 2Kings 7,16)

Διμωνα Dimonah ▸ 1
  Διμωνα ▸ 1
    Noun · singular · nominative · (proper) ▸ **1** (Josh. 15,22)

Δινα Dinah ▸ 10
  Δινα ▸ 2
    Noun · feminine · singular · nominative · (proper) ▸ **2** (Gen. 30,21; Gen. 34,1)
  Διναν ▸ 5
    Noun · feminine · singular · accusative · (proper) ▸ **5** (Gen. 34,5; Gen. 34,13; Gen. 34,26; Gen. 34,27; Gen. 46,15)
  Δινας ▸ 3
    Noun · feminine · singular · genitive · (proper) ▸ **3** (Gen. 34,3; Gen. 34,14; Gen. 34,25)

Διναῖοι Dinaioi (Heb. judges) ▸ 1
  Διναῖοι ▸ 1
    Noun · masculine · plural · nominative · (proper) ▸ **1** (Ezra 4,9)

Διναχ Anath ▸ 1
  Διναχ ▸ 1
    Noun · masculine · singular · genitive · (proper) ▸ **1** (Judg. 3,31)

δίνη whirlwind ▸ 2
  δῖναι ▸ 1
    Noun · feminine · plural · nominative · (common) ▸ **1** (Job 37,9)
  δίνας ▸ 1
    Noun · feminine · plural · accusative · (common) ▸ **1** (Job 28,10)

διό (διά; ὅς) therefore ▸ 24 + 4 + 53 = 81
  Διὸ ▸ 1 + 18 = 19
    Conjunction · coordinating · (inferential) ▸ 1 + 18 = **19** (Wis. 12,2; Rom. 1,24; Rom. 2,1; Rom. 15,7; Rom. 15,22; 1Cor. 14,13; 2Cor. 4,16; Eph. 2,11; Eph. 4,25; 1Th. 3,1; 1Th. 5,11; Philem. 8; Heb. 6,1; Heb. 10,5; Heb. 12,12; Heb. 12,28; Heb. 13,12; 1Pet. 1,13; 2Pet. 1,12)
  Διό ▸ 2
    Conjunction · coordinating · (inferential) ▸ **2** (Heb. 3,7; 2Pet. 3,14)
  διό ▸ 2 + 1 = 3
    Conjunction · coordinating · (inferential) ▸ 2 + 1 = **3** (Judith 11,10; Job 34,10; Gal. 4,31)
  διὸ ▸ 21 + 4 + 32 = 57
    Conjunction · coordinating · (inferential) ▸ 21 + 4 + 32 = **57** (Josh. 5,6; Judith 5,24; 2Mac. 5,4; 2Mac. 5,17; 2Mac. 9,2; 2Mac. 9,4; 2Mac. 10,7; 2Mac. 10,30; 2Mac. 11,37; 3Mac. 3,24; 4Mac. 5,17; 4Mac. 5,25; Psa. 115,1; Job 9,22; Job 32,6; Job 32,10; Job 34,34; Job 37,24; Job 42,6; Wis. 12,27; LetterJ 68; Tob. 3,6; Tob. 3,6; Tob. 14,4; Sus. 20; Matt. 27,8; Luke 1,35; Luke 7,7; Acts 10,29; Acts 15,19; Acts 20,31; Acts 24,26; Acts 25,26; Acts 26,3; Acts 27,25; Acts 27,34; Rom. 4,22; Rom. 13,5; 1Cor. 12,3; 2Cor. 1,20; 2Cor. 2,8; 2Cor. 4,13; 2Cor. 4,13; 2Cor. 5,9; 2Cor. 6,17; 2Cor. 12,7; 2Cor. 12,10; Eph. 3,13; Eph. 4,8; Eph. 5,14; Phil. 2,9; Heb. 3,10; Heb. 11,12; Heb. 11,16; James 1,21; James 4,6; 2Pet. 1,10)

διοδεύω (διά; ὁδός) to travel through ▸ 19 + 1 + 2 = 22
  διοδεύειν ▸ 2
    Verb · present · active · infinitive ▸ **2** (Wis. 14,1; Zeph. 3,6)
  διοδεύεσθαι ▸ 1
    Verb · present · passive · infinitive ▸ **1** (Jer. 9,11)
  διοδεύοντες ▸ 1
    Verb · present · active · participle · masculine · plural · nominative ▸ **1** (Psa. 88,42)
  διοδεύοντος ▸ 2
    Verb · present · active · participle · masculine · singular · genitive ▸ **2** (Zech. 7,14; Ezek. 5,14)
  διοδεύουσιν ▸ 1
    Verb · third · plural · present · active · indicative ▸ **1** (Is. 59,8)
  Διοδεύσαντες ▸ 1
    Verb · aorist · active · participle · masculine · plural · nominative ▸ **1** (Acts 17,1)
  διόδευσον ▸ 2
    Verb · second · singular · aorist · active · imperative ▸ **2** (Gen. 13,17; Bar. 4,2)
  διοδεύων ▸ 3
    Verb · present · active · participle · masculine · singular · nominative ▸ **3** (1Mac. 10,77; Jer. 27,13; Ezek. 14,15)
  διώδευεν ▸ 1
    Verb · third · singular · imperfect · active · indicative ▸ **1** (Luke 8,1)
  διωδεύθη ▸ 1
    Verb · third · singular · aorist · passive · indicative ▸ **1** (Wis. 5,11)
  διωδεύσαμεν ▸ 1
    Verb · first · plural · aorist · active · indicative ▸ **1** (Wis. 5,7)
  διώδευσαν ▸ 1
    Verb · third · plural · aorist · active · indicative ▸ **1** (Wis. 11,2)
  διώδευσεν ▸ 4 + 1 = 5
    Verb · third · singular · aorist · active · indicative ▸ 4 + 1 = **5** (Gen. 12,6; 1Mac. 12,32; 1Mac. 12,33; Jer. 2,6; Dan. 3,48)

δίοδος (διά; ὁδός) passage, street ▸ 11
  διόδοις ▸ 3
    Noun · feminine · plural · dative · (common) ▸ **3** (Judith 7,22; Prov. 7,8; Jer. 14,16)
  δίοδον ▸ 2
    Noun · feminine · singular · accusative · (common) ▸ **2** (Wis.

5,12; Wis. 19,17)
δίοδος ‣ 1
    Noun · feminine · singular · nominative · (common) ‣ 1 (Is. 11,16)
διόδους ‣ 3
    Noun · feminine · plural · accusative · (common) ‣ 3 (Deut. 13,17; Judith 5,1; 1Mac. 11,46)
διόδων ‣ 2
    Noun · feminine · plural · genitive · (common) ‣ 2 (Jer. 2,28; Jer. 7,34)

διοικέω (διά; οἶκος) to manage, govern, administer ‣ 5
  διοικεῖ ‣ 1
    Verb · third · singular · present · active · indicative ‣ 1 (Wis. 8,1)
  διοικεῖς ‣ 1
    Verb · second · singular · present · active · indicative ‣ 1 (Wis. 12,18)
  διοικήσω ‣ 1
    Verb · first · singular · future · active · indicative ‣ 1 (Wis. 8,14)
  διοικῶν ‣ 2
    Verb · present · active · participle · masculine · singular · nominative ‣ 2 (Wis. 15,1; Dan. 3,1)

διοίκησις (διά; οἶκος) government, administration; diocese ‣ 1 + 1 = 2
  διοίκησιν ‣ 1 + 1 = 2
    Noun · feminine · singular · accusative · (common) ‣ 1 + 1 = 2 (Tob. 1,21; Tob. 1,21)

διοικητής (διά; οἶκος) steward, manager; dispenser ‣ 3 + 1 = 4
  διοικηταῖς ‣ 1
    Noun · masculine · plural · dative · (common) ‣ 1 (Ezra 8,36)
  διοικητάς ‣ 1
    Noun · masculine · plural · accusative · (common) ‣ 1 (Dan. 3,2)
  διοικητής ‣ 1 + 1 = 2
    Noun · masculine · singular · nominative · (common) ‣ 1 + 1 = 2 (Tob. 1,22; Tob. 1,22)

διοικοδομέω (διά; οἶκος) to build a wall across ‣ 1
  διοικοδομήσωμεν ‣ 1
    Verb · first · plural · aorist · active · subjunctive ‣ 1 (Neh. 2,17)

διόλλυμι (διά; ὄλλυμι) to destroy completely ‣ 2
  διολέσαι ‣ 1
    Verb · aorist · active · infinitive ‣ 1 (Wis. 11,19)
  διώλλυντο ‣ 1
    Verb · third · plural · imperfect · passive · indicative ‣ 1 (Wis. 17,9)

διόλου entirely ‣ 1
  διόλου ‣ 1
    Adverb ‣ 1 (Bel 12)

Διονύσια Dionysian ‣ 1
  Διονυσίων ‣ 1
    Noun · neuter · plural · genitive · (proper) ‣ 1 (2Mac. 6,7)

Διονύσιος Dionysius ‣ 1
  Διονύσιος ‣ 1
    Noun · masculine · singular · nominative · (proper) ‣ 1 (Acts 17,34)

Διόνυσος Dionysus (Bacchus) ‣ 3
  Διονύσου ‣ 1
    Noun · masculine · singular · genitive · (proper) ‣ 1 (3Mac. 2,29)
  Διονύσῳ ‣ 2
    Noun · masculine · singular · dative · (proper) ‣ 1 (2Mac. 6,7)
    Noun · masculine · singular · nominative · (proper) ‣ 1 (2Mac. 14,33)

διόπερ (διά; ὅς; περ) therefore, therefore indeed ‣ 6 + 2 = 8
  διόπερ ‣ 6 + 1 = 7
    Conjunction · coordinating · (inferential) ‣ 6 + 1 = 7 (Judith 8,17; 2Mac. 5,20; 2Mac. 6,16; 2Mac. 6,27; 2Mac. 7,8; 2Mac. 14,19; 1Cor. 8,13)
  Διόπερ ‣ 1
    Conjunction · coordinating · (inferential) ‣ 1 (1Cor. 10,14)

διοπετής (Ζεύς; πίπτω) fallen from heaven ‣ 1
  διοπετοῦς ‣ 1
    Adjective · neuter · singular · genitive ‣ 1 (Acts 19,35)

διοράω (διά; ὁράω) to distinguish ‣ 1
  διορῶντες ‣ 1
    Verb · present · active · participle · masculine · plural · nominative ‣ 1 (Job 6,19)

διοργίζομαι (διά; ὀργή) to be very angry ‣ 2
  διοργίζεσθαι ‣ 1
    Verb · present · middle · infinitive ‣ 1 (3Mac. 3,1)
  διοργισθείς ‣ 1
    Verb · aorist · passive · participle · masculine · singular · nominative ‣ 1 (3Mac. 4,13)

διορθόω (διά; ὀρθός) to make straight ‣ 7
  διορθοῦντες ‣ 1
    Verb · present · active · participle · masculine · plural · nominative ‣ 1 (Jer. 7,5)
  διορθωθῇ ‣ 1
    Verb · third · singular · aorist · passive · subjunctive ‣ 1 (Prov. 15,29b)
  διορθωθήσεται ‣ 1
    Verb · third · singular · future · passive · indicative ‣ 1 (Is. 16,5)
  Διορθώσατε ‣ 1
    Verb · second · plural · aorist · active · imperative ‣ 1 (Jer. 7,3)
  διορθώσῃ ‣ 1
    Verb · third · singular · aorist · active · subjunctive ‣ 1 (Is. 62,7)
  διορθώσητε ‣ 1
    Verb · second · plural · aorist · active · subjunctive ‣ 1 (Jer. 7,5)
  διωρθώθησαν ‣ 1
    Verb · third · plural · aorist · passive · indicative ‣ 1 (Wis. 9,18)

διόρθωμα (διά; ὀρθός) improvement ‣ 1
  διορθωμάτων ‣ 1
    Noun · neuter · plural · genitive ‣ 1 (Acts 24,2)

διόρθωσις (διά; ὀρθός) reformation ‣ 1
  διορθώσεως ‣ 1
    Noun · feminine · singular · genitive ‣ 1 (Heb. 9,10)

διορθωτής (διά; ὀρθός) corrector; administrator ‣ 1
  διορθωτής ‣ 1
    Noun · masculine · singular · nominative · (common) ‣ 1 (Wis. 7,15)

διορίζω (διά; ὀργή) to determine, distinguish, separate ‣ 14 + 1 = 15
  διοριεῖ ‣ 1
    Verb · third · singular · future · active · indicative ‣ 1 (Ex. 26,33)
  διορίζει ‣ 2 + 1 = 3
    Verb · third · singular · present · active · indicative ‣ 2 + 1 = 3 (Josh. 15,47; Ezek. 47,18; Josh. 15,47)
  διορίζον ‣ 1
    Verb · present · active · participle · neuter · singular · nominative ‣ 1 (Ezek. 41,12)
  διορίζοντα ‣ 2
    Verb · present · active · participle · masculine · singular · accusative ‣ 1 (2Chr. 32,4)
    Verb · present · active · participle · neuter · plural · nominative

▸ **1** (Ezek. 41,13)

διορίζοντος ▸ 4
  Verb · present · active · participle · masculine · singular · genitive ▸ **1** (Ezek. 41,12)
  Verb · present · active · participle · neuter · singular · genitive ▸ **3** (Ezek. 41,15; Ezek. 42,1; Ezek. 42,10)

διορίζων ▸ 1
  Verb · present · active · participle · masculine · singular · nominative ▸ **1** (Job 35,11)

διώρισα ▸ 1
  Verb · first · singular · aorist · active · indicative ▸ **1** (Lev. 20,24)

διώρισεν ▸ 2
  Verb · third · singular · aorist · active · indicative ▸ **2** (Josh. 5,6; Is. 45,18)

διόρυγμα (διά; ὀρύσσω) breach ▸ 3
  διορύγμασιν ▸ 2
    Noun · neuter · plural · dative · (common) ▸ **2** (Zeph. 2,14; Jer. 2,34)
  διορύγματι ▸ 1
    Noun · neuter · singular · dative · (common) ▸ **1** (Ex. 22,1)

διορύσσω (διά; ὀρύσσω) to dig through, break through ▸ 4 + 4 = 8
  διορύξει ▸ 1
    Verb · third · singular · future · active · indicative ▸ **1** (Ezek. 12,12)
  διόρυξον ▸ 1
    Verb · second · singular · aorist · active · imperative ▸ **1** (Ezek. 12,5)
  διορύσσουσιν ▸ 2
    Verb · third · plural · present · active · indicative ▸ **2** (Matt. 6,19; Matt. 6,20)
  διορυχθῆναι ▸ 2
    Verb · aorist · passive · infinitive ▸ **2** (Matt. 24,43; Luke 12,39)
  διώρυξα ▸ 1
    Verb · first · singular · aorist · active · indicative ▸ **1** (Ezek. 12,7)
  διώρυξεν ▸ 1
    Verb · third · singular · aorist · active · indicative ▸ **1** (Job 24,16)

Διόσκουροι Twins (Castor and Pollux) ▸ 1
  Διοσκούροις ▸ 1
    Noun · masculine · plural · dative · (proper) ▸ **1** (Acts 28,11)

Διόσπολις Diospolis (Thebes?) ▸ 2
  Διοσπόλει ▸ 2
    Noun · feminine · singular · dative · (proper) ▸ **2** (Ezek. 30,14; Ezek. 30,16)

διότι (διά; ὅς) because, for, therefore ▸ 335 + 6 + 23 = 364
  Διότι ▸ 17
    Conjunction · subordinating ▸ **17** (Gen. 26,22; Gen. 29,32; Deut. 31,17; Judg. 11,13; 2Sam. 19,43; 1Kings 21,42; 2Chr. 6,8; 2Chr. 7,22; Hos. 11,1; Amos 4,2; Amos 6,8; Joel 4,1; Zeph. 2,4; Zech. 8,6; Mal. 3,6; Is. 30,19; Jer. 28,14)
  διότι ▸ **318** + 6 + 23 = 347
    Conjunction · subordinating · (inferential · for · NT · only) ▸ **318** + 6 + 2 = **326** (Ex. 4,26; Lev. 22,20; Lev. 25,23; Lev. 25,42; Num. 12,11; Num. 20,24; Num. 27,14; Deut. 17,16; Deut. 21,14; Deut. 28,20; Deut. 32,51; Deut. 32,51; Josh. 6,25; Josh. 22,31; Josh. 23,14; Ruth 1,12; 1Sam. 17,36; 1Sam. 21,6; 1Sam. 28,18; 1Sam. 30,24; 2Sam. 2,27; 2Sam. 13,12; 1Kings 11,34; 1Kings 20,20; 1Kings 22,18; 1Chr. 10,13; 2Chr. 34,21; 1Esdr. 2,14; 1Esdr. 2,18; Neh. 2,3; Esth. 4,8; Judith 5,1; Judith 7,13; Tob. 1,8; Tob. 3,6; Tob. 3,17; Tob. 4,6; Tob. 4,10; Tob. 4,12; Tob. 4,13; Tob. 4,19; Tob. 6,13; Tob. 6,16; Tob. 9,3; Tob. 10,4; Tob. 12,20; 2Mac. 7,37; 2Mac. 11,14; 3Mac. 2,10; Ode. 4,17; Ode. 5,9; Ode. 10,4; Ode. 12,9; Ode. 12,10; Eccl. 2,15; Eccl. 6,8; Job 32,2; Job 32,3; Job 33,9; Job 36,12; Sir. 2,11; Hos. 1,2; Hos. 1,4; Hos. 1,6; Hos. 1,9; Hos. 3,4; Hos. 4,1; Hos. 4,1; Hos. 4,10; Hos. 4,14; Hos. 5,1; Hos. 5,3; Hos. 5,14; Hos. 6,6; Hos. 7,6; Hos. 8,6; Hos. 8,13; Hos. 9,1; Hos. 9,4; Hos. 9,12; Hos. 9,12; Hos. 9,16; Hos. 10,3; Hos. 11,9; Hos. 13,13; Hos. 13,15; Hos. 14,2; Hos. 14,10; Amos 3,7; Amos 3,14; Amos 4,13; Amos 5,3; Amos 5,4; Amos 5,17; Amos 5,22; Amos 6,11; Amos 6,14; Amos 7,11; Amos 9,9; Mic. 1,3; Mic. 1,7; Mic. 1,9; Mic. 2,1; Mic. 3,7; Mic. 4,4; Mic. 4,10; Mic. 5,3; Mic. 6,4; Mic. 7,6; Mic. 7,8; Joel 2,1; Joel 2,11; Joel 2,23; Joel 4,12; Joel 4,13; Joel 4,17; Obad. 15; Obad. 16; Obad. 18; Jonah 1,10; Jonah 1,12; Jonah 4,2; Nah. 2,1; Nah. 2,3; Nah. 2,3; Nah. 3,19; Hab. 1,5; Hab. 1,6; Hab. 2,3; Hab. 2,8; Hab. 2,11; Hab. 2,17; Hab. 3,17; Zeph. 1,7; Zeph. 1,18; Zeph. 2,9; Zeph. 2,10; Zeph. 2,14; Zeph. 3,8; Zeph. 3,8; Zeph. 3,13; Zeph. 3,20; Hag. 2,4; Hag. 2,6; Hag. 2,9; Hag. 2,23; Zech. 2,10; Zech. 2,12; Zech. 2,12; Zech. 2,13; Zech. 2,13; Zech. 2,14; Zech. 2,17; Zech. 3,8; Zech. 3,8; Zech. 3,9; Zech. 4,9; Zech. 4,10; Zech. 5,3; Zech. 6,15; Zech. 8,10; Zech. 8,14; Zech. 8,17; Zech. 8,23; Zech. 9,1; Zech. 9,2; Zech. 9,8; Zech. 9,13; Zech. 9,16; Zech. 10,2; Zech. 10,2; Zech. 10,5; Zech. 10,6; Zech. 10,8; Zech. 11,2; Zech. 11,11; Zech. 11,16; Zech. 13,5; Mal. 1,4; Mal. 1,8; Mal. 1,10; Mal. 1,11; Mal. 1,11; Mal. 1,14; Mal. 2,4; Mal. 2,7; Mal. 2,11; Mal. 3,2; Mal. 3,8; Mal. 3,12; Mal. 3,14; Mal. 3,19; Mal. 3,21; Is. 1,29; Is. 3,8; Is. 3,9; Is. 5,4; Is. 7,16; Is. 8,4; Is. 9,3; Is. 12,1; Is. 14,2; Is. 14,20; Is. 17,10; Is. 21,17; Is. 24,5; Is. 26,9; Is. 28,22; Is. 30,18; Is. 34,2; Jer. 1,12; Jer. 1,15; Jer. 1,19; Jer. 2,10; Jer. 3,8; Jer. 3,14; Jer. 3,25; Jer. 4,8; Jer. 4,15; Jer. 4,22; Jer. 4,28; Jer. 5,4; Jer. 8,17; Jer. 15,20; Jer. 16,9; Jer. 20,4; Jer. 21,10; Jer. 22,4; Jer. 22,11; Jer. 23,12; Jer. 26,5; Jer. 26,21; Jer. 26,27; Jer. 27,11; Jer. 28,5; Jer. 28,29; Jer. 28,33; Jer. 37,6; Bar. 4,12; Ezek. 1,20; Ezek. 2,5; Ezek. 2,6; Ezek. 2,6; Ezek. 2,7; Ezek. 3,5; Ezek. 3,7; Ezek. 3,9; Ezek. 3,20; Ezek. 3,26; Ezek. 3,27; Ezek. 5,6; Ezek. 5,13; Ezek. 6,10; Ezek. 6,13; Ezek. 7,6; Ezek. 7,6; Ezek. 7,8; Ezek. 7,8; Ezek. 7,9; Ezek. 7,13; Ezek. 7,19; Ezek. 7,23; Ezek. 8,12; Ezek. 8,17; Ezek. 10,17; Ezek. 11,12; Ezek. 12,2; Ezek. 12,3; Ezek. 12,6; Ezek. 12,15; Ezek. 12,20; Ezek. 12,25; Ezek. 13,9; Ezek. 13,14; Ezek. 13,21; Ezek. 14,7; Ezek. 14,23; Ezek. 14,23; Ezek. 16,14; Ezek. 17,21; Ezek. 17,22; Ezek. 17,24; Ezek. 18,32; Ezek. 20,12; Ezek. 20,20; Ezek. 20,38; Ezek. 20,38; Ezek. 20,40; Ezek. 20,42; Ezek. 20,44; Ezek. 21,10; Ezek. 21,12; Ezek. 21,26; Ezek. 21,37; Ezek. 22,16; Ezek. 22,22; Ezek. 23,28; Ezek. 23,34; Ezek. 23,49; Ezek. 24,24; Ezek. 24,27; Ezek. 25,5; Ezek. 25,6; Ezek. 25,7; Ezek. 25,11; Ezek. 25,17; Ezek. 26,15; Ezek. 28,23; Ezek. 34,11; Ezek. 40,4; Ezek. 42,6; Ezek. 42,13; Ezek. 42,14; Ezek. 44,3; Ezek. 47,12; Dan. 3,28; Dan. 3,96; Dan. 6,9; Judg. 5,28; Judg. 5,28; Tob. 3,8; Tob. 3,17; Tob. 4,6; Tob. 5,17; Acts 13,35; Acts 20,26)
    Conjunction · subordinating · (causal) ▸ **21** (Luke 1,13; Luke 2,7; Luke 21,28; Acts 18,10; Acts 18,10; Acts 22,18; Rom. 1,19; Rom. 1,21; Rom. 3,20; Rom. 8,7; 1Cor. 15,9; Phil. 2,26; 1Th. 2,8; 1Th. 2,18; 1Th. 4,6; Heb. 11,5; Heb. 11,23; James 4,3; 1Pet. 1,16; 1Pet. 1,24; 1Pet. 2,6)

Διοτρέφης Diotrephes ▸ 1
  Διοτρέφης ▸ 1
    Noun · masculine · singular · nominative · (proper) ▸ **1** (3John 9)

δίπηχυς (δύο; πῆχυς) two cubits in height ▸ 1
  δίπηχυ ▸ 1
    Adjective · neuter · singular · nominative ▸ **1** (Num. 11,31)

διπλασιάζω (δύο; πλάσιος) to double; say in addition; be duplicitous ▸ 2
  διπλασιαζόντων ▸ 1

Verb · present · active · participle · masculine · plural · genitive ▸ **1** (Ezek. 43,2)
διπλασίασον ▸ 1
    Verb · second · singular · aorist · active · imperative ▸ **1** (Ezek. 21,19)

διπλασιασμός (δύο; πλάσιος) double, double portion ▸ 1
διπλασιασμόν ▸ 1
    Noun · masculine · singular · accusative · (common) ▸ **1** (Job 42,10)

διπλάσιος (δύο; πλάσιος) double ▸ 2
διπλάσια ▸ 1
    Adjective · neuter · plural · accusative · (numeral) ▸ **1** (Sir. 12,5)
διπλάσιος ▸ 1
    Adjective · masculine · singular · nominative · (numeral) ▸ **1** (Sir. 26,1)

διπλοΐς (δύο; διπλοῦς) robe, double robe ▸ 9
διπλοΐδα ▸ 4
    Noun · feminine · singular · accusative · (common) ▸ **4** (1Sam. 2,19; 1Sam. 28,14; Psa. 108,29; Bar. 5,2)
διπλοΐδι ▸ 1
    Noun · feminine · singular · dative · (common) ▸ **1** (Job 29,14)
διπλοΐδος ▸ 4
    Noun · feminine · singular · genitive · (common) ▸ **4** (1Sam. 15,27; 1Sam. 24,5; 1Sam. 24,6; 1Sam. 24,12)

διπλοῦς (δύο; διπλοῦς) double ▸ 27 + 4 = 31
διπλᾶ ▸ 7 + 1 = 8
    Adjective · neuter · plural · accusative · (numeral) ▸ **6 + 1 = 7** (Ex. 16,22; Ex. 22,3; Deut. 21,17; Job 42,10; Zech. 9,12; Is. 40,2; Rev. 18,6)
    Adjective · neuter · plural · nominative · (numeral) ▸ **1** (2Kings 2,9)
διπλᾶς ▸ 1
    Adjective · feminine · plural · accusative · (numeral) ▸ **1** (Jer. 16,18)
διπλῆ ▸ 1
    Adjective · feminine · singular · nominative · (numeral) ▸ **1** (Wis. 11,12)
διπλῆς ▸ 1 + 1 = 2
    Adjective · feminine · singular · genitive · (numeral) ▸ **1 + 1 = 2** (Sir. 50,2; 1Tim. 5,17)
διπλότερον ▸ 1
    Adverb · (comparative) ▸ **1** (Matt. 23,15)
διπλοῦν ▸ 13 + 1 = 14
    Adjective · masculine · singular · accusative · (numeral) ▸ **1** (Ex. 25,4)
    Adjective · neuter · singular · accusative · (numeral) ▸ **9 + 1 = 10** (Gen. 23,9; Gen. 25,9; Gen. 43,15; Gen. 50,13; Ex. 22,6; Ex. 22,8; Ex. 35,6; Ex. 36,16; Ex. 36,16; Rev. 18,6)
    Adjective · neuter · singular · nominative · (numeral) ▸ **3** (Ex. 16,5; Ex. 28,16; Sir. 20,10)
διπλοῦς ▸ 1
    Adjective · masculine · singular · nominative · (numeral) ▸ **1** (Job 11,6)
διπλῷ ▸ 3
    Adjective · neuter · singular · dative · (numeral) ▸ **3** (Gen. 23,17; Gen. 23,19; Gen. 49,30)

διπλόω (δύο; διπλοῦς) to double ▸ 1
διπλώσατε ▸ 1
    Verb · second · plural · aorist · active · imperative ▸ **1** (Rev. 18,6)

δίς (δύο) twice ▸ 17 + 6 = 23
δὶς ▸ 10 + 5 = 15
    Adverb · (frequency) ▸ **10 + 5 = 15** (Lev. 12,5; Deut. 9,13; 1Kings 11,9; Judith 13,8; 1Mac. 3,30; 1Mac. 10,72; Sir. 7,8; Sir. 13,7; Sir. 32,7; Nah. 1,9; Mark 14,30; Mark 14,72; Luke 18,12; Phil. 4,16; Jude 12)
δίς ▸ 7 + 1 = 8
    Adverb · (frequency) ▸ **7 + 1 = 8** (Gen. 41,32; Gen. 43,10; Num. 20,11; 1Sam. 17,39; Neh. 13,20; Sir. 45,14; Ezek. 41,6; 1Th. 2,18)

δίσκος (δίκτυον) discus; ring; flat stone; eucharistic platter ▸ 1
δίσκου ▸ 1
    Noun · masculine · singular · genitive · (common) ▸ **1** (2Mac. 4,14)

δισμυριάς (δύο; μυρίος) twenty thousand ▸ 1
δισμυριάδες ▸ 1
    Noun · feminine · plural · nominative ▸ **1** (Rev. 9,16)

δισμύριοι (δύο; μυρίος) twenty thousand ▸ 6
δισμύριοι ▸ 1
    Adjective · masculine · plural · nominative · (cardinal · numeral) ▸ **1** (2Mac. 10,31)
δισμυρίους ▸ 2
    Adjective · masculine · plural · accusative · (cardinal · numeral) ▸ **2** (2Mac. 5,24; 2Mac. 8,30)
δισμυρίων ▸ 3
    Adjective · masculine · plural · genitive · (cardinal · numeral) ▸ **3** (2Mac. 8,9; 2Mac. 10,17; 2Mac. 10,23)

δισσός (δύο) double, two ▸ 8
δισσά ▸ 2
    Adjective · neuter · plural · nominative · (numeral) ▸ **2** (Prov. 20,10; Sir. 42,24)
δισσάς ▸ 2
    Adjective · feminine · plural · accusative · (numeral) ▸ **2** (Gen. 45,22; Prov. 31,22)
δισσῇ ▸ 1
    Adjective · feminine · singular · dative · (numeral) ▸ **1** (Sir. 1,28)
δισσὸν ▸ 3
    Adjective · neuter · singular · accusative · (numeral) ▸ **2** (Gen. 43,12; Jer. 17,18)
    Adjective · neuter · singular · nominative · (numeral) ▸ **1** (Prov. 20,23)

δισσῶς (δύο) double, doubly ▸ 1
δισσῶς ▸ 1
    Adverb ▸ **1** (Sir. 23,11)

διστάζω (δύο; στάζω) to doubt ▸ 2
ἐδίστασαν ▸ 1
    Verb · third · plural · aorist · active · indicative ▸ **1** (Matt. 28,17)
ἐδίστασας ▸ 1
    Verb · second · singular · aorist · active · indicative ▸ **1** (Matt. 14,31)

δίστομος (δύο; στόμα) two-edged ▸ 4 + 1 + 3 = 8
δίστομοι ▸ 1
    Adjective · feminine · plural · nominative ▸ **1** (Psa. 149,6)
δίστομον ▸ 1 + 1 + 2 = 4
    Adjective · feminine · singular · accusative ▸ **1 + 1 + 2 = 4** (Judg. 3,16; Judg. 3,16; Heb. 4,12; Rev. 2,12)
δίστομος ▸ 1 + 1 = 2
    Adjective · feminine · singular · nominative ▸ **1 + 1 = 2** (Sir. 21,3; Rev. 1,16)
διστόμου ▸ 1
    Adjective · feminine · singular · genitive ▸ **1** (Prov. 5,4)

δισχίλιοι (δύο; χίλιοι) two thousand ▸ 46 + 2 + 1 = 49
δισχίλια ▸ 2
    Adjective · neuter · plural · accusative · (cardinal · numeral) ▸ **2**

(2Chr. 35,8; 1Esdr. 1,8)
- δισχίλιαι ▸ 2 + **1** = 3
  - **Adjective** · feminine · plural · nominative · (cardinal · numeral)
    - ▸ 2 + 1 = **3** (1Esdr. 2,10; Dan. 8,14; Dan. 8,14)
- δισχιλίας ▸ 4
  - **Adjective** · feminine · plural · accusative · (cardinal · numeral)
    - ▸ **4** (Neh. 7,71; Neh. 7,72; 2Mac. 12,43; 3Mac. 3,28)
- δισχίλιοι ▸ 19 + **1** = 20
  - **Adjective** · masculine · plural · nominative · (cardinal · numeral)
    - ▸ 19 + 1 = **20** (Num. 4,36; Num. 4,40; Num. 7,85; Josh. 7,3; 1Sam. 13,2; 1Chr. 26,32; 2Chr. 26,12; 1Esdr. 5,11; 1Esdr. 5,14; 1Esdr. 5,41; Ezra 2,3; Ezra 2,6; Ezra 2,14; Ezra 2,64; Neh. 7,8; Neh. 7,11; Neh. 7,17; Neh. 7,19; Neh. 7,66; Mark 5,13)
- δισχιλίοις ▸ 1
  - **Adjective** · masculine · plural · dative · (cardinal · numeral) ▸ **1** (2Mac. 5,24)
- δισχιλίους ▸ 17 + **1** = 18
  - **Adjective** · masculine · plural · accusative · (cardinal · numeral)
    - ▸ 17 + 1 = **18** (Num. 35,4; Num. 35,5; Num. 35,5; Num. 35,5; Num. 35,5; Josh. 3,4; Judg. 20,45; 2Kings 18,23; 1Chr. 5,21; Judith 2,15; 1Mac. 5,60; 1Mac. 12,47; 1Mac. 15,26; 1Mac. 16,10; 2Mac. 12,20; 2Mac. 13,15; Dan. 5,0; Judg. 20,45)
- δισχιλίων ▸ 1
  - **Adjective** · neuter · plural · genitive · (cardinal · numeral) ▸ **1** (2Mac. 8,10)

δισχίλιος two thousand ▸ 2
- δισχιλία ▸ 1
  - **Adjective** · feminine · singular · dative · (cardinal · numeral)
    - ▸ **1** (1Mac. 9,4)
- δισχιλίαν ▸ 1
  - **Adjective** · feminine · singular · accusative · (cardinal · numeral)
    - ▸ **1** (Is. 36,8)

διτάλαντον (δύο; τάλαντον) two talents ▸ 1
- διτάλαντον ▸ 1
  - **Noun** · neuter · singular · accusative · (common) ▸ **1** (2Kings 5,23)

διϋλίζω (διά; ὕλη) to strain out ▸ 1 + 1 = 2
- διϋλίζοντες ▸ 1
  - **Verb** · present · active · participle · masculine · plural · vocative · (variant) ▸ **1** (Matt. 23,24)
- διυλισμένον ▸ 1
  - **Verb** · perfect · passive · participle · masculine · singular · accusative ▸ **1** (Amos 6,6)

διυφαίνω (διά; ὑφαίνω) to weave through ▸ 1
- διυφασμένον ▸ 1
  - **Verb** · perfect · passive · participle · neuter · singular · nominative
    - ▸ **1** (Ex. 36,30)

διφθέρα (δέφω) skin, hide ▸ 1
- διφθέρας ▸ 1
  - **Noun** · feminine · plural · accusative · (common) ▸ **1** (Ex. 39,20)

δίφραξ (δίφρος) chair ▸ 1
- δίφραξ ▸ 1
  - **Noun** · feminine · singular · nominative · (common) ▸ **1** (2Mac. 14,21)

διφρεύω (δίφρος) to sit ▸ 1
- διφρεύουσιν ▸ 1
  - **Verb** · third · plural · present · active · indicative ▸ **1** (LetterJ 30)

δίφρος seat, chair ▸ 11
- δίφρον ▸ 4
  - **Noun** · masculine · singular · accusative · (common) ▸ **4** (1Sam. 28,23; 2Kings 4,10; Judith 11,19; Sir. 38,33)
- δίφρος ▸ 1
  - **Noun** · masculine · singular · nominative · (common) ▸ **1** (Job 29,7)
- δίφρου ▸ 4
  - **Noun** · masculine · singular · genitive · (common) ▸ **4** (1Sam. 1,9; 1Sam. 4,13; 1Sam. 4,18; Prov. 9,14)
- δίφρους ▸ 2
  - **Noun** · masculine · plural · accusative · (common) ▸ **2** (Judg. 3,24; 2Mac. 14,21)

δίχα (δύο) divided; (+gen) without, apart from ▸ 1
- δίχα ▸ 1
  - **Adverb** ▸ **1** (Sir. 47,21)

διχάζω (δύο) to turn against ▸ 1
- διχάσαι ▸ 1
  - **Verb** · aorist · active · infinitive ▸ **1** (Matt. 10,35)

διχηλέω (δύο; χηλή) to divide ▸ 11
- διχηλεῖ ▸ 5
  - **Verb** · third · singular · present · active · indicative ▸ **5** (Lev. 11,4; Lev. 11,5; Lev. 11,6; Lev. 11,7; Deut. 14,8)
- διχηλοῦν ▸ 3
  - **Verb** · present · active · participle · neuter · singular · accusative
    - ▸ **2** (Lev. 11,3; Deut. 14,6)
  - **Verb** · present · active · participle · neuter · singular · nominative
    - ▸ **1** (Lev. 11,26)
- διχηλούντων ▸ 2
  - **Verb** · present · active · participle · neuter · plural · genitive ▸ **2** (Lev. 11,4; Deut. 14,7)
- διχηλοῦσιν ▸ 1
  - **Verb** · third · plural · present · active · indicative ▸ **1** (Deut. 14,7)

διχομηνία (δύο; μήν) full moon ▸ 1
- διχομηνία ▸ 1
  - **Noun** · feminine · singular · nominative · (common) ▸ **1** (Sir. 39,12)

διχοστασία (δύο; ἵστημι) division, dissension ▸ 1 + 2 = 3
- διχοστασίαι ▸ 1
  - **Noun** · feminine · plural · nominative ▸ **1** (Gal. 5,20)
- διχοστασίας ▸ 1 + **1** = 2
  - **Noun** · feminine · plural · accusative ▸ **1** (Rom. 16,17)
  - **Noun** · feminine · singular · genitive · (common) ▸ **1** (1Mac. 3,29)

διχοτομέω (δύο; τομός) to cut in two ▸ 1 + 2 = 3
- διχοτομήσει ▸ 2
  - **Verb** · third · singular · future · active · indicative ▸ **2** (Matt. 24,51; Luke 12,46)
- διχοτομήσεις ▸ 1
  - **Verb** · second · singular · future · active · indicative ▸ **1** (Ex. 29,17)

διχοτόμημα (δύο; τομός) divided piece ▸ 6
- διχοτόμημα ▸ 1
  - **Noun** · neuter · singular · accusative · (common) ▸ **1** (Ezek. 24,4)
- διχοτομήματα ▸ 4
  - **Noun** · neuter · plural · accusative · (common) ▸ **4** (Gen. 15,11; Ex. 29,17; Lev. 1,8; Ezek. 24,4)
- διχοτομημάτων ▸ 1
  - **Noun** · neuter · plural · genitive · (common) ▸ **1** (Gen. 15,17)

δίψα (δίψος) thirst ▸ 16
- δίψα ▸ 2
  - **Noun** · feminine · singular · nominative · (common) ▸ **2** (Deut. 8,15; Judith 7,13)
- δίψαν ▸ 8
  - **Noun** · feminine · singular · accusative · (common) ▸ **8** (2Chr. 32,11; Neh. 9,15; 4Mac. 3,10; Psa. 68,22; Psa. 103,11; Psa.

106,33; Amos 8,11; Is. 5,13)
- δίψη ▸ 2
  - **Noun** · feminine · singular · dative · (common) ▸ **2** (Judith 7,25; 4Mac. 3,15)
- δίψης ▸ 4
  - **Noun** · feminine · singular · genitive · (common) ▸ **4** (Judith 7,22; 4Mac. 3,6; Wis. 11,4; Is. 41,17)

διψάω (δίψος) to thirst ▸ 36 + 2 + 16 = 54
- δεδίψηκεν ▸ 1
  - **Verb** · third · singular · perfect · active · indicative ▸ **1** (Judith 8,30)
- διψᾷ ▸ 2 + 2 = 4
  - **Verb** · third · singular · present · active · indicative ▸ **1** (Is. 29,8)
  - **Verb** · third · singular · present · active · subjunctive ▸ 1 + 2 = **3** (Prov. 25,21; John 7,37; Rom. 12,20)
- διψήσαντες ▸ 1
  - **Verb** · aorist · active · participle · masculine · plural · nominative ▸ **1** (Wis. 11,14)
- διψήσει ▸ 3
  - **Verb** · third · singular · future · active · indicative ▸ **3** (John 4,13; John 4,14; John 6,35)
- διψήσεις ▸ 1
  - **Verb** · second · singular · future · active · indicative ▸ **1** (Ruth 2,9)
- διψήσετε ▸ 1
  - **Verb** · second · plural · future · active · indicative ▸ **1** (Is. 65,13)
- διψήσουσιν ▸ 2 + 1 = 3
  - **Verb** · third · plural · future · active · indicative ▸ 2 + 1 = **3** (Sir. 24,21; Is. 49,10; Rev. 7,16)
- διψήσωσιν ▸ 1
  - **Verb** · third · plural · aorist · active · subjunctive ▸ **1** (Is. 48,21)
- διψῶ ▸ 2
  - **Verb** · first · singular · present · active · indicative ▸ **1** (John 19,28)
  - **Verb** · first · singular · present · active · subjunctive ▸ **1** (John 4,15)
- διψῶμεν ▸ 1
  - **Verb** · first · plural · present · active · indicative ▸ **1** (1Cor. 4,11)
- διψῶν ▸ 3 + 1 = 4
  - **Verb** · present · active · participle · masculine · singular · nominative ▸ 3 + 1 = **4** (Prov. 28,15; Sir. 26,12; Is. 29,8; Rev. 22,17)
- διψῶντα ▸ 2
  - **Verb** · present · active · participle · masculine · singular · accusative ▸ **2** (Matt. 25,37; Matt. 25,44)
- διψῶντας ▸ 2
  - **Verb** · present · active · participle · masculine · plural · accusative ▸ **2** (Job 18,9; Job 22,7)
- διψῶντες ▸ 3 + 1 = 4
  - **Verb** · present · active · participle · masculine · plural · nominative ▸ 3 + 1 = **4** (Psa. 106,5; Is. 25,5; Is. 55,1; Matt. 5,6)
- διψῶντι ▸ 1 + 1 = 2
  - **Verb** · present · active · participle · masculine · singular · dative ▸ 1 + 1 = **2** (Is. 21,14; Rev. 21,6)
- διψώντων ▸ 1
  - **Verb** · present · active · participle · masculine · plural · genitive ▸ **1** (Is. 25,4)
- διψῶσα ▸ 2
  - **Verb** · present · active · participle · feminine · singular · nominative ▸ **2** (Job 29,23; Is. 35,1)
- διψῶσαν ▸ 3
  - **Verb** · present · active · participle · feminine · singular · accusative ▸ **3** (Is. 35,7; Is. 41,18; Jer. 38,25)
- διψώσας ▸ 1
  - **Verb** · present · active · participle · feminine · plural · accusative ▸ **1** (Is. 32,6)
- διψώσῃ ▸ 4
  - **Verb** · present · active · participle · feminine · singular · dative ▸ **4** (Prov. 25,25; Is. 32,2; Is. 35,6; Is. 53,2)
- διψῶσι ▸ 1
  - **Verb** · third · plural · present · active · indicative ▸ **1** (Sir. 51,24)
- ἐδίψησα ▸ 1 + 1 + 2 = 4
  - **Verb** · first · singular · aorist · active · indicative ▸ 1 + 1 + 2 = **4** (Judg. 4,19; Judg. 4,19; Matt. 25,35; Matt. 25,42)
- ἐδίψησαν ▸ 1
  - **Verb** · third · plural · aorist · active · indicative ▸ **1** (Wis. 11,4)
- ἐδίψησεν ▸ 3 + 1 = 4
  - **Verb** · third · singular · aorist · active · indicative ▸ 3 + 1 = **4** (Ex. 17,3; Judg. 15,18; Psa. 41,3; Judg. 15,18)
- ἐδίψησέν ▸ 1
  - **Verb** · third · singular · aorist · active · indicative ▸ **1** (Psa. 62,2)

δίψος thirst ▸ 15 + 1 + 1 = 17
- δίψει ▸ 11 + 1 + 1 = 13
  - **Noun** · masculine · singular · dative · (common) ▸ **1** (Is. 44,3)
  - **Noun** · neuter · singular · dative · (common) ▸ 10 + 1 + 1 = **12** (Ex. 17,3; Deut. 28,48; Deut. 32,10; Judg. 15,18; Neh. 9,20; Ode. 2,10; Hos. 2,5; Amos 8,13; Is. 50,2; Lam. 4,4; Judg. 15,18; 2Cor. 11,27)
- δίψους ▸ 2
  - **Noun** · neuter · singular · genitive · (common) ▸ **2** (Wis. 11,8; Jer. 2,25)
- διψῶν ▸ 2
  - **Verb** · present · active · participle · masculine · singular · nominative ▸ **2** (2Sam. 17,29; 4Mac. 3,10)

δίψυχος (δύο; ψύχω) double-minded ▸ 2
- δίψυχοι ▸ 1
  - **Adjective** · masculine · plural · vocative ▸ **1** (James 4,8)
- δίψυχος ▸ 1
  - **Adjective** · masculine · singular · nominative ▸ **1** (James 1,8)

διψώδης (δίψος) thirsty ▸ 1
- διψώδεσιν ▸ 1
  - **Adjective** · feminine · plural · dative · noDegree ▸ **1** (Prov. 9,12c)

διωγμός (διώκω) persecution ▸ 3 + 10 = 13
- διωγμοῖς ▸ 3
  - **Noun** · masculine · plural · dative ▸ **3** (2Cor. 12,10; 2Th. 1,4; 2Tim. 3,11)
- διωγμόν ▸ 1 + 1 = 2
  - **Noun** · masculine · singular · accusative · (common) ▸ 1 + 1 = **2** (2Mac. 12,23; Acts 13,50)
- διωγμός ▸ 1 + 2 = 3
  - **Noun** · masculine · singular · nominative · (common) ▸ 1 + 2 = **3** (Prov. 11,19; Acts 8,1; Rom. 8,35)
- διωγμοῦ ▸ 1 + 2 = 3
  - **Noun** · masculine · singular · genitive · (common) ▸ 1 + 2 = **3** (Lam. 3,19; Matt. 13,21; Mark 4,17)
- διωγμούς ▸ 1
  - **Noun** · masculine · plural · accusative ▸ **1** (2Tim. 3,11)
- διωγμῶν ▸ 1
  - **Noun** · masculine · plural · genitive ▸ **1** (Mark 10,30)

διωθέω (διά; ὠθέω) to push away ▸ 1
- διωθεῖσθε ▸ 1
  - **Verb** · second · plural · present · middle · indicative ▸ **1** (Ezek. 34,21)

διωθέω–διώκω

διώκτης (διώκω) persecutor ▸ 1
  διώκτην ▸ 1
    Noun · masculine · singular · accusative ▸ **1** (1Tim. 1,13)

διώκω to pursue, persecute ▸ 104 + 8 + 45 = 157
  δεδιωγμένοι ▸ 1
    Verb · perfect · passive · participle · masculine · plural · nominative · (variant) ▸ **1** (Matt. 5,10)
  δίωκε ▸ 2
    Verb · second · singular · present · active · imperative ▸ **2** (1Tim. 6,11; 2Tim. 2,22)
  διώκει ▸ 1
    Verb · third · singular · present · active · indicative ▸ **1** (Prov. 21,6)
  διώκειν ▸ 3
    Verb · present · active · infinitive ▸ **3** (2Sam. 18,16; 1Mac. 4,16; 2Mac. 2,21)
  διώκεις ▸ 6
    Verb · second · singular · present · active · indicative ▸ **6** (Acts 9,4; Acts 9,5; Acts 22,7; Acts 22,8; Acts 26,14; Acts 26,15)
  διώκετε ▸ 2 + 2 = 4
    Verb · second · plural · present · active · imperative ▸ **2** (1Th. 5,15; Heb. 12,14)
    Verb · second · plural · present · active · indicative ▸ **2** (Job 19,22; Hag. 1,9)
  Διώκετε ▸ 1
    Verb · second · plural · present · active · imperative ▸ **1** (1Cor. 14,1)
  διώκῃ ▸ 1
    Verb · third · singular · present · active · subjunctive ▸ **1** (Hab. 2,2)
  διώκῃς ▸ 2
    Verb · second · singular · present · active · subjunctive ▸ **2** (Sir. 11,10; Sir. 27,8)
  διώκομαι ▸ 1
    Verb · first · singular · present · passive · indicative · (variant) ▸ **1** (Gal. 5,11)
  διωκόμενοι ▸ 3 + 2 = 5
    Verb · present · passive · participle · masculine · plural · nominative ▸ **3 + 2 = 5** (Wis. 16,16; Sol. 15,7; Ezek. 25,13; 1Cor. 4,12; 2Cor. 4,9)
  διωκόμενον ▸ 1
    Verb · present · passive · participle · masculine · singular · accusative ▸ **1** (Eccl. 3,15)
  διωκόμενος ▸ 1
    Verb · present · passive · participle · masculine · singular · nominative ▸ **1** (2Mac. 5,8)
  διώκοντα ▸ 1
    Verb · present · active · participle · neuter · plural · nominative ▸ **1** (Rom. 9,30)
  διώκοντας ▸ 1 + 1 = 2
    Verb · present · active · participle · masculine · plural · accusative ▸ **1 + 1 = 2** (Prov. 15,9; Rom. 12,14)
  διώκοντες ▸ 8 + 1 + 1 = 10
    Verb · present · active · participle · masculine · plural · nominative ▸ **8 + 1 + 1 = 10** (Josh. 2,7; 1Mac. 12,51; Prov. 12,11; Is. 1,23; Is. 5,11; Is. 30,16; Is. 51,1; Lam. 4,19; Judg. 8,4; Rom. 12,13)
  διώκοντές ▸ 2
    Verb · present · active · participle · masculine · plural · nominative ▸ **2** (2Sam. 24,13; Jer. 17,18)
  διώκοντος ▸ 8
    Verb · present · active · participle · masculine · singular · genitive ▸ **8** (Lev. 26,17; Lev. 26,36; Prov. 28,1; Mic. 2,11; Nah. 3,2; Is. 16,4; Jer. 28,31; Lam. 1,6)
  διωκόντων ▸ 1 + 1 = 2
    Verb · present · active · participle · masculine · plural · genitive ▸ **1 + 1 = 2** (Psa. 7,2; Matt. 5,44)
  διώκω ▸ 1 + 2 = 3
    Verb · first · singular · present · active · indicative ▸ **1 + 2 = 3** (Judg. 8,5; Phil. 3,12; Phil. 3,14)
  διώκωμεν ▸ 1
    Verb · first · plural · present · active · subjunctive ▸ **1** (Rom. 14,19)
  διώκων ▸ 9 + 3 + 3 = 15
    Verb · present · active · participle · masculine · singular · nominative ▸ **9 + 3 + 3 = 15** (Judg. 4,16; Judg. 4,22; Ezra 9,4; Prov. 28,19; Sir. 29,19; Sir. 31,5; Sir. 34,2; Is. 17,2; Jer. 28,31; Judg. 4,16; Judg. 4,22; Judg. 8,5; Rom. 9,31; Gal. 1,23; Phil. 3,6)
  διώκωνται ▸ 1
    Verb · third · plural · present · passive · subjunctive · (variant) ▸ **1** (Gal. 6,12)
  διώκωσιν ▸ 1
    Verb · third · plural · present · active · subjunctive ▸ **1** (Matt. 10,23)
  διῶξαι ▸ 4
    Verb · aorist · active · infinitive ▸ **4** (2Sam. 20,7; 2Sam. 20,13; Amos 1,11; Is. 13,14)
  Διώξας ▸ 2
    Verb · aorist · active · participle · masculine · singular · nominative ▸ **2** (Ex. 15,9; Ode. 1,9)
  διώξας ▸ 1
    Verb · aorist · active · participle · masculine · singular · nominative ▸ **1** (Deut. 19,6)
  διωξάτω ▸ 1
    Verb · third · singular · aorist · active · imperative ▸ **1** (1Pet. 3,11)
  διώξεσθε ▸ 1
    Verb · second · plural · future · middle · indicative ▸ **1** (Lev. 26,7)
  διώξεται ▸ 11
    Verb · third · singular · future · middle · indicative ▸ **11** (Lev. 26,36; Deut. 32,30; Ode. 2,30; Prov. 9,12a; Amos 2,16; Nah. 1,8; Is. 17,13; Is. 30,28; Is. 41,3; Jer. 28,31; Ezek. 35,6)
  διώξετε ▸ 1
    Verb · second · plural · future · active · indicative ▸ **1** (Matt. 23,34)
  διώξῃ ▸ 1
    Verb · second · singular · future · middle · indicative ▸ **1** (Deut. 16,20)
  διώξῃς ▸ 1
    Verb · second · singular · aorist · active · subjunctive ▸ **1** (Sir. 27,20)
  διώξητε ▸ 1
    Verb · second · plural · aorist · active · subjunctive ▸ **1** (Luke 17,23)
  διώξομεν ▸ 1
    Verb · first · plural · future · active · indicative ▸ **1** (Hos. 6,3)
  δίωξον ▸ 1
    Verb · second · singular · aorist · active · imperative ▸ **1** (Psa. 33,15)
  διώξονται ▸ 5
    Verb · third · plural · future · middle · indicative ▸ **5** (Lev. 26,8; Lev. 26,8; Lev. 26,17; Sol. 15,10; Amos 6,12)
  διώξονταί ▸ 1

Verb • third • plural • future • middle • indicative ▸ **1** (Dan. 4,32)
διώξουσιν ▸ **1** + **3** = **4**
   Verb • third • plural • future • active • indicative ▸ **1** + **3** = **4** (Wis. 19,2; Luke 11,49; Luke 21,12; John 15,20)
διώξω ▸ **1**
   Verb • first • singular • future • active • indicative ▸ **1** (2Sam. 22,38)
διώξωσιν ▸ **1**
   Verb • third • plural • aorist • active • subjunctive ▸ **1** (Matt. 5,11)
διωχθεῖσα ▸ **2**
   Verb • aorist • passive • participle • feminine • singular • nominative ▸ **2** (Wis. 2,4; Wis. 5,14)
διωχθέντες ▸ **1**
   Verb • aorist • passive • participle • masculine • plural • nominative ▸ **1** (Wis. 11,20)
διωχθήσονται ▸ **1**
   Verb • third • plural • future • passive • indicative ▸ **1** (2Tim. 3,12)
ἐδίωκε ▸ **1**
   Verb • third • singular • imperfect • active • indicative ▸ **1** (1Mac. 15,39)
ἐδίωκεν ▸ **2** + **1** = **3**
   Verb • third • singular • imperfect • active • indicative ▸ **2** + **1** = **3** (1Mac. 4,9; 1Mac. 9,15; Gal. 4,29)
ἐδίωκον ▸ **3** + **3** = **6**
   Verb • first • singular • imperfect • active • indicative ▸ **2** (Acts 26,11; Gal. 1,13)
   Verb • third • plural • imperfect • active • indicative ▸ **3** + **1** = **4** (1Mac. 3,24; 1Mac. 11,73; Wis. 19,3; John 5,16)
ἐδίωξα ▸ **2**
   Verb • first • singular • aorist • active • indicative ▸ **2** (Acts 22,4; 1Cor. 15,9)
ἐδίωξαν ▸ **3** + **2** + **3** = **8**
   Verb • third • plural • aorist • active • indicative ▸ **3** + **2** + **3** = **8** (1Mac. 2,47; 1Mac. 4,15; Jer. 20,11; Judg. 7,23; Judg. 20,43; Matt. 5,12; John 15,20; Acts 7,52)
ἐδίωξάν ▸ **1**
   Verb • third • plural • aorist • active • indicative ▸ **1** (Deut. 30,7)
ἐδίωξε ▸ **1**
   Verb • third • singular • aorist • active • indicative ▸ **1** (2Kings 5,21)
ἐδίωξεν ▸ **13** + **2** + **1** = **16**
   Verb • third • singular • aorist • active • indicative ▸ **13** + **2** + **1** = **16** (Gen. 14,15; Gen. 31,23; Josh. 23,10; Judg. 8,12; 2Sam. 20,10; 2Sam. 21,5; 2Kings 9,27; 2Kings 25,5; 1Mac. 3,5; 1Mac. 5,22; 1Mac. 10,49; 1Mac. 15,11; Hos. 12,2; Judg. 8,12; Judg. 9,40; Rev. 12,13)
ἐδιώχθημεν ▸ **1**
   Verb • first • plural • aorist • passive • indicative ▸ **1** (Lam. 5,5)
ἐδιώχθησαν ▸ **1**
   Verb • third • plural • aorist • passive • indicative ▸ **1** (1Mac. 5,60)
διώροφος (δύο; ὄροφος) two-floored ▸ **1**
διώροφα ▸ **1**
   Adjective • neuter • plural • accusative ▸ **1** (Gen. 6,16)
διῶρυξ (διά; ὀρύσσω) brook, channel ▸ **8**
διώρυγας ▸ **3**
   Noun • feminine • plural • accusative • (common) ▸ **3** (Ex. 7,19; Ex. 8,1; Jer. 38,9)
διώρυγες ▸ **2**
   Noun • feminine • plural • nominative • (common) ▸ **2** (Is. 19,6; Is. 33,21)
διώρυγος ▸ **1**
   Noun • feminine • singular • genitive • (common) ▸ **1** (Is. 27,12)
διῶρυξ ▸ **2**
   Noun • feminine • singular • nominative • (common) ▸ **2** (Sir. 24,30; Sir. 24,31)
διωστήρ (διά; ὠστίζομαι) staff, pole ▸ **5**
διωστῆρας ▸ **3**
   Noun • masculine • plural • accusative • (common) ▸ **3** (Ex. 38,11; Ex. 39,14; Ex. 40,20)
διωστῆρσιν ▸ **2**
   Noun • masculine • plural • dative • (common) ▸ **2** (Ex. 38,4; Ex. 38,10)
δόγμα (δοκέω) opinion, judgment, decree; dogma, doctrine ▸ **6** + **12** + **5** = **23**
δόγμα ▸ **1** + **10** + **1** = **12**
   Noun • neuter • singular • accusative • (common) ▸ **1** + **3** = **4** (4Mac. 4,23; Dan. 3,10; Dan. 3,96; Dan. 6,10)
   Noun • neuter • singular • nominative • (common) ▸ **7** + **1** = **8** (Dan. 2,13; Dan. 4,6; Dan. 6,9; Dan. 6,11; Dan. 6,13; Dan. 6,16; Dan. 6,27; Luke 2,1)
δόγμασιν ▸ **2** + **2** = **4**
   Noun • neuter • plural • dative • (common) ▸ **2** + **2** = **4** (4Mac. 10,2; Dan. 6,13a; Eph. 2,15; Col. 2,14)
δόγματα ▸ **1** + **1** = **2**
   Noun • neuter • plural • accusative ▸ **1** (Acts 16,4)
   Noun • neuter • plural • nominative • (common) ▸ **1** (4Mac. 4,26)
δόγματί ▸ **2**
   Noun • neuter • singular • dative • (common) ▸ **2** (Dan. 3,12; Dan. 6,14)
δογμάτων ▸ **2** + **1** = **3**
   Noun • neuter • plural • genitive • (common) ▸ **2** + **1** = **3** (3Mac. 1,3; 4Mac. 4,24; Acts 17,7)
δογματίζω (δοκέω) to ordain; to teach; to obey regulations ▸ **7** + **1** = **8**
δεδογμάτικα ▸ **1**
   Verb • first • singular • perfect • active • indicative ▸ **1** (1Esdr. 6,33)
δεδογματισμένον ▸ **1**
   Verb • perfect • passive • participle • neuter • singular • nominative ▸ **1** (3Mac. 4,11)
δογματίζεσθε ▸ **1**
   Verb • second • plural • present • passive • indicative • (variant) ▸ **1** (Col. 2,20)
δογματίζεται ▸ **1**
   Verb • third • singular • present • passive • indicative ▸ **1** (Dan. 2,15)
δογματισάτω ▸ **1**
   Verb • third • singular • aorist • active • imperative ▸ **1** (Esth. 3,9)
ἐδογμάτισαν ▸ **2**
   Verb • third • plural • aorist • active • indicative ▸ **2** (2Mac. 10,8; 2Mac. 15,36)
ἐδογματίσθη ▸ **1**
   Verb • third • singular • aorist • passive • indicative ▸ **1** (Dan. 2,13)
δοκέω to think, suppose, seem ▸ **55** + **7** + **62** = **124**
δεδογμένα ▸ **1**
   Verb • perfect • passive • participle • neuter • plural • accusative ▸ **1** (3Mac. 5,40)
δέδοκται ▸ **1**
   Verb • third • singular • perfect • passive • indicative ▸ **1** (1Esdr. 8,11)
δόκει ▸ **1**
   Verb • second • singular • present • active • imperative ▸ **1** (2Mac.

δοκιμάζω

7,16)
- **δοκεῖ** ▸ 10 + 2 + 20 = 32
  - **Verb** · third · singular · present · active · indicative ▸ 10 + 2 + 20 = 32 (Josh. 9,25; Esth. 1,19; Esth. 3,9; Esth. 5,4; Esth. 8,5; Esth. 8,8; Tob. 3,15; 4Mac. 11,16; Prov. 14,12; Prov. 28,24; Tob. 3,15; Bel 6; Matt. 17,25; Matt. 18,12; Matt. 21,28; Matt. 22,17; Matt. 22,42; Matt. 26,66; Luke 8,18; Luke 10,36; Luke 22,24; John 11,56; Acts 17,18; Acts 25,27; 1Cor. 3,18; 1Cor. 8,2; 1Cor. 11,16; 1Cor. 14,37; Gal. 6,3; Phil. 3,4; Heb. 12,11; James 1,26)
- **δοκεῖν** ▸ 1 + 1 = 2
  - **Verb** · present · active · infinitive ▸ 1 + 1 = 2 (3Mac. 1,29; Luke 19,11)
- **δοκεῖς** ▸ 3 + 1 = 4
  - **Verb** · second · singular · present · active · indicative ▸ 3 + 1 = 4 (4Mac. 5,7; 4Mac. 5,10; 4Mac. 9,30; Matt. 26,53)
- **δοκεῖτε** ▸ 10
  - **Verb** · second · plural · present · active · indicative ▸ 9 (Matt. 24,44; Luke 12,40; Luke 12,51; Luke 13,2; Luke 13,4; John 5,39; 2Cor. 12,19; Heb. 10,29; James 4,5)
  - **Verb** · second · plural · present · active · imperative ▸ 1 (John 5,45)
- **δοκῇ** ▸ 3 + 1 = 4
  - **Verb** · third · singular · present · active · subjunctive ▸ 3 + 1 = 4 (Job 15,21; Job 20,7; Job 20,22; Heb. 4,1)
- **δοκοῦμεν** ▸ 1
  - **Verb** · first · plural · present · active · indicative ▸ 1 (1Cor. 12,23)
- **δοκοῦν** ▸ 1
  - **Verb** · present · active · participle · neuter · singular · accusative ▸ 1 (Heb. 12,10)
- **δοκοῦντα** ▸ 2 + 1 = 3
  - **Verb** · present · active · participle · masculine · singular · accusative ▸ 2 + 1 = 3 (2Mac. 9,10; 4Mac. 13,14; 1Cor. 12,22)
- **δοκοῦντες** ▸ 2 + 3 = 5
  - **Verb** · present · active · participle · masculine · plural · nominative ▸ 2 + 3 = 5 (2Mac. 14,14; 3Mac. 5,6; Mark 10,42; Gal. 2,6; Gal. 2,9)
- **δοκούντων** ▸ 1
  - **Verb** · present · active · participle · masculine · plural · genitive ▸ 1 (Gal. 2,6)
- **δοκοῦσα** ▸ 1 + 1 = 2
  - **Verb** · present · active · participle · feminine · singular · nominative ▸ 1 + 1 = 2 (2Mac. 1,13; John 20,15)
- **δοκοῦσαι** ▸ 1
  - **Verb** · present · active · participle · feminine · plural · nominative ▸ 1 (Prov. 16,25)
- **δοκοῦσιν** ▸ 1 + 2 = 3
  - **Verb** · present · active · participle · masculine · plural · dative ▸ 1 + 1 = 2 (3Mac. 5,22; Gal. 2,2)
  - **Verb** · third · plural · present · active · indicative ▸ 1 (Matt. 6,7)
- **δοκῶ** ▸ 1 + 2 = 3
  - **Verb** · first · singular · present · active · indicative ▸ 1 + 2 = 3 (2Mac. 2,29; 1Cor. 4,9; 1Cor. 7,40)
- **δοκῶμεν** ▸ 1
  - **Verb** · first · plural · present · active · subjunctive ▸ 1 (Sir. 1,19 Prol.)
- **δοκῶν** ▸ 3 + 1 = 4
  - **Verb** · present · active · participle · masculine · singular · nominative ▸ 3 + 1 = 4 (2Mac. 5,6; 2Mac. 9,8; 3Mac. 1,26; 1Cor. 10,12)
- **δόξαντα** ▸ 1
  - **Verb** · aorist · active · participle · masculine · singular · accusative ▸ 1 (Prov. 26,12)
- **δόξαντες** ▸ 2 + 2 = 4
  - **Verb** · aorist · active · participle · masculine · plural · nominative ▸ 2 + 2 = 4 (3Mac. 5,5; 3Mac. 5,49; John 11,31; Acts 27,13)
- **δόξει** ▸ 2
  - **Verb** · third · singular · future · active · indicative ▸ 2 (Prov. 17,28; Prov. 27,14)
- **δόξῃ** ▸ 3 + 4 + 2 = 9
  - **Verb** · third · singular · aorist · active · subjunctive ▸ 3 + 4 + 2 = 9 (Ex. 25,2; Prov. 2,10; Jer. 34,5; Dan. 4,17; Dan. 4,25; Dan. 4,32; Dan. 5,21; John 16,2; 2Cor. 11,16)
- **δόξητε** ▸ 1
  - **Verb** · second · plural · aorist · active · subjunctive ▸ 1 (Matt. 3,9)
- **δόξω** ▸ 1
  - **Verb** · first · singular · aorist · active · subjunctive ▸ 1 (2Cor. 10,9)
- **ἐδόκει** ▸ 1
  - **Verb** · third · singular · imperfect · active · indicative ▸ 1 (Acts 12,9)
- **ἐδόκουν** ▸ 1 + 1 + 2 = 4
  - **Verb** · third · plural · imperfect · active · indicative ▸ 1 + 1 + 2 = 4 (Wis. 12,27; Sus. 5; Luke 24,37; John 13,29)
- **ἔδοξα** ▸ 1
  - **Verb** · first · singular · aorist · active · indicative ▸ 1 (Acts 26,9)
- **ἔδοξαν** ▸ 2 + 2 = 4
  - **Verb** · third · plural · aorist · active · indicative ▸ 2 + 2 = 4 (3Mac. 6,30; Wis. 3,2; Mark 6,49; John 11,13)
- **ἔδοξε** ▸ 1
  - **Verb** · third · singular · aorist · active · indicative ▸ 1 (Dan. 4,37c)
- **ἔδοξεν** ▸ 11 + 4 = 15
  - **Verb** · third · singular · aorist · active · indicative ▸ 11 + 4 = 15 (Gen. 19,14; Gen. 38,15; Ex. 35,21; Ex. 35,22; Ex. 35,26; 1Mac. 8,26; 1Mac. 8,28; 1Mac. 15,20; 2Mac. 1,20; 2Mac. 14,40; Job 1,21; Luke 1,3; Acts 15,22; Acts 15,25; Acts 15,28)
- **δοκιμάζω** (δέχομαι) to prove, approve, test ▸ 36 + 22 = 58
  - **δεδοκίμακας** ▸ 1
    - **Verb** · second · singular · perfect · active · indicative ▸ 1 (Jer. 12,3)
  - **δεδοκιμάσμεθα** ▸ 1
    - **Verb** · first · plural · perfect · passive · indicative · (variant) ▸ 1 (1Th. 2,4)
  - **δεδοκιμασμένοις** ▸ 1
    - **Verb** · perfect · passive · participle · masculine · plural · dative ▸ 1 (Jer. 6,27)
  - **δεδοκιμασμένον** ▸ 1
    - **Verb** · perfect · passive · participle · neuter · singular · accusative ▸ 1 (Prov. 8,10)
  - **δεδοκιμασμένος** ▸ 1
    - **Verb** · perfect · passive · participle · masculine · singular · nominative ▸ 1 (Sir. 42,8)
  - **δεδοκιμασμένους** ▸ 1
    - **Verb** · perfect · passive · participle · masculine · plural · accusative ▸ 1 (Psa. 67,31)
  - **δεδοκιμασμένων** ▸ 1
    - **Verb** · perfect · passive · participle · masculine · plural · genitive ▸ 1 (2Mac. 4,3)
  - **δοκιμάζει** ▸ 3 + 1 = 4
    - **Verb** · third · singular · present · active · indicative ▸ 3 + 1 = 4 (Job 34,3; Sir. 27,5; Sir. 31,26; Rom. 14,22)
  - **δοκιμάζειν** ▸ 4

Verb · present · active · infinitive ▸ **4** (Luke 12,56; Luke 12,56; Rom. 12,2; Phil. 1,10)
δοκιμάζεις ▸ 1
Verb · second · singular · present · active · indicative ▸ **1** (Rom. 2,18)
δοκιμαζέσθωσαν ▸ 1
Verb · third · plural · present · passive · imperative · (variant) ▸ **1** (1Tim. 3,10)
δοκιμάζεται ▸ 4
Verb · third · singular · present · passive · indicative ▸ **4** (Prov. 17,3; Prov. 27,21; Sir. 2,5; Zech. 13,9)
δοκιμάζετε ▸ 3
Verb · second · plural · present · active · imperative ▸ **3** (2Cor. 13,5; 1Th. 5,21; 1John 4,1)
δοκιμαζέτω ▸ 2
Verb · third · singular · present · active · imperative ▸ **2** (1Cor. 11,28; Gal. 6,4)
δοκιμαζομένη ▸ 1
Verb · present · passive · participle · feminine · singular · nominative ▸ **1** (Wis. 1,3)
δοκιμαζομένου ▸ 1
Verb · present · passive · participle · neuter · singular · genitive · (variant) ▸ **1** (1Pet. 1,7)
δοκιμάζοντες ▸ 1
Verb · present · active · participle · masculine · plural · nominative ▸ **1** (Eph. 5,10)
δοκιμάζοντι ▸ 1
Verb · present · active · participle · masculine · singular · dative ▸ **1** (1Th. 2,4)
δοκιμάζουσα ▸ 1
Verb · present · active · participle · feminine · singular · nominative ▸ **1** (4Mac. 17,12)
δοκιμάζων ▸ 3 + 1 = 4
Verb · present · active · participle · masculine · singular · nominative ▸ 3 + 1 = **4** (Jer. 11,20; Jer. 17,10; Jer. 20,12; 2Cor. 8,8)
δοκιμάσαι ▸ 1 + 1 = 2
Verb · aorist · active · infinitive ▸ 1 + 1 = **2** (Jer. 6,27; Luke 14,19)
δοκιμάσας ▸ 2
Verb · aorist · active · participle · masculine · singular · nominative ▸ **2** (2Mac. 1,34; 3Mac. 2,6)
δοκιμάσει ▸ 1
Verb · third · singular · future · active · indicative ▸ **1** (1Cor. 3,13)
δοκιμάσητε ▸ 1
Verb · second · plural · aorist · active · subjunctive ▸ **1** (1Cor. 16,3)
δοκιμασόν ▸ 2
Verb · second · singular · aorist · active · imperative ▸ **2** (Psa. 25,2; Psa. 138,23)
δοκιμάσωμεν ▸ 1
Verb · first · plural · aorist · active · subjunctive ▸ **1** (Wis. 2,19)
δοκιμῶ ▸ 3
Verb · first · singular · future · active · indicative ▸ **3** (Judg. 7,4; Zech. 13,9; Jer. 9,6)
ἐδοκίμασά ▸ 1
Verb · first · singular · aorist · active · indicative ▸ **1** (Psa. 80,8)
ἐδοκιμάσαμεν ▸ 1
Verb · first · plural · aorist · active · indicative ▸ **1** (2Cor. 8,22)
ἐδοκίμασαν ▸ 1 + 1 = 2
Verb · third · plural · aorist · active · indicative ▸ 1 + 1 = **2** (Psa. 94,9; Rom. 1,28)
ἐδοκίμασας ▸ 3
Verb · second · singular · aorist · active · indicative ▸ **3** (Psa. 16,3; Psa. 65,10; Wis. 11,10)
ἐδοκίμασάς ▸ 1
Verb · second · singular · aorist · active · indicative ▸ **1** (Psa. 138,1)
ἐδοκίμασεν ▸ 1
Verb · third · singular · aorist · active · indicative ▸ **1** (Wis. 3,6)
ἐδοκιμάσθη ▸ 1
Verb · third · singular · aorist · passive · indicative ▸ **1** (Sir. 31,10)
ἐδοκιμάσθην ▸ 1
Verb · first · singular · aorist · passive · indicative ▸ **1** (Zech. 11,13)

δοκιμασία (δέχομαι) test ▸ 2 + 1 = 3
δοκιμασία ▸ 1
Noun · feminine · singular · nominative · (common) ▸ **1** (Sol. 16,14)
δοκιμασίᾳ ▸ 1
Noun · feminine · singular · dative ▸ **1** (Heb. 3,9)
δοκιμασίας ▸ 1
Noun · feminine · singular · genitive · (common) ▸ **1** (Sir. 6,21)

δοκιμαστός tested, approved ▸ 1
δοκιμαστήν ▸ 1
Adjective · masculine · singular · accusative · comparative ▸ **1** (Jer. 6,27)

δοκιμή (δέχομαι) character, proof ▸ 7
δοκιμή ▸ 1
Noun · feminine · singular · nominative ▸ **1** (Rom. 5,4)
δοκιμῇ ▸ 1
Noun · feminine · singular · dative ▸ **1** (2Cor. 8,2)
δοκιμήν ▸ 1
Noun · feminine · singular · accusative ▸ **1** (Rom. 5,4)
δοκιμήν ▸ 3
Noun · feminine · singular · accusative ▸ **3** (2Cor. 2,9; 2Cor. 13,3; Phil. 2,22)
δοκιμῆς ▸ 1
Noun · feminine · singular · genitive ▸ **1** (2Cor. 9,13)

δοκίμιον (δέχομαι) test, act of testing ▸ 2 + 2 = 4
δοκίμιον ▸ 2 + 2 = 4
Noun · neuter · singular · nominative · (common) ▸ 2 + 2 = **4** (Psa. 11,7; Prov. 27,21; James 1,3; 1Pet. 1,7)

δόκιμος (δέχομαι) approved; excellent, pure ▸ 6 + 7 = 13
δόκιμοι ▸ 2
Adjective · masculine · plural · nominative ▸ **2** (1Cor. 11,19; 2Cor. 13,7)
δόκιμον ▸ 2
Adjective · masculine · singular · accusative ▸ **2** (Rom. 16,10; 2Tim. 2,15)
δόκιμόν ▸ 1
Adjective · neuter · singular · nominative · noDegree ▸ **1** (Zech. 11,13)
δόκιμος ▸ 3
Adjective · masculine · singular · nominative ▸ **3** (Rom. 14,18; 2Cor. 10,18; James 1,12)
δοκίμου ▸ 3
Adjective · neuter · singular · genitive · noDegree ▸ **3** (Gen. 23,16; 1Chr. 28,18; 1Chr. 29,4)
δοκίμῳ ▸ 2
Adjective · neuter · singular · dative · noDegree ▸ **2** (1Kings 10,18; 2Chr. 9,17)

δοκός (δέχομαι) log, beam ▸ 10 + 6 = 16
- δοκοί ▸ 2
  - **Noun** · feminine · plural · nominative · (common) ▸ **1** (Song 1,17)
  - **Noun** · masculine · plural · nominative · (common) ▸ **1** (LetterJ 54)
- δοκόν ▸ 1 + 1 = 2
  - **Noun** · feminine · singular · accusative · (common) ▸ **1 + 1 = 2** (2Kings 6,5; Matt. 7,5)
- δοκὸν ▸ 1 + 4 = 5
  - **Noun** · feminine · singular · accusative · (common) ▸ **1 + 4 = 5** (2Kings 6,2; Matt. 7,3; Luke 6,41; Luke 6,42; Luke 6,42)
- δοκὸς ▸ 1 + 1 = 2
  - **Noun** · feminine · singular · nominative · (common) ▸ **1 + 1 = 2** (LetterJ 19; Matt. 7,4)
- δοκοὺς ▸ 1
  - **Noun** · feminine · plural · accusative · (common) ▸ **1** (2Chr. 34,11)
- δοκῶν ▸ 4
  - **Noun** · feminine · plural · genitive · (common) ▸ **4** (Gen. 19,8; 1Kings 6,15; 1Kings 6,16; Sir. 29,22)

δόκωσις (δέχομαι) roofing ▸ 1
- δόκωσις ▸ 1
  - **Noun** · feminine · singular · nominative · (common) ▸ **1** (Eccl. 10,18)

δόλιος (δόλος) deceitful ▸ 27 + 1 = 28
- δόλια ▸ 5
  - **Adjective** · neuter · plural · accusative · noDegree ▸ **2** (Psa. 11,4; Sol. 12,1)
  - **Adjective** · neuter · plural · nominative · noDegree ▸ **3** (Psa. 11,3; Psa. 30,19; Jer. 9,7)
- δολία ▸ 2
  - **Adjective** · feminine · singular · nominative · noDegree ▸ **2** (Sir. 27,25; Zeph. 3,13)
- δολίᾳ ▸ 1
  - **Adjective** · feminine · singular · dative · noDegree ▸ **1** (Psa. 108,2)
- δόλιαι ▸ 1
  - **Adjective** · feminine · plural · nominative · noDegree ▸ **1** (Prov. 13,9a)
- δολίαν ▸ 2
  - **Adjective** · feminine · singular · accusative · noDegree ▸ **2** (Psa. 51,6; Psa. 119,3)
- δολίας ▸ 2
  - **Adjective** · feminine · singular · genitive · noDegree ▸ **2** (Psa. 119,2; Sir. 22,22)
- δόλιοι ▸ 3 + 1 = 4
  - **Adjective** · masculine · plural · nominative · noDegree ▸ **3 + 1 = 4** (Prov. 11,1; Prov. 12,6; Prov. 12,24; 2Cor. 11,13)
- δολίοις ▸ 1
  - **Adjective** · neuter · plural · dative · noDegree ▸ **1** (Psa. 16,1)
- δόλιον ▸ 1
  - **Adjective** · masculine · singular · accusative · noDegree ▸ **1** (Psa. 5,7)
- δόλιος ▸ 4
  - **Adjective** · masculine · singular · nominative · noDegree ▸ **4** (Prov. 12,17; Prov. 12,27; Prov. 14,25; Prov. 20,23)
- δολίου ▸ 3
  - **Adjective** · masculine · singular · genitive · noDegree ▸ **3** (Psa. 42,1; Psa. 108,2; Sir. 11,29)
- δολίῳ ▸ 1
  - **Adjective** · masculine · singular · dative · noDegree ▸ **1** (Prov. 13,13a)
- δολίων ▸ 1
  - **Adjective** · masculine · plural · genitive · noDegree ▸ **1** (Sol. 4,23)

δολιότης (δόλος) deceit ▸ 6
- δολιότητα ▸ 1
  - **Noun** · feminine · singular · accusative · (common) ▸ **1** (Psa. 49,19)
- δολιότητας ▸ 2
  - **Noun** · feminine · plural · accusative · (common) ▸ **2** (Psa. 37,13; Psa. 72,18)
- δολιότητι ▸ 2
  - **Noun** · feminine · singular · dative · (common) ▸ **2** (Num. 25,18; Sir. 37,3)
- δολιότητος ▸ 1
  - **Noun** · feminine · singular · genitive · (common) ▸ **1** (Psa. 54,24)

δολιόω (δόλος) to deceive ▸ 4 + 1 = 5
- δολιοῦσθαι ▸ 1
  - **Verb** · present · middle · infinitive ▸ **1** (Psa. 104,25)
- δολιοῦσιν ▸ 1
  - **Verb** · third · plural · present · active · indicative ▸ **1** (Num. 25,18)
- ἐδολιοῦσαν ▸ 2 + 1 = 3
  - **Verb** · third · plural · imperfect · active · indicative ▸ **2 + 1 = 3** (Psa. 5,10; Psa. 13,3; Rom. 3,13)

δολίως (δόλος) deceitfully ▸ 1
- δολίως ▸ 1
  - **Adverb** ▸ **1** (Jer. 9,3)

δόλος deceit ▸ 54 + 5 + 11 = 70
- δόλον ▸ 8 + 1 + 2 = 11
  - **Noun** · masculine · singular · accusative · (common) ▸ **8 + 1 + 2 = 11** (Psa. 33,14; Psa. 51,4; Prov. 26,26; Job 13,7; Job 15,35; Job 31,5; Wis. 1,5; Bel 19; Dan. 11,23; 1Pet. 2,1; 1Pet. 3,10)
- Δόλος ▸ 1
  - **Noun** · masculine · singular · nominative · (common) ▸ **1** (2Kings 9,23)
- δόλος ▸ 10 + 3 + 3 = 16
  - **Noun** · masculine · singular · nominative · (common) ▸ **10 + 3 + 3 = 16** (Psa. 31,2; Psa. 35,4; Psa. 54,12; Prov. 12,20; Job 13,16; Wis. 4,11; Wis. 14,25; Is. 53,9; Jer. 9,5; Bel 18; Tob. 14,9; Dan. 8,25; Bel 18; Mark 7,22; John 1,47; 1Pet. 2,22)
- δόλου ▸ 17 + 2 = 19
  - **Noun** · masculine · singular · genitive · (common) ▸ **17 + 2 = 19** (Gen. 27,35; Gen. 34,13; 1Mac. 7,10; 1Mac. 7,27; 1Mac. 7,30; 1Mac. 8,28; 1Mac. 16,15; Psa. 9,28; Prov. 10,10; Prov. 16,28; Prov. 26,23; Sir. 1,30; Sir. 19,26; Sol. 4,8; Mic. 6,11; Zeph. 1,9; Jer. 5,27; Acts 13,10; Rom. 1,29)
- δόλους ▸ 3
  - **Noun** · masculine · plural · accusative · (common) ▸ **3** (Psa. 34,20; Prov. 12,5; Prov. 26,24)
- δόλῳ ▸ 15 + 1 + 4 = 20
  - **Noun** · masculine · singular · dative · (common) ▸ **15 + 1 + 4 = 20** (Ex. 21,14; Lev. 19,16; Deut. 27,24; 1Mac. 1,30; 1Mac. 11,1; 1Mac. 13,17; 1Mac. 13,31; 1Mac. 16,13; 2Mac. 4,34; Psa. 23,4; Wis. 14,30; Is. 9,4; Jer. 9,5; Ezek. 35,5; Dan. 8,25; Dan. 8,25; Matt. 26,4; Mark 14,1; 2Cor. 12,16; 1Th. 2,3)

δολόω (δόλος) to distort, deceive ▸ 2 + 1 = 3
- δολοῦντες ▸ 1
  - **Verb** · present · active · participle · masculine · plural · nominative ▸ **1** (2Cor. 4,2)
- ἐδόλωσεν ▸ 2
  - **Verb** · third · singular · aorist · active · indicative ▸ **2** (Psa. 14,3; Psa. 35,3)

δόμα (δίδωμι) gift; dwelling ▸ 55 + 3 + 4 = 62
  δόμα ▸ 21 + 1 = 22
    Noun · neuter · singular · accusative · (common) ▸ 17 + 1 = **18** (Gen. 47,22; Lev. 7,30; Num. 3,9; Num. 18,6; Num. 18,7; Num. 27,7; Deut. 23,24; 2Sam. 19,43; 1Kings 13,7; 1Mac. 10,39; Prov. 19,17; Eccl. 4,17; Sir. 18,17; Sir. 38,2; Ezek. 46,5; Ezek. 46,16; Ezek. 46,17; Phil. 4,17)
    Noun · neuter · singular · nominative · (common) ▸ **4** (Prov. 18,16; Eccl. 3,13; Eccl. 5,18; Sol. 5,14)
  δόμασιν ▸ 1
    Noun · neuter · plural · dative · (common) ▸ **1** (Ezek. 20,26)
  δόματα ▸ 20 + 2 + 3 = 25
    Noun · neuter · plural · accusative · (common) ▸ 20 + 2 + 3 = **25** (Gen. 25,6; Deut. 12,11; 2Chr. 2,9; 2Chr. 17,11; 2Chr. 21,3; 2Chr. 32,23; Esth. 12,5 # 1,1q; Judith 4,14; Judith 16,18; 1Mac. 3,30; 1Mac. 10,28; 1Mac. 10,54; 1Mac. 10,60; 1Mac. 12,43; 1Mac. 15,5; 1Mac. 16,19; Psa. 67,19; Hos. 9,1; Mal. 1,3; Dan. 2,6; Dan. 2,6; Dan. 2,48; Matt. 7,11; Luke 11,13; Eph. 4,8)
  δόματά ▸ 1 + 1 = 2
    Noun · neuter · plural · accusative · (common) ▸ **1** (Num. 28,2)
    Noun · neuter · plural · nominative · (common) ▸ **1** (Dan. 5,17)
  δόματι ▸ 3
    Noun · neuter · singular · dative · (common) ▸ **3** (1Sam. 18,25; Sol. 5,14; Hos. 10,6)
  δόματος ▸ 3
    Noun · neuter · singular · genitive · (common) ▸ **3** (Ex. 28,38; Sir. 7,33; Sol. 18,1)
  δομάτων ▸ 6
    Noun · neuter · plural · genitive · (common) ▸ **6** (Lev. 23,38; Num. 18,11; Num. 18,29; 2Chr. 31,14; 1Mac. 10,24; Ezek. 20,31)

δόμος (δίδωμι) house; layer ▸ 4
  δόμοι ▸ 1
    Noun · masculine · plural · nominative · (common) ▸ **1** (Ezra 6,4)
  δόμος ▸ 1
    Noun · masculine · singular · nominative · (common) ▸ **1** (Ezra 6,4)
  δόμου ▸ 1
    Noun · masculine · singular · genitive · (common) ▸ **1** (1Esdr. 6,24)
  δόμων ▸ 1
    Noun · masculine · plural · genitive · (common) ▸ **1** (1Esdr. 6,24)

δόξα (δοκέω) opinion; glory ▸ 438 + 13 + 166 = 617
  Δόξα ▸ 2
    Noun · feminine · singular · nominative · (common) ▸ **2** (Ode. 14,1; Prov. 25,2)
  δόξα ▸ 109 + 1 + 36 = 146
    Noun · feminine · singular · nominative · (common) ▸ 109 + 1 + 36 = **146** (Ex. 16,10; Ex. 24,16; Ex. 33,22; Lev. 9,6; Lev. 9,23; Num. 14,10; Num. 14,21; Num. 16,19; Num. 17,7; Num. 20,6; Num. 23,22; Num. 24,8; 1Sam. 4,22; 1Kings 8,11; 1Chr. 16,27; 1Chr. 29,12; 2Chr. 5,14; 2Chr. 7,1; 2Chr. 7,2; 2Chr. 7,3; 2Chr. 17,5; 2Chr. 18,1; 2Chr. 32,27; 1Esdr. 4,59; 1Esdr. 5,58; 1Mac. 2,12; 1Mac. 2,62; 1Mac. 14,4; 2Mac. 2,8; 4Mac. 18,24; Psa. 3,4; Psa. 20,6; Psa. 29,13; Psa. 44,14; Psa. 48,17; Psa. 48,18; Psa. 56,6; Psa. 56,9; Psa. 56,12; Psa. 61,8; Psa. 103,31; Psa. 107,6; Psa. 111,3; Psa. 112,4; Psa. 137,5; Psa. 149,9; Ode. 12,15; Prov. 3,16; Prov. 8,18; Prov. 14,28; Prov. 18,11; Prov. 20,3; Prov. 20,29; Prov. 22,4; Prov. 25,2; Prov. 26,11a; Prov. 28,12; Job 29,20; Job 37,22; Sir. 1,11; Sir. 3,10; Sir. 3,11; Sir. 4,21; Sir. 5,13; Sir. 35,12; Sir. 43,9; Sir. 44,13; Sol. 1,4; Sol. 5,19; Mic. 1,15; Hag. 2,9; Mal. 1,6; Is. 3,8; Is. 12,2; Is. 14,11; Is. 16,14; Is. 20,5; Is. 21,16; Is. 22,25; Is. 24,15; Is. 35,2; Is. 40,5; Is. 40,6; Is. 45,24; Is. 52,14; Is. 53,2; Is. 58,8; Is. 60,1; Is. 60,2; Is. 60,13; Is. 60,19; Is. 64,10; Bar. 5,4; Lam. 2,11; Ezek. 3,12; Ezek. 3,23; Ezek. 3,23; Ezek. 8,4; Ezek. 9,3; Ezek. 10,4; Ezek. 10,18; Ezek. 10,19; Ezek. 11,22; Ezek. 11,23; Ezek. 43,2; Ezek. 43,4; Dan. 4,36; Dan. 7,14; Dan. 11,21; Dan. 10,8; Luke 2,9; Luke 2,14; Luke 14,10; Luke 19,38; John 8,54; Rom. 2,10; Rom. 9,4; Rom. 11,36; Rom. 16,27; 1Cor. 11,7; 1Cor. 11,7; 1Cor. 11,15; 1Cor. 15,40; 1Cor. 15,41; 1Cor. 15,41; 1Cor. 15,41; 2Cor. 3,9; 2Cor. 8,23; Gal. 1,5; Eph. 3,13; Eph. 3,21; Phil. 3,19; Phil. 4,20; 1Th. 2,20; 1Tim. 1,17; 2Tim. 4,18; Heb. 13,21; 1Pet. 1,24; 1Pet. 4,11; 2Pet. 3,18; Jude 25; Rev. 1,6; Rev. 5,13; Rev. 7,12; Rev. 19,1; Rev. 21,23)
  δόξαι ▸ 2
    Noun · feminine · plural · nominative · (common) ▸ **2** (Wis. 18,24; Hos. 9,11)
  δόξαις ▸ 2
    Noun · feminine · plural · dative · (common) ▸ **2** (Ex. 15,11; Ode. 1,11)
  δόξαν ▸ 156 + 6 + 57 = 219
    Noun · feminine · singular · accusative · (common) ▸ 156 + 6 + 57 = **219** (Gen. 31,1; Gen. 31,16; Gen. 45,13; Ex. 16,7; Ex. 28,2; Ex. 28,40; Ex. 33,18; Num. 12,8; Num. 14,22; Deut. 5,24; Josh. 7,19; 1Sam. 6,5; 1Kings 3,13; 1Chr. 16,28; 1Chr. 16,29; 1Chr. 22,5; 1Chr. 29,25; 2Chr. 1,11; 2Chr. 1,12; 2Chr. 2,5; 2Chr. 3,6; 2Chr. 26,18; 2Chr. 30,8; 2Chr. 32,33; 1Esdr. 4,17; 1Esdr. 8,4; 1Esdr. 9,8; Esth. 1,4; Esth. 13,14 # 4,17e; Esth. 14,8 # 4,17o; Esth. 14,15 # 4,17u; Esth. 15,1; Esth. 5,11; Esth. 6,3; Esth. 10,2; Tob. 13,16; 1Mac. 1,40; 1Mac. 2,51; 1Mac. 3,3; 1Mac. 10,64; 1Mac. 14,35; 1Mac. 15,9; 1Mac. 15,32; 1Mac. 15,36; 2Mac. 3,26; 2Mac. 5,16; 2Mac. 6,11; 2Mac. 14,7; 2Mac. 15,2; 3Mac. 2,9; 3Mac. 2,16; 4Mac. 1,12; 4Mac. 5,18; 4Mac. 6,18; 4Mac. 7,9; Psa. 7,6; Psa. 16,15; Psa. 18,2; Psa. 20,6; Psa. 28,1; Psa. 28,2; Psa. 28,9; Psa. 62,3; Psa. 65,2; Psa. 67,35; Psa. 70,8; Psa. 83,12; Psa. 84,10; Psa. 95,3; Psa. 95,7; Psa. 95,8; Psa. 96,6; Psa. 101,5; Psa. 105,20; Psa. 113,9; Psa. 144,11; Psa. 144,12; Ode. 5,10; Ode. 7,43; Ode. 13,32; Ode. 14,9; Ode. 14,28; Prov. 3,35; Prov. 11,16; Prov. 21,21; Prov. 26,8; Eccl. 6,2; Eccl. 10,1; Job 19,9; Job 39,20; Job 40,10; Wis. 8,10; Wis. 10,14; Wis. 15,9; Sir. 1,19; Sir. 4,13; Sir. 8,14; Sir. 9,11; Sir. 10,5; Sir. 17,13; Sir. 40,27; Sir. 42,25; Sir. 44,2; Sir. 45,20; Sir. 45,23; Sir. 45,26; Sir. 49,5; Sir. 49,12; Sir. 51,17; Sol. 2,31; Sol. 17,31; Sol. 17,31; Hos. 4,7; Hos. 10,5; Hab. 2,14; Hab. 2,16; Zech. 2,9; Mal. 2,2; Is. 3,18; Is. 8,7; Is. 10,3; Is. 10,16; Is. 11,3; Is. 22,22; Is. 26,10; Is. 30,18; Is. 30,30; Is. 35,2; Is. 42,8; Is. 42,12; Is. 48,11; Is. 52,1; Is. 60,21; Is. 61,3; Is. 61,3; Is. 62,2; Is. 66,12; Is. 66,18; Is. 66,19; Is. 66,19; Jer. 2,11; Jer. 13,11; Jer. 13,16; Bar. 2,17; Bar. 2,18; Bar. 4,3; Ezek. 27,7; Ezek. 27,10; Ezek. 39,21; Dan. 2,37; Dan. 3,43; Dan. 4,31; Dan. 4,34; Dan. 11,20; Dan. 11,39; Dan. 12,13; Tob. 13,17; Dan. 3,43; Dan. 5,18; Dan. 11,20; Dan. 11,21; Dan. 11,39; Matt. 4,8; Luke 2,32; Luke 4,6; Luke 9,32; Luke 17,18; Luke 24,26; John 1,14; John 1,14; John 2,11; John 5,44; John 5,44; John 7,18; John 7,18; John 8,50; John 9,24; John 11,40; John 12,41; John 12,43; John 12,43; John 17,22; John 17,24; Acts 7,55; Acts 12,23; Rom. 1,23; Rom. 2,7; Rom. 3,7; Rom. 4,20; Rom. 8,18; Rom. 9,23; Rom. 15,7; 1Cor. 2,7; 1Cor. 10,31; 2Cor. 1,20; 2Cor. 3,7; 2Cor. 3,18; 2Cor. 3,18; 2Cor. 4,15; 2Cor. 8,19; Phil. 1,11; Phil. 2,11; 1Th. 2,6; 1Th. 2,12; Heb. 2,10; 1Pet. 1,7; 1Pet. 1,21; 1Pet. 5,10; 2Pet. 1,17; Rev. 4,9; Rev. 4,11; Rev. 5,12; Rev. 11,13; Rev. 14,7; Rev. 16,9; Rev. 19,7; Rev. 21,11; Rev. 21,24; Rev. 21,26)
  Δόξαν ▸ 1
    Noun · feminine · singular · accusative ▸ **1** (John 5,41)
  δόξας ▸ 2 + 3 = 5
    Noun · feminine · plural · accusative · (common) ▸ 2 + 3 = **5**

δοξάζω

(1Mac. 14,9; 2Mac. 4,15; 1Pet. 1,11; 2Pet. 2,10; Jude 8)

δόξῃ ▸ 37 + 21 = 58
  Noun · feminine · singular · dative · (common) ▸ 37 + 21 = **58** (Ex. 29,43; Ex. 33,19; 1Chr. 29,28; 1Esdr. 6,9; Esth. 15,7 # 5,1d; 1Mac. 9,10; 1Mac. 10,58; 1Mac. 10,86; 1Mac. 11,42; 1Mac. 12,12; 1Mac. 14,29; 1Mac. 14,39; 1Mac. 15,9; 2Mac. 15,13; Psa. 8,6; Psa. 101,17; Psa. 107,2; Psa. 111,9; Psa. 149,5; Prov. 29,23; Wis. 9,11; Sir. 14,27; Sir. 33,23; Sir. 42,17; Sir. 44,19; Sir. 45,2; Sir. 47,20; Sir. 50,13; Sol. 17,6; Mic. 5,3; Hag. 2,3; Is. 4,5; Is. 24,14; Is. 43,7; Jer. 31,11; Bar. 4,37; Bar. 5,7; Matt. 6,29; Matt. 16,27; Matt. 25,31; Mark 8,38; Mark 10,37; Luke 9,26; Luke 9,31; Luke 12,27; John 17,5; 1Cor. 15,41; 1Cor. 15,43; 2Cor. 3,7; 2Cor. 3,8; 2Cor. 3,9; 2Cor. 3,11; Phil. 4,19; Col. 3,4; 1Tim. 3,16; Heb. 2,7; Heb. 2,9; 2Pet. 1,3)

δόξης ▸ 127 + 6 + 48 = 181
  Noun · feminine · singular · genitive · (common) ▸ 127 + 6 + 48 = **181** (Ex. 15,7; Ex. 24,17; Ex. 40,34; Ex. 40,35; Num. 24,11; Num. 27,20; 1Sam. 2,8; 2Chr. 5,13; 1Esdr. 1,31; Neh. 9,5; Esth. 13,14 # 4,17e; Esth. 14,1 # 4,17k; Esth. 15,13 # 5,2a; Judith 9,8; Tob. 3,16; Tob. 12,15; 1Mac. 2,9; 1Mac. 10,60; 1Mac. 11,6; 1Mac. 14,5; 1Mac. 14,10; 1Mac. 14,21; 2Mac. 5,20; 3Mac. 2,14; 3Mac. 6,28; 3Mac. 7,21; Psa. 23,7; Psa. 23,8; Psa. 23,9; Psa. 23,10; Psa. 23,10; Psa. 25,8; Psa. 28,3; Psa. 48,15; Psa. 71,19; Psa. 71,19; Psa. 72,24; Psa. 78,9; Psa. 144,5; Ode. 1,7; Ode. 3,8; Ode. 8,52; Ode. 8,53; Ode. 12,5; Prov. 15,33; Prov. 18,12; Wis. 7,25; Wis. 9,10; Sir. 6,29; Sir. 6,31; Sir. 7,4; Sir. 11,4; Sir. 17,13; Sir. 20,11; Sir. 24,16; Sir. 24,17; Sir. 27,8; Sir. 29,6; Sir. 29,27; Sir. 36,13; Sir. 42,16; Sir. 43,1; Sir. 43,12; Sir. 45,3; Sir. 45,7; Sir. 47,6; Sir. 47,8; Sir. 47,11; Sir. 49,8; Sir. 50,7; Sir. 50,11; Sol. 2,5; Sol. 2,19; Sol. 2,21; Sol. 11,6; Sol. 11,7; Sol. 11,8; Hab. 2,16; Hag. 2,7; Zech. 2,12; Is. 2,10; Is. 2,19; Is. 2,21; Is. 3,20; Is. 4,2; Is. 6,1; Is. 6,3; Is. 10,12; Is. 17,3; Is. 17,4; Is. 17,4; Is. 22,23; Is. 28,1; Is. 28,4; Is. 28,5; Is. 30,27; Is. 33,17; Is. 40,26; Is. 61,3; Is. 63,12; Is. 63,14; Is. 63,15; Is. 66,11; Jer. 13,18; Jer. 13,20; Jer. 14,21; Jer. 17,12; Jer. 23,9; Jer. 31,18; Bar. 4,24; Bar. 5,1; Bar. 5,2; Bar. 5,6; Bar. 5,9; Lam. 2,15; Ezek. 1,28; Ezek. 10,4; Ezek. 10,22; Ezek. 43,2; Ezek. 43,5; Ezek. 44,4; Dan. 3,52; Dan. 3,53; Dan. 4,29; Dan. 4,30; Dan. 4,31; Dan. 4,32; Tob. 3,16; Tob. 12,12; Tob. 12,15; Dan. 3,52; Dan. 3,53; Dan. 4,30; Matt. 19,28; Matt. 24,30; Matt. 25,31; Mark 13,26; Luke 21,27; John 11,4; Acts 7,2; Acts 22,11; Rom. 3,23; Rom. 5,2; Rom. 6,4; Rom. 8,21; Rom. 9,23; 1Cor. 2,8; 2Cor. 3,10; 2Cor. 3,11; 2Cor. 3,18; 2Cor. 4,4; 2Cor. 4,6; 2Cor. 4,17; 2Cor. 6,8; Eph. 1,6; Eph. 1,12; Eph. 1,14; Eph. 1,17; Eph. 1,18; Eph. 3,16; Phil. 3,21; Col. 1,11; Col. 1,27; Col. 1,27; 2Th. 1,9; 2Th. 2,14; 1Tim. 1,11; 2Tim. 2,10; Titus 2,13; Heb. 1,3; Heb. 3,3; Heb. 9,5; James 2,1; 1Pet. 4,13; 1Pet. 4,14; 1Pet. 5,1; 1Pet. 5,4; 2Pet. 1,17; Jude 24; Rev. 15,8; Rev. 18,1)

δοξῶν ▸ 1
  Noun · feminine · plural · genitive · (common) ▸ **1** (Ex. 33,5)

δοξάζω (δοκέω) to think, suppose; to glorify, extol, venerate ▸ 136 + 10 + 61 = 207

  δεδόξασμαι ▸ 1
    Verb · first · singular · perfect · passive · indicative · (variant) ▸ **1** (John 17,10)

  δεδοξασμένα ▸ 1
    Verb · perfect · passive · participle · neuter · plural · nominative ▸ **1** (Psa. 86,3)

  δεδοξασμένη ▸ 1
    Verb · perfect · passive · participle · feminine · singular · nominative ▸ **1** (Ex. 34,30)

  δεδοξασμένῃ ▸ 1
    Verb · perfect · passive · participle · feminine · singular · dative · (variant) ▸ **1** (1Pet. 1,8)

  δεδοξασμένοι ▸ 1
    Verb · perfect · passive · participle · masculine · plural · nominative ▸ **1** (3Mac. 6,18)

  δεδοξασμένοις ▸ 1
    Verb · perfect · passive · participle · masculine · plural · dative ▸ **1** (Sir. 25,5)

  δεδοξασμένον ▸ 3 + 1 + 1 = 5
    Verb · perfect · passive · participle · neuter · singular · nominative ▸ 3 + 1 + 1 = **5** (Ode. 7,26; Ode. 14,35; Dan. 3,26; Dan. 3,26; 2Cor. 3,10)

  δεδοξασμένος ▸ 6 + 1 = 7
    Verb · perfect · passive · participle · masculine · singular · nominative ▸ 6 + 1 = **7** (Ex. 15,11; Esth. 10,3; Ode. 1,11; Sir. 10,31; Dan. 3,55; Dan. 3,56; Dan. 3,56)

  δεδοξασμένους ▸ 1
    Verb · perfect · passive · participle · masculine · plural · accusative ▸ **1** (Sir. 48,6)

  δεδοξασμένῳ ▸ 1
    Verb · perfect · passive · participle · masculine · singular · dative ▸ **1** (Sir. 24,12)

  δεδοξασμένων ▸ 1
    Verb · perfect · passive · participle · masculine · plural · genitive ▸ **1** (Sir. 46,12)

  δεδόξασται ▸ 9 + 1 = 10
    Verb · third · singular · perfect · middle · indicative ▸ **1** (Ex. 15,1)
    Verb · third · singular · perfect · passive · indicative ▸ 8 + 1 = **9** (Ex. 15,6; Ex. 15,21; Ex. 34,29; Ex. 34,35; 2Sam. 6,20; Ode. 1,1; Ode. 1,6; Mal. 1,11; 2Cor. 3,10)

  δοξάζει ▸ 4
    Verb · third · singular · present · active · indicative ▸ **4** (Esth. 6,9; Psa. 14,4; Wis. 8,3; Mal. 1,6)

  δοξάζειν ▸ 2 + 1 = 3
    Verb · present · active · infinitive ▸ 2 + 1 = **3** (2Sam. 10,3; 2Mac. 3,2; Mark 2,12)

  δοξάζεται ▸ 3 + 1 = 4
    Verb · third · singular · present · passive · indicative ▸ 3 + 1 = **4** (Sir. 3,20; Sir. 10,30; Sir. 10,30; 1Cor. 12,26)

  δοξάζετε ▸ 1
    Verb · second · plural · present · active · imperative ▸ **1** (Is. 42,10)

  δοξαζέτω ▸ 1
    Verb · third · singular · present · active · imperative ▸ **1** (1Pet. 4,16)

  δοξάζηται ▸ 2
    Verb · third · singular · present · passive · subjunctive · (variant) ▸ **2** (2Th. 3,1; 1Pet. 4,11)

  δοξάζητε ▸ 1
    Verb · second · plural · present · active · subjunctive ▸ **1** (Rom. 15,6)

  δοξαζόμενος ▸ 1 + 1 = 2
    Verb · present · middle · participle · masculine · singular · nominative ▸ **1** (Sir. 10,27)
    Verb · present · passive · participle · masculine · singular · nominative · (variant) ▸ **1** (Luke 4,15)

  δοξάζοντάς ▸ 1
    Verb · present · active · participle · masculine · plural · accusative ▸ **1** (1Sam. 2,30)

  δοξάζοντες ▸ 3 + 2 = 5
    Verb · present · active · participle · masculine · plural · nominative ▸ 3 + 2 = **5** (Sir. 43,28; Sir. 43,30; Lam. 1,8; Luke 2,20; 2Cor.

9,13)

δοξάζου ▸ 2
Verb ▪ second ▪ singular ▪ present ▪ middle ▪ imperative ▸ 2 (Sir. 3,10; Sir. 10,26)

δοξάζω ▸ 1 + 1 = 2
Verb ▪ first ▪ singular ▪ present ▪ active ▪ indicative ▸ 1 + 1 = 2 (Dan. 4,37; Rom. 11,13)

δοξάζων ▸ 3 + 4 = 7
Verb ▪ present ▪ active ▪ participle ▪ masculine ▪ singular ▪ nominative ▸ 3 + 4 = 7 (1Chr. 19,3; Sir. 3,4; Sir. 3,6; Luke 5,25; Luke 17,15; Luke 18,43; John 8,54)

δοξάσαι ▸ 12 + 1 = 13
Verb ▪ aorist ▪ active ▪ infinitive ▸ 12 + 1 = 13 (1Chr. 17,18; 1Esdr. 8,25; 1Esdr. 8,78; Ezra 7,27; Esth. 6,6; Esth. 6,6; Esth. 6,7; Esth. 6,11; 1Mac. 10,88; Sir. 10,23; Is. 4,2; Is. 60,13; Rom. 15,9)

δοξάσας ▸ 1
Verb ▪ aorist ▪ active ▪ participle ▪ masculine ▪ singular ▪ nominative ▸ 1 (2Mac. 4,24)

δοξάσατε ▸ 1 + 1 = 2
Verb ▪ second ▪ plural ▪ aorist ▪ active ▪ imperative ▸ 1 + 1 = 2 (Psa. 21,24; 1Cor. 6,20)

δοξάσει ▸ 4 + 2 + 5 = 11
Verb ▪ third ▪ singular ▪ future ▪ active ▪ indicative ▸ 4 + 2 + 5 = 11 (1Esdr. 9,52; Psa. 49,23; Sir. 10,29; Sol. 17,30; Dan. 11,38; Dan. 11,38; John 13,32; John 13,32; John 16,14; John 21,19; Rev. 15,4)

δοξάσεις ▸ 1
Verb ▪ second ▪ singular ▪ future ▪ active ▪ indicative ▸ 1 (Psa. 49,15)

δοξάση ▸ 1
Verb ▪ third ▪ singular ▪ aorist ▪ active ▪ subjunctive ▸ 1 (John 17,1)

δοξασθείς ▸ 1
Verb ▪ aorist ▪ passive ▪ participle ▪ masculine ▪ singular ▪ nominative ▸ 1 (Deut. 33,16)

δοξασθῇ ▸ 1 + 3 = 4
Verb ▪ third ▪ singular ▪ aorist ▪ passive ▪ subjunctive ▸ 1 + 3 = 4 (Is. 66,5; John 11,4; John 12,23; John 14,13)

δοξασθῆναι ▸ 3
Verb ▪ aorist ▪ passive ▪ infinitive ▸ 3 (2Sam. 6,22; Judith 12,13; Psa. 36,20)

δοξασθήσεσθε ▸ 3
Verb ▪ second ▪ plural ▪ future ▪ passive ▪ indicative ▸ 3 (1Mac. 2,18; 1Mac. 2,64; Dan. 2,6)

δοξασθήσεται ▸ 8
Verb ▪ third ▪ singular ▪ future ▪ passive ▪ indicative ▸ 8 (Prov. 13,18; Sir. 10,24; Is. 5,16; Is. 10,15; Is. 24,23; Is. 44,23; Is. 52,13; Is. 60,7)

δοξασθήσομαι ▸ 5
Verb ▪ first ▪ singular ▪ future ▪ passive ▪ indicative ▸ 5 (Lev. 10,3; 1Mac. 3,14; Is. 33,10; Is. 49,3; Is. 49,5)

δοξασθῶσιν ▸ 1
Verb ▪ third ▪ plural ▪ aorist ▪ passive ▪ subjunctive ▸ 1 (Matt. 6,2)

δοξάσομεν ▸ 1 + 1 = 2
Verb ▪ first ▪ plural ▪ future ▪ active ▪ indicative ▸ 1 + 1 = 2 (1Mac. 15,9; Judg. 13,17)

δόξασον ▸ 6
Verb ▪ second ▪ singular ▪ aorist ▪ active ▪ imperative ▸ 6 (1Sam. 15,30; Sir. 7,27; Sir. 7,31; Sir. 10,28; Sir. 35,7; Sir. 36,5)

δοξάσον ▸ 3
Verb ▪ second ▪ singular ▪ aorist ▪ active ▪ imperative ▸ 3 (John 12,28; John 17,1; John 17,5)

δοξάσουσι ▸ 1
Verb ▪ third ▪ plural ▪ future ▪ active ▪ indicative ▸ 1 (Judg. 9,9)

δοξάσουσιν ▸ 2
Verb ▪ third ▪ plural ▪ future ▪ active ▪ indicative ▸ 2 (Psa. 85,9; Sol. 10,7)

δοξάσω ▸ 7 + 2 = 9
Verb ▪ first ▪ singular ▪ aorist ▪ active ▪ subjunctive ▸ 1 (John 8,54)
Verb ▪ first ▪ singular ▪ future ▪ active ▪ indicative ▸ 7 + 1 = 8 (Ex. 15,2; 1Sam. 2,30; 1Mac. 11,42; Psa. 85,12; Psa. 90,15; Ode. 1,2; Is. 25,1; John 12,28)

δοξάσωμέν ▸ 1
Verb ▪ first ▪ plural ▪ aorist ▪ active ▪ subjunctive ▸ 1 (Judg. 13,17)

δοξάσωσιν ▸ 2
Verb ▪ third ▪ plural ▪ aorist ▪ active ▪ subjunctive ▸ 2 (Matt. 5,16; 1Pet. 2,12)

ἐδόξαζεν ▸ 1 + 2 = 3
Verb ▪ third ▪ singular ▪ imperfect ▪ active ▪ indicative ▸ 1 + 2 = 3 (4Mac. 18,13; Luke 13,13; Luke 23,47)

ἐδόξαζον ▸ 1 + 1 + 6 = 8
Verb ▪ third ▪ plural ▪ imperfect ▪ active ▪ indicative ▸ 1 + 1 + 6 = 8 (Dan. 3,51; Dan. 3,51; Luke 5,26; Luke 7,16; Acts 4,21; Acts 13,48; Acts 21,20; Gal. 1,24)

ἐδόξασα ▸ 1 + 1 + 2 = 4
Verb ▪ first ▪ singular ▪ aorist ▪ active ▪ indicative ▸ 1 + 1 + 2 = 4 (Esth. 14,17 # 4,17x; Dan. 4,34; John 12,28; John 17,4)

ἐδοξάσαμεν ▸ 1
Verb ▪ first ▪ plural ▪ aorist ▪ active ▪ indicative ▸ 1 (Esth. 14,6 # 4,17n)

ἐδόξασαν ▸ 5 + 4 = 9
Verb ▪ third ▪ plural ▪ aorist ▪ active ▪ indicative ▸ 5 + 4 = 9 (1Esdr. 8,64; Ezra 8,36; 1Mac. 14,29; Sir. 47,6; Sol. 17,5; Matt. 9,8; Matt. 15,31; Acts 11,18; Rom. 1,21)

ἐδόξασας ▸ 3 + 1 = 4
Verb ▪ second ▪ singular ▪ aorist ▪ active ▪ indicative ▸ 3 + 1 = 4 (1Sam. 2,29; Wis. 18,8; Wis. 19,22; Dan. 5,23)

ἐδόξασάς ▸ 1
Verb ▪ second ▪ singular ▪ aorist ▪ active ▪ indicative ▸ 1 (Is. 43,23)

ἐδόξασεν ▸ 10 + 4 = 14
Verb ▪ third ▪ singular ▪ aorist ▪ active ▪ indicative ▸ 10 + 4 = 14 (Judg. 9,9; Esth. 3,1; 1Mac. 10,65; 1Mac. 14,15; 1Mac. 14,39; Sir. 3,2; Sir. 45,3; Sir. 50,11; Sol. 17,31; Dan. 1,20; Acts 3,13; Rom. 8,30; Heb. 5,5; Rev. 18,7)

ἐδόξασέν ▸ 1
Verb ▪ third ▪ singular ▪ aorist ▪ active ▪ indicative ▸ 1 (Is. 55,5)

ἐδοξάσθη ▸ 2 + 6 = 8
Verb ▪ third ▪ singular ▪ aorist ▪ passive ▪ indicative ▸ 2 + 6 = 8 (Sir. 46,2; Sir. 50,5; John 7,39; John 12,16; John 13,31; John 13,31; John 13,32; John 15,8)

ἐδοξάσθην ▸ 1
Verb ▪ first ▪ singular ▪ aorist ▪ passive ▪ indicative ▸ 1 (Ezek. 39,13)

ἐδοξάσθης ▸ 2
Verb ▪ second ▪ singular ▪ aorist ▪ passive ▪ indicative ▸ 2 (Sir. 48,4; Is. 43,4)

ἐδοξάσθησαν ▸ 5
Verb ▪ third ▪ plural ▪ aorist ▪ passive ▪ indicative ▸ 5 (1Mac. 5,63; 1Mac. 11,51; Sir. 44,7; Sir. 49,16; Lam. 5,12)

δόξασμα (δοκέω) glory ▸ 2
δόξασμα ▸ 2
Noun ▪ neuter ▪ singular ▪ accusative ▪ (common) ▸ 2 (Is. 46,13; Lam. 2,1)

δόξασμα–δόσις

δοξαστός (δοκέω) glorious ‣ 1
  δόξαστόν ‣ 1
    Adjective · masculine · singular · accusative · noDegree ‣ 1 (Deut. 26,19)

δοξικός (δοκέω) glorious ‣ 1
  δοξικὴν ‣ 1
    Adjective · feminine · singular · accusative · noDegree ‣ 1 (2Mac. 8,35)

δοξολογέω (δοκέω; λέγω) to sing praise, to sing a doxology ‣ 1
  δοξολογοῦμέν ‣ 1
    Verb · first · plural · present · active · indicative ‣ 1 (Ode. 14,7)

δορά (δέρω) skin, hide ‣ 3
  δορὰ ‣ 1
    Noun · feminine · singular · nominative · (common) ‣ 1 (Gen. 25,25)
  δορὰν ‣ 2
    Noun · feminine · singular · accusative · (common) ‣ 2 (4Mac. 9,28; Mic. 2,8)

δορατοφόρος (δόρυ; φέρω) spear-carrier ‣ 1
  δορατοφόροι ‣ 1
    Noun · masculine · plural · nominative · (common) ‣ 1 (1Chr. 12,25)

δοριάλωτος (δόρυ; ἁλίσκομαι) captive of the spear; taken in war ‣ 3
  δοριάλωτον ‣ 2
    Adjective · feminine · singular · accusative · noDegree ‣ 2 (2Mac. 5,11; 2Mac. 10,24)
  δοριαλώτους ‣ 1
    Adjective · masculine · plural · accusative · noDegree ‣ 1 (3Mac. 1,5)

δορκάδιον (δορκάς) fawn ‣ 1
  δορκάδιον ‣ 1
    Noun · neuter · singular · nominative · (common) ‣ 1 (Is. 13,14)

δορκάς deer, gazelle ‣ 14
  δορκάδα ‣ 3
    Noun · feminine · singular · accusative · (common) ‣ 3 (Deut. 12,15; Deut. 14,5; Deut. 15,22)
  δορκάδες ‣ 1
    Noun · feminine · plural · nominative · (common) ‣ 1 (1Chr. 12,9)
  δορκάδι ‣ 2
    Noun · feminine · singular · dative · (common) ‣ 2 (Song 2,9; Song 8,14)
  δορκάδος ‣ 2
    Noun · feminine · singular · genitive · (common) ‣ 2 (Song 4,5; Song 7,4)
  δορκάδων ‣ 2
    Noun · feminine · plural · genitive · (common) ‣ 2 (1Kings 2,46e; 1Kings 5,3)
  δορκὰς ‣ 4
    Noun · feminine · singular · nominative · (common) ‣ 4 (Deut. 12,22; 2Sam. 2,18; Prov. 6,5; Sir. 27,20)

Δορκάς (δορκάς) Dorcas ‣ 2
  Δορκάς ‣ 2
    Noun · feminine · singular · nominative · (proper) ‣ 2 (Acts 9,36; Acts 9,39)

Δορκων (δόρκων) Dorkon (Roe) ‣ 1
  Δορκων ‣ 1
    Noun · masculine · singular · genitive · (proper) ‣ 1 (Neh. 7,58)

δόρκων roe ‣ 1
  δόρκωνι ‣ 1
    Noun · masculine · singular · dative · (common) ‣ 1 (Song 2,17)

δόρυ spear ‣ 52
  δόρασιν ‣ 2
    Noun · neuter · plural · dative · (common) ‣ 2 (1Chr. 12,35; Judith 7,10)
  δόρατα ‣ 9
    Noun · neuter · plural · accusative · (common) ‣ 9 (1Kings 10,16; 1Kings 14,26; 1Chr. 12,9; 2Chr. 11,12; 2Chr. 14,7; 2Chr. 26,14; Mic. 4,3; Jer. 26,4; Dan. 11,15)
  δόρατι ‣ 9
    Noun · neuter · singular · dative · (common) ‣ 9 (1Sam. 17,45; 1Sam. 17,47; 1Sam. 26,8; 2Sam. 23,21; 1Chr. 11,23; Esth. 16,24 # 8,12x; 3Mac. 5,43; 3Mac. 6,5; Sir. 38,25)
  δόρατος ‣ 7
    Noun · neuter · singular · genitive · (common) ‣ 7 (1Sam. 17,7; 2Sam. 2,23; 2Sam. 21,16; 2Sam. 21,19; 2Sam. 23,7; 1Chr. 20,5; 3Mac. 3,15)
  δόρυ ‣ 25
    Noun · neuter · singular · accusative · (common) ‣ 16 (1Sam. 13,19; 1Sam. 19,10; 1Sam. 19,10; 1Sam. 20,33; 1Sam. 26,11; 1Sam. 26,12; 2Sam. 1,6; 2Sam. 2,23; 2Sam. 23,18; 2Sam. 23,21; 1Kings 10,16; 1Chr. 11,23; 2Chr. 25,5; Judith 11,2; Job 41,18; Sir. 29,13)
    Noun · neuter · singular · nominative · (common) ‣ 9 (1Sam. 13,22; 1Sam. 19,9; 1Sam. 21,9; 1Sam. 22,6; 1Sam. 26,7; 1Sam. 26,16; 1Sam. 26,22; 2Sam. 23,21; 1Chr. 11,23)

Δορυμένης Dorymenes ‣ 2
  Δορυμένους ‣ 2
    Noun · masculine · singular · genitive · (proper) ‣ 2 (1Mac. 3,38; 2Mac. 4,45)

δορυφορία (δόρυ; φέρω) body-guard ‣ 1
  δορυφορίας ‣ 1
    Noun · feminine · singular · genitive · (common) ‣ 1 (2Mac. 3,28)

δορυφόρος (δόρυ; φέρω) spear-carrying; spear-carrier, body-guard ‣ 11
  δορυφόροι ‣ 6
    Noun · masculine · plural · nominative · (common) ‣ 6 (4Mac. 6,1; 4Mac. 6,23; 4Mac. 8,13; 4Mac. 9,26; 4Mac. 11,9; 4Mac. 11,27)
  δορυφόροις ‣ 2
    Noun · masculine · plural · dative · (common) ‣ 2 (2Mac. 3,24; 4Mac. 5,2)
  δορυφόρων ‣ 3
    Noun · masculine · plural · genitive · (common) ‣ 3 (4Mac. 6,8; 4Mac. 9,16; 4Mac. 17,1)

Δοσίθεος Dositheus ‣ 4
  Δοσίθεον ‣ 1
    Noun · masculine · singular · accusative · (proper) ‣ 1 (2Mac. 12,24)
  Δοσίθεος ‣ 3
    Noun · masculine · singular · nominative · (proper) ‣ 3 (2Mac. 12,19; 2Mac. 12,35; 3Mac. 1,3)

δόσις (δίδωμι) giving, gift ‣ 22 + 1 + 2 = 25
  δόσει ‣ 4
    Noun · feminine · singular · dative · (common) ‣ 4 (Gen. 47,22; Prov. 25,14; Sir. 18,15; Sir. 35,8)
  Δόσει ‣ 1
    Noun · feminine · singular · dative · (common) ‣ 1 (Tob. 2,14)
  δόσεσιν ‣ 1
    Noun · feminine · plural · dative · (common) ‣ 1 (1Esdr. 2,4)
  δόσεως ‣ 3 + 1 = 4

Noun · feminine · singular · genitive · (common) ▸ 3 + 1 = **4** (Sir. 41,21; Sir. 41,23; Sir. 42,3; Phil. 4,15)
δόσιν ▸ 5
Noun · feminine · singular · accusative · (common) ▸ **5** (Gen. 47,22; Sir. 1,10; Sir. 4,3; Sir. 7,31; Sir. 35,9)
δόσις ▸ 9 + 1 = 10
Noun · feminine · singular · nominative · (common) ▸ 9 + 1 = **10** (Prov. 21,14; Sir. 11,17; Sir. 18,16; Sir. 18,18; Sir. 20,10; Sir. 20,10; Sir. 20,14; Sir. 26,14; Sir. 42,7; James 1,17)

δότης (δίδωμι) giver ▸ 1 + 1 = 2
δότην ▸ 1 + 1 = 2
Noun · masculine · singular · accusative · (common) ▸ 1 + 1 = **2** (Prov. 22,8a; 2Cor. 9,7)

δοτός (δίδωμι) given ▸ 1
δοτὸν ▸ 1
Adjective · masculine · singular · accusative · noDegree ▸ **1** (1Sam. 1,11)

Δουδι Dodo ▸ 1
Δουδι ▸ 1
Noun · masculine · singular · genitive · (proper) ▸ **1** (2Sam. 23,24)

δουλαγωγέω (δοῦλος; ἄγω) to bring into slavery, under control ▸ 1
δουλαγωγῶ ▸ 1
Verb · first · singular · present · active · indicative ▸ **1** (1Cor. 9,27)

δουλεία (δοῦλος) slavery ▸ 45 + 1 + 5 = 51
δουλεία ▸ 3
Noun · feminine · singular · nominative · (common) ▸ **3** (Neh. 5,18; Judith 8,23; Prov. 26,9)
δουλείᾳ ▸ 7
Noun · feminine · singular · dative · (common) ▸ **7** (Ezra 6,18; Ezra 9,8; Ezra 9,9; 1Mac. 8,18; Psa. 103,14; Psa. 146,8; Ezek. 29,18)
δουλείαν ▸ 11 + 1 = 12
Noun · feminine · singular · accusative · (common) ▸ 11 + 1 = **12** (Gen. 30,26; Lev. 25,39; 1Sam. 14,40; 1Sam. 14,40; 2Chr. 12,8; 2Chr. 12,8; Ezra 8,20; Neh. 3,5; Neh. 9,17; Neh. 10,33; Esth. 7,4; Gal. 4,24)
δουλείας ▸ 24 + 1 + 4 = 29
Noun · feminine · singular · genitive · (common) ▸ 24 + 1 + 4 = **29** (Ex. 6,6; Ex. 13,3; Ex. 13,14; Ex. 20,2; Lev. 26,45; Deut. 5,6; Deut. 6,12; Deut. 7,8; Deut. 8,14; Deut. 13,6; Deut. 13,11; Judg. 6,8; 1Kings 5,20; 1Kings 9,9; 1Kings 12,4; 2Chr. 10,4; 1Esdr. 8,76; Neh. 10,38; Esth. 14,8 # 4,17o; Mic. 6,4; Is. 14,3; Jer. 41,13; Lam. 1,3; Ezek. 29,18; Judg. 6,8; Rom. 8,15; Rom. 8,21; Gal. 5,1; Heb. 2,15)

δουλεύω (δοῦλος) to serve as a slave ▸ 143 + 14 + 25 = 182
δεδούλευκα ▸ 1
Verb · first · singular · perfect · active · indicative ▸ **1** (Gen. 31,6)
δεδούλευκά ▸ 3
Verb · first · singular · perfect · active · indicative ▸ **3** (Gen. 30,26; Gen. 30,26; Gen. 30,29)
δεδουλεύκαμεν ▸ 1
Verb · first · plural · perfect · active · indicative ▸ **1** (John 8,33)
δούλευε ▸ 2
Verb · second · singular · present · active · imperative ▸ **2** (1Sam. 26,19; 1Chr. 28,9)
δουλεύει ▸ 1
Verb · third · singular · present · active · indicative ▸ **1** (Gal. 4,25)

δουλεύειν ▸ 19 + 8 = 27
Verb · present · active · infinitive ▸ 19 + 8 = **27** (Ex. 14,5; Ex. 14,12; 1Sam. 2,24; 2Chr. 33,16; 2Chr. 34,33; 1Esdr. 8,77; Judith 11,1; 1Mac. 6,23; Psa. 101,23; Sir. 2,1; Sol. 17,30; Zeph. 3,9; Is. 56,6; Jer. 11,10; Jer. 13,10; Jer. 25,6; Jer. 34,6; Jer. 41,9; Jer. 42,15; Matt. 6,24; Matt. 6,24; Luke 16,13; Luke 16,13; Rom. 6,6; Rom. 7,6; Gal. 4,9; 1Th. 1,9)
δουλεύετε ▸ 2
Verb · second · plural · present · active · imperative ▸ **2** (Gal. 5,13; Col. 3,24)
δουλευέτωσαν ▸ 1
Verb · third · plural · present · active · imperative ▸ **1** (1Tim. 6,2)
δουλεύοντα ▸ 2
Verb · present · active · participle · masculine · singular · accusative ▸ **2** (Mal. 3,17; Is. 53,11)
δουλεύοντας ▸ 1
Verb · present · active · participle · masculine · plural · accusative ▸ **1** (2Mac. 1,27)
δουλεύοντες ▸ 1 + 3 = 4
Verb · present · active · participle · masculine · plural · nominative ▸ 1 + 3 = **4** (2Kings 17,41; Rom. 12,11; Eph. 6,7; Titus 3,3)
δουλεύοντές ▸ 4
Verb · present · active · participle · masculine · plural · nominative ▸ **4** (Is. 65,13; Is. 65,13; Is. 65,13; Is. 65,14)
δουλεύοντος ▸ 2
Verb · present · active · participle · masculine · singular · genitive ▸ **2** (Mal. 3,18; Mal. 3,18)
δουλεύοντός ▸ 1
Verb · present · active · participle · masculine · singular · genitive ▸ **1** (Is. 65,8)
δουλεύουσι ▸ 1
Verb · third · plural · present · active · indicative ▸ **1** (Dan. 4,21)
δουλεύουσιν ▸ 3 + 1 = 4
Verb · present · active · participle · masculine · plural · dative ▸ **1** (Zech. 2,13)
Verb · third · plural · present · active · indicative ▸ 2 + 1 = **3** (Judith 11,7; Is. 65,15; Rom. 16,18)
δουλεῦσαι ▸ 1
Verb · aorist · active · infinitive ▸ **1** (Job 39,9)
δουλεύσαντες ▸ 1
Verb · aorist · active · participle · masculine · plural · nominative ▸ **1** (Wis. 14,21)
δουλεύσατε ▸ 7 + 1 = 8
Verb · second · plural · aorist · active · imperative ▸ 7 + 1 = **8** (1Sam. 7,3; 1Sam. 12,20; 1Sam. 12,24; 2Kings 25,24; 2Chr. 30,8; Psa. 2,11; Psa. 99,2; Tob. 14,8)
δουλευσάτω ▸ 1
Verb · third · singular · aorist · active · imperative ▸ **1** (Judith 16,14)
δουλευσάτωσάν ▸ 1
Verb · third · plural · aorist · active · imperative ▸ **1** (Gen. 27,29)
δουλεύσει ▸ 9 + 1 = 10
Verb · third · singular · future · active · indicative ▸ 9 + 1 = **10** (Gen. 25,23; Ex. 21,2; Ex. 21,6; Lev. 25,39; Deut. 15,12; 2Kings 10,18; Psa. 21,31; Prov. 11,29; Sir. 3,7; Rom. 9,12)
δουλεύσεις ▸ 3
Verb · second · singular · future · active · indicative ▸ **3** (Gen. 27,40; Gen. 29,15; Deut. 28,64)
δουλεύσετε ▸ 3
Verb · second · plural · future · active · indicative ▸ **3** (1Sam. 17,9; Jer. 5,19; Jer. 16,13)
δουλεύσῃς ▸ 3

δουλεύω–δοῦλος

Verb · second · singular · aorist · active · subjunctive ▸ **3** (Ex. 23,33; 1Kings 12,7; Tob. 4,14)

δουλεύσητε ▸ 3
Verb · second · plural · aorist · active · subjunctive ▸ **3** (1Sam. 4,9; 1Sam. 12,14; 1Kings 9,6)

δουλεύσομεν ▸ 5 + 3 = 8
Verb · first · plural · future · active · indicative ▸ 5 + 3 = **8** (Judg. 9,28; Judg. 9,28; Judg. 9,38; Job 21,15; Bar. 1,12; Judg. 9,28; Judg. 9,28; Judg. 9,38)

δουλεύσομέν ▸ 5
Verb · first · plural · future · active · indicative ▸ **5** (1Sam. 11,1; 1Sam. 12,10; 1Kings 12,4; 1Kings 12,24p; 2Chr. 10,4)

δούλευσον ▸ 1
Verb · second · singular · aorist · active · imperative ▸ **1** (Dan. 4,34)

δουλεύσουσιν ▸ 3 + 2 + 1 = 6
Verb · third · plural · future · active · indicative ▸ 3 + 2 + 1 = **6** (Psa. 71,11; Is. 19,23; Jer. 25,11; Dan. 7,14; Dan. 7,27; Acts 7,7)

δουλεύσουσίν ▸ 2
Verb · third · plural · future · active · indicative ▸ **2** (Is. 60,12; Ezek. 20,40)

Δουλεύσω ▸ 1
Verb · first · singular · future · active · indicative ▸ **1** (Gen. 29,18)

δουλεύσω ▸ 3
Verb · first · singular · future · active · indicative ▸ **3** (1Sam. 12,23; 2Sam. 16,19; Jer. 2,20)

δουλεύσωμεν ▸ 2
Verb · first · plural · aorist · active · subjunctive ▸ **2** (Ex. 14,12; Judith 8,22)

δουλεύσωσιν ▸ 2
Verb · third · plural · aorist · active · subjunctive ▸ **2** (Gen. 15,14; Job 36,11)

δουλεύω ▸ 2
Verb · first · singular · present · active · indicative ▸ **2** (Luke 15,29; Rom. 7,25)

δουλεύων ▸ 4 + 2 = 6
Verb · present · active · participle · masculine · singular · nominative ▸ 4 + 2 = **6** (2Chr. 36,5a; Prov. 12,9; Mal. 3,14; Dan. 6,28; Acts 20,19; Rom. 14,18)

ἐδούλευον ▸ 4
Verb · third · plural · imperfect · active · indicative ▸ **4** (Gen. 14,4; 1Sam. 8,8; 1Kings 2,46b; 2Chr. 24,18)

ἐδούλευσα ▸ 2
Verb · first · singular · aorist · active · indicative ▸ **2** (Gen. 29,25; 2Sam. 16,19)

ἐδούλευσά ▸ 1
Verb · first · singular · aorist · active · indicative ▸ **1** (Gen. 31,41)

ἐδουλεύσαμεν ▸ 1 + 1 = 2
Verb · first · plural · aorist · active · indicative ▸ 1 + 1 = **2** (1Sam. 12,10; Judg. 10,10)

ἐδούλευσαν ▸ 16 + 5 = 21
Verb · third · plural · aorist · active · indicative ▸ 16 + 5 = **21** (Judg. 3,8; Judg. 3,14; Judg. 10,6; 1Sam. 4,9; 1Sam. 7,4; 2Sam. 10,19; 1Kings 9,9; 1Chr. 19,19; 2Chr. 7,22; Psa. 80,7; Psa. 105,36; Jer. 8,2; Jer. 16,11; Jer. 22,9; Bar. 4,32; Ezek. 29,18; Judg. 3,8; Judg. 3,14; Judg. 10,6; Judg. 10,6; Judg. 10,16)

ἐδούλευσάν ▸ 2
Verb · third · plural · aorist · active · indicative ▸ **2** (2Sam. 22,44; Neh. 9,35)

ἐδούλευσας ▸ 1
Verb · second · singular · aorist · active · indicative ▸ **1** (Is. 14,3)

ἐδουλεύσατε ▸ 1 + 1 + 1 = 3
Verb · second · plural · aorist · active · indicative ▸ 1 + 1 + 1 = **3** (Jer. 5,19; Judg. 10,13; Gal. 4,8)

ἐδούλευσεν ▸ 13 + 1 + 1 = 15
Verb · third · singular · aorist · active · indicative ▸ 13 + 1 + 1 = **15** (Gen. 29,20; Gen. 29,30; Judg. 2,7; 1Kings 16,31; 1Kings 22,54; 2Kings 10,18; 2Kings 18,7; 2Kings 21,3; 2Chr. 33,3; 2Chr. 33,22; Sir. 25,8; Hos. 12,13; Ezek. 29,20; Judg. 2,7; Phil. 2,22)

ἐδούλευσέν ▸ 2
Verb · third · singular · aorist · active · indicative ▸ **2** (Deut. 15,18; Psa. 17,44)

δούλη (δοῦλος) slave (f) ▸ 50 + 3 = 53

δοῦλαι ▸ 2
Noun · feminine · plural · nominative · (common) ▸ **2** (Ex. 21,7; Nah. 2,8)

δούλας ▸ 5 + 1 = 6
Noun · feminine · plural · accusative · (common) ▸ 5 + 1 = **6** (1Sam. 8,16; 2Chr. 28,10; Joel 3,2; Is. 14,2; Is. 56,6; Acts 2,18)

δούλη ▸ 17 + 1 = 18
Noun · feminine · singular · nominative · (common) ▸ 17 + 1 = **18** (Ruth 3,9; 1Sam. 1,18; 1Sam. 25,24; 1Sam. 25,25; 1Sam. 25,27; 1Sam. 25,41; 1Sam. 28,21; 2Sam. 14,12; 2Sam. 14,15; Esth. 14,17 # 4,17x; Esth. 14,18 # 4,17y; Judith 11,16; Judith 11,17; Judith 11,17; Judith 12,4; Judith 12,15; Judith 12,19; Luke 1,38)

δούλῃ ▸ 7
Noun · feminine · singular · dative · (common) ▸ **7** (Judg. 19,19; 1Sam. 1,11; 2Sam. 14,6; 1Kings 1,13; 1Kings 1,17; 2Kings 4,2; Judith 13,3)

δούλην ▸ 8
Noun · feminine · singular · accusative · (common) ▸ **8** (Lev. 25,44; Ruth 3,9; 1Sam. 1,16; 2Sam. 14,7; 2Sam. 14,16; 2Kings 4,16; Judith 12,6; 1Mac. 2,11)

δούλης ▸ 11 + 1 = 12
Noun · feminine · singular · genitive · (common) ▸ 11 + 1 = **12** (Ruth 2,13; 1Sam. 1,11; 1Sam. 25,24; 1Sam. 25,28; 1Sam. 25,31; 1Sam. 28,22; 2Sam. 14,15; 2Sam. 14,19; 2Sam. 20,17; Judith 11,5; Ode. 9,48; Luke 1,48)

δοῦλος slave; (adv) slavish, servile ▸ 370 + 15 + 126 = 511

δοῦλα ▸ 2 + 2 = 4
Adjective · neuter · plural · accusative · noDegree ▸ 1 + 2 = **3** (Wis. 15,7; Rom. 6,19; Rom. 6,19)
Adjective · neuter · plural · nominative · noDegree ▸ **1** (Psa. 118,91)

δοῦλε ▸ 6
Noun · masculine · singular · vocative ▸ **6** (Matt. 18,32; Matt. 25,21; Matt. 25,23; Matt. 25,26; Luke 19,17; Luke 19,22)

δοῦλοι ▸ 41 + 3 + 21 = 65
Noun · masculine · plural · nominative · (common) ▸ 41 + 3 + 17 = **61** (1Sam. 8,17; 1Sam. 13,3; 1Sam. 14,21; 1Sam. 25,10; 2Sam. 8,14; 2Sam. 9,10; 2Sam. 9,12; 2Sam. 10,19; 2Sam. 11,11; 2Sam. 12,18; 2Sam. 14,30; 2Sam. 14,30; 2Sam. 19,18; 1Kings 1,47; 1Kings 2,39; 1Kings 12,7; 2Kings 10,21; 2Kings 10,21; 2Kings 10,23; 2Kings 12,21; 2Kings 12,22; 1Esdr. 4,26; Ezra 5,11; Neh. 2,20; Neh. 9,36; Judith 3,4; Judith 6,3; Judith 6,11; Judith 10,23; Judith 13,1; Judith 14,13; Judith 14,18; Psa. 104,6; Psa. 133,1; Psa. 134,1; Ode. 8,85; Is. 42,19; Is. 45,14; Jer. 3,22; Lam. 5,8; Dan. 3,85; Dan. 3,85; Dan. 3,93; Sus. 27; Matt. 13,27; Matt. 22,10; Luke 12,37; Luke 17,10; John 4,51; John 18,18; Acts 16,17; Rom. 6,17; Rom. 6,20; 1Cor. 7,23; 1Cor. 12,13; Eph. 6,6; Phil.

1,1; 1Tim. 6,1; 1Pet. 2,16; 2Pet. 2,19; Rev. 22,3)

Noun · masculine · plural · vocative · (variant) ▸ **4** (Matt. 13,28; Eph. 6,5; Col. 3,22; Rev. 19,5)

δοῦλοί ▸ **12** + **1** = **13**

Noun · masculine · plural · nominative · (common) ▸ **12** + **1** = **13** (1Sam. 16,16; 2Sam. 9,10; 2Sam. 19,15; 1Kings 2,39; 1Kings 5,20; 1Kings 5,23; 2Kings 22,9; 2Chr. 2,7; Ezra 9,9; Judith 6,7; Psa. 101,15; Is. 65,9; Rom. 6,16)

δοῦλοις ▸ **23** + **2** + **7** = **32**

Noun · masculine · plural · dative · (common) ▸ **23** + **2** + **7** = **32** (Deut. 32,36; Judg. 19,19; 1Sam. 8,14; 1Sam. 8,15; 1Sam. 22,14; 2Kings 10,22; 2Kings 10,23; Judith 6,10; Judith 11,4; Judith 12,10; 2Mac. 7,6; 2Mac. 7,33; 2Mac. 8,29; Psa. 89,13; Psa. 104,25; Psa. 134,9; Psa. 134,14; Ode. 2,36; Ode. 7,33; Ode. 7,44; Zech. 1,6; Dan. 3,33; Dan. 3,44; Dan. 3,33; Dan. 3,44; Matt. 22,8; Mark 13,34; Acts 4,29; Col. 4,1; Rev. 1,1; Rev. 11,18; Rev. 22,6)

δοῦλον ▸ **15** + **17** = **32**

Noun · masculine · singular · accusative · (common) ▸ **15** + **17** = **32** (Lev. 25,44; 1Sam. 25,39; 2Sam. 18,29; 2Sam. 24,21; 1Kings 1,51; 2Kings 8,19; Judith 9,10; Psa. 77,70; Psa. 104,17; Psa. 104,26; Psa. 104,42; Psa. 143,10; Job 40,28; Is. 48,20; Is. 49,5; Matt. 25,30; Matt. 26,51; Mark 12,2; Mark 12,4; Mark 14,47; Luke 7,3; Luke 7,10; Luke 14,17; Luke 14,23; Luke 17,7; Luke 20,10; Luke 20,11; Luke 22,50; John 18,10; 2Tim. 2,24; Philem. 16; Philem. 16)

δοῦλόν ▸ **33** + **1** + **1** = **35**

Noun · masculine · singular · accusative · (common) ▸ **33** + **1** + **1** = **35** (1Sam. 19,4; 1Sam. 20,8; 1Sam. 22,8; 2Sam. 7,5; 2Sam. 7,20; 2Sam. 18,29; 2Sam. 19,29; 1Kings 1,19; 1Kings 1,26; 1Kings 1,26; 1Kings 3,7; 1Kings 11,13; 1Kings 11,32; 1Kings 11,34; 1Kings 18,9; 1Kings 21,9; 2Kings 5,6; 2Kings 19,34; 2Kings 20,6; 1Chr. 17,18; 1Chr. 17,26; Psa. 30,17; Psa. 85,2; Psa. 88,21; Psa. 118,122; Psa. 118,135; Psa. 118,176; Ode. 7,35; Ode. 13,29; Hag. 2,23; Zech. 3,8; Ezek. 34,23; Dan. 3,35; Dan. 3,35; Luke 2,29)

Δοῦλος ▸ **1**

Noun · masculine · singular · nominative · (common) ▸ **1** (Jonah 1,9)

δοῦλος ▸ **24** + **3** + **33** = **60**

Noun · masculine · singular · nominative · (common) ▸ **24** + **3** + **33** = **60** (Josh. 9,23; Josh. 24,30; Judg. 2,8; Judg. 9,28; 1Sam. 22,15; 1Sam. 27,12; 1Sam. 29,3; 1Sam. 30,13; 2Sam. 9,2; 2Sam. 15,34; 1Kings 11,26; 1Kings 12,7; 1Kings 12,24b; 2Kings 4,1; 2Kings 17,3; 2Kings 18,12; 2Kings 24,1; Neh. 2,10; Neh. 2,19; Psa. 115,7; Psa. 115,7; Wis. 9,5; Wis. 18,11; Mal. 1,6; Judg. 2,8; Judg. 9,28; Dan. 6,21; Matt. 10,24; Matt. 10,25; Matt. 18,26; Matt. 18,28; Matt. 20,27; Matt. 24,45; Matt. 24,46; Matt. 24,48; Mark 10,44; Luke 7,2; Luke 12,43; Luke 12,45; Luke 12,47; Luke 14,21; Luke 14,22; John 8,35; John 13,16; John 15,15; John 15,20; Rom. 1,1; 1Cor. 7,21; 1Cor. 7,22; Gal. 1,10; Gal. 3,28; Gal. 4,7; Eph. 6,8; Col. 3,11; Col. 4,12; Titus 1,1; James 1,1; 2Pet. 1,1; Jude 1; Rev. 6,15)

Δοῦλός ▸ **4**

Noun · masculine · singular · nominative · (common) ▸ **4** (1Sam. 26,17; 1Kings 21,32; 2Kings 16,7; Is. 49,3)

δοῦλός ▸ **54** + **2** = **56**

Noun · masculine · singular · nominative · (common) ▸ **54** + **2** = **56** (1Sam. 3,9; 1Sam. 3,10; 1Sam. 17,32; 1Sam. 17,34; 1Sam. 17,36; 1Sam. 23,10; 1Sam. 23,11; 1Sam. 27,5; 1Sam. 27,5; 1Sam. 28,2; 2Sam. 7,27; 2Sam. 9,6; 2Sam. 9,8; 2Sam. 9,11; 2Sam. 11,21; 2Sam. 11,24; 2Sam. 14,19; 2Sam. 14,20; 2Sam. 14,22; 2Sam. 15,2; 2Sam. 15,8; 2Sam. 15,21; 2Sam. 19,21; 2Sam. 19,27; 2Sam. 19,27; 2Sam. 19,36; 2Sam. 19,36; 2Sam. 19,37; 2Sam. 19,38; 2Sam. 19,38; 1Kings 2,38; 1Kings 3,8; 1Kings 8,28; 1Kings 8,29; 1Kings 11,38; 1Kings 18,12; 1Kings 18,36; 1Kings 21,39; 1Kings 21,40; 2Kings 4,1; 2Kings 5,17; 2Kings 5,25; 2Kings 8,13; 2Kings 21,8; Psa. 18,12; Psa. 108,28; Psa. 118,23; Psa. 118,125; Psa. 118,140; Psa. 142,12; Jer. 2,14; Jer. 26,27; Ezek. 37,24; Ezek. 37,25; John 8,34; 1Cor. 7,22)

δοῦλου ▸ **51** + **3** + **6** = **60**

Noun · masculine · singular · genitive · (common) ▸ **51** + **3** + **6** = **60** (Judg. 15,18; 1Sam. 20,8; 1Sam. 22,15; 1Sam. 26,18; 1Sam. 26,19; 2Sam. 3,18; 2Sam. 7,19; 2Sam. 7,25; 2Sam. 7,27; 2Sam. 7,28; 2Sam. 7,29; 2Sam. 7,29; 2Sam. 13,24; 2Sam. 13,35; 2Sam. 14,22; 2Sam. 24,10; 1Kings 3,6; 1Kings 8,30; 1Kings 8,36; 1Kings 8,52; 1Kings 8,53; 1Kings 8,56; 1Kings 8,59; 1Kings 15,29; 1Kings 20,28; 2Kings 5,15; 2Kings 9,36; 2Kings 10,10; 2Kings 14,25; 2Chr. 6,42; Neh. 1,6; Neh. 1,11; Neh. 9,14; Neh. 10,30; Judith 5,5; Judith 5,5; 1Mac. 4,30; Psa. 18,14; Psa. 26,9; Psa. 34,27; Psa. 79,5; Psa. 85,4; Psa. 88,40; Psa. 118,65; Psa. 118,84; Psa. 118,124; Psa. 131,10; Psa. 142,2; Eccl. 5,11; Eccl. 7,21; Mal. 3,24; Judg. 15,18; Dan. 9,11; Dan. 9,17; Matt. 18,27; Matt. 24,50; Luke 12,46; Gal. 4,1; Phil. 2,7; Rev. 15,3)

δούλους ▸ **32** + **18** = **50**

Noun · masculine · plural · accusative · (common) ▸ **32** + **18** = **50** (1Sam. 8,16; 1Sam. 17,9; 1Sam. 17,9; 2Sam. 8,2; 2Sam. 8,6; 1Kings 1,33; 1Kings 2,40; 1Kings 2,40; 1Kings 2,41; 2Kings 4,1; 2Kings 10,19; 2Kings 10,19; 2Kings 14,5; 2Chr. 6,23; 2Chr. 28,10; 2Chr. 36,20; Neh. 5,5; Judith 5,11; Judith 7,27; Judith 9,3; Psa. 89,16; Prov. 9,3; Eccl. 2,7; Eccl. 10,7; Eccl. 10,7; Amos 3,7; Joel 3,2; Is. 14,2; Is. 56,6; Is. 63,17; Jer. 7,25; Jer. 25,4; Matt. 21,34; Matt. 21,35; Matt. 21,36; Matt. 22,3; Matt. 22,4; Matt. 22,6; Matt. 25,14; Luke 15,22; Luke 19,13; Luke 19,15; John 15,15; Acts 2,18; Rom. 6,16; 2Cor. 4,5; Rev. 2,20; Rev. 7,3; Rev. 10,7; Rev. 13,16)

Δούλους ▸ **1**

Noun · masculine · plural · accusative ▸ **1** (Titus 2,9)

δούλῳ ▸ **32** + **6** = **38**

Noun · masculine · singular · dative · (common) ▸ **32** + **6** = **38** (1Sam. 14,41; 1Sam. 20,7; 1Sam. 20,8; 1Sam. 23,11; 1Sam. 29,8; 2Sam. 7,8; 2Sam. 7,21; 2Sam. 9,11; 2Sam. 13,24; 2Sam. 19,28; 1Kings 1,27; 1Kings 3,9; 1Kings 8,23; 1Kings 8,24; 1Kings 8,25; 1Kings 8,66; 1Kings 11,11; 1Kings 11,36; 2Kings 5,17; 2Kings 5,18; 2Kings 5,18; 2Kings 22,12; 1Chr. 17,7; Psa. 35,1; Psa. 88,4; Psa. 118,17; Psa. 118,38; Psa. 118,49; Psa. 118,76; Psa. 135,22; Ezek. 28,25; Ezek. 37,25; Matt. 8,9; Luke 7,8; Luke 14,21; Luke 17,9; John 18,10; Rev. 1,1)

δούλων ▸ **46** + **3** + **5** = **54**

Noun · masculine · plural · genitive · (common) ▸ **46** + **3** + **5** = **54** (Lev. 26,13; Judg. 6,27; 1Sam. 2,27; 1Sam. 12,19; 2Sam. 6,20; 2Sam. 10,2; 2Sam. 11,9; 2Sam. 11,13; 2Sam. 11,17; 2Sam. 19,6; 2Sam. 19,8; 2Sam. 21,22; 1Kings 5,20; 2Kings 1,13; 2Kings 1,14; 2Kings 6,3; 2Kings 9,7; 2Kings 9,7; 2Kings 10,23; 2Kings 17,13; 2Kings 17,23; 2Kings 18,24; 2Kings 21,10; 2Kings 24,2; Ezra 2,65; Ezra 4,15; Ezra 9,11; Neh. 1,6; Neh. 7,57; Neh. 7,60; Neh. 7,67; Neh. 11,3; 2Mac. 1,2; Psa. 33,23; Psa. 68,37; Psa. 78,2; Psa. 78,10; Psa. 88,51; Psa. 101,29; Psa. 122,2; Sol. 2,37; Sol. 10,4; Sol. 18,12; Is. 49,7; Ezek. 38,17; Dan. 9,17; Judg. 6,27; Dan. 9,6; Dan. 9,10; Matt. 18,23; Matt. 25,19; John 18,26; Rev. 19,2; Rev. 19,18)

δουλόω (δοῦλος) to enslave ▸ **6** + **8** = **14**

δεδουλωμένας ▸ **1**

Verb · perfect · passive · participle · feminine · plural · accusative · (variant) ▸ **1** (Titus 2,3)

δεδουλωμένοι ▸ 1
    Verb ▪ perfect ▪ passive ▪ participle ▪ masculine ▪ plural ▪ nominative ▪ (variant) ▸ **1** (Gal. 4,3)
δεδούλωται ▸ 2
    Verb ▪ third ▪ singular ▪ perfect ▪ passive ▪ indicative ▪ (variant) ▸ **2** (1Cor. 7,15; 2Pet. 2,19)
δουλοῦται ▸ 1
    Verb ▪ third ▪ singular ▪ present ▪ passive ▪ indicative ▸ **1** (Prov. 27,8)
δουλωθέντες ▸ **1** + **1** = **2**
    Verb ▪ aorist ▪ passive ▪ participle ▪ masculine ▪ plural ▪ nominative ▸ **1** + **1** = **2** (4Mac. 13,2; Rom. 6,22)
δουλωθῆναι ▸ 1
    Verb ▪ aorist ▪ passive ▪ infinitive ▸ **1** (4Mac. 3,2)
δουλώσουσιν ▸ **1** + **1** = **2**
    Verb ▪ third ▪ plural ▪ future ▪ active ▪ indicative ▸ **1** + **1** = **2** (Gen. 15,13; Acts 7,6)
ἐδουλοῦντο ▸ 1
    Verb ▪ third ▪ plural ▪ imperfect ▪ passive ▪ indicative ▸ **1** (Wis. 19,14)
ἐδουλώθητε ▸ 1
    Verb ▪ second ▪ plural ▪ aorist ▪ passive ▪ indicative ▸ **1** (Rom. 6,18)
ἐδούλωσα ▸ 1
    Verb ▪ first ▪ singular ▪ aorist ▪ active ▪ indicative ▸ **1** (1Cor. 9,19)
ἐδούλωσαν ▸ 1
    Verb ▪ third ▪ plural ▪ aorist ▪ active ▪ indicative ▸ **1** (1Mac. 8,11)

δοχή (δέχομαι) banquet, reception ▸ **10** + **2** = **12**
    δοχήν ▸ 4
        Noun ▪ feminine ▪ singular ▪ accusative ▪ (common) ▸ **4** (Gen. 26,30; Esth. 5,4; Esth. 5,5; Esth. 5,8)
    δοχήν ▸ **6** + **2** = **8**
        Noun ▪ feminine ▪ singular ▪ accusative ▪ (common) ▸ **6** + **2** = **8** (Gen. 21,8; 1Esdr. 3,1; Esth. 1,3; Esth. 5,12; Esth. 5,14; Dan. 5,0; Luke 5,29; Luke 14,13)

δράγμα (δράσσομαι) handful, sheaf ▸ **19**
    δράγμα ▸ 8
        Noun ▪ neuter ▪ singular ▪ accusative ▪ (common) ▸ **7** (Gen. 37,7; Lev. 23,10; Lev. 23,11; Lev. 23,12; Lev. 23,15; Deut. 24,19; Hos. 8,7)
        Noun ▪ neuter ▪ singular ▪ nominative ▪ (common) ▸ **1** (Gen. 37,7)
    δράγμασιν ▸ 1
        Noun ▪ neuter ▪ plural ▪ dative ▪ (common) ▸ **1** (Ruth 2,7)
    δράγματα ▸ 9
        Noun ▪ neuter ▪ plural ▪ accusative ▪ (common) ▸ **8** (Gen. 37,7; Gen. 41,47; Judg. 15,5; Neh. 13,15; Judith 8,3; Psa. 125,6; Psa. 128,7; Mic. 4,12)
        Noun ▪ neuter ▪ plural ▪ nominative ▪ (common) ▸ **1** (Gen. 37,7)
    δραγμάτων ▸ 1
        Noun ▪ neuter ▪ plural ▪ genitive ▪ (common) ▸ **1** (Ruth 2,15)

δράκος (δράσσομαι) handful ▸ **1**
    δράκεσι ▸ 1
        Noun ▪ masculine ▪ plural ▪ dative ▪ (common) ▸ **1** (3Mac. 5,2)

δράκων dragon; giant serpent ▸ **36** + **5** + **13** = **54**
    δράκοντα ▸ **9** + **2** + **1** = **12**
        Noun ▪ masculine ▪ singular ▪ accusative ▪ (common) ▸ **9** + **2** + **1** = **12** (Psa. 90,13; Job 26,13; Job 40,25; Is. 27,1; Is. 27,1; Is. 27,1; Ezek. 29,3; Bel 25; Bel 25; Bel 28; Bel 28; Rev. 20,2)
    δράκοντες ▸ 6
        Noun ▪ masculine ▪ plural ▪ nominative ▪ (common) ▸ **6** (Ex. 7,12; Esth. 11,6 # 1,1e; Esth. 10,7 # 10,3d; Psa. 148,7; Jer. 27,8; Lam. 4,3)
    δράκοντι ▸ **2** + **1** = **3**
        Noun ▪ masculine ▪ singular ▪ dative ▪ (common) ▸ **2** + **1** = **3** (Sir. 25,16; Amos 9,3; Rev. 13,4)
    δράκοντος ▸ **3** + **1** + **2** = **6**
        Noun ▪ masculine ▪ singular ▪ genitive ▪ (common) ▸ **3** + **1** + **2** = **6** (Psa. 73,14; Sol. 2,25; Bel 27; Bel 27; Rev. 12,7; Rev. 16,13)
    δρακόντων ▸ 9
        Noun ▪ masculine ▪ plural ▪ genitive ▪ (common) ▸ **9** (Deut. 32,33; Psa. 73,13; Ode. 2,33; Job 4,10; Job 20,16; Job 38,39; Wis. 16,10; Mic. 1,8; Jer. 9,10)
    δράκων ▸ **7** + **2** + **9** = **18**
        Noun ▪ masculine ▪ singular ▪ nominative ▪ (common) ▸ **7** + **2** + **9** = **18** (Ex. 7,9; Ex. 7,10; Psa. 103,26; Job 7,12; Jer. 28,34; Ezek. 32,2; Bel 23; Bel 23; Bel 27; Rev. 12,3; Rev. 12,4; Rev. 12,7; Rev. 12,9; Rev. 12,13; Rev. 12,16; Rev. 12,17; Rev. 13,2; Rev. 13,11)

δρᾶμα (δράω) deed, act; drama ▸ **1**
    δρᾶμα ▸ 1
        Noun ▪ neuter ▪ singular ▪ accusative ▪ (common) ▸ **1** (4Mac. 6,17)

δράξ (δράσσομαι) handful; hand ▸ **9**
    δράκα ▸ 2
        Noun ▪ feminine ▪ singular ▪ accusative ▪ (common) ▸ **2** (Lev. 2,2; Lev. 5,12)
    δράκας ▸ 1
        Noun ▪ feminine ▪ plural ▪ accusative ▪ (common) ▸ **1** (Ezek. 10,2)
    δρακί ▸ 1
        Noun ▪ feminine ▪ singular ▪ dative ▪ (common) ▸ **1** (Lev. 6,8)
    δρακί ▸ 1
        Noun ▪ feminine ▪ singular ▪ dative ▪ (common) ▸ **1** (Is. 40,12)
    δρακός ▸ 2
        Noun ▪ feminine ▪ singular ▪ genitive ▪ (common) ▸ **2** (Eccl. 4,6; Ezek. 13,19)
    δρακῶν ▸ 1
        Noun ▪ feminine ▪ plural ▪ genitive ▪ (common) ▸ **1** (Eccl. 4,6)
    δράξ ▸ 1
        Noun ▪ feminine ▪ singular ▪ nominative ▪ (common) ▸ **1** (1Kings 17,12)

δραπέτης (διδράσκω) fugitive slave ▸ **1**
    δραπέτου ▸ 1
        Noun ▪ masculine ▪ singular ▪ genitive ▪ (common) ▸ **1** (2Mac. 8,35)

δράσσομαι to catch, trap ▸ **8** + **1** = **9**
    δραξάμενος ▸ 2
        Verb ▪ aorist ▪ middle ▪ participle ▪ masculine ▪ singular ▪ nominative ▸ **2** (Lev. 2,2; Lev. 5,12)
    δράξασθε ▸ 1
        Verb ▪ second ▪ plural ▪ aorist ▪ middle ▪ imperative ▸ **1** (Psa. 2,12)
    δράξεται ▸ 1
        Verb ▪ third ▪ singular ▪ future ▪ middle ▪ indicative ▸ **1** (Num. 5,26)
    δρασσόμενοι ▸ 1
        Verb ▪ present ▪ middle ▪ participle ▪ masculine ▪ plural ▪ nominative ▸ **1** (2Mac. 4,41)
    δρασσόμενος ▸ **2** + **1** = **3**
        Verb ▪ present ▪ middle ▪ participle ▪ masculine ▪ singular ▪ nominative ▸ **2** + **1** = **3** (Sir. 26,7; Sir. 34,2; 1Cor. 3,19)
    ἐδράξατο ▸ 1
        Verb ▪ third ▪ singular ▪ aorist ▪ middle ▪ indicative ▸ **1** (Judith 13,7)

δραχμή (δράσσομαι) drachma (weight or coin) ▸ **7** + **1** + **3** = **11**

δραχμὰς ▸ 4 + **1** = 5
   Noun · feminine · plural · accusative · (common) ▸ 4 + **1** = **5** (2Mac. 4,19; 2Mac. 10,20; 2Mac. 12,43; 3Mac. 3,28; Luke 15,8)

δραχμή ▸ 1
   Noun · feminine · singular · nominative · (common) ▸ **1** (Ex. 39,3)

δραχμὴν ▸ 2 + **1** + 2 = 5
   Noun · feminine · singular · accusative · (common) ▸ 2 + **1** + 2 = **5** (Gen. 24,22; Tob. 5,15; Tob. 5,15; Luke 15,8; Luke 15,9)

δράω to do ▸ 3
  δράσαντας ▸ 1
   Verb · aorist · active · participle · masculine · plural · accusative ▸ **1** (4Mac. 11,4)
  δράσαντι ▸ 1
   Verb · aorist · active · participle · masculine · singular · dative ▸ **1** (Wis. 14,10)
  δρῶντες ▸ 1
   Verb · present · active · participle · masculine · plural · nominative ▸ **1** (Wis. 15,6)

δρεπανηφόρος (δρέπανον; φέρω) carrying a sickle ▸ 1
  δρεπανηφόρα ▸ 1
   Adjective · neuter · plural · accusative · noDegree ▸ **1** (2Mac. 13,2)

δρέπανον sickle ▸ 12 + **8** = 20
  δρέπανα ▸ 4
   Noun · neuter · plural · accusative · (common) ▸ **4** (Mic. 4,3; Joel 4,10; Joel 4,13; Is. 2,4)
  δρεπάνοις ▸ 1
   Noun · neuter · plural · dative · (common) ▸ **1** (Is. 18,5)
  δρέπανον ▸ 6 + **7** = 13
   Noun · neuter · singular · accusative · (common) ▸ 5 + **7** = **12** (Deut. 16,9; Deut. 23,25; 1Sam. 13,20; Zech. 5,2; Jer. 27,16; Mark 4,29; Rev. 14,14; Rev. 14,16; Rev. 14,17; Rev. 14,18; Rev. 14,18; Rev. 14,19)
   Noun · neuter · singular · nominative · (common) ▸ **1** (Zech. 5,1)
  δρέπανόν ▸ 1
   Noun · neuter · singular · accusative ▸ **1** (Rev. 14,15)
  δρεπάνῳ ▸ 1
   Noun · neuter · singular · dative · (common) ▸ **1** (1Sam. 13,21)

Δρίμυλος Drimylus ▸ 1
  Δριμύλου ▸ 1
   Noun · masculine · singular · genitive · (proper) ▸ **1** (3Mac. 1,3)

δρομεύς (τρέχω) runner ▸ 5
  δρομεύς ▸ 2
   Noun · masculine · singular · nominative · (common) ▸ **2** (Prov. 6,11; Prov. 24,34)
  δρομεὺς ▸ 1
   Noun · masculine · singular · nominative · (common) ▸ **1** (Prov. 6,11a)
  δρομέως ▸ 2
   Noun · masculine · singular · genitive · (common) ▸ **2** (Job 9,25; Amos 2,14)

δρόμος (τρέχω) race-course, race; circuit ▸ 9 + **3** = 12
  δρόμον ▸ 3 + **3** = 6
   Noun · masculine · singular · accusative · (common) ▸ 3 + **3** = **6** (2Sam. 18,27; 2Sam. 18,27; 3Mac. 1,19; Acts 13,25; Acts 20,24; 2Tim. 4,7)
  δρόμος ▸ 3
   Noun · masculine · singular · nominative · (common) ▸ **3** (Eccl. 9,11; Wis. 17,18; Jer. 23,10)
  δρόμου ▸ 1
   Noun · masculine · singular · genitive · (common) ▸ **1** (Jer. 8,6)
  δρόμῳ ▸ 2
   Noun · masculine · singular · dative · (common) ▸ **2** (1Esdr. 4,34; 2Mac. 14,45)

δροσίζω (δρόσος) to sprinkle ▸ 1
  δροσίσας ▸ 1
   Verb · aorist · active · participle · masculine · singular · nominative ▸ **1** (3Mac. 6,6)

δρόσος dew ▸ 41 + **13** = 54
  δρόσοι ▸ 2 + **1** = 3
   Noun · feminine · plural · nominative · (common) ▸ 2 + **1** = **3** (Ode. 8,68; Dan. 3,68; Dan. 3,68)
  δρόσον ▸ 1
   Noun · feminine · singular · accusative · (common) ▸ **1** (Zech. 8,12)
  δρόσος ▸ 24 + **5** = 29
   Noun · feminine · singular · nominative · (common) ▸ 24 + **5** = **29** (Num. 11,9; Deut. 32,2; Judg. 6,37; Judg. 6,38; Judg. 6,39; Judg. 6,40; 2Sam. 1,21; 2Sam. 17,12; 1Kings 17,1; Psa. 132,3; Ode. 2,2; Ode. 5,19; Ode. 8,64; Prov. 19,12; Prov. 26,1; Job 29,19; Sir. 18,16; Sir. 43,22; Hos. 6,4; Hos. 13,3; Hos. 14,6; Mic. 5,6; Is. 26,19; Dan. 3,64; Judg. 6,37; Judg. 6,38; Judg. 6,39; Judg. 6,40; Dan. 3,64)
  δρόσου ▸ 12 + **4** = 16
   Noun · feminine · singular · genitive · (common) ▸ 12 + **4** = **16** (Gen. 27,28; Gen. 27,39; Ex. 16,13; Deut. 33,13; Song 5,2; Job 24,20; Job 38,28; Wis. 11,22; Hag. 1,10; Is. 18,4; Dan. 3,50; Dan. 4,16; Dan. 3,50; Dan. 4,25; Dan. 4,33; Dan. 5,21)
  δρόσους ▸ 1 + **1** = 2
   Noun · feminine · plural · accusative · (common) ▸ 1 + **1** = **2** (Prov. 3,20; Judg. 5,4)
  δρόσῳ ▸ 1 + **2** = 3
   Noun · feminine · singular · dative · (common) ▸ 1 + **2** = **3** (Deut. 33,28; Dan. 4,15; Dan. 4,23)

Δρούσιλλα Drusilla ▸ 1
  Δρουσίλλῃ ▸ 1
   Noun · feminine · singular · dative · (proper) ▸ **1** (Acts 24,24)

δρυμός (δρῦς) thicket, grove; forest ▸ 65
  δρυμοὶ ▸ 2
   Noun · masculine · plural · nominative · (common) ▸ **2** (Sol. 11,5; Bar. 5,8)
  δρυμοί ▸ 1
   Noun · masculine · plural · nominative · (common) ▸ **1** (Is. 10,18)
  δρυμοῖς ▸ 3
   Noun · masculine · plural · dative · (common) ▸ **3** (2Chr. 27,4; Is. 32,19; Ezek. 34,25)
  δρυμόν ▸ 1
   Noun · masculine · singular · accusative · (common) ▸ **1** (Psa. 82,15)
  δρυμὸν ▸ 9
   Noun · masculine · singular · accusative · (common) ▸ **9** (Deut. 19,5; Josh. 17,15; 2Sam. 18,6; Eccl. 2,6; Mic. 7,14; Is. 29,17; Is. 32,15; Jer. 26,23; Ezek. 21,2)
  δρυμός ▸ 2
   Noun · masculine · singular · nominative · (common) ▸ **2** (Josh. 17,18; 1Mac. 9,45)
  δρυμὸς ▸ 5
   Noun · masculine · singular · nominative · (common) ▸ **5** (Josh. 17,18; 1Sam. 14,25; 2Sam. 18,8; Zech. 11,2; Is. 27,9)
  δρυμοῦ ▸ 26
   Noun · masculine · singular · genitive · (common) ▸ **26** (Judg.

δρυμός–δύναμαι

4,16; 1Kings 10,17; 1Kings 10,21; 2Kings 2,24; 2Kings 19,23; 1Chr. 16,33; 2Chr. 9,16; 2Chr. 9,20; Psa. 49,10; Psa. 79,14; Psa. 95,12; Psa. 103,20; Psa. 131,6; Song 2,3; Hos. 13,8; Amos 3,4; Mic. 3,12; Is. 9,17; Is. 37,24; Is. 44,14; Is. 56,9; Jer. 5,6; Jer. 10,3; Jer. 33,18; Ezek. 15,2; Ezek. 15,6)

δρυμούς ▸ 1
  Noun · masculine · plural · accusative · (common) ▸ **1** (Psa. 28,9)

δρυμοὺς ▸ 1
  Noun · masculine · plural · accusative · (common) ▸ **1** (LetterJ 61)

δρυμῷ ▸ 13
  Noun · masculine · singular · dative · (common) ▸ **13** (2Sam. 18,6; 2Sam. 18,17; 1Kings 7,39; 1Mac. 4,38; Psa. 73,6; Mic. 5,7; Is. 7,2; Is. 21,13; Is. 65,10; Jer. 12,8; Jer. 21,14; Jer. 27,32; Ezek. 21,3)

δρυμῶν ▸ 1
  Noun · masculine · plural · genitive · (common) ▸ **1** (Ezek. 39,10)

δρῦς oak tree ▸ 20 + **1** = 21

  δρύες ▸ 1
    Noun · feminine · plural · nominative · (common) ▸ **1** (Zech. 11,2)

  δρυὶ ▸ 2
    Noun · feminine · singular · dative · (common) ▸ **2** (Gen. 14,13; Gen. 18,1)

  δρυί ▸ 3
    Noun · feminine · singular · dative · (common) ▸ **3** (2Sam. 18,9; 2Sam. 18,10; Jer. 2,34)

  δρῦν ▸ 7
    Noun · feminine · singular · accusative · (common) ▸ **7** (Gen. 12,6; Gen. 13,18; Judg. 4,11; Judg. 6,11; Judg. 6,19; 1Kings 13,14; 1Chr. 10,12)

  δρυὸς ▸ 6 + **1** = 7
    Noun · feminine · singular · genitive · (common) ▸ 6 + **1** = 7 (Deut. 11,30; Judg. 9,37; 1Sam. 10,3; 2Sam. 18,9; 2Sam. 18,14; Hos. 4,13; Judg. 4,11)

  δρῦς ▸ 1
    Noun · feminine · singular · nominative · (common) ▸ **1** (Amos 2,9)

δύναμαι to be able ▸ 305 + **32** + 210 = 547

  δυναίμην ▸ 2 + **1** = 3
    Verb · first · singular · present · middle · optative ▸ **2** (4Mac. 8,6; Job 30,24)
    Verb · first · singular · present · passive · optative · (variant) ▸ **1** (Acts 8,31)

  δύναιντο ▸ **1** + 2 = 3
    Verb · third · plural · present · middle · optative ▸ **1** (4Mac. 14,17)
    Verb · third · plural · present · passive · optative · (variant) ▸ **2** (Acts 27,12; Acts 27,39)

  δύναιτ' ▸ 1
    Verb · third · singular · present · middle · optative ▸ **1** (4Mac. 3,4)

  δύναμαι ▸ 5 + **1** + 6 = 12
    Verb · first · singular · present · middle · indicative ▸ 5 + **1** = 6 (Gen. 31,35; Tob. 5,5; Job 10,15; Is. 29,11; Jer. 20,9; Tob. 9,3-4)
    Verb · first · singular · present · passive · indicative · (variant) ▸ **6** (Matt. 9,28; Matt. 26,53; Matt. 26,61; Luke 11,7; Luke 14,20; John 5,30)

  δύναμαί ▸ **1** + 1 = 2
    Verb · first · singular · present · middle · indicative ▸ **1** (Job 7,20)
    Verb · first · singular · present · passive · indicative · (variant) ▸ **1** (John 13,37)

  δυνάμεθα ▸ **1** + 8 = 9
    Verb · first · plural · present · middle · indicative ▸ **1** (Is. 28,20)
    Verb · first · plural · present · passive · indicative · (variant) ▸ **8** (Matt. 20,22; Mark 10,39; John 14,5; Acts 4,16; Acts 4,20; Acts 17,19; 1Th. 3,9; 1Tim. 6,7)

  δυνάμεθά ▸ 1
    Verb · first · plural · present · passive · indicative · (variant) ▸ **1** (2Cor. 13,8)

  δυνάμενα ▸ **1** + 1 = 2
    Verb · present · middle · participle · neuter · plural · accusative ▸ **1** (3Mac. 4,16)
    Verb · present · passive · participle · neuter · plural · accusative · (variant) ▸ **1** (2Tim. 3,7)

  δυνάμενά ▸ 1
    Verb · present · passive · participle · neuter · plural · accusative · (variant) ▸ **1** (2Tim. 3,15)

  δυνάμεναι ▸ 1
    Verb · present · passive · participle · feminine · plural · nominative · (variant) ▸ **1** (Heb. 9,9)

  δυναμένη ▸ 1
    Verb · present · passive · participle · feminine · singular · nominative · (variant) ▸ **1** (Luke 13,11)

  δυνάμενοι ▸ 4 + **3** = 7
    Verb · present · middle · participle · masculine · plural · nominative ▸ **4** (2Chr. 32,13; Esth. 16,3 # 8,12c; Job 16,14; Wis. 14,17)
    Verb · present · passive · participle · masculine · plural · nominative · (variant) ▸ **3** (Mark 2,4; Rom. 15,14; 1Th. 2,7)

  δυναμένοις ▸ 1
    Verb · present · middle · participle · masculine · plural · dative ▸ **1** (2Mac. 15,17)

  δυνάμενον ▸ 3 + **4** = 7
    Verb · present · middle · participle · masculine · singular · accusative ▸ **2** (Ex. 4,13; LetterJ 40)
    Verb · present · middle · participle · neuter · singular · accusative ▸ **1** (Wis. 13,18)
    Verb · present · passive · participle · masculine · singular · accusative · (variant) ▸ **4** (Matt. 10,28; Heb. 4,15; Heb. 5,7; James 1,21)

  δυνάμενος ▸ 6 + **5** = 11
    Verb · present · middle · participle · masculine · singular · nominative ▸ **6** (1Sam. 26,25; 1Mac. 5,40; 2Mac. 3,5; 2Mac. 6,30; 2Mac. 9,12; Jer. 14,9)
    Verb · present · passive · participle · masculine · singular · nominative · (variant) ▸ **5** (Matt. 19,12; Luke 1,20; Gal. 3,21; Heb. 5,2; James 4,12)

  δυναμένου ▸ **1** + 3 = 4
    Verb · present · middle · participle · masculine · singular · genitive ▸ **1** (2Mac. 11,13)
    Verb · present · passive · participle · masculine · singular · genitive · (variant) ▸ **2** (Acts 21,34; Acts 24,11)
    Verb · present · passive · participle · neuter · singular · genitive · (variant) ▸ **1** (Acts 27,15)

  δυναμένους ▸ **1** + 1 = 2
    Verb · present · middle · participle · masculine · plural · accusative ▸ **1** (Judg. 18,7)
    Verb · present · passive · participle · masculine · plural · accusative · (variant) ▸ **1** (Acts 27,43)

  δυναμένῳ ▸ 2 + **4** = 6
    Verb · present · middle · participle · masculine · singular · dative ▸ **2** (2Chr. 30,17; 2Mac. 8,18)

Verb · present · passive · participle · masculine · singular · dative · (variant) ▸ **4** (Acts 20,32; Rom. 16,25; Eph. 3,20; Jude 24)

δυναμένων ▸ **1**
Verb · present · passive · participle · masculine · plural · genitive · (variant) ▸ **1** (Matt. 10,28)

δύνανται ▸ **10** + **1** + **8** = **19**
Verb · third · plural · present · middle · indicative ▸ **10** + **1** = **11** (1Esdr. 4,11; 1Esdr. 4,17; 4Mac. 7,18; Jer. 6,10; LetterJ 7; LetterJ 18; LetterJ 33; LetterJ 41; LetterJ 67; Dan. 6,28; Dan. 4,18)
Verb · third · plural · present · passive · indicative · (variant) ▸ **8** (Matt. 9,15; Mark 2,19; Mark 2,19; Luke 20,36; Rom. 8,8; 1Tim. 5,25; Heb. 10,11; Rev. 9,20)

δύνανταί ▸ **1**
Verb · third · plural · present · passive · indicative · (variant) ▸ **1** (Acts 24,13)

δύνασαι ▸ **6** + **3** + **3** = **12**
Verb · second · singular · present · middle · indicative ▸ **6** + **3** = **9** (Job 10,13; Job 35,6; Job 35,14; Job 42,2; Wis. 11,23; Wis. 14,4; Dan. 4,18; Dan. 5,16; Bel 24)
Verb · second · singular · present · passive · indicative · (variant) ▸ **3** (Matt. 5,36; Luke 6,42; 1Cor. 7,21)

δύνασαί ▸ **1** + **4** = **5**
Verb · second · singular · present · middle · indicative · (variant) ▸ **1** (Dan. 2,26)
Verb · second · singular · present · passive · indicative · (variant) ▸ **4** (Matt. 8,2; Mark 1,40; Luke 5,12; John 13,36)

δύνασθαι ▸ **8** + **8** = **16**
Verb · present · middle · infinitive ▸ **8** (Num. 14,16; Deut. 9,28; 1Kings 8,64; 3Mac. 2,22; Job 4,20; Wis. 12,18; Sir. 1,5 Prol.; Lam. 4,14)
Verb · present · passive · infinitive · (variant) ▸ **8** (Mark 1,45; Mark 3,20; Mark 4,32; 1Cor. 10,13; 2Cor. 1,4; 2Cor. 3,7; Eph. 6,11; Phil. 3,21)

δύνασθαί ▸ **2**
Verb · present · middle · infinitive ▸ **2** (Deut. 28,27; Deut. 28,35)

δύνασθε ▸ **1** + **27** = **28**
Verb · second · plural · present · middle · indicative ▸ **1** (Is. 36,9)
Verb · second · plural · present · passive · indicative · (variant) ▸ **27** (Matt. 6,24; Matt. 12,34; Matt. 16,3; Matt. 20,22; Mark 10,38; Mark 14,7; Luke 5,34; Luke 12,26; Luke 16,13; John 5,44; John 7,34; John 7,36; John 8,21; John 8,22; John 8,43; John 13,33; John 15,5; John 16,12; Acts 15,1; Acts 27,31; 1Cor. 3,2; 1Cor. 10,13; 1Cor. 10,21; 1Cor. 10,21; 1Cor. 14,31; Eph. 3,4; James 4,2)

δυνασθῆτε ▸ **1**
Verb · second · plural · aorist · passive · subjunctive ▸ **1** (Judg. 14,13)

δύναται ▸ **20** + **1** + **69** = **90**
Verb · third · singular · present · middle · indicative ▸ **20** + **1** = **21** (Gen. 32,26; 1Mac. 7,25; 4Mac. 1,33; 4Mac. 2,6; 4Mac. 2,14; 4Mac. 3,2; 4Mac. 3,2; 4Mac. 3,3; 4Mac. 3,4; 4Mac. 14,17; Psa. 77,20; Prov. 30,21; Job 6,7; Job 40,14; Wis. 7,27; Sir. 17,30; Sol. 17,39; Is. 44,20; Dan. 2,43; Dan. 5,9; Dan. 4,37)
Verb · third · singular · present · passive · indicative · (variant) ▸ **69** (Matt. 3,9; Matt. 5,14; Matt. 6,24; Matt. 6,27; Matt. 7,18; Matt. 19,25; Matt. 26,42; Matt. 27,42; Mark 2,7; Mark 3,23; Mark 3,24; Mark 3,26; Mark 3,27; Mark 7,15; Mark 7,18; Mark 9,3; Mark 9,29; Mark 10,26; Mark 15,31; Luke 3,8; Luke 5,21; Luke 6,39; Luke 12,25; Luke 14,26; Luke 14,27; Luke 14,33; Luke 16,13; Luke 18,26; John 3,2; John 3,3; John 3,4; John 3,4; John 3,5; John 3,9; John 3,27; John 5,19; John 6,44; John 6,52; John 6,60; John 6,65; John 7,7; John 9,4; John 9,16; John 10,21; John 10,29; John 10,35; John 14,17; John 15,4; Acts 10,47; Acts 25,11; Rom. 8,7; 1Cor. 2,14; 1Cor. 3,11; 1Cor. 12,3; 1Cor. 12,21; 1Cor. 15,50; 1Tim. 6,16; 2Tim. 2,13; Heb. 2,18; Heb. 7,25; Heb. 10,1; James 2,14; James 3,8; James 3,12; 1John 3,9; 1John 4,20; Rev. 3,8; Rev. 6,17; Rev. 13,4)

δύναταί ▸ **1** + **2** = **3**
Verb · third · singular · present · middle · indicative ▸ **1** (Gen. 13,16)
Verb · third · singular · present · passive · indicative · (variant) ▸ **2** (Matt. 12,29; John 1,46)

δύνῃ ▸ **4** + **4** = **8**
Verb · second · singular · present · middle · indicative ▸ **1** (Dan. 5,16)
Verb · second · singular · present · middle · subjunctive ▸ **3** (Deut. 14,24; Esth. 6,13; Job 33,5)
Verb · second · singular · present · passive · indicative · (variant) ▸ **4** (Mark 9,22; Mark 9,23; Luke 16,2; Rev. 2,2)

δυνηθείς ▸ **1**
Verb · aorist · passive · participle · masculine · singular · nominative ▸ **1** (4Mac. 8,2)

δυνηθῇ ▸ **2** + **1** = **3**
Verb · third · singular · aorist · passive · subjunctive ▸ **2** + **1** = **3** (1Sam. 17,9; Job 20,14; Tob. 6,13)

δυνηθῆναί ▸ **1**
Verb · aorist · passive · infinitive ▸ **1** (4Mac. 11,25)

δυνηθῇς ▸ **1**
Verb · second · singular · aorist · passive · subjunctive ▸ **1** (Dan. 5,16)

δυνηθῆτε ▸ **1**
Verb · second · plural · aorist · passive · subjunctive ▸ **1** (Eph. 6,13)

δυνηθῶ ▸ **1**
Verb · first · singular · aorist · passive · subjunctive ▸ **1** (1Sam. 17,9)

δυνηθῶσιν ▸ **1**
Verb · third · plural · aorist · passive · subjunctive ▸ **1** (Wis. 10,8)

δυνήσει ▸ **2**
Verb · second · singular · future · middle · indicative ▸ **2** (1Sam. 26,25; 1Kings 22,22)

δυνήσεσθε ▸ **4** + **2** = **6**
Verb · second · plural · future · middle · indicative ▸ **4** + **2** = **6** (Lev. 26,37; Josh. 7,13; Is. 36,8; Jer. 13,23; Acts 5,39; Eph. 6,16)

δυνήσεται ▸ **29** + **3** + **4** = **36**
Verb · third · singular · future · middle · indicative ▸ **29** + **3** + **4** = **36** (Gen. 44,22; Ex. 19,23; Deut. 21,16; Deut. 22,19; Deut. 22,29; Deut. 24,4; 1Sam. 6,20; 1Kings 3,9; 2Chr. 32,14; 1Mac. 5,40; Psa. 77,19; Prov. 17,16; Prov. 26,15; Eccl. 1,8; Eccl. 1,15; Eccl. 1,15; Eccl. 6,10; Eccl. 7,13; Eccl. 8,17; Eccl. 8,17; Song 8,7; Sir. 1,22; Sir. 8,17; Is. 8,8; Jer. 5,22; Jer. 19,11; Dan. 2,10; Dan. 3,96; Dan. 10,17; Dan. 2,10; Dan. 3,96; Dan. 10,17; Mark 3,25; Mark 9,39; Rom. 8,39; 1Cor. 6,5)

δυνήσεταί ▸ **1** + **1** = **2**
Verb · third · singular · future · middle · indicative ▸ **1** (Wis. 12,14)
Verb · third · singular · future · passive · indicative ▸ **1** (Mark 8,4)

Δυνήσῃ ▸ **1**
Verb · second · singular · future · middle · indicative ▸ **1** (Dan. 2,26)

δυνήσῃ ▸ **18** + **1** + **1** = **20**
Verb · second · singular · future · middle · indicative ▸ **18** + **1**

δύναμις

+ 1 = **20** (Gen. 15,5; Ex. 10,5; Ex. 18,18; Ex. 18,23; Ex. 33,20; Deut. 7,22; Deut. 12,17; Deut. 16,5; Deut. 17,15; Deut. 22,3; 1Sam. 17,33; 2Kings 18,23; 2Chr. 18,21; 1Mac. 6,27; 1Mac. 10,73; Hab. 1,13; Is. 47,11; Is. 47,12; Tob. 5,10; Acts 24,8)

δύνησθε ‣ **2** + **1** = **3**
  Verb · second · plural · present · middle · subjunctive ‣ **2** + **1** = **3** (Josh. 24,19; Sir. 43,30; Judg. 14,13)

δυνήσομαι ‣ **23** + **2** = **25**
  Verb · first · singular · future · middle · indicative ‣ **23** + **2** = **25** (Gen. 19,19; Gen. 19,22; Num. 11,14; Num. 22,11; Num. 22,18; Num. 22,37; Num. 24,13; Deut. 1,9; Deut. 1,12; Deut. 7,17; Deut. 31,2; Judg. 11,35; Ruth 4,6; Ruth 4,6; 2Sam. 12,23; 1Kings 21,9; Neh. 6,3; Esth. 8,6; Esth. 8,6; Tob. 5,2; Hos. 11,4; Jer. 18,6; Lam. 1,14; Judg. 11,35; Tob. 5,2)

Δυνήσομαι ‣ **1**
  Verb · first · singular · future · middle · indicative ‣ **1** (Tob. 5,10)

δυνησόμεθα ‣ **15** + **2** + **1** = **18**
  Verb · first · plural · future · middle · indicative ‣ **15** + **2** + **1** = **18** (Gen. 24,50; Gen. 29,8; Gen. 34,14; Gen. 44,26; Gen. 44,26; Num. 13,30; Josh. 9,19; Judg. 16,5; Judg. 21,18; Neh. 4,4; 1Mac. 3,17; 1Mac. 3,53; 1Mac. 5,40; 1Mac. 5,41; Jer. 20,10; Judg. 16,5; Judg. 21,18; Acts 19,40)

δυνήσονται ‣ **9** + **1** + **1** = **11**
  Verb · third · plural · future · middle · indicative ‣ **9** + **1** + **1** = **11** (Ex. 7,18; Judith 10,19; Is. 36,14; Is. 46,2; Is. 56,10; Is. 57,20; Jer. 2,13; Jer. 11,11; LetterJ 33; Sus. 14; Luke 21,15)

δυνήσονταί ‣ **1**
  Verb · third · plural · future · middle · indicative ‣ **1** (Jer. 45,22)

δύνηται ‣ **8** + **1** = **9**
  Verb · third · singular · present · middle · subjunctive ‣ **8** (2Kings 18,29; 2Chr. 32,15; Job 33,20; Amos 7,10; Zeph. 1,18; Is. 16,12; Is. 24,20; Ezek. 33,12)
  Verb · third · singular · present · passive · subjunctive · (variant) ‣ **1** (Rev. 13,17)

δύνωμαι ‣ **4**
  Verb · first · singular · present · middle · subjunctive ‣ **4** (1Sam. 17,39; 1Kings 13,16; Psa. 138,6; Jer. 43,5)

δυνώμεθα ‣ **4**
  Verb · first · plural · present · middle · subjunctive ‣ **4** (Num. 13,31; Num. 22,6; 1Mac. 9,8; 1Mac. 9,9)

δύνωνται ‣ **14** + **1** = **15**
  Verb · third · plural · present · middle · subjunctive ‣ **14** (Gen. 44,1; Josh. 7,12; Psa. 17,39; Psa. 20,12; Psa. 35,13; Prov. 31,5; Wis. 13,9; Hos. 8,5; Is. 11,9; Jer. 1,19; Jer. 15,20; Jer. 30,4; Jer. 30,29; LetterJ 34)
  Verb · third · plural · present · passive · subjunctive · (variant) ‣ **1** (Luke 16,26)

ἐδύναντο ‣ **12**
  Verb · third · plural · imperfect · middle · indicative ‣ **12** (Gen. 13,6; Gen. 37,4; Gen. 43,32; Gen. 45,3; 2Sam. 17,17; 1Kings 10,22b # 9,20; 2Kings 16,5; 2Chr. 29,34; Wis. 11,20; Is. 20,6; Is. 36,19; Dan. 5,7)

ἐδύνασθε ‣ **1**
  Verb · second · plural · imperfect · passive · indicative · (variant) ‣ **1** (1Cor. 3,2)

ἐδυνάσθη ‣ **2**
  Verb · third · singular · aorist · passive · indicative ‣ **2** (Judg. 1,32; 2Chr. 20,37)

ἐδυνάσθης ‣ **1**
  Verb · second · singular · aorist · passive · indicative ‣ **1** (Dan. 2,47)

ἐδυνάσθησαν ‣ **1**
  Verb · third · plural · aorist · passive · indicative ‣ **1** (Jer. 5,4)

ἐδύνατο ‣ **6** + **11** = **17**
  Verb · third · singular · imperfect · middle · indicative ‣ **6** (Gen. 36,7; Judg. 1,19; 1Kings 5,17; 2Mac. 9,10; 4Mac. 2,20; Sir. 31,10)
  Verb · third · singular · imperfect · passive · indicative · (variant) ‣ **11** (Matt. 22,46; Matt. 26,9; Mark 5,3; Mark 6,5; Luke 1,22; John 11,37; Acts 26,32; Rev. 5,3; Rev. 7,9; Rev. 14,3; Rev. 15,8)

ἐδυνήθησαν ‣ **1**
  Verb · third · plural · aorist · passive · indicative ‣ **1** (2Mac. 2,6)

ἠδύναντο ‣ **20** + **3** + **3** = **26**
  Verb · third · plural · imperfect · middle · indicative ‣ **20** + **3** = **23** (Gen. 41,49; Ex. 2,3; Ex. 7,21; Ex. 7,24; Ex. 8,14; Ex. 9,11; Ex. 15,23; Num. 9,6; 1Kings 8,11; 2Kings 4,40; 2Chr. 5,14; 2Chr. 7,2; 2Chr. 32,13; 2Chr. 32,14; 1Esdr. 5,37; 1Mac. 5,44; 1Mac. 9,60; Jonah 1,13; Is. 59,14; Jer. 20,11; Judg. 14,14; Tob. 12,21; Dan. 5,8)
  Verb · third · plural · imperfect · passive · indicative · (variant) ‣ **3** (Mark 4,33; Luke 8,19; John 12,39)

ἠδυνάσθη ‣ **5**
  Verb · third · singular · aorist · passive · indicative ‣ **5** (Ex. 40,35; 2Sam. 3,11; 1Mac. 6,3; Hos. 5,13; Hos. 12,5)

ἠδυνάσθην ‣ **3** + **1** = **4**
  Verb · first · singular · aorist · passive · indicative ‣ **3** + **1** = **4** (Gen. 30,8; Judg. 8,3; Tob. 1,15; Tob. 1,15)

ἠδυνάσθης ‣ **2**
  Verb · second · singular · aorist · passive · indicative ‣ **2** (Jer. 3,5; Jer. 20,7)

ἠδυνάσθησαν ‣ **8** + **1** = **9**
  Verb · third · plural · aorist · passive · indicative ‣ **8** + **1** = **9** (Josh. 15,63; Josh. 17,12; Judg. 2,14; Judg. 14,14; 2Chr. 30,3; Ezra 2,59; Neh. 7,61; Obad. 7; Judg. 1,19)

ἠδύνατο ‣ **13** + **4** = **17**
  Verb · third · singular · imperfect · middle · indicative ‣ **13** (Gen. 45,1; Gen. 48,10; 1Sam. 3,2; 1Chr. 21,30; 1Mac. 9,55; 4Mac. 3,10; Wis. 11,19; Jer. 45,5; Jer. 51,22; Bar. 1,6; Ezek. 47,5; Dan. 5,8; Dan. 6,16)
  Verb · third · singular · imperfect · passive · indicative · (variant) ‣ **4** (Mark 6,19; Mark 14,5; Luke 19,3; John 9,33)

ἠδυνήθη ‣ **1** + **2** + **1** = **4**
  Verb · third · singular · aorist · passive · indicative ‣ **1** + **2** + **1** = **4** (1Kings 13,4; Judg. 1,32; Dan. 6,21; Mark 7,24)

ἠδυνήθημεν ‣ **1** + **2** = **3**
  Verb · first · plural · aorist · passive · indicative ‣ **1** + **2** = **3** (Sus. 39; Matt. 17,19; Mark 9,28)

ἠδυνήθην ‣ **1** + **1** + **1** = **3**
  Verb · first · singular · aorist · passive · indicative ‣ **1** + **1** + **1** = **3** (Psa. 39,13; Judg. 8,3; 1Cor. 3,1)

ἠδυνήθης ‣ **1**
  Verb · second · singular · aorist · passive · indicative ‣ **1** (Dan. 2,47)

ἠδυνήθησαν ‣ **4** + **2** + **3** = **9**
  Verb · third · plural · aorist · passive · indicative ‣ **4** + **2** + **3** = **9** (Ex. 12,39; 2Kings 3,26; Job 32,3; Is. 7,1; Judg. 2,14; Dan. 5,15; Matt. 17,16; Luke 9,40; Heb. 3,19)

ἠδυνήθησάν ‣ **1**
  Verb · third · plural · aorist · passive · indicative ‣ **1** (Psa. 128,2)

ἠδυνήθητε ‣ **1**
  Verb · second · plural · aorist · passive · indicative ‣ **1** (Acts 13,38)

δύναμις (δύναμαι) power, strength, capability; authority; (military) force ‣ **563** + **28** + **119** = **710**

δυνάμει ▸ 105 + 7 + 26 = 138

Noun ▪ feminine ▪ singular ▪ dative ▪ (common) ▸ 105 + 7 + 26 = **138** (Ex. 6,26; Ex. 7,4; Ex. 12,51; Num. 1,3; Num. 1,3; Num. 1,20; Num. 1,22; Num. 1,24; Num. 1,26; Num. 1,28; Num. 1,30; Num. 1,32; Num. 1,34; Num. 1,36; Num. 1,38; Num. 1,40; Num. 1,42; Num. 1,45; Num. 1,52; Num. 2,3; Num. 2,9; Num. 2,10; Num. 2,16; Num. 2,18; Num. 2,24; Num. 2,25; Num. 10,14; Num. 10,18; Num. 10,22; Num. 10,25; Num. 10,28; Num. 31,6; Num. 33,1; 1Sam. 2,10; 2Sam. 20,23; 2Sam. 22,33; 2Sam. 22,40; 1Kings 10,2; 1Kings 11,28; 2Kings 17,16; 2Kings 18,17; 2Kings 21,3; 2Kings 21,5; 2Kings 23,4; 2Kings 23,5; 1Chr. 5,24; 1Chr. 7,2; 1Chr. 7,5; 1Chr. 7,7; 1Chr. 7,9; 1Chr. 7,11; 1Chr. 7,11; 1Chr. 7,40; 1Chr. 8,40; 1Chr. 9,13; 1Chr. 12,22; 1Chr. 13,8; 2Chr. 9,1; 2Chr. 13,3; 2Chr. 14,8; 2Chr. 25,9; 2Chr. 25,10; 2Chr. 26,13; 2Chr. 26,14; Ezra 4,23; Neh. 1,10; Judith 1,13; Judith 7,9; Judith 7,26; Judith 9,7; Judith 9,8; Judith 11,18; 1Mac. 2,42; 1Mac. 2,66; 1Mac. 3,40; 1Mac. 4,9; 1Mac. 4,31; 1Mac. 6,6; 1Mac. 6,6; 1Mac. 7,27; 1Mac. 9,43; Psa. 20,2; Psa. 20,14; Psa. 48,7; Psa. 53,3; Psa. 58,12; Psa. 58,17; Psa. 67,12; Psa. 67,29; Psa. 73,13; Psa. 121,7; Psa. 137,3; Ode. 3,10; Eccl. 10,17; Sir. 6,26; Sir. 7,30; Sir. 44,3; Zech. 4,6; Bar. 2,11; Ezek. 17,17; Ezek. 27,10; Ezek. 28,5; Ezek. 29,18; Ezek. 29,19; Dan. 3,20; Judg. 5,31; Judg. 8,6; Judg. 11,1; Dan. 4,35; Dan. 11,13; Dan. 11,25; Dan. 11,25; Mark 9,1; Luke 1,17; Luke 4,14; Luke 4,36; Acts 3,12; Acts 4,7; Acts 4,33; Acts 10,38; Rom. 1,4; Rom. 15,13; Rom. 15,19; Rom. 15,19; 1Cor. 2,5; 1Cor. 4,20; 1Cor. 5,4; 1Cor. 15,43; 2Cor. 6,7; Eph. 3,16; Col. 1,11; Col. 1,29; 1Th. 1,5; 2Th. 1,11; 2Th. 2,9; 1Pet. 1,5; 2Pet. 2,11; Rev. 1,16)

δυνάμεις ▸ 46 + 2 + 19 = 67

Noun ▪ feminine ▪ plural ▪ accusative ▪ (common) ▸ 24 + 1 + 6 = **31** (1Mac. 3,27; 1Mac. 9,52; 1Mac. 10,2; 1Mac. 10,6; 1Mac. 10,21; 1Mac. 10,36; 1Mac. 10,48; 1Mac. 11,1; 1Mac. 11,3; 1Mac. 11,38; 1Mac. 12,45; 1Mac. 12,46; 1Mac. 12,49; 1Mac. 14,1; 1Mac. 15,38; 1Mac. 15,41; 1Mac. 16,18; 2Mac. 10,24; 3Mac. 1,4; 3Mac. 5,29; 3Mac. 5,44; 3Mac. 6,21; Eccl. 10,10; Wis. 7,20; Dan. 11,26; Matt. 7,22; Matt. 13,58; Acts 8,13; 1Cor. 12,28; Gal. 3,5; Heb. 6,5)

Noun ▪ feminine ▪ plural ▪ nominative ▪ (common) ▸ 22 + 1 + 13 = **36** (2Chr. 26,11; 1Esdr. 4,10; 1Mac. 3,42; 1Mac. 4,4; 1Mac. 6,29; 1Mac. 6,33; 1Mac. 6,56; 1Mac. 7,2; 1Mac. 7,4; 1Mac. 11,38; 1Mac. 11,39; 1Mac. 11,40; 1Mac. 11,43; 1Mac. 11,55; 1Mac. 15,10; 1Mac. 15,12; Psa. 102,21; Psa. 148,2; Ode. 8,61; Ezek. 27,27; Dan. 3,61; Dan. 6,24; Dan. 3,61; Matt. 11,20; Matt. 11,21; Matt. 11,23; Matt. 13,54; Matt. 14,2; Matt. 24,29; Mark 6,2; Mark 6,14; Mark 13,25; Luke 10,13; Luke 21,26; Rom. 8,38; 1Cor. 12,29)

Δυνάμεις ▸ 1

Noun ▪ feminine ▪ plural ▪ accusative ▸ 1 (Acts 19,11)

δυνάμεσιν ▸ 20 + 3 = 23

Noun ▪ feminine ▪ plural ▪ dative ▪ (common) ▸ 20 + 3 = **23** (Num. 2,32; Esth. 2,18; 1Mac. 2,31; 1Mac. 3,28; 1Mac. 7,14; 1Mac. 9,66; 1Mac. 10,36; 1Mac. 12,43; 3Mac. 1,1; 3Mac. 3,7; 3Mac. 4,11; 3Mac. 6,5; Psa. 43,10; Psa. 59,12; Psa. 107,12; Song 2,7; Song 3,5; Song 5,8; Song 8,4; LetterJ 62; Acts 2,22; 2Cor. 12,12; Heb. 2,4)

δυνάμεσίν ▸ 1

Noun ▪ feminine ▪ plural ▪ dative ▪ (common) ▸ 1 (1Mac. 10,71)

δυνάμεων ▸ 43 + 2 + 3 = 48

Noun ▪ feminine ▪ plural ▪ genitive ▪ (common) ▸ 43 + 2 + 3 = **48** (1Sam. 10,26; 2Sam. 6,2; 2Sam. 6,18; 1Kings 2,5; 1Kings 15,20; 1Kings 17,1; 1Kings 18,15; 2Kings 3,14; 2Kings 19,20; 2Kings 19,31; 2Kings 25,26; 1Chr. 11,26; 1Chr. 12,19; 1Mac. 3,34; 1Mac. 3,37; 1Mac. 6,30; 1Mac. 6,47; 1Mac. 9,6; 1Mac. 11,38; 1Mac. 11,70; 1Mac. 13,53; 1Mac. 15,3; Psa. 23,10; Psa. 45,8; Psa. 45,12; Psa. 47,9; Psa. 58,6; Psa. 67,13; Psa. 68,7; Psa. 79,5; Psa. 79,8; Psa. 79,15; Psa. 79,20; Psa. 83,2; Psa. 83,4; Psa. 83,9; Psa. 83,13; Psa. 88,9; Zeph. 2,9; Zech. 7,4; Is. 42,13; Jer. 40,12; Jer. 52,25; Judg. 6,12; Dan. 11,10; Luke 19,37; 1Cor. 12,10; 1Pet. 3,22)

δυνάμεως ▸ 150 + 10 + 21 = 181

Noun ▪ feminine ▪ singular ▪ genitive ▪ (common) ▸ 150 + 10 + 21 = **181** (Gen. 21,22; Gen. 21,32; Gen. 26,26; Num. 10,14; Num. 10,15; Num. 10,16; Num. 10,18; Num. 10,19; Num. 10,20; Num. 10,22; Num. 10,23; Num. 10,24; Num. 10,25; Num. 10,26; Num. 10,27; Num. 31,14; Num. 31,21; Num. 31,48; Josh. 5,14; Judg. 3,29; Judg. 4,2; Judg. 4,7; Judg. 18,2; Judg. 21,10; Ruth 3,11; 1Sam. 14,52; 1Sam. 31,12; 2Sam. 10,16; 2Sam. 10,18; 2Sam. 11,16; 2Sam. 13,28; 2Sam. 17,10; 2Sam. 17,10; 2Sam. 17,25; 2Sam. 19,14; 2Sam. 23,36; 2Sam. 24,4; 2Sam. 24,9; 1Kings 1,19; 1Kings 1,25; 1Kings 1,42; 1Kings 1,52; 1Kings 21,15; 2Kings 2,16; 2Kings 4,13; 2Kings 5,1; 2Kings 7,6; 2Kings 9,5; 2Kings 9,16; 2Kings 11,15; 2Kings 24,16; 2Kings 25,19; 2Kings 25,23; 1Chr. 5,18; 1Chr. 19,16; 1Chr. 19,18; 1Chr. 21,2; 1Chr. 25,1; 1Chr. 26,26; 1Chr. 27,3; 1Chr. 27,4; 2Chr. 13,3; 2Chr. 13,3; 2Chr. 14,7; 2Chr. 14,12; 2Chr. 16,4; 2Chr. 17,14; 2Chr. 17,16; 2Chr. 17,17; 2Chr. 20,21; 2Chr. 23,14; 2Chr. 25,13; 2Chr. 28,9; 2Chr. 33,11; 2Chr. 33,14; Neh. 2,9; Neh. 11,6; Judith 1,4; Judith 2,4; Judith 2,14; Judith 3,10; Judith 4,15; Judith 5,1; Judith 5,3; Judith 6,1; Judith 9,14; Judith 10,13; Judith 13,4; Judith 13,15; Judith 14,3; Judith 14,19; Judith 16,3; 1Mac. 3,13; 1Mac. 3,19; 1Mac. 5,11; 1Mac. 5,18; 1Mac. 5,32; 1Mac. 5,40; 1Mac. 5,50; 1Mac. 5,56; 1Mac. 5,58; 1Mac. 6,28; 1Mac. 6,37; 1Mac. 6,57; 1Mac. 7,10; 1Mac. 7,11; 1Mac. 9,11; 1Mac. 9,60; 1Mac. 11,63; 1Mac. 12,24; 1Mac. 12,42; 1Mac. 13,12; 1Mac. 14,32; 3Mac. 5,7; 3Mac. 5,48; 3Mac. 5,51; 3Mac. 6,16; 3Mac. 7,9; Psa. 32,17; Psa. 67,34; Psa. 83,8; Psa. 88,18; Psa. 150,1; Ode. 7,44; Eccl. 12,3; Job 41,4; Wis. 5,23; Wis. 7,25; Wis. 12,15; Wis. 12,17; Wis. 16,23; Wis. 19,20; Sir. 24,2; Sir. 46,5; Joel 2,11; Is. 36,2; Is. 36,22; Jer. 42,11; Jer. 42,11; Jer. 44,11; Jer. 45,3; Jer. 47,7; Jer. 47,13; Jer. 48,11; Jer. 48,13; Jer. 48,16; Jer. 49,1; Jer. 49,8; Jer. 50,4; Jer. 50,5; Judg. 3,29; Judg. 4,2; Judg. 4,7; Judg. 18,2; Judg. 20,44; Judg. 20,46; Judg. 21,10; Dan. 3,44; Dan. 8,10; Dan. 8,10; Matt. 24,30; Matt. 26,64; Mark 13,26; Mark 14,62; Luke 21,27; Luke 22,69; Acts 6,8; 1Cor. 2,4; 1Cor. 6,14; 2Cor. 4,7; 2Cor. 13,4; 2Cor. 13,4; Eph. 1,19; Eph. 1,21; Eph. 3,7; 2Th. 1,7; 2Tim. 1,7; Heb. 1,3; 2Pet. 1,3; Rev. 15,8; Rev. 18,3)

δυνάμεώς ▸ 11

Noun ▪ feminine ▪ singular ▪ genitive ▪ (common) ▸ 11 (Deut. 6,5; Judith 2,7; Judith 7,12; Psa. 65,3; Psa. 88,11; Psa. 109,2; Psa. 109,3; Ode. 12,4; Wis. 11,20; Hos. 10,13; Ezek. 27,18)

δύναμιν ▸ 94 + 3 + 31 = 128

Noun ▪ feminine ▪ singular ▪ accusative ▪ (common) ▸ 94 + 3 + 31 = **128** (Ex. 12,17; Ex. 14,28; Ex. 15,4; Num. 6,21; Num. 31,9; Deut. 8,17; Deut. 8,18; Deut. 11,4; Deut. 16,17; Ruth 4,11; 1Sam. 2,4; 1Sam. 14,48; 2Sam. 6,19; 2Sam. 8,9; 2Sam. 10,7; 1Kings 21,1; 1Kings 21,25; 1Kings 21,25; 1Kings 21,28; 2Kings 6,14; 1Chr. 12,23; 1Chr. 18,9; 1Chr. 20,1; 1Chr. 29,2; 2Chr. 16,8; 2Chr. 17,2; 2Chr. 22,9; 2Chr. 24,24; 2Chr. 36,4a; 1Esdr. 5,43; Ezra 8,22; Judith 1,13; Judith 2,22; 1Mac. 1,4; 1Mac. 2,44; 1Mac. 3,10; 1Mac. 3,35; 1Mac. 4,3; 1Mac. 4,61; 1Mac. 7,20; 1Mac. 8,6; 1Mac. 10,8; 1Mac. 10,69; 1Mac. 10,73; 1Mac. 10,77; 1Mac. 10,82; 1Mac. 13,1; 1Mac. 13,11; 2Mac. 3,24; 2Mac. 3,38; 2Mac. 9,8; 2Mac. 13,2; 3Mac. 2,6; 3Mac. 6,13; 3Mac. 6,19; Psa. 17,33; Psa. 17,40; Psa. 29,8; Psa. 32,16; Psa. 47,14; Psa. 59,14; Psa. 67,36; Psa. 83,8; Psa. 92,1; Psa. 107,14; Psa.

δύναμις–δυνάστης

117,15; Psa. 117,16; Psa. 135,15; Psa. 144,6; Ode. 1,4; Ode. 3,4; Eccl. 9,16; Job 11,6; Job 28,11; Job 37,14; Job 39,19; Job 40,10; Wis. 13,4; Wis. 16,19; Sir. 17,32; Obad. 11; Obad. 13; Hag. 2,22; Zech. 9,4; Is. 8,4; Is. 60,11; Jer. 6,6; Jer. 26,2; Jer. 28,3; Jer. 44,10; Ezek. 28,4; Ezek. 29,18; Dan. 11,7; Dan. 2,23; Dan. 8,9; Dan. 11,7; Matt. 22,29; Matt. 25,15; Mark 5,30; Mark 6,5; Mark 9,39; Mark 12,24; Luke 8,46; Luke 9,1; Luke 10,19; Luke 24,49; Acts 1,8; 1Cor. 1,24; 1Cor. 4,19; 1Cor. 14,11; 1Cor. 15,24; 2Cor. 1,8; 2Cor. 8,3; 2Cor. 8,3; Eph. 3,20; Phil. 3,10; 2Tim. 1,8; 2Tim. 3,5; Heb. 7,16; Heb. 11,11; Heb. 11,34; 2Pet. 1,16; Rev. 3,8; Rev. 4,11; Rev. 5,12; Rev. 13,2; Rev. 17,13)

δύναμίν ▸ 11 + 1 + 2 = 14
Noun · feminine · singular · accusative · (common) ▸ 11 + 1 + 2 = 14 (Deut. 3,24; Judg. 9,29; Psa. 62,3; Psa. 76,15; Psa. 144,4; Sir. 8,13; Sir. 29,20; Jer. 16,21; Ezek. 26,12; Ezek. 28,5; Ezek. 38,4; Judg. 9,29; Rom. 9,17; Rev. 11,17)

δύναμις ▸ 77 + 2 + 13 = 92
Noun · feminine · singular · nominative · (common) ▸ 77 + 2 + 13 = 92 (Ex. 12,41; Num. 2,4; Num. 2,6; Num. 2,8; Num. 2,11; Num. 2,13; Num. 2,15; Num. 2,19; Num. 2,21; Num. 2,23; Num. 2,26; Num. 2,28; Num. 2,30; Josh. 4,24; Judg. 8,21; 1Kings 21,19; 2Kings 6,15; 2Kings 18,20; 2Kings 25,1; 2Kings 25,5; 2Kings 25,5; 1Chr. 12,23; 1Chr. 29,11; 2Chr. 14,7; 2Chr. 16,7; 2Chr. 18,18; 2Chr. 24,23; 2Chr. 24,24; 2Chr. 25,7; 2Chr. 26,13; Ezra 2,69; Ezra 10,13; Neh. 3,34; Neh. 5,5; Judith 1,16; Judith 2,19; Judith 3,6; Judith 5,23; Judith 7,2; 1Mac. 3,41; 1Mac. 4,16; 1Mac. 4,18; 1Mac. 5,38; 1Mac. 7,39; 1Mac. 9,1; 1Mac. 9,11; 1Mac. 10,71; 1Mac. 11,60; 1Mac. 16,5; 2Mac. 1,13; 4Mac. 5,13; 4Mac. 14,10; Psa. 32,6; Psa. 45,2; Psa. 67,35; Psa. 139,8; Ode. 12,15; Job 12,13; Job 26,3; Job 40,16; Job 41,14; Wis. 1,3; Wis. 14,31; Zeph. 1,13; Jer. 3,23; Jer. 39,2; Jer. 41,7; Jer. 41,21; Jer. 44,5; Jer. 44,7; Jer. 44,11; Jer. 46,1; Jer. 52,4; Jer. 52,8; Jer. 52,14; Ezek. 32,24; Ezek. 38,15; Dan. 8,13; Dan. 10,1; Luke 1,35; Luke 5,17; Luke 6,19; Acts 8,10; Rom. 1,16; Rom. 1,20; 1Cor. 1,18; 1Cor. 15,56; 2Cor. 12,9; 2Cor. 12,9; Rev. 7,12; Rev. 12,10; Rev. 19,1)

δύναμίς ▸ 5 + 1 = 6
Noun · feminine · singular · nominative · (common) ▸ 5 + 1 = 6 (Ode. 4,19; Eccl. 9,10; Joel 2,25; Hab. 3,19; Ezek. 27,11; Judg. 8,21)

δυναμόω (δύναμαι) to strengthen ▸ 3 + 1 + 2 = 6
δυναμούμενοι ▸ 1
Verb · present · passive · participle · masculine · plural · nominative · (variant) ▸ 1 (Col. 1,11)
δυναμώσει ▸ 1 + 1 = 2
Verb · third · singular · future · active · indicative ▸ 1 + 1 = 2 (Eccl. 10,10; Dan. 9,27)
δυνάμωσον ▸ 1
Verb · second · singular · aorist · active · imperative ▸ 1 (Psa. 67,29)
ἐδυναμώθη ▸ 1
Verb · third · singular · aorist · passive · indicative ▸ 1 (Psa. 51,9)
ἐδυναμώθησαν ▸ 1
Verb · third · plural · aorist · passive · indicative ▸ 1 (Heb. 11,34)

δυναστεία (δύναμαι) power, sovereignty; dynasty ▸ 54 + 2 = 56
δυναστεία ▸ 13
Noun · feminine · singular · nominative · (common) ▸ 13 (1Kings 15,23; 1Kings 16,27; 1Kings 16,28c; 2Kings 10,34; 2Kings 20,20; 1Chr. 29,12; Judith 9,11; Wis. 6,3; Sir. 3,20; Sir. 43,29; Jer. 28,30; Dan. 11,5; Dan. 11,5)

δυναστείᾳ ▸ 8
Noun · feminine · singular · dative · (common) ▸ 8 (2Kings 14,15; Psa. 64,7; Psa. 65,7; Psa. 70,16; Psa. 77,26; Psa. 146,10; Sir. 15,18; Ezek. 22,25)
δυναστεῖαι ▸ 5
Noun · feminine · plural · nominative · (common) ▸ 5 (1Kings 16,5; 1Kings 22,46; 2Kings 13,8; 2Kings 13,12; 2Kings 14,28)
δυναστείαις ▸ 5
Noun · feminine · plural · dative · (common) ▸ 5 (Judg. 5,31; Psa. 19,7; Psa. 89,10; Psa. 150,2; Amos 2,16)
δυναστείαν ▸ 8
Noun · feminine · singular · accusative · (common) ▸ 8 (2Mac. 3,28; 3Mac. 6,12; Psa. 70,18; Psa. 79,3; Psa. 105,8; Psa. 144,11; Psa. 144,12; Sir. 36,2)
δυναστείας ▸ 15 + 2 = 17
Noun · feminine · plural · accusative · (common) ▸ 3 (Psa. 20,14; Psa. 77,4; Psa. 105,2)
Noun · feminine · singular · genitive · (common) ▸ 12 + 2 = 14 (Ex. 6,6; 1Chr. 29,30; 2Chr. 20,6; Psa. 88,14; Ode. 7,44; Job 37,6; Sir. 34,16; Mic. 3,8; Nah. 2,4; Jer. 25,15; Bar. 4,21; Dan. 3,44; Dan. 3,44; Dan. 11,31)

δυνάστευμα (δύναμαι) possessions ▸ 1
δυναστεύματα ▸ 1
Noun · neuter · plural · accusative · (common) ▸ 1 (1Kings 2,46c)

δυναστεύω (δύναμαι) to rule, dominate ▸ 13
δυναστεύειν ▸ 1
Verb · present · active · infinitive ▸ 1 (Prov. 19,10)
δυναστεύοντα ▸ 1
Verb · present · active · participle · masculine · singular · accusative ▸ 1 (3Mac. 5,7)
δυναστεύοντι ▸ 1
Verb · present · active · participle · masculine · singular · dative ▸ 1 (3Mac. 2,7)
δυναστευόντων ▸ 1
Verb · present · active · participle · masculine · plural · genitive ▸ 1 (Esth. 16,7 # 8,12g)
δυναστευούσης ▸ 1
Verb · present · active · participle · feminine · singular · genitive ▸ 1 (2Kings 10,13)
δυναστεύουσιν ▸ 1
Verb · present · active · participle · masculine · plural · dative ▸ 1 (Jer. 13,18)
δυναστεῦσαι ▸ 1
Verb · aorist · active · infinitive ▸ 1 (1Chr. 16,21)
δυναστεύσει ▸ 3
Verb · third · singular · future · active · indicative ▸ 3 (Sir. 5,3; Dan. 9,27; Dan. 11,5)
δυναστεύσῃ ▸ 1
Verb · third · singular · aorist · active · subjunctive ▸ 1 (Sir. 12,5)
δυναστεύων ▸ 1
Verb · present · active · participle · masculine · singular · nominative ▸ 1 (Esth. 16,21 # 8,12t)
ἐδυνάστευσε ▸ 1
Verb · third · singular · aorist · active · indicative ▸ 1 (Dan. 11,4)

δυνάστης (δύναμαι) ruler, king, official ▸ 73 + 1 + 3 = 77
δυνάστα ▸ 1
Noun · masculine · singular · vocative · (common) ▸ 1 (2Mac. 15,23)
δυνάσται ▸ 6 + 1 = 7
Noun · masculine · plural · nominative · (common) ▸ 6 + 1 = 7 (Judg. 5,9; 1Chr. 29,24; Prov. 8,15; Prov. 31,4; Sir. 11,6; Is. 5,22;

Dan. 3,94)
- **δυνάσταις** ▸ 5
    - **Noun** · masculine · plural · dative · (common) ▸ **5** (Judith 9,3; Prov. 17,26; Prov. 18,16; Prov. 18,18; Dan. 9,8)
- **δυνάστας** ▸ **11** + **1** = **12**
    - **Noun** · masculine · plural · accusative · (common) ▸ **11** + **1** = **12** (Gen. 50,4; 1Chr. 28,1; Judith 2,14; Judith 9,3; 2Mac. 9,25; Ode. 9,52; Job 12,19; Nah. 3,18; Jer. 41,19; Dan. 8,24; Dan. 9,6; Luke 1,52)
- **δυνάστῃ** ▸ 1
    - **Noun** · masculine · singular · dative · (common) ▸ **1** (Job 15,20)
- **δυνάστην** ▸ 8
    - **Noun** · masculine · singular · accusative · (common) ▸ **8** (2Mac. 12,15; 2Mac. 12,28; 2Mac. 15,29; 3Mac. 5,51; 3Mac. 6,4; Job 9,22; Sir. 46,5; Sir. 46,16)
- **δυνάστης** ▸ **11** + **2** = **13**
    - **Noun** · masculine · singular · nominative · (common) ▸ **11** + **2** = **13** (2Mac. 3,24; 2Mac. 15,3; 2Mac. 15,4; 2Mac. 15,5; 3Mac. 2,3; 3Mac. 6,39; Job 13,15; Job 36,22; Sir. 10,24; Sir. 16,11; Dan. 2,10; Acts 8,27; 1Tim. 6,15)
- **δυνάστου** ▸ 13
    - **Noun** · masculine · singular · genitive · (common) ▸ **13** (Gen. 49,24; Lev. 19,15; Psa. 71,12; Prov. 14,28; Prov. 25,7; Job 5,15; Job 29,12; Sir. 4,27; Sir. 7,6; Sir. 8,1; Sir. 13,9; Sir. 41,17; Sir. 46,7)
- **δυναστῶν** ▸ 17
    - **Noun** · masculine · plural · genitive · (common) ▸ **17** (1Sam. 2,8; Ode. 3,8; Ode. 4,14; Prov. 1,21; Prov. 8,3; Prov. 23,1; Prov. 25,6; Job 6,23; Job 15,5; Job 27,13; Wis. 5,23; Wis. 8,11; Sir. 10,3; Amos 6,7; Hab. 3,14; Dan. 11,5; Dan. 11,15)

δυνατέω (δύναμαι)   to be able, powerful ▸ 3
- **δυνατεῖ** ▸ 3
    - **Verb** · third · singular · present · active · indicative ▸ **3** (Rom. 14,4; 2Cor. 9,8; 2Cor. 13,3)

δυνατός (δύναμαι)   possible, strong, able ▸ 179 + 6 + 32 = 217
- **δυνατά** ▸ **1** + **2** = **3**
    - **Adjective** · neuter · plural · accusative · noDegree · (verbal) ▸ **1** (Prov. 31,29)
    - **Adjective** · neuter · plural · nominative · (verbal) ▸ **2** (Matt. 19,26; Mark 14,36)
- **δυνατὰ** ▸ 4
    - **Adjective** · neuter · plural · nominative · (verbal) ▸ **4** (Mark 9,23; Mark 10,27; Luke 18,27; 2Cor. 10,4)
- **δυνατέ** ▸ 2
    - **Adjective** · masculine · singular · vocative · noDegree · (verbal) ▸ **2** (Psa. 44,4; Psa. 44,6)
- **δυνατή** ▸ **2** + **1** = **3**
    - **Adjective** · feminine · singular · nominative · noDegree · (verbal) ▸ **2** + **1** = **3** (Judg. 5,21; Zeph. 1,14; Judg. 5,21)
- **δυνατὴ** ▸ 1
    - **Adjective** · feminine · singular · nominative · (verbal) ▸ **1** (Bar. 4,17)
- **δυνατοί** ▸ **30** + **1** + **3** = **34**
    - **Adjective** · masculine · plural · nominative · (verbal) ▸ **30** + **1** + **3** = **34** (Num. 13,30; 2Sam. 1,25; 2Sam. 1,27; 2Sam. 16,6; 2Sam. 20,7; 2Sam. 23,16; 1Kings 1,8; 2Kings 24,16; 1Chr. 9,26; 1Chr. 11,26; 1Chr. 12,9; 1Chr. 12,22; 1Chr. 12,25; 1Chr. 12,26; 1Chr. 12,31; 1Chr. 26,6; 2Chr. 8,9; 2Chr. 13,3; 2Chr. 17,13; 2Chr. 17,14; 2Chr. 17,16; 2Chr. 17,18; 2Chr. 26,17; Neh. 11,14; 1Mac. 4,3; 1Mac. 8,1; 1Mac. 8,1; Psa. 102,20; Song 3,7; Wis. 6,6; Judg. 5,7; Acts 25,5; Rom. 15,1; 2Cor. 13,9)
- **δυνατοὶ** ▸ **14** + **1** = **15**
    - **Adjective** · masculine · plural · nominative · noDegree · (verbal) ▸ **13** + **1** = **14** (Gen. 47,5; Judg. 20,44; Judg. 20,46; 2Sam. 1,19; 2Sam. 17,8; 2Sam. 23,17; 1Chr. 11,19; 1Chr. 26,7; 1Chr. 26,9; 1Chr. 26,30; 1Chr. 26,32; 2Chr. 13,17; 1Mac. 9,11; 1Cor. 1,26)
    - **Adjective** · masculine · plural · vocative · noDegree · (verbal) ▸ **1** (Judg. 5,3)
- **δυνατοῖς** ▸ **9** + **1** = **10**
    - **Adjective** · masculine · plural · dative · noDegree · (verbal) ▸ **9** + **1** = **10** (Judg. 5,14; 2Sam. 23,9; 2Sam. 23,22; 1Chr. 11,12; 1Chr. 11,24; 1Chr. 12,1; 2Chr. 35,3; Eccl. 9,11; Jer. 51,20; Judg. 5,23)
- **δυνατόν** ▸ **1** + **4** = **5**
    - **Adjective** · masculine · singular · accusative · noDegree · (verbal) ▸ **1** (Psa. 88,20)
    - **Adjective** · neuter · singular · nominative · (verbal) ▸ **4** (Matt. 24,24; Matt. 26,39; Mark 13,22; Mark 14,35)
- **δυνατὸν** ▸ **12** + **5** = **17**
    - **Adjective** · masculine · singular · accusative · noDegree · (verbal) ▸ **7** (1Sam. 14,52; 1Esdr. 4,49; 2Mac. 3,6; 4Mac. 3,3; Sir. 47,5; Sol. 17,37; Is. 8,8)
    - **Adjective** · masculine · singular · nominative · noDegree · (verbal) ▸ **1** (Psa. 111,2)
    - **Adjective** · neuter · singular · accusative · noDegree · (verbal) ▸ **4** + **1** = **5** (Ex. 8,22; 2Kings 15,20; 2Chr. 32,21; Ezek. 3,8; Rom. 9,22)
    - **Adjective** · neuter · singular · nominative · (verbal) ▸ **4** (Acts 2,24; Acts 20,16; Rom. 12,18; Gal. 4,15)
- **δυνατός** ▸ **7** + **5** = **12**
    - **Adjective** · masculine · singular · nominative · noDegree · (verbal) ▸ **7** + **5** = **12** (Gen. 32,29; Deut. 3,18; Judg. 5,23; 1Sam. 9,1; Psa. 23,8; Psa. 51,3; Ode. 9,49; Luke 1,49; Luke 14,31; Rom. 4,21; 2Cor. 12,10; 2Tim. 1,12)
- **δυνατὸς** ▸ **39** + **2** + **8** = **49**
    - **Adjective** · masculine · singular · nominative · noDegree · (verbal) ▸ **39** + **2** + **8** = **49** (Num. 22,38; Josh. 10,7; Judg. 6,12; Judg. 11,1; Ruth 2,1; 1Sam. 2,9; 1Sam. 2,10; 1Sam. 17,4; 1Sam. 17,51; 2Sam. 17,10; 2Kings 5,1; 2Kings 9,16; 1Chr. 5,2; 1Chr. 10,12; 1Chr. 12,4; 1Chr. 12,29; 1Chr. 26,31; 2Chr. 17,17; 2Chr. 28,7; Judith 7,2; Judith 11,8; Judith 16,6; 1Mac. 9,21; 1Mac. 10,19; 4Mac. 2,18; 4Mac. 3,17; Psa. 23,8; Psa. 77,65; Psa. 88,9; Ode. 3,9; Ode. 3,10; Job 36,5; Sir. 21,7; Sol. 15,2; Zeph. 3,17; Mal. 1,14; Jer. 39,19; Dan. 3,17; Dan. 11,3; Dan. 3,17; Dan. 11,3; Luke 24,19; Acts 7,22; Acts 11,17; Acts 18,24; Rom. 11,23; Titus 1,9; Heb. 11,19; James 3,2)
- **δυνατοῦ** ▸ 9
    - **Adjective** · masculine · singular · genitive · noDegree · (verbal) ▸ **9** (Judg. 5,30; 1Chr. 11,22; 1Mac. 4,30; Psa. 119,4; Psa. 126,4; Prov. 3,28; Sol. 5,3; Sol. 17,34; LetterJ 40)
- **δυνατούς** ▸ 2
    - **Adjective** · masculine · plural · accusative · (verbal) ▸ **2** (2Sam. 2,7; 2Sam. 10,7)
- **δυνατοὺς** ▸ 19
    - **Adjective** · masculine · plural · accusative · (verbal) ▸ **19** (Ex. 17,9; Ex. 18,21; Ex. 18,25; Josh. 6,2; Josh. 8,3; 1Kings 1,10; 2Kings 24,14; 2Chr. 23,20; 2Chr. 25,5; 2Chr. 25,6; 1Mac. 3,38; 1Mac. 3,58; 1Mac. 11,44; Sir. 29,18; Nah. 2,4; Jer. 48,16; Jer. 50,6; Bar. 1,9; Sus. 63)
- **δυνατῶν** ▸ 24
    - **Adjective** · masculine · plural · genitive · noDegree · (verbal) ▸ **24** (Judg. 5,22; 1Sam. 2,4; Sam. 1,21; 2Sam. 1,22; 2Sam. 23,8; 2Sam. 23,24; 1Chr. 11,10; 1Chr. 11,11; 1Chr. 19,8; 1Chr. 24,4; 1Chr. 26,12; 2Chr. 13,3; 2Chr. 17,7; 2Chr. 26,12; 2Chr. 28,6;

δυνατός–δύο

2Chr. 32,3; Judith 1,4; Psa. 17,18; Psa. 17,20; Ode. 3,4; Song 3,7; Song 4,4; Bar. 1,4; LetterJ 63)

δυνατωτέρα ▸ 2
   Adjective ▪ feminine ▪ singular ▪ nominative ▪ comparative ▪ (verbal) ▸ **1** (Wis. 10,12)
   Adjective ▪ neuter ▪ plural ▪ accusative ▪ comparative ▪ (verbal) ▸ **1** (4Mac. 16,14)

δυνατώτεροί ▸ 1
   Adjective ▪ masculine ▪ plural ▪ nominative ▪ comparative ▪ (verbal) ▸ **1** (Judg. 18,26)

δυνατώτερον ▸ 2
   Adjective ▪ neuter ▪ singular ▪ nominative ▪ comparative ▪ (verbal) ▸ **2** (Deut. 1,28; Deut. 2,21)

δυνατώτερος ▸ 2
   Adjective ▪ masculine ▪ singular ▪ nominative ▪ comparative ▪ (verbal) ▸ **2** (Gen. 26,16; 1Chr. 27,6)

δυνατώτερός ▸ 1
   Adjective ▪ masculine ▪ singular ▪ nominative ▪ comparative ▪ (verbal) ▸ **1** (Wis. 13,4)

δυνατῶς (δύναμαι) strongly, mightily ▸ 2
   δυνατῶς ▸ 2
      Adverb ▸ **2** (1Chr. 26,8; Wis. 6,6)

δύνω (δύω) to set ▸ 2
   Δύνοντος ▸ 1
      Verb ▪ present ▪ active ▪ participle ▪ masculine ▪ singular ▪ genitive ▸ **1** (Luke 4,40)
   ἔδυ ▸ 1
      Verb ▪ third ▪ singular ▪ aorist ▪ active ▪ indicative ▸ **1** (Mark 1,32)

δύο two ▸ 645 + 50 + 135 = 830
   δυεῖν ▸ 3
      Adjective ▪ feminine ▪ plural ▪ genitive ▪ (cardinal ▪ numeral) ▸ **1** (4Mac. 15,2)
      Adjective ▪ neuter ▪ plural ▪ dative ▪ (cardinal ▪ numeral) ▸ **1** (Job 13,20)
      Adjective ▪ neuter ▪ plural ▪ genitive ▪ (cardinal ▪ numeral) ▸ **1** (4Mac. 1,28)
   Δύο ▸ 3
      Adjective ▪ masculine ▪ plural ▪ nominative ▪ (cardinal ▪ numeral) ▸ **1** (2Sam. 12,1)
      Adjective ▪ neuter ▪ plural ▪ nominative ▪ (cardinal ▪ numeral) ▸ **2** (Gen. 25,23; Sir. 23,16)
   δύο ▸ 609 + 48 + 126 = 783
      Adjective ▪ feminine ▪ plural ▪ accusative ▪ (cardinal ▪ numeral) ▸ 92 + 2 + 8 = **102** (Gen. 4,19; Gen. 19,15; Gen. 32,8; Gen. 32,11; Gen. 32,23; Gen. 32,23; Gen. 33,1; Gen. 33,2; Ex. 26,19; Ex. 26,19; Ex. 26,21; Ex. 26,21; Ex. 28,21; Ex. 28,23 # 28,29a; Ex. 31,18; Ex. 32,19; Ex. 34,1; Ex. 34,4; Ex. 34,4; Ex. 36,23; Ex. 36,25; Ex. 36,25; Ex. 36,26; Lev. 5,7; Lev. 12,8; Lev. 14,22; Lev. 15,14; Lev. 15,29; Num. 6,10; Num. 7,7; Num. 7,17; Num. 7,23; Num. 7,29; Num. 7,35; Num. 7,41; Num. 7,47; Num. 7,53; Num. 7,59; Num. 7,65; Num. 7,71; Num. 7,77; Num. 7,83; Num. 10,2; Num. 11,19; Num. 35,6; Deut. 4,13; Deut. 5,22; Deut. 9,10; Deut. 9,11; Deut. 10,1; Deut. 10,3; Judg. 10,4; Judg. 20,21; 1Sam. 2,21; 1Sam. 6,7; 1Sam. 6,10; 1Sam. 10,4; 2Sam. 1,1; 2Sam. 8,5; 2Sam. 13,6; 1Kings 6,32; 1Kings 12,28; 2Kings 5,22; 2Kings 5,23; 2Kings 17,16; 1Chr. 6,48; 1Chr. 18,5; 1Chr. 19,7; 2Chr. 4,13; 2Chr. 21,19; 2Chr. 24,3; Neh. 6,15; Neh. 7,71; Neh. 7,72; Esth. 15,2 # 5,1a; Judith 2,5; Judith 2,15; 1Mac. 1,16; 2Mac. 12,26; 2Mac. 12,28; 3Mac. 1,4; 4Mac. 15,26; Sir. 2,12; Sir. 38,17; Sir. 44,23; Sir. 46,4; Hos. 6,2; Zech. 11,7; Ezek. 4,5; Ezek. 21,24; Ezek. 37,22; Dan. 9,26; Judg. 20,21; Dan. 9,26; Matt. 18,8; Matt. 26,2; Mark 9,43; Mark 14,1; John 4,40; John 4,43; John 11,6; Acts 19,34)
      Adjective ▪ feminine ▪ plural ▪ dative ▪ (cardinal ▪ numeral) ▸ **1** (Josh. 13,8)
      Adjective ▪ feminine ▪ plural ▪ genitive ▪ (cardinal ▪ numeral) ▸ 17 + 3 = **20** (Gen. 19,16; Gen. 31,33; Gen. 31,41; Ex. 16,29; Lev. 11,3; Deut. 9,17; Deut. 9,17; Deut. 14,6; Josh. 21,16; Judg. 15,4; 1Sam. 14,49; 2Sam. 18,24; 1Esdr. 9,11; Judith 1,12; Eccl. 4,6; Ezek. 21,26; Ezek. 23,13; Judg. 15,4; Tob. 5,6; Sus. 36)
      Adjective ▪ feminine ▪ plural ▪ nominative ▪ (cardinal ▪ numeral) ▸ 72 + 8 + 8 = **88** (Gen. 19,8; Gen. 19,30; Gen. 19,30; Gen. 19,36; Gen. 29,16; Ex. 26,25; Ex. 26,25; Ex. 28,7; Ex. 32,15; Ex. 34,29; Num. 1,33; Num. 1,39; Num. 2,21; Num. 2,26; Num. 3,39; Num. 3,43; Num. 26,14; Num. 26,38; Num. 26,41; Num. 31,33; Num. 31,35; Num. 31,40; Num. 34,15; Deut. 9,15; Deut. 10,3; Deut. 21,15; Josh. 14,4; Josh. 15,60; Josh. 18,24; Josh. 21,25; Josh. 21,27; Josh. 21,40; Judg. 7,3; Judg. 9,44; Judg. 12,6; Ruth 1,6; Ruth 1,7; 1Sam. 1,2; 1Kings 3,16; 1Kings 6,34; 1Kings 6,34; 1Kings 8,9; 2Kings 2,24; 2Kings 11,7; 1Chr. 4,5; 1Chr. 7,2; 1Chr. 7,7; 2Chr. 5,10; 2Chr. 7,5; 1Esdr. 5,9; 1Esdr. 5,9; Neh. 12,31; Neh. 12,40; Judith 7,2; Judith 13,10; 2Mac. 6,10; 4Mac. 1,20; Amos 4,8; Zech. 4,3; Zech. 4,11; Zech. 5,9; Is. 17,6; Ezek. 1,11; Ezek. 1,11; Ezek. 1,23; Ezek. 21,24; Ezek. 23,2; Ezek. 35,10; Ezek. 40,40; Ezek. 40,40; Ezek. 40,44; Bel 3; Josh. 15,60; Josh. 19,30; Judg. 7,3; Judg. 9,44; Judg. 10,4; Judg. 12,6; Tob. 9,5; Dan. 9,25; Matt. 24,41; Luke 17,35; Luke 22,38; Gal. 4,24; Rev. 9,12; Rev. 11,4; Rev. 11,4; Rev. 12,14)
      Adjective ▪ feminine ▪ singular ▪ accusative ▪ (cardinal ▪ numeral) ▸ **3** (Ex. 21,21; 2Kings 6,10; Ezra 10,13)
      Adjective ▪ masculine ▪ plural ▪ accusative ▪ (cardinal ▪ numeral) ▸ 119 + 12 + 46 = **177** (Gen. 1,16; Gen. 22,3; Gen. 27,9; Gen. 42,37; Gen. 44,27; Gen. 48,1; Gen. 48,13; Ex. 2,13; Ex. 18,3; Ex. 25,12; Ex. 25,12; Ex. 25,19; Ex. 25,35; Ex. 26,17; Ex. 26,23; Ex. 28,9; Ex. 28,11; Ex. 28,12; Ex. 29,1; Ex. 29,3; Ex. 29,13; Ex. 29,22; Ex. 29,38; Ex. 30,4; Ex. 36,23; Ex. 36,23; Ex. 36,26; Ex. 36,27; Ex. 38,3; Ex. 38,3; Ex. 38,6; Ex. 38,10; Ex. 38,10; Lev. 3,4; Lev. 4,9; Lev. 5,7; Lev. 5,11; Lev. 7,4; Lev. 8,2; Lev. 8,25; Lev. 9,19; Lev. 12,8; Lev. 14,10; Lev. 14,22; Lev. 15,14; Lev. 15,29; Lev. 16,1; Lev. 16,5; Lev. 16,7; Lev. 16,8; Lev. 23,17; Lev. 23,18; Lev. 23,19; Num. 6,10; Num. 28,3; Num. 28,9; Num. 29,13; Num. 29,14; Num. 29,17; Num. 29,20; Num. 29,23; Num. 29,26; Num. 29,29; Num. 29,32; Josh. 2,1; Judg. 7,25; Judg. 8,12; Judg. 10,4; Judg. 11,37; Judg. 11,38; Judg. 16,29; 1Sam. 2,34; 1Sam. 10,2; 1Sam. 11,7; 2Sam. 21,8; 2Sam. 23,20; 1Kings 5,28; 1Kings 7,3; 1Kings 7,27; 1Kings 9,10; 1Kings 18,23; 1Kings 18,32; 1Kings 20,10; 2Kings 1,14; 2Kings 2,24; 2Kings 4,1; 2Kings 7,14; 2Kings 10,8; 2Kings 10,14; 2Kings 25,16; 1Chr. 11,21; 1Chr. 11,22; 1Chr. 26,18; 2Chr. 4,12; 2Chr. 13,21; 1Esdr. 8,54; 1Esdr. 8,63; 1Esdr. 8,63; Esth. 12,3 # 1,10; Esth. 2,12; Esth. 2,23; Esth. 10,10 # 10,3g; Judith 4,7; Tob. 3,17; Tob. 8,13; Tob. 8,17; Tob. 9,2; Tob. 12,6; 1Mac. 16,2; 1Mac. 16,16; 2Mac. 10,18; 2Mac. 10,22; 2Mac. 13,2; Eccl. 4,3; Is. 21,7; Jer. 3,14; Jer. 24,1; Ezek. 43,22; Dan. 6,4; Judg. 8,12; Judg. 10,4; Judg. 11,37; Judg. 11,38; Judg. 16,29; Tob. 3,17; Tob. 5,14; Tob. 8,17; Tob. 8,19; Tob. 9,2; Tob. 12,6; Sus. 61; Matt. 4,18; Matt. 4,21; Matt. 10,10; Matt. 14,17; Matt. 14,19; Matt. 18,8; Matt. 18,9; Matt. 18,16; Matt. 21,1; Matt. 26,37; Mark 6,7; Mark 6,7; Mark 6,9; Mark 6,38; Mark 6,41; Mark 6,41; Mark 9,45; Mark 9,47; Mark 11,1; Mark 14,13; Mark 15,27; Luke 2,24; Luke 3,11; Luke 7,18; Luke 9,3; Luke 9,16; Luke 9,32; Luke 10,1; Luke 10,1; Luke 10,1; Luke 15,11; Luke 19,29; John 2,6; John 19,18; John 20,12; Acts 1,23; Acts 7,29; Acts 9,38; Acts 10,7; Acts 19,22; Acts 23,23; 1Cor. 14,27; Gal. 4,22; Eph. 2,15; Rev. 11,2; Rev. 13,5)
      Adjective ▪ masculine ▪ plural ▪ genitive ▪ (cardinal ▪ numeral)

▸ 39 + 2 + 10 = **51** (Gen. 3,7; Gen. 27,45; Gen. 31,37; Ex. 12,7; Ex. 25,10; Ex. 25,17; Ex. 25,22; Ex. 25,23; Ex. 28,12; Ex. 30,2; Lev. 23,20; Lev. 24,5; Num. 7,3; Num. 28,11; Num. 28,19; Num. 28,27; Deut. 3,8; Deut. 4,47; Deut. 19,15; Judg. 11,39; Judg. 16,3; Judg. 16,25; Judg. 16,28; Ruth 1,5; 1Kings 8,63; 2Kings 4,33; 2Chr. 3,15; 2Chr. 4,12; Esth. 12,1 # 1,1m; Esth. 12,6 # 1,1r; Esth. 6,2; Zech. 4,12; Is. 7,16; Ezek. 40,9; Ezek. 40,42; Ezek. 41,3; Ezek. 41,22; Ezek. 41,22; Ezek. 43,14; Judg. 11,39; Judg. 16,28; Matt. 18,16; Matt. 20,24; Matt. 21,31; Matt. 27,21; John 1,40; John 8,17; Acts 1,24; Acts 12,6; 2Cor. 13,1; 1Tim. 5,19)

Adjective • masculine • plural • nominative • (cardinal • numeral)
▸ 141 + 13 + 33 = **187** (Gen. 2,24; Gen. 2,25; Gen. 10,25; Gen. 19,1; Gen. 22,6; Gen. 25,23; Gen. 34,25; Gen. 41,50; Gen. 48,5; Ex. 18,6; Ex. 21,18; Ex. 21,22; Ex. 28,21; Lev. 10,1; Num. 11,26; Num. 22,22; Num. 31,38; Deut. 19,17; Deut. 32,30; Josh. 2,1; Josh. 2,23; Josh. 6,23; Judg. 10,4; Ruth 1,3; 1Sam. 1,3; 1Sam. 11,11; 1Sam. 28,8; 2Sam. 4,2; 2Sam. 14,6; 2Sam. 15,27; 2Sam. 15,36; 2Sam. 17,18; 1Kings 2,39; 1Kings 7,6; 1Kings 7,28; 1Kings 10,19; 1Kings 20,13; 1Kings 21,1; 1Kings 21,16; 2Kings 9,32; 2Kings 10,4; 1Chr. 9,22; 1Chr. 12,29; 1Chr. 15,10; 1Chr. 25,9; 1Chr. 25,10; 1Chr. 25,11; 1Chr. 25,12; 1Chr. 25,13; 1Chr. 25,14; 1Chr. 25,15; 1Chr. 25,16; 1Chr. 25,17; 1Chr. 25,18; 1Chr. 25,19; 1Chr. 25,20; 1Chr. 25,21; 1Chr. 25,22; 1Chr. 25,23; 1Chr. 25,24; 1Chr. 25,25; 1Chr. 25,26; 1Chr. 25,27; 1Chr. 25,28; 1Chr. 25,29; 1Chr. 25,30; 1Chr. 25,31; 1Chr. 26,8; 1Chr. 26,17; 2Chr. 9,18; 1Esdr. 5,10; 1Esdr. 5,11; 1Esdr. 5,13; 1Esdr. 5,15; 1Esdr. 5,15; 1Esdr. 5,16; 1Esdr. 5,18; 1Esdr. 5,20; 1Esdr. 5,21; 1Esdr. 5,21; 1Esdr. 5,24; 1Esdr. 5,24; 1Esdr. 5,35; 1Esdr. 5,37; 1Esdr. 8,35; Ezra 2,3; Ezra 2,4; Ezra 2,6; Ezra 2,10; Ezra 2,12; Ezra 2,18; Ezra 2,24; Ezra 2,27; Ezra 2,29; Ezra 2,37; Ezra 2,58; Ezra 2,60; Neh. 7,8; Neh. 7,9; Neh. 7,10; Neh. 7,17; Neh. 7,28; Neh. 7,31; Neh. 7,33; Neh. 7,40; Neh. 7,60; Neh. 7,62; Neh. 11,13; Neh. 11,19; Esth. 11,6 # 1,1e; Esth. 2,21; Esth. 10,7 # 10,3d; Esth. 10,11 # 10,3h; Tob. 1,21; Tob. 12,16; 1Mac. 6,30; 1Mac. 10,49; 2Mac. 3,26; 2Mac. 4,28; 3Mac. 6,18; 4Mac. 3,12; Ode. 2,30; Eccl. 4,9; Eccl. 4,11; Eccl. 4,12; Song 4,5; Song 4,5; Song 7,4; Song 7,4; Job 42,7; Sir. 46,8; Amos 3,3; Zech. 4,12; Zech. 4,14; Jer. 52,20; Dan. 6,5; Dan. 6,25; Dan. 11,27; Dan. 12,5; Sus. 29; Sus. 36; Judg. 10,4; Judg. 19,6; Judg. 19,8; Tob. 1,21; Tob. 12,16; Dan. 12,5; Sus. 5; Sus. 8; Sus. 16; Sus. 19; Sus. 24; Sus. 28; Sus. 34; Matt. 8,28; Matt. 9,27; Matt. 18,19; Matt. 18,20; Matt. 19,5; Matt. 19,6; Matt. 20,21; Matt. 20,30; Matt. 24,40; Matt. 26,60; Matt. 27,38; Mark 10,8; Mark 10,8; Luke 7,41; Luke 9,13; Luke 9,30; Luke 10,17; Luke 12,52; Luke 17,34; Luke 18,10; Luke 23,32; Luke 24,4; Luke 24,13; John 1,35; John 1,37; John 20,4; John 21,2; Acts 1,10; 1Cor. 6,16; 1Cor. 14,29; Eph. 5,31; Rev. 11,10; Rev. 19,20)

Adjective • neuter • plural • accusative • (cardinal • numeral)
▸ 85 + 5 + 17 = **107** (Gen. 5,18; Gen. 5,20; Gen. 5,26; Gen. 6,19; Gen. 6,19; Gen. 7,2; Gen. 7,2; Gen. 7,3; Gen. 7,3; Gen. 7,9; Gen. 7,9; Gen. 7,15; Gen. 7,15; Gen. 9,23; Gen. 11,20; Gen. 24,22; Gen. 41,1; Ex. 16,22; Ex. 25,18; Ex. 25,19; Ex. 28,14; Ex. 30,4; Ex. 36,25; Lev. 14,4; Lev. 14,49; Lev. 23,13; Lev. 24,6; Num. 15,6; Num. 28,9; Num. 28,12; Num. 28,20; Num. 28,28; Num. 29,3; Num. 29,14; Josh. 5,6; Judg. 10,3; 1Sam. 15,29; 1Sam. 25,18; 2Sam. 2,10; 2Sam. 14,28; 1Kings 3,25; 1Kings 6,23; 1Kings 7,4; 1Kings 7,5; 1Kings 7,27; 1Kings 11,36; 1Kings 12,24i; 1Kings 15,25; 1Kings 16,8; 1Kings 16,29; 1Kings 17,12; 1Kings 22,52; 2Kings 1,18a; 2Kings 2,12; 2Kings 5,23; 2Kings 15,2; 2Kings 15,23; 2Kings 21,19; 2Chr. 3,10; 2Chr. 4,3; 2Chr. 4,12; 2Chr. 4,13; 2Chr. 4,13; 2Chr. 26,3; 2Chr. 33,21; 1Esdr. 5,71; 1Mac. 1,29; 1Mac. 6,38; 1Mac. 9,11; 1Mac. 9,57; 1Mac. 11,13; 1Mac. 13,16; 2Mac. 12,16; Psa. 61,12; Prov. 30,7; Sir. 33,15; Sir. 33,15; Amos 3,12; Is. 7,21; Jer. 2,13; Jer. 35,3; Ezek. 37,22; Dan. 8,7; Dan. 9,27; Bel 31-32; Judg. 10,3; Tob. 2,10; Tob. 5,3; Bel 32; Bel 32; Matt. 5,41; Matt. 21,28; Matt. 25,15; Matt. 25,17; Matt. 25,17; Matt. 25,22; Matt. 25,22; Matt. 25,22; Matt. 27,51; Mark 12,42; Mark 15,38; Luke 5,2; Luke 10,35; Luke 21,2; John 6,9; Acts 19,10; Rev. 13,11)

Adjective • neuter • plural • dative • (cardinal • numeral) ▸ 1 (Judg. 15,13)

Adjective • neuter • plural • genitive • (cardinal • numeral) ▸ 19 + 3 + 3 = **25** (Lev. 19,19; Lev. 23,17; Num. 7,89; 1Kings 16,24; 2Kings 8,17; 2Kings 8,26; 2Kings 21,19; 2Chr. 21,5; 2Chr. 21,20; 2Chr. 33,1; 2Chr. 33,21; 1Mac. 9,12; Ode. 4,2; Amos 1,1; Hab. 3,2; Zech. 1,8; Zech. 6,1; Is. 7,4; Is. 22,11; Tob. 14,2; Dan. 6,1; Sus. 15; Luke 12,6; Phil. 1,23; Heb. 6,18)

Adjective • neuter • plural • nominative • (cardinal • numeral)
▸ 20 + 1 = **21** (Gen. 6,20; Gen. 6,20; Ex. 6,20; Num. 29,9; 2Sam. 8,2; 2Sam. 8,2; 1Kings 7,27; 1Kings 11,32; 1Kings 21,27; 2Kings 5,22; Eccl. 11,6; Zech. 13,8; Is. 47,9; Is. 51,19; Ezek. 35,10; Ezek. 41,18; Ezek. 41,23; Ezek. 41,24; Ezek. 41,24; Ezek. 41,24; Matt. 10,29)

δυσὶ ▸ 10 + 2 + 1 = 13

Adjective • feminine • plural • dative • (cardinal • numeral) ▸ 1 (Deut. 9,15)

Adjective • masculine • plural • dative • (cardinal • numeral) ▸ 4 + 1 + 1 = **6** (Deut. 3,21; Deut. 31,4; Josh. 2,10; 2Kings 5,23; Judg. 16,3; Matt. 6,24)

Adjective • neuter • plural • dative • noDegree • (cardinal) ▸ 5 + 1 = **6** (Ex. 4,9; Ex. 28,7; Ex. 30,4; Sir. 26,28; Ezek. 41,24; Judg. 15,13)

δυσίν ▸ 20 + 7 = 27

Adjective • feminine • plural • dative • (cardinal • numeral) ▸ 10 + 2 = **12** (Ex. 26,24; 2Kings 21,5; 2Kings 23,12; 2Chr. 33,5; 1Esdr. 9,4; 1Mac. 10,60; Hos. 10,10; Is. 6,2; Is. 6,2; Is. 6,2; Matt. 22,40; Acts 12,6)

Adjective • masculine • plural • dative • (cardinal • numeral) ▸ 8 + 5 = **13** (Gen. 9,22; Gen. 40,2; Deut. 17,6; Josh. 6,22; Ruth 1,2; 1Kings 2,5; 1Kings 2,32; 1Kings 22,31; Mark 16,12; Luke 12,52; Luke 16,13; Heb. 10,28; Rev. 11,3)

Adjective • neuter • plural • dative • (cardinal • numeral) ▸ 2 (2Mac. 10,23; Sir. 50,25)

δυσίν ▸ 1

Adjective • feminine • plural • dative • (cardinal • numeral) ▸ 1 (Acts 21,33)

δυσάθλιος (δυσ-; ἄθλον) very miserable ▸ 1

δυσάθλιον ▸ 1

Adjective • feminine • singular • accusative • noDegree ▸ 1 (3Mac. 4,4)

δυσαίακτος (δυσ-; αἰανής) very mournful ▸ 1

δυσαιάκτου ▸ 1

Adjective • masculine • singular • genitive • noDegree ▸ 1 (3Mac. 6,31)

δυσάλυκτος (δυσ-; ἀλύσκω) hard to escape ▸ 1

δυσάλυκτον ▸ 1

Adjective • feminine • singular • accusative • noDegree ▸ 1 (Wis. 17,16)

δυσβάστακτος (δυσ-; βαστάζω) hard to carry ▸ 1 + 2 = 3

δυσβάστακτα ▸ 2

Adjective • neuter • plural • accusative • (verbal) ▸ **2** (Matt. 23,4; Luke 11,46)

δυσβάστακτον ▸ 1

Adjective • neuter • singular • nominative • noDegree ▸ 1 (Prov.

27,3)

δυσδιήγητος (διά; ἄγω; δυσ-) hard to explain ▸ 1
  δυσδιήγητοι ▸ 1
    Adjective · feminine · plural · nominative · noDegree ▸ 1 (Wis. 17,1)

δυσεντέριον (δυσ-; ἔντερον) dysentery ▸ 1
  δυσεντερίῳ ▸ 1
    Noun · neuter · singular · dative ▸ 1 (Acts 28,8)

δυσερμήνευτος (δυσ-; ἑρμηνεύω) hard to explain ▸ 1
  δυσερμήνευτος ▸ 1
    Adjective · masculine · singular · nominative · (verbal) ▸ 1 (Heb. 5,11)

δυσημερία (δυσ-; ἡμέρα) hard day ▸ 1
  δυσημερίαν ▸ 1
    Noun · feminine · singular · accusative · (common) ▸ 1 (2Mac. 5,6)

δύσις (δύω) setting (of sun); west ▸ 1 + 1 = 2
  δύσεως ▸ 1
    Noun · feminine · singular · genitive ▸ 1 (Mark 16,8)
  δύσιν ▸ 1
    Noun · feminine · singular · accusative · (common) ▸ 1 (Psa. 103,19)

δυσκατάπαυστος (δυσ-; κατά; παύω) hard to stop ▸ 1
  δυσκαταπαύστῳ ▸ 1
    Adjective · feminine · singular · dative · noDegree ▸ 1 (3Mac. 5,7)

δυσκλεής (δυσ-; κλέω) infamous ▸ 2
  δυσκλεεστάτης ▸ 1
    Adjective · feminine · singular · genitive · superlative ▸ 1 (3Mac. 3,23)
  δυσκλεῆ ▸ 1
    Adjective · masculine · singular · accusative · noDegree ▸ 1 (3Mac. 3,25)

δυσκολία (δυσ-; κωλύω) discontent ▸ 1
  δυσκολίας ▸ 1
    Noun · feminine · singular · genitive · (common) ▸ 1 (Job 34,30)

δύσκολος (δυσ-; κωλύω) difficult, troublesome ▸ 1 + 1 = 2
  δύσκολα ▸ 1
    Adjective · neuter · plural · accusative · noDegree ▸ 1 (Jer. 30,2)
  δύσκολόν ▸ 1
    Adjective · neuter · singular · nominative ▸ 1 (Mark 10,24)

δυσκόλως (δυσ-; κωλύω) with difficulty ▸ 3
  δυσκόλως ▸ 3
    Adverb ▸ 3 (Matt. 19,23; Mark 10,23; Luke 18,24)

δύσκωφος (δυσ-; κωφός) hard of hearing ▸ 1
  δύσκωφον ▸ 1
    Adjective · masculine · singular · accusative · noDegree ▸ 1 (Ex. 4,11)

δυσμένεια (δυσ-; μένος) enmity ▸ 5
  δυσμένειαν ▸ 4
    Noun · feminine · singular · accusative · (common) ▸ 4 (2Mac. 6,29; 2Mac. 14,39; 3Mac. 3,19; 3Mac. 7,4)
  δυσμενείας ▸ 1
    Noun · feminine · singular · genitive · (common) ▸ 1 (2Mac. 12,3)

δυσμενής (δυσ-; μένος) hostile ▸ 5
  δυσμενεῖς ▸ 2
    Adjective · masculine · plural · accusative · noDegree ▸ 1 (3Mac. 3,7)
    Adjective · masculine · plural · nominative · noDegree ▸ 1 (Esth. 13,7 # 3,13g)
  δυσμενέσι ▸ 1
    Adjective · masculine · plural · dative · noDegree ▸ 1 (3Mac. 3,25)
  δυσμενῆ ▸ 1
    Adjective · masculine · singular · accusative · noDegree ▸ 1 (Esth. 13,4 # 3,13d)
  δυσμενής ▸ 1
    Adjective · feminine · singular · nominative · noDegree ▸ 1 (3Mac. 3,2)

δυσμενῶς (δυσ-; μένος) hostily ▸ 1
  δυσμενῶς ▸ 1
    Adverb ▸ 1 (2Mac. 14,11)

δυσμή (δύω) going down, setting (of sun) ▸ 61 + 1 + 5 = 67
  δυσμαῖς ▸ 10
    Noun · feminine · plural · dative · (common) ▸ 10 (Gen. 15,17; Deut. 1,1; Josh. 11,16; 1Chr. 7,28; 1Chr. 26,16; 1Chr. 26,18; 1Chr. 26,30; Judith 1,7; Judith 2,19; Judith 5,4)
  δυσμάς ▸ 1
    Noun · feminine · plural · accusative · (common) ▸ 1 (Judith 2,6)
  δυσμὰς ▸ 15
    Noun · feminine · plural · accusative · (common) ▸ 15 (Gen. 15,12; Num. 33,49; Deut. 16,6; Deut. 24,13; Josh. 10,13; Josh. 10,27; Josh. 13,7; Josh. 15,3; Josh. 23,4; 2Sam. 2,29; 2Sam. 4,7; 1Chr. 6,63; 2Chr. 4,4; Ezek. 27,9; Dan. 8,4)
  δυσμῶν ▸ 35 + 1 + 5 = 41
    Noun · feminine · plural · genitive · (common) ▸ 35 + 1 + 5 = 41 (Ex. 17,12; Ex. 22,25; Num. 22,1; Num. 33,48; Num. 33,50; Num. 35,1; Num. 36,13; Deut. 11,24; Deut. 11,30; Deut. 11,30; Josh. 1,4; Josh. 5,10; Judg. 20,33; 1Chr. 12,16; 3Mac. 4,15; Psa. 49,1; Psa. 67,5; Psa. 74,7; Psa. 102,12; Psa. 106,3; Psa. 112,3; Sol. 11,2; Sol. 17,12; Amos 6,14; Zech. 8,7; Mal. 1,11; Is. 9,11; Is. 43,5; Is. 45,6; Is. 59,19; Bar. 4,37; Bar. 5,5; Ezek. 27,9; Dan. 6,15; Dan. 8,5; Tob. 1,2; Matt. 8,11; Matt. 24,27; Luke 12,54; Luke 13,29; Rev. 21,13)

δυσνοέω (δυσ-; νοῦς) to be ill-disposed ▸ 2
  δυσνοεῖν ▸ 1
    Verb · present · active · infinitive ▸ 1 (3Mac. 3,24)
  δυσνοοῦν ▸ 1
    Verb · present · active · participle · neuter · singular · accusative ▸ 1 (Esth. 13,5 # 3,13e)

δυσνόητος (δυσ-; νοῦς) hard to understand ▸ 1
  δυσνόητά ▸ 1
    Adjective · neuter · plural · nominative · (verbal) ▸ 1 (2Pet. 3,16)

δυσπέτημα (δυσ-; πίπτω) misfortune ▸ 1
  δυσπετημάτων ▸ 1
    Noun · neuter · plural · genitive · (common) ▸ 1 (2Mac. 5,20)

δυσπολιόρκητος (δυσ-; πόλις; ὁρκέω) hard to take by siege ▸ 1
  δυσπολιόρκητον ▸ 1
    Adjective · neuter · singular · nominative · noDegree ▸ 1 (2Mac. 12,21)

δυσπρόσιτος (δυσ-; πρός; εἶμι) hard to attack ▸ 1
  δυσπρόσιτον ▸ 1
    Adjective · neuter · singular · nominative · noDegree ▸ 1 (2Mac. 12,21)

δυσσέβεια (δυσ-; σέβω) ungodliness, impiety ▸ 2
  δυσσεβείας ▸ 2
    Noun · feminine · singular · genitive · (common) ▸ 2 (1Esdr. 1,40; 2Mac. 8,33)

δυσσεβέω (δυσ-; σέβω) to be ungodly ▸ 1
   δυσσεβοῦντας ▸ 1
      Verb · present · active · participle · masculine · plural · accusative ▸ **1** (2Mac. 6,13)

δυσσέβημα (δυσ-; σέβω) ungodly act ▸ 2
   δυσσέβημα ▸ 1
      Noun · neuter · singular · accusative · (common) ▸ **1** (2Mac. 12,3)
   δυσσεβήματα ▸ 1
      Noun · neuter · plural · accusative · (common) ▸ **1** (1Esdr. 1,49)

δυσσεβής (δυσ-; σέβω) ungodly ▸ 7
   δυσσεβεῖς ▸ 1
      Adjective · masculine · plural · accusative · noDegree ▸ **1** (3Mac. 3,24)
   δυσσεβῆ ▸ 1
      Adjective · feminine · singular · accusative · noDegree ▸ **1** (3Mac. 5,47)
   δυσσεβής ▸ 2
      Adjective · masculine · singular · nominative · noDegree ▸ **2** (2Mac. 3,11; 3Mac. 3,1)
   δυσσεβοῦς ▸ 3
      Adjective · masculine · singular · genitive · noDegree ▸ **3** (2Mac. 8,14; 2Mac. 9,9; 2Mac. 15,33)

δυστοκέω (δυσ-; τίκτω) to suffer pain in childbirth ▸ 1
   ἐδυστόκησεν ▸ 1
      Verb · third · singular · aorist · active · indicative ▸ **1** (Gen. 35,16)

Δύστρος Dystrus ▸ 1
   Δύστρου ▸ 1
      Noun · neuter · singular · genitive · (proper) ▸ **1** (Tob. 2,12)

δυσφημέω (δυσ-; φημί) to slander ▸ 1 + 1 = 2
   δυσφημούμενοι ▸ 1
      Verb · present · passive · participle · masculine · plural · nominative · (variant) ▸ **1** (1Cor. 4,13)
   ἐδυσφήμησαν ▸ 1
      Verb · third · plural · aorist · active · indicative ▸ **1** (1Mac. 7,41)

δυσφημία (δυσ-; φημί) slander; blasphemy ▸ 2 + 1 = 3
   δυσφημίας ▸ 1 + 1 = 2
      Noun · feminine · plural · accusative · (common) ▸ **1** (3Mac. 2,26)
      Noun · feminine · singular · genitive ▸ **1** (2Cor. 6,8)
   δυσφημιῶν ▸ 1
      Noun · feminine · plural · genitive · (common) ▸ **1** (1Mac. 7,38)

δύσφημος (δυσ-; φημί) slanderous ▸ 2
   δυσφήμοις ▸ 1
      Adjective · neuter · plural · dative · noDegree ▸ **1** (2Mac. 13,11)
   δυσφήμου ▸ 1
      Adjective · masculine · singular · genitive · noDegree ▸ **1** (2Mac. 15,32)

δυσφορέω (δυσ-; φέρω) to endure pain; to be impatient, angry, grieved ▸ 2
   ἐδυσφόρουν ▸ 2
      Verb · third · plural · imperfect · active · indicative ▸ **2** (2Mac. 4,35; 2Mac. 13,25)

δυσφόρως (δυσ-; φέρω) grievously ▸ 2
   δυσφόρως ▸ 2
      Adverb ▸ **2** (2Mac. 14,28; 3Mac. 3,8)

δυσχέρεια (δυσ-; χείρ) annoyance, disgust; difficulty ▸ 2
   δυσχέρειαν ▸ 2
      Noun · feminine · singular · accusative · (common) ▸ **2** (2Mac. 2,24; 2Mac. 9,21)

δυσχερής (δυσ-; χείρ) annoying, unwelcome ▸ 4
   δυσχερεῖ ▸ 1
      Adjective · neuter · singular · dative · noDegree ▸ **1** (2Mac. 9,7)
   δυσχερές ▸ 1
      Adjective · neuter · singular · accusative · noDegree ▸ **1** (2Mac. 9,24)
   δυσχερής ▸ 1
      Adjective · masculine · singular · nominative · noDegree ▸ **1** (2Mac. 6,3)
   δυσχερῶν ▸ 1
      Adjective · neuter · plural · genitive · noDegree ▸ **1** (2Mac. 14,45)

δύσχρηστος (δυσ-; χράομαι) burdensome ▸ 2
   δύσχρηστος ▸ 2
      Adjective · masculine · singular · nominative · noDegree ▸ **2** (Wis. 2,12; Is. 3,10)

δυσώδης (δυσ-; ὄζω) smelly ▸ 1
   δυσώδεις ▸ 1
      Adjective · masculine · plural · accusative · noDegree ▸ **1** (4Mac. 6,25)

δύω to cause to sink, to sink, plunge ▸ 25 + 4 = 29
   δεδυκότος ▸ 1
      Verb · perfect · active · participle · masculine · singular · genitive ▸ **1** (Deut. 23,12)
   δύειν ▸ 1
      Verb · present · active · infinitive ▸ **1** (Tob. 2,4)
   δύῃ ▸ 2
      Verb · third · singular · present · active · subjunctive ▸ **2** (Lev. 22,7; 2Sam. 3,35)
   δῦναι ▸ 1
      Verb · aorist · active · infinitive ▸ **1** (Judg. 14,18)
   δύνει ▸ 1
      Verb · third · singular · present · active · indicative ▸ **1** (Eccl. 1,5)
   δύνοντος ▸ 2
      Verb · present · active · participle · masculine · singular · genitive ▸ **2** (1Kings 22,36; 2Chr. 18,34)
   δύσεται ▸ 4
      Verb · third · singular · future · middle · indicative ▸ **4** (Job 2,9d; Amos 8,9; Mic. 3,6; Is. 60,20)
   δύσονται ▸ 1
      Verb · third · plural · future · middle · indicative ▸ **1** (Is. 29,4)
   δύσουσιν ▸ 2
      Verb · third · plural · future · active · indicative ▸ **2** (Joel 2,10; Joel 4,15)
   ἔδυ ▸ 8 + 3 = 11
      Verb · third · singular · aorist · active · indicative ▸ **8 + 3 = 11** (Gen. 28,11; Judg. 19,14; Tob. 2,4; Tob. 2,7; 1Mac. 10,50; 1Mac. 12,27; Ode. 6,6; Jonah 2,6; Judg. 19,14; Tob. 2,7; Tob. 10,7)
   ἔδυνεν ▸ 1
      Verb · third · singular · aorist · active · indicative ▸ **1** (2Sam. 2,24)
   ἔδυσαν ▸ 2
      Verb · third · plural · aorist · active · indicative ▸ **2** (Ex. 15,10; Ode. 1,10)

Δωδαι Dodai ▸ 1
   Δωδαι ▸ 1
      Noun · masculine · singular · genitive · (proper) ▸ **1** (1Chr. 11,12)

Δωδαμ Lakkum ▸ 1
   Δωδαμ ▸ 1
      Noun · singular · genitive · (proper) ▸ **1** (Josh. 19,33)

δώδεκα (δύο; δέκα) twelve ▸ 94 + 5 + 75 = 174
   δώδεκα ▸ 93 + 5 + 75 = 173
      Adjective · feminine · plural · accusative · (cardinal · numeral)
      ▸ 12 + 1 + 3 = **16** (Ex. 24,4; Ex. 36,21; Num. 17,17; Num. 17,21; Judg. 19,29; Judg. 21,10; 2Sam. 10,6; 2Sam. 17,1; 1Mac. 11,45; 2Mac. 8,20; 2Mac. 12,20; Psa. 59,2; Judg. 21,10; Matt. 19,28; Matt. 26,53; Luke 22,30)
      Adjective · feminine · plural · dative · (cardinal · numeral) ▸ 1 + 1 = **2** (Ezek. 47,13; James 1,1)
      Adjective · feminine · plural · genitive · (cardinal · numeral) ▸ 1 + 1 = **2** (Josh. 4,5; Rev. 21,12)
      Adjective · feminine · plural · nominative · (cardinal · numeral)
      ▸ 14 + 2 + 14 = **30** (Ex. 15,27; Num. 7,84; Num. 7,84; Num. 7,86; Num. 31,5; Num. 33,9; Josh. 8,25; Josh. 21,7; 1Kings 2,46i; 1Kings 10,26; 2Chr. 1,14; 2Chr. 9,25; 1Mac. 15,13; Jonah 4,11; Josh. 18,24; Bel 3; John 11,9; Acts 24,11; Rev. 7,5; Rev. 7,5; Rev. 7,5; Rev. 7,6; Rev. 7,6; Rev. 7,6; Rev. 7,7; Rev. 7,7; Rev. 7,7; Rev. 7,8; Rev. 7,8; Rev. 7,8)
      Adjective · masculine · plural · accusative · (cardinal · numeral)
      ▸ 25 + 21 = **46** (Ex. 24,4; Lev. 24,5; Num. 7,3; Num. 29,17; Deut. 1,23; Josh. 3,12; Josh. 4,3; Josh. 4,4; Josh. 4,8; Josh. 4,9; Josh. 4,20; Josh. 24,12; 2Sam. 2,15; 2Sam. 2,15; 1Kings 7,30; 1Kings 18,31; 2Chr. 4,4; 2Chr. 4,15; 1Esdr. 7,8; 1Esdr. 8,63; Ezra 6,17; Ezra 8,35; Ezra 8,35; Ezek. 43,16; Dan. 4,29; Matt. 10,1; Matt. 10,5; Matt. 14,20; Matt. 19,28; Matt. 20,17; Mark 3,14; Mark 3,16; Mark 6,7; Mark 8,19; Mark 9,35; Mark 10,32; Luke 6,13; Luke 9,1; Luke 18,31; John 6,13; John 6,70; Acts 7,8; Rev. 21,12; Rev. 21,12; Rev. 21,14; Rev. 22,2)
      Adjective · masculine · plural · dative · (cardinal · numeral) ▸ **4** (Matt. 11,1; Mark 4,10; John 6,67; 1Cor. 15,5)
      Adjective · masculine · plural · genitive · (cardinal · numeral)
      ▸ 8 + 15 = **23** (Ex. 36,21; 1Esdr. 7,8; Ezra 8,24; Sir. 49,10; Jer. 52,21; Jer. 52,22; Ezek. 40,49; Ezek. 43,16; Matt. 10,2; Matt. 26,14; Matt. 26,20; Matt. 26,47; Mark 6,43; Mark 11,11; Mark 14,10; Mark 14,17; Mark 14,20; Mark 14,43; Luke 22,3; Luke 22,47; John 20,24; Rev. 12,1; Rev. 21,14)
      Adjective · masculine · plural · nominative · (cardinal · numeral)
      ▸ 16 + 7 = **23** (Gen. 25,16; Gen. 35,22; Gen. 42,32; Gen. 49,28; Num. 1,44; Num. 7,2; Num. 7,87; Num. 7,87; Num. 7,87; Num. 7,87; 1Kings 4,7; 1Kings 7,13; 1Kings 10,20; 2Chr. 9,19; Neh. 7,24; Jer. 52,20; Luke 8,1; Luke 9,12; Luke 9,17; Acts 6,2; Acts 19,7; Rev. 21,21; Rev. 21,21)
      Adjective · masculine · singular · genitive · (cardinal · numeral) ▸ **1** (John 6,71)
      Adjective · neuter · plural · accusative · (cardinal · numeral)
      ▸ 11 + 1 + 2 = **14** (Gen. 5,8; Gen. 14,4; Gen. 17,20; 1Kings 11,30; 1Kings 12,24a; 1Kings 12,24o; 1Kings 16,23; 2Kings 3,1; 1Esdr. 8,56; Neh. 5,14; 1Mac. 1,7; Judg. 19,29; Matt. 9,20; Mark 5,25)
      Adjective · neuter · plural · dative · (cardinal · numeral) ▸ **1** (1Kings 19,19)
      Adjective · neuter · plural · genitive · (cardinal · numeral) ▸ 2 + 1 + 5 = **8** (1Kings 2,12; 2Kings 21,1; Tob. 14,2; Mark 5,42; Luke 2,42; Luke 8,42; Luke 8,43; Rev. 21,16)
      Adjective · neuter · plural · nominative · (cardinal · numeral)
      ▸ 2 + 1 = **3** (Num. 7,84; 1Kings 19,19; Rev. 21,14)
   Δώδεκά ▸ 1
      Adjective · masculine · plural · nominative · (cardinal · numeral) ▸ **1** (Gen. 42,13)
δωδεκαετής (δύο; δέκα; ἔτος) twelve years old ▸ 1
   δωδεκαετοῦς ▸ 1
      Adjective · masculine · singular · genitive ▸ **1** (1Esdr. 5,41)

δωδεκάμηνος period of twelve months ▸ 1
   δωδεκάμηνον ▸ 1
      Noun · neuter · singular · accusative · (common) ▸ **1** (Dan. 4,29)
δωδέκατος (δύο; δέκα) twelfth ▸ 25 + 1 = 26
   δωδεκάτη ▸ 3
      Adjective · feminine · singular · dative · (ordinal · numeral) ▸ **3** (Num. 7,78; 1Esdr. 8,60; Ezra 8,31)
   δωδέκατον ▸ 1
      Adjective · masculine · singular · accusative · (ordinal · numeral) ▸ **1** (1Chr. 27,15)
   δωδέκατος ▸ 3 + 1 = 4
      Adjective · masculine · singular · nominative · (ordinal · numeral) ▸ 3 + 1 = **4** (1Chr. 24,12; 1Chr. 25,19; 1Chr. 27,15; Rev. 21,20)
   δωδεκάτου ▸ 6
      Adjective · masculine · singular · genitive · (ordinal · numeral) ▸ **5** (Esth. 3,13; Esth. 13,6 # 3,13f; Esth. 8,12; Esth. 16,19 # 8,12s; 2Mac. 15,36)
      Adjective · neuter · singular · genitive · (ordinal · numeral) ▸ **1** (Judith 1,1)
   δωδεκάτῳ ▸ 12
      Adjective · masculine · singular · dative · (ordinal · numeral) ▸ **6** (2Kings 25,27; Esth. 2,16; Esth. 9,1; Jer. 52,31; Ezek. 32,1; Ezek. 33,21)
      Adjective · neuter · singular · dative · (ordinal · numeral) ▸ **6** (2Kings 8,25; 2Kings 17,1; 2Chr. 34,3; Esth. 3,7; Ezek. 32,17; Ezek. 33,21)
δωδεκάφυλον (δύο; δέκα; φύω) twelve tribes ▸ 1
   δωδεκάφυλον ▸ 1
      Noun · neuter · singular · nominative ▸ **1** (Acts 26,7)
Δωδια Dodai; Dodavahu ▸ 2
   Δωδια ▸ 2
      Noun · masculine · singular · genitive · (proper) ▸ **1** (2Chr. 20,37)
      Noun · masculine · singular · nominative · (proper) ▸ **1** (1Chr. 27,4)
Δωδω Dodo ▸ 1
   Δωδω ▸ 1
      Noun · masculine · singular · genitive · (proper) ▸ **1** (1Chr. 11,26)
Δωηκ Doeg ▸ 6
   Δωηκ ▸ 6
      Noun · masculine · singular · accusative · (proper) ▸ **1** (Psa. 51,2)
      Noun · masculine · singular · dative · (proper) ▸ **1** (1Sam. 22,18)
      Noun · masculine · singular · nominative · (proper) ▸ **4** (1Sam. 21,8; 1Sam. 22,9; 1Sam. 22,18; 1Sam. 22,22)
Δωθαϊμ Dothan ▸ 7
   Δωθαϊμ ▸ 7
      Noun · accusative · (proper) ▸ **1** (Gen. 37,17)
      Noun · dative · (proper) ▸ **1** (Gen. 37,17)
      Noun · singular · dative · (proper) ▸ **1** (2Kings 6,13)
      Noun · singular · genitive · (proper) ▸ **4** (Judith 4,6; Judith 7,3; Judith 7,18; Judith 8,3)
Δωκ Dok ▸ 1
   Δωκ ▸ 1
      Noun · singular · accusative · (proper) ▸ **1** (1Mac. 16,15)
δῶμα roof, housetop ▸ 27 + 2 + 7 = 36
   δῶμα ▸ 5 + 2 + 2 = 9
      Noun · neuter · singular · accusative · (common) ▸ 5 + 2 + 2 = **9** (Josh. 2,6; Josh. 2,8; Judg. 9,51; 2Sam. 16,22; 2Sam. 18,24; Judg. 9,51; Judg. 16,27; Luke 5,19; Acts 10,9)
   δώματα ▸ 2
      Noun · neuter · plural · accusative · (common) ▸ **2** (Zeph. 1,5; Is. 22,1)

δώματι ‣ 3
   Noun · neuter · singular · dative · (common) ‣ **3** (1Sam. 9,25; 1Sam. 9,26; Psa. 101,8)
δώματί ‣ 1
   Noun · neuter · singular · dative · (common) ‣ **1** (Deut. 22,8)
δώματος ‣ 8 + 3 = 11
   Noun · neuter · singular · genitive · (common) ‣ **8 + 3 = 11** (Josh. 2,6; Judg. 16,27; 2Sam. 11,2; 2Sam. 11,2; 2Kings 23,12; Neh. 8,16; Judith 8,5; Prov. 25,24; Matt. 24,17; Mark 13,15; Luke 17,31)
δωμάτων ‣ 8 + 2 = 10
   Noun · neuter · plural · genitive · (common) ‣ **8 + 2 = 10** (2Kings 19,26; 2Chr. 28,4; Psa. 128,6; Is. 15,3; Is. 37,27; Jer. 19,13; Jer. 31,38; Jer. 39,29; Matt. 10,27; Luke 12,3)

Δωμανα Nahalol ‣ 1
   Δωμανα ‣ 1
      Noun · singular · accusative · (proper) ‣ **1** (Judg. 1,30)

Δωρ Dor ‣ 5 + 2 = 7
   Δωρ ‣ 5 + 2 = 7
      Noun · singular · genitive · (proper) ‣ **1** (Josh. 12,23)
      Noun · feminine · singular · accusative · (proper) ‣ **3 + 2 = 5** (Josh. 17,11; Judg. 1,27; Judg. 1,31; Judg. 1,27; Judg. 1,31)
      Noun · feminine · singular · nominative · (proper) ‣ **1** (1Chr. 7,29)

Δωρα Dor ‣ 3
   Δωρα ‣ 3
      Noun · feminine · singular · accusative · (proper) ‣ **3** (1Mac. 15,11; 1Mac. 15,13; 1Mac. 15,25)

δωρεά (δίδωμι) gift, bounty; grant ‣ 7 + 2 + 11 = 20
   δωρεά ‣ 2
      Noun · feminine · singular · nominative ‣ **2** (Acts 10,45; Rom. 5,15)
   δωρεᾷ ‣ 2 + 1 = 3
      Noun · feminine · singular · dative · (common) ‣ **2 + 1 = 3** (2Mac. 4,30; Wis. 16,25; 2Cor. 9,15)
   δωρεάν ‣ 1 + 5 = 6
      Noun · feminine · singular · accusative ‣ **1 + 5 = 6** (Dan. 5,17; John 4,10; Acts 2,38; Acts 8,20; Acts 11,17; Eph. 3,7)
   δωρεάν ‣ 1
      Noun · feminine · singular · accusative · (common) ‣ **1** (Dan. 11,39)
   δωρεάς ‣ 4 + 1 = 5
      Noun · feminine · plural · accusative · (common) ‣ **4 + 1 = 5** (1Esdr. 3,5; 3Mac. 1,7; Wis. 7,14; Dan. 2,48; Dan. 2,6)
   δωρεᾶς ‣ 3
      Noun · feminine · singular · genitive ‣ **3** (Rom. 5,17; Eph. 4,7; Heb. 6,4)

δωρεάν (δίδωμι) freely ‣ 26 + 9 = 35
   Δωρεάν ‣ 1
      Adverb ‣ **1** (Is. 52,3)
   δωρεάν ‣ 16 + 3 = 19
      Adverb ‣ **16 + 3 = 19** (Gen. 29,15; Ex. 21,2; Num. 11,5; 1Sam. 19,5; 2Sam. 24,24; 1Mac. 10,33; Psa. 68,5; Psa. 108,3; Psa. 118,161; Psa. 119,7; Sir. 20,23; Sir. 29,6; Sol. 7,1; Mal. 1,10; Is. 52,5; Lam. 3,52; John 15,25; Rev. 21,6; Rev. 22,17)
   δωρεάν ‣ 9 + 6 = 15
      Adverb ‣ **9 + 6 = 15** (Ex. 21,11; 1Sam. 25,31; 1Kings 2,31; 1Chr. 21,24; Psa. 34,7; Psa. 34,19; Job 1,9; Sir. 29,7; Jer. 22,13; Matt. 10,8; Matt. 10,8; Rom. 3,24; 2Cor. 11,7; Gal. 2,21; 2Th. 3,8)

δωρέομαι (δίδωμι) to give ‣ 8 + 3 = 11
   δεδωρημένης ‣ 1
      Verb · perfect · passive · participle · feminine · singular · genitive · (variant) ‣ **1** (2Pet. 1,3)
   δεδωρημένῳ ‣ 1
      Verb · perfect · passive · participle · neuter · singular · dative ‣ **1** (1Esdr. 8,13)
   δεδώρηται ‣ 1
      Verb · third · singular · perfect · passive · indicative · (variant) ‣ **1** (2Pet. 1,4)
   Δεδώρηταί ‣ 1
      Verb · third · singular · perfect · middle · indicative ‣ **1** (Gen. 30,20)
   δωρεῖται ‣ 1
      Verb · third · singular · present · passive · indicative ‣ **1** (Lev. 7,15)
   δώρησαι ‣ 1
      Verb · second · singular · aorist · middle · imperative ‣ **1** (Sir. 7,25)
   δωροῦμαι ‣ 1
      Verb · first · singular · present · middle · indicative ‣ **1** (Prov. 4,2)
   ἐδωρήσατο ‣ 3 + 1 = 4
      Verb · third · singular · aorist · middle · indicative ‣ **3 + 1 = 4** (1Esdr. 1,7; 1Esdr. 8,55; Esth. 8,1; Mark 15,45)

δώρημα (δίδωμι) gift ‣ 1 + 2 = 3
   δώρημα ‣ 2
      Noun · neuter · singular · nominative ‣ **2** (Rom. 5,16; James 1,17)
   δωρήματα ‣ 1
      Noun · neuter · plural · nominative · (common) ‣ **1** (Sir. 34,18)

δωροδέκτης (δίδωμι; δέχομαι) bribe-taker ‣ 1
   δωροδεκτῶν ‣ 1
      Noun · masculine · plural · genitive · (common) ‣ **1** (Job 15,34)

δωροκοπέω (δίδωμι; κόπτω) to give a gift; bribe ‣ 2
   δεδωροκοπημένοις ‣ 1
      Verb · perfect · passive · participle · masculine · plural · dative ‣ **1** (3Mac. 4,19)
   δωροκόπει ‣ 1
      Verb · second · singular · present · active · imperative ‣ **1** (Sir. 35,11)

δωρολήμπτης (δίδωμι; λαμβάνω) bribe-taker ‣ 1
   δωρολήμπτης ‣ 1
      Noun · masculine · singular · nominative · (common) ‣ **1** (Prov. 15,27)

δῶρον (δίδωμι) gift ‣ 170 + 7 + 19 = 196
   δῶρα ‣ 74 + 5 + 5 = 84
      Noun · neuter · plural · accusative · (common) ‣ **65 + 5 + 5 = 75** (Gen. 24,53; Gen. 32,14; Gen. 32,19; Gen. 33,10; Gen. 43,11; Gen. 43,15; Gen. 43,25; Gen. 43,26; Ex. 23,8; Lev. 1,2; Lev. 1,2; Lev. 7,13; Lev. 7,38; Lev. 9,7; Lev. 21,6; Lev. 21,8; Lev. 21,17; Lev. 21,21; Lev. 22,18; Lev. 22,25; Lev. 22,27; Lev. 23,14; Num. 7,3; Num. 7,10; Num. 7,11; Deut. 27,25; Judg. 3,15; Judg. 3,17; Judg. 3,18; Judg. 3,18; 1Sam. 8,3; 1Sam. 10,27; 1Kings 2,46b; 1Kings 5,14; 1Kings 10,25; 1Kings 15,19; 2Kings 16,8; 1Chr. 16,29; 1Chr. 18,2; 1Chr. 18,6; 2Chr. 9,24; 2Chr. 17,5; 2Chr. 17,11; 2Chr. 19,7; 2Chr. 26,8; 2Chr. 32,23; 1Esdr. 8,13; Tob. 13,13; Tob. 13,13; Psa. 14,5; Psa. 67,30; Psa. 71,10; Psa. 71,10; Psa. 75,12; Prov. 17,23; Prov. 22,9a; Sol. 2,3; Sol. 17,31; Hos. 8,9; Amos 5,11; Is. 1,23; Is. 39,1; Jer. 40,11; Jer. 47,5; Ezek. 22,12; Judg. 3,15; Judg. 3,17; Judg. 3,18; Judg. 3,18; Tob. 13,13; Matt. 2,11; Luke 21,1; Luke 21,4; Heb. 8,4; Rev. 11,10)
      Noun · neuter · plural · nominative · (common) ‣ **9** (Gen. 32,22; Ex. 23,8; Lev. 21,22; Deut. 16,19; Job 20,6; Sir. 20,29; Is. 8,20; Is. 18,7; LetterJ 26)
   δῶρά ‣ 1 + 3 = 4

Noun · neuter · plural · accusative · (common) ▸ 1 + 2 = **3** (Num. 28,2; Heb. 5,1; Heb. 8,3)
Noun · neuter · plural · nominative ▸ **1** (Heb. 9,9)

δώροις ▸ 4 + **1** + **1** = 6
Noun · neuter · plural · dative · (common) ▸ 4 + 1 + 1 = **6** (Gen. 4,4; Gen. 32,21; Psa. 44,13; Ezek. 20,39; Dan. 11,39; Heb. 11,4)

Δῶρον ▸ 1
Noun · neuter · singular · nominative · (common) ▸ **1** (Tob. 2,14)

δῶρον ▸ **68** + **1** + **6** = **75**
Noun · neuter · singular · accusative · (common) ▸ 43 + 1 + 2 = **46** (Gen. 30,20; Lev. 1,14; Lev. 1,14; Lev. 2,1; Lev. 2,4; Lev. 2,4; Lev. 2,12; Lev. 3,7; Lev. 4,23; Lev. 4,32; Lev. 5,11; Lev. 7,16; Lev. 7,29; Lev. 9,15; Lev. 17,4; Num. 5,15; Num. 6,14; Num. 6,21; Num. 7,12; Num. 7,13; Num. 7,19; Num. 7,31; Num. 7,37; Num. 7,43; Num. 7,49; Num. 7,55; Num. 7,61; Num. 7,67; Num. 7,73; Num. 7,79; Num. 9,7; Num. 9,13; Num. 15,4; Num. 15,25; Num. 28,24; Num. 31,50; Deut. 10,17; Deut. 16,19; Neh. 13,31; 2Mac. 15,16; Prov. 4,2; Job 8,20; Is. 66,20; Judg. 5,19; Matt. 8,4; Matt. 23,19)
Noun · neuter · singular · nominative · (common) ▸ 25 + 4 = **29** (Lev. 1,3; Lev. 1,10; Lev. 2,1; Lev. 2,13; Lev. 3,1; Lev. 3,6; Lev. 3,12; Lev. 6,13; Lev. 27,9; Lev. 27,11; Num. 7,17; Num. 7,23; Num. 7,25; Num. 7,29; Num. 7,35; Num. 7,41; Num. 7,47; Num. 7,53; Num. 7,59; Num. 7,65; Num. 7,71; Num. 7,77; Num. 7,83; Tob. 4,11; Sir. 40,12; Matt. 15,5; Matt. 23,19; Mark 7,11; Eph. 2,8)

δῶρόν ▸ **2** + **3** = **5**
Noun · neuter · singular · nominative · (common) ▸ 2 + 3 = **5** (Lev. 2,5; Lev. 2,7; Matt. 5,23; Matt. 5,24; Matt. 5,24)

δώρου ▸ 3
Noun · neuter · singular · genitive · (common) ▸ **3** (Lev. 2,13; Lev. 3,2; Lev. 3,8)

δώρῳ ▸ 1
Noun · neuter · singular · dative ▸ **1** (Matt. 23,18)

δώρων ▸ 17
Noun · neuter · plural · genitive · (common) ▸ **17** (Ex. 23,7; Lev. 7,14; Num. 18,9; Deut. 12,11; Judg. 9,31; Psa. 25,10; Prov. 6,35; Prov. 15,27; Prov. 21,14; Job 31,7; Job 36,18; Sir. 7,9; Mic. 3,11; Is. 5,23; Is. 33,15; Is. 45,13; Jer. 28,59)

Δωσίθεος Dositheus ▸ 1
Δωσίθεος ▸ 1
Noun · masculine · singular · nominative · (proper) ▸ **1** (Esth. 11,1 # 10,3l)

Δωταια Dothan ▸ 1
Δωταιας ▸ 1
Noun · feminine · singular · genitive · (proper) ▸ **1** (Judith 3,9)

E, ε

ε′ epsilon (letter of alphabet) or number: five; ▸ 1
   ε′ ▸ 1
      Adjective · neuter · singular · (ordinal · numeral) ▸ 1
      (Psa. 118,33)

ἔα (ἐάω) ah! alas! leave alone! ▸ 3 + 1 = 4
   ἔα ▸ 3 + 1 = 4
      Interjection ▸ 3 + 1 = 4 (Job 15,16; Job 19,5; Job 25,6; Luke 4,34)

ἐάν (εἰ; ἄν) if ▸ 1315 + 42 + 287 = 1644
   ἐάν ▸ 60 + 2 + 44 = 106
      Conjunction · subordinating · (conditional) ▸ 58 + 2 + 44 = **104** (Gen. 20,15; Gen. 31,52; Ex. 19,13; Ex. 19,13; Ex. 24,14; Lev. 3,1; Lev. 3,1; Lev. 13,2; Lev. 15,32; Lev. 19,20; Lev. 20,11; Lev. 20,12; Lev. 24,16; Lev. 24,16; Lev. 24,19; Lev. 27,26; Lev. 27,26; Deut. 18,3; Deut. 18,3; Deut. 30,1; Judg. 4,20; 1Kings 18,5; 1Esdr. 8,24; 1Esdr. 8,24; Ezra 7,26; Ezra 7,26; Ezra 7,26; Ezra 7,26; Tob. 6,8; 2Mac. 9,24; 2Mac. 10,4; 3Mac. 7,9; Prov. 7,5; Prov. 26,25; Job 9,15; Job 9,16; Job 9,20; Job 9,27; Job 10,14; Job 10,15; Job 10,15; Job 12,7; Job 12,7; Job 12,8; Job 13,15; Job 21,6; Wis. 3,17; Wis. 3,18; Sir. 13,25; Sir. 13,25; Hab. 1,5; Is. 10,15; Is. 17,5; Is. 17,5; Is. 24,13; Is. 33,4; LetterJ 26; LetterJ 34; Sus. 22; Sus. 22; Matt. 18,15; Matt. 21,3; Matt. 22,24; Matt. 24,23; Mark 11,3; Mark 12,19; Mark 13,21; Luke 16,30; Luke 16,31; Luke 19,31; Luke 20,28; John 6,51; John 7,17; John 7,37; John 8,51; John 8,52; John 9,22; John 9,31; John 10,9; John 11,9; John 11,57; John 12,26; John 12,47; John 14,14; John 14,23; Acts 9,2; Acts 13,41; Rom. 14,8; Rom. 14,8; Rom. 14,8; Rom. 14,8; 1Cor. 5,11; 2Cor. 10,8; Eph. 6,8; Col. 3,13; 1Tim. 1,8; James 5,19; 1John 2,1; 1John 2,15; 1John 4,20; 1John 5,14; Rev. 3,20; Rev. 22,18; Rev. 22,19)
      Particle ▸ 2 (Gen. 28,22; Num. 23,3)
   ἐάν ▸ 1092 + 32 + 215 = 1339
      Conjunction · subordinating · (conditional) ▸ 887 + 21 + 215 = **1123** (Gen. 4,7; Gen. 18,24; Gen. 18,24; Gen. 18,28; Gen. 18,28; Gen. 18,30; Gen. 18,30; Gen. 18,30; Gen. 18,31; Gen. 18,32; Gen. 18,32; Gen. 20,13; Gen. 24,8; Gen. 24,41; Gen. 27,40; Gen. 28,15; Gen. 30,31; Gen. 31,8; Gen. 31,8; Gen. 32,27; Gen. 33,13; Gen. 34,15; Gen. 34,17; Gen. 37,26; Gen. 38,16; Gen. 42,15; Gen. 42,37; Gen. 43,3; Gen. 43,5; Gen. 43,9; Gen. 44,22; Gen. 44,29; Gen. 44,30; Gen. 46,33; Ex. 1,16; Ex. 1,16; Ex. 3,19; Ex. 4,8; Ex. 4,9; Ex. 5,11; Ex. 7,9; Ex. 8,17; Ex. 8,22; Ex. 10,4; Ex. 12,4; Ex. 12,25; Ex. 12,26; Ex. 12,48; Ex. 13,5; Ex. 13,13; Ex. 13,14; Ex. 18,23; Ex. 19,5; Ex. 20,24; Ex. 20,25; Ex. 21,2; Ex. 21,3; Ex. 21,3; Ex. 21,4; Ex. 21,5; Ex. 21,7; Ex. 21,8; Ex. 21,9; Ex. 21,10; Ex. 21,11; Ex. 21,14; Ex. 21,18; Ex. 21,19; Ex. 21,20; Ex. 21,21; Ex. 21,22; Ex. 21,23; Ex. 21,26; Ex. 21,27; Ex. 21,29; Ex. 21,30; Ex. 21,31; Ex. 21,32; Ex. 21,33; Ex. 21,35; Ex. 21,36; Ex. 22,2; Ex. 22,2; Ex. 22,3; Ex. 22,4; Ex. 22,4; Ex. 22,5; Ex. 22,6; Ex. 22,6; Ex. 22,7; Ex. 22,9; Ex. 22,11; Ex. 22,12; Ex. 22,13; Ex. 22,14; Ex. 22,14; Ex. 22,16; Ex. 22,22; Ex. 22,24; Ex. 22,25; Ex. 22,26; Ex. 23,4; Ex. 23,5; Ex. 23,22; Ex. 23,33; Ex. 29,34; Ex. 34,20; Lev. 1,2; Lev. 1,3; Lev. 2,4; Lev. 2,5; Lev. 2,7; Lev. 2,14; Lev. 3,1; Lev. 3,7; Lev. 4,2; Lev. 4,3; Lev. 4,32; Lev. 5,1; Lev. 5,11; Lev. 5,15; Lev. 5,21; Lev. 5,23; Lev. 6,21; Lev. 6,21; Lev. 7,12; Lev. 7,18; Lev. 11,37; Lev. 11,38; Lev. 12,5; Lev. 12,8; Lev. 13,4; Lev. 13,7; Lev. 13,9; Lev. 13,12; Lev. 13,16; Lev. 13,18; Lev. 13,21; Lev. 13,22; Lev. 13,23; Lev. 13,24; Lev. 13,26; Lev. 13,27; Lev. 13,28; Lev. 13,29; Lev. 13,31; Lev. 13,35; Lev. 13,37; Lev. 13,38; Lev. 13,41; Lev. 13,42; Lev. 13,47; Lev. 13,51; Lev. 13,53; Lev. 13,56; Lev. 13,57; Lev. 14,43; Lev. 14,48; Lev. 15,8; Lev. 15,13; Lev. 15,18; Lev. 15,22; Lev. 15,23; Lev. 15,23; Lev. 15,24; Lev. 15,25; Lev. 15,25; Lev. 15,28; Lev. 17,16; Lev. 19,5; Lev. 19,6; Lev. 19,7; Lev. 20,4; Lev. 21,9; Lev. 21,17; Lev. 22,6; Lev. 22,9; Lev. 22,11; Lev. 22,12; Lev. 22,13; Lev. 22,29; Lev. 25,14; Lev. 25,14; Lev. 25,20; Lev. 25,20; Lev. 25,25; Lev. 25,26; Lev. 25,28; Lev. 25,30; Lev. 25,49; Lev. 25,51; Lev. 25,52; Lev. 25,54; Lev. 26,18; Lev. 26,21; Lev. 26,23; Lev. 26,27; Lev. 27,5; Lev. 27,7; Lev. 27,7; Lev. 27,7; Lev. 27,8; Lev. 27,10; Lev. 27,11; Lev. 27,13; Lev. 27,15; Lev. 27,17; Lev. 27,18; Lev. 27,19; Lev. 27,20; Lev. 27,27; Lev. 27,27; Lev. 27,31; Lev. 27,33; Num. 5,8; Num. 5,12; Num. 5,27; Num. 5,28; Num. 6,9; Num. 9,14; Num. 10,4; Num. 10,9; Num. 10,32; Num. 12,6; Num. 15,8; Num. 15,14; Num. 15,24; Num. 15,27; Num. 19,12; Num. 19,13; Num. 19,14; Num. 20,19; Num. 21,8; Num. 22,6; Num. 24,21; Num. 24,22; Num. 27,8; Num. 27,9; Num. 27,10; Num. 27,11; Num. 30,4; Num. 30,6; Num. 30,7; Num. 30,9; Num. 30,11; Num. 30,13; Num. 30,15; Num. 30,16; Num. 32,20; Num. 32,23; Num. 32,30; Num. 33,55; Num. 35,16; Num. 35,17; Num. 35,18; Num. 35,20; Num. 35,22; Num. 35,26; Num. 36,4; Deut. 5,25; Deut. 6,25; Deut. 8,19; Deut. 11,22; Deut. 11,24; Deut. 11,27; Deut. 11,28; Deut. 12,13; Deut. 12,20; Deut. 12,21; Deut. 12,25; Deut. 12,26; Deut. 12,28; Deut. 13,19; Deut. 14,24; Deut. 15,5; Deut. 15,16; Deut. 15,21; Deut. 16,15; Deut. 18,6; Deut. 18,21; Deut. 19,6; Deut. 19,8; Deut. 19,9; Deut. 19,11; Deut. 19,16; Deut. 20,11; Deut. 20,12; Deut. 21,9; Deut. 21,14; Deut. 22,2; Deut. 22,8; Deut. 22,20; Deut. 22,25; Deut. 23,9; Deut. 23,11; Deut. 23,17; Deut. 23,23; Deut. 23,26; Deut. 24,1; Deut. 24,12; Deut. 24,20; Deut. 24,21; Deut. 25,2; Deut. 25,3; Deut. 25,7; Deut. 25,19; Deut. 26,1; Deut. 27,3; Deut. 28,1; Deut. 28,2; Deut. 28,9; Deut. 28,13; Deut. 28,15; Deut. 28,58; Deut. 29,18; Deut. 30,4; Deut. 30,10;

Deut. 30,10; Deut. 30,16; Deut. 30,17; Josh. 1,9; Josh. 1,16; Josh. 2,20; Josh. 4,3; Josh. 7,12; Josh. 7,14; Josh. 14,12; Josh. 22,18; Josh. 23,12; Josh. 24,20; Josh. 24,27; Judg. 4,8; Judg. 5,8; Judg. 6,37; Judg. 7,5; Judg. 7,17; Judg. 9,33; Judg. 13,16; Judg. 14,12; Judg. 14,13; Judg. 16,17; Judg. 17,8; Judg. 17,9; Ruth 1,16; Ruth 1,17; Ruth 2,2; Ruth 2,9; Ruth 3,13; Ruth 3,13; 1Sam. 1,11; 1Sam. 1,22; 1Sam. 2,16; 1Sam. 2,25; 1Sam. 2,25; 1Sam. 3,9; 1Sam. 3,17; 1Sam. 6,9; 1Sam. 11,3; 1Sam. 12,14; 1Sam. 12,15; 1Sam. 12,25; 1Sam. 14,9; 1Sam. 14,10; 1Sam. 14,39; 1Sam. 14,41; 1Sam. 17,9; 1Sam. 17,9; 1Sam. 17,9; 1Sam. 19,3; 1Sam. 20,6; 1Sam. 20,7; 1Sam. 20,7; 1Sam. 20,9; 1Sam. 20,9; 1Sam. 20,10; 1Sam. 20,14; 1Sam. 20,21; 1Sam. 20,22; 1Sam. 22,23; 1Sam. 23,3; 1Sam. 23,13; 1Sam. 26,10; 1Sam. 27,1; 2Sam. 3,13; 2Sam. 3,35; 2Sam. 7,12; 2Sam. 7,14; 2Sam. 10,11; 2Sam. 11,20; 2Sam. 15,21; 2Sam. 15,21; 2Sam. 15,21; 2Sam. 15,25; 2Sam. 15,26; 2Sam. 15,34; 2Sam. 17,12; 2Sam. 17,13; 2Sam. 18,3; 2Sam. 18,3; 2Sam. 18,23; 1Kings 1,52; 1Kings 3,14; 1Kings 5,23; 1Kings 8,25; 1Kings 8,31; 1Kings 8,37; 1Kings 8,37; 1Kings 8,37; 1Kings 8,37; 1Kings 8,38; 1Kings 9,4; 1Kings 9,6; 1Kings 11,38; 1Kings 12,27; 1Kings 18,12; 1Kings 21,23; 1Kings 21,39; 2Kings 2,10; 2Kings 2,10; 2Kings 4,24; 2Kings 4,29; 2Kings 4,29; 2Kings 7,4; 2Kings 7,4; 2Kings 7,4; 2Kings 7,4; 2Kings 8,1; 2Kings 10,2; 2Kings 12,6; 2Kings 20,9; 1Chr. 19,12; 1Chr. 22,13; 1Chr. 28,7; 1Chr. 28,9; 1Chr. 28,9; 2Chr. 6,16; 2Chr. 6,22; 2Chr. 6,24; 2Chr. 6,24; 2Chr. 6,28; 2Chr. 6,28; 2Chr. 6,28; 2Chr. 6,28; 2Chr. 6,29; 2Chr. 6,34; 2Chr. 7,13; 2Chr. 7,13; 2Chr. 7,13; 2Chr. 7,14; 2Chr. 7,17; 2Chr. 7,19; 2Chr. 15,2; 2Chr. 15,2; 2Chr. 23,6; 2Chr. 25,8; 2Chr. 30,9; 2Chr. 33,8; 1Esdr. 2,15; 1Esdr. 2,18; 1Esdr. 4,4; 1Esdr. 4,4; 1Esdr. 4,5; 1Esdr. 4,7; 1Esdr. 4,18; 1Esdr. 4,31; 1Esdr. 4,31; 1Esdr. 6,21; Ezra 4,13; Ezra 4,16; Neh. 1,8; Neh. 1,9; Neh. 1,9; Neh. 4,14; Neh. 13,21; Neh. 13,25; Neh. 13,25; Esth. 2,14; Esth. 4,14; Esth. 4,16; Judith 7,31; Judith 8,11; Judith 8,15; Judith 8,17; Judith 8,22; Judith 10,16; Judith 11,6; Judith 11,10; Judith 11,23; Judith 12,12; Judith 14,2; Tob. 3,10; Tob. 4,3; Tob. 4,8; Tob. 4,14; Tob. 4,21; Tob. 5,16; Tob. 6,17; Tob. 7,11; Tob. 8,20; Tob. 9,4; Tob. 13,5; 1Mac. 3,53; 1Mac. 5,41; 1Mac. 6,27; 1Mac. 7,35; 1Mac. 8,24; 1Mac. 8,27; 1Mac. 8,30; 1Mac. 8,32; 1Mac. 9,8; 1Mac. 11,42; 2Mac. 4,9; 2Mac. 11,19; 2Mac. 15,21; 3Mac. 2,10; 3Mac. 3,29; 4Mac. 1,24; 4Mac. 8,9; Psa. 7,13; Psa. 12,5; Psa. 18,14; Psa. 22,4; Psa. 26,3; Psa. 26,3; Psa. 49,12; Psa. 58,16; Psa. 61,11; Psa. 67,14; Psa. 80,9; Psa. 88,31; Psa. 88,32; Psa. 89,10; Psa. 94,7; Psa. 126,1; Psa. 129,3; Psa. 131,12; Psa. 136,5; Psa. 136,6; Psa. 136,6; Psa. 137,7; Psa. 138,8; Psa. 138,8; Psa. 138,9; Psa. 138,19; Prov. 1,10; Prov. 2,1; Prov. 2,3; Prov. 2,4; Prov. 2,10; Prov. 3,24; Prov. 3,24; Prov. 4,12; Prov. 4,12; Prov. 4,16; Prov. 6,1; Prov. 6,11a; Prov. 6,30; Prov. 6,31; Prov. 8,21a; Prov. 9,12; Prov. 9,12; Prov. 11,2; Prov. 12,7; Prov. 19,10; Prov. 19,19; Prov. 19,25; Prov. 21,1; Prov. 22,18; Prov. 22,27; Prov. 23,1; Prov. 23,5; Prov. 23,13; Prov. 23,15; Prov. 23,16; Prov. 23,18; Prov. 23,31; Prov. 24,12; Prov. 24,14; Prov. 24,17; Prov. 24,22d; Prov. 25,21; Prov. 25,21; Prov. 27,22; Prov. 29,19; Prov. 29,20; Prov. 29,24; Prov. 24,31; Prov. 24,34; Prov. 30,22; Prov. 30,23; Prov. 30,23; Prov. 30,32; Prov. 30,33; Prov. 30,33; Eccl. 4,10; Eccl. 4,11; Eccl. 4,12; Eccl. 6,3; Eccl. 10,4; Eccl. 10,10; Eccl. 10,11; Eccl. 11,3; Eccl. 11,3; Eccl. 11,3; Eccl. 11,6; Eccl. 11,8; Eccl. 12,14; Eccl. 12,14; Song 2,7; Song 3,5; Song 5,8; Song 8,7; Job 3,22; Job 7,4; Job 7,9; Job 8,15; Job 8,18; Job 9,3; Job 9,11; Job 9,11; Job 9,12; Job 9,14; Job 9,20; Job 9,30; Job 10,3; Job 11,10; Job 12,14; Job 12,14; Job 12,15; Job 12,15; Job 13,3; Job 13,9; Job 14,5; Job 14,7; Job 14,8; Job 14,14; Job 14,21; Job 16,6; Job 16,6; Job 17,13; Job 18,4; Job 20,6; Job 20,12; Job 22,3; Job 22,21; Job 22,23; Job 27,14; Job 27,14; Job 27,16; Job 29,24; Job 31,14; Job 31,14; Job 33,5; Job 33,23; Job 33,23; Job 36,11; Job 36,29; Job 37,10; Job 37,13; Job 37,13; Job 37,13; Job 39,13; Job 40,23; Job 41,18; Wis. 3,4; Wis. 4,7; Wis. 8,21; Wis. 15,2; Sir. 4,16; Sir. 4,19; Sir. 6,12; Sir. 6,32; Sir. 6,33; Sir. 6,33; Sir. 6,36; Sir. 8,12; Sir. 8,13; Sir. 9,10; Sir. 11,10; Sir. 11,10; Sir. 12,11; Sir. 12,15; Sir. 12,16; Sir. 12,17; Sir. 13,4; Sir. 13,4; Sir. 13,5; Sir. 14,11; Sir. 15,15; Sir. 15,16; Sir. 16,2; Sir. 18,31; Sir. 19,28; Sir. 19,28; Sir. 21,2; Sir. 21,15; Sir. 22,21; Sir. 22,22; Sir. 23,11; Sir. 25,22; Sir. 26,11; Sir. 26,28; Sir. 27,3; Sir. 27,17; Sir. 28,12; Sir. 28,12; Sir. 29,6; Sir. 31,14; Sir. 31,27; Sir. 32,7; Sir. 33,33; Sir. 34,6; Sir. 35,14; Sir. 36,27; Sir. 37,12; Sir. 39,6; Sir. 39,11; Sir. 39,11; Sir. 41,9; Sir. 41,9; Sir. 50,29; Sol. 2,23; Sol. 5,3; Sol. 5,7; Sol. 5,8; Sol. 5,10; Sol. 5,13; Sol. 5,16; Sol. 7,4; Sol. 16,11; Sol. 16,13; Hos. 8,7; Hos. 8,13; Hos. 9,12; Hos. 9,16; Amos 3,3; Amos 3,4; Amos 3,7; Amos 5,22; Amos 6,9; Amos 7,2; Amos 9,2; Amos 9,2; Amos 9,3; Amos 9,3; Amos 9,4; Mic. 3,8; Mic. 7,8; Obad. 4; Obad. 4; Nah. 3,12; Hab. 2,3; Hab. 2,4; Zech. 3,7; Zech. 3,7; Zech. 6,15; Zech. 7,6; Zech. 8,23; Zech. 13,3; Zech. 14,18; Mal. 1,8; Mal. 1,8; Mal. 1,13; Mal. 2,2; Mal. 2,2; Mal. 2,16; Mal. 3,10; Is. 1,12; Is. 1,13; Is. 1,15; Is. 1,18; Is. 1,18; Is. 1,19; Is. 1,20; Is. 5,9; Is. 7,9; Is. 7,23; Is. 8,9; Is. 8,14; Is. 8,19; Is. 10,8; Is. 10,22; Is. 17,11; Is. 21,12; Is. 23,12; Is. 24,13; Is. 28,15; Is. 28,18; Is. 31,4; Is. 32,19; Is. 41,28; Is. 43,2; Is. 43,2; Is. 46,7; Is. 48,21; Is. 49,24; Is. 53,10; Is. 55,10; Is. 57,8; Is. 58,7; Is. 58,9; Is. 58,13; Is. 62,7; Is. 63,19; Jer. 2,22; Jer. 3,16; Jer. 4,1; Jer. 4,30; Jer. 4,30; Jer. 5,1; Jer. 7,5; Jer. 8,3; Jer. 12,16; Jer. 12,17; Jer. 13,12; Jer. 13,17; Jer. 13,22; Jer. 14,12; Jer. 14,12; Jer. 14,18; Jer. 14,18; Jer. 15,2; Jer. 15,19; Jer. 17,24; Jer. 17,27; Jer. 22,4; Jer. 22,5; Jer. 22,6; Jer. 22,24; Jer. 23,33; Jer. 27,45; Jer. 27,45; Jer. 28,53; Jer. 28,53; Jer. 30,14; Jer. 38,35; Jer. 38,35; Jer. 44,10; Jer. 45,15; Jer. 45,18; Jer. 45,25; Jer. 49,6; Jer. 49,6; Jer. 51,26; Jer. 51,35; Bar. 2,22; LetterJ 23; LetterJ 26; LetterJ 33; LetterJ 33; Ezek. 2,7; Ezek. 3,11; Ezek. 3,11; Ezek. 3,19; Ezek. 3,21; Ezek. 14,9; Ezek. 14,13; Ezek. 14,14; Ezek. 14,15; Ezek. 14,17; Ezek. 14,20; Ezek. 15,5; Ezek. 16,27; Ezek. 17,16; Ezek. 17,19; Ezek. 18,3; Ezek. 18,10; Ezek. 18,14; Ezek. 18,18; Ezek. 18,21; Ezek. 21,12; Ezek. 22,13; Ezek. 24,13; Ezek. 33,6; Ezek. 33,9; Ezek. 44,22; Ezek. 46,7; Ezek. 46,12; Ezek. 46,17; Dan. 1,13; Dan. 1,13; Dan. 2,6; Dan. 2,9; Dan. 2,9; Sus. 22; Sus. 22; Bel 9; Judg. 4,8; Judg. 4,20; Judg. 5,8; Judg. 6,3; Judg. 6,37; Judg. 7,5; Judg. 13,16; Judg. 14,12; Judg. 14,13; Judg. 16,17; Judg. 21,21; Tob. 4,21; Tob. 9,3-4; Dan. 2,5; Dan. 2,6; Dan. 2,9; Dan. 3,15; Dan. 3,18; Dan. 5,16; Bel 8; Bel 11; Matt. 4,9; Matt. 5,13; Matt. 5,20; Matt. 5,46; Matt. 5,47; Matt. 6,15; Matt. 6,22; Matt. 6,23; Matt. 8,2; Matt. 9,21; Matt. 10,13; Matt. 10,13; Matt. 12,11; Matt. 12,29; Matt. 15,14; Matt. 16,26; Matt. 17,20; Matt. 18,3; Matt. 18,12; Matt. 18,13; Matt. 18,16; Matt. 18,17; Matt. 18,17; Matt. 18,19; Matt. 18,35; Matt. 21,21; Matt. 21,24; Matt. 21,25; Matt. 21,26; Matt. 24,26; Matt. 24,48; Matt. 26,42; Matt. 28,14; Mark 1,40; Mark 3,24; Mark 3,25; Mark 3,27; Mark 4,22; Mark 5,28; Mark 7,3; Mark 7,4; Mark 7,11; Mark 8,3; Mark 9,43; Mark 9,45; Mark 9,47; Mark 9,50; Mark 10,12; Mark 10,30; Mark 11,31; Mark 14,31; Luke 4,7; Luke 5,12; Luke 6,33; Luke 6,34; Luke 10,6; Luke 12,45; Luke 13,3; Luke 13,5; Luke 14,34; Luke 15,8; Luke 17,3; Luke 17,4; Luke 19,40; Luke 20,5; Luke 20,6; Luke 22,67; Luke 22,68; John 3,2; John 3,3; John 3,5; John 3,12; John 3,27; John 4,48; John 5,19; John 5,43; John 6,44; John 6,53; John 6,62; John 6,65; John 7,51; John 8,16; John 8,24; John 8,31; John 8,36; John 8,54; John 11,10; John 11,40; John 11,48; John 12,24; John 12,24; John 12,26; John 12,32; John 13,8; John 13,17; John 13,35; John 14,3; John 15,4; John 15,4; John 15,6; John 15,7; John 15,10; John 15,14; John 16,7; John 16,7; John 19,12; John 20,25; John 21,22; John 21,23; John 21,25; Acts 5,38;

ἐάν (2nd homograph)

Acts 8,31; Acts 15,1; Acts 26,5; Acts 27,31; Rom. 2,25; Rom. 2,25; Rom. 2,26; Rom. 7,2; Rom. 7,3; Rom. 7,3; Rom. 9,27; Rom. 10,9; Rom. 10,15; Rom. 11,22; Rom. 11,23; Rom. 12,20; Rom. 12,20; Rom. 13,4; Rom. 14,23; Rom. 15,24; 1Cor. 4,15; 1Cor. 4,19; 1Cor. 6,4; 1Cor. 7,8; 1Cor. 7,11; 1Cor. 7,28; 1Cor. 7,28; 1Cor. 7,36; 1Cor. 7,39; 1Cor. 7,40; 1Cor. 8,8; 1Cor. 8,8; 1Cor. 8,10; 1Cor. 9,16; 1Cor. 9,16; 1Cor. 10,28; 1Cor. 11,14; 1Cor. 11,15; 1Cor. 11,26; 1Cor. 12,15; 1Cor. 12,16; 1Cor. 13,2; 1Cor. 13,2; 1Cor. 13,3; 1Cor. 14,6; 1Cor. 14,6; 1Cor. 14,7; 1Cor. 14,8; 1Cor. 14,9; 1Cor. 14,11; 1Cor. 14,14; 1Cor. 14,16; 1Cor. 14,24; 1Cor. 14,28; 1Cor. 14,30; 1Cor. 15,36; 1Cor. 16,4; 1Cor. 16,6; 1Cor. 16,7; 2Cor. 5,1; 2Cor. 8,12; 2Cor. 9,4; 2Cor. 13,2; Gal. 1,8; Gal. 2,16; Gal. 5,2; Gal. 6,1; Col. 4,10; 1Th. 3,8; 2Th. 2,3; 1Tim. 2,15; 1Tim. 3,15; 2Tim. 2,5; 2Tim. 2,5; 2Tim. 2,21; Heb. 3,7; Heb. 3,15; Heb. 4,7; Heb. 10,38; Heb. 13,23; James 2,2; James 2,14; James 2,15; James 2,17; James 4,15; 1Pet. 3,13; 1John 1,6; 1John 1,7; 1John 1,8; 1John 1,9; 1John 1,10; 1John 2,3; 1John 2,24; 1John 2,28; 1John 2,29; 1John 3,2; 1John 3,20; 1John 3,21; 1John 4,12; 1John 5,15; 3John 10; Rev. 2,5; Rev. 2,22; Rev. 3,3)

Particle ▸ 205 + 11 = **216**
(Gen. 2,19; Gen. 6,17; Gen. 15,14; Gen. 21,12; Gen. 21,22; Gen. 30,33; Gen. 31,32; Gen. 34,11; Gen. 41,55; Gen. 44,1; Gen. 48,6; Ex. 1,22; Ex. 4,9; Ex. 12,7; Ex. 13,12; Ex. 16,5; Ex. 16,5; Ex. 16,23; Ex. 16,23; Ex. 21,17; Ex. 21,30; Ex. 23,16; Lev. 5,2; Lev. 5,4; Lev. 5,22; Lev. 6,11; Lev. 6,20; Lev. 6,20; Lev. 6,23; Lev. 7,18; Lev. 7,20; Lev. 11,32; Lev. 11,33; Lev. 11,33; Lev. 11,34; Lev. 11,35; Lev. 12,2; Lev. 13,52; Lev. 13,54; Lev. 14,36; Lev. 15,2; Lev. 15,4; Lev. 15,4; Lev. 15,6; Lev. 15,10; Lev. 15,11; Lev. 15,16; Lev. 15,17; Lev. 15,19; Lev. 15,21; Lev. 15,26; Lev. 20,6; Lev. 20,14; Lev. 20,17; Lev. 24,15; Lev. 27,28; Lev. 27,29; Lev. 27,32; Num. 5,6; Num. 5,10; Num. 5,29; Num. 5,30; Num. 6,2; Num. 9,10; Num. 9,13; Num. 10,32; Num. 15,12; Num. 17,20; Num. 18,28; Num. 19,16; Num. 19,18; Num. 19,20; Num. 19,22; Num. 22,6; Num. 22,6; Num. 22,8; Num. 22,17; Num. 22,35; Num. 22,38; Num. 23,12; Num. 23,26; Num. 24,13; Num. 30,3; Num. 30,13; Num. 31,23; Num. 33,54; Num. 33,55; Deut. 1,17; Deut. 4,6; Deut. 4,7; Deut. 5,27; Deut. 11,25; Deut. 12,11; Deut. 12,19; Deut. 14,26; Deut. 14,26; Deut. 14,29; Deut. 15,3; Deut. 15,18; Deut. 15,19; Deut. 15,20; Deut. 16,2; Deut. 16,4; Deut. 16,6; Deut. 16,7; Deut. 16,11; Deut. 16,15; Deut. 16,16; Deut. 17,10; Deut. 17,10; Deut. 17,11; Deut. 18,19; Deut. 18,19; Deut. 18,22; Deut. 19,17; Deut. 22,3; Deut. 22,9; Deut. 22,12; Deut. 24,8; Deut. 25,6; Deut. 26,3; Deut. 28,20; Deut. 28,36; Josh. 1,7; Josh. 1,18; Josh. 2,19; Josh. 7,14; Josh. 9,27; Josh. 15,16; Judg. 7,4; Judg. 7,4; Ruth 1,16; Ruth 3,5; Ruth 3,11; 1Sam. 2,14; 1Sam. 9,6; 1Sam. 10,7; 1Sam. 14,7; 1Sam. 16,3; 1Sam. 19,3; 1Sam. 25,8; 1Sam. 28,8; 2Sam. 15,4; 2Sam. 15,35; 2Sam. 15,36; 2Sam. 18,4; 1Kings 5,20; 1Kings 18,24; 2Kings 6,12; 2Kings 10,5; 2Kings 10,19; 2Kings 10,24; 2Kings 12,5; 2Kings 18,14; 2Chr. 6,29; 2Chr. 6,33; 2Chr. 15,13; 2Chr. 18,13; 1Esdr. 4,3; 1Esdr. 4,5; 1Esdr. 6,31; 1Esdr. 8,13; 1Esdr. 8,24; Ezra 6,9; Ezra 7,16; Esth. 1,20; Esth. 2,13; Judith 11,16; Tob. 2,2; Tob. 4,14; Tob. 4,16; Tob. 4,19; 1Mac. 2,41; 1Mac. 6,36; 1Mac. 10,43; 2Mac. 2,15; Eccl. 3,22; Eccl. 4,17; Eccl. 5,3; Eccl. 5,17; Eccl. 8,3; Eccl. 12,3; Song 8,8; Sir. 2,4; Sir. 15,17; Sir. 42,7; Mic. 6,14; Hag. 2,14; Zech. 14,16; Zech. 14,17; Zech. 14,18; Is. 8,10; Is. 8,12; Is. 19,17; Is. 29,11; Is. 55,11; Jer. 1,7; Jer. 1,7; Jer. 11,4; Jer. 34,5; Jer. 34,8; Jer. 34,11; Jer. 49,20; Dan. 4,31; Dan. 11,39; Judg. 1,12; Judg. 6,31; Judg. 7,4; Judg. 7,4; Judg. 7,5; Judg. 11,24; Judg. 11,31; Judg. 17,8; Judg. 17,9; Dan. 4,17; Dan. 4,32)

Ἐάν ▸ 6 + 1 = 7
  Conjunction ▪ subordinating ▪ (conditional) ▸ 6 + 1 = 7
  (Gen. 32,18; Lev. 20,2; Num. 21,2; Num. 24,13; 1Kings 13,8; Is. 49,25; 1John 5,16)

Ἐάν ▸ 141 + 8 + 10 = 159
  Conjunction ▪ subordinating ▪ (conditional) ▸ 141 + 8 + 10 = **159**
  (Gen. 18,26; Gen. 18,29; Gen. 28,20; Gen. 32,9; Gen. 38,17; Gen. 44,23; Gen. 44,32; Ex. 4,1; Ex. 15,26; Ex. 21,12; Ex. 21,28; Ex. 21,37; Ex. 22,1; Ex. 22,15; Ex. 23,22; Ex. 30,12; Lev. 1,10; Lev. 1,14; Lev. 2,1; Lev. 3,1; Lev. 3,6; Lev. 3,12; Lev. 4,13; Lev. 4,22; Lev. 4,27; Lev. 5,1; Lev. 5,7; Lev. 11,39; Lev. 13,40; Lev. 14,21; Lev. 19,33; Lev. 25,2; Lev. 25,29; Lev. 25,35; Lev. 25,39; Lev. 25,47; Lev. 26,3; Lev. 26,14; Lev. 27,9; Lev. 27,16; Lev. 27,22; Num. 18,26; Num. 22,18; Num. 32,20; Num. 32,29; Deut. 4,25; Deut. 7,1; Deut. 7,17; Deut. 11,13; Deut. 12,20; Deut. 12,29; Deut. 13,2; Deut. 13,7; Deut. 13,13; Deut. 15,7; Deut. 15,12; Deut. 17,2; Deut. 17,8; Deut. 17,14; Deut. 18,9; Deut. 19,1; Deut. 20,1; Deut. 20,10; Deut. 20,19; Deut. 21,1; Deut. 21,10; Deut. 21,15; Deut. 21,18; Deut. 21,22; Deut. 22,6; Deut. 22,8; Deut. 22,13; Deut. 22,22; Deut. 22,23; Deut. 22,28; Deut. 23,10; Deut. 23,22; Deut. 23,25; Deut. 24,1; Deut. 24,5; Deut. 24,7; Deut. 24,10; Deut. 24,19; Deut. 25,1; Deut. 25,5; Deut. 25,11; Deut. 26,12; Josh. 22,28; Judg. 4,8; Judg. 11,30; Judg. 13,16; Judg. 15,7; Judg. 16,7; Judg. 16,11; Judg. 16,13; 1Sam. 19,11; 2Sam. 10,11; 2Sam. 15,8; 2Sam. 15,33; 1Kings 1,52; 1Kings 2,4; 1Kings 13,31; 1Kings 22,28; 1Chr. 4,10; 1Chr. 19,12; 2Chr. 10,7; 2Chr. 18,27; 2Chr. 20,9; Judith 12,3; Tob. 13,6; 1Mac. 2,40; 1Mac. 5,40; 1Mac. 7,35; 2Mac. 14,33; 3Mac. 2,30; Psa. 126,1; Eccl. 5,7; Song 1,8; Sir. 6,32; Sir. 12,1; Sir. 27,8; Hag. 2,12; Hag. 2,13; Zech. 3,7; Zech. 7,5; Jer. 3,1; Jer. 4,1; Jer. 15,1; Jer. 15,19; Jer. 30,14; Jer. 33,4; Jer. 38,37; Jer. 45,15; Jer. 45,17; Jer. 49,10; Jer. 49,15; Bar. 2,29; Ezek. 2,5; Ezek. 14,21; Ezek. 46,16; Dan. 2,5; Judg. 4,8; Judg. 11,30; Judg. 13,16; Judg. 15,7; Judg. 16,7; Judg. 16,11; Judg. 16,13; Bel 8; Matt. 5,23; Matt. 6,14; Matt. 18,15; Luke 17,3; John 5,31; John 14,15; 1Cor. 13,1; 1Cor. 14,23; 1Cor. 16,10; 2Cor. 12,6)

crasis-ἐάν ▸ 16 + 17 = 33
Κἄν ▸ 3
  Conjunction ▪ subordinating ▪ (conditional) ▸ 3
  (4Mac. 10,18; 4Mac. 18,14; Sir. 16,11)
κἄν ▸ 13 + 17 = 30
  Conjunction ▪ subordinating ▪ (conditional) ▸ 13 + 15 = **28**
  (Lev. 7,16; 4Mac. 2,8; 4Mac. 2,9; Wis. 4,4; Wis. 9,6; Wis. 14,4; Wis. 15,12; Sir. 3,13; Sir. 9,13; Sir. 13,23; Sir. 14,7; Sir. 23,11; Sir. 33,29; Matt. 21,21; Mark 5,28; Mark 6,56; Mark 16,18; Luke 12,38; Luke 12,38; Luke 13,9; John 8,14; John 8,55; John 10,38; John 11,25; Acts 5,15; 1Cor. 13,3; 2Cor. 11,16; Heb. 12,20)
  Conjunction ▪ coordinating ▪ (copulative) ▸ 1 (James 5,15)
  Conjunction ▪ coordinating ▪ (explanatory) ▸ 1 (Matt. 26,35)

ἐάν (2nd homograph) whenever, when, whatever ▸ 63

ἐάν ▸ 1
  Particle ▪ (contingent) ▸ 1 (Mark 6,23)
ἐάν ▸ 62
  Particle ▸ 1 (Acts 3,23)
  Particle ▪ (contingent) ▸ 61 (Matt. 5,19; Matt. 5,32; Matt. 7,12; Matt. 8,19; Matt. 11,6; Matt. 11,27; Matt. 12,32; Matt. 14,7; Matt. 15,5; Matt. 16,19; Matt. 16,19; Matt. 16,25; Matt. 18,5; Matt. 18,18; Matt. 18,18; Matt. 18,19; Matt. 20,4; Matt. 20,26; Matt. 22,9; Matt. 23,3; Matt. 24,28; Matt. 26,13; Mark 3,28; Mark 6,10; Mark 6,22; Mark 7,11; Mark 8,35; Mark 8,38; Mark 9,18; Mark 10,35; Mark 13,11; Mark 14,9; Mark 14,14; Luke 4,6; Luke 7,23; Luke 9,48; Luke 9,57; Luke 10,22; Luke 17,33; John 15,7; Acts 7,7; Acts 8,19; 1Cor. 6,18; 1Cor. 11,25; 1Cor. 16,2; 1Cor. 16,3; 2Cor. 3,16; Gal. 5,10; Gal. 5,17; Gal. 6,7; Col. 3,17; Col. 3,23; 1Th.

2,7; James 4,4; 1John 3,22; 1John 4,15; 1John 5,15; 3John 5; Rev. 3,19; Rev. 11,6; Rev. 13,15)

ἐάνπερ (εἰ; ἄν; περ) if only, if indeed ▸ 1 + 3 = 4
  ἐάνπερ ▸ 1 + 3 = 4
    Conjunction · subordinating · (conditional) ▸ 1 + 3 = **4** (2Mac. 3,38; Heb. 3,6; Heb. 3,14; Heb. 6,3)

ἔαρ springtime ▸ 5
  ἔαρ ▸ 2
    Noun · neuter · singular · accusative · (common) ▸ **1** (Psa. 73,17)
    Noun · neuter · singular · nominative · (common) ▸ **1** (Gen. 8,22)
  ἔαρι ▸ 1
    Noun · neuter · singular · dative · (common) ▸ **1** (Zech. 14,8)
  ἔαρος ▸ 2
    Noun · neuter · singular · genitive · (common) ▸ **2** (Num. 13,20; Wis. 2,7)

Εασακεμ Shaalim (?) ▸ 1
  Εασακεμ ▸ 1
    Noun · singular · genitive · (proper) ▸ **1** (1Sam. 9,4)

ἑαυτοῦ (αὐτός) of himself, his own ▸ 630 + 24 + 319 = 973
  αὐτὰς ▸ 1
    Pronoun · (reflexive) · third · feminine · plural · accusative ▸ **1** (Sol. 2,13)
  αὐτῇ ▸ 2 + 1 = 3
    Pronoun · (reflexive) · third · feminine · singular · dative ▸ 2 + 1 = **3** (2Sam. 21,10; Wis. 7,27; Judg. 18,1)
  αὐτὴν ▸ 1
    Pronoun · (reflexive) · third · feminine · singular · accusative ▸ **1** (Ezek. 47,10)
  αὐτῆς ▸ 2
    Pronoun · (reflexive) · third · feminine · singular · genitive ▸ **2** (Ezek. 22,3; Ezek. 33,6)
  αὐτοῖς ▸ 10
    Pronoun · (reflexive) · first · masculine · plural · dative ▸ **1** (Josh. 22,23)
    Pronoun · (reflexive) · third · masculine · plural · dative ▸ **9** (Judg. 8,33; 2Chr. 35,14; Esth. 8,11; 1Mac. 1,62; 1Mac. 14,36; 2Mac. 8,30; 4Mac. 13,26; Sol. 8,10; Is. 34,14)
  αὐτόν ▸ 1
    Pronoun · (reflexive) · third · masculine · singular · accusative ▸ **1** (Judg. 7,5)
  αὐτὸν ▸ 3
    Pronoun · (reflexive) · third · masculine · singular · accusative ▸ **3** (2Sam. 6,10; 2Mac. 4,21; 3Mac. 2,24)
  αὐτοῦ ▸ 9
    Pronoun · (reflexive) · third · masculine · singular · genitive ▸ **9** (Gen. 41,11; 1Kings 18,43; 1Mac. 4,35; 1Mac. 12,43; 2Mac. 8,29; 2Mac. 14,15; 4Mac. 1,6; 4Mac. 2,8; Ezek. 45,22)
  αὐτοὺς ▸ 4
    Pronoun · (reflexive) · first · masculine · plural · accusative ▸ **1** (1Mac. 10,54)
    Pronoun · (reflexive) · third · masculine · plural · accusative ▸ **3** (1Mac. 14,29; 2Mac. 8,31; 2Mac. 12,42)
  αὐτῷ ▸ 5
    Pronoun · (reflexive) · third · masculine · singular · dative ▸ **5** (Ex. 21,8; 1Sam. 12,22; 2Chr. 32,29; Sol. 9,5; Sol. 17,33)
  αὐτῶν ▸ 1
    Pronoun · (reflexive) · third · masculine · plural · genitive ▸ **1** (Num. 33,4)
  ἑαυτὰ ▸ 1 + 1 + 1 = 3
    Pronoun · (reflexive) · second · neuter · plural · accusative ▸ **1** (1John 5,21)
    Pronoun · (reflexive) · third · neuter · plural · accusative ▸ 1 + 1 = **2** (LetterJ 67; Judg. 9,8)
  ἑαυταῖς ▸ 1 + 1 = 2
    Pronoun · (reflexive) · second · feminine · plural · dative ▸ **1** (Matt. 25,9)
    Pronoun · (reflexive) · third · feminine · plural · dative ▸ **1** (Ex. 1,21)
  ἑαυτάς ▸ 6 + 2 = 8
    Pronoun · (reflexive) · third · feminine · plural · accusative ▸ 6 + 2 = **8** (Zech. 12,12; Zech. 12,12; Zech. 12,12; Zech. 12,13; Zech. 12,13; Zech. 12,14; Mark 16,3; 1Tim. 2,9)
  ἑαυτὰς ▸ 2
    Pronoun · (reflexive) · second · feminine · plural · accusative ▸ **1** (Luke 23,28)
    Pronoun · (reflexive) · third · feminine · plural · accusative ▸ **1** (1Pet. 3,5)
  ἑαυτῇ ▸ 16 + 1 + 2 = 19
    Pronoun · (reflexive) · third · feminine · singular · dative ▸ 16 + 1 + 2 = **19** (Gen. 18,12; Gen. 18,13; Gen. 39,16; Judg. 18,1; 1Esdr. 4,30; Judith 8,5; Judith 16,19; Psa. 26,12; Psa. 83,4; Prov. 9,1; Prov. 31,22; Job 39,16; Sir. 26,10; Zech. 9,3; Lam. 1,4; Sus. 35; Judg. 5,29; Matt. 9,21; Acts 7,21)
  ἑαυτήν ▸ 1 + 1 = 2
    Pronoun · (reflexive) · third · feminine · singular · accusative ▸ 1 + 1 = **2** (Zech. 12,6; James 2,17)
  ἑαυτὴν ▸ 9 + 6 = 15
    Pronoun · (reflexive) · third · feminine · singular · accusative ▸ 9 + 6 = **15** (Num. 22,25; 1Chr. 12,18; 4Mac. 17,1; Zech. 12,12; Zech. 12,12; Zech. 12,12; Zech. 12,13; Zech. 12,13; Zech. 12,14; Mark 3,24; Mark 3,25; Luke 1,24; Luke 11,17; Rev. 2,20; Rev. 19,7)
  ἑαυτῆς ▸ 22 + 1 + 6 = 29
    Pronoun · (reflexive) · third · feminine · singular · genitive ▸ 22 + 1 + 6 = **29** (Gen. 16,3; Gen. 24,46; Gen. 38,14; Gen. 38,19; 1Kings 10,5; 2Kings 5,4; 2Kings 8,3; 2Kings 8,3; 2Kings 8,5; 2Kings 8,5; 2Kings 11,14; 2Chr. 9,4; 4Mac. 15,25; 4Mac. 17,15; Prov. 9,2; Prov. 9,2; Prov. 9,2; Prov. 9,3; Prov. 9,14; Prov. 30,23; Bar. 4,33; Sus. 30; Tob. 3,7; Matt. 6,34; Matt. 12,25; Matt. 12,25; Luke 13,34; 1Cor. 13,5; 1Th. 2,7)
  ἑαυτὸ ▸ 1
    Pronoun · (reflexive) · third · neuter · singular · accusative ▸ **1** (Ex. 36,12)
  ἑαυτοῖς ▸ 133 + 8 + 50 = 191
    Pronoun · (reflexive) · first · masculine · plural · dative ▸ 14 + 4 = **18** (Gen. 11,4; Gen. 11,4; Deut. 3,7; 1Sam. 12,19; 1Sam. 14,9; 2Kings 6,2; 1Mac. 5,57; 1Mac. 10,71; 1Mac. 12,3; Psa. 82,13; Job 34,4; Joel 1,18; Zech. 12,5; Is. 9,9; Rom. 8,23; Rom. 15,1; 2Cor. 1,9; 2Cor. 1,9)
    Pronoun · (reflexive) · second · masculine · plural · dative ▸ 33 + 4 + 21 = **58** (Gen. 47,23; Ex. 5,11; Ex. 12,21; Ex. 19,12; Ex. 20,23; Ex. 30,32; Deut. 1,13; Deut. 4,16; Deut. 4,23; Deut. 9,16; Josh. 9,11; Josh. 22,16; Josh. 24,15; Judg. 7,24; Judg. 10,14; Judg. 19,30; Judg. 20,7; 1Sam. 8,18; 1Sam. 8,18; 1Sam. 12,17; 1Sam. 17,8; 2Sam. 16,20; 1Kings 18,25; 2Chr. 13,9; Sir. 51,25; Hos. 10,12; Hos. 10,12; Amos 5,26; Is. 15,2; Is. 22,11; Jer. 4,3; Jer. 7,4; Ezek. 18,31; Judg. 7,24; Judg. 10,14; Judg. 20,7; Judg. 21,21; Matt. 3,9; Matt. 16,8; Matt. 23,31; Mark 9,50; Luke 3,8; Luke 12,1; Luke 12,33; Luke 16,9; Luke 17,3; Luke 21,34; John 5,42; John 6,53; Acts 5,35; Acts 20,28; Rom. 11,25; Rom. 12,16; Eph. 4,32; Eph. 5,19; Col. 3,13; 1Th. 5,13; James 2,4)
    Pronoun · (reflexive) · third · masculine · plural · dative ▸ 83 + 4 + 25 = **112** (Gen. 3,7; Gen. 6,2; Gen. 6,4; Gen. 11,29; Ex.

ἑαυτοῦ

5,7; Ex. 12,39; Ex. 32,8; Ex. 32,31; Num. 11,32; Num. 15,38; Deut. 9,12; Josh. 4,8; Josh. 11,14; Josh. 24,33a; Judg. 3,6; Judg. 6,2; Judg. 18,30; Judg. 18,31; Judg. 21,23; Ruth 1,4; 1Sam. 5,9; 1Kings 14,23; 1Kings 18,6; 1Kings 18,23; 2Kings 12,6; 2Kings 17,9; 2Kings 17,10; 2Kings 17,16; 2Kings 17,32; 2Kings 17,32; 1Chr. 19,6; 1Chr. 19,7; 2Chr. 20,25; 1Esdr. 1,14; 1Esdr. 1,14; 1Esdr. 7,12; Ezra 6,20; Ezra 9,2; Neh. 8,16; Neh. 9,18; Neh. 12,29; Esth. 4,3; Esth. 9,16; Esth. 9,27; Esth. 9,31; Judith 11,2; 1Mac. 1,15; 1Mac. 8,15; 2Mac. 6,11; 3Mac. 1,4; 3Mac. 6,34; Psa. 21,19; Psa. 43,11; Psa. 63,6; Psa. 65,7; Psa. 87,9; Prov. 1,18; Prov. 28,4; Job 4,8; Job 4,20; Wis. 2,1; Wis. 5,3; Wis. 17,20; Sir. 25,1; Hos. 2,2; Hos. 8,4; Hos. 8,4; Hos. 13,2; Obad. 5; Is. 5,21; Jer. 2,13; Jer. 11,17; Jer. 23,16; Jer. 30,24; LetterJ 18; LetterJ 57; Ezek. 33,2; Ezek. 36,5; Ezek. 44,22; Dan. 4,37a; Dan. 6,5; Sus. 28; Sus. 54; Judg. 3,6; Judg. 6,2; Judg. 8,33; Judg. 18,30; Matt. 9,3; Matt. 14,15; Matt. 16,7; Matt. 21,25; Matt. 21,38; Mark 2,8; Mark 4,17; Mark 6,36; Mark 6,51; Luke 7,49; Luke 18,9; John 17,13; John 19,24; Rom. 1,27; Rom. 2,14; Rom. 13,2; 2Cor. 5,15; 2Cor. 10,12; 2Cor. 10,12; 1Tim. 3,13; 1Tim. 6,19; 2Tim. 4,3; Heb. 6,6; 1Pet. 1,12; 2Pet. 2,1)

Pronoun · (reflexive) · third · neuter · plural · dative ▸ **3** (Judg. 9,8; Sir. 1,22 Prol.; Sir. 1,26 Prol.)

ἑαυτόν ▸ **14** + **8** = **22**

Pronoun · (reflexive) · third · masculine · singular · accusative
▸ **14** + **8** = **22** (Lev. 25,49; Num. 16,5; Num. 16,5; Num. 24,25; 1Kings 13,4; Prov. 6,31; Prov. 9,7; Prov. 13,3; Prov. 15,32; Prov. 18,9; Prov. 19,8; Sir. 20,27; Sir. 37,7; Dan. 11,7; Luke 23,35; John 8,22; John 13,4; Acts 5,36; Gal. 6,3; Eph. 5,33; Heb. 9,25; 1John 3,3)

ἑαυτόν ▸ **43** + **1** + **61** = **105**

Pronoun · (reflexive) · third · masculine · singular · accusative
▸ **43** + **1** + **61** = **105** (Gen. 8,9; Gen. 30,40; Gen. 39,6; Lev. 25,27; Lev. 25,50; Num. 16,9; Judg. 7,21; 2Sam. 7,10; 2Kings 23,1; 1Chr. 13,13; 1Chr. 17,9; 1Esdr. 1,26; Esth. 7,7; 1Mac. 6,44; 1Mac. 11,23; 2Mac. 4,24; 2Mac. 5,25; 2Mac. 8,35; 2Mac. 10,13; 2Mac. 11,13; 2Mac. 13,13; 2Mac. 14,43; 3Mac. 1,12; 4Mac. 12,19; Psa. 104,22; Prov. 15,27; Prov. 17,28; Prov. 18,9; Prov. 26,27; Prov. 30,12; Job 25,4; Job 32,2; Wis. 2,13; Wis. 5,12; Sir. 1,7 Prol.; Sir. 14,6; Sir. 17,3; Sir. 20,13; Hos. 8,9; Is. 47,15; Jer. 45,14; LetterJ 13; Ezek. 17,12; Judg. 3,13; Matt. 12,26; Matt. 16,24; Matt. 18,4; Matt. 23,12; Matt. 23,12; Matt. 27,42; Mark 3,26; Mark 5,5; Mark 8,34; Mark 12,33; Mark 15,31; Luke 9,23; Luke 9,25; Luke 10,29; Luke 11,18; Luke 14,11; Luke 14,11; Luke 15,17; Luke 18,11; Luke 18,14; Luke 18,14; Luke 23,2; Luke 24,12; John 5,18; John 11,33; John 19,7; John 19,12; John 21,1; John 21,7; Acts 1,3; Acts 8,9; Acts 16,27; Acts 19,31; Acts 25,4; Acts 28,16; Rom. 14,22; 1Cor. 3,18; 1Cor. 11,28; 1Cor. 14,4; 2Cor. 10,18; Gal. 1,4; Gal. 2,12; Gal. 2,20; Gal. 6,4; Eph. 5,2; Eph. 5,25; Eph. 5,28; Phil. 2,7; Phil. 2,8; 2Th. 2,4; 1Tim. 2,6; 2Tim. 2,13; 2Tim. 2,21; Titus 2,14; Heb. 5,5; Heb. 7,27; Heb. 9,14; Heb. 12,3; James 1,24; James 1,27; 1John 5,18)

ἑαυτοῦ ▸ **138** + **4** + **47** = **189**

Pronoun · (reflexive) · third · masculine · singular · genitive
▸ **137** + **4** + **41** = **182** (Gen. 4,23; Gen. 22,3; Gen. 24,10; Gen. 24,44; Gen. 31,23; Gen. 32,2; Gen. 49,16; Ex. 2,11; Ex. 12,4; Ex. 13,19; Ex. 14,6; Ex. 18,1; Ex. 18,23; Ex. 18,27; Ex. 21,7; Ex. 32,27; Ex. 33,11; Ex. 34,35; Ex. 36,21; Num. 1,52; Num. 1,52; Deut. 24,16; Josh. 22,20; Josh. 24,33a; 1Sam. 24,3; 2Sam. 6,20; 2Sam. 7,27; 1Kings 5,14a; 1Kings 8,1; 1Kings 12,24; 1Kings 13,30; 1Kings 18,42; 1Kings 18,42; 1Kings 19,3; 1Kings 19,13; 1Kings 20,16; 1Kings 22,36; 1Kings 22,36; 2Kings 3,26; 2Kings 5,8; 2Kings 18,33; 2Kings 19,1; 2Kings 22,11; 2Chr. 8,1; 2Chr.

611

25,4; 2Chr. 31,2; 1Esdr. 1,15; 1Esdr. 2,7; 1Esdr. 2,8; 1Esdr. 3,8; 1Esdr. 4,20; 1Esdr. 4,34; 1Esdr. 6,17; Judith 7,32; Tob. 8,11; 1Mac. 12,47; 1Mac. 14,32; 2Mac. 3,30; 2Mac. 4,29; 2Mac. 6,16; 2Mac. 6,31; 2Mac. 7,33; 2Mac. 10,7; 2Mac. 14,15; 2Mac. 15,34; 3Mac. 5,13; 4Mac. 3,1; 4Mac. 4,24; 4Mac. 7,5; 4Mac. 10,8; Psa. 10,5; Prov. 5,22; Prov. 5,23; Prov. 8,27; Prov. 9,12b; Prov. 11,29; Prov. 12,11; Prov. 12,11a; Prov. 12,16; Prov. 12,26; Prov. 13,3; Prov. 13,3; Prov. 13,16; Prov. 14,14; Prov. 14,32; Prov. 14,35; Prov. 16,17; Prov. 16,17; Prov. 16,26; Prov. 16,26; Prov. 16,27; Prov. 17,16a; Prov. 17,18; Prov. 18,17; Prov. 19,16; Prov. 19,16; Prov. 20,2; Prov. 22,5; Prov. 22,9; Prov. 22,16; Prov. 26,6; Prov. 26,11; Prov. 26,11; Prov. 26,11; Prov. 26,26; Prov. 27,18; Prov. 28,13; Prov. 28,19; Prov. 29,5; Prov. 29,5; Prov. 29,24; Job 2,12; Job 17,9; Job 21,20; Job 24,22; Job 28,11; Job 33,23; Job 37,7; Job 38,12; Wis. 3,5; Wis. 19,17; Sir. 21,27; Sir. 21,28; Sir. 25,8; Sir. 37,23; Amos 6,8; Jonah 3,6; Mal. 3,1; Is. 36,18; Is. 56,11; Is. 62,11; Jer. 38,30; LetterJ 58; Ezek. 17,15; Dan. 1,3; Dan. 6,18; Dan. 6,20; Judg. 3,19; Judg. 3,20; Judg. 6,27; Tob. 8,10; Luke 2,3; Luke 11,21; Luke 13,19; Luke 14,26; Luke 14,26; Luke 14,27; Luke 14,33; Luke 15,20; Luke 16,5; Luke 19,13; Luke 24,27; John 5,19; John 7,18; John 9,21; John 11,51; John 16,13; Acts 8,34; Acts 21,11; Rom. 4,19; Rom. 5,8; Rom. 8,3; Rom. 14,12; 1Cor. 7,2; 1Cor. 7,37; 1Cor. 7,38; 1Cor. 10,24; 1Cor. 10,29; 2Cor. 10,7; Gal. 6,4; Gal. 6,8; Eph. 5,28; Eph. 5,29; Eph. 5,33; 1Th. 2,11; 1Th. 2,12; 1Th. 4,4; 2Th. 2,6; Heb. 6,13; Heb. 9,7; Heb. 12,16; Rev. 10,7)

Pronoun · (reflexive) · third · neuter · singular · genitive ▸ **1** + **6** = **7** (LetterJ 26; Matt. 12,45; Matt. 12,45; Luke 11,26; John 15,4; Rom. 14,14; Eph. 4,16)

ἑαυτούς ▸ **13** + **13** = **26**

Pronoun · (reflexive) · first · masculine · plural · accusative ▸ **1** + **1** = **2** (1Sam. 26,11; 2Cor. 10,12)

Pronoun · (reflexive) · second · masculine · plural · accusative
▸ **2** + **5** = **7** (1Sam. 6,21; 4Mac. 8,10; Mark 13,9; Luke 22,17; 2Cor. 10,14; Col. 3,16; 2John 8)

Pronoun · (reflexive) · third · masculine · plural · accusative
▸ **10** + **7** = **17** (Gen. 43,32; 1Sam. 26,12; Neh. 3,35; Judith 2,10; Job 24,16; Amos 3,3; Is. 45,24; Jer. 7,19; Ezek. 34,2; Ezek. 34,8; Mark 10,26; Mark 14,4; John 7,35; John 11,55; John 12,19; 1Cor. 16,15; James 1,22)

ἑαυτούς ▸ **33** + **50** = **83**

Pronoun · (reflexive) · first · masculine · plural · accusative ▸ **5** + **12** = **17** (1Mac. 11,9; 2Mac. 7,18; 4Mac. 8,18; 4Mac. 8,23; 4Mac. 8,23; Acts 23,14; 1Cor. 11,31; 2Cor. 3,1; 2Cor. 4,2; 2Cor. 4,5; 2Cor. 4,5; 2Cor. 5,12; 2Cor. 6,4; 2Cor. 7,1; 2Cor. 8,5; 2Th. 3,9; 1John 1,8)

Pronoun · (reflexive) · second · masculine · plural · accusative
▸ **1** + **17** = **18** (2Mac. 7,23; Luke 16,15; Luke 17,14; Acts 13,46; Acts 15,29; Rom. 6,11; Rom. 6,13; Rom. 6,16; Rom. 12,19; 2Cor. 7,11; 2Cor. 13,5; 2Cor. 13,5; Heb. 3,13; Heb. 10,34; 1Pet. 4,8; 1Pet. 4,10; Jude 20; Jude 21)

Pronoun · (reflexive) · third · masculine · plural · accusative
▸ **27** + **21** = **48** (Gen. 19,10; Gen. 43,32; Ex. 5,19; Ex. 28,43; Lev. 22,16; Judg. 9,51; 2Sam. 2,7; 2Kings 8,20; 1Chr. 19,9; 2Chr. 21,8; 1Esdr. 1,3; 1Mac. 12,50; 2Mac. 3,15; 2Mac. 8,13; 3Mac. 2,31; 3Mac. 2,32; 3Mac. 5,17; 3Mac. 5,50; 4Mac. 13,24; Psa. 72,27; Prov. 13,7; Prov. 13,7; Mic. 7,14; LetterJ 9; LetterJ 48; LetterJ 49; Dan. 11,35; Matt. 19,12; Mark 1,27; Mark 9,10; Mark 11,31; Mark 12,7; Luke 7,30; Luke 20,5; Luke 20,20; Luke 22,23; Acts 23,12; Acts 23,21; 2Cor. 10,12; 2Cor. 10,12; 2Cor. 10,12; Eph. 4,19; 1Tim. 6,10; Jude 12; Rev. 2,2; Rev. 2,9; Rev. 3,9; Rev. 6,15)

Ε, ε

Ἑαυτούς ▸ 1
    Pronoun • (reflexive) • second • masculine • plural • accusative ▸ 1 (2Cor. 13,5)
Ἑαυτούς ▸ 1
    Pronoun • (reflexive) • first • masculine • plural • accusative ▸ 1 (4Mac. 13,13)
ἑαυτῷ ▸ 114 + 4 + 28 = 146
    Pronoun • (reflexive) • third • masculine • singular • dative ▸ 110 + 4 + 28 = 142 (Gen. 4,19; Gen. 13,11; Gen. 22,8; Gen. 25,20; Gen. 28,6; Gen. 30,37; Gen. 30,40; Gen. 33,17; Gen. 36,2; Ex. 4,14; Ex. 6,20; Ex. 16,18; Ex. 21,10; Lev. 15,14; Lev. 16,22; Num. 16,5; Num. 27,18; Num. 31,53; Deut. 4,34; Deut. 17,16; Deut. 17,16; Deut. 17,17; Deut. 17,17; Deut. 17,18; Deut. 24,3; Deut. 24,4; Deut. 25,5; Deut. 28,9; Josh. 2,19; Judg. 3,16; Judg. 19,1; Judg. 19,3; Judg. 21,21; 1Sam. 2,14; 1Sam. 8,12; 1Sam. 10,24; 1Sam. 13,2; 1Sam. 13,14; 1Sam. 17,40; 1Sam. 18,13; 1Sam. 25,39; 2Sam. 15,1; 2Sam. 18,18; 2Sam. 20,6; 2Sam. 24,14; 1Kings 1,5; 1Kings 3,15; 1Kings 5,14a; 1Kings 9,9a # 9,24; 1Kings 22,11; 2Kings 4,1; 2Kings 10,24; 1Chr. 2,19; 1Chr. 17,21; 1Chr. 17,21; 2Chr. 2,2; 2Chr. 11,15; 2Chr. 11,18; 2Chr. 11,20; 2Chr. 13,21; 2Chr. 16,14; 2Chr. 18,10; 2Chr. 25,14; 2Chr. 28,24; 2Chr. 32,27; 1Esdr. 9,16; Esth. 2,7; Esth. 6,6; Judith 10,19; Tob. 4,2; 1Mac. 6,44; 1Mac. 13,48; 1Mac. 14,1; 2Mac. 3,28; 2Mac. 14,41; Psa. 32,12; Psa. 35,2; Psa. 40,7; Psa. 131,13; Psa. 134,4; Prov. 9,7; Prov. 12,9; Prov. 12,9; Prov. 13,11; Prov. 14,16; Prov. 16,26; Prov. 16,27; Prov. 17,18; Prov. 21,2; Prov. 26,5; Prov. 26,12; Prov. 26,16; Prov. 28,11; Prov. 29,21; Song 2,11; Song 3,9; Job 15,23; Job 20,14; Job 33,27; Job 36,25; Sir. 14,5; Sir. 37,8; Hos. 4,17; Jonah 4,5; Hab. 2,6; Is. 49,5; Jer. 9,7; Jer. 16,20; Lam. 3,28; Ezek. 46,12; Judg. 3,16; Judg. 7,21; Judg. 9,4; Dan. 4,8; Matt. 13,21; Mark 5,30; Luke 7,39; Luke 9,47; Luke 12,17; Luke 12,21; Luke 16,3; Luke 18,4; Luke 19,12; John 5,26; John 5,26; John 6,61; John 11,38; John 19,17; Acts 10,17; Acts 12,11; Rom. 14,7; Rom. 14,7; Rom. 15,3; 1Cor. 11,29; 1Cor. 14,28; 1Cor. 16,2; 2Cor. 5,18; 2Cor. 5,19; 2Cor. 10,7; Eph. 5,27; Titus 2,14; Heb. 5,4)
    Pronoun • (reflexive) • third • neuter • singular • dative ▸ 4 (Gen. 1,29; Gen. 1,30; Psa. 83,4; Wis. 13,16)
ἑαυτῶν ▸ 45 + 3 + 40 = 88
    Pronoun • (reflexive) • first • masculine • plural • genitive ▸ 7 (Gen. 43,22; 1Mac. 9,9; 2Mac. 7,18; 2Mac. 7,32; 4Mac. 8,20; Job 34,4; Dan. 6,6)
    Pronoun • (reflexive) • second • masculine • plural • genitive ▸ 2 (Hos. 14,3; Ezek. 18,31)
    Pronoun • (reflexive) • third • feminine • plural • genitive ▸ 1 + 5 = 6 (Esth. 1,20; Matt. 25,1; Matt. 25,3; Matt. 25,4; Matt. 25,7; Rev. 10,3)
    Pronoun • (reflexive) • third • masculine • plural • genitive ▸ 33 + 3 + 34 = 70 (Num. 32,17; Josh. 24,33b; 1Kings 5,26; 2Kings 4,33; 2Kings 7,7; Neh. 3,34; Esth. 11,9 # 1,1h; Esth. 8,9; Esth. 16,3 # 8,12c; Esth. 16,19 # 8,12s; Esth. 9,31; Tob. 12,10; 2Mac. 10,27; 2Mac. 10,30; 2Mac. 11,24; 2Mac. 11,31; 3Mac. 3,19; 3Mac. 7,22; 4Mac. 8,24; Prov. 1,19; Prov. 1,31; Prov. 1,31; Prov. 8,36; Prov. 13,10; Prov. 26,19; Prov. 30,26; Job 24,5; Is. 3,9; Is. 5,21; Jer. 5,12; Jer. 23,31; LetterJ 25; Ezek. 39,26; Tob. 8,8; Tob. 12,10; Sus. 9; Matt. 8,22; Matt. 15,30; Matt. 18,31; Matt. 21,8; Matt. 26,11; Mark 8,14; Mark 9,8; Mark 14,7; Luke 2,39; Luke 9,60; Luke 12,36; Luke 12,57; Luke 16,8; Luke 21,30; John 12,8; Acts 21,23; Rom. 16,4; Rom. 16,18; 1Cor. 6,7; 1Cor. 6,19; 2Cor. 3,5; 2Cor. 3,5; Eph. 5,28; Eph. 5,28; Phil. 2,3; Phil. 2,4; Phil. 2,12; Phil. 2,21; 1Th. 2,8; 2Th. 3,12; Heb. 10,25; Jude 6; Jude 16; Jude 18)
    Pronoun • (reflexive) • third • neuter • plural • genitive ▸ 2 + 1 = 3 (Ezra 5,15; Wis. 19,18; Jude 13)

ἐάω to permit, pass over ▸ 26 + 4 + 11 = 41
    ἐᾷ ▸ 2
        Verb • third • singular • present • active • indicative ▸ 2 (Tob. 4,10; Job 9,18)
    ἐᾶν ▸ 1
        Verb • present • active • infinitive ▸ 1 (Esth. 16,19 # 8,12s)
    ἐᾷς ▸ 1
        Verb • second • singular • present • active • indicative ▸ 1 (Job 7,19)
    ἐᾶσαι ▸ 5
        Verb • aorist • active • infinitive ▸ 5 (1Esdr. 6,26; Esth. 3,8; Judith 12,6; 2Mac. 13,11; 2Mac. 15,36)
    ἐάσαντες ▸ 1
        Verb • aorist • active • participle • masculine • plural • nominative ▸ 1 (Acts 23,32)
    ἐάσατε ▸ 2
        Verb • second • plural • aorist • active • imperative ▸ 2 (Dan. 4,15; Dan. 4,23)
    Ἐάσατε ▸ 1
        Verb • second • plural • aorist • active • imperative ▸ 1 (Dan. 4,26)
    ἐάσει ▸ 1
        Verb • third • singular • future • active • indicative ▸ 1 (1Cor. 10,13)
    ἐάσεις ▸ 1
        Verb • second • singular • future • active • indicative ▸ 1 (Job 9,28)
    ἐάσῃ ▸ 2
        Verb • third • singular • aorist • active • subjunctive ▸ 2 (1Mac. 12,40; Dan. 2,44)
    ἐᾶσθαι ▸ 1
        Verb • present • middle • infinitive ▸ 1 (2Mac. 6,13)
    ἔασόν ▸ 5 + 1 = 6
        Verb • second • singular • aorist • active • imperative ▸ 5 + 1 = 6 (Ex. 32,10; Deut. 9,14; Judg. 11,37; 2Sam. 15,34; Job 10,20; Judg. 11,37)
    Ἔασόν ▸ 1
        Verb • second • singular • aorist • active • imperative ▸ 1 (Gen. 38,16)
    ἐᾶτε ▸ 1
        Verb • second • plural • present • active • imperative ▸ 1 (Luke 22,51)
    εἴα ▸ 1
        Verb • third • singular • imperfect • active • indicative ▸ 1 (Luke 4,41)
    εἰάθησαν ▸ 1
        Verb • third • plural • aorist • passive • indicative ▸ 1 (3Mac. 5,18)
    εἴασα ▸ 1
        Verb • first • singular • aorist • active • indicative ▸ 1 (Job 31,34)
    εἴασαν ▸ 1
        Verb • third • plural • aorist • active • indicative ▸ 1 (Acts 27,32)
    εἴασάν ▸ 1
        Verb • third • plural • aorist • active • indicative ▸ 1 (2Mac. 10,20)
    εἴασεν ▸ 1 + 4 = 5
        Verb • third • singular • aorist • active • indicative ▸ 1 + 4 = 5 (1Mac. 15,14; Matt. 24,43; Acts 14,16; Acts 16,7; Acts 28,4)
    εἴων ▸ 2 + 2 = 4
        Verb • third • plural • imperfect • active • indicative ▸ 2 + 2 = 4 (Josh. 19,47a; 2Mac. 12,2; Acts 19,30; Acts 27,40)
    ἐῶντες ▸ 1
        Verb • present • active • participle • masculine • plural • nominative

▸ **1** (2Mac. 14,6)

ἑβδομάς (ἑπτά) seven, week ▸ 23 + 9 = 32
  ἑβδομάδα ▸ 3
    Noun · feminine · singular · accusative · (common) ▸ **3** (2Mac. 6,11; 2Mac. 15,4; 4Mac. 14,8)
  ἑβδομάδας ▸ 6 + 2 = 8
    Noun · feminine · plural · accusative · (common) ▸ 6 + 2 = **8** (Lev. 23,15; Deut. 16,9; Deut. 16,9; Dan. 9,27; Dan. 10,2; Dan. 10,3; Dan. 9,26; Dan. 10,2)
  ἑβδομάδες ▸ 2 + 3 = 5
    Noun · feminine · plural · nominative · (common) ▸ 2 + 3 = **5** (Lev. 25,8; Dan. 9,24; Dan. 9,24; Dan. 9,25; Dan. 9,25)
  ἑβδομάδος ▸ 3 + 1 = 4
    Noun · feminine · singular · genitive · (common) ▸ 3 + 1 = **4** (Lev. 23,16; 2Mac. 12,38; Dan. 9,27; Dan. 9,27)
  ἑβδομάδων ▸ 8 + 2 = 10
    Noun · feminine · plural · genitive · (common) ▸ 8 + 2 = **10** (Ex. 34,22; Num. 28,26; Deut. 16,10; Deut. 16,16; 2Chr. 8,13; Tob. 2,1; 2Mac. 12,31; 4Mac. 2,8; Tob. 2,1; Dan. 10,3)
  ἑβδομάς ▸ 1
    Noun · feminine · singular · nominative · (common) ▸ **1** (Dan. 9,27)
  ἑβδομάς ▸ 1
    Noun · feminine · singular · vocative · (common) ▸ **1** (4Mac. 14,7)

ἑβδομήκοντα (ἑπτά) seventy ▸ 111 + 13 + 5 = 129
  ἑβδομήκοντα ▸ 110 + 12 + 5 = 127
    Adjective · feminine · plural · accusative · (cardinal · numeral)
      ▸ **6** (Gen. 50,3; 1Sam. 11,8; 2Sam. 6,1; 2Chr. 2,1; 2Chr. 2,17; Dan. 9,26)
    Adjective · feminine · plural · dative · (cardinal · numeral) ▸ 1 + 1 = **2** (Deut. 10,22; Acts 7,14)
    Adjective · feminine · plural · nominative · (cardinal · numeral)
      ▸ 14 + 1 + 1 = **16** (Gen. 46,27; Ex. 1,5; Num. 2,4; Num. 1,25; Num. 26,18; Num. 31,32; Num. 31,33; 2Sam. 24,15; 1Kings 2,35d; 1Kings 5,29; 1Chr. 21,14; 1Esdr. 5,9; Judith 7,2; Dan. 9,24; Dan. 9,24; Acts 27,37)
    Adjective · masculine · plural · accusative · (cardinal · numeral)
      ▸ 16 + 6 + 2 = **24** (Ex. 39,5; Ex. 39,6; Num. 11,16; Num. 11,24; Num. 11,25; Judg. 8,14; Judg. 9,2; Judg. 9,5; Judg. 9,18; Judg. 9,56; Judg. 12,14; 1Sam. 6,19; 2Kings 10,7; 1Esdr. 8,63; Ezra 8,35; Dan. 9,27; Judg. 8,14; Judg. 9,2; Judg. 9,5; Judg. 9,18; Judg. 9,56; Judg. 12,14; Luke 10,1; Acts 23,23)
    Adjective · masculine · plural · genitive · (cardinal · numeral)
      ▸ 18 + 1 = **19** (Num. 7,13; Num. 7,19; Num. 7,25; Num. 7,31; Num. 7,37; Num. 7,43; Num. 7,49; Num. 7,55; Num. 7,61; Num. 7,67; Num. 7,73; Num. 7,79; Num. 7,85; Judg. 9,24; 1Sam. 9,22; Judith 1,2; Judith 1,4; Ezek. 41,12; Judg. 9,24)
    Adjective · masculine · plural · nominative · (cardinal · numeral)
      ▸ 30 + 2 + 1 = **33** (Ex. 24,1; Ex. 24,9; Ex. 39,2; Num. 3,43; Num. 3,46; Num. 31,38; Judg. 8,30; 2Kings 10,1; 2Kings 10,6; 2Chr. 29,32; 1Esdr. 5,10; 1Esdr. 5,24; 1Esdr. 5,26; 1Esdr. 5,35; 1Esdr. 8,33; 1Esdr. 8,34; 1Esdr. 8,39; 1Esdr. 8,40; Ezra 2,3; Ezra 2,4; Ezra 2,5; Ezra 2,36; Ezra 2,40; Neh. 7,8; Neh. 7,9; Neh. 7,39; Neh. 7,43; Neh. 11,19; Ezek. 8,11; Bel 9; Judg. 8,30; Bel 9; Luke 10,17)
    Adjective · neuter · plural · accusative · (cardinal · numeral)
      ▸ 15 + 2 = **17** (Gen. 5,12; Gen. 11,17; Gen. 11,24; Gen. 11,26; Gen. 25,7; Psa. 89,10; Job 42,16; Zech. 7,5; Is. 23,15; Is. 23,15; Is. 23,17; Jer. 25,11; Jer. 25,12; Jer. 36,10; Dan. 9,2; Judg. 9,4; Dan. 9,2)
    Adjective · neuter · plural · genitive · (cardinal · numeral) ▸ **4** (Gen. 12,4; Judg. 9,4; 2Chr. 36,21; 1Esdr. 1,55)

    Adjective · neuter · plural · nominative · (cardinal · numeral)
      ▸ **6** (Ex. 15,27; Num. 31,37; Num. 33,9; Ezra 8,7; Ezra 8,11; Ezra 8,14)
  Ἑβδομήκοντα ▸ 1 + 1 = 2
    Adjective · masculine · plural · nominative · (cardinal · numeral)
      ▸ 1 + 1 = **2** (Judg. 1,7; Judg. 1,7)

ἑβδομηκοντάκις (ἑπτά) seventy times ▸ 1 + 1 = 2
  ἑβδομηκοντάκις ▸ 1 + 1 = 2
    Adverb · (frequency) ▸ 1 + 1 = **2** (Gen. 4,24; Matt. 18,22)

ἑβδομηκοστός (ἑπτά) seventieth ▸ 7
  ἑβδομηκοστὸν ▸ 1
    Adjective · neuter · singular · accusative · (ordinal · numeral)
      ▸ **1** (Zech. 1,12)
  ἑβδομηκοστοῦ ▸ 5
    Adjective · neuter · singular · genitive · (ordinal · numeral) ▸ **5** (1Mac. 13,41; 1Mac. 13,51; 1Mac. 14,27; 1Mac. 15,10; 1Mac. 16,14)
  ἑβδομηκοστῷ ▸ 1
    Adjective · neuter · singular · dative · (ordinal · numeral) ▸ **1** (1Mac. 14,1)

ἕβδομος (ἑπτά) seventh ▸ 129 + 5 + 9 = 143
  ἕβδομα ▸ 2
    Adjective · neuter · plural · accusative · (ordinal · numeral) ▸ **2** (Gen. 29,27; Gen. 29,28)
  ἑβδόμαις ▸ 1
    Adjective · feminine · plural · dative · (ordinal · numeral) ▸ **1** (Zech. 7,5)
  ἑβδόμη ▸ 4
    Adjective · feminine · singular · nominative · (ordinal · numeral)
      ▸ **4** (Ex. 12,16; Lev. 23,8; Num. 28,25; Zech. 8,19)
  ἑβδόμῃ ▸ 49 + 4 + 1 = 54
    Adjective · feminine · singular · dative · (ordinal · numeral)
      ▸ 49 + 4 + 1 = **54** (Gen. 2,2; Gen. 7,11; Gen. 8,4; Gen. 8,14; Ex. 13,6; Ex. 16,26; Ex. 16,27; Ex. 16,29; Ex. 16,30; Ex. 20,10; Ex. 20,11; Ex. 23,12; Ex. 24,16; Ex. 31,15; Ex. 31,15; Ex. 31,17; Ex. 34,21; Ex. 35,2; Lev. 13,5; Lev. 13,6; Lev. 13,27; Lev. 13,32; Lev. 13,34; Lev. 13,51; Lev. 14,9; Lev. 14,39; Lev. 23,3; Num. 6,9; Num. 7,48; Num. 19,12; Num. 19,12; Num. 19,19; Num. 19,19; Num. 29,32; Num. 31,19; Num. 31,24; Deut. 5,14; Deut. 16,8; Josh. 6,15; Josh. 6,16; Judg. 14,17; Judg. 14,18; 2Sam. 12,18; 1Kings 21,29; 2Kings 25,8; 2Kings 25,27; Esth. 1,10; Bar. 1,2; Ezek. 30,20; Judg. 14,17; Judg. 14,18; Tob. 2,12; Bel 40; Heb. 4,4)
  ἑβδόμην ▸ 2 + 2 = 4
    Adjective · feminine · singular · accusative · (ordinal · numeral)
      ▸ 2 + 2 = **4** (Gen. 2,3; Ex. 20,11; John 4,52; Rev. 8,1)
  ἑβδόμης ▸ 2 + 1 = 3
    Adjective · feminine · singular · genitive · (ordinal · numeral)
      ▸ 2 + 1 = **3** (Ex. 12,15; 3Mac. 6,38; Heb. 4,4)
  ἕβδομον ▸ 5
    Adjective · neuter · singular · accusative · (ordinal · numeral)
      ▸ **3** (Ex. 38,16; Neh. 10,32; 1Mac. 6,53)
    Adjective · neuter · singular · nominative · (ordinal · numeral)
      ▸ **2** (Deut. 15,9; Ezra 7,8)
  ἕβδομος ▸ 14 + 1 + 4 = 19
    Adjective · masculine · singular · nominative · (ordinal · numeral) ▸ 14 + 1 + 4 = **19** (Josh. 19,40; 2Kings 18,9; 1Chr. 2,15; 1Chr. 12,12; 1Chr. 24,10; 1Chr. 25,14; 1Chr. 26,3; 1Chr. 26,5; 1Chr. 27,10; 2Chr. 5,3; 1Esdr. 8,5; Ezra 3,1; Neh. 7,73; 4Mac. 12,1; Josh. 19,40; Jude 14; Rev. 11,15; Rev. 16,17; Rev. 21,20)
  Ἑβδόμου ▸ 16 + 1 = 17

Adjective · masculine · singular · genitive · (ordinal · numeral) ▸ **12 + 1 = 13** (Lev. 23,24; Lev. 23,27; Lev. 23,34; Lev. 23,39; Num. 29,12; 2Chr. 7,10; 1Esdr. 5,46; 1Esdr. 5,52; 1Esdr. 9,37; 1Esdr. 9,40; Ezra 3,6; Neh. 8,2; Rev. 10,7)

Adjective · neuter · singular · genitive · (ordinal · numeral) ▸ **4** (1Esdr. 8,5; 1Mac. 3,37; 1Mac. 11,19; 1Mac. 16,14)

ἑβδόμῳ ▸ 34

Adjective · masculine · singular · dative · (ordinal · numeral) ▸ **17** (Gen. 8,4; Lev. 16,29; Lev. 23,41; Lev. 25,9; Num. 29,1; 1Kings 18,44; 2Kings 25,25; 1Chr. 27,10; 2Chr. 31,7; Neh. 8,14; 1Mac. 10,21; Job 5,19; Hag. 2,1; Jer. 35,17; Jer. 48,1; Ezek. 45,20; Ezek. 45,25)

Adjective · neuter · singular · dative · (ordinal · numeral) ▸ **17** (Ex. 21,2; Ex. 23,11; Lev. 25,4; Lev. 25,20; Deut. 15,12; 2Kings 11,4; 2Kings 12,2; 2Kings 13,10; 2Kings 15,1; 2Kings 25,27; 2Chr. 23,1; Ezra 7,7; Esth. 2,16; 1Mac. 1,10; Jer. 52,31; Ezek. 20,1; Ezek. 29,17)

Εβεαρ Ibhar ▸ 1
  Εβεαρ ▸ 1
    Noun · singular · nominative · (proper) ▸ **1** (2Sam. 5,15)

Εβελμαωλα Abel Meholah ▸ 1
  Εβελμαωλα ▸ 1
    Noun · masculine · singular · genitive · (proper) ▸ **1** (1Kings 4,12)

Εβελχαρμιν Abel Keramim ▸ 1
  Εβελχαρμιν ▸ 1
    Noun · feminine · singular · genitive · (proper) ▸ **1** (Judg. 11,33)

Εβερ Heber ▸ 8
  Εβερ ▸ 8
    Noun · masculine · singular · accusative · (proper) ▸ **3** (Gen. 10,24; Gen. 11,14; Gen. 11,15)
    Noun · masculine · singular · dative · (proper) ▸ **1** (Gen. 10,25)
    Noun · masculine · singular · genitive · (proper) ▸ **1** (Gen. 10,21)
    Noun · masculine · singular · nominative · (proper) ▸ **3** (Gen. 11,16; Gen. 11,17; 1Chr. 1,25)

Ἔβερ Heber ▸ 1
  Ἔβερ ▸ 1
    Noun · masculine · singular · genitive · (proper) ▸ **1** (Luke 3,35)

Εβια Hobaiah ▸ 1
  Εβια ▸ 1
    Noun · masculine · singular · genitive · (proper) ▸ **1** (Neh. 7,63)

Εβλαζερ Nibhaz ▸ 1
  Εβλαζερ ▸ 1
    Noun · feminine · singular · accusative · (proper) ▸ **1** (2Kings 17,31)

Εβραία Hebrew (f) ▸ 3
  Εβραῖαι ▸ 1
    Noun · feminine · plural · nominative · (proper) ▸ **1** (Ex. 1,19)
  Εβραίαν ▸ 1
    Noun · feminine · singular · accusative · (proper) ▸ **1** (Jer. 41,9)
  Εβραίας ▸ 1
    Noun · feminine · plural · accusative · (proper) ▸ **1** (Ex. 1,16)

Ἑβραῖος Hebrew/Aramaic ▸ 40
  Εβραία ▸ 1
    Adjective · feminine · singular · nominative · noDegree ▸ **1** (Deut. 15,12)
  Εβραίαν ▸ 1
    Adjective · feminine · singular · accusative · noDegree ▸ **1** (Judith 12,11)
  Εβραίοι ▸ 3
    Adjective · masculine · plural · nominative · noDegree ▸ **3** (1Sam. 13,19; 1Sam. 14,11; 1Sam. 17,8)
  Εβραίοις ▸ 2
    Adjective · masculine · plural · dative · noDegree ▸ **2** (Ex. 1,22; 1Sam. 4,9)
  Εβραῖον ▸ 6
    Adjective · masculine · singular · accusative · noDegree ▸ **6** (Gen. 39,14; Ex. 2,11; Ex. 21,2; 4Mac. 5,2; Jer. 41,9; Jer. 41,14)
  Εβραῖος ▸ 3
    Adjective · masculine · singular · nominative · noDegree ▸ **3** (Gen. 39,17; Gen. 41,12; Deut. 15,12)
  Εβραίους ▸ 5
    Adjective · masculine · plural · accusative · noDegree ▸ **5** (Ex. 2,13; Num. 24,24; 2Mac. 7,31; 2Mac. 11,13; 4Mac. 4,11)
  Εβραίων ▸ 19
    Adjective · masculine · plural · genitive · noDegree ▸ **19** (Gen. 40,15; Gen. 43,32; Ex. 1,15; Ex. 2,6; Ex. 2,7; Ex. 3,18; Ex. 5,3; Ex. 7,16; Ex. 9,1; Ex. 9,13; Ex. 10,3; 1Sam. 4,6; Judith 10,12; Judith 14,18; 2Mac. 15,37; 4Mac. 8,2; 4Mac. 9,6; 4Mac. 9,18; 4Mac. 17,9)

Ἑβραῖος Hebrew/Aramaic ▸ 5
  Ἑβραῖοι ▸ 1
    Noun · masculine · plural · nominative · (proper) ▸ **1** (2Cor. 11,22)
  Ἑβραῖος ▸ 1
    Noun · masculine · singular · nominative · (proper) ▸ **1** (Phil. 3,5)
  ΕΒΡΑΙΟΥΣ ▸ 1
    Noun · masculine · plural · accusative · (proper) ▸ **1** (Heb. 1,0)
  Ἑβραίους ▸ 1
    Noun · masculine · plural · accusative · (proper) ▸ **1** (Acts 6,1)
  Ἑβραίων ▸ 1
    Noun · masculine · plural · genitive · (proper) ▸ **1** (Phil. 3,5)

Εβραΐς Hebrew/Aramaic ▸ 2
  Εβραΐδι ▸ 2
    Adjective · feminine · singular · dative · noDegree ▸ **2** (4Mac. 12,7; 4Mac. 16,15)

Ἑβραΐς Hebrew/Aramaic ▸ 3
  Ἑβραΐδι ▸ 3
    Adjective · feminine · singular · dative · (proper) ▸ **3** (Acts 21,40; Acts 22,2; Acts 26,14)

Εβραϊστί in the Hebrew/Aramaic language ▸ 1
  Εβραϊστί ▸ 1
    Adverb · **1** (Sir. 1,22 Prol.)

Ἑβραϊστί in the Hebrew/Aramaic language ▸ 7
  Ἑβραϊστί ▸ 5
    Adverb · (proper) · **5** (John 5,2; John 19,13; John 19,17; Rev. 9,11; Rev. 16,16)
  Ἑβραϊστί ▸ 2
    Adverb · (proper) · **2** (John 19,20; John 20,16)

Εβρωνα Abronah ▸ 2
  Εβρωνα ▸ 2
    Noun · singular · accusative · (proper) ▸ **1** (Num. 33,34)
    Noun · singular · genitive · (proper) ▸ **1** (Num. 33,35)

Εγγαδδι En Gedi ▸ 3
  Εγγαδδι ▸ 3
    Noun · singular · genitive · (proper) ▸ **3** (1Sam. 24,1; 1Sam. 24,2; Song 1,14)

ἐγγαστρίμυθος (ἐν; γαστήρ; μῦθος) ventriloquist, familiar spirit ▸ 15
  ἐγγαστριμύθοις ▸ 2
    Adjective · masculine · plural · dative · noDegree ▸ **2** (Lev. 19,31; Lev. 20,6)
  ἐγγαστρίμυθον ▸ 1
    Adjective · feminine · singular · accusative · noDegree ▸ **1** (1Sam. 28,7)

ἐγγίζω

ἐγγαστρίμυθος ▸ 3
    Adjective · feminine · singular · nominative · noDegree ▸ **1** (1Sam. 28,7)
    Adjective · masculine · singular · nominative · noDegree ▸ **2** (Lev. 20,27; Deut. 18,11)
ἐγγαστριμύθους ▸ 6
    Adjective · masculine · plural · accusative · noDegree ▸ **6** (1Sam. 28,3; 1Sam. 28,9; 2Chr. 33,6; 2Chr. 35,19a; Is. 8,19; Is. 19,3)
ἐγγαστριμύθῳ ▸ 2
    Adjective · masculine · singular · dative · noDegree ▸ **2** (1Sam. 28,8; 1Chr. 10,13)
ἐγγαστριμύθων ▸ 1
    Adjective · masculine · plural · genitive · noDegree ▸ **1** (Is. 44,25)

ἐγγίζω (ἐγγύς) to bring near, come near ▸ **148** + **10** + **42** = **200**

ἐγγιεῖ ▸ 8 + 1 = 9
    Verb · third · singular · future · active · indicative ▸ 8 + 1 = **9** (Ex. 24,2; Lev. 21,21; Lev. 21,23; Psa. 90,7; Psa. 90,10; Prov. 19,7; Sir. 37,30; Is. 54,14; James 4,8)
ἔγγιζε ▸ 2
    Verb · second · singular · present · active · imperative ▸ **2** (Hos. 12,7; Mic. 4,10)
ἐγγίζει ▸ 7 + 2 = 9
    Verb · third · singular · present · active · indicative ▸ 7 + 2 = **9** (Num. 24,17; 2Sam. 19,43; Ode. 5,17; Prov. 10,14; Is. 26,17; Is. 50,8; Is. 51,5; Luke 12,33; Luke 21,28)
Ἐγγίζει ▸ 4
    Verb · third · singular · present · active · indicative ▸ **4** (Deut. 15,9; Ruth 2,20; Is. 29,13; Is. 41,21)
ἐγγίζειν ▸ 6 + 1 + 2 = 9
    Verb · present · active · infinitive ▸ 6 + 1 + 2 = **9** (2Sam. 15,5; 1Mac. 5,40; Psa. 26,2; Ode. 4,2; Hab. 3,2; Is. 58,2; Dan. 6,21; Luke 18,35; Acts 9,3)
ἐγγίζῃ ▸ 2
    Verb · third · singular · present · active · subjunctive ▸ **2** (Deut. 22,2; Is. 55,6)
ἐγγίζομεν ▸ 1
    Verb · first · plural · present · active · indicative ▸ **1** (Heb. 7,19)
ἐγγίζοντας ▸ 2
    Verb · present · active · participle · masculine · plural · accusative ▸ **2** (Judith 8,27; Ezek. 23,5)
ἐγγίζοντες ▸ 9 + 1 = 10
    Verb · present · active · participle · masculine · plural · nominative ▸ 9 + 1 = **10** (Ex. 19,22; Deut. 21,6; 1Kings 8,59; Ode. 10,8; Amos 6,3; Is. 5,8; Is. 33,13; Ezek. 40,46; Ezek. 42,13; Luke 15,1)
ἐγγίζοντι ▸ 2 + 1 = 3
    Verb · present · active · participle · masculine · singular · dative ▸ 2 + 1 = **3** (Deut. 25,5; Psa. 148,14; Acts 22,6)
Ἐγγίζοντος ▸ 1
    Verb · present · active · participle · masculine · singular · genitive ▸ **1** (Luke 19,37)
ἐγγίζοντός ▸ 1
    Verb · present · active · participle · masculine · singular · genitive ▸ **1** (Gen. 48,7)
ἐγγιζόντων ▸ 3 + 1 = 4
    Verb · present · active · participle · masculine · plural · genitive ▸ 2 + 1 = **3** (Psa. 31,9; Psa. 54,19; Acts 10,9)
    Verb · present · active · participle · neuter · plural · genitive ▸ **1** (Deut. 13,8)
ἐγγίζουσα ▸ 1
    Verb · present · active · participle · feminine · singular · nominative ▸ **1** (Deut. 21,3)
ἐγγιζούσαις ▸ 1
    Verb · present · active · participle · feminine · plural · dative ▸ **1** (Ezek. 22,5)
ἐγγίζουσαν ▸ 1
    Verb · present · active · participle · feminine · singular · accusative ▸ **1** (Heb. 10,25)
ἐγγιζούσῃ ▸ 1
    Verb · present · active · participle · feminine · singular · dative ▸ **1** (Lev. 21,3)
ἐγγιζούσης ▸ 2
    Verb · present · active · participle · feminine · singular · genitive ▸ **2** (Ode. 11,12; Is. 38,12)
ἐγγίζουσι ▸ 2
    Verb · present · active · participle · masculine · plural · dative ▸ **2** (Ezek. 43,19; Ezek. 45,4)
ἐγγίζουσιν ▸ 2 + 1 = 3
    Verb · present · active · participle · masculine · plural · dative ▸ **1** (Prov. 3,15)
    Verb · third · plural · present · active · indicative ▸ 1 + 1 = **2** (Ezek. 36,8; Mark 11,1)
ἐγγίζουσίν ▸ 1
    Verb · present · active · participle · masculine · plural · dative ▸ **1** (Lev. 10,3)
ἐγγίζων ▸ 4
    Verb · present · active · participle · masculine · singular · nominative ▸ **4** (Lev. 25,25; Deut. 4,7; 2Sam. 18,25; Jer. 23,23)
ἐγγιοῦσι ▸ 1
    Verb · third · plural · future · active · indicative ▸ **1** (Ezek. 44,13)
ἐγγιοῦσιν ▸ 3
    Verb · third · plural · future · active · indicative ▸ **3** (Ex. 24,2; Psa. 31,6; Is. 8,15)
ἐγγίσαι ▸ 5 + 3 + 1 = 9
    Verb · aorist · active · infinitive ▸ 5 + 3 + 1 = **9** (Gen. 33,3; Gen. 37,18; Ex. 34,30; Tob. 11,1; Dan. 4,22; Judg. 20,23; Tob. 6,15; Tob. 11,7; Acts 23,15)
ἐγγίσαντος ▸ 1
    Verb · aorist · active · participle · masculine · singular · genitive ▸ **1** (Luke 18,40)
ἐγγίσας ▸ 2 + 2 = 4
    Verb · aorist · active · participle · masculine · singular · nominative ▸ 2 + 2 = **4** (Gen. 18,23; Gen. 27,27; Luke 24,15; Acts 21,33)
Ἐγγίσας ▸ 1
    Verb · aorist · active · participle · masculine · singular · nominative ▸ **1** (Gen. 44,18)
ἐγγίσασα ▸ 1
    Verb · aorist · active · participle · feminine · singular · nominative ▸ **1** (Judith 13,7)
ἐγγίσατε ▸ 2 + 1 = 3
    Verb · second · plural · aorist · active · imperative ▸ 2 + 1 = **3** (Sir. 51,23; Mic. 2,9; James 4,8)
Ἐγγίσατε ▸ 2
    Verb · second · plural · aorist · active · imperative ▸ **2** (Gen. 45,4; 2Kings 4,6)
ἐγγισάτω ▸ 2
    Verb · third · singular · aorist · active · imperative ▸ **2** (Is. 5,19; Is. 50,8)
Ἐγγισάτω ▸ 1
    Verb · third · singular · aorist · active · imperative ▸ **1** (Psa. 118,169)
ἐγγισάτωσαν ▸ 3

Verb · third · plural · aorist · active · imperative ▸ **3** (Is. 41,1; Is. 41,22; Is. 45,21)

Ἐγγισάτωσαν ▸ **1**
Verb · third · plural · aorist · active · imperative ▸ **1** (Gen. 27,41)

ἐγγίσῃ ▸ **2**
Verb · third · singular · aorist · active · subjunctive ▸ **2** (Amos 9,10; Hag. 2,14)

ἐγγίσῃς ▸ **4**
Verb · second · singular · aorist · active · subjunctive ▸ **4** (Ex. 3,5; Deut. 20,2; Prov. 5,8; Is. 65,5)

ἐγγίσητε ▸ **1**
Verb · second · plural · aorist · active · subjunctive ▸ **1** (Ezek. 9,6)

Ἔγγισον ▸ **1**
Verb · second · singular · aorist · active · imperative ▸ **1** (2Sam. 20,16)

Ἔγγισόν ▸ **2**
Verb · second · singular · aorist · active · imperative ▸ **2** (Gen. 27,21; Gen. 27,26)

ἐγγίσωμεν ▸ **1**
Verb · first · plural · aorist · active · subjunctive ▸ **1** (Judg. 19,13)

ἐγγίσωσιν ▸ **1**
Verb · third · plural · aorist · active · subjunctive ▸ **1** (Ex. 19,21)

ἐγγίσωσίν ▸ **1**
Verb · third · plural · aorist · active · subjunctive ▸ **1** (Is. 30,20)

ἤγγιζεν ▸ **2 + 1 + 1 = 4**
Verb · third · singular · imperfect · active · indicative ▸ **2 + 1 + 1 = 4** (Ex. 32,19; Dan. 4,11; Tob. 6,10; Acts 7,17)

Ἤγγιζεν ▸ **1**
Verb · third · singular · imperfect · active · indicative ▸ **1** (Luke 22,1)

ἠγγίκασιν ▸ **1**
Verb · third · plural · perfect · active · indicative ▸ **1** (Deut. 31,14)

Ἠγγίκασιν ▸ **1**
Verb · third · plural · perfect · active · indicative ▸ **1** (Ezek. 12,23)

ἤγγικεν ▸ **3 + 14 = 17**
Verb · third · singular · perfect · active · indicative ▸ **3 + 14 = 17** (1Mac. 9,10; Lam. 4,18; Ezek. 7,4; Matt. 3,2; Matt. 4,17; Matt. 10,7; Matt. 26,45; Matt. 26,46; Mark 1,15; Mark 14,42; Luke 10,9; Luke 10,11; Luke 21,8; Luke 21,20; Rom. 13,12; James 5,8; 1Pet. 4,7)

Ἤγγικεν ▸ **1**
Verb · third · singular · perfect · active · indicative ▸ **1** (Ezek. 9,1)

ἤγγισα ▸ **1**
Verb · first · singular · aorist · active · indicative ▸ **1** (Is. 46,13)

ἤγγισαν ▸ **15 + 2 + 2 = 19**
Verb · third · plural · aorist · active · indicative ▸ **15 + 2 + 2 = 19** (Gen. 19,9; Gen. 45,4; Gen. 47,29; 1Kings 2,1; 2Kings 2,5; 2Kings 5,13; Ezra 4,2; Ezra 9,1; Tob. 6,6; 1Mac. 2,49; 1Mac. 11,4; Psa. 37,12; Psa. 106,18; Is. 41,5; Is. 41,21; Tob. 6,6; Tob. 11,1; Matt. 21,1; Luke 24,28)

ἤγγισάν ▸ **1**
Verb · third · plural · aorist · active · indicative ▸ **1** (1Kings 2,7)

ἤγγισας ▸ **2**
Verb · second · singular · aorist · active · indicative ▸ **2** (Lam. 3,57; Ezek. 22,4)

ἠγγίσατε ▸ **1**
Verb · second · plural · aorist · active · indicative ▸ **1** (2Sam. 11,20)

ἤγγισεν ▸ **24 + 2 + 7 = 33**
Verb · third · singular · aorist · active · indicative ▸ **24 + 2 + 7 = 33** (Gen. 12,11; Gen. 27,22; Gen. 35,16; Gen. 48,10; Gen. 48,13; Judg. 9,52; 2Kings 4,27; 2Chr. 18,23; Tob. 11,17; 1Mac. 3,16; 1Mac. 3,26; 1Mac. 5,42; 1Mac. 6,42; 1Mac. 9,12; 1Mac. 13,23; Psa. 54,22; Psa. 87,4; Job 33,22; Sir. 33,12; Sir. 51,6; Jonah 3,6; Zeph. 3,2; Is. 56,1; Jer. 28,9; Judg. 9,52; Tob. 11,17; Matt. 21,34; Luke 7,12; Luke 15,25; Luke 19,29; Luke 19,41; Luke 22,47; Phil. 2,30)

ἐγγίων (ἐγγύς) nearer ▸ **2**
ἐγγίων ▸ **2**
Adjective · masculine · singular · nominative · comparative ▸ **2** (1Kings 20,2; Neh. 13,4)

ἐγγλύφω (ἐν; γλύφω) to carve ▸ **2**
ἐγγεγλυμμένα ▸ **1**
Verb · perfect · passive · participle · neuter · plural · accusative ▸ **1** (1Mac. 13,29)

ἐγγλυφῆναι ▸ **1**
Verb · aorist · passive · infinitive ▸ **1** (Job 19,24)

ἔγγραπτος (ἐν; γράφω) inscribed, written ▸ **1**
ἔγγραπτον ▸ **1**
Adjective · neuter · singular · accusative · noDegree ▸ **1** (Psa. 149,9)

ἐγγραφή (ἐν; γράφω) letter, writing; registration ▸ **1**
ἐγγραφὴ ▸ **1**
Noun · feminine · singular · nominative · (common) ▸ **1** (2Chr. 21,12)

ἐγγράφω (ἐν; γράφω) to inscribe, write ▸ **3 + 3 = 6**
ἐγγεγραμμένα ▸ **1**
Verb · perfect · passive · participle · neuter · plural · nominative ▸ **1** (Ex. 36,21)

ἐγγεγραμμένη ▸ **2**
Verb · perfect · passive · participle · feminine · singular · nominative ▸ **2** (2Cor. 3,2; 2Cor. 3,3)

ἐγγεγραμμένος ▸ **1**
Verb · perfect · passive · participle · masculine · singular · nominative ▸ **1** (Dan. 12,1)

ἐγγέγραπται ▸ **1**
Verb · third · singular · perfect · passive · indicative ▸ **1** (Luke 10,20)

ἐγγραφέσθωσαν ▸ **1**
Verb · third · plural · present · passive · imperative ▸ **1** (1Mac. 13,40)

ἐγγυάω (ἐγγύς) to pledge, betroth ▸ **8 + 1 = 9**
ἐγγυᾶσθαι ▸ **1**
Verb · present · middle · infinitive ▸ **1** (Tob. 6,13)

ἐγγυήσεται ▸ **1**
Verb · third · singular · future · middle · indicative ▸ **1** (Sir. 29,14)

ἐγγυήσῃ ▸ **3**
Verb · second · singular · aorist · middle · subjunctive ▸ **3** (Prov. 6,1; Sir. 8,13; Sir. 8,13)

ἐγγυώμενος ▸ **3**
Verb · present · middle · participle · masculine · singular · nominative ▸ **3** (Prov. 17,18; Prov. 19,28; Prov. 28,17)

ἐνεγυήσω ▸ **1**
Verb · second · singular · aorist · middle · indicative ▸ **1** (Prov. 6,3)

ἐγγύη (ἐν; γύαλον) guarantee, security ▸ **4**
ἐγγύη ▸ **1**
Noun · feminine · singular · nominative · (common) ▸ **1** (Sir. 29,17)

ἐγγύη ▸ 1
  Noun · feminine · singular · dative · (common) ▸ **1** (Prov. 17,18)
ἐγγύην ▸ 2
  Noun · feminine · singular · accusative · (common) ▸ **2** (Prov. 22,26; Sir. 29,19)
ἐγγύθεν (ἐγγύς; θεν) from nearby ▸ 3
  ἐγγύθεν ▸ 3
    Adverb ▸ **3** (Josh. 6,13; Josh. 9,16; Ezek. 7,5)
ἔγγυος (ἐν; γύαλον) guarantee, guarantor ▸ 3 + 1 = 4
  ἔγγυον ▸ 1
    Adjective · neuter · singular · accusative · noDegree ▸ **1** (2Mac. 10,28)
  ἔγγυος ▸ 1
    Noun · masculine · singular · nominative ▸ **1** (Heb. 7,22)
  ἐγγύου ▸ 2
    Adjective · feminine · singular · genitive · noDegree ▸ **1** (Sir. 29,15)
    Adjective · neuter · singular · genitive · noDegree ▸ **1** (Sir. 29,16)
ἐγγύς near ▸ 58 + 6 + 31 = 95
  ἔγγιστα ▸ 8 + 1 = 9
    Adverb ▸ **1** (Dan. 9,7)
    Preposition · (+genitive) ▸ 7 + 1 = **8** (Ex. 32,27; Lev. 21,2; Lev. 25,25; Num. 27,11; Judith 16,24; Judith 16,24; Psa. 14,3; Tob. 6,12)
  ἔγγιστά ▸ 1 + 1 = 2
    Preposition · (+genitive) ▸ 1 + 1 = **2** (Psa. 37,12; Tob. 7,10)
  ἐγγίων ▸ 1
    Adjective · masculine · singular · nominative · comparative ▸ **1** (Ruth 3,12)
  ἐγγύς ▸ 8 + 10 = 18
    Adverb · (place) ▸ 4 + 8 = **12** (1Kings 8,46; Sir. 51,26; Jer. 31,24; Jer. 32,26; Matt. 24,33; Matt. 26,18; Mark 13,29; Luke 21,31; Eph. 2,17; Phil. 4,5; Rev. 1,3; Rev. 22,10)
    Adverb · (temporal) ▸ **3** (Psa. 21,12; Job 13,18; Joel 2,1)
    ImproperPreposition · (+genitive) ▸ 1 + 2 = **3** (Gen. 45,10; Rom. 10,8; Heb. 6,8)
  ἐγγὺς ▸ 38 + 4 + 20 = 62
    Adverb ▸ 25 + 3 + 1 = **29** (Ex. 13,17; Deut. 30,14; Deut. 32,35; 2Chr. 6,36; Esth. 9,20; Tob. 3,15; 1Mac. 8,12; Psa. 33,19; Psa. 118,151; Psa. 144,18; Ode. 2,35; Prov. 27,10; Job 17,12; Joel 1,15; Joel 4,14; Obad. 15; Zeph. 1,7; Zeph. 1,14; Zeph. 1,14; Is. 13,6; Is. 57,19; Jer. 12,2; Jer. 31,16; Ezek. 6,12; Ezek. 30,3; Tob. 3,15; Tob. 5,10; Dan. 9,7; Acts 9,38)
    Adverb · (place) ▸ **10** (Matt. 24,32; Mark 13,28; Luke 21,30; John 2,13; John 6,4; John 7,2; John 11,55; John 19,42; Acts 27,8; Eph. 2,13)
    Preposition · (+genitive) ▸ 13 + 1 + 9 = **23** (Gen. 19,20; Deut. 2,19; Deut. 4,46; Deut. 34,6; Judg. 3,20; Esth. 1,14; 1Mac. 4,18; Psa. 84,10; Eccl. 4,17; Wis. 6,19; Sir. 38,28; Jer. 42,4; Ezek. 23,12; Judg. 3,20; Luke 19,11; John 3,23; John 6,19; John 6,23; John 11,18; John 11,54; John 19,20; Acts 1,12; Heb. 8,13)
  ἐγγύτερον ▸ 1
    Adverb · (comparative) ▸ **1** (Rom. 13,11)
  ἐγγύτατοί ▸ 2
    Adjective · masculine · plural · nominative · superlative ▸ **2** (Job 6,15; Job 19,14)
ἐγείρω to raise, lift up ▸ 71 + 8 + 144 = 223
  ἐγεῖραι ▸ 6 + 2 = 8
    Verb · aorist · active · infinitive ▸ 6 + 2 = **8** (2Sam. 12,17; 1Esdr. 1,23; 1Esdr. 5,43; 1Esdr. 8,78; Eccl. 4,10; Dan. 9,2; Matt. 3,9; Luke 3,8)
  ἐγείραντα ▸ 2
    Verb · aorist · active · participle · masculine · singular · accusative ▸ **2** (Rom. 4,24; 1Pet. 1,21)
  ἐγείραντες ▸ 1
    Verb · aorist · active · participle · masculine · plural · nominative ▸ **1** (Is. 14,9)
  ἐγείραντος ▸ 1 + 3 = 4
    Verb · aorist · active · participle · masculine · singular · genitive ▸ 1 + 3 = **4** (Sir. 49,13; Rom. 8,11; Gal. 1,1; Col. 2,12)
  ἐγείρας ▸ 1 + 3 = 4
    Verb · aorist · active · participle · masculine · singular · nominative ▸ 1 + 3 = **4** (Sir. 48,5; Rom. 8,11; 2Cor. 4,14; Eph. 1,20)
  ἐγείρατε ▸ 1
    Verb · second · plural · aorist · active · imperative ▸ **1** (Jer. 28,12)
  ἔγειρε ▸ 14
    Verb · second · singular · present · active · imperative ▸ **14** (Matt. 9,5; Mark 2,9; Mark 2,11; Mark 3,3; Mark 5,41; Mark 10,49; Luke 5,23; Luke 5,24; Luke 6,8; Luke 8,54; John 5,8; Acts 3,6; Eph. 5,14; Rev. 11,1)
  ἐγείρει ▸ 8 + 2 = 10
    Verb · third · singular · present · active · indicative ▸ 8 + 2 = **10** (1Sam. 2,8; Ode. 3,8; Prov. 10,12; Prov. 11,16; Prov. 15,1; Prov. 15,18a; Prov. 17,11; Prov. 21,14; John 5,21; Acts 26,8)
  ἐγείρειν ▸ 2
    Verb · present · active · infinitive ▸ **2** (Phil. 1,17; Heb. 11,19)
  ἐγείρεσθαι ▸ 1
    Verb · present · middle · infinitive ▸ **1** (Psa. 126,2)
  ἐγείρεσθε ▸ 3
    Verb · second · plural · present · passive · imperative ▸ **3** (Matt. 26,46; Mark 14,42; John 14,31)
  ἐγείρεται ▸ 6
    Verb · third · singular · present · passive · indicative ▸ **6** (John 7,52; John 13,4; 1Cor. 15,42; 1Cor. 15,43; 1Cor. 15,43; 1Cor. 15,44)
  ἐγείρετε ▸ 1
    Verb · second · plural · present · active · imperative ▸ **1** (Matt. 10,8)
  ἐγείρηται ▸ 1
    Verb · third · singular · present · passive · subjunctive ▸ **1** (Mark 4,27)
  ἐγείρητε ▸ 3
    Verb · second · plural · aorist · active · subjunctive ▸ **3** (Song 2,7; Song 3,5; Song 8,4)
  ἐγείρομαι ▸ 1
    Verb · first · singular · present · passive · indicative ▸ **1** (Matt. 27,63)
  ἐγειρόμενοι ▸ 1
    Verb · present · middle · participle · masculine · plural · nominative ▸ **1** (Is. 5,11)
  ἐγειρομένῳ ▸ 1
    Verb · present · middle · participle · masculine · singular · dative ▸ **1** (Prov. 6,22)
  ἔγειρον ▸ 2
    Verb · second · singular · aorist · active · imperative ▸ **2** (Sir. 36,6; Sir. 36,14)
  Ἔγειρον ▸ 1
    Verb · second · singular · aorist · active · imperative ▸ **1** (Judith 14,13)
  ἐγείρονται ▸ 1 + 9 = 10
    Verb · third · plural · present · passive · indicative ▸ 1 + 9 = **10** (Prov. 28,2; Matt. 11,5; Mark 12,26; Luke 7,22; Luke 20,37; 1Cor.

15,15; 1Cor. 15,16; 1Cor. 15,29; 1Cor. 15,32; 1Cor. 15,35)

ἐγείροντες ▸ 1
    Verb ‧ present ‧ active ‧ participle ‧ masculine ‧ plural ‧ nominative ▸ 1 (Judg. 7,19)

ἐγείροντι ▸ 1
    Verb ‧ present ‧ active ‧ participle ‧ masculine ‧ singular ‧ dative ▸ 1 (2Cor. 1,9)

ἐγείρου ▸ 1
    Verb ‧ second ‧ singular ‧ present ‧ middle ‧ imperative ▸ 1 (Ezek. 21,33)

ἐγείρουσιν ▸ 1
    Verb ‧ third ‧ plural ‧ present ‧ active ‧ indicative ▸ 1 (Mark 4,38)

ἐγείρω ▸ 1
    Verb ‧ first ‧ singular ‧ present ‧ active ‧ indicative ▸ 1 (Jer. 27,9)

ἐγείρων ▸ 1
    Verb ‧ present ‧ active ‧ participle ‧ masculine ‧ singular ‧ nominative ▸ 1 (Psa. 112,7)

ἐγερεῖ ▸ 3 + 3 = 6
    Verb ‧ third ‧ singular ‧ future ‧ active ‧ indicative ▸ 3 + 3 = 6 (Gen. 49,9; Eccl. 4,10; Sir. 10,4; Matt. 12,11; 2Cor. 4,14; James 5,15)

ἐγερεῖς ▸ 1
    Verb ‧ second ‧ singular ‧ future ‧ active ‧ indicative ▸ 1 (John 2,20)

ἐγερθείς ▸ 12
    Verb ‧ aorist ‧ passive ‧ participle ‧ masculine ‧ singular ‧ nominative ▸ 12 (Matt. 1,24; Matt. 2,13; Matt. 2,14; Matt. 2,20; Matt. 2,21; Matt. 8,26; Matt. 9,6; Matt. 9,7; Matt. 9,19; Luke 11,8; John 21,14; Rom. 6,9)

ἐγερθείς ▸ 1
    Verb ‧ aorist ‧ passive ‧ participle ‧ masculine ‧ singular ‧ nominative ▸ 1 (Rom. 8,34)

ἐγερθέντι ▸ 2
    Verb ‧ aorist ‧ passive ‧ participle ‧ masculine ‧ singular ‧ dative ▸ 2 (Rom. 7,4; 2Cor. 5,15)

ἐγερθῇ ▸ 1 + 2 = 3
    Verb ‧ third ‧ singular ‧ aorist ‧ passive ‧ subjunctive ▸ 1 + 2 = 3 (1Esdr. 3,9; Matt. 17,9; Luke 13,25)

ἐγερθῆναι ▸ 3
    Verb ‧ aorist ‧ passive ‧ infinitive ▸ 3 (Matt. 16,21; Luke 9,22; Rom. 13,11)

ἐγερθῆναί ▸ 2
    Verb ‧ aorist ‧ passive ‧ infinitive ▸ 2 (Matt. 26,32; Mark 14,28)

ἐγερθήσεται ▸ 1 + 7 = 8
    Verb ‧ third ‧ singular ‧ future ‧ passive ‧ indicative ▸ 1 + 7 = 8 (Dan. 11,25; Matt. 12,42; Matt. 17,23; Matt. 20,19; Matt. 24,7; Mark 13,8; Luke 11,31; Luke 21,10)

ἐγερθήσῃ ▸ 2
    Verb ‧ second ‧ singular ‧ future ‧ passive ‧ indicative ▸ 2 (Prov. 6,9; Ezek. 38,14)

ἐγερθήσονται ▸ 2 + 4 = 6
    Verb ‧ third ‧ plural ‧ future ‧ passive ‧ indicative ▸ 2 + 4 = 6 (Ode. 5,19; Is. 26,19; Matt. 24,11; Matt. 24,24; Mark 13,22; 1Cor. 15,52)

ἐγέρθητε ▸ 2 + 1 = 3
    Verb ‧ second ‧ plural ‧ aorist ‧ passive ‧ imperative ▸ 2 + 1 = 3 (1Chr. 22,19; Tob. 6,18; Matt. 17,7)

ἐγέρθητι ▸ 1
    Verb ‧ second ‧ singular ‧ aorist ‧ passive ‧ imperative ▸ 1 (Luke 7,14)

ἐγερθῶσι ▸ 1
    Verb ‧ third ‧ plural ‧ aorist ‧ passive ‧ subjunctive ▸ 1 (Jer. 28,39)

ἐγεροῦσι ▸ 1
    Verb ‧ third ‧ plural ‧ future ‧ active ‧ indicative ▸ 1 (Judith 14,3)

ἐγρήγορα ▸ 2
    Verb ‧ first ‧ singular ‧ perfect ‧ active ‧ indicative ▸ 2 (Jer. 1,12; Jer. 51,27)

ἐγερῶ ▸ 1
    Verb ‧ first ‧ singular ‧ future ‧ active ‧ indicative ▸ 1 (John 2,19)

ἐγηγερμένον ▸ 2
    Verb ‧ perfect ‧ passive ‧ participle ‧ masculine ‧ singular ‧ accusative ▸ 2 (Mark 16,14; 2Tim. 2,8)

ἐγήγερται ▸ 9
    Verb ‧ third ‧ singular ‧ perfect ‧ passive ‧ indicative ▸ 9 (Matt. 11,11; Mark 6,14; 1Cor. 15,4; 1Cor. 15,12; 1Cor. 15,13; 1Cor. 15,14; 1Cor. 15,16; 1Cor. 15,17; 1Cor. 15,20)

ἤγειρα ▸ 2
    Verb ‧ first ‧ singular ‧ aorist ‧ active ‧ indicative ▸ 2 (Is. 41,25; Is. 45,13)

ἤγειραν ▸ 4 + 1 + 1 = 6
    Verb ‧ third ‧ plural ‧ aorist ‧ active ‧ indicative ▸ 4 + 1 + 1 = 6 (1Sam. 5,3; Judith 10,23; 1Mac. 3,49; Mic. 3,5; Judg. 7,19; Matt. 8,25)

ἤγειρέ ▸ 2
    Verb ‧ third ‧ singular ‧ aorist ‧ active ‧ indicative ▸ 2 (Dan. 8,18; Dan. 10,10)

ἤγειρεν ▸ 10 + 4 + 21 = 35
    Verb ‧ third ‧ singular ‧ aorist ‧ active ‧ indicative ▸ 10 + 4 + 21 = 35 (Judg. 2,16; Judg. 2,18; Judg. 3,9; Judg. 3,15; Judg. 7,19; 1Kings 11,14; 1Esdr. 2,1; 1Esdr. 2,5; Ode. 9,69; Jer. 28,11; Judg. 2,16; Judg. 2,18; Judg. 3,9; Judg. 3,15; Mark 1,31; Mark 9,27; Luke 1,69; John 12,1; John 12,9; John 12,17; Acts 3,7; Acts 3,15; Acts 4,10; Acts 5,30; Acts 10,26; Acts 10,40; Acts 12,7; Acts 13,22; Acts 13,30; Acts 13,37; Rom. 10,9; 1Cor. 6,14; 1Cor. 15,15; 1Cor. 15,15; 1Th. 1,10)

ἤγειρέν ▸ 1
    Verb ‧ third ‧ singular ‧ aorist ‧ active ‧ indicative ▸ 1 (Dan. 10,10)

ἠγέρθη ▸ 6 + 1 + 18 = 25
    Verb ‧ third ‧ singular ‧ aorist ‧ passive ‧ indicative ▸ 6 + 1 + 18 = 25 (Gen. 41,4; Gen. 41,7; 2Kings 4,31; 2Chr. 21,9; 2Chr. 22,10; 1Esdr. 2,6; Tob. 8,4; Matt. 8,15; Matt. 9,25; Matt. 14,2; Matt. 27,64; Matt. 28,6; Matt. 28,7; Mark 2,12; Mark 6,16; Mark 16,6; Luke 7,16; Luke 9,7; Luke 24,6; Luke 24,34; John 2,22; John 11,29; Acts 9,8; Rom. 4,25; Rom. 6,4)

ἠγέρθησαν ▸ 1 + 2 = 3
    Verb ‧ third ‧ plural ‧ aorist ‧ passive ‧ indicative ▸ 1 + 2 = 3 (1Chr. 10,12; Matt. 25,7; Matt. 27,52)

ἔγερσις (ἐγείρω)   resurrection, raising, getting up ▸ 3 + 1 = 4

ἐγέρσει ▸ 2
    Noun ‧ feminine ‧ singular ‧ dative ‧ (common) ▸ 2 (Judg. 7,19; 1Esdr. 5,59)

ἔγερσιν ▸ 1
    Noun ‧ feminine ‧ singular ‧ accusative ▸ 1 (Matt. 27,53)

ἔγερσίν ▸ 1
    Noun ‧ feminine ‧ singular ‧ accusative ‧ (common) ▸ 1 (Psa. 138,2)

ἐγκάθετος (ἐν; κατά; ἵημι)   spy ▸ 2 + 1 = 3

ἐγκάθετοι ▸ 1
    Adjective ‧ masculine ‧ plural ‧ nominative ‧ noDegree ▸ 1 (Job 19,12)

ἐγκάθετος ▸ 1

ἐγκάθετος–ἐγκακέω

    Adjective · masculine · singular · nominative · noDegree ▸ **1** (Job 31,9)

  ἐγκαθέτους ▸ **1**

    Noun · masculine · plural · accusative ▸ **1** (Luke 20,20)

ἐγκάθημαι (ἐν; κατά; ἧμαι) to lie in wait, dwell, encamp ▸ 23 + **1** = 24

  ἐγκαθήμενοι ▸ **2**

    Verb · present · middle · participle · masculine · plural · nominative ▸ **2** (Is. 8,14; Is. 9,8)

  ἐγκαθημένοις ▸ 4 + **1** = 5

    Verb · present · middle · participle · masculine · plural · dative ▸ 4 + **1** = **5** (Ex. 34,12; Ex. 34,15; Lev. 18,25; Judg. 2,2; Judg. 2,2)

  ἐγκαθήμενον ▸ **2**

    Verb · present · middle · participle · masculine · singular · accusative ▸ **2** (Num. 13,18; Ezek. 29,3)

  ἐγκαθήμενος ▸ **2**

    Verb · present · middle · participle · masculine · singular · nominative ▸ **2** (Gen. 49,17; Num. 14,45)

  ἐγκαθημένους ▸ **1**

    Verb · present · middle · participle · masculine · plural · accusative ▸ **1** (Ex. 23,31)

  ἐγκάθηνται ▸ **2**

    Verb · third · plural · present · middle · indicative ▸ **2** (Num. 13,19; LetterJ 42)

  ἐγκαθήσονται ▸ **1**

    Verb · third · plural · future · middle · indicative ▸ **1** (Ex. 23,33)

  ἐγκάθηται ▸ **3**

    Verb · third · singular · present · middle · indicative ▸ **3** (Num. 22,5; Num. 22,11; Psa. 9,29)

  ἐνεκαθήμεθα ▸ **1**

    Verb · first · plural · imperfect · middle · indicative ▸ **1** (Deut. 3,29)

  ἐνεκάθηντο ▸ **1**

    Verb · third · plural · imperfect · middle · indicative ▸ **1** (Deut. 2,10)

  ἐνεκάθησθε ▸ **2**

    Verb · second · plural · imperfect · middle · indicative ▸ **2** (Deut. 1,46; Deut. 1,46)

  ἐνεκάθητο ▸ **2**

    Verb · third · singular · imperfect · middle · indicative ▸ **2** (Deut. 2,12; 1Kings 11,16)

ἐγκαθίζω (ἐν; κατά; ἵζω) to set, lie in wait ▸ 5

  ἐγκαθίσατε ▸ **1**

    Verb · second · plural · aorist · active · imperative ▸ **1** (1Kings 20,10)

  ἐγκαθίσῃ ▸ **1**

    Verb · third · singular · aorist · active · subjunctive ▸ **1** (Sir. 8,11)

  ἐνεκάθισα ▸ **1**

    Verb · first · singular · aorist · active · indicative ▸ **1** (1Mac. 10,52)

  ἐνεκάθισαν ▸ **1**

    Verb · third · plural · aorist · active · indicative ▸ **1** (Josh. 8,9)

  ἐνεκάθισας ▸ **1**

    Verb · second · singular · aorist · active · indicative ▸ **1** (Ezek. 35,5)

ἐγκαίνια (ἐν; καινός) dedication; Festival of Renewal, Dedication, Hanukkah ▸ 4 + **1** + **1** = 6

  ἐγκαίνια ▸ 3 + **1** + **1** = 5

    Noun · neuter · plural · accusative · (common) ▸ 3 + **1** = **4** (Ezra 6,16; Ezra 6,17; Neh. 12,27; Dan. 3,2)

    Noun · neuter · plural · nominative ▸ **1** (John 10,22)

  ἐγκαινίοις ▸ **1**

    Noun · neuter · plural · dative · (common) ▸ **1** (Neh. 12,27)

ἐγκαινίζω (ἐν; καινός) to renew, restore, consecrate, dedicate ▸ 15 + **2** = 17

  ἐγκαινιεῖ ▸ **1**

    Verb · third · singular · future · active · indicative ▸ **1** (Deut. 20,5)

  ἐγκαινίζεσθε ▸ **1**

    Verb · second · plural · aorist · middle · imperative ▸ **1** (Is. 45,16)

  Ἐγκαινίζεσθε ▸ **1**

    Verb · second · plural · present · middle · imperative ▸ **1** (Is. 41,1)

  ἐγκαινίσαι ▸ **1**

    Verb · aorist · active · infinitive ▸ **1** (1Mac. 4,36)

  ἐγκαίνισον ▸ **2**

    Verb · second · singular · aorist · active · imperative ▸ **2** (Psa. 50,12; Sir. 36,5)

  ἐγκαινίσωμεν ▸ **1**

    Verb · first · plural · aorist · active · subjunctive ▸ **1** (1Sam. 11,14)

  ἐγκεκαίνισται ▸ **1**

    Verb · third · singular · perfect · passive · indicative ▸ **1** (Heb. 9,18)

  ἐνεκαίνισαν ▸ **1**

    Verb · third · plural · aorist · active · indicative ▸ **1** (1Mac. 4,57)

  ἐνεκαίνισας ▸ **1**

    Verb · second · singular · aorist · active · indicative ▸ **1** (Is. 16,11)

  ἐνεκαίνισεν ▸ 4 + **1** = 5

    Verb · third · singular · aorist · active · indicative ▸ 4 + **1** = **5** (Deut. 20,5; 1Kings 8,63; 2Chr. 7,5; 2Chr. 15,8; Heb. 10,20)

  ἐνεκαινίσθη ▸ **2**

    Verb · third · singular · aorist · passive · indicative ▸ **2** (1Mac. 4,54; 1Mac. 5,1)

ἐγκαινισμός (ἐν; καινός) dedication ▸ 12 + **1** = 13

  ἐγκαινισμὸν ▸ 7 + **1** = 8

    Noun · masculine · singular · accusative · (common) ▸ 7 + **1** = **8** (Num. 7,10; Num. 7,11; 2Chr. 7,9; 1Esdr. 7,7; 1Mac. 4,56; 2Mac. 2,19; Dan. 3,2; Dan. 3,3)

  ἐγκαινισμὸς ▸ **1**

    Noun · masculine · singular · nominative · (common) ▸ **1** (Num. 7,84)

  ἐγκαινισμοῦ ▸ **4**

    Noun · masculine · singular · genitive · (common) ▸ **4** (1Mac. 4,59; 2Mac. 2,9; Psa. 29,1; Dan. 5,0)

ἐγκαίνωσις (ἐν; καινός) consecration ▸ 1

  ἐγκαίνωσις ▸ **1**

    Noun · feminine · singular · nominative · (common) ▸ **1** (Num. 7,88)

ἐγκαίω (ἐν; καίω) to burn in; brand; scorch; paint with wax colors; make a fire in ▸ 1

  ἐγκαίειν ▸ **1**

    Verb · present · active · infinitive ▸ **1** (2Mac. 2,29)

ἐγκακέω (ἐν; κακός) to become discouraged ▸ 6

  ἐγκακεῖν ▸ **2**

    Verb · present · active · infinitive ▸ **2** (Luke 18,1; Eph. 3,13)

  ἐγκακήσητε ▸ **1**

    Verb · second · plural · aorist · active · subjunctive ▸ **1** (2Th. 3,13)

  ἐγκακοῦμεν ▸ **2**

    Verb · first · plural · present · active · indicative ▸ **2** (2Cor. 4,1; 2Cor. 4,16)

  ἐγκακῶμεν ▸ **1**

Verb · first · plural · present · active · subjunctive ▸ **1** (Gal. 6,9)

ἐγκαλέω (ἐν; καλέω) to call in; accuse, blame ▸ 6 + 7 = 13

ἐγκαλεῖσθαι ▸ 1
Verb · present · passive · infinitive ▸ **1** (Acts 19,40)

ἐγκαλείτωσαν ▸ 1
Verb · third · plural · present · active · imperative ▸ **1** (Acts 19,38)

ἐγκαλέσει ▸ 1 + 1 = 2
Verb · third · singular · future · active · indicative ▸ **1 + 1 = 2** (Wis. 12,12; Rom. 8,33)

ἐγκαλοῦμαι ▸ 2
Verb · first · singular · present · passive · indicative ▸ **2** (Acts 26,2; Acts 26,7)

ἐγκαλουμένης ▸ 1
Verb · present · passive · participle · feminine · singular · genitive ▸ **1** (Ex. 22,8)

ἐγκαλούμενον ▸ 1
Verb · present · passive · participle · masculine · singular · accusative ▸ **1** (Acts 23,29)

ἐνεκάλουν ▸ 1
Verb · third · plural · imperfect · active · indicative ▸ **1** (Acts 23,28)

ἐγκαλῶν ▸ 1
Verb · present · active · participle · masculine · singular · nominative ▸ **1** (Prov. 19,5)

ἐγκληθείς ▸ 1
Verb · aorist · passive · participle · masculine · singular · nominative ▸ **1** (2Mac. 5,8)

ἐνεκάλεσαν ▸ 1
Verb · third · plural · aorist · active · indicative ▸ **1** (Zech. 1,4)

ἐνεκάλεσεν ▸ 1
Verb · third · singular · aorist · active · indicative ▸ **1** (Sir. 46,19)

ἔγκαρπος (ἐν; κάρπος) fruitful ▸ 1

ἔγκαρπον ▸ 1
Adjective · neuter · singular · nominative · noDegree ▸ **1** (Jer. 38,12)

ἐγκαρτερέω (ἐν; κράτος) to persevere ▸ 1

ἐνεκαρτέρουν ▸ 1
Verb · third · plural · imperfect · active · indicative ▸ **1** (4Mac. 14,9)

ἔγκατα inwards, entrails ▸ 4 + 1 = 5

ἔγκατα ▸ 4 + 1 = 5
Noun · neuter · plural · accusative · (common) ▸ **1 + 1 = 2** (Psa. 108,18; Tob. 6,4)
Noun · neuter · plural · nominative · (common) ▸ **3** (Job 21,24; Job 41,7; Sir. 21,14)

ἐγκατάλειμμα (ἐν; κατά; λείπω) remnant, leftover ▸ 7

ἐγκατάλειμμα ▸ 4
Noun · neuter · singular · accusative · (common) ▸ **1** (Ezra 9,14)
Noun · neuter · singular · nominative · (common) ▸ **3** (Psa. 36,37; Psa. 75,11; Jer. 11,23)

ἐγκαταλείμματα ▸ 1
Noun · neuter · plural · nominative · (common) ▸ **1** (Psa. 36,38)

ἐγκαταλείμματά ▸ 2
Noun · neuter · plural · nominative · (common) ▸ **2** (Deut. 28,5; Deut. 28,17)

ἐγκαταλείπω (ἐν; κατά; λείπω) to leave behind, desert, forsake ▸ 179 + 8 + 10 = 197

ἐγκαταλείπει ▸ 2
Verb · third · singular · present · active · indicative ▸ **2** (1Esdr. 4,20; 2Mac. 6,16)

ἐγκαταλειπόμενοι ▸ 1
Verb · present · passive · participle · masculine · plural · nominative ▸ **1** (2Cor. 4,9)

ἐγκαταλείποντας ▸ 1
Verb · present · active · participle · masculine · plural · accusative ▸ **1** (Ezra 8,22)

ἐγκαταλείποντες ▸ 3 + 1 = 4
Verb · present · active · participle · masculine · plural · nominative ▸ **3 + 1 = 4** (Prov. 2,13; Prov. 28,4; Is. 1,28; Heb. 10,25)

ἐγκαταλείπων ▸ 2
Verb · present · active · participle · masculine · singular · nominative ▸ **2** (1Mac. 1,52; Bel 38)

ἐγκαταλειφθήσεται ▸ 2
Verb · third · singular · future · passive · indicative ▸ **2** (Lev. 26,43; Is. 1,8)

ἐγκαταλειφθῶ ▸ 1
Verb · first · singular · aorist · passive · subjunctive ▸ **1** (Sir. 51,20)

ἐγκαταλείψει ▸ 11
Verb · third · singular · future · active · indicative ▸ **11** (Deut. 4,31; 2Chr. 15,2; 2Chr. 24,20; Judith 7,30; Psa. 36,28; Psa. 93,14; Prov. 24,14; Job 20,13; Sir. 4,19; Sir. 29,14; Sir. 29,16)

ἐγκαταλείψεις ▸ 1 + 1 = 2
Verb · second · singular · future · active · indicative ▸ **1 + 1 = 2** (Psa. 15,10; Acts 2,27)

ἐγκαταλείψομεν ▸ 1
Verb · first · plural · future · active · indicative ▸ **1** (Neh. 10,40)

ἐγκαταλείψουσιν ▸ 1
Verb · third · plural · future · active · indicative ▸ **1** (Jer. 17,11)

ἐγκαταλείψουσίν ▸ 1
Verb · third · plural · future · active · indicative ▸ **1** (Deut. 31,16)

ἐγκαταλείψω ▸ 7
Verb · first · singular · future · active · indicative ▸ **7** (Josh. 1,5; 2Kings 2,4; 2Kings 2,6; 2Kings 4,30; 2Chr. 12,5; Is. 41,17; Is. 42,16)

ἐγκαταλελειμμέναι ▸ 1
Verb · perfect · passive · participle · feminine · plural · nominative ▸ **1** (Is. 17,9)

ἐγκαταλελειμμέναις ▸ 1
Verb · perfect · passive · participle · feminine · plural · dative ▸ **1** (Ezek. 36,4)

ἐγκαταλελειμμένη ▸ 1
Verb · perfect · passive · participle · feminine · singular · nominative ▸ **1** (Is. 62,12)

ἐγκαταλελειμμένην ▸ 1
Verb · perfect · passive · participle · feminine · singular · accusative ▸ **1** (Is. 60,15)

ἐγκαταλελειμμένοι ▸ 2
Verb · perfect · passive · participle · masculine · plural · nominative ▸ **2** (Is. 24,12; Is. 32,14)

ἐγκαταλελειμμένον ▸ 3
Verb · perfect · passive · participle · masculine · singular · accusative ▸ **3** (1Kings 20,21; 2Kings 9,8; Psa. 36,25)

ἐγκαταλελειμμένους ▸ 1
Verb · perfect · passive · participle · masculine · plural · accusative ▸ **1** (2Kings 14,26)

ἐγκαταλέλειπται ▸ 1
Verb · third · singular · perfect · passive · indicative ▸ **1** (Psa. 9,35)

Ἐγκαταλέλοιπα ▸ 1
Verb · first · singular · perfect · active · indicative ▸ **1** (Jer. 12,7)

ἐγκαταλελοίπατε ▸ 1
    Verb · second · plural · perfect · active · indicative   ▸ 1   (Josh. 22,3)
ἐγκαταλέλοιπεν ▸ 1
    Verb · third · singular · perfect · active · indicative   ▸ 1   (Ezek. 8,12)
Ἐγκαταλέλοιπεν ▸ 1
    Verb · third · singular · perfect · active · indicative   ▸ 1   (Ezek. 9,9)
ἐγκαταλελοιπὼς ▸ 1
    Verb · perfect · active · participle · masculine · singular · nominative   ▸ 1 (Is. 58,2)
ἐγκατάλιπε ▸ 1
    Verb · second · singular · aorist · active · imperative   ▸ 1   (Psa. 36,8)
ἐγκαταλιπεῖν ▸ 4
    Verb · aorist · active · infinitive   ▸ 4 (2Chr. 24,25; 1Mac. 1,42; Sir. 51,10; Jer. 9,12)
ἐγκαταλίπῃ ▸ 4
    Verb · third · singular · aorist · active · subjunctive   ▸ 4   (Deut. 31,6; Deut. 31,8; 1Chr. 28,20; Psa. 36,33)
ἐγκαταλίπῃς ▸ 14 + 1 = 15
    Verb · second · singular · aorist · active · subjunctive   ▸ 14 + 1 = 15 (Num. 10,31; Deut. 12,19; Psa. 26,9; Psa. 37,22; Psa. 70,9; Psa. 70,18; Psa. 118,8; Psa. 139,9; Prov. 4,6; Prov. 27,10; Sir. 7,30; Sir. 9,10; Sir. 23,1; Mal. 2,15; Tob. 4,3)
ἐγκαταλίπητε ▸ 5
    Verb · second · plural · aorist · active · subjunctive   ▸ 5   (Josh. 24,20; 2Chr. 7,19; 2Chr. 15,2; Prov. 4,2; Mal. 2,16)
ἐγκαταλίποι ▸ 1
    Verb · third · singular · aorist · active · optative ▸ 1 (2Mac. 1,5)
ἐγκαταλίποιτο ▸ 1
    Verb · third · singular · aorist · middle · optative   ▸ 1   (1Kings 8,57)
ἐγκαταλιπόντες ▸ 1
    Verb · aorist · active · participle · masculine · plural · nominative   ▸ 1 (Is. 65,11)
ἐγκαταλίπω ▸ 2 + 1 = 3
    Verb · first · singular · aorist · active · subjunctive   ▸ 2 + 1 = 3 (Gen. 28,15; Hos. 11,9; Heb. 13,5)
ἐγκαταλίπωμεν ▸ 2
    Verb · first · plural · aorist · active · subjunctive   ▸ 2 (Neh. 5,10; Jer. 28,9)
ἐγκαταλιπών ▸ 1
    Verb · aorist · active · participle · masculine · singular · nominative   ▸ 1 (Sir. 3,16)
ἐγκαταλίπωσιν ▸ 1
    Verb · third · plural · aorist · active · subjunctive ▸ 1 (Psa. 88,31)
ἐγκατελείφθη ▸ 5 + 1 = 6
    Verb · third · singular · aorist · passive · indicative   ▸ 5 + 1 = 6 (Neh. 13,11; Sir. 2,10; Mal. 2,11; Jer. 4,29; Dan. 10,8; Acts 2,31)
ἐγκατελείφθημεν ▸ 1
    Verb · first · plural · aorist · passive · indicative   ▸ 1 (1Esdr. 8,77)
ἐγκατελείφθησαν ▸ 1
    Verb · third · plural · aorist · passive · indicative   ▸ 1 (Is. 16,8)
ἐγκατέλιπαν ▸ 3
    Verb · third · plural · aorist · active · indicative   ▸ 3 (Judg. 2,20; 2Kings 7,7; 2Chr. 29,6)
ἐγκατελίπατε ▸ 1
    Verb · second · plural · aorist · active · indicative   ▸ 1 (Is. 1,4)
ἐγκατέλιπε ▸ 1
    Verb · third · singular · aorist · active · indicative   ▸ 1 (Dan. 9,11)

ἐγκατέλιπεν ▸ 19 + 2 = 21
    Verb · third · singular · aorist · active · indicative   ▸ 19 + 2 = 21 (Gen. 24,27; Deut. 32,15; Ruth 2,20; 1Kings 12,8; 1Kings 12,13; 2Kings 21,22; 2Chr. 10,13; 2Chr. 12,1; 2Chr. 21,10; 2Chr. 32,31; Ezra 9,9; Psa. 70,11; Ode. 2,15; Wis. 10,13; Sol. 2,7; Is. 1,9; Jer. 30,31; Jer. 32,38; Ezek. 23,8; Rom. 9,29; 2Tim. 4,10)
ἐγκατέλιπέν ▸ 2
    Verb · third · singular · aorist · active · indicative   ▸ 2 (Psa. 37,11; Psa. 39,13)
Ἐγκατέλιπέν ▸ 1
    Verb · third · singular · aorist · active · indicative   ▸ 1 (Is. 49,14)
ἐγκατέλιπες ▸ 9 + 1 + 1 = 11
    Verb · second · singular · aorist · active · indicative   ▸ 9 + 1 + 1 = 11 (Deut. 32,18; Neh. 9,17; Neh. 9,19; Neh. 9,28; Neh. 9,31; Psa. 9,11; Ode. 2,18; Mal. 2,14; Bar. 3,12; Bel 38; Matt. 27,46)
ἐγκατέλιπές ▸ 2 + 1 = 3
    Verb · second · singular · aorist · active · indicative   ▸ 2 + 1 = 3 (Deut. 28,20; Psa. 21,2; Mark 15,34)
ἐγκατελίπετε ▸ 5
    Verb · second · plural · aorist · active · indicative   ▸ 5   (2Chr. 13,11; 2Chr. 24,20; Sir. 41,8; Mal. 2,10; Ezek. 24,21)
ἐγκατελίπετέ ▸ 2 + 1 = 3
    Verb · second · plural · aorist · active · indicative   ▸ 2 + 1 = 3 (Judg. 10,13; 2Chr. 12,5; Judg. 10,13)
ἐγκατελίπομεν ▸ 5 + 1 = 6
    Verb · first · plural · aorist · active · indicative   ▸ 5 + 1 = 6 (Judg. 10,10; 1Sam. 12,10; 2Chr. 13,10; Ezra 9,10; Jer. 9,18; Judg. 10,10)
ἐγκατέλιπον ▸ 26 + 4 + 1 = 31
    Verb · first · singular · aorist · active · indicative   ▸ 1   (Psa. 118,87)
    Verb · third · plural · aorist · active · indicative   ▸ 25 + 4 + 1 = 30 (Judg. 2,12; Judg. 2,13; Judg. 10,6; 1Kings 9,9; 1Kings 19,14; 2Kings 17,16; 1Chr. 14,12; 2Chr. 7,22; 2Chr. 11,14; 2Chr. 24,18; 2Chr. 24,24; 1Mac. 1,38; 1Mac. 2,28; Ode. 6,9; Hos. 4,10; Hos. 5,7; Jonah 2,9; Is. 17,9; Jer. 2,13; Jer. 14,5; Jer. 16,11; Jer. 17,13; Jer. 22,9; Ezek. 20,8; Dan. 11,30; Judg. 2,12; Judg. 2,13; Judg. 2,20; Judg. 10,6; 2Tim. 4,16)
ἐγκατέλιπόν ▸ 10
    Verb · first · singular · aorist · active · indicative   ▸ 1 (Is. 41,9)
    Verb · third · plural · aorist · active · indicative   ▸ 9 (1Sam. 8,8; 1Kings 19,10; 2Kings 22,17; 2Chr. 34,25; Psa. 26,10; Jer. 1,16; Jer. 5,7; Jer. 16,11; Jer. 19,4)

ἐγκαταλιμπάνω (ἐν; κατά; λίμπανω) to forsake ▸ 1
ἐγκαταλιμπανόντων ▸ 1
    Verb · present · active · participle · masculine · plural · genitive   ▸ 1 (Psa. 118,53)

ἐγκαταπαίζω (ἐν; κατά; παῖς) to mock at ▸ 2
ἐγκαταπαίζεσθαι ▸ 2
    Verb · present · passive · infinitive   ▸ 2 (Job 40,19; Job 41,25)

ἐγκατοικέω (ἐν; κατά; οἶκος) to dwell among ▸ 1
ἐγκατοικῶν ▸ 1
    Verb · present · active · participle · masculine · singular · nominative   ▸ 1 (2Pet. 2,8)

ἔγκατον (ἔγκατα) entrails ▸ 1
ἐγκάτοις ▸ 1
    Noun · neuter · plural · dative · (common) ▸ 1 (Psa. 50,12)

ἐγκαυχάομαι (ἐν; καυχάομαι) to pride oneself in, glory in, boast, exult ▸ 4 + 1 = 5
ἐγκαυχᾷ ▸ 1
    Verb · second · singular · present · middle · indicative   ▸ 1 (Psa. 51,3)
ἐγκαυχᾶσθαι ▸ 1 + 1 = 2

Verb · present · middle · infinitive ▸ 1 + 1 = **2** (Psa. 105,47; 2Th. 1,4)
ἐγκαυχώμενοι ▸ 1
Verb · present · middle · participle · masculine · plural · nominative ▸ **1** (Psa. 96,7)
ἐνεκαυχήσαντο ▸ 1
Verb · third · plural · aorist · middle · indicative ▸ **1** (Psa. 73,4)

ἔγκειμαι (ἐν; κεῖμαι) to be involved with, inclined toward ▸ 3
ἔγκειται ▸ 1
Verb · third · singular · present · passive · indicative ▸ **1** (Gen. 8,21)
ἐνέκειτο ▸ 2
Verb · third · singular · imperfect · passive · indicative ▸ **2** (Gen. 34,19; Esth. 9,3)

ἐγκεντρίζω (ἐν; κεντέω) to spur on; to graft ▸ 1 + 6 = 7
ἐγκεντρίσαι ▸ 1
Verb · aorist · active · infinitive ▸ **1** (Rom. 11,23)
ἐγκεντρισθήσονται ▸ 2
Verb · third · plural · future · passive · indicative ▸ **2** (Rom. 11,23; Rom. 11,24)
ἐγκεντρισθῶ ▸ 1
Verb · first · singular · aorist · passive · subjunctive ▸ **1** (Rom. 11,19)
ἐνεκεντρίζοντο ▸ 1
Verb · third · plural · imperfect · passive · indicative ▸ **1** (Wis. 16,11)
ἐνεκεντρίσθης ▸ 2
Verb · second · singular · aorist · passive · indicative ▸ **2** (Rom. 11,17; Rom. 11,24)

ἐγκηδεύω (ἐν; κῆδος) to bury in ▸ 1
ἐγκεκήδευνται ▸ 1
Verb · third · plural · perfect · passive · indicative ▸ **1** (4Mac. 17,9)

ἐγκισσάω (ἐν; κισσάω) to conceive ▸ 4
ἐγκισσῆσαι ▸ 1
Verb · aorist · active · infinitive ▸ **1** (Gen. 30,41)
ἐγκισσήσωσιν ▸ 1
Verb · third · plural · aorist · active · subjunctive ▸ **1** (Gen. 30,39)
ἐνεκίσσησεν ▸ 1
Verb · third · singular · aorist · active · indicative ▸ **1** (Gen. 30,41)
ἐνεκίσσων ▸ 1
Verb · third · plural · imperfect · active · indicative ▸ **1** (Gen. 31,10)

ἐγκλείω (ἐν; κλείω) to shut in ▸ 1
ἐγκλείσθητι ▸ 1
Verb · second · singular · aorist · passive · imperative ▸ **1** (Ezek. 3,24)

ἔγκλημα (ἐν; καλέω) accusation, charge, complaint ▸ 2
ἔγκλημα ▸ 1
Noun · neuter · singular · accusative ▸ **1** (Acts 23,29)
ἐγκλήματος ▸ 1
Noun · neuter · singular · genitive ▸ **1** (Acts 25,16)

ἔγκληρος (ἐν; κληρόω) sharing an inheritance, heir ▸ 1
ἔγκληρον ▸ 1
Adjective · masculine · singular · accusative · noDegree ▸ **1** (Deut. 4,20)

ἐγκλοιόω (ἐν; κλοιόω) to colar ▸ 1
ἐγκλοίωσαι ▸ 1
Verb · second · singular · aorist · middle · imperative ▸ **1** (Prov. 6,21)

ἐγκοίλια (ἐν; κοῖλος) intestines; entrails ▸ 2
ἐγκοίλια ▸ 2
Noun · neuter · plural · accusative · (common) ▸ **2** (Lev. 1,9; Lev. 1,13)

ἔγκοιλος (ἐν; κοῖλος) deep, low ▸ 2
ἐγκοιλοτέρα ▸ 2
Adjective · feminine · singular · nominative · noDegree ▸ **2** (Lev. 13,30; Lev. 13,31)

ἐγκολάπτω (ἐν; κολάπτω) to cut, carve ▸ 4
ἐγκεκολαμμένα ▸ 2
Verb · perfect · passive · participle · neuter · plural · accusative ▸ **1** (1Kings 6,32)
Verb · perfect · passive · participle · neuter · plural · nominative ▸ **1** (1Kings 6,35)
ἐγκολαπτά ▸ 2
Verb · aorist · active · participle · neuter · plural · accusative ▸ **2** (1Kings 6,29; 1Kings 6,32)

ἐγκολλάομαι (ἐν; κολλάω) to be joined to ▸ 1
ἐγκολληθήσεται ▸ 1
Verb · third · singular · future · passive · indicative ▸ **1** (Zech. 14,5)

ἐγκομβόομαι to put on ▸ 1
ἐγκομβώσασθε ▸ 1
Verb · second · plural · aorist · middle · imperative ▸ **1** (1Pet. 5,5)

ἐγκοπή (ἐν; κόπτω) hindrance ▸ 1
ἐγκοπὴν ▸ 1
Noun · feminine · singular · accusative ▸ **1** (1Cor. 9,12)

ἔγκοπος (ἐν; κόπτω) weary ▸ 3
ἔγκοποι ▸ 1
Adjective · masculine · plural · nominative · noDegree ▸ **1** (Eccl. 1,8)
ἔγκοπον ▸ 2
Adjective · feminine · singular · accusative · noDegree ▸ **1** (Job 19,2)
Adjective · masculine · singular · accusative · noDegree ▸ **1** (Is. 43,23)

ἐγκόπτω (ἐν; κόπτω) to cut off, hinder ▸ 5
ἐγκόπτεσθαι ▸ 1
Verb · present · passive · infinitive ▸ **1** (1Pet. 3,7)
ἐγκόπτω ▸ 1
Verb · first · singular · present · active · subjunctive ▸ **1** (Acts 24,4)
ἐνεκοπτόμην ▸ 1
Verb · first · singular · imperfect · passive · indicative ▸ **1** (Rom. 15,22)
ἐνέκοψεν ▸ 2
Verb · third · singular · aorist · active · indicative ▸ **2** (Gal. 5,7; 1Th. 2,18)

ἐγκοσμέω (ἐν; κόσμος) to adorn ▸ 1
ἐγκοσμούμενον ▸ 1
Verb · present · passive · participle · masculine · singular · accusative ▸ **1** (4Mac. 6,2)

ἐγκοτέω (ἐν; κότος) to be angry ▸ 2
ἐνεκότει ▸ 1
Verb · third · singular · imperfect · active · indicative ▸ **1** (Gen. 27,41)
ἐνεκότουν ▸ 1

ἐγκοτέω–ἐγκυλίομαι

    Verb · third · plural · imperfect · active · indicative ▸ **1** (Psa. 54,4)
ἐγκότημα (ἐν; κοτέω) anger ▸ 1
  ἐγκότημα ▸ 1
    Noun · neuter · singular · accusative · (common) ▸ **1** (Jer. 31,39)
ἐγκράτεια (ἐν; κράτος) self-control ▸ 1 + 4 = 5
  ἐγκράτεια ▸ 1 + 1 = 2
    Noun · feminine · singular · nominative ▸ **1** (Gal. 5,23)
    Noun · feminine · singular · vocative · (common) ▸ **1** (4Mac. 5,34)
  ἐγκρατεία ▸ 1
    Noun · feminine · singular · dative ▸ **1** (2Pet. 1,6)
  ἐγκράτειαν ▸ 1
    Noun · feminine · singular · accusative ▸ **1** (2Pet. 1,6)
  ἐγκρατείας ▸ 1
    Noun · feminine · singular · genitive ▸ **1** (Acts 24,25)
ἐγκρατεύομαι (ἐν; κράτος) to show self control, restrain oneself ▸ 2 + 2 = 4
  ἐγκρατεύεται ▸ 1
    Verb · third · singular · present · middle · indicative ▸ **1** (1Cor. 9,25)
  ἐγκρατεύονται ▸ 1
    Verb · third · plural · present · middle · indicative ▸ **1** (1Cor. 7,9)
  ἐνεκρατευσάμην ▸ 1
    Verb · first · singular · aorist · middle · indicative ▸ **1** (1Sam. 13,12)
  ἐνεκρατεύσατο ▸ 1
    Verb · third · singular · aorist · middle · indicative ▸ **1** (Gen. 43,31)
ἐγκρατέω (ἐν; κράτος) to control ▸ 1
  ἐγκρατεῖς ▸ 1
    Verb · second · singular · present · active · indicative ▸ **1** (Ex. 9,2)
ἐγκρατής (ἐν; κράτος) empowered ▸ 9 + 2 + 1 = 12
  ἐγκρατεῖς ▸ 4 + 1 = 5
    Adjective · masculine · plural · accusative · noDegree ▸ 2 + 1 = 3 (2Mac. 8,30; 2Mac. 13,13; Sus. 39)
    Adjective · masculine · plural · nominative · noDegree ▸ **2** (2Mac. 10,15; 2Mac. 10,17)
  ἐγκρατῆ ▸ 1
    Adjective · masculine · singular · accusative ▸ **1** (Titus 1,8)
  ἐγκρατής ▸ 1
    Adjective · masculine · singular · nominative · noDegree ▸ **1** (Wis. 8,21)
  ἐγκρατής ▸ 3 + 1 = 4
    Adjective · masculine · singular · nominative · noDegree ▸ 3 + 1 = 4 (Sir. 6,27; Sir. 15,1; Sir. 27,30; Tob. 6,3)
  ἐγκρατοῦς ▸ 1
    Adjective · feminine · singular · genitive · noDegree ▸ **1** (Sir. 26,15)
ἐγκρίνω (ἐν; κρίνω) to classify ▸ 1
  ἐγκρῖναι ▸ 1
    Verb · aorist · active · infinitive ▸ **1** (2Cor. 10,12)
ἐγκρίς honey cake ▸ 2
  ἐγκρὶς ▸ 2
    Noun · feminine · singular · nominative · (common) ▸ **2** (Ex. 16,31; Num. 11,8)
ἐγκρούω (ἐν; κρούω) to knock, jostle ▸ 2 + 1 = 3
  ἐγκρούσῃς ▸ 1 + 1 = 2
    Verb · second · singular · aorist · active · subjunctive ▸ 1 + 1 = 2 (Judg. 16,13; Judg. 16,13)
  ἐνέκρουσεν ▸ 1

    Verb · third · singular · aorist · active · indicative ▸ **1** (Judg. 4,21)
ἐγκρύπτω (ἐν; κρύπτω) to hide, hide in, conceal ▸ 7 + 2 = 9
  ἐγκεκρυμμένα ▸ 1
    Verb · perfect · passive · participle · neuter · plural · nominative ▸ **1** (Josh. 7,22)
  ἐγκεκρυμμένη ▸ 1
    Verb · perfect · passive · participle · feminine · singular · nominative ▸ **1** (Hos. 13,12)
  ἐγκέκρυπται ▸ 1
    Verb · third · singular · perfect · passive · indicative ▸ **1** (Josh. 7,21)
  ἐγκρυβῶσιν ▸ 1
    Verb · third · plural · aorist · passive · subjunctive ▸ **1** (Amos 9,3)
  ἐγκρύπτων ▸ 1
    Verb · present · active · participle · masculine · singular · nominative ▸ **1** (Prov. 19,24)
  ἐγκρύψεις ▸ 1
    Verb · second · singular · future · active · indicative ▸ **1** (Ezek. 4,12)
  ἐνέκρυψεν ▸ 1 + 2 = 3
    Verb · third · singular · aorist · active · indicative ▸ 1 + 2 = 3 (1Mac. 16,15; Matt. 13,33; Luke 13,21)
ἐγκρυφίας (ἐν; κρύπτω) cake baked in ashes ▸ 8
  ἐγκρυφίαν ▸ 2
    Noun · masculine · singular · accusative · (common) ▸ **1** (Ezek. 4,12)
    Noun · neuter · singular · accusative · (common) ▸ **1** (1Kings 17,13)
  ἐγκρυφίας ▸ 6
    Noun · masculine · plural · accusative · (common) ▸ **3** (Gen. 18,6; Ex. 12,39; Num. 11,8)
    Noun · masculine · singular · nominative · (common) ▸ **3** (1Kings 17,12; 1Kings 19,6; Hos. 7,8)
ἐγκτάομαι (ἐν; κτάομαι) to obtain possessions from afar ▸ 1
  ἐγκτήσασθε ▸ 1
    Verb · second · plural · aorist · middle · imperative ▸ **1** (Gen. 34,10)
ἔγκτησις (ἐν; κτάομαι) property ▸ 1
  ἔγκτησιν ▸ 1
    Noun · feminine · singular · accusative · (common) ▸ **1** (Lev. 25,16)
ἔγκτητος (ἐν; κτάομαι) possessed in ▸ 3
  ἔγκτητα ▸ 1
    Adjective · neuter · plural · accusative · noDegree ▸ **1** (Num. 31,9)
  ἔγκτητον ▸ 1
    Adjective · feminine · singular · accusative · noDegree ▸ **1** (Lev. 22,11)
  ἐγκτήτου ▸ 1
    Adjective · feminine · singular · genitive · noDegree ▸ **1** (Lev. 14,34)
ἐγκύκλιος (ἐν; κύκλος) circular, cyclical; circular letter ▸ 1
  ἐγκύκλιον ▸ 1
    Adjective · feminine · singular · accusative · noDegree ▸ **1** (Dan. 4,37b)
ἐγκυλίομαι (ἐν; κυλίω) to wallow in ▸ 3
  ἐγκυλισθήσονται ▸ 1
    Verb · third · plural · future · passive · indicative ▸ **1** (Sir. 23,12)
  ἐγκυλισθῶμεν ▸ 1

Verb · first · plural · aorist · passive · subjunctive ▸ **1** (Prov. 7,18)
ἐνεκυλίσθης ▸ **1**
Verb · second · singular · aorist · passive · indicative ▸ **1** (Sir. 37,3)

ἔγκυος (ἐν; κύω) pregnant ▸ **1** + **1** = **2**
ἔγκυος ▸ **1**
Adjective · feminine · singular · nominative · noDegree ▸ **1** (Sir. 42,10)
ἐγκύῳ ▸ **1**
Adjective · feminine · singular · dative ▸ **1** (Luke 2,5)

ἐγκύπτω (ἐν; κύπτω) to stoop down ▸ **1**
ἐγκύψας ▸ **1**
Verb · aorist · active · participle · masculine · singular · nominative ▸ **1** (Bel 40)

ἐγκωμιάζω (ἐν; κώμη) to praise, extol, give a panygeric ▸ **5**
ἐγκωμιάζεται ▸ **1**
Verb · third · singular · present · passive · indicative ▸ **1** (Prov. 12,8)
ἐγκωμιαζέτω ▸ **1**
Verb · third · singular · present · active · imperative ▸ **1** (Prov. 27,2)
ἐγκωμιαζομένων ▸ **1**
Verb · present · passive · participle · masculine · plural · genitive ▸ **1** (Prov. 29,2)
ἐγκωμιαζόντων ▸ **1**
Verb · present · active · participle · masculine · plural · genitive ▸ **1** (Prov. 27,21)
ἐγκωμιάζουσιν ▸ **1**
Verb · third · plural · present · active · indicative ▸ **1** (Prov. 28,4)

ἐγκώμιον (ἐν; κώμη) encomium, eulogy, panygeric ▸ **2**
ἐγκωμίῳ ▸ **1**
Noun · neuter · singular · dative · (common) ▸ **1** (Esth. 2,23)
ἐγκωμίων ▸ **1**
Noun · neuter · plural · genitive · (common) ▸ **1** (Prov. 10,7)

Εγλα Hoglah ▸ **4**
Εγλα ▸ **4**
Noun · feminine · singular · nominative · (proper) ▸ **4** (Num. 26,37; Num. 27,1; Num. 36,11; Josh. 17,3)

Εγλαμ Aijalon ▸ **1**
Εγλαμ ▸ **1**
Noun · feminine · singular · accusative · (proper) ▸ **1** (1Chr. 6,54)

Εγλι Jogli ▸ **1**
Εγλι ▸ **1**
Noun · masculine · singular · genitive · (proper) ▸ **1** (Num. 34,22)

Εγλωμ Eglon; Ehud ▸ **10** + **7** = **17**
Εγλωμ ▸ **10** + **7** = **17**
Noun · masculine · singular · accusative · (proper) ▸ **1** + **1** = **2** (Judg. 3,12; Judg. 3,12)
Noun · masculine · singular · dative · (proper) ▸ **3** + **3** = **6** (Judg. 3,14; Judg. 3,15; Judg. 3,17; Judg. 3,14; Judg. 3,15; Judg. 3,17)
Noun · masculine · singular · genitive · (proper) ▸ **3** + **1** = **4** (Josh. 24,33b; Judg. 3,20; Judg. 3,21; Judg. 3,20)
Noun · masculine · singular · nominative · (proper) ▸ **3** + **2** = **5** (Judg. 3,17; Judg. 3,19; Judg. 3,19; Judg. 3,17; Judg. 3,19)

Εγρεβηλ Egrebeh ▸ **1**
Εγρεβηλ ▸ **1**
Noun · singular · genitive · (proper) ▸ **1** (Judith 7,18)

ἐγρήγορος waking, wakeful ▸ **1**
ἐγρήγοροι ▸ **1**
Adjective · masculine · plural · nominative · noDegree ▸ **1** (Lam. 4,14)

ἐγχάσκω (ἐν; χάσκω) to gape ▸ **1**
ἐγκέχηναν ▸ **1**
Verb · third · plural · perfect · active · indicative ▸ **1** (1Esdr. 4,19)

ἐγχειρέω (ἐν; χείρ) to undertake; attack ▸ **4**
ἐνεχείρησαν ▸ **1**
Verb · third · plural · aorist · active · indicative ▸ **1** (Jer. 18,22)
ἐνεχείρησεν ▸ **2**
Verb · third · singular · aorist · active · indicative ▸ **2** (2Chr. 23,18; Jer. 28,12)
ἐνεχείρησέν ▸ **1**
Verb · third · singular · aorist · active · indicative ▸ **1** (Jer. 30,10)

ἐγχείρημα (ἐν; χείρ) undertaking ▸ **2**
ἐγχείρημα ▸ **1**
Noun · neuter · singular · accusative · (common) ▸ **1** (Jer. 37,24)
ἐγχειρήματος ▸ **1**
Noun · neuter · singular · genitive · (common) ▸ **1** (Jer. 23,20)

ἐγχειρίδιον (ἐν; χείρ) knife, dagger; manual, handbook ▸ **6**
ἐγχειρίδιον ▸ **2**
Noun · neuter · singular · accusative · (common) ▸ **2** (Jer. 27,42; LetterJ 13)
ἐγχειρίδιόν ▸ **4**
Noun · neuter · singular · accusative · (common) ▸ **3** (Ex. 20,25; Ezek. 21,8; Ezek. 21,10)
Noun · neuter · singular · nominative · (common) ▸ **1** (Ezek. 21,9)

ἐγχέω (ἐν; χέω) to pour in, out ▸ **5**
Ἔγχει ▸ **1**
Verb · second · singular · present · active · imperative ▸ **1** (2Kings 4,41)
ἐνέχεεν ▸ **3**
Verb · third · singular · aorist · active · indicative ▸ **2** (Ex. 24,6; Judg. 6,19)
Verb · third · singular · imperfect · active · indicative ▸ **1** (Jer. 31,11)
ἐνέχει ▸ **1**
Verb · third · singular · imperfect · active · indicative ▸ **1** (2Kings 4,40)

ἐγχρίω (ἐν; χρίω) to anoint ▸ **3** + **2** + **1** = **6**
ἐγχρῖσαι ▸ **1** + **1** + **1** = **3**
Verb · aorist · active · infinitive ▸ **1** + **1** = **2** (Tob. 6,9; Rev. 3,18)
Verb · second · singular · aorist · middle · imperative ▸ **1** (Tob. 6,9)
ἐγχρίσῃ ▸ **1**
Verb · second · singular · aorist · middle · subjunctive ▸ **1** (Jer. 4,30)
ἔγχρισον ▸ **1**
Verb · second · singular · aorist · active · imperative ▸ **1** (Tob. 11,8)
ἐνεχρίοσάν ▸ **1**
Verb · third · plural · imperfect · active · indicative ▸ **1** (Tob. 2,10)

ἐγχρονίζω (ἐν; χρόνος) to delay, continue in ▸ **3**
ἐγχρονίζει ▸ **1**
Verb · third · singular · present · active · indicative ▸ **1** (Prov. 10,28)
ἐγχρονιζόντων ▸ **1**
Verb · present · active · participle · masculine · plural · genitive ▸ **1** (Prov. 23,30)

ἐγχρονίσῃς ▸ 1
    Verb · second · singular · aorist · active · subjunctive ▸ **1** (Prov. 9,18a)

ἐγχώριος (ἐν; χῶρος) from a country ▸ **8**
    ἐγχώριοι ▸ 1
        Adjective · masculine · plural · nominative · noDegree ▸ **1** (Josh. 9,22)
    ἐγχώριος ▸ 1
        Adjective · masculine · singular · nominative · noDegree ▸ **1** (Lev. 18,26)
    ἐγχωρίου ▸ 1
        Adjective · masculine · singular · genitive · noDegree ▸ **1** (1Esdr. 6,24)
    ἐγχωρίῳ ▸ 3
        Adjective · masculine · singular · dative · noDegree ▸ **3** (Ex. 12,49; Lev. 24,22; Num. 15,29)
    ἐγχωρίων ▸ 2
        Adjective · feminine · plural · genitive · noDegree ▸ **1** (Gen. 34,1)
        Adjective · masculine · plural · genitive · noDegree ▸ **1** (2Mac. 9,2)

ἐγώ I (sg.); we (pl.) ▸ 11915 + 782 + 2665 = 15362
    ἐγώ ▸ 258 + 20 + 64 = 342
        Pronoun · (personal) · first · singular · nominative ▸ 258 + 20 + 64 = **342** (Gen. 4,9; Gen. 15,14; Gen. 20,6; Gen. 22,1; Gen. 22,11; Gen. 23,4; Gen. 24,34; Gen. 27,1; Gen. 27,4; Gen. 27,8; Gen. 27,18; Gen. 30,1; Gen. 30,2; Gen. 30,13; Gen. 31,13; Gen. 31,38; Gen. 31,41; Gen. 37,10; Gen. 37,13; Gen. 38,26; Gen. 41,11; Gen. 41,40; Gen. 44,15; Gen. 50,19; Ex. 3,12; Ex. 4,10; Ex. 7,5; Ex. 8,18; Ex. 14,4; Ex. 14,18; Ex. 25,9; Ex. 29,46; Ex. 33,16; Ex. 33,16; Lev. 11,44; Lev. 11,45; Lev. 19,10; Lev. 19,12; Lev. 19,14; Lev. 19,16; Lev. 19,18; Lev. 19,25; Lev. 19,28; Lev. 19,30; Lev. 19,31; Lev. 19,32; Lev. 19,34; Lev. 19,36; Lev. 19,37; Lev. 21,23; Lev. 22,30; Lev. 24,22; Lev. 25,17; Lev. 26,1; Lev. 26,2; Lev. 26,13; Lev. 26,44; Lev. 26,45; Num. 14,28; Num. 20,19; Deut. 5,9; Deut. 7,17; Deut. 15,11; Deut. 15,15; Deut. 19,7; Deut. 24,18; Deut. 24,20; Deut. 24,22; Deut. 31,2; Deut. 32,39; Judg. 6,15; Judg. 9,2; Judg. 9,48; Judg. 16,17; Judg. 17,9; Ruth 2,10; Ruth 3,12; Ruth 3,13; 1Sam. 1,8; 1Sam. 1,8; 1Sam. 1,15; 1Sam. 3,4; 1Sam. 3,5; 1Sam. 3,6; 1Sam. 3,8; 1Sam. 3,16; 1Sam. 9,21; 1Sam. 12,3; 1Sam. 17,8; 1Sam. 17,43; 1Sam. 21,16; 1Sam. 22,12; 1Sam. 22,22; 2Sam. 1,7; 2Sam. 1,8; 2Sam. 1,13; 2Sam. 3,8; 2Sam. 3,39; 2Sam. 7,18; 2Sam. 12,7; 2Sam. 13,28; 2Sam. 14,5; 2Sam. 15,26; 2Sam. 15,28; 2Sam. 17,15; 2Sam. 18,12; 2Sam. 19,36; 2Sam. 20,17; 2Sam. 20,19; 2Sam. 24,12; 2Sam. 24,17; 2Sam. 24,17; 1Kings 3,7; 1Kings 19,4; 1Kings 21,4; 1Kings 22,19; 2Kings 1,10; 2Kings 1,12; 2Kings 4,13; 2Kings 10,9; 2Kings 16,7; 2Kings 22,20; 1Chr. 17,16; 1Chr. 21,17; 2Chr. 18,3; 1Esdr. 8,13; Esth. 7,4; Esth. 10,7 # 10,3d; Tob. 12,15; Psa. 24,16; Psa. 34,3; Psa. 38,5; Psa. 38,13; Psa. 45,11; Psa. 49,7; Psa. 68,30; Psa. 85,1; Psa. 108,22; Psa. 118,19; Psa. 118,63; Psa. 118,94; Psa. 118,125; Psa. 142,12; Ode. 2,39; Prov. 6,3; Eccl. 7,25; Eccl. 9,16; Song 1,6; Song 2,5; Song 5,8; Job 15,6; Job 20,2; Job 30,9; Job 33,6; Job 33,31; Job 34,33; Hos. 5,14; Hos. 11,9; Joel 2,27; Joel 4,10; Jonah 1,9; Zeph. 2,9; Hag. 2,4; Zech. 13,5; Zech. 13,5; Mal. 1,6; Mal. 1,6; Mal. 1,14; Is. 6,5; Is. 6,8; Is. 41,4; Is. 43,10; Is. 43,25; Is. 43,25; Is. 44,7; Is. 45,8; Is. 45,19; Is. 45,19; Is. 45,22; Is. 46,4; Is. 46,4; Is. 46,9; Is. 48,12; Is. 48,12; Is. 49,18; Is. 51,12; Is. 51,12; Is. 52,6; Jer. 1,6; Jer. 1,7; Jer. 1,8; Jer. 1,17; Jer. 1,19; Jer. 3,12; Jer. 4,31; Jer. 9,23; Jer. 15,10; Jer. 17,18; Jer. 17,18; Jer. 22,24; Jer. 23,23; Jer. 24,7; Jer. 26,18; Jer. 26,28; Jer. 27,44; Jer. 30,13; Jer. 38,18; Jer. 49,11; Lam. 1,21; Ezek. 2,3; Ezek. 5,11; Ezek. 7,6; Ezek. 14,16; Ezek. 14,18; Ezek. 14,20; Ezek. 16,48; Ezek. 17,16; Ezek. 18,3; Ezek. 20,31; Ezek. 20,33; Ezek. 28,2; Ezek. 28,9; Ezek. 28,22; Ezek. 28,23; Ezek. 28,24; Ezek. 28,26; Ezek. 29,6; Ezek. 29,9; Ezek. 29,16; Ezek. 29,21; Ezek. 30,8; Ezek. 30,19; Ezek. 30,25; Ezek. 30,26; Ezek. 32,15; Ezek. 33,11; Ezek. 33,27; Ezek. 33,29; Ezek. 34,8; Ezek. 34,15; Ezek. 34,27; Ezek. 34,30; Ezek. 35,4; Ezek. 35,6; Ezek. 35,9; Ezek. 35,11; Ezek. 35,12; Ezek. 35,15; Ezek. 36,11; Ezek. 36,23; Ezek. 37,6; Ezek. 37,13; Ezek. 37,28; Ezek. 38,23; Ezek. 39,6; Ezek. 39,7; Ezek. 39,22; Ezek. 39,28; Judg. 5,3; Judg. 5,3; Judg. 6,15; Judg. 7,18; Judg. 8,5; Judg. 8,23; Judg. 9,48; Judg. 11,27; Judg. 11,35; Judg. 11,37; Judg. 16,17; Judg. 19,18; Tob. 2,3; Tob. 5,3; Tob. 6,11; Tob. 6,15; Tob. 8,21; Tob. 8,21; Tob. 10,13; Tob. 12,15; Matt. 14,27; Matt. 21,30; Matt. 22,32; Matt. 24,5; Matt. 26,22; Matt. 26,25; Mark 6,50; Mark 13,6; Mark 14,19; Mark 14,29; Mark 14,62; Luke 1,19; Luke 21,8; Luke 22,70; Luke 24,39; John 4,26; John 5,7; John 6,20; John 6,35; John 6,41; John 6,51; John 8,11; John 8,12; John 8,16; John 8,18; John 8,24; John 8,28; John 9,9; John 10,7; John 10,9; John 11,25; John 13,19; John 14,6; John 14,26; John 15,5; John 17,4; John 18,5; John 18,6; John 18,8; John 18,21; John 18,26; Acts 7,7; Acts 9,5; Acts 9,10; Acts 10,21; Acts 13,25; Acts 18,10; Acts 22,3; Acts 22,8; Acts 26,15; Acts 26,29; Acts 28,17; Rom. 14,11; 2Cor. 11,23; Gal. 2,20; Gal. 4,12; 1Tim. 1,11; 1Tim. 1,15; Titus 1,5; Philem. 20; Rev. 1,17; Rev. 2,23; Rev. 21,6; Rev. 22,16)

    ἐγώ ▸ 1025 + 68 + 266 = 1359
        Pronoun · (personal) · first · singular · nominative ▸ 1025 + 68 + 266 = **1359** (Gen. 6,13; Gen. 6,17; Gen. 7,4; Gen. 9,12; Gen. 12,11; Gen. 13,9; Gen. 13,9; Gen. 15,1; Gen. 15,2; Gen. 16,5; Gen. 16,8; Gen. 17,4; Gen. 18,13; Gen. 18,17; Gen. 18,17; Gen. 18,27; Gen. 19,19; Gen. 21,26; Gen. 21,30; Gen. 22,5; Gen. 24,3; Gen. 24,13; Gen. 24,14; Gen. 24,24; Gen. 24,31; Gen. 24,37; Gen. 24,42; Gen. 24,43; Gen. 24,43; Gen. 25,32; Gen. 27,6; Gen. 27,11; Gen. 28,15; Gen. 28,16; Gen. 28,20; Gen. 31,5; Gen. 31,11; Gen. 31,39; Gen. 31,44; Gen. 31,52; Gen. 32,12; Gen. 33,14; Gen. 34,30; Gen. 34,30; Gen. 37,30; Gen. 38,23; Gen. 38,25; Gen. 41,15; Gen. 42,18; Gen. 43,9; Gen. 43,14; Gen. 46,4; Gen. 46,4; Gen. 48,4; Gen. 48,7; Gen. 48,21; Gen. 50,21; Ex. 2,9; Ex. 3,13; Ex. 3,19; Ex. 4,11; Ex. 4,12; Ex. 4,15; Ex. 4,21; Ex. 4,23; Ex. 6,5; Ex. 6,7; Ex. 6,8; Ex. 6,12; Ex. 6,29; Ex. 6,30; Ex. 7,3; Ex. 7,17; Ex. 7,17; Ex. 7,27; Ex. 8,17; Ex. 8,25; Ex. 9,4; Ex. 9,14; Ex. 9,14; Ex. 9,18; Ex. 9,27; Ex. 10,1; Ex. 10,2; Ex. 10,4; Ex. 11,4; Ex. 12,12; Ex. 13,15; Ex. 14,4; Ex. 14,17; Ex. 15,26; Ex. 16,4; Ex. 16,12; Ex. 17,6; Ex. 17,9; Ex. 19,9; Ex. 20,5; Ex. 23,20; Ex. 31,6; Ex. 31,11; Ex. 31,13; Ex. 32,18; Ex. 33,5; Ex. 34,10; Ex. 34,10; Ex. 34,11; Ex. 34,11; Ex. 35,3; Lev. 11,44; Lev. 11,45; Lev. 14,34; Lev. 17,11; Lev. 18,3; Lev. 18,4; Lev. 18,5; Lev. 18,6; Lev. 18,21; Lev. 18,24; Lev. 18,30; Lev. 19,2; Lev. 19,3; Lev. 19,4; Lev. 20,3; Lev. 20,7; Lev. 20,8; Lev. 20,22; Lev. 20,24; Lev. 20,24; Lev. 20,25; Lev. 20,26; Lev. 21,8; Lev. 21,12; Lev. 21,15; Lev. 22,2; Lev. 22,3; Lev. 22,8; Lev. 22,9; Lev. 22,16; Lev. 22,32; Lev. 22,33; Lev. 23,10; Lev. 23,22; Lev. 23,43; Lev. 25,2; Lev. 25,2; Lev. 25,36; Lev. 25,38; Lev. 25,55; Lev. 26,16; Lev. 26,28; Lev. 26,32; Lev. 26,41; Num. 3,12; Num. 3,13; Num. 3,41; Num. 3,45; Num. 5,3; Num. 6,23; Num. 10,10; Num. 11,12; Num. 11,12; Num. 11,14; Num. 13,2; Num. 14,21; Num. 14,35; Num. 15,2; Num. 15,18; Num. 15,41; Num. 15,41; Num. 18,6; Num. 18,8; Num. 18,20; Num. 22,30; Num. 22,32; Num. 23,15; Num. 25,12; Num. 27,12; Num. 35,34; Num. 35,34; Deut. 4,1; Deut. 4,2; Deut. 4,2; Deut. 4,8; Deut. 4,22; Deut. 4,40; Deut. 5,1; Deut. 5,31; Deut. 6,2; Deut. 6,6; Deut. 7,11; Deut. 8,1; Deut. 8,11; Deut. 10,13; Deut. 11,8; Deut. 11,13; Deut. 11,22; Deut. 11,26; Deut. 11,27; Deut. 11,28; Deut. 11,32; Deut. 12,11; Deut. 12,14; Deut. 12,28; Deut. 13,1;

Deut. 13,19; Deut. 15,5; Deut. 18,19; Deut. 19,9; Deut. 27,1; Deut. 27,4; Deut. 27,10; Deut. 28,1; Deut. 28,13; Deut. 28,14; Deut. 28,15; Deut. 29,13; Deut. 30,2; Deut. 30,8; Deut. 30,11; Deut. 30,16; Deut. 31,18; Deut. 31,21; Deut. 31,27; Deut. 32,39; Deut. 32,40; Deut. 32,46; Deut. 32,49; Josh. 1,2; Josh. 6,2; Josh. 8,5; Josh. 11,6; Josh. 13,6; Josh. 14,8; Josh. 14,10; Josh. 17,14; Josh. 23,14; Josh. 24,15; Judg. 1,3; Judg. 2,3; Judg. 2,21; Judg. 5,3; Judg. 6,37; Judg. 7,17; Judg. 7,18; Judg. 8,5; Judg. 8,23; Judg. 11,9; Judg. 11,27; Judg. 11,35; Judg. 11,37; Judg. 12,2; Judg. 15,3; Judg. 17,2; Judg. 17,9; Judg. 17,10; Judg. 19,18; Judg. 19,18; Judg. 20,4; Ruth 1,21; Ruth 2,13; 1Sam. 1,26; 1Sam. 2,23; 1Sam. 2,24; 1Sam. 2,24; 1Sam. 3,11; 1Sam. 3,13; 1Sam. 14,7; 1Sam. 14,40; 1Sam. 14,43; 1Sam. 15,14; 1Sam. 17,9; 1Sam. 17,10; 1Sam. 19,3; 1Sam. 19,3; 1Sam. 20,5; 1Sam. 20,9; 1Sam. 20,20; 1Sam. 20,23; 1Sam. 20,36; 1Sam. 21,3; 1Sam. 23,4; 1Sam. 23,17; 1Sam. 24,12; 1Sam. 24,18; 1Sam. 24,21; 1Sam. 25,19; 1Sam. 25,25; 1Sam. 30,13; 2Sam. 1,3; 2Sam. 2,6; 2Sam. 3,13; 2Sam. 3,28; 2Sam. 7,2; 2Sam. 7,14; 2Sam. 11,11; 2Sam. 12,11; 2Sam. 12,23; 2Sam. 12,23; 2Sam. 12,28; 2Sam. 13,4; 2Sam. 13,13; 2Sam. 14,18; 2Sam. 15,20; 2Sam. 15,20; 2Sam. 15,34; 2Sam. 16,19; 2Sam. 17,11; 2Sam. 18,2; 2Sam. 18,11; 2Sam. 18,14; 2Sam. 18,22; 2Sam. 19,1; 2Sam. 19,21; 2Sam. 19,21; 2Sam. 19,23; 2Sam. 19,44; 1Kings 1,14; 1Kings 1,21; 1Kings 1,35; 1Kings 2,16; 1Kings 2,18; 1Kings 2,20; 1Kings 3,17; 1Kings 5,19; 1Kings 5,22; 1Kings 5,23; 1Kings 11,31; 1Kings 12,11; 1Kings 12,24d; 1Kings 12,24k; 1Kings 12,24m; 1Kings 12,24r; 1Kings 16,3; 1Kings 17,12; 1Kings 17,20; 1Kings 18,12; 1Kings 18,23; 1Kings 18,24; 1Kings 18,29; 1Kings 19,2; 1Kings 19,10; 1Kings 19,14; 1Kings 20,7; 1Kings 20,21; 1Kings 21,13; 1Kings 21,13; 1Kings 21,28; 1Kings 21,34; 1Kings 22,4; 1Kings 22,8; 1Kings 22,16; 2Kings 2,5; 2Kings 3,14; 2Kings 5,7; 2Kings 9,17; 2Kings 9,25; 2Kings 10,24; 2Kings 19,7; 2Kings 19,23; 2Kings 19,24; 2Kings 20,5; 2Kings 21,12; 2Kings 22,16; 2Kings 22,19; 2Kings 22,20; 2Kings 23,17; 1Chr. 17,1; 1Chr. 17,13; 1Chr. 21,10; 1Chr. 21,17; 1Chr. 22,14; 1Chr. 29,14; 2Chr. 2,3; 2Chr. 2,4; 2Chr. 2,5; 2Chr. 2,7; 2Chr. 2,8; 2Chr. 6,2; 2Chr. 7,14; 2Chr. 10,11; 2Chr. 10,11; 2Chr. 10,14; 2Chr. 10,14; 2Chr. 18,7; 2Chr. 32,13; 2Chr. 34,24; 2Chr. 34,27; 2Chr. 34,28; 1Esdr. 4,59; 1Esdr. 6,33; 1Esdr. 8,10; 1Esdr. 8,27; Ezra 6,12; Ezra 7,21; Ezra 7,28; Ezra 9,4; Neh. 1,1; Neh. 1,6; Neh. 1,6; Neh. 1,8; Neh. 1,11; Neh. 2,12; Neh. 2,12; Neh. 2,16; Neh. 4,17; Neh. 5,10; Neh. 5,14; Neh. 5,15; Neh. 6,3; Neh. 6,10; Neh. 12,38; Neh. 12,40; Esth. 14,5 # 4,17m; Esth. 15,9 # 5,1f; Esth. 6,6; Judith 2,12; Judith 8,33; Judith 8,34; Judith 11,1; Judith 11,16; Judith 12,14; Tob. 1,11; Tob. 5,14; Tob. 6,14; Tob. 6,15; Tob. 6,15; Tob. 8,7; Tob. 11,7; Tob. 12,12; Tob. 13,8; 1Mac. 5,17; 1Mac. 10,70; 1Mac. 13,3; 1Mac. 13,4; 2Mac. 7,22; 2Mac. 7,22; 2Mac. 7,37; 3Mac. 3,13; 4Mac. 1,33; 4Mac. 5,31; 4Mac. 8,5; 4Mac. 9,31; 4Mac. 16,10; Psa. 2,7; Psa. 3,6; Psa. 5,8; Psa. 12,6; Psa. 16,4; Psa. 16,6; Psa. 16,15; Psa. 21,7; Psa. 25,1; Psa. 25,11; Psa. 26,3; Psa. 29,7; Psa. 30,7; Psa. 30,15; Psa. 30,23; Psa. 34,13; Psa. 37,14; Psa. 37,18; Psa. 37,19; Psa. 38,11; Psa. 39,18; Psa. 40,5; Psa. 44,2; Psa. 50,5; Psa. 51,10; Psa. 54,17; Psa. 54,24; Psa. 55,4; Psa. 58,17; Psa. 68,14; Psa. 69,6; Psa. 70,14; Psa. 70,22; Psa. 72,22; Psa. 72,23; Psa. 74,3; Psa. 74,4; Psa. 74,10; Psa. 80,11; Psa. 81,6; Psa. 87,16; Psa. 101,12; Psa. 103,34; Psa. 108,4; Psa. 108,25; Psa. 115,1; Psa. 115,2; Psa. 115,7; Psa. 115,7; Psa. 118,67; Psa. 118,69; Psa. 118,70; Psa. 118,78; Psa. 118,87; Psa. 118,141; Psa. 118,162; Psa. 134,5; Psa. 140,10; Psa. 151,7; Ode. 2,39; Ode. 2,40; Ode. 4,18; Ode. 6,10; Ode. 12,12; Ode. 14,40; Prov. 1,28; Prov. 8,12; Prov. 8,12; Prov. 8,13; Prov. 8,17; Prov. 8,30; Prov. 23,35; Prov. 24,32; Eccl. 1,16; Eccl. 2,1; Eccl. 2,11; Eccl. 2,12; Eccl. 2,13; Eccl. 2,14; Eccl. 2,15; Eccl. 2,15; Eccl. 2,18; Eccl. 2,18; Eccl. 2,20; Eccl. 2,24; Eccl. 3,17; Eccl. 3,18; Eccl. 4,1; Eccl. 4,2; Eccl. 4,4; Eccl. 4,7; Eccl. 4,8; Eccl. 5,17; Eccl. 7,26; Eccl. 8,12; Eccl. 8,15; Song 5,5; Song 5,6; Song 6,3; Song 8,10; Job 1,15; Job 1,16; Job 1,17; Job 1,19; Job 3,24; Job 5,3; Job 5,8; Job 6,24; Job 7,11; Job 7,20; Job 13,3; Job 13,18; Job 13,18; Job 13,22; Job 13,22; Job 14,15; Job 19,4; Job 19,27; Job 21,3; Job 29,16; Job 30,25; Job 30,26; Job 31,15; Job 33,5; Job 35,4; Job 40,4; Job 40,4; Wis. 7,3; Wis. 9,5; Sir. 24,4; Sir. 24,16; Sir. 24,17; Sol. 1,7; Sol. 2,22; Hos. 1,9; Hos. 2,4; Hos. 2,8; Hos. 2,10; Hos. 2,16; Hos. 3,3; Hos. 5,2; Hos. 5,3; Hos. 5,12; Hos. 5,14; Hos. 7,13; Hos. 10,11; Hos. 11,1; Hos. 11,3; Hos. 12,10; Hos. 12,11; Hos. 13,4; Hos. 13,4; Hos. 13,5; Hos. 14,9; Hos. 14,9; Hos. 14,9; Amos 2,9; Amos 2,10; Amos 2,13; Amos 4,6; Amos 4,7; Amos 4,13; Amos 5,1; Amos 6,8; Amos 6,14; Amos 7,8; Amos 7,14; Amos 9,9; Mic. 2,3; Mic. 3,8; Mic. 6,13; Joel 2,19; Joel 2,27; Joel 4,1; Joel 4,7; Joel 4,17; Jonah 1,9; Jonah 1,12; Jonah 2,5; Jonah 2,10; Jonah 3,2; Jonah 4,9; Jonah 4,11; Nah. 2,14; Nah. 3,5; Hab. 1,5; Hab. 1,6; Hab. 3,18; Zeph. 3,19; Hag. 2,6; Zech. 1,6; Zech. 1,15; Zech. 1,15; Zech. 2,9; Zech. 2,13; Zech. 2,14; Zech. 3,8; Zech. 3,9; Zech. 8,7; Zech. 8,8; Zech. 8,11; Zech. 10,6; Zech. 11,6; Zech. 11,16; Zech. 12,2; Mal. 1,4; Mal. 2,3; Mal. 2,4; Mal. 3,1; Mal. 3,6; Mal. 3,17; Mal. 3,21; Mal. 3,22; Is. 6,5; Is. 8,18; Is. 9,5; Is. 10,24; Is. 13,3; Is. 13,3; Is. 13,3; Is. 27,3; Is. 28,16; Is. 28,28; Is. 29,14; Is. 37,7; Is. 37,24; Is. 37,26; Is. 37,28; Is. 41,4; Is. 41,10; Is. 41,13; Is. 41,14; Is. 41,17; Is. 41,17; Is. 41,25; Is. 42,6; Is. 42,8; Is. 42,9; Is. 43,3; Is. 43,11; Is. 43,15; Is. 44,3; Is. 44,6; Is. 45,3; Is. 45,4; Is. 45,5; Is. 45,6; Is. 45,7; Is. 45,7; Is. 45,12; Is. 45,12; Is. 45,12; Is. 45,13; Is. 46,4; Is. 46,4; Is. 46,4; Is. 46,4; Is. 47,6; Is. 48,4; Is. 48,12; Is. 48,15; Is. 48,15; Is. 49,4; Is. 49,15; Is. 49,21; Is. 49,21; Is. 49,23; Is. 49,25; Is. 49,25; Is. 49,26; Is. 50,5; Is. 51,15; Is. 54,11; Is. 54,16; Is. 54,16; Is. 56,4; Is. 57,16; Is. 58,6; Is. 60,16; Is. 60,22; Is. 61,8; Is. 63,1; Is. 65,10; Is. 65,18; Is. 65,24; Is. 66,9; Is. 66,9; Is. 66,12; Is. 66,13; Is. 66,22; Jer. 1,12; Jer. 1,15; Jer. 2,21; Jer. 2,35; Jer. 3,14; Jer. 3,19; Jer. 4,6; Jer. 4,12; Jer. 5,4; Jer. 5,14; Jer. 5,15; Jer. 6,19; Jer. 6,21; Jer. 7,11; Jer. 8,17; Jer. 9,6; Jer. 9,14; Jer. 10,18; Jer. 11,4; Jer. 11,11; Jer. 11,19; Jer. 11,22; Jer. 12,14; Jer. 13,13; Jer. 14,12; Jer. 14,15; Jer. 16,9; Jer. 16,16; Jer. 16,21; Jer. 17,10; Jer. 17,16; Jer. 18,11; Jer. 19,3; Jer. 19,15; Jer. 20,4; Jer. 21,4; Jer. 21,5; Jer. 21,8; Jer. 21,13; Jer. 23,2; Jer. 23,3; Jer. 23,15; Jer. 23,24; Jer. 23,24; Jer. 23,30; Jer. 23,31; Jer. 23,32; Jer. 23,32; Jer. 23,39; Jer. 24,7; Jer. 25,9; Jer. 26,25; Jer. 26,27; Jer. 27,9; Jer. 27,18; Jer. 27,31; Jer. 28,1; Jer. 28,25; Jer. 28,36; Jer. 28,64; Jer. 30,4; Jer. 30,5; Jer. 30,21; Jer. 31,30; Jer. 32,15; Jer. 32,16; Jer. 32,27; Jer. 32,29; Jer. 32,29; Jer. 33,3; Jer. 33,5; Jer. 33,14; Jer. 34,5; Jer. 35,3; Jer. 35,7; Jer. 35,16; Jer. 36,21; Jer. 36,23; Jer. 36,31; Jer. 36,32; Jer. 36,32; Jer. 37,18; Jer. 38,8; Jer. 38,32; Jer. 38,35; Jer. 39,3; Jer. 39,37; Jer. 39,38; Jer. 39,42; Jer. 40,6; Jer. 40,9; Jer. 40,9; Jer. 41,5; Jer. 41,17; Jer. 41,22; Jer. 42,14; Jer. 42,17; Jer. 43,3; Jer. 44,14; Jer. 45,20; Jer. 45,26; Jer. 46,16; Jer. 47,10; Jer. 49,4; Jer. 49,17; Jer. 50,10; Jer. 51,11; Jer. 51,27; Jer. 51,29; Jer. 51,30; Jer. 51,34; Jer. 51,34; Jer. 51,34; Jer. 51,34; Jer. 51,35; Bar. 2,31; Bar. 4,17; Bar. 4,19; Bar. 4,22; Lam. 1,15; Ezek. 1,1; Ezek. 2,8; Ezek. 4,5; Ezek. 4,8; Ezek. 4,16; Ezek. 5,8; Ezek. 5,13; Ezek. 5,15; Ezek. 5,17; Ezek. 6,3; Ezek. 6,7; Ezek. 6,10; Ezek. 6,13; Ezek. 6,14; Ezek. 7,7; Ezek. 7,8; Ezek. 7,27; Ezek. 8,1; Ezek. 8,18; Ezek. 11,5; Ezek. 11,10; Ezek. 11,12; Ezek. 11,20; Ezek. 12,11; Ezek. 12,15; Ezek. 12,16; Ezek. 12,20; Ezek. 12,25; Ezek. 13,8; Ezek. 13,9; Ezek. 13,14; Ezek. 13,20; Ezek. 13,21; Ezek. 13,22; Ezek. 13,23; Ezek. 14,4; Ezek. 14,7; Ezek. 14,8; Ezek. 14,9; Ezek. 14,11; Ezek. 15,7; Ezek. 16,37; Ezek. 16,43; Ezek. 16,60; Ezek. 16,62; Ezek. 16,62; Ezek. 17,19; Ezek. 17,21; Ezek. 17,22; Ezek. 17,22; Ezek. 17,24; Ezek. 17,24; Ezek. 20,3; Ezek. 20,7; Ezek. 20,12;

ἐγώ

Ezek. 20,15; Ezek. 20,19; Ezek. 20,20; Ezek. 20,25; Ezek. 20,31; Ezek. 20,38; Ezek. 20,42; Ezek. 20,44; Ezek. 21,3; Ezek. 21,4; Ezek. 21,8; Ezek. 21,10; Ezek. 21,22; Ezek. 21,22; Ezek. 21,37; Ezek. 22,14; Ezek. 22,14; Ezek. 22,16; Ezek. 22,19; Ezek. 22,22; Ezek. 23,22; Ezek. 23,28; Ezek. 23,34; Ezek. 23,49; Ezek. 24,14; Ezek. 24,14; Ezek. 24,16; Ezek. 24,21; Ezek. 24,24; Ezek. 24,27; Ezek. 25,4; Ezek. 25,5; Ezek. 25,7; Ezek. 25,9; Ezek. 25,11; Ezek. 25,16; Ezek. 25,17; Ezek. 26,3; Ezek. 26,5; Ezek. 26,6; Ezek. 26,7; Ezek. 26,14; Ezek. 28,7; Ezek. 28,10; Ezek. 28,22; Ezek. 29,3; Ezek. 29,3; Ezek. 29,4; Ezek. 29,8; Ezek. 29,9; Ezek. 29,10; Ezek. 30,12; Ezek. 30,22; Ezek. 34,10; Ezek. 34,11; Ezek. 34,15; Ezek. 34,15; Ezek. 34,17; Ezek. 34,20; Ezek. 34,24; Ezek. 34,24; Ezek. 34,31; Ezek. 35,3; Ezek. 35,13; Ezek. 36,6; Ezek. 36,7; Ezek. 36,9; Ezek. 36,22; Ezek. 36,32; Ezek. 36,36; Ezek. 36,36; Ezek. 36,38; Ezek. 37,5; Ezek. 37,12; Ezek. 37,14; Ezek. 37,19; Ezek. 37,21; Ezek. 37,23; Ezek. 37,25; Ezek. 38,3; Ezek. 39,1; Ezek. 39,5; Ezek. 40,4; Ezek. 44,5; Ezek. 44,28; Ezek. 44,28; Dan. 3,92; Dan. 3,96; Dan. 4,30; Dan. 4,31; Dan. 4,33a; Dan. 4,37a; Dan. 4,37a; Dan. 4,37b; Dan. 6,28; Dan. 7,15; Dan. 7,28; Dan. 8,1; Dan. 8,5; Dan. 8,15; Dan. 8,19; Dan. 8,27; Dan. 9,2; Dan. 9,20; Dan. 9,23; Dan. 10,2; Dan. 10,4; Dan. 10,7; Dan. 10,8; Dan. 10,9; Dan. 10,11; Dan. 10,12; Dan. 10,17; Dan. 10,20; Dan. 12,5; Dan. 12,8; Bel 5; Judg. 2,21; Judg. 6,37; Judg. 7,17; Judg. 8,7; Judg. 9,11; Judg. 11,9; Judg. 12,2; Judg. 15,3; Judg. 17,2; Judg. 17,9; Judg. 17,10; Judg. 19,18; Judg. 20,4; Tob. 1,11; Tob. 1,19; Tob. 4,2; Tob. 5,2; Tob. 5,6; Tob. 5,8; Tob. 5,10; Tob. 5,10; Tob. 5,10; Tob. 5,10; Tob. 6,16; Tob. 7,10; Tob. 8,7; Tob. 10,8; Tob. 10,9; Tob. 12,12; Tob. 12,18; Tob. 12,20; Tob. 14,4; Tob. 14,4; Tob. 14,8; Dan. 1,10; Dan. 2,8; Dan. 3,92; Dan. 3,96; Dan. 4,4; Dan. 4,7; Dan. 4,9; Dan. 4,18; Dan. 4,30; Dan. 4,34; Dan. 4,37; Dan. 5,16; Dan. 5,17; Dan. 7,15; Dan. 7,28; Dan. 8,1; Dan. 8,5; Dan. 8,15; Dan. 8,19; Dan. 8,27; Dan. 9,2; Dan. 9,23; Dan. 10,2; Dan. 10,4; Dan. 10,7; Dan. 10,8; Dan. 10,11; Dan. 10,12; Dan. 10,17; Dan. 10,20; Dan. 11,1; Dan. 12,5; Dan. 12,8; Sus. 46; Matt. 3,14; Matt. 5,22; Matt. 5,28; Matt. 5,32; Matt. 5,34; Matt. 5,39; Matt. 5,44; Matt. 8,7; Matt. 8,9; Matt. 10,16; Matt. 11,10; Matt. 12,27; Matt. 12,28; Matt. 20,15; Matt. 20,22; Matt. 21,27; Matt. 23,34; Matt. 25,27; Matt. 26,33; Matt. 26,39; Matt. 28,20; Mark 1,8; Mark 6,16; Mark 9,25; Mark 10,38; Mark 10,38; Mark 10,39; Mark 10,39; Mark 11,33; Mark 12,26; Mark 14,36; Mark 14,58; Luke 1,18; Luke 3,16; Luke 7,8; Luke 8,46; Luke 9,9; Luke 10,35; Luke 11,19; Luke 11,20; Luke 15,17; Luke 16,9; Luke 19,22; Luke 20,8; Luke 21,15; Luke 22,27; Luke 22,32; Luke 23,14; Luke 24,49; John 1,20; John 1,23; John 1,26; John 1,27; John 1,30; John 1,31; John 3,28; John 4,14; John 4,32; John 4,38; John 5,30; John 5,31; John 5,34; John 5,43; John 5,45; John 6,40; John 6,51; John 6,63; John 6,70; John 7,7; John 7,8; John 7,17; John 7,29; John 7,34; John 7,36; John 8,14; John 8,15; John 8,16; John 8,21; John 8,21; John 8,22; John 8,23; John 8,23; John 8,29; John 8,38; John 8,42; John 8,45; John 8,49; John 8,50; John 8,54; John 8,55; John 8,58; John 9,39; John 10,10; John 10,17; John 10,18; John 10,25; John 10,30; John 10,34; John 11,27; John 11,42; John 12,26; John 12,46; John 12,47; John 12,49; John 12,50; John 13,7; John 13,14; John 13,15; John 13,18; John 13,26; John 13,33; John 14,3; John 14,4; John 14,10; John 14,10; John 14,11; John 14,12; John 14,12; John 14,14; John 14,19; John 14,20; John 14,27; John 14,28; John 15,10; John 15,14; John 15,16; John 15,19; John 15,20; John 15,26; John 16,4; John 16,7; John 16,7; John 16,26; John 16,27; John 16,33; John 17,12; John 17,14; John 17,14; John 17,16; John 17,19; John 17,23; John 17,24; John 17,25; John 18,20; John 18,20; John 18,35; John 18,37; John 18,38; John 19,6; Acts 7,32; Acts 9,16; Acts 10,20; Acts 10,26; Acts 11,5; Acts 11,17; Acts 13,33; Acts 13,41; Acts 15,19; Acts 17,3; Acts 17,23; Acts 18,6; Acts 18,15; Acts 20,22; Acts 20,25; Acts 20,29; Acts 21,13; Acts 21,39; Acts 22,8; Acts 22,19; Acts 22,21; Acts 22,28; Acts 22,28; Acts 23,1; Acts 23,6; Acts 23,6; Acts 24,21; Acts 25,18; Acts 25,20; Acts 25,25; Acts 26,10; Acts 26,15; Acts 26,17; Acts 27,23; Rom. 7,9; Rom. 7,10; Rom. 7,14; Rom. 7,17; Rom. 7,20; Rom. 7,20; Rom. 7,24; Rom. 7,25; Rom. 9,3; Rom. 10,19; Rom. 11,1; Rom. 11,13; Rom. 11,19; Rom. 12,19; Rom. 15,14; Rom. 16,4; Rom. 16,22; 1Cor. 1,12; 1Cor. 1,12; 1Cor. 1,12; 1Cor. 1,12; 1Cor. 3,4; 1Cor. 3,4; 1Cor. 3,6; 1Cor. 4,15; 1Cor. 5,3; 1Cor. 6,12; 1Cor. 7,10; 1Cor. 7,12; 1Cor. 7,28; 1Cor. 9,6; 1Cor. 9,26; 1Cor. 10,30; 1Cor. 10,30; 1Cor. 15,10; 1Cor. 15,11; 2Cor. 2,2; 2Cor. 2,10; 2Cor. 10,1; 2Cor. 11,29; 2Cor. 12,11; 2Cor. 12,13; 2Cor. 12,15; 2Cor. 12,16; Gal. 1,12; Gal. 2,19; Gal. 5,2; Gal. 5,10; Gal. 6,17; Eph. 3,1; Eph. 4,1; Eph. 5,32; Phil. 3,4; Phil. 3,4; Phil. 3,13; Phil. 4,11; Col. 1,23; Col. 1,25; 1Th. 2,18; 1Tim. 2,7; 2Tim. 1,11; Titus 1,3; Philem. 13; Philem. 19; Philem. 19; Heb. 1,5; Heb. 1,5; Heb. 2,13; Heb. 2,13; Heb. 5,5; Heb. 10,30; Heb. 12,26; 1Pet. 1,16; 2Pet. 1,17; 2John 1; 2John 1; 3John 1; Rev. 3,9; Rev. 3,19; Rev. 17,7; Rev. 21,6; Rev. 22,13; Rev. 22,18)

Ἐγώ ‣ **34** + **4** + **5** = **43**

Pronoun · (personal) · first · singular · nominative ‣ **34** + **4** + **5** = **43** (Gen. 17,1; Gen. 26,24; Gen. 27,24; Gen. 27,32; Gen. 38,17; Gen. 45,3; Gen. 45,4; Gen. 46,3; Ex. 3,6; Ex. 3,14; Ex. 20,2; Judg. 6,8; Judg. 6,18; Judg. 13,11; Ruth 3,9; Ruth 4,4; 1Sam. 4,16; 1Sam. 9,19; 1Sam. 30,13; 2Sam. 2,20; 2Sam. 11,5; 2Sam. 12,7; 2Sam. 20,17; 1Kings 2,2; 1Kings 13,14; 1Kings 18,8; Zeph. 2,15; Hag. 1,13; Is. 45,18; Is. 47,8; Is. 47,10; Is. 47,10; Is. 48,17; Is. 56,3; Judg. 6,8; Judg. 6,18; Judg. 13,11; Tob. 5,15; John 6,48; John 10,11; John 10,14; John 15,1; Rev. 1,8)

Ἐγώ ‣ **70** + **4** + **12** = **86**

Pronoun · (personal) · first · singular · nominative ‣ **70** + **4** + **12** = **86** (Gen. 9,9; Gen. 14,23; Gen. 15,7; Gen. 21,24; Gen. 27,19; Gen. 28,13; Gen. 35,11; Gen. 41,44; Gen. 47,30; Gen. 48,22; Gen. 49,29; Gen. 50,24; Ex. 6,2; Ex. 6,6; Ex. 6,29; Ex. 8,24; Ex. 33,19; Lev. 18,2; Deut. 5,6; Josh. 5,14; Josh. 23,2; Judg. 6,10; 1Sam. 10,18; 1Sam. 26,6; 2Sam. 1,16; 2Sam. 3,13; 2Sam. 9,2; 2Sam. 18,27; 2Sam. 21,6; 1Kings 1,5; 1Kings 18,22; 1Kings 21,5; 1Kings 22,21; 2Kings 6,3; 2Chr. 18,20; Tob. 1,3; Tob. 4,2; Tob. 5,13; 1Mac. 16,2; 4Mac. 5,6; 4Mac. 11,14; 4Mac. 18,7; 4Mac. 18,19; Psa. 2,6; Ode. 11,10; Eccl. 1,12; Eccl. 1,16; Song 2,1; Song 5,2; Song 7,11; Song 8,10; Sir. 24,3; Sol. 2,15; Sol. 2,29; Mic. 7,7; Hag. 2,21; Zech. 1,9; Zech. 5,2; Is. 38,10; Is. 44,6; Is. 44,24; Is. 45,2; Is. 45,21; Jer. 39,27; Jer. 41,13; Jer. 43,5; Jer. 45,19; Lam. 3,1; Ezek. 20,5; Ezek. 27,3; Judg. 6,10; Tob. 1,3; Tob. 5,13; Dan. 7,2; Matt. 3,11; John 5,36; John 17,9; Acts 26,9; 1Cor. 9,15; 1Cor. 11,23; 1Cor. 15,9; 2Cor. 1,23; Gal. 5,11; 2Tim. 4,6; Rev. 1,9; Rev. 22,16)

ἐμέ ‣ **160** + **9** + **68** = **237**

Pronoun · (personal) · first · singular · accusative ‣ **160** + **9** + **68** = **237** (Gen. 20,9; Gen. 20,13; Gen. 24,27; Gen. 27,13; Gen. 34,30; Gen. 39,8; Gen. 42,36; Gen. 47,29; Deut. 3,26; Deut. 18,15; Josh. 2,14; Judg. 7,2; Judg. 20,5; Judg. 20,5; Judg. 20,5; 1Sam. 2,29; 1Sam. 8,7; 1Sam. 9,21; 1Sam. 17,9; 1Sam. 17,43; 1Sam. 22,8; 1Sam. 22,13; 2Sam. 2,7; 2Sam. 3,8; 2Sam. 15,4; 2Sam. 15,33; 1Kings 1,13; 1Kings 1,17; 1Kings 1,26; 1Kings 1,30; 1Kings 2,15; 2Kings 19,28; 2Kings 19,34; 2Kings 20,6; 1Chr. 19,12; 1Esdr. 8,26; Ezra 1,2; Ezra 6,11; Ezra 7,28; Neh. 6,13; Esth. 14,12 # 4,17r; Tob. 3,15; 2Mac. 9,26; 3Mac. 1,12; 3Mac. 6,24; Psa. 17,40; Psa. 17,49; Psa. 21,14; Psa. 24,16; Psa. 26,2; Psa. 26,3; Psa. 26,3; Psa. 30,14; Psa. 31,4; Psa. 34,15; Psa. 34,16; Psa. 34,21; Psa. 37,3; Psa. 37,17; Psa. 40,10; Psa. 41,5; Psa. 41,8; Psa. 54,4; Psa.

54,13; Psa. 58,2; Psa. 58,4; Psa. 68,13; Psa. 68,16; Psa. 85,13; Psa. 85,16; Psa. 87,8; Psa. 87,8; Psa. 87,17; Psa. 90,14; Psa. 91,12; Psa. 108,2; Psa. 118,41; Psa. 118,69; Psa. 118,95; Psa. 118,132; Psa. 138,5; Psa. 141,8; Psa. 142,4; Ode. 6,4; Prov. 8,17; Prov. 8,17; Prov. 8,19; Prov. 8,21; Prov. 8,36; Eccl. 2,17; Song 2,4; Song 7,11; Job 7,12; Job 10,17; Job 10,17; Job 16,9; Job 19,6; Job 21,5; Job 21,34; Job 27,7; Job 29,13; Job 30,9; Job 30,12; Job 30,16; Job 32,22; Job 33,5; Job 38,2; Wis. 8,13; Sol. 2,31; Hos. 7,15; Hos. 8,2; Jonah 1,12; Jonah 2,4; Zeph. 2,15; Mal. 3,9; Mal. 3,13; Is. 21,2; Is. 21,11; Is. 29,23; Is. 30,2; Is. 37,35; Is. 43,10; Is. 50,11; Is. 51,5; Is. 57,11; Is. 58,2; Is. 60,9; Is. 65,1; Is. 65,1; Jer. 2,13; Jer. 2,27; Jer. 3,20; Jer. 4,22; Jer. 5,22; Jer. 7,19; Jer. 9,2; Jer. 11,19; Jer. 12,8; Jer. 12,11; Jer. 16,11; Jer. 18,23; Jer. 24,7; Jer. 24,7; Jer. 30,5; Lam. 1,15; Lam. 3,20; Ezek. 1,3; Ezek. 2,2; Ezek. 3,14; Ezek. 3,22; Ezek. 3,24; Ezek. 8,1; Ezek. 11,5; Ezek. 33,22; Ezek. 35,13; Ezek. 37,1; Ezek. 37,7; Ezek. 38,16; Ezek. 40,1; Dan. 10,8; Judg. 7,2; Judg. 12,3; Judg. 16,13; Judg. 20,5; Judg. 20,5; Judg. 20,5; Tob. 5,17; Tob. 12,3; Dan. 4,34; Matt. 10,37; Matt. 10,37; Matt. 10,40; Matt. 10,40; Matt. 18,5; Matt. 18,21; Matt. 26,11; Mark 9,37; Mark 9,37; Mark 9,37; Mark 14,7; Luke 4,18; Luke 9,48; Luke 9,48; Luke 10,16; Luke 10,16; Luke 24,39; John 3,30; John 6,35; John 6,35; John 6,37; John 6,37; John 7,7; John 8,19; John 8,19; John 10,32; John 11,25; John 11,26; John 12,8; John 12,30; John 12,44; John 12,44; John 12,45; John 12,46; John 12,48; John 13,18; John 13,20; John 13,20; John 14,1; John 14,9; John 14,12; John 15,18; John 15,20; John 15,23; John 15,24; John 16,14; John 16,23; John 16,27; John 17,18; John 17,23; John 18,8; Acts 8,24; Acts 13,25; Acts 13,25; Rom. 1,15; Rom. 10,20; Rom. 10,20; 1Cor. 9,3; 1Cor. 15,10; 2Cor. 2,5; 2Cor. 11,10; 2Cor. 12,6; 2Cor. 12,9; Phil. 1,12; Phil. 2,23; Col. 4,7; 2Tim. 1,8; Rev. 1,17)

ἐμέ ‣ 77 + 4 + 22 = 103

Pronoun ▪ (personal) ▪ first ▪ singular ▪ accusative ‣ 77 + 4 + 22 = **103** (Gen. 19,19; Gen. 20,6; Gen. 20,11; Gen. 20,13; Gen. 22,12; Gen. 22,16; Gen. 33,13; Gen. 41,10; Gen. 41,13; Num. 11,11; Num. 14,35; Deut. 1,17; Judg. 19,20; Ruth 3,12; 1Sam. 15,18; 1Sam. 16,17; 1Sam. 17,35; 1Sam. 22,8; 1Sam. 23,10; 1Sam. 24,18; 1Sam. 26,19; 2Sam. 10,11; 2Sam. 14,9; 2Sam. 14,10; 2Sam. 22,18; 1Kings 2,22; 2Kings 2,9; 2Kings 16,7; 2Kings 18,14; 2Kings 19,27; Ezra 7,28; Neh. 2,18; Neh. 5,7; Esth. 5,12; Esth. 6,6; Tob. 3,3; 2Mac. 6,25; Psa. 3,2; Psa. 12,3; Psa. 17,18; Psa. 17,48; Psa. 29,2; Psa. 34,26; Psa. 37,5; Psa. 37,20; Psa. 40,12; Psa. 53,5; Psa. 54,5; Psa. 54,6; Psa. 68,10; Psa. 68,17; Psa. 85,14; Psa. 118,78; Psa. 130,1; Psa. 141,7; Psa. 143,2; Eccl. 2,18; Job 9,32; Job 19,13; Hos. 7,13; Zeph. 3,11; Zech. 11,8; Is. 43,27; Is. 61,1; Jer. 2,8; Jer. 2,17; Jer. 2,19; Jer. 2,29; Jer. 5,11; Jer. 18,22; Jer. 22,16; Jer. 30,20; Lam. 3,1; Ezek. 18,31; Ezek. 20,27; Ezek. 39,23; Dan. 10,16; Judg. 19,20; Tob. 7,12; Dan. 4,36; Dan. 4,36; Matt. 18,6; Matt. 26,10; Mark 9,42; Luke 1,43; Luke 22,53; Luke 23,28; John 6,45; John 6,57; John 7,38; John 8,42; John 16,3; John 16,9; John 17,20; Acts 3,22; Acts 7,37; Acts 22,6; Acts 24,19; Acts 26,18; Rom. 15,3; Eph. 6,21; Phil. 2,27; Philem. 17)

Ἐμέ ‣ 3

Pronoun ▪ (personal) ▪ first ▪ singular ▪ accusative ‣ 3 (Gen. 42,36; 1Sam. 15,1; 1Esdr. 2,2)

ἐμοί ‣ 142 + 14 + 66 = 222

Pronoun ▪ (personal) ▪ first ▪ singular ▪ dative ‣ 142 + 14 + 66 = **222** (Gen. 4,23; Gen. 15,3; Gen. 23,11; Gen. 29,27; Gen. 39,15; Gen. 39,18; Gen. 40,14; Ex. 6,7; Ex. 29,9; Ex. 31,13; Ex. 31,17; Lev. 25,55; Num. 3,12; Num. 3,13; Num. 3,13; Num. 3,13; Num. 3,45; Num. 8,17; Num. 8,17; Num. 11,13; Num. 28,2; Deut. 1,37; Deut. 4,14; Deut. 9,10; Deut. 9,11; Deut. 32,34; Josh. 9,7; Josh. 9,23; Judg. 9,9; Judg. 11,12; Judg. 11,36; Judg. 14,13; Judg. 18,24;

Ruth 1,13; Ruth 1,16; Ruth 1,20; 1Sam. 2,28; 1Sam. 12,23; 1Sam. 14,41; 1Sam. 16,1; 1Sam. 18,8; 1Sam. 26,18; 2Sam. 1,26; 2Sam. 14,32; 2Sam. 16,10; 2Sam. 19,23; 2Sam. 23,3; 2Sam. 24,17; 1Kings 2,15; 1Kings 3,26; 1Kings 5,18; 1Kings 17,13; 1Kings 17,18; 1Kings 21,40; 2Kings 3,13; 2Kings 10,6; 1Chr. 21,17; 1Chr. 22,7; 1Chr. 22,8; 1Chr. 28,2; 1Chr. 28,3; 1Chr. 28,4; 1Chr. 28,4; 2Chr. 35,21; 1Esdr. 1,24; Esth. 4,16; Judith 2,10; Judith 12,18; Tob. 4,4; Tob. 6,15; 1Mac. 10,24; 2Mac. 7,38; 3Mac. 5,31; Psa. 16,3; Psa. 16,6; Psa. 17,48; Psa. 34,20; Psa. 59,10; Psa. 68,7; Psa. 68,7; Psa. 70,10; Psa. 72,28; Psa. 84,9; Psa. 107,10; Psa. 117,6; Psa. 117,7; Psa. 138,17; Psa. 142,4; Ode. 2,34; Ode. 10,3; Ode. 11,12; Ode. 12,8; Ode. 12,14; Prov. 8,18; Prov. 31,1; Eccl. 2,15; Song 1,14; Song 6,3; Job 16,8; Job 16,9; Job 19,4; Job 19,5; Job 19,12; Job 41,2; Sir. 24,22; Sir. 24,34; Sir. 33,18; Sir. 38,22; Hos. 3,3; Joel 4,4; Hab. 2,1; Zech. 1,13; Zech. 2,7; Zech. 4,1; Zech. 4,4; Zech. 4,5; Zech. 5,5; Zech. 6,5; Is. 5,3; Is. 21,2; Is. 21,12; Is. 38,12; Is. 43,12; Is. 43,23; Is. 45,23; Is. 66,20; Is. 66,21; Jer. 2,5; Jer. 12,8; Jer. 12,9; Jer. 15,16; Jer. 20,8; Jer. 23,9; Lam. 1,12; Lam. 3,3; Dan. 2,30; Dan. 4,37a; Dan. 4,37a; Dan. 6,23; Dan. 10,8; Dan. 10,16; Dan. 10,17; Judg. 5,14; Judg. 11,12; Judg. 14,2; Judg. 14,13; Judg. 15,12; Judg. 18,24; Judg. 19,19; Tob. 4,4; Tob. 6,15; Tob. 8,20; Dan. 2,30; Dan. 2,30; Dan. 10,8; Dan. 10,17; Matt. 10,32; Matt. 25,40; Matt. 25,45; Matt. 26,31; Mark 5,7; Luke 4,6; Luke 8,28; Luke 12,8; Luke 15,29; John 2,4; John 6,56; John 7,23; John 8,12; John 10,38; John 10,38; John 12,26; John 12,26; John 14,10; John 14,20; John 14,30; John 15,2; John 15,4; John 15,5; John 15,7; John 16,33; John 17,21; John 19,10; Acts 11,12; Acts 22,9; Acts 26,13; Rom. 7,8; Rom. 7,13; Rom. 7,17; Rom. 7,20; Rom. 7,21; Rom. 7,21; Rom. 12,19; Rom. 14,11; 1Cor. 4,3; 1Cor. 14,11; 1Cor. 16,4; 2Cor. 1,17; 2Cor. 9,4; 2Cor. 11,10; 2Cor. 13,3; Gal. 1,2; Gal. 1,24; Gal. 2,6; Gal. 2,8; Gal. 2,9; Gal. 2,20; Gal. 6,14; Phil. 1,7; Phil. 1,26; Phil. 1,30; Phil. 2,16; Phil. 2,22; Phil. 3,1; Phil. 4,21; Col. 1,29; 1Tim. 1,16; 2Tim. 4,8; Philem. 11; Philem. 18; Heb. 10,30; Heb. 13,6)

ἐμοί ‣ 99 + 11 + 23 = 133

Pronoun ▪ (personal) ▪ first ▪ singular ▪ dative ‣ 99 + 11 + 23 = **133** (Gen. 4,23; Gen. 25,31; Gen. 30,33; Gen. 31,32; Gen. 48,5; Ex. 13,2; Ex. 22,28; Ex. 33,12; Ex. 33,21; Ex. 34,19; Lev. 20,26; Num. 3,41; Num. 8,14; Num. 8,16; Num. 14,29; Deut. 10,4; Deut. 31,17; Judg. 6,13; Judg. 6,15; Judg. 6,39; Judg. 11,27; Judg. 12,3; Judg. 13,8; Judg. 15,12; Judg. 17,2; 1Sam. 1,26; 1Sam. 2,30; 1Sam. 22,23; 1Sam. 25,24; 1Sam. 25,33; 1Sam. 28,15; 2Sam. 1,9; 2Sam. 9,8; 2Sam. 19,39; 2Sam. 19,44; 2Sam. 22,2; 2Sam. 22,20; 2Sam. 22,48; 2Sam. 23,2; 1Kings 3,17; 1Kings 3,26; 1Kings 21,5; 1Kings 22,28; 2Kings 3,7; 2Kings 18,20; 2Chr. 18,27; 1Esdr. 8,11; Tob. 3,6; Tob. 10,9; Psa. 7,9; Psa. 15,5; Psa. 21,3; Psa. 29,12; Psa. 33,4; Psa. 41,9; Psa. 50,12; Psa. 54,5; Psa. 54,19; Psa. 55,13; Psa. 68,11; Psa. 114,2; Psa. 138,24; Prov. 30,2; Song 1,6; Song 1,13; Song 2,16; Job 7,8; Job 10,12; Job 16,10; Job 28,14; Job 30,31; Job 31,38; Job 36,2; Hos. 7,14; Amos 9,7; Joel 4,4; Zech. 1,9; Zech. 1,14; Zech. 1,17; Zech. 2,2; Zech. 5,10; Zech. 6,4; Is. 29,2; Is. 66,24; Jer. 13,25; Jer. 15,16; Jer. 38,20; Jer. 46,18; Lam. 1,20; Lam. 1,21; Lam. 3,53; Lam. 3,60; Ezek. 14,7; Ezek. 29,9; Dan. 4,36; Dan. 6,23; Dan. 7,28; Dan. 10,17; Sus. 35a; Judg. 6,13; Judg. 6,15; Judg. 6,39; Judg. 11,27; Judg. 12,3; Judg. 13,8; Judg. 17,2; Judg. 17,13; Dan. 7,28; Dan. 10,16; Dan. 10,17; Matt. 11,6; Matt. 18,26; Matt. 18,29; Mark 14,6; Luke 7,23; Luke 22,37; John 5,46; John 12,26; John 14,10; John 14,11; John 15,4; John 15,6; John 17,23; John 18,35; Acts 28,18; Rom. 7,18; 1Cor. 9,15; 1Cor. 15,10; Gal. 1,16; Gal. 2,3; Phil. 1,30; Phil. 4,9; Philem. 16)

Ἐμοί ‣ 1 + 3 = 4

Pronoun ▪ (personal) ▪ first ▪ singular ▪ dative ‣ 1 + 3 = **4** (Wis.

ἐγώ

7,15; Gal. 6,14; Eph. 3,8; Phil. 1,21)

Ἐμοί ▸ 1
Pronoun · (personal) · first · singular · dative ▸ **1** (Ezek. 29,3)

ἐμοῦ ▸ 410 + 48 + 109 = 567
Pronoun · (personal) · first · singular · genitive ▸ 410 + 48 + 109 = **567** (Gen. 3,12; Gen. 9,12; Gen. 9,13; Gen. 9,15; Gen. 9,16; Gen. 9,17; Gen. 13,8; Gen. 13,9; Gen. 14,24; Gen. 16,5; Gen. 17,1; Gen. 17,2; Gen. 17,7; Gen. 17,10; Gen. 17,11; Gen. 21,23; Gen. 21,30; Gen. 23,4; Gen. 23,8; Gen. 23,13; Gen. 23,13; Gen. 23,15; Gen. 24,5; Gen. 24,12; Gen. 24,39; Gen. 28,20; Gen. 29,19; Gen. 29,34; Gen. 30,29; Gen. 30,30; Gen. 31,5; Gen. 31,5; Gen. 31,31; Gen. 31,44; Gen. 31,44; Gen. 31,46; Gen. 31,48; Gen. 31,49; Gen. 33,15; Gen. 35,3; Gen. 39,7; Gen. 39,9; Gen. 39,9; Gen. 39,12; Gen. 39,14; Gen. 40,14; Gen. 42,33; Gen. 43,8; Gen. 43,16; Gen. 44,28; Gen. 45,1; Gen. 50,4; Gen. 50,20; Gen. 50,20; Ex. 8,4; Ex. 8,4; Ex. 8,4; Ex. 8,19; Ex. 8,24; Ex. 9,28; Ex. 10,17; Ex. 10,28; Ex. 20,3; Ex. 33,12; Lev. 22,3; Num. 14,23; Num. 14,27; Num. 17,20; Num. 17,25; Num. 20,18; Num. 20,20; Num. 22,33; Num. 23,13; Deut. 5,31; Deut. 7,4; Deut. 9,19; Deut. 10,10; Deut. 31,27; Deut. 32,39; Josh. 7,19; Josh. 8,5; Josh. 14,6; Josh. 14,8; Josh. 14,12; Judg. 1,3; Judg. 4,8; Judg. 4,8; Judg. 5,14; Judg. 6,17; Judg. 7,17; Judg. 7,18; Judg. 8,5; Judg. 11,9; Judg. 11,27; Judg. 16,15; Judg. 16,17; Judg. 17,10; Ruth 1,8; Ruth 1,11; Ruth 1,17; 1Sam. 3,17; 1Sam. 3,17; 1Sam. 9,19; 1Sam. 10,2; 1Sam. 12,3; 1Sam. 12,3; 1Sam. 13,11; 1Sam. 14,42; 1Sam. 15,25; 1Sam. 15,30; 1Sam. 16,5; 1Sam. 16,22; 1Sam. 20,6; 1Sam. 20,14; 1Sam. 20,23; 1Sam. 20,28; 1Sam. 20,42; 1Sam. 22,8; 1Sam. 22,13; 1Sam. 22,23; 1Sam. 23,21; 1Sam. 24,13; 1Sam. 24,16; 1Sam. 26,6; 1Sam. 28,1; 1Sam. 28,15; 1Sam. 29,6; 2Sam. 2,22; 2Sam. 3,12; 2Sam. 5,20; 2Sam. 7,16; 2Sam. 10,2; 2Sam. 13,11; 2Sam. 13,16; 2Sam. 13,17; 2Sam. 14,18; 2Sam. 15,22; 2Sam. 15,33; 2Sam. 19,14; 2Sam. 19,26; 2Sam. 19,34; 2Sam. 19,34; 2Sam. 19,39; 1Kings 1,30; 1Kings 1,35; 1Kings 2,4; 1Kings 2,31; 1Kings 3,11; 1Kings 8,25; 1Kings 8,25; 1Kings 9,3; 1Kings 9,4; 1Kings 9,6; 1Kings 11,22; 1Kings 11,33; 1Kings 11,36; 1Kings 11,38; 1Kings 12,24; 1Kings 12,24l; 1Kings 12,24y; 1Kings 13,7; 1Kings 13,15; 1Kings 15,19; 1Kings 15,19; 1Kings 19,4; 1Kings 21,36; 1Kings 22,8; 2Kings 3,7; 2Kings 4,27; 2Kings 4,28; 2Kings 9,15; 2Kings 9,32; 2Kings 10,16; 2Kings 18,14; 2Kings 18,31; 2Kings 22,13; 2Kings 22,19; 1Chr. 4,10; 1Chr. 19,2; 2Chr. 2,6; 2Chr. 11,4; 2Chr. 16,3; 2Chr. 16,3; 2Chr. 16,3; 2Chr. 18,3; 2Chr. 18,7; 2Chr. 18,17; 2Chr. 18,23; 2Chr. 34,21; 2Chr. 35,21; 1Esdr. 1,25; 1Esdr. 1,25; 1Esdr. 8,28; 1Esdr. 8,69; Ezra 4,18; Ezra 4,19; Ezra 6,8; Ezra 6,11; Ezra 7,13; Ezra 7,21; Ezra 7,28; Ezra 8,1; Ezra 10,15; Neh. 2,1; Neh. 2,9; Neh. 2,12; Neh. 2,12; Neh. 5,15; Neh. 6,12; Neh. 12,40; Neh. 13,28; Judith 9,4; Judith 10,9; Judith 12,4; Judith 13,16; Tob. 1,3; Tob. 1,19; Tob. 1,22; Tob. 3,5; Tob. 3,6; Tob. 3,6; Tob. 14,9; 1Mac. 7,28; 1Mac. 10,71; 1Mac. 12,45; 1Mac. 15,5; 1Mac. 16,3; 2Mac. 11,20; 4Mac. 5,28; 4Mac. 9,30; 4Mac. 10,14; Psa. 2,8; Psa. 6,9; Psa. 12,2; Psa. 17,23; Psa. 21,12; Psa. 21,25; Psa. 22,4; Psa. 26,9; Psa. 27,1; Psa. 27,1; Psa. 30,12; Psa. 31,5; Psa. 34,15; Psa. 34,22; Psa. 37,11; Psa. 37,22; Psa. 38,11; Psa. 39,8; Psa. 39,12; Psa. 40,8; Psa. 40,8; Psa. 40,9; Psa. 40,13; Psa. 49,11; Psa. 50,13; Psa. 55,6; Psa. 62,9; Psa. 65,20; Psa. 68,13; Psa. 70,12; Psa. 72,2; Psa. 85,17; Psa. 87,9; Psa. 87,15; Psa. 87,19; Psa. 100,4; Psa. 100,6; Psa. 101,3; Psa. 101,9; Psa. 108,2; Psa. 108,5; Psa. 108,21; Psa. 118,19; Psa. 118,22; Psa. 118,23; Psa. 118,29; Psa. 118,115; Psa. 137,8; Psa. 138,6; Psa. 138,19; Psa. 139,9; Psa. 141,4; Psa. 141,5; Psa. 142,7; Ode. 2,39; Ode. 6,8; Ode. 11,12; Prov. 1,33; Prov. 4,5; Prov. 8,7; Prov. 8,15; Prov. 8,16; Prov. 8,16; Prov. 27,27; Eccl. 7,24; Song 5,7; Job 6,13; Job 7,16; Job 9,34; Job 13,21; Job 13,24; Job 13,26; Job 17,16; Job 19,9; Job 19,13; Job 19,18; Job 21,14; Job 24,5; Job 28,14; Job 29,20; Job 29,21; Job 33,10; Sir. 23,5; Sol. 2,4; Sol. 5,2; Sol. 16,6; Sol. 16,10; Sol. 16,11; Hos. 2,15; Hos. 5,3; Hos. 7,13; Hos. 7,13; Hos. 8,4; Hos. 13,4; Hos. 13,4; Hos. 14,9; Amos 5,23; Joel 2,27; Jonah 2,8; Jonah 4,3; Hag. 2,14; Zech. 8,6; Mal. 2,6; Is. 29,13; Is. 30,1; Is. 38,12; Is. 43,11; Is. 44,6; Is. 44,8; Is. 45,5; Is. 45,6; Is. 45,21; Is. 45,21; Is. 46,9; Is. 46,13; Is. 48,9; Is. 48,11; Is. 51,4; Is. 54,10; Is. 54,15; Is. 57,8; Is. 57,16; Is. 59,21; Is. 63,3; Is. 65,3; Is. 65,5; Is. 65,12; Jer. 2,5; Jer. 2,22; Jer. 2,35; Jer. 3,19; Jer. 4,17; Jer. 7,10; Jer. 7,30; Jer. 20,11; Jer. 28,27; Jer. 28,53; Jer. 39,27; Jer. 39,40; Jer. 40,8; Jer. 45,14; Jer. 47,4; Lam. 1,16; Lam. 3,5; Lam. 3,7; Lam. 3,61; Lam. 3,62; Ezek. 2,10; Ezek. 3,17; Ezek. 6,9; Ezek. 10,19; Ezek. 14,5; Ezek. 14,7; Ezek. 14,11; Ezek. 20,8; Ezek. 20,12; Ezek. 20,20; Ezek. 22,12; Ezek. 23,5; Ezek. 43,8; Ezek. 43,9; Ezek. 44,10; Ezek. 44,10; Ezek. 44,15; Dan. 2,6; Dan. 2,8; Dan. 2,9; Dan. 4,37b; Dan. 4,37c; Dan. 8,2; Dan. 8,18; Dan. 9,22; Dan. 10,7; Dan. 10,11; Dan. 10,15; Dan. 10,19; Dan. 10,21; Bel 9; Judg. 1,3; Judg. 4,8; Judg. 4,8; Judg. 5,14; Judg. 6,17; Judg. 7,17; Judg. 7,18; Judg. 9,15; Judg. 11,9; Judg. 11,27; Judg. 16,15; Judg. 16,17; Judg. 17,10; Tob. 1,3; Tob. 1,19; Tob. 1,19; Tob. 1,22; Tob. 2,2; Tob. 2,10; Tob. 3,5; Tob. 3,6; Tob. 3,6; Tob. 3,6; Tob. 3,6; Tob. 5,7; Tob. 5,14; Tob. 10,7; Tob. 10,9; Tob. 12,2; Tob. 12,3; Tob. 14,9; Dan. 2,5; Dan. 2,6; Dan. 2,8; Dan. 4,2; Dan. 4,2; Dan. 4,6; Dan. 8,15; Dan. 8,18; Dan. 9,20; Dan. 9,21; Dan. 9,22; Dan. 10,7; Dan. 10,15; Dan. 10,16; Dan. 10,19; Dan. 10,21; Sus. 43; Matt. 5,11; Matt. 7,23; Matt. 10,18; Matt. 10,39; Matt. 11,29; Matt. 12,30; Matt. 12,30; Matt. 12,30; Matt. 15,5; Matt. 15,8; Matt. 16,23; Matt. 16,25; Matt. 17,27; Matt. 25,41; Matt. 26,23; Matt. 26,38; Matt. 26,39; Matt. 26,40; Mark 7,6; Mark 7,11; Mark 8,35; Mark 10,29; Mark 13,9; Mark 14,18; Mark 14,20; Mark 14,36; Luke 4,7; Luke 5,8; Luke 8,46; Luke 9,24; Luke 10,16; Luke 11,7; Luke 11,23; Luke 11,23; Luke 12,13; Luke 13,27; Luke 15,31; Luke 16,3; Luke 22,21; Luke 22,28; Luke 22,37; Luke 22,42; Luke 23,43; Luke 24,44; John 4,9; John 5,7; John 5,32; John 5,32; John 5,36; John 5,37; John 5,39; John 5,46; John 8,18; John 8,29; John 10,8; John 10,9; John 10,18; John 10,25; John 13,8; John 13,38; John 14,6; John 15,5; John 15,26; John 15,27; John 16,32; John 17,24; John 18,34; John 19,11; Acts 8,24; Acts 11,5; Acts 20,34; Acts 22,18; Acts 23,11; Acts 25,9; Rom. 1,12; Rom. 11,27; Rom. 15,18; Rom. 15,30; Rom. 16,2; Rom. 16,7; Rom. 16,13; 2Cor. 1,19; 2Cor. 2,2; 2Cor. 7,7; 2Cor. 12,6; 2Cor. 12,8; Gal. 1,11; Gal. 1,17; Gal. 2,20; Eph. 6,19; Phil. 4,10; 2Tim. 1,13; 2Tim. 2,2; 2Tim. 4,11; 2Tim. 4,17; Titus 3,15; Heb. 10,7; Rev. 1,12; Rev. 3,4; Rev. 3,18; Rev. 3,20; Rev. 3,21; Rev. 4,1; Rev. 10,8; Rev. 17,1; Rev. 21,9; Rev. 21,15; Rev. 22,12)

Ἐμοῦ ▸ 1
Pronoun · (personal) · first · singular · genitive ▸ **1** (Sir. 3,1)

ἡμᾶς ▸ 554 + 40 + 166 = 760
Pronoun · (personal) · first · plural · accusative ▸ 554 + 40 + 166 = **760** (Gen. 5,29; Gen. 19,5; Gen. 19,13; Gen. 19,31; Gen. 26,10; Gen. 26,22; Gen. 31,15; Gen. 37,7; Gen. 37,8; Gen. 39,17; Gen. 41,10; Gen. 42,21; Gen. 42,30; Gen. 42,30; Gen. 43,7; Gen. 43,18; Gen. 43,18; Gen. 44,27; Gen. 47,19; Gen. 47,25; Ex. 1,9; Ex. 1,10; Ex. 2,19; Ex. 3,18; Ex. 5,3; Ex. 5,21; Ex. 10,26; Ex. 13,14; Ex. 13,15; Ex. 14,11; Ex. 14,12; Ex. 14,12; Ex. 16,3; Ex. 17,3; Ex. 17,3; Ex. 20,19; Ex. 32,1; Ex. 32,23; Num. 10,31; Num. 10,32; Num. 11,4; Num. 11,18; Num. 13,27; Num. 14,3; Num. 14,8; Num. 14,8; Num. 16,13; Num. 16,13; Num. 16,14; Num. 16,34; Num. 20,4; Num. 20,5; Num. 20,14; Num. 20,15; Num. 20,16; Num. 21,5; Num. 21,5; Num. 32,5; Deut. 1,25; Deut. 1,27; Deut. 1,27; Deut. 1,27; Deut. 2,30; Deut. 2,36; Deut. 5,25; Deut. 5,27; Deut. 6,21; Deut. 6,23; Deut. 6,23; Deut. 9,28; Deut.

26,6; Deut. 26,6; Deut. 26,8; Deut. 26,9; Josh. 1,16; Josh. 2,9; Josh. 2,18; Josh. 2,20; Josh. 6,18; Josh. 7,7; Josh. 7,9; Josh. 7,9; Josh. 7,25; Josh. 9,11; Josh. 9,24; Josh. 10,6; Josh. 10,6; Josh. 10,6; Josh. 17,14; Josh. 22,22; Josh. 22,27; Josh. 22,28; Josh. 22,29; Josh. 22,29; Josh. 24,17; Josh. 24,17; Josh. 24,27; Judg. 6,13; Judg. 6,13; Judg. 6,13; Judg. 6,13; Judg. 8,1; Judg. 8,22; Judg. 10,15; Judg. 12,1; Judg. 13,8; Judg. 13,8; Judg. 13,8; Judg. 13,23; Judg. 13,23; Judg. 14,15; Judg. 15,10; Ruth 2,20; 1Sam. 4,3; 1Sam. 4,3; 1Sam. 4,7; 1Sam. 4,8; 1Sam. 5,7; 1Sam. 5,8; 1Sam. 5,10; 1Sam. 5,10; 1Sam. 5,11; 1Sam. 7,8; 1Sam. 8,5; 1Sam. 8,5; 1Sam. 8,6; 1Sam. 8,19; 1Sam. 8,20; 1Sam. 10,27; 1Sam. 11,3; 1Sam. 12,4; 1Sam. 12,4; 1Sam. 12,10; 1Sam. 14,9; 1Sam. 14,10; 1Sam. 14,10; 1Sam. 14,12; 1Sam. 23,20; 1Sam. 25,15; 1Sam. 25,15; 1Sam. 25,16; 1Sam. 25,40; 1Sam. 30,23; 1Sam. 30,23; 2Sam. 11,23; 2Sam. 11,23; 2Sam. 15,14; 2Sam. 15,14; 2Sam. 18,3; 2Sam. 18,3; 2Sam. 19,10; 2Sam. 19,10; 2Sam. 20,6; 2Sam. 21,5; 2Sam. 21,5; 2Sam. 21,5; 1Kings 8,57; 1Kings 8,57; 1Kings 12,4; 1Kings 12,9; 1Kings 12,24p; 1Kings 12,24p; 1Kings 21,23; 2Kings 1,6; 2Kings 4,9; 2Kings 4,10; 2Kings 7,4; 2Kings 7,4; 2Kings 7,6; 2Kings 7,6; 2Kings 10,5; 2Kings 18,30; 2Kings 18,32; 2Kings 19,19; 1Chr. 13,2; 1Chr. 13,3; 1Chr. 16,35; 1Chr. 16,35; 2Chr. 10,4; 2Chr. 10,9; 2Chr. 14,6; 2Chr. 14,6; 2Chr. 14,10; 2Chr. 20,9; 2Chr. 20,11; 2Chr. 20,11; 2Chr. 20,12; 2Chr. 28,13; 2Chr. 28,13; 2Chr. 32,11; 1Esdr. 2,14; 1Esdr. 5,66; 1Esdr. 8,60; 1Esdr. 8,77; 1Esdr. 8,77; 1Esdr. 8,85; Ezra 4,2; Ezra 4,12; Ezra 4,18; Ezra 5,17; Ezra 8,18; Ezra 8,22; Ezra 8,31; Ezra 9,9; Ezra 9,9; Ezra 9,13; Ezra 10,12; Neh. 2,19; Neh. 2,19; Neh. 4,5; Neh. 4,6; Neh. 4,14; Neh. 5,17; Neh. 6,9; Neh. 9,18; Neh. 9,32; Neh. 9,33; Neh. 9,37; Neh. 10,33; Neh. 10,33; Neh. 13,18; Esth. 4,8; Esth. 14,6 # 4,17n; Esth. 14,11 # 4,17q; Esth. 14,13 # 4,17s; Esth. 14,14 # 4,17t; Esth. 14,19 # 4,17z; Esth. 16,12 # 8,12m; Esth. 16,14 # 8,12o; Esth. 10,9 # 10,3f; Judith 7,25; Judith 7,28; Judith 7,30; Judith 7,30; Judith 7,31; Judith 8,15; Judith 8,20; Judith 8,21; Judith 8,22; Judith 8,25; Judith 8,27; Judith 8,30; Judith 8,30; Judith 11,3; Judith 12,11; Judith 14,5; Judith 14,13; Tob. 3,4; Tob. 3,9; Tob. 8,4; Tob. 11,17; Tob. 13,3; Tob. 13,5; Tob. 13,5; 1Mac. 1,11; 1Mac. 2,37; 1Mac. 2,37; 1Mac. 2,40; 1Mac. 2,41; 1Mac. 3,20; 1Mac. 3,20; 1Mac. 3,20; 1Mac. 3,52; 1Mac. 3,52; 1Mac. 3,52; 1Mac. 3,58; 1Mac. 3,58; 1Mac. 3,59; 1Mac. 4,10; 1Mac. 5,10; 1Mac. 5,10; 1Mac. 5,12; 1Mac. 5,15; 1Mac. 5,19; 1Mac. 5,40; 1Mac. 5,40; 1Mac. 6,25; 1Mac. 7,6; 1Mac. 7,14; 1Mac. 8,20; 1Mac. 8,20; 1Mac. 10,20; 1Mac. 10,23; 1Mac. 10,26; 1Mac. 10,27; 1Mac. 10,70; 1Mac. 10,70; 1Mac. 10,71; 1Mac. 11,33; 1Mac. 11,33; 1Mac. 11,50; 1Mac. 12,3; 1Mac. 12,10; 1Mac. 12,13; 1Mac. 12,13; 1Mac. 13,6; 1Mac. 13,40; 1Mac. 14,22; 1Mac. 14,22; 1Mac. 15,17; 2Mac. 2,18; 2Mac. 2,18; 2Mac. 6,15; 2Mac. 7,9; 2Mac. 7,9; 2Mac. 7,9; 2Mac. 8,18; 3Mac. 2,10; 3Mac. 2,17; 3Mac. 2,17; 3Mac. 2,20; 3Mac. 3,18; 3Mac. 3,19; 3Mac. 3,23; 3Mac. 3,23; 3Mac. 3,25; 3Mac. 5,40; 3Mac. 6,10; 3Mac. 6,10; 3Mac. 6,12; 3Mac. 6,26; 3Mac. 7,3; 3Mac. 7,7; 4Mac. 2,6; 4Mac. 3,19; 4Mac. 5,23; 4Mac. 5,27; 4Mac. 6,34; 4Mac. 8,17; 4Mac. 8,25; 4Mac. 9,3; 4Mac. 9,3; 4Mac. 9,5; 4Mac. 9,7; 4Mac. 11,4; 4Mac. 13,17; 4Mac. 13,18; Psa. 4,7; Psa. 5,13; Psa. 11,8; Psa. 11,8; Psa. 32,22; Psa. 43,8; Psa. 43,8; Psa. 43,8; Psa. 43,10; Psa. 43,11; Psa. 43,11; Psa. 43,12; Psa. 43,12; Psa. 43,14; Psa. 43,15; Psa. 43,18; Psa. 43,20; Psa. 43,20; Psa. 43,27; Psa. 45,2; Psa. 47,15; Psa. 59,3; Psa. 59,3; Psa. 59,3; Psa. 59,5; Psa. 59,12; Psa. 59,14; Psa. 64,4; Psa. 65,10; Psa. 65,10; Psa. 65,11; Psa. 65,12; Psa. 66,2; Psa. 66,2; Psa. 66,2; Psa. 66,7; Psa. 66,8; Psa. 73,9; Psa. 78,8; Psa. 78,9; Psa. 79,3; Psa. 79,4; Psa. 79,6; Psa. 79,6; Psa. 79,7; Psa. 79,7; Psa. 79,8; Psa. 79,19; Psa. 79,20; Psa. 84,5; Psa. 84,7; Psa. 89,10; Psa. 89,15; Psa. 89,17; Psa. 89,17; Psa. 94,6; Psa. 99,3; Psa. 105,4; Psa. 105,47; Psa. 105,47; Psa. 107,12; Psa. 113,20; Psa. 116,2; Psa. 122,2; Psa. 122,3; Psa. 122,3; Psa. 123,2; Psa. 123,3; Psa. 123,3; Psa. 123,4; Psa. 123,6; Psa. 135,24; Psa. 136,1; Psa. 136,3; Psa. 136,3; Psa. 136,3; Ode. 5,13; Ode. 7,32; Ode. 7,34; Ode. 7,41; Ode. 7,43; Ode. 9,71; Ode. 9,78; Ode. 14,20; Ode. 14,24; Ode. 14,33; Song 4,9; Song 4,9; Song 5,9; Wis. 2,7; Wis. 5,8; Wis. 12,18; Wis. 15,4; Wis. 18,8; Sir. 36,1; Sir. 50,24; Sol. 2,24; Sol. 4,23; Sol. 5,5; Sol. 5,6; Sol. 5,7; Sol. 7,1; Sol. 7,3; Sol. 7,5; Sol. 7,6; Sol. 7,10; Sol. 8,27; Sol. 8,27; Sol. 8,30; Sol. 8,30; Sol. 8,32; Sol. 9,9; Sol. 13,2; Sol. 13,4; Sol. 17,5; Sol. 17,45; Sol. 18,4; Hos. 6,1; Hos. 6,1; Hos. 6,2; Hos. 10,8; Hos. 10,8; Hos. 14,4; Amos 9,10; Mic. 3,11; Mic. 4,14; Mic. 7,19; Jonah 1,6; Jonah 1,14; Mal. 1,2; Is. 4,1; Is. 7,6; Is. 14,8; Is. 25,5; Is. 26,13; Is. 28,15; Is. 28,20; Is. 29,15; Is. 29,15; Is. 30,11; Is. 33,2; Is. 33,22; Is. 35,4; Is. 36,11; Is. 37,20; Is. 63,16; Is. 63,16; Is. 63,16; Is. 63,16; Is. 63,17; Is. 63,19; Is. 64,5; Is. 64,6; Is. 64,11; Is. 66,5; Jer. 2,6; Jer. 2,6; Jer. 2,27; Jer. 3,25; Jer. 5,12; Jer. 6,24; Jer. 8,14; Jer. 8,14; Jer. 10,24; Jer. 10,24; Jer. 14,9; Jer. 14,19; Jer. 16,10; Jer. 21,2; Jer. 21,13; Jer. 33,16; Jer. 48,8; Jer. 49,5; Jer. 50,2; Jer. 50,3; Jer. 50,3; Jer. 50,3; Jer. 50,3; Jer. 51,16; Bar. 1,20; Bar. 1,21; Bar. 2,1; Bar. 2,3; Bar. 2,7; Bar. 2,7; Bar. 2,9; Bar. 2,13; Bar. 2,14; Bar. 2,14; Bar. 2,16; Bar. 2,20; Bar. 2,27; Bar. 3,8; Lam. 3,43; Lam. 3,45; Lam. 3,46; Lam. 4,19; Lam. 4,19; Lam. 5,20; Lam. 5,21; Lam. 5,22; Lam. 5,22; Dan. 3,17; Dan. 3,17; Dan. 3,32; Dan. 3,34; Dan. 3,41; Dan. 3,43; Dan. 3,88; Dan. 3,88; Dan. 3,88; Dan. 3,88; Dan. 9,11; Dan. 9,12; Dan. 9,12; Dan. 9,14; Judg. 6,13; Judg. 6,13; Judg. 6,13; Judg. 6,13; Judg. 8,1; Judg. 8,22; Judg. 10,15; Judg. 12,1; Judg. 13,8; Judg. 13,8; Judg. 13,23; Judg. 13,23; Judg. 14,15; Judg. 15,10; Tob. 3,4; Tob. 3,4; Tob. 3,9; Tob. 5,21; Tob. 6,11; Tob. 8,4; Tob. 11,14; Tob. 11,17; Dan. 3,17; Dan. 3,17; Dan. 3,32; Dan. 3,34; Dan. 3,41; Dan. 3,43; Dan. 3,88; Dan. 3,88; Dan. 3,88; Dan. 3,88; Dan. 9,11; Dan. 9,12; Dan. 9,12; Dan. 9,12; Dan. 9,13; Dan. 9,14; Sus. 20; Sus. 39; Matt. 6,13; Matt. 6,13; Matt. 8,29; Matt. 8,31; Matt. 8,31; Matt. 9,27; Matt. 13,56; Matt. 17,4; Matt. 20,7; Matt. 20,30; Matt. 20,31; Matt. 27,4; Matt. 27,25; Mark 1,24; Mark 5,12; Mark 6,3; Mark 9,5; Mark 9,22; Luke 1,71; Luke 1,78; Luke 4,34; Luke 7,20; Luke 9,33; Luke 11,1; Luke 11,4; Luke 11,45; Luke 12,41; Luke 16,26; Luke 17,13; Luke 19,14; Luke 20,6; Luke 20,22; Luke 23,15; Luke 23,30; Luke 23,30; Luke 23,39; Luke 24,22; John 1,22; John 9,4; John 9,34; Acts 1,21; Acts 3,4; Acts 4,12; Acts 5,28; Acts 6,2; Acts 7,40; Acts 11,15; Acts 14,11; Acts 14,22; Acts 16,10; Acts 16,15; Acts 16,37; Acts 16,37; Acts 16,37; Acts 20,5; Acts 21,1; Acts 21,5; Acts 21,5; Acts 21,11; Acts 21,17; Acts 27,1; Acts 27,6; Acts 27,7; Acts 27,20; Acts 27,26; Acts 28,2; Acts 28,7; Acts 28,10; Rom. 3,8; Rom. 4,24; Rom. 5,8; Rom. 6,6; Rom. 7,6; Rom. 8,18; Rom. 8,35; Rom. 8,37; Rom. 8,39; Rom. 9,24; 1Cor. 4,1; 1Cor. 4,9; 1Cor. 6,14; 1Cor. 8,8; 1Cor. 9,10; 1Cor. 9,10; 1Cor. 10,6; 2Cor. 1,4; 2Cor. 1,4; 2Cor. 1,5; 2Cor. 1,8; 2Cor. 1,10; 2Cor. 1,11; 2Cor. 1,14; 2Cor. 1,21; 2Cor. 1,21; 2Cor. 1,22; 2Cor. 2,14; 2Cor. 3,6; 2Cor. 4,14; 2Cor. 5,5; 2Cor. 5,10; 2Cor. 5,14; 2Cor. 5,18; 2Cor. 7,2; 2Cor. 7,6; 2Cor. 8,6; 2Cor. 8,20; 2Cor. 10,2; Gal. 1,4; Gal. 1,23; Gal. 2,4; Gal. 3,13; Gal. 5,1; Eph. 1,3; Eph. 1,4; Eph. 1,4; Eph. 1,5; Eph. 1,6; Eph. 1,8; Eph. 1,12; Eph. 1,19; Eph. 2,4; Eph. 2,5; Eph. 2,7; Eph. 5,2; Phil. 3,17; Col. 1,13; 1Th. 1,8; 1Th. 1,10; 1Th. 2,15; 1Th. 2,16; 1Th. 2,18; 1Th. 3,6; 1Th. 3,6; 1Th. 4,7; 1Th. 5,9; 2Th. 1,4; 2Th. 2,16; 2Th. 3,7; 2Th. 3,9; 2Tim. 1,9; 2Tim. 2,12; Titus 2,12; Titus 2,14; Titus 3,5; Titus 3,6; Titus 3,15; Heb. 2,1; Heb. 2,3; Heb. 13,6; James 1,18; James 1,18; 1Pet. 1,3; 2Pet. 1,3; 1John 1,7; 1John 1,9; 1John 3,1; 1John 4,10; 1John 4,11; 1John 4,19; 3John 9; 3John 10; Rev. 1,5; Rev. 1,5; Rev. 1,6; Rev. 6,16; Rev. 6,16)

Ἡμᾶς ▸ 1

ἐγώ

Pronoun · (personal) · first · plural · accusative ▸ **1** (Wis. 12,22)

ἡμεῖς ▸ **166** + **15** + **122** = **303**

Pronoun · (personal) · first · plural · nominative ▸ 166 + 15 + 122 = **303** (Gen. 13,8; Gen. 19,13; Gen. 26,29; Gen. 34,15; Gen. 43,8; Gen. 43,18; Gen. 44,9; Gen. 44,16; Gen. 44,26; Gen. 46,34; Gen. 47,3; Gen. 47,19; Gen. 50,18; Ex. 10,26; Ex. 12,33; Ex. 16,7; Ex. 16,8; Num. 10,29; Num. 14,40; Num. 22,6; Num. 32,17; Num. 32,32; Deut. 1,28; Deut. 1,41; Deut. 5,25; Deut. 5,26; Deut. 12,8; Josh. 2,11; Josh. 2,18; Josh. 2,19; Josh. 2,19; Josh. 9,25; Josh. 24,18; Judg. 9,28; Judg. 16,5; Judg. 18,5; Judg. 19,18; Judg. 21,7; Judg. 21,18; 1Sam. 8,20; 1Sam. 14,8; 1Sam. 20,42; 1Sam. 23,3; 1Sam. 30,14; 2Sam. 5,1; 2Sam. 13,25; 2Sam. 18,3; 2Sam. 19,7; 1Kings 3,18; 1Kings 22,3; 2Kings 6,1; 2Kings 7,3; 2Kings 7,9; 2Kings 7,9; 2Kings 7,12; 2Kings 10,4; 2Kings 10,5; 2Kings 10,13; 2Kings 18,26; 1Chr. 11,1; 2Chr. 2,15; 2Chr. 13,10; 2Chr. 13,11; 1Esdr. 5,68; 1Esdr. 8,91; Ezra 4,2; Ezra 4,3; Ezra 4,16; Ezra 9,7; Ezra 9,15; Ezra 10,4; Neh. 2,20; Neh. 3,33; Neh. 4,4; Neh. 4,9; Neh. 4,13; Neh. 4,15; Neh. 5,2; Neh. 5,3; Neh. 5,5; Neh. 5,8; Neh. 9,33; Neh. 10,1; Esth. 7,4; Esth. 16,15 # 8,12p; Judith 3,2; Judith 6,3; Judith 7,13; Judith 8,20; 1Mac. 3,17; 1Mac. 3,21; 1Mac. 6,23; 1Mac. 9,9; 1Mac. 12,9; 1Mac. 12,11; 1Mac. 12,23; 1Mac. 15,34; 2Mac. 1,7; 2Mac. 7,18; 2Mac. 7,32; 2Mac. 8,18; 2Mac. 11,35; 2Mac. 11,36; 2Mac. 11,37; 3Mac. 3,20; 3Mac. 7,6; 4Mac. 6,15; 4Mac. 6,19; 4Mac. 8,17; 4Mac. 9,6; 4Mac. 9,8; 4Mac. 14,9; Psa. 19,8; Psa. 19,9; Psa. 78,13; Psa. 94,7; Psa. 99,3; Psa. 113,26; Psa. 123,7; Job 15,9; Wis. 5,13; Wis. 7,16; Sir. 36,4; Sir. 48,11; Sol. 7,7; Sol. 7,9; Sol. 8,29; Sol. 8,32; Sol. 9,8; Sol. 9,10; Sol. 17,3; Mic. 4,5; Mal. 3,15; Is. 14,10; Is. 19,11; Is. 20,6; Is. 20,6; Is. 29,15; Is. 36,11; Is. 53,4; Is. 53,5; Is. 64,4; Is. 64,5; Is. 64,7; Is. 64,8; Jer. 3,22; Jer. 3,25; Jer. 8,8; Jer. 8,14; Jer. 8,20; Jer. 33,19; Jer. 42,8; Jer. 49,6; Jer. 51,17; Jer. 51,19; Bar. 2,19; Bar. 3,3; Bar. 3,8; Lam. 5,7; Ezek. 11,3; Ezek. 33,10; Ezek. 33,24; Dan. 2,4; Dan. 3,16; Dan. 9,18; Sus. 63; Judg. 9,28; Judg. 16,5; Judg. 18,5; Judg. 19,18; Judg. 21,7; Judg. 21,18; Tob. 2,13; Tob. 7,3; Tob. 7,4; Tob. 8,21; Dan. 3,16; Dan. 3,17; Dan. 9,18; Sus. 38; Bel 11; Matt. 6,12; Matt. 9,14; Matt. 17,19; Matt. 19,27; Matt. 28,14; Mark 9,28; Mark 10,28; Mark 14,58; Luke 3,14; Luke 9,13; Luke 18,28; Luke 23,41; Luke 24,21; John 1,16; John 4,22; John 6,42; John 6,69; John 7,35; John 8,41; John 8,48; John 9,21; John 9,24; John 9,28; John 9,29; John 9,40; John 11,16; John 12,34; John 17,11; John 17,22; John 19,7; John 21,3; Acts 2,8; Acts 2,32; Acts 3,15; Acts 4,9; Acts 4,20; Acts 5,32; Acts 6,4; Acts 10,33; Acts 10,39; Acts 10,47; Acts 13,32; Acts 14,15; Acts 15,10; Acts 20,6; Acts 21,12; Acts 21,25; Acts 23,15; Acts 24,8; Acts 28,21; Rom. 6,4; Rom. 8,23; Rom. 15,1; 1Cor. 1,23; 1Cor. 2,12; 1Cor. 2,16; 1Cor. 4,8; 1Cor. 4,10; 1Cor. 4,10; 1Cor. 4,10; 1Cor. 8,6; 1Cor. 8,6; 1Cor. 9,11; 1Cor. 9,11; 1Cor. 9,12; 1Cor. 9,25; 1Cor. 11,16; 1Cor. 12,13; 1Cor. 15,30; 1Cor. 15,52; 2Cor. 1,6; 2Cor. 3,18; 2Cor. 4,11; 2Cor. 4,13; 2Cor. 5,16; 2Cor. 5,21; 2Cor. 6,16; 2Cor. 9,4; 2Cor. 10,7; 2Cor. 10,13; 2Cor. 11,12; 2Cor. 11,21; 2Cor. 13,4; 2Cor. 13,6; 2Cor. 13,7; 2Cor. 13,7; 2Cor. 13,9; Gal. 1,8; Gal. 2,9; Gal. 2,16; Gal. 4,3; Gal. 5,5; Eph. 2,3; Phil. 3,3; Col. 1,9; Col. 1,28; 1Th. 2,13; 1Th. 3,6; 1Th. 3,12; 1Th. 4,15; 1Th. 4,17; 1Th. 5,8; Titus 3,3; Titus 3,5; Heb. 2,3; Heb. 3,6; Heb. 10,39; Heb. 12,1; Heb. 12,25; 2Pet. 1,18; 1John 1,4; 1John 3,14; 1John 3,16; 1John 4,6; 1John 4,10; 1John 4,11; 1John 4,14; 1John 4,16; 1John 4,17; 1John 4,19; 3John 8; 3John 12)

Ἡμεῖς ▸ **10** + **5** = **15**

Pronoun · (personal) · first · plural · nominative ▸ 10 + 5 = **15** (Num. 9,7; Josh. 9,19; 1Esdr. 6,12; 1Esdr. 8,89; Ezra 5,11; Ezra 10,2; 3Mac. 2,18; 4Mac. 5,16; 4Mac. 10,10; Sus. 36; Acts 20,13; Acts 21,7; Gal. 2,15; 1Th. 2,17; 2Th. 2,13)

ἡμῖν ▸ **439** + **31** + **169** = **639**

Pronoun · (personal) · first · plural · dative ▸ 439 + 31 + 169 = **639** (Gen. 20,9; Gen. 23,6; Gen. 24,23; Gen. 24,25; Gen. 24,65; Gen. 26,10; Gen. 26,22; Gen. 31,14; Gen. 31,16; Gen. 34,9; Gen. 34,9; Gen. 34,10; Gen. 34,14; Gen. 34,16; Gen. 34,21; Gen. 34,22; Gen. 39,14; Gen. 39,14; Gen. 41,12; Gen. 41,13; Gen. 42,2; Gen. 42,28; Gen. 42,33; Gen. 43,2; Gen. 43,3; Gen. 43,5; Gen. 43,7; Gen. 43,18; Gen. 44,20; Gen. 44,25; Gen. 44,25; Gen. 47,15; Gen. 47,18; Gen. 50,15; Gen. 50,15; Ex. 1,10; Ex. 2,19; Ex. 5,3; Ex. 5,16; Ex. 7,9; Ex. 8,23; Ex. 10,7; Ex. 10,25; Ex. 14,5; Ex. 14,11; Ex. 14,13; Ex. 17,2; Ex. 17,7; Ex. 19,23; Ex. 20,19; Ex. 32,1; Ex. 32,23; Num. 10,31; Num. 11,13; Num. 11,18; Num. 11,20; Num. 12,2; Num. 12,11; Num. 14,3; Num. 14,8; Num. 14,9; Num. 14,9; Num. 16,14; Num. 27,4; Num. 32,32; Deut. 1,6; Deut. 1,19; Deut. 1,22; Deut. 1,22; Deut. 1,25; Deut. 1,41; Deut. 2,29; Deut. 2,32; Deut. 2,37; Deut. 3,1; Deut. 5,24; Deut. 6,20; Deut. 6,23; Deut. 6,24; Deut. 6,24; Deut. 6,25; Deut. 6,25; Deut. 26,3; Deut. 26,6; Deut. 26,9; Deut. 26,15; Deut. 29,6; Deut. 29,28; Deut. 30,12; Deut. 30,12; Deut. 30,13; Deut. 30,13; Deut. 30,13; Deut. 33,2; Deut. 33,4; Josh. 1,16; Josh. 5,6; Josh. 8,5; Josh. 9,6; Josh. 9,11; Josh. 9,22; Josh. 9,24; Josh. 9,25; Josh. 10,6; Josh. 17,4; Josh. 17,16; Josh. 21,2; Josh. 22,5; Josh. 22,17; Josh. 22,19; Josh. 24,16; Judg. 1,1; Judg. 1,24; Judg. 6,13; Judg. 8,1; Judg. 8,21; Judg. 8,22; Judg. 10,15; Judg. 11,6; Judg. 11,8; Judg. 11,8; Judg. 13,23; Judg. 15,10; Judg. 15,11; Judg. 15,11; Judg. 18,19; Judg. 20,18; Ruth 2,20; 1Sam. 4,7; 1Sam. 4,8; 1Sam. 4,9; 1Sam. 6,2; 1Sam. 6,9; 1Sam. 6,9; 1Sam. 7,12; 1Sam. 8,6; 1Sam. 9,6; 1Sam. 9,7; 1Sam. 9,8; 1Sam. 11,1; 1Sam. 11,3; 1Sam. 11,10; 1Sam. 14,6; 1Sam. 14,10; 1Sam. 17,9; 1Sam. 17,9; 1Sam. 20,29; 1Sam. 23,19; 1Sam. 25,15; 1Sam. 25,15; 1Sam. 30,23; 2Sam. 5,2; 2Sam. 15,14; 2Sam. 18,3; 2Sam. 19,43; 2Sam. 20,1; 2Sam. 20,1; 2Sam. 21,4; 2Sam. 21,4; 2Sam. 21,6; 1Kings 5,20; 1Kings 12,16; 1Kings 12,16; 1Kings 12,24†; 1Kings 18,23; 1Kings 22,3; 2Kings 4,13; 2Kings 7,12; 2Kings 9,12; 2Kings 22,13; 1Chr. 15,13; 2Chr. 10,16; 2Chr. 14,6; 2Chr. 20,11; 2Chr. 20,12; 2Chr. 34,21; 1Esdr. 3,16; 1Esdr. 5,67; 1Esdr. 5,68; 1Esdr. 6,12; 1Esdr. 6,21; 1Esdr. 8,45; 1Esdr. 8,46; 1Esdr. 8,50; 1Esdr. 8,50; 1Esdr. 8,51; 1Esdr. 8,60; 1Esdr. 8,75; 1Esdr. 8,75; 1Esdr. 8,76; 1Esdr. 8,78; 1Esdr. 8,78; 1Esdr. 8,83; 1Esdr. 8,84; 1Esdr. 8,85; 1Esdr. 8,90; 1Esdr. 9,11; Ezra 4,3; Ezra 4,3; Ezra 4,14; Ezra 5,11; Ezra 8,17; Ezra 8,18; Ezra 8,21; Ezra 8,23; Ezra 8,31; Ezra 9,8; Ezra 9,8; Ezra 9,8; Ezra 9,9; Ezra 9,9; Ezra 9,11; Ezra 9,13; Ezra 9,14; Neh. 2,20; Neh. 4,6; Neh. 4,9; Esth. 13,3 # 3,13c; Esth. 13,4 # 3,13d; Esth. 13,7 # 3,13g; Esth. 13,15 # 4,17f; Esth. 16,3 # 8,12c; Esth. 16,10 # 8,12k; Esth. 16,16 # 8,12q; Esth. 16,22 # 8,12u; Esth. 16,22 # 8,12u; Judith 3,2; Judith 6,2; Judith 7,24; Judith 7,27; Judith 8,15; Judith 8,24; Judith 13,5; Tob. 5,20; Tob. 5,20; 1Mac. 2,13; 1Mac. 2,21; 1Mac. 3,53; 1Mac. 6,57; 1Mac. 6,57; 1Mac. 7,7; 1Mac. 9,30; 1Mac. 10,72; 1Mac. 11,35; 1Mac. 11,35; 1Mac. 11,35; 1Mac. 11,50; 1Mac. 12,15; 1Mac. 12,18; 1Mac. 12,22; 1Mac. 12,23; 1Mac. 12,44; 1Mac. 13,9; 1Mac. 13,46; 1Mac. 14,21; 1Mac. 14,28; 1Mac. 15,19; 1Mac. 15,20; 2Mac. 1,7; 2Mac. 1,20; 2Mac. 2,14; 2Mac. 2,14; 2Mac. 2,26; 2Mac. 6,17; 2Mac. 7,6; 2Mac. 11,29; 2Mac. 14,35; 3Mac. 2,2; 3Mac. 2,20; 3Mac. 3,14; 3Mac. 3,24; 3Mac. 3,24; 3Mac. 3,26; 3Mac. 5,43; 3Mac. 7,2; 3Mac. 7,3; 3Mac. 7,9; 4Mac. 1,34; 4Mac. 5,18; 4Mac. 5,25; 4Mac. 6,17; 4Mac. 8,22; 4Mac. 8,26; 4Mac. 9,5; 4Mac. 11,12; 4Mac. 11,26; 4Mac. 17,7; Psa. 4,7; Psa. 43,2; Psa. 43,6; Psa. 43,27; Psa. 46,4; Psa. 46,5; Psa. 53,2; Psa. 59,13; Psa. 67,20; Psa. 67,29; Psa. 77,3; Psa. 78,9; Psa. 84,6; Psa. 84,8; Psa. 84,8; Psa. 89,1; Psa. 102,10; Psa. 102,10; Psa. 107,13; Psa. 113,9; Psa. 113,9; Psa. 117,27; Psa. 123,1; Psa. 123,2; Psa. 136,3; Psa. 136,8; Ode. 5,12; Ode. 5,12; Ode.

5,16; Ode. 7,27; Ode. 7,28; Ode. 7,30; Ode. 7,30; Ode. 7,31; Ode. 7,31; Ode. 7,33; Ode. 9,69; Ode. 9,74; Ode. 14,39; Prov. 1,14; Prov. 1,14; Song 2,15; Song 8,8; Job 1,17; Job 15,10; Job 22,17; Job 22,17; Job 31,31; Job 34,37; Wis. 2,12; Wis. 2,12; Wis. 2,12; Wis. 2,14; Wis. 2,14; Wis. 5,6; Wis. 5,6; Wis. 5,8; Sir. 1,1 Prol.; Sir. 24,23; Sir. 36,3; Sir. 49,13; Sir. 50,23; Sol. 7,1; Sol. 8,25; Sol. 8,33; Sol. 9,6; Sol. 9,8; Sol. 14,2; Sol. 17,5; Sol. 17,5; Hos. 6,3; Hos. 10,3; Hos. 10,3; Amos 4,1; Mic. 3,11; Mic. 4,2; Jonah 1,7; Jonah 1,8; Jonah 1,8; Is. 1,9; Is. 2,3; Is. 3,10; Is. 9,5; Is. 9,5; Is. 14,10; Is. 21,10; Is. 26,12; Is. 26,12; Is. 26,16; Is. 30,10; Is. 30,10; Is. 30,10; Is. 30,10; Is. 41,22; Is. 41,23; Is. 59,12; Is. 59,12; Is. 63,7; Is. 63,7; Is. 64,8; Jer. 4,13; Jer. 5,19; Jer. 5,24; Jer. 5,24; Jer. 6,4; Jer. 14,7; Jer. 14,7; Jer. 14,9; Jer. 14,19; Jer. 36,15; Jer. 42,6; Jer. 42,9; Jer. 42,10; Jer. 45,16; Jer. 45,25; Jer. 48,8; Jer. 49,3; Jer. 49,5; Jer. 49,6; Bar. 1,12; Bar. 1,15; Bar. 1,20; Bar. 2,6; Bar. 2,9; Bar. 2,14; Bar. 3,4; Bar. 4,4; Lam. 3,47; Lam. 5,1; Lam. 5,16; LetterJ 68; Ezek. 11,15; Ezek. 24,19; Ezek. 33,10; Ezek. 33,24; Ezek. 35,12; Ezek. 36,2; Ezek. 37,18; Dan. 1,12; Dan. 3,27; Dan. 3,28; Dan. 3,30; Dan. 3,30; Dan. 3,31; Dan. 3,31; Dan. 3,33; Dan. 9,7; Dan. 9,8; Dan. 9,12; Dan. 9,12; Dan. 9,13; Sus. 41; Judg. 1,1; Judg. 1,24; Judg. 6,13; Judg. 8,1; Judg. 8,21; Judg. 10,15; Judg. 11,6; Judg. 11,8; Judg. 13,23; Judg. 15,10; Judg. 15,11; Judg. 18,19; Judg. 18,25; Judg. 20,18; Judg. 21,22; Tob. 5,20; Tob. 5,20; Dan. 1,12; Dan. 3,27; Dan. 3,28; Dan. 3,30; Dan. 3,30; Dan. 3,31; Dan. 3,31; Dan. 3,33; Dan. 9,7; Dan. 9,8; Sus. 20; Sus. 41; Sus. 50; Bel 29; Matt. 3,15; Matt. 6,11; Matt. 6,12; Matt. 8,29; Matt. 13,36; Matt. 15,15; Matt. 15,33; Matt. 19,27; Matt. 20,12; Matt. 21,25; Matt. 22,17; Matt. 22,25; Matt. 24,3; Matt. 25,8; Matt. 25,9; Matt. 25,11; Matt. 26,63; Matt. 26,68; Mark 1,24; Mark 9,22; Mark 9,38; Mark 10,35; Mark 10,37; Mark 12,19; Mark 13,4; Mark 14,15; Mark 16,3; Luke 1,1; Luke 1,2; Luke 1,69; Luke 1,73; Luke 2,15; Luke 2,48; Luke 4,34; Luke 7,5; Luke 7,16; Luke 9,13; Luke 10,11; Luke 10,17; Luke 11,3; Luke 11,4; Luke 11,4; Luke 13,25; Luke 17,5; Luke 20,2; Luke 20,28; Luke 22,8; Luke 22,67; Luke 23,18; Luke 24,24; Luke 24,32; Luke 24,32; Luke 24,32; John 1,14; John 2,18; John 4,12; John 4,25; John 6,34; John 6,52; John 8,5; John 10,24; John 14,8; John 14,8; John 14,9; John 14,22; John 16,17; John 17,21; John 18,31; Acts 1,17; Acts 1,21; Acts 1,22; Acts 2,29; Acts 3,12; Acts 6,14; Acts 7,38; Acts 7,40; Acts 10,41; Acts 10,42; Acts 11,13; Acts 11,17; Acts 13,26; Acts 13,33; Acts 13,47; Acts 15,8; Acts 15,25; Acts 15,28; Acts 16,9; Acts 16,16; Acts 16,17; Acts 16,21; Acts 19,25; Acts 19,27; Acts 20,14; Acts 21,16; Acts 21,18; Acts 21,23; Acts 25,24; Acts 27,2; Acts 28,2; Acts 28,15; Acts 28,22; Rom. 5,5; Rom. 8,4; Rom. 8,32; Rom. 9,29; Rom. 12,6; 1Cor. 1,18; 1Cor. 1,30; 1Cor. 2,10; 1Cor. 2,12; 1Cor. 4,6; 1Cor. 8,6; 1Cor. 15,57; 2Cor. 4,12; 2Cor. 4,17; 2Cor. 5,5; 2Cor. 5,18; 2Cor. 5,19; 2Cor. 6,12; 2Cor. 7,7; 2Cor. 8,5; 2Cor. 10,13; Eph. 1,9; Eph. 3,20; Eph. 6,12; Col. 1,8; Col. 2,13; Col. 2,14; Col. 4,3; 1Th. 2,8; 1Th. 3,6; 1Tim. 6,17; 2Tim. 1,7; 2Tim. 1,9; 2Tim. 1,14; Philem. 6; Heb. 1,2; Heb. 4,13; Heb. 5,11; Heb. 7,26; Heb. 10,15; Heb. 10,20; Heb. 12,1; Heb. 12,1; Heb. 13,21; James 3,3; James 4,5; James 5,17; 2Pet. 1,1; 2Pet. 1,3; 2Pet. 1,4; 1John 1,2; 1John 1,8; 1John 1,9; 1John 1,10; 1John 2,25; 1John 3,1; 1John 3,23; 1John 3,24; 1John 3,24; 1John 4,9; 1John 4,12; 1John 4,12; 1John 4,13; 1John 4,13; 1John 4,16; 1John 5,11; 1John 5,20; 2John 2)

ἡμῶν ▸ **1393** + **97** + **401** = **1891**

Pronoun · (personal) · first · plural · genitive ▸ 1393 + 97 + 401 = **1891** (Gen. 3,22; Gen. 5,29; Gen. 5,29; Gen. 19,31; Gen. 19,32; Gen. 19,32; Gen. 19,34; Gen. 19,34; Gen. 23,6; Gen. 23,6; Gen. 23,6; Gen. 24,55; Gen. 24,60; Gen. 26,16; Gen. 26,16; Gen. 26,28; Gen. 26,29; Gen. 29,26; Gen. 31,1; Gen. 31,1; Gen. 31,14; Gen. 31,15; Gen. 31,16; Gen. 31,16; Gen. 31,32; Gen. 31,37; Gen. 31,44; Gen. 31,50; Gen. 31,53; Gen. 32,19; Gen. 32,21; Gen. 34,9; Gen. 34,14; Gen. 34,16; Gen. 34,17; Gen. 34,17; Gen. 34,21; Gen. 34,21; Gen. 34,22; Gen. 34,22; Gen. 34,23; Gen. 34,23; Gen. 34,31; Gen. 37,8; Gen. 37,26; Gen. 37,27; Gen. 37,27; Gen. 37,27; Gen. 41,12; Gen. 42,13; Gen. 42,21; Gen. 42,21; Gen. 42,32; Gen. 42,32; Gen. 43,4; Gen. 43,4; Gen. 43,5; Gen. 43,5; Gen. 43,7; Gen. 43,8; Gen. 43,18; Gen. 43,18; Gen. 43,21; Gen. 43,21; Gen. 43,21; Gen. 43,22; Gen. 43,28; Gen. 44,8; Gen. 44,9; Gen. 44,16; Gen. 44,24; Gen. 44,25; Gen. 44,26; Gen. 44,26; Gen. 44,26; Gen. 44,27; Gen. 44,30; Gen. 44,30; Gen. 44,31; Gen. 44,31; Gen. 44,34; Gen. 46,34; Gen. 47,3; Gen. 47,15; Gen. 47,18; Gen. 47,18; Gen. 47,18; Gen. 47,19; Gen. 47,19; Gen. 47,25; Gen. 50,24; Ex. 2,14; Ex. 2,19; Ex. 3,18; Ex. 5,3; Ex. 5,8; Ex. 5,17; Ex. 5,21; Ex. 8,22; Ex. 8,23; Ex. 10,9; Ex. 10,9; Ex. 10,25; Ex. 10,26; Ex. 10,26; Ex. 10,26; Ex. 10,26; Ex. 12,27; Ex. 16,7; Ex. 16,8; Ex. 16,8; Ex. 17,3; Ex. 32,1; Ex. 32,23; Ex. 33,16; Ex. 34,9; Ex. 34,9; Ex. 34,9; Lev. 25,20; Num. 10,29; Num. 10,31; Num. 10,32; Num. 11,6; Num. 11,6; Num. 13,31; Num. 14,3; Num. 16,13; Num. 20,3; Num. 20,4; Num. 20,15; Num. 20,15; Num. 20,16; Num. 21,5; Num. 21,7; Num. 22,4; Num. 22,14; Num. 27,3; Num. 27,4; Num. 27,4; Num. 31,49; Num. 31,50; Num. 32,16; Num. 32,16; Num. 32,17; Num. 32,18; Num. 32,19; Num. 32,25; Num. 32,26; Num. 32,26; Num. 32,26; Num. 36,2; Num. 36,2; Num. 36,3; Num. 36,3; Num. 36,4; Deut. 1,6; Deut. 1,19; Deut. 1,20; Deut. 1,22; Deut. 1,25; Deut. 1,28; Deut. 1,41; Deut. 1,41; Deut. 2,7; Deut. 2,8; Deut. 2,29; Deut. 2,30; Deut. 2,33; Deut. 2,33; Deut. 2,36; Deut. 2,36; Deut. 2,37; Deut. 3,3; Deut. 3,3; Deut. 3,20; Deut. 3,21; Deut. 3,21; Deut. 3,22; Deut. 4,3; Deut. 4,7; Deut. 4,34; Deut. 5,24; Deut. 5,25; Deut. 5,27; Deut. 5,27; Deut. 6,1; Deut. 6,4; Deut. 6,20; Deut. 6,22; Deut. 6,23; Deut. 6,24; Deut. 6,25; Deut. 7,19; Deut. 11,22; Deut. 18,16; Deut. 21,7; Deut. 21,7; Deut. 21,20; Deut. 21,20; Deut. 26,3; Deut. 26,7; Deut. 26,7; Deut. 26,7; Deut. 26,7; Deut. 26,7; Deut. 26,15; Deut. 29,14; Deut. 29,14; Deut. 29,28; Deut. 29,28; Deut. 31,7; Deut. 32,3; Deut. 32,27; Deut. 32,31; Deut. 32,31; Josh. 1,15; Josh. 1,17; Josh. 2,11; Josh. 2,11; Josh. 2,14; Josh. 2,20; Josh. 2,24; Josh. 2,24; Josh. 3,3; Josh. 3,3; Josh. 3,9; Josh. 3,10; Josh. 4,23; Josh. 4,23; Josh. 4,23; Josh. 4,23; Josh. 8,6; Josh. 8,6; Josh. 9,11; Josh. 9,11; Josh. 9,13; Josh. 9,13; Josh. 9,20; Josh. 9,24; Josh. 10,19; Josh. 10,19; Josh. 14,9; Josh. 17,4; Josh. 18,3; Josh. 18,6; Josh. 21,2; Josh. 22,4; Josh. 22,4; Josh. 22,19; Josh. 22,23; Josh. 22,24; Josh. 22,25; Josh. 22,25; Josh. 22,27; Josh. 22,27; Josh. 22,27; Josh. 22,27; Josh. 22,27; Josh. 22,27; Josh. 22,28; Josh. 22,28; Josh. 22,28; Josh. 22,28; Josh. 22,31; Josh. 24,7; Josh. 24,17; Josh. 24,17; Josh. 24,18; Josh. 24,18; Judg. 5,23; Judg. 6,13; Judg. 6,13; Judg. 9,3; Judg. 9,8; Judg. 9,10; Judg. 9,12; Judg. 9,14; Judg. 10,10; Judg. 11,2; Judg. 11,10; Judg. 11,24; Judg. 11,24; Judg. 13,23; Judg. 15,11; Judg. 16,23; Judg. 16,23; Judg. 16,23; Judg. 16,24; Judg. 16,24; Judg. 16,24; Judg. 16,24; Judg. 16,24; Judg. 16,25; Judg. 18,5; Judg. 18,19; Judg. 18,25; Judg. 19,19; Judg. 20,32; Judg. 20,39; Judg. 21,1; Judg. 21,7; Judg. 21,18; Ruth 3,2; Ruth 4,3; 1Sam. 2,2; 1Sam. 2,10; 1Sam. 4,3; 1Sam. 4,3; 1Sam. 4,3; 1Sam. 5,7; 1Sam. 5,7; 1Sam. 5,10; 1Sam. 5,11; 1Sam. 6,9; 1Sam. 6,20; 1Sam. 7,8; 1Sam. 8,20; 1Sam. 8,20; 1Sam. 8,20; 1Sam. 9,5; 1Sam. 9,6; 1Sam. 9,7; 1Sam. 9,7; 1Sam. 9,8; 1Sam. 9,27; 1Sam. 10,19; 1Sam. 11,12; 1Sam. 12,6; 1Sam. 12,8; 1Sam. 12,8; 1Sam. 12,10; 1Sam. 12,12; 1Sam. 12,12; 1Sam. 12,12; 1Sam. 12,19; 1Sam. 14,10; 1Sam. 15,21; 1Sam. 16,16; 1Sam. 17,8; 1Sam. 17,47; 1Sam. 25,7; 1Sam. 25,14; 1Sam. 25,17; 1Sam. 26,1; 1Sam. 27,11; 1Sam. 29,3; 1Sam. 29,4; 1Sam. 29,9; 1Sam. 30,22; 1Sam. 30,23; 2Sam. 2,14; 2Sam. 2,26; 2Sam. 7,22; 2Sam. 10,12; 2Sam. 10,12; 2Sam. 12,18; 2Sam. 13,26; 2Sam. 15,15; 2Sam.

ἐγώ

15,19; 2Sam. 15,20; 2Sam. 15,20; 2Sam. 18,3; 2Sam. 18,12; 2Sam. 19,10; 2Sam. 19,11; 2Sam. 19,42; 2Sam. 20,6; 2Sam. 21,17; 2Sam. 22,32; 1Kings 1,2; 1Kings 1,2; 1Kings 1,11; 1Kings 1,43; 1Kings 1,47; 1Kings 3,18; 1Kings 3,18; 1Kings 8,21; 1Kings 8,40; 1Kings 8,53; 1Kings 8,57; 1Kings 8,57; 1Kings 8,57; 1Kings 8,58; 1Kings 8,58; 1Kings 8,59; 1Kings 8,59; 1Kings 8,61; 1Kings 8,61; 1Kings 8,65; 1Kings 8,65; 1Kings 12,4; 1Kings 12,10; 1Kings 12,10; 1Kings 18,26; 1Kings 18,26; 1Kings 21,31; 1Kings 21,31; 1Kings 21,31; 1Kings 22,4; 2Kings 1,6; 2Kings 6,1; 2Kings 6,16; 2Kings 9,5; 2Kings 18,26; 2Kings 19,19; 2Kings 22,13; 2Kings 22,13; 2Kings 23,21; 1Chr. 12,18; 1Chr. 13,2; 1Chr. 13,2; 1Chr. 13,3; 1Chr. 15,13; 1Chr. 16,14; 1Chr. 16,26; 1Chr. 16,35; 1Chr. 17,20; 1Chr. 19,13; 1Chr. 19,13; 1Chr. 28,2; 1Chr. 28,8; 1Chr. 28,8; 1Chr. 29,10; 1Chr. 29,15; 1Chr. 29,15; 1Chr. 29,16; 1Chr. 29,18; 2Chr. 2,3; 2Chr. 2,4; 2Chr. 6,31; 2Chr. 10,4; 2Chr. 10,10; 2Chr. 10,10; 2Chr. 13,10; 2Chr. 13,11; 2Chr. 13,12; 2Chr. 13,12; 2Chr. 14,6; 2Chr. 14,10; 2Chr. 14,10; 2Chr. 19,7; 2Chr. 20,6; 2Chr. 20,11; 2Chr. 20,12; 2Chr. 20,12; 2Chr. 28,13; 2Chr. 28,13; 2Chr. 29,6; 2Chr. 29,10; 2Chr. 30,9; 2Chr. 30,9; 2Chr. 32,7; 2Chr. 32,8; 2Chr. 32,8; 2Chr. 32,8; 2Chr. 32,11; 2Chr. 34,21; 1Esdr. 3,5; 1Esdr. 5,67; 1Esdr. 6,8; 1Esdr. 6,14; 1Esdr. 6,21; 1Esdr. 8,45; 1Esdr. 8,46; 1Esdr. 8,49; 1Esdr. 8,50; 1Esdr. 8,52; 1Esdr. 8,53; 1Esdr. 8,55; 1Esdr. 8,57; 1Esdr. 8,58; 1Esdr. 8,60; 1Esdr. 8,61; 1Esdr. 8,72; 1Esdr. 8,72; 1Esdr. 8,72; 1Esdr. 8,73; 1Esdr. 8,74; 1Esdr. 8,74; 1Esdr. 8,74; 1Esdr. 8,74; 1Esdr. 8,74; 1Esdr. 8,76; 1Esdr. 8,76; 1Esdr. 8,76; 1Esdr. 8,77; 1Esdr. 8,78; 1Esdr. 8,83; 1Esdr. 8,83; 1Esdr. 8,84; 1Esdr. 8,85; 1Esdr. 8,87; 1Esdr. 8,90; 1Esdr. 9,8; 1Esdr. 9,12; 1Esdr. 9,13; Ezra 4,3; Ezra 4,3; Ezra 4,9; Ezra 5,12; Ezra 7,27; Ezra 8,17; Ezra 8,18; Ezra 8,21; Ezra 8,21; Ezra 8,21; Ezra 8,22; Ezra 8,23; Ezra 8,25; Ezra 8,30; Ezra 8,31; Ezra 8,33; Ezra 9,6; Ezra 9,6; Ezra 9,6; Ezra 9,7; Ezra 9,7; Ezra 9,7; Ezra 9,7; Ezra 9,7; Ezra 9,8; Ezra 9,8; Ezra 9,8; Ezra 9,9; Ezra 9,9; Ezra 9,9; Ezra 9,10; Ezra 9,13; Ezra 9,13; Ezra 9,13; Ezra 9,13; Ezra 9,15; Ezra 10,2; Ezra 10,3; Ezra 10,3; Ezra 10,14; Ezra 10,14; Ezra 10,14; Ezra 10,14; Neh. 3,36; Neh. 4,3; Neh. 4,8; Neh. 4,9; Neh. 4,14; Neh. 4,14; Neh. 4,17; Neh. 5,2; Neh. 5,2; Neh. 5,3; Neh. 5,3; Neh. 5,3; Neh. 5,4; Neh. 5,4; Neh. 5,4; Neh. 5,5; Neh. 5,5; Neh. 5,5; Neh. 5,5; Neh. 5,5; Neh. 5,5; Neh. 5,5; Neh. 5,5; Neh. 5,5; Neh. 5,8; Neh. 5,8; Neh. 5,9; Neh. 5,9; Neh. 5,17; Neh. 6,1; Neh. 6,16; Neh. 6,16; Neh. 6,16; Neh. 8,9; Neh. 8,10; Neh. 9,9; Neh. 9,16; Neh. 9,32; Neh. 9,32; Neh. 9,32; Neh. 9,32; Neh. 9,32; Neh. 9,32; Neh. 9,34; Neh. 9,34; Neh. 9,34; Neh. 9,34; Neh. 9,36; Neh. 9,37; Neh. 9,37; Neh. 9,37; Neh. 10,1; Neh. 10,1; Neh. 10,1; Neh. 10,30; Neh. 10,31; Neh. 10,31; Neh. 10,33; Neh. 10,34; Neh. 10,35; Neh. 10,35; Neh. 10,35; Neh. 10,36; Neh. 10,37; Neh. 10,37; Neh. 10,37; Neh. 10,37; Neh. 10,37; Neh. 10,37; Neh. 10,38; Neh. 10,38; Neh. 10,38; Neh. 10,39; Neh. 10,40; Neh. 13,2; Neh. 13,4; Neh. 13,18; Neh. 13,27; Neh. 13,31; Esth. 13,4 # 3,13d; Esth. 13,6 # 3,13f; Esth. 4,8; Esth. 4,8; Esth. 13,17 # 4,17h; Esth. 14,3 # 4,17l; Esth. 14,5 # 4,17m; Esth. 14,6 # 4,17n; Esth. 14,8 # 4,17o; Esth. 14,11 # 4,17q; Esth. 14,12 # 4,17r; Esth. 15,9 # 5,1f; Esth. 7,4; Esth. 16,11 # 8,12l; Esth. 16,16 # 8,12q; Judith 3,3; Judith 3,3; Judith 3,3; Judith 3,4; Judith 6,3; Judith 6,4; Judith 6,19; Judith 7,9; Judith 7,13; Judith 7,24; Judith 7,25; Judith 7,27; Judith 7,27; Judith 7,27; Judith 7,27; Judith 7,28; Judith 7,28; Judith 7,28; Judith 7,28; Judith 7,30; Judith 8,11; Judith 8,14; Judith 8,15; Judith 8,16; Judith 8,17; Judith 8,17; Judith 8,18; Judith 8,18; Judith 8,19; Judith 8,19; Judith 8,20; Judith 8,21; Judith 8,21; Judith 8,22; Judith 8,22; Judith 8,22; Judith 8,23; Judith 8,23; Judith 8,24; Judith 8,24; Judith 8,25; Judith 8,25; Judith 8,31; Judith 8,31; Judith 8,32; Judith 8,33; Judith 8,35; Judith 10,8; Judith 10,15; Judith 10,15; Judith 11,10; Judith 11,13; Judith 11,22; Judith 12,3; Judith 12,11; Judith 12,12; Judith 12,12; Judith 12,13; Judith 12,17; Judith 13,11; Judith 13,11; Judith 13,14; Judith 13,17; Judith 13,18; Judith 13,20; Judith 13,20; Judith 13,20; Judith 14,13; Judith 15,9; Tob. 1,9; Tob. 2,2; Tob. 2,3; Tob. 4,5; Tob. 4,12; Tob. 5,6; Tob. 5,14; Tob. 5,18; Tob. 5,18; Tob. 5,18; Tob. 5,19; Tob. 7,4; Tob. 8,5; Tob. 8,16; Tob. 12,18; Tob. 13,4; Tob. 13,4; Tob. 13,5; Tob. 14,4; Tob. 14,7; 1Mac. 1,11; 1Mac. 2,12; 1Mac. 2,12; 1Mac. 2,12; 1Mac. 2,20; 1Mac. 2,22; 1Mac. 2,37; 1Mac. 2,40; 1Mac. 2,40; 1Mac. 2,40; 1Mac. 2,41; 1Mac. 2,50; 1Mac. 2,54; 1Mac. 3,20; 1Mac. 3,20; 1Mac. 3,21; 1Mac. 3,21; 1Mac. 3,22; 1Mac. 3,43; 1Mac. 3,43; 1Mac. 3,58; 1Mac. 3,59; 1Mac. 4,5; 1Mac. 4,9; 1Mac. 4,10; 1Mac. 4,17; 1Mac. 4,18; 1Mac. 4,18; 1Mac. 4,36; 1Mac. 5,10; 1Mac. 5,12; 1Mac. 5,13; 1Mac. 5,32; 1Mac. 5,38; 1Mac. 5,48; 1Mac. 5,57; 1Mac. 6,22; 1Mac. 6,24; 1Mac. 6,24; 1Mac. 6,24; 1Mac. 6,24; 1Mac. 7,6; 1Mac. 7,42; 1Mac. 8,31; 1Mac. 9,8; 1Mac. 9,9; 1Mac. 9,10; 1Mac. 9,10; 1Mac. 9,10; 1Mac. 9,29; 1Mac. 9,30; 1Mac. 9,44; 1Mac. 9,45; 1Mac. 9,46; 1Mac. 10,4; 1Mac. 10,16; 1Mac. 10,19; 1Mac. 10,20; 1Mac. 10,26; 1Mac. 10,26; 1Mac. 10,27; 1Mac. 10,52; 1Mac. 10,53; 1Mac. 10,72; 1Mac. 11,31; 1Mac. 11,33; 1Mac. 12,7; 1Mac. 12,9; 1Mac. 12,13; 1Mac. 12,14; 1Mac. 12,15; 1Mac. 12,17; 1Mac. 12,17; 1Mac. 12,23; 1Mac. 13,8; 1Mac. 13,9; 1Mac. 13,16; 1Mac. 13,40; 1Mac. 13,46; 1Mac. 14,21; 1Mac. 15,3; 1Mac. 15,4; 1Mac. 15,9; 1Mac. 15,17; 1Mac. 15,33; 1Mac. 15,33; 1Mac. 15,34; 1Mac. 15,35; 1Mac. 16,2; 1Mac. 16,3; 2Mac. 1,17; 2Mac. 1,19; 2Mac. 1,27; 2Mac. 1,27; 2Mac. 2,29; 2Mac. 6,12; 2Mac. 6,14; 2Mac. 6,15; 2Mac. 6,16; 2Mac. 7,2; 2Mac. 7,16; 2Mac. 7,30; 2Mac. 7,33; 2Mac. 7,38; 2Mac. 11,23; 2Mac. 14,8; 2Mac. 14,9; 2Mac. 14,34; 2Mac. 15,23; 3Mac. 2,10; 3Mac. 2,10; 3Mac. 2,12; 3Mac. 2,13; 3Mac. 2,13; 3Mac. 2,19; 3Mac. 2,19; 3Mac. 3,13; 3Mac. 3,17; 3Mac. 6,10; 3Mac. 6,15; 3Mac. 6,15; 3Mac. 6,25; 3Mac. 7,2; 3Mac. 7,4; 3Mac. 7,7; 4Mac. 2,19; 4Mac. 3,2; 4Mac. 3,20; 4Mac. 4,5; 4Mac. 4,20; 4Mac. 5,16; 4Mac. 5,18; 4Mac. 5,22; 4Mac. 5,26; 4Mac. 5,27; 4Mac. 6,21; 4Mac. 7,1; 4Mac. 7,9; 4Mac. 7,19; 4Mac. 9,1; 4Mac. 9,2; 4Mac. 9,4; 4Mac. 9,6; 4Mac. 9,7; 4Mac. 9,9; 4Mac. 9,24; 4Mac. 9,29; 4Mac. 9,30; 4Mac. 10,19; 4Mac. 11,12; 4Mac. 11,25; 4Mac. 11,27; 4Mac. 12,17; 4Mac. 13,18; 4Mac. 16,20; 4Mac. 17,20; Psa. 2,3; Psa. 8,2; Psa. 8,10; Psa. 11,5; Psa. 11,5; Psa. 11,5; Psa. 11,5; Psa. 17,32; Psa. 19,6; Psa. 19,8; Psa. 19,10; Psa. 21,5; Psa. 32,20; Psa. 32,20; Psa. 32,21; Psa. 34,21; Psa. 34,25; Psa. 39,4; Psa. 43,2; Psa. 43,2; Psa. 43,6; Psa. 43,10; Psa. 43,11; Psa. 43,14; Psa. 43,14; Psa. 43,19; Psa. 43,19; Psa. 43,21; Psa. 43,21; Psa. 43,25; Psa. 43,25; Psa. 43,26; Psa. 43,26; Psa. 45,2; Psa. 45,8; Psa. 45,8; Psa. 45,12; Psa. 45,12; Psa. 46,4; Psa. 46,7; Psa. 46,7; Psa. 47,2; Psa. 47,9; Psa. 47,15; Psa. 49,3; Psa. 59,12; Psa. 61,9; Psa. 64,4; Psa. 64,6; Psa. 64,6; Psa. 65,8; Psa. 65,11; Psa. 65,12; Psa. 66,7; Psa. 67,20; Psa. 67,21; Psa. 73,9; Psa. 73,12; Psa. 76,14; Psa. 77,3; Psa. 77,5; Psa. 78,4; Psa. 78,4; Psa. 78,8; Psa. 78,9; Psa. 78,9; Psa. 78,10; Psa. 78,12; Psa. 79,7; Psa. 79,7; Psa. 80,2; Psa. 80,4; Psa. 83,10; Psa. 84,5; Psa. 84,5; Psa. 84,10; Psa. 84,13; Psa. 88,18; Psa. 88,19; Psa. 89,8; Psa. 89,8; Psa. 89,9; Psa. 89,9; Psa. 89,10; Psa. 89,14; Psa. 89,17; Psa. 89,17; Psa. 91,14; Psa. 93,23; Psa. 94,1; Psa. 94,7; Psa. 97,3; Psa. 98,5; Psa. 98,8; Psa. 98,9; Psa. 98,9; Psa. 102,10; Psa. 102,10; Psa. 102,12; Psa. 102,12; Psa. 102,14; Psa. 104,7; Psa. 105,4; Psa. 105,6; Psa. 105,7; Psa. 105,47; Psa. 107,12; Psa. 107,14; Psa. 112,5; Psa. 113,11; Psa. 113,20; Psa. 114,5; Psa. 117,23; Psa. 121,2; Psa. 121,9; Psa. 122,2; Psa. 122,2; Psa. 122,4; Psa. 123,4; Psa. 123,5; Psa. 123,7; Psa. 123,8; Psa. 125,2; Psa. 125,2; Psa. 125,3; Psa. 125,4; Psa. 133,1; Psa. 134,2; Psa. 134,5; Psa. 135,23; Psa. 135,23; Psa. 135,24; Psa. 136,2; Psa. 140,7; Psa. 146,1; Psa. 146,5; Psa. 146,7; Ode. 2,3; Ode. 2,27; Ode. 2,31; Ode.

Ε, ε

2,31; Ode. 3,2; Ode. 3,10; Ode. 5,12; Ode. 5,13; Ode. 7,26; Ode. 7,28; Ode. 7,28; Ode. 7,35; Ode. 7,37; Ode. 7,40; Ode. 7,42; Ode. 8,52; Ode. 9,55; Ode. 9,71; Ode. 9,72; Ode. 9,73; Ode. 9,74; Ode. 9,75; Ode. 9,77; Ode. 9,78; Ode. 9,79; Ode. 12,1; Ode. 14,22; Ode. 14,34; Prov. 1,11; Eccl. 1,10; Song 1,16; Song 1,17; Song 1,17; Song 2,9; Song 2,12; Song 2,15; Song 7,14; Song 8,8; Job 8,9; Job 9,33; Job 34,37; Wis. 2,1; Wis. 2,2; Wis. 2,2; Wis. 2,4; Wis. 2,4; Wis. 2,4; Wis. 2,5; Wis. 2,5; Wis. 2,9; Wis. 2,9; Wis. 2,11; Wis. 2,12; Wis. 2,12; Wis. 2,14; Wis. 2,16; Wis. 3,3; Wis. 5,13; Wis. 7,16; Wis. 9,14; Wis. 12,6; Wis. 12,22; Wis. 15,1; Wis. 15,7; Wis. 15,12; Wis. 16,8; Wis. 18,6; Sir. 8,6; Sir. 36,3; Sir. 36,9; Sir. 43,24; Sir. 44,1; Sir. 49,13; Sir. 50,22; Sir. 50,22; Sir. 50,23; Sir. 50,24; Sir. 50,24; Sol. 4,24; Sol. 5,5; Sol. 5,5; Sol. 5,19; Sol. 7,1; Sol. 7,4; Sol. 7,6; Sol. 7,7; Sol. 7,7; Sol. 8,25; Sol. 8,28; Sol. 8,29; Sol. 8,29; Sol. 8,30; Sol. 8,31; Sol. 8,31; Sol. 8,33; Sol. 8,33; Sol. 9,2; Sol. 9,4; Sol. 9,4; Sol. 9,4; Sol. 9,6; Sol. 9,8; Sol. 9,10; Sol. 9,10; Sol. 9,10; Sol. 10,5; Sol. 13,1; Sol. 14,2; Sol. 17,1; Sol. 17,1; Sol. 17,3; Sol. 17,3; Sol. 17,3; Sol. 17,5; Sol. 17,7; Sol. 17,11; Sol. 17,13; Sol. 17,46; Sol. 18,10; Hos. 6,1; Hos. 14,3; Hos. 14,4; Hos. 14,4; Amos 6,13; Mic. 2,4; Mic. 4,5; Mic. 4,11; Mic. 7,17; Mic. 7,19; Mic. 7,19; Mic. 7,20; Joel 2,14; Jonah 1,11; Zech. 9,7; Is. 3,6; Is. 4,1; Is. 4,1; Is. 4,1; Is. 8,8; Is. 8,10; Is. 25,9; Is. 25,9; Is. 26,1; Is. 26,9; Is. 26,12; Is. 26,13; Is. 28,15; Is. 30,11; Is. 30,11; Is. 30,18; Is. 33,2; Is. 33,6; Is. 33,20; Is. 33,22; Is. 33,22; Is. 33,22; Is. 35,4; Is. 36,7; Is. 37,20; Is. 40,3; Is. 40,8; Is. 42,17; Is. 53,1; Is. 53,4; Is. 53,4; Is. 53,5; Is. 53,5; Is. 53,5; Is. 53,6; Is. 58,3; Is. 59,11; Is. 59,12; Is. 59,12; Is. 59,12; Is. 59,12; Is. 59,13; Is. 59,13; Is. 63,15; Is. 63,16; Is. 63,16; Is. 63,17; Is. 63,18; Is. 63,19; Is. 64,3; Is. 64,5; Is. 64,5; Is. 64,6; Is. 64,6; Is. 64,7; Is. 64,8; Is. 64,10; Is. 64,10; Is. 66,5; Jer. 3,22; Jer. 3,23; Jer. 3,24; Jer. 3,24; Jer. 3,25; Jer. 3,25; Jer. 3,25; Jer. 3,25; Jer. 3,25; Jer. 3,25; Jer. 5,13; Jer. 5,19; Jer. 5,24; Jer. 6,24; Jer. 8,8; Jer. 9,18; Jer. 11,21; Jer. 12,4; Jer. 14,7; Jer. 14,7; Jer. 14,9; Jer. 14,20; Jer. 14,20; Jer. 14,21; Jer. 16,10; Jer. 16,10; Jer. 16,10; Jer. 16,19; Jer. 17,12; Jer. 18,12; Jer. 20,10; Jer. 21,2; Jer. 21,2; Jer. 21,13; Jer. 23,37; Jer. 26,10; Jer. 26,16; Jer. 26,16; Jer. 27,28; Jer. 28,10; Jer. 28,51; Jer. 28,51; Jer. 28,51; Jer. 33,16; Jer. 33,19; Jer. 38,6; Jer. 42,6; Jer. 42,8; Jer. 42,8; Jer. 42,8; Jer. 42,8; Jer. 42,8; Jer. 42,10; Jer. 43,15; Jer. 44,3; Jer. 44,9; Jer. 45,25; Jer. 49,2; Jer. 49,4; Jer. 49,6; Jer. 49,6; Jer. 49,20; Jer. 51,17; Jer. 51,17; Jer. 51,17; Jer. 51,17; Jer. 51,19; Jer. 51,25; Bar. 1,10; Bar. 1,12; Bar. 1,13; Bar. 1,13; Bar. 1,13; Bar. 1,13; Bar. 1,15; Bar. 1,16; Bar. 1,16; Bar. 1,16; Bar. 1,16; Bar. 1,16; Bar. 1,18; Bar. 1,18; Bar. 1,19; Bar. 1,19; Bar. 1,20; Bar. 1,21; Bar. 1,22; Bar. 2,1; Bar. 2,1; Bar. 2,1; Bar. 2,4; Bar. 2,5; Bar. 2,6; Bar. 2,6; Bar. 2,10; Bar. 2,12; Bar. 2,13; Bar. 2,14; Bar. 2,14; Bar. 2,15; Bar. 2,19; Bar. 2,19; Bar. 2,19; Bar. 2,19; Bar. 2,24; Bar. 2,24; Bar. 2,27; Bar. 3,5; Bar. 3,6; Bar. 3,7; Bar. 3,7; Bar. 3,7; Bar. 3,7; Bar. 3,8; Bar. 3,8; Bar. 3,8; Bar. 3,36; Lam. 3,40; Lam. 3,41; Lam. 3,46; Lam. 4,17; Lam. 4,17; Lam. 4,17; Lam. 4,17; Lam. 4,18; Lam. 4,18; Lam. 4,18; Lam. 4,18; Lam. 4,18; Lam. 4,20; Lam. 5,1; Lam. 5,2; Lam. 5,2; Lam. 5,3; Lam. 5,4; Lam. 5,4; Lam. 5,5; Lam. 5,7; Lam. 5,8; Lam. 5,9; Lam. 5,9; Lam. 5,10; Lam. 5,15; Lam. 5,15; Lam. 5,16; Lam. 5,17; Lam. 5,17; Lam. 5,20; Lam. 5,21; Ezek. 33,10; Ezek. 33,10; Ezek. 33,21; Ezek. 37,11; Ezek. 37,11; Ezek. 40,1; Dan. 1,13; Dan. 3,17; Dan. 3,26; Dan. 3,28; Dan. 3,28; Dan. 3,32; Dan. 3,35; Dan. 3,37; Dan. 3,40; Dan. 3,42; Dan. 3,52; Dan. 9,6; Dan. 9,6; Dan. 9,6; Dan. 9,8; Dan. 9,8; Dan. 9,10; Dan. 9,10; Dan. 9,12; Dan. 9,13; Dan. 9,13; Dan. 9,14; Dan. 9,15; Dan. 9,16; Dan. 9,16; Dan. 9,16; Dan. 9,18; Dan. 9,18; Dan. 9,18; Dan. 9,20; Judg. 3,28; Judg. 3,28; Judg. 6,13; Judg. 6,13; Judg. 7,15; Judg. 8,22; Judg. 9,3; Judg. 9,8; Judg. 9,10; Judg. 9,12; Judg. 9,14; Judg. 11,2; Judg. 11,8; Judg. 11,10; Judg. 11,19; Judg. 11,24; Judg. 11,24; Judg. 13,23; Judg. 15,11; Judg. 16,23; Judg. 16,23; Judg. 16,24; Judg. 16,24; Judg. 16,24; Judg. 16,24; Judg. 16,24; Judg. 16,25; Judg. 18,5; Judg. 18,19; Judg. 18,25; Judg. 19,19; Judg. 20,23; Judg. 20,28; Judg. 20,32; Judg. 20,39; Judg. 21,1; Judg. 21,7; Judg. 21,18; Tob. 1,8; Tob. 1,9; Tob. 2,1; Tob. 2,2; Tob. 2,3; Tob. 2,3; Tob. 5,6; Tob. 5,9; Tob. 5,18; Tob. 5,18; Tob. 5,19; Tob. 5,21; Tob. 6,13; Tob. 7,1; Tob. 7,4; Tob. 7,11; Tob. 8,4; Tob. 8,5; Tob. 8,16; Tob. 10,6; Tob. 10,13; Tob. 13,4; Tob. 13,4; Tob. 13,4; Tob. 14,4; Dan. 1,13; Dan. 3,26; Dan. 3,28; Dan. 3,28; Dan. 3,35; Dan. 3,37; Dan. 3,40; Dan. 3,42; Dan. 3,52; Dan. 9,6; Dan. 9,6; Dan. 9,6; Dan. 9,8; Dan. 9,8; Dan. 9,8; Dan. 9,9; Dan. 9,10; Dan. 9,10; Dan. 9,12; Dan. 9,13; Dan. 9,13; Dan. 9,14; Dan. 9,15; Dan. 9,16; Dan. 9,16; Dan. 9,16; Dan. 9,17; Dan. 9,18; Dan. 9,18; Dan. 9,18; Sus. 20; Sus. 36; Sus. 50; Bel 11; Matt. 1,23; Matt. 6,9; Matt. 6,11; Matt. 6,12; Matt. 6,12; Matt. 8,17; Matt. 15,23; Matt. 20,33; Matt. 21,42; Matt. 23,30; Matt. 25,8; Matt. 27,25; Matt. 28,13; Mark 9,40; Mark 9,40; Mark 11,10; Mark 12,7; Mark 12,11; Mark 12,29; Luke 1,55; Luke 1,71; Luke 1,72; Luke 1,73; Luke 1,75; Luke 1,78; Luke 1,79; Luke 7,5; Luke 9,49; Luke 11,3; Luke 11,4; Luke 13,26; Luke 16,26; Luke 20,14; Luke 23,2; Luke 24,20; Luke 24,22; Luke 24,29; Luke 24,32; John 3,11; John 4,12; John 4,20; John 6,31; John 7,51; John 8,39; John 8,53; John 8,54; John 9,20; John 10,24; John 11,11; John 11,48; John 12,38; Acts 1,22; Acts 2,8; Acts 2,39; Acts 3,13; Acts 4,25; Acts 5,30; Acts 7,2; Acts 7,11; Acts 7,12; Acts 7,15; Acts 7,19; Acts 7,19; Acts 7,27; Acts 7,38; Acts 7,39; Acts 7,40; Acts 7,44; Acts 7,45; Acts 7,45; Acts 9,38; Acts 13,17; Acts 15,9; Acts 15,10; Acts 15,24; Acts 15,25; Acts 15,26; Acts 16,16; Acts 16,20; Acts 17,20; Acts 17,27; Acts 19,37; Acts 20,7; Acts 20,21; Acts 21,17; Acts 22,14; Acts 24,4; Acts 26,6; Acts 26,7; Acts 26,14; Acts 27,10; Acts 27,18; Acts 27,27; Acts 28,15; Rom. 1,4; Rom. 1,7; Rom. 3,5; Rom. 4,1; Rom. 4,12; Rom. 4,16; Rom. 4,24; Rom. 4,25; Rom. 4,25; Rom. 5,1; Rom. 5,5; Rom. 5,6; Rom. 5,8; Rom. 5,8; Rom. 5,11; Rom. 5,21; Rom. 6,6; Rom. 6,23; Rom. 7,5; Rom. 7,25; Rom. 8,16; Rom. 8,23; Rom. 8,26; Rom. 8,31; Rom. 8,31; Rom. 8,32; Rom. 8,34; Rom. 8,39; Rom. 9,10; Rom. 10,16; Rom. 13,11; Rom. 14,7; Rom. 14,12; Rom. 15,2; Rom. 15,6; Rom. 15,30; Rom. 16,1; Rom. 16,9; Rom. 16,18; Rom. 16,20; 1Cor. 1,2; 1Cor. 1,2; 1Cor. 1,3; 1Cor. 1,7; 1Cor. 1,8; 1Cor. 1,9; 1Cor. 1,10; 1Cor. 2,7; 1Cor. 4,8; 1Cor. 5,4; 1Cor. 5,4; 1Cor. 5,7; 1Cor. 6,11; 1Cor. 9,1; 1Cor. 10,1; 1Cor. 10,6; 1Cor. 10,11; 1Cor. 12,23; 1Cor. 12,24; 1Cor. 15,3; 1Cor. 15,14; 1Cor. 15,31; 1Cor. 15,57; 2Cor. 1,2; 2Cor. 1,3; 2Cor. 1,4; 2Cor. 1,5; 2Cor. 1,7; 2Cor. 1,8; 2Cor. 1,11; 2Cor. 1,11; 2Cor. 1,12; 2Cor. 1,12; 2Cor. 1,14; 2Cor. 1,14; 2Cor. 1,18; 2Cor. 1,19; 2Cor. 1,20; 2Cor. 1,22; 2Cor. 2,14; 2Cor. 3,2; 2Cor. 3,2; 2Cor. 3,3; 2Cor. 3,5; 2Cor. 4,3; 2Cor. 4,6; 2Cor. 4,7; 2Cor. 4,10; 2Cor. 4,11; 2Cor. 4,16; 2Cor. 4,16; 2Cor. 4,17; 2Cor. 4,18; 2Cor. 5,1; 2Cor. 5,2; 2Cor. 5,12; 2Cor. 5,20; 2Cor. 5,21; 2Cor. 6,11; 2Cor. 6,11; 2Cor. 7,3; 2Cor. 7,4; 2Cor. 7,5; 2Cor. 7,5; 2Cor. 7,9; 2Cor. 7,12; 2Cor. 7,13; 2Cor. 7,14; 2Cor. 8,4; 2Cor. 8,7; 2Cor. 8,9; 2Cor. 8,19; 2Cor. 8,19; 2Cor. 8,19; 2Cor. 8,20; 2Cor. 8,22; 2Cor. 8,23; 2Cor. 8,24; 2Cor. 9,3; 2Cor. 9,11; 2Cor. 10,4; 2Cor. 10,8; 2Cor. 10,15; Gal. 1,3; Gal. 1,4; Gal. 1,4; Gal. 2,4; Gal. 3,13; Gal. 3,24; Gal. 4,6; Gal. 4,26; Gal. 6,14; Gal. 6,18; Eph. 1,2; Eph. 1,3; Eph. 1,14; Eph. 1,17; Eph. 2,3; Eph. 2,14; Eph. 3,11; Eph. 4,7; Eph. 5,2; Eph. 5,20; Eph. 6,22; Eph. 6,24; Phil. 1,2; Phil. 3,20; Phil. 3,21; Phil. 4,20; Col. 1,2; Col. 1,3; Col. 1,7; Col. 2,14; Col. 4,3; Col. 4,8; 1Th. 1,2; 1Th. 1,3; 1Th. 1,3; 1Th. 1,5; 1Th. 1,6; 1Th. 1,9; 1Th. 2,1; 1Th. 2,2; 1Th. 2,3; 1Th. 2,4; 1Th. 2,9; 1Th. 2,13; 1Th. 2,19; 1Th. 2,19; 1Th. 2,20; 1Th. 3,2; 1Th. 3,5; 1Th. 3,6; 1Th. 3,7; 1Th. 3,9; 1Th. 3,11; 1Th. 3,11; 1Th. 3,11; 1Th. 3,13; 1Th. 3,13; 1Th. 4,1; 1Th. 5,9; 1Th. 5,10; 1Th. 5,23; 1Th. 5,25; 1Th. 5,28; 2Th.

ἐγώ

1,1; 2Th. 1,2; 2Th. 1,7; 2Th. 1,8; 2Th. 1,10; 2Th. 1,11; 2Th. 1,12; 2Th. 1,12; 2Th. 2,1; 2Th. 2,1; 2Th. 2,2; 2Th. 2,14; 2Th. 2,14; 2Th. 2,15; 2Th. 2,16; 2Th. 2,16; 2Th. 3,1; 2Th. 3,6; 2Th. 3,6; 2Th. 3,14; 2Th. 3,18; 1Tim. 1,1; 1Tim. 1,1; 1Tim. 1,2; 1Tim. 1,12; 1Tim. 1,14; 1Tim. 2,3; 1Tim. 6,3; 1Tim. 6,14; 2Tim. 1,2; 2Tim. 1,8; 2Tim. 1,9; 2Tim. 1,10; Titus 1,3; Titus 1,4; Titus 2,8; Titus 2,10; Titus 2,13; Titus 2,14; Titus 3,4; Titus 3,6; Philem. 1; Philem. 2; Philem. 3; Heb. 3,1; Heb. 4,15; Heb. 6,20; Heb. 7,14; Heb. 9,14; Heb. 9,24; Heb. 10,26; Heb. 11,40; Heb. 11,40; Heb. 12,9; Heb. 12,29; Heb. 13,18; Heb. 13,20; Heb. 13,23; James 2,1; James 2,21; James 3,6; 1Pet. 1,3; 1Pet. 2,24; 1Pet. 4,17; 2Pet. 1,1; 2Pet. 1,2; 2Pet. 1,8; 2Pet. 1,11; 2Pet. 1,14; 2Pet. 1,16; 2Pet. 3,15; 2Pet. 3,15; 2Pet. 3,18; 1John 1,1; 1John 1,1; 1John 1,3; 1John 1,4; 1John 1,9; 1John 2,2; 1John 2,19; 1John 2,19; 1John 2,19; 1John 2,19; 1John 2,19; 1John 3,16; 1John 3,19; 1John 3,20; 1John 3,20; 1John 3,21; 1John 4,6; 1John 4,6; 1John 4,10; 1John 4,17; 1John 5,4; 1John 5,14; 1John 5,15; 2John 2; 2John 3; 2John 12; 3John 12; Jude 3; Jude 4; Jude 4; Jude 17; Jude 21; Jude 25; Jude 25; Rev. 1,5; Rev. 4,11; Rev. 5,10; Rev. 6,10; Rev. 7,3; Rev. 7,10; Rev. 7,12; Rev. 11,15; Rev. 12,10; Rev. 12,10; Rev. 12,10; Rev. 19,1; Rev. 19,5; Rev. 19,6)

με ‣ 1651 + 90 + 290 = 2031

Pronoun ‣ (personal) ‣ first ‣ singular ‣ accusative ‣ 1651 + 90 + 290 = **2031** (Gen. 3,13; Gen. 4,10; Gen. 4,13; Gen. 4,14; Gen. 4,14; Gen. 4,14; Gen. 9,14; Gen. 12,12; Gen. 15,3; Gen. 16,2; Gen. 16,13; Gen. 18,21; Gen. 19,19; Gen. 19,20; Gen. 20,13; Gen. 21,23; Gen. 24,7; Gen. 24,17; Gen. 24,33; Gen. 24,37; Gen. 24,43; Gen. 24,45; Gen. 24,45; Gen. 24,54; Gen. 24,56; Gen. 24,56; Gen. 25,30; Gen. 26,27; Gen. 26,27; Gen. 26,27; Gen. 27,4; Gen. 27,7; Gen. 27,12; Gen. 27,19; Gen. 27,26; Gen. 27,31; Gen. 27,36; Gen. 28,15; Gen. 28,20; Gen. 28,21; Gen. 29,19; Gen. 29,19; Gen. 29,25; Gen. 29,32; Gen. 30,13; Gen. 30,16; Gen. 30,20; Gen. 30,25; Gen. 30,27; Gen. 30,28; Gen. 31,7; Gen. 31,7; Gen. 31,26; Gen. 31,29; Gen. 31,42; Gen. 31,52; Gen. 32,12; Gen. 32,12; Gen. 32,27; Gen. 32,27; Gen. 33,10; Gen. 33,11; Gen. 33,14; Gen. 34,30; Gen. 34,30; Gen. 34,30; Gen. 35,3; Gen. 37,9; Gen. 38,16; Gen. 38,16; Gen. 39,14; Gen. 39,17; Gen. 40,14; Gen. 40,15; Gen. 41,51; Gen. 41,52; Gen. 42,20; Gen. 42,34; Gen. 43,6; Gen. 43,29; Gen. 44,21; Gen. 45,4; Gen. 45,5; Gen. 45,5; Gen. 45,7; Gen. 45,8; Gen. 45,8; Gen. 45,9; Gen. 45,9; Gen. 45,18; Gen. 45,28; Gen. 46,31; Gen. 47,29; Gen. 47,30; Gen. 47,30; Gen. 48,3; Gen. 48,5; Gen. 48,15; Gen. 48,16; Gen. 49,22; Gen. 49,29; Gen. 50,5; Gen. 50,5; Ex. 2,14; Ex. 3,9; Ex. 3,13; Ex. 3,13; Ex. 3,14; Ex. 3,15; Ex. 5,22; Ex. 7,16; Ex. 8,5; Ex. 10,3; Ex. 11,8; Ex. 11,8; Ex. 14,15; Ex. 17,4; Ex. 18,4; Ex. 18,15; Ex. 18,16; Ex. 20,5; Ex. 20,6; Ex. 22,22; Ex. 22,26; Ex. 23,33; Ex. 24,12; Ex. 32,2; Ex. 32,10; Ex. 32,26; Ex. 32,32; Ex. 33,15; Ex. 34,1; Lev. 23,43; Lev. 26,23; Lev. 26,27; Lev. 26,40; Num. 11,15; Num. 14,11; Num. 14,22; Num. 14,23; Num. 16,28; Num. 16,29; Num. 20,12; Num. 20,24; Num. 22,8; Num. 22,10; Num. 22,13; Num. 22,16; Num. 22,19; Num. 22,28; Num. 22,33; Num. 22,37; Num. 23,7; Num. 24,12; Num. 27,14; Num. 27,14; Deut. 1,42; Deut. 2,1; Deut. 2,2; Deut. 2,9; Deut. 2,17; Deut. 2,31; Deut. 3,2; Deut. 3,26; Deut. 4,10; Deut. 4,10; Deut. 4,10; Deut. 5,9; Deut. 5,10; Deut. 5,23; Deut. 5,28; Deut. 5,28; Deut. 5,29; Deut. 9,4; Deut. 9,12; Deut. 9,13; Deut. 9,14; Deut. 10,1; Deut. 10,1; Deut. 10,11; Deut. 18,17; Deut. 28,20; Deut. 31,2; Deut. 31,16; Deut. 31,17; Deut. 31,20; Deut. 31,21; Deut. 31,28; Deut. 32,16; Deut. 32,16; Deut. 32,21; Deut. 32,21; Deut. 32,41; Deut. 32,51; Josh. 2,4; Josh. 9,22; Josh. 10,4; Josh. 14,7; Josh. 14,10; Josh. 14,11; Josh. 15,19; Josh. 17,14; Josh. 18,6; Josh. 18,8; Judg. 1,14; Judg. 1,15; Judg. 4,18; Judg. 4,19; Judg. 6,18; Judg. 7,2; Judg. 7,2; Judg. 8,9; Judg. 8,15; Judg. 9,15; Judg. 9,48; Judg. 9,54; Judg. 10,12; Judg. 10,13; Judg. 11,7; Judg. 11,7; Judg. 11,7; Judg. 11,7; Judg. 11,9; Judg. 11,12; Judg. 11,12; Judg. 11,31; Judg. 11,35; Judg. 11,37; Judg. 12,2; Judg. 12,2; Judg. 12,3; Judg. 13,6; Judg. 13,10; Judg. 13,16; Judg. 14,16; Judg. 14,16; Judg. 15,12; Judg. 15,12; Judg. 16,7; Judg. 16,10; Judg. 16,10; Judg. 16,11; Judg. 16,13; Judg. 16,13; Judg. 16,15; Judg. 16,26; Judg. 16,26; Judg. 16,28; Judg. 17,13; Judg. 18,4; Judg. 19,18; Ruth 1,12; Ruth 1,20; Ruth 1,20; Ruth 1,21; Ruth 1,21; Ruth 1,21; Ruth 1,21; Ruth 2,10; Ruth 2,13; Ruth 2,21; Ruth 3,17; 1Sam. 2,30; 1Sam. 2,30; 1Sam. 2,36; 1Sam. 3,5; 1Sam. 3,6; 1Sam. 3,8; 1Sam. 8,8; 1Sam. 9,16; 1Sam. 10,8; 1Sam. 13,12; 1Sam. 15,16; 1Sam. 15,20; 1Sam. 15,20; 1Sam. 15,30; 1Sam. 16,2; 1Sam. 16,19; 1Sam. 17,8; 1Sam. 17,9; 1Sam. 17,37; 1Sam. 17,37; 1Sam. 17,44; 1Sam. 17,45; 1Sam. 19,15; 1Sam. 19,17; 1Sam. 19,17; 1Sam. 20,5; 1Sam. 20,6; 1Sam. 20,8; 1Sam. 20,8; 1Sam. 20,29; 1Sam. 20,29; 1Sam. 21,6; 1Sam. 21,15; 1Sam. 21,16; 1Sam. 24,13; 1Sam. 24,19; 1Sam. 24,19; 1Sam. 25,33; 1Sam. 25,34; 1Sam. 26,14; 1Sam. 26,19; 1Sam. 26,24; 1Sam. 26,24; 1Sam. 27,1; 1Sam. 28,12; 1Sam. 28,15; 1Sam. 28,16; 1Sam. 29,3; 1Sam. 29,6; 1Sam. 30,13; 1Sam. 30,15; 1Sam. 30,15; 1Sam. 30,15; 1Sam. 31,4; 1Sam. 31,4; 2Sam. 1,7; 2Sam. 1,7; 2Sam. 1,9; 2Sam. 1,9; 2Sam. 1,9; 2Sam. 4,10; 2Sam. 6,9; 2Sam. 6,21; 2Sam. 6,21; 2Sam. 6,22; 2Sam. 7,5; 2Sam. 7,18; 2Sam. 11,6; 2Sam. 12,10; 2Sam. 12,22; 2Sam. 12,23; 2Sam. 13,5; 2Sam. 13,6; 2Sam. 13,12; 2Sam. 13,13; 2Sam. 13,16; 2Sam. 14,15; 2Sam. 14,16; 2Sam. 14,32; 2Sam. 14,32; 2Sam. 15,4; 2Sam. 15,8; 2Sam. 15,8; 2Sam. 15,25; 2Sam. 15,34; 2Sam. 15,36; 2Sam. 19,27; 2Sam. 19,29; 2Sam. 19,43; 2Sam. 19,44; 2Sam. 22,2; 2Sam. 22,3; 2Sam. 22,5; 2Sam. 22,5; 2Sam. 22,6; 2Sam. 22,6; 2Sam. 22,7; 2Sam. 22,17; 2Sam. 22,17; 2Sam. 22,18; 2Sam. 22,18; 2Sam. 22,19; 2Sam. 22,20; 2Sam. 22,20; 2Sam. 22,33; 2Sam. 22,34; 2Sam. 22,36; 2Sam. 22,40; 2Sam. 22,41; 2Sam. 22,44; 2Sam. 22,44; 2Sam. 22,49; 2Sam. 22,49; 2Sam. 22,49; 2Sam. 23,15; 2Sam. 24,13; 1Kings 2,7; 1Kings 2,8; 1Kings 2,24; 1Kings 2,24; 1Kings 2,35m; 1Kings 5,22; 1Kings 5,23; 1Kings 11,21; 1Kings 11,22; 1Kings 11,33; 1Kings 12,5; 1Kings 12,9; 1Kings 12,12; 1Kings 12,24d; 1Kings 12,24f; 1Kings 12,24r; 1Kings 12,27; 1Kings 13,6; 1Kings 13,18; 1Kings 13,31; 1Kings 13,31; 1Kings 16,2; 1Kings 17,18; 1Kings 18,9; 1Kings 18,12; 1Kings 18,14; 1Kings 18,19; 1Kings 18,30; 1Kings 20,20; 1Kings 21,7; 1Kings 21,35; 1Kings 21,37; 1Kings 21,39; 1Kings 21,39; 1Kings 22,14; 1Kings 22,16; 1Kings 22,27; 1Kings 22,34; 2Kings 2,2; 2Kings 2,4; 2Kings 2,6; 2Kings 2,9; 2Kings 2,10; 2Kings 4,6; 2Kings 5,7; 2Kings 5,7; 2Kings 5,8; 2Kings 5,11; 2Kings 5,22; 2Kings 5,22; 2Kings 6,11; 2Kings 6,28; 2Kings 8,9; 2Kings 9,12; 2Kings 10,6; 2Kings 10,16; 2Kings 10,19; 2Kings 16,7; 2Kings 18,22; 2Kings 18,25; 2Kings 18,27; 2Kings 18,31; 2Kings 19,20; 2Kings 20,8; 2Kings 20,14; 2Kings 21,15; 2Kings 22,15; 2Kings 22,17; 2Kings 22,17; 1Chr. 4,10; 1Chr. 4,10; 1Chr. 10,4; 1Chr. 11,17; 1Chr. 12,18; 1Chr. 12,18; 1Chr. 17,4; 1Chr. 17,16; 1Chr. 17,17; 1Chr. 17,17; 1Chr. 21,2; 1Chr. 21,12; 1Chr. 28,4; 1Chr. 29,3; 2Chr. 1,8; 2Chr. 1,9; 2Chr. 10,5; 2Chr. 10,9; 2Chr. 10,12; 2Chr. 12,5; 2Chr. 18,13; 2Chr. 18,15; 2Chr. 18,26; 2Chr. 18,33; 2Chr. 28,23; 2Chr. 34,23; 2Chr. 34,25; 2Chr. 34,25; 2Chr. 35,21; 2Chr. 35,23; 1Esdr. 1,28; 1Esdr. 2,20; 1Esdr. 8,68; 1Esdr. 8,69; Ezra 9,1; Ezra 9,4; Ezra 9,5; Neh. 1,3; Neh. 1,4; Neh. 1,9; Neh. 2,6; Neh. 2,7; Neh. 6,2; Neh. 6,4; Neh. 6,5; Neh. 6,13; Neh. 6,14; Neh. 6,19; Neh. 6,19; Neh. 12,25; Esth. 4,16; Esth. 14,19 # 4,17z; Judith 11,2; Judith 11,16; Judith 13,7; Judith 13,16; Judith 16,2; Judith 16,2; Tob. 2,4; Tob. 2,10; Tob. 2,10; Tob. 2,13; Tob. 3,3; Tob. 3,6; Tob. 3,13; Tob. 3,13; Tob. 3,15; Tob. 3,15; Tob. 3,15; Tob. 4,2; Tob. 4,3; Tob. 5,7; Tob. 5,9; Tob. 7,12; Tob. 8,7; Tob. 8,16; Tob. 9,3; Tob. 10,7; Tob. 10,8; Tob. 10,8; Tob. 10,9;

Tob. 10,11; Tob. 11,14; Tob. 12,3; Tob. 12,13; Tob. 12,14; Tob. 12,20; Tob. 14,9; 1Mac. 6,13; 1Mac. 11,10; 2Mac. 7,27; 4Mac. 5,37; 4Mac. 8,9; 4Mac. 8,9; 4Mac. 9,15; 4Mac. 9,23; 4Mac. 10,2; 4Mac. 10,14; 4Mac. 18,8; Psa. 2,7; Psa. 3,2; Psa. 3,8; Psa. 4,2; Psa. 4,2; Psa. 4,4; Psa. 4,9; Psa. 5,9; Psa. 6,2; Psa. 6,2; Psa. 6,3; Psa. 6,3; Psa. 6,5; Psa. 7,2; Psa. 7,2; Psa. 7,2; Psa. 7,9; Psa. 9,14; Psa. 9,14; Psa. 11,2; Psa. 12,5; Psa. 12,6; Psa. 15,1; Psa. 15,7; Psa. 15,7; Psa. 15,11; Psa. 16,3; Psa. 16,8; Psa. 16,8; Psa. 16,9; Psa. 16,11; Psa. 16,11; Psa. 16,12; Psa. 17,5; Psa. 17,5; Psa. 17,6; Psa. 17,6; Psa. 17,7; Psa. 17,17; Psa. 17,17; Psa. 17,18; Psa. 17,18; Psa. 17,19; Psa. 17,20; Psa. 17,20; Psa. 17,20; Psa. 17,20; Psa. 17,20; Psa. 17,33; Psa. 17,34; Psa. 17,36; Psa. 17,36; Psa. 17,40; Psa. 17,41; Psa. 17,44; Psa. 17,44; Psa. 17,49; Psa. 17,49; Psa. 18,13; Psa. 21,2; Psa. 21,8; Psa. 21,8; Psa. 21,10; Psa. 21,13; Psa. 21,13; Psa. 21,16; Psa. 21,17; Psa. 21,17; Psa. 21,18; Psa. 21,22; Psa. 21,25; Psa. 22,1; Psa. 22,1; Psa. 22,2; Psa. 22,2; Psa. 22,3; Psa. 22,4; Psa. 22,5; Psa. 22,6; Psa. 22,6; Psa. 24,4; Psa. 24,5; Psa. 24,5; Psa. 24,16; Psa. 24,17; Psa. 24,19; Psa. 24,20; Psa. 25,1; Psa. 25,2; Psa. 25,2; Psa. 25,11; Psa. 25,11; Psa. 26,2; Psa. 26,4; Psa. 26,4; Psa. 26,5; Psa. 26,5; Psa. 26,5; Psa. 26,7; Psa. 26,9; Psa. 26,9; Psa. 26,10; Psa. 26,10; Psa. 26,11; Psa. 26,11; Psa. 26,12; Psa. 26,12; Psa. 27,2; Psa. 27,2; Psa. 27,3; Psa. 29,2; Psa. 29,3; Psa. 29,4; Psa. 29,10; Psa. 29,11; Psa. 29,12; Psa. 30,2; Psa. 30,2; Psa. 30,3; Psa. 30,3; Psa. 30,3; Psa. 30,4; Psa. 30,4; Psa. 30,5; Psa. 30,6; Psa. 30,9; Psa. 30,10; Psa. 30,12; Psa. 30,16; Psa. 30,16; Psa. 30,17; Psa. 30,23; Psa. 31,3; Psa. 31,7; Psa. 31,7; Psa. 31,7; Psa. 33,5; Psa. 34,1; Psa. 34,1; Psa. 34,3; Psa. 34,11; Psa. 34,16; Psa. 34,16; Psa. 34,19; Psa. 34,24; Psa. 35,12; Psa. 37,2; Psa. 37,2; Psa. 37,11; Psa. 37,20; Psa. 37,21; Psa. 37,21; Psa. 37,22; Psa. 38,9; Psa. 38,9; Psa. 38,10; Psa. 38,14; Psa. 39,3; Psa. 39,13; Psa. 39,13; Psa. 39,13; Psa. 39,14; Psa. 40,5; Psa. 40,11; Psa. 40,11; Psa. 40,12; Psa. 40,13; Psa. 41,6; Psa. 41,11; Psa. 41,11; Psa. 41,12; Psa. 42,1; Psa. 42,1; Psa. 42,2; Psa. 42,3; Psa. 42,3; Psa. 42,5; Psa. 43,7; Psa. 43,16; Psa. 48,6; Psa. 48,16; Psa. 49,15; Psa. 49,15; Psa. 49,23; Psa. 50,3; Psa. 50,4; Psa. 50,4; Psa. 50,7; Psa. 50,9; Psa. 50,9; Psa. 50,10; Psa. 50,13; Psa. 50,14; Psa. 50,16; Psa. 53,3; Psa. 53,3; Psa. 53,9; Psa. 54,6; Psa. 54,9; Psa. 54,13; Psa. 54,13; Psa. 55,2; Psa. 55,2; Psa. 55,2; Psa. 55,3; Psa. 55,3; Psa. 56,2; Psa. 56,2; Psa. 56,3; Psa. 56,4; Psa. 56,4; Psa. 58,2; Psa. 58,2; Psa. 58,3; Psa. 58,3; Psa. 58,11; Psa. 59,11; Psa. 59,11; Psa. 60,3; Psa. 60,4; Psa. 60,9; Psa. 63,2; Psa. 63,3; Psa. 68,2; Psa. 68,3; Psa. 68,5; Psa. 68,5; Psa. 68,10; Psa. 68,15; Psa. 68,15; Psa. 68,16; Psa. 68,16; Psa. 68,19; Psa. 68,20; Psa. 68,22; Psa. 69,2; Psa. 70,2; Psa. 70,2; Psa. 70,2; Psa. 70,2; Psa. 70,3; Psa. 70,4; Psa. 70,9; Psa. 70,9; Psa. 70,17; Psa. 70,18; Psa. 70,20; Psa. 70,20; Psa. 70,21; Psa. 70,21; Psa. 72,24; Psa. 72,24; Psa. 80,8; Psa. 85,3; Psa. 85,11; Psa. 85,16; Psa. 85,17; Psa. 85,17; Psa. 86,4; Psa. 87,7; Psa. 87,9; Psa. 87,17; Psa. 87,18; Psa. 87,18; Psa. 88,27; Psa. 90,3; Psa. 90,15; Psa. 91,5; Psa. 100,2; Psa. 101,3; Psa. 101,9; Psa. 101,9; Psa. 101,11; Psa. 101,25; Psa. 107,11; Psa. 107,11; Psa. 108,3; Psa. 108,3; Psa. 108,4; Psa. 108,4; Psa. 108,20; Psa. 108,22; Psa. 108,25; Psa. 108,26; Psa. 108,29; Psa. 114,3; Psa. 114,3; Psa. 114,6; Psa. 117,10; Psa. 117,11; Psa. 117,12; Psa. 117,16; Psa. 117,18; Psa. 117,18; Psa. 118,6; Psa. 118,7; Psa. 118,8; Psa. 118,10; Psa. 118,12; Psa. 118,25; Psa. 118,26; Psa. 118,27; Psa. 118,28; Psa. 118,29; Psa. 118,31; Psa. 118,33; Psa. 118,34; Psa. 118,35; Psa. 118,37; Psa. 118,40; Psa. 118,42; Psa. 118,49; Psa. 118,50; Psa. 118,50; Psa. 118,53; Psa. 118,58; Psa. 118,64; Psa. 118,66; Psa. 118,67; Psa. 118,68; Psa. 118,71; Psa. 118,73; Psa. 118,73; Psa. 118,73; Psa. 118,74; Psa. 118,75; Psa. 118,76; Psa. 118,82; Psa. 118,84; Psa. 118,86; Psa. 118,87; Psa. 118,88; Psa. 118,93; Psa. 118,94; Psa. 118,95; Psa. 118,98; Psa. 118,99; Psa. 118,107; Psa. 118,108; Psa. 118,116; Psa. 118,121; Psa. 118,121; Psa. 118,122; Psa. 118,124; Psa. 118,125; Psa. 118,132; Psa. 118,134; Psa. 118,135; Psa. 118,139; Psa. 118,143; Psa. 118,144; Psa. 118,146; Psa. 118,149; Psa. 118,150; Psa. 118,153; Psa. 118,154; Psa. 118,154; Psa. 118,156; Psa. 118,157; Psa. 118,157; Psa. 118,159; Psa. 118,161; Psa. 118,169; Psa. 118,170; Psa. 118,171; Psa. 118,173; Psa. 119,1; Psa. 119,7; Psa. 128,1; Psa. 128,2; Psa. 137,3; Psa. 137,7; Psa. 137,7; Psa. 138,1; Psa. 138,1; Psa. 138,5; Psa. 138,10; Psa. 138,10; Psa. 138,11; Psa. 138,23; Psa. 138,23; Psa. 138,24; Psa. 139,2; Psa. 139,2; Psa. 139,5; Psa. 139,5; Psa. 139,9; Psa. 139,9; Psa. 140,1; Psa. 140,5; Psa. 140,5; Psa. 140,9; Psa. 141,5; Psa. 141,7; Psa. 141,7; Psa. 142,3; Psa. 142,9; Psa. 142,10; Psa. 142,10; Psa. 142,11; Psa. 143,7; Psa. 143,7; Psa. 143,11; Psa. 143,11; Psa. 151,4; Psa. 151,4; Psa. 151,6; Psa. 151,6; Ode. 2,16; Ode. 2,16; Ode. 2,21; Ode. 2,21; Ode. 2,41; Ode. 4,16; Ode. 4,19; Ode. 6,4; Ode. 6,4; Ode. 6,6; Ode. 9,48; Ode. 11,15; Ode. 12,10; Ode. 12,13; Ode. 12,13; Ode. 12,14; Ode. 14,36; Ode. 14,37; Ode. 14,38; Ode. 14,40; Ode. 14,43; Prov. 1,28; Prov. 1,28; Prov. 4,4; Prov. 5,13; Prov. 5,13; Prov. 8,22; Prov. 8,23; Prov. 8,25; Prov. 8,36; Prov. 9,4; Prov. 9,16; Prov. 23,35; Prov. 25,7; Prov. 30,3; Prov. 30,7; Prov. 30,9; Prov. 24,29; Eccl. 9,13; Song 1,2; Song 1,4; Song 1,6; Song 1,6; Song 1,6; Song 2,4; Song 2,5; Song 2,5; Song 2,6; Song 2,14; Song 3,3; Song 3,4; Song 5,7; Song 5,7; Song 5,7; Song 6,5; Song 6,12; Song 8,2; Song 8,3; Song 8,6; Song 8,13; Job 2,9d; Job 6,4; Job 6,9; Job 6,9; Job 6,14; Job 6,14; Job 6,15; Job 6,15; Job 6,16; Job 6,23; Job 6,23; Job 6,24; Job 6,26; Job 7,8; Job 7,8; Job 7,13; Job 7,14; Job 7,14; Job 7,19; Job 7,19; Job 7,20; Job 9,11; Job 9,11; Job 9,17; Job 9,18; Job 9,18; Job 9,28; Job 9,31; Job 9,31; Job 9,34; Job 10,2; Job 10,2; Job 10,8; Job 10,8; Job 10,8; Job 10,9; Job 10,9; Job 10,10; Job 10,10; Job 10,11; Job 10,11; Job 10,14; Job 10,14; Job 10,16; Job 10,18; Job 10,18; Job 10,20; Job 10,21; Job 13,15; Job 13,21; Job 13,23; Job 13,24; Job 14,13; Job 14,13; Job 16,7; Job 16,9; Job 16,10; Job 16,11; Job 16,11; Job 16,12; Job 16,12; Job 16,12; Job 16,13; Job 16,14; Job 16,14; Job 17,6; Job 19,2; Job 19,3; Job 19,3; Job 19,10; Job 19,11; Job 19,12; Job 19,14; Job 19,18; Job 19,19; Job 19,19; Job 19,21; Job 19,21; Job 19,22; Job 19,25; Job 21,3; Job 21,34; Job 23,10; Job 23,16; Job 24,15; Job 24,25; Job 27,2; Job 29,2; Job 29,2; Job 29,8; Job 29,10; Job 29,11; Job 29,11; Job 29,13; Job 30,1; Job 30,10; Job 30,11; Job 30,14; Job 30,16; Job 30,18; Job 30,19; Job 30,20; Job 30,21; Job 30,22; Job 30,22; Job 30,23; Job 30,27; Job 31,6; Job 31,13; Job 31,20; Job 31,23; Job 32,18; Job 33,4; Job 33,4; Job 33,10; Job 33,27; Job 35,10; Job 35,11; Job 35,14; Job 36,2; Job 37,19; Job 38,2; Job 38,4; Job 38,7; Job 38,20; Job 40,8; Job 42,4; Wis. 7,21; Wis. 8,12; Wis. 8,15; Wis. 9,4; Wis. 9,7; Wis. 9,11; Wis. 9,11; Sir. 5,3; Sir. 7,9; Sir. 15,12; Sir. 22,27; Sir. 23,1; Sir. 23,1; Sir. 23,6; Sir. 23,6; Sir. 23,18; Sir. 23,18; Sir. 23,18; Sir. 24,8; Sir. 24,9; Sir. 24,11; Sir. 24,19; Sir. 24,21; Sir. 24,21; Sir. 29,26; Sir. 31,22; Sir. 51,2; Sir. 51,7; Sir. 51,10; Sir. 51,11; Sir. 51,11; Sir. 51,13; Sir. 51,23; Sol. 1,1; Sol. 1,3; Sol. 5,2; Sol. 13,1; Sol. 15,1; Sol. 16,4; Sol. 16,4; Sol. 16,5; Sol. 16,8; Hos. 2,18; Hos. 2,18; Hos. 3,1; Hos. 5,15; Hos. 6,11; Hos. 7,1; Hos. 7,7; Hos. 7,14; Hos. 12,1; Hos. 12,5; Amos 4,6; Amos 4,8; Amos 4,9; Amos 4,10; Amos 4,11; Amos 5,4; Amos 7,8; Amos 7,8; Amos 7,15; Amos 7,15; Amos 8,2; Mic. 7,9; Mic. 7,10; Joel 1,8; Joel 2,12; Obad. 3; Jonah 1,2; Jonah 1,12; Jonah 1,12; Jonah 2,4; Jonah 2,4; Jonah 2,6; Jonah 4,3; Jonah 4,3; Jonah 4,8; Hab. 1,12; Hab. 2,2; Hab. 3,19; Zeph. 3,7; Zeph. 3,8; Zeph. 3,20; Hag. 2,17; Zech. 1,3; Zech. 1,9; Zech. 1,10; Zech. 1,14; Zech. 1,17; Zech. 2,2; Zech. 2,4; Zech. 2,6; Zech. 2,12; Zech. 2,13; Zech. 2,15; Zech. 4,1; Zech. 4,2; Zech. 4,5; Zech. 4,6; Zech. 4,8; Zech. 4,9; Zech. 4,13; Zech. 5,2; Zech. 5,3; Zech. 5,5; Zech. 5,11; Zech. 6,8; Zech. 6,9; Zech. 6,15; Zech.

ἐγώ

7,4; Zech. 8,14; Zech. 8,18; Zech. 11,13; Zech. 11,15; Zech. 12,10; Zech. 13,5; Mal. 2,5; Mal. 3,5; Mal. 3,7; Mal. 3,8; Is. 1,2; Is. 1,3; Is. 1,3; Is. 1,15; Is. 6,6; Is. 6,8; Is. 8,1; Is. 10,14; Is. 12,1; Is. 21,3; Is. 21,4; Is. 21,6; Is. 22,4; Is. 22,4; Is. 27,4; Is. 29,13; Is. 29,13; Is. 29,16; Is. 29,16; Is. 30,19; Is. 33,22; Is. 36,12; Is. 36,16; Is. 37,6; Is. 37,21; Is. 37,29; Is. 38,14; Is. 39,3; Is. 40,25; Is. 41,1; Is. 43,20; Is. 43,23; Is. 44,17; Is. 44,22; Is. 45,4; Is. 45,5; Is. 45,11; Is. 45,16; Is. 45,22; Is. 46,5; Is. 48,16; Is. 48,16; Is. 49,2; Is. 49,2; Is. 49,2; Is. 49,5; Is. 49,14; Is. 50,8; Is. 50,9; Is. 51,4; Is. 56,3; Is. 57,11; Is. 57,11; Is. 58,2; Is. 61,1; Is. 61,1; Is. 61,10; Is. 61,10; Is. 65,3; Is. 65,7; Is. 65,10; Is. 65,11; Jer. 1,4; Jer. 1,5; Jer. 1,7; Jer. 1,9; Jer. 1,9; Jer. 1,11; Jer. 1,12; Jer. 1,13; Jer. 1,14; Jer. 1,16; Jer. 2,8; Jer. 2,27; Jer. 2,29; Jer. 3,1; Jer. 3,4; Jer. 3,6; Jer. 3,7; Jer. 3,10; Jer. 3,11; Jer. 3,12; Jer. 3,19; Jer. 4,1; Jer. 5,7; Jer. 6,27; Jer. 6,27; Jer. 7,18; Jer. 8,19; Jer. 8,21; Jer. 9,5; Jer. 9,12; Jer. 10,19; Jer. 11,6; Jer. 11,9; Jer. 11,11; Jer. 11,14; Jer. 11,17; Jer. 12,3; Jer. 12,15; Jer. 13,3; Jer. 13,6; Jer. 13,8; Jer. 14,11; Jer. 14,14; Jer. 15,1; Jer. 15,6; Jer. 15,10; Jer. 15,10; Jer. 15,10; Jer. 15,15; Jer. 15,15; Jer. 15,15; Jer. 15,18; Jer. 16,11; Jer. 17,14; Jer. 17,14; Jer. 17,15; Jer. 17,18; Jer. 18,5; Jer. 19,1; Jer. 19,4; Jer. 20,7; Jer. 20,14; Jer. 20,17; Jer. 24,3; Jer. 24,4; Jer. 25,6; Jer. 28,34; Jer. 28,34; Jer. 28,34; Jer. 28,34; Jer. 28,34; Jer. 32,17; Jer. 33,12; Jer. 33,15; Jer. 33,15; Jer. 36,12; Jer. 36,13; Jer. 36,13; Jer. 36,13; Jer. 37,21; Jer. 37,21; Jer. 38,18; Jer. 38,18; Jer. 38,19; Jer. 38,34; Jer. 39,8; Jer. 39,16; Jer. 39,25; Jer. 39,26; Jer. 39,29; Jer. 39,32; Jer. 39,33; Jer. 39,39; Jer. 40,3; Jer. 42,12; Jer. 43,1; Jer. 44,7; Jer. 44,18; Jer. 44,20; Jer. 45,15; Jer. 45,19; Jer. 45,26; Jer. 49,20; Jer. 49,21; Jer. 51,3; Jer. 51,8; Bar. 2,32; Bar. 2,35; Lam. 1,12; Lam. 1,13; Lam. 1,13; Lam. 1,16; Lam. 1,19; Lam. 1,20; Lam. 1,21; Lam. 3,2; Lam. 3,6; Lam. 3,11; Lam. 3,11; Lam. 3,12; Lam. 3,15; Lam. 3,15; Lam. 3,16; Lam. 3,45; Lam. 3,52; Ezek. 2,1; Ezek. 2,2; Ezek. 2,2; Ezek. 2,2; Ezek. 2,2; Ezek. 2,3; Ezek. 2,3; Ezek. 2,3; Ezek. 2,9; Ezek. 3,1; Ezek. 3,2; Ezek. 3,3; Ezek. 3,4; Ezek. 3,10; Ezek. 3,12; Ezek. 3,14; Ezek. 3,14; Ezek. 3,16; Ezek. 3,18; Ezek. 3,22; Ezek. 3,24; Ezek. 3,24; Ezek. 3,27; Ezek. 4,15; Ezek. 4,16; Ezek. 5,13; Ezek. 5,15; Ezek. 5,16; Ezek. 6,1; Ezek. 7,1; Ezek. 8,3; Ezek. 8,3; Ezek. 8,3; Ezek. 8,5; Ezek. 8,6; Ezek. 8,7; Ezek. 8,8; Ezek. 8,9; Ezek. 8,12; Ezek. 8,13; Ezek. 8,14; Ezek. 8,15; Ezek. 8,16; Ezek. 8,17; Ezek. 9,9; Ezek. 11,1; Ezek. 11,1; Ezek. 11,2; Ezek. 11,5; Ezek. 11,13; Ezek. 11,14; Ezek. 11,24; Ezek. 11,24; Ezek. 12,1; Ezek. 12,8; Ezek. 12,15; Ezek. 12,17; Ezek. 12,21; Ezek. 12,26; Ezek. 13,1; Ezek. 13,19; Ezek. 14,1; Ezek. 14,2; Ezek. 14,12; Ezek. 15,1; Ezek. 15,7; Ezek. 16,1; Ezek. 16,26; Ezek. 16,43; Ezek. 16,54; Ezek. 17,1; Ezek. 17,11; Ezek. 18,1; Ezek. 20,2; Ezek. 20,3; Ezek. 20,21; Ezek. 20,26; Ezek. 20,27; Ezek. 20,41; Ezek. 20,42; Ezek. 20,44; Ezek. 21,1; Ezek. 21,5; Ezek. 21,6; Ezek. 21,13; Ezek. 21,23; Ezek. 22,1; Ezek. 22,17; Ezek. 22,23; Ezek. 23,1; Ezek. 23,35; Ezek. 23,36; Ezek. 24,1; Ezek. 24,15; Ezek. 24,19; Ezek. 24,20; Ezek. 25,1; Ezek. 26,1; Ezek. 26,2; Ezek. 26,19; Ezek. 27,1; Ezek. 28,1; Ezek. 28,11; Ezek. 28,20; Ezek. 28,22; Ezek. 29,1; Ezek. 29,17; Ezek. 30,1; Ezek. 30,18; Ezek. 30,20; Ezek. 31,1; Ezek. 32,1; Ezek. 32,17; Ezek. 33,1; Ezek. 33,8; Ezek. 33,13; Ezek. 33,14; Ezek. 33,21; Ezek. 33,22; Ezek. 33,23; Ezek. 34,1; Ezek. 34,27; Ezek. 35,1; Ezek. 36,16; Ezek. 36,23; Ezek. 37,1; Ezek. 37,1; Ezek. 37,2; Ezek. 37,3; Ezek. 37,4; Ezek. 37,9; Ezek. 37,11; Ezek. 37,13; Ezek. 37,13; Ezek. 37,15; Ezek. 38,1; Ezek. 38,16; Ezek. 39,27; Ezek. 39,27; Ezek. 39,28; Ezek. 40,1; Ezek. 40,2; Ezek. 40,3; Ezek. 40,4; Ezek. 40,17; Ezek. 40,19; Ezek. 40,24; Ezek. 40,28; Ezek. 40,32; Ezek. 40,35; Ezek. 40,44; Ezek. 40,45; Ezek. 40,48; Ezek. 41,1; Ezek. 41,22; Ezek. 42,1; Ezek. 42,1; Ezek. 42,13; Ezek. 42,15; Ezek. 43,1; Ezek. 43,1; Ezek. 43,5; Ezek. 43,5; Ezek. 43,6; Ezek. 43,7; Ezek. 43,18; Ezek. 43,19; Ezek. 44,1; Ezek. 44,2; Ezek. 44,4; Ezek. 44,5; Ezek. 44,13; Ezek. 44,15; Ezek. 46,19; Ezek. 46,20; Ezek. 46,21; Ezek. 46,21; Ezek. 46,24; Ezek. 47,1; Ezek. 47,2; Ezek. 47,2; Ezek. 47,6; Ezek. 47,6; Ezek. 47,8; Dan. 2,24; Dan. 4,33a; Dan. 4,33b; Dan. 4,33b; Dan. 4,34; Dan. 4,37a; Dan. 4,37b; Dan. 6,23; Dan. 6,23; Dan. 8,1; Dan. 8,15; Dan. 8,18; Dan. 10,3; Dan. 10,10; Dan. 10,12; Dan. 10,18; Dan. 10,19; Dan. 10,20; Sus. 13-14; Sus. 23; Judg. 1,14; Judg. 1,15; Judg. 4,18; Judg. 4,19; Judg. 6,18; Judg. 7,2; Judg. 7,2; Judg. 8,15; Judg. 9,15; Judg. 9,48; Judg. 9,54; Judg. 10,12; Judg. 10,13; Judg. 11,7; Judg. 11,7; Judg. 11,7; Judg. 11,7; Judg. 11,9; Judg. 11,12; Judg. 11,31; Judg. 11,35; Judg. 11,37; Judg. 12,2; Judg. 13,6; Judg. 13,10; Judg. 13,10; Judg. 13,16; Judg. 14,16; Judg. 14,16; Judg. 16,7; Judg. 16,10; Judg. 16,10; Judg. 16,11; Judg. 16,13; Judg. 16,15; Judg. 16,26; Judg. 16,28; Judg. 17,2; Judg. 18,4; Judg. 18,24; Judg. 19,18; Tob. 1,8; Tob. 1,10; Tob. 2,4; Tob. 2,10; Tob. 2,10; Tob. 2,13; Tob. 3,3; Tob. 3,6; Tob. 3,13; Tob. 3,13; Tob. 3,15; Tob. 4,2; Tob. 4,3; Tob. 5,2; Tob. 5,2; Tob. 5,7; Tob. 7,1; Tob. 8,7; Tob. 8,16; Tob. 10,7; Tob. 10,8; Tob. 10,8; Tob. 10,8; Tob. 10,9; Tob. 10,11; Tob. 10,13; Tob. 11,14; Tob. 12,14; Tob. 12,19; Tob. 12,20; Dan. 2,24; Dan. 4,5; Dan. 4,5; Dan. 4,36; Dan. 6,23; Dan. 7,15; Dan. 7,28; Dan. 8,1; Dan. 8,15; Dan. 8,17; Dan. 8,18; Dan. 9,22; Dan. 10,9; Dan. 10,10; Dan. 10,11; Dan. 10,11; Dan. 10,12; Dan. 10,18; Dan. 10,19; Matt. 3,14; Matt. 8,2; Matt. 10,33; Matt. 10,40; Matt. 11,28; Matt. 14,28; Matt. 14,30; Matt. 15,8; Matt. 15,9; Matt. 15,22; Matt. 16,15; Matt. 18,32; Matt. 19,14; Matt. 19,17; Matt. 22,18; Matt. 23,39; Matt. 25,35; Matt. 25,35; Matt. 25,36; Matt. 25,36; Matt. 25,36; Matt. 25,42; Matt. 25,43; Matt. 25,43; Matt. 25,43; Matt. 26,12; Matt. 26,21; Matt. 26,23; Matt. 26,32; Matt. 26,34; Matt. 26,35; Matt. 26,46; Matt. 26,55; Matt. 26,55; Matt. 26,75; Matt. 27,46; Matt. 28,10; Mark 1,40; Mark 5,7; Mark 6,22; Mark 6,23; Mark 7,6; Mark 7,7; Mark 8,27; Mark 8,29; Mark 8,38; Mark 9,19; Mark 9,37; Mark 9,39; Mark 10,14; Mark 10,18; Mark 10,36; Mark 10,47; Mark 10,48; Mark 12,15; Mark 14,18; Mark 14,28; Mark 14,30; Mark 14,31; Mark 14,42; Mark 14,48; Mark 14,49; Mark 14,72; Mark 15,34; Luke 1,48; Luke 2,49; Luke 2,49; Luke 4,18; Luke 4,18; Luke 4,43; Luke 5,12; Luke 6,46; Luke 6,47; Luke 8,28; Luke 9,18; Luke 9,20; Luke 9,26; Luke 9,48; Luke 10,16; Luke 10,35; Luke 10,40; Luke 11,6; Luke 11,18; Luke 12,9; Luke 12,14; Luke 13,33; Luke 13,35; Luke 14,18; Luke 14,19; Luke 14,26; Luke 15,19; Luke 16,4; Luke 16,24; Luke 18,3; Luke 18,5; Luke 18,16; Luke 18,19; Luke 18,38; Luke 18,39; Luke 19,5; Luke 19,27; Luke 22,15; Luke 22,21; Luke 22,34; Luke 22,61; Luke 24,39; John 1,33; John 1,48; John 2,17; John 4,34; John 5,7; John 5,11; John 5,24; John 5,30; John 5,36; John 5,37; John 5,40; John 5,43; John 6,26; John 6,36; John 6,38; John 6,39; John 6,44; John 6,44; John 6,57; John 6,57; John 6,65; John 7,16; John 7,19; John 7,28; John 7,29; John 7,33; John 7,34; John 7,34; John 7,36; John 7,36; John 7,37; John 8,16; John 8,18; John 8,21; John 8,26; John 8,28; John 8,29; John 8,29; John 8,37; John 8,40; John 8,42; John 8,46; John 8,49; John 8,54; John 9,4; John 10,14; John 10,15; John 10,16; John 10,17; John 11,42; John 12,27; John 12,44; John 12,45; John 12,49; John 13,13; John 13,20; John 13,21; John 13,33; John 13,38; John 14,7; John 14,9; John 14,14; John 14,15; John 14,19; John 14,19; John 14,21; John 14,21; John 14,23; John 14,24; John 14,24; John 14,28; John 15,9; John 15,16; John 15,21; John 15,25; John 16,5; John 16,5; John 16,10; John 16,16; John 16,16; John 16,17; John 16,17; John 16,19; John 16,19; John 17,5; John 17,8; John 17,21; John 17,23; John 17,24; John 17,25; John 17,26; John 18,21; John 18,23; John 20,21; John 20,29; John 21,15; John 21,16; John 21,17; John 21,17; Acts 2,28; Acts 7,28; Acts 8,31; Acts 8,36; Acts 9,4; Acts

Ε, ε

9,17; Acts 10,29; Acts 11,11; Acts 11,15; Acts 12,11; Acts 16,15; Acts 16,30; Acts 19,21; Acts 19,21; Acts 20,23; Acts 22,7; Acts 22,8; Acts 22,10; Acts 22,13; Acts 22,17; Acts 22,21; Acts 23,3; Acts 23,3; Acts 23,18; Acts 23,22; Acts 24,12; Acts 24,18; Acts 25,10; Acts 25,11; Acts 26,5; Acts 26,13; Acts 26,14; Acts 26,14; Acts 26,16; Acts 26,21; Acts 26,28; Acts 28,18; Rom. 7,11; Rom. 7,23; Rom. 7,24; Rom. 9,20; Rom. 15,16; Rom. 15,19; 1Cor. 1,17; 1Cor. 4,4; 1Cor. 16,6; 1Cor. 16,11; 2Cor. 2,2; 2Cor. 2,3; 2Cor. 2,13; 2Cor. 7,7; 2Cor. 11,16; 2Cor. 11,16; 2Cor. 11,32; 2Cor. 12,6; 2Cor. 12,7; 2Cor. 12,11; 2Cor. 12,21; Gal. 1,15; Gal. 2,20; Gal. 4,12; Gal. 4,14; Gal. 4,18; Eph. 6,20; Phil. 1,7; Phil. 2,30; Phil. 4,13; Col. 4,4; 1Tim. 1,12; 1Tim. 1,12; 2Tim. 1,15; 2Tim. 1,16; 2Tim. 1,17; 2Tim. 3,11; 2Tim. 4,9; 2Tim. 4,10; 2Tim. 4,16; 2Tim. 4,17; 2Tim. 4,18; Titus 3,12; Philem. 17; Heb. 8,11; Heb. 11,32; Rev. 17,3; Rev. 21,10)

μέ ▸ 2 + 1 = 3

Pronoun · (personal) · first · singular · accusative ▸ 2 + 1 = 3
(4Mac. 12,8; Ezek. 16,63; John 19,11)

μοι ▸ 886 + 78 + 221 = 1185

Pronoun · (personal) · first · singular · dative ▸ 886 + 78 + 221 = **1185** (Gen. 3,12; Gen. 4,25; Gen. 12,13; Gen. 12,18; Gen. 12,18; Gen. 14,21; Gen. 15,2; Gen. 15,9; Gen. 16,13; Gen. 18,12; Gen. 19,8; Gen. 20,5; Gen. 20,5; Gen. 20,9; Gen. 20,12; Gen. 21,6; Gen. 21,6; Gen. 21,23; Gen. 21,26; Gen. 21,30; Gen. 23,4; Gen. 23,9; Gen. 23,9; Gen. 24,7; Gen. 24,7; Gen. 24,14; Gen. 24,23; Gen. 24,30; Gen. 24,40; Gen. 24,44; Gen. 24,48; Gen. 24,49; Gen. 24,49; Gen. 25,22; Gen. 25,22; Gen. 25,31; Gen. 25,32; Gen. 25,33; Gen. 27,3; Gen. 27,4; Gen. 27,4; Gen. 27,7; Gen. 27,7; Gen. 27,9; Gen. 27,13; Gen. 27,19; Gen. 27,21; Gen. 27,25; Gen. 27,26; Gen. 27,33; Gen. 27,33; Gen. 27,36; Gen. 27,46; Gen. 28,20; Gen. 28,21; Gen. 28,22; Gen. 28,22; Gen. 29,15; Gen. 29,15; Gen. 29,25; Gen. 29,33; Gen. 30,1; Gen. 30,6; Gen. 30,6; Gen. 30,8; Gen. 30,14; Gen. 30,20; Gen. 30,24; Gen. 30,31; Gen. 30,31; Gen. 30,32; Gen. 30,33; Gen. 31,9; Gen. 31,11; Gen. 31,13; Gen. 31,13; Gen. 31,27; Gen. 31,38; Gen. 31,41; Gen. 31,42; Gen. 32,6; Gen. 32,10; Gen. 32,11; Gen. 32,30; Gen. 33,9; Gen. 33,11; Gen. 34,4; Gen. 34,12; Gen. 34,12; Gen. 35,3; Gen. 37,14; Gen. 37,16; Gen. 38,16; Gen. 39,17; Gen. 39,17; Gen. 39,19; Gen. 40,8; Gen. 41,24; Gen. 42,28; Gen. 44,17; Gen. 44,27; Gen. 47,31; Gen. 48,3; Gen. 48,4; Gen. 48,5; Gen. 48,9; Gen. 48,9; Gen. 48,11; Ex. 2,9; Ex. 2,9; Ex. 3,16; Ex. 4,1; Ex. 4,23; Ex. 5,1; Ex. 7,16; Ex. 7,26; Ex. 8,16; Ex. 9,1; Ex. 9,13; Ex. 10,3; Ex. 10,28; Ex. 13,2; Ex. 13,8; Ex. 15,2; Ex. 17,2; Ex. 19,5; Ex. 19,6; Ex. 20,24; Ex. 20,25; Ex. 22,29; Ex. 22,30; Ex. 23,14; Ex. 23,22; Ex. 23,22; Ex. 25,2; Ex. 25,8; Ex. 25,9; Ex. 28,1; Ex. 28,3; Ex. 28,4; Ex. 28,41; Ex. 29,1; Ex. 29,44; Ex. 30,30; Ex. 31,10; Ex. 32,23; Ex. 32,24; Ex. 33,12; Ex. 33,12; Ex. 33,12; Ex. 33,13; Ex. 33,18; Ex. 34,2; Ex. 34,22; Ex. 40,13; Ex. 40,15; Lev. 8,31; Lev. 8,35; Lev. 10,3; Lev. 10,13; Lev. 10,18; Lev. 10,19; Lev. 20,3; Lev. 20,26; Lev. 22,2; Lev. 24,2; Num. 11,12; Num. 11,13; Num. 11,15; Num. 11,16; Num. 11,29; Num. 14,11; Num. 14,24; Num. 18,8; Num. 18,9; Num. 21,2; Num. 22,6; Num. 22,11; Num. 22,17; Num. 22,18; Num. 22,29; Num. 22,34; Num. 23,1; Num. 23,1; Num. 23,3; Num. 23,3; Num. 23,7; Num. 23,7; Num. 23,11; Num. 23,13; Num. 23,25; Num. 23,27; Num. 23,29; Num. 23,29; Num. 24,13; Num. 28,31; Deut. 1,14; Deut. 1,22; Deut. 1,41; Deut. 2,28; Deut. 2,28; Deut. 2,29; Deut. 4,5; Deut. 4,21; Deut. 5,22; Deut. 8,17; Deut. 10,5; Deut. 26,10; Deut. 26,13; Deut. 26,14; Deut. 29,18; Deut. 31,19; Josh. 2,12; Josh. 7,19; Josh. 10,4; Josh. 14,12; Josh. 15,19; Josh. 15,19; Judg. 1,7; Judg. 1,15; Judg. 1,15; Judg. 3,19; Judg. 3,20; Judg. 5,13; Judg. 5,14; Judg. 5,16; Judg. 6,17; Judg. 8,24; Judg. 11,30; Judg. 11,36; Judg. 11,37; Judg. 13,6; Judg. 13,7; Judg. 13,10; Judg. 14,2; Judg. 14,3; Judg. 14,12; Judg. 14,13; Judg. 15,12; Judg. 16,6; Judg. 16,10; Judg. 16,13; Judg. 16,15; Judg. 16,18; Judg. 17,10; Judg. 17,13; Judg. 18,4; Judg. 18,24; Judg. 19,19; Ruth 1,11; Ruth 1,12; Ruth 1,13; Ruth 1,17; Ruth 2,11; Ruth 2,21; Ruth 3,17; Ruth 4,4; 1Sam. 1,27; 1Sam. 8,8; 1Sam. 9,23; 1Sam. 10,15; 1Sam. 10,16; 1Sam. 12,1; 1Sam. 14,33; 1Sam. 14,43; 1Sam. 14,44; 1Sam. 15,32; 1Sam. 16,17; 1Sam. 17,10; 1Sam. 20,10; 1Sam. 20,21; 1Sam. 20,36; 1Sam. 21,3; 1Sam. 21,3; 1Sam. 21,10; 1Sam. 22,3; 1Sam. 24,7; 1Sam. 24,16; 1Sam. 24,18; 1Sam. 24,19; 1Sam. 24,19; 1Sam. 24,22; 1Sam. 25,21; 1Sam. 25,34; 1Sam. 26,11; 1Sam. 27,1; 1Sam. 27,5; 1Sam. 27,12; 1Sam. 28,7; 1Sam. 28,8; 1Sam. 28,8; 1Sam. 28,11; 1Sam. 28,15; 1Sam. 28,15; 1Sam. 28,15; 1Sam. 28,21; 1Sam. 30,15; 1Sam. 31,4; 2Sam. 1,4; 2Sam. 1,8; 2Sam. 1,26; 2Sam. 3,14; 2Sam. 3,35; 2Sam. 4,10; 2Sam. 7,5; 2Sam. 7,7; 2Sam. 7,13; 2Sam. 7,14; 2Sam. 10,11; 2Sam. 13,4; 2Sam. 14,19; 2Sam. 14,32; 2Sam. 15,25; 2Sam. 15,26; 2Sam. 15,28; 2Sam. 15,34; 2Sam. 16,3; 2Sam. 16,12; 2Sam. 18,5; 2Sam. 18,12; 2Sam. 19,14; 2Sam. 19,23; 2Sam. 19,27; 2Sam. 19,29; 2Sam. 19,37; 2Sam. 19,44; 2Sam. 19,44; 2Sam. 20,4; 2Sam. 20,20; 2Sam. 20,20; 2Sam. 20,21; 2Sam. 22,21; 2Sam. 22,21; 2Sam. 22,25; 2Sam. 22,29; 2Sam. 22,36; 2Sam. 22,40; 2Sam. 22,41; 2Sam. 22,44; 2Sam. 22,45; 2Sam. 22,49; 2Sam. 23,5; 2Sam. 23,17; 2Sam. 24,14; 1Kings 1,28; 1Kings 1,32; 1Kings 1,51; 1Kings 2,5; 1Kings 2,7; 1Kings 2,14; 1Kings 2,17; 1Kings 2,23; 1Kings 2,24; 1Kings 2,30; 1Kings 2,35n; 1Kings 3,24; 1Kings 5,20; 1Kings 9,13; 1Kings 10,7; 1Kings 10,7; 1Kings 12,24l; 1Kings 12,24q; 1Kings 13,8; 1Kings 13,9; 1Kings 13,13; 1Kings 13,17; 1Kings 17,10; 1Kings 17,11; 1Kings 17,12; 1Kings 17,13; 1Kings 17,19; 1Kings 18,14; 1Kings 18,34; 1Kings 19,2; 1Kings 20,2; 1Kings 20,2; 1Kings 20,2; 1Kings 20,3; 1Kings 20,6; 1Kings 21,10; 1Kings 22,18; 2Kings 2,20; 2Kings 3,7; 2Kings 3,15; 2Kings 4,2; 2Kings 4,12; 2Kings 4,22; 2Kings 4,24; 2Kings 4,27; 2Kings 5,17; 2Kings 6,11; 2Kings 6,31; 2Kings 8,4; 2Kings 8,10; 2Kings 8,13; 2Kings 8,14; 2Kings 9,5; 2Kings 10,19; 2Kings 16,15; 2Kings 22,10; 1Chr. 10,4; 1Chr. 11,19; 1Chr. 12,18; 1Chr. 17,4; 1Chr. 17,6; 1Chr. 17,12; 1Chr. 17,13; 1Chr. 19,12; 1Chr. 21,13; 1Chr. 21,22; 1Chr. 21,22; 1Chr. 22,10; 1Chr. 28,5; 1Chr. 28,6; 1Chr. 29,3; 2Chr. 1,10; 2Chr. 2,6; 2Chr. 2,7; 2Chr. 2,8; 2Chr. 9,6; 2Chr. 34,18; 2Chr. 36,23; 2Chr. 36,23; 1Esdr. 2,2; 1Esdr. 4,28; 1Esdr. 4,60; 1Esdr. 8,27; 1Esdr. 8,65; Ezra 1,2; Neh. 2,2; Neh. 2,4; Neh. 2,6; Neh. 2,7; Neh. 2,8; Neh. 2,8; Neh. 2,18; Neh. 5,14; Neh. 5,18; Neh. 6,2; Neh. 13,8; Esth. 14,3 # 4,17l; Esth. 14,14 # 4,17t; Esth. 15,11 # 5:2; Esth. 5,13; Judith 2,10; Judith 5,3; Judith 5,4; Judith 10,9; Judith 11,3; Judith 11,17; Judith 11,19; Judith 11,19; Judith 12,2; Judith 12,14; Judith 14,5; Judith 14,8; Tob. 1,20; Tob. 2,1; Tob. 2,1; Tob. 2,14; Tob. 2,14; Tob. 3,6; Tob. 3,15; Tob. 3,15; Tob. 5,1; Tob. 5,9; Tob. 5,11; Tob. 5,14; Tob. 5,15; Tob. 8,16; Tob. 9,2; Tob. 10,5; Tob. 10,13; 1Mac. 7,3; 1Mac. 10,30; 1Mac. 10,54; 1Mac. 11,43; 1Mac. 11,43; 1Mac. 13,5; 2Mac. 14,33; 2Mac. 15,38; 4Mac. 1,10; 4Mac. 5,7; 4Mac. 5,10; 4Mac. 5,31; 4Mac. 6,27; 4Mac. 8,5; 4Mac. 8,6; Psa. 3,7; Psa. 3,8; Psa. 4,2; Psa. 7,5; Psa. 15,6; Psa. 15,11; Psa. 17,21; Psa. 17,21; Psa. 17,25; Psa. 17,36; Psa. 17,41; Psa. 17,44; Psa. 17,45; Psa. 17,45; Psa. 21,2; Psa. 24,4; Psa. 24,21; Psa. 26,12; Psa. 30,3; Psa. 30,5; Psa. 34,4; Psa. 34,7; Psa. 34,12; Psa. 34,13; Psa. 34,19; Psa. 34,19; Psa. 34,24; Psa. 35,12; Psa. 37,3; Psa. 37,13; Psa. 37,17; Psa. 38,5; Psa. 38,14; Psa. 39,2; Psa. 39,7; Psa. 39,14; Psa. 39,15; Psa. 39,16; Psa. 40,6; Psa. 40,8; Psa. 41,4; Psa. 41,4; Psa. 41,11; Psa. 50,8; Psa. 50,14; Psa. 53,6; Psa. 54,3; Psa. 54,4; Psa. 54,7; Psa. 54,15; Psa. 54,19; Psa. 55,5; Psa. 55,12; Psa. 58,11; Psa. 69,3; Psa. 69,4; Psa. 69,6; Psa. 70,3; Psa. 70,13; Psa. 70,20; Psa. 70,24; Psa. 72,25; Psa. 76,2; Psa. 80,12; Psa. 85,17; Psa.

ἐγώ

93,16; Psa. 93,16; Psa. 93,17; Psa. 93,18; Psa. 93,22; Psa. 100,4; Psa. 100,6; Psa. 101,24; Psa. 108,26; Psa. 108,28; Psa. 115,3; Psa. 117,6; Psa. 117,14; Psa. 117,19; Psa. 117,21; Psa. 117,28; Psa. 118,54; Psa. 118,56; Psa. 118,61; Psa. 118,71; Psa. 118,72; Psa. 118,77; Psa. 118,79; Psa. 118,84; Psa. 118,85; Psa. 118,86; Psa. 118,102; Psa. 118,104; Psa. 118,110; Psa. 118,117; Psa. 118,175; Psa. 121,1; Psa. 128,2; Psa. 138,22; Psa. 139,6; Psa. 139,6; Psa. 140,9; Psa. 141,4; Psa. 141,8; Psa. 142,8; Psa. 142,8; Ode. 1,2; Ode. 6,6; Ode. 9,49; Ode. 12,10; Ode. 12,13; Ode. 12,13; Ode. 12,13; Prov. 23,26; Prov. 23,35; Prov. 30,8; Prov. 30,8; Prov. 24,29; Prov. 30,18; Eccl. 2,4; Eccl. 2,4; Eccl. 2,5; Eccl. 2,6; Eccl. 2,7; Eccl. 2,7; Eccl. 2,8; Eccl. 2,8; Eccl. 2,9; Eccl. 2,15; Eccl. 12,1; Song 1,7; Song 2,10; Song 2,14; Song 5,2; Song 8,1; Job 3,12; Job 3,24; Job 3,25; Job 3,25; Job 3,26; Job 4,14; Job 6,16; Job 6,21; Job 6,24; Job 10,17; Job 13,16; Job 13,19; Job 13,20; Job 13,25; Job 13,26; Job 14,13; Job 19,3; Job 19,5; Job 19,11; Job 19,19; Job 19,26; Job 19,27; Job 20,3; Job 21,2; Job 21,27; Job 23,5; Job 23,5; Job 23,6; Job 23,6; Job 23,17; Job 27,3; Job 27,5; Job 30,2; Job 30,5; Job 30,14; Job 30,21; Job 30,24; Job 30,26; Job 31,21; Job 31,25; Job 31,28; Job 31,40; Job 33,5; Job 33,32; Job 34,10; Job 34,32; Job 37,20; Job 38,3; Job 38,4; Job 38,18; Job 40,7; Job 41,2; Job 41,3; Job 42,3; Wis. 7,7; Wis. 7,7; Wis. 7,11; Wis. 7,17; Wis. 8,9; Wis. 8,14; Wis. 9,4; Wis. 9,10; Sir. 5,4; Sir. 20,16; Sir. 22,26; Sir. 23,3; Sir. 23,4; Sir. 24,8; Sir. 24,31; Sir. 26,28; Sir. 29,27; Sir. 51,2; Sir. 51,17; Sir. 51,17; Sir. 51,22; Sol. 2,26; Sol. 5,8; Sol. 16,12; Hos. 2,7; Hos. 2,7; Hos. 2,9; Hos. 2,14; Hos. 4,6; Hos. 4,7; Hos. 8,4; Hos. 13,10; Amos 5,22; Amos 5,25; Amos 7,1; Amos 7,4; Amos 7,7; Amos 8,1; Mic. 5,1; Mic. 6,3; Mic. 7,8; Mic. 7,8; Joel 4,4; Jonah 2,6; Jonah 4,8; Hab. 1,3; Zeph. 3,10; Zech. 2,3; Zech. 3,1; Zech. 7,5; Zech. 8,8; Mal. 3,17; Is. 1,11; Is. 1,12; Is. 1,14; Is. 8,2; Is. 8,3; Is. 8,5; Is. 8,18; Is. 10,14; Is. 12,1; Is. 12,2; Is. 18,4; Is. 21,2; Is. 21,16; Is. 29,13; Is. 31,4; Is. 36,5; Is. 41,28; Is. 43,10; Is. 43,24; Is. 44,7; Is. 44,16; Is. 45,11; Is. 48,5; Is. 49,3; Is. 49,6; Is. 49,20; Is. 49,20; Is. 49,21; Is. 49,21; Is. 49,21; Is. 50,4; Is. 50,4; Is. 50,4; Is. 50,8; Is. 50,8; Is. 50,8; Is. 50,8; Is. 50,9; Is. 51,15; Is. 54,17; Is. 58,4; Is. 61,10; Is. 65,8; Is. 65,13; Is. 65,13; Is. 65,13; Is. 65,14; Is. 66,1; Is. 66,1; Is. 66,3; Jer. 3,6; Jer. 4,12; Jer. 6,20; Jer. 6,20; Jer. 7,16; Jer. 7,23; Jer. 9,1; Jer. 11,4; Jer. 11,18; Jer. 13,5; Jer. 13,11; Jer. 13,22; Jer. 15,18; Jer. 16,21; Jer. 17,17; Jer. 18,20; Jer. 20,17; Jer. 22,6; Jer. 23,14; Jer. 24,1; Jer. 24,7; Jer. 27,44; Jer. 28,20; Jer. 30,13; Jer. 33,14; Jer. 34,18; Jer. 35,1; Jer. 38,1; Jer. 38,26; Jer. 38,33; Jer. 39,8; Jer. 39,38; Jer. 40,8; Jer. 40,8; Jer. 43,18; Jer. 45,21; Jer. 51,33; Bar. 2,35; Bar. 4,9; Bar. 4,12; Bar. 4,22; Bar. 4,23; Lam. 3,10; Lam. 3,57; Lam. 3,62; Ezek. 3,24; Ezek. 9,11; Ezek. 11,20; Ezek. 11,25; Ezek. 12,7; Ezek. 14,11; Ezek. 14,13; Ezek. 16,8; Ezek. 20,40; Ezek. 22,18; Ezek. 23,4; Ezek. 23,37; Ezek. 23,38; Ezek. 24,18; Ezek. 24,18; Ezek. 36,28; Ezek. 37,7; Ezek. 37,10; Ezek. 37,23; Ezek. 38,7; Ezek. 43,19; Ezek. 44,13; Ezek. 44,15; Ezek. 44,15; Ezek. 44,16; Dan. 2,5; Dan. 2,5; Dan. 2,6; Dan. 2,6; Dan. 2,9; Dan. 2,9; Dan. 2,23; Dan. 2,23; Dan. 2,26; Dan. 2,30; Dan. 4,5; Dan. 4,18; Dan. 4,19; Dan. 4,33b; Dan. 4,36; Dan. 4,37b; Dan. 4,37c; Dan. 5,16; Dan. 6,13a; Dan. 7,16; Dan. 7,16; Dan. 7,23; Dan. 8,17; Dan. 8,19; Dan. 9,21; Dan. 10,10; Dan. 10,11; Dan. 10,13; Dan. 10,14; Dan. 10,19; Dan. 11,1; Dan. 12,6; Dan. 12,9; Sus. 51; Sus. 52; Sus. 58; Bel 25; Judg. 1,7; Judg. 1,15; Judg. 1,15; Judg. 3,19; Judg. 3,20; Judg. 6,17; Judg. 8,24; Judg. 11,36; Judg. 13,6; Judg. 13,7; Judg. 14,3; Judg. 14,13; Judg. 14,16; Judg. 15,11; Judg. 15,12; Judg. 16,6; Judg. 16,10; Judg. 16,13; Judg. 16,15; Judg. 16,18; Judg. 17,10; Judg. 17,13; Judg. 18,4; Tob. 1,13; Tob. 1,20; Tob. 1,20; Tob. 2,1; Tob. 2,1; Tob. 2,2; Tob. 2,2; Tob. 2,14; Tob. 2,14; Tob. 2,14; Tob. 3,6; Tob. 3,6; Tob. 3,15; Tob. 5,1; Tob. 5,2; Tob. 5,2; Tob. 5,3; Tob. 5,9; Tob. 5,10; Tob. 5,11; Tob. 5,14; Tob. 5,14; Tob. 7,9; Tob. 8,21; Tob. 10,5; Dan. 2,5; Dan. 2,6; Dan. 2,6; Dan. 2,9; Dan. 2,9; Dan. 2,9; Dan. 2,23; Dan. 2,23; Dan. 2,23; Dan. 2,26; Dan. 4,6; Dan. 4,7; Dan. 4,9; Dan. 4,18; Dan. 4,36; Dan. 5,7; Dan. 5,15; Dan. 5,15; Dan. 5,16; Dan. 6,23; Dan. 7,16; Dan. 7,16; Dan. 8,1; Dan. 10,13; Dan. 10,19; Sus. 17; Sus. 22; Sus. 58; Bel 8; Bel 25; Matt. 2,8; Matt. 4,9; Matt. 7,21; Matt. 7,22; Matt. 8,21; Matt. 8,22; Matt. 9,9; Matt. 11,27; Matt. 14,8; Matt. 14,18; Matt. 15,25; Matt. 15,32; Matt. 16,24; Matt. 17,17; Matt. 19,21; Matt. 19,28; Matt. 20,13; Matt. 20,15; Matt. 21,2; Matt. 21,24; Matt. 22,19; Matt. 25,20; Matt. 25,22; Matt. 25,35; Matt. 25,42; Matt. 26,15; Matt. 26,53; Matt. 27,10; Matt. 28,18; Mark 2,14; Mark 5,9; Mark 6,25; Mark 8,2; Mark 8,34; Mark 10,21; Mark 11,29; Mark 11,30; Mark 12,15; Luke 1,25; Luke 1,38; Luke 1,43; Luke 1,49; Luke 4,23; Luke 5,27; Luke 7,44; Luke 7,45; Luke 9,23; Luke 9,59; Luke 9,59; Luke 9,61; Luke 10,22; Luke 10,40; Luke 11,5; Luke 11,7; Luke 15,6; Luke 15,9; Luke 15,12; Luke 17,8; Luke 18,5; Luke 18,13; Luke 18,22; Luke 20,3; Luke 20,24; Luke 22,29; Luke 23,14; John 1,33; John 1,43; John 3,28; John 4,7; John 4,10; John 4,15; John 4,21; John 4,29; John 4,39; John 5,11; John 5,36; John 6,37; John 6,39; John 8,45; John 8,46; John 9,11; John 10,27; John 10,29; John 10,37; John 12,49; John 12,50; John 13,36; John 14,11; John 14,31; John 17,4; John 17,6; John 17,7; John 17,8; John 17,9; John 17,11; John 17,12; John 17,22; John 17,24; John 17,24; John 18,9; John 18,11; John 20,15; John 21,19; John 21,22; Acts 2,28; Acts 3,6; Acts 5,8; Acts 7,7; Acts 7,42; Acts 7,49; Acts 7,49; Acts 9,15; Acts 11,7; Acts 11,12; Acts 12,8; Acts 13,2; Acts 18,10; Acts 20,19; Acts 20,22; Acts 20,23; Acts 21,37; Acts 21,39; Acts 22,5; Acts 22,6; Acts 22,7; Acts 22,9; Acts 22,11; Acts 22,13; Acts 22,17; Acts 22,18; Acts 22,27; Acts 23,19; Acts 23,30; Acts 24,11; Acts 25,24; Acts 25,27; Acts 27,21; Acts 27,23; Acts 27,25; Rom. 7,10; Rom. 7,13; Rom. 7,18; Rom. 9,1; Rom. 9,19; Rom. 12,3; Rom. 15,15; Rom. 15,30; 1Cor. 1,11; 1Cor. 3,10; 1Cor. 5,12; 1Cor. 6,12; 1Cor. 6,12; 1Cor. 9,15; 1Cor. 9,16; 1Cor. 9,16; 1Cor. 15,32; 1Cor. 16,9; 2Cor. 2,12; 2Cor. 6,18; 2Cor. 7,4; 2Cor. 7,4; 2Cor. 11,28; 2Cor. 12,7; 2Cor. 12,9; 2Cor. 12,13; 2Cor. 13,10; Gal. 2,6; Gal. 2,9; Gal. 4,15; Gal. 4,21; Gal. 6,17; Eph. 3,2; Eph. 3,3; Eph. 3,7; Eph. 6,19; Phil. 1,19; Phil. 1,22; Phil. 2,18; Phil. 3,7; Phil. 4,3; Phil. 4,15; Phil. 4,16; Col. 1,25; Col. 4,11; 2Tim. 3,11; 2Tim. 4,8; 2Tim. 4,8; 2Tim. 4,11; 2Tim. 4,14; 2Tim. 4,16; 2Tim. 4,17; Philem. 13; Philem. 19; Philem. 22; Heb. 1,5; Heb. 2,13; Heb. 8,10; Heb. 10,5; Heb. 13,6; James 2,18; 2Pet. 1,14; Rev. 5,5; Rev. 7,13; Rev. 7,14; Rev. 10,9; Rev. 10,9; Rev. 10,11; Rev. 11,1; Rev. 17,7; Rev. 17,15; Rev. 19,9; Rev. 19,9; Rev. 19,10; Rev. 21,6; Rev. 21,7; Rev. 21,10; Rev. 22,1; Rev. 22,6; Rev. 22,8; Rev. 22,9; Rev. 22,10)

μοί ▸ 14 + 4 + 4 = 22

Pronoun ▪ (personal) ▪ first ▪ singular ▪ dative ▸ 14 + 4 + 4 = **22** (Gen. 31,35; Gen. 45,28; Num. 3,9; Num. 8,16; Num. 11,14; Psa. 15,6; Psa. 118,98; Prov. 7,14; Job 7,3; Sir. 5,1; Sir. 11,24; Is. 1,13; Is. 54,9; Sus. 22; Tob. 3,10; Tob. 3,15; Sus. 22; Sus. 23; Luke 9,38; Rom. 9,2; 1Cor. 9,16; 2Cor. 9,1)

μου ▸ 4376 + 240 + 554 = 5170

Pronoun ▪ (personal) ▪ first ▪ singular ▪ genitive ▸ 4376 + 240 + 554 = **5170** (Gen. 2,23; Gen. 2,23; Gen. 4,13; Gen. 4,23; Gen. 4,23; Gen. 6,3; Gen. 6,13; Gen. 6,18; Gen. 7,1; Gen. 9,9; Gen. 9,11; Gen. 9,13; Gen. 9,14; Gen. 9,15; Gen. 9,16; Gen. 12,13; Gen. 13,8; Gen. 14,22; Gen. 15,2; Gen. 15,3; Gen. 16,2; Gen. 16,5; Gen. 16,8; Gen. 17,2; Gen. 17,4; Gen. 17,7; Gen. 17,9; Gen. 17,13; Gen. 17,14; Gen. 17,19; Gen. 17,21; Gen. 18,12; Gen. 18,17; Gen. 19,8; Gen. 19,19; Gen. 19,20; Gen. 19,37; Gen. 19,38; Gen. 20,9; Gen. 20,11; Gen. 20,13; Gen. 20,15; Gen. 21,7; Gen. 21,10; Gen.

21,16; Gen. 21,23; Gen. 21,23; Gen. 23,4; Gen. 23,8; Gen. 23,8; Gen. 23,8; Gen. 23,11; Gen. 23,11; Gen. 23,13; Gen. 23,13; Gen. 24,2; Gen. 24,3; Gen. 24,4; Gen. 24,4; Gen. 24,4; Gen. 24,6; Gen. 24,7; Gen. 24,7; Gen. 24,8; Gen. 24,12; Gen. 24,12; Gen. 24,14; Gen. 24,27; Gen. 24,27; Gen. 24,27; Gen. 24,33; Gen. 24,35; Gen. 24,36; Gen. 24,36; Gen. 24,37; Gen. 24,37; Gen. 24,38; Gen. 24,38; Gen. 24,38; Gen. 24,39; Gen. 24,40; Gen. 24,40; Gen. 24,40; Gen. 24,41; Gen. 24,41; Gen. 24,42; Gen. 24,42; Gen. 24,44; Gen. 24,46; Gen. 24,48; Gen. 24,48; Gen. 24,49; Gen. 24,54; Gen. 24,56; Gen. 24,56; Gen. 24,65; Gen. 26,3; Gen. 26,5; Gen. 26,5; Gen. 26,5; Gen. 26,5; Gen. 26,10; Gen. 27,1; Gen. 27,2; Gen. 27,4; Gen. 27,8; Gen. 27,11; Gen. 27,12; Gen. 27,13; Gen. 27,19; Gen. 27,20; Gen. 27,21; Gen. 27,24; Gen. 27,25; Gen. 27,27; Gen. 27,31; Gen. 27,36; Gen. 27,36; Gen. 27,41; Gen. 27,41; Gen. 27,43; Gen. 27,43; Gen. 27,46; Gen. 28,3; Gen. 28,4; Gen. 28,21; Gen. 29,14; Gen. 29,14; Gen. 29,15; Gen. 29,21; Gen. 29,21; Gen. 29,32; Gen. 29,32; Gen. 29,34; Gen. 30,3; Gen. 30,3; Gen. 30,6; Gen. 30,8; Gen. 30,15; Gen. 30,15; Gen. 30,16; Gen. 30,18; Gen. 30,18; Gen. 30,18; Gen. 30,20; Gen. 30,23; Gen. 30,25; Gen. 30,25; Gen. 30,26; Gen. 30,30; Gen. 30,33; Gen. 30,33; Gen. 31,5; Gen. 31,6; Gen. 31,7; Gen. 31,26; Gen. 31,28; Gen. 31,28; Gen. 31,29; Gen. 31,30; Gen. 31,36; Gen. 31,36; Gen. 31,36; Gen. 31,37; Gen. 31,37; Gen. 31,40; Gen. 31,41; Gen. 31,42; Gen. 31,42; Gen. 31,42; Gen. 31,43; Gen. 31,43; Gen. 31,43; Gen. 31,43; Gen. 31,50; Gen. 31,50; Gen. 32,5; Gen. 32,6; Gen. 32,10; Gen. 32,10; Gen. 32,11; Gen. 32,12; Gen. 32,17; Gen. 32,18; Gen. 32,19; Gen. 32,21; Gen. 32,30; Gen. 32,31; Gen. 33,11; Gen. 33,13; Gen. 33,14; Gen. 33,14; Gen. 33,14; Gen. 34,8; Gen. 34,30; Gen. 35,18; Gen. 37,16; Gen. 37,35; Gen. 38,11; Gen. 38,26; Gen. 39,8; Gen. 39,8; Gen. 39,15; Gen. 39,18; Gen. 40,9; Gen. 40,9; Gen. 40,11; Gen. 40,14; Gen. 40,16; Gen. 40,17; Gen. 41,9; Gen. 41,13; Gen. 41,17; Gen. 41,22; Gen. 41,40; Gen. 41,40; Gen. 41,51; Gen. 41,51; Gen. 41,52; Gen. 42,22; Gen. 42,28; Gen. 42,37; Gen. 42,37; Gen. 42,38; Gen. 42,38; Gen. 43,3; Gen. 43,5; Gen. 43,9; Gen. 43,14; Gen. 44,2; Gen. 44,5; Gen. 44,5; Gen. 44,10; Gen. 44,17; Gen. 44,23; Gen. 44,29; Gen. 44,29; Gen. 44,34; Gen. 45,3; Gen. 45,9; Gen. 45,10; Gen. 45,12; Gen. 45,12; Gen. 45,13; Gen. 45,13; Gen. 45,13; Gen. 45,28; Gen. 46,31; Gen. 46,31; Gen. 47,1; Gen. 47,1; Gen. 47,9; Gen. 47,9; Gen. 47,9; Gen. 47,29; Gen. 47,30; Gen. 48,3; Gen. 48,7; Gen. 48,15; Gen. 48,16; Gen. 48,16; Gen. 48,22; Gen. 49,3; Gen. 49,3; Gen. 49,3; Gen. 49,6; Gen. 49,6; Gen. 49,9; Gen. 49,22; Gen. 49,29; Gen. 50,5; Gen. 50,5; Gen. 50,25; Ex. 3,7; Ex. 3,10; Ex. 3,12; Ex. 3,20; Ex. 4,1; Ex. 4,15; Ex. 4,18; Ex. 4,22; Ex. 4,23; Ex. 4,25; Ex. 4,26; Ex. 5,1; Ex. 5,4; Ex. 6,3; Ex. 6,4; Ex. 6,8; Ex. 6,12; Ex. 6,12; Ex. 6,30; Ex. 7,3; Ex. 7,4; Ex. 7,4; Ex. 7,4; Ex. 7,16; Ex. 7,17; Ex. 7,26; Ex. 8,16; Ex. 8,17; Ex. 8,18; Ex. 9,1; Ex. 9,2; Ex. 9,13; Ex. 9,14; Ex. 9,16; Ex. 9,16; Ex. 9,17; Ex. 9,27; Ex. 9,29; Ex. 10,2; Ex. 10,3; Ex. 10,4; Ex. 10,17; Ex. 10,28; Ex. 11,9; Ex. 12,31; Ex. 13,15; Ex. 13,19; Ex. 14,18; Ex. 15,2; Ex. 15,2; Ex. 15,9; Ex. 15,9; Ex. 15,9; Ex. 16,4; Ex. 16,28; Ex. 16,28; Ex. 17,6; Ex. 17,9; Ex. 17,15; Ex. 18,4; Ex. 18,4; Ex. 18,19; Ex. 19,5; Ex. 19,9; Ex. 20,6; Ex. 20,24; Ex. 20,26; Ex. 21,5; Ex. 21,14; Ex. 23,15; Ex. 23,18; Ex. 23,18; Ex. 23,20; Ex. 23,22; Ex. 23,22; Ex. 23,23; Ex. 25,2; Ex. 25,30; Ex. 29,43; Ex. 31,13; Ex. 32,33; Ex. 32,33; Ex. 32,34; Ex. 33,2; Ex. 33,17; Ex. 33,19; Ex. 33,19; Ex. 33,20; Ex. 33,20; Ex. 33,22; Ex. 33,22; Ex. 33,23; Ex. 33,23; Ex. 34,9; Ex. 34,20; Ex. 34,25; Lev. 14,35; Lev. 15,31; Lev. 17,10; Lev. 18,4; Lev. 18,4; Lev. 18,5; Lev. 18,5; Lev. 18,26; Lev. 18,26; Lev. 18,30; Lev. 19,3; Lev. 19,12; Lev. 19,19; Lev. 19,30; Lev. 19,30; Lev. 19,37; Lev. 19,37; Lev. 20,3; Lev. 20,3; Lev. 20,5; Lev. 20,6; Lev. 20,8; Lev. 20,22; Lev. 20,22; Lev. 22,2; Lev. 22,9; Lev. 22,31; Lev. 23,2; Lev. 25,18; Lev. 25,18; Lev. 25,21; Lev. 25,23; Lev. 25,55; Lev. 26,2; Lev. 26,2; Lev. 26,3; Lev. 26,3; Lev. 26,9; Lev. 26,11; Lev. 26,11; Lev. 26,12; Lev. 26,14; Lev. 26,14; Lev. 26,15; Lev. 26,15; Lev. 26,15; Lev. 26,17; Lev. 26,18; Lev. 26,21; Lev. 26,27; Lev. 26,30; Lev. 26,40; Lev. 26,43; Lev. 26,43; Lev. 26,44; Num. 6,23; Num. 10,30; Num. 10,30; Num. 11,15; Num. 11,23; Num. 12,6; Num. 12,7; Num. 12,7; Num. 12,8; Num. 14,21; Num. 14,22; Num. 14,22; Num. 14,24; Num. 14,28; Num. 14,30; Num. 14,34; Num. 15,40; Num. 16,8; Num. 20,10; Num. 22,5; Num. 22,11; Num. 22,18; Num. 22,29; Num. 22,32; Num. 22,38; Num. 23,10; Num. 23,10; Num. 23,11; Num. 23,12; Num. 24,10; Num. 24,14; Num. 25,11; Num. 25,11; Num. 25,11; Num. 27,14; Num. 28,2; Num. 28,2; Num. 28,2; Num. 28,2; Num. 32,11; Deut. 1,23; Deut. 1,43; Deut. 3,26; Deut. 4,10; Deut. 5,7; Deut. 5,10; Deut. 5,29; Deut. 8,17; Deut. 8,17; Deut. 9,4; Deut. 9,9; Deut. 9,15; Deut. 9,17; Deut. 10,3; Deut. 17,14; Deut. 18,18; Deut. 18,19; Deut. 18,20; Deut. 22,16; Deut. 22,17; Deut. 25,7; Deut. 25,7; Deut. 26,3; Deut. 26,5; Deut. 26,13; Deut. 26,14; Deut. 26,14; Deut. 29,18; Deut. 31,16; Deut. 31,17; Deut. 31,17; Deut. 31,18; Deut. 31,20; Deut. 31,27; Deut. 31,29; Deut. 32,1; Deut. 32,2; Deut. 32,2; Deut. 32,20; Deut. 32,22; Deut. 32,23; Deut. 32,34; Deut. 32,39; Deut. 32,40; Deut. 32,40; Deut. 32,41; Deut. 32,41; Deut. 32,42; Deut. 32,42; Deut. 32,51; Josh. 1,2; Josh. 1,7; Josh. 2,12; Josh. 2,13; Josh. 2,13; Josh. 2,13; Josh. 2,13; Josh. 2,13; Josh. 4,5; Josh. 7,21; Josh. 9,23; Josh. 14,8; Josh. 14,8; Josh. 15,16; Josh. 15,18; Josh. 18,4; Josh. 22,2; Josh. 24,15; Josh. 24,27; Judg. 1,3; Judg. 1,7; Judg. 1,12; Judg. 2,1; Judg. 2,2; Judg. 2,20; Judg. 2,20; Judg. 3,28; Judg. 4,18; Judg. 5,9; Judg. 5,13; Judg. 5,21; Judg. 6,10; Judg. 6,15; Judg. 6,15; Judg. 6,18; Judg. 6,36; Judg. 6,37; Judg. 7,2; Judg. 8,7; Judg. 8,19; Judg. 8,23; Judg. 9,7; Judg. 9,9; Judg. 9,11; Judg. 9,11; Judg. 9,13; Judg. 9,15; Judg. 9,17; Judg. 9,18; Judg. 9,29; Judg. 11,7; Judg. 11,12; Judg. 11,13; Judg. 11,19; Judg. 11,30; Judg. 11,31; Judg. 11,31; Judg. 11,35; Judg. 11,35; Judg. 11,35; Judg. 11,36; Judg. 11,37; Judg. 11,37; Judg. 12,2; Judg. 12,3; Judg. 12,3; Judg. 12,3; Judg. 13,18; Judg. 14,3; Judg. 14,3; Judg. 14,16; Judg. 14,16; Judg. 14,16; Judg. 14,18; Judg. 14,18; Judg. 15,1; Judg. 15,7; Judg. 16,13; Judg. 16,17; Judg. 16,17; Judg. 16,17; Judg. 16,28; Judg. 16,28; Judg. 16,30; Judg. 17,2; Judg. 17,2; Judg. 17,3; Judg. 18,24; Judg. 19,18; Judg. 19,23; Judg. 19,24; Judg. 20,4; Judg. 20,5; Judg. 20,6; Judg. 20,23; Judg. 20,28; Ruth 1,11; Ruth 1,11; Ruth 1,12; Ruth 1,13; Ruth 1,16; Ruth 1,16; Ruth 2,8; Ruth 2,21; Ruth 3,11; Ruth 4,4; Ruth 4,6; Ruth 4,6; Ruth 4,8; 1Sam. 1,11; 1Sam. 1,15; 1Sam. 1,16; 1Sam. 1,27; 1Sam. 2,1; 1Sam. 2,1; 1Sam. 2,1; 1Sam. 2,1; 1Sam. 2,28; 1Sam. 2,29; 1Sam. 2,29; 1Sam. 2,29; 1Sam. 2,30; 1Sam. 2,32; 1Sam. 2,33; 1Sam. 2,35; 1Sam. 2,35; 1Sam. 2,35; 1Sam. 3,11; 1Sam. 9,5; 1Sam. 9,8; 1Sam. 9,16; 1Sam. 9,16; 1Sam. 9,16; 1Sam. 9,17; 1Sam. 9,19; 1Sam. 10,2; 1Sam. 12,2; 1Sam. 12,2; 1Sam. 12,5; 1Sam. 13,13; 1Sam. 14,12; 1Sam. 14,24; 1Sam. 14,29; 1Sam. 14,29; 1Sam. 14,39; 1Sam. 14,40; 1Sam. 14,41; 1Sam. 14,42; 1Sam. 14,43; 1Sam. 15,11; 1Sam. 15,11; 1Sam. 15,14; 1Sam. 15,25; 1Sam. 15,30; 1Sam. 16,22; 1Sam. 17,32; 1Sam. 17,46; 1Sam. 19,3; 1Sam. 19,3; 1Sam. 19,17; 1Sam. 20,1; 1Sam. 20,1; 1Sam. 20,2; 1Sam. 20,2; 1Sam. 20,2; 1Sam. 20,3; 1Sam. 20,9; 1Sam. 20,12; 1Sam. 20,13; 1Sam. 20,14; 1Sam. 20,15; 1Sam. 20,29; 1Sam. 20,29; 1Sam. 20,42; 1Sam. 21,4; 1Sam. 21,5; 1Sam. 21,6; 1Sam. 21,9; 1Sam. 21,9; 1Sam. 22,3; 1Sam. 22,3; 1Sam. 22,8; 1Sam. 22,8; 1Sam. 22,8; 1Sam. 22,8; 1Sam. 22,8; 1Sam. 22,15; 1Sam. 22,17; 1Sam. 22,23; 1Sam. 23,7; 1Sam. 23,17; 1Sam. 23,17; 1Sam. 24,7; 1Sam. 24,7; 1Sam. 24,11; 1Sam. 24,11; 1Sam. 24,11; 1Sam. 24,12; 1Sam. 24,12; 1Sam. 24,12; 1Sam. 24,13; 1Sam. 24,14;

ἐγώ

1Sam. 24,16; 1Sam. 24,22; 1Sam. 24,22; 1Sam. 24,22; 1Sam. 24,22; 1Sam. 25,5; 1Sam. 25,11; 1Sam. 25,11; 1Sam. 25,11; 1Sam. 25,11; 1Sam. 25,19; 1Sam. 25,24; 1Sam. 25,25; 1Sam. 25,26; 1Sam. 25,27; 1Sam. 25,27; 1Sam. 25,28; 1Sam. 25,28; 1Sam. 25,29; 1Sam. 25,30; 1Sam. 25,31; 1Sam. 25,31; 1Sam. 25,31; 1Sam. 25,32; 1Sam. 25,33; 1Sam. 25,39; 1Sam. 26,11; 1Sam. 26,18; 1Sam. 26,19; 1Sam. 26,20; 1Sam. 26,20; 1Sam. 26,21; 1Sam. 26,23; 1Sam. 26,23; 1Sam. 26,24; 1Sam. 26,24; 1Sam. 28,9; 1Sam. 28,17; 1Sam. 28,21; 1Sam. 28,21; 1Sam. 29,6; 1Sam. 29,8; 1Sam. 29,9; 1Sam. 29,10; 1Sam. 30,13; 1Sam. 30,15; 2Sam. 1,9; 2Sam. 1,9; 2Sam. 1,10; 2Sam. 1,26; 2Sam. 2,22; 2Sam. 3,7; 2Sam. 3,12; 2Sam. 3,13; 2Sam. 3,13; 2Sam. 3,14; 2Sam. 3,18; 2Sam. 3,21; 2Sam. 3,28; 2Sam. 4,9; 2Sam. 4,10; 2Sam. 5,2; 2Sam. 5,19; 2Sam. 5,20; 2Sam. 7,5; 2Sam. 7,7; 2Sam. 7,8; 2Sam. 7,8; 2Sam. 7,10; 2Sam. 7,11; 2Sam. 7,13; 2Sam. 7,15; 2Sam. 7,15; 2Sam. 7,18; 2Sam. 7,18; 2Sam. 7,19; 2Sam. 7,19; 2Sam. 7,20; 2Sam. 7,22; 2Sam. 7,25; 2Sam. 7,28; 2Sam. 7,29; 2Sam. 9,7; 2Sam. 9,10; 2Sam. 9,11; 2Sam. 11,11; 2Sam. 11,11; 2Sam. 11,11; 2Sam. 11,11; 2Sam. 12,28; 2Sam. 13,4; 2Sam. 13,5; 2Sam. 13,5; 2Sam. 13,6; 2Sam. 13,6; 2Sam. 13,9; 2Sam. 13,11; 2Sam. 13,12; 2Sam. 13,13; 2Sam. 13,20; 2Sam. 13,25; 2Sam. 13,26; 2Sam. 13,32; 2Sam. 13,33; 2Sam. 14,5; 2Sam. 14,7; 2Sam. 14,7; 2Sam. 14,9; 2Sam. 14,9; 2Sam. 14,11; 2Sam. 14,12; 2Sam. 14,15; 2Sam. 14,16; 2Sam. 14,17; 2Sam. 14,17; 2Sam. 14,18; 2Sam. 14,19; 2Sam. 14,19; 2Sam. 14,20; 2Sam. 14,22; 2Sam. 14,22; 2Sam. 14,24; 2Sam. 14,30; 2Sam. 15,7; 2Sam. 15,21; 2Sam. 15,21; 2Sam. 15,31; 2Sam. 15,34; 2Sam. 16,3; 2Sam. 16,4; 2Sam. 16,9; 2Sam. 16,11; 2Sam. 16,11; 2Sam. 16,11; 2Sam. 16,12; 2Sam. 18,12; 2Sam. 18,12; 2Sam. 18,22; 2Sam. 18,28; 2Sam. 18,31; 2Sam. 18,32; 2Sam. 19,1; 2Sam. 19,1; 2Sam. 19,1; 2Sam. 19,1; 2Sam. 19,1; 2Sam. 19,1; 2Sam. 19,5; 2Sam. 19,5; 2Sam. 19,13; 2Sam. 19,13; 2Sam. 19,13; 2Sam. 19,14; 2Sam. 19,14; 2Sam. 19,20; 2Sam. 19,20; 2Sam. 19,21; 2Sam. 19,27; 2Sam. 19,27; 2Sam. 19,28; 2Sam. 19,28; 2Sam. 19,29; 2Sam. 19,29; 2Sam. 19,31; 2Sam. 19,35; 2Sam. 19,36; 2Sam. 19,38; 2Sam. 19,38; 2Sam. 19,38; 2Sam. 19,38; 2Sam. 19,44; 2Sam. 22,2; 2Sam. 22,2; 2Sam. 22,3; 2Sam. 22,3; 2Sam. 22,3; 2Sam. 22,3; 2Sam. 22,3; 2Sam. 22,3; 2Sam. 22,3; 2Sam. 22,4; 2Sam. 22,7; 2Sam. 22,7; 2Sam. 22,7; 2Sam. 22,18; 2Sam. 22,19; 2Sam. 22,19; 2Sam. 22,21; 2Sam. 22,21; 2Sam. 22,22; 2Sam. 22,23; 2Sam. 22,24; 2Sam. 22,25; 2Sam. 22,25; 2Sam. 22,29; 2Sam. 22,29; 2Sam. 22,30; 2Sam. 22,33; 2Sam. 22,34; 2Sam. 22,35; 2Sam. 22,35; 2Sam. 22,36; 2Sam. 22,37; 2Sam. 22,37; 2Sam. 22,37; 2Sam. 22,38; 2Sam. 22,39; 2Sam. 22,40; 2Sam. 22,41; 2Sam. 22,45; 2Sam. 22,47; 2Sam. 22,47; 2Sam. 22,47; 2Sam. 22,48; 2Sam. 22,49; 2Sam. 23,2; 2Sam. 23,5; 2Sam. 23,5; 2Sam. 24,3; 2Sam. 24,3; 2Sam. 24,17; 2Sam. 24,21; 2Sam. 24,22; 2Sam. 24,24; 1Kings 1,13; 1Kings 1,13; 1Kings 1,17; 1Kings 1,17; 1Kings 1,18; 1Kings 1,20; 1Kings 1,20; 1Kings 1,21; 1Kings 1,21; 1Kings 1,24; 1Kings 1,24; 1Kings 1,24; 1Kings 1,27; 1Kings 1,27; 1Kings 1,29; 1Kings 1,30; 1Kings 1,31; 1Kings 1,33; 1Kings 1,35; 1Kings 1,36; 1Kings 1,37; 1Kings 1,37; 1Kings 1,48; 1Kings 1,48; 1Kings 1,48; 1Kings 2,8; 1Kings 2,15; 1Kings 2,22; 1Kings 2,24; 1Kings 2,26; 1Kings 2,26; 1Kings 2,31; 1Kings 2,32; 1Kings 2,38; 1Kings 2,44; 1Kings 3,6; 1Kings 3,7; 1Kings 3,7; 1Kings 3,7; 1Kings 3,7; 1Kings 3,14; 1Kings 3,14; 1Kings 3,14; 1Kings 3,18; 1Kings 3,20; 1Kings 3,20; 1Kings 3,20; 1Kings 3,21; 1Kings 3,21; 1Kings 3,22; 1Kings 3,23; 1Kings 3,23; 1Kings 5,17; 1Kings 5,17; 1Kings 5,18; 1Kings 5,19; 1Kings 5,19; 1Kings 5,19; 1Kings 5,20; 1Kings 5,23; 1Kings 5,23; 1Kings 5,23; 1Kings 8,15; 1Kings 8,16; 1Kings 8,16; 1Kings 8,16; 1Kings 8,16; 1Kings 8,17; 1Kings 8,18; 1Kings 8,18; 1Kings 8,19; 1Kings 8,20; 1Kings 8,24; 1Kings 8,25; 1Kings 8,25; 1Kings 8,26; 1Kings 8,28; 1Kings 8,29; 1Kings 8,53a; 1Kings 9,3; 1Kings 9,3; 1Kings 9,3; 1Kings 9,4; 1Kings 9,4; 1Kings 9,6; 1Kings 9,6; 1Kings 9,7; 1Kings 9,7; 1Kings 10,6; 1Kings 10,7; 1Kings 10,7; 1Kings 11,11; 1Kings 11,11; 1Kings 11,13; 1Kings 11,21; 1Kings 11,32; 1Kings 11,33; 1Kings 11,34; 1Kings 11,36; 1Kings 11,36; 1Kings 11,38; 1Kings 11,38; 1Kings 11,38; 1Kings 11,38; 1Kings 12,10; 1Kings 12,10; 1Kings 12,11; 1Kings 12,11; 1Kings 12,14; 1Kings 12,14; 1Kings 12,24d; 1Kings 12,24r; 1Kings 12,24r; 1Kings 12,24r; 1Kings 13,6; 1Kings 13,31; 1Kings 15,19; 1Kings 16,2; 1Kings 16,2; 1Kings 16,28g; 1Kings 17,1; 1Kings 17,12; 1Kings 17,18; 1Kings 17,18; 1Kings 17,21; 1Kings 18,7; 1Kings 18,10; 1Kings 18,13; 1Kings 18,24; 1Kings 18,29; 1Kings 18,36; 1Kings 18,36; 1Kings 18,37; 1Kings 18,37; 1Kings 19,4; 1Kings 19,4; 1Kings 19,10; 1Kings 19,14; 1Kings 19,20; 1Kings 20,2; 1Kings 20,3; 1Kings 20,3; 1Kings 20,6; 1Kings 20,20; 1Kings 20,29; 1Kings 21,6; 1Kings 21,7; 1Kings 21,7; 1Kings 21,7; 1Kings 21,7; 1Kings 21,7; 1Kings 21,10; 1Kings 21,32; 1Kings 21,34; 1Kings 21,34; 1Kings 22,4; 1Kings 22,4; 1Kings 22,30; 2Kings 1,2; 2Kings 1,13; 2Kings 3,7; 2Kings 3,7; 2Kings 4,1; 2Kings 4,1; 2Kings 4,13; 2Kings 4,16; 2Kings 4,19; 2Kings 4,19; 2Kings 4,28; 2Kings 4,29; 2Kings 4,29; 2Kings 5,3; 2Kings 5,6; 2Kings 5,18; 2Kings 5,18; 2Kings 5,20; 2Kings 5,22; 2Kings 5,26; 2Kings 6,12; 2Kings 6,19; 2Kings 6,28; 2Kings 6,29; 2Kings 6,32; 2Kings 8,8; 2Kings 8,9; 2Kings 8,12; 2Kings 9,7; 2Kings 9,7; 2Kings 9,18; 2Kings 9,19; 2Kings 10,6; 2Kings 10,9; 2Kings 10,15; 2Kings 10,15; 2Kings 10,30; 2Kings 10,30; 2Kings 14,9; 2Kings 17,13; 2Kings 17,13; 2Kings 17,13; 2Kings 18,23; 2Kings 18,24; 2Kings 18,27; 2Kings 18,29; 2Kings 18,34; 2Kings 18,35; 2Kings 18,35; 2Kings 19,12; 2Kings 19,23; 2Kings 19,24; 2Kings 19,28; 2Kings 19,28; 2Kings 19,34; 2Kings 20,5; 2Kings 20,6; 2Kings 20,15; 2Kings 20,15; 2Kings 20,15; 2Kings 20,19; 2Kings 21,4; 2Kings 21,7; 2Kings 21,8; 2Kings 21,14; 2Kings 21,15; 2Kings 22,17; 2Kings 23,27; 2Kings 23,27; 1Chr. 4,10; 1Chr. 7,23; 1Chr. 11,2; 1Chr. 12,18; 1Chr. 14,10; 1Chr. 14,11; 1Chr. 14,11; 1Chr. 16,22; 1Chr. 16,22; 1Chr. 17,4; 1Chr. 17,6; 1Chr. 17,7; 1Chr. 17,7; 1Chr. 17,9; 1Chr. 17,10; 1Chr. 17,13; 1Chr. 17,14; 1Chr. 17,16; 1Chr. 21,3; 1Chr. 21,3; 1Chr. 21,3; 1Chr. 21,17; 1Chr. 21,23; 1Chr. 22,5; 1Chr. 22,8; 1Chr. 22,8; 1Chr. 22,10; 1Chr. 22,11; 1Chr. 22,14; 1Chr. 28,2; 1Chr. 28,2; 1Chr. 28,3; 1Chr. 28,4; 1Chr. 28,4; 1Chr. 28,4; 1Chr. 28,5; 1Chr. 28,5; 1Chr. 28,6; 1Chr. 28,6; 1Chr. 28,6; 1Chr. 28,7; 1Chr. 28,7; 1Chr. 28,9; 1Chr. 28,20; 1Chr. 29,1; 1Chr. 29,2; 1Chr. 29,3; 1Chr. 29,3; 1Chr. 29,14; 1Chr. 29,19; 2Chr. 1,8; 2Chr. 1,9; 2Chr. 1,11; 2Chr. 2,2; 2Chr. 2,3; 2Chr. 2,6; 2Chr. 2,7; 2Chr. 2,12; 2Chr. 2,13; 2Chr. 2,14; 2Chr. 6,4; 2Chr. 6,5; 2Chr. 6,5; 2Chr. 6,5; 2Chr. 6,6; 2Chr. 6,6; 2Chr. 6,7; 2Chr. 6,8; 2Chr. 6,8; 2Chr. 6,9; 2Chr. 6,10; 2Chr. 6,15; 2Chr. 6,16; 2Chr. 6,16; 2Chr. 6,16; 2Chr. 6,19; 2Chr. 7,13; 2Chr. 7,14; 2Chr. 7,14; 2Chr. 7,14; 2Chr. 7,15; 2Chr. 7,15; 2Chr. 7,16; 2Chr. 7,16; 2Chr. 7,16; 2Chr. 7,17; 2Chr. 7,17; 2Chr. 7,17; 2Chr. 7,19; 2Chr. 7,19; 2Chr. 7,20; 2Chr. 7,20; 2Chr. 8,11; 2Chr. 9,5; 2Chr. 9,6; 2Chr. 10,10; 2Chr. 10,10; 2Chr. 10,11; 2Chr. 10,11; 2Chr. 10,14; 2Chr. 10,14; 2Chr. 12,7; 2Chr. 12,8; 2Chr. 15,2; 2Chr. 16,3; 2Chr. 18,3; 2Chr. 18,29; 2Chr. 20,20; 2Chr. 25,16; 2Chr. 25,18; 2Chr. 28,11; 2Chr. 28,23; 2Chr. 32,13; 2Chr. 32,13; 2Chr. 32,14; 2Chr. 32,14; 2Chr. 32,14; 2Chr. 32,15; 2Chr. 32,15; 2Chr. 32,15; 2Chr. 32,17; 2Chr. 32,17; 2Chr. 33,4; 2Chr. 33,7; 2Chr. 34,25; 2Chr. 34,27; 2Chr. 34,27; 2Chr. 34,27; 2Chr. 34,27; 2Chr. 35,19d; 2Chr. 35,19d; 1Esdr. 4,42; 1Esdr. 4,42; 1Esdr. 8,27; Ezra 7,13; Ezra 9,3; Ezra 9,3; Ezra 9,3; Ezra 9,5; Ezra 9,5; Ezra 9,5; Ezra 9,6; Neh. 1,2; Neh. 1,6; Neh. 1,9; Neh. 1,9; Neh. 2,3; Neh. 2,3; Neh. 2,5; Neh. 2,12; Neh. 2,14; Neh. 4,17; Neh. 5,7; Neh. 5,10; Neh. 5,10;

Neh. 5,13; Neh. 5,14; Neh. 5,17; Neh. 5,19; Neh. 6,9; Neh. 6,19; Neh. 7,2; Neh. 7,5; Neh. 13,14; Neh. 13,14; Neh. 13,19; Neh. 13,21; Neh. 13,22; Neh. 13,22; Neh. 13,31; Esth. 13,3 # 3,13c; Esth. 4,8; Esth. 4,16; Esth. 13,14 # 4,17e; Esth. 13,17 # 4,17h; Esth. 14,3 # 4,17l; Esth. 14,3 # 4,17l; Esth. 14,3 # 4,17l; Esth. 14,5 # 4,17m; Esth. 14,5 # 4,17m; Esth. 14,13 # 4,17s; Esth. 14,16 # 4,17w; Esth. 14,16 # 4,17w; Esth. 14,16 # 4,17w; Esth. 14,16 # 4,17w; Esth. 14,16 # 4,17w; Esth. 14,18 # 4,17y; Esth. 14,19 # 4,17z; Esth. 15,13 # 5,2a; Esth. 5,3; Esth. 5,4; Esth. 5,7; Esth. 5,7; Esth. 7,2; Esth. 7,3; Esth. 7,3; Esth. 7,3; Esth. 7,3; Esth. 7,4; Esth. 7,8; Esth. 8,6; Esth. 8,6; Esth. 8,8; Esth. 8,8; Esth. 8,8; Judith 2,5; Judith 2,6; Judith 2,7; Judith 2,7; Judith 2,12; Judith 2,12; Judith 5,5; Judith 5,21; Judith 6,5; Judith 6,6; Judith 6,6; Judith 6,7; Judith 6,9; Judith 8,11; Judith 8,32; Judith 8,33; Judith 8,33; Judith 8,34; Judith 9,2; Judith 9,9; Judith 9,10; Judith 9,12; Judith 9,12; Judith 9,13; Judith 11,2; Judith 11,4; Judith 11,5; Judith 11,6; Judith 11,11; Judith 11,17; Judith 11,19; Judith 11,22; Judith 11,23; Judith 12,4; Judith 12,4; Judith 12,6; Judith 12,13; Judith 12,14; Judith 12,14; Judith 12,18; Judith 12,18; Judith 13,4; Judith 13,5; Judith 13,14; Judith 13,16; Judith 13,16; Judith 14,1; Judith 16,1; Judith 16,4; Judith 16,4; Judith 16,4; Judith 16,4; Judith 16,4; Judith 16,11; Judith 16,11; Judith 16,12; Judith 16,13; Judith 16,17; Tob. 1,3; Tob. 1,3; Tob. 1,4; Tob. 1,4; Tob. 1,4; Tob. 1,5; Tob. 1,8; Tob. 1,8; Tob. 1,10; Tob. 1,10; Tob. 1,11; Tob. 1,12; Tob. 1,16; Tob. 1,17; Tob. 1,17; Tob. 1,17; Tob. 1,20; Tob. 1,20; Tob. 1,20; Tob. 1,21; Tob. 1,22; Tob. 2,1; Tob. 2,1; Tob. 2,1; Tob. 2,2; Tob. 2,5; Tob. 2,9; Tob. 2,10; Tob. 2,10; Tob. 2,10; Tob. 2,11; Tob. 3,3; Tob. 3,3; Tob. 3,3; Tob. 3,3; Tob. 3,5; Tob. 3,5; Tob. 3,6; Tob. 3,10; Tob. 3,11; Tob. 3,12; Tob. 3,12; Tob. 3,15; Tob. 3,15; Tob. 3,15; Tob. 3,15; Tob. 4,2; Tob. 4,19; Tob. 5,7; Tob. 5,14; Tob. 5,15; Tob. 6,13; Tob. 6,15; Tob. 6,15; Tob. 6,16; Tob. 7,2; Tob. 7,10; Tob. 7,11; Tob. 8,7; Tob. 8,21; Tob. 9,4; Tob. 10,5; Tob. 10,7; Tob. 10,8; Tob. 10,8; Tob. 10,9; Tob. 10,13; Tob. 10,13; Tob. 11,14; Tob. 12,3; Tob. 12,3; Tob. 13,8; Tob. 13,9; Tob. 13,9; Tob. 13,16; 1Mac. 2,7; 1Mac. 2,20; 1Mac. 2,20; 1Mac. 2,27; 1Mac. 5,17; 1Mac. 6,10; 1Mac. 6,11; 1Mac. 7,35; 1Mac. 10,33; 1Mac. 10,34; 1Mac. 10,43; 1Mac. 10,52; 1Mac. 10,52; 1Mac. 11,9; 1Mac. 11,10; 1Mac. 11,43; 1Mac. 13,3; 1Mac. 13,3; 1Mac. 13,4; 1Mac. 13,5; 1Mac. 13,5; 1Mac. 13,6; 1Mac. 15,4; 1Mac. 15,28; 1Mac. 15,29; 1Mac. 16,2; 1Mac. 16,2; 1Mac. 16,3; 2Mac. 7,38; 4Mac. 5,12; 4Mac. 5,30; 4Mac. 5,30; 4Mac. 5,36; 4Mac. 8,6; 4Mac. 9,17; 4Mac. 9,17; 4Mac. 9,17; 4Mac. 9,23; 4Mac. 9,23; 4Mac. 10,15; 4Mac. 11,22; 4Mac. 12,16; 4Mac. 18,8; Psa. 2,7; Psa. 3,3; Psa. 3,4; Psa. 3,4; Psa. 3,4; Psa. 3,5; Psa. 3,5; Psa. 3,6; Psa. 3,8; Psa. 4,2; Psa. 4,2; Psa. 4,2; Psa. 4,4; Psa. 4,8; Psa. 5,2; Psa. 5,2; Psa. 5,3; Psa. 5,3; Psa. 5,3; Psa. 5,4; Psa. 5,9; Psa. 5,9; Psa. 6,3; Psa. 6,4; Psa. 6,5; Psa. 6,7; Psa. 6,7; Psa. 6,7; Psa. 6,7; Psa. 6,8; Psa. 6,8; Psa. 6,9; Psa. 6,10; Psa. 6,10; Psa. 6,11; Psa. 7,2; Psa. 7,3; Psa. 7,4; Psa. 7,4; Psa. 7,5; Psa. 7,6; Psa. 7,6; Psa. 7,6; Psa. 7,7; Psa. 7,7; Psa. 7,9; Psa. 7,9; Psa. 7,11; Psa. 9,2; Psa. 9,4; Psa. 9,5; Psa. 9,5; Psa. 9,14; Psa. 9,14; Psa. 10,1; Psa. 12,2; Psa. 12,3; Psa. 12,3; Psa. 12,3; Psa. 12,4; Psa. 12,4; Psa. 12,4; Psa. 12,5; Psa. 12,6; Psa. 13,4; Psa. 15,2; Psa. 15,2; Psa. 15,4; Psa. 15,5; Psa. 15,5; Psa. 15,5; Psa. 15,6; Psa. 15,7; Psa. 15,8; Psa. 15,9; Psa. 15,9; Psa. 15,9; Psa. 15,10; Psa. 16,1; Psa. 16,1; Psa. 16,1; Psa. 16,2; Psa. 16,2; Psa. 16,3; Psa. 16,4; Psa. 16,5; Psa. 16,5; Psa. 16,6; Psa. 16,6; Psa. 16,9; Psa. 16,9; Psa. 16,13; Psa. 17,2; Psa. 17,3; Psa. 17,3; Psa. 17,3; Psa. 17,3; Psa. 17,3; Psa. 17,3; Psa. 17,3; Psa. 17,3; Psa. 17,4; Psa. 17,7; Psa. 17,7; Psa. 17,7; Psa. 17,18; Psa. 17,19; Psa. 17,19; Psa. 17,20; Psa. 17,21; Psa. 17,21; Psa. 17,22; Psa. 17,23; Psa. 17,24; Psa. 17,25; Psa. 17,25; Psa. 17,29; Psa. 17,29; Psa. 17,29; Psa. 17,30; Psa. 17,31; Psa. 17,33; Psa. 17,34; Psa. 17,35; Psa. 17,35; Psa. 17,36; Psa. 17,36; Psa. 17,37; Psa. 17,37; Psa. 17,37; Psa. 17,38; Psa. 17,39; Psa. 17,40; Psa. 17,41; Psa. 17,47; Psa. 17,47; Psa. 17,49; Psa. 17,49; Psa. 18,13; Psa. 18,14; Psa. 18,15; Psa. 18,15; Psa. 18,15; Psa. 18,15; Psa. 21,2; Psa. 21,2; Psa. 21,2; Psa. 21,3; Psa. 21,10; Psa. 21,10; Psa. 21,11; Psa. 21,11; Psa. 21,15; Psa. 21,15; Psa. 21,15; Psa. 21,16; Psa. 21,16; Psa. 21,16; Psa. 21,17; Psa. 21,18; Psa. 21,19; Psa. 21,19; Psa. 21,20; Psa. 21,20; Psa. 21,21; Psa. 21,21; Psa. 21,22; Psa. 21,23; Psa. 21,25; Psa. 21,26; Psa. 21,26; Psa. 21,30; Psa. 21,31; Psa. 22,3; Psa. 22,5; Psa. 22,5; Psa. 22,6; Psa. 24,1; Psa. 24,1; Psa. 24,2; Psa. 24,2; Psa. 24,5; Psa. 24,7; Psa. 24,7; Psa. 24,7; Psa. 24,11; Psa. 24,15; Psa. 24,15; Psa. 24,17; Psa. 24,17; Psa. 24,18; Psa. 24,18; Psa. 24,18; Psa. 24,19; Psa. 24,20; Psa. 25,1; Psa. 25,2; Psa. 25,2; Psa. 25,6; Psa. 25,9; Psa. 25,9; Psa. 25,11; Psa. 25,12; Psa. 26,1; Psa. 26,1; Psa. 26,1; Psa. 26,2; Psa. 26,2; Psa. 26,3; Psa. 26,4; Psa. 26,5; Psa. 26,6; Psa. 26,6; Psa. 26,7; Psa. 26,7; Psa. 26,8; Psa. 26,8; Psa. 26,9; Psa. 26,9; Psa. 26,10; Psa. 26,10; Psa. 26,11; Psa. 27,1; Psa. 27,2; Psa. 27,2; Psa. 27,3; Psa. 27,6; Psa. 27,7; Psa. 27,7; Psa. 27,7; Psa. 27,7; Psa. 27,7; Psa. 29,2; Psa. 29,3; Psa. 29,4; Psa. 29,7; Psa. 29,8; Psa. 29,9; Psa. 29,10; Psa. 29,11; Psa. 29,12; Psa. 29,12; Psa. 29,13; Psa. 29,13; Psa. 30,4; Psa. 30,4; Psa. 30,5; Psa. 30,6; Psa. 30,8; Psa. 30,8; Psa. 30,9; Psa. 30,10; Psa. 30,10; Psa. 30,10; Psa. 30,11; Psa. 30,11; Psa. 30,11; Psa. 30,12; Psa. 30,12; Psa. 30,12; Psa. 30,14; Psa. 30,15; Psa. 30,16; Psa. 30,16; Psa. 30,23; Psa. 30,23; Psa. 31,3; Psa. 31,5; Psa. 31,5; Psa. 31,5; Psa. 31,5; Psa. 31,7; Psa. 31,7; Psa. 31,8; Psa. 33,2; Psa. 33,3; Psa. 33,5; Psa. 33,5; Psa. 33,12; Psa. 34,2; Psa. 34,3; Psa. 34,4; Psa. 34,7; Psa. 34,9; Psa. 34,10; Psa. 34,12; Psa. 34,13; Psa. 34,13; Psa. 34,13; Psa. 34,17; Psa. 34,17; Psa. 34,23; Psa. 34,23; Psa. 34,23; Psa. 34,23; Psa. 34,24; Psa. 34,26; Psa. 34,27; Psa. 34,28; Psa. 37,4; Psa. 37,4; Psa. 37,4; Psa. 37,5; Psa. 37,5; Psa. 37,6; Psa. 37,6; Psa. 37,8; Psa. 37,8; Psa. 37,9; Psa. 37,10; Psa. 37,10; Psa. 37,11; Psa. 37,11; Psa. 37,11; Psa. 37,12; Psa. 37,12; Psa. 37,12; Psa. 37,12; Psa. 37,13; Psa. 37,16; Psa. 37,17; Psa. 37,17; Psa. 37,18; Psa. 37,18; Psa. 37,19; Psa. 37,19; Psa. 37,20; Psa. 37,22; Psa. 37,23; Psa. 37,23; Psa. 38,2; Psa. 38,2; Psa. 38,2; Psa. 38,2; Psa. 38,3; Psa. 38,4; Psa. 38,4; Psa. 38,4; Psa. 38,4; Psa. 38,5; Psa. 38,5; Psa. 38,6; Psa. 38,6; Psa. 38,8; Psa. 38,8; Psa. 38,9; Psa. 38,10; Psa. 38,13; Psa. 38,13; Psa. 38,13; Psa. 38,13; Psa. 39,2; Psa. 39,3; Psa. 39,3; Psa. 39,4; Psa. 39,6; Psa. 39,9; Psa. 39,9; Psa. 39,10; Psa. 39,11; Psa. 39,12; Psa. 39,13; Psa. 39,13; Psa. 39,13; Psa. 39,15; Psa. 39,18; Psa. 39,18; Psa. 39,18; Psa. 39,18; Psa. 40,5; Psa. 40,6; Psa. 40,8; Psa. 40,10; Psa. 40,10; Psa. 40,12; Psa. 41,2; Psa. 41,3; Psa. 41,4; Psa. 41,5; Psa. 41,6; Psa. 41,6; Psa. 41,7; Psa. 41,9; Psa. 41,10; Psa. 41,10; Psa. 41,10; Psa. 41,11; Psa. 41,12; Psa. 41,12; Psa. 42,1; Psa. 42,2; Psa. 42,2; Psa. 42,2; Psa. 42,4; Psa. 42,4; Psa. 42,5; Psa. 42,5; Psa. 43,5; Psa. 43,5; Psa. 43,7; Psa. 43,7; Psa. 43,16; Psa. 43,16; Psa. 44,2; Psa. 44,2; Psa. 44,2; Psa. 48,4; Psa. 48,4; Psa. 48,5; Psa. 48,5; Psa. 48,6; Psa. 48,16; Psa. 49,7; Psa. 49,16; Psa. 49,16; Psa. 49,17; Psa. 50,3; Psa. 50,4; Psa. 50,4; Psa. 50,5; Psa. 50,5; Psa. 50,7; Psa. 50,11; Psa. 50,11; Psa. 50,12; Psa. 50,16; Psa. 50,16; Psa. 50,17; Psa. 50,17; Psa. 52,5; Psa. 53,4; Psa. 53,4; Psa. 53,5; Psa. 53,6; Psa. 53,7; Psa. 53,9; Psa. 53,9; Psa. 54,2; Psa. 54,2; Psa. 54,3; Psa. 54,3; Psa. 54,5; Psa. 54,14; Psa. 54,14; Psa. 54,17; Psa. 54,18; Psa. 54,19; Psa. 55,3; Psa. 55,5; Psa. 55,6; Psa. 55,7; Psa. 55,7; Psa. 55,9; Psa. 55,9; Psa. 55,10; Psa. 55,10; Psa. 55,14; Psa. 55,14; Psa. 56,2; Psa. 56,5; Psa. 56,7; Psa. 56,7; Psa. 56,7; Psa. 56,8; Psa. 56,8; Psa. 56,9; Psa. 58,2; Psa. 58,4; Psa. 58,4; Psa. 58,4; Psa. 58,5; Psa. 58,10; Psa. 58,10; Psa. 58,11; Psa. 58,11; Psa. 58,12; Psa. 58,12; Psa. 58,17; Psa. 58,17; Psa. 58,18; Psa. 58,18; Psa. 58,18; Psa. 58,18; Psa. 59,7; Psa. 59,9; Psa. 59,9; Psa. 59,10;

ἐγώ

Psa. 59,10; Psa. 60,2; Psa. 60,2; Psa. 60,3; Psa. 60,4; Psa. 60,6; Psa. 60,9; Psa. 61,2; Psa. 61,2; Psa. 61,3; Psa. 61,3; Psa. 61,3; Psa. 61,5; Psa. 61,6; Psa. 61,6; Psa. 61,7; Psa. 61,7; Psa. 61,7; Psa. 61,8; Psa. 61,8; Psa. 61,8; Psa. 61,8; Psa. 62,2; Psa. 62,2; Psa. 62,2; Psa. 62,4; Psa. 62,5; Psa. 62,5; Psa. 62,6; Psa. 62,6; Psa. 62,7; Psa. 62,8; Psa. 62,9; Psa. 62,10; Psa. 63,2; Psa. 63,2; Psa. 64,3; Psa. 65,9; Psa. 65,9; Psa. 65,13; Psa. 65,14; Psa. 65,14; Psa. 65,14; Psa. 65,16; Psa. 65,17; Psa. 65,17; Psa. 65,18; Psa. 65,19; Psa. 65,19; Psa. 65,20; Psa. 67,25; Psa. 68,2; Psa. 68,4; Psa. 68,4; Psa. 68,4; Psa. 68,5; Psa. 68,5; Psa. 68,6; Psa. 68,6; Psa. 68,8; Psa. 68,9; Psa. 68,9; Psa. 68,11; Psa. 68,12; Psa. 68,14; Psa. 68,14; Psa. 68,17; Psa. 68,18; Psa. 68,19; Psa. 68,19; Psa. 68,20; Psa. 68,20; Psa. 68,20; Psa. 68,21; Psa. 68,22; Psa. 68,22; Psa. 68,30; Psa. 69,2; Psa. 69,3; Psa. 69,6; Psa. 69,6; Psa. 70,3; Psa. 70,3; Psa. 70,4; Psa. 70,5; Psa. 70,5; Psa. 70,5; Psa. 70,6; Psa. 70,6; Psa. 70,6; Psa. 70,8; Psa. 70,9; Psa. 70,10; Psa. 70,10; Psa. 70,12; Psa. 70,12; Psa. 70,13; Psa. 70,15; Psa. 70,17; Psa. 70,23; Psa. 70,23; Psa. 70,24; Psa. 72,2; Psa. 72,10; Psa. 72,13; Psa. 72,13; Psa. 72,14; Psa. 72,16; Psa. 72,21; Psa. 72,21; Psa. 72,23; Psa. 72,26; Psa. 72,26; Psa. 72,26; Psa. 72,26; Psa. 72,28; Psa. 76,2; Psa. 76,2; Psa. 76,3; Psa. 76,3; Psa. 76,3; Psa. 76,4; Psa. 76,5; Psa. 76,7; Psa. 76,7; Psa. 77,1; Psa. 77,1; Psa. 77,1; Psa. 77,2; Psa. 80,9; Psa. 80,9; Psa. 80,12; Psa. 80,12; Psa. 80,14; Psa. 80,14; Psa. 80,14; Psa. 80,15; Psa. 82,14; Psa. 83,3; Psa. 83,3; Psa. 83,3; Psa. 83,4; Psa. 83,4; Psa. 83,9; Psa. 85,1; Psa. 85,2; Psa. 85,2; Psa. 85,4; Psa. 85,6; Psa. 85,6; Psa. 85,7; Psa. 85,7; Psa. 85,11; Psa. 85,12; Psa. 85,12; Psa. 85,13; Psa. 85,14; Psa. 87,2; Psa. 87,3; Psa. 87,3; Psa. 87,4; Psa. 87,4; Psa. 87,9; Psa. 87,10; Psa. 87,10; Psa. 87,14; Psa. 87,15; Psa. 87,16; Psa. 87,19; Psa. 88,2; Psa. 88,4; Psa. 88,4; Psa. 88,20; Psa. 88,21; Psa. 88,21; Psa. 88,22; Psa. 88,22; Psa. 88,25; Psa. 88,25; Psa. 88,25; Psa. 88,27; Psa. 88,27; Psa. 88,27; Psa. 88,29; Psa. 88,29; Psa. 88,31; Psa. 88,31; Psa. 88,32; Psa. 88,32; Psa. 88,34; Psa. 88,34; Psa. 88,35; Psa. 88,35; Psa. 88,36; Psa. 88,37; Psa. 88,48; Psa. 88,51; Psa. 90,2; Psa. 90,2; Psa. 90,2; Psa. 90,9; Psa. 90,14; Psa. 90,16; Psa. 91,11; Psa. 91,11; Psa. 91,12; Psa. 91,12; Psa. 91,12; Psa. 91,16; Psa. 93,17; Psa. 93,18; Psa. 93,19; Psa. 93,19; Psa. 93,19; Psa. 93,22; Psa. 93,22; Psa. 94,9; Psa. 94,10; Psa. 94,11; Psa. 94,11; Psa. 100,2; Psa. 100,2; Psa. 100,3; Psa. 100,6; Psa. 100,7; Psa. 100,7; Psa. 101,2; Psa. 101,2; Psa. 101,3; Psa. 101,4; Psa. 101,4; Psa. 101,5; Psa. 101,5; Psa. 101,6; Psa. 101,6; Psa. 101,6; Psa. 101,9; Psa. 101,10; Psa. 101,12; Psa. 101,24; Psa. 101,25; Psa. 102,1; Psa. 102,1; Psa. 102,2; Psa. 102,22; Psa. 103,1; Psa. 103,1; Psa. 103,33; Psa. 103,33; Psa. 103,34; Psa. 103,35; Psa. 104,15; Psa. 104,15; Psa. 107,2; Psa. 107,2; Psa. 107,2; Psa. 107,7; Psa. 107,9; Psa. 107,9; Psa. 107,10; Psa. 107,10; Psa. 108,1; Psa. 108,5; Psa. 108,20; Psa. 108,22; Psa. 108,22; Psa. 108,24; Psa. 108,24; Psa. 108,26; Psa. 108,30; Psa. 108,31; Psa. 109,1; Psa. 109,1; Psa. 110,1; Psa. 114,1; Psa. 114,2; Psa. 114,4; Psa. 114,7; Psa. 114,8; Psa. 114,8; Psa. 114,8; Psa. 115,2; Psa. 115,7; Psa. 115,9; Psa. 117,5; Psa. 117,7; Psa. 117,13; Psa. 117,14; Psa. 117,14; Psa. 117,21; Psa. 117,28; Psa. 117,28; Psa. 117,28; Psa. 118,5; Psa. 118,10; Psa. 118,11; Psa. 118,13; Psa. 118,18; Psa. 118,20; Psa. 118,24; Psa. 118,25; Psa. 118,26; Psa. 118,26; Psa. 118,28; Psa. 118,32; Psa. 118,34; Psa. 118,36; Psa. 118,37; Psa. 118,39; Psa. 118,43; Psa. 118,48; Psa. 118,50; Psa. 118,54; Psa. 118,57; Psa. 118,58; Psa. 118,59; Psa. 118,69; Psa. 118,80; Psa. 118,81; Psa. 118,82; Psa. 118,92; Psa. 118,98; Psa. 118,101; Psa. 118,103; Psa. 118,103; Psa. 118,105; Psa. 118,105; Psa. 118,108; Psa. 118,109; Psa. 118,109; Psa. 118,112; Psa. 118,114; Psa. 118,114; Psa. 118,115; Psa. 118,116; Psa. 118,116; Psa. 118,120; Psa. 118,123; Psa. 118,129; Psa. 118,131; Psa. 118,133; Psa. 118,133; Psa. 118,136; Psa. 118,139; Psa. 118,143; Psa. 118,145; Psa. 118,145; Psa. 118,148; Psa. 118,149; Psa. 118,153; Psa. 118,154; Psa. 118,161; Psa. 118,167; Psa. 118,168; Psa. 118,169; Psa. 118,170; Psa. 118,171; Psa. 118,172; Psa. 118,175; Psa. 119,1; Psa. 119,2; Psa. 119,5; Psa. 119,6; Psa. 120,1; Psa. 120,1; Psa. 120,2; Psa. 121,8; Psa. 121,8; Psa. 122,1; Psa. 128,1; Psa. 128,2; Psa. 128,3; Psa. 129,2; Psa. 129,2; Psa. 129,5; Psa. 129,6; Psa. 130,1; Psa. 130,1; Psa. 130,2; Psa. 130,2; Psa. 131,3; Psa. 131,3; Psa. 131,4; Psa. 131,4; Psa. 131,4; Psa. 131,12; Psa. 131,12; Psa. 131,14; Psa. 131,17; Psa. 131,18; Psa. 136,5; Psa. 136,6; Psa. 136,6; Psa. 136,6; Psa. 137,1; Psa. 137,1; Psa. 137,3; Psa. 137,3; Psa. 137,7; Psa. 138,2; Psa. 138,2; Psa. 138,2; Psa. 138,3; Psa. 138,3; Psa. 138,3; Psa. 138,4; Psa. 138,9; Psa. 138,11; Psa. 138,13; Psa. 138,13; Psa. 138,13; Psa. 138,14; Psa. 138,15; Psa. 138,15; Psa. 138,16; Psa. 138,23; Psa. 138,23; Psa. 139,5; Psa. 139,6; Psa. 139,7; Psa. 139,7; Psa. 139,8; Psa. 139,8; Psa. 139,9; Psa. 140,1; Psa. 140,1; Psa. 140,2; Psa. 140,2; Psa. 140,3; Psa. 140,3; Psa. 140,4; Psa. 140,5; Psa. 140,5; Psa. 140,6; Psa. 140,8; Psa. 140,8; Psa. 141,2; Psa. 141,2; Psa. 141,3; Psa. 141,3; Psa. 141,4; Psa. 141,4; Psa. 141,5; Psa. 141,6; Psa. 141,6; Psa. 141,7; Psa. 141,8; Psa. 142,1; Psa. 142,1; Psa. 142,1; Psa. 142,3; Psa. 142,3; Psa. 142,4; Psa. 142,4; Psa. 142,6; Psa. 142,6; Psa. 142,7; Psa. 142,7; Psa. 142,8; Psa. 142,9; Psa. 142,10; Psa. 142,11; Psa. 142,12; Psa. 142,12; Psa. 143,1; Psa. 143,1; Psa. 143,1; Psa. 143,2; Psa. 143,2; Psa. 143,2; Psa. 143,2; Psa. 143,2; Psa. 143,2; Psa. 144,1; Psa. 144,1; Psa. 144,21; Psa. 145,1; Psa. 145,2; Psa. 145,2; Psa. 151,1; Psa. 151,1; Psa. 151,1; Psa. 151,2; Psa. 151,2; Psa. 151,3; Psa. 151,4; Psa. 151,5; Ode. 1,2; Ode. 1,2; Ode. 1,9; Ode. 1,9; Ode. 1,9; Ode. 2,1; Ode. 2,2; Ode. 2,2; Ode. 2,20; Ode. 2,22; Ode. 2,23; Ode. 2,34; Ode. 2,39; Ode. 2,40; Ode. 2,40; Ode. 2,41; Ode. 2,41; Ode. 2,42; Ode. 2,42; Ode. 3,1; Ode. 3,1; Ode. 3,1; Ode. 3,1; Ode. 3,1; Ode. 4,2; Ode. 4,16; Ode. 4,16; Ode. 4,16; Ode. 4,16; Ode. 4,16; Ode. 4,16; Ode. 4,18; Ode. 4,19; Ode. 4,19; Ode. 4,19; Ode. 5,9; Ode. 5,20; Ode. 6,3; Ode. 6,3; Ode. 6,3; Ode. 6,3; Ode. 6,3; Ode. 6,6; Ode. 6,6; Ode. 6,7; Ode. 6,7; Ode. 6,8; Ode. 6,8; Ode. 6,10; Ode. 9,46; Ode. 9,47; Ode. 9,47; Ode. 10,1; Ode. 10,3; Ode. 10,4; Ode. 10,5; Ode. 10,6; Ode. 11,10; Ode. 11,12; Ode. 11,12; Ode. 11,12; Ode. 11,13; Ode. 11,14; Ode. 11,15; Ode. 11,16; Ode. 11,17; Ode. 11,17; Ode. 11,17; Ode. 11,19; Ode. 11,20; Ode. 12,9; Ode. 12,9; Ode. 12,10; Ode. 12,12; Ode. 12,13; Ode. 12,15; Ode. 13,30; Ode. 14,41; Ode. 14,43; Prov. 3,1; Prov. 5,7; Prov. 5,12; Prov. 5,13; Prov. 7,14; Prov. 7,16; Prov. 7,17; Prov. 7,17; Prov. 7,19; Prov. 7,24; Prov. 7,24; Prov. 8,6; Prov. 8,7; Prov. 8,8; Prov. 8,32; Prov. 8,34; Prov. 8,35; Prov. 27,11; Prov. 30,7; Prov. 30,8; Prov. 24,27; Eccl. 1,13; Eccl. 1,16; Eccl. 1,16; Eccl. 1,16; Eccl. 1,17; Eccl. 2,1; Eccl. 2,3; Eccl. 2,3; Eccl. 2,3; Eccl. 2,4; Eccl. 2,7; Eccl. 2,9; Eccl. 2,9; Eccl. 2,10; Eccl. 2,10; Eccl. 2,10; Eccl. 2,10; Eccl. 2,10; Eccl. 2,10; Eccl. 2,11; Eccl. 2,11; Eccl. 2,15; Eccl. 2,15; Eccl. 2,18; Eccl. 2,19; Eccl. 2,20; Eccl. 3,17; Eccl. 3,18; Eccl. 4,8; Eccl. 7,15; Eccl. 7,25; Eccl. 7,28; Eccl. 8,9; Eccl. 8,16; Eccl. 9,1; Eccl. 9,1; Eccl. 12,12; Song 1,6; Song 1,7; Song 1,9; Song 1,9; Song 1,12; Song 1,13; Song 1,13; Song 1,14; Song 1,15; Song 1,16; Song 2,2; Song 2,3; Song 2,3; Song 2,6; Song 2,8; Song 2,9; Song 2,10; Song 2,10; Song 2,10; Song 2,10; Song 2,13; Song 2,13; Song 2,13; Song 2,14; Song 2,16; Song 2,17; Song 3,1; Song 3,1; Song 3,1; Song 3,2; Song 3,3; Song 3,4; Song 3,4; Song 4,1; Song 4,7; Song 4,9; Song 4,10; Song 4,12; Song 4,16; Song 4,16; Song 4,16; Song 5,1; Song 5,1; Song 5,1; Song 5,1; Song 5,1; Song 5,1; Song 5,1; Song 5,1; Song 5,2; Song 5,2; Song 5,2; Song 5,2; Song 5,2; Song 5,2; Song 5,2; Song 5,2; Song 5,3; Song 5,3; Song 5,4; Song 5,4; Song 5,5; Song 5,5; Song 5,5; Song 5,6; Song 5,6; Song 5,6; Song 5,6; Song 5,7; Song 5,8; Song 5,10; Song 5,16;

E, ε

Song 5,16; Song 6,2; Song 6,3; Song 6,3; Song 6,4; Song 6,5; Song 6,9; Song 6,9; Song 6,11; Song 6,12; Song 7,10; Song 7,10; Song 7,11; Song 7,12; Song 7,13; Song 7,14; Song 8,1; Song 8,1; Song 8,2; Song 8,2; Song 8,3; Song 8,10; Song 8,12; Song 8,12; Song 8,14; Job 1,5; Job 1,8; Job 1,21; Job 2,3; Job 2,9a; Job 3,10; Job 3,10; Job 3,24; Job 4,12; Job 4,14; Job 4,15; Job 4,15; Job 4,16; Job 6,2; Job 6,2; Job 6,4; Job 6,7; Job 6,7; Job 6,8; Job 6,8; Job 6,10; Job 6,10; Job 6,11; Job 6,11; Job 6,11; Job 6,12; Job 6,15; Job 6,30; Job 6,30; Job 7,5; Job 7,7; Job 7,7; Job 7,11; Job 7,11; Job 7,13; Job 7,13; Job 7,15; Job 7,15; Job 7,15; Job 7,16; Job 7,19; Job 7,21; Job 7,21; Job 9,14; Job 9,14; Job 9,15; Job 9,16; Job 9,17; Job 9,20; Job 9,21; Job 10,1; Job 10,1; Job 10,1; Job 10,6; Job 10,6; Job 10,12; Job 10,17; Job 10,20; Job 13,1; Job 13,1; Job 13,6; Job 13,6; Job 13,14; Job 13,14; Job 13,17; Job 13,18; Job 13,23; Job 13,23; Job 13,27; Job 13,27; Job 13,27; Job 14,13; Job 14,16; Job 14,16; Job 14,17; Job 15,17; Job 16,5; Job 16,8; Job 16,8; Job 16,8; Job 16,13; Job 16,13; Job 16,15; Job 16,15; Job 16,16; Job 16,16; Job 16,17; Job 16,17; Job 16,18; Job 16,18; Job 16,19; Job 16,19; Job 16,20; Job 16,20; Job 17,3; Job 17,3; Job 17,5; Job 17,7; Job 17,11; Job 17,11; Job 17,13; Job 17,13; Job 17,14; Job 17,14; Job 17,15; Job 17,15; Job 19,2; Job 19,3; Job 19,4a; Job 19,8; Job 19,9; Job 19,10; Job 19,12; Job 19,13; Job 19,13; Job 19,14; Job 19,14; Job 19,14; Job 19,15; Job 19,16; Job 19,16; Job 19,17; Job 19,17; Job 19,20; Job 19,20; Job 19,20; Job 19,22; Job 19,23; Job 19,26; Job 19,27; Job 20,3; Job 21,2; Job 21,3; Job 21,4; Job 21,6; Job 23,2; Job 23,4; Job 23,7; Job 23,10; Job 23,12; Job 23,16; Job 23,17; Job 24,25; Job 27,2; Job 27,3; Job 27,4; Job 27,4; Job 27,5; Job 27,7; Job 28,10; Job 29,3; Job 29,4; Job 29,5; Job 29,6; Job 29,6; Job 29,7; Job 29,18; Job 29,19; Job 29,19; Job 29,20; Job 29,20; Job 29,24; Job 30,1; Job 30,10; Job 30,11; Job 30,13; Job 30,15; Job 30,15; Job 30,15; Job 30,16; Job 30,17; Job 30,17; Job 30,18; Job 30,18; Job 30,19; Job 30,20; Job 30,27; Job 30,30; Job 30,30; Job 30,31; Job 30,31; Job 31,1; Job 31,4; Job 31,4; Job 31,5; Job 31,6; Job 31,7; Job 31,7; Job 31,7; Job 31,9; Job 31,10; Job 31,10; Job 31,13; Job 31,14; Job 31,17; Job 31,18; Job 31,18; Job 31,20; Job 31,22; Job 31,22; Job 31,22; Job 31,24; Job 31,25; Job 31,27; Job 31,27; Job 31,27; Job 31,29; Job 31,29; Job 31,30; Job 31,30; Job 31,30; Job 31,31; Job 31,31; Job 31,32; Job 31,33; Job 31,34; Job 31,35; Job 32,10; Job 32,11; Job 32,19; Job 33,1; Job 33,1; Job 33,2; Job 33,2; Job 33,3; Job 33,3; Job 33,7; Job 33,8; Job 33,11; Job 33,11; Job 33,12; Job 33,13; Job 33,28; Job 33,28; Job 33,30; Job 33,30; Job 33,31; Job 33,33; Job 34,2; Job 34,5; Job 34,6; Job 34,6; Job 34,10; Job 34,34; Job 36,3; Job 36,3; Job 37,1; Job 38,7; Job 40,4; Job 40,8; Job 41,25; Job 42,4; Job 42,5; Job 42,7; Job 42,7; Job 42,8; Job 42,8; Job 42,8; Wis. 6,9; Wis. 6,11; Wis. 6,25; Wis. 8,2; Wis. 8,16; Wis. 8,17; Wis. 8,21; Wis. 9,11; Wis. 9,12; Wis. 9,12; Sir. 1,7 Prol.; Sir. 5,6; Sir. 6,23; Sir. 6,23; Sir. 7,9; Sir. 11,19; Sir. 11,23; Sir. 11,23; Sir. 12,12; Sir. 12,12; Sir. 16,5; Sir. 16,5; Sir. 16,17; Sir. 16,17; Sir. 16,24; Sir. 16,24; Sir. 20,16; Sir. 22,27; Sir. 22,27; Sir. 22,27; Sir. 23,1; Sir. 23,2; Sir. 23,2; Sir. 23,2; Sir. 23,3; Sir. 23,3; Sir. 23,3; Sir. 23,4; Sir. 23,18; Sir. 23,18; Sir. 24,4; Sir. 24,8; Sir. 24,11; Sir. 24,16; Sir. 24,16; Sir. 24,17; Sir. 24,19; Sir. 24,19; Sir. 24,20; Sir. 24,20; Sir. 24,22; Sir. 24,31; Sir. 24,31; Sir. 24,31; Sir. 25,2; Sir. 26,5; Sir. 26,28; Sir. 31,22; Sir. 31,22; Sir. 33,19; Sir. 34,11; Sir. 34,11; Sir. 34,11; Sir. 38,22; Sir. 39,13; Sir. 41,16; Sir. 50,25; Sir. 51,1; Sir. 51,2; Sir. 51,3; Sir. 51,6; Sir. 51,6; Sir. 51,9; Sir. 51,10; Sir. 51,11; Sir. 51,13; Sir. 51,15; Sir. 51,15; Sir. 51,15; Sir. 51,16; Sir. 51,19; Sir. 51,19; Sir. 51,20; Sir. 51,21; Sir. 51,22; Sir. 51,25; Sol. 1,2; Sol. 1,2; Sol. 1,3; Sol. 2,14; Sol. 2,14; Sol. 8,1; Sol. 8,3; Sol. 8,5; Sol. 8,5; Sol. 8,5; Sol. 8,5; Sol. 12,1; Sol. 16,1; Sol. 16,2; Sol. 16,3; Sol. 16,3; Sol. 16,4; Sol. 16,5; Sol. 16,6; Sol. 16,7; Sol. 16,9; Sol. 16,9; Sol. 16,10; Sol. 16,10; Sol. 16,12; Sol. 16,12; Hos. 1,9; Hos. 2,1; Hos. 2,4; Hos. 2,4; Hos. 2,7; Hos. 2,7; Hos. 2,7; Hos. 2,7; Hos. 2,7; Hos. 2,9; Hos. 2,11; Hos. 2,11; Hos. 2,11; Hos. 2,11; Hos. 2,12; Hos. 2,14; Hos. 2,14; Hos. 2,18; Hos. 2,25; Hos. 2,25; Hos. 4,4; Hos. 4,6; Hos. 4,8; Hos. 4,11; Hos. 5,10; Hos. 5,15; Hos. 5,15; Hos. 6,5; Hos. 6,5; Hos. 6,7; Hos. 6,11; Hos. 7,2; Hos. 7,12; Hos. 8,1; Hos. 8,1; Hos. 8,5; Hos. 9,12; Hos. 9,15; Hos. 11,2; Hos. 11,3; Hos. 11,4; Hos. 11,8; Hos. 11,8; Hos. 11,9; Hos. 12,5; Hos. 13,6; Hos. 13,11; Hos. 13,14; Hos. 14,5; Amos 1,8; Amos 4,10; Amos 7,8; Amos 7,15; Amos 8,2; Amos 9,2; Amos 9,3; Amos 9,4; Amos 9,10; Amos 9,12; Amos 9,14; Mic. 1,9; Mic. 2,4; Mic. 2,8; Mic. 2,9; Mic. 3,3; Mic. 3,5; Mic. 6,3; Mic. 6,5; Mic. 6,6; Mic. 6,7; Mic. 6,7; Mic. 6,7; Mic. 6,15; Mic. 7,7; Mic. 7,7; Mic. 7,7; Mic. 7,8; Mic. 7,9; Mic. 7,9; Mic. 7,10; Mic. 7,10; Joel 1,6; Joel 1,7; Joel 1,7; Joel 2,1; Joel 2,25; Joel 2,26; Joel 2,27; Joel 3,1; Joel 3,2; Joel 4,2; Joel 4,2; Joel 4,2; Joel 4,3; Joel 4,5; Joel 4,5; Joel 4,5; Joel 4,17; Obad. 16; Jonah 2,3; Jonah 2,3; Jonah 2,3; Jonah 2,3; Jonah 2,3; Jonah 2,6; Jonah 2,7; Jonah 2,7; Jonah 2,8; Jonah 2,8; Jonah 4,2; Jonah 4,2; Jonah 4,2; Jonah 4,3; Hab. 1,3; Hab. 1,11; Hab. 1,12; Hab. 2,1; Hab. 2,1; Hab. 2,4; Hab. 2,4; Hab. 3,2; Hab. 3,16; Hab. 3,16; Hab. 3,16; Hab. 3,16; Hab. 3,16; Hab. 3,16; Hab. 3,18; Hab. 3,19; Hab. 3,19; Zeph. 1,4; Zeph. 2,8; Zeph. 2,8; Zeph. 2,9; Zeph. 2,9; Zeph. 3,8; Zeph. 3,8; Zeph. 3,8; Zeph. 3,8; Zeph. 3,11; Hag. 2,5; Hag. 2,23; Zech. 1,4; Zech. 1,6; Zech. 1,6; Zech. 1,6; Zech. 1,6; Zech. 1,16; Zech. 2,1; Zech. 2,5; Zech. 2,13; Zech. 3,7; Zech. 3,7; Zech. 3,7; Zech. 3,7; Zech. 3,8; Zech. 4,6; Zech. 5,1; Zech. 5,4; Zech. 5,9; Zech. 6,1; Zech. 6,8; Zech. 7,12; Zech. 8,7; Zech. 8,12; Zech. 9,8; Zech. 9,8; Zech. 10,3; Zech. 10,9; Zech. 11,8; Zech. 11,10; Zech. 11,10; Zech. 11,12; Zech. 11,12; Zech. 12,4; Zech. 13,5; Zech. 13,6; Zech. 13,7; Zech. 13,7; Zech. 13,7; Zech. 13,9; Zech. 13,9; Zech. 13,9; Zech. 14,2; Zech. 14,5; Zech. 14,5; Mal. 1,6; Mal. 1,6; Mal. 1,6; Mal. 1,7; Mal. 1,10; Mal. 1,10; Mal. 1,11; Mal. 1,11; Mal. 1,11; Mal. 1,14; Mal. 2,2; Mal. 2,4; Mal. 2,5; Mal. 2,5; Mal. 2,9; Mal. 3,1; Mal. 3,1; Mal. 3,5; Mal. 3,7; Mal. 3,10; Mal. 3,20; Mal. 3,24; Is. 1,12; Is. 1,14; Is. 1,15; Is. 1,16; Is. 1,19; Is. 1,20; Is. 1,24; Is. 1,24; Is. 1,25; Is. 3,7; Is. 3,12; Is. 3,12; Is. 3,14; Is. 3,15; Is. 5,1; Is. 5,3; Is. 5,4; Is. 5,5; Is. 5,6; Is. 5,13; Is. 6,5; Is. 6,7; Is. 7,4; Is. 10,2; Is. 10,5; Is. 10,6; Is. 10,10; Is. 10,24; Is. 10,25; Is. 11,9; Is. 11,16; Is. 12,2; Is. 12,2; Is. 12,2; Is. 12,2; Is. 13,3; Is. 14,13; Is. 14,20; Is. 14,20; Is. 14,25; Is. 16,11; Is. 16,11; Is. 19,25; Is. 19,25; Is. 20,3; Is. 21,3; Is. 21,4; Is. 21,4; Is. 22,4; Is. 22,20; Is. 25,1; Is. 26,9; Is. 26,20; Is. 28,5; Is. 28,17; Is. 28,23; Is. 28,23; Is. 28,28; Is. 29,23; Is. 29,23; Is. 30,1; Is. 30,29; Is. 32,9; Is. 32,9; Is. 32,13; Is. 33,13; Is. 33,22; Is. 34,5; Is. 35,2; Is. 36,8; Is. 36,12; Is. 36,19; Is. 36,20; Is. 36,20; Is. 37,12; Is. 37,35; Is. 38,10; Is. 38,12; Is. 38,12; Is. 38,12; Is. 38,13; Is. 38,14; Is. 38,15; Is. 38,16; Is. 38,17; Is. 38,17; Is. 38,17; Is. 38,20; Is. 38,20; Is. 39,4; Is. 39,4; Is. 39,4; Is. 39,8; Is. 40,1; Is. 40,27; Is. 40,27; Is. 41,8; Is. 41,9; Is. 41,10; Is. 41,25; Is. 42,1; Is. 42,1; Is. 42,1; Is. 42,1; Is. 42,8; Is. 42,8; Is. 42,19; Is. 43,4; Is. 43,6; Is. 43,6; Is. 43,7; Is. 43,7; Is. 43,10; Is. 43,13; Is. 43,20; Is. 43,21; Is. 43,21; Is. 43,28; Is. 44,1; Is. 44,2; Is. 44,3; Is. 44,3; Is. 44,17; Is. 44,20; Is. 44,21; Is. 44,21; Is. 44,21; Is. 44,28; Is. 44,28; Is. 45,1; Is. 45,4; Is. 45,4; Is. 45,11; Is. 45,11; Is. 45,11; Is. 45,12; Is. 45,13; Is. 45,13; Is. 45,23; Is. 45,23; Is. 46,3; Is. 46,10; Is. 46,12; Is. 46,13; Is. 47,6; Is. 47,6; Is. 48,3; Is. 48,5; Is. 48,9; Is. 48,9; Is. 48,11; Is. 48,12; Is. 48,13; Is. 48,13; Is. 48,18; Is. 48,19; Is. 48,21; Is. 49,1; Is. 49,1; Is. 49,1; Is. 49,2; Is. 49,3; Is. 49,4; Is. 49,4; Is. 49,4; Is. 49,4; Is. 49,5; Is. 49,5; Is. 49,6; Is. 49,14; Is. 49,16; Is. 49,16; Is. 49,22; Is. 49,22; Is. 50,2; Is. 50,2; Is. 50,5; Is. 50,6; Is. 50,6; Is. 50,7; Is. 50,7; Is. 51,1; Is. 51,4; Is. 51,4; Is. 51,4; Is. 51,5; Is. 51,5; Is. 51,5; Is. 51,5; Is. 51,6; Is. 51,6; Is. 51,7; Is. 51,7; Is. 51,7; Is. 51,8; Is. 51,8; Is. 51,16; Is. 51,16; Is. 51,16; Is. 52,4; Is. 52,5; Is. 52,5; Is.

ἐγώ

52,6; Is. 52,6; Is. 52,13; Is. 53,8; Is. 54,8; Is. 55,2; Is. 55,3; Is. 55,3; Is. 55,8; Is. 55,8; Is. 55,9; Is. 55,9; Is. 55,11; Is. 55,11; Is. 55,11; Is. 56,1; Is. 56,1; Is. 56,4; Is. 56,4; Is. 56,5; Is. 56,5; Is. 56,6; Is. 56,6; Is. 56,7; Is. 56,7; Is. 56,7; Is. 56,7; Is. 57,10; Is. 57,11; Is. 57,12; Is. 57,13; Is. 57,13; Is. 57,14; Is. 57,17; Is. 58,1; Is. 58,2; Is. 60,7; Is. 60,7; Is. 60,10; Is. 60,13; Is. 61,10; Is. 62,1; Is. 62,1; Is. 62,9; Is. 62,10; Is. 62,10; Is. 63,5; Is. 63,5; Is. 63,6; Is. 63,8; Is. 65,1; Is. 65,2; Is. 65,5; Is. 65,5; Is. 65,6; Is. 65,9; Is. 65,9; Is. 65,9; Is. 65,10; Is. 65,11; Is. 65,15; Is. 65,18; Is. 65,19; Is. 65,22; Is. 65,23; Is. 65,25; Is. 66,1; Is. 66,1; Is. 66,2; Is. 66,2; Is. 66,4; Is. 66,4; Is. 66,9; Is. 66,18; Is. 66,19; Is. 66,19; Is. 66,19; Is. 66,22; Is. 66,23; Jer. 1,9; Jer. 1,9; Jer. 1,12; Jer. 2,7; Jer. 2,7; Jer. 2,11; Jer. 2,13; Jer. 2,20; Jer. 2,27; Jer. 2,31; Jer. 2,32; Jer. 2,32; Jer. 3,12; Jer. 3,13; Jer. 3,15; Jer. 4,1; Jer. 4,4; Jer. 4,11; Jer. 4,19; Jer. 4,19; Jer. 4,19; Jer. 4,19; Jer. 4,19; Jer. 4,19; Jer. 4,20; Jer. 4,22; Jer. 4,31; Jer. 5,9; Jer. 5,14; Jer. 5,22; Jer. 5,26; Jer. 5,29; Jer. 5,31; Jer. 6,8; Jer. 6,11; Jer. 6,12; Jer. 6,14; Jer. 6,19; Jer. 6,19; Jer. 6,26; Jer. 7,10; Jer. 7,11; Jer. 7,11; Jer. 7,12; Jer. 7,12; Jer. 7,12; Jer. 7,13; Jer. 7,14; Jer. 7,15; Jer. 7,20; Jer. 7,23; Jer. 7,23; Jer. 7,24; Jer. 7,25; Jer. 7,26; Jer. 7,30; Jer. 7,31; Jer. 8,5; Jer. 8,7; Jer. 8,19; Jer. 8,21; Jer. 8,22; Jer. 8,23; Jer. 8,23; Jer. 8,23; Jer. 8,23; Jer. 9,1; Jer. 9,6; Jer. 9,8; Jer. 9,12; Jer. 9,12; Jer. 9,23; Jer. 10,19; Jer. 10,20; Jer. 10,20; Jer. 10,20; Jer. 10,20; Jer. 10,20; Jer. 10,20; Jer. 11,4; Jer. 11,5; Jer. 11,10; Jer. 11,10; Jer. 11,15; Jer. 11,20; Jer. 11,21; Jer. 12,3; Jer. 12,7; Jer. 12,7; Jer. 12,7; Jer. 12,8; Jer. 12,9; Jer. 12,10; Jer. 12,10; Jer. 12,10; Jer. 12,14; Jer. 12,14; Jer. 12,16; Jer. 12,16; Jer. 12,16; Jer. 12,16; Jer. 13,2; Jer. 13,10; Jer. 13,11; Jer. 13,25; Jer. 13,27; Jer. 14,14; Jer. 14,15; Jer. 14,17; Jer. 15,1; Jer. 15,1; Jer. 15,6; Jer. 15,7; Jer. 15,7; Jer. 15,10; Jer. 15,14; Jer. 15,15; Jer. 15,16; Jer. 15,18; Jer. 15,18; Jer. 15,19; Jer. 15,19; Jer. 16,5; Jer. 16,11; Jer. 16,12; Jer. 16,17; Jer. 16,17; Jer. 16,18; Jer. 16,18; Jer. 16,19; Jer. 16,19; Jer. 16,19; Jer. 16,21; Jer. 16,21; Jer. 17,14; Jer. 17,16; Jer. 17,17; Jer. 17,23; Jer. 17,24; Jer. 17,27; Jer. 18,2; Jer. 18,6; Jer. 18,10; Jer. 18,10; Jer. 18,15; Jer. 18,15; Jer. 18,19; Jer. 18,19; Jer. 18,20; Jer. 18,20; Jer. 18,22; Jer. 19,5; Jer. 19,15; Jer. 20,8; Jer. 20,8; Jer. 20,9; Jer. 20,12; Jer. 20,14; Jer. 20,15; Jer. 20,17; Jer. 20,17; Jer. 20,18; Jer. 21,10; Jer. 21,12; Jer. 22,21; Jer. 22,24; Jer. 23,1; Jer. 23,2; Jer. 23,2; Jer. 23,3; Jer. 23,9; Jer. 23,9; Jer. 23,11; Jer. 23,13; Jer. 23,22; Jer. 23,22; Jer. 23,22; Jer. 23,25; Jer. 23,27; Jer. 23,27; Jer. 23,28; Jer. 23,28; Jer. 23,28; Jer. 23,29; Jer. 23,30; Jer. 23,32; Jer. 24,6; Jer. 25,4; Jer. 25,7; Jer. 25,8; Jer. 25,13; Jer. 25,17; Jer. 25,17; Jer. 25,18; Jer. 26,27; Jer. 26,28; Jer. 27,6; Jer. 27,11; Jer. 27,44; Jer. 28,25; Jer. 28,34; Jer. 28,35; Jer. 28,35; Jer. 28,35; Jer. 30,13; Jer. 31,36; Jer. 31,36; Jer. 32,15; Jer. 32,29; Jer. 32,37; Jer. 33,4; Jer. 33,4; Jer. 33,5; Jer. 33,5; Jer. 34,5; Jer. 34,5; Jer. 34,5; Jer. 34,15; Jer. 35,8; Jer. 36,9; Jer. 36,10; Jer. 36,23; Jer. 36,25; Jer. 37,3; Jer. 37,20; Jer. 38,14; Jer. 38,14; Jer. 38,18; Jer. 38,19; Jer. 38,19; Jer. 38,20; Jer. 38,26; Jer. 38,32; Jer. 38,32; Jer. 38,33; Jer. 38,37; Jer. 38,37; Jer. 39,7; Jer. 39,8; Jer. 39,8; Jer. 39,9; Jer. 39,12; Jer. 39,30; Jer. 39,31; Jer. 39,31; Jer. 39,31; Jer. 39,34; Jer. 39,35; Jer. 39,37; Jer. 39,37; Jer. 39,40; Jer. 40,5; Jer. 40,5; Jer. 40,5; Jer. 41,14; Jer. 41,15; Jer. 41,15; Jer. 41,15; Jer. 41,16; Jer. 41,17; Jer. 41,18; Jer. 41,18; Jer. 41,18; Jer. 42,13; Jer. 42,15; Jer. 42,16; Jer. 42,19; Jer. 43,2; Jer. 44,20; Jer. 45,15; Jer. 45,19; Jer. 45,26; Jer. 46,16; Jer. 47,4; Jer. 49,18; Jer. 49,18; Jer. 51,4; Jer. 51,5; Jer. 51,6; Jer. 51,6; Jer. 51,10; Jer. 51,11; Jer. 51,26; Jer. 51,26; Bar. 2,29; Bar. 2,30; Bar. 2,32; Bar. 2,35; Bar. 4,5; Bar. 4,10; Bar. 4,12; Bar. 4,14; Bar. 4,20; Bar. 4,20; Bar. 4,26; Lam. 1,9; Lam. 1,12; Lam. 1,13; Lam. 1,13; Lam. 1,14; Lam. 1,14; Lam. 1,14; Lam. 1,14; Lam. 1,14; Lam. 1,15; Lam. 1,15; Lam. 1,15; Lam. 1,16; Lam. 1,16; Lam. 1,16; Lam. 1,18; Lam. 1,18; Lam. 1,18; Lam. 1,19; Lam. 1,19; Lam. 1,19; Lam. 1,20; Lam. 1,20; Lam. 1,21; Lam. 1,21; Lam. 1,22; Lam. 1,22; Lam. 1,22; Lam. 2,4; Lam. 2,11; Lam. 2,11; Lam. 2,11; Lam. 2,21; Lam. 2,21; Lam. 2,22; Lam. 2,22; Lam. 3,4; Lam. 3,4; Lam. 3,4; Lam. 3,5; Lam. 3,7; Lam. 3,8; Lam. 3,9; Lam. 3,9; Lam. 3,13; Lam. 3,14; Lam. 3,16; Lam. 3,17; Lam. 3,18; Lam. 3,18; Lam. 3,19; Lam. 3,19; Lam. 3,19; Lam. 3,20; Lam. 3,21; Lam. 3,48; Lam. 3,48; Lam. 3,49; Lam. 3,51; Lam. 3,51; Lam. 3,52; Lam. 3,53; Lam. 3,54; Lam. 3,56; Lam. 3,56; Lam. 3,57; Lam. 3,58; Lam. 3,58; Lam. 3,59; Lam. 3,59; Lam. 4,3; Lam. 4,6; Lam. 4,10; LetterJ 6; Ezek. 1,28; Ezek. 2,2; Ezek. 2,7; Ezek. 3,2; Ezek. 3,3; Ezek. 3,4; Ezek. 3,7; Ezek. 3,12; Ezek. 3,14; Ezek. 3,17; Ezek. 3,23; Ezek. 3,24; Ezek. 4,14; Ezek. 4,14; Ezek. 4,14; Ezek. 5,6; Ezek. 5,6; Ezek. 5,6; Ezek. 5,6; Ezek. 5,7; Ezek. 5,7; Ezek. 5,11; Ezek. 5,11; Ezek. 5,13; Ezek. 5,13; Ezek. 5,13; Ezek. 5,13; Ezek. 5,15; Ezek. 5,16; Ezek. 6,9; Ezek. 6,12; Ezek. 6,14; Ezek. 7,5; Ezek. 7,5; Ezek. 7,6; Ezek. 7,8; Ezek. 7,22; Ezek. 7,22; Ezek. 8,1; Ezek. 8,3; Ezek. 8,5; Ezek. 8,6; Ezek. 8,18; Ezek. 9,1; Ezek. 9,5; Ezek. 9,6; Ezek. 9,8; Ezek. 9,10; Ezek. 10,2; Ezek. 10,13; Ezek. 11,13; Ezek. 11,20; Ezek. 11,20; Ezek. 12,13; Ezek. 12,13; Ezek. 12,25; Ezek. 12,28; Ezek. 13,9; Ezek. 13,9; Ezek. 13,10; Ezek. 13,13; Ezek. 13,15; Ezek. 13,18; Ezek. 13,19; Ezek. 13,21; Ezek. 13,23; Ezek. 14,1; Ezek. 14,8; Ezek. 14,8; Ezek. 14,9; Ezek. 14,9; Ezek. 14,13; Ezek. 14,19; Ezek. 14,21; Ezek. 15,7; Ezek. 15,7; Ezek. 16,5; Ezek. 16,8; Ezek. 16,17; Ezek. 16,17; Ezek. 16,18; Ezek. 16,18; Ezek. 16,19; Ezek. 16,27; Ezek. 16,42; Ezek. 16,42; Ezek. 16,50; Ezek. 16,59; Ezek. 16,60; Ezek. 16,62; Ezek. 17,16; Ezek. 17,16; Ezek. 17,19; Ezek. 17,19; Ezek. 17,20; Ezek. 18,9; Ezek. 18,9; Ezek. 18,17; Ezek. 18,18; Ezek. 18,19; Ezek. 18,21; Ezek. 18,25; Ezek. 18,29; Ezek. 20,1; Ezek. 20,5; Ezek. 20,6; Ezek. 20,8; Ezek. 20,8; Ezek. 20,8; Ezek. 20,9; Ezek. 20,11; Ezek. 20,11; Ezek. 20,12; Ezek. 20,13; Ezek. 20,13; Ezek. 20,13; Ezek. 20,13; Ezek. 20,14; Ezek. 20,15; Ezek. 20,16; Ezek. 20,16; Ezek. 20,16; Ezek. 20,17; Ezek. 20,19; Ezek. 20,19; Ezek. 20,20; Ezek. 20,21; Ezek. 20,21; Ezek. 20,21; Ezek. 20,21; Ezek. 20,21; Ezek. 20,22; Ezek. 20,23; Ezek. 20,24; Ezek. 20,24; Ezek. 20,24; Ezek. 20,28; Ezek. 20,37; Ezek. 20,39; Ezek. 20,39; Ezek. 20,40; Ezek. 20,42; Ezek. 20,44; Ezek. 21,8; Ezek. 21,9; Ezek. 21,10; Ezek. 21,17; Ezek. 21,17; Ezek. 21,22; Ezek. 21,22; Ezek. 21,22; Ezek. 21,36; Ezek. 21,36; Ezek. 22,8; Ezek. 22,8; Ezek. 22,13; Ezek. 22,13; Ezek. 22,20; Ezek. 22,21; Ezek. 22,22; Ezek. 22,26; Ezek. 22,26; Ezek. 22,26; Ezek. 22,30; Ezek. 22,31; Ezek. 22,31; Ezek. 23,18; Ezek. 23,18; Ezek. 23,25; Ezek. 23,35; Ezek. 23,38; Ezek. 23,38; Ezek. 23,39; Ezek. 23,39; Ezek. 23,41; Ezek. 23,41; Ezek. 24,13; Ezek. 24,18; Ezek. 24,21; Ezek. 25,3; Ezek. 25,7; Ezek. 25,13; Ezek. 25,14; Ezek. 25,14; Ezek. 25,14; Ezek. 25,14; Ezek. 25,14; Ezek. 25,16; Ezek. 25,17; Ezek. 27,3; Ezek. 28,25; Ezek. 30,5; Ezek. 30,15; Ezek. 30,24; Ezek. 30,25; Ezek. 32,3; Ezek. 32,10; Ezek. 33,7; Ezek. 33,22; Ezek. 33,22; Ezek. 34,3; Ezek. 34,5; Ezek. 34,6; Ezek. 34,8; Ezek. 34,8; Ezek. 34,8; Ezek. 34,8; Ezek. 34,10; Ezek. 34,10; Ezek. 34,10; Ezek. 34,11; Ezek. 34,12; Ezek. 34,15; Ezek. 34,19; Ezek. 34,22; Ezek. 34,23; Ezek. 34,26; Ezek. 34,30; Ezek. 34,31; Ezek. 35,3; Ezek. 36,5; Ezek. 36,5; Ezek. 36,6; Ezek. 36,6; Ezek. 36,7; Ezek. 36,8; Ezek. 36,12; Ezek. 36,17; Ezek. 36,18; Ezek. 36,20; Ezek. 36,21; Ezek. 36,22; Ezek. 36,23; Ezek. 36,27; Ezek. 36,27; Ezek. 36,27; Ezek. 37,6; Ezek. 37,13; Ezek. 37,14; Ezek. 37,22; Ezek. 37,24; Ezek. 37,24; Ezek. 37,24; Ezek. 37,25; Ezek. 37,25; Ezek. 37,26; Ezek. 37,27; Ezek. 37,27; Ezek. 37,28; Ezek. 38,14; Ezek. 38,16; Ezek. 38,16; Ezek. 38,17; Ezek. 38,18; Ezek. 38,19; Ezek. 38,19; Ezek. 39,7; Ezek. 39,7; Ezek. 39,7; Ezek. 39,17; Ezek. 39,19; Ezek. 39,20; Ezek. 39,21; Ezek. 39,21; Ezek. 39,21; Ezek. 39,23; Ezek. 39,24; Ezek. 39,25; Ezek. 39,29; Ezek. 39,29; Ezek. 43,3;

Ε, ε

E, ε

ἐγώ

Ezek. 43,6; Ezek. 43,7; Ezek. 43,7; Ezek. 43,7; Ezek. 43,7; Ezek. 43,8; Ezek. 43,8; Ezek. 43,8; Ezek. 43,8; Ezek. 43,8; Ezek. 43,11; Ezek. 43,11; Ezek. 44,4; Ezek. 44,7; Ezek. 44,7; Ezek. 44,8; Ezek. 44,9; Ezek. 44,11; Ezek. 44,12; Ezek. 44,13; Ezek. 44,15; Ezek. 44,15; Ezek. 44,16; Ezek. 44,16; Ezek. 44,16; Ezek. 44,23; Ezek. 44,24; Ezek. 44,24; Ezek. 44,24; Ezek. 44,24; Ezek. 44,24; Ezek. 44,24; Ezek. 45,8; Ezek. 45,9; Ezek. 46,18; Ezek. 47,7; Ezek. 47,14; Dan. 1,10; Dan. 2,3; Dan. 2,23; Dan. 3,14; Dan. 3,15; Dan. 4,4; Dan. 4,4; Dan. 4,13; Dan. 4,17a; Dan. 4,17a; Dan. 4,17a; Dan. 4,18; Dan. 4,27; Dan. 4,30; Dan. 4,30; Dan. 4,30; Dan. 4,33a; Dan. 4,33a; Dan. 4,33a; Dan. 4,33b; Dan. 4,33b; Dan. 4,33b; Dan. 4,33b; Dan. 4,34; Dan. 4,34; Dan. 4,34; Dan. 4,34; Dan. 4,36; Dan. 4,36; Dan. 4,37a; Dan. 4,37a; Dan. 4,37a; Dan. 4,37a; Dan. 4,37a; Dan. 4,37a; Dan. 4,37b; Dan. 4,37b; Dan. 4,37b; Dan. 4,37b; Dan. 4,37b; Dan. 5,16; Dan. 6,27; Dan. 6,28; Dan. 7,2; Dan. 7,28; Dan. 7,28; Dan. 8,2; Dan. 8,2; Dan. 8,15; Dan. 8,17; Dan. 8,17; Dan. 8,18; Dan. 9,3; Dan. 9,17; Dan. 9,18; Dan. 9,20; Dan. 9,20; Dan. 9,20; Dan. 9,21; Dan. 9,21; Dan. 9,21; Dan. 10,3; Dan. 10,5; Dan. 10,9; Dan. 10,10; Dan. 10,13; Dan. 10,15; Dan. 10,16; Dan. 10,16; Dan. 10,16; Dan. 10,16; Dan. 10,18; Dan. 10,19; Dan. 11,41; Dan. 12,3; Bel 38; Judg. 1,3; Judg. 1,7; Judg. 1,12; Judg. 2,1; Judg. 2,2; Judg. 2,20; Judg. 2,20; Judg. 3,28; Judg. 4,18; Judg. 5,9; Judg. 5,21; Judg. 6,10; Judg. 6,13; Judg. 6,15; Judg. 6,15; Judg. 6,15; Judg. 6,22; Judg. 6,36; Judg. 6,37; Judg. 7,2; Judg. 8,5; Judg. 8,7; Judg. 8,9; Judg. 8,19; Judg. 8,19; Judg. 8,23; Judg. 9,7; Judg. 9,9; Judg. 9,11; Judg. 9,11; Judg. 9,13; Judg. 9,15; Judg. 9,17; Judg. 9,18; Judg. 9,29; Judg. 9,54; Judg. 11,7; Judg. 11,12; Judg. 11,13; Judg. 11,30; Judg. 11,31; Judg. 11,31; Judg. 11,35; Judg. 11,35; Judg. 11,35; Judg. 11,37; Judg. 11,37; Judg. 11,37; Judg. 12,2; Judg. 12,3; Judg. 12,3; Judg. 12,3; Judg. 13,18; Judg. 14,3; Judg. 14,3; Judg. 14,16; Judg. 14,16; Judg. 14,16; Judg. 14,18; Judg. 14,18; Judg. 15,1; Judg. 16,13; Judg. 16,17; Judg. 16,17; Judg. 16,17; Judg. 16,28; Judg. 16,28; Judg. 16,30; Judg. 17,2; Judg. 17,2; Judg. 17,3; Judg. 17,3; Judg. 18,24; Judg. 19,18; Judg. 19,23; Judg. 19,24; Judg. 20,4; Judg. 20,5; Judg. 20,6; Tob. 1,3; Tob. 1,3; Tob. 1,3; Tob. 1,4; Tob. 1,4; Tob. 1,4; Tob. 1,5; Tob. 1,5; Tob. 1,10; Tob. 1,10; Tob. 1,11; Tob. 1,12; Tob. 1,12; Tob. 1,16; Tob. 1,16; Tob. 1,17; Tob. 1,17; Tob. 1,20; Tob. 1,20; Tob. 1,21; Tob. 1,22; Tob. 1,22; Tob. 2,1; Tob. 2,1; Tob. 2,1; Tob. 2,2; Tob. 2,8; Tob. 2,9; Tob. 2,9; Tob. 2,10; Tob. 2,10; Tob. 2,10; Tob. 2,11; Tob. 3,3; Tob. 3,3; Tob. 3,3; Tob. 3,3; Tob. 3,5; Tob. 3,6; Tob. 3,6; Tob. 3,10; Tob. 3,10; Tob. 3,10; Tob. 3,12; Tob. 3,12; Tob. 3,15; Tob. 3,15; Tob. 3,15; Tob. 3,15; Tob. 3,15; Tob. 4,2; Tob. 5,7; Tob. 5,10; Tob. 5,15; Tob. 5,16; Tob. 5,18; Tob. 6,13; Tob. 6,13; Tob. 6,15; Tob. 6,15; Tob. 6,15; Tob. 6,16; Tob. 7,2; Tob. 7,9; Tob. 7,10; Tob. 7,10; Tob. 8,7; Tob. 8,20; Tob. 8,21; Tob. 9,6; Tob. 10,4; Tob. 10,5; Tob. 10,7; Tob. 10,8; Tob. 10,8; Tob. 10,8; Tob. 10,9; Tob. 10,13; Tob. 10,13; Tob. 11,13; Tob. 11,14; Tob. 11,17; Tob. 12,3; Tob. 13,16; Tob. 13,17; Tob. 14,11; Dan. 1,10; Dan. 1,10; Dan. 2,3; Dan. 2,9; Dan. 2,9; Dan. 2,23; Dan. 3,14; Dan. 3,15; Dan. 4,4; Dan. 4,5; Dan. 4,5; Dan. 4,6; Dan. 4,8; Dan. 4,10; Dan. 4,13; Dan. 4,18; Dan. 4,24; Dan. 4,27; Dan. 4,30; Dan. 4,30; Dan. 4,34; Dan. 4,34; Dan. 4,36; Dan. 4,36; Dan. 4,36; Dan. 4,36; Dan. 4,36; Dan. 5,7; Dan. 5,13; Dan. 5,15; Dan. 5,16; Dan. 6,23; Dan. 6,27; Dan. 6,27; Dan. 7,2; Dan. 7,15; Dan. 7,15; Dan. 7,15; Dan. 7,28; Dan. 7,28; Dan. 7,28; Dan. 8,3; Dan. 8,17; Dan. 8,17; Dan. 8,18; Dan. 8,18; Dan. 9,3; Dan. 9,4; Dan. 9,18; Dan. 9,19; Dan. 9,20; Dan. 9,20; Dan. 9,20; Dan. 9,20; Dan. 9,20; Dan. 9,21; Dan. 9,27; Dan. 10,3; Dan. 10,5; Dan. 10,8; Dan. 10,9; Dan. 10,10; Dan. 10,10; Dan. 10,13; Dan. 10,15; Dan. 10,16; Dan. 10,16; Dan. 10,16; Dan. 10,17; Dan. 10,18; Dan. 10,19; Sus. 43; Bel 25; Bel 38; Matt. 2,6; Matt. 2,15; Matt. 3,11; Matt. 3,17; Matt. 4,19; Matt. 7,21; Matt. 7,24; Matt. 7,26; Matt. 8,6; Matt. 8,8; Matt. 8,8; Matt. 8,9; Matt. 8,21; Matt. 9,18; Matt. 10,22; Matt. 10,32; Matt. 10,33; Matt. 10,37; Matt. 10,37; Matt. 10,38; Matt. 10,38; Matt. 11,10; Matt. 11,27; Matt. 11,29; Matt. 11,30; Matt. 11,30; Matt. 12,18; Matt. 12,18; Matt. 12,18; Matt. 12,18; Matt. 12,44; Matt. 12,48; Matt. 12,48; Matt. 12,49; Matt. 12,49; Matt. 12,50; Matt. 12,50; Matt. 13,30; Matt. 13,35; Matt. 15,13; Matt. 15,22; Matt. 16,17; Matt. 16,18; Matt. 16,23; Matt. 16,24; Matt. 17,5; Matt. 17,15; Matt. 18,5; Matt. 18,10; Matt. 18,19; Matt. 18,21; Matt. 18,35; Matt. 19,29; Matt. 20,21; Matt. 20,23; Matt. 20,23; Matt. 20,23; Matt. 21,13; Matt. 21,37; Matt. 22,4; Matt. 22,4; Matt. 22,44; Matt. 22,44; Matt. 24,5; Matt. 24,9; Matt. 24,35; Matt. 24,48; Matt. 25,27; Matt. 25,34; Matt. 25,40; Matt. 26,12; Matt. 26,18; Matt. 26,18; Matt. 26,26; Matt. 26,28; Matt. 26,29; Matt. 26,38; Matt. 26,39; Matt. 26,42; Matt. 26,53; Matt. 27,46; Matt. 27,46; Matt. 28,10; Mark 1,2; Mark 1,7; Mark 1,7; Mark 1,11; Mark 1,17; Mark 3,33; Mark 3,33; Mark 3,34; Mark 3,34; Mark 3,35; Mark 5,23; Mark 5,30; Mark 5,31; Mark 6,23; Mark 7,14; Mark 8,33; Mark 8,34; Mark 9,7; Mark 9,17; Mark 9,24; Mark 9,37; Mark 9,39; Mark 10,20; Mark 10,40; Mark 11,17; Mark 12,6; Mark 12,36; Mark 12,36; Mark 13,6; Mark 13,13; Mark 13,31; Mark 14,8; Mark 14,14; Mark 14,14; Mark 14,22; Mark 14,24; Mark 14,34; Mark 15,34; Mark 15,34; Mark 16,17; Luke 1,18; Luke 1,20; Luke 1,25; Luke 1,43; Luke 1,44; Luke 1,44; Luke 1,46; Luke 1,47; Luke 1,47; Luke 2,30; Luke 2,49; Luke 3,16; Luke 3,22; Luke 6,47; Luke 7,6; Luke 7,7; Luke 7,8; Luke 7,27; Luke 7,44; Luke 7,45; Luke 7,46; Luke 7,46; Luke 8,21; Luke 8,21; Luke 8,45; Luke 9,23; Luke 9,35; Luke 9,38; Luke 9,48; Luke 9,59; Luke 9,61; Luke 10,22; Luke 10,29; Luke 10,40; Luke 11,6; Luke 11,7; Luke 11,24; Luke 12,4; Luke 12,13; Luke 12,17; Luke 12,18; Luke 12,18; Luke 12,19; Luke 12,45; Luke 14,23; Luke 14,24; Luke 14,26; Luke 14,27; Luke 14,27; Luke 14,33; Luke 15,6; Luke 15,17; Luke 15,18; Luke 15,24; Luke 15,29; Luke 16,3; Luke 16,5; Luke 16,24; Luke 16,27; Luke 18,3; Luke 19,8; Luke 19,23; Luke 19,27; Luke 19,27; Luke 19,46; Luke 20,13; Luke 20,42; Luke 20,42; Luke 21,8; Luke 21,12; Luke 21,17; Luke 21,33; Luke 22,11; Luke 22,19; Luke 22,20; Luke 22,28; Luke 22,29; Luke 22,30; Luke 22,30; Luke 22,42; Luke 22,53; Luke 23,42; Luke 23,46; Luke 24,39; Luke 24,39; Luke 24,44; Luke 24,49; John 1,15; John 1,15; John 1,15; John 1,27; John 1,30; John 1,30; John 1,30; John 2,4; John 2,16; John 4,49; John 5,17; John 5,24; John 5,31; John 5,43; John 6,32; John 6,40; John 6,54; John 6,54; John 6,55; John 6,55; John 6,56; John 6,56; John 8,14; John 8,19; John 8,19; John 8,49; John 8,50; John 8,52; John 8,54; John 8,54; John 9,11; John 9,15; John 9,30; John 10,15; John 10,16; John 10,17; John 10,18; John 10,25; John 10,27; John 10,28; John 10,29; John 10,37; John 11,21; John 11,32; John 11,41; John 11,42; John 12,7; John 12,27; John 12,47; John 12,48; John 13,6; John 13,8; John 13,9; John 13,18; John 13,37; John 14,2; John 14,7; John 14,13; John 14,14; John 14,20; John 14,21; John 14,21; John 14,23; John 14,23; John 14,24; John 14,26; John 15,1; John 15,7; John 15,8; John 15,10; John 15,10; John 15,10; John 15,15; John 15,16; John 15,20; John 15,21; John 15,23; John 15,24; John 16,23; John 16,24; John 16,26; John 18,37; John 19,24; John 19,24; John 20,13; John 20,17; John 20,17; John 20,17; John 20,17; John 20,25; John 20,25; John 20,27; John 20,27; John 20,28; John 20,28; John 21,15; John 21,16; John 21,17; Acts 1,4; Acts 1,8; Acts 2,14; Acts 2,17; Acts 2,18; Acts 2,18; Acts 2,18; Acts 2,25; Acts 2,26; Acts 2,26; Acts 2,26; Acts 2,27; Acts 2,34; Acts 2,34; Acts 7,34; Acts 7,49; Acts 7,49; Acts 7,50; Acts 7,59; Acts 9,15; Acts 9,16; Acts 10,30; Acts 10,30; Acts 11,8; Acts 13,22; Acts 13,22; Acts 13,33; Acts 15,7; Acts 15,13; Acts 15,17; Acts

16,15; Acts 20,24; Acts 20,25; Acts 20,29; Acts 20,34; Acts 21,13; Acts 22,1; Acts 22,17; Acts 24,13; Acts 24,17; Acts 24,20; Acts 25,11; Acts 25,15; Acts 26,3; Acts 26,4; Acts 26,4; Acts 26,29; Acts 28,19; Rom. 1,8; Rom. 1,9; Rom. 1,10; Rom. 2,16; Rom. 7,4; Rom. 7,18; Rom. 7,23; Rom. 7,23; Rom. 7,23; Rom. 9,1; Rom. 9,2; Rom. 9,3; Rom. 9,3; Rom. 9,17; Rom. 9,17; Rom. 9,25; Rom. 9,25; Rom. 9,26; Rom. 10,21; Rom. 11,3; Rom. 11,13; Rom. 11,14; Rom. 15,14; Rom. 15,31; Rom. 16,3; Rom. 16,4; Rom. 16,5; Rom. 16,7; Rom. 16,7; Rom. 16,8; Rom. 16,9; Rom. 16,11; Rom. 16,21; Rom. 16,21; Rom. 16,23; Rom. 16,25; 1Cor. 1,4; 1Cor. 1,11; 1Cor. 2,4; 1Cor. 2,4; 1Cor. 4,14; 1Cor. 4,16; 1Cor. 4,17; 1Cor. 4,17; 1Cor. 4,18; 1Cor. 8,13; 1Cor. 8,13; 1Cor. 9,1; 1Cor. 9,2; 1Cor. 9,15; 1Cor. 9,18; 1Cor. 9,27; 1Cor. 10,14; 1Cor. 10,29; 1Cor. 11,1; 1Cor. 11,2; 1Cor. 11,33; 1Cor. 13,3; 1Cor. 13,3; 1Cor. 14,14; 1Cor. 14,14; 1Cor. 14,19; 1Cor. 14,21; 1Cor. 14,39; 1Cor. 15,58; 1Cor. 16,24; 2Cor. 2,13; 2Cor. 2,13; 2Cor. 6,16; 2Cor. 11,1; 2Cor. 11,1; 2Cor. 11,9; 2Cor. 11,30; 2Cor. 12,9; 2Cor. 12,9; 2Cor. 12,21; 2Cor. 12,21; Gal. 1,14; Gal. 1,14; Gal. 1,15; Gal. 4,14; Gal. 4,19; Gal. 4,20; Gal. 6,17; Eph. 1,16; Eph. 3,4; Eph. 3,13; Eph. 3,14; Eph. 6,19; Phil. 1,3; Phil. 1,4; Phil. 1,7; Phil. 1,7; Phil. 1,8; Phil. 1,13; Phil. 1,14; Phil. 1,17; Phil. 1,20; Phil. 1,20; Phil. 2,2; Phil. 2,12; Phil. 2,12; Phil. 2,12; Phil. 2,25; Phil. 2,25; Phil. 3,1; Phil. 3,8; Phil. 3,17; Phil. 4,1; Phil. 4,1; Phil. 4,3; Phil. 4,14; Phil. 4,19; Col. 1,24; Col. 2,1; Col. 4,10; Col. 4,18; 2Tim. 1,3; 2Tim. 1,6; 2Tim. 1,12; 2Tim. 1,16; 2Tim. 2,1; 2Tim. 2,8; 2Tim. 3,10; 2Tim. 4,6; 2Tim. 4,16; Philem. 4; Philem. 4; Philem. 20; Philem. 23; Philem. 24; Heb. 1,5; Heb. 1,13; Heb. 2,12; Heb. 3,9; Heb. 3,10; Heb. 3,11; Heb. 3,11; Heb. 4,3; Heb. 4,3; Heb. 4,5; Heb. 5,5; Heb. 8,9; Heb. 8,9; Heb. 8,10; Heb. 10,16; Heb. 10,38; Heb. 10,38; Heb. 12,5; James 1,2; James 1,16; James 1,19; James 2,1; James 2,3; James 2,5; James 2,14; James 2,18; James 3,1; James 3,10; James 3,12; James 5,12; James 5,19; 1Pet. 5,13; 2Pet. 1,14; 2Pet. 1,17; 2Pet. 1,17; 1John 2,1; Rev. 1,10; Rev. 1,20; Rev. 2,3; Rev. 2,13; Rev. 2,13; Rev. 2,13; Rev. 2,13; Rev. 2,16; Rev. 2,26; Rev. 2,28; Rev. 3,2; Rev. 3,5; Rev. 3,8; Rev. 3,8; Rev. 3,10; Rev. 3,12; Rev. 3,12; Rev. 3,12; Rev. 3,12; Rev. 3,12; Rev. 3,16; Rev. 3,20; Rev. 3,21; Rev. 3,21; Rev. 7,14; Rev. 10,10; Rev. 10,10; Rev. 11,3; Rev. 18,4; Rev. 22,12; Rev. 22,16)

μού ▸ **46** + 2 + **10** = **58**
  Pronoun · (personal) · first · singular · genitive ▸ 46 + 2 + 10 = **58** (Gen. 4,9; Gen. 12,19; Gen. 20,2; Gen. 20,2; Gen. 20,5; Gen. 20,5; Gen. 20,12; Gen. 20,13; Gen. 26,7; Gen. 26,7; Gen. 26,9; Gen. 37,33; Gen. 48,9; Ex. 3,15; Ex. 23,21; Lev. 25,42; Judg. 8,19; 2Sam. 3,39; 1Kings 21,32; 1Esdr. 1,25; Tob. 7,5; 4Mac. 11,14; Psa. 15,8; Psa. 25,3; Psa. 43,16; Psa. 49,8; Psa. 50,5; Psa. 118,24; Psa. 118,77; Psa. 118,92; Psa. 118,97; Psa. 118,99; Psa. 118,111; Psa. 118,174; Job 6,3; Job 6,4; Job 6,12; Job 7,6; Job 9,25; Job 19,21; Job 33,7; Zeph. 2,12; Hag. 1,9; Is. 42,8; Jer. 38,9; Ezek. 34,31; Tob. 2,10; Tob. 7,5; Matt. 3,11; Luke 8,46; John 6,51; John 8,31; John 14,28; John 15,14; Acts 2,25; Rom. 1,9; 1Cor. 9,18; 1Cor. 11,24)

μοῦ ▸ **1**
  Pronoun · (personal) · first · singular · genitive ▸ **1** (1Sam. 14,7)

crasis-ἐγώ ▸ **95** + 3 + **84** = **182**
κἀγώ ▸ **8** + **9** = **17**
  Pronoun · (personal) · masculine · first · singular · nominative
  ▸ 8 + 9 = **17** (Deut. 12,30; Ruth 4,4; Ode. 11,19; Sir. 37,1; Zech. 8,21; Is. 38,19; Is. 43,4; Is. 57,11; 1Cor. 7,8; 1Cor. 16,10; 2Cor. 2,10; 2Cor. 11,21; 2Cor. 11,22; 2Cor. 11,22; 2Cor. 11,22; James 2,18; Rev. 3,10)

Κἀγώ ▸ **1** + **1** = **2**
  Pronoun · (personal) · masculine · first · singular · nominative
  ▸ 1 + 1 = **2** (2Mac. 15,5; 1Cor. 3,1)

κἀγώ ▸ **71** + 3 + **63** = **137**
  Pronoun · (personal) · feminine · first · singular · nominative
  ▸ 7 + 2 = **9** (Gen. 30,3; 1Sam. 1,28; Esth. 4,11; Esth. 4,16; Judith 10,13; Song 2,16; Job 2,9d; Luke 2,48; John 20,15)
  Pronoun · (personal) · masculine · first · singular · nominative
  ▸ 64 + 3 + 61 = **128** (Gen. 30,30; Gen. 42,37; Ex. 3,9; Lev. 26,24; Lev. 26,24; Deut. 5,5; Deut. 10,10; Deut. 32,21; Deut. 32,39; Ruth 4,4; 1Sam. 4,16; 1Sam. 12,2; 1Sam. 12,2; 1Sam. 16,1; 1Sam. 17,45; 1Sam. 18,23; 2Sam. 12,12; 2Sam. 14,8; 2Sam. 19,39; 1Kings 12,11; 1Kings 12,14; 1Kings 12,14; 1Kings 18,36; 1Chr. 22,10; 1Chr. 28,6; 2Chr. 12,5; 1Esdr. 6,27; 1Esdr. 8,19; Esth. 3,9; Tob. 1,6; Tob. 2,4; Tob. 10,9; 1Mac. 2,20; 1Mac. 10,24; 1Mac. 10,40; 4Mac. 11,22; Psa. 87,14; Psa. 88,28; Psa. 117,7; Ode. 2,21; Ode. 2,39; Ode. 6,5; Prov. 1,26; Prov. 4,3; Job 7,3; Job 6,18; Job 16,4; Job 42,4; Wis. 7,1; Hos. 4,6; Hos. 4,6; Hos. 7,15; Zech. 13,9; Mal. 2,9; Is. 43,10; Is. 43,12; Is. 57,12; Is. 66,4; Is. 66,18; Jer. 10,19; Jer. 13,26; Ezek. 5,11; Ezek. 5,11; Ezek. 36,28; Judg. 1,3; Judg. 2,3; Tob. 1,6; Matt. 2,8; Matt. 10,32; Matt. 10,33; Matt. 11,28; Matt. 16,18; Matt. 18,33; Matt. 21,24; Matt. 21,24; Matt. 26,15; Luke 19,23; Luke 20,3; Luke 22,29; John 1,31; John 1,33; John 1,34; John 5,17; John 6,44; John 6,54; John 6,56; John 6,57; John 8,26; John 10,15; John 10,27; John 10,28; John 10,38; John 12,32; John 14,16; John 14,20; John 14,21; John 15,4; John 15,5; John 15,9; John 17,11; John 17,18; John 17,21; John 17,22; John 17,26; John 20,21; Acts 22,13; Acts 22,19; Rom. 3,7; Rom. 11,3; 1Cor. 2,3; 1Cor. 7,40; 1Cor. 10,33; 1Cor. 11,1; 2Cor. 6,17; 2Cor. 11,16; 2Cor. 11,18; 2Cor. 12,20; Gal. 4,12; Gal. 6,14; Eph. 1,15; Phil. 2,19; Phil. 2,28; 1Th. 3,5; Heb. 8,9; James 2,18; Rev. 2,6; Rev. 2,28; Rev. 3,21)

Κἀγώ ▸ **7** + **3** = **10**
  Pronoun · (personal) · masculine · first · singular · nominative
  ▸ 7 + 3 = **10** (Gen. 20,6; Gen. 40,16; 1Kings 13,18; 2Kings 2,3; Sir. 24,30; Sir. 33,16; Ezek. 24,9; Luke 11,9; 1Cor. 2,1; Rev. 22,8)

κἀμέ ▸ **3**
  Pronoun · (personal) · masculine · first · singular · accusative
  ▸ **3** (Gen. 27,34; Gen. 27,38; Ex. 12,32)

κἀμέ ▸ **1** + **3** = **4**
  Pronoun · (personal) · masculine · first · singular · accusative
  ▸ 1 + 3 = **4** (4Mac. 11,3; John 7,28; John 16,32; 1Cor. 16,4)

κἀμοί ▸ **3** + **4** = **7**
  Pronoun · (personal) · feminine · first · singular · dative ▸ **1** (Judg. 14,16)
  Pronoun · (personal) · masculine · first · singular · dative ▸ 2 + 4 = **6** (Job 12,3; Dan. 2,30; Luke 1,3; John 17,6; Acts 8,19; Acts 10,28)

κἀμοί ▸ **1**
  Pronoun · (personal) · masculine · first · singular · dative ▸ **1** (1Cor. 15,8)

κἀμοῦ ▸ **1**
  Pronoun · (personal) · masculine · first · singular · genitive ▸ **1** (4Mac. 5,10)

ἔγωγε (ἐγώ; γέ) I, I for my part ▸ **2**
ἔγωγε ▸ **2**
  Pronoun · (personal) · singular · nominative ▸ **2** (4Mac. 8,10; 4Mac. 16,6)

Εδαν Ladan ▸ **3**
Εδαν ▸ **3**
  Noun · masculine · singular · dative · (proper) ▸ **3** (1Chr. 23,7; 1Chr. 23,8; 1Chr. 23,9)

Εδανια Adonijah ▸ **1**
Εδανια ▸ **1**

Noun · masculine · singular · nominative · (proper) ▸ **1** (Neh. 10,17)

ἐδαφίζω (ἔδαφος) to burn, smash to the ground ▸ 6 + **1** = 7
- ἐδαφιεῖ ▸ 1
  - **Verb** · third · singular · future · active · indicative ▸ **1** (Psa. 136,9)
- ἐδαφιοῦσιν ▸ 1
  - **Verb** · third · plural · future · active · indicative ▸ **1** (Nah. 3,10)
- ἐδαφιοῦσίν ▸ 1
  - **Verb** · third · plural · future · active · indicative ▸ **1** (Luke 19,44)
- ἐδαφισθήσῃ ▸ 1
  - **Verb** · second · singular · future · passive · indicative ▸ **1** (Is. 3,26)
- ἐδαφισθήσονται ▸ 1
  - **Verb** · third · plural · future · passive · indicative ▸ **1** (Hos. 14,1)
- ἠδάφισαν ▸ 2
  - **Verb** · third · plural · aorist · active · indicative ▸ **2** (Hos. 10,14; Ezek. 31,12)

ἔδαφος ground, floor ▸ 21 + **2** + **1** = 24
- ἐδάφει ▸ 1
  - **Noun** · neuter · singular · dative · (common) ▸ **1** (Psa. 118,25)
- ἔδαφος ▸ 8 + **2** + **1** = 11
  - **Noun** · neuter · singular · accusative · (common) ▸ 6 + **2** + **1** = 9 (1Kings 6,30; Judith 5,18; Judith 16,4; 3Mac. 1,29; 4Mac. 6,7; Is. 29,4; Dan. 6,25; Bel 19; Acts 22,7)
  - **Noun** · neuter · singular · nominative · (common) ▸ **2** (Jer. 38,35; Ezek. 41,16)
- ἐδάφους ▸ 12
  - **Noun** · neuter · singular · genitive · (common) ▸ **12** (Num. 5,17; 1Kings 6,15; 1Kings 6,16; 3Mac. 2,22; Job 9,8; Sir. 11,5; Sir. 20,18; Sir. 33,10; Is. 25,12; Is. 26,5; Ezek. 41,16; Ezek. 41,20)

Εδδεκελ Hiddaqel ▸ 1
- Εδδεκελ ▸ 1
  - **Noun** · singular · nominative · (proper) ▸ **1** (Dan. 10,4)

Εδδι Iddo ▸ 1
- Εδδι ▸ 1
  - **Noun** · masculine · singular · genitive · (proper) ▸ **1** (1Esdr. 6,1)

Εδδινους Eddinus ▸ 1
- Εδδινους ▸ 1
  - **Noun** · masculine · singular · nominative · (proper) ▸ **1** (1Esdr. 1,15)

Εδεϊα Adaiah ▸ 1
- Εδεϊα ▸ 1
  - **Noun** · masculine · singular · genitive · (proper) ▸ **1** (2Kings 22,1)

Εδεμ Eden ▸ 5
- Εδεμ ▸ 5
  - **Noun** · singular · dative · (proper) ▸ **1** (Gen. 2,8)
  - **Noun** · singular · genitive · (proper) ▸ **2** (Gen. 2,10; Gen. 4,16)
  - **Noun** · masculine · singular · genitive · (proper) ▸ **1** (2Kings 19,12)
  - **Noun** · masculine · singular · nominative · (proper) ▸ **1** (Gen. 46,20)

Εδεν Eran ▸ 1
- Εδεν ▸ 1
  - **Noun** · masculine · singular · dative · (proper) ▸ **1** (Num. 26,40)

Εδενε Adna ▸ 1
- Εδενε ▸ 1
  - **Noun** · masculine · singular · nominative · (proper) ▸ **1** (Ezra 10,30)

Εδενι Eranite ▸ 1
- Εδενι ▸ 1
  - **Noun** · masculine · singular · nominative · (proper) ▸ **1** (Num. 26,40)

Εδερ Eder ▸ 2
- Εδερ ▸ 2
  - **Noun** · masculine · singular · nominative · (proper) ▸ **2** (1Chr. 23,23; 1Chr. 24,30)

ἔδεσμα (ἔδω) choice food ▸ 15 + **1** = 16
- ἐδέσμασιν ▸ 3
  - **Noun** · neuter · plural · dative · (common) ▸ **3** (Sir. 30,25; Sir. 31,21; Sir. 40,29)
- ἐδέσματα ▸ 9 + **1** = 10
  - **Noun** · neuter · plural · accusative · (common) ▸ 8 + **1** = 9 (Gen. 27,4; Gen. 27,7; Gen. 27,9; Gen. 27,14; Gen. 27,17; Gen. 27,31; Psa. 54,15; Wis. 19,11; Dan. 6,19)
  - **Noun** · neuter · plural · nominative · (common) ▸ **1** (Sir. 29,22)
- ἐδεσμάτων ▸ 3
  - **Noun** · neuter · plural · genitive · (common) ▸ **3** (1Sam. 15,9; Prov. 23,3; Sir. 37,29)

Εδιηλ Adiel ▸ 1
- Εδιηλ ▸ 1
  - **Noun** · masculine · singular · nominative · (proper) ▸ **1** (1Chr. 4,36)

Εδνα Adnah; Edna ▸ 8 + **6** = 14
- Εδνα ▸ 5 + **5** = 10
  - **Noun** · feminine · singular · dative · (proper) ▸ 2 + **1** = 3 (Tob. 7,2; Tob. 8,12; Tob. 7,2)
  - **Noun** · feminine · singular · nominative · (proper) ▸ 2 + **4** = 6 (Tob. 7,7; Tob. 10,13; Tob. 7,3; Tob. 7,7; Tob. 8,21; Tob. 10,13)
  - **Noun** · masculine · singular · nominative · (proper) ▸ **1** (1Chr. 12,21)
- Εδναν ▸ 3 + **1** = 4
  - **Noun** · feminine · singular · accusative · (proper) ▸ 3 + **1** = 4 (Tob. 7,14; Tob. 7,15; Tob. 10,14; Tob. 7,15)

Εδνας Adnah ▸ 1
- Εδνας ▸ 1
  - **Noun** · masculine · singular · nominative · (proper) ▸ **1** (2Chr. 17,14)

ἕδρα seat, chair, stool; residence ▸ 7
- ἕδραι ▸ 1
  - **Noun** · feminine · plural · nominative · (common) ▸ **1** (1Sam. 6,17)
- ἕδραις ▸ 1
  - **Noun** · feminine · plural · dative · (common) ▸ **1** (Deut. 28,27)
- ἕδρας ▸ 5
  - **Noun** · feminine · plural · accusative · (common) ▸ **4** (1Sam. 5,3; 1Sam. 5,9; 1Sam. 5,12; 1Sam. 6,4)
  - **Noun** · feminine · singular · genitive · (common) ▸ **1** (1Sam. 5,9)

ἑδράζω (ἕζομαι) to settle, establish ▸ 3
- ἑδράσει ▸ 1
  - **Verb** · third · singular · future · active · indicative ▸ **1** (Wis. 4,3)
- ἑδρασθῆναι ▸ 1
  - **Verb** · aorist · passive · infinitive ▸ **1** (Prov. 8,25)
- ἡδρασμένη ▸ 1
  - **Verb** · perfect · passive · participle · feminine · singular · nominative ▸ **1** (Sir. 22,17)

Εδραι Enan ▸ 1
- Εδραι ▸ 1
  - **Noun** · singular · nominative · (proper) ▸ **1** (Josh. 15,21)

Εδραϊ Enan (?) ▸ 1 + **1** = 2
- Εδραϊ ▸ 1 + **1** = 2
  - **Noun** · masculine · singular · genitive · (proper) ▸ **1** (1Kings 2,46h)

Νoun · singular · nominative · (proper) ▸ **1** (Josh. 19,37)

Εδραϊν Edrei ▸ 8
  Εδραϊν ▸ 8
    Noun · singular · accusative · (proper) ▸ **2** (Num. 21,33; Deut. 3,1)
    Noun · singular · dative · (proper) ▸ **5** (Deut. 1,4; Josh. 9,10; Josh. 12,4; Josh. 13,12; Josh. 13,31)
    Noun · singular · genitive · (proper) ▸ **1** (Deut. 3,10)

ἑδραῖος (ἕζομαι) steadfast ▸ 3
  ἑδραῖοι ▸ 2
    Adjective · masculine · plural · nominative ▸ **2** (1Cor. 15,58; Col. 1,23)
  ἑδραῖος ▸ 1
    Adjective · masculine · singular · nominative ▸ **1** (1Cor. 7,37)

ἑδραίωμα (ἕζομαι) support, foundation ▸ 1
  ἑδραίωμα ▸ 1
    Noun · neuter · singular · nominative ▸ **1** (1Tim. 3,15)

Εδραμ Edrom (?) ▸ 1
  Εδραμ ▸ 1
    Noun · masculine · singular · nominative · (proper) ▸ **1** (1Kings 2,46h)

Εδωμ Edom ▸ 52 + 6 = 58
  Εδωμ ▸ 52 + 6 = 58
    Noun · masculine · singular · accusative · (proper) ▸ **5** (Num. 34,3; 1Kings 11,15; 2Kings 8,21; 2Kings 14,7; Jer. 9,25)
    Noun · masculine · singular · dative · (proper) ▸ **3** (Gen. 36,31; Gen. 36,32; Job 42,17d)
    Noun · masculine · singular · genitive · (proper) ▸ 32 + 4 = **36** (Gen. 32,4; Gen. 36,9; Gen. 36,17; Gen. 36,19; Gen. 36,21; Gen. 36,30; Gen. 36,43; Gen. 36,43; Ex. 15,15; Num. 20,14; Num. 20,23; Num. 21,4; Num. 33,37; Josh. 15,21; Judg. 5,4; Judg. 11,17; Judg. 11,17; Judg. 11,18; 1Sam. 14,47; 1Kings 9,26; 1Kings 11,25; 2Kings 3,8; 2Kings 3,9; 2Kings 3,12; 2Kings 3,20; 2Kings 3,26; 1Chr. 1,51; 1Chr. 1,54; Psa. 136,7; Ode. 1,15; Is. 63,1; Lam. 4,22; Judg. 5,4; Judg. 11,17; Judg. 11,17; Judg. 11,18)
    Noun · masculine · singular · nominative · (proper) ▸ 12 + 2 = **14** (Gen. 25,30; Gen. 36,1; Gen. 36,8; Num. 20,18; Num. 20,20; Num. 20,21; Num. 24,18; 2Kings 8,20; 2Kings 8,22; 2Chr. 21,8; 2Chr. 21,9; 2Chr. 21,10; Josh. 15,44; Dan. 11,41)

Εζεκηλ Jehezkel ▸ 1
  Εζεκηλ ▸ 1
    Noun · masculine · singular · dative · (proper) ▸ **1** (1Chr. 24,16)

Εζεκια Hezekiah; Hizkiah ▸ 2
  Εζεκια ▸ 2
    Noun · masculine · singular · nominative · (proper) ▸ **2** (1Chr. 3,23; Neh. 10,18)

Εζεκιας Hezekiah ▸ 79
  Εζεκιας ▸ 76
    Noun · masculine · singular · nominative · (proper) ▸ **76** (2Kings 16,20; 2Kings 18,1; 2Kings 18,14; 2Kings 18,15; 2Kings 18,16; 2Kings 18,16; 2Kings 18,22; 2Kings 18,29; 2Kings 18,30; 2Kings 19,1; 2Kings 19,3; 2Kings 19,14; 2Kings 19,14; 2Kings 20,1; 2Kings 20,2; 2Kings 20,3; 2Kings 20,8; 2Kings 20,10; 2Kings 20,12; 2Kings 20,13; 2Kings 20,13; 2Kings 20,14; 2Kings 20,19; 2Kings 20,21; 2Kings 21,3; 1Chr. 3,13; 2Chr. 28,12; 2Chr. 28,27; 2Chr. 29,1; 2Chr. 29,20; 2Chr. 29,27; 2Chr. 29,30; 2Chr. 29,31; 2Chr. 29,36; 2Chr. 30,1; 2Chr. 30,18; 2Chr. 30,22; 2Chr. 30,24; 2Chr. 31,2; 2Chr. 31,8; 2Chr. 31,9; 2Chr. 31,11; 2Chr. 31,13; 2Chr. 31,20; 2Chr. 32,2; 2Chr. 32,5; 2Chr. 32,11; 2Chr. 32,12; 2Chr. 32,15; 2Chr. 32,20; 2Chr. 32,24; 2Chr. 32,25; 2Chr. 32,26; 2Chr. 32,30; 2Chr. 32,30; 2Chr. 32,33; 2Chr. 33,3; 1Esdr. 9,43; Sir. 48,17; Sir. 48,22; Is. 36,14; Is. 36,15; Is. 36,18; Is. 37,3; Is. 37,14; Is. 37,15; Is. 38,1; Is. 38,2; Is. 38,3; Is. 38,22; Is. 39,2; Is. 39,3; Is. 39,4; Is. 39,8; Jer. 33,19)
  Εζεκιου ▸ 3
    Noun · masculine · singular · genitive · (proper) ▸ **3** (Sir. 49,4; Is. 36,1; Is. 36,16)

Εζεκίας Hezekiah ▸ 2
  Εζεκιου ▸ 2
    Noun · masculine · singular · genitive · (proper) ▸ **2** (1Esdr. 5,15; Jer. 33,18)

Ἐζεκίας Hezekiah ▸ 52 + 2 = 54
  Εζεκια ▸ 11
    Noun · masculine · singular · dative · (proper) ▸ **11** (2Kings 18,9; 2Kings 18,10; 2Chr. 30,20; 2Chr. 32,23; 2Chr. 32,27; Ezra 2,16; Neh. 7,21; Is. 36,4; Is. 37,10; Is. 38,5; Is. 39,1)
  Εζεκιαν ▸ 22
    Noun · masculine · singular · accusative · (proper) ▸ **22** (2Kings 18,14; 2Kings 18,17; 2Kings 18,18; 2Kings 18,19; 2Kings 18,37; 2Kings 19,9; 2Kings 19,20; 2Kings 20,5; 2Kings 20,12; 2Kings 20,14; 2Kings 20,16; 2Chr. 29,18; 2Chr. 32,9; 2Chr. 32,16; 2Chr. 32,22; Is. 36,2; Is. 36,22; Is. 37,1; Is. 37,9; Is. 37,21; Is. 38,21; Is. 39,3)
  Ἐζεκίαν ▸ 1
    Noun · masculine · singular · accusative · (proper) ▸ **1** (Matt. 1,9)
  Ἐζεκίας ▸ 1
    Noun · masculine · singular · nominative · (proper) ▸ **1** (Matt. 1,10)
  Εζεκιου ▸ 19
    Noun · masculine · singular · genitive · (proper) ▸ **19** (2Kings 18,13; 2Kings 18,31; 2Kings 18,32; 2Kings 19,5; 2Kings 20,20; 1Chr. 4,41; 2Chr. 32,8; 2Chr. 32,17; 2Chr. 32,26; 2Chr. 32,32; 2Mac. 15,22; Ode. 11,0; Prov. 25,1; Hos. 1,1; Mic. 1,1; Zeph. 1,1; Is. 1,1; Is. 38,9; Jer. 15,4)

Εζεκρι Zicri ▸ 1
  Εζεκρι ▸ 1
    Noun · masculine · singular · nominative · (proper) ▸ **1** (2Chr. 28,7)

Εζερ Ezer, Azzur ▸ 2
  Εζερ ▸ 2
    Noun · masculine · singular · genitive · (proper) ▸ **1** (Ezek. 11,1)
    Noun · masculine · singular · nominative · (proper) ▸ **1** (1Chr. 7,21)

Εζερεελ Jezreel ▸ 1
  Εζερεελ ▸ 1
    Noun · masculine · singular · genitive · (proper) ▸ **1** (Judg. 6,33)

Εζερηλ Azarel ▸ 1
  Εζερηλ ▸ 1
    Noun · masculine · singular · nominative · (proper) ▸ **1** (Ezra 10,41)

Ἐζερίας Azariah ▸ 1
  Εζεριου ▸ 1
    Noun · masculine · singular · genitive · (proper) ▸ **1** (1Esdr. 8,1)

Εζουρ Ezer ▸ 1
  Εζουρ ▸ 1
    Noun · masculine · singular · nominative · (proper) ▸ **1** (Neh. 12,42)

Εζραΐτης Ezrahite ▸ 1
  Εζραΐτην ▸ 1
    Noun · masculine · singular · accusative · (proper) ▸ **1** (1Kings 5,11)

Εζρι Abiezrite; Azrikam ▸ 2
  Εζρι ▸ 2
    Noun · masculine · singular · genitive · (proper) ▸ **2** (Judg. 6,24; Neh. 11,15)

Εζρικαμ Azrikam ▸ 2
  Εζρικαμ ▸ 2
    Noun ▪ masculine ▪ singular ▪ nominative ▪ (proper) ▸ 2 (1Chr. 3,23; 1Chr. 8,38)
Εζριλ Azarel ▸ 1
  Εζριλ ▸ 1
    Noun ▪ masculine ▪ singular ▪ nominative ▪ (proper) ▸ 1 (1Esdr. 9,34)
Εζωρα Ezora ▸ 1
  Εζωρα ▸ 1
    Noun ▪ masculine ▪ singular ▪ genitive ▪ (proper) ▸ 1 (1Esdr. 9,34)
ἐθελοθρησκία (θέλω; θρησκός) self-imposed religious piety ▸ 1
  ἐθελοθρησκία ▸ 1
    Noun ▪ feminine ▪ singular ▪ dative ▸ 1 (Col. 2,23)
ἐθελοκωφέω (θέλω; κόπτω) to pretend to be deaf ▸ 1
  ἐθελοκωφῶν ▸ 1
    Verb ▪ present ▪ active ▪ participle ▪ masculine ▪ singular ▪ nominative ▸ 1 (Sir. 19,27)
Εθερ Ether ▸ 1 + 1 = 2
  Εθερ ▸ 1 + 1 = 2
    Noun ▪ singular ▪ nominative ▪ (proper) ▸ 1 + 1 = 2 (Josh. 19,7; Josh. 19,7)
Εθθι Ittai; Hittite ▸ 11
  Εθθι ▸ 11
    Noun ▪ singular ▪ accusative ▪ (proper) ▸ 1 (2Sam. 15,19)
    Noun ▪ masculine ▪ singular ▪ accusative ▪ (proper) ▸ 2 (2Sam. 15,22; 1Chr. 2,35)
    Noun ▪ masculine ▪ singular ▪ dative ▪ (proper) ▸ 2 (2Sam. 18,5; 2Sam. 18,12)
    Noun ▪ masculine ▪ singular ▪ genitive ▪ (proper) ▸ 1 (2Sam. 18,2)
    Noun ▪ masculine ▪ singular ▪ nominative ▪ (proper) ▸ 5 (2Sam. 15,21; 2Sam. 15,22; 2Sam. 23,29; 1Chr. 2,36; 1Chr. 12,12)
Εθι Ittai ▸ 1
  Εθι ▸ 1
    Noun ▪ masculine ▪ singular ▪ nominative ▪ (proper) ▸ 1 (Ezra 9,1)
ἐθίζω (ἔθος) to accustom, use ▸ 2 + 1 = 3
  ἐθίσῃς ▸ 1
    Verb ▪ second ▪ singular ▪ aorist ▪ active ▪ subjunctive ▸ 1 (Sir. 23,9)
  εἰθισμένην ▸ 1
    Verb ▪ perfect ▪ passive ▪ participle ▪ feminine ▪ singular ▪ accusative ▸ 1 (2Mac. 14,30)
  εἰθισμένον ▸ 1
    Verb ▪ perfect ▪ passive ▪ participle ▪ neuter ▪ singular ▪ accusative ▸ 1 (Luke 2,27)
ἐθισμός (ἔθος) custom ▸ 6
  ἐθισμὸν ▸ 4
    Noun ▪ masculine ▪ singular ▪ accusative ▪ (common) ▸ 4 (Gen. 31,35; 1Kings 18,28; Judith 13,10; 2Mac. 12,38)
  ἐθισμοὺς ▸ 1
    Noun ▪ masculine ▪ plural ▪ accusative ▪ (common) ▸ 1 (2Mac. 4,11)
  ἐθισμῷ ▸ 1
    Noun ▪ masculine ▪ singular ▪ dative ▪ (common) ▸ 1 (Sir. 23,14)
Εθναν Ethnan ▸ 1
  Εθναν ▸ 1
    Noun ▪ masculine ▪ singular ▪ nominative ▪ (proper) ▸ 1 (1Chr. 4,7)
ἐθνάρχης (ἔθνος; ἄρχω) governor, ethnarch ▸ 3 + 1 = 4
  ἐθνάρχῃ ▸ 2
    Noun ▪ masculine ▪ singular ▪ dative ▪ (common) ▸ 2 (1Mac. 15,1; 1Mac. 15,2)
  ἐθνάρχης ▸ 1 + 1 = 2
    Noun ▪ masculine ▪ singular ▪ nominative ▪ (common) ▸ 1 + 1 = 2 (1Mac. 14,47; 2Cor. 11,32)
ἐθνηδόν (ἔθνος) as an entire nation ▸ 1
  ἐθνηδὸν ▸ 1
    Adverb ▸ 1 (4Mac. 2,19)
ἐθνικός (ἔθνος) pagan, Gentile ▸ 4
  ἐθνικοί ▸ 1
    Adjective ▪ masculine ▪ plural ▪ nominative ▸ 1 (Matt. 5,47)
  ἐθνικοί ▸ 1
    Adjective ▪ masculine ▪ plural ▪ nominative ▸ 1 (Matt. 6,7)
  ἐθνικὸς ▸ 1
    Adjective ▪ masculine ▪ singular ▪ nominative ▸ 1 (Matt. 18,17)
  ἐθνικῶν ▸ 1
    Adjective ▪ masculine ▪ plural ▪ genitive ▸ 1 (3John 7)
ἐθνικῶς (ἔθνος) like a Gentile ▸ 1
  ἐθνικῶς ▸ 1
    Adverb ▸ 1 (Gal. 2,14)
ἐθνοπάτωρ (ἔθνος; πατήρ) father of a nation ▸ 1
  ἐθνοπάτορα ▸ 1
    Noun ▪ masculine ▪ singular ▪ accusative ▪ (common) ▸ 1 (4Mac. 16,20)
ἐθνόπληθος (ἔθνος; πίμπλημι) nation, people, countrymen ▸ 1
  ἐθνοπλήθους ▸ 1
    Adjective ▪ neuter ▪ singular ▪ genitive ▪ noDegree ▸ 1 (4Mac. 7,11)
ἔθνος nation, people, Gentile ▸ 992 + 22 + 162 = 1176
  ἔθνει ▸ 55 + 2 + 7 = 64
    Noun ▪ neuter ▪ singular ▪ dative ▪ (common) ▸ 55 + 2 + 7 = 64 (Ex. 1,9; Ex. 21,8; Ex. 34,10; Lev. 19,16; Lev. 21,1; Deut. 28,32; Deut. 32,21; Deut. 32,21; 1Esdr. 1,49; Esth. 3,11; Esth. 16,13 # 8,12n; Esth. 10,3; Judith 5,21; Judith 14,7; Tob. 1,3; Tob. 13,8; 1Mac. 8,23; 1Mac. 8,27; 1Mac. 10,25; 1Mac. 11,30; 1Mac. 11,33; 1Mac. 11,42; 1Mac. 13,36; 1Mac. 14,4; 1Mac. 14,6; 1Mac. 14,35; 1Mac. 14,35; 1Mac. 15,1; 1Mac. 15,2; 2Mac. 7,37; 2Mac. 10,8; 4Mac. 6,28; 4Mac. 9,24; 4Mac. 12,17; Psa. 147,9; Ode. 2,21; Ode. 2,21; Prov. 14,28; Prov. 26,3; Prov. 28,17a; Prov. 29,18; Prov. 30,31; Sir. 16,6; Sir. 17,17; Sir. 24,6; Sir. 49,5; Sol. 9,2; Is. 13,4; Is. 65,1; Jer. 5,9; Jer. 5,29; Jer. 26,28; Bar. 4,3; Dan. 9,6; Dan. 11,23; Tob. 1,3; Dan. 11,23; Matt. 21,43; Acts 10,35; Acts 24,2; Acts 24,10; Acts 26,4; Rom. 10,19; Rom. 10,19)
  ἔθνεσι ▸ 7
    Noun ▪ neuter ▪ plural ▪ dative ▪ (common) ▸ 7 (Judith 1,8; Joel 2,19; LetterJ 50; Dan. 4,37b; Dan. 4,37c; Dan. 4,37c; Dan. 6,26)
  ἔθνεσιν ▸ 157 + 1 + 32 = 190
    Noun ▪ neuter ▪ plural ▪ dative ▪ (common) ▸ 157 + 1 + 32 = 190 (Gen. 10,5; Gen. 10,20; Gen. 10,31; Gen. 36,40; Lev. 18,28; Lev. 26,38; Num. 23,9; Deut. 4,19; Deut. 4,27; Deut. 4,27; Deut. 7,19; Deut. 15,6; Deut. 28,12; Deut. 28,37; Deut. 28,65; Deut. 30,1; Josh. 23,3; Josh. 23,12; Josh. 24,17; 2Sam. 22,50; 1Chr. 16,31; 2Chr. 7,20; Neh. 5,8; Neh. 6,6; Neh. 13,26; Esth. 1,3; Esth. 1,5; Esth. 1,11; Esth. 3,8; Esth. 3,14; Esth. 10,9 # 10,3f; Esth. 10,10 # 10,3g; Esth. 10,11 # 10,3h; Judith 4,1; Judith 4,12; Judith 8,22; Judith 16,17; Tob. 3,4; 1Mac. 1,15; 1Mac. 2,68; 1Mac. 3,45; 1Mac. 3,58; 1Mac. 6,18; 2Mac. 1,27; 2Mac. 8,5; 2Mac. 10,4; 2Mac. 12,13; 2Mac. 13,11; 3Mac. 3,20; 3Mac. 4,1; 3Mac. 5,6; 3Mac. 5,13; 3Mac. 6,5; 3Mac. 6,15; Psa. 9,6; Psa. 9,12; Psa. 17,50; Psa. 43,12; Psa. 43,15; Psa. 45,11; Psa. 56,10; Psa. 66,3; Psa. 78,10; Psa. 81,8; Psa. 95,3; Psa. 95,10; Psa. 104,1; Psa. 105,27;

ἔθνος

Psa. 105,35; Psa. 107,4; Psa. 109,6; Psa. 125,2; Psa. 149,7; Prov. 11,26; Job 17,6; Sir. 29,18; Sir. 35,20; Sir. 50,25; Sol. 2,6; Sol. 7,3; Sol. 8,23; Hos. 8,8; Hos. 8,10; Hos. 9,17; Amos 9,9; Mic. 5,6; Mic. 5,7; Mic. 5,14; Joel 2,17; Joel 4,2; Joel 4,9; Obad. 2; Nah. 3,3; Nah. 3,5; Zech. 8,13; Zech. 12,3; Zech. 14,3; Mal. 1,11; Mal. 1,11; Mal. 1,14; Is. 5,26; Is. 12,4; Is. 25,6; Is. 25,7; Is. 42,1; Is. 52,5; Is. 55,4; Is. 55,4; Is. 56,7; Is. 61,9; Is. 66,19; Jer. 9,15; Jer. 18,13; Jer. 25,11; Jer. 27,2; Jer. 27,23; Jer. 27,46; Jer. 28,27; Jer. 28,41; Jer. 30,9; Jer. 32,31; Jer. 33,6; Jer. 51,8; Bar. 2,13; Bar. 2,29; Bar. 4,6; Lam. 1,1a; Lam. 1,3; Lam. 2,9; Lam. 4,15; Lam. 4,20; LetterJ 3; LetterJ 66; Ezek. 4,13; Ezek. 5,15; Ezek. 6,8; Ezek. 6,9; Ezek. 12,15; Ezek. 12,16; Ezek. 16,14; Ezek. 20,23; Ezek. 22,4; Ezek. 22,15; Ezek. 25,7; Ezek. 26,5; Ezek. 28,19; Ezek. 29,12; Ezek. 29,15; Ezek. 34,28; Ezek. 36,3; Ezek. 36,3; Ezek. 36,4; Ezek. 36,21; Ezek. 36,22; Ezek. 36,23; Ezek. 36,30; Ezek. 39,28; Tob. 3,4; Matt. 10,18; Matt. 12,18; Matt. 20,19; Matt. 24,14; Mark 10,33; Mark 11,17; Luke 18,32; Acts 4,27; Acts 11,18; Acts 14,27; Acts 15,12; Acts 21,19; Acts 26,20; Acts 26,23; Acts 28,28; Rom. 1,5; Rom. 1,13; Rom. 2,24; Rom. 11,11; Rom. 11,13; Rom. 15,9; 1Cor. 1,23; 1Cor. 5,1; Gal. 1,16; Gal. 2,2; Eph. 3,8; Col. 1,27; 1Th. 2,16; 1Tim. 3,16; 1Pet. 2,12; Rev. 10,11; Rev. 11,2)

ἔθνη ▸ 331 + 5 + 52 = 388

Adjective · neuter · plural · vocative ▸ 1 (Rom. 15,11)

Noun · neuter · plural · accusative · (common) ▸ 179 + 2 + 26 = 207 (Gen. 10,32; Gen. 14,5; Gen. 17,6; Gen. 17,16; Gen. 17,20; Gen. 25,16; Ex. 23,18; Ex. 23,27; Ex. 33,16; Ex. 34,24; Lev. 26,33; Num. 24,8; Deut. 4,38; Deut. 7,1; Deut. 7,1; Deut. 7,6; Deut. 7,7; Deut. 7,7; Deut. 7,14; Deut. 7,22; Deut. 9,1; Deut. 9,4; Deut. 10,15; Deut. 11,23; Deut. 11,23; Deut. 12,29; Deut. 17,14; Deut. 19,1; Deut. 28,64; Deut. 29,23; Deut. 31,3; Deut. 32,8; Deut. 33,17; Deut. 33,19; Josh. 23,4; Josh. 23,4; Josh. 23,7; Josh. 23,9; Josh. 23,13; Josh. 24,18; Judg. 2,23; Judg. 3,1; 1Sam. 8,5; 1Sam. 8,20; 2Sam. 7,23; 2Kings 19,17; 2Kings 21,9; 1Chr. 14,17; 1Chr. 17,21; 2Chr. 33,9; 1Esdr. 8,66; 1Esdr. 8,67; Esth. 3,8; Tob. 14,6; Tob. 14,6; 1Mac. 2,40; 1Mac. 2,44; 1Mac. 3,10; 1Mac. 3,25; 1Mac. 5,19; 1Mac. 5,21; 1Mac. 5,57; 1Mac. 7,23; 1Mac. 14,36; 2Mac. 8,9; 3Mac. 3,15; 3Mac. 6,13; 3Mac. 7,4; Psa. 2,8; Psa. 43,3; Psa. 46,4; Psa. 46,9; Psa. 58,6; Psa. 58,9; Psa. 65,7; Psa. 66,5; Psa. 67,31; Psa. 77,55; Psa. 78,6; Psa. 79,9; Psa. 93,10; Psa. 105,34; Psa. 112,4; Psa. 134,10; Ode. 2,8; Ode. 4,12; Ode. 7,37; Prov. 29,9; Prov. 24,24; Job 12,23; Job 12,23; Wis. 3,8; Sir. 4,15; Sir. 36,1; Sir. 36,2; Sir. 44,21; Sol. 1,8; Sol. 2,19; Sol. 8,13; Sol. 9,9; Sol. 17,3; Sol. 17,24; Sol. 17,25; Sol. 17,29; Sol. 17,31; Sol. 17,34; Mic. 4,3; Mic. 4,13; Joel 2,17; Joel 4,2; Joel 4,12; Obad. 1; Obad. 15; Nah. 3,4; Hab. 1,17; Hab. 2,5; Hab. 2,8; Hab. 3,12; Hag. 2,7; Zech. 1,15; Zech. 2,4; Zech. 2,12; Zech. 7,14; Zech. 12,9; Zech. 14,2; Zech. 14,18; Mal. 2,9; Mal. 3,12; Is. 10,7; Is. 11,12; Is. 14,12; Is. 14,26; Is. 16,8; Is. 25,7; Is. 30,28; Is. 34,2; Is. 37,26; Is. 45,1; Is. 49,22; Is. 54,3; Is. 60,2; Is. 62,10; Is. 64,1; Is. 66,18; Is. 66,19; Jer. 1,5; Jer. 1,10; Jer. 4,7; Jer. 4,16; Jer. 10,25; Jer. 25,9; Jer. 25,14; Jer. 28,20; Jer. 28,27; Jer. 28,28; Jer. 30,8; Jer. 32,13; Jer. 32,15; Jer. 32,17; Jer. 43,2; Lam. 1,10; Ezek. 11,16; Ezek. 19,8; Ezek. 26,3; Ezek. 27,33; Ezek. 29,15; Ezek. 30,23; Ezek. 30,26; Ezek. 32,9; Ezek. 35,10; Ezek. 36,5; Ezek. 36,7; Ezek. 36,19; Ezek. 36,20; Ezek. 37,22; Ezek. 38,22; Ezek. 39,21; Dan. 3,2; Dan. 3,37; Judg. 2,23; Dan. 3,37; Matt. 28,19; Mark 13,10; Luke 21,24; Luke 24,47; Acts 10,45; Acts 13,19; Acts 13,46; Acts 14,16; Acts 15,7; Acts 18,6; Acts 21,21; Acts 22,21; Rom. 15,9; Rom. 15,16; Rom. 16,26; Gal. 2,8; Gal. 2,9; Gal. 2,14; Gal. 3,8; Gal. 3,14; Eph. 3,6; Rev. 12,5; Rev. 14,8; Rev. 19,15; Rev. 20,3; Rev. 20,8)

Noun · neuter · plural · nominative · (common) ▸ 149 + 3 + 24 = 176 (Gen. 18,18; Gen. 22,18; Gen. 25,23; Gen. 26,4; Gen. 27,29; Gen. 35,11; Ex. 15,14; Lev. 18,24; Num. 14,15; Deut. 8,20; Deut. 12,30; Deut. 18,14; Deut. 28,10; Deut. 32,43; Josh. 4,24; 2Kings 17,11; 2Kings 17,26; 2Kings 17,29; 2Kings 17,29; 2Kings 17,29; 2Kings 17,41; 1Esdr. 5,49; 1Esdr. 5,69; Neh. 6,16; Esth. 4,11; Esth. 10,8 # 10,3e; Judith 1,6; Judith 3,8; Tob. 13,13; 1Mac. 1,42; 1Mac. 2,12; 1Mac. 2,18; 1Mac. 2,19; 1Mac. 3,26; 1Mac. 3,48; 1Mac. 3,52; 1Mac. 4,11; 1Mac. 4,14; 1Mac. 4,45; 1Mac. 4,54; 1Mac. 4,60; 1Mac. 5,1; 1Mac. 5,9; 1Mac. 5,10; 1Mac. 5,21; 1Mac. 5,38; 1Mac. 5,43; 1Mac. 12,53; 1Mac. 13,6; 2Mac. 1,27; 2Mac. 14,14; Psa. 2,1; Psa. 9,16; Psa. 9,18; Psa. 9,20; Psa. 9,21; Psa. 45,7; Psa. 46,2; Psa. 48,2; Psa. 64,8; Psa. 65,8; Psa. 66,5; Psa. 71,11; Psa. 71,17; Psa. 78,1; Psa. 78,10; Psa. 85,9; Psa. 101,16; Psa. 113,10; Psa. 116,1; Psa. 117,10; Ode. 1,14; Ode. 2,43; Ode. 4,6; Job 40,30; Wis. 8,14; Sir. 39,10; Sir. 39,23; Sir. 46,6; Sol. 2,2; Sol. 8,30; Sol. 17,14; Amos 9,12; Mic. 4,2; Mic. 4,11; Mic. 7,16; Joel 4,11; Joel 4,12; Obad. 16; Hab. 2,13; Hab. 3,6; Zech. 2,15; Zech. 8,22; Zech. 12,3; Is. 2,2; Is. 2,3; Is. 8,9; Is. 11,10; Is. 14,2; Is. 17,13; Is. 33,3; Is. 33,12; Is. 34,1; Is. 40,15; Is. 40,17; Is. 41,5; Is. 42,4; Is. 43,9; Is. 49,1; Is. 51,5; Is. 52,15; Is. 55,5; Is. 60,3; Is. 60,12; Is. 60,12; Is. 62,2; Jer. 2,11; Jer. 3,17; Jer. 4,2; Jer. 6,18; Jer. 6,22; Jer. 9,25; Jer. 16,19; Jer. 22,8; Jer. 26,12; Jer. 28,7; Jer. 28,44; Jer. 28,58; Ezek. 19,4; Ezek. 20,32; Ezek. 25,8; Ezek. 26,2; Ezek. 31,16; Ezek. 32,10; Ezek. 32,18; Ezek. 36,23; Ezek. 36,36; Ezek. 37,28; Ezek. 38,6; Ezek. 38,9; Ezek. 38,15; Ezek. 38,16; Ezek. 39,4; Ezek. 39,7; Ezek. 39,23; Dan. 3,7; Dan. 3,7; Dan. 7,14; Dan. 11,37; Judg. 3,1; Tob. 13,13; Tob. 14,6; Matt. 6,32; Matt. 12,21; Matt. 25,32; Luke 12,30; Acts 4,25; Acts 11,1; Acts 13,48; Acts 15,17; Rom. 2,14; Rom. 9,30; Rom. 15,12; Rom. 15,27; 1Cor. 12,2; Gal. 3,8; Eph. 2,11; Eph. 4,17; 1Th. 4,5; 2Tim. 4,17; Rev. 11,18; Rev. 15,4; Rev. 17,15; Rev. 18,3; Rev. 18,23; Rev. 21,24)

Noun · neuter · plural · vocative · (common) ▸ 3 + 1 = 4 (Psa. 9,37; Jer. 38,10; Dan. 3,4; Rom. 15,10)

ἔθνος ▸ 139 + 2 + 18 = 159

Noun · neuter · singular · accusative · (common) ▸ 82 + 12 = 94 (Gen. 12,2; Gen. 15,14; Gen. 17,20; Gen. 18,18; Gen. 20,4; Gen. 21,13; Gen. 21,18; Gen. 46,3; Ex. 32,10; Num. 13,31; Num. 14,12; Deut. 4,34; Deut. 9,14; Deut. 26,5; Deut. 28,36; Deut. 28,49; Deut. 28,49; Deut. 28,50; Josh. 24,4; 2Kings 6,18; 1Chr. 16,20; 1Chr. 17,21; 2Chr. 15,6; 1Esdr. 1,4; 1Esdr. 1,22; 1Esdr. 1,34; 1Esdr. 6,32; 1Esdr. 8,64; Esth. 11,7 # 1,1f; Esth. 13,4 # 3,13d; Esth. 13,5 # 3,13e; Esth. 16,11 # 8,12l; 1Mac. 1,34; 1Mac. 10,5; 1Mac. 11,21; 1Mac. 11,42; 1Mac. 12,3; 1Mac. 14,29; 1Mac. 14,30; 1Mac. 15,9; 2Mac. 5,19; 2Mac. 5,19; 2Mac. 11,25; 2Mac. 11,27; 4Mac. 4,19; 4Mac. 17,20; Psa. 104,13; Prov. 14,34; Wis. 17,2; Sir. 10,8; Sir. 16,9; Sir. 28,14; Sir. 46,6; Amos 6,14; Mic. 4,3; Mic. 4,7; Joel 4,8; Hab. 1,6; Is. 2,4; Is. 10,6; Is. 14,6; Is. 14,6; Is. 18,2; Is. 30,6; Is. 60,22; Jer. 5,15; Jer. 5,15; Jer. 12,17; Jer. 18,7; Jer. 18,9; Jer. 25,12; Jer. 30,26; Jer. 32,32; Bar. 4,15; Bar. 4,15; Lam. 4,17; Ezek. 36,14; Ezek. 37,22; Ezek. 38,12; Dan. 2,44; Dan. 4,37a; Dan. 11,23; Matt. 24,7; Mark 13,8; Luke 7,5; Luke 21,10; Luke 23,2; John 11,48; Acts 7,7; Acts 8,9; Acts 17,26; Acts 24,17; Rev. 13,7; Rev. 14,6)

Noun · neuter · singular · nominative · (common) ▸ 57 + 2 + 6 = 65 (Ex. 9,24; Ex. 19,6; Ex. 23,22; Ex. 33,13; Lev. 20,2; Num. 13,28; Deut. 2,10; Deut. 2,21; Deut. 4,6; Deut. 4,7; Deut. 4,8; Deut. 4,33; Deut. 7,17; Deut. 28,33; Deut. 32,28; Judg. 2,20; 2Sam. 7,23; 1Kings 18,10; 2Kings 17,32; 2Kings 17,32; 1Chr. 29,11; 2Chr. 15,6; 1Esdr. 8,66; Esth. 11,7 # 1,1f; Esth. 11,9 # 1,1h; Esth. 3,8; Esth. 4,1; Esth. 10,9 # 10,3f; Tob. 4,19; 1Mac. 2,10; 1Mac. 8,25; 4Mac. 18,4; Psa. 32,12; Ode. 2,28; Prov. 30,26; Sir. 50,25; Sol. 7,6; Mic. 4,3; Joel 1,6; Zeph. 2,1; Hag. 2,14; Mal. 3,9;

Is. 1,4; Is. 2,4; Is. 8,19; Is. 18,2; Is. 18,7; Is. 66,8; Jer. 7,27; Jer. 18,8; Jer. 25,16; Jer. 27,3; Jer. 27,41; Jer. 34,8; Jer. 34,11; Jer. 38,37; Dan. 3,96; Judg. 2,20; Dan. 12,1; Matt. 24,7; Mark 13,8; Luke 21,10; John 11,50; John 18,35; 1Pet. 2,9)

Ἔθνος ▸ 1

Noun · neuter · singular · nominative · (common) ▸ **1** (Deut. 1,28)

ἔθνους ▸ 58 + 3 + 7 = 68

Noun · neuter · singular · genitive · (common) ▸ 58 + 3 + 7 = **68** (Ex. 23,11; Num. 25,15; Deut. 4,34; 1Chr. 16,20; 2Chr. 32,7; 2Chr. 32,15; 1Esdr. 1,32; 1Esdr. 2,3; 1Esdr. 5,9; 1Esdr. 8,10; 1Esdr. 8,13; Judith 9,14; 1Mac. 3,59; 1Mac. 6,58; 1Mac. 9,29; 1Mac. 10,20; 1Mac. 11,25; 1Mac. 12,6; 1Mac. 13,6; 1Mac. 14,28; 1Mac. 14,29; 1Mac. 14,32; 1Mac. 14,32; 1Mac. 16,3; 2Mac. 5,20; 2Mac. 6,31; 2Mac. 14,34; 3Mac. 1,11; 3Mac. 2,27; 3Mac. 2,33; 4Mac. 1,11; 4Mac. 3,7; 4Mac. 4,1; 4Mac. 4,7; 4Mac. 4,18; 4Mac. 4,24; 4Mac. 4,26; 4Mac. 15,29; 4Mac. 16,16; 4Mac. 17,8; 4Mac. 17,21; Psa. 42,1; Psa. 82,5; Psa. 104,13; Psa. 105,5; Prov. 28,15; Job 34,29; Wis. 10,15; Sir. 10,8; Sir. 28,14; Zeph. 2,9; Jer. 31,2; Jer. 32,32; Ezek. 36,13; Dan. 4,34; Dan. 8,22; Dan. 11,14; Dan. 11,33; Tob. 1,17; Tob. 2,3; Dan. 8,22; John 11,51; John 11,52; Acts 2,5; Acts 10,22; Acts 28,19; Rev. 5,9; Rev. 7,9)

ἐθνῶν ▸ 244 + 9 + 46 = 299

Noun · neuter · plural · genitive · (common) ▸ 244 + 9 + 46 = **299** (Gen. 10,5; Gen. 10,32; Gen. 14,1; Gen. 14,9; Gen. 17,4; Gen. 17,5; Gen. 17,16; Gen. 17,27; Gen. 28,3; Gen. 35,11; Gen. 48,4; Gen. 48,19; Gen. 49,10; Ex. 19,5; Ex. 23,22; Lev. 20,23; Lev. 20,24; Lev. 20,26; Lev. 25,44; Lev. 26,45; Num. 21,18; Num. 24,7; Num. 24,20; Deut. 2,25; Deut. 4,6; Deut. 6,14; Deut. 7,16; Deut. 9,4; Deut. 9,5; Deut. 13,8; Deut. 14,2; Deut. 15,6; Deut. 18,9; Deut. 20,15; Deut. 20,16; Deut. 26,19; Deut. 28,1; Deut. 28,12; Deut. 29,15; Deut. 29,17; Deut. 30,3; Deut. 32,8; Josh. 24,33b; Judg. 2,21; Judg. 4,2; Judg. 4,13; Judg. 4,16; 2Sam. 22,44; 1Kings 11,2; 1Kings 14,24; 2Kings 16,3; 2Kings 17,8; 2Kings 17,15; 2Kings 17,33; 2Kings 18,33; 2Kings 19,12; 2Kings 21,2; 1Chr. 16,26; 1Chr. 16,28; 1Chr. 16,35; 1Chr. 18,11; 2Chr. 20,6; 2Chr. 28,3; 2Chr. 32,13; 2Chr. 32,14; 2Chr. 32,17; 2Chr. 32,23; 2Chr. 33,2; 2Chr. 36,14; 1Esdr. 1,47; 1Esdr. 5,49; 1Esdr. 7,13; 1Esdr. 8,84; 1Esdr. 8,89; 1Esdr. 9,9; Ezra 4,10; Ezra 6,21; Ezra 9,7; Ezra 9,11; Neh. 5,9; Neh. 5,17; Esth. 3,12; Esth. 13,2 # 3,13b; Esth. 14,5 # 4,17m; Esth. 14,10 # 4,17p; Esth. 8,17; Tob. 1,10; Tob. 13,3; Tob. 13,5; 1Mac. 1,3; 1Mac. 1,4; 1Mac. 1,11; 1Mac. 1,13; 1Mac. 1,14; 1Mac. 2,48; 1Mac. 4,7; 1Mac. 4,58; 1Mac. 5,22; 1Mac. 5,63; 1Mac. 6,53; 1Mac. 11,38; 1Mac. 13,41; 2Mac. 4,35; 2Mac. 6,4; 2Mac. 6,14; 2Mac. 8,16; 2Mac. 11,3; 2Mac. 14,15; 2Mac. 15,8; 2Mac. 15,10; 3Mac. 3,19; 3Mac. 6,9; 3Mac. 6,26; Psa. 17,44; Psa. 21,28; Psa. 21,29; Psa. 32,10; Psa. 88,51; Psa. 95,5; Psa. 95,7; Psa. 97,2; Psa. 104,44; Psa. 105,41; Psa. 105,47; Psa. 110,6; Psa. 113,12; Psa. 134,15; Ode. 2,8; Ode. 2,42; Ode. 13,32; Wis. 6,2; Wis. 10,5; Wis. 12,12; Wis. 14,11; Wis. 15,15; Sir. 10,15; Sir. 10,16; Sir. 39,4; Sir. 44,19; Sol. 2,22; Sol. 17,15; Sol. 17,22; Sol. 17,30; Amos 6,1; Zeph. 2,11; Zeph. 2,11; Zeph. 3,8; Hag. 2,7; Hag. 2,22; Zech. 8,23; Zech. 9,10; Zech. 14,16; Zech. 14,19; Is. 2,4; Is. 8,23; Is. 10,13; Is. 11,10; Is. 13,4; Is. 13,4; Is. 13,4; Is. 14,9; Is. 14,18; Is. 14,32; Is. 17,12; Is. 17,12; Is. 23,3; Is. 24,13; Is. 29,7; Is. 29,8; Is. 33,8; Is. 36,18; Is. 36,20; Is. 37,12; Is. 41,2; Is. 41,28; Is. 42,6; Is. 45,20; Is. 49,6; Is. 49,7; Is. 49,8; Is. 51,4; Is. 52,10; Is. 60,5; Is. 60,11; Is. 60,16; Is. 61,6; Is. 61,11; Is. 63,3; Is. 66,12; Is. 66,20; Jer. 3,19; Jer. 10,2; Jer. 10,3; Jer. 14,22; Jer. 27,9; Jer. 27,12; Jer. 35,11; Jer. 35,14; Jer. 38,7; Bar. 3,16; Ezek. 5,5; Ezek. 5,6; Ezek. 5,7; Ezek. 5,7; Ezek. 5,8; Ezek. 11,17; Ezek. 20,9; Ezek. 20,14; Ezek. 20,22; Ezek. 22,16; Ezek. 23,30; Ezek. 26,7; Ezek. 26,16; Ezek. 27,36; Ezek. 28,7; Ezek. 28,25; Ezek. 28,25; Ezek. 29,13; Ezek. 30,3; Ezek. 30,11; Ezek. 31,6; Ezek. 31,11; Ezek. 31,12; Ezek. 31,12; Ezek. 32,2; Ezek. 32,12; Ezek. 32,16; Ezek. 34,13; Ezek. 34,29; Ezek. 36,6; Ezek. 36,15; Ezek. 36,24; Ezek. 37,21; Ezek. 38,8; Ezek. 38,8; Ezek. 38,12; Ezek. 38,23; Ezek. 39,27; Ezek. 39,27; Ezek. 39,27; Dan. 4,21; Dan. 4,37a; Dan. 5,0; Dan. 9,26; Judg. 2,12; Judg. 2,21; Judg. 4,2; Judg. 4,13; Judg. 4,16; Tob. 1,10; Tob. 1,11; Tob. 13,3; Tob. 13,5; Matt. 4,15; Matt. 10,5; Matt. 20,25; Matt. 24,9; Mark 10,42; Luke 2,32; Luke 21,24; Luke 21,24; Luke 21,25; Luke 22,25; Acts 7,45; Acts 9,15; Acts 13,47; Acts 14,2; Acts 14,5; Acts 15,3; Acts 15,14; Acts 15,19; Acts 15,23; Acts 21,11; Acts 21,25; Acts 26,17; Rom. 3,29; Rom. 3,29; Rom. 4,17; Rom. 4,18; Rom. 9,24; Rom. 11,12; Rom. 11,13; Rom. 11,25; Rom. 15,12; Rom. 15,16; Rom. 15,18; Rom. 16,4; 2Cor. 11,26; Gal. 2,12; Gal. 2,15; Eph. 3,1; 1Tim. 2,7; 1Pet. 4,3; Rev. 2,26; Rev. 11,9; Rev. 15,3; Rev. 16,19; Rev. 21,26; Rev. 22,2)

ἔθος custom; habit ▸ 5 + 1 + 12 = 18

ἔθει ▸ 1

Noun · neuter · singular · dative ▸ **1** (Acts 15,1)

ἔθεσιν ▸ 2

Noun · neuter · plural · dative ▸ **2** (Acts 21,21; Acts 28,17)

ἔθη ▸ 1 + 2 = 3

Noun · neuter · plural · accusative · (common) ▸ 1 + 2 = **3** (2Mac. 11,25; Acts 6,14; Acts 16,21)

ἔθος ▸ 3 + 1 + 6 = 10

Noun · neuter · singular · accusative ▸ 3 + 1 = **4** (Luke 1,9; Luke 2,42; Luke 22,39; Bel 15)

Noun · neuter · singular · nominative · (common) ▸ 3 + 3 = **6** (1Mac. 10,89; 2Mac. 13,4; Wis. 14,16; John 19,40; Acts 25,16; Heb. 10,25)

ἐθῶν ▸ 1 + 1 = 2

Noun · neuter · plural · genitive · (common) ▸ 1 + 1 = **2** (4Mac. 18,5; Acts 26,3)

ἔθω (ἔθος) to be accustomed ▸ 4

εἴωθα ▸ 1

Verb · first · singular · perfect · active · indicative ▸ **1** (4Mac. 1,12)

εἴωθεν ▸ 1

Verb · third · singular · perfect · active · indicative ▸ **1** (Sir. 37,14)

εἰωθὸς ▸ 2

Verb · perfect · active · participle · neuter · singular · accusative ▸ **2** (Num. 24,1; Sus. 13-14)

εἰ if; whether ▸ 761 + 43 + 502 = 1306

Εἴ ▸ 4 + 6 = 10

Conjunction · subordinating · (conditional) ▸ 4 + 6 = **10** (Ex. 32,24; Ex. 32,33; 2Mac. 3,38; Eccl. 6,10; 1Cor. 14,37; Phil. 2,1; Phil. 3,4; 1Tim. 3,1; James 1,26; Rev. 13,9)

Εἰ ▸ 141 + 14 + 24 = 179

Conjunction · subordinating · (conditional) ▸ 92 + 10 + 24 = **126** (Gen. 23,8; Gen. 25,22; Gen. 27,37; Gen. 30,27; Gen. 31,42; Gen. 33,10; Gen. 39,8; Gen. 43,7; Gen. 43,11; Gen. 47,29; Gen. 50,4; Ex. 33,15; Ex. 34,9; Lev. 10,19; Num. 5,19; Num. 12,14; Num. 22,20; Num. 32,5; Num. 32,11; Deut. 1,35; Josh. 17,15; Josh. 17,17; Judg. 6,36; Judg. 9,15; Judg. 11,9; Judg. 13,23; Judg. 14,18; Judg. 18,14; Judg. 19,30; Judg. 20,28; 1Sam. 3,14; 1Sam. 6,3; 1Sam. 7,3; 1Sam. 10,22; 1Sam. 10,24; 1Sam. 14,45; 1Sam. 15,32; 1Sam. 27,5; 1Sam. 30,15; 2Sam. 9,2; 2Sam. 12,19; 2Sam. 18,32; 2Sam. 20,9; 1Kings 2,8; 1Kings 2,35η; 1Kings 12,7; 1Kings 18,17; 1Kings 19,2; 1Kings 20,20; 1Kings 21,18; 1Kings 21,32; 1Kings 22,3; 1Kings 22,6; 2Kings 1,3; 2Kings 1,12; 2Kings 6,32; 2Kings

εἰ

9,15; 2Kings 9,26; 2Kings 10,6; 2Kings 10,15; 2Kings 13,19; 1Chr. 12,18; 1Chr. 13,2; Neh. 2,5; Neh. 2,7; Esth. 6,13; Esth. 7,3; Esth. 8,5; Esth. 8,7; 1Mac. 2,19; 4Mac. 7,16; 4Mac. 13,1; 4Mac. 16,1; 4Mac. 17,7; Psa. 57,2; Psa. 57,12; Psa. 94,11; Psa. 123,1; Psa. 131,3; Job 6,2; Sir. 33,31; Amos 6,10; Amos 8,7; Jonah 4,9; Hag. 1,4; Zech. 11,12; Is. 36,16; Is. 62,8; Jer. 18,6; Ezek. 17,9; Ezek. 36,5; Ezek. 38,19; Judg. 6,17; Judg. 6,36; Judg. 9,15; Judg. 11,9; Judg. 13,11; Judg. 13,23; Judg. 14,16; Judg. 14,18; Dan. 2,26; Dan. 3,14; Matt. 5,29; Matt. 18,8; John 15,18; John 15,22; Rom. 2,17; Rom. 11,17; 1Cor. 7,17; 1Cor. 7,36; 1Cor. 9,12; 1Cor. 11,16; 1Cor. 15,12; 1Cor. 15,44; 2Cor. 2,5; 2Cor. 3,7; 2Cor. 11,30; Gal. 5,25; Col. 2,20; Col. 3,1; 2Th. 3,14; Heb. 7,11; Heb. 8,7; James 1,5; James 2,8; 2Pet. 2,4)

Particle ▸ 49 + 4 = **53** (Gen. 17,17; Gen. 43,27; Gen. 44,19; Ex. 2,14; Ex. 17,7; Judg. 13,11; Judg. 20,23; 1Sam. 9,11; 1Sam. 14,37; 1Sam. 15,22; 1Sam. 18,23; 1Sam. 19,24; 1Sam. 23,2; 1Sam. 25,34; 1Sam. 30,8; 2Sam. 2,1; 2Sam. 2,20; 2Sam. 3,33; 2Sam. 5,19; 2Sam. 9,1; 2Sam. 9,3; 2Sam. 18,25; 2Sam. 20,17; 1Kings 13,14; 1Kings 18,7; 1Kings 21,13; 2Kings 1,6; 2Kings 2,3; 2Kings 2,5; 2Kings 4,26; 2Kings 6,21; 2Kings 8,8; 2Kings 8,9; 2Kings 9,11; 2Kings 9,17; 2Kings 9,18; 2Kings 9,19; 2Kings 9,22; 2Kings 9,31; 1Chr. 14,10; 2Chr. 18,5; Tob. 5,5; 2Mac. 7,7; 4Mac. 18,17; Jonah 4,4; Jer. 47,14; Ezek. 20,3; Ezek. 20,30; Ezek. 47,6; Judg. 4,20; Judg. 20,23; Judg. 20,28; Dan. 10,20)

εἴ ▸ 38 + 3 + 70 = **111**

Conjunction • subordinating • (conditional) ▸ 37 + 3 + 69 = **109** (Gen. 19,12; Ex. 33,11; Num. 23,3; Deut. 1,31; Deut. 8,5; Deut. 22,26; 1Sam. 14,6; 2Sam. 14,15; 2Sam. 16,12; 1Kings 21,31; 2Kings 19,4; 1Esdr. 2,3; Ezra 7,18; Tob. 1,17; Tob. 1,18; 1Mac. 1,57; 1Mac. 13,39; 1Mac. 13,40; 1Mac. 15,21; 2Mac. 13,10; 4Mac. 4,23; 4Mac. 11,16; Prov. 23,7; Prov. 25,26; Job 5,1; Job 5,1; Job 6,24; Job 14,17; Job 20,23; Wis. 17,16; Wis. 17,17; Sir. 19,13; Sir. 29,26; Zech. 9,17; Zech. 9,17; Is. 66,13; Jer. 28,8; Judg. 16,9; Tob. 1,17; Tob. 1,18; Matt. 16,24; Matt. 18,28; Mark 4,23; Mark 8,34; Mark 9,22; Mark 9,35; Mark 11,25; Luke 9,23; Luke 14,26; Luke 19,8; Acts 13,15; Acts 24,19; Acts 25,5; Acts 27,12; Rom. 1,10; Rom. 11,14; Rom. 13,9; 1Cor. 1,16; 1Cor. 3,14; 1Cor. 3,15; 1Cor. 3,17; 1Cor. 3,18; 1Cor. 7,12; 1Cor. 7,13; 1Cor. 8,2; 1Cor. 10,27; 1Cor. 11,34; 1Cor. 16,22; 2Cor. 2,10; 2Cor. 5,3; 2Cor. 5,17; 2Cor. 7,14; 2Cor. 10,7; 2Cor. 11,20; 2Cor. 11,20; 2Cor. 11,20; 2Cor. 11,20; 2Cor. 11,20; Gal. 1,9; Gal. 3,4; Eph. 3,2; Eph. 4,21; Eph. 4,29; Phil. 2,1; Phil. 2,1; Phil. 2,1; Phil. 3,11; Phil. 3,15; Phil. 4,8; Phil. 4,8; Col. 1,23; 2Th. 3,10; 1Tim. 1,10; 1Tim. 5,16; 1Tim. 6,3; Titus 1,6; James 1,23; James 3,2; 1Pet. 3,1; 1Pet. 4,11; 1Pet. 4,11; 2John 10; Rev. 11,5; Rev. 11,5; Rev. 13,10; Rev. 13,10; Rev. 14,9; Rev. 14,11; Rev. 20,15)

Particle • (interrogative) ▸ 1 + 1 = **2** (Job 5,27; Mark 8,23)

εἰ ▸ 578 + 26 + 402 = 1006

Conjunction • subordinating ▸ 532 + 23 = **555** (Gen. 4,14; Gen. 13,9; Gen. 13,9; Gen. 13,16; Gen. 14,23; Gen. 15,5; Gen. 18,3; Gen. 18,21; Gen. 20,7; Gen. 24,23; Gen. 24,42; Gen. 24,49; Gen. 24,49; Gen. 27,21; Gen. 27,46; Gen. 30,1; Gen. 31,27; Gen. 31,50; Gen. 31,50; Gen. 42,16; Gen. 42,16; Gen. 42,19; Gen. 42,20; Gen. 43,4; Gen. 43,5; Gen. 43,6; Gen. 43,7; Gen. 43,10; Gen. 44,8; Gen. 44,26; Gen. 45,28; Gen. 47,5; Gen. 47,16; Gen. 47,18; Ex. 4,23; Ex. 7,27; Ex. 9,2; Ex. 16,4; Ex. 32,32; Ex. 32,32; Ex. 33,13; Ex. 40,37; Num. 5,19; Num. 5,20; Num. 11,15; Num. 11,15; Num. 13,18; Num. 13,18; Num. 13,19; Num. 13,19; Num. 13,20; Num. 13,20; Num. 14,2; Num. 14,8; Num. 14,30; Num. 15,3; Num. 16,14; Num. 16,22; Num. 16,29; Num. 16,29; Num. 20,18; Num. 22,11; Num. 22,29; Num. 22,33; Num. 22,34; Num. 23,27; Deut. 1,44; Deut. 4,32; Deut. 4,32; Deut. 4,33; Deut. 4,34; Deut. 8,2; Deut. 32,27; Deut. 32,30; Josh. 2,5; Josh. 7,7; Josh. 17,15; Josh. 22,19; Josh. 22,23; Josh. 24,15; Judg. 2,22; Judg. 6,13; Judg. 6,17; Judg. 6,31; Judg. 7,10; Judg. 8,19; Judg. 9,15; Judg. 9,16; Judg. 9,16; Judg. 9,16; Judg. 9,19; Judg. 9,20; Judg. 9,20; Judg. 11,10; Judg. 11,36; Ruth 4,4; Ruth 4,4; 1Sam. 14,30; 1Sam. 14,37; 1Sam. 14,41; 1Sam. 14,45; 1Sam. 17,35; 1Sam. 19,6; 1Sam. 19,17; 1Sam. 20,8; 1Sam. 20,15; 1Sam. 20,29; 1Sam. 21,4; 1Sam. 21,5; 1Sam. 21,10; 1Sam. 22,7; 1Sam. 23,11; 1Sam. 23,11; 1Sam. 23,23; 1Sam. 24,7; 1Sam. 24,20; 1Sam. 25,22; 1Sam. 25,34; 1Sam. 26,19; 1Sam. 26,19; 1Sam. 28,10; 2Sam. 2,27; 2Sam. 7,7; 2Sam. 11,11; 2Sam. 12,8; 2Sam. 13,26; 2Sam. 14,11; 2Sam. 14,19; 2Sam. 15,20; 2Sam. 17,6; 2Sam. 17,6; 2Sam. 19,7; 2Sam. 19,8; 2Sam. 19,8; 2Sam. 19,14; 2Sam. 20,18; 2Sam. 20,18; 2Sam. 20,20; 2Sam. 20,20; 2Sam. 23,17; 2Sam. 24,13; 1Kings 1,27; 1Kings 1,51; 1Kings 1,52; 1Kings 8,27; 1Kings 8,27; 1Kings 12,24g; 1Kings 12,24p; 1Kings 17,1; 1Kings 17,1; 1Kings 17,12; 1Kings 18,10; 1Kings 18,21; 1Kings 18,21; 1Kings 20,2; 1Kings 20,6; 1Kings 21,10; 1Kings 21,18; 1Kings 21,23; 1Kings 22,15; 2Kings 1,2; 2Kings 1,10; 2Kings 2,2; 2Kings 2,4; 2Kings 2,6; 2Kings 3,7; 2Kings 3,14; 2Kings 3,14; 2Kings 4,13; 2Kings 4,30; 2Kings 5,16; 2Kings 5,17; 2Kings 5,20; 2Kings 6,22; 2Kings 6,31; 2Kings 7,10; 2Kings 10,15; 2Kings 18,23; 2Kings 23,9; 1Chr. 11,19; 1Chr. 12,18; 1Chr. 17,6; 2Chr. 6,18; 2Chr. 6,18; 2Chr. 18,14; 2Chr. 19,2; 1Esdr. 6,20; Ezra 2,59; Ezra 5,17; Neh. 2,2; Neh. 2,5; Neh. 2,12; Neh. 7,61; Esth. 1,19; Esth. 3,9; Esth. 4,14; Esth. 14,3 # 4,17l; Esth. 14,14 # 4,17t; Esth. 5,4; Esth. 5,8; Esth. 6,6; Judith 1,12; Judith 5,20; Judith 5,21; Judith 6,2; Judith 9,14; Judith 11,2; Judith 12,12; Tob. 3,9; Tob. 3,15; Tob. 5,5; Tob. 5,9; Tob. 8,12; 1Mac. 4,10; 1Mac. 9,10; 1Mac. 10,71; 1Mac. 15,31; 1Mac. 15,31; 2Mac. 3,9; 2Mac. 4,47; 2Mac. 5,18; 2Mac. 6,26; 2Mac. 7,33; 2Mac. 8,15; 2Mac. 9,20; 2Mac. 11,28; 2Mac. 12,44; 2Mac. 14,28; 2Mac. 15,38; 2Mac. 15,38; 3Mac. 1,12; 3Mac. 5,32; 3Mac. 6,10; 4Mac. 1,1; 4Mac. 1,3; 4Mac. 1,5; 4Mac. 1,13; 4Mac. 1,14; 4Mac. 2,1; 4Mac. 2,7; 4Mac. 2,20; 4Mac. 2,24; 4Mac. 4,7; 4Mac. 4,17; 4Mac. 5,3; 4Mac. 5,10; 4Mac. 5,13; 4Mac. 5,18; 4Mac. 5,19; 4Mac. 6,18; 4Mac. 6,20; 4Mac. 6,32; 4Mac. 8,2; 4Mac. 8,2; 4Mac. 8,16; 4Mac. 8,17; 4Mac. 9,2; 4Mac. 9,6; 4Mac. 9,7; 4Mac. 12,4; 4Mac. 13,2; 4Mac. 14,17; 4Mac. 16,5; Psa. 7,4; Psa. 7,4; Psa. 7,5; Psa. 40,7; Psa. 43,21; Psa. 43,21; Psa. 49,18; Psa. 50,18; Psa. 54,13; Psa. 54,13; Psa. 62,7; Psa. 65,18; Psa. 72,15; Psa. 80,14; Psa. 80,14; Psa. 82,15; Psa. 88,36; Psa. 93,17; Psa. 93,18; Psa. 105,23; Psa. 118,92; Psa. 123,2; Psa. 130,2; Psa. 131,3; Psa. 131,4; Ode. 2,27; Ode. 2,30; Prov. 2,20; Prov. 11,31; Prov. 23,3; Eccl. 3,12; Eccl. 3,21; Eccl. 3,21; Eccl. 3,22; Eccl. 5,11; Eccl. 5,11; Eccl. 6,6; Eccl. 8,15; Song 8,9; Song 8,9; Job 1,11; Job 2,5; Job 2,10; Job 4,3; Job 4,12; Job 4,18; Job 6,5; Job 6,6; Job 6,6; Job 6,8; Job 7,20; Job 8,4; Job 8,6; Job 9,24; Job 11,13; Job 11,14; Job 12,10; Job 13,9; Job 13,10; Job 14,13; Job 15,15; Job 16,4; Job 19,28; Job 22,20; Job 23,6; Job 23,13; Job 24,25; Job 25,5; Job 30,24; Job 31,5; Job 31,5; Job 31,7; Job 31,7; Job 31,7; Job 31,9; Job 31,9; Job 31,13; Job 31,17; Job 31,19; Job 31,20; Job 31,21; Job 31,24; Job 31,24; Job 31,25; Job 31,25; Job 31,27; Job 31,27; Job 31,29; Job 31,31; Job 31,33; Job 31,34; Job 31,35; Job 31,37; Job 31,38; Job 31,38; Job 31,39; Job 31,39; Job 32,22; Job 33,32; Job 33,33; Job 34,14; Job 34,16; Job 34,32; Job 35,6; Job 35,6; Job 35,14; Job 36,8; Job 38,4; Job 38,5; Job 38,20; Job 38,20; Job 39,1; Job 40,26; Job 41,3; Job 42,8; Job 42,8; Wis. 2,18; Wis. 6,21; Wis. 7,28; Wis. 8,5; Wis. 8,6; Wis. 8,7; Wis. 8,8; Wis. 9,17; Wis. 11,25; Wis. 12,20; Wis. 13,3; Wis. 13,4; Wis. 13,9; Wis. 13,11; Wis. 17,9; Wis. 17,11; Sir. 2,1; Sir. 5,12; Sir. 5,12; Sir. 6,7; Sir. 7,22; Sir. 12,2; Sir. 16,2; Sir. 16,11; Sir. 19,8; Sir. 19,14; Sir. 22,26; Sir. 23,11; Sir. 23,14; Sir. 25,26; Sir. 29,6; Sir. 31,18; Sir.

31,21; Sir. 32,7; Sir. 33,32; Sir. 36,23; Sol. 5,11; Sol. 9,6; Sol. 9,7; Sol. 15,2; Sol. 15,2; Sol. 16,3; Sol. 18,12; Hos. 12,12; Amos 3,3; Amos 3,4; Amos 3,4; Amos 3,5; Amos 3,5; Amos 3,6; Amos 3,6; Amos 6,2; Amos 6,12; Amos 6,12; Mic. 2,7; Mic. 6,6; Mic. 6,7; Mic. 6,7; Mic. 6,8; Mic. 6,11; Joel 1,2; Obad. 5; Obad. 5; Hag. 2,12; Hag. 2,13; Hag. 2,19; Hag. 2,19; Zech. 8,6; Zech. 11,13; Mal. 1,6; Mal. 1,6; Mal. 1,9; Mal. 1,13; Mal. 3,8; Is. 1,9; Is. 9,4; Is. 36,7; Is. 36,8; Is. 40,15; Is. 40,28; Is. 44,8; Is. 45,21; Is. 47,12; Is. 48,18; Is. 49,15; Is. 58,4; Is. 62,8; Jer. 2,11; Jer. 2,28; Jer. 5,1; Jer. 7,8; Jer. 11,21; Jer. 13,23; Jer. 14,7; Jer. 14,22; Jer. 15,11; Jer. 15,12; Jer. 16,20; Jer. 18,20; Jer. 20,10; Jer. 21,2; Jer. 23,22; Jer. 23,24; Jer. 31,27; Jer. 31,27; Jer. 33,15; Jer. 34,18; Jer. 34,18; Jer. 45,16; Jer. 45,16; Jer. 45,21; Jer. 47,4; Jer. 47,5; Jer. 49,5; Jer. 49,13; Bar. 3,13; Lam. 2,20; Ezek. 3,6; Ezek. 5,11; Ezek. 7,10; Ezek. 13,10; Ezek. 14,3; Ezek. 14,16; Ezek. 15,3; Ezek. 15,3; Ezek. 15,5; Ezek. 16,48; Ezek. 16,56; Ezek. 17,15; Ezek. 17,15; Ezek. 17,15; Ezek. 20,3; Ezek. 20,4; Ezek. 20,31; Ezek. 20,31; Ezek. 20,39; Ezek. 21,18; Ezek. 22,2; Ezek. 22,14; Ezek. 22,14; Ezek. 33,27; Ezek. 34,8; Ezek. 35,6; Ezek. 37,3; Dan. 2,11; Dan. 3,15; Dan. 3,15; Dan. 6,6; Dan. 6,13; Dan. 6,21; Bel 5; Bel 8; Bel 15-17; Judg. 2,22; Judg. 6,13; Judg. 6,31; Judg. 7,10; Judg. 7,14; Judg. 8,19; Judg. 9,15; Judg. 9,16; Judg. 9,16; Judg. 9,16; Judg. 9,19; Judg. 9,20; Judg. 11,10; Judg. 15,7; Tob. 3,15; Tob. 5,9; Tob. 5,10; Tob. 8,12; Dan. 3,15; Dan. 6,6; Dan. 6,21; Sus. 21; Bel 29)

Conjunction - coordinating
- (interrogative) ▸ **20** (Matt. 12,10; Matt. 19,3; Mark 10,2; Luke 13,23; Luke 22,49; Acts 1,6; Acts 5,8; Acts 7,1; Acts 10,18; Acts 17,11; Acts 17,27; Acts 19,2; Acts 19,2; Acts 20,16; Acts 21,37; Acts 22,25; Acts 23,9; Acts 25,20; Acts 26,23; Acts 26,23)

Conjunction - subordinating - (conditional) ▸ **365** (Matt. 4,3; Matt. 4,6; Matt. 5,13; Matt. 5,30; Matt. 6,1; Matt. 6,23; Matt. 6,30; Matt. 7,11; Matt. 8,31; Matt. 9,17; Matt. 10,25; Matt. 11,14; Matt. 11,21; Matt. 11,23; Matt. 11,27; Matt. 11,27; Matt. 12,4; Matt. 12,7; Matt. 12,24; Matt. 12,26; Matt. 12,27; Matt. 12,28; Matt. 12,39; Matt. 13,57; Matt. 14,17; Matt. 14,28; Matt. 15,24; Matt. 16,4; Matt. 17,4; Matt. 17,8; Matt. 18,9; Matt. 19,10; Matt. 19,17; Matt. 19,21; Matt. 21,19; Matt. 22,45; Matt. 23,30; Matt. 24,22; Matt. 24,24; Matt. 24,36; Matt. 24,43; Matt. 26,24; Matt. 26,33; Matt. 26,39; Matt. 26,42; Matt. 26,63; Matt. 27,40; Matt. 27,43; Matt. 27,49; Mark 2,7; Mark 2,21; Mark 2,22; Mark 2,26; Mark 3,26; Mark 5,37; Mark 6,4; Mark 6,5; Mark 6,8; Mark 8,14; Mark 9,9; Mark 9,23; Mark 9,29; Mark 9,42; Mark 10,18; Mark 11,13; Mark 11,13; Mark 13,20; Mark 13,22; Mark 13,32; Mark 14,21; Mark 14,29; Mark 14,35; Luke 4,3; Luke 4,9; Luke 4,26; Luke 4,27; Luke 5,21; Luke 5,36; Luke 5,37; Luke 6,4; Luke 6,32; Luke 7,39; Luke 8,51; Luke 9,13; Luke 10,6; Luke 10,13; Luke 10,22; Luke 10,22; Luke 11,8; Luke 11,13; Luke 11,18; Luke 11,19; Luke 11,20; Luke 11,29; Luke 11,36; Luke 12,26; Luke 12,28; Luke 12,39; Luke 13,9; Luke 14,32; Luke 16,11; Luke 16,12; Luke 16,31; Luke 17,2; Luke 17,6; Luke 17,18; Luke 18,4; Luke 18,19; Luke 19,42; Luke 22,42; Luke 22,67; Luke 23,31; Luke 23,35; Luke 23,37; John 1,25; John 3,12; John 3,13; John 4,10; John 5,46; John 5,47; John 6,22; John 6,46; John 7,4; John 7,23; John 8,19; John 8,39; John 8,42; John 8,46; John 9,25; John 9,33; John 9,41; John 10,10; John 10,24; John 10,35; John 10,37; John 10,38; John 11,12; John 11,21; John 11,32; John 13,10; John 13,14; John 13,17; John 13,32; John 14,2; John 14,6; John 14,7; John 14,11; John 14,28; John 15,19; John 15,20; John 15,20; John 15,24; John 17,12; John 18,8; John 18,23; John 18,23; John 18,30; John 18,36; John 19,11; John 19,15; John 20,15; Acts 4,9; Acts 4,19; Acts 5,39; Acts 8,22; Acts 11,17; Acts 11,19; Acts 16,15; Acts 18,14; Acts 18,15; Acts 19,38; Acts 19,39; Acts 25,11; Acts 25,11; Acts 26,8; Acts 26,32; Acts 27,39; Rom. 3,3; Rom. 3,5; Rom. 3,7; Rom. 4,2; Rom. 4,14; Rom. 5,10; Rom. 5,15; Rom. 5,17; Rom. 6,5; Rom. 6,8; Rom. 7,7; Rom. 7,7; Rom. 7,16; Rom. 7,20; Rom. 8,9; Rom. 8,10; Rom. 8,11; Rom. 8,13; Rom. 8,13; Rom. 8,17; Rom. 8,25; Rom. 8,31; Rom. 9,22; Rom. 9,29; Rom. 11,6; Rom. 11,12; Rom. 11,15; Rom. 11,15; Rom. 11,16; Rom. 11,16; Rom. 11,18; Rom. 11,21; Rom. 11,24; Rom. 12,18; Rom. 13,1; Rom. 13,8; Rom. 14,14; Rom. 14,15; Rom. 15,27; 1Cor. 1,14; 1Cor. 2,2; 1Cor. 2,8; 1Cor. 2,11; 1Cor. 2,11; 1Cor. 3,12; 1Cor. 4,7; 1Cor. 6,2; 1Cor. 7,5; 1Cor. 7,9; 1Cor. 7,15; 1Cor. 7,16; 1Cor. 7,16; 1Cor. 7,21; 1Cor. 8,3; 1Cor. 8,4; 1Cor. 8,13; 1Cor. 9,2; 1Cor. 9,11; 1Cor. 9,11; 1Cor. 9,17; 1Cor. 9,17; 1Cor. 10,13; 1Cor. 10,30; 1Cor. 11,6; 1Cor. 11,6; 1Cor. 11,31; 1Cor. 12,3; 1Cor. 12,17; 1Cor. 12,17; 1Cor. 12,19; 1Cor. 14,5; 1Cor. 14,10; 1Cor. 14,35; 1Cor. 14,38; 1Cor. 15,2; 1Cor. 15,2; 1Cor. 15,13; 1Cor. 15,14; 1Cor. 15,16; 1Cor. 15,17; 1Cor. 15,19; 1Cor. 15,29; 1Cor. 15,32; 1Cor. 15,32; 1Cor. 15,37; 2Cor. 2,2; 2Cor. 2,2; 2Cor. 2,9; 2Cor. 3,9; 2Cor. 3,11; 2Cor. 4,3; 2Cor. 4,16; 2Cor. 5,16; 2Cor. 7,8; 2Cor. 7,8; 2Cor. 7,8; 2Cor. 7,12; 2Cor. 8,12; 2Cor. 11,4; 2Cor. 11,6; 2Cor. 11,16; 2Cor. 12,5; 2Cor. 12,11; 2Cor. 12,13; 2Cor. 12,15; 2Cor. 13,5; 2Cor. 13,5; Gal. 1,7; Gal. 1,10; Gal. 1,19; Gal. 2,14; Gal. 2,17; Gal. 2,18; Gal. 2,21; Gal. 3,18; Gal. 3,21; Gal. 3,29; Gal. 4,7; Gal. 4,15; Gal. 5,11; Gal. 5,15; Gal. 5,18; Gal. 6,3; Gal. 6,14; Eph. 4,9; Phil. 1,22; Phil. 2,17; Phil. 3,12; Phil. 4,15; Col. 2,5; 1Th. 4,14; 1Tim. 3,5; 1Tim. 5,4; 1Tim. 5,8; 1Tim. 5,10; 1Tim. 5,10; 1Tim. 5,10; 1Tim. 5,10; 1Tim. 5,10; 1Tim. 5,19; 2Tim. 2,11; 2Tim. 2,12; 2Tim. 2,12; 2Tim. 2,13; Philem. 17; Philem. 18; Heb. 2,2; Heb. 3,18; Heb. 4,8; Heb. 6,9; Heb. 6,14; Heb. 7,15; Heb. 8,4; Heb. 9,13; Heb. 11,15; Heb. 12,8; Heb. 12,25; James 2,9; James 2,11; James 3,3; James 3,14; James 4,11; 1Pet. 1,6; 1Pet. 1,17; 1Pet. 2,3; 1Pet. 2,19; 1Pet. 2,20; 1Pet. 2,20; 1Pet. 3,14; 1Pet. 3,17; 1Pet. 4,14; 1Pet. 4,16; 1Pet. 4,17; 1Pet. 4,18; 2Pet. 2,20; 1John 2,19; 1John 2,22; 1John 4,11; 1John 5,5; 1John 5,9; Rev. 2,5; Rev. 2,16; Rev. 2,17; Rev. 9,4; Rev. 13,17; Rev. 14,3; Rev. 19,12; Rev. 21,27)

Conjunction - subordinating
- (interrogative) ▸ **3** (Luke 6,7; Luke 6,9; Luke 23,6)

Conjunction - subordinating - (complement) ▸ **10** (Mark 3,2; Mark 15,36; Mark 15,44; Mark 15,44; Luke 12,49; Luke 14,28; Luke 14,31; 2Cor. 11,15; 1John 3,13; 1John 4,1)

Particle ▸ 46 + 3 = **49** (Gen. 8,7; Gen. 8,8; Gen. 17,17; Gen. 18,21; Gen. 24,21; Gen. 37,14; Gen. 37,32; Gen. 43,7; Ex. 4,18; Lev. 14,44; Num. 11,23; Deut. 13,4; Josh. 22,22; Judg. 3,4; Judg. 18,5; 1Sam. 6,9; 1Sam. 21,9; 1Sam. 30,8; 2Sam. 12,22; 2Sam. 14,32; 2Sam. 19,23; 2Kings 4,26; 2Kings 4,26; 2Kings 10,23; Tob. 8,12; Tob. 13,8; 2Mac. 15,3; 4Mac. 9,27; 4Mac. 11,13; 4Mac. 14,11; Psa. 13,2; Psa. 52,3; Psa. 72,11; Psa. 138,24; Eccl. 2,19; Song 6,11; Song 7,13; Wis. 2,17; Joel 2,14; Jonah 3,9; Mal. 1,8; Mal. 1,8; Jer. 2,10; Jer. 37,6; Jer. 44,17; Lam. 1,12; Judg. 3,4; Judg. 18,5; Tob. 8,12)

Particle - (negative) ▸ **4** (Mark 8,12; Heb. 3,11; Heb. 4,3; Heb. 4,5)

εἰδέα (εἶδος) appearance ▸ 1
εἰδέα ▸ 1
Noun - feminine - singular - nominative ▸ **1** (Matt. 28,3)

εἰδέχθεια (εἶδος; ἔχθος) bad look ▸ 1
εἰδέχθειαν ▸ 1
Noun - feminine - singular - accusative - (common) ▸ **1** (Wis. 16,3)

εἴδησις (οἶδα) knowledge ▸ 1
εἴδησιν ▸ 1
Noun - feminine - singular - accusative - (common) ▸ **1** (Sir. 42,18)

Εἶδος (εἶδος) Appearance, Face ▸ 2

Εἶδος ▸ 2
    Noun • neuter • singular • accusative • (proper) ▸ **1** (Gen. 32,32)
    Noun • neuter • singular • nominative • (proper) ▸ **1** (Gen. 32,31)

εἶδος form, outward appearance ▸ 50 + 3 + 5 = 58
  εἴδει ▸ 21 + 1 + 1 = 23
    Noun • neuter • singular • dative • (common) ▸ 21 + 1 + 1 = **23** (Gen. 29,17; Gen. 39,6; Gen. 41,2; Gen. 41,3; Gen. 41,4; Gen. 41,18; Gen. 41,19; Num. 12,8; Deut. 21,11; 1Sam. 16,18; 1Sam. 25,3; 2Sam. 11,2; 2Sam. 13,1; 1Esdr. 4,18; Esth. 2,2; Esth. 2,3; Esth. 2,7; Judith 8,7; Judith 11,23; Jer. 11,16; Sus. 7-8; Sus. 31; Luke 3,22)
  εἴδεσιν ▸ 1
    Noun • neuter • plural • dative • (common) ▸ **1** (Job 33,16)
  εἴδη ▸ 3
    Noun • neuter • plural • accusative • (common) ▸ **2** (Sir. 25,2; Jer. 15,3)
    Noun • neuter • plural • nominative • (common) ▸ **1** (Sir. 23,16)
  εἶδος ▸ 24 + 2 + 2 = 28
    Noun • neuter • singular • accusative • (common) ▸ 6 + 1 = **7** (Ex. 26,30; Ex. 28,33; Num. 8,4; Prov. 7,10; Wis. 15,5; Is. 53,2; John 5,37)
    Noun • neuter • singular • nominative • (common) ▸ 18 + 2 + 1 = **21** (Ex. 24,10; Ex. 24,17; Lev. 13,43; Num. 9,15; Num. 9,16; Num. 11,7; Num. 11,7; Judg. 8,18; Song 5,15; Job 41,10; Wis. 15,4; Sir. 43,1; Is. 53,2; Is. 53,3; Lam. 4,8; Ezek. 1,16; Ezek. 1,16; Ezek. 1,26; Judg. 13,6; Judg. 13,6; Luke 9,29)
  εἶδός ▸ 1
    Noun • neuter • singular • nominative • (common) ▸ **1** (Is. 52,14)
  εἴδους ▸ 2
    Noun • neuter • singular • genitive ▸ **2** (2Cor. 5,7; 1Th. 5,22)

εἰδωλεῖον (εἶδος) idol's temple ▸ 1
  εἰδωλείῳ ▸ 1
    Noun • neuter • singular • dative ▸ **1** (1Cor. 8,10)

εἰδώλιον (εἶδος) idol's temple ▸ 5
  εἰδώλια ▸ 1
    Noun • neuter • plural • accusative • (common) ▸ **1** (1Mac. 1,47)
  εἰδώλιον ▸ 2
    Noun • neuter • singular • accusative • (common) ▸ **2** (1Mac. 10,83; Bel 10)
  εἰδωλίῳ ▸ 2
    Noun • neuter • singular • dative • (common) ▸ **2** (1Esdr. 2,7; Dan. 1,2)

εἰδωλόθυτος (εἶδος; θύω) (meat) offered to idols ▸ 1 + 9 = 10
  εἰδωλόθυτα ▸ 3
    Adjective • neuter • plural • accusative ▸ **3** (1Cor. 8,10; Rev. 2,14; Rev. 2,20)
  εἰδωλόθυτον ▸ 2
    Adjective • neuter • singular • accusative ▸ **2** (Acts 21,25; 1Cor. 8,7)
  εἰδωλόθυτόν ▸ 1
    Adjective • neuter • singular • nominative ▸ **1** (1Cor. 10,19)
  εἰδωλοθύτων ▸ 1 + 3 = 4
    Adjective • neuter • plural • genitive • noDegree ▸ 1 + 3 = **4** (4Mac. 5,2; Acts 15,29; 1Cor. 8,1; 1Cor. 8,4)

εἰδωλολάτρης (εἶδος; λατρεύω) idolater ▸ 7
  εἰδωλολάτραι ▸ 3
    Noun • masculine • plural • nominative ▸ **3** (1Cor. 6,9; 1Cor. 10,7; Rev. 22,15)
  εἰδωλολάτραις ▸ 2
    Noun • masculine • plural • dative ▸ **2** (1Cor. 5,10; Rev. 21,8)
  εἰδωλολάτρης ▸ 2
    Noun • masculine • singular • nominative ▸ **2** (1Cor. 5,11; Eph. 5,5)

εἰδωλολατρία (εἶδος; λατρεύω) idolatry ▸ 4
  εἰδωλολατρία ▸ 2
    Noun • feminine • singular • nominative ▸ **2** (Gal. 5,20; Col. 3,5)
  εἰδωλολατρίαις ▸ 1
    Noun • feminine • plural • dative ▸ **1** (1Pet. 4,3)
  εἰδωλολατρίας ▸ 1
    Noun • feminine • singular • genitive ▸ **1** (1Cor. 10,14)

εἴδωλον (εἶδος) false god, idol; ghost, phantom ▸ 90 + 3 + 11 = 104
  εἴδωλα ▸ 33 + 2 + 3 = 38
    Noun • neuter • plural • accusative • (common) ▸ 25 + 2 + 3 = **30** (Gen. 31,19; Gen. 31,34; Gen. 31,35; Num. 33,52; Deut. 29,16; 2Kings 23,24; 2Chr. 14,4; 2Chr. 17,3; 2Chr. 23,17; 2Chr. 34,7; 2Chr. 35,19a; Tob. 14,6; Wis. 15,15; Hos. 8,4; Mic. 1,7; Hab. 2,18; Is. 30,22; Is. 37,19; Is. 57,5; Jer. 16,19; LetterJ 72; Ezek. 16,16; Ezek. 18,12; Dan. 5,4; Dan. 5,23; Tob. 14,6; Bel 5; Rom. 2,22; 1Cor. 12,2; Rev. 9,20)
    Noun • neuter • plural • nominative • (common) ▸ **8** (1Chr. 16,26; 1Mac. 13,47; Psa. 113,12; Psa. 134,15; Is. 27,9; Ezek. 6,6; Ezek. 8,10; Dan. 6,28)
  εἴδωλά ▸ 1
    Noun • neuter • plural • nominative • (common) ▸ **1** (Is. 48,5)
  εἰδώλοις ▸ 29
    Noun • neuter • plural • dative • (common) ▸ **29** (Lev. 19,4; Num. 25,2; Deut. 32,21; 1Sam. 31,9; 1Kings 11,7; 1Kings 11,33; 2Kings 17,12; 2Kings 21,11; 2Kings 21,21; 1Chr. 10,9; 2Chr. 11,15; 2Chr. 24,18; 2Chr. 28,2; 2Chr. 33,22; 1Mac. 1,43; Psa. 96,7; Psa. 151,6; Ode. 2,21; Wis. 14,11; Wis. 14,29; Wis. 14,30; Hos. 14,9; Is. 1,29; Is. 10,11; Jer. 14,22; Ezek. 6,13; Ezek. 23,39; Ezek. 36,17; Ezek. 37,23)
  εἴδωλον ▸ 4 + 1 + 1 = 6
    Noun • neuter • singular • accusative • (common) ▸ **3** (Ex. 20,4; Deut. 5,8; 2Chr. 15,16)
    Noun • neuter • singular • nominative • (common) ▸ 1 + 1 + 1 = **3** (Bel 3; Bel 3; 1Cor. 8,4)
  εἴδωλόν ▸ 1
    Noun • neuter • singular • nominative ▸ **1** (1Cor. 10,19)
  εἰδώλου ▸ 1
    Noun • neuter • singular • genitive ▸ **1** (1Cor. 8,7)
  εἰδώλῳ ▸ 5 + 1 = 6
    Noun • neuter • singular • dative • (common) ▸ 5 + 1 = **6** (1Kings 11,5; 1Kings 11,5; Sir. 30,19; Dan. 3,12; Dan. 3,18; Acts 7,41)
  εἰδώλων ▸ 18 + 4 = 22
    Noun • neuter • plural • genitive • (common) ▸ 18 + 4 = **22** (Lev. 26,30; Num. 25,2; 1Kings 11,2; Esth. 14,8 # 4,17o; 1Mac. 3,48; 2Mac. 12,40; 3Mac. 4,16; Wis. 14,12; Wis. 14,27; Hos. 4,17; Hos. 13,2; Zech. 13,2; Is. 41,28; Jer. 9,13; Ezek. 6,4; Ezek. 6,13; Ezek. 36,25; Ezek. 44,12; Acts 15,20; 2Cor. 6,16; 1Th. 1,9; 1John 5,21)

εἴθε (εἰ) would that ▸ 1
  εἴθε ▸ 1
    Interjection ▸ **1** (Job 9,33)

εἰκάζω (εἰκών) to guess ▸ 4
  εἰκάζει ▸ 1
    Verb • third • singular • present • active • indicative ▸ **1** (Wis. 8,8)
  εἰκάζομεν ▸ 1
    Verb • first • plural • present • active • indicative ▸ **1** (Wis. 9,16)
  εἰκάσαι ▸ 1
    Verb • aorist • active • infinitive ▸ **1** (Wis. 19,18)
  εἰκασθῇ ▸ 1
    Verb • third • singular • aorist • passive • subjunctive ▸ **1** (Jer.

26,23)

εἰκάς (εἴκοσι) twentieth day of the month ▸ 28
  εἰκάδι ▸ 23
    Noun · feminine · singular · dative · (common) ▸ 23 (Gen. 7,11; Gen. 8,4; Gen. 8,14; Num. 10,11; 2Kings 25,27; 1Esdr. 9,5; Ezra 10,9; Neh. 6,15; Esth. 8,9; Judith 2,1; 1Mac. 1,59; 1Mac. 4,52; 1Mac. 13,51; 2Mac. 1,18; 2Mac. 10,5; 2Mac. 11,21; Hag. 1,15; Hag. 2,1; Hag. 2,10; Hag. 2,20; Zech. 1,7; Jer. 52,31; Dan. 10,4)
  εἰκάδος ▸ 5
    Noun · feminine · singular · genitive · (common) ▸ 5 (Ex. 12,18; 1Esdr. 7,5; 1Mac. 4,59; 3Mac. 6,38; Hag. 2,18)

εἰκῇ in vain, randomly ▸ 1 + 6 = 7
  εἰκῇ ▸ 1 + 6 = 7
    Adverb ▸ 1 + 6 = 7 (Prov. 28,25; Rom. 13,4; 1Cor. 15,2; Gal. 3,4; Gal. 3,4; Gal. 4,11; Col. 2,18)

εἰκοσαετής (εἴκοσι; ἔτος) twenty-years old ▸ 29
  εἰκοσαετοῦς ▸ 29
    Adjective · masculine · singular · genitive ▸ 17 (Ex. 30,14; Ex. 39,3; Lev. 27,3; Num. 1,3; Num. 1,18; Num. 1,45; Num. 14,29; Num. 26,2; Num. 26,4; Num. 32,11; 1Chr. 23,24; 1Chr. 23,27; 1Chr. 27,23; 2Chr. 25,5; 2Chr. 31,17; 1Esdr. 5,56; Ezra 3,8)
    Adjective · neuter · singular · genitive ▸ 12 (Num. 1,20; Num. 1,22; Num. 1,24; Num. 1,26; Num. 1,28; Num. 1,30; Num. 1,32; Num. 1,34; Num. 1,36; Num. 1,38; Num. 1,40; Num. 1,42)

εἴκοσι twenty ▸ 277 + 17 + 11 = 305
  Εἴκοσι ▸ 1
    Adjective · neuter · plural · accusative · (cardinal · numeral) ▸ 1 (1Kings 9,10)
  εἴκοσι ▸ 276 + 17 + 11 = 304
    Adjective · feminine · plural · accusative · (cardinal · numeral) ▸ 31 + 3 + 1 = 35 (Num. 11,19; Judg. 20,21; Judg. 20,35; 2Sam. 8,4; 2Sam. 8,5; 2Sam. 10,6; 1Kings 5,25; 1Kings 5,25; 1Kings 8,63; 1Kings 8,63; 1Kings 9,11; 1Kings 21,30; 1Chr. 18,4; 1Chr. 18,5; 2Chr. 2,9; 2Chr. 2,9; 2Chr. 2,9; 2Chr. 2,9; 2Chr. 7,5; 2Chr. 28,6; Judith 1,16; Judith 2,5; 1Mac. 16,4; Ezek. 45,1; Ezek. 45,1; Ezek. 45,3; Ezek. 45,6; Ezek. 48,20; Ezek. 48,21; Ezek. 48,21; Dan. 10,13; Judg. 20,21; Judg. 20,35; Dan. 10,13; Acts 27,28)
    Adjective · feminine · plural · dative · (cardinal · numeral) ▸ 6 (1Esdr. 3,2; Esth. 3,12; Esth. 8,9; Esth. 16,2 # 8,12b; 1Mac. 9,4; Ezek. 48,15)
    Adjective · feminine · plural · genitive · (cardinal · numeral) ▸ 3 + 1 = 4 (2Sam. 24,8; Esth. 1,1 # 1,1s; Esth. 13,1 # 3,13a; Luke 14,31)
    Adjective · feminine · plural · nominative · (cardinal · numeral) ▸ 51 + 7 + 1 = 59 (Ex. 27,10; Ex. 27,11; Ex. 37,8; Ex. 37,9; Num. 3,39; Num. 3,43; Num. 7,88; Num. 25,9; Num. 26,14; Num. 26,62; Judg. 7,3; Judg. 8,10; Judg. 11,33; Judg. 20,15; Judg. 20,46; 2Sam. 18,7; 1Kings 12,21; 1Chr. 2,22; 1Chr. 7,2; 1Chr. 7,7; 1Chr. 7,9; 1Chr. 7,40; 1Chr. 12,36; 1Chr. 12,38; 1Chr. 23,4; 1Chr. 27,1; 1Chr. 27,2; 1Chr. 27,4; 1Chr. 27,5; 1Chr. 27,7; 1Chr. 27,8; 1Chr. 27,9; 1Chr. 27,10; 1Chr. 27,11; 1Chr. 27,12; 1Chr. 27,13; 1Chr. 27,14; 1Chr. 27,15; 2Chr. 11,21; 1Esdr. 2,9; 1Mac. 6,30; Ezek. 45,5; Ezek. 48,8; Ezek. 48,9; Ezek. 48,9; Ezek. 48,10; Ezek. 48,10; Ezek. 48,13; Ezek. 48,13; Ezek. 48,13; Ezek. 48,20; Josh. 15,32; Josh. 19,30; Judg. 7,3; Judg. 8,10; Judg. 11,33; Judg. 20,15; Judg. 20,46; 1Cor. 10,8)
    Adjective · masculine · plural · accusative · (cardinal · numeral) ▸ 15 + 1 + 2 = 18 (Gen. 32,15; Gen. 32,15; Gen. 32,16; Ex. 26,18; Ex. 26,20; Num. 3,47; 1Kings 6,16; 2Kings 4,42; 2Chr. 13,21; 1Mac. 8,6; 2Mac. 13,2; Hag. 2,16; Ezek. 4,10; Dan. 6,2; Dan. 6,4; Dan. 6,2; Rev. 4,4; Rev. 4,4)
    Adjective · masculine · plural · dative · (cardinal · numeral) ▸ 1 (Ex. 26,19)
    Adjective · masculine · plural · genitive · (cardinal · numeral) ▸ 23 (Gen. 18,31; Gen. 37,28; Ex. 26,2; Ex. 27,16; Ex. 37,2; Ex. 37,16; 2Chr. 3,3; 2Chr. 3,4; 2Chr. 3,4; 2Chr. 3,8; 2Chr. 3,8; 2Chr. 3,11; 2Chr. 3,13; 2Chr. 4,1; 2Chr. 4,1; 2Chr. 7,5; Zech. 5,2; Ezek. 40,21; Ezek. 40,25; Ezek. 40,49; Ezek. 41,2; Ezek. 41,4; Ezek. 41,10)
    Adjective · masculine · plural · nominative · (cardinal · numeral) ▸ 82 + 5 = 87 (Gen. 18,31; Ex. 27,10; Ex. 27,11; Ex. 30,13; Ex. 37,8; Ex. 37,9; Ex. 39,1; Lev. 27,25; Num. 7,86; Num. 18,16; Josh. 12,24; 1Sam. 14,14; 2Sam. 3,20; 2Sam. 9,10; 2Sam. 19,18; 2Sam. 21,20; 1Kings 2,46e; 1Kings 5,3; 1Kings 6,2; 1Kings 6,2; 1Kings 6,3; 1Kings 6,20; 1Kings 6,20; 1Kings 6,20; 1Chr. 12,29; 1Chr. 12,31; 1Chr. 15,5; 1Chr. 20,6; 2Chr. 5,12; 1Esdr. 5,13; 1Esdr. 5,13; 1Esdr. 5,16; 1Esdr. 5,17; 1Esdr. 5,19; 1Esdr. 5,20; 1Esdr. 5,20; 1Esdr. 5,21; 1Esdr. 5,22; 1Esdr. 5,27; 1Esdr. 8,37; 1Esdr. 8,47; 1Esdr. 8,48; Ezra 2,11; Ezra 2,12; Ezra 2,17; Ezra 2,19; Ezra 2,21; Ezra 2,23; Ezra 2,26; Ezra 2,27; Ezra 2,28; Ezra 2,32; Ezra 2,33; Ezra 2,41; Ezra 2,67; Ezra 8,19; Ezra 8,20; Ezra 8,27; Neh. 7,16; Neh. 7,17; Neh. 7,22; Neh. 7,23; Neh. 7,26; Neh. 7,27; Neh. 7,30; Neh. 7,31; Neh. 7,32; Neh. 7,35; Neh. 7,37; Neh. 7,69; Neh. 11,8; Neh. 11,14; 1Mac. 8,15; 2Mac. 10,35; Ezek. 8,16; Ezek. 11,1; Ezek. 40,13; Ezek. 40,14; Ezek. 40,29; Ezek. 40,33; Ezek. 40,36; Ezek. 45,12; Acts 1,15; Rev. 4,10; Rev. 5,8; Rev. 11,16; Rev. 19,4)
    Adjective · masculine · singular · genitive · (cardinal · numeral) ▸ 1 (2Kings 24,18)
    Adjective · neuter · plural · accusative · (cardinal · numeral) ▸ 33 + 6 + 1 = 40 (Gen. 6,3; Gen. 11,25; Gen. 23,1; Gen. 31,38; Gen. 31,41; Judg. 4,3; Judg. 10,2; Judg. 10,3; Judg. 15,20; Judg. 16,31; 1Sam. 4,18; 1Sam. 7,2; 1Kings 8,1; 1Kings 9,14; 1Kings 9,28; 1Kings 10,10; 1Kings 15,33; 1Kings 16,28a; 1Kings 16,29; 1Kings 22,42; 2Kings 10,36; 2Kings 14,2; 2Kings 15,27; 2Kings 18,2; 2Chr. 8,1; 2Chr. 9,9; 2Chr. 20,31; 2Chr. 25,1; 2Chr. 29,1; 1Esdr. 4,51; 1Esdr. 8,56; Hag. 2,16; Jer. 25,3; Judg. 4,3; Judg. 10,2; Judg. 10,3; Judg. 15,20; Judg. 16,31; Tob. 5,3; John 6,19)
    Adjective · neuter · plural · genitive · (cardinal · numeral) ▸ 26 (Lev. 27,5; Num. 4,3; Num. 33,39; Deut. 31,2; Deut. 34,7; 2Kings 8,26; 2Kings 14,2; 2Kings 15,33; 2Kings 16,2; 2Kings 18,2; 2Kings 21,19; 2Kings 23,31; 2Kings 23,36; 2Chr. 22,2; 2Chr. 25,1; 2Chr. 27,1; 2Chr. 28,1; 2Chr. 29,1; 2Chr. 33,21; 2Chr. 36,2; 2Chr. 36,5; 2Chr. 36,11; 1Esdr. 1,32; 1Esdr. 1,37; 1Esdr. 1,44; Tob. 14,14)
    Adjective · neuter · plural · nominative · (cardinal · numeral) ▸ 4 (Ex. 39,1; Lev. 27,5; 1Esdr. 5,42; Ezra 1,9)

εἰκοστός (εἴκοσι) twentieth ▸ 25 + 1 = 26
  εἰκοστῇ ▸ 2 + 1 = 3
    Adjective · feminine · singular · dative · (ordinal · numeral) ▸ 2 + 1 = 3 (2Chr. 7,10; Neh. 9,1; Dan. 10,4)
  εἰκοστός ▸ 5
    Adjective · masculine · singular · nominative · (ordinal · numeral) ▸ 5 (1Chr. 24,16; 1Chr. 24,17; 1Chr. 24,17; 1Chr. 24,18; 1Chr. 24,18)
  εἰκοστὸς ▸ 5
    Adjective · masculine · singular · nominative · (ordinal · numeral) ▸ 5 (1Chr. 25,27; 1Chr. 25,28; 1Chr. 25,29; 1Chr. 25,30; 1Chr. 25,31)
  εἰκοστοῦ ▸ 4
    Adjective · neuter · singular · genitive · (ordinal · numeral) ▸ 4 (Neh. 1,1; Neh. 2,1; Neh. 5,14; Jer. 52,1)
  εἰκοστῷ ▸ 9
    Adjective · masculine · singular · dative · (ordinal · numeral) ▸ 1 (1Kings 15,9)

Adjective · neuter · singular · dative · (ordinal · numeral) ▸ 8 (1Kings 15,8; 1Kings 16,6; 2Kings 12,7; 2Kings 13,1; 2Kings 15,1; 2Kings 15,30; Ezek. 29,17; Ezek. 40,1)

εἰκότως (εἰκών) having good reason; appropriate ▸ 1
  εἰκότως ▸ 1
    Adverb ▸ 1 (4Mac. 9,2)

εἴκω to permit, allow, yield; withdraw ▸ 2 + 1 = 3
  εἶξαι ▸ 1
    Verb · aorist · active · infinitive ▸ 1 (4Mac. 1,6)
  εἴξαμεν ▸ 1
    Verb · first · plural · aorist · active · indicative ▸ 1 (Gal. 2,5)
  εἶξεν ▸ 1
    Verb · third · singular · aorist · active · indicative ▸ 1 (Wis. 18,25)

εἰκών image ▸ 40 + 16 + 23 = 79
  εἰκόνα ▸ 17 + 3 + 10 = 30
    Noun · feminine · singular · accusative · (common) ▸ 17 + 3 + 10 = 30 (Gen. 1,26; Gen. 1,27; Gen. 5,1; Gen. 5,3; Deut. 4,16; 2Chr. 33,7; Psa. 72,20; Wis. 2,23; Wis. 14,15; Wis. 14,17; Sir. 17,3; Hos. 13,2; Is. 40,19; Is. 40,20; Dan. 2,34; Dan. 2,35; Dan. 3,1; Dan. 2,34; Dan. 2,35; Dan. 3,1; Luke 20,24; 1Cor. 15,49; 1Cor. 15,49; 2Cor. 3,18; Col. 3,10; Heb. 10,1; Rev. 13,14; Rev. 14,9; Rev. 14,11; Rev. 20,4)
  εἰκόνας ▸ 4
    Noun · feminine · plural · accusative · (common) ▸ 4 (2Kings 11,18; Ezek. 7,20; Ezek. 16,17; Ezek. 23,14)
  εἰκόνι ▸ 10 + 7 + 4 = 21
    Noun · feminine · singular · dative · (common) ▸ 10 + 7 + 4 = 21 (Gen. 9,6; Psa. 38,7; Wis. 13,13; Dan. 3,5; Dan. 3,7; Dan. 3,10; Dan. 3,12; Dan. 3,14; Dan. 3,15; Dan. 3,18; Dan. 3,5; Dan. 3,7; Dan. 3,11; Dan. 3,12; Dan. 3,14; Dan. 3,15; Dan. 3,18; Rev. 13,15; Rev. 13,15; Rev. 16,2; Rev. 19,20)
  εἰκόνος ▸ 4 + 3 + 3 = 10
    Noun · feminine · singular · genitive · (common) ▸ 4 + 3 + 3 = 10 (Wis. 15,5; Dan. 2,31; Dan. 3,2; Dan. 3,3; Dan. 3,2; Dan. 3,3; Dan. 3,3; Rom. 1,23; Rom. 8,29; Rev. 15,2)
  εἰκών ▸ 1
    Noun · feminine · singular · nominative · (common) ▸ 1 (Dan. 2,32)
  εἰκών ▸ 5 + 2 + 6 = 13
    Noun · feminine · singular · nominative · (common) ▸ 5 + 2 + 6 = 13 (Wis. 7,26; Wis. 13,16; Wis. 17,20; Dan. 2,31; Dan. 2,31; Dan. 2,31; Dan. 2,31; Matt. 22,20; Mark 12,16; 1Cor. 11,7; 2Cor. 4,4; Col. 1,15; Rev. 13,15)

εἰλέω (εἴλω) to roll up, enclose ▸ 2
  εἰλημένος ▸ 1
    Verb · present · passive · participle · masculine · singular · nominative ▸ 1 (Is. 11,5)
  εἴλησεν ▸ 1
    Verb · third · singular · aorist · active · indicative ▸ 1 (2Kings 2,8)

εἰλικρίνεια (ἥλιος; κρίνω) sincerity ▸ 3
  εἰλικρινείᾳ ▸ 1
    Noun · feminine · singular · dative ▸ 1 (2Cor. 1,12)
  εἰλικρινείας ▸ 2
    Noun · feminine · singular · genitive ▸ 2 (1Cor. 5,8; 2Cor. 2,17)

εἰλικρινής (ἥλιος; κρίνω) sincere ▸ 1 + 2 = 3
  εἰλικρινεῖς ▸ 1
    Adjective · masculine · plural · nominative ▸ 1 (Phil. 1,10)
  εἰλικρινῆ ▸ 1
    Adjective · feminine · singular · accusative ▸ 1 (2Pet. 3,1)
  εἰλικρινής ▸ 1
    Adjective · feminine · singular · nominative · noDegree ▸ 1 (Wis. 7,25)

εἰμί (εἰμί) to be, exist (sum) ▸ 6473 + 369 + 2462 = 9304
  εἶ ▸ 255 + 31 + 92 = 378
    Verb · second · singular · present · active · indicative ▸ 255 + 31 + 92 = 378 (Gen. 3,9; Gen. 3,11; Gen. 3,19; Gen. 12,11; Gen. 13,14; Gen. 23,6; Gen. 23,13; Gen. 24,23; Gen. 24,47; Gen. 24,60; Gen. 27,18; Gen. 27,21; Gen. 27,24; Gen. 27,32; Gen. 29,14; Gen. 29,15; Gen. 32,18; Gen. 44,18; Ex. 34,10; Num. 14,14; Deut. 7,6; Deut. 9,6; Deut. 14,2; Deut. 14,21; Josh. 5,13; Josh. 17,15; Josh. 17,17; Judg. 11,2; Judg. 11,25; Judg. 13,11; Ruth 3,9; Ruth 3,9; Ruth 3,11; Ruth 3,16; 1Sam. 15,17; 1Sam. 17,33; 1Sam. 20,30; 1Sam. 26,14; 1Sam. 28,12; 1Sam. 30,13; 1Sam. 30,13; 2Sam. 1,8; 2Sam. 1,13; 2Sam. 2,20; 2Sam. 7,28; 2Sam. 7,29; 2Sam. 9,2; 2Sam. 12,7; Sam. 15,2; 2Sam. 15,19; 2Sam. 20,17; 1Kings 1,42; 1Kings 2,9; 1Kings 2,26; 1Kings 13,14; 1Kings 17,24; 1Kings 18,7; 1Kings 18,17; 1Kings 18,36; 1Kings 18,37; 1Kings 19,2; 1Kings 20,5; 2Kings 9,32; 2Kings 19,15; 1Chr. 17,26; 1Chr. 28,3; 1Chr. 29,10; 1Chr. 29,17; 2Chr. 20,6; 2Chr. 20,7; 1Esdr. 4,60; 1Esdr. 8,86; Neh. 2,2; Neh. 9,6; Neh. 9,7; Neh. 9,31; Esth. 13,10 # 4,17c; Esth. 14,3 # 4,17l; Esth. 14,6 # 4,17n; Esth. 15,13 # 5,2a; Judith 6,2; Judith 8,31; Judith 9,7; Judith 9,11; Judith 9,11; Judith 9,14; Judith 10,12; Judith 11,23; Judith 13,17; Judith 16,13; Tob. 3,2; Tob. 3,11; Tob. 5,5; Tob. 5,11; Tob. 5,14; Tob. 6,12; Tob. 7,12; Tob. 8,5; Tob. 8,15; Tob. 8,16; Tob. 8,17; Tob. 11,14; 1Mac. 2,17; 1Mac. 4,30; 1Mac. 10,19; 1Mac. 13,8; 2Mac. 1,27; 3Mac. 2,3; 3Mac. 2,11; 3Mac. 6,15; Psa. 2,7; Psa. 3,4; Psa. 5,5; Psa. 15,2; Psa. 15,5; Psa. 21,10; Psa. 21,11; Psa. 22,4; Psa. 24,5; Psa. 30,4; Psa. 30,5; Psa. 30,15; Psa. 31,7; Psa. 38,10; Psa. 39,18; Psa. 41,6; Psa. 41,10; Psa. 41,12; Psa. 42,2; Psa. 42,5; Psa. 43,5; Psa. 55,10; Psa. 58,10; Psa. 58,18; Psa. 69,6; Psa. 70,3; Psa. 70,5; Psa. 70,6; Psa. 75,8; Psa. 76,15; Psa. 85,10; Psa. 85,10; Psa. 88,9; Psa. 88,18; Psa. 88,27; Psa. 89,2; Psa. 90,2; Psa. 92,2; Psa. 96,9; Psa. 101,28; Psa. 109,4; Psa. 117,28; Psa. 117,28; Psa. 118,12; Psa. 118,68; Psa. 118,114; Psa. 118,137; Psa. 118,151; Psa. 127,2; Psa. 138,8; Psa. 139,7; Psa. 141,6; Psa. 142,10; Ode. 7,26; Ode. 7,27; Ode. 7,45; Ode. 8,52; Ode. 8,53; Ode. 8,54; Ode. 8,55; Ode. 8,56; Ode. 12,7; Ode. 12,13; Ode. 14,25; Ode. 14,26; Ode. 14,34; Ode. 14,36; Ode. 14,37; Ode. 14,38; Ode. 14,43; Prov. 23,3; Song 1,15; Song 1,15; Song 1,16; Song 4,1; Song 4,1; Song 4,7; Song 6,4; Job 8,6; Job 9,32; Job 15,5; Job 35,2; Job 35,7; Wis. 16,8; Sir. 3,18; Sir. 36,17; Sol. 5,5; Sol. 8,29; Hos. 2,25; Hos. 2,25; Hos. 4,19; Mic. 5,1; Obad. 2; Jonah 1,8; Zech. 4,7; Is. 10,8; Is. 17,3; Is. 36,4; Is. 36,6; Is. 37,10; Is. 37,16; Is. 37,20; Is. 41,9; Is. 43,1; Is. 44,17; Is. 44,21; Is. 45,15; Is. 48,4; Is. 49,3; Is. 49,16; Is. 51,9; Is. 51,16; Is. 63,16; Jer. 2,27; Jer. 3,22; Jer. 12,1; Jer. 12,2; Jer. 14,9; Jer. 14,22; Jer. 17,14; Bar. 3,10; Ezek. 2,5; Ezek. 16,45; Ezek. 16,57; Ezek. 22,24; Ezek. 28,2; Ezek. 28,3; Ezek. 28,9; Ezek. 32,21; Ezek. 36,13; Ezek. 38,17; Dan. 2,38; Dan. 3,26; Dan. 3,27; Dan. 3,45; Dan. 3,52; Dan. 3,53; Dan. 3,54; Dan. 3,55; Dan. 3,56; Dan. 4,20; Dan. 9,4; Dan. 9,23; Dan. 10,11; Dan. 10,19; Judg. 12,3; Judg. 12,5; Judg. 13,11; Tob. 3,2; Tob. 3,8; Tob. 3,11; Tob. 5,5; Tob. 5,11; Tob. 5,12; Tob. 5,14; Tob. 5,14; Tob. 6,12; Tob. 7,12; Tob. 8,5; Tob. 8,15; Tob. 8,16; Tob. 8,17; Dan. 2,38; Dan. 3,26; Dan. 3,27; Dan. 3,45; Dan. 3,52; Dan. 3,53; Dan. 3,55; Dan. 3,54; Dan. 3,56; Dan. 4,22; Dan. 5,13; Dan. 9,23; Bel 18; Bel 41; Matt. 2,6; Matt. 4,3; Matt. 4,6; Matt. 5,25; Matt. 11,3; Matt. 14,28; Matt. 14,33; Matt. 16,16; Matt. 16,17; Matt. 16,18; Matt. 16,23; Matt. 22,16; Matt. 25,24; Matt. 26,63; Matt. 26,73; Matt. 27,11; Matt. 27,40; Mark 1,11; Mark 1,24; Mark 3,11; Mark 8,29; Mark 12,14; Mark 12,34; Mark 14,61; Mark 14,70; Mark 14,70; Mark 15,2; Luke 3,22; Luke 4,3; Luke 4,9; Luke 4,34; Luke 4,41; Luke

7,19; Luke 7,20; Luke 15,31; Luke 19,21; Luke 22,58; Luke 22,67; Luke 22,70; Luke 23,3; Luke 23,37; Luke 23,39; Luke 23,40; John 1,19; John 1,21; John 1,21; John 1,22; John 1,25; John 1,42; John 1,49; John 1,49; John 3,10; John 4,12; John 4,19; John 6,69; John 7,52; John 8,25; John 8,48; John 8,53; John 9,28; John 10,24; John 11,27; John 18,17; John 18,25; John 18,33; John 18,37; John 19,9; John 19,12; John 21,12; Acts 9,5; Acts 13,33; Acts 21,38; Acts 22,8; Acts 22,27; Acts 26,15; Rom. 2,1; Rom. 9,20; Rom. 14,4; Gal. 4,7; Heb. 1,5; Heb. 1,12; Heb. 5,5; James 4,11; James 4,12; Rev. 2,9; Rev. 3,1; Rev. 3,15; Rev. 3,16; Rev. 3,17; Rev. 4,11; Rev. 5,9; Rev. 16,5)

Εἴη ▸ 1 + 1 = 2
  Verb ▪ third ▪ singular ▪ present ▪ active ▪ optative ▸ 1 + 1 = **2** (2Sam. 14,17; Dan. 2,20)

εἴη ▸ 23 + 12 = 35
  Verb ▪ third ▪ singular ▪ present ▪ active ▪ optative ▸ 23 + 12 = **35** (Gen. 23,15; Ruth 2,19; 1Kings 1,37; 1Chr. 12,18; 2Mac. 3,37; 2Mac. 4,1; 2Mac. 11,28; Psa. 112,2; Job 1,21; Job 3,4; Job 3,6; Job 3,7; Job 5,16; Job 6,10; Job 6,29; Job 13,5; Job 16,5; Job 16,18; Job 16,21; Job 27,5; Job 34,10; Sir. 46,11; Ezek. 1,16; Luke 1,29; Luke 3,15; Luke 8,9; Luke 9,46; Luke 15,26; Luke 18,36; Luke 22,23; John 13,24; Acts 8,20; Acts 10,17; Acts 20,16; Acts 21,33)

εἴησαν ▸ 1
  Verb ▪ third ▪ plural ▪ present ▪ active ▪ optative ▸ 1 (Job 27,7)

εἰμι ▸ 269 + 17 + 95 = 381
  Verb ▪ first ▪ singular ▪ present ▪ active ▪ indicative ▸ 269 + 17 + 95 = **381** (Gen. 3,10; Gen. 4,9; Gen. 12,13; Gen. 17,1; Gen. 18,27; Gen. 23,4; Gen. 24,34; Gen. 26,24; Gen. 26,24; Gen. 27,32; Gen. 30,2; Gen. 31,13; Gen. 31,38; Gen. 31,41; Gen. 34,30; Gen. 45,3; Gen. 45,4; Gen. 46,3; Gen. 50,19; Ex. 2,22; Ex. 3,6; Ex. 3,11; Ex. 3,14; Ex. 4,10; Ex. 4,10; Ex. 6,12; Ex. 6,30; Ex. 7,5; Ex. 8,18; Ex. 14,4; Ex. 14,18; Ex. 15,26; Ex. 20,2; Ex. 20,5; Ex. 22,26; Ex. 29,46; Lev. 11,44; Lev. 11,44; Lev. 11,45; Lev. 11,45; Lev. 19,10; Lev. 19,12; Lev. 19,14; Lev. 19,16; Lev. 19,18; Lev. 19,25; Lev. 19,28; Lev. 19,30; Lev. 19,31; Lev. 19,32; Lev. 19,34; Lev. 19,36; Lev. 19,37; Lev. 21,23; Lev. 22,30; Lev. 24,22; Lev. 25,17; Lev. 26,1; Lev. 26,2; Lev. 26,13; Lev. 26,44; Lev. 26,45; Num. 11,21; Num. 14,20; Num. 35,34; Deut. 1,42; Deut. 5,9; Deut. 9,19; Deut. 31,2; Deut. 32,39; Josh. 17,14; Judg. 6,8; Judg. 6,15; Judg. 6,18; Judg. 9,2; Judg. 15,3; Judg. 16,17; Judg. 17,9; Judg. 19,18; Ruth 2,10; Ruth 3,9; Ruth 3,12; Ruth 4,4; Ruth 4,4; 1Sam. 1,15; 1Sam. 4,16; 1Sam. 9,19; 1Sam. 9,21; 1Sam. 17,8; 1Sam. 17,43; 1Sam. 22,22; 1Sam. 30,13; 2Sam. 1,8; 2Sam. 1,13; 2Sam. 2,20; 2Sam. 3,8; 2Sam. 3,28; 2Sam. 3,39; 2Sam. 7,18; 2Sam. 9,8; 2Sam. 11,5; 2Sam. 12,7; 2Sam. 12,7; 2Sam. 13,28; 2Sam. 14,5; 2Sam. 15,26; 2Sam. 15,28; 2Sam. 15,34; 2Sam. 18,12; 2Sam. 19,36; 2Sam. 20,17; 2Sam. 20,19; 2Sam. 24,12; 2Sam. 24,17; 2Sam. 24,17; 1Kings 2,2; 1Kings 3,7; 1Kings 19,4; 1Kings 21,4; 2Kings 1,12; 2Kings 4,13; 2Kings 10,9; 2Kings 22,20; 1Chr. 17,16; 1Chr. 21,17; 1Chr. 29,14; 2Chr. 28,10; Esth. 10,7 # 10,3d; Judith 12,14; Tob. 3,10; Tob. 3,14; Tob. 3,15; Tob. 12,15; Tob. 14,3; 1Mac. 6,11; 1Mac. 10,72; 1Mac. 13,5; 4Mac. 10,16; 4Mac. 11,14; Psa. 6,3; Psa. 21,7; Psa. 24,16; Psa. 34,3; Psa. 38,13; Psa. 39,18; Psa. 45,11; Psa. 49,7; Psa. 68,30; Psa. 80,11; Psa. 85,2; Psa. 87,16; Psa. 90,15; Psa. 108,22; Psa. 118,19; Psa. 118,63; Psa. 118,94; Psa. 118,125; Psa. 118,141; Psa. 142,12; Ode. 2,39; Prov. 30,2; Song 1,5; Song 1,6; Job 7,12; Job 9,29; Job 11,4; Job 13,2; Job 13,18; Job 30,9; Job 32,6; Job 32,18; Job 33,9; Job 33,9; Job 33,12; Job 33,31; Job 34,5; Job 35,2; Hos. 1,9; Hos. 5,14; Hos. 11,9; Joel 2,27; Jonah 1,9; Zeph. 2,15; Hag. 1,13; Hag. 2,4; Zech. 13,5; Zech. 13,5; Mal. 1,6; Mal. 1,6; Mal. 1,14; Is. 6,8; Is. 41,4; Is. 41,10; Is. 41,10; Is. 43,2; Is. 43,5; Is. 43,10; Is. 43,25; Is. 43,25; Is. 44,5; Is. 44,5; Is. 45,8; Is. 45,18; Is. 45,19; Is. 45,19; Is. 45,22; Is. 46,4; Is. 46,4; Is. 46,9; Is. 47,8; Is. 47,10; Is. 47,10; Is. 48,12; Is. 48,12; Is. 48,17; Is. 51,12; Is. 51,12; Is. 52,6; Is. 56,3; Is. 61,8; Is. 65,1; Is. 65,5; Jer. 1,6; Jer. 1,7; Jer. 1,8; Jer. 1,17; Jer. 1,19; Jer. 2,35; Jer. 3,12; Jer. 9,23; Jer. 15,20; Jer. 23,23; Jer. 24,7; Jer. 26,28; Jer. 49,11; Ezek. 7,6; Ezek. 28,2; Ezek. 28,9; Ezek. 28,22; Ezek. 28,23; Ezek. 28,24; Ezek. 28,26; Ezek. 29,6; Ezek. 29,9; Ezek. 29,16; Ezek. 29,21; Ezek. 30,8; Ezek. 30,19; Ezek. 30,25; Ezek. 30,26; Ezek. 32,15; Ezek. 33,29; Ezek. 34,15; Ezek. 34,27; Ezek. 34,30; Ezek. 35,4; Ezek. 35,9; Ezek. 35,12; Ezek. 35,15; Ezek. 36,11; Ezek. 36,23; Ezek. 37,6; Ezek. 37,13; Ezek. 37,28; Ezek. 38,23; Ezek. 39,6; Ezek. 39,7; Ezek. 39,22; Ezek. 39,28; Judg. 5,3; Judg. 5,3; Judg. 6,8; Judg. 6,15; Judg. 6,18; Judg. 8,5; Judg. 9,2; Judg. 11,27; Judg. 11,35; Judg. 11,37; Judg. 16,17; Judg. 19,18; Tob. 3,14; Tob. 3,15; Tob. 5,10; Tob. 6,15; Tob. 12,15; Matt. 8,9; Matt. 11,29; Matt. 14,27; Matt. 18,20; Matt. 20,15; Matt. 22,32; Matt. 24,5; Matt. 26,22; Matt. 26,25; Matt. 27,24; Matt. 27,43; Matt. 28,20; Mark 6,50; Mark 13,6; Mark 14,62; Luke 1,18; Luke 1,19; Luke 5,8; Luke 7,6; Luke 7,8; Luke 19,22; Luke 21,8; Luke 22,27; Luke 22,33; Luke 22,70; Luke 24,39; John 4,26; John 6,20; John 6,35; John 6,41; John 6,48; John 6,51; John 7,29; John 7,33; John 8,12; John 8,18; John 8,24; John 8,28; John 9,5; John 9,9; John 10,7; John 10,9; John 10,11; John 10,14; John 10,36; John 11,25; John 13,19; John 13,33; John 14,6; John 14,9; John 15,1; John 15,5; John 18,5; John 18,6; John 18,8; John 18,35; John 18,37; John 19,21; Acts 9,5; Acts 10,21; Acts 10,26; Acts 18,10; Acts 20,26; Acts 21,39; Acts 22,3; Acts 22,8; Acts 23,6; Acts 25,10; Acts 26,15; Acts 26,29; Acts 27,23; Rom. 7,14; Rom. 11,13; 1Cor. 1,12; 1Cor. 3,4; 1Cor. 9,2; 1Cor. 13,2; 1Cor. 15,9; 1Cor. 15,10; 1Cor. 15,10; 2Cor. 12,10; 2Cor. 12,11; Phil. 4,11; Col. 2,5; 1Tim. 1,15; Heb. 12,21; Rev. 1,8; Rev. 1,17; Rev. 1,18; Rev. 2,23; Rev. 3,17; Rev. 19,10; Rev. 21,6; Rev. 22,9; Rev. 22,16)

Εἰμί ▸ 1
  Verb ▪ first ▪ singular ▪ present ▪ active ▪ indicative ▸ **1** (Wis. 7,1)

εἰμί ▸ 17 + 1 + 34 = 52
  Verb ▪ first ▪ singular ▪ present ▪ active ▪ indicative ▸ 17 + 1 + 34 = **52** (Gen. 24,24; Gen. 24,47; Josh. 14,11; 2Sam. 19,44; 1Kings 13,18; Judith 10,12; Tob. 6,15; 4Mac. 5,31; Psa. 85,1; Psa. 138,18; Psa. 140,10; Ode. 12,9; Song 5,8; Job 7,8; Job 7,20; Is. 1,11; Dan. 6,22; Judg. 17,9; Matt. 3,11; Matt. 8,8; Mark 1,7; Luke 3,16; Luke 15,19; Luke 15,21; Luke 18,11; John 1,20; John 1,27; John 3,28; John 3,28; John 7,34; John 7,36; John 8,23; John 12,26; John 13,13; John 14,3; John 16,32; John 17,11; John 17,14; John 17,16; John 17,24; Acts 13,25; Acts 13,25; 1Cor. 9,1; 1Cor. 9,1; 1Cor. 9,2; 1Cor. 12,15; 1Cor. 12,15; 1Cor. 12,16; 1Cor. 12,16; 1Cor. 15,9; 2Pet. 1,13; Rev. 18,7)

εἰμί ▸ 3 + 10 = 13
  Verb ▪ first ▪ singular ▪ present ▪ active ▪ indicative ▸ 3 + 10 = **13** (Job 7,21; Job 10,15; Job 23,8; Luke 22,58; John 1,21; John 7,28; John 8,16; John 8,23; John 8,58; John 18,17; John 18,25; Rom. 1,14; Rom. 11,1)

εἶναι ▸ 188 + 7 + 114 = 309
  Verb ▪ present ▪ active ▪ infinitive ▸ 188 + 7 + 114 = **309** (Gen. 2,18; Gen. 4,8; Gen. 6,3; Gen. 10,8; Gen. 26,20; Gen. 34,22; Gen. 34,30; Gen. 38,15; Gen. 38,22; Gen. 39,9; Gen. 39,23; Ex. 12,4; Ex. 12,42; Ex. 29,46; Ex. 33,3; Ex. 37,19; Ex. 40,15; Lev. 11,45; Lev. 20,26; Lev. 22,33; Lev. 25,38; Lev. 26,45; Num. 15,41; Deut. 4,20; Deut. 5,29; Josh. 7,12; Judg. 8,33; Ruth 1,12; 1Sam. 14,21; 1Sam. 15,23; 1Sam. 15,26; 1Sam. 16,16; 1Sam. 16,23; 1Sam. 20,26; 1Sam. 25,15; 2Sam. 3,6; 2Sam. 7,29; 1Kings 1,35; 1Kings 2,27; 1Kings 8,16; 1Kings 8,16; 1Kings 8,16; 1Kings 8,29; 1Kings 15,13; 1Kings 15,17; 1Kings 16,7; 2Kings 1,3; 2Kings

εἰμί

1,6; 2Kings 11,17; 2Kings 15,19; 2Kings 22,19; 1Chr. 1,10; 1Chr. 15,13; 1Chr. 17,7; 1Chr. 17,27; 1Chr. 28,4; 2Chr. 6,5; 2Chr. 6,5; 2Chr. 6,6; 2Chr. 6,20; 2Chr. 7,16; 2Chr. 14,12; 2Chr. 15,2; 2Chr. 15,16; 2Chr. 23,16; 2Chr. 26,15; 2Chr. 29,11; 1Esdr. 4,17; 1Esdr. 6,31; Ezra 9,14; Neh. 5,14; Esth. 1,22; Esth. 3,14; Esth. 8,13; Esth. 11,1 # 10,3l; Esth. 11,1 # 10,3l; Tob. 8,6; 1Mac. 1,41; 1Mac. 3,28; 1Mac. 3,44; 1Mac. 6,53; 1Mac. 7,37; 1Mac. 8,22; 1Mac. 9,30; 1Mac. 10,6; 1Mac. 10,19; 1Mac. 11,2; 1Mac. 11,58; 1Mac. 12,27; 1Mac. 14,41; 1Mac. 14,42; 1Mac. 14,47; 1Mac. 15,7; 1Mac. 15,10; 2Mac. 1,13; 2Mac. 1,19; 2Mac. 3,6; 2Mac. 3,6; 2Mac. 3,10; 2Mac. 3,12; 2Mac. 3,13; 2Mac. 4,6; 2Mac. 4,14; 2Mac. 5,6; 2Mac. 6,6; 2Mac. 6,12; 2Mac. 6,14; 2Mac. 6,29; 2Mac. 8,35; 2Mac. 8,36; 2Mac. 11,13; 2Mac. 11,25; 2Mac. 12,31; 2Mac. 12,42; 2Mac. 13,4; 2Mac. 14,30; 2Mac. 15,13; 3Mac. 2,30; 3Mac. 3,7; 3Mac. 5,6; 3Mac. 5,49; 4Mac. 2,14; 4Mac. 3,15; 4Mac. 4,7; 4Mac. 5,16; 4Mac. 5,18; 4Mac. 5,19; 4Mac. 6,34; 4Mac. 7,8; Psa. 62,1; Psa. 104,12; Psa. 141,1; Prov. 2,10; Prov. 7,4; Prov. 14,12; Prov. 16,25; Prov. 17,28; Prov. 20,9; Prov. 24,1; Prov. 24,22e; Prov. 26,12; Job 11,2; Job 17,14; Job 30,1; Job 32,3; Job 42,17c; Wis. 1,14; Wis. 1,16; Wis. 6,19; Wis. 7,12; Wis. 12,19; Wis. 14,5; Wis. 15,12; Wis. 18,13; Sir. 1,5 Prol.; Sir. 17,30; Mic. 5,1; Mic. 5,1; Mic. 6,8; Jonah 4,6; Mal. 2,4; Is. 6,11; Is. 10,2; Is. 14,31; Is. 50,2; Is. 53,4; Is. 56,6; Is. 60,9; Jer. 7,9; Jer. 9,9; Jer. 28,62; Jer. 40,10; Jer. 40,12; Lam. 1,4; Lam. 3,49; LetterJ 46; LetterJ 58; Ezek. 6,13; Ezek. 17,8; Ezek. 20,12; Ezek. 29,15; Ezek. 33,28; Ezek. 34,5; Ezek. 34,8; Ezek. 36,3; Ezek. 37,28; Ezek. 41,6; Dan. 1,4; Judg. 8,33; Tob. 8,6; Dan. 5,29; Dan. 6,2; Dan. 6,27; Sus. 4; Bel 6; Matt. 16,13; Matt. 16,15; Matt. 17,4; Matt. 19,21; Matt. 20,27; Matt. 22,23; Mark 8,27; Mark 8,29; Mark 9,5; Mark 9,35; Mark 10,44; Mark 12,18; Mark 14,64; Luke 2,4; Luke 2,6; Luke 2,44; Luke 4,41; Luke 5,12; Luke 8,38; Luke 9,18; Luke 9,18; Luke 9,20; Luke 9,33; Luke 11,1; Luke 11,8; Luke 19,11; Luke 20,6; Luke 20,20; Luke 20,27; Luke 20,41; Luke 22,24; Luke 23,2; John 1,46; John 7,4; John 17,5; Acts 2,12; Acts 4,32; Acts 13,25; Acts 16,13; Acts 16,15; Acts 17,7; Acts 17,18; Acts 17,20; Acts 17,29; Acts 18,3; Acts 18,5; Acts 18,15; Acts 18,28; Acts 19,1; Acts 23,8; Acts 27,4; Acts 28,6; Rom. 1,20; Rom. 1,22; Rom. 2,19; Rom. 3,9; Rom. 3,26; Rom. 4,11; Rom. 4,13; Rom. 4,16; Rom. 6,11; Rom. 7,3; Rom. 8,29; Rom. 9,3; Rom. 14,14; Rom. 16,19; 1Cor. 3,18; 1Cor. 7,7; 1Cor. 7,25; 1Cor. 7,26; 1Cor. 7,32; 1Cor. 10,6; 1Cor. 11,16; 1Cor. 11,19; 1Cor. 12,23; 1Cor. 14,37; 2Cor. 5,9; 2Cor. 7,11; 2Cor. 9,5; 2Cor. 10,7; 2Cor. 11,16; Gal. 2,9; Gal. 4,21; Eph. 1,4; Eph. 1,12; Eph. 3,6; Phil. 1,23; Phil. 2,6; Phil. 3,8; Phil. 4,11; 1Th. 2,7; 1Tim. 1,7; 1Tim. 2,12; 1Tim. 3,2; 1Tim. 6,5; 1Tim. 6,18; 2Tim. 2,24; Titus 1,7; Titus 2,2; Titus 2,4; Titus 2,9; Titus 3,1; Titus 3,2; Heb. 5,12; Heb. 11,4; Heb. 12,11; James 1,18; James 1,26; James 4,4; 1Pet. 1,21; 1Pet. 5,12; 1John 2,9; Rev. 2,9; Rev. 3,9)

εἶναί ▸ 15 + 1 + 10 = 26

Verb · present · active · infinitive ▸ 15 + 1 + 10 = **26** (Gen. 17,7; Deut. 7,6; Deut. 26,17; Deut. 26,19; Deut. 26,19; Judg. 18,19; 2Sam. 7,8; 2Sam. 12,10; 2Sam. 14,32; 1Chr. 28,6; 1Mac. 11,57; 2Mac. 3,38; 4Mac. 9,4; Is. 49,6; Bar. 2,35; Judg. 18,19; Luke 2,49; Luke 14,26; Luke 14,27; Luke 14,33; Acts 5,36; Acts 8,9; Acts 13,47; Rom. 15,16; Gal. 2,6; Gal. 6,3)

εἰσι ▸ 3

Verb · third · plural · present · active · indicative ▸ **3** (Is. 40,17; LetterJ 50; Sus. 52)

εἰσι ▸ 4

Verb · third · plural · present · active · indicative ▸ **4** (1Mac. 8,1; Eccl. 8,14; Dan. 3,12; Dan. 7,17)

εἰσί ▸ 1

Verb · third · plural · present · active · indicative ▸ **1** (Zech. 3,8)

εἰσὶν ▸ 174 + 7 + 89 = 270

Verb · third · plural · present · active · indicative ▸ 174 + 7 + 89 = **270** (Gen. 6,2; Gen. 9,19; Gen. 19,5; Gen. 21,29; Gen. 25,16; Gen. 25,23; Gen. 28,8; Gen. 34,21; Gen. 36,19; Gen. 47,1; Gen. 48,5; Gen. 48,9; Ex. 6,27; Ex. 8,17; Ex. 36,8; Ex. 39,18; Lev. 18,17; Lev. 20,11; Lev. 20,12; Lev. 20,13; Lev. 20,16; Lev. 20,27; Lev. 23,2; Lev. 25,42; Lev. 25,44; Lev. 25,55; Lev. 27,34; Num. 3,9; Num. 3,20; Num. 3,27; Num. 3,33; Num. 8,16; Num. 11,16; Num. 18,16; Num. 26,9; Deut. 32,37; Deut. 33,3; Josh. 4,6; Josh. 4,9; Josh. 4,21; Josh. 7,3; Josh. 9,16; Josh. 13,30; Josh. 14,12; Josh. 22,14; Josh. 24,31a; Judg. 8,19; Judg. 10,4; Judg. 18,7; Judg. 18,26; 1Sam. 12,21; 1Sam. 30,24; 2Sam. 3,39; 2Sam. 17,8; 2Sam. 19,7; 1Kings 1,25; 2Kings 7,13; 2Kings 15,15; 2Kings 15,26; 2Kings 17,26; 2Kings 19,18; 1Chr. 1,31; 1Chr. 8,6; 2Chr. 8,7; 2Chr. 20,2; 2Chr. 23,6; Ezra 4,9; Neh. 13,24; Esth. 8,5; Judith 3,4; Judith 5,6; Tob. 2,14; Tob. 3,5; Tob. 10,12; Tob. 12,10; 1Mac. 4,35; 1Mac. 5,27; 1Mac. 9,6; 4Mac. 1,21; 4Mac. 1,28; 4Mac. 1,32; 4Mac. 9,18; 4Mac. 15,5; Psa. 9,21; Psa. 24,6; Psa. 54,22; Psa. 77,39; Psa. 88,12; Psa. 88,50; Psa. 94,4; Psa. 101,26; Psa. 118,111; Ode. 2,31; Ode. 2,37; Prov. 1,19; Prov. 4,27a; Prov. 5,21; Prov. 7,26; Prov. 10,18; Prov. 14,4; Prov. 22,17; Prov. 26,25; Eccl. 4,17; Eccl. 9,5; Eccl. 9,16; Song 6,8; Job 6,12; Job 7,3; Job 18,21; Job 22,5; Job 32,4; Job 32,9; Job 36,25; Wis. 1,16; Wis. 3,3; Wis. 4,6; Sir. 7,24; Sol. 17,27; Hos. 6,7; Hos. 7,13; Mic. 2,7; Zech. 1,5; Zech. 1,10; Zech. 3,9; Mal. 3,8; Is. 19,12; Is. 33,6; Is. 33,18; Is. 33,18; Is. 37,12; Is. 37,13; Is. 43,8; Is. 55,8; Is. 56,11; Is. 61,9; Jer. 2,11; Jer. 2,28; Jer. 4,22; Jer. 4,22; Jer. 5,4; Jer. 6,20; Jer. 10,20; Jer. 16,20; Jer. 22,17; Jer. 30,17; Jer. 30,26; Jer. 34,18; Jer. 44,19; Jer. 51,2; Bar. 3,16; LetterJ 14; LetterJ 22; LetterJ 28; LetterJ 30; LetterJ 49; LetterJ 51; LetterJ 59; LetterJ 64; LetterJ 69; LetterJ 71; Ezek. 3,7; Ezek. 11,7; Ezek. 12,10; Ezek. 18,4; Ezek. 18,4; Ezek. 20,9; Ezek. 29,3; Ezek. 29,9; Ezek. 33,10; Ezek. 40,46; Ezek. 42,8; Ezek. 42,13; Ezek. 47,16; Dan. 12,13; Judg. 14,3; Judg. 18,7; Judg. 18,26; Tob. 2,10; Tob. 2,14; Tob. 2,14; Tob. 12,10; Matt. 7,13; Matt. 7,15; Matt. 12,5; Matt. 13,38; Matt. 13,38; Matt. 13,39; Matt. 13,56; Matt. 15,14; Matt. 17,26; Matt. 18,20; Matt. 22,14; Matt. 22,30; Mark 4,15; Mark 4,16; Mark 4,17; Mark 4,18; Mark 4,20; Luke 7,32; Luke 8,12; Luke 8,14; Luke 8,15; Luke 8,21; Luke 12,38; Luke 16,8; Luke 20,36; Luke 20,36; Luke 21,22; John 4,35; John 5,39; John 7,49; John 8,10; John 11,9; John 14,2; John 17,7; John 17,9; Acts 2,7; Acts 4,13; Acts 13,31; Acts 16,38; Acts 19,38; Acts 23,21; Rom. 2,14; Rom. 8,14; Rom. 9,4; Rom. 13,6; Rom. 16,7; 1Cor. 1,11; 1Cor. 3,8; 1Cor. 12,5; 1Cor. 14,10; 1Cor. 14,22; 2Cor. 11,22; 2Cor. 11,22; 2Cor. 11,22; 2Cor. 11,23; Gal. 1,7; Gal. 3,7; Gal. 4,24; Eph. 5,16; Col. 2,3; 1Tim. 5,24; 1Tim. 6,2; 1Tim. 6,2; 2Tim. 3,6; Heb. 1,10; Heb. 7,23; Heb. 11,13; 2Pet. 2,17; 1John 5,7; 1John 5,8; Jude 12; Jude 16; Jude 19; Rev. 1,20; Rev. 3,4; Rev. 4,5; Rev. 5,6; Rev. 5,8; Rev. 7,14; Rev. 7,15; Rev. 11,4; Rev. 14,4; Rev. 14,4; Rev. 14,5; Rev. 16,6; Rev. 17,9; Rev. 17,12; Rev. 19,9; Rev. 21,5)

εἰσὶν ▸ 59 + 2 + 44 = 105

Verb · third · plural · present · active · indicative ▸ 59 + 2 + 44 = **105** (Gen. 19,8; Gen. 42,11; Gen. 46,32; Gen. 47,5; Ex. 10,8; Ex. 28,12; Num. 13,18; Josh. 10,6; Josh. 15,46; 1Sam. 21,4; 1Sam. 21,5; 1Sam. 25,10; 1Chr. 9,26; 1Chr. 12,21; 1Chr. 29,29; 1Esdr. 5,7; 1Esdr. 6,4; Neh. 5,5; Esth. 4,11; 1Mac. 5,26; 1Mac. 5,38; 1Mac. 8,1; 1Mac. 12,21; 1Mac. 12,21; 4Mac. 1,20; Psa. 18,4; Psa. 72,5; Psa. 93,11; Psa. 118,84; Prov. 11,24; Prov. 11,24; Prov. 12,18; Prov. 13,7; Prov. 13,7; Prov. 16,25; Prov. 22,14a; Eccl. 3,18; Eccl. 6,11; Eccl. 8,14; Job 13,23; Job 33,32; Wis. 8,7; Sir. 44,8; Sir. 44,9; Zech. 4,10; Is. 22,9; Is. 30,4; Is. 36,9; Is. 41,29; Jer. 45,9; Jer. 48,8; LetterJ 16; LetterJ 17; LetterJ 38; LetterJ 56; LetterJ 68; Ezek. 38,11; Ezek. 45,14; Sus. 38; Josh. 15,46; Dan. 3,12; Matt. 7,14; Matt. 12,48; Matt. 19,6; Matt. 19,12; Matt. 19,12; Matt. 19,12; Mark 4,18; Mark 6,3; Mark 10,8; Mark 12,25; Luke 7,31; Luke 9,13; Luke 13,14; Luke 13,30; Luke 13,30; Luke 18,9; John 6,64; John 6,64; John 10,8; John 17,14; John 17,16; Acts 5,25; Acts 19,26; Acts 21,20; Acts 21,23; Rom. 9,7; Rom. 13,3; Rom. 15,27; 1Cor. 3,20; 1Cor. 8,5; 1Cor. 8,5; 1Tim. 6,1; Titus 3,9; Heb. 1,14; Heb. 7,20; 2Pet. 3,7; 1John 2,19; Rev. 1,19; Rev. 2,2; Rev. 2,9; Rev. 3,9; Rev. 7,13; Rev. 16,14; Rev. 17,15)

Εἰσὶν ▸ 1
  Verb · third · plural · present · indicative ▸ 1 (Titus 1,10)

εἰσίν ▸ 28 + 23 = 51
  Verb · third · plural · present · active · indicative ▸ 28 + 23 = **51** (Gen. 40,12; Gen. 40,18; Num. 1,16; 1Sam. 10,14; 1Sam. 21,5; 1Sam. 25,11; 2Sam. 21,2; 1Kings 21,31; 2Kings 7,10; 1Esdr. 5,37; Ezra 2,59; Ezra 4,12; Neh. 5,3; Neh. 5,4; Neh. 7,61; Prov. 31,4; Job 4,20; Job 13,23; Zech. 7,7; Is. 13,3; Is. 13,15; Is. 22,3; Is. 28,7; Jer. 5,10; Jer. 6,28; Jer. 38,15; LetterJ 45; Ezek. 23,45; Matt. 2,18; Matt. 10,30; Matt. 11,8; Matt. 16,28; Mark 9,1; Luke 7,25; Luke 9,27; Luke 11,7; John 17,11; Acts 2,13; Acts 16,17; Acts 24,11; Rom. 1,32; Rom. 13,1; 1Cor. 10,18; 1Cor. 12,4; 1Cor. 12,6; Gal. 3,10; Gal. 3,10; 1John 4,5; 1John 5,3; Rev. 1,20; Rev. 17,9)

ἔσει ▸ 1
  Verb · second · singular · future · middle · indicative ▸ 1 (2Sam. 5,2)

ἔσεσθαι ▸ 6 + 4 = 10
  Verb · future · middle · infinitive ▸ 6 + 4 = **10** (Num. 14,31; 2Mac. 7,19; 2Mac. 9,17; 2Mac. 14,14; 3Mac. 6,34; Job 12,6; Acts 11,28; Acts 23,30; Acts 24,15; Acts 27,10)

ἔσεσθε ▸ 23 + 1 + 10 = 34
  Verb · second · plural · future · middle · indicative ▸ 23 + 1 + 10 = **34** (Gen. 3,5; Gen. 44,10; Lev. 11,43; Lev. 11,44; Lev. 11,45; Lev. 19,2; Lev. 20,7; Lev. 26,34; Num. 15,40; Num. 32,22; Deut. 30,16; Josh. 8,4; 1Sam. 4,9; 1Sam. 8,17; 1Sam. 14,40; 1Sam. 17,9; Zech. 8,13; Mal. 3,12; Is. 28,18; Jer. 31,6; Jer. 49,18; LetterJ 2; Ezek. 36,12; Dan. 2,5; Matt. 5,48; Matt. 6,5; Matt. 10,22; Matt. 24,9; Mark 13,13; Luke 6,35; Luke 21,17; John 8,36; 1Cor. 14,9; 1Pet. 1,16)

ἔσεσθέ ▸ 12 + 2 = 14
  Verb · second · plural · future · middle · indicative ▸ 12 + 2 = **14** (Ex. 19,5; Ex. 19,6; Ex. 22,30; Ex. 23,22; Ex. 23,22; Lev. 20,26; Lev. 26,12; 2Sam. 10,11; Is. 54,17; Jer. 7,23; Jer. 11,4; Ezek. 36,28; Acts 1,8; 2Cor. 6,18)

ἔσῃ ▸ 92 + 2 + 8 = 102
  Verb · second · singular · future · middle · indicative ▸ 92 + 2 + 8 = **102** (Gen. 4,12; Gen. 12,2; Gen. 17,4; Gen. 24,8; Gen. 24,41; Gen. 24,41; Gen. 28,3; Gen. 41,40; Gen. 45,10; Ex. 4,16; Ex. 22,24; Ex. 23,2; Num. 10,31; Deut. 7,14; Deut. 7,26; Deut. 16,15; Deut. 18,13; Deut. 22,7; Deut. 28,13; Deut. 28,13; Deut. 28,25; Deut. 28,29; Deut. 28,29; Deut. 28,33; Deut. 28,34; Deut. 28,37; Deut. 28,44; Deut. 33,7; Judg. 11,6; Judg. 11,8; Judg. 18,19; 2Sam. 13,13; 2Sam. 14,2; 2Sam. 15,33; 2Sam. 18,3; 2Sam. 19,14; 2Sam. 22,27; 1Kings 2,2; 1Kings 8,30; 1Kings 8,34; 1Kings 8,36; 1Kings 8,39; 1Kings 8,50; 1Kings 11,37; 1Kings 12,7; 1Chr. 11,2; 1Chr. 19,12; 2Chr. 6,21; 2Chr. 6,25; 2Chr. 6,27; 2Chr. 6,39; Judith 11,23; 1Mac. 2,18; 4Mac. 12,5; Psa. 17,26; Psa. 17,27; Prov. 3,24; Prov. 5,19; Prov. 9,12; Prov. 10,19; Job 11,18; Sir. 4,10; Sir. 6,32; Sir. 6,33; Sir. 7,8; Sir. 7,25; Sir. 12,11; Sir. 41,27; Sir. 42,8; Nah. 3,11; Hab. 2,7; Is. 14,20; Is. 16,2; Is. 38,21; Is. 58,11; Is. 58,14; Is. 62,3; Jer. 14,9; Jer. 15,19; Jer. 28,26; Jer. 30,7; Ezek. 3,26; Ezek. 5,15; Ezek. 21,37; Ezek. 23,29; Ezek. 24,27; Ezek. 26,14; Ezek. 27,36; Ezek. 35,4; Ezek. 35,15; Ezek. 38,7; Ezek. 38,9; Judg. 11,6; Judg. 11,8; Luke 1,20; Luke 5,10; Luke 14,14; Luke 23,43; Acts 13,11; Acts 22,15; Eph. 6,3; 1Tim. 4,6)

ἐσμεν ▸ 39 + 3 + 31 = 73
  Verb · first · plural · present · active · indicative ▸ 39 + 3 + 31 = **73** (Gen. 13,8; Gen. 42,11; Gen. 42,13; Gen. 42,21; Gen. 42,31; Gen. 42,31; Gen. 42,32; Gen. 44,16; Ex. 16,7; Ex. 16,8; Num. 20,16; Josh. 2,17; Josh. 9,8; Josh. 9,11; Josh. 9,22; Judg. 12,5; 1Chr. 29,15; 1Esdr. 6,12; 1Esdr. 8,73; 1Esdr. 8,87; Ezra 5,11; Ezra 9,7; Ezra 9,9; Neh. 2,17; Neh. 9,36; Tob. 4,12; 1Mac. 13,37; 2Mac. 1,6; 4Mac. 9,1; Psa. 102,14; Ode. 7,37; Job 4,19; Job 8,9; Wis. 15,2; Sol. 9,8; Jer. 8,8; Jer. 31,14; Bar. 4,4; Dan. 3,37; Tob. 8,21; Dan. 3,37; Sus. 20; Mark 5,9; Luke 17,10; John 8,33; John 9,40; John 10,30; Acts 2,32; Acts 3,15; Acts 5,32; Acts 14,15; Acts 16,28; Acts 23,15; Rom. 12,5; 1Cor. 3,9; 1Cor. 10,17; 1Cor. 10,22; 2Cor. 1,14; 2Cor. 1,24; 2Cor. 2,17; 2Cor. 3,5; 2Cor. 6,16; 2Cor. 10,11; Gal. 3,25; Eph. 2,10; Phil. 3,3; Heb. 3,6; Heb. 4,2; 1John 2,5; 1John 3,2; 1John 4,6; 1John 4,17; 1John 5,19)

ἐσμὲν ▸ 4 + 14 = 18
  Verb · first · plural · present · active · indicative ▸ 4 + 14 = **18** (Gen. 42,11; Gen. 46,34; 2Mac. 7,2; Sir. 8,5; John 9,28; Rom. 6,15; Rom. 8,12; Rom. 8,16; 1Cor. 15,19; 2Cor. 2,15; 2Cor. 13,6; Gal. 4,31; Eph. 4,25; Eph. 5,30; 1Th. 5,5; Heb. 10,10; Heb. 10,39; 1John 5,20)

ἐσμέν ▸ 3 + 7 = 10
  Verb · first · plural · present · active · indicative ▸ 3 + 7 = **10** (Gen. 29,4; Neh. 9,37; Ezek. 33,24; Luke 9,12; Acts 17,28; Acts 17,28; Rom. 14,8; 1Cor. 15,19; 1John 3,1; 1John 3,19)

ἔσομαι ▸ 69 + 6 + 13 = 88
  Verb · first · singular · future · middle · indicative ▸ 69 + 6 + 13 = **88** (Gen. 4,14; Gen. 17,8; Gen. 26,3; Gen. 27,12; Gen. 31,3; Gen. 31,13; Gen. 43,9; Gen. 44,32; Ex. 6,7; Ex. 29,45; Lev. 26,12; Num. 22,38; Josh. 1,5; Josh. 3,7; Judg. 11,9; Judg. 16,7; Judg. 16,11; Judg. 16,13; Judg. 16,17; Ruth 2,13; 2Sam. 6,22; 2Sam. 7,14; 2Sam. 16,18; 2Sam. 16,19; 2Sam. 22,3; 2Sam. 22,24; 1Kings 1,21; 1Kings 11,38; 1Kings 22,22; 1Chr. 17,13; 1Chr. 28,6; 2Chr. 7,14; 2Chr. 18,21; Tob. 5,15; Psa. 17,24; Psa. 18,14; Wis. 8,21; Wis. 9,12; Sol. 2,29; Hos. 11,4; Hos. 13,7; Hos. 14,6; Zech. 2,9; Zech. 2,9; Zech. 8,8; Mal. 3,5; Is. 3,7; Is. 8,17; Is. 12,2; Is. 14,14; Is. 47,7; Jer. 5,1; Jer. 7,23; Jer. 11,4; Jer. 24,7; Jer. 27,20; Jer. 38,1; Jer. 38,33; Jer. 38,34; Jer. 39,38; Jer. 43,3; Ezek. 11,16; Ezek. 11,20; Ezek. 14,11; Ezek. 34,24; Ezek. 36,28; Ezek. 37,23; Ezek. 37,27; Dan. 6,28; Judg. 11,9; Judg. 16,7; Judg. 16,11; Judg. 16,13; Judg. 16,17; Tob. 13,17; Matt. 17,17; Mark 9,19; Luke 9,41; John 8,55; 1Cor. 14,11; 2Cor. 6,16; 2Cor. 6,18; 2Cor. 12,6; Heb. 1,5; Heb. 2,13; Heb. 8,10; Heb. 8,12; Rev. 21,7)

Ἔσομαι ▸ 1
  Verb · first · singular · future · middle · indicative ▸ 1 (Ex. 3,12)

ἔσομαί ▸ 3
  Verb · first · singular · future · middle · indicative ▸ 3 (1Sam. 23,17; Psa. 49,21; Is. 3,7)

ἐσόμεθα ▸ 18 + 4 = 22
  Verb · first · plural · future · middle · indicative ▸ 18 + 4 = **22** (Gen. 34,16; Gen. 44,9; Gen. 47,19; Gen. 47,25; Ex. 34,9; Josh. 2,19; Josh. 2,20; 1Sam. 8,20; 1Sam. 14,40; 1Sam. 17,9; 2Sam. 10,11; Neh. 2,17; Judith 5,21; Judith 7,27; Judith 8,22; 4Mac. 9,8; Wis. 2,2; Is. 30,16; Rom. 6,5; 1Th. 4,17; 1John 3,2; 1John 3,2)

Ἐσόμεθα ▸ 1
  Verb · first · plural · future · middle · indicative ▸ 1 (Ezek. 20,32)

ἐσόμεθά ▸ 1
  Verb · first · plural · future · middle · indicative ▸ 1 (Jer. 3,22)

ἐσόμενα ▸ 4 + 1 = 5
  Verb · future · middle · participle · neuter · plural · accusative

εἰμί

▸ 3 + 1 = **4** (Sir. 42,19; Sir. 48,25; Dan. 2,45; Dan. 8,19)
Verb ▪ future ▪ middle ▪ participle ▪ neuter ▪ plural ▪ nominative
▸ **1** (1Mac. 15,8)

ἐσομένην ▸ 2
Verb ▪ future ▪ middle ▪ participle ▪ feminine ▪ singular ▪ accusative ▸ **2** (2Mac. 15,8; 2Mac. 15,20)

ἐσομένης ▸ 1
Verb ▪ future ▪ middle ▪ participle ▪ feminine ▪ singular ▪ genitive
▸ **1** (3Mac. 2,31)

ἐσόμενον ▸ 2 + 1 = 3
Verb ▪ future ▪ middle ▪ participle ▪ neuter ▪ singular ▪ accusative
▸ 2 + 1 = **3** (Eccl. 8,7; Eccl. 10,14; Luke 22,49)

ἐσόμενος ▸ 1
Verb ▪ future ▪ middle ▪ participle ▪ masculine ▪ singular
▪ nominative ▸ **1** (Job 15,14)

ἐσομένου ▸ 1
Verb ▪ future ▪ middle ▪ participle ▪ masculine ▪ singular
▪ genitive ▸ **1** (Gen. 41,31)

ἔσονται ▸ 218 + 7 + 29 = 254
Verb ▪ third ▪ plural ▪ future ▪ middle ▪ indicative ▸ 218 + 7 + 29 = **254** (Gen. 2,24; Gen. 6,3; Gen. 6,19; Gen. 17,16; Gen. 35,11; Gen. 41,27; Gen. 41,36; Gen. 48,6; Gen. 49,26; Ex. 8,12; Ex. 22,23; Ex. 25,15; Ex. 25,20; Ex. 25,20; Ex. 25,27; Ex. 26,3; Ex. 26,3; Ex. 26,24; Ex. 26,25; Ex. 28,7; Ex. 30,4; Lev. 11,11; Lev. 11,26; Lev. 11,35; Lev. 15,18; Lev. 21,6; Lev. 21,6; Lev. 23,17; Lev. 23,18; Lev. 23,20; Lev. 24,7; Lev. 25,31; Lev. 25,32; Lev. 25,46; Lev. 26,33; Num. 1,4; Num. 1,4; Num. 3,12; Num. 3,12; Num. 3,13; Num. 3,45; Num. 4,7; Num. 6,12; Num. 7,5; Num. 8,7; Num. 8,11; Num. 8,14; Num. 14,3; Num. 14,33; Num. 28,19; Num. 28,31; Num. 29,8; Num. 29,13; Num. 32,26; Num. 35,3; Num. 35,12; Num. 35,13; Num. 35,15; Num. 36,3; Num. 36,8; Deut. 13,10; Deut. 28,26; Josh. 4,7; Josh. 9,21; Josh. 20,3; Josh. 23,13; Judg. 2,3; Judg. 2,3; Ruth 1,11; 2Sam. 7,28; 2Sam. 24,13; 1Kings 2,7; 1Kings 9,3; 1Kings 11,32; 1Kings 12,24m; 2Kings 20,18; 2Kings 21,14; 2Chr. 7,15; 2Chr. 7,16; 2Chr. 12,8; 2Chr. 23,7; 2Chr. 30,9; Esth. 10,13 # 10,3k; Judith 5,24; Tob. 4,6; Tob. 13,14; 1Mac. 12,45; Psa. 18,15; Psa. 62,11; Psa. 89,5; Psa. 91,15; Prov. 2,21; Prov. 12,24; Prov. 13,13a; Eccl. 6,3; Eccl. 11,8; Song 7,9; Job 5,5; Job 21,18; Job 27,14; Wis. 4,19; Wis. 4,19; Sir. 4,16; Hos. 9,17; Hos. 13,3; Amos 6,7; Amos 9,13; Mic. 5,11; Mic. 7,4; Obad. 16; Zech. 2,13; Zech. 2,15; Zech. 8,19; Zech. 9,7; Zech. 10,5; Zech. 10,6; Zech. 10,7; Zech. 14,20; Mal. 3,3; Mal. 3,19; Mal. 3,21; Is. 1,30; Is. 5,9; Is. 5,9; Is. 7,23; Is. 8,16; Is. 9,15; Is. 10,19; Is. 10,20; Is. 11,7; Is. 13,12; Is. 13,14; Is. 14,2; Is. 14,25; Is. 16,4; Is. 17,9; Is. 17,9; Is. 19,10; Is. 19,11; Is. 19,16; Is. 19,18; Is. 22,7; Is. 22,24; Is. 24,6; Is. 29,8; Is. 29,11; Is. 30,16; Is. 31,8; Is. 32,3; Is. 32,14; Is. 32,19; Is. 33,12; Is. 34,12; Is. 34,12; Is. 37,31; Is. 40,30; Is. 41,11; Is. 41,12; Is. 41,12; Is. 45,14; Is. 49,23; Is. 54,17; Is. 56,7; Is. 65,10; Is. 65,22; Is. 65,23; Is. 66,16; Is. 66,24; Jer. 7,33; Jer. 8,2; Jer. 9,21; Jer. 13,10; Jer. 14,16; Jer. 16,4; Jer. 19,13; Jer. 24,9; Jer. 27,37; Jer. 30,7; Jer. 30,18; Jer. 30,27; Jer. 31,9; Jer. 32,33; Jer. 32,33; Jer. 37,16; Jer. 37,21; Jer. 49,17; Jer. 51,12; Ezek. 5,16; Ezek. 7,6; Ezek. 7,16; Ezek. 13,9; Ezek. 13,21; Ezek. 18,30; Ezek. 28,24; Ezek. 29,12; Ezek. 29,16; Ezek. 30,7; Ezek. 30,13; Ezek. 34,10; Ezek. 34,14; Ezek. 34,28; Ezek. 34,29; Ezek. 35,10; Ezek. 36,38; Ezek. 37,17; Ezek. 37,19; Ezek. 37,20; Ezek. 37,22; Ezek. 37,27; Ezek. 44,11; Ezek. 45,6; Ezek. 45,17; Ezek. 47,22; Ezek. 47,23; Ezek. 48,18; Dan. 2,43; Dan. 2,43; Dan. 11,43; Judg. 2,3; Judg. 2,3; Tob. 13,14; Tob. 13,14; Dan. 2,43; Dan. 2,43; Dan. 3,96; Matt. 12,27; Matt. 19,5; Matt. 19,30; Matt. 20,16; Matt. 24,7; Matt. 24,40; Mark 10,8; Mark 10,31; Mark 13,8; Mark 13,8; Mark 13,19; Mark 13,25; Luke 11,19; Luke 12,52; Luke 13,30; Luke 13,30; Luke 17,34; Luke 17,35; Luke 21,11; Luke 21,25; John 6,45; 1Cor. 6,16; Eph. 5,31; 2Tim. 2,2; 2Tim. 3,2; 2Pet. 2,1; Jude 18; Rev. 20,6; Rev. 21,3)

ἔσονταί ▸ 24 + 2 + 2 = 28
Verb ▪ third ▪ plural ▪ future ▪ middle ▪ indicative ▸ 24 + 2 + 2 = **28** (Gen. 48,5; Ex. 20,3; Ex. 23,33; Lev. 25,8; Num. 10,2; Deut. 5,7; Deut. 20,11; Deut. 28,40; Deut. 28,41; 1Kings 12,7; 2Chr. 10,7; Ezra 4,13; Sir. 6,29; Zech. 8,8; Mal. 3,17; Is. 47,15; Jer. 24,7; Jer. 38,1; Jer. 38,33; Jer. 39,38; Bar. 2,35; Ezek. 11,20; Ezek. 14,11; Ezek. 37,23; Tob. 6,18; Tob. 6,18; 2Cor. 6,16; Heb. 8,10)

ἔσται ▸ 1258 + 38 + 117 = 1413
Verb ▪ third ▪ singular ▪ future ▪ middle ▪ indicative ▸ 1258 + 38 + 117 = **1413** (Gen. 1,29; Gen. 4,14; Gen. 6,21; Gen. 9,2; Gen. 9,3; Gen. 9,11; Gen. 9,13; Gen. 9,14; Gen. 9,15; Gen. 9,16; Gen. 9,25; Gen. 9,26; Gen. 11,4; Gen. 12,12; Gen. 15,1; Gen. 15,5; Gen. 15,13; Gen. 16,12; Gen. 17,5; Gen. 17,11; Gen. 17,13; Gen. 17,15; Gen. 17,16; Gen. 18,14; Gen. 18,18; Gen. 18,23; Gen. 18,25; Gen. 20,16; Gen. 24,14; Gen. 24,43; Gen. 26,11; Gen. 27,39; Gen. 27,40; Gen. 28,14; Gen. 28,21; Gen. 28,22; Gen. 29,34; Gen. 30,32; Gen. 30,33; Gen. 31,8; Gen. 31,8; Gen. 31,16; Gen. 31,44; Gen. 32,9; Gen. 32,29; Gen. 34,7; Gen. 34,23; Gen. 35,10; Gen. 35,12; Gen. 37,20; Gen. 38,9; Gen. 41,31; Gen. 41,32; Gen. 41,36; Gen. 44,10; Gen. 44,10; Gen. 44,17; Gen. 44,31; Gen. 45,6; Gen. 45,20; Gen. 47,24; Gen. 47,24; Gen. 48,19; Gen. 48,19; Gen. 48,19; Gen. 48,21; Ex. 4,9; Ex. 4,9; Ex. 4,16; Ex. 7,1; Ex. 7,9; Ex. 7,19; Ex. 8,18; Ex. 8,19; Ex. 9,9; Ex. 9,22; Ex. 9,29; Ex. 10,7; Ex. 10,14; Ex. 11,6; Ex. 12,5; Ex. 12,6; Ex. 12,13; Ex. 12,13; Ex. 12,14; Ex. 12,16; Ex. 12,26; Ex. 12,48; Ex. 12,49; Ex. 13,5; Ex. 13,7; Ex. 13,9; Ex. 13,11; Ex. 13,16; Ex. 16,5; Ex. 16,5; Ex. 16,26; Ex. 18,19; Ex. 21,4; Ex. 21,19; Ex. 21,28; Ex. 21,34; Ex. 21,36; Ex. 22,10; Ex. 22,14; Ex. 22,29; Ex. 23,26; Ex. 25,31; Ex. 26,2; Ex. 26,2; Ex. 26,6; Ex. 26,8; Ex. 26,8; Ex. 26,11; Ex. 26,13; Ex. 26,24; Ex. 27,1; Ex. 27,2; Ex. 27,5; Ex. 28,8; Ex. 28,16; Ex. 28,17; Ex. 28,30; Ex. 28,32; Ex. 28,35; Ex. 28,37; Ex. 28,37; Ex. 28,38; Ex. 28,38; Ex. 28,42; Ex. 29,9; Ex. 29,26; Ex. 29,28; Ex. 29,28; Ex. 29,29; Ex. 29,37; Ex. 30,2; Ex. 30,2; Ex. 30,12; Ex. 30,16; Ex. 30,21; Ex. 30,25; Ex. 30,29; Ex. 30,31; Ex. 30,32; Ex. 30,34; Ex. 30,36; Ex. 30,37; Ex. 33,16; Ex. 40,9; Ex. 40,10; Ex. 40,15; Lev. 2,1; Lev. 2,5; Lev. 5,13; Lev. 5,23; Lev. 6,16; Lev. 7,7; Lev. 7,8; Lev. 7,9; Lev. 7,10; Lev. 7,14; Lev. 7,15; Lev. 7,31; Lev. 7,33; Lev. 10,6; Lev. 10,15; Lev. 10,19; Lev. 11,24; Lev. 11,25; Lev. 11,26; Lev. 11,27; Lev. 11,27; Lev. 11,28; Lev. 11,31; Lev. 11,32; Lev. 11,32; Lev. 11,32; Lev. 11,33; Lev. 11,34; Lev. 11,34; Lev. 11,35; Lev. 11,36; Lev. 11,36; Lev. 11,37; Lev. 11,39; Lev. 11,40; Lev. 11,40; Lev. 11,41; Lev. 12,2; Lev. 12,2; Lev. 12,5; Lev. 13,6; Lev. 13,34; Lev. 13,46; Lev. 13,46; Lev. 13,58; Lev. 14,7; Lev. 14,8; Lev. 14,9; Lev. 14,9; Lev. 14,22; Lev. 14,46; Lev. 14,47; Lev. 14,47; Lev. 14,53; Lev. 15,4; Lev. 15,5; Lev. 15,6; Lev. 15,7; Lev. 15,8; Lev. 15,9; Lev. 15,10; Lev. 15,10; Lev. 15,11; Lev. 15,12; Lev. 15,13; Lev. 15,16; Lev. 15,17; Lev. 15,19; Lev. 15,19; Lev. 15,19; Lev. 15,20; Lev. 15,20; Lev. 15,21; Lev. 15,22; Lev. 15,23; Lev. 15,24; Lev. 15,24; Lev. 15,25; Lev. 15,26; Lev. 15,26; Lev. 15,27; Lev. 15,27; Lev. 16,4; Lev. 16,17; Lev. 16,29; Lev. 16,31; Lev. 16,34; Lev. 17,7; Lev. 17,15; Lev. 17,15; Lev. 19,20; Lev. 19,23; Lev. 19,24; Lev. 19,34; Lev. 19,36; Lev. 20,9; Lev. 20,14; Lev. 21,8; Lev. 22,6; Lev. 22,7; Lev. 22,20; Lev. 22,21; Lev. 22,21; Lev. 22,27; Lev. 23,7; Lev. 23,8; Lev. 23,20; Lev. 23,21; Lev. 23,24; Lev. 23,24; Lev. 23,27; Lev. 23,32; Lev. 23,36; Lev. 24,5; Lev. 24,9; Lev. 24,22; Lev. 25,4; Lev. 25,5; Lev. 25,6; Lev. 25,7; Lev. 25,10; Lev. 25,11; Lev. 25,12; Lev. 25,28; Lev. 25,29; Lev. 25,29; Lev. 25,40; Lev. 25,48; Lev. 25,50; Lev. 25,50; Lev. 25,53; Lev.

Ε, ε

26,6; Lev. 26,20; Lev. 26,33; Lev. 27,3; Lev. 27,3; Lev. 27,4; Lev. 27,5; Lev. 27,6; Lev. 27,7; Lev. 27,9; Lev. 27,10; Lev. 27,15; Lev. 27,16; Lev. 27,19; Lev. 27,21; Lev. 27,21; Lev. 27,25; Lev. 27,25; Lev. 27,26; Lev. 27,27; Lev. 27,28; Lev. 27,31; Lev. 27,32; Lev. 27,33; Num. 1,53; Num. 4,27; Num. 5,8; Num. 5,9; Num. 5,10; Num. 5,10; Num. 5,18; Num. 5,27; Num. 5,27; Num. 5,28; Num. 5,31; Num. 6,5; Num. 6,8; Num. 6,20; Num. 8,19; Num. 9,14; Num. 9,20; Num. 9,21; Num. 10,8; Num. 10,10; Num. 10,32; Num. 10,32; Num. 11,20; Num. 14,41; Num. 14,43; Num. 15,15; Num. 15,15; Num. 15,16; Num. 15,16; Num. 15,19; Num. 15,24; Num. 15,29; Num. 15,39; Num. 16,7; Num. 16,29; Num. 17,5; Num. 17,20; Num. 18,5; Num. 18,9; Num. 18,10; Num. 18,11; Num. 18,13; Num. 18,14; Num. 18,15; Num. 18,18; Num. 18,18; Num. 18,20; Num. 19,7; Num. 19,8; Num. 19,9; Num. 19,10; Num. 19,10; Num. 19,11; Num. 19,12; Num. 19,12; Num. 19,14; Num. 19,16; Num. 19,19; Num. 19,21; Num. 19,21; Num. 19,22; Num. 19,22; Num. 21,8; Num. 23,21; Num. 24,18; Num. 24,18; Num. 25,13; Num. 27,11; Num. 27,17; Num. 28,14; Num. 28,14; Num. 28,14; Num. 28,18; Num. 28,25; Num. 28,26; Num. 29,1; Num. 29,1; Num. 29,7; Num. 29,12; Num. 29,35; Num. 32,22; Num. 33,54; Num. 33,55; Num. 33,56; Num. 34,2; Num. 34,3; Num. 34,3; Num. 34,4; Num. 34,5; Num. 34,6; Num. 34,6; Num. 34,7; Num. 34,8; Num. 34,9; Num. 34,9; Num. 34,12; Num. 34,12; Num. 35,3; Num. 35,5; Num. 35,11; Num. 35,15; Num. 35,29; Deut. 6,6; Deut. 6,8; Deut. 6,10; Deut. 6,20; Deut. 6,25; Deut. 7,12; Deut. 7,14; Deut. 8,13; Deut. 8,19; Deut. 11,17; Deut. 11,18; Deut. 11,22; Deut. 11,24; Deut. 11,24; Deut. 11,29; Deut. 12,11; Deut. 13,17; Deut. 15,4; Deut. 15,9; Deut. 15,17; Deut. 15,18; Deut. 17,7; Deut. 17,18; Deut. 17,19; Deut. 18,1; Deut. 18,2; Deut. 19,3; Deut. 19,4; Deut. 19,10; Deut. 19,13; Deut. 20,2; Deut. 20,9; Deut. 20,11; Deut. 21,3; Deut. 21,5; Deut. 21,13; Deut. 21,14; Deut. 21,16; Deut. 22,2; Deut. 22,5; Deut. 22,19; Deut. 22,29; Deut. 23,11; Deut. 23,12; Deut. 23,13; Deut. 23,14; Deut. 23,14; Deut. 23,15; Deut. 23,18; Deut. 23,18; Deut. 23,18; Deut. 23,18; Deut. 23,22; Deut. 24,1; Deut. 24,5; Deut. 24,13; Deut. 24,15; Deut. 24,19; Deut. 24,20; Deut. 24,21; Deut. 25,2; Deut. 25,5; Deut. 25,6; Deut. 25,13; Deut. 25,14; Deut. 25,15; Deut. 25,15; Deut. 25,19; Deut. 26,1; Deut. 27,2; Deut. 27,4; Deut. 28,1; Deut. 28,15; Deut. 28,23; Deut. 28,26; Deut. 28,29; Deut. 28,31; Deut. 28,44; Deut. 28,46; Deut. 28,63; Deut. 28,66; Deut. 28,68; Deut. 29,12; Deut. 29,18; Deut. 30,1; Deut. 31,17; Deut. 31,23; Deut. 31,26; Deut. 32,20; Deut. 33,5; Deut. 33,24; Deut. 33,25; Josh. 1,4; Josh. 2,19; Josh. 2,19; Josh. 3,13; Josh. 6,5; Josh. 6,17; Josh. 6,19; Josh. 7,14; Josh. 8,5; Josh. 9,20; Josh. 14,9; Josh. 15,4; Josh. 15,7; Josh. 15,11; Josh. 16,3; Josh. 16,8; Josh. 17,8; Josh. 17,9; Josh. 17,10; Josh. 17,11; Josh. 17,17; Josh. 17,18; Josh. 17,18; Josh. 18,12; Josh. 18,14; Josh. 18,19; Josh. 19,10; Josh. 19,14; Josh. 19,22; Josh. 19,29; Josh. 22,18; Josh. 22,18; Josh. 23,15; Josh. 24,27; Josh. 24,27; Judg. 4,9; Judg. 4,20; Judg. 6,16; Judg. 7,4; Judg. 7,17; Judg. 9,33; Judg. 10,18; Judg. 11,10; Judg. 11,31; Judg. 11,31; Judg. 13,5; Judg. 13,7; Judg. 13,12; Judg. 21,22; Ruth 3,4; Ruth 3,13; Ruth 4,11; Ruth 4,15; 1Sam. 2,32; 1Sam. 2,36; 1Sam. 3,9; 1Sam. 8,11; 1Sam. 8,19; 1Sam. 10,5; 1Sam. 10,7; 1Sam. 12,15; 1Sam. 16,16; 1Sam. 16,16; 1Sam. 17,36; 1Sam. 17,37; 1Sam. 18,21; 1Sam. 20,13; 1Sam. 20,42; 1Sam. 23,3; 1Sam. 23,22; 1Sam. 23,23; 1Sam. 24,13; 1Sam. 24,14; 1Sam. 25,29; 1Sam. 25,30; 1Sam. 25,31; 1Sam. 27,12; 1Sam. 28,22; 1Sam. 30,24; 2Sam. 2,26; 2Sam. 5,24; 2Sam. 7,12; 2Sam. 7,12; 2Sam. 7,14; 2Sam. 7,16; 2Sam. 11,20; 2Sam. 14,17; 2Sam. 15,21; 2Sam. 15,35; 2Sam. 17,3; 2Sam. 17,9; 2Sam. 19,36; 2Sam. 22,3; 2Sam. 22,32; 1Kings 1,2; 1Kings 1,21; 1Kings 2,37; 1Kings 2,37; 1Kings 2,45; 1Kings 8,37; 1Kings 9,7; 1Kings 11,38; 1Kings 12,24l; 1Kings 13,32; 1Kings 17,1; 1Kings 17,4; 1Kings 18,12; 1Kings 18,24; 1Kings 18,31; 1Kings 19,17; 1Kings 20,2; 1Kings 20,2; 1Kings 21,6; 1Kings 21,39; 1Kings 21,42; 2Kings 2,10; 2Kings 2,21; 2Kings 4,10; 2Kings 7,2; 2Kings 7,18; 2Kings 7,19; 2Kings 9,37; 2Kings 16,15; 2Kings 25,24; 1Chr. 11,6; 1Chr. 14,15; 1Chr. 17,11; 1Chr. 17,11; 1Chr. 17,13; 1Chr. 17,14; 1Chr. 22,9; 1Chr. 22,10; 1Chr. 22,11; 2Chr. 1,12; 2Chr. 6,36; 2Chr. 16,9; 2Chr. 19,10; 2Chr. 19,11; 2Chr. 26,18; 2Chr. 33,4; 2Chr. 36,23; 1Esdr. 1,3; 1Esdr. 2,18; 1Esdr. 8,52; Ezra 1,3; Ezra 6,12; Ezra 7,26; Neh. 2,6; Neh. 5,13; Neh. 10,39; Esth. 4,14; Esth. 5,3; Esth. 5,6; Esth. 6,9; Esth. 6,11; Esth. 9,12; Judith 9,2; Judith 11,15; Judith 11,23; Judith 12,14; Judith 12,14; Judith 14,2; Tob. 6,16; Tob. 6,18; Tob. 12,17; Tob. 14,4; Tob. 14,4; Tob. 14,4; Tob. 14,8; 1Mac. 2,65; 1Mac. 2,66; 1Mac. 7,35; 1Mac. 8,30; 1Mac. 14,45; 2Mac. 2,7; 2Mac. 7,14; 2Mac. 15,39; 4Mac. 8,14; Psa. 1,3; Psa. 36,18; Psa. 36,26; Psa. 71,16; Psa. 80,10; Psa. 80,16; Psa. 111,2; Psa. 111,6; Psa. 127,2; Ode. 2,20; Ode. 4,4; Ode. 4,17; Ode. 10,5; Ode. 10,5; Prov. 1,5; Prov. 1,28; Prov. 3,8; Prov. 3,22a; Prov. 3,26; Prov. 9,9; Prov. 10,4a; Prov. 11,21; Prov. 12,26; Prov. 13,13a; Prov. 13,20; Prov. 14,23; Prov. 16,17; Prov. 18,1; Prov. 19,5; Prov. 19,7; Prov. 19,9; Prov. 19,18; Prov. 19,26; Prov. 20,1; Prov. 21,13; Prov. 23,18; Prov. 23,35; Prov. 24,14; Prov. 24,22a; Prov. 25,10; Prov. 28,17; Prov. 28,20; Prov. 28,25; Prov. 28,27; Prov. 29,6; Prov. 29,21; Prov. 24,24; Prov. 30,33; Eccl. 1,7; Eccl. 1,11; Eccl. 2,19; Eccl. 3,14; Eccl. 6,12; Eccl. 8,7; Eccl. 8,12; Eccl. 8,13; Eccl. 11,2; Eccl. 11,3; Job 4,17; Job 5,4; Job 5,25; Job 6,3; Job 8,7; Job 8,13; Job 8,14; Job 8,22; Job 9,2; Job 11,6; Job 11,19; Job 12,6; Job 14,4; Job 15,14; Job 18,19; Job 22,21; Job 22,25; Job 22,28; Job 24,14; Job 25,4; Job 33,7; Job 33,26; Job 34,9; Job 34,22; Job 36,18; Wis. 1,9; Wis. 2,20; Wis. 3,16; Wis. 4,7; Wis. 6,15; Wis. 8,9; Wis. 9,12; Wis. 14,11; Wis. 14,13; Wis. 19,15; Sir. 1,13; Sir. 6,11; Sir. 6,12; Sir. 6,21; Sir. 9,11; Sir. 10,1; Sir. 11,23; Sir. 12,1; Sir. 12,3; Sir. 14,5; Sir. 19,2; Sir. 23,24; Sir. 27,30; Sir. 28,10; Sir. 31,10; Sir. 37,4; Sir. 37,30; Sir. 39,16; Sol. 17,41; Hos. 1,5; Hos. 2,1; Hos. 2,18; Hos. 2,23; Hos. 4,9; Hos. 5,14; Hos. 12,6; Hos. 14,7; Amos 3,6; Amos 3,10; Amos 5,5; Amos 5,6; Amos 5,14; Amos 6,9; Amos 7,2; Amos 7,3; Amos 8,9; Mic. 1,2; Mic. 2,5; Mic. 2,11; Mic. 3,6; Mic. 3,6; Mic. 3,7; Mic. 3,12; Mic. 4,1; Mic. 4,4; Mic. 5,4; Mic. 5,6; Mic. 5,7; Mic. 5,9; Mic. 7,10; Mic. 7,13; Joel 2,3; Joel 2,11; Joel 3,1; Joel 3,5; Joel 3,5; Joel 4,17; Joel 4,18; Joel 4,19; Joel 4,19; Obad. 15; Obad. 17; Obad. 17; Obad. 18; Obad. 18; Obad. 21; Jonah 4,5; Nah. 3,7; Hab. 1,7; Hab. 3,4; Hab. 3,17; Zeph. 1,8; Zeph. 1,10; Zeph. 1,12; Zeph. 1,13; Zeph. 2,4; Zeph. 2,4; Zeph. 2,6; Zeph. 2,7; Zeph. 2,9; Zeph. 3,13; Hag. 2,9; Zech. 6,13; Zech. 6,13; Zech. 6,14; Zech. 6,15; Zech. 7,13; Zech. 8,10; Zech. 8,10; Zech. 8,13; Zech. 9,14; Zech. 12,2; Zech. 12,3; Zech. 12,8; Zech. 12,8; Zech. 12,9; Zech. 13,1; Zech. 13,2; Zech. 13,2; Zech. 13,3; Zech. 13,4; Zech. 13,8; Zech. 14,6; Zech. 14,7; Zech. 14,7; Zech. 14,8; Zech. 14,9; Zech. 14,9; Zech. 14,11; Zech. 14,12; Zech. 14,13; Zech. 14,15; Zech. 14,16; Zech. 14,17; Zech. 14,18; Zech. 14,19; Zech. 14,20; Zech. 14,21; Zech. 14,21; Mal. 2,2; Mal. 3,10; Is. 1,31; Is. 1,31; Is. 2,2; Is. 3,24; Is. 4,3; Is. 4,5; Is. 4,6; Is. 5,5; Is. 5,5; Is. 5,24; Is. 5,29; Is. 6,13; Is. 7,7; Is. 7,18; Is. 7,21; Is. 7,22; Is. 7,23; Is. 7,24; Is. 7,25; Is. 8,8; Is. 8,13; Is. 8,14; Is. 8,18; Is. 8,21; Is. 9,18; Is. 10,12; Is. 10,17; Is. 10,18; Is. 10,20; Is. 10,21; Is. 10,27; Is. 11,5; Is. 11,10; Is. 11,10; Is. 11,11; Is. 11,16; Is. 11,16; Is. 13,12; Is. 13,14; Is. 13,19; Is. 14,3; Is. 14,19; Is. 14,23; Is. 14,24; Is. 15,6; Is. 15,6; Is. 16,12; Is. 17,1; Is. 17,2; Is. 17,3; Is. 17,3; Is. 17,5; Is. 17,5; Is. 17,7; Is. 17,14; Is. 17,14; Is. 18,3; Is. 18,4; Is. 18,4; Is. 19,15; Is. 19,17; Is. 19,19; Is. 19,20; Is. 19,21; Is. 19,23; Is. 19,24; Is. 20,3; Is. 21,17; Is. 22,20; Is. 22,21; Is. 22,22; Is. 22,23; Is. 22,24; Is. 23,12; Is. 23,13; Is. 23,15; Is. 23,15; Is.

εἰμί   663

23,15; Is. 23,17; Is. 23,17; Is. 23,18; Is. 24,2; Is. 24,2; Is. 24,13; Is. 24,15; Is. 24,15; Is. 24,18; Is. 24,22; Is. 27,10; Is. 27,10; Is. 27,11; Is. 27,12; Is. 27,13; Is. 28,4; Is. 28,5; Is. 28,13; Is. 28,19; Is. 28,21; Is. 29,2; Is. 29,4; Is. 29,5; Is. 29,5; Is. 29,6; Is. 29,7; Is. 29,8; Is. 29,15; Is. 30,3; Is. 30,8; Is. 30,13; Is. 30,14; Is. 30,23; Is. 30,23; Is. 30,25; Is. 30,26; Is. 30,26; Is. 30,32; Is. 32,2; Is. 32,15; Is. 32,17; Is. 33,9; Is. 33,11; Is. 33,21; Is. 34,9; Is. 34,13; Is. 35,6; Is. 35,7; Is. 35,7; Is. 35,8; Is. 35,8; Is. 35,9; Is. 40,4; Is. 41,17; Is. 43,10; Is. 47,10; Is. 47,15; Is. 49,5; Is. 51,6; Is. 51,8; Is. 55,11; Is. 55,13; Is. 57,2; Is. 58,11; Is. 58,12; Is. 59,6; Is. 60,19; Is. 60,19; Is. 60,20; Is. 60,22; Is. 62,5; Is. 64,1; Is. 65,17; Is. 65,20; Is. 65,20; Is. 65,24; Is. 66,23; Jer. 3,16; Jer. 4,4; Jer. 4,9; Jer. 4,10; Jer. 4,27; Jer. 5,13; Jer. 5,18; Jer. 5,19; Jer. 7,33; Jer. 7,34; Jer. 9,21; Jer. 11,23; Jer. 12,15; Jer. 12,16; Jer. 13,12; Jer. 14,13; Jer. 14,15; Jer. 14,16; Jer. 15,2; Jer. 15,16; Jer. 16,10; Jer. 17,6; Jer. 17,7; Jer. 17,8; Jer. 17,8; Jer. 17,11; Jer. 17,24; Jer. 17,27; Jer. 21,9; Jer. 21,12; Jer. 22,5; Jer. 23,17; Jer. 23,26; Jer. 23,36; Jer. 25,11; Jer. 25,16; Jer. 25,19; Jer. 26,19; Jer. 26,27; Jer. 27,3; Jer. 27,10; Jer. 27,13; Jer. 27,32; Jer. 28,37; Jer. 28,62; Jer. 28,63; Jer. 29,2; Jer. 30,11; Jer. 30,16; Jer. 30,21; Jer. 30,28; Jer. 31,26; Jer. 31,34; Jer. 32,28; Jer. 33,9; Jer. 33,18; Jer. 36,7; Jer. 36,32; Jer. 38,12; Jer. 38,28; Jer. 40,9; Jer. 40,12; Jer. 41,20; Jer. 42,7; Jer. 43,30; Jer. 43,30; Jer. 45,2; Jer. 45,20; Jer. 46,18; Jer. 47,9; Jer. 49,4; Jer. 49,16; Jer. 49,17; Jer. 51,14; Bar. 2,23; Bar. 4,27; Bar. 4,34; LetterJ 50; LetterJ 71; LetterJ 72; Ezek. 3,9; Ezek. 4,3; Ezek. 7,8; Ezek. 7,25; Ezek. 7,26; Ezek. 7,26; Ezek. 11,11; Ezek. 12,11; Ezek. 12,20; Ezek. 12,24; Ezek. 13,11; Ezek. 13,13; Ezek. 14,10; Ezek. 14,15; Ezek. 14,15; Ezek. 14,16; Ezek. 15,4; Ezek. 15,5; Ezek. 15,5; Ezek. 16,15; Ezek. 17,23; Ezek. 18,5; Ezek. 18,13; Ezek. 18,20; Ezek. 18,20; Ezek. 19,14; Ezek. 20,32; Ezek. 21,12; Ezek. 21,12; Ezek. 21,18; Ezek. 21,31; Ezek. 21,32; Ezek. 21,37; Ezek. 24,17; Ezek. 24,24; Ezek. 26,5; Ezek. 26,5; Ezek. 29,9; Ezek. 29,14; Ezek. 29,19; Ezek. 30,3; Ezek. 30,4; Ezek. 30,9; Ezek. 30,16; Ezek. 33,4; Ezek. 33,5; Ezek. 34,23; Ezek. 34,28; Ezek. 36,32; Ezek. 37,18; Ezek. 37,22; Ezek. 37,24; Ezek. 37,25; Ezek. 37,26; Ezek. 37,27; Ezek. 38,10; Ezek. 38,16; Ezek. 38,18; Ezek. 38,19; Ezek. 38,21; Ezek. 39,8; Ezek. 39,11; Ezek. 39,13; Ezek. 39,26; Ezek. 43,27; Ezek. 44,2; Ezek. 44,2; Ezek. 44,17; Ezek. 44,28; Ezek. 44,29; Ezek. 44,30; Ezek. 45,1; Ezek. 45,2; Ezek. 45,3; Ezek. 45,4; Ezek. 45,4; Ezek. 45,4; Ezek. 45,5; Ezek. 45,8; Ezek. 45,11; Ezek. 45,11; Ezek. 45,12; Ezek. 45,17; Ezek. 45,21; Ezek. 46,1; Ezek. 46,6; Ezek. 46,7; Ezek. 46,11; Ezek. 46,16; Ezek. 46,17; Ezek. 46,17; Ezek. 47,9; Ezek. 47,9; Ezek. 47,10; Ezek. 47,10; Ezek. 47,12; Ezek. 48,1; Ezek. 48,8; Ezek. 48,8; Ezek. 48,10; Ezek. 48,10; Ezek. 48,12; Ezek. 48,15; Ezek. 48,15; Ezek. 48,17; Ezek. 48,18; Ezek. 48,21; Ezek. 48,22; Ezek. 48,22; Ezek. 48,28; Ezek. 48,35; Dan. 2,8; Dan. 2,41; Dan. 2,42; Dan. 2,42; Dan. 2,44; Dan. 3,18; Dan. 4,32; Dan. 7,23; Dan. 8,19; Dan. 9,26; Dan. 9,27; Dan. 11,8; Dan. 11,15; Dan. 11,16; Dan. 11,17; Dan. 11,29; Dan. 11,42; Dan. 11,45; Sus. 63; Josh. 19,10; Josh. 19,14; Josh. 19,22; Josh. 19,29; Judg. 4,9; Judg. 4,20; Judg. 6,16; Judg. 7,4; Judg. 7,17; Judg. 9,33; Judg. 10,18; Judg. 11,31; Judg. 11,31; Judg. 13,5; Judg. 13,7; Judg. 13,12; Judg. 21,22; Tob. 9,3-4; Tob. 14,4; Tob. 14,4; Tob. 14,4; Tob. 14,4; Tob. 14,4; Dan. 2,40; Dan. 2,41; Dan. 2,41; Dan. 2,42; Dan. 2,42; Dan. 3,40; Dan. 4,25; Dan. 4,27; Dan. 5,16; Dan. 7,23; Dan. 11,15; Dan. 11,17; Dan. 11,29; Dan. 11,42; Dan. 12,1; Matt. 5,21; Matt. 5,22; Matt. 5,22; Matt. 5,22; Matt. 6,21; Matt. 6,22; Matt. 6,23; Matt. 8,12; Matt. 10,15; Matt. 11,22; Matt. 11,24; Matt. 12,11; Matt. 12,40; Matt. 12,45; Matt. 13,40; Matt. 13,42; Matt. 13,49; Matt. 13,50; Matt. 16,19; Matt. 16,19; Matt. 16,22; Matt. 18,18; Matt. 18,18; Matt. 19,27; Matt. 20,26; Matt. 20,26; Matt. 20,27; Matt. 22,13; Matt. 22,28; Matt. 23,11; Matt. 24,3; Matt. 24,21; Matt. 24,27; Matt. 24,37; Matt. 24,39; Matt. 24,51; Matt. 25,30; Matt. 27,64; Mark 9,35; Mark 10,43; Mark 10,44; Mark 11,23; Mark 11,24; Mark 12,7; Mark 12,23; Mark 13,4; Mark 14,2; Luke 1,14; Luke 1,15; Luke 1,32; Luke 1,33; Luke 1,34; Luke 1,45; Luke 1,66; Luke 2,10; Luke 3,5; Luke 4,7; Luke 6,35; Luke 6,40; Luke 10,12; Luke 10,14; Luke 11,30; Luke 11,36; Luke 12,20; Luke 12,34; Luke 12,55; Luke 13,28; Luke 14,10; Luke 15,7; Luke 17,24; Luke 17,26; Luke 17,30; Luke 17,31; Luke 19,46; Luke 21,7; Luke 21,11; Luke 21,23; Luke 21,24; Luke 22,69; John 12,26; John 14,17; John 19,24; Acts 2,17; Acts 2,21; Acts 3,23; Acts 7,6; Acts 27,22; Acts 27,25; Rom. 4,18; Rom. 9,9; Rom. 9,26; Rom. 15,12; 1Cor. 11,27; 2Cor. 3,8; 2Cor. 11,15; 2Cor. 13,11; Phil. 4,9; Col. 2,8; 2Tim. 2,21; 2Tim. 3,9; Heb. 1,5; Heb. 3,12; James 1,25; James 5,3; 2John 2; 2John 3; Rev. 10,6; Rev. 10,9; Rev. 21,3; Rev. 21,4; Rev. 21,4; Rev. 21,7; Rev. 21,25; Rev. 22,3; Rev. 22,3; Rev. 22,5; Rev. 22,14)

Ἔσται ▸ 5 + 1 = 6
  Verb · third · singular · future · middle · indicative ▸ 5 + 1 = **6** (1Kings 8,29; 2Kings 23,27; 2Chr. 35,19d; Is. 17,4; Dan. 2,20; 2Tim. 4,3)

ἐστε ▸ 31 + 67 = 98
  Verb · second · plural · present · active · indicative ▸ 31 + 67 = **98** (Gen. 42,9; Gen. 42,14; Gen. 42,16; Gen. 42,19; Gen. 42,33; Gen. 42,34; Gen. 42,34; Ex. 5,17; Ex. 12,13; Lev. 25,23; Deut. 1,10; Deut. 7,7; Deut. 14,1; Josh. 9,22; Josh. 9,23; 1Esdr. 8,57; 1Mac. 16,3; Psa. 81,6; Job 12,2; Job 13,4; Job 32,6; Amos 9,7; Zeph. 2,12; Is. 41,23; Is. 42,17; Is. 44,8; Is. 52,5; Is. 57,4; Jer. 18,6; Jer. 23,33; Ezek. 34,31; Matt. 5,11; Matt. 5,13; Matt. 5,14; Matt. 8,26; Matt. 10,20; Matt. 15,16; Matt. 23,8; Matt. 23,28; Matt. 23,31; Mark 4,40; Mark 7,18; Mark 9,41; Mark 13,11; Luke 6,22; Luke 11,48; Luke 16,15; Luke 22,28; John 8,31; John 8,37; John 8,39; John 10,34; John 13,10; John 13,11; John 13,17; John 13,35; John 15,3; John 15,14; John 15,27; Acts 3,25; Acts 7,26; Acts 22,3; Rom. 1,6; Rom. 6,14; Rom. 6,16; Rom. 15,14; 1Cor. 1,30; 1Cor. 3,3; 1Cor. 3,3; 1Cor. 3,4; 1Cor. 3,9; 1Cor. 3,16; 1Cor. 3,17; 1Cor. 5,7; 1Cor. 6,2; 1Cor. 9,1; 1Cor. 9,2; 1Cor. 12,27; 1Cor. 14,12; 2Cor. 1,7; 2Cor. 2,9; 2Cor. 3,2; 2Cor. 7,3; 2Cor. 13,5; Gal. 3,3; Gal. 3,26; Gal. 3,28; Gal. 4,6; Eph. 2,5; Eph. 2,8; 1Th. 2,20; 1Th. 4,9; 1Th. 5,5; Heb. 12,8; Heb. 12,8; James 4,14; 1John 2,14; 1John 4,4)

ἐστὲ ▸ 7 + 15 = 22
  Verb · second · plural · present · active · indicative ▸ 7 + 15 = **22** (Gen. 29,4; Deut. 1,11; Josh. 9,8; Judith 8,12; 1Mac. 12,7; 2Mac. 11,37; Is. 41,24; Luke 11,44; Luke 24,38; John 8,44; John 10,26; Rom. 8,9; 1Cor. 5,2; 1Cor. 6,19; 1Cor. 15,17; 2Cor. 3,3; 2Cor. 13,5; Gal. 5,18; Eph. 2,19; Eph. 2,19; Col. 2,10; 1Th. 5,4)

ἐστέ ▸ 3 + 1 + 10 = 14
  Verb · second · plural · present · active · indicative ▸ 3 + 1 + 10 = **14** (Tob. 7,3; 4Mac. 13,12; Is. 41,28; Tob. 7,3; Luke 13,25; Luke 13,27; John 8,23; John 8,23; John 8,47; John 15,19; Acts 19,15; 1Cor. 4,8; Gal. 3,29; Gal. 4,28)

ἔστι ▸ 11
  Verb · third · singular · present · active · indicative ▸ **11** (Is. 28,7; LetterJ 9; Dan. 2,11; Dan. 2,27; Dan. 2,28; Dan. 3,17; Dan. 4,37c; Dan. 5,0; Bel 6; Bel 18; Bel 41)

ἔστι ▸ 15 + 1 = 16
  Verb · third · singular · present · active · indicative ▸ 15 + 1 = **16** (Ex. 2,20; Esth. 8,9; Prov. 3,18; Eccl. 5,8; Dan. 2,11; Dan. 2,20; Dan. 2,28; Dan. 3,17; Dan. 4,37; Dan. 5,12; Dan. 6,27; Dan. 8,20; Dan. 10,4; Sus. 22; Bel 35; Bel 7)

ἐστί ▸ 5
  Verb · third · singular · present · active · indicative ▸ **5** (Wis.

13,3; Wis. 15,18; Dan. 4,30; Sus. 29; Bel 41)

ἐστί ▸ 3

    Verb · third · singular · present · active · indicative ▸ **3** (Dan. 5,9; Dan. 8,21; Bel 19)

ἔστιν ▸ **617** + **38** + **141** = **796**

    Verb · third · singular · present · active · indicative ▸ **617** + **38** + **141** = **796** (Gen. 17,12; Gen. 19,12; Gen. 20,11; Gen. 24,23; Gen. 28,17; Gen. 29,26; Gen. 31,5; Gen. 31,14; Gen. 33,11; Gen. 34,14; Gen. 37,30; Gen. 40,8; Gen. 41,15; Gen. 41,39; Gen. 42,1; Gen. 42,2; Gen. 42,36; Gen. 42,36; Gen. 43,6; Gen. 43,7; Ex. 8,6; Ex. 9,14; Ex. 10,9; Ex. 16,25; Ex. 17,7; Ex. 22,1; Ex. 22,26; Ex. 29,22; Ex. 29,28; Ex. 29,33; Ex. 32,18; Lev. 11,10; Lev. 11,12; Lev. 13,21; Lev. 13,26; Lev. 13,31; Lev. 13,32; Lev. 13,32; Lev. 13,34; Lev. 14,13; Lev. 14,13; Lev. 23,28; Lev. 24,9; Lev. 25,31; Lev. 27,22; Num. 5,15; Num. 9,13; Num. 13,20; Num. 17,5; Num. 17,18; Num. 21,5; Num. 21,13; Num. 21,26; Num. 22,12; Num. 27,4; Num. 27,17; Deut. 4,35; Deut. 4,39; Deut. 10,9; Deut. 11,10; Deut. 12,12; Deut. 14,10; Deut. 14,27; Deut. 14,29; Deut. 18,12; Deut. 19,6; Deut. 22,26; Deut. 23,23; Deut. 30,14; Deut. 31,17; Deut. 32,4; Deut. 32,20; Deut. 32,28; Deut. 32,31; Deut. 32,39; Deut. 32,39; Deut. 33,26; Josh. 22,25; Josh. 22,27; Judg. 4,20; Judg. 6,13; Judg. 6,31; Judg. 7,14; Judg. 11,34; Judg. 14,3; Judg. 16,15; Judg. 18,10; Judg. 18,28; Judg. 18,28; Judg. 19,12; Judg. 19,15; Judg. 19,18; Judg. 19,19; Judg. 21,9; Ruth 1,12; Ruth 3,12; Ruth 4,4; 1Sam. 2,2; 1Sam. 2,2; 1Sam. 2,2; 1Sam. 9,7; 1Sam. 9,11; 1Sam. 10,24; 1Sam. 11,7; 1Sam. 14,6; 1Sam. 14,42; 1Sam. 17,46; 1Sam. 20,2; 1Sam. 20,8; 1Sam. 20,21; 1Sam. 21,9; 1Sam. 21,10; 1Sam. 21,10; 1Sam. 22,8; 1Sam. 22,8; 1Sam. 23,23; 1Sam. 24,12; 1Sam. 25,17; 1Sam. 27,1; 2Sam. 7,22; 2Sam. 7,22; 2Sam. 9,1; 2Sam. 9,3; 2Sam. 14,19; 2Sam. 15,3; 2Sam. 15,14; 2Sam. 18,18; 2Sam. 18,22; 2Sam. 20,1; 2Sam. 21,4; 2Sam. 21,4; 2Sam. 22,42; 1Kings 3,18; 1Kings 5,18; 1Kings 5,18; 1Kings 5,20; 1Kings 8,23; 1Kings 8,41; 1Kings 8,46; 1Kings 8,60; 1Kings 10,7; 1Kings 12,16; 1Kings 17,12; 1Kings 18,10; 1Kings 18,10; 1Kings 18,21; 1Kings 18,43; 1Kings 20,15; 1Kings 22,7; 1Kings 22,8; 1Kings 22,17; 1Kings 22,33; 2Kings 3,11; 2Kings 4,2; 2Kings 4,6; 2Kings 4,13; 2Kings 4,14; 2Kings 5,8; 2Kings 5,15; 2Kings 7,5; 2Kings 7,7; 2Kings 7,10; 2Kings 9,10; 2Kings 9,15; 2Kings 10,15; 2Kings 10,15; 2Kings 10,23; 2Kings 19,3; 1Chr. 15,2; 1Chr. 17,20; 1Chr. 17,20; 1Chr. 17,21; 1Chr. 22,14; 1Chr. 22,16; 1Chr. 29,3; 1Chr. 29,15; 2Chr. 6,14; 2Chr. 15,5; 2Chr. 15,7; 2Chr. 18,6; 2Chr. 18,7; 2Chr. 18,16; 2Chr. 19,7; 2Chr. 20,6; 2Chr. 20,12; 2Chr. 21,18; 2Chr. 25,7; 2Chr. 25,8; 2Chr. 35,3; 1Esdr. 1,15; 1Esdr. 4,36; 1Esdr. 4,37; 1Esdr. 4,39; 1Esdr. 4,39; 1Esdr. 8,80; 1Esdr. 8,87; 1Esdr. 9,11; Ezra 4,16; Ezra 7,22; Ezra 9,13; Ezra 9,15; Ezra 10,2; Ezra 10,13; Neh. 2,2; Neh. 2,12; Neh. 2,20; Neh. 5,5; Esth. 4,11; Esth. 13,9 # 4,17b; Esth. 13,10 # 4,17c; Esth. 8,8; Judith 3,4; Judith 5,20; Judith 5,20; Judith 5,21; Judith 5,23; Judith 7,25; Judith 8,28; Judith 9,14; Judith 11,4; Judith 11,18; Judith 11,19; Judith 11,21; Judith 14,18; Judith 16,14; Tob. 4,12; Tob. 6,11; Tob. 13,2; 1Mac. 3,18; 1Mac. 4,11; 1Mac. 7,18; 1Mac. 8,16; 1Mac. 9,29; 1Mac. 9,45; 1Mac. 10,72; 1Mac. 10,73; 1Mac. 10,80; 2Mac. 2,14; 2Mac. 13,5; 2Mac. 14,3; 2Mac. 14,32; 2Mac. 15,3; 2Mac. 15,21; 4Mac. 2,9; 4Mac. 3,1; 4Mac. 13,4; 4Mac. 13,5; Psa. 3,3; Psa. 5,10; Psa. 6,6; Psa. 7,4; Psa. 9,25; Psa. 13,1; Psa. 13,1; Psa. 13,1; Psa. 13,2; Psa. 13,3; Psa. 13,3; Psa. 13,3; Psa. 18,7; Psa. 21,12; Psa. 31,2; Psa. 31,9; Psa. 33,10; Psa. 35,2; Psa. 36,37; Psa. 37,4; Psa. 37,4; Psa. 37,8; Psa. 37,11; Psa. 39,6; Psa. 39,13; Psa. 52,2; Psa. 52,2; Psa. 52,3; Psa. 52,4; Psa. 52,4; Psa. 57,12; Psa. 68,3; Psa. 70,11; Psa. 72,4; Psa. 72,11; Psa. 73,9; Psa. 85,8; Psa. 85,8; Psa. 91,16; Psa. 103,25; Psa. 117,23; Psa. 118,165; Psa. 138,4; Psa. 141,5; Psa. 143,14; Psa. 144,3; Psa. 145,3; Psa. 146,5; Ode. 2,4; Ode. 2,20; Ode. 2,28; Ode. 2,39; Ode. 2,39; Ode. 3,2; Ode. 3,2; Ode. 3,2; Ode. 7,33; Ode. 7,38; Ode. 7,40; Ode. 12,10; Prov. 14,12; Prov. 21,30; Prov. 21,30; Prov. 21,30; Prov. 26,1; Prov. 26,11a; Prov. 26,11a; Prov. 26,20; Prov. 29,1; Prov. 30,2; Prov. 30,25; Eccl. 1,9; Eccl. 1,11; Eccl. 1,17; Eccl. 2,11; Eccl. 2,13; Eccl. 2,16; Eccl. 2,21; Eccl. 2,24; Eccl. 3,12; Eccl. 3,14; Eccl. 3,14; Eccl. 3,22; Eccl. 4,1; Eccl. 4,1; Eccl. 4,8; Eccl. 4,8; Eccl. 4,8; Eccl. 4,8; Eccl. 4,9; Eccl. 4,16; Eccl. 5,3; Eccl. 5,11; Eccl. 5,12; Eccl. 5,13; Eccl. 6,2; Eccl. 7,15; Eccl. 7,15; Eccl. 7,20; Eccl. 8,6; Eccl. 8,7; Eccl. 8,8; Eccl. 8,8; Eccl. 8,8; Eccl. 8,11; Eccl. 8,13; Eccl. 8,14; Eccl. 8,15; Eccl. 8,16; Eccl. 9,1; Eccl. 9,4; Eccl. 9,5; Eccl. 9,6; Eccl. 9,10; Eccl. 10,5; Eccl. 10,11; Eccl. 11,5; Eccl. 12,1; Eccl. 12,12; Song 4,2; Song 4,7; Song 6,6; Song 6,8; Job 1,8; Job 1,12; Job 2,3; Job 5,9; Job 6,6; Job 9,10; Job 9,26; Job 10,22; Job 11,18; Job 14,7; Job 14,10; Job 20,20; Job 20,21; Job 21,9; Job 25,3; Job 26,6; Job 27,19; Job 28,1; Job 28,14; Job 28,14; Job 32,5; Job 34,24; Job 35,14; Job 35,15; Job 40,19; Job 41,25; Wis. 1,14; Wis. 2,1; Wis. 2,5; Wis. 5,10; Wis. 7,29; Wis. 15,9; Sir. 3,28; Sir. 4,21; Sir. 4,21; Sir. 5,12; Sir. 6,8; Sir. 6,9; Sir. 6,10; Sir. 6,15; Sir. 6,15; Sir. 7,11; Sir. 7,22; Sir. 8,16; Sir. 9,10; Sir. 10,24; Sir. 11,9; Sir. 11,11; Sir. 11,12; Sir. 11,18; Sir. 14,6; Sir. 14,16; Sir. 15,13; Sir. 18,6; Sir. 18,6; Sir. 19,16; Sir. 19,22; Sir. 19,22; Sir. 19,23; Sir. 19,23; Sir. 19,25; Sir. 19,25; Sir. 19,26; Sir. 20,1; Sir. 20,1; Sir. 20,5; Sir. 20,5; Sir. 20,6; Sir. 20,6; Sir. 20,9; Sir. 20,10; Sir. 20,10; Sir. 20,11; Sir. 20,11; Sir. 20,12; Sir. 20,16; Sir. 20,22; Sir. 20,23; Sir. 21,3; Sir. 21,12; Sir. 21,12; Sir. 22,21; Sir. 22,22; Sir. 23,13; Sir. 25,10; Sir. 25,15; Sir. 25,15; Sir. 26,14; Sir. 26,15; Sir. 27,21; Sir. 27,21; Sir. 30,12; Sir. 30,16; Sir. 30,16; Sir. 30,23; Sir. 33,31; Sir. 33,32; Sir. 35,12; Sir. 36,4; Sir. 36,9; Sir. 36,18; Sir. 36,21; Sir. 36,23; Sir. 36,23; Sir. 36,25; Sir. 36,25; Sir. 37,1; Sir. 37,7; Sir. 37,13; Sir. 37,19; Sir. 37,20; Sir. 37,22; Sir. 38,13; Sir. 39,16; Sir. 39,18; Sir. 39,19; Sir. 39,21; Sir. 39,34; Sir. 40,26; Sir. 40,26; Sir. 40,29; Sir. 41,4; Sir. 42,21; Sir. 44,9; Sir. 45,22; Sir. 50,25; Sol. 4,11; Sol. 17,32; Hos. 4,1; Hos. 10,3; Hos. 12,12; Hos. 13,4; Amos 2,11; Amos 5,2; Mic. 2,10; Joel 2,27; Obad. 7; Nah. 3,9; Nah. 3,19; Hab. 2,19; Zeph. 2,15; Mal. 1,10; Is. 1,6; Is. 3,7; Is. 6,13; Is. 8,20; Is. 9,6; Is. 10,14; Is. 14,31; Is. 27,4; Is. 31,1; Is. 31,3; Is. 33,19; Is. 39,4; Is. 40,28; Is. 41,26; Is. 43,11; Is. 43,13; Is. 44,6; Is. 44,8; Is. 45,5; Is. 45,6; Is. 45,6; Is. 45,14; Is. 45,18; Is. 45,21; Is. 45,21; Is. 45,22; Is. 46,9; Is. 47,8; Is. 47,10; Is. 47,10; Is. 48,22; Is. 50,10; Is. 53,2; Is. 54,17; Is. 57,21; Is. 59,4; Is. 59,8; Is. 59,11; Is. 62,7; Is. 63,3; Is. 64,6; Is. 65,3; Is. 66,2; Jer. 2,32; Jer. 5,1; Jer. 5,12; Jer. 8,6; Jer. 8,13; Jer. 8,13; Jer. 8,17; Jer. 8,19; Jer. 8,19; Jer. 8,22; Jer. 8,22; Jer. 10,5; Jer. 10,14; Jer. 10,16; Jer. 10,20; Jer. 12,11; Jer. 12,12; Jer. 14,19; Jer. 14,22; Jer. 15,1; Jer. 16,19; Jer. 22,28; Jer. 26,11; Jer. 26,23; Jer. 28,17; Jer. 30,1; Jer. 30,4; Jer. 30,17; Jer. 31,2; Jer. 31,38; Jer. 33,16; Jer. 34,18; Jer. 37,5; Jer. 37,7; Jer. 37,13; Jer. 37,13; Jer. 37,17; Jer. 38,6; Jer. 38,16; Jer. 44,17; Bar. 3,17; Bar. 3,18; Bar. 3,31; Lam. 1,9; Lam. 1,12; Lam. 1,17; Lam. 1,21; Lam. 2,9; Lam. 4,4; Lam. 5,8; LetterJ 19; LetterJ 24; LetterJ 49; Ezek. 13,15; Ezek. 13,16; Ezek. 21,16; Dan. 3,33; Dan. 3,38; Dan. 3,40; Dan. 3,96; Dan. 10,17; Bel 9; Judg. 3,25; Judg. 4,20; Judg. 4,20; Judg. 6,13; Judg. 7,14; Judg. 16,15; Judg. 18,7; Judg. 18,10; Judg. 18,14; Judg. 18,28; Judg. 19,12; Judg. 19,18; Judg. 19,19; Tob. 6,4; Tob. 6,11; Tob. 6,19; Tob. 11,15; Tob. 13,2; Dan. 1,4; Dan. 2,10; Dan. 2,11; Dan. 2,11; Dan. 2,27; Dan. 2,28; Dan. 3,17; Dan. 3,33; Dan. 3,38; Dan. 3,92; Dan. 3,96; Dan. 4,35; Dan. 5,11; Dan. 9,26; Dan. 10,21; Dan. 11,16; Dan. 11,45; Bel 18; Bel 24; Bel 41; Matt. 10,24; Matt. 10,37; Matt. 10,37; Matt. 10,38; Matt. 13,57; Matt. 15,26; Matt. 18,14; Matt. 20,23; Matt. 21,42; Matt. 22,32; Matt. 27,46; Matt. 28,6; Mark 6,4; Mark 7,2; Mark 9,40; Mark 10,40; Mark 12,11; Mark 12,27;

εἰμί

Mark 12,31; Mark 12,32; Mark 16,6; Luke 6,40; Luke 9,50; Luke 12,6; Luke 12,24; Luke 20,38; Luke 24,6; John 1,47; John 4,18; John 5,31; John 5,45; John 6,9; John 6,24; John 6,45; John 7,16; John 7,18; John 7,28; John 8,13; John 8,44; John 8,50; John 8,54; John 9,16; John 10,12; John 10,16; John 10,21; John 10,34; John 11,4; John 11,10; John 13,10; John 13,16; John 14,24; John 15,20; John 18,36; John 18,36; John 18,39; John 20,30; Acts 1,19; Acts 2,15; Acts 2,29; Acts 4,12; Acts 8,21; Acts 8,21; Acts 10,34; Acts 19,2; Acts 19,4; Acts 25,16; Rom. 3,10; Rom. 3,11; Rom. 3,11; Rom. 3,12; Rom. 3,12; Rom. 3,18; Rom. 4,15; Rom. 7,18; Rom. 8,9; Rom. 8,24; Rom. 9,8; Rom. 10,6; Rom. 10,7; Rom. 10,8; Rom. 13,1; 1Cor. 9,16; 1Cor. 11,20; 1Cor. 12,14; 1Cor. 12,15; 1Cor. 12,16; 1Cor. 15,12; 1Cor. 15,13; 1Cor. 15,44; 1Cor. 15,44; 1Cor. 15,58; 2Cor. 1,18; 2Cor. 4,3; 2Cor. 11,10; Gal. 1,7; Gal. 1,11; Gal. 3,12; Gal. 3,20; Gal. 5,23; Eph. 6,9; Eph. 6,12; Col. 3,25; 1Tim. 5,8; 2Tim. 2,20; 2Tim. 4,11; Philem. 12; Heb. 2,14; Heb. 4,13; Heb. 7,5; Heb. 9,5; Heb. 9,11; Heb. 10,20; Heb. 11,6; Heb. 11,16; Heb. 13,15; James 3,15; 1Pet. 3,20; 1John 1,5; 1John 1,5; 1John 1,8; 1John 1,10; 1John 2,4; 1John 2,10; 1John 2,15; 1John 2,16; 1John 2,21; 1John 2,22; 1John 2,27; 1John 3,5; 1John 3,10; 1John 4,3; 1John 4,6; 1John 4,18; 1John 5,16; 1John 5,17; Rev. 17,8; Rev. 17,8; Rev. 17,10; Rev. 17,11; Rev. 17,18; Rev. 21,1)

ἐστιν ▸ 945 + 61 + 573 = 1579

Verb · third · singular · present · active · indicative ▸ 945 + 61 + 573 = 1579 (Gen. 1,29; Gen. 2,11; Gen. 2,12; Gen. 3,3; Gen. 3,6; Gen. 4,9; Gen. 6,17; Gen. 7,15; Gen. 9,3; Gen. 9,12; Gen. 9,15; Gen. 9,16; Gen. 9,17; Gen. 12,18; Gen. 12,19; Gen. 13,9; Gen. 14,6; Gen. 14,15; Gen. 19,20; Gen. 19,20; Gen. 19,31; Gen. 20,2; Gen. 20,2; Gen. 20,3; Gen. 20,5; Gen. 20,5; Gen. 20,12; Gen. 20,13; Gen. 21,13; Gen. 21,17; Gen. 21,17; Gen. 22,7; Gen. 22,7; Gen. 23,2; Gen. 23,9; Gen. 23,17; Gen. 23,19; Gen. 24,65; Gen. 24,65; Gen. 25,9; Gen. 25,18; Gen. 26,7; Gen. 26,7; Gen. 26,9; Gen. 26,9; Gen. 27,38; Gen. 29,12; Gen. 29,15; Gen. 30,18; Gen. 31,11; Gen. 31,32; Gen. 31,35; Gen. 31,43; Gen. 31,44; Gen. 31,50; Gen. 32,28; Gen. 32,33; Gen. 33,5; Gen. 33,8; Gen. 33,18; Gen. 35,6; Gen. 35,6; Gen. 35,17; Gen. 36,1; Gen. 36,8; Gen. 36,24; Gen. 37,27; Gen. 37,32; Gen. 37,33; Gen. 38,14; Gen. 38,16; Gen. 38,21; Gen. 38,25; Gen. 40,8; Gen. 41,25; Gen. 41,26; Gen. 42,14; Gen. 43,12; Gen. 43,32; Gen. 44,5; Gen. 45,10; Gen. 45,28; Gen. 46,2; Gen. 46,33; Gen. 46,34; Gen. 47,4; Gen. 47,6; Gen. 49,29; Gen. 50,10; Gen. 50,11; Gen. 50,11; Ex. 1,11; Ex. 3,4; Ex. 3,15; Ex. 4,2; Ex. 5,2; Ex. 8,15; Ex. 9,19; Ex. 12,2; Ex. 12,22; Ex. 12,42; Ex. 13,2; Ex. 16,1; Ex. 16,8; Ex. 16,15; Ex. 16,23; Ex. 18,18; Ex. 19,5; Ex. 20,17; Ex. 21,8; Ex. 21,21; Ex. 21,36; Ex. 22,2; Ex. 23,21; Ex. 23,22; Ex. 28,8; Ex. 29,1; Ex. 29,14; Ex. 29,25; Ex. 29,26; Ex. 29,29; Ex. 29,34; Ex. 29,38; Ex. 30,13; Ex. 30,13; Ex. 30,32; Ex. 31,13; Ex. 31,14; Ex. 31,17; Ex. 32,16; Ex. 33,16; Ex. 34,9; Ex. 34,10; Ex. 34,14; Ex. 38,16; Lev. 1,9; Lev. 1,13; Lev. 1,17; Lev. 2,16; Lev. 4,7; Lev. 4,7; Lev. 4,9; Lev. 4,18; Lev. 4,18; Lev. 4,21; Lev. 5,9; Lev. 7,18; Lev. 7,20; Lev. 7,21; Lev. 8,5; Lev. 8,21; Lev. 8,21; Lev. 8,28; Lev. 8,28; Lev. 10,3; Lev. 10,13; Lev. 11,10; Lev. 11,12; Lev. 11,13; Lev. 11,20; Lev. 11,23; Lev. 11,23; Lev. 11,26; Lev. 11,28; Lev. 11,35; Lev. 11,38; Lev. 11,39; Lev. 11,42; Lev. 13,4; Lev. 13,6; Lev. 13,11; Lev. 13,11; Lev. 13,13; Lev. 13,15; Lev. 13,17; Lev. 13,28; Lev. 13,28; Lev. 13,30; Lev. 13,30; Lev. 13,36; Lev. 13,37; Lev. 13,39; Lev. 13,39; Lev. 13,39; Lev. 13,40; Lev. 13,40; Lev. 13,41; Lev. 13,41; Lev. 13,44; Lev. 13,45; Lev. 13,51; Lev. 13,51; Lev. 13,52; Lev. 13,55; Lev. 13,57; Lev. 14,32; Lev. 14,40; Lev. 14,44; Lev. 14,44; Lev. 15,2; Lev. 15,3; Lev. 15,4; Lev. 16,2; Lev. 16,4; Lev. 17,11; Lev. 17,14; Lev. 17,14; Lev. 18,7; Lev. 18,8; Lev. 18,11; Lev. 18,12; Lev. 18,13; Lev. 18,14; Lev. 18,15; Lev. 18,16; Lev. 18,17; Lev. 18,22; Lev. 18,23; Lev. 19,7; Lev. 20,14; Lev. 20,17; Lev. 21,7; Lev. 21,19; Lev. 21,21; Lev. 22,25; Lev. 23,3; Lev. 23,36; Lev. 25,23; Lev. 25,34; Lev. 27,28; Num. 6,18; Num. 7,89; Num. 8,24; Num. 11,14; Num. 11,18; Num. 11,20; Num. 12,7; Num. 13,18; Num. 13,18; Num. 13,19; Num. 13,31; Num. 13,32; Num. 14,3; Num. 14,7; Num. 14,9; Num. 14,23; Num. 14,42; Num. 15,25; Num. 16,9; Num. 16,11; Num. 16,26; Num. 18,17; Num. 18,31; Num. 19,9; Num. 19,13; Num. 19,13; Num. 19,15; Num. 19,20; Num. 20,19; Num. 21,11; Num. 21,16; Num. 21,20; Num. 22,5; Num. 22,36; Num. 22,36; Num. 23,23; Num. 24,1; Num. 25,15; Num. 27,14; Num. 28,23; Num. 31,12; Num. 33,6; Num. 33,7; Num. 35,16; Num. 35,17; Num. 35,18; Num. 35,21; Num. 35,27; Deut. 1,17; Deut. 2,36; Deut. 3,12; Deut. 3,24; Deut. 4,7; Deut. 4,8; Deut. 4,35; Deut. 4,48; Deut. 4,48; Deut. 5,21; Deut. 6,4; Deut. 6,20; Deut. 7,25; Deut. 7,26; Deut. 9,13; Deut. 14,7; Deut. 14,10; Deut. 14,19; Deut. 15,16; Deut. 17,1; Deut. 17,1; Deut. 17,15; Deut. 19,17; Deut. 20,20; Deut. 21,17; Deut. 22,5; Deut. 23,8; Deut. 23,19; Deut. 24,4; Deut. 24,11; Deut. 28,43; Deut. 29,16; Deut. 29,17; Deut. 29,17; Deut. 30,11; Deut. 32,28; Deut. 32,49; Deut. 34,1; Josh. 4,24; Josh. 5,15; Josh. 7,2; Josh. 7,13; Josh. 8,14; Josh. 12,2; Josh. 12,9; Josh. 13,9; Josh. 13,16; Josh. 13,25; Josh. 15,4; Josh. 15,7; Josh. 15,7; Josh. 15,8; Josh. 15,8; Josh. 17,5; Josh. 17,7; Josh. 17,18; Josh. 17,18; Josh. 18,7; Josh. 18,13; Josh. 18,14; Josh. 18,16; Josh. 18,16; Josh. 18,17; Josh. 18,19; Josh. 19,11; Josh. 19,50; Josh. 22,10; Josh. 22,22; Josh. 22,28; Josh. 22,29; Josh. 22,34; Josh. 22,34; Josh. 24,15; Josh. 24,17; Josh. 24,18; Josh. 24,19; Judg. 1,27; Judg. 4,11; Judg. 6,13; Judg. 6,25; Judg. 7,1; Judg. 9,2; Judg. 9,3; Judg. 9,18; Judg. 9,28; Judg. 9,28; Judg. 9,38; Judg. 9,38; Judg. 9,38; Judg. 13,18; Judg. 15,2; Judg. 16,3; Judg. 16,5; Judg. 18,3; Judg. 18,28; Judg. 18,28; Judg. 19,14; Judg. 20,31; Judg. 21,12; Judg. 21,19; Ruth 2,6; Ruth 2,20; Ruth 2,20; Ruth 4,3; Ruth 4,15; 1Sam. 10,5; 1Sam. 10,19; 1Sam. 15,23; 1Sam. 15,29; 1Sam. 16,12; 1Sam. 21,5; 1Sam. 24,11; 1Sam. 26,16; 2Sam. 2,16; 2Sam. 2,22; 2Sam. 2,24; 2Sam. 12,8; 2Sam. 13,20; 2Sam. 14,32; 2Sam. 22,31; 2Sam. 24,6; 1Kings 8,21; 1Kings 13,26; 1Kings 18,12; 1Kings 18,27; 1Kings 18,27; 1Kings 18,39; 1Kings 21,3; 1Kings 21,3; 1Kings 21,32; 2Kings 1,8; 2Kings 8,13; 2Kings 9,27; 2Kings 10,33; 2Kings 15,11; 2Kings 15,31; 2Kings 18,17; 2Kings 18,34; 2Kings 18,34; 2Kings 19,13; 2Kings 19,13; 2Kings 23,17; 2Kings 25,4; 1Chr. 16,25; 2Chr. 22,1; 1Chr. 22,14; 1Chr. 29,16; 2Chr. 4,12; 2Chr. 4,13; 2Chr. 8,11; 2Chr. 11,10; 2Chr. 13,4; 2Chr. 20,15; 2Chr. 20,17; 2Chr. 25,21; 2Chr. 26,23; 2Chr. 29,9; 2Chr. 29,10; 2Chr. 29,19; 2Chr. 32,12; 2Chr. 33,13; 1Esdr. 1,24; 1Esdr. 1,25; 1Esdr. 1,25; 1Esdr. 2,3; 1Esdr. 4,12; 1Esdr. 4,13; 1Esdr. 4,46; 1Esdr. 8,8; 1Esdr. 8,89; Ezra 6,15; Ezra 7,23; Neh. 2,8; Neh. 2,18; Neh. 6,11; Esth. 2,16; Esth. 3,4; Esth. 3,7; Esth. 3,13; Esth. 13,1 # 3,13a; Esth. 13,9 # 4,17b; Esth. 14,16 # 4,17w; Esth. 15,9 # 5,1f; Esth. 15,9 # 5,1f; Esth. 5,3; Esth. 5,4; Esth. 5,6; Esth. 7,2; Esth. 8,12; Esth. 16,1 # 8,12a; Esth. 9,1; Esth. 10,9 # 10,3f; Judith 1,5; Judith 3,2; Judith 3,9; Judith 4,6; Judith 5,17; Judith 7,3; Judith 7,10; Judith 7,18; Judith 7,18; Judith 8,18; Judith 8,29; Judith 8,29; Judith 10,19; Judith 11,17; Judith 12,3; Judith 12,11; Tob. 1,2; Tob. 2,1; Tob. 2,13; Tob. 2,13; Tob. 3,10; Tob. 4,11; Tob. 5,9; Tob. 5,18; Tob. 6,7; Tob. 6,11; Tob. 6,12; Tob. 7,5; Tob. 7,12; 1Mac. 2,65; 1Mac. 3,18; 1Mac. 5,34; 1Mac. 5,49; 1Mac. 6,43; 1Mac. 6,57; 1Mac. 9,44; 1Mac. 10,71; 1Mac. 12,23; 1Mac. 12,23; 1Mac. 12,51; 1Mac. 13,2; 1Mac. 13,53; 2Mac. 6,13; 2Mac. 6,24; 2Mac. 6,30; 2Mac. 7,37; 2Mac. 10,5; 2Mac. 15,14; 4Mac. 1,1; 4Mac. 1,14; 4Mac. 1,22; 4Mac. 1,30; 4Mac. 1,30; 4Mac. 2,5; 4Mac. 2,7; 4Mac. 2,9; 4Mac. 3,5; 4Mac. 5,13; 4Mac. 5,20; 4Mac. 6,31; 4Mac. 6,34; 4Mac. 7,16; 4Mac. 7,22; 4Mac.

Ε, ε

εἰμί

7,23; 4Mac. 9,17; 4Mac. 11,21; 4Mac. 13,1; 4Mac. 14,13; 4Mac. 18,2; 4Mac. 18,16; Psa. 8,5; Psa. 11,5; Psa. 11,5; Psa. 13,6; Psa. 15,6; Psa. 15,8; Psa. 17,31; Psa. 23,8; Psa. 23,10; Psa. 23,10; Psa. 24,11; Psa. 24,12; Psa. 25,3; Psa. 27,8; Psa. 32,12; Psa. 32,20; Psa. 33,13; Psa. 36,39; Psa. 38,5; Psa. 38,8; Psa. 39,5; Psa. 41,4; Psa. 41,11; Psa. 43,16; Psa. 44,12; Psa. 47,15; Psa. 49,6; Psa. 49,8; Psa. 49,10; Psa. 49,11; Psa. 49,12; Psa. 50,5; Psa. 54,20; Psa. 59,9; Psa. 59,9; Psa. 72,28; Psa. 73,16; Psa. 73,16; Psa. 74,8; Psa. 77,35; Psa. 77,35; Psa. 77,38; Psa. 78,10; Psa. 83,6; Psa. 88,12; Psa. 88,49; Psa. 94,5; Psa. 94,7; Psa. 95,4; Psa. 98,2; Psa. 98,3; Psa. 98,5; Psa. 99,3; Psa. 107,9; Psa. 107,9; Psa. 113,5; Psa. 113,10; Psa. 113,17; Psa. 113,18; Psa. 113,19; Psa. 118,24; Psa. 118,77; Psa. 118,92; Psa. 118,97; Psa. 118,98; Psa. 118,99; Psa. 118,174; Psa. 126,2; Psa. 129,4; Psa. 134,17; Psa. 143,3; Psa. 143,15; Ode. 2,28; Ode. 5,19; Ode. 12,15; Prov. 3,15; Prov. 3,15; Prov. 3,15; Prov. 4,22; Prov. 6,8b; Prov. 7,11; Prov. 7,14; Prov. 8,11; Prov. 9,4; Prov. 9,16; Prov. 12,11a; Prov. 16,30; Prov. 18,9; Prov. 18,13; Prov. 22,22; Prov. 23,11; Prov. 26,8; Prov. 27,6; Prov. 28,24; Prov. 24,24; Prov. 30,18; Prov. 30,24; Prov. 30,24; Prov. 30,27; Prov. 30,29; Prov. 31,10; Prov. 31,18; Eccl. 1,10; Eccl. 2,24; Eccl. 3,13; Eccl. 4,8; Eccl. 5,5; Eccl. 5,17; Eccl. 5,18; Eccl. 6,1; Eccl. 6,2; Eccl. 6,10; Song 1,1; Song 2,9; Song 6,9; Song 8,9; Job 3,19; Job 4,6; Job 5,27; Job 6,3; Job 6,4; Job 6,30; Job 7,1; Job 7,6; Job 7,17; Job 8,9; Job 8,16; Job 9,4; Job 9,24; Job 9,25; Job 10,5; Job 10,7; Job 11,3; Job 11,14; Job 12,3; Job 13,19; Job 17,3; Job 19,6; Job 19,21; Job 19,25; Job 19,29; Job 20,7; Job 21,22; Job 21,28; Job 21,28; Job 22,2; Job 22,5; Job 23,2; Job 23,13; Job 24,18; Job 24,25; Job 26,2; Job 27,8; Job 27,11; Job 27,11; Job 28,28; Job 28,28; Job 31,12; Job 31,26; Job 32,8; Job 32,8; Job 33,12; Job 34,13; Job 34,21; Job 35,10; Job 35,13; Job 36,2; Job 36,22; Job 36,23; Job 37,21; Job 38,6; Job 38,18; Job 38,28; Job 38,28; Job 38,35; Job 39,5; Job 40,9; Job 41,2; Job 41,3; Job 42,3; Wis. 1,15; Wis. 2,12; Wis. 2,14; Wis. 2,18; Wis. 4,1; Wis. 4,9; Wis. 5,5; Wis. 6,6; Wis. 6,12; Wis. 6,22; Wis. 7,14; Wis. 7,15; Wis. 7,21; Wis. 7,25; Wis. 7,26; Wis. 8,4; Wis. 8,5; Wis. 8,6; Wis. 8,7; Wis. 9,10; Wis. 11,26; Wis. 12,1; Wis. 12,13; Wis. 13,4; Wis. 13,16; Wis. 15,17; Wis. 16,15; Wis. 17,11; Wis. 18,21; Sir. 1,1; Sir. 1,8; Sir. 5,1; Sir. 5,4; Sir. 6,20; Sir. 6,22; Sir. 6,22; Sir. 6,30; Sir. 7,22; Sir. 7,23; Sir. 7,26; Sir. 11,24; Sir. 13,24; Sir. 15,8; Sir. 16,2; Sir. 18,33; Sir. 22,10; Sir. 27,30; Sir. 31,7; Sir. 31,9; Sir. 32,23; Sir. 33,22; Sir. 34,5; Sir. 35,10; Sir. 35,12; Sir. 37,18; Sir. 37,19; Sir. 38,8; Sir. 38,21; Sir. 39,20; Sir. 41,1; Sir. 41,16; Sir. 42,22; Sir. 43,8; Sir. 43,27; Sir. 43,31; Sir. 43,32; Sir. 51,26; Sol. 2,28; Sol. 5,11; Sol. 5,14; Sol. 14,5; Hos. 2,14; Hos. 5,1; Hos. 5,4; Hos. 8,6; Hos. 9,12; Amos 5,13; Amos 5,18; Amos 6,2; Amos 7,2; Amos 7,5; Mic. 1,13; Mic. 2,3; Mic. 2,7; Mic. 3,1; Mic. 3,11; Mic. 7,3; Joel 2,11; Joel 2,17; Jonah 1,12; Nah. 2,12; Hab. 1,7; Hab. 2,13; Hab. 2,19; Hab. 2,19; Hag. 1,4; Hag. 1,9; Zech. 1,7; Zech. 1,9; Zech. 2,2; Zech. 2,6; Zech. 4,4; Zech. 4,5; Zech. 4,13; Zech. 5,6; Zech. 6,4; Zech. 6,5; Zech. 7,1; Zech. 8,23; Zech. 11,12; Zech. 11,13; Zech. 13,9; Mal. 1,6; Mal. 1,6; Mal. 2,7; Mal. 2,17; Is. 1,13; Is. 3,10; Is. 5,28; Is. 7,18; Is. 7,20; Is. 8,12; Is. 10,5; Is. 15,5; Is. 16,1; Is. 18,7; Is. 22,14; Is. 22,16; Is. 26,19; Is. 27,9; Is. 27,11; Is. 30,9; Is. 30,18; Is. 33,18; Is. 36,19; Is. 41,7; Is. 41,26; Is. 42,8; Is. 45,14; Is. 49,6; Is. 49,7; Is. 54,9; Is. 59,21; Is. 63,11; Is. 63,15; Is. 63,15; Is. 63,16; Is. 65,23; Is. 65,24; Jer. 2,6; Jer. 2,8; Jer. 2,14; Jer. 2,14; Jer. 6,14; Jer. 6,23; Jer. 7,31; Jer. 8,9; Jer. 10,9; Jer. 10,15; Jer. 13,20; Jer. 17,9; Jer. 17,15; Jer. 17,16; Jer. 19,2; Jer. 22,16; Jer. 23,28; Jer. 27,15; Jer. 27,38; Jer. 27,42; Jer. 28,3; Jer. 28,6; Jer. 28,11; Jer. 28,18; Jer. 28,19; Jer. 36,28; Jer. 37,7; Jer. 37,17; Jer. 37,21; Jer. 38,9; Jer. 39,2; Jer. 39,43; Jer. 40,10; Jer. 42,4; Jer. 48,9; Bar. 2,25; Bar. 2,30; Bar. 3,10; Bar. 3,14; Bar. 3,14; Bar. 3,14; Bar. 3,14; Bar. 4,4; Lam. 1,18; LetterJ 6; LetterJ 7; LetterJ 11; LetterJ 44; LetterJ 50; LetterJ 60; Ezek. 4,3; Ezek. 9,6; Ezek. 10,20; Ezek. 10,22; Ezek. 13,12; Ezek. 16,44; Ezek. 18,9; Ezek. 20,29; Ezek. 21,5; Ezek. 21,19; Ezek. 24,6; Ezek. 24,7; Ezek. 24,19; Ezek. 27,19; Ezek. 32,16; Ezek. 33,20; Ezek. 35,10; Ezek. 37,18; Ezek. 42,14; Ezek. 47,20; Ezek. 48,14; Dan. 2,11; Bel 7; Bel 24; Josh. 19,11; Judg. 1,16; Judg. 1,27; Judg. 4,11; Judg. 6,13; Judg. 6,22; Judg. 6,25; Judg. 6,25; Judg. 6,31; Judg. 7,1; Judg. 8,35; Judg. 9,3; Judg. 9,18; Judg. 9,28; Judg. 9,28; Judg. 9,38; Judg. 9,38; Judg. 13,18; Judg. 15,19; Judg. 18,28; Judg. 19,14; Judg. 19,19; Judg. 19,19; Judg. 20,31; Judg. 21,19; Tob. 1,2; Tob. 2,1; Tob. 2,13; Tob. 2,14; Tob. 3,10; Tob. 3,15; Tob. 5,4; Tob. 5,9; Tob. 5,9; Tob. 5,18; Tob. 6,11; Tob. 6,18; Tob. 7,5; Tob. 7,10; Tob. 8,14; Tob. 8,21; Tob. 10,6; Tob. 11,1; Tob. 13,4; Dan. 1,4; Dan. 2,20; Dan. 2,22; Dan. 2,28; Dan. 2,36; Dan. 2,47; Dan. 3,15; Dan. 4,17; Dan. 6,27; Dan. 8,2; Dan. 8,21; Dan. 8,26; Dan. 10,4; Sus. 22; Sus. 23; Sus. 29; Bel 25; Matt. 1,20; Matt. 1,23; Matt. 2,2; Matt. 3,3; Matt. 3,11; Matt. 3,17; Matt. 5,3; Matt. 5,10; Matt. 5,35; Matt. 5,37; Matt. 5,48; Matt. 6,21; Matt. 6,22; Matt. 6,25; Matt. 7,9; Matt. 7,12; Matt. 8,27; Matt. 9,5; Matt. 9,13; Matt. 9,15; Matt. 10,2; Matt. 10,11; Matt. 10,26; Matt. 11,6; Matt. 11,10; Matt. 11,11; Matt. 11,14; Matt. 11,30; Matt. 12,6; Matt. 12,7; Matt. 12,8; Matt. 12,23; Matt. 12,30; Matt. 12,48; Matt. 13,19; Matt. 13,20; Matt. 13,21; Matt. 13,22; Matt. 13,23; Matt. 13,32; Matt. 13,38; Matt. 13,39; Matt. 13,39; Matt. 13,52; Matt. 13,55; Matt. 14,2; Matt. 14,15; Matt. 14,26; Matt. 15,20; Matt. 16,20; Matt. 17,4; Matt. 17,5; Matt. 18,4; Matt. 18,8; Matt. 18,9; Matt. 19,17; Matt. 19,24; Matt. 19,26; Matt. 20,1; Matt. 20,15; Matt. 21,10; Matt. 21,11; Matt. 21,38; Matt. 22,8; Matt. 22,42; Matt. 22,45; Matt. 23,8; Matt. 23,9; Matt. 23,10; Matt. 23,16; Matt. 23,18; Matt. 24,33; Matt. 26,18; Matt. 26,26; Matt. 26,28; Matt. 26,38; Matt. 26,39; Matt. 26,48; Matt. 26,68; Matt. 27,6; Matt. 27,33; Matt. 27,37; Matt. 27,42; Mark 1,27; Mark 2,9; Mark 2,19; Mark 2,28; Mark 3,17; Mark 3,29; Mark 3,33; Mark 4,22; Mark 4,41; Mark 5,14; Mark 5,41; Mark 6,3; Mark 6,35; Mark 6,49; Mark 7,4; Mark 7,11; Mark 7,15; Mark 7,15; Mark 7,27; Mark 7,34; Mark 9,5; Mark 9,7; Mark 9,10; Mark 9,39; Mark 9,40; Mark 9,42; Mark 9,47; Mark 10,24; Mark 10,25; Mark 10,29; Mark 10,43; Mark 10,47; Mark 12,7; Mark 12,29; Mark 12,32; Mark 12,33; Mark 12,35; Mark 12,37; Mark 12,42; Mark 13,29; Mark 13,33; Mark 14,14; Mark 14,22; Mark 14,24; Mark 14,34; Mark 14,35; Mark 14,44; Mark 14,69; Mark 15,16; Mark 15,22; Mark 15,34; Mark 15,42; Luke 1,61; Luke 2,11; Luke 4,22; Luke 4,24; Luke 5,21; Luke 5,23; Luke 5,34; Luke 5,39; Luke 6,5; Luke 6,35; Luke 6,43; Luke 6,48; Luke 6,49; Luke 7,4; Luke 7,23; Luke 7,27; Luke 7,28; Luke 7,28; Luke 7,39; Luke 7,49; Luke 8,17; Luke 8,25; Luke 8,30; Luke 9,9; Luke 9,33; Luke 9,35; Luke 9,38; Luke 9,48; Luke 9,50; Luke 9,62; Luke 10,22; Luke 10,22; Luke 10,42; Luke 11,23; Luke 11,29; Luke 11,34; Luke 11,34; Luke 11,41; Luke 12,15; Luke 12,23; Luke 12,34; Luke 14,17; Luke 14,31; Luke 14,35; Luke 15,31; Luke 16,10; Luke 16,10; Luke 16,17; Luke 17,1; Luke 17,21; Luke 18,25; Luke 18,27; Luke 18,29; Luke 19,3; Luke 19,9; Luke 20,2; Luke 20,6; Luke 20,14; Luke 20,17; Luke 20,44; Luke 21,31; Luke 22,11; Luke 22,19; Luke 22,38; Luke 22,59; Luke 22,64; Luke 23,6; Luke 23,35; Luke 24,21; John 1,30; John 1,33; John 1,34; John 1,41; John 3,6; John 3,6; John 3,19; John 3,21; John 3,31; John 3,33; John 4,10; John 4,23; John 4,29; John 4,34; John 4,35; John 4,42; John 5,10; John 5,12; John 5,13; John 5,15; John 5,25; John 5,32; John 6,9; John 6,14; John 6,29; John 6,31; John 6,33; John 6,39; John 6,40; John 6,42; John 6,50; John 6,51; John 6,55; John 6,55; John 6,58; John 6,60; John 6,63; John 6,63; John 6,63; John 6,64; John 6,70; John 7,6; John 7,7;

εἰμί

John 7,11; John 7,12; John 7,17; John 7,18; John 7,25; John 7,26; John 7,36; John 7,40; John 7,41; John 8,14; John 8,16; John 8,17; John 8,19; John 8,26; John 8,29; John 8,34; John 8,39; John 8,54; John 8,54; John 9,8; John 9,9; John 9,9; John 9,12; John 9,19; John 9,20; John 9,24; John 9,25; John 9,30; John 9,36; John 9,37; John 10,2; John 10,13; John 10,29; John 11,39; John 11,57; John 12,9; John 12,14; John 12,34; John 12,35; John 12,50; John 13,25; John 13,26; John 14,10; John 14,21; John 14,28; John 15,1; John 16,15; John 16,17; John 16,18; John 16,32; John 17,3; John 17,10; John 17,17; John 18,38; John 19,35; John 20,14; John 20,15; John 20,31; John 21,4; John 21,7; John 21,7; John 21,12; John 21,20; John 21,24; Acts 1,7; Acts 1,12; Acts 2,16; Acts 2,25; Acts 2,39; Acts 4,11; Acts 4,12; Acts 4,19; Acts 4,36; Acts 5,39; Acts 6,2; Acts 7,37; Acts 7,38; Acts 8,10; Acts 9,20; Acts 9,21; Acts 9,22; Acts 10,4; Acts 10,6; Acts 10,28; Acts 10,35; Acts 10,36; Acts 10,42; Acts 12,3; Acts 12,9; Acts 12,15; Acts 13,15; Acts 17,3; Acts 18,15; Acts 19,25; Acts 19,34; Acts 19,35; Acts 20,10; Acts 20,35; Acts 21,11; Acts 21,22; Acts 21,24; Acts 21,28; Acts 21,33; Acts 22,26; Acts 22,29; Acts 23,19; Acts 23,27; Acts 25,5; Acts 25,11; Acts 25,14; Acts 26,26; Acts 28,4; Acts 28,22; Rom. 1,9; Rom. 1,12; Rom. 1,16; Rom. 1,19; Rom. 1,25; Rom. 2,2; Rom. 2,11; Rom. 2,28; Rom. 3,8; Rom. 3,22; Rom. 4,16; Rom. 4,21; Rom. 5,14; Rom. 7,14; Rom. 8,34; Rom. 9,2; Rom. 10,8; Rom. 10,12; Rom. 11,23; Rom. 13,4; Rom. 13,4; Rom. 14,17; Rom. 16,5; 1Cor. 1,18; 1Cor. 2,14; 1Cor. 3,5; 1Cor. 3,5; 1Cor. 3,11; 1Cor. 3,13; 1Cor. 3,17; 1Cor. 3,19; 1Cor. 3,21; 1Cor. 4,3; 1Cor. 4,4; 1Cor. 6,7; 1Cor. 6,15; 1Cor. 6,16; 1Cor. 6,17; 1Cor. 6,18; 1Cor. 6,19; 1Cor. 7,9; 1Cor. 7,14; 1Cor. 7,14; 1Cor. 7,19; 1Cor. 7,19; 1Cor. 7,22; 1Cor. 7,40; 1Cor. 9,3; 1Cor. 9,16; 1Cor. 9,18; 1Cor. 10,16; 1Cor. 10,19; 1Cor. 10,19; 1Cor. 10,28; 1Cor. 11,3; 1Cor. 11,5; 1Cor. 11,7; 1Cor. 11,8; 1Cor. 11,14; 1Cor. 11,15; 1Cor. 11,24; 1Cor. 12,12; 1Cor. 12,12; 1Cor. 12,22; 1Cor. 14,14; 1Cor. 14,15; 1Cor. 14,25; 1Cor. 14,26; 1Cor. 14,33; 1Cor. 14,35; 2Cor. 2,3; 2Cor. 3,17; 2Cor. 4,4; 2Cor. 7,15; 2Cor. 9,1; 2Cor. 10,18; 2Cor. 12,13; Gal. 3,16; Gal. 3,20; Gal. 4,1; Gal. 4,24; Gal. 5,19; Gal. 5,19; Gal. 5,22; Gal. 6,15; Eph. 1,14; Eph. 1,18; Eph. 2,14; Eph. 4,9; Eph. 4,10; Eph. 4,15; Eph. 4,21; Eph. 5,5; Eph. 5,10; Eph. 5,12; Eph. 5,14; Eph. 5,18; Eph. 5,23; Eph. 6,1; Eph. 6,9; Eph. 6,17; Phil. 1,7; Phil. 2,13; Col. 1,7; Col. 1,15; Col. 1,17; Col. 1,18; Col. 1,18; Col. 1,24; Col. 1,27; Col. 2,10; Col. 2,17; Col. 2,22; Col. 2,23; Col. 3,1; Col. 3,14; Col. 3,20; Col. 4,9; 1Th. 2,13; 1Th. 4,3; 2Th. 1,3; 2Th. 2,9; 2Th. 3,3; 2Th. 3,17; 1Tim. 1,20; 1Tim. 4,8; 1Tim. 4,10; 1Tim. 5,4; 1Tim. 6,10; 2Tim. 1,6; 2Tim. 1,12; 2Tim. 1,15; 2Tim. 2,17; 2Tim. 4,11; Titus 1,6; Titus 3,8; Heb. 2,6; Heb. 5,13; Heb. 5,14; Heb. 7,2; Heb. 7,15; Heb. 8,6; James 1,13; James 1,17; James 2,17; James 2,19; James 2,20; James 2,26; James 2,26; James 3,17; James 4,4; James 4,12; James 4,16; James 4,17; James 5,11; 1Pet. 1,25; 1Pet. 3,4; 1Pet. 3,22; 1Pet. 4,11; 2Pet. 1,9; 2Pet. 1,14; 2Pet. 1,17; 2Pet. 3,4; 2Pet. 3,16; 1John 1,5; 1John 1,7; 1John 1,9; 1John 2,2; 1John 2,7; 1John 2,8; 1John 2,22; 1John 2,22; 1John 2,27; 1John 2,29; 1John 3,2; 1John 3,3; 1John 3,7; 1John 3,7; 1John 3,10; 1John 4,1; 1John 4,2; 1John 4,3; 1John 4,7; 1John 4,15; 1John 4,17; 1John 5,1; 1John 5,3; 1John 5,5; 1John 5,5; 1John 5,6; 1John 5,6; 1John 5,6; 1John 5,11; 1John 5,20; 2John 6; 2John 7; 3John 11; 3John 12; Rev. 2,7; Rev. 5,12; Rev. 9,19; Rev. 13,10; Rev. 17,11; Rev. 17,11; Rev. 19,10; Rev. 20,2; Rev. 20,12; Rev. 20,14; Rev. 21,8; Rev. 21,12; Rev. 21,17; Rev. 21,22; Rev. 22,10)

Ἔστιν ▸ 20 + 5 = 25

Verb · third · singular · present · active · indicative ▸ 20 + 5 = **25** (Gen. 19,12; Gen. 27,11; Gen. 28,16; Gen. 33,9; Gen. 44,20; Judg. 4,20; 1Sam. 9,12; 2Kings 3,12; 2Kings 10,15; 2Chr. 25,9; 2Mac. 15,4; 4Mac. 3,6; Eccl. 6,1; Wis. 7,22; Sir. 20,1; Sir. 20,9; Sir. 20,21; Sir. 23,12; Sir. 39,28; Jer. 44,17; Luke 8,11; John 5,2; John 21,25; 1Tim. 6,6; Heb. 11,1)

ἐστίν ▸ 161 + 8 + 109 = 278

Verb · third · singular · present · active · indicative ▸ 161 + 8 + 109 = **278** (Gen. 8,17; Gen. 14,2; Gen. 14,7; Gen. 14,8; Gen. 20,7; Gen. 23,2; Gen. 23,19; Gen. 29,7; Gen. 30,33; Gen. 35,19; Gen. 35,20; Gen. 35,27; Gen. 39,8; Gen. 48,7; Ex. 12,11; Ex. 22,16; Ex. 25,3; Ex. 30,10; Lev. 2,6; Lev. 6,22; Lev. 11,9; Lev. 13,42; Lev. 13,57; Lev. 22,7; Num. 1,50; Num. 4,16; Num. 14,8; Num. 16,30; Num. 16,33; Num. 18,19; Num. 19,14; Num. 20,5; Num. 33,36; Deut. 4,18; Deut. 10,14; Deut. 14,9; Deut. 24,15; Deut. 30,12; Deut. 30,13; Josh. 2,13; Josh. 6,17; Josh. 6,17; Josh. 6,22; Josh. 7,15; Josh. 15,8; Josh. 15,9; Josh. 15,10; Josh. 15,13; Josh. 15,54; Josh. 15,59a; Josh. 18,13; Josh. 18,14; Josh. 18,28; Josh. 20,7; Josh. 21,11; Judg. 19,10; Ruth 1,19; 1Sam. 24,7; 2Sam. 9,9; 2Sam. 16,4; 2Sam. 19,33; 1Kings 8,1; 1Kings 15,23; 1Kings 15,31; 1Chr. 2,26; 1Chr. 23,27; 2Chr. 6,32; 2Chr. 20,2; 1Esdr. 2,21; 1Esdr. 4,46; 1Esdr. 9,50; Ezra 5,4; Ezra 9,11; Neh. 8,9; Neh. 8,10; Neh. 8,10; Neh. 9,6; Esth. 16,7 # 8,12g; Esth. 10,6 # 10,3c; Judith 11,10; Tob. 3,6; Tob. 4,13; 1Mac. 5,10; 1Mac. 6,1; 1Mac. 10,43; 1Mac. 10,89; 1Mac. 12,11; 2Mac. 3,39; 2Mac. 9,20; 2Mac. 13,4; 4Mac. 1,7; 4Mac. 1,13; 4Mac. 1,15; 4Mac. 1,16; 4Mac. 1,17; 4Mac. 1,23; 4Mac. 1,24; 4Mac. 1,31; 4Mac. 2,24; 4Mac. 11,6; 4Mac. 16,1; Psa. 57,12; Psa. 72,16; Psa. 80,5; Psa. 149,9; Ode. 10,7; Prov. 6,8a; Prov. 9,10a; Prov. 13,4; Prov. 13,15; Prov. 23,27; Eccl. 7,26; Eccl. 9,13; Song 6,9; Song 6,9; Job 10,20; Job 16,3; Job 17,15; Job 26,4; Job 28,12; Job 28,20; Job 32,7; Job 36,24; Wis. 2,1; Wis. 8,17; Wis. 10,12; Wis. 13,6; Wis. 15,7; Wis. 16,17; Wis. 19,18; Sir. 1,3 Prol.; Sir. 1,4 Prol.; Sir. 5,14; Sir. 18,26; Sir. 38,2; Sir. 41,2; Amos 7,13; Jonah 1,7; Jonah 1,8; Zech. 5,8; Mal. 1,7; Is. 23,8; Is. 36,6; Is. 65,8; Jer. 6,16; Jer. 8,8; Jer. 10,3; LetterJ 7; LetterJ 50; LetterJ 51; LetterJ 67; LetterJ 68; Ezek. 11,3; Ezek. 19,14; Ezek. 20,6; Ezek. 20,15; Ezek. 39,8; Dan. 2,47; Dan. 8,2; Bel 8; Bel 18; Josh. 15,49; Josh. 15,54; Josh. 15,59a; Josh. 18,28; Judg. 19,10; Tob. 3,8; Dan. 2,39; Dan. 4,30; Matt. 3,15; Matt. 5,34; Matt. 5,35; Matt. 11,16; Matt. 13,31; Matt. 13,32; Matt. 13,33; Matt. 13,37; Matt. 13,44; Matt. 13,45; Matt. 13,47; Matt. 18,1; Matt. 19,10; Matt. 19,14; Matt. 22,38; Matt. 24,6; Matt. 24,45; Matt. 27,62; Mark 4,26; Mark 9,21; Mark 10,14; Mark 12,28; Luke 1,36; Luke 1,63; Luke 6,20; Luke 6,47; Luke 8,11; Luke 8,26; Luke 11,21; Luke 12,1; Luke 12,2; Luke 12,42; Luke 13,18; Luke 13,19; Luke 13,21; Luke 18,16; Luke 22,53; Luke 23,7; Luke 23,15; Luke 24,29; John 1,19; John 3,8; John 4,11; John 4,20; John 4,37; John 4,37; John 5,32; John 7,22; John 8,44; John 10,1; John 12,31; John 15,12; John 19,40; Acts 8,26; Acts 9,26; Acts 9,38; Acts 16,12; Acts 19,36; Acts 23,5; Acts 23,6; Rom. 7,3; 1Cor. 1,25; 1Cor. 7,39; 1Cor. 10,16; 1Cor. 11,13; 1Cor. 11,25; 1Cor. 14,37; 1Cor. 16,15; 2Cor. 4,3; 2Cor. 9,12; Gal. 4,2; Gal. 4,24; Gal. 4,25; Gal. 4,26; Gal. 5,3; Eph. 1,23; Eph. 3,13; Eph. 6,2; Phil. 1,28; Phil. 4,8; Col. 1,6; Col. 3,5; 2Th. 2,4; 1Tim. 1,5; 1Tim. 3,15; 1Tim. 3,16; 1Tim. 4,8; Titus 1,13; James 1,23; James 3,5; 1Pet. 2,15; 1John 2,9; 1John 2,11; 1John 2,25; 1John 3,4; 1John 3,11; 1John 3,20; 1John 3,23; 1John 4,3; 1John 4,4; 1John 4,10; 1John 5,4; 1John 5,9; 1John 5,11; 1John 5,14; 2John 6; Rev. 16,21; Rev. 17,14; Rev. 22,12)

ἐστίν ▸ 120 + 6 + 69 = 195

Verb · third · singular · present · active · indicative ▸ 120 + 6 + 69 = **195** (Gen. 29,12; Gen. 41,26; Gen. 41,26; Gen. 41,27; Gen. 43,11; Ex. 3,5; Ex. 29,18; Lev. 2,1; Lev. 2,15; Lev. 4,24; Lev. 5,11; Lev. 5,12; Lev. 5,24; Lev. 6,18; Lev. 7,1; Lev. 7,5; Lev. 7,6; Lev. 10,12; Lev. 10,17; Lev. 13,3; Lev. 13,8; Lev. 13,11; Lev. 13,15; Lev. 13,20; Lev. 13,22; Lev. 13,23; Lev. 13,25; Lev.

13,25; Lev. 13,27; Lev. 13,49; Lev. 14,13; Lev. 14,46; Lev. 18,10; Lev. 20,21; Lev. 25,12; Lev. 27,26; Lev. 27,30; Num. 11,7; Num. 21,24; Num. 32,4; Deut. 4,24; Deut. 7,16; Deut. 9,3; Deut. 11,10; Deut. 32,20; Josh. 15,18; Judg. 1,14; Judg. 6,22; Judg. 13,6; Judg. 13,16; Judg. 13,21; Judg. 14,4; Judg. 18,23; 1Sam. 1,8; 1Sam. 25,25; 2Sam. 14,5; 2Sam. 18,25; 2Sam. 19,29; 2Sam. 23,8; 2Sam. 24,14; 1Kings 1,16; 1Kings 11,28; 2Kings 4,2; 2Kings 6,28; 2Kings 7,9; 2Kings 9,34; 1Chr. 21,24; 2Chr. 18,31; 2Chr. 22,9; 1Esdr. 1,25; 1Esdr. 4,7; Tob. 2,10; 1Mac. 3,19; 3Mac. 2,15; 4Mac. 11,25; Ode. 2,20; Prov. 8,2; Eccl. 2,23; Eccl. 3,15; Eccl. 10,3; Song 8,9; Job 9,2; Wis. 14,27; Sir. 3,10; Sir. 3,22; Sir. 11,14; Sir. 11,23; Sir. 17,17; Sir. 19,8; Hos. 2,6; Amos 7,13; Mic. 7,18; Joel 2,13; Jonah 1,8; Zech. 11,11; Mal. 1,12; Mal. 1,13; Is. 5,7; Is. 33,22; Jer. 7,4; Jer. 10,4; Jer. 28,11; Jer. 39,8; LetterJ 24; LetterJ 62; Ezek. 2,5; Ezek. 2,6; Ezek. 2,7; Ezek. 3,9; Ezek. 3,26; Ezek. 3,27; Ezek. 10,20; Ezek. 11,7; Ezek. 12,2; Ezek. 12,3; Ezek. 22,18; Ezek. 24,17; Ezek. 26,7; Ezek. 37,11; Ezek. 46,20; Judg. 1,14; Judg. 13,6; Judg. 14,4; Judg. 18,23; Dan. 4,24; Sus. 13; Matt. 6,23; Matt. 12,50; Matt. 23,17; Matt. 24,26; Matt. 26,66; Mark 2,1; Mark 3,35; Mark 6,15; Mark 6,55; Mark 9,43; Mark 9,45; Mark 12,29; Mark 13,28; Luke 6,32; Luke 6,33; Luke 6,34; Luke 6,36; Luke 10,29; Luke 11,35; Luke 14,22; Luke 21,30; John 2,9; John 2,17; John 3,29; John 3,31; John 3,31; John 4,22; John 5,27; John 5,30; John 7,27; John 7,27; John 9,4; John 9,17; John 9,29; John 9,30; John 21,24; Acts 7,33; Acts 9,15; Acts 18,10; Acts 23,34; Rom. 14,23; 1Cor. 1,18; 1Cor. 3,7; 1Cor. 4,17; 1Cor. 7,22; 1Cor. 7,29; 2Cor. 1,12; Gal. 4,26; Eph. 5,32; Heb. 9,15; James 1,27; 1Pet. 1,6; 1John 2,4; 1John 2,16; 1John 2,18; 1John 2,18; 1John 3,8; 1John 3,15; 1John 4,8; 1John 4,12; 1John 4,16; 1John 4,20; 1John 5,9; 1John 5,17; Rev. 13,18; Rev. 13,18; Rev. 14,12; Rev. 19,8; Rev. 21,16)

ἔστω ▸ 55 + 4 + 11 = 70

Verb • third • singular • present • active • imperative ▸ 55 + 4 + 11 = **70** (Gen. 1,6; Gen. 13,8; Gen. 21,12; Gen. 24,51; Gen. 27,33; Gen. 33,9; Lev. 13,45; Num. 18,9; Deut. 33,6; Josh. 1,17; Josh. 2,21; Josh. 3,4; Judg. 15,2; 2Sam. 11,25; 2Sam. 18,22; 1Kings 3,26; 2Kings 20,19; 2Chr. 9,8; 1Esdr. 2,3; 1Esdr. 2,14; 1Esdr. 6,8; Ezra 4,12; Ezra 4,13; Ezra 5,8; Ezra 6,8; Ezra 6,9; Ezra 7,24; Neh. 1,6; Neh. 1,11; Neh. 4,16; Esth. 7,2; 1Mac. 7,28; 1Mac. 10,31; 1Mac. 16,3; Psa. 68,26; Psa. 71,17; Psa. 89,17; Prov. 5,17; Prov. 5,18; Prov. 6,22; Wis. 2,9; Wis. 2,11; Sir. 4,31; Sir. 5,10; Sir. 5,12; Sir. 9,15; Sir. 9,16; Sir. 33,31; Joel 4,11; Is. 3,6; Jer. 20,14; Jer. 20,16; Jer. 27,29; Ezek. 20,20; Ezek. 45,10; Judg. 11,10; Judg. 15,2; Dan. 3,18; Dan. 5,17; Matt. 5,37; Matt. 18,17; Acts 1,20; Acts 2,14; Acts 4,10; Acts 13,38; Acts 28,28; Gal. 1,8; Gal. 1,9; James 1,19; 1Pet. 3,3)

Ἔστω ▸ 3 + 1 = 4

Verb • third • singular • present • active • imperative ▸ 3 + 1 = **4** (Gen. 30,34; Ex. 10,10; Jer. 49,5; 2Cor. 12,16)

ἔστωσαν ▸ 27 + 1 = 28

Verb • third • plural • present • active • imperative ▸ 27 + 1 = **28** (Gen. 1,14; Gen. 1,15; Gen. 37,27; Ex. 19,11; Ex. 25,36; Ex. 26,24; Ex. 27,7; Ex. 28,20; Ex. 28,21; Ex. 28,21; Lev. 25,45; Num. 36,6; Num. 36,6; 1Kings 8,52; 1Kings 8,59; 1Kings 8,61; 2Chr. 6,40; 2Chr. 18,12; 1Mac. 10,34; 1Mac. 10,37; Prov. 17,17; Eccl. 5,1; Eccl. 9,8; Sir. 6,6; Sir. 9,16; Sir. 11,10; Dan. 6,27; 1Tim. 3,12)

Ἔστωσαν ▸ 1

Verb • third • plural • present • imperative ▸ 1 (Luke 12,35)

ἦ ▸ 98 + 43 = 141

Verb • third • singular • present • active • subjunctive ▸ 98 + 43 = **141** (Gen. 6,17; Gen. 16,6; Gen. 28,20; Gen. 30,33; Gen. 43,3; Gen. 43,5; Gen. 44,30; Ex. 1,16; Ex. 21,29; Ex. 22,8; Ex. 22,13; Ex. 22,14; Ex. 22,14; Lev. 11,33; Lev. 13,4; Lev. 13,4; Lev. 13,21; Lev. 13,21; Lev. 13,26; Lev. 13,28; Lev. 13,46; Lev. 13,52; Lev. 13,54; Lev. 13,56; Lev. 14,36; Lev. 15,10; Lev. 15,17; Lev. 15,19; Lev. 21,17; Lev. 21,18; Lev. 21,20; Lev. 25,26; Lev. 25,51; Lev. 27,7; Lev. 27,8; Num. 5,8; Num. 5,13; Num. 5,13; Num. 5,14; Num. 5,27; Num. 5,28; Num. 9,13; Num. 27,8; Num. 27,9; Deut. 1,17; Deut. 5,29; Deut. 5,33; Deut. 6,3; Deut. 6,24; Deut. 10,13; Deut. 15,3; Deut. 15,21; Deut. 17,12; Deut. 19,6; Deut. 21,18; Deut. 23,11; Deut. 24,10; Deut. 25,2; Deut. 25,5; Deut. 26,3; Deut. 30,4; Josh. 14,12; Josh. 22,27; 1Sam. 11,3; 1Sam. 19,3; 1Sam. 20,12; 2Sam. 15,4; 2Sam. 15,21; 1Kings 5,1; 1Kings 11,36; 1Chr. 4,10; Ezra 7,26; Neh. 1,9; Esth. 4,16; Esth. 16,22 # 8,12u; Judith 8,17; Tob. 14,9; 1Mac. 3,60; 1Mac. 6,36; 1Mac. 12,36; 4Mac. 2,8; 4Mac. 2,9; Psa. 49,22; Prov. 3,22; Prov. 7,9; Eccl. 4,10; Job 21,2; Wis. 9,6; Wis. 16,28; Sir. 16,11; Sir. 45,24; Mic. 5,7; Is. 44,15; Jer. 7,23; Ezek. 1,28; Ezek. 10,10; Ezek. 16,63; Ezek. 34,12; Matt. 6,4; Matt. 6,22; Matt. 6,23; Matt. 10,13; Matt. 10,13; Matt. 20,4; Matt. 24,28; Mark 5,18; Luke 10,6; Luke 11,34; Luke 11,34; Luke 14,8; Luke 20,28; John 3,2; John 3,27; John 6,65; John 9,31; John 14,16; John 15,11; John 16,24; John 17,26; Acts 5,38; Rom. 9,27; 1Cor. 1,10; 1Cor. 2,5; 1Cor. 5,11; 1Cor. 7,34; 1Cor. 7,36; 1Cor. 12,25; 1Cor. 14,28; 1Cor. 15,28; 1Cor. 16,4; 2Cor. 1,17; 2Cor. 4,7; Gal. 5,10; Eph. 5,27; 1Tim. 4,15; 2Tim. 3,17; Titus 1,9; Philem. 14; James 5,15; 1John 1,4; 2John 12)

ἤμεθα ▸ 2 + 5 = 7

Verb • first • plural • imperfect • middle • indicative ▸ 2 + 5 = **7** (1Sam. 25,16; Bar. 1,19; Matt. 23,30; Matt. 23,30; Acts 27,37; Gal. 4,3; Eph. 2,3)

ἦμεν ▸ 5 + 6 = 11

Verb • first • plural • imperfect • active • indicative ▸ 5 + 6 = **11** (Num. 13,33; Num. 13,33; Deut. 6,21; 1Sam. 25,15; Is. 20,6; Acts 11,11; Acts 20,8; Rom. 7,5; Gal. 4,3; 1Th. 3,4; 2Th. 3,10)

Ἦμεν ▸ 2

Verb • first • plural • imperfect • indicative ▸ 2 (Acts 16,12; Titus 3,3)

ἤμην ▸ 45 + 13 + 15 = 73

Verb • first • singular • imperfect • middle • indicative ▸ 45 + 13 + 15 = **73** (Ex. 18,3; Josh. 1,5; Josh. 3,7; Josh. 14,7; Judg. 12,2; 1Sam. 29,8; 2Sam. 7,6; 2Sam. 7,9; 2Sam. 15,34; 1Chr. 17,5; 1Chr. 17,8; Neh. 1,1; Neh. 1,4; Neh. 1,11; Neh. 2,11; Neh. 2,13; Neh. 2,15; Neh. 2,15; Neh. 2,15; Neh. 4,17; Neh. 13,6; Tob. 1,4; Tob. 1,13; Tob. 12,13; 1Mac. 6,11; Psa. 119,7; Psa. 151,1; Prov. 8,30; Prov. 8,30; Song 8,10; Job 19,15; Job 29,4; Job 29,5; Job 29,15; Job 29,16; Job 31,5; Wis. 8,19; Amos 7,14; Amos 7,14; Is. 48,16; Ezek. 1,1; Dan. 4,4; Dan. 10,2; Dan. 10,4; Dan. 10,9; Judg. 12,2; Tob. 1,4; Tob. 1,4; Tob. 2,10; Tob. 12,18; Tob. 12,18; Dan. 4,4; Dan. 8,2; Dan. 8,2; Dan. 8,5; Dan. 10,2; Dan. 10,4; Dan. 10,9; Matt. 25,35; Matt. 25,36; Matt. 25,43; Mark 14,49; John 11,15; John 16,4; John 17,12; Acts 10,30; Acts 11,5; Acts 11,17; Acts 22,19; Acts 22,20; 1Cor. 13,11; Gal. 1,10; Gal. 1,22)

ἦν ▸ 851 + 78 + 298 = 1227

Verb • third • singular • imperfect • active • indicative ▸ 851 + 78 + 298 = **1227** (Gen. 1,2; Gen. 1,7; Gen. 2,5; Gen. 3,1; Gen. 4,2; Gen. 4,17; Gen. 4,20; Gen. 4,21; Gen. 4,22; Gen. 5,32; Gen. 6,12; Gen. 7,6; Gen. 7,19; Gen. 7,22; Gen. 7,23; Gen. 8,1; Gen. 8,9; Gen. 9,18; Gen. 10,9; Gen. 11,1; Gen. 11,3; Gen. 11,30; Gen. 12,4; Gen. 12,14; Gen. 12,20; Gen. 13,2; Gen. 13,3; Gen. 13,5; Gen. 13,6; Gen. 13,10; Gen. 13,18; Gen. 14,12; Gen. 14,17; Gen. 14,18; Gen. 16,1; Gen. 16,16; Gen. 17,24; Gen. 17,25; Gen. 18,22; Gen. 21,5; Gen. 21,17; Gen. 21,20; Gen. 23,17; Gen. 23,17; Gen. 23,17; Gen. 23,20; Gen. 24,1; Gen. 24,16; Gen. 24,16; Gen. 24,29; Gen. 24,36; Gen. 25,20; Gen. 25,21; Gen. 25,24; Gen. 25,26;

εἰμί

Gen. 25,27; Gen. 25,27; Gen. 26,7; Gen. 26,28; Gen. 27,15; Gen. 28,19; Gen. 29,2; Gen. 29,14; Gen. 29,25; Gen. 29,31; Gen. 30,29; Gen. 30,30; Gen. 30,30; Gen. 30,35; Gen. 30,35; Gen. 31,2; Gen. 31,5; Gen. 31,42; Gen. 34,7; Gen. 34,19; Gen. 34,28; Gen. 34,28; Gen. 34,29; Gen. 34,29; Gen. 35,3; Gen. 35,6; Gen. 36,7; Gen. 36,12; Gen. 37,2; Gen. 37,3; Gen. 38,5; Gen. 38,21; Gen. 38,27; Gen. 38,30; Gen. 39,2; Gen. 39,2; Gen. 39,4; Gen. 39,5; Gen. 39,6; Gen. 39,6; Gen. 39,11; Gen. 39,21; Gen. 39,23; Gen. 39,23; Gen. 40,9; Gen. 40,20; Gen. 41,7; Gen. 41,8; Gen. 41,12; Gen. 41,24; Gen. 41,46; Gen. 41,48; Gen. 41,49; Gen. 41,56; Gen. 42,5; Gen. 42,6; Gen. 42,23; Gen. 42,27; Gen. 42,35; Gen. 47,13; Gen. 47,26; Gen. 48,14; Ex. 1,5; Ex. 3,1; Ex. 7,7; Ex. 7,21; Ex. 9,24; Ex. 9,32; Ex. 10,23; Ex. 12,30; Ex. 12,30; Ex. 13,17; Ex. 14,12; Ex. 15,23; Ex. 16,15; Ex. 16,31; Ex. 16,36; Ex. 17,1; Ex. 20,21; Ex. 21,23; Ex. 24,18; Ex. 34,1; Ex. 34,28; Ex. 34,30; Ex. 36,7; Ex. 40,38; Ex. 40,38; Lev. 22,13; Lev. 24,10; Lev. 27,24; Num. 3,4; Num. 5,13; Num. 7,12; Num. 9,15; Num. 11,1; Num. 11,8; Num. 11,10; Num. 11,33; Num. 20,2; Num. 22,4; Num. 22,26; Num. 26,64; Num. 27,3; Num. 32,1; Num. 32,1; Num. 33,14; Num. 33,39; Num. 35,23; Deut. 2,15; Deut. 3,4; Deut. 8,15; Deut. 10,2; Deut. 19,6; Deut. 22,27; Deut. 32,12; Deut. 34,7; Josh. 1,17; Josh. 5,1; Josh. 5,13; Josh. 6,21; Josh. 6,23; Josh. 6,27; Josh. 6,27; Josh. 7,22; Josh. 8,29; Josh. 8,35 # 9,2f; Josh. 10,37; Josh. 10,37; Josh. 10,37; Josh. 11,10; Josh. 11,19; Josh. 14,15; Josh. 15,15; Josh. 17,1; Josh. 22,20; Judg. 1,10; Judg. 1,11; Judg. 1,19; Judg. 1,23; Judg. 2,15; Judg. 2,18; Judg. 3,25; Judg. 3,26; Judg. 4,3; Judg. 4,13; Judg. 6,5; Judg. 7,1; Judg. 7,8; Judg. 7,12; Judg. 8,11; Judg. 8,20; Judg. 8,24; Judg. 9,51; Judg. 11,1; Judg. 11,18; Judg. 12,3; Judg. 13,9; Judg. 14,6; Judg. 14,8; Judg. 14,17; Judg. 14,20; Judg. 16,21; Judg. 16,27; Judg. 17,6; Judg. 17,12; Judg. 18,1; Judg. 18,7; Judg. 18,9; Judg. 18,27; Judg. 18,29; Judg. 18,31; Judg. 19,1; Judg. 19,26; Judg. 20,38; Judg. 21,5; Judg. 21,25; Ruth 1,7; Ruth 4,7; 1Sam. 1,1; 1Sam. 1,2; 1Sam. 1,2; 1Sam. 1,5; 1Sam. 2,11; 1Sam. 2,17; 1Sam. 2,18; 1Sam. 3,1; 1Sam. 3,1; 1Sam. 3,1; 1Sam. 3,19; 1Sam. 4,13; 1Sam. 6,1; 1Sam. 7,2; 1Sam. 7,10; 1Sam. 7,14; 1Sam. 7,17; 1Sam. 8,6; 1Sam. 9,1; 1Sam. 9,2; 1Sam. 9,4; 1Sam. 9,10; 1Sam. 13,7; 1Sam. 13,21; 1Sam. 13,21; 1Sam. 13,21; 1Sam. 14,23; 1Sam. 14,23; 1Sam. 14,25; 1Sam. 14,26; 1Sam. 14,30; 1Sam. 14,39; 1Sam. 14,52; 1Sam. 17,34; 1Sam. 17,42; 1Sam. 18,9; 1Sam. 18,14; 1Sam. 18,21; 1Sam. 19,7; 1Sam. 20,13; 1Sam. 21,7; 1Sam. 21,8; 1Sam. 21,9; 1Sam. 22,2; 1Sam. 23,26; 1Sam. 23,26; 1Sam. 24,4; 1Sam. 25,2; 1Sam. 26,12; 1Sam. 26,12; 1Sam. 26,12; 1Sam. 28,20; 1Sam. 28,24; 1Sam. 30,4; 1Sam. 30,17; 2Sam. 3,2; 2Sam. 3,6; 2Sam. 3,12; 2Sam. 3,22; 2Sam. 4,10; 2Sam. 8,10; 2Sam. 8,15; 2Sam. 9,2; 2Sam. 9,13; 2Sam. 12,2; 2Sam. 12,3; 2Sam. 12,30; 2Sam. 13,2; 2Sam. 13,3; 2Sam. 13,18; 2Sam. 13,21; 2Sam. 13,32; 2Sam. 13,38; 2Sam. 14,6; 2Sam. 14,25; 2Sam. 14,25; 2Sam. 14,27; 2Sam. 14,32; 2Sam. 15,32; 2Sam. 16,6; 2Sam. 19,7; 2Sam. 19,10; 2Sam. 19,29; 2Sam. 20,26; 2Sam. 21,16; 2Sam. 21,20; 2Sam. 23,9; 2Sam. 23,11; 2Sam. 24,16; 2Sam. 24,25; 1Kings 1,4; 1Kings 1,9; 1Kings 1,15; 1Kings 1,37; 1Kings 2,15; 1Kings 2,28; 1Kings 2,35d; 1Kings 2,46a; 1Kings 2,46b; 1Kings 2,46f; 1Kings 2,46g; 1Kings 2,46k; 1Kings 3,21; 1Kings 3,21; 1Kings 3,26; 1Kings 4,1; 1Kings 4,11; 1Kings 5,4; 1Kings 5,4; 1Kings 5,15; 1Kings 5,24; 1Kings 5,26; 1Kings 5,27; 1Kings 5,29; 1Kings 6,17; 1Kings 7,32; 1Kings 7,32; 1Kings 8,9; 1Kings 8,57; 1Kings 10,2; 1Kings 10,3; 1Kings 10,14; 1Kings 10,21; 1Kings 10,21; 1Kings 10,22a # 9,15; 1Kings 10,26a; 1Kings 11,1; 1Kings 11,4; 1Kings 11,14; 1Kings 11,20; 1Kings 11,40; 1Kings 12,15; 1Kings 12,20; 1Kings 12,24b; 1Kings 12,24b; 1Kings 12,24c; 1Kings 12,24e; 1Kings 12,24h; 1Kings 12,24h; 1Kings 13,24; 1Kings 14,30; 1Kings 15,3; 1Kings 15,7; 1Kings 15,14; 1Kings 15,16; 1Kings 16,9; 1Kings 16,28e; 1Kings 16,31; 1Kings 17,17; 1Kings 18,3; 1Kings 18,7; 1Kings 18,26; 1Kings 18,26; 1Kings 18,29; 1Kings 20,1; 1Kings 21,12; 1Kings 21,40; 1Kings 22,1; 1Kings 22,35; 2Kings 3,4; 2Kings 3,9; 2Kings 4,1; 2Kings 4,31; 2Kings 4,31; 2Kings 5,1; 2Kings 5,1; 2Kings 5,2; 2Kings 6,8; 2Kings 6,26; 2Kings 8,17; 2Kings 8,18; 2Kings 11,3; 2Kings 14,2; 2Kings 14,26; 2Kings 15,2; 2Kings 15,5; 2Kings 15,33; 2Kings 16,2; 2Kings 17,28; 2Kings 18,2; 2Kings 18,7; 2Kings 20,4; 2Kings 20,13; 2Kings 20,15; 2Kings 23,31; 2Kings 24,3; 2Kings 24,7; 2Kings 24,20; 2Kings 25,16; 2Kings 25,19; 1Chr. 2,3; 1Chr. 2,21; 1Chr. 2,26; 1Chr. 4,9; 1Chr. 9,20; 1Chr. 11,12; 1Chr. 11,13; 1Chr. 11,13; 1Chr. 11,18; 1Chr. 11,20; 1Chr. 11,20; 1Chr. 11,21; 1Chr. 13,6; 1Chr. 15,22; 1Chr. 15,25; 1Chr. 18,10; 1Chr. 18,14; 1Chr. 20,2; 1Chr. 20,6; 1Chr. 20,6; 1Chr. 21,5; 1Chr. 21,20; 1Chr. 22,3; 1Chr. 22,4; 1Chr. 23,11; 1Chr. 26,10; 2Chr. 1,3; 2Chr. 1,5; 2Chr. 5,8; 2Chr. 5,10; 2Chr. 9,9; 2Chr. 9,13; 2Chr. 9,20; 2Chr. 9,26; 2Chr. 10,15; 2Chr. 12,3; 2Chr. 13,2; 2Chr. 13,7; 2Chr. 14,5; 2Chr. 15,8; 2Chr. 15,19; 2Chr. 17,12; 2Chr. 18,32; 2Chr. 18,34; 2Chr. 20,24; 2Chr. 20,25; 2Chr. 21,6; 2Chr. 21,20; 2Chr. 22,3; 2Chr. 22,9; 2Chr. 22,12; 2Chr. 23,9; 2Chr. 24,7; 2Chr. 26,5; 2Chr. 26,8; 2Chr. 26,10; 2Chr. 26,21; 2Chr. 28,9; 2Chr. 32,3; 2Chr. 34,33; 2Chr. 35,15; 2Chr. 35,19a; 2Chr. 35,24; 2Chr. 36,5a; 2Chr. 36,5c; 2Chr. 36,15; 2Chr. 36,16; 1Esdr. 1,37; 1Esdr. 1,41; 1Esdr. 2,9; 1Esdr. 2,17; 1Esdr. 5,50; 1Esdr. 5,62; 1Esdr. 6,25; 1Esdr. 8,88; Ezra 3,13; Ezra 4,4; Ezra 4,24; Ezra 5,11; Ezra 6,2; Ezra 7,9; Ezra 8,31; Neh. 2,1; Neh. 2,1; Neh. 2,14; Neh. 3,33; Neh. 4,17; Neh. 5,1; Neh. 5,18; Neh. 6,6; Neh. 6,18; Neh. 8,5; Neh. 12,44; Neh. 13,26; Neh. 13,26; Esth. 11,4 # 1,1c; Esth. 12,6 # 1,1r; Esth. 1,11; Esth. 2,5; Esth. 2,6; Esth. 2,7; Esth. 2,7; Esth. 2,12; Esth. 2,15; Esth. 2,20; Esth. 4,2; Esth. 15,6 # 5,1c; Esth. 9,22; Esth. 10,3; Esth. 10,6 # 10,3c; Judith 1,11; Judith 1,16; Judith 2,17; Judith 2,20; Judith 3,8; Judith 3,10; Judith 4,3; Judith 4,5; Judith 4,6; Judith 4,7; Judith 4,7; Judith 4,13; Judith 4,15; Judith 5,10; Judith 5,12; Judith 5,17; Judith 5,19; Judith 7,19; Judith 7,22; Judith 8,4; Judith 8,5; Judith 8,7; Judith 8,8; Judith 9,1; Judith 10,7; Judith 10,14; Judith 10,21; Judith 10,21; Judith 12,11; Judith 12,16; Judith 13,2; Judith 13,6; Judith 13,13; Judith 14,8; Judith 14,17; Judith 15,2; Judith 15,7; Judith 16,20; Judith 16,23; Judith 16,25; Tob. 1,22; Tob. 1,22; Tob. 2,9; Tob. 3,8; Tob. 5,4; Tob. 6,18; Tob. 14,2; Tob. 14,11; 1Mac. 1,10; 1Mac. 1,59; 1Mac. 3,12; 1Mac. 3,45; 1Mac. 3,45; 1Mac. 3,46; 1Mac. 5,23; 1Mac. 5,30; 1Mac. 5,46; 1Mac. 5,53; 1Mac. 5,55; 1Mac. 6,9; 1Mac. 6,30; 1Mac. 6,41; 1Mac. 6,43; 1Mac. 6,49; 1Mac. 6,49; 1Mac. 6,53; 1Mac. 7,17; 1Mac. 8,4; 1Mac. 9,5; 1Mac. 9,11; 1Mac. 9,22; 1Mac. 9,68; 1Mac. 10,14; 1Mac. 11,2; 1Mac. 11,14; 1Mac. 11,39; 1Mac. 13,22; 1Mac. 13,47; 1Mac. 14,7; 1Mac. 14,12; 1Mac. 14,33; 1Mac. 14,34; 1Mac. 15,3; 1Mac. 16,5; 1Mac. 16,7; 1Mac. 16,11; 1Mac. 16,12; 1Mac. 16,14; 2Mac. 1,24; 2Mac. 2,4; 2Mac. 3,11; 2Mac. 3,14; 2Mac. 3,16; 2Mac. 3,21; 2Mac. 3,36; 2Mac. 4,13; 2Mac. 4,28; 2Mac. 5,18; 2Mac. 6,3; 2Mac. 6,6; 2Mac. 8,26; 2Mac. 11,18; 2Mac. 11,27; 2Mac. 12,21; 2Mac. 13,8; 2Mac. 14,17; 2Mac. 14,29; 2Mac. 14,38; 2Mac. 15,7; 2Mac. 15,12; 2Mac. 15,18; 2Mac. 15,19; 2Mac. 15,38; 3Mac. 1,21; 3Mac. 1,28; 3Mac. 1,29; 3Mac. 3,8; 3Mac. 4,2; 3Mac. 4,11; 3Mac. 4,21; 3Mac. 5,28; 3Mac. 7,13; 4Mac. 4,7; 4Mac. 4,22; 4Mac. 5,18; 4Mac. 5,18; 4Mac. 16,5; 4Mac. 17,6; 4Mac. 17,7; 4Mac. 17,8; 4Mac. 17,11; Psa. 13,5; Psa. 17,42; Psa. 36,36; Psa. 43,13; Psa. 52,6; Psa. 78,3; Psa. 104,34; Psa. 104,37; Psa. 106,12; Psa. 123,1; Psa. 123,2; Psa. 141,5; Ode. 2,12; Eccl. 7,24; Eccl. 12,7; Job 1,1; Job 1,1; Job 1,3; Job 1,3; Job 1,3; Job 1,13; Job 4,16; Job 6,17; Job 9,33; Job 16,17; Job 21,16; Job 29,12; Job 30,4; Job 32,1; Job 32,12; Job 42,10; Job 42,12; Job 42,17c; Wis. 4,14; Wis. 5,4; Wis. 8,21; Wis. 12,11; Wis.

E, ε

14,13; Wis. 17,15; Wis. 17,16; Wis. 18,1; Wis. 18,24; Wis. 18,25; Sir. 51,6; Sir. 51,7; Sir. 51,7; Sol. 2,27; Sol. 17,15; Sol. 17,19; Hos. 2,1; Hos. 2,9; Hos. 7,7; Hos. 7,11; Hos. 8,6; Amos 2,9; Amos 2,9; Mic. 2,4; Mic. 4,9; Jonah 1,10; Jonah 2,1; Jonah 3,3; Nah. 2,9; Nah. 2,10; Nah. 2,12; Nah. 3,3; Nah. 3,18; Zech. 3,3; Zech. 6,1; Zech. 7,7; Zech. 10,2; Mal. 1,2; Mal. 1,14; Mal. 2,5; Mal. 2,6; Is. 2,7; Is. 2,7; Is. 23,7; Is. 30,32; Is. 39,2; Is. 39,2; Is. 41,22; Is. 41,28; Is. 42,22; Is. 42,22; Is. 43,12; Is. 50,2; Is. 50,2; Is. 51,2; Is. 51,18; Is. 51,18; Is. 59,15; Is. 59,16; Is. 59,16; Is. 60,15; Jer. 4,23; Jer. 4,24; Jer. 4,25; Jer. 8,15; Jer. 13,7; Jer. 13,19; Jer. 14,4; Jer. 14,5; Jer. 14,6; Jer. 14,19; Jer. 20,1; Jer. 20,2; Jer. 20,2; Jer. 22,15; Jer. 26,2; Jer. 30,6; Jer. 31,11; Jer. 31,27; Jer. 31,33; Jer. 33,18; Jer. 33,20; Jer. 33,24; Jer. 39,31; Jer. 40,1; Jer. 45,6; Jer. 45,6; Jer. 45,6; Jer. 45,7; Jer. 52,7; Jer. 52,19; Jer. 52,19; Jer. 52,20; Jer. 52,25; Lam. 1,7; Lam. 1,7; Ezek. 1,12; Ezek. 1,16; Ezek. 1,18; Ezek. 1,20; Ezek. 1,20; Ezek. 1,21; Ezek. 2,10; Ezek. 8,3; Ezek. 8,4; Ezek. 10,17; Ezek. 10,19; Ezek. 11,23; Ezek. 13,10; Ezek. 16,14; Ezek. 16,56; Ezek. 17,12; Ezek. 19,14; Ezek. 23,4; Ezek. 33,24; Ezek. 33,33; Ezek. 34,6; Ezek. 37,1; Ezek. 37,8; Ezek. 40,3; Ezek. 40,3; Ezek. 44,1; Dan. 1,16; Dan. 1,21; Dan. 2,31; Dan. 2,32; Dan. 2,49; Dan. 3,46; Dan. 3,94; Dan. 4,10; Dan. 5,10; Dan. 5,11; Dan. 6,3; Dan. 6,4; Dan. 6,4; Dan. 6,19; Dan. 7,5; Dan. 8,4; Dan. 8,5; Dan. 8,7; Dan. 8,7; Dan. 8,27; Dan. 10,16; Dan. 10,21; Dan. 12,7; Sus. 31; Sus. 41; Bel 2; Bel 3; Bel 15-17; Bel 23; Bel 31-32; Bel 31-32; Bel 33; Judg. 1,10; Judg. 1,11; Judg. 1,19; Judg. 1,22; Judg. 1,23; Judg. 2,15; Judg. 2,18; Judg. 3,26; Judg. 4,3; Judg. 4,17; Judg. 6,5; Judg. 7,1; Judg. 7,12; Judg. 8,11; Judg. 8,20; Judg. 8,26; Judg. 8,31; Judg. 9,51; Judg. 11,34; Judg. 11,34; Judg. 13,2; Judg. 13,9; Judg. 14,6; Judg. 14,17; Judg. 16,21; Judg. 17,6; Judg. 18,1; Judg. 18,27; Judg. 18,28; Judg. 18,31; Judg. 19,1; Judg. 19,2; Judg. 19,15; Judg. 19,16; Judg. 19,26; Judg. 19,28; Judg. 20,38; Judg. 21,5; Judg. 21,9; Judg. 21,25; Tob. 1,22; Tob. 1,22; Tob. 3,8; Tob. 14,2; Dan. 2,49; Dan. 3,94; Dan. 6,3; Dan. 6,4; Dan. 6,5; Dan. 6,11; Dan. 6,11; Dan. 6,15; Dan. 7,13; Dan. 7,19; Dan. 8,4; Dan. 8,5; Dan. 8,7; Dan. 8,7; Dan. 8,21; Dan. 8,27; Dan. 12,6; Dan. 12,7; Sus. 1; Sus. 4; Sus. 4; Sus. 15; Sus. 16; Sus. 21; Sus. 31; Sus. 32; Sus. 35; Sus. 37; Sus. 40; Bel 2; Bel 3; Bel 23; Bel 31; Bel 33; Matt. 1,18; Matt. 2,9; Matt. 2,15; Matt. 3,4; Matt. 7,27; Matt. 7,29; Matt. 8,30; Matt. 12,4; Matt. 12,40; Matt. 14,23; Matt. 14,24; Matt. 19,22; Matt. 21,25; Matt. 21,33; Matt. 26,24; Matt. 26,71; Matt. 27,54; Matt. 27,56; Matt. 28,3; Mark 1,6; Mark 1,13; Mark 1,13; Mark 1,22; Mark 1,23; Mark 1,33; Mark 1,45; Mark 2,4; Mark 3,1; Mark 4,36; Mark 4,36; Mark 4,38; Mark 5,5; Mark 5,21; Mark 5,40; Mark 5,42; Mark 6,47; Mark 6,48; Mark 6,52; Mark 7,26; Mark 10,22; Mark 10,32; Mark 11,13; Mark 11,30; Mark 11,32; Mark 14,54; Mark 14,59; Mark 15,7; Mark 15,25; Mark 15,26; Mark 15,39; Mark 15,41; Mark 15,42; Mark 15,43; Mark 15,46; Mark 16,4; Luke 1,7; Luke 1,7; Luke 1,10; Luke 1,21; Luke 1,22; Luke 1,66; Luke 1,80; Luke 2,7; Luke 2,25; Luke 2,25; Luke 2,26; Luke 2,33; Luke 2,36; Luke 2,40; Luke 2,51; Luke 3,23; Luke 4,16; Luke 4,17; Luke 4,31; Luke 4,32; Luke 4,33; Luke 4,38; Luke 4,44; Luke 5,1; Luke 5,3; Luke 5,16; Luke 5,17; Luke 5,17; Luke 5,18; Luke 5,29; Luke 6,6; Luke 6,6; Luke 6,12; Luke 7,2; Luke 7,12; Luke 7,12; Luke 7,37; Luke 7,39; Luke 8,32; Luke 8,42; Luke 9,45; Luke 9,53; Luke 10,39; Luke 11,14; Luke 11,14; Luke 13,11; Luke 14,2; Luke 15,24; Luke 15,24; Luke 15,32; Luke 16,1; Luke 16,19; Luke 17,16; Luke 18,2; Luke 18,3; Luke 18,23; Luke 18,34; Luke 19,2; Luke 19,3; Luke 19,47; Luke 20,4; Luke 22,56; Luke 22,59; Luke 23,8; Luke 23,19; Luke 23,38; Luke 23,44; Luke 23,47; Luke 23,51; Luke 23,53; Luke 23,54; Luke 24,32; John 1,1; John 1,1; John 1,1; John 1,2; John 1,4; John 1,4; John 1,8; John 1,10; John 1,15; John 1,15; John 1,28; John 1,30; John 1,39; John 1,44; John 2,1; John 2,13; John 2,23; John 2,25; John 3,19; John 3,23; John 3,24; John 3,26; John 4,6; John 4,6; John 4,46; John 5,1; John 5,5; John 5,35; John 6,4; John 6,10; John 6,22; John 6,62; John 7,12; John 7,39; John 7,42; John 8,42; John 8,44; John 9,8; John 9,14; John 9,16; John 9,18; John 9,24; John 9,33; John 10,6; John 10,22; John 10,40; John 10,41; John 11,2; John 11,6; John 11,18; John 11,30; John 11,32; John 11,38; John 12,1; John 12,2; John 12,6; John 12,16; John 13,5; John 13,23; John 13,30; John 18,1; John 18,10; John 18,13; John 18,13; John 18,14; John 18,15; John 18,18; John 18,18; John 18,28; John 18,30; John 18,36; John 18,40; John 19,11; John 19,14; John 19,14; John 19,19; John 19,20; John 19,20; John 19,23; John 19,31; John 19,31; John 19,41; John 19,41; John 19,42; John 20,7; John 20,24; John 21,7; Acts 1,15; Acts 1,17; Acts 2,24; Acts 3,10; Acts 4,3; Acts 4,22; Acts 4,32; Acts 4,32; Acts 4,33; Acts 4,34; Acts 7,9; Acts 7,20; Acts 7,22; Acts 7,44; Acts 8,1; Acts 8,13; Acts 8,16; Acts 8,27; Acts 8,28; Acts 8,32; Acts 9,9; Acts 9,28; Acts 9,33; Acts 9,36; Acts 9,36; Acts 10,24; Acts 10,38; Acts 11,21; Acts 11,24; Acts 12,5; Acts 12,6; Acts 12,18; Acts 13,7; Acts 13,46; Acts 14,12; Acts 16,1; Acts 16,9; Acts 17,1; Acts 18,7; Acts 18,14; Acts 18,25; Acts 19,16; Acts 19,32; Acts 20,13; Acts 21,3; Acts 22,29; Acts 27,8; Rom. 5,13; 1Cor. 10,4; 1Cor. 12,19; 1Cor. 16,12; 2Cor. 5,19; Gal. 2,11; Gal. 3,21; Phil. 2,26; Phil. 3,7; Col. 2,14; Heb. 7,10; Heb. 7,11; Heb. 8,4; Heb. 8,4; Heb. 8,7; Heb. 11,38; Heb. 12,21; James 1,24; James 5,17; 2Pet. 2,21; 1John 1,1; 1John 1,2; 1John 3,12; 1John 3,12; Rev. 1,4; Rev. 1,8; Rev. 4,8; Rev. 5,11; Rev. 10,10; Rev. 11,17; Rev. 13,2; Rev. 16,5; Rev. 17,4; Rev. 17,8; Rev. 17,8; Rev. 17,11; Rev. 21,21)

Ἦν ▸ 2 + 17 = 19

  Verb · third · singular · imperfect · active · indicative ▸ 2 + 17 = 19 (Gen. 26,34; Ex. 2,1; Matt. 27,61; Mark 5,11; Mark 14,1; Luke 13,10; Luke 15,25; Luke 21,37; John 1,9; John 1,40; John 3,1; John 3,23; John 5,9; John 7,2; John 11,1; John 11,55; John 18,25; Acts 9,10; Acts 12,20)

ἦς ▸ 3 + 1 + 6 = 10

  Verb · second · singular · imperfect · active · indicative ▸ 3 + 1 + 6 = 10 (Ruth 3,2; Job 38,4; Obad. 11; Judg. 11,35; Matt. 25,21; Matt. 25,23; John 11,21; John 11,32; John 21,18; Rev. 3,15)

ᾖς ▸ 3 + 1 = 4

  Verb · second · singular · present · active · subjunctive ▸ 3 + 1 = 4 (1Sam. 19,3; Prov. 6,11a; Is. 8,14; Rom. 2,25)

ἦσαν ▸ 267 + 19 + 84 = 370

  Verb · third · plural · imperfect · active · indicative ▸ 267 + 19 + 84 = 370 (Gen. 2,25; Gen. 3,7; Gen. 6,4; Gen. 6,4; Gen. 14,13; Gen. 25,4; Gen. 26,35; Gen. 27,23; Gen. 29,2; Gen. 29,20; Gen. 31,10; Gen. 34,5; Gen. 34,25; Gen. 35,4; Gen. 36,13; Gen. 36,14; Gen. 40,4; Gen. 40,5; Gen. 40,6; Gen. 40,7; Gen. 41,54; Gen. 46,31; Gen. 46,32; Ex. 1,5; Ex. 2,16; Ex. 9,26; Ex. 15,27; Ex. 32,15; Ex. 32,16; Ex. 36,21; Ex. 37,2; Ex. 38,22; Ex. 39,23; Num. 1,44; Num. 3,17; Num. 9,6; Num. 11,26; Num. 15,32; Num. 22,3; Num. 31,16; Deut. 3,8; Deut. 4,47; Deut. 10,5; Deut. 31,4; Josh. 2,10; Josh. 5,1; Josh. 5,4; Josh. 5,6; Josh. 8,33 # 9,2d; Josh. 8,33 # 9,2d; Josh. 9,10; Josh. 10,26; Josh. 14,4; Josh. 17,3; Josh. 22,30; Judg. 1,7; Judg. 7,12; Judg. 8,10; Judg. 8,24; Judg. 8,30; Judg. 8,30; Judg. 14,11; Judg. 18,30; Judg. 21,14; Ruth 1,2; 1Sam. 13,2; 1Sam. 13,2; 1Sam. 14,2; 1Sam. 14,49; 1Sam. 22,2; 1Sam. 25,7; 1Sam. 25,16; 1Sam. 25,43; 2Sam. 2,10; 2Sam. 4,3; 2Sam. 6,13; 2Sam. 8,7; 2Sam. 8,10; 2Sam. 8,18; 2Sam. 9,10; 2Sam. 10,5; 2Sam. 12,1; 2Sam. 13,23; 2Sam. 20,3; 1Kings 1,8; 1Kings 2,46b; 1Kings 2,46i; 1Kings 3,2; 1Kings 4,2; 1Kings 5,12; 1Kings 5,28; 1Kings 10,22c # 9,22; 1Kings 10,26; 1Kings 11,1; 1Kings 11,14; 1Kings 12,6; 1Kings 12,24b; 1Kings 12,31; 2Kings 6,20; 2Kings 7,3; 2Kings 10,6; 2Kings 17,2; 2Kings 17,25; 2Kings

εἰμί

17,29; 2Kings 17,32; 2Kings 17,32; 2Kings 17,41; 2Kings 17,41; 2Kings 18,4; 2Kings 21,15; 2Kings 25,3; 2Kings 25,25; 1Chr. 1,51; 1Chr. 2,22; 1Chr. 2,25; 1Chr. 2,27; 1Chr. 2,28; 1Chr. 2,33; 1Chr. 2,34; 1Chr. 2,50; 1Chr. 2,52; 1Chr. 3,1; 1Chr. 4,5; 1Chr. 4,14; 1Chr. 4,27; 1Chr. 6,17; 1Chr. 7,19; 1Chr. 8,3; 1Chr. 8,40; 1Chr. 9,24; 1Chr. 9,26; 1Chr. 9,30; 1Chr. 11,10; 1Chr. 12,22; 1Chr. 12,40; 1Chr. 14,4; 1Chr. 18,2; 1Chr. 18,6; 1Chr. 18,7; 1Chr. 18,13; 1Chr. 19,5; 1Chr. 20,8; 1Chr. 23,17; 1Chr. 23,17; 1Chr. 23,22; 1Chr. 23,26; 1Chr. 24,2; 1Chr. 24,5; 1Chr. 24,28; 1Chr. 26,6; 2Chr. 4,4; 2Chr. 5,9; 2Chr. 5,11; 2Chr. 8,6; 2Chr. 8,8; 2Chr. 9,25; 2Chr. 11,12; 2Chr. 11,13; 2Chr. 12,4; 2Chr. 12,12; 2Chr. 16,8; 2Chr. 22,4; 2Chr. 29,34; 2Chr. 30,10; 2Chr. 30,17; 2Chr. 35,26; 2Chr. 36,16; 2Chr. 36,20; 1Esdr. 1,15; 1Esdr. 1,49; 1Esdr. 1,54; 1Esdr. 2,22; 1Esdr. 5,41; 1Esdr. 5,49; 1Esdr. 8,62; Neh. 3,26; Neh. 6,14; Neh. 6,18; Neh. 6,19; Neh. 6,19; Neh. 7,4; Neh. 8,7; Neh. 9,3; Neh. 13,5; Neh. 13,22; Esth. 9,20; Judith 4,3; Judith 6,10; Judith 6,11; Judith 6,15; Judith 7,2; Judith 7,6; Judith 7,18; Judith 7,32; Judith 13,1; 1Mac. 2,31; 1Mac. 3,29; 1Mac. 4,2; 1Mac. 4,4; 1Mac. 5,4; 1Mac. 5,62; 1Mac. 6,18; 1Mac. 6,36; 1Mac. 7,13; 1Mac. 7,29; 1Mac. 11,41; 1Mac. 13,34; 1Mac. 14,8; 1Mac. 15,2; 2Mac. 10,6; 2Mac. 10,27; 2Mac. 15,9; 3Mac. 2,4; 3Mac. 3,3; 4Mac. 3,9; 4Mac. 8,16; 4Mac. 8,28; 4Mac. 15,10; 4Mac. 16,3; Psa. 54,19; Psa. 121,2; Prov. 30,15; Eccl. 7,10; Job 30,6; Job 36,12; Wis. 16,9; Wis. 17,20; Wis. 18,12; Hos. 12,12; Zech. 6,6; Zech. 10,8; Is. 20,5; Is. 20,5; Is. 31,1; Is. 37,19; Is. 44,8; Is. 49,21; Jer. 2,28; Jer. 3,23; Jer. 5,13; Jer. 11,13; Jer. 39,30; Jer. 48,2; Jer. 52,6; Jer. 52,23; Jer. 52,23; Lam. 4,9; Ezek. 9,6; Ezek. 16,55; Ezek. 16,55; Ezek. 17,6; Ezek. 20,24; Ezek. 23,2; Ezek. 23,20; Ezek. 27,8; Ezek. 27,9; Ezek. 27,10; Ezek. 27,11; Ezek. 27,27; Ezek. 40,49; Ezek. 42,6; Dan. 1,6; Dan. 1,19; Dan. 3,46; Sus. 10-11; Bel 9; Bel 21; Judg. 1,7; Judg. 7,8; Judg. 7,11; Judg. 7,12; Judg. 8,19; Judg. 8,24; Judg. 8,30; Judg. 8,30; Judg. 10,4; Judg. 12,9; Judg. 12,14; Judg. 14,11; Judg. 16,30; Judg. 18,30; Dan. 5,19; Sus. 10; Sus. 18; Bel 9; Bel 32; Matt. 4,18; Matt. 9,36; Matt. 14,21; Matt. 15,38; Matt. 22,8; Matt. 22,25; Matt. 24,38; Matt. 25,2; Matt. 26,43; Mark 1,16; Mark 2,15; Mark 2,18; Mark 4,1; Mark 6,31; Mark 6,34; Mark 6,44; Mark 8,9; Mark 9,4; Mark 12,20; Mark 14,4; Mark 14,40; Mark 14,56; Luke 1,6; Luke 1,7; Luke 2,8; Luke 4,20; Luke 4,25; Luke 4,27; Luke 5,10; Luke 5,17; Luke 5,17; Luke 5,29; Luke 7,41; Luke 8,2; Luke 8,40; Luke 9,14; Luke 9,30; Luke 9,32; Luke 14,1; Luke 20,29; Luke 23,55; Luke 24,10; Luke 24,13; Luke 24,53; John 1,24; John 2,6; John 17,6; John 20,19; John 20,26; John 21,8; Acts 1,10; Acts 1,13; Acts 1,14; Acts 2,1; Acts 2,2; Acts 2,44; Acts 4,6; Acts 4,13; Acts 4,31; Acts 5,12; Acts 12,3; Acts 12,12; Acts 13,48; Acts 14,4; Acts 14,7; Acts 14,26; Acts 17,11; Acts 18,3; Acts 19,7; Acts 19,14; Acts 20,8; Acts 21,9; Acts 21,29; Acts 23,13; 1Cor. 10,1; Gal. 1,23; Gal. 2,6; Heb. 2,15; 2Pet. 3,5; 1John 2,19; 1John 2,19; Rev. 4,11; Rev. 9,8; Rev. 18,23)

Ἦσαν ▸ **3** + **11** = **14**
    Verb · third · plural · imperfect · active · indicative ▸ **3** + **11** = **14** (Gen. 9,18; Gen. 35,22; 2Mac. 11,16; Matt. 27,55; Mark 2,6; Mark 10,32; Mark 15,40; Luke 15,1; John 12,20; John 21,2; Acts 2,5; Acts 2,42; Acts 11,20; Acts 13,1)

ἦσάν ▸ **2**
    Verb · third · plural · imperfect · active · indicative ▸ **2** (Neh. 5,2; Psa. 118,54)

ἦσθα ▸ **16** + **2** = **18**
    Verb · second · singular · imperfect · active · indicative ▸ **16** + **2** = **18** (Gen. 40,13; Num. 10,31; Deut. 5,15; Deut. 15,15; Deut. 16,12; Deut. 24,18; Deut. 24,20; Deut. 24,22; 2Sam. 5,2; 1Chr. 11,2; Psa. 9,35; Job 22,3; Is. 27,8; Is. 30,15; Ezek. 16,7; Ezek. 16,22; Matt. 26,69; Mark 14,67)

ἦτε ▸ **13** + **19** = **32**
    Verb · second · plural · imperfect · active · indicative ▸ **12** + **10** = **22** (Ex. 22,20; Ex. 23,9; Deut. 9,22; Deut. 9,24; Deut. 10,19; Deut. 28,62; Deut. 31,27; Josh. 24,7; Ezra 4,22; Hag. 2,16; Zech. 8,13; Ezek. 16,55; John 9,41; John 15,19; Rom. 6,17; Rom. 6,20; Rom. 6,20; 1Cor. 6,11; 1Cor. 12,2; Eph. 2,12; Eph. 5,8; 1Pet. 2,25)
    Verb · second · plural · present · active · subjunctive ▸ **1** + **9** = **10** (1Sam. 12,14; John 14,3; Rom. 11,25; 1Cor. 1,10; 1Cor. 5,7; 1Cor. 7,5; 2Cor. 9,3; 2Cor. 13,9; Phil. 1,10; James 1,4)

ἤτω ▸ **1** + **2** = **3**
    Verb · third · singular · present · active · imperative ▸ **1** + **2** = **3** (Psa. 103,31; 1Cor. 16,22; James 5,12)

ἴσθι ▸ **12** + **4** = **16**
    Verb · second · singular · present · active · imperative ▸ **12** + **4** = **16** (Ex. 24,12; Num. 5,19; Tob. 4,14; Prov. 3,5; Prov. 3,7; Prov. 5,20; Prov. 22,24; Prov. 23,17; Prov. 23,20; Prov. 24,28; Sir. 4,30; Sir. 5,10; Matt. 2,13; Mark 5,34; Luke 19,17; 1Tim. 4,15)

Ἴσθι ▸ **1**
    Verb · second · singular · present · imperative ▸ **1** (Matt. 5,25)

ὄν ▸ **7** + **1** = **8**
    Verb · present · active · participle · neuter · singular · accusative ▸ **6** (Gen. 23,9; Gen. 44,31; Lev. 14,17; Lev. 14,29; Lev. 16,18; Num. 4,25)
    Verb · present · active · participle · neuter · singular · nominative ▸ **1** + **1** = **2** (Job 8,12; Mark 4,31)

ὄντα ▸ **24** + **1** + **19** = **44**
    Verb · present · active · participle · masculine · singular · accusative ▸ **15** + **12** = **27** (2Sam. 12,31; 1Esdr. 1,32; 1Esdr. 1,44; Esth. 7,7; Judith 2,4; 1Mac. 10,69; 2Mac. 8,10; 2Mac. 9,12; 4Mac. 5,24; Ode. 12,14; Job 24,6; Job 34,17; Wis. 13,1; Sir. 7,11; LetterJ 36; Matt. 6,30; Luke 12,28; Luke 22,3; Luke 23,7; John 1,48; Acts 8,23; Acts 24,10; Acts 26,3; Acts 26,21; 2Cor. 8,22; 1Tim. 1,13; Heb. 3,2)
    Verb · present · active · participle · neuter · plural · accusative ▸ **7** + **5** = **12** (Lev. 1,8; Lev. 6,8; 1Kings 7,27; Judith 12,4; Wis. 11,24; Hab. 2,6; LetterJ 58; Acts 7,12; Rom. 4,17; Rom. 4,17; 1Cor. 1,28; 1Cor. 1,28)
    Verb · present · active · participle · neuter · plural · nominative ▸ **2** + **1** + **2** = **5** (Judith 12,3; LetterJ 59; Tob. 6,12; 1Cor. 12,12; James 3,4)

ὄντας ▸ **28** + **1** + **11** = **40**
    Verb · present · active · participle · masculine · plural · accusative ▸ **28** + **1** + **11** = **40** (Gen. 19,11; Gen. 39,14; Num. 12,3; Num. 16,5; Num. 16,32; Josh. 6,2; 2Kings 23,16; 2Kings 23,20; Esth. 16,15 # 8,12p; Esth. 16,16 # 8,12q; Judith 2,28; 1Mac. 5,2; 1Mac. 5,9; 1Mac. 13,11; 2Mac. 2,21; 2Mac. 4,19; 2Mac. 8,16; 2Mac. 11,23; 2Mac. 12,4; 2Mac. 15,1; 3Mac. 5,2; Eccl. 7,19; Jer. 43,28; Jer. 48,3; Ezek. 3,6; Ezek. 3,15; Dan. 4,22; Sus. 54; Dan. 1,20; Acts 9,2; Acts 16,3; Acts 22,5; Acts 28,17; Rom. 16,11; Eph. 2,1; Eph. 2,5; Phil. 1,7; Col. 1,21; Col. 2,13; 2Tim. 2,19)

ὄντες ▸ **28** + **1** + **26** = **55**
    Verb · present · active · participle · masculine · plural · nominative ▸ **28** + **1** + **26** = **55** (Gen. 24,54; Gen. 40,5; Lev. 18,27; 1Sam. 14,21; Ezra 6,6; Judith 15,1; 1Mac. 3,17; 1Mac. 5,13; 1Mac. 10,12; 1Mac. 11,18; 1Mac. 12,9; 2Mac. 10,15; 2Mac. 11,9; 3Mac. 1,27; 4Mac. 6,13; Prov. 1,22; Wis. 2,24; Wis. 6,4; Sir. 46,8; Is. 8,15; Is. 41,11; Is. 41,12; LetterJ 14; LetterJ 53; Dan. 6,27; Dan. 10,7; Sus. 28; Sus. 30; Sus. 38; Matt. 7,11; Matt. 12,34; Luke 6,3; Luke 20,36; Luke 23,12; John 9,40; John 11,31; Acts 11,1; Acts 15,32; Acts 19,31; Acts 22,9; Acts 28,25; Rom. 5,10; Rom. 8,5;

ὄντι ▸ 9 + 4 = 13
  Verb · present · active · participle · masculine · singular · dative
    ▸ 7 + 4 = **11** (Gen. 44,1; 2Chr. 13,9; Judith 14,13; 2Mac. 1,10; 2Mac. 9,3; 2Mac. 13,15; Sus. 44-45; Acts 7,2; Rom. 4,10; Rom. 7,23; Rom. 12,3)
  Verb · present · active · participle · neuter · singular · dative ▸ **2** (1Sam. 17,40; 2Mac. 11,5)

ὄντος ▸ 31 + 2 + 15 = 48
  Verb · present · active · participle · masculine · singular · genitive ▸ 22 + 1 + 14 = **37** (Gen. 44,14; Gen. 44,26; Num. 35,31; Judg. 6,24; 1Sam. 22,4; 2Sam. 5,2; 1Kings 11,43; 1Chr. 11,2; 2Chr. 21,5; Tob. 1,4; Psa. 7,3; Prov. 3,28; Job 31,31; Sir. 17,28; Sol. 8,11; Sol. 8,30; Hos. 3,4; Hos. 3,4; Jonah 4,2; LetterJ 40; Dan. 8,2; Dan. 8,2; Dan. 4,31; Mark 8,1; Mark 14,3; Mark 14,66; Luke 14,32; Luke 22,53; John 5,13; Acts 14,13; Acts 18,12; Acts 21,8; Acts 27,2; Acts 27,9; Rom. 5,13; 1Cor. 8,10; Eph. 2,20)
  Verb · present · active · participle · neuter · singular · genitive ▸ 9 + 1 + 1 = **11** (Gen. 44,34; Gen. 49,32; Ex. 30,6; Lev. 8,26; Lev. 14,16; Hos. 3,4; Ezek. 1,25; Ezek. 10,7; Ezek. 15,5; Judg. 6,24; Acts 7,5)

Ὄντος ▸ 1
  Verb · present · active · participle · masculine · singular · genitive ▸ **1** (Jer. 52,1)

ὄντων ▸ 36 + 1 + 6 = 43
  Verb · present · active · participle · masculine · plural · genitive ▸ 25 + 1 + 5 = **31** (Ex. 25,22; Lev. 25,45; Lev. 26,13; Lev. 26,44; Judg. 18,3; Judg. 19,11; 1Sam. 2,27; 1Sam. 12,21; 1Sam. 25,7; 2Sam. 13,30; 1Kings 10,22b # 9,20; 1Chr. 17,13; 1Esdr. 5,46; 2Mac. 11,8; 2Mac. 12,9; 2Mac. 12,36; 3Mac. 4,18; 3Mac. 6,15; Prov. 29,16; Job 24,13; Job 36,19; Lam. 4,17; LetterJ 63; Ezek. 44,9; Sus. 41; Dan. 3,97; John 21,11; Rom. 5,6; Rom. 5,8; 1Tim. 2,2; Heb. 8,4)
  Verb · present · active · participle · neuter · plural · genitive ▸ 11 + 1 = **12** (Deut. 4,17; 2Mac. 7,28; 2Mac. 14,45; 4Mac. 1,28; 4Mac. 15,11; Job 1,10; Wis. 2,6; Wis. 7,17; Wis. 8,6; Zech. 14,15; Ezek. 15,2; Acts 19,36)

οὖσα ▸ 16 + 6 = 22
  Verb · present · active · participle · feminine · singular · nominative ▸ 16 + 6 = **22** (Gen. 17,17; Gen. 18,10; Lev. 25,30; Num. 5,20; Num. 5,29; Deut. 16,14; 4Mac. 1,25; 4Mac. 14,10; 4Mac. 16,5; Prov. 6,8c; Prov. 27,7; Wis. 7,27; Wis. 17,12; Sir. 42,10; Nah. 2,12; Ezek. 9,3; Mark 5,25; Luke 8,43; John 8,9; Acts 5,17; Acts 9,39; 1Cor. 8,7)

οὖσαι ▸ 1 + 1 = 2
  Verb · present · active · participle · feminine · plural · nominative ▸ 1 + 1 = **2** (Ezek. 42,13; Rom. 13,1)

οὖσαν ▸ 10 + 1 + 6 = 17
  Verb · present · active · participle · feminine · singular · accusative ▸ 10 + 1 + 6 = **17** (Deut. 2,36; Deut. 3,25; Judg. 1,16; Judg. 6,11; 1Kings 9,26; 2Mac. 2,24; 2Mac. 9,26; Job 2,13; Ezek. 18,6; Dan. 2,30; Judg. 1,16; Luke 13,16; Acts 13,1; Acts 17,16; Acts 19,35; Rom. 16,1; Eph. 4,18)

οὖσας ▸ 3
  Verb · present · active · participle · feminine · plural · accusative ▸ **3** (Deut. 20,15; Josh. 13,17; 4Mac. 3,18)

οὔσῃ ▸ 1 + 4 = 5
  Verb · present · active · participle · feminine · singular · dative ▸ 1 + 4 = **5** (Dan. 2,30; Luke 2,5; Acts 24,24; 1Cor. 1,2; 2Cor. 1,1)

οὔσης ▸ 9 + 5 = 14
  Verb · present · active · participle · feminine · singular · genitive ▸ 9 + 5 = **14** (Lev. 15,23; Num. 3,26; Num. 5,17; 2Sam. 3,35; Judith 4,7; 2Mac. 12,31; Psa. 77,30; Prov. 15,13; Hos. 3,4; Mark 11,11; John 4,9; John 20,1; Acts 9,38; Acts 11,22)

Οὔσης ▸ 1
  Verb · present · participle · feminine · singular · genitive ▸ **1** (John 20,19)

οὖσι ▸ 1
  Verb · present · active · participle · masculine · plural · dative ▸ **1** (Deut. 29,14)

οὖσιν ▸ 8 + 1 + 9 = 18
  Verb · present · active · participle · masculine · plural · dative ▸ 7 + 1 + 9 = **17** (Deut. 29,14; Esth. 14,11 # 4,17q; 1Mac. 5,16; 1Mac. 10,34; Is. 57,19; Jer. 5,7; Dan. 2,21; Tob. 11,18; Mark 2,26; Acts 16,21; Acts 20,34; Rom. 1,7; Rom. 8,28; 2Cor. 1,1; Gal. 4,8; Eph. 1,1; Phil. 1,1)
  Verb · present · active · participle · neuter · plural · dative ▸ **1** (Dan. 4,37c)

οὐσῶν ▸ 1 + 1 = 2
  Verb · present · active · participle · feminine · plural · genitive ▸ 1 + 1 = **2** (1Mac. 10,37; 1Th. 2,14)

ὦ ▸ 6 + 2 = 8
  Verb · first · singular · present · active · subjunctive ▸ 6 + 2 = **8** (Ex. 33,13; Job 9,15; Job 9,20; Job 9,20; Job 10,15; Job 10,15; John 9,5; Phil. 2,28)

ὦμεν ▸ 3
  Verb · first · plural · present · subjunctive ▸ **3** (2Cor. 1,9; 2Cor. 13,7; Eph. 4,14)

ὤν ▸ 5 + 1 + 5 = 11
  Verb · present · active · participle · masculine · singular · nominative ▸ 5 + 1 + 5 = **11** (Ex. 3,14; 2Mac. 1,22; 4Mac. 12,13; Job 7,11; Job 40,4; Tob. 5,14; John 3,4; 2Cor. 8,9; Gal. 2,3; Gal. 4,1; Gal. 6,3)

ὢν ▸ 37 + 1 + 39 = 77
  Verb · present · active · participle · masculine · singular · nominative ▸ 37 + 1 + 37 = **75** (Gen. 6,9; Gen. 37,2; Ex. 3,14; Ex. 6,3; Lev. 13,46; 1Kings 12,24a; 1Kings 16,22; 2Chr. 22,2; 2Chr. 24,15; 2Chr. 29,1; 1Esdr. 8,3; 2Mac. 7,16; 4Mac. 2,3; 4Mac. 2,7; 4Mac. 4,3; 4Mac. 7,13; 4Mac. 18,10; Psa. 48,13; Psa. 48,21; Ode. 3,10; Prov. 6,7; Prov. 23,4; Prov. 28,15; Prov. 30,28; Job 4,7; Job 10,19; Job 12,6; Job 15,14; Job 39,29; Wis. 8,20; Wis. 12,15; Wis. 15,17; Sir. 28,5; Sir. 51,13; Is. 6,5; Is. 8,23; Is. 53,3; Dan. 6,1; Matt. 1,19; Matt. 12,30; Luke 3,23; Luke 11,23; Luke 24,6; Luke 24,44; John 1,18; John 3,31; John 4,9; John 6,46; John 7,50; John 8,47; John 9,25; John 10,12; John 10,33; John 11,49; John 11,51; John 12,17; John 18,26; John 18,37; John 19,38; Acts 18,24; Rom. 9,5; Rom. 11,17; 1Cor. 9,19; 1Cor. 9,20; 1Cor. 9,21; 2Cor. 11,31; Eph. 2,4; 2Th. 2,5; Titus 3,11; Philem. 9; Heb. 1,3; Heb. 5,8; Rev. 1,4; Rev. 1,8; Rev. 4,8)
  Verb · present · participle · masculine · singular · vocative ▸ **2** (Rev. 11,17; Rev. 16,5)

Ὢν ▸ 6
  Verb · present · active · participle · masculine · singular · nominative ▸ **6** (2Chr. 24,1; 2Chr. 25,1; 2Chr. 33,1; 2Chr. 33,21; 2Chr. 34,1; 2Chr. 36,5)

ὦσι ▸ 2
  Verb · third · plural · present · active · subjunctive ▸ **2** (Job 39,30; Ezek. 14,16)

ὦσιν ▸ 25 + 1 + 12 = 38
  Verb · third · plural · present · active · subjunctive ▸ 25 + 1 + 12 = **38** (Gen. 18,24; Gen. 18,24; Ex. 1,16; Ex. 12,4; Ex. 21,36; Ex. 38,16; Num. 19,18; Num. 27,10; Num. 27,11; Deut. 19,17; Ezra 6,10; Ezra 7,25; 1Mac. 10,24; 2Mac. 11,26; Prov. 23,16; Job

33,23; Is. 1,18; Is. 1,18; Is. 7,23; Is. 10,20; Is. 17,8; Bar. 1,11; Ezek. 14,14; Ezek. 34,22; Ezek. 42,14; Tob. 14,8; Mark 3,14; John 17,11; John 17,19; John 17,21; John 17,21; John 17,22; John 17,23; John 17,24; 1Cor. 7,29; 1Tim. 5,7; Titus 3,14; James 2,15)

ὦσίν ▸ 2
    Verb · third · plural · present · active · subjunctive ▸ **2** (Gen. 21,30; Prov. 27,26)

εἶμι to go, come (ibo) ▸ 3
  ἴθι ▸ 1
    Verb · second · singular · present · active · imperative ▸ **1** (Prov. 6,3)
  Ἴθι ▸ 1
    Verb · second · singular · present · active · imperative ▸ **1** (Prov. 6,6)
  ἴτω ▸ 1
    Verb · third · singular · present · active · imperative ▸ **1** (Ex. 32,26)

εἵνεκεν (ἕνεκα) on account of, because of, for the sake of ▸ 9 + 2 = 11
  εἵνεκεν ▸ 9 + 2 = 11
    ImproperPreposition · (+genitive) ▸ 9 + 2 = **11** (Gen. 18,5; Gen. 19,8; Gen. 22,16; Gen. 38,26; Num. 10,31; Num. 14,43; 2Sam. 18,20; Is. 61,1; Lam. 3,44; Luke 4,18; 2Cor. 3,10)

εἴπερ (εἰ; περ) since, if it is true that ▸ 1 + 1 + 6 = 8
  εἴπερ ▸ 1 + 1 + 6 = 8
    Conjunction · subordinating · (conditional) ▸ 1 + 1 + 6 = **8** (Judith 6,9; Sus. 54; Rom. 3,30; Rom. 8,9; Rom. 8,17; 1Cor. 8,5; 1Cor. 15,15; 2Th. 1,6)

εἴργω (ἔργω) to hinder ▸ 3
  εἶργον ▸ 1
    Verb · third · plural · imperfect · active · indicative ▸ **1** (1Esdr. 5,69)
  εἶρξαν ▸ 1
    Verb · third · plural · aorist · active · indicative ▸ **1** (3Mac. 3,18)
  εἴρχθησαν ▸ 1
    Verb · third · plural · aorist · passive · indicative ▸ **1** (1Esdr. 5,71)

εἰρηνεύω (εἰρήνη) to have peace ▸ 19 + 4 = 23
  εἰρηνεύειν ▸ 2
    Verb · present · active · infinitive ▸ **2** (2Mac. 12,4; Job 15,21)
  εἰρηνεύετε ▸ 3
    Verb · second · plural · present · active · imperative ▸ **3** (Mark 9,50; 2Cor. 13,11; 1Th. 5,13)
  εἰρηνεύοντα ▸ 1
    Verb · present · active · participle · masculine · singular · accusative ▸ **1** (Job 16,12)
  εἰρηνεύοντας ▸ 1
    Verb · present · active · participle · masculine · plural · accusative ▸ **1** (Sir. 28,13)
  εἰρηνεύοντες ▸ 1 + 1 = 2
    Verb · present · active · participle · masculine · plural · nominative ▸ 1 + 1 = **2** (Sir. 44,6; Rom. 12,18)
  εἰρηνεύοντές ▸ 1
    Verb · present · active · participle · masculine · plural · nominative ▸ **1** (Sir. 6,6)
  εἰρηνεύοντι ▸ 1
    Verb · present · active · participle · masculine · singular · dative ▸ **1** (Sir. 41,1)
  εἰρηνευόντων ▸ 1
    Verb · present · active · participle · masculine · plural · genitive ▸ **1** (Sir. 28,9)
  εἰρήνευσα ▸ 1
    Verb · first · singular · aorist · active · indicative ▸ **1** (Job 3,26)
  εἰρηνεῦσαι ▸ 2
    Verb · aorist · active · infinitive ▸ **2** (1Esdr. 8,82; 1Mac. 6,60)
  εἰρηνεύσει ▸ 1
    Verb · third · singular · future · active · indicative ▸ **1** (Job 5,24)
  εἰρήνευσεν ▸ 5
    Verb · third · singular · aorist · active · indicative ▸ **5** (1Kings 22,45; 2Chr. 14,4; 2Chr. 14,5; 2Chr. 20,30; 4Mac. 18,4)
  εἰρηνεύσουσίν ▸ 1
    Verb · third · plural · future · active · indicative ▸ **1** (Job 5,23)
  Εἰρηνεύων ▸ 1
    Verb · present · active · participle · masculine · singular · nominative ▸ **1** (Dan. 4,4)

Εἰρήνη (εἰρήνη) Irene (Peace) ▸ 2 + 1 = 3
  Εἰρήνη ▸ 2 + 1 = 3
    Noun · feminine · singular · nominative · (common) ▸ **1** (2Kings 4,26)
    Noun · feminine · singular · nominative · (proper) ▸ 1 + 1 = **2** (Judg. 6,24; Judg. 6,24)

εἰρήνη peace ▸ 273 + 19 + 92 = 384
  Εἰρήνη ▸ 15 + 4 + 3 = 22
    Noun · feminine · singular · nominative · (common) ▸ 15 + 4 + 3 = **22** (Judg. 6,23; Judg. 19,20; 1Sam. 16,4; 1Sam. 16,5; 2Sam. 18,28; 2Sam. 18,29; 1Kings 2,13; 1Kings 2,13; 2Kings 4,23; 2Kings 5,22; Jer. 4,10; Jer. 6,14; Jer. 23,17; Bar. 5,4; Ezek. 13,10; Judg. 6,23; Judg. 19,20; Dan. 4,1; Dan. 6,26; Eph. 6,23; 1Pet. 5,14; 3John 15)
  εἰρήνη ▸ 58 + 3 + 37 = 98
    Noun · feminine · singular · nominative · (common) ▸ 58 + 3 + 37 = **98** (Judg. 4,17; 1Sam. 7,14; 1Sam. 20,7; 1Sam. 20,21; 2Sam. 17,3; 2Sam. 18,32; 1Kings 2,33; 1Kings 2,46g; 1Kings 5,4; 1Kings 5,26; 2Kings 4,26; 2Kings 4,26; 2Kings 4,26; 2Kings 9,11; 2Kings 9,17; 2Kings 9,18; 2Kings 9,19; 2Kings 9,22; 2Kings 9,22; 2Kings 9,31; 2Kings 20,19; 1Chr. 4,40; 1Chr. 12,19; 1Chr. 12,19; 1Chr. 12,19; 2Chr. 15,5; Ezra 4,16; Ezra 5,7; Tob. 12,17; Tob. 14,4; 1Mac. 13,40; Psa. 37,4; Psa. 84,11; Psa. 118,165; Psa. 121,7; Psa. 124,5; Psa. 127,6; Ode. 14,2; Job 11,18; Sir. 13,18; Sir. 13,18; Sir. 38,8; Mic. 5,4; Zech. 8,10; Zech. 9,10; Is. 32,17; Is. 39,8; Is. 48,18; Jer. 6,14; Jer. 6,14; Jer. 12,12; Jer. 36,7; Jer. 37,5; Bar. 3,14; Ezek. 13,10; Ezek. 13,10; Ezek. 13,16; Dan. 4,37c; Judg. 4,17; Tob. 12,17; Dan. 10,19; Matt. 10,13; Matt. 10,13; Luke 2,14; Luke 10,5; Luke 10,6; Luke 19,38; Luke 24,36; John 20,19; John 20,21; John 20,26; Rom. 1,7; Rom. 2,10; Rom. 8,6; Rom. 14,17; 1Cor. 1,3; 2Cor. 1,2; Gal. 1,3; Gal. 5,22; Gal. 6,16; Eph. 1,2; Eph. 2,14; Phil. 1,2; Phil. 4,7; Col. 1,2; Col. 3,15; 1Th. 1,1; 1Th. 5,3; 2Th. 1,2; 1Tim. 1,2; 2Tim. 1,2; Titus 1,4; Philem. 3; 1Pet. 1,2; 2Pet. 1,2; 2John 3; Jude 2; Rev. 1,4)
  εἰρήνῃ ▸ 49 + 5 + 8 = 62
    Noun · feminine · singular · dative · (common) ▸ 49 + 5 + 8 = **62** (Judg. 11,31; 2Sam. 3,21; 2Sam. 3,22; 2Sam. 3,23; 2Sam. 3,24; 2Sam. 15,27; 2Sam. 19,25; 2Sam. 19,31; 1Kings 2,5; 1Kings 2,6; 1Kings 22,17; 1Kings 22,27; 1Kings 22,28; 2Kings 9,18; 2Kings 9,19; 2Kings 22,20; 2Chr. 18,16; 2Chr. 18,26; 2Chr. 18,27; 2Chr. 19,1; 2Chr. 34,28; Ezra 4,7; Judith 7,15; Tob. 13,15; 1Mac. 5,54; 1Mac. 7,35; Psa. 4,9; Psa. 28,11; Psa. 54,19; Psa. 75,3; Ode. 13,29; Prov. 3,17; Prov. 3,23; Prov. 4,27b; Prov. 17,1; Wis. 3,3; Sir. 26,2; Sir. 41,14; Sir. 44,14; Sir. 47,16; Mal. 2,6; Is. 41,3; Is. 54,13; Is. 57,2; Is. 60,17; Jer. 36,7; Jer. 41,5; Jer. 50,12; Bar. 3,13; Judg. 11,13; Judg. 11,31; Judg. 18,6; Tob. 13,15; Tob. 14,2; Luke 2,29; Luke 11,21; Acts 16,36; 1Cor. 7,15; 1Cor. 16,11; James 2,16; James 3,18; 2Pet. 3,14)
  Εἰρήνην ▸ 2

Noun · feminine · singular · accusative ▸ 2 (John 14,27; Heb. 12,14)

εἰρήνην ▸ 93 + 6 + 23 = 122
Noun · feminine · singular · accusative · (common) ▸ 93 + 6 + 23 = 122 (Lev. 26,6; Num. 6,26; Josh. 9,15; Judg. 18,6; Judg. 21,13; 1Sam. 1,17; 1Sam. 10,4; 1Sam. 20,13; 1Sam. 20,42; 1Sam. 25,5; 1Sam. 25,35; 1Sam. 29,7; 1Sam. 30,21; 2Sam. 8,10; 2Sam. 11,7; 2Sam. 11,7; 2Sam. 11,7; 2Sam. 15,9; 1Kings 21,18; 2Kings 5,19; 2Kings 10,13; 1Chr. 12,18; 1Chr. 18,10; 1Chr. 22,9; Ezra 4,17; Ezra 9,12; Esth. 13,2 # 3,13b; Judith 8,35; Judith 15,8; 1Mac. 6,49; 1Mac. 6,58; 1Mac. 7,13; 1Mac. 8,20; 1Mac. 9,70; 1Mac. 10,4; 1Mac. 11,51; 1Mac. 13,37; 1Mac. 14,11; 2Mac. 1,1; 2Mac. 1,4; 2Mac. 12,12; 3Mac. 2,20; 4Mac. 3,20; Psa. 27,3; Psa. 33,15; Psa. 34,27; Psa. 71,3; Psa. 72,3; Psa. 84,9; Psa. 119,7; Psa. 121,6; Psa. 121,8; Psa. 147,3; Ode. 5,12; Prov. 3,2; Prov. 12,20; Prov. 16,8; Song 8,10; Wis. 14,22; Sir. 1,18; Sir. 50,23; Sol. 12,5; Mic. 3,5; Nah. 2,1; Hag. 2,9; Hag. 2,9; Zech. 8,12; Zech. 8,19; Is. 9,5; Is. 9,5; Is. 26,3; Is. 26,12; Is. 27,5; Is. 27,5; Is. 29,24; Is. 32,4; Is. 33,7; Is. 33,7; Is. 45,7; Is. 57,19; Is. 57,19; Is. 59,8; Jer. 8,15; Jer. 14,13; Jer. 14,19; Jer. 15,5; Jer. 16,5; Jer. 35,9; Jer. 36,7; Jer. 40,6; Jer. 45,4; Ezek. 7,25; Ezek. 13,16; Judg. 18,15; Judg. 21,13; Tob. 7,12; Tob. 7,13; Tob. 10,12; Tob. 10,13; Matt. 10,34; Matt. 10,34; Mark 5,34; Luke 7,50; Luke 8,48; Luke 12,51; Luke 14,32; Luke 19,42; John 14,27; John 16,33; Acts 7,26; Acts 9,31; Acts 10,36; Acts 12,20; Rom. 5,1; Eph. 2,15; Eph. 2,17; Eph. 2,17; 2Th. 3,16; 2Tim. 2,22; James 3,18; 1Pet. 3,11; Rev. 6,4)

εἰρήνης ▸ 58 + 1 + 19 = 78
Noun · feminine · singular · genitive · (common) ▸ 58 + 1 + 19 = 78 (Gen. 15,15; Gen. 26,29; Ex. 18,23; Num. 25,12; Deut. 20,10; Judg. 8,9; Judg. 11,13; 1Esdr. 5,2; Esth. 16,8 # 8,12h; 1Mac. 7,28; 1Mac. 8,22; 1Mac. 10,66; 1Mac. 12,4; 1Mac. 12,22; 1Mac. 12,52; 1Mac. 14,8; 1Mac. 16,10; 2Mac. 3,1; 2Mac. 4,6; 2Mac. 14,10; 3Mac. 6,27; 3Mac. 7,19; Psa. 13,3; Psa. 36,11; Psa. 40,10; Psa. 71,7; Ode. 9,79; Eccl. 3,8; Sir. 45,24; Sir. 47,13; Sol. 8,16; Sol. 8,18; Mic. 2,8; Mal. 2,5; Is. 9,6; Is. 14,30; Is. 32,18; Is. 52,7; Is. 53,5; Is. 54,10; Is. 59,8; Is. 66,12; Jer. 12,5; Jer. 32,37; Jer. 36,11; Jer. 40,9; Bar. 4,20; Lam. 3,17; LetterJ 2; Ezek. 34,25; Ezek. 34,27; Ezek. 34,29; Ezek. 37,26; Ezek. 38,8; Ezek. 38,11; Ezek. 38,14; Ezek. 39,6; Ezek. 39,26; Judg. 8,9; Luke 1,79; Luke 10,6; Acts 15,33; Acts 24,2; Rom. 3,17; Rom. 14,19; Rom. 15,13; Rom. 15,33; Rom. 16,20; 1Cor. 14,33; 2Cor. 13,11; Eph. 4,3; Eph. 6,15; Phil. 4,9; 1Th. 5,23; 2Th. 3,16; Heb. 7,2; Heb. 11,31; Heb. 13,20)

εἰρηνικός (εἰρήνη) peaceable, peaceful ▸ 49 + 2 = 51
εἰρηνικά ▸ 7
Adjective · neuter · plural · accusative · noDegree ▸ 7 (Deut. 20,11; Deut. 23,7; 2Sam. 20,19; Judith 7,24; Psa. 34,20; Sir. 4,8; Jer. 9,7)

εἰρηνικάς ▸ 4
Adjective · feminine · plural · accusative · noDegree ▸ 4 (1Sam. 10,8; 1Sam. 13,9; 2Sam. 6,17; 2Sam. 24,25)

εἰρηνικὰς ▸ 4
Adjective · feminine · plural · accusative · noDegree ▸ 4 (1Sam. 11,15; 2Sam. 6,18; 1Kings 2,35g; 1Kings 3,15)

εἰρηνική ▸ 1 + 1 = 2
Adjective · feminine · singular · nominative · noDegree ▸ 1 + 1 = 2 (Prov. 7,14; James 3,17)

εἰρηνικὴ ▸ 1
Adjective · feminine · singular · nominative · noDegree ▸ 1 (Zech. 6,13)

εἰρηνικῇ ▸ 1
Adjective · feminine · singular · dative · noDegree ▸ 1 (1Chr. 12,39)

εἰρηνικῆς ▸ 1
Adjective · feminine · singular · genitive · noDegree ▸ 1 (3Mac. 6,32)

Εἰρηνικοί ▸ 1
Adjective · masculine · plural · nominative · noDegree ▸ 1 (Gen. 42,31)

εἰρηνικοί ▸ 7
Adjective · masculine · plural · nominative · noDegree ▸ 7 (Gen. 34,21; Gen. 42,11; Gen. 42,19; Gen. 42,33; Gen. 42,34; Obad. 7; Jer. 45,22)

εἰρηνικοῖς ▸ 9
Adjective · masculine · plural · dative · noDegree ▸ 9 (Num. 21,21; Deut. 2,26; Esth. 15,8 # 5,1e; Judith 3,1; 1Mac. 5,48; 1Mac. 7,10; 1Mac. 7,27; 1Mac. 10,3; 1Mac. 11,2)

εἰρηνικόν ▸ 1
Adjective · neuter · singular · accusative · noDegree ▸ 1 (Gen. 37,4)

εἰρηνικὸν ▸ 2 + 1 = 3
Adjective · masculine · singular · accusative · noDegree ▸ 1 + 1 = 2 (2Mac. 5,25; Heb. 12,11)
Adjective · neuter · singular · accusative · noDegree ▸ 1 (Zech. 8,16)

εἰρηνικός ▸ 1
Adjective · masculine · singular · nominative · noDegree ▸ 1 (Psa. 119,7)

εἰρηνικούς ▸ 3
Adjective · masculine · plural · accusative · noDegree ▸ 3 (1Mac. 1,30; 1Mac. 7,15; Mic. 7,3)

εἰρηνικῷ ▸ 1
Adjective · masculine · singular · dative · noDegree ▸ 1 (Psa. 36,37)

εἰρηνικῶν ▸ 5
Adjective · feminine · plural · genitive · noDegree ▸ 4 (1Kings 8,63; 1Kings 8,64; 1Kings 8,64; 2Kings 16,13)
Adjective · masculine · plural · genitive · noDegree ▸ 1 (1Mac. 10,47)

εἰρηνικῶς (εἰρήνη) peacefully, peaceably ▸ 4
εἰρηνικῶς ▸ 4
Adverb ▸ 4 (1Mac. 5,25; 1Mac. 7,29; 1Mac. 7,33; 2Mac. 10,12)

εἰρηνοποιέω (εἰρήνη; ποιέω) to make peace ▸ 1 + 1 = 2
εἰρηνοποιεῖ ▸ 1
Verb · third · singular · present · active · indicative ▸ 1 (Prov. 10,10)

εἰρηνοποιήσας ▸ 1
Verb · aorist · active · participle · masculine · singular · nominative ▸ 1 (Col. 1,20)

εἰρηνοποιός (εἰρήνη; ποιέω) peacemaker ▸ 1
εἰρηνοποιοί ▸ 1
Adjective · masculine · plural · nominative ▸ 1 (Matt. 5,9)

εἱρκτή (ἔργω) enclosure; prison ▸ 1
εἱρκτὴν ▸ 1
Noun · feminine · singular · accusative · (common) ▸ 1 (Wis. 17,15)

Εἴρωθ (Pi) Hahiroth ▸ 2
Εἴρωθ ▸ 2
Noun · neuter · singular · genitive · (proper) ▸ 2 (Num. 33,7; Num. 33,8)

εἰρωνεία (εἰρήνη) falsehood, hypocrisy ▸ 1
εἰρωνείας ▸ 1
Noun · feminine · singular · genitive · (common) ▸ 1 (2Mac.

εἷς (εἷς 1st homograph)   one ▸ 965 + 69 + 345 = 1379
  Εἷς ▸ 1 + 3 = 4
    Adjective ▪ masculine ▪ singular ▪ nominative ▪ (cardinal
      ▪ numeral) ▸ 1 + 3 = **4** (Ezek. 33,24; Luke 17,15; Luke 23,39;
      1Tim. 2,5)
  εἷς ▸ 175 + 25 + 95 = 295
    Adjective ▪ masculine ▪ singular ▪ nominative ▪ (cardinal
      ▪ numeral) ▸ 175 + 25 + 95 = **295** (Gen. 3,22; Gen. 19,9; Gen.
      22,13; Gen. 38,28; Gen. 42,19; Gen. 42,27; Gen. 42,32; Gen.
      44,28; Ex. 12,49; Ex. 14,28; Ex. 17,12; Ex. 17,12; Ex. 24,11; Ex.
      25,19; Ex. 25,19; Ex. 28,17; Ex. 36,17; Lev. 7,7; Lev. 24,5; Lev.
      25,10; Lev. 25,48; Num. 1,44; Num. 7,11; Num. 9,14; Num.
      15,15; Num. 15,16; Num. 15,29; Num. 16,22; Num. 26,65; Num.
      31,39; Num. 31,49; Num. 35,30; Deut. 6,4; Deut. 19,15; Deut.
      25,5; Deut. 32,30; Josh. 10,30; Josh. 17,17; Josh. 22,14; Josh.
      22,20; Josh. 23,10; Josh. 23,14; Judg. 16,7; Judg. 16,11; Judg.
      16,13; Judg. 17,11; Judg. 20,1; Judg. 20,8; Judg. 20,11; 1Sam.
      11,7; 1Sam. 14,28; 1Sam. 16,18; 1Sam. 22,20; 1Sam. 26,15;
      1Sam. 26,22; 2Sam. 6,20; 2Sam. 9,11; 2Sam. 12,1; 2Sam. 12,1;
      2Sam. 13,13; 2Sam. 13,30; 2Sam. 14,6; 2Sam. 18,10; 1Kings
      4,8; 1Kings 4,9; 1Kings 4,11; 1Kings 4,12; 1Kings 4,13; 1Kings
      4,14; 1Kings 4,15; 1Kings 4,16; 1Kings 4,18; 1Kings 7,24; 1Kings
      8,56; 1Kings 12,24t; 1Kings 13,11; 1Kings 20,1; 1Kings 21,13;
      1Kings 21,35; 1Kings 22,8; 1Kings 22,34; 2Kings 3,11; 2Kings
      4,39; 2Kings 6,2; 2Kings 6,3; 2Kings 6,5; 2Kings 6,12; 2Kings
      7,13; 1Chr. 12,15; 1Chr. 24,6; 1Chr. 24,6; 1Chr. 24,6; 1Chr. 24,6;
      1Chr. 24,17; 1Chr. 29,1; 2Chr. 18,7; 1Esdr. 3,10; 1Esdr. 4,7;
      1Esdr. 5,16; 1Esdr. 5,20; 1Esdr. 6,22; Ezra 2,26; Ezra 2,64; Ezra
      3,1; Ezra 6,4; Ezra 6,20; Neh. 1,2; Neh. 5,18; Neh. 7,30; Neh.
      7,37; Neh. 7,66; Neh. 8,1; Esth. 7,9; Judith 1,11; Judith 7,11; Tob.
      1,19; Tob. 2,3; Tob. 12,15; 1Mac. 7,46; 1Mac. 8,14; 1Mac. 11,70;
      2Mac. 7,2; 4Mac. 5,4; 4Mac. 13,13; Psa. 81,7; Psa. 105,11; Ode.
      2,30; Eccl. 4,8; Eccl. 4,10; Eccl. 4,11; Eccl. 4,12; Eccl. 9,18; Job
      33,23; Job 41,8; Sir. 1,8; Sir. 5,10; Sir. 6,6; Sir. 16,3; Sir. 16,11; Sir.
      32,1; Sir. 34,23; Sir. 34,23; Sir. 34,24; Sir. 34,24; Sir. 42,20; Amos
      7,1; Obad. 11; Zech. 10,10; Zech. 14,9; Mal. 2,10; Mal. 2,10; Is.
      51,2; Jer. 24,2; Jer. 28,43; Ezek. 1,15; Ezek. 9,2; Ezek. 10,9; Ezek.
      19,3; Ezek. 37,22; Ezek. 37,24; Ezek. 40,26; Ezek. 40,26; Ezek.
      40,49; Ezek. 40,49; Dan. 3,17; Dan. 4,34; Dan. 6,3; Dan. 10,5;
      Dan. 10,13; Dan. 11,5; Dan. 12,5; Dan. 12,5; Sus. 13-14; Sus.
      13-14; Sus. 19; Judg. 13,2; Judg. 16,7; Judg. 16,11; Judg. 16,13;
      Judg. 17,11; Judg. 20,1; Judg. 20,8; Judg. 20,11; Judg. 21,8; Tob.
      1,19; Tob. 2,3; Tob. 10,6; Tob. 12,15; Dan. 6,3; Dan. 8,3; Dan.
      8,13; Dan. 10,5; Dan. 10,13; Dan. 10,21; Dan. 11,5; Dan. 12,5;
      Dan. 12,5; Sus. 25; Sus. 52; Bel 18; Matt. 8,19; Matt. 9,18; Matt.
      18,24; Matt. 19,16; Matt. 19,17; Matt. 20,21; Matt. 20,21; Matt.
      22,35; Matt. 23,8; Matt. 23,9; Matt. 23,10; Matt. 24,40; Matt.
      24,40; Matt. 26,14; Matt. 26,21; Matt. 26,22; Matt. 26,47; Matt.
      26,51; Matt. 27,38; Matt. 27,38; Matt. 27,48; Mark 2,7; Mark
      5,22; Mark 6,15; Mark 8,28; Mark 9,17; Mark 10,17; Mark 10,18;
      Mark 10,37; Mark 10,37; Mark 12,28; Mark 12,29; Mark 12,32;
      Mark 13,1; Mark 14,10; Mark 14,18; Mark 14,19; Mark 14,19;
      Mark 14,20; Mark 14,43; Mark 14,47; Luke 7,41; Luke 17,34;
      Luke 18,10; Luke 18,19; Luke 22,47; Luke 22,50; Luke 24,18;
      John 1,40; John 6,8; John 6,70; John 6,71; John 7,50; John 8,9;
      John 8,9; John 10,16; John 11,49; John 11,50; John 12,2; John
      12,4; John 13,21; John 13,23; John 18,22; John 18,26; John 19,34;
      John 20,24; Acts 2,6; Acts 4,32; Acts 11,28; Rom. 3,10; Rom. 3,30;
      Rom. 12,5; 1Cor. 4,6; 1Cor. 8,4; 1Cor. 8,6; 1Cor. 8,6; 1Cor. 9,24;
      1Cor. 10,17; 1Cor. 14,27; 2Cor. 5,14; Gal. 3,20; Gal. 3,28; Eph.
      4,5; Eph. 4,6; 1Th. 5,11; 1Tim. 2,5; James 2,19; James 4,12; Rev.
      13,3)
ἕν ▸ 72 + 4 + 54 = 130
  Adjective ▪ neuter ▪ singular ▪ accusative ▪ (cardinal ▪ numeral)
    ▸ 46 + 2 + 19 = **67** (Gen. 22,2; Ex. 25,12; Ex. 29,1; Ex. 29,3; Ex.
    29,23; Ex. 38,3; Ex. 38,7; Lev. 7,14; Lev. 8,26; Lev. 14,5; Lev.
    14,50; Lev. 24,6; Num. 6,19; Num. 31,47; Deut. 25,9; Josh. 11,14;
    1Sam. 9,3; 1Sam. 25,18; 2Sam. 1,15; 2Sam. 2,21; 2Sam. 24,12;
    1Kings 6,16; 1Kings 7,23; 1Kings 11,13; 1Kings 15,10; 1Kings
    19,4; 2Kings 2,16; 2Kings 4,22; 2Kings 14,23; 2Kings 22,1; 1Chr.
    21,10; 2Chr. 1,17; 2Chr. 34,1; 1Esdr. 1,31; 1Mac. 6,43; 2Mac.
    8,33; Psa. 33,21; Prov. 1,14; Wis. 12,9; Wis. 15,7; Is. 6,6; Jer.
    52,23; Ezek. 4,9; Ezek. 16,5; Ezek. 37,22; Dan. 7,3; Tob. 2,4;
    Dan. 7,5; Matt. 12,11; Matt. 18,5; Matt. 25,18; Matt. 25,24; Matt.
    27,14; Mark 9,37; Luke 5,3; Luke 15,4; John 3,27; John 7,21; John
    9,25; Acts 21,19; 1Cor. 12,13; 1Cor. 12,13; 1Cor. 12,18; Eph. 2,14;
    Phil. 2,2; Phil. 3,13; Rev. 4,8)
  Adjective ▪ neuter ▪ singular ▪ nominative ▪ (cardinal ▪ numeral)
    ▸ 26 + 2 + 35 = **63** (Gen. 11,6; Gen. 11,6; Num. 15,16; Josh. 3,16;
    1Sam. 6,4; 1Sam. 17,36; 1Sam. 21,8; 1Sam. 25,14; 1Mac. 11,36;
    Eccl. 2,14; Eccl. 3,19; Eccl. 3,19; Eccl. 9,2; Eccl. 9,3; Sir. 33,15;
    Sir. 42,24; Sir. 42,25; Ezek. 1,16; Ezek. 10,10; Ezek. 40,10; Ezek.
    40,10; Ezek. 46,22; Dan. 7,8; Dan. 8,3; Dan. 8,5; Dan. 8,9; Dan.
    8,3; Dan. 8,9; Matt. 5,18; Matt. 5,29; Matt. 5,30; Matt. 6,29; Matt.
    10,29; Matt. 18,12; Matt. 18,14; Mark 4,8; Mark 4,8; Mark 4,8;
    Mark 4,20; Mark 4,20; Mark 4,20; Luke 12,6; Luke 12,27; John
    6,22; John 17,11; John 17,21; John 17,22; Acts 23,6; Rom. 12,5;
    1Cor. 6,16; 1Cor. 6,17; 1Cor. 10,17; 1Cor. 11,5; 1Cor. 12,11; 1Cor.
    12,14; 1Cor. 12,19; 1Cor. 12,20; 1Cor. 12,26; 1Cor. 12,26; Eph.
    4,4; Eph. 4,5; Rev. 4,8; Rev. 15,7)
ἕν ▸ 27 + 1 + 15 = 43
  Adjective ▪ neuter ▪ singular ▪ accusative ▪ (cardinal ▪ numeral)
    ▸ 21 + 1 + 7 = **29** (Gen. 41,26; Lev. 4,2; Lev. 5,4; Num. 7,13;
    Num. 7,19; Num. 7,25; Num. 7,31; Num. 7,37; Num. 7,43; Num.
    7,49; Num. 7,55; Num. 7,61; Num. 7,67; Num. 7,73; Num. 7,79;
    Josh. 17,14; 1Kings 10,16; 1Kings 10,17; Judith 2,13; Is. 5,10;
    Dan. 7,3; Tob. 5,3; Matt. 5,41; Matt. 25,15; John 11,52; John
    17,23; John 21,25; Acts 28,25; 1John 5,8)
  Adjective ▪ neuter ▪ singular ▪ nominative ▪ (cardinal ▪ numeral)
    ▸ 6 + 8 = **14** (Gen. 11,1; Gen. 34,16; Gen. 41,25; Ex. 26,11; Num.
    7,85; Zech. 14,9; Mark 10,21; Luke 18,22; John 1,3; John 10,30;
    John 17,22; 1Cor. 3,8; 1Cor. 12,12; 1Cor. 12,12)
Ἕν ▸ 2
  Adjective ▪ neuter ▪ singular ▪ nominative ▪ (cardinal ▪ numeral)
    ▸ **2** (Eph. 4,4; 2Pet. 3,8)
ἕνα ▸ 192 + 7 + 42 = 241
  Adjective ▪ masculine ▪ singular ▪ accusative ▪ (cardinal
    ▪ numeral) ▸ 192 + 7 + 42 = **241** (Gen. 24,36; Gen. 34,22; Gen.
    37,20; Gen. 42,16; Gen. 42,33; Gen. 43,14; Ex. 16,33; Ex. 26,16;
    Ex. 28,10; Ex. 29,15; Ex. 29,23; Ex. 29,39; Ex. 38,7; Ex. 38,7; Lev.
    5,7; Lev. 5,7; Lev. 8,26; Lev. 8,26; Lev. 9,3; Lev. 13,2; Lev. 14,12;
    Lev. 14,21; Lev. 16,5; Lev. 16,8; Lev. 16,8; Lev. 23,18; Lev.
    23,19; Num. 6,14; Num. 6,14; Num. 6,19; Num. 7,15; Num. 7,15;
    Num. 7,15; Num. 7,16; Num. 7,21; Num. 7,21; Num. 7,21; Num.
    7,22; Num. 7,27; Num. 7,27; Num. 7,27; Num. 7,28; Num. 7,33;
    Num. 7,33; Num. 7,33; Num. 7,34; Num. 7,39; Num. 7,39; Num.
    7,39; Num. 7,40; Num. 7,45; Num. 7,45; Num. 7,45; Num. 7,46;
    Num. 7,51; Num. 7,51; Num. 7,51; Num. 7,52; Num. 7,57; Num.
    7,57; Num. 7,57; Num. 7,58; Num. 7,63; Num. 7,63; Num. 7,63;
    Num. 7,64; Num. 7,69; Num. 7,69; Num. 7,69; Num. 7,70; Num.
    7,75; Num. 7,75; Num. 7,75; Num. 7,76; Num. 7,81; Num. 7,81;
    Num. 7,81; Num. 7,82; Num. 8,8; Num. 8,12; Num. 8,12; Num.

13,2; Num. 13,23; Num. 14,15; Num. 15,24; Num. 15,24; Num. 28,4; Num. 28,11; Num. 28,15; Num. 28,19; Num. 28,22; Num. 28,27; Num. 28,30; Num. 29,2; Num. 29,2; Num. 29,5; Num. 29,8; Num. 29,8; Num. 29,11; Num. 29,16; Num. 29,19; Num. 29,22; Num. 29,25; Num. 29,28; Num. 29,31; Num. 29,34; Num. 29,36; Num. 29,36; Num. 29,38; Num. 31,30; Num. 34,18; Deut. 1,23; Deut. 24,5; Josh. 3,12; Josh. 4,2; Josh. 4,4; Josh. 17,14; Judg. 6,16; Judg. 9,2; Judg. 9,5; Judg. 9,18; Judg. 16,29; Judg. 16,29; Judg. 19,13; 1Sam. 7,9; 1Sam. 7,12; 1Sam. 10,3; 1Sam. 10,3; 1Sam. 10,3; 1Sam. 16,20; 1Sam. 17,49; 2Sam. 3,13; 2Sam. 17,12; 2Sam. 17,12; 1Kings 4,7; 1Kings 7,7; 1Kings 7,24; 1Kings 18,23; 1Kings 18,25; 1Kings 22,9; 2Kings 2,16; 2Kings 8,6; 2Kings 8,26; 2Kings 9,1; 2Kings 17,28; 2Kings 25,19; 1Chr. 16,3; 2Chr. 3,17; 2Chr. 3,17; 2Chr. 9,15; 2Chr. 18,8; 2Chr. 22,2; 1Esdr. 3,5; Neh. 11,1; Esth. 10,10 # 10,3g; Esth. 10,10 # 10,3g; Judith 6,3; Judith 7,13; Judith 10,19; 1Mac. 1,41; 1Mac. 6,14; 1Mac. 7,26; 1Mac. 8,10; 1Mac. 10,16; 1Mac. 10,38; 1Mac. 13,43; 1Mac. 14,2; 1Mac. 15,28; 4Mac. 4,26; 4Mac. 5,2; 4Mac. 8,9; 4Mac. 15,12; 4Mac. 16,24; Eccl. 3,20; Eccl. 4,9; Eccl. 6,6; Eccl. 7,28; Job 1,5; Job 9,3; Sol. 17,9; Zeph. 3,9; Zech. 3,9; Is. 27,12; Is. 27,12; Jer. 3,14; Jer. 44,21; Jer. 52,25; Ezek. 33,2; Ezek. 34,23; Dan. 7,16; Dan. 8,3; Sus. 52; Judg. 6,16; Judg. 9,2; Judg. 9,5; Judg. 9,18; Judg. 16,29; Judg. 16,29; Sus. 52; Matt. 6,24; Matt. 6,27; Matt. 10,42; Matt. 13,46; Matt. 16,14; Matt. 18,6; Matt. 18,16; Matt. 18,28; Matt. 21,24; Matt. 23,15; Matt. 27,15; Mark 8,14; Mark 9,42; Mark 11,29; Mark 12,6; Mark 15,6; Mark 15,27; Mark 15,27; Luke 15,19; Luke 15,26; Luke 16,5; Luke 16,13; Luke 17,2; John 8,41; John 18,14; John 18,39; John 20,7; John 20,12; John 20,12; Acts 1,22; Acts 1,24; Acts 2,3; Acts 20,31; Acts 23,17; 1Cor. 14,31; Gal. 4,22; Gal. 4,22; Eph. 2,15; Eph. 5,33; 1Th. 2,11; 1Th. 5,11; Rev. 19,17)

ἑνί ‣ 71 + 6 + 20 = 97
 Adjective ▪ masculine ▪ singular ▪ dative ▪ (cardinal ▪ numeral)
 ‣ 58 + 5 + 12 = **75** (Gen. 2,11; Gen. 8,13; Gen. 10,25; Gen. 41,5; Gen. 41,22; Ex. 18,3; Ex. 25,33; Ex. 25,34; Ex. 26,17; Ex. 26,19; Ex. 26,19; Ex. 26,21; Ex. 26,21; Ex. 26,25; Ex. 26,26; Lev. 26,26; Num. 11,26; Num. 15,5; Num. 15,11; Num. 15,11; Num. 15,11; Num. 15,12; Num. 17,21; Num. 28,12; Num. 28,14; Num. 28,20; Num. 28,21; Num. 28,28; Num. 28,29; Num. 29,3; Num. 29,4; Num. 29,9; Num. 29,10; Num. 29,14; Num. 29,14; Num. 29,15; Num. 36,3; Num. 36,8; Deut. 17,6; Deut. 28,55; 1Sam. 6,12; 2Sam. 4,2; 2Sam. 17,9; 2Sam. 17,9; 1Kings 3,17; 1Kings 10,14; 2Chr. 9,13; 2Chr. 9,15; Esth. 6,9; Tob. 4,4; 1Mac. 4,38; 1Mac. 8,16; 4Mac. 13,18; Song 4,9; Ezek. 41,24; Ezek. 46,16; Ezek. 46,17; Dan. 12,6; Judg. 14,20; Judg. 15,2; Judg. 19,13; Tob. 4,4; Dan. 7,16; Matt. 20,13; Matt. 25,40; Matt. 25,45; Luke 4,40; Luke 11,46; Luke 12,52; Luke 15,7; Luke 15,10; Luke 15,15; 2Cor. 11,2; Gal. 5,14; Col. 4,6)
 Adjective ▪ neuter ▪ singular ▪ dative ▪ (cardinal ▪ numeral) ‣ 13 + 1 + 8 = **22** (Ex. 27,9; 1Sam. 14,4; 1Kings 6,25; 1Kings 7,28; 1Kings 8,16; 1Kings 22,13; 2Chr. 4,13; 2Chr. 18,12; 2Mac. 8,18; 4Mac. 14,12; Wis. 11,20; Wis. 18,12; Is. 6,2; Dan. 9,2; Rom. 12,4; Rom. 15,6; 1Cor. 12,9; 1Cor. 12,13; Eph. 2,16; Eph. 2,18; Phil. 1,27; Col. 3,15)

ἑνί ‣ 27 + 1 = 28
 Adjective ▪ masculine ▪ singular ▪ dative ▪ (cardinal ▪ numeral)
 ‣ **18** (Ex. 16,22; Ex. 23,29; Ex. 26,25; Ex. 29,40; Num. 28,7; Num. 28,12; Num. 28,13; Num. 28,14; Num. 28,14; Num. 28,20; Num. 28,28; Num. 29,3; Num. 29,9; 2Kings 15,20; 1Chr. 11,11; 1Chr. 11,20; Eccl. 4,10; Zech. 11,8)
 Adjective ▪ neuter ▪ singular ▪ dative ▪ (cardinal ▪ numeral) ‣ 9 + 1 = **10** (Ex. 27,14; 1Kings 7,5; 1Esdr. 1,34; Is. 6,2; Jer. 28,60;

Ezek. 1,6; Ezek. 1,6; Ezek. 10,21; Ezek. 10,21; James 2,10)

Ἑνί ‣ 1
 Adjective ▪ masculine ▪ singular ▪ dative ▪ (cardinal ▪ numeral)
 ‣ **1** (Eph. 4,7)

ἑνός ‣ 20 + 2 + 3 = 25
 Adjective ▪ masculine ▪ singular ▪ genitive ▪ (cardinal ▪ numeral)
 ‣ 14 + 2 + 2 = **18** (Ex. 26,16; Judg. 4,16; 1Sam. 24,15; 2Sam. 2,25; 2Sam. 19,15; 2Kings 25,17; 1Esdr. 6,24; 1Mac. 8,16; Psa. 13,1; Psa. 13,3; Psa. 52,4; Is. 36,9; Jer. 52,21; Jer. 52,22; Judg. 4,16; Sus. 52; Rom. 3,12; Rom. 5,17)
 Adjective ▪ neuter ▪ singular ▪ genitive ▪ (cardinal ▪ numeral) ‣ 6 + 1 = **7** (1Kings 6,24; 1Kings 7,4; 1Esdr. 1,44; Sir. 33,15; Sir. 42,24; Ezek. 10,9; Gal. 3,16)

ἑνός ‣ 53 + 7 + 30 = 90
 Adjective ▪ masculine ▪ singular ▪ genitive ▪ (cardinal ▪ numeral)
 ‣ 29 + 4 + 25 = **58** (Gen. 42,11; Ex. 26,16; Deut. 25,11; Judg. 15,7; Judg. 17,5; Judg. 18,19; 2Sam. 17,3; 2Sam. 17,22; 1Kings 7,18; 1Kings 14,21; 1Kings 19,2; 1Kings 22,13; 2Kings 18,24; 2Kings 24,18; 2Chr. 3,9; 2Chr. 18,12; 2Chr. 36,11; Judith 14,6; Tob. 3,8; 1Mac. 9,37; 4Mac. 8,5; 4Mac. 15,19; Prov. 6,26; Eccl. 12,11; Job 41,8; Sir. 16,4; Sir. 20,14; Is. 4,1; Is. 30,17; Judg. 17,5; Judg. 18,19; Tob. 3,8; Dan. 8,13; Matt. 6,24; Matt. 18,10; Luke 16,13; Acts 17,26; Acts 17,27; Acts 21,26; Rom. 5,12; Rom. 5,15; Rom. 5,15; Rom. 5,16; Rom. 5,16; Rom. 5,17; Rom. 5,17; Rom. 5,19; Rom. 5,19; Rom. 9,10; 1Cor. 4,6; 1Cor. 10,17; Gal. 3,20; 2Th. 1,3; 1Tim. 5,9; Heb. 2,11; Heb. 11,12; Rev. 8,13; Rev. 21,21)
 Adjective ▪ neuter ▪ singular ▪ genitive ▪ (cardinal ▪ numeral)
 ‣ 24 + 3 + 5 = **32** (Ex. 25,32; Ex. 25,36; Ex. 25,37; Ex. 26,4; Ex. 26,26; Ex. 26,28; Ex. 38,10; Lev. 5,13; Lev. 5,22; Lev. 5,26; Num. 8,3; 1Kings 6,26; 2Chr. 3,12; 2Chr. 12,13; 1Mac. 7,1; 2Mac. 2,23; Prov. 30,27; Wis. 18,5; Sir. 42,25; Jer. 52,1; Dan. 3,51; Dan. 7,5; Dan. 7,20; Dan. 8,9; Dan. 1,21; Dan. 3,51; Dan. 8,9; Luke 10,42; Rom. 5,18; Rom. 5,18; Eph. 4,16; Rev. 6,1)

Μία ‣ 1 + 1 = 2
 Adjective ▪ feminine ▪ singular ▪ nominative ▪ (cardinal ▪ numeral) ‣ 1 + 1 = **2** (Tob. 3,10; Tob. 3,10)

μία ‣ 103 + 7 + 17 = 127
 Adjective ▪ feminine ▪ singular ▪ nominative ▪ (cardinal ▪ numeral) ‣ 103 + 7 + 17 = **127** (Gen. 1,5; Gen. 11,1; Gen. 27,38; Gen. 49,16; Ex. 10,19; Ex. 26,2; Ex. 26,6; Ex. 39,3; Lev. 4,27; Lev. 14,22; Lev. 14,22; Lev. 24,22; Num. 1,41; Num. 2,16; Num. 2,28; Num. 7,85; Num. 15,27; Num. 17,18; Num. 31,34; Deut. 21,15; Deut. 21,15; Josh. 10,2; Judg. 9,37; Judg. 9,53; Judg. 20,31; Judg. 20,31; Judg. 21,6; Judg. 21,8; Ruth 2,13; 1Sam. 13,17; 1Sam. 13,18; 1Sam. 13,18; 1Sam. 14,5; 2Sam. 2,18; 2Sam. 12,3; 2Sam. 14,27; 1Kings 3,17; 1Kings 6,25; 1Kings 6,27; 1Kings 6,34; 1Kings 7,45; 1Kings 10,22; 2Kings 4,1; 2Kings 25,16; 1Chr. 12,39; 1Chr. 27,1; 2Chr. 3,11; 2Chr. 5,13; Ezra 6,2; Neh. 4,11; Judith 10,13; Judith 12,13; Judith 14,18; Psa. 83,11; Eccl. 7,27; Song 6,9; Song 6,9; Job 2,10; Job 14,5; Wis. 7,6; Wis. 7,27; Sir. 46,4; Amos 4,7; Zech. 4,3; Zech. 4,3; Zech. 5,7; Is. 19,18; Is. 34,16; Jer. 52,20; Ezek. 8,8; Ezek. 10,11; Ezek. 23,13; Ezek. 40,44; Ezek. 40,44; Ezek. 41,11; Ezek. 45,7; Ezek. 45,11; Ezek. 48,1; Ezek. 48,2; Ezek. 48,3; Ezek. 48,4; Ezek. 48,5; Ezek. 48,6; Ezek. 48,7; Ezek. 48,8; Ezek. 48,23; Ezek. 48,24; Ezek. 48,25; Ezek. 48,26; Ezek. 48,27; Ezek. 48,31; Ezek. 48,31; Ezek. 48,31; Ezek. 48,32; Ezek. 48,32; Ezek. 48,32; Ezek. 48,33; Ezek. 48,33; Ezek. 48,33; Ezek. 48,34; Ezek. 48,34; Ezek. 48,34; Dan. 2,31; Judg. 9,53; Judg. 20,31; Judg. 20,31; Judg. 21,6; Tob. 6,1; Dan. 2,31; Dan. 9,27; Matt. 5,18; Matt. 19,6; Matt. 24,41; Matt. 24,41; Matt. 26,69; Mark 10,8; Mark 12,42; Mark 14,66; Luke 17,35; John 10,16; Acts 4,32; Acts 19,34; Gal. 4,24; Eph. 4,5; 2Pet. 3,8;

2Pet. 3,8; Rev. 9,12)

μιᾷ ▸ 77 + 1 + 18 = 96
   Adjective • feminine • singular • dative • (cardinal • numeral)
   ▸ 77 + 1 + 18 = **96** (Gen. 4,19; Gen. 8,13; Gen. 27,45; Gen. 40,5; Gen. 41,11; Ex. 1,15; Ex. 12,46; Ex. 24,3; Ex. 26,5; Ex. 40,2; Lev. 22,28; Lev. 23,24; Num. 1,1; Num. 1,18; Num. 10,4; Num. 29,1; Num. 33,38; Deut. 1,3; Deut. 12,5; Deut. 12,14; Deut. 13,13; Deut. 15,7; Deut. 17,2; Deut. 28,7; Deut. 28,25; Ruth 1,4; 1Sam. 1,2; 1Sam. 2,34; 1Sam. 9,15; 1Sam. 27,1; 1Sam. 27,5; 2Sam. 12,1; 1Kings 5,2; 1Kings 7,17; 1Kings 8,37; 1Kings 18,6; 1Kings 21,29; 2Chr. 5,13; 2Chr. 28,6; 1Esdr. 4,34; Ezra 3,6; Ezra 7,9; Ezra 10,16; Neh. 4,11; Neh. 8,2; Esth. 11,2 # 1,1a; Esth. 3,7; Esth. 3,13; Esth. 13,7 # 3,13g; Esth. 15,2 # 5,1a; Esth. 8,12; Judith 6,7; Judith 12,20; 1Mac. 5,27; 1Mac. 7,16; 1Mac. 9,58; Psa. 108,13; Eccl. 7,27; Song 4,9; Wis. 17,16; Sir. 7,8; Amos 6,9; Hag. 1,1; Hag. 2,1; Zech. 3,9; Is. 9,13; Is. 47,9; Is. 66,8; Ezek. 26,1; Ezek. 29,1; Ezek. 29,17; Ezek. 31,1; Ezek. 32,1; Ezek. 45,18; Ezek. 45,20; Dan. 4,17a; Dan. 4,17a; Dan. 11,27; Mark 16,2; Luke 5,12; Luke 5,17; Luke 8,22; Luke 13,10; Luke 20,1; Luke 24,1; John 20,1; John 20,19; Acts 20,7; 1Cor. 10,8; Eph. 4,4; Phil. 1,27; Heb. 10,14; Rev. 18,8; Rev. 18,10; Rev. 18,17; Rev. 18,19)

μίαν ▸ 115 + 7 + 36 = 158
   Adjective • feminine • singular • accusative • (cardinal • numeral)
   ▸ 115 + 7 + 36 = **158** (Gen. 1,9; Gen. 2,21; Gen. 2,24; Gen. 32,9; Gen. 33,13; Ex. 11,1; Ex. 21,21; Ex. 26,24; Lev. 4,13; Lev. 4,22; Lev. 4,27; Lev. 5,17; Lev. 12,8; Lev. 12,8; Lev. 14,10; Lev. 14,21; Lev. 14,30; Lev. 14,31; Lev. 14,31; Lev. 15,15; Lev. 15,15; Lev. 15,30; Lev. 15,30; Num. 1,44; Num. 6,11; Num. 6,11; Num. 6,14; Num. 7,13; Num. 7,14; Num. 7,19; Num. 7,20; Num. 7,25; Num. 7,26; Num. 7,31; Num. 7,32; Num. 7,37; Num. 7,38; Num. 7,43; Num. 7,44; Num. 7,49; Num. 7,50; Num. 7,55; Num. 7,56; Num. 7,61; Num. 7,62; Num. 7,67; Num. 7,68; Num. 7,73; Num. 7,74; Num. 7,79; Num. 7,80; Num. 11,19; Num. 15,27; Num. 31,28; Deut. 4,42; Deut. 19,5; Deut. 19,11; Josh. 7,21; Judg. 15,4; Judg. 16,28; Judg. 21,3; 1Sam. 1,5; 1Sam. 2,36; 1Sam. 6,17; 1Sam. 6,17; 1Sam. 6,17; 1Sam. 6,17; 1Sam. 6,17; 2Sam. 2,1; 2Sam. 2,25; 2Sam. 7,7; 2Sam. 18,11; 1Kings 2,16; 1Kings 2,20; 1Kings 7,23; 1Kings 7,30; 1Kings 12,29; 1Kings 12,29; 2Kings 4,22; 2Kings 6,2; 2Kings 6,10; 2Kings 7,8; 2Kings 12,10; 1Chr. 17,6; 1Chr. 23,11; 2Chr. 4,15; 2Chr. 30,12; 1Esdr. 3,19; 1Esdr. 4,18; Ezra 4,8; Ezra 10,13; Neh. 5,18; Judith 7,21; Tob. 8,12; 1Mac. 5,13; 1Mac. 13,28; Psa. 26,4; Job 40,31; Job 42,11; Wis. 18,12; Sir. 38,17; Hos. 2,2; Amos 4,7; Amos 4,7; Amos 4,8; Zech. 8,21; Zech. 11,7; Zech. 14,7; Jer. 42,2; Ezek. 22,19; Ezek. 37,17; Ezek. 37,19; Dan. 4,15; Dan. 4,19; Dan. 10,13; Judg. 15,4; Judg. 16,28; Judg. 21,3; Tob. 8,12; Tob. 9,3-4; Dan. 4,19; Dan. 10,13; Matt. 5,19; Matt. 5,36; Matt. 17,4; Matt. 17,4; Matt. 17,4; Matt. 19,5; Matt. 20,12; Matt. 21,19; Matt. 26,40; Matt. 28,1; Mark 9,5; Mark 9,5; Mark 9,5; Mark 10,8; Mark 14,37; Luke 9,33; Luke 9,33; Luke 9,33; Luke 15,8; Luke 16,17; Luke 17,22; Acts 12,10; Acts 21,7; Acts 28,13; 1Cor. 6,16; 1Cor. 16,2; 2Cor. 11,24; Eph. 5,31; Titus 3,10; Heb. 10,12; Rev. 6,1; Rev. 9,13; Rev. 13,3; Rev. 17,12; Rev. 17,13; Rev. 17,17)

μιᾶς ▸ 31 + 1 + 8 = 40
   Adjective • feminine • singular • genitive • (cardinal • numeral)
   ▸ 31 + 1 + 8 = **40** (Gen. 21,15; Ex. 12,18; Ex. 26,2; Ex. 26,4; Ex. 26,8; Ex. 26,8; Ex. 26,10; Ex. 37,2; Ex. 37,2; Deut. 18,6; Josh. 10,13; 2Sam. 15,2; 1Kings 7,14; 1Kings 7,20; 1Kings 7,24; 1Kings 12,30; 1Esdr. 9,11; Ezra 10,17; 1Mac. 7,45; 1Mac. 13,28; 2Mac. 7,20; 2Mac. 15,36; 3Mac. 4,14; 4Mac. 8,29; Psa. 23,1; Jonah 3,4; Zech. 9,12; Ezek. 21,24; Ezek. 23,2; Ezek. 41,11; Dan. 11,27; Tob. 3,7; Luke 14,18; Luke 17,34; Luke 22,59; Acts 24,21; 1Tim. 3,2;

1Tim. 3,12; Titus 1,6; Heb. 12,16)

εἰς (1st homograph) into, to, for (prep.) ▸ 7008 + 462 + 1767 = 9237

Εἰς ▸ 76 + 6 + 2 = 84
   Preposition ▸ **1** (Ex. 8,6)
   Preposition • (+accusative) ▸ 75 + 6 + 2 = **83** (Lev. 22,3; Josh. 2,16; Judg. 1,14; Judg. 20,4; 1Sam. 25,6; 2Sam. 2,1; 2Kings 4,16; 2Kings 6,8; 1Chr. 26,1; Psa. 4,1; Psa. 5,1; Psa. 6,1; Psa. 8,1; Psa. 9,1; Psa. 10,1; Psa. 11,1; Psa. 12,1; Psa. 13,1; Psa. 17,1; Psa. 18,1; Psa. 19,1; Psa. 20,1; Psa. 21,1; Psa. 29,1; Psa. 30,1; Psa. 35,1; Psa. 38,1; Psa. 39,1; Psa. 40,1; Psa. 41,1; Psa. 43,1; Psa. 44,1; Psa. 45,1; Psa. 46,1; Psa. 48,1; Psa. 50,1; Psa. 51,1; Psa. 52,1; Psa. 53,1; Psa. 54,1; Psa. 55,1; Psa. 56,1; Psa. 57,1; Psa. 58,1; Psa. 59,1; Psa. 60,1; Psa. 61,1; Psa. 63,1; Psa. 64,1; Psa. 65,1; Psa. 66,1; Psa. 67,1; Psa. 68,1; Psa. 69,1; Psa. 71,1; Psa. 74,1; Psa. 75,1; Psa. 76,1; Psa. 79,1; Psa. 80,1; Psa. 83,1; Psa. 84,1; Psa. 88,3; Psa. 92,1; Psa. 108,1; Psa. 118,89; Psa. 121,1; Psa. 138,1; Psa. 139,1; Song 6,11; Hos. 8,1; Is. 14,13; Is. 47,7; Is. 52,4; Ezek. 38,13; Judg. 1,14; Judg. 13,18; Judg. 15,10; Judg. 20,4; Judg. 21,3; Dan. 12,7; Matt. 10,11; 2Th. 1,11)

εἶς ▸ 6 + 1 = 7
   Preposition • (+accusative) ▸ 6 + 1 = **7** (Gen. 13,17; 2Sam. 15,33; Tob. 2,4; 2Mac. 4,32; 2Mac. 4,46; Sir. 1,8 Prol.; Luke 17,12)

εἰς ▸ 6926 + 456 + 1764 = 9146
   Preposition ▸ 26 + 1 = **27** (Num. 11,18; Num. 16,21; Num. 17,10; Josh. 3,5; Josh. 7,13; Josh. 10,42; 2Sam. 7,19; 2Sam. 23,8; 2Kings 10,8; 1Mac. 3,58; 1Mac. 5,27; Psa. 62,10; Psa. 126,1; Psa. 126,1; Psa. 126,2; Prov. 27,1; Eccl. 3,21; Sir. 24,32; Sol. 2,8; Sol. 2,8; Sol. 11,2; Is. 66,8; Jer. 4,30; Jer. 8,8; Dan. 3,46; Dan. 11,24; Dan. 2,35)
   Preposition • (+accusative) ▸ 6900 + 455 + 1764 = **9119** (Gen. 1,9; Gen. 1,9; Gen. 1,14; Gen. 1,14; Gen. 1,14; Gen. 1,14; Gen. 1,14; Gen. 1,15; Gen. 1,16; Gen. 1,16; Gen. 1,29; Gen. 1,30; Gen. 2,7; Gen. 2,7; Gen. 2,9; Gen. 2,9; Gen. 2,10; Gen. 2,22; Gen. 2,24; Gen. 3,6; Gen. 3,19; Gen. 3,19; Gen. 3,22; Gen. 4,8; Gen. 4,23; Gen. 4,23; Gen. 6,3; Gen. 6,16; Gen. 6,18; Gen. 6,19; Gen. 7,1; Gen. 7,7; Gen. 7,9; Gen. 7,13; Gen. 7,15; Gen. 8,9; Gen. 8,9; Gen. 9,3; Gen. 9,12; Gen. 9,13; Gen. 9,15; Gen. 10,19; Gen. 10,30; Gen. 11,3; Gen. 11,31; Gen. 12,1; Gen. 12,2; Gen. 12,5; Gen. 12,5; Gen. 12,6; Gen. 12,8; Gen. 12,10; Gen. 12,11; Gen. 12,14; Gen. 12,15; Gen. 12,19; Gen. 13,1; Gen. 13,3; Gen. 13,4; Gen. 13,9; Gen. 13,9; Gen. 13,9; Gen. 13,9; Gen. 13,10; Gen. 13,17; Gen. 14,8; Gen. 14,10; Gen. 14,17; Gen. 14,17; Gen. 15,5; Gen. 15,6; Gen. 16,5; Gen. 17,6; Gen. 17,7; Gen. 17,7; Gen. 17,8; Gen. 17,9; Gen. 17,10; Gen. 17,12; Gen. 17,13; Gen. 17,16; Gen. 17,19; Gen. 17,20; Gen. 17,21; Gen. 18,2; Gen. 18,5; Gen. 18,7; Gen. 18,10; Gen. 18,14; Gen. 18,14; Gen. 18,18; Gen. 18,22; Gen. 18,33; Gen. 19,1; Gen. 19,1; Gen. 19,2; Gen. 19,2; Gen. 19,3; Gen. 19,8; Gen. 19,10; Gen. 19,17; Gen. 19,17; Gen. 19,19; Gen. 19,23; Gen. 19,26; Gen. 19,27; Gen. 20,1; Gen. 20,6; Gen. 20,8; Gen. 20,9; Gen. 20,12; Gen. 20,13; Gen. 20,16; Gen. 21,2; Gen. 21,2; Gen. 21,13; Gen. 21,18; Gen. 21,30; Gen. 21,32; Gen. 22,2; Gen. 22,2; Gen. 22,3; Gen. 22,7; Gen. 22,8; Gen. 22,13; Gen. 23,9; Gen. 23,10; Gen. 23,13; Gen. 23,16; Gen. 23,18; Gen. 23,18; Gen. 23,20; Gen. 24,4; Gen. 24,4; Gen. 24,5; Gen. 24,5; Gen. 24,8; Gen. 24,10; Gen. 24,10; Gen. 24,17; Gen. 24,20; Gen. 24,27; Gen. 24,28; Gen. 24,32; Gen. 24,38; Gen. 24,38; Gen. 24,41; Gen. 24,49; Gen. 24,49; Gen. 24,60; Gen. 24,63; Gen. 24,65; Gen. 24,67; Gen. 25,6; Gen. 25,9; Gen. 25,9; Gen. 26,1; Gen. 26,2; Gen. 27,3; Gen. 27,5; Gen. 27,9; Gen. 27,17; Gen. 27,43; Gen. 27,43; Gen. 28,2; Gen. 28,2; Gen. 28,3; Gen. 28,5; Gen. 28,6; Gen. 28,7; Gen. 28,10; Gen. 28,12; Gen. 28,15; Gen. 28,21; Gen. 28,21; Gen. 29,1; Gen.

29,3; Gen. 29,13; Gen. 29,13; Gen. 30,16; Gen. 30,25; Gen. 30,25; Gen. 30,30; Gen. 30,38; Gen. 30,39; Gen. 30,40; Gen. 31,3; Gen. 31,3; Gen. 31,4; Gen. 31,13; Gen. 31,18; Gen. 31,21; Gen. 31,30; Gen. 31,33; Gen. 31,33; Gen. 31,34; Gen. 31,44; Gen. 32,1; Gen. 32,2; Gen. 32,4; Gen. 32,4; Gen. 32,7; Gen. 32,8; Gen. 32,9; Gen. 32,9; Gen. 32,10; Gen. 32,11; Gen. 33,4; Gen. 33,14; Gen. 33,16; Gen. 33,16; Gen. 33,17; Gen. 33,18; Gen. 34,4; Gen. 34,12; Gen. 34,25; Gen. 35,1; Gen. 35,3; Gen. 35,6; Gen. 35,16; Gen. 35,27; Gen. 35,27; Gen. 37,12; Gen. 37,14; Gen. 37,17; Gen. 37,20; Gen. 37,21; Gen. 37,22; Gen. 37,24; Gen. 37,25; Gen. 37,28; Gen. 37,35; Gen. 37,36; Gen. 38,12; Gen. 38,13; Gen. 39,1; Gen. 39,6; Gen. 39,8; Gen. 39,11; Gen. 39,16; Gen. 39,20; Gen. 39,20; Gen. 40,3; Gen. 40,3; Gen. 40,11; Gen. 40,11; Gen. 40,13; Gen. 40,15; Gen. 40,21; Gen. 41,21; Gen. 41,21; Gen. 41,36; Gen. 41,57; Gen. 42,25; Gen. 42,25; Gen. 42,29; Gen. 42,37; Gen. 42,38; Gen. 43,15; Gen. 43,16; Gen. 43,17; Gen. 43,18; Gen. 43,18; Gen. 43,21; Gen. 43,22; Gen. 43,26; Gen. 43,26; Gen. 43,30; Gen. 44,2; Gen. 44,13; Gen. 44,29; Gen. 44,31; Gen. 45,2; Gen. 45,4; Gen. 45,5; Gen. 45,16; Gen. 45,17; Gen. 45,21; Gen. 45,23; Gen. 45,25; Gen. 46,3; Gen. 46,3; Gen. 46,4; Gen. 46,4; Gen. 46,6; Gen. 46,7; Gen. 46,8; Gen. 46,26; Gen. 46,27; Gen. 46,28; Gen. 46,29; Gen. 47,5; Gen. 47,9; Gen. 47,14; Gen. 47,21; Gen. 47,24; Gen. 47,24; Gen. 47,26; Gen. 48,4; Gen. 48,4; Gen. 48,5; Gen. 48,16; Gen. 48,19; Gen. 48,19; Gen. 48,21; Gen. 49,6; Gen. 49,15; Gen. 49,17; Gen. 49,23; Gen. 49,27; Gen. 50,4; Gen. 50,13; Gen. 50,13; Gen. 50,14; Gen. 50,20; Gen. 50,20; Gen. 50,21; Gen. 50,24; Ex. 1,1; Ex. 1,22; Ex. 2,3; Ex. 2,3; Ex. 2,10; Ex. 2,15; Ex. 3,1; Ex. 3,8; Ex. 3,8; Ex. 3,8; Ex. 3,17; Ex. 3,17; Ex. 3,18; Ex. 4,6; Ex. 4,6; Ex. 4,7; Ex. 4,7; Ex. 4,7; Ex. 4,14; Ex. 4,15; Ex. 4,17; Ex. 4,19; Ex. 4,20; Ex. 4,21; Ex. 4,27; Ex. 4,27; Ex. 5,3; Ex. 5,7; Ex. 5,12; Ex. 5,20; Ex. 5,21; Ex. 6,8; Ex. 6,8; Ex. 6,20; Ex. 7,15; Ex. 7,17; Ex. 7,20; Ex. 7,23; Ex. 7,28; Ex. 7,28; Ex. 7,28; Ex. 8,17; Ex. 8,20; Ex. 8,20; Ex. 8,20; Ex. 8,23; Ex. 9,8; Ex. 9,10; Ex. 9,14; Ex. 9,19; Ex. 9,20; Ex. 9,21; Ex. 9,22; Ex. 9,23; Ex. 10,2; Ex. 10,13; Ex. 10,16; Ex. 10,19; Ex. 10,21; Ex. 10,22; Ex. 10,29; Ex. 11,2; Ex. 11,4; Ex. 12,4; Ex. 12,4; Ex. 12,14; Ex. 12,17; Ex. 12,23; Ex. 12,25; Ex. 12,37; Ex. 12,37; Ex. 12,39; Ex. 12,42; Ex. 13,5; Ex. 13,10; Ex. 13,11; Ex. 13,16; Ex. 13,17; Ex. 13,18; Ex. 13,18; Ex. 14,13; Ex. 14,16; Ex. 14,22; Ex. 14,23; Ex. 14,28; Ex. 15,1; Ex. 15,2; Ex. 15,4; Ex. 15,5; Ex. 15,13; Ex. 15,17; Ex. 15,17; Ex. 15,19; Ex. 15,21; Ex. 15,22; Ex. 15,23; Ex. 15,25; Ex. 15,27; Ex. 16,1; Ex. 16,3; Ex. 16,3; Ex. 16,4; Ex. 16,5; Ex. 16,8; Ex. 16,10; Ex. 16,16; Ex. 16,18; Ex. 16,19; Ex. 16,20; Ex. 16,23; Ex. 16,23; Ex. 16,24; Ex. 16,29; Ex. 16,32; Ex. 16,32; Ex. 16,33; Ex. 16,33; Ex. 16,33; Ex. 16,34; Ex. 16,35; Ex. 16,35; Ex. 17,14; Ex. 17,14; Ex. 17,16; Ex. 18,5; Ex. 18,7; Ex. 18,7; Ex. 18,23; Ex. 18,27; Ex. 19,1; Ex. 19,2; Ex. 19,3; Ex. 19,9; Ex. 19,11; Ex. 19,12; Ex. 19,17; Ex. 20,6; Ex. 20,21; Ex. 21,6; Ex. 21,13; Ex. 23,19; Ex. 23,20; Ex. 23,27; Ex. 23,27; Ex. 23,31; Ex. 24,4; Ex. 24,6; Ex. 24,7; Ex. 24,12; Ex. 24,13; Ex. 24,15; Ex. 24,18; Ex. 24,18; Ex. 25,7; Ex. 25,7; Ex. 25,14; Ex. 25,16; Ex. 25,20; Ex. 25,20; Ex. 25,21; Ex. 25,27; Ex. 26,4; Ex. 26,5; Ex. 26,19; Ex. 26,19; Ex. 26,21; Ex. 26,21; Ex. 26,24; Ex. 26,25; Ex. 26,28; Ex. 26,29; Ex. 27,7; Ex. 27,9; Ex. 27,20; Ex. 27,21; Ex. 28,2; Ex. 28,3; Ex. 28,4; Ex. 28,21; Ex. 28,29; Ex. 28,30; Ex. 28,35; Ex. 28,40; Ex. 28,43; Ex. 29,9; Ex. 29,18; Ex. 29,25; Ex. 29,30; Ex. 29,41; Ex. 29,42; Ex. 30,4; Ex. 30,8; Ex. 30,10; Ex. 30,14; Ex. 30,16; Ex. 30,18; Ex. 30,20; Ex. 30,21; Ex. 30,31; Ex. 31,5; Ex. 31,13; Ex. 31,16; Ex. 32,10; Ex. 32,10; Ex. 32,11; Ex. 32,13; Ex. 32,24; Ex. 32,28; Ex. 32,34; Ex. 33,1; Ex. 33,3; Ex. 33,7; Ex. 33,8; Ex. 33,8; Ex. 33,9; Ex. 33,11; Ex. 33,22; Ex. 34,1; Ex. 34,2; Ex. 34,4; Ex. 34,7; Ex. 34,12; Ex. 34,12; Ex. 34,18; Ex. 34,25; Ex. 34,26; Ex. 35,9; Ex. 35,9; Ex. 35,21; Ex. 35,21; Ex. 35,21; Ex. 35,24; Ex. 35,27; Ex. 35,27; Ex. 36,3; Ex. 36,6; Ex. 36,7; Ex. 36,12; Ex. 36,21; Ex. 36,21; Ex. 36,25; Ex. 36,28; Ex. 36,28; Ex. 36,33; Ex. 38,19; Ex. 38,27; Ex. 39,1; Ex. 39,3; Ex. 39,4; Ex. 39,4; Ex. 39,4; Ex. 39,5; Ex. 39,11; Ex. 39,18; Ex. 39,21; Ex. 40,5; Ex. 40,15; Ex. 40,15; Ex. 40,20; Ex. 40,21; Ex. 40,22; Ex. 40,24; Ex. 40,24; Ex. 40,35; Lev. 1,10; Lev. 1,16; Lev. 2,12; Lev. 3,17; Lev. 3,17; Lev. 4,6; Lev. 4,12; Lev. 4,16; Lev. 4,31; Lev. 4,32; Lev. 5,7; Lev. 5,7; Lev. 5,18; Lev. 5,25; Lev. 6,4; Lev. 6,11; Lev. 6,13; Lev. 6,23; Lev. 7,15; Lev. 7,24; Lev. 7,24; Lev. 7,36; Lev. 8,18; Lev. 8,21; Lev. 9,2; Lev. 9,3; Lev. 9,4; Lev. 9,9; Lev. 9,23; Lev. 10,9; Lev. 10,9; Lev. 10,18; Lev. 11,32; Lev. 11,33; Lev. 11,34; Lev. 12,4; Lev. 12,6; Lev. 12,8; Lev. 12,8; Lev. 13,17; Lev. 13,20; Lev. 13,25; Lev. 13,59; Lev. 14,5; Lev. 14,6; Lev. 14,7; Lev. 14,8; Lev. 14,10; Lev. 14,21; Lev. 14,21; Lev. 14,21; Lev. 14,22; Lev. 14,23; Lev. 14,31; Lev. 14,32; Lev. 14,34; Lev. 14,40; Lev. 14,41; Lev. 14,45; Lev. 14,46; Lev. 14,50; Lev. 14,51; Lev. 14,53; Lev. 15,13; Lev. 15,15; Lev. 15,30; Lev. 16,2; Lev. 16,2; Lev. 16,3; Lev. 16,3; Lev. 16,5; Lev. 16,10; Lev. 16,10; Lev. 16,21; Lev. 16,22; Lev. 16,22; Lev. 16,23; Lev. 16,23; Lev. 16,26; Lev. 16,26; Lev. 16,28; Lev. 17,4; Lev. 17,4; Lev. 17,6; Lev. 17,7; Lev. 18,3; Lev. 18,23; Lev. 19,23; Lev. 20,5; Lev. 20,22; Lev. 21,4; Lev. 21,17; Lev. 22,18; Lev. 22,21; Lev. 22,22; Lev. 22,23; Lev. 22,27; Lev. 22,29; Lev. 22,30; Lev. 23,10; Lev. 23,12; Lev. 23,14; Lev. 23,14; Lev. 23,19; Lev. 23,21; Lev. 23,31; Lev. 23,37; Lev. 23,41; Lev. 24,2; Lev. 24,3; Lev. 24,7; Lev. 24,7; Lev. 24,12; Lev. 25,2; Lev. 25,7; Lev. 25,10; Lev. 25,10; Lev. 25,13; Lev. 25,19; Lev. 25,21; Lev. 25,23; Lev. 25,27; Lev. 25,28; Lev. 25,30; Lev. 25,41; Lev. 25,41; Lev. 25,45; Lev. 25,46; Lev. 25,52; Lev. 26,5; Lev. 26,20; Lev. 26,25; Lev. 26,25; Lev. 26,25; Lev. 26,33; Lev. 26,36; Lev. 27,18; Num. 3,38; Num. 3,49; Num. 4,10; Num. 4,12; Num. 4,14; Num. 5,17; Num. 5,22; Num. 5,23; Num. 5,23; Num. 5,24; Num. 5,27; Num. 5,27; Num. 6,11; Num. 6,12; Num. 6,14; Num. 6,14; Num. 6,14; Num. 7,10; Num. 7,11; Num. 7,13; Num. 7,15; Num. 7,17; Num. 7,19; Num. 7,21; Num. 7,23; Num. 7,25; Num. 7,27; Num. 7,29; Num. 7,31; Num. 7,33; Num. 7,35; Num. 7,37; Num. 7,39; Num. 7,41; Num. 7,43; Num. 7,45; Num. 7,47; Num. 7,49; Num. 7,51; Num. 7,53; Num. 7,55; Num. 7,57; Num. 7,59; Num. 7,61; Num. 7,63; Num. 7,65; Num. 7,67; Num. 7,69; Num. 7,71; Num. 7,73; Num. 7,75; Num. 7,77; Num. 7,79; Num. 7,81; Num. 7,83; Num. 7,87; Num. 7,88; Num. 7,89; Num. 8,12; Num. 9,12; Num. 10,8; Num. 10,9; Num. 10,29; Num. 10,30; Num. 10,30; Num. 11,6; Num. 11,12; Num. 11,12; Num. 11,20; Num. 11,30; Num. 11,33; Num. 11,35; Num. 12,4; Num. 12,4; Num. 12,14; Num. 13,2; Num. 13,17; Num. 13,19; Num. 13,19; Num. 13,26; Num. 13,27; Num. 13,27; Num. 14,3; Num. 14,3; Num. 14,3; Num. 14,4; Num. 14,8; Num. 14,12; Num. 14,16; Num. 14,24; Num. 14,24; Num. 14,25; Num. 14,28; Num. 14,30; Num. 14,31; Num. 14,40; Num. 14,40; Num. 14,45; Num. 15,2; Num. 15,5; Num. 15,6; Num. 15,6; Num. 15,7; Num. 15,7; Num. 15,8; Num. 15,8; Num. 15,8; Num. 15,10; Num. 15,13; Num. 15,15; Num. 15,18; Num. 15,18; Num. 15,21; Num. 15,23; Num. 15,24; Num. 15,24; Num. 15,34; Num. 15,38; Num. 16,14; Num. 16,15; Num. 16,30; Num. 16,33; Num. 17,3; Num. 17,11; Num. 17,12; Num. 17,23; Num. 17,23; Num. 17,25; Num. 17,28; Num. 18,8; Num. 18,17; Num. 18,22; Num. 18,23; Num. 19,3; Num. 19,6; Num. 19,7; Num. 19,9; Num. 19,9; Num. 19,14; Num. 19,17; Num. 19,18; Num. 20,1; Num. 20,4; Num. 20,5; Num. 20,12; Num. 20,15; Num. 20,18; Num. 20,20; Num. 20,22; Num. 20,24; Num. 20,25; Num. 20,27; Num. 21,6; Num. 21,12; Num. 21,13; Num. 21,18; Num. 21,19; Num. 21,19; Num. 21,20; Num. 21,22; Num. 21,22; Num. 21,23; Num. 21,23; Num. 21,27; Num. 21,33; Num. 21,33; Num. 21,33; Num. 21,33; Num. 21,34; Num. 22,23; Num. 22,26; Num.

εἰς (1st homograph)

22,32; Num. 22,34; Num. 22,36; Num. 22,36; Num. 22,38; Num. 22,39; Num. 23,5; Num. 23,11; Num. 23,12; Num. 23,13; Num. 23,14; Num. 23,16; Num. 23,27; Num. 23,28; Num. 24,1; Num. 24,1; Num. 24,11; Num. 24,14; Num. 24,25; Num. 25,1; Num. 25,8; Num. 27,12; Num. 28,2; Num. 28,3; Num. 28,5; Num. 28,6; Num. 28,8; Num. 28,9; Num. 28,14; Num. 28,24; Num. 28,24; Num. 28,27; Num. 29,2; Num. 29,6; Num. 29,8; Num. 29,10; Num. 29,11; Num. 29,13; Num. 29,36; Num. 31,5; Num. 31,12; Num. 31,12; Num. 31,13; Num. 31,24; Num. 31,27; Num. 31,28; Num. 31,36; Num. 31,48; Num. 31,54; Num. 32,6; Num. 32,7; Num. 32,9; Num. 32,15; Num. 32,17; Num. 32,18; Num. 32,18; Num. 32,20; Num. 32,27; Num. 32,29; Num. 32,30; Num. 32,30; Num. 32,32; Num. 32,39; Num. 33,5; Num. 33,6; Num. 33,8; Num. 33,9; Num. 33,11; Num. 33,12; Num. 33,21; Num. 33,22; Num. 33,23; Num. 33,24; Num. 33,25; Num. 33,26; Num. 33,27; Num. 33,28; Num. 33,29; Num. 33,30; Num. 33,31; Num. 33,32; Num. 33,33; Num. 33,34; Num. 33,35; Num. 33,36; Num. 33,37; Num. 33,41; Num. 33,42; Num. 33,43; Num. 33,45; Num. 33,51; Num. 33,54; Num. 34,2; Num. 34,2; Num. 34,4; Num. 34,8; Num. 35,10; Num. 35,12; Num. 35,15; Num. 35,25; Num. 35,26; Num. 35,28; Num. 35,29; Num. 35,29; Num. 35,32; Num. 35,33; Num. 36,3; Deut. 1,7; Deut. 1,7; Deut. 1,13; Deut. 1,22; Deut. 1,22; Deut. 1,24; Deut. 1,27; Deut. 1,31; Deut. 1,40; Deut. 1,41; Deut. 1,43; Deut. 1,44; Deut. 2,1; Deut. 2,19; Deut. 2,24; Deut. 2,29; Deut. 2,30; Deut. 2,32; Deut. 2,32; Deut. 2,36; Deut. 2,37; Deut. 3,1; Deut. 3,1; Deut. 3,1; Deut. 3,1; Deut. 3,2; Deut. 3,3; Deut. 3,20; Deut. 4,5; Deut. 4,14; Deut. 4,19; Deut. 4,21; Deut. 4,26; Deut. 4,27; Deut. 4,42; Deut. 5,5; Deut. 5,10; Deut. 5,30; Deut. 5,32; Deut. 5,32; Deut. 6,1; Deut. 6,8; Deut. 6,10; Deut. 7,1; Deut. 7,1; Deut. 7,2; Deut. 7,4; Deut. 7,9; Deut. 7,20; Deut. 7,23; Deut. 7,24; Deut. 7,26; Deut. 8,7; Deut. 9,7; Deut. 9,9; Deut. 9,14; Deut. 9,21; Deut. 9,28; Deut. 10,1; Deut. 10,2; Deut. 10,3; Deut. 10,5; Deut. 10,7; Deut. 10,7; Deut. 10,22; Deut. 11,5; Deut. 11,8; Deut. 11,10; Deut. 11,11; Deut. 11,18; Deut. 11,18; Deut. 11,18; Deut. 11,29; Deut. 11,29; Deut. 12,5; Deut. 12,9; Deut. 12,9; Deut. 12,14; Deut. 12,26; Deut. 12,29; Deut. 13,17; Deut. 13,17; Deut. 14,25; Deut. 15,17; Deut. 16,4; Deut. 16,6; Deut. 16,7; Deut. 17,8; Deut. 17,14; Deut. 17,16; Deut. 17,18; Deut. 18,6; Deut. 18,9; Deut. 19,5; Deut. 19,5; Deut. 19,11; Deut. 19,12; Deut. 20,1; Deut. 20,3; Deut. 20,5; Deut. 20,6; Deut. 20,7; Deut. 20,8; Deut. 20,13; Deut. 20,19; Deut. 20,19; Deut. 21,4; Deut. 21,10; Deut. 21,10; Deut. 21,12; Deut. 22,2; Deut. 23,2; Deut. 23,3; Deut. 23,4; Deut. 23,4; Deut. 23,4; Deut. 23,6; Deut. 23,7; Deut. 23,9; Deut. 23,11; Deut. 23,12; Deut. 23,19; Deut. 23,21; Deut. 23,25; Deut. 23,26; Deut. 23,26; Deut. 24,1; Deut. 24,3; Deut. 24,5; Deut. 24,10; Deut. 25,1; Deut. 25,9; Deut. 26,1; Deut. 26,2; Deut. 26,2; Deut. 26,3; Deut. 26,5; Deut. 26,5; Deut. 26,9; Deut. 26,14; Deut. 27,2; Deut. 27,3; Deut. 27,9; Deut. 28,1; Deut. 28,11; Deut. 28,13; Deut. 28,13; Deut. 28,21; Deut. 28,21; Deut. 28,32; Deut. 28,36; Deut. 28,37; Deut. 28,38; Deut. 28,63; Deut. 28,64; Deut. 28,68; Deut. 28,68; Deut. 29,6; Deut. 29,12; Deut. 29,20; Deut. 29,27; Deut. 29,28; Deut. 30,1; Deut. 30,3; Deut. 30,5; Deut. 30,9; Deut. 30,12; Deut. 30,13; Deut. 30,16; Deut. 30,18; Deut. 31,7; Deut. 31,9; Deut. 31,11; Deut. 31,13; Deut. 31,14; Deut. 31,16; Deut. 31,16; Deut. 31,17; Deut. 31,19; Deut. 31,19; Deut. 31,20; Deut. 31,21; Deut. 31,23; Deut. 31,24; Deut. 31,24; Deut. 31,26; Deut. 31,28; Deut. 31,30; Deut. 31,30; Deut. 32,23; Deut. 32,23; Deut. 32,24; Deut. 32,29; Deut. 32,40; Deut. 32,40; Deut. 32,44; Deut. 32,47; Deut. 32,49; Deut. 32,49; Deut. 32,50; Deut. 33,7; Josh. 1,2; Josh. 1,7; Josh. 1,7; Josh. 1,9; Josh. 1,15; Josh. 1,15; Josh. 1,16; Josh. 2,1; Josh. 2,1; Josh. 2,3; Josh. 2,14; Josh. 2,14; Josh. 2,16; Josh. 2,18; Josh. 2,18; Josh. 2,18; Josh. 2,22; Josh. 3,15; Josh. 3,16; Josh. 3,16; Josh. 4,5; Josh. 4,6; Josh. 4,8; Josh. 4,13; Josh. 4,13; Josh. 6,5; Josh. 6,11; Josh. 6,14; Josh. 6,19; Josh. 6,20; Josh. 6,22; Josh. 6,23; Josh. 6,24; Josh. 7,2; Josh. 7,5; Josh. 7,11; Josh. 7,22; Josh. 7,22; Josh. 7,22; Josh. 7,24; Josh. 7,24; Josh. 8,1; Josh. 8,1; Josh. 8,2; Josh. 8,3; Josh. 8,5; Josh. 8,7; Josh. 8,9; Josh. 8,14; Josh. 8,14; Josh. 8,18; Josh. 8,20; Josh. 8,20; Josh. 8,21; Josh. 8,22; Josh. 8,24; Josh. 8,24; Josh. 8,28; Josh. 8,29; Josh. 8,35 # 9,2f; Josh. 9,6; Josh. 9,6; Josh. 9,11; Josh. 9,11; Josh. 9,17; Josh. 9,27; Josh. 10,6; Josh. 10,6; Josh. 10,8; Josh. 10,13; Josh. 10,13; Josh. 10,16; Josh. 10,19; Josh. 10,19; Josh. 10,20; Josh. 10,20; Josh. 10,21; Josh. 10,27; Josh. 10,27; Josh. 10,29; Josh. 10,30; Josh. 10,31; Josh. 10,32; Josh. 10,34; Josh. 10,36; Josh. 10,38; Josh. 11,2; Josh. 11,2; Josh. 11,2; Josh. 11,2; Josh. 11,3; Josh. 11,3; Josh. 11,3; Josh. 11,17; Josh. 11,20; Josh. 12,7; Josh. 13,1; Josh. 14,9; Josh. 14,11; Josh. 15,3; Josh. 15,8; Josh. 15,9; Josh. 15,9; Josh. 15,10; Josh. 15,11; Josh. 15,16; Josh. 15,19; Josh. 16,1; Josh. 16,1; Josh. 16,2; Josh. 16,6; Josh. 16,6; Josh. 16,6; Josh. 16,7; Josh. 17,9; Josh. 17,15; Josh. 18,1; Josh. 18,9; Josh. 18,14; Josh. 18,15; Josh. 18,19; Josh. 19,11; Josh. 19,27; Josh. 19,29; Josh. 19,47a; Josh. 19,48a; Josh. 20,3; Josh. 20,9; Josh. 21,44; Josh. 22,4; Josh. 22,4; Josh. 22,6; Josh. 22,7; Josh. 22,8; Josh. 22,9; Josh. 22,9; Josh. 22,10; Josh. 22,12; Josh. 22,13; Josh. 22,15; Josh. 22,19; Josh. 22,32; Josh. 22,33; Josh. 23,4; Josh. 23,6; Josh. 23,7; Josh. 23,13; Josh. 23,13; Josh. 23,13; Josh. 23,13; Josh. 24,1; Josh. 24,4; Josh. 24,4; Josh. 24,6; Josh. 24,6; Josh. 24,8; Josh. 24,8; Josh. 24,11; Josh. 24,11; Josh. 24,26; Josh. 24,27; Josh. 24,27; Josh. 24,28; Josh. 24,31a; Josh. 24,31a; Josh. 24,33b; Josh. 24,33b; Josh. 24,33b; Judg. 1,7; Judg. 1,12; Judg. 1,13; Judg. 1,15; Judg. 1,16; Judg. 1,22; Judg. 1,26; Judg. 1,28; Judg. 1,29; Judg. 1,30; Judg. 1,31; Judg. 1,33; Judg. 1,34; Judg. 1,34; Judg. 1,35; Judg. 2,1; Judg. 2,1; Judg. 2,2; Judg. 2,3; Judg. 2,3; Judg. 2,6; Judg. 2,6; Judg. 2,15; Judg. 3,6; Judg. 3,8; Judg. 3,21; Judg. 3,23; Judg. 3,26; Judg. 3,31; Judg. 4,6; Judg. 4,7; Judg. 4,9; Judg. 4,9; Judg. 4,10; Judg. 4,13; Judg. 4,17; Judg. 4,18; Judg. 4,18; Judg. 4,22; Judg. 5,11; Judg. 5,15; Judg. 5,16; Judg. 5,18; Judg. 5,23; Judg. 5,26; Judg. 5,26; Judg. 5,30; Judg. 6,4; Judg. 6,5; Judg. 6,19; Judg. 6,28; Judg. 6,35; Judg. 7,3; Judg. 7,4; Judg. 7,5; Judg. 7,7; Judg. 7,8; Judg. 7,9; Judg. 7,10; Judg. 7,11; Judg. 7,12; Judg. 7,12; Judg. 7,15; Judg. 7,24; Judg. 8,8; Judg. 8,27; Judg. 8,27; Judg. 8,33; Judg. 8,33; Judg. 9,1; Judg. 9,5; Judg. 9,5; Judg. 9,6; Judg. 9,15; Judg. 9,21; Judg. 9,26; Judg. 9,27; Judg. 9,27; Judg. 9,31; Judg. 9,42; Judg. 9,46; Judg. 9,48; Judg. 9,50; Judg. 9,55; Judg. 9,57; Judg. 10,18; Judg. 11,6; Judg. 11,8; Judg. 11,9; Judg. 11,11; Judg. 11,11; Judg. 11,18; Judg. 11,20; Judg. 11,29; Judg. 11,31; Judg. 11,33; Judg. 11,34; Judg. 11,34; Judg. 11,34; Judg. 11,35; Judg. 11,39; Judg. 11,40; Judg. 12,1; Judg. 13,20; Judg. 14,1; Judg. 14,2; Judg. 14,5; Judg. 14,5; Judg. 14,5; Judg. 14,9; Judg. 14,19; Judg. 14,19; Judg. 15,1; Judg. 15,5; Judg. 15,12; Judg. 15,13; Judg. 15,14; Judg. 15,14; Judg. 16,1; Judg. 16,13; Judg. 16,14; Judg. 16,16; Judg. 16,21; Judg. 17,5; Judg. 17,8; Judg. 17,10; Judg. 17,10; Judg. 17,10; Judg. 17,12; Judg. 17,13; Judg. 18,2; Judg. 18,4; Judg. 18,6; Judg. 18,7; Judg. 18,8; Judg. 18,15; Judg. 18,15; Judg. 18,18; Judg. 18,19; Judg. 18,19; Judg. 18,26; Judg. 18,26; Judg. 19,2; Judg. 19,2; Judg. 19,3; Judg. 19,9; Judg. 19,9; Judg. 19,9; Judg. 19,11; Judg. 19,12; Judg. 19,13; Judg. 19,15; Judg. 19,18; Judg. 19,18; Judg. 19,21; Judg. 19,22; Judg. 19,23; Judg. 19,28; Judg. 19,29; Judg. 19,29; Judg. 19,29; Judg. 20,1; Judg. 20,3; Judg. 20,8; Judg. 20,8; Judg. 20,14; Judg. 20,18; Judg. 20,20; Judg. 20,20; Judg. 20,23; Judg. 20,25; Judg. 20,26; Judg. 20,28; Judg. 20,31; Judg. 20,31; Judg. 20,31; Judg. 20,32; Judg. 20,40; Judg. 20,42; Judg. 20,45; Judg. 20,47; Judg. 20,48; Judg. 21,1; Judg. 21,2; Judg. 21,5; Judg. 21,7; Judg. 21,7;

E, ε

Judg. 21,8; Judg. 21,8; Judg. 21,8; Judg. 21,12; Judg. 21,12; Judg. 21,12; Judg. 21,13; Judg. 21,16; Judg. 21,19; Judg. 21,19; Judg. 21,21; Judg. 21,24; Judg. 21,24; Judg. 21,24; Ruth 1,2; Ruth 1,7; Ruth 1,8; Ruth 1,10; Ruth 1,11; Ruth 1,14; Ruth 1,19; Ruth 1,22; Ruth 2,2; Ruth 2,9; Ruth 2,9; Ruth 2,18; Ruth 3,6; Ruth 3,14; Ruth 3,15; Ruth 4,10; Ruth 4,11; Ruth 4,13; Ruth 4,15; Ruth 4,16; Ruth 4,16; 1Sam. 1,3; 1Sam. 1,3; 1Sam. 1,7; 1Sam. 1,13; 1Sam. 1,16; 1Sam. 1,17; 1Sam. 1,18; 1Sam. 1,18; 1Sam. 1,19; 1Sam. 1,24; 1Sam. 1,24; 1Sam. 1,25; 1Sam. 2,6; 1Sam. 2,10; 1Sam. 2,11; 1Sam. 2,14; 1Sam. 2,14; 1Sam. 2,14; 1Sam. 2,19; 1Sam. 2,20; 1Sam. 2,25; 1Sam. 2,28; 1Sam. 2,29; 1Sam. 3,12; 1Sam. 3,20; 1Sam. 3,21; 1Sam. 4,1; 1Sam. 4,1; 1Sam. 4,1; 1Sam. 4,2; 1Sam. 4,3; 1Sam. 4,4; 1Sam. 4,5; 1Sam. 4,6; 1Sam. 4,7; 1Sam. 4,9; 1Sam. 4,9; 1Sam. 4,10; 1Sam. 4,12; 1Sam. 4,13; 1Sam. 5,1; 1Sam. 5,2; 1Sam. 5,3; 1Sam. 5,3; 1Sam. 5,3; 1Sam. 5,5; 1Sam. 5,6; 1Sam. 5,8; 1Sam. 5,9; 1Sam. 5,10; 1Sam. 5,10; 1Sam. 5,11; 1Sam. 5,12; 1Sam. 5,12; 1Sam. 6,2; 1Sam. 6,7; 1Sam. 6,9; 1Sam. 6,10; 1Sam. 6,12; 1Sam. 6,13; 1Sam. 6,14; 1Sam. 6,14; 1Sam. 6,16; 1Sam. 7,1; 1Sam. 7,5; 1Sam. 7,6; 1Sam. 7,6; 1Sam. 7,7; 1Sam. 7,10; 1Sam. 7,13; 1Sam. 7,17; 1Sam. 8,4; 1Sam. 8,13; 1Sam. 8,13; 1Sam. 8,13; 1Sam. 8,16; 1Sam. 8,21; 1Sam. 8,22; 1Sam. 9,5; 1Sam. 9,10; 1Sam. 9,12; 1Sam. 9,13; 1Sam. 9,14; 1Sam. 9,14; 1Sam. 9,14; 1Sam. 9,16; 1Sam. 9,18; 1Sam. 9,19; 1Sam. 9,22; 1Sam. 9,24; 1Sam. 9,27; 1Sam. 10,1; 1Sam. 10,1; 1Sam. 10,3; 1Sam. 10,4; 1Sam. 10,5; 1Sam. 10,5; 1Sam. 10,6; 1Sam. 10,10; 1Sam. 10,12; 1Sam. 10,13; 1Sam. 10,17; 1Sam. 10,21; 1Sam. 10,21; 1Sam. 10,25; 1Sam. 10,26; 1Sam. 10,26; 1Sam. 11,3; 1Sam. 11,4; 1Sam. 11,4; 1Sam. 11,7; 1Sam. 11,9; 1Sam. 11,11; 1Sam. 11,14; 1Sam. 11,15; 1Sam. 11,15; 1Sam. 12,1; 1Sam. 12,8; 1Sam. 12,9; 1Sam. 12,9; 1Sam. 12,9; 1Sam. 12,22; 1Sam. 13,2; 1Sam. 13,3; 1Sam. 13,5; 1Sam. 13,7; 1Sam. 13,8; 1Sam. 13,10; 1Sam. 13,11; 1Sam. 13,12; 1Sam. 13,14; 1Sam. 13,15; 1Sam. 13,15; 1Sam. 13,15; 1Sam. 13,16; 1Sam. 13,20; 1Sam. 13,21; 1Sam. 14,1; 1Sam. 14,4; 1Sam. 14,6; 1Sam. 14,10; 1Sam. 14,11; 1Sam. 14,12; 1Sam. 14,21; 1Sam. 14,22; 1Sam. 14,23; 1Sam. 14,26; 1Sam. 14,26; 1Sam. 14,27; 1Sam. 14,27; 1Sam. 14,32; 1Sam. 14,37; 1Sam. 14,40; 1Sam. 14,40; 1Sam. 14,46; 1Sam. 14,47; 1Sam. 14,47; 1Sam. 14,47; 1Sam. 14,47; 1Sam. 14,47; 1Sam. 14,47; 1Sam. 15,1; 1Sam. 15,11; 1Sam. 15,12; 1Sam. 15,12; 1Sam. 15,17; 1Sam. 15,18; 1Sam. 15,29; 1Sam. 15,34; 1Sam. 15,34; 1Sam. 15,34; 1Sam. 16,1; 1Sam. 16,3; 1Sam. 16,4; 1Sam. 16,5; 1Sam. 16,7; 1Sam. 16,7; 1Sam. 16,7; 1Sam. 16,13; 1Sam. 17,1; 1Sam. 17,1; 1Sam. 17,2; 1Sam. 17,8; 1Sam. 17,9; 1Sam. 17,9; 1Sam. 17,40; 1Sam. 17,46; 1Sam. 17,47; 1Sam. 17,48; 1Sam. 17,49; 1Sam. 17,49; 1Sam. 17,54; 1Sam. 18,6; 1Sam. 18,21; 1Sam. 18,23; 1Sam. 18,25; 1Sam. 18,25; 1Sam. 18,27; 1Sam. 19,4; 1Sam. 19,4; 1Sam. 19,5; 1Sam. 19,10; 1Sam. 19,10; 1Sam. 19,11; 1Sam. 19,18; 1Sam. 19,22; 1Sam. 19,23; 1Sam. 19,23; 1Sam. 20,6; 1Sam. 20,8; 1Sam. 20,9; 1Sam. 20,11; 1Sam. 20,11; 1Sam. 20,12; 1Sam. 20,13; 1Sam. 20,19; 1Sam. 20,20; 1Sam. 20,28; 1Sam. 20,30; 1Sam. 20,30; 1Sam. 20,35; 1Sam. 20,35; 1Sam. 20,40; 1Sam. 20,42; 1Sam. 21,1; 1Sam. 21,2; 1Sam. 21,4; 1Sam. 21,6; 1Sam. 21,16; 1Sam. 22,1; 1Sam. 22,3; 1Sam. 22,5; 1Sam. 22,8; 1Sam. 22,9; 1Sam. 22,13; 1Sam. 22,17; 1Sam. 22,18; 1Sam. 23,3; 1Sam. 23,3; 1Sam. 23,4; 1Sam. 23,4; 1Sam. 23,5; 1Sam. 23,6; 1Sam. 23,7; 1Sam. 23,7; 1Sam. 23,7; 1Sam. 23,8; 1Sam. 23,8; 1Sam. 23,14; 1Sam. 23,16; 1Sam. 23,17; 1Sam. 23,18; 1Sam. 23,20; 1Sam. 23,20; 1Sam. 23,25; 1Sam. 23,25; 1Sam. 23,28; 1Sam. 24,4; 1Sam. 24,5; 1Sam. 24,8; 1Sam. 24,9; 1Sam. 24,11; 1Sam. 24,12; 1Sam. 24,16; 1Sam. 24,19; 1Sam. 24,23; 1Sam. 24,23; 1Sam. 25,1; 1Sam. 25,5; 1Sam. 25,5; 1Sam. 25,12; 1Sam. 25,17; 1Sam. 25,17; 1Sam. 25,20; 1Sam. 25,21; 1Sam. 25,24; 1Sam. 25,26; 1Sam. 25,30; 1Sam. 25,32; 1Sam. 25,33; 1Sam. 25,34; 1Sam. 25,35; 1Sam. 25,35; 1Sam. 25,39; 1Sam. 25,39; 1Sam. 25,40; 1Sam. 25,40; 1Sam. 25,41; 1Sam. 25,42; 1Sam. 26,1; 1Sam. 26,2; 1Sam. 26,3; 1Sam. 26,5; 1Sam. 26,6; 1Sam. 26,7; 1Sam. 26,7; 1Sam. 26,8; 1Sam. 26,8; 1Sam. 26,10; 1Sam. 26,13; 1Sam. 26,23; 1Sam. 26,25; 1Sam. 26,25; 1Sam. 27,1; 1Sam. 27,1; 1Sam. 27,1; 1Sam. 27,4; 1Sam. 27,11; 1Sam. 27,11; 1Sam. 27,12; 1Sam. 28,1; 1Sam. 28,4; 1Sam. 28,4; 1Sam. 28,19; 1Sam. 28,19; 1Sam. 29,1; 1Sam. 29,2; 1Sam. 29,4; 1Sam. 29,4; 1Sam. 29,7; 1Sam. 29,9; 1Sam. 29,10; 1Sam. 30,1; 1Sam. 30,2; 1Sam. 30,3; 1Sam. 30,15; 1Sam. 30,21; 1Sam. 30,21; 1Sam. 30,21; 1Sam. 30,23; 1Sam. 30,24; 1Sam. 30,25; 1Sam. 30,25; 1Sam. 30,26; 1Sam. 30,31; 1Sam. 31,3; 1Sam. 31,9; 1Sam. 31,10; 1Sam. 31,12; 2Sam. 1,22; 2Sam. 2,1; 2Sam. 2,2; 2Sam. 2,7; 2Sam. 2,7; 2Sam. 2,8; 2Sam. 2,12; 2Sam. 2,16; 2Sam. 2,19; 2Sam. 2,19; 2Sam. 2,20; 2Sam. 2,21; 2Sam. 2,21; 2Sam. 2,22; 2Sam. 2,25; 2Sam. 2,26; 2Sam. 2,26; 2Sam. 2,29; 2Sam. 2,29; 2Sam. 3,8; 2Sam. 3,12; 2Sam. 3,19; 2Sam. 3,19; 2Sam. 3,20; 2Sam. 3,22; 2Sam. 3,27; 2Sam. 3,32; 2Sam. 4,3; 2Sam. 4,5; 2Sam. 4,7; 2Sam. 4,8; 2Sam. 5,1; 2Sam. 5,2; 2Sam. 5,3; 2Sam. 5,3; 2Sam. 5,6; 2Sam. 5,8; 2Sam. 5,12; 2Sam. 5,17; 2Sam. 5,18; 2Sam. 5,19; 2Sam. 5,19; 2Sam. 5,23; 2Sam. 6,10; 2Sam. 6,10; 2Sam. 6,11; 2Sam. 6,12; 2Sam. 6,17; 2Sam. 6,17; 2Sam. 6,19; 2Sam. 6,19; 2Sam. 6,20; 2Sam. 6,21; 2Sam. 7,8; 2Sam. 7,13; 2Sam. 7,14; 2Sam. 7,14; 2Sam. 7,16; 2Sam. 7,24; 2Sam. 7,29; 2Sam. 7,29; 2Sam. 8,2; 2Sam. 8,6; 2Sam. 8,7; 2Sam. 8,7; 2Sam. 8,10; 2Sam. 8,13; 2Sam. 10,2; 2Sam. 10,5; 2Sam. 10,11; 2Sam. 10,13; 2Sam. 10,14; 2Sam. 10,14; 2Sam. 10,17; 2Sam. 11,1; 2Sam. 11,4; 2Sam. 11,7; 2Sam. 11,7; 2Sam. 11,7; 2Sam. 11,8; 2Sam. 11,9; 2Sam. 11,10; 2Sam. 11,10; 2Sam. 11,11; 2Sam. 11,13; 2Sam. 11,16; 2Sam. 11,22; 2Sam. 11,23; 2Sam. 11,27; 2Sam. 11,27; 2Sam. 12,7; 2Sam. 12,9; 2Sam. 12,10; 2Sam. 12,15; 2Sam. 12,20; 2Sam. 12,20; 2Sam. 12,29; 2Sam. 12,31; 2Sam. 13,7; 2Sam. 13,7; 2Sam. 13,8; 2Sam. 13,10; 2Sam. 13,10; 2Sam. 13,20; 2Sam. 13,23; 2Sam. 13,28; 2Sam. 13,37; 2Sam. 13,38; 2Sam. 14,2; 2Sam. 14,4; 2Sam. 14,8; 2Sam. 14,17; 2Sam. 14,19; 2Sam. 14,19; 2Sam. 14,23; 2Sam. 14,23; 2Sam. 14,24; 2Sam. 14,24; 2Sam. 14,26; 2Sam. 14,31; 2Sam. 15,2; 2Sam. 15,6; 2Sam. 15,8; 2Sam. 15,9; 2Sam. 15,9; 2Sam. 15,21; 2Sam. 15,21; 2Sam. 15,21; 2Sam. 15,25; 2Sam. 15,27; 2Sam. 15,29; 2Sam. 15,32; 2Sam. 15,34; 2Sam. 15,37; 2Sam. 15,37; 2Sam. 16,1; 2Sam. 16,2; 2Sam. 16,15; 2Sam. 17,11; 2Sam. 17,12; 2Sam. 17,13; 2Sam. 17,13; 2Sam. 17,17; 2Sam. 17,18; 2Sam. 17,20; 2Sam. 17,20; 2Sam. 17,23; 2Sam. 17,23; 2Sam. 17,24; 2Sam. 17,26; 2Sam. 17,27; 2Sam. 18,4; 2Sam. 18,4; 2Sam. 18,6; 2Sam. 18,11; 2Sam. 18,17; 2Sam. 18,17; 2Sam. 18,17; 2Sam. 18,22; 2Sam. 18,24; 2Sam. 18,27; 2Sam. 18,32; 2Sam. 19,1; 2Sam. 19,3; 2Sam. 19,4; 2Sam. 19,6; 2Sam. 19,8; 2Sam. 19,9; 2Sam. 19,12; 2Sam. 19,13; 2Sam. 19,16; 2Sam. 19,16; 2Sam. 19,17; 2Sam. 19,20; 2Sam. 19,21; 2Sam. 19,23; 2Sam. 19,25; 2Sam. 19,26; 2Sam. 19,26; 2Sam. 19,31; 2Sam. 19,35; 2Sam. 19,36; 2Sam. 19,40; 2Sam. 19,41; 2Sam. 20,1; 2Sam. 20,3; 2Sam. 20,3; 2Sam. 20,10; 2Sam. 20,10; 2Sam. 20,12; 2Sam. 20,14; 2Sam. 20,14; 2Sam. 20,22; 2Sam. 20,22; 2Sam. 21,17; 2Sam. 22,20; 2Sam. 22,35; 2Sam. 22,37; 2Sam. 22,37; 2Sam. 22,40; 2Sam. 22,44; 2Sam. 22,45; 2Sam. 23,9; 2Sam. 23,11; 2Sam. 23,13; 2Sam. 23,13; 2Sam. 23,19; 2Sam. 23,23; 2Sam. 24,4; 2Sam. 24,6; 2Sam. 24,6; 2Sam. 24,6; 2Sam. 24,6; 2Sam. 24,7; 2Sam. 24,7; 2Sam. 24,8; 2Sam. 24,14; 2Sam. 24,16; 2Sam. 24,22; 2Sam. 24,22; 1Kings 1,15; 1Kings 1,19; 1Kings 1,25; 1Kings 1,31; 1Kings 1,33; 1Kings 1,34; 1Kings 1,35; 1Kings 1,38; 1Kings 1,45; 1Kings 1,49; 1Kings 1,52; 1Kings 1,53; 1Kings 2,2; 1Kings 2,6; 1Kings 2,8; 1Kings 2,8; 1Kings 2,8; 1Kings 2,9; 1Kings

2,15; 1Kings 2,17; 1Kings 2,19; 1Kings 2,21; 1Kings 2,26; 1Kings 2,26; 1Kings 2,28; 1Kings 2,29; 1Kings 2,29; 1Kings 2,30; 1Kings 2,32; 1Kings 2,33; 1Kings 2,33; 1Kings 2,33; 1Kings 2,35; 1Kings 2,35c; 1Kings 2,35f; 1Kings 2,35m; 1Kings 2,35n; 1Kings 2,35o; 1Kings 2,40; 1Kings 2,41; 1Kings 2,42; 1Kings 2,42; 1Kings 2,44; 1Kings 2,45; 1Kings 2,46a; 1Kings 2,46i; 1Kings 3,4; 1Kings 3,15; 1Kings 3,25; 1Kings 4,11; 1Kings 4,15; 1Kings 5,1; 1Kings 5,14a; 1Kings 5,14a; 1Kings 5,23; 1Kings 5,28; 1Kings 6,1a; 1Kings 6,1d; 1Kings 6,1d; 1Kings 6,3; 1Kings 6,8; 1Kings 6,16; 1Kings 6,24; 1Kings 7,13; 1Kings 7,37; 1Kings 7,46; 1Kings 8,6; 1Kings 8,6; 1Kings 8,6; 1Kings 8,8; 1Kings 8,22; 1Kings 8,29; 1Kings 8,29; 1Kings 8,29; 1Kings 8,30; 1Kings 8,32; 1Kings 8,34; 1Kings 8,35; 1Kings 8,38; 1Kings 8,42; 1Kings 8,44; 1Kings 8,46; 1Kings 8,50; 1Kings 8,52; 1Kings 8,52; 1Kings 8,53; 1Kings 8,54; 1Kings 8,66; 1Kings 9,3; 1Kings 9,5; 1Kings 9,7; 1Kings 9,7; 1Kings 9,7; 1Kings 9,9a # 9,24; 1Kings 9,12; 1Kings 9,28; 1Kings 10,2; 1Kings 10,9; 1Kings 10,10; 1Kings 10,13; 1Kings 10,17; 1Kings 10,17; 1Kings 10,22b # 9,20; 1Kings 10,22c # 9,22; 1Kings 10,26; 1Kings 10,27; 1Kings 11,2; 1Kings 11,2; 1Kings 11,2; 1Kings 11,17; 1Kings 11,18; 1Kings 11,21; 1Kings 11,22; 1Kings 11,22; 1Kings 11,40; 1Kings 11,43; 1Kings 11,43; 1Kings 12,1; 1Kings 12,1; 1Kings 12,16; 1Kings 12,16; 1Kings 12,18; 1Kings 12,19; 1Kings 12,20; 1Kings 12,21; 1Kings 12,24; 1Kings 12,24b; 1Kings 12,24d; 1Kings 12,24d; 1Kings 12,24e; 1Kings 12,24f; 1Kings 12,24h; 1Kings 12,24i; 1Kings 12,24k; 1Kings 12,24k; 1Kings 12,24l; 1Kings 12,24l; 1Kings 12,24n; 1Kings 12,24n; 1Kings 12,24o; 1Kings 12,24o; 1Kings 12,24q; 1Kings 12,24t; 1Kings 12,24t; 1Kings 12,24t; 1Kings 12,24u; 1Kings 12,24u; 1Kings 12,24x; 1Kings 12,24y; 1Kings 12,26; 1Kings 12,27; 1Kings 12,28; 1Kings 12,30; 1Kings 13,1; 1Kings 13,7; 1Kings 13,10; 1Kings 13,18; 1Kings 13,22; 1Kings 13,29; 1Kings 13,33; 1Kings 13,34; 1Kings 13,34; 1Kings 13,34; 1Kings 14,26; 1Kings 14,28; 1Kings 14,28; 1Kings 15,15; 1Kings 15,18; 1Kings 15,21; 1Kings 15,22; 1Kings 16,18; 1Kings 16,28f; 1Kings 16,28f; 1Kings 17,9; 1Kings 17,10; 1Kings 17,10; 1Kings 17,10; 1Kings 17,19; 1Kings 17,21; 1Kings 17,23; 1Kings 18,7; 1Kings 18,9; 1Kings 18,12; 1Kings 18,16; 1Kings 18,16; 1Kings 18,19; 1Kings 18,20; 1Kings 18,20; 1Kings 18,36; 1Kings 18,40; 1Kings 18,45; 1Kings 19,3; 1Kings 19,9; 1Kings 19,15; 1Kings 19,15; 1Kings 19,15; 1Kings 19,16; 1Kings 19,16; 1Kings 20,2; 1Kings 20,2; 1Kings 20,16; 1Kings 20,18; 1Kings 21,2; 1Kings 21,13; 1Kings 21,18; 1Kings 21,18; 1Kings 21,24; 1Kings 21,26; 1Kings 21,26; 1Kings 21,27; 1Kings 21,28; 1Kings 21,30; 1Kings 21,30; 1Kings 21,30; 1Kings 21,30; 1Kings 21,43; 1Kings 22,4; 1Kings 22,4; 1Kings 22,6; 1Kings 22,6; 1Kings 22,6; 1Kings 22,12; 1Kings 22,12; 1Kings 22,13; 1Kings 22,15; 1Kings 22,15; 1Kings 22,15; 1Kings 22,17; 1Kings 22,29; 1Kings 22,30; 1Kings 22,30; 1Kings 22,35; 1Kings 22,36; 1Kings 22,36; 1Kings 22,37; 2Kings 1,3; 2Kings 1,6; 2Kings 1,7; 2Kings 1,18d; 2Kings 2,1; 2Kings 2,2; 2Kings 2,4; 2Kings 2,4; 2Kings 2,11; 2Kings 2,12; 2Kings 2,15; 2Kings 2,21; 2Kings 2,23; 2Kings 2,25; 2Kings 2,25; 2Kings 3,7; 2Kings 3,7; 2Kings 3,13; 2Kings 3,24; 2Kings 3,27; 2Kings 4,1; 2Kings 4,4; 2Kings 4,8; 2Kings 4,11; 2Kings 4,17; 2Kings 4,25; 2Kings 4,26; 2Kings 4,27; 2Kings 4,31; 2Kings 4,32; 2Kings 4,33; 2Kings 4,38; 2Kings 4,39; 2Kings 4,39; 2Kings 4,41; 2Kings 5,18; 2Kings 5,19; 2Kings 5,19; 2Kings 5,21; 2Kings 5,24; 2Kings 5,26; 2Kings 5,27; 2Kings 6,4; 2Kings 6,5; 2Kings 6,10; 2Kings 6,19; 2Kings 6,20; 2Kings 6,23; 2Kings 7,4; 2Kings 7,4; 2Kings 7,5; 2Kings 7,5; 2Kings 7,8; 2Kings 7,8; 2Kings 7,9; 2Kings 7,10; 2Kings 7,11; 2Kings 7,12; 2Kings 8,3; 2Kings 8,7; 2Kings 8,8; 2Kings 8,9; 2Kings 8,18; 2Kings 8,21; 2Kings 8,21; 2Kings 8,28; 2Kings 9,1; 2Kings 9,2; 2Kings 9,3; 2Kings 9,4; 2Kings 9,6; 2Kings 9,6; 2Kings 9,12; 2Kings 9,16; 2Kings 9,18; 2Kings 9,18; 2Kings 9,19; 2Kings 9,21; 2Kings 9,27; 2Kings 9,28; 2Kings 9,30; 2Kings 9,32; 2Kings 10,6; 2Kings 10,7; 2Kings 10,10; 2Kings 10,12; 2Kings 10,13; 2Kings 10,14; 2Kings 10,15; 2Kings 10,17; 2Kings 10,21; 2Kings 10,21; 2Kings 10,23; 2Kings 10,27; 2Kings 11,4; 2Kings 11,8; 2Kings 11,13; 2Kings 11,17; 2Kings 11,18; 2Kings 11,18; 2Kings 12,6; 2Kings 12,8; 2Kings 12,13; 2Kings 13,7; 2Kings 13,18; 2Kings 14,9; 2Kings 14,12; 2Kings 14,13; 2Kings 14,14; 2Kings 14,19; 2Kings 14,19; 2Kings 15,14; 2Kings 15,29; 2Kings 16,5; 2Kings 16,5; 2Kings 16,6; 2Kings 16,9; 2Kings 16,10; 2Kings 16,10; 2Kings 16,10; 2Kings 16,15; 2Kings 17,5; 2Kings 17,6; 2Kings 17,23; 2Kings 17,26; 2Kings 18,11; 2Kings 18,14; 2Kings 18,17; 2Kings 18,20; 2Kings 18,21; 2Kings 18,24; 2Kings 18,32; 2Kings 19,1; 2Kings 19,7; 2Kings 19,10; 2Kings 19,14; 2Kings 19,18; 2Kings 19,22; 2Kings 19,22; 2Kings 19,23; 2Kings 19,23; 2Kings 19,25; 2Kings 19,32; 2Kings 19,33; 2Kings 19,37; 2Kings 20,1; 2Kings 20,5; 2Kings 20,8; 2Kings 20,10; 2Kings 20,11; 2Kings 20,17; 2Kings 20,20; 2Kings 21,7; 2Kings 21,14; 2Kings 21,14; 2Kings 21,14; 2Kings 21,16; 2Kings 22,19; 2Kings 22,19; 2Kings 22,20; 2Kings 23,2; 2Kings 23,4; 2Kings 23,6; 2Kings 23,6; 2Kings 23,6; 2Kings 23,11; 2Kings 23,12; 2Kings 23,15; 2Kings 23,19; 2Kings 23,20; 2Kings 23,29; 2Kings 23,30; 2Kings 23,34; 2Kings 24,10; 2Kings 24,11; 2Kings 24,15; 2Kings 24,15; 2Kings 24,16; 2Kings 25,6; 2Kings 25,7; 2Kings 25,8; 2Kings 25,12; 2Kings 25,12; 2Kings 25,13; 2Kings 25,20; 2Kings 25,23; 2Kings 25,25; 2Kings 25,26; 1Chr. 2,7; 1Chr. 2,24; 1Chr. 2,35; 1Chr. 4,38; 1Chr. 4,42; 1Chr. 5,1; 1Chr. 5,2; 1Chr. 5,18; 1Chr. 5,20; 1Chr. 5,26; 1Chr. 6,33; 1Chr. 6,34; 1Chr. 7,4; 1Chr. 7,5; 1Chr. 7,40; 1Chr. 8,6; 1Chr. 9,1; 1Chr. 9,13; 1Chr. 9,19; 1Chr. 9,25; 1Chr. 9,30; 1Chr. 10,9; 1Chr. 10,12; 1Chr. 11,2; 1Chr. 11,3; 1Chr. 11,3; 1Chr. 11,4; 1Chr. 11,6; 1Chr. 11,6; 1Chr. 11,6; 1Chr. 11,13; 1Chr. 11,15; 1Chr. 11,15; 1Chr. 11,21; 1Chr. 12,1; 1Chr. 12,17; 1Chr. 12,18; 1Chr. 12,18; 1Chr. 12,20; 1Chr. 12,21; 1Chr. 12,23; 1Chr. 12,24; 1Chr. 12,26; 1Chr. 12,33; 1Chr. 12,33; 1Chr. 12,34; 1Chr. 12,36; 1Chr. 12,37; 1Chr. 12,39; 1Chr. 12,41; 1Chr. 13,6; 1Chr. 13,13; 1Chr. 13,13; 1Chr. 14,2; 1Chr. 14,8; 1Chr. 14,10; 1Chr. 14,10; 1Chr. 14,11; 1Chr. 14,15; 1Chr. 15,3; 1Chr. 15,3; 1Chr. 15,16; 1Chr. 16,15; 1Chr. 16,15; 1Chr. 16,17; 1Chr. 16,20; 1Chr. 16,20; 1Chr. 16,23; 1Chr. 16,34; 1Chr. 16,37; 1Chr. 16,38; 1Chr. 16,41; 1Chr. 16,42; 1Chr. 16,43; 1Chr. 17,7; 1Chr. 17,13; 1Chr. 17,13; 1Chr. 17,22; 1Chr. 17,27; 1Chr. 17,27; 1Chr. 18,6; 1Chr. 18,7; 1Chr. 18,10; 1Chr. 19,2; 1Chr. 19,5; 1Chr. 19,7; 1Chr. 19,9; 1Chr. 19,12; 1Chr. 19,14; 1Chr. 19,15; 1Chr. 19,15; 1Chr. 20,3; 1Chr. 21,3; 1Chr. 21,4; 1Chr. 21,13; 1Chr. 21,13; 1Chr. 21,15; 1Chr. 21,17; 1Chr. 21,23; 1Chr. 21,23; 1Chr. 21,23; 1Chr. 21,27; 1Chr. 22,1; 1Chr. 22,3; 1Chr. 22,3; 1Chr. 22,4; 1Chr. 22,5; 1Chr. 22,5; 1Chr. 22,5; 1Chr. 22,5; 1Chr. 22,5; 1Chr. 22,8; 1Chr. 22,10; 1Chr. 22,10; 1Chr. 22,14; 1Chr. 22,14; 1Chr. 22,15; 1Chr. 22,19; 1Chr. 23,3; 1Chr. 23,11; 1Chr. 23,11; 1Chr. 23,14; 1Chr. 23,17; 1Chr. 23,26; 1Chr. 23,29; 1Chr. 23,29; 1Chr. 23,29; 1Chr. 23,29; 1Chr. 23,29; 1Chr. 23,29; 1Chr. 24,4; 1Chr. 24,4; 1Chr. 24,19; 1Chr. 25,1; 1Chr. 26,6; 1Chr. 26,13; 1Chr. 26,16; 1Chr. 26,17; 1Chr. 26,18; 1Chr. 26,18; 1Chr. 26,30; 1Chr. 26,32; 1Chr. 27,1; 1Chr. 27,1; 1Chr. 27,1; 1Chr. 27,7; 1Chr. 27,15; 1Chr. 28,2; 1Chr. 28,4; 1Chr. 28,6; 1Chr. 28,9; 1Chr. 28,10; 1Chr. 28,12; 1Chr. 28,13; 1Chr. 28,21; 1Chr. 28,21; 1Chr. 29,2; 1Chr. 29,3; 1Chr. 29,3; 1Chr. 29,3; 1Chr. 29,7; 1Chr. 29,8; 1Chr. 29,18; 1Chr. 29,21; 1Chr. 29,22; 1Chr. 29,22; 2Chr. 1,1; 2Chr. 1,3; 2Chr. 1,4; 2Chr. 1,13; 2Chr. 1,15; 2Chr. 2,3; 2Chr. 2,8; 2Chr. 2,9; 2Chr. 2,9; 2Chr. 2,10; 2Chr. 2,15; 2Chr. 3,6; 2Chr. 3,8; 2Chr. 3,8; 2Chr. 3,13; 2Chr. 4,6; 2Chr. 4,13; 2Chr. 4,18; 2Chr. 4,22; 2Chr. 4,22; 2Chr. 5,1; 2Chr. 5,2; 2Chr. 5,7; 2Chr. 5,7; 2Chr. 5,7; 2Chr. 5,9; 2Chr.

5,13; 2Chr. 6,2; 2Chr. 6,5; 2Chr. 6,13; 2Chr. 6,20; 2Chr. 6,20; 2Chr. 6,21; 2Chr. 6,23; 2Chr. 6,25; 2Chr. 6,26; 2Chr. 6,27; 2Chr. 6,29; 2Chr. 6,32; 2Chr. 6,34; 2Chr. 6,36; 2Chr. 6,36; 2Chr. 6,40; 2Chr. 6,41; 2Chr. 7,2; 2Chr. 7,3; 2Chr. 7,6; 2Chr. 7,10; 2Chr. 7,12; 2Chr. 7,20; 2Chr. 7,20; 2Chr. 8,3; 2Chr. 8,8; 2Chr. 8,9; 2Chr. 8,11; 2Chr. 8,14; 2Chr. 8,15; 2Chr. 8,15; 2Chr. 8,17; 2Chr. 8,17; 2Chr. 8,18; 2Chr. 9,1; 2Chr. 9,1; 2Chr. 9,8; 2Chr. 9,8; 2Chr. 9,8; 2Chr. 9,9; 2Chr. 9,12; 2Chr. 9,20; 2Chr. 9,21; 2Chr. 9,25; 2Chr. 9,27; 2Chr. 10,1; 2Chr. 10,1; 2Chr. 10,7; 2Chr. 10,16; 2Chr. 10,16; 2Chr. 10,18; 2Chr. 10,18; 2Chr. 11,1; 2Chr. 11,4; 2Chr. 11,5; 2Chr. 11,12; 2Chr. 11,14; 2Chr. 11,16; 2Chr. 11,17; 2Chr. 11,22; 2Chr. 11,22; 2Chr. 12,4; 2Chr. 12,5; 2Chr. 12,7; 2Chr. 12,8; 2Chr. 12,11; 2Chr. 12,11; 2Chr. 12,12; 2Chr. 12,12; 2Chr. 13,5; 2Chr. 13,8; 2Chr. 13,9; 2Chr. 13,16; 2Chr. 14,9; 2Chr. 14,14; 2Chr. 15,2; 2Chr. 15,10; 2Chr. 16,8; 2Chr. 16,8; 2Chr. 16,8; 2Chr. 16,8; 2Chr. 16,8; 2Chr. 16,10; 2Chr. 17,12; 2Chr. 18,2; 2Chr. 18,2; 2Chr. 18,3; 2Chr. 18,3; 2Chr. 18,5; 2Chr. 18,5; 2Chr. 18,5; 2Chr. 18,7; 2Chr. 18,7; 2Chr. 18,11; 2Chr. 18,11; 2Chr. 18,14; 2Chr. 18,14; 2Chr. 18,14; 2Chr. 18,16; 2Chr. 18,26; 2Chr. 18,28; 2Chr. 18,29; 2Chr. 18,29; 2Chr. 19,1; 2Chr. 19,1; 2Chr. 19,2; 2Chr. 19,4; 2Chr. 19,8; 2Chr. 19,11; 2Chr. 19,11; 2Chr. 20,1; 2Chr. 20,7; 2Chr. 20,10; 2Chr. 20,17; 2Chr. 20,19; 2Chr. 20,20; 2Chr. 20,21; 2Chr. 20,23; 2Chr. 20,26; 2Chr. 20,27; 2Chr. 20,28; 2Chr. 20,28; 2Chr. 20,36; 2Chr. 20,37; 2Chr. 21,9; 2Chr. 21,15; 2Chr. 21,18; 2Chr. 21,19; 2Chr. 22,5; 2Chr. 22,5; 2Chr. 22,6; 2Chr. 22,6; 2Chr. 22,11; 2Chr. 23,1; 2Chr. 23,2; 2Chr. 23,4; 2Chr. 23,6; 2Chr. 23,7; 2Chr. 23,12; 2Chr. 23,17; 2Chr. 23,19; 2Chr. 23,20; 2Chr. 23,20; 2Chr. 24,5; 2Chr. 24,6; 2Chr. 24,10; 2Chr. 24,11; 2Chr. 24,12; 2Chr. 24,14; 2Chr. 24,24; 2Chr. 25,5; 2Chr. 25,5; 2Chr. 25,10; 2Chr. 25,10; 2Chr. 25,11; 2Chr. 25,13; 2Chr. 25,14; 2Chr. 25,18; 2Chr. 25,20; 2Chr. 25,22; 2Chr. 25,23; 2Chr. 25,24; 2Chr. 25,27; 2Chr. 25,27; 2Chr. 26,11; 2Chr. 26,11; 2Chr. 26,12; 2Chr. 26,14; 2Chr. 26,16; 2Chr. 26,18; 2Chr. 27,2; 2Chr. 28,5; 2Chr. 28,5; 2Chr. 28,8; 2Chr. 28,9; 2Chr. 28,9; 2Chr. 28,9; 2Chr. 28,10; 2Chr. 28,13; 2Chr. 28,15; 2Chr. 28,15; 2Chr. 28,21; 2Chr. 28,23; 2Chr. 28,27; 2Chr. 29,4; 2Chr. 29,8; 2Chr. 29,8; 2Chr. 29,8; 2Chr. 29,16; 2Chr. 29,16; 2Chr. 29,16; 2Chr. 29,17; 2Chr. 29,20; 2Chr. 29,31; 2Chr. 29,31; 2Chr. 29,32; 2Chr. 30,1; 2Chr. 30,1; 2Chr. 30,3; 2Chr. 30,6; 2Chr. 30,7; 2Chr. 30,8; 2Chr. 30,8; 2Chr. 30,9; 2Chr. 30,11; 2Chr. 30,13; 2Chr. 30,14; 2Chr. 30,15; 2Chr. 30,24; 2Chr. 30,27; 2Chr. 30,27; 2Chr. 31,1; 2Chr. 31,1; 2Chr. 31,1; 2Chr. 31,2; 2Chr. 31,2; 2Chr. 31,3; 2Chr. 31,3; 2Chr. 31,3; 2Chr. 31,3; 2Chr. 31,5; 2Chr. 31,10; 2Chr. 31,10; 2Chr. 31,11; 2Chr. 31,16; 2Chr. 31,16; 2Chr. 31,16; 2Chr. 31,16; 2Chr. 31,18; 2Chr. 32,6; 2Chr. 32,11; 2Chr. 32,11; 2Chr. 32,11; 2Chr. 32,20; 2Chr. 32,21; 2Chr. 32,21; 2Chr. 32,23; 2Chr. 32,27; 2Chr. 32,27; 2Chr. 32,28; 2Chr. 32,28; 2Chr. 32,29; 2Chr. 33,4; 2Chr. 33,7; 2Chr. 33,11; 2Chr. 33,13; 2Chr. 33,14; 2Chr. 34,7; 2Chr. 34,9; 2Chr. 34,11; 2Chr. 34,14; 2Chr. 34,30; 2Chr. 35,2; 2Chr. 35,3; 2Chr. 35,7; 2Chr. 35,7; 2Chr. 35,7; 2Chr. 35,8; 2Chr. 35,9; 2Chr. 35,12; 2Chr. 35,20; 2Chr. 35,24; 2Chr. 35,25; 2Chr. 36,1; 2Chr. 36,3; 2Chr. 36,4; 2Chr. 36,5a; 2Chr. 36,6; 2Chr. 36,7; 2Chr. 36,10; 2Chr. 36,18; 2Chr. 36,19; 2Chr. 36,20; 2Chr. 36,20; 2Chr. 36,21; 1Esdr. 1,8; 1Esdr. 1,9; 1Esdr. 1,22; 1Esdr. 1,23; 1Esdr. 1,29; 1Esdr. 1,30; 1Esdr. 1,38; 1Esdr. 1,43; 1Esdr. 1,50; 1Esdr. 1,51; 1Esdr. 1,53; 1Esdr. 1,54; 1Esdr. 1,55; 1Esdr. 2,1; 1Esdr. 2,3; 1Esdr. 2,4; 1Esdr. 2,11; 1Esdr. 2,14; 1Esdr. 2,18; 1Esdr. 2,24; 1Esdr. 2,25; 1Esdr. 3,3; 1Esdr. 3,20; 1Esdr. 4,19; 1Esdr. 4,23; 1Esdr. 4,34; 1Esdr. 4,38; 1Esdr. 4,38; 1Esdr. 4,48; 1Esdr. 4,49; 1Esdr. 4,51; 1Esdr. 4,57; 1Esdr. 4,58; 1Esdr. 4,61; 1Esdr. 5,2; 1Esdr. 5,4; 1Esdr. 5,7; 1Esdr. 5,8; 1Esdr. 5,8; 1Esdr. 5,11; 1Esdr. 5,24; 1Esdr. 5,43; 1Esdr. 5,44; 1Esdr. 5,46; 1Esdr. 5,53; 1Esdr. 5,53; 1Esdr. 5,54; 1Esdr. 5,54; 1Esdr. 5,54; 1Esdr. 5,55; 1Esdr. 5,56; 1Esdr. 5,58; 1Esdr. 6,8; 1Esdr. 6,8; 1Esdr. 6,14; 1Esdr. 6,14; 1Esdr. 6,15; 1Esdr. 6,25; 1Esdr. 6,25; 1Esdr. 6,28; 1Esdr. 6,28; 1Esdr. 7,7; 1Esdr. 8,5; 1Esdr. 8,6; 1Esdr. 8,7; 1Esdr. 8,10; 1Esdr. 8,13; 1Esdr. 8,13; 1Esdr. 8,13; 1Esdr. 8,14; 1Esdr. 8,17; 1Esdr. 8,18; 1Esdr. 8,21; 1Esdr. 8,25; 1Esdr. 8,48; 1Esdr. 8,52; 1Esdr. 8,59; 1Esdr. 8,60; 1Esdr. 8,60; 1Esdr. 8,67; 1Esdr. 8,74; 1Esdr. 8,80; 1Esdr. 8,84; 1Esdr. 8,89; 1Esdr. 9,1; 1Esdr. 9,3; 1Esdr. 9,5; 1Esdr. 9,20; 1Esdr. 9,41; Ezra 1,3; Ezra 1,4; Ezra 1,11; Ezra 2,1; Ezra 2,1; Ezra 2,1; Ezra 2,68; Ezra 2,68; Ezra 2,69; Ezra 3,1; Ezra 3,3; Ezra 3,5; Ezra 3,5; Ezra 3,8; Ezra 3,8; Ezra 3,8; Ezra 3,11; Ezra 4,12; Ezra 4,22; Ezra 4,23; Ezra 5,8; Ezra 5,8; Ezra 5,12; Ezra 5,12; Ezra 5,14; Ezra 5,15; Ezra 6,5; Ezra 6,5; Ezra 6,9; Ezra 6,10; Ezra 6,17; Ezra 6,17; Ezra 7,7; Ezra 7,8; Ezra 7,9; Ezra 7,13; Ezra 7,14; Ezra 7,15; Ezra 7,16; Ezra 7,19; Ezra 7,23; Ezra 7,26; Ezra 7,26; Ezra 7,26; Ezra 7,26; Ezra 8,17; Ezra 8,20; Ezra 8,22; Ezra 8,27; Ezra 8,29; Ezra 8,30; Ezra 8,30; Ezra 8,31; Ezra 8,32; Ezra 9,6; Ezra 9,8; Ezra 9,11; Ezra 10,6; Ezra 10,7; Ezra 10,8; Ezra 10,9; Ezra 10,9; Ezra 10,13; Ezra 10,13; Ezra 10,14; Neh. 1,9; Neh. 1,11; Neh. 1,11; Neh. 1,11; Neh. 2,3; Neh. 2,5; Neh. 2,5; Neh. 2,8; Neh. 2,8; Neh. 2,8; Neh. 2,11; Neh. 2,12; Neh. 2,13; Neh. 2,14; Neh. 2,18; Neh. 3,5; Neh. 3,26; Neh. 3,36; Neh. 3,36; Neh. 3,36; Neh. 4,5; Neh. 4,7; Neh. 4,9; Neh. 4,9; Neh. 5,4; Neh. 5,5; Neh. 5,14; Neh. 5,18; Neh. 5,19; Neh. 6,6; Neh. 6,7; Neh. 6,10; Neh. 6,10; Neh. 6,11; Neh. 6,13; Neh. 6,15; Neh. 6,18; Neh. 7,5; Neh. 7,5; Neh. 7,6; Neh. 7,6; Neh. 7,6; Neh. 7,39; Neh. 7,70; Neh. 7,70; Neh. 7,71; Neh. 8,1; Neh. 8,3; Neh. 8,7; Neh. 8,15; Neh. 9,11; Neh. 9,15; Neh. 9,15; Neh. 9,17; Neh. 9,23; Neh. 9,24; Neh. 9,25; Neh. 9,28; Neh. 9,29; Neh. 10,33; Neh. 10,34; Neh. 10,34; Neh. 10,34; Neh. 10,34; Neh. 10,34; Neh. 10,35; Neh. 10,35; Neh. 10,35; Neh. 10,36; Neh. 10,37; Neh. 10,38; Neh. 10,39; Neh. 10,39; Neh. 10,39; Neh. 10,40; Neh. 11,24; Neh. 12,9; Neh. 12,24; Neh. 12,27; Neh. 12,28; Neh. 13,2; Neh. 13,7; Neh. 13,10; Neh. 13,12; Neh. 13,15; Neh. 13,26; Neh. 13,31; Esth. 11,7 # 1,1f; Esth. 12,4 # 1,1p; Esth. 1,5; Esth. 1,22; Esth. 2,3; Esth. 2,3; Esth. 2,7; Esth. 2,8; Esth. 2,14; Esth. 2,23; Esth. 3,7; Esth. 3,9; Esth. 3,10; Esth. 3,13; Esth. 13,7 # 3,13g; Esth. 13,7 # 3,13g; Esth. 3,14; Esth. 3,15; Esth. 4,2; Esth. 4,7; Esth. 4,8; Esth. 4,11; Esth. 4,14; Esth. 13,15 # 4,17f; Esth. 13,17 # 4,17h; Esth. 14,5 # 4,17m; Esth. 14,6 # 4,17n; Esth. 14,10 # 4,17p; Esth. 14,10 # 4,17p; Esth. 14,13 # 4,17s; Esth. 14,13 # 4,17s; Esth. 14,13 # 4,17s; Esth. 15,8 # 5,1e; Esth. 5,4; Esth. 5,5; Esth. 5,8; Esth. 5,10; Esth. 5,12; Esth. 5,12; Esth. 5,14; Esth. 6,12; Esth. 6,12; Esth. 7,4; Esth. 7,4; Esth. 7,7; Esth. 16,8 # 8,12h; Esth. 16,8 # 8,12h; Esth. 16,13 # 8,12n; Esth. 16,14 # 8,12o; Esth. 16,15 # 8,12p; Esth. 16,24 # 8,12x; Esth. 8,13; Esth. 9,20; Esth. 9,22; Esth. 9,22; Esth. 9,28; Esth. 9,32; Esth. 9,32; Esth. 10,2; Esth. 10,11 # 10,3h; Esth. 10,11 # 10,3h; Esth. 10,13 # 10,3k; Judith 1,2; Judith 1,2; Judith 1,3; Judith 1,4; Judith 1,4; Judith 1,6; Judith 1,11; Judith 1,14; Judith 2,5; Judith 2,6; Judith 2,7; Judith 2,10; Judith 2,11; Judith 2,15; Judith 2,15; Judith 2,17; Judith 2,17; Judith 2,18; Judith 2,19; Judith 2,22; Judith 2,27; Judith 2,27; Judith 3,6; Judith 3,8; Judith 3,10; Judith 4,1; Judith 4,4; Judith 4,4; Judith 4,5; Judith 4,5; Judith 4,7; Judith 4,12; Judith 4,12; Judith 4,12; Judith 4,15; Judith 5,1; Judith 5,4; Judith 5,8; Judith 5,9; Judith 5,10; Judith 5,10; Judith 5,11; Judith 5,14; Judith 5,18; Judith 5,18; Judith 5,20; Judith 5,21; Judith 5,23; Judith 5,24; Judith 6,7; Judith 6,10; Judith 6,10; Judith 6,11; Judith 6,11; Judith 6,14; Judith 6,16; Judith 6,17; Judith 6,21; Judith 6,21; Judith 7,3; Judith 7,3; Judith 7,7; Judith 7,13; Judith 7,18; Judith 7,21; Judith 7,25; Judith 7,26; Judith 7,27; Judith 7,27; Judith 7,30; Judith 7,32; Judith 7,32; Judith 8,17; Judith 8,19; Judith 8,19; Judith 8,22; Judith 8,22; Judith

8,22; Judith 8,23; Judith 8,23; Judith 8,27; Judith 8,27; Judith 8,31; Judith 8,32; Judith 8,35; Judith 8,35; Judith 9,1; Judith 9,2; Judith 9,2; Judith 9,2; Judith 9,2; Judith 9,3; Judith 9,3; Judith 9,4; Judith 9,4; Judith 9,4; Judith 9,4; Judith 9,9; Judith 9,9; Judith 9,13; Judith 10,2; Judith 10,4; Judith 10,4; Judith 10,8; Judith 10,8; Judith 10,9; Judith 10,11; Judith 10,12; Judith 10,13; Judith 10,15; Judith 10,15; Judith 10,18; Judith 10,20; Judith 10,22; Judith 11,3; Judith 11,3; Judith 11,7; Judith 11,10; Judith 11,14; Judith 11,15; Judith 11,17; Judith 12,5; Judith 12,7; Judith 12,8; Judith 12,10; Judith 12,13; Judith 12,15; Judith 12,15; Judith 12,17; Judith 13,1; Judith 13,4; Judith 13,5; Judith 13,8; Judith 13,10; Judith 13,13; Judith 13,16; Judith 13,16; Judith 13,18; Judith 13,20; Judith 14,2; Judith 14,2; Judith 14,3; Judith 14,5; Judith 14,5; Judith 14,10; Judith 14,13; Judith 14,13; Judith 14,15; Judith 14,17; Judith 14,17; Judith 14,18; Judith 15,3; Judith 15,4; Judith 15,4; Judith 15,4; Judith 15,10; Judith 16,2; Judith 16,4; Judith 16,4; Judith 16,7; Judith 16,8; Judith 16,16; Judith 16,16; Judith 16,17; Judith 16,18; Judith 16,19; Judith 16,21; Judith 16,21; Judith 16,23; Tob. 1,3; Tob. 1,3; Tob. 1,4; Tob. 1,4; Tob. 1,6; Tob. 1,10; Tob. 1,14; Tob. 1,15; Tob. 1,21; Tob. 1,22; Tob. 2,1; Tob. 2,6; Tob. 2,6; Tob. 2,10; Tob. 2,10; Tob. 2,10; Tob. 3,2; Tob. 3,4; Tob. 3,6; Tob. 3,9; Tob. 3,10; Tob. 3,11; Tob. 3,11; Tob. 3,12; Tob. 3,17; Tob. 4,9; Tob. 4,10; Tob. 4,15; Tob. 5,14; Tob. 6,12; Tob. 6,15; Tob. 6,16; Tob. 6,16; Tob. 6,17; Tob. 7,1; Tob. 7,1; Tob. 7,1; Tob. 8,3; Tob. 8,5; Tob. 8,11; Tob. 8,15; Tob. 9,2; Tob. 9,6; Tob. 10,7; Tob. 11,1; Tob. 11,5; Tob. 11,8; Tob. 11,14; Tob. 11,16; Tob. 12,17; Tob. 12,18; Tob. 12,20; Tob. 13,1; Tob. 13,2; Tob. 13,2; Tob. 13,4; Tob. 13,12; Tob. 13,14; Tob. 13,16; Tob. 14,4; Tob. 14,5; Tob. 14,5; Tob. 14,9; Tob. 14,10; Tob. 14,10; Tob. 14,10; Tob. 14,12; 1Mac. 1,4; 1Mac. 1,17; 1Mac. 1,20; 1Mac. 1,21; 1Mac. 1,24; 1Mac. 1,29; 1Mac. 1,29; 1Mac. 1,33; 1Mac. 1,35; 1Mac. 1,36; 1Mac. 1,36; 1Mac. 1,39; 1Mac. 1,39; 1Mac. 1,39; 1Mac. 1,40; 1Mac. 1,41; 1Mac. 1,44; 1Mac. 2,11; 1Mac. 2,15; 1Mac. 2,28; 1Mac. 2,29; 1Mac. 2,31; 1Mac. 2,41; 1Mac. 2,43; 1Mac. 2,44; 1Mac. 2,52; 1Mac. 2,57; 1Mac. 2,58; 1Mac. 2,62; 1Mac. 2,62; 1Mac. 2,63; 1Mac. 2,68; 1Mac. 3,4; 1Mac. 3,7; 1Mac. 3,11; 1Mac. 3,13; 1Mac. 3,16; 1Mac. 3,17; 1Mac. 3,23; 1Mac. 3,24; 1Mac. 3,24; 1Mac. 3,28; 1Mac. 3,28; 1Mac. 3,30; 1Mac. 3,31; 1Mac. 3,39; 1Mac. 3,41; 1Mac. 3,41; 1Mac. 3,42; 1Mac. 3,44; 1Mac. 3,46; 1Mac. 3,50; 1Mac. 3,56; 1Mac. 3,58; 1Mac. 4,5; 1Mac. 4,10; 1Mac. 4,13; 1Mac. 4,14; 1Mac. 4,15; 1Mac. 4,21; 1Mac. 4,22; 1Mac. 4,24; 1Mac. 4,24; 1Mac. 4,29; 1Mac. 4,30; 1Mac. 4,34; 1Mac. 4,35; 1Mac. 4,35; 1Mac. 4,37; 1Mac. 4,40; 1Mac. 4,43; 1Mac. 4,45; 1Mac. 4,49; 1Mac. 4,55; 1Mac. 5,4; 1Mac. 5,5; 1Mac. 5,8; 1Mac. 5,9; 1Mac. 5,11; 1Mac. 5,17; 1Mac. 5,18; 1Mac. 5,20; 1Mac. 5,20; 1Mac. 5,21; 1Mac. 5,22; 1Mac. 5,23; 1Mac. 5,26; 1Mac. 5,28; 1Mac. 5,34; 1Mac. 5,35; 1Mac. 5,39; 1Mac. 5,39; 1Mac. 5,39; 1Mac. 5,42; 1Mac. 5,43; 1Mac. 5,45; 1Mac. 5,48; 1Mac. 5,52; 1Mac. 5,53; 1Mac. 5,54; 1Mac. 5,59; 1Mac. 5,59; 1Mac. 5,60; 1Mac. 5,66; 1Mac. 5,67; 1Mac. 5,68; 1Mac. 5,68; 1Mac. 6,4; 1Mac. 6,4; 1Mac. 6,5; 1Mac. 6,5; 1Mac. 6,8; 1Mac. 6,32; 1Mac. 6,33; 1Mac. 6,34; 1Mac. 6,35; 1Mac. 6,42; 1Mac. 6,45; 1Mac. 6,48; 1Mac. 6,48; 1Mac. 6,48; 1Mac. 6,48; 1Mac. 6,51; 1Mac. 6,53; 1Mac. 6,54; 1Mac. 6,55; 1Mac. 6,62; 1Mac. 6,63; 1Mac. 7,1; 1Mac. 7,2; 1Mac. 7,10; 1Mac. 7,18; 1Mac. 7,19; 1Mac. 7,24; 1Mac. 7,24; 1Mac. 7,27; 1Mac. 7,31; 1Mac. 7,32; 1Mac. 7,33; 1Mac. 7,35; 1Mac. 7,43; 1Mac. 7,45; 1Mac. 8,6; 1Mac. 8,17; 1Mac. 8,19; 1Mac. 8,19; 1Mac. 8,22; 1Mac. 8,23; 1Mac. 8,31; 1Mac. 9,1; 1Mac. 9,2; 1Mac. 9,4; 1Mac. 9,11; 1Mac. 9,11; 1Mac. 9,16; 1Mac. 9,30; 1Mac. 9,33; 1Mac. 9,39; 1Mac. 9,40; 1Mac. 9,41; 1Mac. 9,41; 1Mac. 9,42; 1Mac. 9,46; 1Mac. 9,47; 1Mac. 9,48; 1Mac. 9,48; 1Mac. 9,49; 1Mac. 9,50; 1Mac. 9,61; 1Mac. 9,62; 1Mac. 9,65; 1Mac. 9,69; 1Mac. 9,69; 1Mac. 9,72; 1Mac. 9,72; 1Mac. 10,2; 1Mac. 10,2; 1Mac. 10,5; 1Mac. 10,5; 1Mac. 10,7; 1Mac. 10,7; 1Mac. 10,11; 1Mac. 10,13; 1Mac. 10,14; 1Mac. 10,23; 1Mac. 10,24; 1Mac. 10,30; 1Mac. 10,33; 1Mac. 10,36; 1Mac. 10,36; 1Mac. 10,37; 1Mac. 10,39; 1Mac. 10,41; 1Mac. 10,43; 1Mac. 10,52; 1Mac. 10,54; 1Mac. 10,55; 1Mac. 10,56; 1Mac. 10,57; 1Mac. 10,59; 1Mac. 10,60; 1Mac. 10,63; 1Mac. 10,66; 1Mac. 10,67; 1Mac. 10,68; 1Mac. 10,70; 1Mac. 10,70; 1Mac. 10,71; 1Mac. 10,77; 1Mac. 10,77; 1Mac. 10,78; 1Mac. 10,78; 1Mac. 10,80; 1Mac. 10,83; 1Mac. 10,83; 1Mac. 10,84; 1Mac. 10,85; 1Mac. 10,86; 1Mac. 10,87; 1Mac. 10,89; 1Mac. 11,2; 1Mac. 11,3; 1Mac. 11,5; 1Mac. 11,6; 1Mac. 11,7; 1Mac. 11,13; 1Mac. 11,16; 1Mac. 11,22; 1Mac. 11,22; 1Mac. 11,24; 1Mac. 11,34; 1Mac. 11,36; 1Mac. 11,38; 1Mac. 11,44; 1Mac. 11,45; 1Mac. 11,45; 1Mac. 11,46; 1Mac. 11,47; 1Mac. 11,51; 1Mac. 11,60; 1Mac. 11,60; 1Mac. 11,61; 1Mac. 11,62; 1Mac. 11,62; 1Mac. 11,63; 1Mac. 11,67; 1Mac. 11,74; 1Mac. 11,74; 1Mac. 12,1; 1Mac. 12,3; 1Mac. 12,3; 1Mac. 12,4; 1Mac. 12,25; 1Mac. 12,25; 1Mac. 12,26; 1Mac. 12,27; 1Mac. 12,28; 1Mac. 12,32; 1Mac. 12,33; 1Mac. 12,36; 1Mac. 12,40; 1Mac. 12,41; 1Mac. 12,41; 1Mac. 12,41; 1Mac. 12,45; 1Mac. 12,45; 1Mac. 12,46; 1Mac. 12,48; 1Mac. 12,49; 1Mac. 12,50; 1Mac. 12,52; 1Mac. 13,1; 1Mac. 13,2; 1Mac. 13,11; 1Mac. 13,12; 1Mac. 13,15; 1Mac. 13,20; 1Mac. 13,20; 1Mac. 13,20; 1Mac. 13,22; 1Mac. 13,24; 1Mac. 13,29; 1Mac. 13,29; 1Mac. 13,40; 1Mac. 13,44; 1Mac. 13,47; 1Mac. 13,49; 1Mac. 13,51; 1Mac. 14,1; 1Mac. 14,2; 1Mac. 14,5; 1Mac. 14,24; 1Mac. 14,24; 1Mac. 14,31; 1Mac. 14,41; 1Mac. 15,8; 1Mac. 15,10; 1Mac. 15,11; 1Mac. 15,23; 1Mac. 15,23; 1Mac. 15,23; 1Mac. 15,23; 1Mac. 15,23; 1Mac. 15,23; 1Mac. 15,23; 1Mac. 15,23; 1Mac. 15,23; 1Mac. 15,23; 1Mac. 15,23; 1Mac. 15,23; 1Mac. 15,23; 1Mac. 15,23; 1Mac. 15,32; 1Mac. 15,37; 1Mac. 15,37; 1Mac. 15,40; 1Mac. 15,40; 1Mac. 16,5; 1Mac. 16,5; 1Mac. 16,8; 1Mac. 16,9; 1Mac. 16,10; 1Mac. 16,10; 1Mac. 16,10; 1Mac. 16,11; 1Mac. 16,14; 1Mac. 16,15; 1Mac. 16,16; 1Mac. 16,18; 1Mac. 16,19; 1Mac. 16,21; 2Mac. 1,3; 2Mac. 1,13; 2Mac. 1,14; 2Mac. 1,14; 2Mac. 1,15; 2Mac. 1,19; 2Mac. 1,29; 2Mac. 1,33; 2Mac. 2,4; 2Mac. 2,18; 2Mac. 2,25; 2Mac. 3,9; 2Mac. 3,13; 2Mac. 3,15; 2Mac. 3,18; 2Mac. 3,20; 2Mac. 3,24; 2Mac. 3,27; 2Mac. 3,28; 2Mac. 3,37; 2Mac. 4,17; 2Mac. 4,19; 2Mac. 4,19; 2Mac. 4,19; 2Mac. 4,20; 2Mac. 4,20; 2Mac. 4,21; 2Mac. 4,21; 2Mac. 4,21; 2Mac. 4,22; 2Mac. 4,24; 2Mac. 4,26; 2Mac. 4,33; 2Mac. 4,41; 2Mac. 4,42; 2Mac. 4,44; 2Mac. 5,1; 2Mac. 5,5; 2Mac. 5,6; 2Mac. 5,7; 2Mac. 5,8; 2Mac. 5,12; 2Mac. 5,15; 2Mac. 5,21; 2Mac. 5,25; 2Mac. 5,26; 2Mac. 5,27; 2Mac. 6,7; 2Mac. 6,8; 2Mac. 6,11; 2Mac. 6,23; 2Mac. 6,24; 2Mac. 6,28; 2Mac. 6,29; 2Mac. 7,9; 2Mac. 7,14; 2Mac. 7,18; 2Mac. 7,22; 2Mac. 7,27; 2Mac. 7,28; 2Mac. 7,31; 2Mac. 8,1; 2Mac. 8,1; 2Mac. 8,4; 2Mac. 8,5; 2Mac. 8,8; 2Mac. 8,11; 2Mac. 8,17; 2Mac. 8,27; 2Mac. 8,29; 2Mac. 8,31; 2Mac. 8,31; 2Mac. 8,33; 2Mac. 8,35; 2Mac. 9,2; 2Mac. 9,4; 2Mac. 9,11; 2Mac. 9,20; 2Mac. 9,23; 2Mac. 9,25; 2Mac. 9,26; 2Mac. 9,29; 2Mac. 10,12; 2Mac. 10,18; 2Mac. 10,19; 2Mac. 10,30; 2Mac. 10,32; 2Mac. 11,5; 2Mac. 11,11; 2Mac. 11,19; 2Mac. 11,19; 2Mac. 11,23; 2Mac. 12,3; 2Mac. 12,5; 2Mac. 12,9; 2Mac. 12,12; 2Mac. 12,17; 2Mac. 12,21; 2Mac. 12,22; 2Mac. 12,23; 2Mac. 12,28; 2Mac. 12,31; 2Mac. 12,31; 2Mac. 12,35; 2Mac. 12,38; 2Mac. 12,39; 2Mac. 12,42; 2Mac. 12,43; 2Mac. 12,43; 2Mac. 13,4; 2Mac. 13,5; 2Mac. 13,6; 2Mac. 13,13; 2Mac. 13,15; 2Mac. 13,25; 2Mac. 13,26; 2Mac. 14,5; 2Mac. 14,21; 2Mac. 14,27; 2Mac. 14,33; 2Mac. 14,34; 2Mac. 14,36; 2Mac. 14,43; 2Mac. 15,21; 2Mac. 15,22; 2Mac. 15,23; 2Mac. 15,30; 2Mac. 15,30; 2Mac. 15,34; 3Mac. 1,9; 3Mac. 1,9; 3Mac. 1,10; 3Mac. 1,13; 3Mac. 1,20; 3Mac. 1,21; 3Mac. 1,27;

3Mac. 2,9; 3Mac. 2,10; 3Mac. 2,24; 3Mac. 2,25; 3Mac. 2,26; 3Mac. 2,28; 3Mac. 2,28; 3Mac. 2,29; 3Mac. 2,29; 3Mac. 3,2; 3Mac. 3,2; 3Mac. 3,14; 3Mac. 3,16; 3Mac. 3,17; 3Mac. 3,19; 3Mac. 3,20; 3Mac. 3,22; 3Mac. 3,25; 3Mac. 3,26; 3Mac. 3,29; 3Mac. 4,7; 3Mac. 4,11; 3Mac. 4,11; 3Mac. 4,14; 3Mac. 4,16; 3Mac. 4,19; 3Mac. 5,9; 3Mac. 5,11; 3Mac. 5,16; 3Mac. 5,17; 3Mac. 5,17; 3Mac. 5,20; 3Mac. 5,21; 3Mac. 5,22; 3Mac. 5,22; 3Mac. 5,25; 3Mac. 5,36; 3Mac. 5,38; 3Mac. 5,42; 3Mac. 5,43; 3Mac. 5,45; 3Mac. 5,46; 3Mac. 5,49; 3Mac. 6,6; 3Mac. 6,7; 3Mac. 6,17; 3Mac. 6,22; 3Mac. 6,23; 3Mac. 6,27; 3Mac. 6,30; 3Mac. 6,31; 3Mac. 6,33; 3Mac. 6,34; 3Mac. 6,36; 3Mac. 6,37; 3Mac. 7,3; 3Mac. 7,8; 3Mac. 7,17; 3Mac. 7,18; 3Mac. 7,20; 3Mac. 7,23; 4Mac. 1,2; 4Mac. 1,12; 4Mac. 3,20; 4Mac. 4,4; 4Mac. 4,5; 4Mac. 4,8; 4Mac. 4,11; 4Mac. 6,6; 4Mac. 6,7; 4Mac. 6,8; 4Mac. 6,25; 4Mac. 7,9; 4Mac. 8,12; 4Mac. 9,22; 4Mac. 11,12; 4Mac. 11,15; 4Mac. 11,20; 4Mac. 12,1; 4Mac. 12,12; 4Mac. 12,14; 4Mac. 14,14; 4Mac. 15,3; 4Mac. 15,4; 4Mac. 15,7; 4Mac. 15,11; 4Mac. 15,18; 4Mac. 16,13; 4Mac. 16,21; 4Mac. 16,21; 4Mac. 17,8; 4Mac. 17,10; 4Mac. 17,23; 4Mac. 17,24; 4Mac. 18,23; 4Mac. 18,24; Psa. 4,8; Psa. 5,8; Psa. 5,12; Psa. 7,6; Psa. 7,6; Psa. 7,8; Psa. 7,16; Psa. 7,17; Psa. 9,4; Psa. 9,6; Psa. 9,6; Psa. 9,7; Psa. 9,8; Psa. 9,18; Psa. 9,19; Psa. 9,19; Psa. 9,27; Psa. 9,29; Psa. 9,32; Psa. 9,35; Psa. 9,37; Psa. 9,37; Psa. 10,2; Psa. 10,4; Psa. 11,8; Psa. 12,2; Psa. 12,4; Psa. 14,5; Psa. 15,10; Psa. 15,11; Psa. 16,12; Psa. 17,7; Psa. 17,20; Psa. 17,35; Psa. 17,36; Psa. 17,40; Psa. 17,44; Psa. 17,45; Psa. 18,5; Psa. 18,5; Psa. 18,10; Psa. 18,15; Psa. 20,5; Psa. 20,7; Psa. 20,10; Psa. 20,12; Psa. 21,3; Psa. 21,16; Psa. 21,20; Psa. 21,27; Psa. 21,30; Psa. 22,2; Psa. 22,6; Psa. 23,3; Psa. 26,12; Psa. 27,1; Psa. 27,5; Psa. 27,5; Psa. 28,10; Psa. 29,4; Psa. 29,6; Psa. 29,7; Psa. 29,10; Psa. 29,12; Psa. 29,13; Psa. 30,2; Psa. 30,3; Psa. 30,3; Psa. 30,6; Psa. 30,9; Psa. 30,18; Psa. 31,4; Psa. 32,11; Psa. 32,11; Psa. 32,12; Psa. 32,15; Psa. 32,17; Psa. 33,16; Psa. 34,2; Psa. 34,4; Psa. 34,13; Psa. 34,23; Psa. 36,15; Psa. 36,18; Psa. 36,26; Psa. 36,27; Psa. 36,28; Psa. 36,29; Psa. 36,33; Psa. 37,1; Psa. 37,18; Psa. 37,23; Psa. 39,4; Psa. 39,5; Psa. 39,14; Psa. 39,15; Psa. 40,3; Psa. 40,13; Psa. 40,14; Psa. 41,1; Psa. 41,8; Psa. 42,3; Psa. 42,3; Psa. 43,1; Psa. 43,9; Psa. 43,11; Psa. 43,15; Psa. 43,19; Psa. 43,24; Psa. 43,26; Psa. 43,26; Psa. 44,1; Psa. 44,3; Psa. 44,7; Psa. 44,16; Psa. 44,18; Psa. 44,18; Psa. 47,9; Psa. 47,14; Psa. 47,14; Psa. 47,15; Psa. 47,15; Psa. 47,15; Psa. 48,5; Psa. 48,10; Psa. 48,10; Psa. 48,12; Psa. 48,12; Psa. 49,17; Psa. 51,2; Psa. 51,7; Psa. 51,10; Psa. 51,10; Psa. 51,11; Psa. 54,16; Psa. 54,23; Psa. 54,24; Psa. 55,1; Psa. 55,6; Psa. 55,10; Psa. 56,1; Psa. 56,1; Psa. 56,4; Psa. 56,7; Psa. 57,1; Psa. 58,1; Psa. 58,5; Psa. 58,7; Psa. 58,15; Psa. 59,1; Psa. 59,1; Psa. 59,11; Psa. 60,5; Psa. 60,8; Psa. 60,9; Psa. 62,7; Psa. 62,10; Psa. 62,11; Psa. 65,6; Psa. 65,9; Psa. 65,9; Psa. 65,11; Psa. 65,12; Psa. 65,13; Psa. 67,17; Psa. 67,19; Psa. 68,3; Psa. 68,3; Psa. 68,11; Psa. 68,12; Psa. 68,13; Psa. 68,22; Psa. 68,22; Psa. 68,23; Psa. 68,23; Psa. 68,23; Psa. 69,1; Psa. 69,2; Psa. 69,2; Psa. 69,3; Psa. 70,1; Psa. 70,3; Psa. 70,3; Psa. 70,9; Psa. 70,12; Psa. 71,17; Psa. 71,19; Psa. 71,19; Psa. 72,7; Psa. 72,8; Psa. 72,9; Psa. 72,12; Psa. 72,14; Psa. 72,17; Psa. 72,17; Psa. 72,19; Psa. 72,26; Psa. 73,1; Psa. 73,3; Psa. 73,5; Psa. 73,7; Psa. 73,10; Psa. 73,11; Psa. 73,19; Psa. 73,20; Psa. 74,6; Psa. 74,9; Psa. 74,10; Psa. 75,10; Psa. 76,8; Psa. 76,9; Psa. 76,9; Psa. 77,1; Psa. 77,4; Psa. 77,25; Psa. 77,28; Psa. 77,44; Psa. 77,45; Psa. 77,48; Psa. 77,49; Psa. 77,50; Psa. 77,54; Psa. 77,57; Psa. 77,61; Psa. 77,61; Psa. 77,62; Psa. 77,66; Psa. 77,69; Psa. 78,1; Psa. 78,1; Psa. 78,5; Psa. 78,12; Psa. 78,13; Psa. 78,13; Psa. 79,3; Psa. 79,7; Psa. 80,16; Psa. 82,9; Psa. 82,18; Psa. 83,3; Psa. 83,5; Psa. 83,7; Psa. 83,8; Psa. 84,6; Psa. 84,6; Psa. 84,14; Psa. 85,12; Psa. 85,17; Psa. 87,1; Psa. 87,3; Psa. 87,5; Psa. 88,2; Psa. 88,2; Psa. 88,5; Psa. 88,29; Psa. 88,30; Psa. 88,37; Psa. 88,38; Psa. 88,40; Psa. 88,45; Psa. 88,47; Psa. 88,53; Psa. 89,3; Psa. 89,8; Psa. 91,1; Psa. 91,8; Psa. 91,9; Psa. 92,5; Psa. 93,15; Psa. 93,22; Psa. 93,22; Psa. 94,11; Psa. 95,8; Psa. 98,9; Psa. 99,1; Psa. 99,4; Psa. 99,4; Psa. 99,5; Psa. 100,8; Psa. 101,13; Psa. 101,13; Psa. 101,19; Psa. 101,29; Psa. 102,9; Psa. 102,9; Psa. 103,5; Psa. 103,8; Psa. 103,11; Psa. 103,19; Psa. 103,29; Psa. 103,31; Psa. 104,8; Psa. 104,8; Psa. 104,10; Psa. 104,13; Psa. 104,13; Psa. 104,17; Psa. 104,23; Psa. 104,29; Psa. 104,39; Psa. 105,1; Psa. 105,15; Psa. 105,31; Psa. 105,31; Psa. 105,36; Psa. 105,41; Psa. 105,46; Psa. 106,1; Psa. 106,7; Psa. 106,7; Psa. 106,23; Psa. 106,29; Psa. 106,33; Psa. 106,33; Psa. 106,34; Psa. 106,35; Psa. 106,35; Psa. 107,11; Psa. 108,7; Psa. 108,13; Psa. 108,18; Psa. 109,4; Psa. 110,2; Psa. 110,3; Psa. 110,5; Psa. 110,8; Psa. 110,9; Psa. 110,10; Psa. 111,3; Psa. 111,6; Psa. 111,6; Psa. 111,9; Psa. 113,3; Psa. 113,5; Psa. 113,8; Psa. 113,8; Psa. 113,25; Psa. 114,7; Psa. 116,2; Psa. 117,1; Psa. 117,2; Psa. 117,3; Psa. 117,4; Psa. 117,5; Psa. 117,14; Psa. 117,21; Psa. 117,22; Psa. 117,28; Psa. 117,29; Psa. 118,36; Psa. 118,36; Psa. 118,38; Psa. 118,44; Psa. 118,44; Psa. 118,59; Psa. 118,74; Psa. 118,78; Psa. 118,81; Psa. 118,81; Psa. 118,82; Psa. 118,90; Psa. 118,93; Psa. 118,98; Psa. 118,111; Psa. 118,112; Psa. 118,114; Psa. 118,122; Psa. 118,123; Psa. 118,123; Psa. 118,142; Psa. 118,144; Psa. 118,147; Psa. 118,152; Psa. 118,160; Psa. 120,1; Psa. 120,3; Psa. 121,5; Psa. 121,6; Psa. 122,2; Psa. 122,2; Psa. 123,6; Psa. 124,1; Psa. 124,5; Psa. 128,5; Psa. 129,2; Psa. 129,5; Psa. 131,3; Psa. 131,7; Psa. 131,7; Psa. 131,8; Psa. 131,13; Psa. 131,14; Psa. 133,2; Psa. 134,4; Psa. 134,7; Psa. 134,13; Psa. 134,13; Psa. 135,1; Psa. 135,2; Psa. 135,3; Psa. 135,4; Psa. 135,5; Psa. 135,6; Psa. 135,7; Psa. 135,8; Psa. 135,8; Psa. 135,9; Psa. 135,9; Psa. 135,10; Psa. 135,11; Psa. 135,12; Psa. 135,13; Psa. 135,13; Psa. 135,14; Psa. 135,15; Psa. 135,15; Psa. 135,16; Psa. 135,16; Psa. 135,17; Psa. 135,18; Psa. 135,19; Psa. 135,20; Psa. 135,21; Psa. 135,22; Psa. 135,23; Psa. 135,24; Psa. 135,25; Psa. 135,26; Psa. 135,26; Psa. 137,8; Psa. 138,8; Psa. 138,8; Psa. 138,9; Psa. 138,20; Psa. 138,20; Psa. 138,22; Psa. 139,12; Psa. 140,4; Psa. 141,5; Psa. 142,2; Psa. 142,3; Psa. 142,7; Psa. 143,1; Psa. 143,1; Psa. 143,13; Psa. 144,1; Psa. 144,1; Psa. 144,2; Psa. 144,2; Psa. 144,15; Psa. 144,21; Psa. 144,21; Psa. 145,4; Psa. 145,6; Psa. 145,10; Psa. 145,10; Psa. 148,6; Psa. 148,6; Psa. 151,1; Psa. 151,6; Ode. 1,1; Ode. 1,2; Ode. 1,4; Ode. 1,5; Ode. 1,13; Ode. 1,17; Ode. 1,17; Ode. 1,19; Ode. 2,23; Ode. 2,23; Ode. 2,24; Ode. 2,29; Ode. 2,40; Ode. 2,40; Ode. 3,6; Ode. 3,10; Ode. 4,11; Ode. 4,11; Ode. 4,13; Ode. 4,13; Ode. 4,15; Ode. 4,16; Ode. 4,16; Ode. 4,19; Ode. 5,20; Ode. 6,4; Ode. 6,6; Ode. 6,7; Ode. 6,8; Ode. 6,10; Ode. 7,26; Ode. 7,32; Ode. 7,34; Ode. 8,52; Ode. 8,52; Ode. 8,53; Ode. 8,54; Ode. 8,55; Ode. 8,56; Ode. 8,57; Ode. 8,58; Ode. 8,59; Ode. 8,60; Ode. 8,61; Ode. 8,62; Ode. 8,63; Ode. 8,64; Ode. 8,65; Ode. 8,66; Ode. 8,67; Ode. 8,68; Ode. 8,69; Ode. 8,70; Ode. 8,71; Ode. 8,72; Ode. 8,73; Ode. 8,74; Ode. 8,75; Ode. 8,76; Ode. 8,77; Ode. 8,78; Ode. 8,79; Ode. 8,80; Ode. 8,81; Ode. 8,82; Ode. 8,83; Ode. 8,84; Ode. 8,85; Ode. 8,86; Ode. 8,87; Ode. 8,88; Ode. 9,50; Ode. 9,79; Ode. 10,5; Ode. 10,5; Ode. 10,6; Ode. 10,6; Ode. 10,6; Ode. 10,9; Ode. 11,14; Ode. 12,10; Ode. 12,13; Ode. 12,15; Ode. 13,32; Ode. 14,28; Ode. 14,30; Ode. 14,31; Ode. 14,35; Prov. 1,7; Prov. 1,11; Prov. 1,16; Prov. 2,2; Prov. 2,10; Prov. 3,30; Prov. 4,4; Prov. 4,13; Prov. 4,27; Prov. 4,27; Prov. 5,5; Prov. 5,10; Prov. 5,16; Prov. 5,21; Prov. 6,3; Prov. 6,33; Prov. 7,6; Prov. 7,15; Prov. 7,20; Prov. 7,23; Prov. 7,23; Prov. 7,25; Prov. 7,27; Prov. 8,22; Prov. 8,36; Prov. 9,2; Prov. 10,25; Prov. 11,19; Prov. 11,19; Prov. 11,26; Prov. 12,13; Prov. 12,24; Prov. 12,28; Prov. 13,12; Prov. 13,17; Prov. 14,12; Prov. 14,13; Prov. 14,15; Prov. 16,9; Prov. 16,25; Prov. 16,33; Prov. 17,16a;

εἰς (1st homograph)

Prov. 17,17; Prov. 17,20; Prov. 18,3; Prov. 18,6; Prov. 19,18; Prov. 19,21; Prov. 19,23; Prov. 19,24; Prov. 20,2; Prov. 20,30; Prov. 21,17; Prov. 21,31; Prov. 22,14; Prov. 22,18; Prov. 22,20; Prov. 22,26; Prov. 23,5; Prov. 23,9; Prov. 23,10; Prov. 23,12; Prov. 23,31; Prov. 24,11; Prov. 25,8; Prov. 25,9; Prov. 25,12; Prov. 25,12; Prov. 26,13; Prov. 26,18; Prov. 26,21; Prov. 26,22; Prov. 26,27; Prov. 27,10; Prov. 27,24; Prov. 27,26; Prov. 27,27; Prov. 27,27; Prov. 28,10; Prov. 28,10; Prov. 29,14; Prov. 30,4; Prov. 30,10; Prov. 24,24; Prov. 24,27; Prov. 24,27; Prov. 30,32; Prov. 31,3; Prov. 31,17; Prov. 31,19; Eccl. 1,4; Eccl. 1,5; Eccl. 1,7; Eccl. 1,7; Eccl. 1,11; Eccl. 2,3; Eccl. 2,16; Eccl. 3,14; Eccl. 3,20; Eccl. 3,20; Eccl. 3,21; Eccl. 4,17; Eccl. 5,12; Eccl. 5,15; Eccl. 6,6; Eccl. 6,7; Eccl. 7,2; Eccl. 7,2; Eccl. 7,2; Eccl. 7,21; Eccl. 8,9; Eccl. 8,10; Eccl. 9,1; Eccl. 9,6; Eccl. 9,12; Eccl. 10,2; Eccl. 10,2; Eccl. 10,15; Eccl. 10,19; Eccl. 11,6; Eccl. 12,4; Eccl. 12,5; Song 1,4; Song 1,4; Song 2,4; Song 3,4; Song 3,4; Song 4,4; Song 4,16; Song 5,1; Song 6,2; Song 6,2; Song 7,10; Song 7,12; Song 7,13; Song 8,2; Song 8,2; Job 1,11; Job 2,5; Job 2,9b; Job 2,9e; Job 3,4; Job 3,6; Job 3,6; Job 3,9; Job 5,11; Job 6,9; Job 6,28; Job 7,9; Job 7,10; Job 7,16; Job 7,17; Job 7,18; Job 7,21; Job 9,24; Job 9,32; Job 10,9; Job 10,16; Job 10,19; Job 10,21; Job 10,22; Job 11,7; Job 12,4; Job 12,5; Job 12,22; Job 13,5; Job 13,16; Job 13,27; Job 14,5; Job 14,20; Job 15,8; Job 15,22; Job 15,23; Job 15,23; Job 15,28; Job 16,8; Job 16,10; Job 16,11; Job 16,13; Job 16,13; Job 17,12; Job 17,16; Job 18,18; Job 19,18; Job 19,23; Job 20,6; Job 20,7; Job 20,18; Job 20,28; Job 21,5; Job 21,30; Job 21,30; Job 21,32; Job 22,4; Job 22,26; Job 23,3; Job 23,7; Job 23,8; Job 24,5; Job 24,14; Job 24,25; Job 27,14; Job 28,11; Job 30,31; Job 30,31; Job 31,5; Job 33,22; Job 33,24; Job 33,28; Job 34,15; Job 35,5; Job 36,7; Job 36,7; Job 36,27; Job 37,12; Job 37,13; Job 37,13; Job 37,13; Job 37,18; Job 38,20; Job 38,23; Job 38,23; Job 38,24; Job 38,37; Job 39,14; Job 39,16; Job 39,21; Job 40,13; Job 40,23; Job 41,5; Job 41,24; Job 42,10; Wis. 1,4; Wis. 1,9; Wis. 1,14; Wis. 2,14; Wis. 2,16; Wis. 2,24; Wis. 3,8; Wis. 3,17; Wis. 4,3; Wis. 4,5; Wis. 4,5; Wis. 4,17; Wis. 4,19; Wis. 4,19; Wis. 5,4; Wis. 5,4; Wis. 5,12; Wis. 5,15; Wis. 5,17; Wis. 5,20; Wis. 6,21; Wis. 6,22; Wis. 7,6; Wis. 7,25; Wis. 7,27; Wis. 8,16; Wis. 8,18; Wis. 8,20; Wis. 9,6; Wis. 10,14; Wis. 10,16; Wis. 10,17; Wis. 10,17; Wis. 11,7; Wis. 11,15; Wis. 11,23; Wis. 12,10; Wis. 12,12; Wis. 12,25; Wis. 13,11; Wis. 13,12; Wis. 13,13; Wis. 14,11; Wis. 14,11; Wis. 14,11; Wis. 14,13; Wis. 14,14; Wis. 14,18; Wis. 14,21; Wis. 15,5; Wis. 15,15; Wis. 15,15; Wis. 15,15; Wis. 16,2; Wis. 16,6; Wis. 16,6; Wis. 16,11; Wis. 16,11; Wis. 16,13; Wis. 16,24; Wis. 16,24; Wis. 16,25; Wis. 17,15; Wis. 18,5; Wis. 18,15; Wis. 19,12; Wis. 19,19; Sir. 1,12 Prol.; Sir. 1,22 Prol.; Sir. 1,28 Prol.; Sir. 1,1; Sir. 2,1; Sir. 2,9; Sir. 2,9; Sir. 2,10; Sir. 2,18; Sir. 2,18; Sir. 3,31; Sir. 4,19; Sir. 4,22; Sir. 4,31; Sir. 6,9; Sir. 6,24; Sir. 6,24; Sir. 6,28; Sir. 6,29; Sir. 6,29; Sir. 7,7; Sir. 7,13; Sir. 7,36; Sir. 8,1; Sir. 9,3; Sir. 9,9; Sir. 10,4; Sir. 10,8; Sir. 10,13; Sir. 10,29; Sir. 11,6; Sir. 11,12; Sir. 11,17; Sir. 11,29; Sir. 11,31; Sir. 11,32; Sir. 11,33; Sir. 12,3; Sir. 12,10; Sir. 12,11; Sir. 12,16; Sir. 13,25; Sir. 13,25; Sir. 14,15; Sir. 16,19; Sir. 16,27; Sir. 16,27; Sir. 16,29; Sir. 16,30; Sir. 17,1; Sir. 17,23; Sir. 18,1; Sir. 19,4; Sir. 20,9; Sir. 21,8; Sir. 21,22; Sir. 21,23; Sir. 22,4; Sir. 22,16; Sir. 23,19; Sir. 23,23; Sir. 23,24; Sir. 23,25; Sir. 23,26; Sir. 24,30; Sir. 24,31; Sir. 24,31; Sir. 24,33; Sir. 25,9; Sir. 26,11; Sir. 26,28; Sir. 27,12; Sir. 27,12; Sir. 27,25; Sir. 27,26; Sir. 27,27; Sir. 28,12; Sir. 28,14; Sir. 28,23; Sir. 29,2; Sir. 29,10; Sir. 29,19; Sir. 29,19; Sir. 29,24; Sir. 29,25; Sir. 30,14; Sir. 30,21; Sir. 31,6; Sir. 31,10; Sir. 31,27; Sir. 31,30; Sir. 32,11; Sir. 33,6; Sir. 33,9; Sir. 33,15; Sir. 33,22; Sir. 33,28; Sir. 33,29; Sir. 34,6; Sir. 34,18; Sir. 36,26; Sir. 37,2; Sir. 37,7; Sir. 37,26; Sir. 38,5; Sir. 38,15; Sir. 38,20; Sir. 38,26; Sir. 38,27; Sir. 38,28; Sir. 38,31; Sir. 38,33; Sir. 39,9; Sir. 39,16; Sir. 39,20; Sir. 39,21; Sir. 39,23; Sir. 39,26; Sir. 39,27; Sir. 39,27; Sir. 39,28; Sir. 39,29; Sir. 39,30; Sir. 39,31; Sir. 40,1; Sir. 40,7; Sir. 40,11; Sir. 40,11; Sir. 40,12; Sir. 40,14; Sir. 40,17; Sir. 40,23; Sir. 40,24; Sir. 40,29; Sir. 41,9; Sir. 41,9; Sir. 41,10; Sir. 41,10; Sir. 41,13; Sir. 42,14; Sir. 42,18; Sir. 42,21; Sir. 42,23; Sir. 43,6; Sir. 44,14; Sir. 45,5; Sir. 45,9; Sir. 45,11; Sir. 45,15; Sir. 45,16; Sir. 45,23; Sir. 45,24; Sir. 45,26; Sir. 46,8; Sir. 46,8; Sir. 47,11; Sir. 47,13; Sir. 47,16; Sir. 48,6; Sir. 48,8; Sir. 48,10; Sir. 48,17; Sir. 48,17; Sir. 49,1; Sir. 49,12; Sir. 50,15; Sir. 50,16; Sir. 51,3; Sir. 51,7; Sir. 51,20; Sol. 1,1; Sol. 1,4; Sol. 2,5; Sol. 2,7; Sol. 2,11; Sol. 2,24; Sol. 2,25; Sol. 2,31; Sol. 2,31; Sol. 2,34; Sol. 2,37; Sol. 3,11; Sol. 3,12; Sol. 3,12; Sol. 4,5; Sol. 4,10; Sol. 4,17; Sol. 4,18; Sol. 5,5; Sol. 5,9; Sol. 5,17; Sol. 7,8; Sol. 7,10; Sol. 8,0; Sol. 8,4; Sol. 8,14; Sol. 8,18; Sol. 8,26; Sol. 8,33; Sol. 8,34; Sol. 9,0; Sol. 9,1; Sol. 9,9; Sol. 9,11; Sol. 10,2; Sol. 10,5; Sol. 10,7; Sol. 10,8; Sol. 11,0; Sol. 11,4; Sol. 11,7; Sol. 11,9; Sol. 12,6; Sol. 13,11; Sol. 13,11; Sol. 14,2; Sol. 14,3; Sol. 14,4; Sol. 15,1; Sol. 15,4; Sol. 15,6; Sol. 15,12; Sol. 15,13; Sol. 16,0; Sol. 16,2; Sol. 16,3; Sol. 16,5; Sol. 16,5; Sol. 16,11; Sol. 17,1; Sol. 17,3; Sol. 17,3; Sol. 17,4; Sol. 17,12; Sol. 17,18; Sol. 17,21; Sol. 17,33; Sol. 17,33; Sol. 17,35; Sol. 17,46; Sol. 18,1; Sol. 18,2; Sol. 18,5; Sol. 18,5; Sol. 18,10; Sol. 18,10; Hos. 2,14; Hos. 2,16; Hos. 2,21; Hos. 4,7; Hos. 4,15; Hos. 4,15; Hos. 5,5; Hos. 5,9; Hos. 5,15; Hos. 7,4; Hos. 7,10; Hos. 7,11; Hos. 7,13; Hos. 7,15; Hos. 7,16; Hos. 8,9; Hos. 8,11; Hos. 8,12; Hos. 8,13; Hos. 8,14; Hos. 9,3; Hos. 9,4; Hos. 9,10; Hos. 9,13; Hos. 9,13; Hos. 9,15; Hos. 10,6; Hos. 10,12; Hos. 10,12; Hos. 11,9; Hos. 11,11; Hos. 12,2; Hos. 12,13; Hos. 13,6; Amos 1,4; Amos 1,6; Amos 1,9; Amos 1,11; Amos 1,11; Amos 1,12; Amos 2,1; Amos 2,7; Amos 2,11; Amos 2,11; Amos 4,2; Amos 4,3; Amos 4,4; Amos 4,4; Amos 4,4; Amos 4,4; Amos 4,8; Amos 4,10; Amos 4,13; Amos 5,5; Amos 5,7; Amos 5,7; Amos 5,8; Amos 5,8; Amos 5,16; Amos 5,16; Amos 5,19; Amos 6,2; Amos 6,2; Amos 6,3; Amos 6,12; Amos 6,12; Amos 6,14; Amos 7,12; Amos 7,13; Amos 8,4; Amos 8,7; Amos 8,10; Amos 8,10; Amos 9,1; Amos 9,2; Amos 9,2; Amos 9,3; Amos 9,3; Amos 9,4; Amos 9,4; Amos 9,6; Amos 9,8; Mic. 1,2; Mic. 1,6; Mic. 1,6; Mic. 1,6; Mic. 1,7; Mic. 1,12; Mic. 1,14; Mic. 2,8; Mic. 2,11; Mic. 3,3; Mic. 3,3; Mic. 3,5; Mic. 4,2; Mic. 4,2; Mic. 4,3; Mic. 4,3; Mic. 4,3; Mic. 4,5; Mic. 4,7; Mic. 4,7; Mic. 4,7; Mic. 5,1; Mic. 6,14; Mic. 6,16; Mic. 6,16; Mic. 7,2; Mic. 7,9; Mic. 7,10; Mic. 7,12; Mic. 7,12; Mic. 7,12; Mic. 7,13; Mic. 7,18; Mic. 7,19; Joel 1,3; Joel 1,5; Joel 1,7; Joel 1,7; Joel 1,14; Joel 1,15; Joel 2,2; Joel 2,5; Joel 2,17; Joel 2,19; Joel 2,20; Joel 2,20; Joel 2,20; Joel 2,23; Joel 2,25; Joel 2,26; Joel 2,26; Joel 2,27; Joel 3,4; Joel 3,4; Joel 4,2; Joel 4,4; Joel 4,5; Joel 4,7; Joel 4,8; Joel 4,8; Joel 4,8; Joel 4,10; Joel 4,10; Joel 4,12; Joel 4,19; Joel 4,19; Joel 4,20; Joel 4,20; Obad. 1; Obad. 1; Obad. 10; Obad. 10; Obad. 11; Obad. 13; Obad. 15; Obad. 18; Obad. 18; Jonah 1,2; Jonah 1,3; Jonah 1,3; Jonah 1,3; Jonah 1,3; Jonah 1,3; Jonah 1,4; Jonah 1,5; Jonah 1,5; Jonah 1,12; Jonah 1,15; Jonah 2,4; Jonah 2,6; Jonah 2,7; Jonah 2,8; Jonah 3,2; Jonah 3,3; Jonah 3,4; Jonah 4,2; Nah. 2,1; Nah. 2,2; Nah. 3,6; Nah. 3,10; Nah. 3,12; Nah. 3,14; Hab. 1,4; Hab. 1,8; Hab. 1,9; Hab. 1,10; Hab. 1,12; Hab. 2,3; Hab. 2,3; Hab. 2,3; Hab. 2,6; Hab. 2,7; Hab. 2,9; Hab. 3,11; Hab. 3,11; Hab. 3,13; Hab. 3,13; Hab. 3,15; Hab. 3,16; Hab. 3,16; Hab. 3,19; Zeph. 1,13; Zeph. 1,13; Zeph. 2,4; Zeph. 2,9; Zeph. 2,13; Zeph. 2,15; Zeph. 3,3; Zeph. 3,5; Zeph. 3,5; Zeph. 3,8; Zeph. 3,8; Zeph. 3,8; Zeph. 3,9; Zeph. 3,11; Zeph. 3,19; Zeph. 3,20; Hag. 1,5; Hag. 1,6; Hag. 1,6; Hag. 1,6; Hag. 1,7; Hag. 1,9; Hag. 1,9; Hag. 1,9; Hag. 2,9; Hag. 2,15; Hag. 2,16; Hag. 2,16; Zech. 1,15; Zech. 2,4; Zech. 2,7; Zech. 2,9; Zech. 2,11; Zech. 2,15; Zech. 4,10; Zech. 5,4; Zech. 5,4; Zech. 5,8; Zech. 6,10; Zech. 6,14; Zech. 6,14; Zech. 7,2; Zech. 7,14; Zech. 7,14; Zech. 8,8; Zech. 8,8; Zech. 8,10;

Zech. 8,19; Zech. 8,19; Zech. 8,19; Zech. 8,21; Zech. 9,4; Zech. 9,17; Zech. 10,10; Zech. 10,10; Zech. 11,6; Zech. 11,6; Zech. 11,7; Zech. 11,13; Zech. 11,13; Zech. 11,13; Zech. 14,2; Zech. 14,8; Zech. 14,8; Zech. 14,9; Zech. 14,14; Zech. 14,17; Mal. 1,3; Mal. 1,3; Mal. 1,8; Mal. 2,2; Mal. 2,2; Mal. 2,3; Mal. 2,9; Mal. 2,11; Mal. 2,13; Mal. 3,1; Mal. 3,10; Mal. 3,11; Mal. 3,17; Mal. 3,17; Is. 1,5; Is. 1,5; Is. 1,14; Is. 1,25; Is. 2,3; Is. 2,3; Is. 2,4; Is. 2,4; Is. 2,10; Is. 2,10; Is. 2,19; Is. 2,19; Is. 2,19; Is. 2,21; Is. 2,21; Is. 3,13; Is. 3,13; Is. 3,14; Is. 3,26; Is. 4,3; Is. 4,6; Is. 5,5; Is. 5,5; Is. 5,6; Is. 5,6; Is. 5,6; Is. 5,9; Is. 5,9; Is. 5,30; Is. 6,13; Is. 7,2; Is. 7,3; Is. 7,6; Is. 7,11; Is. 7,11; Is. 7,19; Is. 7,19; Is. 7,23; Is. 7,23; Is. 7,25; Is. 7,25; Is. 8,1; Is. 8,14; Is. 8,18; Is. 8,20; Is. 8,21; Is. 8,22; Is. 9,6; Is. 9,19; Is. 10,2; Is. 10,2; Is. 10,4; Is. 10,6; Is. 10,6; Is. 10,16; Is. 10,16; Is. 10,17; Is. 10,26; Is. 10,28; Is. 10,28; Is. 10,29; Is. 11,12; Is. 12,2; Is. 13,14; Is. 13,14; Is. 13,20; Is. 13,20; Is. 14,2; Is. 14,2; Is. 14,11; Is. 14,12; Is. 14,15; Is. 14,15; Is. 14,19; Is. 14,20; Is. 14,23; Is. 14,23; Is. 14,25; Is. 16,10; Is. 16,12; Is. 16,12; Is. 17,1; Is. 17,2; Is. 17,2; Is. 17,7; Is. 17,11; Is. 18,7; Is. 18,7; Is. 19,1; Is. 19,4; Is. 19,8; Is. 19,17; Is. 19,20; Is. 19,20; Is. 19,23; Is. 20,1; Is. 20,6; Is. 20,6; Is. 21,4; Is. 21,8; Is. 21,9; Is. 21,14; Is. 22,1; Is. 22,8; Is. 22,9; Is. 22,10; Is. 22,11; Is. 22,15; Is. 22,18; Is. 22,18; Is. 22,18; Is. 22,21; Is. 22,23; Is. 23,6; Is. 23,12; Is. 23,13; Is. 23,17; Is. 23,18; Is. 24,18; Is. 24,22; Is. 24,22; Is. 25,2; Is. 25,2; Is. 26,20; Is. 27,10; Is. 28,4; Is. 28,13; Is. 28,16; Is. 28,16; Is. 28,17; Is. 28,17; Is. 28,18; Is. 28,28; Is. 29,4; Is. 29,4; Is. 29,8; Is. 29,12; Is. 29,17; Is. 30,2; Is. 30,3; Is. 30,5; Is. 30,5; Is. 30,5; Is. 30,6; Is. 30,6; Is. 30,8; Is. 30,8; Is. 30,8; Is. 30,29; Is. 30,29; Is. 31,1; Is. 31,8; Is. 32,15; Is. 33,2; Is. 33,20; Is. 33,23; Is. 34,2; Is. 34,9; Is. 34,9; Is. 34,10; Is. 34,10; Is. 34,10; Is. 34,12; Is. 34,13; Is. 34,13; Is. 34,17; Is. 34,17; Is. 35,7; Is. 35,7; Is. 35,10; Is. 36,2; Is. 36,6; Is. 36,9; Is. 36,9; Is. 36,11; Is. 36,17; Is. 37,1; Is. 37,7; Is. 37,7; Is. 37,10; Is. 37,19; Is. 37,23; Is. 37,23; Is. 37,24; Is. 37,24; Is. 37,24; Is. 37,29; Is. 37,29; Is. 37,33; Is. 37,38; Is. 38,14; Is. 38,22; Is. 39,6; Is. 40,2; Is. 40,4; Is. 40,4; Is. 40,8; Is. 40,16; Is. 40,16; Is. 40,17; Is. 40,23; Is. 40,24; Is. 40,26; Is. 41,2; Is. 41,4; Is. 41,12; Is. 41,18; Is. 41,19; Is. 41,27; Is. 42,3; Is. 42,6; Is. 42,6; Is. 42,10; Is. 42,15; Is. 42,16; Is. 42,16; Is. 42,17; Is. 42,22; Is. 42,23; Is. 42,24; Is. 43,14; Is. 43,27; Is. 43,28; Is. 44,7; Is. 44,15; Is. 44,15; Is. 44,17; Is. 44,19; Is. 44,25; Is. 45,18; Is. 46,1; Is. 46,13; Is. 47,1; Is. 47,5; Is. 47,6; Is. 47,11; Is. 48,12; Is. 49,4; Is. 49,4; Is. 49,6; Is. 49,6; Is. 49,8; Is. 49,8; Is. 49,11; Is. 49,11; Is. 49,20; Is. 49,22; Is. 49,22; Is. 50,6; Is. 50,6; Is. 51,1; Is. 51,1; Is. 51,2; Is. 51,2; Is. 51,4; Is. 51,5; Is. 51,5; Is. 51,6; Is. 51,6; Is. 51,6; Is. 51,8; Is. 51,8; Is. 51,11; Is. 51,16; Is. 51,23; Is. 52,4; Is. 53,8; Is. 53,12; Is. 54,3; Is. 54,3; Is. 54,16; Is. 54,16; Is. 54,17; Is. 55,2; Is. 55,10; Is. 55,13; Is. 55,13; Is. 56,6; Is. 56,7; Is. 57,11; Is. 57,11; Is. 57,16; Is. 58,4; Is. 58,7; Is. 59,6; Is. 59,21; Is. 59,21; Is. 60,5; Is. 60,19; Is. 60,21; Is. 60,22; Is. 60,22; Is. 61,3; Is. 61,4; Is. 62,10; Is. 63,3; Is. 63,6; Is. 63,8; Is. 63,10; Is. 64,9; Is. 65,6; Is. 65,7; Is. 65,10; Is. 65,12; Is. 65,15; Is. 65,23; Is. 65,23; Is. 66,3; Is. 66,12; Is. 66,17; Is. 66,19; Is. 66,19; Is. 66,19; Is. 66,19; Is. 66,20; Is. 66,20; Is. 66,24; Jer. 1,5; Jer. 1,9; Jer. 2,7; Jer. 2,7; Jer. 2,8; Jer. 2,10; Jer. 2,10; Jer. 2,14; Jer. 2,15; Jer. 2,21; Jer. 2,29; Jer. 3,2; Jer. 3,3; Jer. 3,5; Jer. 3,5; Jer. 3,8; Jer. 3,9; Jer. 3,12; Jer. 3,13; Jer. 3,13; Jer. 3,14; Jer. 3,17; Jer. 3,19; Jer. 3,20; Jer. 3,20; Jer. 3,23; Jer. 4,5; Jer. 4,6; Jer. 4,7; Jer. 4,11; Jer. 4,11; Jer. 4,23; Jer. 4,29; Jer. 4,29; Jer. 5,3; Jer. 5,11; Jer. 5,13; Jer. 5,14; Jer. 5,18; Jer. 5,20; Jer. 5,31; Jer. 6,3; Jer. 6,4; Jer. 6,10; Jer. 6,12; Jer. 6,23; Jer. 6,25; Jer. 6,29; Jer. 7,6; Jer. 7,12; Jer. 7,23; Jer. 7,23; Jer. 7,24; Jer. 7,24; Jer. 7,33; Jer. 7,34; Jer. 8,2; Jer. 8,14; Jer. 8,15; Jer. 8,15; Jer. 8,17; Jer. 9,2; Jer. 9,10; Jer. 9,10; Jer. 9,10; Jer. 9,15; Jer. 9,20; Jer. 9,21; Jer. 10,13; Jer. 10,22; Jer. 11,4; Jer. 11,4; Jer. 11,16; Jer. 11,19; Jer. 12,3; Jer. 12,7; Jer. 12,10; Jer. 12,11; Jer. 12,15; Jer. 12,15; Jer. 13,7; Jer. 13,10; Jer. 13,11; Jer. 13,11; Jer. 13,11; Jer. 13,16; Jer. 13,16; Jer. 13,21; Jer. 13,24; Jer. 14,8; Jer. 14,11; Jer. 14,18; Jer. 14,18; Jer. 14,18; Jer. 14,19; Jer. 14,19; Jer. 15,2; Jer. 15,2; Jer. 15,2; Jer. 15,2; Jer. 15,2; Jer. 15,2; Jer. 15,2; Jer. 15,2; Jer. 15,3; Jer. 15,3; Jer. 15,3; Jer. 15,3; Jer. 15,4; Jer. 15,5; Jer. 15,9; Jer. 15,11; Jer. 15,13; Jer. 15,15; Jer. 15,16; Jer. 16,4; Jer. 16,5; Jer. 16,7; Jer. 16,7; Jer. 16,8; Jer. 16,13; Jer. 16,15; Jer. 17,17; Jer. 17,25; Jer. 17,26; Jer. 18,2; Jer. 18,3; Jer. 18,15; Jer. 18,15; Jer. 18,16; Jer. 18,21; Jer. 18,21; Jer. 18,22; Jer. 18,23; Jer. 19,2; Jer. 19,7; Jer. 19,8; Jer. 19,8; Jer. 20,2; Jer. 20,4; Jer. 20,4; Jer. 20,5; Jer. 20,5; Jer. 20,7; Jer. 20,8; Jer. 20,8; Jer. 21,4; Jer. 21,7; Jer. 21,9; Jer. 21,10; Jer. 21,10; Jer. 21,10; Jer. 22,1; Jer. 22,5; Jer. 22,6; Jer. 22,7; Jer. 22,17; Jer. 22,17; Jer. 22,17; Jer. 22,17; Jer. 22,20; Jer. 22,20; Jer. 22,20; Jer. 22,25; Jer. 22,25; Jer. 22,26; Jer. 22,27; Jer. 22,28; Jer. 23,3; Jer. 23,12; Jer. 23,19; Jer. 23,8; Jer. 24,1; Jer. 24,5; Jer. 24,5; Jer. 24,6; Jer. 24,6; Jer. 24,6; Jer. 24,7; Jer. 24,7; Jer. 24,9; Jer. 24,9; Jer. 24,9; Jer. 24,9; Jer. 24,9; Jer. 24,9; Jer. 24,10; Jer. 25,9; Jer. 25,9; Jer. 25,9; Jer. 25,11; Jer. 25,12; Jer. 26,3; Jer. 26,11; Jer. 26,14; Jer. 26,14; Jer. 26,16; Jer. 26,19; Jer. 26,24; Jer. 26,28; Jer. 26,28; Jer. 27,3; Jer. 27,10; Jer. 27,13; Jer. 27,16; Jer. 27,16; Jer. 27,19; Jer. 27,23; Jer. 27,27; Jer. 27,28; Jer. 27,39; Jer. 27,42; Jer. 27,44; Jer. 28,2; Jer. 28,9; Jer. 28,9; Jer. 28,10; Jer. 28,11; Jer. 28,13; Jer. 28,16; Jer. 28,16; Jer. 28,26; Jer. 28,26; Jer. 28,26; Jer. 28,26; Jer. 28,29; Jer. 28,31; Jer. 28,31; Jer. 28,35; Jer. 28,37; Jer. 28,40; Jer. 28,41; Jer. 28,51; Jer. 28,51; Jer. 28,55; Jer. 28,58; Jer. 28,59; Jer. 28,61; Jer. 28,62; Jer. 28,63; Jer. 29,2; Jer. 29,6; Jer. 30,2; Jer. 30,7; Jer. 30,7; Jer. 30,7; Jer. 30,7; Jer. 30,8; Jer. 30,8; Jer. 30,8; Jer. 30,11; Jer. 30,13; Jer. 30,18; Jer. 30,18; Jer. 30,21; Jer. 30,25; Jer. 30,26; Jer. 30,27; Jer. 30,27; Jer. 30,30; Jer. 31,4; Jer. 31,9; Jer. 31,11; Jer. 31,11; Jer. 31,14; Jer. 31,15; Jer. 31,18; Jer. 31,21; Jer. 31,26; Jer. 31,27; Jer. 31,34; Jer. 31,39; Jer. 31,44; Jer. 32,18; Jer. 32,18; Jer. 32,18; Jer. 32,31; Jer. 32,33; Jer. 32,33; Jer. 32,34; Jer. 32,38; Jer. 33,6; Jer. 33,10; Jer. 33,15; Jer. 33,18; Jer. 33,18; Jer. 33,21; Jer. 33,22; Jer. 33,23; Jer. 33,24; Jer. 34,3; Jer. 34,3; Jer. 34,22; Jer. 35,3; Jer. 35,6; Jer. 35,7; Jer. 35,7; Jer. 35,8; Jer. 35,9; Jer. 35,11; Jer. 36,1; Jer. 36,3; Jer. 36,7; Jer. 36,7; Jer. 36,8; Jer. 36,10; Jer. 36,21; Jer. 36,26; Jer. 36,26; Jer. 36,26; Jer. 36,28; Jer. 36,29; Jer. 37,3; Jer. 37,6; Jer. 37,13; Jer. 37,16; Jer. 37,16; Jer. 38,1; Jer. 38,1; Jer. 38,3; Jer. 38,6; Jer. 38,9; Jer. 38,10; Jer. 38,13; Jer. 38,21; Jer. 38,21; Jer. 38,22; Jer. 38,33; Jer. 38,33; Jer. 38,33; Jer. 38,35; Jer. 38,36; Jer. 38,36; Jer. 39,4; Jer. 39,5; Jer. 39,7; Jer. 39,8; Jer. 39,10; Jer. 39,14; Jer. 39,18; Jer. 39,18; Jer. 39,19; Jer. 39,24; Jer. 39,24; Jer. 39,25; Jer. 39,28; Jer. 39,36; Jer. 39,37; Jer. 39,38; Jer. 39,38; Jer. 39,39; Jer. 39,40; Jer. 39,43; Jer. 40,4; Jer. 40,9; Jer. 40,9; Jer. 40,9; Jer. 40,11; Jer. 40,11; Jer. 41,2; Jer. 41,3; Jer. 41,3; Jer. 41,11; Jer. 41,16; Jer. 41,17; Jer. 41,17; Jer. 41,17; Jer. 41,17; Jer. 41,21; Jer. 41,22; Jer. 42,2; Jer. 42,2; Jer. 42,2; Jer. 42,4; Jer. 42,4; Jer. 42,11; Jer. 43,4; Jer. 43,5; Jer. 43,6; Jer. 43,12; Jer. 43,12; Jer. 43,13; Jer. 43,14; Jer. 43,15; Jer. 43,20; Jer. 43,21; Jer. 43,21; Jer. 43,23; Jer. 43,23; Jer. 44,4; Jer. 44,7; Jer. 44,7; Jer. 44,12; Jer. 44,14; Jer. 44,15; Jer. 44,15; Jer. 44,16; Jer. 44,16; Jer. 44,17; Jer. 44,18; Jer. 44,20; Jer. 44,21; Jer. 45,2; Jer. 45,3; Jer. 45,6; Jer. 45,6; Jer. 45,7; Jer. 45,10; Jer. 45,11; Jer. 45,11; Jer. 45,14; Jer. 45,16; Jer. 45,18; Jer. 45,19; Jer. 45,26; Jer. 46,16; Jer. 46,16; Jer. 46,17; Jer. 46,18; Jer. 47,1; Jer. 47,4; Jer. 47,5; Jer. 47,6; Jer. 47,7; Jer. 47,8; Jer. 47,10; Jer. 47,10; Jer. 47,12; Jer. 47,12; Jer. 47,13; Jer. 48,1; Jer. 48,5; Jer. 48,6; Jer. 48,7; Jer. 48,7; Jer. 48,9; Jer. 48,10; Jer. 48,10; Jer. 48,17; Jer. 49,5; Jer. 49,12; Jer. 49,14; Jer. 49,15; Jer. 49,17; Jer. 49,18; Jer. 49,18; Jer. 49,18; Jer. 49,18; Jer. 49,19; Jer. 50,2; Jer. 50,3; Jer. 50,3; Jer. 50,7; Jer. 50,7; Jer. 50,11; Jer. 50,11; Jer. 50,11;

Jer. 50,11; Jer. 50,11; Jer. 50,11; Jer. 51,6; Jer. 51,6; Jer. 51,8; Jer. 51,8; Jer. 51,8; Jer. 51,12; Jer. 51,12; Jer. 51,12; Jer. 51,14; Jer. 51,22; Jer. 51,22; Jer. 51,22; Jer. 51,28; Jer. 51,29; Jer. 51,30; Jer. 51,30; Jer. 51,30; Jer. 51,35; Jer. 52,5; Jer. 52,7; Jer. 52,9; Jer. 52,11; Jer. 52,11; Jer. 52,12; Jer. 52,16; Jer. 52,16; Jer. 52,17; Jer. 52,20; Jer. 52,26; Jer. 52,34; Bar. 1,7; Bar. 1,8; Bar. 1,9; Bar. 1,11; Bar. 1,20; Bar. 2,4; Bar. 2,4; Bar. 2,16; Bar. 2,20; Bar. 2,23; Bar. 2,27; Bar. 2,29; Bar. 2,34; Bar. 2,35; Bar. 2,35; Bar. 3,8; Bar. 3,8; Bar. 3,8; Bar. 3,11; Bar. 3,15; Bar. 3,19; Bar. 3,29; Bar. 3,32; Bar. 4,1; Bar. 4,1; Bar. 4,6; Bar. 4,23; Bar. 4,28; Bar. 4,34; Bar. 4,35; Bar. 5,1; Bar. 5,4; Bar. 5,7; Lam. 1,1a; Lam. 1,2; Lam. 1,5; Lam. 1,7; Lam. 1,8; Lam. 1,10; Lam. 1,10; Lam. 1,13; Lam. 1,17; Lam. 2,1; Lam. 2,2; Lam. 2,9; Lam. 2,10; Lam. 2,10; Lam. 2,11; Lam. 2,12; Lam. 2,19; Lam. 2,21; Lam. 3,2; Lam. 3,12; Lam. 3,21; Lam. 3,26; Lam. 3,31; Lam. 3,56; Lam. 3,57; Lam. 3,60; Lam. 4,2; Lam. 4,3; Lam. 4,10; Lam. 4,17; Lam. 4,17; Lam. 5,6; Lam. 5,15; Lam. 5,19; Lam. 5,19; Lam. 5,20; Lam. 5,20; LetterJ 0; LetterJ 1; LetterJ 2; LetterJ 9; LetterJ 12; LetterJ 23; LetterJ 36; LetterJ 54; LetterJ 67; Ezek. 2,10; Ezek. 3,3; Ezek. 3,10; Ezek. 3,11; Ezek. 3,15; Ezek. 3,20; Ezek. 3,22; Ezek. 3,23; Ezek. 3,26; Ezek. 4,5; Ezek. 4,6; Ezek. 4,7; Ezek. 4,9; Ezek. 4,9; Ezek. 4,14; Ezek. 5,4; Ezek. 5,10; Ezek. 5,12; Ezek. 5,14; Ezek. 5,16; Ezek. 6,14; Ezek. 6,14; Ezek. 7,20; Ezek. 7,20; Ezek. 7,21; Ezek. 7,21; Ezek. 7,22; Ezek. 8,3; Ezek. 8,16; Ezek. 9,1; Ezek. 9,3; Ezek. 9,5; Ezek. 9,6; Ezek. 9,10; Ezek. 10,2; Ezek. 10,4; Ezek. 10,7; Ezek. 10,7; Ezek. 10,11; Ezek. 10,11; Ezek. 11,9; Ezek. 11,11; Ezek. 11,11; Ezek. 11,13; Ezek. 11,15; Ezek. 11,16; Ezek. 11,16; Ezek. 11,16; Ezek. 11,20; Ezek. 11,20; Ezek. 11,21; Ezek. 11,21; Ezek. 11,24; Ezek. 11,24; Ezek. 12,3; Ezek. 12,5; Ezek. 12,13; Ezek. 12,13; Ezek. 12,14; Ezek. 12,20; Ezek. 12,27; Ezek. 12,27; Ezek. 13,9; Ezek. 13,11; Ezek. 13,13; Ezek. 13,20; Ezek. 13,21; Ezek. 14,8; Ezek. 14,8; Ezek. 14,11; Ezek. 14,11; Ezek. 14,15; Ezek. 14,16; Ezek. 15,3; Ezek. 15,4; Ezek. 15,4; Ezek. 15,4; Ezek. 15,5; Ezek. 15,5; Ezek. 15,5; Ezek. 15,6; Ezek. 15,8; Ezek. 16,7; Ezek. 16,19; Ezek. 16,20; Ezek. 16,27; Ezek. 16,36; Ezek. 16,39; Ezek. 16,43; Ezek. 16,56; Ezek. 16,61; Ezek. 17,3; Ezek. 17,4; Ezek. 17,4; Ezek. 17,5; Ezek. 17,6; Ezek. 17,6; Ezek. 17,8; Ezek. 17,8; Ezek. 17,12; Ezek. 17,14; Ezek. 17,15; Ezek. 17,19; Ezek. 17,21; Ezek. 17,23; Ezek. 18,12; Ezek. 18,15; Ezek. 18,30; Ezek. 18,31; Ezek. 19,4; Ezek. 19,9; Ezek. 19,14; Ezek. 19,14; Ezek. 20,6; Ezek. 20,10; Ezek. 20,12; Ezek. 20,15; Ezek. 20,17; Ezek. 20,20; Ezek. 20,27; Ezek. 20,28; Ezek. 20,35; Ezek. 20,38; Ezek. 20,40; Ezek. 20,42; Ezek. 20,42; Ezek. 20,42; Ezek. 21,15; Ezek. 21,15; Ezek. 21,16; Ezek. 21,20; Ezek. 21,20; Ezek. 21,20; Ezek. 21,33; Ezek. 21,33; Ezek. 21,36; Ezek. 22,4; Ezek. 22,4; Ezek. 22,19; Ezek. 22,19; Ezek. 22,20; Ezek. 22,20; Ezek. 22,30; Ezek. 22,31; Ezek. 23,9; Ezek. 23,9; Ezek. 23,10; Ezek. 23,10; Ezek. 23,16; Ezek. 23,17; Ezek. 23,28; Ezek. 23,31; Ezek. 23,39; Ezek. 24,2; Ezek. 24,3; Ezek. 24,4; Ezek. 24,8; Ezek. 24,24; Ezek. 24,26; Ezek. 24,27; Ezek. 25,4; Ezek. 25,5; Ezek. 25,5; Ezek. 25,7; Ezek. 25,10; Ezek. 25,11; Ezek. 25,12; Ezek. 26,4; Ezek. 26,5; Ezek. 26,10; Ezek. 26,12; Ezek. 26,14; Ezek. 26,20; Ezek. 26,20; Ezek. 26,20; Ezek. 26,21; Ezek. 27,17; Ezek. 27,19; Ezek. 27,20; Ezek. 27,36; Ezek. 28,7; Ezek. 28,18; Ezek. 28,19; Ezek. 29,4; Ezek. 29,5; Ezek. 29,10; Ezek. 29,12; Ezek. 29,16; Ezek. 30,23; Ezek. 30,23; Ezek. 30,24; Ezek. 30,25; Ezek. 30,26; Ezek. 30,26; Ezek. 31,3; Ezek. 31,4; Ezek. 31,7; Ezek. 31,10; Ezek. 31,11; Ezek. 31,14; Ezek. 31,14; Ezek. 31,14; Ezek. 31,14; Ezek. 31,15; Ezek. 31,16; Ezek. 31,16; Ezek. 31,17; Ezek. 31,18; Ezek. 32,9; Ezek. 32,9; Ezek. 32,15; Ezek. 32,18; Ezek. 32,18; Ezek. 32,24; Ezek. 32,24; Ezek. 32,27; Ezek. 32,29; Ezek. 32,29; Ezek. 32,30; Ezek. 33,2; Ezek. 33,24; Ezek. 33,27; Ezek. 34,5; Ezek. 34,8; Ezek. 34,8; Ezek. 34,10; Ezek. 34,13; Ezek. 34,22; Ezek. 34,24; Ezek. 35,6; Ezek. 35,7; Ezek. 35,12; Ezek. 36,2; Ezek. 36,3; Ezek. 36,3; Ezek. 36,4; Ezek. 36,4; Ezek. 36,5; Ezek. 36,10; Ezek. 36,12; Ezek. 36,19; Ezek. 36,19; Ezek. 36,20; Ezek. 36,24; Ezek. 36,28; Ezek. 36,28; Ezek. 37,5; Ezek. 37,6; Ezek. 37,9; Ezek. 37,10; Ezek. 37,12; Ezek. 37,14; Ezek. 37,17; Ezek. 37,19; Ezek. 37,21; Ezek. 37,22; Ezek. 37,22; Ezek. 37,22; Ezek. 37,23; Ezek. 37,23; Ezek. 37,25; Ezek. 37,26; Ezek. 37,28; Ezek. 38,7; Ezek. 38,8; Ezek. 38,12; Ezek. 39,4; Ezek. 39,13; Ezek. 39,15; Ezek. 39,19; Ezek. 39,19; Ezek. 39,23; Ezek. 39,23; Ezek. 40,2; Ezek. 40,4; Ezek. 40,6; Ezek. 40,15; Ezek. 40,17; Ezek. 40,28; Ezek. 40,31; Ezek. 40,32; Ezek. 40,34; Ezek. 40,35; Ezek. 40,37; Ezek. 40,44; Ezek. 40,48; Ezek. 41,1; Ezek. 41,3; Ezek. 41,16; Ezek. 41,26; Ezek. 42,1; Ezek. 42,8; Ezek. 42,14; Ezek. 43,4; Ezek. 43,5; Ezek. 44,5; Ezek. 44,5; Ezek. 44,9; Ezek. 44,12; Ezek. 44,14; Ezek. 44,14; Ezek. 44,16; Ezek. 44,19; Ezek. 44,21; Ezek. 44,22; Ezek. 44,27; Ezek. 44,28; Ezek. 45,2; Ezek. 45,4; Ezek. 45,5; Ezek. 45,7; Ezek. 45,7; Ezek. 45,8; Ezek. 45,15; Ezek. 45,15; Ezek. 45,15; Ezek. 46,13; Ezek. 46,19; Ezek. 46,19; Ezek. 46,20; Ezek. 46,21; Ezek. 47,8; Ezek. 47,11; Ezek. 47,12; Ezek. 47,12; Ezek. 47,14; Ezek. 48,15; Ezek. 48,15; Ezek. 48,18; Ezek. 48,21; Dan. 1,1; Dan. 1,2; Dan. 1,2; Dan. 2,1; Dan. 2,5; Dan. 2,17; Dan. 2,18; Dan. 2,20; Dan. 2,28; Dan. 2,43; Dan. 2,44; Dan. 2,44; Dan. 3,2; Dan. 3,6; Dan. 3,9; Dan. 3,11; Dan. 3,15; Dan. 3,20; Dan. 3,21; Dan. 3,22; Dan. 3,24; Dan. 3,26; Dan. 3,32; Dan. 3,34; Dan. 3,46; Dan. 3,49; Dan. 3,52; Dan. 3,52; Dan. 3,53; Dan. 3,54; Dan. 3,55; Dan. 3,56; Dan. 3,57; Dan. 3,58; Dan. 3,59; Dan. 3,60; Dan. 3,61; Dan. 3,62; Dan. 3,63; Dan. 3,64; Dan. 3,65; Dan. 3,66; Dan. 3,67; Dan. 3,68; Dan. 3,69; Dan. 3,70; Dan. 3,71; Dan. 3,72; Dan. 3,73; Dan. 3,74; Dan. 3,75; Dan. 3,76; Dan. 3,77; Dan. 3,78; Dan. 3,79; Dan. 3,80; Dan. 3,81; Dan. 3,82; Dan. 3,83; Dan. 3,84; Dan. 3,85; Dan. 3,86; Dan. 3,87; Dan. 3,88; Dan. 3,89; Dan. 3,90; Dan. 3,90; Dan. 3,95; Dan. 3,96; Dan. 4,17a; Dan. 4,17a; Dan. 4,25; Dan. 4,25; Dan. 4,26; Dan. 4,30; Dan. 4,33a; Dan. 4,37a; Dan. 4,37a; Dan. 4,37a; Dan. 4,37c; Dan. 4,37c; Dan. 6,6; Dan. 6,8; Dan. 6,9; Dan. 6,13; Dan. 6,15; Dan. 6,18; Dan. 6,18; Dan. 6,19; Dan. 6,23; Dan. 6,23; Dan. 6,27; Dan. 7,1; Dan. 7,2; Dan. 7,11; Dan. 7,25; Dan. 7,25; Dan. 8,8; Dan. 8,13; Dan. 8,17; Dan. 8,19; Dan. 8,26; Dan. 9,2; Dan. 9,7; Dan. 9,16; Dan. 9,27; Dan. 9,27; Dan. 10,3; Dan. 10,8; Dan. 10,14; Dan. 11,4; Dan. 11,6; Dan. 11,6; Dan. 11,6; Dan. 11,8; Dan. 11,9; Dan. 11,11; Dan. 11,13; Dan. 11,14; Dan. 11,15; Dan. 11,17; Dan. 11,19; Dan. 11,20; Dan. 11,25; Dan. 11,27; Dan. 11,28; Dan. 11,29; Dan. 11,29; Dan. 11,33; Dan. 11,35; Dan. 11,35; Dan. 11,35; Dan. 11,35; Dan. 11,36; Dan. 11,39; Dan. 11,39; Dan. 11,40; Dan. 11,41; Dan. 12,2; Dan. 12,2; Dan. 12,2; Dan. 12,3; Dan. 12,7; Dan. 12,7; Dan. 12,7; Dan. 12,12; Dan. 12,13; Dan. 12,13; Sus. 9; Sus. 23; Sus. 55; Sus. 60-62; Sus. 63; Sus. 63; Bel 6; Bel 10; Bel 22; Bel 27; Bel 30; Bel 31-32; Bel 33; Bel 34; Bel 40; Bel 42; Josh. 19,11; Josh. 19,27; Josh. 19,29; Josh. 19,34; Judg. 1,4; Judg. 1,4; Judg. 1,7; Judg. 1,12; Judg. 1,13; Judg. 1,15; Judg. 1,16; Judg. 1,22; Judg. 1,26; Judg. 1,28; Judg. 1,29; Judg. 1,30; Judg. 1,31; Judg. 1,33; Judg. 1,34; Judg. 1,34; Judg. 1,35; Judg. 2,1; Judg. 2,1; Judg. 2,2; Judg. 2,3; Judg. 2,3; Judg. 2,6; Judg. 2,14; Judg. 2,15; Judg. 3,6; Judg. 3,10; Judg. 3,26; Judg. 3,27; Judg. 3,31; Judg. 4,5; Judg. 4,6; Judg. 4,7; Judg. 4,7; Judg. 4,12; Judg. 4,13; Judg. 4,17; Judg. 4,18; Judg. 4,18; Judg. 4,22; Judg. 5,9; Judg. 5,11; Judg. 5,15; Judg. 5,16; Judg. 5,16; Judg. 5,17; Judg. 5,18; Judg. 5,23; Judg. 5,23; Judg. 5,26; Judg. 5,26; Judg. 5,30; Judg. 6,4; Judg. 6,4; Judg. 6,5; Judg. 6,5; Judg. 6,11; Judg. 6,13; Judg. 6,35; Judg. 6,35; Judg. 7,7; Judg. 7,8; Judg. 7,10; Judg. 7,12; Judg. 7,12; Judg. 7,15; Judg. 7,16; Judg. 7,24; Judg. 8,5; Judg. 8,8; Judg. 8,18; Judg. 8,27; Judg. 8,27; Judg. 8,33;

Judg. 9,1; Judg. 9,5; Judg. 9,5; Judg. 9,27; Judg. 9,27; Judg. 9,31; Judg. 9,42; Judg. 9,43; Judg. 9,45; Judg. 9,46; Judg. 9,48; Judg. 9,55; Judg. 9,57; Judg. 10,18; Judg. 11,6; Judg. 11,8; Judg. 11,9; Judg. 11,11; Judg. 11,11; Judg. 11,16; Judg. 11,20; Judg. 11,29; Judg. 11,31; Judg. 11,34; Judg. 11,34; Judg. 11,34; Judg. 11,39; Judg. 11,40; Judg. 12,1; Judg. 12,3; Judg. 14,1; Judg. 14,1; Judg. 14,2; Judg. 14,5; Judg. 14,5; Judg. 14,9; Judg. 14,19; Judg. 14,19; Judg. 15,1; Judg. 15,11; Judg. 15,14; Judg. 16,1; Judg. 16,13; Judg. 16,14; Judg. 16,21; Judg. 17,5; Judg. 17,10; Judg. 17,10; Judg. 17,10; Judg. 17,12; Judg. 17,13; Judg. 18,4; Judg. 18,7; Judg. 18,8; Judg. 18,15; Judg. 18,15; Judg. 18,18; Judg. 18,19; Judg. 18,19; Judg. 18,19; Judg. 18,26; Judg. 18,26; Judg. 19,2; Judg. 19,2; Judg. 19,3; Judg. 19,3; Judg. 19,9; Judg. 19,9; Judg. 19,9; Judg. 19,11; Judg. 19,12; Judg. 19,15; Judg. 19,18; Judg. 19,18; Judg. 19,21; Judg. 19,22; Judg. 19,23; Judg. 19,28; Judg. 19,29; Judg. 20,1; Judg. 20,3; Judg. 20,8; Judg. 20,8; Judg. 20,10; Judg. 20,10; Judg. 20,11; Judg. 20,14; Judg. 20,14; Judg. 20,18; Judg. 20,18; Judg. 20,20; Judg. 20,23; Judg. 20,25; Judg. 20,26; Judg. 20,28; Judg. 20,28; Judg. 20,31; Judg. 20,31; Judg. 20,31; Judg. 20,32; Judg. 20,42; Judg. 20,45; Judg. 20,47; Judg. 20,48; Judg. 21,1; Judg. 21,2; Judg. 21,5; Judg. 21,7; Judg. 21,7; Judg. 21,8; Judg. 21,8; Judg. 21,8; Judg. 21,12; Judg. 21,12; Judg. 21,12; Judg. 21,13; Judg. 21,16; Judg. 21,19; Judg. 21,19; Judg. 21,21; Judg. 21,23; Judg. 21,23; Judg. 21,24; Judg. 21,24; Judg. 21,24; Tob. 1,3; Tob. 1,3; Tob. 1,4; Tob. 1,4; Tob. 1,6; Tob. 1,6; Tob. 1,10; Tob. 1,10; Tob. 1,14; Tob. 1,15; Tob. 1,20; Tob. 1,21; Tob. 1,22; Tob. 2,1; Tob. 2,4; Tob. 2,6; Tob. 2,6; Tob. 2,9; Tob. 2,10; Tob. 2,10; Tob. 3,4; Tob. 3,4; Tob. 3,6; Tob. 3,9; Tob. 3,10; Tob. 3,10; Tob. 3,11; Tob. 3,11; Tob. 3,17; Tob. 5,2; Tob. 5,3; Tob. 5,4; Tob. 5,5; Tob. 5,6; Tob. 5,6; Tob. 5,10; Tob. 5,10; Tob. 5,14; Tob. 6,2; Tob. 6,4; Tob. 6,6; Tob. 6,8; Tob. 6,10; Tob. 6,10; Tob. 6,13; Tob. 6,15; Tob. 6,17; Tob. 6,19; Tob. 7,1; Tob. 7,1; Tob. 7,1; Tob. 7,12; Tob. 7,16; Tob. 8,1; Tob. 8,3; Tob. 8,5; Tob. 8,5; Tob. 8,11; Tob. 8,15; Tob. 8,19; Tob. 8,21; Tob. 9,2; Tob. 9,2; Tob. 9,5; Tob. 9,5; Tob. 9,6; Tob. 9,6; Tob. 10,12; Tob. 10,13; Tob. 11,1; Tob. 11,8; Tob. 11,11; Tob. 11,14; Tob. 11,16; Tob. 11,17; Tob. 12,1; Tob. 12,5; Tob. 12,17; Tob. 13,2; Tob. 13,4; Tob. 13,12; Tob. 13,13; Tob. 13,13; Tob. 13,14; Tob. 13,16; Tob. 13,17; Tob. 13,18; Tob. 14,4; Tob. 14,5; Tob. 14,7; Tob. 14,10; Tob. 14,10; Tob. 14,10; Tob. 14,10; Tob. 14,12; Tob. 14,15; Tob. 14,15; Dan. 1,1; Dan. 1,2; Dan. 1,2; Dan. 1,9; Dan. 1,9; Dan. 2,4; Dan. 2,5; Dan. 2,17; Dan. 2,34; Dan. 2,44; Dan. 2,44; Dan. 3,2; Dan. 3,3; Dan. 3,6; Dan. 3,9; Dan. 3,11; Dan. 3,15; Dan. 3,19; Dan. 3,20; Dan. 3,21; Dan. 3,23; Dan. 3,26; Dan. 3,32; Dan. 3,34; Dan. 3,49; Dan. 3,52; Dan. 3,52; Dan. 3,53; Dan. 3,55; Dan. 3,54; Dan. 3,56; Dan. 3,57; Dan. 3,59; Dan. 3,58; Dan. 3,60; Dan. 3,61; Dan. 3,62; Dan. 3,63; Dan. 3,64; Dan. 3,65; Dan. 3,66; Dan. 3,67; Dan. 3,68; Dan. 3,71; Dan. 3,72; Dan. 3,69; Dan. 3,70; Dan. 3,73; Dan. 3,74; Dan. 3,75; Dan. 3,76; Dan. 3,78; Dan. 3,77; Dan. 3,79; Dan. 3,80; Dan. 3,81; Dan. 3,82; Dan. 3,83; Dan. 3,84; Dan. 3,85; Dan. 3,86; Dan. 3,87; Dan. 3,88; Dan. 3,89; Dan. 3,90; Dan. 3,91; Dan. 3,95; Dan. 3,96; Dan. 3,96; Dan. 4,3; Dan. 4,11; Dan. 4,20; Dan. 4,20; Dan. 4,22; Dan. 4,22; Dan. 4,30; Dan. 4,30; Dan. 4,34; Dan. 4,34; Dan. 4,34; Dan. 4,36; Dan. 5,10; Dan. 5,10; Dan. 6,7; Dan. 6,8; Dan. 6,11; Dan. 6,13; Dan. 6,17; Dan. 6,19; Dan. 6,22; Dan. 6,25; Dan. 6,25; Dan. 6,27; Dan. 7,2; Dan. 7,5; Dan. 7,11; Dan. 8,8; Dan. 8,17; Dan. 8,19; Dan. 8,26; Dan. 9,2; Dan. 9,16; Dan. 10,3; Dan. 10,8; Dan. 10,14; Dan. 11,1; Dan. 11,4; Dan. 11,4; Dan. 11,7; Dan. 11,8; Dan. 11,9; Dan. 11,9; Dan. 11,13; Dan. 11,18; Dan. 11,19; Dan. 11,27; Dan. 11,27; Dan. 11,28; Dan. 11,28; Dan. 11,29; Dan. 11,33; Dan. 11,35; Dan. 11,36; Dan. 11,40; Dan. 11,41; Dan. 11,42; Dan. 11,45; Dan. 12,2; Dan. 12,2; Dan. 12,2; Dan. 12,3; Dan. 12,7; Dan. 12,12; Dan. 12,13; Dan. 12,13; Dan. 12,13; Sus. 9; Sus. 13; Sus. 23; Sus. 35; Sus. 49; Sus. 55; Sus. 59; Bel 3; Bel 8; Bel 10; Bel 27; Bel 31; Bel 33; Bel 33; Bel 34; Bel 34; Bel 36; Bel 39; Bel 42; Matt. 2,1; Matt. 2,8; Matt. 2,11; Matt. 2,12; Matt. 2,13; Matt. 2,14; Matt. 2,20; Matt. 2,21; Matt. 2,22; Matt. 2,23; Matt. 3,10; Matt. 3,11; Matt. 3,12; Matt. 4,1; Matt. 4,5; Matt. 4,8; Matt. 4,12; Matt. 4,13; Matt. 4,18; Matt. 4,24; Matt. 5,1; Matt. 5,13; Matt. 5,20; Matt. 5,22; Matt. 5,25; Matt. 5,29; Matt. 5,30; Matt. 5,35; Matt. 5,39; Matt. 6,6; Matt. 6,13; Matt. 6,26; Matt. 6,26; Matt. 6,30; Matt. 6,34; Matt. 7,13; Matt. 7,14; Matt. 7,19; Matt. 7,21; Matt. 8,4; Matt. 8,5; Matt. 8,12; Matt. 8,14; Matt. 8,18; Matt. 8,23; Matt. 8,28; Matt. 8,28; Matt. 8,31; Matt. 8,32; Matt. 8,32; Matt. 8,33; Matt. 8,34; Matt. 9,1; Matt. 9,1; Matt. 9,6; Matt. 9,7; Matt. 9,17; Matt. 9,17; Matt. 9,23; Matt. 9,26; Matt. 9,28; Matt. 9,38; Matt. 10,5; Matt. 10,5; Matt. 10,9; Matt. 10,10; Matt. 10,12; Matt. 10,17; Matt. 10,18; Matt. 10,21; Matt. 10,22; Matt. 10,23; Matt. 10,27; Matt. 10,41; Matt. 10,41; Matt. 10,42; Matt. 11,7; Matt. 12,4; Matt. 12,9; Matt. 12,11; Matt. 12,18; Matt. 12,20; Matt. 12,29; Matt. 12,41; Matt. 12,44; Matt. 13,2; Matt. 13,22; Matt. 13,30; Matt. 13,30; Matt. 13,33; Matt. 13,36; Matt. 13,42; Matt. 13,47; Matt. 13,48; Matt. 13,50; Matt. 13,54; Matt. 14,13; Matt. 14,15; Matt. 14,19; Matt. 14,22; Matt. 14,22; Matt. 14,23; Matt. 14,31; Matt. 14,32; Matt. 14,34; Matt. 14,35; Matt. 15,11; Matt. 15,14; Matt. 15,17; Matt. 15,17; Matt. 15,17; Matt. 15,21; Matt. 15,24; Matt. 15,29; Matt. 15,39; Matt. 15,39; Matt. 16,5; Matt. 16,13; Matt. 16,21; Matt. 17,1; Matt. 17,15; Matt. 17,15; Matt. 17,22; Matt. 17,24; Matt. 17,25; Matt. 17,27; Matt. 18,3; Matt. 18,6; Matt. 18,8; Matt. 18,8; Matt. 18,9; Matt. 18,9; Matt. 18,15; Matt. 18,20; Matt. 18,21; Matt. 18,30; Matt. 19,1; Matt. 19,5; Matt. 19,17; Matt. 19,23; Matt. 19,24; Matt. 20,1; Matt. 20,2; Matt. 20,4; Matt. 20,7; Matt. 20,17; Matt. 20,18; Matt. 20,19; Matt. 21,1; Matt. 21,1; Matt. 21,1; Matt. 21,2; Matt. 21,10; Matt. 21,12; Matt. 21,17; Matt. 21,18; Matt. 21,19; Matt. 21,21; Matt. 21,23; Matt. 21,31; Matt. 21,42; Matt. 21,46; Matt. 22,3; Matt. 22,4; Matt. 22,5; Matt. 22,9; Matt. 22,10; Matt. 22,13; Matt. 22,16; Matt. 23,34; Matt. 24,9; Matt. 24,13; Matt. 24,14; Matt. 24,16; Matt. 24,38; Matt. 25,1; Matt. 25,6; Matt. 25,10; Matt. 25,21; Matt. 25,23; Matt. 25,30; Matt. 25,41; Matt. 25,46; Matt. 25,46; Matt. 26,2; Matt. 26,3; Matt. 26,8; Matt. 26,10; Matt. 26,13; Matt. 26,18; Matt. 26,28; Matt. 26,30; Matt. 26,32; Matt. 26,36; Matt. 26,41; Matt. 26,45; Matt. 26,52; Matt. 26,67; Matt. 26,71; Matt. 27,5; Matt. 27,6; Matt. 27,7; Matt. 27,10; Matt. 27,27; Matt. 27,30; Matt. 27,30; Matt. 27,31; Matt. 27,33; Matt. 27,51; Matt. 27,53; Matt. 28,1; Matt. 28,7; Matt. 28,10; Matt. 28,11; Matt. 28,16; Matt. 28,16; Matt. 28,19; Mark 1,4; Mark 1,9; Mark 1,10; Mark 1,12; Mark 1,14; Mark 1,21; Mark 1,21; Mark 1,28; Mark 1,29; Mark 1,35; Mark 1,38; Mark 1,38; Mark 1,39; Mark 1,39; Mark 1,44; Mark 1,45; Mark 2,1; Mark 2,11; Mark 2,22; Mark 2,22; Mark 2,26; Mark 3,1; Mark 3,3; Mark 3,13; Mark 3,20; Mark 3,27; Mark 3,29; Mark 3,29; Mark 4,1; Mark 4,7; Mark 4,8; Mark 4,15; Mark 4,18; Mark 4,22; Mark 4,35; Mark 4,37; Mark 5,1; Mark 5,1; Mark 5,12; Mark 5,12; Mark 5,13; Mark 5,13; Mark 5,14; Mark 5,14; Mark 5,18; Mark 5,19; Mark 5,21; Mark 5,26; Mark 5,34; Mark 5,38; Mark 6,1; Mark 6,8; Mark 6,8; Mark 6,10; Mark 6,11; Mark 6,31; Mark 6,32; Mark 6,36; Mark 6,41; Mark 6,45; Mark 6,45; Mark 6,46; Mark 6,51; Mark 6,53; Mark 6,56; Mark 6,56; Mark 6,56; Mark 7,15; Mark 7,17; Mark 7,18; Mark 7,19; Mark 7,19; Mark 7,19; Mark 7,24; Mark 7,24; Mark 7,30; Mark 7,31; Mark 7,33; Mark 7,34; Mark 8,3; Mark 8,10; Mark 8,10; Mark 8,13; Mark 8,19; Mark 8,20; Mark 8,22; Mark 8,23; Mark 8,26; Mark 8,26; Mark 8,27; Mark 9,2; Mark 9,22; Mark 9,22; Mark 9,25; Mark εἰς (1st homograph)

9,28; Mark 9,31; Mark 9,33; Mark 9,42; Mark 9,42; Mark 9,43; Mark 9,43; Mark 9,43; Mark 9,45; Mark 9,45; Mark 9,47; Mark 9,47; Mark 10,1; Mark 10,8; Mark 10,10; Mark 10,15; Mark 10,17; Mark 10,23; Mark 10,24; Mark 10,25; Mark 10,32; Mark 10,33; Mark 10,46; Mark 11,1; Mark 11,1; Mark 11,2; Mark 11,2; Mark 11,8; Mark 11,11; Mark 11,11; Mark 11,11; Mark 11,14; Mark 11,15; Mark 11,15; Mark 11,23; Mark 11,27; Mark 12,10; Mark 12,14; Mark 12,41; Mark 12,43; Mark 13,3; Mark 13,9; Mark 13,9; Mark 13,9; Mark 13,10; Mark 13,12; Mark 13,13; Mark 13,14; Mark 13,16; Mark 13,16; Mark 14,4; Mark 14,8; Mark 14,9; Mark 14,9; Mark 14,13; Mark 14,16; Mark 14,20; Mark 14,26; Mark 14,28; Mark 14,32; Mark 14,38; Mark 14,41; Mark 14,54; Mark 14,55; Mark 14,60; Mark 14,68; Mark 15,34; Mark 15,38; Mark 15,41; Mark 16,5; Mark 16,7; Mark 16,12; Mark 16,15; Mark 16,19; Luke 1,9; Luke 1,20; Luke 1,23; Luke 1,26; Luke 1,33; Luke 1,39; Luke 1,39; Luke 1,40; Luke 1,44; Luke 1,50; Luke 1,55; Luke 1,56; Luke 1,79; Luke 2,3; Luke 2,4; Luke 2,4; Luke 2,15; Luke 2,22; Luke 2,27; Luke 2,28; Luke 2,32; Luke 2,34; Luke 2,34; Luke 2,39; Luke 2,39; Luke 2,41; Luke 2,45; Luke 2,51; Luke 3,3; Luke 3,3; Luke 3,5; Luke 3,5; Luke 3,9; Luke 3,17; Luke 4,9; Luke 4,14; Luke 4,16; Luke 4,16; Luke 4,23; Luke 4,26; Luke 4,31; Luke 4,35; Luke 4,37; Luke 4,38; Luke 4,42; Luke 4,44; Luke 5,3; Luke 5,4; Luke 5,4; Luke 5,14; Luke 5,17; Luke 5,19; Luke 5,24; Luke 5,25; Luke 5,32; Luke 5,37; Luke 5,38; Luke 6,4; Luke 6,6; Luke 6,8; Luke 6,12; Luke 6,20; Luke 6,38; Luke 6,39; Luke 7,1; Luke 7,1; Luke 7,10; Luke 7,11; Luke 7,24; Luke 7,30; Luke 7,36; Luke 7,44; Luke 7,50; Luke 8,8; Luke 8,14; Luke 8,17; Luke 8,22; Luke 8,22; Luke 8,23; Luke 8,26; Luke 8,29; Luke 8,30; Luke 8,31; Luke 8,32; Luke 8,33; Luke 8,33; Luke 8,34; Luke 8,34; Luke 8,37; Luke 8,39; Luke 8,41; Luke 8,48; Luke 8,51; Luke 9,3; Luke 9,4; Luke 9,5; Luke 9,10; Luke 9,12; Luke 9,13; Luke 9,16; Luke 9,28; Luke 9,34; Luke 9,44; Luke 9,44; Luke 9,51; Luke 9,52; Luke 9,53; Luke 9,56; Luke 9,61; Luke 9,62; Luke 10,1; Luke 10,2; Luke 10,5; Luke 10,7; Luke 10,8; Luke 10,10; Luke 10,10; Luke 10,11; Luke 10,30; Luke 10,34; Luke 10,36; Luke 10,38; Luke 11,4; Luke 11,7; Luke 11,24; Luke 11,32; Luke 11,33; Luke 11,49; Luke 12,5; Luke 12,10; Luke 12,10; Luke 12,19; Luke 12,21; Luke 12,28; Luke 12,58; Luke 13,9; Luke 13,11; Luke 13,19; Luke 13,19; Luke 13,21; Luke 13,22; Luke 14,1; Luke 14,5; Luke 14,8; Luke 14,8; Luke 14,10; Luke 14,21; Luke 14,23; Luke 14,28; Luke 14,31; Luke 14,35; Luke 14,35; Luke 15,6; Luke 15,13; Luke 15,15; Luke 15,17; Luke 15,18; Luke 15,21; Luke 15,22; Luke 15,22; Luke 16,4; Luke 16,8; Luke 16,9; Luke 16,16; Luke 16,22; Luke 16,27; Luke 16,28; Luke 17,2; Luke 17,4; Luke 17,11; Luke 17,24; Luke 17,27; Luke 17,31; Luke 18,5; Luke 18,10; Luke 18,13; Luke 18,14; Luke 18,17; Luke 18,24; Luke 18,25; Luke 18,31; Luke 18,35; Luke 19,4; Luke 19,12; Luke 19,28; Luke 19,29; Luke 19,30; Luke 19,45; Luke 20,17; Luke 21,1; Luke 21,4; Luke 21,12; Luke 21,13; Luke 21,21; Luke 21,21; Luke 21,24; Luke 21,37; Luke 22,3; Luke 22,10; Luke 22,10; Luke 22,10; Luke 22,17; Luke 22,19; Luke 22,33; Luke 22,33; Luke 22,39; Luke 22,40; Luke 22,46; Luke 22,54; Luke 22,65; Luke 22,66; Luke 23,25; Luke 23,42; Luke 23,46; Luke 24,5; Luke 24,7; Luke 24,13; Luke 24,20; Luke 24,26; Luke 24,28; Luke 24,33; Luke 24,47; Luke 24,47; Luke 24,51; Luke 24,52; John 1,7; John 1,9; John 1,11; John 1,12; John 1,18; John 1,43; John 2,2; John 2,11; John 2,12; John 2,13; John 2,23; John 3,4; John 3,5; John 3,13; John 3,16; John 3,17; John 3,18; John 3,18; John 3,19; John 3,22; John 3,24; John 3,36; John 4,3; John 4,5; John 4,8; John 4,14; John 4,14; John 4,28; John 4,36; John 4,38; John 4,39; John 4,43; John 4,45; John 4,45; John 4,46; John 4,47; John 4,54; John 5,1; John 5,7; John 5,24; John 5,24; John 5,29; John 5,29; John 5,45; John 6,3; John 6,9; John 6,14; John 6,15; John 6,17; John 6,17; John 6,21; John 6,21; John 6,22; John 6,24; John 6,24; John 6,27; John 6,29; John 6,35; John 6,40; John 6,51; John 6,58; John 6,66; John 7,3; John 7,5; John 7,8; John 7,8; John 7,10; John 7,14; John 7,31; John 7,35; John 7,38; John 7,39; John 7,48; John 7,53; John 8,1; John 8,2; John 8,6; John 8,8; John 8,26; John 8,30; John 8,35; John 8,35; John 8,51; John 8,52; John 9,7; John 9,11; John 9,35; John 9,36; John 9,39; John 9,39; John 10,1; John 10,28; John 10,36; John 10,40; John 10,42; John 11,7; John 11,25; John 11,26; John 11,26; John 11,27; John 11,30; John 11,31; John 11,38; John 11,45; John 11,48; John 11,52; John 11,54; John 11,54; John 11,55; John 11,56; John 12,1; John 12,7; John 12,11; John 12,12; John 12,12; John 12,13; John 12,24; John 12,25; John 12,27; John 12,34; John 12,36; John 12,37; John 12,42; John 12,44; John 12,44; John 12,44; John 12,46; John 12,46; John 13,1; John 13,2; John 13,3; John 13,5; John 13,8; John 13,22; John 13,27; John 13,29; John 14,1; John 14,1; John 14,12; John 14,16; John 15,6; John 15,21; John 16,9; John 16,20; John 16,21; John 16,28; John 16,32; John 17,1; John 17,18; John 17,18; John 17,20; John 17,23; John 18,1; John 18,6; John 18,11; John 18,15; John 18,28; John 18,28; John 18,33; John 18,37; John 18,37; John 18,37; John 19,9; John 19,13; John 19,17; John 19,27; John 19,37; John 20,1; John 20,3; John 20,4; John 20,6; John 20,7; John 20,8; John 20,11; John 20,14; John 20,19; John 20,25; John 20,25; John 20,26; John 20,27; John 21,3; John 21,4; John 21,6; John 21,7; John 21,9; John 21,11; John 21,23; Acts 1,10; Acts 1,11; Acts 1,11; Acts 1,12; Acts 1,13; Acts 1,25; Acts 2,5; Acts 2,20; Acts 2,20; Acts 2,22; Acts 2,25; Acts 2,27; Acts 2,31; Acts 2,34; Acts 2,38; Acts 2,39; Acts 3,1; Acts 3,2; Acts 3,3; Acts 3,4; Acts 3,4; Acts 3,8; Acts 3,19; Acts 4,3; Acts 4,3; Acts 4,11; Acts 4,17; Acts 4,30; Acts 5,15; Acts 5,21; Acts 5,21; Acts 5,36; Acts 6,11; Acts 6,12; Acts 6,15; Acts 7,3; Acts 7,4; Acts 7,4; Acts 7,5; Acts 7,9; Acts 7,12; Acts 7,15; Acts 7,16; Acts 7,19; Acts 7,21; Acts 7,26; Acts 7,34; Acts 7,39; Acts 7,53; Acts 7,55; Acts 8,3; Acts 8,5; Acts 8,16; Acts 8,20; Acts 8,23; Acts 8,25; Acts 8,26; Acts 8,27; Acts 8,38; Acts 8,40; Acts 8,40; Acts 9,1; Acts 9,2; Acts 9,2; Acts 9,6; Acts 9,8; Acts 9,17; Acts 9,21; Acts 9,21; Acts 9,26; Acts 9,28; Acts 9,30; Acts 9,30; Acts 9,39; Acts 10,4; Acts 10,5; Acts 10,8; Acts 10,16; Acts 10,22; Acts 10,24; Acts 10,32; Acts 10,43; Acts 11,2; Acts 11,6; Acts 11,8; Acts 11,10; Acts 11,12; Acts 11,13; Acts 11,18; Acts 11,20; Acts 11,22; Acts 11,25; Acts 11,26; Acts 11,27; Acts 11,29; Acts 12,4; Acts 12,10; Acts 12,17; Acts 12,19; Acts 12,25; Acts 13,2; Acts 13,4; Acts 13,4; Acts 13,9; Acts 13,13; Acts 13,13; Acts 13,14; Acts 13,14; Acts 13,22; Acts 13,29; Acts 13,31; Acts 13,34; Acts 13,42; Acts 13,46; Acts 13,47; Acts 13,47; Acts 13,48; Acts 13,51; Acts 14,1; Acts 14,6; Acts 14,14; Acts 14,20; Acts 14,20; Acts 14,21; Acts 14,21; Acts 14,21; Acts 14,22; Acts 14,23; Acts 14,24; Acts 14,25; Acts 14,26; Acts 14,26; Acts 15,2; Acts 15,4; Acts 15,22; Acts 15,30; Acts 15,38; Acts 15,39; Acts 16,1; Acts 16,1; Acts 16,7; Acts 16,8; Acts 16,9; Acts 16,10; Acts 16,11; Acts 16,11; Acts 16,12; Acts 16,15; Acts 16,16; Acts 16,19; Acts 16,23; Acts 16,24; Acts 16,24; Acts 16,34; Acts 16,37; Acts 17,1; Acts 17,5; Acts 17,10; Acts 17,10; Acts 17,20; Acts 17,21; Acts 18,1; Acts 18,6; Acts 18,7; Acts 18,18; Acts 18,19; Acts 18,19; Acts 18,22; Acts 18,22; Acts 18,24; Acts 18,27; Acts 19,1; Acts 19,3; Acts 19,3; Acts 19,4; Acts 19,4; Acts 19,5; Acts 19,8; Acts 19,21; Acts 19,22; Acts 19,22; Acts 19,27; Acts 19,27; Acts 19,29; Acts 19,30; Acts 19,31; Acts 20,1; Acts 20,2; Acts 20,3; Acts 20,6; Acts 20,14; Acts 20,14; Acts 20,15; Acts 20,15; Acts 20,16; Acts 20,17; Acts 20,18; Acts 20,21; Acts 20,21; Acts 20,22; Acts 20,29; Acts 20,38; Acts 21,1; Acts 21,1; Acts 21,1; Acts 21,2; Acts 21,3; Acts 21,3; Acts 21,4; Acts 21,6; Acts 21,6; Acts 21,7; Acts 21,8; Acts 21,8; Acts 21,11; Acts 21,12; Acts 21,13; Acts 21,15; Acts 21,17; Acts 21,26; Acts 21,28; Acts 21,29; Acts 21,34; Acts 21,37; Acts

21,38; Acts 22,4; Acts 22,5; Acts 22,5; Acts 22,7; Acts 22,10; Acts 22,11; Acts 22,13; Acts 22,17; Acts 22,21; Acts 22,23; Acts 22,24; Acts 22,30; Acts 23,10; Acts 23,11; Acts 23,11; Acts 23,15; Acts 23,16; Acts 23,20; Acts 23,28; Acts 23,30; Acts 23,31; Acts 23,32; Acts 23,33; Acts 24,11; Acts 24,15; Acts 24,17; Acts 24,24; Acts 25,1; Acts 25,3; Acts 25,4; Acts 25,6; Acts 25,8; Acts 25,8; Acts 25,8; Acts 25,9; Acts 25,13; Acts 25,15; Acts 25,20; Acts 25,21; Acts 25,23; Acts 26,6; Acts 26,7; Acts 26,11; Acts 26,12; Acts 26,14; Acts 26,16; Acts 26,17; Acts 26,18; Acts 26,18; Acts 26,24; Acts 27,1; Acts 27,2; Acts 27,3; Acts 27,5; Acts 27,6; Acts 27,6; Acts 27,8; Acts 27,12; Acts 27,17; Acts 27,26; Acts 27,30; Acts 27,38; Acts 27,39; Acts 27,40; Acts 27,40; Acts 27,41; Acts 28,5; Acts 28,6; Acts 28,12; Acts 28,13; Acts 28,13; Acts 28,14; Acts 28,15; Acts 28,16; Acts 28,17; Acts 28,23; Rom. 1,1; Rom. 1,5; Rom. 1,11; Rom. 1,16; Rom. 1,17; Rom. 1,20; Rom. 1,24; Rom. 1,25; Rom. 1,26; Rom. 1,26; Rom. 1,27; Rom. 1,28; Rom. 2,4; Rom. 2,26; Rom. 3,7; Rom. 3,22; Rom. 3,25; Rom. 3,26; Rom. 4,3; Rom. 4,5; Rom. 4,9; Rom. 4,11; Rom. 4,11; Rom. 4,16; Rom. 4,18; Rom. 4,20; Rom. 4,22; Rom. 5,2; Rom. 5,8; Rom. 5,12; Rom. 5,12; Rom. 5,15; Rom. 5,16; Rom. 5,16; Rom. 5,18; Rom. 5,18; Rom. 5,18; Rom. 5,18; Rom. 5,21; Rom. 6,3; Rom. 6,3; Rom. 6,4; Rom. 6,12; Rom. 6,16; Rom. 6,16; Rom. 6,16; Rom. 6,17; Rom. 6,19; Rom. 6,19; Rom. 6,22; Rom. 7,4; Rom. 7,5; Rom. 7,10; Rom. 7,10; Rom. 8,7; Rom. 8,15; Rom. 8,18; Rom. 8,21; Rom. 8,28; Rom. 8,29; Rom. 9,5; Rom. 9,8; Rom. 9,17; Rom. 9,21; Rom. 9,21; Rom. 9,22; Rom. 9,23; Rom. 9,31; Rom. 10,1; Rom. 10,4; Rom. 10,6; Rom. 10,7; Rom. 10,10; Rom. 10,10; Rom. 10,12; Rom. 10,14; Rom. 10,18; Rom. 10,18; Rom. 11,9; Rom. 11,9; Rom. 11,9; Rom. 11,9; Rom. 11,11; Rom. 11,24; Rom. 11,32; Rom. 11,36; Rom. 11,36; Rom. 12,2; Rom. 12,3; Rom. 12,10; Rom. 12,16; Rom. 13,4; Rom. 13,4; Rom. 13,6; Rom. 13,14; Rom. 14,1; Rom. 14,9; Rom. 14,19; Rom. 15,2; Rom. 15,4; Rom. 15,7; Rom. 15,8; Rom. 15,13; Rom. 15,16; Rom. 15,16; Rom. 15,18; Rom. 15,24; Rom. 15,25; Rom. 15,26; Rom. 15,28; Rom. 15,31; Rom. 16,5; Rom. 16,6; Rom. 16,19; Rom. 16,19; Rom. 16,19; Rom. 16,26; Rom. 16,26; Rom. 16,27; 1Cor. 1,9; 1Cor. 1,13; 1Cor. 1,15; 1Cor. 2,7; 1Cor. 4,3; 1Cor. 4,6; 1Cor. 5,5; 1Cor. 6,16; 1Cor. 6,18; 1Cor. 8,6; 1Cor. 8,10; 1Cor. 8,12; 1Cor. 8,12; 1Cor. 8,13; 1Cor. 9,18; 1Cor. 10,2; 1Cor. 10,6; 1Cor. 10,11; 1Cor. 10,31; 1Cor. 11,17; 1Cor. 11,17; 1Cor. 11,22; 1Cor. 11,24; 1Cor. 11,25; 1Cor. 11,33; 1Cor. 11,34; 1Cor. 12,13; 1Cor. 14,8; 1Cor. 14,9; 1Cor. 14,22; 1Cor. 14,36; 1Cor. 15,10; 1Cor. 15,45; 1Cor. 15,45; 1Cor. 15,54; 1Cor. 16,1; 1Cor. 16,3; 1Cor. 16,15; 2Cor. 1,4; 2Cor. 1,5; 2Cor. 1,10; 2Cor. 1,11; 2Cor. 1,16; 2Cor. 1,16; 2Cor. 1,21; 2Cor. 1,23; 2Cor. 2,4; 2Cor. 2,8; 2Cor. 2,9; 2Cor. 2,9; 2Cor. 2,12; 2Cor. 2,12; 2Cor. 2,13; 2Cor. 2,16; 2Cor. 2,16; 2Cor. 3,7; 2Cor. 3,13; 2Cor. 3,18; 2Cor. 4,4; 2Cor. 4,11; 2Cor. 4,15; 2Cor. 4,17; 2Cor. 5,5; 2Cor. 6,1; 2Cor. 6,18; 2Cor. 6,18; 2Cor. 7,3; 2Cor. 7,5; 2Cor. 7,9; 2Cor. 7,10; 2Cor. 7,15; 2Cor. 8,2; 2Cor. 8,4; 2Cor. 8,6; 2Cor. 8,6; 2Cor. 8,14; 2Cor. 8,14; 2Cor. 8,22; 2Cor. 8,23; 2Cor. 8,24; 2Cor. 8,24; 2Cor. 9,1; 2Cor. 9,5; 2Cor. 9,8; 2Cor. 9,8; 2Cor. 9,9; 2Cor. 9,10; 2Cor. 9,11; 2Cor. 9,13; 2Cor. 9,13; 2Cor. 9,13; 2Cor. 10,1; 2Cor. 10,5; 2Cor. 10,8; 2Cor. 10,8; 2Cor. 10,13; 2Cor. 10,14; 2Cor. 10,15; 2Cor. 10,16; 2Cor. 10,16; 2Cor. 11,3; 2Cor. 11,6; 2Cor. 11,10; 2Cor. 11,13; 2Cor. 11,14; 2Cor. 11,20; 2Cor. 11,31; 2Cor. 12,1; 2Cor. 12,4; 2Cor. 12,6; 2Cor. 13,2; 2Cor. 13,3; 2Cor. 13,4; 2Cor. 13,10; 2Cor. 13,10; Gal. 1,5; Gal. 1,6; Gal. 1,17; Gal. 1,17; Gal. 1,17; Gal. 1,18; Gal. 1,21; Gal. 2,1; Gal. 2,2; Gal. 2,8; Gal. 2,8; Gal. 2,9; Gal. 2,9; Gal. 2,11; Gal. 2,16; Gal. 3,6; Gal. 3,14; Gal. 3,17; Gal. 3,23; Gal. 3,24; Gal. 3,27; Gal. 4,6; Gal. 4,11; Gal. 4,24; Gal. 5,10; Gal. 5,13; Gal. 6,4; Gal. 6,4; Gal. 6,8; Gal. 6,8; Eph. 1,5; Eph. 1,5; Eph. 1,6; Eph. 1,8; Eph. 1,10; Eph. 1,12; Eph. 1,12; Eph. 1,14; Eph. 1,14; Eph. 1,15; Eph. 1,18; Eph. 1,19; Eph. 2,15; Eph. 2,21; Eph. 2,22; Eph. 3,2; Eph. 3,16; Eph. 3,19; Eph. 3,21; Eph. 4,8; Eph. 4,9; Eph. 4,12; Eph. 4,12; Eph. 4,13; Eph. 4,13; Eph. 4,13; Eph. 4,15; Eph. 4,16; Eph. 4,19; Eph. 4,30; Eph. 4,32; Eph. 5,2; Eph. 5,31; Eph. 5,32; Eph. 5,32; Eph. 6,18; Eph. 6,22; Phil. 1,5; Phil. 1,10; Phil. 1,10; Phil. 1,11; Phil. 1,12; Phil. 1,16; Phil. 1,19; Phil. 1,23; Phil. 1,25; Phil. 1,29; Phil. 2,11; Phil. 2,16; Phil. 2,16; Phil. 2,16; Phil. 2,16; Phil. 2,22; Phil. 3,11; Phil. 3,14; Phil. 3,16; Phil. 4,15; Phil. 4,16; Phil. 4,17; Phil. 4,20; Col. 1,4; Col. 1,6; Col. 1,10; Col. 1,11; Col. 1,12; Col. 1,13; Col. 1,16; Col. 1,20; Col. 1,25; Col. 1,29; Col. 2,2; Col. 2,2; Col. 2,5; Col. 2,22; Col. 3,9; Col. 3,10; Col. 3,15; Col. 4,8; Col. 4,11; 1Th. 1,5; 1Th. 2,9; 1Th. 2,12; 1Th. 2,12; 1Th. 2,16; 1Th. 2,16; 1Th. 3,2; 1Th. 3,3; 1Th. 3,5; 1Th. 3,5; 1Th. 3,10; 1Th. 3,12; 1Th. 3,12; 1Th. 3,12; 1Th. 3,13; 1Th. 4,8; 1Th. 4,9; 1Th. 4,10; 1Th. 4,15; 1Th. 4,17; 1Th. 4,17; 1Th. 5,9; 1Th. 5,9; 1Th. 5,15; 1Th. 5,15; 1Th. 5,18; 2Th. 1,3; 2Th. 1,5; 2Th. 2,2; 2Th. 2,4; 2Th. 2,6; 2Th. 2,10; 2Th. 2,11; 2Th. 2,13; 2Th. 2,14; 2Th. 2,14; 2Th. 3,5; 2Th. 3,5; 2Th. 3,9; 1Tim. 1,3; 1Tim. 1,6; 1Tim. 1,12; 1Tim. 1,15; 1Tim. 1,16; 1Tim. 1,17; 1Tim. 2,4; 1Tim. 2,7; 1Tim. 3,6; 1Tim. 3,7; 1Tim. 4,3; 1Tim. 4,10; 1Tim. 5,24; 1Tim. 6,7; 1Tim. 6,9; 1Tim. 6,9; 1Tim. 6,12; 1Tim. 6,17; 1Tim. 6,19; 2Tim. 1,11; 2Tim. 1,12; 2Tim. 2,20; 2Tim. 2,20; 2Tim. 2,21; 2Tim. 2,21; 2Tim. 2,25; 2Tim. 2,26; 2Tim. 3,6; 2Tim. 3,7; 2Tim. 3,15; 2Tim. 4,10; 2Tim. 4,10; 2Tim. 4,10; 2Tim. 4,11; 2Tim. 4,12; 2Tim. 4,18; 2Tim. 4,18; Titus 3,12; Titus 3,14; Philem. 5; Philem. 6; Heb. 1,5; Heb. 1,5; Heb. 1,6; Heb. 1,8; Heb. 1,14; Heb. 2,3; Heb. 2,10; Heb. 2,17; Heb. 3,5; Heb. 3,11; Heb. 3,18; Heb. 4,1; Heb. 4,3; Heb. 4,3; Heb. 4,5; Heb. 4,6; Heb. 4,10; Heb. 4,11; Heb. 4,16; Heb. 5,6; Heb. 6,6; Heb. 6,8; Heb. 6,10; Heb. 6,16; Heb. 6,19; Heb. 6,20; Heb. 7,3; Heb. 7,14; Heb. 7,17; Heb. 7,21; Heb. 7,24; Heb. 7,25; Heb. 7,25; Heb. 7,28; Heb. 8,3; Heb. 8,10; Heb. 8,10; Heb. 8,10; Heb. 9,6; Heb. 9,7; Heb. 9,9; Heb. 9,12; Heb. 9,14; Heb. 9,15; Heb. 9,24; Heb. 9,24; Heb. 9,25; Heb. 9,26; Heb. 9,28; Heb. 9,28; Heb. 10,1; Heb. 10,5; Heb. 10,12; Heb. 10,14; Heb. 10,19; Heb. 10,24; Heb. 10,31; Heb. 10,39; Heb. 10,39; Heb. 11,3; Heb. 11,7; Heb. 11,8; Heb. 11,8; Heb. 11,9; Heb. 11,11; Heb. 11,26; Heb. 12,2; Heb. 12,3; Heb. 12,7; Heb. 12,10; Heb. 13,8; Heb. 13,11; Heb. 13,21; Heb. 13,21; James 1,18; James 1,19; James 1,19; James 1,19; James 1,25; James 2,2; James 2,6; James 2,23; James 3,3; James 3,3; James 4,9; James 4,9; James 4,13; James 5,3; James 5,4; 1Pet. 1,2; 1Pet. 1,3; 1Pet. 1,4; 1Pet. 1,4; 1Pet. 1,5; 1Pet. 1,7; 1Pet. 1,8; 1Pet. 1,10; 1Pet. 1,11; 1Pet. 1,11; 1Pet. 1,12; 1Pet. 1,21; 1Pet. 1,21; 1Pet. 1,22; 1Pet. 1,25; 1Pet. 1,25; 1Pet. 2,2; 1Pet. 2,5; 1Pet. 2,7; 1Pet. 2,8; 1Pet. 2,9; 1Pet. 2,9; 1Pet. 2,14; 1Pet. 2,21; 1Pet. 3,5; 1Pet. 3,7; 1Pet. 3,9; 1Pet. 3,12; 1Pet. 3,20; 1Pet. 3,21; 1Pet. 3,22; 1Pet. 4,2; 1Pet. 4,4; 1Pet. 4,6; 1Pet. 4,7; 1Pet. 4,8; 1Pet. 4,9; 1Pet. 4,10; 1Pet. 4,11; 1Pet. 5,10; 1Pet. 5,11; 1Pet. 5,12; 2Pet. 1,8; 2Pet. 1,11; 2Pet. 1,17; 2Pet. 2,4; 2Pet. 2,9; 2Pet. 2,12; 2Pet. 2,22; 2Pet. 3,7; 2Pet. 3,9; 2Pet. 3,9; 2Pet. 3,18; 1John 2,17; 1John 3,8; 1John 3,14; 1John 4,1; 1John 4,9; 1John 5,8; 1John 5,10; 1John 5,10; 1John 5,13; 2John 2; 2John 7; 2John 10; 3John 5; Jude 4; Jude 4; Jude 6; Jude 13; Jude 21; Jude 25; Rev. 1,6; Rev. 1,11; Rev. 1,11; Rev. 1,11; Rev. 1,11; Rev. 1,11; Rev. 1,11; Rev. 1,11; Rev. 1,11; Rev. 1,18; Rev. 2,10; Rev. 2,22; Rev. 2,22; Rev. 4,9; Rev. 4,10; Rev. 5,6; Rev. 5,13; Rev. 6,13; Rev. 6,15; Rev. 6,15; Rev. 7,12; Rev. 8,5; Rev. 8,7; Rev. 8,8; Rev. 8,11; Rev. 9,1; Rev. 9,3; Rev. 9,7; Rev. 9,9; Rev. 9,15; Rev. 10,5; Rev. 10,6; Rev. 11,6; Rev. 11,9; Rev. 11,12; Rev. 11,15; Rev. 12,4; Rev. 12,6; Rev. 12,9; Rev. 12,13; Rev. 12,14; Rev. 12,14; Rev. 13,3; Rev. 13,6; Rev. 13,10; Rev. 13,10; Rev. 13,13; Rev. 14,11; Rev. 14,19; Rev. 14,19; Rev. 15,7; Rev. 15,8; Rev. 16,1; Rev. 16,2; Rev. 16,3; Rev. 16,4; Rev. 16,14; Rev. 16,16; Rev. 16,19; Rev. 17,3;

εἰσάγω   691

Rev. 17,8; Rev. 17,11; Rev. 17,17; Rev. 18,21; Rev. 19,3; Rev. 19,9; Rev. 19,17; Rev. 19,20; Rev. 20,3; Rev. 20,8; Rev. 20,10; Rev. 20,10; Rev. 20,14; Rev. 20,15; Rev. 21,24; Rev. 21,26; Rev. 21,27; Rev. 22,2; Rev. 22,5; Rev. 22,14)

εἰσάγω (εἰς 2nd homograph; ἄγω) to bring in ▸ 153 + 11 + 11 = 175

Εἰσάγαγε ▸ 2
: **Verb** · second · singular · aorist · active · imperative ▸ **2** (Gen. 43,16; 2Sam. 11,15)

εἰσάγαγε ▸ 3 + 2 + 1 = 6
: **Verb** · second · singular · aorist · active · imperative ▸ 3 + 2 + 1 = **6** (Gen. 7,2; Tob. 7,15; Dan. 2,24; Tob. 7,15; Dan. 2,24; Luke 14,21)

εἰσαγαγεῖν ▸ 15 + 4 + 1 = 20
: **Verb** · aorist · active · infinitive ▸ 15 + 4 + 1 = **20** (Ex. 3,8; Num. 14,16; Deut. 4,38; Deut. 9,28; Deut. 31,21; 1Sam. 27,11; Esth. 1,11; Judith 12,1; 3Mac. 5,2; Sir. 46,8; Is. 60,11; Ezek. 20,15; Ezek. 20,42; Ezek. 44,7; Dan. 1,18; Dan. 1,3; Dan. 1,18; Dan. 4,6; Dan. 5,7; Luke 2,27)

Εἰσαγάγετε ▸ 1
: **Verb** · second · plural · aorist · active · imperative ▸ **1** (Jer. 34,12)

εἰσαγάγετε ▸ 1
: **Verb** · second · plural · aorist · active · imperative ▸ **1** (1Sam. 16,17)

Εἰσαγάγετέ ▸ 2
: **Verb** · second · plural · aorist · active · imperative ▸ **2** (1Kings 12,24q; Song 2,4)

εἰσαγάγῃ ▸ 8 + 1 = 9
: **Verb** · third · singular · aorist · active · subjunctive ▸ 8 + 1 = **9** (Ex. 13,5; Ex. 13,11; Ex. 23,20; Deut. 6,10; Deut. 6,23; Deut. 7,1; Deut. 11,29; Jer. 34,11; Heb. 1,6)

εἰσαγάγῃς ▸ 1
: **Verb** · second · singular · aorist · active · subjunctive ▸ **1** (Prov. 23,8)

εἰσαγάγητε ▸ 1
: **Verb** · second · plural · aorist · active · subjunctive ▸ **1** (2Chr. 28,13)

εἰσαγαγών ▸ 2
: **Verb** · aorist · active · participle · masculine · singular · nominative ▸ **2** (Ex. 15,17; Ode. 1,17)

εἴσαγε ▸ 3
: **Verb** · second · singular · present · active · imperative ▸ **3** (Prov. 25,17; Sir. 11,29; Is. 58,7)

εἰσάγει ▸ 3
: **Verb** · third · singular · present · active · indicative ▸ **3** (Num. 14,3; Deut. 8,7; Bar. 5,6)

εἰσαγειόχατε ▸ 1
: **Verb** · second · plural · perfect · active · indicative ▸ **1** (1Sam. 21,16)

εἰσάγεις ▸ 1
: **Verb** · second · singular · present · active · indicative ▸ **1** (1Sam. 20,8)

εἰσάγεσθαι ▸ 2
: **Verb** · present · passive · infinitive ▸ **2** (Acts 21,37; Acts 22,24)

εἰσαγόμεθα ▸ 1
: **Verb** · first · plural · present · passive · indicative ▸ **1** (Gen. 43,18)

εἰσαγομένοις ▸ 1
: **Verb** · present · middle · participle · masculine · plural · dative ▸ **1** (Ezek. 27,15)

εἰσάγουσιν ▸ 1
: **Verb** · third · plural · present · active · indicative ▸ **1** (1Sam. 7,1)

εἰσάγω ▸ 3
: **Verb** · first · singular · present · active · indicative ▸ **3** (Lev. 18,3; Lev. 20,22; Num. 15,18)

εἰσάγων ▸ 2
: **Verb** · present · active · participle · masculine · singular · nominative ▸ **2** (2Sam. 5,2; 1Chr. 11,2)

εἰσάξει ▸ 6
: **Verb** · third · singular · future · active · indicative ▸ **6** (Ex. 23,23; Num. 14,8; Num. 27,17; Deut. 4,27; Deut. 30,5; Ezek. 17,13)

εἰσάξεις ▸ 7
: **Verb** · second · singular · future · active · indicative ▸ **7** (Gen. 6,19; Ex. 25,14; Ex. 26,29; Ex. 27,7; Deut. 21,12; Deut. 31,23; 2Kings 9,2)

εἰσάξετε ▸ 1
: **Verb** · second · plural · future · active · indicative ▸ **1** (Num. 20,12)

εἰσάξουσιν ▸ 1
: **Verb** · third · plural · future · active · indicative ▸ **1** (Is. 14,2)

εἰσάξω ▸ 16
: **Verb** · first · singular · future · active · indicative ▸ **16** (Ex. 6,8; Ex. 33,3; Num. 14,24; Num. 14,31; Deut. 31,20; Neh. 1,9; Song 8,2; Zech. 8,8; Zech. 10,10; Is. 56,7; Jer. 3,14; Ezek. 20,37; Ezek. 34,13; Ezek. 36,24; Ezek. 37,12; Ezek. 37,21)

εἰσαχθέντας ▸ 1
: **Verb** · aorist · passive · participle · masculine · plural · accusative ▸ **1** (Eccl. 8,10)

Εἰσήγαγεν ▸ 1
: **Verb** · third · singular · aorist · active · indicative ▸ **1** (Lam. 3,13)

εἰσήγαγεν ▸ 31 + 2 + 3 = 36
: **Verb** · third · singular · aorist · active · indicative ▸ 31 + 2 + 3 = **36** (Gen. 8,9; Gen. 29,13; Gen. 29,23; Gen. 39,14; Gen. 43,17; Gen. 47,7; Ex. 2,10; Ex. 18,7; Deut. 26,9; Judg. 2,1; Judg. 12,9; Judg. 19,4; Judg. 19,21; 1Sam. 9,22; 1Sam. 16,12; 1Sam. 19,7; 1Kings 2,35c; 1Kings 5,14a; 1Kings 12,24r; 1Kings 21,39; 2Chr. 25,23; 2Chr. 29,4; 2Chr. 36,4; Tob. 7,1; Tob. 7,16; Psa. 77,54; Sir. 45,5; Sir. 48,17; Jer. 44,14; Ezek. 19,9; Dan. 2,25; Dan. 1,18; Dan. 2,25; John 18,16; Acts 21,28; Acts 21,29)

εἰσήγαγέν ▸ 18
: **Verb** · third · singular · aorist · active · indicative ▸ **18** (Deut. 9,4; Ezek. 8,7; Ezek. 8,14; Ezek. 8,16; Ezek. 40,3; Ezek. 40,17; Ezek. 40,19; Ezek. 40,28; Ezek. 40,32; Ezek. 40,35; Ezek. 40,44; Ezek. 40,48; Ezek. 41,1; Ezek. 42,1; Ezek. 43,5; Ezek. 44,4; Ezek. 46,19; Ezek. 47,1)

εἰσήγαγες ▸ 5
: **Verb** · second · singular · aorist · active · indicative ▸ **5** (Gen. 39,17; Num. 16,14; 1Sam. 20,8; Neh. 9,23; Psa. 65,11)

εἰσηγάγετε ▸ 1
: **Verb** · second · plural · aorist · active · indicative ▸ **1** (1Sam. 21,15)

εἰσήγαγον ▸ 7 + 2 + 3 = 12
: **Verb** · first · singular · aorist · active · indicative ▸ 4 + 1 = **5** (Song 3,4; Jer. 2,7; Jer. 42,4; Ezek. 20,28; Judg. 2,1)
: **Verb** · third · plural · aorist · active · indicative ▸ 3 + 1 + 3 = **7** (Gen. 12,15; Judith 10,20; Tob. 8,1; Tob. 8,1; Luke 22,54; Acts 7,45; Acts 9,8)

εἰσηγάγοσαν ▸ 1
: **Verb** · third · plural · aorist · active · indicative ▸ **1** (Jer. 33,23)

εἰσήχθη ▸ 3 + 1 = 4
: **Verb** · third · singular · aorist · passive · indicative ▸ 3 + 1 = **4** (Lev. 10,18; 1Kings 7,2; Dan. 5,13; Dan. 5,13)

εἰσήχθησαν ▸ 2

Verb · third · plural · aorist · passive · indicative ▸ **2** (Gen. 43,18; Dan. 1,18)

εἰσακούω (εἰς 2nd homograph; ἀκούω) to hear, hearken ▸ **238** + **15** + **5** = **258**

Εἰσακήκοα ▸ **1**
  Verb · first · singular · perfect · active · indicative ▸ **1** (Ex. 16,12)

εἰσακήκοα ▸ **2**
  Verb · first · singular · perfect · active · indicative ▸ **2** (Ode. 4,2; Hab. 3,2)

εἰσακήκοεν ▸ **1**
  Verb · third · singular · perfect · active · indicative ▸ **1** (Ex. 16,9)

εἰσακηκόεν ▸ **1**
  Verb · third · singular · perfect · active · indicative ▸ **1** (Job 9,16)

εἰσάκουε ▸ **1**
  Verb · second · singular · present · active · imperative ▸ **1** (Ex. 23,21)

εἰσακούει ▸ **2**
  Verb · third · singular · present · active · indicative ▸ **2** (Psa. 151,3; Prov. 12,15)

εἰσακούειν ▸ **13** + **1** = **14**
  Verb · present · active · infinitive ▸ 13 + 1 = **14** (Ex. 16,28; Deut. 30,20; Judg. 2,17; Judg. 5,16; 1Kings 3,11; 1Kings 8,29; 1Kings 8,52; Zech. 7,11; Zech. 7,12; Jer. 19,15; Jer. 33,5; Jer. 40,6; Ezek. 3,7; Judg. 2,17)

εἰσακούεις ▸ **1**
  Verb · second · singular · present · active · indicative ▸ **1** (Job 30,20)

εἰσακούετε ▸ **1**
  Verb · second · plural · present · active · indicative ▸ **1** (2Kings 10,6)

εἰσακούετέ ▸ **1**
  Verb · second · plural · present · active · indicative ▸ **1** (Ezek. 20,39)

εἰσακούῃ ▸ **1**
  Verb · third · singular · present · active · subjunctive ▸ **1** (Deut. 21,18)

εἰσακούοντες ▸ **1**
  Verb · present · active · participle · masculine · plural · nominative ▸ **1** (Zech. 6,15)

εἰσακούοντι ▸ **1**
  Verb · present · active · participle · masculine · singular · dative ▸ **1** (Ezek. 13,19)

εἰσακούσαι ▸ **1**
  Verb · third · singular · aorist · active · optative ▸ **1** (Is. 37,4)

εἰσακοῦσαι ▸ **10** + **1** = **11**
  Verb · aorist · active · infinitive ▸ 10 + 1 = **11** (Ex. 16,7; Ex. 16,8; Deut. 23,6; Judg. 20,13; Neh. 9,17; 2Mac. 8,3; Psa. 105,44; Prov. 28,9; Is. 59,1; Jer. 11,10; Judg. 19,25)

εἰσακοῦσαί ▸ **3**
  Verb · aorist · active · infinitive ▸ **3** (Zech. 1,4; Ezek. 3,7; Ezek. 20,8)

εἰσακούσας ▸ **1**
  Verb · aorist · active · participle · masculine · singular · nominative ▸ **1** (3Mac. 2,21)

Εἰσακούσατέ ▸ **1**
  Verb · second · plural · aorist · active · imperative ▸ **1** (Num. 16,8)

εἰσακούσατέ ▸ **2**
  Verb · second · plural · aorist · active · imperative ▸ **2** (Prov. 8,6; Sir. 39,13)

εἰσακουσάτω ▸ **1**
  Verb · third · singular · aorist · active · imperative ▸ **1** (Psa. 65,18)

εἰσακούσει ▸ **2**
  Verb · third · singular · future · active · indicative ▸ **2** (1Kings 8,32; 1Kings 8,45)

εἰσακούσεται ▸ **18**
  Verb · third · singular · future · middle · indicative ▸ **18** (Ex. 7,4; Ex. 11,9; 2Kings 19,4; Judith 8,17; Psa. 54,18; Psa. 54,20; Psa. 57,6; Psa. 114,1; Job 27,9; Job 27,10; Job 34,28; Job 36,10; Sir. 34,24; Sir. 34,26; Sir. 35,13; Mic. 3,4; Is. 19,22; Is. 42,23)

εἰσακούσεταί ▸ **8**
  Verb · third · singular · future · middle · indicative ▸ **8** (Ex. 6,12; Ex. 6,30; Psa. 4,4; Prov. 8,34; Job 9,15; Job 22,27; Mic. 7,7; Is. 58,9)

εἰσακούσῃ ▸ **23**
  Verb · second · singular · future · middle · indicative ▸ **21** (Deut. 4,30; Deut. 13,9; Deut. 27,10; Deut. 30,8; 1Kings 8,30; 1Kings 8,30; 1Kings 8,34; 1Kings 8,36; 1Kings 8,39; 1Kings 8,43; 1Kings 8,49; 2Chr. 6,21; 2Chr. 6,23; 2Chr. 6,25; 2Chr. 6,27; 2Chr. 6,30; 2Chr. 6,33; 3Mac. 2,10; Psa. 5,4; Psa. 21,3; Psa. 37,16)
  Verb · third · singular · aorist · active · subjunctive ▸ **2** (Job 35,12; Is. 46,7)

εἰσακούσῃς ▸ **6**
  Verb · second · singular · aorist · active · subjunctive ▸ **6** (Deut. 28,9; Deut. 28,15; Deut. 30,10; Deut. 30,16; Deut. 30,17; Hab. 1,2)

εἰσακούσητε ▸ **6**
  Verb · second · plural · aorist · active · subjunctive ▸ **6** (Gen. 34,17; Deut. 11,13; Deut. 15,5; Deut. 28,1; Deut. 28,58; Zech. 6,15)

εἰσακούσητέ ▸ **3**
  Verb · second · plural · aorist · active · subjunctive ▸ **3** (Is. 1,19; Is. 1,20; Jer. 17,27)

εἰσακουσθείς ▸ **1**
  Verb · aorist · passive · participle · masculine · singular · nominative ▸ **1** (Heb. 5,7)

εἰσακουσθήσεται ▸ **1**
  Verb · third · singular · future · passive · indicative ▸ **1** (Sir. 3,5)

εἰσακουσθήσονται ▸ **1**
  Verb · third · plural · future · passive · indicative ▸ **1** (Matt. 6,7)

εἰσακούσομαι ▸ **12**
  Verb · first · singular · future · middle · indicative ▸ **12** (Ex. 5,2; Ex. 22,22; Ex. 22,26; 2Chr. 7,14; Psa. 90,15; Prov. 1,28; Is. 1,15; Jer. 7,16; Jer. 11,11; Jer. 11,14; Jer. 14,12; Jer. 36,12)

Εἰσάκουσον ▸ **5**
  Verb · second · singular · aorist · active · imperative ▸ **5** (Deut. 33,7; Psa. 16,1; Psa. 60,2; Psa. 63,2; Psa. 101,2)

εἰσάκουσον ▸ **17** + **3** = **20**
  Verb · second · singular · aorist · active · imperative ▸ 17 + 3 = **20** (Esth. 14,19 # 4,17z; Judith 9,4; Judith 9,12; Psa. 4,2; Psa. 16,6; Psa. 26,7; Psa. 27,2; Psa. 38,13; Psa. 53,4; Psa. 64,3; Psa. 83,9; Psa. 129,2; Psa. 142,1; Sir. 36,16; Is. 37,17; Jer. 18,19; Bar. 2,14; Tob. 3,15; Dan. 9,17; Dan. 9,19)

εἰσάκουσόν ▸ **8**
  Verb · second · singular · aorist · active · imperative ▸ **8** (Psa. 12,4; Psa. 26,7; Psa. 54,3; Psa. 68,17; Psa. 101,3; Psa. 140,1; Psa. 142,7; Jer. 18,19)

εἰσακούσονταί ▸ **1** + **1** = **2**
  Verb · third · plural · future · middle · indicative ▸ 1 + 1 = **2** (Ex. 3,18; 1Cor. 14,21)

εἰσακούσω ▸ **1**
  Verb · first · singular · future · active · indicative ▸ **1** (Zech. 7,13)

εἰσακούσωσιν ▸ **4**

εἰσακούω–εἰσέρχομαι

    Verb · third · plural · aorist · active · subjunctive ▸ **4** (Ex. 4,1; Ex. 4,8; Ex. 4,9; Num. 27,20)

  εἰσακούων ▸ 3
    Verb · present · active · participle · masculine · singular · nominative ▸ **3** (Prov. 21,13; Sir. 3,6; Mic. 3,7)

  εἰσήκουσα ▸ 1
    Verb · first · singular · aorist · active · indicative ▸ **1** (Ex. 6,5)

  εἰσηκούσαμεν ▸ 1 + 3 = 4
    Verb · first · plural · aorist · active · indicative ▸ **1 + 3 = 4** (Gen. 42,21; Dan. 9,6; Dan. 9,10; Dan. 9,14)

  εἰσήκουσαν ▸ 10 + 1 = 11
    Verb · third · plural · aorist · active · indicative ▸ **10 + 1 = 11** (Gen. 34,24; Ex. 6,9; Ex. 16,20; Deut. 34,9; 2Chr. 34,21; Psa. 105,25; Hos. 9,17; Mic. 5,14; Zech. 7,13; Jer. 23,22; Judg. 2,20)

  εἰσηκούσάν ▸ 4
    Verb · third · plural · aorist · active · indicative ▸ **4** (Ex. 6,12; Num. 14,22; Jer. 13,11; Ezek. 3,6)

  εἰσήκουσας ▸ 5
    Verb · second · singular · aorist · active · indicative ▸ **5** (Ex. 7,16; Deut. 28,45; Neh. 9,28; Psa. 30,23; Psa. 60,6)

  εἰσήκουσάς ▸ 1
    Verb · second · singular · aorist · active · indicative ▸ **1** (Psa. 85,7)

  εἰσηκούσατε ▸ 5 + 2 = 7
    Verb · second · plural · aorist · active · indicative ▸ **5 + 2 = 7** (Deut. 9,23; Deut. 28,62; Judg. 2,2; Judg. 6,10; Jer. 25,4; Judg. 2,2; Judg. 6,10)

  εἰσηκούσατέ ▸ 3
    Verb · second · plural · aorist · active · indicative ▸ **3** (Gen. 42,22; Deut. 1,43; Jer. 33,5)

  εἰσήκουσε ▸ 1
    Verb · third · singular · aorist · active · indicative ▸ **1** (Sus. 35a)

  εἰσήκουσεν ▸ 31 + 3 = 34
    Verb · third · singular · aorist · active · indicative ▸ **31 + 3 = 34** (Gen. 21,17; Ex. 2,24; Ex. 7,13; Ex. 7,22; Ex. 8,11; Ex. 8,15; Ex. 9,12; Num. 20,16; Num. 21,3; Deut. 1,45; Deut. 9,19; Deut. 10,10; Deut. 26,7; Judg. 3,9; Judg. 11,28; Judg. 11,28; 2Sam. 12,18; Esth. 1,12; Judith 4,13; Psa. 6,9; Psa. 6,10; Psa. 9,38; Psa. 17,42; Psa. 27,6; Psa. 33,7; Psa. 33,18; Psa. 39,2; Psa. 68,34; Sol. 6,5; Zeph. 3,2; Mal. 3,16; Judg. 13,9; Dan. 1,14; Sus. 44)

  εἰσήκουσέν ▸ 8
    Verb · third · singular · aorist · active · indicative ▸ **8** (Deut. 3,26; Psa. 4,2; Psa. 21,25; Psa. 54,17; Psa. 65,19; Psa. 119,1; Ode. 6,3; Jonah 2,3)

  εἰσηκούσθη ▸ 3 + 1 + 2 = 6
    Verb · third · singular · aorist · passive · indicative ▸ **3 + 1 + 2 = 6** (Tob. 3,16; Sir. 51,11; Dan. 10,12; Tob. 3,16; Luke 1,13; Acts 10,31)

  εἰσηκούσθημεν ▸ 1
    Verb · first · plural · aorist · passive · indicative ▸ **1** (2Mac. 1,8)

εἰσβάλλω (εἰς 2nd homograph; βάλλω) to enter, push oneself into ▸ 2

  εἰσβαλεῖν ▸ 1
    Verb · future · active · infinitive ▸ **1** (2Mac. 13,13)

  εἰσβαλλόντων ▸ 1
    Verb · present · active · participle · masculine · plural · genitive ▸ **1** (2Mac. 14,43)

εἰσβλέπω (εἰς 2nd homograph; βλέπω) to look at ▸ 3

  εἰσβλέψαντες ▸ 1
    Verb · aorist · active · participle · masculine · plural · nominative ▸ **1** (Job 21,5)

  εἰσβλέψας ▸ 1
    Verb · aorist · active · participle · masculine · singular · nominative ▸ **1** (Job 6,28)

  εἰσβλεψον ▸ 1
    Verb · second · singular · aorist · active · imperative ▸ **1** (Is. 37,17)

εἰσδέχομαι (εἰς 2nd homograph; δέχομαι) to receive ▸ 19 + 1 = 20

  εἰσδεξάμενοι ▸ 2
    Verb · aorist · middle · participle · masculine · plural · nominative ▸ **2** (2Mac. 10,36; Wis. 19,16)

  εἰσδέξασθαι ▸ 1
    Verb · aorist · middle · infinitive ▸ **1** (Zeph. 3,8)

  εἰσδέξεται ▸ 1
    Verb · third · singular · future · middle · indicative ▸ **1** (Hab. 2,5)

  εἰσδέξομαι ▸ 9 + 1 = 10
    Verb · first · singular · future · middle · indicative ▸ **9 + 1 = 10** (Hos. 8,10; Mic. 4,6; Zeph. 3,19; Zech. 10,8; Zech. 10,10; Jer. 23,3; Ezek. 11,17; Ezek. 20,34; Ezek. 22,20; 2Cor. 6,17)

  εἰσδέξονται ▸ 1
    Verb · third · plural · future · middle · indicative ▸ **1** (4Mac. 5,37)

  εἰσδέξωμαι ▸ 1
    Verb · first · singular · aorist · middle · subjunctive ▸ **1** (Zeph. 3,20)

  εἰσδέχεσθαι ▸ 1
    Verb · present · middle · infinitive ▸ **1** (Ezek. 20,41)

  εἰσδέχεται ▸ 1
    Verb · third · singular · present · middle · indicative ▸ **1** (Ezek. 22,20)

  εἰσδέχομαι ▸ 1
    Verb · first · singular · present · middle · indicative ▸ **1** (Ezek. 22,19)

  εἰσεδέχθη ▸ 1
    Verb · third · singular · aorist · passive · indicative ▸ **1** (2Mac. 4,22)

εἰσδύω (εἰς 2nd homograph; δύω) to crawl under, go into ▸ 2

  εἰσέδυ ▸ 1
    Verb · third · singular · imperfect · active · indicative ▸ **1** (1Mac. 6,46)

  εἰσέδυσαν ▸ 1
    Verb · third · plural · aorist · active · indicative ▸ **1** (Jer. 4,29)

εἴσειμι (2nd homograph) (εἰς 2nd homograph; εἴμι) to go in, enter (ibo) ▸ 6 + 4 = 10

  εἰσῄει ▸ 1 + 2 = 3
    Verb · third · singular · imperfect · active · indicative ▸ **1 + 2 = 3** (2Mac. 3,14; Acts 21,18; Acts 21,26)

  εἰσίασιν ▸ 1
    Verb · third · plural · present · active · indicative ▸ **1** (Heb. 9,6)

  εἰσιέναι ▸ 3 + 1 = 4
    Verb · present · active · infinitive ▸ **3 + 1 = 4** (1Sam. 16,6; 3Mac. 1,11; 3Mac. 2,28; Acts 3,3)

  εἰσιόντι ▸ 2
    Verb · present · active · participle · masculine · singular · dative ▸ **2** (Ex. 28,29; Ex. 28,35)

εἰσέρχομαι (εἰς 2nd homograph; ἔρχομαι) to enter ▸ 653 + 57 + 194 = 904

  εἰσελεύσει ▸ 1
    Verb · second · singular · future · middle · indicative ▸ **1** (2Sam. 5,6)

  εἰσελεύσεσθαι ▸ 1 + 1 = 2
    Verb · future · middle · infinitive ▸ **1 + 1 = 2** (3Mac. 1,15; Heb.

3,18)

εἰσελεύσεσθε ▸ 4 + **1** = 5
    Verb · second · plural · future · middle · indicative ▸ 4 + 1 = **5** (Num. 14,30; Num. 31,24; Deut. 12,5; 1Kings 11,2; Judg. 18,10)

εἰσελεύσεται ▸ 70 + **7** + **3** = 80
    Verb · third · singular · future · middle · indicative ▸ 70 + 7 + 3 = **80** (Gen. 19,31; Ex. 29,30; Lev. 12,4; Lev. 14,8; Lev. 14,36; Lev. 14,44; Lev. 16,3; Lev. 16,23; Lev. 16,26; Lev. 16,28; Lev. 21,11; Num. 4,5; Num. 5,22; Num. 5,24; Num. 5,27; Num. 6,6; Num. 12,14; Num. 19,7; Num. 27,17; Deut. 1,38; Deut. 23,2; Deut. 23,3; Deut. 23,4; Deut. 23,4; Deut. 23,11; Deut. 23,12; Deut. 25,5; Josh. 6,5; Josh. 19,27; 1Sam. 21,16; 1Sam. 26,6; 2Sam. 5,6; 2Sam. 6,9; 2Sam. 13,5; 2Kings 18,21; 2Kings 19,32; 2Kings 19,33; 2Chr. 23,19; Neh. 6,11; Esth. 4,11; Psa. 17,7; Psa. 23,7; Psa. 23,9; Psa. 48,20; Job 13,16; Job 33,26; Wis. 1,4; Hos. 7,1; Mic. 4,8; Zech. 5,4; Is. 16,12; Is. 36,6; Jer. 21,13; Jer. 30,20; Jer. 34,22; Jer. 39,5; Jer. 50,11; Lam. 4,12; Ezek. 44,2; Ezek. 44,3; Ezek. 44,9; Ezek. 46,2; Ezek. 46,8; Ezek. 46,10; Dan. 11,6; Dan. 11,9; Dan. 11,10; Dan. 11,13; Dan. 11,29; Dan. 11,40; Josh. 19,27; Dan. 11,6; Dan. 11,7; Dan. 11,9; Dan. 11,15; Dan. 11,40; Dan. 11,41; Matt. 7,21; Matt. 19,23; John 10,9)

εἰσελεύσῃ ▸ 18
    Verb · second · singular · future · middle · indicative ▸ **18** (Gen. 6,18; Gen. 30,16; Ex. 3,18; Lev. 18,14; Deut. 21,13; Deut. 24,10; Deut. 31,7; Deut. 32,52; Deut. 34,4; 1Sam. 10,5; 2Kings 4,4; 2Kings 9,2; 2Kings 9,2; 1Chr. 11,5; 2Chr. 18,24; Zech. 6,10; Jer. 16,8; Jer. 41,3)

Εἰσελεύσομαι ▸ **1** + **1** = 2
    Verb · first · singular · future · middle · indicative ▸ 1 + 1 = **2** (Judg. 15,1; Judg. 15,1)

εἰσελεύσομαι ▸ 17 + **1** = 18
    Verb · first · singular · future · middle · indicative ▸ 17 + 1 = **18** (1Sam. 26,6; 2Sam. 11,11; 1Kings 1,14; 1Kings 13,8; 1Kings 17,12; 1Kings 18,12; 1Kings 22,30; 2Chr. 1,10; 2Chr. 18,29; Neh. 2,8; Esth. 4,16; Psa. 5,8; Psa. 42,4; Psa. 65,13; Psa. 70,16; Psa. 131,3; Hos. 11,9; Rev. 3,20)

εἰσελευσόμεθα ▸ 4
    Verb · first · plural · future · middle · indicative ▸ **4** (Judg. 20,8; 2Kings 7,12; Psa. 131,7; Jer. 49,14)

εἰσελεύσονται ▸ 30 + **1** + **5** = 36
    Verb · third · plural · future · middle · indicative ▸ 30 + 1 + 5 = **36** (Gen. 6,20; Ex. 7,28; Ex. 14,17; Num. 4,15; Num. 8,15; Num. 8,24; Num. 27,21; Deut. 1,39; Deut. 23,9; 2Sam. 5,8; 1Kings 11,2; 2Chr. 23,6; Psa. 62,10; Psa. 94,11; Psa. 117,20; Prov. 28,10; Hos. 9,4; Joel 2,9; Is. 7,24; Is. 19,23; Jer. 17,25; Jer. 22,4; Jer. 37,20; Ezek. 7,22; Ezek. 11,18; Ezek. 13,9; Ezek. 20,38; Ezek. 42,14; Ezek. 44,16; Ezek. 44,25; Dan. 11,30; Mark 10,23; Acts 20,29; Heb. 3,11; Heb. 4,3; Heb. 4,5)

εἰσελήλυθα ▸ 1
    Verb · first · singular · perfect · active · indicative ▸ **1** (Deut. 26,3)

εἰσελήλυθας ▸ 1
    Verb · second · singular · perfect · active · indicative ▸ **1** (Ezek. 40,4)

Εἰσεληλύθασιν ▸ 1
    Verb · third · plural · perfect · active · indicative ▸ **1** (Josh. 2,4)

εἰσεληλύθασιν ▸ 1
    Verb · third · plural · perfect · active · indicative ▸ **1** (James 5,4)

εἰσεληλύθατε ▸ 1
    Verb · second · plural · perfect · active · indicative ▸ **1** (John 4,38)

εἰσεληλύθει ▸ 1
    Verb · third · singular · pluperfect · active · indicative ▸ **1** (2Mac. 9,2)

Εἰσελήλυθεν ▸ 1
    Verb · third · singular · perfect · active · indicative ▸ **1** (Zech. 7,3)

εἰσελήλυθεν ▸ 2
    Verb · third · singular · perfect · active · indicative ▸ **2** (Ezek. 4,14; Ezek. 46,9)

εἰσεληλυθέναι ▸ 1
    Verb · perfect · active · infinitive ▸ **1** (Judg. 19,23)

εἰσεληλυθὸς ▸ 1
    Verb · perfect · active · participle · neuter · singular · accusative ▸ **1** (1Kings 12,240)

Εἰσέλθατε ▸ 4 + **1** = 5
    Verb · second · plural · aorist · active · imperative ▸ 4 + 1 = **5** (Josh. 1,11; Josh. 6,22; 1Kings 21,33; Jer. 42,11; Matt. 7,13)

εἰσέλθατε ▸ 6
    Verb · second · plural · aorist · active · imperative ▸ **6** (2Chr. 23,14; 2Chr. 30,8; Psa. 99,2; Psa. 99,4; Sol. 8,16; Joel 1,13)

εἰσελθάτω ▸ 4 + **1** = 5
    Verb · third · singular · aorist · active · imperative ▸ 4 + 1 = **5** (Esth. 1,19; Psa. 78,11; Psa. 87,3; Is. 26,2; Mark 13,15)

εἰσελθάτωσαν ▸ 1
    Verb · third · plural · aorist · active · imperative ▸ **1** (Ex. 14,16)

Εἴσελθε ▸ 13
    Verb · second · singular · aorist · active · imperative ▸ **13** (Gen. 7,1; Gen. 38,8; Ex. 6,11; Ex. 7,26; Ex. 9,1; Ex. 10,1; 2Sam. 16,21; 1Kings 1,42; 1Kings 12,24k; 1Kings 13,7; Ezek. 3,24; Ezek. 8,9; Ezek. 10,2)

εἴσελθε ▸ 14 + **2** + **4** = 20
    Verb · second · singular · aorist · active · imperative ▸ 14 + 2 + 4 = **20** (Gen. 16,2; Gen. 24,31; Gen. 30,3; 1Sam. 20,40; 1Kings 1,13; 1Kings 17,13; 2Kings 5,5; Esth. 5,14; Ode. 5,20; Is. 26,20; Is. 47,1; Is. 47,5; Ezek. 3,4; Ezek. 3,11; Tob. 11,17; Tob. 11,17; Matt. 6,6; Matt. 25,21; Matt. 25,23; Acts 9,6)

εἰσελθεῖν ▸ 45 + **6** + **36** = 87
    Verb · aorist · active · infinitive ▸ 45 + 6 + 36 = **87** (Gen. 12,11; Gen. 19,22; Gen. 38,16; Ex. 1,19; Ex. 12,23; Ex. 33,8; Ex. 40,35; Deut. 9,1; Deut. 20,19; Josh. 10,19; Josh. 14,11; Judg. 15,1; Judg. 19,15; 1Sam. 9,13; 2Sam. 1,2; 2Sam. 17,17; 2Sam. 19,4; 2Kings 7,5; 2Chr. 7,2; 2Chr. 12,11; Neh. 9,15; Esth. 2,12; Esth. 2,15; Esth. 4,2; Esth. 4,11; Tob. 4,10; 1Mac. 9,29; 2Mac. 5,15; 3Mac. 1,10; 3Mac. 1,12; 3Mac. 3,17; Job 14,3; Amos 6,14; Jonah 3,4; Nah. 2,12; Is. 2,21; Is. 24,10; Is. 30,29; Jer. 43,5; Jer. 48,17; Jer. 49,22; Lam. 1,10; Ezek. 17,3; Ezek. 21,24; Ezek. 21,25; Judg. 15,1; Judg. 18,9; Judg. 19,15; Judg. 19,23; Dan. 11,17; Bel 19; Matt. 12,29; Matt. 18,8; Matt. 18,9; Matt. 19,17; Matt. 19,24; Matt. 23,13; Mark 1,45; Mark 9,43; Mark 9,45; Mark 9,47; Mark 10,24; Mark 10,25; Luke 6,6; Luke 8,32; Luke 8,41; Luke 8,51; Luke 9,34; Luke 13,24; Luke 13,24; Luke 14,23; Luke 15,28; Luke 18,25; Luke 18,25; Luke 22,40; Luke 24,26; John 3,4; John 3,5; Acts 10,25; Acts 14,1; Acts 14,22; Acts 19,30; Heb. 3,19; Heb. 4,1; Heb. 4,6; Heb. 4,11; Rev. 15,8)

Εἰσέλθετε ▸ 1
    Verb · second · plural · aorist · active · imperative ▸ **1** (Jer. 48,6)

εἰσέλθετε ▸ 1
    Verb · second · plural · aorist · active · imperative ▸ **1** (Is. 2,10)

εἰσελθέτω ▸ 2
    Verb · third · singular · aorist · active · imperative ▸ **2** (2Kings 11,5; 2Chr. 23,6)

Εἰσελθέτωσαν ▸ 1
    Verb · third · plural · aorist · active · imperative ▸ **1** (Psa. 68,28)

εἰσέρχομαι

εἰσέλθῃ ‣ **8** + **9** = 17
   Verb - third - singular - aorist - active - subjunctive ‣ **8** + **9** = **17** (Ex. 9,19; Ex. 21,3; Ex. 34,35; Lev. 14,48; Deut. 19,5; 1Kings 13,22; Prov. 11,2; Is. 37,33; Mark 10,15; Mark 14,14; Luke 18,17; John 10,9; Rom. 11,25; 1Cor. 14,24; James 2,2; James 2,2; Rev. 21,27)

εἰσέλθῃς ‣ **17** + **1** + **4** = 22
   Verb - second - singular - aorist - active - subjunctive ‣ **17** + **1** + **4** = **22** (Gen. 38,16; Deut. 1,37; Deut. 6,18; Deut. 17,14; Deut. 18,9; Deut. 23,25; Deut. 23,26; Deut. 26,1; Ruth 3,17; 1Kings 22,25; Tob. 6,17; Psa. 142,2; Prov. 23,10; Prov. 27,10; Obad. 13; Jer. 16,5; Ezek. 16,16; Tob. 6,17; Matt. 8,8; Mark 8,26; Mark 9,25; Luke 7,6)

εἰσέλθητε ‣ **17** + **10** = 27
   Verb - second - plural - aorist - active - subjunctive ‣ **17** + **10** = **27** (Ex. 12,25; Lev. 14,34; Lev. 19,23; Lev. 23,10; Lev. 25,2; Num. 15,2; Num. 20,24; Deut. 8,1; Deut. 27,3; Josh. 3,8; Josh. 23,7; Judg. 18,10; 1Sam. 9,13; 1Sam. 10,5; Jer. 49,15; Jer. 49,19; Jer. 50,2; Matt. 5,20; Matt. 10,5; Matt. 10,11; Matt. 18,3; Matt. 26,41; Mark 6,10; Luke 9,4; Luke 10,5; Luke 10,10; Luke 22,46)

Εἰσέλθοι ‣ 1
   Verb - third - singular - aorist - active - optative ‣ **1** (Lam. 1,22)

εἰσέλθοι ‣ 5
   Verb - third - singular - aorist - active - optative ‣ **5** (Psa. 36,15; Psa. 118,170; Job 15,28; Job 41,5; Sol. 4,17)

Εἰσέλθοις ‣ 1
   Verb - second - singular - aorist - active - optative ‣ **1** (Tob. 11,17)

εἰσέλθοισαν ‣ 1
   Verb - third - plural - aorist - active - optative ‣ **1** (Deut. 33,7)

εἰσελθόντα ‣ **4** + **4** = 8
   Verb - aorist - active - participle - masculine - singular - accusative ‣ **2** + **2** = **4** (Lev. 14,36; Judg. 19,22; Acts 9,12; Acts 10,3)
   Verb - aorist - active - participle - neuter - plural - accusative ‣ **1** (Lam. 1,10)
   Verb - aorist - active - participle - neuter - plural - nominative ‣ **2** (Matt. 12,45; Luke 11,26)
   Verb - aorist - active - participle - neuter - singular - accusative ‣ **1** (2Mac. 3,28)

εἰσελθόντας ‣ 1
   Verb - aorist - active - participle - masculine - plural - accusative ‣ **1** (Ex. 35,29)

Εἰσελθόντες ‣ 1
   Verb - aorist - active - participle - masculine - plural - nominative ‣ **1** (2Kings 10,25)

εἰσελθόντες ‣ **10** + **5** = 15
   Verb - aorist - active - participle - masculine - plural - nominative ‣ **10** + **5** = **15** (Gen. 19,5; Ex. 5,15; Deut. 4,1; Deut. 11,8; Deut. 11,31; Deut. 16,20; Josh. 1,11; Jer. 41,10; LetterJ 2; Bel 15-17; Acts 5,10; Acts 13,14; Acts 16,15; Acts 21,8; Acts 23,33)

εἰσελθόντι ‣ 1
   Verb - aorist - active - participle - masculine - singular - dative ‣ **1** (Luke 17,7)

Εἰσελθόντος ‣ 1
   Verb - aorist - active - participle - masculine - singular - genitive ‣ **1** (Matt. 8,5)

εἰσελθόντος ‣ **1** + **2** = 3
   Verb - aorist - active - participle - masculine - singular - genitive ‣ **1** + **2** = **3** (1Sam. 30,1; Matt. 21,10; Mark 9,28)

εἰσελθόντων ‣ **3** + **2** = 5
   Verb - aorist - active - participle - masculine - plural - genitive ‣ **3** + **2** = **5** (Gen. 46,8; Jer. 48,7; Jer. 49,18; Luke 22,10; Acts 25,23)

εἰσελθοῦσα ‣ **5** + **1** + **1** = 7
   Verb - aorist - active - participle - feminine - singular - nominative ‣ **5** + **1** + **1** = **7** (Gen. 19,33; Gen. 19,34; Gen. 19,35; Esth. 15,6 # 5,1c; Judith 12,16; Tob. 8,12; Mark 6,25)

εἰσελθοῦσαι ‣ **2** + **2** = 4
   Verb - aorist - active - participle - feminine - plural - nominative ‣ **2** + **2** = **4** (Gen. 46,26; Gen. 46,27; Mark 16,5; Luke 24,3)

εἰσελθούσῃ ‣ 1
   Verb - aorist - active - participle - feminine - singular - dative ‣ **1** (Esth. 4,8)

εἰσελθούσης ‣ **2** + **1** = 3
   Verb - aorist - active - participle - feminine - singular - genitive ‣ **2** + **1** = **3** (1Kings 12,24k; 1Kings 12,24l; Mark 6,22)

εἰσέλθω ‣ 5
   Verb - first - singular - aorist - active - subjunctive ‣ **5** (Gen. 29,21; Deut. 4,21; Psa. 25,4; Psa. 72,17; Jer. 14,18)

Εἰσέλθωμεν ‣ 1
   Verb - first - plural - aorist - active - subjunctive ‣ **1** (2Kings 7,4)

εἰσέλθωμεν ‣ **6** + **1** = 7
   Verb - first - plural - aorist - active - subjunctive ‣ **6** + **1** = **7** (Gen. 20,13; Judg. 19,13; 2Kings 7,9; Jer. 4,5; Jer. 8,14; Jer. 42,11; Mark 5,12)

Εἰσελθών ‣ 2
   Verb - aorist - active - participle - masculine - singular - nominative ‣ **2** (Matt. 22,11; Acts 19,8)

εἰσελθών ‣ **14** + **2** + **18** = 34
   Verb - aorist - active - participle - masculine - singular - nominative ‣ **14** + **2** + **18** = **34** (Gen. 31,33; Gen. 43,30; Deut. 4,34; 1Sam. 23,7; Esth. 4,9; Esth. 5,10; Tob. 5,9; Tob. 6,15; 2Mac. 11,5; 3Mac. 5,46; Psa. 117,19; Prov. 6,29; Wis. 8,16; Dan. 2,24; Tob. 5,7; Tob. 5,9; Matt. 9,25; Matt. 26,58; Mark 1,21; Mark 2,1; Mark 3,27; Mark 5,39; Mark 7,24; Mark 11,15; Luke 1,9; Luke 1,28; Luke 7,36; Luke 11,37; Luke 19,1; Luke 19,45; Acts 18,19; Acts 23,16; Acts 28,8; Heb. 4,10)

εἰσέλθωσιν ‣ **6** + **2** = 8
   Verb - third - plural - aorist - active - subjunctive ‣ **6** + **2** = **8** (Num. 4,20; Num. 32,9; Neh. 13,1; Prov. 5,10; Is. 13,20; Ezek. 11,16; 1Cor. 14,23; Rev. 22,14)

εἰσέρχεσθε ‣ **1** + **1** = 2
   Verb - second - plural - present - middle - indicative ‣ **1** + **1** = **2** (1Esdr. 8,80; Matt. 23,13)

εἰσερχέσθωσαν ‣ 1
   Verb - third - plural - present - middle - imperative ‣ **1** (Luke 21,21)

εἰσέρχεται ‣ 1
   Verb - third - singular - present - middle - indicative ‣ **1** (Heb. 9,25)

εἰσέρχησθε ‣ 1
   Verb - second - plural - present - middle - subjunctive ‣ **1** (Luke 10,8)

Εἰσερχόμεθα ‣ 1
   Verb - first - plural - present - middle - indicative ‣ **1** (Heb. 4,3)

εἰσερχομένην ‣ 1
   Verb - present - middle - participle - feminine - singular - accusative ‣ **1** (Heb. 6,19)

εἰσερχόμενοι ‣ 2
   Verb - present - middle - participle - masculine - plural - nominative ‣ **2** (Matt. 7,13; Matt. 10,12)

εἰσερχόμενον ‣ **1** + **1** = 2
   Verb - present - middle - participle - masculine - singular - accusative ‣ **1** + **1** = **2** (3Mac. 1,13; Matt. 15,11)

εἰσερχόμενος ▸ 3
    Verb ▪ present ▪ middle ▪ participle ▪ masculine ▪ singular ▪ nominative ▸ **3** (John 10,1; John 10,2; Heb. 10,5)
εἰσερχομένου ▸ 1
    Verb ▪ present ▪ middle ▪ participle ▪ masculine ▪ singular ▪ genitive ▸ **1** (Luke 17,12)
εἰσερχομένους ▸ 2
    Verb ▪ present ▪ middle ▪ participle ▪ masculine ▪ plural ▪ accusative ▸ **2** (Matt. 23,13; Luke 11,52)
εἰσήλθαμεν ▸ 1
    Verb ▪ first ▪ plural ▪ aorist ▪ active ▪ indicative ▸ **1** (Judg. 18,9)
εἰσήλθαν ▸ 4
    Verb ▪ third ▪ plural ▪ aorist ▪ active ▪ indicative ▸ **4** (2Sam. 10,14; 2Sam. 17,18; 2Chr. 29,17; 2Chr. 29,18)
Εἰσήλθατε ▸ 1
    Verb ▪ second ▪ plural ▪ aorist ▪ active ▪ indicative ▸ **1** (Amos 4,4)
εἰσήλθατε ▸ 3 + 1 = 4
    Verb ▪ second ▪ plural ▪ aorist ▪ active ▪ indicative ▸ 3 + 1 = **4** (Josh. 24,6; Jer. 2,7; Jer. 51,8; Luke 11,52)
εἰσῆλθε ▸ 1
    Verb ▪ third ▪ singular ▪ aorist ▪ active ▪ indicative ▸ **1** (Dan. 2,16)
Εἰσῆλθεν ▸ 5 + 3 = 8
    Verb ▪ third ▪ singular ▪ aorist ▪ active ▪ indicative ▸ 5 + 3 = **8** (Gen. 39,17; Gen. 43,26; Gen. 44,14; Esth. 7,1; Sol. 8,18; Luke 9,46; Luke 22,3; John 18,33)
εἰσῆλθεν ▸ 188 + 25 + 40 = 253
    Verb ▪ third ▪ singular ▪ aorist ▪ active ▪ indicative ▸ 188 + 25 + 40 = **253** (Gen. 7,7; Gen. 7,13; Gen. 7,16; Gen. 12,14; Gen. 16,4; Gen. 19,23; Gen. 20,3; Gen. 24,32; Gen. 24,67; Gen. 29,23; Gen. 29,30; Gen. 30,4; Gen. 30,10; Gen. 30,16; Gen. 31,33; Gen. 38,2; Gen. 38,18; Gen. 39,11; Gen. 39,14; Gen. 40,6; Ex. 5,1; Ex. 7,10; Ex. 7,23; Ex. 10,3; Ex. 14,20; Ex. 15,19; Ex. 20,21; Ex. 24,3; Ex. 24,18; Ex. 33,9; Lev. 9,23; Num. 14,24; Num. 17,8; Num. 17,23; Num. 25,8; Deut. 32,44; Josh. 6,6; Judg. 3,20; Judg. 4,21; Judg. 4,22; Judg. 6,19; Judg. 7,13; Judg. 7,19; Judg. 9,5; Judg. 16,1; Judg. 18,20; Judg. 19,16; Judg. 19,29; Ruth 2,18; Ruth 3,15; Ruth 3,16; Ruth 4,13; 1Sam. 1,18; 1Sam. 1,19; 1Sam. 1,24; 1Sam. 4,13; 1Sam. 4,14; 1Sam. 5,10; 1Sam. 5,11; 1Sam. 6,14; 1Sam. 12,8; 1Sam. 14,26; 1Sam. 16,21; 1Sam. 20,41; 1Sam. 21,1; 1Sam. 24,4; 1Sam. 26,15; 1Sam. 28,21; 2Sam. 3,24; 2Sam. 7,18; 2Sam. 11,4; 2Sam. 11,7; 2Sam. 12,1; 2Sam. 12,16; 2Sam. 12,20; 2Sam. 12,20; 2Sam. 12,24; 2Sam. 13,6; 2Sam. 14,4; 2Sam. 14,33; 2Sam. 14,33; 2Sam. 15,37; 2Sam. 16,22; 2Sam. 17,6; 2Sam. 17,25; 2Sam. 18,9; 2Sam. 19,6; 2Sam. 19,9; 2Sam. 19,26; 2Sam. 20,3; 2Sam. 20,3; 2Sam. 20,8; 2Sam. 20,22; 2Sam. 24,13; 1Kings 1,15; 1Kings 1,23; 1Kings 1,28; 1Kings 1,53; 1Kings 2,13; 1Kings 2,19; 1Kings 10,2; 1Kings 11,18; 1Kings 12,21; 1Kings 12,24l; 1Kings 12,24n; 1Kings 12,24u; 1Kings 16,10; 1Kings 19,9; 1Kings 20,5; 1Kings 21,30; 1Kings 22,30; 2Kings 4,11; 2Kings 4,32; 2Kings 4,33; 2Kings 4,36; 2Kings 4,37; 2Kings 5,4; 2Kings 5,25; 2Kings 8,14; 2Kings 9,5; 2Kings 9,6; 2Kings 9,11; 2Kings 9,34; 2Kings 10,17; 2Kings 10,23; 2Kings 10,24; 2Kings 11,9; 2Kings 11,13; 2Kings 11,16; 2Kings 11,18; 2Kings 11,19; 2Kings 18,37; 2Kings 19,1; 2Kings 20,1; 2Kings 20,14; 2Kings 24,11; 1Chr. 2,21; 1Chr. 7,23; 2Chr. 8,11; 2Chr. 18,29; 2Chr. 23,12; 2Chr. 23,17; 2Chr. 23,20; 2Chr. 26,16; 2Chr. 26,17; 2Chr. 27,2; Esth. 2,16; Esth. 6,4; Esth. 9,25; Judith 12,13; Judith 14,14; Judith 14,15; Judith 14,17; Tob. 3,17; Tob. 5,10; Tob. 8,13; Tob. 11,15; 1Mac. 1,17; 1Mac. 1,21; 1Mac. 6,62; 1Mac. 11,13; 1Mac. 12,48; 1Mac. 13,47; 1Mac. 14,2; 2Mac. 1,15; Psa. 50,2; Psa. 104,23; Psa. 108,18; Ode. 1,19; Ode. 4,16; Job 37,8; Wis. 2,24; Wis. 10,16; Wis. 14,14; Hab. 3,16; Is. 20,1; Is. 36,22; Jer. 9,20; Jer. 33,21; Jer. 45,11; Bar. 3,15; Ezek. 10,2; Ezek. 10,6; Ezek. 37,10; Ezek. 40,6; Ezek. 41,3; Ezek. 43,4; Dan. 10,3; Judg. 3,20; Judg. 4,21; Judg. 4,22; Judg. 6,19; Judg. 7,19; Judg. 9,5; Judg. 9,41; Judg. 11,18; Judg. 13,6; Judg. 16,1; Judg. 19,22; Tob. 2,13; Tob. 5,10; Tob. 6,10; Tob. 7,1; Tob. 8,13; Tob. 10,8; Tob. 11,15; Tob. 14,10; Dan. 2,16; Dan. 2,17; Dan. 5,10; Dan. 6,11; Dan. 10,3; Sus. 36; Matt. 2,21; Matt. 12,4; Matt. 21,12; Matt. 24,38; Mark 2,26; Mark 3,1; Mark 7,17; Mark 11,11; Mark 15,43; Luke 1,40; Luke 4,16; Luke 4,38; Luke 6,4; Luke 7,1; Luke 8,30; Luke 10,38; Luke 17,27; Luke 19,7; Luke 24,29; John 13,27; John 18,1; John 19,9; John 20,5; John 20,6; John 20,8; Acts 1,21; Acts 3,8; Acts 5,7; Acts 9,17; Acts 10,24; Acts 10,27; Acts 11,8; Acts 14,20; Acts 17,2; Acts 18,7; Rom. 5,12; Heb. 6,20; Heb. 9,12; Heb. 9,24; Rev. 11,11)
εἰσῆλθέν ▸ 1
    Verb ▪ third ▪ singular ▪ aorist ▪ active ▪ indicative ▸ **1** (Sus. 15)
εἰσῆλθες ▸ 3 + 2 = 5
    Verb ▪ second ▪ singular ▪ aorist ▪ active ▪ indicative ▸ 3 + 2 = **5** (2Sam. 3,7; 1Kings 17,18; Ezek. 16,7; Matt. 22,12; Acts 11,3)
εἰσήλθετε ▸ 1
    Verb ▪ second ▪ plural ▪ aorist ▪ active ▪ indicative ▸ **1** (Ezek. 36,22)
Εἰσήλθομεν ▸ 1
    Verb ▪ first ▪ plural ▪ aorist ▪ active ▪ indicative ▸ **1** (2Kings 7,10)
εἰσήλθομεν ▸ 2 + 2 = 4
    Verb ▪ first ▪ plural ▪ aorist ▪ active ▪ indicative ▸ 2 + 2 = **4** (1Sam. 10,14; 1Esdr. 8,60; Acts 11,12; Acts 28,16)
Εἰσῆλθον ▸ 1
    Verb ▪ first ▪ singular ▪ aorist ▪ active ▪ indicative ▸ **1** (Song 5,1)
εἰσῆλθον ▸ 65 + 8 + 11 = 84
    Verb ▪ first ▪ singular ▪ aorist ▪ active ▪ indicative ▸ 6 + 1 + 1 = **8** (Neh. 6,10; Is. 37,24; Ezek. 3,15; Ezek. 8,10; Ezek. 16,8; Dan. 10,12; Tob. 2,9; Luke 7,45)
    Verb ▪ third ▪ plural ▪ aorist ▪ active ▪ indicative ▸ 59 + 7 + 10 = **76** (Gen. 7,9; Gen. 7,15; Gen. 19,3; Gen. 19,8; Gen. 34,25; Gen. 34,27; Gen. 41,21; Gen. 41,21; Gen. 46,6; Ex. 14,22; Ex. 14,23; Num. 8,22; Josh. 6,23; Judg. 3,24; Judg. 9,27; Judg. 9,46; Judg. 11,18; Judg. 18,18; Judg. 19,15; 1Sam. 5,3; 1Sam. 14,11; 2Sam. 2,24; 2Sam. 4,5; 2Sam. 4,7; 2Sam. 16,15; 1Kings 1,32; 1Kings 1,47; 1Kings 11,17; 1Kings 13,25; 2Kings 3,24; 2Kings 3,24; 2Kings 6,20; 2Kings 7,8; 2Kings 7,8; 2Kings 7,8; 2Kings 7,10; 2Kings 10,21; 2Kings 25,26; 2Chr. 20,28; 2Chr. 24,17; 2Chr. 29,16; Esth. 4,4; Judith 15,9; 1Mac. 7,36; 1Mac. 10,83; 1Mac. 12,3; 1Mac. 13,51; Hos. 9,10; Amos 6,1; Obad. 5; Obad. 5; Obad. 11; Hag. 1,14; Zech. 2,4; Jer. 28,51; Jer. 43,20; Jer. 46,3; Jer. 50,7; Jer. 50,7; Judg. 3,24; Judg. 18,15; Judg. 18,18; Judg. 19,15; Tob. 9,6; Tob. 9,6; Dan. 5,15; Matt. 25,10; Matt. 27,53; Mark 5,13; Luke 8,33; Luke 9,52; John 18,28; Acts 1,13; Acts 5,21; Acts 16,40; Heb. 4,6)
εἰσῆλθόν ▸ 1
    Verb ▪ first ▪ singular ▪ aorist ▪ active ▪ indicative ▸ **1** (Luke 7,44)
εἰσήλθοσαν ▸ 16
    Verb ▪ third ▪ plural ▪ aorist ▪ active ▪ indicative ▸ **16** (Ex. 1,1; Ex. 16,22; Josh. 2,1; Josh. 2,1; Judg. 18,15; 1Esdr. 3,15; Neh. 10,30; 1Mac. 8,19; Psa. 68,2; Jer. 39,23; Ezek. 9,2; Ezek. 12,16; Ezek. 36,20; Ezek. 36,20; Ezek. 36,21; Ezek. 37,21)
εἰσήρχετο ▸ 1
    Verb ▪ third ▪ singular ▪ imperfect ▪ middle ▪ indicative ▸ **1** (Gen. 38,9)

εἰσκαλέομαι (εἰς 2nd homograph; καλέω) to invite in ▸ 1
    εἰσκαλεσάμενος ▸ 1
        Verb ▪ aorist ▪ middle ▪ participle ▪ masculine ▪ singular

· nominative ▸ **1** (Acts 10,23)

εἰσκυκλέω (εἰς 2nd homograph; κύκλος) to enclose onself, jump into ▸ 1
   εἰσκυκλεῖσθαι ▸ 1
      Verb · present · middle · infinitive ▸ **1** (2Mac. 2,24)

εἰσκύπτω (εἰς 2nd homograph; κύπτω) to overlook; look into ▸ 1
   εἰσκύπτουσαν ▸ 1
      Verb · present · active · participle · feminine · singular · accusative ▸ **1** (1Sam. 13,18)

εἰσοδιάζομαι (εἰς 2nd homograph; ὁδός) to come in ▸ 2
   εἰσοδιαζόμενον ▸ 1
      Verb · present · passive · participle · neuter · singular · accusative ▸ **1** (2Kings 12,5)
   εἰσοδιασθέν ▸ 1
      Verb · aorist · passive · participle · neuter · singular · accusative ▸ **1** (2Chr. 34,14)

εἰσόδιον entrance ▸ 1
   εἰσόδια ▸ 1
      Noun · neuter · plural · nominative · (common) ▸ **1** (Dan. 11,13)

εἴσοδος (εἰς 2nd homograph; ὁδός) entrance, coming ▸ 48 + 4 + 5 = 57
   εἰσόδοις ▸ 1
      Noun · feminine · plural · dative · (common) ▸ **1** (Prov. 8,3)
   εἴσοδον ▸ 10 + 3 + 3 = 16
      Noun · feminine · singular · accusative · (common) ▸ 10 + 3 + 3 = **16** (Judg. 1,24; Judg. 1,25; 2Kings 16,18; 1Chr. 9,19; 2Chr. 16,1; 1Mac. 14,5; Psa. 73,5; Ezek. 44,5; Ezek. 46,19; Ezek. 48,1; Judg. 1,24; Judg. 1,25; Bel 12; 1Th. 1,9; 1Th. 2,1; Heb. 10,19)
   εἴσοδόν ▸ 5
      Noun · feminine · singular · accusative · (common) ▸ **5** (2Sam. 3,25; 1Kings 3,7; 2Kings 19,27; Psa. 120,8; Is. 37,28)
   εἴσοδος ▸ 3 + 1 = 4
      Noun · feminine · singular · nominative · (common) ▸ 3 + 1 = **4** (Judith 4,7; Wis. 7,6; Sol. 4,14; 2Pet. 1,11)
   εἴσοδός ▸ 3
      Noun · feminine · singular · nominative · (common) ▸ **3** (1Sam. 16,4; 1Sam. 29,6; 1Kings 2,13)
   εἰσόδου ▸ 20 + 1 = 21
      Noun · feminine · singular · genitive · (common) ▸ 20 + 1 = **21** (Josh. 13,5; 1Sam. 17,52; 1Kings 8,65; 2Kings 11,16; 2Kings 14,25; 1Chr. 13,5; 2Chr. 7,8; 2Chr. 23,13; 2Chr. 26,8; 1Esdr. 8,60; 3Mac. 3,18; Sol. 8,17; Sol. 11,4; Mal. 3,2; Is. 66,11; Ezek. 27,3; Ezek. 42,9; Ezek. 47,15; Ezek. 47,20; Ezek. 47,20; Acts 13,24)
   εἰσόδῳ ▸ 3 + 1 = 4
      Noun · feminine · singular · dative · (common) ▸ 3 + 1 = **4** (Gen. 30,27; 2Kings 23,11; Sol. 4,5; Judg. 1,14)
   εἰσόδων ▸ 3
      Noun · feminine · plural · genitive · (common) ▸ **3** (2Chr. 23,4; Prov. 8,34; Jer. 8,7)

εἰσοράω (εἰς 2nd homograph; ὁράω) to look on ▸ 1
   εἰσεῖδεν ▸ 1
      Verb · third · singular · aorist · active · indicative ▸ **1** (Judith 4,13)

εἰσπέμπω (εἰς 2nd homograph; πέμπω) to send in ▸ 1
   εἰσέπεμψεν ▸ 1
      Verb · third · singular · aorist · active · indicative ▸ **1** (2Mac. 13,20)

εἰσπηδάω (εἰς 2nd homograph; πηδάω) to rush in ▸ 1 + 1 + 1 = 3
   εἰσεπήδησαν ▸ 1
      Verb · third · plural · aorist · active · indicative ▸ **1** (Sus. 26)
   εἰσεπήδησεν ▸ 1
      Verb · third · singular · aorist · active · indicative ▸ **1** (Acts 16,29)
   εἰσπηδήσῃ ▸ 1
      Verb · third · singular · aorist · active · subjunctive ▸ **1** (Amos 5,19)

εἰσπλέω (εἰς 2nd homograph; πλέω) to sail in, enter ▸ 2
   εἰσπλέουσι ▸ 1
      Verb · present · active · participle · masculine · plural · dative ▸ **1** (4Mac. 13,6)
   εἰσπλεύσαντα ▸ 1
      Verb · aorist · active · participle · masculine · singular · accusative ▸ **1** (2Mac. 14,1)

εἰσπορεύομαι (εἰς 2nd homograph; πορεύομαι) to enter, go in ▸ 157 + 13 + 18 = 188
   εἰσεπορεύεσθε ▸ 1
      Verb · second · plural · imperfect · middle · indicative ▸ **1** (Hag. 2,16)
   εἰσεπορεύετο ▸ 13 + 1 + 1 = 15
      Verb · third · singular · imperfect · middle · indicative ▸ 13 + 1 + 1 = **15** (Ex. 33,8; Ex. 34,34; Josh. 6,1; 1Sam. 18,13; 1Sam. 18,16; 2Sam. 15,37; 1Kings 14,28; 2Kings 9,31; 1Mac. 7,2; 1Mac. 11,3; Psa. 40,7; Sol. 2,11; Dan. 10,20; Sus. 7; Mark 6,56)
   εἰσεπορεύθη ▸ 1
      Verb · third · singular · aorist · passive · indicative ▸ **1** (Josh. 10,9)
   εἰσεπορευόμην ▸ 1
      Verb · first · singular · imperfect · middle · indicative ▸ **1** (Ezek. 43,3)
   εἰσεπορεύοντο ▸ 12 + 6 = 18
      Verb · third · plural · imperfect · middle · indicative ▸ 12 + 6 = **18** (Gen. 6,4; Num. 33,40; Josh. 3,15; Josh. 6,13; 2Chr. 12,11; Tob. 7,11; Amos 2,7; Ezek. 23,39; Ezek. 23,44; Ezek. 23,44; Dan. 5,7; Dan. 5,8; Tob. 6,14; Tob. 7,11; Dan. 4,7; Dan. 5,8; Bel 12; Bel 21)
   εἰσπεπορευμένους ▸ 2
      Verb · perfect · middle · participle · masculine · plural · accusative ▸ **2** (Ex. 14,28; Josh. 2,3)
   εἰσπεπορευμένων ▸ 1
      Verb · perfect · passive · participle · masculine · plural · genitive ▸ **1** (Ex. 1,1)
   Εἰσπεπόρευνται ▸ 1
      Verb · third · plural · perfect · middle · indicative ▸ **1** (Josh. 2,2)
   εἰσπορεύεσθαι ▸ 24
      Verb · present · middle · infinitive ▸ **24** (Num. 7,89; Num. 15,18; Deut. 31,2; Josh. 15,18; Judg. 1,14; 2Kings 4,8; 2Kings 4,10; 2Kings 5,18; 2Kings 11,8; 1Chr. 9,25; 1Chr. 24,19; Tob. 5,18; 1Mac. 13,49; 1Mac. 15,14; 1Mac. 15,25; Is. 30,29; Jer. 17,27; Ezek. 10,3; Ezek. 42,9; Ezek. 42,12; Ezek. 44,17; Ezek. 44,21; Ezek. 46,8; Ezek. 46,10)
   εἰσπορεύεσθαί ▸ 2
      Verb · present · middle · infinitive ▸ **2** (Deut. 28,6; Deut. 28,19)
   εἰσπορεύεσθε ▸ 13
      Verb · second · plural · present · middle · indicative ▸ **7** (Num. 34,2; Deut. 4,5; Deut. 4,14; Deut. 6,1; Deut. 28,63; Ezra 9,11; Ezek. 20,29)
      Verb · second · plural · present · middle · imperative ▸ **6** (Deut. 1,7; Psa. 95,8; Hos. 4,15; Amos 5,5; Joel 4,11; Joel 4,13)
   εἰσπορευέσθω ▸ 1
      Verb · third · singular · present · middle · imperative ▸ **1** (Lev.

16,2)

εἰσπορευέσθωσαν ▸ 2
   Verb · third · plural · present · middle · imperative ▸ **2** (Deut. 10,11; 2Chr. 23,4)

εἰσπορεύεται ▸ 9 + **1** + 3 = 13
   Verb · third · singular · present · middle · indicative ▸ 9 + **1** + 3 = **13** (Deut. 31,16; 1Sam. 26,5; 1Sam. 26,7; 1Kings 16,18; Esth. 2,13; Esth. 2,14; Esth. 2,14; Sir. 4,13; Mal. 3,2; Tob. 5,18; Mark 5,40; Mark 7,19; Luke 22,10)

εἰσπορεύῃ ▸ 10
   Verb · second · singular · present · middle · indicative ▸ **10** (Ex. 23,27; Ex. 34,12; Deut. 7,1; Deut. 9,5; Deut. 11,10; Deut. 11,11; Deut. 12,29; Deut. 23,21; Deut. 28,21; Deut. 30,16)

εἰσπορεύησθε ▸ 1
   Verb · second · plural · present · middle · subjunctive ▸ **1** (Lev. 10,9)

εἰσπορεύηται ▸ 2
   Verb · third · singular · present · middle · subjunctive ▸ **2** (Ex. 28,30; Ezek. 46,9)

εἰσπορευθέντες ▸ 1
   Verb · aorist · passive · participle · masculine · plural · nominative ▸ **1** (Deut. 1,8)

εἰσπορεύομαι ▸ 2 + **1** = 3
   Verb · first · singular · present · middle · indicative ▸ 2 + **1** = **3** (Ex. 11,4; Judg. 7,17; Judg. 7,17)

εἰσπορευόμεθα ▸ 1
   Verb · first · plural · present · middle · indicative ▸ **1** (Josh. 2,18)

εἰσπορευόμενα ▸ 1
   Verb · present · middle · participle · neuter · plural · nominative ▸ **1** (Gen. 7,16)

εἰσπορευόμεναι ▸ 1
   Verb · present · middle · participle · feminine · plural · nominative ▸ **1** (Mark 4,19)

εἰσπορευομένη ▸ 1 + **1** = 2
   Verb · present · middle · participle · feminine · singular · nominative ▸ 1 + **1** = **2** (Judith 12,9; Tob. 10,7)

εἰσπορευομένην ▸ 1 + **1** = 2
   Verb · present · middle · participle · feminine · singular · accusative ▸ 1 + **1** = **2** (Ruth 4,11; Sus. 8)

εἰσπορευόμενοι ▸ 5 + **4** = 9
   Verb · present · middle · participle · masculine · plural · nominative ▸ 5 + **4** = **9** (2Kings 3,24; Jer. 17,20; Jer. 19,3; Jer. 22,2; Bel 21; Mark 11,2; Luke 8,16; Luke 11,33; Luke 19,30)

εἰσπορευομένοις ▸ 1
   Verb · present · middle · participle · masculine · plural · dative ▸ **1** (Judg. 20,10)

εἰσπορευόμενον ▸ 1 + 3 = 4
   Verb · present · middle · participle · masculine · singular · accusative ▸ 1 + 3 = **4** (1Kings 15,17; Matt. 15,17; Mark 7,15; Mark 7,18)

Εἰσπορευόμενος ▸ 1
   Verb · present · middle · participle · masculine · singular · nominative ▸ **1** (Jer. 43,29)

εἰσπορευόμενος ▸ 18 + **1** + 2 = 21
   Verb · present · middle · participle · masculine · singular · nominative ▸ 18 + **1** + 2 = **21** (Lev. 14,46; Num. 4,3; Num. 4,23; Num. 4,30; Num. 4,35; Num. 4,39; Num. 4,43; Num. 4,47; Num. 19,14; 1Sam. 5,5; 2Kings 11,8; 2Kings 11,15; 2Chr. 23,7; 1Mac. 3,45; Ezek. 26,10; Ezek. 46,9; Ezek. 46,9; Dan. 11,16; Dan. 11,16; Acts 8,3; Acts 9,28)

εἰσπορευομένου ▸ 5
   Verb · present · middle · participle · masculine · singular · genitive ▸ **5** (Lev. 16,17; Lev. 16,23; 1Chr. 27,1; 2Chr. 23,7; Ezek. 26,10)

εἰσπορευομένους ▸ 1 + **1** = 2
   Verb · present · middle · participle · masculine · plural · accusative ▸ 1 + **1** = **2** (2Kings 11,9; Acts 28,30)

εἰσπορευομένῳ ▸ 3
   Verb · present · middle · participle · masculine · singular · dative ▸ **3** (2Chr. 15,5; 2Chr. 31,16; Zech. 8,10)

εἰσπορευομένων ▸ 7 + **1** = 8
   Verb · present · middle · participle · masculine · plural · genitive ▸ 7 + **1** = **8** (Gen. 23,10; Gen. 23,18; Ex. 38,27; Num. 13,21; Num. 34,8; 1Sam. 9,14; LetterJ 16; Acts 3,2)

εἰσπορεύονται ▸ 4 + **1** + 2 = 7
   Verb · third · plural · present · middle · indicative ▸ 4 + **1** + 2 = **7** (1Sam. 11,11; Tob. 12,15; Jer. 17,19; Ezek. 23,44; Tob. 12,15; Mark 1,21; Luke 18,24)

εἰσπορεύσεται ▸ 1
   Verb · third · singular · future · middle · indicative ▸ **1** (Jer. 43,29)

εἰσπορευσόμεθα ▸ 2
   Verb · first · plural · future · middle · indicative ▸ **2** (Deut. 1,22; 1Sam. 23,3)

εἰσπορεύωμαι ▸ 1
   Verb · first · singular · present · middle · subjunctive ▸ **1** (Gen. 44,30)

εἰσπορεύωνται ▸ 4
   Verb · third · plural · present · middle · subjunctive ▸ **4** (Ex. 28,43; Ex. 30,20; Ex. 30,21; Ezek. 44,27)

εἰσσπάομαι (εἰς 2nd homograph; σπάω) to draw in ▸ 1

εἰσεσπάσαντο ▸ 1
   Verb · third · plural · aorist · middle · indicative ▸ **1** (Gen. 19,10)

εἰστρέχω (εἰς 2nd homograph; τρέχω) to run in ▸ 1 + 1 = 2

εἰσδραμοῦσα ▸ 1
   Verb · aorist · active · participle · feminine · singular · nominative ▸ **1** (Acts 12,14)

εἰσδραμών ▸ 1
   Verb · aorist · active · participle · masculine · singular · nominative ▸ **1** (2Mac. 5,26)

εἰσφέρω (εἰς 2nd homograph; φέρω) to bring in ▸ 90 + 7 + **8** = 105

εἰσενέγκαι ▸ 4
   Verb · aorist · active · infinitive ▸ **4** (1Chr. 13,5; 1Chr. 22,19; 2Chr. 24,6; 2Chr. 24,9)

εἰσενέγκαντες ▸ 1
   Verb · aorist · active · participle · masculine · plural · nominative ▸ **1** (Is. 2,19)

εἰσενέγκας ▸ 1
   Verb · aorist · active · participle · masculine · singular · nominative ▸ **1** (Gen. 27,33)

Εἰσένεγκε ▸ 2
   Verb · second · singular · aorist · active · imperative ▸ **1** (Ex. 4,6)
   Verb · third · singular · aorist · active · indicative ▸ **1** (2Sam. 13,10)

εἰσένεγκε ▸ 1
   Verb · second · singular · aorist · active · imperative ▸ **1** (Ex. 4,7)

εἰσενεγκεῖν ▸ 2 + **1** = 3
   Verb · aorist · active · infinitive ▸ 2 + **1** = **3** (1Sam. 9,7; Jer. 48,5; Luke 5,18)

εἰσενέγκῃς ▸ 2
   Verb · second · singular · aorist · active · subjunctive ▸ **2** (Matt.

εἰσένεγκον ▸ 1
  Verb · second · singular · aorist · active · imperative ▸ **1** (Sir. 6,24)
εἰσενέγκωσιν ▸ **1** + **1** = **2**
  Verb · third · plural · aorist · active · subjunctive ▸ **1** + **1** = **2** (Ex. 16,5; Luke 5,19)
εἰσενεχθὲν ▸ 2
  Verb · aorist · active · participle · neuter · singular · accusative ▸ **1** (2Kings 22,4)
  Verb · aorist · passive · participle · neuter · singular · accusative ▸ **1** (2Chr. 34,9)
εἰσενεχθέντος ▸ 1
  Verb · aorist · passive · participle · neuter · singular · genitive ▸ **1** (2Kings 12,14)
εἰσενεχθῇ ▸ 1
  Verb · third · singular · aorist · passive · subjunctive ▸ **1** (Lev. 6,23)
εἰσενεχθῆναι ▸ 2
  Verb · aorist · passive · infinitive ▸ **2** (Josh. 6,24; Dan. 2,2)
εἰσενεχθήσεται ▸ 1
  Verb · third · singular · future · passive · indicative ▸ **1** (Josh. 6,19)
εἰσενηνεγμένος ▸ 1
  Verb · perfect · passive · participle · masculine · singular · nominative ▸ **1** (2Mac. 14,38)
εἰσεφέρετε ▸ 1
  Verb · second · plural · imperfect · active · indicative ▸ **1** (Mal. 1,13)
εἰσέφερον ▸ **2** + **1** = **3**
  Verb · first · singular · imperfect · active · indicative ▸ **1** (Tob. 1,8)
  Verb · third · plural · imperfect · active · indicative ▸ **2** (2Chr. 24,10; 2Chr. 24,11)
εἰσηνέγκαμεν ▸ 1
  Verb · first · plural · aorist · active · indicative ▸ **1** (1Tim. 6,7)
εἰσήνεγκαν ▸ **12** + **2** = **14**
  Verb · third · plural · aorist · active · indicative ▸ **12** + **2** = **14** (Gen. 37,32; 1Sam. 5,1; 1Sam. 5,2; 1Chr. 16,1; 2Chr. 5,7; 2Chr. 28,27; 2Chr. 30,15; 2Chr. 31,6; 2Chr. 31,12; 1Esdr. 8,59; Neh. 3,5; 1Mac. 4,49; Judg. 9,27; Dan. 6,19)
εἰσηνέγκατε ▸ 3
  Verb · second · plural · aorist · active · indicative ▸ **3** (Joel 4,5; Hag. 1,6; Mal. 3,10)
εἰσήνεγκεν ▸ **22** + **4** = **26**
  Verb · third · singular · aorist · active · indicative ▸ **22** + **4** = **26** (Gen. 27,18; Gen. 27,25; Gen. 47,14; Ex. 4,6; Ex. 4,7; Ex. 40,21; Num. 31,54; 2Sam. 13,10; 1Kings 7,37; 1Kings 14,26; 1Kings 15,15; 1Kings 15,15; 2Kings 20,20; 2Kings 22,9; 2Kings 23,34; 2Chr. 5,1; 2Chr. 15,18; 2Chr. 34,16; 2Chr. 36,10; 2Chr. 36,18; Esth. 11,1 # 10,3l; 2Mac. 2,5; Judg. 12,9; Judg. 19,3; Judg. 19,21; Dan. 1,2)
Εἰσήνεγκέν ▸ 1
  Verb · third · singular · aorist · active · indicative ▸ **1** (Song 1,4)
εἰσηνέχθη ▸ 4
  Verb · third · singular · aorist · passive · indicative ▸ **4** (Lev. 16,27; 2Kings 12,17; Hag. 1,9; Bel 11)
εἰσοίσει ▸ 5
  Verb · third · singular · future · active · indicative ▸ **5** (Lev. 4,5; Lev. 4,16; Lev. 16,12; Lev. 16,15; Job 39,12)
εἰσοίσεις ▸ 9
  Verb · second · singular · future · active · indicative ▸ **9** (Gen. 27,10; Ex. 23,19; Ex. 26,33; Ex. 40,4; Ex. 40,4; Deut. 7,26; Deut. 11,14; Deut. 28,38; 2Sam. 9,10)
εἰσοίσομεν ▸ 1
  Verb · first · plural · future · active · indicative ▸ **1** (Lam. 5,9)
εἰσοίσουσιν ▸ 3
  Verb · third · plural · future · active · indicative ▸ **3** (1Chr. 9,28; Neh. 10,40; Jer. 40,11)
εἰσοίσω ▸ 1
  Verb · first · singular · future · active · indicative ▸ **1** (1Chr. 13,12)
εἰσφέρειν ▸ 2
  Verb · present · active · infinitive ▸ **2** (Esth. 6,1; Jer. 17,24)
εἰσφέρεις ▸ 1
  Verb · second · singular · present · active · indicative ▸ **1** (Acts 17,20)
εἰσφέρεται ▸ 1
  Verb · third · singular · present · passive · indicative ▸ **1** (Heb. 13,11)
εἰσφερομένου ▸ 1
  Verb · present · passive · participle · masculine · singular · genitive ▸ **1** (Is. 23,3)
εἰσφερόντων ▸ 1
  Verb · present · active · participle · neuter · plural · genitive ▸ **1** (2Mac. 6,4)
εἰσφέρουσιν ▸ 1
  Verb · third · plural · present · active · indicative ▸ **1** (1Kings 8,6)
εἰσφέρωσιν ▸ 1
  Verb · third · plural · present · active · subjunctive ▸ **1** (Luke 12,11)

εἰσφορά (εἰς 2nd homograph; φέρω)   offering; property tax ▸ 4
  εἰσφορὰ ▸ 1
    Noun · feminine · singular · nominative · (common) ▸ **1** (Ex. 30,13)
  εἰσφορὰν ▸ 2
    Noun · feminine · singular · accusative · (common) ▸ **2** (Ex. 30,14; Ex. 30,15)
  εἰσφορᾶς ▸ 1
    Noun · feminine · singular · genitive · (common) ▸ **1** (Ex. 30,16)

εἶτα   then, next ▸ **20** + **1** + **15** = **36**
  εἶθ' ▸ 3
    Adverb · (sequence) ▸ **3** (2Mac. 4,22; 2Mac. 15,13; Wis. 17,15)
  Εἶτ' ▸ 1
    Adverb · (sequence) ▸ **1** (Wis. 14,22)
  εἶτ' ▸ 5
    Adverb · (sequence) ▸ **5** (Prov. 6,11; Job 16,4; Job 21,3; Job 22,21; Job 24,20)
  Εἶτα ▸ 2
    Adverb · (sequence) ▸ **2** (3Mac. 6,30; Job 12,2)
  εἶτα ▸ **9** + **1** + **15** = **25**
    Adverb · (sequence) ▸ **9** + **1** + **15** = **25** (Prov. 7,13; Job 5,24; Job 11,6; Job 13,22; Job 14,15; Job 22,26; Job 23,6; Job 33,27; Wis. 14,16; Tob. 2,14; Mark 4,17; Mark 4,28; Mark 4,28; Mark 8,25; Luke 8,12; John 13,5; John 19,27; John 20,27; 1Cor. 15,5; 1Cor. 15,7; 1Cor. 15,24; 1Tim. 2,13; 1Tim. 3,10; Heb. 12,9; James 1,15)

εἴτε (εἰ; τέ)   or, either/or, even if ▸ **9** + **65** = **74**
  Εἴτε ▸ 1
    Conjunction · subordinating · (conditional) ▸ **1** (1Cor. 10,31)
  εἴτε ▸ 1
    Conjunction · coordinating ▸ **1** (2Mac. 12,45)
  εἴτε ▸ **8** + **64** = **72**
    Conjunction · coordinating ▸ **8** (Josh. 24,15; Josh. 24,15; Job 9,21;

Sir. 41,4; Sir. 41,4; Sir. 41,4; Is. 30,21; Is. 30,21)

Conjunction · subordinating · (conditional) ▸ **64** (Rom. 12,6; Rom. 12,7; Rom. 12,7; Rom. 12,8; 1Cor. 3,22; 1Cor. 3,22; 1Cor. 3,22; 1Cor. 3,22; 1Cor. 3,22; 1Cor. 3,22; 1Cor. 3,22; 1Cor. 8,5; 1Cor. 8,5; 1Cor. 10,31; 1Cor. 10,31; 1Cor. 12,13; 1Cor. 12,13; 1Cor. 12,13; 1Cor. 12,13; 1Cor. 12,26; 1Cor. 12,26; 1Cor. 13,8; 1Cor. 13,8; 1Cor. 13,8; 1Cor. 14,7; 1Cor. 14,7; 1Cor. 14,27; 1Cor. 15,11; 1Cor. 15,11; 2Cor. 1,6; 2Cor. 1,6; 2Cor. 5,9; 2Cor. 5,9; 2Cor. 5,10; 2Cor. 5,10; 2Cor. 5,13; 2Cor. 5,13; 2Cor. 8,23; 2Cor. 8,23; 2Cor. 12,2; 2Cor. 12,2; 2Cor. 12,3; 2Cor. 12,3; Eph. 6,8; Eph. 6,8; Phil. 1,18; Phil. 1,18; Phil. 1,20; Phil. 1,20; Phil. 1,27; Phil. 1,27; Col. 1,16; Col. 1,16; Col. 1,16; Col. 1,16; Col. 1,20; Col. 1,20; 1Th. 5,10; 1Th. 5,10; 2Th. 2,15; 2Th. 2,15; 1Pet. 2,13; 1Pet. 2,14)

εἴτοι (εἰ; τοι) whether/or ▸ **2**

εἴτοι ▸ **2**

Conjunction · coordinating ▸ **2** (Ruth 3,10; Ruth 3,10)

εἴωθα to be accustomed, custom ▸ **4**

εἰώθει ▸ **2**

Verb · third · singular · pluperfect · active · indicative ▸ **2** (Matt. 27,15; Mark 10,1)

εἰωθὸς ▸ **2**

Verb · perfect · active · participle · neuter · singular · accusative ▸ **2** (Luke 4,16; Acts 17,2)

ἐκ of, out of, from ▸ **3651** + **180** + **914** = **4745**

ἐκ ▸ **2688** + **135** + **674** = **3497**

Preposition ▸ **4** (2Sam. 2,27; 1Kings 18,26; 1Chr. 12,38; 1Mac. 10,80)

Preposition · (+genitive) ▸ **2684** + **135** + **674** = **3493** (Gen. 2,6; Gen. 2,9; Gen. 2,19; Gen. 2,23; Gen. 2,23; Gen. 2,23; Gen. 3,23; Gen. 4,10; Gen. 4,11; Gen. 4,24; Gen. 4,24; Gen. 6,14; Gen. 6,16; Gen. 8,10; Gen. 8,16; Gen. 8,19; Gen. 8,21; Gen. 9,5; Gen. 9,5; Gen. 9,10; Gen. 9,18; Gen. 9,21; Gen. 10,5; Gen. 10,11; Gen. 11,31; Gen. 12,1; Gen. 12,1; Gen. 12,1; Gen. 12,4; Gen. 15,4; Gen. 15,7; Gen. 16,5; Gen. 17,6; Gen. 17,12; Gen. 17,14; Gen. 19,12; Gen. 19,14; Gen. 19,24; Gen. 19,25; Gen. 19,29; Gen. 19,30; Gen. 19,32; Gen. 19,34; Gen. 19,36; Gen. 20,12; Gen. 20,12; Gen. 20,13; Gen. 21,15; Gen. 21,17; Gen. 21,17; Gen. 21,17; Gen. 21,21; Gen. 22,11; Gen. 22,15; Gen. 24,7; Gen. 24,7; Gen. 24,17; Gen. 24,40; Gen. 24,40; Gen. 24,43; Gen. 25,20; Gen. 25,23; Gen. 25,29; Gen. 28,1; Gen. 28,2; Gen. 29,2; Gen. 29,14; Gen. 31,1; Gen. 31,13; Gen. 31,33; Gen. 32,12; Gen. 33,18; Gen. 34,7; Gen. 34,26; Gen. 35,2; Gen. 35,5; Gen. 35,9; Gen. 35,11; Gen. 35,11; Gen. 35,13; Gen. 35,16; Gen. 36,6; Gen. 36,33; Gen. 36,34; Gen. 36,36; Gen. 36,37; Gen. 37,4; Gen. 37,14; Gen. 37,21; Gen. 37,22; Gen. 37,25; Gen. 37,28; Gen. 38,17; Gen. 38,21; Gen. 38,22; Gen. 38,24; Gen. 39,1; Gen. 40,14; Gen. 40,15; Gen. 41,2; Gen. 41,3; Gen. 41,14; Gen. 41,18; Gen. 41,19; Gen. 41,46; Gen. 43,9; Gen. 44,8; Gen. 44,8; Gen. 44,29; Gen. 44,30; Gen. 45,19; Gen. 46,26; Gen. 46,34; Gen. 47,1; Gen. 47,15; Gen. 47,15; Gen. 48,7; Gen. 48,13; Gen. 48,15; Gen. 48,16; Gen. 48,22; Gen. 49,9; Gen. 49,10; Gen. 50,24; Ex. 1,10; Ex. 2,1; Ex. 2,7; Ex. 3,2; Ex. 3,4; Ex. 3,5; Ex. 3,8; Ex. 3,8; Ex. 3,10; Ex. 3,11; Ex. 3,17; Ex. 4,6; Ex. 4,7; Ex. 6,1; Ex. 6,6; Ex. 6,7; Ex. 6,11; Ex. 6,13; Ex. 6,15; Ex. 6,26; Ex. 7,2; Ex. 7,4; Ex. 7,5; Ex. 7,21; Ex. 8,5; Ex. 8,7; Ex. 8,7; Ex. 8,9; Ex. 8,9; Ex. 8,9; Ex. 10,23; Ex. 11,10; Ex. 12,15; Ex. 12,17; Ex. 12,19; Ex. 12,31; Ex. 12,33; Ex. 12,37; Ex. 12,41; Ex. 12,42; Ex. 12,46; Ex. 12,51; Ex. 13,3; Ex. 13,12; Ex. 13,14; Ex. 13,18; Ex. 13,20; Ex. 14,19; Ex. 14,19; Ex. 14,22; Ex. 14,29; Ex. 14,30; Ex. 15,23; Ex. 16,1; Ex. 16,4; Ex. 16,6; Ex. 16,27; Ex. 16,29; Ex. 16,32; Ex. 17,1; Ex. 17,14; Ex. 18,4; Ex. 18,8; Ex. 18,8; Ex. 18,9; Ex. 18,9; Ex. 18,10; Ex. 18,10; Ex. 19,1; Ex. 19,2; Ex. 19,3; Ex. 19,14; Ex. 19,17; Ex. 20,2; Ex. 20,22; Ex. 20,24; Ex. 20,25; Ex. 22,4; Ex. 22,6; Ex. 23,13; Ex. 23,16; Ex. 24,16; Ex. 25,10; Ex. 25,19; Ex. 25,19; Ex. 25,28; Ex. 25,31; Ex. 25,32; Ex. 25,32; Ex. 25,32; Ex. 25,33; Ex. 25,35; Ex. 25,37; Ex. 25,38; Ex. 26,1; Ex. 26,3; Ex. 26,4; Ex. 26,5; Ex. 26,11; Ex. 26,13; Ex. 26,13; Ex. 26,13; Ex. 26,13; Ex. 26,15; Ex. 26,18; Ex. 26,22; Ex. 26,23; Ex. 26,24; Ex. 26,26; Ex. 26,26; Ex. 27,1; Ex. 27,6; Ex. 27,9; Ex. 27,18; Ex. 28,1; Ex. 28,6; Ex. 28,8; Ex. 28,13; Ex. 28,14; Ex. 28,14; Ex. 28,15; Ex. 28,21; Ex. 28,22; Ex. 28,39; Ex. 29,1; Ex. 29,2; Ex. 29,25; Ex. 29,46; Ex. 30,1; Ex. 30,5; Ex. 30,33; Ex. 30,36; Ex. 30,38; Ex. 31,6; Ex. 31,14; Ex. 32,1; Ex. 32,4; Ex. 32,4; Ex. 32,7; Ex. 32,8; Ex. 32,8; Ex. 32,11; Ex. 32,28; Ex. 32,32; Ex. 32,33; Ex. 33,1; Ex. 33,11; Ex. 34,29; Ex. 34,29; Ex. 35,30; Ex. 35,34; Ex. 36,9; Ex. 36,12; Ex. 36,13; Ex. 36,15; Ex. 36,21; Ex. 36,21; Ex. 36,21; Ex. 36,22; Ex. 36,24; Ex. 36,28; Ex. 36,35; Ex. 36,35; Ex. 36,35; Ex. 36,36; Ex. 37,7; Ex. 37,14; Ex. 37,20; Ex. 37,21; Ex. 38,5; Ex. 38,9; Ex. 38,15; Ex. 38,15; Ex. 38,15; Ex. 38,22; Ex. 38,24; Ex. 38,26; Lev. 1,1; Lev. 1,3; Lev. 1,11; Lev. 1,17; Lev. 2,4; Lev. 2,8; Lev. 3,1; Lev. 4,3; Lev. 4,14; Lev. 4,27; Lev. 4,35; Lev. 5,15; Lev. 5,18; Lev. 6,14; Lev. 6,15; Lev. 7,6; Lev. 7,12; Lev. 7,20; Lev. 7,21; Lev. 9,2; Lev. 10,4; Lev. 11,45; Lev. 14,38; Lev. 15,2; Lev. 15,3; Lev. 15,3; Lev. 15,13; Lev. 16,3; Lev. 17,4; Lev. 17,9; Lev. 17,10; Lev. 18,9; Lev. 18,9; Lev. 18,29; Lev. 19,8; Lev. 19,19; Lev. 19,27; Lev. 19,36; Lev. 20,3; Lev. 20,5; Lev. 20,6; Lev. 20,17; Lev. 20,17; Lev. 20,18; Lev. 21,12; Lev. 21,13; Lev. 21,14; Lev. 21,17; Lev. 21,21; Lev. 22,4; Lev. 22,11; Lev. 22,19; Lev. 22,19; Lev. 22,19; Lev. 22,21; Lev. 22,21; Lev. 22,25; Lev. 22,33; Lev. 23,17; Lev. 23,18; Lev. 23,29; Lev. 23,30; Lev. 23,40; Lev. 23,43; Lev. 24,10; Lev. 24,11; Lev. 25,38; Lev. 25,42; Lev. 25,47; Lev. 25,49; Lev. 25,55; Lev. 26,6; Lev. 26,10; Lev. 26,13; Lev. 26,45; Lev. 27,23; Num. 1,1; Num. 1,21; Num. 1,23; Num. 1,25; Num. 1,27; Num. 1,29; Num. 1,31; Num. 1,33; Num. 1,35; Num. 1,37; Num. 1,39; Num. 1,41; Num. 1,43; Num. 1,47; Num. 2,9; Num. 3,12; Num. 3,29; Num. 3,35; Num. 3,43; Num. 4,2; Num. 4,18; Num. 5,2; Num. 5,25; Num. 6,3; Num. 6,3; Num. 7,15; Num. 7,21; Num. 7,27; Num. 7,33; Num. 7,39; Num. 7,45; Num. 7,51; Num. 7,57; Num. 7,63; Num. 7,69; Num. 7,75; Num. 7,81; Num. 8,2; Num. 8,3; Num. 8,6; Num. 8,8; Num. 8,8; Num. 8,14; Num. 8,16; Num. 8,16; Num. 8,19; Num. 9,1; Num. 9,13; Num. 10,33; Num. 10,36; Num. 11,20; Num. 12,12; Num. 13,3; Num. 14,44; Num. 15,11; Num. 15,11; Num. 15,24; Num. 15,30; Num. 15,41; Num. 16,9; Num. 16,13; Num. 16,21; Num. 16,33; Num. 17,2; Num. 17,5; Num. 17,10; Num. 18,6; Num. 19,20; Num. 20,8; Num. 20,10; Num. 20,14; Num. 20,16; Num. 20,17; Num. 20,22; Num. 20,28; Num. 21,11; Num. 21,22; Num. 21,28; Num. 22,4; Num. 22,6; Num. 22,23; Num. 22,36; Num. 24,7; Num. 24,19; Num. 24,24; Num. 25,7; Num. 26,14; Num. 26,56; Num. 27,4; Num. 27,11; Num. 28,11; Num. 28,14; Num. 28,19; Num. 28,27; Num. 29,2; Num. 29,8; Num. 29,13; Num. 30,3; Num. 30,13; Num. 31,2; Num. 31,4; Num. 31,4; Num. 31,4; Num. 31,5; Num. 31,5; Num. 31,6; Num. 31,6; Num. 31,14; Num. 31,21; Num. 31,36; Num. 32,8; Num. 32,24; Num. 32,42; Num. 33,1; Num. 33,3; Num. 33,5; Num. 33,6; Num. 33,7; Num. 33,9; Num. 33,12; Num. 33,13; Num. 33,15; Num. 33,16; Num. 33,17; Num. 33,19; Num. 33,20; Num. 33,21; Num. 33,22; Num. 33,23; Num. 33,24; Num. 33,25; Num. 33,26; Num. 33,27; Num. 33,28; Num. 33,29; Num. 33,30; Num. 33,31; Num. 33,32; Num. 33,33; Num. 33,36; Num. 33,36; Num. 33,37; Num. 33,38; Num. 33,42; Num. 33,43; Num. 33,45; Num. 33,46; Num. 33,47; Num. 34,18; Num. 35,17; Num. 35,18; Num. 36,1; Num. 36,3; Num. 36,3; Num. 36,6; Num. 36,8; Num. 36,8; Num. 36,9; Num. 36,12; Deut. 1,19; Deut. 1,27; Deut. 2,14; Deut. 2,15; Deut. 2,16; Deut. 2,23; Deut. 2,26; Deut. 3,8;

ἐκ

Deut. 4,12; Deut. 4,15; Deut. 4,20; Deut. 4,33; Deut. 4,34; Deut. 4,36; Deut. 4,36; Deut. 4,45; Deut. 4,46; Deut. 5,4; Deut. 5,6; Deut. 5,22; Deut. 5,23; Deut. 5,24; Deut. 5,26; Deut. 6,4; Deut. 6,12; Deut. 7,8; Deut. 7,24; Deut. 8,9; Deut. 8,14; Deut. 8,15; Deut. 9,12; Deut. 9,12; Deut. 9,15; Deut. 9,21; Deut. 9,23; Deut. 9,26; Deut. 9,29; Deut. 10,3; Deut. 10,4; Deut. 10,5; Deut. 10,6; Deut. 11,4; Deut. 11,11; Deut. 12,3; Deut. 13,6; Deut. 13,6; Deut. 13,6; Deut. 13,7; Deut. 13,7; Deut. 13,11; Deut. 14,4; Deut. 14,4; Deut. 16,3; Deut. 16,13; Deut. 17,3; Deut. 17,10; Deut. 17,15; Deut. 18,5; Deut. 18,6; Deut. 18,6; Deut. 18,15; Deut. 18,18; Deut. 20,1; Deut. 20,15; Deut. 21,3; Deut. 21,8; Deut. 23,3; Deut. 23,5; Deut. 23,11; Deut. 24,1; Deut. 24,3; Deut. 24,14; Deut. 24,14; Deut. 25,6; Deut. 25,11; Deut. 25,19; Deut. 26,4; Deut. 26,13; Deut. 26,15; Deut. 26,15; Deut. 27,5; Deut. 27,22; Deut. 27,22; Deut. 28,24; Deut. 29,19; Deut. 29,20; Deut. 29,21; Deut. 29,24; Deut. 30,3; Deut. 31,26; Deut. 31,29; Deut. 32,1; Deut. 32,13; Deut. 32,13; Deut. 32,22; Deut. 32,25; Deut. 32,32; Deut. 32,32; Deut. 32,39; Deut. 33,2; Deut. 33,2; Deut. 33,2; Deut. 33,7; Deut. 33,22; Josh. 1,8; Josh. 2,1; Josh. 2,10; Josh. 2,13; Josh. 2,23; Josh. 3,1; Josh. 3,14; Josh. 4,3; Josh. 4,8; Josh. 4,16; Josh. 4,17; Josh. 4,18; Josh. 4,19; Josh. 4,20; Josh. 4,23; Josh. 5,1; Josh. 5,2; Josh. 5,6; Josh. 5,12; Josh. 5,15; Josh. 6,26; Josh. 7,1; Josh. 7,23; Josh. 8,7; Josh. 8,18; Josh. 8,19; Josh. 8,20; Josh. 8,22; Josh. 9,26; Josh. 10,7; Josh. 10,9; Josh. 10,11; Josh. 10,22; Josh. 10,23; Josh. 10,29; Josh. 10,31; Josh. 10,34; Josh. 11,21; Josh. 11,21; Josh. 11,21; Josh. 11,21; Josh. 11,21; Josh. 12,4; Josh. 13,4; Josh. 14,7; Josh. 15,8; Josh. 15,18; Josh. 17,5; Josh. 18,4; Josh. 18,16; Josh. 19,27; Josh. 20,8; Josh. 20,8; Josh. 21,1; Josh. 21,5; Josh. 21,5; Josh. 21,23; Josh. 21,27; Josh. 21,28; Josh. 21,30; Josh. 21,32; Josh. 21,34; Josh. 21,36; Josh. 22,9; Josh. 22,31; Josh. 22,32; Josh. 24,3; Josh. 24,10; Judg. 1,16; Judg. 1,24; Judg. 2,3; Judg. 2,12; Judg. 2,16; Judg. 2,17; Judg. 2,18; Judg. 2,21; Judg. 3,22; Judg. 4,6; Judg. 5,4; Judg. 5,14; Judg. 5,20; Judg. 5,20; Judg. 5,24; Judg. 5,24; Judg. 6,9; Judg. 6,9; Judg. 6,9; Judg. 6,11; Judg. 6,21; Judg. 6,38; Judg. 7,5; Judg. 7,23; Judg. 7,23; Judg. 7,25; Judg. 8,13; Judg. 8,14; Judg. 8,22; Judg. 8,30; Judg. 8,34; Judg. 9,4; Judg. 9,15; Judg. 9,17; Judg. 9,20; Judg. 9,35; Judg. 9,43; Judg. 10,12; Judg. 10,16; Judg. 11,3; Judg. 11,7; Judg. 11,23; Judg. 11,31; Judg. 11,36; Judg. 11,36; Judg. 11,36; Judg. 12,2; Judg. 12,5; Judg. 12,8; Judg. 13,2; Judg. 13,2; Judg. 13,5; Judg. 13,5; Judg. 13,23; Judg. 14,1; Judg. 14,3; Judg. 14,4; Judg. 14,9; Judg. 15,13; Judg. 16,14; Judg. 16,14; Judg. 16,17; Judg. 16,20; Judg. 16,28; Judg. 17,3; Judg. 17,7; Judg. 17,7; Judg. 17,8; Judg. 17,8; Judg. 17,9; Judg. 18,2; Judg. 18,2; Judg. 18,9; Judg. 18,11; Judg. 18,11; Judg. 18,16; Judg. 19,1; Judg. 19,12; Judg. 19,16; Judg. 19,18; Judg. 20,11; Judg. 20,14; Judg. 20,15; Judg. 20,21; Judg. 20,25; Judg. 20,25; Judg. 20,31; Judg. 20,31; Judg. 20,32; Judg. 20,33; Judg. 20,33; Judg. 20,34; Judg. 20,40; Judg. 20,44; Judg. 21,5; Judg. 21,14; Judg. 21,16; Judg. 21,19; Ruth 1,2; Ruth 1,7; Ruth 2,1; Ruth 2,3; Ruth 2,4; Ruth 2,14; Ruth 2,16; Ruth 2,20; Ruth 4,5; Ruth 4,9; Ruth 4,10; Ruth 4,10; Ruth 4,12; Ruth 4,12; 1Sam. 1,3; 1Sam. 1,14; 1Sam. 1,16; 1Sam. 1,23; 1Sam. 2,3; 1Sam. 2,15; 1Sam. 2,16; 1Sam. 2,20; 1Sam. 2,23; 1Sam. 2,28; 1Sam. 3,17; 1Sam. 4,3; 1Sam. 4,3; 1Sam. 4,8; 1Sam. 4,12; 1Sam. 4,16; 1Sam. 4,16; 1Sam. 4,17; 1Sam. 6,8; 1Sam. 6,18; 1Sam. 6,20; 1Sam. 7,3; 1Sam. 7,3; 1Sam. 7,8; 1Sam. 7,11; 1Sam. 7,14; 1Sam. 8,18; 1Sam. 9,7; 1Sam. 9,16; 1Sam. 9,16; 1Sam. 9,25; 1Sam. 10,1; 1Sam. 10,4; 1Sam. 10,5; 1Sam. 10,18; 1Sam. 10,18; 1Sam. 10,19; 1Sam. 12,2; 1Sam. 12,3; 1Sam. 12,4; 1Sam. 12,10; 1Sam. 12,11; 1Sam. 13,2; 1Sam. 13,15; 1Sam. 13,15; 1Sam. 14,11; 1Sam. 14,28; 1Sam. 14,31; 1Sam. 14,39; 1Sam. 14,48; 1Sam. 15,6; 1Sam. 15,6; 1Sam. 15,28; 1Sam. 15,33; 1Sam. 17,4; 1Sam. 17,4; 1Sam. 17,33; 1Sam. 17,34; 1Sam. 17,35; 1Sam. 17,37; 1Sam. 17,37; 1Sam. 17,37; 1Sam. 17,40; 1Sam. 18,6; 1Sam. 19,8; 1Sam. 19,10; 1Sam. 20,1; 1Sam. 20,25; 1Sam. 21,7; 1Sam. 21,11; 1Sam. 23,5; 1Sam. 23,13; 1Sam. 23,13; 1Sam. 23,19; 1Sam. 23,19; 1Sam. 23,24; 1Sam. 23,26; 1Sam. 23,26; 1Sam. 24,3; 1Sam. 24,9; 1Sam. 24,13; 1Sam. 24,16; 1Sam. 24,22; 1Sam. 25,10; 1Sam. 25,14; 1Sam. 25,21; 1Sam. 25,22; 1Sam. 25,35; 1Sam. 25,39; 1Sam. 25,39; 1Sam. 25,44; 1Sam. 26,1; 1Sam. 26,4; 1Sam. 26,15; 1Sam. 26,24; 1Sam. 27,1; 1Sam. 28,13; 1Sam. 28,14; 1Sam. 28,17; 1Sam. 30,16; 1Sam. 30,16; 1Sam. 30,22; 1Sam. 31,1; 2Sam. 1,2; 2Sam. 1,2; 2Sam. 1,4; 2Sam. 1,4; 2Sam. 2,8; 2Sam. 2,12; 2Sam. 2,13; 2Sam. 2,15; 2Sam. 2,21; 2Sam. 2,23; 2Sam. 3,18; 2Sam. 3,18; 2Sam. 3,22; 2Sam. 3,27; 2Sam. 3,29; 2Sam. 4,2; 2Sam. 4,8; 2Sam. 4,8; 2Sam. 4,9; 2Sam. 4,11; 2Sam. 4,11; 2Sam. 5,13; 2Sam. 5,20; 2Sam. 6,12; 2Sam. 7,8; 2Sam. 7,12; 2Sam. 7,15; 2Sam. 7,23; 2Sam. 8,1; 2Sam. 8,8; 2Sam. 8,8; 2Sam. 8,11; 2Sam. 8,12; 2Sam. 8,12; 2Sam. 8,12; 2Sam. 8,12; 2Sam. 8,12; 2Sam. 9,2; 2Sam. 9,3; 2Sam. 9,4; 2Sam. 9,5; 2Sam. 9,5; 2Sam. 10,9; 2Sam. 10,9; 2Sam. 10,9; 2Sam. 10,16; 2Sam. 10,18; 2Sam. 11,17; 2Sam. 11,17; 2Sam. 12,3; 2Sam. 12,3; 2Sam. 12,4; 2Sam. 12,4; 2Sam. 12,7; 2Sam. 12,10; 2Sam. 12,11; 2Sam. 12,20; 2Sam. 13,5; 2Sam. 13,6; 2Sam. 13,10; 2Sam. 13,34; 2Sam. 13,34; 2Sam. 13,34; 2Sam. 14,13; 2Sam. 14,16; 2Sam. 14,19; 2Sam. 14,29; 2Sam. 14,32; 2Sam. 15,12; 2Sam. 15,12; 2Sam. 15,18; 2Sam. 15,19; 2Sam. 15,24; 2Sam. 16,5; 2Sam. 16,6; 2Sam. 16,11; 2Sam. 16,13; 2Sam. 16,13; 2Sam. 17,21; 2Sam. 17,27; 2Sam. 17,27; 2Sam. 17,27; 2Sam. 18,8; 2Sam. 18,19; 2Sam. 18,31; 2Sam. 19,8; 2Sam. 19,10; 2Sam. 19,17; 2Sam. 19,18; 2Sam. 19,32; 2Sam. 19,43; 2Sam. 20,12; 2Sam. 20,13; 2Sam. 20,16; 2Sam. 21,2; 2Sam. 21,6; 2Sam. 21,10; 2Sam. 21,11; 2Sam. 21,12; 2Sam. 22,1; 2Sam. 22,1; 2Sam. 22,4; 2Sam. 22,7; 2Sam. 22,9; 2Sam. 22,18; 2Sam. 22,44; 2Sam. 22,46; 2Sam. 22,49; 2Sam. 23,4; 2Sam. 23,11; 2Sam. 23,15; 2Sam. 23,16; 2Sam. 23,19; 2Sam. 23,21; 2Sam. 23,23; 2Sam. 23,27; 2Sam. 23,29; 2Sam. 23,30; 2Sam. 24,5; 2Sam. 24,15; 1Kings 1,3; 1Kings 1,29; 1Kings 1,39; 1Kings 1,48; 1Kings 2,8; 1Kings 2,19; 1Kings 2,35f; 1Kings 2,35l; 1Kings 2,40; 1Kings 2,46g; 1Kings 3,20; 1Kings 4,12; 1Kings 5,4; 1Kings 5,20; 1Kings 5,23; 1Kings 5,27; 1Kings 6,8; 1Kings 6,16; 1Kings 7,1; 1Kings 7,20; 1Kings 7,25; 1Kings 7,25; 1Kings 7,32; 1Kings 7,35; 1Kings 7,46; 1Kings 7,46; 1Kings 7,46; 1Kings 8,1; 1Kings 8,8; 1Kings 8,9; 1Kings 8,10; 1Kings 8,19; 1Kings 8,21; 1Kings 8,25; 1Kings 8,32; 1Kings 8,34; 1Kings 8,36; 1Kings 8,39; 1Kings 8,43; 1Kings 8,45; 1Kings 8,49; 1Kings 8,51; 1Kings 8,51; 1Kings 8,53; 1Kings 8,53; 1Kings 9,7; 1Kings 9,9a # 9,24; 1Kings 9,12; 1Kings 10,11; 1Kings 10,19; 1Kings 10,22; 1Kings 10,22b # 9,20; 1Kings 10,22c # 9,22; 1Kings 10,28; 1Kings 10,28; 1Kings 11,2; 1Kings 11,11; 1Kings 11,12; 1Kings 11,14; 1Kings 11,16; 1Kings 11,18; 1Kings 11,26; 1Kings 11,29; 1Kings 11,31; 1Kings 11,32; 1Kings 11,34; 1Kings 11,35; 1Kings 11,43; 1Kings 12,24g; 1Kings 12,24k; 1Kings 12,24u; 1Kings 12,28; 1Kings 12,31; 1Kings 12,31; 1Kings 13,26; 1Kings 13,33; 1Kings 14,21; 1Kings 14,26; 1Kings 16,17; 1Kings 17,1; 1Kings 17,4; 1Kings 17,6; 1Kings 17,19; 1Kings 18,12; 1Kings 18,38; 1Kings 19,7; 1Kings 19,17; 1Kings 19,17; 1Kings 21,17; 1Kings 21,19; 1Kings 21,33; 1Kings 21,35; 1Kings 21,41; 1Kings 21,42; 1Kings 22,3; 1Kings 22,19; 1Kings 22,34; 1Kings 22,35; 2Kings 1,2; 2Kings 1,10; 2Kings 1,10; 2Kings 1,12; 2Kings 1,12; 2Kings 1,14; 2Kings 2,1; 2Kings 2,23; 2Kings 2,24; 2Kings 3,6; 2Kings 3,21; 2Kings 4,40; 2Kings 4,42; 2Kings 5,2; 2Kings 5,4; 2Kings 5,17; 2Kings 5,20; 2Kings 5,24; 2Kings 5,27; 2Kings 7,12; 2Kings 7,12; 2Kings 8,3; 2Kings 8,8; 2Kings 8,9; 2Kings 9,2; 2Kings 9,5; 2Kings 9,7; 2Kings 9,7; 2Kings 9,8; 2Kings 9,15; 2Kings 11,2; 2Kings 12,2; 2Kings 12,14; 2Kings

13,25; 2Kings 13,25; 2Kings 14,25; 2Kings 15,14; 2Kings 16,7; 2Kings 16,7; 2Kings 16,11; 2Kings 17,7; 2Kings 17,11; 2Kings 17,24; 2Kings 17,24; 2Kings 17,36; 2Kings 17,39; 2Kings 18,17; 2Kings 18,29; 2Kings 18,33; 2Kings 18,34; 2Kings 18,35; 2Kings 18,35; 2Kings 19,14; 2Kings 19,19; 2Kings 20,6; 2Kings 20,14; 2Kings 20,18; 2Kings 21,7; 2Kings 21,9; 2Kings 22,1; 2Kings 23,4; 2Kings 23,8; 2Kings 23,13; 2Kings 23,16; 2Kings 23,18; 2Kings 23,30; 2Kings 23,31; 2Kings 23,36; 2Kings 24,7; 2Kings 25,19; 2Kings 25,25; 1Chr. 1,44; 1Chr. 1,45; 1Chr. 1,47; 1Chr. 1,48; 1Chr. 2,3; 1Chr. 2,53; 1Chr. 2,55; 1Chr. 4,40; 1Chr. 6,18; 1Chr. 6,45; 1Chr. 6,46; 1Chr. 6,46; 1Chr. 6,46; 1Chr. 6,47; 1Chr. 6,47; 1Chr. 6,47; 1Chr. 6,47; 1Chr. 6,48; 1Chr. 6,48; 1Chr. 6,48; 1Chr. 6,50; 1Chr. 6,50; 1Chr. 6,51; 1Chr. 6,56; 1Chr. 6,57; 1Chr. 6,59; 1Chr. 6,62; 1Chr. 6,63; 1Chr. 6,63; 1Chr. 6,65; 1Chr. 8,9; 1Chr. 8,11; 1Chr. 9,5; 1Chr. 9,6; 1Chr. 9,7; 1Chr. 9,14; 1Chr. 9,14; 1Chr. 9,31; 1Chr. 9,32; 1Chr. 10,12; 1Chr. 11,15; 1Chr. 11,17; 1Chr. 11,18; 1Chr. 11,23; 1Chr. 11,26; 1Chr. 11,31; 1Chr. 11,32; 1Chr. 12,2; 1Chr. 12,2; 1Chr. 12,2; 1Chr. 12,15; 1Chr. 12,30; 1Chr. 13,5; 1Chr. 15,17; 1Chr. 15,17; 1Chr. 16,4; 1Chr. 16,35; 1Chr. 17,7; 1Chr. 17,11; 1Chr. 17,17; 1Chr. 18,1; 1Chr. 18,5; 1Chr. 18,8; 1Chr. 18,8; 1Chr. 18,11; 1Chr. 18,11; 1Chr. 19,6; 1Chr. 19,6; 1Chr. 19,6; 1Chr. 19,7; 1Chr. 19,10; 1Chr. 19,16; 1Chr. 21,12; 1Chr. 21,21; 1Chr. 21,22; 1Chr. 21,26; 1Chr. 24,3; 1Chr. 24,3; 1Chr. 24,6; 1Chr. 26,1; 1Chr. 26,27; 1Chr. 26,27; 1Chr. 27,1; 1Chr. 27,10; 1Chr. 27,12; 1Chr. 27,13; 1Chr. 27,14; 1Chr. 27,27; 1Chr. 27,30; 1Chr. 28,18; 1Chr. 29,4; 1Chr. 29,14; 1Chr. 29,16; 1Chr. 29,22; 2Chr. 1,4; 2Chr. 1,13; 2Chr. 2,7; 2Chr. 2,7; 2Chr. 2,15; 2Chr. 3,6; 2Chr. 3,10; 2Chr. 3,17; 2Chr. 3,17; 2Chr. 4,6; 2Chr. 4,7; 2Chr. 4,8; 2Chr. 4,10; 2Chr. 5,2; 2Chr. 5,9; 2Chr. 5,10; 2Chr. 5,11; 2Chr. 6,5; 2Chr. 6,9; 2Chr. 6,21; 2Chr. 6,23; 2Chr. 6,25; 2Chr. 6,27; 2Chr. 6,30; 2Chr. 6,32; 2Chr. 6,32; 2Chr. 6,33; 2Chr. 6,35; 2Chr. 6,39; 2Chr. 7,1; 2Chr. 7,14; 2Chr. 7,20; 2Chr. 7,22; 2Chr. 8,7; 2Chr. 8,8; 2Chr. 8,9; 2Chr. 8,11; 2Chr. 9,10; 2Chr. 9,21; 2Chr. 9,28; 2Chr. 11,13; 2Chr. 12,13; 2Chr. 13,9; 2Chr. 13,9; 2Chr. 13,13; 2Chr. 13,13; 2Chr. 13,14; 2Chr. 13,14; 2Chr. 16,2; 2Chr. 17,17; 2Chr. 18,18; 2Chr. 18,24; 2Chr. 18,33; 2Chr. 20,1; 2Chr. 20,2; 2Chr. 20,10; 2Chr. 22,11; 2Chr. 23,2; 2Chr. 24,1; 2Chr. 25,15; 2Chr. 26,18; 2Chr. 29,5; 2Chr. 29,12; 2Chr. 29,12; 2Chr. 30,10; 2Chr. 30,16; 2Chr. 31,3; 2Chr. 32,11; 2Chr. 32,13; 2Chr. 32,14; 2Chr. 32,14; 2Chr. 32,15; 2Chr. 32,15; 2Chr. 32,15; 2Chr. 32,17; 2Chr. 32,17; 2Chr. 32,21; 2Chr. 32,22; 2Chr. 32,22; 2Chr. 33,7; 2Chr. 34,9; 2Chr. 34,12; 2Chr. 34,33; 2Chr. 35,11; 2Chr. 36,2a; 2Chr. 36,5; 2Chr. 36,12; 2Chr. 36,23; 1Esdr. 1,7; 1Esdr. 1,13; 1Esdr. 1,26; 1Esdr. 1,32; 1Esdr. 1,45; 1Esdr. 2,3; 1Esdr. 2,11; 1Esdr. 2,11; 1Esdr. 4,46; 1Esdr. 5,5; 1Esdr. 5,5; 1Esdr. 5,7; 1Esdr. 5,7; 1Esdr. 5,17; 1Esdr. 5,18; 1Esdr. 5,18; 1Esdr. 5,19; 1Esdr. 5,19; 1Esdr. 5,20; 1Esdr. 5,21; 1Esdr. 5,21; 1Esdr. 5,37; 1Esdr. 5,38; 1Esdr. 5,43; 1Esdr. 5,45; 1Esdr. 5,49; 1Esdr. 5,53; 1Esdr. 5,54; 1Esdr. 5,60; 1Esdr. 5,64; 1Esdr. 6,17; 1Esdr. 6,17; 1Esdr. 6,24; 1Esdr. 6,25; 1Esdr. 6,27; 1Esdr. 6,31; 1Esdr. 7,6; 1Esdr. 7,8; 1Esdr. 7,10; 1Esdr. 7,13; 1Esdr. 8,3; 1Esdr. 8,5; 1Esdr. 8,6; 1Esdr. 8,7; 1Esdr. 8,7; 1Esdr. 8,10; 1Esdr. 8,18; 1Esdr. 8,20; 1Esdr. 8,27; 1Esdr. 8,28; 1Esdr. 8,29; 1Esdr. 8,29; 1Esdr. 8,29; 1Esdr. 8,30; 1Esdr. 8,31; 1Esdr. 8,32; 1Esdr. 8,32; 1Esdr. 8,33; 1Esdr. 8,34; 1Esdr. 8,35; 1Esdr. 8,36; 1Esdr. 8,37; 1Esdr. 8,38; 1Esdr. 8,39; 1Esdr. 8,40; 1Esdr. 8,42; 1Esdr. 8,42; 1Esdr. 8,47; 1Esdr. 8,48; 1Esdr. 8,54; 1Esdr. 8,63; 1Esdr. 8,70; 1Esdr. 8,89; 1Esdr. 8,90; 1Esdr. 9,3; 1Esdr. 9,5; 1Esdr. 9,12; 1Esdr. 9,15; 1Esdr. 9,19; 1Esdr. 9,21; 1Esdr. 9,22; 1Esdr. 9,23; 1Esdr. 9,24; 1Esdr. 9,25; 1Esdr. 9,26; 1Esdr. 9,26; 1Esdr. 9,27; 1Esdr. 9,28; 1Esdr. 9,29; 1Esdr. 9,30; 1Esdr. 9,31; 1Esdr. 9,32; 1Esdr. 9,33; 1Esdr. 9,34; 1Esdr. 9,34; 1Esdr. 9,35; 1Esdr. 9,37; 1Esdr. 9,43; Ezra 1,11; Ezra 6,11; Ezra 7,6; Ezra 10,19; Neh. 3,25; Neh. 4,6; Neh. 5,13; Neh. 5,13; Neh. 8,4; Neh. 9,7; Neh. 9,15; Neh. 9,27; Neh. 12,31; Neh. 13,19; Esth. 11,2 # 1,1a; Esth. 11,4 # 1,1c; Esth. 2,5; Esth. 2,9; Esth. 3,7; Esth. 4,8; Esth. 13,16 # 4,17g; Esth. 14,5 # 4,17m; Esth. 14,5 # 4,17m; Esth. 14,5 # 4,17m; Esth. 14,19 # 4,17z; Esth. 14,19 # 4,17z; Esth. 6,13; Esth. 7,7; Esth. 7,8; Esth. 8,8; Esth. 16,4 # 8,12d; Esth. 16,7 # 8,12g; Esth. 9,28; Esth. 10,9 # 10,3f; Judith 1,2; Judith 2,2; Judith 2,5; Judith 2,21; Judith 4,3; Judith 4,3; Judith 4,15; Judith 5,5; Judith 5,5; Judith 5,9; Judith 5,16; Judith 5,19; Judith 6,11; Judith 6,14; Judith 6,15; Judith 6,21; Judith 7,11; Judith 7,12; Judith 7,12; Judith 7,13; Judith 7,19; Judith 8,21; Judith 8,36; Judith 9,10; Judith 10,21; Judith 11,13; Judith 12,2; Judith 12,3; Judith 13,1; Judith 13,4; Judith 13,15; Judith 14,6; Judith 14,11; Judith 15,5; Judith 16,2; Judith 16,12; Judith 16,15; Judith 16,19; Tob. 1,1; Tob. 1,1; Tob. 1,2; Tob. 1,2; Tob. 1,9; Tob. 1,10; Tob. 1,10; Tob. 1,17; Tob. 1,18; Tob. 1,22; Tob. 2,3; Tob. 3,17; Tob. 4,7; Tob. 4,10; Tob. 4,12; Tob. 4,12; Tob. 4,16; Tob. 4,16; Tob. 4,19; Tob. 5,11; Tob. 5,11; Tob. 5,14; Tob. 5,14; Tob. 6,12; Tob. 6,13; Tob. 6,16; Tob. 8,6; Tob. 10,13; Tob. 12,9; Tob. 12,15; Tob. 13,5; Tob. 13,17; Tob. 14,3; Tob. 14,5; Tob. 14,10; Tob. 14,10; 1Mac. 1,1; 1Mac. 1,6; 1Mac. 1,45; 1Mac. 1,61; 1Mac. 2,48; 1Mac. 2,59; 1Mac. 2,60; 1Mac. 2,66; 1Mac. 3,19; 1Mac. 3,29; 1Mac. 3,45; 1Mac. 4,13; 1Mac. 4,19; 1Mac. 4,34; 1Mac. 5,12; 1Mac. 5,14; 1Mac. 5,15; 1Mac. 5,22; 1Mac. 5,23; 1Mac. 5,37; 1Mac. 5,47; 1Mac. 5,59; 1Mac. 5,60; 1Mac. 5,62; 1Mac. 6,3; 1Mac. 6,18; 1Mac. 6,21; 1Mac. 6,48; 1Mac. 6,49; 1Mac. 6,49; 1Mac. 6,61; 1Mac. 7,1; 1Mac. 7,14; 1Mac. 7,33; 1Mac. 7,46; 1Mac. 8,9; 1Mac. 8,27; 1Mac. 9,1; 1Mac. 9,12; 1Mac. 9,16; 1Mac. 9,17; 1Mac. 9,17; 1Mac. 9,36; 1Mac. 9,46; 1Mac. 9,63; 1Mac. 9,67; 1Mac. 9,72; 1Mac. 10,7; 1Mac. 10,9; 1Mac. 10,11; 1Mac. 10,37; 1Mac. 10,44; 1Mac. 10,45; 1Mac. 10,67; 1Mac. 10,75; 1Mac. 10,76; 1Mac. 10,86; 1Mac. 11,20; 1Mac. 11,25; 1Mac. 11,41; 1Mac. 11,46; 1Mac. 11,60; 1Mac. 11,69; 1Mac. 11,74; 1Mac. 12,21; 1Mac. 13,21; 1Mac. 13,27; 1Mac. 13,47; 1Mac. 13,49; 1Mac. 14,36; 1Mac. 15,15; 1Mac. 15,21; 1Mac. 16,1; 1Mac. 16,3; 1Mac. 16,4; 2Mac. 1,11; 2Mac. 1,25; 2Mac. 2,10; 2Mac. 2,18; 2Mac. 2,18; 2Mac. 3,3; 2Mac. 3,4; 2Mac. 3,18; 2Mac. 4,34; 2Mac. 4,41; 2Mac. 5,8; 2Mac. 5,21; 2Mac. 6,10; 2Mac. 6,21; 2Mac. 6,23; 2Mac. 7,9; 2Mac. 8,10; 2Mac. 9,1; 2Mac. 9,9; 2Mac. 9,16; 2Mac. 9,21; 2Mac. 10,3; 2Mac. 11,23; 2Mac. 12,22; 2Mac. 13,21; 2Mac. 14,22; 2Mac. 15,9; 2Mac. 15,12; 2Mac. 15,22; 2Mac. 15,31; 2Mac. 15,35; 3Mac. 1,11; 3Mac. 1,28; 3Mac. 2,12; 3Mac. 2,32; 3Mac. 3,28; 3Mac. 4,5; 3Mac. 4,11; 3Mac. 4,12; 3Mac. 5,8; 3Mac. 5,40; 3Mac. 6,12; 3Mac. 7,10; 3Mac. 7,16; 4Mac. 5,4; 4Mac. 8,2; 4Mac. 10,8; 4Mac. 12,13; 4Mac. 14,4; Psa. 7,2; Psa. 8,3; Psa. 9,14; Psa. 9,14; Psa. 9,37; Psa. 13,2; Psa. 13,7; Psa. 15,8; Psa. 16,2; Psa. 16,7; Psa. 17,1; Psa. 17,1; Psa. 17,4; Psa. 17,7; Psa. 17,18; Psa. 17,20; Psa. 18,6; Psa. 18,13; Psa. 19,3; Psa. 20,4; Psa. 21,10; Psa. 21,11; Psa. 21,11; Psa. 21,21; Psa. 21,22; Psa. 24,15; Psa. 24,17; Psa. 24,22; Psa. 27,7; Psa. 30,5; Psa. 30,8; Psa. 30,16; Psa. 30,16; Psa. 32,19; Psa. 33,5; Psa. 33,7; Psa. 33,17; Psa. 33,18; Psa. 33,20; Psa. 34,10; Psa. 39,3; Psa. 41,7; Psa. 43,8; Psa. 44,10; Psa. 48,15; Psa. 48,16; Psa. 49,2; Psa. 49,9; Psa. 49,9; Psa. 51,7; Psa. 52,3; Psa. 52,7; Psa. 53,9; Psa. 54,12; Psa. 55,14; Psa. 56,5; Psa. 58,2; Psa. 58,2; Psa. 58,3; Psa. 59,13; Psa. 61,10; Psa. 64,1; Psa. 67,27; Psa. 68,15; Psa. 68,15; Psa. 68,29; Psa. 70,4; Psa. 70,4; Psa. 70,5; Psa. 70,6; Psa. 70,17; Psa. 70,20; Psa. 70,21; Psa. 71,12; Psa. 71,14; Psa. 71,15; Psa. 71,16; Psa. 72,7; Psa. 73,11; Psa. 74,9; Psa. 75,9; Psa. 77,16; Psa. 77,42; Psa. 77,70; Psa. 79,14; Psa. 80,6; Psa. 80,11; Psa. 80,17; Psa. 80,17; Psa. 81,4; Psa. 83,8; Psa. 84,12; Psa. 84,12; Psa. 87,6; Psa. 87,16; Psa. 88,20; Psa. 88,49;

ἐκ

Psa. 90,3; Psa. 90,7; Psa. 90,7; Psa. 93,12; Psa. 96,10; Psa. 100,8; Psa. 102,4; Psa. 103,12; Psa. 103,13; Psa. 103,14; Psa. 104,13; Psa. 105,10; Psa. 105,10; Psa. 105,47; Psa. 106,2; Psa. 106,3; Psa. 106,6; Psa. 106,13; Psa. 106,14; Psa. 106,19; Psa. 106,20; Psa. 106,28; Psa. 106,41; Psa. 107,13; Psa. 108,6; Psa. 108,10; Psa. 108,15; Psa. 108,31; Psa. 108,31; Psa. 109,1; Psa. 109,2; Psa. 109,3; Psa. 109,5; Psa. 109,7; Psa. 113,1; Psa. 114,8; Psa. 118,18; Psa. 118,43; Psa. 118,84; Psa. 118,101; Psa. 118,110; Psa. 118,120; Psa. 118,152; Psa. 118,157; Psa. 123,7; Psa. 127,5; Psa. 128,1; Psa. 128,2; Psa. 129,8; Psa. 133,3; Psa. 134,7; Psa. 134,21; Psa. 135,11; Psa. 135,16; Psa. 135,24; Psa. 136,3; Psa. 138,13; Psa. 139,5; Psa. 141,7; Psa. 141,8; Psa. 142,9; Psa. 142,11; Psa. 143,7; Psa. 143,10; Psa. 143,11; Psa. 143,13; Psa. 148,1; Psa. 148,7; Psa. 151,4; Ode. 2,1; Ode. 2,13; Ode. 2,13; Ode. 2,22; Ode. 2,25; Ode. 2,32; Ode. 2,32; Ode. 2,39; Ode. 3,3; Ode. 4,3; Ode. 6,3; Ode. 6,7; Ode. 9,71; Ode. 9,74; Ode. 11,12; Prov. 1,12; Prov. 1,15; Prov. 2,22; Prov. 3,16a; Prov. 4,23; Prov. 4,27a; Prov. 5,16; Prov. 5,18; Prov. 5,23; Prov. 6,5; Prov. 6,5; Prov. 7,6; Prov. 10,2; Prov. 10,13; Prov. 10,19; Prov. 11,8; Prov. 11,30; Prov. 14,3; Prov. 14,25; Prov. 14,27; Prov. 15,6; Prov. 15,24; Prov. 17,13; Prov. 18,10; Prov. 21,23; Prov. 22,10; Prov. 23,14; Prov. 24,4; Prov. 24,7; Prov. 25,5; Prov. 25,25; Prov. 26,6; Prov. 26,7; Prov. 27,8; Prov. 27,8; Prov. 27,15; Prov. 27,15; Prov. 27,24; Prov. 29,21; Prov. 30,17; Prov. 31,15; Prov. 31,22; Eccl. 2,15; Eccl. 8,10; Eccl. 12,11; Job 1,16; Job 1,19; Job 1,21; Job 2,9d; Job 2,10; Job 2,11; Job 3,11; Job 3,16; Job 4,19; Job 5,5; Job 5,6; Job 5,15; Job 5,20; Job 5,20; Job 6,23; Job 8,10; Job 8,16; Job 8,19; Job 9,3; Job 9,6; Job 10,7; Job 10,18; Job 10,19; Job 11,17; Job 11,18; Job 12,22; Job 14,18; Job 15,13; Job 18,4; Job 18,14; Job 18,17; Job 18,18; Job 20,3; Job 20,24; Job 22,22; Job 23,2; Job 24,12; Job 26,4; Job 27,21; Job 27,22; Job 27,23; Job 28,2; Job 28,4; Job 28,9; Job 29,12; Job 29,17; Job 31,7; Job 31,12; Job 31,18; Job 31,18; Job 32,2; Job 33,6; Job 33,6; Job 33,30; Job 34,27; Job 35,7; Job 36,16; Job 37,1; Job 37,2; Job 37,9; Job 37,15; Job 38,8; Job 38,29; Job 39,26; Job 40,6; Job 41,11; Job 41,12; Job 41,13; Job 42,11; Job 42,17b; Job 42,17d; Wis. 2,18; Wis. 2,20; Wis. 3,16; Wis. 4,3; Wis. 4,6; Wis. 4,14; Wis. 4,19; Wis. 5,16; Wis. 5,22; Wis. 7,2; Wis. 7,10; Wis. 7,14; Wis. 8,2; Wis. 9,4; Wis. 10,1; Wis. 10,9; Wis. 10,19; Wis. 11,4; Wis. 11,4; Wis. 11,22; Wis. 12,5; Wis. 13,1; Wis. 13,5; Wis. 14,4; Wis. 15,7; Wis. 15,8; Wis. 15,8; Wis. 15,12; Wis. 16,8; Wis. 17,18; Wis. 18,15; Wis. 19,7; Wis. 19,7; Wis. 19,12; Wis. 19,18; Sir. 3,11; Sir. 4,9; Sir. 6,18; Sir. 7,23; Sir. 7,35; Sir. 9,8; Sir. 11,12; Sir. 11,19; Sir. 12,12; Sir. 13,11; Sir. 17,1; Sir. 18,33; Sir. 21,5; Sir. 21,10; Sir. 22,9; Sir. 27,19; Sir. 27,20; Sir. 28,12; Sir. 29,12; Sir. 31,15; Sir. 33,10; Sir. 34,20; Sir. 36,26; Sir. 38,4; Sir. 40,1; Sir. 41,10; Sir. 45,4; Sir. 45,6; Sir. 45,25; Sir. 46,12; Sir. 46,20; Sir. 47,4; Sir. 47,23; Sir. 47,23; Sir. 48,5; Sir. 49,10; Sir. 50,12; Sir. 50,20; Sir. 50,22; Sir. 51,2; Sir. 51,3; Sir. 51,3; Sir. 51,3; Sir. 51,4; Sir. 51,5; Sir. 51,8; Sir. 51,11; Sir. 51,15; Sol. 11,3; Sol. 13,4; Sol. 13,6; Hos. 2,2; Hos. 2,4; Hos. 2,4; Hos. 2,12; Hos. 2,17; Hos. 2,19; Hos. 4,18; Hos. 4,19; Hos. 9,6; Hos. 9,11; Hos. 9,15; Hos. 10,14; Hos. 11,2; Hos. 11,6; Hos. 11,7; Hos. 11,11; Hos. 12,10; Hos. 13,2; Hos. 13,4; Hos. 13,14; Hos. 13,14; Hos. 13,15; Amos 1,1; Amos 1,2; Amos 1,5; Amos 2,8; Amos 2,9; Amos 2,10; Amos 2,11; Amos 2,11; Amos 2,14; Amos 3,1; Amos 3,2; Amos 3,4; Amos 3,4; Amos 3,11; Amos 3,12; Amos 4,11; Amos 5,19; Amos 6,2; Amos 6,4; Amos 6,4; Amos 6,10; Amos 7,15; Amos 9,7; Amos 9,7; Amos 9,7; Mic. 1,3; Mic. 1,7; Mic. 1,7; Mic. 2,9; Mic. 2,11; Mic. 3,6; Mic. 4,2; Mic. 4,8; Mic. 4,10; Mic. 4,10; Mic. 5,1; Mic. 5,5; Mic. 5,9; Mic. 5,11; Mic. 5,12; Mic. 5,13; Mic. 6,4; Mic. 7,13; Mic. 7,16; Joel 1,5; Joel 1,15; Joel 2,16; Joel 2,16; Joel 4,6; Joel 4,7; Joel 4,16; Obad. 8; Obad. 9; Jonah 1,3; Jonah 1,3; Jonah 1,8; Jonah 1,8; Jonah 1,10; Jonah 1,15; Jonah 2,2; Jonah 2,3; Jonah 3,1; Jonah 4,5; Nah. 1,11; Nah. 1,14; Nah. 2,2; Nah. 2,14; Hab. 2,4; Hab. 2,9; Hab. 2,11; Hab. 2,11; Hab. 2,16; Hab. 3,3; Zeph. 1,4; Zeph. 2,5; Zeph. 2,11; Zeph. 3,10; Zeph. 3,11; Zeph. 3,15; Hag. 1,1; Hag. 1,12; Hag. 1,14; Hag. 2,2; Hag. 2,20; Hag. 2,21; Zech. 2,10; Zech. 2,17; Zech. 3,1; Zech. 3,2; Zech. 4,3; Zech. 4,11; Zech. 4,12; Zech. 5,3; Zech. 5,3; Zech. 6,1; Zech. 6,10; Zech. 6,10; Zech. 6,13; Zech. 7,14; Zech. 8,9; Zech. 8,23; Zech. 9,5; Zech. 9,7; Zech. 9,7; Zech. 9,11; Zech. 10,10; Zech. 11,6; Zech. 12,6; Zech. 13,4; Zech. 13,5; Zech. 14,2; Zech. 14,12; Zech. 14,16; Zech. 14,17; Mal. 1,10; Mal. 1,13; Mal. 1,13; Mal. 2,7; Mal. 2,8; Mal. 2,12; Mal. 2,12; Mal. 2,13; Mal. 2,13; Mal. 3,20; Is. 1,12; Is. 1,24; Is. 2,3; Is. 4,4; Is. 8,19; Is. 9,19; Is. 11,1; Is. 11,1; Is. 11,12; Is. 11,16; Is. 12,3; Is. 13,5; Is. 13,12; Is. 13,13; Is. 14,3; Is. 14,9; Is. 14,12; Is. 14,29; Is. 16,10; Is. 18,7; Is. 19,3; Is. 21,1; Is. 22,19; Is. 22,19; Is. 23,1; Is. 23,10; Is. 24,18; Is. 24,18; Is. 26,9; Is. 28,1; Is. 29,4; Is. 30,14; Is. 30,32; Is. 32,13; Is. 36,2; Is. 36,18; Is. 36,19; Is. 36,20; Is. 36,20; Is. 37,20; Is. 37,36; Is. 38,6; Is. 38,9; Is. 38,12; Is. 38,21; Is. 39,3; Is. 40,2; Is. 41,9; Is. 41,24; Is. 42,7; Is. 43,13; Is. 44,2; Is. 44,14; Is. 44,24; Is. 45,23; Is. 46,3; Is. 46,3; Is. 46,6; Is. 47,3; Is. 47,12; Is. 47,14; Is. 47,15; Is. 48,3; Is. 48,8; Is. 48,10; Is. 48,20; Is. 48,21; Is. 49,1; Is. 49,5; Is. 49,12; Is. 49,17; Is. 51,17; Is. 51,22; Is. 52,11; Is. 54,6; Is. 55,10; Is. 55,11; Is. 57,2; Is. 58,10; Is. 58,13; Is. 59,21; Is. 59,21; Is. 60,6; Is. 61,7; Is. 62,10; Is. 63,1; Is. 63,9; Is. 63,11; Is. 63,15; Is. 63,15; Is. 66,6; Is. 66,6; Is. 66,20; Is. 66,23; Is. 66,23; Jer. 1,1; Jer. 1,5; Jer. 1,13; Jer. 2,6; Jer. 3,14; Jer. 3,14; Jer. 3,21; Jer. 4,1; Jer. 4,7; Jer. 4,7; Jer. 4,15; Jer. 4,16; Jer. 5,6; Jer. 6,1; Jer. 6,20; Jer. 6,20; Jer. 7,22; Jer. 7,25; Jer. 7,27; Jer. 7,34; Jer. 7,34; Jer. 8,1; Jer. 8,16; Jer. 9,2; Jer. 10,3; Jer. 10,13; Jer. 10,22; Jer. 11,4; Jer. 11,4; Jer. 12,6; Jer. 12,14; Jer. 13,7; Jer. 15,14; Jer. 15,21; Jer. 15,21; Jer. 16,9; Jer. 16,14; Jer. 16,16; Jer. 17,26; Jer. 17,26; Jer. 17,26; Jer. 17,26; Jer. 17,26; Jer. 20,3; Jer. 20,13; Jer. 20,18; Jer. 21,12; Jer. 22,3; Jer. 22,11; Jer. 22,21; Jer. 22,30; Jer. 23,7; Jer. 24,5; Jer. 25,16; Jer. 26,27; Jer. 27,8; Jer. 27,9; Jer. 27,16; Jer. 27,28; Jer. 28,6; Jer. 28,16; Jer. 28,20; Jer. 28,44; Jer. 28,50; Jer. 30,1; Jer. 30,13; Jer. 30,27; Jer. 31,11; Jer. 31,33; Jer. 31,44; Jer. 32,15; Jer. 32,17; Jer. 32,28; Jer. 32,33; Jer. 33,20; Jer. 34,16; Jer. 35,6; Jer. 38,11; Jer. 38,16; Jer. 38,19; Jer. 38,32; Jer. 39,4; Jer. 39,21; Jer. 39,30; Jer. 39,37; Jer. 41,3; Jer. 41,13; Jer. 43,6; Jer. 43,7; Jer. 43,11; Jer. 44,21; Jer. 45,10; Jer. 45,13; Jer. 45,24; Jer. 47,1; Jer. 49,11; Jer. 51,7; Jer. 51,17; Jer. 52,1; Jer. 52,25; Bar. 1,8; Bar. 1,19; Bar. 1,20; Bar. 2,11; Bar. 2,16; Bar. 2,23; Bar. 2,24; Bar. 3,29; Bar. 4,12; Bar. 4,18; Bar. 4,21; Bar. 4,21; Lam. 1,6; Lam. 1,15; Lam. 3,19; Lam. 3,38; Lam. 3,55; Lam. 5,8; Lam. 5,14; LetterJ 11; LetterJ 13; LetterJ 19; LetterJ 20; LetterJ 24; LetterJ 35; LetterJ 49; LetterJ 49; Ezek. 1,10; Ezek. 1,13; Ezek. 3,12; Ezek. 3,17; Ezek. 3,18; Ezek. 3,20; Ezek. 3,25; Ezek. 5,4; Ezek. 5,6; Ezek. 5,6; Ezek. 5,7; Ezek. 6,8; Ezek. 6,14; Ezek. 7,26; Ezek. 7,26; Ezek. 8,11; Ezek. 10,2; Ezek. 10,3; Ezek. 10,6; Ezek. 10,6; Ezek. 11,7; Ezek. 11,9; Ezek. 11,17; Ezek. 11,17; Ezek. 11,19; Ezek. 11,23; Ezek. 12,3; Ezek. 12,16; Ezek. 12,16; Ezek. 12,16; Ezek. 13,21; Ezek. 13,23; Ezek. 14,1; Ezek. 14,4; Ezek. 14,7; Ezek. 14,7; Ezek. 14,8; Ezek. 14,9; Ezek. 15,2; Ezek. 15,7; Ezek. 16,3; Ezek. 16,5; Ezek. 16,16; Ezek. 16,17; Ezek. 16,27; Ezek. 16,41; Ezek. 16,42; Ezek. 16,46; Ezek. 16,54; Ezek. 16,61; Ezek. 17,9; Ezek. 17,13; Ezek. 17,22; Ezek. 17,22; Ezek. 18,21; Ezek. 18,23; Ezek. 18,24; Ezek. 18,26; Ezek. 18,28; Ezek. 18,30; Ezek. 19,5; Ezek. 19,8; Ezek. 19,14; Ezek. 20,1; Ezek. 20,6; Ezek. 20,9; Ezek. 20,10; Ezek. 20,34; Ezek. 20,34; Ezek. 20,38; Ezek. 20,41; Ezek. 20,41; Ezek. 21,8; Ezek. 21,8; Ezek. 21,9; Ezek. 21,9; Ezek. 21,10; Ezek. 21,21; Ezek. 21,24; Ezek. 21,26; Ezek. 22,15; Ezek. 23,27; Ezek. 23,27; Ezek. 23,42; Ezek. 23,42; Ezek. 23,48; Ezek. 24,16;

E, ε

Ezek. 25,6; Ezek. 25,7; Ezek. 25,7; Ezek. 25,13; Ezek. 25,15; Ezek. 26,10; Ezek. 26,16; Ezek. 26,17; Ezek. 27,5; Ezek. 27,5; Ezek. 27,6; Ezek. 27,7; Ezek. 27,16; Ezek. 27,18; Ezek. 27,18; Ezek. 27,18; Ezek. 27,27; Ezek. 28,16; Ezek. 28,18; Ezek. 28,25; Ezek. 29,4; Ezek. 30,13; Ezek. 30,22; Ezek. 32,4; Ezek. 33,6; Ezek. 33,7; Ezek. 33,8; Ezek. 34,10; Ezek. 34,10; Ezek. 34,13; Ezek. 34,27; Ezek. 36,20; Ezek. 36,24; Ezek. 36,24; Ezek. 36,26; Ezek. 36,29; Ezek. 36,32; Ezek. 36,33; Ezek. 37,12; Ezek. 37,13; Ezek. 37,21; Ezek. 38,15; Ezek. 39,10; Ezek. 39,10; Ezek. 39,27; Ezek. 39,27; Ezek. 40,46; Ezek. 41,7; Ezek. 41,7; Ezek. 41,7; Ezek. 41,16; Ezek. 41,20; Ezek. 42,5; Ezek. 42,9; Ezek. 42,14; Ezek. 43,6; Ezek. 43,14; Ezek. 43,19; Ezek. 43,19; Ezek. 43,20; Ezek. 43,23; Ezek. 43,23; Ezek. 43,25; Ezek. 43,25; Ezek. 44,22; Ezek. 44,30; Ezek. 44,31; Ezek. 44,31; Ezek. 45,2; Ezek. 45,3; Ezek. 45,7; Ezek. 45,15; Ezek. 45,18; Ezek. 46,16; Ezek. 46,16; Ezek. 46,18; Ezek. 46,18; Ezek. 46,18; Ezek. 47,12; Ezek. 48,12; Ezek. 48,19; Ezek. 48,21; Ezek. 48,21; Dan. 1,3; Dan. 1,3; Dan. 1,3; Dan. 1,5; Dan. 1,5; Dan. 1,6; Dan. 2,7; Dan. 2,25; Dan. 3,15; Dan. 3,17; Dan. 3,17; Dan. 3,23; Dan. 3,49; Dan. 3,88; Dan. 3,88; Dan. 3,88; Dan. 3,93; Dan. 3,93; Dan. 4,13; Dan. 4,18; Dan. 4,31; Dan. 4,34; Dan. 5,10; Dan. 6,17; Dan. 6,18; Dan. 7,3; Dan. 8,4; Dan. 10,5; Dan. 11,5; Dan. 11,7; Dan. 11,20; Dan. 11,35; Sus. 7-8; Sus. 60-62; Bel 1; Bel 14; Bel 22; Bel 42; Judg. 1,16; Judg. 1,24; Judg. 2,3; Judg. 2,12; Judg. 2,16; Judg. 2,17; Judg. 2,18; Judg. 2,21; Judg. 3,22; Judg. 4,6; Judg. 4,6; Judg. 4,6; Judg. 4,9; Judg. 4,10; Judg. 5,20; Judg. 6,8; Judg. 6,9; Judg. 6,9; Judg. 6,9; Judg. 6,14; Judg. 6,21; Judg. 8,22; Judg. 8,24; Judg. 8,30; Judg. 8,34; Judg. 9,17; Judg. 9,20; Judg. 9,43; Judg. 9,50; Judg. 10,12; Judg. 10,16; Judg. 11,7; Judg. 11,36; Judg. 12,2; Judg. 13,5; Judg. 13,23; Judg. 14,3; Judg. 14,4; Judg. 14,14; Judg. 15,2; Judg. 15,6; Judg. 15,17; Judg. 16,12; Judg. 16,14; Judg. 16,14; Judg. 16,20; Judg. 17,3; Judg. 17,7; Judg. 18,16; Judg. 19,30; Judg. 20,16; Judg. 20,33; Judg. 20,33; Judg. 20,34; Judg. 20,35; Judg. 21,21; Tob. 1,1; Tob. 1,1; Tob. 1,2; Tob. 1,2; Tob. 1,4; Tob. 1,9; Tob. 1,10; Tob. 1,10; Tob. 1,11; Tob. 1,16; Tob. 1,17; Tob. 1,18; Tob. 1,18; Tob. 1,19; Tob. 1,22; Tob. 1,22; Tob. 2,2; Tob. 2,3; Tob. 2,4; Tob. 3,17; Tob. 4,19; Tob. 5,9; Tob. 5,11; Tob. 5,14; Tob. 5,14; Tob. 6,2; Tob. 6,13; Tob. 6,13; Tob. 6,16; Tob. 6,17; Tob. 6,19; Tob. 7,8; Tob. 7,12; Tob. 8,2; Tob. 11,4; Tob. 12,9; Tob. 13,2; Tob. 13,5; Tob. 14,4; Tob. 14,4; Tob. 14,4; Tob. 14,5; Tob. 14,9; Tob. 14,10; Dan. 1,6; Dan. 1,19; Dan. 2,15; Dan. 2,25; Dan. 3,15; Dan. 3,17; Dan. 3,17; Dan. 3,22; Dan. 3,49; Dan. 3,88; Dan. 3,88; Dan. 3,88; Dan. 3,93; Dan. 5,2; Dan. 5,3; Dan. 5,24; Dan. 6,21; Dan. 6,24; Dan. 6,24; Dan. 6,27; Dan. 6,28; Dan. 7,3; Dan. 8,4; Dan. 8,7; Dan. 8,9; Dan. 8,22; Dan. 9,15; Dan. 11,7; Dan. 11,20; Dan. 11,41; Sus. 5; Sus. 5; Sus. 5; Sus. 26; Sus. 61; Matt. 1,5; Matt. 1,5; Matt. 1,5; Matt. 1,6; Matt. 1,18; Matt. 1,20; Matt. 2,6; Matt. 3,9; Matt. 3,17; Matt. 5,37; Matt. 7,4; Matt. 7,5; Matt. 7,5; Matt. 8,28; Matt. 12,33; Matt. 12,34; Matt. 12,35; Matt. 12,35; Matt. 12,37; Matt. 12,37; Matt. 12,42; Matt. 13,41; Matt. 13,47; Matt. 13,49; Matt. 13,52; Matt. 15,11; Matt. 15,18; Matt. 15,18; Matt. 15,19; Matt. 16,1; Matt. 17,5; Matt. 17,9; Matt. 17,9; Matt. 19,12; Matt. 20,2; Matt. 20,21; Matt. 20,23; Matt. 21,16; Matt. 21,19; Matt. 21,31; Matt. 22,44; Matt. 24,17; Matt. 24,31; Matt. 25,8; Matt. 25,33; Matt. 25,34; Matt. 26,29; Matt. 26,42; Matt. 26,44; Matt. 26,64; Matt. 27,38; Matt. 27,53; Mark 1,10; Mark 1,11; Mark 1,29; Mark 5,2; Mark 5,2; Mark 5,8; Mark 6,14; Mark 6,51; Mark 6,54; Mark 7,15; Mark 7,20; Mark 7,21; Mark 7,26; Mark 7,29; Mark 7,31; Mark 9,7; Mark 9,9; Mark 9,9; Mark 9,10; Mark 9,17; Mark 9,21; Mark 10,20; Mark 10,37; Mark 10,40; Mark 11,8; Mark 11,14; Mark 11,20; Mark 12,25; Mark 12,36; Mark 12,44; Mark 12,44; Mark 13,1; Mark 13,15; Mark 13,25; Mark 13,27; Mark 14,25; Mark 14,62; Mark 14,72; Mark 15,27; Mark 15,46; Mark 16,3; Mark 16,19; Luke 1,5; Luke 1,11; Luke 1,15; Luke 1,61; Luke 1,71; Luke 1,74; Luke 2,4; Luke 2,35; Luke 2,36; Luke 3,8; Luke 4,22; Luke 5,3; Luke 5,17; Luke 6,42; Luke 6,44; Luke 6,44; Luke 6,45; Luke 6,45; Luke 6,45; Luke 8,3; Luke 8,27; Luke 9,7; Luke 9,35; Luke 10,11; Luke 10,18; Luke 11,27; Luke 11,31; Luke 11,54; Luke 12,13; Luke 12,15; Luke 12,36; Luke 15,16; Luke 16,4; Luke 16,9; Luke 16,31; Luke 17,7; Luke 17,24; Luke 18,21; Luke 19,22; Luke 20,35; Luke 20,42; Luke 21,4; Luke 21,4; Luke 21,18; Luke 22,3; Luke 22,69; Luke 23,7; Luke 23,33; Luke 23,55; Luke 24,46; John 1,13; John 1,13; John 1,13; John 1,16; John 1,24; John 1,35; John 1,40; John 1,44; John 1,46; John 2,15; John 2,15; John 2,22; John 3,1; John 3,6; John 3,6; John 3,8; John 3,13; John 3,25; John 3,27; John 3,31; John 3,31; John 3,31; John 3,31; John 3,34; John 4,6; John 4,7; John 4,13; John 4,14; John 4,22; John 4,30; John 4,47; John 4,54; John 5,24; John 6,8; John 6,11; John 6,13; John 6,23; John 6,26; John 6,31; John 6,32; John 6,32; John 6,33; John 6,41; John 6,42; John 6,50; John 6,51; John 6,51; John 6,60; John 6,65; John 6,66; John 6,71; John 7,17; John 7,22; John 7,22; John 7,25; John 7,38; John 7,41; John 7,42; John 7,48; John 7,48; John 7,52; John 7,52; John 8,23; John 8,23; John 8,23; John 8,23; John 8,41; John 8,42; John 8,44; John 8,44; John 8,47; John 8,47; John 8,59; John 9,1; John 9,6; John 9,16; John 9,24; John 9,32; John 9,40; John 10,16; John 10,26; John 10,28; John 10,29; John 10,32; John 10,39; John 11,1; John 11,19; John 11,45; John 11,55; John 12,1; John 12,2; John 12,3; John 12,4; John 12,9; John 12,9; John 12,17; John 12,17; John 12,20; John 12,27; John 12,28; John 12,32; John 12,34; John 12,42; John 13,1; John 13,4; John 13,23; John 15,19; John 15,19; John 15,19; John 16,14; John 16,15; John 16,17; John 17,6; John 17,14; John 17,14; John 17,15; John 17,15; John 17,16; John 17,16; John 18,3; John 18,3; John 18,17; John 18,25; John 18,26; John 18,36; John 18,36; John 18,37; John 19,23; John 20,1; John 20,2; John 20,9; John 20,24; John 21,2; John 21,14; Acts 1,18; Acts 1,24; Acts 2,2; Acts 2,25; Acts 2,30; Acts 2,34; Acts 3,2; Acts 3,15; Acts 3,22; Acts 3,23; Acts 4,2; Acts 4,6; Acts 4,10; Acts 5,39; Acts 6,9; Acts 7,3; Acts 7,3; Acts 7,4; Acts 7,10; Acts 7,37; Acts 7,40; Acts 7,55; Acts 7,56; Acts 8,39; Acts 9,3; Acts 10,1; Acts 10,15; Acts 10,41; Acts 10,45; Acts 11,2; Acts 11,5; Acts 11,9; Acts 11,9; Acts 12,7; Acts 12,11; Acts 12,17; Acts 13,21; Acts 13,30; Acts 13,34; Acts 14,8; Acts 15,21; Acts 17,3; Acts 17,31; Acts 17,33; Acts 18,1; Acts 19,16; Acts 19,25; Acts 19,33; Acts 19,34; Acts 21,8; Acts 22,6; Acts 22,14; Acts 23,10; Acts 23,34; Acts 24,10; Acts 26,4; Acts 26,17; Acts 26,17; Acts 27,29; Acts 27,30; Acts 27,30; Acts 28,4; Acts 28,4; Rom. 1,3; Rom. 1,17; Rom. 1,17; Rom. 2,18; Rom. 2,27; Rom. 2,29; Rom. 3,26; Rom. 3,30; Rom. 4,12; Rom. 4,14; Rom. 4,16; Rom. 4,16; Rom. 4,16; Rom. 4,24; Rom. 5,1; Rom. 5,16; Rom. 6,4; Rom. 6,9; Rom. 6,13; Rom. 6,17; Rom. 7,4; Rom. 7,24; Rom. 8,11; Rom. 8,11; Rom. 9,12; Rom. 9,21; Rom. 9,30; Rom. 9,32; Rom. 10,5; Rom. 10,6; Rom. 10,7; Rom. 10,9; Rom. 11,1; Rom. 11,15; Rom. 11,24; Rom. 11,26; Rom. 14,23; Rom. 14,23; Rom. 16,10; Rom. 16,11; 1Cor. 2,12; 1Cor. 5,2; 1Cor. 5,10; 1Cor. 7,5; 1Cor. 7,7; 1Cor. 9,7; 1Cor. 9,13; 1Cor. 9,14; 1Cor. 9,19; 1Cor. 10,4; 1Cor. 10,17; 1Cor. 11,8; 1Cor. 11,12; 1Cor. 11,12; 1Cor. 11,28; 1Cor. 11,28; 1Cor. 12,15; 1Cor. 12,15; 1Cor. 12,16; 1Cor. 12,16; 1Cor. 12,27; 1Cor. 13,9; 1Cor. 13,9; 1Cor. 13,10; 1Cor. 13,12; 1Cor. 15,12; 1Cor. 15,20; 1Cor. 15,47; 2Cor. 1,10; 2Cor. 1,11; 2Cor. 2,4; 2Cor. 2,16; 2Cor. 2,16; 2Cor. 2,17; 2Cor. 3,5; 2Cor. 4,6; 2Cor. 5,1; 2Cor. 5,8; 2Cor. 5,18; 2Cor. 6,17; 2Cor. 8,11; 2Cor. 9,7; 2Cor. 11,26; 2Cor. 13,4; 2Cor. 13,4; Gal. 1,1; Gal. 1,4; Gal. 1,15; Gal. 2,12; Gal. 2,16; Gal. 3,7; Gal. 3,8; Gal. 3,9; Gal. 3,11; Gal. 3,12; Gal. 3,13; Gal. 3,18; Gal. 3,21; Gal. 3,22; Gal. 3,24; Gal. 4,4; Gal. 4,22; Gal. 4,22; Gal. 4,23; Gal. 4,23; Gal. 5,5;

Gal. 5,8; Gal. 6,8; Gal. 6,8; Eph. 1,20; Eph. 4,29; Eph. 5,14; Eph. 6,6; Phil. 1,23; Phil. 3,5; Phil. 3,9; Phil. 3,9; Phil. 3,11; Phil. 4,22; Col. 1,13; Col. 1,18; Col. 2,12; Col. 2,14; Col. 3,8; Col. 3,23; Col. 4,11; Col. 4,16; 1Th. 1,10; 1Th. 1,10; 1Th. 1,10; 1Th. 2,3; 2Th. 2,7; 1Tim. 1,5; 2Tim. 2,8; 2Tim. 2,8; 2Tim. 2,22; 2Tim. 2,26; 2Tim. 3,11; 2Tim. 4,17; Titus 1,10; Heb. 1,13; Heb. 5,7; Heb. 7,4; Heb. 7,5; Heb. 7,5; Heb. 8,9; Heb. 9,28; Heb. 10,38; Heb. 11,3; Heb. 11,19; Heb. 13,20; James 2,18; James 2,22; James 2,24; James 3,10; James 3,11; James 3,13; James 4,1; James 5,20; James 5,20; 1Pet. 1,3; 1Pet. 1,18; 1Pet. 1,21; 1Pet. 1,22; 1Pet. 1,23; 1Pet. 2,9; 1Pet. 2,12; 2Pet. 2,9; 2Pet. 2,21; 1John 2,16; 1John 2,16; 1John 2,21; 1John 3,8; 1John 3,9; 1John 3,9; 1John 3,10; 1John 3,12; 1John 3,14; 1John 3,19; 1John 3,24; 1John 4,1; 1John 4,2; 1John 4,3; 1John 4,4; 1John 4,5; 1John 4,5; 1John 4,6; 1John 4,6; 1John 4,6; 1John 4,7; 1John 4,7; 1John 4,13; 1John 5,1; 1John 5,4; 1John 5,18; 1John 5,18; 1John 5,19; 2John 4; 3John 10; 3John 11; Jude 5; Jude 23; Rev. 1,5; Rev. 1,16; Rev. 2,5; Rev. 2,7; Rev. 2,9; Rev. 2,11; Rev. 2,21; Rev. 2,22; Rev. 3,5; Rev. 3,9; Rev. 3,10; Rev. 3,12; Rev. 3,16; Rev. 3,18; Rev. 4,5; Rev. 5,5; Rev. 5,5; Rev. 5,7; Rev. 5,9; Rev. 6,1; Rev. 6,1; Rev. 6,4; Rev. 6,10; Rev. 6,14; Rev. 7,4; Rev. 7,5; Rev. 7,5; Rev. 7,5; Rev. 7,6; Rev. 7,6; Rev. 7,6; Rev. 7,7; Rev. 7,7; Rev. 7,7; Rev. 7,8; Rev. 7,8; Rev. 7,8; Rev. 7,9; Rev. 7,13; Rev. 7,14; Rev. 7,17; Rev. 8,4; Rev. 8,5; Rev. 8,10; Rev. 8,11; Rev. 8,13; Rev. 9,1; Rev. 9,2; Rev. 9,2; Rev. 9,3; Rev. 9,13; Rev. 9,17; Rev. 9,18; Rev. 9,18; Rev. 9,20; Rev. 9,21; Rev. 9,21; Rev. 9,21; Rev. 9,21; Rev. 10,1; Rev. 10,4; Rev. 10,8; Rev. 10,10; Rev. 11,5; Rev. 11,7; Rev. 11,9; Rev. 11,11; Rev. 11,12; Rev. 12,15; Rev. 12,16; Rev. 13,1; Rev. 13,3; Rev. 13,11; Rev. 13,13; Rev. 14,2; Rev. 14,8; Rev. 14,10; Rev. 14,13; Rev. 14,13; Rev. 14,15; Rev. 14,17; Rev. 14,18; Rev. 14,20; Rev. 15,2; Rev. 15,2; Rev. 15,2; Rev. 15,6; Rev. 15,7; Rev. 15,8; Rev. 15,8; Rev. 16,1; Rev. 16,10; Rev. 16,11; Rev. 16,11; Rev. 16,11; Rev. 16,13; Rev. 16,13; Rev. 16,13; Rev. 16,17; Rev. 16,21; Rev. 16,21; Rev. 17,1; Rev. 17,2; Rev. 17,6; Rev. 17,6; Rev. 17,8; Rev. 17,11; Rev. 18,1; Rev. 18,1; Rev. 18,3; Rev. 18,3; Rev. 18,4; Rev. 18,4; Rev. 18,12; Rev. 18,19; Rev. 19,2; Rev. 19,15; Rev. 19,21; Rev. 19,21; Rev. 20,1; Rev. 20,7; Rev. 20,9; Rev. 20,12; Rev. 21,2; Rev. 21,3; Rev. 21,4; Rev. 21,6; Rev. 21,9; Rev. 21,10; Rev. 22,1; Rev. 22,19)

Ἐκ ▸ 24 + 2 + 6 = 32

Preposition · (+genitive) ▸ 24 + 2 + 6 = **32** (Gen. 19,37; Gen. 29,4; Gen. 29,14; Gen. 38,25; Gen. 42,7; Ex. 2,10; Num. 23,7; Josh. 9,6; Josh. 9,9; Judg. 3,19; Judg. 14,14; 2Sam. 1,3; 2Sam. 15,2; 2Sam. 15,2; 2Kings 20,14; Tob. 7,3; Psa. 67,23; Psa. 129,1; Psa. 131,11; Ode. 5,9; Is. 39,3; Ezek. 16,6; Ezek. 37,9; Bel 1; Tob. 5,5; Tob. 7,3; John 4,39; John 6,66; John 7,31; John 7,40; John 19,12; 2Tim. 3,6)

ἐξ ▸ 933 + 43 + 234 = 1210

Preposition · (+genitive) ▸ 933 + 43 + 234 = **1210** (Gen. 2,10; Gen. 3,19; Gen. 3,22; Gen. 3,23; Gen. 11,6; Gen. 13,1; Gen. 16,2; Gen. 17,16; Gen. 17,16; Gen. 17,27; Gen. 30,3; Gen. 30,16; Gen. 38,18; Gen. 38,20; Gen. 39,10; Gen. 42,3; Gen. 42,16; Gen. 43,2; Gen. 45,25; Gen. 47,30; Gen. 48,13; Gen. 49,5; Gen. 49,10; Ex. 1,5; Ex. 3,12; Ex. 6,27; Ex. 12,15; Ex. 12,39; Ex. 13,3; Ex. 13,8; Ex. 13,9; Ex. 13,14; Ex. 13,16; Ex. 14,2; Ex. 14,9; Ex. 14,11; Ex. 14,22; Ex. 14,28; Ex. 14,29; Ex. 16,1; Ex. 17,3; Ex. 17,6; Ex. 18,1; Ex. 19,21; Ex. 20,2; Ex. 23,15; Ex. 25,18; Ex. 25,31; Ex. 25,35; Ex. 25,35; Ex. 25,36; Ex. 25,36; Ex. 26,3; Ex. 26,24; Ex. 26,31; Ex. 26,36; Ex. 27,2; Ex. 27,16; Ex. 27,20; Ex. 28,8; Ex. 28,32; Ex. 28,32; Ex. 28,33; Ex. 29,23; Ex. 30,2; Ex. 30,19; Ex. 30,24; Ex. 30,26; Ex. 31,2; Ex. 32,1; Ex. 32,15; Ex. 32,23; Ex. 34,18; Ex. 35,30; Ex. 36,11; Ex. 36,12; Ex. 36,25; Ex. 36,31; Ex. 37,3; Ex. 37,5; Ex. 37,16; Ex. 38,14; Ex. 38,16; Ex. 38,16; Ex. 38,27; Ex. 38,27; Ex. 39,7; Ex. 40,17; Lev. 1,2; Lev. 4,13; Lev. 4,23; Lev. 4,28; Lev. 5,6; Lev. 8,26; Lev. 9,3; Lev. 15,16; Lev. 15,32; Lev. 16,5; Lev. 17,12; Lev. 22,4; Lev. 23,19; Lev. 25,50; Lev. 25,53; Lev. 26,8; Lev. 26,36; Lev. 26,45; Num. 1,2; Num. 1,17; Num. 3,17; Num. 3,40; Num. 3,43; Num. 4,27; Num. 4,32; Num. 5,13; Num. 6,3; Num. 6,4; Num. 7,16; Num. 7,22; Num. 7,28; Num. 7,34; Num. 7,40; Num. 7,46; Num. 7,52; Num. 7,58; Num. 7,64; Num. 7,70; Num. 7,76; Num. 7,82; Num. 7,87; Num. 11,8; Num. 11,20; Num. 12,16; Num. 13,2; Num. 14,13; Num. 15,24; Num. 15,24; Num. 19,13; Num. 20,5; Num. 20,16; Num. 21,1; Num. 21,4; Num. 21,5; Num. 21,11; Num. 21,28; Num. 22,5; Num. 22,6; Num. 22,11; Num. 23,7; Num. 23,13; Num. 23,22; Num. 24,8; Num. 24,17; Num. 24,17; Num. 24,19; Num. 26,4; Num. 26,21; Num. 26,23; Num. 26,27; Num. 26,31; Num. 26,38; Num. 26,41; Num. 26,45; Num. 26,50; Num. 26,53; Num. 26,62; Num. 26,65; Num. 28,15; Num. 28,22; Num. 28,30; Num. 29,5; Num. 29,11; Num. 29,16; Num. 29,19; Num. 29,22; Num. 29,25; Num. 29,28; Num. 29,31; Num. 29,34; Num. 29,38; Num. 30,15; Num. 31,3; Num. 31,20; Num. 32,11; Num. 33,4; Num. 33,10; Num. 33,14; Num. 33,18; Num. 33,34; Num. 33,35; Num. 33,41; Num. 33,44; Num. 33,55; Num. 35,18; Num. 35,20; Num. 35,22; Deut. 1,15; Deut. 1,23; Deut. 2,36; Deut. 4,3; Deut. 4,20; Deut. 4,29; Deut. 4,29; Deut. 4,37; Deut. 5,6; Deut. 6,5; Deut. 6,5; Deut. 6,5; Deut. 6,12; Deut. 7,8; Deut. 8,14; Deut. 9,7; Deut. 10,12; Deut. 10,12; Deut. 11,13; Deut. 11,13; Deut. 13,4; Deut. 13,4; Deut. 13,6; Deut. 13,11; Deut. 13,14; Deut. 14,4; Deut. 15,20; Deut. 16,1; Deut. 16,3; Deut. 16,6; Deut. 17,7; Deut. 17,12; Deut. 18,19; Deut. 19,13; Deut. 19,19; Deut. 20,6; Deut. 20,6; Deut. 21,9; Deut. 21,21; Deut. 22,21; Deut. 22,22; Deut. 22,24; Deut. 23,5; Deut. 24,7; Deut. 24,9; Deut. 25,5; Deut. 25,6; Deut. 25,17; Deut. 26,8; Deut. 26,16; Deut. 26,16; Deut. 28,31; Deut. 28,39; Deut. 30,2; Deut. 30,2; Deut. 30,6; Deut. 30,6; Deut. 30,10; Deut. 30,10; Deut. 32,26; Deut. 33,2; Josh. 5,4; Josh. 6,1; Josh. 7,12; Josh. 7,13; Josh. 8,11; Josh. 9,23; Josh. 10,8; Josh. 11,14; Josh. 11,21; Josh. 13,3; Josh. 18,4; Josh. 19,12; Josh. 19,13; Josh. 19,25; Josh. 22,5; Josh. 22,5; Josh. 23,14; Josh. 24,6; Josh. 24,17; Josh. 24,31a; Josh. 24,32; Judg. 1,10; Judg. 2,1; Judg. 5,4; Judg. 5,14; Judg. 6,8; Judg. 6,8; Judg. 6,13; Judg. 6,21; Judg. 7,23; Judg. 8,11; Judg. 9,17; Judg. 9,20; Judg. 11,13; Judg. 11,16; Judg. 11,40; Judg. 12,6; Judg. 13,14; Judg. 14,14; Judg. 15,7; Judg. 15,11; Judg. 15,19; Judg. 16,25; Judg. 16,25; Judg. 17,1; Judg. 19,16; Judg. 19,30; Judg. 19,30; Judg. 20,13; Judg. 20,34; Judg. 20,43; Judg. 20,45; Judg. 21,1; Judg. 21,6; Judg. 21,17; Ruth 1,6; Ruth 1,22; Ruth 2,6; Ruth 2,18; Ruth 4,3; 1Sam. 1,1; 1Sam. 1,1; 1Sam. 1,3; 1Sam. 1,3; 1Sam. 1,25; 1Sam. 2,19; 1Sam. 4,10; 1Sam. 5,1; 1Sam. 8,8; 1Sam. 9,1; 1Sam. 9,21; 1Sam. 10,10; 1Sam. 10,18; 1Sam. 11,5; 1Sam. 12,6; 1Sam. 12,8; 1Sam. 13,5; 1Sam. 13,17; 1Sam. 13,23; 1Sam. 14,17; 1Sam. 15,2; 1Sam. 15,3; 1Sam. 15,6; 1Sam. 15,12; 1Sam. 17,2; 1Sam. 17,8; 1Sam. 17,36; 1Sam. 22,8; 1Sam. 25,43; 1Sam. 26,2; 1Sam. 26,20; 1Sam. 30,17; 2Sam. 4,4; 2Sam. 5,13; 2Sam. 6,1; 2Sam. 6,3; 2Sam. 7,6; 2Sam. 7,23; 2Sam. 8,4; 2Sam. 8,12; 2Sam. 10,9; 2Sam. 10,9; 2Sam. 10,10; 2Sam. 11,8; 2Sam. 11,10; 2Sam. 11,15; 2Sam. 13,30; 2Sam. 15,11; 2Sam. 15,35; 2Sam. 16,6; 2Sam. 18,6; 2Sam. 18,13; 2Sam. 19,20; 2Sam. 19,23; 2Sam. 20,7; 2Sam. 20,21; 2Sam. 22,3; 2Sam. 22,14; 2Sam. 22,17; 2Sam. 22,17; 2Sam. 22,18; 2Sam. 22,49; 2Sam. 22,49; 2Sam. 23,4; 2Sam. 24,12; 1Kings 2,41; 1Kings 2,42; 1Kings 6,1; 1Kings 7,25; 1Kings 7,35; 1Kings 8,16; 1Kings 8,39; 1Kings 8,43; 1Kings 8,49; 1Kings 9,9; 1Kings 9,9; 1Kings 10,5; 1Kings 10,28; 1Kings 10,29; 1Kings 11,29; 1Kings 12,20; 1Kings 12,24b; 1Kings 12,24f; 1Kings 13,1; 1Kings 13,12; 1Kings 13,14; 1Kings 13,21; 1Kings 18,40; 1Kings 19,2; 1Kings

E, ε

ἐκ

20,10; 1Kings 20,13; 1Kings 21,27; 1Kings 22,19; 1Kings 22,35; 2Kings 2,7; 2Kings 2,15; 2Kings 2,24; 2Kings 3,20; 2Kings 3,22; 2Kings 5,22; 2Kings 10,14; 2Kings 10,25; 2Kings 10,28; 2Kings 11,5; 2Kings 11,19; 2Kings 14,2; 2Kings 15,2; 2Kings 16,6; 2Kings 19,31; 2Kings 19,31; 2Kings 21,15; 2Kings 21,19; 2Kings 23,6; 2Kings 23,8; 2Kings 23,17; 2Kings 24,8; 2Kings 24,15; 2Kings 25,27; 2Kings 25,30; 1Chr. 2,23; 1Chr. 4,42; 1Chr. 5,2; 1Chr. 5,18; 1Chr. 6,29; 1Chr. 8,40; 1Chr. 9,28; 1Chr. 9,29; 1Chr. 12,2; 1Chr. 12,23; 1Chr. 13,7; 1Chr. 15,25; 1Chr. 16,23; 1Chr. 17,21; 1Chr. 18,4; 1Chr. 18,8; 1Chr. 18,11; 1Chr. 18,11; 1Chr. 18,11; 1Chr. 19,10; 1Chr. 19,11; 1Chr. 19,17; 1Chr. 21,10; 1Chr. 21,14; 1Chr. 27,12; 1Chr. 28,4; 2Chr. 1,16; 2Chr. 1,17; 2Chr. 2,17; 2Chr. 3,14; 2Chr. 3,17; 2Chr. 3,17; 2Chr. 4,6; 2Chr. 4,7; 2Chr. 4,8; 2Chr. 6,30; 2Chr. 6,33; 2Chr. 6,39; 2Chr. 9,4; 2Chr. 9,28; 2Chr. 10,2; 2Chr. 12,3; 2Chr. 15,12; 2Chr. 15,12; 2Chr. 15,15; 2Chr. 18,18; 2Chr. 18,34; 2Chr. 21,15; 2Chr. 21,19; 2Chr. 23,4; 2Chr. 24,11; 2Chr. 28,5; 2Chr. 28,8; 2Chr. 30,25; 2Chr. 31,1; 2Chr. 31,21; 2Chr. 33,15; 2Chr. 34,12; 2Chr. 36,23; 1Esdr. 1,36; 1Esdr. 2,7; 1Esdr. 2,17; 1Esdr. 2,21; 1Esdr. 4,16; 1Esdr. 4,16; 1Esdr. 4,44; 1Esdr. 5,18; 1Esdr. 9,44; Ezra 2,59; Ezra 6,4; Ezra 7,26; Ezra 10,3; Ezra 10,14; Ezra 10,44; Neh. 3,25; Neh. 3,27; Neh. 3,28; Neh. 3,29; Neh. 3,30; Neh. 4,17; Neh. 8,4; Neh. 9,13; Neh. 9,15; Neh. 9,18; Neh. 9,27; Neh. 9,28; Esth. 11,4 # 1,1c; Esth. 2,6; Esth. 3,7; Esth. 13,15 # 4,17f; Esth. 13,18 # 4,17i; Judith 2,18; Judith 3,6; Judith 5,8; Judith 6,5; Judith 7,18; Judith 8,18; Judith 8,24; Judith 10,17; Judith 10,19; Judith 11,18; Judith 12,2; Judith 15,3; Judith 15,5; Judith 15,12; Judith 16,3; Tob. 1,9; Tob. 3,5; Tob. 4,8; Tob. 4,13; Tob. 6,18; 1Mac. 1,10; 1Mac. 1,11; 1Mac. 1,30; 1Mac. 3,8; 1Mac. 3,45; 1Mac. 4,12; 1Mac. 4,15; 1Mac. 4,17; 1Mac. 4,34; 1Mac. 5,12; 1Mac. 5,26; 1Mac. 5,34; 1Mac. 5,54; 1Mac. 6,21; 1Mac. 6,21; 1Mac. 6,24; 1Mac. 7,5; 1Mac. 7,16; 1Mac. 7,39; 1Mac. 7,46; 1Mac. 8,10; 1Mac. 8,30; 1Mac. 9,6; 1Mac. 9,45; 1Mac. 9,69; 1Mac. 9,73; 1Mac. 9,73; 1Mac. 10,37; 1Mac. 10,37; 1Mac. 10,48; 1Mac. 10,57; 1Mac. 10,61; 1Mac. 10,74; 1Mac. 11,33; 1Mac. 11,41; 1Mac. 11,68; 1Mac. 12,15; 1Mac. 12,25; 1Mac. 12,37; 1Mac. 12,53; 1Mac. 13,48; 1Mac. 13,49; 1Mac. 13,51; 1Mac. 14,7; 1Mac. 14,36; 1Mac. 15,17; 1Mac. 16,8; 1Mac. 16,10; 2Mac. 2,21; 2Mac. 3,26; 2Mac. 3,34; 2Mac. 5,11; 2Mac. 6,26; 2Mac. 7,28; 2Mac. 9,4; 2Mac. 10,29; 3Mac. 2,1; 3Mac. 2,30; 3Mac. 2,33; 3Mac. 4,14; 3Mac. 4,21; 3Mac. 5,50; 3Mac. 6,18; 3Mac. 6,26; 3Mac. 7,22; 4Mac. 1,19; 4Mac. 1,33; 4Mac. 3,14; 4Mac. 4,13; 4Mac. 7,18; 4Mac. 10,5; 4Mac. 13,13; 4Mac. 14,14; Psa. 2,12; Psa. 3,5; Psa. 15,4; Psa. 17,14; Psa. 17,17; Psa. 17,17; Psa. 17,18; Psa. 17,20; Psa. 17,44; Psa. 17,49; Psa. 19,3; Psa. 19,7; Psa. 22,5; Psa. 29,4; Psa. 32,13; Psa. 32,14; Psa. 33,21; Psa. 34,3; Psa. 36,40; Psa. 37,12; Psa. 38,3; Psa. 42,1; Psa. 44,9; Psa. 50,16; Psa. 55,14; Psa. 56,4; Psa. 58,3; Psa. 58,13; Psa. 60,9; Psa. 67,24; Psa. 67,32; Psa. 71,14; Psa. 77,26; Psa. 77,65; Psa. 79,9; Psa. 79,15; Psa. 82,5; Psa. 85,13; Psa. 95,2; Psa. 101,20; Psa. 101,20; Psa. 104,13; Psa. 105,11; Psa. 106,17; Psa. 113,1; Psa. 117,26; Psa. 126,5; Psa. 134,7; Psa. 138,6; Psa. 139,2; Psa. 141,4; Psa. 143,7; Psa. 143,7; Psa. 151,7; Ode. 2,26; Ode. 4,3; Ode. 6,5; Ode. 9,71; Ode. 9,78; Prov. 4,27a; Prov. 6,9; Prov. 8,21a; Prov. 12,3; Prov. 12,13; Prov. 21,16; Prov. 30,14; Eccl. 4,14; Eccl. 12,11; Job 2,9d; Job 4,19; Job 5,6; Job 5,19; Job 6,23; Job 14,12; Job 20,15; Job 20,18; Job 23,15a; Job 24,4; Job 28,5; Job 31,2; Job 32,12; Job 32,15; Job 33,17; Job 36,10; Job 38,13; Wis. 2,1; Wis. 4,20; Wis. 8,21; Wis. 9,10; Wis. 10,13; Wis. 10,15; Wis. 11,17; Wis. 13,13; Wis. 15,8; Wis. 17,13; Wis. 19,7; Sir. 1,4; Sir. 5,7; Sir. 8,6; Sir. 10,7; Sir. 10,17; Sir. 15,14; Sir. 16,17; Sir. 23,22; Sir. 23,23; Sir. 29,24; Sir. 32,1; Sir. 33,9; Sir. 33,12; Sir. 33,12; Sir. 34,18; Sir. 37,9; Sir. 39,32; Sir. 45,1; Sir. 45,25; Sir. 47,9; Sir. 47,21; Sir. 47,22; Sir. 48,5; Sir. 48,20; Sir. 50,15; Sir. 51,2; Sir. 51,11; Sir. 51,15; Sol. 3,2; Sol. 6,4; Sol. 17,17; Sol. 17,19; Sol. 18,2; Hos. 5,13; Hos. 7,5; Hos. 9,12; Hos. 9,12; Hos. 11,1; Hos. 11,11; Hos. 12,14; Hos. 14,9; Amos 1,2; Amos 1,5; Amos 1,8; Amos 1,8; Amos 2,3; Amos 4,7; Amos 5,3; Amos 5,3; Amos 5,11; Amos 6,7; Amos 9,1; Amos 9,1; Amos 9,3; Mic. 1,2; Mic. 1,10; Mic. 1,11; Mic. 2,3; Mic. 2,12; Mic. 3,6; Mic. 4,2; Mic. 5,1; Mic. 6,4; Mic. 6,12; Mic. 7,15; Joel 1,5; Joel 1,9; Joel 1,11; Joel 1,13; Joel 1,16; Joel 2,12; Joel 4,16; Joel 4,18; Joel 4,19; Obad. 8; Obad. 9; Obad. 11; Obad. 11; Obad. 14; Obad. 21; Jonah 2,5; Jonah 3,9; Nah. 1,14; Nah. 2,4; Nah. 3,11; Hab. 1,3; Hab. 1,7; Hab. 1,7; Hab. 1,9; Hab. 3,3; Zeph. 3,7; Zeph. 3,14; Hag. 2,3; Zech. 4,1; Zech. 4,3; Zech. 4,11; Zech. 7,14; Zech. 9,10; Zech. 9,10; Zech. 9,10; Zech. 10,4; Zech. 10,4; Zech. 10,4; Zech. 10,4; Zech. 10,10; Zech. 10,10; Zech. 12,6; Zech. 14,4; Zech. 14,8; Zech. 14,21; Mal. 1,9; Mal. 3,19; Is. 2,3; Is. 11,11; Is. 13,9; Is. 19,11; Is. 21,1; Is. 29,22; Is. 34,4; Is. 37,26; Is. 37,32; Is. 37,32; Is. 40,21; Is. 41,26; Is. 42,7; Is. 43,9; Is. 43,9; Is. 48,1; Is. 58,2; Is. 61,8; Is. 63,1; Is. 65,9; Is. 65,9; Is. 66,19; Jer. 2,11; Jer. 3,10; Jer. 4,15; Jer. 7,7; Jer. 10,13; Jer. 11,11; Jer. 11,11; Jer. 11,20; Jer. 17,22; Jer. 20,10; Jer. 24,1; Jer. 24,7; Jer. 27,6; Jer. 31,3; Jer. 31,11; Jer. 33,10; Jer. 34,20; Jer. 36,1; Jer. 36,2; Jer. 36,27; Jer. 37,21; Jer. 38,39; Jer. 41,9; Jer. 41,13; Jer. 43,21; Jer. 44,5; Jer. 46,14; Jer. 52,31; Jer. 52,34; Lam. 1,7; Lam. 2,1; Lam. 2,17; Lam. 3,17; Lam. 3,50; Lam. 5,4; LetterJ 71; Ezek. 1,10; Ezek. 5,4; Ezek. 6,8; Ezek. 6,9; Ezek. 7,16; Ezek. 7,20; Ezek. 7,26; Ezek. 11,18; Ezek. 12,16; Ezek. 14,13; Ezek. 14,17; Ezek. 14,19; Ezek. 14,21; Ezek. 14,22; Ezek. 15,3; Ezek. 15,3; Ezek. 16,17; Ezek. 16,46; Ezek. 18,8; Ezek. 19,10; Ezek. 20,38; Ezek. 21,21; Ezek. 22,30; Ezek. 23,8; Ezek. 24,5; Ezek. 24,6; Ezek. 24,12; Ezek. 25,13; Ezek. 27,6; Ezek. 27,7; Ezek. 27,14; Ezek. 27,19; Ezek. 33,2; Ezek. 33,6; Ezek. 38,8; Ezek. 42,5; Ezek. 44,22; Ezek. 47,3; Ezek. 48,14; Dan. 2,34; Dan. 2,35; Dan. 2,45; Dan. 3,51; Dan. 3,88; Dan. 3,93; Dan. 8,9; Dan. 9,15; Sus. 6; Josh. 19,12; Josh. 19,13; Judg. 1,10; Judg. 2,1; Judg. 5,4; Judg. 5,14; Judg. 5,20; Judg. 6,8; Judg. 6,13; Judg. 9,4; Judg. 9,17; Judg. 10,11; Judg. 11,13; Judg. 11,16; Judg. 13,14; Judg. 14,19; Judg. 15,19; Judg. 16,25; Judg. 19,16; Judg. 19,16; Judg. 19,16; Judg. 20,34; Judg. 20,45; Judg. 20,45; Judg. 21,1; Tob. 1,2; Tob. 1,9; Tob. 1,18; Tob. 2,12; Tob. 3,5; Tob. 3,6; Tob. 6,5; Tob. 6,18; Tob. 8,6; Tob. 10,1; Dan. 2,34; Dan. 3,51; Dan. 3,88; Dan. 4,12; Dan. 6,3; Dan. 10,13; Dan. 11,31; Dan. 11,44; Matt. 1,16; Matt. 2,15; Matt. 6,27; Matt. 7,9; Matt. 10,29; Matt. 12,11; Matt. 15,5; Matt. 18,12; Matt. 18,19; Matt. 20,21; Matt. 20,23; Matt. 21,25; Matt. 21,25; Matt. 21,25; Matt. 21,26; Matt. 22,35; Matt. 23,25; Matt. 23,34; Matt. 23,34; Matt. 25,2; Matt. 25,33; Matt. 25,41; Matt. 26,21; Matt. 26,27; Matt. 26,73; Matt. 27,7; Matt. 27,29; Matt. 27,38; Matt. 27,48; Matt. 28,2; Mark 1,25; Mark 1,26; Mark 5,30; Mark 7,11; Mark 9,25; Mark 10,37; Mark 10,40; Mark 11,30; Mark 11,30; Mark 11,31; Mark 11,32; Mark 12,30; Mark 12,30; Mark 12,30; Mark 12,30; Mark 12,33; Mark 12,33; Mark 12,33; Mark 14,18; Mark 14,23; Mark 14,69; Mark 14,70; Mark 15,27; Mark 15,39; Mark 16,12; Luke 1,5; Luke 1,27; Luke 1,71; Luke 1,78; Luke 2,4; Luke 3,22; Luke 6,44; Luke 10,7; Luke 10,27; Luke 11,5; Luke 11,6; Luke 11,11; Luke 11,13; Luke 11,15; Luke 11,16; Luke 11,49; Luke 12,6; Luke 12,25; Luke 14,28; Luke 14,33; Luke 15,4; Luke 15,4; Luke 17,7; Luke 17,15; Luke 20,4; Luke 20,4; Luke 20,5; Luke 20,6; Luke 21,16; Luke 22,23; Luke 22,50; Luke 22,58; Luke 23,8; Luke 23,33; Luke 24,13; Luke 24,22; Luke 24,49; John 1,13; John 1,19; John 1,32; John 3,5; John 4,12; John 6,39; John 6,50; John 6,58; John 6,64; John 6,64; John 6,70; John 7,19; John 7,44; John 7,50; John 8,46; John 10,20; John 11,37; John 11,46; John 11,49; John 12,49; John 13,21; John 16,4; John 16,5; John 17,12; John

ἕκαστος

18,9; John 19,2; Acts 5,38; Acts 6,3; Acts 9,33; Acts 11,20; Acts 11,28; Acts 13,17; Acts 15,2; Acts 15,14; Acts 15,22; Acts 15,23; Acts 15,24; Acts 15,29; Acts 17,4; Acts 17,12; Acts 17,26; Acts 20,30; Acts 22,18; Acts 23,21; Acts 26,23; Acts 27,22; Acts 28,17; Rom. 1,4; Rom. 2,8; Rom. 2,29; Rom. 3,20; Rom. 4,2; Rom. 5,16; Rom. 9,5; Rom. 9,6; Rom. 9,10; Rom. 9,12; Rom. 9,24; Rom. 9,24; Rom. 9,32; Rom. 10,17; Rom. 11,6; Rom. 11,14; Rom. 11,36; Rom. 12,18; Rom. 13,3; Rom. 13,11; 1Cor. 1,30; 1Cor. 5,13; 1Cor. 8,6; 1Cor. 11,8; 1Cor. 15,6; 1Cor. 15,47; 2Cor. 2,2; 2Cor. 2,17; 2Cor. 3,1; 2Cor. 3,5; 2Cor. 4,7; 2Cor. 5,2; 2Cor. 7,9; 2Cor. 8,7; 2Cor. 8,13; 2Cor. 9,7; 2Cor. 11,26; 2Cor. 12,6; 2Cor. 13,4; Gal. 1,8; Gal. 2,15; Gal. 2,16; Gal. 2,16; Gal. 2,16; Gal. 3,2; Gal. 3,2; Gal. 3,5; Gal. 3,5; Gal. 3,10; Gal. 3,18; Eph. 2,8; Eph. 2,9; Eph. 3,15; Eph. 4,16; Phil. 1,16; Phil. 1,17; Phil. 3,5; Phil. 3,20; Col. 2,19; Col. 4,9; Col. 4,12; 1Th. 2,3; 1Th. 2,6; 1Tim. 6,4; Titus 1,12; Titus 2,8; Titus 3,5; Heb. 2,11; Heb. 3,13; Heb. 3,16; Heb. 4,1; Heb. 5,1; Heb. 7,6; Heb. 7,12; Heb. 7,14; Heb. 11,35; Heb. 13,10; James 2,16; James 2,21; James 2,24; James 2,25; 1Pet. 4,11; 2Pet. 1,18; 2Pet. 2,8; 2Pet. 3,5; 1John 2,19; 1John 2,19; 1John 2,19; 1John 2,19; 1John 2,29; 1John 5,1; Rev. 2,10; Rev. 18,4; Rev. 18,20; Rev. 21,21)

Ἔξ ▸ 6
- **Preposition** ▪ (+genitive) ▸ **6** (1Sam. 15,15; 1Sam. 24,14; 2Chr. 31,10; 2Mac. 7,11; Lam. 1,13; Lam. 4,13)

ἕκαστος each, each person ▸ 352 + 5 + 82 = 439
- ἕκαστα ▸ 7
  - **Adjective** ▪ neuter ▪ plural ▪ accusative ▪ noDegree ▪ (intensive)
    - ▸ **7** (2Mac. 10,13; 2Mac. 10,14; 2Mac. 14,9; 3Mac. 3,23; 4Mac. 4,4; Dan. 2,24; Dan. 2,25)
- ἑκάστη ▸ 2 + 1 = 3
  - **Adjective** ▪ feminine ▪ singular ▪ nominative ▪ noDegree
    - ▪ (intensive) ▸ **2** (Ruth 1,8; Ruth 1,9)
  - **Adjective** ▪ feminine ▪ singular ▪ nominative
    - ▪ (demonstrative) ▸ **1** (1Cor. 7,2)
- ἑκάστῃ ▸ 1
  - **Adjective** ▪ feminine ▪ singular ▪ dative ▪ noDegree ▪ (intensive)
    - ▸ **1** (1Mac. 11,3)
- ἑκάστην ▸ 20 + 2 + 1 = 23
  - **Adjective** ▪ feminine ▪ singular ▪ accusative ▪ noDegree
    - ▪ (intensive) ▸ **20 + 2 = 22** (Ex. 5,8; Ex. 26,5; 2Chr. 9,16; Esth. 2,11; Esth. 3,4; 4Mac. 1,29; Psa. 6,7; Psa. 7,12; Psa. 41,4; Psa. 41,11; Psa. 144,2; Ode. 14,29; Job 1,4; Sol. 18,11; Dan. 1,5; Dan. 6,12; Bel 3; Bel 4; Bel 6; Bel 31-32; Bel 4; Bel 6)
  - **Adjective** ▪ feminine ▪ singular ▪ accusative
    - ▪ (demonstrative) ▸ **1** (Heb. 3,13)
- Ἑκάστην ▸ 1
  - **Adjective** ▪ feminine ▪ singular ▪ accusative ▪ noDegree
    - ▪ (intensive) ▸ **1** (Tob. 10,1)
- ἑκάστης ▸ 5 + 1 = 6
  - **Adjective** ▪ feminine ▪ singular ▪ genitive ▪ noDegree ▪ (intensive)
    - ▸ **5 + 1 = 6** (Josh. 3,12; Josh. 4,2; Josh. 4,4; 1Chr. 28,16; Tob. 10,1; Bel 3)
- ἕκαστοι ▸ 1
  - **Adjective** ▪ masculine ▪ plural ▪ nominative
    - ▪ (demonstrative) ▸ **1** (Phil. 2,4)
- ἕκαστον ▸ 47 + 1 + 13 = 61
  - **Adjective** ▪ masculine ▪ singular ▪ accusative ▪ noDegree
    - ▪ (intensive) ▸ **42 + 1 = 43** (Gen. 49,28; Ex. 18,16; Num. 4,19; Num. 11,10; 1Sam. 13,2; 1Sam. 20,15; 1Kings 21,24; 2Chr. 23,10; 1Esdr. 1,15; Tob. 1,7; 1Mac. 1,42; 1Mac. 3,56; 1Mac. 5,49; 1Mac. 11,38; 2Mac. 7,21; 2Mac. 9,26; 2Mac. 13,2; 2Mac. 15,11; 3Mac. 5,34; 3Mac. 6,25; 4Mac. 4,26; 4Mac. 5,2; 4Mac. 8,9; 4Mac. 15,7; 4Mac. 16,24; Zech. 8,10; Zech. 11,6; Jer. 12,15; Jer. 12,15; Jer. 23,14; Jer. 32,26; Jer. 41,9; Jer. 41,9; Jer. 41,10; Jer. 41,10; Jer. 41,15; Jer. 41,16; Jer. 41,16; Bar. 2,8; Ezek. 7,16; Ezek. 18,30; Ezek. 33,20; Tob. 1,7)
  - **Adjective** ▪ masculine ▪ singular ▪ accusative
    - ▪ (demonstrative) ▸ **10** (Luke 16,5; Acts 2,3; Acts 3,26; Acts 20,31; 1Cor. 7,17; 1Th. 2,11; 1Th. 4,4; Heb. 6,11; Heb. 11,21; Rev. 22,2)
  - **Adjective** ▪ neuter ▪ singular ▪ accusative ▪ noDegree ▪ (intensive)
    - ▸ **2** (1Kings 7,22; Wis. 15,7)
  - **Adjective** ▪ neuter ▪ singular ▪ accusative
    - ▪ (demonstrative) ▸ **2** (Acts 21,19; 1Cor. 12,18)
  - **Adjective** ▪ neuter ▪ singular ▪ nominative ▪ noDegree ▪ (intensive)
    - ▸ **3** (1Sam. 5,4; Ezek. 1,9; Ezek. 10,22)
  - **Adjective** ▪ neuter ▪ singular ▪ nominative
    - ▪ (demonstrative) ▸ **1** (Luke 6,44)
- ἕκαστος ▸ 218 + 39 = 257
  - **Adjective** ▪ masculine ▪ singular ▪ nominative ▪ noDegree
    - ▪ (intensive) ▸ **218** (Gen. 10,5; Gen. 11,7; Gen. 13,11; Gen. 34,25; Gen. 37,19; Gen. 41,11; Gen. 42,21; Gen. 43,33; Gen. 44,11; Gen. 44,11; Gen. 44,13; Ex. 1,1; Ex. 5,4; Ex. 7,12; Ex. 11,2; Ex. 12,3; Ex. 12,3; Ex. 12,4; Ex. 12,22; Ex. 16,16; Ex. 16,16; Ex. 16,18; Ex. 16,21; Ex. 16,29; Ex. 28,21; Ex. 30,12; Ex. 32,27; Ex. 32,27; Ex. 32,27; Ex. 32,27; Ex. 32,29; Ex. 33,8; Ex. 33,10; Ex. 35,21; Ex. 36,4; Ex. 36,21; Lev. 10,1; Lev. 19,3; Lev. 19,11; Lev. 25,10; Lev. 25,10; Lev. 25,13; Lev. 25,46; Num. 1,4; Num. 2,17; Num. 2,34; Num. 16,17; Num. 16,17; Num. 16,17; Num. 16,18; Num. 17,24; Num. 25,5; Num. 31,53; Num. 32,18; Num. 35,8; Num. 36,7; Num. 36,8; Num. 36,9; Deut. 1,41; Deut. 3,20; Deut. 12,8; Deut. 16,17; Deut. 24,16; Josh. 1,15; Josh. 4,5; Josh. 6,5; Josh. 24,28; Josh. 24,33b; Judg. 2,6; Judg. 7,21; Judg. 9,49; Judg. 21,25; 1Sam. 4,10; 1Sam. 8,22; 1Sam. 9,9; 1Sam. 10,11; 1Sam. 10,25; 1Sam. 13,20; 1Sam. 13,20; 1Sam. 14,34; 1Sam. 14,34; 1Sam. 14,34; 1Sam. 20,41; 1Sam. 20,41; 1Sam. 25,10; 1Sam. 25,13; 1Sam. 27,3; 1Sam. 30,22; 2Sam. 2,3; 2Sam. 2,16; 2Sam. 2,27; 2Sam. 6,19; 1Kings 2,46g; 1Kings 5,1; 1Kings 5,1; 1Kings 8,31; 1Kings 8,38; 1Kings 8,66; 1Kings 10,25; 1Kings 12,24; 1Kings 12,24t; 1Kings 12,24u; 1Kings 12,24y; 1Kings 21,20; 1Kings 21,20; 1Kings 22,17; 2Kings 9,13; 2Kings 14,6; 2Kings 18,33; 1Chr. 16,43; 2Chr. 9,24; 2Chr. 11,4; 2Chr. 18,9; 2Chr. 18,16; 2Chr. 23,8; 2Chr. 25,4; 2Chr. 25,22; 2Chr. 31,1; 2Chr. 36,4a; 1Esdr. 3,5; 1Esdr. 3,8; 1Esdr. 4,11; 1Esdr. 5,8; Esth. 9,19; Judith 7,4; Judith 7,5; Judith 10,19; Judith 14,2; Judith 16,21; 1Mac. 1,8; 1Mac. 2,19; 1Mac. 3,43; 1Mac. 6,54; 1Mac. 10,13; 1Mac. 14,12; 3Mac. 5,21; 3Mac. 7,20; 4Mac. 13,13; Psa. 11,3; Prov. 5,22; Job 2,11; Job 2,12; Job 34,11; Job 42,11; Wis. 19,17; Sir. 16,14; Sir. 16,28; Sir. 38,31; Sir. 46,11; Sol. 8,10; Mic. 4,4; Mic. 4,4; Mic. 4,5; Mic. 7,2; Joel 2,7; Joel 2,8; Jonah 1,5; Jonah 1,7; Jonah 3,8; Zeph. 2,11; Hag. 1,9; Hag. 2,22; Zech. 3,10; Zech. 7,9; Zech. 7,10; Zech. 8,4; Zech. 8,16; Zech. 8,17; Zech. 11,9; Zech. 13,4; Zech. 14,13; Mal. 2,10; Mal. 3,16; Is. 36,16; Is. 36,18; Is. 41,6; Is. 42,25; Is. 56,11; Jer. 1,15; Jer. 5,8; Jer. 6,3; Jer. 9,3; Jer. 9,4; Jer. 16,12; Jer. 18,11; Jer. 18,12; Jer. 19,9; Jer. 22,8; Jer. 23,27; Jer. 23,30; Jer. 23,35; Jer. 23,35; Jer. 25,5; Jer. 26,16; Jer. 27,16; Jer. 28,6; Jer. 28,9; Jer. 30,21; Jer. 33,3; Jer. 38,30; Jer. 38,34; Jer. 38,34; Jer. 41,17; Jer. 42,15; Jer. 43,16; Jer. 44,10; Bar. 1,22; Ezek. 8,11; Ezek. 8,12; Ezek. 9,1; Ezek. 22,6; Ezek. 22,11; Ezek. 22,11; Ezek. 22,11; Ezek. 24,23; Ezek. 46,18; Ezek. 47,14)
  - **Adjective** ▪ masculine ▪ singular ▪ nominative
    - ▪ (demonstrative) ▸ **39** (Matt. 18,35; Matt. 26,22; Luke 2,3; Luke 13,15; John 6,7; John 7,53; John 16,32; Acts 2,6; Acts 2,8; Acts 2,38; Acts 11,29; Rom. 14,5; Rom. 14,12; Rom. 15,2; 1Cor. 1,12; 1Cor.

3,8; 1Cor. 3,10; 1Cor. 7,2; 1Cor. 7,7; 1Cor. 7,20; 1Cor. 7,24; 1Cor. 11,21; 1Cor. 14,26; 1Cor. 16,2; 2Cor. 5,10; 2Cor. 9,7; Gal. 6,4; Gal. 6,5; Eph. 4,25; Eph. 5,33; Eph. 6,8; Phil. 2,4; Heb. 8,11; Heb. 8,11; James 1,14; 1Pet. 4,10; Rev. 5,8; Rev. 20,13; Rev. 21,21)

Ἕκαστος ▸ 3 + 1 = 4
  Adjective · masculine · singular · nominative · noDegree
    · (intensive) ▸ 3 (1Kings 22,36; Ezek. 20,7; Ezek. 20,39)
  Adjective · masculine · singular · nominative
    · (demonstrative) ▸ 1 (1Cor. 15,23)

ἑκάστου ▸ 27 + 7 = 34
  Adjective · masculine · singular · genitive · noDegree · (intensive)
    ▸ 24 (Gen. 42,25; Gen. 42,35; Gen. 43,21; Gen. 44,1; Num. 1,4; Num. 5,10; Num. 7,3; Num. 17,17; Judg. 15,7; 1Sam. 30,6; 1Chr. 28,17; 2Chr. 31,2; 1Esdr. 1,15; 1Esdr. 5,46; 1Esdr. 7,9; 1Esdr. 9,13; 2Mac. 7,22; 2Mac. 12,40; 2Mac. 14,21; 4Mac. 8,5; 4Mac. 15,19; Bar. 1,6; Ezek. 9,2; Ezek. 45,20)
  Adjective · masculine · singular · genitive
    · (demonstrative) ▸ 6 (Acts 17,27; Acts 21,26; 1Cor. 3,13; 1Cor. 3,13; 2Th. 1,3; 1Pet. 1,17)
  Adjective · neuter · singular · genitive · noDegree · (intensive)
    ▸ 3 (1Mac. 6,37; 1Mac. 6,37; Wis. 15,7)
  Adjective · neuter · singular · genitive
    · (demonstrative) ▸ 1 (Eph. 4,16)

ἑκάστῳ ▸ 21 + 19 = 40
  Adjective · masculine · singular · dative · noDegree · (intensive)
    ▸ 17 (Lev. 7,10; Num. 7,5; Num. 26,54; 1Sam. 26,23; 2Sam. 6,19; 1Mac. 6,35; 2Mac. 8,22; 3Mac. 1,4; 3Mac. 7,8; 3Mac. 7,18; 4Mac. 13,18; Psa. 61,13; Prov. 24,12; Sir. 17,14; Zech. 10,1; Jer. 17,10; Jer. 39,19)
  Adjective · masculine · singular · dative
    · (demonstrative) ▸ 18 (Matt. 16,27; Matt. 25,15; Mark 13,34; Luke 4,40; John 19,23; Acts 4,35; Rom. 2,6; Rom. 12,3; 1Cor. 3,5; 1Cor. 4,5; 1Cor. 7,17; 1Cor. 12,7; 1Cor. 12,11; Eph. 4,7; Col. 4,6; Rev. 2,23; Rev. 6,11; Rev. 22,12)
  Adjective · neuter · singular · dative · noDegree · (intensive) ▸ 4 (1Mac. 6,35; 4Mac. 14,12; Sir. 17,17; Ezek. 1,23)
  Adjective · neuter · singular · dative
    · (demonstrative) ▸ 1 (1Cor. 15,38)

ἑκάστων ▸ 1
  Adjective · neuter · plural · genitive · noDegree · (intensive) ▸ 1 (2Mac. 2,28)

ἑκάστοτε (ἕκαστος; ὅς; τέ) always ▸ 1
  ἑκάστοτε ▸ 1
    Adverb · (temporal) ▸ 1 (2Pet. 1,15)

ἑκάτερος each one (of two); both ▸ 12 + 2 = 14
  ἑκατέραις ▸ 1 + 1 = 2
    Adjective · feminine · plural · dative · noDegree
      · (demonstrative) ▸ 1 + 1 = 2 (2Mac. 14,46; Tob. 11,12)
  ἑκατέρας ▸ 1
    Adjective · feminine · singular · genitive · noDegree
      · (demonstrative) ▸ 1 (2Mac. 8,22)
  ἑκάτεροι ▸ 1
    Adjective · masculine · plural · nominative · noDegree
      · (demonstrative) ▸ 1 (2Mac. 10,28)
  ἑκάτερον ▸ 3
    Adjective · neuter · singular · nominative · noDegree
      · (demonstrative) ▸ 3 (4Mac. 1,20; Ezek. 1,12; Ezek. 37,7)
  ἑκάτερος ▸ 2 + 1 = 3
    Adjective · masculine · singular · nominative · noDegree
      · (demonstrative) ▸ 2 + 1 = 3 (Gen. 40,5; Sus. 13-14; Tob. 5,3)
  ἑκατέρου ▸ 2
    Adjective · neuter · singular · genitive · noDegree
      · (demonstrative) ▸ 2 (2Mac. 3,26; 4Mac. 5,21)
  ἑκατέρῳ ▸ 1
    Adjective · neuter · singular · dative · noDegree
      · (demonstrative) ▸ 1 (Ezek. 1,11)
  ἑκατέρων ▸ 1
    Adjective · masculine · plural · genitive · noDegree
      · (demonstrative) ▸ 1 (2Mac. 5,3)

ἑκατέρωθεν (ἑκάτερος; θεν) on each side ▸ 2
  ἑκατέρωθεν ▸ 2
    Adverb ▸ 2 (4Mac. 6,3; 4Mac. 9,11)

ἑκατόν hundred ▸ 237 + 12 + 17 = 266
  ἑκατόν ▸ 26 + 1 + 5 = 32
    Adjective · feminine · plural · accusative · (cardinal · numeral)
      ▸ 4 + 1 = 5 (1Chr. 29,7; 2Chr. 4,8; 1Esdr. 5,44; Ezek. 4,4; John 19,39)
    Adjective · feminine · plural · nominative · (cardinal · numeral)
      ▸ 1 (Jer. 52,23)
    Adjective · masculine · plural · accusative · (cardinal · numeral)
      ▸ 2 + 2 = 4 (1Esdr. 7,7; Ezra 6,17; Matt. 13,8; Matt. 13,23)
    Adjective · masculine · plural · dative · (cardinal · numeral) ▸ 1 (2Mac. 4,9)
    Adjective · masculine · plural · genitive · (cardinal · numeral)
      ▸ 5 (Ex. 27,18; Ezek. 41,13; Ezek. 41,13; Ezek. 41,14; Ezek. 42,8)
    Adjective · masculine · plural · nominative · (cardinal · numeral)
      ▸ 8 + 1 = 9 (Lev. 26,8; 1Chr. 12,26; 2Chr. 29,32; Ezra 2,69; Amos 5,3; Amos 5,3; Ezek. 40,19; Ezek. 40,23; Judg. 17,2)
    Adjective · neuter · plural · accusative · (cardinal · numeral) ▸ 3 + 2 = 5 (Ex. 37,7; Ex. 37,9; 1Mac. 15,35; Mark 4,8; Mark 4,20)
    Adjective · neuter · plural · genitive · (cardinal · numeral) ▸ 1 (1Esdr. 8,19)
    Adjective · neuter · plural · nominative · (cardinal · numeral)
      ▸ 1 (Sir. 18,9)
  ἑκατὸν ▸ 210 + 11 + 12 = 233
    Adjective · feminine · plural · accusative · (cardinal · numeral)
      ▸ 21 (Gen. 7,24; Gen. 8,3; Ex. 39,4; 1Kings 8,63; 1Kings 21,29; 2Kings 3,4; 2Kings 3,4; 2Kings 19,35; 1Chr. 5,21; 1Chr. 22,14; 2Chr. 7,5; 2Chr. 11,1; 2Chr. 25,6; 2Chr. 28,6; Judith 1,16; Judith 2,5; 1Mac. 7,41; 2Mac. 15,22; Is. 37,36; Ezek. 4,5; Ezek. 4,9)
    Adjective · feminine · plural · dative · (cardinal · numeral) ▸ 7 (1Sam. 18,25; 2Sam. 3,14; 1Esdr. 3,2; Esth. 1,4; Esth. 3,12; Esth. 8,9; Esth. 16,2 # 8,12b)
    Adjective · feminine · plural · genitive · (cardinal · numeral) ▸ 4 (Ex. 39,4; Josh. 24,32; Esth. 1,1 # 1,1s; Esth. 13,1 # 3,13a)
    Adjective · feminine · plural · nominative · (cardinal · numeral)
      ▸ 15 + 1 + 3 = 19 (Num. 2,9; Num. 2,16; Num. 2,24; Num. 2,31; Judg. 8,10; 2Sam. 16,1; 1Kings 12,21; 1Chr. 12,38; 1Chr. 21,5; 2Chr. 2,16; 2Chr. 17,18; 1Esdr. 5,9; Judith 7,2; 1Mac. 6,30; 2Mac. 8,19; Judg. 8,10; Rev. 7,4; Rev. 14,1; Rev. 14,3)
    Adjective · masculine · plural · accusative · (cardinal · numeral)
      ▸ 17 + 5 + 3 = 25 (Deut. 22,19; Judg. 16,5; Judg. 17,2; Judg. 17,3; Judg. 20,35; 1Sam. 18,27; 1Kings 18,4; 1Kings 18,13; 1Chr. 8,40; 2Chr. 3,16; Judith 10,17; 1Mac. 8,6; Eccl. 6,3; Ezek. 42,2; Ezek. 42,4; Dan. 6,2; Dan. 6,4; Judg. 16,5; Judg. 17,3; Judg. 20,10; Judg. 20,35; Dan. 6,2; Mark 6,40; Luke 16,6; Luke 16,7)
    Adjective · masculine · plural · dative · (cardinal · numeral) ▸ 3 + 1 = 4 (Judg. 20,10; Judg. 20,10; 1Chr. 12,15; Judg. 20,10)
    Adjective · masculine · plural · genitive · (cardinal · numeral)
      ▸ 16 + 2 = 18 (Gen. 33,19; Ex. 27,9; Ex. 27,11; Ex. 27,18; Num. 7,85; 1Kings 10,29; 2Kings 4,43; 2Chr. 3,4; 1Esdr. 8,20; 1Esdr. 8,20; Ezra 7,22; Neh. 3,1; Judith 1,3; Ezek. 40,47; Ezek. 40,47; Ezek. 41,15; John 21,11; Rev. 21,17)

ἑκατόν–ἐκβαίνω

Adjective · masculine · plural · nominative · (cardinal · numeral)
▸ 53 + 1 + 1 = **55** (Lev. 26,8; Num. 2,24; Num. 7,13; Num. 7,19; Num. 7,25; Num. 7,31; Num. 7,37; Num. 7,43; Num. 7,49; Num. 7,55; Num. 7,61; Num. 7,67; Num. 7,73; Num. 7,79; Num. 7,86; Judg. 7,19; 2Sam. 16,1; 1Kings 7,39; 1Chr. 15,5; 1Chr. 15,7; 1Chr. 15,10; 2Chr. 5,12; 1Esdr. 5,16; 1Esdr. 5,16; 1Esdr. 5,17; 1Esdr. 5,18; 1Esdr. 5,21; 1Esdr. 5,21; 1Esdr. 5,27; 1Esdr. 5,28; 1Esdr. 8,30; 1Esdr. 8,36; 1Esdr. 8,38; Ezra 2,3; Ezra 2,18; Ezra 2,21; Ezra 2,23; Ezra 2,27; Ezra 2,30; Ezra 2,41; Ezra 2,42; Neh. 5,17; Neh. 7,8; Neh. 7,24; Neh. 7,26; Neh. 7,27; Neh. 7,31; Neh. 7,32; Neh. 7,44; Neh. 7,45; Neh. 11,14; Neh. 11,19; Ezek. 40,27; Judg. 7,19; Acts 1,15)

Adjective · neuter · plural · accusative · (cardinal · numeral)
▸ 44 + 2 = **46** (Gen. 5,9; Gen. 5,12; Gen. 5,15; Gen. 5,18; Gen. 5,21; Gen. 5,25; Gen. 5,28; Gen. 6,3; Gen. 11,12; Gen. 11,13; Gen. 11,14; Gen. 11,16; Gen. 11,18; Gen. 11,20; Gen. 11,22; Gen. 11,25; Gen. 23,1; Gen. 25,7; Gen. 25,17; Gen. 35,28; Gen. 47,9; Gen. 47,28; Gen. 50,22; Ex. 37,7; Ex. 37,9; Ex. 39,4; 2Sam. 8,4; 1Kings 9,14; 1Kings 9,28; 1Kings 10,10; 2Kings 23,33; 2Kings 23,33; 1Chr. 18,4; 2Chr. 9,9; 2Chr. 25,9; 2Chr. 27,5; 2Chr. 36,3; Ezra 8,26; Ezra 8,26; Judith 16,23; 1Mac. 13,16; 1Mac. 13,19; Job 42,16; Sir. 41,4; Matt. 18,28; Luke 15,4)

Adjective · neuter · plural · dative · (cardinal · numeral) ▸ **1** (1Esdr. 1,34)

Adjective · neuter · plural · genitive · (cardinal · numeral) ▸ 19 + 3 = **22** (Gen. 11,10; Gen. 50,26; Ex. 6,16; Num. 33,39; Deut. 34,7; Josh. 24,30; Judg. 2,8; 2Chr. 1,17; 2Chr. 24,15; 2Chr. 25,6; 1Esdr. 8,56; 1Esdr. 8,56; Ezra 7,22; Ezra 7,22; Ezra 7,22; Tob. 14,11; Tob. 14,14; Is. 65,20; Is. 65,20; Judg. 2,8; Tob. 14,2; Tob. 14,14)

Adjective · neuter · plural · nominative · (cardinal · numeral)
▸ 9 + 1 = **10** (Gen. 21,5; Ex. 6,18; Ex. 6,20; Ex. 39,2; Ex. 39,4; 1Kings 2,46e; 1Kings 5,3; Ezra 8,10; Ezra 8,12; Matt. 18,12)

Adjective · neuter · singular · nominative · (cardinal · numeral)
▸ **1** (Ezra 8,3)

Ἑκατὸν ▸ 1

Adjective · neuter · plural · genitive · (cardinal · numeral) ▸ **1** (Deut. 31,2)

ἑκατονταετής (ἑκατόν; ἔτος) hundred years old ▸ 1 + 1 = 2

ἑκατονταετεῖ ▸ 1
Adjective · masculine · singular · dative ▸ **1** (Gen. 17,17)

ἑκατονταετής ▸ 1
Adjective · masculine · singular · nominative ▸ **1** (Rom. 4,19)

ἑκατονταπλασίων (ἑκατόν) hundredfold ▸ 1 + 3 = 4

ἑκατονταπλασίονα ▸ 1 + 3 = 4
Adjective · masculine · singular · accusative · (numeral) ▸ **1** (Luke 8,8)
Adjective · neuter · plural · accusative · (numeral) ▸ 1 + 2 = **3** (2Sam. 24,3; Matt. 19,29; Mark 10,30)

ἑκατονταπλασίως (ἑκατόν) hundred times as much ▸ 1

ἑκατονταπλασίως ▸ 1
Adverb ▸ **1** (1Chr. 21,3)

ἑκατοντάρχης (ἑκατόν; ἄρχω) commander of a hundred; centurion ▸ 2 + 20 = 22

ἑκατοντάρχαις ▸ 2
Noun · masculine · plural · dative · (common) ▸ **2** (2Kings 11,10; 2Kings 11,15)

ἑκατοντάρχας ▸ 1
Noun · masculine · plural · accusative ▸ **1** (Acts 21,32)

ἑκατοντάρχῃ ▸ 4
Noun · masculine · singular · dative ▸ **4** (Matt. 8,13; Acts 24,23; Acts 27,1; Acts 27,31)

ἑκατοντάρχης ▸ 8
Noun · masculine · singular · nominative ▸ **8** (Luke 7,6; Luke 23,47; Acts 10,1; Acts 10,22; Acts 22,26; Acts 27,6; Acts 27,11; Acts 27,43)

ἑκατόνταρχον ▸ 1
Noun · masculine · singular · accusative ▸ **1** (Acts 22,25)

ἑκατόνταρχος ▸ 3
Noun · masculine · singular · nominative ▸ **3** (Matt. 8,5; Matt. 8,8; Matt. 27,54)

Ἑκατοντάρχου ▸ 1
Noun · masculine · singular · genitive ▸ **1** (Luke 7,2)

ἑκατονταρχῶν ▸ 2
Noun · masculine · plural · genitive ▸ **2** (Acts 23,17; Acts 23,23)

ἑκατόνταρχος (ἑκατόν; ἄρχω) commander of a hundred; centurion ▸ 22

ἑκατόνταρχοι ▸ 5
Noun · masculine · plural · nominative · (common) ▸ **5** (Num. 31,48; 2Kings 11,9; 1Chr. 26,26; 1Chr. 27,1; 1Chr. 29,6)

ἑκατοντάρχοις ▸ 3
Noun · masculine · plural · dative · (common) ▸ **3** (Num. 31,14; 2Chr. 1,2; 2Chr. 23,14)

ἑκατοντάρχους ▸ 11
Noun · masculine · plural · accusative · (common) ▸ **11** (Ex. 18,21; Ex. 18,25; Deut. 1,15; 1Sam. 8,12; 1Sam. 22,7; 2Sam. 18,1; 2Kings 11,4; 2Kings 11,19; 2Chr. 23,1; 2Chr. 25,5; 1Mac. 3,55)

ἑκατοντάρχων ▸ 3
Noun · masculine · plural · genitive · (common) ▸ **3** (Num. 31,52; Num. 31,54; 1Chr. 13,1)

ἑκατοντάς (ἑκατόν) unit of a hundred; Hekatad ▸ 3

ἑκατοντάδας ▸ 2
Noun · feminine · plural · accusative · (common) ▸ **2** (1Sam. 29,2; 2Sam. 18,4)

ἑκατοντάδων ▸ 1
Noun · feminine · plural · genitive · (common) ▸ **1** (1Chr. 28,1)

ἑκατοστεύω (ἑκατόν) to produce a hundredfold ▸ 1

ἑκατοστεύουσαν ▸ 1
Verb · present · active · participle · feminine · singular · accusative ▸ **1** (Gen. 26,12)

ἑκατοστός (ἑκατόν) hundredth ▸ 29

ἑκατοστοῦ ▸ 19
Adjective · neuter · singular · genitive · (ordinal · numeral) ▸ **19** (1Mac. 3,37; 1Mac. 4,52; 1Mac. 6,16; 1Mac. 6,20; 1Mac. 7,1; 1Mac. 9,3; 1Mac. 10,21; 1Mac. 10,57; 1Mac. 11,19; 1Mac. 13,41; 1Mac. 13,51; 1Mac. 14,27; 1Mac. 15,10; 1Mac. 16,14; 2Mac. 1,7; 2Mac. 1,9; 2Mac. 11,21; 2Mac. 11,33; 2Mac. 11,38)

ἑκατοστῷ ▸ 10
Adjective · neuter · singular · dative · (ordinal · numeral) ▸ **10** (1Mac. 1,10; 1Mac. 1,20; 1Mac. 1,54; 1Mac. 2,70; 1Mac. 9,54; 1Mac. 10,1; 1Mac. 10,67; 1Mac. 14,1; 2Mac. 13,1; 2Mac. 14,4)

ἐκβαίνω (ἐκ; βαίνω) to go out ▸ 10 + 1 = 11

ἐκβαίνει ▸ 3
Verb · third · singular · present · active · indicative ▸ **3** (Sir. 30,8; Sir. 30,8; Sir. 38,18)

ἐκβαίνων ▸ 1
Verb · present · active · participle · masculine · singular · nominative ▸ **1** (Is. 24,18)

ἐκβῆναι ▸ 2
Verb · aorist · active · infinitive ▸ **2** (Josh. 4,16; 1Mac. 15,4)

Ἔκβητε ▸ 1

Verb · second · plural · aorist · active · imperative ▸ **1** (Josh. 4,17)

ἐξέβη ▸ **1**
   Verb · third · singular · aorist · active · indicative ▸ **1** (1Mac. 4,27)

ἐξέβησαν ▸ **2** + **1** = **3**
   Verb · third · plural · aorist · active · indicative ▸ **2** + **1** = **3** (Josh. 4,18; Judith 5,8; Heb. 11,15)

ἐκβάλλω (ἐκ; βάλλω) to cast out; send away ▸ **96** + **5** + **81** = **182**

ἔκβαλε ▸ **1** + **1** + **5** = **7**
   Verb · second · singular · aorist · active · imperative ▸ **1** + **1** + **5** = **7** (Prov. 22,10; Tob. 6,4; Matt. 7,5; Mark 9,47; Luke 6,42; Gal. 4,30; Rev. 11,2)

Ἔκβαλε ▸ **1**
   Verb · second · singular · aorist · active · imperative ▸ **1** (Gen. 21,10)

ἐκβαλεῖ ▸ **10**
   Verb · third · singular · future · active · indicative ▸ **10** (Ex. 6,1; Ex. 11,1; Ex. 23,28; Ex. 33,2; Lev. 1,16; Deut. 11,23; Deut. 33,27; Is. 2,20; Is. 5,29; Is. 22,17)

ἐκβαλεῖν ▸ **10** + **4** = **14**
   Verb · aorist · active · infinitive ▸ **10** + **4** = **14** (Ex. 12,33; 2Sam. 7,23; 1Chr. 17,21; 2Chr. 20,11; 2Chr. 29,16; 1Esdr. 8,90; 1Esdr. 9,20; Ezra 10,3; Eccl. 3,6; Jer. 12,15; Matt. 7,5; Matt. 17,19; Mark 9,28; Luke 6,42)

ἐκβάλετε ▸ **1** + **2** = **3**
   Verb · second · plural · aorist · active · imperative ▸ **1** + **2** = **3** (2Chr. 29,5; Matt. 22,13; Matt. 25,30)

Ἐκβάλετε ▸ **1**
   Verb · second · plural · aorist · active · imperative ▸ **1** (2Chr. 23,14)

ἐκβάλῃ ▸ **2** + **5** = **7**
   Verb · third · singular · aorist · active · subjunctive ▸ **2** + **5** = **7** (1Mac. 11,41; Prov. 30,23; Matt. 9,38; Matt. 12,20; Mark 7,26; Luke 10,2; John 10,4)

ἐκβάλῃς ▸ **1**
   Verb · second · singular · aorist · active · subjunctive ▸ **1** (Sir. 7,26)

ἐκβάλλει ▸ **2** + **10** = **12**
   Verb · third · singular · present · active · indicative ▸ **2** + **10** = **12** (Prov. 18,22a; Prov. 18,22a; Matt. 9,34; Matt. 12,24; Matt. 12,26; Matt. 12,35; Matt. 12,35; Matt. 13,52; Mark 1,12; Mark 3,22; Luke 11,15; 3John 10)

ἐκβάλλειν ▸ **6**
   Verb · present · active · infinitive ▸ **6** (Matt. 10,1; Mark 3,15; Mark 3,23; Mark 11,15; Luke 11,18; Luke 19,45)

ἐκβάλλεις ▸ **1** + **1** = **2**
   Verb · second · singular · present · active · indicative ▸ **1** + **1** = **2** (Gen. 4,14; Matt. 8,31)

ἐκβάλλεται ▸ **1**
   Verb · third · singular · present · passive · indicative ▸ **1** (Matt. 15,17)

ἐκβάλλετε ▸ **1**
   Verb · second · plural · present · active · imperative ▸ **1** (Matt. 10,8)

ἐκβαλλόμενοι ▸ **1**
   Verb · present · middle · participle · masculine · plural · nominative ▸ **1** (Acts 27,38)

ἐκβαλλομένους ▸ **1**
   Verb · present · passive · participle · masculine · plural · accusative ▸ **1** (Luke 13,28)

ἐκβάλλοντα ▸ **2**
   Verb · present · active · participle · masculine · singular · accusative ▸ **2** (Mark 9,38; Luke 9,49)

ἐκβάλλοντας ▸ **1**
   Verb · present · active · participle · masculine · plural · accusative ▸ **1** (Jer. 23,31)

ἐκβάλλοντές ▸ **1**
   Verb · present · active · participle · masculine · plural · nominative ▸ **1** (Psa. 16,11)

ἐκβάλλουσιν ▸ **1** + **3** = **4**
   Verb · third · plural · present · active · indicative ▸ **1** + **3** = **4** (Prov. 27,15; Matt. 12,27; Luke 11,19; Acts 16,37)

ἐκβάλλω ▸ **1** + **5** = **6**
   Verb · first · singular · present · active · indicative ▸ **1** + **5** = **6** (Ex. 34,11; Matt. 12,27; Matt. 12,28; Luke 11,19; Luke 11,20; Luke 13,32)

ἐκβάλλων ▸ **2**
   Verb · present · active · participle · masculine · singular · nominative ▸ **2** (Mark 1,39; Luke 11,14)

ἐκβαλόντας ▸ **1**
   Verb · aorist · active · participle · masculine · plural · accusative ▸ **1** (Bel 14)

ἐκβαλόντες ▸ **2**
   Verb · aorist · active · participle · masculine · plural · nominative ▸ **2** (Luke 20,15; Acts 7,58)

ἐκβαλοῦσα ▸ **1**
   Verb · aorist · active · participle · feminine · singular · nominative ▸ **1** (James 2,25)

ἐκβαλοῦσιν ▸ **1** + **1** = **2**
   Verb · third · plural · future · active · indicative ▸ **1** + **1** = **2** (Lev. 14,40; Mark 16,17)

ἐκβαλῶ ▸ **8**
   Verb · first · singular · future · active · indicative ▸ **7** (Ex. 23,29; Ex. 23,31; Num. 22,6; Num. 22,11; Hos. 9,15; Zech. 7,14; Jer. 12,14)
   Verb · second · singular · future · active · indicative ▸ **1** (Ex. 23,30)

ἐκβάλω ▸ **2** + **3** = **5**
   Verb · first · singular · aorist · active · subjunctive ▸ **2** + **3** = **5** (Ex. 23,18; Ex. 34,24; Matt. 7,4; Luke 6,42; John 6,37)

ἐκβαλών ▸ **1** + **3** = **4**
   Verb · aorist · active · participle · masculine · singular · nominative ▸ **1** + **3** = **4** (Job 31,39; Mark 5,40; Luke 10,35; Acts 9,40)

ἐκβάλωσιν ▸ **3**
   Verb · third · plural · aorist · active · subjunctive ▸ **3** (Mark 9,18; Luke 6,22; Luke 9,40)

ἐκβεβλήκει ▸ **1**
   Verb · third · singular · pluperfect · active · indicative ▸ **1** (Mark 16,9)

ἐκβεβλημένη ▸ **1**
   Verb · perfect · passive · participle · feminine · singular · nominative ▸ **1** (Lev. 22,13)

ἐκβεβλημένην ▸ **3**
   Verb · perfect · passive · participle · feminine · singular · accusative ▸ **3** (Lev. 21,7; Lev. 21,14; Ezek. 44,22)

ἐκβεβλημένης ▸ **1**
   Verb · perfect · passive · participle · feminine · singular · genitive ▸ **1** (Num. 30,10)

ἐκβληθέντος ▸ **1**
   Verb · aorist · passive · participle · neuter · singular · genitive ▸ **1** (Matt. 9,33)

ἐκβληθήσεται ▸ **1**

ἐκβάλλω–ἐκγελάω

Verb · third · singular · future · passive · indicative ▸ **1** (John 12,31)

ἐκβληθήσονται ▸ **1**
  Verb · third · plural · future · passive · indicative ▸ **1** (Matt. 8,12)

ἐκβληθήτωσαν ▸ **1**
  Verb · third · plural · aorist · passive · imperative ▸ **1** (Psa. 108,10)

ἐξέβαλεν ▸ **21** + **1** + **5** = **27**
  Verb · third · singular · aorist · active · indicative ▸ **21** + **1** + **5** = **27** (Gen. 3,24; Deut. 29,27; Josh. 24,12; Josh. 24,18; Judg. 5,21; Judg. 9,41; 1Kings 2,27; 2Kings 16,6; 2Chr. 11,14; 2Chr. 11,16; 2Chr. 15,8; 1Mac. 11,66; 1Mac. 12,27; 1Mac. 13,11; 1Mac. 13,47; 1Mac. 13,48; 1Mac. 13,50; Psa. 77,55; Sir. 28,15; Jonah 2,11; Lam. 3,16; Judg. 9,41; Matt. 8,16; Matt. 21,12; Mark 1,34; Mark 1,43; John 2,15)

ἐξέβαλες ▸ **3**
  Verb · second · singular · aorist · active · indicative ▸ **3** (Psa. 43,3; Psa. 49,17; Psa. 79,9)

ἐξεβάλετε ▸ **1**
  Verb · second · plural · aorist · active · indicative ▸ **1** (2Chr. 13,9)

ἐξεβάλετέ ▸ **1** + **1** = **2**
  Verb · second · plural · aorist · active · indicative ▸ **1** + **1** = **2** (Judg. 11,7; Judg. 11,7)

ἐξέβαλλον ▸ **1**
  Verb · third · plural · imperfect · active · indicative ▸ **1** (Mark 6,13)

ἐξεβάλλοντο ▸ **1**
  Verb · third · plural · imperfect · middle · indicative ▸ **1** (Job 24,12)

ἐξεβάλομεν ▸ **1**
  Verb · first · plural · aorist · active · indicative ▸ **1** (Matt. 7,22)

ἐξέβαλον ▸ **14** + **2** + **7** = **23**
  Verb · first · singular · aorist · active · indicative ▸ **1** + **1** = **2** (Judg. 6,9; Judg. 6,9)
  Verb · third · plural · aorist · active · indicative ▸ **13** + **1** + **7** = **21** (Ex. 2,17; Ex. 10,11; Ex. 12,39; Num. 21,32; Judg. 11,2; 2Chr. 29,16; Judith 5,8; Judith 5,12; Judith 5,14; Judith 5,16; 1Mac. 11,68; Wis. 19,3; Jonah 1,15; Judg. 11,2; Matt. 21,39; Mark 12,8; Luke 4,29; Luke 20,12; John 9,34; John 9,35; Acts 13,50)

ἐξέβαλόν ▸ **1**
  Verb · third · plural · aorist · active · indicative ▸ **1** (1Sam. 26,19)

ἐξεβλήθη ▸ **1** + **1** = **2**
  Verb · third · singular · aorist · passive · indicative ▸ **1** + **1** = **2** (Jer. 22,28; Matt. 9,25)

ἔκβασις (ἐκ; βαίνω) end, result, way of escape ▸ **3** + **2** = **5**

ἐκβάσει ▸ **1**
  Noun · feminine · singular · dative · (common) ▸ **1** (Wis. 2,17)

ἐκβάσεις ▸ **1**
  Noun · feminine · plural · accusative · (common) ▸ **1** (Wis. 8,8)

ἐκβάσεων ▸ **1**
  Noun · feminine · plural · genitive · (common) ▸ **1** (Wis. 11,14)

ἔκβασιν ▸ **2**
  Noun · feminine · singular · accusative ▸ **2** (1Cor. 10,13; Heb. 13,7)

Ἐκβάτανα Ecbatana ▸ **10** + **6** = **16**

Ἐκβάτανα ▸ **3** + **2** = **5**
  Noun · neuter · plural · accusative · (proper) ▸ **3** + **2** = **5** (Tob. 7,1; Tob. 14,12; 2Mac. 9,3; Tob. 6,10; Tob. 7,1)

Ἐκβατάνοις ▸ **5** + **3** = **8**
  Noun · neuter · plural · dative · (proper) ▸ **5** + **3** = **8** (1Esdr. 6,22; Judith 1,1; Tob. 3,7; Tob. 6,6; Tob. 14,14; Tob. 3,7; Tob. 14,12; Tob. 14,13)

Ἐκβατάνων ▸ **2** + **1** = **3**
  Noun · neuter · plural · genitive · (proper) ▸ **2** + **1** = **3** (Judith 1,2; Judith 1,14; Tob. 5,6)

ἐκβιάζω (ἐκ; βία) to force out, expel ▸ **4** + **1** = **5**

ἐκβιάζεται ▸ **1**
  Verb · third · singular · present · middle · indicative ▸ **1** (Prov. 16,26)

ἐξεβιάζοντο ▸ **1**
  Verb · third · plural · imperfect · middle · indicative ▸ **1** (Sus. 19)

ἐκβιάσαι ▸ **1**
  Verb · aorist · active · infinitive ▸ **1** (Judg. 14,15)

ἐξεβιάσαντο ▸ **1**
  Verb · third · plural · aorist · middle · indicative ▸ **1** (Psa. 37,13)

ἐξεβιάσατο ▸ **1**
  Verb · third · singular · aorist · middle · indicative ▸ **1** (Wis. 14,19)

ἐκβλαστέω to shoot; to sprout; to cause to grow ▸ **3**

ἐκβλαστῆσαι ▸ **1**
  Verb · aorist · active · infinitive ▸ **1** (Job 38,27)

ἐκβλαστήσει ▸ **1**
  Verb · third · singular · future · active · indicative ▸ **1** (Num. 17,20)

ἐκβλαστήσῃ ▸ **1**
  Verb · third · singular · aorist · active · subjunctive ▸ **1** (Is. 55,10)

ἐκβλύζω (ἐκ; βλύζω) to gush out ▸ **1**

ἐκβλύζωσιν ▸ **1**
  Verb · third · plural · present · active · subjunctive ▸ **1** (Prov. 3,10)

ἐκβοάω (ἐκ; βοή) to call out ▸ **1**

ἐξεβόησεν ▸ **1**
  Verb · third · singular · aorist · active · indicative ▸ **1** (2Kings 4,36)

ἐκβολή (ἐκ; βάλλω) throwing out, throwing overboard; expulsion ▸ **2** + **1** = **3**

ἐκβολῇ ▸ **1**
  Noun · feminine · singular · dative · (common) ▸ **1** (Ex. 11,1)

ἐκβολήν ▸ **1** + **1** = **2**
  Noun · feminine · singular · accusative · (common) ▸ **1** + **1** = **2** (Jonah 1,5; Acts 27,18)

ἔκβολος (ἐκ; βάλλω) frustrated ▸ **1**

ἔκβολος ▸ **1**
  Adjective · masculine · singular · nominative · noDegree ▸ **1** (Judith 11,11)

ἐκβράζω (ἐκ; βράζω) to throw out; cast ashore ▸ **3**

ἐξέβρασα ▸ **1**
  Verb · first · singular · aorist · active · indicative ▸ **1** (Neh. 13,28)

ἐξέβρασεν ▸ **1**
  Verb · third · singular · aorist · active · indicative ▸ **1** (2Mac. 1,12)

ἐξεβράσθη ▸ **1**
  Verb · third · singular · aorist · passive · indicative ▸ **1** (2Mac. 5,8)

ἐκβρασμός (ἐκ; βράσσω) trembling ▸ **1**

ἐκβρασμὸς ▸ **1**
  Noun · masculine · singular · nominative · (common) ▸ **1** (Nah. 2,11)

ἐκγελάω (ἐκ; γελάω) to laugh at ▸ **6**

ἐκγελάσεται ▸ **3**
  Verb · third · singular · future · middle · indicative ▸ **3** (Psa. 2,4; Psa. 36,13; Wis. 4,18)

ἐκγελάσῃ ▸ **1**

Verb · second · singular · future · middle · indicative ▸ **1** (Psa. 58,9)
ἐξεγέλα ▸ 1
Verb · third · singular · imperfect · active · indicative ▸ **1** (Neh. 3,33)
ἐξεγέλασαν ▸ 1
Verb · third · plural · aorist · active · indicative ▸ **1** (Neh. 2,19)

ἐκγεννάω (ἐκ; γίνομαι) to beget ▸ **1**
ἐξεγέννησά ▸ 1
Verb · first · singular · aorist · active · indicative ▸ **1** (Psa. 109,3)

ἔκγονος (ἐκ; γίνομαι) born of, offspring; grandchild ▸ **33 + 1 = 34**
ἔκγονα ▸ 21 + 1 = 22
Adjective · neuter · plural · accusative · noDegree ▸ **7** (Deut. 7,13; Deut. 28,51; Deut. 28,53; Deut. 31,12; Sir. 44,11; Sir. 47,22; Is. 49,15)
Adjective · neuter · plural · nominative · noDegree ▸ **14** (Gen. 48,6; Deut. 28,4; Deut. 28,18; Deut. 29,10; Prov. 23,18; Prov. 24,20; Sir. 40,15; Sir. 45,13; Is. 14,29; Is. 14,29; Is. 30,6; Is. 48,19; Is. 61,9; Is. 65,23)
Noun · neuter · plural · accusative ▸ **1** (1Tim. 5,4)
ἐκγόνοις ▸ 6
Adjective · neuter · plural · dative · noDegree ▸ **6** (Deut. 28,11; Deut. 28,11; Deut. 30,9; Deut. 30,9; 2Sam. 21,16; 2Sam. 21,18)
ἔκγονον ▸ 4
Adjective · neuter · singular · nominative · noDegree ▸ **4** (Prov. 30,11; Prov. 30,12; Prov. 30,13; Prov. 30,14)
ἐκγόνους ▸ 1
Adjective · masculine · plural · accusative · noDegree ▸ **1** (2Mac. 1,20)
ἐκγόνων ▸ 1
Adjective · feminine · plural · genitive · noDegree ▸ **1** (Is. 11,8)

ἐκγράφω (ἐκ; γράφω) to write out ▸ **1**
ἐξεγράψαντο ▸ 1
Verb · third · plural · aorist · middle · indicative ▸ **1** (Prov. 25,1)

ἐκδανείζω (ἐκ; δάνος) to lend expecting interest ▸ **2**
ἐκδανείσῃς ▸ 2
Verb · second · singular · aorist · active · subjunctive ▸ **2** (Ex. 22,24; Deut. 23,20)

ἐκδαπανάω (ἐκ; δαπάνη) to spend ▸ **1**
ἐκδαπανηθήσομαι ▸ 1
Verb · first · singular · future · passive · indicative ▸ **1** (2Cor. 12,15)

ἐκδειματόομαι (ἐκ; δεῖμα) to be terrified ▸ **1**
ἐκδειματούμενοι ▸ 1
Verb · present · passive · participle · masculine · plural · nominative ▸ **1** (Wis. 17,6)

ἐκδεκτέον (ἐκ; δέκτος) one must acknowledge, admit ▸ **1**
ἐκδεκτέον ▸ 1
Adjective · neuter · singular · nominative · noDegree · (verbal) ▸ **1** (LetterJ 56)

ἐκδέρω (ἐκ; δέρω) to flay ▸ **4**
ἐκδείραντες ▸ 1
Verb · aorist · active · participle · masculine · plural · nominative ▸ **1** (Lev. 1,6)
ἐξέδειραν ▸ 3
Verb · third · plural · aorist · active · indicative ▸ **3** (2Chr. 35,11; Mic. 2,8; Mic. 3,3)

ἐκδέχομαι (ἐκ; δέχομαι) to receive, wait for ▸ **15 + 6 = 21**
ἐκδέδεκται ▸ 1
Verb · third · singular · perfect · middle · indicative ▸ **1** (Gen. 44,32)
ἔκδεξαι ▸ 2
Verb · second · singular · aorist · middle · imperative ▸ **2** (Psa. 118,122; Sir. 6,23)
ἐκδέξεται ▸ 3
Verb · third · singular · future · middle · indicative ▸ **3** (Sir. 32,14; Hos. 8,7; Hos. 9,6)
ἐκδέξῃ ▸ 1
Verb · second · singular · future · middle · indicative ▸ **1** (Sir. 6,33)
ἐκδέξομαι ▸ 1
Verb · first · singular · future · middle · indicative ▸ **1** (Mic. 2,12)
ἐκδέχεσθε ▸ 1
Verb · second · plural · present · middle · imperative ▸ **1** (1Cor. 11,33)
ἐκδέχεται ▸ 1 + 1 = 2
Verb · third · singular · present · middle · indicative ▸ **1 + 1 = 2** (Is. 57,1; James 5,7)
ἐκδέχομαι ▸ 1 + 1 = 2
Verb · first · singular · present · middle · indicative ▸ **1 + 1 = 2** (Gen. 43,9; 1Cor. 16,11)
ἐκδεχόμενοι ▸ 1
Verb · present · middle · participle · masculine · plural · nominative ▸ **1** (3Mac. 3,22)
ἐκδεχόμενος ▸ 2 + 1 = 3
Verb · present · middle · participle · masculine · singular · nominative ▸ **2 + 1 = 3** (Mic. 2,12; Nah. 3,18; Heb. 10,13)
ἐκδεχομένου ▸ 1 + 1 = 2
Verb · present · middle · participle · masculine · singular · genitive ▸ **1 + 1 = 2** (3Mac. 5,26; Acts 17,16)
ἐκδεχομένους ▸ 1
Verb · present · middle · participle · masculine · plural · accusative ▸ **1** (Sir. 18,14)
ἐξεδέχετο ▸ 1
Verb · third · singular · imperfect · middle · indicative ▸ **1** (Heb. 11,10)

ἐκδέω (ἐκ; δέω) to bind, fasten on ▸ **2**
ἐκδήσεις ▸ 1
Verb · second · singular · future · active · indicative ▸ **1** (Josh. 2,18)
ἐξέδησεν ▸ 1
Verb · third · singular · aorist · active · indicative ▸ **1** (2Mac. 15,35)

ἔκδηλος (ἐκ; δῆλος) manifest, conspicuous ▸ **2 + 1 = 3**
ἔκδηλον ▸ 2
Adjective · feminine · singular · accusative · noDegree ▸ **1** (3Mac. 3,19)
Adjective · neuter · singular · accusative · noDegree ▸ **1** (3Mac. 6,5)
ἔκδηλος ▸ 1
Adjective · feminine · singular · nominative ▸ **1** (2Tim. 3,9)

ἐκδημέω (ἐκ; δῆμος) to be absent ▸ **3**
ἐκδημῆσαι ▸ 1
Verb · aorist · active · infinitive ▸ **1** (2Cor. 5,8)
ἐκδημοῦμεν ▸ 1
Verb · first · plural · present · active · indicative ▸ **1** (2Cor. 5,6)
ἐκδημοῦντες ▸ 1
Verb · present · active · participle · masculine · plural · nominative ▸ **1** (2Cor. 5,9)

ἐκδημία (ἐκ; δῆμος) going abroad ▸ **1**
ἐκδημίαν ▸ 1

ἐκδημία–ἐκδικέω

    Noun · feminine · singular · accusative · (common) · **1** (3Mac. 4,11)

ἐκδιαιτάω (ἐκ; διαιτάω) to cause a change in lifestyle · 2
    ἐκδιαιτηθῆναι · 1
        Verb · aorist · passive · infinitive · **1** (4Mac. 18,5)
    ἐξεδιήτησεν · 1
        Verb · third · singular · aorist · active · indicative · **1** (4Mac. 4,19)

ἐκδιδάσκω (ἐκ; διδάσκω) to teach thoroughly; explain · 3
    ἐκδιδάσκει · 3
        Verb · third · singular · present · active · indicative · **3** (4Mac. 5,23; 4Mac. 5,24; Wis. 8,7)

ἐκδιδύσκω (ἐκ; δύω) to despoil · 4
    ἐκδιδύσκειν · 2
        Verb · present · active · infinitive · **2** (1Sam. 31,8; 2Sam. 23,10)
    ἐκδιδυσκόμενος · 1
        Verb · present · middle · participle · masculine · singular · nominative · **1** (Neh. 4,17)
    ἐκδιδύσκων · 1
        Verb · present · active · participle · masculine · singular · nominative · **1** (Hos. 7,1)

ἐκδίδωμι (ἐκ; δίδωμι) to give up, publish, hand over, lease · 16 + 3 + 4 = 23
    ἐκδεδομένη · 1
        Verb · perfect · passive · participle · feminine · singular · nominative · **1** (Tob. 3,8)
    ἐκδεδομένῃ · 1
        Verb · perfect · passive · participle · feminine · singular · dative · **1** (Lev. 21,3)
    ἐκδεδομένῳ · 1
        Verb · perfect · passive · participle · masculine · singular · dative · **1** (1Esdr. 8,3)
    ἐκδέδοσαί · 2 + 2 = 4
        Verb · second · singular · perfect · middle · indicative · 2 + 2 = 4 (Judg. 1,14; Judg. 1,15; Judg. 1,14; Judg. 1,15)
    ἐκδοθῶσι · 1
        Verb · third · plural · aorist · passive · subjunctive · **1** (Dan. 2,18)
    ἐκδόσθαι · 1
        Verb · aorist · middle · infinitive · **1** (Sir. 1,33 Prol.)
    ἔκδοσθε · 1
        Verb · second · plural · aorist · middle · imperative · **1** (Judith 7,26)
    ἔκδου · 1
        Verb · second · singular · aorist · middle · imperative · **1** (Sir. 7,25)
    ἐκδοῦναι · 1
        Verb · aorist · active · infinitive · **1** (Sir. 38,26)
    ἐκδώσειν · 1
        Verb · future · active · infinitive · **1** (Judith 8,11)
    ἐκδώσεται · 1
        Verb · third · singular · future · middle · indicative · **1** (Matt. 21,41)
    ἐκδώσουσι · 1
        Verb · third · plural · future · active · indicative · **1** (Judith 7,13)
    ἐκδώσουσίν · 1
        Verb · third · plural · future · active · indicative · **1** (Judith 2,10)
    ἐξέδετο · 1 + 3 = 4
        Verb · third · singular · aorist · middle · indicative · 1 + 3 = 4 (1Mac. 10,58; Matt. 21,33; Mark 12,1; Luke 20,9)
    ἐξεδόθη · 1
        Verb · third · singular · aorist · passive · indicative · **1** (1Esdr. 1,30)
    ἐξέδοσαν · 1
        Verb · third · plural · aorist · active · indicative · **1** (2Kings 12,12)
    ἐξέδοτο · 1
        Verb · third · singular · aorist · middle · indicative · **1** (Ex. 2,21)

ἐκδιηγέομαι (ἐκ; ἄγω) to tell in detail, declare · 14 + 2 = 16
    ἐκδιήγησαι · 1
        Verb · second · singular · aorist · middle · imperative · **1** (Job 12,8)
    ἐκδιηγήσασθαι · 3
        Verb · aorist · middle · infinitive · **3** (Sir. 18,5; Sir. 42,17; Sir. 44,8)
    ἐκδιηγησάσθωσαν · 1
        Verb · third · plural · aorist · middle · imperative · **1** (Sir. 36,7)
    ἐκδιηγήσεται · 4
        Verb · third · singular · future · middle · indicative · **4** (Sir. 1,24; Sir. 31,11; Sir. 34,9; Sir. 43,31)
    ἐκδιηγήσομαι · 3
        Verb · first · singular · future · middle · indicative · **3** (Psa. 117,17; Sir. 39,12; Sir. 42,15)
    ἐκδιηγῆται · 1 + 1 = 2
        Verb · third · singular · present · middle · subjunctive · 1 + 1 = 2 (Hab. 1,5; Acts 13,41)
    ἐκδιηγούμενοι · 1
        Verb · present · middle · participle · masculine · plural · nominative · **1** (Acts 15,3)
    ἐκδιηγῶνται · 1
        Verb · third · plural · present · middle · subjunctive · **1** (Ezek. 12,16)

ἐκδικάζω (ἐκ; δίκη) to take revenge · 5
    ἐκδικᾷ · 1
        Verb · third · singular · aorist · active · subjunctive · **1** (2Mac. 6,15)
    ἐκδικᾶται · 2
        Verb · third · singular · future · middle · indicative · **1** (Deut. 32,43)
        Verb · third · singular · future · passive · indicative · **1** (Judith 11,10)
    ἐκδικᾶταί · 1
        Verb · third · singular · future · middle · indicative · **1** (Lev. 19,18)
    ἐξεδίκα · 1
        Verb · third · singular · imperfect · active · indicative · **1** (1Mac. 9,26)

ἐκδικέω (ἐκ; δίκη) to avenge · 89 + 2 + 6 = 97
    ἐκδεδίκηται · 1
        Verb · third · singular · perfect · passive · indicative · **1** (Gen. 4,24)
    ἐκδικεῖ · 1
        Verb · third · singular · present · active · indicative · **1** (Judith 7,28)
    Ἐκδίκει · 1
        Verb · third · singular · present · active · imperative · **1** (Num. 31,2)
    ἐκδικεῖς · 1
        Verb · second · singular · present · active · indicative · **1** (Rev. 6,10)
    ἐκδικεῖται · 1

Verb · third · singular · present · passive · indicative ▸ **1** (Ode. 2,43)

ἐκδικεῖτε ▸ **1**
Verb · second · plural · present · active · imperative ▸ **1** (Jer. 27,15)

ἐκδικηθῆναι ▸ **1**
Verb · aorist · passive · infinitive ▸ **1** (Ezek. 24,8)

ἐκδικηθήσεται ▸ **5**
Verb · third · singular · future · passive · indicative ▸ **5** (Ex. 21,21; Sir. 12,8; Sir. 23,21; Zech. 5,3; Zech. 5,3)

ἐκδικηθήτω ▸ **1**
Verb · third · singular · aorist · passive · imperative ▸ **1** (Ex. 21,20)

ἐκδικήσαι ▸ **1**
Verb · third · singular · aorist · active · optative ▸ **1** (1Sam. 24,13)

ἐκδικῆσαι ▸ **7 + 1 = 8**
Verb · aorist · active · infinitive ▸ **7 + 1 = 8** (1Sam. 18,25; Judith 2,1; Sir. 46,1; Hos. 12,3; Obad. 21; Jer. 26,10; Ezek. 25,12; 2Cor. 10,6)

ἐκδικήσατε ▸ **1**
Verb · second · plural · aorist · active · imperative ▸ **1** (1Mac. 2,67)

ἐκδικήσει ▸ **11**
Verb · third · singular · future · active · indicative ▸ **11** (Deut. 32,43; Judg. 6,31; Judith 16,17; Ode. 2,43; Sir. 5,3; Hos. 8,13; Hos. 9,9; Nah. 1,9; Jer. 5,9; Jer. 5,29; Jer. 9,8)

ἐκδικήσειν ▸ **1**
Verb · future · active · infinitive ▸ **1** (Judith 1,12)

ἐκδικήσεις ▸ **2**
Verb · second · singular · future · active · indicative ▸ **2** (2Kings 9,7; 1Mac. 6,22)

ἐκδικήσῃ ▸ **1**
Verb · third · singular · aorist · active · subjunctive ▸ **1** (1Mac. 15,21)

ἐκδικήσῃς ▸ **2 + 1 = 3**
Verb · second · singular · aorist · active · subjunctive ▸ **2 + 1 = 3** (Tob. 3,3; 3Mac. 2,17; Tob. 3,3)

ἐκδικήσον ▸ **1**
Verb · second · singular · aorist · active · imperative ▸ **1** (Jer. 27,21)

ἐκδικήσόν ▸ **1**
Verb · second · singular · aorist · active · imperative ▸ **1** (Luke 18,3)

ἐκδικήσουσιν ▸ **1**
Verb · third · plural · future · active · indicative ▸ **1** (Ezek. 23,45)

ἐκδικήσουσίν ▸ **1**
Verb · third · plural · future · active · indicative ▸ **1** (Ezek. 23,24)

ἐκδικήσω ▸ **26 + 1 + 1 = 28**
Verb · first · singular · future · active · indicative ▸ **26 + 1 + 1 = 28** (Deut. 18,19; Judg. 16,28; 1Sam. 14,24; 1Sam. 15,2; Judith 6,5; 1Mac. 13,6; Hos. 1,4; Hos. 2,15; Hos. 4,9; Amos 3,2; Amos 3,14; Joel 4,21; Zeph. 1,8; Zeph. 1,9; Zeph. 1,12; Is. 57,16; Jer. 15,3; Jer. 23,34; Jer. 25,12; Jer. 28,36; Jer. 28,44; Jer. 28,52; Ezek. 7,7; Ezek. 7,27; Ezek. 16,38; Ezek. 20,4; Judg. 15,7; Luke 18,5)

ἐκδικούμενα ▸ **1**
Verb · present · middle · participle · neuter · plural · accusative ▸ **1** (Gen. 4,15)

ἐκδικοῦντες ▸ **1**
Verb · present · active · participle · masculine · plural · nominative ▸ **1** (Rom. 12,19)

ἐκδικοῦσα ▸ **1**
Verb · present · active · participle · feminine · singular · nominative ▸ **1** (Sir. 39,30)

ἐκδικοῦσαν ▸ **1**
Verb · present · active · participle · feminine · singular · accusative ▸ **1** (Lev. 26,25)

ἐκδικῶ ▸ **5**
Verb · first · singular · present · active · indicative ▸ **4** (1Sam. 3,13; Jer. 23,2; Jer. 26,25; Jer. 27,18)
Verb · first · singular · present · active · subjunctive ▸ **1** (Amos 3,14)

ἐκδικῶν ▸ **6**
Verb · present · active · participle · masculine · singular · nominative ▸ **6** (Psa. 98,8; Sir. 5,3; Sir. 28,1; Nah. 1,2; Nah. 1,2; Nah. 1,2)

ἐξεδικήθη ▸ **1**
Verb · third · singular · aorist · passive · indicative ▸ **1** (Ezek. 19,12)

ἐξεδίκησα ▸ **2**
Verb · first · singular · aorist · active · indicative ▸ **2** (Zeph. 3,7; Jer. 27,18)

ἐξεδίκησαν ▸ **3**
Verb · third · plural · aorist · active · indicative ▸ **3** (1Mac. 9,42; 4Mac. 17,10; Ezek. 25,12)

ἐξεδίκησεν ▸ **2 + 1 = 3**
Verb · third · singular · aorist · active · indicative ▸ **2 + 1 = 3** (2Chr. 22,8; Judith 8,27; Rev. 19,2)

ἐκδίκησις (ἐκ; δίκη)   vengeance ▸ **79 + 2 + 9 = 90**

ἐκδικήσει ▸ **8**
Noun · feminine · singular · dative · (common) ▸ **8** (Ex. 7,4; 3Mac. 7,9; Ezek. 5,15; Ezek. 16,38; Ezek. 20,4; Ezek. 23,45; Ezek. 23,45; Ezek. 25,15)

ἐκδικήσεις ▸ **8**
Noun · feminine · plural · accusative · (common) ▸ **7** (Judg. 11,36; 2Sam. 22,48; Psa. 17,48; Ezek. 14,21; Ezek. 16,41; Ezek. 23,10; Ezek. 25,17)
Noun · feminine · plural · nominative · (common) ▸ **1** (Mic. 7,4)

ἐκδικήσεων ▸ **2**
Noun · feminine · plural · genitive · (common) ▸ **2** (Psa. 93,1; Psa. 93,1)

ἐκδικήσεως ▸ **11 + 1 = 12**
Noun · feminine · singular · genitive · (common) ▸ **11 + 1 = 12** (Deut. 32,35; Ode. 2,35; Sir. 5,7; Sir. 18,24; Sir. 48,7; Hos. 9,7; Is. 59,17; Jer. 26,10; Jer. 26,21; Jer. 27,27; Jer. 28,6; Luke 21,22)

ἐκδικήσεώς ▸ **1**
Noun · feminine · singular · genitive · (common) ▸ **1** (Jer. 27,31)

ἐκδίκησιν ▸ **36 + 2 + 6 = 44**
Noun · feminine · singular · accusative · (common) ▸ **36 + 2 + 6 = 44** (Ex. 12,12; Num. 31,2; Num. 31,3; Num. 33,4; Judg. 16,28; 2Sam. 4,8; Judith 8,35; Judith 9,2; 1Mac. 2,67; 1Mac. 3,15; 1Mac. 7,9; 1Mac. 7,24; 1Mac. 7,38; 1Mac. 9,42; Psa. 57,11; Psa. 149,7; Wis. 11,15; Sir. 12,6; Sir. 25,14; Sir. 25,14; Sir. 28,1; Sir. 35,20; Sir. 39,28; Sir. 39,29; Mic. 5,14; Is. 66,15; Jer. 11,20; Jer. 20,10; Jer. 20,12; Jer. 27,28; Lam. 3,60; Ezek. 24,8; Ezek. 25,11; Ezek. 25,12; Ezek. 25,15; Ezek. 30,14; Judg. 11,36; Judg. 14,4; Luke 18,7; Luke 18,8; Acts 7,24; 2Cor. 7,11; 2Th. 1,8; 1Pet. 2,14)

ἐκδίκησίν ▸ **5**
Noun · feminine · singular · accusative · (common) ▸ **5** (Judg. 15,7; Jer. 28,36; Ezek. 25,14; Ezek. 25,14; Ezek. 25,17)

ἐκδίκησις ▸ **8 + 2 = 10**
Noun · feminine · singular · nominative · (common) ▸ **8 + 2 = 10** (Psa. 78,10; Sir. 7,17; Sir. 27,28; Sir. 47,25; Jer. 27,15; Jer. 28,11;

Jer. 28,11; Ezek. 9,1; Rom. 12,19; Heb. 10,30)

ἐκδικητής (ἐκ; δίκη) avenger ▸ 1
   ἐκδικητήν ▸ 1
      Noun · masculine · singular · accusative · (common) ▸ **1** (Psa. 8,3)

ἔκδικος (ἐκ; δίκη) avenging, avenger; given over ▸ 3 + 2 = 5
   ἔκδικε ▸ 1
      Adjective · feminine · singular · vocative · noDegree ▸ **1** (4Mac. 15,29)
   ἔκδικον ▸ 1
      Adjective · masculine · singular · accusative · noDegree ▸ **1** (Sir. 30,6)
   ἔκδικος ▸ 1 + 2 = 3
      Adjective · masculine · singular · nominative · noDegree ▸ **1 + 2 = 3** (Wis. 12,12; Rom. 13,4; 1Th. 4,6)

ἐκδιώκω (ἐκ; διώκω) to attack, persecute ▸ 12 + 4 + 1 = 17
   ἐκδιωκόμενος ▸ 1
      Verb · present · passive · participle · masculine · singular · nominative ▸ **1** (Sir. 30,19)
   ἐκδιώκοντές ▸ 2
      Verb · present · active · participle · masculine · plural · nominative ▸ **2** (Psa. 68,5; Psa. 118,157)
   ἐκδιώκοντος ▸ 1
      Verb · present · active · participle · masculine · singular · genitive ▸ **1** (Psa. 43,17)
   ἐκδιῶξαι ▸ 1
      Verb · aorist · active · infinitive ▸ **1** (Deut. 6,19)
   ἐκδιωξάντων ▸ 1
      Verb · aorist · active · participle · masculine · plural · genitive ▸ **1** (1Th. 2,15)
   ἐκδιώξουσιν ▸ 2
      Verb · third · plural · future · active · indicative ▸ **2** (Dan. 4,25; Dan. 4,32)
   ἐκδιώξω ▸ 3
      Verb · first · singular · future · active · indicative ▸ **3** (Joel 2,20; Jer. 27,44; Jer. 30,13)
   ἐκδιωχθήσονται ▸ 1
      Verb · third · plural · future · passive · indicative ▸ **1** (Psa. 36,28)
   ἐξεδίωκον ▸ 1
      Verb · first · singular · imperfect · active · indicative ▸ **1** (Psa. 100,5)
   ἐξεδίωξαν ▸ 2
      Verb · third · plural · aorist · active · indicative ▸ **2** (1Chr. 8,13; 1Chr. 12,16)
   ἐξεδιώχθη ▸ 2
      Verb · third · singular · aorist · passive · indicative ▸ **2** (Dan. 4,33; Dan. 5,21)

ἔκδοτος (ἐκ; δίδωμι) given up, delivered ▸ 1 + 1 = 2
   ἔκδοτον ▸ 1 + 1 = 2
      Adjective · masculine · singular · accusative · noDegree ▸ **1 + 1 = 2** (Bel 22; Acts 2,23)

ἐκδοχή (ἐκ; δέχομαι) expectation ▸ 1
   ἐκδοχή ▸ 1
      Noun · feminine · singular · nominative ▸ **1** (Heb. 10,27)

ἐκδύνω (ἐκ; δύω) to strip, take off ▸ 1
   ἐκδύνει ▸ 1
      Verb · third · singular · present · active · indicative ▸ **1** (Prov. 11,8)

ἐκδύω (ἐκ; δύω) to strip, take off ▸ 27 + 6 = 33
   ἐκδῦσαι ▸ 2
      Verb · second · singular · aorist · middle · imperative ▸ **2** (Is. 52,2; Bar. 5,1)
   ἐκδυσάμενοι ▸ 1
      Verb · aorist · middle · participle · masculine · plural · nominative ▸ **1** (2Cor. 5,3)
   ἐκδύσαντες ▸ 1 + 2 = 3
      Verb · aorist · active · participle · masculine · plural · nominative ▸ **1 + 2 = 3** (2Mac. 8,27; Matt. 27,28; Luke 10,30)
   ἐκδύσασθαι ▸ 1
      Verb · aorist · middle · infinitive ▸ **1** (2Cor. 5,4)
   ἐκδύσασθε ▸ 1
      Verb · second · plural · aorist · middle · imperative ▸ **1** (Is. 32,11)
   ἐκδύσεται ▸ 2
      Verb · third · singular · future · middle · indicative ▸ **2** (Lev. 6,4; Lev. 16,23)
   ἐκδύσῃ ▸ 1
      Verb · second · singular · future · middle · indicative ▸ **1** (Job 11,15)
   ἔκδυσον ▸ 1
      Verb · second · singular · aorist · active · imperative ▸ **1** (Num. 20,26)
   ἐκδύσονται ▸ 2
      Verb · third · plural · future · middle · indicative ▸ **2** (Ezek. 26,16; Ezek. 44,19)
   ἐκδύσουσίν ▸ 2
      Verb · third · plural · future · active · indicative ▸ **2** (Ezek. 16,39; Ezek. 23,26)
   ἐκδύσω ▸ 1
      Verb · first · singular · aorist · active · subjunctive ▸ **1** (Hos. 2,5)
   ἐξεδυσάμην ▸ 1
      Verb · first · singular · aorist · middle · indicative ▸ **1** (Bar. 4,20)
   Ἐξεδυσάμην ▸ 1
      Verb · first · singular · aorist · middle · indicative ▸ **1** (Song 5,3)
   ἐξέδυσαν ▸ 5 + 2 = 7
      Verb · third · plural · aorist · active · indicative ▸ **5 + 2 = 7** (Gen. 37,23; 1Sam. 31,9; 1Chr. 10,9; 1Mac. 10,62; Lam. 4,3; Matt. 27,31; Mark 15,20)
   ἐξεδύσατο ▸ 4
      Verb · third · singular · aorist · middle · indicative ▸ **4** (1Sam. 19,24; Esth. 15,1; Judith 10,3; Judith 16,7)
   ἐξέδυσεν ▸ 3
      Verb · third · singular · aorist · active · indicative ▸ **3** (Num. 20,28; Job 19,9; Job 30,13)

ἐκεῖ there ▸ 757 + 47 + 105 = 909
   ἐκεῖ ▸ 752 + 47 + 95 = 894
      Adverb ▸ **752 + 47 + 95 = 894** (Gen. 2,8; Gen. 2,11; Gen. 2,12; Gen. 11,2; Gen. 11,7; Gen. 11,9; Gen. 11,31; Gen. 12,7; Gen. 12,8; Gen. 12,8; Gen. 12,10; Gen. 13,4; Gen. 13,4; Gen. 13,18; Gen. 14,10; Gen. 18,28; Gen. 18,29; Gen. 18,30; Gen. 18,30; Gen. 18,31; Gen. 18,32; Gen. 19,9; Gen. 19,20; Gen. 19,20; Gen. 19,22; Gen. 19,22; Gen. 20,13; Gen. 21,31; Gen. 21,33; Gen. 22,2; Gen. 22,9; Gen. 23,6; Gen. 23,13; Gen. 24,6; Gen. 24,8; Gen. 25,10; Gen. 26,8; Gen. 26,17; Gen. 26,19; Gen. 26,25; Gen. 26,25; Gen. 26,25; Gen. 28,11; Gen. 28,18; Gen. 29,2; Gen. 29,3; Gen. 31,13; Gen. 31,13; Gen. 31,46; Gen. 32,14; Gen. 32,30; Gen. 33,17; Gen. 33,19; Gen. 33,20; Gen. 35,1; Gen. 35,1; Gen. 35,3; Gen. 35,7; Gen. 35,7; Gen. 35,15; Gen. 38,2; Gen. 39,1; Gen. 39,20; Gen. 39,22; Gen. 40,3; Gen. 41,12; Gen. 42,2; Gen. 43,25; Gen. 43,30; Gen. 44,14; Gen. 45,11; Gen. 46,3; Gen. 49,31; Gen. 49,31; Gen. 49,31; Gen. 50,5; Gen. 50,12; Ex. 8,18; Ex. 10,26; Ex. 12,13; Ex. 15,25; Ex. 15,25; Ex. 15,27; Ex. 15,27; Ex. 17,3; Ex. 17,3; Ex. 17,6; Ex. 19,2; Ex. 20,24; Ex. 21,13; Ex. 21,33; Ex. 24,10; Ex. 24,12; Ex.

ἐκεῖ

24,18; Ex. 26,33; Ex. 29,43; Ex. 34,2; Ex. 34,5; Ex. 34,28; Lev. 8,31; Lev. 16,23; Lev. 18,3; Lev. 20,22; Num. 9,17; Num. 11,16; Num. 11,17; Num. 11,34; Num. 13,22; Num. 13,28; Num. 13,33; Num. 14,24; Num. 14,35; Num. 14,43; Num. 15,18; Num. 17,2; Num. 17,19; Num. 19,18; Num. 20,1; Num. 20,1; Num. 20,26; Num. 21,32; Num. 23,14; Num. 32,40; Num. 33,9; Num. 33,14; Num. 33,38; Num. 33,54; Num. 35,6; Num. 35,11; Num. 35,15; Num. 35,25; Num. 35,26; Deut. 1,28; Deut. 1,37; Deut. 1,38; Deut. 1,39; Deut. 3,21; Deut. 4,5; Deut. 4,14; Deut. 4,26; Deut. 4,27; Deut. 4,28; Deut. 4,29; Deut. 4,42; Deut. 6,1; Deut. 7,1; Deut. 10,5; Deut. 10,6; Deut. 10,6; Deut. 11,8; Deut. 11,10; Deut. 11,11; Deut. 11,29; Deut. 12,2; Deut. 12,5; Deut. 12,5; Deut. 12,6; Deut. 12,7; Deut. 12,11; Deut. 12,11; Deut. 12,14; Deut. 12,14; Deut. 12,21; Deut. 12,26; Deut. 12,29; Deut. 13,13; Deut. 14,23; Deut. 14,24; Deut. 14,26; Deut. 16,2; Deut. 16,6; Deut. 16,11; Deut. 17,8; Deut. 17,10; Deut. 18,7; Deut. 19,3; Deut. 19,4; Deut. 23,13; Deut. 23,21; Deut. 26,2; Deut. 26,5; Deut. 26,5; Deut. 26,10; Deut. 27,5; Deut. 27,7; Deut. 28,21; Deut. 28,36; Deut. 28,37; Deut. 28,37; Deut. 28,63; Deut. 28,64; Deut. 28,65; Deut. 28,68; Deut. 30,1; Deut. 30,3; Deut. 30,16; Deut. 30,18; Deut. 31,13; Deut. 31,16; Deut. 31,26; Deut. 32,47; Deut. 32,50; Deut. 32,52; Deut. 33,19; Deut. 33,21; Deut. 34,4; Josh. 2,1; Josh. 2,16; Josh. 2,22; Josh. 3,1; Josh. 4,3; Josh. 4,8; Josh. 4,9; Josh. 6,11; Josh. 7,3; Josh. 8,31 # 9,2b; Josh. 10,27; Josh. 14,12; Josh. 18,1; Josh. 20,9; Josh. 22,10; Josh. 22,19; Josh. 24,4; Josh. 24,31a; Josh. 24,31a; Josh. 24,31a; Judg. 1,7; Judg. 1,26; Judg. 2,5; Judg. 4,5; Judg. 5,11; Judg. 5,27; Judg. 6,24; Judg. 7,4; Judg. 8,25; Judg. 8,27; Judg. 9,21; Judg. 9,51; Judg. 14,10; Judg. 16,1; Judg. 16,3; Judg. 16,27; Judg. 17,7; Judg. 18,2; Judg. 18,3; Judg. 18,10; Judg. 18,15; Judg. 18,17; Judg. 19,2; Judg. 19,4; Judg. 19,7; Judg. 19,15; Judg. 19,26; Judg. 20,22; Judg. 20,27; Judg. 21,2; Judg. 21,4; Judg. 21,9; Judg. 21,10; Ruth 1,2; Ruth 1,4; Ruth 1,7; Ruth 3,4; Ruth 4,1; 1Sam. 1,3; 1Sam. 1,22; 1Sam. 2,11; 1Sam. 5,11; 1Sam. 6,14; 1Sam. 7,17; 1Sam. 7,17; 1Sam. 7,17; 1Sam. 9,10; 1Sam. 10,3; 1Sam. 10,5; 1Sam. 10,5; 1Sam. 10,5; 1Sam. 11,14; 1Sam. 11,15; 1Sam. 11,15; 1Sam. 14,9; 1Sam. 14,11; 1Sam. 14,34; 1Sam. 14,35; 1Sam. 19,3; 1Sam. 20,6; 1Sam. 21,7; 1Sam. 21,8; 1Sam. 22,1; 1Sam. 23,22; 1Sam. 24,4; 1Sam. 26,5; 1Sam. 26,5; 1Sam. 27,5; 1Sam. 29,4; 1Sam. 29,10; 1Sam. 30,16; 1Sam. 30,31; 1Sam. 31,12; 2Sam. 1,21; 2Sam. 2,2; 2Sam. 2,4; 2Sam. 2,18; 2Sam. 2,23; 2Sam. 2,23; 2Sam. 3,27; 2Sam. 4,3; 2Sam. 5,20; 2Sam. 5,21; 2Sam. 6,7; 2Sam. 6,7; 2Sam. 10,18; 2Sam. 11,16; 2Sam. 13,38; 2Sam. 14,30; 2Sam. 14,32; 2Sam. 15,21; 2Sam. 15,29; 2Sam. 15,32; 2Sam. 15,35; 2Sam. 15,36; 2Sam. 16,14; 2Sam. 17,12; 2Sam. 17,13; 2Sam. 17,18; 2Sam. 18,7; 2Sam. 18,8; 2Sam. 18,29; 2Sam. 20,1; 2Sam. 21,12; 2Sam. 23,9; 2Sam. 23,11; 2Sam. 24,25; 1Kings 1,14; 1Kings 1,34; 1Kings 2,36; 1Kings 3,4; 1Kings 5,23; 1Kings 6,19; 1Kings 7,44; 1Kings 7,45; 1Kings 8,9; 1Kings 8,16; 1Kings 8,16; 1Kings 8,21; 1Kings 8,21; 1Kings 8,29; 1Kings 8,47; 1Kings 8,64; 1Kings 9,3; 1Kings 9,3; 1Kings 11,16; 1Kings 11,36; 1Kings 12,24f; 1Kings 12,24f; 1Kings 12,24o; 1Kings 12,24o; 1Kings 13,17; 1Kings 13,17; 1Kings 14,21; 1Kings 17,4; 1Kings 17,9; 1Kings 17,10; 1Kings 17,19; 1Kings 18,40; 1Kings 19,3; 1Kings 19,5; 1Kings 19,9; 1Kings 19,9; 1Kings 20,18; 1Kings 20,19; 2Kings 1,4; 2Kings 1,4; 2Kings 1,6; 2Kings 1,16; 2Kings 2,20; 2Kings 2,21; 2Kings 4,8; 2Kings 4,8; 2Kings 4,10; 2Kings 4,10; 2Kings 4,11; 2Kings 4,11; 2Kings 4,41; 2Kings 6,2; 2Kings 6,2; 2Kings 6,6; 2Kings 6,9; 2Kings 6,14; 2Kings 7,4; 2Kings 7,5; 2Kings 7,10; 2Kings 7,13; 2Kings 9,2; 2Kings 9,2; 2Kings 9,27; 2Kings 11,16; 2Kings 12,4; 2Kings 12,6; 2Kings 14,19; 2Kings 15,20; 2Kings 16,6; 2Kings 17,11; 2Kings 17,27; 2Kings 19,32; 2Kings 21,7; 2Kings 23,7; 2Kings 23,8; 2Kings 23,16; 2Kings 23,20; 2Kings 23,27; 2Kings 23,34; 1Chr. 3,4; 1Chr. 4,23; 1Chr. 4,40; 1Chr. 4,41; 1Chr. 4,41; 1Chr. 4,43; 1Chr. 11,4; 1Chr. 11,13; 1Chr. 12,40; 1Chr. 13,10; 1Chr. 13,10; 1Chr. 14,11; 1Chr. 14,12; 1Chr. 16,37; 1Chr. 21,26; 1Chr. 21,28; 2Chr. 1,3; 2Chr. 1,5; 2Chr. 1,6; 2Chr. 5,9; 2Chr. 6,5; 2Chr. 6,6; 2Chr. 6,11; 2Chr. 6,11; 2Chr. 6,20; 2Chr. 6,37; 2Chr. 7,7; 2Chr. 7,16; 2Chr. 7,16; 2Chr. 8,2; 2Chr. 8,11; 2Chr. 9,19; 2Chr. 12,13; 2Chr. 20,26; 2Chr. 23,15; 2Chr. 25,11; 2Chr. 25,27; 2Chr. 28,9; 2Chr. 28,18; 2Chr. 31,12; 2Chr. 33,19; 2Chr. 35,19d; 2Chr. 36,4; 1Esdr. 4,44; 1Esdr. 6,25; 1Esdr. 6,32; 1Esdr. 8,42; 1Esdr. 8,49; 1Esdr. 9,2; Ezra 1,4; Ezra 6,12; Ezra 8,15; Ezra 8,15; Ezra 8,21; Ezra 8,32; Ezra 10,6; Neh. 1,3; Neh. 1,9; Neh. 2,11; Neh. 4,14; Neh. 5,16; Neh. 10,40; Neh. 13,5; Neh. 13,9; Judith 1,16; Judith 3,10; Judith 5,8; Judith 5,9; Judith 5,10; Judith 5,10; Judith 5,19; Judith 8,22; Judith 11,14; Tob. 6,1; Tob. 7,16; Tob. 10,7; Tob. 13,4; 1Mac. 1,34; 1Mac. 1,35; 1Mac. 2,7; 1Mac. 2,29; 1Mac. 4,61; 1Mac. 5,13; 1Mac. 6,2; 1Mac. 6,2; 1Mac. 6,9; 1Mac. 6,16; 1Mac. 6,46; 1Mac. 6,49; 1Mac. 6,50; 1Mac. 6,51; 1Mac. 7,1; 1Mac. 8,3; 1Mac. 8,22; 1Mac. 10,1; 1Mac. 10,71; 1Mac. 11,6; 1Mac. 11,16; 1Mac. 11,40; 1Mac. 11,73; 1Mac. 12,34; 1Mac. 13,11; 1Mac. 13,23; 1Mac. 13,52; 1Mac. 14,33; 1Mac. 14,34; 1Mac. 15,41; 1Mac. 16,15; 2Mac. 2,5; 2Mac. 3,38; 2Mac. 4,38; 2Mac. 9,4; 2Mac. 10,32; 2Mac. 12,6; 2Mac. 12,30; 2Mac. 15,31; 3Mac. 5,43; 3Mac. 7,18; Psa. 13,5; Psa. 22,2; Psa. 35,13; Psa. 47,7; Psa. 49,23; Psa. 52,6; Psa. 65,6; Psa. 67,28; Psa. 68,36; Psa. 75,4; Psa. 86,4; Psa. 103,17; Psa. 103,25; Psa. 103,26; Psa. 106,36; Psa. 121,4; Psa. 121,5; Psa. 131,17; Psa. 132,3; Psa. 136,1; Psa. 136,3; Psa. 138,8; Psa. 138,10; Prov. 4,15; Prov. 11,2; Prov. 21,1; Eccl. 1,6; Eccl. 1,7; Eccl. 3,16; Eccl. 3,16; Eccl. 3,18; Eccl. 9,10; Eccl. 11,3; Song 6,11; Song 7,13; Song 8,5; Song 8,5; Job 1,21; Job 3,17; Job 3,17; Job 3,19; Job 35,12; Wis. 17,15; Sir. 12,17; Sir. 32,12; Sir. 43,25; Hos. 2,1; Hos. 2,17; Hos. 6,7; Hos. 6,10; Hos. 9,15; Hos. 10,9; Hos. 12,5; Hos. 13,8; Amos 7,12; Amos 7,12; Amos 9,3; Amos 9,4; Joel 4,2; Joel 4,7; Joel 4,11; Joel 4,12; Jonah 4,5; Nah. 2,12; Nah. 3,15; Hag. 2,14; Zech. 5,11; Zech. 14,18; Is. 7,24; Is. 7,25; Is. 13,21; Is. 13,21; Is. 13,21; Is. 13,22; Is. 15,2; Is. 22,18; Is. 23,12; Is. 23,13; Is. 27,10; Is. 33,6; Is. 34,14; Is. 34,15; Is. 34,15; Is. 35,7; Is. 35,8; Is. 35,8; Is. 35,8; Is. 35,9; Is. 35,9; Is. 48,16; Is. 52,4; Is. 57,7; Is. 65,9; Is. 65,20; Jer. 2,6; Jer. 2,20; Jer. 3,6; Jer. 7,11; Jer. 7,12; Jer. 8,3; Jer. 8,19; Jer. 8,22; Jer. 13,4; Jer. 13,6; Jer. 13,7; Jer. 13,16; Jer. 16,13; Jer. 16,15; Jer. 18,2; Jer. 19,2; Jer. 19,14; Jer. 20,6; Jer. 22,1; Jer. 22,11; Jer. 22,12; Jer. 22,26; Jer. 22,26; Jer. 23,3; Jer. 23,8; Jer. 24,9; Jer. 25,16; Jer. 26,28; Jer. 27,40; Jer. 27,40; Jer. 28,30; Jer. 30,12; Jer. 30,12; Jer. 30,28; Jer. 30,28; Jer. 36,7; Jer. 39,5; Jer. 39,37; Jer. 42,9; Jer. 42,11; Jer. 43,12; Jer. 44,13; Jer. 44,16; Jer. 44,20; Jer. 45,26; Jer. 48,1; Jer. 48,3; Jer. 48,8; Jer. 48,9; Jer. 49,14; Jer. 49,15; Jer. 49,16; Jer. 49,17; Jer. 49,22; Jer. 50,2; Jer. 51,8; Jer. 51,14; Jer. 51,28; Jer. 51,35; Bar. 2,4; Bar. 2,13; Bar. 2,29; Bar. 3,8; Bar. 3,26; LetterJ 2; Ezek. 1,20; Ezek. 3,15; Ezek. 3,15; Ezek. 3,22; Ezek. 3,23; Ezek. 6,9; Ezek. 6,13; Ezek. 8,4; Ezek. 8,14; Ezek. 11,16; Ezek. 11,18; Ezek. 12,13; Ezek. 12,16; Ezek. 13,20; Ezek. 20,28; Ezek. 20,28; Ezek. 20,28; Ezek. 20,29; Ezek. 20,35; Ezek. 20,40; Ezek. 20,40; Ezek. 20,40; Ezek. 20,43; Ezek. 23,3; Ezek. 23,3; Ezek. 28,25; Ezek. 29,13; Ezek. 30,18; Ezek. 30,18; Ezek. 32,22; Ezek. 32,22; Ezek. 32,24; Ezek. 32,26; Ezek. 32,29; Ezek. 32,30; Ezek. 34,12; Ezek. 34,14; Ezek. 34,14; Ezek. 35,10; Ezek. 36,20; Ezek. 36,21; Ezek. 36,22; Ezek. 37,21; Ezek. 37,25; Ezek. 39,11; Ezek. 40,3; Ezek. 40,42; Ezek. 42,13; Ezek. 42,13; Ezek. 42,14; Ezek. 46,19; Ezek. 46,20; Ezek. 46,20; Ezek. 46,24; Ezek. 47,9; Ezek. 47,9; Ezek. 47,9; Ezek. 47,9; Ezek. 47,10; Ezek. 47,23; Dan. 9,7; Dan. 10,13; Sus. 28; Judg. 1,7; Judg. 1,26; Judg. 2,5; Judg. 5,11; Judg.

5,27; Judg. 6,24; Judg. 7,4; Judg. 8,25; Judg. 8,27; Judg. 9,21; Judg. 9,51; Judg. 14,10; Judg. 16,1; Judg. 16,3; Judg. 16,27; Judg. 17,7; Judg. 18,2; Judg. 18,3; Judg. 18,10; Judg. 18,15; Judg. 18,18; Judg. 19,2; Judg. 19,4; Judg. 19,7; Judg. 19,15; Judg. 19,26; Judg. 20,7; Judg. 20,26; Judg. 20,27; Judg. 21,2; Judg. 21,4; Judg. 21,9; Judg. 21,10; Tob. 5,2; Tob. 5,6; Tob. 5,14; Tob. 5,17; Tob. 7,15; Tob. 7,16; Tob. 8,3; Tob. 10,2; Tob. 10,6; Tob. 13,4; Dan. 9,7; Dan. 10,13; Sus. 16; Bel 31; Matt. 2,13; Matt. 2,15; Matt. 2,22; Matt. 5,24; Matt. 6,21; Matt. 8,12; Matt. 12,45; Matt. 13,42; Matt. 13,50; Matt. 13,58; Matt. 14,23; Matt. 15,29; Matt. 17,20; Matt. 18,20; Matt. 19,2; Matt. 21,17; Matt. 22,11; Matt. 22,13; Matt. 24,28; Matt. 24,51; Matt. 25,30; Matt. 26,36; Matt. 26,71; Matt. 27,36; Matt. 27,47; Matt. 27,55; Matt. 27,61; Matt. 28,7; Mark 1,38; Mark 2,6; Mark 3,1; Mark 5,11; Mark 6,5; Mark 6,10; Mark 6,33; Mark 11,5; Mark 13,21; Mark 14,15; Mark 16,7; Luke 2,6; Luke 6,6; Luke 8,32; Luke 9,4; Luke 10,6; Luke 11,26; Luke 12,18; Luke 12,34; Luke 13,28; Luke 15,13; Luke 17,21; Luke 17,23; Luke 17,37; Luke 21,2; Luke 22,12; Luke 23,33; John 2,1; John 2,6; John 2,12; John 3,22; John 3,23; John 4,6; John 4,40; John 5,5; John 6,3; John 6,22; John 6,24; John 10,40; John 10,42; John 11,8; John 11,15; John 11,31; John 12,2; John 12,9; John 12,26; John 18,2; John 18,3; John 19,42; Acts 9,33; Acts 16,1; Acts 17,14; Acts 19,21; Acts 25,9; Acts 25,14; Rom. 9,26; Rom. 15,24; Titus 3,12; Heb. 7,8; James 2,3; James 3,16; James 4,13; Rev. 2,14; Rev. 12,6; Rev. 12,6; Rev. 12,14; Rev. 21,25)

Ἐκεῖ ▸ 1
    Adverb ▸ 1 (1Sam. 20,37)

crasis-ἐκεῖ ▸ 4 + 10 = 14
    κἀκεῖ ▸ 4 + 9 = 13
        Adverb ▸ 4 + 1 = 5 (Ruth 1,17; 1Kings 19,12; 3Mac. 7,19; Is. 57,7; Acts 14,7)
        Adverb ▪ (place) ▸ 8 (Matt. 5,23; Matt. 10,11; Matt. 28,10; Mark 1,35; John 11,54; Acts 17,13; Acts 22,10; Acts 25,20)
    Κἀκεῖ ▸ 1
        Adverb ▪ (place) ▸ 1 (Acts 27,6)

ἐκεῖθεν (ἐκεῖ; θεν) from there ▸ 139 + 11 + 37 = 187
    ἐκεῖθεν ▸ 136 + 11 + 25 = 172
        Adverb ▸ 136 + 11 + 25 = **172** (Gen. 2,10; Gen. 10,14; Gen. 11,8; Gen. 11,9; Gen. 12,8; Gen. 18,16; Gen. 18,22; Gen. 20,1; Gen. 24,4; Gen. 24,5; Gen. 24,7; Gen. 24,38; Gen. 26,17; Gen. 26,21; Gen. 26,22; Gen. 26,23; Gen. 27,9; Gen. 27,45; Gen. 28,2; Gen. 28,6; Gen. 30,32; Gen. 42,26; Gen. 49,24; Ex. 25,22; Ex. 29,42; Ex. 30,6; Ex. 30,36; Num. 13,23; Num. 13,24; Num. 13,25; Num. 21,12; Num. 21,13; Num. 21,16; Num. 22,41; Num. 23,13; Num. 23,13; Num. 23,27; Deut. 5,15; Deut. 6,21; Deut. 6,23; Deut. 9,28; Deut. 10,7; Deut. 11,10; Deut. 15,15; Deut. 19,12; Deut. 24,18; Deut. 30,4; Deut. 30,4; Josh. 4,5; Josh. 6,22; Josh. 15,14; Josh. 15,15; Josh. 18,13; Josh. 19,13; Josh. 19,34; Judg. 1,11; Judg. 1,20; Judg. 1,20; Judg. 5,14; Judg. 8,8; Judg. 14,19; Judg. 16,1; Judg. 18,13; Judg. 21,24; Judg. 21,24; 1Sam. 4,4; 1Sam. 10,3; 1Sam. 10,10; 1Sam. 10,23; 1Sam. 17,49; 1Sam. 19,23; 1Sam. 22,1; 1Sam. 22,3; 1Sam. 24,1; 2Sam. 6,2; 2Sam. 14,2; 2Sam. 16,5; 2Sam. 21,13; 1Kings 1,45; 1Kings 2,36; 1Kings 9,28; 1Kings 12,25; 1Kings 17,13; 1Kings 19,19; 2Kings 2,21; 2Kings 2,23; 2Kings 2,25; 2Kings 2,25; 2Kings 6,2; 2Kings 6,10; 2Kings 7,2; 2Kings 7,8; 2Kings 7,8; 2Kings 7,19; 2Kings 10,15; 2Kings 17,27; 2Kings 17,33; 2Kings 23,12; 2Kings 24,13; 1Chr. 13,6; 2Chr. 8,18; 2Chr. 26,20; Ezra 6,6; Neh. 1,9; Judith 2,22; Judith 7,13; 1Mac. 5,29; 1Mac. 5,36; 1Mac. 6,4; 1Mac. 10,86; 1Mac. 11,61; 1Mac. 11,66; 1Mac. 13,50; 2Mac. 12,29; 2Mac. 14,16; Hos. 2,17; Amos 6,2; Amos 6,2; Amos 9,2; Amos 9,2; Amos 9,3; Mic. 4,10; Mic. 4,10; Obad. 4; Is. 30,6; Is. 52,11; Jer. 13,6; Jer. 22,24; Jer. 25,18; Jer. 27,9; Jer. 30,10; Jer. 33,23; Jer. 44,12; Jer. 45,11; LetterJ 2; Ezek. 5,3; Josh. 19,13; Josh. 19,34; Judg. 1,11; Judg. 1,20; Judg. 8,8; Judg. 18,11; Judg. 18,13; Judg. 19,18; Judg. 21,24; Judg. 21,24; Tob. 1,14; Matt. 4,21; Matt. 5,26; Matt. 9,9; Matt. 9,27; Matt. 11,1; Matt. 12,9; Matt. 12,15; Matt. 13,53; Matt. 14,13; Matt. 15,21; Matt. 15,29; Matt. 19,15; Mark 6,1; Mark 6,10; Mark 6,11; Mark 10,1; Luke 9,4; Luke 12,59; Luke 16,26; John 4,43; John 11,54; Acts 18,7; Acts 20,13; Acts 27,12; Rev. 22,2)

    Ἐκεῖθεν ▸ 2 + 1 = 3
        Adverb ▪ (place) ▸ 2 + 1 = **3** (2Mac. 12,10; 2Mac. 12,17; Mark 7,24)
    ἐκεῖθέν ▸ 1 + 1 = 2
        Adverb ▪ (place) ▸ 1 + 1 = **2** (Judg. 19,18; Acts 13,4)
    crasis-ἐκεῖθεν ▸ 10
        κἀκεῖθεν ▸ 8
        Adverb ▸ 2 (Acts 7,4; Acts 14,26)
        Adverb ▪ (place) ▸ 6 (Acts 13,21; Acts 16,12; Acts 20,15; Acts 21,1; Acts 27,4; Acts 28,15)
    Κἀκεῖθεν ▸ 2
        Adverb ▪ (place) ▸ 2 (Mark 9,30; Luke 11,53)

ἐκεῖνος (ἐκεῖ) that, that one, he ▸ 683 + 64 + 265 = 1012
    ἐκεῖνα ▸ 10 + 1 = 11
        Pronoun ▪ (demonstrative) ▪ neuter ▪ plural ▪ accusative ▸ 6 + 1 = 7 (Deut. 7,19; Deut. 29,2; Josh. 24,30; 1Kings 10,10; 2Chr. 9,9; Judith 9,5; Acts 20,2)
        Pronoun ▪ (demonstrative) ▪ neuter ▪ plural ▪ nominative ▸ 4 (Num. 10,32; 1Esdr. 6,9; Wis. 5,9; Wis. 15,17)
    ἐκεῖναι ▸ 1 + 1 + 4 = 6
        Pronoun ▪ (demonstrative) ▪ feminine ▪ plural ▪ nominative ▸ 1 + 1 + 4 = **6** (Sus. 57; Sus. 57; Matt. 24,22; Matt. 24,22; Matt. 25,7; Mark 13,19)
    ἐκεῖναί ▸ 1
        Pronoun ▪ (demonstrative) ▪ feminine ▪ plural ▪ nominative ▸ 1 (John 5,39)
    ἐκείναις ▸ 51 + 9 + 16 = 76
        Pronoun ▪ (demonstrative) ▪ feminine ▪ plural ▪ dative ▸ 51 + 9 + 16 = **76** (Gen. 6,4; Ex. 2,11; Deut. 17,9; Deut. 17,12; Deut. 19,17; Deut. 26,3; Judg. 17,6; Judg. 18,1; Judg. 18,1; Judg. 19,1; Judg. 20,27; Judg. 20,28; Judg. 21,25; 1Sam. 3,1; 1Sam. 4,1; 1Sam. 8,18; 1Sam. 28,1; 1Kings 9,9a # 9,24; 2Kings 10,32; 2Kings 15,37; 2Kings 20,1; 2Chr. 21,8; 2Chr. 32,24; Neh. 6,17; Neh. 13,15; Neh. 13,23; Judith 1,5; Judith 6,15; Judith 8,1; 1Mac. 1,11; 1Mac. 2,1; 1Mac. 9,24; 1Mac. 11,20; 1Mac. 13,43; 1Mac. 14,13; Sol. 17,44; Sol. 18,6; Joel 3,2; Joel 4,1; Zech. 8,6; Zech. 8,23; Zech. 14,15; Jer. 3,16; Jer. 3,17; Jer. 3,18; Jer. 5,18; Jer. 27,4; Jer. 27,20; Jer. 38,29; Ezek. 38,17; Dan. 10,2; Judg. 17,6; Judg. 18,1; Judg. 18,1; Judg. 19,1; Judg. 20,28; Judg. 21,25; Tob. 14,7; Dan. 10,2; Dan. 11,20; Matt. 3,1; Matt. 24,19; Matt. 24,38; Mark 1,9; Mark 8,1; Mark 13,17; Mark 13,24; Luke 2,1; Luke 4,2; Luke 5,35; Luke 9,36; Luke 21,23; Acts 2,18; Acts 7,41; Acts 9,37; Rev. 9,6)

    ἐκείνας ▸ 3 + 2 = 5
        Pronoun ▪ (demonstrative) ▪ feminine ▪ plural ▪ accusative ▸ 3 + 2 = **5** (Ex. 2,23; Ex. 4,19; Jer. 38,33; Heb. 8,10; Heb. 10,16)
    ἐκείνη ▸ 45 + 2 + 9 = 56
        Pronoun ▪ (demonstrative) ▪ feminine ▪ singular ▪ nominative ▸ 45 + 2 + 9 = **56** (Gen. 17,14; Ex. 1,6; Ex. 12,15; Ex. 12,19; Ex. 12,42; Ex. 31,14; Lev. 7,20; Lev. 7,21; Lev. 7,25; Lev. 7,27; Lev. 17,4; Lev. 22,3; Lev. 23,30; Num. 5,6; Num. 5,31; Num. 9,13; Num. 15,30; Num. 15,31; Num. 19,13; Num. 19,20; Judg. 2,10; 2Kings 4,25; 1Esdr. 2,17; 1Esdr. 2,21; Ezra 4,13; Ezra 4,15;

Ezra 4,16; Ezra 4,19; Ezra 4,21; Job 3,4; Job 3,6; Job 3,7; Wis. 9,11; Wis. 18,6; Mic. 7,11; Mic. 7,12; Zeph. 1,15; Zech. 14,7; Is. 57,6; Jer. 3,1; Jer. 26,10; Jer. 37,7; Ezek. 36,35; Dan. 2,31; Dan. 12,1; Judg. 2,10; Dan. 2,31; Mark 3,24; Mark 3,25; Mark 16,10; Luke 21,34; John 11,29; John 20,15; John 20,16; 2Cor. 7,8; Heb. 8,7)

ἐκείνῃ ▸ 246 + 16 + 38 = 300

Pronoun ▪ (demonstrative) ▪ feminine ▪ singular ▪ dative ▸ 246 + 16 + 38 = **300** (Gen. 15,18; Gen. 19,35; Gen. 26,12; Gen. 26,24; Gen. 26,32; Gen. 30,35; Gen. 33,16; Gen. 35,22; Gen. 48,20; Ex. 8,18; Ex. 12,51; Ex. 13,8; Ex. 14,30; Ex. 32,28; Lev. 22,30; Lev. 27,23; Num. 6,11; Num. 9,6; Num. 9,6; Num. 32,10; Deut. 13,16; Deut. 21,23; Deut. 27,11; Deut. 31,10; Deut. 31,17; Deut. 31,17; Deut. 31,18; Deut. 31,22; Deut. 32,44; Josh. 4,14; Josh. 6,26; Josh. 8,25; Josh. 9,26; Josh. 9,27; Josh. 10,28; Josh. 10,35; Josh. 14,9; Josh. 14,12; Josh. 14,12; Josh. 24,25; Josh. 24,33a; Judg. 3,30; Judg. 4,23; Judg. 5,1; Judg. 6,25; Judg. 6,32; Judg. 6,40; Judg. 7,9; Judg. 13,10; Judg. 20,15; Judg. 20,21; Judg. 20,26; Judg. 20,35; Judg. 20,46; 1Sam. 3,2; 1Sam. 3,12; 1Sam. 4,12; 1Sam. 6,15; 1Sam. 6,16; 1Sam. 7,6; 1Sam. 7,10; 1Sam. 8,18; 1Sam. 9,24; 1Sam. 10,9; 1Sam. 12,18; 1Sam. 14,18; 1Sam. 14,23; 1Sam. 14,24; 1Sam. 14,31; 1Sam. 14,37; 1Sam. 14,45; 1Sam. 19,11; 1Sam. 20,26; 1Sam. 21,8; 1Sam. 21,11; 1Sam. 21,14; 1Sam. 22,18; 1Sam. 22,22; 1Sam. 27,6; 1Sam. 31,6; 2Sam. 2,17; 2Sam. 3,37; 2Sam. 5,8; 2Sam. 6,9; 2Sam. 7,4; 2Sam. 11,12; 2Sam. 18,7; 2Sam. 18,8; 2Sam. 19,3; 2Sam. 19,3; 2Sam. 19,4; 2Sam. 23,10; 2Sam. 24,18; 1Kings 2,25; 1Kings 2,37; 1Kings 8,64; 1Kings 8,65; 1Kings 13,3; 1Kings 13,11; 1Kings 16,16; 1Kings 22,25; 1Kings 22,35; 2Kings 3,6; 1Chr. 10,6; 1Chr. 13,12; 1Chr. 16,7; 1Chr. 17,3; 1Chr. 29,22; 2Chr. 1,7; 2Chr. 13,18; 2Chr. 15,11; 2Chr. 18,24; 2Chr. 18,34; 2Chr. 35,16; 1Esdr. 1,16; Neh. 12,43; Neh. 12,44; Neh. 13,1; Judith 7,2; Judith 11,15; Tob. 4,1; 1Mac. 2,41; 1Mac. 3,47; 1Mac. 4,25; 1Mac. 4,54; 1Mac. 5,34; 1Mac. 5,60; 1Mac. 5,67; 1Mac. 9,49; 1Mac. 10,50; 1Mac. 11,47; 1Mac. 11,48; 1Mac. 11,74; 1Mac. 13,22; 3Mac. 7,15; Psa. 94,10; Psa. 145,4; Ode. 11,13; Hos. 1,5; Hos. 2,18; Hos. 2,20; Hos. 2,23; Amos 2,16; Amos 8,3; Amos 8,9; Amos 8,13; Amos 9,11; Mic. 2,4; Mic. 4,6; Mic. 5,9; Joel 4,18; Obad. 8; Zeph. 1,9; Zeph. 1,10; Zeph. 1,12; Zeph. 3,11; Hag. 2,23; Zech. 2,15; Zech. 3,10; Zech. 6,10; Zech. 9,16; Zech. 11,11; Zech. 12,3; Zech. 12,4; Zech. 12,6; Zech. 12,8; Zech. 12,8; Zech. 12,9; Zech. 12,11; Zech. 13,1; Zech. 13,2; Zech. 13,4; Zech. 14,4; Zech. 14,6; Zech. 14,8; Zech. 14,9; Zech. 14,13; Zech. 14,20; Zech. 14,21; Is. 2,11; Is. 2,17; Is. 2,20; Is. 3,7; Is. 3,18; Is. 4,2; Is. 5,30; Is. 7,18; Is. 7,20; Is. 7,21; Is. 7,23; Is. 10,17; Is. 10,20; Is. 10,27; Is. 11,10; Is. 11,11; Is. 12,1; Is. 12,4; Is. 14,3; Is. 14,4; Is. 17,4; Is. 17,7; Is. 17,9; Is. 19,16; Is. 19,18; Is. 19,19; Is. 19,21; Is. 19,23; Is. 19,24; Is. 22,8; Is. 22,12; Is. 22,20; Is. 22,25; Is. 23,15; Is. 25,9; Is. 26,1; Is. 27,1; Is. 27,2; Is. 27,12; Is. 27,13; Is. 28,5; Is. 29,18; Is. 30,23; Is. 30,25; Is. 31,7; Is. 38,12; Is. 52,6; Jer. 4,9; Jer. 30,16; Jer. 37,8; Jer. 46,17; Ezek. 20,6; Ezek. 24,26; Ezek. 24,27; Ezek. 29,21; Ezek. 30,9; Ezek. 38,10; Ezek. 38,14; Ezek. 38,18; Ezek. 38,19; Ezek. 39,11; Ezek. 40,1; Ezek. 45,22; Dan. 5,0; Dan. 5,5; Dan. 12,1; Sus. 60-62; Judg. 3,29; Judg. 3,30; Judg. 4,23; Judg. 5,1; Judg. 6,25; Judg. 6,32; Judg. 6,40; Judg. 7,9; Judg. 20,15; Judg. 20,21; Judg. 20,26; Judg. 20,35; Judg. 20,46; Tob. 3,10; Tob. 4,1; Sus. 62; Matt. 7,22; Matt. 7,25; Matt. 7,27; Matt. 8,13; Matt. 9,31; Matt. 10,15; Matt. 10,19; Matt. 13,1; Matt. 18,1; Matt. 22,23; Matt. 26,55; Mark 2,20; Mark 4,35; Mark 13,11; Luke 6,23; Luke 6,48; Luke 7,21; Luke 10,12; Luke 10,12; Luke 10,31; Luke 17,31; Luke 18,3; John 4,53; John 5,9; John 14,20; John 16,23; John 16,26; John 20,19; John 21,3; Acts 2,41; Acts 8,1; Acts 8,8; Acts 12,6; Acts 16,33; 2Th. 1,10; 2Tim. 1,18; 2Tim. 4,8; Rev. 11,13)

ἐκείνην ▸ 40 + 3 + 10 = 53

Pronoun ▪ (demonstrative) ▪ feminine ▪ singular ▪ accusative ▸ 40 + 3 + 10 = **53** (Gen. 19,33; Gen. 30,16; Gen. 32,14; Gen. 32,22; Gen. 32,23; Ex. 10,13; Lev. 20,6; Num. 14,1; Num. 22,33; Deut. 1,19; Deut. 2,7; Deut. 3,12; Deut. 3,13; Deut. 17,5; Deut. 29,26; Josh. 2,24; Josh. 6,26; Judg. 6,20; Judg. 9,45; 1Sam. 19,24; 1Sam. 28,20; 1Sam. 28,25; 2Sam. 2,29; 2Sam. 17,13; Esth. 6,1; Judith 6,21; Judith 7,5; Judith 13,10; 1Mac. 5,50; 1Mac. 7,48; 2Mac. 14,4; 3Mac. 5,49; 4Mac. 16,3; Job 3,8; Wis. 17,5; Jer. 25,13; Ezek. 14,17; Ezek. 14,19; Dan. 5,6; Dan. 12,1; Judg. 6,20; Judg. 9,45; Judg. 11,21; Matt. 9,26; Matt. 14,35; Matt. 18,32; Mark 6,55; Mark 13,24; Luke 15,14; John 1,39; Acts 14,21; 2Tim. 1,12; Heb. 4,11)

ἐκείνης ▸ 30 + 3 + 19 = 52

Pronoun ▪ (demonstrative) ▪ feminine ▪ singular ▪ genitive ▸ 30 + 3 + 19 = **52** (Gen. 2,12; Gen. 10,11; Gen. 17,23; Gen. 17,26; Gen. 19,22; Ex. 3,8; Deut. 8,15; Deut. 21,3; Deut. 21,4; Deut. 21,6; Deut. 22,18; Deut. 29,21; Josh. 3,4; Josh. 15,63; 1Sam. 16,13; 1Sam. 18,9; 1Sam. 30,25; 1Kings 19,8; Neh. 4,10; Neh. 8,17; Judith 1,15; Judith 9,1; Job 3,9; Wis. 17,6; Zech. 3,9; Jer. 8,3; Jer. 40,11; Ezek. 46,3; Dan. 12,1; Sus. 44-45; Judg. 15,13; Judg. 18,1; Sus. 64; Matt. 8,28; Matt. 9,22; Matt. 10,14; Matt. 15,28; Matt. 17,18; Matt. 22,46; Matt. 24,36; Matt. 26,29; Mark 13,32; Mark 14,25; Luke 6,49; Luke 9,5; Luke 15,15; Luke 19,4; John 4,39; John 11,53; John 19,27; Heb. 11,15; 1John 5,16)

ἐκεῖνο ▸ 15 + 3 + 3 = 21

Pronoun ▪ (demonstrative) ▪ neuter ▪ singular ▪ accusative ▸ 10 + 2 = **12** (Gen. 6,4; Deut. 13,4; 1Sam. 20,19; 2Kings 23,15; Wis. 14,2; Jer. 12,17; Jer. 25,12; Dan. 4,22; Dan. 7,21; Dan. 8,16; Acts 1,19; James 4,15)

Pronoun ▪ (demonstrative) ▪ neuter ▪ singular ▪ nominative ▸ 5 + 3 + 1 = **9** (Gen. 47,18; 2Kings 23,17; Ezra 5,8; Jer. 18,8; Dan. 7,20; Dan. 7,11; Dan. 7,20; Dan. 7,21; Mark 7,20)

Ἐκεῖνο ▸ 1

Pronoun ▪ (demonstrative) ▪ neuter ▪ singular ▪ accusative ▸ 1 (Matt. 24,43)

ἐκεῖνοι ▸ 17 + 6 + 15 = 38

Pronoun ▪ (demonstrative) ▪ masculine ▪ plural ▪ nominative ▸ 17 + 6 + 15 = **38** (Gen. 6,4; Ex. 19,13; Num. 9,7; 3Mac. 1,12; 4Mac. 14,6; 4Mac. 18,3; Job 5,5; Job 15,28; Job 31,15; Wis. 16,3; Wis. 18,4; Wis. 19,5; Wis. 19,17; Dan. 3,12; Dan. 3,21; Dan. 6,7; Dan. 6,25; Tob. 1,5; Dan. 3,12; Dan. 3,21; Dan. 6,12; Dan. 6,16; Bel 13; Matt. 22,10; Mark 12,7; Mark 16,20; Luke 12,37; Luke 12,38; Luke 13,4; John 7,45; John 10,6; John 11,13; John 19,15; John 20,13; Acts 21,6; 1Cor. 9,25; 1Cor. 15,11; Heb. 12,25)

ἐκεῖνοί ▸ 1 + 1 = 2

Pronoun ▪ (demonstrative) ▪ masculine ▪ plural ▪ nominative ▸ 1 + 1 = **2** (Ezek. 40,46; Mark 4,20)

ἐκείνοις ▸ 11 + 1 + 8 = 20

Pronoun ▪ (demonstrative) ▪ masculine ▪ plural ▪ dative ▸ 7 + 1 + 8 = **16** (1Chr. 7,24; Ezra 6,8; 3Mac. 4,13; Wis. 16,4; Wis. 17,20; Zech. 14,17; Dan. 11,14; Dan. 11,14; Matt. 13,11; Matt. 20,4; Matt. 21,40; Mark 4,11; Mark 16,13; Acts 16,3; 1Cor. 10,11; Heb. 6,7)

Pronoun ▪ (demonstrative) ▪ neuter ▪ plural ▪ dative ▸ 4 (Gen. 6,21; Deut. 28,65; 1Sam. 30,20; Zech. 14,3)

ἐκεῖνον ▸ 24 + 2 + 12 = 38

Pronoun ▪ (demonstrative) ▪ masculine ▪ singular ▪ accusative ▸ 24 + 2 + 12 = **38** (Gen. 41,13; Lev. 20,3; Lev. 20,5; Num. 13,24; Num. 22,4; Deut. 17,5; Deut. 22,18; Judg. 15,17; 1Chr. 13,11; 1Esdr. 6,26; 1Esdr. 6,32; Ezra 5,17; Ezra 6,7; Ezra 6,8;

ἐκεῖνος–ἐκζέω

Ezra 6,12; 2Mac. 3,5; 2Mac. 9,1; 2Mac. 14,40; Zech. 2,8; Jer. 23,34; Ezek. 14,8; Ezek. 14,9; Dan. 8,16; Bel 31-32; Judg. 15,17; Dan. 8,16; Matt. 13,44; Matt. 17,27; Luke 18,14; Luke 20,18; John 3,30; John 5,43; John 13,27; Acts 12,1; Acts 19,23; Acts 28,7; Rom. 14,15; 1Cor. 10,28)

ἐκεῖνος ‣ **25** + **49** = **74**
    Pronoun · (demonstrative) · masculine · singular · nominative
    ‣ **25** + **49** = **74** (Gen. 24,65; Gen. 37,19; Gen. 43,28; Lev. 17,9; Num. 9,13; Deut. 13,6; Deut. 13,6; Deut. 17,12; Deut. 18,20; Deut. 18,22; Deut. 24,7; 1Sam. 23,28; 2Sam. 6,8; 1Kings 3,21; 1Esdr. 6,19; Ezra 5,16; 4Mac. 7,4; 4Mac. 18,9; Eccl. 5,13; Job 1,1; Job 1,3; Jer. 20,16; Jer. 45,4; Ezek. 3,18; Ezek. 3,19; Matt. 18,28; Matt. 24,46; Matt. 24,48; Matt. 26,24; Matt. 27,8; Matt. 27,63; Mark 14,21; Luke 12,43; Luke 12,45; John 1,8; John 1,18; John 2,21; John 4,25; John 5,19; John 5,35; John 5,37; John 5,38; John 5,46; John 6,29; John 7,11; John 8,44; John 9,9; John 9,11; John 9,12; John 9,25; John 9,36; John 10,1; John 12,48; John 13,25; John 13,30; John 14,26; John 15,26; John 16,8; John 16,13; John 16,14; John 18,15; John 18,17; John 18,25; John 19,21; John 19,35; John 21,7; John 21,23; 2Tim. 2,13; James 1,7; 1John 2,6; 1John 3,3; 1John 3,5; 1John 3,7; 1John 3,16)

Ἐκεῖνος ‣ **1** + **1** = **2**
    Pronoun · (demonstrative) · masculine · singular · nominative
    ‣ **1** + **1** = **2** (3Mac. 3,11; Luke 12,47)

ἐκεῖνός ‣ **8**
    Pronoun · (demonstrative) · masculine · singular · nominative
    ‣ **8** (John 1,33; John 5,11; John 8,42; John 9,37; John 13,26; John 14,21; 2Cor. 10,18; 1John 4,17)

ἐκείνου ‣ **38** + **4** + **22** = **64**
    Pronoun · (demonstrative) · masculine · singular · genitive ‣ **34** + **3** + **20** = **57** (Gen. 21,31; Gen. 22,14; Gen. 26,21; Gen. 28,19; Gen. 32,3; Gen. 32,31; Gen. 33,17; Ex. 15,23; Ex. 17,7; Lev. 20,4; Num. 11,3; Num. 11,34; Num. 21,3; Deut. 7,24; Deut. 12,3; Deut. 13,4; Josh. 5,9; Judg. 2,5; 2Sam. 2,16; 2Sam. 5,20; 1Chr. 14,11; 2Chr. 20,26; Neh. 6,1; Neh. 13,21; 2Mac. 3,39; 3Mac. 1,3; 3Mac. 1,21; 3Mac. 2,26; Prov. 6,6; Prov. 26,4; Eccl. 9,15; Wis. 1,16; Wis. 2,24; Ezek. 41,15; Judg. 2,5; Dan. 12,1; Sus. 39; Matt. 12,45; Matt. 14,35; Matt. 18,27; Matt. 24,50; Luke 11,26; Luke 12,46; Luke 20,35; John 3,28; John 5,47; John 9,28; John 11,49; John 11,51; John 18,13; Acts 3,13; Acts 3,23; Acts 19,16; 2Cor. 8,9; 2Tim. 2,26; Titus 3,7; 2Pet. 1,16)
    Pronoun · (demonstrative) · neuter · singular · genitive ‣ **4** + **1** + **2** = **7** (Gen. 29,2; Ex. 34,3; 1Esdr. 6,19; Sir. 40,6; Tob. 7,14; John 19,31; Acts 22,11)

ἐκείνους ‣ **9** + **5** = **14**
    Pronoun · (demonstrative) · masculine · plural · accusative ‣ **9** + **5** = **14** (Gen. 19,9; 1Esdr. 2,23; Ezra 4,21; Ezra 5,9; Judith 8,27; 1Mac. 11,14; Wis. 11,10; Ezek. 32,31; Dan. 3,94; Matt. 22,7; Luke 8,32; John 10,35; Acts 16,35; Heb. 4,2)

ἐκείνῳ ‣ **86** + **13** + **9** = **108**
    Pronoun · (demonstrative) · masculine · singular · dative ‣ **83** + **13** + **9** = **105** (Gen. 21,22; Gen. 26,12; Gen. 28,11; Gen. 38,1; Gen. 47,17; Ex. 9,4; Lev. 17,4; Deut. 1,9; Deut. 1,16; Deut. 1,18; Deut. 2,34; Deut. 3,4; Deut. 3,8; Deut. 3,12; Deut. 3,18; Deut. 3,21; Deut. 3,23; Deut. 4,14; Deut. 5,5; Deut. 9,20; Deut. 10,1; Deut. 10,8; Deut. 14,28; Deut. 29,19; Josh. 5,12; Josh. 11,10; Josh. 11,21; Judg. 3,29; Judg. 4,4; Judg. 10,8; Judg. 11,26; Judg. 12,6; Judg. 14,4; Judg. 18,12; Judg. 21,14; Judg. 21,24; 1Kings 11,29; 1Kings 16,22; 2Kings 8,22; 2Kings 16,6; 2Kings 17,4; 2Kings 18,16; 2Kings 20,12; 2Kings 24,10; 1Chr. 21,28; 1Chr. 21,29; 2Chr. 7,2; 2Chr. 7,8; 2Chr. 15,5; 2Chr. 16,7; 2Chr. 16,10; 2Chr. 21,10; 2Chr. 28,16; 2Chr. 30,3; 2Chr. 35,17; Ezra 8,34; Neh. 4,16; Tob. 14,10; 1Mac. 2,25; 1Mac. 4,60; 1Mac. 9,31; 1Mac. 9,55; 1Mac. 9,56; Prov. 6,7; Amos 5,13; Mic. 3,4; Joel 4,1; Zeph. 3,16; Zeph. 3,19; Zeph. 3,20; Is. 18,7; Is. 38,1; Is. 39,1; Is. 54,9; Jer. 3,17; Jer. 4,11; Jer. 8,1; Jer. 27,4; Jer. 27,20; Jer. 38,1; Dan. 3,7; Dan. 3,8; Dan. 4,36; Judg. 4,4; Judg. 10,8; Judg. 11,26; Judg. 12,6; Judg. 14,4; Judg. 18,12; Judg. 21,14; Judg. 21,24; Tob. 2,11; Tob. 3,17; Dan. 12,1; Dan. 12,1; Sus. 5; Matt. 11,25; Matt. 12,1; Matt. 14,1; Matt. 26,24; Matt. 27,19; Mark 14,21; Luke 22,22; Rom. 14,14; Eph. 2,12)
    Pronoun · (demonstrative) · neuter · singular · dative ‣ **3** (Num. 14,45; Deut. 1,44; 1Sam. 14,1)

ἐκείνων ‣ **25** + **1** + **9** = **35**
    Pronoun · (demonstrative) · feminine · plural · genitive ‣ **3** + **1** = **4** (Judg. 18,1; 2Kings 18,4; Zech. 8,10; Matt. 24,29)
    Pronoun · (demonstrative) · masculine · plural · genitive ‣ **19** + **1** + **6** = **26** (Gen. 43,34; Gen. 48,6; Ex. 7,12; Num. 14,38; Num. 16,14; 1Sam. 29,4; 2Sam. 23,19; 1Chr. 12,20; 1Esdr. 5,3; 1Mac. 5,62; 1Mac. 11,14; 2Mac. 15,37; 3Mac. 4,13; 4Mac. 14,9; 4Mac. 14,11; 4Mac. 17,22; 4Mac. 17,23; Prov. 28,28; Prov. 29,16; Dan. 2,44; Matt. 25,19; Luke 14,24; Acts 10,9; 2Cor. 8,14; 2Cor. 8,14; 2Tim. 3,9)
    Pronoun · (demonstrative) · neuter · plural · genitive ‣ **3** + **2** = **5** (Deut. 18,9; Deut. 29,17; Judith 9,5; Matt. 15,22; Rom. 6,21)

crasis-ἐκεῖνος ‣ **5** + **22** = **27**

κἀκεῖνα ‣ **4**
    Pronoun · (demonstrative) · neuter · plural · accusative ‣ **3** (Matt. 23,23; Luke 11,42; John 10,16)
    Pronoun · (demonstrative) · neuter · plural · nominative ‣ **1** (Matt. 15,18)

κἀκεῖνοι ‣ **2** + **7** = **9**
    Pronoun · (demonstrative) · masculine · plural · nominative ‣ **2** + **7** = **9** (Wis. 18,1; Is. 66,5; Mark 16,11; Mark 16,13; John 17,24; Acts 15,11; Rom. 11,23; 1Cor. 10,6; Heb. 4,2)

κἀκείνοις ‣ **2**
    Pronoun · (demonstrative) · masculine · plural · dative ‣ **2** (Is. 57,6; Is. 57,6)

κἀκεῖνον ‣ **3**
    Pronoun · (demonstrative) · masculine · singular · accusative ‣ **3** (Mark 12,4; Mark 12,5; Luke 20,11)

κἀκεῖνος ‣ **6**
    Pronoun · (demonstrative) · masculine · singular · nominative ‣ **6** (Luke 11,7; Luke 22,12; John 6,57; John 14,12; Acts 5,37; 2Tim. 2,12)

κἀκεῖνός ‣ **1**
    Pronoun · (demonstrative) · masculine · singular · nominative ‣ **1** (John 7,29)

κἀκείνου ‣ **1**
    Pronoun · (demonstrative) · masculine · singular · genitive ‣ **1** (2Mac. 1,15)

κἀκείνους ‣ **1**
    Pronoun · (demonstrative) · masculine · plural · accusative ‣ **1** (Acts 18,19)

ἐκεῖσε (ἐκεῖ) there ‣ **1** + **2** = **3**
    ἐκεῖσε ‣ **1** + **2** = **3**
        Adverb · (place) ‣ **1** + **2** = **3** (Job 39,29; Acts 21,3; Acts 22,5)

ἐκζέω (ἐκ; ζέω) to burst forth ‣ **6**
    ἐκζεόντων ‣ **1**
        Verb · present · active · participle · neuter · plural · genitive ‣ **1** (Ezek. 47,9)
    ἐκζέσῃς ‣ **1**
        Verb · second · singular · aorist · active · subjunctive ‣ **1** (Gen. 49,4)

ἐξέζεσεν ▸ 4
    Verb ▪ third ▪ singular ▪ aorist ▪ active ▪ indicative ▸ **4** (Ex. 16,20; 1Sam. 5,6; 1Sam. 6,1; Job 30,27)

ἐκζητέω (ἐκ; ζητέω) to search earnestly ▸ **131** + **1** + **7** = **139**

ἐκζητεῖ ▸ 5
    Verb ▪ third ▪ singular ▪ present ▪ active ▪ indicative ▸ **5** (Judg. 14,4; Psa. 30,24; Prov. 27,21a; Prov. 27,21a; Mic. 6,8)

ἐκζητεῖται ▸ 1
    Verb ▪ third ▪ singular ▪ present ▪ passive ▪ indicative ▸ **1** (Gen. 42,22)

ἐκζητεῖτε ▸ 1
    Verb ▪ second ▪ plural ▪ present ▪ active ▪ imperative ▸ **1** (Amos 5,5)

ἐκζητηθῇ ▸ 1
    Verb ▪ third ▪ singular ▪ aorist ▪ passive ▪ subjunctive ▸ **1** (Luke 11,50)

ἐκζητηθήσεται ▸ 1
    Verb ▪ third ▪ singular ▪ future ▪ passive ▪ indicative ▸ **1** (Luke 11,51)

ἐκζητήσαι ▸ 1
    Verb ▪ third ▪ singular ▪ aorist ▪ active ▪ optative ▸ **1** (1Sam. 20,16)

ἐκζητῆσαι ▸ 17 + 1 = 18
    Verb ▪ aorist ▪ active ▪ infinitive ▸ 17 + **1** = **18** (Ex. 18,15; 1Kings 2,40; 2Chr. 12,14; 2Chr. 14,3; 2Chr. 19,3; 2Chr. 20,3; 2Chr. 20,4; 2Chr. 30,19; Ezra 6,21; Ezra 10,16; 1Mac. 7,12; 1Mac. 9,71; Eccl. 1,13; Sir. 51,21; Hos. 5,6; Zech. 8,21; Zech. 8,22; Dan. 9,3)

ἐκζητῆσαί ▸ 1
    Verb ▪ aorist ▪ active ▪ infinitive ▸ **1** (Jer. 44,7)

ἐκζητήσαντες ▸ 1
    Verb ▪ aorist ▪ active ▪ participle ▪ masculine ▪ plural ▪ nominative ▸ **1** (Deut. 17,9)

ἐκζητήσας ▸ 1
    Verb ▪ aorist ▪ active ▪ participle ▪ masculine ▪ singular ▪ nominative ▸ **1** (Heb. 12,17)

ἐκζητήσατε ▸ 6
    Verb ▪ second ▪ plural ▪ aorist ▪ active ▪ imperative ▸ **6** (2Kings 22,13; Psa. 68,33; Hos. 10,12; Amos 5,6; Amos 5,14; Is. 1,17)

ἐκζητήσατέ ▸ 1
    Verb ▪ second ▪ plural ▪ aorist ▪ active ▪ imperative ▸ **1** (Jer. 36,13)

Ἐκζητήσατέ ▸ 1
    Verb ▪ second ▪ plural ▪ aorist ▪ active ▪ imperative ▸ **1** (Amos 5,4)

ἐκζητήσει ▸ 9
    Verb ▪ third ▪ singular ▪ future ▪ active ▪ indicative ▸ **9** (Deut. 23,22; Josh. 22,23; Judith 8,21; Psa. 9,25; Psa. 9,34; Psa. 43,22; Psa. 60,8; Sir. 39,1; Sir. 39,3)

ἐκζητήσεις ▸ 1
    Verb ▪ second ▪ singular ▪ future ▪ active ▪ indicative ▸ **1** (Deut. 17,4)

ἐκζητήσετε ▸ 2
    Verb ▪ second ▪ plural ▪ future ▪ active ▪ indicative ▸ **2** (Deut. 12,5; Ezra 9,12)

ἐκζητήσῃ ▸ 1
    Verb ▪ third ▪ singular ▪ aorist ▪ active ▪ subjunctive ▸ **1** (2Chr. 15,13)

ἐκζητήσῃς ▸ 2
    Verb ▪ second ▪ singular ▪ aorist ▪ active ▪ subjunctive ▸ **2** (Deut. 12,30; Deut. 12,30)

ἐκζητήσητε ▸ 2
    Verb ▪ second ▪ plural ▪ aorist ▪ active ▪ subjunctive ▸ **2** (Deut. 4,29; 2Chr. 15,2)

ἐκζητήσομεν ▸ 1
    Verb ▪ first ▪ plural ▪ future ▪ active ▪ indicative ▸ **1** (1Mac. 7,15)

ἐκζητήσουσιν ▸ 5
    Verb ▪ third ▪ plural ▪ future ▪ active ▪ indicative ▸ **5** (Psa. 77,7; Psa. 118,2; Prov. 29,10; Mal. 2,7; Ezek. 39,14)

ἐκζητήσω ▸ 15
    Verb ▪ first ▪ singular ▪ future ▪ active ▪ indicative ▸ **15** (Gen. 9,5; Gen. 9,5; Gen. 9,5; 2Sam. 4,11; Psa. 26,4; Psa. 118,33; Psa. 118,145; Sir. 51,14; Ezek. 3,18; Ezek. 3,20; Ezek. 33,6; Ezek. 33,8; Ezek. 34,10; Ezek. 34,11; Ezek. 34,12)

Ἐκζητήσω ▸ 1
    Verb ▪ first ▪ singular ▪ future ▪ active ▪ indicative ▸ **1** (2Chr. 28,23)

ἐκζητήσωσιν ▸ 3 + 1 = 4
    Verb ▪ third ▪ plural ▪ aorist ▪ active ▪ subjunctive ▸ 3 + **1** = **4** (1Mac. 15,19; Psa. 104,45; Amos 9,12; Acts 15,17)

ἐκζητοῦμεν ▸ 1
    Verb ▪ first ▪ plural ▪ present ▪ active ▪ indicative ▸ **1** (Ezra 4,2)

ἐκζητοῦντα ▸ 1
    Verb ▪ present ▪ active ▪ participle ▪ masculine ▪ singular ▪ accusative ▸ **1** (Prov. 11,27)

ἐκζητοῦντας ▸ 1
    Verb ▪ present ▪ active ▪ participle ▪ masculine ▪ plural ▪ accusative ▸ **1** (Esth. 16,7 # 8,12g)

ἐκζητοῦντάς ▸ 1
    Verb ▪ present ▪ active ▪ participle ▪ masculine ▪ plural ▪ accusative ▸ **1** (Psa. 9,11)

ἐκζητοῦντες ▸ 4
    Verb ▪ present ▪ active ▪ participle ▪ masculine ▪ plural ▪ nominative ▸ **4** (Psa. 21,27; Psa. 33,11; Sir. 44,5; Bar. 3,23)

ἐκζητοῦσιν ▸ 3 + 1 = 4
    Verb ▪ present ▪ active ▪ participle ▪ masculine ▪ plural ▪ dative ▸ 2 + **1** = **3** (Psa. 24,10; Sir. 24,34; Heb. 11,6)
    Verb ▪ third ▪ plural ▪ present ▪ active ▪ indicative ▸ **1** (Is. 8,19)

ἐκζητῶν ▸ 9 + 1 = 10
    Verb ▪ present ▪ active ▪ participle ▪ masculine ▪ singular ▪ nominative ▸ 9 + **1** = **10** (Deut. 23,22; 2Chr. 26,5; Psa. 9,13; Psa. 13,2; Psa. 52,3; Psa. 141,5; Is. 16,5; LetterJ 6; Ezek. 34,6; Rom. 3,11)

ἐξεζητημένα ▸ 1
    Verb ▪ perfect ▪ passive ▪ participle ▪ neuter ▪ plural ▪ nominative ▸ **1** (Psa. 110,2)

ἐξεζήτησα ▸ 9
    Verb ▪ first ▪ singular ▪ aorist ▪ active ▪ indicative ▸ **9** (Psa. 33,5; Psa. 76,3; Psa. 118,22; Psa. 118,45; Psa. 118,56; Psa. 118,94; Psa. 118,100; Psa. 121,9; Wis. 8,2)

ἐξεζήτησά ▸ 1
    Verb ▪ first ▪ singular ▪ aorist ▪ active ▪ indicative ▸ **1** (Psa. 118,10)

ἐξεζητήσαμεν ▸ 2
    Verb ▪ first ▪ plural ▪ aorist ▪ active ▪ indicative ▸ **2** (2Chr. 14,6; Dan. 9,13)

ἐξεζήτησαν ▸ 8 + 1 = 9
    Verb ▪ third ▪ plural ▪ aorist ▪ active ▪ indicative ▸ 8 + **1** = **9** (Josh. 2,22; Psa. 118,155; Sir. 47,25; Hos. 7,10; Is. 9,12; Is. 31,1; Jer. 10,21; Ezek. 34,8; 1Pet. 1,10)

ἐξεζήτησεν ▸ 10
    Verb ▪ third ▪ singular ▪ aorist ▪ active ▪ indicative ▸ **10** (Lev. 10,16; 2Chr. 1,5; 2Chr. 14,6; 2Chr. 17,3; 2Chr. 17,4; 2Chr. 25,20; 2Chr. 31,21; 1Mac. 14,14; 1Mac. 14,35; Is. 1,12)

ἐξεζήτουν ▸ 3

Verb · third · plural · imperfect · active · indicative ▸ **3** (Judg. 6,29; 1Mac. 9,26; Psa. 77,34)

ἐκζήτησις (ἐκ; ζητέω) speculation, controversy ▸ **1**
   ἐκζητήσεις ▸ **1**
     Noun · feminine · plural · accusative ▸ **1** (1Tim. 1,4)

ἐκζητητής (ἐκ; ζητέω) searcher ▸ **1**
   ἐκζητηταὶ ▸ **1**
     Noun · masculine · plural · nominative · (common) ▸ **1** (Bar. 3,23)

ἐκθαμβέω (ἐκ; θάμβος) to be alarmed ▸ **1** + **4** = **5**
   ἐκθαμβεῖσθαι ▸ **1**
     Verb · present · passive · infinitive ▸ **1** (Mark 14,33)
   ἐκθαμβεῖσθε ▸ **1**
     Verb · second · plural · present · passive · imperative ▸ **1** (Mark 16,6)
   ἐξεθαμβήθησαν ▸ **2**
     Verb · third · plural · aorist · passive · indicative ▸ **2** (Mark 9,15; Mark 16,5)
   ἐκθαμβήσει ▸ **1**
     Verb · third · singular · future · active · indicative ▸ **1** (Sir. 30,9)

ἔκθαμβος (ἐκ; θάμβος) greatly alarmed; terrible ▸ **1** + **1** = **2**
   ἔκθαμβοι ▸ **1**
     Adjective · masculine · plural · nominative ▸ **1** (Acts 3,11)
   ἔκθαμβον ▸ **1**
     Adjective · neuter · singular · nominative · noDegree ▸ **1** (Dan. 7,7)

Εκθανααδ Taanach ▸ **1**
   Εκθανααδ ▸ **1**
     Noun · feminine · singular · accusative · (proper) ▸ **1** (Judg. 1,27)

ἐκθαυμάζω (ἐκ; θαυμάζω) to be totally amazed ▸ **2** + **1** = **3**
   ἐξεθαύμαζον ▸ **1**
     Verb · third · plural · imperfect · active · indicative ▸ **1** (Mark 12,17)
   ἐκθαυμάσει ▸ **2**
     Verb · third · singular · future · active · indicative ▸ **2** (Sir. 27,23; Sir. 43,18)

ἔκθεμα (ἐκ; τίθημι) proclamation ▸ **2**
   ἔκθεμα ▸ **2**
     Noun · neuter · singular · accusative · (common) ▸ **1** (Ezek. 16,24)
     Noun · neuter · singular · nominative · (common) ▸ **1** (Esth. 8,17)

ἐκθερίζω (ἐκ; θέρμη) to reap thoroughly ▸ **3**
   ἐκθεριζόντων ▸ **1**
     Verb · present · active · participle · masculine · plural · genitive ▸ **1** (Lev. 19,9)
   ἐκθερίσαι ▸ **1**
     Verb · aorist · active · infinitive ▸ **1** (Lev. 19,9)
   ἐκθερίσεις ▸ **1**
     Verb · second · singular · future · active · indicative ▸ **1** (Lev. 25,5)

ἔκθεσις (ἐκ; τίθημι) exposure, left over ▸ **2**
   ἐκθέσει ▸ **1**
     Noun · feminine · singular · dative · (common) ▸ **1** (Wis. 11,14)
   ἔκθεσιν ▸ **1**
     Noun · feminine · singular · accusative · (common) ▸ **1** (Dan. 1,5)

ἔκθεσμος (ἐκ; τίθημι) lawless; horrible ▸ **1**
   ἔκθεσμον ▸ **1**
     Adjective · feminine · singular · accusative · noDegree ▸ **1** (4Mac. 5,14)

ἔκθετος (ἐκ; τίθημι) abandoned, exposed ▸ **1**

ἔκθετα ▸ **1**
     Adjective · neuter · plural · accusative ▸ **1** (Acts 7,19)

ἐκθηλάζω (ἐκ; θηλάζω) to nurse ▸ **1**
   ἐκθηλάσαντες ▸ **1**
     Verb · aorist · active · participle · masculine · plural · nominative ▸ **1** (Is. 66,11)

ἐκθλιβή (ἐκ; θλίβω) oppression ▸ **1**
   ἐκθλιβῇ ▸ **1**
     Noun · feminine · singular · dative · (common) ▸ **1** (Mic. 7,2)

ἐκθλίβω (ἐκ; θλίβω) to afflict, force ▸ **20** + **4** = **24**
   ἐκθλίβειν ▸ **2**
     Verb · present · active · infinitive ▸ **2** (Psa. 41,10; Psa. 42,2)
   ἐκθλίβοντές ▸ **1**
     Verb · present · active · participle · masculine · plural · nominative ▸ **1** (Psa. 118,157)
   ἐκθλιβόντων ▸ **1**
     Verb · present · active · participle · masculine · plural · genitive ▸ **1** (Judg. 2,18)
   ἐκθλίβουσιν ▸ **1**
     Verb · third · plural · present · active · indicative ▸ **1** (Mic. 7,2)
   ἐκθλίβων ▸ **2**
     Verb · present · active · participle · masculine · singular · nominative ▸ **2** (Psa. 34,5; Lam. 4,12)
   ἐκθλίψει ▸ **1**
     Verb · third · singular · future · active · indicative ▸ **1** (Prov. 12,13a)
   ἐκθλίψουσιν ▸ **1**
     Verb · third · plural · future · active · indicative ▸ **1** (Amos 6,14)
   ἐκθλίψω ▸ **3**
     Verb · first · singular · future · active · indicative ▸ **3** (Psa. 17,39; Zeph. 1,17; Is. 29,2)
   ἐκτεθλιμμένον ▸ **1**
     Verb · perfect · passive · participle · neuter · singular · accusative ▸ **1** (Lev. 22,24)
   ἐξεθλίβετε ▸ **1**
     Verb · second · plural · imperfect · active · indicative ▸ **1** (Ezek. 34,21)
   ἐξέθλιψα ▸ **1**
     Verb · first · singular · aorist · active · indicative ▸ **1** (Gen. 40,11)
   ἐξέθλιψαν ▸ **2**
     Verb · third · plural · aorist · active · indicative ▸ **2** (Josh. 19,47a; Judg. 10,12)
   ἐξέθλιψεν ▸ **4** + **3** = **7**
     Verb · third · singular · aorist · active · indicative ▸ **4** + **3** = **7** (Judg. 1,34; Judg. 2,15; 2Kings 13,22; Sir. 16,28; Judg. 1,34; Judg. 2,15; Judg. 16,16)

ἔκθυμος (ἐκ; θυμός) angry; senseless ▸ **3**
   ἔκθυμος ▸ **2**
     Adjective · masculine · singular · nominative · noDegree ▸ **2** (2Mac. 7,3; 2Mac. 14,27)
   Ἔκθυμος ▸ **1**
     Adjective · masculine · singular · nominative · noDegree ▸ **1** (2Mac. 7,39)

ἐκκαθαίρω (ἐκ; καθαρός) to clean out, clear out ▸ **1** + **1** + **2** = **4**
   ἐκκαθάρατε ▸ **1**
     Verb · second · plural · aorist · active · imperative ▸ **1** (1Cor. 5,7)
   ἐκκαθάρῃ ▸ **1**
     Verb · third · singular · aorist · active · subjunctive ▸ **1** (2Tim. 2,21)
   ἐκκαθαρῶ ▸ **1**
     Verb · first · singular · future · active · indicative ▸ **1** (Judg. 7,4)

Ἐξεκάθαρα ▸ 1
  Verb · first · singular · aorist · active · indicative ▸ **1** (Deut. 26,13)

ἐκκαθαρίζω (ἐκ; καθαρός) to purge ▸ 5 + **1** = 6
  ἐκκαθαριεῖ ▸ 3
    Verb · third · singular · future · active · indicative ▸ **3** (Deut. 32,43; Ode. 2,43; Is. 4,4)
  ἐκκαθαριεῖς ▸ 1
    Verb · second · singular · future · active · indicative ▸ **1** (Josh. 17,18)
  ἐκκαθαριοῦμεν ▸ **1**
    Verb · first · plural · future · active · indicative ▸ **1** (Judg. 20,13)
  ἐκκάθαρον ▸ 1
    Verb · second · singular · aorist · active · imperative ▸ **1** (Josh. 17,15)

ἐκκαίδεκα (ἕξ; καί; δέκα) sixteen ▸ 8
  ἐκκαίδεκα ▸ 8
    Adjective · (cardinal · numeral) ▸ **8** (Num. 31,40; 1Kings 12,24a; 2Kings 13,10; 2Kings 14,21; 2Kings 15,2; 2Kings 15,33; 2Kings 16,2; 1Chr. 4,27)

ἐκκαιδέκατος (ἕξ; καί; δέκα) sixteenth ▸ 3
  ἐκκαιδεκάτῃ ▸ 1
    Adjective · feminine · singular · dative · (ordinal · numeral) ▸ **1** (2Chr. 29,17)
  ἐκκαιδέκατος ▸ 2
    Adjective · masculine · singular · nominative · (ordinal · numeral) ▸ **2** (1Chr. 24,14; 1Chr. 25,23)

ἐκκαίω (ἐκ; καίω) to burn, burn out, inflame ▸ 51 + 5 + **1** = 57
  ἐκκαῇ ▸ 1
    Verb · third · singular · present · active · subjunctive ▸ **1** (Dan. 3,19)
  ἐκκαῆναι ▸ 1
    Verb · aorist · passive · infinitive ▸ **1** (2Sam. 24,1)
  ἐκκαήσεται ▸ 2
    Verb · third · singular · future · passive · indicative ▸ **2** (Sir. 28,12; Sir. 28,23)
  ἔκκαιε ▸ 1
    Verb · second · singular · present · active · imperative ▸ **1** (Sir. 8,10)
  ἐκκαίει ▸ 4
    Verb · third · singular · present · active · indicative ▸ **4** (Prov. 6,19; Prov. 14,5; Prov. 14,25; Sir. 28,11)
  ἐκκαίων ▸ 1
    Verb · present · active · participle · masculine · singular · nominative ▸ **1** (Sir. 43,4)
  ἐκκαυθῇ ▸ 1
    Verb · third · singular · aorist · passive · subjunctive ▸ **1** (Psa. 2,12)
  ἐκκαυθήσεται ▸ 10
    Verb · third · singular · future · passive · indicative ▸ **10** (Deut. 29,19; 2Kings 22,17; Psa. 38,4; Psa. 78,5; Psa. 88,47; Sir. 16,6; Sir. 28,10; Sir. 28,10; Jer. 1,14; Jer. 4,4)
  ἐκκαυθήσονται ▸ 1
    Verb · third · plural · future · passive · indicative ▸ **1** (Obad. 18)
  ἐκκαῦσαι ▸ 1 + **1** = 2
    Verb · aorist · active · infinitive ▸ 1 + **1** = **2** (Neh. 10,35; Dan. 3,19)
  ἐκκαύσας ▸ 1
    Verb · aorist · active · participle · masculine · singular · nominative ▸ **1** (Ex. 22,5)
  ἐκκαύσει ▸ 3
    Verb · third · singular · future · active · indicative ▸ **3** (Psa. 77,38; Sir. 28,8; Sir. 43,21)
  ἐκκαύσῃ ▸ 2
    Verb · third · singular · aorist · active · subjunctive ▸ **2** (Prov. 19,9; Sir. 23,17)
  ἐκκαύσω ▸ 2
    Verb · first · singular · future · active · indicative ▸ **2** (1Kings 20,21; Nah. 2,14)
  ἐκκεκαυμένη ▸ 1
    Verb · perfect · passive · participle · feminine · singular · nominative ▸ **1** (2Kings 22,13)
  ἐκκέκαυται ▸ 4
    Verb · third · singular · perfect · passive · indicative ▸ **4** (Deut. 32,22; 2Chr. 34,21; Ode. 2,22; Jer. 15,14)
  ἐξεκαύθη ▸ 8 + **2** = 10
    Verb · third · singular · aorist · passive · indicative ▸ 8 + **2** = **10** (Num. 11,1; Num. 11,3; 2Chr. 34,25; Psa. 72,21; Psa. 105,18; Sir. 16,6; Jer. 51,6; Dan. 3,22; Judg. 15,14; Dan. 3,22)
  ἐξεκαύθησαν ▸ 3 + **1** = 4
    Verb · third · plural · aorist · passive · indicative ▸ 3 + **1** = **4** (2Sam. 22,9; 2Sam. 22,13; Psa. 117,12; Rom. 1,27)
  ἐξέκαυσα ▸ 2
    Verb · first · singular · aorist · active · indicative ▸ **2** (Sir. 51,4; Ezek. 21,4)
  ἐξέκαυσαν ▸ 2
    Verb · third · plural · aorist · active · indicative ▸ **2** (Prov. 29,8; Job 3,17)
  ἐξεκαύσατε ▸ 1
    Verb · second · plural · aorist · active · indicative ▸ **1** (Is. 50,11)
  ἐξέκαυσεν ▸ 1
    Verb · third · singular · aorist · active · indicative ▸ **1** (Judg. 15,5)

ἐκκαλέω (ἐκ; καλέω) to call out, summon, elicit ▸ 2
  ἐκκαλέσῃ ▸ 1
    Verb · second · singular · future · middle · indicative ▸ **1** (Deut. 20,10)
  ἐξεκαλοῦντο ▸ 1
    Verb · third · plural · imperfect · middle · indicative ▸ **1** (Gen. 19,5)

ἐκκαλύπτω (ἐκ; καλύπτω) to reveal ▸ 1
  ἐκκαλύπτει ▸ 1
    Verb · third · singular · present · active · indicative ▸ **1** (Prov. 26,26)

Εκκας Ikkesh ▸ 1
  Εκκας ▸ 1
    Noun · masculine · singular · genitive · (proper) ▸ **1** (2Sam. 23,26)

ἐκκενόω (ἐκ; κενός) to empty out, unsheath ▸ 13 + 3 = 16
  ἐκκενοῦτε ▸ 1
    Verb · second · plural · present · active · imperative ▸ **1** (Psa. 136,7)
  Ἐκκενοῦτε ▸ 1
    Verb · second · plural · present · active · imperative ▸ **1** (Psa. 136,7)
  ἐκκενωθὲν ▸ 1
    Verb · aorist · passive · participle · neuter · singular · nominative ▸ **1** (Song 1,3)
  ἐκκενωθήσονται ▸ 1
    Verb · third · plural · future · passive · indicative ▸ **1** (Dan. 9,25)
  ἐκκενώσουσιν ▸ 2
    Verb · third · plural · future · active · indicative ▸ **2** (Ezek. 28,7; Ezek. 30,11)

ἐκκενόω–ἐκκλησία

ἐκκενώσω ▸ 3
    Verb · first · singular · future · active · indicative ▸ **3** (Ezek. 5,2; Ezek. 5,12; Ezek. 12,14)

ἐκκενώσωμεν ▸ 1
    Verb · first · plural · aorist · active · subjunctive ▸ **1** (Judg. 20,32)

ἐξεκενοῦντο ▸ 1
    Verb · third · plural · imperfect · passive · indicative ▸ **1** (Judith 7,21)

ἐξεκενώθη ▸ 1
    Verb · third · singular · aorist · passive · indicative ▸ **1** (Psa. 74,9)

ἐξεκενώθησαν ▸ 1
    Verb · third · plural · aorist · passive · indicative ▸ **1** (Judg. 20,31)

ἐξεκένωσαν ▸ 1
    Verb · third · plural · aorist · active · indicative ▸ **1** (2Chr. 24,11)

ἐξεκένωσας ▸ 1
    Verb · second · singular · aorist · active · indicative ▸ **1** (Is. 51,17)

ἐξεκένωσεν ▸ 1
    Verb · third · singular · aorist · active · indicative ▸ **1** (Gen. 24,20)

ἐκκεντέω (ἐκ; κέντρον) to goad, spur out, pierce, stab ▸ 8 + 1 + 2 = 11

ἐκκεκεντημένοι ▸ 1
    Verb · perfect · middle · participle · masculine · plural · nominative ▸ **1** (Jer. 44,10)

ἐκκεκεντημένον ▸ 1
    Verb · perfect · passive · participle · masculine · singular · accusative ▸ **1** (Sol. 2,26)

ἐκκεκεντημένων ▸ 1
    Verb · perfect · middle · participle · masculine · plural · genitive ▸ **1** (Is. 14,19)

ἐκκέντησόν ▸ 1
    Verb · second · singular · aorist · active · imperative ▸ **1** (1Chr. 10,4)

ἐξεκέντησά ▸ 1
    Verb · first · singular · aorist · active · indicative ▸ **1** (Num. 22,29)

ἐξεκέντησαν ▸ 1 + 2 = 3
    Verb · third · plural · aorist · active · indicative ▸ 1 + 2 = **3** (Josh. 16,10; John 19,37; Rev. 1,7)

ἐξεκέντησεν ▸ 2 + 1 = 3
    Verb · third · singular · aorist · active · indicative ▸ 2 + 1 = **3** (Judg. 9,54; 2Mac. 12,6; Judg. 9,54)

ἐκκήρυκτος (ἐκ; κηρύσσω) banished ▸ 1

ἐκκήρυκτον ▸ 1
    Adjective · masculine · singular · accusative · noDegree ▸ **1** (Jer. 22,30)

Εκκης Ikkesh ▸ 2

Εκκης ▸ 2
    Noun · masculine · singular · genitive · (proper) ▸ **2** (1Chr. 11,28; 1Chr. 27,9)

ἐκκινέω (ἐκ; κινέω) to disturb ▸ 1

ἐξεκινήθη ▸ 1
    Verb · third · singular · aorist · passive · indicative ▸ **1** (2Kings 6,11)

ἐκκλάω (ἐκ; κλάω) to break open, break off ▸ 1 + 3 = 4

ἐκκλάσει ▸ 1
    Verb · third · singular · future · active · indicative ▸ **1** (Lev. 1,17)

ἐξεκλάσθησαν ▸ 3
    Verb · third · plural · aorist · passive · indicative ▸ **3** (Rom. 11,17; Rom. 11,19; Rom. 11,20)

ἐκκλείω (ἐκ; κλείω) to exclude ▸ 2

ἐκκλεῖσαι ▸ 1
    Verb · aorist · active · infinitive ▸ **1** (Gal. 4,17)

ἐξεκλείσθη ▸ 1
    Verb · third · singular · aorist · passive · indicative ▸ **1** (Rom. 3,27)

ἐκκλησία (ἐκ; καλέω) congregation, assembly, church ▸ 100 + 3 + 114 = 217

ἐκκλησία ▸ 30 + 9 = 39
    Noun · feminine · singular · nominative · (common) ▸ 30 + 9 = **39** (1Sam. 17,47; 1Kings 8,14; 1Kings 8,65; 1Chr. 13,4; 1Chr. 29,20; 2Chr. 1,3; 2Chr. 1,5; 2Chr. 6,3; 2Chr. 7,8; 2Chr. 10,3; 2Chr. 23,3; 2Chr. 29,28; 2Chr. 29,31; 2Chr. 29,32; 2Chr. 30,2; 2Chr. 30,13; 2Chr. 30,23; 2Chr. 30,25; 2Chr. 30,25; Ezra 2,64; Ezra 10,1; Ezra 10,12; Neh. 5,13; Neh. 7,66; Neh. 8,17; 1Mac. 4,59; 1Mac. 5,16; Sir. 31,11; Sir. 39,10; Sir. 44,15; Acts 9,31; Acts 19,32; 1Cor. 14,5; 1Cor. 14,23; Eph. 5,24; Phil. 4,15; Col. 1,24; 1Tim. 3,15; 1Tim. 5,16)

ἐκκλησίᾳ ▸ 24 + 2 + 24 = 50
    Noun · feminine · singular · dative · (common) ▸ 24 + 2 + 24 = **50** (Judg. 20,2; Judg. 21,5; 1Chr. 13,2; 1Chr. 29,1; 1Chr. 29,20; 2Chr. 20,5; 2Chr. 20,14; 2Chr. 30,24; Ezra 10,14; Neh. 13,1; Judith 14,6; 1Mac. 2,56; Psa. 21,26; Psa. 34,18; Psa. 39,10; Psa. 88,6; Psa. 106,32; Psa. 149,1; Job 30,28; Sir. 21,17; Sir. 24,2; Sir. 38,33; Sol. 10,6; Mic. 2,5; Judg. 20,2; Judg. 21,5; Matt. 18,17; Acts 7,38; Acts 11,26; Acts 15,22; Acts 19,39; 1Cor. 1,2; 1Cor. 4,17; 1Cor. 6,4; 1Cor. 10,32; 1Cor. 11,18; 1Cor. 12,28; 1Cor. 14,19; 1Cor. 14,28; 1Cor. 14,35; 1Cor. 16,19; 2Cor. 1,1; Eph. 1,22; Eph. 3,21; Col. 4,16; 1Th. 1,1; 2Th. 1,1; Philem. 2; Heb. 12,23; 3John 9)

ἐκκλησίαι ▸ 7
    Noun · feminine · plural · nominative ▸ **7** (Acts 16,5; Rom. 16,4; Rom. 16,16; 1Cor. 11,16; 1Cor. 16,19; Rev. 1,20; Rev. 2,23)

ἐκκλησίαις ▸ 2 + 18 = 20
    Noun · feminine · plural · dative · (common) ▸ 2 + 18 = **20** (Psa. 25,12; Psa. 67,27; 1Cor. 7,17; 1Cor. 14,33; 1Cor. 14,34; 1Cor. 16,1; 2Cor. 8,1; Gal. 1,2; Gal. 1,22; 2Th. 1,4; Rev. 1,4; Rev. 1,11; Rev. 2,7; Rev. 2,11; Rev. 2,17; Rev. 2,29; Rev. 3,6; Rev. 3,13; Rev. 3,22; Rev. 22,16)

ἐκκλησίαν ▸ 18 + 1 + 20 = 39
    Noun · feminine · singular · accusative · (common) ▸ 18 + 1 + 20 = **39** (Deut. 23,2; Deut. 23,3; Deut. 23,4; Deut. 23,4; Deut. 23,9; Judg. 21,8; 1Sam. 19,20; 1Kings 8,55; 2Chr. 6,3; Neh. 5,7; Judith 6,16; 1Mac. 3,13; Psa. 25,5; Sir. 23,24; Sir. 26,5; Sir. 50,20; Joel 2,16; Lam. 1,10; Judg. 21,8; Matt. 16,18; Acts 5,11; Acts 8,1; Acts 8,3; Acts 13,1; Acts 14,23; Acts 14,27; Acts 18,22; Acts 19,40; Acts 20,28; Rom. 16,5; 1Cor. 14,4; 1Cor. 15,9; Gal. 1,13; Eph. 5,25; Eph. 5,27; Eph. 5,29; Eph. 5,32; Phil. 3,6; Col. 4,15)

ἐκκλησίας ▸ 26 + 29 = 55
    Noun · feminine · plural · accusative ▸ **3** (Acts 15,41; 2Cor. 11,8; 2Cor. 12,13)
    Noun · feminine · singular · genitive · (common) ▸ 26 + 26 = **52** (Deut. 4,10; Deut. 9,10; Deut. 18,16; Deut. 31,30; Josh. 8,35 # 9,2f; 1Kings 8,22; 1Chr. 28,2; 1Chr. 28,8; 1Chr. 29,10; 2Chr. 6,12; 2Chr. 6,13; 2Chr. 28,14; 2Chr. 29,23; 2Chr. 30,4; 2Chr. 30,17; Ezra 10,8; Neh. 8,2; Judith 6,21; Judith 7,29; 1Mac. 14,19; Psa. 21,23; Prov. 5,14; Sir. 15,5; Sir. 33,19; Sir. 46,7; Sir. 50,13; Matt. 18,17; Acts 11,22; Acts 12,1; Acts 12,5; Acts 15,3; Acts 15,4; Acts 20,17; Rom. 16,1; Rom. 16,23; 1Cor. 11,22; 1Cor. 14,12; Eph. 3,10; Eph. 5,23; Col. 1,18; 1Tim. 3,5; Heb. 2,12; James 5,14; 3John 6; 3John 10; Rev. 2,1; Rev. 2,8; Rev. 2,12; Rev. 2,18; Rev.

3,1; Rev. 3,7; Rev. 3,14)
- **ἐκκλησιῶν** ▸ 7
  - **Noun** · feminine · plural · genitive ▸ 7 (2Cor. 8,18; 2Cor. 8,19; 2Cor. 8,23; 2Cor. 8,24; 2Cor. 11,28; 1Th. 2,14; Rev. 1,20)

ἐκκλησιάζω (ἐκ; καλέω)   to summon an assembly ▸ 6
- **ἐκκλησιάσας** ▸ 1
  - **Verb** · aorist · active · participle · masculine · singular · nominative ▸ 1 (Deut. 31,12)
- **ἐκκλησιάσατε** ▸ 1
  - **Verb** · second · plural · aorist · active · imperative ▸ 1 (Deut. 31,28)
- **ἐκκλησίασον** ▸ 3
  - **Verb** · second · singular · aorist · active · imperative ▸ 3 (Lev. 8,3; Num. 20,8; Esth. 4,16)
- **Ἐκκλησίασον** ▸ 1
  - **Verb** · second · singular · aorist · active · imperative ▸ 1 (Deut. 4,10)

Ἐκκλησιαστής (ἐκ; καλέω)   Preacher; Ecclesiastes (Bible book) ▸ 7
- **Ἐκκλησιαστής** ▸ 3
  - **Noun** · masculine · singular · nominative · (proper) ▸ 3 (Eccl. 1,2; Eccl. 7,27; Eccl. 12,8)
- **Ἐκκλησιαστής** ▸ 3
  - **Noun** · masculine · singular · nominative · (proper) ▸ 3 (Eccl. 1,12; Eccl. 12,9; Eccl. 12,10)
- **Ἐκκλησιαστοῦ** ▸ 1
  - **Noun** · masculine · singular · genitive · (proper) ▸ 1 (Eccl. 1,1)

ἔκκλητος (ἐκ; καλέω)   select judge ▸ 1
- **ἔκκλητον** ▸ 1
  - **Adjective** · masculine · singular · accusative · noDegree ▸ 1 (Sir. 42,11)

ἐκκλίνω (ἐκ; κλίνω)   to turn away, avoid; pervert ▸ 146 + 14 + 3 = 163
- **ἐκκλῖναι** ▸ 10
  - **Verb** · aorist · active · infinitive ▸ 10 (Ex. 23,2; Ex. 23,2; Num. 22,26; 2Sam. 2,21; 2Sam. 6,10; 1Mac. 5,46; 1Mac. 9,45; Psa. 16,11; Psa. 108,23; Lam. 3,35)
- **ἐκκλίνας** ▸ 3
  - **Verb** · aorist · active · participle · masculine · singular · nominative ▸ 3 (Ex. 10,6; Prov. 10,25; Prov. 15,24)
- **Ἐκκλίνας** ▸ 1
  - **Verb** · aorist · active · participle · masculine · singular · nominative ▸ 1 (Ruth 4,1)
- **ἐκκλίνατε** ▸ 3
  - **Verb** · second · plural · aorist · active · imperative ▸ 3 (Gen. 19,2; Psa. 118,115; Psa. 138,19)
- **ἐκκλινάτω** ▸ 4 + 1 = 5
  - **Verb** · third · singular · aorist · active · imperative ▸ 4 + 1 = 5 (Prov. 7,25; Prov. 9,4; Prov. 9,16; Job 36,19; 1Pet. 3,11)
- **ἔκκλινε** ▸ 1
  - **Verb** · second · singular · present · active · imperative ▸ 1 (Prov. 3,7)
- **ἐκκλινεῖ** ▸ 6
  - **Verb** · third · singular · future · active · indicative ▸ 6 (2Kings 4,10; Job 40,2; Sir. 7,2; Sir. 32,17; Is. 9,19; Jer. 18,14)
- **ἐκκλίνει** ▸ 2
  - **Verb** · third · singular · present · active · indicative ▸ 2 (Prov. 15,27a; Prov. 17,23)
- **ἐκκλίνειν** ▸ 2
  - **Verb** · present · active · infinitive ▸ 2 (Prov. 14,27; Prov. 18,5)
- **ἐκκλινεῖς** ▸ 3
  - **Verb** · second · singular · future · active · indicative ▸ 3 (Deut. 17,11; Deut. 24,17; Josh. 1,7)
- **ἐκκλινεῖτε** ▸ 2
  - **Verb** · second · plural · future · active · indicative ▸ 2 (Deut. 5,32; Deut. 31,29)
- **ἐκκλίνετε** ▸ 1
  - **Verb** · second · plural · present · active · imperative ▸ 1 (Rom. 16,17)
- **ἐκκλίνῃ** ▸ 3
  - **Verb** · third · singular · present · active · subjunctive ▸ 3 (Deut. 27,19; 1Sam. 14,7; Sir. 9,9)
- **ἐκκλίνῃς** ▸ 4
  - **Verb** · second · singular · present · active · subjunctive ▸ 4 (Psa. 26,9; Psa. 140,4; Prov. 4,27; Sir. 12,15)
- **ἐκκλίνητε** ▸ 4
  - **Verb** · second · plural · aorist · active · subjunctive ▸ 1 (Deut. 20,3)
  - **Verb** · second · plural · present · active · subjunctive ▸ 3 (Josh. 23,6; 1Sam. 12,20; Sir. 2,7)
- **ἐκκλινομένων** ▸ 1
  - **Verb** · present · passive · participle · masculine · plural · genitive ▸ 1 (Job 34,20)
- **ἔκκλινον** ▸ 6 + 1 = 7
  - **Verb** · second · singular · aorist · active · imperative ▸ 6 + 1 = 7 (1Sam. 15,6; Psa. 33,15; Psa. 36,27; Prov. 1,15; Prov. 4,15; Sir. 22,13; Judg. 4,18)
- **Ἔκκλινον** ▸ 1 + 1 = 2
  - **Verb** · second · singular · aorist · active · imperative ▸ 1 + 1 = 2 (2Sam. 2,21; Judg. 4,18)
- **ἐκκλίνοντας** ▸ 3
  - **Verb** · present · active · participle · masculine · plural · accusative ▸ 3 (Psa. 124,5; Zeph. 1,6; Mal. 3,5)
- **ἐκκλίνοντες** ▸ 4
  - **Verb** · present · active · participle · masculine · plural · nominative ▸ 4 (1Sam. 17,53; Psa. 118,21; Amos 5,12; Is. 10,2)
- **ἐκκλίνοντος** ▸ 1
  - **Verb** · present · active · participle · masculine · singular · genitive ▸ 1 (Psa. 100,4)
- **ἐκκλινοῦμεν** ▸ 3 + 1 = 4
  - **Verb** · first · plural · future · active · indicative ▸ 3 + 1 = 4 (Num. 20,17; Num. 21,22; Judg. 20,8; Judg. 19,12)
- **ἐκκλινούσας** ▸ 1
  - **Verb** · present · active · participle · feminine · plural · accusative ▸ 1 (Ezek. 16,27)
- **ἐκκλινοῦσιν** ▸ 1
  - **Verb** · third · plural · future · active · indicative ▸ 1 (Deut. 16,19)
- **ἐκκλίνουσιν** ▸ 2
  - **Verb** · third · plural · present · active · indicative ▸ 2 (Prov. 16,17; Prov. 24,7)
- **ἐκκλινῶ** ▸ 1
  - **Verb** · first · singular · future · active · indicative ▸ 1 (Deut. 2,27)
- **ἐκκλίνω** ▸ 3
  - **Verb** · first · singular · present · active · indicative ▸ 1 (Is. 66,12)
  - **Verb** · first · singular · present · active · subjunctive ▸ 2 (Judg. 19,12; Job 23,11)
- **ἐκκλίνωμεν** ▸ 1 + 1 = 2
  - **Verb** · first · plural · present · active · subjunctive ▸ 1 + 1 = 2 (Judg. 19,11; Judg. 19,11)
- **ἐκκλίνων** ▸ 2
  - **Verb** · present · active · participle · masculine · singular · nominative ▸ 2 (Prov. 28,9; Jer. 14,8)
- **ἐκκλίνωσιν** ▸ 2
  - **Verb** · third · plural · present · active · subjunctive ▸ 2 (1Kings

11,2; Joel 2,7)
- **ἐξέκλινα** ▸ 3
  - Verb · first · singular · aorist · active · indicative ▸ 3 (Psa. 118,51; Psa. 118,102; Psa. 118,157)
- **ἐξεκλίναμεν** ▸ 1
  - Verb · first · plural · aorist · active · indicative ▸ 1 (Dan. 9,5)
- **ἐξέκλιναν** ▸ 22 + 7 + 1 = 30
  - Verb · third · plural · aorist · active · indicative ▸ 22 + 7 + 1 = **30** (Gen. 19,3; Judg. 2,17; Judg. 18,3; Judg. 18,15; Judg. 19,15; Judg. 20,45; Judg. 20,47; 1Sam. 8,3; 1Kings 11,4; 2Chr. 20,10; Neh. 13,26; 1Mac. 6,47; Psa. 13,3; Psa. 52,4; Psa. 54,4; Job 24,4; Job 34,27; Amos 2,7; Jer. 5,23; Jer. 5,25; Bar. 4,12; Sus. 9; Judg. 2,17; Judg. 10,16; Judg. 18,3; Judg. 18,15; Judg. 19,15; Dan. 9,11; Sus. 9; Rom. 3,12)
- **ἐξέκλινας** ▸ 2
  - Verb · second · singular · aorist · active · indicative ▸ 2 (Neh. 9,19; Psa. 43,19)
- **ἐξεκλίνατε** ▸ 3
  - Verb · second · plural · aorist · active · indicative ▸ 3 (Gen. 18,5; Mal. 2,8; Mal. 3,7)
- **ἐξέκλινεν** ▸ 35 + 2 = 37
  - Verb · third · singular · aorist · active · indicative ▸ 35 + 2 = **37** (Gen. 38,16; Num. 20,21; Num. 22,23; Num. 22,33; Num. 22,33; Deut. 29,17; Judg. 14,5; Judg. 14,8; Ruth 4,1; 1Sam. 15,6; 1Sam. 25,14; 2Sam. 2,19; 2Sam. 3,27; 1Kings 11,9; 1Kings 15,5; 1Kings 16,28b; 1Kings 22,43; 2Kings 4,8; 2Kings 4,11; 2Kings 5,12; 1Chr. 13,9; 1Chr. 13,13; 2Chr. 20,32; 2Chr. 34,2; 2Chr. 34,33; 1Mac. 5,68; 1Mac. 9,47; 1Mac. 12,31; 1Mac. 12,33; Prov. 5,12; Prov. 14,16; Job 29,11; Job 31,7; Sir. 8,2; Hos. 5,6; Judg. 4,18; Judg. 14,8)
- **ἐξέκλινον** ▸ 1
  - Verb · third · plural · imperfect · active · indicative ▸ 1 (1Sam. 8,3)

ἐκκλύζω (ἐκ; κλύζω) to wash out ▸ 1
- **ἐκκλύσει** ▸ 1
  - Verb · third · singular · future · active · indicative ▸ 1 (Lev. 6,21)

ἐκκόλαμμα (ἐκ; κολάπτω) an engraved thing ▸ 1
- **ἐκκόλαμμα** ▸ 1
  - Noun · neuter · singular · accusative · (common) ▸ 1 (Ex. 36,13)

ἐκκολάπτω (ἐκ; κολάπτω) to carve out ▸ 1
- **ἐκκεκολαμμένους** ▸ 1
  - Verb · perfect · passive · participle · masculine · plural · accusative ▸ 1 (Ex. 36,13)

ἐκκολυμβάω (ἐκ; κολυμβάω) to swim out ▸ 1
- **ἐκκολυμβήσας** ▸ 1
  - Verb · aorist · active · participle · masculine · singular · nominative ▸ 1 (Acts 27,42)

ἐκκομιδή (ἐκ; κομίζω) removal, transport ▸ 1
- **ἐκκομιδὴν** ▸ 1
  - Noun · feminine · singular · accusative · (common) ▸ 1 (2Mac. 3,7)

ἐκκομίζω (ἐκ; κομίζω) to carry out ▸ 1
- **ἐξεκομίζετο** ▸ 1
  - Verb · third · singular · imperfect · passive · indicative ▸ 1 (Luke 7,12)

ἐκκόπτω (ἐκ; κόπτω) to cut off, cut down, destroy ▸ 48 + 4 + 10 = 62
- **ἐκκεκομμένα** ▸ 1
  - Verb · perfect · passive · participle · neuter · plural · accusative ▸ 1 (Is. 27,9)
- **ἐκκεκομμένον** ▸ 2
  - Verb · perfect · passive · participle · neuter · singular · nominative ▸ 2 (Judg. 6,28; Jer. 10,3)
- **ἐκκοπῇ** ▸ 1
  - Verb · third · singular · aorist · passive · subjunctive ▸ 1 (Job 14,7)
- **ἐκκοπήσῃ** ▸ 1
  - Verb · second · singular · future · passive · indicative ▸ 1 (Rom. 11,22)
- **ἐκκοπήσονται** ▸ 1
  - Verb · third · plural · future · passive · indicative ▸ 1 (Dan. 9,26)
- **ἐκκοπῆτε** ▸ 1
  - Verb · second · plural · aorist · passive · subjunctive ▸ 1 (Jer. 51,8)
- **ἐκκόπτεται** ▸ 3
  - Verb · third · singular · present · passive · indicative ▸ 3 (Matt. 3,10; Matt. 7,19; Luke 3,9)
- **ἐκκοπτομένου** ▸ 1
  - Verb · present · passive · participle · masculine · singular · genitive ▸ 1 (Zech. 12,11)
- **ἐκκόπτουσιν** ▸ 1
  - Verb · third · plural · present · active · indicative ▸ 1 (1Esdr. 4,9)
- **ἐκκόπτων** ▸ 1
  - Verb · present · active · participle · masculine · singular · nominative ▸ 1 (Dan. 2,40)
- **ἐκκόψαι** ▸ 8
  - Verb · aorist · active · infinitive ▸ 8 (1Esdr. 4,9; 1Esdr. 4,44; 4Mac. 3,2; 4Mac. 3,3; 4Mac. 3,4; Sol. 12,3; Jer. 51,7; Dan. 4,23)
- **ἐκκόψαισαν** ▸ 2
  - Verb · third · plural · aorist · active · optative ▸ 2 (Prov. 30,17; Sol. 4,20)
- **ἐκκόψας** ▸ 2
  - Verb · aorist · active · participle · masculine · singular · nominative ▸ 2 (Gen. 36,35; Job 42,17d)
- **Ἐκκόψατε** ▸ 1 + 1 = 2
  - Verb · second · plural · aorist · active · imperative ▸ 1 + 1 = 2 (Dan. 4,14; Dan. 4,14)
- **ἐκκόψειάς** ▸ 1
  - Verb · second · singular · aorist · active · optative ▸ 1 (4Mac. 5,30)
- **ἐκκόψεις** ▸ 4 + 1 = 5
  - Verb · second · singular · future · active · indicative ▸ 4 + 1 = 5 (Deut. 20,19; Deut. 20,20; Judg. 6,25; Judg. 6,26; Luke 13,9)
- **ἐκκόψετε** ▸ 3
  - Verb · second · plural · future · active · indicative ▸ 3 (Ex. 34,13; Deut. 7,5; Deut. 12,3)
- **ἐκκόψῃ** ▸ 3
  - Verb · third · singular · aorist · active · subjunctive ▸ 3 (Gen. 32,9; Ex. 21,27; Josh. 15,16)
- **ἔκκοψον** ▸ 3
  - Verb · second · singular · aorist · active · imperative ▸ 3 (Matt. 5,30; Matt. 18,8; Luke 13,7)
- **Ἔκκοψον** ▸ 1
  - Verb · second · singular · aorist · active · imperative ▸ 1 (Jer. 6,6)
- **ἐκκόψουσιν** ▸ 2
  - Verb · third · plural · future · active · indicative ▸ 2 (Jer. 22,7; Jer. 26,23)
- **ἐκκόψω** ▸ 1 + 1 = 2
  - Verb · first · singular · future · active · indicative ▸ 1 (Mic. 5,13)
  - Verb · first · singular · aorist · active · subjunctive ▸ 1 (2Cor. 11,12)
- **ἐκκόψωμεν** ▸ 1
  - Verb · first · plural · aorist · active · subjunctive ▸ 1 (Is. 9,9)
- **ἐξεκόπη** ▸ 1

Verb · third · singular · aorist · passive · indicative ▸ 1 (Dan. 4,17a)
Ἐξεκόπη ▸ 1
Verb · third · singular · aorist · passive · indicative ▸ 1 (Judg. 21,6)
ἐξεκόπης ▸ 1
Verb · second · singular · aorist · passive · indicative ▸ 1 (Rom. 11,24)
ἐξέκοψαν ▸ 5 + 1 = 6
Verb · third · plural · aorist · active · indicative ▸ 5 + 1 = 6 (2Chr. 14,13; 2Chr. 14,14; 2Chr. 31,1; 1Mac. 6,6; Psa. 73,6; Judg. 16,21)
ἐξέκοψας ▸ 1
Verb · second · singular · aorist · active · indicative ▸ 1 (Num. 16,14)
ἐξέκοψεν ▸ 4
Verb · third · singular · aorist · active · indicative ▸ 4 (1Kings 15,13; 2Chr. 14,2; Judith 3,8; Job 19,10)

ἐκκράζω (ἐκ; κράζω) to cry out ▸ 2
ἐκέκραγον ▸ 1
Verb · third · plural · aorist · active · indicative ▸ 1 (Is. 6,4)
ἐκέκραξαν ▸ 1
Verb · third · plural · aorist · active · indicative ▸ 1 (Esth. 13,18 # 4,17i)

ἐκκρέμαμαι to hang from, depend upon ▸ 1
ἐκκρέμαται ▸ 1
Verb · third · singular · present · passive · indicative ▸ 1 (Gen. 44,30)

ἐκκρεμάννυμι (ἐκ; κρεμάννυμι) to hang upon, depend on ▸ 1
ἐξεκρέματο ▸ 1
Verb · third · singular · imperfect · middle · indicative ▸ 1 (Luke 19,48)

ἐκκρούω (ἐκ; κρούω) to knock out; repulse, put off ▸ 1
ἐκκρουσθῇ ▸ 1
Verb · third · singular · aorist · passive · subjunctive ▸ 1 (Deut. 19,5)

ἐκκύπτω (ἐκ; κύπτω) to peer out ▸ 6
ἐκκέκυφεν ▸ 1
Verb · third · singular · perfect · active · indicative ▸ 1 (Jer. 6,1)
ἐκκύπτον ▸ 1
Verb · present · active · participle · neuter · singular · nominative ▸ 1 (1Mac. 4,19)
ἐκκύπτουσα ▸ 1
Verb · present · active · participle · feminine · singular · nominative ▸ 1 (Song 6,10)
ἐκκύπτων ▸ 1
Verb · present · active · participle · masculine · singular · nominative ▸ 1 (Song 2,9)
ἐξέκυψαν ▸ 1
Verb · third · plural · aorist · active · indicative ▸ 1 (1Mac. 9,23)
ἐξέκυψεν ▸ 1
Verb · third · singular · aorist · active · indicative ▸ 1 (Psa. 101,20)

ἐκλαλέω (ἐκ; λάλος) to tell ▸ 1 + 1 = 2
ἐκλαλῆσαι ▸ 1
Verb · aorist · active · infinitive ▸ 1 (Acts 23,22)
ἐξελάλησεν ▸ 1
Verb · third · singular · aorist · active · indicative ▸ 1 (Judith 11,9)

ἐκλαμβάνω (ἐκ; λαμβάνω) to receive, take ▸ 2
ἔκλαβε ▸ 1

Verb · second · singular · aorist · active · imperative ▸ 1 (Job 22,22)
ἐκλάβοι ▸ 1
Verb · third · singular · aorist · active · optative ▸ 1 (Job 3,5)

ἔκλαμπρος (ἐκ; λάμπω) very bright ▸ 1
ἔκλαμπροι ▸ 1
Adjective · feminine · plural · nominative · noDegree ▸ 1 (Wis. 17,5)

ἐκλάμπω (ἐκ; λάμπω) to shine forth ▸ 6 + 1 + 1 = 8
ἐκλάμπων ▸ 4
Verb · present · active · participle · masculine · singular · nominative ▸ 4 (Sir. 26,17; Sir. 43,4; Sir. 43,8; Sir. 50,7)
ἐκλάμψει ▸ 1
Verb · third · singular · future · active · indicative ▸ 1 (2Sam. 22,29)
ἐκλάμψουσιν ▸ 1 + 1 = 2
Verb · third · plural · future · active · indicative ▸ 1 + 1 = 2 (Dan. 12,3; Matt. 13,43)
ἐξέλαμπεν ▸ 1
Verb · third · singular · imperfect · active · indicative ▸ 1 (Ezek. 43,2)

ἔκλαμψις (ἐκ; λάμπω) shining forth ▸ 1
ἐκλάμψεις ▸ 1
Noun · feminine · plural · accusative · (common) ▸ 1 (2Mac. 5,3)

ἐκλανθάνομαι (ἐκ; λανθάνω) to utterly escape notice, to forget completely ▸ 1
ἐκλέλησθε ▸ 1
Verb · second · plural · perfect · passive · indicative ▸ 1 (Heb. 12,5)

ἐκλατομέω (ἐκ; λᾶς; τομέω) to cut in stone ▸ 2
ἐξελατόμησαν ▸ 1
Verb · third · plural · aorist · active · indicative ▸ 1 (Num. 21,18)
ἐξελατόμησας ▸ 1
Verb · second · singular · aorist · active · indicative ▸ 1 (Deut. 6,11)

ἐκλέγομαι (ἐκ; λέγω) to choose, select ▸ 67 + 1 + 22 = 90
ἐκλελεγμένος ▸ 1
Verb · perfect · passive · participle · masculine · singular · nominative ▸ 1 (Luke 9,35)
ἐκλεξαμένοις ▸ 1
Verb · aorist · middle · participle · masculine · plural · dative ▸ 1 (Acts 15,25)
ἐκλεξάμενος ▸ 1
Verb · aorist · middle · participle · masculine · singular · nominative ▸ 1 (Luke 6,13)
ἐκλεξαμένους ▸ 1
Verb · aorist · middle · participle · masculine · plural · accusative ▸ 1 (Acts 15,22)
ἐκλέξασθε ▸ 2
Verb · second · plural · aorist · middle · imperative ▸ 2 (1Sam. 17,8; Joel 2,16)
Ἐκλέξασθε ▸ 1
Verb · second · plural · aorist · middle · imperative ▸ 1 (1Kings 18,25)
ἐξελέγοντο ▸ 1
Verb · third · plural · imperfect · middle · indicative ▸ 1 (Luke 14,7)
ἐξελεξάμην ▸ 29 + 4 = 33
Verb · first · singular · aorist · middle · indicative ▸ 29 + 4 = 33 (1Sam. 2,28; 1Kings 8,16; 1Kings 8,16; 1Kings 8,16; 1Kings 11,13; 1Kings 11,32; 1Kings 11,34; 1Kings 11,36; 2Kings 21,7; 2Kings

ἐκλέγομαι–ἐκλείπω

23,27; 2Chr. 6,5; 2Chr. 6,5; 2Chr. 6,6; 2Chr. 6,6; 2Chr. 7,12; 2Chr. 7,16; 2Chr. 33,7; 2Chr. 35,19d; Neh. 1,9; Psa. 83,11; Job 29,25; Is. 41,8; Is. 41,9; Is. 43,10; Is. 44,1; Is. 44,2; Is. 49,7; Is. 58,5; Is. 58,6; John 6,70; John 13,18; John 15,16; John 15,19)

ἐξελέξαντο ▸ 4 + 1 + 1 = 6
   Verb · third · plural · aorist · middle · indicative ▸ 4 + 1 + 1 = 6 (Gen. 6,2; Is. 41,24; Is. 66,3; Is. 66,4; Judg. 5,8; Acts 6,5)

ἐξελέξασθε ▸ 1
   Verb · second · plural · aorist · middle · indicative ▸ 1 (John 15,16)

ἐξελέξατο ▸ 31 + 10 = 41
   Verb · third · singular · aorist · middle · indicative ▸ 31 + 10 = 41 (Gen. 13,11; Num. 16,5; Deut. 4,37; Deut. 7,7; Deut. 10,15; Deut. 14,2; Deut. 18,5; 1Sam. 16,8; 1Sam. 16,9; 1Sam. 16,10; 1Sam. 17,40; 2Sam. 16,18; 2Sam. 24,14; 1Kings 14,21; 1Chr. 15,2; 1Chr. 19,10; 1Chr. 28,4; 1Chr. 28,5; 2Chr. 12,13; 2Mac. 5,19; Psa. 32,12; Psa. 46,5; Psa. 77,67; Psa. 77,68; Psa. 77,70; Psa. 104,26; Psa. 131,13; Psa. 134,4; Sir. 45,4; Sir. 45,16; Bar. 3,27; Mark 13,20; Luke 10,42; Acts 1,2; Acts 13,17; Acts 15,7; 1Cor. 1,27; 1Cor. 1,27; 1Cor. 1,28; Eph. 1,4; James 2,5)

ἐξελέξω ▸ 1
   Verb · second · singular · aorist · middle · indicative ▸ 1 (Acts 1,24)

ἐκλέγω (ἐκ; λέγω)   to choose ▸ 69 + 4 = 73
   ἐκλεγείσης ▸ 1 + 1 = 2
      Verb · aorist · passive · participle · feminine · singular · genitive ▸ 1 + 1 = 2 (Tob. 1,4; Tob. 1,4)

   ἐκλεγέντες ▸ 1
      Verb · aorist · passive · participle · masculine · plural · nominative ▸ 1 (1Chr. 16,41)

   ἐκλέγεσθαι ▸ 1
      Verb · present · middle · infinitive ▸ 1 (Deut. 1,33)

   ἐκλέγεται ▸ 2
      Verb · third · singular · present · middle · indicative ▸ 2 (1Sam. 13,2; Is. 40,20)

   ἐκλεγῆναι ▸ 1
      Verb · aorist · passive · infinitive ▸ 1 (Dan. 11,35)

   ἐκλεγῶσιν ▸ 1
      Verb · third · plural · present · active · subjunctive ▸ 1 (Dan. 12,10)

   ἐκλελεγμένη ▸ 1
      Verb · perfect · passive · participle · feminine · singular · nominative ▸ 1 (1Mac. 6,35)

   ἐκλέλεκται ▸ 1
      Verb · third · singular · perfect · middle · indicative ▸ 1 (1Sam. 10,24)

   ἔκλεξαι ▸ 3
      Verb · second · singular · aorist · middle · imperative ▸ 3 (Deut. 30,19; 2Sam. 24,12; 1Chr. 21,10)

   Ἔκλεξαι ▸ 2
      Verb · second · singular · aorist · middle · imperative ▸ 2 (2Sam. 24,13; 1Chr. 21,11)

   ἐκλεξάμενος ▸ 2
      Verb · aorist · middle · participle · masculine · singular · nominative ▸ 2 (Zech. 3,2; Is. 44,12)

   ἐκλέξασθαι ▸ 2 + 1 = 3
      Verb · aorist · middle · infinitive ▸ 2 + 1 = 3 (Prov. 24,32; Is. 7,16; Dan. 11,35)

   ἐκλεξάσθωσαν ▸ 1
      Verb · third · plural · aorist · middle · imperative ▸ 1 (1Kings 18,23)

   ἐκλέξεται ▸ 2
      Verb · third · singular · future · middle · indicative ▸ 2 (Is. 7,15; Is. 14,1)

   ἐκλέξῃ ▸ 2
      Verb · second · singular · future · middle · indicative ▸ 2 (2Sam. 19,39; Job 34,33)

   ἐκλέξηται ▸ 25
      Verb · third · singular · aorist · middle · subjunctive ▸ 25 (Num. 16,7; Deut. 12,5; Deut. 12,11; Deut. 12,14; Deut. 12,18; Deut. 12,21; Deut. 12,26; Deut. 14,23; Deut. 14,24; Deut. 14,25; Deut. 15,20; Deut. 16,2; Deut. 16,6; Deut. 16,7; Deut. 16,11; Deut. 16,15; Deut. 16,16; Deut. 17,8; Deut. 17,10; Deut. 17,15; Deut. 18,6; Deut. 26,2; Deut. 31,11; Josh. 9,27; 1Mac. 10,32)

   ἐκλέξομαι ▸ 1
      Verb · first · singular · future · middle · indicative ▸ 1 (Is. 66,4)

   ἐκλέξω ▸ 1
      Verb · first · singular · future · active · indicative ▸ 1 (Ezek. 20,38)

   ἐκλέξωμαι ▸ 1
      Verb · first · singular · aorist · middle · subjunctive ▸ 1 (Num. 17,20)

   ἐκλέξωνται ▸ 1
      Verb · third · plural · aorist · middle · subjunctive ▸ 1 (Is. 56,4)

   ἐξελέγησαν ▸ 1
      Verb · third · plural · aorist · passive · indicative ▸ 1 (1Esdr. 5,1)

   ἐξελέξασθε ▸ 6 + 1 = 7
      Verb · second · plural · aorist · middle · indicative ▸ 6 + 1 = 7 (Josh. 24,22; Judg. 10,14; 1Sam. 8,18; 1Sam. 8,18; 1Sam. 12,13; Is. 65,12; Judg. 10,14)

   ἐξελέξατό ▸ 1
      Verb · third · singular · aorist · middle · indicative ▸ 1 (2Sam. 6,21)

   ἐξέλεξεν ▸ 1
      Verb · third · singular · aorist · active · indicative ▸ 1 (1Mac. 9,25)

   ἐξελέξω ▸ 9
      Verb · second · singular · aorist · middle · indicative ▸ 9 (1Kings 3,8; 1Kings 8,44; 1Kings 8,48; 2Chr. 6,34; 2Chr. 6,38; Neh. 9,7; 1Mac. 7,37; 3Mac. 2,9; Psa. 64,5)

ἐκλείπω (ἐκ; λείπω)   to fail, desert ▸ 187 + 7 + 4 = 198
   ἐκλείπει ▸ 6 + 1 = 7
      Verb · third · singular · present · active · indicative ▸ 6 + 1 = 7 (Psa. 67,3; Psa. 83,3; Sir. 14,19; Sir. 17,31; Jer. 4,31; Ezek. 15,4; Tob. 14,11)

   Ἐκλείπει ▸ 1
      Verb · third · singular · present · active · indicative ▸ 1 (Psa. 118,81)

   ἐκλείπειν ▸ 6
      Verb · present · active · infinitive ▸ 6 (Num. 11,33; Psa. 70,9; Psa. 141,4; Ode. 6,8; Sol. 17,4; Jonah 2,8)

   ἐκλειπέτω ▸ 1
      Verb · third · singular · present · active · imperative ▸ 1 (Zech. 11,9)

   ἐκλείπῃ ▸ 1
      Verb · third · singular · present · active · subjunctive ▸ 1 (3Mac. 2,23)

   Ἐκλείπομεν ▸ 1
      Verb · first · plural · present · active · indicative ▸ 1 (1Mac. 6,57)

   ἐκλεῖπον ▸ 5
      Verb · present · active · participle · neuter · singular · accusative ▸ 2 (Ezek. 34,16; Ezek. 34,21)
      Verb · present · active · participle · neuter · singular · nominative ▸ 3 (2Kings 7,13; Zech. 11,9; Is. 53,3)

ἐκλείποντα ▸ 1
    Verb · present · active · participle · masculine · singular · accusative ▸ 1 (Job 31,26)
ἐκλείποντας ▸ 2
    Verb · present · active · participle · masculine · plural · accusative ▸ 2 (Deut. 28,65; Sir. 17,24)
ἐκλείποντες ▸ 1
    Verb · present · active · participle · masculine · plural · nominative ▸ 1 (Bar. 2,18)
ἐκλειπούσας ▸ 1
    Verb · present · active · participle · feminine · plural · accusative ▸ 1 (Judith 7,27)
ἐκλείπουσιν ▸ 1 + 2 = 3
    Verb · present · active · participle · masculine · plural · dative ▸ 1 (Judg. 8,15)
    Verb · third · plural · present · active · indicative ▸ 1 + 1 = 2 (Jer. 6,4; Judg. 8,5)
ἐκλείπω ▸ 1
    Verb · first · singular · present · active · indicative ▸ 1 (Gen. 25,30)
ἐκλείπων ▸ 2
    Verb · present · active · participle · masculine · singular · nominative ▸ 2 (Gen. 25,29; Job 6,15)
ἐκλείψει ▸ 18
    Verb · third · singular · future · active · indicative ▸ 18 (Gen. 11,6; Gen. 49,10; Josh. 3,13; 1Kings 17,14; 2Chr. 6,16; Prov. 10,20; Sol. 3,12; Zech. 13,8; Is. 7,8; Is. 15,6; Is. 19,5; Is. 21,16; Is. 54,10; Is. 55,13; Is. 56,5; Is. 60,20; Jer. 43,29; Ezek. 22,15)
ἐκλείψειν ▸ 1
    Verb · future · active · infinitive ▸ 1 (Bar. 2,23)
ἐκλείψετε ▸ 1
    Verb · second · plural · future · active · indicative ▸ 1 (Jer. 49,22)
ἐκλείψομεν ▸ 1
    Verb · first · plural · future · active · indicative ▸ 1 (Judith 8,31)
ἐκλείψουσιν ▸ 11 + 1 + 1 = 13
    Verb · third · plural · future · active · indicative ▸ 11 + 1 + 1 = 13 (Psa. 101,28; Psa. 103,29; Sir. 40,14; Hos. 4,3; Amos 8,13; Is. 19,6; Jer. 18,14; Jer. 28,58; Jer. 49,17; Jer. 51,12; Jer. 51,27; Tob. 14,7; Heb. 1,12)
ἐκλείψω ▸ 1
    Verb · first · singular · future · active · indicative ▸ 1 (Job 13,19)
ἐκλελειμμένη ▸ 1
    Verb · perfect · passive · participle · feminine · singular · nominative ▸ 1 (Zeph. 2,9)
ἐκλελειμμένος ▸ 1
    Verb · perfect · passive · participle · masculine · singular · nominative ▸ 1 (Prov. 24,31)
ἐκλελοίπασιν ▸ 2
    Verb · third · plural · perfect · active · indicative ▸ 2 (1Sam. 9,7; Hos. 13,2)
Ἐκλελοίπασιν ▸ 1
    Verb · third · plural · perfect · active · indicative ▸ 1 (1Sam. 16,11)
ἐκλέλοιπεν ▸ 4
    Verb · third · singular · perfect · active · indicative ▸ 4 (Gen. 47,15; Gen. 47,16; Gen. 47,18; Psa. 11,2)
ἐκλελοιπέναι ▸ 1
    Verb · perfect · active · infinitive ▸ 1 (3Mac. 4,20)
ἐκλελοιπότας ▸ 2
    Verb · perfect · active · participle · masculine · plural · accusative ▸ 2 (Deut. 32,36; Ode. 2,36)
ἐκλιπεῖν ▸ 4
    Verb · aorist · active · infinitive ▸ 4 (1Sam. 2,33; 2Mac. 10,13; Jer. 26,28; Lam. 2,11)
ἐκλιπέτω ▸ 3
    Verb · third · singular · aorist · active · imperative ▸ 3 (Zeph. 1,2; Zeph. 1,3; Zeph. 1,3)
ἐκλιπέτωσαν ▸ 2
    Verb · third · plural · aorist · active · imperative ▸ 2 (Psa. 67,3; Psa. 70,13)
ἐκλιπέτωσάν ▸ 1
    Verb · third · plural · aorist · active · imperative ▸ 1 (Prov. 3,3)
ἐκλίπῃ ▸ 12 + 2 = 14
    Verb · third · singular · aorist · active · subjunctive ▸ 12 + 2 = 14 (Deut. 15,11; Josh. 9,23; Esth. 9,28; Judith 12,3; Prov. 24,10; Job 14,7; Is. 51,6; Is. 59,21; Jer. 38,40; Jer. 42,19; Ezek. 24,11; Ezek. 47,12; Luke 16,9; Luke 22,32)
ἐκλίποι ▸ 2
    Verb · third · singular · aorist · active · optative ▸ 2 (2Sam. 3,29; Job 21,19)
ἐκλίποισαν ▸ 1
    Verb · third · plural · aorist · active · optative ▸ 1 (Psa. 103,35)
ἐκλιπόντες ▸ 1
    Verb · aorist · active · participle · masculine · plural · nominative ▸ 1 (Psa. 36,20)
ἐκλιπόντος ▸ 1
    Verb · aorist · active · participle · masculine · singular · genitive ▸ 1 (Luke 23,45)
ἐκλίπω ▸ 1
    Verb · first · singular · aorist · active · subjunctive ▸ 1 (Sir. 24,9)
ἐκλιπών ▸ 3
    Verb · aorist · active · participle · masculine · singular · nominative ▸ 3 (Gen. 25,8; Gen. 25,17; Gen. 35,29)
ἐκλίπωσιν ▸ 4
    Verb · third · plural · aorist · active · subjunctive ▸ 4 (Psa. 17,38; Jer. 24,10; Jer. 34,8; Jer. 51,27)
ἐκλίπωσίν ▸ 1
    Verb · third · plural · aorist · active · subjunctive ▸ 1 (Prov. 4,21)
ἐξέλιπεν ▸ 39
    Verb · third · singular · aorist · active · indicative ▸ 39 (Gen. 8,13; Gen. 8,13; Gen. 18,11; Gen. 21,15; Gen. 47,13; Gen. 47,15; Gen. 49,33; Ex. 13,22; Josh. 3,16; Josh. 4,7; Josh. 5,12; Judg. 5,7; Judg. 5,7; 1Kings 17,16; 2Chr. 4,18; Judith 7,20; Tob. 14,11; 1Mac. 3,29; 1Mac. 3,45; 1Mac. 14,13; 2Mac. 10,13; Psa. 30,11; Psa. 54,12; Psa. 72,26; Psa. 106,5; Psa. 142,7; Sir. 22,11; Sir. 22,11; Nah. 1,4; Is. 29,20; Is. 58,11; Jer. 6,29; Jer. 6,29; Jer. 7,27; Jer. 14,4; Jer. 15,10; Jer. 28,30; Jer. 31,11; Jer. 43,23)
Ἐξέλιπεν ▸ 1
    Verb · third · singular · aorist · active · indicative ▸ 1 (Lam. 4,22)
ἐξελίπομεν ▸ 4
    Verb · first · plural · aorist · active · indicative ▸ 4 (Psa. 89,7; Psa. 89,9; Wis. 5,13; Jer. 51,18)
ἐξέλιπον ▸ 30 + 3 = 33
    Verb · first · singular · aorist · active · indicative ▸ 2 (Psa. 38,11; Ode. 11,12)
    Verb · third · plural · aorist · active · indicative ▸ 28 + 3 = 31 (Judg. 5,6; 2Sam. 20,18; 2Sam. 20,18; Judith 7,22; Psa. 9,7; Psa. 36,20; Psa. 63,7; Psa. 68,4; Psa. 72,19; Psa. 77,33; Psa. 89,9; Psa. 101,4; Psa. 118,82; Psa. 118,123; Ode. 4,17; Ode. 11,14; Sir. 16,27; Sir. 49,4; Hab. 2,13; Hab. 3,17; Zeph. 3,6; Is. 19,13; Is. 38,14; Jer. 9,9; Jer. 14,6; Jer. 44,21; Lam. 1,19; Lam. 4,17; Judg. 5,6; Judg. 5,7; Judg. 5,7)
Ἐξέλιπον ▸ 2
    Verb · third · plural · aorist · active · indicative ▸ 2 (Psa. 71,20;

ἐκλείπω–ἐκλευκαίνω

Lam. 2,11)
ἐξελίποσαν ▸ 1
    Verb · third · plural · aorist · active · indicative ▸ 1 (Jer. 6,15)
ἐκλείχω (ἐκ; λείχω) to lick up ▸ 6
  ἐκλείξαι ▸ 1
    Verb · third · singular · aorist · active · optative ▸ 1 (Num. 22,4)
  ἐκλείξει ▸ 1
    Verb · third · singular · future · active · indicative ▸ 1 (Num. 22,4)
  ἐκλείξουσιν ▸ 1
    Verb · third · plural · future · active · indicative ▸ 1 (Judith 7,4)
  ἐκλείχεσθαι ▸ 1
    Verb · present · passive · infinitive ▸ 1 (LetterJ 19)
  ἐξέλειξαν ▸ 1
    Verb · third · plural · aorist · active · indicative ▸ 1 (1Kings 22,38)
  ἐξέλειξεν ▸ 1
    Verb · third · singular · aorist · active · indicative ▸ 1 (1Kings 18,38)
ἔκλειψις (ἐκ; λείπω) forsaking, eclipse (of sun/moon) ▸ 6
  ἐκλείψει ▸ 2
    Noun · feminine · singular · dative · (common) ▸ 2 (Deut. 28,48; Prov. 14,28)
  Ἐκλείψει ▸ 1
    Noun · feminine · singular · dative · (common) ▸ 1 (Zeph. 1,2)
  ἐκλείψεως ▸ 1
    Noun · feminine · singular · genitive · (common) ▸ 1 (Neh. 3,21)
  ἔκλειψιν ▸ 1
    Noun · feminine · singular · accusative · (common) ▸ 1 (Ezek. 5,16)
  ἔκλειψις ▸ 1
    Noun · feminine · singular · nominative · (common) ▸ 1 (Is. 17,4)
ἐκλεκτός (ἐκ; λέγω) elect, chosen ▸ 97 + 4 + 22 = 123
  ἐκλεκτά ▸ 1
    Adjective · neuter · plural · accusative · noDegree ▸ 1 (Hab. 1,16)
  ἐκλεκτά ▸ 8
    Adjective · neuter · plural · accusative · noDegree ▸ 6 (Ex. 14,7; 2Kings 19,23; Amos 5,11; Hag. 2,7; Ezek. 7,20; Ezek. 19,12)
    Adjective · neuter · plural · nominative · noDegree ▸ 2 (Neh. 5,18; Ezek. 31,16)
  ἐκλεκταί ▸ 4
    Adjective · feminine · plural · nominative · noDegree ▸ 4 (Gen. 41,2; Gen. 41,18; Prov. 17,3; Is. 22,7)
  ἐκλεκτάς ▸ 2
    Adjective · feminine · plural · accusative · noDegree ▸ 2 (Gen. 41,4; Gen. 41,20)
  ἐκλεκτάς ▸ 1
    Adjective · feminine · plural · accusative · noDegree ▸ 1 (Jer. 22,7)
  ἐκλεκτή ▸ 1
    Adjective · feminine · singular · nominative · noDegree ▸ 1 (Song 6,9)
  ἐκλεκτή ▸ 3
    Adjective · feminine · singular · nominative · noDegree ▸ 3 (Song 6,10; Wis. 3,14; Sir. 24,15)
  ἐκλεκτῇ ▸ 1
    Adjective · feminine · singular · dative · (verbal) ▸ 1 (2John 1)
  ἐκλεκτήν ▸ 1
    Adjective · feminine · singular · accusative · noDegree ▸ 1 (1Mac. 4,1)
  ἐκλεκτήν ▸ 4
    Adjective · feminine · singular · accusative · noDegree ▸ 4 (Sir. 49,6; Zech. 7,14; Jer. 3,19; Ezek. 25,9)
  ἐκλεκτῆς ▸ 1 + 1 + 1 = 3
    Adjective · feminine · singular · genitive · noDegree ▸ 1 + 1 + 1 = 3 (Ex. 30,23; Tob. 13,13; 2John 13)
  ἐκλεκτοί ▸ 13 + 2 + 2 = 17
    Adjective · masculine · plural · nominative · noDegree ▸ 13 + 2 + 2 = 17 (Gen. 41,5; Judg. 20,15; 1Sam. 26,2; 1Kings 2,46e; 1Kings 5,3; 1Chr. 7,40; 1Chr. 9,22; 1Chr. 16,13; Psa. 104,6; Is. 40,30; Jer. 31,15; Lam. 5,13; Lam. 5,14; Judg. 20,15; Dan. 11,15; Col. 3,12; Rev. 17,14)
  ἐκλεκτοί ▸ 5 + 1 = 6
    Adjective · masculine · plural · nominative · noDegree ▸ 5 + 1 = 6 (Tob. 8,15; 1Mac. 9,5; Is. 65,9; Is. 65,23; Jer. 32,34; Matt. 22,14)
  ἐκλεκτοῖς ▸ 7 + 1 = 8
    Adjective · masculine · plural · dative · noDegree ▸ 6 + 1 = 7 (Ezra 5,8; Psa. 88,4; Wis. 3,9; Wis. 4,15; Is. 65,15; Jer. 10,17; 1Pet. 1,1)
    Adjective · neuter · plural · dative · noDegree ▸ 1 (Gen. 23,6)
  ἐκλεκτόν ▸ 1 + 1 = 2
    Adjective · neuter · singular · accusative · noDegree ▸ 1 + 1 = 2 (Is. 43,20; 1Pet. 2,9)
  ἐκλεκτόν ▸ 5 + 3 = 8
    Adjective · masculine · singular · accusative · noDegree ▸ 3 + 3 = 6 (Psa. 88,20; Job 37,11; Is. 28,16; Rom. 16,13; 1Pet. 2,4; 1Pet. 2,6)
    Adjective · neuter · singular · accusative · noDegree ▸ 2 (Deut. 12,11; Is. 49,2)
  ἐκλεκτός ▸ 2 + 1 = 3
    Adjective · masculine · singular · nominative · noDegree ▸ 2 + 1 = 3 (Is. 42,1; Jer. 26,15; Luke 23,35)
  ἐκλεκτός ▸ 5
    Adjective · masculine · singular · nominative · noDegree ▸ 5 (Num. 11,28; 2Sam. 22,27; Psa. 17,27; Psa. 105,23; Song 5,15)
  ἐκλεκτοῦ ▸ 7
    Adjective · masculine · singular · genitive · noDegree ▸ 4 (2Sam. 22,27; Psa. 17,27; Sir. 47,22; Is. 45,4)
    Adjective · neuter · singular · genitive · noDegree ▸ 3 (Esth. 16,21 # 8,12t; Prov. 8,19; Bar. 3,30)
  ἐκλεκτούς ▸ 1 + 3 = 4
    Adjective · masculine · plural · accusative · noDegree ▸ 1 + 3 = 4 (Lam. 1,15; Matt. 24,24; Mark 13,22; 2Tim. 2,10)
  ἐκλεκτούς ▸ 12 + 4 = 16
    Adjective · masculine · plural · accusative · noDegree ▸ 12 + 4 = 16 (Gen. 41,7; 1Sam. 24,3; 2Sam. 21,6; 2Kings 8,12; Judith 2,15; 1Mac. 15,26; 2Mac. 1,25; Psa. 77,31; Psa. 104,43; Is. 22,8; Is. 54,12; Ezek. 27,24; Matt. 24,22; Matt. 24,31; Mark 13,20; Mark 13,27)
  ἐκλεκτῶν ▸ 13 + 1 + 4 = 18
    Adjective · feminine · plural · genitive · noDegree ▸ 1 (2Sam. 8,8)
    Adjective · masculine · plural · genitive · noDegree ▸ 10 + 1 + 4 = 15 (Judg. 20,34; 1Kings 2,46e; 1Kings 5,3; 1Chr. 18,8; Psa. 105,5; Psa. 140,4; Prov. 12,24; Sir. 46,1; Zech. 11,16; Jer. 38,39; Judg. 20,34; Luke 18,7; Rom. 8,33; 1Tim. 5,21; Titus 1,1)
    Adjective · neuter · plural · genitive · noDegree ▸ 2 (Ezek. 19,14; Ezek. 27,20)
ἐκλευκαίνω to become very white ▸ 1
  ἐκλευκανθῶσιν ▸ 1
    Verb · third · plural · aorist · passive · subjunctive ▸ 1 (Dan.

12,10)

ἔκλευκος (ἐκ; λευκός) very white ▸ 1
  ἔκλευκον ▸ 1
    Adjective · neuter · singular · nominative · noDegree ▸ **1** (Lev. 13,24)

ἐκλικμάω (ἐκ; λικμός) to sift, winnow ▸ 2
  ἐκλικμήσει ▸ 1
    Verb · third · singular · future · active · indicative ▸ **1** (Wis. 5,23)
  ἐξελίκμησεν ▸ 1
    Verb · third · singular · aorist · active · indicative ▸ **1** (Judith 2,27)

ἐκλιμία (ἐκ; λιμός) great hunger ▸ 1
  ἐκλιμίαν ▸ 1
    Noun · feminine · singular · accusative · (common) ▸ **1** (Deut. 28,20)

ἐκλιμπάνω (ἐκ; λιμπάνω) to cease ▸ 1
  ἐκλιμπάνον ▸ 1
    Verb · present · active · participle · neuter · singular · accusative ▸ **1** (Zech. 11,16)

ἐκλογή (ἐκ; λέγω) election, choice; selection, extract ▸ 2 + 7 = 9
  ἐκλογή ▸ 1
    Noun · feminine · singular · nominative ▸ **1** (Rom. 11,7)
  ἐκλογῇ ▸ 1
    Noun · feminine · singular · dative · (common) ▸ **1** (Sol. 9,4)
  ἐκλογήν ▸ 5
    Noun · feminine · singular · accusative ▸ **5** (Rom. 9,11; Rom. 11,5; Rom. 11,28; 1Th. 1,4; 2Pet. 1,10)
  ἐκλογῆς ▸ 1 + 1 = 2
    Noun · feminine · singular · genitive · (common) ▸ 1 + 1 = **2** (Sol. 18,5; Acts 9,15)

ἐκλογίζομαι (ἐκ; λέγω) to ask for an accounting ▸ 2
  ἐξελογίζοντο ▸ 2
    Verb · third · plural · imperfect · middle · indicative ▸ **2** (2Kings 12,16; 2Kings 22,7)

ἐκλογιστής (ἐκ; λέγω) record keeper ▸ 1 + 1 = 2
  ἐκλογιστής ▸ 1 + 1 = 2
    Noun · masculine · singular · nominative · (common) ▸ 1 + 1 = **2** (Tob. 1,22; Tob. 1,22)

ἐκλογιστία (ἐκ; λέγω) account, record ▸ 1 + 1 = 2
  ἐκλογιστίαν ▸ 1 + 1 = 2
    Noun · feminine · singular · accusative · (common) ▸ 1 + 1 = **2** (Tob. 1,21; Tob. 1,21)

ἐκλοχίζω (ἐκ; λόχος) to pick out from a group ▸ 1
  ἐκλελοχισμένος ▸ 1
    Verb · perfect · passive · participle · masculine · singular · nominative ▸ **1** (Song 5,10)

ἔκλυσις (ἐκ; λύω) faintness ▸ 6
  ἐκλύσει ▸ 1
    Noun · feminine · singular · dative · (common) ▸ **1** (Esth. 15,7 # 5,1d)
  ἐκλύσεως ▸ 4
    Noun · feminine · singular · genitive · (common) ▸ **4** (Esth. 15,15 # 5,2b; Is. 21,3; Jer. 29,3; Ezek. 23,33)
  ἔκλυσιν ▸ 1
    Noun · feminine · singular · accusative · (common) ▸ **1** (2Mac. 3,24)

ἐκλύτρωσις (ἐκ; λύω) redemption ▸ 1
  ἐκλύτρωσιν ▸ 1
    Noun · feminine · singular · accusative · (common) ▸ **1** (Num. 3,49)

ἐκλύω (ἐκ; λύω) to loosen, weaken, fail ▸ 44 + 5 = 49
  ἐκλελυκότα ▸ 1
    Verb · perfect · active · participle · masculine · singular · accusative ▸ **1** (2Mac. 12,18)
  ἐκλελύμεθα ▸ 1
    Verb · first · plural · perfect · passive · indicative ▸ **1** (1Mac. 3,17)
  ἐκλελυμένοι ▸ 2
    Verb · perfect · passive · participle · masculine · plural · nominative ▸ **2** (2Sam. 16,14; Is. 51,20)
  ἐκλελυμένοις ▸ 2
    Verb · perfect · passive · participle · masculine · plural · dative ▸ **2** (Judg. 8,15; 2Sam. 16,2)
  ἐκλελυμένος ▸ 3
    Verb · perfect · passive · participle · masculine · singular · nominative ▸ **3** (2Sam. 17,2; 2Sam. 17,29; 1Kings 21,43)
  ἐκλελυμένῳ ▸ 1
    Verb · perfect · passive · participle · masculine · singular · dative ▸ **1** (Is. 46,2)
  ἐκλύει ▸ 1
    Verb · third · singular · present · active · indicative ▸ **1** (Jer. 45,4)
  ἐκλύειν ▸ 1
    Verb · present · active · infinitive ▸ **1** (Job 19,25)
  ἐκλύεσθαι ▸ 1
    Verb · present · passive · infinitive ▸ **1** (Lam. 2,12)
  ἐκλυέσθω ▸ 1
    Verb · third · singular · present · middle · imperative ▸ **1** (Deut. 20,3)
  ἐκλυέσθωσαν ▸ 1
    Verb · third · plural · present · passive · imperative ▸ **1** (2Chr. 15,7)
  ἐκλυθέντας ▸ 1
    Verb · aorist · passive · participle · masculine · plural · accusative ▸ **1** (1Sam. 30,21)
  ἐκλυθήσεσθε ▸ 1
    Verb · second · plural · future · passive · indicative ▸ **1** (Josh. 18,3)
  ἐκλυθήσεται ▸ 2
    Verb · third · singular · future · passive · indicative ▸ **2** (Is. 13,7; Jer. 4,31)
  ἐκλυθήσονται ▸ 2 + 1 = 3
    Verb · third · plural · future · passive · indicative ▸ 2 + 1 = **3** (Neh. 6,9; Ezek. 7,17; Mark 8,3)
  ἐκλύθητε ▸ 1
    Verb · second · plural · aorist · passive · subjunctive ▸ **1** (Is. 29,9)
  ἐκλυθῶσιν ▸ 1 + 1 = 2
    Verb · third · plural · aorist · passive · subjunctive ▸ 1 + 1 = **2** (Sir. 43,10; Matt. 15,32)
  ἐκλυόμενοι ▸ 2
    Verb · present · passive · participle · masculine · plural · nominative ▸ **2** (Gal. 6,9; Heb. 12,3)
  ἐκλυόμενος ▸ 1
    Verb · present · passive · participle · masculine · singular · nominative ▸ **1** (Prov. 6,3)
  ἐκλυομένων ▸ 1
    Verb · present · passive · participle · masculine · plural · genitive ▸ **1** (Lam. 2,19)
  ἐκλύου ▸ 1 + 1 = 2
    Verb · second · singular · present · passive · imperative ▸ 1 + 1 = **2** (Prov. 3,11; Heb. 12,5)
  ἐκλύουσίν ▸ 1
    Verb · third · plural · present · active · indicative ▸ **1** (Jer. 12,5)

ἐκλύσατε ▸ 1
: **Verb** · second · plural · aorist · active · imperative ▸ **1** (3Mac. 6,27)

ἐκλύσεις ▸ 1
: **Verb** · second · singular · future · active · indicative ▸ **1** (Gen. 27,40)

ἐκλύσῃς ▸ 1
: **Verb** · second · singular · aorist · active · subjunctive ▸ **1** (Josh. 10,6)

ἐκλύων ▸ 1
: **Verb** · present · active · participle · masculine · singular · nominative ▸ **1** (Ezra 4,4)

ἐξελύθη ▸ 7
: **Verb** · third · singular · aorist · passive · indicative ▸ **7** (Gen. 49,24; 1Sam. 14,28; 2Sam. 21,15; Judith 14,6; 1Mac. 9,8; 1Mac. 10,82; Jer. 30,30)

ἐξελύθησαν ▸ 3
: **Verb** · third · plural · aorist · passive · indicative ▸ **3** (2Sam. 4,1; 2Sam. 21,11; Ezek. 31,15)

ἐξελυόμην ▸ 1
: **Verb** · first · singular · imperfect · middle · indicative ▸ **1** (Dan. 8,27)

ἐξέλυσαν ▸ 1
: **Verb** · third · plural · aorist · active · indicative ▸ **1** (2Mac. 13,16)

ἐξέλυσεν ▸ 1
: **Verb** · third · singular · aorist · active · indicative ▸ **1** (4Mac. 15,24)

ἐκμαρτυρέω (ἐκ; μάρτυς) to bear witness ▸ 1
ἐξεμαρτύρει ▸ 1
: **Verb** · third · singular · imperfect · active · indicative ▸ **1** (2Mac. 3,36)

ἐκμάσσω (ἐκ; μαστιγόω) to wipe ▸ 3 + 5 = 8
ἐκμάξασα ▸ 1
: **Verb** · aorist · active · participle · feminine · singular · nominative ▸ **1** (John 11,2)

ἐκμάξῃ ▸ 1
: **Verb** · third · singular · aorist · active · subjunctive ▸ **1** (LetterJ 23)

ἐκμάσσειν ▸ 1
: **Verb** · present · active · infinitive ▸ **1** (John 13,5)

ἐκμάσσονται ▸ 1
: **Verb** · third · plural · present · middle · indicative ▸ **1** (LetterJ 11)

ἐκμεμαχώς ▸ 1
: **Verb** · perfect · active · participle · masculine · singular · nominative ▸ **1** (Sir. 12,11)

ἐξέμαξεν ▸ 2
: **Verb** · third · singular · aorist · active · indicative ▸ **2** (Luke 7,44; John 12,3)

ἐξέμασσεν ▸ 1
: **Verb** · third · singular · imperfect · active · indicative ▸ **1** (Luke 7,38)

ἐκμελετάω (ἐκ; μέλω) to study, learn ▸ 1
ἐκμεμελετηκότα ▸ 1
: **Verb** · perfect · active · participle · masculine · singular · accusative ▸ **1** (2Mac. 15,12)

ἐκμελίζω (ἐκ; μέλω) to dismember ▸ 3
ἐκμελιζόμενος ▸ 1
: **Verb** · present · passive · participle · masculine · singular · nominative ▸ **1** (4Mac. 10,8)

ἐξεμελίζετο ▸ 1
: **Verb** · third · singular · imperfect · passive · indicative ▸ **1** (4Mac. 11,10)

ἐξεμέλιζον ▸ 1
: **Verb** · third · plural · imperfect · active · indicative ▸ **1** (4Mac. 10,5)

ἐκμετρέω (ἐκ; μέτρον) to measure ▸ 2
ἐκμετρηθήσεται ▸ 1
: **Verb** · third · singular · future · passive · indicative ▸ **1** (Hos. 2,1)

ἐκμετρήσουσιν ▸ 1
: **Verb** · third · plural · future · active · indicative ▸ **1** (Deut. 21,2)

ἐκμιαίνομαι (ἐκ; μαίνομαι) to defile oneself ▸ 3
ἐκμιανθῆναι ▸ 3
: **Verb** · aorist · passive · infinitive ▸ **3** (Lev. 18,20; Lev. 18,23; Lev. 19,31)

ἐκμυελίζω (ἐκ; μυελός) to deprive of strength ▸ 1
ἐκμυελιεῖ ▸ 1
: **Verb** · third · singular · future · active · indicative ▸ **1** (Num. 24,8)

ἐκμυκτηρίζω (ἐκ; μυκτηρίζω) to deride, mock ▸ 4 + 2 = 6
ἐκμυκτηριεῖ ▸ 1
: **Verb** · third · singular · future · active · indicative ▸ **1** (Psa. 2,4)

ἐξεμυκτήριζον ▸ 2
: **Verb** · third · plural · imperfect · active · indicative ▸ **2** (Luke 16,14; Luke 23,35)

ἐξεμυκτήρισαν ▸ 1
: **Verb** · third · plural · aorist · active · indicative ▸ **1** (1Esdr. 1,49)

ἐξεμυκτήρισάν ▸ 2
: **Verb** · third · plural · aorist · active · indicative ▸ **2** (Psa. 21,8; Psa. 34,16)

ἐκνεύω (ἐκ; νεύω) to turn, leave without being noticed ▸ 8 + 1 = 9
ἐκνεύοντες ▸ 1
: **Verb** · present · active · participle · masculine · plural · nominative ▸ **1** (3Mac. 3,22)

ἐκνεύσει ▸ 1
: **Verb** · third · singular · future · active · indicative ▸ **1** (Mic. 6,14)

ἔκνευσον ▸ 1
: **Verb** · second · singular · aorist · active · imperative ▸ **1** (Judg. 4,18)

Ἔκνευσον ▸ 1
: **Verb** · second · singular · aorist · active · imperative ▸ **1** (Judg. 4,18)

ἐξένευσεν ▸ 4 + 1 = 5
: **Verb** · third · singular · aorist · active · indicative ▸ **4 + 1 = 5** (Judg. 4,18; Judg. 18,26; 2Kings 2,24; 2Kings 23,16; John 5,13)

ἐκνήφω (ἐκ; νήφω) to sober up, come to the senses ▸ 6 + 1 = 7
ἐκνήψατε ▸ 1 + 1 = 2
: **Verb** · second · plural · aorist · active · imperative ▸ **1 + 1 = 2** (Joel 1,5; 1Cor. 15,34)

ἐκνήψει ▸ 1
: **Verb** · third · singular · future · active · indicative ▸ **1** (Sir. 31,2)

Ἔκνηψον ▸ 1
: **Verb** · second · singular · aorist · active · imperative ▸ **1** (Hab. 2,19)

ἐκνήψουσιν ▸ 1
: **Verb** · third · plural · future · active · indicative ▸ **1** (Hab. 2,7)

ἐξένηψεν ▸ 2
: **Verb** · third · singular · aorist · active · indicative ▸ **2** (Gen. 9,24; 1Sam. 25,37)

ἔκνηψις (ἐκ; νήφω) sobering up ▸ 2
ἔκνηψιν ▸ 2

Noun · feminine · singular · accusative · (common) ▸ **2** (Lam. 2,18; Lam. 3,49)

ἑκουσιάζομαι (ἑκών) to be willing, to volunteer ▸ **7 + 2 = 9**
   ἑκουσιαζόμενοι ▸ 1
      Verb · present · middle · participle · masculine · plural · nominative ▸ **1** (Judg. 5,9)
   ἑκουσιαζόμενος ▸ 2
      Verb · present · middle · participle · masculine · singular · nominative ▸ **2** (Ezra 7,13; 1Mac. 2,42)
   ἑκουσιαζομένους ▸ 1
      Verb · present · middle · participle · masculine · plural · accusative ▸ **1** (Neh. 11,2)
   ἑκουσιαζομένῳ ▸ 1
      Verb · present · middle · participle · masculine · singular · dative ▸ **1** (Ezra 3,5)
   ἑκουσιαζομένων ▸ 1
      Verb · present · middle · participle · masculine · plural · genitive ▸ **1** (Ezra 7,16)
   ἑκουσιασθῆναι ▸ 1
      Verb · aorist · passive · infinitive ▸ **1** (Judg. 5,2)
   ἡκουσιάσαντο ▸ 1
      Verb · third · plural · aorist · middle · indicative ▸ **1** (Ezra 2,68)
   ἡκουσιάσθησαν ▸ 1
      Verb · third · plural · aorist · passive · indicative ▸ **1** (Ezra 7,15)

ἑκουσιασμός (ἑκών) free-will offering ▸ **1**
   ἑκουσιασμοῦ ▸ 1
      Noun · masculine · singular · genitive · (common) ▸ **1** (Ezra 7,16)

ἑκούσιος (ἑκών) willing, voluntary ▸ **15 + 1 = 16**
   ἑκούσια ▸ 7
      Adjective · neuter · plural · accusative · noDegree ▸ **5** (Num. 29,39; Deut. 12,6; Judith 4,14; Judith 16,18; Psa. 118,108)
      Adjective · neuter · plural · nominative · noDegree ▸ **2** (Ezra 8,28; Prov. 27,6)
   ἑκουσίοις ▸ 1
      Adjective · masculine · plural · dative · noDegree ▸ **1** (Ezra 1,6)
   ἑκούσιον ▸ **4 + 1 = 5**
      Adjective · feminine · singular · accusative · noDegree ▸ **1** (Psa. 67,10)
      Adjective · neuter · singular · accusative · noDegree ▸ **3 + 1 = 4** (Lev. 7,16; Num. 15,3; Ezra 3,5; Philem. 14)
   ἑκουσίου ▸ 1
      Adjective · masculine · singular · genitive · noDegree ▸ **1** (Ezra 1,4)
   ἑκουσίῳ ▸ 1
      Adjective · masculine · singular · dative · noDegree ▸ **1** (Neh. 5,8)
   ἑκουσίων ▸ 1
      Adjective · masculine · plural · genitive · noDegree ▸ **1** (Lev. 23,38)

ἑκουσίως (ἑκών) willingly, voluntarily ▸ **5 + 2 = 7**
   ἑκουσίως ▸ **5 + 1 = 6**
      Adverb ▸ **5 + 1 = 6** (Ex. 36,2; 2Mac. 14,3; 4Mac. 5,23; 4Mac. 8,25; Psa. 53,8; 1Pet. 5,2)
   Ἑκουσίως ▸ 1
      Adverb ▸ **1** (Heb. 10,26)

ἐκπαιδεύω (ἐκ; παῖς) to educate completely; to raise from childhood ▸ **1**
   ἐκπαιδεῦσαι ▸ 1
      Verb · aorist · active · infinitive ▸ **1** (Dan. 1,5)

ἐκπαίζω (ἐκ; παῖς) to mock ▸ **1**
   ἐκπαίζοντες ▸ 1
      Verb · present · active · participle · masculine · plural · nominative ▸ **1** (1Esdr. 1,49)

ἔκπαλαι (ἐκ; παλαιός) for a long time ▸ **2**
   ἔκπαλαι ▸ 2
      Adverb · (temporal) ▸ **2** (2Pet. 2,3; 2Pet. 3,5)

ἐκπειράζω (ἐκ; πεῖρα) to tempt, test ▸ **5 + 4 = 9**
   ἐκπειράζωμεν ▸ 1
      Verb · first · plural · present · active · subjunctive ▸ **1** (1Cor. 10,9)
   ἐκπειράζων ▸ 1
      Verb · present · active · participle · masculine · singular · nominative ▸ **1** (Luke 10,25)
   ἐκπειράσεις ▸ **1 + 2 = 3**
      Verb · second · singular · future · active · indicative ▸ **1 + 2 = 3** (Deut. 6,16; Matt. 4,7; Luke 4,12)
   ἐκπειράσῃ ▸ 2
      Verb · third · singular · aorist · active · subjunctive ▸ **2** (Deut. 8,2; Deut. 8,16)
   ἐξεπείρασαν ▸ 1
      Verb · third · plural · aorist · active · indicative ▸ **1** (Psa. 77,18)
   ἐξεπειράσασθε ▸ 1
      Verb · second · plural · aorist · middle · indicative ▸ **1** (Deut. 6,16)

ἐκπέμπω (ἐκ; πέμπω) to send out ▸ **9 + 2 = 11**
   ἐκπέμπων ▸ 1
      Verb · present · active · participle · masculine · singular · nominative ▸ **1** (1Sam. 20,20)
   ἐκπεμφθέντες ▸ 1
      Verb · aorist · passive · participle · masculine · plural · nominative ▸ **1** (Acts 13,4)
   ἐκπέμψαι ▸ 3
      Verb · aorist · active · infinitive ▸ **2** (2Sam. 19,32; 1Esdr. 4,44)
      Verb · third · singular · aorist · active · optative ▸ **1** (1Sam. 24,20)
   ἐκπέμψατέ ▸ 1
      Verb · second · plural · aorist · active · imperative ▸ **1** (Gen. 24,56)
   Ἐκπέμψατέ ▸ 1
      Verb · second · plural · aorist · active · imperative ▸ **1** (Gen. 24,54)
   ἐκπέμψει ▸ 1
      Verb · third · singular · future · active · indicative ▸ **1** (Prov. 17,11)
   ἐξέπεμψα ▸ 1
      Verb · first · singular · aorist · active · indicative ▸ **1** (Bar. 4,23)
   ἐξέπεμψαν ▸ **1 + 1 = 2**
      Verb · third · plural · aorist · active · indicative ▸ **1 + 1 = 2** (Gen. 24,59; Acts 17,10)

ἐκπεράω (ἐκ; περάω) to carry away ▸ **1**
   ἐξεπέρασεν ▸ 1
      Verb · third · singular · aorist · active · indicative ▸ **1** (Num. 11,31)

ἐκπεριπορεύομαι (ἐκ; περί; πορεύομαι) to take a detour ▸ **1**
   ἐκπεριπορεύεται ▸ 1
      Verb · third · singular · present · middle · indicative ▸ **1** (Josh. 15,3)

ἐκπερισσῶς (ἐκ; περί) emphatically ▸ **1**
   ἐκπερισσῶς ▸ 1
      Adverb ▸ **1** (Mark 14,31)

ἐκπετάννυμι (ἐκ; πέτομαι) to stretch out ▸ **19 + 1 = 20**

ἐκπετάζω ▸ 1
: **Verb** ▪ first ▪ singular ▪ present ▪ active ▪ indicative ▸ **1** (Ezra 9,5)

ἐκπετάζων ▸ 1
: **Verb** ▪ present ▪ active ▪ participle ▪ masculine ▪ singular ▪ nominative ▸ **1** (Job 26,9)

ἐκπετάσαντες ▸ 1
: **Verb** ▪ aorist ▪ active ▪ participle ▪ masculine ▪ plural ▪ nominative ▸ **1** (Sir. 48,20)

ἐκπετασθὲν ▸ 1
: **Verb** ▪ aorist ▪ passive ▪ participle ▪ neuter ▪ singular ▪ nominative ▸ **1** (Job 20,8)

ἐκπέτασον ▸ 1
: **Verb** ▪ second ▪ singular ▪ aorist ▪ active ▪ imperative ▸ **1** (Is. 54,3)

ἐκπετάσω ▸ 3
: **Verb** ▪ first ▪ singular ▪ future ▪ active ▪ indicative ▸ **3** (Ex. 9,29; Ezek. 12,13; Ezek. 17,20)

ἐξεπέτασα ▸ 2 + 1 = 3
: **Verb** ▪ first ▪ singular ▪ aorist ▪ active ▪ indicative ▸ 2 + 1 = **3** (Sir. 51,19; Is. 65,2; Rom. 10,21)

ἐξεπέτασαν ▸ 3
: **Verb** ▪ third ▪ plural ▪ aorist ▪ active ▪ indicative ▸ **3** (1Mac. 3,48; 1Mac. 4,51; Ezek. 19,8)

ἐξεπέτασεν ▸ 3
: **Verb** ▪ third ▪ singular ▪ aorist ▪ active ▪ indicative ▸ **3** (Ex. 9,33; Prov. 13,16; Lam. 1,10)

ἐξεπετάσθη ▸ 2
: **Verb** ▪ third ▪ singular ▪ aorist ▪ passive ▪ indicative ▸ **2** (Hos. 9,11; Nah. 3,16)

ἐξεπετάσθησαν ▸ 1
: **Verb** ▪ third ▪ plural ▪ aorist ▪ passive ▪ indicative ▸ **1** (Sol. 17,16)

ἐκπέτομαι (ἐκ; πέτομαι) to fly away ▸ 1
: ἐξέπτησαν ▸ 1
: **Verb** ▪ third ▪ plural ▪ aorist ▪ middle ▪ indicative ▸ **1** (Sir. 43,14)

ἐκπηδάω (ἐκ; πηδάω) to rush out, escape ▸ 7 + 2 + 1 = 10
: ἐκπεπηδηκέναι ▸ 1
: **Verb** ▪ perfect ▪ active ▪ infinitive ▸ **1** (Sus. 39)

ἐκπηδήσας ▸ 1
: **Verb** ▪ aorist ▪ active ▪ participle ▪ masculine ▪ singular ▪ nominative ▸ **1** (Esth. 4,1)

ἐκπηδήσασα ▸ 1
: **Verb** ▪ aorist ▪ active ▪ participle ▪ feminine ▪ singular ▪ nominative ▸ **1** (Tob. 10,7)

ἐκπηδήσεται ▸ 1
: **Verb** ▪ third ▪ singular ▪ future ▪ middle ▪ indicative ▸ **1** (Deut. 33,22)

ἐκπηδήσῃ ▸ 1
: **Verb** ▪ third ▪ singular ▪ aorist ▪ active ▪ subjunctive ▸ **1** (1Kings 21,39)

ἐκπηδῶν ▸ 1
: **Verb** ▪ present ▪ active ▪ participle ▪ masculine ▪ singular ▪ nominative ▸ **1** (1Kings 21,39)

ἐξεπήδησαν ▸ 1 + 1 = 2
: **Verb** ▪ third ▪ plural ▪ aorist ▪ active ▪ indicative ▸ 1 + 1 = **2** (3Mac. 1,17; Acts 14,14)

ἐξεπήδησεν ▸ 1
: **Verb** ▪ third ▪ singular ▪ aorist ▪ active ▪ indicative ▸ **1** (Judith 14,17)

ἐξεπήδων ▸ 1
: **Verb** ▪ third ▪ plural ▪ imperfect ▪ active ▪ indicative ▸ **1** (2Mac. 3,18)

ἐκπιάζω to squeeze out, oppress ▸ 1
: ἐξεπίασεν ▸ 1
: **Verb** ▪ third ▪ singular ▪ aorist ▪ active ▪ indicative ▸ **1** (Judg. 6,38)

ἐκπιέζω (ἐκ; πιέζω) to force out ▸ 4 + 1 = 5
: ἐκπεπιεσμένην ▸ 1
: **Verb** ▪ perfect ▪ passive ▪ participle ▪ feminine ▪ singular ▪ accusative ▸ **1** (Zeph. 3,19)

ἐκπιέζῃς ▸ 1
: **Verb** ▪ second ▪ singular ▪ present ▪ active ▪ subjunctive ▸ **1** (Prov. 30,33)

ἐκπιεζοῦντες ▸ 1
: **Verb** ▪ present ▪ active ▪ participle ▪ masculine ▪ plural ▪ nominative ▸ **1** (Ezek. 22,29)

ἐκπιέζων ▸ 1
: **Verb** ▪ present ▪ active ▪ participle ▪ masculine ▪ singular ▪ nominative ▸ **1** (Judg. 18,7)

ἐξεπίεσα ▸ 1
: **Verb** ▪ first ▪ singular ▪ aorist ▪ active ▪ indicative ▸ **1** (1Sam. 12,3)

ἐκπικραίνω (ἐκ; πικρός) to embitter ▸ 2
: ἐξεπίκρανάν ▸ 2
: **Verb** ▪ third ▪ plural ▪ aorist ▪ active ▪ indicative ▸ **2** (Deut. 32,16; Ode. 2,16)

ἐκπίνω (ἐκ; πίνω) to drink, swallow down; drink out ▸ 4 + 1 = 5
: ἐκπίνει ▸ 1
: **Verb** ▪ third ▪ singular ▪ present ▪ active ▪ indicative ▸ **1** (Job 6,4)

ἐκπίονται ▸ 1
: **Verb** ▪ third ▪ plural ▪ future ▪ middle ▪ indicative ▸ **1** (Zech. 9,15)

ἐξέπιες ▸ 1
: **Verb** ▪ second ▪ singular ▪ aorist ▪ active ▪ indicative ▸ **1** (Is. 51,17)

ἐξέπιον ▸ 1 + 1 = 2
: **Verb** ▪ third ▪ plural ▪ aorist ▪ active ▪ indicative ▸ 1 + 1 = **2** (Bel 15-17; Bel 15)

ἐκπίπτω (ἐκ; πίπτω) to fall ▸ 15 + 10 = 25
: ἐκπέπτωκεν ▸ 1
: **Verb** ▪ third ▪ singular ▪ perfect ▪ active ▪ indicative ▸ **1** (Rom. 9,6)

ἐκπεπτωκότα ▸ 1
: **Verb** ▪ perfect ▪ active ▪ participle ▪ masculine ▪ singular ▪ accusative ▸ **1** (Job 24,9)

ἐκπεσεῖν ▸ 2
: **Verb** ▪ aorist ▪ active ▪ infinitive ▸ **2** (Acts 27,26; Acts 27,32)

ἐκπέσῃ ▸ 2
: **Verb** ▪ third ▪ singular ▪ aorist ▪ active ▪ subjunctive ▸ **2** (Eccl. 10,10; Is. 6,13)

ἐκπέσητε ▸ 1
: **Verb** ▪ second ▪ plural ▪ aorist ▪ active ▪ subjunctive ▸ **1** (2Pet. 3,17)

ἐκπέσοι ▸ 2
: **Verb** ▪ third ▪ singular ▪ future ▪ active ▪ optative ▸ **2** (Job 15,30; Job 15,33)

ἐκπεσὸν ▸ 3
: **Verb** ▪ aorist ▪ active ▪ participle ▪ neuter ▪ singular ▪ nominative ▸ **3** (Deut. 19,5; Is. 28,1; Is. 28,4)

ἐκπέσωμεν ▸ 1
: **Verb** ▪ first ▪ plural ▪ aorist ▪ active ▪ subjunctive ▸ **1** (Acts 27,29)

ἐκπέσωσιν ▸ 1
: **Verb** ▪ third ▪ plural ▪ aorist ▪ active ▪ subjunctive ▸ **1** (Acts 27,17)

ἐξέπεσαν ▸ 1 + 1 = 2
: **Verb** ▪ third ▪ plural ▪ aorist ▪ active ▪ indicative ▸ 1 + 1 = **2** (Dan. 7,20; Acts 12,7)

ἐξεπέσατε ▸ 1

Verb · second · plural · aorist · active · indicative ▸ **1** (Gal. 5,4)
   ἐξέπεσεν ▸ **5 + 2 = 7**
      Verb · third · singular · aorist · active · indicative ▸ **5 + 2 = 7** (2Kings 6,5; 2Mac. 6,8; Job 14,2; Is. 14,12; Is. 40,7; James 1,11; 1Pet. 1,24)
   ἐξέπεσον ▸ **1**
      Verb · third · plural · aorist · active · indicative ▸ **1** (Sir. 34,7)
ἐκπλέω (ἐκ; πλέω)   to sail ▸ **3**
   ἐκπλεῦσαι ▸ **1**
      Verb · aorist · active · infinitive ▸ **1** (Acts 15,39)
   ἐξέπλει ▸ **1**
      Verb · third · singular · imperfect · active · indicative ▸ **1** (Acts 18,18)
   ἐξεπλεύσαμεν ▸ **1**
      Verb · first · plural · aorist · active · indicative ▸ **1** (Acts 20,6)
ἐκπληρόω (ἐκ; πληρόω)   to fulfill, carry out ▸ **3 + 1 = 4**
   ἐκπεπλήρωκεν ▸ **1**
      Verb · third · singular · perfect · active · indicative ▸ **1** (Acts 13,33)
   ἐκπληροῦν ▸ **1**
      Verb · present · active · infinitive ▸ **1** (3Mac. 1,22)
   ἐκπληρῶσαι ▸ **1**
      Verb · aorist · active · infinitive ▸ **1** (3Mac. 1,2)
   ἐκπληρώσειν ▸ **1**
      Verb · future · active · infinitive ▸ **1** (2Mac. 8,10)
ἐκπλήρωσις (ἐκ; πληρόω)   filling up, accomplishment ▸ **1 + 1 = 2**
   ἐκπλήρωσιν ▸ **1 + 1 = 2**
      Noun · feminine · singular · accusative · (common) ▸ **1 + 1 = 2** (2Mac. 6,14; Acts 21,26)
ἐκπλήσσω (ἐκ; πλήσσω)   to be amazed ▸ **5 + 13 = 18**
   ἐκπλαγείς ▸ **1**
      Verb · aorist · passive · participle · masculine · singular · nominative ▸ **1** (4Mac. 8,4)
   ἐκπλαγέντες ▸ **1**
      Verb · aorist · passive · participle · masculine · plural · nominative ▸ **1** (Wis. 13,4)
   ἐκπλαγῇς ▸ **1**
      Verb · second · singular · aorist · passive · subjunctive ▸ **1** (Eccl. 7,16)
   ἐκπλήσσεσθαι ▸ **1 + 1 = 2**
      Verb · present · passive · infinitive ▸ **1 + 1 = 2** (2Mac. 7,12; Matt. 13,54)
   ἐκπλησσόμενος ▸ **1**
      Verb · present · passive · participle · masculine · singular · nominative ▸ **1** (Acts 13,12)
   ἐξεπλάγησαν ▸ **1 + 1 = 2**
      Verb · third · plural · aorist · passive · indicative ▸ **1 + 1 = 2** (4Mac. 17,16; Luke 2,48)
   ἐξεπλήσσετο ▸ **1**
      Verb · third · singular · imperfect · passive · indicative ▸ **1** (Mark 11,18)
   ἐξεπλήσσοντο ▸ **9**
      Verb · third · plural · imperfect · passive · indicative ▸ **9** (Matt. 7,28; Matt. 19,25; Matt. 22,33; Mark 1,22; Mark 6,2; Mark 7,37; Mark 10,26; Luke 4,32; Luke 9,43)
ἐκπλύνω   to wash away, cleanse ▸ **1**
   ἐκπλυνεῖ ▸ **1**
      Verb · third · singular · future · active · indicative ▸ **1** (Is. 4,4)
ἐκπνέω (ἐκ; πνέω)   to expire, die ▸ **3**
   ἐξέπνευσεν ▸ **3**
      Verb · third · singular · aorist · active · indicative ▸ **3** (Mark 15,37; Mark 15,39; Luke 23,46)
ἐκποιέω (ἐκ; ποιέω)   to obtain, permit ▸ **7**
   ἐκποιεῖ ▸ **1**
      Verb · third · singular · present · active · indicative ▸ **1** (Sir. 39,11)
   ἐκποιῇ ▸ **2**
      Verb · third · singular · present · active · subjunctive ▸ **2** (Ezek. 46,7; Ezek. 46,11)
   ἐκποιήσει ▸ **1**
      Verb · third · singular · future · active · indicative ▸ **1** (1Kings 21,10)
   ἐξεποίει ▸ **1**
      Verb · third · singular · imperfect · active · indicative ▸ **1** (2Chr. 7,7)
   ἐξεποίησεν ▸ **2**
      Verb · third · singular · aorist · active · indicative ▸ **2** (Sir. 18,4; Sir. 42,17)
ἐκπολεμέω (ἐκ; πόλεμος)   to make war against ▸ **14**
   ἐκπολεμῆσαι ▸ **7**
      Verb · aorist · active · infinitive ▸ **7** (Deut. 20,10; Deut. 20,19; Josh. 9,2; Josh. 22,12; Judg. 10,9; 1Mac. 4,28; 1Mac. 11,20)
   ἐκπολεμήσαντες ▸ **1**
      Verb · aorist · active · participle · masculine · plural · nominative ▸ **1** (Ex. 1,10)
   ἐκπολεμήσας ▸ **1**
      Verb · aorist · active · participle · masculine · singular · nominative ▸ **1** (Josh. 23,3)
   ἐκπολεμήσομεν ▸ **2**
      Verb · first · plural · future · active · indicative ▸ **2** (Judith 5,20; 1Mac. 15,31)
   ἐκπολεμήσωμεν ▸ **1**
      Verb · first · plural · aorist · active · subjunctive ▸ **1** (Josh. 10,4)
   ἐξεπολέμει ▸ **1**
      Verb · third · singular · imperfect · active · indicative ▸ **1** (Josh. 23,10)
   ἐξεπολέμησαν ▸ **1**
      Verb · third · plural · aorist · active · indicative ▸ **1** (Judg. 9,52)
ἐκπολιορκέω (ἐκ; πόλις; ἕρκος)   to force a town to surrender ▸ **2**
   ἐκπολιορκησάτωσαν ▸ **1**
      Verb · third · plural · aorist · active · imperative ▸ **1** (Josh. 7,3)
   ἐξεπολιόρκουν ▸ **1**
      Verb · third · plural · imperfect · active · indicative ▸ **1** (Josh. 10,5)
ἐκπολιτεύω (ἐκ; πόλις)   to change a form of government ▸ **1**
   ἐξεπολίτευσεν ▸ **1**
      Verb · third · singular · aorist · active · indicative ▸ **1** (4Mac. 4,19)
ἐκπορεύομαι (ἐκ; πορεύομαι)   to go, come out ▸ **161 + 10 + 33 = 204**
   ἐκπεπορευμένοι ▸ **1**
      Verb · perfect · middle · participle · masculine · plural · nominative ▸ **1** (Judg. 8,30)
   ἐκπεπορευμένων ▸ **2**
      Verb · perfect · middle · participle · masculine · plural · genitive ▸ **2** (Num. 31,28; Num. 31,36)
   ἐκπεπόρευσθε ▸ **1**
      Verb · second · plural · perfect · middle · indicative ▸ **1** (Deut. 11,10)
   ἐκπορεύεσθαι ▸ **12 + 2 = 14**
      Verb · present · middle · infinitive ▸ **12 + 2 = 14** (Ex. 34,34; Deut.

ἐκπορθέω

31,2; 1Kings 8,9; 2Kings 11,8; Tob. 5,18; 1Mac. 7,24; 1Mac. 13,49; 1Mac. 15,14; 1Mac. 15,25; Psa. 64,1; Ezek. 44,19; Ezek. 46,10; Acts 19,12; Acts 25,4)

ἐκπορεύεσθαί ‣ 3
    Verb ▪ present ▪ middle ▪ infinitive ‣ 3 (Deut. 28,6; Deut. 28,19; Psa. 67,8)

ἐκπορεύεσθε ‣ 5
    Verb ▪ second ▪ plural ▪ present ▪ middle ▪ indicative ‣ 2 (Ex. 13,4; 1Sam. 17,8)
    Verb ▪ second ▪ plural ▪ present ▪ middle ▪ imperative ‣ 3 (Is. 36,16; Jer. 6,25; Jer. 17,21)

ἐκπορευέσθω ‣ 1 + 1 = 2
    Verb ▪ third ▪ singular ▪ present ▪ middle ▪ imperative ‣ 1 + 1 = 2 (Ex. 16,29; Eph. 4,29)

ἐκπορεύεται ‣ 19 + 2 + 7 = 28
    Verb ▪ third ▪ singular ▪ present ▪ middle ▪ indicative ‣ 19 + 2 + 6 = 27 (Gen. 2,10; Ex. 7,15; Josh. 15,3; Judg. 13,14; 1Esdr. 4,23; Judith 7,12; Prov. 3,16a; Job 38,24; Job 38,29; Job 39,21; Job 41,12; Job 41,13; Sir. 28,12; Sir. 42,13; Mic. 1,3; Jer. 23,19; Jer. 32,32; Ezek. 12,4; Ezek. 47,12; Judg. 13,14; Tob. 5,18; Mark 7,19; Mark 7,23; John 15,26; Rev. 9,17; Rev. 11,5; Rev. 16,14)
    Verb ▪ third ▪ singular ▪ present ▪ passive ▪ indicative ‣ 1 (Rev. 19,15)

ἐκπορεύῃ ‣ 1
    Verb ▪ second ▪ singular ▪ present ▪ middle ▪ subjunctive ‣ 1 (1Sam. 24,15)

ἐκπορεύομαι ‣ 1
    Verb ▪ first ▪ singular ▪ present ▪ middle ▪ indicative ‣ 1 (1Kings 2,30)

ἐκπορευόμενα ‣ 5 + 1 = 6
    Verb ▪ present ▪ middle ▪ participle ▪ neuter ▪ plural ▪ accusative ‣ 3 (Deut. 23,24; Psa. 88,35; Ezek. 33,30)
    Verb ▪ present ▪ middle ▪ participle ▪ neuter ▪ plural ▪ nominative ‣ 2 + 1 = 3 (Zech. 6,1; Jer. 17,16; Matt. 15,18)

ἐκπορευόμενά ‣ 1
    Verb ▪ present ▪ middle ▪ participle ▪ neuter ▪ plural ▪ nominative ‣ 1 (Mark 7,15)

ἐκπορευόμεναι ‣ 3
    Verb ▪ present ▪ middle ▪ participle ▪ feminine ▪ plural ▪ nominative ‣ 3 (Deut. 8,7; 2Chr. 26,11; Zech. 5,9)

ἐκπορευομένη ‣ 2 + 1 = 3
    Verb ▪ present ▪ middle ▪ participle ▪ feminine ▪ singular ▪ nominative ‣ 2 + 1 = 3 (Job 38,8; Zech. 5,3; Rev. 1,16)

ἐκπορευομένης ‣ 1
    Verb ▪ present ▪ middle ▪ participle ▪ feminine ▪ singular ▪ genitive ‣ 1 (1Kings 5,13)

ἐκπορευόμενοι ‣ 11 + 1 + 1 = 13
    Verb ▪ present ▪ middle ▪ participle ▪ masculine ▪ plural ▪ nominative ‣ 11 + 1 + 1 = 13 (Gen. 34,24; Ex. 25,32; Judg. 8,30; 1Chr. 5,18; 1Chr. 7,11; 1Chr. 12,34; 1Chr. 12,37; 1Mac. 15,41; Zech. 6,8; Jer. 5,6; Ezek. 9,7; Dan. 11,30; Mark 6,11)

ἐκπορευομένοις ‣ 2 + 2 = 4
    Verb ▪ present ▪ middle ▪ participle ▪ masculine ▪ plural ▪ dative ‣ 2 + 2 = 4 (Ex. 25,33; Ex. 25,35; Luke 3,7; Luke 4,22)

ἐκπορευόμενον ‣ 9 + 3 = 12
    Verb ▪ present ▪ middle ▪ participle ▪ masculine ▪ singular ▪ accusative ‣ 3 + 1 = 4 (Judg. 1,24; 1Kings 15,17; Jer. 22,10; Rev. 22,1)
    Verb ▪ present ▪ middle ▪ participle ▪ neuter ▪ singular ▪ accusative ‣ 2 (Num. 32,24; Zech. 5,5)
    Verb ▪ present ▪ middle ▪ participle ▪ neuter ▪ singular ▪ nominative ‣ 4 + 2 = 6 (Num. 12,12; Job 3,16; Zech. 5,6; Ezek. 47,8; Matt. 15,11; Mark 7,20)

ἐκπορευόμενος ‣ 22 + 1 + 1 = 24
    Verb ▪ present ▪ middle ▪ participle ▪ masculine ▪ singular ▪ nominative ‣ 22 + 1 + 1 = 24 (Num. 1,3; Num. 1,20; Num. 1,22; Num. 1,24; Num. 1,26; Num. 1,28; Num. 1,30; Num. 1,32; Num. 1,34; Num. 1,36; Num. 1,38; Num. 1,40; Num. 1,42; Num. 1,45; Num. 26,2; 1Sam. 11,7; 2Sam. 16,5; 2Kings 11,7; 1Mac. 3,45; Psa. 18,6; Jer. 21,9; Jer. 45,2; Judg. 11,31; Acts 9,28)

ἐκπορευομένου ‣ 3 + 4 = 7
    Verb ▪ present ▪ middle ▪ participle ▪ masculine ▪ singular ▪ genitive ‣ 3 + 3 = 6 (Deut. 25,17; 1Chr. 27,1; 2Chr. 23,7; Mark 10,17; Mark 10,46; Mark 13,1)
    Verb ▪ present ▪ middle ▪ participle ▪ neuter ▪ singular ▪ genitive ‣ 1 (Rev. 9,18)

ἐκπορευομένους ‣ 1
    Verb ▪ present ▪ middle ▪ participle ▪ masculine ▪ plural ▪ accusative ‣ 1 (3Mac. 4,12)

ἐκπορευομένῳ ‣ 3 + 1 = 4
    Verb ▪ present ▪ middle ▪ participle ▪ masculine ▪ singular ▪ dative ‣ 2 (2Chr. 15,5; Zech. 8,10)
    Verb ▪ present ▪ middle ▪ participle ▪ neuter ▪ singular ▪ dative ‣ 1 + 1 = 2 (Deut. 8,3; Matt. 4,4)

ἐκπορευομένων ‣ 9 + 1 = 10
    Verb ▪ present ▪ middle ▪ participle ▪ masculine ▪ plural ▪ genitive ‣ 9 + 1 = 10 (Ex. 5,20; Ex. 40,17; Num. 31,27; Deut. 23,5; Deut. 24,9; 2Kings 11,9; 2Chr. 33,14; 1Mac. 3,13; Jer. 19,10; Matt. 20,29)

ἐκπορεύονται ‣ 10 + 1 + 2 = 13
    Verb ▪ third ▪ plural ▪ present ▪ middle ▪ indicative ‣ 10 + 1 + 2 = 13 (Gen. 24,11; Gen. 24,13; Judg. 9,33; 1Sam. 14,11; 1Sam. 20,11; 1Kings 21,18; Job 41,11; Zech. 6,5; Jer. 17,19; Ezek. 14,22; Judg. 9,33; Mark 7,21; Rev. 4,5)

ἐκπορεύσῃ ‣ 1
    Verb ▪ second ▪ singular ▪ aorist ▪ middle ▪ subjunctive ‣ 1 (2Sam. 19,8)

ἐκπορεύσονται ‣ 1
    Verb ▪ third ▪ plural ▪ future ▪ middle ▪ indicative ‣ 1 (John 5,29)

ἐξεπορεύεσθε ‣ 1
    Verb ▪ second ▪ plural ▪ imperfect ▪ middle ▪ indicative ‣ 1 (Josh. 2,10)

ἐξεπορεύετο ‣ 18 + 2 + 3 = 23
    Verb ▪ third ▪ singular ▪ imperfect ▪ middle ▪ indicative ‣ 18 + 2 + 3 = 23 (Gen. 24,15; Gen. 24,45; Ex. 33,7; Ex. 33,11; Josh. 6,1; Judg. 11,34; 1Sam. 18,13; 1Sam. 18,16; 2Sam. 16,5; 2Sam. 18,4; 2Sam. 19,20; 1Kings 22,35; Judith 12,7; Psa. 40,7; Zech. 2,7; Ezek. 1,13; Ezek. 47,1; Dan. 7,10; Judg. 1,24; Judg. 11,34; Matt. 3,5; Mark 1,5; Luke 4,37)

ἐξεπορευόμην ‣ 5 + 1 = 6
    Verb ▪ first ▪ singular ▪ imperfect ▪ middle ▪ indicative ‣ 5 + 1 = 6 (Ex. 13,8; 1Sam. 17,35; Psa. 87,9; Job 29,7; Dan. 10,20; Dan. 10,20)

ἐξεπορεύοντο ‣ 9 + 1 + 1 = 11
    Verb ▪ third ▪ plural ▪ imperfect ▪ middle ▪ indicative ‣ 9 + 1 + 1 = 11 (Ex. 14,8; 1Kings 10,29; 1Mac. 14,36; Amos 5,3; Amos 5,3; Zech. 6,6; Zech. 6,6; Zech. 6,6; Zech. 6,7; Judg. 2,15; Mark 11,19)

ἐξεπορεύου ‣ 1
    Verb ▪ second ▪ singular ▪ imperfect ▪ middle ▪ indicative ‣ 1 (Judg. 8,1)

ἐκπορθέω (ἐκ; πέρθω) to plunder ‣ 3

ἐκπεπόρθηκαν ‣ 1
    Verb ▪ third ▪ plural ▪ perfect ▪ active ▪ indicative ‣ 1 (4Mac. 18,4)

ἐκπορθεῖσθαι ‣ 1

Verb · present · passive · infinitive ▸ **1** (Job 12,5)
ἐκπορθήσας ▸ 1
Verb · aorist · active · participle · masculine · singular · nominative ▸ **1** (4Mac. 17,24)

ἐκπορνεύω (ἐκ; πόρνη) to commit sexual sin, live immorally ▸ 44 + 3 + 1 = 48
Ἐκπεπόρνευκεν ▸ 1
Verb · third · singular · perfect · active · indicative ▸ **1** (Gen. 38,24)
ἐκπορνεύειν ▸ 1
Verb · present · active · infinitive ▸ **1** (Lev. 20,5)
ἐκπορνεύετε ▸ 2
Verb · second · plural · present · active · indicative ▸ **2** (Num. 15,39; Ezek. 20,30)
ἐκπορνεύουσα ▸ 1
Verb · present · active · participle · feminine · singular · nominative ▸ **1** (Hos. 1,2)
ἐκπορνευούση ▸ 1
Verb · present · active · participle · feminine · singular · dative ▸ **1** (Ezek. 6,9)
ἐκπορνεύουσιν ▸ 1
Verb · third · plural · present · active · indicative ▸ **1** (Lev. 17,7)
ἐκπορνεῦσαι ▸ 5
Verb · aorist · active · infinitive ▸ **5** (Lev. 19,29; Lev. 20,6; Lev. 21,9; Num. 25,1; Deut. 22,21)
ἐκπορνεῦσαί ▸ 1
Verb · aorist · active · infinitive ▸ **1** (Ezek. 23,30)
ἐκπορνεύσασιν ▸ 1
Verb · aorist · active · participle · masculine · plural · dative ▸ **1** (Ezek. 16,33)
ἐκπορνεύσασαι ▸ 1
Verb · aorist · active · participle · feminine · plural · nominative ▸ **1** (Jude 7)
ἐκπορνεύσει ▸ 3
Verb · third · singular · future · active · indicative ▸ **3** (Lev. 19,29; Deut. 31,16; Hos. 1,2)
ἐκπορνεύσουσιν ▸ 1
Verb · third · plural · future · active · indicative ▸ **1** (Hos. 4,13)
ἐκπορνεύσωσιν ▸ 3
Verb · third · plural · aorist · active · subjunctive ▸ **3** (Ex. 34,15; Ex. 34,16; Ex. 34,16)
ἐξεπόρνευσαν ▸ 5 + 2 = 7
Verb · third · plural · aorist · active · indicative ▸ 5 + 2 = **7** (Judg. 2,17; Judg. 8,33; Hos. 4,12; Hos. 4,18; Ezek. 23,3; Judg. 2,17; Judg. 8,33)
ἐξεπόρνευσας ▸ 10
Verb · second · singular · aorist · active · indicative ▸ **10** (2Chr. 21,13; Jer. 3,1; Ezek. 16,16; Ezek. 16,17; Ezek. 16,20; Ezek. 16,26; Ezek. 16,26; Ezek. 16,28; Ezek. 16,28; Ezek. 16,30)
ἐξεπόρνευσεν ▸ 8 + 1 = 9
Verb · third · singular · aorist · active · indicative ▸ 8 + 1 = **9** (Judg. 8,27; 2Chr. 21,11; 2Chr. 21,13; Sir. 46,11; Hos. 2,7; Hos. 5,3; Ezek. 23,5; Ezek. 23,43; Judg. 8,27)

ἐκπρεπής (ἐκ; πρέπω) remarkable, extraordinary ▸ 3
ἐκπρεπεῖς ▸ 1
Adjective · feminine · plural · nominative · noDegree ▸ **1** (2Mac. 3,26)
ἐκπρεπέσιν ▸ 1
Adjective · neuter · plural · dative · noDegree ▸ **1** (3Mac. 3,17)
ἐκπρεπῆ ▸ 1
Adjective · masculine · singular · accusative · noDegree ▸ **1** (1Kings 8,53a)

ἐκπρίω (ἐκ; πρίων) to saw off ▸ 2
ἐκπρίου ▸ 1
Verb · second · singular · present · middle · imperative ▸ **1** (Prov. 24,11)
ἐκπρίσας ▸ 1
Verb · aorist · active · participle · masculine · singular · nominative ▸ **1** (Wis. 13,11)

ἐκπτύω (ἐκ; πτύω) to reject ▸ 1
ἐξεπτύσατε ▸ 1
Verb · second · plural · aorist · active · indicative ▸ **1** (Gal. 4,14)

ἐκπυρόω (ἐκ; πῦρ) to heat up ▸ 2
ἐκπυροῦν ▸ 1
Verb · present · active · infinitive ▸ **1** (2Mac. 7,3)
ἐκπυρωθέντων ▸ 1
Verb · aorist · passive · participle · masculine · plural · genitive ▸ **1** (2Mac. 7,4)

ἐκρέω (ἐκ; ῥέω) to fall off, disappear ▸ 3
ἐκρυήσεται ▸ 1
Verb · third · singular · future · middle · indicative ▸ **1** (Deut. 28,40)
ἐξερρύημεν ▸ 1
Verb · first · plural · aorist · active · indicative ▸ **1** (Is. 64,5)
ἐξερρύησαν ▸ 1
Verb · third · plural · aorist · active · indicative ▸ **1** (1Mac. 9,6)

ἔκρηγμα (ἐκ; ῥήγνυμι) rupture ▸ 1
ἔκρηγμα ▸ 1
Noun · neuter · singular · nominative · (common) ▸ **1** (Ezek. 30,16)

ἐκρήγνυμι (ἐκ; ῥήγνυμι) to break off ▸ 1
ἐκραγείη ▸ 1
Verb · third · singular · aorist · passive · optative ▸ **1** (Job 18,14)

ἐκριζόω (ἐκ; ῥίζα) to uproot ▸ 9 + 2 + 4 = 15
ἐκριζοῖ ▸ 1
Verb · third · singular · present · active · indicative ▸ **1** (Sir. 3,9)
ἐκριζοῦν ▸ 2
Verb · present · active · infinitive ▸ **2** (Sir. 49,7; Jer. 1,10)
ἐκριζωθέντα ▸ 1
Verb · aorist · passive · participle · neuter · plural · nominative ▸ **1** (Jude 12)
ἐκριζωθήσεται ▸ 2 + 1 = 3
Verb · third · singular · future · passive · indicative ▸ 2 + 1 = **3** (Wis. 4,4; Zeph. 2,4; Matt. 15,13)
ἐκριζώθητι ▸ 1
Verb · second · singular · aorist · passive · imperative ▸ **1** (Luke 17,6)
ἐκριζῶσαι ▸ 2
Verb · aorist · active · infinitive ▸ **2** (2Mac. 12,7; Dan. 4,14)
ἐκριζώσητε ▸ 1
Verb · second · plural · aorist · active · subjunctive ▸ **1** (Matt. 13,29)
ἐξερριζώθη ▸ 1 + 1 = 2
Verb · third · singular · aorist · passive · indicative ▸ 1 + 1 = **2** (Dan. 4,26; Dan. 7,8)
ἐξερρίζωσεν ▸ 1 + 1 = 2
Verb · third · singular · aorist · active · indicative ▸ 1 + 1 = **2** (1Mac. 5,51; Judg. 5,14)

ἐκριζωτής (ἐκ; ῥίζα) destroyer ▸ 1
ἐκριζωτής ▸ 1
Noun · masculine · singular · nominative · (common) ▸ **1** (4Mac. 3,5)

ἐκρίπτω (ἐκ; ῥίπτω) to cast out ▸ 9 + 4 = 13

ἐκρεριμμένην ▸ 1
    Verb · perfect · passive · participle · feminine · singular · accusative ▸ 1 (Judg. 15,15)
ἐκρίπτει ▸ 1
    Verb · third · singular · present · active · indicative ▸ 1 (Psa. 1,4)
ἐκριφήσεται ▸ 1
    Verb · third · singular · future · passive · indicative ▸ 1 (Zeph. 2,4)
ἐκρίψας ▸ 1
    Verb · aorist · active · participle · masculine · singular · nominative ▸ 1 (2Mac. 5,10)
ἐκρίψειν ▸ 1
    Verb · future · active · infinitive ▸ 1 (2Mac. 9,15)
ἐξερριμμένα ▸ 1
    Verb · perfect · passive · participle · neuter · plural · nominative ▸ 1 (Bar. 2,25)
ἐξερρίπτουν ▸ 1
    Verb · third · plural · imperfect · active · indicative ▸ 1 (2Mac. 10,30)
ἐξερρίφη ▸ 2
    Verb · third · singular · aorist · passive · indicative ▸ 2 (Prov. 5,23; Jer. 22,28)
ἐξερρίφησαν ▸ 1 + 1 = 2
    Verb · third · plural · aorist · passive · indicative ▸ 1 + 1 = 2 (Judg. 15,9; Judg. 15,9)
ἐξέρριψεν ▸ 2
    Verb · third · singular · aorist · active · indicative ▸ 2 (Judg. 6,13; Judg. 9,17)

ἔκρυσις (ἐκ; ῥέω)   drain ▸ 1
ἔκρυσις ▸ 1
    Noun · feminine · singular · nominative · (common) ▸ 1 (Ezek. 40,39)

ἐκσαρκίζομαι (ἐκ; σάρξ)   to strip the flesh off ▸ 1
ἐκσεσαρκισμένα ▸ 1
    Verb · perfect · passive · participle · neuter · plural · accusative ▸ 1 (Ezek. 24,4)

ἐκσιφωνίζομαι (ἐκ; σίφων)   to be exhausted ▸ 1
ἐκσιφωνισθείη ▸ 1
    Verb · third · singular · aorist · passive · optative ▸ 1 (Job 5,5)

ἐκσοβέω (ἐκ; "σοῦ; σοῦ")   to scare away ▸ 1
ἐκσεσοβημένοι ▸ 1
    Verb · perfect · passive · participle · masculine · plural · nominative ▸ 1 (Wis. 17,9)

ἐκσπάω (ἐκ; σπάω)   to draw out, pull off ▸ 20 + 1 = 21
ἐκσπάσαι ▸ 1
    Verb · aorist · active · infinitive ▸ 1 (Ezek. 17,9)
ἐκσπάσας ▸ 1
    Verb · aorist · active · participle · masculine · singular · nominative ▸ 1 (Psa. 21,10)
ἐκσπάσατε ▸ 1
    Verb · second · plural · aorist · active · imperative ▸ 1 (Zech. 13,7)
ἐκσπάσει ▸ 1
    Verb · third · singular · future · active · indicative ▸ 1 (Psa. 24,15)
ἐκσπάσῃ ▸ 1
    Verb · third · singular · aorist · active · subjunctive ▸ 1 (Amos 3,12)
ἐκσπασθῆναι ▸ 2
    Verb · aorist · passive · infinitive ▸ 2 (Psa. 128,6; Hab. 2,9)
ἐκσπασθήσονται ▸ 1
    Verb · third · plural · future · passive · indicative ▸ 1 (Amos 3,12)
ἐκσπασθῶσιν ▸ 1
    Verb · third · plural · aorist · passive · subjunctive ▸ 1 (Amos 9,15)
ἐκσπάσω ▸ 3
    Verb · first · singular · future · active · indicative ▸ 3 (Jer. 22,24; Ezek. 11,19; Ezek. 21,8)
ἐκσπάσωμεν ▸ 1
    Verb · first · plural · aorist · active · subjunctive ▸ 1 (Judg. 20,32)
ἐξέσπασα ▸ 3
    Verb · first · singular · aorist · active · indicative ▸ 3 (1Sam. 17,35; Job 29,17; Ezek. 21,10)
ἐξέσπασεν ▸ 2 + 1 = 3
    Verb · third · singular · aorist · active · indicative ▸ 2 + 1 = 3 (Judg. 3,22; Judg. 16,14; Judg. 3,22)
ἐξεσπασμένος ▸ 2
    Verb · perfect · passive · participle · masculine · singular · nominative ▸ 2 (Amos 4,11; Zech. 3,2)

ἐκσπερματίζω (ἐκ; σπείρω)   to conceive ▸ 1
ἐκσπερματιεῖ ▸ 1
    Verb · third · singular · future · active · indicative ▸ 1 (Num. 5,28)

ἐκσπονδυλίζομαι (ἐκ; σφόνδυλος)   to break the back ▸ 1
ἐκσπονδυλιζόμενος ▸ 1
    Verb · present · passive · participle · masculine · singular · nominative ▸ 1 (4Mac. 11,18)

ἔκστασις (ἐκ; ἵστημι)   trance, vision; amazement ▸ 28 + 1 + 7 = 36
ἐκστάσει ▸ 11 + 3 = 14
    Noun · feminine · singular · dative · (common) ▸ 11 + 3 = 14 (Deut. 28,28; Psa. 30,23; Psa. 67,28; Psa. 115,2; Ode. 4,14; Hab. 3,14; Zech. 12,4; Ezek. 26,16; Ezek. 27,35; Ezek. 32,10; Dan. 7,28; Mark 5,42; Acts 11,5; Acts 22,17)
ἐκστάσεως ▸ 1 + 1 = 2
    Noun · feminine · singular · genitive · (common) ▸ 1 + 1 = 2 (Psa. 30,1; Acts 3,10)
ἔκστασιν ▸ 5
    Noun · feminine · singular · accusative · (common) ▸ 5 (Gen. 2,21; Gen. 27,33; Num. 13,32; 2Kings 4,13; 2Chr. 29,8)
ἔκστασις ▸ 11 + 1 + 3 = 15
    Noun · feminine · singular · nominative · (common) ▸ 11 + 1 + 3 = 15 (Gen. 15,12; 1Sam. 11,7; 1Sam. 14,15; 1Sam. 14,15; 2Chr. 14,13; 2Chr. 15,5; 2Chr. 17,10; 2Chr. 20,29; Prov. 26,10; Zech. 14,13; Jer. 5,30; Dan. 10,7; Mark 16,8; Luke 5,26; Acts 10,10)

ἐκστρατεύω (ἐκ; στρατιά)   to march out ▸ 1
ἐκστρατεύει ▸ 1
    Verb · third · singular · present · active · indicative ▸ 1 (Prov. 30,27)

ἐκστρέφω (ἐκ; στρέφω)   to pervert, corrupt ▸ 5 + 1 = 6
ἐκστρέφετε ▸ 1
    Verb · second · plural · present · active · indicative ▸ 1 (Ezek. 13,20)
ἐκστρέψει ▸ 1
    Verb · third · singular · future · active · indicative ▸ 1 (Zech. 11,16)
ἐξεστραμμένη ▸ 2
    Verb · perfect · passive · participle · feminine · singular · nominative ▸ 2 (Deut. 32,20; Ode. 2,20)
ἐξέστραπται ▸ 1
    Verb · third · singular · perfect · passive · indicative ▸ 1 (Titus 3,11)

ἐξεστρέψατε ▸ 1
Verb ▪ second ▪ plural ▪ aorist ▪ active ▪ indicative ▸ **1** (Amos 6,12)

ἐκσυρίζω (ἐκ; συρίζω)   to hiss ▸ 1
ἐκσυριεῖ ▸ 1
Verb ▪ third ▪ singular ▪ future ▪ active ▪ indicative ▸ **1** (Sir. 22,1)

ἐκσύρω   to sweep away ▸ 1
ἐξέσυρεν ▸ 1
Verb ▪ third ▪ singular ▪ aorist ▪ active ▪ indicative ▸ **1** (Judg. 5,21)

ἐκταράσσω (ἐκ; ταράσσω)   to throw into confusion, stir up trouble ▸ 5 + 1 = 6
ἐκταρασσόμενοι ▸ 1
Verb ▪ present ▪ passive ▪ participle ▪ masculine ▪ plural ▪ nominative ▸ **1** (Wis. 17,3)
ἐκταράσσοντες ▸ 1
Verb ▪ present ▪ active ▪ participle ▪ masculine ▪ plural ▪ nominative ▸ **1** (Wis. 17,4)
ἐκταράσσουσιν ▸ 1
Verb ▪ third ▪ plural ▪ present ▪ active ▪ indicative ▸ **1** (Acts 16,20)
ἐξετάραξαν ▸ 1
Verb ▪ third ▪ plural ▪ aorist ▪ active ▪ indicative ▸ **1** (Wis. 18,17)
ἐξετάραξάν ▸ 2
Verb ▪ third ▪ plural ▪ aorist ▪ active ▪ indicative ▸ **2** (Psa. 17,5; Psa. 87,17)

ἔκτασις (ἐκ; τείνω)   extending ▸ 2
ἐκτάσει ▸ 1
Noun ▪ feminine ▪ singular ▪ dative ▪ (common) ▸ **1** (Ezek. 17,3)
ἐκτάσεως ▸ 1
Noun ▪ feminine ▪ singular ▪ genitive ▪ (common) ▸ **1** (Judg. 16,14)

ἐκτάσσω (ἐκ; τάσσω)   to set in battle order ▸ 4 + 1 = 5
ἐκταγείσης ▸ 1
Verb ▪ aorist ▪ passive ▪ participle ▪ feminine ▪ singular ▪ genitive ▸ **1** (2Mac. 15,20)
ἐκτάξαντα ▸ 1 + 1 = 2
Verb ▪ aorist ▪ active ▪ participle ▪ masculine ▪ singular ▪ accusative ▸ **1 + 1 = 2** (Dan. 1,10; Dan. 1,10)
ἐκτάσσοντα ▸ 1
Verb ▪ present ▪ active ▪ participle ▪ masculine ▪ singular ▪ accusative ▸ **1** (2Kings 25,19)
ἐκτεταγμένοι ▸ 1
Verb ▪ perfect ▪ middle ▪ participle ▪ masculine ▪ plural ▪ nominative ▸ **1** (Num. 32,27)

ἐκτείνω (ἐκ; τείνω)   to stretch out ▸ 137 + 9 + 16 = 162
ἐκταθήσεται ▸ 1
Verb ▪ third ▪ singular ▪ future ▪ passive ▪ indicative ▸ **1** (Zech. 1,16)
ἐκτεῖναι ▸ 5
Verb ▪ aorist ▪ active ▪ infinitive ▸ **5** (1Chr. 13,10; 1Mac. 12,39; 1Mac. 12,42; 1Mac. 14,31; Sir. 46,2)
ἐκτείναντες ▸ 1
Verb ▪ aorist ▪ active ▪ participle ▪ masculine ▪ plural ▪ nominative ▸ **1** (Gen. 19,10)
ἐκτείνας ▸ 6 + 7 = 13
Verb ▪ aorist ▪ active ▪ participle ▪ masculine ▪ singular ▪ nominative ▸ **6 + 7 = 13** (Gen. 8,9; Gen. 48,14; Ex. 3,20; Ex. 4,4; 1Esdr. 8,70; 4Mac. 7,5; Matt. 8,3; Matt. 12,49; Matt. 14,31; Matt. 26,51; Mark 1,41; Luke 5,13; Acts 26,1)
ἐκτείνασα ▸ 1
Verb ▪ aorist ▪ active ▪ participle ▪ feminine ▪ singular ▪ nominative ▸ **1** (Deut. 25,11)
ἐκτείνει ▸ 3
Verb ▪ third ▪ singular ▪ present ▪ active ▪ indicative ▸ **3** (Esth. 4,11; Prov. 31,19; Job 36,30)
ἐκτείνειν ▸ 1 + 2 = 3
Verb ▪ present ▪ active ▪ infinitive ▸ **1 + 2 = 3** (Ex. 38,19; Acts 4,30; Acts 27,30)
ἐκτείνεται ▸ 2
Verb ▪ third ▪ singular ▪ present ▪ middle ▪ indicative ▸ **1** (Prov. 23,32)
Verb ▪ third ▪ singular ▪ present ▪ passive ▪ indicative ▸ **1** (Prov. 1,17)
ἐκτείνῃ ▸ 1
Verb ▪ third ▪ singular ▪ aorist ▪ active ▪ subjunctive ▸ **1** (Gen. 3,22)
ἐκτείνῃς ▸ 3
Verb ▪ second ▪ singular ▪ aorist ▪ active ▪ subjunctive ▸ **3** (Prov. 30,32; Sir. 31,14; Sir. 31,18)
ἐκτείνητε ▸ 1
Verb ▪ second ▪ plural ▪ present ▪ active ▪ subjunctive ▸ **1** (Is. 1,15)
ἔκτεινον ▸ 4 + 2 = 6
Verb ▪ second ▪ singular ▪ aorist ▪ active ▪ imperative ▸ **4 + 2 = 6** (Ex. 7,19; Ex. 14,16; Sir. 7,32; Sir. 14,13; Mark 3,5; Luke 6,10)
Ἔκτεινον ▸ 8
Verb ▪ second ▪ singular ▪ aorist ▪ active ▪ imperative ▸ **8** (Ex. 4,4; Ex. 8,1; Ex. 8,12; Ex. 9,22; Ex. 10,12; Ex. 10,21; Ex. 14,26; Josh. 8,18)
ἔκτεινόν ▸ 1
Verb ▪ second ▪ singular ▪ aorist ▪ active ▪ imperative ▸ **1** (Matt. 12,13)
ἐκτείνοντες ▸ 1
Verb ▪ present ▪ active ▪ participle ▪ masculine ▪ plural ▪ nominative ▸ **1** (Ex. 25,20)
ἐκτείνου ▸ 1
Verb ▪ second ▪ singular ▪ present ▪ middle ▪ imperative ▸ **1** (Prov. 23,20)
ἐκτείνω ▸ 1
Verb ▪ first ▪ singular ▪ aorist ▪ active ▪ subjunctive ▸ **1** (Ezek. 16,27)
ἐκτείνων ▸ 4
Verb ▪ present ▪ active ▪ participle ▪ masculine ▪ singular ▪ nominative ▸ **4** (Ex. 7,5; Psa. 103,2; Job 26,7; Zech. 12,1)
ἐκτείνωσιν ▸ 1
Verb ▪ third ▪ plural ▪ aorist ▪ active ▪ subjunctive ▸ **1** (Psa. 124,3)
ἐκτενεῖ ▸ 5 + 1 = 6
Verb ▪ third ▪ singular ▪ future ▪ active ▪ indicative ▸ **5 + 1 = 6** (1Esdr. 6,32; Ezra 6,12; Zeph. 2,13; Jer. 30,16; Ezek. 30,25; Dan. 11,42)
ἐκτενεῖς ▸ 2 + 1 + 1 = 4
Verb ▪ second ▪ singular ▪ future ▪ active ▪ indicative ▸ **2 + 1 + 1 = 4** (Judg. 9,33; Sir. 15,16; Judg. 9,33; John 21,18)
ἐκτενῶ ▸ 18
Verb ▪ first ▪ singular ▪ future ▪ active ▪ indicative ▸ **18** (2Kings 21,13; Neh. 13,21; Psa. 59,10; Psa. 107,10; Zeph. 1,4; Jer. 6,12; Jer. 15,6; Jer. 28,25; Ezek. 6,14; Ezek. 13,9; Ezek. 14,9; Ezek. 14,13; Ezek. 25,7; Ezek. 25,13; Ezek. 25,16; Ezek. 32,4; Ezek. 35,3; Ezek. 37,6)
Ἐκτενῶ ▸ 1
Verb ▪ first ▪ singular ▪ future ▪ active ▪ indicative ▸ **1** (Gen. 14,22)
ἐκτέτακα ▸ 1
Verb ▪ first ▪ singular ▪ perfect ▪ active ▪ indicative ▸ **1** (1Sam. 1,16)
ἐκτεταμέναι ▸ 2

Verb · perfect · passive · participle · feminine · plural · nominative
▸ **2** (Ezek. 1,11; Ezek. 1,23)

ἐκτεταμένῃ ▸ 3
Verb · perfect · passive · participle · feminine · singular · nominative ▸ **3** (1Chr. 21,16; Sir. 4,31; Ezek. 2,9)

ἐκτεταμένῃ ▸ 1
Verb · perfect · passive · participle · feminine · singular · dative ▸ **1** (Jer. 21,5)

ἐκτεταμένον ▸ 2
Verb · perfect · passive · participle · neuter · singular · nominative ▸ **2** (Hos. 5,1; Ezek. 1,22)

ἐξετάθη ▸ 1
Verb · third · singular · aorist · passive · indicative ▸ **1** (1Mac. 6,40)

ἐξετάθησαν ▸ 1
Verb · third · plural · aorist · passive · indicative ▸ **1** (Judg. 9,44)

ἐξέτεινα ▸ 5
Verb · first · singular · aorist · active · indicative ▸ **5** (Ex. 6,8; Num. 14,30; Sir. 24,16; Hos. 11,4; Is. 44,24)

ἐξέτειναν ▸ 4 + 3 = 7
Verb · third · plural · aorist · active · indicative ▸ **4 + 3 = 7** (Judith 4,11; 1Mac. 6,25; 1Mac. 7,47; Job 30,12; Judg. 9,44; Judg. 9,44; Judg. 20,37)

ἐξέτεινας ▸ 4
Verb · second · singular · aorist · active · indicative ▸ **4** (Ex. 15,12; Neh. 9,15; Psa. 137,7; Ode. 1,12)

ἐξετείνατε ▸ 1
Verb · second · plural · aorist · active · indicative ▸ **1** (Luke 22,53)

ἐξέτεινεν ▸ 41 + 4 + 2 = 47
Verb · third · singular · aorist · active · indicative ▸ **41 + 4 + 2 = 47** (Gen. 22,10; Ex. 8,2; Ex. 8,13; Ex. 9,23; Ex. 10,22; Ex. 14,21; Ex. 14,27; Ex. 40,19; Josh. 8,18; Josh. 8,19; Judg. 3,21; Judg. 5,15; Judg. 5,26; Judg. 6,21; Judg. 15,15; 1Sam. 14,27; 1Sam. 17,49; 2Sam. 6,6; 2Sam. 15,5; 2Sam. 24,16; 1Kings 13,4; 1Kings 13,4; 2Kings 6,7; 1Chr. 13,9; Esth. 8,4; 1Mac. 7,47; 1Mac. 9,47; 4Mac. 4,11; Psa. 54,21; Psa. 79,12; Prov. 31,20; Job 28,9; Sir. 50,15; Hos. 7,5; Jer. 1,9; Jer. 10,12; Jer. 28,15; Lam. 2,8; Ezek. 8,3; Ezek. 10,7; Ezek. 17,6; Judg. 3,21; Judg. 5,26; Judg. 6,21; Judg. 15,15; Matt. 12,13; Mark 3,5)

ἐξέτεινον ▸ 1
Verb · first · singular · imperfect · active · indicative ▸ **1** (Prov. 1,24)

ἐκτελέω (ἐκ; τέλος) to finish ▸ 3 + 1 + 2 = 6

ἐκτέλεσαι ▸ 1
Verb · second · singular · aorist · active · imperative ▸ **1** (Dan. 3,40)

ἐκτελέσαι ▸ 1 + 2 = 3
Verb · third · singular · aorist · active · optative ▸ **1** (Ode. 7,40)
Verb · aorist · active · infinitive ▸ **2** (Luke 14,29; Luke 14,30)

ἐκτετελεκότες ▸ 1
Verb · perfect · active · participle · masculine · plural · nominative ▸ **1** (2Mac. 15,9)

ἐξετέλεσεν ▸ 1
Verb · third · singular · aorist · active · indicative ▸ **1** (2Chr. 4,5)

ἐκτέμνω (ἐκ; τέμνω) to cut out, cut off ▸ 6 + 1 = 7

ἐκτεμεῖν ▸ 3
Verb · aorist · active · infinitive ▸ **3** (4Mac. 10,17; Ode. 11,12; Is. 38,12)

ἐκτέμνεις ▸ 1
Verb · second · singular · present · active · indicative ▸ **1** (4Mac. 10,21)

ἐκτεμών ▸ 1
Verb · aorist · active · participle · masculine · singular · nominative ▸ **1** (2Mac. 15,33)

ἐξέτεμε ▸ 1
Verb · third · singular · aorist · active · indicative ▸ **1** (Tob. 2,12)

ἐξέτεμεν ▸ 1
Verb · third · singular · aorist · active · indicative ▸ **1** (4Mac. 18,21)

ἐκτένεια (ἐκ; τείνω) zeal, earnestness ▸ 4 + 1 = 5

ἐκτενείᾳ ▸ 2 + 1 = 3
Noun · feminine · singular · dative · (common) ▸ **2 + 1 = 3** (Judith 4,9; Judith 4,9; Acts 26,7)

ἐκτενίαν ▸ 1
Noun · feminine · singular · accusative · (common) ▸ **1** (3Mac. 6,41)

ἐκτενίας ▸ 1
Noun · feminine · singular · genitive · (common) ▸ **1** (2Mac. 14,38)

ἐκτενής (ἐκ; τείνω) constant, earnest, strained ▸ 2 + 1 = 3

ἐκτενὲς ▸ 1
Adjective · neuter · singular · accusative · noDegree ▸ **1** (3Mac. 3,10)

ἐκτενῆ ▸ 1 + 1 = 2
Adjective · feminine · singular · accusative · noDegree ▸ **1 + 1 = 2** (3Mac. 5,29; 1Pet. 4,8)

ἐκτενῶς (ἐκ; τείνω) constantly, earnestly ▸ 4 + 3 = 7

ἐκτενέστερον ▸ 1
Adverb · (comparative) ▸ **1** (Luke 22,44)

ἐκτενῶς ▸ 4 + 2 = 6
Adverb ▸ **4 + 2 = 6** (Judith 4,12; 3Mac. 5,9; Joel 1,14; Jonah 3,8; Acts 12,5; 1Pet. 1,22)

ἐκτήκω (ἐκ; τήκω) to melt away ▸ 8

ἐκτήκει ▸ 2
Verb · third · singular · present · active · indicative ▸ **2** (Sir. 18,18; Sir. 31,1)

ἐκτήκουσαν ▸ 1
Verb · present · active · participle · feminine · singular · accusative ▸ **1** (Lev. 26,16)

ἐξετηκόμην ▸ 2
Verb · first · singular · imperfect · middle · indicative ▸ **2** (Psa. 118,158; Psa. 138,21)

ἐξέτηξα ▸ 1
Verb · first · singular · aorist · active · indicative ▸ **1** (Job 31,16)

ἐξέτηξας ▸ 1
Verb · second · singular · aorist · active · indicative ▸ **1** (Psa. 38,12)

ἐξέτηξέν ▸ 1
Verb · third · singular · aorist · active · indicative ▸ **1** (Psa. 118,139)

ἐκτίθημι (ἐκ; τίθημι) to explain, expose, make public ▸ 13 + 2 + 4 = 19

ἐκθέντες ▸ 1
Verb · aorist · active · participle · masculine · plural · nominative ▸ **1** (Esth. 16,19 # 8,12s)

ἔκθες ▸ 1
Verb · second · singular · aorist · active · imperative ▸ **1** (Dan. 6,9)

ἐκθήσει ▸ 1
Verb · third · singular · future · active · indicative ▸ **1** (Job 36,15)

ἐκθῶμεν ▸ 1
Verb · first · plural · aorist · active · subjunctive ▸ **1** (2Mac.

11,36)
- **ἐκτεθέν** ▸ 1
  - **Verb** · aorist · passive · participle · neuter · singular · accusative ▸ **1** (Esth. 4,8)
- **ἐκτεθέντος** ▸ **1** + **1** = **2**
  - **Verb** · aorist · passive · participle · masculine · singular · genitive ▸ **1** (Acts 7,21)
  - **Verb** · aorist · passive · participle · neuter · singular · genitive ▸ **1** (Wis. 18,5)
- **ἐκτιθέσθωσαν** ▸ 1
  - **Verb** · third · plural · present · passive · imperative ▸ **1** (Esth. 8,13)
- **ἐξέθηκε** ▸ 2
  - **Verb** · third · singular · aorist · active · indicative ▸ **2** (Esth. 9,14; Dan. 5,7)
- **ἐξετέθη** ▸ 3
  - **Verb** · third · singular · aorist · passive · indicative ▸ **3** (Esth. 8,14; Esth. 8,17; Esth. 8,17)
- **ἐξέθεντο** ▸ 1
  - **Verb** · third · plural · aorist · middle · indicative ▸ **1** (Acts 18,26)
- **ἐξετίθετο** ▸ **2** + **2** = **4**
  - **Verb** · third · singular · imperfect · passive · indicative ▸ **2** + **2** = **4** (Esth. 3,14; Esth. 4,3; Acts 11,4; Acts 28,23)
- **ἐκτίθεμαι** ▸ 1
  - **Verb** · first · singular · present · middle · indicative ▸ **1** (Dan. 3,96)
- **ἐκτίκτω (ἐκ; τίκτω)** to bring forth ▸ 1
  - **ἐκτέκῃ** ▸ 1
    - **Verb** · third · singular · aorist · active · subjunctive ▸ **1** (Is. 55,10)
- **ἐκτίλλω (ἐκ; τίλλω)** to pluck ▸ **8** + **4** = **12**
  - **ἐκτῖλαι** ▸ 1
    - **Verb** · aorist · active · infinitive ▸ **1** (Eccl. 3,2)
  - **ἐκτῖλαι** ▸ 1
    - **Verb** · third · singular · aorist · active · optative ▸ **1** (Psa. 51,7)
  - **ἐκτίλατε** ▸ 1
    - **Verb** · second · plural · aorist · active · imperative ▸ **1** (Dan. 4,14)
  - **Ἐκτίλατε** ▸ 1
    - **Verb** · second · plural · aorist · active · imperative ▸ **1** (Dan. 4,23)
  - **ἐκτιλήσεται** ▸ **1** + **1** = **2**
    - **Verb** · third · singular · future · middle · indicative ▸ **1** + **1** = **2** (Sir. 40,16; Dan. 11,4)
  - **ἐκτιλήσονται** ▸ 1
    - **Verb** · third · plural · future · middle · indicative ▸ **1** (Sol. 14,4)
  - **ἐκτίλλω** ▸ 1
    - **Verb** · first · singular · present · active · indicative ▸ **1** (Jer. 51,34)
  - **ἐκτίλω** ▸ 2
    - **Verb** · first · singular · aorist · active · subjunctive ▸ **2** (Jer. 24,6; Jer. 49,10)
  - **ἐξέτιλεν** ▸ 1
    - **Verb** · third · singular · aorist · active · indicative ▸ **1** (Sir. 10,15)
  - **ἐξετίλη** ▸ 1
    - **Verb** · third · singular · aorist · passive · indicative ▸ **1** (Dan. 7,4)
- **ἐκτιναγμός (ἐκ; τείνω)** shaking ▸ 1
  - **ἐκτιναγμὸς** ▸ 1
    - **Noun** · masculine · singular · nominative · (common) ▸ **1** (Nah. 2,11)
- **ἐκτινάσσω (ἐκ; τείνω)** to shake off ▸ **20** + **5** + **4** = **29**
  - **ἐκτετιναγμένοι** ▸ 1
    - **Verb** · perfect · passive · participle · masculine · plural · nominative ▸ **1** (Neh. 5,15)
  - **ἐκτετιναγμένος** ▸ 1
    - **Verb** · perfect · passive · participle · masculine · singular · nominative ▸ **1** (Neh. 5,13)
  - **ἐκτετιναγμένων** ▸ 2
    - **Verb** · perfect · passive · participle · masculine · plural · genitive ▸ **2** (Neh. 4,10; Psa. 126,4)
  - **ἐκτινάξαι** ▸ 2
    - **Verb** · aorist · active · infinitive ▸ **1** (Job 38,13)
    - **Verb** · third · singular · aorist · active · optative ▸ **1** (Neh. 5,13)
  - **ἐκτίναξαι** ▸ 1
    - **Verb** · second · singular · aorist · middle · imperative ▸ **1** (Is. 52,2)
  - **ἐκτιναξάμενοι** ▸ 1
    - **Verb** · aorist · middle · participle · masculine · plural · nominative ▸ **1** (Acts 13,51)
  - **ἐκτιναξάμενος** ▸ 1
    - **Verb** · aorist · middle · participle · masculine · singular · nominative ▸ **1** (Acts 18,6)
  - **ἐκτινάξαντι** ▸ 1
    - **Verb** · aorist · active · participle · masculine · singular · dative ▸ **1** (Psa. 135,15)
  - **ἐκτινάξαντος** ▸ 1
    - **Verb** · aorist · active · participle · neuter · singular · genitive ▸ **1** (Dan. 7,20)
  - **ἐκτινάξατε** ▸ **1** + **2** = **3**
    - **Verb** · second · plural · aorist · active · imperative ▸ **1** + **2** = **3** (Dan. 4,14; Matt. 10,14; Mark 6,11)
  - **ἐκτινάξει** ▸ 1
    - **Verb** · third · singular · future · active · indicative ▸ **1** (Sir. 22,2)
  - **ἐκτινάξω** ▸ 1
    - **Verb** · first · singular · aorist · active · subjunctive ▸ **1** (1Kings 5,23)
  - **ἐκτινάσσεται** ▸ 1
    - **Verb** · third · singular · present · passive · indicative ▸ **1** (Is. 28,27)
  - **ἐκτινάσσοντες** ▸ 1
    - **Verb** · present · active · participle · masculine · plural · nominative ▸ **1** (Nah. 2,3)
  - **ἐκτιναχθήσομαι** ▸ 1
    - **Verb** · first · singular · future · passive · indicative ▸ **1** (Judg. 16,20)
  - **ἐξετίναξα** ▸ 1
    - **Verb** · first · singular · aorist · active · indicative ▸ **1** (Neh. 5,13)
  - **ἐξετίναξαν** ▸ **3** + **1** = **4**
    - **Verb** · third · plural · aorist · active · indicative ▸ **3** + **1** = **4** (Judg. 7,19; 1Mac. 10,80; Nah. 2,3; Judg. 7,19)
  - **ἐξετίναξε** ▸ 1
    - **Verb** · third · singular · aorist · active · indicative ▸ **1** (Dan. 3,49)
  - **ἐξετίναξεν** ▸ **2** + **1** = **3**
    - **Verb** · third · singular · aorist · active · indicative ▸ **2** + **1** = **3** (Ex. 14,27; 2Sam. 22,33; Dan. 3,49)
  - **ἐξετινάχθην** ▸ 1
    - **Verb** · first · singular · aorist · passive · indicative ▸ **1** (Psa. 108,23)
- **ἐκτίνω (ἐκ; τίνω)** to pay ▸ 1
  - **ἐκτείσει** ▸ 1
    - **Verb** · third · singular · future · active · indicative ▸ **1** (Job 2,4)
- **ἐκτοκίζω (ἐκ; τίκτω)** to exact interest ▸ 3
  - **ἐκτοκιεῖς** ▸ 3
    - **Verb** · second · singular · future · active · indicative ▸ **3** (Deut. 23,20; Deut. 23,21; Deut. 23,21)

ἐκτομίας (ἐκ; τέμνω) castrated ▸ 1
　ἐκτομίαν ▸ 1
　　Noun ▪ masculine ▪ singular ▪ accusative ▪ (common) ▸ 1 (Lev. 22,24)
ἐκτοπίζω (ἐκ; τόπος) to remove oneself; go abroad ▸ 1
　ἐξετόπιζον ▸ 1
　　Verb ▪ third ▪ plural ▪ imperfect ▪ active ▪ indicative ▸ 1 (2Mac. 8,13)
ἕκτος (ἕξ) sixth ▸ 37 + 1 + 14 = 52
　ἕκτη ▸ 1 + 3 = 4
　　Adjective ▪ feminine ▪ singular ▪ nominative ▪ (ordinal ▪ numeral) ▸ 1 + 3 = 4 (Gen. 1,31; Luke 23,44; John 4,6; John 19,14)
　ἕκτῃ ▸ 7
　　Adjective ▪ feminine ▪ singular ▪ dative ▪ (ordinal ▪ numeral) ▸ 7 (Gen. 2,2; Ex. 16,5; Ex. 16,22; Ex. 16,29; Num. 7,42; Num. 29,29; Bel 33)
　ἕκτην ▸ 1 + 3 = 4
　　Adjective ▪ feminine ▪ singular ▪ accusative ▪ (ordinal ▪ numeral) ▸ 1 + 3 = 4 (Ex. 26,9; Matt. 20,5; Acts 10,9; Rev. 6,12)
　ἕκτης ▸ 2
　　Adjective ▪ feminine ▪ singular ▪ genitive ▪ (ordinal ▪ numeral) ▸ 2 (Matt. 27,45; Mark 15,33)
　ἕκτον ▸ 7
　　Adjective ▪ masculine ▪ singular ▪ accusative ▪ (ordinal ▪ numeral) ▸ 2 (Gen. 30,19; 2Mac. 7,18)
　　Adjective ▪ neuter ▪ singular ▪ accusative ▪ (ordinal ▪ numeral) ▸ 2 (Ezek. 4,11; Ezek. 46,14)
　　Adjective ▪ neuter ▪ singular ▪ nominative ▪ (ordinal ▪ numeral) ▸ 3 (Ezra 6,15; Ezek. 45,13; Ezek. 45,13)
　ἕκτος ▸ 12 + 1 + 4 = 17
　　Adjective ▪ masculine ▪ singular ▪ nominative ▪ (ordinal ▪ numeral) ▸ 12 + 1 + 4 = 17 (Josh. 19,32; 2Sam. 3,5; 1Chr. 2,15; 1Chr. 3,3; 1Chr. 12,12; 1Chr. 24,9; 1Chr. 25,13; 1Chr. 26,3; 1Chr. 26,5; 1Chr. 27,9; Neh. 3,30; 4Mac. 11,13; Josh. 19,32; Luke 1,36; Rev. 9,13; Rev. 16,12; Rev. 21,20)
　ἕκτου ▸ 3
　　Adjective ▪ masculine ▪ singular ▪ genitive ▪ (ordinal ▪ numeral) ▸ 1 (Hag. 1,15)
　　Adjective ▪ neuter ▪ singular ▪ genitive ▪ (ordinal ▪ numeral) ▸ 2 (Lev. 25,28; 1Esdr. 7,5)
　ἕκτῳ ▸ 6 + 2 = 8
　　Adjective ▪ masculine ▪ singular ▪ dative ▪ (ordinal ▪ numeral) ▸ 2 + 2 = 4 (1Chr. 27,9; Hag. 1,1; Luke 1,26; Rev. 9,14)
　　Adjective ▪ neuter ▪ singular ▪ dative ▪ (ordinal ▪ numeral) ▸ 4 (Lev. 25,21; 2Kings 18,10; 1Mac. 2,70; Ezek. 8,1)
ἐκτός (ἐκ) unless; outside; (+gen) out of (prep.) ▸ 20 + 6 + 8 = 34
　ἐκτὸς ▸ 20 + 6 + 8 = 34
　　Adverb ▪ (place) ▸ 4 (Matt. 23,26; 1Cor. 14,5; 1Cor. 15,2; 1Tim. 5,19)
　　ImproperPreposition ▪ (+genitive) ▸ 20 + 6 + 4 = 30 (Ex. 9,33; Judg. 3,31; 1Kings 2,46e; 1Kings 5,3; 1Kings 10,13; 1Chr. 29,3; 2Chr. 9,12; 2Chr. 17,19; 2Chr. 23,14; 2Chr. 31,16; 1Mac. 15,30; 2Mac. 11,25; Ode. 5,13; Prov. 24,22a; Song 4,1; Song 4,3; Song 6,7; Sir. 1,5 Prol.; Is. 26,13; Bel 14; Judg. 5,28; Judg. 8,26; Judg. 20,15; Judg. 20,17; Dan. 11,4; Bel 9; Acts 26,22; 1Cor. 6,18; 1Cor. 15,27; 2Cor. 12,2)
ἐκτρέπω (ἐκ; τρέπω) to turn; change; wander; avoid ▸ 1 + 5 = 6
　ἐκτραπῇ ▸ 1
　　Verb ▪ third ▪ singular ▪ aorist ▪ passive ▪ subjunctive ▸ 1 (Heb. 12,13)
　ἐκτραπήσονται ▸ 1
　　Verb ▪ third ▪ plural ▪ future ▪ passive ▪ indicative ▸ 1 (2Tim. 4,4)
　ἐκτρεπόμενος ▸ 1
　　Verb ▪ present ▪ middle ▪ participle ▪ masculine ▪ singular ▪ nominative ▸ 1 (1Tim. 6,20)
　ἐκτρέπων ▸ 1
　　Verb ▪ present ▪ active ▪ participle ▪ masculine ▪ singular ▪ nominative ▸ 1 (Amos 5,8)
　ἐξετράπησαν ▸ 2
　　Verb ▪ third ▪ plural ▪ aorist ▪ passive ▪ indicative ▸ 2 (1Tim. 1,6; 1Tim. 5,15)
ἐκτρέφω (ἐκ; τρέφω) to nourish, raise ▸ 26 + 1 + 2 = 29
　ἐκθρέψαι ▸ 3
　　Verb ▪ aorist ▪ active ▪ infinitive ▸ 3 (Gen. 45,7; 1Mac. 6,15; 1Mac. 6,55)
　ἐκθρέψαντι ▸ 1
　　Verb ▪ aorist ▪ active ▪ participle ▪ masculine ▪ singular ▪ dative ▸ 1 (Tob. 14,10)
　ἐκθρέψασαν ▸ 1
　　Verb ▪ aorist ▪ active ▪ participle ▪ feminine ▪ singular ▪ accusative ▸ 1 (Bar. 4,8)
　ἐκθρέψασάν ▸ 1
　　Verb ▪ aorist ▪ active ▪ participle ▪ feminine ▪ singular ▪ accusative ▸ 1 (2Mac. 7,27)
　ἐκθρέψουσιν ▸ 1
　　Verb ▪ third ▪ plural ▪ future ▪ active ▪ indicative ▸ 1 (Zech. 10,9)
　ἐκθρέψω ▸ 1
　　Verb ▪ first ▪ singular ▪ future ▪ active ▪ indicative ▸ 1 (Gen. 45,11)
　ἐκθρέψωσιν ▸ 1
　　Verb ▪ third ▪ plural ▪ aorist ▪ active ▪ subjunctive ▸ 1 (Hos. 9,12)
　ἐκτραφέντα ▸ 2
　　Verb ▪ aorist ▪ passive ▪ participle ▪ neuter ▪ plural ▪ nominative ▸ 1 (2Chr. 10,10)
　　Verb ▪ present ▪ passive ▪ participle ▪ neuter ▪ plural ▪ nominative ▸ 1 (1Kings 12,10)
　ἐκτραφέντων ▸ 1
　　Verb ▪ aorist ▪ passive ▪ participle ▪ neuter ▪ plural ▪ genitive ▸ 1 (1Kings 12,8)
　ἐκτρέφει ▸ 1 + 1 = 2
　　Verb ▪ third ▪ singular ▪ present ▪ active ▪ indicative ▸ 1 + 1 = 2 (Prov. 23,24; Eph. 5,29)
　ἐκτρέφετε ▸ 1
　　Verb ▪ second ▪ plural ▪ present ▪ active ▪ imperative ▸ 1 (Eph. 6,4)
　ἐξέθρεψα ▸ 1
　　Verb ▪ first ▪ singular ▪ aorist ▪ active ▪ indicative ▸ 1 (Is. 23,4)
　ἐξέθρεψαν ▸ 1
　　Verb ▪ third ▪ plural ▪ aorist ▪ active ▪ indicative ▸ 1 (1Esdr. 4,16)
　ἐξέθρεψας ▸ 2
　　Verb ▪ second ▪ singular ▪ aorist ▪ active ▪ indicative ▸ 2 (Job 39,3; Jonah 4,10)
　ἐξέθρεψεν ▸ 6
　　Verb ▪ third ▪ singular ▪ aorist ▪ active ▪ indicative ▸ 6 (Gen. 47,17; 2Sam. 12,3; 1Kings 11,20; 1Esdr. 4,20; 1Mac. 6,17; Ezek. 31,4)
　ἐξέθρεψέν ▸ 2
　　Verb ▪ third ▪ singular ▪ aorist ▪ active ▪ indicative ▸ 2 (Psa. 22,2; Is. 49,21)
　ἐξέτρεφον ▸ 2

Verb · first · singular · imperfect · active · indicative ▸ **1** (Job 31,18)
Verb · third · plural · imperfect · active · indicative ▸ **1** (2Kings 10,6)

ἐκτρέχω (ἐκ; τρέχω) to run off ▸ **2**
  ἐξέδραμεν ▸ **2**
    Verb · third · singular · aorist · active · indicative ▸ **2** (Judg. 13,10; 1Kings 18,16)

ἐκτριβή (ἐκ; τρίβος) destruction ▸ **1**
  ἐκτριβῇ ▸ **1**
    Noun · feminine · singular · dative · (common) ▸ **1** (Deut. 4,26)

ἐκτρίβω (ἐκ; τρίβος) to destroy ▸ **52**
  ἐκτρίβει ▸ **1**
    Verb · third · singular · present · active · indicative ▸ **1** (Gen. 19,14)
  ἐκτριβέτω ▸ **1**
    Verb · third · singular · present · active · imperative ▸ **1** (Sir. 6,36)
  ἐκτριβῇ ▸ **1**
    Verb · third · singular · aorist · passive · subjunctive ▸ **1** (Num. 32,21)
  ἐκτριβῆναι ▸ **1**
    Verb · aorist · passive · infinitive ▸ **1** (Ex. 12,13)
  ἐκτριβῇς ▸ **1**
    Verb · second · singular · aorist · passive · subjunctive ▸ **1** (Gen. 45,11)
  ἐκτριβήσεσθε ▸ **1**
    Verb · second · plural · future · passive · indicative ▸ **1** (Deut. 4,26)
  ἐκτριβήσεται ▸ **3**
    Verb · third · singular · future · passive · indicative ▸ **3** (Gen. 41,36; Num. 15,31; Num. 19,13)
  ἐκτριβήσῃ ▸ **1**
    Verb · second · singular · future · passive · indicative ▸ **1** (Ex. 9,15)
  ἐκτριβήσομαι ▸ **1**
    Verb · first · singular · future · passive · indicative ▸ **1** (Gen. 34,30)
  ἐκτρίβητε ▸ **1**
    Verb · second · plural · aorist · passive · imperative ▸ **1** (Jer. 31,18)
  ἐκτρίβοντες ▸ **1**
    Verb · present · active · participle · masculine · plural · nominative ▸ **1** (Amos 8,4)
  ἐκτριβῶμεν ▸ **1**
    Verb · first · plural · aorist · passive · subjunctive ▸ **1** (Gen. 47,18)
  ἐκτριβῶσιν ▸ **1**
    Verb · third · plural · aorist · passive · subjunctive ▸ **1** (Deut. 7,20)
  ἐκτρῖψαι ▸ **11**
    Verb · aorist · active · infinitive ▸ **11** (Gen. 19,13; Gen. 19,29; 2Chr. 20,23; 1Mac. 3,35; 1Mac. 12,53; 1Mac. 13,1; 1Mac. 13,6; 1Mac. 13,20; Wis. 12,9; Sol. 17,23; Jer. 9,20)
  ἐκτρίψει ▸ **4**
    Verb · third · singular · future · active · indicative ▸ **4** (Lev. 6,21; Deut. 4,31; Job 30,23; Is. 22,17)
  ἐκτρίψεις ▸ **1**
    Verb · second · singular · future · active · indicative ▸ **1** (Num. 14,15)
  ἐκτρίψῃ ▸ **3**
    Verb · third · singular · aorist · active · subjunctive ▸ **3** (Deut. 28,24; Deut. 28,52; Job 9,17)
  ἐκτρίψητε ▸ **1**
    Verb · second · plural · aorist · active · subjunctive ▸ **1** (Josh. 6,18)
  ἔκτριψον ▸ **1**
    Verb · second · singular · aorist · active · imperative ▸ **1** (Sir. 36,6)
  ἐκτρίψουσιν ▸ **1**
    Verb · third · plural · future · active · indicative ▸ **1** (Josh. 7,9)
  ἐκτρίψω ▸ **2**
    Verb · first · singular · future · active · indicative ▸ **2** (Ex. 23,23; Ex. 32,10)
  ἐκτρίψωμεν ▸ **1**
    Verb · first · plural · aorist · active · subjunctive ▸ **1** (Jer. 11,19)
  ἐξετρίβησαν ▸ **1**
    Verb · third · plural · aorist · passive · indicative ▸ **1** (Job 30,13)
  ἐξέτριψα ▸ **1**
    Verb · first · singular · aorist · active · indicative ▸ **1** (Ezek. 43,8)
  ἐξέτριψαν ▸ **3**
    Verb · third · plural · aorist · active · indicative ▸ **3** (Deut. 2,12; Deut. 2,22; Deut. 2,23)
  ἐξέτριψας ▸ **1**
    Verb · second · singular · aorist · active · indicative ▸ **1** (Neh. 9,24)
  ἐξέτριψεν ▸ **6**
    Verb · third · singular · aorist · active · indicative ▸ **6** (Deut. 4,3; Judg. 8,12; 2Chr. 32,21; Sir. 46,18; Sir. 47,7; Sir. 48,21)

ἔκτριψις (ἐκ; τρίβω) destruction ▸ **1**
  ἐκτρίψει ▸ **1**
    Noun · feminine · singular · dative · (common) ▸ **1** (Num. 15,31)

ἐκτρυγάω (ἐκ; τρύγη) to gather in ▸ **1**
  ἐκτρυγήσεις ▸ **1**
    Verb · second · singular · future · active · indicative ▸ **1** (Lev. 25,5)

ἐκτρώγω (ἐκ; τρώγω) to devour ▸ **1**
  ἐκτρώγων ▸ **1**
    Verb · present · active · participle · masculine · singular · nominative ▸ **1** (Mic. 7,4)

ἔκτρωμα (ἐκ; τραῦμα) abnormal birth ▸ **3** + **1** = **4**
  ἔκτρωμα ▸ **3**
    Noun · neuter · singular · accusative · (common) ▸ **1** (Eccl. 6,3)
    Noun · neuter · singular · nominative · (common) ▸ **2** (Num. 12,12; Job 3,16)
  ἐκτρώματι ▸ **1**
    Noun · neuter · singular · dative ▸ **1** (1Cor. 15,8)

ἐκτυπόω (ἐκ; τύπος) to form a relief ▸ **4**
  ἐκτετυπωμένα ▸ **1**
    Verb · perfect · passive · participle · neuter · plural · accusative ▸ **1** (Ex. 36,37)
  ἐκτετυπωμένοι ▸ **2**
    Verb · perfect · passive · participle · masculine · plural · nominative ▸ **2** (Ex. 25,33; Ex. 25,34)
  ἐκτυπώσεις ▸ **1**
    Verb · second · singular · future · active · indicative ▸ **1** (Ex. 28,36)

ἐκτύπωμα (ἐκ; τύπος) relief figure, form ▸ **2**
  ἐκτύπωμα ▸ **2**
    Noun · neuter · singular · accusative · (common) ▸ **2** (Ex. 28,36; Sir. 45,12)

ἐκτύπωσις (ἐκ; τύπος) forming in relief ▸ **1**
  ἐκτύπωσιν ▸ **1**
    Noun · feminine · singular · accusative · (common) ▸ **1** (1Kings

ἐκτύπωσις–ἐκφέρω   743

6,35)

ἐκτυφλόω (ἐκ; τυφλός) to blind ▸ 8 + 1 = 9

   ἐκτετύφλωνται ▸ 1
      Verb · third · plural · perfect · passive · indicative ▸ **1** (Is. 56,10)

   ἐκτυφλοῖ ▸ 2
      Verb · third · singular · present · active · indicative ▸ **2** (Ex. 23,8; Deut. 16,19)

   ἐκτυφλούμενος ▸ 1
      Verb · present · passive · participle · masculine · singular · nominative ▸ **1** (Zech. 11,17)

   ἐκτυφλωθήσεται ▸ 1
      Verb · third · singular · future · passive · indicative ▸ **1** (Zech. 11,17)

   ἐκτυφλώσῃ ▸ 1
      Verb · third · singular · aorist · active · subjunctive ▸ **1** (Ex. 21,26)

   ἐξετυφλοῦντο ▸ 1
      Verb · third · plural · imperfect · passive · indicative ▸ **1** (Tob. 2,10)

   ἐξετύφλωσεν ▸ 2
      Verb · third · singular · aorist · active · indicative ▸ **2** (2Kings 25,7; Jer. 52,11)

ἐκφαίνω (ἐκ; φαίνω) to exhibit, show forth ▸ 14

   ἔκφαινε ▸ 1
      Verb · second · singular · present · active · imperative ▸ **1** (Sir. 8,19)

   ἐκφαίνει ▸ 3
      Verb · third · singular · present · active · indicative ▸ **3** (Sir. 14,7; Sir. 22,19; Sir. 27,6)

   ἐκφαινομένης ▸ 1
      Verb · present · passive · participle · feminine · singular · genitive ▸ **1** (3Mac. 4,1)

   ἐκφαίνων ▸ 2
      Verb · present · active · participle · masculine · singular · nominative ▸ **2** (Sir. 24,27; Dan. 2,47)

   ἐκφᾶναι ▸ 1
      Verb · aorist · active · infinitive ▸ **1** (Sir. 19,25)

   ἐκφανεῖ ▸ 1
      Verb · third · singular · future · active · indicative ▸ **1** (Sir. 39,8)

   ἐκφανῶ ▸ 2
      Verb · first · singular · future · active · indicative ▸ **2** (Sir. 16,25; Sir. 24,32)

   ἐκφάνωσιν ▸ 1
      Verb · third · plural · aorist · active · subjunctive ▸ **1** (Sir. 38,34)

   ἐξεφάνθη ▸ 2
      Verb · third · singular · aorist · passive · indicative ▸ **2** (Dan. 2,19; Dan. 2,30)

ἐκφαυλίζω (ἐκ; φαῦλος) to disparage ▸ 1

   ἐκφαυλίσαντα ▸ 1
      Verb · aorist · active · participle · masculine · singular · accusative ▸ **1** (Judith 14,5)

ἐκφέρω (ἐκ; φέρω) to carry out, carry away ▸ 82 + 6 + 8 = 96

   ἐκφέρει ▸ 2
      Verb · third · singular · present · active · indicative ▸ **2** (Prov. 29,11; Hag. 1,11)

   ἐκφέρειν ▸ 2 + 1 = 3
      Verb · present · active · infinitive ▸ **2 + 1 = 3** (2Chr. 34,14; Ezek. 46,20; Acts 5,15)

   ἐκφέρετε ▸ 1
      Verb · second · plural · present · active · imperative ▸ **1** (Jer. 17,22)

   ἐκφέροντα ▸ 1
      Verb · present · active · participle · masculine · singular · accusative ▸ **1** (Psa. 68,32)

   ἐκφέροντες ▸ 2
      Verb · present · active · participle · masculine · plural · nominative ▸ **2** (Neh. 6,19; Prov. 10,18)

   ἐκφέρουσα ▸ 1
      Verb · present · active · participle · feminine · singular · nominative ▸ **1** (Heb. 6,8)

   ἐκφέρων ▸ 2
      Verb · present · active · participle · masculine · singular · nominative ▸ **2** (Is. 40,26; Is. 54,16)

   ἐξενέγκαι ▸ 4
      Verb · aorist · active · infinitive ▸ **4** (Num. 14,36; Ezra 10,19; Eccl. 5,1; Amos 6,10)

   ἐξενέγκαντες ▸ 2
      Verb · aorist · active · participle · masculine · plural · nominative ▸ **2** (Acts 5,6; Acts 5,10)

   ἐξενέγκας ▸ 2
      Verb · aorist · active · participle · masculine · singular · nominative ▸ **2** (Gen. 24,53; 1Esdr. 2,8)

   ἐξενέγκασα ▸ 1
      Verb · aorist · active · participle · feminine · singular · nominative ▸ **1** (Ruth 2,18)

   ἐξενέγκατε ▸ 1 + 1 = 2
      Verb · second · plural · aorist · active · imperative ▸ **1 + 1 = 2** (Neh. 5,11; Luke 15,22)

   Ἐξένεγκε ▸ 2
      Verb · second · singular · aorist · active · imperative ▸ **2** (Judg. 6,30; Judg. 19,22)

   ἐξενεγκεῖν ▸ 1
      Verb · aorist · active · infinitive ▸ **1** (1Tim. 6,7)

   ἐξενεχθέντα ▸ 1
      Verb · aorist · passive · participle · neuter · plural · accusative ▸ **1** (Bar. 1,8)

   ἐξενεχθῆναι ▸ 1
      Verb · aorist · passive · infinitive ▸ **1** (Bar. 2,24)

   ἐξενεχθήσεσθε ▸ 1
      Verb · second · plural · future · passive · indicative ▸ **1** (Amos 4,3)

   ἐξήνεγκα ▸ 2
      Verb · first · singular · aorist · active · indicative ▸ **2** (Ezra 8,17; Ezek. 12,7)

   ἐξήνεγκαν ▸ 4
      Verb · third · plural · aorist · active · indicative ▸ **4** (Ex. 12,39; Num. 13,32; Josh. 7,23; 2Kings 10,26)

   ἐξήνεγκας ▸ 2
      Verb · second · singular · aorist · active · indicative ▸ **2** (1Kings 21,42; Neh. 9,15)

   ἐξήνεγκεν ▸ 27 + 3 + 1 = 31
      Verb · third · singular · aorist · active · indicative ▸ **27 + 3 + 1 = 31** (Gen. 1,12; Gen. 14,18; Ex. 4,6; Ex. 4,7; Num. 17,23; Num. 17,24; Deut. 22,19; Judg. 6,19; 2Sam. 12,30; 2Kings 10,22; 2Kings 15,20; 2Kings 23,6; 2Kings 24,13; 1Chr. 20,2; 1Esdr. 2,7; 1Esdr. 6,17; 1Esdr. 6,17; 1Esdr. 6,25; Ezra 1,7; Ezra 1,8; Ezra 5,14; Ezra 5,14; Ezra 6,5; Song 2,13; Jer. 27,25; Jer. 28,10; Ezek. 24,6; Judg. 6,19; Dan. 5,2; Dan. 5,3; Mark 8,23)

   ἐξοίσει ▸ 6
      Verb · third · singular · future · active · indicative ▸ **6** (Lev. 6,4; Deut. 24,11; Psa. 36,6; Is. 42,1; Is. 42,3; Ezek. 17,23)

   ἐξοίσεις ▸ 4
      Verb · second · singular · future · active · indicative ▸ **4** (Deut.

14,28; Deut. 28,38; 1Kings 17,13; Ezek. 12,4)

ἐξοίσετε ▸ 3
   Verb · second · plural · future · active · indicative ▸ **3** (Ex. 12,46; Lev. 26,10; Num. 20,8)

ἐξοίσομέν ▸ 1
   Verb · first · plural · future · active · indicative ▸ **1** (Judith 12,3)

ἐξοίσουσιν ▸ 7
   Verb · third · plural · future · active · indicative ▸ **7** (Lev. 4,12; Lev. 4,21; Lev. 14,45; Lev. 16,27; Deut. 22,15; 1Chr. 9,28; Jer. 8,1)

ἐξοίσουσίν ▸ 1
   Verb · third · plural · future · active · indicative ▸ **1** (Acts 5,9)

ἐξοίσω ▸ 5 + **1** = 6
   Verb · first · singular · future · active · indicative ▸ 5 + **1** = **6** (Josh. 18,6; Josh. 18,8; Zech. 4,7; Zech. 5,4; Jer. 28,44; Judg. 6,18)

ἐκφεύγω (ἐκ; φεύγω)   to escape ▸ 21 + 3 + 8 = 32

  ἐκπέφευγας ▸ 1
   Verb · second · singular · perfect · active · indicative ▸ **1** (2Mac. 7,35)

  ἐκπέφευγεν ▸ 1
   Verb · third · singular · perfect · active · indicative ▸ **1** (Wis. 15,19)

  ἐκπεφευγέναι ▸ 1
   Verb · perfect · active · infinitive ▸ **1** (Acts 16,27)

  ἐκπεφευγότες ▸ 1
   Verb · perfect · active · participle · masculine · plural · nominative ▸ **1** (3Mac. 6,29)

  ἐκπεφευγώς ▸ 1
   Verb · perfect · active · participle · masculine · singular · nominative ▸ **1** (Sir. 40,6)

  ἐκφεύγει ▸ 1
   Verb · third · singular · present · active · indicative ▸ **1** (Prov. 12,13)

  ἐκφευγέτωσάν ▸ 1
   Verb · third · plural · present · active · imperative ▸ **1** (Sir. 6,35)

  ἐκφεύξεσθαι ▸ 2
   Verb · future · middle · infinitive ▸ **2** (Esth. 16,4 # 8,12d; 2Mac. 9,22)

  ἐκφεύξεται ▸ 2 + **1** = 3
   Verb · third · singular · future · middle · indicative ▸ 2 + **1** = **3** (Tob. 13,2; Sir. 16,13; Tob. 13,2)

  ἐκφεύξῃ ▸ 2 + **1** = 3
   Verb · second · singular · future · middle · indicative ▸ 2 + **1** = **3** (4Mac. 9,32; Prov. 10,19; Rom. 2,3)

  ἐκφεύξομαι ▸ 2 + **1** = 3
   Verb · first · singular · future · middle · indicative ▸ 2 + **1** = **3** (2Mac. 6,26; Sus. 22; Sus. 22)

  ἐκφευξόμεθα ▸ 1
   Verb · first · plural · future · middle · indicative ▸ **1** (Heb. 2,3)

  ἐκφεύξονται ▸ 1
   Verb · third · plural · future · middle · indicative ▸ **1** (Sol. 15,8)

  ἐκφυγεῖν ▸ 1 + **1** + 2 = 4
   Verb · aorist · active · infinitive ▸ 1 + **1** + 2 = **4** (Judg. 6,11; Judg. 6,11; Luke 21,36; Acts 19,16)

  ἐκφύγῃ ▸ 1
   Verb · third · singular · aorist · active · subjunctive ▸ **1** (Job 15,30)

  ἐκφύγῃς ▸ 1
   Verb · second · singular · aorist · active · subjunctive ▸ **1** (Sir. 11,10)

  ἐκφυγόντα ▸ 1
   Verb · aorist · active · participle · neuter · plural · nominative ▸ **1** (LetterJ 67)

  ἐκφύγωσιν ▸ 1
   Verb · third · plural · aorist · active · subjunctive ▸ **1** (1Th. 5,3)

  ἐξέφυγεν ▸ 2
   Verb · third · singular · aorist · active · indicative ▸ **2** (Sir. 27,20; Is. 66,7)

  ἐξέφυγον ▸ 2
   Verb · first · singular · aorist · active · indicative ▸ **1** (2Cor. 11,33)
   Verb · third · plural · aorist · active · indicative ▸ **1** (Heb. 12,25)

ἐκφλέγω (ἐκ; φλόξ)   to be set on fire ▸ 1

  ἐκφλεγομένη ▸ 1
   Verb · present · middle · participle · feminine · singular · nominative ▸ **1** (4Mac. 16,3)

ἐκφοβέω (ἐκ; φόβος)   to terrify ▸ 14 + **1** = 15

  ἐκφοβεῖν ▸ 1
   Verb · present · active · infinitive ▸ **1** (2Cor. 10,9)

  ἐκφοβεῖς ▸ 2
   Verb · second · singular · present · active · indicative ▸ **2** (4Mac. 9,5; Job 7,14)

  ἐκφοβήσασα ▸ 1
   Verb · aorist · active · participle · feminine · singular · nominative ▸ **1** (Wis. 11,19)

  ἐκφοβοῦντα ▸ 1
   Verb · present · active · participle · neuter · plural · nominative ▸ **1** (Wis. 17,18)

  ἐκφοβῶν ▸ 8
   Verb · present · active · participle · masculine · singular · nominative ▸ **8** (Lev. 26,6; Judith 16,25; 1Mac. 14,12; Mic. 4,4; Nah. 2,12; Zeph. 3,13; Ezek. 34,28; Ezek. 39,26)

  ἐξεφόβησαν ▸ 1
   Verb · third · plural · aorist · active · indicative ▸ **1** (Ezek. 32,27)

  ἐξεφόβησεν ▸ 1
   Verb · third · singular · aorist · active · indicative ▸ **1** (Job 33,16)

ἔκφοβος (ἐκ; φόβος)   terrified ▸ 2 + **2** = 4

  ἔκφοβοι ▸ 1
   Adjective · masculine · plural · nominative ▸ **1** (Mark 9,6)

  ἔκφοβος ▸ 1
   Adjective · masculine · singular · nominative · noDegree ▸ **1** (1Mac. 13,2)

  ἔκφοβός ▸ 1 + **1** = 2
   Adjective · masculine · singular · nominative · noDegree ▸ 1 + **1** = **2** (Deut. 9,19; Heb. 12,21)

ἐκφορά (ἐκ; φέρω)   funeral, carrying out ▸ 3

  ἐκφοράν ▸ 3
   Noun · feminine · singular · accusative · (common) ▸ **3** (2Chr. 16,14; 2Chr. 21,19; 2Chr. 21,19)

ἐκφόριον (ἐκ; φέρω)   what the earth produces ▸ 5

  ἐκφόρια ▸ 5
   Noun · neuter · plural · accusative · (common) ▸ **5** (Lev. 25,19; Deut. 28,33; Judg. 6,4; Hag. 1,10; Mal. 3,10)

ἐκφυγή (ἐκ; φεύγω)   escape ▸ 1

  ἐκφυγῆς ▸ 1
   Noun · feminine · singular · genitive · (common) ▸ **1** (3Mac. 4,19)

ἐκφύρω (ἐκ; φύρω)   to defile ▸ 1

  ἐξεφύρθης ▸ 1
   Verb · second · singular · aorist · passive · indicative ▸ **1** (Jer. 3,2)

ἐκφυσάω (ἐκ; φῦσα)   to kindle a fire ▸ 6

  ἐκφύσα ▸ 1

ἐκφυσάω–ἐκχέω

    Verb · second · singular · present · active · imperative · **1** (4Mac. 5,32)
- ἐκφυσῆσαι · 1
    Verb · aorist · active · infinitive · **1** (Ezek. 22,20)
- ἐκφυσήσω · 1
    Verb · first · singular · future · active · indicative · **1** (Ezek. 22,21)
- ἐκφυσῶν · 1
    Verb · present · active · participle · masculine · singular · nominative · **1** (Sir. 43,4)
- ἐξεφύσησα · 2
    Verb · first · singular · aorist · active · indicative · **2** (Hag. 1,9; Mal. 1,13)

ἐκφύω (ἐκ; φύω) to put out · 2
- ἐκφύη · 2
    Verb · third · singular · present · active · subjunctive · **2** (Matt. 24,32; Mark 13,28)

ἐκφωνέω (ἐκ; φωνή) to cry out · 3
- ἐκφωνήσας · 3
    Verb · aorist · active · participle · masculine · singular · nominative · **3** (Dan. 2,20; Dan. 2,27; Dan. 2,47)

ἐκχέω (ἐκ; χέω) to pour out; bring forth, come forth · 140 + 3 + 16 = 159
- ἐκκέχυκα · 1
    Verb · first · singular · perfect · active · indicative · **1** (Ezek. 24,7)
- ἐκκεχυμένα · 1
    Verb · perfect · passive · participle · neuter · plural · nominative · **1** (Sir. 30,18)
- ἐκκεχυμένου · 1
    Verb · perfect · passive · participle · neuter · singular · genitive · **1** (Psa. 78,10)
- ἐκχέαι · 11 + 1 = 12
    Verb · aorist · active · infinitive · **11 + 1 = 12** (1Sam. 25,31; Psa. 13,3; Prov. 1,16; Sol. 2,24; Zeph. 3,8; Is. 59,7; Ezek. 9,8; Ezek. 20,8; Ezek. 20,13; Ezek. 20,21; Ezek. 22,27; Rom. 3,15)
- ἔκχεε · 1
    Verb · second · singular · present · active · imperative · **1** (Judg. 6,20)
- ἐκχεεῖ · 7 + 1 = 8
    Verb · third · singular · future · active · indicative · **7 + 1 = 8** (Lev. 4,7; Lev. 4,18; Lev. 4,25; Lev. 4,30; Lev. 4,34; Lev. 17,13; Zeph. 1,17; Dan. 11,15)
- ἐκχέει · 1
    Verb · third · singular · present · active · indicative · **1** (Sir. 28,11)
- ἐκχέειν · 1
    Verb · present · active · infinitive · **1** (Jer. 22,17)
- ἐκχεεῖς · 4
    Verb · second · singular · future · active · indicative · **4** (Ex. 4,9; Ex. 29,12; Ex. 30,18; Deut. 15,23)
- ἐκχεεῖτε · 2
    Verb · second · plural · future · active · indicative · **2** (Deut. 12,16; Deut. 12,24)
- ἐκχέετε · 1 + 1 = 2
    Verb · second · plural · present · active · imperative · **1 + 1 = 2** (Psa. 61,9; Rev. 16,1)
- ἐκχέῃ · 3
    Verb · third · singular · present · active · subjunctive · **3** (2Kings 19,32; Psa. 101,1; Sir. 35,14)
- ἐκχέῃς · 1
    Verb · second · singular · present · active · subjunctive · **1** (Sir. 32,4)
- ἐκχέητε · 3
    Verb · second · plural · present · active · subjunctive · **3** (Gen. 37,22; Jer. 7,6; Jer. 22,3)
- ἐκχεῖσθαι · 1
    Verb · present · passive · infinitive · **1** (Lam. 2,12)
- ἐκχεῖται · 1
    Verb · third · singular · present · passive · indicative · **1** (Matt. 9,17)
- ἔκχεον · 10
    Verb · second · singular · aorist · active · imperative · **10** (Judg. 6,20; Tob. 4,17; Psa. 34,3; Psa. 68,25; Psa. 78,6; Sir. 36,6; Jer. 6,6; Jer. 10,25; Lam. 2,19; Ezek. 24,3)
- ἐκχέοντα · 1
    Verb · present · active · participle · masculine · singular · accusative · **1** (Ezek. 18,10)
- ἐκχέοντος · 1
    Verb · present · active · participle · masculine · singular · genitive · **1** (Num. 35,33)
- ἐκχεόντων · 1
    Verb · present · active · participle · masculine · plural · genitive · **1** (Lam. 4,13)
- ἐκχέουσα · 1
    Verb · present · active · participle · feminine · singular · nominative · **1** (Ezek. 22,3)
- ἐκχέουσαι · 1
    Verb · present · active · participle · feminine · plural · nominative · **1** (Prov. 6,17)
- ἐκχεούσης · 1
    Verb · present · active · participle · feminine · singular · genitive · **1** (Ezek. 16,38)
- ἐκχεοῦσιν · 4
    Verb · third · plural · future · active · indicative · **4** (Lev. 4,12; Lev. 14,41; Num. 19,17; Sir. 39,28)
- ἐκχέουσιν · 1
    Verb · third · plural · present · active · indicative · **1** (Eccl. 11,3)
- ἐκχεῶ · 13 + 2 = 15
    Verb · first · singular · future · active · indicative · **13 + 2 = 15** (Psa. 141,3; Sir. 24,33; Hos. 5,10; Joel 3,1; Joel 3,2; Zech. 12,10; Mal. 3,10; Jer. 6,11; Jer. 14,16; Ezek. 7,5; Ezek. 14,19; Ezek. 21,36; Ezek. 30,15; Acts 2,17; Acts 2,18)
- ἐκχέω · 1
    Verb · first · singular · present · active · indicative · **1** (1Sam. 1,15)
- ἐκχέων · 6
    Verb · present · active · participle · masculine · singular · nominative · **6** (Gen. 9,6; Job 12,21; Sir. 16,11; Sir. 34,22; Amos 5,8; Amos 9,6)
- ἐκχέωσιν · 3
    Verb · third · plural · present · active · subjunctive · **3** (Ezek. 22,6; Ezek. 22,9; Ezek. 22,12)
- ἐκχυθέντες · 1
    Verb · aorist · passive · participle · masculine · plural · nominative · **1** (Judith 15,2)
- ἐκχυθέντος · 1
    Verb · aorist · passive · participle · neuter · singular · genitive · **1** (Num. 35,33)
- ἐκχυθῇς · 1
    Verb · second · singular · aorist · passive · subjunctive · **1** (Sir. 37,29)
- ἐκχυθήσεται · 5
    Verb · third · singular · future · passive · indicative · **5** (Gen. 9,6;

Deut. 19,10; 1Kings 13,3; Job 30,16; Hos. 12,15)
  ἐκχυθήσονται ▸ 1
    Verb · third · plural · future · passive · indicative ▸ **1** (Sir. 20,13)
  ἐξέχεα ▸ 5
    Verb · first · singular · aorist · active · indicative ▸ **5** (Psa. 41,5; Ezek. 22,22; Ezek. 22,31; Ezek. 36,18; Ezek. 39,29)
  ἐξέχεαν ▸ 11 + 1 = 12
    Verb · third · plural · aorist · active · indicative ▸ 11 + 1 = **12** (Deut. 21,7; 1Sam. 7,6; 2Sam. 20,15; 1Mac. 1,37; 1Mac. 7,17; 2Mac. 1,8; Psa. 78,3; Psa. 105,38; Job 16,13; Joel 4,19; Ezek. 23,8; Rev. 16,6)
  ἐξέχεας ▸ 7
    Verb · second · singular · aorist · active · indicative ▸ **7** (1Chr. 22,8; 1Chr. 22,8; 1Chr. 28,3; Is. 57,6; Ezek. 16,15; Ezek. 16,36; Ezek. 22,4)
  ἐξέχεεν ▸ 14 + 10 = 24
    Verb · third · singular · aorist · active · indicative ▸ 14 + 10 = **24** (Gen. 38,9; Lev. 8,15; Lev. 9,9; Lev. 17,4; 1Kings 2,31; 2Kings 21,16; 2Kings 24,4; 2Chr. 36,5d; Sir. 1,9; Sir. 18,11; Sir. 50,15; Sol. 8,20; Lam. 2,4; Lam. 4,11; John 2,15; Acts 2,33; Titus 3,6; Rev. 16,2; Rev. 16,3; Rev. 16,4; Rev. 16,8; Rev. 16,10; Rev. 16,12; Rev. 16,17)
  ἐξεχύθη ▸ 7 + 1 = 8
    Verb · third · singular · aorist · passive · indicative ▸ 7 + 1 = **8** (2Sam. 20,10; 1Kings 13,5; Psa. 44,3; Psa. 72,2; Psa. 106,40; Sol. 16,2; Lam. 2,11; Judg. 20,37)
  ἐξεχύθην ▸ 1
    Verb · first · singular · aorist · passive · indicative ▸ **1** (Psa. 21,15)
  ἐξεχύθησαν ▸ 4
    Verb · third · plural · aorist · passive · indicative ▸ **4** (Judg. 9,44; Judg. 20,37; Judith 15,3; Lam. 4,1)
ἐκχολάω (ἐκ; χολή) to be angry ▸ 1
  ἐξεχόλησεν ▸ 1
    Verb · third · singular · aorist · active · indicative ▸ **1** (3Mac. 3,1)
ἐκχύννω to pour out ▸ 11
  ἐκκεχυμένον ▸ 1
    Verb · perfect · passive · participle · neuter · singular · nominative ▸ **1** (Luke 11,50)
  ἐκκέχυται ▸ 2
    Verb · third · singular · perfect · passive · indicative ▸ **2** (Acts 10,45; Rom. 5,5)
  ἐκχυθήσεται ▸ 1
    Verb · third · singular · future · passive · indicative ▸ **1** (Luke 5,37)
  ἐκχυννόμενον ▸ 4
    Verb · present · passive · participle · neuter · singular · nominative ▸ **4** (Matt. 23,35; Matt. 26,28; Mark 14,24; Luke 22,20)
  ἐξεχύθη ▸ 1
    Verb · third · singular · aorist · passive · indicative ▸ **1** (Acts 1,18)
  ἐξεχύθησαν ▸ 1
    Verb · third · plural · aorist · passive · indicative ▸ **1** (Jude 11)
  ἐξεχύννετο ▸ 1
    Verb · third · singular · imperfect · passive · indicative ▸ **1** (Acts 22,20)
ἔκχυσις (ἐκ; χέω) overflowing ▸ 2
  ἐκχύσεως ▸ 1
    Noun · feminine · singular · genitive · (common) ▸ **1** (Lev. 4,12)
  ἔκχυσις ▸ 1
    Noun · feminine · singular · nominative · (common) ▸ **1** (Sir. 27,15)

ἔκχυσις (ἐκ; χέω) overflowing ▸ 1
  ἐκχύσεως ▸ 1
    Noun · feminine · singular · genitive · (common) ▸ **1** (1Kings 18,28)
ἐκχωρέω (ἐκ; χωρέω) to depart ▸ 5 + 1 + 1 = 7
  ἐκχωρείτω ▸ 1
    Verb · third · singular · present · active · imperative ▸ **1** (Judg. 7,3)
  ἐκχωρείτωσαν ▸ 1
    Verb · third · plural · present · active · imperative ▸ **1** (Luke 21,21)
  Ἐκχωρήσατε ▸ 1
    Verb · second · plural · aorist · active · imperative ▸ **1** (Num. 17,10)
  ἐκχώρησον ▸ 1
    Verb · second · singular · aorist · active · imperative ▸ **1** (Amos 7,12)
  ἐξεχώρησεν ▸ 1
    Verb · third · singular · aorist · active · indicative ▸ **1** (1Mac. 9,62)
  ἐξεχώρισεν ▸ 2
    Verb · third · singular · aorist · active · indicative ▸ **2** (1Esdr. 4,44; 1Esdr. 4,57)
ἐκψύχω (ἐκ; ψύχω) to faint, die ▸ 2 + 3 = 5
  ἐκψύξει ▸ 1
    Verb · third · singular · future · active · indicative ▸ **1** (Ezek. 21,12)
  ἐξέψυξεν ▸ 1 + 3 = 4
    Verb · third · singular · aorist · active · indicative ▸ 1 + 3 = **4** (Judg. 4,21; Acts 5,5; Acts 5,10; Acts 12,23)
ἑκών willing ▸ 2 + 2 = 4
  ἑκοῦσα ▸ 1
    Adjective · feminine · singular · nominative ▸ **1** (Rom. 8,20)
  ἑκών ▸ 1
    Adjective · masculine · singular · nominative · noDegree ▸ **1** (Ex. 21,13)
  ἑκών ▸ 1 + 1 = 2
    Adjective · masculine · singular · nominative · noDegree ▸ 1 + 1 = **2** (Job 36,19; 1Cor. 9,17)
Ελα Heled ▸ 1
  Ελα ▸ 1
    Noun · masculine · singular · nominative · (proper) ▸ **1** (2Sam. 23,29)
ἐλαία olive, olive tree ▸ 33 + 3 + 15 = 51
  ἐλαία ▸ 6 + 1 = 7
    Noun · feminine · singular · nominative · (common) ▸ 6 + 1 = **7** (Deut. 28,40; Judg. 9,9; Psa. 51,10; Sir. 24,14; Sir. 50,10; Hos. 14,7; Judg. 9,9)
  ἐλαίᾳ ▸ 1 + 1 + 1 = 3
    Noun · feminine · singular · dative · (common) ▸ 1 + 1 + 1 = **3** (Judg. 9,8; Judg. 9,8; Rom. 11,24)
  ἐλαῖαι ▸ 3 + 1 = 4
    Noun · feminine · plural · nominative · (common) ▸ 3 + 1 = **4** (Deut. 28,40; Zech. 4,3; Zech. 4,11; Rev. 11,4)
  ἐλαίαν ▸ 4
    Noun · feminine · singular · accusative · (common) ▸ **4** (Judith 15,13; Mic. 6,15; Is. 24,13; Jer. 11,16)
  ἐλαίας ▸ 12 + 1 + 2 = 15
    Noun · feminine · plural · accusative · (common) ▸ 1 + 1 = **2** (Neh. 5,11; James 3,12)
    Noun · feminine · singular · genitive · (common) ▸ 11 + 1 + 1 = **13** (Gen. 8,11; Deut. 8,8; Judg. 15,5; 2Sam. 15,18; 2Kings

18,32; Neh. 8,15; Ode. 4,17; Job 15,33; Hab. 3,17; Hag. 2,19; Is. 17,6; Judg. 15,5; Rom. 11,17)

Ἐλαιῶν ▸ 2
  Noun · feminine · plural · genitive · (proper) ▸ 2 (Luke 19,29; Luke 21,37)

ἐλαιῶν ▸ 7 + 9 = 16
  Noun · feminine · plural · genitive · (common) ▸ 7 + 9 = **16** (Ex. 27,20; Ex. 30,24; 2Sam. 15,30; Psa. 127,3; Zech. 4,12; Zech. 14,4; Zech. 14,4; Matt. 21,1; Matt. 24,3; Matt. 26,30; Mark 11,1; Mark 13,3; Mark 14,26; Luke 19,37; Luke 22,39; John 8,1)

ἐλάϊνος (ἐλαία) of olives, of olive-wood ▸ 1
  ἐλάϊνον ▸ 1
    Adjective · neuter · singular · accusative · noDegree ▸ **1** (Lev. 24,2)

ἐλαιολογέω (ἐλαία; λέγω) to pick olives ▸ 1
  ἐλαιαλογήσῃς ▸ 1
    Verb · third · singular · aorist · active · subjunctive ▸ **1** (Deut. 24,20)

ἔλαιον (ἐλαία) olive oil ▸ 196 + 2 + 11 = 209
  ἔλαιον ▸ 72 + 1 + 6 = 79
    Noun · neuter · singular · accusative · (common) ▸ 57 + 1 + 6 = **64** (Gen. 28,18; Gen. 35,14; Ex. 27,20; Ex. 30,24; Ex. 30,25; Ex. 31,11; Ex. 35,17 # 35,12a; Ex. 35,19; Ex. 35,28; Ex. 38,25; Ex. 39,15; Ex. 39,16; Ex. 40,9; Lev. 2,1; Lev. 2,6; Lev. 2,15; Lev. 5,11; Lev. 8,2; Lev. 14,17; Lev. 14,18; Lev. 24,2; Num. 5,15; Deut. 28,40; Deut. 28,51; Deut. 32,13; 2Sam. 14,2; 2Kings 4,2; 2Kings 4,7; 2Kings 9,6; 2Kings 20,13; 1Chr. 12,41; 2Chr. 2,14; 2Chr. 11,11; 1Esdr. 6,29; Ezra 3,7; Ezra 6,9; Neh. 5,11; Psa. 44,8; Psa. 54,22; Psa. 108,24; Prov. 21,17; Eccl. 7,1; Hos. 2,10; Hos. 2,24; Hos. 12,2; Mic. 6,15; Joel 2,19; Hag. 1,11; Is. 1,6; Jer. 47,10; Jer. 47,12; Ezek. 16,13; Ezek. 16,19; Ezek. 27,17; Ezek. 45,25; Ezek. 46,15; Dan. 10,3; Sus. 17; Matt. 25,3; Matt. 25,4; Luke 10,34; Heb. 1,9; Rev. 6,6; Rev. 18,13)
    Noun · neuter · singular · nominative · (common) ▸ **15** (Ex. 30,25; Lev. 10,7; Lev. 21,12; Num. 4,16; Num. 4,16; 1Kings 17,12; 2Kings 4,6; Psa. 108,18; Psa. 140,5; Ode. 2,13; Eccl. 9,8; Sir. 39,26; Joel 1,10; Jer. 48,8; Ezek. 32,14)

  Ἔλαιον ▸ 1
    Noun · neuter · singular · nominative · (common) ▸ **1** (Ex. 30,31)

  ἔλαιόν ▸ 5
    Noun · neuter · singular · accusative · (common) ▸ **5** (Deut. 7,13; Deut. 11,14; Hos. 2,7; Ezek. 16,18; Ezek. 23,41)

  ἐλαίου ▸ 59 + 1 + 2 = 62
    Noun · neuter · singular · genitive · (common) ▸ 59 + 1 + 2 = **62** (Ex. 29,7; Ex. 29,21; Ex. 29,23; Lev. 8,10; Lev. 8,12; Lev. 8,26; Lev. 8,30; Lev. 14,10; Lev. 14,12; Lev. 14,15; Lev. 14,16; Lev. 14,21; Lev. 14,24; Lev. 14,26; Lev. 14,27; Lev. 14,28; Lev. 14,29; Lev. 21,10; Num. 4,9; Num. 11,8; Num. 18,12; Deut. 8,8; Deut. 12,17; Deut. 14,23; Deut. 18,4; 1Sam. 10,1; 1Sam. 16,1; 1Sam. 16,13; 1Kings 1,39; 1Kings 5,25; 1Kings 17,14; 1Kings 17,16; 2Kings 9,1; 2Kings 9,3; 2Kings 18,32; 1Chr. 9,29; 1Chr. 27,28; 2Chr. 2,9; 2Chr. 31,5; 2Chr. 32,28; Ezra 7,22; Neh. 10,38; Neh. 10,40; Neh. 13,5; Neh. 13,12; Judith 10,5; Judith 11,13; Psa. 4,8; Eccl. 10,1; Joel 2,24; Hag. 2,12; Ezek. 45,14; Ezek. 45,14; Ezek. 45,24; Ezek. 46,5; Ezek. 46,7; Ezek. 46,11; Ezek. 46,14; Bel 3; Tob. 1,7; Matt. 25,8; Luke 16,6)

  ἐλαίῳ ▸ 59 + 3 = 62
    Noun · neuter · singular · dative · (common) ▸ 59 + 3 = **62** (Ex. 29,2; Ex. 29,2; Ex. 29,40; Lev. 2,2; Lev. 2,4; Lev. 2,4; Lev. 2,5; Lev. 2,7; Lev. 2,16; Lev. 6,8; Lev. 6,14; Lev. 7,10; Lev. 7,12; Lev. 7,12; Lev. 7,12; Lev. 9,4; Lev. 14,10; Lev. 14,21; Lev. 23,13; Num. 6,15; Num. 6,15; Num. 7,13; Num. 7,19; Num. 7,25; Num. 7,31; Num. 7,37; Num. 7,43; Num. 7,49; Num. 7,55; Num. 7,61; Num. 7,67; Num. 7,73; Num. 7,79; Num. 8,8; Num. 15,4; Num. 15,6; Num. 15,9; Num. 28,5; Num. 28,9; Num. 28,12; Num. 28,12; Num. 28,13; Num. 28,20; Num. 28,28; Num. 29,3; Num. 29,9; Num. 29,14; Num. 35,25; Deut. 33,24; 2Sam. 1,21; 2Kings 4,7; Esth. 2,12; Psa. 22,5; Psa. 88,21; Psa. 91,11; Psa. 103,15; Psa. 151,4; Sir. 45,15; Ezek. 16,9; Mark 6,13; Luke 7,46; James 5,14)

ἐλαιών (ἐλαία) olive grove ▸ 9 + 1 = 10
  ἐλαιῶνά ▸ 1
    Noun · masculine · singular · accusative · (common) ▸ **1** (Ex. 23,11)
  ἐλαιῶνας ▸ 7
    Noun · masculine · plural · accusative · (common) ▸ **7** (Deut. 6,11; Josh. 24,13; 1Sam. 8,14; 2Kings 5,26; Neh. 9,25; Amos 4,9; Jer. 5,17)
  Ἐλαιῶνος ▸ 1
    Noun · masculine · singular · genitive · (proper) ▸ **1** (Acts 1,12)
  ἐλαιώνων ▸ 1
    Noun · masculine · plural · genitive · (common) ▸ **1** (1Chr. 27,28)

Ελαμι Elami (?) ▸ 1
  Ελαμι ▸ 1
    Noun · masculine · singular · accusative · (proper) ▸ **1** (1Kings 12,240)

Ἐλαμίτης Elamite ▸ 1
  Ἐλαμῖται ▸ 1
    Noun · masculine · plural · nominative · (proper) ▸ **1** (Acts 2,9)

Ελασα Elasa ▸ 3
  Ελασα ▸ 3
    Noun · masculine · singular · dative · (proper) ▸ **1** (1Mac. 9,5)
    Noun · masculine · singular · genitive · (proper) ▸ **1** (Jer. 48,1)
    Noun · masculine · singular · nominative · (proper) ▸ **1** (1Chr. 8,37)

ἔλασμα (ἐλατός) beaten metal plate ▸ 1
  ἔλασμα ▸ 1
    Noun · masculine · singular · nominative · (common) ▸ **1** (Hab. 2,19)

ἐλάτη silver fir; waving palm ▸ 3
  ἐλάται ▸ 2
    Noun · feminine · plural · nominative · (common) ▸ **2** (Song 5,11; Ezek. 31,8)
  ἐλάτης ▸ 1
    Noun · feminine · singular · genitive · (common) ▸ **1** (Gen. 21,15)

ἐλάτινος (ἐλάτη) made of fir, pine ▸ 1
  ἐλατίνους ▸ 1
    Adjective · masculine · plural · accusative · noDegree ▸ **1** (Ezek. 27,5)

ἐλατός beaten (metal), hammered ▸ 8
  ἐλατά ▸ 2
    Adjective · neuter · plural · accusative · noDegree ▸ **2** (1Kings 10,16; 1Kings 10,17)
  ἐλαταῖς ▸ 2
    Adjective · feminine · plural · dative · noDegree ▸ **2** (Psa. 97,6; Sir. 50,16)
  ἐλατάς ▸ 1
    Adjective · feminine · plural · accusative · noDegree ▸ **1** (Num. 17,3)
  ἐλατὰς ▸ 2
    Adjective · feminine · plural · accusative · noDegree ▸ **2** (Num. 10,2; 2Chr. 9,16)
  ἐλατούς ▸ 1
    Adjective · masculine · plural · accusative · noDegree ▸ **1** (2Chr. 9,15)

ἐλαττονέω (ἐλαχύς) to receive less, be in need ▸ 7 + 1 = 8
   ἐλαττονῇ ▸ 1
      Verb · second · singular · present · middle · subjunctive ▸ 1 (1Kings 11,22)
   ἐλαττονήσει ▸ 2
      Verb · third · singular · future · active · indicative ▸ 2 (Ex. 30,15; 1Kings 17,14)
   ἐλαττονοῦνται ▸ 1
      Verb · third · plural · present · middle · indicative ▸ 1 (Prov. 11,24)
   ἠλαττόνησεν ▸ 1 + 1 = 2
      Verb · third · singular · aorist · active · indicative ▸ 1 + 1 = 2 (Ex. 16,18; 2Cor. 8,15)
   ἠλαττονοῦτο ▸ 2
      Verb · third · singular · imperfect · middle · indicative ▸ 2 (Gen. 8,3; Gen. 8,5)

ἐλαττονόω (ἐλαχύς) to diminish ▸ 8 + 1 = 9
   ἐλασσονοῦσι ▸ 1
      Verb · third · plural · present · active · indicative ▸ 1 (Prov. 14,34)
   ἐλαττονοῦται ▸ 1
      Verb · third · singular · present · passive · indicative ▸ 1 (Sir. 19,6)
   ἐλαττονωθέντες ▸ 1
      Verb · aorist · passive · participle · masculine · plural · nominative ▸ 1 (2Mac. 12,11)
   ἐλαττονώθη ▸ 1
      Verb · third · singular · aorist · passive · indicative ▸ 1 (1Kings 17,16)
   ἐλαττονωθῇ ▸ 1 + 1 = 2
      Verb · third · singular · aorist · passive · subjunctive ▸ 1 + 1 = 2 (Sir. 19,7; Tob. 14,4)
   ἐλαττονωθῶσιν ▸ 1
      Verb · third · plural · aorist · passive · subjunctive ▸ 1 (Gen. 18,28)
   ἐλαττονώσῃ ▸ 1
      Verb · third · singular · aorist · active · subjunctive ▸ 1 (Lev. 25,16)
   ἠλαττονοῦτο ▸ 1
      Verb · third · singular · imperfect · passive · indicative ▸ 1 (2Mac. 13,19)

ἐλαττόω (ἐλαχύς) to lower, make less ▸ 27 + 3 = 30
   ἐλασσούμενον ▸ 1
      Verb · present · middle · participle · masculine · singular · accusative ▸ 1 (Sir. 47,23)
   ἐλασσούμενος ▸ 2
      Verb · present · middle · participle · masculine · singular · nominative ▸ 2 (2Sam. 3,29; Sir. 38,24)
   ἐλασσουμένῳ ▸ 2
      Verb · present · middle · participle · masculine · singular · dative ▸ 2 (Sir. 31,27; Sir. 41,2)
   ἐλαττοῦμαι ▸ 1
      Verb · first · singular · present · middle · indicative ▸ 1 (1Sam. 21,16)
   ἐλαττούμενον ▸ 1
      Verb · present · middle · participle · masculine · singular · accusative ▸ 1 (Sir. 25,2)
   ἐλαττούμενος ▸ 2
      Verb · present · middle · participle · masculine · singular · nominative ▸ 1 (Sir. 19,23)
      Verb · present · passive · participle · masculine · singular · nominative ▸ 1 (Sir. 16,23)
   ἐλαττοῦσθαι ▸ 1
      Verb · present · passive · infinitive ▸ 1 (John 3,30)
   ἐλαττοῦσιν ▸ 1
      Verb · third · plural · present · active · indicative ▸ 1 (Sir. 30,24)
   ἐλαττωθῇ ▸ 1
      Verb · third · singular · aorist · passive · subjunctive ▸ 1 (Ezek. 24,10)
   ἐλαττωθήσεται ▸ 2
      Verb · third · singular · future · passive · indicative ▸ 2 (Sir. 23,10; Sir. 32,24)
   ἐλαττωθήσονται ▸ 1
      Verb · third · plural · future · passive · indicative ▸ 1 (Psa. 33,11)
   ἐλαττωθῶσιν ▸ 1
      Verb · third · plural · aorist · passive · subjunctive ▸ 1 (Jer. 37,19)
   ἐλαττῶν ▸ 1
      Verb · present · active · participle · masculine · singular · nominative ▸ 1 (Sir. 31,30)
   ἐλαττῶσαι ▸ 1
      Verb · aorist · active · infinitive ▸ 1 (Sir. 18,6)
   ἐλαττώσει ▸ 1
      Verb · third · singular · future · active · indicative ▸ 1 (Sir. 39,18)
   ἐλαττώσεις ▸ 2
      Verb · second · singular · future · active · indicative ▸ 2 (Num. 26,54; Sir. 28,8)
   ἐλαττώσετε ▸ 1
      Verb · second · plural · future · active · indicative ▸ 1 (Num. 33,54)
   ἐλαττώσῃς ▸ 1
      Verb · second · singular · aorist · active · subjunctive ▸ 1 (Dan. 6,13a)
   ἠλαττώθη ▸ 1
      Verb · third · singular · aorist · passive · indicative ▸ 1 (Sir. 42,21)
   ἠλαττώθημεν ▸ 1
      Verb · first · plural · aorist · passive · indicative ▸ 1 (Jer. 51,18)
   ἠλαττώθησαν ▸ 2
      Verb · third · plural · aorist · passive · indicative ▸ 2 (1Sam. 2,5; Ode. 3,5)
   ἠλαττωμένον ▸ 1
      Verb · perfect · passive · participle · masculine · singular · accusative ▸ 1 (Heb. 2,9)
   ἠλάττωσας ▸ 1 + 1 = 2
      Verb · second · singular · aorist · active · indicative ▸ 1 + 1 = 2 (Psa. 8,6; Heb. 2,7)

ἐλάττωμα (ἐλαχύς) loss ▸ 2
   ἐλάττωμα ▸ 1
      Noun · neuter · singular · accusative · (common) ▸ 1 (2Mac. 11,13)
   ἐλαττώματος ▸ 1
      Noun · neuter · singular · genitive · (common) ▸ 1 (Sir. 19,28)

ἐλάττωσις (ἐλαχύς) lessening, diminution; depreciation; defect ▸ 7
   ἐλαττώσει ▸ 2
      Noun · feminine · singular · dative · (common) ▸ 2 (Sir. 22,3; Sir. 31,4)
   ἐλαττώσεως ▸ 1
      Noun · feminine · singular · genitive · (common) ▸ 1 (Sir. 20,3)
   ἐλάττωσιν ▸ 1
      Noun · feminine · singular · accusative · (common) ▸ 1 (Sir. 20,9)
   ἐλάττωσις ▸ 3

Noun · feminine · singular · nominative · (common) ▸ **3** (Tob. 4,13; Sir. 20,11; Sir. 40,26)

ἐλαύνω to drive, row ▸ 8 + 5 = 13
  ἐλάσεις ▸ 1
    Verb · second · singular · future · active · indicative ▸ **1** (Ex. 25,12)
  ἐλαύνειν ▸ 1 + 1 = 2
    Verb · present · active · infinitive ▸ 1 + 1 = **2** (1Kings 9,27; Mark 6,48)
  ἐλαυνόμενα ▸ 1
    Verb · present · passive · participle · neuter · plural · nominative ▸ **1** (James 3,4)
  ἐλαυνόμεναι ▸ 1
    Verb · present · passive · participle · feminine · plural · nominative ▸ **1** (2Pet. 2,17)
  ἐλαῦνον ▸ 1
    Verb · present · active · participle · neuter · singular · nominative ▸ **1** (Is. 33,21)
  ἐλαύνοντα ▸ 1
    Verb · present · active · participle · masculine · singular · accusative ▸ **1** (2Mac. 9,4)
  ἐλαύνονται ▸ 1
    Verb · third · plural · present · passive · indicative ▸ **1** (Wis. 16,18)
  ἐλαύνων ▸ 2
    Verb · present · active · participle · masculine · singular · nominative ▸ **2** (Sir. 38,25; Is. 41,7)
  ἐληλακότες ▸ 1
    Verb · perfect · active · participle · masculine · plural · nominative ▸ **1** (John 6,19)
  ἠλαύνετο ▸ 1
    Verb · third · singular · imperfect · passive · indicative ▸ **1** (Luke 8,29)
  ἠλαύνοντο ▸ 1
    Verb · third · plural · imperfect · passive · indicative ▸ **1** (Wis. 17,14)

ἔλαφος deer ▸ 20
  ἔλαφοι ▸ 2
    Noun · masculine · plural · nominative · (common) ▸ **2** (Is. 34,15; Jer. 14,5)
  ἐλάφοις ▸ 1
    Noun · feminine · plural · dative · (common) ▸ **1** (Psa. 103,18)
  ἔλαφον ▸ 3
    Noun · masculine · singular · accusative · (common) ▸ **3** (Deut. 12,15; Deut. 14,5; Deut. 15,22)
  ἔλαφος ▸ 5
    Noun · feminine · singular · nominative · (common) ▸ **3** (Deut. 12,22; Psa. 41,2; Prov. 5,19)
    Noun · masculine · singular · nominative · (common) ▸ **2** (Prov. 7,23; Is. 35,6)
  ἐλάφου ▸ 1
    Noun · masculine · singular · genitive · (common) ▸ **1** (Psa. 17,34)
  ἐλάφους ▸ 1
    Noun · masculine · plural · accusative · (common) ▸ **1** (Psa. 28,9)
  ἐλάφων ▸ 7
    Noun · feminine · plural · genitive · (common) ▸ **1** (Job 39,1)
    Noun · masculine · plural · genitive · (common) ▸ **6** (2Sam. 22,34; 1Kings 2,46e; 1Kings 5,3; Song 2,9; Song 2,17; Song 8,14)

ἐλαφρία (ἐλαφρός) vacillation ▸ 1
  ἐλαφρία ▸ 1
    Noun · feminine · singular · dative ▸ **1** (2Cor. 1,17)

ἐλαφρός slight, insignificant ▸ 5 + 2 = 7
  ἐλαφραί ▸ 1
    Adjective · feminine · plural · nominative · noDegree ▸ **1** (Ezek. 1,7)
  ἐλαφρόν ▸ 1
    Adjective · neuter · singular · nominative ▸ **1** (Matt. 11,30)
  ἐλαφρὸν ▸ 1 + 1 = 2
    Adjective · neuter · singular · accusative · noDegree ▸ **1** (Ex. 18,26)
    Adjective · neuter · singular · nominative ▸ **1** (2Cor. 4,17)
  ἐλαφρός ▸ 1
    Adjective · masculine · singular · nominative · noDegree ▸ **1** (Job 24,18)
  ἐλαφρότερος ▸ 2
    Adjective · masculine · singular · nominative · comparative ▸ **2** (Job 7,6; Job 9,25)

Ελβων Abdon ▸ 1
  Ελβων ▸ 1
    Noun · singular · nominative · (proper) ▸ **1** (Josh. 19,28)

Ελβωυδαδ Eltolad ▸ 1
  Ελβωυδαδ ▸ 1
    Noun · singular · nominative · (proper) ▸ **1** (Josh. 15,30)

Ελδαα Eldaah ▸ 1
  Ελδαα ▸ 1
    Noun · masculine · singular · nominative · (proper) ▸ **1** (1Chr. 1,33)

Ελδαδ Eldad; Elidad ▸ 3
  Ελδαδ ▸ 3
    Noun · masculine · singular · nominative · (proper) ▸ **3** (Num. 11,26; Num. 11,27; Num. 34,21)

Ελεαδ Elead ▸ 1
  Ελεαδ ▸ 1
    Noun · masculine · singular · nominative · (proper) ▸ **1** (1Chr. 7,21)

Ελεαδα Eleadah ▸ 1
  Ελεαδα ▸ 1
    Noun · masculine · singular · nominative · (proper) ▸ **1** (1Chr. 7,20)

Ελεαζαρ Eleazar ▸ 82 + 1 = 83
  Ελεαζαρ ▸ 82 + 1 = 83
    Noun · masculine · singular · accusative · (proper) ▸ **17** (Ex. 6,23; Ex. 28,1; Lev. 10,6; Lev. 10,12; Lev. 10,16; Num. 17,2; Num. 19,3; Num. 20,25; Num. 20,26; Num. 20,28; Num. 26,1; Num. 26,60; Num. 31,12; Num. 32,2; Num. 32,28; Josh. 21,1; 1Sam. 7,1)
    Noun · masculine · singular · dative · (proper) ▸ **4** (Num. 31,29; Num. 31,41; 1Chr. 24,6; Ezra 8,16)
    Noun · masculine · singular · genitive · (proper) ▸ 22 + 1 = **23** (Num. 25,7; Num. 25,11; Num. 26,63; Num. 27,2; Num. 27,19; Num. 27,21; Num. 27,22; Num. 31,6; Num. 36,1; Josh. 17,4; Josh. 22,13; Josh. 24,33a; Judg. 20,28; 1Chr. 9,20; 1Chr. 24,3; 1Chr. 24,4; 1Chr. 24,4; 1Chr. 24,5; 1Esdr. 8,2; Ezra 7,5; Sir. 45,23; Sir. 50,27; Judg. 20,28)
    Noun · masculine · singular · nominative · (proper) ▸ **39** (Ex. 6,25; Num. 3,2; Num. 3,4; Num. 3,32; Num. 4,16; Num. 17,4; Num. 19,4; Num. 20,28; Num. 26,3; Num. 31,13; Num. 31,21; Num. 31,26; Num. 31,31; Num. 31,51; Num. 31,54; Num. 34,17; Deut. 10,6; Josh. 14,1; Josh. 19,51; Josh. 24,33; 2Sam. 23,9; 1Chr. 5,29; 1Chr. 5,30; 1Chr. 6,35; 1Chr. 11,12; 1Chr. 23,21; 1Chr. 23,22; 1Chr. 24,1; 1Chr. 24,2; 1Chr. 24,28; 1Chr. 24,28; 1Esdr. 8,62; Ezra 8,33; Ezra 10,25; Neh. 12,42; 1Mac. 2,5; 4Mac. 7,5; 4Mac. 7,12; 4Mac. 17,13)

Ἐλεάζαρ Eleazar ▸ 2
  Ἐλεάζαρ ▸ 2
    Noun · masculine · singular · accusative · (proper) ▸ **1** (Matt. 1,15)
    Noun · masculine · singular · nominative · (proper) ▸ **1** (Matt. 1,15)

Ελεαζαρος Eliezar; Eleazar ▸ 18
  Ελεαζαρ ▸ 2
    Noun · masculine · singular · vocative · (proper) ▸ **2** (4Mac. 6,14; 4Mac. 7,10)
  Ελεαζαρον ▸ 3
    Noun · masculine · singular · accusative · (proper) ▸ **3** (2Mac. 8,23; 4Mac. 6,1; 4Mac. 16,15)
  Ελεαζαρος ▸ 8
    Noun · masculine · singular · nominative · (proper) ▸ **8** (1Esdr. 9,19; 1Esdr. 9,26; 1Mac. 6,43; 3Mac. 6,1; 4Mac. 5,4; 4Mac. 5,14; 4Mac. 6,5; 4Mac. 6,16)
  Ελεαζαρου ▸ 5
    Noun · masculine · singular · genitive · (proper) ▸ **5** (1Mac. 8,17; 3Mac. 6,16; 4Mac. 1,8; 4Mac. 7,1; 4Mac. 9,5)

Ελεάζαρος Eliezar; Eleazar ▸ 2
  Ελεαζαρον ▸ 1
    Noun · masculine · singular · accusative · (proper) ▸ **1** (2Mac. 6,24)
  Ελεάζαρός ▸ 1
    Noun · masculine · singular · nominative · (proper) ▸ **1** (2Mac. 6,18)

Ἐλεάζαρος Eliezar; Eleazar ▸ 1
  Ελεαζαρον ▸ 1
    Noun · masculine · singular · accusative · (proper) ▸ **1** (1Esdr. 8,43)

Ελεαλη Elealeh ▸ 5
  Ελεαλη ▸ 5
    Noun · singular · genitive · (proper) ▸ **1** (Jer. 31,34)
    Noun · singular · nominative · (proper) ▸ **2** (Is. 15,4; Is. 16,9)
    Noun · feminine · singular · accusative · (proper) ▸ **1** (Num. 32,37)
    Noun · feminine · singular · nominative · (proper) ▸ **1** (Num. 32,3)

Ελεαναν Elhanan ▸ 3
  Ελεαναν ▸ 3
    Noun · masculine · singular · nominative · (proper) ▸ **3** (2Sam. 21,19; 2Sam. 23,24; 1Chr. 11,26)

Ελεασα Eleasah ▸ 4
  Ελεασα ▸ 4
    Noun · masculine · singular · accusative · (proper) ▸ **1** (1Chr. 2,39)
    Noun · masculine · singular · genitive · (proper) ▸ **1** (Jer. 36,3)
    Noun · masculine · singular · nominative · (proper) ▸ **2** (1Chr. 2,40; 1Chr. 9,43)

ἐλεάω (ἔλεος) to be merciful, show mercy ▸ 10 + **1** + 4 = 15
  ἐλέα ▸ 1
    Verb · second · singular · present · active · imperative ▸ **1** (4Mac. 9,3)
  ἐλεᾷ ▸ 6 + **1** = 7
    Verb · third · singular · present · active · indicative ▸ 6 + **1** = 7 (Tob. 13,2; Psa. 36,26; Psa. 114,5; Prov. 14,31; Prov. 21,26; Sir. 18,14; Tob. 13,2)
  ἐλεᾶτε ▸ 2
    Verb · second · plural · present · active · imperative ▸ **2** (Jude 22; Jude 23)
  ἐλεῶν ▸ 1
    Verb · present · active · participle · masculine · singular · nominative ▸ **1** (Rom. 12,8)
  ἐλεῶντες ▸ 1
    Verb · present · active · participle · masculine · plural · nominative ▸ **1** (4Mac. 6,12)
  ἐλεῶντι ▸ 1
    Verb · present · active · participle · masculine · singular · dative ▸ **1** (Prov. 28,8)
  ἐλεῶντος ▸ 1
    Verb · present · active · participle · masculine · singular · genitive ▸ **1** (Rom. 9,16)
  ἐλεῶσιν ▸ 1
    Verb · third · plural · present · active · subjunctive ▸ **1** (Prov. 13,9a)

ἐλεγμός (ἐλέγχω) refuting of error ▸ 21 + **1** = 22
  ἐλεγμοῖς ▸ 2
    Noun · masculine · plural · dative · (common) ▸ **2** (Psa. 38,12; Sir. 48,10)
  ἐλεγμὸν ▸ 3
    Noun · masculine · singular · accusative · (common) ▸ **3** (Sir. 21,6; Sir. 32,17; Sir. 48,7)
  ἐλεγμόν ▸ 1
    Noun · masculine · singular · accusative ▸ **1** (2Tim. 3,16)
  ἐλεγμὸς ▸ 2
    Noun · masculine · singular · nominative · (common) ▸ **2** (1Mac. 2,49; Sir. 41,4)
  ἐλεγμοῦ ▸ 9
    Noun · masculine · singular · genitive · (common) ▸ **9** (Num. 5,18; Num. 5,19; Num. 5,23; Num. 5,24; Num. 5,24; Num. 5,27; 2Kings 19,3; Judith 2,10; Is. 37,3)
  ἐλεγμούς ▸ 2
    Noun · masculine · plural · accusative · (common) ▸ **2** (Psa. 37,15; Sir. 20,29)
  ἐλεγμοὺς ▸ 1
    Noun · masculine · plural · accusative · (common) ▸ **1** (Psa. 149,7)
  ἐλεγμῷ ▸ 2
    Noun · masculine · singular · dative · (common) ▸ **2** (Lev. 19,17; Sol. 10,1)

ἔλεγξις (ἐλέγχω) rebuke, rebuking ▸ 2 + **1** = 3
  ἔλεγξιν ▸ 1
    Noun · feminine · singular · accusative ▸ **1** (2Pet. 2,16)
  ἔλεγξις ▸ 1
    Noun · feminine · singular · nominative · (common) ▸ **1** (Job 21,4)
  ἔλεγξίς ▸ 1
    Noun · feminine · singular · nominative · (common) ▸ **1** (Job 23,2)

ἔλεγχος (ἐλέγχω) reproof, conviction ▸ 31 + **1** = 32
  ἔλεγχοι ▸ 2
    Noun · masculine · plural · nominative · (common) ▸ **2** (Prov. 27,5; Prov. 29,15)
  ἐλέγχοις ▸ 2
    Noun · masculine · plural · dative · (common) ▸ **2** (Prov. 1,23; Prov. 1,25)
  ἔλεγχον ▸ 6
    Noun · masculine · singular · accusative · (common) ▸ **6** (Job 13,6; Wis. 1,9; Wis. 2,14; Wis. 11,7; Wis. 18,5; Sol. 9,0)
  ἔλεγχόν ▸ 1
    Noun · masculine · singular · accusative · (common) ▸ **1** (Hab. 2,1)

ἔλεγχος ‣ 7 + 1 = 8
: **Noun** · masculine · singular · nominative · (common) ‣ 7 + 1 = **8** (Prov. 6,23; Job 6,26; Job 16,21; Job 23,7; Wis. 17,7; Sir. 16,12; Sir. 20,1; Heb. 11,1)

ἔλεγχός ‣ 1
: **Noun** · masculine · singular · nominative · (common) ‣ **1** (Psa. 72,14)

ἐλέγχου ‣ 1
: **Noun** · masculine · singular · genitive · (common) ‣ **1** (Hos. 5,9)

ἐλέγχους ‣ 8
: **Noun** · masculine · plural · accusative · (common) ‣ **8** (Prov. 1,30; Prov. 5,12; Prov. 12,1; Prov. 13,18; Prov. 15,10; Prov. 15,32; Prov. 16,17; Prov. 28,13)

ἐλέγχων ‣ 3
: **Noun** · masculine · plural · genitive · (common) ‣ **3** (Prov. 29,1; Job 23,4; Ezek. 13,14)

ἐλέγχω to reprove, convict; refute ‣ 65 + 17 = 82

ἐλέγξαι ‣ 4 + 1 = 5
: **Verb** · aorist · active · infinitive ‣ 3 + 1 = **4** (Sir. 20,2; Sol. 17,25; Sol. 17,36; Jude 15)
: **Verb** · third · singular · aorist · active · optative ‣ **1** (Job 15,6)

ἐλέγξαιτο ‣ 1
: **Verb** · third · singular · aorist · middle · optative ‣ **1** (1Chr. 12,18)

ἐλεγξάτωσαν ‣ 1
: **Verb** · third · plural · aorist · active · imperative ‣ **1** (Gen. 31,37)

ἐλέγξει ‣ 9 + 1 = 10
: **Verb** · third · singular · future · active · indicative ‣ 9 + 1 = **10** (Psa. 93,10; Psa. 140,5; Job 13,10; Job 22,4; Wis. 4,20; Is. 2,4; Is. 11,3; Is. 11,4; Jer. 2,19; John 16,8)

ἐλέγξεις ‣ 1
: **Verb** · second · singular · future · active · indicative ‣ **1** (Lev. 19,17)

ἐλέγξῃ ‣ 1
: **Verb** · third · singular · aorist · active · subjunctive ‣ **1** (Prov. 30,6)

ἐλέγξῃς ‣ 3
: **Verb** · second · singular · aorist · active · subjunctive ‣ **3** (Psa. 6,2; Psa. 37,2; Sir. 31,31)

ἔλεγξον ‣ 3 + 2 = 5
: **Verb** · second · singular · aorist · active · imperative ‣ 3 + 2 = **5** (Sir. 19,14; Sir. 19,15; Sir. 19,17; Matt. 18,15; 2Tim. 4,2)

Ἔλεγξον ‣ 1
: **Verb** · second · singular · aorist · active · imperative ‣ **1** (Sir. 19,13)

ἐλέγξω ‣ 5
: **Verb** · first · singular · future · active · indicative ‣ **5** (2Sam. 7,14; Psa. 49,8; Psa. 49,21; Job 13,3; Job 13,15)

ἔλεγχε ‣ 2 + 3 = 5
: **Verb** · second · singular · present · active · imperative ‣ 2 + 3 = **5** (Prov. 9,8; Prov. 9,8; 1Tim. 5,20; Titus 1,13; Titus 2,15)

ἐλέγχει ‣ 1 + 1 = 2
: **Verb** · third · singular · present · active · indicative ‣ 1 + 1 = **2** (Wis. 1,3; John 8,46)

ἐλέγχειν ‣ 1 + 1 = 2
: **Verb** · present · active · infinitive ‣ 1 + 1 = **2** (Hab. 1,12; Titus 1,9)

ἐλέγχεις ‣ 1
: **Verb** · second · singular · present · active · indicative ‣ **1** (Wis. 12,2)

ἐλέγχεσθαι ‣ 1
: **Verb** · present · middle · infinitive ‣ **1** (Sol. 16,14)

ἐλέγχεται ‣ 2 + 1 = 3
: **Verb** · third · singular · present · passive · indicative ‣ 2 + 1 = **3** (Prov. 18,17; Wis. 2,11; 1Cor. 14,24)

ἐλέγχετε ‣ 1
: **Verb** · second · plural · present · active · imperative ‣ **1** (Eph. 5,11)

ἐλέγχῃ ‣ 1
: **Verb** · third · singular · present · active · subjunctive ‣ **1** (Hos. 4,4)

ἐλέγχῃς ‣ 1
: **Verb** · second · singular · present · active · subjunctive ‣ **1** (Prov. 19,25)

ἐλεγχθῇ ‣ 1 + 1 = 2
: **Verb** · third · singular · aorist · passive · subjunctive ‣ 1 + 1 = **2** (Lev. 5,24; John 3,20)

ἐλεγχθήσεται ‣ 1
: **Verb** · third · singular · future · passive · indicative ‣ **1** (Wis. 1,5)

ἐλεγχόμενα ‣ 1
: **Verb** · present · passive · participle · neuter · plural · nominative ‣ **1** (Eph. 5,13)

ἐλεγχόμενοι ‣ 1
: **Verb** · present · passive · participle · masculine · plural · nominative ‣ **1** (James 2,9)

ἐλεγχόμενος ‣ 1 + 2 = 3
: **Verb** · present · passive · participle · masculine · singular · nominative ‣ 1 + 2 = **3** (Prov. 3,11; Luke 3,19; Heb. 12,5)

ἐλέγχοντα ‣ 2
: **Verb** · present · active · participle · masculine · singular · accusative ‣ **2** (Amos 5,10; Ezek. 3,26)

ἐλέγχοντας ‣ 3
: **Verb** · present · active · participle · masculine · plural · accusative ‣ **3** (Prov. 15,12; Hag. 2,14; Is. 29,21)

ἐλέγχοντες ‣ 1
: **Verb** · present · active · participle · masculine · plural · nominative ‣ **1** (Prov. 24,25)

ἐλέγχουσα ‣ 1
: **Verb** · present · active · participle · feminine · singular · nominative ‣ **1** (Wis. 1,8)

ἐλέγχω ‣ 1
: **Verb** · first · singular · present · active · indicative ‣ **1** (Rev. 3,19)

ἐλέγχων ‣ 9
: **Verb** · present · active · participle · masculine · singular · nominative ‣ **9** (Prov. 9,7; Prov. 10,10; Prov. 28,23; Job 9,33; Job 15,3; Job 32,12; Job 40,2; Job 40,4; Sir. 18,13)

ἤλεγξεν ‣ 6
: **Verb** · third · singular · aorist · active · indicative ‣ **6** (Gen. 21,25; 1Chr. 16,21; 2Chr. 26,20; Psa. 104,14; Job 5,17; Job 33,19)

ἤλεγξέν ‣ 1
: **Verb** · third · singular · aorist · active · indicative ‣ **1** (Gen. 31,42)

ἐλεεινός (ἔλεος) pitied, pitiable, miserable ‣ 3 + 2 = 5

ἐλεεινὸς ‣ 3 + 1 = 4
: **Adjective** · masculine · singular · nominative · noDegree ‣ 3 + 1 = **4** (Dan. 9,23; Dan. 10,11; Dan. 10,19; Rev. 3,17)

ἐλεεινότεροι ‣ 1
: **Adjective** · masculine · plural · nominative · comparative ‣ **1** (1Cor. 15,19)

ἐλεέω (ἔλεος) to show mercy ‣ 132 + 5 + 28 = 165

ἐλεεῖ ‣ 1
: **Verb** · third · singular · present · active · indicative ‣ **1** (Rom. 9,18)

ἐλεεῖν ▸ 1
    Verb ▪ present ▪ active ▪ infinitive ▸ **1** (2Mac. 3,21)
ἐλεεῖς ▸ 1
    Verb ▪ second ▪ singular ▪ present ▪ active ▪ indicative ▸ **1** (Wis. 11,23)
ἐλεηθέντες ▸ 1
    Verb ▪ aorist ▪ passive ▪ participle ▪ masculine ▪ plural ▪ nominative ▸ **1** (1Pet. 2,10)
ἐλεηθῆναι ▸ 1
    Verb ▪ aorist ▪ passive ▪ infinitive ▸ **1** (Jer. 7,16)
ἐλεηθήσεται ▸ 5
    Verb ▪ third ▪ singular ▪ future ▪ passive ▪ indicative ▸ **5** (Prov. 12,13a; Prov. 17,5; Prov. 21,10; Sol. 16,15; Is. 55,7)
ἐλεηθησόμεθα ▸ 1
    Verb ▪ first ▪ plural ▪ future ▪ passive ▪ indicative ▸ **1** (Sol. 7,6)
ἐλεηθήσονται ▸ 1 + 1 = 2
    Verb ▪ third ▪ plural ▪ future ▪ passive ▪ indicative ▸ 1 + 1 = **2** (Sol. 15,13; Matt. 5,7)
ἐλεηθῶσιν ▸ 1
    Verb ▪ third ▪ plural ▪ aorist ▪ passive ▪ subjunctive ▸ **1** (Rom. 11,31)
ἐλεήσαι ▸ 2
    Verb ▪ third ▪ singular ▪ aorist ▪ active ▪ optative ▸ **2** (Gen. 43,29; Num. 6,25)
ἐλεῆσαι ▸ 7 + 1 = 8
    Verb ▪ aorist ▪ active ▪ infinitive ▸ 7 + 1 = **8** (2Mac. 8,3; Sol. 2,35; Sol. 7,10; Hos. 1,6; Is. 30,18; Is. 49,15; Is. 59,2; Matt. 18,33)
ἐλεῆσαί ▸ 2 + 1 = 3
    Verb ▪ aorist ▪ active ▪ infinitive ▸ 2 + 1 = **3** (Tob. 3,15; Tob. 8,7; Tob. 8,7)
ἐλεήσαντος ▸ 1
    Verb ▪ aorist ▪ active ▪ participle ▪ masculine ▪ singular ▪ genitive ▸ **1** (2Mac. 11,10)
ἐλεήσας ▸ 1
    Verb ▪ aorist ▪ active ▪ participle ▪ masculine ▪ singular ▪ nominative ▸ **1** (4Mac. 12,6)
Ἐλεήσατε ▸ 1
    Verb ▪ second ▪ plural ▪ aorist ▪ active ▪ imperative ▸ **1** (Judg. 21,22)
ἐλεήσατέ ▸ 2
    Verb ▪ second ▪ plural ▪ aorist ▪ active ▪ imperative ▸ **2** (Job 19,21; Job 19,21)
ἐλεήσει ▸ 21 + 2 = 23
    Verb ▪ third ▪ singular ▪ future ▪ active ▪ indicative ▸ 21 + 2 = **23** (Deut. 13,18; Deut. 28,50; Deut. 30,3; 2Sam. 12,22; Tob. 6,18; Tob. 13,5; Tob. 13,10; Tob. 14,5; 2Mac. 2,18; Job 27,15; Job 41,4; Sir. 12,13; Sol. 10,6; Sol. 17,34; Hos. 14,4; Zech. 1,17; Is. 9,16; Is. 9,18; Is. 14,1; Is. 30,19; Jer. 6,23; Tob. 13,5; Tob. 14,5)
ἐλεήσεις ▸ 1
    Verb ▪ second ▪ singular ▪ future ▪ active ▪ indicative ▸ **1** (Ex. 23,3)
ἐλεήση ▸ 5 + 1 = 6
    Verb ▪ third ▪ singular ▪ aorist ▪ active ▪ subjunctive ▸ 5 + 1 = **6** (Tob. 8,4; Amos 5,15; Is. 27,11; Is. 52,8; Jer. 27,42; Rom. 11,32)
ἐλεήσης ▸ 1
    Verb ▪ second ▪ singular ▪ aorist ▪ active ▪ subjunctive ▸ **1** (Zech. 1,12)
ἐλεήσητε ▸ 2
    Verb ▪ second ▪ plural ▪ aorist ▪ active ▪ subjunctive ▸ **2** (Deut. 7,2; Ezek. 9,5)
ἐλέησον ▸ 9 + 4 = 13
    Verb ▪ second ▪ singular ▪ aorist ▪ active ▪ imperative ▸ 9 + 4 = **13** (Judith 6,19; 3Mac. 6,12; Psa. 122,3; Psa. 122,3; Ode. 14,20; Ode. 14,24; Sir. 36,11; Is. 33,2; Bar. 3,2; Matt. 9,27; Matt. 20,30; Matt. 20,31; Luke 17,13)
Ἐλέησον ▸ 1
    Verb ▪ second ▪ singular ▪ aorist ▪ active ▪ imperative ▸ **1** (Sir. 36,1)
ἐλέησόν ▸ 16 + 7 = 23
    Verb ▪ second ▪ singular ▪ aorist ▪ active ▪ imperative ▸ 16 + 7 = **23** (2Mac. 7,27; Psa. 6,3; Psa. 9,14; Psa. 24,16; Psa. 25,11; Psa. 26,7; Psa. 30,10; Psa. 40,5; Psa. 40,11; Psa. 56,2; Psa. 85,3; Psa. 85,16; Psa. 118,29; Psa. 118,58; Psa. 118,132; Ode. 14,40; Matt. 15,22; Matt. 17,15; Mark 10,47; Mark 10,48; Luke 16,24; Luke 18,38; Luke 18,39)
Ἐλέησόν ▸ 4
    Verb ▪ second ▪ singular ▪ aorist ▪ active ▪ imperative ▸ **4** (Psa. 50,3; Psa. 55,2; Psa. 56,2; Is. 30,19)
ἐλεήσοντα ▸ 1
    Verb ▪ future ▪ active ▪ participle ▪ masculine ▪ singular ▪ accusative ▸ **1** (2Mac. 9,13)
ἐλεήσω ▸ 17 + 1 = 18
    Verb ▪ first ▪ singular ▪ future ▪ active ▪ indicative ▸ 17 + 1 = **18** (Ex. 33,19; Hos. 1,7; Hos. 2,6; Hos. 2,25; Is. 54,7; Is. 54,8; Jer. 12,15; Jer. 37,18; Jer. 38,20; Jer. 49,12; Ezek. 5,11; Ezek. 7,6; Ezek. 7,8; Ezek. 8,18; Ezek. 9,10; Ezek. 24,14; Ezek. 39,25; Rom. 9,15)
ἐλεήσωμεν ▸ 1
    Verb ▪ first ▪ plural ▪ aorist ▪ active ▪ subjunctive ▸ **1** (4Mac. 8,20)
ἐλεήσωσιν ▸ 2
    Verb ▪ third ▪ plural ▪ aorist ▪ active ▪ subjunctive ▸ **2** (Is. 13,18; LetterJ 37)
ἐλεῶ ▸ 1 + 1 = 2
    Verb ▪ first ▪ singular ▪ present ▪ active ▪ subjunctive ▸ 1 + 1 = **2** (Ex. 33,19; Rom. 9,15)
ἐλεῶν ▸ 5
    Verb ▪ present ▪ active ▪ participle ▪ masculine ▪ singular ▪ nominative ▸ **5** (Prov. 14,21; Prov. 19,17; Prov. 22,9; Is. 49,10; Jer. 38,20)
ἠλεήθημεν ▸ 1
    Verb ▪ first ▪ plural ▪ aorist ▪ passive ▪ indicative ▸ **1** (2Cor. 4,1)
ἠλεήθην ▸ 2
    Verb ▪ first ▪ singular ▪ aorist ▪ passive ▪ indicative ▸ **2** (1Tim. 1,13; 1Tim. 1,16)
ἠλεήθητε ▸ 1
    Verb ▪ second ▪ plural ▪ aorist ▪ passive ▪ indicative ▸ **1** (Rom. 11,30)
Ἠλεημένη ▸ 1
    Verb ▪ perfect ▪ passive ▪ participle ▪ feminine ▪ singular ▪ nominative ▸ **1** (Hos. 2,3)
ἠλεημένοι ▸ 1
    Verb ▪ perfect ▪ passive ▪ participle ▪ masculine ▪ plural ▪ nominative ▸ **1** (1Pet. 2,10)
ἠλεημένος ▸ 1
    Verb ▪ perfect ▪ passive ▪ participle ▪ masculine ▪ singular ▪ nominative ▸ **1** (1Cor. 7,25)
ἠλέησα ▸ 1
    Verb ▪ first ▪ singular ▪ aorist ▪ active ▪ indicative ▸ **1** (Matt. 18,33)
ἠλέησαν ▸ 3
    Verb ▪ third ▪ plural ▪ aorist ▪ active ▪ indicative ▸ **3** (2Chr. 36,17; Bar. 4,15; Lam. 4,16)
ἠλέησας ▸ 1 + 1 = 2
    Verb ▪ second ▪ singular ▪ aorist ▪ active ▪ indicative ▸ 1 + 1 = **2**

ἐλεέω–ἔλεος

(Tob. 8,17; Tob. 8,17)
ἠλέησάς ▸ 2
  Verb · second · singular · aorist · active · indicative ▸ 2 (Tob. 11,14; Is. 12,1)
ἠλέησεν ▸ 10 + 1 + 1 = 12
  Verb · third · singular · aorist · active · indicative ▸ 10 + 1 + 1 = 12 (Gen. 33,5; 2Kings 13,23; Tob. 11,16; Job 24,21; Sir. 16,9; Sol. 11,1; Sol. 17,9; Is. 44,23; Is. 49,13; Is. 52,9; Tob. 11,16; Phil. 2,27)
ἠλέησέν ▸ 2 + 1 = 3
  Verb · third · singular · aorist · active · indicative ▸ 2 + 1 = 3 (Gen. 33,11; Psa. 29,11; Mark 5,19)

Ελεηλ Eliel ▸ 2
  Ελεηλ ▸ 2
    Noun · masculine · singular · genitive · (proper) ▸ 1 (2Chr. 20,14)
    Noun · masculine · singular · nominative · (proper) ▸ 1 (1Chr. 8,22)

ἐλεημοποιός giving of alms ▸ 1
  ἐλεημοποιοῦ ▸ 1
    Adjective · masculine · singular · genitive · noDegree ▸ 1 (Tob. 9,6)

ἐλεημοσύνη (ἔλεος) pity; alms ▸ 56 + 15 + 13 = 84
  ἐλεημοσύναι ▸ 4 + 1 + 2 = 7
    Noun · feminine · plural · nominative · (common) ▸ 4 + 1 + 2 = 7 (Tob. 2,14; Tob. 3,2; Prov. 3,3; Prov. 14,22; Tob. 2,14; Acts 10,4; Acts 10,31)
  ἐλεημοσύναις ▸ 2 + 1 = 3
    Noun · feminine · plural · dative · (common) ▸ 2 + 1 = 3 (Prov. 15,27a; Dan. 4,27; Dan. 4,27)
  ἐλεημοσύνας ▸ 6 + 4 + 2 = 12
    Noun · feminine · plural · accusative · (common) ▸ 6 + 4 + 2 = 12 (Tob. 1,3; Tob. 1,16; Tob. 12,9; Tob. 14,2; Psa. 102,6; Sir. 31,11; Tob. 1,3; Tob. 1,16; Tob. 7,6; Tob. 14,2; Acts 10,2; Acts 24,17)
  ἐλεημοσύνη ▸ 17 + 4 + 1 = 22
    Noun · feminine · singular · nominative · (common) ▸ 17 + 4 + 1 = 22 (Deut. 6,25; Deut. 24,13; Tob. 4,10; Tob. 4,11; Tob. 12,9; Tob. 14,11; Prov. 19,22; Prov. 20,28; Prov. 31,28; Sir. 3,14; Sir. 3,30; Sir. 17,22; Sir. 17,29; Sir. 40,17; Sir. 40,24; Sol. 9,11; Is. 28,17; Tob. 3,2; Tob. 12,8; Tob. 12,9; Tob. 14,11; Matt. 6,4)
  ἐλεημοσύνῃ ▸ 6 + 1 = 7
    Noun · feminine · singular · dative · (common) ▸ 6 + 1 = 7 (Sir. 16,14; Sir. 29,8; Sol. 15,13; Is. 59,16; Bar. 4,22; Bar. 5,9; Dan. 9,16)
  ἐλεημοσύνην ▸ 18 + 4 + 7 = 29
    Noun · feminine · singular · accusative · (common) ▸ 18 + 4 + 7 = 29 (Gen. 47,29; Tob. 4,7; Tob. 4,7; Tob. 4,8; Tob. 4,8; Tob. 4,16; Tob. 4,16; Tob. 12,8; Tob. 13,8; Tob. 14,10; Psa. 23,5; Psa. 32,5; Ode. 11,18; Sir. 7,10; Sir. 12,3; Sir. 29,12; Sir. 35,2; Is. 38,18; Tob. 12,8; Tob. 12,9; Tob. 14,8; Tob. 14,10; Matt. 6,2; Matt. 6,3; Luke 11,41; Luke 12,33; Acts 3,2; Acts 3,3; Acts 3,10)
  ἐλεημοσύνης ▸ 3
    Noun · feminine · singular · genitive · (common) ▸ 3 (Tob. 12,8; Prov. 21,21; Is. 1,27)
  ἐλεημοσυνῶν ▸ 1
    Noun · feminine · plural · genitive · (common) ▸ 1 (Acts 9,36)

ἐλεήμων (ἔλεος) pitiful, merciful ▸ 31 + 1 + 2 = 34
  ἐλεήμονα ▸ 6
    Adjective · masculine · singular · accusative · noDegree ▸ 6 (Tob. 6,18; 2Mac. 8,29; 2Mac. 11,9; 2Mac. 13,12; 3Mac. 5,7; Sir. 48,20)
  ἐλεήμονες ▸ 1
    Adjective · masculine · plural · nominative ▸ 1 (Matt. 5,7)
  ἐλεήμονος ▸ 1
    Adjective · masculine · singular · genitive · noDegree ▸ 1 (Sir. 50,19)
  ἐλεήμων ▸ 24 + 1 + 1 = 26
    Adjective · masculine · singular · nominative · noDegree ▸ 24 + 1 + 1 = 26 (Ex. 22,26; Ex. 34,6; 2Chr. 30,9; Neh. 9,17; Neh. 9,31; Tob. 7,12; 2Mac. 1,24; Psa. 85,15; Psa. 102,8; Psa. 110,4; Psa. 111,4; Psa. 114,5; Psa. 144,8; Prov. 11,17; Prov. 19,11; Prov. 20,6; Prov. 28,22; Sir. 2,11; Sol. 5,2; Sol. 7,5; Sol. 10,7; Joel 2,13; Jonah 4,2; Jer. 3,12; Tob. 3,11; Heb. 2,17)

Ελεισαιε Elisha ▸ 1
  Ελισαιε ▸ 1
    Noun · masculine · singular · nominative · (proper) ▸ 1 (Sir. 48,12)

Ελεκεθ Helkath ▸ 1
  Ελεκεθ ▸ 1
    Noun · singular · genitive · (proper) ▸ 1 (Josh. 19,25)

ἐλεόπολις (αἱρέω; πόλις) Heliopolis ▸ 2
  ἐλεοπόλει ▸ 1
    Noun · feminine · singular · dative · (common) ▸ 1 (1Mac. 13,44)
  ἐλεόπολιν ▸ 1
    Noun · feminine · singular · accusative · (common) ▸ 1 (1Mac. 13,43)

ἔλεος mercy ▸ 334 + 18 + 27 = 379
  ἐλέει ▸ 22 + 2 = 24
    Noun · neuter · singular · dative · (common) ▸ 22 + 2 = 24 (1Mac. 2,57; 1Mac. 16,3; 2Mac. 7,29; Psa. 12,6; Psa. 20,8; Psa. 30,8; Psa. 30,17; Psa. 102,4; Psa. 113,9; Psa. 118,159; Psa. 137,2; Psa. 140,5; Psa. 142,12; Wis. 11,9; Wis. 15,1; Sir. 35,23; Sir. 51,29; Sol. 5,12; Sol. 10,4; Sol. 16,3; Hos. 2,21; Is. 54,8; Rom. 11,31; Eph. 2,4)
  ἐλέη ▸ 11
    Noun · neuter · plural · accusative · (common) ▸ 9 (2Chr. 6,42; Psa. 16,7; Psa. 24,6; Psa. 106,8; Psa. 106,15; Psa. 106,21; Psa. 106,31; Psa. 106,43; Sir. 18,5)
    Noun · neuter · plural · nominative · (common) ▸ 2 (Psa. 88,2; Psa. 88,50)
  ἔλεον ▸ 15 + 1 = 16
    Noun · masculine · singular · accusative · (common) ▸ 15 + 1 = 16 (2Mac. 6,16; 2Mac. 8,5; 3Mac. 4,4; 4Mac. 9,4; Psa. 83,12; Prov. 3,16a; Prov. 14,22; Prov. 14,22; Hos. 12,7; Mic. 6,8; Mic. 7,20; Is. 60,10; Is. 63,7; Is. 64,3; Bar. 2,19; Dan. 1,9)
  ἔλεόν ▸ 1
    Noun · masculine · singular · accusative · (common) ▸ 1 (Dan. 9,20)
  ἔλεος ▸ 185 + 11 + 20 = 216
    Noun · masculine · singular · nominative ▸ 1 (2Tim. 1,2)
    Noun · neuter · singular · accusative · (common) ▸ 101 + 7 + 13 = 121 (Gen. 19,19; Gen. 24,12; Gen. 24,14; Gen. 24,44; Gen. 24,49; Gen. 39,21; Gen. 40,14; Ex. 20,6; Ex. 34,7; Num. 11,15; Deut. 5,10; Deut. 7,9; Deut. 7,12; Deut. 13,18; Josh. 2,12; Josh. 2,12; Josh. 2,14; Judg. 1,24; Judg. 8,35; Ruth 1,8; Ruth 2,20; 1Sam. 15,6; 1Sam. 20,8; 1Sam. 20,14; 2Sam. 2,5; 2Sam. 2,6; 2Sam. 3,8; 2Sam. 9,1; 2Sam. 9,3; 2Sam. 9,7; 2Sam. 10,2; 2Sam. 10,2; 2Sam. 15,20; 1Kings 2,7; 1Kings 3,6; 1Kings 3,6; 1Kings 8,23; 1Chr. 19,2; 1Chr. 19,2; 2Chr. 1,8; 2Chr. 6,14; Ezra 7,28; Ezra 9,9; Judith 7,30; Judith 13,14; Tob. 8,17; Tob. 14,7; 1Mac. 3,44; 2Mac. 4,37; 3Mac. 6,39; Psa. 17,51; Psa. 30,22; Psa. 32,18; Psa. 41,9; Psa. 51,10; Psa. 56,4; Psa. 60,8; Psa. 65,20; Psa. 76,9; Psa. 102,11; Psa. 108,16; Psa. 108,21; Psa. 146,11; Ode. 6,9; Ode. 7,38; Ode. 9,72; Job 6,14; Job 10,12; Job 37,13; Wis. 12,22; Sir. 2,7; Sir. 2,9; Sir. 16,12; Sir. 18,11; Sir. 18,13; Sir. 28,4; Sir. 29,1; Sir. 46,7; Sir. 47,22; Sir.

50,22; Sir. 50,24; Sol. 2,36; Sol. 6,6; Sol. 17,15; Sol. 17,45; Hos. 6,6; Jonah 2,9; Zech. 7,9; Is. 45,8; Is. 47,6; Is. 63,7; Jer. 9,23; Jer. 16,13; Jer. 39,18; Jer. 49,12; Ezek. 18,19; Ezek. 18,21; Dan. 3,38; Dan. 9,3; Dan. 9,4; Dan. 9,18; Judg. 1,24; Judg. 8,35; Tob. 7,12; Tob. 8,4; Tob. 8,17; Dan. 3,38; Dan. 9,4; Matt. 9,13; Matt. 12,7; Matt. 23,23; Luke 1,58; Luke 1,72; Luke 10,37; 2Tim. 1,16; 2Tim. 1,18; Titus 3,5; Heb. 4,16; James 2,13; 1Pet. 1,3; Jude 21)

Noun · neuter · singular · nominative · (common) ▸ 84 + 4 + 6 = **94** (Josh. 11,20; 2Sam. 22,51; 1Chr. 16,34; 1Chr. 16,41; 2Chr. 5,13; 2Chr. 7,3; 2Chr. 7,6; 2Chr. 20,21; 2Chr. 32,32; 1Esdr. 8,75; Ezra 3,11; Neh. 1,5; 1Mac. 4,24; Psa. 24,10; Psa. 31,10; Psa. 58,11; Psa. 61,13; Psa. 84,11; Psa. 88,3; Psa. 88,15; Psa. 99,5; Psa. 102,17; Psa. 105,1; Psa. 106,1; Psa. 116,2; Psa. 117,1; Psa. 117,2; Psa. 117,3; Psa. 117,4; Psa. 117,29; Psa. 129,7; Psa. 135,1; Psa. 135,2; Psa. 135,3; Psa. 135,4; Psa. 135,5; Psa. 135,6; Psa. 135,7; Psa. 135,8; Psa. 135,9; Psa. 135,10; Psa. 135,11; Psa. 135,12; Psa. 135,13; Psa. 135,14; Psa. 135,15; Psa. 135,16; Psa. 135,16; Psa. 135,17; Psa. 135,18; Psa. 135,19; Psa. 135,20; Psa. 135,21; Psa. 135,22; Psa. 135,23; Psa. 135,24; Psa. 135,25; Psa. 135,26; Psa. 135,26; Ode. 9,50; Ode. 12,6; Wis. 3,9; Wis. 4,15; Wis. 16,10; Sir. 2,18; Sir. 5,6; Sir. 16,11; Sir. 18,13; Sir. 35,24; Sir. 36,23; Sol. 2,33; Sol. 10,3; Sol. 11,9; Sol. 13,12; Sol. 13,12; Hos. 4,1; Hos. 6,4; Is. 54,10; Jer. 40,11; Jer. 43,7; Jer. 49,2; Dan. 3,89; Dan. 3,90; Dan. 9,9; Judg. 6,17; Tob. 6,18; Dan. 3,89; Dan. 3,90; Luke 1,50; Gal. 6,16; 1Tim. 1,2; James 2,13; 2John 3; Jude 2)

Ἔλεος ▸ 1 + **1** = **2**

Noun · neuter · singular · accusative · (common) ▸ 1 + **1** = **2** (Psa. 100,1; Judg. 21,22)

ἔλεός ▸ 59 + **2** = **61**

Noun · neuter · singular · accusative · (common) ▸ 33 + **2** = **35** (Num. 14,19; Ruth 3,10; 1Sam. 20,15; 2Sam. 7,15; Neh. 9,32; Tob. 8,16; 1Mac. 13,46; 3Mac. 2,19; Psa. 24,7; Psa. 35,8; Psa. 35,11; Psa. 39,11; Psa. 47,10; Psa. 50,3; Psa. 58,17; Psa. 84,8; Psa. 87,12; Psa. 88,29; Psa. 91,3; Psa. 108,26; Psa. 118,88; Psa. 118,124; Psa. 118,149; Psa. 142,8; Ode. 7,35; Ode. 12,14; Ode. 14,46; Sol. 8,27; Sol. 9,8; Sol. 16,6; Is. 56,1; Jer. 45,26; Dan. 3,35; Tob. 8,16; Dan. 3,35)

Noun · neuter · singular · nominative · (common) ▸ **26** (2Sam. 16,17; 1Chr. 17,13; Neh. 13,14; Psa. 22,6; Psa. 25,3; Psa. 32,22; Psa. 35,6; Psa. 39,12; Psa. 56,11; Psa. 58,18; Psa. 62,4; Psa. 68,17; Psa. 85,13; Psa. 88,25; Psa. 88,34; Psa. 93,18; Psa. 107,5; Psa. 108,21; Psa. 118,41; Psa. 118,76; Psa. 137,8; Psa. 143,2; Sol. 4,25; Sol. 5,15; Sol. 18,1; Jer. 44,20)

ἐλέου ▸ 1 + **1** = **2**

Noun · masculine · singular · genitive · (common) ▸ 1 + **1** = **2** (Ode. 7,42; Tob. 8,17)

ἐλέους ▸ 40 + **1** + **5** = **46**

Noun · neuter · singular · genitive · (common) ▸ 40 + **1** + **5** = **46** (1Kings 21,31; 2Chr. 24,22; Neh. 13,22; Tob. 8,17; 2Mac. 7,23; 2Mac. 8,27; 3Mac. 6,4; Psa. 5,8; Psa. 6,5; Psa. 32,5; Psa. 68,14; Psa. 89,14; Psa. 97,3; Psa. 105,7; Psa. 105,45; Psa. 118,64; Ode. 4,2; Ode. 9,54; Ode. 9,78; Wis. 6,6; Wis. 9,1; Sir. 44,10; Sir. 45,1; Sir. 51,3; Sir. 51,8; Sol. 2,8; Sol. 8,28; Sol. 14,9; Sol. 17,3; Sol. 18,3; Sol. 18,5; Sol. 18,9; Mic. 7,18; Hab. 3,2; Is. 16,5; Is. 54,7; Is. 63,15; Jer. 2,2; Lam. 3,32; Dan. 3,42; Dan. 3,42; Luke 1,54; Luke 1,78; Rom. 9,23; Rom. 15,9; James 3,17)

ἐλευθερία (ἐλεύθερος) freedom ▸ 7 + **11** = **18**

ἐλευθερία ▸ 1 + **2** = **3**

Noun · feminine · singular · nominative · (common) ▸ 1 + **2** = **3** (Lev. 19,20; 1Cor. 10,29; 2Cor. 3,17)

ἐλευθερίᾳ ▸ 1 + **2** = **3**

Noun · feminine · singular · dative · (common) ▸ 1 + **2** = **3** (3Mac. 3,28; Gal. 5,1; Gal. 5,13)

ἐλευθερίαν ▸ 3 + **5** = **8**

Noun · feminine · singular · accusative · (common) ▸ 3 + **5** = **8** (1Esdr. 4,53; 1Mac. 14,26; Sir. 33,26; Rom. 8,21; Gal. 2,4; Gal. 5,13; 1Pet. 2,16; 2Pet. 2,19)

ἐλευθερίας ▸ 2 + **2** = **4**

Noun · feminine · singular · genitive · (common) ▸ 2 + **2** = **4** (1Esdr. 4,49; Sir. 7,21; James 1,25; James 2,12)

ἐλεύθερος free ▸ 28 + **23** = **51**

ἐλευθέρα ▸ **3**

Adjective · feminine · singular · nominative ▸ **3** (Rom. 7,3; 1Cor. 7,39; Gal. 4,26)

ἐλεύθερα ▸ **1**

Adjective · neuter · plural · accusative · noDegree ▸ **1** (1Mac. 15,7)

ἐλευθέραν ▸ **4**

Adjective · feminine · singular · accusative · noDegree ▸ **4** (Deut. 21,14; Judith 16,23; 1Mac. 10,33; 2Mac. 9,14)

ἐλευθέρας ▸ 1 + **4** = **5**

Adjective · feminine · singular · genitive · noDegree ▸ 1 + **4** = **5** (1Mac. 2,11; Gal. 4,22; Gal. 4,23; Gal. 4,30; Gal. 4,31)

ἐλεύθεροι ▸ 3 + **5** = **8**

Adjective · masculine · plural · nominative · noDegree ▸ 3 + **5** = **8** (1Kings 20,11; 3Mac. 7,20; Sir. 10,25; John 8,33; John 8,36; Rom. 6,20; 1Cor. 12,13; 1Pet. 2,16)

ἐλεύθεροί ▸ **1**

Adjective · masculine · plural · nominative ▸ **1** (Matt. 17,26)

ἐλευθέροις ▸ **1**

Adjective · masculine · plural · dative · noDegree ▸ **1** (Neh. 13,17)

ἐλεύθερον ▸ **4**

Adjective · masculine · singular · accusative · noDegree ▸ **4** (Deut. 15,12; Deut. 15,13; Job 39,5; Jer. 41,14)

ἐλεύθερος ▸ 3 + **7** = **10**

Adjective · masculine · singular · nominative · noDegree ▸ 3 + **7** = **10** (Ex. 21,2; Ex. 21,5; Psa. 87,5; 1Cor. 7,21; 1Cor. 7,22; 1Cor. 9,1; Gal. 3,28; Eph. 6,8; Col. 3,11; Rev. 6,15)

Ἐλεύθερος ▸ **1**

Adjective · masculine · singular · nominative ▸ **1** (1Cor. 9,19)

ἐλευθέρου ▸ **2**

Adjective · masculine · singular · genitive · noDegree ▸ **2** (1Esdr. 3,19; Jer. 36,2)

ἐλευθέρους ▸ 5 + **1** = **6**

Adjective · masculine · plural · accusative · noDegree ▸ 5 + **1** = **6** (Ex. 21,26; Ex. 21,27; 1Kings 20,8; Jer. 41,9; Jer. 41,16; Rev. 13,16)

ἐλευθέρων ▸ 3 + **1** = **4**

Adjective · masculine · plural · genitive · noDegree ▸ 3 + **1** = **4** (Deut. 15,18; 4Mac. 14,2; Eccl. 10,17; Rev. 19,18)

ἐλευθερώτεροι ▸ **1**

Adjective · masculine · plural · nominative · comparative ▸ **1** (4Mac. 14,2)

Ἐλεύθερος (ἐλεύθερος) Eleutherus (Free) ▸ **2**

Ἐλεύθερον ▸ **1**

Noun · masculine · singular · accusative · (proper) ▸ **1** (1Mac. 12,30)

Ἐλευθέρου ▸ **1**

Noun · masculine · singular · genitive · (proper) ▸ **1** (1Mac. 11,7)

ἐλευθερόω (ἐλεύθερος) to free, set free, release ▸ 3 + **7** = **10**

ἐλευθεροῖ ▸ **1**

Verb · third · singular · present · active · indicative ▸ **1** (Prov.

25,10a)
   ἐλευθερωθέντες ▸ 2
      Verb · aorist · passive · participle · masculine · plural · nominative ▸ 2 (Rom. 6,18; Rom. 6,22)
   ἐλευθερωθήσεται ▸ 1
      Verb · third · singular · future · passive · indicative ▸ 1 (Rom. 8,21)
   ἐλευθερῶσαι ▸ 1
      Verb · aorist · active · infinitive ▸ 1 (2Mac. 2,22)
   ἐλευθερώσει ▸ 1
      Verb · third · singular · future · active · indicative ▸ 1 (John 8,32)
   ἐλευθερώσῃ ▸ 1
      Verb · third · singular · aorist · active · subjunctive ▸ 1 (John 8,36)
   ἐλευθέρωσον ▸ 1
      Verb · second · singular · aorist · active · imperative ▸ 1 (2Mac. 1,27)
   ἠλευθέρωσεν ▸ 1
      Verb · third · singular · aorist · active · indicative ▸ 1 (Gal. 5,1)
   ἠλευθέρωσέν ▸ 1
      Verb · third · singular · aorist · active · indicative ▸ 1 (Rom. 8,2)

ἔλευσις (ἔρχομαι) coming ▸ 1
   ἐλεύσεως ▸ 1
      Noun · feminine · singular · genitive ▸ 1 (Acts 7,52)

ἐλευστέον (ἔρχομαι) one must come ▸ 1
   ἐλευστέον ▸ 1
      Adjective · neuter · singular · nominative · noDegree · (verbal) ▸ 1 (2Mac. 6,17)

ἐλεφαντάρχης (ἐλέφας; ἄρχω) commander of elephant forces ▸ 3
   ἐλεφαντάρχην ▸ 1
      Noun · masculine · singular · accusative · (common) ▸ 1 (2Mac. 14,12)
   ἐλεφαντάρχης ▸ 2
      Noun · masculine · singular · nominative · (common) ▸ 2 (3Mac. 5,4; 3Mac. 5,45)

ἐλεφάντινος (ἐλέφας) ivory ▸ 10 + 1 = 11
   ἐλεφάντινοι ▸ 1
      Adjective · masculine · plural · nominative · noDegree ▸ 1 (Amos 3,15)
   ἐλεφάντινον ▸ 4 + 1 = 5
      Adjective · masculine · singular · accusative · noDegree ▸ 3 (1Kings 10,18; 1Kings 22,39; 2Chr. 9,17)
      Adjective · neuter · singular · nominative · noDegree ▸ 1 (Song 5,14)
      Adjective · neuter · singular · accusative ▸ 1 (Rev. 18,12)
   ἐλεφάντινος ▸ 1
      Adjective · masculine · singular · nominative · noDegree ▸ 1 (Song 7,5)
   ἐλεφαντίνους ▸ 1
      Adjective · masculine · plural · accusative · noDegree ▸ 1 (Ezek. 27,15)
   ἐλεφαντίνων ▸ 3
      Adjective · feminine · plural · genitive · noDegree ▸ 2 (Psa. 44,9; Amos 6,4)
      Adjective · masculine · plural · genitive · noDegree ▸ 1 (2Chr. 9,21)

ἐλέφας elephant; ivory ▸ 17
   ἐλέφαντα ▸ 1
      Noun · masculine · singular · accusative · (common) ▸ 1 (1Mac. 6,46)
   ἐλέφαντας ▸ 7
      Noun · masculine · plural · accusative · (common) ▸ 7 (1Mac. 3,34; 1Mac. 8,6; 2Mac. 13,2; 3Mac. 5,2; 3Mac. 5,10; 3Mac. 5,20; 3Mac. 5,38)
   ἐλέφαντες ▸ 1
      Noun · masculine · plural · nominative · (common) ▸ 1 (1Mac. 6,30)
   ἐλέφαντι ▸ 1
      Noun · masculine · singular · dative · (common) ▸ 1 (1Mac. 6,35)
   ἐλέφαντος ▸ 1
      Noun · masculine · singular · genitive · (common) ▸ 1 (Ezek. 27,6)
   ἐλεφάντων ▸ 3
      Noun · masculine · plural · genitive · (common) ▸ 3 (2Mac. 13,15; 3Mac. 5,1; 3Mac. 5,48)
   ἐλέφασιν ▸ 3
      Noun · masculine · plural · dative · (common) ▸ 3 (1Mac. 1,17; 1Mac. 6,34; 2Mac. 11,4)

Ελζαβαδ Elzabad ▸ 1
   Ελζαβαδ ▸ 1
      Noun · masculine · singular · nominative · (proper) ▸ 1 (1Chr. 26,7)

Ελθεκεν Eltekon ▸ 1
   Ελθεκεν ▸ 1
      Noun · singular · nominative · (proper) ▸ 1 (Josh. 15,59)

Ελθεκω Eltekeh ▸ 1
   Ελθεκω ▸ 1
      Noun · singular · nominative · (proper) ▸ 1 (Josh. 19,44)

Ελθουλα Eltolad ▸ 1
   Ελθουλα ▸ 1
      Noun · singular · nominative · (proper) ▸ 1 (Josh. 19,4)

Ελθουλαδ Eltolad ▸ 1
   Ελθουλαδ ▸ 1
      Noun · singular · nominative · (proper) ▸ 1 (Josh. 19,4)

Ελθωδαδ Eltolad ▸ 1
   Ελθωδαδ ▸ 1
      Noun · singular · nominative · (proper) ▸ 1 (Josh. 15,30)

Ελια Joelah; Elijah ▸ 2
   Ελια ▸ 2
      Noun · masculine · singular · nominative · (proper) ▸ 2 (1Chr. 12,8; Ezra 10,21)

Ελιαβ Oholiab; Eliab ▸ 29
   Ελιαβ ▸ 29
      Noun · masculine · singular · accusative · (proper) ▸ 4 (Ex. 31,6; Ex. 36,2; 1Sam. 16,6; 1Chr. 2,13)
      Noun · masculine · singular · dative · (proper) ▸ 1 (Ex. 35,34)
      Noun · masculine · singular · genitive · (proper) ▸ 8 (Num. 7,29; Num. 16,1; Num. 16,12; Num. 26,9; Deut. 11,6; 2Sam. 11,3; 2Chr. 11,18; Judith 8,1)
      Noun · masculine · singular · nominative · (proper) ▸ 16 (Ex. 36,1; Ex. 37,21; Num. 1,9; Num. 2,7; Num. 7,24; Num. 10,16; Num. 26,8; 2Sam. 23,34; 1Kings 4,6; 1Chr. 6,12; 1Chr. 12,10; 1Chr. 12,12; 1Chr. 15,18; 1Chr. 15,20; 1Chr. 16,5; 1Chr. 27,18)

Ελιαβα Eliahba ▸ 1
   Ελιαβα ▸ 1
      Noun · masculine · singular · nominative · (proper) ▸ 1 (1Chr. 11,33)

Ελιαδα Eliada ▸ 2
   Ελιαδα ▸ 2
      Noun · masculine · singular · nominative · (proper) ▸ 2 (1Chr. 3,8; 2Chr. 17,17)

Ελιαδαε Eliada ▸ 1
   Ελιαδαε ▸ 1

Noun · masculine · singular · genitive · (proper) ▸ **1** (1Kings 11,14)

Ελιαδας Eliadas; Elioenai ▸ 1
Ελιαδας ▸ 1
Noun · masculine · singular · nominative · (proper) ▸ **1** (1Esdr. 9,28)

Ελιαζαι Eluzai ▸ 1
Ελιαζαι ▸ 1
Noun · masculine · singular · nominative · (proper) ▸ **1** (1Chr. 12,6)

Ελιαζερ Elzabad ▸ 1
Ελιαζερ ▸ 1
Noun · masculine · singular · nominative · (proper) ▸ **1** (1Chr. 12,13)

Ελιαθα Eliathah ▸ 1
Ελιαθα ▸ 1
Noun · masculine · singular · nominative · (proper) ▸ **1** (1Chr. 25,27)

Ελιακιμ Eliakim ▸ 12
Ελιακιμ ▸ 12
Noun · masculine · singular · accusative · (proper) ▸ **4** (2Kings 19,2; 2Kings 23,34; 2Chr. 36,4; Is. 22,20)
Noun · masculine · singular · nominative · (proper) ▸ **8** (2Kings 18,18; 2Kings 18,26; 2Kings 18,37; Neh. 12,41; Is. 36,3; Is. 36,11; Is. 36,22; Is. 37,2)

Ἐλιακίμ Eliakim ▸ 3
Ἐλιακὶμ ▸ 2
Noun · masculine · singular · genitive · (proper) ▸ **1** (Luke 3,30)
Noun · masculine · singular · nominative · (proper) ▸ **1** (Matt. 1,13)
Ἐλιακίμ ▸ 1
Noun · masculine · singular · accusative · (proper) ▸ **1** (Matt. 1,13)

Ελιαλις Elialis ▸ 1
Ελιαλις ▸ 1
Noun · masculine · singular · nominative · (proper) ▸ **1** (1Esdr. 9,34)

Ελιανα Eliehoenai ▸ 1
Ελιανα ▸ 1
Noun · masculine · singular · nominative · (proper) ▸ **1** (Ezra 8,4)

Ελιαρεφ Elihoreph ▸ 1
Ελιαρεφ ▸ 1
Noun · masculine · singular · nominative · (proper) ▸ **1** (1Kings 4,3)

Ελιασιβ Eliashib ▸ 7
Ελιασιβ ▸ 7
Noun · masculine · singular · accusative · (proper) ▸ **1** (Neh. 12,10)
Noun · masculine · singular · dative · (proper) ▸ **1** (1Chr. 24,12)
Noun · masculine · singular · genitive · (proper) ▸ **1** (Neh. 12,22)
Noun · masculine · singular · nominative · (proper) ▸ **4** (1Chr. 3,24; Ezra 10,36; Neh. 12,10; Neh. 13,4)

Ελιασιβος Eliashib ▸ 3
Ελιασιβος ▸ 2
Noun · masculine · singular · nominative · (proper) ▸ **2** (1Esdr. 9,24; 1Esdr. 9,34)
Ελιασιβου ▸ 1
Noun · masculine · singular · genitive · (proper) ▸ **1** (1Esdr. 9,1)

Ελιασιμος Eliasimos, Eliashib ▸ 1
Ελιασιμος ▸ 1
Noun · masculine · singular · nominative · (proper) ▸ **1** (1Esdr. 9,28)

Ελιασις Eliasis ▸ 1
Ελιασις ▸ 1
Noun · masculine · singular · nominative · (proper) ▸ **1** (1Esdr. 9,34)

Ελιασου Eliahba ▸ 1
Ελιασου ▸ 1
Noun · masculine · singular · nominative · (proper) ▸ **1** (2Sam. 23,32)

Ελιαωνιας Eliehoenai ▸ 1
Ελιαωνιας ▸ 1
Noun · masculine · singular · nominative · (proper) ▸ **1** (1Esdr. 8,31)

Ελιβαμας Oholibamah ▸ 1
Ελιβαμας ▸ 1
Noun · masculine · singular · nominative · (proper) ▸ **1** (1Chr. 1,52)

Ελιβεμα Oholibamah ▸ 6
Ελιβεμα ▸ 3
Noun · feminine · singular · accusative · (proper) ▸ **1** (Gen. 36,2)
Noun · feminine · singular · nominative · (proper) ▸ **2** (Gen. 36,5; Gen. 36,25)
Ελιβεμας ▸ 3
Noun · feminine · singular · genitive · (proper) ▸ **3** (Gen. 36,14; Gen. 36,18; Gen. 36,18)

Ελιβεμας Oholibamah (m) ▸ 1
Ελιβεμας ▸ 1
Noun · masculine · singular · nominative · (proper) ▸ **1** (Gen. 36,41)

Ελιδαε Eliada ▸ 1
Ελιδαε ▸ 1
Noun · singular · nominative · (proper) ▸ **1** (2Sam. 5,16)

Ελιε Zelek ▸ 1
Ελιε ▸ 1
Noun · masculine · singular · nominative · (proper) ▸ **1** (2Sam. 23,37)

Ελιεζερ Eliezer ▸ 14
Ελιεζερ ▸ 14
Noun · masculine · singular · accusative · (proper) ▸ **1** (Ex. 18,4)
Noun · masculine · singular · dative · (proper) ▸ **3** (1Chr. 23,17; 1Chr. 23,17; 1Chr. 26,25)
Noun · masculine · singular · genitive · (proper) ▸ **1** (2Sam. 24,5)
Noun · masculine · singular · nominative · (proper) ▸ **9** (Gen. 15,2; 1Chr. 7,8; 1Chr. 15,24; 1Chr. 23,15; 1Chr. 27,16; 2Chr. 20,37; Ezra 10,18; Ezra 10,23; Ezra 10,31)

Ἐλιέζερ Eliezer ▸ 1
Ἐλιέζερ ▸ 1
Noun · masculine · singular · genitive · (proper) ▸ **1** (Luke 3,29)

Ελιηλ Eliel ▸ 6
Ελιηλ ▸ 6
Noun · masculine · singular · accusative · (proper) ▸ **1** (1Chr. 15,11)
Noun · masculine · singular · genitive · (proper) ▸ **1** (1Chr. 6,19)
Noun · masculine · singular · nominative · (proper) ▸ **4** (1Chr. 5,24; 1Chr. 11,46; 1Chr. 15,9; 2Chr. 31,13)

Ελιηλι Eliel ▸ 1
Ελιηλι ▸ 1
Noun · masculine · singular · nominative · (proper) ▸ **1** (1Chr. 8,20)

Ελιθεναν Elioenai ▸ 3
Ελιθεναν ▸ 3
Noun · masculine · singular · genitive · (proper) ▸ **1** (1Chr. 3,24)
Noun · masculine · singular · nominative · (proper) ▸ **2** (1Chr.

Ελιθεναν–Ελισουρ

3,23; 1Chr. 7,8)

Ελικα Elika ▸ 1
  Ελικα ▸ 1
    Noun · masculine · singular · nominative · (proper) ▸ **1** (2Sam. 23,25)

ἑλικτός (εἴλω) stairs; stairway; twisted, wheeled, tortuous ▸ 2
  ἑλικτά ▸ 1
    Adjective · neuter · plural · accusative · noDegree ▸ **1** (Lev. 6,14)
  ἑλικτὴ ▸ 1
    Adjective · feminine · singular · nominative · noDegree ▸ **1** (1Kings 6,8)

Ελιμελεκ Allammelech ▸ 1
  Ελιμελεκ ▸ 1
    Noun · singular · nominative · (proper) ▸ **1** (Josh. 19,26)

Ελιμουθ Elihu ▸ 1
  Ελιμουθ ▸ 1
    Noun · masculine · singular · nominative · (proper) ▸ **1** (1Chr. 12,21)

ἕλιξ (εἴλω) choice branch ▸ 1
  ἕλικι ▸ 1
    Noun · feminine · singular · dative · (common) ▸ **1** (Gen. 49,11)

Ελιου Elihu ▸ 1
  Ελιου ▸ 1
    Noun · masculine · singular · nominative · (proper) ▸ **1** (1Chr. 26,7)

Ἑλιούδ Eliud ▸ 2
  Ἑλιούδ ▸ 1
    Noun · masculine · singular · accusative · (proper) ▸ **1** (Matt. 1,14)
  Ἑλιούδ ▸ 1
    Noun · masculine · singular · nominative · (proper) ▸ **1** (Matt. 1,15)

Ελιους Elihu ▸ 9
  Ελιουν ▸ 1
    Noun · masculine · singular · accusative · (proper) ▸ **1** (Job 38,1)
  Ελιους ▸ 8
    Noun · masculine · singular · nominative · (proper) ▸ **8** (Job 32,2; Job 32,4; Job 32,5; Job 32,6; Job 32,17; Job 34,1; Job 35,1; Job 36,1)

Ελισα Elishah ▸ 4
  Ελισα ▸ 4
    Noun · masculine · singular · nominative · (proper) ▸ **4** (Gen. 10,2; Gen. 10,4; 1Chr. 1,5; 1Chr. 1,7)

Ελισαβεθ Elisheba ▸ 1
  Ελισαβεθ ▸ 1
    Noun · feminine · singular · accusative · (proper) ▸ **1** (Ex. 6,23)

Ἑλισάβετ Elisabeth ▸ 9
  Ἑλισάβετ ▸ 9
    Noun · feminine · singular · accusative · (proper) ▸ **1** (Luke 1,40)
    Noun · feminine · singular · dative · (proper) ▸ **1** (Luke 1,57)
    Noun · feminine · singular · nominative · (proper) ▸ **7** (Luke 1,5; Luke 1,7; Luke 1,13; Luke 1,24; Luke 1,36; Luke 1,41; Luke 1,41)

Ελισαε Elishua ▸ 1
  Ελισαε ▸ 1
    Noun · masculine · singular · nominative · (proper) ▸ **1** (1Chr. 14,5)

Ελισαι Elishah ▸ 1
  Ελισαι ▸ 1
    Noun · singular · genitive · (proper) ▸ **1** (Ezek. 27,7)

Ελισαιε Elisha ▸ 97
  Ελισαιε ▸ 97
    Noun · masculine · singular · accusative · (proper) ▸ **15** (1Kings 19,16; 1Kings 19,19; 2Kings 2,2; 2Kings 2,3; 2Kings 2,4; 2Kings 2,5; 2Kings 2,9; 2Kings 2,13; 2Kings 2,15; 2Kings 2,19; 2Kings 4,1; 2Kings 4,27; 2Kings 5,15; 2Kings 6,1; 2Kings 8,9)
    Noun · masculine · singular · dative · (proper) ▸ **2** (2Kings 7,2; 2Kings 7,19)
    Noun · masculine · singular · genitive · (proper) ▸ **12** (2Kings 2,22; 2Kings 5,9; 2Kings 5,14; 2Kings 5,20; 2Kings 6,15; 2Kings 6,17; 2Kings 6,18; 2Kings 6,31; 2Kings 8,2; 2Kings 8,4; 2Kings 8,14; 2Kings 13,21)
    Noun · masculine · singular · nominative · (proper) ▸ **68** (1Kings 19,17; 1Kings 19,20; 2Kings 2,1; 2Kings 2,2; 2Kings 2,4; 2Kings 2,6; 2Kings 2,9; 2Kings 2,12; 2Kings 2,13; 2Kings 2,14; 2Kings 2,16; 2Kings 2,18; 2Kings 2,20; 2Kings 2,21; 2Kings 3,11; 2Kings 3,13; 2Kings 3,14; 2Kings 4,2; 2Kings 4,7; 2Kings 4,8; 2Kings 4,16; 2Kings 4,17; 2Kings 4,25; 2Kings 4,27; 2Kings 4,29; 2Kings 4,30; 2Kings 4,32; 2Kings 4,33; 2Kings 4,36; 2Kings 4,36; 2Kings 4,38; 2Kings 4,38; 2Kings 4,41; 2Kings 5,8; 2Kings 5,10; 2Kings 5,16; 2Kings 5,19; 2Kings 5,25; 2Kings 5,26; 2Kings 6,9; 2Kings 6,10; 2Kings 6,12; 2Kings 6,16; 2Kings 6,17; 2Kings 6,18; 2Kings 6,19; 2Kings 6,20; 2Kings 6,32; 2Kings 7,1; 2Kings 7,2; 2Kings 7,18; 2Kings 7,19; 2Kings 8,1; 2Kings 8,4; 2Kings 8,5; 2Kings 8,5; 2Kings 8,7; 2Kings 8,10; 2Kings 8,13; 2Kings 8,14; 2Kings 9,1; 2Kings 13,14; 2Kings 13,15; 2Kings 13,16; 2Kings 13,17; 2Kings 13,18; 2Kings 13,20; 2Kings 13,21)

Ἑλισαῖος Elisha ▸ 1
  Ἑλισαίου ▸ 1
    Noun · masculine · singular · genitive · (proper) ▸ **1** (Luke 4,27)

Ελισαμα Elishama ▸ 15
  Ελισαμα ▸ 15
    Noun · masculine · singular · accusative · (proper) ▸ **1** (1Chr. 2,41)
    Noun · masculine · singular · genitive · (proper) ▸ **4** (Num. 7,53; 2Kings 25,25; Jer. 43,20; Jer. 43,21)
    Noun · masculine · singular · nominative · (proper) ▸ **10** (Num. 1,10; Num. 2,18; Num. 7,48; Num. 10,22; 2Sam. 5,16; 1Chr. 3,6; 1Chr. 3,8; 1Chr. 7,26; 2Chr. 17,8; Jer. 43,12)

Ελισαμαε Elishama ▸ 1
  Ελισαμαε ▸ 1
    Noun · masculine · singular · nominative · (proper) ▸ **1** (1Chr. 14,7)

Ελισαφ Eliasaph ▸ 7
  Ελισαφ ▸ 7
    Noun · masculine · singular · genitive · (proper) ▸ **1** (Num. 7,47)
    Noun · masculine · singular · nominative · (proper) ▸ **6** (Num. 1,14; Num. 2,14; Num. 3,24; Num. 7,42; Num. 10,20; Ezra 10,24)

Ελισαφαν Elzaphan ▸ 7
  Ελισαφαν ▸ 7
    Noun · masculine · singular · accusative · (proper) ▸ **2** (Lev. 10,4; 2Chr. 23,1)
    Noun · masculine · singular · genitive · (proper) ▸ **2** (1Chr. 15,8; 2Chr. 29,13)
    Noun · masculine · singular · nominative · (proper) ▸ **3** (Ex. 6,22; Num. 3,30; Num. 34,25)

Ελισουβ Eliashib ▸ 6
  Ελισουβ ▸ 6
    Noun · masculine · singular · genitive · (proper) ▸ **3** (Ezra 10,6; Neh. 12,23; Neh. 13,28)
    Noun · masculine · singular · nominative · (proper) ▸ **3** (Ezra 10,27; Neh. 3,1; Neh. 13,7)

Ελισουρ Elizur ▸ 5
  Ελισουρ ▸ 5

Noun · masculine · singular · genitive · (proper) ▸ **1** (Num. 7,35)
Noun · masculine · singular · nominative · (proper) ▸ **4** (Num. 1,5; Num. 2,10; Num. 7,30; Num. 10,18)

Ελισους Elishua ▸ 1
Ελισους ▸ 1
Noun · singular · nominative · (proper) ▸ **1** (2Sam. 5,15)

ἑλίσσω (εἴλω) to roll up ▸ 2 + 2 = 4
ἑλιγήσεται ▸ 1
Verb · third · singular · future · passive · indicative ▸ **1** (Is. 34,4)
ἑλίξεις ▸ 1
Verb · second · singular · future · active · indicative ▸ **1** (Heb. 1,12)
ἑλισσόμενον ▸ 1
Verb · present · passive · participle · neuter · singular · nominative ▸ **1** (Rev. 6,14)
ἑλιχθείη ▸ 1
Verb · third · singular · aorist · passive · optative ▸ **1** (Job 18,8)

Ελιφαλαθ Eliphelet; Elipheleth ▸ 2
Ελιφαλαθ ▸ 2
Noun · singular · nominative · (proper) ▸ **2** (2Sam. 5,16; 2Sam. 5,16a)

Ελιφαλατ Eliphelet ▸ 1
Ελιφαλατ ▸ 1
Noun · masculine · singular · nominative · (proper) ▸ **1** (1Esdr. 9,33)

Ελιφαλατος Eliphelet ▸ 1
Ελιφαλατος ▸ 1
Noun · masculine · singular · nominative · (proper) ▸ **1** (1Esdr. 8,39)

Ελιφαλεθ Eliphelet ▸ 1
Ελιφαλεθ ▸ 1
Noun · masculine · singular · nominative · (proper) ▸ **1** (Ezra 10,33)

Ελιφαλετ Eliphelet ▸ 5
Ελιφαλετ ▸ 5
Noun · masculine · singular · nominative · (proper) ▸ **5** (1Chr. 3,6; 1Chr. 3,8; 1Chr. 8,39; 1Chr. 14,5; 1Chr. 14,7)

Ελιφαλια Eliphelehu ▸ 1
Ελιφαλια ▸ 1
Noun · masculine · singular · nominative · (proper) ▸ **1** (1Chr. 15,18)

Ελιφαλιας Eliphelehu ▸ 1
Ελιφαλιας ▸ 1
Noun · masculine · singular · nominative · (proper) ▸ **1** (1Chr. 15,21)

Ελιφας Eliphaz ▸ 16
Ελιφας ▸ 16
Noun · masculine · singular · accusative · (proper) ▸ **1** (Gen. 36,4)
Noun · masculine · singular · dative · (proper) ▸ **2** (Gen. 36,12; Job 42,7)
Noun · masculine · singular · genitive · (proper) ▸ **5** (Gen. 36,11; Gen. 36,12; Gen. 36,15; Gen. 36,16; 1Chr. 1,36)
Noun · masculine · singular · nominative · (proper) ▸ **8** (Gen. 36,10; 1Chr. 1,35; Job 2,11; Job 4,1; Job 15,1; Job 22,1; Job 42,9; Job 42,17e)

Ελιωηναι Elioenai; Elienai ▸ 6
Ελιωηναι ▸ 6
Noun · masculine · singular · nominative · (proper) ▸ **6** (1Chr. 4,36; 1Chr. 8,20; 1Chr. 26,3; Ezra 10,22; Ezra 10,27; Neh. 12,41)

Ελιωναις Elioeni ▸ 1
Ελιωναις ▸ 1
Noun · masculine · singular · nominative · (proper) ▸ **1** (1Esdr. 9,22)

Ελιωνας Elionas ▸ 1
Ελιωνας ▸ 1
Noun · masculine · singular · nominative · (proper) ▸ **1** (1Esdr. 9,32)

Ελκαι Helkai ▸ 1
Ελκαι ▸ 1
Noun · masculine · singular · nominative · (proper) ▸ **1** (Neh. 12,15)

Ελκανα Elkanah ▸ 17
Ελκανα ▸ 17
Noun · masculine · singular · accusative · (proper) ▸ **2** (1Sam. 2,20; 2Chr. 28,7)
Noun · masculine · singular · genitive · (proper) ▸ **4** (1Chr. 6,10; 1Chr. 6,19; 1Chr. 6,20; 1Chr. 6,21)
Noun · masculine · singular · nominative · (proper) ▸ **11** (Ex. 6,24; 1Sam. 1,1; 1Sam. 1,4; 1Sam. 1,5; 1Sam. 1,8; 1Sam. 1,19; 1Sam. 1,21; 1Sam. 1,23; 1Chr. 6,8; 1Chr. 6,11; 1Chr. 6,12)

Ελκεσαίος Elkoshite ▸ 1
Ελκεσαίου ▸ 1
Noun · masculine · singular · genitive · (proper) ▸ **1** (Nah. 1,1)

Ελκια Hilkiah; Elkiah ▸ 5
Ελκια ▸ 5
Noun · masculine · singular · dative · (proper) ▸ **1** (Neh. 12,21)
Noun · masculine · singular · genitive · (proper) ▸ **3** (Ezra 7,1; Neh. 11,11; Judith 8,1)
Noun · masculine · singular · nominative · (proper) ▸ **1** (Neh. 8,4)

ἕλκος wound, sore, ulcer ▸ 15 + 3 = 18
ἕλκει ▸ 7
Noun · neuter · singular · dative · (common) ▸ **7** (Lev. 13,20; Lev. 13,22; Lev. 13,27; Deut. 28,27; Deut. 28,35; Prov. 25,20; Job 2,7)
ἕλκη ▸ 4 + 1 = 5
Noun · neuter · plural · accusative · (common) ▸ **1 + 1 = 2** (Ex. 9,11; Luke 16,21)
Noun · neuter · plural · nominative · (common) ▸ **3** (Ex. 9,9; Ex. 9,10; Ex. 9,11)
ἕλκος ▸ 2 + 1 = 3
Noun · neuter · singular · accusative · (common) ▸ **1** (2Kings 20,7)
Noun · neuter · singular · nominative · (common) ▸ **1 + 1 = 2** (Lev. 13,18; Rev. 16,2)
ἕλκους ▸ 2
Noun · neuter · singular · genitive · (common) ▸ **2** (Lev. 13,19; Lev. 13,23)
ἑλκῶν ▸ 1
Noun · neuter · plural · genitive ▸ **1** (Rev. 16,11)

ἑλκόω (ἕλκος) to cover with sores ▸ 1
εἱλκωμένος ▸ 1
Verb · perfect · passive · participle · masculine · singular · nominative ▸ **1** (Luke 16,20)

ἕλκω to attract, drag ▸ 25 + 8 + 8 = 41
εἷλκεν ▸ 1 + 1 = 2
Verb · third · singular · imperfect · active · indicative ▸ **1 + 1 = 2** (Wis. 19,4; Dan. 7,10)
εἷλκον ▸ 1 + 1 + 1 = 3
Verb · third · plural · imperfect · active · indicative ▸ **1 + 1 + 1 = 3** (4Mac. 11,9; Judg. 20,35; Acts 21,30)
εἵλκοντο ▸ 1
Verb · third · plural · imperfect · passive · indicative ▸ **1** (3Mac. 4,7)

εἵλκυσα ‣ 1
: **Verb** · first · singular · aorist · active · indicative ‣ **1** (Psa. 118,131)

εἵλκυσά ‣ 1
: **Verb** · first · singular · aorist · active · indicative ‣ **1** (Jer. 38,3)

εἵλκυσαν ‣ 2 + 1 = 3
: **Verb** · third · plural · aorist · active · indicative ‣ 2 + 1 = **3** (Jer. 14,6; Jer. 45,13; Acts 16,19)

εἵλκυσάν ‣ 1
: **Verb** · third · plural · aorist · active · indicative ‣ **1** (Song 1,4)

εἵλκυσας ‣ 1
: **Verb** · second · singular · aorist · active · indicative ‣ **1** (Neh. 9,30)

εἵλκυσεν ‣ 4 + 2 = 6
: **Verb** · third · singular · aorist · active · indicative ‣ 4 + 2 = **6** (Deut. 21,3; 1Mac. 10,82; Sir. 28,19; Hab. 1,15; John 18,10; John 21,11)

εἵλκυσέν ‣ 1
: **Verb** · third · singular · aorist · active · indicative ‣ **1** (2Sam. 22,17)

εἱλκύσθη ‣ 1
: **Verb** · third · singular · aorist · passive · indicative ‣ **1** (Dan. 4,17a)

ἕλκει ‣ 1
: **Verb** · third · singular · present · active · indicative ‣ **1** (Eccl. 1,5)

ἕλκοντα ‣ 1
: **Verb** · present · active · participle · neuter · plural · accusative ‣ **1** (3Mac. 5,49)

ἕλκοντες ‣ 3
: **Verb** · present · active · participle · masculine · plural · nominative ‣ **3** (Judg. 5,14; Judg. 20,2; Judg. 20,25)

ἕλκοντος ‣ 1
: **Verb** · present · active · participle · masculine · singular · genitive ‣ **1** (Is. 10,15)

ἑλκόντων ‣ 1 + 2 = 3
: **Verb** · present · active · participle · masculine · plural · genitive ‣ 1 + 2 = **3** (4Mac. 15,11; Judg. 20,17; Judg. 20,46)

ἕλκουσα ‣ 1
: **Verb** · present · active · participle · feminine · singular · nominative ‣ **1** (4Mac. 14,13)

ἕλκουσιν ‣ 1
: **Verb** · third · plural · present · active · indicative ‣ **1** (James 2,6)

ἑλκύσαι ‣ 3 + 1 = 4
: **Verb** · aorist · active · infinitive ‣ 2 + 1 = **3** (Psa. 9,30; Eccl. 2,3; John 21,6)
: **Verb** · third · singular · aorist · active · optative ‣ **1** (Job 20,28)

ἑλκύσει ‣ 1
: **Verb** · third · singular · future · active · indicative ‣ **1** (Job 39,10)

ἑλκύσῃ ‣ 1
: **Verb** · third · singular · aorist · active · subjunctive ‣ **1** (John 6,44)

ἕλκυσον ‣ 1
: **Verb** · second · singular · aorist · active · imperative ‣ **1** (Job 28,18)

ἑλκύσω ‣ 1
: **Verb** · first · singular · future · active · indicative ‣ **1** (John 12,32)

ἕλκων ‣ 1
: **Verb** · present · active · participle · masculine · singular · nominative ‣ **1** (Judg. 20,15)

Ελκωθαιμ Eltekeh ‣ 1
: Ελκωθαιμ ‣ 1
: **Noun** · feminine · singular · accusative · (proper) ‣ **1** (Josh. 21,23)

Ελλαναθαν Elnathan ‣ 1
: Ελλαναθαν ‣ 1
: **Noun** · masculine · singular · genitive · (proper) ‣ **1** (2Kings 24,8)

Ελλαναν Elhanan ‣ 1
: Ελλαναν ‣ 1
: **Noun** · masculine · singular · nominative · (proper) ‣ **1** (1Chr. 20,5)

Ἑλλάς Greece; Greek ‣ 4 + 1 = 5
: Ἑλλάδα ‣ 2 + 1 = 3
: **Noun** · feminine · singular · accusative · (proper) ‣ 2 + 1 = **3** (1Mac. 1,1; Is. 66,19; Acts 20,2)
: Ἑλλάδος ‣ 1
: **Noun** · feminine · singular · genitive · (proper) ‣ **1** (1Mac. 8,9)
: Ἑλλάς ‣ 1
: **Noun** · feminine · singular · nominative · (proper) ‣ **1** (Ezek. 27,13)

Ελλασαρ Ellasar ‣ 2
: Ελλασαρ ‣ 2
: **Noun** · singular · genitive · (proper) ‣ **2** (Gen. 14,1; Gen. 14,9)

ἐλλείπω (ἐν; λείπω) to leave behind, desert, forsake ‣ 1
: ἐλλεῖπον ‣ 1
: **Verb** · present · active · participle · neuter · singular · accusative ‣ **1** (Sir. 42,24)

Ελληλ Hillel ‣ 2
: Ελληλ ‣ 2
: **Noun** · masculine · singular · genitive · (proper) ‣ **2** (Judg. 12,13; Judg. 12,15)

Ἕλλην Greek person; gentile ‣ 13 + 3 + 25 = 41
: Ἕλλην ‣ 4
: **Noun** · masculine · singular · nominative · (proper) ‣ **4** (Acts 16,3; Gal. 2,3; Gal. 3,28; Col. 3,11)
: Ἕλληνας ‣ 1 + 5 = 6
: **Noun** · masculine · plural · accusative · (proper) ‣ 1 + 5 = **6** (Is. 9,11; John 7,35; Acts 18,4; Acts 19,10; Acts 21,28; Rom. 3,9)
: Ἕλληνες ‣ 1 + 2 = 3
: **Noun** · masculine · plural · nominative · (proper) ‣ 1 + 2 = **3** (3Mac. 3,8; 1Cor. 1,22; 1Cor. 12,13)
: Ἕλληνές ‣ 1
: **Noun** · masculine · plural · nominative · (proper) ‣ **1** (John 12,20)
: Ἕλληνι ‣ 2
: **Noun** · masculine · singular · dative · (proper) ‣ **2** (Rom. 1,16; Rom. 2,10)
: Ἕλληνος ‣ 3
: **Noun** · masculine · singular · genitive · (proper) ‣ **3** (Acts 16,1; Rom. 2,9; Rom. 10,12)
: Ἑλλήνων ‣ 9 + 3 + 3 = 15
: **Noun** · masculine · plural · genitive · (proper) ‣ 9 + 3 + 3 = **15** (1Mac. 1,10; 1Mac. 8,18; 2Mac. 4,36; 4Mac. 18,20; Joel 4,6; Zech. 9,13; Dan. 8,21; Dan. 10,20; Dan. 11,2; Dan. 8,21; Dan. 10,20; Dan. 11,2; John 7,35; Acts 14,1; Acts 17,4)
: Ἕλησι ‣ 1
: **Noun** · masculine · plural · dative · (proper) ‣ **1** (1Mac. 6,2)
: Ἕλησιν ‣ 1 + 4 = 5
: **Noun** · masculine · plural · dative · (proper) ‣ 1 + 4 = **5** (2Mac. 11,2; Acts 19,17; Acts 20,21; 1Cor. 1,24; 1Cor. 10,32)
: Ἕλησίν ‣ 1
: **Noun** · masculine · plural · dative · (proper) ‣ **1** (Rom. 1,14)

ἑλληνικός (Ἑλλάς) hellenic, Greek ‣ 1

Ἑλληνικὰ ▸ 1
    Adjective · neuter · plural · accusative · noDegree ▸ **1** (2Mac. 6,9)
Ἑλληνικός (Ἑλλάς)   Greek ▸ 7 + 1 = 8
    Ἑλληνικὰ ▸ 1
        Adjective · neuter · plural · accusative · noDegree ▸ **1** (2Mac. 11,24)
    Ἑλληνικὰς ▸ 1
        Adjective · feminine · plural · accusative · noDegree ▸ **1** (2Mac. 4,15)
    Ἑλληνικῇ ▸ 1
        Adjective · feminine · singular · dative · (proper) ▸ **1** (Rev. 9,11)
    Ἑλληνικὴν ▸ 1
        Adjective · feminine · singular · accusative · noDegree ▸ **1** (2Mac. 13,2)
    Ἑλληνικῆς ▸ 2
        Adjective · feminine · singular · genitive · noDegree ▸ **2** (Jer. 26,16; Jer. 27,16)
    Ἑλληνικὸν ▸ 1
        Adjective · masculine · singular · accusative · noDegree ▸ **1** (2Mac. 4,10)
    Ἑλληνικοῦ ▸ 1
        Adjective · masculine · singular · genitive · noDegree ▸ **1** (4Mac. 8,8)
Ἑλληνίς (Ἑλλάς)   Greek (f) ▸ 1 + 2 = 3
    Ἑλληνίδας ▸ 1
        Adjective · feminine · plural · accusative · noDegree ▸ **1** (2Mac. 6,8)
    Ἑλληνίδων ▸ 1
        Noun · feminine · plural · genitive · (proper) ▸ **1** (Acts 17,12)
    Ἑλληνίς ▸ 1
        Noun · feminine · singular · nominative · (proper) ▸ **1** (Mark 7,26)
Ἑλληνισμός (Ἑλλάς)   Hellenism ▸ 1
    Ἑλληνισμοῦ ▸ 1
        Noun · masculine · singular · genitive · (proper) ▸ **1** (2Mac. 4,13)
Ἑλληνιστής   Hellenist ▸ 3
    Ἑλληνιστάς ▸ 1
        Noun · masculine · plural · accusative · (proper) ▸ **1** (Acts 9,29)
    Ἑλληνιστὰς ▸ 1
        Noun · masculine · plural · accusative · (proper) ▸ **1** (Acts 11,20)
    Ἑλληνιστῶν ▸ 1
        Noun · masculine · plural · genitive · (proper) ▸ **1** (Acts 6,1)
Ἑλληνιστί   in the Greek language ▸ 2
    Ἑλληνιστὶ ▸ 1
        Adverb · (proper) ▸ **1** (Acts 21,37)
    Ἑλληνιστί ▸ 1
        Adverb · (proper) ▸ **1** (John 19,20)
Ἑλλης   Helez ▸ 1
    Ελλης ▸ 1
        Noun · masculine · singular · nominative · (proper) ▸ **1** (2Sam. 23,26)
ἐλλιπής (ἐν; λείπω)   lacking; omitting; deficient ▸ 2
    ἐλλιπὴς ▸ 2
        Adjective · masculine · singular · nominative · noDegree ▸ **2** (Sir. 14,10; Sol. 4,17)
ἐλλογέω (ἐν; λέγω)   to reckon, impute ▸ 2
    ἐλλόγα ▸ 1
        Verb · second · singular · present · active · imperative ▸ **1** (Philem. 18)
    ἐλλογεῖται ▸ 1
        Verb · third · singular · present · passive · indicative ▸ **1** (Rom. 5,13)
ελλουλιμ   festival ▸ 1
    ελλουλιμ ▸ 1
        Noun · plural · accusative · (common) ▸ **1** (Judg. 9,27)
Ἐλμαδάμ   Elmadam ▸ 1
    Ἐλμαδὰμ ▸ 1
        Noun · masculine · singular · genitive · (proper) ▸ **1** (Luke 3,28)
Ελμωδαδ   Almodad ▸ 1
    Ελμωδαδ ▸ 1
        Noun · masculine · singular · accusative · (proper) ▸ **1** (Gen. 10,26)
ελμωνι   (Hebr.) elmoni (part of such and such) ▸ 1
    ελμωνι ▸ 1
        Noun ▸ **1** (2Kings 6,8)
Ελνααμ   Elnaam ▸ 1
    Ελνααμ ▸ 1
        Noun · masculine · singular · nominative · (proper) ▸ **1** (1Chr. 11,46)
Ελναθαν   Elnathan ▸ 4
    Ελναθαν ▸ 4
        Noun · masculine · singular · dative · (proper) ▸ **2** (Ezra 8,16; Ezra 8,16)
        Noun · masculine · singular · nominative · (proper) ▸ **2** (Jer. 43,12; Jer. 43,25)
Ελναταν   Elnatan ▸ 1
    Ελναταν ▸ 1
        Noun · masculine · singular · accusative · (proper) ▸ **1** (1Esdr. 8,43)
ἕλος   marsh ▸ 12
    ἕλει ▸ 2
        Noun · neuter · singular · dative · (common) ▸ **2** (Ex. 2,5; Is. 19,6)
    ἕλη ▸ 7
        Noun · neuter · plural · accusative · (common) ▸ **6** (Ex. 7,19; Ex. 8,1; Is. 35,7; Is. 35,7; Is. 41,18; Is. 42,15)
        Noun · neuter · plural · nominative · (common) ▸ **1** (Is. 33,9)
    ἕλος ▸ 3
        Noun · neuter · singular · accusative · (common) ▸ **2** (Ex. 2,3; 1Mac. 9,42)
        Noun · neuter · singular · nominative · (common) ▸ **1** (1Mac. 9,45)
Ελουλ   Elul ▸ 2
    Ελουλ ▸ 2
        Noun · singular · genitive · (proper) ▸ **1** (1Mac. 14,27)
        Noun · masculine · singular · genitive · (proper) ▸ **1** (Neh. 6,15)
ἐλπίζω (ἐλπίς)   to hope ▸ 114 + 3 + 31 = 148
    ἐλπιεῖ ▸ 2
        Verb · third · singular · future · active · indicative ▸ **2** (Psa. 63,11; Sol. 17,33)
    ἐλπιεῖς ▸ 1
        Verb · second · singular · future · active · indicative ▸ **1** (Psa. 90,4)
    ἐλπίζει ▸ 2 + 3 = 5
        Verb · third · singular · present · active · indicative ▸ 2 + 3 = 5 (Psa. 20,8; Psa. 33,9; Acts 26,7; Rom. 8,24; 1Cor. 13,7)
    ἐλπίζειν ▸ 4
        Verb · present · active · infinitive ▸ **4** (Psa. 68,4; Psa. 111,7; Psa. 117,9; Psa. 117,9)
    ἐλπίζεις ▸ 1
        Verb · second · singular · present · active · indicative ▸ **1** (Judith 6,9)
    ἐλπίζετε ▸ 2 + 1 = 3
        Verb · second · plural · present · active · indicative ▸ 2 + 1 = 3

ἐλπίς

(Psa. 61,11; Mic. 7,5; Luke 6,34)

ἐλπιζέτω ▸ 1
  Verb ▪ third ▪ singular ▪ present ▪ active ▪ imperative ▸ 1 (Job 24,23)

ἐλπίζομεν ▸ 2 + 1 = 3
  Verb ▪ first ▪ plural ▪ present ▪ active ▪ indicative ▸ 2 + 1 = 3 (Judith 8,20; 2Mac. 2,18; Rom. 8,25)

ἐλπιζομένων ▸ 1
  Verb ▪ present ▪ passive ▪ participle ▪ neuter ▪ plural ▪ genitive ▸ 1 (Heb. 11,1)

ἐλπίζον ▸ 1
  Verb ▪ present ▪ active ▪ participle ▪ neuter ▪ singular ▪ nominative ▸ 1 (Is. 18,7)

ἐλπίζοντα ▸ 2
  Verb ▪ present ▪ active ▪ participle ▪ masculine ▪ singular ▪ accusative ▸ 2 (Psa. 31,10; Psa. 85,2)

ἐλπίζοντας ▸ 2 + 1 = 3
  Verb ▪ present ▪ active ▪ participle ▪ masculine ▪ plural ▪ accusative ▸ 2 + 1 = 3 (Psa. 16,7; Psa. 32,18; Sus. 60)

ἐλπίζοντες ▸ 5
  Verb ▪ present ▪ active ▪ participle ▪ masculine ▪ plural ▪ nominative ▸ 5 (1Mac. 2,61; Psa. 5,12; Psa. 30,25; Psa. 33,23; Sir. 34,7)

ἐλπιζόντων ▸ 1
  Verb ▪ present ▪ active ▪ participle ▪ masculine ▪ plural ▪ genitive ▸ 1 (Psa. 17,31)

ἐλπιζούσης ▸ 1
  Verb ▪ present ▪ active ▪ participle ▪ feminine ▪ singular ▪ genitive ▸ 1 (Sol. 6,6)

ἐλπίζουσαι ▸ 1
  Verb ▪ present ▪ active ▪ participle ▪ feminine ▪ plural ▪ nominative ▸ 1 (1Pet. 3,5)

ἐλπίζουσιν ▸ 5
  Verb ▪ present ▪ active ▪ participle ▪ masculine ▪ plural ▪ dative ▸ 2 (Psa. 30,20; Psa. 146,11)
  Verb ▪ third ▪ plural ▪ present ▪ active ▪ indicative ▸ 3 (Tob. 10,8; Psa. 144,15; Jer. 51,14)

ἐλπίζω ▸ 2 + 9 = 11
  Verb ▪ first ▪ singular ▪ present ▪ active ▪ indicative ▸ 2 + 9 = 11 (2Mac. 7,11; Psa. 26,3; Rom. 15,24; 1Cor. 16,7; 2Cor. 1,13; 2Cor. 5,11; 2Cor. 13,6; Phil. 2,23; Philem. 22; 2John 12; 3John 14)

Ἐλπίζω ▸ 1
  Verb ▪ first ▪ singular ▪ present ▪ active ▪ indicative ▸ 1 (Phil. 2,19)

ἐλπίζων ▸ 2 + 2 = 4
  Verb ▪ present ▪ active ▪ participle ▪ masculine ▪ singular ▪ nominative ▸ 2 + 2 = 4 (Psa. 25,1; Psa. 83,13; Acts 24,26; 1Tim. 3,14)

ἐλπιοῦμεν ▸ 2
  Verb ▪ first ▪ plural ▪ future ▪ active ▪ indicative ▸ 2 (Sol. 9,10; Sol. 17,3)

ἐλπιοῦσιν ▸ 8 + 2 = 10
  Verb ▪ third ▪ plural ▪ future ▪ active ▪ indicative ▸ 8 + 2 = 10 (Psa. 35,8; Psa. 39,4; Ode. 11,18; Is. 11,10; Is. 38,18; Is. 42,4; Is. 51,5; Is. 51,5; Matt. 12,21; Rom. 15,12)

ἐλπίσαντας ▸ 1
  Verb ▪ aorist ▪ active ▪ participle ▪ masculine ▪ plural ▪ accusative ▸ 1 (Dan. 3,95)

ἐλπίσατε ▸ 3 + 1 = 4
  Verb ▪ second ▪ plural ▪ aorist ▪ active ▪ imperative ▸ 3 + 1 = 4 (Psa. 4,6; Psa. 61,9; Sir. 2,9; 1Pet. 1,13)

ἐλπισάτω ▸ 2
  Verb ▪ third ▪ singular ▪ aorist ▪ active ▪ imperative ▸ 2 (Psa. 129,6; Psa. 130,3)

ἐλπισάτωσαν ▸ 1
  Verb ▪ third ▪ plural ▪ aorist ▪ active ▪ imperative ▸ 1 (Psa. 9,11)

ἔλπισον ▸ 6
  Verb ▪ second ▪ singular ▪ aorist ▪ active ▪ imperative ▸ 6 (Psa. 36,3; Psa. 36,5; Psa. 41,6; Psa. 41,12; Psa. 42,5; Sir. 2,6)

ἐλπιῶ ▸ 7
  Verb ▪ first ▪ singular ▪ future ▪ active ▪ indicative ▸ 7 (Psa. 17,3; Psa. 43,7; Psa. 54,24; Psa. 55,4; Psa. 56,2; Psa. 70,14; Psa. 90,2)

ἤλπιζέν ▸ 1
  Verb ▪ third ▪ singular ▪ imperfect ▪ active ▪ indicative ▸ 1 (Luke 23,8)

ἠλπίζομεν ▸ 1 + 1 = 2
  Verb ▪ first ▪ plural ▪ imperfect ▪ active ▪ indicative ▸ 1 + 1 = 2 (Is. 25,9; Luke 24,21)

ἠλπίκαμεν ▸ 2
  Verb ▪ first ▪ plural ▪ perfect ▪ active ▪ indicative ▸ 2 (2Cor. 1,10; 1Tim. 4,10)

ἠλπίκατε ▸ 1
  Verb ▪ second ▪ plural ▪ perfect ▪ active ▪ indicative ▸ 1 (John 5,45)

ἤλπικεν ▸ 1
  Verb ▪ third ▪ singular ▪ perfect ▪ active ▪ indicative ▸ 1 (1Tim. 5,5)

ἠλπικέναι ▸ 1
  Verb ▪ perfect ▪ active ▪ infinitive ▸ 1 (1Tim. 6,17)

ἠλπικότες ▸ 1
  Verb ▪ perfect ▪ active ▪ participle ▪ masculine ▪ plural ▪ nominative ▸ 1 (1Cor. 15,19)

ἤλπισα ▸ 19
  Verb ▪ first ▪ singular ▪ aorist ▪ active ▪ indicative ▸ 19 (Psa. 7,2; Psa. 12,6; Psa. 15,1; Psa. 24,20; Psa. 30,2; Psa. 30,7; Psa. 30,15; Psa. 37,16; Psa. 40,10; Psa. 51,10; Psa. 55,5; Psa. 55,12; Psa. 70,1; Psa. 118,42; Psa. 140,8; Psa. 142,8; Psa. 143,2; Sol. 15,1; Bar. 4,22)

ἠλπίσαμεν ▸ 3 + 1 = 4
  Verb ▪ first ▪ plural ▪ aorist ▪ active ▪ indicative ▸ 3 + 1 = 4 (Psa. 32,21; Psa. 32,22; Is. 26,8; 2Cor. 8,5)

ἤλπισαν ▸ 12 + 2 = 14
  Verb ▪ third ▪ plural ▪ aorist ▪ active ▪ indicative ▸ 12 + 2 = 14 (Judg. 20,36; 1Chr. 5,20; 2Chr. 13,18; Judith 9,7; Psa. 21,5; Psa. 21,5; Psa. 21,6; Psa. 36,40; Psa. 77,22; Psa. 113,19; Wis. 2,22; Is. 26,4; Judg. 9,26; Judg. 20,36)

ἤλπισας ▸ 3
  Verb ▪ second ▪ singular ▪ aorist ▪ active ▪ indicative ▸ 3 (2Kings 18,24; Hos. 10,13; Jer. 13,25)

ἠλπίσατε ▸ 1
  Verb ▪ second ▪ plural ▪ aorist ▪ active ▪ indicative ▸ 1 (Is. 30,12)

ἤλπισεν ▸ 8
  Verb ▪ third ▪ singular ▪ aorist ▪ active ▪ indicative ▸ 8 (Gen. 4,26; 2Kings 18,5; Psa. 27,7; Psa. 90,14; Psa. 113,17; Psa. 113,18; Psa. 129,6; Is. 29,8)

Ἤλπισεν ▸ 1
  Verb ▪ third ▪ singular ▪ aorist ▪ active ▪ indicative ▸ 1 (Psa. 21,9)

ἐλπίς hope ▸ 114 + 3 + 53 = 170

ἐλπίδα ▸ 22 + 18 = 40
  Noun ▪ feminine ▪ singular ▪ accusative ▪ (common) ▸ 22 + 18 = 40 (Deut. 24,15; 2Mac. 9,20; 2Mac. 9,22; 4Mac. 17,4; Psa. 72,28; Psa. 77,7; Prov. 13,12; Prov. 26,12; Prov. 29,20; Job 2,9a; Job 6,8; Job 19,10; Wis. 3,18; Sir. 13,6; Mic. 2,8; Is. 28,10; Is. 28,15; Is. 28,17; Is. 31,2; Jer. 2,37; Jer. 17,5; Ezek. 29,16; Acts 24,15; Rom. 4,18; Rom. 5,4; Rom. 15,4; 2Cor. 3,12; 2Cor. 10,15;

Gal. 5,5; Eph. 2,12; Phil. 1,20; Col. 1,5; 1Th. 4,13; 1Th. 5,8; 2Th. 2,16; Titus 2,13; Titus 3,7; 1Pet. 1,3; 1Pet. 1,21; 1John 3,3)

ἐλπίδας ▸ 3
  Noun · feminine · plural · accusative · (common) ▸ **3** (2Mac. 7,14; 2Mac. 7,20; Sol. 17,33)

ἐλπίδες ▸ 2
  Noun · feminine · plural · nominative · (common) ▸ **2** (Wis. 13,10; Sir. 34,1)

ἐλπίδι ▸ **21** + **3** + **11** = **35**
  Noun · feminine · singular · dative · (common) ▸ **21** + **3** + **11** = **35** (Judg. 18,7; Judg. 18,7; Judg. 18,9; Psa. 4,9; Psa. 15,9; Psa. 77,53; Prov. 1,33; Job 7,6; Sol. 6,0; Sol. 17,34; Sol. 18,2; Hos. 2,20; Zeph. 2,15; Is. 28,10; Is. 28,13; Is. 32,9; Is. 47,10; Ezek. 28,26; Ezek. 28,26; Ezek. 34,27; Ezek. 34,28; Judg. 18,7; Judg. 18,10; Judg. 18,27; Acts 2,26; Acts 26,6; Rom. 4,18; Rom. 5,2; Rom. 8,24; Rom. 12,12; Rom. 15,13; 1Cor. 9,10; 1Cor. 9,10; Eph. 4,4; Titus 1,2)

ἐλπίδι ▸ 1
  Noun · feminine · singular · dative ▸ **1** (Rom. 8,20)

ἐλπίδος ▸ **11** + **13** = **24**
  Noun · feminine · singular · genitive · (common) ▸ **11** + **13** = **24** (2Mac. 3,29; 2Mac. 15,7; Psa. 59,10; Psa. 93,22; Psa. 107,10; Sir. 14,2; Sir. 49,10; Is. 28,4; Is. 28,5; Is. 32,10; Jer. 31,13; Acts 23,6; Acts 26,7; Acts 28,20; Rom. 15,13; Col. 1,23; 1Th. 1,3; 1Tim. 1,1; Heb. 3,6; Heb. 6,11; Heb. 6,18; Heb. 7,19; Heb. 10,23; 1Pet. 3,15)

ἐλπίδων ▸ 1
  Noun · feminine · plural · genitive · (common) ▸ **1** (Wis. 15,6)

ἐλπίς ▸ **35** + **8** = **43**
  Noun · feminine · singular · nominative · (common) ▸ **35** + **8** = **43** (2Chr. 35,26; 1Esdr. 8,89; Psa. 13,6; Psa. 39,5; Psa. 64,6; Psa. 145,5; Prov. 10,28; Prov. 11,23; Prov. 14,26; Prov. 22,19; Job 8,13; Job 11,20; Job 27,8; Job 30,15; Wis. 3,4; Wis. 3,11; Wis. 5,14; Wis. 14,6; Wis. 15,10; Wis. 16,29; Sir. 34,13; Sir. 34,14; Sol. 5,11; Sol. 5,14; Sol. 8,31; Sol. 15,1; Sol. 17,2; Sol. 17,34; Sol. 17,39; Is. 28,13; Is. 28,18; Is. 28,19; Is. 30,32; Jer. 17,7; Ezek. 37,11; Acts 16,19; Acts 27,20; Rom. 5,5; Rom. 8,24; 2Cor. 1,7; Eph. 1,18; Col. 1,27; 1Th. 2,19)

ἐλπίς ▸ **17** + **2** = **19**
  Noun · feminine · singular · nominative · (common) ▸ **17** + **2** = **19** (Judith 13,19; Psa. 21,10; Psa. 60,4; Psa. 61,8; Psa. 70,5; Psa. 90,9; Psa. 141,6; Prov. 11,7; Prov. 23,18; Prov. 24,14; Eccl. 9,4; Job 4,6; Job 5,16; Job 11,18; Job 14,7; Job 17,15; Lam. 3,18; Rom. 8,24; 1Cor. 13,13)

Ἐλπίς ▸ 1
  Noun · feminine · singular · nominative · (common) ▸ **1** (Is. 24,16)

ἐλπίσιν ▸ 1
  Noun · feminine · plural · dative · (common) ▸ **1** (2Mac. 7,34)

Ελραγα Eldaah ▸ 1
  Ελραγα ▸ 1
    Noun · masculine · singular · nominative · (proper) ▸ **1** (Gen. 25,4)

Ἐλυμαΐδα Elymais ▸ 1
  Ἐλυμαΐδα ▸ 1
    Noun · feminine · singular · accusative · (proper) ▸ **1** (Tob. 2,10)

Ἐλυμαῖος Elamite ▸ 1
  Ἐλυμαίων ▸ 1
    Noun · masculine · plural · genitive · (proper) ▸ **1** (Judith 1,6)

Ἐλυμαΐς Elymais; Elam ▸ 1
  Ἐλυμαΐς ▸ 1
    Noun · singular · nominative · (proper) ▸ **1** (1Mac. 6,1)

Ἐλυμαΐς Elymais; Elam ▸ 2

Ἐλυμαΐδα ▸ 1
  Noun · feminine · singular · accusative · (proper) ▸ **1** (Tob. 2,10)
Ἐλυμαΐδι ▸ 1
  Noun · feminine · singular · dative · (proper) ▸ **1** (Dan. 8,2)

Ἐλύμας Elymas ▸ 1
  Ἐλύμας ▸ 1
    Noun · masculine · singular · nominative · (proper) ▸ **1** (Acts 13,8)

Ελφααλ Elpaal ▸ 1
  Ελφααλ ▸ 1
    Noun · masculine · singular · genitive · (proper) ▸ **1** (1Chr. 8,18)

Ελφαλ Eliphal ▸ 1
  Ελφαλ ▸ 1
    Noun · masculine · singular · nominative · (proper) ▸ **1** (1Chr. 11,35)

Ελφαλατ Eliphelet ▸ 1
  Ελφαλατ ▸ 1
    Noun · singular · nominative · (proper) ▸ **1** (2Sam. 5,16a)

Ελωαι Elohe (Heb. God of) ▸ 1
  ελωαι ▸ 1
    Noun · singular · vocative · (proper) ▸ **1** (1Sam. 1,11)

ἐλωΐ Eloi (Aram. my God) ▸ 2
  ελωι ▸ 2
    Noun · masculine · (aramaic) ▸ **2** (Mark 15,34; Mark 15,34)

Ελωι Eloi ▸ 1
  Ελωι ▸ 1
    Noun · masculine · singular · genitive · (proper) ▸ **1** (Judg. 5,5)

Ελωμ Elom (?) ▸ 1
  Ελωμ ▸ 1
    Noun · singular · dative · (proper) ▸ **1** (Josh. 19,48a)

Εμαθ Hamath ▸ 7
  Εμαθ ▸ 7
    Noun · singular · accusative · (proper) ▸ **3** (Num. 34,8; Amos 6,2; Amos 6,14)
    Noun · singular · genitive · (proper) ▸ **3** (Josh. 13,5; 2Kings 23,33; 2Chr. 36,2c)
    Noun · singular · nominative · (proper) ▸ **1** (Zech. 9,2)

Εμαθις Emathis ▸ 1
  Εμαθις ▸ 1
    Noun · masculine · singular · nominative · (proper) ▸ **1** (1Esdr. 9,29)

Εμακ Emak (Heb. valley) ▸ 1
  Εμακ ▸ 1
    Noun · singular · genitive · (proper) ▸ **1** (Josh. 13,19)

ἐμαυτοῦ (ἐγώ; αὐτός) of myself, my own ▸ **58** + **1** + **37** = **96**
  ἐμαυτῇ ▸ 2
    Pronoun · (reflexive) · first · feminine · singular · dative ▸ **2** (1Kings 17,12; Ezek. 27,3)
  ἐμαυτήν ▸ **1** + **1** = **2**
    Pronoun · (reflexive) · first · feminine · singular · accusative ▸ **1** + **1** = **2** (Tob. 3,15; Tob. 3,15)
  ἐμαυτόν ▸ **4** + **6** = **10**
    Pronoun · (reflexive) · first · masculine · singular · accusative ▸ **4** + **6** = **10** (Ex. 19,4; 2Mac. 9,22; Wis. 8,18; Is. 21,2; John 8,54; John 12,32; John 14,3; John 14,21; John 17,19; 1Cor. 7,7)
  ἐμαυτόν ▸ **9** + **12** = **21**
    Pronoun · (reflexive) · first · masculine · singular · accusative ▸ **9** + **12** = **21** (Gen. 27,12; Deut. 17,14; 1Chr. 13,12; Psa. 41,7; Job 7,13; Job 30,24; Job 42,6; Job 42,6; Jer. 13,11; Matt. 8,9; Luke 7,7; Luke 7,8; Acts 26,2; 1Cor. 4,3; 1Cor. 4,6; 1Cor. 9,19; 2Cor. 11,7; 2Cor. 11,9; Gal. 2,18; Phil. 3,13; Philem. 13)

ἐμαυτοῦ ▸ 14 + 14 = 28
: **Pronoun** · (reflexive) · first · masculine · singular · genitive ▸ 14 + 14 = 28 (Gen. 22,16; Gen. 31,39; Num. 16,28; Num. 24,13; Tob. 12,18; 4Mac. 5,33; 4Mac. 5,33; 4Mac. 11,3; Job 23,4; Job 32,6; Job 34,32; Is. 45,23; Jer. 22,5; Jer. 30,7; John 5,30; John 5,31; John 7,17; John 7,28; John 8,14; John 8,18; John 8,28; John 8,42; John 10,18; John 12,49; John 14,10; Acts 24,10; 1Cor. 10,33; 2Cor. 12,5)

ἐμαυτῷ ▸ 28 + 5 = 33
: **Pronoun** · (reflexive) · first · masculine · singular · dative ▸ 28 + 5 = 33 (Gen. 12,19; Gen. 30,30; Gen. 50,5; Ex. 6,7; Judg. 18,24; Ruth 4,6; Ruth 4,10; 1Sam. 2,35; 2Sam. 17,1; 1Kings 11,36; 2Chr. 7,12; 1Mac. 3,14; Song 4,6; Job 19,27; Job 27,6; Wis. 8,2; Wis. 8,17; Sir. 51,16; Sir. 51,27; Hos. 2,21; Hos. 2,21; Hos. 2,22; Hos. 2,25; Hos. 3,2; Hos. 12,9; Zech. 9,13; Zech. 11,7; Ezek. 12,7; Acts 20,24; Acts 26,9; Rom. 11,4; 1Cor. 4,4; 2Cor. 2,1)

ἐμβαίνω (ἐν; βαίνω) to embark; to enter ▸ 4 + 16 = 20
: ἐμβαίνοντος ▸ 1
: : **Verb** · present · active · participle · masculine · singular · genitive ▸ 1 (Mark 5,18)
: ἐμβάντα ▸ 2
: : **Verb** · aorist · active · participle · masculine · singular · accusative ▸ 2 (Matt. 13,2; Mark 4,1)
: ἐμβάντες ▸ 1
: : **Verb** · aorist · active · participle · masculine · plural · nominative ▸ 1 (John 6,17)
: ἐμβάντι ▸ 1
: : **Verb** · aorist · active · participle · masculine · singular · dative ▸ 1 (Matt. 8,23)
: ἐμβάς ▸ 1 + 5 = 6
: : **Verb** · aorist · active · participle · masculine · singular · nominative ▸ 1 + 5 = 6 (1Mac. 15,37; Matt. 9,1; Mark 8,10; Mark 8,13; Luke 5,3; Luke 8,37)
: ἔμβηθι ▸ 1
: : **Verb** · second · singular · aorist · active · imperative ▸ 1 (Nah. 3,14)
: ἐμβῆναι ▸ 1 + 2 = 3
: : **Verb** · aorist · active · infinitive ▸ 1 + 2 = 3 (2Mac. 12,3; Matt. 14,22; Mark 6,45)
: ἐνέβη ▸ 1 + 2 = 3
: : **Verb** · third · singular · aorist · active · indicative ▸ 1 + 2 = 3 (Jonah 1,3; Matt. 15,39; Luke 8,22)
: ἐνέβησαν ▸ 2
: : **Verb** · third · plural · aorist · active · indicative ▸ 2 (John 6,24; John 21,3)

ἐμβάλλω (ἐν; βάλλω) to throw in, lay in, set ▸ 75 + 11 + 1 = 87
: ἐμβάλατε ▸ 2
: : **Verb** · second · plural · aorist · active · imperative ▸ 2 (Gen. 44,1; Gen. 44,2)
: ἔμβαλε ▸ 3
: : **Verb** · second · singular · aorist · active · imperative ▸ 3 (Ex. 16,33; Sir. 33,28; Ezek. 24,4)
: ἐμβαλεῖ ▸ 3
: : **Verb** · third · singular · future · active · indicative ▸ 3 (Num. 5,17; Sir. 28,9; Ezek. 26,12)
: ἐμβαλεῖν ▸ 2 + 1 + 1 = 4
: : **Verb** · aorist · active · infinitive ▸ 2 + 1 + 1 = 4 (1Sam. 18,25; Dan. 3,20; Dan. 3,20; Luke 12,5)
: ἐμβαλεῖς ▸ 6
: : **Verb** · second · singular · future · active · indicative ▸ 6 (Ex. 25,16; Ex. 25,21; Deut. 10,2; Deut. 23,26; Deut. 26,2; Ezek. 4,9)
: ἐμβαλεῖτε ▸ 2
: : **Verb** · second · plural · future · active · indicative ▸ 2 (Deut. 11,18; Deut. 31,19)
: ἐμβάλετε ▸ 2
: : **Verb** · second · plural · aorist · active · imperative ▸ 2 (Gen. 37,22; 2Kings 4,41)
: ἐμβάλετέ ▸ 1
: : **Verb** · second · plural · aorist · active · imperative ▸ 1 (Jonah 1,12)
: ἐμβάλῃ ▸ 1
: : **Verb** · third · singular · aorist · active · subjunctive ▸ 1 (Num. 23,12)
: ἐμβάλῃς ▸ 1
: : **Verb** · second · singular · aorist · active · subjunctive ▸ 1 (Prov. 22,18)
: ἐμβάληται ▸ 1
: : **Verb** · third · singular · aorist · middle · subjunctive ▸ 1 (Prov. 7,5)
: ἐμβάλλοντες ▸ 2
: : **Verb** · present · active · participle · masculine · plural · nominative ▸ 2 (Dan. 3,46; Dan. 3,46)
: ἐμβαλόντες ▸ 1
: : **Verb** · aorist · active · participle · masculine · plural · nominative ▸ 1 (Dan. 3,46)
: ἐμβαλοῦσιν ▸ 7
: : **Verb** · third · plural · future · active · indicative ▸ 7 (Num. 4,10; Num. 4,12; Num. 4,14; Num. 19,6; Amos 4,2; Jer. 22,7; Dan. 3,6)
: ἐμβαλῶ ▸ 4
: : **Verb** · first · singular · future · active · indicative ▸ 4 (Is. 28,16; Is. 37,7; Is. 37,29; Is. 51,23)
: ἐμβάλωμεν ▸ 1
: : **Verb** · first · plural · aorist · active · subjunctive ▸ 1 (Jer. 11,19)
: ἐμβαλών ▸ 2
: : **Verb** · aorist · active · participle · masculine · singular · nominative ▸ 2 (Prov. 11,21; Prov. 16,5)
: ἐμβάλωσιν ▸ 1
: : **Verb** · third · plural · aorist · active · subjunctive ▸ 1 (Jer. 34,8)
: ἐμβέβληται ▸ 1
: : **Verb** · third · singular · perfect · passive · indicative ▸ 1 (Job 18,8)
: ἐμβληθῆναι ▸ 1
: : **Verb** · aorist · passive · infinitive ▸ 1 (Dan. 3,24)
: ἐμβληθήσεσθε ▸ 1 + 1 = 2
: : **Verb** · second · plural · future · passive · indicative ▸ 1 + 1 = 2 (Dan. 3,15; Dan. 3,15)
: ἐμβληθήσεται ▸ 1 + 4 = 5
: : **Verb** · third · singular · future · passive · indicative ▸ 1 + 4 = 5 (Dan. 3,11; Dan. 3,6; Dan. 3,11; Dan. 6,8; Dan. 6,13)
: ἐνέβαλεν ▸ 17 + 1 = 18
: : **Verb** · third · singular · aorist · active · indicative ▸ 17 + 1 = 18 (Gen. 31,34; Gen. 39,20; Gen. 43,22; Ex. 2,3; Ex. 10,19; Ex. 15,25; Ex. 40,20; Num. 23,5; Num. 23,16; Josh. 18,10; 2Kings 4,39; Judith 13,10; Psa. 39,4; Wis. 19,4; Jer. 20,2; Bel 27; Bel 42; Bel 42)
: ἐνεβάλετο ▸ 1
: : **Verb** · third · singular · aorist · middle · indicative ▸ 1 (1Esdr. 6,19)
: ἐνεβάλλετε ▸ 1
: : **Verb** · second · plural · imperfect · active · indicative ▸ 1 (Hag. 2,16)
: ἐνέβαλλον ▸ 1

Verb · third · plural · imperfect · active · indicative ▸ **1** (2Chr. 24,10)
ἐνέβαλον ▸ 4 + 2 = 6
    Verb · first · singular · aorist · active · indicative ▸ **2** (Deut. 10,5; Zech. 11,13)
    Verb · third · plural · aorist · active · indicative ▸ **2 + 2 = 4** (Josh. 7,11; Is. 37,19; Dan. 6,17; Bel 31)
ἐνέβαλόν ▸ 1
    Verb · third · plural · aorist · active · indicative ▸ **1** (Gen. 40,15)
ἐνεβάλοσαν ▸ 5
    Verb · third · plural · aorist · active · indicative ▸ **5** (Jer. 44,21; Dan. 3,22; Dan. 3,46; Dan. 3,46; Bel 31-32)
ἐνεβλήθησαν ▸ 1
    Verb · third · plural · aorist · passive · indicative ▸ **1** (Dan. 6,25)

ἐμβάπτω (ἐν; βάπτω) to dip ▸ 2
ἐμβαπτόμενος ▸ 1
    Verb · present · middle · participle · masculine · singular · nominative ▸ **1** (Mark 14,20)
ἐμβάψας ▸ 1
    Verb · aorist · active · participle · masculine · singular · nominative ▸ **1** (Matt. 26,23)

ἐμβατεύω (ἐν; βαίνω) to step in, enter into; to claim special powers (?) ▸ 7 + 1 = 8
ἐμβατεύειν ▸ 2
    Verb · present · active · infinitive ▸ **2** (1Mac. 15,40; 2Mac. 2,30)
ἐμβατεῦσαι ▸ 5
    Verb · aorist · active · infinitive ▸ **5** (Josh. 19,49; Josh. 19,51; 1Mac. 12,25; 1Mac. 13,20; 1Mac. 14,31)
ἐμβατεύων ▸ 1
    Verb · present · active · participle · masculine · singular · nominative ▸ **1** (Col. 2,18)

ἐμβιβάζω (ἐν; βαίνω) to set on; to put aboard ▸ 1 + 1 = 2
ἐμβιβάζω ▸ 1
    Verb · first · singular · present · active · indicative ▸ **1** (Prov. 4,11)
ἐνεβίβασεν ▸ 1
    Verb · third · singular · aorist · active · indicative ▸ **1** (Acts 27,6)

ἐμβίωσις (ἐν; βίος) living ▸ 3
ἐμβιώσεως ▸ 2
    Noun · feminine · singular · genitive · (common) ▸ **2** (3Mac. 3,23; Sir. 38,14)
ἐμβίωσιν ▸ 1
    Noun · feminine · singular · accusative · (common) ▸ **1** (Sir. 34,22)

ἐμβλέπω (ἐν; βλέπω) to gaze at the face; to consider ▸ 22 + 1 + 12 = 35
ἔμβλεπε ▸ 1
    Verb · second · singular · present · active · imperative ▸ **1** (Sir. 42,12)
ἐμβλέπειν ▸ 1
    Verb · present · active · infinitive ▸ **1** (Sir. 33,22)
ἐμβλέποντες ▸ 1 + 1 = 2
    Verb · present · active · participle · masculine · plural · nominative ▸ **1 + 1 = 2** (Judg. 16,27; Acts 1,11)
ἐμβλέπουσιν ▸ 1
    Verb · third · plural · present · active · indicative ▸ **1** (Is. 5,12)
ἐμβλέπων ▸ 1
    Verb · present · active · participle · masculine · singular · nominative ▸ **1** (2Mac. 12,45)
ἐμβλέψας ▸ 1 + 6 = 7
    Verb · aorist · active · participle · masculine · singular · nominative ▸ **1 + 6 = 7** (Job 2,10; Matt. 19,26; Mark 10,21; Mark 10,27; Luke 20,17; John 1,36; John 1,42)
ἐμβλέψασα ▸ 1
    Verb · aorist · active · participle · feminine · singular · nominative ▸ **1** (Mark 14,67)
ἐμβλέψατε ▸ 4 + 1 = 5
    Verb · second · plural · aorist · active · imperative ▸ **4 + 1 = 5** (Sir. 2,10; Is. 51,1; Is. 51,2; Is. 51,6; Matt. 6,26)
ἐμβλέψεται ▸ 1
    Verb · third · singular · future · middle · indicative ▸ **1** (1Sam. 16,7)
ἔμβλεψον ▸ 1
    Verb · second · singular · aorist · active · imperative ▸ **1** (Sir. 33,15)
ἐμβλέψονται ▸ 4
    Verb · third · plural · future · middle · indicative ▸ **4** (Is. 5,30; Is. 8,22; Is. 17,7; Is. 22,8)
ἐνέβλεπεν ▸ 1
    Verb · third · singular · imperfect · active · indicative ▸ **1** (Mark 8,25)
ἐνέβλεπον ▸ 2 + 1 = 3
    Verb · first · singular · imperfect · active · indicative ▸ **1 + 1 = 2** (Sir. 51,7; Acts 22,11)
    Verb · third · plural · imperfect · active · indicative ▸ **1** (1Esdr. 4,33)
ἐνεβλέποντο ▸ 1
    Verb · third · plural · imperfect · passive · indicative ▸ **1** (1Kings 8,8)
ἐνεβλέψατε ▸ 1
    Verb · second · plural · aorist · active · indicative ▸ **1** (Is. 22,11)
ἐνέβλεψεν ▸ 2 + 1 + 1 = 4
    Verb · third · singular · aorist · active · indicative ▸ **2 + 1 + 1 = 4** (Psa. 39,5; Sir. 42,18; Bel 40; Luke 22,61)

ἐμβολή (ἐν; βάλλω) putting in ▸ 1
ἐμβολῆς ▸ 1
    Noun · feminine · singular · genitive · (common) ▸ **1** (3Mac. 4,7)

ἐμβριμάομαι (ἐν; βρίμη) to rebuke; speak harshly; warn ▸ 1 + 5 = 6
ἐμβριμησάμενος ▸ 1
    Verb · aorist · middle · participle · masculine · singular · nominative ▸ **1** (Mark 1,43)
ἐμβριμήσονται ▸ 1
    Verb · third · plural · future · middle · indicative ▸ **1** (Dan. 11,30)
ἐμβριμώμενος ▸ 1
    Verb · present · middle · participle · masculine · singular · nominative ▸ **1** (John 11,38)
ἐνεβριμήθη ▸ 1
    Verb · third · singular · aorist · passive · indicative ▸ **1** (Matt. 9,30)
ἐνεβριμήσατο ▸ 1
    Verb · third · singular · aorist · middle · indicative ▸ **1** (John 11,33)
ἐνεβριμῶντο ▸ 1
    Verb · third · plural · imperfect · middle · indicative ▸ **1** (Mark 14,5)

ἐμβρίμημα (ἐν; βρίμη) indignation ▸ 1
ἐμβριμήματι ▸ 1
    Noun · neuter · singular · dative · (common) ▸ **1** (Lam. 2,6)

Εμεκ Emek (Heb. valley) ▸ 1
Εμεκ ▸ 1
    Noun · singular · dative · (proper) ▸ **1** (Josh. 13,27)

Εμεκαχωρ Emek-Achor (Heb. Valley of Achor) ▸ 2
  Εμεκαχωρ ▸ 2
    Noun · singular · accusative · (proper) ▸ 2 (Josh. 7,24; Josh. 7,26)

Εμεκραφαϊν Emek-Raphaim (Heb. Valley of Rephaim) ▸ 1
  Εμεκραφαϊν ▸ 1
    Noun · singular · genitive · (proper) ▸ 1 (Josh. 18,16)

Εμεμαων Hammon ▸ 1
  Εμεμαων ▸ 1
    Noun · singular · nominative · (proper) ▸ 1 (Josh. 19,28)

Εμερων Hemdan ▸ 1
  Εμερων ▸ 1
    Noun · masculine · singular · nominative · (proper) ▸ 1 (1Chr. 1,41)

ἔμετος (ἐμέω) vomiting; emetic; sickness ▸ 1
  ἔμετον ▸ 1
    Noun · masculine · singular · accusative · (common) ▸ 1 (Prov. 26,11)

ἐμέω to spit out, vomit ▸ 2 + 1 = 3
  ἐμέσαι ▸ 1
    Verb · aorist · active · infinitive ▸ 1 (Rev. 3,16)
  ἔμεσον ▸ 1
    Verb · second · singular · aorist · active · imperative ▸ 1 (Sir. 31,21)
  ἐμῶν ▸ 1
    Verb · present · active · participle · masculine · singular · nominative ▸ 1 (Is. 19,14)

Εμηρ Amon ▸ 2
  Εμηρ ▸ 2
    Noun · masculine · singular · accusative · (proper) ▸ 2 (1Kings 22,26; 2Chr. 18,25)

Εμιουδ Ammihud ▸ 7
  Εμιουδ ▸ 7
    Noun · masculine · singular · genitive · (proper) ▸ 7 (Num. 1,10; Num. 2,18; Num. 7,48; Num. 7,53; Num. 10,22; Num. 34,20; 2Sam. 13,37)

Εμμαθ Hammath ▸ 1
  Εμμαθ ▸ 1
    Noun · feminine · singular · accusative · (proper) ▸ 1 (Josh. 21,32)

ἐμμαίνομαι (ἐν; μαίνομαι) to be enraged ▸ 1
  ἐμμαινόμενος ▸ 1
    Verb · present · middle · participle · masculine · singular · nominative ▸ 1 (Acts 26,11)

ἐμμανής (ἐν; μαίνομαι) frantic, raving ▸ 1
  ἐμμανεῖς ▸ 1
    Adjective · masculine · plural · accusative · noDegree ▸ 1 (Wis. 14,23)

Εμμανουηλ Emmanuel ▸ 1
  Εμμανουηλ ▸ 1
    Noun · masculine · singular · accusative · (proper) ▸ 1 (Is. 7,14)

Ἐμμανουήλ Emmanuel ▸ 1
  Ἐμμανουήλ ▸ 1
    Noun · masculine · singular · accusative · (proper) ▸ 1 (Matt. 1,23)

Ἐμμαοῦς Emmaus ▸ 1
  Ἐμμαοῦς ▸ 1
    Noun · feminine · singular · nominative · (proper) ▸ 1 (Luke 24,13)

ἐμμελέτημα (ἐν; μέλω) product ▸ 1
  ἐμμελέτημα ▸ 1
    Noun · neuter · singular · accusative · (common) ▸ 1 (Wis. 13,10)

ἐμμένω (ἐν; μένω) to continue ▸ 21 + 4 = 25
  ἐμμείνασαι ▸ 1
    Verb · aorist · active · participle · feminine · plural · nominative ▸ 1 (Jer. 51,25)
  ἐμμείνατε ▸ 1
    Verb · second · plural · aorist · active · imperative ▸ 1 (1Mac. 10,27)
  ἐμμείνῃ ▸ 4
    Verb · third · singular · aorist · active · subjunctive ▸ 4 (Sir. 39,11; Is. 7,7; Is. 8,10; Is. 28,18)
  ἔμμενε ▸ 2
    Verb · second · singular · present · active · imperative ▸ 2 (Sir. 11,21; Sir. 28,6)
  ἐμμένει ▸ 1
    Verb · third · singular · present · active · indicative ▸ 1 (Gal. 3,10)
  ἐμμενεῖ ▸ 5
    Verb · third · singular · future · active · indicative ▸ 5 (Num. 23,19; Deut. 19,15; Deut. 27,26; Sir. 6,20; Jer. 51,28)
  ἐμμένειν ▸ 1
    Verb · present · active · infinitive ▸ 1 (Acts 14,22)
  ἐμμενέτω ▸ 1
    Verb · third · singular · present · active · imperative ▸ 1 (Sir. 7,22)
  ἐμμένοντες ▸ 1
    Verb · present · active · participle · masculine · plural · nominative ▸ 1 (Is. 30,18)
  ἐμμένων ▸ 1
    Verb · present · active · participle · masculine · singular · nominative ▸ 1 (Dan. 12,12)
  ἐνέμειναν ▸ 1 + 1 = 2
    Verb · third · plural · aorist · active · indicative ▸ 1 + 1 = 2 (Jer. 38,32; Heb. 8,9)
  ἐνεμείνατε ▸ 2
    Verb · second · plural · aorist · active · indicative ▸ 2 (1Mac. 10,26; Jer. 51,25)
  ἐνέμεινε ▸ 1
    Verb · third · singular · aorist · active · indicative ▸ 1 (Dan. 6,13a)
  ἐνέμεινεν ▸ 1
    Verb · third · singular · aorist · active · indicative ▸ 1 (Sir. 2,10)
  Ἐνέμεινεν ▸ 1
    Verb · third · singular · aorist · active · indicative ▸ 1 (Acts 28,30)

Εμμηρ Immer ▸ 9
  Εμμηρ ▸ 9
    Noun · singular · genitive · (proper) ▸ 1 (Ezra 2,59)
    Noun · masculine · singular · dative · (proper) ▸ 1 (1Chr. 24,14)
    Noun · masculine · singular · genitive · (proper) ▸ 7 (1Chr. 9,12; 1Esdr. 9,21; Ezra 2,37; Ezra 10,20; Neh. 3,29; Neh. 7,40; Jer. 20,1)

Εμμηρος Emmeros, Immer ▸ 1
  Εμμηρου ▸ 1
    Noun · masculine · singular · genitive · (proper) ▸ 1 (1Esdr. 5,24)

ἐμμολύνομαι (ἐν; μολύνω) to be polluted by ▸ 1
  ἐμμολυνθήσεται ▸ 1
    Verb · third · singular · future · passive · indicative ▸ 1 (Prov. 24,9)

ἔμμονος (ἐν; μόνος) constant; permanent; chronic ▸ 4
  ἔμμονον ▸ 1
    Adjective · neuter · singular · nominative · noDegree ▸ 1 (Sir. 30,17)

ἔμμονός ▸ 3
    Adjective · feminine · singular · nominative · noDegree ▸ **3** (Lev. 13,51; Lev. 13,52; Lev. 14,44)

Εμμωθ Shelomith ▸ 1
  Εμμωθ ▸ 1
    Noun · masculine · singular · accusative · (proper) ▸ **1** (2Chr. 11,20)

Εμμωρ Hamor ▸ 13 + 1 = 14
  Εμμωρ ▸ 13 + 1 = 14
    Noun · masculine · singular · accusative · (proper) ▸ **2** (Gen. 34,4; Gen. 34,26)
    Noun · masculine · singular · dative · (proper) ▸ **2** (Gen. 33,19; Gen. 34,13)
    Noun · masculine · singular · genitive · (proper) ▸ 6 + 1 = **7** (Gen. 34,2; Gen. 34,5; Gen. 34,18; Gen. 34,18; Gen. 34,24; Judg. 9,28; Judg. 9,28)
    Noun · masculine · singular · nominative · (proper) ▸ **3** (Gen. 34,6; Gen. 34,8; Gen. 34,20)

Ἑμμώρ Hamor ▸ 1
  Ἑμμώρ ▸ 1
    Noun · masculine · singular · genitive · (proper) ▸ **1** (Acts 7,16)

ἐμός (ἐγώ) my ▸ 104 + 1 + 76 = 181
  ἐμά ▸ 5 + 3 = 8
    Adjective · neuter · plural · accusative · noDegree · (possessive) ▸ **1** (Gen. 31,31)
    Adjective · neuter · plural · nominative · noDegree · (possessive) ▸ 4 + 3 = **7** (Gen. 31,43; 1Kings 21,3; 1Kings 21,4; Psa. 49,10; John 10,14; John 16,15; John 17,10)
  ἐμὰ ▸ 3 + 6 = 9
    Adjective · neuter · plural · accusative · noDegree · (possessive) ▸ 1 + 2 = **3** (Prov. 23,16; John 10,14; 3John 4)
    Adjective · neuter · plural · nominative · noDegree · (possessive) ▸ 2 + 4 = **6** (Prov. 8,19; Is. 66,2; Luke 15,31; John 10,27; John 17,10; Philem. 12)
  ἐμαί ▸ 1
    Adjective · feminine · plural · nominative · noDegree · (possessive) ▸ **1** (Ezek. 35,10)
  ἐμαί ▸ 2
    Adjective · feminine · plural · nominative · noDegree · (possessive) ▸ **2** (Ezek. 18,4; Ezek. 18,4)
  ἐμαῖς ▸ 2
    Adjective · feminine · plural · dative · noDegree · (possessive) ▸ **2** (Prov. 1,30; Prov. 8,34)
  ἐμὰς ▸ 5 + 1 = 6
    Adjective · feminine · plural · accusative · noDegree · (possessive) ▸ 5 + 1 = **6** (Prov. 1,25; Prov. 7,1; Prov. 7,2; Prov. 8,34; Prov. 23,26; John 14,15)
  ἐμή ▸ 2 + 2 = 4
    Adjective · feminine · singular · nominative · noDegree · (possessive) ▸ 1 + 2 = **3** (Job 41,3; John 15,12; John 18,36)
    Adjective · feminine · singular · vocative · noDegree · (possessive) ▸ **1** (1Kings 2,20)
  ἐμὴ ▸ 7 + 10 = 17
    Adjective · feminine · singular · nominative · noDegree · (possessive) ▸ 7 + 10 = **17** (Ex. 19,5; Ex. 23,22; Lev. 25,23; Psa. 49,12; Prov. 8,14; Prov. 8,14; Prov. 8,14; John 3,29; John 5,30; John 7,16; John 7,16; John 8,16; John 15,11; John 18,36; John 18,36; 1Cor. 9,3; 2Cor. 2,3)
  ἐμῇ ▸ 5 + 1 + 6 = 12
    Adjective · feminine · singular · dative · noDegree · (possessive) ▸ 5 + 1 + 6 = **12** (2Mac. 9,27; Prov. 4,20; Prov. 5,1; Job 29,21; Is. 18,4; Tob. 12,18; John 15,9; 1Cor. 16,21; Gal. 6,11; Col. 4,18; 2Th. 3,17; Philem. 19)
  ἐμήν ▸ 1 + 2 = 3
    Adjective · feminine · singular · accusative · noDegree · (possessive) ▸ 1 + 2 = **3** (Jer. 30,31; John 8,56; John 17,24)
  ἐμὴν ▸ 10 + 11 = 21
    Adjective · feminine · singular · accusative · noDegree · (possessive) ▸ 10 + 11 = **21** (Gen. 24,41; 2Sam. 14,31; 1Kings 1,33; 2Mac. 6,25; 2Mac. 7,22; 4Mac. 6,29; Prov. 3,21; Prov. 8,4; Prov. 23,15; Job 29,23; Luke 22,19; John 8,43; John 14,27; John 17,13; 1Cor. 7,40; 1Cor. 11,24; 1Cor. 11,25; 2Cor. 1,23; Gal. 1,13; Phil. 3,9; 2Pet. 1,15)
  ἐμῆς ▸ 12 + 2 = 14
    Adjective · feminine · singular · genitive · noDegree · (possessive) ▸ 12 + 2 = **14** (Gen. 22,18; Gen. 26,5; Ex. 19,5; Ex. 23,22; 4Mac. 8,5; Prov. 1,23; Prov. 2,1; Prov. 4,13; Prov. 31,2; Job 2,9b; Job 16,4; Is. 14,25; Rom. 10,1; Phil. 1,26)
  ἐμοί ▸ 3
    Adjective · masculine · plural · nominative · (possessive) ▸ **3** (John 13,35; John 15,8; John 18,36)
  ἐμοῖς ▸ 4 + 2 = 6
    Adjective · masculine · plural · dative · noDegree · (possessive) ▸ **4** (3Mac. 5,31; Prov. 1,25; Prov. 4,20; Prov. 5,1)
    Adjective · neuter · plural · dative · noDegree · (possessive) ▸ **2** (Matt. 20,15; John 5,47)
  ἐμόν ▸ 4 + 1 = 5
    Adjective · masculine · singular · accusative · (possessive) ▸ **1** (John 8,43)
    Adjective · neuter · singular · accusative · noDegree · (possessive) ▸ **1** (1Kings 21,3)
    Adjective · neuter · singular · nominative · noDegree · (possessive) ▸ **3** (Esth. 10,9 # 10,3f; Is. 59,21; Is. 62,4)
  ἐμὸν ▸ 13 + 10 = 23
    Adjective · masculine · singular · accusative · noDegree · (possessive) ▸ 5 + 1 = **6** (Gen. 49,29; Prov. 1,23; Prov. 4,2; Prov. 22,17; Song 1,6; John 8,51)
    Adjective · neuter · singular · accusative · noDegree · (possessive) ▸ 3 + 6 = **9** (Gen. 37,7; 4Mac. 6,29; Job 6,21; Matt. 18,20; Matt. 25,27; John 5,30; John 6,38; 1Cor. 1,15; 1Cor. 16,18)
    Adjective · neuter · singular · nominative · noDegree · (possessive) ▸ 5 + 3 = **8** (Gen. 37,7; Hag. 2,8; Hag. 2,8; Is. 3,6; Is. 48,11; Matt. 20,23; Mark 10,40; John 4,34)
  ἐμός ▸ 5
    Adjective · masculine · singular · nominative · noDegree · (possessive) ▸ **5** (Judith 9,4; Psa. 59,9; Psa. 59,9; Psa. 107,9; Psa. 107,9)
  ἐμὸς ▸ 3 + 6 = 9
    Adjective · masculine · singular · nominative · noDegree · (possessive) ▸ 3 + 6 = **9** (Gen. 49,25; Song 8,12; Is. 43,1; John 7,6; John 7,8; John 8,37; John 12,26; John 14,24; 2Cor. 8,23)
  ἐμοῦ ▸ 4
    Adjective · neuter · singular · genitive · (possessive) ▸ **4** (John 16,14; John 16,15; 1Cor. 5,4; Philem. 10)
  ἐμοὺς ▸ 6 + 3 = 9
    Adjective · masculine · plural · accusative · noDegree · (possessive) ▸ 6 + 3 = **9** (Prov. 1,30; Prov. 4,10; Prov. 5,7; Prov. 7,1; Prov. 7,2; Prov. 30,1; Mark 8,38; Luke 9,26; Rev. 2,20)
  ἐμῷ ▸ 3 + 3 = 6
    Adjective · masculine · singular · dative · noDegree · (possessive) ▸ 2 + 1 = **3** (Job 23,2; Is. 10,6; John 8,31)
    Adjective · neuter · singular · dative · noDegree · (possessive) ▸ 1 + 2 = **3** (Job 29,22; Rom. 3,7; 1Cor. 11,25)
  ἐμῶν ▸ 11 + 1 = 12

Adjective · feminine · plural · genitive · noDegree · (possessive)
▸ **3** (Gen. 33,10; Prov. 8,34; Prov. 31,2)
Adjective · masculine · plural · genitive · noDegree · (possessive)
▸ **4** (4Mac. 5,38; 4Mac. 16,9; Prov. 9,5; Job 30,1)
Adjective · neuter · plural · genitive · noDegree · (possessive)
▸ **4** + **1** = **5** (Gen. 47,5; 4Mac. 8,7; Prov. 3,1; Prov. 5,2; John 10,26)

Εμοσφεως Emospheos (Heb. and the clans of) ▸ **1**
   Εμοσφεως ▸ **1**
      Noun · masculine · singular · nominative · (proper) ▸ **1** (1Chr. 2,53)

ἔμπαιγμα (ἐν; παῖς) mockery ▸ **2**
   ἐμπαίγματα ▸ **2**
      Noun · neuter · plural · accusative · (common) ▸ **1** (Is. 66,4)
      Noun · neuter · plural · nominative · (common) ▸ **1** (Wis. 17,7)

ἐμπαιγμονή (ἐν; παῖς) mocking ▸ **1**
   ἐμπαιγμονῇ ▸ **1**
      Noun · feminine · singular · dative ▸ **1** (2Pet. 3,3)

ἐμπαιγμός (ἐν; παῖς) mocking ▸ **8** + **1** = **9**
   ἐμπαιγμὸν ▸ **5**
      Noun · masculine · singular · accusative · (common) ▸ **5** (2Mac. 7,7; Wis. 12,25; Sol. 2,11; Sol. 17,12; Ezek. 22,4)
   ἐμπαιγμὸς ▸ **1**
      Noun · masculine · singular · nominative · (common) ▸ **1** (Sir. 27,28)
   ἐμπαιγμούς ▸ **1**
      Noun · masculine · plural · accusative · (common) ▸ **1** (3Mac. 5,22)
   ἐμπαιγμῶν ▸ **1** + **1** = **2**
      Noun · masculine · plural · genitive · (common) ▸ **1** + **1** = **2** (Psa. 37,8; Heb. 11,36)

ἐμπαίζω (ἐν; παῖς) to mock ▸ **28** + **1** + **13** = **42**
   ἐμπαίζει ▸ **1**
      Verb · third · singular · present · active · indicative ▸ **1** (Prov. 27,7)
   ἐμπαίζειν ▸ **2** + **1** = **3**
      Verb · present · active · infinitive ▸ **2** + **1** = **3** (Gen. 39,14; Psa. 103,26; Luke 14,29)
   ἐμπαιζόμενον ▸ **1**
      Verb · present · passive · participle · masculine · singular · accusative ▸ **1** (Judg. 16,27)
   ἐμπαίζοντας ▸ **1**
      Verb · present · active · participle · masculine · plural · accusative ▸ **1** (Nah. 2,4)
   ἐμπαίζοντες ▸ **2** + **2** = **4**
      Verb · present · active · participle · masculine · plural · nominative ▸ **2** + **2** = **4** (2Chr. 36,16; Bar. 3,17; Matt. 27,41; Mark 15,31)
   ἐμπαίζων ▸ **1**
      Verb · present · active · participle · masculine · singular · nominative ▸ **1** (Zech. 12,3)
   ἐμπαῖξαι ▸ **1**
      Verb · aorist · active · infinitive ▸ **1** (Matt. 20,19)
   ἐμπαῖξαί ▸ **1**
      Verb · aorist · active · infinitive ▸ **1** (Gen. 39,17)
   ἐμπαίξας ▸ **1**
      Verb · aorist · active · participle · masculine · singular · nominative ▸ **1** (Luke 23,11)
   ἐμπαίξεται ▸ **2**
      Verb · third · singular · future · middle · indicative ▸ **2** (Hab. 1,10; Zech. 12,3)
   ἐμπαίξονται ▸ **1**
      Verb · third · plural · future · middle · indicative ▸ **1** (Ezek. 22,5)
   ἐμπαίξουσιν ▸ **1** + **1** = **2**
      Verb · third · plural · future · active · indicative ▸ **1** + **1** = **2** (Is. 33,4; Mark 10,34)
   ἐμπαίξωσίν ▸ **2**
      Verb · third · plural · aorist · active · subjunctive ▸ **2** (1Sam. 31,4; 1Chr. 10,4)
   ἐμπαιχθήσεται ▸ **1**
      Verb · third · singular · future · passive · indicative ▸ **1** (Luke 18,32)
   ἐμπεπαιγμένα ▸ **1**
      Verb · perfect · passive · participle · neuter · plural · nominative ▸ **1** (Jer. 10,15)
   ἐμπεπαιγμένης ▸ **1**
      Verb · perfect · passive · participle · feminine · singular · genitive ▸ **1** (2Mac. 8,17)
   ἐμπέπαιχα ▸ **1**
      Verb · first · singular · perfect · active · indicative ▸ **1** (Ex. 10,2)
   ἐμπέπαιχάς ▸ **1**
      Verb · second · singular · perfect · active · indicative ▸ **1** (Num. 22,29)
   ἐνέπαιζεν ▸ **1**
      Verb · third · singular · imperfect · active · indicative ▸ **1** (1Mac. 9,26)
   ἐνεπαίζετο ▸ **1**
      Verb · third · singular · imperfect · passive · indicative ▸ **1** (2Mac. 7,10)
   ἐνέπαιζον ▸ **2** + **1** + **1** = **4**
      Verb · third · plural · imperfect · active · indicative ▸ **2** + **1** + **1** = **4** (Judg. 16,25; Sol. 2,12; Judg. 19,25; Luke 22,63)
   ἐνέπαιξαν ▸ **3** + **4** = **7**
      Verb · third · plural · aorist · active · indicative ▸ **3** + **4** = **7** (Judg. 19,25; Judg. 20,5; Sol. 2,23; Matt. 27,29; Matt. 27,31; Mark 15,20; Luke 23,36)
   ἐνέπαιξάν ▸ **1**
      Verb · third · plural · aorist · active · indicative ▸ **1** (Prov. 23,35)
   ἐνέπαιξεν ▸ **1**
      Verb · third · singular · aorist · active · indicative ▸ **1** (1Sam. 6,6)
   ἐνεπαίχθη ▸ **1**
      Verb · third · singular · aorist · passive · indicative ▸ **1** (Matt. 2,16)

ἐμπαίκτης (ἐν; παῖς) mocker ▸ **1** + **2** = **3**
   ἐμπαῖκται ▸ **1** + **2** = **3**
      Noun · masculine · plural · nominative · (common) ▸ **1** + **2** = **3** (Is. 3,4; 2Pet. 3,3; Jude 18)

ἐμπαραγίνομαι (ἐν; παρά; γίνομαι) to come in on ▸ **1**
   ἐμπαραγίνεταί ▸ **1**
      Verb · third · singular · present · middle · indicative ▸ **1** (Prov. 6,11)

ἐμπειρέω (ἐν; πεῖρα) to be experienced with ▸ **1** + **2** = **3**
   ἐμπειρεῖ ▸ **1**
      Verb · third · singular · future · active · indicative ▸ **1** (Tob. 5,4)
   ἐμπειρῶ ▸ **1** + **1** = **2**
      Verb · first · singular · present · active · indicative ▸ **1** + **1** = **2** (Tob. 5,6; Tob. 5,6)

ἐμπειρία (ἐν; πεῖρα) experience ▸ **1**
   ἐμπειρίᾳ ▸ **1**
      Noun · feminine · singular · dative · (common) ▸ **1** (Wis. 13,13)

ἔμπειρος (ἐν; πεῖρα) experienced, practiced ▸ **2**
   ἔμπειρος ▸ **1**
      Adjective · masculine · singular · nominative · noDegree ▸ **1**

(Tob. 5,5)
ἐμπείρων ▸ 1
Adjective ▪ masculine ▪ plural ▪ genitive ▪ noDegree ▸ **1** (Sol. 15,9)

ἐμπεριπατέω (ἐν; πατέω) to walk around in, wait among; live among ▸ 8 + 1 = 9
ἐμπεριπατεῖ ▸ 1
Verb ▪ third ▪ singular ▪ present ▪ active ▪ indicative ▸ **1** (Deut. 23,15)
ἐμπεριπατήσας ▸ 2
Verb ▪ aorist ▪ active ▪ participle ▪ masculine ▪ singular ▪ nominative ▸ **2** (Job 1,7; Job 2,2)
ἐμπεριπατήσω ▸ 1 + 1 = 2
Verb ▪ first ▪ singular ▪ future ▪ active ▪ indicative ▸ **1 + 1 = 2** (Lev. 26,12; 2Cor. 6,16)
ἐμπεριπατούντων ▸ 1
Verb ▪ present ▪ active ▪ participle ▪ masculine ▪ plural ▪ genitive ▸ **1** (Wis. 19,21)
ἐμπεριπατῶν ▸ 2
Verb ▪ present ▪ active ▪ participle ▪ masculine ▪ singular ▪ nominative ▸ **2** (2Sam. 7,6; Prov. 30,31)
ἐνεπεριεπατήσαμεν ▸ 1
Verb ▪ first ▪ plural ▪ aorist ▪ active ▪ indicative ▸ **1** (Judg. 18,9)

ἐμπήγνυμι (ἐν; πήγνυμι) to stick in, plant in ▸ 9 + 1 = 10
ἐμπαγῆναι ▸ 1
Verb ▪ aorist ▪ passive ▪ infinitive ▸ **1** (Psa. 31,4)
ἐμπαγῶ ▸ 1
Verb ▪ first ▪ singular ▪ aorist ▪ passive ▪ subjunctive ▸ **1** (Psa. 68,15)
ἐμπεπηγὸς ▸ 1
Verb ▪ perfect ▪ active ▪ participle ▪ neuter ▪ singular ▪ nominative ▸ **1** (1Sam. 26,7)
ἐνεπάγην ▸ 1
Verb ▪ first ▪ singular ▪ aorist ▪ passive ▪ indicative ▸ **1** (Psa. 68,3)
ἐνεπάγησαν ▸ 1
Verb ▪ third ▪ plural ▪ aorist ▪ passive ▪ indicative ▸ **1** (Psa. 9,16)
Ἐνεπάγησαν ▸ 1
Verb ▪ third ▪ plural ▪ aorist ▪ passive ▪ indicative ▸ **1** (Lam. 2,9)
ἐνεπάγησάν ▸ 1
Verb ▪ third ▪ plural ▪ aorist ▪ passive ▪ indicative ▸ **1** (Psa. 37,3)
ἐνέπηξεν ▸ 2 + 1 = 3
Verb ▪ third ▪ singular ▪ aorist ▪ active ▪ indicative ▸ **2 + 1 = 3** (Judg. 3,21; 2Sam. 18,14; Judg. 3,21)

ἐμπηδάω (ἐν; πηδάω) to leap into ▸ 1
ἐνεπήδησεν ▸ 1
Verb ▪ third ▪ singular ▪ aorist ▪ active ▪ indicative ▸ **1** (1Mac. 9,48)

ἐμπίμπρημι (ἐν; πίμπρημι) to set on fire ▸ 1
ἐνέπρησεν ▸ 1
Verb ▪ third ▪ singular ▪ aorist ▪ active ▪ indicative ▸ **1** (Matt. 22,7)

ἐμπίπλημι (ἐν; πίπλημι) to fill full ▸ 146 + 1 + 5 = 152
ἐμπεπλησμένοι ▸ 1
Verb ▪ perfect ▪ middle ▪ participle ▪ masculine ▪ plural ▪ vocative ▸ **1** (Luke 6,25)
ἐμπέπλησται ▸ 1
Verb ▪ third ▪ singular ▪ perfect ▪ passive ▪ indicative ▸ **1** (1Sam. 20,3)
ἐμπιμπλαμένη ▸ 1
Verb ▪ present ▪ middle ▪ participle ▪ feminine ▪ singular ▪ nominative ▸ **1** (Eccl. 1,7)
ἐμπίμπλανται ▸ 1
Verb ▪ third ▪ plural ▪ present ▪ passive ▪ indicative ▸ **1** (Prov. 27,20)
ἐμπίμπλαται ▸ 2
Verb ▪ third ▪ singular ▪ present ▪ middle ▪ indicative ▸ **1** (Sir. 31,3)
Verb ▪ third ▪ singular ▪ present ▪ passive ▪ indicative ▸ **1** (Prov. 24,4)
ἐμπιπλᾷ ▸ 1
Verb ▪ third ▪ singular ▪ present ▪ active ▪ indicative ▸ **1** (Prov. 13,25)
ἐμπιπλαμένη ▸ 1
Verb ▪ present ▪ passive ▪ participle ▪ feminine ▪ singular ▪ nominative ▸ **1** (Prov. 30,16)
ἐμπιπλάμενος ▸ 1
Verb ▪ present ▪ passive ▪ participle ▪ masculine ▪ singular ▪ nominative ▸ **1** (Hab. 2,5)
ἐμπιπλᾷς ▸ 1
Verb ▪ second ▪ singular ▪ present ▪ active ▪ indicative ▸ **1** (Psa. 144,16)
ἐμπίπλασθε ▸ 1
Verb ▪ second ▪ plural ▪ present ▪ passive ▪ indicative ▸ **1** (Job 19,22)
ἐμπίπλαται ▸ 3
Verb ▪ third ▪ singular ▪ present ▪ passive ▪ indicative ▸ **3** (Eccl. 4,8; Sir. 14,9; Sol. 4,13)
ἐμπιπλῶν ▸ 1 + 1 = 2
Verb ▪ present ▪ active ▪ participle ▪ masculine ▪ singular ▪ nominative ▸ **1 + 1 = 2** (Psa. 147,3; Acts 14,17)
ἐμπιπλῶντα ▸ 1
Verb ▪ present ▪ active ▪ participle ▪ masculine ▪ singular ▪ accusative ▸ **1** (Psa. 102,5)
ἐμπλῆσαι ▸ 1
Verb ▪ aorist ▪ active ▪ infinitive ▸ **1** (Gen. 42,25)
ἐμπλήσαιμι ▸ 1
Verb ▪ first ▪ singular ▪ aorist ▪ active ▪ optative ▸ **1** (Job 23,4)
ἐμπλησάντων ▸ 1
Verb ▪ aorist ▪ active ▪ participle ▪ masculine ▪ plural ▪ genitive ▸ **1** (3Mac. 1,16)
ἐμπλήσει ▸ 7
Verb ▪ third ▪ singular ▪ future ▪ active ▪ indicative ▸ **7** (Num. 14,21; Job 8,21; Job 33,24; Sir. 1,17; Sol. 4,17; Is. 11,3; Is. 65,20)
ἐμπλήσεις ▸ 2
Verb ▪ second ▪ singular ▪ future ▪ active ▪ indicative ▸ **2** (Ex. 28,41; Job 38,39)
ἐμπλήσῃ ▸ 1
Verb ▪ third ▪ singular ▪ aorist ▪ active ▪ subjunctive ▸ **1** (Prov. 6,30)
ἐμπλήσῃς ▸ 1
Verb ▪ second ▪ singular ▪ aorist ▪ active ▪ subjunctive ▸ **1** (Is. 58,10)
ἐμπλησθείη ▸ 1
Verb ▪ third ▪ singular ▪ aorist ▪ passive ▪ optative ▸ **1** (Psa. 62,6)
ἐμπλησθεὶς ▸ 3
Verb ▪ aorist ▪ passive ▪ participle ▪ masculine ▪ singular ▪ nominative ▸ **3** (Deut. 6,11; Deut. 8,12; Deut. 11,15)
ἐμπλησθέντες ▸ 2
Verb ▪ aorist ▪ passive ▪ participle ▪ masculine ▪ plural ▪ nominative ▸ **2** (Deut. 31,20; 1Esdr. 3,3)
ἐμπλησθέντι ▸ 1
Verb ▪ aorist ▪ passive ▪ participle ▪ masculine ▪ singular ▪ dative ▸ **1** (Eccl. 5,11)
ἐμπλησθῇ ▸ 2

ἐμπίπρημι

Verb · third · singular · aorist · passive · subjunctive ▸ **2** (Is. 9,19; Is. 31,4)

ἐμπλησθῆναι ▸ 2
Verb · aorist · passive · infinitive ▸ **2** (Deut. 23,26; Is. 23,18)

ἐμπλησθῇς ▸ 1
Verb · second · singular · aorist · passive · subjunctive ▸ **1** (Mic. 6,14)

ἐμπλησθήσεσθε ▸ 3
Verb · second · plural · future · passive · indicative ▸ **3** (Joel 2,19; Joel 2,26; Ezek. 39,20)

ἐμπλησθήσεται ▸ 11
Verb · third · singular · future · passive · indicative ▸ **11** (Prov. 12,11; Prov. 18,20; Eccl. 1,8; Eccl. 6,3; Sir. 12,16; Sir. 32,15; Sir. 39,6; Is. 27,6; Is. 34,7; Jer. 26,10; Jer. 38,14)

ἐμπλησθήσῃ ▸ 3
Verb · second · singular · future · passive · indicative ▸ **3** (Deut. 8,10; Deut. 27,7; Is. 58,11)

ἐμπλησθήσονται ▸ 8
Verb · third · plural · future · passive · indicative ▸ **8** (Deut. 14,29; Deut. 26,12; Psa. 21,27; Sir. 2,16; Sir. 4,12; Is. 13,21; Is. 29,19; Jer. 27,10)

ἐμπλήσθητε ▸ 1
Verb · second · plural · aorist · passive · subjunctive ▸ **1** (Sir. 24,19)

ἐμπλησθῆτε ▸ 2
Verb · second · plural · aorist · passive · subjunctive ▸ **2** (Lev. 26,26; Is. 66,11)

ἐμπλήσθητι ▸ 1
Verb · second · singular · aorist · passive · imperative ▸ **1** (Prov. 20,13)

ἐμπλησθήτω ▸ 1
Verb · third · singular · aorist · passive · imperative ▸ **1** (Deut. 33,23)

ἐμπλησθῶ ▸ 1
Verb · first · singular · aorist · passive · subjunctive ▸ **1** (Rom. 15,24)

ἐμπλησθῶσι ▸ 1
Verb · third · plural · aorist · passive · subjunctive ▸ **1** (Sus. 32)

ἐμπλησθῶσιν ▸ 3 + 1 = 4
Verb · third · plural · aorist · passive · subjunctive ▸ **3 + 1 = 4** (Hos. 4,10; Amos 4,8; Ezek. 7,19; Sus. 32)

ἔμπλησον ▸ 1
Verb · second · singular · aorist · active · imperative ▸ **1** (Job 40,13)

ἐμπλήσω ▸ 10
Verb · first · singular · aorist · active · subjunctive ▸ **1** (Mic. 3,8)
Verb · first · singular · future · active · indicative ▸ **9** (Ex. 15,9; Psa. 90,16; Ode. 1,9; Prov. 8,21; Ezek. 24,13; Ezek. 32,4; Ezek. 32,5; Ezek. 32,6; Ezek. 35,8)

ἐμπλήσωσι ▸ 1
Verb · third · plural · aorist · active · subjunctive ▸ **1** (Is. 14,21)

ἐνεπίμπλασαν ▸ 1
Verb · third · plural · imperfect · active · indicative ▸ **1** (Prov. 30,15)

ἐνεπίμπλων ▸ 1
Verb · third · plural · imperfect · active · indicative ▸ **1** (3Mac. 1,18)

ἐνεπίπλω ▸ 1
Verb · second · singular · imperfect · passive · indicative ▸ **1** (Ezek. 16,28)

ἐνεπιπλῶντο ▸ 1
Verb · third · plural · imperfect · passive · indicative ▸ **1** (3Mac. 4,3)

ἐνέπλησα ▸ 3
Verb · first · singular · aorist · active · indicative ▸ **3** (Ex. 28,3; Ex. 31,3; Jer. 38,25)

ἐνέπλησαν ▸ 2
Verb · third · plural · aorist · active · indicative ▸ **2** (2Kings 3,25; 1Esdr. 8,80)

ἐνέπλησας ▸ 4
Verb · second · singular · aorist · active · indicative ▸ **4** (Deut. 6,11; Sir. 47,15; Ezek. 27,33; Ezek. 28,13)

ἐνεπλήσατε ▸ 1
Verb · second · plural · aorist · active · indicative ▸ **1** (Ezek. 11,6)

ἐνέπλησεν ▸ 15 + 1 = 16
Verb · third · singular · aorist · active · indicative ▸ **15 + 1 = 16** (Ex. 35,31; Ex. 35,35; Judg. 17,5; Judg. 17,12; 2Chr. 5,14; Psa. 104,40; Psa. 106,9; Ode. 9,53; Job 9,18; Job 15,2; Job 22,18; Sir. 16,29; Sir. 17,7; Jer. 48,9; Bar. 3,32; Luke 1,53)

ἐνεπλήσθη ▸ 19
Verb · third · singular · aorist · passive · indicative ▸ **19** (Deut. 32,15; Deut. 34,9; Ruth 2,14; Ruth 2,18; 2Chr. 5,13; Ode. 2,15; Wis. 13,12; Sir. 48,12; Hos. 7,6; Is. 2,6; Is. 2,7; Is. 2,7; Is. 2,8; Is. 11,9; Is. 21,3; Is. 22,2; Is. 33,5; Is. 34,6; Is. 44,16)

ἐνεπλήσθημεν ▸ 2
Verb · first · plural · aorist · passive · indicative ▸ **2** (Psa. 89,14; Wis. 5,7)

ἐνεπλήσθην ▸ 1
Verb · first · singular · aorist · passive · indicative ▸ **1** (Jer. 15,17)

ἐνεπλήσθης ▸ 4
Verb · second · singular · aorist · passive · indicative ▸ **4** (Sir. 47,14; Ezek. 16,28; Ezek. 16,29; Ezek. 27,25)

ἐνεπλήσθησαν ▸ 4 + 1 = 5
Verb · third · plural · aorist · passive · indicative ▸ **4 + 1 = 5** (Neh. 9,25; Psa. 77,29; Job 20,11; Hos. 13,6; John 6,12)

ἐμπίπρημι   to light on fire ▸ 42 + 6 = 48

ἐμπρῆσαι ▸ 2 + 1 = 3
Verb · aorist · active · infinitive ▸ **2 + 1 = 3** (Judg. 9,52; Sol. 12,3; Judg. 9,52)

ἐμπρήσαντας ▸ 1
Verb · aorist · active · participle · masculine · plural · accusative ▸ **1** (2Mac. 8,33)

ἐμπρήσατε ▸ 1
Verb · second · plural · aorist · active · imperative ▸ **1** (2Sam. 14,30)

ἐμπρήσειν ▸ 1
Verb · future · active · infinitive ▸ **1** (Judith 16,4)

ἐμπρήσεις ▸ 1
Verb · second · singular · future · active · indicative ▸ **1** (Deut. 13,17)

ἐμπρήσομεν ▸ 1 + 1 = 2
Verb · first · plural · future · active · indicative ▸ **1 + 1 = 2** (Judg. 12,1; Judg. 12,1)

ἐμπρήσουσιν ▸ 3
Verb · third · plural · future · active · indicative ▸ **3** (Mic. 1,7; Ezek. 16,41; Ezek. 23,47)

ἐνεπίμπρα ▸ 1
Verb · third · singular · imperfect · active · indicative ▸ **1** (2Mac. 8,6)

ἐνεπίμπρων ▸ 1
Verb · third · plural · imperfect · active · indicative ▸ **1** (2Mac. 10,36)

ἐνέπρησαν ▸ 10 + 4 = 14
Verb · third · plural · aorist · active · indicative ▸ **10 + 4 = 14**

(Num. 31,10; Josh. 8,19; Josh. 11,11; Judg. 1,8; Judg. 9,49; Judg. 18,27; 2Sam. 14,30; 2Kings 10,26; Jer. 28,32; Bar. 1,2; Judg. 1,8; Judg. 15,6; Judg. 18,27; Judg. 20,48)

ἐνέπρησεν ▸ 18
    Verb · third · singular · aorist · active · indicative ▸ **18** (Josh. 11,9; Josh. 11,13; Josh. 11,13; Josh. 16,10; 1Kings 15,13; 1Kings 18,10; 2Kings 25,9; 2Kings 25,9; 2Chr. 36,19; 2Chr. 36,19; Judith 2,26; Judith 2,27; 1Mac. 1,31; 1Mac. 5,28; 1Mac. 5,35; 2Mac. 12,6; Jer. 52,13; Jer. 52,13)

ἐνεπρήσθη ▸ 1
    Verb · third · singular · aorist · passive · indicative ▸ **1** (Josh. 6,24)

ἐνεπρήσθησαν ▸ 1
    Verb · third · plural · aorist · passive · indicative ▸ **1** (Neh. 1,3)

ἐμπίπτω (ἐν; πίπτω) to fall in, fall upon, attack ▸ 51 + 3 + 7 = 61

ἐμπεπτωκότας ▸ 1
    Verb · perfect · active · participle · masculine · plural · accusative ▸ **1** (2Kings 25,11)

ἐμπεσεῖν ▸ 3 + 1 + 1 = 5
    Verb · aorist · active · infinitive ▸ 3 + 1 + 1 = **5** (Is. 10,4; Dan. 2,1; Sus. 23; Sus. 23; Heb. 10,31)

ἐμπεσεῖται ▸ 14
    Verb · third · singular · future · middle · indicative ▸ **14** (Psa. 7,16; Prov. 13,17; Prov. 17,12; Prov. 17,16a; Prov. 17,20; Prov. 22,14; Prov. 26,27; Prov. 28,10; Prov. 28,14; Eccl. 10,8; Sir. 27,26; Sir. 29,19; Is. 24,18; Jer. 31,44)

ἐμπεσῇ ▸ 1
    Verb · second · singular · future · middle · indicative ▸ **1** (Is. 47,11)

ἐμπέσῃ ▸ 3 + 3 = 6
    Verb · third · singular · aorist · active · subjunctive ▸ 3 + 3 = **6** (Ex. 21,33; Amos 5,19; LetterJ 54; Matt. 12,11; 1Tim. 3,6; 1Tim. 3,7)

ἐμπέσῃς ▸ 3
    Verb · second · singular · aorist · active · subjunctive ▸ **3** (Sir. 8,1; Sir. 9,3; Sir. 29,20)

ἐμπέσοι ▸ 1
    Verb · third · singular · future · active · optative ▸ **1** (Sir. 38,15)

ἐμπεσόντα ▸ 1
    Verb · aorist · active · participle · masculine · singular · accusative ▸ **1** (3Mac. 7,14)

ἐμπεσόντες ▸ 1
    Verb · future · active · participle · masculine · plural · nominative ▸ **1** (Wis. 16,11)

ἐμπεσόντος ▸ 1
    Verb · aorist · active · participle · masculine · singular · genitive ▸ **1** (Luke 10,36)

ἐμπεσοῦμαι ▸ 3 + 1 = 4
    Verb · first · singular · future · middle · indicative ▸ 3 + 1 = **4** (Judg. 15,18; 2Sam. 24,14; 1Chr. 21,13; Judg. 15,18)

ἐμπεσούμεθα ▸ 1
    Verb · first · plural · future · middle · indicative ▸ **1** (Sir. 2,18)

ἐμπεσοῦνται ▸ 1 + 1 = 2
    Verb · third · plural · future · middle · indicative ▸ 1 + 1 = **2** (Sir. 28,23; Luke 6,39)

ἐμπέσω ▸ 2
    Verb · first · singular · aorist · active · subjunctive ▸ **2** (2Sam. 24,14; 1Chr. 21,13)

ἐμπέσωμεν ▸ 1
    Verb · first · plural · aorist · active · subjunctive ▸ **1** (2Kings 7,4)

ἐμπεσών ▸ 2
    Verb · aorist · active · participle · masculine · singular · nominative ▸ **2** (2Mac. 12,24; Sir. 29,19)

ἔμπιπτε ▸ 1
    Verb · second · singular · present · active · imperative ▸ **1** (Sir. 13,10)

ἐμπίπτει ▸ 1
    Verb · third · singular · present · active · indicative ▸ **1** (Prov. 12,13)

ἐμπίπτοντα ▸ 1
    Verb · present · active · participle · masculine · singular · accusative ▸ **1** (2Mac. 10,35)

ἐμπίπτοντας ▸ 2
    Verb · present · active · participle · masculine · plural · accusative ▸ **2** (2Mac. 5,12; 2Mac. 10,17)

ἐμπίπτοντος ▸ 1
    Verb · present · active · participle · masculine · singular · genitive ▸ **1** (3Mac. 3,28)

ἐμπίπτουσιν ▸ 1
    Verb · third · plural · present · active · indicative ▸ **1** (1Tim. 6,9)

ἐνέπεσαν ▸ 2
    Verb · third · plural · aorist · active · indicative ▸ **2** (Gen. 14,10; Psa. 56,7)

ἐνέπεσεν ▸ 3 + 1 = 4
    Verb · third · singular · aorist · active · indicative ▸ 3 + 1 = **4** (1Sam. 29,3; Tob. 14,10; 1Mac. 6,8; Judg. 18,1)

ἐνέπεσον ▸ 2
    Verb · third · plural · aorist · active · indicative ▸ **2** (2Kings 25,11; Dan. 7,2)

ἐμπιστεύω (ἐν; πείθω) to trust in ▸ 23 + 1 = 24

ἐμπιστευθέντα ▸ 1
    Verb · aorist · passive · participle · neuter · singular · accusative ▸ **1** (2Mac. 10,13)

ἐμπιστευθήσεσθε ▸ 1
    Verb · second · plural · future · passive · indicative ▸ **1** (2Chr. 20,20)

ἐμπιστευθήσεται ▸ 1
    Verb · third · singular · future · passive · indicative ▸ **1** (Sir. 1,15)

ἐμπιστευθήτωσαν ▸ 1
    Verb · third · plural · aorist · passive · imperative ▸ **1** (Sir. 36,15)

ἐμπιστεῦσαι ▸ 1
    Verb · third · singular · aorist · active · optative ▸ **1** (Sir. 50,24)

ἐμπιστεύσαντας ▸ 1
    Verb · aorist · active · participle · masculine · plural · accusative ▸ **1** (3Mac. 2,7)

ἐμπιστεύσας ▸ 1
    Verb · aorist · active · participle · masculine · singular · nominative ▸ **1** (1Mac. 12,46)

ἐμπιστεύσατε ▸ 2
    Verb · second · plural · aorist · active · imperative ▸ **2** (2Chr. 20,20; 2Chr. 20,20)

ἐμπιστεύσει ▸ 1
    Verb · third · singular · future · active · indicative ▸ **1** (Sir. 33,3)

ἐμπιστεύσειν ▸ 1
    Verb · future · active · infinitive ▸ **1** (2Mac. 7,24)

ἐμπιστεύσῃ ▸ 2
    Verb · third · singular · aorist · active · subjunctive ▸ **2** (Sir. 4,16; Sir. 4,17)

ἐμπιστεύσῃς ▸ 3
    Verb · second · singular · aorist · active · subjunctive ▸ **3** (Sir. 6,7; Sir. 7,26; Sir. 16,3)

ἐμπιστεύων ▸ 1

        Verb · present · active · participle · masculine · singular · nominative ▸ 1 (Sir. 19,4)
    ἐνεπίστευσαν ▸ 4
        Verb · third · plural · aorist · active · indicative ▸ 4 (1Mac. 1,30; 1Mac. 7,16; Sir. 38,31; Jonah 3,5)
    ἐνεπιστεύσατε ▸ 1
        Verb · second · plural · aorist · active · indicative ▸ 1 (Deut. 1,32)
    ἐνεπίστευσεν ▸ 1 + 1 = 2
        Verb · third · singular · aorist · active · indicative ▸ 1 + 1 = 2 (Sir. 2,10; Judg. 11,20)

ἐμπλάσσω to plaster up ▸ 1
    ἔμπλασον ▸ 1
        Verb · second · singular · aorist · active · imperative ▸ 1 (Tob. 11,8)

ἐμπλατύνω (ἐν; πλατύς) to widen, enlarge ▸ 7
    ἐμπλατύνει ▸ 1
        Verb · third · singular · present · active · indicative ▸ 1 (Prov. 18,16)
    ἐμπλατύνῃ ▸ 2
        Verb · third · singular · present · active · subjunctive ▸ 2 (Deut. 12,20; Deut. 19,8)
    ἐμπλάτυνον ▸ 1
        Verb · second · singular · aorist · active · imperative ▸ 1 (Mic. 1,16)
    ἐμπλατύνω ▸ 1
        Verb · first · singular · aorist · active · subjunctive ▸ 1 (Ex. 23,18)
    ἐμπλατύνων ▸ 1
        Verb · present · active · participle · masculine · singular · nominative ▸ 1 (Deut. 33,20)
    ἐμπλατύνωσιν ▸ 1
        Verb · third · plural · present · active · subjunctive ▸ 1 (Amos 1,13)

ἐμπλέκω (ἐν; πλέκω) to entangle; be involved in ▸ 2 + 2 = 4
    ἐμπλακέντες ▸ 1 + 1 = 2
        Verb · aorist · passive · participle · masculine · plural · nominative ▸ 1 + 1 = 2 (2Mac. 15,17; 2Pet. 2,20)
    ἐμπλακήσεται ▸ 1
        Verb · third · singular · future · passive · indicative ▸ 1 (Prov. 28,18)
    ἐμπλέκεται ▸ 1
        Verb · third · singular · present · passive · indicative ▸ 1 (2Tim. 2,4)

ἐμπληθύνομαι (ἐν; πίμπλημι) to be filled with ▸ 1
    ἐμπληθυνθείς ▸ 1
        Verb · aorist · passive · participle · masculine · singular · nominative ▸ 1 (3Mac. 5,42)

ἐμπλοκή (ἐν; πλέκω) elaborately braided hair ▸ 1
    ἐμπλοκῆς ▸ 1
        Noun · feminine · singular · genitive ▸ 1 (1Pet. 3,3)

ἐμπλόκιον (ἐν; πλέκω) hairclasp; necklace ▸ 7
    ἐμπλόκια ▸ 4
        Noun · neuter · plural · accusative · (common) ▸ 4 (Ex. 35,22; Ex. 36,24; Ex. 36,25; Is. 3,18)
    ἐμπλόκιον ▸ 2
        Noun · neuter · singular · accusative · (common) ▸ 2 (Num. 31,50; Is. 3,20)
    ἐμπλοκίου ▸ 1
        Noun · neuter · singular · genitive · (common) ▸ 1 (Ex. 36,22)

ἔμπνευσις (ἐν; πνέω) breathing upon ▸ 1
    ἐμπνεύσεως ▸ 1
        Noun · feminine · singular · genitive · (common) ▸ 1 (Psa. 17,16)

ἐμπνέω (ἐν; πνέω) to breathe, breathe out, to be alive ▸ 11 + 1 = 12
    ἐμπνέον ▸ 10
        Verb · present · active · participle · neuter · singular · accusative ▸ 9 (Deut. 20,16; Josh. 10,28; Josh. 10,30; Josh. 10,35; Josh. 10,37; Josh. 10,39; Josh. 10,40; Josh. 11,11; Josh. 11,14)
        Verb · present · active · participle · neuter · singular · nominative ▸ 1 (Josh. 11,11)
    ἐμπνεύσαντα ▸ 1
        Verb · aorist · active · participle · masculine · singular · accusative ▸ 1 (Wis. 15,11)
    ἐμπνέων ▸ 1
        Verb · present · active · participle · masculine · singular · nominative ▸ 1 (Acts 9,1)

ἔμπνους (ἐν; πνέω) having breath; alive ▸ 2
    ἔμπνουν ▸ 1
        Adjective · masculine · singular · accusative · noDegree ▸ 1 (2Mac. 7,5)
    ἔμπνους ▸ 1
        Adjective · masculine · singular · accusative · noDegree ▸ 1 (2Mac. 14,45)

ἐμποδίζω (ἐν; πούς) to hinder, hold back ▸ 6 + 1 = 7
    ἐμποδίσῃς ▸ 1
        Verb · second · singular · aorist · active · subjunctive ▸ 1 (Sir. 32,3)
    ἐμποδισθῇς ▸ 1
        Verb · second · singular · aorist · passive · subjunctive ▸ 1 (Sir. 18,22)
    ἐμπόδισον ▸ 1
        Verb · second · singular · aorist · active · imperative ▸ 1 (Sir. 12,5)
    ἐνεπόδιζον ▸ 1
        Verb · third · plural · imperfect · active · indicative ▸ 1 (Ezra 4,4)
    ἐνεποδίσθη ▸ 2
        Verb · third · singular · aorist · passive · indicative ▸ 2 (1Mac. 9,55; Sir. 46,4)
    ἐνεποδίσθησαν ▸ 1
        Verb · third · plural · aorist · passive · indicative ▸ 1 (Judg. 5,22)

ἐμποδιστικός (ἐν; πούς) emotion ▸ 2
    ἐμποδιστικῶν ▸ 2
        Adjective · neuter · plural · genitive · noDegree ▸ 2 (4Mac. 1,4; 4Mac. 1,4)

ἐμποδοστατέω (ἐν; πούς) to strike down, bring low ▸ 1
    ἐμπεποδοστάτηκάς ▸ 1
        Verb · second · singular · perfect · active · indicative ▸ 1 (Judg. 11,35)

ἐμποδοστάτης (ἐν; πούς) troubler ▸ 1
    ἐμποδοστάτης ▸ 1
        Noun · masculine · singular · nominative · (common) ▸ 1 (1Chr. 2,7)

ἐμποιέω (ἐν; ποιέω) to claim ▸ 2
    ἐμποιῇ ▸ 1
        Verb · second · singular · present · middle · indicative ▸ 1 (Ex. 9,17)
    ἐμποιούμενοι ▸ 1
        Verb · present · middle · participle · masculine · plural · nominative ▸ 1 (1Esdr. 5,38)

ἐμπολάω (ἐν; πολάω) to do business ▸ 1
    ἐμπολήσομεν ▸ 1
        Verb · first · plural · future · active · indicative ▸ 1 (Amos 8,5)

ἔμπονος vehement ▸ 1

ἐμπόνου ▸ 1
  Adjective · feminine · singular · genitive · noDegree ▸ **1** (3Mac. 1,28)

ἐμπορεύομαι (ἐν; πορεύομαι) to do business, engage in trade ▸ 11 + 2 = 13
  ἐμπορεύεσθαι ▸ 2
    Verb · present · middle · infinitive ▸ **2** (2Chr. 1,16; Prov. 3,14)
  ἐμπορεύεσθε ▸ 2
    Verb · second · plural · present · middle · indicative ▸ **1** (Gen. 42,34)
    Verb · second · plural · present · middle · imperative ▸ **1** (Gen. 34,10)
  ἐμπορευέσθωσαν ▸ 1
    Verb · third · plural · present · middle · imperative ▸ **1** (Gen. 34,21)
  ἐμπορευομένη ▸ 1
    Verb · present · middle · participle · feminine · singular · nominative ▸ **1** (Prov. 31,14)
  ἐμπορευομένων ▸ 1
    Verb · present · middle · participle · masculine · plural · genitive ▸ **1** (2Chr. 9,14)
  ἐμπορεύονταί ▸ 1
    Verb · third · plural · present · middle · indicative ▸ **1** (Ezek. 27,21)
  ἐμπορευσόμεθα ▸ 1 + 1 = 2
    Verb · first · plural · future · middle · indicative ▸ **1 + 1 = 2** (Amos 8,6; James 4,13)
  ἐμπορεύσονται ▸ 1
    Verb · third · plural · future · middle · indicative ▸ **1** (2Pet. 2,3)
  ἐνεπορεύετο ▸ 1
    Verb · third · singular · imperfect · middle · indicative ▸ **1** (Hos. 12,2)
  ἐνεπορεύοντό ▸ 1
    Verb · third · plural · imperfect · middle · indicative ▸ **1** (Ezek. 27,13)

ἐμπορία (ἐν; πορεύομαι) business ▸ 11 + 1 = 12
  ἐμπορία ▸ 3
    Noun · feminine · singular · nominative · (common) ▸ **3** (Is. 23,18; Is. 23,18; Is. 45,14)
  ἐμπορία ▸ 1
    Noun · feminine · singular · dative · (common) ▸ **1** (Ezek. 28,5)
  ἐμπορίαν ▸ 4 + 1 = 5
    Noun · feminine · singular · accusative · (common) ▸ **4 + 1 = 5** (Ezek. 27,13; Ezek. 27,15; Ezek. 27,16; Ezek. 27,24; Matt. 22,5)
  ἐμπορίας ▸ 3
    Noun · feminine · plural · accusative · (common) ▸ **1** (Nah. 3,16)
    Noun · feminine · singular · genitive · (common) ▸ **2** (Ezek. 28,16; Ezek. 28,18)

ἐμπόριον (ἐν; πορεύομαι) market ▸ 3 + 1 = 4
  ἐμπόρια ▸ 1
    Noun · neuter · plural · nominative · (common) ▸ **1** (Deut. 33,19)
  ἐμπόριον ▸ 1
    Noun · neuter · singular · nominative · (common) ▸ **1** (Is. 23,17)
  ἐμπορίου ▸ 1
    Noun · neuter · singular · genitive · (common) ▸ **1** (John 2,16)
  ἐμπορίῳ ▸ 1
    Noun · neuter · singular · dative · (common) ▸ **1** (Ezek. 27,3)

ἔμπορος (ἐν; πορεύομαι) traveler, merchant ▸ 25 + 5 = 30
  ἔμποροι ▸ 8 + 3 = 11
    Noun · masculine · plural · nominative · (common) ▸ **8 + 3 = 11** (Gen. 37,28; 1Kings 10,28; 1Mac. 3,41; Is. 23,8; Bar. 3,23; Ezek. 27,22; Ezek. 27,36; Ezek. 38,13; Rev. 18,3; Rev. 18,11; Rev. 18,15)
  ἔμποροί ▸ 9 + 1 = 10
    Noun · masculine · plural · nominative · (common) ▸ **9 + 1 = 10** (Ezek. 27,12; Ezek. 27,15; Ezek. 27,17; Ezek. 27,20; Ezek. 27,21; Ezek. 27,22; Ezek. 27,23; Ezek. 27,23; Ezek. 27,25; Rev. 18,23)
  ἐμπόροις ▸ 1
    Noun · masculine · plural · dative · (common) ▸ **1** (Gen. 23,16)
  ἔμπορος ▸ 1
    Noun · masculine · singular · nominative · (common) ▸ **1** (Sir. 26,29)
  ἐμπορός ▸ 1
    Noun · masculine · singular · nominative · (common) ▸ **1** (Ezek. 27,18)
  ἐμπόρου ▸ 1
    Noun · masculine · singular · genitive · (common) ▸ **1** (Sir. 37,11)
  ἐμπόρους ▸ 1
    Noun · masculine · plural · accusative · (common) ▸ **1** (2Mac. 8,34)
  ἐμπόρῳ ▸ 1
    Noun · masculine · singular · dative ▸ **1** (Matt. 13,45)
  ἐμπόρων ▸ 3
    Noun · masculine · plural · genitive · (common) ▸ **3** (1Kings 10,15; 2Chr. 1,16; Sir. 42,5)

ἐμπορπάω (ἐν; πείρω) to fasten, buckle ▸ 1
  ἐμπεπορπημένοι ▸ 1
    Verb · perfect · middle · participle · masculine · plural · nominative ▸ **1** (3Mac. 7,5)

ἐμπορπόομαι (ἐν; πείρω) to wear, be clad with ▸ 1
  ἐμπορποῦσθαι ▸ 1
    Verb · aorist · middle · infinitive ▸ **1** (1Mac. 14,44)

ἔμπροσθεν (ἐν; πρός; θεν) before, in front of ▸ 149 + 13 + 48 = 210
  ἔμπροσθέ ▸ 1
    Preposition · (+genitive) ▸ **1** (2Chr. 1,12)
  ἔμπροσθεν ▸ 129 + 12 + 40 = 181
    Adverb · (place) ▸ 50 + 4 + 4 = **58** (Josh. 4,23; Josh. 5,1; Josh. 6,9; Josh. 8,6; Judg. 1,10; Judg. 1,11; Judg. 1,23; Judg. 20,32; Judg. 20,39; Ruth 4,7; 1Sam. 9,9; 1Sam. 9,9; 2Kings 21,11; 1Chr. 4,40; 1Chr. 9,20; 2Chr. 9,11; 2Chr. 13,14; 1Esdr. 1,22; 1Mac. 3,30; 1Mac. 3,30; 1Mac. 13,27; 2Mac. 14,38; 3Mac. 1,24; 3Mac. 2,4; 3Mac. 4,14; 3Mac. 6,22; 3Mac. 7,21; 4Mac. 8,12; Job 29,2; Job 42,10; Job 42,12; Mic. 2,8; Mic. 7,20; Joel 2,3; Joel 2,23; Jonah 3,2; Hag. 2,3; Zech. 1,4; Zech. 7,7; Zech. 7,12; Zech. 8,11; Mal. 3,4; Is. 41,26; Jer. 7,12; Jer. 7,24; Lam. 5,21; Ezek. 2,10; Ezek. 36,11; Ezek. 38,17; Dan. 6,11; Judg. 1,11; Judg. 1,23; Dan. 6,11; Dan. 7,24; Luke 19,4; Luke 19,28; Phil. 3,13; Rev. 4,6)
    ImproperPreposition · (+genitive) ▸ 79 + 8 + 36 = **123** (Gen. 32,4; Gen. 33,3; Gen. 33,14; Gen. 41,43; Gen. 45,5; Gen. 45,7; Gen. 46,28; Gen. 48,20; Num. 14,43; Josh. 3,6; Josh. 4,11; Josh. 4,12; Josh. 4,23; Judg. 3,2; Judg. 3,27; Judg. 18,21; 1Sam. 8,20; 1Sam. 9,15; 1Sam. 9,27; 1Sam. 10,5; 1Sam. 10,8; 1Sam. 18,13; 1Sam. 23,24; 1Sam. 30,20; 2Sam. 3,31; 2Sam. 6,4; 2Sam. 10,15; 2Sam. 10,16; 2Sam. 10,19; 2Sam. 15,1; 2Sam. 19,18; 2Sam. 20,8; 2Sam. 24,13; 1Kings 1,5; 1Kings 8,5; 1Kings 16,25; 1Kings 16,30; 1Kings 16,33; 1Kings 18,46; 1Kings 22,54; 2Kings 4,31; 2Kings 5,23; 2Kings 9,17; 2Kings 17,2; 2Kings 18,5; 2Kings 23,25; 1Chr. 15,24; 1Chr. 19,16; 1Chr. 21,30; 1Chr. 22,5; 1Chr. 29,25; 2Chr. 3,15; 2Chr. 5,6; 2Chr. 13,13; 2Chr. 15,8; 2Chr. 20,21; 2Chr. 35,19b; 1Esdr. 1,5; 1Esdr. 1,12; 1Esdr. 6,13; 1Esdr. 8,88; Ezra 4,18; Neh. 8,1; Neh. 12,36; Judith 5,13; Judith 11,22; Tob. 11,3; 2Mac. 15,23; 3Mac. 5,50; Psa. 79,10; Psa. 104,17; Eccl. 1,10; Eccl.

ἔμπροσθεν–ἐμπυρισμός

4,16; Job 21,33; Job 41,14; Is. 45,1; Is. 45,1; LetterJ 5; Dan. 1,5; Judg. 3,2; Judg. 3,27; Judg. 4,23; Judg. 18,21; Dan. 7,7; Dan. 7,8; Dan. 7,10; Sus. 29; Matt. 5,16; Matt. 5,24; Matt. 6,1; Matt. 7,6; Matt. 10,32; Matt. 10,32; Matt. 10,33; Matt. 10,33; Matt. 17,2; Matt. 18,14; Matt. 23,13; Matt. 25,32; Matt. 26,70; Matt. 27,11; Matt. 27,29; Mark 2,12; Mark 9,2; Luke 5,19; Luke 12,8; Luke 12,8; Luke 14,2; Luke 21,36; John 3,28; John 10,4; John 12,37; Acts 10,4; Acts 18,17; 2Cor. 5,10; Gal. 2,14; 1Th. 1,3; 1Th. 2,19; 1Th. 3,9; 1Th. 3,13; 1John 3,19; Rev. 19,10; Rev. 22,8)

ἔμπροσθέν ▸ 19 + 1 + 8 = 28
ImproperPreposition · (+genitive) ▸ 19 + 1 + 8 = **28** (Gen. 24,7; Gen. 32,17; Josh. 4,5; Judg. 4,14; 1Sam. 2,29; 1Sam. 9,19; 1Sam. 25,19; 2Sam. 5,24; 1Kings 3,12; 1Chr. 14,15; 1Chr. 17,13; 1Esdr. 8,87; Judith 8,35; Eccl. 1,16; Eccl. 2,7; Eccl. 2,9; Is. 43,10; Is. 45,2; Is. 58,8; Judg. 4,14; Matt. 6,2; Matt. 11,10; Matt. 11,26; Luke 7,27; Luke 10,21; Luke 19,27; John 1,15; John 1,30)

ἐμπρόσθιος (ἐν; πρός) front, in front ▸ 3
ἐμπρόσθια ▸ 1
Adjective · neuter · plural · accusative · noDegree ▸ **1** (1Sam. 5,4)
ἐμπροσθίους ▸ 1
Adjective · feminine · plural · accusative · noDegree ▸ **1** (2Mac. 3,25)
ἐμπροσθίων ▸ 1
Adjective · neuter · plural · genitive · noDegree ▸ **1** (Ex. 28,14)

ἔμπτυσμα (ἐν; πτύω) spitting ▸ 1
ἐμπτυσμάτων ▸ 1
Noun · neuter · plural · genitive · (common) ▸ **1** (Is. 50,6)

ἐμπτύω (ἐν; πτύω) to spit upon ▸ 2 + 6 = 8
ἐμπτύειν ▸ 1
Verb · present · active · infinitive ▸ **1** (Mark 14,65)
ἐμπτύσαντες ▸ 1
Verb · aorist · active · participle · masculine · plural · nominative ▸ **1** (Matt. 27,30)
ἐμπτύσεται ▸ 1
Verb · third · singular · future · middle · indicative ▸ **1** (Deut. 25,9)
ἐμπτυσθήσεται ▸ 1
Verb · third · singular · future · passive · indicative ▸ **1** (Luke 18,32)
ἐμπτύσουσιν ▸ 1
Verb · third · plural · future · active · indicative ▸ **1** (Mark 10,34)
ἐνέπτυον ▸ 1
Verb · third · plural · imperfect · active · indicative ▸ **1** (Mark 15,19)
ἐνέπτυσαν ▸ 1
Verb · third · plural · aorist · active · indicative ▸ **1** (Matt. 26,67)
ἐνέπτυσεν ▸ 1
Verb · third · singular · aorist · active · indicative ▸ **1** (Num. 12,14)

ἐμπυρίζω (ἐν; πῦρ) to burn ▸ 50 + 3 = 53
ἐμπεπυρισμέναι ▸ 1
Verb · perfect · passive · participle · feminine · plural · nominative ▸ **1** (Jer. 4,26)
ἐμπεπυρισμένη ▸ 1
Verb · perfect · passive · participle · feminine · singular · nominative ▸ **1** (Psa. 79,17)
ἐμπεπυρισμένον ▸ 2
Verb · perfect · passive · participle · neuter · singular · accusative ▸ **2** (1Mac. 11,4; Jer. 28,25)
ἐμπεπυρισμένους ▸ 1
Verb · perfect · passive · participle · masculine · plural · accusative ▸ **1** (1Mac. 11,4)
ἐμπεπύρισται ▸ 1
Verb · third · singular · perfect · passive · indicative ▸ **1** (1Sam. 30,3)
ἐμπυριεῖ ▸ 1
Verb · third · singular · future · active · indicative ▸ **1** (Jer. 50,12)
ἐμπυρίζεται ▸ 1
Verb · third · singular · present · passive · indicative ▸ **1** (Psa. 9,23)
ἐμπυρίζοντες ▸ 1
Verb · present · active · participle · masculine · plural · nominative ▸ **1** (Tob. 13,14)
ἐμπυρίζουσιν ▸ 1
Verb · third · plural · present · active · indicative ▸ **1** (1Mac. 4,20)
ἐμπυρισθεῖσιν ▸ 1
Verb · aorist · passive · participle · masculine · plural · dative ▸ **1** (1Mac. 10,85)
ἐμπυρισθῇς ▸ 1
Verb · second · singular · aorist · passive · subjunctive ▸ **1** (Sir. 8,10)
ἐμπυρισθήσονται ▸ 1
Verb · third · plural · future · passive · indicative ▸ **1** (Jer. 28,58)
ἐμπυρίσωμέν ▸ 1
Verb · first · plural · aorist · active · subjunctive ▸ **1** (Judg. 14,15)
ἐμπυριῶ ▸ 1
Verb · first · singular · future · active · indicative ▸ **1** (1Mac. 7,35)
ἐνεπεπύριστο ▸ 1
Verb · third · singular · pluperfect · passive · indicative ▸ **1** (Lev. 10,16)
ἐνεπυρίσαμεν ▸ 1
Verb · first · plural · aorist · active · indicative ▸ **1** (1Sam. 30,14)
ἐνεπύρισαν ▸ 14 + 1 = 15
Verb · third · plural · aorist · active · indicative ▸ 14 + 1 = **15** (Judg. 15,6; 2Sam. 14,31; 1Esdr. 1,52; 1Esdr. 1,52; 1Esdr. 4,45; 1Esdr. 6,15; 1Mac. 1,56; 1Mac. 5,44; 1Mac. 6,31; 1Mac. 9,67; 1Mac. 11,48; 2Mac. 1,8; Psa. 73,7; Sir. 49,6; Judg. 9,49)
Ἐνεπύρισαν ▸ 1
Verb · third · plural · aorist · active · indicative ▸ **1** (2Sam. 14,30)
ἐνεπυρίσατε ▸ 1
Verb · second · plural · aorist · active · indicative ▸ **1** (Is. 3,14)
ἐνεπύρισε ▸ 2
Verb · third · singular · aorist · active · indicative ▸ **2** (1Mac. 5,5; Dan. 3,23)
ἐνεπύρισεν ▸ 14 + 1 = 15
Verb · third · singular · aorist · active · indicative ▸ 14 + 1 = **15** (Josh. 8,28; Judg. 15,5; 1Sam. 30,1; 1Kings 5,14b; 1Kings 16,18; 2Chr. 35,19a; 1Mac. 5,65; 1Mac. 10,84; 1Mac. 10,84; 1Mac. 11,4; 1Mac. 11,61; 1Mac. 16,10; Psa. 59,2; Dan. 3,48; Dan. 3,48)
ἐνεπυρίσθη ▸ 1
Verb · third · singular · aorist · passive · indicative ▸ **1** (Jer. 28,30)
ἐνεπυρίσθησαν ▸ 1
Verb · third · plural · aorist · passive · indicative ▸ **1** (Lev. 10,6)

ἐμπυρισμός (ἐν; πῦρ) burning, conflagration ▸ 5
ἐμπυρισμόν ▸ 2
Noun · masculine · singular · accusative · (common) ▸ **2** (Lev. 10,6; Dan. 3,95)
ἐμπυρισμός ▸ 1
Noun · masculine · singular · nominative · (common) ▸ **1** (1Kings 8,37)

Ἐμπυρισμός ▸ 1
> **Noun** · masculine · singular · nominative · (common) ▸ 1 (Num. 11,3)

ἐμπυρισμῷ ▸ 1
> **Noun** · masculine · singular · dative · (common) ▸ 1 (Josh. 6,24)

Ἐμπυρισμός (ἐν; πῦρ) Burning ▸ 1
Ἐμπυρισμῷ ▸ 1
> **Noun** · masculine · singular · dative · (proper) ▸ 1 (Deut. 9,22)

ἐμπυριστής (ἐν; πῦρ) one who sets on fire ▸ 1
ἐμπυριστὴν ▸ 1
> **Adjective** · masculine · singular · accusative · noDegree ▸ 1 (4Mac. 7,11)

ἔμπυρος (ἐν; πῦρ) burning, feverish; burnt offerings ▸ 2
ἔμπυροι ▸ 1
> **Adjective** · masculine · plural · nominative · noDegree ▸ 1 (Amos 4,2)

ἐμπύρων ▸ 1
> **Adjective** · neuter · plural · genitive · noDegree ▸ 1 (Ezek. 23,37)

ἐμφαίνω (ἐν; φαίνω) to exhibit, display, become visible ▸ 2
ἐμφάνηθι ▸ 1
> **Verb** · second · singular · aorist · active · imperative ▸ 1 (Psa. 79,2)

ἐνέφαινεν ▸ 1
> **Verb** · third · singular · imperfect · active · indicative ▸ 1 (2Mac. 3,16)

ἐμφανής (ἐν; φαίνω) visible ▸ 7 + 2 = 9
ἐμφανὲς ▸ 4
> **Adjective** · neuter · singular · accusative · noDegree ▸ 1 (Wis. 6,22)
>
> **Adjective** · neuter · singular · nominative · noDegree ▸ 3 (Ex. 2,14; Mic. 4,1; Is. 2,2)

ἐμφανῆ ▸ 2 + 1 = 3
> **Adjective** · feminine · singular · accusative · noDegree ▸ 1 (Wis. 14,17)
>
> **Adjective** · masculine · singular · accusative · noDegree ▸ 1 (Acts 10,40)
>
> **Adjective** · neuter · plural · nominative · noDegree ▸ 1 (Wis. 7,21)

ἐμφανής ▸ 1
> **Adjective** · masculine · singular · nominative ▸ 1 (Rom. 10,20)

Ἐμφανής ▸ 1
> **Adjective** · masculine · singular · nominative · noDegree ▸ 1 (Is. 65,1)

ἐμφανίζω (ἐν; φαίνω) to exhibit, manifest, explain, inform ▸ 10 + 10 = 20
ἐμφανίζειν ▸ 1
> **Verb** · present · active · infinitive ▸ 1 (John 14,22)

ἐμφανίζεται ▸ 1
> **Verb** · third · singular · present · passive · indicative ▸ 1 (Wis. 1,2)

ἐμφανίζουσιν ▸ 1
> **Verb** · third · plural · present · active · indicative ▸ 1 (Heb. 11,14)

ἐμφανίσατε ▸ 1
> **Verb** · second · plural · aorist · active · imperative ▸ 1 (Acts 23,15)

ἐμφανισθῆναι ▸ 1
> **Verb** · aorist · passive · infinitive ▸ 1 (Heb. 9,24)

ἐμφάνισόν ▸ 1
> **Verb** · second · singular · aorist · active · imperative ▸ 1 (Ex. 33,13)

ἐμφανίσω ▸ 1
> **Verb** · first · singular · future · active · indicative ▸ 1 (John 14,21)

ἐνεφάνιζεν ▸ 3
> **Verb** · third · singular · imperfect · active · indicative ▸ 3 (1Mac. 4,20; Wis. 16,21; Wis. 18,18)

ἐνεφανίζετο ▸ 1
> **Verb** · third · singular · imperfect · middle · indicative ▸ 1 (Wis. 17,4)

ἐνεφάνισαν ▸ 1 + 2 = 3
> **Verb** · third · plural · aorist · active · indicative ▸ 1 + 2 = 3 (Is. 3,9; Acts 24,1; Acts 25,15)

ἐνεφάνισάν ▸ 1
> **Verb** · third · plural · aorist · active · indicative ▸ 1 (Acts 25,2)

ἐνεφάνισας ▸ 1
> **Verb** · second · singular · aorist · active · indicative ▸ 1 (Acts 23,22)

ἐνεφάνισεν ▸ 3
> **Verb** · third · singular · aorist · active · indicative ▸ 3 (Esth. 2,22; 2Mac. 3,7; 2Mac. 11,29)

ἐνεφανίσθησαν ▸ 1
> **Verb** · third · plural · aorist · passive · indicative ▸ 1 (Matt. 27,53)

ἐμφανισμός (ἐν; φαίνω) known, manifest ▸ 1
ἐμφανισμοῦ ▸ 1
> **Adjective** · masculine · singular · genitive · noDegree ▸ 1 (2Mac. 3,9)

ἐμφανῶς (ἐν; φαίνω) openly ▸ 3
ἐμφανῶς ▸ 3
> **Adverb** ▸ 3 (Psa. 49,2; Prov. 9,14; Zeph. 1,9)

ἔμφασις (ἐν; φημί) outward appearance ▸ 1
ἐμφάσει ▸ 1
> **Noun** · feminine · singular · dative · (common) ▸ 1 (2Mac. 3,8)

ἐμφέρω (ἐν; φέρω) to bring in, rush in ▸ 1
ἐμφέρεσθαι ▸ 1
> **Verb** · present · middle · infinitive ▸ 1 (2Mac. 15,17)

ἔμφοβος (ἐν; φόβος) afraid ▸ 1 + 5 = 6
ἔμφοβοι ▸ 2
> **Adjective** · masculine · plural · nominative ▸ 2 (Luke 24,37; Rev. 11,13)

ἔμφοβος ▸ 1 + 2 = 3
> **Adjective** · masculine · singular · nominative · noDegree ▸ 1 + 2 = 3 (Sir. 19,24; Acts 10,4; Acts 24,25)

ἐμφόβων ▸ 1
> **Adjective** · feminine · plural · genitive ▸ 1 (Luke 24,5)

ἐμφραγμός (ἐν; φράσσω) stopping up ▸ 1
ἐμφραγμὸς ▸ 1
> **Noun** · masculine · singular · nominative · (common) ▸ 1 (Sir. 27,14)

ἐμφράσσω (ἐν; φράσσω) to stop up, block up ▸ 21 + 3 = 24
ἐμπεφραγμένοι ▸ 1
> **Verb** · perfect · passive · participle · masculine · plural · nominative ▸ 1 (Dan. 12,9)

ἐμφράξαι ▸ 2
> **Verb** · aorist · active · infinitive ▸ 2 (2Chr. 32,3; Esth. 14,8 # 4,170)

ἐμφράξει ▸ 1
> **Verb** · third · singular · future · active · indicative ▸ 1 (Psa. 106,42)

ἐμφράξετε ▸ 1
> **Verb** · second · plural · future · active · indicative ▸ 1 (2Kings

ἐμφράσσω–ἐν

3,19)
- **ἔμφραξον** ▸ 1
  - Verb · second · singular · aorist · active · imperative ▸ **1** (Dan. 12,4)
- **ἐμφράξουσι** ▸ 1
  - Verb · third · plural · future · active · indicative ▸ **1** (Is. 22,7)
- **ἐμφραχθείη** ▸ 1
  - Verb · third · singular · aorist · passive · optative ▸ **1** (Job 5,16)
- **ἐμφραχθήσεται** ▸ 3
  - Verb · third · singular · future · passive · indicative ▸ **3** (Mic. 4,14; Zech. 14,5; Zech. 14,5)
- **ἐνεφράγη** ▸ 2
  - Verb · third · singular · aorist · passive · indicative ▸ **2** (Psa. 62,12; Zech. 14,5)
- **ἐνέφραξαν** ▸ 5
  - Verb · third · plural · aorist · active · indicative ▸ **5** (Gen. 26,15; Gen. 26,18; 2Kings 3,25; 1Mac. 2,36; 1Mac. 5,47)
- **ἐνέφραξεν** ▸ 5 + 1 = 6
  - Verb · third · singular · aorist · active · indicative ▸ **5 + 1 = 6** (2Chr. 32,4; 2Chr. 32,30; Judith 16,3; 2Mac. 2,5; Lam. 3,9; Dan. 6,23)

ἐμφυσάω (ἐν; φύω)   to breath in, upon ▸ 7 + 2 + 1 = 10
- **ἐμφυσῆσαι** ▸ 1
  - Verb · second · singular · aorist · middle · imperative ▸ **1** (Tob. 6,9)
- **ἐμφυσήσαντα** ▸ 1
  - Verb · aorist · active · participle · masculine · singular · accusative ▸ **1** (Wis. 15,11)
- **ἐμφύσησον** ▸ 1
  - Verb · second · singular · aorist · active · imperative ▸ **1** (Ezek. 37,9)
- **ἐμφυσήσω** ▸ 1
  - Verb · first · singular · future · active · indicative ▸ **1** (Ezek. 21,36)
- **ἐμφυσῶν** ▸ 1
  - Verb · present · active · participle · masculine · singular · nominative ▸ **1** (Nah. 2,2)
- **ἐνεφύσησεν** ▸ 3 + 1 + 1 = 5
  - Verb · third · singular · aorist · active · indicative ▸ **3 + 1 + 1 = 5** (Gen. 2,7; 1Kings 17,21; Job 4,21; Tob. 11,11; John 20,22)

ἐμφυσιόω (ἐν; φῦσα)   to put meaning into, be inspired ▸ 2
- **ἐμφυσιοῦντες** ▸ 1
  - Verb · present · active · participle · masculine · plural · nominative ▸ **1** (1Esdr. 9,48)
- **ἐνεφυσιώθησαν** ▸ 1
  - Verb · third · plural · aorist · passive · indicative ▸ **1** (1Esdr. 9,55)

ἔμφυτος (ἐν; φύω)   implanted ▸ 1 + 1 = 2
- **ἔμφυτον** ▸ 1
  - Adjective · masculine · singular · accusative ▸ **1** (James 1,21)
- **ἔμφυτος** ▸ 1
  - Adjective · feminine · singular · nominative · noDegree ▸ **1** (Wis. 12,10)

ἐν (+dat) in, with, by, to ▸ 13462 + 854 + 2752 = 17068
- **ἔν** ▸ 12 + 8 = 20
  - Preposition · (+dative) ▸ 12 + 8 = **20** (Gen. 34,30; Ex. 7,19; Ex. 8,12; Ex. 8,13; Ex. 9,3; Ex. 9,9; Ex. 12,19; Deut. 21,22; 1Mac. 12,11; 1Mac. 15,33; 2Mac. 10,37; 2Mac. 12,18; Luke 18,2; Acts 1,8; Acts 10,39; Acts 25,24; Acts 26,4; Gal. 6,1; Phil. 1,7; Heb. 3,12)
- **ἐν** ▸ 13286 + 836 + 2702 = 16824
  - Preposition ▸ 2 + 1 = **3** (Ezra 7,21; Ezra 7,25; Judg. 11,18)
  - Preposition · (+dative) ▸ 13284 + 835 + 2702 = **16821** (Gen. 1,6; Gen. 1,11; Gen. 1,12; Gen. 1,14; Gen. 1,15; Gen. 1,17; Gen. 1,22; Gen. 1,29; Gen. 1,30; Gen. 2,2; Gen. 2,3; Gen. 2,8; Gen. 2,9; Gen. 2,15; Gen. 2,16; Gen. 3,1; Gen. 3,3; Gen. 3,5; Gen. 3,8; Gen. 3,8; Gen. 3,10; Gen. 3,16; Gen. 3,17; Gen. 3,17; Gen. 3,19; Gen. 4,8; Gen. 4,8; Gen. 4,16; Gen. 4,20; Gen. 6,3; Gen. 6,4; Gen. 6,5; Gen. 6,9; Gen. 6,17; Gen. 7,1; Gen. 7,11; Gen. 7,11; Gen. 7,13; Gen. 7,15; Gen. 7,23; Gen. 8,1; Gen. 8,4; Gen. 8,5; Gen. 8,11; Gen. 8,13; Gen. 8,13; Gen. 8,14; Gen. 9,4; Gen. 9,6; Gen. 9,13; Gen. 9,14; Gen. 9,14; Gen. 9,15; Gen. 9,16; Gen. 9,16; Gen. 9,21; Gen. 9,27; Gen. 10,5; Gen. 10,5; Gen. 10,5; Gen. 10,10; Gen. 10,20; Gen. 10,20; Gen. 10,20; Gen. 10,25; Gen. 10,31; Gen. 10,31; Gen. 10,31; Gen. 11,2; Gen. 11,2; Gen. 11,28; Gen. 11,28; Gen. 11,32; Gen. 11,32; Gen. 12,3; Gen. 12,5; Gen. 12,9; Gen. 13,12; Gen. 13,12; Gen. 13,12; Gen. 13,13; Gen. 13,18; Gen. 14,1; Gen. 14,5; Gen. 14,5; Gen. 14,5; Gen. 14,6; Gen. 14,6; Gen. 14,7; Gen. 14,8; Gen. 14,12; Gen. 14,15; Gen. 15,1; Gen. 15,13; Gen. 15,15; Gen. 15,18; Gen. 16,3; Gen. 16,4; Gen. 16,5; Gen. 16,6; Gen. 16,7; Gen. 16,7; Gen. 16,11; Gen. 17,11; Gen. 17,17; Gen. 17,21; Gen. 17,23; Gen. 17,23; Gen. 17,26; Gen. 18,9; Gen. 18,12; Gen. 18,13; Gen. 18,18; Gen. 18,24; Gen. 18,24; Gen. 18,26; Gen. 18,26; Gen. 19,2; Gen. 19,12; Gen. 19,16; Gen. 19,17; Gen. 19,25; Gen. 19,29; Gen. 19,29; Gen. 19,29; Gen. 19,29; Gen. 19,30; Gen. 19,30; Gen. 19,30; Gen. 19,33; Gen. 19,33; Gen. 19,35; Gen. 19,35; Gen. 20,1; Gen. 20,3; Gen. 20,5; Gen. 20,5; Gen. 20,6; Gen. 20,11; Gen. 20,18; Gen. 21,7; Gen. 21,12; Gen. 21,20; Gen. 21,21; Gen. 21,22; Gen. 21,22; Gen. 21,23; Gen. 21,32; Gen. 21,34; Gen. 22,13; Gen. 22,18; Gen. 23,2; Gen. 23,2; Gen. 23,2; Gen. 23,6; Gen. 23,6; Gen. 23,9; Gen. 23,9; Gen. 23,10; Gen. 23,11; Gen. 23,17; Gen. 23,17; Gen. 23,17; Gen. 23,17; Gen. 23,19; Gen. 23,19; Gen. 23,20; Gen. 24,3; Gen. 24,14; Gen. 24,15; Gen. 24,37; Gen. 24,37; Gen. 24,44; Gen. 24,45; Gen. 24,48; Gen. 24,52; Gen. 24,62; Gen. 24,65; Gen. 25,8; Gen. 25,16; Gen. 25,16; Gen. 25,21; Gen. 25,22; Gen. 25,23; Gen. 25,24; Gen. 26,1; Gen. 26,2; Gen. 26,3; Gen. 26,4; Gen. 26,6; Gen. 26,12; Gen. 26,12; Gen. 26,15; Gen. 26,17; Gen. 26,19; Gen. 26,24; Gen. 26,32; Gen. 27,15; Gen. 27,41; Gen. 27,45; Gen. 28,6; Gen. 28,11; Gen. 28,12; Gen. 28,14; Gen. 28,14; Gen. 28,15; Gen. 28,16; Gen. 28,20; Gen. 29,2; Gen. 29,26; Gen. 30,14; Gen. 30,14; Gen. 30,20; Gen. 30,32; Gen. 30,32; Gen. 30,33; Gen. 30,33; Gen. 30,33; Gen. 30,35; Gen. 30,35; Gen. 30,35; Gen. 30,38; Gen. 30,40; Gen. 30,41; Gen. 30,41; Gen. 30,41; Gen. 31,6; Gen. 31,10; Gen. 31,13; Gen. 31,14; Gen. 31,18; Gen. 31,23; Gen. 31,25; Gen. 31,25; Gen. 31,33; Gen. 31,35; Gen. 31,41; Gen. 31,41; Gen. 31,54; Gen. 31,54; Gen. 32,11; Gen. 32,20; Gen. 32,21; Gen. 32,22; Gen. 32,26; Gen. 33,2; Gen. 33,14; Gen. 33,16; Gen. 33,18; Gen. 34,5; Gen. 34,7; Gen. 34,10; Gen. 34,10; Gen. 34,15; Gen. 34,15; Gen. 34,15; Gen. 34,19; Gen. 34,22; Gen. 34,22; Gen. 34,23; Gen. 34,25; Gen. 34,25; Gen. 34,26; Gen. 34,27; Gen. 34,28; Gen. 34,28; Gen. 34,29; Gen. 34,29; Gen. 34,30; Gen. 35,1; Gen. 35,3; Gen. 35,3; Gen. 35,4; Gen. 35,4; Gen. 35,4; Gen. 35,6; Gen. 35,7; Gen. 35,9; Gen. 35,14; Gen. 35,15; Gen. 35,16; Gen. 35,17; Gen. 35,18; Gen. 35,19; Gen. 35,22; Gen. 35,26; Gen. 35,27; Gen. 36,5; Gen. 36,6; Gen. 36,8; Gen. 36,9; Gen. 36,16; Gen. 36,17; Gen. 36,21; Gen. 36,24; Gen. 36,30; Gen. 36,30; Gen. 36,31; Gen. 36,31; Gen. 36,32; Gen. 36,35; Gen. 36,40; Gen. 36,40; Gen. 36,40; Gen. 36,43; Gen. 36,43; Gen. 37,1; Gen. 37,1; Gen. 37,7; Gen. 37,13; Gen. 37,15; Gen. 37,17; Gen. 37,22; Gen. 37,29; Gen. 38,1; Gen. 38,5; Gen. 38,11; Gen. 38,11; Gen. 38,14; Gen. 38,18; (+gen.) 38,18; Gen. 38,20; Gen. 38,21; Gen. 38,24; Gen. 38,25; Gen. 38,27; Gen. 38,28; Gen. 39,2; Gen. 39,3; Gen. 39,5; Gen. 39,5; Gen. 39,5; Gen. 39,8; Gen. 39,9; Gen. 39,11;

E, ε

Gen. 39,12; Gen. 39,13; Gen. 39,14; Gen. 39,15; Gen. 39,20; Gen. 39,20; Gen. 39,22; Gen. 39,23; Gen. 40,3; Gen. 40,4; Gen. 40,5; Gen. 40,5; Gen. 40,7; Gen. 40,10; Gen. 40,11; Gen. 40,14; Gen. 40,17; Gen. 40,20; Gen. 40,20; Gen. 41,2; Gen. 41,5; Gen. 41,10; Gen. 41,10; Gen. 41,11; Gen. 41,18; Gen. 41,19; Gen. 41,22; Gen. 41,22; Gen. 41,29; Gen. 41,30; Gen. 41,35; Gen. 41,36; Gen. 41,36; Gen. 41,38; Gen. 41,47; Gen. 41,48; Gen. 41,48; Gen. 41,48; Gen. 41,48; Gen. 41,52; Gen. 41,53; Gen. 41,54; Gen. 41,54; Gen. 41,57; Gen. 42,1; Gen. 42,2; Gen. 42,5; Gen. 42,13; Gen. 42,15; Gen. 42,17; Gen. 42,19; Gen. 42,21; Gen. 42,28; Gen. 42,30; Gen. 42,32; Gen. 42,35; Gen. 42,35; Gen. 42,38; Gen. 43,11; Gen. 43,12; Gen. 43,12; Gen. 43,15; Gen. 43,18; Gen. 43,19; Gen. 43,21; Gen. 43,21; Gen. 43,21; Gen. 43,23; Gen. 43,26; Gen. 44,5; Gen. 44,5; Gen. 44,8; Gen. 44,12; Gen. 44,29; Gen. 44,31; Gen. 45,6; Gen. 45,10; Gen. 45,13; Gen. 45,24; Gen. 46,2; Gen. 46,6; Gen. 46,12; Gen. 46,15; Gen. 46,20; Gen. 46,27; Gen. 46,31; Gen. 46,34; Gen. 47,1; Gen. 47,4; Gen. 47,4; Gen. 47,4; Gen. 47,5; Gen. 47,5; Gen. 47,6; Gen. 47,11; Gen. 47,11; Gen. 47,11; Gen. 47,13; Gen. 47,14; Gen. 47,14; Gen. 47,17; Gen. 47,17; Gen. 47,18; Gen. 47,22; Gen. 47,24; Gen. 47,27; Gen. 47,28; Gen. 47,29; Gen. 47,30; Gen. 48,3; Gen. 48,3; Gen. 48,5; Gen. 48,6; Gen. 48,7; Gen. 48,7; Gen. 48,13; Gen. 48,13; Gen. 48,16; Gen. 48,20; Gen. 48,22; Gen. 49,6; Gen. 49,6; Gen. 49,7; Gen. 49,7; Gen. 49,11; Gen. 49,11; Gen. 49,16; Gen. 49,21; Gen. 49,29; Gen. 49,29; Gen. 49,30; Gen. 49,30; Gen. 49,30; Gen. 49,32; Gen. 49,32; Gen. 50,5; Gen. 50,8; Gen. 50,11; Gen. 50,13; Gen. 50,22; Gen. 50,26; Gen. 50,26; Ex. 1,5; Ex. 1,11; Ex. 1,14; Ex. 1,14; Ex. 2,2; Ex. 2,5; Ex. 2,6; Ex. 2,11; Ex. 2,12; Ex. 2,15; Ex. 2,22; Ex. 2,22; Ex. 3,2; Ex. 3,5; Ex. 3,7; Ex. 3,12; Ex. 3,12; Ex. 3,16; Ex. 3,20; Ex. 3,20; Ex. 4,2; Ex. 4,4; Ex. 4,14; Ex. 4,17; Ex. 4,17; Ex. 4,17; Ex. 4,18; Ex. 4,19; Ex. 4,20; Ex. 4,21; Ex. 4,24; Ex. 4,24; Ex. 4,27; Ex. 5,1; Ex. 5,9; Ex. 5,12; Ex. 5,19; Ex. 6,1; Ex. 6,1; Ex. 6,4; Ex. 6,6; Ex. 6,8; Ex. 6,28; Ex. 7,3; Ex. 7,15; Ex. 7,16; Ex. 7,17; Ex. 7,17; Ex. 7,18; Ex. 7,19; Ex. 7,19; Ex. 7,20; Ex. 7,20; Ex. 7,21; Ex. 7,21; Ex. 7,28; Ex. 7,28; Ex. 8,5; Ex. 8,7; Ex. 8,12; Ex. 8,12; Ex. 8,13; Ex. 8,13; Ex. 8,13; Ex. 8,14; Ex. 8,14; Ex. 8,16; Ex. 8,18; Ex. 8,19; Ex. 8,21; Ex. 8,24; Ex. 9,3; Ex. 9,3; Ex. 9,3; Ex. 9,4; Ex. 9,9; Ex. 9,9; Ex. 9,10; Ex. 9,10; Ex. 9,11; Ex. 9,11; Ex. 9,14; Ex. 9,14; Ex. 9,16; Ex. 9,16; Ex. 9,18; Ex. 9,19; Ex. 9,19; Ex. 9,21; Ex. 9,24; Ex. 9,24; Ex. 9,25; Ex. 9,25; Ex. 9,25; Ex. 9,26; Ex. 10,2; Ex. 10,6; Ex. 10,15; Ex. 10,15; Ex. 10,15; Ex. 10,19; Ex. 10,23; Ex. 11,5; Ex. 11,7; Ex. 11,9; Ex. 11,10; Ex. 12,1; Ex. 12,2; Ex. 12,4; Ex. 12,7; Ex. 12,7; Ex. 12,7; Ex. 12,9; Ex. 12,10; Ex. 12,11; Ex. 12,11; Ex. 12,12; Ex. 12,12; Ex. 12,12; Ex. 12,12; Ex. 12,13; Ex. 12,13; Ex. 12,13; Ex. 12,13; Ex. 12,16; Ex. 12,17; Ex. 12,19; Ex. 12,20; Ex. 12,27; Ex. 12,29; Ex. 12,29; Ex. 12,30; Ex. 12,30; Ex. 12,30; Ex. 12,34; Ex. 12,40; Ex. 12,40; Ex. 12,46; Ex. 12,49; Ex. 12,51; Ex. 13,2; Ex. 13,3; Ex. 13,3; Ex. 13,4; Ex. 13,4; Ex. 13,5; Ex. 13,7; Ex. 13,8; Ex. 13,9; Ex. 13,9; Ex. 13,12; Ex. 13,15; Ex. 13,16; Ex. 13,20; Ex. 13,21; Ex. 13,21; Ex. 14,3; Ex. 14,4; Ex. 14,4; Ex. 14,8; Ex. 14,11; Ex. 14,11; Ex. 14,12; Ex. 14,12; Ex. 14,17; Ex. 14,17; Ex. 14,17; Ex. 14,17; Ex. 14,18; Ex. 14,18; Ex. 14,21; Ex. 14,24; Ex. 14,24; Ex. 14,29; Ex. 14,30; Ex. 15,4; Ex. 15,6; Ex. 15,8; Ex. 15,10; Ex. 15,11; Ex. 15,11; Ex. 15,11; Ex. 15,19; Ex. 15,20; Ex. 15,22; Ex. 16,3; Ex. 16,3; Ex. 16,7; Ex. 16,10; Ex. 16,24; Ex. 16,25; Ex. 16,26; Ex. 16,27; Ex. 16,31; Ex. 16,32; Ex. 17,1; Ex. 17,5; Ex. 17,5; Ex. 17,6; Ex. 17,7; Ex. 17,8; Ex. 17,9; Ex. 17,13; Ex. 17,14; Ex. 17,16; Ex. 18,3; Ex. 18,8; Ex. 18,20; Ex. 18,20; Ex. 19,9; Ex. 19,13; Ex. 19,16; Ex. 19,18; Ex. 20,4; Ex. 20,4; Ex. 20,4; Ex. 20,10; Ex. 20,10; Ex. 20,11; Ex. 20,11; Ex. 20,20; Ex. 20,24; Ex. 20,26; Ex. 21,8; Ex. 21,17; Ex. 21,20; Ex. 21,22; Ex. 22,1; Ex. 22,3; Ex. 22,20; Ex. 22,26; Ex. 23,3; Ex. 23,6; Ex. 23,9; Ex. 23,15; Ex. 23,16; Ex. 23,16; Ex. 23,19; Ex. 23,20; Ex. 23,29; Ex. 23,31; Ex. 23,33; Ex. 24,11; Ex. 24,18; Ex. 25,8; Ex. 25,9; Ex. 25,14; Ex. 25,14; Ex. 25,15; Ex. 25,27; Ex. 25,28; Ex. 25,29; Ex. 25,29; Ex. 25,33; Ex. 25,34; Ex. 25,34; Ex. 25,40; Ex. 26,12; Ex. 26,30; Ex. 26,34; Ex. 27,7; Ex. 27,8; Ex. 27,21; Ex. 28,3; Ex. 28,9; Ex. 28,14; Ex. 28,17; Ex. 28,20; Ex. 28,35; Ex. 28,36; Ex. 29,2; Ex. 29,2; Ex. 29,4; Ex. 29,26; Ex. 29,29; Ex. 29,30; Ex. 29,31; Ex. 29,32; Ex. 29,33; Ex. 29,33; Ex. 29,36; Ex. 29,40; Ex. 29,42; Ex. 29,43; Ex. 29,45; Ex. 30,4; Ex. 30,4; Ex. 30,6; Ex. 30,12; Ex. 30,12; Ex. 30,12; Ex. 30,15; Ex. 30,35; Ex. 30,36; Ex. 30,38; Ex. 31,3; Ex. 31,13; Ex. 31,14; Ex. 31,17; Ex. 31,17; Ex. 31,18; Ex. 32,2; Ex. 32,3; Ex. 32,4; Ex. 32,11; Ex. 32,11; Ex. 32,12; Ex. 32,15; Ex. 32,16; Ex. 32,17; Ex. 32,20; Ex. 32,28; Ex. 32,29; Ex. 33,3; Ex. 33,4; Ex. 34,1; Ex. 34,3; Ex. 34,5; Ex. 34,10; Ex. 34,10; Ex. 34,10; Ex. 34,12; Ex. 34,13; Ex. 34,18; Ex. 34,18; Ex. 34,26; Ex. 34,29; Ex. 34,32; Ex. 35,2; Ex. 35,3; Ex. 35,10; Ex. 35,19; Ex. 35,19; Ex. 35,26; Ex. 35,33; Ex. 35,34; Ex. 36,1; Ex. 36,2; Ex. 36,6; Ex. 36,8; Ex. 36,17; Ex. 36,30; Ex. 37,4; Ex. 38,4; Ex. 38,10; Ex. 38,12; Ex. 38,12; Ex. 38,24; Ex. 38,26; Ex. 39,11; Ex. 39,12; Ex. 39,12; Ex. 40,9; Ex. 40,17; Ex. 40,26; Ex. 40,38; Lev. 2,4; Lev. 2,4; Lev. 2,4; Lev. 2,5; Lev. 2,7; Lev. 3,17; Lev. 4,7; Lev. 4,12; Lev. 4,14; Lev. 4,18; Lev. 4,23; Lev. 4,24; Lev. 4,27; Lev. 4,28; Lev. 4,29; Lev. 4,33; Lev. 5,16; Lev. 5,21; Lev. 5,22; Lev. 6,9; Lev. 6,9; Lev. 6,13; Lev. 6,14; Lev. 6,18; Lev. 6,19; Lev. 6,19; Lev. 6,20; Lev. 6,21; Lev. 6,21; Lev. 6,22; Lev. 6,23; Lev. 6,23; Lev. 7,2; Lev. 7,6; Lev. 7,7; Lev. 7,9; Lev. 7,10; Lev. 7,12; Lev. 7,12; Lev. 7,12; Lev. 7,15; Lev. 7,17; Lev. 7,19; Lev. 7,26; Lev. 7,33; Lev. 7,35; Lev. 7,38; Lev. 7,38; Lev. 8,7; Lev. 8,11; Lev. 8,29; Lev. 8,31; Lev. 8,31; Lev. 8,31; Lev. 8,32; Lev. 8,34; Lev. 9,4; Lev. 9,4; Lev. 9,6; Lev. 10,3; Lev. 10,5; Lev. 10,13; Lev. 10,14; Lev. 10,17; Lev. 10,18; Lev. 11,3; Lev. 11,9; Lev. 11,9; Lev. 11,9; Lev. 11,9; Lev. 11,10; Lev. 11,10; Lev. 11,10; Lev. 11,10; Lev. 11,12; Lev. 11,21; Lev. 11,24; Lev. 11,26; Lev. 11,27; Lev. 11,32; Lev. 11,34; Lev. 11,42; Lev. 11,43; Lev. 11,43; Lev. 11,43; Lev. 11,44; Lev. 11,46; Lev. 12,4; Lev. 12,5; Lev. 13,2; Lev. 13,2; Lev. 13,3; Lev. 13,3; Lev. 13,4; Lev. 13,5; Lev. 13,6; Lev. 13,7; Lev. 13,8; Lev. 13,9; Lev. 13,10; Lev. 13,10; Lev. 13,11; Lev. 13,12; Lev. 13,14; Lev. 13,18; Lev. 13,19; Lev. 13,20; Lev. 13,21; Lev. 13,22; Lev. 13,22; Lev. 13,24; Lev. 13,24; Lev. 13,25; Lev. 13,26; Lev. 13,27; Lev. 13,27; Lev. 13,28; Lev. 13,29; Lev. 13,29; Lev. 13,29; Lev. 13,30; Lev. 13,31; Lev. 13,32; Lev. 13,34; Lev. 13,35; Lev. 13,36; Lev. 13,37; Lev. 13,38; Lev. 13,39; Lev. 13,39; Lev. 13,42; Lev. 13,42; Lev. 13,42; Lev. 13,42; Lev. 13,43; Lev. 13,43; Lev. 13,43; Lev. 13,44; Lev. 13,45; Lev. 13,47; Lev. 13,47; Lev. 13,47; Lev. 13,48; Lev. 13,48; Lev. 13,48; Lev. 13,48; Lev. 13,48; Lev. 13,48; Lev. 13,49; Lev. 13,49; Lev. 13,49; Lev. 13,49; Lev. 13,49; Lev. 13,51; Lev. 13,51; Lev. 13,51; Lev. 13,51; Lev. 13,51; Lev. 13,52; Lev. 13,52; Lev. 13,52; Lev. 13,52; Lev. 13,52; Lev. 13,52; Lev. 13,53; Lev. 13,53; Lev. 13,53; Lev. 13,53; Lev. 13,55; Lev. 13,55; Lev. 13,55; Lev. 13,55; Lev. 13,57; Lev. 13,57; Lev. 13,57; Lev. 13,57; Lev. 13,57; Lev. 13,57; Lev. 14,8; Lev. 14,10; Lev. 14,13; Lev. 14,13; Lev. 14,17; Lev. 14,21; Lev. 14,27; Lev. 14,32; Lev. 14,34; Lev. 14,34; Lev. 14,35; Lev. 14,36; Lev. 14,37; Lev. 14,39; Lev. 14,40; Lev. 14,43; Lev. 14,44; Lev. 14,44; Lev. 14,47; Lev. 14,47; Lev. 14,48; Lev. 14,51; Lev. 14,52; Lev. 14,52; Lev. 14,52; Lev. 14,52; Lev. 14,52; Lev. 14,52; Lev. 15,3; Lev. 15,19; Lev. 15,19; Lev. 15,20; Lev. 15,23; Lev. 15,23; Lev. 15,25; Lev. 15,31; ἐν 15,31; Lev. 15,32; Lev. 15,33; Lev. 15,33; Lev. 16,1; Lev. 16,2; Lev. 16,3; Lev. 16,16; Lev. 16,16; Lev. 16,17; Lev. 16,17; Lev. 16,21; Lev. 16,24; Lev. 16,27; Lev. 16,27; Lev. 16,29; Lev. 16,29; Lev. 16,30; Lev. 17,3; Lev. 17,3; Lev. 17,5; Lev. 17,8; Lev. 17,10; Lev. 17,12; Lev. 17,13; Lev. 17,15; Lev. 17,15; Lev. 18,3; Lev.

18,4; Lev. 18,5; Lev. 18,19; Lev. 18,24; Lev. 18,24; Lev. 18,26; Lev. 18,28; Lev. 18,30; Lev. 19,6; Lev. 19,15; Lev. 19,15; Lev. 19,16; Lev. 19,22; Lev. 19,25; Lev. 19,28; Lev. 19,28; Lev. 19,31; Lev. 19,33; Lev. 19,34; Lev. 19,34; Lev. 19,35; Lev. 19,35; Lev. 19,35; Lev. 19,35; Lev. 20,2; Lev. 20,2; Lev. 20,4; Lev. 20,14; Lev. 20,14; Lev. 20,15; Lev. 20,24; Lev. 20,25; Lev. 20,25; Lev. 20,25; Lev. 20,25; Lev. 21,1; Lev. 21,2; Lev. 21,4; Lev. 21,15; Lev. 21,17; Lev. 21,18; Lev. 21,19; Lev. 21,20; Lev. 21,21; Lev. 21,21; Lev. 22,5; Lev. 22,8; Lev. 22,16; Lev. 22,18; Lev. 22,20; Lev. 22,21; Lev. 22,21; Lev. 22,25; Lev. 22,25; Lev. 22,28; Lev. 22,32; Lev. 23,3; Lev. 23,4; Lev. 23,5; Lev. 23,5; Lev. 23,6; Lev. 23,12; Lev. 23,12; Lev. 23,13; Lev. 23,14; Lev. 23,21; Lev. 23,21; Lev. 23,22; Lev. 23,28; Lev. 23,29; Lev. 23,30; Lev. 23,31; Lev. 23,39; Lev. 23,41; Lev. 23,42; Lev. 23,42; Lev. 23,42; Lev. 23,43; Lev. 23,43; Lev. 24,3; Lev. 24,9; Lev. 24,10; Lev. 24,10; Lev. 24,16; Lev. 24,23; Lev. 25,1; Lev. 25,7; Lev. 25,9; Lev. 25,9; Lev. 25,20; Lev. 25,21; Lev. 25,29; Lev. 25,30; Lev. 25,30; Lev. 25,31; Lev. 25,31; Lev. 25,31; Lev. 25,33; Lev. 25,33; Lev. 25,42; Lev. 25,43; Lev. 25,45; Lev. 25,45; Lev. 25,46; Lev. 25,53; Lev. 25,54; Lev. 26,1; Lev. 26,4; Lev. 26,6; Lev. 26,11; Lev. 26,12; Lev. 26,26; Lev. 26,26; Lev. 26,26; Lev. 26,28; Lev. 26,32; Lev. 26,34; Lev. 26,35; Lev. 26,36; Lev. 26,37; Lev. 26,38; Lev. 26,39; Lev. 26,41; Lev. 26,41; Lev. 26,43; Lev. 26,44; Lev. 26,46; Lev. 26,46; Lev. 27,23; Lev. 27,24; Lev. 27,26; Lev. 27,32; Lev. 27,34; Num. 1,1; Num. 1,1; Num. 1,1; Num. 1,3; Num. 1,18; Num. 1,19; Num. 1,20; Num. 1,22; Num. 1,24; Num. 1,26; Num. 1,28; Num. 1,30; Num. 1,32; Num. 1,34; Num. 1,36; Num. 1,38; Num. 1,40; Num. 1,42; Num. 1,45; Num. 1,47; Num. 1,49; Num. 1,50; Num. 1,50; Num. 1,51; Num. 1,51; Num. 1,52; Num. 1,53; Num. 2,33; Num. 3,1; Num. 3,1; Num. 3,4; Num. 3,13; Num. 3,13; Num. 3,13; Num. 3,14; Num. 3,25; Num. 3,31; Num. 3,41; Num. 3,42; Num. 3,48; Num. 4,3; Num. 4,4; Num. 4,5; Num. 4,7; Num. 4,9; Num. 4,12; Num. 4,12; Num. 4,14; Num. 4,15; Num. 4,15; Num. 4,16; Num. 4,16; Num. 4,16; Num. 4,23; Num. 4,26; Num. 4,28; Num. 4,28; Num. 4,31; Num. 4,33; Num. 4,33; Num. 4,33; Num. 4,35; Num. 4,37; Num. 4,37; Num. 4,39; Num. 4,41; Num. 4,41; Num. 4,45; Num. 4,47; Num. 4,49; Num. 5,3; Num. 5,3; Num. 5,8; Num. 5,9; Num. 5,17; Num. 5,18; Num. 5,20; Num. 5,21; Num. 5,21; Num. 5,21; Num. 5,21; Num. 5,27; Num. 6,11; Num. 6,15; Num. 6,15; Num. 7,10; Num. 7,13; Num. 7,19; Num. 7,25; Num. 7,31; Num. 7,37; Num. 7,43; Num. 7,49; Num. 7,55; Num. 7,61; Num. 7,67; Num. 7,73; Num. 7,79; Num. 7,85; Num. 7,89; Num. 8,8; Num. 8,17; Num. 8,17; Num. 8,18; Num. 8,19; Num. 8,19; Num. 8,22; Num. 8,24; Num. 8,26; Num. 8,26; Num. 9,1; Num. 9,1; Num. 9,1; Num. 9,5; Num. 9,6; Num. 9,6; Num. 9,7; Num. 9,10; Num. 9,10; Num. 9,11; Num. 9,11; Num. 9,13; Num. 9,14; Num. 9,17; Num. 9,18; Num. 9,23; Num. 10,3; Num. 10,4; Num. 10,6; Num. 10,9; Num. 10,10; Num. 10,10; Num. 10,10; Num. 10,11; Num. 10,11; Num. 10,12; Num. 10,12; Num. 10,13; Num. 10,31; Num. 10,31; Num. 10,34; Num. 10,35; Num. 10,35; Num. 10,36; Num. 11,1; Num. 11,3; Num. 11,4; Num. 11,5; Num. 11,8; Num. 11,8; Num. 11,8; Num. 11,12; Num. 11,18; Num. 11,20; Num. 11,21; Num. 11,21; Num. 11,25; Num. 11,26; Num. 11,26; Num. 11,27; Num. 11,33; Num. 11,35; Num. 12,5; Num. 12,6; Num. 12,6; Num. 12,7; Num. 12,8; Num. 12,16; Num. 13,19; Num. 13,19; Num. 13,19; Num. 13,20; Num. 13,29; Num. 13,29; Num. 13,32; Num. 14,2; Num. 14,2; Num. 14,3; Num. 14,9; Num. 14,10; Num. 14,10; Num. 14,10; Num. 14,11; Num. 14,11; Num. 14,14; Num. 14,14; Num. 14,14; Num. 14,16; Num. 14,22; Num. 14,22; Num. 14,24; Num. 14,25; Num. 14,29; Num. 14,31; Num. 14,32; Num. 14,33; Num. 14,33; Num. 14,35; Num. 14,37; Num. 14,43; Num. 14,45; Num. 15,3; Num. 15,4; Num. 15,4; Num. 15,6; Num. 15,9; Num. 15,14; Num. 15,14; Num. 15,14; Num. 15,14; Num. 15,15; Num. 15,16; Num. 15,23; Num. 15,29; Num. 15,29; Num. 15,30; Num. 15,31; Num. 15,32; Num. 15,39; Num. 15,39; Num. 16,3; Num. 16,13; Num. 16,26; Num. 16,30; Num. 17,3; Num. 17,5; Num. 17,7; Num. 17,12; Num. 17,14; Num. 17,19; Num. 17,19; Num. 17,22; Num. 18,5; Num. 18,10; Num. 18,11; Num. 18,13; Num. 18,13; Num. 18,14; Num. 18,20; Num. 18,20; Num. 18,21; Num. 18,21; Num. 18,21; Num. 18,23; Num. 18,24; Num. 18,26; Num. 18,31; Num. 18,31; Num. 19,2; Num. 19,13; Num. 19,14; Num. 19,14; Num. 19,19; Num. 19,19; Num. 20,1; Num. 20,1; Num. 20,3; Num. 20,13; Num. 20,15; Num. 20,16; Num. 20,18; Num. 20,20; Num. 20,20; Num. 20,23; Num. 21,4; Num. 21,5; Num. 21,5; Num. 21,10; Num. 21,11; Num. 21,11; Num. 21,13; Num. 21,14; Num. 21,18; Num. 21,18; Num. 21,20; Num. 21,25; Num. 21,25; Num. 21,25; Num. 21,31; Num. 21,34; Num. 22,7; Num. 22,18; Num. 22,23; Num. 22,23; Num. 22,23; Num. 22,24; Num. 22,26; Num. 22,29; Num. 22,31; Num. 22,31; Num. 22,34; Num. 23,3; Num. 23,9; Num. 23,10; Num. 23,21; Num. 23,21; Num. 23,21; Num. 23,23; Num. 23,23; Num. 24,2; Num. 24,4; Num. 24,16; Num. 24,18; Num. 24,21; Num. 25,1; Num. 25,7; Num. 25,9; Num. 25,11; Num. 25,11; Num. 25,11; Num. 25,18; Num. 25,18; Num. 26,2; Num. 26,3; Num. 26,9; Num. 26,9; Num. 26,10; Num. 26,10; Num. 26,15; Num. 26,59; Num. 26,61; Num. 26,61; Num. 26,62; Num. 26,62; Num. 26,63; Num. 26,64; Num. 26,64; Num. 26,65; Num. 27,3; Num. 27,3; Num. 27,3; Num. 27,4; Num. 27,7; Num. 27,12; Num. 27,12; Num. 27,13; Num. 27,14; Num. 27,14; Num. 27,14; Num. 27,18; Num. 28,2; Num. 28,5; Num. 28,5; Num. 28,6; Num. 28,7; Num. 28,9; Num. 28,10; Num. 28,11; Num. 28,12; Num. 28,12; Num. 28,13; Num. 28,16; Num. 28,20; Num. 28,25; Num. 28,28; Num. 29,3; Num. 29,9; Num. 29,14; Num. 29,35; Num. 29,39; Num. 30,4; Num. 30,4; Num. 30,11; Num. 30,17; Num. 30,17; Num. 31,6; Num. 31,8; Num. 31,10; Num. 31,10; Num. 31,16; Num. 31,17; Num. 31,23; Num. 31,30; Num. 32,5; Num. 32,10; Num. 32,13; Num. 32,15; Num. 32,17; Num. 32,19; Num. 32,19; Num. 32,19; Num. 32,22; Num. 32,26; Num. 32,29; Num. 32,30; Num. 32,30; Num. 32,32; Num. 32,39; Num. 33,1; Num. 33,3; Num. 33,4; Num. 33,4; Num. 33,8; Num. 33,9; Num. 33,13; Num. 33,14; Num. 33,15; Num. 33,16; Num. 33,17; Num. 33,18; Num. 33,19; Num. 33,20; Num. 33,36; Num. 33,38; Num. 33,39; Num. 33,40; Num. 33,44; Num. 33,44; Num. 33,46; Num. 33,52; Num. 33,53; Num. 33,53; Num. 33,54; Num. 33,55; Num. 33,55; Num. 34,29; Num. 35,14; Num. 35,14; Num. 35,15; Num. 35,16; Num. 35,17; Num. 35,17; Num. 35,17; Num. 35,18; Num. 35,18; Num. 35,21; Num. 35,23; Num. 35,23; Num. 35,28; Num. 35,29; Num. 35,34; Num. 35,34; Num. 36,2; Num. 36,7; Num. 36,9; Num. 36,13; Deut. 1,1; Deut. 1,2; Deut. 1,3; Deut. 1,3; Deut. 1,4; Deut. 1,4; Deut. 1,4; Deut. 1,5; Deut. 1,5; Deut. 1,6; Deut. 1,6; Deut. 1,9; Deut. 1,16; Deut. 1,17; Deut. 1,18; Deut. 1,22; Deut. 1,25; Deut. 1,27; Deut. 1,30; Deut. 1,31; Deut. 1,32; Deut. 1,33; Deut. 1,33; Deut. 1,33; Deut. 1,44; Deut. 1,46; Deut. 2,4; Deut. 2,5; Deut. 2,7; Deut. 2,8; Deut. 2,9; Deut. 2,12; Deut. 2,19; Deut. 2,19; Deut. 2,22; Deut. 2,23; Deut. 2,25; Deut. 2,27; Deut. 2,29; Deut. 2,29; Deut. 2,30; Deut. 2,34; Deut. 2,36; Deut. 2,37; Deut. 3,2; Deut. 3,4; Deut. 3,4; Deut. 3,8; Deut. 3,10; Deut. 3,11; Deut. 3,11; Deut. 3,12; Deut. 3,18; Deut. 3,18; Deut. 3,19; Deut. 3,20; Deut. 3,21; Deut. 3,23; Deut. 3,24; Deut. 3,29; Deut. 4,4; Deut. 4,5; Deut. 4,7; Deut. 4,10; Deut. 4,14; Deut. 4,15; Deut. 4,15; Deut. 4,15; Deut. 4,18; Deut. 4,20; Deut. 4,21; Deut. 4,22; Deut. 4,27; Deut. 4,27; Deut. 4,29; Deut. 4,34; Deut. 4,34; Deut. 4,34; Deut. 4,34; Deut. 4,34; Deut. 4,34; Deut. 4,34; Deut. 4,37; Deut. 4,39; Deut. 4,43; Deut. 4,43; Deut. 4,43; Deut. 4,43;

E, ε

Deut. 4,45; Deut. 4,46; Deut. 4,46; Deut. 4,46; Deut. 4,46; Deut. 5,1; Deut. 5,1; Deut. 5,2; Deut. 5,4; Deut. 5,5; Deut. 5,8; Deut. 5,8; Deut. 5,8; Deut. 5,14; Deut. 5,14; Deut. 5,15; Deut. 5,15; Deut. 5,15; Deut. 5,22; Deut. 5,24; Deut. 5,29; Deut. 5,31; Deut. 5,31; Deut. 5,33; Deut. 6,1; Deut. 6,4; Deut. 6,6; Deut. 6,6; Deut. 6,7; Deut. 6,7; Deut. 6,7; Deut. 6,15; Deut. 6,15; Deut. 6,16; Deut. 6,21; Deut. 6,21; Deut. 6,21; Deut. 6,22; Deut. 6,22; Deut. 6,22; Deut. 7,8; Deut. 7,8; Deut. 7,14; Deut. 7,14; Deut. 7,17; Deut. 7,21; Deut. 8,2; Deut. 8,2; Deut. 8,6; Deut. 8,12; Deut. 8,16; Deut. 8,17; Deut. 9,4; Deut. 9,4; Deut. 9,7; Deut. 9,8; Deut. 9,9; Deut. 9,10; Deut. 9,10; Deut. 9,19; Deut. 9,20; Deut. 9,21; Deut. 9,22; Deut. 9,22; Deut. 9,22; Deut. 9,26; Deut. 9,26; Deut. 9,26; Deut. 9,26; Deut. 9,28; Deut. 9,29; Deut. 9,29; Deut. 10,2; Deut. 10,4; Deut. 10,8; Deut. 10,9; Deut. 10,10; Deut. 10,10; Deut. 10,12; Deut. 10,14; Deut. 10,19; Deut. 10,21; Deut. 10,22; Deut. 11,3; Deut. 11,5; Deut. 11,6; Deut. 11,15; Deut. 11,17; Deut. 11,19; Deut. 11,19; Deut. 11,22; Deut. 11,30; Deut. 11,31; Deut. 11,31; Deut. 12,1; Deut. 12,2; Deut. 12,5; Deut. 12,13; Deut. 12,14; Deut. 12,15; Deut. 12,15; Deut. 12,15; Deut. 12,17; Deut. 12,18; Deut. 12,18; Deut. 12,20; Deut. 12,21; Deut. 12,22; Deut. 12,29; Deut. 12,31; Deut. 13,2; Deut. 13,6; Deut. 13,7; Deut. 13,10; Deut. 13,11; Deut. 13,12; Deut. 13,13; Deut. 13,15; Deut. 13,16; Deut. 13,16; Deut. 13,16; Deut. 13,17; Deut. 13,18; Deut. 14,6; Deut. 14,9; Deut. 14,9; Deut. 14,21; Deut. 14,21; Deut. 14,23; Deut. 14,25; Deut. 14,27; Deut. 14,28; Deut. 14,28; Deut. 14,29; Deut. 14,29; Deut. 15,4; Deut. 15,4; Deut. 15,4; Deut. 15,7; Deut. 15,7; Deut. 15,7; Deut. 15,9; Deut. 15,9; Deut. 15,10; Deut. 15,10; Deut. 15,15; Deut. 15,18; Deut. 15,19; Deut. 15,19; Deut. 15,19; Deut. 15,20; Deut. 15,21; Deut. 15,22; Deut. 15,22; Deut. 16,1; Deut. 16,2; Deut. 16,3; Deut. 16,4; Deut. 16,5; Deut. 16,6; Deut. 16,7; Deut. 16,8; Deut. 16,11; Deut. 16,11; Deut. 16,11; Deut. 16,12; Deut. 16,13; Deut. 16,14; Deut. 16,14; Deut. 16,15; Deut. 16,15; Deut. 16,15; Deut. 16,16; Deut. 16,16; Deut. 16,16; Deut. 16,16; Deut. 16,18; Deut. 17,1; Deut. 17,1; Deut. 17,2; Deut. 17,2; Deut. 17,4; Deut. 17,5; Deut. 17,7; Deut. 17,8; Deut. 17,8; Deut. 17,9; Deut. 17,12; Deut. 17,12; Deut. 17,14; Deut. 17,19; Deut. 17,20; Deut. 18,2; Deut. 18,5; Deut. 18,10; Deut. 18,10; Deut. 18,16; Deut. 18,18; Deut. 18,21; Deut. 18,22; Deut. 19,1; Deut. 19,1; Deut. 19,2; Deut. 19,9; Deut. 19,10; Deut. 19,10; Deut. 19,10; Deut. 19,14; Deut. 19,14; Deut. 19,14; Deut. 19,17; Deut. 19,20; Deut. 20,5; Deut. 20,6; Deut. 20,7; Deut. 20,11; Deut. 20,13; Deut. 20,14; Deut. 20,19; Deut. 21,1; Deut. 21,1; Deut. 21,4; Deut. 21,6; Deut. 21,8; Deut. 21,11; Deut. 21,13; Deut. 21,21; Deut. 21,23; Deut. 21,23; Deut. 22,1; Deut. 22,4; Deut. 22,6; Deut. 22,8; Deut. 22,10; Deut. 22,11; Deut. 22,12; Deut. 22,21; Deut. 22,21; Deut. 22,23; Deut. 22,24; Deut. 22,24; Deut. 22,25; Deut. 22,27; Deut. 23,5; Deut. 23,8; Deut. 23,11; Deut. 23,14; Deut. 23,14; Deut. 23,15; Deut. 23,15; Deut. 23,17; Deut. 23,17; Deut. 23,21; Deut. 23,22; Deut. 23,23; Deut. 23,25; Deut. 24,1; Deut. 24,4; Deut. 24,5; Deut. 24,8; Deut. 24,9; Deut. 24,10; Deut. 24,11; Deut. 24,12; Deut. 24,13; Deut. 24,14; Deut. 24,15; Deut. 24,15; Deut. 24,18; Deut. 24,19; Deut. 24,19; Deut. 24,19; Deut. 24,20; Deut. 24,22; Deut. 25,7; Deut. 25,10; Deut. 25,13; Deut. 25,14; Deut. 25,15; Deut. 25,17; Deut. 25,18; Deut. 25,19; Deut. 25,19; Deut. 26,1; Deut. 26,3; Deut. 26,5; Deut. 26,8; Deut. 26,8; Deut. 26,8; Deut. 26,8; Deut. 26,8; Deut. 26,8; Deut. 26,11; Deut. 26,11; Deut. 26,12; Deut. 26,12; Deut. 26,14; Deut. 26,17; Deut. 27,4; Deut. 27,9; Deut. 27,11; Deut. 27,12; Deut. 27,13; Deut. 27,15; Deut. 27,18; Deut. 27,26; Deut. 28,3; Deut. 28,3; Deut. 28,6; Deut. 28,6; Deut. 28,7; Deut. 28,8; Deut. 28,8; Deut. 28,9; Deut. 28,16; Deut. 28,16; Deut. 28,16; Deut. 28,19; Deut. 28,20; Deut. 28,25; Deut. 28,25; Deut. 28,25; Deut. 28,25; Deut. 28,27; Deut. 28,27; Deut. 28,29; Deut. 28,30; Deut. 28,35; Deut. 28,37; Deut. 28,37; Deut. 28,40; Deut. 28,41; Deut. 28,43; Deut. 28,46; Deut. 28,46; Deut. 28,47; Deut. 28,48; Deut. 28,48; Deut. 28,48; Deut. 28,48; Deut. 28,52; Deut. 28,52; Deut. 28,52; Deut. 28,53; Deut. 28,53; Deut. 28,54; Deut. 28,54; Deut. 28,55; Deut. 28,55; Deut. 28,55; Deut. 28,56; Deut. 28,56; Deut. 28,57; Deut. 28,57; Deut. 28,57; Deut. 28,58; Deut. 28,60; Deut. 28,61; Deut. 28,62; Deut. 28,65; Deut. 28,68; Deut. 28,68; Deut. 28,69; Deut. 28,69; Deut. 29,1; Deut. 29,4; Deut. 29,6; Deut. 29,7; Deut. 29,10; Deut. 29,11; Deut. 29,11; Deut. 29,15; Deut. 29,15; Deut. 29,17; Deut. 29,17; Deut. 29,17; Deut. 29,18; Deut. 29,18; Deut. 29,19; Deut. 29,19; Deut. 29,19; Deut. 29,20; Deut. 29,22; Deut. 29,26; Deut. 29,27; Deut. 30,1; Deut. 30,9; Deut. 30,9; Deut. 30,9; Deut. 30,9; Deut. 30,10; Deut. 30,12; Deut. 30,14; Deut. 30,14; Deut. 30,14; Deut. 30,16; Deut. 30,16; Deut. 31,6; Deut. 31,10; Deut. 31,10; Deut. 31,10; Deut. 31,11; Deut. 31,11; Deut. 31,12; Deut. 31,15; Deut. 31,17; Deut. 31,17; Deut. 31,17; Deut. 31,18; Deut. 31,19; Deut. 31,22; Deut. 31,26; Deut. 31,29; Deut. 32,10; Deut. 32,10; Deut. 32,10; Deut. 32,16; Deut. 32,20; Deut. 32,21; Deut. 32,28; Deut. 32,34; Deut. 32,35; Deut. 32,35; Deut. 32,36; Deut. 32,44; Deut. 32,48; Deut. 32,49; Deut. 32,50; Deut. 32,50; Deut. 32,51; Deut. 32,51; Deut. 32,51; Deut. 33,5; Deut. 33,6; Deut. 33,8; Deut. 33,10; Deut. 33,16; Deut. 33,16; Deut. 33,17; Deut. 33,18; Deut. 33,18; Deut. 33,24; Deut. 34,5; Deut. 34,6; Deut. 34,6; Deut. 34,7; Deut. 34,8; Deut. 34,10; Deut. 34,11; Deut. 34,11; Josh. 1,7; Josh. 1,8; Josh. 1,14; Josh. 2,5; Josh. 2,6; Josh. 2,11; Josh. 2,11; Josh. 2,12; Josh. 2,19; Josh. 2,24; Josh. 3,5; Josh. 3,8; Josh. 3,10; Josh. 3,10; Josh. 3,13; Josh. 3,17; Josh. 4,3; Josh. 4,8; Josh. 4,9; Josh. 4,9; Josh. 4,10; Josh. 4,14; Josh. 4,19; Josh. 4,20; Josh. 4,24; Josh. 5,1; Josh. 5,1; Josh. 5,4; Josh. 5,6; Josh. 5,8; Josh. 5,10; Josh. 5,10; Josh. 5,11; Josh. 5,12; Josh. 5,13; Josh. 5,13; Josh. 6,2; Josh. 6,2; Josh. 6,17; Josh. 6,17; Josh. 6,21; Josh. 6,21; Josh. 6,24; Josh. 6,25; Josh. 6,26; Josh. 6,26; Josh. 6,26; Josh. 6,26; Josh. 6,26; Josh. 7,13; Josh. 7,15; Josh. 7,15; Josh. 7,21; Josh. 7,21; Josh. 7,21; Josh. 8,3; Josh. 8,17; Josh. 8,18; Josh. 8,18; Josh. 8,18; Josh. 8,19; Josh. 8,19; Josh. 8,24; Josh. 8,24; Josh. 8,24; Josh. 8,24; Josh. 8,25; Josh. 8,27; Josh. 8,28; Josh. 9,1; Josh. 9,1; Josh. 9,1; Josh. 9,1; Josh. 8,30 # 9,2a; Josh. 8,31 # 9,2b; Josh. 8,33 # 9,2d; Josh. 8,34 # 9,2e; Josh. 9,5; Josh. 9,7; Josh. 9,9; Josh. 9,9; Josh. 9,10; Josh. 9,10; Josh. 9,12; Josh. 9,16; Josh. 9,22; Josh. 9,26; Josh. 9,27; Josh. 10,2; Josh. 10,7; Josh. 10,10; Josh. 10,11; Josh. 10,11; Josh. 10,12; Josh. 10,13; Josh. 10,16; Josh. 10,17; Josh. 10,17; Josh. 10,28; Josh. 10,28; Josh. 10,28; Josh. 10,28; Josh. 10,30; Josh. 10,30; Josh. 10,30; Josh. 10,32; Josh. 10,32; Josh. 10,33; Josh. 10,35; Josh. 10,35; Josh. 10,35; Josh. 10,35; Josh. 10,37; Josh. 10,37; Josh. 10,37; Josh. 10,39; Josh. 10,39; Josh. 11,3; Josh. 11,6; Josh. 11,7; Josh. 11,9; Josh. 11,10; Josh. 11,11; Josh. 11,11; Josh. 11,11; Josh. 11,11; Josh. 11,12; Josh. 11,14; Josh. 11,19; Josh. 11,21; Josh. 11,22; Josh. 11,22; Josh. 11,22; Josh. 11,23; Josh. 11,23; Josh. 12,2; Josh. 12,2; Josh. 12,4; Josh. 12,4; Josh. 12,6; Josh. 12,7; Josh. 12,7; Josh. 12,8; Josh. 12,8; Josh. 12,8; Josh. 12,8; Josh. 12,8; Josh. 12,8; Josh. 13,6; Josh. 13,7; Josh. 13,8; Josh. 13,9; Josh. 13,10; Josh. 13,12; Josh. 13,12; Josh. 13,12; Josh. 13,13; Josh. 13,14; Josh. 13,14; Josh. 13,16; Josh. 13,17; Josh. 13,19; Josh. 13,22; Josh. 13,27; Josh. 13,30; Josh. 13,31; Josh. 13,31; Josh. 13,31; Josh. 13,32; Josh. 13,32; Josh. 14,1; Josh. 14,2; Josh. 14,3; Josh. 14,4; Josh. 14,6; Josh. 14,6; Josh. 14,9; Josh. 14,9; Josh. 14,10; Josh. 14,13; Josh. 14,14; Josh. 15,13; Josh. 15,18; Josh. 15,48; Josh. 15,63; Josh. 15,63; Josh. 16,10; Josh. 16,10; Josh. 16,10; Josh. 16,10; Josh. 16,10; Josh. 17,1; Josh. 17,1; Josh. 17,4; Josh. 17,4; Josh. 17,6; Josh. 17,11; Josh. 17,11; Josh. 17,12; Josh. 17,16; Josh. 17,16; Josh. 17,16; Josh. 17,16;

Josh. 18,7; Josh. 18,8; Josh. 18,10; Josh. 19,9; Josh. 19,47a; Josh. 19,48; Josh. 19,48a; Josh. 19,48a; Josh. 19,49; Josh. 19,50; Josh. 19,50; Josh. 19,51; Josh. 19,51; Josh. 20,7; Josh. 20,7; Josh. 20,7; Josh. 20,7; Josh. 20,8; Josh. 20,8; Josh. 20,8; Josh. 20,8; Josh. 20,8; Josh. 20,9; Josh. 20,9; Josh. 21,2; Josh. 21,2; Josh. 21,2; Josh. 21,3; Josh. 21,6; Josh. 21,11; Josh. 21,12; Josh. 21,27; Josh. 21,32; Josh. 21,36; Josh. 21,38; Josh. 21,41; Josh. 21,42a; Josh. 21,42b; Josh. 21,42c; Josh. 21,42d; Josh. 21,42d; Josh. 21,42d; Josh. 21,42d; Josh. 21,43; Josh. 22,4; Josh. 22,7; Josh. 22,7; Josh. 22,8; Josh. 22,9; Josh. 22,9; Josh. 22,10; Josh. 22,11; Josh. 22,17; Josh. 22,19; Josh. 22,22; Josh. 22,22; Josh. 22,27; Josh. 22,27; Josh. 22,27; Josh. 22,29; Josh. 23,4; Josh. 23,6; Josh. 23,7; Josh. 23,13; Josh. 23,13; Josh. 23,16; Josh. 24,3; Josh. 24,5; Josh. 24,6; Josh. 24,6; Josh. 24,7; Josh. 24,7; Josh. 24,12; Josh. 24,12; Josh. 24,13; Josh. 24,14; Josh. 24,14; Josh. 24,14; Josh. 24,14; Josh. 24,15; Josh. 24,15; Josh. 24,17; Josh. 24,17; Josh. 24,17; Josh. 24,23; Josh. 24,25; Josh. 24,25; Josh. 24,27; Josh. 24,27; Josh. 24,31; Josh. 24,31; Josh. 24,31a; Josh. 24,31a; Josh. 24,32; Josh. 24,32; Josh. 24,32; Josh. 24,32; Josh. 24,33; Josh. 24,33; Josh. 24,33a; Josh. 24,33a; Josh. 24,33a; Judg. 1,1; Judg. 1,1; Judg. 1,2; Judg. 1,3; Judg. 1,3; Judg. 1,3; Judg. 1,4; Judg. 1,4; Judg. 1,5; Judg. 1,5; Judg. 1,8; Judg. 1,8; Judg. 1,8; Judg. 1,9; Judg. 1,10; Judg. 1,14; Judg. 1,16; Judg. 1,21; Judg. 1,25; Judg. 1,27; Judg. 1,29; Judg. 1,29; Judg. 1,29; Judg. 1,30; Judg. 1,32; Judg. 1,33; Judg. 1,35; Judg. 2,9; Judg. 2,9; Judg. 2,9; Judg. 2,14; Judg. 2,14; Judg. 2,15; Judg. 2,20; Judg. 2,22; Judg. 2,22; Judg. 2,23; Judg. 3,1; Judg. 3,4; Judg. 3,4; Judg. 3,5; Judg. 3,8; Judg. 3,10; Judg. 3,15; Judg. 3,20; Judg. 3,24; Judg. 3,27; Judg. 3,28; Judg. 3,29; Judg. 3,29; Judg. 3,30; Judg. 4,2; Judg. 4,2; Judg. 4,2; Judg. 4,4; Judg. 4,5; Judg. 4,7; Judg. 4,8; Judg. 4,9; Judg. 4,14; Judg. 4,14; Judg. 4,15; Judg. 4,16; Judg. 4,18; Judg. 4,20; Judg. 4,20; Judg. 4,21; Judg. 4,21; Judg. 4,21; Judg. 4,22; Judg. 4,23; Judg. 5,1; Judg. 5,2; Judg. 5,2; Judg. 5,4; Judg. 5,4; Judg. 5,6; Judg. 5,6; Judg. 5,7; Judg. 5,7; Judg. 5,8; Judg. 5,11; Judg. 5,14; Judg. 5,14; Judg. 5,14; Judg. 5,14; Judg. 5,15; Judg. 5,15; Judg. 5,15; Judg. 5,15; Judg. 5,17; Judg. 5,19; Judg. 5,23; Judg. 5,24; Judg. 5,25; Judg. 5,27; Judg. 5,29; Judg. 5,31; Judg. 6,1; Judg. 6,2; Judg. 6,4; Judg. 6,5; Judg. 6,10; Judg. 6,10; Judg. 6,11; Judg. 6,11; Judg. 6,13; Judg. 6,14; Judg. 6,15; Judg. 6,15; Judg. 6,15; Judg. 6,17; Judg. 6,21; Judg. 6,24; Judg. 6,26; Judg. 6,26; Judg. 6,32; Judg. 6,33; Judg. 6,34; Judg. 6,35; Judg. 6,35; Judg. 6,35; Judg. 6,35; Judg. 6,36; Judg. 6,37; Judg. 6,37; Judg. 6,39; Judg. 6,39; Judg. 6,40; Judg. 7,1; Judg. 7,2; Judg. 7,6; Judg. 7,7; Judg. 7,8; Judg. 7,8; Judg. 7,9; Judg. 7,9; Judg. 7,11; Judg. 7,11; Judg. 7,12; Judg. 7,13; Judg. 7,14; Judg. 7,15; Judg. 7,16; Judg. 7,16; Judg. 7,17; Judg. 7,19; Judg. 7,19; Judg. 7,20; Judg. 7,20; Judg. 7,20; Judg. 7,22; Judg. 7,22; Judg. 7,24; Judg. 7,25; Judg. 7,25; Judg. 8,1; Judg. 8,3; Judg. 8,3; Judg. 8,6; Judg. 8,7; Judg. 8,7; Judg. 8,7; Judg. 8,7; Judg. 8,10; Judg. 8,10; Judg. 8,11; Judg. 8,15; Judg. 8,16; Judg. 8,16; Judg. 8,18; Judg. 8,21; Judg. 8,22; Judg. 8,26; Judg. 8,27; Judg. 8,27; Judg. 8,28; Judg. 8,29; Judg. 8,31; Judg. 8,32; Judg. 8,32; Judg. 8,32; Judg. 9,2; Judg. 9,3; Judg. 9,4; Judg. 9,6; Judg. 9,9; Judg. 9,15; Judg. 9,15; Judg. 9,16; Judg. 9,16; Judg. 9,19; Judg. 9,19; Judg. 9,19; Judg. 9,21; Judg. 9,23; Judg. 9,25; Judg. 9,26; Judg. 9,29; Judg. 9,32; Judg. 9,39; Judg. 9,41; Judg. 9,41; Judg. 9,43; Judg. 9,44; Judg. 9,45; Judg. 9,45; Judg. 9,48; Judg. 9,49; Judg. 9,51; Judg. 9,52; Judg. 10,1; Judg. 10,1; Judg. 10,2; Judg. 10,4; Judg. 10,5; Judg. 10,7; Judg. 10,7; Judg. 10,7; Judg. 10,8; Judg. 10,8; Judg. 10,8; Judg. 10,8; Judg. 10,9; Judg. 10,9; Judg. 10,14; Judg. 10,15; Judg. 10,16; Judg. 10,16; Judg. 10,17; Judg. 10,17; Judg. 10,18; Judg. 11,1; Judg. 11,2; Judg. 11,3; Judg. 11,5; Judg. 11,6; Judg. 11,8; Judg. 11,9; Judg. 11,11; Judg. 11,12; Judg. 11,13; Judg. 11,16; Judg. 11,16; Judg. 11,17; Judg. 11,18; Judg. 11,18; Judg. 11,21; Judg. 11,21; Judg. 11,26; Judg. 11,26; Judg. 11,26; Judg. 11,26; Judg. 11,26; Judg. 11,26; Judg. 11,26; Judg. 11,27; Judg. 11,30; Judg. 11,31; Judg. 11,31; Judg. 11,32; Judg. 11,34; Judg. 11,35; Judg. 11,36; Judg. 11,39; Judg. 11,40; Judg. 12,1; Judg. 12,1; Judg. 12,3; Judg. 12,3; Judg. 12,3; Judg. 12,4; Judg. 12,4; Judg. 12,6; Judg. 12,7; Judg. 12,10; Judg. 12,12; Judg. 12,12; Judg. 12,15; Judg. 12,15; Judg. 12,15; Judg. 13,1; Judg. 13,3; Judg. 13,5; Judg. 13,7; Judg. 13,9; Judg. 13,20; Judg. 13,20; Judg. 13,25; Judg. 14,1; Judg. 14,2; Judg. 14,3; Judg. 14,3; Judg. 14,4; Judg. 14,6; Judg. 14,8; Judg. 14,11; Judg. 14,12; Judg. 14,15; Judg. 14,15; Judg. 14,17; Judg. 14,17; Judg. 14,17; Judg. 14,18; Judg. 15,1; Judg. 15,4; Judg. 15,5; Judg. 15,6; Judg. 15,8; Judg. 15,9; Judg. 15,12; Judg. 15,14; Judg. 15,15; Judg. 15,15; Judg. 15,16; Judg. 15,18; Judg. 15,18; Judg. 15,18; Judg. 15,19; Judg. 15,20; Judg. 16,5; Judg. 16,5; Judg. 16,6; Judg. 16,6; Judg. 16,7; Judg. 16,8; Judg. 16,9; Judg. 16,9; Judg. 16,10; Judg. 16,11; Judg. 16,11; Judg. 16,12; Judg. 16,12; Judg. 16,13; Judg. 16,13; Judg. 16,14; Judg. 16,15; Judg. 16,18; Judg. 16,21; Judg. 16,21; Judg. 16,23; Judg. 16,24; Judg. 16,29; Judg. 16,29; Judg. 16,30; Judg. 16,30; Judg. 16,30; Judg. 16,30; Judg. 16,31; Judg. 17,2; Judg. 17,4; Judg. 17,6; Judg. 17,6; Judg. 17,6; Judg. 17,12; Judg. 18,1; Judg. 18,1; Judg. 18,1; Judg. 18,5; Judg. 18,6; Judg. 18,7; Judg. 18,7; Judg. 18,7; Judg. 18,9; Judg. 18,9; Judg. 18,9; Judg. 18,10; Judg. 18,10; Judg. 18,12; Judg. 18,12; Judg. 18,14; Judg. 18,19; Judg. 18,20; Judg. 18,27; Judg. 18,28; Judg. 18,28; Judg. 18,31; Judg. 19,1; Judg. 19,1; Judg. 19,1; Judg. 19,11; Judg. 19,13; Judg. 19,13; Judg. 19,15; Judg. 19,15; Judg. 19,16; Judg. 19,17; Judg. 19,20; Judg. 19,24; Judg. 20,2; Judg. 20,6; Judg. 20,6; Judg. 20,9; Judg. 20,10; Judg. 20,12; Judg. 20,12; Judg. 20,13; Judg. 20,15; Judg. 20,18; Judg. 20,21; Judg. 20,21; Judg. 20,22; Judg. 20,22; Judg. 20,23; Judg. 20,24; Judg. 20,25; Judg. 20,26; Judg. 20,27; Judg. 20,27; Judg. 20,28; Judg. 20,28; Judg. 20,29; Judg. 20,30; Judg. 20,31; Judg. 20,31; Judg. 20,31; Judg. 20,33; Judg. 20,35; Judg. 20,35; Judg. 20,37; Judg. 20,39; Judg. 20,39; Judg. 20,42; Judg. 20,45; Judg. 20,46; Judg. 20,46; Judg. 20,47; Judg. 20,48; Judg. 20,48; Judg. 21,1; Judg. 21,3; Judg. 21,3; Judg. 21,4; Judg. 21,5; Judg. 21,7; Judg. 21,10; Judg. 21,12; Judg. 21,13; Judg. 21,14; Judg. 21,15; Judg. 21,19; Judg. 21,19; Judg. 21,20; Judg. 21,21; Judg. 21,21; Judg. 21,22; Judg. 21,23; Judg. 21,24; Judg. 21,25; Judg. 21,25; Judg. 21,25; Ruth 1,1; Ruth 1,1; Ruth 1,1; Ruth 1,6; Ruth 1,7; Ruth 1,9; Ruth 1,11; Ruth 1,13; Ruth 1,20; Ruth 1,22; Ruth 2,2; Ruth 2,2; Ruth 2,3; Ruth 2,7; Ruth 2,7; Ruth 2,8; Ruth 2,10; Ruth 2,13; Ruth 2,14; Ruth 2,17; Ruth 2,22; Ruth 3,4; Ruth 3,7; Ruth 3,8; Ruth 4,7; Ruth 4,7; Ruth 4,11; Ruth 4,11; Ruth 4,11; Ruth 4,14; 1Sam. 1,1; 1Sam. 1,7; 1Sam. 1,9; 1Sam. 1,13; 1Sam. 1,18; 1Sam. 1,21; 1Sam. 1,23; 1Sam. 1,24; 1Sam. 1,24; 1Sam. 1,26; 1Sam. 2,1; 1Sam. 2,1; 1Sam. 2,1; 1Sam. 2,5; 1Sam. 2,9; 1Sam. 2,10; 1Sam. 2,10; 1Sam. 2,10; 1Sam. 2,10; 1Sam. 2,10; 1Sam. 2,13; 1Sam. 2,14; 1Sam. 2,14; 1Sam. 2,19; 1Sam. 2,27; 1Sam. 2,32; 1Sam. 2,33; 1Sam. 2,34; 1Sam. 2,35; 1Sam. 2,35; 1Sam. 2,36; 1Sam. 3,1; 1Sam. 3,2; 1Sam. 3,2; 1Sam. 3,3; 1Sam. 3,8; 1Sam. 3,9; 1Sam. 3,11; 1Sam. 3,12; 1Sam. 3,13; 1Sam. 3,14; 1Sam. 3,14; 1Sam. 3,17; 1Sam. 3,21; 1Sam. 4,1; 1Sam. 4,1; 1Sam. 4,2; 1Sam. 4,2; 1Sam. 4,3; 1Sam. 4,6; 1Sam. 4,8; 1Sam. 4,8; 1Sam. 4,12; 1Sam. 4,17; 1Sam. 4,20; 1Sam. 4,22; 1Sam. 5,5; 1Sam. 5,6; 1Sam. 5,9; 1Sam. 5,11; 1Sam. 6,1; 1Sam. 6,2; 1Sam. 6,7; 1Sam. 6,8; 1Sam. 6,10; 1Sam. 6,12; 1Sam. 6,12; 1Sam. 6,13; 1Sam. 6,13; 1Sam. 6,14; 1Sam. 6,15; 1Sam. 6,18; 1Sam. 6,19; 1Sam. 6,19; 1Sam. 6,19; 1Sam. 7,1; 1Sam. 7,2; 1Sam. 7,3; 1Sam. 7,6; 1Sam. 7,10; 1Sam. 7,10; 1Sam. 7,16; 1Sam. 8,2; 1Sam. 8,3; 1Sam. 8,5; 1Sam. 8,6; 1Sam. 8,11; 1Sam. 8,18; 1Sam. 8,18;

1Sam. 9,2; 1Sam. 9,6; 1Sam. 9,8; 1Sam. 9,9; 1Sam. 9,9; 1Sam. 9,12; 1Sam. 9,13; 1Sam. 9,17; 1Sam. 9,19; 1Sam. 9,22; 1Sam. 9,24; 1Sam. 9,25; 1Sam. 10,1; 1Sam. 10,2; 1Sam. 10,9; 1Sam. 10,10; 1Sam. 10,11; 1Sam. 10,11; 1Sam. 10,12; 1Sam. 10,22; 1Sam. 10,22; 1Sam. 10,23; 1Sam. 10,24; 1Sam. 10,25; 1Sam. 11,2; 1Sam. 11,7; 1Sam. 11,8; 1Sam. 11,11; 1Sam. 11,11; 1Sam. 11,13; 1Sam. 11,13; 1Sam. 11,15; 1Sam. 12,2; 1Sam. 12,5; 1Sam. 12,5; 1Sam. 12,5; 1Sam. 12,7; 1Sam. 12,7; 1Sam. 12,8; 1Sam. 12,9; 1Sam. 12,16; 1Sam. 12,18; 1Sam. 12,20; 1Sam. 12,24; 1Sam. 12,24; 1Sam. 13,2; 1Sam. 13,2; 1Sam. 13,2; 1Sam. 13,3; 1Sam. 13,4; 1Sam. 13,4; 1Sam. 13,5; 1Sam. 13,6; 1Sam. 13,6; 1Sam. 13,6; 1Sam. 13,6; 1Sam. 13,6; 1Sam. 13,7; 1Sam. 13,11; 1Sam. 13,16; 1Sam. 13,19; 1Sam. 13,22; 1Sam. 13,22; 1Sam. 13,23; 1Sam. 14,1; 1Sam. 14,2; 1Sam. 14,3; 1Sam. 14,6; 1Sam. 14,6; 1Sam. 14,14; 1Sam. 14,14; 1Sam. 14,14; 1Sam. 14,15; 1Sam. 14,15; 1Sam. 14,15; 1Sam. 14,16; 1Sam. 14,18; 1Sam. 14,19; 1Sam. 14,22; 1Sam. 14,23; 1Sam. 14,23; 1Sam. 14,24; 1Sam. 14,27; 1Sam. 14,27; 1Sam. 14,30; 1Sam. 14,31; 1Sam. 14,31; 1Sam. 14,33; 1Sam. 14,34; 1Sam. 14,34; 1Sam. 14,36; 1Sam. 14,36; 1Sam. 14,37; 1Sam. 14,38; 1Sam. 14,41; 1Sam. 14,41; 1Sam. 14,43; 1Sam. 14,43; 1Sam. 14,45; 1Sam. 14,45; 1Sam. 15,2; 1Sam. 15,4; 1Sam. 15,5; 1Sam. 15,6; 1Sam. 15,8; 1Sam. 15,14; 1Sam. 15,18; 1Sam. 15,20; 1Sam. 15,21; 1Sam. 15,33; 1Sam. 16,1; 1Sam. 16,2; 1Sam. 16,6; 1Sam. 16,9; 1Sam. 16,10; 1Sam. 16,11; 1Sam. 16,13; 1Sam. 16,16; 1Sam. 16,16; 1Sam. 16,16; 1Sam. 16,19; 1Sam. 16,20; 1Sam. 16,22; 1Sam. 16,23; 1Sam. 16,23; 1Sam. 17,1; 1Sam. 17,2; 1Sam. 17,10; 1Sam. 17,34; 1Sam. 17,39; 1Sam. 17,40; 1Sam. 17,40; 1Sam. 17,40; 1Sam. 17,43; 1Sam. 17,43; 1Sam. 17,45; 1Sam. 17,45; 1Sam. 17,45; 1Sam. 17,45; 1Sam. 17,46; 1Sam. 17,46; 1Sam. 17,47; 1Sam. 17,52; 1Sam. 17,54; 1Sam. 18,6; 1Sam. 18,6; 1Sam. 18,6; 1Sam. 18,7; 1Sam. 18,7; 1Sam. 18,8; 1Sam. 18,14; 1Sam. 18,20; 1Sam. 18,22; 1Sam. 18,23; 1Sam. 18,25; 1Sam. 18,25; 1Sam. 18,26; 1Sam. 18,27; 1Sam. 19,3; 1Sam. 19,5; 1Sam. 19,8; 1Sam. 19,9; 1Sam. 19,9; 1Sam. 19,9; 1Sam. 19,11; 1Sam. 19,18; 1Sam. 19,18; 1Sam. 19,19; 1Sam. 19,19; 1Sam. 19,22; 1Sam. 19,22; 1Sam. 19,22; 1Sam. 19,23; 1Sam. 19,23; 1Sam. 19,24; 1Sam. 20,1; 1Sam. 20,3; 1Sam. 20,5; 1Sam. 20,8; 1Sam. 20,15; 1Sam. 20,19; 1Sam. 20,24; 1Sam. 20,26; 1Sam. 20,29; 1Sam. 20,29; 1Sam. 20,34; 1Sam. 20,34; 1Sam. 20,36; 1Sam. 20,42; 1Sam. 21,3; 1Sam. 21,6; 1Sam. 21,8; 1Sam. 21,9; 1Sam. 21,10; 1Sam. 21,10; 1Sam. 21,11; 1Sam. 21,12; 1Sam. 21,12; 1Sam. 21,13; 1Sam. 21,14; 1Sam. 21,14; 1Sam. 22,2; 1Sam. 22,4; 1Sam. 22,5; 1Sam. 22,5; 1Sam. 22,6; 1Sam. 22,6; 1Sam. 22,6; 1Sam. 22,8; 1Sam. 22,11; 1Sam. 22,14; 1Sam. 22,14; 1Sam. 22,15; 1Sam. 22,18; 1Sam. 22,19; 1Sam. 22,22; 1Sam. 23,1; 1Sam. 23,2; 1Sam. 23,3; 1Sam. 23,5; 1Sam. 23,5; 1Sam. 23,6; 1Sam. 23,6; 1Sam. 23,14; 1Sam. 23,14; 1Sam. 23,14; 1Sam. 23,14; 1Sam. 23,14; 1Sam. 23,14; 1Sam. 23,15; 1Sam. 23,15; 1Sam. 23,16; 1Sam. 23,18; 1Sam. 23,19; 1Sam. 23,19; 1Sam. 23,19; 1Sam. 23,19; 1Sam. 23,22; 1Sam. 23,23; 1Sam. 23,24; 1Sam. 23,25; 1Sam. 24,1; 1Sam. 24,2; 1Sam. 24,5; 1Sam. 24,8; 1Sam. 24,11; 1Sam. 24,11; 1Sam. 24,12; 1Sam. 24,12; 1Sam. 24,20; 1Sam. 24,20; 1Sam. 24,21; 1Sam. 24,22; 1Sam. 25,1; 1Sam. 25,1; 1Sam. 25,2; 1Sam. 25,2; 1Sam. 25,2; 1Sam. 25,2; 1Sam. 25,3; 1Sam. 25,4; 1Sam. 25,7; 1Sam. 25,7; 1Sam. 25,8; 1Sam. 25,9; 1Sam. 25,15; 1Sam. 25,15; 1Sam. 25,20; 1Sam. 25,21; 1Sam. 25,28; 1Sam. 25,29; 1Sam. 25,29; 1Sam. 25,32; 1Sam. 25,33; 1Sam. 25,36; 1Sam. 25,37; 1Sam. 26,1; 1Sam. 26,2; 1Sam. 26,3; 1Sam. 26,3; 1Sam. 26,5; 1Sam. 26,7; 1Sam. 26,15; 1Sam. 26,18; 1Sam. 26,19; 1Sam. 26,20; 1Sam. 26,21; 1Sam. 26,21; 1Sam. 26,24; 1Sam. 26,24; 1Sam. 27,1; 1Sam. 27,1; 1Sam. 27,3; 1Sam. 27,5; 1Sam. 27,5; 1Sam. 27,5; 1Sam. 27,6; 1Sam. 27,7; 1Sam. 27,11; 1Sam. 27,12; 1Sam. 27,12; 1Sam. 27,12; 1Sam. 28,1; 1Sam. 28,1; 1Sam. 28,3; 1Sam. 28,3; 1Sam. 28,6; 1Sam. 28,6; 1Sam. 28,6; 1Sam. 28,7; 1Sam. 28,7; 1Sam. 28,8; 1Sam. 28,10; 1Sam. 28,15; 1Sam. 28,15; 1Sam. 28,15; 1Sam. 28,17; 1Sam. 28,18; 1Sam. 28,20; 1Sam. 28,21; 1Sam. 28,22; 1Sam. 28,22; 1Sam. 28,24; 1Sam. 29,1; 1Sam. 29,1; 1Sam. 29,3; 1Sam. 29,4; 1Sam. 29,4; 1Sam. 29,5; 1Sam. 29,5; 1Sam. 29,5; 1Sam. 29,6; 1Sam. 29,6; 1Sam. 29,6; 1Sam. 29,7; 1Sam. 29,8; 1Sam. 29,9; 1Sam. 29,10; 1Sam. 29,10; 1Sam. 30,1; 1Sam. 30,2; 1Sam. 30,3; 1Sam. 30,4; 1Sam. 30,6; 1Sam. 30,10; 1Sam. 30,11; 1Sam. 30,11; 1Sam. 30,12; 1Sam. 30,14; 1Sam. 30,16; 1Sam. 30,21; 1Sam. 30,27; 1Sam. 30,27; 1Sam. 30,27; 1Sam. 30,28; 1Sam. 30,28; 1Sam. 30,28; 1Sam. 30,28a; 1Sam. 30,28a; 1Sam. 30,28a; 1Sam. 30,28a; 1Sam. 30,29; 1Sam. 30,29; 1Sam. 30,29; 1Sam. 30,30; 1Sam. 30,30; 1Sam. 30,30; 1Sam. 30,31; 1Sam. 31,1; 1Sam. 31,4; 1Sam. 31,6; 1Sam. 31,7; 1Sam. 31,7; 1Sam. 31,7; 1Sam. 31,10; 2Sam. 1,1; 2Sam. 1,2; 2Sam. 1,6; 2Sam. 1,9; 2Sam. 1,12; 2Sam. 1,20; 2Sam. 1,20; 2Sam. 1,21; 2Sam. 1,21; 2Sam. 1,23; 2Sam. 1,23; 2Sam. 1,25; 2Sam. 2,1; 2Sam. 2,3; 2Sam. 2,11; 2Sam. 2,15; 2Sam. 2,16; 2Sam. 2,17; 2Sam. 2,18; 2Sam. 2,23; 2Sam. 2,32; 2Sam. 2,32; 2Sam. 2,32; 2Sam. 3,2; 2Sam. 3,5; 2Sam. 3,6; 2Sam. 3,9; 2Sam. 3,14; 2Sam. 3,19; 2Sam. 3,19; 2Sam. 3,19; 2Sam. 3,21; 2Sam. 3,22; 2Sam. 3,23; 2Sam. 3,24; 2Sam. 3,27; 2Sam. 3,29; 2Sam. 3,30; 2Sam. 3,30; 2Sam. 3,34; 2Sam. 3,37; 2Sam. 3,38; 2Sam. 3,38; 2Sam. 4,1; 2Sam. 4,4; 2Sam. 4,4; 2Sam. 4,5; 2Sam. 4,5; 2Sam. 4,7; 2Sam. 4,10; 2Sam. 4,11; 2Sam. 4,12; 2Sam. 4,12; 2Sam. 5,3; 2Sam. 5,4; 2Sam. 5,5; 2Sam. 5,5; 2Sam. 5,8; 2Sam. 5,9; 2Sam. 5,14; 2Sam. 5,22; 2Sam. 5,24; 2Sam. 5,24; 2Sam. 6,2; 2Sam. 6,3; 2Sam. 6,5; 2Sam. 6,5; 2Sam. 6,5; 2Sam. 6,5; 2Sam. 6,5; 2Sam. 6,5; 2Sam. 6,5; 2Sam. 6,5; 2Sam. 6,8; 2Sam. 6,9; 2Sam. 6,12; 2Sam. 6,14; 2Sam. 6,16; 2Sam. 6,18; 2Sam. 6,20; 2Sam. 6,22; 2Sam. 7,1; 2Sam. 7,2; 2Sam. 7,2; 2Sam. 7,3; 2Sam. 7,6; 2Sam. 7,6; 2Sam. 7,6; 2Sam. 7,7; 2Sam. 7,7; 2Sam. 7,9; 2Sam. 7,14; 2Sam. 7,14; 2Sam. 7,22; 2Sam. 7,22; 2Sam. 7,23; 2Sam. 8,2; 2Sam. 8,5; 2Sam. 8,6; 2Sam. 8,6; 2Sam. 8,7; 2Sam. 8,7; 2Sam. 8,8; 2Sam. 8,10; 2Sam. 8,13; 2Sam. 8,13; 2Sam. 8,14; 2Sam. 8,14; 2Sam. 8,14; 2Sam. 9,4; 2Sam. 9,13; 2Sam. 10,2; 2Sam. 10,4; 2Sam. 10,5; 2Sam. 10,8; 2Sam. 10,10; 2Sam. 10,12; 2Sam. 11,1; 2Sam. 11,5; 2Sam. 11,5; 2Sam. 11,11; 2Sam. 11,12; 2Sam. 11,12; 2Sam. 11,14; 2Sam. 11,15; 2Sam. 11,16; 2Sam. 11,21; 2Sam. 11,22; 2Sam. 11,25; 2Sam. 11,27; 2Sam. 12,1; 2Sam. 12,3; 2Sam. 12,8; 2Sam. 12,9; 2Sam. 12,9; 2Sam. 12,9; 2Sam. 12,14; 2Sam. 12,16; 2Sam. 12,18; 2Sam. 12,18; 2Sam. 12,25; 2Sam. 12,26; 2Sam. 12,27; 2Sam. 12,29; 2Sam. 12,31; 2Sam. 12,31; 2Sam. 12,31; 2Sam. 13,2; 2Sam. 13,6; 2Sam. 13,12; 2Sam. 13,13; 2Sam. 13,20; 2Sam. 13,23; 2Sam. 13,28; 2Sam. 13,30; 2Sam. 13,34; 2Sam. 13,34; 2Sam. 14,3; 2Sam. 14,6; 2Sam. 14,19; 2Sam. 14,19; 2Sam. 14,20; 2Sam. 14,22; 2Sam. 14,25; 2Sam. 14,25; 2Sam. 14,26; 2Sam. 14,26; 2Sam. 14,28; 2Sam. 14,30; 2Sam. 14,30; 2Sam. 14,30; 2Sam. 14,31; 2Sam. 14,32; 2Sam. 15,4; 2Sam. 15,5; 2Sam. 15,7; 2Sam. 15,8; 2Sam. 15,8; 2Sam. 15,8; 2Sam. 15,10; 2Sam. 15,10; 2Sam. 15,12; 2Sam. 15,14; 2Sam. 15,17; 2Sam. 15,18; 2Sam. 15,23; 2Sam. 15,25; 2Sam. 15,26; 2Sam. 15,26; 2Sam. 15,27; 2Sam. 15,28; 2Sam. 15,30; 2Sam. 15,31; 2Sam. 15,36; 2Sam. 16,2; 2Sam. 16,3; 2Sam. 16,4; 2Sam. 16,6; 2Sam. 16,7; 2Sam. 16,8; 2Sam. 16,8; 2Sam. 16,12; 2Sam. 16,13; 2Sam. 16,13; 2Sam. 16,23; 2Sam. 16,23; 2Sam. 17,4; 2Sam. 17,4; 2Sam. 17,5; 2Sam. 17,8; 2Sam. 17,8; 2Sam. 17,9; 2Sam. 17,9; 2Sam. 17,9; 2Sam. 17,9; 2Sam. 17,9; 2Sam. 17,11; 2Sam. 17,12; 2Sam. 17,16; 2Sam. 17,17; 2Sam. 17,18; 2Sam. 17,18; 2Sam. 17,23; 2Sam. 17,29; 2Sam. 18,2; 2Sam. 18,2; 2Sam. 18,2;

ἐν

2Sam. 18,3; 2Sam. 18,4; 2Sam. 18,6; 2Sam. 18,7; 2Sam. 18,8; 2Sam. 18,8; 2Sam. 18,9; 2Sam. 18,10; 2Sam. 18,12; 2Sam. 18,13; 2Sam. 18,14; 2Sam. 18,14; 2Sam. 18,14; 2Sam. 18,16; 2Sam. 18,17; 2Sam. 18,18; 2Sam. 18,18; 2Sam. 18,20; 2Sam. 18,20; 2Sam. 18,20; 2Sam. 18,25; 2Sam. 18,28; 2Sam. 19,1; 2Sam. 19,3; 2Sam. 19,3; 2Sam. 19,4; 2Sam. 19,4; 2Sam. 19,4; 2Sam. 19,7; 2Sam. 19,8; 2Sam. 19,9; 2Sam. 19,9; 2Sam. 19,10; 2Sam. 19,11; 2Sam. 19,19; 2Sam. 19,20; 2Sam. 19,25; 2Sam. 19,28; 2Sam. 19,28; 2Sam. 19,29; 2Sam. 19,31; 2Sam. 19,33; 2Sam. 19,33; 2Sam. 19,34; 2Sam. 19,38; 2Sam. 19,38; 2Sam. 19,39; 2Sam. 19,44; 2Sam. 19,44; 2Sam. 20,1; 2Sam. 20,1; 2Sam. 20,1; 2Sam. 20,3; 2Sam. 20,8; 2Sam. 20,8; 2Sam. 20,10; 2Sam. 20,10; 2Sam. 20,12; 2Sam. 20,12; 2Sam. 20,14; 2Sam. 20,14; 2Sam. 20,15; 2Sam. 20,18; 2Sam. 20,18; 2Sam. 20,18; 2Sam. 20,18; 2Sam. 20,19; 2Sam. 20,22; 2Sam. 20,22; 2Sam. 21,1; 2Sam. 21,2; 2Sam. 21,3; 2Sam. 21,4; 2Sam. 21,5; 2Sam. 21,6; 2Sam. 21,9; 2Sam. 21,9; 2Sam. 21,9; 2Sam. 21,9; 2Sam. 21,9; 2Sam. 21,10; 2Sam. 21,12; 2Sam. 21,12; 2Sam. 21,14; 2Sam. 21,14; 2Sam. 21,14; 2Sam. 21,16; 2Sam. 21,18; 2Sam. 21,18; 2Sam. 21,19; 2Sam. 21,20; 2Sam. 21,22; 2Sam. 21,22; 2Sam. 21,22; 2Sam. 22,1; 2Sam. 22,7; 2Sam. 22,7; 2Sam. 22,9; 2Sam. 22,12; 2Sam. 22,16; 2Sam. 22,19; 2Sam. 22,20; 2Sam. 22,30; 2Sam. 22,30; 2Sam. 22,35; 2Sam. 22,50; 2Sam. 22,50; 2Sam. 23,2; 2Sam. 23,4; 2Sam. 23,5; 2Sam. 23,7; 2Sam. 23,7; 2Sam. 23,9; 2Sam. 23,9; 2Sam. 23,9; 2Sam. 23,9; 2Sam. 23,10; 2Sam. 23,10; 2Sam. 23,12; 2Sam. 23,13; 2Sam. 23,14; 2Sam. 23,14; 2Sam. 23,15; 2Sam. 23,15; 2Sam. 23,15; 2Sam. 23,16; 2Sam. 23,16; 2Sam. 23,16; 2Sam. 23,17; 2Sam. 23,18; 2Sam. 23,18; 2Sam. 23,20; 2Sam. 23,20; 2Sam. 23,21; 2Sam. 23,21; 2Sam. 23,21; 2Sam. 23,22; 2Sam. 23,24; 2Sam. 23,24; 2Sam. 24,1; 2Sam. 24,1; 2Sam. 24,3; 2Sam. 24,5; 2Sam. 24,5; 2Sam. 24,8; 2Sam. 24,13; 2Sam. 24,13; 2Sam. 24,14; 2Sam. 24,15; 2Sam. 24,15; 2Sam. 24,16; 2Sam. 24,17; 2Sam. 24,17; 2Sam. 24,17; 2Sam. 24,17; 2Sam. 24,18; 2Sam. 24,18; 2Sam. 24,22; 2Sam. 24,24; 2Sam. 24,24; 2Sam. 24,25; 1Kings 1,17; 1Kings 1,30; 1Kings 1,40; 1Kings 1,40; 1Kings 1,45; 1Kings 1,51; 1Kings 1,52; 1Kings 2,2; 1Kings 2,3; 1Kings 2,3; 1Kings 2,4; 1Kings 2,4; 1Kings 2,4; 1Kings 2,5; 1Kings 2,5; 1Kings 2,5; 1Kings 2,5; 1Kings 2,5; 1Kings 2,5; 1Kings 2,6; 1Kings 2,7; 1Kings 2,7; 1Kings 2,8; 1Kings 2,8; 1Kings 2,9; 1Kings 2,10; 1Kings 2,11; 1Kings 2,11; 1Kings 2,25; 1Kings 2,25; 1Kings 2,26; 1Kings 2,26; 1Kings 2,27; 1Kings 2,32; 1Kings 2,34; 1Kings 2,34; 1Kings 2,35; 1Kings 2,35c; 1Kings 2,35c; 1Kings 2,35d; 1Kings 2,35g; 1Kings 2,35l; 1Kings 2,35m; 1Kings 2,35n; 1Kings 2,35o; 1Kings 2,36; 1Kings 2,37; 1Kings 2,37; 1Kings 2,38; 1Kings 2,39; 1Kings 2,46b; 1Kings 2,46d; 1Kings 2,46f; 1Kings 2,46f; 1Kings 2,46k; 1Kings 2,46l; 1Kings 3,3; 1Kings 3,3; 1Kings 3,4; 1Kings 3,5; 1Kings 3,6; 1Kings 3,6; 1Kings 3,6; 1Kings 3,8; 1Kings 3,9; 1Kings 3,13; 1Kings 3,14; 1Kings 3,15; 1Kings 3,17; 1Kings 3,17; 1Kings 3,18; 1Kings 3,18; 1Kings 3,20; 1Kings 3,20; 1Kings 3,28; 1Kings 4,7; 1Kings 4,8; 1Kings 4,9; 1Kings 4,13; 1Kings 4,13; 1Kings 4,15; 1Kings 4,16; 1Kings 4,17; 1Kings 4,18; 1Kings 4,18; 1Kings 4,19; 1Kings 5,2; 1Kings 5,13; 1Kings 5,14b; 1Kings 5,28; 1Kings 5,28; 1Kings 5,28; 1Kings 5,29; 1Kings 6,1; 1Kings 6,1; 1Kings 6,1c; 1Kings 6,1c; 1Kings 6,1d; 1Kings 6,1d; 1Kings 6,2; 1Kings 6,2; 1Kings 6,3; 1Kings 6,3; 1Kings 6,6; 1Kings 6,7; 1Kings 6,7; 1Kings 6,7; 1Kings 6,10; 1Kings 6,10; 1Kings 6,15; 1Kings 6,19; 1Kings 6,23; 1Kings 6,24; 1Kings 6,25; 1Kings 6,26; 1Kings 6,27; 1Kings 6,27; 1Kings 6,34; 1Kings 7,2; 1Kings 7,10; 1Kings 7,10; 1Kings 7,10; 1Kings 7,11; 1Kings 7,14; 1Kings 7,18; 1Kings 7,18; 1Kings 7,26; 1Kings 7,33; 1Kings 7,33; 1Kings 7,34; 1Kings 7,43; 1Kings 7,45; 1Kings 7,47; 1Kings 8,1; 1Kings 8,1; 1Kings 8,2; 1Kings 8,4; 1Kings 8,9; 1Kings 8,9; 1Kings 8,9;

1Kings 8,15; 1Kings 8,15; 1Kings 8,16; 1Kings 8,16; 1Kings 8,16; 1Kings 8,21; 1Kings 8,21; 1Kings 8,23; 1Kings 8,23; 1Kings 8,24; 1Kings 8,24; 1Kings 8,30; 1Kings 8,30; 1Kings 8,31; 1Kings 8,33; 1Kings 8,33; 1Kings 8,35; 1Kings 8,36; 1Kings 8,36; 1Kings 8,37; 1Kings 8,44; 1Kings 8,44; 1Kings 8,44; 1Kings 8,47; 1Kings 8,47; 1Kings 8,48; 1Kings 8,48; 1Kings 8,48; 1Kings 8,52; 1Kings 8,53; 1Kings 8,53; 1Kings 8,53a; 1Kings 8,53a; 1Kings 8,53a; 1Kings 8,56; 1Kings 8,56; 1Kings 8,58; 1Kings 8,59; 1Kings 8,61; 1Kings 8,65; 1Kings 8,65; 1Kings 8,66; 1Kings 9,2; 1Kings 9,4; 1Kings 9,4; 1Kings 9,5; 1Kings 9,9a # 9,24; 1Kings 9,10; 1Kings 9,11; 1Kings 9,11; 1Kings 9,11; 1Kings 9,11; 1Kings 9,11; 1Kings 9,26; 1Kings 9,26; 1Kings 9,27; 1Kings 10,1; 1Kings 10,2; 1Kings 10,2; 1Kings 10,5; 1Kings 10,6; 1Kings 10,7; 1Kings 10,9; 1Kings 10,9; 1Kings 10,9; 1Kings 10,14; 1Kings 10,21; 1Kings 10,22; 1Kings 10,22a # 9,15; 1Kings 10,22a # 9,15; 1Kings 10,22b # 9,20; 1Kings 10,24; 1Kings 10,26; 1Kings 10,26; 1Kings 10,27; 1Kings 10,27; 1Kings 10,28; 1Kings 11,4; 1Kings 11,12; 1Kings 11,14; 1Kings 11,14; 1Kings 11,15; 1Kings 11,15; 1Kings 11,15; 1Kings 11,16; 1Kings 11,20; 1Kings 11,20; 1Kings 11,21; 1Kings 11,25; 1Kings 11,25; 1Kings 11,29; 1Kings 11,29; 1Kings 11,29; 1Kings 11,32; 1Kings 11,33; 1Kings 11,36; 1Kings 11,37; 1Kings 11,38; 1Kings 11,40; 1Kings 11,41; 1Kings 11,42; 1Kings 11,43; 1Kings 11,43; 1Kings 11,43; 1Kings 11,43; 1Kings 12,7; 1Kings 12,11; 1Kings 12,11; 1Kings 12,12; 1Kings 12,14; 1Kings 12,14; 1Kings 12,15; 1Kings 12,16; 1Kings 12,16; 1Kings 12,18; 1Kings 12,24a; 1Kings 12,24a; 1Kings 12,24a; 1Kings 12,24a; 1Kings 12,24a; 1Kings 12,24b; 1Kings 12,24b; 1Kings 12,24d; 1Kings 12,24e; 1Kings 12,24f; 1Kings 12,24h; 1Kings 12,24m; 1Kings 12,24m; 1Kings 12,24m; 1Kings 12,24o; 1Kings 12,24q; 1Kings 12,24r; 1Kings 12,24t; 1Kings 12,24t; 1Kings 12,25; 1Kings 12,25; 1Kings 12,26; 1Kings 12,27; 1Kings 12,29; 1Kings 12,29; 1Kings 12,32; 1Kings 12,32; 1Kings 12,32; 1Kings 12,32; 1Kings 12,32; 1Kings 12,33; 1Kings 12,33; 1Kings 13,1; 1Kings 13,2; 1Kings 13,3; 1Kings 13,4; 1Kings 13,5; 1Kings 13,8; 1Kings 13,9; 1Kings 13,9; 1Kings 13,9; 1Kings 13,10; 1Kings 13,10; 1Kings 13,10; 1Kings 13,11; 1Kings 13,11; 1Kings 13,11; 1Kings 13,12; 1Kings 13,16; 1Kings 13,17; 1Kings 13,17; 1Kings 13,17; 1Kings 13,18; 1Kings 13,19; 1Kings 13,22; 1Kings 13,24; 1Kings 13,24; 1Kings 13,25; 1Kings 13,25; 1Kings 13,25; 1Kings 13,28; 1Kings 13,30; 1Kings 13,31; 1Kings 13,31; 1Kings 13,32; 1Kings 13,32; 1Kings 13,32; 1Kings 14,21; 1Kings 14,21; 1Kings 14,22; 1Kings 14,22; 1Kings 14,24; 1Kings 14,25; 1Kings 14,29; 1Kings 14,31; 1Kings 15,1; 1Kings 15,3; 1Kings 15,8; 1Kings 15,8; 1Kings 15,10; 1Kings 15,13; 1Kings 15,13; 1Kings 15,18; 1Kings 15,18; 1Kings 15,22; 1Kings 15,23; 1Kings 15,24; 1Kings 15,25; 1Kings 15,26; 1Kings 15,26; 1Kings 15,27; 1Kings 15,28; 1Kings 15,29; 1Kings 15,30; 1Kings 15,31; 1Kings 15,33; 1Kings 15,33; 1Kings 15,34; 1Kings 15,34; 1Kings 16,1; 1Kings 16,2; 1Kings 16,2; 1Kings 16,4; 1Kings 16,4; 1Kings 16,5; 1Kings 16,6; 1Kings 16,6; 1Kings 16,7; 1Kings 16,7; 1Kings 16,8; 1Kings 16,9; 1Kings 16,9; 1Kings 16,9; 1Kings 16,11; 1Kings 16,11; 1Kings 16,13; 1Kings 16,14; 1Kings 16,15; 1Kings 16,16; 1Kings 16,16; 1Kings 16,16; 1Kings 16,16; 1Kings 16,18; 1Kings 16,19; 1Kings 16,19; 1Kings 16,20; 1Kings 16,22; 1Kings 16,23; 1Kings 16,23; 1Kings 16,26; 1Kings 16,26; 1Kings 16,26; 1Kings 16,27; 1Kings 16,28; 1Kings 16,28a; 1Kings 16,28a; 1Kings 16,28a; 1Kings 16,28b; 1Kings 16,28b; 1Kings 16,28c; 1Kings 16,28d; 1Kings 16,28e; 1Kings 16,28f; 1Kings 16,28g; 1Kings 16,28h; 1Kings 16,29; 1Kings 16,31; 1Kings 16,32; 1Kings 16,32; 1Kings 16,34; 1Kings 16,34; 1Kings 16,34; 1Kings 17,3; 1Kings 17,5; 1Kings 17,11; 1Kings 17,12; 1Kings 17,12; 1Kings 17,13; 1Kings 17,16; 1Kings 17,17; 1Kings 17,19; 1Kings 17,24; 1Kings 18,1; 1Kings 18,2; 1Kings 18,4; 1Kings 18,4; 1Kings 18,4; 1Kings

Ε, ε

18,6; 1Kings 18,6; 1Kings 18,7; 1Kings 18,13; 1Kings 18,13; 1Kings 18,13; 1Kings 18,18; 1Kings 18,24; 1Kings 18,24; 1Kings 18,24; 1Kings 18,25; 1Kings 18,26; 1Kings 18,27; 1Kings 18,28; 1Kings 18,28; 1Kings 18,32; 1Kings 18,36; 1Kings 18,37; 1Kings 18,38; 1Kings 18,44; 1Kings 19,1; 1Kings 19,4; 1Kings 19,8; 1Kings 19,10; 1Kings 19,11; 1Kings 19,11; 1Kings 19,11; 1Kings 19,12; 1Kings 19,13; 1Kings 19,14; 1Kings 19,18; 1Kings 19,19; 1Kings 19,19; 1Kings 19,21; 1Kings 20,9; 1Kings 20,9; 1Kings 20,11; 1Kings 20,11; 1Kings 20,12; 1Kings 20,18; 1Kings 20,18; 1Kings 20,19; 1Kings 20,21; 1Kings 20,23; 1Kings 20,24; 1Kings 20,24; 1Kings 20,27; 1Kings 20,28; 1Kings 20,29; 1Kings 20,29; 1Kings 21,9; 1Kings 21,12; 1Kings 21,16; 1Kings 21,17; 1Kings 21,21; 1Kings 21,29; 1Kings 21,34; 1Kings 21,34; 1Kings 21,34; 1Kings 21,35; 1Kings 22,2; 1Kings 22,10; 1Kings 22,13; 1Kings 22,16; 1Kings 22,17; 1Kings 22,17; 1Kings 22,20; 1Kings 22,22; 1Kings 22,23; 1Kings 22,24; 1Kings 22,25; 1Kings 22,27; 1Kings 22,27; 1Kings 22,28; 1Kings 22,28; 1Kings 22,35; 1Kings 22,37; 1Kings 22,38; 1Kings 22,39; 1Kings 22,42; 1Kings 22,42; 1Kings 22,43; 1Kings 22,43; 1Kings 22,44; 1Kings 22,46; 1Kings 22,51; 1Kings 22,52; 1Kings 22,52; 1Kings 22,52; 1Kings 22,53; 1Kings 22,53; 1Kings 22,53; 2Kings 1,1; 2Kings 1,2; 2Kings 1,2; 2Kings 1,2; 2Kings 1,3; 2Kings 1,3; 2Kings 1,6; 2Kings 1,6; 2Kings 1,13; 2Kings 1,14; 2Kings 1,16; 2Kings 1,18a; 2Kings 1,18a; 2Kings 1,18c; 2Kings 2,1; 2Kings 2,1; 2Kings 2,3; 2Kings 2,5; 2Kings 2,8; 2Kings 2,9; 2Kings 2,9; 2Kings 2,11; 2Kings 2,15; 2Kings 2,16; 2Kings 2,18; 2Kings 2,23; 2Kings 2,24; 2Kings 3,1; 2Kings 3,1; 2Kings 3,2; 2Kings 3,3; 2Kings 3,4; 2Kings 3,5; 2Kings 3,6; 2Kings 3,7; 2Kings 3,9; 2Kings 3,10; 2Kings 3,18; 2Kings 3,18; 2Kings 3,19; 2Kings 4,2; 2Kings 4,2; 2Kings 4,7; 2Kings 4,10; 2Kings 4,17; 2Kings 4,29; 2Kings 4,35; 2Kings 4,38; 2Kings 4,39; 2Kings 4,40; 2Kings 4,40; 2Kings 4,41; 2Kings 5,1; 2Kings 5,3; 2Kings 5,5; 2Kings 5,8; 2Kings 5,9; 2Kings 5,10; 2Kings 5,11; 2Kings 5,12; 2Kings 5,12; 2Kings 5,14; 2Kings 5,15; 2Kings 5,15; 2Kings 5,18; 2Kings 5,18; 2Kings 5,18; 2Kings 5,18; 2Kings 5,18; 2Kings 5,23; 2Kings 5,24; 2Kings 5,26; 2Kings 5,27; 2Kings 5,27; 2Kings 6,1; 2Kings 6,8; 2Kings 6,9; 2Kings 6,12; 2Kings 6,12; 2Kings 6,13; 2Kings 6,20; 2Kings 6,22; 2Kings 6,25; 2Kings 6,32; 2Kings 6,32; 2Kings 7,1; 2Kings 7,2; 2Kings 7,4; 2Kings 7,5; 2Kings 7,7; 2Kings 7,7; 2Kings 7,12; 2Kings 7,15; 2Kings 7,17; 2Kings 7,17; 2Kings 7,18; 2Kings 7,19; 2Kings 7,20; 2Kings 8,2; 2Kings 8,8; 2Kings 8,9; 2Kings 8,12; 2Kings 8,12; 2Kings 8,12; 2Kings 8,15; 2Kings 8,17; 2Kings 8,17; 2Kings 8,18; 2Kings 8,20; 2Kings 8,22; 2Kings 8,24; 2Kings 8,26; 2Kings 8,26; 2Kings 8,27; 2Kings 8,28; 2Kings 8,29; 2Kings 8,29; 2Kings 8,29; 2Kings 8,29; 2Kings 9,1; 2Kings 9,2; 2Kings 9,8; 2Kings 9,10; 2Kings 9,13; 2Kings 9,14; 2Kings 9,15; 2Kings 9,15; 2Kings 9,15; 2Kings 9,16; 2Kings 9,16; 2Kings 9,16; 2Kings 9,17; 2Kings 9,17; 2Kings 9,20; 2Kings 9,21; 2Kings 9,21; 2Kings 9,24; 2Kings 9,25; 2Kings 9,26; 2Kings 9,26; 2Kings 9,27; 2Kings 9,27; 2Kings 9,28; 2Kings 9,28; 2Kings 9,29; 2Kings 9,31; 2Kings 9,35; 2Kings 9,36; 2Kings 9,37; 2Kings 10,1; 2Kings 10,1; 2Kings 10,3; 2Kings 10,5; 2Kings 10,7; 2Kings 10,9; 2Kings 10,10; 2Kings 10,11; 2Kings 10,11; 2Kings 10,12; 2Kings 10,12; 2Kings 10,15; 2Kings 10,16; 2Kings 10,16; 2Kings 10,17; 2Kings 10,19; 2Kings 10,21; 2Kings 10,25; 2Kings 10,29; 2Kings 10,29; 2Kings 10,30; 2Kings 10,30; 2Kings 10,31; 2Kings 10,31; 2Kings 10,32; 2Kings 10,32; 2Kings 10,32; 2Kings 10,35; 2Kings 10,36; 2Kings 11,2; 2Kings 11,3; 2Kings 11,4; 2Kings 11,5; 2Kings 11,6; 2Kings 11,7; 2Kings 11,8; 2Kings 11,8; 2Kings 11,8; 2Kings 11,10; 2Kings 11,11; 2Kings 11,14; 2Kings 11,15; 2Kings 11,20; 2Kings 11,20; 2Kings 12,1; 2Kings 12,2; 2Kings 12,2; 2Kings 12,4; 2Kings 12,5; 2Kings 12,5; 2Kings 12,7; 2Kings 12,10; 2Kings 12,10; 2Kings 12,11; 2Kings 12,11; 2Kings 12,12; 2Kings 12,14; 2Kings 12,15; 2Kings 12,16; 2Kings 12,17; 2Kings 12,19; 2Kings 12,21; 2Kings 12,21; 2Kings 12,22; 2Kings 13,1; 2Kings 13,2; 2Kings 13,3; 2Kings 13,3; 2Kings 13,3; 2Kings 13,5; 2Kings 13,6; 2Kings 13,6; 2Kings 13,9; 2Kings 13,10; 2Kings 13,11; 2Kings 13,11; 2Kings 13,13; 2Kings 13,17; 2Kings 13,17; 2Kings 13,20; 2Kings 13,21; 2Kings 13,25; 2Kings 14,2; 2Kings 14,2; 2Kings 14,3; 2Kings 14,4; 2Kings 14,5; 2Kings 14,6; 2Kings 14,6; 2Kings 14,7; 2Kings 14,7; 2Kings 14,9; 2Kings 14,9; 2Kings 14,9; 2Kings 14,10; 2Kings 14,10; 2Kings 14,11; 2Kings 14,13; 2Kings 14,13; 2Kings 14,13; 2Kings 14,14; 2Kings 14,14; 2Kings 14,15; 2Kings 14,16; 2Kings 14,19; 2Kings 14,20; 2Kings 14,20; 2Kings 14,23; 2Kings 14,25; 2Kings 14,28; 2Kings 15,2; 2Kings 15,2; 2Kings 15,3; 2Kings 15,4; 2Kings 15,5; 2Kings 15,7; 2Kings 15,8; 2Kings 15,9; 2Kings 15,13; 2Kings 15,13; 2Kings 15,14; 2Kings 15,16; 2Kings 15,16; 2Kings 15,17; 2Kings 15,18; 2Kings 15,19; 2Kings 15,20; 2Kings 15,23; 2Kings 15,24; 2Kings 15,25; 2Kings 15,27; 2Kings 15,28; 2Kings 15,29; 2Kings 15,30; 2Kings 15,33; 2Kings 15,33; 2Kings 15,34; 2Kings 15,35; 2Kings 15,37; 2Kings 15,37; 2Kings 15,38; 2Kings 16,2; 2Kings 16,2; 2Kings 16,2; 2Kings 16,3; 2Kings 16,3; 2Kings 16,4; 2Kings 16,6; 2Kings 16,8; 2Kings 16,10; 2Kings 16,18; 2Kings 16,18; 2Kings 16,20; 2Kings 17,1; 2Kings 17,2; 2Kings 17,4; 2Kings 17,4; 2Kings 17,4; 2Kings 17,5; 2Kings 17,6; 2Kings 17,6; 2Kings 17,6; 2Kings 17,9; 2Kings 17,11; 2Kings 17,13; 2Kings 17,13; 2Kings 17,13; 2Kings 17,13; 2Kings 17,17; 2Kings 17,17; 2Kings 17,18; 2Kings 17,19; 2Kings 17,20; 2Kings 17,20; 2Kings 17,22; 2Kings 17,23; 2Kings 17,24; 2Kings 17,24; 2Kings 17,25; 2Kings 17,25; 2Kings 17,25; 2Kings 17,26; 2Kings 17,28; 2Kings 17,29; 2Kings 17,29; 2Kings 17,29; 2Kings 17,29; 2Kings 17,31; 2Kings 17,32; 2Kings 17,32; 2Kings 17,32; 2Kings 17,32; 2Kings 17,32; 2Kings 17,32; 2Kings 17,36; 2Kings 17,36; 2Kings 18,1; 2Kings 18,2; 2Kings 18,2; 2Kings 18,3; 2Kings 18,5; 2Kings 18,5; 2Kings 18,5; 2Kings 18,7; 2Kings 18,7; 2Kings 18,9; 2Kings 18,10; 2Kings 18,11; 2Kings 18,11; 2Kings 18,15; 2Kings 18,15; 2Kings 18,16; 2Kings 18,17; 2Kings 18,17; 2Kings 18,17; 2Kings 18,20; 2Kings 18,22; 2Kings 18,26; 2Kings 18,30; 2Kings 18,35; 2Kings 19,4; 2Kings 19,7; 2Kings 19,7; 2Kings 19,7; 2Kings 19,12; 2Kings 19,15; 2Kings 19,23; 2Kings 19,26; 2Kings 19,28; 2Kings 19,28; 2Kings 19,28; 2Kings 19,28; 2Kings 19,28; 2Kings 19,33; 2Kings 19,35; 2Kings 19,36; 2Kings 19,37; 2Kings 19,37; 2Kings 20,3; 2Kings 20,3; 2Kings 20,3; 2Kings 20,4; 2Kings 20,11; 2Kings 20,13; 2Kings 20,13; 2Kings 20,13; 2Kings 20,15; 2Kings 20,15; 2Kings 20,15; 2Kings 20,15; 2Kings 20,17; 2Kings 20,18; 2Kings 20,19; 2Kings 20,21; 2Kings 21,1; 2Kings 21,1; 2Kings 21,2; 2Kings 21,4; 2Kings 21,5; 2Kings 21,6; 2Kings 21,6; 2Kings 21,7; 2Kings 21,7; 2Kings 21,9; 2Kings 21,10; 2Kings 21,11; 2Kings 21,15; 2Kings 21,16; 2Kings 21,18; 2Kings 21,18; 2Kings 21,19; 2Kings 21,19; 2Kings 21,20; 2Kings 21,21; 2Kings 21,22; 2Kings 21,23; 2Kings 21,26; 2Kings 21,26; 2Kings 22,1; 2Kings 22,1; 2Kings 22,2; 2Kings 22,2; 2Kings 22,3; 2Kings 22,3; 2Kings 22,4; 2Kings 22,5; 2Kings 22,5; 2Kings 22,7; 2Kings 22,8; 2Kings 22,9; 2Kings 22,9; 2Kings 22,13; 2Kings 22,14; 2Kings 22,14; 2Kings 22,17; 2Kings 22,17; 2Kings 22,20; 2Kings 22,20; 2Kings 22,20; 2Kings 23,2; 2Kings 23,2; 2Kings 23,2; 2Kings 23,3; 2Kings 23,3; 2Kings 23,3; 2Kings 23,4; 2Kings 23,5; 2Kings 23,5; 2Kings 23,6; 2Kings 23,7; 2Kings 23,8; 2Kings 23,9; 2Kings 23,9; 2Kings 23,10; 2Kings 23,10; 2Kings 23,11; 2Kings 23,11; 2Kings 23,12; 2Kings 23,15; 2Kings 23,16; 2Kings 23,16; 2Kings 23,16; 2Kings 23,19; 2Kings 23,19; 2Kings 23,19; 2Kings 23,23; 2Kings 23,24; 2Kings 23,24; 2Kings 23,24; 2Kings 23,25; 2Kings 23,25; 2Kings 23,25; 2Kings 23,26; 2Kings 23,29; 2Kings 23,29; 2Kings 23,29; 2Kings 23,30; 2Kings 23,30; 2Kings 23,31; 2Kings 23,31; 2Kings 23,32; 2Kings 23,33; 2Kings 23,33; 2Kings 23,33; 2Kings

ἐν

23,36; 2Kings 23,36; 2Kings 23,37; 2Kings 24,1; 2Kings 24,1; 2Kings 24,2; 2Kings 24,2; 2Kings 24,3; 2Kings 24,3; 2Kings 24,8; 2Kings 24,8; 2Kings 24,9; 2Kings 24,10; 2Kings 24,10; 2Kings 24,12; 2Kings 24,13; 2Kings 24,18; 2Kings 24,18; 2Kings 24,20; 2Kings 24,20; 2Kings 25,1; 2Kings 25,1; 2Kings 25,2; 2Kings 25,3; 2Kings 25,5; 2Kings 25,7; 2Kings 25,8; 2Kings 25,11; 2Kings 25,13; 2Kings 25,13; 2Kings 25,14; 2Kings 25,14; 2Kings 25,19; 2Kings 25,19; 2Kings 25,21; 2Kings 25,21; 2Kings 25,22; 2Kings 25,24; 2Kings 25,25; 2Kings 25,27; 2Kings 25,27; 2Kings 25,27; 2Kings 25,28; 2Kings 25,30; 1Chr. 1,46; 1Chr. 2,22; 1Chr. 3,1; 1Chr. 3,4; 1Chr. 3,4; 1Chr. 3,5; 1Chr. 4,22; 1Chr. 4,23; 1Chr. 4,23; 1Chr. 4,28; 1Chr. 4,29; 1Chr. 4,38; 1Chr. 4,38; 1Chr. 4,38; 1Chr. 4,41; 1Chr. 5,1; 1Chr. 5,2; 1Chr. 5,7; 1Chr. 5,8; 1Chr. 5,9; 1Chr. 5,10; 1Chr. 5,10; 1Chr. 5,10; 1Chr. 5,11; 1Chr. 5,12; 1Chr. 5,16; 1Chr. 5,16; 1Chr. 5,16; 1Chr. 5,17; 1Chr. 5,17; 1Chr. 5,20; 1Chr. 5,23; 1Chr. 5,23; 1Chr. 5,25; 1Chr. 5,36; 1Chr. 5,36; 1Chr. 5,41; 1Chr. 5,41; 1Chr. 6,16; 1Chr. 6,16; 1Chr. 6,17; 1Chr. 6,17; 1Chr. 6,24; 1Chr. 6,39; 1Chr. 6,39; 1Chr. 6,40; 1Chr. 6,47; 1Chr. 6,50; 1Chr. 6,52; 1Chr. 6,61; 1Chr. 6,63; 1Chr. 7,2; 1Chr. 7,21; 1Chr. 7,23; 1Chr. 7,23; 1Chr. 7,24; 1Chr. 7,29; 1Chr. 8,8; 1Chr. 8,28; 1Chr. 8,29; 1Chr. 8,32; 1Chr. 9,1; 1Chr. 9,1; 1Chr. 9,2; 1Chr. 9,2; 1Chr. 9,3; 1Chr. 9,16; 1Chr. 9,18; 1Chr. 9,22; 1Chr. 9,22; 1Chr. 9,23; 1Chr. 9,23; 1Chr. 9,25; 1Chr. 9,26; 1Chr. 9,28; 1Chr. 9,28; 1Chr. 9,31; 1Chr. 9,33; 1Chr. 9,34; 1Chr. 9,35; 1Chr. 9,38; 1Chr. 9,38; 1Chr. 10,1; 1Chr. 10,3; 1Chr. 10,4; 1Chr. 10,6; 1Chr. 10,7; 1Chr. 10,7; 1Chr. 10,8; 1Chr. 10,10; 1Chr. 10,10; 1Chr. 10,12; 1Chr. 10,13; 1Chr. 10,13; 1Chr. 11,1; 1Chr. 11,3; 1Chr. 11,6; 1Chr. 11,6; 1Chr. 11,7; 1Chr. 11,10; 1Chr. 11,11; 1Chr. 11,12; 1Chr. 11,13; 1Chr. 11,14; 1Chr. 11,15; 1Chr. 11,16; 1Chr. 11,16; 1Chr. 11,17; 1Chr. 11,18; 1Chr. 11,18; 1Chr. 11,19; 1Chr. 11,19; 1Chr. 11,20; 1Chr. 11,20; 1Chr. 11,22; 1Chr. 11,22; 1Chr. 11,23; 1Chr. 11,23; 1Chr. 11,23; 1Chr. 11,24; 1Chr. 12,1; 1Chr. 12,1; 1Chr. 12,2; 1Chr. 12,4; 1Chr. 12,16; 1Chr. 12,18; 1Chr. 12,20; 1Chr. 12,20; 1Chr. 12,21; 1Chr. 12,22; 1Chr. 12,22; 1Chr. 12,32; 1Chr. 12,34; 1Chr. 12,35; 1Chr. 12,38; 1Chr. 12,39; 1Chr. 12,41; 1Chr. 13,2; 1Chr. 13,2; 1Chr. 13,4; 1Chr. 13,8; 1Chr. 13,8; 1Chr. 13,8; 1Chr. 13,8; 1Chr. 13,8; 1Chr. 13,8; 1Chr. 13,8; 1Chr. 13,8; 1Chr. 13,11; 1Chr. 13,12; 1Chr. 13,14; 1Chr. 14,3; 1Chr. 14,4; 1Chr. 14,9; 1Chr. 14,11; 1Chr. 14,12; 1Chr. 14,13; 1Chr. 14,14; 1Chr. 14,15; 1Chr. 14,17; 1Chr. 15,1; 1Chr. 15,13; 1Chr. 15,13; 1Chr. 15,13; 1Chr. 15,15; 1Chr. 15,15; 1Chr. 15,16; 1Chr. 15,16; 1Chr. 15,19; 1Chr. 15,20; 1Chr. 15,21; 1Chr. 15,25; 1Chr. 15,26; 1Chr. 15,27; 1Chr. 15,28; 1Chr. 15,28; 1Chr. 15,28; 1Chr. 15,28; 1Chr. 15,28; 1Chr. 15,29; 1Chr. 16,1; 1Chr. 16,2; 1Chr. 16,5; 1Chr. 16,5; 1Chr. 16,6; 1Chr. 16,7; 1Chr. 16,7; 1Chr. 16,8; 1Chr. 16,8; 1Chr. 16,10; 1Chr. 16,14; 1Chr. 16,19; 1Chr. 16,19; 1Chr. 16,22; 1Chr. 16,27; 1Chr. 16,29; 1Chr. 16,31; 1Chr. 16,32; 1Chr. 16,35; 1Chr. 16,39; 1Chr. 16,39; 1Chr. 16,40; 1Chr. 16,40; 1Chr. 17,1; 1Chr. 17,1; 1Chr. 17,2; 1Chr. 17,3; 1Chr. 17,4; 1Chr. 17,5; 1Chr. 17,5; 1Chr. 17,5; 1Chr. 17,6; 1Chr. 17,6; 1Chr. 17,8; 1Chr. 17,14; 1Chr. 17,14; 1Chr. 17,20; 1Chr. 18,5; 1Chr. 18,6; 1Chr. 18,6; 1Chr. 18,12; 1Chr. 18,13; 1Chr. 18,13; 1Chr. 19,5; 1Chr. 19,9; 1Chr. 19,11; 1Chr. 19,13; 1Chr. 20,1; 1Chr. 20,1; 1Chr. 20,1; 1Chr. 20,2; 1Chr. 20,3; 1Chr. 20,3; 1Chr. 20,4; 1Chr. 20,6; 1Chr. 20,8; 1Chr. 20,8; 1Chr. 20,8; 1Chr. 21,1; 1Chr. 21,4; 1Chr. 21,6; 1Chr. 21,12; 1Chr. 21,12; 1Chr. 21,14; 1Chr. 21,15; 1Chr. 21,16; 1Chr. 21,16; 1Chr. 21,17; 1Chr. 21,17; 1Chr. 21,17; 1Chr. 21,17; 1Chr. 21,18; 1Chr. 21,19; 1Chr. 21,22; 1Chr. 21,24; 1Chr. 21,25; 1Chr. 21,26; 1Chr. 21,28; 1Chr. 21,28; 1Chr. 21,28; 1Chr. 21,29; 1Chr. 21,29; 1Chr. 21,29; 1Chr. 21,29; 1Chr. 22,2; 1Chr. 22,9; 1Chr. 22,10; 1Chr. 22,15; 1Chr. 22,16; 1Chr. 22,16; 1Chr. 22,16; 1Chr. 22,16; 1Chr. 22,18; 1Chr. 23,5; 1Chr. 23,25; 1Chr. 23,27; 1Chr. 23,28; 1Chr. 23,31; 1Chr. 23,31; 1Chr. 23,31; 1Chr. 23,32; 1Chr. 24,5; 1Chr. 24,5; 1Chr. 25,1; 1Chr. 25,1; 1Chr. 25,1; 1Chr. 25,1; 1Chr. 25,3; 1Chr. 25,5; 1Chr. 25,6; 1Chr. 25,6; 1Chr. 25,6; 1Chr. 25,6; 1Chr. 26,8; 1Chr. 26,12; 1Chr. 26,31; 1Chr. 26,31; 1Chr. 26,31; 1Chr. 27,21; 1Chr. 27,24; 1Chr. 27,24; 1Chr. 27,24; 1Chr. 27,25; 1Chr. 27,25; 1Chr. 27,25; 1Chr. 27,25; 1Chr. 27,27; 1Chr. 27,28; 1Chr. 27,29; 1Chr. 27,29; 1Chr. 28,1; 1Chr. 28,2; 1Chr. 28,4; 1Chr. 28,4; 1Chr. 28,4; 1Chr. 28,4; 1Chr. 28,5; 1Chr. 28,6; 1Chr. 28,8; 1Chr. 28,9; 1Chr. 28,12; 1Chr. 28,19; 1Chr. 28,21; 1Chr. 28,21; 1Chr. 29,1; 1Chr. 29,3; 1Chr. 29,3; 1Chr. 29,4; 1Chr. 29,9; 1Chr. 29,11; 1Chr. 29,12; 1Chr. 29,12; 1Chr. 29,17; 1Chr. 29,17; 1Chr. 29,18; 1Chr. 29,22; 1Chr. 29,27; 1Chr. 29,27; 1Chr. 29,28; 1Chr. 29,29; 2Chr. 1,3; 2Chr. 1,3; 2Chr. 1,6; 2Chr. 1,7; 2Chr. 1,11; 2Chr. 1,12; 2Chr. 1,13; 2Chr. 1,14; 2Chr. 1,14; 2Chr. 1,15; 2Chr. 1,15; 2Chr. 1,15; 2Chr. 1,17; 2Chr. 2,1; 2Chr. 2,2; 2Chr. 2,3; 2Chr. 2,3; 2Chr. 2,3; 2Chr. 2,6; 2Chr. 2,6; 2Chr. 2,6; 2Chr. 2,6; 2Chr. 2,6; 2Chr. 2,6; 2Chr. 2,6; 2Chr. 2,6; 2Chr. 2,6; 2Chr. 2,10; 2Chr. 2,13; 2Chr. 2,13; 2Chr. 2,13; 2Chr. 2,13; 2Chr. 2,13; 2Chr. 2,13; 2Chr. 2,13; 2Chr. 2,13; 2Chr. 2,13; 2Chr. 2,13; 2Chr. 2,16; 2Chr. 3,1; 2Chr. 3,1; 2Chr. 3,1; 2Chr. 3,1; 2Chr. 3,2; 2Chr. 3,2; 2Chr. 3,10; 2Chr. 3,14; 2Chr. 3,16; 2Chr. 4,3; 2Chr. 4,6; 2Chr. 4,6; 2Chr. 4,6; 2Chr. 4,7; 2Chr. 4,8; 2Chr. 4,11; 2Chr. 4,13; 2Chr. 4,16; 2Chr. 4,17; 2Chr. 4,17; 2Chr. 4,17; 2Chr. 5,1; 2Chr. 5,3; 2Chr. 5,5; 2Chr. 5,10; 2Chr. 5,10; 2Chr. 5,10; 2Chr. 5,11; 2Chr. 5,12; 2Chr. 5,12; 2Chr. 5,12; 2Chr. 5,13; 2Chr. 5,13; 2Chr. 5,13; 2Chr. 5,13; 2Chr. 5,13; 2Chr. 5,13; 2Chr. 6,1; 2Chr. 6,4; 2Chr. 6,4; 2Chr. 6,5; 2Chr. 6,5; 2Chr. 6,6; 2Chr. 6,6; 2Chr. 6,11; 2Chr. 6,13; 2Chr. 6,14; 2Chr. 6,14; 2Chr. 6,15; 2Chr. 6,15; 2Chr. 6,16; 2Chr. 6,21; 2Chr. 6,22; 2Chr. 6,24; 2Chr. 6,26; 2Chr. 6,27; 2Chr. 6,27; 2Chr. 6,34; 2Chr. 6,34; 2Chr. 6,37; 2Chr. 6,37; 2Chr. 6,38; 2Chr. 6,38; 2Chr. 6,38; 2Chr. 6,41; 2Chr. 7,2; 2Chr. 7,6; 2Chr. 7,6; 2Chr. 7,7; 2Chr. 7,8; 2Chr. 7,9; 2Chr. 7,10; 2Chr. 7,11; 2Chr. 7,11; 2Chr. 7,11; 2Chr. 7,12; 2Chr. 7,13; 2Chr. 7,18; 2Chr. 7,20; 2Chr. 8,1; 2Chr. 8,4; 2Chr. 8,4; 2Chr. 8,6; 2Chr. 8,6; 2Chr. 8,6; 2Chr. 8,8; 2Chr. 8,10; 2Chr. 8,11; 2Chr. 8,13; 2Chr. 8,13; 2Chr. 8,13; 2Chr. 8,13; 2Chr. 8,13; 2Chr. 8,13; 2Chr. 8,13; 2Chr. 8,14; 2Chr. 8,17; 2Chr. 8,18; 2Chr. 9,1; 2Chr. 9,1; 2Chr. 9,1; 2Chr. 9,4; 2Chr. 9,5; 2Chr. 9,8; 2Chr. 9,11; 2Chr. 9,13; 2Chr. 9,16; 2Chr. 9,19; 2Chr. 9,20; 2Chr. 9,23; 2Chr. 9,25; 2Chr. 9,25; 2Chr. 9,27; 2Chr. 9,27; 2Chr. 9,29; 2Chr. 9,31; 2Chr. 10,2; 2Chr. 10,2; 2Chr. 10,6; 2Chr. 10,7; 2Chr. 10,11; 2Chr. 10,11; 2Chr. 10,14; 2Chr. 10,14; 2Chr. 10,15; 2Chr. 10,16; 2Chr. 10,16; 2Chr. 10,17; 2Chr. 10,19; 2Chr. 11,5; 2Chr. 11,11; 2Chr. 11,13; 2Chr. 11,17; 2Chr. 11,22; 2Chr. 11,23; 2Chr. 11,23; 2Chr. 12,2; 2Chr. 12,3; 2Chr. 12,4; 2Chr. 12,5; 2Chr. 12,7; 2Chr. 12,7; 2Chr. 12,9; 2Chr. 12,9; 2Chr. 12,11; 2Chr. 12,12; 2Chr. 12,12; 2Chr. 12,13; 2Chr. 12,13; 2Chr. 12,13; 2Chr. 12,13; 2Chr. 12,15; 2Chr. 12,16; 2Chr. 13,2; 2Chr. 13,3; 2Chr. 13,3; 2Chr. 13,4; 2Chr. 13,9; 2Chr. 13,10; 2Chr. 13,12; 2Chr. 13,15; 2Chr. 13,17; 2Chr. 13,18; 2Chr. 13,23; 2Chr. 14,5; 2Chr. 14,5; 2Chr. 14,6; 2Chr. 14,7; 2Chr. 14,7; 2Chr. 14,8; 2Chr. 14,8; 2Chr. 14,9; 2Chr. 14,10; 2Chr. 14,10; 2Chr. 14,12; 2Chr. 15,2; 2Chr. 15,3; 2Chr. 15,3; 2Chr. 15,5; 2Chr. 15,6; 2Chr. 15,8; 2Chr. 15,8; 2Chr. 15,9; 2Chr. 15,10; 2Chr. 15,10; 2Chr. 15,11; 2Chr. 15,12; 2Chr. 15,14; 2Chr. 15,14; 2Chr. 15,14; 2Chr. 15,14; 2Chr. 15,15; 2Chr. 15,16; 2Chr. 15,17; 2Chr. 16,1; 2Chr. 16,2; 2Chr. 16,5; 2Chr. 16,6; 2Chr. 16,7; 2Chr. 16,8; 2Chr. 16,9; 2Chr. 16,9; 2Chr. 16,10; 2Chr. 16,10; 2Chr. 16,11; 2Chr. 16,12; 2Chr. 16,12; 2Chr. 16,13; 2Chr. 16,14; 2Chr. 16,14; 2Chr. 17,2; 2Chr. 17,2; 2Chr. 17,2; 2Chr. 17,3; 2Chr. 17,4; 2Chr. 17,5; 2Chr. 17,6; 2Chr. 17,7; 2Chr. 17,7; 2Chr. 17,9; 2Chr. 17,9; 2Chr. 17,12; 2Chr. 17,13; 2Chr. 17,13; 2Chr. 17,19; 2Chr. 17,19; 2Chr. 18,1; 2Chr. 18,9; 2Chr. 18,12; 2Chr. 18,15; 2Chr. 18,16; 2Chr. 18,16; 2Chr. 18,19; 2Chr. 18,21; 2Chr. 18,22; 2Chr. 18,24;

2Chr. 18,24; 2Chr. 18,26; 2Chr. 18,27; 2Chr. 18,27; 2Chr. 18,34; 2Chr. 19,1; 2Chr. 19,3; 2Chr. 19,4; 2Chr. 19,5; 2Chr. 19,5; 2Chr. 19,8; 2Chr. 19,8; 2Chr. 19,9; 2Chr. 19,9; 2Chr. 19,9; 2Chr. 19,10; 2Chr. 20,2; 2Chr. 20,3; 2Chr. 20,5; 2Chr. 20,5; 2Chr. 20,5; 2Chr. 20,6; 2Chr. 20,6; 2Chr. 20,8; 2Chr. 20,8; 2Chr. 20,12; 2Chr. 20,14; 2Chr. 20,19; 2Chr. 20,20; 2Chr. 20,20; 2Chr. 20,20; 2Chr. 20,20; 2Chr. 20,21; 2Chr. 20,22; 2Chr. 20,27; 2Chr. 20,28; 2Chr. 20,28; 2Chr. 20,28; 2Chr. 20,29; 2Chr. 20,31; 2Chr. 20,31; 2Chr. 20,32; 2Chr. 20,34; 2Chr. 20,36; 2Chr. 20,36; 2Chr. 21,1; 2Chr. 21,3; 2Chr. 21,4; 2Chr. 21,5; 2Chr. 21,6; 2Chr. 21,8; 2Chr. 21,10; 2Chr. 21,11; 2Chr. 21,11; 2Chr. 21,12; 2Chr. 21,12; 2Chr. 21,13; 2Chr. 21,13; 2Chr. 21,14; 2Chr. 21,14; 2Chr. 21,14; 2Chr. 21,14; 2Chr. 21,15; 2Chr. 21,15; 2Chr. 21,17; 2Chr. 21,18; 2Chr. 21,19; 2Chr. 21,20; 2Chr. 21,20; 2Chr. 21,20; 2Chr. 21,20; 2Chr. 22,1; 2Chr. 22,2; 2Chr. 22,3; 2Chr. 22,5; 2Chr. 22,6; 2Chr. 22,6; 2Chr. 22,7; 2Chr. 22,9; 2Chr. 22,9; 2Chr. 22,9; 2Chr. 22,10; 2Chr. 22,12; 2Chr. 23,1; 2Chr. 23,3; 2Chr. 23,5; 2Chr. 23,5; 2Chr. 23,5; 2Chr. 23,7; 2Chr. 23,9; 2Chr. 23,10; 2Chr. 23,13; 2Chr. 23,13; 2Chr. 23,14; 2Chr. 23,18; 2Chr. 23,18; 2Chr. 23,18; 2Chr. 24,1; 2Chr. 24,1; 2Chr. 24,8; 2Chr. 24,9; 2Chr. 24,9; 2Chr. 24,9; 2Chr. 24,13; 2Chr. 24,14; 2Chr. 24,15; 2Chr. 24,16; 2Chr. 24,18; 2Chr. 24,21; 2Chr. 24,23; 2Chr. 24,24; 2Chr. 24,25; 2Chr. 24,25; 2Chr. 24,25; 2Chr. 24,25; 2Chr. 24,25; 2Chr. 25,1; 2Chr. 25,2; 2Chr. 25,3; 2Chr. 25,5; 2Chr. 25,8; 2Chr. 25,10; 2Chr. 25,13; 2Chr. 25,16; 2Chr. 25,18; 2Chr. 25,18; 2Chr. 25,18; 2Chr. 25,19; 2Chr. 25,19; 2Chr. 25,21; 2Chr. 25,23; 2Chr. 25,24; 2Chr. 25,27; 2Chr. 25,28; 2Chr. 26,3; 2Chr. 26,5; 2Chr. 26,5; 2Chr. 26,5; 2Chr. 26,6; 2Chr. 26,9; 2Chr. 26,10; 2Chr. 26,10; 2Chr. 26,10; 2Chr. 26,10; 2Chr. 26,10; 2Chr. 26,13; 2Chr. 26,15; 2Chr. 26,16; 2Chr. 26,19; 2Chr. 26,19; 2Chr. 26,19; 2Chr. 26,19; 2Chr. 26,19; 2Chr. 26,20; 2Chr. 26,21; 2Chr. 26,23; 2Chr. 27,1; 2Chr. 27,1; 2Chr. 27,3; 2Chr. 27,4; 2Chr. 27,4; 2Chr. 27,5; 2Chr. 27,9; 2Chr. 28,1; 2Chr. 28,1; 2Chr. 28,3; 2Chr. 28,5; 2Chr. 28,5; 2Chr. 28,6; 2Chr. 28,6; 2Chr. 28,6; 2Chr. 28,9; 2Chr. 28,9; 2Chr. 28,15; 2Chr. 28,15; 2Chr. 28,17; 2Chr. 28,17; 2Chr. 28,21; 2Chr. 28,21; 2Chr. 28,24; 2Chr. 28,24; 2Chr. 28,25; 2Chr. 28,25; 2Chr. 28,27; 2Chr. 29,1; 2Chr. 29,3; 2Chr. 29,7; 2Chr. 29,9; 2Chr. 29,9; 2Chr. 29,11; 2Chr. 29,16; 2Chr. 29,17; 2Chr. 29,18; 2Chr. 29,19; 2Chr. 29,19; 2Chr. 29,25; 2Chr. 29,25; 2Chr. 29,25; 2Chr. 29,25; 2Chr. 29,25; 2Chr. 29,26; 2Chr. 29,27; 2Chr. 29,30; 2Chr. 29,30; 2Chr. 29,35; 2Chr. 29,35; 2Chr. 30,2; 2Chr. 30,3; 2Chr. 30,5; 2Chr. 30,5; 2Chr. 30,9; 2Chr. 30,9; 2Chr. 30,10; 2Chr. 30,12; 2Chr. 30,12; 2Chr. 30,13; 2Chr. 30,14; 2Chr. 30,14; 2Chr. 30,21; 2Chr. 30,21; 2Chr. 30,21; 2Chr. 30,23; 2Chr. 30,25; 2Chr. 30,26; 2Chr. 30,26; 2Chr. 31,1; 2Chr. 31,2; 2Chr. 31,2; 2Chr. 31,3; 2Chr. 31,4; 2Chr. 31,4; 2Chr. 31,6; 2Chr. 31,7; 2Chr. 31,7; 2Chr. 31,12; 2Chr. 31,15; 2Chr. 31,17; 2Chr. 31,17; 2Chr. 31,18; 2Chr. 31,18; 2Chr. 31,18; 2Chr. 31,19; 2Chr. 31,19; 2Chr. 31,19; 2Chr. 31,19; 2Chr. 31,20; 2Chr. 31,21; 2Chr. 31,21; 2Chr. 31,21; 2Chr. 31,21; 2Chr. 31,21; 2Chr. 31,21; 2Chr. 32,9; 2Chr. 32,10; 2Chr. 32,10; 2Chr. 32,14; 2Chr. 32,21; 2Chr. 32,21; 2Chr. 32,22; 2Chr. 32,26; 2Chr. 32,30; 2Chr. 32,31; 2Chr. 32,32; 2Chr. 32,33; 2Chr. 32,33; 2Chr. 32,33; 2Chr. 33,1; 2Chr. 33,1; 2Chr. 33,4; 2Chr. 33,5; 2Chr. 33,6; 2Chr. 33,6; 2Chr. 33,7; 2Chr. 33,8; 2Chr. 33,9; 2Chr. 33,11; 2Chr. 33,11; 2Chr. 33,14; 2Chr. 33,14; 2Chr. 33,14; 2Chr. 33,15; 2Chr. 33,15; 2Chr. 33,20; 2Chr. 33,21; 2Chr. 33,21; 2Chr. 33,24; 2Chr. 34,1; 2Chr. 34,1; 2Chr. 34,2; 2Chr. 34,3; 2Chr. 34,3; 2Chr. 34,6; 2Chr. 34,8; 2Chr. 34,9; 2Chr. 34,9; 2Chr. 34,10; 2Chr. 34,10; 2Chr. 34,12; 2Chr. 34,12; 2Chr. 34,14; 2Chr. 34,15; 2Chr. 34,16; 2Chr. 34,17; 2Chr. 34,21; 2Chr. 34,21; 2Chr. 34,21; 2Chr. 34,22; 2Chr. 34,22; 2Chr. 34,24; 2Chr. 34,25; 2Chr. 34,25; 2Chr. 34,27; 2Chr. 34,28; 2Chr. 34,28; 2Chr. 34,30; 2Chr. 34,30; 2Chr. 34,31; 2Chr. 34,31; 2Chr. 34,32; 2Chr. 34,32; 2Chr. 34,33; 2Chr. 34,33; 2Chr. 35,3; 2Chr. 35,5; 2Chr. 35,12; 2Chr. 35,13; 2Chr. 35,13; 2Chr. 35,13; 2Chr. 35,14; 2Chr. 35,16; 2Chr. 35,17; 2Chr. 35,18; 2Chr. 35,18; 2Chr. 35,19a; 2Chr. 35,19a; 2Chr. 35,19a; 2Chr. 35,19b; 2Chr. 35,19b; 2Chr. 35,19b; 2Chr. 35,19c; 2Chr. 35,22; 2Chr. 35,26; 2Chr. 36,1; 2Chr. 36,2; 2Chr. 36,2; 2Chr. 36,2c; 2Chr. 36,2c; 2Chr. 36,2c; 2Chr. 36,5; 2Chr. 36,5; 2Chr. 36,5a; 2Chr. 36,5b; 2Chr. 36,5c; 2Chr. 36,5d; 2Chr. 36,6; 2Chr. 36,7; 2Chr. 36,7; 2Chr. 36,8; 2Chr. 36,9; 2Chr. 36,9; 2Chr. 36,11; 2Chr. 36,11; 2Chr. 36,13; 2Chr. 36,14; 2Chr. 36,15; 2Chr. 36,16; 2Chr. 36,16; 2Chr. 36,17; 2Chr. 36,17; 2Chr. 36,17; 2Chr. 36,19; 2Chr. 36,22; 2Chr. 36,22; 2Chr. 36,23; 2Chr. 36,23; 1Esdr. 1,1; 1Esdr. 1,2; 1Esdr. 1,3; 1Esdr. 1,3; 1Esdr. 1,5; 1Esdr. 1,5; 1Esdr. 1,12; 1Esdr. 1,13; 1Esdr. 1,16; 1Esdr. 1,17; 1Esdr. 1,18; 1Esdr. 1,19; 1Esdr. 1,19; 1Esdr. 1,21; 1Esdr. 1,22; 1Esdr. 1,22; 1Esdr. 1,23; 1Esdr. 1,27; 1Esdr. 1,29; 1Esdr. 1,30; 1Esdr. 1,31; 1Esdr. 1,31; 1Esdr. 1,31; 1Esdr. 1,33; 1Esdr. 1,33; 1Esdr. 1,38; 1Esdr. 1,39; 1Esdr. 1,39; 1Esdr. 1,40; 1Esdr. 1,42; 1Esdr. 1,47; 1Esdr. 1,49; 1Esdr. 1,50; 1Esdr. 1,52; 1Esdr. 1,54; 1Esdr. 2,1; 1Esdr. 2,1; 1Esdr. 2,2; 1Esdr. 2,2; 1Esdr. 2,3; 1Esdr. 2,3; 1Esdr. 2,4; 1Esdr. 2,4; 1Esdr. 2,4; 1Esdr. 2,4; 1Esdr. 2,4; 1Esdr. 2,5; 1Esdr. 2,6; 1Esdr. 2,7; 1Esdr. 2,12; 1Esdr. 2,12; 1Esdr. 2,13; 1Esdr. 2,16; 1Esdr. 2,17; 1Esdr. 2,17; 1Esdr. 2,19; 1Esdr. 2,21; 1Esdr. 2,22; 1Esdr. 2,26; 1Esdr. 3,2; 1Esdr. 3,6; 1Esdr. 3,14; 1Esdr. 4,2; 1Esdr. 4,24; 1Esdr. 4,29; 1Esdr. 4,34; 1Esdr. 4,34; 1Esdr. 4,37; 1Esdr. 4,37; 1Esdr. 4,39; 1Esdr. 4,43; 1Esdr. 4,48; 1Esdr. 4,48; 1Esdr. 4,54; 1Esdr. 4,54; 1Esdr. 5,6; 1Esdr. 5,39; 1Esdr. 5,43; 1Esdr. 5,43; 1Esdr. 5,45; 1Esdr. 5,45; 1Esdr. 5,46; 1Esdr. 5,48; 1Esdr. 5,49; 1Esdr. 5,50; 1Esdr. 5,55; 1Esdr. 5,56; 1Esdr. 5,69; 1Esdr. 6,1; 1Esdr. 6,2; 1Esdr. 6,3; 1Esdr. 6,7; 1Esdr. 6,8; 1Esdr. 6,8; 1Esdr. 6,9; 1Esdr. 6,9; 1Esdr. 6,16; 1Esdr. 6,17; 1Esdr. 6,17; 1Esdr. 6,17; 1Esdr. 6,18; 1Esdr. 6,18; 1Esdr. 6,19; 1Esdr. 6,20; 1Esdr. 6,20; 1Esdr. 6,21; 1Esdr. 6,22; 1Esdr. 6,22; 1Esdr. 6,22; 1Esdr. 6,22; 1Esdr. 6,22; 1Esdr. 6,23; 1Esdr. 6,25; 1Esdr. 6,25; 1Esdr. 6,26; 1Esdr. 6,29; 1Esdr. 6,32; 1Esdr. 7,6; 1Esdr. 7,10; 1Esdr. 8,3; 1Esdr. 8,5; 1Esdr. 8,6; 1Esdr. 8,10; 1Esdr. 8,12; 1Esdr. 8,13; 1Esdr. 8,13; 1Esdr. 8,15; 1Esdr. 8,17; 1Esdr. 8,23; 1Esdr. 8,25; 1Esdr. 8,28; 1Esdr. 8,44; 1Esdr. 8,45; 1Esdr. 8,45; 1Esdr. 8,58; 1Esdr. 8,58; 1Esdr. 8,59; 1Esdr. 8,61; 1Esdr. 8,73; 1Esdr. 8,75; 1Esdr. 8,76; 1Esdr. 8,76; 1Esdr. 8,77; 1Esdr. 8,77; 1Esdr. 8,78; 1Esdr. 8,79; 1Esdr. 8,86; 1Esdr. 8,87; 1Esdr. 8,88; 1Esdr. 8,90; 1Esdr. 9,3; 1Esdr. 9,4; 1Esdr. 9,5; 1Esdr. 9,6; 1Esdr. 9,11; 1Esdr. 9,37; 1Esdr. 9,37; 1Esdr. 9,37; 1Esdr. 9,41; 1Esdr. 9,46; 1Esdr. 9,50; 1Esdr. 9,55; Ezra 1,1; Ezra 1,1; Ezra 1,1; Ezra 1,2; Ezra 1,2; Ezra 1,3; Ezra 1,3; Ezra 1,3; Ezra 1,4; Ezra 1,4; Ezra 1,5; Ezra 1,6; Ezra 1,6; Ezra 1,6; Ezra 1,6; Ezra 1,6; Ezra 1,6; Ezra 1,7; Ezra 2,68; Ezra 2,68; Ezra 2,70; Ezra 2,70; Ezra 3,1; Ezra 3,2; Ezra 3,3; Ezra 3,4; Ezra 3,4; Ezra 3,4; Ezra 3,6; Ezra 3,8; Ezra 3,8; Ezra 3,8; Ezra 3,9; Ezra 3,10; Ezra 3,10; Ezra 3,11; Ezra 3,12; Ezra 3,12; Ezra 3,12; Ezra 4,6; Ezra 4,6; Ezra 4,7; Ezra 4,7; Ezra 4,10; Ezra 4,15; Ezra 4,15; Ezra 4,17; Ezra 4,19; Ezra 4,23; Ezra 4,23; Ezra 4,24; Ezra 5,1; Ezra 5,1; Ezra 5,2; Ezra 5,3; Ezra 5,6; Ezra 5,7; Ezra 5,8; Ezra 5,8; Ezra 5,13; Ezra 5,14; Ezra 5,15; Ezra 5,15; Ezra 5,16; Ezra 5,17; Ezra 5,17; Ezra 6,1; Ezra 6,1; Ezra 6,2; Ezra 6,2; Ezra 6,2; Ezra 6,3; Ezra 6,3; Ezra 6,5; Ezra 6,5; Ezra 6,5; Ezra 6,6; Ezra 6,9; Ezra 6,9; Ezra 6,12; Ezra 6,14; Ezra 6,16; Ezra 6,18; Ezra 6,18; Ezra 6,18; Ezra 6,22; Ezra 6,22; Ezra 7,1; Ezra 7,6; Ezra 7,6; Ezra 7,7; Ezra 7,9; Ezra 7,9; Ezra 7,10; Ezra 7,10; Ezra 7,13; Ezra 7,14; Ezra 7,15; Ezra 7,16; Ezra 7,16; Ezra 7,17; Ezra 7,17; Ezra 7,18; Ezra 7,19; Ezra 7,23; Ezra 7,24; Ezra 7,25; Ezra 7,27; Ezra 7,27; Ezra 7,28; Ezra 8,1; Ezra 8,15; Ezra 8,15; Ezra 8,17; Ezra 8,17; Ezra 8,17; Ezra 8,20; Ezra 8,22; Ezra 8,27; Ezra 8,29; Ezra 8,31;

ἐν

Ezra 8,31; Ezra 8,33; Ezra 8,34; Ezra 8,34; Ezra 8,34; Ezra 9,1; Ezra 9,2; Ezra 9,2; Ezra 9,2; Ezra 9,5; Ezra 9,5; Ezra 9,7; Ezra 9,7; Ezra 9,7; Ezra 9,7; Ezra 9,7; Ezra 9,7; Ezra 9,7; Ezra 9,8; Ezra 9,8; Ezra 9,9; Ezra 9,9; Ezra 9,9; Ezra 9,11; Ezra 9,11; Ezra 9,11; Ezra 9,11; Ezra 9,13; Ezra 9,13; Ezra 9,14; Ezra 9,15; Ezra 10,3; Ezra 10,7; Ezra 10,7; Ezra 10,9; Ezra 10,9; Ezra 10,13; Ezra 10,14; Ezra 10,16; Ezra 10,16; Ezra 10,17; Neh. 1,1; Neh. 1,1; Neh. 1,3; Neh. 1,3; Neh. 1,3; Neh. 1,3; Neh. 1,4; Neh. 1,8; Neh. 1,10; Neh. 1,10; Neh. 2,1; Neh. 2,3; Neh. 2,13; Neh. 2,13; Neh. 2,15; Neh. 2,15; Neh. 2,15; Neh. 2,17; Neh. 2,17; Neh. 2,20; Neh. 3,13; Neh. 3,26; Neh. 3,36; Neh. 4,2; Neh. 4,4; Neh. 4,7; Neh. 4,11; Neh. 4,11; Neh. 4,11; Neh. 4,11; Neh. 4,12; Neh. 4,14; Neh. 4,16; Neh. 4,16; Neh. 5,2; Neh. 5,2; Neh. 5,8; Neh. 5,9; Neh. 5,10; Neh. 5,14; Neh. 5,15; Neh. 5,15; Neh. 5,16; Neh. 5,18; Neh. 6,1; Neh. 6,1; Neh. 6,2; Neh. 6,2; Neh. 6,5; Neh. 6,6; Neh. 6,6; Neh. 6,7; Neh. 6,7; Neh. 6,10; Neh. 6,16; Neh. 6,17; Neh. 6,18; Neh. 7,2; Neh. 7,3; Neh. 7,3; Neh. 7,4; Neh. 7,5; Neh. 7,5; Neh. 7,73; Neh. 7,73; Neh. 8,2; Neh. 8,3; Neh. 8,7; Neh. 8,8; Neh. 8,8; Neh. 8,8; Neh. 8,12; Neh. 8,13; Neh. 8,14; Neh. 8,14; Neh. 8,14; Neh. 8,14; Neh. 8,15; Neh. 8,15; Neh. 8,16; Neh. 8,16; Neh. 8,16; Neh. 8,17; Neh. 8,18; Neh. 8,18; Neh. 9,1; Neh. 9,1; Neh. 9,1; Neh. 9,3; Neh. 9,6; Neh. 9,6; Neh. 9,7; Neh. 9,9; Neh. 9,10; Neh. 9,10; Neh. 9,10; Neh. 9,10; Neh. 9,11; Neh. 9,11; Neh. 9,11; Neh. 9,12; Neh. 9,12; Neh. 9,12; Neh. 9,12; Neh. 9,14; Neh. 9,17; Neh. 9,19; Neh. 9,19; Neh. 9,19; Neh. 9,19; Neh. 9,19; Neh. 9,21; Neh. 9,25; Neh. 9,26; Neh. 9,27; Neh. 9,27; Neh. 9,27; Neh. 9,28; Neh. 9,28; Neh. 9,29; Neh. 9,29; Neh. 9,29; Neh. 9,30; Neh. 9,30; Neh. 9,30; Neh. 9,31; Neh. 9,32; Neh. 9,35; Neh. 9,35; Neh. 9,35; Neh. 9,37; Neh. 9,37; Neh. 9,37; Neh. 10,1; Neh. 10,30; Neh. 10,30; Neh. 10,30; Neh. 10,30; Neh. 10,32; Neh. 10,32; Neh. 10,32; Neh. 10,35; Neh. 10,37; Neh. 10,37; Neh. 10,38; Neh. 10,39; Neh. 11,1; Neh. 11,1; Neh. 11,1; Neh. 11,2; Neh. 11,3; Neh. 11,3; Neh. 11,3; Neh. 11,3; Neh. 11,4; Neh. 11,6; Neh. 11,25; Neh. 11,25; Neh. 11,26; Neh. 11,27; Neh. 11,30; Neh. 12,7; Neh. 12,12; Neh. 12,17; Neh. 12,22; Neh. 12,22; Neh. 12,24; Neh. 12,25; Neh. 12,26; Neh. 12,26; Neh. 12,27; Neh. 12,27; Neh. 12,27; Neh. 12,27; Neh. 12,29; Neh. 12,35; Neh. 12,36; Neh. 12,37; Neh. 12,39; Neh. 12,40; Neh. 12,41; Neh. 12,43; Neh. 12,43; Neh. 12,44; Neh. 12,44; Neh. 12,44; Neh. 12,46; Neh. 12,47; Neh. 12,47; Neh. 13,1; Neh. 13,1; Neh. 13,1; Neh. 13,1; Neh. 13,2; Neh. 13,2; Neh. 13,3; Neh. 13,4; Neh. 13,6; Neh. 13,6; Neh. 13,6; Neh. 13,7; Neh. 13,7; Neh. 13,14; Neh. 13,14; Neh. 13,15; Neh. 13,15; Neh. 13,15; Neh. 13,15; Neh. 13,16; Neh. 13,16; Neh. 13,16; Neh. 13,19; Neh. 13,21; Neh. 13,21; Neh. 13,21; Neh. 13,23; Neh. 13,25; Neh. 13,25; Neh. 13,26; Neh. 13,27; Neh. 13,31; Neh. 13,31; Esth. 11,3 # 1,1b; Esth. 11,3 # 1,1b; Esth. 11,12 # 1,1l; Esth. 11,12 # 1,1l; Esth. 12,1 # 1,1m; Esth. 12,5 # 1,1q; Esth. 1,1 # 1,1s; Esth. 1,2; Esth. 1,2; Esth. 1,3; Esth. 1,5; Esth. 1,9; Esth. 1,10; Esth. 1,20; Esth. 1,22; Esth. 2,3; Esth. 2,5; Esth. 2,7; Esth. 2,9; Esth. 2,12; Esth. 2,12; Esth. 2,12; Esth. 2,15; Esth. 2,19; Esth. 2,23; Esth. 2,23; Esth. 3,2; Esth. 3,3; Esth. 3,7; Esth. 3,7; Esth. 3,8; Esth. 3,8; Esth. 3,13; Esth. 13,3 # 3,13c; Esth. 13,4 # 3,13d; Esth. 13,5 # 3,13e; Esth. 13,6 # 3,13f; Esth. 13,7 # 3,13g; Esth. 4,3; Esth. 4,8; Esth. 4,8; Esth. 4,13; Esth. 4,14; Esth. 4,16; Esth. 13,9 # 4,17b; Esth. 13,9 # 4,17b; Esth. 13,10 # 4,17c; Esth. 13,12 # 4,17d; Esth. 13,12 # 4,17d; Esth. 13,12 # 4,17d; Esth. 13,14 # 4,17e; Esth. 13,18 # 4,17i; Esth. 14,1 # 4,17k; Esth. 14,3 # 4,17l; Esth. 14,5 # 4,17m; Esth. 14,8 # 4,17o; Esth. 14,11 # 4,17q; Esth. 14,12 # 4,17r; Esth. 14,14 # 4,17t; Esth. 14,16 # 4,17w; Esth. 14,16 # 4,17w; Esth. 15,1; Esth. 15,7 # 5,1d; Esth. 15,7 # 5,1d; Esth. 15,15 # 5,2b; Esth. 5,6; Esth. 5,9; Esth. 5,9; Esth. 5,13; Esth. 6,2; Esth. 6,4; Esth. 6,4; Esth. 6,4; Esth. 6,5; Esth. 6,6; Esth. 6,10; Esth. 7,2; Esth. 7,7; Esth. 7,8; Esth. 7,9; Esth. 8,1; Esth. 8,5; Esth. 8,6; Esth. 8,9; Esth. 8,11; Esth. 8,12; Esth. 8,12; Esth. 16,16 # 8,12q; Esth. 16,19 # 8,12s; Esth. 16,19 # 8,12s; Esth. 16,22 # 8,12u; Esth. 8,13; Esth. 8,14; Esth. 8,15; Esth. 9,2; Esth. 9,4; Esth. 9,6; Esth. 9,11; Esth. 9,11; Esth. 9,12; Esth. 9,12; Esth. 9,15; Esth. 9,16; Esth. 9,18; Esth. 9,19; Esth. 9,19; Esth. 9,20; Esth. 9,22; Esth. 9,22; Esth. 10,2; Esth. 10,3; Esth. 10,9 # 10,3f; Esth. 10,11 # 10,3h; Esth. 10,13 # 10,3k; Esth. 10,13 # 10,3k; Esth. 11,1 # 10,3l; Judith 1,1; Judith 1,1; Judith 1,1; Judith 1,5; Judith 1,5; Judith 1,5; Judith 1,8; Judith 1,9; Judith 1,11; Judith 1,12; Judith 1,12; Judith 1,13; Judith 1,13; Judith 1,13; Judith 1,15; Judith 1,15; Judith 2,1; Judith 2,1; Judith 2,5; Judith 2,7; Judith 2,7; Judith 2,11; Judith 2,12; Judith 2,19; Judith 2,27; Judith 2,27; Judith 2,28; Judith 2,28; Judith 2,28; Judith 3,4; Judith 3,4; Judith 4,1; Judith 4,5; Judith 4,6; Judith 4,6; Judith 4,8; Judith 4,9; Judith 4,9; Judith 4,11; Judith 4,13; Judith 5,1; Judith 5,3; Judith 5,3; Judith 5,4; Judith 5,7; Judith 5,7; Judith 5,9; Judith 5,11; Judith 5,12; Judith 5,14; Judith 5,15; Judith 5,15; Judith 5,16; Judith 5,18; Judith 5,19; Judith 5,20; Judith 5,20; Judith 5,21; Judith 5,23; Judith 6,2; Judith 6,4; Judith 6,4; Judith 6,5; Judith 6,6; Judith 6,7; Judith 6,10; Judith 6,12; Judith 6,15; Judith 6,16; Judith 6,17; Judith 6,19; Judith 7,2; Judith 7,2; Judith 7,3; Judith 7,6; Judith 7,9; Judith 7,10; Judith 7,10; Judith 7,14; Judith 7,14; Judith 7,15; Judith 7,17; Judith 7,18; Judith 7,18; Judith 7,18; Judith 7,21; Judith 7,22; Judith 7,22; Judith 7,22; Judith 7,24; Judith 7,25; Judith 7,27; Judith 7,28; Judith 7,29; Judith 7,30; Judith 7,32; Judith 7,32; Judith 8,1; Judith 8,2; Judith 8,3; Judith 8,3; Judith 8,3; Judith 8,4; Judith 8,9; Judith 8,11; Judith 8,11; Judith 8,11; Judith 8,12; Judith 8,12; Judith 8,15; Judith 8,15; Judith 8,18; Judith 8,18; Judith 8,18; Judith 8,21; Judith 8,22; Judith 8,26; Judith 8,28; Judith 8,29; Judith 8,33; Judith 8,33; Judith 9,1; Judith 9,2; Judith 9,6; Judith 9,7; Judith 9,7; Judith 9,7; Judith 9,7; Judith 9,8; Judith 9,8; Judith 9,9; Judith 9,10; Judith 9,11; Judith 9,11; Judith 10,2; Judith 10,2; Judith 10,2; Judith 10,2; Judith 10,3; Judith 10,3; Judith 10,11; Judith 10,18; Judith 10,19; Judith 10,21; Judith 11,3; Judith 11,5; Judith 11,8; Judith 11,8; Judith 11,8; Judith 11,9; Judith 11,10; Judith 11,11; Judith 11,13; Judith 11,15; Judith 11,19; Judith 11,21; Judith 11,22; Judith 11,22; Judith 11,23; Judith 11,23; Judith 11,23; Judith 12,4; Judith 12,7; Judith 12,7; Judith 12,9; Judith 12,10; Judith 12,13; Judith 12,13; Judith 12,14; Judith 12,18; Judith 12,20; Judith 13,2; Judith 13,4; Judith 13,4; Judith 13,4; Judith 13,7; Judith 13,8; Judith 13,11; Judith 13,14; Judith 13,15; Judith 13,15; Judith 13,15; Judith 13,16; Judith 13,17; Judith 13,20; Judith 14,4; Judith 14,6; Judith 14,6; Judith 14,7; Judith 14,7; Judith 14,8; Judith 14,8; Judith 14,9; Judith 14,19; Judith 15,1; Judith 15,3; Judith 15,5; Judith 15,5; Judith 15,7; Judith 15,8; Judith 15,10; Judith 15,12; Judith 15,13; Judith 15,13; Judith 15,14; Judith 16,1; Judith 16,1; Judith 16,2; Judith 16,3; Judith 16,4; Judith 16,5; Judith 16,6; Judith 16,7; Judith 16,7; Judith 16,8; Judith 16,13; Judith 16,17; Judith 16,17; Judith 16,20; Judith 16,21; Judith 16,23; Judith 16,23; Judith 16,25; Tob. 1,2; Tob. 1,2; Tob. 1,4; Tob. 1,4; Tob. 1,6; Tob. 1,6; Tob. 1,7; Tob. 1,7; Tob. 1,12; Tob. 1,14; Tob. 1,16; Tob. 1,18; Tob. 1,19; Tob. 2,1; Tob. 2,3; Tob. 2,5; Tob. 2,9; Tob. 2,10; Tob. 2,11; Tob. 3,4; Tob. 3,5; Tob. 3,6; Tob. 3,7; Tob. 3,8; Tob. 3,15; Tob. 3,17; Tob. 4,1; Tob. 4,2; Tob. 4,4; Tob. 4,4; Tob. 4,6; Tob. 4,7; Tob. 4,12; Tob. 4,13; Tob. 4,13; Tob. 4,14; Tob. 4,14; Tob. 4,15; Tob. 4,16; Tob. 4,19; Tob. 4,20; Tob. 5,5; Tob. 5,14; Tob. 5,17; Tob. 5,18; Tob. 6,6; Tob. 6,9; Tob. 6,14; Tob. 7,3; Tob. 7,9; Tob. 8,15; Tob. 8,17; Tob. 9,2; Tob. 9,5; Tob. 10,13; Tob. 11,15; Tob. 11,18; Tob. 13,3; Tob. 13,5; Tob. 13,5; Tob. 13,6; Tob. 13,6; Tob. 13,7; Tob. 13,8; Tob. 13,10; Tob. 13,12; Tob. 13,12; Tob. 13,13; Tob. 13,17; Tob. 14,4; Tob. 14,4; Tob. 14,4; Tob. 14,5; Tob. 14,7; Tob.

E, ε

14,14; 1Mac. 1,8; 1Mac. 1,9; 1Mac. 1,10; 1Mac. 1,10; 1Mac. 1,12; 1Mac. 1,14; 1Mac. 1,17; 1Mac. 1,17; 1Mac. 1,17; 1Mac. 1,17; 1Mac. 1,19; 1Mac. 1,20; 1Mac. 1,20; 1Mac. 1,21; 1Mac. 1,25; 1Mac. 1,27; 1Mac. 1,29; 1Mac. 1,30; 1Mac. 1,34; 1Mac. 1,44; 1Mac. 1,48; 1Mac. 1,52; 1Mac. 1,53; 1Mac. 1,53; 1Mac. 1,54; 1Mac. 1,55; 1Mac. 1,56; 1Mac. 1,58; 1Mac. 1,58; 1Mac. 1,58; 1Mac. 1,62; 1Mac. 1,62; 1Mac. 2,1; 1Mac. 2,6; 1Mac. 2,6; 1Mac. 2,7; 1Mac. 2,7; 1Mac. 2,7; 1Mac. 2,9; 1Mac. 2,9; 1Mac. 2,17; 1Mac. 2,18; 1Mac. 2,19; 1Mac. 2,19; 1Mac. 2,20; 1Mac. 2,23; 1Mac. 2,23; 1Mac. 2,25; 1Mac. 2,27; 1Mac. 2,28; 1Mac. 2,31; 1Mac. 2,31; 1Mac. 2,32; 1Mac. 2,37; 1Mac. 2,38; 1Mac. 2,41; 1Mac. 2,44; 1Mac. 2,44; 1Mac. 2,46; 1Mac. 2,46; 1Mac. 2,47; 1Mac. 2,51; 1Mac. 2,52; 1Mac. 2,53; 1Mac. 2,54; 1Mac. 2,55; 1Mac. 2,55; 1Mac. 2,56; 1Mac. 2,56; 1Mac. 2,57; 1Mac. 2,58; 1Mac. 2,60; 1Mac. 2,64; 1Mac. 2,64; 1Mac. 2,70; 1Mac. 2,70; 1Mac. 2,70; 1Mac. 3,3; 1Mac. 3,4; 1Mac. 3,6; 1Mac. 3,7; 1Mac. 3,8; 1Mac. 3,12; 1Mac. 3,14; 1Mac. 3,15; 1Mac. 3,18; 1Mac. 3,18; 1Mac. 3,18; 1Mac. 3,19; 1Mac. 3,20; 1Mac. 3,24; 1Mac. 3,29; 1Mac. 3,36; 1Mac. 3,40; 1Mac. 3,42; 1Mac. 3,45; 1Mac. 3,46; 1Mac. 3,51; 1Mac. 3,58; 1Mac. 3,59; 1Mac. 3,60; 1Mac. 4,3; 1Mac. 4,5; 1Mac. 4,6; 1Mac. 4,6; 1Mac. 4,9; 1Mac. 4,9; 1Mac. 4,15; 1Mac. 4,18; 1Mac. 4,21; 1Mac. 4,25; 1Mac. 4,28; 1Mac. 4,29; 1Mac. 4,29; 1Mac. 4,30; 1Mac. 4,31; 1Mac. 4,33; 1Mac. 4,38; 1Mac. 4,38; 1Mac. 4,38; 1Mac. 4,41; 1Mac. 4,46; 1Mac. 4,46; 1Mac. 4,50; 1Mac. 4,54; 1Mac. 4,54; 1Mac. 4,54; 1Mac. 4,58; 1Mac. 4,59; 1Mac. 4,60; 1Mac. 5,2; 1Mac. 5,2; 1Mac. 5,3; 1Mac. 5,4; 1Mac. 5,4; 1Mac. 5,5; 1Mac. 5,9; 1Mac. 5,13; 1Mac. 5,16; 1Mac. 5,17; 1Mac. 5,18; 1Mac. 5,23; 1Mac. 5,24; 1Mac. 5,25; 1Mac. 5,26; 1Mac. 5,27; 1Mac. 5,27; 1Mac. 5,28; 1Mac. 5,33; 1Mac. 5,33; 1Mac. 5,34; 1Mac. 5,35; 1Mac. 5,40; 1Mac. 5,44; 1Mac. 5,44; 1Mac. 5,45; 1Mac. 5,49; 1Mac. 5,49; 1Mac. 5,50; 1Mac. 5,51; 1Mac. 5,54; 1Mac. 5,54; 1Mac. 5,55; 1Mac. 5,55; 1Mac. 5,55; 1Mac. 5,55; 1Mac. 5,60; 1Mac. 5,61; 1Mac. 5,65; 1Mac. 5,67; 1Mac. 5,67; 1Mac. 5,67; 1Mac. 6,1; 1Mac. 6,2; 1Mac. 6,2; 1Mac. 6,6; 1Mac. 6,7; 1Mac. 6,11; 1Mac. 6,11; 1Mac. 6,12; 1Mac. 6,12; 1Mac. 6,13; 1Mac. 6,26; 1Mac. 6,33; 1Mac. 6,35; 1Mac. 6,38; 1Mac. 6,43; 1Mac. 6,49; 1Mac. 6,53; 1Mac. 6,54; 1Mac. 7,8; 1Mac. 7,8; 1Mac. 7,9; 1Mac. 7,13; 1Mac. 7,14; 1Mac. 7,16; 1Mac. 7,18; 1Mac. 7,19; 1Mac. 7,22; 1Mac. 7,23; 1Mac. 7,24; 1Mac. 7,28; 1Mac. 7,31; 1Mac. 7,35; 1Mac. 7,38; 1Mac. 7,38; 1Mac. 7,38; 1Mac. 7,39; 1Mac. 7,40; 1Mac. 7,40; 1Mac. 7,41; 1Mac. 7,43; 1Mac. 8,1; 1Mac. 8,2; 1Mac. 8,3; 1Mac. 8,4; 1Mac. 8,5; 1Mac. 8,14; 1Mac. 8,14; 1Mac. 8,16; 1Mac. 8,23; 1Mac. 8,24; 1Mac. 9,1; 1Mac. 9,2; 1Mac. 9,4; 1Mac. 9,5; 1Mac. 9,10; 1Mac. 9,11; 1Mac. 9,14; 1Mac. 9,19; 1Mac. 9,19; 1Mac. 9,23; 1Mac. 9,24; 1Mac. 9,27; 1Mac. 9,29; 1Mac. 9,31; 1Mac. 9,43; 1Mac. 9,50; 1Mac. 9,50; 1Mac. 9,50; 1Mac. 9,51; 1Mac. 9,52; 1Mac. 9,53; 1Mac. 9,53; 1Mac. 9,53; 1Mac. 9,54; 1Mac. 9,55; 1Mac. 9,56; 1Mac. 9,58; 1Mac. 9,58; 1Mac. 9,60; 1Mac. 9,62; 1Mac. 9,65; 1Mac. 9,65; 1Mac. 9,66; 1Mac. 9,66; 1Mac. 9,69; 1Mac. 9,73; 1Mac. 10,1; 1Mac. 10,6; 1Mac. 10,10; 1Mac. 10,12; 1Mac. 10,14; 1Mac. 10,21; 1Mac. 10,32; 1Mac. 10,32; 1Mac. 10,34; 1Mac. 10,37; 1Mac. 10,37; 1Mac. 10,39; 1Mac. 10,41; 1Mac. 10,43; 1Mac. 10,43; 1Mac. 10,43; 1Mac. 10,45; 1Mac. 10,46; 1Mac. 10,47; 1Mac. 10,50; 1Mac. 10,55; 1Mac. 10,58; 1Mac. 10,58; 1Mac. 10,67; 1Mac. 10,70; 1Mac. 10,72; 1Mac. 10,73; 1Mac. 10,75; 1Mac. 10,83; 1Mac. 10,86; 1Mac. 11,3; 1Mac. 11,4; 1Mac. 11,4; 1Mac. 11,14; 1Mac. 11,15; 1Mac. 11,15; 1Mac. 11,18; 1Mac. 11,18; 1Mac. 11,18; 1Mac. 11,20; 1Mac. 11,37; 1Mac. 11,37; 1Mac. 11,41; 1Mac. 11,47; 1Mac. 11,47; 1Mac. 11,48; 1Mac. 11,51; 1Mac. 11,58; 1Mac. 11,58; 1Mac. 11,60; 1Mac. 11,61; 1Mac. 11,63; 1Mac. 11,64; 1Mac. 11,68; 1Mac. 11,68; 1Mac. 11,74; 1Mac. 12,7; 1Mac. 12,8; 1Mac. 12,9; 1Mac. 12,11; 1Mac. 12,11; 1Mac. 12,14; 1Mac. 12,21; 1Mac. 12,28; 1Mac. 12,32; 1Mac. 12,35; 1Mac. 12,38; 1Mac. 12,41; 1Mac. 12,47; 1Mac. 12,48; 1Mac. 13,5; 1Mac. 13,11; 1Mac. 13,11; 1Mac. 13,12; 1Mac. 13,13; 1Mac. 13,22; 1Mac. 13,25; 1Mac. 13,30; 1Mac. 13,33; 1Mac. 13,39; 1Mac. 13,42; 1Mac. 13,44; 1Mac. 13,44; 1Mac. 13,45; 1Mac. 13,47; 1Mac. 13,48; 1Mac. 13,48; 1Mac. 13,49; 1Mac. 13,51; 1Mac. 13,51; 1Mac. 13,51; 1Mac. 13,51; 1Mac. 13,51; 1Mac. 13,53; 1Mac. 14,1; 1Mac. 14,3; 1Mac. 14,9; 1Mac. 14,10; 1Mac. 14,13; 1Mac. 14,16; 1Mac. 14,17; 1Mac. 14,19; 1Mac. 14,22; 1Mac. 14,23; 1Mac. 14,26; 1Mac. 14,26; 1Mac. 14,26; 1Mac. 14,27; 1Mac. 14,29; 1Mac. 14,34; 1Mac. 14,34; 1Mac. 14,36; 1Mac. 14,36; 1Mac. 14,36; 1Mac. 14,36; 1Mac. 14,36; 1Mac. 14,37; 1Mac. 14,43; 1Mac. 14,44; 1Mac. 14,48; 1Mac. 14,48; 1Mac. 14,48; 1Mac. 14,49; 1Mac. 15,4; 1Mac. 15,9; 1Mac. 15,15; 1Mac. 15,25; 1Mac. 15,28; 1Mac. 15,29; 1Mac. 15,35; 1Mac. 16,2; 1Mac. 16,3; 1Mac. 16,3; 1Mac. 16,4; 1Mac. 16,7; 1Mac. 16,10; 1Mac. 16,10; 1Mac. 16,14; 1Mac. 16,14; 2Mac. 1,1; 2Mac. 1,1; 2Mac. 1,4; 2Mac. 1,4; 2Mac. 1,5; 2Mac. 1,7; 2Mac. 1,7; 2Mac. 1,7; 2Mac. 1,10; 2Mac. 1,10; 2Mac. 1,10; 2Mac. 1,12; 2Mac. 1,13; 2Mac. 1,18; 2Mac. 1,19; 2Mac. 1,19; 2Mac. 1,27; 2Mac. 1,28; 2Mac. 2,1; 2Mac. 2,4; 2Mac. 2,13; 2Mac. 2,13; 2Mac. 2,30; 2Mac. 3,6; 2Mac. 3,11; 2Mac. 3,15; 2Mac. 3,31; 2Mac. 3,33; 2Mac. 4,9; 2Mac. 4,14; 2Mac. 4,15; 2Mac. 4,18; 2Mac. 4,30; 2Mac. 4,31; 2Mac. 4,34; 2Mac. 5,14; 2Mac. 5,14; 2Mac. 5,20; 2Mac. 5,20; 2Mac. 5,22; 2Mac. 5,23; 2Mac. 5,24; 2Mac. 5,27; 2Mac. 6,2; 2Mac. 6,2; 2Mac. 6,4; 2Mac. 7,9; 2Mac. 7,12; 2Mac. 7,16; 2Mac. 7,27; 2Mac. 7,28; 2Mac. 7,29; 2Mac. 7,38; 2Mac. 8,1; 2Mac. 8,5; 2Mac. 8,8; 2Mac. 8,9; 2Mac. 8,20; 2Mac. 8,33; 2Mac. 8,36; 2Mac. 9,8; 2Mac. 9,9; 2Mac. 9,28; 2Mac. 10,5; 2Mac. 10,6; 2Mac. 10,6; 2Mac. 10,20; 2Mac. 10,23; 2Mac. 10,23; 2Mac. 10,36; 2Mac. 11,8; 2Mac. 11,10; 2Mac. 12,8; 2Mac. 12,11; 2Mac. 12,12; 2Mac. 12,19; 2Mac. 12,27; 2Mac. 12,30; 2Mac. 13,4; 2Mac. 13,5; 2Mac. 13,8; 2Mac. 13,22; 2Mac. 13,23; 2Mac. 14,3; 2Mac. 14,5; 2Mac. 14,18; 2Mac. 14,21; 2Mac. 14,22; 2Mac. 14,23; 2Mac. 14,24; 2Mac. 14,35; 2Mac. 14,38; 2Mac. 15,1; 2Mac. 15,3; 2Mac. 15,4; 2Mac. 15,11; 2Mac. 15,18; 2Mac. 15,19; 2Mac. 15,19; 2Mac. 15,24; 3Mac. 1,2; 3Mac. 1,3; 3Mac. 1,5; 3Mac. 1,16; 3Mac. 1,18; 3Mac. 1,19; 3Mac. 1,23; 3Mac. 1,24; 3Mac. 2,2; 3Mac. 2,4; 3Mac. 2,9; 3Mac. 2,12; 3Mac. 2,13; 3Mac. 2,14; 3Mac. 2,16; 3Mac. 2,17; 3Mac. 2,17; 3Mac. 2,17; 3Mac. 2,17; 3Mac. 2,20; 3Mac. 2,21; 3Mac. 2,24; 3Mac. 2,26; 3Mac. 2,30; 3Mac. 3,1; 3Mac. 3,6; 3Mac. 3,11; 3Mac. 3,21; 3Mac. 3,23; 3Mac. 3,25; 3Mac. 3,26; 3Mac. 4,8; 3Mac. 4,10; 3Mac. 4,11; 3Mac. 4,20; 3Mac. 5,8; 3Mac. 5,11; 3Mac. 5,23; 3Mac. 5,25; 3Mac. 5,26; 3Mac. 5,42; 3Mac. 5,42; 3Mac. 5,43; 3Mac. 6,1; 3Mac. 6,2; 3Mac. 6,3; 3Mac. 6,8; 3Mac. 6,12; 3Mac. 6,15; 3Mac. 6,25; 3Mac. 6,29; 3Mac. 6,30; 3Mac. 6,30; 3Mac. 6,30; 3Mac. 6,35; 3Mac. 6,39; 3Mac. 6,40; 3Mac. 7,8; 3Mac. 7,16; 3Mac. 7,17; 3Mac. 7,19; 3Mac. 7,20; 3Mac. 7,21; 4Mac. 1,25; 4Mac. 4,3; 4Mac. 4,9; 4Mac. 5,22; 4Mac. 6,5; 4Mac. 6,13; 4Mac. 6,13; 4Mac. 7,1; 4Mac. 8,3; 4Mac. 8,4; 4Mac. 8,16; 4Mac. 9,22; 4Mac. 9,32; 4Mac. 12,18; 4Mac. 13,15; 4Mac. 13,20; 4Mac. 13,20; 4Mac. 13,22; 4Mac. 14,11; 4Mac. 15,9; 4Mac. 15,18; 4Mac. 15,23; 4Mac. 15,25; 4Mac. 15,31; 4Mac. 15,32; 4Mac. 16,15; 4Mac. 17,5; 4Mac. 17,12; 4Mac. 18,8; 4Mac. 18,11; 4Mac. 18,12; 4Mac. 18,13; Psa. 1,1; Psa. 1,1; Psa. 1,2; Psa. 1,2; Psa. 1,3; Psa. 1,5; Psa. 1,5; Psa. 2,4; Psa. 2,5; Psa. 2,5; Psa. 2,9; Psa. 2,11; Psa. 2,11; Psa. 2,12; Psa. 3,3; Psa. 4,1; Psa. 4,2; Psa. 4,4; Psa. 4,5; Psa. 4,9; Psa. 5,8; Psa. 5,8; Psa. 5,9; Psa. 5,10; Psa. 5,12; Psa. 5,12; Psa. 6,1; Psa. 6,6; Psa. 6,6; Psa. 6,7; Psa. 6,7; Psa. 6,8; Psa. 7,4; Psa. 7,7; Psa. 7,7; Psa. 7,7; Psa. 7,14; Psa. 8,2; Psa. 8,10; Psa. 9,2;

ἐν

Psa. 9,3; Psa. 9,4; Psa. 9,8; Psa. 9,9; Psa. 9,9; Psa. 9,10; Psa. 9,10; Psa. 9,12; Psa. 9,12; Psa. 9,15; Psa. 9,16; Psa. 9,16; Psa. 9,17; Psa. 9,22; Psa. 9,22; Psa. 9,23; Psa. 9,23; Psa. 9,24; Psa. 9,26; Psa. 9,27; Psa. 9,29; Psa. 9,30; Psa. 9,30; Psa. 9,30; Psa. 9,31; Psa. 9,31; Psa. 9,32; Psa. 9,34; Psa. 10,2; Psa. 10,4; Psa. 10,4; Psa. 11,3; Psa. 11,3; Psa. 11,6; Psa. 11,6; Psa. 12,3; Psa. 12,3; Psa. 13,1; Psa. 13,1; Psa. 13,3; Psa. 13,5; Psa. 13,7; Psa. 14,1; Psa. 14,1; Psa. 14,2; Psa. 14,3; Psa. 15,3; Psa. 15,3; Psa. 15,6; Psa. 15,11; Psa. 16,1; Psa. 16,3; Psa. 16,5; Psa. 16,8; Psa. 16,11; Psa. 16,12; Psa. 16,14; Psa. 16,15; Psa. 16,15; Psa. 17,1; Psa. 17,7; Psa. 17,9; Psa. 17,12; Psa. 17,19; Psa. 17,30; Psa. 17,30; Psa. 17,50; Psa. 18,5; Psa. 18,12; Psa. 19,2; Psa. 19,6; Psa. 19,6; Psa. 19,7; Psa. 19,8; Psa. 19,8; Psa. 19,8; Psa. 19,10; Psa. 20,2; Psa. 20,4; Psa. 20,6; Psa. 20,7; Psa. 20,8; Psa. 20,10; Psa. 20,13; Psa. 20,14; Psa. 21,4; Psa. 21,8; Psa. 21,15; Psa. 21,23; Psa. 21,25; Psa. 21,26; Psa. 22,4; Psa. 22,5; Psa. 22,6; Psa. 23,1; Psa. 23,3; Psa. 23,8; Psa. 24,8; Psa. 24,9; Psa. 24,12; Psa. 24,13; Psa. 25,1; Psa. 25,3; Psa. 25,6; Psa. 25,10; Psa. 25,11; Psa. 25,12; Psa. 25,12; Psa. 26,2; Psa. 26,3; Psa. 26,4; Psa. 26,5; Psa. 26,5; Psa. 26,5; Psa. 26,5; Psa. 26,6; Psa. 26,9; Psa. 26,11; Psa. 26,13; Psa. 27,2; Psa. 27,2; Psa. 27,3; Psa. 28,2; Psa. 28,4; Psa. 28,4; Psa. 28,9; Psa. 28,11; Psa. 29,6; Psa. 29,6; Psa. 29,7; Psa. 29,8; Psa. 29,10; Psa. 29,10; Psa. 30,2; Psa. 30,9; Psa. 30,10; Psa. 30,11; Psa. 30,11; Psa. 30,11; Psa. 30,14; Psa. 30,16; Psa. 30,17; Psa. 30,19; Psa. 30,21; Psa. 30,21; Psa. 30,22; Psa. 30,23; Psa. 30,23; Psa. 31,2; Psa. 31,4; Psa. 31,6; Psa. 31,6; Psa. 31,8; Psa. 31,9; Psa. 32,1; Psa. 32,2; Psa. 32,2; Psa. 32,3; Psa. 32,4; Psa. 32,7; Psa. 32,16; Psa. 32,17; Psa. 32,19; Psa. 32,21; Psa. 32,21; Psa. 33,2; Psa. 33,2; Psa. 33,3; Psa. 34,8; Psa. 34,8; Psa. 34,13; Psa. 34,13; Psa. 34,18; Psa. 34,18; Psa. 34,25; Psa. 35,2; Psa. 35,6; Psa. 35,8; Psa. 35,10; Psa. 36,1; Psa. 36,7; Psa. 36,7; Psa. 36,7; Psa. 36,19; Psa. 36,19; Psa. 36,31; Psa. 36,34; Psa. 36,39; Psa. 37,4; Psa. 37,8; Psa. 37,15; Psa. 37,17; Psa. 38,2; Psa. 38,2; Psa. 38,4; Psa. 38,4; Psa. 38,7; Psa. 38,12; Psa. 39,8; Psa. 39,9; Psa. 39,10; Psa. 39,11; Psa. 40,2; Psa. 40,3; Psa. 40,4; Psa. 40,12; Psa. 41,4; Psa. 41,5; Psa. 41,5; Psa. 41,10; Psa. 41,11; Psa. 41,11; Psa. 42,2; Psa. 42,4; Psa. 43,2; Psa. 43,2; Psa. 43,2; Psa. 43,4; Psa. 43,4; Psa. 43,6; Psa. 43,6; Psa. 43,9; Psa. 43,9; Psa. 43,10; Psa. 43,12; Psa. 43,13; Psa. 43,15; Psa. 43,15; Psa. 43,18; Psa. 43,20; Psa. 44,3; Psa. 44,6; Psa. 44,10; Psa. 44,10; Psa. 44,13; Psa. 44,14; Psa. 44,16; Psa. 44,18; Psa. 45,2; Psa. 45,3; Psa. 45,3; Psa. 45,4; Psa. 45,6; Psa. 45,10; Psa. 45,11; Psa. 45,11; Psa. 46,2; Psa. 46,6; Psa. 46,6; Psa. 47,2; Psa. 47,4; Psa. 47,8; Psa. 47,9; Psa. 47,9; Psa. 47,10; Psa. 47,13; Psa. 48,5; Psa. 48,6; Psa. 48,13; Psa. 48,14; Psa. 48,15; Psa. 48,15; Psa. 48,18; Psa. 48,19; Psa. 48,21; Psa. 49,10; Psa. 49,15; Psa. 50,2; Psa. 50,6; Psa. 50,6; Psa. 50,7; Psa. 50,7; Psa. 50,12; Psa. 50,12; Psa. 50,20; Psa. 51,2; Psa. 51,3; Psa. 51,10; Psa. 52,2; Psa. 52,2; Psa. 52,7; Psa. 53,1; Psa. 53,2; Psa. 53,3; Psa. 53,3; Psa. 53,7; Psa. 53,9; Psa. 54,1; Psa. 54,3; Psa. 54,4; Psa. 54,5; Psa. 54,8; Psa. 54,10; Psa. 54,11; Psa. 54,15; Psa. 54,15; Psa. 54,16; Psa. 54,16; Psa. 54,19; Psa. 54,19; Psa. 54,21; Psa. 55,1; Psa. 55,5; Psa. 55,8; Psa. 55,9; Psa. 55,10; Psa. 55,13; Psa. 55,14; Psa. 56,1; Psa. 56,2; Psa. 56,10; Psa. 56,10; Psa. 57,3; Psa. 57,3; Psa. 57,7; Psa. 57,10; Psa. 57,11; Psa. 57,12; Psa. 58,8; Psa. 58,8; Psa. 58,11; Psa. 58,12; Psa. 58,13; Psa. 58,14; Psa. 58,17; Psa. 59,8; Psa. 59,12; Psa. 59,14; Psa. 60,1; Psa. 60,3; Psa. 60,3; Psa. 60,5; Psa. 60,5; Psa. 61,5; Psa. 61,10; Psa. 62,1; Psa. 62,1; Psa. 62,2; Psa. 62,3; Psa. 62,5; Psa. 62,5; Psa. 62,7; Psa. 62,8; Psa. 62,12; Psa. 63,2; Psa. 63,5; Psa. 64,2; Psa. 64,2; Psa. 64,5; Psa. 64,5; Psa. 64,5; Psa. 64,6; Psa. 64,7; Psa. 64,7; Psa. 64,11; Psa. 65,3; Psa. 65,5; Psa. 65,6; Psa. 65,7; Psa. 65,7; Psa. 65,13; Psa. 65,14; Psa. 65,18; Psa. 66,1; Psa. 66,3; Psa. 66,3; Psa. 66,5; Psa. 66,5; Psa. 67,4; Psa. 67,6; Psa. 67,7; Psa. 67,7; Psa. 67,7; Psa. 67,8; Psa. 67,8; Psa. 67,8; Psa. 67,11; Psa. 67,11; Psa. 67,14; Psa. 67,15; Psa. 67,15; Psa. 67,17; Psa. 67,18; Psa. 67,18; Psa. 67,18; Psa. 67,19; Psa. 67,22; Psa. 67,23; Psa. 67,24; Psa. 67,25; Psa. 67,26; Psa. 67,27; Psa. 67,28; Psa. 67,31; Psa. 67,34; Psa. 67,35; Psa. 67,36; Psa. 68,11; Psa. 68,13; Psa. 68,14; Psa. 68,14; Psa. 68,26; Psa. 68,28; Psa. 68,31; Psa. 68,35; Psa. 68,37; Psa. 70,2; Psa. 70,6; Psa. 70,9; Psa. 70,16; Psa. 70,22; Psa. 70,22; Psa. 71,2; Psa. 71,2; Psa. 71,3; Psa. 71,7; Psa. 71,16; Psa. 71,17; Psa. 72,4; Psa. 72,5; Psa. 72,8; Psa. 72,11; Psa. 72,13; Psa. 72,18; Psa. 72,20; Psa. 72,24; Psa. 72,25; Psa. 72,28; Psa. 72,28; Psa. 73,2; Psa. 73,3; Psa. 73,4; Psa. 73,6; Psa. 73,6; Psa. 73,7; Psa. 73,8; Psa. 73,12; Psa. 73,13; Psa. 74,4; Psa. 74,9; Psa. 75,1; Psa. 75,2; Psa. 75,2; Psa. 75,3; Psa. 75,3; Psa. 75,10; Psa. 76,3; Psa. 76,10; Psa. 76,13; Psa. 76,13; Psa. 76,14; Psa. 76,15; Psa. 76,16; Psa. 76,19; Psa. 76,20; Psa. 76,20; Psa. 76,21; Psa. 77,2; Psa. 77,5; Psa. 77,5; Psa. 77,9; Psa. 77,10; Psa. 77,12; Psa. 77,12; Psa. 77,14; Psa. 77,14; Psa. 77,15; Psa. 77,15; Psa. 77,17; Psa. 77,18; Psa. 77,19; Psa. 77,21; Psa. 77,22; Psa. 77,26; Psa. 77,30; Psa. 77,31; Psa. 77,32; Psa. 77,32; Psa. 77,33; Psa. 77,36; Psa. 77,37; Psa. 77,40; Psa. 77,40; Psa. 77,43; Psa. 77,43; Psa. 77,47; Psa. 77,47; Psa. 77,51; Psa. 77,51; Psa. 77,52; Psa. 77,53; Psa. 77,55; Psa. 77,55; Psa. 77,58; Psa. 77,58; Psa. 77,60; Psa. 77,64; Psa. 77,69; Psa. 77,72; Psa. 77,72; Psa. 78,10; Psa. 79,6; Psa. 79,6; Psa. 80,4; Psa. 80,4; Psa. 80,6; Psa. 80,6; Psa. 80,7; Psa. 80,8; Psa. 80,10; Psa. 80,13; Psa. 80,15; Psa. 81,1; Psa. 81,1; Psa. 81,5; Psa. 81,8; Psa. 82,6; Psa. 82,10; Psa. 82,11; Psa. 82,16; Psa. 82,16; Psa. 83,5; Psa. 83,6; Psa. 83,7; Psa. 83,8; Psa. 83,11; Psa. 83,11; Psa. 83,11; Psa. 83,12; Psa. 84,9; Psa. 84,10; Psa. 85,7; Psa. 85,8; Psa. 85,11; Psa. 85,12; Psa. 86,1; Psa. 86,5; Psa. 86,6; Psa. 86,6; Psa. 86,7; Psa. 87,2; Psa. 87,5; Psa. 87,6; Psa. 87,7; Psa. 87,7; Psa. 87,7; Psa. 87,12; Psa. 87,12; Psa. 87,13; Psa. 87,13; Psa. 87,16; Psa. 88,2; Psa. 88,3; Psa. 88,6; Psa. 88,7; Psa. 88,7; Psa. 88,8; Psa. 88,11; Psa. 88,13; Psa. 88,16; Psa. 88,17; Psa. 88,17; Psa. 88,18; Psa. 88,20; Psa. 88,21; Psa. 88,23; Psa. 88,25; Psa. 88,26; Psa. 88,26; Psa. 88,33; Psa. 88,33; Psa. 88,34; Psa. 88,36; Psa. 88,38; Psa. 88,44; Psa. 88,50; Psa. 88,51; Psa. 89,1; Psa. 89,4; Psa. 89,4; Psa. 89,7; Psa. 89,7; Psa. 89,9; Psa. 89,10; Psa. 89,10; Psa. 89,12; Psa. 89,14; Psa. 90,1; Psa. 90,1; Psa. 90,4; Psa. 90,6; Psa. 90,11; Psa. 90,15; Psa. 91,4; Psa. 91,4; Psa. 91,5; Psa. 91,5; Psa. 91,8; Psa. 91,11; Psa. 91,12; Psa. 91,12; Psa. 91,13; Psa. 91,14; Psa. 91,14; Psa. 91,15; Psa. 91,16; Psa. 92,4; Psa. 93,8; Psa. 93,19; Psa. 94,2; Psa. 94,2; Psa. 94,4; Psa. 94,8; Psa. 94,8; Psa. 94,11; Psa. 95,3; Psa. 95,3; Psa. 95,6; Psa. 95,9; Psa. 95,10; Psa. 95,10; Psa. 95,12; Psa. 95,13; Psa. 95,13; Psa. 96,7; Psa. 97,5; Psa. 97,5; Psa. 97,6; Psa. 97,7; Psa. 97,9; Psa. 97,9; Psa. 98,2; Psa. 98,4; Psa. 98,6; Psa. 98,6; Psa. 98,7; Psa. 99,2; Psa. 99,2; Psa. 99,4; Psa. 99,4; Psa. 100,2; Psa. 100,2; Psa. 100,2; Psa. 100,6; Psa. 100,7; Psa. 101,3; Psa. 101,3; Psa. 101,7; Psa. 101,17; Psa. 101,22; Psa. 101,22; Psa. 101,23; Psa. 101,24; Psa. 101,25; Psa. 101,25; Psa. 102,4; Psa. 102,5; Psa. 102,16; Psa. 102,19; Psa. 102,22; Psa. 103,3; Psa. 103,10; Psa. 103,15; Psa. 103,20; Psa. 103,22; Psa. 103,24; Psa. 103,33; Psa. 104,1; Psa. 104,3; Psa. 104,7; Psa. 104,12; Psa. 104,12; Psa. 104,15; Psa. 104,18; Psa. 104,23; Psa. 104,25; Psa. 104,27; Psa. 104,27; Psa. 104,30; Psa. 104,31; Psa. 104,32; Psa. 104,35; Psa. 104,36; Psa. 104,37; Psa. 104,37; Psa. 104,38; Psa. 104,41; Psa. 104,43; Psa. 104,43; Psa. 105,3; Psa. 105,4; Psa. 105,4; Psa. 105,5; Psa. 105,5; Psa. 105,7; Psa. 105,7; Psa. 105,9; Psa. 105,9; Psa. 105,12; Psa. 105,14; Psa. 105,14; Psa. 105,16; Psa. 105,18; Psa. 105,19; Psa. 105,20; Psa. 105,21; Psa. 105,22; Psa. 105,23; Psa. 105,25; Psa. 105,26; Psa. 105,27; Psa. 105,27; Psa. 105,29; Psa. 105,29; Psa. 105,33; Psa. 105,35; Psa. 105,38; Psa. 105,39; Psa. 105,39; Psa.

E, ε

E, ε

105,43; Psa. 105,43; Psa. 105,44; Psa. 105,44; Psa. 105,47; Psa. 106,4; Psa. 106,4; Psa. 106,5; Psa. 106,6; Psa. 106,10; Psa. 106,10; Psa. 106,12; Psa. 106,13; Psa. 106,19; Psa. 106,22; Psa. 106,23; Psa. 106,23; Psa. 106,24; Psa. 106,26; Psa. 106,28; Psa. 106,32; Psa. 106,32; Psa. 106,34; Psa. 106,40; Psa. 107,2; Psa. 107,4; Psa. 107,4; Psa. 107,8; Psa. 107,12; Psa. 107,14; Psa. 108,7; Psa. 108,13; Psa. 108,18; Psa. 108,23; Psa. 108,30; Psa. 108,30; Psa. 109,2; Psa. 109,3; Psa. 109,3; Psa. 109,5; Psa. 109,6; Psa. 109,7; Psa. 110,1; Psa. 110,1; Psa. 110,8; Psa. 111,1; Psa. 111,2; Psa. 111,3; Psa. 111,4; Psa. 111,5; Psa. 111,9; Psa. 112,5; Psa. 112,6; Psa. 112,6; Psa. 112,9; Psa. 113,11; Psa. 113,11; Psa. 113,11; Psa. 113,15; Psa. 114,2; Psa. 114,9; Psa. 115,2; Psa. 115,10; Psa. 115,10; Psa. 117,5; Psa. 117,12; Psa. 117,15; Psa. 117,19; Psa. 117,20; Psa. 117,23; Psa. 117,24; Psa. 117,26; Psa. 117,27; Psa. 118,1; Psa. 118,1; Psa. 118,2; Psa. 118,3; Psa. 118,6; Psa. 118,7; Psa. 118,7; Psa. 118,9; Psa. 118,10; Psa. 118,11; Psa. 118,13; Psa. 118,14; Psa. 118,15; Psa. 118,16; Psa. 118,19; Psa. 118,20; Psa. 118,23; Psa. 118,27; Psa. 118,28; Psa. 118,34; Psa. 118,35; Psa. 118,37; Psa. 118,40; Psa. 118,45; Psa. 118,46; Psa. 118,47; Psa. 118,48; Psa. 118,50; Psa. 118,54; Psa. 118,55; Psa. 118,58; Psa. 118,68; Psa. 118,69; Psa. 118,78; Psa. 118,80; Psa. 118,83; Psa. 118,87; Psa. 118,89; Psa. 118,92; Psa. 118,93; Psa. 118,109; Psa. 118,117; Psa. 118,145; Psa. 118,147; Psa. 118,159; Psa. 119,1; Psa. 121,2; Psa. 121,7; Psa. 121,7; Psa. 122,1; Psa. 123,1; Psa. 123,2; Psa. 123,2; Psa. 123,3; Psa. 123,8; Psa. 124,3; Psa. 125,2; Psa. 125,4; Psa. 125,5; Psa. 125,5; Psa. 125,6; Psa. 126,4; Psa. 126,5; Psa. 127,1; Psa. 127,3; Psa. 128,8; Psa. 130,1; Psa. 130,1; Psa. 131,6; Psa. 131,6; Psa. 133,1; Psa. 133,1; Psa. 133,2; Psa. 134,2; Psa. 134,2; Psa. 134,6; Psa. 134,6; Psa. 134,6; Psa. 134,6; Psa. 134,9; Psa. 134,9; Psa. 134,9; Psa. 134,17; Psa. 134,17; Psa. 135,5; Psa. 135,12; Psa. 135,12; Psa. 135,16; Psa. 135,23; Psa. 136,1; Psa. 136,2; Psa. 136,6; Psa. 136,7; Psa. 137,1; Psa. 137,3; Psa. 137,3; Psa. 137,3; Psa. 137,5; Psa. 137,7; Psa. 138,4; Psa. 138,11; Psa. 138,15; Psa. 138,15; Psa. 138,16; Psa. 138,24; Psa. 138,24; Psa. 139,3; Psa. 139,8; Psa. 139,11; Psa. 139,11; Psa. 140,1; Psa. 140,4; Psa. 140,5; Psa. 140,5; Psa. 140,10; Psa. 141,1; Psa. 141,1; Psa. 141,4; Psa. 141,4; Psa. 141,6; Psa. 142,1; Psa. 142,1; Psa. 142,3; Psa. 142,4; Psa. 142,5; Psa. 142,5; Psa. 142,8; Psa. 142,10; Psa. 142,11; Psa. 142,12; Psa. 143,9; Psa. 143,12; Psa. 143,13; Psa. 143,14; Psa. 144,13; Psa. 144,13a; Psa. 144,13a; Psa. 144,15; Psa. 144,17; Psa. 144,17; Psa. 144,18; Psa. 145,2; Psa. 145,4; Psa. 145,6; Psa. 146,7; Psa. 146,7; Psa. 146,8; Psa. 146,8; Psa. 146,10; Psa. 146,10; Psa. 146,11; Psa. 146,11; Psa. 147,2; Psa. 148,1; Psa. 149,1; Psa. 149,3; Psa. 149,3; Psa. 149,4; Psa. 149,4; Psa. 149,5; Psa. 149,6; Psa. 149,6; Psa. 149,7; Psa. 149,7; Psa. 149,8; Psa. 149,8; Psa. 149,9; Psa. 150,1; Psa. 150,1; Psa. 150,3; Psa. 150,3; Psa. 150,4; Psa. 150,4; Psa. 150,5; Psa. 150,5; Psa. 151,1; Psa. 151,1; Psa. 151,4; Psa. 151,5; Psa. 151,6; Ode. 1,0; Ode. 1,4; Ode. 1,6; Ode. 1,8; Ode. 1,10; Ode. 1,11; Ode. 1,11; Ode. 1,11; Ode. 1,19; Ode. 2,0; Ode. 2,10; Ode. 2,10; Ode. 2,10; Ode. 2,16; Ode. 2,20; Ode. 2,21; Ode. 2,28; Ode. 2,34; Ode. 2,35; Ode. 2,35; Ode. 2,36; Ode. 3,1; Ode. 3,1; Ode. 3,1; Ode. 3,5; Ode. 3,9; Ode. 3,10; Ode. 3,10; Ode. 3,10; Ode. 3,10; Ode. 3,10; Ode. 4,2; Ode. 4,2; Ode. 4,2; Ode. 4,2; Ode. 4,2; Ode. 4,4; Ode. 4,5; Ode. 4,8; Ode. 4,8; Ode. 4,8; Ode. 4,11; Ode. 4,12; Ode. 4,12; Ode. 4,14; Ode. 4,14; Ode. 4,16; Ode. 4,17; Ode. 4,18; Ode. 4,19; Ode. 5,16; Ode. 5,16; Ode. 5,18; Ode. 5,19; Ode. 5,19; Ode. 6,3; Ode. 6,8; Ode. 7,28; Ode. 7,29; Ode. 7,31; Ode. 7,37; Ode. 7,38; Ode. 7,39; Ode. 7,39; Ode. 7,39; Ode. 7,41; Ode. 8,53; Ode. 8,56; Ode. 8,76; Ode. 8,79; Ode. 9,51; Ode. 9,69; Ode. 9,75; Ode. 9,77; Ode. 9,78; Ode. 9,79; Ode. 10,1; Ode. 10,1; Ode. 10,2; Ode. 10,2; Ode. 10,2; Ode. 10,3; Ode. 10,3; Ode. 11,10; Ode. 11,13; Ode. 11,18; Ode. 11,18; Ode. 12,13; Ode. 12,14; Ode. 12,15; Ode. 13,29; Ode. 14,1; Ode. 14,3; Ode. 14,23; Ode. 14,39; Ode. 14,45; Prov. 1,1; Prov. 1,14; Prov. 1,15; Prov. 1,20; Prov. 1,20; Prov. 2,13; Prov. 2,19; Prov. 2,21; Prov. 2,21; Prov. 3,5; Prov. 3,6; Prov. 3,16; Prov. 3,16; Prov. 3,17; Prov. 3,19; Prov. 3,20; Prov. 3,23; Prov. 3,32; Prov. 3,33; Prov. 4,3; Prov. 4,15; Prov. 4,21; Prov. 4,27b; Prov. 5,14; Prov. 5,14; Prov. 5,19; Prov. 5,19; Prov. 6,8; Prov. 6,14; Prov. 6,27; Prov. 6,34; Prov. 7,8; Prov. 7,9; Prov. 7,11; Prov. 7,12; Prov. 7,19; Prov. 7,20; Prov. 8,3; Prov. 8,8; Prov. 8,20; Prov. 8,23; Prov. 8,30; Prov. 8,30; Prov. 8,31; Prov. 9,6; Prov. 9,12c; Prov. 9,14; Prov. 9,15; Prov. 9,18a; Prov. 10,5; Prov. 10,11; Prov. 10,21; Prov. 10,22; Prov. 10,23; Prov. 10,24; Prov. 11,9; Prov. 11,10; Prov. 11,13; Prov. 11,14; Prov. 11,20; Prov. 11,22; Prov. 12,4; Prov. 12,9; Prov. 12,11a; Prov. 12,11a; Prov. 12,12; Prov. 12,13a; Prov. 12,20; Prov. 12,28; Prov. 13,1; Prov. 13,4; Prov. 13,4; Prov. 13,7; Prov. 13,9a; Prov. 13,15; Prov. 13,23; Prov. 14,8; Prov. 14,13; Prov. 14,23; Prov. 14,23; Prov. 14,26; Prov. 14,28; Prov. 14,28; Prov. 14,29; Prov. 14,32; Prov. 14,33; Prov. 14,33; Prov. 15,3; Prov. 15,6; Prov. 15,13; Prov. 15,22; Prov. 16,2; Prov. 16,10; Prov. 16,15; Prov. 16,17; Prov. 16,20; Prov. 16,21; Prov. 16,26; Prov. 16,31; Prov. 17,1; Prov. 17,2; Prov. 17,3; Prov. 17,17; Prov. 17,23; Prov. 18,1; Prov. 18,4; Prov. 18,5; Prov. 18,9; Prov. 18,17; Prov. 18,18; Prov. 18,21; Prov. 19,21; Prov. 19,23; Prov. 20,4; Prov. 20,5; Prov. 20,7; Prov. 20,8; Prov. 20,20 # 20,9b; Prov. 20,20 # 20,9b; Prov. 20,11; Prov. 20,28; Prov. 21,1; Prov. 21,9; Prov. 21,9; Prov. 21,12; Prov. 21,16; Prov. 21,19; Prov. 22,5; Prov. 22,10; Prov. 22,13; Prov. 22,13; Prov. 22,22; Prov. 22,29; Prov. 23,17; Prov. 23,30; Prov. 23,31; Prov. 23,34; Prov. 23,34; Prov. 24,7; Prov. 24,8; Prov. 24,9; Prov. 24,10; Prov. 24,10; Prov. 24,16; Prov. 24,17; Prov. 25,5; Prov. 25,6; Prov. 25,7; Prov. 25,11; Prov. 25,13; Prov. 25,15; Prov. 25,19; Prov. 25,20; Prov. 25,24; Prov. 26,1; Prov. 26,1; Prov. 26,8; Prov. 26,9; Prov. 26,9; Prov. 26,13; Prov. 26,15; Prov. 26,16; Prov. 26,20; Prov. 26,24; Prov. 26,25; Prov. 26,26; Prov. 27,7; Prov. 27,15; Prov. 27,22; Prov. 27,25; Prov. 28,3; Prov. 28,5; Prov. 28,6; Prov. 28,10; Prov. 28,12; Prov. 28,17; Prov. 28,17; Prov. 28,25; Prov. 28,27; Prov. 28,28; Prov. 28,28; Prov. 29,6; Prov. 29,6; Prov. 29,14; Prov. 29,20; Prov. 30,2; Prov. 30,4; Prov. 30,4; Prov. 24,23; Prov. 30,19; Prov. 30,26; Prov. 30,28; Prov. 30,31; Prov. 31,6; Prov. 31,6; Prov. 31,21; Prov. 31,23; Prov. 31,23; Prov. 31,26; Prov. 31,31; Eccl. 1,1; Eccl. 1,3; Eccl. 1,10; Eccl. 1,12; Eccl. 1,13; Eccl. 1,13; Eccl. 1,16; Eccl. 1,16; Eccl. 1,18; Eccl. 2,1; Eccl. 2,1; Eccl. 2,1; Eccl. 2,3; Eccl. 2,3; Eccl. 2,5; Eccl. 2,7; Eccl. 2,9; Eccl. 2,10; Eccl. 2,11; Eccl. 2,11; Eccl. 2,14; Eccl. 2,14; Eccl. 2,15; Eccl. 2,15; Eccl. 2,19; Eccl. 2,21; Eccl. 2,21; Eccl. 2,21; Eccl. 2,21; Eccl. 2,22; Eccl. 2,22; Eccl. 2,23; Eccl. 2,24; Eccl. 2,24; Eccl. 3,9; Eccl. 3,10; Eccl. 3,11; Eccl. 3,11; Eccl. 3,12; Eccl. 3,12; Eccl. 3,13; Eccl. 3,17; Eccl. 3,18; Eccl. 3,22; Eccl. 3,22; Eccl. 4,9; Eccl. 4,14; Eccl. 4,16; Eccl. 4,17; Eccl. 5,1; Eccl. 5,2; Eccl. 5,2; Eccl. 5,3; Eccl. 5,6; Eccl. 5,7; Eccl. 5,8; Eccl. 5,9; Eccl. 5,10; Eccl. 5,13; Eccl. 5,13; Eccl. 5,14; Eccl. 5,14; Eccl. 5,16; Eccl. 5,17; Eccl. 5,18; Eccl. 5,19; Eccl. 6,4; Eccl. 6,4; Eccl. 6,4; Eccl. 6,12; Eccl: 6,12; Eccl. 7,3; Eccl. 7,4; Eccl. 7,4; Eccl. 7,9; Eccl. 7,9; Eccl. 7,10; Eccl. 7,12; Eccl. 7,14; Eccl. 7,14; Eccl. 7,14; Eccl. 7,15; Eccl. 7,15; Eccl. 7,15; Eccl. 7,17; Eccl. 7,18; Eccl. 7,19; Eccl. 7,20; Eccl. 7,23; Eccl. 7,26; Eccl. 7,28; Eccl. 8,3; Eccl. 8,8; Eccl. 8,8; Eccl. 8,8; Eccl. 8,9; Eccl. 8,10; Eccl. 8,11; Eccl. 8,13; Eccl. 8,15; Eccl. 8,16; Eccl. 8,16; Eccl. 8,16; Eccl. 9,1; Eccl. 9,2; Eccl. 9,3; Eccl. 9,3; Eccl. 9,3; Eccl. 9,6; Eccl. 9,7; Eccl. 9,7; Eccl. 9,8; Eccl. 9,9; Eccl. 9,9; Eccl. 9,10; Eccl. 9,12; Eccl. 9,12; Eccl. 9,14; Eccl. 9,15; Eccl. 9,15; Eccl. 9,17; Eccl. 9,17; Eccl. 10,3; Eccl. 10,6; Eccl. 10,6; Eccl. 10,8; Eccl. 10,9; Eccl. 10,9; Eccl. 10,11;

ἐν

Eccl. 10,16; Eccl. 10,17; Eccl. 10,18; Eccl. 10,18; Eccl. 10,20; Eccl. 10,20; Eccl. 11,1; Eccl. 11,3; Eccl. 11,3; Eccl. 11,4; Eccl. 11,5; Eccl. 11,5; Eccl. 11,6; Eccl. 11,8; Eccl. 11,9; Eccl. 11,9; Eccl. 11,9; Eccl. 11,9; Eccl. 11,9; Eccl. 12,1; Eccl. 12,1; Eccl. 12,1; Eccl. 12,3; Eccl. 12,3; Eccl. 12,4; Eccl. 12,4; Eccl. 12,5; Eccl. 12,5; Eccl. 12,14; Eccl. 12,14; Song 1,4; Song 1,6; Song 1,6; Song 1,7; Song 1,8; Song 1,8; Song 1,9; Song 1,12; Song 1,14; Song 2,2; Song 2,3; Song 2,3; Song 2,3; Song 2,5; Song 2,5; Song 2,7; Song 2,7; Song 2,12; Song 2,12; Song 2,14; Song 2,16; Song 3,1; Song 3,2; Song 3,2; Song 3,2; Song 3,3; Song 3,5; Song 3,5; Song 3,8; Song 3,11; Song 3,11; Song 3,11; Song 3,11; Song 4,2; Song 4,5; Song 4,7; Song 4,9; Song 5,6; Song 5,7; Song 5,8; Song 5,8; Song 5,9; Song 5,12; Song 6,1; Song 6,2; Song 6,3; Song 6,6; Song 6,11; Song 7,1; Song 7,1; Song 7,2; Song 7,3; Song 7,5; Song 7,5; Song 7,6; Song 7,7; Song 7,9; Song 7,12; Song 8,4; Song 8,4; Song 8,7; Song 8,8; Song 8,8; Song 8,10; Song 8,11; Song 8,11; Song 8,13; Job 1,1; Job 1,5; Job 1,12; Job 1,13; Job 1,15; Job 1,17; Job 2,1; Job 2,9c; Job 2,10; Job 3,3; Job 3,3; Job 3,11; Job 3,20; Job 3,20; Job 4,2; Job 4,6; Job 4,12; Job 5,13; Job 5,15; Job 5,19; Job 5,20; Job 5,20; Job 5,26; Job 6,2; Job 6,4; Job 6,6; Job 6,30; Job 7,5; Job 7,6; Job 7,8; Job 7,11; Job 7,14; Job 7,19; Job 8,4; Job 8,17; Job 9,23; Job 9,31; Job 10,13; Job 11,3; Job 11,8; Job 11,14; Job 11,14; Job 12,9; Job 12,10; Job 12,12; Job 12,12; Job 13,14; Job 13,27; Job 14,3; Job 14,8; Job 14,8; Job 14,13; Job 14,13; Job 14,17; Job 15,3; Job 15,3; Job 15,10; Job 15,20; Job 15,21; Job 15,23; Job 15,26; Job 15,27; Job 15,35; Job 16,5; Job 16,8; Job 16,15; Job 16,17; Job 16,19; Job 16,19; Job 17,6; Job 17,10; Job 17,11; Job 17,13; Job 18,6; Job 18,8; Job 18,8; Job 18,10; Job 18,11; Job 18,15; Job 18,15; Job 18,19; Job 18,19; Job 18,19; Job 19,20; Job 19,20; Job 19,23; Job 19,24; Job 19,24; Job 19,27; Job 19,28; Job 20,12; Job 20,13; Job 20,14; Job 20,20; Job 20,25; Job 21,7; Job 21,8; Job 21,10; Job 21,13; Job 21,13; Job 21,16; Job 21,21; Job 21,23; Job 22,21; Job 22,22; Job 22,24; Job 22,30; Job 23,6; Job 23,6; Job 23,11; Job 23,12; Job 24,5; Job 24,11; Job 24,16; Job 24,24; Job 25,2; Job 26,8; Job 26,14; Job 27,3; Job 27,11; Job 27,15; Job 28,9; Job 28,13; Job 28,14; Job 28,16; Job 28,24; Job 28,26; Job 29,3; Job 29,7; Job 29,7; Job 29,19; Job 29,20; Job 29,25; Job 30,1; Job 30,3; Job 30,14; Job 30,18; Job 30,19; Job 30,22; Job 30,25; Job 30,28; Job 31,6; Job 31,15; Job 31,15; Job 32,5; Job 32,7; Job 32,8; Job 33,8; Job 33,11; Job 33,14; Job 33,15; Job 33,16; Job 33,18; Job 33,19; Job 33,22; Job 33,25; Job 33,30; Job 34,11; Job 34,35; Job 34,35; Job 35,2; Job 35,16; Job 36,2; Job 36,8; Job 36,8; Job 36,11; Job 36,11; Job 36,14; Job 36,19; Job 36,22; Job 36,25; Job 36,31; Job 36,32; Job 37,2; Job 37,4; Job 37,5; Job 37,7; Job 37,12; Job 37,21; Job 38,2; Job 38,4; Job 38,11; Job 38,16; Job 38,26; Job 38,29; Job 38,32; Job 38,40; Job 38,40; Job 39,4; Job 39,10; Job 39,10; Job 39,17; Job 39,18; Job 39,21; Job 39,21; Job 39,30; Job 40,20; Job 40,22; Job 40,24; Job 40,25; Job 40,26; Job 40,29; Job 40,30; Job 40,31; Job 40,32; Job 41,10; Job 41,14; Job 41,26; Job 42,15; Job 42,15; Job 42,17b; Job 42,17d; Job 42,17d; Wis. 1,1; Wis. 1,1; Wis. 1,4; Wis. 1,9; Wis. 1,12; Wis. 1,12; Wis. 1,14; Wis. 2,1; Wis. 2,1; Wis. 2,2; Wis. 2,2; Wis. 2,4; Wis. 2,6; Wis. 2,17; Wis. 3,1; Wis. 3,2; Wis. 3,3; Wis. 3,4; Wis. 3,6; Wis. 3,7; Wis. 3,7; Wis. 3,9; Wis. 3,13; Wis. 3,13; Wis. 3,14; Wis. 3,14; Wis. 3,18; Wis. 4,1; Wis. 4,2; Wis. 4,4; Wis. 4,6; Wis. 4,7; Wis. 4,13; Wis. 4,15; Wis. 4,15; Wis. 4,19; Wis. 4,19; Wis. 4,20; Wis. 5,1; Wis. 5,3; Wis. 5,5; Wis. 5,5; Wis. 5,10; Wis. 5,11; Wis. 5,13; Wis. 5,15; Wis. 6,5; Wis. 6,16; Wis. 6,16; Wis. 7,1; Wis. 7,2; Wis. 7,4; Wis. 7,8; Wis. 7,9; Wis. 7,11; Wis. 7,16; Wis. 7,22; Wis. 7,27; Wis. 8,5; Wis. 8,7; Wis. 8,10; Wis. 8,11; Wis. 8,11; Wis. 8,15; Wis. 8,15; Wis. 8,17; Wis. 8,17; Wis. 8,17; Wis. 8,18; Wis. 8,18; Wis. 8,18; Wis. 8,18; Wis. 9,1; Wis. 9,3; Wis. 9,3; Wis. 9,5; Wis. 9,6; Wis. 9,8; Wis. 9,8; Wis. 9,9; Wis. 9,9; Wis. 9,11; Wis. 9,11; Wis. 9,16; Wis. 9,16; Wis. 10,3; Wis. 10,5; Wis. 10,8; Wis. 10,10; Wis. 10,10; Wis. 10,11; Wis. 10,14; Wis. 10,16; Wis. 10,17; Wis. 11,1; Wis. 11,2; Wis. 11,9; Wis. 11,14; Wis. 11,15; Wis. 12,1; Wis. 12,2; Wis. 12,9; Wis. 12,17; Wis. 12,18; Wis. 12,22; Wis. 12,23; Wis. 12,24; Wis. 12,27; Wis. 13,7; Wis. 13,10; Wis. 13,13; Wis. 13,14; Wis. 13,15; Wis. 14,3; Wis. 14,3; Wis. 14,9; Wis. 14,11; Wis. 14,11; Wis. 14,16; Wis. 14,17; Wis. 14,22; Wis. 14,30; Wis. 15,19; Wis. 16,8; Wis. 16,16; Wis. 16,17; Wis. 16,22; Wis. 16,22; Wis. 18,5; Wis. 18,9; Wis. 18,12; Wis. 18,14; Wis. 18,20; Wis. 19,3; Wis. 19,6; Wis. 19,10; Wis. 19,18; Wis. 19,20; Wis. 19,22; Sir. 1,11 Prol.; Sir. 1,22 Prol.; Sir. 1,26 Prol.; Sir. 1,32 Prol.; Sir. 1,34 Prol.; Sir. 1,13; Sir. 1,14; Sir. 1,28; Sir. 1,29; Sir. 1,29; Sir. 1,30; Sir. 2,2; Sir. 2,4; Sir. 2,5; Sir. 2,5; Sir. 2,11; Sir. 3,5; Sir. 3,7; Sir. 3,8; Sir. 3,10; Sir. 3,11; Sir. 3,12; Sir. 3,12; Sir. 3,13; Sir. 3,15; Sir. 3,17; Sir. 3,23; Sir. 3,26; Sir. 3,28; Sir. 3,31; Sir. 4,2; Sir. 4,6; Sir. 4,8; Sir. 4,9; Sir. 4,16; Sir. 4,17; Sir. 4,17; Sir. 4,17; Sir. 4,23; Sir. 4,24; Sir. 4,24; Sir. 4,29; Sir. 4,29; Sir. 4,30; Sir. 4,30; Sir. 4,31; Sir. 5,2; Sir. 5,7; Sir. 5,8; Sir. 5,9; Sir. 5,9; Sir. 5,10; Sir. 5,11; Sir. 5,11; Sir. 5,13; Sir. 5,15; Sir. 5,15; Sir. 6,2; Sir. 6,7; Sir. 6,8; Sir. 6,8; Sir. 6,10; Sir. 6,11; Sir. 6,19; Sir. 6,20; Sir. 6,26; Sir. 6,26; Sir. 6,34; Sir. 6,37; Sir. 6,37; Sir. 7,6; Sir. 7,7; Sir. 7,8; Sir. 7,9; Sir. 7,10; Sir. 7,11; Sir. 7,14; Sir. 7,14; Sir. 7,16; Sir. 7,18; Sir. 7,20; Sir. 7,29; Sir. 7,30; Sir. 7,36; Sir. 8,5; Sir. 8,6; Sir. 8,8; Sir. 8,9; Sir. 8,10; Sir. 8,15; Sir. 8,16; Sir. 9,4; Sir. 9,5; Sir. 9,7; Sir. 9,7; Sir. 9,8; Sir. 9,9; Sir. 9,12; Sir. 9,13; Sir. 9,15; Sir. 9,16; Sir. 9,17; Sir. 9,17; Sir. 9,18; Sir. 9,18; Sir. 10,3; Sir. 10,4; Sir. 10,5; Sir. 10,6; Sir. 10,9; Sir. 10,11; Sir. 10,20; Sir. 10,20; Sir. 10,26; Sir. 10,27; Sir. 10,28; Sir. 10,31; Sir. 10,31; Sir. 10,31; Sir. 10,31; Sir. 11,1; Sir. 11,2; Sir. 11,2; Sir. 11,3; Sir. 11,4; Sir. 11,4; Sir. 11,8; Sir. 11,9; Sir. 11,19; Sir. 11,20; Sir. 11,20; Sir. 11,20; Sir. 11,21; Sir. 11,21; Sir. 11,22; Sir. 11,22; Sir. 11,25; Sir. 11,25; Sir. 11,26; Sir. 11,27; Sir. 11,28; Sir. 11,30; Sir. 11,31; Sir. 11,34; Sir. 12,5; Sir. 12,5; Sir. 12,8; Sir. 12,8; Sir. 12,9; Sir. 12,9; Sir. 12,9; Sir. 12,14; Sir. 12,16; Sir. 12,16; Sir. 12,16; Sir. 13,4; Sir. 13,7; Sir. 13,8; Sir. 13,19; Sir. 13,24; Sir. 13,26; Sir. 14,1; Sir. 14,1; Sir. 14,4; Sir. 14,5; Sir. 14,7; Sir. 14,16; Sir. 14,20; Sir. 14,20; Sir. 14,21; Sir. 14,21; Sir. 14,22; Sir. 14,24; Sir. 14,25; Sir. 14,26; Sir. 14,27; Sir. 15,5; Sir. 15,9; Sir. 15,10; Sir. 15,14; Sir. 15,18; Sir. 16,6; Sir. 16,6; Sir. 16,9; Sir. 16,10; Sir. 16,13; Sir. 16,17; Sir. 16,17; Sir. 16,18; Sir. 16,19; Sir. 16,21; Sir. 16,25; Sir. 16,25; Sir. 17,27; Sir. 17,30; Sir. 18,10; Sir. 18,15; Sir. 18,15; Sir. 18,20; Sir. 18,21; Sir. 18,24; Sir. 18,24; Sir. 18,25; Sir. 18,25; Sir. 18,27; Sir. 18,27; Sir. 18,29; Sir. 18,33; Sir. 19,8; Sir. 19,9; Sir. 19,12; Sir. 19,12; Sir. 19,16; Sir. 19,20; Sir. 19,24; Sir. 19,24; Sir. 20,4; Sir. 20,9; Sir. 20,13; Sir. 20,19; Sir. 20,20; Sir. 20,21; Sir. 20,24; Sir. 20,24; Sir. 20,27; Sir. 20,29; Sir. 20,30; Sir. 21,6; Sir. 21,6; Sir. 21,7; Sir. 21,8; Sir. 21,16; Sir. 21,17; Sir. 21,17; Sir. 21,19; Sir. 21,20; Sir. 21,25; Sir. 21,25; Sir. 21,26; Sir. 21,27; Sir. 21,28; Sir. 22,3; Sir. 22,6; Sir. 22,6; Sir. 22,13; Sir. 22,13; Sir. 22,16; Sir. 22,16; Sir. 22,22; Sir. 22,23; Sir. 22,23; Sir. 22,23; Sir. 22,23; Sir. 23,1; Sir. 23,1; Sir. 23,8; Sir. 23,8; Sir. 23,12; Sir. 23,12; Sir. 23,13; Sir. 23,15; Sir. 23,17; Sir. 23,18; Sir. 23,21; Sir. 23,23; Sir. 23,23; Sir. 24,1; Sir. 24,2; Sir. 24,4; Sir. 24,4; Sir. 24,5; Sir. 24,6; Sir. 24,6; Sir. 24,7; Sir. 24,8; Sir. 24,10; Sir. 24,10; Sir. 24,11; Sir. 24,11; Sir. 24,12; Sir. 24,12; Sir. 24,13; Sir. 24,13; Sir. 24,14; Sir. 24,14; Sir. 24,14; Sir. 24,15; Sir. 24,22; Sir. 24,25; Sir. 24,26; Sir. 24,27; Sir. 25,3; Sir. 25,7; Sir. 25,8; Sir. 25,20; Sir. 26,2; Sir. 26,3; Sir. 26,4; Sir. 26,9; Sir. 26,9; Sir. 26,16; Sir. 26,16; Sir. 27,3; Sir. 27,3; Sir. 27,4; Sir. 27,5; Sir. 27,13; Sir. 27,23; Sir. 27,26; Sir. 28,18; Sir. 28,19; Sir. 28,19; Sir. 28,22; Sir. 28,23; Sir. 28,26; Sir. 29,2; Sir. 29,3; Sir. 29,5; Sir. 29,12; Sir. 29,16; Sir. 29,18; Sir. 29,22; Sir. 29,26;

Ε, ε

Sir. 30,5; Sir. 30,5; Sir. 30,11; Sir. 30,13; Sir. 30,13; Sir. 30,20; Sir. 30,21; Sir. 30,23; Sir. 31,3; Sir. 31,3; Sir. 31,4; Sir. 31,4; Sir. 31,5; Sir. 31,7; Sir. 31,9; Sir. 31,10; Sir. 31,14; Sir. 31,21; Sir. 31,22; Sir. 31,26; Sir. 31,26; Sir. 31,27; Sir. 31,28; Sir. 31,29; Sir. 31,31; Sir. 31,31; Sir. 31,31; Sir. 32,1; Sir. 32,3; Sir. 32,5; Sir. 32,6; Sir. 32,8; Sir. 32,9; Sir. 32,11; Sir. 32,15; Sir. 32,19; Sir. 32,20; Sir. 32,20; Sir. 32,21; Sir. 32,23; Sir. 33,1; Sir. 33,2; Sir. 33,2; Sir. 33,8; Sir. 33,11; Sir. 33,13; Sir. 33,13; Sir. 33,17; Sir. 33,20; Sir. 33,21; Sir. 33,21; Sir. 33,23; Sir. 33,23; Sir. 33,24; Sir. 33,24; Sir. 33,26; Sir. 33,31; Sir. 33,33; Sir. 34,6; Sir. 34,11; Sir. 34,19; Sir. 34,19; Sir. 34,25; Sir. 34,26; Sir. 35,4; Sir. 35,7; Sir. 35,8; Sir. 35,8; Sir. 35,9; Sir. 35,16; Sir. 35,23; Sir. 35,24; Sir. 35,24; Sir. 36,3; Sir. 36,3; Sir. 36,8; Sir. 36,14; Sir. 37,3; Sir. 37,4; Sir. 37,4; Sir. 37,6; Sir. 37,6; Sir. 37,12; Sir. 37,15; Sir. 37,20; Sir. 37,25; Sir. 37,26; Sir. 37,27; Sir. 37,28; Sir. 37,29; Sir. 37,30; Sir. 38,6; Sir. 38,7; Sir. 38,7; Sir. 38,9; Sir. 38,13; Sir. 38,19; Sir. 38,23; Sir. 38,23; Sir. 38,23; Sir. 38,24; Sir. 38,25; Sir. 38,25; Sir. 38,25; Sir. 38,28; Sir. 38,29; Sir. 38,29; Sir. 38,29; Sir. 38,30; Sir. 38,31; Sir. 38,33; Sir. 38,34; Sir. 38,34; Sir. 39,1; Sir. 39,1; Sir. 39,2; Sir. 39,3; Sir. 39,4; Sir. 39,4; Sir. 39,5; Sir. 39,6; Sir. 39,7; Sir. 39,8; Sir. 39,15; Sir. 39,15; Sir. 39,15; Sir. 39,15; Sir. 39,16; Sir. 39,16; Sir. 39,17; Sir. 39,17; Sir. 39,18; Sir. 39,28; Sir. 39,28; Sir. 39,31; Sir. 39,31; Sir. 39,32; Sir. 39,33; Sir. 39,34; Sir. 39,35; Sir. 40,3; Sir. 40,5; Sir. 40,6; Sir. 40,6; Sir. 40,6; Sir. 40,6; Sir. 40,7; Sir. 40,13; Sir. 40,14; Sir. 40,17; Sir. 40,26; Sir. 40,26; Sir. 40,29; Sir. 40,29; Sir. 40,30; Sir. 40,30; Sir. 41,1; Sir. 41,1; Sir. 41,4; Sir. 41,4; Sir. 41,11; Sir. 41,14; Sir. 41,14; Sir. 41,16; Sir. 42,7; Sir. 42,7; Sir. 42,9; Sir. 42,10; Sir. 42,10; Sir. 42,11; Sir. 42,11; Sir. 42,12; Sir. 42,12; Sir. 42,15; Sir. 42,17; Sir. 42,18; Sir. 42,23; Sir. 43,1; Sir. 43,2; Sir. 43,2; Sir. 43,3; Sir. 43,4; Sir. 43,5; Sir. 43,6; Sir. 43,8; Sir. 43,8; Sir. 43,8; Sir. 43,9; Sir. 43,10; Sir. 43,10; Sir. 43,11; Sir. 43,12; Sir. 43,15; Sir. 43,16; Sir. 43,16; Sir. 43,23; Sir. 43,26; Sir. 43,30; Sir. 44,3; Sir. 44,3; Sir. 44,3; Sir. 44,3; Sir. 44,4; Sir. 44,4; Sir. 44,5; Sir. 44,6; Sir. 44,7; Sir. 44,7; Sir. 44,12; Sir. 44,14; Sir. 44,17; Sir. 44,19; Sir. 44,20; Sir. 44,20; Sir. 44,20; Sir. 44,21; Sir. 44,21; Sir. 44,22; Sir. 44,23; Sir. 44,23; Sir. 44,23; Sir. 45,1; Sir. 45,1; Sir. 45,2; Sir. 45,3; Sir. 45,4; Sir. 45,7; Sir. 45,9; Sir. 45,9; Sir. 45,11; Sir. 45,11; Sir. 45,15; Sir. 45,15; Sir. 45,15; Sir. 45,17; Sir. 45,17; Sir. 45,17; Sir. 45,18; Sir. 45,18; Sir. 45,19; Sir. 45,19; Sir. 45,22; Sir. 45,22; Sir. 45,23; Sir. 45,23; Sir. 45,23; Sir. 45,23; Sir. 45,26; Sir. 45,26; Sir. 46,1; Sir. 46,1; Sir. 46,2; Sir. 46,2; Sir. 46,4; Sir. 46,5; Sir. 46,5; Sir. 46,6; Sir. 46,7; Sir. 46,11; Sir. 46,14; Sir. 46,15; Sir. 46,15; Sir. 46,16; Sir. 46,16; Sir. 46,17; Sir. 46,20; Sir. 47,1; Sir. 47,3; Sir. 47,3; Sir. 47,3; Sir. 47,3; Sir. 47,4; Sir. 47,4; Sir. 47,4; Sir. 47,5; Sir. 47,5; Sir. 47,6; Sir. 47,6; Sir. 47,6; Sir. 47,8; Sir. 47,8; Sir. 47,10; Sir. 47,10; Sir. 47,11; Sir. 47,12; Sir. 47,13; Sir. 47,14; Sir. 47,15; Sir. 47,16; Sir. 47,17; Sir. 47,17; Sir. 47,18; Sir. 47,19; Sir. 47,20; Sir. 48,3; Sir. 48,4; Sir. 48,5; Sir. 48,7; Sir. 48,7; Sir. 48,9; Sir. 48,9; Sir. 48,10; Sir. 48,11; Sir. 48,12; Sir. 48,12; Sir. 48,13; Sir. 48,14; Sir. 48,14; Sir. 48,15; Sir. 48,16; Sir. 48,18; Sir. 48,18; Sir. 48,20; Sir. 48,22; Sir. 48,22; Sir. 48,23; Sir. 48,24; Sir. 49,1; Sir. 49,1; Sir. 49,2; Sir. 49,3; Sir. 49,7; Sir. 49,7; Sir. 49,9; Sir. 49,10; Sir. 49,12; Sir. 49,16; Sir. 49,16; Sir. 50,1; Sir. 50,1; Sir. 50,3; Sir. 50,4; Sir. 50,5; Sir. 50,5; Sir. 50,6; Sir. 50,6; Sir. 50,7; Sir. 50,8; Sir. 50,8; Sir. 50,10; Sir. 50,11; Sir. 50,11; Sir. 50,12; Sir. 50,12; Sir. 50,13; Sir. 50,13; Sir. 50,16; Sir. 50,18; Sir. 50,18; Sir. 50,19; Sir. 50,20; Sir. 50,21; Sir. 50,23; Sir. 50,23; Sir. 50,24; Sir. 50,26; Sir. 50,26; Sir. 50,27; Sir. 50,28; Sir. 51,10; Sir. 51,10; Sir. 51,10; Sir. 51,13; Sir. 51,15; Sir. 51,15; Sir. 51,17; Sir. 51,19; Sir. 51,19; Sir. 51,20; Sir. 51,22; Sir. 51,23; Sir. 51,24; Sir. 51,27; Sir. 51,28; Sir. 51,28; Sir. 51,29; Sir. 51,29; Sir. 51,30; Sol. 1,1; Sol. 1,1; Sol. 1,3; Sol. 1,3; Sol. 1,3; Sol. 1,6; Sol. 1,7; Sol. 1,8; Sol. 2,1; Sol. 2,2; Sol. 2,2; Sol. 2,3; Sol. 2,4; Sol. 2,6; Sol. 2,6; Sol. 2,6; Sol. 2,6; Sol. 2,11; Sol. 2,13; Sol. 2,15; Sol. 2,15; Sol. 2,19; Sol. 2,21; Sol. 2,22; Sol. 2,23; Sol. 2,23; Sol. 2,24; Sol. 2,24; Sol. 2,24; Sol. 2,25; Sol. 2,27; Sol. 2,27; Sol. 2,29; Sol. 2,31; Sol. 2,33; Sol. 2,36; Sol. 2,36; Sol. 3,3; Sol. 3,6; Sol. 3,7; Sol. 3,8; Sol. 3,12; Sol. 4,1; Sol. 4,1; Sol. 4,2; Sol. 4,2; Sol. 4,2; Sol. 4,2; Sol. 4,3; Sol. 4,3; Sol. 4,3; Sol. 4,3; Sol. 4,4; Sol. 4,5; Sol. 4,5; Sol. 4,5; Sol. 4,5; Sol. 4,5; Sol. 4,6; Sol. 4,6; Sol. 4,7; Sol. 4,8; Sol. 4,9; Sol. 4,9; Sol. 4,10; Sol. 4,11; Sol. 4,12; Sol. 4,12; Sol. 4,12; Sol. 4,13; Sol. 4,14; Sol. 4,14; Sol. 4,14; Sol. 4,15; Sol. 4,15; Sol. 4,15; Sol. 4,16; Sol. 4,16; Sol. 4,18; Sol. 4,19; Sol. 4,20; Sol. 4,20; Sol. 4,21; Sol. 4,23; Sol. 4,24; Sol. 4,24; Sol. 5,1; Sol. 5,1; Sol. 5,2; Sol. 5,4; Sol. 5,9; Sol. 5,10; Sol. 5,12; Sol. 5,12; Sol. 5,13; Sol. 5,14; Sol. 5,15; Sol. 5,16; Sol. 5,17; Sol. 5,17; Sol. 5,17; Sol. 5,18; Sol. 5,18; Sol. 6,1; Sol. 6,3; Sol. 6,5; Sol. 6,6; Sol. 7,3; Sol. 7,6; Sol. 7,10; Sol. 7,10; Sol. 8,3; Sol. 8,6; Sol. 8,7; Sol. 8,9; Sol. 8,9; Sol. 8,12; Sol. 8,19; Sol. 8,20; Sol. 8,21; Sol. 8,23; Sol. 8,23; Sol. 8,23; Sol. 8,23; Sol. 8,24; Sol. 8,25; Sol. 8,26; Sol. 8,34; Sol. 8,34; Sol. 9,1; Sol. 9,1; Sol. 9,2; Sol. 9,2; Sol. 9,2; Sol. 9,4; Sol. 9,4; Sol. 9,4; Sol. 9,5; Sol. 9,5; Sol. 9,6; Sol. 9,6; Sol. 9,6; Sol. 9,7; Sol. 9,10; Sol. 9,10; Sol. 10,1; Sol. 10,1; Sol. 10,3; Sol. 10,3; Sol. 10,4; Sol. 10,4; Sol. 10,4; Sol. 10,5; Sol. 10,5; Sol. 10,6; Sol. 10,6; Sol. 11,1; Sol. 11,1; Sol. 11,1; Sol. 11,1; Sol. 11,5; Sol. 11,6; Sol. 11,8; Sol. 12,0; Sol. 12,2; Sol. 12,2; Sol. 12,2; Sol. 12,3; Sol. 12,3; Sol. 12,4; Sol. 12,4; Sol. 12,5; Sol. 13,3; Sol. 13,3; Sol. 13,7; Sol. 13,8; Sol. 13,10; Sol. 14,1; Sol. 14,2; Sol. 14,2; Sol. 14,3; Sol. 14,6; Sol. 14,7; Sol. 14,9; Sol. 14,10; Sol. 15,2; Sol. 15,3; Sol. 15,3; Sol. 15,12; Sol. 15,12; Sol. 15,13; Sol. 15,13; Sol. 16,1; Sol. 16,3; Sol. 16,4; Sol. 16,9; Sol. 16,9; Sol. 16,10; Sol. 16,11; Sol. 16,11; Sol. 16,12; Sol. 16,13; Sol. 16,14; Sol. 16,14; Sol. 16,14; Sol. 16,14; Sol. 16,15; Sol. 16,15; Sol. 17,1; Sol. 17,3; Sol. 17,5; Sol. 17,6; Sol. 17,6; Sol. 17,7; Sol. 17,10; Sol. 17,12; Sol. 17,13; Sol. 17,14; Sol. 17,14; Sol. 17,15; Sol. 17,15; Sol. 17,15; Sol. 17,17; Sol. 17,17; Sol. 17,19; Sol. 17,20; Sol. 17,20; Sol. 17,20; Sol. 17,20; Sol. 17,22; Sol. 17,23; Sol. 17,24; Sol. 17,24; Sol. 17,25; Sol. 17,25; Sol. 17,26; Sol. 17,27; Sol. 17,28; Sol. 17,29; Sol. 17,30; Sol. 17,30; Sol. 17,32; Sol. 17,32; Sol. 17,34; Sol. 17,35; Sol. 17,36; Sol. 17,37; Sol. 17,37; Sol. 17,37; Sol. 17,38; Sol. 17,40; Sol. 17,40; Sol. 17,40; Sol. 17,40; Sol. 17,40; Sol. 17,41; Sol. 17,41; Sol. 17,41; Sol. 17,43; Sol. 17,43; Sol. 17,44; Sol. 17,44; Sol. 18,2; Sol. 18,4; Sol. 18,5; Sol. 18,5; Sol. 18,6; Sol. 18,7; Sol. 18,7; Sol. 18,8; Sol. 18,9; Sol. 18,9; Sol. 18,10; Sol. 18,10; Sol. 18,11; Sol. 18,12; Hos. 1,1; Hos. 1,1; Hos. 1,5; Hos. 1,5; Hos. 1,7; Hos. 1,7; Hos. 1,7; Hos. 1,7; Hos. 1,7; Hos. 1,7; Hos. 2,1; Hos. 2,5; Hos. 2,8; Hos. 2,11; Hos. 2,15; Hos. 2,18; Hos. 2,20; Hos. 2,21; Hos. 2,21; Hos. 2,21; Hos. 2,21; Hos. 2,22; Hos. 2,23; Hos. 4,8; Hos. 4,12; Hos. 4,12; Hos. 4,16; Hos. 4,19; Hos. 5,4; Hos. 5,5; Hos. 5,8; Hos. 5,9; Hos. 5,9; Hos. 5,15; Hos. 6,2; Hos. 6,5; Hos. 6,10; Hos. 6,11; Hos. 7,1; Hos. 7,1; Hos. 7,3; Hos. 7,3; Hos. 7,6; Hos. 7,7; Hos. 7,8; Hos. 7,10; Hos. 7,12; Hos. 7,14; Hos. 7,14; Hos. 7,16; Hos. 7,16; Hos. 8,6; Hos. 8,8; Hos. 8,10; Hos. 8,13; Hos. 9,3; Hos. 9,3; Hos. 9,5; Hos. 9,5; Hos. 9,6; Hos. 9,8; Hos. 9,10; Hos. 9,10; Hos. 9,17; Hos. 10,6; Hos. 10,6; Hos. 10,9; Hos. 10,10; Hos. 10,10; Hos. 10,13; Hos. 10,13; Hos. 10,14; Hos. 10,14; Hos. 11,4; Hos. 11,4; Hos. 11,5; Hos. 11,6; Hos. 11,6; Hos. 11,8; Hos. 11,9; Hos. 12,1; Hos. 12,1; Hos. 12,4; Hos. 12,4; Hos. 12,5; Hos. 12,7; Hos. 12,8; Hos. 12,10; Hos. 12,11; Hos. 12,12; Hos. 12,13; Hos. 12,13; Hos. 12,14; Hos. 12,14; Hos. 13,1; Hos. 13,5; Hos. 13,5; Hos. 13,10; Hos. 13,11; Hos. 13,11; Hos. 13,13; Hos. 14,1; Hos. 14,1; Hos. 14,2; Hos. 14,4; Hos. 14,10; Hos. 14,10; Amos 1,1; Amos 1,1; Amos 1,1; Amos 1,3; Amos 1,3; Amos 1,11; Amos 1,13; Amos 1,14; Amos 1,14; Amos 1,15; Amos 2,2; Amos 2,8; Amos 2,10; Amos 2,16; Amos 2,16; Amos 3,6; Amos 3,6; Amos 3,9; Amos 3,9;

ἐν

Amos 3,9; Amos 3,10; Amos 3,12; Amos 3,12; Amos 3,14; Amos 4,1; Amos 4,2; Amos 4,6; Amos 4,6; Amos 4,9; Amos 4,9; Amos 4,10; Amos 4,10; Amos 4,10; Amos 4,10; Amos 5,10; Amos 5,11; Amos 5,12; Amos 5,13; Amos 5,15; Amos 5,16; Amos 5,17; Amos 5,21; Amos 5,25; Amos 6,9; Amos 6,12; Amos 6,12; Amos 6,13; Amos 7,4; Amos 7,7; Amos 7,8; Amos 7,9; Amos 7,10; Amos 7,17; Amos 7,17; Amos 7,17; Amos 7,17; Amos 8,3; Amos 8,3; Amos 8,6; Amos 8,8; Amos 8,9; Amos 8,9; Amos 8,13; Amos 8,13; Amos 9,1; Amos 9,4; Amos 9,9; Amos 9,9; Amos 9,10; Amos 9,11; Amos 9,13; Mic. 1,1; Mic. 1,2; Mic. 1,2; Mic. 1,4; Mic. 1,7; Mic. 1,10; Mic. 1,10; Mic. 1,13; Mic. 2,1; Mic. 2,4; Mic. 2,4; Mic. 2,4; Mic. 2,5; Mic. 2,5; Mic. 2,12; Mic. 2,12; Mic. 3,4; Mic. 3,4; Mic. 3,5; Mic. 3,8; Mic. 3,10; Mic. 3,10; Mic. 3,11; Mic. 4,2; Mic. 4,5; Mic. 4,6; Mic. 4,7; Mic. 4,10; Mic. 4,13; Mic. 4,14; Mic. 4,14; Mic. 5,1; Mic. 5,1; Mic. 5,3; Mic. 5,3; Mic. 5,5; Mic. 5,5; Mic. 5,6; Mic. 5,6; Mic. 5,6; Mic. 5,7; Mic. 5,7; Mic. 5,7; Mic. 5,7; Mic. 5,7; Mic. 5,9; Mic. 5,11; Mic. 5,14; Mic. 5,14; Mic. 5,14; Mic. 6,6; Mic. 6,6; Mic. 6,6; Mic. 6,7; Mic. 6,7; Mic. 6,11; Mic. 6,11; Mic. 6,12; Mic. 6,14; Mic. 6,16; Mic. 7,1; Mic. 7,1; Mic. 7,2; Mic. 7,4; Mic. 7,5; Mic. 7,6; Mic. 7,8; Mic. 7,10; Mic. 7,14; Mic. 7,14; Mic. 7,17; Joel 1,2; Joel 1,2; Joel 1,13; Joel 2,1; Joel 2,1; Joel 2,7; Joel 2,8; Joel 2,8; Joel 2,12; Joel 2,12; Joel 2,12; Joel 2,15; Joel 2,17; Joel 2,19; Joel 2,27; Joel 3,2; Joel 3,3; Joel 3,5; Joel 3,5; Joel 4,1; Joel 4,1; Joel 4,2; Joel 4,9; Joel 4,14; Joel 4,14; Joel 4,17; Joel 4,17; Joel 4,18; Joel 4,19; Joel 4,21; Obad. 2; Obad. 3; Obad. 3; Obad. 8; Obad. 11; Obad. 12; Obad. 12; Obad. 12; Obad. 13; Obad. 13; Obad. 13; Obad. 14; Obad. 18; Obad. 19; Obad. 19; Jonah 1,2; Jonah 1,4; Jonah 1,5; Jonah 1,7; Jonah 1,8; Jonah 2,1; Jonah 2,3; Jonah 2,8; Jonah 3,2; Jonah 3,7; Jonah 3,8; Jonah 4,2; Jonah 4,5; Jonah 4,11; Nah. 1,3; Nah. 1,3; Nah. 1,5; Nah. 1,6; Nah. 1,7; Nah. 1,8; Nah. 1,9; Nah. 2,4; Nah. 2,4; Nah. 2,5; Nah. 2,5; Nah. 2,6; Nah. 2,8; Nah. 2,14; Nah. 3,3; Nah. 3,4; Nah. 3,4; Nah. 3,8; Nah. 3,13; Nah. 3,14; Nah. 3,17; Hab. 1,5; Hab. 1,10; Hab. 1,13; Hab. 1,15; Hab. 1,15; Hab. 1,15; Hab. 1,16; Hab. 2,1; Hab. 2,4; Hab. 2,12; Hab. 2,12; Hab. 2,13; Hab. 2,19; Hab. 2,20; Hab. 3,2; Hab. 3,2; Hab. 3,2; Hab. 3,2; Hab. 3,2; Hab. 3,4; Hab. 3,5; Hab. 3,8; Hab. 3,8; Hab. 3,8; Hab. 3,11; Hab. 3,12; Hab. 3,12; Hab. 3,14; Hab. 3,14; Hab. 3,16; Hab. 3,17; Hab. 3,18; Hab. 3,19; Zeph. 1,1; Zeph. 1,8; Zeph. 1,9; Zeph. 1,10; Zeph. 1,12; Zeph. 1,12; Zeph. 1,13; Zeph. 1,18; Zeph. 1,18; Zeph. 2,3; Zeph. 2,7; Zeph. 2,8; Zeph. 2,14; Zeph. 2,14; Zeph. 2,14; Zeph. 2,14; Zeph. 2,15; Zeph. 3,3; Zeph. 3,5; Zeph. 3,5; Zeph. 3,6; Zeph. 3,8; Zeph. 3,11; Zeph. 3,12; Zeph. 3,13; Zeph. 3,15; Zeph. 3,16; Zeph. 3,17; Zeph. 3,17; Zeph. 3,17; Zeph. 3,17; Zeph. 3,19; Zeph. 3,19; Zeph. 3,19; Zeph. 3,20; Zeph. 3,20; Zeph. 3,20; Zeph. 3,20; Hag. 1,1; Hag. 1,1; Hag. 1,3; Hag. 1,4; Hag. 1,6; Hag. 1,8; Hag. 1,14; Hag. 2,1; Hag. 2,3; Hag. 2,5; Hag. 2,9; Hag. 2,12; Hag. 2,14; Hag. 2,15; Hag. 2,17; Hag. 2,17; Hag. 2,17; Hag. 2,18; Hag. 2,22; Hag. 2,23; Zech. 1,6; Zech. 1,7; Zech. 1,9; Zech. 1,13; Zech. 1,14; Zech. 1,16; Zech. 1,16; Zech. 1,17; Zech. 1,17; Zech. 2,2; Zech. 2,5; Zech. 2,7; Zech. 2,8; Zech. 2,9; Zech. 2,14; Zech. 2,15; Zech. 2,15; Zech. 3,2; Zech. 3,2; Zech. 3,7; Zech. 3,7; Zech. 3,9; Zech. 3,10; Zech. 4,1; Zech. 4,4; Zech. 4,5; Zech. 4,6; Zech. 4,6; Zech. 4,6; Zech. 4,10; Zech. 4,12; Zech. 5,4; Zech. 5,5; Zech. 5,6; Zech. 5,7; Zech. 5,8; Zech. 5,9; Zech. 5,10; Zech. 5,11; Zech. 6,2; Zech. 6,2; Zech. 6,3; Zech. 6,3; Zech. 6,4; Zech. 6,5; Zech. 6,6; Zech. 6,8; Zech. 6,10; Zech. 6,14; Zech. 6,15; Zech. 7,1; Zech. 7,3; Zech. 7,3; Zech. 7,5; Zech. 7,5; Zech. 7,7; Zech. 7,10; Zech. 7,12; Zech. 7,12; Zech. 8,3; Zech. 8,4; Zech. 8,4; Zech. 8,5; Zech. 8,6; Zech. 8,8; Zech. 8,8; Zech. 8,8; Zech. 8,9; Zech. 8,13; Zech. 8,13; Zech. 8,13; Zech. 8,14; Zech. 8,15; Zech. 8,16; Zech. 8,17; Zech. 8,22; Zech. 9,1; Zech. 9,2; Zech. 9,4; Zech. 9,6; Zech. 9,7; Zech. 9,8; Zech. 9,11; Zech. 9,12; Zech. 9,14; Zech. 9,14; Zech. 9,15; Zech. 9,16; Zech. 10,1; Zech. 10,3; Zech. 10,4; Zech. 10,4; Zech. 10,5; Zech. 10,5; Zech. 10,7; Zech. 10,9; Zech. 10,11; Zech. 10,11; Zech. 10,12; Zech. 10,12; Zech. 11,8; Zech. 11,11; Zech. 12,1; Zech. 12,2; Zech. 12,3; Zech. 12,4; Zech. 12,4; Zech. 12,4; Zech. 12,4; Zech. 12,5; Zech. 12,5; Zech. 12,6; Zech. 12,6; Zech. 12,6; Zech. 12,8; Zech. 12,8; Zech. 12,8; Zech. 12,9; Zech. 12,11; Zech. 12,11; Zech. 12,11; Zech. 13,1; Zech. 13,2; Zech. 13,3; Zech. 13,4; Zech. 13,4; Zech. 13,6; Zech. 13,8; Zech. 13,8; Zech. 14,1; Zech. 14,2; Zech. 14,3; Zech. 14,3; Zech. 14,4; Zech. 14,5; Zech. 14,5; Zech. 14,6; Zech. 14,8; Zech. 14,8; Zech. 14,8; Zech. 14,9; Zech. 14,11; Zech. 14,12; Zech. 14,13; Zech. 14,14; Zech. 14,15; Zech. 14,20; Zech. 14,20; Zech. 14,21; Zech. 14,21; Zech. 14,21; Zech. 14,21; Zech. 14,21; Mal. 1,1; Mal. 1,7; Mal. 1,9; Mal. 1,10; Mal. 1,10; Mal. 1,11; Mal. 1,11; Mal. 1,11; Mal. 1,12; Mal. 1,14; Mal. 1,14; Mal. 2,2; Mal. 2,5; Mal. 2,6; Mal. 2,6; Mal. 2,6; Mal. 2,8; Mal. 2,9; Mal. 2,11; Mal. 2,11; Mal. 2,11; Mal. 2,15; Mal. 2,16; Mal. 2,17; Mal. 2,17; Mal. 2,17; Mal. 3,2; Mal. 3,3; Mal. 3,5; Mal. 3,10; Mal. 3,10; Mal. 3,11; Mal. 3,20; Mal. 3,21; Mal. 3,24; Is. 1,1; Is. 1,8; Is. 1,8; Is. 1,21; Is. 1,21; Is. 1,24; Is. 2,2; Is. 2,3; Is. 2,11; Is. 2,17; Is. 3,7; Is. 3,7; Is. 3,14; Is. 3,16; Is. 3,18; Is. 4,2; Is. 4,3; Is. 4,3; Is. 4,3; Is. 4,4; Is. 4,6; Is. 4,6; Is. 5,1; Is. 5,1; Is. 5,2; Is. 5,2; Is. 5,3; Is. 5,3; Is. 5,9; Is. 5,16; Is. 5,16; Is. 5,21; Is. 5,25; Is. 5,25; Is. 5,26; Is. 5,30; Is. 5,30; Is. 6,5; Is. 6,6; Is. 7,1; Is. 7,2; Is. 7,14; Is. 7,18; Is. 7,18; Is. 7,19; Is. 7,19; Is. 7,19; Is. 7,20; Is. 7,21; Is. 7,23; Is. 8,3; Is. 8,14; Is. 8,14; Is. 8,14; Is. 8,15; Is. 8,15; Is. 8,18; Is. 8,18; Is. 8,23; Is. 9,1; Is. 9,1; Is. 9,2; Is. 9,2; Is. 9,6; Is. 9,6; Is. 9,8; Is. 9,13; Is. 9,17; Is. 10,3; Is. 10,5; Is. 10,10; Is. 10,10; Is. 10,10; Is. 10,12; Is. 10,12; Is. 10,15; Is. 10,17; Is. 10,20; Is. 10,22; Is. 10,23; Is. 10,24; Is. 10,24; Is. 10,26; Is. 10,27; Is. 10,28; Is. 10,32; Is. 10,32; Is. 11,4; Is. 11,10; Is. 11,14; Is. 11,15; Is. 11,16; Is. 12,1; Is. 12,2; Is. 12,4; Is. 12,4; Is. 12,5; Is. 12,6; Is. 13,20; Is. 13,22; Is. 14,3; Is. 14,4; Is. 14,10; Is. 14,13; Is. 14,13; Is. 14,17; Is. 14,18; Is. 14,18; Is. 14,19; Is. 14,19; Is. 15,3; Is. 15,3; Is. 15,5; Is. 16,3; Is. 16,5; Is. 16,7; Is. 16,10; Is. 16,14; Is. 17,3; Is. 17,4; Is. 17,5; Is. 17,5; Is. 17,6; Is. 18,2; Is. 18,4; Is. 18,7; Is. 18,7; Is. 19,1; Is. 19,3; Is. 19,6; Is. 19,10; Is. 19,14; Is. 19,16; Is. 19,16; Is. 19,18; Is. 19,19; Is. 19,20; Is. 19,21; Is. 19,24; Is. 19,24; Is. 19,24; Is. 19,25; Is. 19,25; Is. 20,6; Is. 21,13; Is. 21,13; Is. 21,14; Is. 21,15; Is. 22,3; Is. 22,5; Is. 22,12; Is. 22,14; Is. 22,16; Is. 22,16; Is. 22,20; Is. 22,21; Is. 22,21; Is. 22,23; Is. 22,24; Is. 22,25; Is. 22,25; Is. 23,2; Is. 23,3; Is. 23,6; Is. 23,15; Is. 24,1; Is. 24,6; Is. 24,13; Is. 24,13; Is. 24,15; Is. 24,23; Is. 24,23; Is. 25,5; Is. 25,7; Is. 25,10; Is. 26,5; Is. 26,16; Is. 26,16; Is. 26,18; Is. 26,19; Is. 26,19; Is. 27,4; Is. 27,5; Is. 27,11; Is. 27,12; Is. 27,13; Is. 27,13; Is. 27,13; Is. 27,13; Is. 28,14; Is. 28,19; Is. 28,21; Is. 28,25; Is. 29,7; Is. 29,8; Is. 29,15; Is. 29,15; Is. 29,18; Is. 29,18; Is. 29,18; Is. 29,19; Is. 29,21; Is. 29,21; Is. 29,21; Is. 30,4; Is. 30,6; Is. 30,14; Is. 30,14; Is. 30,14; Is. 30,18; Is. 30,19; Is. 30,21; Is. 30,24; Is. 30,25; Is. 30,26; Is. 30,28; Is. 31,9; Is. 31,9; Is. 32,2; Is. 32,2; Is. 32,7; Is. 32,7; Is. 32,9; Is. 32,10; Is. 32,16; Is. 32,16; Is. 32,18; Is. 32,19; Is. 32,19; Is. 33,2; Is. 33,5; Is. 33,6; Is. 33,6; Is. 33,7; Is. 33,12; Is. 33,14; Is. 33,15; Is. 33,16; Is. 33,24; Is. 34,1; Is. 34,1; Is. 34,5; Is. 34,6; Is. 34,6; Is. 34,11; Is. 34,11; Is. 35,6; Is. 35,6; Is. 35,9; Is. 36,2; Is. 36,2; Is. 36,5; Is. 36,15; Is. 37,1; Is. 37,7; Is. 37,12; Is. 37,26; Is. 37,26; Is. 37,29; Is. 37,31; Is. 37,34; Is. 37,37; Is. 37,38; Is. 37,38; Is. 38,1; Is. 38,3; Is. 38,10; Is. 38,12; Is. 38,18; Is. 38,18; Is. 39,2; Is. 39,2; Is. 39,4; Is. 39,4; Is. 39,4; Is. 39,4; Is. 39,6; Is. 39,7; Is. 39,8; Is. 40,3; Is. 40,11; Is. 40,22; Is. 40,26; Is. 41,3; Is. 41,7; Is. 41,16; Is. 41,18; Is. 41,18; Is. 42,5; Is. 42,6; Is. 42,7; Is. 42,12; Is. 42,16; Is. 42,22; Is. 42,22; Is. 42,23; Is. 42,24; Is. 43,7; Is. 43,12; Is. 43,14; Is. 43,16; Is. 43,16; Is. 43,19; Is. 43,19; Is. 43,20; Is. 43,20; Is. 43,23; Is. 43,23; Is. 43,24; Is.

E, ε

Ε, ε

43,24; Is. 44,3; Is. 44,3; Is. 44,12; Is. 44,12; Is. 44,13; Is. 44,13; Is. 44,13; Is. 44,16; Is. 44,19; Is. 44,19; Is. 44,20; Is. 44,23; Is. 45,14; Is. 45,14; Is. 45,16; Is. 45,19; Is. 45,19; Is. 45,25; Is. 46,6; Is. 46,6; Is. 46,13; Is. 47,7; Is. 47,8; Is. 47,9; Is. 47,9; Is. 47,9; Is. 47,12; Is. 47,13; Is. 47,15; Is. 48,16; Is. 48,16; Is. 48,17; Is. 48,17; Is. 49,2; Is. 49,3; Is. 49,8; Is. 49,9; Is. 49,9; Is. 49,9; Is. 49,9; Is. 49,21; Is. 49,22; Is. 50,2; Is. 50,4; Is. 50,10; Is. 50,10; Is. 50,11; Is. 51,3; Is. 51,7; Is. 51,9; Is. 51,14; Is. 51,16; Is. 52,5; Is. 52,6; Is. 53,2; Is. 53,3; Is. 53,4; Is. 53,4; Is. 53,4; Is. 53,8; Is. 53,9; Is. 53,12; Is. 54,8; Is. 54,8; Is. 54,9; Is. 54,9; Is. 54,13; Is. 54,14; Is. 54,17; Is. 55,2; Is. 55,3; Is. 55,4; Is. 55,6; Is. 55,12; Is. 55,12; Is. 55,12; Is. 56,5; Is. 56,5; Is. 56,7; Is. 56,11; Is. 57,2; Is. 57,4; Is. 57,5; Is. 57,13; Is. 57,15; Is. 57,15; Is. 57,15; Is. 57,17; Is. 58,1; Is. 58,3; Is. 58,4; Is. 58,6; Is. 58,10; Is. 58,13; Is. 58,13; Is. 59,3; Is. 59,5; Is. 59,7; Is. 59,8; Is. 59,9; Is. 59,10; Is. 59,10; Is. 59,12; Is. 59,14; Is. 60,9; Is. 60,13; Is. 60,17; Is. 60,17; Is. 60,18; Is. 60,18; Is. 61,6; Is. 61,9; Is. 62,3; Is. 62,3; Is. 62,9; Is. 63,1; Is. 63,3; Is. 63,7; Is. 63,11; Is. 64,1; Is. 64,8; Is. 65,3; Is. 65,4; Is. 65,4; Is. 65,5; Is. 65,8; Is. 65,8; Is. 65,10; Is. 65,12; Is. 65,14; Is. 65,18; Is. 65,19; Is. 66,5; Is. 66,8; Is. 66,10; Is. 66,13; Is. 66,15; Is. 66,15; Is. 66,16; Is. 66,16; Is. 66,17; Is. 66,19; Is. 66,20; Is. 66,23; Is. 66,24; Jer. 1,1; Jer. 1,1; Jer. 1,2; Jer. 1,2; Jer. 1,3; Jer. 1,3; Jer. 1,5; Jer. 1,18; Jer. 2,5; Jer. 2,6; Jer. 2,6; Jer. 2,6; Jer. 2,6; Jer. 2,6; Jer. 2,6; Jer. 2,20; Jer. 2,22; Jer. 2,22; Jer. 2,23; Jer. 2,24; Jer. 2,24; Jer. 2,27; Jer. 2,28; Jer. 2,33; Jer. 2,34; Jer. 2,34; Jer. 2,35; Jer. 2,37; Jer. 3,1; Jer. 3,2; Jer. 3,2; Jer. 3,6; Jer. 3,8; Jer. 3,10; Jer. 3,16; Jer. 3,17; Jer. 3,17; Jer. 3,18; Jer. 3,21; Jer. 3,25; Jer. 4,2; Jer. 4,2; Jer. 4,2; Jer. 4,2; Jer. 4,2; Jer. 4,5; Jer. 4,5; Jer. 4,9; Jer. 4,11; Jer. 4,11; Jer. 4,14; Jer. 4,16; Jer. 4,29; Jer. 5,1; Jer. 5,1; Jer. 5,6; Jer. 5,7; Jer. 5,7; Jer. 5,9; Jer. 5,13; Jer. 5,17; Jer. 5,18; Jer. 5,19; Jer. 5,19; Jer. 5,20; Jer. 5,24; Jer. 5,26; Jer. 5,29; Jer. 6,1; Jer. 6,5; Jer. 6,6; Jer. 6,7; Jer. 6,15; Jer. 6,15; Jer. 6,16; Jer. 6,21; Jer. 6,25; Jer. 6,26; Jer. 6,27; Jer. 6,27; Jer. 7,3; Jer. 7,6; Jer. 7,7; Jer. 7,7; Jer. 7,10; Jer. 7,12; Jer. 7,17; Jer. 7,17; Jer. 7,22; Jer. 7,23; Jer. 7,24; Jer. 7,30; Jer. 7,31; Jer. 7,31; Jer. 7,31; Jer. 7,32; Jer. 8,1; Jer. 8,3; Jer. 8,5; Jer. 8,6; Jer. 8,7; Jer. 8,9; Jer. 8,13; Jer. 8,13; Jer. 8,16; Jer. 8,19; Jer. 8,19; Jer. 8,19; Jer. 8,22; Jer. 9,1; Jer. 9,7; Jer. 9,8; Jer. 9,15; Jer. 9,15; Jer. 9,18; Jer. 9,22; Jer. 9,22; Jer. 9,22; Jer. 9,23; Jer. 9,23; Jer. 9,25; Jer. 10,4; Jer. 10,5; Jer. 10,12; Jer. 10,12; Jer. 10,13; Jer. 10,14; Jer. 10,15; Jer. 10,17; Jer. 10,18; Jer. 10,24; Jer. 10,24; Jer. 11,4; Jer. 11,6; Jer. 11,9; Jer. 11,9; Jer. 11,12; Jer. 11,14; Jer. 11,14; Jer. 11,14; Jer. 11,14; Jer. 11,15; Jer. 11,17; Jer. 11,21; Jer. 11,22; Jer. 11,22; Jer. 11,23; Jer. 11,23; Jer. 12,4; Jer. 12,5; Jer. 12,5; Jer. 12,6; Jer. 12,8; Jer. 12,11; Jer. 12,12; Jer. 12,16; Jer. 13,1; Jer. 13,4; Jer. 13,5; Jer. 13,14; Jer. 13,22; Jer. 13,27; Jer. 14,5; Jer. 14,8; Jer. 14,9; Jer. 14,10; Jer. 14,12; Jer. 14,12; Jer. 14,12; Jer. 14,12; Jer. 14,13; Jer. 14,13; Jer. 14,15; Jer. 14,16; Jer. 14,22; Jer. 15,4; Jer. 15,7; Jer. 15,7; Jer. 15,8; Jer. 15,10; Jer. 15,11; Jer. 15,11; Jer. 15,13; Jer. 15,14; Jer. 15,17; Jer. 16,2; Jer. 16,3; Jer. 16,3; Jer. 16,4; Jer. 16,4; Jer. 16,7; Jer. 16,9; Jer. 16,18; Jer. 16,18; Jer. 16,18; Jer. 16,19; Jer. 16,19; Jer. 16,21; Jer. 17,6; Jer. 17,6; Jer. 17,6; Jer. 17,6; Jer. 17,8; Jer. 17,11; Jer. 17,17; Jer. 17,19; Jer. 17,19; Jer. 17,19; Jer. 17,19; Jer. 17,19; Jer. 17,20; Jer. 17,21; Jer. 17,22; Jer. 17,24; Jer. 17,27; Jer. 17,27; Jer. 18,4; Jer. 18,6; Jer. 18,13; Jer. 18,15; Jer. 18,18; Jer. 18,21; Jer. 18,22; Jer. 18,23; Jer. 18,23; Jer. 19,3; Jer. 19,4; Jer. 19,5; Jer. 19,5; Jer. 19,7; Jer. 19,7; Jer. 19,7; Jer. 19,9; Jer. 19,9; Jer. 19,12; Jer. 19,13; Jer. 19,13; Jer. 19,14; Jer. 20,2; Jer. 20,2; Jer. 20,4; Jer. 20,4; Jer. 20,6; Jer. 20,6; Jer. 20,6; Jer. 20,9; Jer. 20,12; Jer. 20,14; Jer. 20,14; Jer. 20,14; Jer. 20,16; Jer. 20,17; Jer. 20,18; Jer. 21,4; Jer. 21,4; Jer. 21,5; Jer. 21,5; Jer. 21,6; Jer. 21,6; Jer. 21,7; Jer. 21,7; Jer. 21,9; Jer. 21,9; Jer. 21,9; Jer. 21,10; Jer. 21,14; Jer. 22,3; Jer. 22,4; Jer. 22,12; Jer. 22,13; Jer. 22,14; Jer. 22,14; Jer. 22,15; Jer. 22,21; Jer. 22,22; Jer. 22,23; Jer. 22,23; Jer. 22,23; Jer. 22,30; Jer. 23,6; Jer. 23,9; Jer. 23,11; Jer. 23,12; Jer. 23,12; Jer. 23,12; Jer. 23,13; Jer. 23,14; Jer. 23,14; Jer. 23,18; Jer. 23,22; Jer. 23,24; Jer. 23,26; Jer. 23,26; Jer. 23,27; Jer. 23,27; Jer. 23,28; Jer. 23,28; Jer. 23,32; Jer. 23,32; Jer. 24,8; Jer. 24,8; Jer. 24,9; Jer. 25,1; Jer. 25,6; Jer. 25,11; Jer. 25,12; Jer. 25,13; Jer. 25,16; Jer. 25,18; Jer. 25,20; Jer. 26,2; Jer. 26,2; Jer. 26,4; Jer. 26,8; Jer. 26,13; Jer. 26,18; Jer. 26,18; Jer. 26,19; Jer. 26,21; Jer. 26,21; Jer. 26,22; Jer. 26,22; Jer. 26,28; Jer. 27,2; Jer. 27,3; Jer. 27,4; Jer. 27,4; Jer. 27,11; Jer. 27,16; Jer. 27,19; Jer. 27,19; Jer. 27,19; Jer. 27,20; Jer. 27,20; Jer. 27,22; Jer. 27,23; Jer. 27,25; Jer. 27,30; Jer. 27,32; Jer. 27,37; Jer. 27,38; Jer. 27,39; Jer. 27,39; Jer. 27,46; Jer. 28,2; Jer. 28,4; Jer. 28,6; Jer. 28,7; Jer. 28,15; Jer. 28,15; Jer. 28,15; Jer. 28,16; Jer. 28,17; Jer. 28,18; Jer. 28,20; Jer. 28,21; Jer. 28,21; Jer. 28,22; Jer. 28,22; Jer. 28,23; Jer. 28,23; Jer. 28,23; Jer. 28,27; Jer. 28,30; Jer. 28,32; Jer. 28,39; Jer. 28,41; Jer. 28,42; Jer. 28,43; Jer. 28,43; Jer. 28,49; Jer. 28,52; Jer. 28,54; Jer. 28,54; Jer. 28,58; Jer. 28,59; Jer. 28,60; Jer. 28,62; Jer. 29,2; Jer. 29,4; Jer. 30,1; Jer. 30,2; Jer. 30,2; Jer. 30,3; Jer. 30,7; Jer. 30,9; Jer. 30,9; Jer. 30,15; Jer. 30,16; Jer. 30,17; Jer. 30,17; Jer. 30,18; Jer. 30,19; Jer. 30,20; Jer. 30,25; Jer. 30,32; Jer. 30,33; Jer. 31,2; Jer. 31,5; Jer. 31,5; Jer. 31,6; Jer. 31,7; Jer. 31,7; Jer. 31,11; Jer. 31,18; Jer. 31,19; Jer. 31,20; Jer. 31,26; Jer. 31,27; Jer. 31,28; Jer. 31,28; Jer. 31,37; Jer. 31,44; Jer. 31,44; Jer. 32,22; Jer. 32,24; Jer. 32,29; Jer. 32,29; Jer. 32,31; Jer. 32,33; Jer. 33,2; Jer. 33,2; Jer. 33,4; Jer. 33,7; Jer. 33,9; Jer. 33,10; Jer. 33,11; Jer. 33,14; Jer. 33,15; Jer. 33,15; Jer. 33,18; Jer. 33,23; Jer. 34,3; Jer. 34,5; Jer. 34,5; Jer. 34,5; Jer. 34,8; Jer. 34,8; Jer. 34,8; Jer. 34,11; Jer. 34,18; Jer. 35,1; Jer. 35,1; Jer. 35,1; Jer. 35,5; Jer. 35,9; Jer. 35,10; Jer. 35,17; Jer. 36,3; Jer. 36,7; Jer. 36,8; Jer. 36,13; Jer. 36,15; Jer. 36,22; Jer. 36,22; Jer. 36,22; Jer. 36,23; Jer. 36,23; Jer. 36,26; Jer. 36,32; Jer. 37,6; Jer. 37,8; Jer. 38,2; Jer. 38,2; Jer. 38,5; Jer. 38,6; Jer. 38,8; Jer. 38,9; Jer. 38,9; Jer. 38,9; Jer. 38,9; Jer. 38,12; Jer. 38,13; Jer. 38,15; Jer. 38,20; Jer. 38,22; Jer. 38,23; Jer. 38,23; Jer. 38,24; Jer. 38,24; Jer. 38,24; Jer. 38,29; Jer. 38,30; Jer. 38,32; Jer. 38,32; Jer. 38,36; Jer. 39,1; Jer. 39,2; Jer. 39,2; Jer. 39,3; Jer. 39,3; Jer. 39,7; Jer. 39,8; Jer. 39,8; Jer. 39,10; Jer. 39,12; Jer. 39,12; Jer. 39,15; Jer. 39,20; Jer. 39,20; Jer. 39,20; Jer. 39,21; Jer. 39,21; Jer. 39,21; Jer. 39,21; Jer. 39,21; Jer. 39,23; Jer. 39,29; Jer. 39,29; Jer. 39,34; Jer. 39,34; Jer. 39,35; Jer. 39,36; Jer. 39,36; Jer. 39,36; Jer. 39,37; Jer. 39,41; Jer. 39,41; Jer. 39,41; Jer. 39,41; Jer. 39,43; Jer. 39,44; Jer. 39,44; Jer. 39,44; Jer. 39,44; Jer. 39,44; Jer. 39,44; Jer. 40,1; Jer. 40,5; Jer. 40,5; Jer. 40,10; Jer. 40,10; Jer. 40,12; Jer. 40,12; Jer. 40,13; Jer. 40,13; Jer. 40,13; Jer. 40,13; Jer. 40,13; Jer. 40,13; Jer. 41,2; Jer. 41,6; Jer. 41,7; Jer. 41,10; Jer. 41,13; Jer. 41,15; Jer. 41,22; Jer. 42,1; Jer. 42,7; Jer. 42,10; Jer. 43,1; Jer. 43,6; Jer. 43,6; Jer. 43,6; Jer. 43,6; Jer. 43,8; Jer. 43,8; Jer. 43,9; Jer. 43,9; Jer. 43,10; Jer. 43,10; Jer. 43,10; Jer. 43,10; Jer. 43,10; Jer. 43,10; Jer. 43,14; Jer. 43,14; Jer. 43,14; Jer. 43,18; Jer. 43,20; Jer. 43,22; Jer. 43,30; Jer. 43,30; Jer. 44,2; Jer. 44,8; Jer. 44,10; Jer. 44,10; Jer. 44,12; Jer. 44,13; Jer. 44,21; Jer. 45,2; Jer. 45,2; Jer. 45,2; Jer. 45,4; Jer. 45,5; Jer. 45,6; Jer. 45,6; Jer. 45,6; Jer. 45,7; Jer. 45,7; Jer. 45,9; Jer. 45,13; Jer. 45,14; Jer. 45,17; Jer. 45,18; Jer. 45,22; Jer. 45,22; Jer. 45,23; Jer. 45,28; Jer. 46,1; Jer. 46,1; Jer. 46,2; Jer. 46,2; Jer. 46,3; Jer. 46,14; Jer. 46,15; Jer. 46,17; Jer. 46,18; Jer. 47,1; Jer. 47,1; Jer. 47,1; Jer. 47,5; Jer. 47,5; Jer. 47,5; Jer. 47,5; Jer. 47,6; Jer. 47,6; Jer. 47,7; Jer. 47,9; Jer. 47,10; Jer. 47,11; Jer. 47,11; Jer. 47,11; Jer. 47,11; Jer. 47,13; Jer. 47,15; Jer. 48,3; Jer. 48,5; Jer. 48,8; Jer. 48,8; Jer. 48,12; Jer. 48,16; Jer. 48,17; Jer. 48,18; Jer. 49,3; Jer. 49,5; Jer. 49,10; Jer. 49,13; Jer. 49,14; Jer. 49,16; Jer. 49,16; Jer. 49,17; Jer. 49,17; Jer. 49,20; Jer. 49,22; Jer. 49,22; Jer. 49,22; Jer. 50,4; Jer.

ἐν

50,5; Jer. 50,8; Jer. 50,9; Jer. 50,9; Jer. 50,9; Jer. 50,12; Jer. 50,12; Jer. 50,13; Jer. 50,13; Jer. 51,1; Jer. 51,1; Jer. 51,1; Jer. 51,6; Jer. 51,8; Jer. 51,8; Jer. 51,8; Jer. 51,9; Jer. 51,12; Jer. 51,12; Jer. 51,12; Jer. 51,13; Jer. 51,13; Jer. 51,13; Jer. 51,13; Jer. 51,14; Jer. 51,15; Jer. 51,15; Jer. 51,17; Jer. 51,18; Jer. 51,18; Jer. 51,21; Jer. 51,22; Jer. 51,23; Jer. 51,23; Jer. 51,23; Jer. 51,26; Jer. 51,26; Jer. 51,27; Jer. 51,27; Jer. 51,27; Jer. 51,28; Jer. 51,31; Jer. 51,31; Jer. 51,33; Jer. 51,35; Jer. 52,1; Jer. 52,1; Jer. 52,4; Jer. 52,4; Jer. 52,6; Jer. 52,6; Jer. 52,8; Jer. 52,10; Jer. 52,11; Jer. 52,12; Jer. 52,13; Jer. 52,17; Jer. 52,17; Jer. 52,18; Jer. 52,18; Jer. 52,25; Jer. 52,25; Jer. 52,25; Jer. 52,27; Jer. 52,27; Jer. 52,31; Jer. 52,31; Jer. 52,31; Jer. 52,31; Jer. 52,32; Bar. 1,1; Bar. 1,2; Bar. 1,2; Bar. 1,2; Bar. 1,2; Bar. 1,3; Bar. 1,3; Bar. 1,4; Bar. 1,4; Bar. 1,4; Bar. 1,4; Bar. 1,7; Bar. 1,8; Bar. 1,14; Bar. 1,14; Bar. 1,14; Bar. 1,20; Bar. 1,22; Bar. 2,2; Bar. 2,2; Bar. 2,4; Bar. 2,11; Bar. 2,11; Bar. 2,11; Bar. 2,11; Bar. 2,11; Bar. 2,13; Bar. 2,17; Bar. 2,20; Bar. 2,24; Bar. 2,25; Bar. 2,25; Bar. 2,25; Bar. 2,25; Bar. 2,28; Bar. 2,28; Bar. 2,29; Bar. 2,30; Bar. 2,32; Bar. 3,1; Bar. 3,5; Bar. 3,7; Bar. 3,8; Bar. 3,10; Bar. 3,10; Bar. 3,13; Bar. 3,17; Bar. 3,22; Bar. 3,22; Bar. 3,34; Bar. 3,38; Bar. 4,13; Bar. 4,20; Bar. 4,22; Bar. 4,24; Bar. 4,25; Lam. 1,1a; Lam. 1,1a; Lam. 1,2; Lam. 1,2; Lam. 1,3; Lam. 1,4; Lam. 1,4; Lam. 1,5; Lam. 1,6; Lam. 1,7; Lam. 1,11; Lam. 1,12; Lam. 1,12; Lam. 1,13; Lam. 1,14; Lam. 1,14; Lam. 1,18; Lam. 1,19; Lam. 1,20; Lam. 1,20; Lam. 2,1; Lam. 2,1; Lam. 2,2; Lam. 2,3; Lam. 2,3; Lam. 2,4; Lam. 2,6; Lam. 2,7; Lam. 2,7; Lam. 2,7; Lam. 2,9; Lam. 2,10; Lam. 2,11; Lam. 2,11; Lam. 2,11; Lam. 2,12; Lam. 2,12; Lam. 2,12; Lam. 2,19; Lam. 2,20; Lam. 2,21; Lam. 2,21; Lam. 2,21; Lam. 2,21; Lam. 2,22; Lam. 3,1; Lam. 3,3; Lam. 3,6; Lam. 3,10; Lam. 3,27; Lam. 3,36; Lam. 3,41; Lam. 3,43; Lam. 3,45; Lam. 3,53; Lam. 3,57; Lam. 3,60; Lam. 3,66; Lam. 4,2; Lam. 4,3; Lam. 4,4; Lam. 4,5; Lam. 4,6; Lam. 4,8; Lam. 4,10; Lam. 4,11; Lam. 4,13; Lam. 4,14; Lam. 4,14; Lam. 4,14; Lam. 4,15; Lam. 4,18; Lam. 4,19; Lam. 4,20; Lam. 4,20; Lam. 5,4; Lam. 5,9; Lam. 5,11; Lam. 5,11; Lam. 5,12; Lam. 5,13; Lam. 5,18; LetterJ 3; LetterJ 13; LetterJ 15; LetterJ 24; LetterJ 30; LetterJ 31; LetterJ 36; LetterJ 42; LetterJ 50; LetterJ 58; LetterJ 58; LetterJ 58; LetterJ 58; LetterJ 60; LetterJ 66; LetterJ 66; LetterJ 69; LetterJ 70; LetterJ 70; LetterJ 71; Ezek. 1,1; Ezek. 1,1; Ezek. 1,1; Ezek. 1,3; Ezek. 1,4; Ezek. 1,4; Ezek. 1,4; Ezek. 1,4; Ezek. 1,5; Ezek. 1,9; Ezek. 1,13; Ezek. 1,16; Ezek. 1,17; Ezek. 1,19; Ezek. 1,19; Ezek. 1,20; Ezek. 1,21; Ezek. 1,21; Ezek. 1,21; Ezek. 1,21; Ezek. 1,24; Ezek. 1,24; Ezek. 1,28; Ezek. 1,28; Ezek. 2,5; Ezek. 2,6; Ezek. 2,9; Ezek. 2,10; Ezek. 3,3; Ezek. 3,14; Ezek. 3,15; Ezek. 3,18; Ezek. 3,19; Ezek. 3,20; Ezek. 3,20; Ezek. 3,24; Ezek. 3,25; Ezek. 3,27; Ezek. 4,3; Ezek. 4,10; Ezek. 4,11; Ezek. 4,12; Ezek. 4,13; Ezek. 4,14; Ezek. 4,16; Ezek. 4,16; Ezek. 4,16; Ezek. 4,16; Ezek. 4,16; Ezek. 4,17; Ezek. 5,2; Ezek. 5,2; Ezek. 5,2; Ezek. 5,2; Ezek. 5,3; Ezek. 5,4; Ezek. 5,5; Ezek. 5,6; Ezek. 5,6; Ezek. 5,7; Ezek. 5,8; Ezek. 5,9; Ezek. 5,10; Ezek. 5,10; Ezek. 5,11; Ezek. 5,12; Ezek. 5,12; Ezek. 5,12; Ezek. 5,12; Ezek. 5,13; Ezek. 5,13; Ezek. 5,15; Ezek. 5,15; Ezek. 5,15; Ezek. 5,15; Ezek. 5,16; Ezek. 6,6; Ezek. 6,7; Ezek. 6,8; Ezek. 6,8; Ezek. 6,8; Ezek. 6,8; Ezek. 6,9; Ezek. 6,9; Ezek. 6,11; Ezek. 6,11; Ezek. 6,11; Ezek. 6,12; Ezek. 6,12; Ezek. 6,12; Ezek. 6,13; Ezek. 6,13; Ezek. 7,5; Ezek. 7,5; Ezek. 7,6; Ezek. 7,7; Ezek. 7,8; Ezek. 7,13; Ezek. 7,14; Ezek. 7,15; Ezek. 7,15; Ezek. 7,15; Ezek. 7,15; Ezek. 7,16; Ezek. 7,19; Ezek. 7,27; Ezek. 8,1; Ezek. 8,1; Ezek. 8,1; Ezek. 8,3; Ezek. 8,4; Ezek. 8,11; Ezek. 8,11; Ezek. 8,12; Ezek. 9,1; Ezek. 9,2; Ezek. 9,2; Ezek. 9,4; Ezek. 9,6; Ezek. 9,8; Ezek. 9,8; Ezek. 10,3; Ezek. 10,6; Ezek. 10,7; Ezek. 10,10; Ezek. 10,11; Ezek. 10,11; Ezek. 10,11; Ezek. 10,16; Ezek. 10,16; Ezek. 10,17; Ezek. 10,17; Ezek. 10,17; Ezek. 10,19; Ezek. 11,1; Ezek. 11,2; Ezek. 11,6; Ezek. 11,7; Ezek. 11,9; Ezek. 11,10; Ezek. 11,11; Ezek. 11,13; Ezek. 11,16; Ezek. 11,17; Ezek. 11,19; Ezek. 11,20; Ezek. 11,24; Ezek. 11,24; Ezek. 12,2; Ezek. 12,10; Ezek. 12,10; Ezek. 12,11; Ezek. 12,11; Ezek. 12,11; Ezek. 12,12; Ezek. 12,13; Ezek. 12,15; Ezek. 12,15; Ezek. 12,15; Ezek. 12,16; Ezek. 12,19; Ezek. 12,19; Ezek. 12,24; Ezek. 12,25; Ezek. 13,4; Ezek. 13,5; Ezek. 13,9; Ezek. 13,9; Ezek. 13,13; Ezek. 13,13; Ezek. 13,19; Ezek. 13,21; Ezek. 14,4; Ezek. 14,5; Ezek. 14,7; Ezek. 14,7; Ezek. 14,7; Ezek. 14,7; Ezek. 14,11; Ezek. 14,14; Ezek. 14,14; Ezek. 14,16; Ezek. 14,18; Ezek. 14,19; Ezek. 14,20; Ezek. 14,20; Ezek. 14,22; Ezek. 14,23; Ezek. 15,2; Ezek. 15,6; Ezek. 15,7; Ezek. 16,4; Ezek. 16,4; Ezek. 16,5; Ezek. 16,6; Ezek. 16,8; Ezek. 16,9; Ezek. 16,9; Ezek. 16,14; Ezek. 16,14; Ezek. 16,14; Ezek. 16,14; Ezek. 16,15; Ezek. 16,17; Ezek. 16,21; Ezek. 16,21; Ezek. 16,22; Ezek. 16,24; Ezek. 16,29; Ezek. 16,30; Ezek. 16,31; Ezek. 16,31; Ezek. 16,33; Ezek. 16,34; Ezek. 16,34; Ezek. 16,34; Ezek. 16,34; Ezek. 16,36; Ezek. 16,36; Ezek. 16,37; Ezek. 16,37; Ezek. 16,38; Ezek. 16,40; Ezek. 16,40; Ezek. 16,41; Ezek. 16,43; Ezek. 16,44; Ezek. 16,47; Ezek. 16,47; Ezek. 16,49; Ezek. 16,49; Ezek. 16,51; Ezek. 16,52; Ezek. 16,52; Ezek. 16,52; Ezek. 16,53; Ezek. 16,54; Ezek. 16,56; Ezek. 16,56; Ezek. 16,59; Ezek. 16,60; Ezek. 16,61; Ezek. 16,63; Ezek. 17,9; Ezek. 17,9; Ezek. 17,13; Ezek. 17,16; Ezek. 17,16; Ezek. 17,17; Ezek. 17,17; Ezek. 17,17; Ezek. 17,17; Ezek. 17,20; Ezek. 17,21; Ezek. 17,21; Ezek. 17,23; Ezek. 18,2; Ezek. 18,3; Ezek. 18,6; Ezek. 18,11; Ezek. 18,17; Ezek. 18,17; Ezek. 18,18; Ezek. 18,18; Ezek. 18,22; Ezek. 18,24; Ezek. 18,24; Ezek. 18,24; Ezek. 18,24; Ezek. 18,26; Ezek. 18,26; Ezek. 18,26; Ezek. 18,27; Ezek. 19,2; Ezek. 19,2; Ezek. 19,4; Ezek. 19,4; Ezek. 19,6; Ezek. 19,8; Ezek. 19,9; Ezek. 19,9; Ezek. 19,10; Ezek. 19,10; Ezek. 19,11; Ezek. 19,11; Ezek. 19,12; Ezek. 19,13; Ezek. 19,13; Ezek. 19,14; Ezek. 20,1; Ezek. 20,1; Ezek. 20,5; Ezek. 20,6; Ezek. 20,7; Ezek. 20,8; Ezek. 20,8; Ezek. 20,9; Ezek. 20,9; Ezek. 20,11; Ezek. 20,13; Ezek. 20,13; Ezek. 20,13; Ezek. 20,15; Ezek. 20,16; Ezek. 20,16; Ezek. 20,17; Ezek. 20,18; Ezek. 20,18; Ezek. 20,19; Ezek. 20,21; Ezek. 20,21; Ezek. 20,21; Ezek. 20,23; Ezek. 20,23; Ezek. 20,23; Ezek. 20,25; Ezek. 20,25; Ezek. 20,26; Ezek. 20,26; Ezek. 20,27; Ezek. 20,27; Ezek. 20,30; Ezek. 20,31; Ezek. 20,31; Ezek. 20,31; Ezek. 20,33; Ezek. 20,33; Ezek. 20,33; Ezek. 20,34; Ezek. 20,34; Ezek. 20,34; Ezek. 20,34; Ezek. 20,36; Ezek. 20,37; Ezek. 20,39; Ezek. 20,39; Ezek. 20,40; Ezek. 20,41; Ezek. 20,41; Ezek. 20,41; Ezek. 20,41; Ezek. 20,41; Ezek. 20,42; Ezek. 20,43; Ezek. 20,43; Ezek. 20,43; Ezek. 20,44; Ezek. 21,3; Ezek. 21,3; Ezek. 21,3; Ezek. 21,11; Ezek. 21,11; Ezek. 21,17; Ezek. 21,17; Ezek. 21,17; Ezek. 21,24; Ezek. 21,25; Ezek. 21,26; Ezek. 21,27; Ezek. 21,29; Ezek. 21,29; Ezek. 21,29; Ezek. 21,29; Ezek. 21,30; Ezek. 21,34; Ezek. 21,34; Ezek. 21,34; Ezek. 21,35; Ezek. 21,35; Ezek. 21,36; Ezek. 21,37; Ezek. 21,37; Ezek. 22,3; Ezek. 22,4; Ezek. 22,4; Ezek. 22,5; Ezek. 22,5; Ezek. 22,6; Ezek. 22,7; Ezek. 22,7; Ezek. 22,7; Ezek. 22,7; Ezek. 22,8; Ezek. 22,9; Ezek. 22,9; Ezek. 22,9; Ezek. 22,9; Ezek. 22,10; Ezek. 22,10; Ezek. 22,10; Ezek. 22,11; Ezek. 22,11; Ezek. 22,12; Ezek. 22,12; Ezek. 22,12; Ezek. 22,13; Ezek. 22,14; Ezek. 22,14; Ezek. 22,15; Ezek. 22,15; Ezek. 22,16; Ezek. 22,18; Ezek. 22,20; Ezek. 22,21; Ezek. 22,21; Ezek. 22,22; Ezek. 22,22; Ezek. 22,24; Ezek. 22,25; Ezek. 22,25; Ezek. 22,25; Ezek. 22,25; Ezek. 22,26; Ezek. 22,27; Ezek. 22,30; Ezek. 22,31; Ezek. 23,3; Ezek. 23,3; Ezek. 23,7; Ezek. 23,8; Ezek. 23,10; Ezek. 23,10; Ezek. 23,14; Ezek. 23,17; Ezek. 23,17; Ezek. 23,19; Ezek. 23,19; Ezek. 23,21; Ezek. 23,21; Ezek. 23,24; Ezek. 23,25; Ezek. 23,25; Ezek. 23,25; Ezek. 23,29; Ezek. 23,29; Ezek. 23,30; Ezek. 23,30; Ezek. 23,31; Ezek. 23,37; Ezek. 23,39; Ezek. 23,39; Ezek. 23,41; Ezek. 23,43; Ezek. 23,45; Ezek. 23,46; Ezek. 23,47; Ezek. 24,1; Ezek. 24,1; Ezek. 24,5; Ezek. 24,6; Ezek. 24,6; Ezek. 24,7; Ezek. 24,11; Ezek.

E, ε

E, ε

24,16; Ezek. 24,17; Ezek. 24,17; Ezek. 24,21; Ezek. 24,23; Ezek. 24,23; Ezek. 24,25; Ezek. 24,26; Ezek. 24,27; Ezek. 25,3; Ezek. 25,4; Ezek. 25,4; Ezek. 25,4; Ezek. 25,7; Ezek. 25,12; Ezek. 25,13; Ezek. 25,14; Ezek. 25,14; Ezek. 25,15; Ezek. 25,17; Ezek. 25,17; Ezek. 26,1; Ezek. 26,5; Ezek. 26,6; Ezek. 26,8; Ezek. 26,9; Ezek. 26,11; Ezek. 26,15; Ezek. 26,15; Ezek. 26,15; Ezek. 26,19; Ezek. 27,4; Ezek. 27,8; Ezek. 27,9; Ezek. 27,10; Ezek. 27,10; Ezek. 27,11; Ezek. 27,13; Ezek. 27,17; Ezek. 27,19; Ezek. 27,21; Ezek. 27,25; Ezek. 27,25; Ezek. 27,25; Ezek. 27,25; Ezek. 27,26; Ezek. 27,26; Ezek. 27,27; Ezek. 27,27; Ezek. 27,27; Ezek. 27,27; Ezek. 27,34; Ezek. 27,34; Ezek. 27,34; Ezek. 28,2; Ezek. 28,4; Ezek. 28,4; Ezek. 28,4; Ezek. 28,5; Ezek. 28,5; Ezek. 28,8; Ezek. 28,9; Ezek. 28,10; Ezek. 28,13; Ezek. 28,13; Ezek. 28,14; Ezek. 28,14; Ezek. 28,15; Ezek. 28,15; Ezek. 28,19; Ezek. 28,22; Ezek. 28,22; Ezek. 28,22; Ezek. 28,22; Ezek. 28,23; Ezek. 28,23; Ezek. 28,23; Ezek. 28,25; Ezek. 28,26; Ezek. 28,26; Ezek. 28,26; Ezek. 28,26; Ezek. 29,1; Ezek. 29,3; Ezek. 29,5; Ezek. 29,11; Ezek. 29,12; Ezek. 29,12; Ezek. 29,12; Ezek. 29,14; Ezek. 29,14; Ezek. 29,15; Ezek. 29,16; Ezek. 29,17; Ezek. 29,21; Ezek. 30,4; Ezek. 30,4; Ezek. 30,5; Ezek. 30,6; Ezek. 30,7; Ezek. 30,7; Ezek. 30,9; Ezek. 30,9; Ezek. 30,9; Ezek. 30,12; Ezek. 30,14; Ezek. 30,16; Ezek. 30,17; Ezek. 30,17; Ezek. 30,18; Ezek. 30,18; Ezek. 30,19; Ezek. 30,20; Ezek. 30,20; Ezek. 30,25; Ezek. 31,1; Ezek. 31,1; Ezek. 31,2; Ezek. 31,3; Ezek. 31,6; Ezek. 31,6; Ezek. 31,7; Ezek. 31,8; Ezek. 31,8; Ezek. 31,8; Ezek. 31,10; Ezek. 31,12; Ezek. 31,12; Ezek. 31,14; Ezek. 31,14; Ezek. 31,14; Ezek. 31,14; Ezek. 31,16; Ezek. 31,17; Ezek. 31,17; Ezek. 31,18; Ezek. 32,1; Ezek. 32,1; Ezek. 32,2; Ezek. 32,3; Ezek. 32,7; Ezek. 32,7; Ezek. 32,8; Ezek. 32,10; Ezek. 32,12; Ezek. 32,15; Ezek. 32,17; Ezek. 32,20; Ezek. 32,21; Ezek. 32,22; Ezek. 32,25; Ezek. 32,27; Ezek. 32,27; Ezek. 32,28; Ezek. 32,32; Ezek. 33,8; Ezek. 33,10; Ezek. 33,12; Ezek. 33,12; Ezek. 33,13; Ezek. 33,13; Ezek. 33,13; Ezek. 33,14; Ezek. 33,15; Ezek. 33,16; Ezek. 33,18; Ezek. 33,18; Ezek. 33,19; Ezek. 33,19; Ezek. 33,20; Ezek. 33,21; Ezek. 33,21; Ezek. 33,27; Ezek. 33,27; Ezek. 33,27; Ezek. 33,30; Ezek. 33,31; Ezek. 33,33; Ezek. 34,6; Ezek. 34,12; Ezek. 34,12; Ezek. 34,12; Ezek. 34,13; Ezek. 34,13; Ezek. 34,14; Ezek. 34,14; Ezek. 34,14; Ezek. 34,14; Ezek. 34,24; Ezek. 34,25; Ezek. 34,25; Ezek. 34,27; Ezek. 34,27; Ezek. 34,27; Ezek. 34,28; Ezek. 34,28; Ezek. 35,5; Ezek. 35,5; Ezek. 35,8; Ezek. 35,8; Ezek. 36,5; Ezek. 36,5; Ezek. 36,6; Ezek. 36,6; Ezek. 36,11; Ezek. 36,17; Ezek. 36,17; Ezek. 36,17; Ezek. 36,20; Ezek. 36,21; Ezek. 36,22; Ezek. 36,23; Ezek. 36,23; Ezek. 36,23; Ezek. 36,23; Ezek. 36,26; Ezek. 36,27; Ezek. 36,27; Ezek. 36,30; Ezek. 36,31; Ezek. 36,38; Ezek. 37,1; Ezek. 37,1; Ezek. 37,7; Ezek. 37,8; Ezek. 37,13; Ezek. 37,17; Ezek. 37,19; Ezek. 37,20; Ezek. 37,22; Ezek. 37,22; Ezek. 37,23; Ezek. 37,23; Ezek. 37,24; Ezek. 37,24; Ezek. 37,26; Ezek. 37,27; Ezek. 37,28; Ezek. 37,28; Ezek. 38,10; Ezek. 38,11; Ezek. 38,11; Ezek. 38,14; Ezek. 38,14; Ezek. 38,16; Ezek. 38,16; Ezek. 38,17; Ezek. 38,18; Ezek. 38,18; Ezek. 38,19; Ezek. 38,19; Ezek. 39,7; Ezek. 39,7; Ezek. 39,8; Ezek. 39,9; Ezek. 39,9; Ezek. 39,11; Ezek. 39,11; Ezek. 39,12; Ezek. 39,21; Ezek. 39,26; Ezek. 39,27; Ezek. 39,27; Ezek. 39,28; Ezek. 39,28; Ezek. 40,1; Ezek. 40,1; Ezek. 40,1; Ezek. 40,1; Ezek. 40,2; Ezek. 40,3; Ezek. 40,4; Ezek. 40,4; Ezek. 40,5; Ezek. 40,5; Ezek. 40,6; Ezek. 40,17; Ezek. 40,22; Ezek. 40,39; Ezek. 40,42; Ezek. 40,44; Ezek. 41,6; Ezek. 41,6; Ezek. 41,17; Ezek. 41,17; Ezek. 42,10; Ezek. 42,13; Ezek. 42,14; Ezek. 42,14; Ezek. 42,15; Ezek. 42,16; Ezek. 42,17; Ezek. 42,18; Ezek. 42,19; Ezek. 42,20; Ezek. 43,7; Ezek. 43,7; Ezek. 43,7; Ezek. 43,7; Ezek. 43,7; Ezek. 43,8; Ezek. 43,8; Ezek. 43,8; Ezek. 43,8; Ezek. 43,8; Ezek. 43,9; Ezek. 43,13; Ezek. 43,18; Ezek. 43,21; Ezek. 43,22; Ezek. 44,3; Ezek. 44,5; Ezek. 44,7; Ezek. 44,7; Ezek. 44,7; Ezek. 44,8; Ezek. 44,9; Ezek. 44,9; Ezek. 44,10; Ezek. 44,11; Ezek. 44,13; Ezek. 44,15; Ezek. 44,17; Ezek. 44,17; Ezek. 44,19; Ezek. 44,19; Ezek. 44,19; Ezek. 44,19; Ezek. 44,19; Ezek. 44,21; Ezek. 44,24; Ezek. 44,27; Ezek. 44,28; Ezek. 44,29; Ezek. 45,1; Ezek. 45,1; Ezek. 45,1; Ezek. 45,3; Ezek. 45,4; Ezek. 45,8; Ezek. 45,17; Ezek. 45,17; Ezek. 45,17; Ezek. 45,17; Ezek. 45,20; Ezek. 45,21; Ezek. 45,22; Ezek. 45,25; Ezek. 45,25; Ezek. 46,1; Ezek. 46,1; Ezek. 46,1; Ezek. 46,3; Ezek. 46,3; Ezek. 46,4; Ezek. 46,6; Ezek. 46,8; Ezek. 46,9; Ezek. 46,10; Ezek. 46,10; Ezek. 46,10; Ezek. 46,11; Ezek. 46,11; Ezek. 46,12; Ezek. 46,16; Ezek. 46,23; Ezek. 47,3; Ezek. 47,3; Ezek. 47,3; Ezek. 47,4; Ezek. 47,7; Ezek. 47,11; Ezek. 47,11; Ezek. 47,11; Ezek. 47,14; Ezek. 47,22; Ezek. 47,22; Ezek. 47,22; Ezek. 47,22; Ezek. 47,22; Ezek. 47,22; Ezek. 47,23; Ezek. 47,23; Ezek. 48,8; Ezek. 48,10; Ezek. 48,11; Ezek. 48,15; Ezek. 48,21; Ezek. 48,22; Ezek. 48,29; Dan. 1,2; Dan. 1,4; Dan. 1,4; Dan. 1,8; Dan. 1,8; Dan. 1,8; Dan. 1,17; Dan. 1,17; Dan. 1,17; Dan. 1,19; Dan. 1,20; Dan. 1,20; Dan. 1,20; Dan. 1,20; Dan. 1,20; Dan. 2,1; Dan. 2,1; Dan. 2,19; Dan. 2,19; Dan. 2,21; Dan. 2,22; Dan. 2,22; Dan. 2,28; Dan. 2,30; Dan. 2,30; Dan. 2,35; Dan. 2,38; Dan. 2,41; Dan. 2,44; Dan. 2,49; Dan. 3,1; Dan. 3,7; Dan. 3,8; Dan. 3,17; Dan. 3,20; Dan. 3,25; Dan. 3,28; Dan. 3,29; Dan. 3,29; Dan. 3,31; Dan. 3,37; Dan. 3,38; Dan. 3,39; Dan. 3,39; Dan. 3,39; Dan. 3,41; Dan. 3,51; Dan. 3,53; Dan. 3,56; Dan. 3,79; Dan. 3,91; Dan. 3,92; Dan. 3,92; Dan. 3,94; Dan. 4,4; Dan. 4,11; Dan. 4,12; Dan. 4,13; Dan. 4,13; Dan. 4,15; Dan. 4,15; Dan. 4,17; Dan. 4,17; Dan. 4,17a; Dan. 4,17a; Dan. 4,17a; Dan. 4,17a; Dan. 4,20; Dan. 4,21; Dan. 4,23; Dan. 4,27; Dan. 4,27; Dan. 4,28; Dan. 4,30; Dan. 4,31; Dan. 4,31; Dan. 4,31; Dan. 4,36; Dan. 4,37; Dan. 4,37a; Dan. 4,37a; Dan. 4,37a; Dan. 4,37b; Dan. 4,37b; Dan. 4,37b; Dan. 4,37b; Dan. 4,37c; Dan. 4,37c; Dan. 4,37c; Dan. 5,0; Dan. 5,0; Dan. 5,0; Dan. 5,0; Dan. 5,2; Dan. 5,3; Dan. 5,5; Dan. 5,12; Dan. 5,12; Dan. 5,23; Dan. 5,23; Dan. 6,1; Dan. 6,4; Dan. 6,4; Dan. 6,4; Dan. 6,5; Dan. 6,11; Dan. 6,18; Dan. 6,18; Dan. 6,23; Dan. 6,23; Dan. 6,26; Dan. 6,27; Dan. 7,5; Dan. 7,7; Dan. 7,8; Dan. 7,8; Dan. 7,8; Dan. 7,13; Dan. 7,15; Dan. 7,15; Dan. 7,28; Dan. 8,2; Dan. 8,2; Dan. 8,2; Dan. 8,6; Dan. 8,7; Dan. 8,15; Dan. 8,17; Dan. 8,24; Dan. 8,25; Dan. 9,2; Dan. 9,3; Dan. 9,7; Dan. 9,7; Dan. 9,7; Dan. 9,11; Dan. 9,12; Dan. 9,13; Dan. 9,16; Dan. 9,16; Dan. 9,16; Dan. 9,18; Dan. 9,20; Dan. 9,21; Dan. 9,21; Dan. 9,23; Dan. 9,27; Dan. 9,27; Dan. 10,1; Dan. 10,2; Dan. 10,7; Dan. 10,8; Dan. 10,11; Dan. 10,12; Dan. 10,15; Dan. 10,16; Dan. 10,17; Dan. 10,17; Dan. 10,19; Dan. 10,21; Dan. 11,1; Dan. 11,2; Dan. 11,2; Dan. 11,2; Dan. 11,4; Dan. 11,7; Dan. 11,8; Dan. 11,13; Dan. 11,13; Dan. 11,14; Dan. 11,16; Dan. 11,16; Dan. 11,18; Dan. 11,20; Dan. 11,20; Dan. 11,20; Dan. 11,21; Dan. 11,23; Dan. 11,25; Dan. 11,25; Dan. 11,28; Dan. 11,32; Dan. 11,32; Dan. 11,33; Dan. 11,33; Dan. 11,33; Dan. 11,34; Dan. 11,37; Dan. 11,37; Dan. 11,38; Dan. 11,38; Dan. 11,40; Dan. 11,40; Dan. 11,40; Dan. 11,42; Dan. 11,42; Dan. 11,43; Dan. 11,44; Dan. 12,1; Dan. 12,1; Dan. 12,2; Sus. 7-8; Sus. 28; Sus. 35; Sus. 36; Sus. 48; Sus. 57; Sus. 58; Sus. 60-62; Sus. 63; Sus. 63; Bel 21; Bel 23; Bel 31-32; Bel 31-32; Bel 33; Bel 33; Bel 34; Bel 36; Josh. 15,48; Josh. 19,9; Josh. 19,27; Judg. 1,2; Judg. 1,3; Judg. 1,3; Judg. 1,4; Judg. 1,5; Judg. 1,8; Judg. 1,8; Judg. 1,10; Judg. 1,14; Judg. 1,16; Judg. 1,21; Judg. 1,21; Judg. 1,25; Judg. 1,27; Judg. 1,29; Judg. 1,29; Judg. 1,29; Judg. 1,30; Judg. 1,32; Judg. 1,33; Judg. 1,35; Judg. 1,35; Judg. 1,35; Judg. 1,35; Judg. 1,35; Judg. 2,7; Judg. 2,9; Judg. 2,9; Judg. 2,9; Judg. 2,10; Judg. 2,14; Judg. 2,14; Judg. 2,15; Judg. 2,20; Judg. 2,21; Judg. 2,22; Judg. 2,22; Judg. 2,23; Judg. 3,1; Judg. 3,4; Judg. 3,4; Judg. 3,5; Judg. 3,8; Judg. 3,8; Judg. 3,10; Judg. 3,15; Judg. 3,20; Judg. 3,21; Judg. 3,24; Judg. 3,27; Judg. 3,27; Judg. 3,28; Judg. 3,29; Judg. 3,30; Judg. 3,31; Judg. 4,2; Judg. 4,2; Judg.

ἐν

4,2; Judg. 4,4; Judg. 4,5; Judg. 4,8; Judg. 4,9; Judg. 4,14; Judg. 4,14; Judg. 4,15; Judg. 4,16; Judg. 4,21; Judg. 4,21; Judg. 4,21; Judg. 4,21; Judg. 4,22; Judg. 4,23; Judg. 5,1; Judg. 5,2; Judg. 5,2; Judg. 5,4; Judg. 5,4; Judg. 5,4; Judg. 5,6; Judg. 5,6; Judg. 5,7; Judg. 5,7; Judg. 5,8; Judg. 5,8; Judg. 5,9; Judg. 5,11; Judg. 5,13; Judg. 5,14; Judg. 5,14; Judg. 5,14; Judg. 5,14; Judg. 5,15; Judg. 5,15; Judg. 5,15; Judg. 5,17; Judg. 5,19; Judg. 5,23; Judg. 5,24; Judg. 5,24; Judg. 5,25; Judg. 5,31; Judg. 6,1; Judg. 6,2; Judg. 6,4; Judg. 6,4; Judg. 6,10; Judg. 6,10; Judg. 6,11; Judg. 6,11; Judg. 6,13; Judg. 6,14; Judg. 6,15; Judg. 6,15; Judg. 6,15; Judg. 6,17; Judg. 6,19; Judg. 6,19; Judg. 6,21; Judg. 6,24; Judg. 6,25; Judg. 6,26; Judg. 6,26; Judg. 6,32; Judg. 6,32; Judg. 6,33; Judg. 6,34; Judg. 6,35; Judg. 6,35; Judg. 6,36; Judg. 6,37; Judg. 6,37; Judg. 6,39; Judg. 6,39; Judg. 6,40; Judg. 7,1; Judg. 7,2; Judg. 7,3; Judg. 7,6; Judg. 7,7; Judg. 7,8; Judg. 7,8; Judg. 7,9; Judg. 7,9; Judg. 7,9; Judg. 7,11; Judg. 7,11; Judg. 7,12; Judg. 7,13; Judg. 7,14; Judg. 7,15; Judg. 7,16; Judg. 7,16; Judg. 7,17; Judg. 7,18; Judg. 7,18; Judg. 7,19; Judg. 7,19; Judg. 7,19; Judg. 7,19; Judg. 7,20; Judg. 7,20; Judg. 7,20; Judg. 7,22; Judg. 7,22; Judg. 7,22; Judg. 7,24; Judg. 7,25; Judg. 7,25; Judg. 8,1; Judg. 8,3; Judg. 8,3; Judg. 8,5; Judg. 8,6; Judg. 8,7; Judg. 8,7; Judg. 8,7; Judg. 8,7; Judg. 8,10; Judg. 8,11; Judg. 8,15; Judg. 8,15; Judg. 8,16; Judg. 8,16; Judg. 8,18; Judg. 8,21; Judg. 8,23; Judg. 8,26; Judg. 8,27; Judg. 8,28; Judg. 8,29; Judg. 8,31; Judg. 8,32; Judg. 8,32; Judg. 8,32; Judg. 9,2; Judg. 9,3; Judg. 9,6; Judg. 9,9; Judg. 9,15; Judg. 9,15; Judg. 9,16; Judg. 9,19; Judg. 9,19; Judg. 9,19; Judg. 9,23; Judg. 9,25; Judg. 9,26; Judg. 9,26; Judg. 9,29; Judg. 9,31; Judg. 9,32; Judg. 9,41; Judg. 9,41; Judg. 9,43; Judg. 9,44; Judg. 9,45; Judg. 9,45; Judg. 9,48; Judg. 9,49; Judg. 9,50; Judg. 9,51; Judg. 9,52; Judg. 10,1; Judg. 10,1; Judg. 10,2; Judg. 10,4; Judg. 10,5; Judg. 10,7; Judg. 10,7; Judg. 10,7; Judg. 10,8; Judg. 10,8; Judg. 10,8; Judg. 10,8; Judg. 10,14; Judg. 10,15; Judg. 10,15; Judg. 10,16; Judg. 10,17; Judg. 10,17; Judg. 11,2; Judg. 11,3; Judg. 11,9; Judg. 11,11; Judg. 11,12; Judg. 11,13; Judg. 11,13; Judg. 11,16; Judg. 11,16; Judg. 11,17; Judg. 11,17; Judg. 11,18; Judg. 11,18; Judg. 11,19; Judg. 11,20; Judg. 11,21; Judg. 11,25; Judg. 11,26; Judg. 11,26; Judg. 11,26; Judg. 11,26; Judg. 11,26; Judg. 11,26; Judg. 11,27; Judg. 11,30; Judg. 11,31; Judg. 11,31; Judg. 11,32; Judg. 11,33; Judg. 11,34; Judg. 11,35; Judg. 11,36; Judg. 11,39; Judg. 11,39; Judg. 11,39; Judg. 11,40; Judg. 12,1; Judg. 12,1; Judg. 12,3; Judg. 12,3; Judg. 12,3; Judg. 12,3; Judg. 12,4; Judg. 12,4; Judg. 12,6; Judg. 12,7; Judg. 12,7; Judg. 12,10; Judg. 12,12; Judg. 12,12; Judg. 12,15; Judg. 12,15; Judg. 12,15; Judg. 13,1; Judg. 13,5; Judg. 13,7; Judg. 13,9; Judg. 13,10; Judg. 13,20; Judg. 13,20; Judg. 13,25; Judg. 14,2; Judg. 14,3; Judg. 14,4; Judg. 14,4; Judg. 14,6; Judg. 14,7; Judg. 14,8; Judg. 14,12; Judg. 14,15; Judg. 14,15; Judg. 14,17; Judg. 14,18; Judg. 14,18; Judg. 15,1; Judg. 15,1; Judg. 15,5; Judg. 15,5; Judg. 15,6; Judg. 15,7; Judg. 15,8; Judg. 15,9; Judg. 15,9; Judg. 15,12; Judg. 15,12; Judg. 15,13; Judg. 15,13; Judg. 15,14; Judg. 15,15; Judg. 15,16; Judg. 15,18; Judg. 15,18; Judg. 15,19; Judg. 15,19; Judg. 15,20; Judg. 16,2; Judg. 16,3; Judg. 16,4; Judg. 16,5; Judg. 16,5; Judg. 16,6; Judg. 16,6; Judg. 16,7; Judg. 16,8; Judg. 16,9; Judg. 16,9; Judg. 16,10; Judg. 16,11; Judg. 16,11; Judg. 16,12; Judg. 16,13; Judg. 16,14; Judg. 16,14; Judg. 16,15; Judg. 16,16; Judg. 16,18; Judg. 16,21; Judg. 16,21; Judg. 16,23; Judg. 16,24; Judg. 16,27; Judg. 16,30; Judg. 16,30; Judg. 16,30; Judg. 16,30; Judg. 16,31; Judg. 17,2; Judg. 17,4; Judg. 17,6; Judg. 17,6; Judg. 17,6; Judg. 17,8; Judg. 17,9; Judg. 17,12; Judg. 18,1; Judg. 18,1; Judg. 18,1; Judg. 18,3; Judg. 18,3; Judg. 18,5; Judg. 18,5; Judg. 18,5; Judg. 18,6; Judg. 18,6; Judg. 18,6; Judg. 18,7; Judg. 18,7; Judg. 18,10; Judg. 18,10; Judg. 18,12; Judg. 18,12; Judg. 18,12; Judg. 18,14; Judg. 18,20; Judg. 18,22; Judg. 18,25; Judg. 18,27; Judg. 18,27; Judg. 18,28; Judg. 18,28; Judg. 18,29; Judg. 18,31; Judg. 19,1; Judg. 19,1; Judg. 19,1; Judg. 19,11; Judg. 19,12; Judg. 19,13; Judg. 19,13; Judg. 19,15; Judg. 19,15; Judg. 19,16; Judg. 19,16; Judg. 19,17; Judg. 19,20; Judg. 19,24; Judg. 19,25; Judg. 19,29; Judg. 20,2; Judg. 20,6; Judg. 20,6; Judg. 20,9; Judg. 20,10; Judg. 20,12; Judg. 20,12; Judg. 20,13; Judg. 20,15; Judg. 20,16; Judg. 20,18; Judg. 20,18; Judg. 20,18; Judg. 20,21; Judg. 20,21; Judg. 20,22; Judg. 20,22; Judg. 20,23; Judg. 20,24; Judg. 20,25; Judg. 20,26; Judg. 20,28; Judg. 20,28; Judg. 20,30; Judg. 20,31; Judg. 20,31; Judg. 20,31; Judg. 20,33; Judg. 20,35; Judg. 20,37; Judg. 20,37; Judg. 20,39; Judg. 20,39; Judg. 20,42; Judg. 20,46; Judg. 20,47; Judg. 20,48; Judg. 20,48; Judg. 21,1; Judg. 21,5; Judg. 21,7; Judg. 21,10; Judg. 21,12; Judg. 21,13; Judg. 21,14; Judg. 21,15; Judg. 21,18; Judg. 21,19; Judg. 21,20; Judg. 21,21; Judg. 21,22; Judg. 21,23; Judg. 21,24; Judg. 21,25; Judg. 21,25; Tob. 1,2; Tob. 1,2; Tob. 1,3; Tob. 1,3; Tob. 1,4; Tob. 1,4; Tob. 1,4; Tob. 1,5; Tob. 1,6; Tob. 1,6; Tob. 1,6; Tob. 1,7; Tob. 1,7; Tob. 1,8; Tob. 1,8; Tob. 1,12; Tob. 1,14; Tob. 1,16; Tob. 1,18; Tob. 1,18; Tob. 2,1; Tob. 2,2; Tob. 2,3; Tob. 2,10; Tob. 2,11; Tob. 2,11; Tob. 2,12; Tob. 3,3; Tob. 3,4; Tob. 3,4; Tob. 3,6; Tob. 3,7; Tob. 3,10; Tob. 3,10; Tob. 3,10; Tob. 3,11; Tob. 3,15; Tob. 3,17; Tob. 4,1; Tob. 4,2; Tob. 4,3; Tob. 4,4; Tob. 4,4; Tob. 4,6; Tob. 4,20; Tob. 5,6; Tob. 5,6; Tob. 5,10; Tob. 5,10; Tob. 5,17; Tob. 5,21; Tob. 6,7; Tob. 6,7; Tob. 6,14; Tob. 7,3; Tob. 7,11; Tob. 7,13; Tob. 8,15; Tob. 10,1; Tob. 10,1; Tob. 10,4; Tob. 10,13; Tob. 10,13; Tob. 10,13; Tob. 11,3; Tob. 11,11; Tob. 11,15; Tob. 11,16; Tob. 11,17; Tob. 11,18; Tob. 11,18; Tob. 13,3; Tob. 13,5; Tob. 13,6; Tob. 13,6; Tob. 13,7; Tob. 13,12; Tob. 13,12; Tob. 13,13; Tob. 13,13; Tob. 13,16; Tob. 14,2; Tob. 14,2; Tob. 14,2; Tob. 14,4; Tob. 14,4; Tob. 14,4; Tob. 14,4; Tob. 14,4; Tob. 14,5; Tob. 14,6; Tob. 14,6; Tob. 14,7; Tob. 14,7; Tob. 14,7; Tob. 14,8; Tob. 14,8; Tob. 14,8; Tob. 14,9; Tob. 14,9; Tob. 14,9; Tob. 14,9; Tob. 14,10; Tob. 14,12; Tob. 14,13; Tob. 14,15; Dan. 1,2; Dan. 1,4; Dan. 1,4; Dan. 1,4; Dan. 1,4; Dan. 1,6; Dan. 1,8; Dan. 1,8; Dan. 1,17; Dan. 1,17; Dan. 1,20; Dan. 1,20; Dan. 2,12; Dan. 2,19; Dan. 2,22; Dan. 2,25; Dan. 2,28; Dan. 2,30; Dan. 2,30; Dan. 2,38; Dan. 2,38; Dan. 2,41; Dan. 2,43; Dan. 2,44; Dan. 2,49; Dan. 3,1; Dan. 3,1; Dan. 3,4; Dan. 3,13; Dan. 3,24; Dan. 3,25; Dan. 3,28; Dan. 3,29; Dan. 3,31; Dan. 3,37; Dan. 3,38; Dan. 3,39; Dan. 3,39; Dan. 3,39; Dan. 3,41; Dan. 3,51; Dan. 3,53; Dan. 3,56; Dan. 3,76; Dan. 3,79; Dan. 3,91; Dan. 3,92; Dan. 3,92; Dan. 3,94; Dan. 3,97; Dan. 3,97; Dan. 4,1; Dan. 4,4; Dan. 4,8; Dan. 4,9; Dan. 4,10; Dan. 4,12; Dan. 4,12; Dan. 4,13; Dan. 4,14; Dan. 4,15; Dan. 4,15; Dan. 4,15; Dan. 4,15; Dan. 4,15; Dan. 4,18; Dan. 4,21; Dan. 4,21; Dan. 4,23; Dan. 4,23; Dan. 4,23; Dan. 4,23; Dan. 4,27; Dan. 4,27; Dan. 4,29; Dan. 4,30; Dan. 4,31; Dan. 4,35; Dan. 4,35; Dan. 4,37; Dan. 5,2; Dan. 5,2; Dan. 5,2; Dan. 5,3; Dan. 5,3; Dan. 5,5; Dan. 5,7; Dan. 5,7; Dan. 5,11; Dan. 5,11; Dan. 5,11; Dan. 5,11; Dan. 5,12; Dan. 5,14; Dan. 5,14; Dan. 5,16; Dan. 5,23; Dan. 5,23; Dan. 5,27; Dan. 5,29; Dan. 5,30; Dan. 6,2; Dan. 6,4; Dan. 6,6; Dan. 6,11; Dan. 6,18; Dan. 6,18; Dan. 6,18; Dan. 6,20; Dan. 6,20; Dan. 6,21; Dan. 6,24; Dan. 6,24; Dan. 6,26; Dan. 6,27; Dan. 6,28; Dan. 6,29; Dan. 6,29; Dan. 7,2; Dan. 7,5; Dan. 7,8; Dan. 7,8; Dan. 7,13; Dan. 7,15; Dan. 7,20; Dan. 7,23; Dan. 7,25; Dan. 7,28; Dan. 8,2; Dan. 8,2; Dan. 8,2; Dan. 8,6; Dan. 8,8; Dan. 8,15; Dan. 8,17; Dan. 8,18; Dan. 8,22; Dan. 8,24; Dan. 8,25; Dan. 8,25; Dan. 9,2; Dan. 9,2; Dan. 9,3; Dan. 9,6; Dan. 9,7; Dan. 9,7; Dan. 9,7; Dan. 9,7; Dan. 9,10; Dan. 9,10; Dan. 9,11; Dan. 9,12; Dan. 9,13; Dan. 9,13; Dan. 9,15; Dan. 9,16; Dan. 9,16; Dan. 9,16; Dan. 9,21; Dan. 9,21; Dan. 9,21; Dan. 9,23; Dan. 9,23; Dan. 9,23; Dan. 9,26; Dan. 9,26; Dan. 9,27; Dan. 10,1; Dan. 10,2; Dan. 10,4; Dan. 10,5; Dan. 10,7; Dan. 10,8; Dan. 10,9; Dan. 10,11; Dan. 10,11; Dan. 10,12;

E, ε

Ε, ε

ἐν

Dan. 10,15; Dan. 10,16; Dan. 10,16; Dan. 10,17; Dan. 10,17; Dan. 10,19; Dan. 10,21; Dan. 11,1; Dan. 11,2; Dan. 11,6; Dan. 11,7; Dan. 11,11; Dan. 11,13; Dan. 11,13; Dan. 11,14; Dan. 11,16; Dan. 11,16; Dan. 11,17; Dan. 11,20; Dan. 11,20; Dan. 11,20; Dan. 11,21; Dan. 11,21; Dan. 11,23; Dan. 11,24; Dan. 11,24; Dan. 11,25; Dan. 11,25; Dan. 11,28; Dan. 11,29; Dan. 11,30; Dan. 11,32; Dan. 11,33; Dan. 11,33; Dan. 11,33; Dan. 11,33; Dan. 11,34; Dan. 11,34; Dan. 11,38; Dan. 11,38; Dan. 11,39; Dan. 11,40; Dan. 11,40; Dan. 11,40; Dan. 11,40; Dan. 11,43; Dan. 11,43; Dan. 11,43; Dan. 11,44; Dan. 12,1; Dan. 12,1; Dan. 12,1; Dan. 12,2; Dan. 12,7; Dan. 12,7; Sus. 1; Sus. 5; Sus. 6; Sus. 7; Sus. 8; Sus. 15; Sus. 15; Sus. 20; Sus. 26; Sus. 34; Sus. 36; Sus. 38; Sus. 48; Sus. 50; Sus. 62; Sus. 63; Bel 14; Bel 32; Bel 33; Bel 36; Matt. 1,18; Matt. 1,20; Matt. 1,23; Matt. 2,1; Matt. 2,1; Matt. 2,2; Matt. 2,5; Matt. 2,6; Matt. 2,9; Matt. 2,16; Matt. 2,16; Matt. 2,18; Matt. 2,19; Matt. 3,1; Matt. 3,3; Matt. 3,6; Matt. 3,9; Matt. 3,11; Matt. 3,11; Matt. 3,12; Matt. 3,17; Matt. 4,13; Matt. 4,16; Matt. 4,16; Matt. 4,21; Matt. 4,23; Matt. 4,23; Matt. 4,23; Matt. 5,12; Matt. 5,13; Matt. 5,15; Matt. 5,16; Matt. 5,19; Matt. 5,19; Matt. 5,25; Matt. 5,28; Matt. 5,34; Matt. 5,35; Matt. 5,36; Matt. 5,45; Matt. 6,1; Matt. 6,2; Matt. 6,2; Matt. 6,4; Matt. 6,4; Matt. 6,5; Matt. 6,5; Matt. 6,6; Matt. 6,6; Matt. 6,7; Matt. 6,9; Matt. 6,10; Matt. 6,18; Matt. 6,18; Matt. 6,20; Matt. 6,23; Matt. 6,29; Matt. 7,2; Matt. 7,2; Matt. 7,3; Matt. 7,3; Matt. 7,4; Matt. 7,6; Matt. 7,11; Matt. 7,15; Matt. 7,21; Matt. 7,22; Matt. 8,6; Matt. 8,10; Matt. 8,11; Matt. 8,13; Matt. 8,24; Matt. 8,32; Matt. 9,3; Matt. 9,4; Matt. 9,10; Matt. 9,21; Matt. 9,31; Matt. 9,33; Matt. 9,34; Matt. 9,35; Matt. 10,11; Matt. 10,15; Matt. 10,16; Matt. 10,17; Matt. 10,19; Matt. 10,20; Matt. 10,23; Matt. 10,27; Matt. 10,27; Matt. 10,28; Matt. 10,32; Matt. 10,32; Matt. 10,32; Matt. 10,33; Matt. 11,1; Matt. 11,2; Matt. 11,6; Matt. 11,8; Matt. 11,8; Matt. 11,11; Matt. 11,11; Matt. 11,16; Matt. 11,20; Matt. 11,21; Matt. 11,21; Matt. 11,21; Matt. 11,22; Matt. 11,23; Matt. 11,23; Matt. 11,24; Matt. 12,2; Matt. 12,5; Matt. 12,5; Matt. 12,19; Matt. 12,24; Matt. 12,27; Matt. 12,27; Matt. 12,28; Matt. 12,32; Matt. 12,32; Matt. 12,36; Matt. 12,40; Matt. 12,40; Matt. 12,41; Matt. 12,42; Matt. 12,50; Matt. 13,3; Matt. 13,4; Matt. 13,10; Matt. 13,13; Matt. 13,19; Matt. 13,21; Matt. 13,24; Matt. 13,25; Matt. 13,27; Matt. 13,30; Matt. 13,31; Matt. 13,32; Matt. 13,34; Matt. 13,35; Matt. 13,40; Matt. 13,43; Matt. 13,44; Matt. 13,49; Matt. 13,54; Matt. 13,57; Matt. 13,57; Matt. 13,57; Matt. 14,2; Matt. 14,3; Matt. 14,6; Matt. 14,10; Matt. 14,13; Matt. 14,33; Matt. 15,32; Matt. 15,33; Matt. 16,7; Matt. 16,8; Matt. 16,17; Matt. 16,19; Matt. 16,19; Matt. 16,27; Matt. 16,28; Matt. 17,5; Matt. 17,12; Matt. 17,22; Matt. 18,1; Matt. 18,2; Matt. 18,4; Matt. 18,6; Matt. 18,10; Matt. 18,10; Matt. 18,14; Matt. 18,18; Matt. 18,18; Matt. 18,19; Matt. 18,20; Matt. 19,21; Matt. 19,28; Matt. 20,3; Matt. 20,15; Matt. 20,17; Matt. 20,21; Matt. 20,26; Matt. 20,26; Matt. 20,27; Matt. 21,8; Matt. 21,8; Matt. 21,9; Matt. 21,9; Matt. 21,12; Matt. 21,14; Matt. 21,15; Matt. 21,19; Matt. 21,22; Matt. 21,23; Matt. 21,24; Matt. 21,25; Matt. 21,27; Matt. 21,28; Matt. 21,32; Matt. 21,33; Matt. 21,38; Matt. 21,41; Matt. 21,42; Matt. 21,42; Matt. 22,1; Matt. 22,15; Matt. 22,16; Matt. 22,28; Matt. 22,30; Matt. 22,30; Matt. 22,36; Matt. 22,37; Matt. 22,37; Matt. 22,37; Matt. 22,40; Matt. 22,43; Matt. 23,6; Matt. 23,6; Matt. 23,7; Matt. 23,16; Matt. 23,16; Matt. 23,18; Matt. 23,18; Matt. 23,20; Matt. 23,20; Matt. 23,20; Matt. 23,21; Matt. 23,21; Matt. 23,21; Matt. 23,22; Matt. 23,22; Matt. 23,22; Matt. 23,30; Matt. 23,30; Matt. 23,34; Matt. 23,39; Matt. 24,14; Matt. 24,15; Matt. 24,16; Matt. 24,18; Matt. 24,19; Matt. 24,19; Matt. 24,26; Matt. 24,26; Matt. 24,30; Matt. 24,38; Matt. 24,40; Matt. 24,41; Matt. 24,45; Matt. 24,48; Matt. 24,50; Matt. 24,50; Matt. 25,4; Matt. 25,16; Matt. 25,25; Matt. 25,31; Matt. 25,36; Matt. 25,39; Matt. 25,43; Matt. 25,44; Matt. 26,5; Matt. 26,5; Matt. 26,6; Matt. 26,6; Matt. 26,13; Matt. 26,23; Matt. 26,29; Matt. 26,31; Matt. 26,31; Matt. 26,33; Matt. 26,34; Matt. 26,52; Matt. 26,55; Matt. 26,69; Matt. 27,12; Matt. 27,29; Matt. 27,40; Matt. 27,56; Matt. 27,59; Matt. 27,60; Matt. 27,60; Matt. 28,18; Mark 1,2; Mark 1,3; Mark 1,4; Mark 1,5; Mark 1,8; Mark 1,9; Mark 1,11; Mark 1,13; Mark 1,15; Mark 1,16; Mark 1,19; Mark 1,20; Mark 1,23; Mark 1,23; Mark 2,1; Mark 2,6; Mark 2,8; Mark 2,8; Mark 2,15; Mark 2,19; Mark 2,20; Mark 2,23; Mark 3,22; Mark 3,23; Mark 4,1; Mark 4,2; Mark 4,2; Mark 4,4; Mark 4,11; Mark 4,17; Mark 4,24; Mark 4,28; Mark 4,30; Mark 4,35; Mark 4,36; Mark 4,38; Mark 5,2; Mark 5,3; Mark 5,5; Mark 5,5; Mark 5,13; Mark 5,20; Mark 5,21; Mark 5,25; Mark 5,27; Mark 5,30; Mark 5,30; Mark 6,2; Mark 6,3; Mark 6,4; Mark 6,4; Mark 6,4; Mark 6,14; Mark 6,17; Mark 6,27; Mark 6,29; Mark 6,32; Mark 6,47; Mark 6,48; Mark 6,51; Mark 6,56; Mark 8,3; Mark 8,14; Mark 8,27; Mark 8,38; Mark 8,38; Mark 9,1; Mark 9,29; Mark 9,29; Mark 9,33; Mark 9,33; Mark 9,34; Mark 9,36; Mark 9,38; Mark 9,41; Mark 9,50; Mark 9,50; Mark 9,50; Mark 10,21; Mark 10,30; Mark 10,30; Mark 10,32; Mark 10,37; Mark 10,43; Mark 10,43; Mark 10,44; Mark 10,52; Mark 11,9; Mark 11,10; Mark 11,13; Mark 11,15; Mark 11,23; Mark 11,25; Mark 11,27; Mark 11,28; Mark 11,29; Mark 11,33; Mark 12,1; Mark 12,11; Mark 12,23; Mark 12,25; Mark 12,26; Mark 12,35; Mark 12,36; Mark 12,38; Mark 12,38; Mark 12,38; Mark 12,39; Mark 12,39; Mark 13,11; Mark 13,14; Mark 13,17; Mark 13,17; Mark 13,24; Mark 13,25; Mark 13,26; Mark 13,32; Mark 14,1; Mark 14,2; Mark 14,3; Mark 14,3; Mark 14,6; Mark 14,25; Mark 14,49; Mark 14,66; Mark 15,7; Mark 15,29; Mark 15,40; Mark 15,41; Mark 15,46; Mark 16,5; Mark 16,12; Mark 16,17; Mark 16,18; Luke 1,1; Luke 1,5; Luke 1,6; Luke 1,7; Luke 1,8; Luke 1,8; Luke 1,17; Luke 1,17; Luke 1,18; Luke 1,21; Luke 1,21; Luke 1,22; Luke 1,25; Luke 1,25; Luke 1,31; Luke 1,36; Luke 1,39; Luke 1,41; Luke 1,42; Luke 1,44; Luke 1,44; Luke 1,51; Luke 1,59; Luke 1,65; Luke 1,66; Luke 1,69; Luke 1,75; Luke 1,77; Luke 1,78; Luke 1,79; Luke 1,80; Luke 2,1; Luke 2,6; Luke 2,7; Luke 2,7; Luke 2,8; Luke 2,11; Luke 2,12; Luke 2,14; Luke 2,14; Luke 2,16; Luke 2,19; Luke 2,21; Luke 2,23; Luke 2,24; Luke 2,25; Luke 2,27; Luke 2,27; Luke 2,29; Luke 2,34; Luke 2,36; Luke 2,43; Luke 2,43; Luke 2,44; Luke 2,44; Luke 2,46; Luke 2,46; Luke 2,49; Luke 2,51; Luke 2,52; Luke 3,2; Luke 3,4; Luke 3,4; Luke 3,8; Luke 3,15; Luke 3,16; Luke 3,17; Luke 3,20; Luke 3,21; Luke 3,22; Luke 4,1; Luke 4,1; Luke 4,2; Luke 4,5; Luke 4,14; Luke 4,15; Luke 4,16; Luke 4,18; Luke 4,20; Luke 4,21; Luke 4,23; Luke 4,24; Luke 4,25; Luke 4,25; Luke 4,27; Luke 4,28; Luke 4,31; Luke 4,32; Luke 4,33; Luke 4,36; Luke 5,1; Luke 5,7; Luke 5,12; Luke 5,12; Luke 5,16; Luke 5,17; Luke 5,22; Luke 5,29; Luke 5,34; Luke 5,35; Luke 6,1; Luke 6,6; Luke 6,7; Luke 6,12; Luke 6,12; Luke 6,23; Luke 6,23; Luke 6,41; Luke 6,41; Luke 6,42; Luke 6,42; Luke 6,42; Luke 7,9; Luke 7,11; Luke 7,16; Luke 7,17; Luke 7,21; Luke 7,23; Luke 7,25; Luke 7,25; Luke 7,25; Luke 7,28; Luke 7,28; Luke 7,32; Luke 7,37; Luke 7,37; Luke 7,39; Luke 7,49; Luke 8,1; Luke 8,5; Luke 8,7; Luke 8,10; Luke 8,13; Luke 8,15; Luke 8,15; Luke 8,15; Luke 8,22; Luke 8,27; Luke 8,27; Luke 8,32; Luke 8,43; Luke 9,12; Luke 9,18; Luke 9,26; Luke 9,29; Luke 9,31; Luke 9,31; Luke 9,33; Luke 9,34; Luke 9,36; Luke 9,36; Luke 9,46; Luke 9,48; Luke 9,49; Luke 9,51; Luke 9,57; Luke 10,3; Luke 10,7; Luke 10,9; Luke 10,12; Luke 10,13; Luke 10,13; Luke 10,13; Luke 10,14; Luke 10,17; Luke 10,20; Luke 10,20; Luke 10,21; Luke 10,26; Luke 10,27; Luke 10,27; Luke 10,27; Luke 10,31; Luke 10,35; Luke 11,1; Luke 11,1; Luke 11,15; Luke 11,18; Luke 11,19; Luke 11,19; Luke 11,20; Luke 11,21; Luke 11,27; Luke 11,31; Luke 11,32; Luke 11,35; Luke

11,43; Luke 11,43; Luke 12,3; Luke 12,3; Luke 12,3; Luke 12,8; Luke 12,8; Luke 12,12; Luke 12,15; Luke 12,17; Luke 12,27; Luke 12,28; Luke 12,33; Luke 12,38; Luke 12,38; Luke 12,42; Luke 12,45; Luke 12,46; Luke 12,46; Luke 12,51; Luke 12,52; Luke 12,58; Luke 13,1; Luke 13,4; Luke 13,6; Luke 13,6; Luke 13,7; Luke 13,10; Luke 13,10; Luke 13,14; Luke 13,14; Luke 13,19; Luke 13,26; Luke 13,28; Luke 13,29; Luke 13,35; Luke 14,1; Luke 14,5; Luke 14,14; Luke 14,15; Luke 14,31; Luke 14,34; Luke 15,4; Luke 15,7; Luke 15,25; Luke 16,3; Luke 16,10; Luke 16,10; Luke 16,10; Luke 16,10; Luke 16,11; Luke 16,12; Luke 16,15; Luke 16,23; Luke 16,23; Luke 16,23; Luke 16,24; Luke 16,25; Luke 16,26; Luke 17,6; Luke 17,11; Luke 17,14; Luke 17,24; Luke 17,26; Luke 17,26; Luke 17,28; Luke 17,31; Luke 17,31; Luke 17,31; Luke 18,3; Luke 18,4; Luke 18,8; Luke 18,22; Luke 18,30; Luke 18,30; Luke 18,35; Luke 19,5; Luke 19,13; Luke 19,15; Luke 19,17; Luke 19,20; Luke 19,30; Luke 19,36; Luke 19,38; Luke 19,38; Luke 19,38; Luke 19,42; Luke 19,44; Luke 19,44; Luke 19,47; Luke 20,1; Luke 20,1; Luke 20,2; Luke 20,8; Luke 20,19; Luke 20,33; Luke 20,42; Luke 20,46; Luke 20,46; Luke 20,46; Luke 20,46; Luke 21,6; Luke 21,14; Luke 21,19; Luke 21,21; Luke 21,21; Luke 21,21; Luke 21,23; Luke 21,23; Luke 21,25; Luke 21,25; Luke 21,27; Luke 21,34; Luke 21,36; Luke 21,37; Luke 21,38; Luke 22,7; Luke 22,16; Luke 22,20; Luke 22,24; Luke 22,26; Luke 22,27; Luke 22,28; Luke 22,30; Luke 22,37; Luke 22,44; Luke 22,49; Luke 22,53; Luke 22,55; Luke 23,4; Luke 23,7; Luke 23,7; Luke 23,9; Luke 23,12; Luke 23,12; Luke 23,14; Luke 23,19; Luke 23,19; Luke 23,22; Luke 23,29; Luke 23,31; Luke 23,31; Luke 23,40; Luke 23,43; Luke 23,53; Luke 24,4; Luke 24,4; Luke 24,6; Luke 24,13; Luke 24,15; Luke 24,18; Luke 24,18; Luke 24,19; Luke 24,27; Luke 24,30; Luke 24,32; Luke 24,32; Luke 24,35; Luke 24,35; Luke 24,36; Luke 24,38; Luke 24,44; Luke 24,49; Luke 24,51; Luke 24,53; John 1,2; John 1,4; John 1,5; John 1,10; John 1,14; John 1,23; John 1,26; John 1,28; John 1,31; John 1,33; John 1,33; John 1,45; John 1,47; John 2,1; John 2,11; John 2,14; John 2,19; John 2,20; John 2,23; John 2,23; John 2,23; John 2,25; John 3,14; John 3,15; John 3,21; John 3,23; John 3,35; John 4,14; John 4,20; John 4,20; John 4,21; John 4,21; John 4,23; John 4,24; John 4,37; John 4,44; John 4,45; John 4,45; John 4,46; John 4,52; John 4,53; John 4,53; John 5,2; John 5,3; John 5,5; John 5,7; John 5,9; John 5,13; John 5,14; John 5,16; John 5,26; John 5,26; John 5,28; John 5,28; John 5,35; John 5,38; John 5,39; John 5,42; John 5,43; John 5,43; John 6,10; John 6,31; John 6,39; John 6,40; John 6,44; John 6,45; John 6,49; John 6,53; John 6,56; John 6,56; John 6,59; John 6,59; John 6,61; John 7,1; John 7,1; John 7,4; John 7,4; John 7,9; John 7,10; John 7,11; John 7,12; John 7,18; John 7,22; John 7,23; John 7,23; John 7,28; John 7,43; John 8,3; John 8,5; John 8,9; John 8,12; John 8,17; John 8,20; John 8,20; John 8,21; John 8,24; John 8,24; John 8,31; John 8,35; John 8,37; John 8,44; John 8,44; John 9,3; John 9,5; John 9,14; John 9,16; John 9,30; John 9,34; John 10,19; John 10,22; John 10,23; John 10,23; John 10,25; John 10,34; John 10,38; John 10,38; John 11,6; John 11,9; John 11,10; John 11,10; John 11,17; John 11,20; John 11,24; John 11,24; John 11,30; John 11,31; John 11,38; John 11,54; John 11,56; John 12,13; John 12,20; John 12,25; John 12,35; John 12,35; John 12,46; John 12,48; John 13,1; John 13,23; John 13,31; John 13,32; John 13,32; John 13,35; John 13,35; John 14,2; John 14,10; John 14,10; John 14,10; John 14,11; John 14,11; John 14,13; John 14,13; John 14,14; John 14,17; John 14,20; John 14,20; John 14,20; John 14,20; John 14,26; John 14,30; John 15,2; John 15,4; John 15,4; John 15,4; John 15,4; John 15,5; John 15,5; John 15,6; John 15,7; John 15,7; John 15,8; John 15,9; John 15,10; John 15,10; John 15,11; John 15,16; John 15,24; John 15,25; John 16,13; John 16,23; John 16,23; John 16,24; John 16,25; John 16,25; John 16,26; John 16,26; John 16,29; John 16,30; John 16,33; John 16,33; John 17,10; John 17,11; John 17,11; John 17,11; John 17,12; John 17,13; John 17,13; John 17,17; John 17,19; John 17,21; John 17,21; John 17,21; John 17,23; John 17,23; John 17,26; John 17,26; John 18,20; John 18,20; John 18,20; John 18,26; John 18,38; John 18,39; John 19,4; John 19,6; John 19,31; John 19,41; John 19,41; John 19,41; John 20,12; John 20,25; John 20,30; John 20,31; John 21,3; John 21,20; Acts 1,3; Acts 1,5; Acts 1,6; Acts 1,7; Acts 1,8; Acts 1,10; Acts 1,15; Acts 1,15; Acts 1,17; Acts 1,20; Acts 1,20; Acts 1,21; Acts 2,1; Acts 2,8; Acts 2,17; Acts 2,18; Acts 2,19; Acts 2,22; Acts 2,29; Acts 2,41; Acts 2,46; Acts 2,46; Acts 3,6; Acts 3,25; Acts 3,26; Acts 4,2; Acts 4,5; Acts 4,7; Acts 4,7; Acts 4,7; Acts 4,9; Acts 4,10; Acts 4,10; Acts 4,12; Acts 4,12; Acts 4,12; Acts 4,24; Acts 4,27; Acts 4,30; Acts 4,31; Acts 4,34; Acts 5,4; Acts 5,4; Acts 5,12; Acts 5,12; Acts 5,18; Acts 5,20; Acts 5,22; Acts 5,23; Acts 5,25; Acts 5,25; Acts 5,27; Acts 5,34; Acts 5,37; Acts 5,42; Acts 6,1; Acts 6,7; Acts 6,8; Acts 6,15; Acts 7,2; Acts 7,2; Acts 7,4; Acts 7,5; Acts 7,6; Acts 7,7; Acts 7,13; Acts 7,14; Acts 7,16; Acts 7,16; Acts 7,17; Acts 7,20; Acts 7,22; Acts 7,22; Acts 7,29; Acts 7,29; Acts 7,30; Acts 7,30; Acts 7,34; Acts 7,35; Acts 7,36; Acts 7,36; Acts 7,36; Acts 7,38; Acts 7,38; Acts 7,38; Acts 7,39; Acts 7,41; Acts 7,41; Acts 7,42; Acts 7,42; Acts 7,44; Acts 7,45; Acts 7,48; Acts 8,1; Acts 8,1; Acts 8,6; Acts 8,8; Acts 8,9; Acts 8,14; Acts 8,21; Acts 9,10; Acts 9,10; Acts 9,11; Acts 9,12; Acts 9,13; Acts 9,17; Acts 9,19; Acts 9,20; Acts 9,22; Acts 9,25; Acts 9,27; Acts 9,27; Acts 9,27; Acts 9,28; Acts 9,37; Acts 9,37; Acts 9,38; Acts 9,43; Acts 10,1; Acts 10,3; Acts 10,12; Acts 10,17; Acts 10,30; Acts 10,30; Acts 10,32; Acts 10,35; Acts 10,39; Acts 10,40; Acts 10,48; Acts 11,5; Acts 11,5; Acts 11,11; Acts 11,13; Acts 11,14; Acts 11,15; Acts 11,15; Acts 11,16; Acts 11,22; Acts 11,26; Acts 11,26; Acts 11,29; Acts 12,5; Acts 12,7; Acts 12,7; Acts 12,11; Acts 12,18; Acts 13,1; Acts 13,5; Acts 13,5; Acts 13,15; Acts 13,17; Acts 13,17; Acts 13,18; Acts 13,19; Acts 13,26; Acts 13,27; Acts 13,33; Acts 13,35; Acts 13,38; Acts 13,39; Acts 13,40; Acts 13,41; Acts 14,1; Acts 14,8; Acts 14,15; Acts 14,16; Acts 14,25; Acts 15,7; Acts 15,12; Acts 15,21; Acts 15,22; Acts 15,35; Acts 15,36; Acts 16,2; Acts 16,3; Acts 16,4; Acts 16,6; Acts 16,12; Acts 16,18; Acts 16,32; Acts 16,33; Acts 16,36; Acts 17,11; Acts 17,13; Acts 17,16; Acts 17,17; Acts 17,17; Acts 17,22; Acts 17,23; Acts 17,24; Acts 17,24; Acts 17,28; Acts 17,31; Acts 17,31; Acts 17,31; Acts 17,34; Acts 18,4; Acts 18,9; Acts 18,10; Acts 18,11; Acts 18,18; Acts 18,24; Acts 18,26; Acts 19,1; Acts 19,1; Acts 19,9; Acts 19,16; Acts 19,21; Acts 19,39; Acts 20,5; Acts 20,8; Acts 20,10; Acts 20,16; Acts 20,19; Acts 20,22; Acts 20,25; Acts 20,26; Acts 20,28; Acts 20,32; Acts 21,11; Acts 21,19; Acts 21,20; Acts 21,27; Acts 21,29; Acts 21,34; Acts 22,3; Acts 22,3; Acts 22,17; Acts 22,17; Acts 22,18; Acts 23,6; Acts 23,9; Acts 23,35; Acts 24,12; Acts 24,12; Acts 24,14; Acts 24,16; Acts 24,18; Acts 24,18; Acts 24,21; Acts 25,4; Acts 25,5; Acts 25,5; Acts 25,6; Acts 26,4; Acts 26,7; Acts 26,10; Acts 26,10; Acts 26,18; Acts 26,20; Acts 26,21; Acts 26,26; Acts 26,28; Acts 26,29; Acts 26,29; Acts 27,7; Acts 27,21; Acts 27,27; Acts 27,31; Acts 27,37; Acts 28,9; Acts 28,11; Acts 28,11; Acts 28,18; Acts 28,30; Rom. 1,2; Rom. 1,4; Rom. 1,5; Rom. 1,6; Rom. 1,7; Rom. 1,8; Rom. 1,9; Rom. 1,9; Rom. 1,10; Rom. 1,12; Rom. 1,12; Rom. 1,13; Rom. 1,13; Rom. 1,15; Rom. 1,17; Rom. 1,18; Rom. 1,19; Rom. 1,21; Rom. 1,23; Rom. 1,24; Rom. 1,24; Rom. 1,25; Rom. 1,27; Rom. 1,27; Rom. 1,27; Rom. 1,28; Rom. 2,1; Rom. 2,5; Rom. 2,12; Rom. 2,15; Rom. 2,16; Rom. 2,17; Rom. 2,19; Rom. 2,20; Rom. 2,23; Rom. 2,24; Rom. 2,28; Rom. 2,28; Rom. 2,28; Rom. 2,29; Rom. 2,29; Rom. 3,4; Rom. 3,4; Rom. 3,7; Rom. 3,16; Rom. 3,19; Rom. 3,24; Rom. 3,25; Rom. 3,26; Rom. 3,26; Rom. 4,10; Rom. 4,10; Rom. 4,10; Rom. 4,10; Rom. 4,11; Rom. 4,12; Rom. 5,2; Rom. 5,3;

Rom. 5,5; Rom. 5,9; Rom. 5,10; Rom. 5,11; Rom. 5,13; Rom. 5,15; Rom. 5,17; Rom. 5,21; Rom. 6,2; Rom. 6,4; Rom. 6,11; Rom. 6,12; Rom. 6,23; Rom. 7,5; Rom. 7,5; Rom. 7,6; Rom. 7,6; Rom. 7,8; Rom. 7,17; Rom. 7,18; Rom. 7,18; Rom. 7,20; Rom. 7,23; Rom. 7,23; Rom. 7,23; Rom. 8,1; Rom. 8,2; Rom. 8,3; Rom. 8,3; Rom. 8,3; Rom. 8,4; Rom. 8,8; Rom. 8,9; Rom. 8,9; Rom. 8,9; Rom. 8,10; Rom. 8,11; Rom. 8,11; Rom. 8,15; Rom. 8,23; Rom. 8,29; Rom. 8,34; Rom. 8,37; Rom. 8,39; Rom. 9,1; Rom. 9,1; Rom. 9,7; Rom. 9,17; Rom. 9,17; Rom. 9,22; Rom. 9,25; Rom. 9,26; Rom. 9,33; Rom. 10,5; Rom. 10,6; Rom. 10,8; Rom. 10,8; Rom. 10,9; Rom. 10,9; Rom. 10,20; Rom. 11,2; Rom. 11,5; Rom. 11,17; Rom. 12,3; Rom. 12,4; Rom. 12,5; Rom. 12,7; Rom. 12,7; Rom. 12,8; Rom. 12,8; Rom. 12,8; Rom. 12,8; Rom. 12,21; Rom. 13,9; Rom. 13,9; Rom. 13,13; Rom. 14,5; Rom. 14,14; Rom. 14,17; Rom. 14,18; Rom. 14,21; Rom. 14,22; Rom. 15,5; Rom. 15,6; Rom. 15,9; Rom. 15,13; Rom. 15,13; Rom. 15,13; Rom. 15,16; Rom. 15,17; Rom. 15,19; Rom. 15,19; Rom. 15,23; Rom. 15,26; Rom. 15,27; Rom. 15,29; Rom. 15,30; Rom. 15,31; Rom. 15,32; Rom. 16,1; Rom. 16,2; Rom. 16,2; Rom. 16,3; Rom. 16,7; Rom. 16,7; Rom. 16,8; Rom. 16,9; Rom. 16,10; Rom. 16,11; Rom. 16,12; Rom. 16,12; Rom. 16,13; Rom. 16,16; Rom. 16,20; Rom. 16,22; 1Cor. 1,2; 1Cor. 1,2; 1Cor. 1,2; 1Cor. 1,4; 1Cor. 1,5; 1Cor. 1,5; 1Cor. 1,5; 1Cor. 1,6; 1Cor. 1,7; 1Cor. 1,8; 1Cor. 1,10; 1Cor. 1,10; 1Cor. 1,10; 1Cor. 1,11; 1Cor. 1,17; 1Cor. 1,21; 1Cor. 1,30; 1Cor. 1,31; 1Cor. 2,2; 1Cor. 2,3; 1Cor. 2,3; 1Cor. 2,3; 1Cor. 2,4; 1Cor. 2,4; 1Cor. 2,5; 1Cor. 2,5; 1Cor. 2,6; 1Cor. 2,7; 1Cor. 2,11; 1Cor. 2,13; 1Cor. 2,13; 1Cor. 3,1; 1Cor. 3,3; 1Cor. 3,13; 1Cor. 3,16; 1Cor. 3,18; 1Cor. 3,18; 1Cor. 3,19; 1Cor. 3,21; 1Cor. 4,2; 1Cor. 4,4; 1Cor. 4,6; 1Cor. 4,10; 1Cor. 4,15; 1Cor. 4,15; 1Cor. 4,17; 1Cor. 4,17; 1Cor. 4,17; 1Cor. 4,20; 1Cor. 4,20; 1Cor. 4,21; 1Cor. 4,21; 1Cor. 5,1; 1Cor. 5,1; 1Cor. 5,4; 1Cor. 5,5; 1Cor. 5,8; 1Cor. 5,8; 1Cor. 5,8; 1Cor. 5,9; 1Cor. 6,2; 1Cor. 6,4; 1Cor. 6,5; 1Cor. 6,11; 1Cor. 6,11; 1Cor. 6,19; 1Cor. 6,20; 1Cor. 7,14; 1Cor. 7,14; 1Cor. 7,15; 1Cor. 7,15; 1Cor. 7,17; 1Cor. 7,18; 1Cor. 7,20; 1Cor. 7,20; 1Cor. 7,22; 1Cor. 7,24; 1Cor. 7,24; 1Cor. 7,37; 1Cor. 7,37; 1Cor. 7,39; 1Cor. 8,4; 1Cor. 8,5; 1Cor. 8,7; 1Cor. 8,10; 1Cor. 8,11; 1Cor. 9,1; 1Cor. 9,2; 1Cor. 9,9; 1Cor. 9,15; 1Cor. 9,18; 1Cor. 9,24; 1Cor. 10,2; 1Cor. 10,2; 1Cor. 10,5; 1Cor. 10,5; 1Cor. 10,25; 1Cor. 11,11; 1Cor. 11,18; 1Cor. 11,18; 1Cor. 11,19; 1Cor. 11,19; 1Cor. 11,21; 1Cor. 11,22; 1Cor. 11,23; 1Cor. 11,25; 1Cor. 11,30; 1Cor. 11,34; 1Cor. 12,3; 1Cor. 12,3; 1Cor. 12,6; 1Cor. 12,9; 1Cor. 12,9; 1Cor. 12,13; 1Cor. 12,18; 1Cor. 12,25; 1Cor. 12,28; 1Cor. 13,12; 1Cor. 14,6; 1Cor. 14,6; 1Cor. 14,6; 1Cor. 14,6; 1Cor. 14,10; 1Cor. 14,11; 1Cor. 14,16; 1Cor. 14,19; 1Cor. 14,19; 1Cor. 14,21; 1Cor. 14,21; 1Cor. 14,21; 1Cor. 14,25; 1Cor. 14,28; 1Cor. 14,33; 1Cor. 14,34; 1Cor. 14,35; 1Cor. 14,35; 1Cor. 15,1; 1Cor. 15,3; 1Cor. 15,12; 1Cor. 15,17; 1Cor. 15,18; 1Cor. 15,19; 1Cor. 15,19; 1Cor. 15,22; 1Cor. 15,22; 1Cor. 15,23; 1Cor. 15,23; 1Cor. 15,28; 1Cor. 15,31; 1Cor. 15,32; 1Cor. 15,41; 1Cor. 15,42; 1Cor. 15,42; 1Cor. 15,43; 1Cor. 15,43; 1Cor. 15,43; 1Cor. 15,43; 1Cor. 15,52; 1Cor. 15,52; 1Cor. 15,52; 1Cor. 15,58; 1Cor. 15,58; 1Cor. 16,7; 1Cor. 16,8; 1Cor. 16,11; 1Cor. 16,13; 1Cor. 16,14; 1Cor. 16,19; 1Cor. 16,20; 1Cor. 16,24; 2Cor. 1,1; 2Cor. 1,1; 2Cor. 1,4; 2Cor. 1,6; 2Cor. 1,8; 2Cor. 1,9; 2Cor. 1,12; 2Cor. 1,12; 2Cor. 1,12; 2Cor. 1,12; 2Cor. 1,14; 2Cor. 1,19; 2Cor. 1,19; 2Cor. 1,20; 2Cor. 1,22; 2Cor. 2,1; 2Cor. 2,10; 2Cor. 2,12; 2Cor. 2,14; 2Cor. 2,14; 2Cor. 2,15; 2Cor. 2,15; 2Cor. 2,17; 2Cor. 3,2; 2Cor. 3,3; 2Cor. 3,3; 2Cor. 3,7; 2Cor. 3,7; 2Cor. 3,8; 2Cor. 3,10; 2Cor. 3,11; 2Cor. 3,14; 2Cor. 4,2; 2Cor. 4,3; 2Cor. 4,4; 2Cor. 4,6; 2Cor. 4,6; 2Cor. 4,7; 2Cor. 4,8; 2Cor. 4,10; 2Cor. 4,10; 2Cor. 4,11; 2Cor. 4,12; 2Cor. 4,12; 2Cor. 5,1; 2Cor. 5,2; 2Cor. 5,4; 2Cor. 5,6; 2Cor. 5,11; 2Cor. 5,12; 2Cor. 5,12; 2Cor. 5,17; 2Cor. 5,19; 2Cor. 5,19; 2Cor. 5,21; 2Cor. 6,2; 2Cor. 6,3; 2Cor. 6,4; 2Cor. 6,4; 2Cor. 6,4; 2Cor. 6,4; 2Cor. 6,4; 2Cor. 6,5; 2Cor. 6,5; 2Cor. 6,5; 2Cor. 6,5; 2Cor. 6,5; 2Cor. 6,5; 2Cor. 6,6; 2Cor. 6,6; 2Cor. 6,6; 2Cor. 6,6; 2Cor. 6,6; 2Cor. 6,6; 2Cor. 6,7; 2Cor. 6,7; 2Cor. 6,12; 2Cor. 6,12; 2Cor. 6,16; 2Cor. 7,1; 2Cor. 7,3; 2Cor. 7,5; 2Cor. 7,6; 2Cor. 7,7; 2Cor. 7,7; 2Cor. 7,8; 2Cor. 7,9; 2Cor. 7,11; 2Cor. 7,14; 2Cor. 7,16; 2Cor. 7,16; 2Cor. 8,1; 2Cor. 8,2; 2Cor. 8,7; 2Cor. 8,7; 2Cor. 8,7; 2Cor. 8,10; 2Cor. 8,14; 2Cor. 8,16; 2Cor. 8,18; 2Cor. 8,20; 2Cor. 8,22; 2Cor. 9,3; 2Cor. 9,4; 2Cor. 9,8; 2Cor. 9,11; 2Cor. 10,1; 2Cor. 10,6; 2Cor. 10,12; 2Cor. 10,14; 2Cor. 10,15; 2Cor. 10,15; 2Cor. 10,16; 2Cor. 10,17; 2Cor. 11,3; 2Cor. 11,6; 2Cor. 11,6; 2Cor. 11,9; 2Cor. 11,10; 2Cor. 11,10; 2Cor. 11,12; 2Cor. 11,17; 2Cor. 11,17; 2Cor. 11,21; 2Cor. 11,23; 2Cor. 11,23; 2Cor. 11,23; 2Cor. 11,23; 2Cor. 11,25; 2Cor. 11,26; 2Cor. 11,26; 2Cor. 11,26; 2Cor. 11,26; 2Cor. 11,27; 2Cor. 11,27; 2Cor. 11,27; 2Cor. 11,27; 2Cor. 11,32; 2Cor. 11,33; 2Cor. 12,2; 2Cor. 12,2; 2Cor. 12,3; 2Cor. 12,5; 2Cor. 12,9; 2Cor. 12,9; 2Cor. 12,10; 2Cor. 12,10; 2Cor. 12,10; 2Cor. 12,10; 2Cor. 12,12; 2Cor. 12,12; 2Cor. 12,19; 2Cor. 13,3; 2Cor. 13,3; 2Cor. 13,4; 2Cor. 13,5; 2Cor. 13,5; 2Cor. 13,12; Gal. 1,6; Gal. 1,13; Gal. 1,14; Gal. 1,14; Gal. 1,16; Gal. 1,16; Gal. 1,22; Gal. 1,24; Gal. 2,2; Gal. 2,4; Gal. 2,17; Gal. 2,20; Gal. 2,20; Gal. 2,20; Gal. 3,5; Gal. 3,8; Gal. 3,10; Gal. 3,11; Gal. 3,12; Gal. 3,14; Gal. 3,19; Gal. 3,26; Gal. 3,28; Gal. 4,14; Gal. 4,18; Gal. 4,18; Gal. 4,19; Gal. 4,20; Gal. 4,25; Gal. 5,4; Gal. 5,6; Gal. 5,10; Gal. 5,14; Gal. 5,14; Gal. 6,1; Gal. 6,6; Gal. 6,12; Gal. 6,13; Gal. 6,14; Gal. 6,17; Eph. 1,1; Eph. 1,1; Eph. 1,3; Eph. 1,3; Eph. 1,3; Eph. 1,4; Eph. 1,4; Eph. 1,6; Eph. 1,8; Eph. 1,9; Eph. 1,10; Eph. 1,10; Eph. 1,12; Eph. 1,13; Eph. 1,15; Eph. 1,17; Eph. 1,18; Eph. 1,20; Eph. 1,20; Eph. 1,20; Eph. 1,21; Eph. 1,21; Eph. 1,23; Eph. 2,2; Eph. 2,2; Eph. 2,3; Eph. 2,3; Eph. 2,4; Eph. 2,6; Eph. 2,6; Eph. 2,7; Eph. 2,7; Eph. 2,7; Eph. 2,10; Eph. 2,10; Eph. 2,11; Eph. 2,11; Eph. 2,12; Eph. 2,13; Eph. 2,13; Eph. 2,14; Eph. 2,15; Eph. 2,15; Eph. 2,16; Eph. 2,16; Eph. 2,18; Eph. 2,21; Eph. 2,21; Eph. 2,22; Eph. 2,22; Eph. 3,3; Eph. 3,4; Eph. 3,5; Eph. 3,6; Eph. 3,9; Eph. 3,10; Eph. 3,11; Eph. 3,12; Eph. 3,12; Eph. 3,13; Eph. 3,15; Eph. 3,17; Eph. 3,17; Eph. 3,20; Eph. 3,21; Eph. 3,21; Eph. 4,1; Eph. 4,2; Eph. 4,3; Eph. 4,4; Eph. 4,6; Eph. 4,14; Eph. 4,14; Eph. 4,15; Eph. 4,16; Eph. 4,16; Eph. 4,17; Eph. 4,17; Eph. 4,18; Eph. 4,19; Eph. 4,21; Eph. 4,21; Eph. 4,24; Eph. 4,30; Eph. 4,32; Eph. 5,2; Eph. 5,3; Eph. 5,5; Eph. 5,8; Eph. 5,9; Eph. 5,18; Eph. 5,18; Eph. 5,19; Eph. 5,20; Eph. 5,21; Eph. 5,24; Eph. 5,26; Eph. 6,1; Eph. 6,2; Eph. 6,4; Eph. 6,5; Eph. 6,9; Eph. 6,10; Eph. 6,10; Eph. 6,12; Eph. 6,13; Eph. 6,14; Eph. 6,15; Eph. 6,16; Eph. 6,16; Eph. 6,18; Eph. 6,18; Eph. 6,18; Eph. 6,19; Eph. 6,19; Eph. 6,20; Eph. 6,20; Eph. 6,21; Eph. 6,24; Phil. 1,1; Phil. 1,1; Phil. 1,4; Phil. 1,6; Phil. 1,7; Phil. 1,7; Phil. 1,8; Phil. 1,9; Phil. 1,13; Phil. 1,13; Phil. 1,14; Phil. 1,18; Phil. 1,20; Phil. 1,20; Phil. 1,20; Phil. 1,22; Phil. 1,24; Phil. 1,26; Phil. 1,26; Phil. 1,27; Phil. 1,28; Phil. 1,30; Phil. 1,30; Phil. 2,1; Phil. 2,5; Phil. 2,5; Phil. 2,6; Phil. 2,7; Phil. 2,10; Phil. 2,12; Phil. 2,12; Phil. 2,13; Phil. 2,15; Phil. 2,15; Phil. 2,19; Phil. 2,24; Phil. 2,29; Phil. 3,1; Phil. 3,3; Phil. 3,3; Phil. 3,4; Phil. 3,4; Phil. 3,6; Phil. 3,9; Phil. 3,14; Phil. 3,19; Phil. 3,20; Phil. 4,1; Phil. 4,2; Phil. 4,3; Phil. 4,3; Phil. 4,4; Phil. 4,6; Phil. 4,7; Phil. 4,9; Phil. 4,10; Phil. 4,11; Phil. 4,12; Phil. 4,12; Phil. 4,13; Phil. 4,15; Phil. 4,16; Phil. 4,19; Phil. 4,19; Phil. 4,21; Col. 1,2; Col. 1,2; Col. 1,4; Col. 1,5; Col. 1,5; Col. 1,6; Col. 1,6; Col. 1,6; Col. 1,8; Col. 1,9; Col. 1,10; Col. 1,11; Col. 1,12; Col. 1,14; Col. 1,16; Col. 1,16; Col. 1,17; Col. 1,18; Col. 1,19; Col. 1,20; Col. 1,21; Col. 1,22; Col. 1,23; Col. 1,24; Col. 1,24; Col. 1,27; Col. 1,27; Col. 1,28; Col. 1,28; Col. 1,29; Col. 1,29; Col. 2,1; Col. 2,1; Col. 2,2; Col. 2,3; Col. 2,4; Col. 2,6; Col. 2,7; Col. 2,7; Col. 2,9; Col. 2,10; Col. 2,11; Col. 2,11; Col. 2,12; Col. 2,12; Col. 2,13; Col. 2,15; Col. 2,15; Col. 2,16; Col. 2,16; Col. 2,16; Col. 2,18; Col.

2,20; Col. 2,23; Col. 2,23; Col. 3,1; Col. 3,3; Col. 3,4; Col. 3,7; Col. 3,7; Col. 3,11; Col. 3,15; Col. 3,15; Col. 3,16; Col. 3,16; Col. 3,16; Col. 3,16; Col. 3,17; Col. 3,17; Col. 3,17; Col. 3,18; Col. 3,20; Col. 3,22; Col. 3,22; Col. 4,1; Col. 4,2; Col. 4,2; Col. 4,6; Col. 4,7; Col. 4,12; Col. 4,12; Col. 4,13; Col. 4,13; Col. 4,15; Col. 4,16; Col. 4,17; 1Th. 1,1; 1Th. 1,5; 1Th. 1,5; 1Th. 1,5; 1Th. 1,5; 1Th. 1,5; 1Th. 1,6; 1Th. 1,7; 1Th. 1,7; 1Th. 1,8; 1Th. 1,8; 1Th. 1,8; 1Th. 2,2; 1Th. 2,2; 1Th. 2,2; 1Th. 2,3; 1Th. 2,5; 1Th. 2,5; 1Th. 2,7; 1Th. 2,7; 1Th. 2,13; 1Th. 2,14; 1Th. 2,14; 1Th. 2,17; 1Th. 2,19; 1Th. 3,1; 1Th. 3,2; 1Th. 3,3; 1Th. 3,8; 1Th. 3,13; 1Th. 3,13; 1Th. 4,1; 1Th. 4,4; 1Th. 4,5; 1Th. 4,6; 1Th. 4,7; 1Th. 4,10; 1Th. 4,15; 1Th. 4,16; 1Th. 4,16; 1Th. 4,16; 1Th. 4,16; 1Th. 4,17; 1Th. 4,18; 1Th. 5,2; 1Th. 5,3; 1Th. 5,4; 1Th. 5,12; 1Th. 5,12; 1Th. 5,13; 1Th. 5,13; 1Th. 5,18; 1Th. 5,18; 1Th. 5,23; 1Th. 5,26; 2Th. 1,1; 2Th. 1,4; 2Th. 1,4; 2Th. 1,4; 2Th. 1,7; 2Th. 1,8; 2Th. 1,10; 2Th. 1,10; 2Th. 1,10; 2Th. 1,11; 2Th. 1,12; 2Th. 1,12; 2Th. 2,6; 2Th. 2,9; 2Th. 2,10; 2Th. 2,13; 2Th. 2,16; 2Th. 2,17; 2Th. 3,4; 2Th. 3,6; 2Th. 3,7; 2Th. 3,8; 2Th. 3,11; 2Th. 3,12; 2Th. 3,16; 2Th. 3,17; 1Tim. 1,2; 1Tim. 1,3; 1Tim. 1,4; 1Tim. 1,13; 1Tim. 1,14; 1Tim. 1,16; 1Tim. 1,18; 1Tim. 2,2; 1Tim. 2,2; 1Tim. 2,7; 1Tim. 2,8; 1Tim. 2,9; 1Tim. 2,9; 1Tim. 2,11; 1Tim. 2,11; 1Tim. 2,12; 1Tim. 2,14; 1Tim. 2,15; 1Tim. 3,4; 1Tim. 3,9; 1Tim. 3,11; 1Tim. 3,13; 1Tim. 3,13; 1Tim. 3,14; 1Tim. 3,15; 1Tim. 3,16; 1Tim. 3,16; 1Tim. 3,16; 1Tim. 3,16; 1Tim. 3,16; 1Tim. 4,1; 1Tim. 4,2; 1Tim. 4,12; 1Tim. 4,12; 1Tim. 4,12; 1Tim. 4,12; 1Tim. 4,12; 1Tim. 4,14; 1Tim. 4,15; 1Tim. 5,2; 1Tim. 5,10; 1Tim. 5,17; 1Tim. 6,17; 1Tim. 6,18; 2Tim. 1,1; 2Tim. 1,3; 2Tim. 1,3; 2Tim. 1,5; 2Tim. 1,5; 2Tim. 1,5; 2Tim. 1,6; 2Tim. 1,9; 2Tim. 1,13; 2Tim. 1,13; 2Tim. 1,14; 2Tim. 1,15; 2Tim. 1,17; 2Tim. 1,18; 2Tim. 1,18; 2Tim. 2,1; 2Tim. 2,1; 2Tim. 2,7; 2Tim. 2,9; 2Tim. 2,10; 2Tim. 2,25; 2Tim. 3,1; 2Tim. 3,11; 2Tim. 3,11; 2Tim. 3,11; 2Tim. 3,12; 2Tim. 3,14; 2Tim. 3,15; 2Tim. 3,16; 2Tim. 4,2; 2Tim. 4,5; 2Tim. 4,8; 2Tim. 4,13; 2Tim. 4,20; 2Tim. 4,20; Titus 1,3; Titus 1,5; Titus 1,6; Titus 1,9; Titus 1,13; Titus 2,3; Titus 2,7; Titus 2,9; Titus 2,10; Titus 2,12; Titus 3,3; Titus 3,5; Titus 3,15; Philem. 6; Philem. 6; Philem. 8; Philem. 10; Philem. 13; Philem. 16; Philem. 16; Philem. 20; Philem. 20; Philem. 23; Heb. 1,1; Heb. 1,2; Heb. 1,3; Heb. 1,3; Heb. 2,8; Heb. 2,12; Heb. 2,18; Heb. 3,2; Heb. 3,5; Heb. 3,8; Heb. 3,8; Heb. 3,9; Heb. 3,11; Heb. 3,12; Heb. 3,15; Heb. 3,15; Heb. 3,17; Heb. 4,3; Heb. 4,4; Heb. 4,5; Heb. 4,7; Heb. 4,11; Heb. 5,6; Heb. 5,7; Heb. 6,17; Heb. 6,18; Heb. 7,10; Heb. 8,1; Heb. 8,1; Heb. 8,5; Heb. 8,9; Heb. 8,9; Heb. 8,13; Heb. 9,2; Heb. 9,4; Heb. 9,22; Heb. 9,23; Heb. 9,25; Heb. 10,3; Heb. 10,7; Heb. 10,10; Heb. 10,12; Heb. 10,19; Heb. 10,22; Heb. 10,29; Heb. 10,32; Heb. 10,38; Heb. 11,2; Heb. 11,9; Heb. 11,18; Heb. 11,19; Heb. 11,34; Heb. 11,37; Heb. 11,37; Heb. 11,37; Heb. 12,2; Heb. 12,23; Heb. 13,3; Heb. 13,4; Heb. 13,9; Heb. 13,18; Heb. 13,20; Heb. 13,21; Heb. 13,21; James 1,1; James 1,4; James 1,6; James 1,8; James 1,9; James 1,10; James 1,11; James 1,21; James 1,23; James 1,25; James 1,27; James 2,1; James 2,2; James 2,2; James 2,4; James 2,5; James 2,10; James 2,16; James 3,2; James 3,6; James 3,9; James 3,9; James 3,13; James 3,13; James 3,14; James 3,18; James 4,1; James 4,1; James 4,3; James 4,5; James 4,16; James 5,3; James 5,5; James 5,10; James 5,13; James 5,14; James 5,14; James 5,19; 1Pet. 1,2; 1Pet. 1,4; 1Pet. 1,5; 1Pet. 1,5; 1Pet. 1,6; 1Pet. 1,6; 1Pet. 1,7; 1Pet. 1,11; 1Pet. 1,12; 1Pet. 1,13; 1Pet. 1,14; 1Pet. 1,15; 1Pet. 1,17; 1Pet. 1,22; 1Pet. 2,2; 1Pet. 2,6; 1Pet. 2,6; 1Pet. 2,12; 1Pet. 2,12; 1Pet. 2,12; 1Pet. 2,18; 1Pet. 2,22; 1Pet. 2,24; 1Pet. 3,2; 1Pet. 3,4; 1Pet. 3,15; 1Pet. 3,15; 1Pet. 3,16; 1Pet. 3,16; 1Pet. 3,19; 1Pet. 3,19; 1Pet. 3,20; 1Pet. 3,22; 1Pet. 4,2; 1Pet. 4,3; 1Pet. 4,4; 1Pet. 4,11; 1Pet. 4,12; 1Pet. 4,13; 1Pet. 4,14; 1Pet. 4,16; 1Pet. 4,19; 1Pet. 5,1; 1Pet. 5,2; 1Pet. 5,6; 1Pet. 5,9; 1Pet. 5,10; 1Pet. 5,13; 1Pet. 5,14; 1Pet. 5,14; 2Pet. 1,1; 2Pet. 1,2; 2Pet. 1,4; 2Pet. 1,4; 2Pet. 1,5; 2Pet. 1,5; 2Pet. 1,6; 2Pet. 1,6; 2Pet. 1,6; 2Pet. 1,7; 2Pet. 1,7; 2Pet. 1,12; 2Pet. 1,13; 2Pet. 1,13; 2Pet. 1,18; 2Pet. 1,19; 2Pet. 1,19; 2Pet. 2,1; 2Pet. 2,1; 2Pet. 2,3; 2Pet. 2,7; 2Pet. 2,8; 2Pet. 2,10; 2Pet. 2,12; 2Pet. 2,12; 2Pet. 2,13; 2Pet. 2,13; 2Pet. 2,16; 2Pet. 2,18; 2Pet. 2,18; 2Pet. 2,20; 2Pet. 3,1; 2Pet. 3,1; 2Pet. 3,3; 2Pet. 3,10; 2Pet. 3,10; 2Pet. 3,11; 2Pet. 3,13; 2Pet. 3,14; 2Pet. 3,16; 2Pet. 3,16; 2Pet. 3,16; 2Pet. 3,18; 1John 1,5; 1John 1,6; 1John 1,7; 1John 1,7; 1John 1,8; 1John 1,10; 1John 2,3; 1John 2,4; 1John 2,5; 1John 2,5; 1John 2,5; 1John 2,6; 1John 2,8; 1John 2,8; 1John 2,9; 1John 2,9; 1John 2,10; 1John 2,10; 1John 2,11; 1John 2,11; 1John 2,14; 1John 2,15; 1John 2,15; 1John 2,16; 1John 2,24; 1John 2,24; 1John 2,24; 1John 2,24; 1John 2,27; 1John 2,27; 1John 2,28; 1John 2,28; 1John 3,5; 1John 3,6; 1John 3,9; 1John 3,10; 1John 3,14; 1John 3,15; 1John 3,16; 1John 3,17; 1John 3,18; 1John 3,19; 1John 3,24; 1John 3,24; 1John 3,24; 1John 3,24; 1John 4,2; 1John 4,2; 1John 4,3; 1John 4,4; 1John 4,4; 1John 4,9; 1John 4,9; 1John 4,10; 1John 4,12; 1John 4,12; 1John 4,13; 1John 4,13; 1John 4,15; 1John 4,15; 1John 4,16; 1John 4,16; 1John 4,16; 1John 4,16; 1John 4,17; 1John 4,17; 1John 4,17; 1John 4,18; 1John 4,18; 1John 5,2; 1John 5,6; 1John 5,6; 1John 5,6; 1John 5,10; 1John 5,11; 1John 5,19; 1John 5,20; 1John 5,20; 2John 1; 2John 2; 2John 3; 2John 4; 2John 6; 2John 7; 2John 9; 2John 9; 3John 1; 3John 3; 3John 4; Jude 1; Jude 10; Jude 12; Jude 14; Jude 20; Jude 21; Jude 23; Jude 24; Rev. 1,1; Rev. 1,3; Rev. 1,4; Rev. 1,5; Rev. 1,9; Rev. 1,9; Rev. 1,9; Rev. 1,10; Rev. 1,10; Rev. 1,13; Rev. 1,15; Rev. 1,16; Rev. 1,16; Rev. 2,1; Rev. 2,1; Rev. 2,1; Rev. 2,7; Rev. 2,8; Rev. 2,12; Rev. 2,13; Rev. 2,16; Rev. 2,18; Rev. 2,23; Rev. 2,24; Rev. 2,27; Rev. 3,1; Rev. 3,4; Rev. 3,4; Rev. 3,5; Rev. 3,7; Rev. 3,12; Rev. 3,14; Rev. 3,21; Rev. 3,21; Rev. 4,1; Rev. 4,2; Rev. 4,2; Rev. 4,4; Rev. 4,6; Rev. 5,2; Rev. 5,3; Rev. 5,6; Rev. 5,6; Rev. 5,9; Rev. 5,13; Rev. 5,13; Rev. 6,5; Rev. 6,6; Rev. 6,8; Rev. 6,8; Rev. 6,8; Rev. 7,9; Rev. 7,14; Rev. 7,15; Rev. 8,1; Rev. 8,7; Rev. 8,9; Rev. 8,13; Rev. 9,6; Rev. 9,10; Rev. 9,11; Rev. 9,17; Rev. 9,19; Rev. 9,19; Rev. 9,19; Rev. 9,20; Rev. 10,2; Rev. 10,6; Rev. 10,6; Rev. 10,6; Rev. 10,6; Rev. 10,7; Rev. 10,8; Rev. 10,9; Rev. 10,10; Rev. 11,1; Rev. 11,6; Rev. 11,11; Rev. 11,12; Rev. 11,13; Rev. 11,13; Rev. 11,15; Rev. 11,19; Rev. 11,19; Rev. 12,1; Rev. 12,2; Rev. 12,3; Rev. 12,5; Rev. 12,7; Rev. 12,8; Rev. 12,10; Rev. 12,12; Rev. 13,6; Rev. 13,8; Rev. 13,10; Rev. 13,10; Rev. 13,12; Rev. 14,2; Rev. 14,5; Rev. 14,6; Rev. 14,7; Rev. 14,9; Rev. 14,10; Rev. 14,10; Rev. 14,13; Rev. 14,14; Rev. 14,15; Rev. 14,17; Rev. 15,1; Rev. 15,1; Rev. 15,5; Rev. 16,3; Rev. 16,8; Rev. 17,3; Rev. 17,4; Rev. 17,16; Rev. 18,2; Rev. 18,6; Rev. 18,7; Rev. 18,8; Rev. 18,8; Rev. 18,16; Rev. 18,19; Rev. 18,19; Rev. 18,22; Rev. 18,22; Rev. 18,22; Rev. 18,23; Rev. 18,23; Rev. 18,23; Rev. 18,24; Rev. 19,1; Rev. 19,2; Rev. 19,11; Rev. 19,14; Rev. 19,15; Rev. 19,15; Rev. 19,17; Rev. 19,17; Rev. 19,17; Rev. 19,20; Rev. 19,20; Rev. 19,21; Rev. 20,6; Rev. 20,8; Rev. 20,12; Rev. 20,13; Rev. 20,13; Rev. 20,15; Rev. 21,8; Rev. 21,10; Rev. 21,22; Rev. 21,27; Rev. 22,2; Rev. 22,3; Rev. 22,6; Rev. 22,18; Rev. 22,19)

Ἐν ▸ 164 + 18 + 42 = 224

Preposition ▪ (+dative) ▸ 164 + 18 + 42 = **224** (Gen. 1,1; Gen. 22,14; Gen. 29,34; Gen. 30,11; Gen. 40,9; Gen. 41,17; Gen. 42,33; Gen. 48,20; Gen. 50,5; Gen. 50,25; Ex. 7,17; Ex. 9,5; Ex. 13,14; Ex. 16,8; Ex. 40,2; Lev. 10,3; Lev. 21,1; Lev. 25,13; Num. 15,18; Num. 16,28; Num. 18,20; Num. 18,24; Deut. 10,1; Deut. 26,16; Josh. 3,7; Josh. 5,9; Josh. 15,33; Judg. 5,2; Judg. 6,13; Judg. 6,15; Judg. 7,7; Judg. 8,9; Judg. 13,8; Judg. 15,16; Judg. 18,1; Ruth 4,5; 1Sam. 1,26; 1Sam. 11,2; 1Sam. 14,41; 1Sam. 25,24; 2Sam. 3,18; 2Sam. 11,19; 2Sam. 12,22; 2Sam. 15,10; 2Sam. 23,3; 1Kings 2,42; 1Kings 3,17; 1Kings 3,26; 1Kings 15,9; 1Kings 16,29; 1Kings 20,19; 1Kings 21,14; 1Kings 21,14; 1Kings 22,11; 1Kings 22,21;

2Kings 4,13; 2Kings 8,16; 2Kings 8,25; 2Kings 9,36; 2Kings 13,1; 2Kings 13,10; 2Kings 14,1; 2Kings 14,23; 2Kings 15,1; 2Kings 15,8; 2Kings 15,17; 2Kings 15,23; 2Kings 15,27; 2Kings 15,32; 2Kings 16,1; 2Kings 17,1; 2Kings 19,23; 2Kings 20,1; 2Kings 20,12; 2Kings 21,4; 2Kings 21,7; 1Chr. 7,23; 1Chr. 12,20; 1Chr. 16,7; 2Chr. 2,10; 2Chr. 13,1; 2Chr. 13,23; 2Chr. 16,7; 2Chr. 18,10; 2Chr. 18,20; 2Chr. 28,16; 2Chr. 32,24; 2Chr. 33,4; 2Chr. 33,7; 1Esdr. 2,12; 1Esdr. 6,1; Neh. 13,1; Neh. 13,15; Esth. 9,1; Tob. 3,7; Tob. 4,1; 1Mac. 1,11; 1Mac. 2,1; 1Mac. 11,20; 1Mac. 13,43; Psa. 4,2; Psa. 80,8; Psa. 113,1; Psa. 118,9; Psa. 125,1; Ode. 11,10; Eccl. 8,16; Job 1,22; Sir. 1,27 Prol.; Sir. 1,25; Sir. 7,27; Sir. 16,26; Sir. 24,8; Sir. 25,1; Sir. 25,3; Sir. 27,4; Sir. 31,25; Sir. 48,15; Sir. 50,25; Sol. 2,1; Sol. 5,5; Sol. 6,0; Sol. 7,6; Sol. 9,1; Sol. 10,0; Sol. 15,1; Sol. 16,1; Amos 5,16; Amos 7,11; Obad. 17; Hag. 1,1; Zech. 1,1; Zech. 8,23; Zech. 13,1; Mal. 1,2; Mal. 1,6; Mal. 1,7; Mal. 2,17; Mal. 3,7; Mal. 3,8; Mal. 3,13; Is. 16,14; Is. 30,6; Is. 38,10; Is. 39,1; Jer. 14,15; Jer. 16,4; Jer. 23,9; Jer. 25,3; Jer. 33,1; Jer. 38,1; Jer. 41,5; Lam. 4,20; Ezek. 13,5; Ezek. 20,13; Ezek. 20,18; Ezek. 29,1; Ezek. 29,21; Ezek. 31,15; Ezek. 32,21; Ezek. 35,14; Ezek. 36,33; Ezek. 45,18; Dan. 10,1; Josh. 15,33; Judg. 6,13; Judg. 6,15; Judg. 7,7; Judg. 8,9; Judg. 13,8; Judg. 15,16; Judg. 18,1; Tob. 3,7; Tob. 3,16; Tob. 4,1; Tob. 6,11; Dan. 1,1; Dan. 2,1; Dan. 7,1; Dan. 8,1; Dan. 9,1; Dan. 10,1; Matt. 3,1; Matt. 11,25; Matt. 12,1; Matt. 13,1; Matt. 14,1; Matt. 18,1; Matt. 22,23; Matt. 26,55; Mark 8,1; Luke 1,26; Luke 3,1; Luke 8,40; Luke 8,42; Luke 10,21; Luke 10,38; Luke 11,37; Luke 12,1; Luke 13,31; John 1,1; John 4,31; John 7,37; Acts 6,1; Acts 7,20; Acts 8,33; Acts 9,3; Acts 9,36; Acts 11,27; Acts 17,16; Acts 20,7; Acts 26,12; Acts 28,7; 1Cor. 11,13; 2Cor. 10,3; 2Cor. 11,21; Eph. 1,7; Eph. 1,11; Eph. 1,13; Col. 2,11; Col. 4,5; 2Tim. 2,20; 2Tim. 4,16; 1John 4,13)

Εναala Nahalol ▸ 1
  Εναala ▸ 1
    Noun · singular · accusative · (proper) ▸ 1 (Judg. 1,30)
ἐναγκαλίζομαι (ἐν; ἀγκάλη) to take in one's arms ▸ 2 + 2 = 4
  ἐναγκαλίζῃ ▸ 1
    Verb · second · singular · present · middle · indicative ▸ 1 (Prov. 6,10)
  ἐναγκαλίζομαι ▸ 1
    Verb · first · singular · present · middle · indicative ▸ 1 (Prov. 24,33)
  ἐναγκαλισάμενος ▸ 2
    Verb · aorist · middle · participle · masculine · singular · nominative ▸ 2 (Mark 9,36; Mark 10,16)
ἐναγκάλισμα (ἐν; ἀγκάλη) embrace, that which embraces ▸ 1
  ἐναγκαλισμάτων ▸ 1
    Noun · neuter · plural · genitive · (common) ▸ 1 (4Mac. 13,21)
ἐναγωνίζομαι (ἐν; ἀγών) to struggle, fight ▸ 1
  ἐναγωνίσασθε ▸ 1
    Verb · second · plural · aorist · middle · imperative ▸ 1 (4Mac. 16,16)
Εναθ Aznoth ▸ 1
  Εναθ ▸ 1
    Noun · singular · accusative · (proper) ▸ 1 (Josh. 19,34)
ἐναθλέω (ἐν; ἆθλον) to bravely struggle ▸ 1
  ἐνήθλει ▸ 1
    Verb · third · singular · imperfect · active · indicative ▸ 1 (4Mac. 17,13)
Εναk Anak ▸ 7 + 2 = 9
  Εναk ▸ 7 + 2 = 9
    Noun · masculine · singular · genitive · (proper) ▸ 7 + 2 = 9

(Deut. 9,2; Deut. 9,2; Josh. 15,13; Josh. 15,14; Josh. 21,11; Judg. 1,10; Judg. 1,20; Judg. 1,10; Judg. 1,20)
Εναkιμ Anakim ▸ 9
  Εναkιμ ▸ 9
    Noun · plural · nominative · (proper) ▸ 1 (Jer. 29,5)
    Noun · masculine · plural · accusative · (proper) ▸ 1 (Josh. 11,21)
    Noun · masculine · plural · genitive · (proper) ▸ 2 (Josh. 11,22; Josh. 14,15)
    Noun · masculine · plural · nominative · (proper) ▸ 4 (Deut. 2,10; Deut. 2,11; Deut. 2,21; Josh. 14,12)
    Noun · masculine · singular · genitive · (proper) ▸ 1 (Jer. 30,20)
ἐνακισχίλιοι (ἐν; ἐννέα; χίλιοι) nine thousand ▸ 2
  ἐνακισχιλίους ▸ 1
    Adjective · masculine · plural · accusative · (cardinal · numeral) ▸ 1 (2Mac. 8,24)
  ἐνακισχιλίων ▸ 1
    Adjective · masculine · plural · genitive · (cardinal · numeral) ▸ 1 (2Mac. 10,18)
ἐνακούω (ἐν; ἀκούω) to obey ▸ 3
  ἐνακούουσιν ▸ 2
    Verb · third · plural · present · active · indicative ▸ 2 (1Esdr. 4,3; 1Esdr. 4,10)
  ἐνακουσθήσεται ▸ 1
    Verb · third · singular · future · passive · indicative ▸ 1 (Nah. 1,12)
ἐνάλιος (ἐν; ἅλας) of the sea; sea creature ▸ 1
  ἐναλίων ▸ 1
    Noun · neuter · plural · genitive ▸ 1 (James 3,7)
ἐναλλαγή (ἐν; ἄλλος) disorder ▸ 1
  ἐναλλαγή ▸ 1
    Noun · feminine · singular · nominative · (common) ▸ 1 (Wis. 14,26)
ἐναλλάξ (ἐν; ἄλλος) crossways ▸ 1
  ἐναλλάξ ▸ 1
    Adverb ▸ 1 (Gen. 48,14)
ἐνάλλομαι (ἐν; ἅλλομαι) to leap on, attack ▸ 6
  ἐνάλλεσθε ▸ 2
    Verb · second · plural · present · middle · indicative ▸ 2 (Job 6,27; Job 19,5)
  ἐναλλόμενος ▸ 1
    Verb · present · middle · participle · masculine · singular · nominative ▸ 1 (4Mac. 6,8)
  ἐναλοῦμαι ▸ 1
    Verb · first · singular · future · middle · indicative ▸ 1 (Job 16,4)
  ἐνήλατο ▸ 2
    Verb · third · singular · aorist · middle · indicative ▸ 2 (1Mac. 3,23; Job 16,10)
ἔναντι (ἐν; ἀντί) before ▸ 262 + 1 + 2 = 265
  ἔναντι ▸ 262 + 1 + 2 = 265
    Adverb ▸ 1 (Judg. 3,12)
    Preposition · (+genitive) ▸ 261 + 1 + 2 = 264 (Ex. 6,12; Ex. 28,12; Ex. 28,29; Ex. 28,38; Ex. 29,10; Ex. 29,11; Ex. 29,23; Ex. 29,24; Ex. 29,25; Ex. 29,26; Ex. 29,42; Ex. 30,8; Ex. 30,16; Ex. 32,11; Ex. 34,34; Ex. 39,11; Ex. 40,23; Ex. 40,25; Lev. 1,5; Lev. 1,11; Lev. 3,7; Lev. 3,12; Lev. 3,13; Lev. 4,2; Lev. 4,4; Lev. 4,4; Lev. 4,6; Lev. 4,15; Lev. 4,15; Lev. 4,17; Lev. 5,19; Lev. 5,26; Lev. 6,7; Lev. 6,18; Lev. 7,2; Lev. 7,30; Lev. 7,38; Lev. 8,26; Lev. 8,27; Lev. 8,29; Lev. 9,2; Lev. 9,4; Lev. 9,5; Lev. 9,21; Lev. 10,1; Lev. 10,2; Lev. 10,15; Lev. 10,17; Lev. 10,19; Lev. 12,7; Lev. 14,11; Lev. 14,12; Lev. 14,16; Lev. 14,18; Lev. 14,20; Lev. 14,23; Lev. 14,24; Lev. 14,27; Lev. 14,29; Lev. 14,31; Lev. 15,14; Lev. 15,15; Lev. 15,30; Lev. 16,1; Lev. 16,7; Lev. 16,10; Lev. 16,13; Lev. 16,15;

ἔναντι–ἐναντιόομαι

Lev. 16,30; Lev. 19,22; Lev. 23,11; Lev. 23,20; Lev. 23,28; Lev. 23,40; Lev. 24,4; Lev. 24,6; Lev. 24,8; Lev. 26,45; Lev. 27,11; Num. 3,4; Num. 3,4; Num. 3,7; Num. 5,16; Num. 5,18; Num. 5,25; Num. 5,30; Num. 6,16; Num. 6,20; Num. 7,3; Num. 8,9; Num. 8,10; Num. 8,11; Num. 8,13; Num. 8,13; Num. 8,13; Num. 8,13; Num. 8,15; Num. 8,21; Num. 8,22; Num. 8,22; Num. 10,9; Num. 10,10; Num. 11,1; Num. 11,10; Num. 11,18; Num. 14,37; Num. 15,15; Num. 15,25; Num. 15,28; Num. 16,2; Num. 16,7; Num. 16,9; Num. 16,16; Num. 16,17; Num. 17,3; Num. 17,5; Num. 17,22; Num. 18,19; Num. 20,3; Num. 20,8; Num. 20,13; Num. 20,25; Num. 24,1; Num. 25,6; Num. 26,61; Num. 27,2; Num. 27,2; Num. 27,2; Num. 27,2; Num. 27,3; Num. 27,5; Num. 27,14; Num. 27,19; Num. 27,19; Num. 27,21; Num. 27,21; Num. 27,22; Num. 31,3; Num. 31,50; Num. 31,54; Num. 32,13; Num. 32,20; Num. 32,21; Num. 32,22; Num. 32,22; Num. 32,22; Num. 32,23; Num. 32,27; Num. 32,29; Num. 32,30; Num. 32,32; Num. 35,12; Num. 36,1; Num. 36,1; Num. 36,1; Deut. 1,41; Deut. 1,45; Deut. 10,8; Deut. 14,23; Deut. 15,20; Deut. 18,5; Deut. 18,7; Deut. 19,17; Deut. 19,17; Deut. 19,17; Deut. 21,9; Deut. 25,2; Deut. 25,9; Deut. 26,5; Deut. 26,10; Deut. 31,7; Deut. 34,12; Josh. 7,12; Josh. 7,23; Josh. 18,6; Josh. 18,8; Josh. 18,10; Josh. 20,9; Josh. 22,22; Judg. 3,7; Judg. 3,12; Judg. 4,1; Judg. 6,1; Judg. 10,6; Judg. 20,26; Judg. 20,26; 2Sam. 21,9; 1Chr. 16,37; 2Chr. 1,5; 2Chr. 6,12; 2Chr. 6,13; 2Chr. 7,4; 2Chr. 7,6; 2Chr. 20,13; 2Chr. 20,18; 2Chr. 27,6; 2Chr. 30,9; 1Esdr. 1,42; 1Esdr. 7,14; 1Esdr. 8,26; 1Esdr. 8,49; 1Mac. 5,63; Psa. 108,14; Psa. 108,15; Prov. 3,32; Prov. 14,19; Job 2,1; Job 13,7; Job 13,7; Job 15,4; Job 15,13; Job 15,25; Job 16,20; Job 16,21; Job 19,28; Job 22,23; Job 22,26; Job 25,4; Job 27,10; Job 34,10; Job 34,10; Job 35,2; Sir. 3,18; Sir. 7,5; Sir. 7,33; Sir. 10,7; Sir. 11,26; Sir. 15,17; Sir. 17,20; Sir. 18,26; Sir. 23,3; Sir. 24,2; Sir. 25,1; Sir. 26,12; Sir. 30,3; Sir. 34,20; Sir. 35,5; Sir. 37,5; Sir. 38,3; Sir. 38,15; Sir. 39,4; Sir. 39,5; Sir. 41,27; Sir. 42,8; Sir. 46,7; Sir. 46,19; Sir. 50,13; Sir. 50,16; Sir. 51,2; Sir. 51,14; Sol. 3,4; Is. 8,4; Is. 23,18; Is. 23,18; Jer. 3,25; Jer. 12,13; Jer. 16,10; Bar. 1,17; Bar. 2,33; Dan. 5,5; Dan. 6,4; Judg. 3,12; Luke 1,8; Acts 8,21)

ἐναντίον (ἐν; ἀντί) before ▸ 429 + 10 + 8 = 447

ἐναντίον ▸ 428 + 10 + 5 = 443

ImproperPreposition ▪ (+genitive) ▸ 428 + 10 + 5 = **443** (Gen. 6,8; Gen. 6,11; Gen. 6,13; Gen. 7,1; Gen. 10,9; Gen. 10,9; Gen. 12,19; Gen. 13,9; Gen. 13,13; Gen. 16,4; Gen. 16,5; Gen. 17,1; Gen. 17,18; Gen. 18,3; Gen. 18,22; Gen. 19,13; Gen. 19,14; Gen. 19,19; Gen. 19,27; Gen. 20,15; Gen. 21,11; Gen. 21,12; Gen. 23,11; Gen. 23,12; Gen. 23,18; Gen. 24,12; Gen. 24,40; Gen. 27,7; Gen. 27,12; Gen. 27,20; Gen. 28,8; Gen. 29,20; Gen. 30,27; Gen. 30,30; Gen. 30,40; Gen. 30,41; Gen. 31,32; Gen. 31,37; Gen. 32,6; Gen. 33,8; Gen. 33,10; Gen. 33,14; Gen. 33,15; Gen. 34,10; Gen. 34,11; Gen. 34,18; Gen. 34,18; Gen. 34,21; Gen. 35,22; Gen. 38,7; Gen. 38,10; Gen. 39,4; Gen. 39,9; Gen. 39,21; Gen. 40,9; Gen. 41,37; Gen. 41,37; Gen. 41,46; Gen. 42,24; Gen. 43,9; Gen. 43,14; Gen. 43,15; Gen. 43,33; Gen. 44,14; Gen. 44,18; Gen. 44,32; Gen. 47,2; Gen. 47,6; Gen. 47,7; Gen. 47,15; Gen. 47,18; Gen. 47,19; Gen. 47,25; Gen. 47,29; Gen. 48,15; Gen. 50,4; Ex. 3,21; Ex. 4,21; Ex. 4,30; Ex. 5,21; Ex. 5,21; Ex. 6,30; Ex. 7,9; Ex. 7,9; Ex. 7,10; Ex. 7,10; Ex. 7,10; Ex. 7,20; Ex. 7,20; Ex. 8,16; Ex. 8,22; Ex. 9,8; Ex. 9,8; Ex. 9,10; Ex. 9,11; Ex. 9,13; Ex. 10,3; Ex. 10,16; Ex. 11,3; Ex. 11,3; Ex. 11,3; Ex. 11,3; Ex. 11,10; Ex. 12,36; Ex. 13,22; Ex. 15,26; Ex. 16,9; Ex. 16,33; Ex. 16,34; Ex. 17,6; Ex. 18,12; Ex. 19,11; Ex. 24,17; Ex. 25,30; Ex. 27,21; Ex. 28,30; Ex. 28,30; Ex. 28,35; Ex. 33,13; Ex. 33,13; Ex. 33,19; Ex. 34,24; Ex. 34,28; Ex. 40,5; Ex. 40,38; Lev. 1,3; Lev. 3,1; Lev. 4,7; Lev. 13,5; Lev. 25,23; Lev. 26,7; Lev. 26,8; Lev. 26,17; Lev. 26,40; Lev. 27,8; Num. 1,53; Num. 3,6; Num. 7,3; Num. 9,6; Num. 11,11; Num. 11,20; Num. 14,5; Num. 14,27; Num. 19,5; Num. 20,12; Num. 20,27; Num. 22,32; Num. 25,6; Num. 27,19; Num. 27,22; Num. 33,3; Num. 36,6; Deut. 1,23; Deut. 4,6; Deut. 4,10; Deut. 4,25; Deut. 6,18; Deut. 6,25; Deut. 9,16; Deut. 9,17; Deut. 9,18; Deut. 9,18; Deut. 9,25; Deut. 10,11; Deut. 12,7; Deut. 12,12; Deut. 12,18; Deut. 12,18; Deut. 12,25; Deut. 12,28; Deut. 13,17; Deut. 13,19; Deut. 14,26; Deut. 15,18; Deut. 16,11; Deut. 16,16; Deut. 17,2; Deut. 18,13; Deut. 20,18; Deut. 22,17; Deut. 24,1; Deut. 24,4; Deut. 24,13; Deut. 25,2; Deut. 25,3; Deut. 26,13; Deut. 27,7; Deut. 28,25; Deut. 28,31; Deut. 29,9; Deut. 29,14; Deut. 31,11; Deut. 31,29; Josh. 4,13; Josh. 4,14; Josh. 5,13; Josh. 6,7; Josh. 6,8; Josh. 6,13; Josh. 6,26; Josh. 7,6; Josh. 7,20; Josh. 11,6; Josh. 13,4; Josh. 17,4; Josh. 17,4; Josh. 17,4; Josh. 18,4; Josh. 19,51; Josh. 20,3; Josh. 22,16; Josh. 22,27; Josh. 22,29; Josh. 22,31; Judg. 2,11; Judg. 13,1; Judg. 20,39; Ruth 4,4; Ruth 4,4; 2Sam. 12,11; 2Sam. 12,12; 2Sam. 22,13; 1Kings 11,19; 1Kings 22,53; 2Kings 15,25; 2Kings 19,14; 1Chr. 2,3; 1Chr. 4,40; 1Chr. 6,17; 1Chr. 11,3; 1Chr. 13,8; 1Chr. 16,1; 1Chr. 16,6; 1Chr. 16,37; 1Chr. 16,39; 1Chr. 17,24; 1Chr. 17,27; 1Chr. 19,3; 1Chr. 19,10; 1Chr. 21,7; 1Chr. 21,23; 1Chr. 22,8; 1Chr. 22,18; 1Chr. 22,18; 1Chr. 23,13; 1Chr. 24,2; 1Chr. 24,31; 1Chr. 29,15; 1Chr. 29,22; 1Chr. 29,25; 2Chr. 1,2; 2Chr. 6,14; 2Chr. 6,16; 2Chr. 6,19; 2Chr. 6,24; 2Chr. 7,6; 2Chr. 7,17; 2Chr. 7,19; 2Chr. 10,6; 2Chr. 10,8; 2Chr. 12,2; 2Chr. 13,15; 2Chr. 14,11; 2Chr. 14,12; 2Chr. 18,9; 2Chr. 20,9; 2Chr. 20,9; 2Chr. 21,6; 2Chr. 22,4; 2Chr. 23,17; 2Chr. 25,8; 2Chr. 25,14; 2Chr. 26,19; 2Chr. 28,14; 2Chr. 29,6; 2Chr. 29,11; 2Chr. 29,19; 2Chr. 29,23; 2Chr. 30,4; 2Chr. 30,4; 2Chr. 31,20; 2Chr. 33,2; 2Chr. 33,6; 2Chr. 33,23; 2Chr. 34,2; 2Chr. 34,18; 2Chr. 34,24; 2Chr. 34,27; 2Chr. 34,31; 2Chr. 36,5; 1Esdr. 4,58; 1Esdr. 8,4; Ezra 9,15; Judith 1,11; Judith 5,21; Judith 6,1; Judith 7,23; Judith 7,25; Judith 8,11; Judith 8,22; Judith 10,14; Judith 10,16; Judith 11,20; Judith 11,20; 1Mac. 3,18; 1Mac. 4,18; 1Mac. 6,60; 1Mac. 11,24; 1Mac. 11,26; 1Mac. 11,51; Psa. 30,20; Psa. 33,1; Psa. 37,10; Psa. 38,2; Psa. 49,3; Psa. 51,11; Psa. 68,20; Psa. 72,16; Psa. 76,3; Psa. 77,12; Psa. 79,3; Psa. 84,14; Psa. 87,2; Psa. 88,37; Psa. 94,6; Psa. 96,3; Psa. 97,2; Psa. 100,7; Psa. 101,1; Psa. 105,46; Psa. 114,9; Psa. 115,6; Psa. 115,9; Psa. 118,46; Psa. 118,168; Psa. 137,1; Psa. 141,3; Prov. 8,7; Job 1,9; Job 1,22; Job 2,1; Job 2,10; Job 4,17; Job 8,4; Job 9,4; Job 11,4; Job 13,3; Job 13,15; Job 13,16; Job 15,15; Job 15,25; Job 15,26; Job 18,3; Job 19,15; Job 25,5; Job 31,28; Job 32,1; Job 32,2; Job 34,26; Job 34,37; Job 35,14; Wis. 7,9; Wis. 11,22; Sir. 17,15; Sir. 17,19; Sir. 30,6; Sir. 39,20; Sir. 43,3; Sir. 46,6; Sol. 8,8; Amos 3,10; Is. 37,14; Is. 40,10; Is. 41,2; Is. 43,4; Is. 49,4; Is. 49,5; Is. 53,2; Is. 53,7; Is. 59,12; Is. 61,11; Is. 65,3; Is. 65,12; Is. 66,4; Jer. 1,17; Jer. 2,22; Jer. 7,30; Jer. 8,14; Jer. 12,3; Jer. 14,7; Jer. 14,20; Jer. 15,9; Jer. 18,10; Jer. 18,23; Jer. 19,7; Jer. 25,17; Jer. 47,4; Jer. 47,10; Bar. 1,5; Bar. 1,12; Bar. 2,28; Bar. 3,2; Bar. 3,4; Bar. 3,7; LetterJ 1; LetterJ 31; Ezek. 28,17; Ezek. 28,18; Ezek. 33,31; Ezek. 38,23; Ezek. 43,11; Ezek. 43,24; Ezek. 44,3; Ezek. 44,11; Ezek. 46,3; Ezek. 46,9; Dan. 1,9; Dan. 2,31; Dan. 4,34; Dan. 6,6; Dan. 6,7; Dan. 6,23; Dan. 6,23; Dan. 9,7; Dan. 9,20; Dan. 10,12; Dan. 10,13; Dan. 11,16; Judg. 3,7; Tob. 3,3; Tob. 11,16; Dan. 1,18; Dan. 3,38; Dan. 4,2; Dan. 6,11; Dan. 9,20; Dan. 10,12; Dan. 10,16; Luke 1,6; Luke 20,26; Luke 24,19; Acts 7,10; Acts 8,32)

crasis-ἐναντίον ▸ 1 + 3 = 4

τοὐναντίον (τοῦ + ἐναντίον) ▸ 1 + 3 = 4

Adverb ▪ 1 + 3 = 4 (3Mac. 3,22; 2Cor. 2,7; Gal. 2,7; 1Pet. 3,9)

ἐναντιόομαι (ἐν; ἀντί) to oppose, withstand ▸ 8

ἐναντιοῦ ▸ 1

Verb ▪ second ▪ singular ▪ present ▪ middle ▪ imperative ▸ 1

(1Esdr. 1,25)
- **ἐναντιουμένους** ▸ 2
    - **Verb** · present · middle · participle · masculine · plural · accusative ▸ **2** (1Esdr. 8,51; 3Mac. 3,7)
- **ἐναντιοῦται** ▸ 3
    - **Verb** · third · singular · present · middle · indicative ▸ **3** (4Mac. 7,20; Prov. 20,8; Wis. 2,12)
- **ἐναντιωθῆναι** ▸ 1
    - **Verb** · aorist · passive · infinitive ▸ **1** (3Mac. 3,1)
- **ἐναντιωθησόμενα** ▸ 1
    - **Verb** · future · passive · participle · neuter · plural · accusative ▸ **1** (4Mac. 5,26)

ἐναντίος (ἐν; ἀντί)   against, opposed, opposite ▸ 60 + 6 + 8 = 74
- **ἐναντία** ▸ 5 + 1 = 6
    - **Adjective** · neuter · plural · accusative · noDegree ▸ **4 + 1 = 5** (Wis. 15,7; Nah. 1,11; Ezek. 17,15; Ezek. 18,18; Acts 26,9)
    - **Adjective** · neuter · plural · nominative · noDegree ▸ **1** (Prov. 14,7)
- **ἐναντίας** ▸ 53 + 6 + 2 = 61
    - **Adjective** · feminine · singular · genitive · noDegree ▸ **53 + 6 + 2 = 61** (Ex. 14,2; Ex. 14,9; Ex. 36,25; Josh. 8,11; Josh. 19,12; Josh. 19,13; Judg. 1,10; Judg. 8,11; Judg. 9,17; Judg. 20,34; Judg. 20,43; 1Sam. 10,10; 1Sam. 13,5; 1Sam. 17,2; 1Sam. 17,8; 1Sam. 26,20; 2Sam. 10,9; 2Sam. 10,9; 2Sam. 10,10; 2Sam. 11,15; 2Sam. 18,6; 2Sam. 18,13; 1Kings 20,10; 1Kings 20,13; 1Kings 21,27; 1Kings 22,35; 2Kings 2,7; 2Kings 2,15; 2Kings 3,22; 1Chr. 19,11; 1Chr. 19,17; 2Chr. 18,34; Neh. 3,25; Neh. 3,27; Neh. 3,28; Neh. 3,29; Neh. 3,30; 1Mac. 4,12; 1Mac. 4,17; 1Mac. 4,34; 1Mac. 9,45; 1Mac. 10,48; 1Mac. 11,68; 3Mac. 2,1; Psa. 22,5; Psa. 34,3; Psa. 37,12; Wis. 4,20; Sir. 37,9; Obad. 11; Hab. 1,3; Hab. 1,9; Ezek. 47,3; Josh. 19,12; Josh. 19,13; Judg. 1,10; Judg. 9,17; Judg. 20,34; Dan. 10,13; Mark 15,39; Titus 2,8)
- **ἐναντίοι** ▸ 1
    - **Adjective** · masculine · plural · nominative · noDegree ▸ **1** (Num. 2,2)
- **ἐναντίον** ▸ 1
    - **Adjective** · neuter · singular · accusative ▸ **1** (Acts 28,17)
- **ἐναντίος** ▸ 2
    - **Adjective** · masculine · singular · nominative ▸ **2** (Matt. 14,24; Mark 6,48)
- **ἐναντίους** ▸ 1
    - **Adjective** · masculine · plural · accusative ▸ **1** (Acts 27,4)
- **ἐναντίων** ▸ 1 + 1 = 2
    - **Adjective** · masculine · plural · genitive · noDegree ▸ **1** (1Th. 2,15)
    - **Adjective** · neuter · plural · genitive · noDegree ▸ **1** (4Mac. 1,6)

ἐναπερείδομαι (ἐν; ἀπό; ἐρείδω)   to turn upon, vent upon ▸ 1
- **ἐναπερείσασθαι** ▸ 1
    - **Verb** · aorist · middle · infinitive ▸ **1** (2Mac. 9,4)

ἐναποθνῄσκω (ἐν; ἀπό; θνῄσκω)   to die in ▸ 3
- **ἐναπέθανεν** ▸ 3
    - **Verb** · third · singular · aorist · active · indicative ▸ **3** (1Sam. 25,37; 4Mac. 6,30; 4Mac. 11,1)

ἐναποσφραγίζω (ἐν; ἀπό; σφραγίς)   to impress on ▸ 1
- **ἐναποσφραγίζομεν** ▸ 1
    - **Verb** · first · plural · present · active · indicative ▸ **1** (4Mac. 15,4)

ἐνάρετος (ἐν; ἀρέσκω)   virtuous, exceptional ▸ 1
- **ἐνάρετον** ▸ 1
    - **Adjective** · masculine · singular · accusative · noDegree ▸ **1** (4Mac. 11,5)

ἐνάριθμιος (ἐν; ἀριθμός)   totalling, comprising the number ▸ 1
- **ἐνάριθμιος** ▸ 1
    - **Adjective** · feminine · singular · nominative · noDegree ▸ **1** (Sir. 38,29)

ἐναρμόζω (ἐν; ἁρμόζω)   to fit, adapt ▸ 2
- **ἐναρμοσάμενοι** ▸ 1
    - **Verb** · aorist · middle · participle · masculine · plural · nominative ▸ **1** (4Mac. 9,26)
- **ἐναρμόσασθε** ▸ 1
    - **Verb** · second · plural · aorist · middle · imperative ▸ **1** (Judith 16,1)

ἐνάρχομαι (ἐν; ἄρχω)   to begin ▸ 11 + 2 = 13
- **ἔναρξαι** ▸ 2
    - **Verb** · second · singular · aorist · middle · imperative ▸ **2** (Deut. 2,31; Sir. 38,16)
- **ἐνάρχεται** ▸ 1
    - **Verb** · third · singular · present · middle · indicative ▸ **1** (Sir. 36,24)
- **ἐναρχόμενος** ▸ 1
    - **Verb** · present · middle · participle · masculine · singular · nominative ▸ **1** (Prov. 13,12)
- **ἐναρχομένου** ▸ 2
    - **Verb** · present · middle · participle · masculine · singular · genitive ▸ **1** (Ex. 12,18)
    - **Verb** · present · middle · participle · neuter · singular · genitive ▸ **1** (Num. 9,5)
- **ἐναρχομένους** ▸ 1
    - **Verb** · present · middle · participle · masculine · plural · accusative ▸ **1** (Josh. 10,24)
- **ἐνάρχου** ▸ 2
    - **Verb** · second · singular · present · middle · imperative ▸ **2** (Deut. 2,24; Deut. 2,25)
- **ἐνῆρκτο** ▸ 1
    - **Verb** · third · singular · pluperfect · middle · indicative ▸ **1** (Num. 17,12)
- **ἐναρξάμενοι** ▸ 1
    - **Verb** · aorist · middle · participle · masculine · plural · nominative ▸ **1** (Gal. 3,3)
- **ἐναρξάμενος** ▸ 1
    - **Verb** · aorist · middle · participle · masculine · singular · nominative ▸ **1** (Phil. 1,6)
- **ἐνήρξατο** ▸ 1
    - **Verb** · third · singular · aorist · middle · indicative ▸ **1** (1Mac. 9,54)

ἐνατενίζω (ἐν; τείνω)   to look intently on ▸ 1
- **ἐνατενίσας** ▸ 1
    - **Verb** · aorist · active · participle · masculine · singular · nominative ▸ **1** (3Mac. 5,30)

Ενατος (ἐννέα)   ninth ▸ 1
- **Ενατου** ▸ 1
    - **Noun** · masculine · singular · genitive · (proper) ▸ **1** (1Esdr. 5,18)

ἔνατος (ἐννέα)   ninth ▸ 31 + 10 = 41
- **ἐνάτῃ** ▸ 4 + 1 = 5
    - **Adjective** · feminine · singular · dative · (ordinal · numeral) ▸ **4 + 1 = 5** (Num. 7,60; 2Kings 25,3; Jer. 46,2; Jer. 52,6; Mark 15,34)
- **ἐνάτην** ▸ 5
    - **Adjective** · feminine · singular · accusative · (ordinal · numeral) ▸ **5** (Matt. 20,5; Matt. 27,46; Acts 3,1; Acts 10,3; Acts 10,30)
- **ἐνάτης** ▸ 1 + 3 = 4
    - **Adjective** · feminine · singular · genitive · (ordinal · numeral)

▸ 1 + 3 = **4** (Lev. 23,32; Matt. 27,45; Mark 15,33; Luke 23,44)

ἔνατος ▸ 7 + **1** = **8**
    Adjective · masculine · singular · nominative · (ordinal · numeral) ▸ 7 + **1** = **8** (2Kings 18,10; 1Chr. 12,13; 1Chr. 24,11; 1Chr. 25,16; 1Chr. 27,12; 1Esdr. 9,5; Ezra 10,9; Rev. 21,20)

ἐνάτου ▸ 7
    Adjective · masculine · singular · genitive · (ordinal · numeral) ▸ 4 (1Mac. 4,52; Hag. 2,10; Hag. 2,18; Zech. 7,1)
    Adjective · neuter · singular · genitive · (ordinal · numeral) ▸ 3 (Lev. 25,22; 1Mac. 6,16; 2Mac. 1,7)

ἐνάτῳ ▸ 12
    Adjective · masculine · singular · dative · (ordinal · numeral) ▸ 2 (1Chr. 27,12; Jer. 43,9)
    Adjective · neuter · singular · dative · (ordinal · numeral) ▸ 10 (2Kings 15,13; 2Kings 15,17; 2Kings 17,6; 2Kings 25,1; 2Chr. 16,12; 2Chr. 16,13; 2Mac. 13,1; Jer. 46,1; Jer. 52,4; Ezek. 24,1)

ἐναφίημι (ἐν; ἀπό; ἵημι) to discharge ▸ 1
    ἐναφήσω ▸ 1
        Verb · first · singular · future · active · indicative ▸ 1 (Ezek. 21,22)

Εναχ Anak ▸ 2
    Εναχ ▸ 2
        Noun · masculine · singular · genitive · (proper) ▸ 2 (Num. 13,22; Num. 13,28)

Ενγαδδι En Gedi ▸ 1
    Ενγαδδι ▸ 1
        Noun · feminine · singular · nominative · (proper) ▸ 1 (2Chr. 20,2)

ἐνδεής (ἐν; δέομαι) lack ▸ 24 + **1** = **25**
    ἐνδεεῖ ▸ 1
        Adjective · feminine · singular · dative · noDegree ▸ 1 (Prov. 27,7)
    ἐνδεεῖς ▸ 8
        Adjective · feminine · plural · nominative · noDegree ▸ 2 (Prov. 13,25; Prov. 15,21)
        Adjective · masculine · plural · nominative · noDegree ▸ 6 (Prov. 11,16; Prov. 12,11; Job 30,4; Wis. 16,3; Is. 41,17; Ezek. 4,17)
    ἐνδεέσι ▸ 2
        Adjective · masculine · plural · dative · noDegree ▸ 2 (Prov. 9,4; Prov. 9,16)
    ἐνδεῆ ▸ 3
        Adjective · masculine · singular · accusative · noDegree ▸ 2 (Prov. 3,27; Prov. 7,7)
        Adjective · neuter · plural · accusative · noDegree ▸ 1 (Tob. 2,2)
    ἐνδεής ▸ 1 + **1** = **2**
        Adjective · masculine · singular · nominative · noDegree ▸ 1 + **1** = **2** (Deut. 15,4; Acts 4,34)
    ἐνδεής ▸ 8
        Adjective · feminine · singular · nominative · noDegree ▸ 1 (Prov. 9,13)
        Adjective · masculine · singular · nominative · noDegree ▸ 7 (Deut. 15,7; Deut. 15,11; Prov. 11,12; Prov. 18,2; Prov. 21,17; Prov. 28,16; Prov. 24,30)
    ἐνδεοῦς ▸ 1
        Adjective · masculine · singular · genitive · noDegree ▸ 1 (Deut. 24,14)

ἔνδεια (ἐν; δέω) want, lack ▸ 20
    ἔνδεια ▸ 3
        Noun · feminine · singular · nominative · (common) ▸ 3 (Tob. 4,13; Prov. 6,11; Prov. 6,11a)
    ἔνδειά ▸ 1
        Noun · feminine · singular · nominative · (common) ▸ 1 (Prov. 24,34)
    ἐνδείᾳ ▸ 4
        Noun · feminine · singular · dative · (common) ▸ 4 (Prov. 10,21; Prov. 14,23; Job 30,3; Ezek. 4,16)
    ἔνδειαν ▸ 9
        Noun · feminine · singular · accusative · (common) ▸ 9 (Deut. 28,20; Deut. 28,57; Prov. 6,32; Wis. 16,4; Sir. 18,25; Sir. 26,28; Sir. 29,9; Amos 4,6; Is. 25,4)
    ἐνδείας ▸ 3
        Noun · feminine · singular · genitive · (common) ▸ 3 (Prov. 17,14; Sir. 20,21; Ezek. 12,19)

ἔνδειγμα (ἐν; δείκνυμι) evidence, proof ▸ 1
    ἔνδειγμα ▸ 1
        Noun · neuter · singular · nominative ▸ 1 (2Th. 1,5)

ἐνδείκνυμι (ἐν; δείκνυμι) to show forth, exhibit ▸ 13 + **1** + 11 = **25**
    ἐνδεικνύμενοι ▸ 3 + **1** + 1 = 5
        Verb · present · middle · participle · masculine · plural · nominative ▸ 3 + **1** + 1 = **5** (Ode. 7,44; LetterJ 25; Dan. 3,44; Dan. 3,44; 2Cor. 8,24)
    ἐνδεικνύμενος ▸ 1
        Verb · present · middle · participle · masculine · singular · nominative ▸ 1 (2Mac. 9,8)
    ἐνδεικνυμένους ▸ 2
        Verb · present · middle · participle · masculine · plural · accusative ▸ 2 (Titus 2,10; Titus 3,2)
    ἐνδείκνυνται ▸ 1
        Verb · third · plural · present · middle · indicative ▸ 1 (Rom. 2,15)
    ἐνδείκνυσαι ▸ 1
        Verb · second · singular · present · middle · indicative ▸ 1 (Wis. 12,17)
    ἐνδείκνυσθαι ▸ 1
        Verb · present · middle · infinitive ▸ 1 (Heb. 6,11)
    ἐνδείξασθαι ▸ 1
        Verb · aorist · middle · infinitive ▸ 1 (Rom. 9,22)
    ἐνδείξηται ▸ 2
        Verb · third · singular · aorist · middle · subjunctive ▸ 2 (Eph. 2,7; 1Tim. 1,16)
    ἐνδειξόμενος ▸ 1
        Verb · future · middle · participle · masculine · singular · nominative ▸ 1 (2Mac. 13,9)
    ἐνδείξωμαι ▸ 1 + **1** = **2**
        Verb · first · singular · aorist · middle · subjunctive ▸ 1 + **1** = **2** (Ex. 9,16; Rom. 9,17)
    ἐνδειχθῇ ▸ 1
        Verb · third · singular · aorist · passive · subjunctive ▸ 1 (Josh. 7,15)
    ἐνεδειξάμεθα ▸ 1
        Verb · first · plural · aorist · middle · indicative ▸ 1 (Gen. 50,15)
    ἐνεδείξαντο ▸ 1
        Verb · third · plural · aorist · middle · indicative ▸ 1 (Gen. 50,17)
    ἐνεδείξασθε ▸ 1
        Verb · second · plural · aorist · middle · indicative ▸ 1 (Heb. 6,10)
    ἐνεδείξατο ▸ 1
        Verb · third · singular · aorist · middle · indicative ▸ 1 (2Tim. 4,14)
    ἐνεδείχθη ▸ 3
        Verb · third · singular · aorist · passive · indicative ▸ 3 (Josh. 7,16; Josh. 7,17; Josh. 7,18)

ἐνδείκτης (ἐν; δείκνυμι) informer, complainer ▸ 1

ἐνδείκτης ▸ 1
    Noun · masculine · singular · nominative · (common) ▸ **1** (2Mac. 4,1)
ἔνδειξις (ἐν; δείκνυμι) indication, evidence ▸ 4
    ἔνδειξιν ▸ 3
        Noun · feminine · singular · accusative ▸ **3** (Rom. 3,25; Rom. 3,26; 2Cor. 8,24)
    ἔνδειξις ▸ 1
        Noun · feminine · singular · nominative ▸ **1** (Phil. 1,28)
ἕνδεκα (εἷς 1st homograph; δέκα) eleven ▸ 15 + 1 + 6 = 22
    ἕνδεκα ▸ 15 + 1 + 6 = 22
        Adjective · feminine · plural · accusative · (cardinal · numeral) ▸ **2** (Ex. 26,7; 2Mac. 13,2)
        Adjective · feminine · plural · dative · (cardinal · numeral) ▸ **1** (Ex. 26,8)
        Adjective · feminine · plural · genitive · (cardinal · numeral) ▸ **1** (Deut. 1,2)
        Adjective · feminine · plural · nominative · (cardinal · numeral) ▸ 2 + 1 = **3** (Josh. 15,51; Josh. 15,59a; Josh. 15,59a)
        Adjective · masculine · plural · accusative · (cardinal · numeral) ▸ 1 + 1 = **2** (Num. 29,20; Luke 24,33)
        Adjective · masculine · plural · dative · (cardinal · numeral) ▸ **3** (Mark 16,14; Luke 24,9; Acts 2,14)
        Adjective · masculine · plural · genitive · (cardinal · numeral) ▸ **1** (Acts 1,26)
        Adjective · masculine · plural · nominative · (cardinal · numeral) ▸ 1 + 1 = **2** (Gen. 37,9; Matt. 28,16)
        Adjective · neuter · plural · accusative · (cardinal · numeral) ▸ **7** (Gen. 32,23; 2Kings 23,36; 2Kings 24,18; 2Chr. 36,5; 2Chr. 36,11; 1Esdr. 1,44; Jer. 52,1)
ἑνδέκατος (εἷς 1st homograph; δέκα) eleventh ▸ 21 + 3 = 24
    ἑνδεκάτῃ ▸ 1
        Adjective · feminine · singular · dative · (ordinal · numeral) ▸ **1** (Num. 7,72)
    ἑνδεκάτην ▸ 2
        Adjective · feminine · singular · accusative · (ordinal · numeral) ▸ **2** (Matt. 20,6; Matt. 20,9)
    ἑνδέκατος ▸ 4 + 1 = 5
        Adjective · masculine · singular · nominative · (ordinal · numeral) ▸ 4 + 1 = **5** (1Chr. 12,14; 1Chr. 24,12; 1Chr. 25,18; 1Chr. 27,14; Rev. 21,20)
    ἑνδεκάτου ▸ 3
        Adjective · neuter · singular · genitive · (ordinal · numeral) ▸ **3** (2Kings 25,2; Jer. 1,3; Jer. 52,5)
    ἑνδεκάτῳ ▸ 13
        Adjective · masculine · singular · dative · (ordinal · numeral) ▸ **7** (Gen. 8,5; Deut. 1,3; 1Kings 6,1d; 1Kings 16,28a; 1Chr. 27,14; 1Mac. 16,14; Zech. 1,7)
        Adjective · neuter · singular · dative · (ordinal · numeral) ▸ **6** (2Kings 9,29; Jer. 46,2; Ezek. 26,1; Ezek. 30,20; Ezek. 31,1; Ezek. 32,1)
ἐνδελεχέω (ἐνδελεχής) to continue ▸ 1
    ἐνδελεχήσει ▸ 1
        Verb · third · singular · future · active · indicative ▸ **1** (Sir. 30,1)
ἐνδελεχής continual ▸ 2
    ἐνδελεχεῖς ▸ 1
        Adjective · masculine · plural · nominative · noDegree ▸ **1** (Sir. 17,19)
    ἐνδελεχοῦς ▸ 1
        Adjective · neuter · singular · genitive · noDegree ▸ **1** (1Esdr. 6,23)
ἐνδελεχίζω (ἐνδελεχής) to continue; persist ▸ 8
    ἐνδελεχιεῖ ▸ 1
        Verb · third · singular · future · active · indicative ▸ **1** (Sir. 41,6)
    ἐνδελέχιζε ▸ 3
        Verb · second · singular · present · active · imperative ▸ **3** (Sir. 9,4; Sir. 27,12; Sir. 37,12)
    ἐνδελεχίζοντι ▸ 1
        Verb · present · active · participle · masculine · singular · dative ▸ **1** (Sir. 12,3)
    ἐνδελεχίζων ▸ 1
        Verb · present · active · participle · masculine · singular · nominative ▸ **1** (Sir. 20,25)
    ἐνδελεχισθήσεται ▸ 2
        Verb · third · singular · future · passive · indicative ▸ **2** (Sir. 20,19; Sir. 20,24)
ἐνδελεχισμός (ἐνδελεχής) continuity ▸ 11 + 2 = 13
    ἐνδελεχισμὸν ▸ 1
        Noun · masculine · singular · accusative · (common) ▸ **1** (Dan. 11,31)
    ἐνδελεχισμός ▸ 1
        Noun · masculine · singular · nominative · (common) ▸ **1** (Sir. 7,13)
    ἐνδελεχισμοῦ ▸ 10 + 1 = 11
        Noun · masculine · singular · genitive · (common) ▸ 10 + 1 = **11** (Ex. 29,38; Ex. 29,42; Ex. 30,8; Num. 28,6; Num. 28,23; 1Esdr. 5,51; Ezra 3,5; Neh. 10,34; Neh. 10,34; Judith 4,14; Dan. 12,11)
ἐνδελεχῶς (ἐνδελεχής) continually ▸ 11 + 2 = 13
    ἐνδελεχῶς ▸ 11 + 2 = 13
        Adverb ▸ 11 + 2 = **13** (Ex. 29,38; Lev. 24,3; Num. 28,3; 1Esdr. 6,29; Sir. 20,26; Sir. 23,10; Sir. 37,18; Sir. 45,14; Sir. 51,10; Dan. 6,17; Dan. 6,21; Dan. 6,17; Dan. 6,21)
ἐνδέομαι (ἐν; δέω) to be in need ▸ 3
    ἐνδεεῖται ▸ 1
        Verb · third · singular · present · middle · indicative ▸ **1** (Deut. 15,8)
    ἐνδεηθήσεται ▸ 1
        Verb · third · singular · future · passive · indicative ▸ **1** (Prov. 28,27)
    ἐνδεηθήσῃ ▸ 1
        Verb · second · singular · future · passive · indicative ▸ **1** (Deut. 8,9)
ἔνδεσμος (ἐν; δέω) bundle, bag; bonding ▸ 4
    ἔνδεσμον ▸ 2
        Noun · feminine · singular · accusative · (common) ▸ **1** (Prov. 7,20)
        Noun · masculine · singular · accusative · (common) ▸ **1** (1Kings 6,10)
    ἐνδέσμους ▸ 2
        Noun · masculine · plural · accusative · (common) ▸ **2** (1Kings 6,10; Ezek. 13,11)
ἐνδέχομαι (ἐν; δέχομαι) it is possible, imaginable ▸ 2 + 1 = 3
    ἐνδέχεται ▸ 1 + 1 = 2
        Verb · third · singular · present · middle · indicative ▸ 1 + 1 = **2** (Dan. 2,11; Luke 13,33)
    ἐνδεχόμενα ▸ 1
        Verb · present · middle · participle · neuter · plural · accusative ▸ **1** (2Mac. 11,18)
ἐνδεχομένως (ἐν; δέχομαι) with one's best effort ▸ 1
    ἐνδεχομένως ▸ 1
        Adverb ▸ **1** (2Mac. 13,26)

ἐνδέω (ἐν; δέω) to bind ▸ 5
- ἐνδεδεμένα ▸ 1
    - **Verb** · perfect · passive · participle · neuter · plural · accusative ▸ 1 (Ex. 12,34)
- ἐνδεδεμένη ▸ 2
    - **Verb** · perfect · passive · participle · feminine · singular · nominative ▸ 2 (1Sam. 25,29; Sir. 22,16)
- ἐνδεδεμένοι ▸ 1
    - **Verb** · perfect · passive · participle · masculine · plural · nominative ▸ 1 (2Chr. 9,18)
- ἐνδέδεσαι ▸ 1
    - **Verb** · second · singular · perfect · middle · indicative ▸ 1 (Ezek. 28,13)

ἐνδημέω (ἐν; δῆμος) to be at home ▸ 3
- ἐνδημῆσαι ▸ 1
    - **Verb** · aorist · active · infinitive ▸ 1 (2Cor. 5,8)
- ἐνδημοῦντες ▸ 2
    - **Verb** · present · active · participle · masculine · plural · nominative ▸ 2 (2Cor. 5,6; 2Cor. 5,9)

ἐνδιαβάλλω (ἐν; διά; βάλλω) to falsely accuse ▸ 6
- ἐνδιαβάλλειν ▸ 1
    - **Verb** · present · active · infinitive ▸ 1 (Num. 22,22)
- ἐνδιαβάλλοντες ▸ 1
    - **Verb** · present · active · participle · masculine · plural · nominative ▸ 1 (Psa. 70,13)
- ἐνδιαβάλλοντές ▸ 1
    - **Verb** · present · active · participle · masculine · plural · nominative ▸ 1 (Psa. 108,29)
- ἐνδιαβαλλόντων ▸ 1
    - **Verb** · present · active · participle · masculine · plural · genitive ▸ 1 (Psa. 108,20)
- ἐνδιέβαλλόν ▸ 2
    - **Verb** · third · plural · imperfect · active · indicative ▸ 2 (Psa. 37,21; Psa. 108,4)

ἐνδιατρίβω (ἐν; διά; τρίβος) to linger on ▸ 1
- ἐνδιατρίψει ▸ 1
    - **Verb** · third · singular · future · active · indicative ▸ 1 (Prov. 23,16)

ἐνδιδύσκω (ἐν; δύω) to wear ▸ 4 + 2 = 6
- ἐνδιδύσκεσθαι ▸ 1
    - **Verb** · present · middle · infinitive ▸ 1 (Sir. 50,11)
- ἐνδιδύσκοντα ▸ 1
    - **Verb** · present · active · participle · masculine · singular · accusative ▸ 1 (2Sam. 1,24)
- ἐνδιδύσκονται ▸ 1
    - **Verb** · third · plural · present · middle · indicative ▸ 1 (Prov. 31,21)
- ἐνδιδύσκουσιν ▸ 1
    - **Verb** · third · plural · present · active · indicative ▸ 1 (Mark 15,17)
- ἐνεδιδύσκετο ▸ 1
    - **Verb** · third · singular · imperfect · middle · indicative ▸ 1 (Luke 16,19)
- ἐνεδιδύσκοντο ▸ 1
    - **Verb** · third · plural · imperfect · middle · indicative ▸ 1 (2Sam. 13,18)

ἐνδίδωμι (ἐν; δίδωμι) to subside ▸ 4
- ἐνδώσει ▸ 1
    - **Verb** · third · singular · future · active · indicative ▸ 1 (Prov. 10,30)
- ἐνδῶσιν ▸ 1
    - **Verb** · third · plural · aorist · active · subjunctive ▸ 1 (Ezek. 3,11)
- ἐνεδίδου ▸ 2
    - **Verb** · third · singular · imperfect · active · indicative ▸ 2 (Gen. 8,3; Gen. 8,3)

ἔνδικος (ἐν; δίκη) just ▸ 2
- ἔνδικον ▸ 1
    - **Adjective** · feminine · singular · accusative ▸ 1 (Heb. 2,2)
- ἔνδικόν ▸ 1
    - **Adjective** · neuter · singular · nominative ▸ 1 (Rom. 3,8)

ἐνδογενής (ἐν; γίνομαι) born in the house ▸ 1
- ἐνδογενοῦς ▸ 1
    - **Adjective** · feminine · singular · genitive · noDegree ▸ 1 (Lev. 18,9)

ἔνδοθεν (ἔνδον; θεν) from within ▸ 3
- ἔνδοθεν ▸ 3
    - **Adverb** ▸ 3 (Num. 18,7; 4Mac. 18,2; Wis. 17,12)

ἔνδον inside ▸ 11
- ἔνδον ▸ 11
    - **Adverb** ▸ 11 (Lev. 11,33; Lev. 11,33; Deut. 21,12; Deut. 22,2; 2Mac. 6,4; 2Mac. 9,5; 2Mac. 10,34; 2Mac. 10,36; 2Mac. 12,14; 2Mac. 12,28; 2Mac. 13,20)

ἐνδοξάζομαι (ἐν; δοκέω) to glorify ▸ 11 + 2 = 13
- ἐνδοξάζεσθαι ▸ 1
    - **Verb** · present · passive · infinitive ▸ 1 (Sir. 38,6)
- ἐνδοξαζόμενος ▸ 1
    - **Verb** · present · passive · participle · masculine · singular · nominative ▸ 1 (Psa. 88,8)
- ἐνδοξαζομένου ▸ 1
    - **Verb** · present · passive · participle · masculine · singular · genitive ▸ 1 (Ex. 14,18)
- ἐνδοξασθῇ ▸ 1
    - **Verb** · third · singular · aorist · passive · subjunctive ▸ 1 (2Th. 1,12)
- ἐνδοξασθῆναι ▸ 1
    - **Verb** · aorist · passive · infinitive ▸ 1 (2Th. 1,10)
- ἐνδοξασθήσομαι ▸ 6
    - **Verb** · first · singular · future · passive · indicative ▸ 6 (Ex. 14,4; Ex. 14,17; Ex. 33,16; Hag. 1,8; Ezek. 28,22; Ezek. 38,23)
- ἐνδοξασθήσονται ▸ 1
    - **Verb** · third · plural · future · passive · indicative ▸ 1 (Is. 45,25)
- ἐνδοξάσθητι ▸ 1
    - **Verb** · second · singular · aorist · passive · imperative ▸ 1 (2Kings 14,10)

ἔνδοξος (ἐν; δοκέω) honored, eminent; glorious ▸ 66 + 3 + 4 = 73
- ἔνδοξα ▸ 8
    - **Adjective** · neuter · plural · accusative · noDegree ▸ 7 (Ex. 34,10; Num. 23,21; Deut. 10,21; 1Esdr. 1,53; Nah. 3,10; Is. 12,4; Is. 64,2)
    - **Adjective** · neuter · plural · nominative · noDegree ▸ 1 (Is. 64,10)
- ἔνδοξά ▸ 4
    - **Adjective** · neuter · plural · accusative · noDegree ▸ 4 (Job 5,9; Job 9,10; Job 34,24; Is. 48,9)
- ἔνδοξοι ▸ 4 + 1 = 5
    - **Adjective** · masculine · plural · nominative · noDegree ▸ 4 + 1 = 5 (2Chr. 36,14; Sir. 11,6; Is. 5,14; Is. 23,8; 1Cor. 4,10)
- ἐνδόξοις ▸ 3 + 1 = 4
    - **Adjective** · masculine · plural · dative · noDegree ▸ 3 (Esth. 1,3; Ode. 5,15; Is. 26,15)
    - **Adjective** · neuter · plural · dative · noDegree ▸ 1 (Luke 13,17)
- ἔνδοξον ▸ 8 + 1 = 9
    - **Adjective** · feminine · singular · accusative · noDegree ▸ 1 + 1

= **2** (Judg. 18,21; Eph. 5,27)
 Adjective · masculine · singular · accusative · noDegree ▸ **3** (1Mac. 3,32; Is. 22,18; Is. 60,9)
 Adjective · neuter · singular · accusative · noDegree ▸ **2** (Is. 23,9; Is. 59,19)
 Adjective · neuter · singular · nominative · noDegree ▸ **2** (Tob. 8,5; Is. 24,15)

ἔνδοξος ▸ 24 + 2 = 26
 Adjective · feminine · singular · nominative · noDegree ▸ **2** (Judith 16,21; 1Mac. 6,1)
 Adjective · masculine · singular · nominative · noDegree ▸ 22 + 2 = **24** (1Sam. 9,6; 1Sam. 18,23; 1Sam. 22,14; 2Sam. 23,19; 2Sam. 23,23; 1Chr. 4,9; 1Chr. 11,21; 1Chr. 11,25; 2Chr. 2,8; Esth. 12,6 # 1,1r; Judith 16,13; 1Mac. 2,17; Ode. 7,45; Sir. 10,22; Sol. 18,10; Is. 13,19; Is. 22,24; Is. 32,2; Dan. 3,45; Dan. 6,1; Dan. 6,4; Dan. 6,4; Dan. 3,45; Bel 2)

ἐνδοξότατος ▸ 1
 Adjective · masculine · singular · nominative · superlative ▸ **1** (Gen. 34,19)

ἐνδοξότερον ▸ 1
 Adjective · masculine · singular · accusative · comparative ▸ **1** (Sus. 4)

ἐνδόξου ▸ 1
 Adjective · masculine · singular · genitive · noDegree ▸ **1** (Sir. 40,3)

ἐνδόξους ▸ 6
 Adjective · masculine · plural · accusative · noDegree ▸ **6** (Esth. 11,11 # 1,1k; 1Mac. 1,6; Psa. 149,8; Prov. 25,27; Sir. 44,1; Is. 10,33)

ἐνδόξῳ ▸ 2 + 1 = 3
 Adjective · feminine · singular · dative · noDegree ▸ **1** (Tob. 14,5)
 Adjective · masculine · singular · dative · noDegree ▸ **1** (Luke 7,25)
 Adjective · neuter · singular · dative · noDegree ▸ **1** (Ode. 12,3)

ἐνδόξων ▸ 5
 Adjective · masculine · plural · genitive · noDegree ▸ **5** (Josh. 4,4; Esth. 6,9; 1Mac. 7,26; Is. 23,9; Bel 14)

ἐνδόξως (ἐν; δοκέω) honorably ▸ 14 + 4 = 18
 ἐνδόξως ▸ 14 + 4 = 18
  Adverb ▸ 14 + 4 = **18** (Ex. 15,1; Ex. 15,21; Tob. 12,7; Tob. 12,11; Tob. 14,11; Tob. 14,13; 1Mac. 11,60; 1Mac. 12,8; 1Mac. 12,43; 1Mac. 14,23; 1Mac. 14,40; Ode. 1,1; Dan. 4,37b; Dan. 4,37b; Tob. 12,11; Tob. 14,2; Tob. 14,11; Tob. 14,14)

ἐνδόσθια (ἐν; δίδωμι) intestines ▸ 8
 ἐνδόσθια ▸ 4
  Noun · neuter · plural · accusative · (common) ▸ **4** (Ex. 29,17; Lev. 4,8; Lev. 7,3; Sir. 10,9)
 ἐνδοσθίοις ▸ 1
  Noun · neuter · plural · dative · (common) ▸ **1** (Ex. 12,9)
 ἐνδοσθίων ▸ 3
  Noun · neuter · plural · genitive · (common) ▸ **3** (Lev. 4,8; Lev. 7,3; Lev. 8,16)

ἔνδυμα (ἐν; δύω) clothing ▸ 12 + 2 + 8 = 22
 ἔνδυμα ▸ 1 + 1 + 4 = 6
  Noun · neuter · singular · accusative · (common) ▸ 1 + 3 = **4** (2Sam. 20,8; Matt. 3,4; Matt. 22,11; Matt. 22,12)
  Noun · neuter · singular · nominative · (common) ▸ 1 + 1 = **2** (Dan. 7,9; Matt. 28,3)
 ἔνδυμά ▸ 1
  Noun · neuter · singular · accusative · (common) ▸ **1** (Psa. 68,12)
 ἐνδύμασιν ▸ 1 + 1 + 1 = 3
  Noun · neuter · plural · dative · (common) ▸ 1 + 1 + 1 = **3** (LetterJ 10; Dan. 3,21; Matt. 7,15)
 ἐνδύματα ▸ 4
  Noun · neuter · plural · accusative · (common) ▸ **4** (2Sam. 1,24; 2Kings 10,22; Prov. 31,22; Zeph. 1,8)
 ἐνδύματά ▸ 1
  Noun · neuter · plural · accusative · (common) ▸ **1** (Is. 63,2)
 ἐνδύματος ▸ 3 + 3 = 6
  Noun · neuter · singular · genitive · (common) ▸ 3 + 3 = **6** (Psa. 132,2; Wis. 18,24; Sol. 2,20; Matt. 6,25; Matt. 6,28; Luke 12,23)
 ἐνδυμάτων ▸ 1
  Noun · neuter · plural · genitive · (common) ▸ **1** (Lam. 4,14)

ἐνδυναμόω (ἐν; δύναμαι) to be strong ▸ 1 + 7 = 8
 ἐνδυναμοῦ ▸ 1
  Verb · second · singular · present · passive · imperative ▸ **1** (2Tim. 2,1)
 ἐνδυναμοῦντί ▸ 1
  Verb · present · active · participle · masculine · singular · dative ▸ **1** (Phil. 4,13)
 ἐνδυναμοῦσθε ▸ 1
  Verb · second · plural · present · passive · imperative ▸ **1** (Eph. 6,10)
 ἐνδυναμώσαντί ▸ 1
  Verb · aorist · active · participle · masculine · singular · dative ▸ **1** (1Tim. 1,12)
 ἐνεδυνάμωσεν ▸ 1
  Verb · third · singular · aorist · active · indicative ▸ **1** (Judg. 6,34)
 ἐνεδυναμοῦτο ▸ 1
  Verb · third · singular · imperfect · passive · indicative ▸ **1** (Acts 9,22)
 ἐνεδυναμώθη ▸ 1
  Verb · third · singular · aorist · passive · indicative ▸ **1** (Rom. 4,20)
 ἐνεδυνάμωσέν ▸ 1
  Verb · third · singular · aorist · active · indicative ▸ **1** (2Tim. 4,17)

ἐνδύνω (ἐν; δύω) to creep ▸ 1
 ἐνδύνοντες ▸ 1
  Verb · present · active · participle · masculine · plural · nominative ▸ **1** (2Tim. 3,6)

ἔνδυσις (ἐν; δύω) wearing, putting on ▸ 2 + 1 = 3
 ἐνδύσεως ▸ 1 + 1 = 2
  Noun · feminine · singular · genitive · (common) ▸ 1 + 1 = **2** (Job 41,5; 1Pet. 3,3)
 ἔνδυσιν ▸ 1
  Noun · feminine · singular · accusative · (common) ▸ **1** (Esth. 15,2 # 5,1a)

ἐνδύω (ἐν; δύω) to wear, put on ▸ 113 + 6 + 27 = 146
 ἐνδεδυκότα ▸ 2
  Verb · perfect · active · participle · masculine · singular · accusative ▸ **2** (Ezek. 9,3; Ezek. 10,2)
 ἐνδεδυκότας ▸ 2
  Verb · perfect · active · participle · masculine · plural · accusative ▸ **2** (Ezek. 23,6; Ezek. 23,12)
 ἐνδεδυκότι ▸ 1
  Verb · perfect · active · participle · masculine · singular · dative ▸ **1** (Ezek. 10,6)
 ἐνδεδυκότος ▸ 1
  Verb · perfect · active · participle · masculine · singular · genitive ▸ **1** (Ezek. 10,7)
 ἐνδεδυκώς ▸ 1
  Verb · perfect · active · participle · masculine · singular

ἐνδύω

- nominative ‣ **1** (1Sam. 17,5)

ἐνδεδυκώς ‣ 3
   Verb · perfect · active · participle · masculine · singular · nominative ‣ **3** (2Sam. 6,14; Ezek. 9,2; Ezek. 9,11)

ἐνδεδυμένοι ‣ **1** + **2** = 3
   Verb · perfect · middle · participle · masculine · plural · nominative ‣ **1** + **1** = **2** (2Chr. 18,9; Rev. 19,14)
   Verb · perfect · passive · participle · masculine · plural · nominative ‣ **1** (Rev. 15,6)

ἐνδεδυμένον ‣ 2
   Verb · perfect · middle · participle · masculine · singular · accusative ‣ **1** (Matt. 22,11)
   Verb · perfect · passive · participle · masculine · singular · accusative ‣ **1** (Rev. 1,13)

ἐνδεδυμένος ‣ **4** + **1** + **1** = 6
   Verb · perfect · middle · participle · masculine · singular · nominative ‣ **2** (1Esdr. 5,40; Zech. 3,3)
   Verb · perfect · passive · participle · masculine · singular · nominative ‣ **2** + **1** + **1** = **4** (Dan. 6,4; Dan. 10,5; Dan. 10,5; Mark 1,6)

ἐνδεδυμένου ‣ 1
   Verb · perfect · middle · participle · masculine · singular · genitive ‣ **1** (Dan. 12,7)

ἐνδεδυμένους ‣ 2
   Verb · perfect · middle · participle · masculine · plural · accusative ‣ **1** (Zeph. 1,8)
   Verb · perfect · passive · participle · masculine · plural · accusative ‣ **1** (Ezek. 38,4)

ἐνδεδυμένῳ ‣ 1
   Verb · perfect · middle · participle · masculine · singular · dative ‣ **1** (Dan. 12,6)

ἐνδεδυμένων ‣ 1
   Verb · perfect · passive · participle · masculine · plural · genitive ‣ **1** (2Chr. 5,12)

ἐνδύουσιν ‣ 1
   Verb · third · plural · present · active · indicative ‣ **1** (LetterJ 32)

ἔνδυσαι ‣ 7
   Verb · second · singular · aorist · middle · imperative ‣ **7** (2Sam. 14,2; 1Kings 22,30; 2Chr. 18,29; Is. 51,9; Is. 52,1; Is. 52,1; Bar. 5,1)

Ἔνδυσαι ‣ 1
   Verb · second · singular · aorist · middle · imperative ‣ **1** (Sol. 11,7)

ἐνδύσαιντο ‣ 1
   Verb · third · plural · aorist · middle · optative ‣ **1** (2Chr. 6,41)

ἐνδυσάμενοι ‣ 3
   Verb · aorist · middle · participle · masculine · plural · nominative ‣ **3** (Eph. 6,14; Col. 3,10; 1Th. 5,8)

ἐνδυσάμενος ‣ 1
   Verb · aorist · middle · participle · masculine · singular · nominative ‣ **1** (Acts 12,21)

ἐνδύσασθαι ‣ **1** + **3** = 4
   Verb · aorist · middle · infinitive ‣ **1** + **3** = **4** (Lev. 21,10; 1Cor. 15,53; 1Cor. 15,53; Eph. 4,24)

ἐνδύσασθε ‣ **1** + **2** = 3
   Verb · second · plural · aorist · middle · imperative ‣ **1** + **2** = **3** (Jer. 26,4; Rom. 13,14; Eph. 6,11)

Ἐνδύσασθε ‣ 1
   Verb · second · plural · aorist · middle · imperative ‣ **1** (Col. 3,12)

ἐνδυσάσθωσαν ‣ 2
   Verb · third · plural · aorist · middle · imperative ‣ **2** (Psa. 34,26; Psa. 108,29)

ἐνδύσατε ‣ **1** + **1** = 2
   Verb · second · plural · aorist · active · imperative ‣ **1** + **1** = **2** (Zech. 3,4; Luke 15,22)

ἐνδύσεις ‣ 5
   Verb · second · singular · future · active · indicative ‣ **5** (Ex. 28,41; Ex. 29,5; Ex. 29,8; Ex. 40,13; Ex. 40,14)

ἐνδύσεται ‣ **12** + **1** = 13
   Verb · third · singular · future · middle · indicative ‣ **12** + **1** = **13** (Ex. 29,30; Lev. 6,3; Lev. 6,3; Lev. 6,4; Lev. 16,4; Lev. 16,4; Lev. 16,24; Lev. 16,32; Prov. 23,21; Wis. 5,18; Sir. 43,20; Ezek. 7,27; Dan. 5,7)

ἐνδύσῃ ‣ **4** + **1** = 5
   Verb · second · singular · future · middle · indicative ‣ **4** + **1** = **5** (Deut. 22,11; Sir. 6,31; Sir. 27,8; Is. 49,18; Dan. 5,16)

ἐνδύσησθε ‣ 4
   Verb · second · plural · aorist · middle · subjunctive ‣ **4** (Matt. 6,25; Mark 6,9; Luke 12,22; Luke 24,49)

ἐνδύσηται ‣ **1** + **2** = 3
   Verb · third · singular · aorist · middle · subjunctive ‣ **1** + **2** = **3** (Deut. 22,5; 1Cor. 15,54; 1Cor. 15,54)

ἔνδυσον ‣ 1
   Verb · second · singular · aorist · active · imperative ‣ **1** (Num. 20,26)

ἐνδύσονται ‣ 7
   Verb · third · plural · future · middle · indicative ‣ **7** (Psa. 131,9; Job 8,22; Zech. 13,4; Ezek. 42,14; Ezek. 44,17; Ezek. 44,17; Ezek. 44,19)

ἐνδύσουσιν ‣ 1
   Verb · third · plural · future · active · indicative ‣ **1** (Jer. 10,9)

ἐνδύσω ‣ 4
   Verb · first · singular · future · active · indicative ‣ **4** (Psa. 131,16; Psa. 131,18; Is. 22,21; Is. 50,3)

ἐνδύσωμαι ‣ 1
   Verb · first · singular · aorist · middle · subjunctive ‣ **1** (Song 5,3)

ἐνδυσώμεθα ‣ 1
   Verb · first · plural · aorist · middle · subjunctive ‣ **1** (Rom. 13,12)

ἐνεδεδύκει ‣ 4
   Verb · third · singular · pluperfect · active · indicative ‣ **4** (Lev. 16,23; Esth. 15,6 # 5,1c; Judith 9,1; Judith 10,3)

ἐνεδεδύκειν ‣ 1
   Verb · first · singular · pluperfect · active · indicative ‣ **1** (Job 29,14)

ἐνεδυόμην ‣ 1
   Verb · first · singular · imperfect · middle · indicative ‣ **1** (Psa. 34,13)

ἐνέδυσά ‣ 1
   Verb · first · singular · aorist · active · indicative ‣ **1** (Ezek. 16,10)

ἐνεδυσάμην ‣ 1
   Verb · first · singular · aorist · middle · indicative ‣ **1** (Bar. 4,20)

ἐνέδυσαν ‣ **2** + **1** + **2** = 5
   Verb · third · plural · aorist · active · indicative ‣ **2** + **1** + **2** = **5** (2Chr. 28,15; 1Mac. 10,62; Dan. 5,29; Matt. 27,31; Mark 15,20)

ἐνεδύσαντο ‣ 3
   Verb · third · plural · aorist · middle · indicative ‣ **3** (1Mac. 14,9; Psa. 64,14; Jonah 3,5)

ἐνέδυσας ‣ 2
   Verb · second · singular · aorist · active · indicative ‣ **2** (Job 10,11; Job 39,19)

ἐνεδύσασθε ‣ 1

Verb · second · plural · aorist · middle · indicative · **1** (Gal. 3,27)

ἐνεδύσατο · **13** + **1** = **14**
    Verb · third · singular · aorist · middle · indicative · **13** + **1** = **14** (Gen. 38,19; Esth. 4,1; Esth. 14,1 # 4,17k; Judith 10,3; 1Mac. 1,28; 1Mac. 3,3; 1Mac. 10,21; Psa. 92,1; Psa. 92,1; Psa. 108,18; Prov. 31,26; Sir. 45,13; Is. 59,17; Luke 8,27)

ἐνέδυσε · **2**
    Verb · third · singular · aorist · active · indicative · **2** (1Chr. 12,19; Dan. 5,29)

ἐνέδυσεν · **13**
    Verb · third · singular · aorist · active · indicative · **13** (Gen. 3,21; Gen. 27,15; Gen. 41,42; Lev. 8,7; Lev. 8,7; Lev. 8,13; Num. 20,28; Judg. 6,34; 1Sam. 17,38; 2Chr. 24,20; Sir. 17,3; Sir. 45,8; Is. 61,10)

ἐνεδύσω · **1**
    Verb · second · singular · aorist · middle · indicative · **1** (Psa. 103,1)

ἐνδώμησις (ἐν; δῶμα) foundation · **1**
  ἐνδώμησις · **1**
    Noun · feminine · singular · nominative · **1** (Rev. 21,18)

ἐνέδρα (ἐν; ἕζομαι) ambush, plot · **3** + **2** = **5**
  ἐνέδρᾳ · **1**
    Noun · feminine · singular · dative · (common) · **1** (Psa. 9,29)
  ἐνέδραν · **1** + **2** = **3**
    Noun · feminine · singular · accusative · (common) · **1** + **2** = **3** (Josh. 8,9; Acts 23,16; Acts 25,3)
  ἐνέδρας · **1**
    Noun · feminine · singular · genitive · (common) · **1** (Josh. 8,7)

ἐνεδρεύω (ἐν; ἕζομαι) to lie in wait for · **28** + **6** + **2** = **36**
  ἐνέδρευε · **2**
    Verb · second · singular · present · active · imperative · **2** (Sir. 5,14; Sir. 14,22)
  ἐνεδρεύει · **6**
    Verb · third · singular · present · active · indicative · **6** (Psa. 9,30; Psa. 9,30; Prov. 7,12; Sir. 11,31; Sir. 11,32; Sir. 27,10)
  ἐνεδρεύειν · **1**
    Verb · present · active · infinitive · **1** (1Mac. 5,4)
  ἐνεδρεύοντας · **1**
    Verb · present · active · participle · masculine · plural · accusative · **1** (Judg. 9,25)
  ἐνεδρεύοντες · **3** + **1** = **4**
    Verb · present · active · participle · masculine · plural · nominative · **3** + **1** = **4** (Prov. 26,19; Job 38,40; Sus. 28; Luke 11,54)
  ἐνεδρεύοντος · **1**
    Verb · present · active · participle · masculine · singular · genitive · **1** (Sir. 28,26)
  ἐνεδρευόντων · **1**
    Verb · present · active · participle · masculine · plural · genitive · **1** (Wis. 10,12)
  ἐνεδρεύουσα · **1**
    Verb · present · active · participle · feminine · singular · nominative · **1** (Lam. 3,10)
  ἐνεδρεύουσιν · **1**
    Verb · third · plural · present · active · indicative · **1** (Acts 23,21)
  ἐνεδρεύσατε · **2** + **1** = **3**
    Verb · second · plural · aorist · active · imperative · **2** + **1** = **3** (Josh. 8,4; Judg. 21,20; Judg. 21,20)
  ἐνεδρεύσει · **1**
    Verb · third · singular · future · active · indicative · **1** (Sir. 27,28)
  ἐνεδρεύσῃ · **1**
    Verb · third · singular · aorist · active · subjunctive · **1** (Deut. 19,11)

ἐνεδρεύσον · **1** + **1** = **2**
    Verb · second · singular · aorist · active · imperative · **1** + **1** = **2** (Judg. 9,32; Judg. 9,32)
  ἐνεδρεύσωμεν · **1**
    Verb · first · plural · aorist · active · subjunctive · **1** (Wis. 2,12)
  ἐνεδρεύων · **1**
    Verb · present · active · participle · masculine · singular · nominative · **1** (2Sam. 3,27)
  ἐνήδρευσαν · **4** + **2** = **6**
    Verb · third · plural · aorist · active · indicative · **4** + **2** = **6** (Judg. 9,34; Judg. 16,2; Job 24,11; Lam. 4,19; Judg. 9,34; Judg. 16,2)
  ἐνήδρευσεν · **2** + **1** = **3**
    Verb · third · singular · aorist · active · indicative · **2** + **1** = **3** (Judg. 9,43; 1Sam. 15,5; Judg. 9,43)

ἔνεδρον (ἐν; ἕδρα) ambush, trap; plot · **31** + **10** = **41**
  ἔνεδρα · **13** + **2** = **15**
    Noun · neuter · plural · accusative · (common) · **6** + **1** = **7** (Josh. 8,2; Josh. 8,12; Judg. 9,25; Judg. 20,29; 1Kings 21,40; Obad. 7; Judg. 20,29)
    Noun · neuter · plural · nominative · (common) · **7** + **1** = **8** (Josh. 8,14; Josh. 8,18; Josh. 8,19; Josh. 8,21; 1Mac. 11,69; Job 25,3; Sir. 11,29; Judg. 16,12)
  ἔνεδρον · **14** + **6** = **20**
    Noun · neuter · singular · accusative · (common) · **8** + **2** = **10** (Judg. 20,36; Judg. 20,38; 2Chr. 13,13; 2Chr. 13,13; 1Mac. 1,36; 1Mac. 11,68; Wis. 14,21; Sir. 8,11; Judg. 20,33; Judg. 20,36)
    Noun · neuter · singular · nominative · (common) · **6** + **4** = **10** (Judg. 16,9; Judg. 16,12; Judg. 20,33; Judg. 20,37; Judg. 20,37; 1Mac. 10,80; Judg. 16,9; Judg. 20,37; Judg. 20,37; Judg. 20,39)
  ἐνέδρου · **3** + **2** = **5**
    Noun · neuter · singular · genitive · (common) · **3** + **2** = **5** (Num. 35,20; Num. 35,22; 1Mac. 9,40; Judg. 9,35; Judg. 20,38)
  ἐνέδρων · **1**
    Noun · neuter · plural · genitive · (common) · **1** (Judg. 9,35)

ἐνειλέω (ἐν; εἴλω) to wrap in · **1** + **1** = **2**
  ἐνειλημένη · **1**
    Verb · perfect · passive · participle · feminine · singular · nominative · **1** (1Sam. 21,10)
  ἐνείλησεν · **1**
    Verb · third · singular · aorist · active · indicative · **1** (Mark 15,46)

ἔνειμι (ἐν; εἰμί) to be in, inside, be there (sum) · **8** + **7** = **15**
  ἔνεστιν · **2**
    Verb · third · singular · present · active · indicative · **2** (4Mac. 1,25; Prov. 14,23)
  ἐνῆσαν · **1**
    Verb · third · plural · imperfect · active · indicative · **1** (1Kings 10,17)
  ἔνι · **2** + **6** = **8**
    Verb · third · singular · present · active · indicative · **2** + **6** = **8** (4Mac. 4,22; Sir. 37,2; 1Cor. 6,5; Gal. 3,28; Gal. 3,28; Gal. 3,28; Col. 3,11; James 1,17)
  ἐνόντα · **1** + **1** = **2**
    Verb · present · active · participle · neuter · plural · accusative · **1** + **1** = **2** (Job 34,13; Luke 11,41)
  ἐνούσης · **1**
    Verb · present · active · participle · feminine · singular · genitive · **1** (Job 27,3)
  ἐνοῦσιν · **1**
    Verb · present · active · participle · masculine · plural · dative

▸ **1** (1Mac. 5,5)

ἐνείρω (ἐν; εἴρω)   to thread; string on ▸ 1
  ἐνεῖρας ▸ 1
    Verb · second · singular · aorist · active · indicative   ▸ **1**   (Job 10,11)

ἕνεκα   because of, for the sake of ▸ 126 + 3 + 24 = 153
  εἵνεκεν ▸ 1
    Preposition · (+genitive) ▸ **1** (1Esdr. 6,11)
  ἕνεκα ▸ 26 + 4 = 30
    ImproperPreposition · (+genitive) ▸ 26 + 4 = **30** (2Sam. 12,21; 1Esdr. 8,21; 2Mac. 8,15; 2Mac. 12,25; Psa. 5,9; Psa. 8,3; Psa. 24,7; Psa. 24,11; Psa. 26,11; Psa. 43,23; Psa. 68,8; Psa. 68,19; Psa. 78,9; Psa. 78,9; Psa. 121,8; Psa. 121,9; Psa. 142,11; Prov. 7,15; Sir. 38,17; Hos. 13,6; Amos 1,11; Amos 2,4; Amos 6,10; Ezek. 40,4; Ezek. 44,12; Dan. 9,19; Matt. 19,5; Luke 6,22; Acts 19,32; Acts 26,21)
  Ἕνεκα ▸ 2
    ImproperPreposition · (+genitive) ▸ **2** (1Kings 9,8; Ezek. 21,12)
  ἕνεκεν ▸ 94 + 1 + 20 = 115
    ImproperPreposition · (+genitive)   ▸ 94 + 1 + 20 = **115**   (Gen. 2,24; Gen. 12,13; Gen. 16,14; Gen. 18,24; Gen. 18,28; Gen. 18,29; Gen. 18,31; Gen. 18,32; Gen. 20,6; Gen. 20,11; Gen. 20,18; Gen. 32,33; Gen. 33,10; Gen. 37,8; Gen. 37,8; Gen. 42,21; Gen. 49,25; Ex. 9,16; Ex. 18,8; Ex. 18,11; Ex. 20,20; Ex. 23,7; Num. 12,1; Num. 17,14; Num. 31,16; Deut. 3,26; Deut. 18,12; Deut. 32,47; Josh. 22,24; Josh. 22,26; Josh. 22,26; Josh. 22,28; Josh. 22,28; 2Sam. 6,12; 2Sam. 7,22; 2Sam. 9,1; 2Sam. 12,25; 2Sam. 14,20; 2Sam. 18,18; 1Esdr. 8,51; Judith 11,3; 2Mac. 3,9; 2Mac. 4,20; 3Mac. 5,18; 3Mac. 7,11; Psa. 6,5; Psa. 9,34; Psa. 22,3; Psa. 30,4; Psa. 43,27; Psa. 44,5; Psa. 47,12; Psa. 96,8; Psa. 105,8; Psa. 108,21; Psa. 129,5; Psa. 131,10; Sir. 7,18; Sir. 20,11; Sol. 2,4; Sol. 4,11; Amos 1,6; Amos 2,6; Mic. 2,10; Jonah 1,7; Jonah 1,8; Jonah 1,14; Hab. 1,4; Hab. 1,15; Hab. 1,16; Zeph. 3,19; Hag. 2,14; Is. 5,23; Is. 28,8; Is. 45,4; Is. 48,9; Is. 48,10; Is. 48,11; Is. 49,7; Is. 55,5; Is. 59,20; Is. 65,8; Is. 65,8; Jer. 5,19; Jer. 9,11; Jer. 14,7; Jer. 33,3; Bar. 2,14; Ezek. 7,20; Ezek. 13,19; Ezek. 13,19; Ezek. 31,5; Dan. 2,30; Dan. 9,17; Dan. 2,30; Matt. 5,10; Matt. 5,11; Matt. 10,18; Matt. 10,39; Matt. 16,25; Matt. 19,29; Mark 8,35; Mark 10,7; Mark 10,29; Mark 10,29; Mark 13,9; Luke 9,24; Luke 18,29; Luke 21,12; Acts 28,20; Rom. 8,36; Rom. 14,20; 2Cor. 7,12; 2Cor. 7,12; 2Cor. 7,12)
  ἕνεκέν ▸ 2
    ImproperPreposition · (+genitive) ▸ **2** (Dan. 9,17; Dan. 9,19)
  Ἕνεκεν ▸ 3
    ImproperPreposition · (+genitive) ▸ **3** (Mic. 1,8; Mal. 2,14; Is. 43,14)

Ενεμασσαρ   Shalmaneser ▸ 1
  Ενεμασσαρ ▸ 1
    Noun · masculine · singular · nominative · (proper)   ▸ **1**   (Tob. 1,15)

Ἐνεμέσσαρος   Shalmaneser ▸ 4 + 3 = 7
  Ενεμεσσαρος ▸ 1
    Noun · masculine · singular · nominative · (proper)   ▸ **1**   (Tob. 1,15)
  Ενεμεσσαρου ▸ 3 + 3 = 6
    Noun · masculine · singular · genitive · (proper) ▸ 3 + 3 = **6** (Tob. 1,2; Tob. 1,13; Tob. 1,16; Tob. 1,2; Tob. 1,13; Tob. 1,16)

Ενεμετιιμ   Anamites ▸ 1
  Ενεμετιιμ ▸ 1
    Noun · masculine · plural · accusative · (proper) ▸ **1** (Gen. 10,13)

ἐνενήκοντα (ἐν; ἐννέα)   ninety ▸ 22 + 1 + 4 = 27
  ἐνενήκοντα ▸ 22 + 1 + 4 = 27
    Adjective · feminine · plural · accusative · (cardinal · numeral)
      ▸ **3** (Ezek. 4,5; Ezek. 4,9; Dan. 12,11)
    Adjective · feminine · plural · nominative · (cardinal · numeral)
      ▸ 1 + 1 = **2** (Jer. 52,23; Dan. 12,11)
    Adjective · masculine · plural · accusative · (cardinal · numeral)
      ▸ **2** (1Esdr. 8,63; Ezra 8,35)
    Adjective · masculine · plural · dative · (cardinal · numeral) ▸ **1** (Luke 15,7)
    Adjective · masculine · plural · genitive · (cardinal · numeral)
      ▸ **2** (1Chr. 9,6; Ezek. 41,12)
    Adjective · masculine · plural · nominative · (cardinal · numeral)
      ▸ **7** (1Esdr. 5,15; Ezra 2,16; Ezra 2,20; Ezra 2,58; Neh. 7,21; Neh. 7,25; Neh. 7,60)
    Adjective · neuter · plural · accusative · (cardinal · numeral) ▸ 2 + 2 = **4** (Gen. 5,9; 2Mac. 8,11; Matt. 18,12; Luke 15,4)
    Adjective · neuter · plural · nominative · (cardinal · numeral)
      ▸ **1** (Gen. 5,17)
    Adjective · neuter · plural · dative · (cardinal · numeral) ▸ 4 + 1 = **5** (Gen. 17,1; Gen. 17,17; Gen. 17,24; 1Sam. 4,15; Matt. 18,13)

ἐνενηκονταετής (ἐννέα; ἔτος)   ninety years old ▸ 1
  ἐνενηκονταετῆ ▸ 1
    Adjective · (cardinal · numeral) ▸ **1** (2Mac. 6,24)

ἐνεξουσιάζομαι (ἐν; ἐξ; εἰμί)   to assert one's rights; be made subject ▸ 2
  ἐνεξουσιαζόμενος ▸ 1
    Verb · present · middle · participle · masculine · singular
      · nominative ▸ **1** (Sir. 20,8)
  ἐνεξουσιάσθης ▸ 1
    Verb · second · singular · aorist · passive · indicative   ▸ **1**   (Sir. 47,19)

ἐνεός (ἐν)   speechless ▸ 3 + 1 = 4
  ἐνεοί ▸ 1 + 1 = 2
    Adjective · masculine · plural · nominative · noDegree   ▸ 1 + 1 = **2** (Is. 56,10; Acts 9,7)
  ἐνεὸν ▸ 2
    Adjective · masculine · singular · accusative · noDegree   ▸ **2** (Prov. 17,28; LetterJ 40)

ἐνεργάζομαι (ἐν; ἔργον)   to produce in ▸ 1
  ἐνεργάσασθαι ▸ 1
    Verb · aorist · middle · infinitive ▸ **1** (2Mac. 14,40)

ἐνέργεια (ἐν; ἔργον)   working, action, energy ▸ 8 + 8 = 16
  ἐνέργεια ▸ 2
    Noun · feminine · singular · nominative · (common)   ▸ **2**   (3Mac. 4,21; 3Mac. 5,28)
  ἐνεργείᾳ ▸ 2
    Noun · feminine · singular · dative · (common)   ▸ **2**   (3Mac. 5,12; Wis. 18,22)
  ἐνέργειαν ▸ 3 + 7 = 10
    Noun · feminine · singular · accusative · (common)   ▸ 3 + 7 = **10** (2Mac. 3,29; Wis. 7,17; Wis. 13,4; Eph. 1,19; Eph. 3,7; Eph. 4,16; Phil. 3,21; Col. 1,29; 2Th. 2,9; 2Th. 2,11)
  ἐνεργείας ▸ 1 + 1 = 2
    Noun · feminine · singular · genitive · (common)   ▸ 1 + 1 = **2** (Wis. 7,26; Col. 2,12)

ἐνεργέω (ἐν; ἔργον)   to work ▸ 7 + 21 = 28
  ἐνεργεῖ ▸ 1 + 1 = 2
    Verb · third · singular · present · active · indicative   ▸ 1 + 1 = **2** (Prov. 31,12; 1Cor. 12,11)
  ἐνεργεῖν ▸ 1 + 1 = 2
    Verb · present · active · infinitive   ▸ 1 + 1 = **2** (Num. 8,24; Phil. 2,13)

ἐνεργεῖται ▸ 1 + 3 = 4
   Verb · third · singular · present · middle · indicative ▸ **3** (2Cor. 4,12; 1Th. 2,13; 2Th. 2,7)
   Verb · third · singular · present · passive · indicative ▸ **1** (1Esdr. 2,16)
ἐνεργήσας ▸ 1
   Verb · aorist · active · participle · masculine · singular · nominative ▸ **1** (Gal. 2,8)
ἐνεργουμένη ▸ 2
   Verb · present · middle · participle · feminine · singular · nominative ▸ **2** (Gal. 5,6; James 5,16)
ἐνεργουμένην ▸ 2
   Verb · present · middle · participle · feminine · singular · accusative ▸ **2** (Eph. 3,20; Col. 1,29)
ἐνεργουμένης ▸ 1
   Verb · present · middle · participle · feminine · singular · genitive ▸ **1** (2Cor. 1,6)
ἐνεργοῦντος ▸ 2
   Verb · present · active · participle · masculine · singular · genitive ▸ **1** (Eph. 1,11)
   Verb · present · active · participle · neuter · singular · genitive ▸ **1** (Eph. 2,2)
ἐνεργοῦσαν ▸ 1
   Verb · present · active · participle · feminine · singular · accusative ▸ **1** (Wis. 15,11)
ἐνεργοῦσιν ▸ 2
   Verb · third · plural · present · active · indicative ▸ **2** (Matt. 14,2; Mark 6,14)
ἐνεργῶν ▸ 1 + 3 = 4
   Verb · present · active · participle · masculine · singular · nominative ▸ **1 + 3 = 4** (Prov. 21,6; 1Cor. 12,6; Gal. 3,5; Phil. 2,13)
ἐνήργει ▸ 1
   Verb · third · singular · imperfect · active · indicative ▸ **1** (Wis. 16,17)
ἐνηργεῖτο ▸ 1
   Verb · third · singular · imperfect · middle · indicative ▸ **1** (Rom. 7,5)
ἐνήργησεν ▸ 1 + 2 = 3
   Verb · third · singular · aorist · active · indicative ▸ **1 + 2 = 3** (Is. 41,4; Gal. 2,8; Eph. 1,20)
ἐνέργημα (ἐν; ἔργον) operation ▸ 2
ἐνεργήματα ▸ 1
   Noun · neuter · plural · nominative ▸ **1** (1Cor. 12,10)
ἐνεργημάτων ▸ 1
   Noun · neuter · plural · genitive ▸ **1** (1Cor. 12,6)
ἐνεργής (ἐν; ἔργον) active, effective ▸ 3
ἐνεργής ▸ 1
   Adjective · feminine · singular · nominative ▸ **1** (1Cor. 16,9)
ἐνεργής ▸ 2
   Adjective · feminine · singular · nominative ▸ **1** (Philem. 6)
   Adjective · masculine · singular · nominative ▸ **1** (Heb. 4,12)
ἐνεργός (ἐν; ἔργον) working, active, busy ▸ 1
ἐνεργούς ▸ 1
   Adjective · feminine · plural · accusative · noDegree ▸ **1** (Ezek. 46,1)
ἐνευλογέω (ἐν; εὖ; λέγω) to bless, praise ▸ 8 + 2 = 10
ἐνευλογεῖσθαι ▸ 1
   Verb · present · middle · infinitive ▸ **1** (1Sam. 2,29)
ἐνευλογεῖται ▸ 1
   Verb · third · singular · present · middle · indicative ▸ **1** (Psa. 9,24)
ἐνευλογηθῆναι ▸ 1
   Verb · aorist · passive · infinitive ▸ **1** (Sir. 44,21)
ἐνευλογηθήσονται ▸ 5 + 2 = 7
   Verb · third · plural · future · passive · indicative ▸ **5 + 2 = 7** (Gen. 12,3; Gen. 18,18; Gen. 22,18; Gen. 26,4; Gen. 28,14; Acts 3,25; Gal. 3,8)
ἐνευφραίνομαι (ἐν; εὖ; φρήν) to rejoice ▸ 1
ἐνευφραίνετο ▸ 1
   Verb · third · singular · aorist · middle · indicative ▸ **1** (Prov. 8,31)
ἐνεχυράζω (ἐν; ἔχω) to take in pledge ▸ 10
ἐνεχυράζει ▸ 1
   Verb · third · singular · present · active · indicative ▸ **1** (Deut. 24,6)
ἐνεχυράζετε ▸ 1
   Verb · second · plural · present · active · imperative ▸ **1** (Judith 8,16)
ἐνεχυράσαι ▸ 1
   Verb · aorist · active · infinitive ▸ **1** (Deut. 24,10)
ἐνεχυράσεις ▸ 2
   Verb · second · singular · future · active · indicative ▸ **2** (Deut. 24,6; Deut. 24,17)
ἐνεχύρασεν ▸ 1
   Verb · third · singular · aorist · active · indicative ▸ **1** (Ezek. 18,16)
ἐνεχυράσης ▸ 1
   Verb · second · singular · aorist · active · subjunctive ▸ **1** (Ex. 22,25)
ἐνεχυράσω ▸ 1
   Verb · first · singular · future · active · indicative ▸ **1** (Job 34,31)
ἠνεχύραζες ▸ 1
   Verb · second · singular · imperfect · active · indicative ▸ **1** (Job 22,6)
ἠνεχύρασαν ▸ 1
   Verb · third · plural · aorist · active · indicative ▸ **1** (Job 24,3)
ἐνεχύρασμα (ἐν; ἔχω) pledge ▸ 2
ἐνεχύρασμα ▸ 2
   Noun · neuter · singular · accusative · (common) ▸ **2** (Ex. 22,25; Ezek. 33,15)
ἐνεχυρασμός (ἐν; ἔχω) pledge, pledge-taking ▸ 3
ἐνεχυρασμόν ▸ 3
   Noun · masculine · singular · accusative · (common) ▸ **3** (Ezek. 18,7; Ezek. 18,12; Ezek. 18,16)
ἐνέχυρον (ἐν; ἔχω) pledge, guarantee ▸ 4
ἐνέχυρον ▸ 3
   Noun · neuter · singular · accusative · (common) ▸ **3** (Deut. 24,10; Deut. 24,11; Deut. 24,13)
ἐνεχύρῳ ▸ 1
   Noun · neuter · singular · dative · (common) ▸ **1** (Deut. 24,12)
ἐνέχω (ἐν; ἔχω) to have a grudge against; be entangled ▸ 4 + 3 = 7
ἐνεῖχεν ▸ 1
   Verb · third · singular · imperfect · active · indicative ▸ **1** (Mark 6,19)
ἐνεῖχον ▸ 1
   Verb · third · plural · imperfect · active · indicative ▸ **1** (Gen. 49,23)
ἐνέσχηται ▸ 1
   Verb · third · singular · perfect · passive · subjunctive ▸ **1** (3Mac. 6,10)
ἐνέχειν ▸ 1
   Verb · present · active · infinitive ▸ **1** (Luke 11,53)

ἐνέχεσθε ▸ 1
　　Verb · second · plural · present · passive · imperative ▸ **1** (Gal. 5,1)
ἐνέχεται ▸ 2
　　Verb · third · singular · present · middle · indicative ▸ **1** (Ezek. 14,7)
　　Verb · third · singular · present · passive · indicative ▸ **1** (Ezek. 14,4)
ἐνῆλιξ (ἐν; ἧλιξ)　person in his prime ▸ 1
　ἐνηλίκων ▸ 1
　　Noun · masculine · plural · genitive · (common) ▸ **1** (4Mac. 18,9)
Ενηνιος　Eneneus ▸ 1
　Ενηνιος ▸ 1
　　Noun · masculine · singular · genitive · (proper) ▸ **1** (1Esdr. 5,8)
ἔνθα　there; then ▸ 10
　ἔνθα ▸ 10
　　Adverb ▸ **10** (2Kings 2,8; 2Kings 2,8; 2Kings 2,14; 2Kings 2,14; 2Kings 5,25; 2Kings 5,25; 1Mac. 6,45; 1Mac. 6,45; 2Mac. 12,27; 4Mac. 6,25)
ἐνθάδε (ἔνθα)　here, to this place ▸ 1 + 8 = 9
　ἐνθάδε ▸ 1 + 8 = 9
　　Adverb · (place) ▸ 1 + 8 = **9** (3Mac. 6,25; Luke 24,41; John 4,15; John 4,16; Acts 10,18; Acts 16,28; Acts 17,6; Acts 25,17; Acts 25,24)
ἔνθεμα (ἐν; θέμα)　ornament ▸ 1
　ἐνθέματι ▸ 1
　　Noun · neuter · singular · dative · (common) ▸ **1** (Song 4,9)
ἐνθέμιον　socket ▸ 2
　ἐνθέμια ▸ 1
　　Noun · neuter · plural · accusative · (common) ▸ **1** (Ex. 38,16)
　ἐνθέμιον ▸ 1
　　Noun · neuter · singular · accusative · (common) ▸ **1** (Ex. 38,16)
ἔνθεν (ἐν; θεν)　from there, thereupon, from that point ▸ 74 + 2 = 76
　ἔνθεν ▸ 74 + 2 = 76
　　Adverb · (place) ▸ 74 + 2 = **76** (Ex. 26,13; Ex. 26,13; Ex. 32,15; Ex. 32,15; Ex. 37,13; Ex. 37,13; Josh. 8,33 # 9,2d; Josh. 8,33 # 9,2d; 1Sam. 14,4; 1Sam. 14,4; 1Sam. 14,16; 1Sam. 14,16; 1Kings 10,19; 1Kings 10,19; 1Kings 10,20; 1Kings 10,20; 2Kings 4,35; 2Kings 4,35; 2Chr. 9,18; 2Chr. 9,18; 2Chr. 9,19; 2Chr. 9,19; 1Mac. 6,38; 1Mac. 6,38; 1Mac. 9,45; 1Mac. 9,45; 3Mac. 2,22; 3Mac. 2,22; Ezek. 40,10; Ezek. 40,10; Ezek. 40,10; Ezek. 40,10; Ezek. 40,12; Ezek. 40,12; Ezek. 40,12; Ezek. 40,12; Ezek. 40,16; Ezek. 40,16; Ezek. 40,21; Ezek. 40,21; Ezek. 40,26; Ezek. 40,26; Ezek. 40,34; Ezek. 40,34; Ezek. 40,37; Ezek. 40,37; Ezek. 40,41; Ezek. 40,41; Ezek. 40,48; Ezek. 40,48; Ezek. 40,48; Ezek. 40,48; Ezek. 40,49; Ezek. 40,49; Ezek. 41,1; Ezek. 41,1; Ezek. 41,2; Ezek. 41,2; Ezek. 41,3; Ezek. 41,3; Ezek. 41,15; Ezek. 41,15; Ezek. 41,19; Ezek. 41,19; Ezek. 41,19; Ezek. 41,19; Ezek. 41,26; Ezek. 41,26; Ezek. 47,7; Ezek. 47,7; Ezek. 47,12; Ezek. 47,12; Dan. 12,5; Dan. 12,5; Matt. 17,20; Luke 16,26)
ἔνθεσμος (ἐν; τίθημι)　lawful ▸ 1
　ἐνθέσμου ▸ 1
　　Adjective · feminine · singular · genitive · noDegree ▸ **1** (3Mac. 2,21)
ἐνθουσιάζω (ἐν; θεός)　to be moved by a deity ▸ 1
　ἐνθουσιάζουσιν ▸ 1
　　Verb · present · active · participle · masculine · plural · dative ▸ **1** (Sir. 31,7)
ἐνθρονίζω (ἐν; θρόνος)　to enthrone ▸ 1
　ἐνεθρόνισεν ▸ 1
　　Verb · third · singular · aorist · active · indicative ▸ **1** (4Mac. 2,22)
ἐνθρύπτω (ἐν; θρύπτω)　to crumble in ▸ 1 + 1 = 2
　ἐνέθρυψεν ▸ 1
　　Verb · third · singular · aorist · active · indicative ▸ **1** (Bel 33)
　ἐντεθρυμμένους ▸ 1
　　Verb · perfect · passive · participle · masculine · plural · accusative ▸ **1** (Bel 33)
ἐνθυμέομαι (ἐν; θυμός)　to think, ponder ▸ 21 + 2 = 23
　ἐνθυμεῖσθε ▸ 1
　　Verb · second · plural · present · middle · indicative ▸ **1** (Matt. 9,4)
　ἐνεθυμεῖτο ▸ 1
　　Verb · third · singular · imperfect · middle · indicative ▸ **1** (1Mac. 6,8)
　ἐνεθυμήθη ▸ 5
　　Verb · third · singular · aorist · passive · indicative ▸ **5** (Gen. 6,6; 3Mac. 1,10; Is. 10,7; Lam. 2,17; Dan. 1,8)
　ἐνεθυμήθησαν ▸ 1
　　Verb · third · plural · aorist · passive · indicative ▸ **1** (4Mac. 8,27)
　ἐνθυμηθείς ▸ 2
　　Verb · aorist · passive · participle · masculine · singular · nominative ▸ **2** (Josh. 7,21; Wis. 3,14)
　ἐνθυμηθέντες ▸ 1
　　Verb · aorist · passive · participle · masculine · plural · nominative ▸ **1** (Josh. 6,18)
　ἐνθυμηθέντος ▸ 1
　　Verb · aorist · passive · participle · masculine · singular · genitive ▸ **1** (Matt. 1,20)
　ἐνθυμηθῆναι ▸ 2
　　Verb · aorist · passive · infinitive ▸ **2** (Wis. 6,15; Wis. 7,15)
　ἐνθυμηθῇς ▸ 1
　　Verb · second · singular · aorist · passive · subjunctive ▸ **1** (Deut. 21,11)
　ἐνθυμηθήσεται ▸ 3
　　Verb · third · singular · future · passive · indicative ▸ **3** (Wis. 9,13; Sir. 16,20; Sir. 17,31)
　ἐνθυμήθητι ▸ 1
　　Verb · second · singular · aorist · passive · imperative ▸ **1** (4Mac. 5,13)
　ἐνθυμηθῶμεν ▸ 1
　　Verb · first · plural · aorist · passive · subjunctive ▸ **1** (4Mac. 8,21)
　ἐνθυμούμενος ▸ 1
　　Verb · present · middle · participle · masculine · singular · nominative ▸ **1** (Bar. 3,31)
　ἐνθυμοῦνται ▸ 1
　　Verb · third · plural · present · middle · indicative ▸ **1** (1Esdr. 8,11)
　ἐντεθυμημένης ▸ 1
　　Verb · perfect · passive · participle · feminine · singular · genitive ▸ **1** (3Mac. 1,25)
ἐνθύμημα (ἐν; θυμός)　argument, reasoning; invention, thought ▸ 28
　ἐνθύμημα ▸ 3
　　Noun · neuter · singular · accusative · (common) ▸ **1** (1Chr. 28,9)
　　Noun · neuter · singular · nominative · (common) ▸ **1** (Psa. 118,118)
　　Noun · neuter · singular · vocative · (common) ▸ **1** (Sir. 37,3)
　ἐνθυμήμασιν ▸ 5
　　Noun · neuter · plural · dative · (common) ▸ **5** (Jer. 7,24; Ezek. 14,5; Ezek. 20,31; Ezek. 23,7; Ezek. 23,30)
　ἐνθυμήμασίν ▸ 1

Noun · neuter · plural · dative · (common) ▸ **1** (Ezek. 22,4)
ἐνθυμήματα ▸ 9
Noun · neuter · plural · accusative · (common) ▸ **9** (Sir. 35,22; Ezek. 14,7; Ezek. 14,22; Ezek. 14,23; Ezek. 16,36; Ezek. 18,6; Ezek. 18,15; Ezek. 22,3; Ezek. 23,37)
ἐνθυμήματά ▸ 4
Noun · neuter · plural · accusative · (common) ▸ **4** (Sir. 32,12; Mal. 2,16; Ezek. 24,14; Ezek. 24,14)
ἐνθυμήματος ▸ 1
Noun · neuter · singular · genitive · (common) ▸ **1** (Sir. 27,6)
ἐνθυμημάτων ▸ 5
Noun · neuter · plural · genitive · (common) ▸ **5** (Jer. 3,17; Ezek. 20,16; Ezek. 20,24; Ezek. 23,49; Ezek. 44,10)

ἐνθύμησις (ἐν; θυμός) inborn idea, esteem, thought ▸ 4
ἐνθυμήσεις ▸ 2
Noun · feminine · plural · accusative ▸ **2** (Matt. 9,4; Matt. 12,25)
ἐνθυμήσεων ▸ 1
Noun · feminine · plural · genitive ▸ **1** (Heb. 4,12)
ἐνθυμήσεως ▸ 1
Noun · feminine · singular · genitive ▸ **1** (Acts 17,29)

ἐνθύμιος (ἐν; θυμός) taken to heart ▸ 2
ἐνθύμιον ▸ 1
Adjective · neuter · singular · nominative · noDegree ▸ **1** (Psa. 75,11)
ἐνθυμίου ▸ 1
Adjective · neuter · singular · genitive · noDegree ▸ **1** (Psa. 75,11)

ἐνιαύσιος (ἔνος; αὐτός) year old; annual, yearly ▸ 57
ἐνιαύσιαι ▸ 1
Adjective · feminine · plural · nominative · noDegree ▸ **1** (Num. 7,88)
ἐνιαυσίαν ▸ 2
Adjective · feminine · singular · accusative · noDegree ▸ **2** (Num. 6,14; Num. 15,27)
ἐνιαυσίας ▸ 12
Adjective · feminine · plural · accusative · noDegree ▸ **10** (Num. 7,17; Num. 7,23; Num. 7,35; Num. 7,41; Num. 7,47; Num. 7,53; Num. 7,65; Num. 7,71; Num. 7,77; Num. 7,83)
Adjective · feminine · singular · genitive · noDegree ▸ **2** (Num. 7,29; Num. 7,59)
ἐνιαύσιοι ▸ 1
Adjective · masculine · plural · nominative · noDegree ▸ **1** (Num. 7,87)
ἐνιαυσίοις ▸ 1
Adjective · masculine · plural · dative · noDegree ▸ **1** (Mic. 6,6)
ἐνιαύσιον ▸ 21
Adjective · masculine · singular · accusative · noDegree ▸ **18** (Lev. 9,3; Lev. 12,6; Num. 6,12; Num. 6,14; Num. 7,15; Num. 7,21; Num. 7,27; Num. 7,33; Num. 7,39; Num. 7,45; Num. 7,51; Num. 7,57; Num. 7,63; Num. 7,69; Num. 7,75; Num. 7,81; Num. 8,8; Ezek. 46,13)
Adjective · neuter · singular · accusative · noDegree ▸ **2** (Lev. 14,10; Lev. 23,12)
Adjective · neuter · singular · nominative · noDegree ▸ **1** (Ex. 12,5)
ἐνιαυσίους ▸ 19
Adjective · masculine · plural · accusative · noDegree ▸ **19** (Ex. 29,38; Lev. 14,10; Lev. 23,18; Lev. 23,19; Num. 28,3; Num. 28,9; Num. 28,11; Num. 28,19; Num. 28,27; Num. 29,2; Num. 29,8; Num. 29,13; Num. 29,17; Num. 29,20; Num. 29,23; Num. 29,26; Num. 29,29; Num. 29,32; Num. 29,36)

ἐνιαυτός (ἔνος; αὐτός) year; cycle, period ▸ 150 + 4 + 14 = 168
ἐνιαυτόν ▸ 11 + 1 + 2 = 14
Noun · masculine · singular · accusative · (common) ▸ **11 + 1 + 2 = 14** (Deut. 14,22; 1Kings 5,25; 1Kings 10,25; 2Chr. 9,24; 1Esdr. 4,52; 1Esdr. 6,29; Neh. 10,35; Tob. 1,7; 1Mac. 8,4; 1Mac. 10,42; Is. 29,1; Tob. 1,7; Heb. 10,3; Rev. 9,15)
ἐνιαυτὸν ▸ 43 + 6 = 49
Noun · masculine · singular · accusative · (common) ▸ **43 + 6 = 49** (Lev. 25,10; Lev. 25,52; Lev. 25,53; Lev. 27,18; Deut. 14,22; Deut. 15,20; Deut. 24,5; 1Sam. 1,7; 1Sam. 1,7; 1Sam. 7,16; 1Sam. 7,16; 1Kings 10,25; 2Kings 8,26; 2Kings 19,29; 2Chr. 9,24; 2Chr. 22,2; 2Chr. 24,5; 2Chr. 24,5; 2Chr. 27,5; 2Chr. 27,5; 1Esdr. 1,43; 1Esdr. 4,51; Neh. 10,33; Neh. 10,35; Neh. 10,36; Neh. 10,36; 1Mac. 3,28; 1Mac. 4,59; 1Mac. 4,59; 1Mac. 7,49; 1Mac. 8,16; 1Mac. 10,40; 1Mac. 11,34; 1Mac. 13,52; 2Mac. 10,8; 3Mac. 1,11; 4Mac. 4,17; Zech. 14,16; Is. 29,1; Is. 37,30; Is. 61,2; Ezek. 4,6; Ezek. 15,4; Luke 4,19; Acts 11,26; Acts 18,11; Heb. 9,25; Heb. 10,1; James 4,13)
ἐνιαυτὸς ▸ 15
Noun · masculine · singular · nominative · (common) ▸ **15** (Lev. 25,5; Lev. 25,10; Lev. 25,11; Lev. 25,29; Lev. 25,30; 2Sam. 21,1; 2Kings 18,9; 2Kings 18,10; 2Kings 25,8; 1Esdr. 8,5; Is. 21,16; Is. 21,16; Is. 34,8; Is. 63,4; Jer. 39,1)
ἐνιαυτοῦ ▸ 40 + 4 = 44
Noun · masculine · singular · genitive · (common) ▸ **40 + 4 = 44** (Ex. 12,2; Ex. 23,14; Ex. 23,16; Ex. 23,17; Ex. 30,10; Ex. 30,10; Ex. 34,22; Ex. 34,23; Ex. 34,24; Lev. 16,34; Lev. 23,41; Lev. 25,50; Lev. 25,53; Lev. 27,17; Lev. 27,23; Num. 14,34; Num. 28,14; Deut. 11,12; Deut. 11,12; Deut. 15,20; Deut. 16,16; Deut. 31,10; 2Sam. 11,1; 2Sam. 21,1; 1Kings 12,24x; 1Kings 21,22; 1Kings 21,26; 2Kings 13,20; 2Kings 24,18; 1Chr. 27,1; 2Chr. 8,13; 2Chr. 24,23; 2Chr. 36,10; Psa. 64,12; Job 3,6; Wis. 7,19; Sir. 33,7; Is. 6,1; Is. 32,10; Dan. 11,13; John 11,49; John 11,51; John 18,13; Heb. 9,7)
ἐνιαυτούς ▸ 1
Noun · masculine · plural · accusative ▸ **1** (Gal. 4,10)
ἐνιαυτοὺς ▸ 1 + 1 = 2
Noun · masculine · plural · accusative · (common) ▸ **1 + 1 = 2** (Gen. 1,14; James 5,17)
ἐνιαυτῷ ▸ 35 + 2 = 37
Noun · masculine · singular · dative · (common) ▸ **35 + 2 = 37** (Gen. 17,21; Gen. 26,12; Gen. 47,17; Ex. 23,29; Lev. 27,24; Num. 10,11; Deut. 14,28; Josh. 5,12; Judg. 10,8; Judg. 11,40; 1Kings 2,35g; 1Kings 4,7; 1Kings 6,1d; 1Kings 10,14; 1Kings 14,25; 1Kings 15,9; 1Kings 16,28a; 1Kings 18,1; 1Kings 22,2; 2Kings 17,4; 2Kings 25,27; 2Chr. 9,13; 1Mac. 4,28; Is. 37,30; Jer. 11,23; Jer. 17,8; Jer. 23,12; Jer. 31,44; Jer. 35,16; Jer. 39,1; Jer. 43,1; Jer. 51,31; Jer. 52,31; Dan. 10,1; Dan. 11,1; Judg. 11,40; Sus. 5)
ἐνιαυτῶν ▸ 5 + 1 = 6
Noun · masculine · plural · genitive · (common) ▸ **5 + 1 = 6** (Gen. 47,28; Lev. 25,15; 1Kings 14,21; Prov. 2,19; Dan. 11,6; Dan. 11,13)

ἐνίημι (ἐν; ἵημι) to send in, to evoke ▸ 2
ἐνῆκας ▸ 1
Verb · second · singular · aorist · active · indicative ▸ **1** (Bar. 2,20)
ἐνιέντες ▸ 1
Verb · present · active · participle · masculine · plural · nominative ▸ **1** (4Mac. 4,10)

ἔνιοι (εἰμί; ὁ) some ▸ 2

Ἔνιοι ‣ 1
    Adjective · masculine · plural · nominative · noDegree ‣ 1 (3Mac. 2,31)

ἐνίοις ‣ 1
    Adjective · masculine · plural · dative · noDegree ‣ 1 (3Mac. 3,4)

ἐνίοτε (εἰμί; ὅτε) sometimes ‣ 1
    ἐνίοτε ‣ 1
        Adverb ‣ 1 (Sir. 37,14)

ἐνίστημι (ἐν; ἵστημι) to begin, be, be upon, be present ‣ 13 + 7 = 20
    ἐνέστη ‣ 1
        Verb · third · singular · aorist · active · indicative ‣ 1 (2Mac. 4,43)
    ἐνέστηκεν ‣ 1
        Verb · third · singular · perfect · active · indicative ‣ 1 (2Th. 2,2)
    ἐνεστηκότα ‣ 1
        Verb · perfect · active · participle · masculine · singular · accusative ‣ 1 (Heb. 9,9)
    ἐνεστηκότος ‣ 1
        Verb · perfect · active · participle · masculine · singular · genitive ‣ 1 (1Mac. 12,44)
    ἐνεστὸς ‣ 1
        Verb · perfect · active · participle · neuter · singular · nominative ‣ 1 (2Mac. 3,17)
    ἐνεστῶσαν ‣ 1 + 1 = 2
        Verb · aorist · active · participle · feminine · singular · accusative ‣ 1 + 1 = 2 (2Mac. 6,9; 1Cor. 7,26)
    ἐνεστώσης ‣ 1
        Verb · perfect · active · participle · feminine · singular · genitive ‣ 1 (2Mac. 12,3)
    ἐνεστῶσιν ‣ 1
        Verb · perfect · active · participle · masculine · plural · dative ‣ 1 (3Mac. 1,16)
    ἐνεστῶτα ‣ 1 + 2 = 3
        Verb · perfect · active · participle · masculine · singular · accusative ‣ 1 (1Esdr. 9,6)
        Verb · perfect · active · participle · neuter · plural · nominative ‣ 2 (Rom. 8,38; 1Cor. 3,22)
    ἐνεστῶτος ‣ 1 + 1 = 2
        Verb · perfect · active · participle · masculine · singular · genitive ‣ 1 (Gal. 1,4)
        Verb · perfect · active · participle · neuter · singular · genitive ‣ 1 (Esth. 13,6 # 3,13f)
    ἐνισταμένου ‣ 1
        Verb · present · middle · participle · masculine · singular · genitive ‣ 1 (1Kings 12,24x)
    Ἐνστάντος ‣ 1
        Verb · aorist · active · participle · masculine · singular · genitive ‣ 1 (1Esdr. 5,46)
    ἐνστάσης ‣ 1
        Verb · aorist · active · participle · feminine · singular · genitive ‣ 1 (3Mac. 3,24)
    ἐνστασῶν ‣ 1
        Verb · aorist · active · participle · feminine · plural · genitive ‣ 1 (4Mac. 2,8)
    ἐνστῇ ‣ 1
        Verb · third · singular · aorist · active · subjunctive ‣ 1 (1Mac. 8,24)
    ἐνστήσονται ‣ 1
        Verb · third · plural · future · middle · indicative ‣ 1 (2Tim. 3,1)

ἐνισχύω (ἐν; ἰσχύς) to strengthen ‣ 54 + 10 + 2 = 66
    ἐνίσχυον ‣ 2
        Verb · present · active · participle · neuter · singular · accusative ‣ 1 (Neh. 10,30)
        Verb · third · plural · imperfect · active · indicative ‣ 1 (Ezek. 27,9)
    ἐνισχύοντος ‣ 1
        Verb · present · active · participle · masculine · singular · genitive ‣ 1 (Judg. 5,14)
    ἐνισχύουσα ‣ 1
        Verb · present · active · participle · feminine · singular · nominative ‣ 1 (Is. 57,10)
    ἐνισχῦσαι ‣ 3 + 1 = 4
        Verb · aorist · active · infinitive ‣ 3 + 1 = 4 (2Kings 12,9; 1Chr. 15,21; Dan. 11,1; Dan. 6,8)
    ἐνισχῦσαί ‣ 1
        Verb · aorist · active · infinitive ‣ 1 (Sol. 16,12)
    ἐνίσχυσαν ‣ 6 + 2 = 8
        Verb · third · plural · aorist · active · indicative ‣ 6 + 2 = 8 (Judg. 5,11; 1Chr. 4,23; 2Chr. 24,13; Ezra 1,6; 1Mac. 1,34; 3Mac. 2,32; Judg. 9,24; Judg. 20,22)
    ἐνισχύσας ‣ 3
        Verb · aorist · active · participle · masculine · singular · nominative ‣ 3 (Gen. 48,2; Sir. 50,4; Is. 41,10)
    ἐνίσχυσας ‣ 1
        Verb · second · singular · aorist · active · indicative ‣ 1 (Gen. 32,29)
    ἐνίσχυσάς ‣ 1
        Verb · second · singular · aorist · active · indicative ‣ 1 (Dan. 10,19)
    ἐνισχύσατε ‣ 1
        Verb · second · plural · aorist · active · indicative ‣ 1 (Ezek. 34,4)
    Ἐνισχύσατε ‣ 1
        Verb · second · plural · aorist · active · imperative ‣ 1 (Jer. 6,1)
    ἐνισχυσάτωσαν ‣ 2
        Verb · third · plural · aorist · active · imperative ‣ 2 (Deut. 32,43; Ode. 2,43)
    ἐνίσχυσέ ‣ 1
        Verb · third · singular · aorist · active · indicative ‣ 1 (Dan. 10,19)
    ἐνισχύσει ‣ 3 + 2 = 5
        Verb · third · singular · future · active · indicative ‣ 3 + 2 = 5 (Hos. 10,11; Joel 4,16; Dan. 11,5; Dan. 11,5; Dan. 11,5)
    ἐνισχύσεις ‣ 1
        Verb · second · singular · future · active · indicative ‣ 1 (2Sam. 22,40)
    ἐνίσχυσεν ‣ 16 + 2 + 1 = 19
        Verb · third · singular · aorist · active · indicative ‣ 16 + 2 + 1 = 19 (Gen. 12,10; Gen. 43,1; Gen. 47,4; Gen. 47,13; Judg. 1,28; Judg. 3,12; Judg. 20,22; 2Kings 25,3; 2Chr. 1,1; 1Mac. 7,25; Psa. 147,2; Sir. 48,22; Hos. 12,4; Hos. 12,5; Is. 33,23; Jer. 9,2; Judg. 1,28; Judg. 3,12; Acts 9,19)
    ἐνίσχυσέν ‣ 1
        Verb · third · singular · aorist · active · indicative ‣ 1 (Dan. 10,18)
    ἐνισχύσῃς ‣ 1
        Verb · second · singular · aorist · active · subjunctive ‣ 1 (Sol. 16,13)
    ἐνισχύσητε ‣ 1
        Verb · second · plural · aorist · active · subjunctive ‣ 1 (Ezra 9,12)
    ἐνίσχυσον ‣ 1
        Verb · second · singular · aorist · active · imperative ‣ 1 (Judg. 5,12)

ἐνίσχυσόν ▸ 1 + 1 = 2
    Verb · second · singular · aorist · active · imperative ▸ 1 + 1 = 2 (Judg. 16,28; Judg. 16,28)
ἐνισχύσουσιν ▸ 1
    Verb · third · plural · future · active · indicative ▸ 1 (2Sam. 16,21)
ἐνισχύσω ▸ 4
    Verb · first · singular · future · active · indicative ▸ 4 (Gen. 33,14; Is. 42,6; Ezek. 30,25; Ezek. 34,16)
ἐνισχύσωμεν ▸ 1
    Verb · first · plural · aorist · active · subjunctive ▸ 1 (1Chr. 19,13)
ἐνισχύων ▸ 1 + 1 = 2
    Verb · present · active · participle · masculine · singular · nominative ▸ 1 + 1 = 2 (Judg. 5,12; Luke 22,43)

Ενναθωθ Hannathon ▸ 1
  Ενναθωθ ▸ 1
    Noun · singular · accusative · (proper) ▸ 1 (Josh. 19,14)

ἐννακόσιοι (ἐννέα; ἑκατόν) nine hundred ▸ 17 + 2 = 19
  ἐννακόσια ▸ 9 + 2 = 11
    Adjective · neuter · plural · accusative · (cardinal · numeral) ▸ 1 (Judg. 4,13)
    Adjective · neuter · plural · nominative · (cardinal · numeral) ▸ 9 + 1 = 10 (Gen. 5,5; Gen. 5,8; Gen. 5,11; Gen. 5,14; Gen. 5,20; Gen. 5,27; Gen. 9,29; Judg. 4,3; Judg. 4,13; Judg. 4,3)
  ἐννακόσιοι ▸ 8
    Adjective · masculine · plural · nominative · (cardinal · numeral) ▸ 8 (1Chr. 9,9; 1Esdr. 5,12; 1Esdr. 5,24; Ezra 2,8; Ezra 2,36; Neh. 7,38; Neh. 7,39; Neh. 11,8)

Ενναταν Elnathan ▸ 1
  Ενναταν ▸ 1
    Noun · masculine · singular · accusative · (proper) ▸ 1 (1Esdr. 8,43)

ἐννέα (ἐν; ἐννέα) nine ▸ 37 + 6 + 5 = 48
  ἐννέα ▸ 36 + 6 + 5 = 47
    Adjective · feminine · plural · accusative · (cardinal · numeral) ▸ 1 (Josh. 21,16)
    Adjective · feminine · plural · dative · (cardinal · numeral) ▸ 3 (Num. 34,13; Josh. 13,7; Josh. 14,2)
    Adjective · feminine · plural · nominative · (cardinal · numeral) ▸ 4 + 5 = 9 (Gen. 46,27; Josh. 15,54; Josh. 15,57; 1Esdr. 2,9; Josh. 15,32; Josh. 15,44; Josh. 15,54; Josh. 15,57; Josh. 19,38)
    Adjective · masculine · plural · accusative · (cardinal · numeral) ▸ 4 + 1 = 5 (Num. 29,26; 2Mac. 7,27; 2Mac. 12,10; Dan. 3,47; Dan. 3,47)
    Adjective · masculine · plural · dative · (cardinal · numeral) ▸ 2 (Luke 15,7; Luke 17,17)
    Adjective · masculine · plural · genitive · (cardinal · numeral) ▸ 3 (Num. 1,23; Deut. 3,11; 2Sam. 24,8)
    Adjective · masculine · plural · nominative · (cardinal · numeral) ▸ 5 (Num. 2,13; Josh. 12,24; 1Chr. 3,8; 1Esdr. 5,28; Ezra 2,42)
    Adjective · neuter · plural · accusative · (cardinal · numeral) ▸ 10 + 2 = 12 (Gen. 5,27; Gen. 11,19; Gen. 11,24; Gen. 11,25; 2Kings 14,2; 2Kings 17,1; 2Kings 18,2; 2Chr. 25,1; 2Chr. 29,1; Neh. 11,1; Matt. 18,12; Luke 15,4)
    Adjective · neuter · plural · dative · (cardinal · numeral) ▸ 1 (Matt. 18,13)
    Adjective · neuter · plural · genitive · (cardinal · numeral) ▸ 3 (Gen. 17,1; Gen. 17,24; Lev. 25,8)
    Adjective · neuter · plural · nominative · (cardinal · numeral) ▸ 3 (Ex. 39,1; 1Esdr. 2,11; Ezra 1,9)
  Ἐννέα ▸ 1
    Adjective · neuter · plural · accusative · (cardinal · numeral) ▸ 1 (Sir. 25,7)

ἐννεακαίδεκα (ἐννέα; καί; δέκα) nineteen ▸ 1
  ἐννεακαίδεκα ▸ 1
    Adjective · (cardinal · numeral) ▸ 1 (2Sam. 2,30)

ἐννεακαιδέκατος (ἐννέα; καί; δέκα) nineteenth ▸ 3
  ἐννεακαιδέκατος ▸ 3
    Adjective · masculine · singular · nominative · (ordinal · numeral) ▸ 3 (2Kings 25,8; 1Chr. 24,16; 1Chr. 25,26)

ἐννέμομαι (ἐν; νέμω) to live among ▸ 1
  ἐννεμομένους ▸ 1
    Verb · perfect · middle · participle · masculine · plural · accusative ▸ 1 (3Mac. 3,25)

ἔννευμα (ἐν; νεύω) signal, sign ▸ 1
  ἐννεύμασιν ▸ 1
    Noun · neuter · plural · dative · (common) ▸ 1 (Prov. 6,13)

ἐννεύω (ἐν; νεύω) to give signalling motions ▸ 2 + 1 = 3
  ἐννεύει ▸ 1
    Verb · third · singular · present · active · indicative ▸ 1 (Prov. 6,13)
  ἐνένευον ▸ 1
    Verb · third · plural · imperfect · active · indicative ▸ 1 (Luke 1,62)
  ἐννεύων ▸ 1
    Verb · present · active · participle · masculine · singular · nominative ▸ 1 (Prov. 10,10)

ἐννοέω (ἐν; νοῦς) to consider, understand, intend ▸ 8 + 1 = 9
  ἐνενοήθης ▸ 1
    Verb · second · singular · aorist · passive · indicative ▸ 1 (Judith 9,5)
  ἐνενόησαν ▸ 1
    Verb · third · plural · aorist · active · indicative ▸ 1 (Job 1,5)
  ἐννοηθῇ ▸ 1
    Verb · third · singular · aorist · passive · subjunctive ▸ 1 (4Mac. 1,24)
  ἐννοηθήσεται ▸ 1
    Verb · third · singular · future · passive · indicative ▸ 1 (Sir. 14,21)
  ἐννοήθητε ▸ 1
    Verb · second · plural · aorist · passive · subjunctive ▸ 1 (1Mac. 2,61)
  ἐννοήθητι ▸ 1
    Verb · second · singular · aorist · passive · imperative ▸ 1 (Dan. 9,23)
  ἐννοηθῶσιν ▸ 1
    Verb · third · plural · aorist · passive · subjunctive ▸ 1 (Is. 41,20)
  ἐννόησον ▸ 1
    Verb · second · singular · aorist · active · imperative ▸ 1 (Bar. 2,16)
  ἐννοούμενοι ▸ 1
    Verb · present · middle · participle · masculine · plural · nominative ▸ 1 (Dan. 11,33)

ἐννόημα (ἐν; νοῦς) concept ▸ 1
  ἐννοήματος ▸ 1
    Noun · neuter · singular · genitive · (common) ▸ 1 (Sir. 21,11)

ἔννοια (ἐν; νοῦς) intent, conception; meaning, concept ▸ 13 + 1 + 2 = 16
  ἔννοια ▸ 4
    Noun · feminine · singular · nominative · (common) ▸ 4 (Prov. 2,11; Prov. 16,22; Prov. 19,7; Prov. 24,7)

ἐννοίᾳ ▸ 1
   Noun · feminine · singular · dative · (common) ▸ 1 (Prov. 23,4)
ἔννοιαν ▸ 6 + 1 = 7
   Noun · feminine · singular · accusative · (common) ▸ 6 + 1 = 7 (Prov. 1,4; Prov. 3,21; Prov. 4,1; Prov. 5,2; Prov. 8,12; Prov. 18,15; 1Pet. 4,1)
ἐννοίας ▸ 1 + 1 = 2
   Noun · feminine · plural · accusative · (common) ▸ 1 (Prov. 23,19)
   Noun · feminine · singular · genitive · (common) ▸ 1 (Sus. 28)
ἐννοιῶν ▸ 1 + 1 = 2
   Noun · feminine · plural · genitive · (common) ▸ 1 + 1 = 2 (Wis. 2,14; Heb. 4,12)
Εννομ Hinnom ▸ 5
   Εννομ ▸ 5
      Noun · masculine · singular · genitive · (proper) ▸ 5 (2Kings 23,10; Jer. 7,31; Jer. 7,32; Jer. 19,6; Jer. 39,35)
ἔννομος (ἐν; νόμος 1st homograph) lawful ▸ 1 + 2 = 3
   ἔννομος ▸ 1
      Adjective · masculine · singular · nominative ▸ 1 (1Cor. 9,21)
   ἐννόμου ▸ 1
      Adjective · feminine · singular · genitive · noDegree ▸ 1 (Sir. 1,14 Prol.)
   ἐννόμῳ ▸ 1
      Adjective · feminine · singular · dative ▸ 1 (Acts 19,39)
ἐννόμως (ἐν; νόμος 1st homograph) lawfully ▸ 2
   ἐννόμως ▸ 2
      Adverb ▸ 2 (Prov. 31,25; Sir. 1,36 Prol.)
ἐννοσσεύω (ἐν; νέος) to make a nest ▸ 2
   ἐννοσσεύουσα ▸ 1
      Verb · present · active · participle · feminine · singular · nominative ▸ 1 (Jer. 22,23)
   ἐννοσσεύσουσιν ▸ 1
      Verb · third · plural · future · active · indicative ▸ 1 (Psa. 103,17)
ἐννοσσοποιέομαι (ἐν; νέος; ποιέω) to make a nest for oneself ▸ 1
   ἐννοσσοποιησάμενα ▸ 1
      Verb · aorist · middle · participle · neuter · plural · accusative ▸ 1 (4Mac. 14,16)
ἔννυχος (ἐν; νύξ) in the night ▸ 1 + 1 = 2
   ἔννυχα ▸ 1
      Adverb ▸ 1 (Mark 1,35)
   ἔννυχον ▸ 1
      Adjective · feminine · singular · accusative · noDegree ▸ 1 (3Mac. 5,5)
Εννων Ennon ▸ 1
   Εννων ▸ 1
      Noun · masculine · singular · nominative · (proper) ▸ 1 (Job 42,17c)
ἐνοικειόομαι (ἐν; οἶκος) to be related to ▸ 1
   ἐνοικείωται ▸ 1
      Verb · third · singular · present · middle · subjunctive ▸ 1 (Esth. 8,1)
ἐνοικέω (ἐν; οἶκος) to dwell in ▸ 39 + 1 + 5 = 45
   ἐνοικεῖν ▸ 2
      Verb · present · active · infinitive ▸ 2 (Jer. 49,17; Jer. 51,8)
   ἐνοικεῖτε ▸ 1
      Verb · second · plural · present · active · indicative ▸ 1 (Judg. 6,10)
   ἐνοικείτω ▸ 1
      Verb · third · singular · present · active · imperative ▸ 1 (Col. 3,16)
   ἐνοικήσει ▸ 3
      Verb · third · singular · future · active · indicative ▸ 3 (Is. 32,18; Jer. 30,17; Jer. 34,11)
   ἐνοικήσῃ ▸ 1
      Verb · third · singular · aorist · active · subjunctive ▸ 1 (Jer. 30,12)
   ἐνοικήσουσιν ▸ 2
      Verb · third · plural · future · active · indicative ▸ 2 (Is. 65,21; Is. 65,22)
   ἐνοικήσω ▸ 1
      Verb · first · singular · future · active · indicative ▸ 1 (2Cor. 6,16)
   ἐνοικοῦντας ▸ 7
      Verb · present · active · participle · masculine · plural · accusative ▸ 7 (2Kings 22,16; 2Kings 22,19; Is. 24,1; Is. 24,17; Is. 26,5; Is. 26,21; Is. 37,26)
   ἐνοικοῦντες ▸ 17
      Verb · present · active · participle · masculine · plural · nominative ▸ 17 (Lev. 26,32; 2Kings 19,26; Ode. 5,9; Ode. 5,18; Ode. 10,3; Is. 5,3; Is. 5,9; Is. 21,14; Is. 23,2; Is. 23,6; Is. 24,6; Is. 26,9; Is. 26,18; Is. 27,5; Is. 32,19; Is. 40,22; Jer. 38,24)
   ἐνοικοῦντος ▸ 2
      Verb · present · active · participle · neuter · singular · genitive ▸ 2 (Rom. 8,11; 2Tim. 1,14)
   ἐνοικούντων ▸ 2
      Verb · present · active · participle · masculine · plural · genitive ▸ 2 (Sol. 17,11; Bar. 2,23)
   ἐνοικοῦσιν ▸ 3 + 1 = 4
      Verb · present · active · participle · masculine · plural · dative ▸ 2 + 1 = 3 (Is. 22,21; Is. 22,21; Dan. 9,7)
      Verb · third · plural · present · active · indicative ▸ 1 (Judith 7,10)
   ἐνοικῶν ▸ 1
      Verb · present · active · participle · masculine · singular · nominative ▸ 1 (Is. 33,24)
   ἐνῴκησεν ▸ 1
      Verb · third · singular · aorist · active · indicative ▸ 1 (2Tim. 1,5)
ἐνοικίζω (ἐν; οἶκος) to house, welcome into one's house ▸ 1
   ἐνοίκισον ▸ 1
      Verb · second · singular · aorist · active · imperative ▸ 1 (Sir. 11,34)
ἔνοικος (ἐν; οἶκος) in-dwelling; dweller, inhabitant ▸ 3
   ἔνοικος ▸ 1
      Adjective · masculine · singular · nominative · noDegree ▸ 1 (Jer. 31,9)
   ἐνοίκους ▸ 1
      Adjective · masculine · plural · accusative · noDegree ▸ 1 (Judg. 5,23)
   ἐνοίκων ▸ 1
      Adjective · masculine · plural · genitive · noDegree ▸ 1 (Jer. 51,2)
ἐνοπλίζομαι (ἐν; ὅπλον) to arm oneself, take up weapons ▸ 9
   ἐνοπλισάμενοι ▸ 2
      Verb · aorist · middle · participle · masculine · plural · nominative ▸ 2 (Num. 32,17; Deut. 3,18)
   ἐνωπλισμένοι ▸ 6
      Verb · perfect · middle · participle · masculine · plural · nominative ▸ 6 (Num. 31,5; Num. 32,27; Num. 32,30; Num. 32,32; Josh. 6,7; Judith 15,13)
   ἐνωπλισμένος ▸ 1

Verb · perfect · middle · participle · masculine · singular · nominative ▸ **1** (Num. 32,29)

ἔνοπλος (ἐν; ὅπλον) armed ▸ **5**
 ἔνοπλοι ▸ **1**
  Adjective · masculine · plural · nominative · noDegree ▸ **1** (1Kings 22,10)
 ἐνόπλου ▸ **1**
  Adjective · feminine · singular · genitive · noDegree ▸ **1** (3Mac. 5,48)
 ἐνόπλους ▸ **2**
  Adjective · feminine · plural · accusative · noDegree ▸ **1** (3Mac. 6,21)
  Adjective · masculine · plural · accusative · noDegree ▸ **1** (2Mac. 14,22)
 ἐνόπλων ▸ **1**
  Adjective · neuter · plural · genitive · noDegree ▸ **1** (4Mac. 5,1)

ἐνοράω (ἐν; ὁράω) to see ▸ **1**
 ἐνιδών ▸ **1**
  Verb · aorist · active · participle · masculine · singular · nominative ▸ **1** (Gen. 20,10)

ἐνορκίζω (ἐν; ὅρκος) to put under an oath ▸ **1**
 Ἐνορκίζω ▸ **1**
  Verb · first · singular · present · active · indicative ▸ **1** (1Th. 5,27)

ἐνόρκιον (ἐν; ὅρκος) oath ▸ **1**
 ἐνόρκιον ▸ **1**
  Noun · masculine · singular · accusative · (common) ▸ **1** (Num. 5,21)

ἔνορκος (ἐν; ὅρκος) bound by an oath ▸ **1**
 ἔνορκοι ▸ **1**
  Adjective · masculine · plural · nominative · noDegree ▸ **1** (Neh. 6,18)

ἐνόρκως (ἐν; ὅρκος) bound by oath ▸ **1**
 ἐνόρκως ▸ **1**
  Adverb ▸ **1** (Tob. 8,20)

ἑνότης (εἷς 1st homograph) unity, oneness ▸ **2**
 ἑνότητα ▸ **2**
  Noun · feminine · singular · accusative ▸ **2** (Eph. 4,3; Eph. 4,13)

ἐνοχλέω (ἐν; ὄχλος) to trouble, cause trouble ▸ **6 + 1 + 2 = 9**
 ἐνοχλεῖσθαι ▸ **1**
  Verb · present · passive · infinitive ▸ **1** (1Sam. 19,14)
 ἐνοχλεῖται ▸ **1**
  Verb · third · singular · present · passive · indicative ▸ **1** (Gen. 48,1)
 ἐνοχλῇ ▸ **1**
  Verb · third · singular · present · active · subjunctive ▸ **1** (Heb. 12,15)
 ἐνοχλῆσαι ▸ **1**
  Verb · aorist · active · infinitive ▸ **1** (1Esdr. 2,24)
 ἐνοχλῆται ▸ **1**
  Verb · third · singular · present · passive · subjunctive ▸ **1** (Dan. 6,3)
 ἐνοχλούμενα ▸ **1**
  Verb · present · passive · participle · neuter · plural · accusative ▸ **1** (Mal. 1,13)
 ἐνοχλούμενοι ▸ **1**
  Verb · present · passive · participle · masculine · plural · nominative ▸ **1** (Luke 6,18)
 ἐνοχλοῦσα ▸ **1**
  Verb · present · active · participle · feminine · singular · nominative ▸ **1** (1Esdr. 2,17)
 ἠνωχλήθην ▸ **1**
  Verb · first · singular · aorist · passive · indicative ▸ **1** (1Sam. 30,13)

ἔνοχος (ἐν; ἔχω) liable, guilty ▸ **22 + 10 = 32**
 ἔνοχοι ▸ **2 + 1 = 3**
  Adjective · masculine · plural · nominative · noDegree ▸ **2 + 1 = 3** (Josh. 2,19; Sir. 1,13 Prol.; Heb. 2,15)
 ἔνοχοί ▸ **6**
  Adjective · masculine · plural · nominative · noDegree ▸ **6** (Lev. 20,11; Lev. 20,12; Lev. 20,13; Lev. 20,16; Lev. 20,27; Is. 54,17)
 ἔνοχον ▸ **3 + 1 = 4**
  Adjective · masculine · singular · accusative · noDegree ▸ **3 + 1 = 4** (Ex. 34,7; Num. 14,18; 2Mac. 13,6; Mark 14,64)
 ἔνοχος ▸ **7 + 7 = 14**
  Adjective · masculine · singular · nominative · noDegree ▸ **7 + 7 = 14** (Gen. 26,11; Lev. 20,9; Deut. 19,10; Josh. 2,19; 1Mac. 14,45; Job 15,5; Sol. 4,3; Matt. 5,21; Matt. 5,22; Matt. 5,22; Matt. 5,22; Matt. 26,66; 1Cor. 11,27; James 2,10)
 ἔνοχός ▸ **2 + 1 = 3**
  Adjective · masculine · singular · nominative · noDegree ▸ **2 + 1 = 3** (Ex. 22,2; Num. 35,27; Mark 3,29)
 ἐνόχου ▸ **1**
  Adjective · masculine · singular · genitive · noDegree ▸ **1** (Num. 35,31)
 ἐνόχους ▸ **1**
  Adjective · masculine · plural · accusative · noDegree ▸ **1** (Sus. 53)

ἐνσείω (ἐν; σείω) to throw to the ground, to attack ▸ **5**
 ἐνέσεισαν ▸ **1**
  Verb · third · plural · aorist · active · indicative ▸ **1** (2Mac. 12,15)
 ἐνέσεισε ▸ **1**
  Verb · third · singular · aorist · active · indicative ▸ **1** (2Mac. 14,46)
 ἐνέσεισεν ▸ **1**
  Verb · third · singular · aorist · active · indicative ▸ **1** (2Mac. 3,25)
 ἐνσείσας ▸ **1**
  Verb · aorist · active · participle · masculine · singular · nominative ▸ **1** (2Mac. 12,37)
 ἐνσείσεις ▸ **1**
  Verb · second · singular · future · active · indicative ▸ **1** (2Kings 8,12)

ἐνσιτέομαι (ἐν; σῖτος) to feed on ▸ **1**
 ἐνσιτοῦνται ▸ **1**
  Verb · third · plural · present · middle · indicative ▸ **1** (Job 40,30)

ἐνσκολιεύομαι (ἐν; σκολιός) to twist ▸ **1**
 ἐνσκολιευόμενος ▸ **1**
  Verb · present · middle · participle · masculine · singular · nominative ▸ **1** (Job 40,24)

ἔνταλμα (ἐντολή) commandment ▸ **4 + 3 = 7**
 ἐντάλμασιν ▸ **1**
  Noun · neuter · plural · dative · (common) ▸ **1** (Job 23,11)
 ἐντάλματα ▸ **1 + 3 = 4**
  Noun · neuter · plural · accusative · (common) ▸ **1 + 3 = 4** (Is. 29,13; Matt. 15,9; Mark 7,7; Col. 2,22)
 ἐντάλματά ▸ **1**
  Noun · neuter · plural · accusative · (common) ▸ **1** (Is. 55,11)
 ἐνταλμάτων ▸ **1**
  Noun · neuter · plural · genitive · (common) ▸ **1** (Job 23,12)

ἐντάσσω (ἐν; τάσσω) to insert, to order ▸ **2 + 4 = 6**
 ἐνετάγη ▸ **1**

Verb · third · singular · aorist · passive · indicative ▸ **1** (Dan. 6,11)

ἐνέταξεν ▸ **1**
    Verb · third · singular · aorist · active · indicative ▸ **1** (Dan. 5,24)

ἔνταξον ▸ **1**
    Verb · second · singular · aorist · active · imperative ▸ **1** (Ezra 7,17)

ἐντάσσω ▸ **1**
    Verb · first · singular · present · active · indicative ▸ **1** (Amos 7,8)

ἐντεταγμένη ▸ **1**
    Verb · perfect · passive · participle · feminine · singular · nominative ▸ **1** (Dan. 5,25)

ἐντεταγμένον ▸ **1**
    Verb · perfect · passive · participle · neuter · singular · accusative ▸ **1** (Dan. 10,21)

ἐνταῦθα (**ἔνθα**)   here, on one side... on the other ▸ **32**
    ἐνταῦθα ▸ **30**
        Adverb ▸ **30** (Gen. 38,21; Gen. 48,9; Num. 23,1; Num. 23,1; Judg. 4,20; Judg. 16,2; Judg. 18,3; 1Sam. 7,12; 1Sam. 9,11; 1Sam. 10,22; 1Sam. 14,33; 1Sam. 14,34; 1Sam. 14,36; 1Sam. 14,38; 1Sam. 17,3; 1Sam. 17,3; 1Sam. 21,9; 1Sam. 21,10; 1Sam. 23,3; 2Sam. 11,12; 1Kings 19,9; 1Kings 19,13; 2Kings 2,2; 2Kings 2,4; 1Esdr. 5,66; 2Mac. 9,11; 2Mac. 13,6; 2Mac. 14,33; 2Mac. 15,39; Psa. 72,10)

    Ἐνταῦθα ▸ **2**
        Adverb ▸ **2** (3Mac. 2,21; 4Mac. 17,9)

ἐνταφιάζω (**ἐν**; **θάπτω**)   to prepare for burial ▸ **2 + 2 = 4**
    ἐνταφιάζειν ▸ **1**
        Verb · present · active · infinitive ▸ **1** (John 19,40)
    ἐνταφιάσαι ▸ **1 + 1 = 2**
        Verb · aorist · active · infinitive ▸ **1 + 1 = 2** (Gen. 50,2; Matt. 26,12)
    ἐνεταφίασαν ▸ **1**
        Verb · third · plural · aorist · active · indicative ▸ **1** (Gen. 50,2)

ἐνταφιασμός (**ἐν**; **θάπτω**)   preparation for burial ▸ **2**
    ἐνταφιασμόν ▸ **1**
        Noun · masculine · singular · accusative ▸ **1** (Mark 14,8)
    ἐνταφιασμοῦ ▸ **1**
        Noun · masculine · singular · genitive ▸ **1** (John 12,7)

ἐνταφιαστής (**ἐν**; **θάπτω**)   enbalmer ▸ **2**
    ἐνταφιασταί ▸ **1**
        Noun · masculine · plural · nominative · (common) ▸ **1** (Gen. 50,2)
    ἐνταφιασταῖς ▸ **1**
        Noun · masculine · plural · dative · (common) ▸ **1** (Gen. 50,2)

ἐντείνω (**ἐν**; **τείνω**)   to stretch tight ▸ **22**
    ἐνέτεινά ▸ **1**
        Verb · first · singular · aorist · active · indicative ▸ **1** (Zech. 9,13)
    ἐνέτειναν ▸ **4**
        Verb · third · plural · aorist · active · indicative ▸ **4** (Psa. 10,2; Psa. 36,14; Psa. 63,4; Jer. 9,2)
    ἐνέτεινεν ▸ **4**
        Verb · third · singular · aorist · active · indicative ▸ **4** (1Kings 22,34; 2Chr. 18,33; Psa. 7,13; Lam. 3,12)
    Ἐνέτεινεν ▸ **1**
        Verb · third · singular · aorist · active · indicative ▸ **1** (Lam. 2,4)
    ἐντείνατε ▸ **1**
        Verb · second · plural · aorist · active · imperative ▸ **1** (Jer. 26,9)
    ἔντεινον ▸ **1**
        Verb · second · singular · aorist · active · imperative ▸ **1** (Psa. 44,5)

    ἐντείνοντες ▸ **1**
        Verb · present · active · participle · masculine · plural · nominative ▸ **1** (Psa. 77,9)
    ἐντείνοντι ▸ **1**
        Verb · present · active · participle · masculine · singular · dative ▸ **1** (Jer. 27,29)
    ἐντείνων ▸ **2**
        Verb · present · active · participle · masculine · singular · nominative ▸ **2** (Ode. 4,9; Hab. 3,9)
    ἐντενεῖ ▸ **1**
        Verb · third · singular · future · active · indicative ▸ **1** (Psa. 57,8)
    ἐντενεῖς ▸ **2**
        Verb · second · singular · future · active · indicative ▸ **2** (Ode. 4,9; Hab. 3,9)
    ἐντεταμένα ▸ **1**
        Verb · perfect · passive · participle · neuter · plural · nominative ▸ **1** (Is. 5,28)
    ἐντεταμένον ▸ **1**
        Verb · perfect · passive · participle · neuter · singular · nominative ▸ **1** (Hos. 7,16)
    ἐντεταμένου ▸ **1**
        Verb · perfect · passive · participle · neuter · singular · genitive ▸ **1** (Jer. 4,29)

ἐντέλλομαι (**ἐντολή**)   to command ▸ **412 + 12 = 424**
    ἐνετειλάμεθα ▸ **3**
        Verb · first · plural · aorist · middle · indicative ▸ **3** (1Sam. 25,7; 1Sam. 25,21; 1Mac. 12,17)
    ἐνετειλάμην ▸ **40 + 2 = 42**
        Verb · first · singular · aorist · middle · indicative ▸ **40 + 2 = 42** (Gen. 3,11; Gen. 3,17; Ex. 23,15; Ex. 29,35; Ex. 31,11; Deut. 1,16; Deut. 1,18; Deut. 3,18; Deut. 3,21; Deut. 11,28; Deut. 12,21; Deut. 24,8; Deut. 31,5; Deut. 31,29; Josh. 13,6; Josh. 22,2; Judg. 2,20; Judg. 13,14; Ruth 2,9; 2Sam. 7,7; 1Kings 1,35; 1Kings 2,43; 1Kings 9,4; 1Kings 11,11; 2Kings 17,13; 2Kings 21,8; 2Chr. 7,17; 2Chr. 33,8; Neh. 7,2; Mal. 3,24; Is. 45,12; Jer. 7,22; Jer. 7,23; Jer. 7,31; Jer. 11,4; Jer. 13,6; Jer. 14,14; Jer. 17,22; Jer. 19,5; Jer. 23,32; Judg. 2,20; Judg. 13,14)
    ἐνετείλαντο ▸ **5 + 2 = 7**
        Verb · third · plural · aorist · middle · indicative ▸ **5 + 2 = 7** (Josh. 3,3; Judg. 21,10; Judg. 21,20; 1Sam. 20,29; 1Sam. 25,15; Judg. 21,10; Judg. 21,20)
    ἐνετείλατο ▸ **201 + 4 = 205**
        Verb · third · singular · aorist · middle · indicative ▸ **201 + 4 = 205** (Gen. 2,16; Gen. 6,22; Gen. 7,5; Gen. 7,9; Gen. 7,16; Gen. 12,20; Gen. 21,4; Gen. 28,1; Gen. 28,6; Gen. 32,5; Gen. 32,18; Gen. 32,20; Gen. 42,25; Gen. 44,1; Ex. 4,28; Ex. 7,6; Ex. 7,10; Ex. 7,20; Ex. 12,28; Ex. 12,50; Ex. 34,32; Ex. 34,34; Ex. 40,16; Lev. 7,36; Lev. 7,38; Lev. 7,38; Lev. 8,5; Lev. 8,21; Lev. 8,29; Lev. 8,34; Lev. 9,5; Lev. 9,7; Lev. 9,10; Lev. 17,2; Lev. 27,34; Num. 1,54; Num. 2,33; Num. 3,42; Num. 8,20; Num. 27,22; Num. 30,1; Num. 30,17; Num. 31,7; Num. 34,13; Num. 34,29; Num. 36,2; Num. 36,5; Num. 36,13; Deut. 1,3; Deut. 1,19; Deut. 1,41; Deut. 2,37; Deut. 4,13; Deut. 4,14; Deut. 6,1; Deut. 6,4; Deut. 6,20; Deut. 6,24; Deut. 6,25; Deut. 9,16; Deut. 27,11; Deut. 28,69; Deut. 31,10; Deut. 31,23; Deut. 31,25; Deut. 33,4; Deut. 34,9; Josh. 1,10; Josh. 1,13; Josh. 4,8; Josh. 4,10; Josh. 4,12; Josh. 4,17; Josh. 6,10; Josh. 8,4; Josh. 8,31 # 9,2b; Josh. 8,33 # 9,2d; Josh. 8,35 # 9,2f; Josh. 10,27; Josh. 10,40; Josh. 11,9; Josh. 11,15; Josh. 11,23; Josh. 14,2; Josh. 14,5; Josh. 17,4; Josh. 18,8; Josh. 21,8; Josh. 22,2; Josh. 22,5; Josh. 23,16; Judg. 3,4; Judg. 4,6; Judg. 19,30; Ruth 2,15; Ruth 3,6; 1Sam. 18,22; 2Sam. 4,12; 2Sam. 5,25; 2Sam. 11,19; 2Sam. 13,28; 2Sam. 13,29; 2Sam. 17,14;

2Sam. 17,23; 2Sam. 18,5; 2Sam. 18,12; 2Sam. 21,14; 2Sam. 24,19; 1Kings 2,1; 1Kings 2,35l; 1Kings 2,46; 1Kings 6,1a; 1Kings 8,58; 1Kings 11,10; 1Kings 15,5; 1Kings 22,31; 2Kings 11,5; 2Kings 11,9; 2Kings 11,15; 2Kings 14,6; 2Kings 16,15; 2Kings 16,16; 2Kings 17,15; 2Kings 17,27; 2Kings 17,34; 2Kings 17,35; 2Kings 18,6; 2Kings 18,12; 2Kings 21,8; 2Kings 22,12; 2Kings 23,4; 2Kings 23,21; 1Chr. 6,34; 1Chr. 14,16; 1Chr. 15,15; 1Chr. 16,15; 1Chr. 16,40; 1Chr. 22,6; 1Chr. 22,13; 1Chr. 22,17; 1Chr. 24,19; 2Chr. 18,30; 2Chr. 19,9; 2Chr. 23,8; 2Chr. 23,14; 2Chr. 25,4; 2Chr. 34,20; Ezra 4,3; Neh. 8,1; Neh. 8,14; Esth. 2,10; Esth. 2,15; Esth. 2,20; Esth. 4,17; Esth. 8,9; Tob. 1,8; 1Mac. 1,51; 1Mac. 3,28; 1Mac. 3,34; 1Mac. 3,42; 1Mac. 4,27; 1Mac. 5,19; 1Mac. 5,42; 1Mac. 6,62; 1Mac. 7,9; 1Mac. 7,26; 1Mac. 15,39; 1Mac. 15,39; 2Mac. 2,2; Psa. 32,9; Psa. 77,5; Psa. 77,23; Psa. 104,8; Psa. 110,9; Psa. 132,3; Psa. 148,5; Job 36,32; Sir. 15,20; Sir. 17,14; Sir. 24,23; Sir. 45,3; Sir. 48,22; Sol. 14,2; Sol. 18,12; Is. 23,11; Is. 34,16; Jer. 28,59; Jer. 29,7; Jer. 42,6; Jer. 42,10; Jer. 42,14; Jer. 42,18; Jer. 43,5; Jer. 43,8; Jer. 43,26; Jer. 45,10; Jer. 45,27; Bar. 2,9; Lam. 1,17; Lam. 2,17; Lam. 3,37; Judg. 3,4; Judg. 4,6; Tob. 1,8; Tob. 14,3)

Ἐνετείλατο ▸ 1
Verb · third · singular · aorist · middle · indicative ▸ **1** (Josh. 21,2)

ἐνετείλατό ▸ 28 + 1 = 29
Verb · third · singular · aorist · middle · indicative ▸ 28 + **1** = **29** (Lev. 8,35; Deut. 4,5; Deut. 5,12; Deut. 5,16; Deut. 5,32; Deut. 5,33; Deut. 6,17; Deut. 10,5; Deut. 13,6; Deut. 20,17; Deut. 26,16; Deut. 28,45; Josh. 1,7; 1Sam. 13,13; 1Sam. 13,14; 2Sam. 14,19; 1Kings 13,9; 1Kings 13,21; 2Chr. 36,23; Neh. 5,14; Tob. 6,16; Sir. 24,8; Is. 48,5; Jer. 13,5; Ezek. 12,7; Ezek. 24,18; Ezek. 37,7; Ezek. 37,10; Tob. 6,16)

ἐνετείλω ▸ 16 + 1 = 17
Verb · second · singular · aorist · middle · indicative ▸ 16 + **1** = **17** (Ex. 32,8; Deut. 9,12; Deut. 26,13; Deut. 26,14; Neh. 1,7; Neh. 1,8; Neh. 9,14; Psa. 7,7; Psa. 118,4; Psa. 118,138; Ode. 7,30; Sol. 18,10; Jer. 39,23; Lam. 1,10; Ezek. 9,11; Dan. 3,30; Dan. 3,30)

ἐνετέλλεσθε ▸ 1
Verb · second · plural · imperfect · middle · indicative ▸ **1** (Amos 2,12)

ἔντειλαι ▸ 6
Verb · second · singular · aorist · middle · imperative ▸ **6** (Gen. 45,19; Deut. 2,4; Deut. 3,28; Josh. 3,8; 1Kings 5,20; Psa. 67,29)

Ἔντειλαι ▸ 6
Verb · second · singular · aorist · middle · imperative ▸ **6** (Lev. 6,2; Lev. 24,2; Num. 28,2; Num. 34,2; Josh. 4,16; 2Kings 20,1)

ἐντειλάμενος ▸ 1
Verb · aorist · middle · participle · masculine · singular · nominative ▸ **1** (1Esdr. 8,45)

ἐντειλαμένου ▸ 2
Verb · aorist · middle · participle · masculine · singular · genitive ▸ **2** (1Kings 11,10; Bar. 2,28)

ἐντείλασθαι ▸ 2
Verb · aorist · middle · infinitive ▸ **2** (Esth. 4,8; 1Mac. 9,55)

ἐντείλασθε ▸ 1
Verb · second · plural · aorist · middle · imperative ▸ **1** (Josh. 1,11)

ἐντείλασθέ ▸ 1
Verb · second · plural · aorist · middle · imperative ▸ **1** (Is. 45,11)

ἐντείλῃ ▸ 2
Verb · second · singular · aorist · middle · subjunctive ▸ **2** (Josh. 1,16; Josh. 1,18)

ἐντείληται ▸ 1
Verb · third · singular · aorist · middle · subjunctive ▸ **1** (Job 37,12)

ἐντείλωμαι ▸ 4
Verb · first · singular · aorist · middle · subjunctive ▸ **4** (Deut. 18,18; 2Chr. 7,13; Jer. 7,23; Jer. 11,4)

ἐντείλωμαί ▸ 6
Verb · first · singular · aorist · middle · subjunctive ▸ **6** (Ex. 23,22; Ex. 25,22; 1Kings 2,3; 1Kings 11,38; Jer. 1,7; Jer. 1,17)

ἐντελεῖσθε ▸ 1
Verb · second · plural · future · middle · indicative ▸ **1** (Deut. 32,46)

ἐντελεῖται ▸ 5
Verb · third · singular · future · middle · indicative ▸ **5** (Num. 9,8; 1Sam. 13,14; Psa. 41,9; Psa. 90,11; Nah. 1,14)

ἐντελεῖταί ▸ 1
Verb · third · singular · future · middle · indicative ▸ **1** (1Sam. 25,30)

ἐντελῇ ▸ 3
Verb · second · singular · future · middle · indicative ▸ **3** (Num. 27,19; Num. 27,19; Sol. 7,4)

ἐντέλλεσθαι ▸ 1
Verb · present · middle · infinitive ▸ **1** (Ezek. 10,6)

ἐντέλλεται ▸ 2
Verb · third · singular · present · middle · indicative ▸ **2** (Num. 32,25; Amos 6,11)

ἐντέλλομαι ▸ 19 + 1 = 20
Verb · first · singular · present · middle · indicative ▸ 19 + **1** = **20** (Gen. 27,8; Ex. 7,2; Deut. 4,2; Deut. 4,2; Deut. 8,1; Deut. 11,27; Deut. 11,28; Deut. 12,11; Deut. 15,11; Deut. 15,15; Deut. 19,7; Deut. 24,18; Deut. 24,20; Deut. 24,22; Deut. 27,1; 2Sam. 13,28; Prov. 6,3; Amos 9,9; Zech. 1,6; Tob. 14,8)

ἐντέλλομαί ▸ 28
Verb · first · singular · present · middle · indicative ▸ **28** (Ex. 34,11; Deut. 4,40; Deut. 6,2; Deut. 6,6; Deut. 7,11; Deut. 8,11; Deut. 10,13; Deut. 11,8; Deut. 11,13; Deut. 11,22; Deut. 12,14; Deut. 12,28; Deut. 13,1; Deut. 13,19; Deut. 15,5; Deut. 19,9; Deut. 27,4; Deut. 27,10; Deut. 28,1; Deut. 28,13; Deut. 28,14; Deut. 28,15; Deut. 30,2; Deut. 30,8; Deut. 30,11; Deut. 30,16; Prov. 5,2; Jer. 27,21)

ἐντελλόμεθα ▸ 1
Verb · first · plural · present · middle · indicative ▸ **1** (1Mac. 12,23)

ἐντελλόμενος ▸ 1
Verb · present · middle · participle · masculine · singular · nominative ▸ **1** (Psa. 43,5)

ἐντελλομένου ▸ 1
Verb · present · middle · participle · masculine · singular · genitive ▸ **1** (2Sam. 18,5)

ἐντελοῦμαι ▸ 8
Verb · first · singular · future · middle · indicative ▸ **8** (Deut. 31,14; 2Sam. 14,8; 1Kings 17,4; Ode. 10,6; Amos 9,3; Amos 9,4; Is. 5,6; Is. 13,11)

ἐντέταλμαι ▸ 3
Verb · first · singular · perfect · middle · indicative ▸ **3** (Josh. 8,8; 1Kings 17,9; 2Mac. 11,20)

ἐντέταλμαί ▸ 3
Verb · first · singular · perfect · middle · indicative ▸ **3** (Ex. 34,18; Josh. 1,9; 1Sam. 21,3)

ἐντέταλσαί ▸ 1 + 1 = 2
Verb · second · singular · perfect · middle · indicative ▸ 1 + **1** = **2** (Tob. 5,1; Tob. 5,1)

ἐντέλλομαι–ἔντιμος

ἐντέταλται ▸ 3
    Verb · third · singular · perfect · middle · indicative ▸ **2** (2Sam. 9,11; Is. 13,4)
    Verb · third · singular · perfect · passive · indicative ▸ **1** (Job 15,22)
ἐντέταλταί ▸ 4
    Verb · third · singular · perfect · middle · indicative ▸ **2** (1Sam. 21,3; 1Kings 13,17)
    Verb · third · singular · perfect · passive · indicative ▸ **2** (Lev. 10,13; Sir. 7,31)

ἐντέλλω (ἐντολή) to command ▸ 15
ἐνετειλάμην ▸ 1
    Verb · first · singular · aorist · middle · indicative ▸ **1** (Matt. 28,20)
ἐνετείλατο ▸ 7
    Verb · third · singular · aorist · middle · indicative ▸ **7** (Matt. 17,9; Matt. 19,7; Mark 10,3; Mark 13,34; John 8,5; Heb. 9,20; Heb. 11,22)
ἐνετείλατό ▸ 1
    Verb · third · singular · aorist · middle · indicative ▸ **1** (John 14,31)
ἐντειλάμενος ▸ 1
    Verb · aorist · middle · participle · masculine · singular · nominative ▸ **1** (Acts 1,2)
ἐντελεῖται ▸ 2
    Verb · third · singular · future · middle · indicative ▸ **2** (Matt. 4,6; Luke 4,10)
ἐντέλλομαι ▸ 2
    Verb · first · singular · present · middle · indicative ▸ **2** (John 15,14; John 15,17)
ἐντέταλται ▸ 1
    Verb · third · singular · perfect · middle · indicative ▸ **1** (Acts 13,47)

ἔντερον (ἐν) intestine ▸ 3
ἔντερα ▸ 2
    Noun · neuter · plural · accusative · (common) ▸ **1** (2Mac. 14,46)
    Noun · neuter · plural · nominative · (common) ▸ **1** (Gen. 43,30)
ἐντέρῳ ▸ 1
    Noun · neuter · singular · dative · (common) ▸ **1** (Sir. 31,20)

ἐντεῦθεν (ἔνθα) from here, on this side... on that side ▸ 28 + 6 + 10 = 44
ἐντεῦθεν ▸ 28 + 6 + 10 = 44
    Adverb · (place) ▸ 28 + 6 + 10 = **44** (Gen. 37,17; Gen. 42,15; Gen. 50,25; Ex. 11,1; Ex. 13,3; Ex. 13,19; Ex. 17,12; Ex. 17,12; Ex. 32,7; Ex. 33,1; Ex. 33,15; Num. 11,31; Num. 11,31; Num. 22,24; Num. 22,24; Deut. 9,12; Josh. 8,22; Josh. 8,22; Judg. 6,18; Judg. 7,9; Ruth 2,8; 2Sam. 2,13; 2Sam. 2,13; 1Kings 17,3; 1Esdr. 4,22; 2Mac. 2,32; Jer. 2,37; Jer. 45,10; Judg. 6,18; Tob. 7,12; Tob. 8,20; Tob. 10,9; Dan. 12,5; Dan. 12,5; Luke 4,9; Luke 13,31; John 2,16; John 7,3; John 14,31; John 18,36; John 19,18; John 19,18; James 4,1; Rev. 22,2)

ἔντευξις (ἐν; τυγχάνω) prayer, petition ▸ 1 + 2 = 3
ἐντεύξεις ▸ 1
    Noun · feminine · plural · accusative ▸ **1** (1Tim. 2,1)
ἐντεύξεως ▸ 1 + 1 = 2
    Noun · feminine · singular · genitive · (common) ▸ 1 + 1 = **2** (2Mac. 4,8; 1Tim. 4,5)

ἐντήκω (ἐν; τήκω) to pine, sink deep in ▸ 2
ἐντακήσεσθε ▸ 1
    Verb · second · plural · future · middle · indicative ▸ **1** (Ezek. 24,23)
ἐντέτηκε ▸ 1
    Verb · third · singular · perfect · active · indicative ▸ **1** (4Mac. 8,26)

ἐντίθημι (ἐν; τίθημι) to put in ▸ 4
ἐνθέντες ▸ 1
    Verb · aorist · active · participle · masculine · plural · nominative ▸ **1** (2Mac. 3,27)
ἔνθεσθε ▸ 1
    Verb · second · plural · aorist · middle · imperative ▸ **1** (Prov. 8,5)
ἐντεθεικότος ▸ 1
    Verb · perfect · active · participle · masculine · singular · genitive ▸ **1** (3Mac. 5,28)
ἐντίθεται ▸ 1
    Verb · third · singular · present · passive · indicative ▸ **1** (Ezra 5,8)

ἐντιμόομαι (ἐν; τιμή) to be held in esteem, in honor ▸ 2
ἐντιμωθήτω ▸ 2
    Verb · third · singular · aorist · passive · imperative ▸ **2** (2Kings 1,13; 2Kings 1,14)

ἔντιμος (ἐν; τιμή) precious ▸ 30 + 1 + 5 = 36
ἔντιμε ▸ 1
    Adjective · masculine · singular · vocative · noDegree ▸ **1** (3Mac. 6,13)
ἔντιμοι ▸ 1
    Adjective · masculine · plural · nominative · noDegree ▸ **1** (Is. 13,12)
ἐντίμοις ▸ 2
    Adjective · masculine · plural · dative · noDegree ▸ **2** (Neh. 2,16; Neh. 5,5)
ἔντιμον ▸ 10 + 1 + 2 = 13
    Adjective · feminine · singular · accusative · noDegree ▸ **1** (Dan. 2,37)
    Adjective · masculine · singular · accusative · noDegree ▸ 2 + 2 = **4** (Is. 3,5; Is. 28,16; 1Pet. 2,4; 1Pet. 2,6)
    Adjective · neuter · singular · accusative · noDegree ▸ **4** (Deut. 28,58; Job 28,10; Sol. 8,26; Sol. 17,5)
    Adjective · neuter · singular · nominative · noDegree ▸ **4** (Tob. 3,11; Psa. 71,14; Sir. 10,19; Sir. 10,19)
ἔντιμος ▸ 6 + 1 = 7
    Adjective · feminine · singular · nominative · noDegree ▸ **2** (1Sam. 26,21; 4Mac. 17,5)
    Adjective · masculine · singular · nominative · noDegree ▸ 4 + 1 = **5** (Sir. 10,20; Is. 13,12; Is. 16,14; Is. 43,4; Luke 7,2)
ἐντιμοτέρα ▸ 1
    Adjective · feminine · singular · nominative · comparative ▸ **1** (Wis. 18,12)
ἐντιμότερός ▸ 1
    Adjective · masculine · singular · nominative · comparative ▸ **1** (Luke 14,8)
ἐντιμοτέρους ▸ 1
    Adjective · masculine · plural · accusative · comparative ▸ **1** (Num. 22,15)
ἐντίμου ▸ 2
    Adjective · masculine · singular · genitive · noDegree ▸ **1** (Job 34,19)
    Adjective · neuter · singular · genitive · noDegree ▸ **1** (3Mac. 2,9)
ἐντίμους ▸ 4 + 1 = 5
    Adjective · masculine · plural · accusative · noDegree ▸ 4 + 1 = **5** (Neh. 4,8; Neh. 4,13; Neh. 5,7; Neh. 7,5; Phil. 2,29)
ἐντίμῳ ▸ 1

Adjective · masculine · singular · dative · noDegree ▸ **1** (Tob. 13,17)
ἐντίμων ▸ 1
Adjective · masculine · plural · genitive · noDegree ▸ **1** (Neh. 6,17)

ἐντίμως (ἐν; τιμή)   honorably ▸ 4 + 4 = 8
ἐντίμως ▸ 4 + 4 = 8
Adverb ▸ 4 + 4 = **8** (Num. 22,17; Tob. 12,6; Tob. 14,5; Tob. 14,13; Tob. 12,6; Tob. 12,7; Tob. 14,5; Tob. 14,13)

ἐντιναγμός (ἐν; τινάσσω)   shaking ▸ 1
ἐντιναγμῷ ▸ 1
Noun · masculine · singular · dative · (common) ▸ **1** (Sir. 22,13)

ἐντινάσσω (ἐν; τινάσσω)   to throw against, charge against ▸ 3
ἐνετίναξαν ▸ 1
Verb · third · plural · aorist · active · indicative ▸ **1** (1Mac. 2,36)
ἐνετίνασσον ▸ 1
Verb · third · plural · imperfect · active · indicative ▸ **1** (2Mac. 4,41)
ἐντινάξαντες ▸ 1
Verb · aorist · active · participle · masculine · plural · nominative ▸ **1** (2Mac. 11,11)

ἐντολή   commandment ▸ 230 + 10 + 67 = 307
ἐντολαί ▸ 5 + 1 = 6
Noun · feminine · plural · nominative · (common) ▸ 5 + 1 = **6** (Num. 36,13; Deut. 6,1; 2Chr. 8,14; Neh. 12,45; Psa. 110,7; 1John 5,3)
ἐντολαί ▸ 5
Noun · feminine · plural · nominative · (common) ▸ **5** (Lev. 27,34; Psa. 118,86; Psa. 118,143; Psa. 118,151; Psa. 118,172)
ἐντολαῖς ▸ 19 + 3 = 22
Noun · feminine · plural · dative · (common) ▸ 19 + 3 = **22** (Ex. 15,26; 2Chr. 17,4; Ezra 10,3; Neh. 9,29; 1Mac. 2,19; 4Mac. 4,6; 4Mac. 6,4; Psa. 111,1; Psa. 118,15; Psa. 118,47; Psa. 118,66; Psa. 118,78; Wis. 9,9; Sir. 6,37; Sir. 23,27; Sir. 28,6; Sir. 32,24; Sir. 35,1; Sir. 45,17; Matt. 22,40; Luke 1,6; Titus 1,14)
ἐντολάς ▸ 59 + 3 + 4 = 66
Noun · feminine · plural · accusative · (common) ▸ 59 + 3 + 4 = **66** (Gen. 26,5; Ex. 16,28; Ex. 24,12; Lev. 22,31; Lev. 26,3; Lev. 26,15; Num. 15,40; Deut. 5,29; Deut. 8,1; Deut. 26,13; 1Kings 3,14; 1Kings 9,4; 1Kings 9,6; 1Kings 11,11; 1Kings 11,38; 2Kings 17,13; 2Kings 17,37; 1Chr. 28,7; 1Chr. 29,19; 2Chr. 7,19; 2Chr. 14,3; Ezra 9,10; Ezra 9,14; Neh. 1,9; Tob. 3,5; 2Mac. 3,13; 4Mac. 9,1; Psa. 88,32; Psa. 118,4; Psa. 118,6; Psa. 118,19; Psa. 118,40; Psa. 118,45; Psa. 118,48; Psa. 118,60; Psa. 118,63; Psa. 118,69; Psa. 118,73; Psa. 118,87; Psa. 118,100; Psa. 118,127; Psa. 118,128; Psa. 118,131; Psa. 118,134; Psa. 118,159; Psa. 118,166; Psa. 118,168; Psa. 118,173; Psa. 118,176; Prov. 4,5; Prov. 7,2; Prov. 10,8; Sir. 1,26; Sir. 10,19; Sir. 29,1; Sir. 37,12; Sir. 45,5; Ezek. 18,21; Dan. 9,5; Tob. 1,8; Tob. 3,5; Dan. 9,4; Matt. 19,17; John 14,21; John 15,10; Col. 4,10)
ἐντολάς ▸ 71 + 4 + 14 = 89
Noun · feminine · plural · accusative · (common) ▸ 71 + 4 + 14 = **89** (Lev. 5,21; Num. 15,22; Num. 15,31; Deut. 4,2; Deut. 4,40; Deut. 5,31; Deut. 6,2; Deut. 6,17; Deut. 6,25; Deut. 7,9; Deut. 7,11; Deut. 8,2; Deut. 8,6; Deut. 8,11; Deut. 10,13; Deut. 11,8; Deut. 11,13; Deut. 11,22; Deut. 11,27; Deut. 11,28; Deut. 13,5; Deut. 13,19; Deut. 15,5; Deut. 16,12; Deut. 17,19; Deut. 19,9; Deut. 26,18; Deut. 27,1; Deut. 27,10; Deut. 28,1; Deut. 28,15; Deut. 28,45; Deut. 30,8; Deut. 30,10; Deut. 30,16; Josh. 22,5; Josh. 22,5; Judg. 2,17; Judg. 3,4; 1Kings 2,3; 1Kings 8,58; 1Kings 8,61; 2Kings 17,16; 2Kings 17,19; 2Kings 18,6; 2Kings 23,3; 1Chr. 28,8; 2Chr. 8,13; 2Chr. 8,15; 2Chr. 12,1; 2Chr. 24,20; 2Chr. 34,31; 2Chr. 35,15; Neh. 1,5; Neh. 1,7; Neh. 9,13; Neh. 9,14; Neh. 10,30; Neh. 10,33; Tob. 4,5; 2Mac. 3,7; 2Mac. 4,25; 2Mac. 14,13; Psa. 77,7; Psa. 118,115; Prov. 7,1; Prov. 15,5; Eccl. 12,13; Sir. 15,15; Sir. 29,11; Bar. 3,9; Judg. 3,4; Tob. 4,5; Tob. 4,19; Tob. 6,16; Mark 10,19; Luke 18,20; John 11,57; John 14,15; John 15,10; 1John 2,3; 1John 2,4; 1John 3,22; 1John 3,24; 1John 5,2; 1John 5,3; 2John 6; Rev. 12,17; Rev. 14,12)
ἐντολή ▸ 1 + 4 = 5
Noun · feminine · singular · nominative · (common) ▸ 1 + 4 = **5** (Psa. 118,96; Matt. 22,38; Rom. 13,9; 1Cor. 14,37; 2John 6)
ἐντολή ▸ 7 + 10 = 17
Noun · feminine · singular · nominative · (common) ▸ 7 + 10 = **17** (Deut. 30,11; 2Kings 18,36; Neh. 11,23; 1Mac. 11,2; Psa. 18,9; Prov. 6,23; Mal. 2,1; Matt. 22,36; Mark 12,28; Mark 12,31; John 12,50; John 15,12; Rom. 7,10; Rom. 7,12; Eph. 6,2; 1John 2,7; 1John 3,23)
ἐντολῇ ▸ 2
Noun · feminine · singular · dative · (common) ▸ **2** (Neh. 12,24; Sir. 39,31)
ἐντολήν ▸ 9 + 2 = 11
Noun · feminine · singular · accusative · (common) ▸ 9 + 2 = **11** (Deut. 26,13; 1Sam. 13,13; 1Kings 2,43; 1Kings 13,21; 2Kings 17,34; 2Kings 21,8; Psa. 118,98; Prov. 13,13; Prov. 19,16; Luke 15,29; Luke 23,56)
ἐντολήν ▸ 18 + 16 = 34
Noun · feminine · singular · accusative · (common) ▸ 18 + 16 = **34** (Ex. 12,17; Josh. 22,3; 2Chr. 29,15; 2Chr. 29,25; 2Chr. 30,16; 2Chr. 35,10; 2Chr. 35,16; 1Esdr. 4,52; Neh. 13,5; 1Mac. 2,31; 1Mac. 2,53; 4Mac. 13,15; 4Mac. 16,24; Eccl. 8,5; Mal. 2,4; Jer. 42,16; Jer. 42,18; Dan. 3,12; Matt. 15,3; Mark 7,8; Mark 7,9; Mark 10,5; John 10,18; John 12,49; Acts 17,15; 1Tim. 6,14; Heb. 7,5; 1John 2,7; 1John 2,7; 1John 2,8; 1John 3,23; 1John 4,21; 2John 4; 2John 5)
Ἐντολήν ▸ 1
Noun · feminine · singular · accusative ▸ **1** (John 13,34)
ἐντολῆς ▸ 7 + 9 = 16
Noun · feminine · singular · genitive · (common) ▸ 7 + 9 = **16** (2Chr. 19,10; 2Chr. 24,21; 2Chr. 29,25; Prov. 2,1; Wis. 16,6; Sir. 29,9; Sir. 35,4; Rom. 7,8; Rom. 7,9; Rom. 7,11; Rom. 7,13; Heb. 7,16; Heb. 7,18; Heb. 9,19; 2Pet. 2,21; 2Pet. 3,2)
ἐντολῶν ▸ 27 + 3 + 3 = 33
Noun · feminine · plural · genitive · (common) ▸ 27 + 3 + 3 = **33** (Lev. 4,13; Lev. 4,22; Lev. 4,27; Lev. 5,17; Num. 15,39; Deut. 17,20; Deut. 28,13; Josh. 5,6; 1Esdr. 8,7; Ezra 7,11; Neh. 9,16; Neh. 9,34; Tob. 3,4; Tob. 4,19; Psa. 102,18; Psa. 118,10; Psa. 118,21; Psa. 118,32; Psa. 118,35; Psa. 118,104; Psa. 118,110; Ode. 7,29; Sir. 28,7; Sir. 32,23; Is. 48,18; Bar. 4,13; Dan. 3,29; Tob. 3,4; Dan. 3,29; Dan. 9,5; Matt. 5,19; 1Cor. 7,19; Eph. 2,15)

ἐντομίς (ἐν; τέμνω)   cut, gash ▸ 3
ἐντομίδας ▸ 3
Noun · feminine · plural · accusative · (common) ▸ **3** (Lev. 19,28; Lev. 21,5; Jer. 16,6)

ἐντόπιος (ἐν; τόπος)   local ▸ 1
ἐντόπιοι ▸ 1
Adjective · masculine · plural · nominative ▸ **1** (Acts 21,12)

ἐντός (ἐν)   within, inside ▸ 7 + 1 + 2 = 10
ἐντός ▸ 4 + 1 = 5
Adverb ▸ 2 + 1 = **3** (Psa. 102,1; Is. 16,11; Dan. 10,16)
Preposition · (+genitive) ▸ **2** (Psa. 38,4; Psa. 108,22)
ἐντός ▸ 3 + 2 = 5
Adverb ▸ **2** (1Mac. 4,48; Sir. 19,26)

ImproperPreposition · (+genitive) · 1 + 2 = **3** (Song 3,10; Matt. 23,26; Luke 17,21)

ἐντρέπω (ἐν; τρέπω)   to make ashamed, respect · 46 + 2 + 9 = 57

   ἐνετράπη · 7 + **1** = 8
      Verb · third · singular · aorist · passive · indicative · 7 + **1** = **8** (Judg. 3,30; Judg. 8,28; 2Chr. 34,27; 2Chr. 36,12; 1Esdr. 1,45; 1Mac. 1,18; 1Mac. 6,6; Judg. 3,30)

   ἐνετράπην · 3
      Verb · first · singular · aorist · passive · indicative · **3** (1Esdr. 8,51; Ezra 9,6; Is. 50,7)

   ἐνετράπης · 1
      Verb · second · singular · aorist · passive · indicative · **1** (2Kings 22,19)

   ἐνετράπησαν · 4
      Verb · third · plural · aorist · passive · indicative · **4** (Judg. 11,33; 2Chr. 12,7; 2Chr. 30,11; 2Chr. 30,15)

   Ἐνετράπησαν · 1
      Verb · third · plural · aorist · passive · indicative · **1** (2Chr. 12,7)

   ἐνετρεπόμεθα · 1
      Verb · first · plural · imperfect · passive · indicative · **1** (Heb. 12,9)

   ἐντέτραμμαι · 1
      Verb · first · singular · perfect · passive · indicative · **1** (1Esdr. 8,71)

   ἐντραπείησαν · 7 + **1** = 8
      Verb · third · plural · aorist · passive · optative · 7 + **1** = **8** (Psa. 34,26; Psa. 39,15; Psa. 39,15; Psa. 68,7; Psa. 69,3; Ode. 7,44; Dan. 3,44; Dan. 3,44)

   ἐντραπῇ · 1 + 2 = 3
      Verb · third · singular · aorist · passive · subjunctive · 1 + 2 = **3** (2Chr. 7,14; 2Th. 3,14; Titus 2,8)

   ἐντράπηθι · 1
      Verb · second · singular · aorist · passive · imperative · **1** (Sir. 4,25)

   ἐντραπῆναι · 1
      Verb · aorist · passive · infinitive · **1** (2Chr. 12,12)

   ἐντραπῆναί · 2
      Verb · aorist · passive · infinitive · **2** (Ex. 10,3; Is. 16,12)

   ἐντραπῆς · 2
      Verb · second · singular · aorist · passive · subjunctive · **2** (Sir. 4,22; Is. 54,4)

   ἐντραπήσεται · 3
      Verb · third · singular · future · middle · indicative · **1** (Wis. 6,7)
      Verb · third · singular · future · passive · indicative · **2** (Lev. 26,41; Num. 12,14)

   ἐντραπήσῃ · 1
      Verb · second · singular · future · passive · indicative · **1** (Is. 16,7)

   ἐντραπήσονται · 2 + 3 = 5
      Verb · third · plural · future · passive · indicative · 2 + 3 = **5** (Is. 41,11; Is. 45,16; Matt. 21,37; Mark 12,6; Luke 20,13)

   ἐντράπητε · 2
      Verb · second · plural · aorist · active · imperative · **1** (Ezek. 36,32)
      Verb · second · plural · aorist · passive · imperative · **1** (Sir. 41,16)

   ἐντραπήτωσαν · 3
      Verb · third · plural · aorist · passive · imperative · **3** (Psa. 34,4; Psa. 82,18; Is. 44,11)

   ἐντραπῶ · 1
      Verb · first · singular · aorist · passive · subjunctive · **1** (Job 32,21)

   ἐντραπῶμεν · 1
      Verb · first · plural · aorist · passive · subjunctive · **1** (Wis. 2,10)

   ἐντραπῶσιν · 2
      Verb · third · plural · aorist · passive · subjunctive · **2** (Psa. 70,24; Is. 45,17)

   ἐντρέπομαι · 1
      Verb · first · singular · present · passive · indicative · **1** (Luke 18,4)

   ἐντρεπόμενος · 1
      Verb · present · passive · participle · masculine · singular · nominative · **1** (Luke 18,2)

   ἐντρέπων · 1
      Verb · present · active · participle · masculine · singular · nominative · **1** (1Cor. 4,14)

ἐντρέφω (ἐν; τρέφω)   to live on, feed on · 1

   ἐντρεφόμενος · 1
      Verb · present · passive · participle · masculine · singular · nominative · **1** (1Tim. 4,6)

ἐντρεχής (ἐν; τρέχω)   skillful · 1

   ἐντρεχής · 1
      Adjective · masculine · singular · nominative · noDegree · **1** (Sir. 31,22)

ἔντριτος (ἐν; τρεῖς)   threefold · 1

   ἔντριτον · 1
      Adjective · neuter · singular · nominative · (numeral) · **1** (Eccl. 4,12)

ἔντρομος (ἐν; τρέμω)   trembling · 4 + **1** + 3 = 8

   ἔντρομοι · 1
      Adjective · masculine · plural · nominative · noDegree · **1** (Wis. 17,9)

   ἔντρομος · 2 + **1** + 3 = 6
      Adjective · feminine · singular · nominative · noDegree · **2** (Psa. 17,8; Psa. 76,19)
      Adjective · masculine · singular · nominative · noDegree · **1** + 3 = **4** (Dan. 10,11; Acts 7,32; Acts 16,29; Heb. 12,21)

   ἔντρομός · 1
      Adjective · masculine · singular · nominative · noDegree · **1** (1Mac. 13,2)

ἐντροπή (ἐν; τρέπω)   shame · 7 + 2 = 9

   ἐντροπή · 1
      Noun · feminine · singular · nominative · (common) · **1** (Psa. 43,16)

   ἐντροπὴ · 1
      Noun · feminine · singular · nominative · (common) · **1** (Psa. 68,8)

   ἐντροπήν · 1
      Noun · feminine · singular · accusative · (common) · **1** (Psa. 68,20)

   ἐντροπὴν · 3 + 2 = 5
      Noun · feminine · singular · accusative · (common) · 3 + 2 = **5** (Psa. 34,26; Psa. 70,13; Psa. 108,29; 1Cor. 6,5; 1Cor. 15,34)

   ἐντροπῆς · 1
      Noun · feminine · singular · genitive · (common) · **1** (Job 20,3)

ἐντρυφάω (ἐν; τρυφή)   to revel, carouse · 5 + **1** = 6

   ἐνετρυφήσατε · 1
      Verb · second · plural · aorist · active · indicative · **1** (Is. 57,4)

   ἐντρυφήσατε · 1
      Verb · second · plural · aorist · active · imperative · **1** (4Mac. 8,8)

   ἐντρυφήσει · 2
      Verb · third · singular · future · active · indicative · **2** (Hab. 1,10;

Is. 55,2)
  ἐντρυφῶν ▸ 1
    Verb · present · active · participle · neuter · singular · nominative ▸ 1 (Jer. 38,20)
  ἐντρυφῶντες ▸ 1
    Verb · present · active · participle · masculine · plural · nominative ▸ 1 (2Pet. 2,13)
ἐντρύφημα (ἐν; τρυφή) delight ▸ 1
  ἐντρυφήματα ▸ 1
    Noun · neuter · plural · accusative · (common) ▸ 1 (Eccl. 2,8)
ἐντυγχάνω (ἐν; τυγχάνω) to turn to, appeal, converse ▸ 13 + 5 = 18
  ἐνετύγχανον ▸ 2
    Verb · third · plural · imperfect · active · indicative ▸ 2 (1Mac. 11,25; 2Mac. 4,36)
  ἐνέτυχον ▸ 3
    Verb · first · singular · aorist · active · indicative ▸ 1 (Wis. 8,21)
    Verb · third · plural · aorist · active · indicative ▸ 2 (3Mac. 6,37; Dan. 6,13)
  ἐνέτυχόν ▸ 1
    Verb · third · plural · aorist · active · indicative ▸ 1 (Acts 25,24)
  ἐντυγχάνει ▸ 3
    Verb · third · singular · present · active · indicative ▸ 3 (Rom. 8,27; Rom. 8,34; Rom. 11,2)
  ἐντυγχάνειν ▸ 2 + 1 = 3
    Verb · present · active · infinitive ▸ 2 + 1 = 3 (1Mac. 10,63; Wis. 16,28; Heb. 7,25)
  ἐντυγχάνοντας ▸ 1
    Verb · present · active · participle · masculine · plural · accusative ▸ 1 (2Mac. 6,12)
  ἐντυγχάνοντες ▸ 1
    Verb · present · active · participle · masculine · plural · nominative ▸ 1 (1Mac. 10,64)
  ἐντυγχανόντων ▸ 1
    Verb · present · active · participle · masculine · plural · genitive ▸ 1 (2Mac. 15,39)
  ἐντυγχάνουσιν ▸ 1
    Verb · present · active · participle · masculine · plural · dative ▸ 1 (2Mac. 2,25)
  ἐντυχεῖν ▸ 1
    Verb · aorist · active · infinitive ▸ 1 (1Mac. 10,61)
  ἐντύχωσιν ▸ 1
    Verb · third · plural · aorist · active · subjunctive ▸ 1 (1Mac. 8,32)
ἐντυλίσσω to wrap in ▸ 3
  ἐνετύλιξεν ▸ 2
    Verb · third · singular · aorist · active · indicative ▸ 2 (Matt. 27,59; Luke 23,53)
  ἐντετυλιγμένον ▸ 1
    Verb · perfect · passive · participle · neuter · singular · accusative ▸ 1 (John 20,7)
ἐντυπόω (ἐν; τύπος) to engrave ▸ 1
  ἐντετυπωμένη ▸ 1
    Verb · perfect · passive · participle · feminine · singular · nominative ▸ 1 (2Cor. 3,7)
ἐντυχία (ἐν; τυγχάνω) petition ▸ 1
  ἐντυχίαν ▸ 1
    Noun · feminine · singular · accusative · (common) ▸ 1 (3Mac. 6,40)
ἐνυβρίζω (ἐν; ὕβρις) to insult, mock ▸ 1
  ἐνυβρίσας ▸ 1
    Verb · aorist · active · participle · masculine · singular · nominative ▸ 1 (Heb. 10,29)
ἔνυδρος (ἐν; ὕδωρ) in water, watery ▸ 3
  ἔνυδρα ▸ 1
    Adjective · neuter · plural · accusative · noDegree ▸ 1 (Wis. 19,19)
  ἐνύδρων ▸ 2
    Adjective · neuter · plural · genitive · noDegree ▸ 2 (4Mac. 1,34; Wis. 19,10)
ἐνυπνιάζομαι (ἐν; ὕπνος) to dream ▸ 17 + 3 + 2 = 22
  ἐνυπνιάζεσθε ▸ 1
    Verb · second · plural · present · middle · indicative ▸ 1 (Jer. 36,8)
  ἐνυπνιάζεται ▸ 1
    Verb · third · singular · present · middle · indicative ▸ 1 (Is. 29,8)
  ἐνυπνιαζόμενοι ▸ 1 + 1 = 2
    Verb · present · middle · participle · masculine · plural · nominative ▸ 1 (Is. 56,10)
    Verb · present · passive · participle · masculine · plural · nominative ▸ 1 (Jude 8)
  ἐνυπνιαζόμενος ▸ 3
    Verb · present · middle · participle · masculine · singular · nominative ▸ 3 (Deut. 13,2; Deut. 13,6; Is. 29,7)
  ἐνυπνιαζομένου ▸ 1
    Verb · present · middle · participle · masculine · singular · genitive ▸ 1 (Deut. 13,4)
  ἐνυπνιαζομένων ▸ 1
    Verb · present · middle · participle · masculine · plural · genitive ▸ 1 (Jer. 34,9)
  ἐνυπνιασάμην ▸ 1 + 1 = 2
    Verb · first · singular · aorist · middle · indicative ▸ 1 + 1 = 2 (Gen. 37,9; Judg. 7,13)
  Ἐνυπνιασθείς ▸ 1
    Verb · aorist · passive · participle · masculine · singular · nominative ▸ 1 (Gen. 37,5)
  ἐνυπνιάσθη ▸ 2
    Verb · third · singular · aorist · passive · indicative ▸ 2 (Gen. 28,12; Gen. 41,5)
  ἐνυπνιάσθην ▸ 1
    Verb · first · singular · aorist · passive · indicative ▸ 1 (Gen. 37,6)
  ἐνυπνιάσθης ▸ 1
    Verb · second · singular · aorist · passive · indicative ▸ 1 (Gen. 37,10)
  ἐνυπνιασθήσονται ▸ 1 + 1 = 2
    Verb · third · plural · future · passive · indicative ▸ 1 + 1 = 2 (Joel 3,1; Acts 2,17)
  Ἠνυπνιασάμην ▸ 1
    Verb · first · singular · aorist · middle · indicative ▸ 1 (Jer. 23,25)
  ἠνυπνιάσθη ▸ 1
    Verb · third · singular · aorist · passive · indicative ▸ 1 (Dan. 2,1)
  ἠνυπνιάσθην ▸ 1
    Verb · first · singular · aorist · passive · indicative ▸ 1 (Judg. 7,13)
  Ἠνυπνιάσθην ▸ 1
    Verb · first · singular · aorist · passive · indicative ▸ 1 (Dan. 2,3)
ἐνυπνιαστής (ἐν; ὕπνος) dreamer ▸ 1
  ἐνυπνιαστής ▸ 1
    Noun · masculine · singular · nominative · (common) ▸ 1 (Gen. 37,19)
ἐνύπνιον (ἐν; ὕπνος) dream ▸ 78 + 29 + 1 = 108
  ἐνύπνια ▸ 14 + 2 = 16
    Noun · neuter · plural · accusative · (common) ▸ 10 + 2 = 12 (Gen. 41,15; Mic. 3,7; Joel 3,1; Zech. 10,2; Is. 65,4; Jer. 23,32; Jer.

ἐνύπνιον–ἐνώπιον

36,8; Dan. 2,1; Dan. 2,2; Dan. 4,18; Dan. 2,2; Dan. 5,12)
- **Noun** · neuter · plural · nominative · (common) ▸ **4** (Gen. 37,20; Sir. 34,1; Sir. 34,5; Sir. 34,7)

ἐνυπνίοις ▸ 6 + 1 + 1 = 8
- **Noun** · neuter · plural · dative · (common) ▸ 6 + 1 + 1 = **8** (1Sam. 28,6; 1Sam. 28,15; Job 7,14; Sir. 34,2; Jer. 23,27; Dan. 1,17; Dan. 1,17; Acts 2,17)

ἐνύπνιον ▸ 42 + 20 = 62
- **Noun** · neuter · singular · accusative · (common) ▸ 28 + 15 = **43** (Gen. 37,5; Gen. 37,9; Gen. 37,9; Gen. 40,5; Gen. 40,5; Gen. 40,9; Gen. 40,16; Gen. 41,1; Gen. 41,8; Gen. 41,11; Gen. 41,11; Gen. 41,32; Deut. 13,2; Deut. 13,4; Deut. 13,6; Judg. 7,13; Esth. 11,2 # 1,1a; Esth. 11,12 # 1,1l; Jer. 23,25; Jer. 23,28; Dan. 2,3; Dan. 2,5; Dan. 2,6; Dan. 2,6; Dan. 2,9; Dan. 4,5; Dan. 4,18; Dan. 4,33b; Judg. 7,13; Dan. 2,1; Dan. 2,3; Dan. 2,4; Dan. 2,5; Dan. 2,6; Dan. 2,6; Dan. 2,7; Dan. 2,9; Dan. 2,26; Dan. 4,5; Dan. 4,7; Dan. 4,8; Dan. 7,1; Dan. 7,1)
- **Noun** · neuter · singular · nominative · (common) ▸ 14 + 5 = **19** (Gen. 37,10; Gen. 41,7; Gen. 41,25; Gen. 41,26; Judg. 7,13; 1Kings 3,15; Esth. 11,5 # 1,1d; Psa. 72,20; Eccl. 5,2; Job 20,8; Job 33,14; Is. 29,8; Dan. 2,28; Dan. 4,19; Dan. 2,36; Dan. 2,45; Dan. 4,18; Dan. 4,19; Dan. 4,19)

Ἐνύπνιον ▸ 3 + 1 = 4
- **Noun** · neuter · singular · accusative · (common) ▸ 3 + 1 = **4** (Gen. 40,8; Gen. 41,15; Dan. 2,3; Judg. 7,13)

ἐνύπνιόν ▸ 2 + 2 = 4
- **Noun** · neuter · singular · accusative · (common) ▸ 1 + 1 = **2** (Dan. 2,4; Dan. 2,9)
- **Noun** · neuter · singular · nominative · (common) ▸ 1 + 1 = **2** (Jer. 23,28; Dan. 2,28)

ἐνυπνίου ▸ 5 + 3 = 8
- **Noun** · neuter · singular · genitive · (common) ▸ 5 + 3 = **8** (Gen. 37,6; Gen. 40,5; Judg. 7,15; Esth. 10,5 # 10,3b; Dan. 8,2; Judg. 7,15; Dan. 4,6; Dan. 4,9)

ἐνυπνίῳ ▸ 1
- **Noun** · neuter · singular · dative · (common) ▸ **1** (Dan. 2,1)

ἐνυπνίων ▸ 5
- **Noun** · neuter · plural · genitive · (common) ▸ **5** (Gen. 37,8; Gen. 42,9; Eccl. 5,6; Sir. 34,3; Sol. 6,3)

ἐνυποτάσσομαι to be subjected to ▸ 1
ἐνυποταγήσεται ▸ 1
- **Verb** · third · singular · future · passive · indicative ▸ **1** (Tob. 14,8)

ἔνυστρον (ἐν; ἀνύω) fourth stomach of a cow ▸ 1
ἔνυστρον ▸ 1
- **Noun** · neuter · singular · accusative · (common) ▸ **1** (Deut. 18,3)

ενφωθ (Hebr.) pendants ▸ 1
ενφωθ ▸ 1
- **Noun** · plural · genitive · (common) ▸ **1** (Judg. 8,26)

Ενωβ Anub ▸ 1
Ενωβ ▸ 1
- **Noun** · masculine · singular · accusative · (proper) ▸ **1** (1Chr. 4,8)

ἐνώπιον (ἐν; ὁράω) before, in front of ▸ 489 + 76 + 94 = 659
ἐνώπιον ▸ 391 + 66 + 87 = 544
- **ImproperPreposition** · (+genitive) ▸ 391 + 66 + 87 = **544** (Gen. 11,28; Gen. 30,38; Ex. 3,6; Ex. 14,2; Ex. 21,1; Ex. 22,7; Ex. 22,8; Ex. 23,17; Ex. 34,10; Ex. 34,23; Lev. 4,4; Lev. 4,18; Lev. 4,24; Lev. 20,17; Lev. 24,3; Lev. 24,8; Num. 13,33; Num. 13,33; Num. 17,25; Num. 19,3; Num. 32,4; Deut. 1,8; Deut. 1,42; Deut. 4,8; Deut. 4,44; Deut. 6,22; Deut. 11,26; Deut. 11,32; Deut. 12,8; Deut. 16,16; Deut. 29,1; Deut. 31,11; Josh. 8,32 # 9,2c; Josh. 10,8; Josh. 24,25; Judg. 4,15; Judg. 4,23; Judg. 8,28; Judg. 11,9; Judg. 11,11; Judg. 14,1; Judg. 14,7; Judg. 16,25; Judg. 18,6; Judg. 20,23; Judg. 20,28; Judg. 20,32; Judg. 20,42; Judg. 21,2; 1Sam. 1,9; 1Sam. 1,12; 1Sam. 1,15; 1Sam. 1,25; 1Sam. 2,11; 1Sam. 2,11; 1Sam. 2,17; 1Sam. 2,18; 1Sam. 2,21; 1Sam. 2,35; 1Sam. 3,1; 1Sam. 3,18; 1Sam. 3,21; 1Sam. 4,2; 1Sam. 4,3; 1Sam. 5,3; 1Sam. 5,4; 1Sam. 6,20; 1Sam. 7,6; 1Sam. 7,6; 1Sam. 7,10; 1Sam. 9,24; 1Sam. 10,19; 1Sam. 10,25; 1Sam. 11,10; 1Sam. 11,15; 1Sam. 11,15; 1Sam. 12,2; 1Sam. 12,2; 1Sam. 12,3; 1Sam. 12,3; 1Sam. 12,7; 1Sam. 12,17; 1Sam. 14,18; 1Sam. 15,17; 1Sam. 15,19; 1Sam. 15,21; 1Sam. 15,30; 1Sam. 15,30; 1Sam. 15,33; 1Sam. 16,6; 1Sam. 16,10; 1Sam. 16,21; 1Sam. 16,22; 1Sam. 19,7; 1Sam. 19,24; 1Sam. 20,1; 1Sam. 20,1; 1Sam. 21,8; 1Sam. 21,14; 1Sam. 23,18; 1Sam. 25,23; 1Sam. 26,19; 1Sam. 26,24; 1Sam. 28,25; 1Sam. 28,25; 2Sam. 2,14; 2Sam. 2,17; 2Sam. 3,34; 2Sam. 3,36; 2Sam. 3,36; 2Sam. 5,3; 2Sam. 5,20; 2Sam. 6,5; 2Sam. 6,7; 2Sam. 6,14; 2Sam. 6,16; 2Sam. 6,17; 2Sam. 6,21; 2Sam. 7,16; 2Sam. 7,18; 2Sam. 11,13; 2Sam. 13,9; 2Sam. 16,19; 2Sam. 16,19; 2Sam. 18,7; 2Sam. 18,9; 2Sam. 18,24; 2Sam. 19,14; 2Sam. 19,19; 2Sam. 22,25; 2Sam. 24,4; 1Kings 1,25; 1Kings 1,28; 1Kings 1,28; 1Kings 1,32; 1Kings 2,4; 1Kings 2,26; 1Kings 2,35g; 1Kings 2,45; 1Kings 3,10; 1Kings 3,16; 1Kings 3,22; 1Kings 3,24; 1Kings 8,22; 1Kings 8,25; 1Kings 8,25; 1Kings 8,33; 1Kings 8,46; 1Kings 8,50; 1Kings 8,59; 1Kings 8,62; 1Kings 8,64; 1Kings 8,65; 1Kings 8,65; 1Kings 9,3; 1Kings 9,4; 1Kings 9,6; 1Kings 11,8; 1Kings 11,33; 1Kings 11,36; 1Kings 11,38; 1Kings 12,6; 1Kings 12,24a; 1Kings 12,24r; 1Kings 12,24s; 1Kings 14,22; 1Kings 15,3; 1Kings 15,5; 1Kings 15,11; 1Kings 15,26; 1Kings 15,34; 1Kings 16,7; 1Kings 16,19; 1Kings 16,25; 1Kings 16,28b; 1Kings 16,30; 1Kings 17,1; 1Kings 18,15; 1Kings 19,11; 1Kings 19,11; 1Kings 19,19; 1Kings 20,20; 1Kings 20,25; 1Kings 22,10; 1Kings 22,21; 1Kings 1,18b; 2Kings 3,14; 2Kings 4,12; 2Kings 4,38; 2Kings 4,43; 2Kings 5,1; 2Kings 5,2; 2Kings 5,3; 2Kings 5,16; 2Kings 6,22; 2Kings 8,9; 2Kings 8,18; 2Kings 8,27; 2Kings 11,4; 2Kings 12,3; 2Kings 14,24; 2Kings 22,10; 2Kings 22,19; 2Kings 23,3; 2Kings 24,19; 2Kings 25,8; 2Kings 25,29; 1Chr. 29,10; 2Chr. 1,6; 2Chr. 1,10; 2Chr. 14,1; 2Chr. 14,12; 2Chr. 18,20; 2Chr. 20,32; 2Chr. 24,2; 2Chr. 25,2; 2Chr. 26,4; 2Chr. 27,2; 2Chr. 28,1; 2Chr. 29,2; 2Chr. 33,22; 2Chr. 34,31; 2Chr. 36,2b; 2Chr. 36,9; 2Chr. 36,12; 1Esdr. 1,21; 1Esdr. 1,37; 1Esdr. 1,45; 1Esdr. 3,14; 1Esdr. 8,77; 1Esdr. 9,41; 1Esdr. 9,45; 1Esdr. 9,45; Ezra 4,23; Ezra 7,19; Ezra 8,21; Ezra 8,29; Ezra 9,9; Ezra 10,1; Ezra 10,11; Neh. 1,4; Neh. 1,11; Neh. 2,1; Neh. 2,1; Neh. 2,6; Neh. 3,34; Neh. 8,2; Neh. 8,5; Neh. 9,11; Neh. 9,24; Neh. 9,24; Neh. 9,35; Esth. 12,6 # 1,1r; Esth. 2,9; Esth. 14,13 # 4,17s; Esth. 15,6 # 5,1c; Esth. 5,8; Esth. 6,13; Esth. 7,3; Esth. 10,11 # 10,3h; Esth. 10,13 # 10,3k; Judith 4,14; Judith 5,17; Judith 7,16; Judith 7,16; Judith 8,19; Judith 13,20; Tob. 1,13; Tob. 3,16; Tob. 4,11; Tob. 4,21; Tob. 5,18; Tob. 6,8; Tob. 10,13; Tob. 11,16; Tob. 12,6; Tob. 12,12; Tob. 12,15; Tob. 13,3; Tob. 13,4; Tob. 13,6; Tob. 13,8; 1Mac. 1,3; 1Mac. 1,16; 1Mac. 3,23; 1Mac. 7,42; 1Mac. 8,21; 1Mac. 10,60; 1Mac. 11,38; 1Mac. 11,51; 1Mac. 11,52; 1Mac. 14,19; Psa. 9,25; Psa. 14,4; Psa. 17,7; Psa. 17,13; Psa. 17,25; Psa. 21,26; Psa. 21,30; Psa. 35,3; Psa. 53,5; Psa. 55,14; Psa. 60,8; Psa. 61,9; Psa. 67,4; Psa. 67,5; Psa. 67,8; Psa. 68,23; Psa. 71,9; Psa. 71,14; Psa. 78,10; Psa. 85,14; Psa. 95,6; Psa. 97,6; Psa. 99,2; Psa. 105,23; Psa. 141,3; Ode. 9,75; Prov. 3,4; Prov. 5,21; Prov. 11,1; Prov. 12,15; Prov. 20,10; Prov. 20,23; Prov. 22,14a; Prov. 25,6; Prov. 25,26; Job 1,6; Job 2,2; Job 26,6; Job 31,34; Sir. 2,17; Sir. 8,18; Sir. 23,14; Sir. 24,10; Sir. 36,3; Sir. 36,3; Sir. 39,19; Sol. 2,5; Sol. 2,36; Sol. 2,37; Sol. 14,8; Sol. 17,34; Sol. 18,8; Hos. 2,12; Hos. 6,2; Zeph. 3,20; Hag. 2,3; Hag. 2,14; Zech. 8,6; Zech. 8,6; Zech. 11,12; Zech. 12,8; Mal. 2,17; Mal. 3,16; Is. 1,7; Is. 5,21; Is.

13,16; Is. 24,23; Is. 52,10; Jer. 7,10; Jer. 7,11; Jer. 16,9; Jer. 18,4; Ezek. 2,10; Ezek. 5,8; Ezek. 5,14; Ezek. 6,4; Ezek. 10,19; Ezek. 12,3; Ezek. 12,3; Ezek. 12,5; Ezek. 12,6; Ezek. 12,7; Ezek. 16,41; Ezek. 20,9; Ezek. 20,9; Ezek. 20,14; Ezek. 20,22; Ezek. 21,28; Ezek. 28,9; Ezek. 28,25; Ezek. 37,20; Ezek. 38,16; Ezek. 39,27; Dan. 4,37a; Dan. 8,4; Dan. 9,10; Sus. 23; Bel 11; Bel 42; Judg. 2,11; Judg. 3,12; Judg. 4,1; Judg. 4,15; Judg. 6,1; Judg. 8,28; Judg. 9,39; Judg. 10,6; Judg. 11,9; Judg. 11,11; Judg. 13,1; Judg. 16,25; Judg. 16,25; Judg. 18,6; Judg. 20,23; Judg. 20,26; Judg. 20,26; Judg. 20,28; Judg. 20,32; Judg. 20,35; Judg. 20,39; Judg. 20,42; Judg. 21,2; Judg. 21,25; Tob. 1,13; Tob. 3,16; Tob. 4,3; Tob. 4,21; Tob. 5,18; Tob. 6,8; Tob. 10,13; Tob. 12,6; Tob. 12,12; Tob. 12,15; Tob. 13,3; Tob. 13,4; Tob. 13,6; Tob. 14,8; Dan. 1,5; Dan. 1,9; Dan. 1,19; Dan. 2,2; Dan. 2,10; Dan. 2,11; Dan. 2,24; Dan. 2,25; Dan. 2,27; Dan. 2,36; Dan. 3,3; Dan. 3,13; Dan. 4,7; Dan. 4,8; Dan. 5,13; Dan. 5,17; Dan. 6,2; Dan. 6,14; Dan. 6,23; Dan. 7,13; Dan. 8,4; Dan. 8,6; Dan. 8,7; Dan. 8,15; Sus. 23; Sus. 64; Bel 14; Bel 42; Luke 1,15; Luke 1,17; Luke 1,19; Luke 1,75; Luke 1,76; Luke 4,7; Luke 5,18; Luke 5,25; Luke 8,47; Luke 12,6; Luke 12,9; Luke 12,9; Luke 14,10; Luke 15,10; Luke 16,15; Luke 16,15; Luke 23,14; Luke 24,11; Luke 24,43; John 20,30; Acts 4,10; Acts 4,19; Acts 6,5; Acts 6,6; Acts 7,46; Acts 9,15; Acts 10,31; Acts 10,33; Acts 19,9; Acts 19,19; Acts 27,35; Rom. 3,20; Rom. 12,17; Rom. 14,22; 1Cor. 1,29; 2Cor. 4,2; 2Cor. 7,12; 2Cor. 8,21; 2Cor. 8,21; Gal. 1,20; 1Tim. 2,3; 1Tim. 5,4; 1Tim. 5,20; 1Tim. 5,21; 1Tim. 6,12; 1Tim. 6,13; 2Tim. 2,14; 2Tim. 4,1; Heb. 4,13; Heb. 13,21; James 4,10; 1Pet. 3,4; 1John 3,22; 3John 6; Rev. 1,4; Rev. 2,14; Rev. 3,2; Rev. 3,5; Rev. 3,5; Rev. 3,9; Rev. 4,5; Rev. 4,6; Rev. 4,10; Rev. 4,10; Rev. 5,8; Rev. 7,9; Rev. 7,9; Rev. 7,11; Rev. 7,15; Rev. 8,2; Rev. 8,3; Rev. 8,4; Rev. 9,13; Rev. 11,4; Rev. 11,16; Rev. 12,4; Rev. 12,10; Rev. 13,12; Rev. 13,13; Rev. 13,14; Rev. 14,3; Rev. 14,3; Rev. 14,10; Rev. 14,10; Rev. 16,19; Rev. 19,20; Rev. 20,12)

Ἐνώπιον ▸ 2
    ImproperPreposition · (+genitive) ▸ 2 (2Sam. 6,21; 2Kings 18,22)

ἐνώπιόν ▸ 96 + 10 + 7 = 113
    ImproperPreposition · (+genitive) ▸ 96 + 10 + 7 = 113 (Gen. 24,51; Gen. 30,33; Gen. 31,35; Ex. 23,15; Ex. 32,33; Ex. 33,17; Ex. 34,9; Ex. 34,20; Lev. 25,53; Num. 32,5; Deut. 4,34; Judg. 6,18; Judg. 10,15; Judg. 13,15; 1Sam. 1,11; 1Sam. 1,26; 1Sam. 2,30; 1Sam. 9,24; 1Sam. 14,36; 1Sam. 14,40; 1Sam. 16,16; 1Sam. 28,22; 1Sam. 29,8; 1Sam. 29,10; 2Sam. 4,10; 2Sam. 7,19; 2Sam. 7,29; 2Sam. 10,3; 2Sam. 16,19; 2Sam. 18,14; 1Kings 3,6; 1Kings 8,23; 1Kings 8,28; 1Kings 10,8; 1Kings 20,2; 2Kings 6,1; 2Kings 20,3; 1Chr. 17,17; 1Esdr. 8,87; Ezra 9,15; Neh. 1,6; Neh. 2,5; Neh. 9,8; Neh. 9,28; Neh. 9,32; Esth. 14,6 # 4,17n; Judith 3,2; Tob. 3,3; Tob. 3,5; Tob. 3,6; Psa. 5,9; Psa. 9,20; Psa. 15,8; Psa. 17,23; Psa. 18,15; Psa. 21,28; Psa. 22,5; Psa. 37,18; Psa. 38,6; Psa. 40,13; Psa. 49,8; Psa. 50,5; Psa. 50,6; Psa. 55,9; Psa. 78,11; Psa. 85,9; Psa. 87,3; Psa. 89,8; Psa. 118,169; Psa. 118,170; Psa. 140,2; Psa. 142,2; Ode. 7,38; Ode. 7,40; Ode. 12,10; Song 8,12; Job 14,3; Job 42,7; Sol. 1,2; Sol. 4,14; Sol. 9,3; Is. 9,2; Is. 38,3; Is. 38,3; Is. 48,19; Is. 49,16; Is. 65,6; Is. 66,22; Is. 66,23; Ezek. 8,1; Ezek. 10,2; Ezek. 16,50; Dan. 3,38; Dan. 3,40; Dan. 4,17a; Dan. 9,18; Judg. 6,18; Judg. 13,15; Tob. 3,5; Dan. 1,13; Dan. 2,9; Dan. 3,40; Dan. 4,6; Dan. 5,15; Dan. 5,23; Dan. 9,18; Luke 13,26; Luke 15,18; Luke 15,21; Acts 2,25; Acts 10,30; Rev. 3,8; Rev. 15,4)

ἐνώπιος (ἐν; ὁράω) evident, present, presence, face ▸ 7
    ἐνώπια ▸ 1
        Adjective · neuter · plural · nominative · noDegree ▸ 1 (Prov. 8,9)
    ἐνώπιον ▸ 3
        Adjective · masculine · singular · accusative · noDegree ▸ 2 (Gen. 16,13; Gen. 16,14)
        Adjective · neuter · singular · accusative · noDegree ▸ 1 (Lev. 13,37)
    ἐνώπιος ▸ 1
        Adjective · masculine · singular · nominative · noDegree ▸ 1 (Ex. 33,11)
    ἐνωπίους ▸ 1
        Adjective · masculine · plural · accusative · noDegree ▸ 1 (Ex. 25,30)
    ἐνωπίῳ ▸ 1
        Adjective · masculine · singular · dative · noDegree ▸ 1 (Ex. 33,11)

Ἐνώς Enosh ▸ 7
    Ἐνώς ▸ 7
        Noun · masculine · singular · accusative · (proper) ▸ 3 (Gen. 4,26; Gen. 5,6; Gen. 5,7)
        Noun · masculine · singular · genitive · (proper) ▸ 1 (Gen. 5,11)
        Noun · masculine · singular · nominative · (proper) ▸ 3 (Gen. 5,9; Gen. 5,10; 1Chr. 1,1)

Ἐνώς Enosh ▸ 1
    Ἐνώς ▸ 1
        Noun · masculine · singular · genitive · (proper) ▸ 1 (Luke 3,38)

ἐνωτίζομαι (ἐν; οὖς) to pay close attention to ▸ 35 + 1 + 1 = 37
    ἐνωτιεῖται ▸ 1
        Verb · third · singular · future · middle · indicative ▸ 1 (Is. 42,23)
    ἐνωτίζεσθε ▸ 3
        Verb · second · plural · present · middle · imperative ▸ 3 (Judg. 5,3; Job 34,2; Hos. 5,1)
    Ἐνωτίζεσθε ▸ 1
        Verb · second · plural · present · middle · imperative ▸ 1 (Is. 28,23)
    ἐνωτίζεσθέ ▸ 1
        Verb · second · plural · present · middle · imperative ▸ 1 (Job 32,11)
    ἐνωτίζου ▸ 5
        Verb · second · singular · present · middle · imperative ▸ 5 (Job 33,1; Job 33,31; Job 34,16; Job 37,14; Is. 1,2)
    ἐνώτισαι ▸ 9
        Verb · second · singular · aorist · middle · imperative ▸ 9 (Num. 23,18; Psa. 5,2; Psa. 16,1; Psa. 38,13; Psa. 53,4; Psa. 83,9; Psa. 85,6; Psa. 139,7; Psa. 142,1)
    Ἐνώτισαι ▸ 1
        Verb · second · singular · aorist · middle · imperative ▸ 1 (Psa. 54,2)
    ἐνωτίσασθε ▸ 8 + 1 + 1 = 10
        Verb · second · plural · aorist · middle · imperative ▸ 8 + 1 + 1 = 10 (Psa. 48,2; Wis. 6,2; Sir. 33,19; Joel 1,2; Is. 51,4; Jer. 8,6; Jer. 13,15; Bar. 3,9; Judg. 5,3; Acts 2,14)
    ἐνωτίσασθέ ▸ 1
        Verb · second · plural · aorist · middle · imperative ▸ 1 (Gen. 4,23)
    ἐνωτίσατο ▸ 1
        Verb · third · singular · aorist · middle · indicative ▸ 1 (Jer. 23,18)
    ἐνωτίσῃ ▸ 1
        Verb · second · singular · aorist · middle · subjunctive ▸ 1 (Ex. 15,26)
    ἐνωτισθήσονται ▸ 1
        Verb · third · plural · future · passive · indicative ▸ 1 (Psa.

ἐνωτίζομαι–ἐξαγοράζω

134,17)
- ἠνωτίσαντο ▸ 1
  - **Verb** · third · plural · aorist · middle · indicative ▸ **1** (Neh. 9,30)
- ἠνωτίσασθε ▸ 1
  - **Verb** · second · plural · aorist · middle · indicative ▸ **1** (Is. 44,8)

ἐνώτιον (ἐν; οὖς) ear-ring ▸ 17 + 4 = 21
- ἐνώτια ▸ 11 + 1 = 12
  - **Noun** · neuter · plural · accusative · (common) ▸ **10** (Gen. 24,22; Gen. 24,30; Gen. 24,47; Gen. 35,4; Ex. 32,2; Ex. 32,3; Ex. 35,22; Judith 10,4; Hos. 2,15; Is. 3,20)
  - **Noun** · neuter · plural · nominative · (common) ▸ 1 + 1 = **2** (Judg. 8,24; Judg. 8,24)
- ἐνώτιον ▸ 5 + 2 = 7
  - **Noun** · neuter · singular · accusative · (common) ▸ 4 + 2 = **6** (Judg. 8,24; Judg. 8,25; Prov. 25,12; Ezek. 16,12; Judg. 8,24; Judg. 8,25)
  - **Noun** · neuter · singular · nominative · (common) ▸ **1** (Prov. 11,22)
- ἐνωτίων ▸ 1 + 1 = 2
  - **Noun** · neuter · plural · genitive · (common) ▸ 1 + 1 = **2** (Judg. 8,26; Judg. 8,26)

Ενωχ Enoch ▸ 19
- Ενωχ ▸ 19
  - **Noun** · masculine · singular · accusative · (proper) ▸ **3** (Gen. 4,17; Gen. 5,18; Gen. 5,19)
  - **Noun** · masculine · singular · dative · (proper) ▸ **1** (Gen. 4,18)
  - **Noun** · masculine · singular · genitive · (proper) ▸ **3** (Gen. 4,17; Gen. 5,23; Num. 26,5)
  - **Noun** · masculine · singular · nominative · (proper) ▸ **12** (Gen. 5,21; Gen. 5,22; Gen. 5,24; Gen. 25,4; Gen. 46,9; Ex. 6,14; Num. 26,5; 1Chr. 1,3; 1Chr. 1,33; 1Chr. 5,3; Sir. 44,16; Sir. 49,14)

Ἐνώχ Enoch ▸ 3
- Ἐνώχ ▸ 3
  - **Noun** · masculine · singular · genitive · (proper) ▸ **1** (Luke 3,37)
  - **Noun** · masculine · singular · nominative · (proper) ▸ **2** (Heb. 11,5; Jude 14)

ἕξ six ▸ 129 + 5 + 13 = 147
- ἕξ ▸ 101 + 2 + 8 = 111
  - **Adjective** · feminine · plural · accusative · (cardinal · numeral) ▸ 21 + 2 = **23** (Gen. 46,18; Ex. 13,6; Ex. 16,26; Ex. 20,9; Ex. 23,12; Ex. 24,16; Ex. 26,9; Ex. 31,15; Ex. 34,21; Ex. 35,2; Lev. 12,5; Lev. 23,3; Num. 7,3; Num. 35,6; Num. 35,13; Deut. 5,13; Deut. 16,8; Josh. 6,14; Esth. 1,5; Is. 5,10; Ezek. 46,1; Matt. 17,1; Mark 9,2)
  - **Adjective** · feminine · plural · dative · (cardinal · numeral) ▸ **2** (Ex. 20,11; Ex. 31,17)
  - **Adjective** · feminine · plural · genitive · (cardinal · numeral) ▸ 2 + 1 = **3** (Ruth 3,15; Ruth 3,17; John 12,1)
  - **Adjective** · feminine · plural · nominative · (cardinal · numeral) ▸ 6 + 1 + 2 = **9** (Num. 31,46; Josh. 15,59; Ezra 2,69; Is. 6,2; Is. 6,2; Jer. 52,23; Josh. 15,59; Luke 13,14; John 2,6)
  - **Adjective** · masculine · plural · accusative · (cardinal) ▸ 12 + 1 = **13** (Ex. 26,22; Lev. 24,6; Josh. 7,5; 2Sam. 2,11; 2Sam. 5,5; 1Kings 11,16; 1Chr. 24,4; 1Chr. 26,17; Esth. 2,12; Esth. 2,12; Ezek. 46,4; Ezek. 46,6; Acts 18,11)
  - **Adjective** · masculine · plural · dative · (cardinal · numeral) ▸ **3** (Ex. 25,32; Ex. 25,33; Ex. 25,35)
  - **Adjective** · masculine · plural · genitive · (cardinal · numeral) ▸ **14** (Num. 1,21; 1Sam. 13,5; 2Sam. 21,20; 2Chr. 9,19; Judith 1,2; Ezek. 40,5; Ezek. 40,7; Ezek. 40,12; Ezek. 40,12; Ezek. 41,1; Ezek. 41,1; Ezek. 41,3; Ezek. 41,5; Ezek. 41,8)
  - **Adjective** · masculine · plural · nominative · (cardinal · numeral) ▸ 17 + 1 = **18** (Num. 2,11; Num. 26,18; Num. 31,38; Num. 31,44; Num. 31,52; 1Kings 7,14; 1Kings 10,19; 1Kings 10,20; 1Chr. 3,4; 1Chr. 7,4; 1Chr. 7,40; 1Chr. 8,38; 1Chr. 9,44; 1Chr. 12,25; 1Chr. 20,6; 2Chr. 9,18; Ezek. 9,2; Acts 11,12)
  - **Adjective** · neuter · plural · accusative · (cardinal · numeral) ▸ **15** (Gen. 31,41; Ex. 21,2; Ex. 28,10; Ex. 28,10; Lev. 25,3; Lev. 25,3; Deut. 15,12; Deut. 15,18; Judg. 12,7; 1Kings 15,2; 1Kings 16,23; 2Kings 11,3; 2Chr. 22,12; 2Chr. 27,1; 2Chr. 28,1)
  - **Adjective** · neuter · plural · dative · (cardinal · numeral) ▸ **1** (John 2,20)
  - **Adjective** · neuter · plural · genitive · (cardinal · numeral) ▸ 3 + 1 = **4** (Gen. 16,16; 2Chr. 26,1; 2Chr. 26,3; Tob. 1,7)
  - **Adjective** · neuter · plural · nominative · (cardinal · numeral) ▸ **6** (1Kings 10,14; 2Chr. 9,13; Neh. 5,18; 4Mac. 11,24; Jer. 41,14; Jer. 41,14)
- ἕξ ▸ 27 + 3 + 5 = 35
  - **Adjective** · feminine · plural · accusative · (cardinal · numeral) ▸ 2 + 1 + 1 = **4** (2Chr. 13,21; Bel 31-32; Bel 31; Rev. 4,8)
  - **Adjective** · feminine · plural · nominative · (cardinal · numeral) ▸ 2 + 1 = **3** (Gen. 46,26; Ex. 26,25; Acts 27,37)
  - **Adjective** · masculine · plural · accusative · (cardinal · numeral) ▸ 3 + 2 = **5** (Gen. 30,20; 1Esdr. 8,63; Ezra 8,35; Luke 4,25; James 5,17)
  - **Adjective** · masculine · plural · genitive · (cardinal · numeral) ▸ 3 + 1 = **4** (2Sam. 21,20; 1Kings 6,6; Dan. 3,1; Dan. 3,1)
  - **Adjective** · masculine · plural · nominative · (cardinal · numeral) ▸ 17 + 1 + 1 = **19** (1Chr. 3,22; 1Chr. 9,9; 1Chr. 20,6; 1Chr. 25,3; 2Chr. 21,2; 1Esdr. 5,10; 1Esdr. 5,14; 1Esdr. 5,21; 1Esdr. 5,42; Ezra 2,13; Ezra 2,14; Ezra 2,22; Ezra 2,30; Ezra 2,66; Neh. 7,26; Neh. 7,68; Bel 3; Bel 3; Rev. 13,18)
- Ἔξ ▸ 1
  - **Adjective** · neuter · plural · accusative · (cardinal · numeral) ▸ **1** (Ex. 23,10)

ἐξαγγέλλω (ἐκ; ἄγγελος) to make known, proclaim ▸ 12 + 2 = 14
- ἐξαγγεῖλαι ▸ 2
  - **Verb** · aorist · active · infinitive ▸ **2** (Psa. 72,28; Sir. 18,4)
- ἐξαγγειλάτωσαν ▸ 1
  - **Verb** · third · plural · aorist · active · imperative ▸ **1** (Psa. 106,22)
- ἐξαγγείλητε ▸ 1
  - **Verb** · second · plural · aorist · active · subjunctive ▸ **1** (1Pet. 2,9)
- ἐξαγγείλω ▸ 1
  - **Verb** · first · singular · aorist · active · subjunctive ▸ **1** (Psa. 9,15)
- ἐξαγγελεῖ ▸ 2
  - **Verb** · third · singular · future · active · indicative ▸ **2** (Psa. 70,15; Sir. 39,10)
- ἐξαγγέλλει ▸ 2
  - **Verb** · third · singular · present · active · indicative ▸ **2** (Prov. 12,16; Sir. 44,15)
- ἐξαγγελοῦμεν ▸ 1
  - **Verb** · first · plural · future · active · indicative ▸ **1** (Psa. 78,13)
- ἐξήγγειλα ▸ 2
  - **Verb** · first · singular · aorist · active · indicative ▸ **2** (Psa. 118,13; Psa. 118,26)
- ἐξήγγειλά ▸ 1
  - **Verb** · first · singular · aorist · active · indicative ▸ **1** (Psa. 55,9)
- ἐξήγγειλαν ▸ 1
  - **Verb** · third · plural · aorist · active · indicative ▸ **1** (Mark 16,8)

ἐξαγοράζω (ἐκ; ἀγορά) to buy time, redeem ▸ 1 + 1 + 4 = 6
- ἐξαγοράζετε ▸ 1 + 1 = 2
  - **Verb** · second · plural · present · active · indicative ▸ 1 + 1 = **2**

(Dan. 2,8; Dan. 2,8)
ἐξαγοραζόμενοι ▸ 2
   Verb · present · middle · participle · masculine · plural · nominative ▸ **2** (Eph. 5,16; Col. 4,5)
ἐξαγοράσῃ ▸ 1
   Verb · third · singular · aorist · active · subjunctive ▸ **1** (Gal. 4,5)
ἐξηγόρασεν ▸ 1
   Verb · third · singular · aorist · active · indicative ▸ **1** (Gal. 3,13)

ἐξαγορεύω (ἐκ; ἀγορά) to confess, make known, declare ▸ **12 + 1 = 13**
ἐξαγορεύοντες ▸ 1
   Verb · present · active · participle · masculine · plural · nominative ▸ **1** (Neh. 9,3)
ἐξαγορεύοντος ▸ 1
   Verb · present · active · participle · masculine · singular · genitive ▸ **1** (Dan. 9,20)
ἐξαγορεῦσαι ▸ 2
   Verb · aorist · active · infinitive ▸ **2** (Job 31,34; Bar. 1,14)
ἐξαγορεύσει ▸ 3
   Verb · third · singular · future · active · indicative ▸ **3** (Lev. 5,5; Lev. 16,21; Num. 5,7)
ἐξαγορεύσῃ ▸ 1
   Verb · third · singular · aorist · active · subjunctive ▸ **1** (1Kings 8,31)
ἐξαγορεύσουσιν ▸ 1
   Verb · third · plural · future · active · indicative ▸ **1** (Lev. 26,40)
Ἐξαγορεύσω ▸ 1
   Verb · first · singular · future · active · indicative ▸ **1** (Psa. 31,5)
ἐξαγορεύω ▸ 1
   Verb · first · singular · present · active · indicative ▸ **1** (Neh. 1,6)
ἐξηγόρευσαν ▸ 1
   Verb · third · plural · aorist · active · indicative ▸ **1** (Neh. 9,2)
ἐξηγόρευσεν ▸ 1
   Verb · third · singular · aorist · active · indicative ▸ **1** (Ezra 10,1)

ἐξαγορία (ἐκ; ἀγορά) heal by confessing ▸ **1**
ἐξαγορίαις ▸ 1
   Noun · feminine · plural · dative · (common) ▸ **1** (Sol. 9,6)

ἐξαγριαίνω to make, become savage ▸ **1**
ἐξηγριάνθη ▸ 1
   Verb · third · singular · aorist · passive · indicative ▸ **1** (Dan. 8,7)

ἐξάγω (ἐκ; ἄγω) to lead away, bring out ▸ **216 + 5 + 12 = 233**
ἐξάγαγε ▸ 4
   Verb · second · singular · aorist · active · imperative ▸ **4** (Gen. 8,17; Gen. 19,5; Gen. 19,12; Psa. 141,8)
Ἐξάγαγε ▸ 5
   Verb · second · singular · aorist · active · imperative ▸ **5** (Lev. 24,14; Josh. 2,3; Judg. 6,30; Judg. 19,22; 2Kings 10,22)
ἐξάγαγέ ▸ 3
   Verb · second · singular · aorist · active · imperative ▸ **3** (1Kings 22,34; 2Chr. 18,33; Psa. 24,17)
ἐξαγαγεῖν ▸ **18 + 1 = 19**
   Verb · aorist · active · infinitive ▸ **18 + 1 = 19** (Ex. 3,8; Ex. 3,12; Ex. 6,26; Ex. 8,14; Ex. 12,42; Lev. 23,43; 1Kings 8,21; 1Kings 8,53; 2Kings 23,4; Psa. 103,14; Hos. 9,13; Is. 42,7; Jer. 38,32; Ezek. 20,6; Ezek. 20,9; Ezek. 20,41; Dan. 2,12; Dan. 2,14; Heb. 8,9)
ἐξαγάγετε ▸ 2
   Verb · second · plural · aorist · active · imperative ▸ **2** (Josh. 6,22; Josh. 10,22)
Ἐξαγάγετε ▸ 3
   Verb · second · plural · aorist · active · imperative ▸ **2** (Gen. 38,24; 2Sam. 13,9)
   Verb · second · plural · present · active · imperative ▸ **1** (2Kings 11,15)
Ἐξαγάγετέ ▸ 1
   Verb · second · plural · present · active · imperative ▸ **1** (2Chr. 35,23)
Ἐξαγαγέτω ▸ 2
   Verb · third · singular · aorist · active · imperative ▸ **2** (Gen. 1,20; Gen. 1,24)
ἐξαγαγέτωσαν ▸ **1 + 1 = 2**
   Verb · third · plural · aorist · active · imperative ▸ **1 + 1 = 2** (1Kings 20,10; Acts 16,37)
ἐξαγάγῃς ▸ 1
   Verb · second · singular · aorist · active · subjunctive ▸ **1** (Jer. 15,19)
ἐξαγάγοι ▸ 1
   Verb · third · singular · aorist · active · optative ▸ **1** (Job 23,7)
ἐξαγαγόντα ▸ **2 + 1 = 3**
   Verb · aorist · active · participle · masculine · singular · accusative ▸ **2 + 1 = 3** (Judg. 2,12; 2Chr. 7,22; Judg. 2,12)
ἐξαγαγόντες ▸ **2 + 1 = 3**
   Verb · aorist · active · participle · masculine · plural · nominative ▸ **2 + 1 = 3** (Neh. 9,18; Sus. 60-62; Acts 16,39)
ἐξαγαγόντι ▸ 2
   Verb · aorist · active · participle · masculine · singular · dative ▸ **2** (Psa. 135,11; Psa. 135,16)
ἐξαγαγόντος ▸ 5
   Verb · aorist · active · participle · masculine · singular · genitive ▸ **5** (Deut. 6,12; Deut. 8,14; Deut. 8,15; Deut. 13,6; Deut. 13,11)
ἐξαγαγών ▸ **2 + 1 = 3**
   Verb · aorist · active · participle · masculine · singular · nominative ▸ **2 + 1 = 3** (Gen. 15,7; Deut. 5,6; Acts 5,19)
ἐξαγαγών ▸ **10 + 1 = 11**
   Verb · aorist · active · participle · masculine · singular · nominative ▸ **10 + 1 = 11** (Ex. 6,7; Ex. 14,11; Ex. 29,46; Lev. 19,36; Lev. 22,33; Lev. 25,38; Lev. 26,13; Num. 23,22; Is. 43,17; Dan. 9,15; Acts 21,38)
ἐξαγαγῶν ▸ 1
   Verb · aorist · active · participle · masculine · singular · nominative ▸ **1** (Num. 15,41)
ἐξάγει ▸ 1
   Verb · third · singular · present · active · indicative ▸ **1** (John 10,3)
ἐξάγομεν ▸ 1
   Verb · first · plural · present · active · indicative ▸ **1** (4Mac. 8,23)
ἐξαγομένης ▸ 1
   Verb · present · passive · participle · feminine · singular · genitive ▸ **1** (Sus. 44-45)
ἐξάγουσιν ▸ **1 + 1 = 2**
   Verb · third · plural · present · active · indicative ▸ **1 + 1 = 2** (Ezek. 14,22; Mark 15,20)
ἐξάγων ▸ 5
   Verb · present · active · participle · masculine · singular · nominative ▸ **5** (2Sam. 5,2; 2Sam. 22,49; 1Chr. 11,2; Psa. 67,7; Psa. 134,7)
ἐξάξει ▸ 4
   Verb · third · singular · future · active · indicative ▸ **4** (Num. 27,17; Josh. 15,9; Mic. 7,9; Is. 48,21)
ἐξάξεις ▸ 5
   Verb · second · singular · future · active · indicative ▸ **5** (Gen. 40,14; Ex. 3,10; Deut. 17,5; Psa. 30,5; Psa. 142,11)
ἐξάξετε ▸ 1

ἐξάγω–ἐξαιρέω

Verb · second · plural · future · active · indicative ▸ 1 (Deut. 22,24)

ἐξάξομεν ▸ 1
Verb · first · plural · future · active · indicative ▸ 1 (Num. 20,10)

ἐξάξουσιν ▸ 5
Verb · third · plural · future · active · indicative ▸ 5 (Num. 19,3; Deut. 21,19; Deut. 22,21; Job 8,10; Jer. 45,23)

ἐξάξω ▸ 15 + 1 = 16
Verb · first · singular · future · active · indicative ▸ 15 + 1 = 16 (Gen. 19,8; Ex. 3,11; Ex. 6,6; Ex. 7,4; Ex. 7,5; Ex. 12,17; Judg. 19,24; Is. 65,9; LetterJ 2; Ezek. 11,7; Ezek. 11,9; Ezek. 20,34; Ezek. 20,38; Ezek. 28,18; Ezek. 34,13; Judg. 19,24)

ἐξαχθήσεται ▸ 1
Verb · third · singular · future · passive · indicative ▸ 1 (Sir. 23,24)

ἐξήγαγεν ▸ 52 + 1 + 4 = 57
Verb · third · singular · aorist · active · indicative ▸ 52 + 1 + 4 = 57 (Gen. 1,21; Gen. 11,31; Gen. 15,5; Gen. 43,23; Gen. 48,12; Ex. 12,51; Ex. 13,3; Ex. 13,14; Ex. 16,6; Ex. 16,32; Ex. 18,1; Ex. 19,17; Ex. 32,1; Ex. 32,12; Ex. 32,23; Num. 20,16; Deut. 1,27; Deut. 4,20; Deut. 6,21; Deut. 6,23; Deut. 7,8; Deut. 9,28; Deut. 26,8; Deut. 29,24; Josh. 24,5; Josh. 24,31a; Judg. 19,25; 1Sam. 12,8; 2Sam. 12,31; 2Sam. 13,18; 1Kings 9,9; 2Kings 25,27; 1Chr. 20,3; 2Chr. 23,11; Judith 7,6; 1Mac. 11,15; Psa. 77,16; Psa. 104,37; Psa. 104,43; Psa. 106,14; Psa. 106,28; Job 12,22; Wis. 19,10; Sir. 45,1; Jer. 10,13; Jer. 20,3; Jer. 28,16; Jer. 52,31; Bar. 1,19; Bar. 1,20; Bel 22; Bel 42; Judg. 19,25; Acts 7,36; Acts 7,40; Acts 12,17; Acts 13,17)

Ἐξήγαγεν ▸ 1
Verb · third · singular · aorist · active · indicative ▸ 1 (Luke 24,50)

ἐξήγαγέν ▸ 14
Verb · third · singular · aorist · active · indicative ▸ 14 (Gen. 20,13; Ex. 13,9; Ex. 13,16; Deut. 4,37; Deut. 5,15; Deut. 7,19; 2Sam. 22,20; Psa. 17,20; Ezek. 37,1; Ezek. 42,1; Ezek. 42,15; Ezek. 43,1; Ezek. 46,21; Ezek. 47,2)

ἐξήγαγες ▸ 16 + 1 = 17
Verb · second · singular · aorist · active · indicative ▸ 16 + 1 = 17 (Ex. 14,11; Ex. 32,7; Ex. 32,11; Ex. 33,1; Num. 21,5; Deut. 9,12; Deut. 9,26; Deut. 9,28; Deut. 9,29; 1Kings 8,51; Neh. 9,7; Psa. 65,12; Job 10,18; Job 15,13; Jer. 39,21; Bar. 2,11; Dan. 9,15)

ἐξηγάγετε ▸ 1
Verb · second · plural · aorist · active · indicative ▸ 1 (Ex. 16,3)

ἐξήγαγον ▸ 22 + 1 = 23
Verb · first · singular · aorist · active · indicative ▸ 11 + 1 = 12 (Lev. 25,42; Lev. 25,55; Lev. 26,45; Judg. 6,8; 1Kings 8,16; 2Kings 21,15; Is. 43,8; Jer. 42,3; Ezek. 20,10; Ezek. 20,14; Ezek. 20,22; Judg. 6,8)
Verb · third · plural · aorist · active · indicative ▸ 11 (Gen. 19,17; Gen. 41,14; Ex. 6,27; Lev. 24,23; Num. 15,36; Josh. 10,24; 2Sam. 13,9; 1Kings 20,13; 1Chr. 19,16; 2Chr. 35,24; Jer. 46,14)

ἐξήγαγόν ▸ 1
Verb · first · singular · aorist · active · indicative ▸ 1 (Ex. 20,2)

ἐξηγάγοσαν ▸ 3
Verb · third · plural · aorist · active · indicative ▸ 3 (Josh. 6,23; Josh. 10,23; Jer. 33,23)

ἐξῆγον ▸ 1
Verb · third · plural · imperfect · active · indicative ▸ 1 (2Chr. 1,17)

ἐξάγοντο ▸ 1
Verb · third · plural · imperfect · passive · indicative ▸ 1 (Jer. 45,22)

ἐξάδελφος (ἐκ; ἀδελφός)   nephew ▸ 2 + 2 = 4
ἐξάδελφοι ▸ 1
Noun · masculine · plural · nominative · (common) ▸ 1 (Tob. 11,19)
ἐξάδελφος ▸ 1
Noun · masculine · singular · nominative · (common) ▸ 1 (Tob. 11,19)
ἐξαδελφός ▸ 1 + 1 = 2
Noun · masculine · singular · nominative · (common) ▸ 1 + 1 = 2 (Tob. 1,22; Tob. 1,22)

ἔξαιμος (ἐκ; αἷμα)   drained of blood ▸ 1
ἔξαιμος ▸ 1
Adjective · masculine · singular · nominative · noDegree ▸ 1 (2Mac. 14,46)

ἐξαιρετός (ἐκ; αἱρέω)   chosen ▸ 2
ἐξαίρετοι ▸ 1
Adjective · masculine · plural · nominative · noDegree ▸ 1 (Job 5,5)
ἐξαίρετον ▸ 1
Adjective · feminine · singular · accusative · noDegree ▸ 1 (Gen. 48,22)

ἐξαιρέω (ἐκ; αἱρέω)   to take out, remove, choose, deliver ▸ 140 + 16 + 8 = 164
ἐξαιρεθήσεται ▸ 1
Verb · third · singular · future · passive · indicative ▸ 1 (Eccl. 7,26)
ἐξαιρεῖσθαι ▸ 1
Verb · present · middle · infinitive ▸ 1 (Jer. 49,11)
ἐξαιρεῖσθαί ▸ 4
Verb · present · middle · infinitive ▸ 4 (Jer. 1,8; Jer. 1,17; Jer. 1,19; Jer. 15,21)
ἐξαιρεῖσθε ▸ 1
Verb · second · plural · present · middle · imperative ▸ 1 (Jer. 22,3)
ἐξαιρούμενος ▸ 10 + 2 = 12
Verb · present · middle · participle · masculine · singular · nominative ▸ 9 + 2 = 11 (Judg. 18,28; 1Sam. 30,8; 2Sam. 14,6; Job 5,4; Job 10,7; Hos. 5,14; Mic. 5,7; Is. 42,22; Is. 43,13; Dan. 8,4; Dan. 8,7)
Verb · present · passive · participle · masculine · singular · nominative ▸ 1 (Nah. 2,2)
Ἐξαιρούμενος ▸ 1
Verb · present · middle · participle · masculine · singular · nominative ▸ 1 (2Kings 18,30)
ἐξαιρούμενός ▸ 2 + 1 = 3
Verb · present · middle · participle · masculine · singular · nominative ▸ 2 + 1 = 3 (2Sam. 22,2; Is. 60,16; Acts 26,17)
ἐξαιρουμένων ▸ 1
Verb · present · middle · participle · masculine · plural · genitive ▸ 1 (2Sam. 19,6)
ἐξειλάμεθα ▸ 1
Verb · first · plural · aorist · middle · indicative ▸ 1 (1Sam. 30,22)
ἐξειλάμην ▸ 4 + 1 = 5
Verb · first · singular · aorist · middle · indicative ▸ 4 + 1 = 5 (Judg. 6,9; 1Sam. 10,18; Is. 48,10; Jer. 41,13; Acts 23,27)
ἐξείλαντο ▸ 5
Verb · third · plural · aorist · middle · indicative ▸ 5 (2Kings 18,34; 2Kings 18,35; 2Kings 19,12; 2Chr. 25,15; 2Chr. 32,17)
ἐξείλατο ▸ 19 + 3 + 1 = 23
Verb · third · singular · aorist · middle · indicative ▸ 19 + 3 + 1 = 23 (Gen. 37,21; Ex. 18,8; Ex. 18,9; Ex. 18,10; Josh. 9,26; Josh.

24,10; Judg. 9,17; 1Sam. 12,11; 1Sam. 14,48; 1Sam. 30,18; 2Sam. 19,10; 2Sam. 22,1; 2Sam. 23,12; 2Mac. 2,18; Psa. 114,8; Wis. 10,1; Jer. 20,13; Jer. 38,11; Ezek. 33,5; Dan. 3,88; Dan. 3,95; Dan. 6,28; Acts 7,10)

ἐξείλατό ▸ 6 + 1 = 7
Verb · third · singular · aorist · middle · indicative ▸ 6 + 1 = 7 (Ex. 18,4; 1Sam. 17,37; 2Sam. 22,20; Judith 16,2; Ode. 11,15; Is. 38,14; Acts 12,11)

ἐξεῖλεν ▸ 2 + 2 = 4
Verb · third · singular · aorist · active · indicative ▸ 2 + 2 = 4 (Judg. 14,9; Judg. 14,9; Judg. 14,9; Judg. 14,9)

ἐξείλετο ▸ 1
Verb · third · singular · aorist · middle · indicative ▸ 1 (Dan. 3,88)

ἐξείλω ▸ 1
Verb · second · singular · aorist · middle · indicative ▸ 1 (Job 36,21)

ἔξελε ▸ 1 + 2 = 3
Verb · second · singular · aorist · active · imperative ▸ 1 + 2 = 3 (Tob. 6,4; Matt. 5,29; Matt. 18,9)

ἐξελεῖν ▸ 1
Verb · aorist · active · infinitive ▸ 1 (Lev. 14,43)

ἐξελεῖσθε ▸ 1
Verb · second · plural · future · middle · indicative ▸ 1 (Josh. 2,13)

ἐξελεῖται ▸ 18 + 1 = 19
Verb · third · singular · future · middle · indicative ▸ 18 + 1 = 19 (Num. 35,25; Deut. 32,39; 1Sam. 4,8; 1Sam. 7,3; 2Kings 17,39; 2Kings 18,30; 2Kings 18,35; Psa. 36,40; Ode. 2,39; Job 5,19; Sir. 26,29; Sir. 33,1; Is. 31,5; Bar. 4,18; Bar. 4,21; LetterJ 13; Dan. 3,15; Dan. 3,17; Dan. 3,15)

ἐξελεῖταί ▸ 4 + 1 = 5
Verb · third · singular · future · middle · indicative ▸ 4 + 1 = 5 (1Sam. 17,37; 1Sam. 26,24; Sir. 29,12; Dan. 6,17; Dan. 6,17)

ἐξελέσθαι ▸ 13 + 4 + 1 = 18
Verb · aorist · middle · infinitive ▸ 13 + 4 + 1 = 18 (Ex. 3,8; Deut. 23,15; Deut. 25,11; 2Kings 18,29; Psa. 30,3; Zeph. 1,18; Is. 16,12; Is. 44,20; Is. 50,2; Dan. 3,17; Dan. 3,96; Dan. 6,15; Dan. 6,16; Dan. 3,17; Dan. 6,15; Dan. 6,15; Dan. 6,21; Acts 7,34)

ἐξέλεσθε ▸ 2
Verb · second · plural · aorist · middle · imperative ▸ 2 (Psa. 81,4; Jer. 21,12)

ἐξελέσθωσάν ▸ 1
Verb · third · plural · aorist · middle · imperative ▸ 1 (Is. 57,13)

ἐξέληται ▸ 4 + 1 = 5
Verb · third · singular · aorist · middle · subjunctive ▸ 4 + 1 = 5 (Gen. 37,22; 2Chr. 32,17; Hos. 2,12; Ezek. 33,12; Gal. 1,4)

ἐξελοῦ ▸ 20 + 2 = 22
Verb · second · singular · aorist · middle · imperative ▸ 20 + 2 = 22 (Gen. 32,12; Josh. 10,6; Judg. 10,15; 1Sam. 4,7; 1Sam. 12,10; 1Kings 1,12; 1Chr. 16,35; 1Mac. 5,12; Psa. 30,2; Psa. 63,2; Psa. 70,2; Psa. 118,153; Psa. 139,5; Psa. 142,9; Psa. 143,7; Psa. 143,11; Ode. 7,43; Sir. 4,9; Bar. 2,14; Dan. 3,43; Judg. 10,15; Dan. 3,43)

Ἐξελοῦ ▸ 3
Verb · second · singular · aorist · middle · imperative ▸ 3 (Psa. 58,2; Psa. 139,2; Is. 44,17)

ἐξελοῦμαι ▸ 5
Verb · first · singular · future · middle · indicative ▸ 5 (2Mac. 6,26; Psa. 90,15; Mic. 7,3; Ezek. 34,10; Ezek. 34,27)

ἐξελοῦμαί ▸ 1
Verb · first · singular · future · middle · indicative ▸ 1 (Psa. 49,15)

ἐξελοῦνται ▸ 1
Verb · third · plural · future · middle · indicative ▸ 1 (1Sam. 12,21)

ἐξελοῦσιν ▸ 1
Verb · third · plural · future · active · indicative ▸ 1 (Lev. 14,40)

ἐξέλωμαι ▸ 1
Verb · first · singular · aorist · middle · subjunctive ▸ 1 (Zech. 11,6)

ἐξέλωνται ▸ 3
Verb · third · plural · aorist · middle · subjunctive ▸ 3 (Is. 47,14; LetterJ 35; LetterJ 36)

ἐξῄρησαι ▸ 1
Verb · second · singular · perfect · middle · indicative ▸ 1 (Ezek. 33,9)

ἐξαίρω (ἐκ; αἴρω) to lift up, remove, carry away ▸ 213 + 16 + 1 = 230

ἐξαίρει ▸ 2
Verb · third · singular · present · active · indicative ▸ 2 (Deut. 16,19; Sir. 37,7)

ἐξαίρειν ▸ 10
Verb · present · active · infinitive ▸ 10 (Num. 1,51; Num. 4,15; Num. 10,2; Num. 10,34; Num. 10,36; 1Sam. 20,15; 1Mac. 5,2; Ezek. 1,19; Ezek. 1,21; Ezek. 10,16)

ἐξαίρεσθαι ▸ 1
Verb · present · passive · infinitive ▸ 1 (Sol. 4,8)

ἐξαιρῇ ▸ 1
Verb · second · singular · present · middle · indicative ▸ 1 (Sir. 51,8)

ἐξαίρῃ ▸ 1
Verb · third · singular · present · active · subjunctive ▸ 1 (Num. 4,5)

Ἐξαίρομεν ▸ 1
Verb · first · plural · present · active · indicative ▸ 1 (Num. 10,29)

ἐξαιρόμενον ▸ 1
Verb · present · passive · participle · neuter · singular · nominative ▸ 1 (Zech. 5,7)

ἐξαῖρον ▸ 2
Verb · present · active · participle · neuter · singular · accusative ▸ 1 (Ezek. 13,11)
Verb · present · active · participle · neuter · singular · nominative ▸ 1 (Ezek. 1,4)

ἐξαίρουσαν ▸ 1
Verb · present · active · participle · feminine · singular · accusative ▸ 1 (Ezek. 13,13)

ἐξαίρων ▸ 5 + 1 = 6
Verb · present · active · participle · masculine · singular · nominative ▸ 5 + 1 = 6 (Judg. 1,28; Eccl. 10,9; Mic. 7,18; Nah. 1,2; Jer. 31,10; Judg. 1,28)

ἐξάραι ▸ 2
Verb · third · singular · aorist · active · optative ▸ 2 (Sol. 4,22; Sol. 4,24)

ἐξᾶραι ▸ 25 + 3 = 28
Verb · aorist · active · infinitive ▸ 25 + 3 = 28 (Judg. 1,32; Judg. 2,21; Judg. 2,23; Esth. 14,8 # 4,170; 1Mac. 3,20; 1Mac. 3,35; 1Mac. 3,52; 1Mac. 3,58; 1Mac. 5,9; 1Mac. 5,10; 1Mac. 5,27; 1Mac. 6,12; 1Mac. 6,19; 1Mac. 7,26; 1Mac. 8,9; 2Mac. 8,9; Psa. 39,15; Sir. 7,6; Sir. 47,5; Sol. 3,7; Sol. 17,36; Zech. 12,9; Jer. 18,7; Ezek. 17,17; Dan. 4,23; Judg. 1,32; Judg. 2,21; Judg. 2,23)

Ἐξάραι ▸ 1
Verb · third · singular · aorist · active · optative ▸ 1 (Sol. 4,6)

ἐξαίσιος

ἐξᾶραί ▸ 1
  Verb · aorist · active · infinitive ▸ **1** (2Sam. 14,16)

ἐξάραντες ▸ 2
  Verb · aorist · active · participle · masculine · plural · nominative
  ▸ **2** (Ex. 13,20; Num. 21,11)

ἐξάρας ▸ 4
  Verb · aorist · active · participle · masculine · singular · nominative
  ▸ **4** (Gen. 29,1; Gen. 49,33; Lev. 9,22; Num. 24,2)

ἐξάρατε ▸ 3 + **1** = 4
  Verb · second · plural · aorist · active · imperative ▸ 3 + **1** = **4** (Is. 62,10; Ezek. 20,39; Ezek. 45,9; 1Cor. 5,13)

ἐξαρεῖ ▸ 3
  Verb · third · singular · future · active · indicative ▸ **3** (Gen. 41,44; Ex. 28,38; Deut. 7,1)

ἐξαρεῖς ▸ 12
  Verb · second · singular · future · active · indicative ▸ **12** (Deut. 17,7; Deut. 17,12; Deut. 19,19; Deut. 21,9; Deut. 21,21; Deut. 22,21; Deut. 22,22; Deut. 22,24; Deut. 24,7; 1Sam. 20,15; 1Kings 2,31; Is. 30,22)

ἐξαρεῖτε ▸ 2
  Verb · second · plural · future · active · indicative ▸ **2** (Num. 33,52; Num. 33,52)

ἐξάρῃ ▸ 3
  Verb · third · singular · aorist · active · subjunctive ▸ **3** (Sir. 35,21; Sir. 47,22; Jer. 27,34)

ἐξάρητε ▸ 2
  Verb · second · plural · aorist · active · subjunctive ▸ **2** (Josh. 7,12; Josh. 7,13)

ἐξαρθῇ ▸ 1
  Verb · third · singular · aorist · passive · subjunctive ▸ **1** (Obad. 9)

ἐξαρθῆναι ▸ 2
  Verb · aorist · passive · infinitive ▸ **2** (1Sam. 20,16; 1Mac. 14,36)

ἐξαρθῆς ▸ 1
  Verb · second · singular · aorist · passive · subjunctive ▸ **1** (Prov. 20,13)

ἐξαρθήσεσθε ▸ 1
  Verb · second · plural · future · passive · indicative ▸ **1** (Deut. 28,63)

ἐξαρθήσεται ▸ 5
  Verb · third · singular · future · passive · indicative ▸ **5** (Sir. 19,3; Amos 1,8; Amos 6,7; Ezek. 6,6; Ezek. 16,42)

ἐξαρθήσεταί ▸ 3
  Verb · third · singular · future · passive · indicative ▸ **3** (1Kings 8,25; 1Kings 9,5; 2Chr. 7,18)

ἐξαρθήσῃ ▸ 1
  Verb · second · singular · future · passive · indicative ▸ **1** (Obad. 10)

ἐξαρθήσονται ▸ 2
  Verb · third · plural · future · passive · indicative ▸ **2** (Prov. 12,3; Hos. 10,8)

ἔξαρον ▸ 1
  Verb · second · singular · aorist · active · imperative ▸ **1** (Sir. 36,6)

ἐξαροῦμεν ▸ 2
  Verb · first · plural · future · active · indicative ▸ **2** (Judg. 20,13; 2Sam. 14,7)

ἐξαροῦσιν ▸ 14
  Verb · third · plural · future · active · indicative ▸ **14** (Num. 2,9; Num. 2,16; Num. 2,17; Num. 2,24; Num. 2,31; Num. 10,5; Num. 10,6; Num. 10,6; Num. 10,6; Num. 10,17; Num. 10,21; Num. 10,22; Num. 10,25; Ezek. 11,18)

ἐξαρῶ ▸ 20 + **1** = 21
  Verb · first · singular · future · active · indicative ▸ 20 + **1** = **21** (1Kings 9,7; 2Chr. 7,20; Hos. 2,4; Hos. 2,19; Amos 6,8; Amos 9,8; Amos 9,8; Mic. 5,10; Mic. 5,11; Zeph. 1,3; Zeph. 1,4; Zech. 9,7; Zech. 11,8; Zech. 13,2; Jer. 12,17; Jer. 28,20; Ezek. 14,8; Ezek. 14,13; Ezek. 14,17; Ezek. 16,27; Judg. 2,3)

ἐξάρωμεν ▸ 1
  Verb · first · plural · aorist · active · subjunctive ▸ **1** (1Mac. 12,53)

ἐξάρωσιν ▸ 2
  Verb · third · plural · aorist · active · subjunctive ▸ **2** (Num. 9,19; 2Sam. 14,11)

ἐξῆρα ▸ 5
  Verb · first · singular · aorist · active · indicative ▸ **5** (Amos 2,9; Amos 2,9; Ezek. 16,50; Ezek. 20,15; Ezek. 20,23)

ἐξήραμεν ▸ 1
  Verb · first · plural · aorist · active · indicative ▸ **1** (Ezra 8,31)

ἐξῆραν ▸ 10
  Verb · third · plural · aorist · active · indicative ▸ **10** (Ex. 19,2; Num. 10,12; Num. 10,13; Num. 10,14; Num. 10,18; Num. 10,28; Num. 10,33; Judg. 1,21; 1Kings 16,28b; Ezek. 11,22)

ἐξῆρας ▸ 2
  Verb · second · singular · aorist · active · indicative ▸ **2** (2Chr. 19,3; Is. 16,6)

ἐξῆρεν ▸ 36 + **10** = 46
  Verb · third · singular · aorist · active · indicative ▸ 36 + **10** = **46** (Gen. 35,5; Ex. 14,19; Ex. 14,19; Num. 11,35; Num. 12,15; Num. 12,16; Deut. 29,27; Judg. 1,20; Judg. 1,28; Judg. 1,29; Judg. 1,30; Judg. 1,31; Judg. 1,33; Judg. 11,23; 1Kings 14,24; 1Kings 15,14; 1Kings 16,28d; 1Kings 22,44; 2Kings 14,4; 2Kings 15,4; 2Kings 15,35; 2Kings 16,3; 2Kings 17,8; 2Kings 18,4; 2Kings 21,2; 2Kings 23,24; 1Chr. 5,25; 2Chr. 17,6; 2Chr. 33,9; 1Mac. 14,7; 1Mac. 14,14; Sir. 10,17; Sir. 47,4; Sir. 49,2; Jer. 4,7; Jer. 28,9; Judg. 1,27; Judg. 1,28; Judg. 1,29; Judg. 1,30; Judg. 1,31; Judg. 1,33; Judg. 11,23; Judg. 11,24; Judg. 16,14; Dan. 2,35)

Ἐξῆρεν ▸ 2
  Verb · third · singular · aorist · active · indicative ▸ **2** (Ex. 15,22; Lam. 1,15)

ἐξῆρέν ▸ 2
  Verb · third · singular · aorist · active · indicative ▸ **2** (Ezek. 2,2; Ezek. 3,14)

ἐξήρθη ▸ 2 + **1** = 3
  Verb · third · singular · aorist · passive · indicative ▸ 2 + **1** = **3** (1Mac. 3,45; Dan. 8,11; Dan. 7,4)

ἐξήρθησαν ▸ 1
  Verb · third · plural · aorist · passive · indicative ▸ **1** (Zech. 10,2)

ἐξηρμένους ▸ 1
  Verb · aorist · passive · participle · masculine · plural · accusative
  ▸ **1** (Sir. 16,9)

ἐξῆρον ▸ 1
  Verb · third · plural · aorist · active · indicative ▸ **1** (Num. 2,34)

ἐξήροντο ▸ 3
  Verb · third · plural · imperfect · middle · indicative ▸ **2** (Ezek. 1,20; Ezek. 1,21)
  Verb · third · plural · imperfect · passive · indicative ▸ **1** (Ezek. 1,19)

ἐξῆρται ▸ 6
  Verb · third · singular · perfect · middle · indicative ▸ **3** (Joel 1,9; Dan. 5,17; Dan. 5,30)
  Verb · third · singular · perfect · passive · indicative ▸ **3** (Joel 1,5; Nah. 2,1; Dan. 5,0)

ἐξαίσιος (ἐκ; αἶσα)   remarkable, marvelous ▸ 9

ἐξαίσια ▸ 5
  Adjective · neuter · plural · accusative · noDegree ▸ **4** (Job 4,12; Job 5,9; Job 9,10; Job 34,24)
  Adjective · neuter · plural · nominative · noDegree ▸ **1** (Job 37,16)
ἐξαίσιον ▸ 2
  Adjective · neuter · singular · nominative · noDegree ▸ **2** (Job 18,12; Job 20,5)
ἐξαίσιος ▸ 1
  Adjective · masculine · singular · nominative · noDegree ▸ **1** (Job 22,10)
ἐξαισίῳ ▸ 1
  Adjective · masculine · singular · dative · noDegree ▸ **1** (Job 9,23)
ἐξαιτέω (ἐκ; αἰτέω) to desire ▸ 1
  ἐξῃτήσατο ▸ 1
    Verb · third · singular · aorist · middle · indicative ▸ **1** (Luke 22,31)
ἐξαίφνης (ἐκ; ἄφνω) suddenly, immediately ▸ 10 + 5 = 15
  ἐξαίφνης ▸ 10 + 5 = 15
    Adverb ▸ **10 + 5 = 15** (3Mac. 4,2; Prov. 24,22; Job 1,19; Mic. 2,3; Hab. 2,7; Mal. 3,1; Is. 47,9; Is. 47,9; Jer. 6,26; Jer. 15,8; Mark 13,36; Luke 2,13; Luke 9,39; Acts 9,3; Acts 22,6)
ἑξάκις (ἕξ) six times ▸ 3
  ἑξάκις ▸ 3
    Adverb ▸ **3** (Josh. 6,15; 2Kings 13,19; Job 5,19)
ἑξακισχίλιοι (ἕξ; χίλιοι) six thousand ▸ 9
  ἑξακισχίλιαι ▸ 1
    Adjective · feminine · plural · nominative · (cardinal · numeral) ▸ **1** (Job 42,12)
  ἑξακισχίλιοι ▸ 5
    Adjective · masculine · plural · nominative · (cardinal · numeral) ▸ **5** (Num. 2,9; Num. 3,34; 1Chr. 23,4; Ezra 2,67; Neh. 7,69)
  ἑξακισχιλίους ▸ 3
    Adjective · masculine · plural · accusative · (cardinal · numeral) ▸ **3** (2Kings 5,5; 2Mac. 8,1; 2Mac. 8,16)
ἐξακολουθέω (ἐκ; ἀκόλουθος) to follow ▸ 7 + 1 + 3 = 11
  ἐξακολούθει ▸ 1
    Verb · second · singular · present · active · imperative ▸ **1** (Sir. 5,2)
  ἐξακολουθῆσαί ▸ 1
    Verb · aorist · active · infinitive ▸ **1** (Jer. 2,2)
  ἐξακολουθήσαντες ▸ 2
    Verb · aorist · active · participle · masculine · plural · nominative ▸ **2** (2Pet. 1,16; 2Pet. 2,15)
  ἐξακολουθοῦμεν ▸ 2 + 1 = 3
    Verb · first · plural · present · active · indicative ▸ **2 + 1 = 3** (Ode. 7,41; Dan. 3,41; Dan. 3,41)
  ἐξακολουθήσουσιν ▸ 1
    Verb · third · plural · future · active · indicative ▸ **1** (2Pet. 2,2)
  ἐξηκολούθησαν ▸ 2
    Verb · third · plural · aorist · active · indicative ▸ **2** (Amos 2,4; Is. 56,11)
  ἐξηκολούθησεν ▸ 1
    Verb · third · singular · aorist · active · indicative ▸ **1** (Job 31,9)
ἐξακονάω (ἐκ; ἄκων) to sharpen ▸ 1
  ἐξηκονήθη ▸ 1
    Verb · third · singular · aorist · passive · indicative ▸ **1** (Ezek. 21,16)
ἑξακόσιοι (ἕξ; ἑκατόν) six hundred ▸ 75 + 4 + 2 = 81

ἑξακόσια ▸ 10
  Adjective · neuter · plural · accusative · (cardinal · numeral) ▸ **7** (Ex. 14,7; 2Chr. 3,8; 2Chr. 35,8; 1Esdr. 1,8; 1Esdr. 8,56; Ezra 8,26; 4Mac. 4,17)
  Adjective · neuter · plural · nominative · (cardinal · numeral) ▸ **3** (Num. 31,37; 1Kings 10,14; 2Chr. 9,13)
ἑξακόσιαι ▸ 4
  Adjective · feminine · plural · nominative · (cardinal · numeral) ▸ **4** (Num. 1,46; Num. 2,32; Num. 26,51; Num. 31,32)
Ἑξακόσιαι ▸ 1
  Adjective · feminine · plural · nominative · (cardinal · numeral) ▸ **1** (Num. 11,21)
ἑξακοσίας ▸ 3
  Adjective · feminine · plural · accusative · (cardinal · numeral) ▸ **3** (Ex. 12,37; 1Sam. 11,8; Sir. 16,10)
ἑξακόσιοι ▸ 47 + 3 + 1 = 51
  Adjective · masculine · plural · nominative · (cardinal · numeral) ▸ **47 + 3 + 1 = 51** (Num. 1,25; Num. 1,37; Num. 2,4; Num. 2,15; Num. 2,31; Num. 3,28; Num. 4,40; Num. 26,45; Judg. 18,11; Judg. 18,16; Judg. 18,17; Judg. 20,47; 1Sam. 14,2; 1Sam. 30,9; 2Sam. 15,18; 2Sam. 15,18; 1Kings 2,35h; 1Kings 5,30; 1Chr. 7,2; 1Chr. 9,6; 1Chr. 12,27; 2Chr. 2,1; 2Chr. 2,16; 2Chr. 9,15; 2Chr. 9,15; 2Chr. 26,12; 2Chr. 29,33; 1Esdr. 5,12; 1Esdr. 5,13; 1Esdr. 5,14; 1Esdr. 5,20; 1Esdr. 5,37; Ezra 2,10; Ezra 2,11; Ezra 2,13; Ezra 2,26; Ezra 2,35; Ezra 2,60; Neh. 7,10; Neh. 7,15; Neh. 7,16; Neh. 7,18; Neh. 7,20; Neh. 7,30; Neh. 7,62; 1Mac. 6,42; 2Mac. 10,31; Judg. 18,11; Judg. 18,16; Judg. 20,47; Rev. 13,18)
ἑξακοσίους ▸ 6 + 1 = 7
  Adjective · masculine · plural · accusative · (cardinal · numeral) ▸ **6 + 1 = 7** (Judg. 3,31; 1Sam. 13,15; 1Chr. 21,25; 2Chr. 2,17; 2Mac. 11,11; 2Mac. 12,29; Judg. 3,31)
ἑξακοσίων ▸ 4 + 1 = 5
  Adjective · feminine · plural · genitive · (cardinal · numeral) ▸ **1** (Sir. 46,8)
  Adjective · masculine · plural · genitive · (cardinal · numeral) ▸ **1** (1Sam. 17,7)
  Adjective · neuter · plural · genitive · (cardinal · numeral) ▸ **2 + 1 = 3** (Gen. 7,6; 2Chr. 1,17; Rev. 14,20)
ἑξακοσιοστός (ἕξ; ἑκατόν) six hundredth ▸ 2
  ἑξακοσιοστῷ ▸ 2
    Adjective · neuter · singular · dative · (ordinal · numeral) ▸ **2** (Gen. 7,11; Gen. 8,13)
ἐξακριβάζομαι (ἐκ; ἀκριβής) to inquire exactly ▸ 3
  ἐξακριβάζεται ▸ 1
    Verb · third · singular · present · middle · indicative ▸ **1** (Job 28,3)
  ἐξακριβάσασθαι ▸ 1
    Verb · aorist · middle · infinitive ▸ **1** (Dan. 7,19)
  ἐξηκριβάσατο ▸ 1
    Verb · third · singular · aorist · middle · indicative ▸ **1** (Num. 23,10)
ἐξάλειπτρον (ἐκ; ἀλείφω) ointment pot ▸ 1
  ἐξάλειπτρον ▸ 1
    Noun · neuter · singular · accusative · (common) ▸ **1** (Job 41,23)
ἐξαλείφω (ἐκ; ἀλείφω) to plaster, wash over, wipe out ▸ 48 + 4 + 5 = 57
  ἐξαλείφεις ▸ 1
    Verb · second · singular · present · active · indicative ▸ **1** (Ezek. 9,8)
  ἐξαλειφθείη ▸ 1
    Verb · third · singular · aorist · passive · optative ▸ **1** (Psa. 108,14)

ἐξαλειφθῇ ▸ 2
    Verb · third · singular · aorist · passive · subjunctive ▸ **2** (Judg. 21,17; Sir. 44,18)
ἐξαλειφθῆναι ▸ 5 + **1** = **6**
    Verb · aorist · passive · infinitive ▸ 5 + **1** = **6** (Lev. 14,43; Lev. 14,48; 1Chr. 29,4; 2Mac. 12,42; Hos. 11,9; Acts 3,19)
ἐξαλειφθήσεται ▸ 7 + **1** = **8**
    Verb · third · singular · future · passive · indicative ▸ 7 + **1** = **8** (Deut. 25,6; Prov. 6,33; Sir. 23,26; Sir. 39,9; Sir. 40,12; Sir. 41,11; Sir. 44,13; Judg. 21,17)
ἐξαλειφθήτω ▸ 3
    Verb · third · singular · aorist · passive · imperative ▸ **3** (Num. 27,4; Neh. 13,14; Psa. 108,13)
ἐξαλειφθήτωσαν ▸ 2 + **1** = **3**
    Verb · third · plural · aorist · passive · imperative ▸ 2 + **1** = **3** (Tob. 4,19; Psa. 68,29; Tob. 4,19)
ἐξαλείφων ▸ 2 + **1** = **3**
    Verb · present · active · participle · masculine · singular · nominative ▸ 2 + **1** = **3** (Judg. 15,16; Is. 43,25; Judg. 15,16)
ἐξαλεῖψαι ▸ 6
    Verb · aorist · active · infinitive ▸ **6** (Gen. 9,15; 2Kings 14,27; Sir. 46,20; Ezek. 20,17; Ezek. 22,30; Ezek. 25,15)
ἐξαλείψας ▸ 1
    Verb · aorist · active · participle · masculine · singular · nominative ▸ **1** (Col. 2,14)
ἐξαλείψει ▸ 3 + **2** = **5**
    Verb · third · singular · future · active · indicative ▸ 3 + **2** = **5** (Num. 5,23; Deut. 29,19; Sol. 13,10; Rev. 7,17; Rev. 21,4)
ἐξαλείψεις ▸ 1
    Verb · second · singular · future · active · indicative ▸ **1** (Deut. 25,19)
ἐξαλείψῃ ▸ 1
    Verb · third · singular · aorist · active · subjunctive ▸ **1** (Sir. 47,22)
ἐξαλείψῃς ▸ 1
    Verb · second · singular · aorist · active · subjunctive ▸ **1** (Jer. 18,23)
ἐξάλειψον ▸ 2
    Verb · second · singular · aorist · active · imperative ▸ **2** (Psa. 50,3; Psa. 50,11)
ἐξάλειψόν ▸ 1
    Verb · second · singular · aorist · active · imperative ▸ **1** (Ex. 32,32)
ἐξαλείψουσιν ▸ 1
    Verb · third · plural · future · active · indicative ▸ **1** (Lev. 14,42)
ἐξαλείψω ▸ 4 + **1** = **5**
    Verb · first · singular · future · active · indicative ▸ 4 + **1** = **5** (Gen. 7,4; Ex. 17,14; Ex. 32,33; Deut. 9,14; Rev. 3,5)
ἐξηλείφθησαν ▸ 1
    Verb · third · plural · aorist · passive · indicative ▸ **1** (Gen. 7,23)
ἐξήλειψα ▸ 1 + **1** = **2**
    Verb · first · singular · aorist · active · indicative ▸ 1 + **1** = **2** (Judg. 15,16; Judg. 15,16)
ἐξήλειψας ▸ 2
    Verb · second · singular · aorist · active · indicative ▸ **2** (Psa. 9,6; Sol. 2,17)
ἐξήλειψεν ▸ 1
    Verb · third · singular · aorist · active · indicative ▸ **1** (Gen. 7,23)
ἐξάλειψις (ἐκ; ἀλείφω) wiping out, destruction ▸ 2
    ἐξάλειψιν ▸ 1
    Noun · feminine · singular · accusative · (common) ▸ **1** (Ezek. 9,6)
    ἐξάλειψις ▸ 1
    Noun · feminine · singular · nominative · (common) ▸ **1** (Mic. 7,11)
ἐξαλλάσσω (ἐκ; ἄλλος) to differ ▸ 2
    ἐξαλλασσούσας ▸ 1
    Verb · present · active · participle · feminine · plural · accusative ▸ **1** (Gen. 45,22)
    ἐξηλλαγμέναι ▸ 1
    Verb · perfect · passive · participle · feminine · plural · nominative ▸ **1** (Wis. 2,15)
ἐξαλλοιόω (ἐκ; ἄλλος) to change ▸ 1
    ἐξαλλοιῶσαι ▸ 1
    Verb · aorist · active · infinitive ▸ **1** (3Mac. 3,21)
ἐξάλλομαι (ἐκ; ἄλλομαι) to leap, leap out, leap up ▸ 6 + **1** = **7**
    ἐξαλλόμενος ▸ 1
    Verb · present · middle · participle · masculine · singular · nominative ▸ **1** (Acts 3,8)
    ἐξαλοῦνται ▸ 4
    Verb · third · plural · future · middle · indicative ▸ **4** (Mic. 2,12; Joel 2,5; Hab. 1,8; Is. 55,12)
    ἐξήλατο ▸ 1
    Verb · third · singular · imperfect · middle · indicative ▸ **1** (Nah. 3,17)
    ἐξήλλοντο ▸ 1
    Verb · third · plural · imperfect · middle · indicative ▸ **1** (1Mac. 13,44)
ἔξαλλος (ἐκ; ἄλλος) special, distinguishing ▸ 5
    ἔξαλλα ▸ 1
    Adjective · neuter · plural · accusative · noDegree ▸ **1** (Dan. 11,36)
    ἔξαλλοι ▸ 1
    Adjective · masculine · plural · nominative · noDegree ▸ **1** (Esth. 3,8)
    ἐξάλλοις ▸ 1
    Adjective · feminine · plural · dative · noDegree ▸ **1** (3Mac. 4,4)
    ἔξαλλον ▸ 1
    Adjective · feminine · singular · accusative · noDegree ▸ **1** (2Sam. 6,14)
    ἐξάλλων ▸ 1
    Adjective · masculine · plural · genitive · noDegree ▸ **1** (Wis. 14,23)
ἐξαλλοτριόομαι (ἐκ; ἄλλος) to be alienated ▸ 1
    ἐξαλλοτριωθῆναι ▸ 1
    Verb · aorist · passive · infinitive ▸ **1** (1Mac. 12,10)
ἐξαμαρτάνω (ἐκ; ἁμαρτάνω) to miss a mark, sin; cause to sin ▸ 33 + **2** = **35**
    ἐξαμαρτάνει ▸ 1
    Verb · third · singular · present · active · indicative ▸ **1** (Sol. 5,16)
    ἐξαμαρτάνοντες ▸ 1
    Verb · present · active · participle · masculine · plural · nominative ▸ **1** (Judg. 20,16)
    ἐξαμαρτῆσαι ▸ 1
    Verb · aorist · active · infinitive ▸ **1** (Eccl. 5,5)
    ἐξήμαρτεν ▸ 25
    Verb · third · singular · aorist · active · indicative ▸ **25** (1Kings 15,26; 1Kings 15,30; 1Kings 15,34; 1Kings 16,13; 1Kings 16,19; 1Kings 16,26; 1Kings 22,53; 2Kings 1,18c; 2Kings 3,3; 2Kings 10,29; 2Kings 10,31; 2Kings 13,2; 2Kings 13,6; 2Kings 13,11; 2Kings 14,24; 2Kings 15,9; 2Kings 15,18; 2Kings 15,24; 2Kings 15,28; 2Kings 17,21; 2Kings 21,11; 2Kings 21,16; 2Kings 23,15;

Sir. 47,24; Hab. 2,10)
- ἐξήμαρτες ▸ 2
  - **Verb** · second · singular · aorist · active · indicative ▸ **2** (1Kings 16,2; 1Kings 20,22)
- ἐξημάρτομεν ▸ 3 + 1 = 4
  - **Verb** · first · plural · aorist · active · indicative ▸ **3 + 1 = 4** (Neh. 9,33; Ode. 7,29; Dan. 3,29; Dan. 3,29)
- ἐξήμαρτον ▸ 1
  - **Verb** · third · plural · aorist · active · indicative ▸ **1** (Zeph. 1,17)

ἐξάμηνος (ἕξ; μήν) half year ▸ 2
- ἐξάμηνον ▸ 2
  - **Noun** · masculine · singular · accusative · (common) ▸ **2** (2Kings 15,8; 1Chr. 3,4)

ἐξαναλίσκω (ἐκ; ἅλωσις) to consume, destroy ▸ 28
- ἐξαναλωθήσεται ▸ 1
  - **Verb** · third · singular · future · passive · indicative ▸ **1** (Ezek. 35,15)
- ἐξαναλωθήσονται ▸ 1
  - **Verb** · third · plural · future · passive · indicative ▸ **1** (Num. 14,35)
- ἐξαναλῶσαι ▸ 11
  - **Verb** · aorist · active · infinitive ▸ **11** (Ex. 32,12; Lev. 26,44; Deut. 2,15; Deut. 7,22; Deut. 9,4; Judith 11,13; 1Mac. 5,15; Jer. 9,15; Jer. 25,17; LetterJ 61; Ezek. 20,13)
- ἐξαναλώσει ▸ 5
  - **Verb** · third · singular · future · active · indicative ▸ **5** (Lev. 26,22; Lev. 26,33; Deut. 5,25; Deut. 28,42; Josh. 24,20)
- ἐξαναλώσεις ▸ 1
  - **Verb** · second · singular · future · active · indicative ▸ **1** (Lam. 3,66)
- ἐξαναλώσῃ ▸ 1
  - **Verb** · third · singular · aorist · active · subjunctive ▸ **1** (Deut. 28,21)
- ἐξαναλώσω ▸ 4
  - **Verb** · first · singular · aorist · active · subjunctive ▸ **1** (Ex. 33,3)
  - **Verb** · first · singular · future · active · indicative ▸ **3** (Ex. 33,5; Num. 16,21; Num. 17,10)
- ἐξανηλώθη ▸ 1
  - **Verb** · third · singular · aorist · passive · indicative ▸ **1** (Num. 32,13)
- ἐξανηλώμεθα ▸ 1
  - **Verb** · first · plural · perfect · passive · indicative ▸ **1** (Num. 17,27)
- ἐξανήλωσα ▸ 1
  - **Verb** · first · singular · aorist · active · indicative ▸ **1** (Num. 25,11)
- ἐξανήλωσαν ▸ 1
  - **Verb** · third · plural · aorist · active · indicative ▸ **1** (Jer. 10,25)

ἐξανάστασις (ἐκ; ἵστημι) getting or springing up, resurrection ▸ 1 + 1 = 2
- ἐξανάστασιν ▸ 1 + 1 = 2
  - **Noun** · feminine · singular · accusative · (common) ▸ **1 + 1 = 2** (Gen. 7,4; Phil. 3,11)

ἐξανατέλλω (ἐκ; ἀνά; τέλλω) to cause to spring up, spring up ▸ 5 + 2 = 7
- ἐξανατέλλοντι ▸ 1
  - **Verb** · present · active · participle · masculine · singular · dative ▸ **1** (Psa. 146,8)
- ἐξανατέλλων ▸ 1
  - **Verb** · present · active · participle · masculine · singular · nominative ▸ **1** (Psa. 103,14)
- ἐξανατελῶ ▸ 1
  - **Verb** · first · singular · future · active · indicative ▸ **1** (Psa. 131,17)
- ἐξανέτειλεν ▸ 2 + 2 = 4
  - **Verb** · third · singular · aorist · active · indicative ▸ **2 + 2 = 4** (Gen. 2,9; Psa. 111,4; Matt. 13,5; Mark 4,5)

ἐξανθέω (ἐκ; ἄνθος) to put forth flowers, bloom ▸ 21
- ἐξανθεῖ ▸ 1
  - **Verb** · third · singular · present · active · indicative ▸ **1** (Lev. 13,39)
- ἐξανθήσει ▸ 5
  - **Verb** · third · singular · future · active · indicative ▸ **5** (Psa. 102,15; Psa. 131,18; Hos. 14,8; Is. 27,6; Is. 35,2)
- ἐξανθήσῃ ▸ 1
  - **Verb** · third · singular · aorist · active · subjunctive ▸ **1** (Lev. 13,12)
- ἐξανθήσουσιν ▸ 2
  - **Verb** · third · plural · future · active · indicative ▸ **2** (Psa. 71,16; Psa. 91,14)
- ἐξανθοῦντα ▸ 1
  - **Verb** · present · active · participle · neuter · singular · nominative ▸ **1** (Nah. 1,4)
- ἐξανθοῦσα ▸ 1
  - **Verb** · present · active · participle · feminine · singular · nominative ▸ **1** (Lev. 13,12)
- ἐξανθοῦσά ▸ 1
  - **Verb** · present · active · participle · feminine · singular · nominative ▸ **1** (Lev. 13,57)
- ἐξανθούσης ▸ 2
  - **Verb** · present · active · participle · feminine · singular · genitive ▸ **2** (Ex. 28,33; Ex. 36,31)
- ἐξήνθησαν ▸ 2
  - **Verb** · third · plural · aorist · active · indicative ▸ **2** (Song 6,11; Hos. 7,9)
- ἐξήνθησεν ▸ 5
  - **Verb** · third · singular · aorist · active · indicative ▸ **5** (Lev. 13,20; Lev. 13,22; Lev. 13,25; Lev. 13,27; Num. 17,23)

ἐξανίστημι (ἐκ; ἵστημι) to raise up, rise up ▸ 39 + 2 + 3 = 44
- ἐξαναστάντες ▸ 1
  - **Verb** · aorist · active · participle · masculine · plural · nominative ▸ **1** (Is. 37,36)
- Ἐξαναστάντες ▸ 1
  - **Verb** · aorist · active · participle · masculine · plural · nominative ▸ **1** (Gen. 18,16)
- ἐξαναστάντων ▸ 1
  - **Verb** · aorist · active · participle · masculine · plural · genitive ▸ **1** (Is. 29,8)
- ἐξαναστὰς ▸ 3
  - **Verb** · aorist · active · participle · masculine · singular · nominative ▸ **3** (Ex. 21,19; 2Mac. 14,45; Is. 29,8)
- ἐξαναστῇς ▸ 1
  - **Verb** · second · singular · aorist · active · subjunctive ▸ **1** (Sir. 8,11)
- ἐξαναστήσεσθε ▸ 1
  - **Verb** · second · plural · future · middle · indicative ▸ **1** (Josh. 8,7)
- ἐξαναστήσεται ▸ 3
  - **Verb** · third · singular · future · middle · indicative ▸ **3** (1Kings 18,27; Sir. 17,23; Hos. 10,14)
- ἐξαναστήσῃ ▸ 1 + 2 = 3
  - **Verb** · second · singular · future · middle · indicative ▸ **1** (Lev. 19,32)
  - **Verb** · third · singular · aorist · active · subjunctive ▸ **2** (Mark

ἐξανίστημι–ἐξαποστέλλω

12,19; Luke 20,28)
Ἐξανέστησαν ‣ 1
Verb • third • plural • aorist • active • indicative ‣ 1 (Acts 15,5)
ἐξαναστήσονται ‣ 1
Verb • third • plural • future • middle • indicative ‣ 1 (Josh. 8,18)
ἐξαναστήσουσιν ‣ 1
Verb • third • plural • future • active • indicative ‣ 1 (Is. 61,4)
ἐξαναστήσωμεν ‣ 2
Verb • first • plural • aorist • active • subjunctive ‣ 2 (Gen. 19,32; Gen. 19,34)
ἐξαναστῶμεν ‣ 1
Verb • first • plural • aorist • active • subjunctive ‣ 1 (Obad. 1)
ἐξανέστη ‣ 12 + 2 = 14
Verb • third • singular • aorist • active • indicative ‣ 12 + 2 = 14 (Gen. 19,1; Ex. 10,23; Num. 25,7; Judg. 3,20; Judg. 5,7; 1Kings 2,19; Esth. 7,7; 1Mac. 16,16; Sol. 6,4; Jonah 3,6; Jer. 28,29; Dan. 5,6; Judg. 3,20; Dan. 3,91)
ἐξανέστηκεν ‣ 1
Verb • third • singular • perfect • active • indicative ‣ 1 (Ezek. 7,10)
ἐξανέστησαν ‣ 5
Verb • third • plural • aorist • active • indicative ‣ 5 (Josh. 8,19; 1Kings 1,49; 1Mac. 9,40; 1Mac. 11,69; Ezek. 25,15)
ἐξανέστησας ‣ 1
Verb • second • singular • aorist • active • indicative ‣ 1 (Job 4,4)
Ἐξανέστησεν ‣ 1
Verb • third • singular • aorist • active • indicative ‣ 1 (Gen. 4,25)
ἐξανίσταιτο ‣ 1
Verb • third • singular • present • middle • optative ‣ 1 (4Mac. 6,8)
ἐξανίστασο ‣ 1
Verb • second • singular • present • middle • imperative ‣ 1 (Judg. 5,12)
ἐξαντλέω (ἐκ; ἀντλέω) to draw out; to empty out ‣ 2
ἐξαντλῆσαι ‣ 1
Verb • aorist • active • infinitive ‣ 1 (Hag. 2,16)
ἐξαντλήσει ‣ 1
Verb • third • singular • future • active • indicative ‣ 1 (Prov. 20,5)
ἐξαπατάω (ἐκ; ἀπάτη) to deceive ‣ 1 + 1 + 6 = 8
ἐξαπατάτω ‣ 1
Verb • third • singular • present • active • imperative ‣ 1 (1Cor. 3,18)
ἐξαπατηθεῖσα ‣ 1
Verb • aorist • passive • participle • feminine • singular • nominative ‣ 1 (1Tim. 2,14)
ἐξαπατῆσαι ‣ 1
Verb • aorist • active • infinitive ‣ 1 (Ex. 8,25)
ἐξαπατήσῃ ‣ 1
Verb • third • singular • aorist • active • subjunctive ‣ 1 (2Th. 2,3)
ἐξαπατῶσιν ‣ 1
Verb • third • plural • present • active • indicative ‣ 1 (Rom. 16,18)
ἐξηπάτησεν ‣ 1
Verb • third • singular • aorist • active • indicative ‣ 1 (2Cor. 11,3)
ἐξηπάτησέν ‣ 1 + 1 = 2
Verb • third • singular • aorist • active • indicative ‣ 1 + 1 = 2 (Sus. 56; Rom. 7,11)
ἐξάπινα (ἐκ; ἄφνω) suddenly ‣ 15 + 1 = 16
ἐξάπινα ‣ 15 + 1 = 16
Adverb ‣ 15 + 1 = 16 (Lev. 21,4; Num. 4,20; Num. 6,9; Num. 35,22; Josh. 11,7; 2Chr. 29,36; 1Mac. 1,30; Psa. 63,5; Psa. 72,19; Sir. 5,7; Sir. 11,21; Sol. 1,2; Is. 48,3; Dan. 11,21; Dan. 11,24; Mark 9,8)
ἐξαπίνης (ἐκ; ἄφνω) suddenly ‣ 3
ἐξαπίνης ‣ 3
Adverb ‣ 3 (Prov. 6,15; Prov. 29,1; Is. 47,11)
ἐξαπόλλυμι (ἐκ; ἀπό; ὄλλυμι) to perish completely ‣ 1
ἐξαπολλυμένων ‣ 1
Verb • present • passive • participle • masculine • plural • genitive ‣ 1 (Wis. 10,6)
ἐξαπορέομαι (ἐκ; ἀπό; πορεύομαι) to be in distress ‣ 1
ἐξηπορήθην ‣ 1
Verb • first • singular • aorist • passive • indicative ‣ 1 (Psa. 87,16)
ἐξαπορέω (ἐκ; ἀπό; πορεύομαι) to be in despair, trouble ‣ 2
ἐξαπορηθῆναι ‣ 1
Verb • aorist • passive • infinitive ‣ 1 (2Cor. 1,8)
ἐξαπορούμενοι ‣ 1
Verb • present • middle • participle • masculine • plural • nominative ‣ 1 (2Cor. 4,8)
ἐξαποστέλλω (ἐκ; ἀπό; στέλλω) to send away, send forth, destroy ‣ 268 + 18 + 13 = 299
ἐξαπεστάλη ‣ 1
Verb • third • singular • aorist • passive • indicative ‣ 1 (Acts 13,26)
ἐξαπέσταλκα ‣ 2
Verb • first • singular • perfect • active • indicative ‣ 2 (Mal. 2,4; Jer. 24,5)
ἐξαπέσταλκά ‣ 1
Verb • first • singular • perfect • active • indicative ‣ 1 (1Kings 15,19)
ἐξαπέσταλκας ‣ 1
Verb • second • singular • perfect • active • indicative ‣ 1 (2Sam. 3,24)
ἐξαπέσταλκεν ‣ 1
Verb • third • singular • perfect • active • indicative ‣ 1 (Zech. 1,10)
ἐξαπέσταλκέν ‣ 3
Verb • third • singular • perfect • active • indicative ‣ 3 (1Sam. 20,22; Zech. 2,15; Zech. 4,9)
ἐξαπέσταλμαι ‣ 1
Verb • first • singular • perfect • passive • indicative ‣ 1 (1Esdr. 1,25)
ἐξαπεσταλμέναι ‣ 1
Verb • perfect • passive • participle • feminine • plural • nominative ‣ 1 (Judg. 12,9)
ἐξαπέστειλα ‣ 12
Verb • first • singular • aorist • active • indicative ‣ 12 (Gen. 31,27; Judg. 20,6; 1Mac. 6,12; Psa. 80,13; Amos 4,10; Mic. 6,4; Joel 2,25; Is. 50,1; Is. 50,1; Jer. 3,8; Jer. 7,25; Bar. 4,11)
ἐξαπέστειλά ‣ 2 + 1 = 3
Verb • first • singular • aorist • active • indicative ‣ 2 + 1 = 3 (Judg. 6,14; Ezek. 3,6; Judg. 6,14)
ἐξαπεστείλαμέν ‣ 1
Verb • first • plural • aorist • active • indicative ‣ 1 (Gen. 26,29)
ἐξαπέστειλαν ‣ 9 + 3 + 5 = 17
Verb • third • plural • aorist • active • indicative ‣ 9 + 3 + 5 = 17 (Num. 5,4; Judg. 1,25; Judg. 18,2; Judg. 19,25; Judg. 20,12; Judg. 20,48; 1Sam. 6,6; Esth. 8,10; Job 30,11; Judg. 1,25; Judg. 3,15;

Judg. 19,25; Luke 20,10; Luke 20,11; Acts 9,30; Acts 11,22; Acts 17,14)

ἐξαπέστειλάν ▸ 1
  Verb · third · plural · aorist · active · indicative ▸ **1** (Obad. 7)

ἐξαπέστειλας ▸ 7 + 1 = 8
  Verb · second · singular · aorist · active · indicative ▸ **7 + 1 = 8** (Gen. 31,42; 1Sam. 19,17; Tob. 5,18; Job 14,20; Job 22,9; Zech. 9,11; Bar. 4,37; Sus. 21)

ἐξαπεστείλατε ▸ 1
  Verb · second · plural · aorist · active · indicative ▸ **1** (Jer. 41,16)

ἐξαπεστείλατέ ▸ 1 + 1 = 2
  Verb · second · plural · aorist · active · indicative ▸ **1 + 1 = 2** (Judg. 11,7; Judg. 11,7)

ἐξαπέστειλεν ▸ 79 + 9 + 6 = 94
  Verb · third · singular · aorist · active · indicative ▸ **79 + 9 + 6 = 94** (Gen. 3,23; Gen. 8,10; Gen. 8,12; Gen. 19,29; Gen. 25,6; Gen. 26,31; Gen. 32,14; Gen. 45,24; Ex. 9,7; Ex. 9,35; Ex. 10,20; Ex. 13,17; Ex. 18,27; Ex. 24,5; Num. 13,3; Deut. 9,23; Josh. 2,21; Josh. 22,6; Josh. 22,7; Josh. 24,12; Judg. 2,6; Judg. 3,18; Judg. 5,15; Judg. 6,8; Judg. 6,35; Judg. 6,35; Judg. 7,8; Judg. 7,24; Judg. 9,23; Judg. 11,17; Judg. 11,38; Judg. 15,5; Judg. 19,29; Judg. 19,30; 1Sam. 10,25; 1Sam. 13,2; 1Sam. 16,20; 2Sam. 3,14; 2Sam. 10,4; 1Kings 2,25; 1Kings 8,66; 1Kings 15,12; 1Kings 15,18; 1Kings 21,34; 2Kings 3,7; 2Kings 5,24; 2Kings 11,12; 2Kings 24,2; 2Chr. 36,15; 1Esdr. 4,57; Esth. 4,15; Esth. 9,20; Tob. 10,11; 1Mac. 11,62; 1Mac. 12,46; 2Mac. 6,1; 2Mac. 14,12; Psa. 17,15; Psa. 17,17; Psa. 56,4; Psa. 56,4; Psa. 77,45; Psa. 77,49; Psa. 104,26; Psa. 104,28; Psa. 105,15; Psa. 134,9; Psa. 151,4; Ode. 9,53; Sol. 17,12; Amos 7,10; Obad. 1; Hag. 1,12; Zech. 7,2; Zech. 7,12; Jer. 33,22; Ezek. 17,7; Ezek. 23,16; Ezek. 31,4; Judg. 2,6; Judg. 3,18; Judg. 3,19; Judg. 6,8; Judg. 7,8; Judg. 9,23; Judg. 12,9; Judg. 15,5; Tob. 10,11; Mark 16,8; Luke 1,53; Acts 7,12; Acts 12,11; Gal. 4,4; Gal. 4,6)

ἐξαπεστέλλοντο ▸ 1
  Verb · third · plural · imperfect · passive · indicative ▸ **1** (3Mac. 4,4)

ἐξαπεστέλλοσαν ▸ 1
  Verb · third · plural · imperfect · active · indicative ▸ **1** (Ezek. 23,40)

ἐξαπεσταλὲν ▸ 1
  Verb · aorist · passive · participle · neuter · singular · nominative ▸ **1** (LetterJ 61)

ἐξαποστεῖλαι ▸ 22
  Verb · aorist · active · infinitive ▸ **22** (Ex. 4,23; Ex. 5,2; Ex. 6,13; Ex. 7,2; Ex. 7,14; Ex. 7,27; Ex. 8,17; Ex. 8,25; Ex. 8,28; Ex. 9,2; Ex. 9,17; Ex. 10,4; Ex. 10,27; Ex. 11,10; Ex. 13,15; Ex. 14,5; Deut. 22,19; Deut. 22,29; 1Esdr. 4,44; 1Esdr. 4,57; Jer. 27,33; Jer. 41,9)

ἐξαποστείλαι ▸ 2
  Verb · third · singular · aorist · active · optative ▸ **2** (Deut. 28,20; Psa. 19,3)

ἐξαποστεῖλαί ▸ 2
  Verb · aorist · active · infinitive ▸ **2** (2Sam. 13,16; Ezek. 5,16)

ἐξαποστείλας ▸ 2
  Verb · aorist · active · participle · masculine · singular · nominative ▸ **2** (Deut. 24,4; 1Esdr. 3,14)

ἐξαποστείλατε ▸ 3
  Verb · second · plural · aorist · active · imperative ▸ **3** (Num. 5,3; 3Mac. 6,27; Joel 4,13)

Ἐξαποστείλατε ▸ 3
  Verb · second · plural · aorist · active · imperative ▸ **3** (Gen. 45,1; 1Sam. 5,11; 2Sam. 13,17)

ἐξαποστειλάτωσαν ▸ 1
  Verb · third · plural · aorist · active · imperative ▸ **1** (Num. 5,2)

ἐξαποστείλῃ ▸ 4
  Verb · third · singular · aorist · active · subjunctive ▸ **4** (Ex. 4,21; Ex. 6,11; 1Esdr. 4,4; Jer. 3,1)

ἐξαποστείλῃς ▸ 1 + 2 = 3
  Verb · second · singular · aorist · active · subjunctive ▸ **1 + 2 = 3** (Mal. 2,16; Tob. 10,8; Tob. 10,9)

ἐξαποστείλητε ▸ 1
  Verb · second · plural · aorist · active · subjunctive ▸ **1** (1Sam. 6,3)

ἐξαπόστειλον ▸ 7
  Verb · second · singular · aorist · active · imperative ▸ **7** (Ex. 10,3; Ex. 10,7; Psa. 42,3; Psa. 143,6; Psa. 143,7; Wis. 9,10; Jer. 15,1)

Ἐξαπόστειλον ▸ 8
  Verb · second · singular · aorist · active · imperative ▸ **8** (Ex. 4,23; Ex. 5,1; Ex. 7,16; Ex. 7,26; Ex. 8,16; Ex. 9,1; Ex. 9,13; 1Sam. 20,29)

ἐξαπόστειλόν ▸ 2
  Verb · second · singular · aorist · active · imperative ▸ **2** (1Kings 12,24f; Tob. 10,9)

Ἐξαπόστειλόν ▸ 4 + 1 = 5
  Verb · second · singular · aorist · active · imperative ▸ **4 + 1 = 5** (1Sam. 19,17; 1Kings 11,21; 1Kings 12,24d; Tob. 10,8; Tob. 10,8)

ἐξαποστείλω ▸ 2
  Verb · first · singular · aorist · active · subjunctive ▸ **2** (Jer. 1,7; Ezek. 14,21)

ἐξαποστελεῖ ▸ 13
  Verb · third · singular · future · active · indicative ▸ **13** (Ex. 3,20; Ex. 6,1; Ex. 11,1; Ex. 21,26; Ex. 21,27; Lev. 14,7; Lev. 14,53; Lev. 16,21; Lev. 16,22; Deut. 24,1; Deut. 24,3; Psa. 109,2; Is. 27,8)

ἐξαποστελεῖς ▸ 9
  Verb · second · singular · future · active · indicative ▸ **9** (Deut. 15,12; Deut. 15,13; Deut. 21,14; 1Sam. 20,5; 1Kings 11,22; 2Kings 8,12; Psa. 103,30; Job 39,3; Jer. 41,14)

ἐξαποστελεῖτε ▸ 1
  Verb · second · plural · future · active · indicative ▸ **1** (1Sam. 6,8)

ἐξαποστέλλειν ▸ 3
  Verb · present · active · infinitive ▸ **3** (2Kings 15,37; 2Mac. 14,27; Ezek. 17,15)

ἐξαποστέλλετε ▸ 1
  Verb · second · plural · present · active · indicative ▸ **1** (1Sam. 6,3)

ἐξαποστέλλῃ ▸ 2
  Verb · second · singular · present · passive · indicative ▸ **1** (Ezek. 3,5)
  Verb · third · singular · present · active · subjunctive ▸ **1** (Ex. 11,1)

ἐξαποστέλλῃς ▸ 1
  Verb · second · singular · present · active · subjunctive ▸ **1** (Deut. 15,13)

ἐξαποστελλομένους ▸ 1
  Verb · present · passive · participle · masculine · plural · accusative ▸ **1** (Mic. 1,14)

ἐξαποστελλομένων ▸ 1
  Verb · present · passive · participle · masculine · plural · genitive ▸ **1** (Deut. 15,18)

ἐξαποστέλλοντας ▸ 1
  Verb · present · active · participle · masculine · plural · accusative ▸ **1** (Esth. 9,22)

ἐξαποστέλλοντες ▸ 1
  Verb · present · active · participle · masculine · plural · nominative

▸ **1** (Esth. 9,19)

ἐξαποστέλλουσιν ▸ **2**
  Verb · third · plural · present · active · indicative ▸ **2** (1Sam. 5,10; 1Sam. 5,11)

ἐξαποστέλλω ▸ **10**
  Verb · first · singular · present · active · indicative ▸ **10** (Ex. 3,12; Ex. 5,2; Ex. 9,14; Lev. 18,24; Lev. 20,23; Joel 2,19; Mal. 3,1; Jer. 8,17; Jer. 35,16; Ezek. 2,3)

ἐξαποστέλλων ▸ **4**
  Verb · present · active · participle · masculine · singular · nominative ▸ **4** (Lev. 16,26; 1Kings 11,22; Psa. 103,10; Job 12,19)

ἐξαποστελῶ ▸ **27** + **1** = **28**
  Verb · first · singular · future · active · indicative ▸ **27** + **1** = **28** (Ex. 8,4; Ex. 9,28; Lev. 26,25; 1Sam. 9,19; 1Sam. 9,26; 1Sam. 20,13; 2Sam. 11,12; 1Kings 21,34; 2Kings 5,5; Tob. 10,9; Ode. 2,24; Hos. 8,14; Amos 1,4; Amos 1,7; Amos 1,10; Amos 1,12; Amos 2,2; Amos 2,5; Amos 8,11; Zech. 8,10; Mal. 2,2; Is. 66,19; Jer. 25,18; Jer. 28,2; Ezek. 5,17; Ezek. 13,20; Ezek. 14,13; Acts 22,21)

Ἐξαποστελῶ ▸ **1**
  Verb · first · singular · future · active · indicative ▸ **1** (1Kings 16,28g)

ἐξαποστολή (ἐκ; ἀπό; στέλλω) sending away ▸ **1**
  ἐξαποστολήν ▸ **1**
    Noun · feminine · singular · accusative · (common) ▸ **1** (3Mac. 4,4)

ἐξάπτω (ἐκ; ἅπτω) to set fire to, connect to ▸ **9**
  ἐξάπτῃ ▸ **1**
    Verb · third · singular · present · active · subjunctive ▸ **1** (Ex. 30,8)
  ἐξαφθεῖσα ▸ **1**
    Verb · aorist · passive · participle · feminine · singular · nominative ▸ **1** (Ezek. 21,3)
  ἐξάψουσιν ▸ **1**
    Verb · third · plural · future · active · indicative ▸ **1** (Sir. 32,16)
  ἐξῆπται ▸ **1**
    Verb · third · singular · perfect · passive · indicative ▸ **1** (Prov. 22,15)
  ἐξήφθησαν ▸ **1**
    Verb · third · plural · aorist · passive · indicative ▸ **1** (Lam. 4,19)
  ἐξήψαμεν ▸ **1**
    Verb · first · plural · aorist · active · indicative ▸ **1** (2Mac. 1,8)
  ἐξῆψαν ▸ **1**
    Verb · third · plural · aorist · active · indicative ▸ **1** (1Mac. 4,50)
  ἐξῆψεν ▸ **2**
    Verb · third · singular · aorist · active · indicative ▸ **2** (Num. 8,3; Judg. 15,5)

ἔξαρθρος (ἐκ; ἄρθρον) dislocated ▸ **1**
  ἔξαρθρος ▸ **1**
    Adjective · masculine · singular · nominative · noDegree ▸ **1** (4Mac. 9,13)

ἐξαρθρόω (ἐκ; ἄρθρον) to dislocate ▸ **1**
  ἐξήρθρουν ▸ **1**
    Verb · third · plural · imperfect · active · indicative ▸ **1** (4Mac. 10,5)

ἐξαριθμέω (ἐκ; ἀριθμός) to count, number ▸ **20**
  ἐξαριθμηθήσεται ▸ **2**
    Verb · third · singular · future · passive · indicative ▸ **2** (Gen. 13,16; Hos. 2,1)
  ἐξαριθμῆσαι ▸ **3**
    Verb · aorist · active · infinitive ▸ **3** (Gen. 13,16; Gen. 15,5; Deut. 16,9)
  ἐξαριθμήσασθαι ▸ **1**
    Verb · aorist · middle · infinitive ▸ **1** (Psa. 89,12)
  ἐξαριθμήσει ▸ **2**
    Verb · third · singular · future · active · indicative ▸ **2** (Sir. 1,2; Ezek. 44,26)
  ἐξαριθμήσεις ▸ **2**
    Verb · second · singular · future · active · indicative ▸ **2** (Lev. 25,8; Deut. 16,9)
  ἐξαριθμήσεται ▸ **5**
    Verb · third · singular · future · middle · indicative ▸ **5** (Lev. 15,13; Lev. 15,28; Num. 23,10; Job 31,4; Sir. 18,5)
  ἐξαριθμήσομαι ▸ **1**
    Verb · first · singular · future · middle · indicative ▸ **1** (Psa. 138,18)
  ἐξηρίθμησα ▸ **1**
    Verb · first · singular · aorist · active · indicative ▸ **1** (Psa. 21,18)
  ἐξηρίθμησαν ▸ **1**
    Verb · third · plural · aorist · active · indicative ▸ **1** (Num. 31,5)
  ἐξηρίθμησεν ▸ **2**
    Verb · third · singular · aorist · active · indicative ▸ **2** (Sir. 1,9; Sir. 1,19)

ἐξαρκέω (ἐκ; ἀρκέω) to suffice ▸ **1**
  ἐξαρκέσει ▸ **1**
    Verb · third · singular · future · active · indicative ▸ **1** (Num. 11,23)

ἐξαρνέομαι (ἐκ; ἀρνέομαι) to deny completely ▸ **1**
  ἐξαρνήσομαί ▸ **1**
    Verb · first · singular · future · middle · indicative ▸ **1** (4Mac. 5,35)

ἐξαρπάζω (ἐκ; ἁρπάζω) to snatch away, rescue ▸ **1**
  ἐξαρπάσαι ▸ **1**
    Verb · aorist · active · infinitive ▸ **1** (1Mac. 7,29)

ἔξαρσις (ἐκ; αἴρω) destruction, setting out ▸ **2**
  ἐξάρσει ▸ **2**
    Noun · feminine · singular · dative · (common) ▸ **2** (Num. 10,6; Jer. 12,17)

ἐξαρτάω (ἐκ; ἀρτάω) to hang on, attach to ▸ **1**
  ἐξηρτημέναι ▸ **1**
    Verb · perfect · passive · participle · feminine · plural · nominative ▸ **1** (Ex. 28,7)

ἐξαρτίζω (ἐκ; ἄρτι) to be completed, equip ▸ **2**
  ἐξαρτίσαι ▸ **1**
    Verb · aorist · active · infinitive ▸ **1** (Acts 21,5)
  ἐξηρτισμένος ▸ **1**
    Verb · perfect · passive · participle · masculine · singular · nominative ▸ **1** (2Tim. 3,17)

ἐξάρχω (ἐκ; ἄρχω) to begin ▸ **14**
  ἐξάρξατε ▸ **1**
    Verb · second · plural · aorist · active · imperative ▸ **1** (Psa. 146,7)
  ἐξάρχειν ▸ **1**
    Verb · present · active · infinitive ▸ **1** (Is. 27,2)
  Ἐξάρχετε ▸ **2**
    Verb · second · plural · present · active · imperative ▸ **2** (Num. 21,17; Judith 16,1)
  ἐξαρχόντων ▸ **3**
    Verb · present · active · participle · masculine · plural · genitive ▸ **3** (Ex. 32,18; Ex. 32,18; Ex. 32,18)
  ἐξῆρχεν ▸ **2**
    Verb · third · singular · imperfect · active · indicative ▸ **2** (Ex. 15,21; Judith 15,14)

ἐξήρχετο ▸ 1
    Verb · third · singular · imperfect · middle · indicative ▸ **1** (Tob. 11,10)
ἐξῆρχον ▸ 4
    Verb · third · plural · imperfect · active · indicative ▸ **4** (1Sam. 18,7; 1Sam. 21,12; 1Sam. 29,5; 3Mac. 4,6)

ἐξασθενέω (ἐκ; σθενόω) to be very weak ▸ 2
    ἐξησθενηκότας ▸ 1
        Verb · perfect · active · participle · masculine · plural · accusative ▸ **1** (Sol. 17,31)
    ἐξησθένησαν ▸ 1
        Verb · third · plural · aorist · active · indicative ▸ **1** (Psa. 63,9)

ἐξασκέω (ἐκ; ἀσκέω) to train well; to equip ▸ 2
    ἐξασκεῖ ▸ 1
        Verb · third · singular · present · active · indicative ▸ **1** (4Mac. 5,23)
    ἐξασκήσαντες ▸ 1
        Verb · aorist · active · participle · masculine · plural · nominative ▸ **1** (4Mac. 13,24)

ἐξαστράπτω (ἐκ; ἀστραπή) to flash like lightning ▸ 4 + 1 = 5
    ἐξαστράπτον ▸ 1
        Verb · present · active · participle · neuter · singular · nominative ▸ **1** (Ezek. 1,4)
    ἐξαστραπτόντων ▸ 1
        Verb · present · active · participle · neuter · plural · genitive ▸ **1** (Nah. 3,3)
    ἐξαστράπτων ▸ 2 + 1 = 3
        Verb · present · active · participle · masculine · singular · nominative ▸ **2 + 1 = 3** (Ezek. 1,7; Dan. 10,6; Luke 9,29)

ἐξατιμόομαι (α; ἐκ) to be completely dishonored ▸ 1
    ἐξατιμωθήση ▸ 1
        Verb · second · singular · future · passive · indicative ▸ **1** (Ezek. 16,61)

ἐξαυτῆς (ἐκ; αὐτός) immediately ▸ 6
    ἐξαυτῆς ▸ 6
        Adverb · (sequence) ▸ **6** (Mark 6,25; Acts 10,33; Acts 11,11; Acts 21,32; Acts 23,30; Phil. 2,23)

ἐξαφίημι (ἐκ; ἀπό; ἵημι) to set free ▸ 1
    ἐξαφεῖναι ▸ 1
        Verb · aorist · active · infinitive ▸ **1** (2Mac. 12,24)

ἐξεγείρω (ἐκ; ἐγείρω) to raise up, wake up, arise, revive ▸ 82 + 8 + 2 = 92
    ἐξεγεῖραι ▸ 1
        Verb · aorist · active · infinitive ▸ **1** (2Sam. 19,19)
    ἐξεγείρατε ▸ 1
        Verb · second · plural · aorist · active · imperative ▸ **1** (Joel 4,9)
    ἐξεγείρει ▸ 1
        Verb · third · singular · present · active · indicative ▸ **1** (Prov. 25,23)
    ἐξεγειρέσθωσαν ▸ 1
        Verb · third · plural · present · passive · imperative ▸ **1** (Joel 4,12)
    ἐξεγείρηται ▸ 1
        Verb · third · singular · aorist · middle · subjunctive ▸ **1** (Ezek. 21,21)
    ἐξεγείρητε ▸ 3
        Verb · second · plural · aorist · active · subjunctive ▸ **3** (Song 2,7; Song 3,5; Song 8,4)
    ἐξεγειρόμενος ▸ 1
        Verb · present · passive · participle · masculine · singular · nominative ▸ **1** (1Sam. 26,12)
    ἐξεγειρομένου ▸ 1
        Verb · present · middle · participle · masculine · singular · genitive ▸ **1** (Psa. 72,20)
    ἐξέγειρον ▸ 2
        Verb · second · singular · aorist · active · imperative ▸ **2** (Judg. 5,12; Psa. 79,3)
    ἐξεγείροντα ▸ 1
        Verb · present · active · participle · masculine · singular · accusative ▸ **1** (Job 5,11)
    ἐξεγειρόντων ▸ 1
        Verb · present · active · participle · masculine · plural · genitive ▸ **1** (Judg. 5,16)
    ἐξεγείρου ▸ 9 + 4 = 13
        Verb · second · singular · present · middle · imperative ▸ **9 + 4 = 13** (Judg. 5,12; Judg. 5,12; Judg. 5,12; Judg. 5,12; Sir. 32,11; Is. 51,9; Is. 51,9; Is. 51,17; Is. 52,1; Judg. 5,12; Judg. 5,12; Judg. 5,12; Judg. 5,12)
    Ἐξεγείρου ▸ 3
        Verb · second · singular · present · middle · imperative ▸ **3** (Is. 51,9; Is. 51,17; Is. 52,1)
    ἐξεγείρω ▸ 7
        Verb · first · singular · aorist · active · indicative ▸ **2** (2Sam. 12,11; 1Kings 16,3)
        Verb · first · singular · present · active · indicative ▸ **5** (Joel 4,7; Hab. 1,6; Zech. 11,16; Jer. 28,1; Ezek. 23,22)
    ἐξεγείρων ▸ 1
        Verb · present · active · participle · masculine · singular · nominative ▸ **1** (Sir. 22,9)
    ἐξεγερεῖ ▸ 1
        Verb · third · singular · future · active · indicative ▸ **1** (1Cor. 6,14)
    ἐξεγερθείς ▸ 2
        Verb · aorist · passive · participle · masculine · singular · nominative ▸ **2** (Gen. 41,21; 1Esdr. 8,70)
    ἐξεγερθῇ ▸ 1
        Verb · third · singular · aorist · passive · subjunctive ▸ **1** (Zech. 4,1)
    ἐξεγερθήσεται ▸ 2 + 1 = 3
        Verb · third · singular · future · passive · indicative ▸ **2 + 1 = 3** (Num. 24,19; Jer. 6,22; Dan. 11,25)
    ἐξεγερθήσομαι ▸ 2
        Verb · first · singular · future · passive · indicative ▸ **2** (Psa. 56,9; Psa. 107,3)
    ἐξεγερθήσονται ▸ 1 + 1 = 2
        Verb · third · plural · future · passive · indicative ▸ **1 + 1 = 2** (Jer. 27,41; Dan. 12,2)
    ἐξεγέρθητε ▸ 1
        Verb · second · plural · aorist · passive · imperative ▸ **1** (Tob. 6,18)
    ἐξεγέρθητι ▸ 9
        Verb · second · singular · aorist · passive · imperative ▸ **9** (Psa. 7,7; Psa. 34,23; Psa. 43,24; Psa. 56,9; Psa. 56,9; Psa. 58,5; Psa. 107,3; Hab. 2,19; Zech. 13,7)
    Ἐξεγέρθητι ▸ 2
        Verb · second · singular · aorist · passive · imperative ▸ **2** (Num. 10,34; Song 4,16)
    ἐξεγήγερται ▸ 1
        Verb · third · singular · perfect · middle · indicative ▸ **1** (Zech. 2,17)
    ἐξήγειρά ▸ 1 + 1 = 2
        Verb · first · singular · aorist · active · indicative ▸ **1 + 1 = 2** (Song 8,5; Rom. 9,17)

ἐξήγειρας ▸ 2
    Verb · second · singular · aorist · active · indicative ▸ 2 (Ode. 4,13; Hab. 3,13)
ἐξήγειράς ▸ 2
    Verb · second · singular · aorist · active · indicative ▸ 2 (Ode. 11,16; Is. 38,16)
ἐξήγειρεν ▸ 9 + 1 = 10
    Verb · third · singular · aorist · active · indicative ▸ 9 + 1 = 10 (2Sam. 23,18; 2Chr. 36,22; Ezra 1,1; Ezra 1,5; 2Mac. 13,4; Jonah 1,4; Jonah 1,11; Hag. 1,14; Is. 41,2; Sus. 45)
ἐξήγειρέν ▸ 1
    Verb · third · singular · imperfect · active · indicative ▸ 1 (Zech. 4,1)
ἐξηγείρετο ▸ 1
    Verb · third · singular · imperfect · middle · indicative ▸ 1 (Jonah 1,13)
ἐξηγειρόμην ▸ 1
    Verb · first · singular · imperfect · middle · indicative ▸ 1 (Psa. 118,62)
ἐξηγέρθη ▸ 7
    Verb · third · singular · aorist · passive · indicative ▸ 7 (Gen. 28,16; Judg. 16,14; Judg. 16,20; 1Esdr. 3,13; Esth. 8,4; Psa. 77,65; Sir. 40,7)
ἐξηγέρθην ▸ 3
    Verb · first · singular · aorist · passive · indicative ▸ 3 (Psa. 3,6; Psa. 138,18; Jer. 38,26)
ἐξηγέρθησαν ▸ 1
    Verb · third · plural · aorist · passive · indicative ▸ 1 (Jer. 28,38)
ἐξέγερσις (ἐκ; ἐγείρω) awakening ▸ 1
    ἐξέγερσις ▸ 1
        Noun · feminine · singular · nominative · (common) ▸ 1 (Sol. 4,15)
ἐξέδρα (ἐκ; ἔζομαι) room; hall, cloister ▸ 21
    ἐξέδρα ▸ 2
        Noun · feminine · singular · nominative · (common) ▸ 2 (Ezek. 40,45; Ezek. 40,46)
    ἐξέδραι ▸ 8
        Noun · feminine · plural · nominative · (common) ▸ 8 (Ezek. 40,44; Ezek. 42,1; Ezek. 42,7; Ezek. 42,10; Ezek. 42,13; Ezek. 42,13; Ezek. 42,13; Ezek. 46,23)
    ἐξέδραις ▸ 1
        Noun · feminine · plural · dative · (common) ▸ 1 (Ezek. 44,19)
    ἐξέδραν ▸ 1
        Noun · feminine · singular · accusative · (common) ▸ 1 (Ezek. 46,19)
    ἐξεδρῶν ▸ 9
        Noun · feminine · plural · genitive · (common) ▸ 9 (Ezek. 41,10; Ezek. 41,11; Ezek. 42,4; Ezek. 42,7; Ezek. 42,8; Ezek. 42,9; Ezek. 42,11; Ezek. 42,12; Ezek. 46,23)
ἐξεικονίζομαι (ἐκ; εἰκών) to be fully formed ▸ 2
    ἐξεικονισμένον ▸ 2
        Verb · perfect · passive · participle · neuter · singular · nominative ▸ 2 (Ex. 21,22; Ex. 21,23)
ἐξειλέω (ἐκ; εἴλω) to take out, remove, choose ▸ 1
    ἐξείλου ▸ 1
        Verb · second · singular · present · middle · imperative ▸ 1 (Sir. 51,11)
ἔξειμι (1st homograph) (ἐκ; εἶμι) to be neccesary; to go out ▸ 8
    ἐξεῖναι ▸ 1
        Verb · present · active · infinitive ▸ 1 (3Mac. 1,11)
    ἐξέσται ▸ 2
        Verb · third · singular · future · middle · indicative ▸ 2 (1Mac. 14,44; 4Mac. 1,12)
    ἔξεστιν ▸ 2
        Verb · third · singular · present · active · indicative ▸ 2 (Ezra 4,14; Esth. 16,7 # 8,12g)
    ἐξὸν ▸ 3
        Verb · present · active · participle · neuter · singular · nominative ▸ 3 (Esth. 4,2; 4Mac. 5,18; 4Mac. 17,7)
ἔξειμι (2nd homograph) (ἐκ; εἶμι) to go out; go away ▸ 3 + 4 = 7
    ἐξῄεσαν ▸ 1
        Verb · third · plural · imperfect · active · indicative ▸ 1 (Acts 17,15)
    ἐξιέναι ▸ 2
        Verb · present · active · infinitive ▸ 2 (Acts 20,7; Acts 27,43)
    ἐξιόντες ▸ 1
        Verb · present · active · participle · masculine · plural · nominative ▸ 1 (3Mac. 5,5)
    ἐξιόντι ▸ 1
        Verb · present · active · participle · masculine · singular · dative ▸ 1 (Ex. 28,35)
    ἐξιόντων ▸ 1
        Verb · present · active · participle · masculine · plural · genitive ▸ 1 (3Mac. 5,48)
    Ἐξιόντων ▸ 1
        Verb · present · active · participle · masculine · plural · genitive ▸ 1 (Acts 13,42)
ἐξεκκλησιάζω (ἐκ; ἐκ; καλέω) to summon a gathering ▸ 19 + 1 = 20
    ἐξεκκλησίασαν ▸ 1
        Verb · third · plural · aorist · active · indicative ▸ 1 (Jer. 43,9)
    ἐξεκκλησίασε ▸ 1
        Verb · third · singular · aorist · active · indicative ▸ 1 (1Mac. 6,19)
    ἐξεκκλησίασεν ▸ 12
        Verb · third · singular · aorist · active · indicative ▸ 12 (Lev. 8,4; Num. 20,10; 1Kings 8,1; 1Kings 12,21; 1Chr. 13,5; 1Chr. 15,3; 1Chr. 28,1; 2Chr. 5,2; 2Chr. 11,1; 2Chr. 15,9; 2Chr. 24,6; 1Mac. 12,35)
    ἐξεκκλησιάσθη ▸ 3 + 1 = 4
        Verb · third · singular · aorist · passive · indicative ▸ 3 + 1 = 4 (Josh. 18,1; Judg. 20,1; Jer. 33,9; Judg. 20,1)
    ἐξεκκλησιάσθησαν ▸ 2
        Verb · third · plural · aorist · passive · indicative ▸ 2 (2Sam. 20,14; 2Chr. 5,3)
ἐξελαύνω (ἐκ; ἐλαύνω) to drive away ▸ 2
    ἐξελαύνων ▸ 2
        Verb · present · active · participle · masculine · singular · nominative ▸ 2 (Zech. 9,8; Zech. 10,4)
ἐξελέγχω (ἐκ; ἐλέγχω) to refute ▸ 3
    ἐξελέγξει ▸ 1
        Verb · third · singular · future · active · indicative ▸ 1 (Mic. 4,3)
    ἐξελέγχεις ▸ 1
        Verb · second · singular · present · active · indicative ▸ 1 (Wis. 12,17)
    ἐξελέγχων ▸ 1
        Verb · present · active · participle · masculine · singular · nominative ▸ 1 (4Mac. 2,13)
ἐξέλευσίς (ἐκ; ἔρχομαι) going out ▸ 1
    ἐξέλευσίς ▸ 1
        Noun · feminine · singular · nominative · (common) ▸ 1 (2Sam. 15,20)

ἐξελίσσω (ἐκ; εἴλω) to reach to ▸ 1
- ἐξελισσομένη ▸ 1
  - **Verb** · present · middle · participle · feminine · singular · nominative ▸ 1 (1Kings 7,45)

ἐξέλκω (ἐκ; ἕλκω) to lure away, draw away ▸ 6 + 1 = 7
- ἐξείλκυσαν ▸ 2
  - **Verb** · third · plural · aorist · active · indicative ▸ 2 (Gen. 37,28; 3Mac. 2,23)
- ἐξειλκύσθησαν ▸ 1
  - **Verb** · third · plural · aorist · passive · indicative ▸ 1 (Judg. 20,31)
- ἐξέλκῃς ▸ 1
  - **Verb** · second · singular · present · active · subjunctive ▸ 1 (Prov. 30,33)
- ἐξελκόμενος ▸ 1
  - **Verb** · present · passive · participle · masculine · singular · nominative ▸ 1 (James 1,14)
- ἐξελκύσει ▸ 1
  - **Verb** · third · singular · future · active · indicative ▸ 1 (Job 20,15)
- ἐξελκύσῃς ▸ 1
  - **Verb** · second · singular · aorist · active · subjunctive ▸ 1 (Job 36,20)

ἐξεμέω (ἐκ; ἐμέω) to vomit ▸ 5
- ἐξεμέσατε ▸ 1
  - **Verb** · second · plural · aorist · active · imperative ▸ 1 (Jer. 32,27)
- ἐξεμέσει ▸ 1
  - **Verb** · third · singular · future · active · indicative ▸ 1 (Prov. 23,8)
- ἐξεμέσῃς ▸ 1
  - **Verb** · second · singular · present · active · subjunctive ▸ 1 (Prov. 25,16)
- ἐξεμεσθήσεται ▸ 1
  - **Verb** · third · singular · future · passive · indicative ▸ 1 (Job 20,15)
- ἐξεμοῦνται ▸ 1
  - **Verb** · third · plural · present · middle · indicative ▸ 1 (Jer. 32,16)

ἐξέραμα vomit ▸ 1
- ἐξέραμα ▸ 1
  - **Noun** · neuter · singular · accusative ▸ 1 (2Pet. 2,22)

ἐξεραυνάω (ἐκ; ἐρωτάω) to search out, search diligently ▸ 1 + 1 + 1 = 3
- ἐξηραύνησαν ▸ 1
  - **Verb** · third · plural · aorist · active · indicative ▸ 1 (1Pet. 1,10)
- ἐξεραυνήσατε ▸ 1
  - **Verb** · second · plural · aorist · active · imperative ▸ 1 (Judg. 18,2)
- ἐξερευνῶντες ▸ 1
  - **Verb** · present · active · participle · masculine · plural · nominative ▸ 1 (Judg. 5,14)

ἐξεργάζομαι (ἐκ; ἔργον) to work out, prepare ▸ 3
- ἐξειργάσατο ▸ 1
  - **Verb** · third · singular · aorist · middle · indicative ▸ 1 (Psa. 7,14)
- ἐξειργάσω ▸ 1
  - **Verb** · second · singular · aorist · middle · indicative ▸ 1 (Psa. 30,20)
- ἐξεργασάμενον ▸ 1
  - **Verb** · aorist · middle · participle · masculine · singular · accusative ▸ 1 (Esth. 16,17 # 8,12r)

ἐξεργαστικός (ἐκ; ἔργον) able to accomplish ▸ 1
- ἐξεργαστικὸν ▸ 1
  - **Adjective** · neuter · singular · accusative · noDegree ▸ 1 (2Mac. 2,31)

ἐξερεύγομαι (ἐκ; ἐρεύγομαι) to vomit, overflow, emit ▸ 6
- ἐξερευγόμενα ▸ 1
  - **Verb** · present · passive · participle · neuter · plural · nominative ▸ 1 (Psa. 143,13)
- ἐξερεύξαιντο ▸ 1
  - **Verb** · third · plural · aorist · middle · indicative ▸ 1 (Psa. 118,171)
- ἐξερεύξεται ▸ 1
  - **Verb** · third · singular · future · middle · indicative ▸ 1 (Ex. 7,28)
- ἐξερεύξονται ▸ 1
  - **Verb** · third · plural · future · middle · indicative ▸ 1 (Psa. 144,7)
- ἐξηρεύξατο ▸ 1
  - **Verb** · third · singular · aorist · middle · indicative ▸ 1 (Wis. 19,10)
- Ἐξηρεύξατο ▸ 1
  - **Verb** · third · singular · aorist · middle · indicative ▸ 1 (Psa. 44,2)

ἐξερευνάω (ἐκ; ἐρωτάω) to search out ▸ 22
- ἐξερευνησάτω ▸ 1
  - **Verb** · third · singular · aorist · active · imperative ▸ 1 (Psa. 108,11)
- ἐξερευνήσετε ▸ 1
  - **Verb** · second · plural · future · active · indicative ▸ 1 (Judith 8,34)
- ἐξερευνήσῃς ▸ 1
  - **Verb** · second · singular · aorist · active · subjunctive ▸ 1 (Prov. 2,4)
- ἐξερευνήσω ▸ 6
  - **Verb** · first · singular · future · active · indicative ▸ 6 (1Sam. 23,23; Psa. 118,34; Psa. 118,69; Psa. 118,115; Amos 9,3; Zeph. 1,12)
- ἐξερευνήσωσιν ▸ 1
  - **Verb** · third · plural · aorist · active · subjunctive ▸ 1 (1Chr. 19,3)
- ἐξερευνῶν ▸ 1
  - **Verb** · present · active · participle · masculine · singular · nominative ▸ 1 (1Mac. 3,5)
- ἐξερευνῶντες ▸ 3
  - **Verb** · present · active · participle · masculine · plural · nominative ▸ 3 (Judg. 5,14; Psa. 63,7; Psa. 118,2)
- ἐξηρευνήθη ▸ 1
  - **Verb** · third · singular · aorist · passive · indicative ▸ 1 (Obad. 6)
- Ἐξηρευνήθη ▸ 1
  - **Verb** · third · singular · aorist · passive · indicative ▸ 1 (Lam. 3,40)
- ἐξηρεύνησαν ▸ 1
  - **Verb** · third · plural · aorist · active · indicative ▸ 1 (Psa. 63,7)
- ἐξηρεύνησεν ▸ 4
  - **Verb** · third · singular · aorist · active · indicative ▸ 4 (Esth. 12,2 # 1,1n; Psa. 118,129; Sol. 17,9; Joel 1,7)
- ἐξηρεύνων ▸ 1
  - **Verb** · third · plural · imperfect · active · indicative ▸ 1 (1Mac. 3,48)

ἐξερεύνησις (ἐκ; ἐρωτάω) investigation ▸ 1
- ἐξερευνήσει ▸ 1
  - **Noun** · feminine · singular · dative · (common) ▸ 1 (Psa. 63,7)

ἐξερημόω to devastate ▸ 20
- ἐξερημοῦντα ▸ 1
  - **Verb** · present · active · participle · masculine · singular · accusative ▸ 1 (Judg. 16,24)
- ἐξερημωθήσονται ▸ 3

ἐξερημόω–ἐξέρχομαι

Verb · third · plural · future · passive · indicative ▸ **3** (Amos 7,9; Ezek. 6,6; Ezek. 12,20)

ἐξερημῶν ▸ 1
Verb · present · active · participle · masculine · singular · nominative ▸ **1** (Nah. 1,4)

ἐξερημῶσαι ▸ 1
Verb · aorist · active · infinitive ▸ **1** (Is. 37,26)

ἐξερήμωσας ▸ 1
Verb · aorist · active · participle · masculine · singular · nominative ▸ **1** (Dan. 4,22)

ἐξερημώσει ▸ 1
Verb · third · singular · future · active · indicative ▸ **1** (Hos. 13,15)

ἐξερημώσουσιν ▸ 1
Verb · third · plural · future · active · indicative ▸ **1** (Sol. 15,11)

ἐξερημώσω ▸ 5
Verb · first · singular · future · active · indicative ▸ **5** (Lev. 26,31; Lev. 26,32; Zeph. 3,6; Is. 50,2; Jer. 25,9)

ἐξηρημωμένας ▸ 2
Verb · present · passive · participle · feminine · plural · accusative ▸ **2** (Is. 61,4; Is. 61,4)

ἐξηρημωμένοις ▸ 1
Verb · perfect · passive · participle · neuter · plural · dative ▸ **1** (Ezek. 36,4)

ἐξηρήμωσα ▸ 1
Verb · first · singular · aorist · active · indicative ▸ **1** (2Kings 19,24)

ἐξηρήμωσεν ▸ 1
Verb · third · singular · aorist · active · indicative ▸ **1** (Ezek. 19,7)

ἐξηρήμωται ▸ 1
Verb · third · singular · perfect · passive · indicative ▸ **1** (Hag. 1,4)

ἐξέρπω (ἐκ; ἕρπω) to produce ▸ 1
ἐξῆρψεν ▸ 1
Verb · third · singular · aorist · active · indicative ▸ **1** (Psa. 104,30)

ἐξέρχομαι (ἐκ; ἔρχομαι) to come out, go out ▸ 669 + 74 + 218 = 961

ἐξελεύσει ▸ 1
Verb · third · singular · future · active · indicative ▸ **1** (1Sam. 28,1)

ἐξελεύσεσθαι ▸ 1
Verb · future · middle · infinitive ▸ **1** (Judith 13,3)

ἐξελεύσεσθε ▸ 8 + 1 = 9
Verb · second · plural · future · middle · indicative ▸ **8 + 1 = 9** (Ex. 12,22; Lev. 8,33; Lev. 10,7; Judg. 21,21; Judith 14,2; Mal. 3,20; Is. 52,12; Is. 55,12; Judg. 21,21)

ἐξελεύσεται ▸ 86 + 2 + 3 = 91
Verb · third · singular · future · middle · indicative ▸ **86 + 2 + 3 = 91** (Gen. 15,4; Gen. 38,28; Ex. 4,14; Ex. 8,16; Ex. 16,4; Ex. 17,6; Ex. 21,3; Ex. 21,3; Ex. 21,4; Ex. 21,11; Lev. 14,3; Lev. 16,18; Lev. 21,12; Lev. 25,28; Lev. 25,30; Lev. 25,33; Lev. 25,41; Lev. 25,54; Num. 24,7; Num. 24,24; Num. 27,17; Num. 34,4; Num. 34,9; Deut. 21,2; Deut. 23,11; Deut. 24,5; Josh. 16,2; 1Sam. 8,20; 1Sam. 24,14; 2Sam. 5,24; 1Kings 8,44; 2Kings 5,11; 2Kings 19,31; 2Chr. 6,9; Judith 5,5; Judith 11,17; Psa. 72,7; Psa. 103,23; Psa. 145,4; Ode. 4,5; Prov. 30,33; Eccl. 4,14; Eccl. 7,18; Job 8,16; Job 28,5; Job 37,2; Sir. 5,7; Hos. 6,5; Mic. 4,2; Mic. 5,1; Joel 4,18; Nah. 1,11; Hab. 1,4; Hab. 1,7; Hab. 3,5; Zech. 9,14; Zech. 10,4; Zech. 14,2; Zech. 14,3; Zech. 14,8; Is. 2,3; Is. 11,1; Is. 14,29; Is. 42,13; Is. 45,23; Is. 51,4; Is. 51,5; Is. 57,16; Jer. 31,7; Jer. 37,21; Jer. 38,39; Jer. 50,12; Jer. 51,17; Lam. 3,38; Ezek. 5,4; Ezek. 12,12; Ezek. 21,9; Ezek. 44,3; Ezek. 46,2; Ezek. 46,8; Ezek. 46,9; Ezek. 46,9; Ezek. 46,9; Ezek. 46,10; Ezek. 46,12; Dan. 11,44; Judg. 4,14; Dan. 11,11; Matt. 2,6; John 10,9; Rev. 20,8)

ἐξελεύσῃ ▸ 18
Verb · second · singular · future · middle · indicative ▸ **18** (Deut. 23,13; Deut. 28,25; 2Sam. 18,3; 2Sam. 21,17; 1Kings 2,36; 1Chr. 14,15; Judith 2,5; Judith 2,6; Judith 11,18; Psa. 43,10; Psa. 59,12; Psa. 107,12; Mic. 4,10; Jer. 2,37; Jer. 19,2; Jer. 38,4; Ezek. 12,4; Ezek. 12,6)

Ἐξελεύσῃ ▸ 1
Verb · second · singular · future · middle · indicative ▸ **1** (1Kings 19,11)

ἐξελεύσομαι ▸ 12
Verb · first · singular · future · middle · indicative ▸ **12** (Ex. 8,25; Ex. 11,8; Num. 20,18; Deut. 15,16; 1Sam. 19,3; 2Sam. 18,2; 2Chr. 1,10; Judith 2,7; Judith 8,33; Judith 10,9; Job 23,11; Lam. 3,7)

Ἐξελεύσομαι ▸ 3 + 1 = 4
Verb · first · singular · future · middle · indicative ▸ **3 + 1 = 4** (Judg. 16,20; 1Kings 22,22; 2Chr. 18,21; Judg. 16,20)

ἐξελευσόμεθα ▸ 4
Verb · first · plural · future · middle · indicative ▸ **4** (1Sam. 11,3; 1Sam. 11,10; 1Mac. 2,34; Jer. 15,2)

ἐξελεύσονται ▸ 22 + 2 = 24
Verb · third · plural · future · middle · indicative ▸ **22 + 2 = 24** (Gen. 15,14; Gen. 17,6; Gen. 24,43; Gen. 35,11; Ex. 1,10; Lev. 25,31; Num. 27,21; Deut. 28,7; 2Kings 20,18; Prov. 30,33; Job 39,4; Is. 14,29; Is. 37,32; Is. 49,17; Is. 66,24; Jer. 22,22; Jer. 37,19; Ezek. 15,7; Ezek. 21,24; Ezek. 30,9; Ezek. 39,9; Ezek. 42,14; Matt. 13,49; Acts 7,7)

Ἐξελεύσονται ▸ 1
Verb · third · plural · future · middle · indicative ▸ **1** (2Kings 7,12)

ἐξελεύσονταί ▸ 1
Verb · third · plural · future · middle · indicative ▸ **1** (1Kings 12,24l)

ἐξελῇ ▸ 1
Verb · second · singular · future · middle · indicative ▸ **1** (1Sam. 30,8)

ἐξεληλύθασιν ▸ 2 + 1 = 3
Verb · third · plural · perfect · active · indicative ▸ **2 + 1 = 3** (1Kings 21,17; Ezek. 36,20; 1John 4,1)

ἐξεληλύθει ▸ 2
Verb · third · singular · pluperfect · active · indicative ▸ **2** (Luke 8,2; Luke 8,38)

ἐξελήλυθεν ▸ 4 + 2 = 6
Verb · third · singular · perfect · active · indicative ▸ **4 + 2 = 6** (Num. 22,5; Num. 22,11; 1Sam. 26,20; Ezek. 38,8; Mark 7,29; 1Th. 1,8)

ἐξεληλυθός ▸ 1
Verb · perfect · active · participle · neuter · singular · accusative ▸ **1** (Mark 7,30)

ἐξεληλυθότα ▸ 1
Verb · perfect · active · participle · neuter · plural · accusative ▸ **1** (1Sam. 9,11)

ἐξεληλυθότας ▸ 1
Verb · perfect · active · participle · masculine · plural · accusative ▸ **1** (Heb. 7,5)

ἐξεληλυθότων ▸ 3
Verb · perfect · active · participle · masculine · plural · genitive ▸ **3** (Ex. 16,1; Josh. 5,4; Josh. 5,6)

ἐξεληλυθυῖαν ▸ 1

Verb · perfect · active · participle · feminine · singular · accusative ▸ **1** (Luke 8,46)

ἐξεληλυθυίας ▸ 1
Verb · perfect · active · participle · feminine · singular · genitive ▸ **1** (Lev. 27,21)

ἐξεληλυθὼς ▸ 1
Verb · perfect · active · participle · masculine · singular · nominative ▸ **1** (2Kings 23,17)

ἐξέλθατε ▸ 8 + 2 = 10
Verb · second · plural · aorist · active · imperative ▸ **8** + **2** = **10** (Gen. 19,14; Ex. 12,31; 2Kings 18,31; Song 3,11; Is. 52,11; Is. 52,11; Jer. 26,9; Jer. 27,8; 2Cor. 6,17; Rev. 18,4)

Ἐξέλθατε ▸ 4
Verb · second · plural · aorist · active · imperative ▸ **4** (Num. 12,4; 2Chr. 24,5; 1Mac. 10,63; Is. 49,9)

ἐξελθάτω ▸ 4
Verb · third · singular · aorist · active · imperative ▸ **2** (2Kings 10,25; Joel 2,16)
Verb · third · singular · aorist · passive · imperative ▸ **2** (1Sam. 2,3; Ode. 3,3)

ἐξελθάτωσαν ▸ 1
Verb · third · plural · aorist · active · imperative ▸ **1** (1Kings 21,19)

ἔξελθε ▸ 14 + 4 + 10 = 28
Verb · second · singular · aorist · active · imperative ▸ **14** + **4** + **10** = **28** (Gen. 19,15; Gen. 27,3; Gen. 31,13; Judg. 9,29; Judg. 9,38; 2Sam. 16,7; 2Sam. 19,8; 1Kings 22,22; 2Chr. 18,21; 2Chr. 26,18; Song 1,8; Sir. 14,22; Sir. 29,27; Ezek. 3,22; Judg. 9,29; Judg. 9,38; Tob. 5,17; Tob. 14,9; Mark 1,25; Mark 5,8; Mark 9,25; Luke 4,35; Luke 5,8; Luke 13,31; Luke 14,21; Luke 14,23; Acts 7,3; Acts 22,18)

Ἔξελθε ▸ 8
Verb · second · singular · aorist · active · imperative ▸ **8** (Gen. 8,16; Gen. 12,1; Ex. 11,8; 2Sam. 16,7; 1Kings 2,30; 1Kings 12,24k; Is. 7,3; Is. 48,20)

ἐξελθεῖν ▸ 32 + 2 + 9 = 43
Verb · aorist · active · infinitive ▸ **32** + **2** + **9** = **43** (Num. 11,20; Josh. 14,11; Judg. 20,14; Judg. 20,28; 1Sam. 21,6; 1Sam. 23,13; 1Sam. 28,1; 2Sam. 13,39; 2Kings 24,7; 2Chr. 5,10; 2Chr. 5,11; 2Chr. 20,11; 2Chr. 20,17; 2Chr. 20,20; 2Chr. 20,21; 2Chr. 25,5; 2Chr. 26,20; Judith 5,9; Judith 7,13; Judith 12,6; Tob. 8,20; Tob. 9,3; 1Mac. 5,67; 1Mac. 9,29; Psa. 80,6; Job 31,34; Jer. 1,5; Jer. 11,11; Jer. 45,21; Ezek. 10,19; Ezek. 12,12; Ezek. 46,12; Judg. 20,14; Judg. 20,28; Mark 9,29; Luke 6,12; Luke 8,29; John 1,43; Acts 16,3; Acts 16,10; Acts 16,18; 1Cor. 5,10; Heb. 11,8)

ἐξέλθετε ▸ 2 + 1 = 3
Verb · second · plural · aorist · active · imperative ▸ **2** + **1** = **3** (Neh. 8,15; Dan. 3,93; Dan. 3,93)

ἐξελθέτω ▸ 3
Verb · third · singular · aorist · active · imperative ▸ **3** (1Sam. 4,3; 2Kings 9,15; 1Mac. 2,27)

ἐξελθέτωσαν ▸ 1
Verb · third · plural · aorist · active · imperative ▸ **1** (Jer. 15,1)

ἐξέλθῃ ▸ 22 + 2 + 3 = 27
Verb · third · singular · aorist · active · subjunctive ▸ **22** + **2** + **3** = **27** (Ex. 21,22; Lev. 15,16; Lev. 15,32; Lev. 16,17; Lev. 22,4; Num. 11,20; Num. 30,3; Num. 30,13; Num. 33,54; Num. 35,26; Josh. 2,19; Judg. 11,31; 2Chr. 6,34; 2Chr. 21,15; Judith 14,2; Prov. 24,22b; Job 5,6; Sol. 15,5; Is. 55,11; Is. 62,1; Jer. 4,4; Ezek. 24,12; Judg. 9,15; Judg. 11,31; Matt. 12,43; Luke 11,24; Rev. 3,12)

ἐξέλθῃς ▸ 6 + 2 = 8
Verb · second · singular · aorist · active · subjunctive ▸ **6** + **2** = **8** (Deut. 20,1; Deut. 23,10; 1Kings 2,42; Jer. 45,17; Jer. 45,18; Ezek. 3,25; Matt. 5,26; Luke 12,59)

ἐξέλθητε ▸ 2 + 3 = 5
Verb · second · plural · aorist · active · subjunctive ▸ **2** + **3** = **5** (Gen. 42,15; Num. 10,9; Matt. 10,11; Matt. 24,26; Mark 6,10)

ἐξέλθοι ▸ 7 + 2 = 9
Verb · third · singular · aorist · active · optative ▸ **7** + **2** = **9** (Judg. 9,15; Judg. 9,20; Judg. 9,20; Psa. 16,2; Psa. 108,7; Job 5,15; Job 31,40; Judg. 9,20; Judg. 9,20)

ἐξελθὸν ▸ 4
Verb · aorist · active · participle · neuter · singular · accusative ▸ **3** (Deut. 28,57; 1Sam. 1,23; Wis. 16,14)
Verb · aorist · active · participle · neuter · singular · nominative ▸ **1** (Ex. 22,5)

ἐξελθόντα ▸ 2
Verb · aorist · active · participle · neuter · plural · nominative ▸ **2** (Mark 5,13; Luke 8,33)

Ἐξελθόντα ▸ 1
Verb · aorist · active · participle · masculine · singular · accusative ▸ **1** (Matt. 26,71)

ἐξελθόντας ▸ 3
Verb · aorist · active · participle · masculine · plural · accusative ▸ **3** (2Chr. 20,22; 2Mac. 5,26; 2Mac. 13,13)

Ἐξελθόντες ▸ 1
Verb · aorist · active · participle · masculine · plural · nominative ▸ **1** (Matt. 12,14)

ἐξελθόντες ▸ 10 + 2 + 17 = 29
Verb · aorist · active · participle · masculine · plural · nominative ▸ **10** + **2** + **17** = **29** (Gen. 9,18; Gen. 46,26; Lev. 9,23; Num. 26,4; Deut. 2,23; 1Esdr. 8,6; 1Mac. 2,33; 1Mac. 16,3; Job 24,5; Is. 48,1; Sus. 13; Bel 14; Matt. 8,32; Matt. 9,31; Matt. 22,10; Matt. 27,53; Mark 1,29; Mark 3,6; Mark 6,12; Mark 9,30; Mark 16,20; Luke 10,10; Acts 12,10; Acts 15,24; Acts 16,36; Acts 16,40; Acts 21,5; Acts 21,8; Heb. 3,16)

ἐξελθόντι ▸ 1
Verb · aorist · active · participle · masculine · singular · dative ▸ **1** (Luke 8,27)

ἐξελθόντος ▸ 1 + 3 = 4
Verb · aorist · active · participle · masculine · singular · genitive ▸ **1** + **2** = **3** (Jer. 36,2; Mark 5,2; Luke 11,53)
Verb · aorist · active · participle · neuter · singular · genitive ▸ **1** (Luke 11,14)

ἐξελθόντων ▸ 9 + 2 = 11
Verb · aorist · active · participle · masculine · plural · genitive ▸ **8** + **2** = **10** (Gen. 44,4; Num. 1,1; Num. 9,1; Deut. 4,45; Deut. 4,46; Deut. 6,4; 2Chr. 20,10; 2Chr. 32,21; Mark 6,54; Mark 11,12)
Verb · aorist · active · participle · neuter · plural · genitive ▸ **1** (Gen. 9,10)

ἐξελθοῦσα ▸ 4 + 1 + 3 = 8
Verb · aorist · active · participle · feminine · singular · nominative ▸ **4** + **1** + **3** = **8** (Tob. 8,14; Job 26,4; Jer. 44,7; Dan. 3,23; Tob. 8,14; Matt. 15,22; Mark 6,24; Acts 28,3)

ἐξελθοῦσαι ▸ 1
Verb · aorist · active · participle · feminine · plural · nominative ▸ **1** (Mark 16,8)

ἐξελθοῦσαν ▸ 1
Verb · aorist · active · participle · feminine · singular · accusative ▸ **1** (Mark 5,30)

ἐξελθούσῃ ▸ 1
Verb · aorist · active · participle · feminine · singular · dative ▸ **1** (Rev. 19,21)

ἐξέλθω ▸ 2

ἐξέρχομαι

Verb · first · singular · aorist · active · subjunctive ▸ **2** (Ex. 9,29; Jer. 14,18)

ἐξέλθωμεν ▸ **2**
Verb · first · plural · aorist · active · subjunctive ▸ **2** (1Kings 21,31; Song 7,12)

ἐξελθών ▸ **15 + 21 = 36**
Verb · aorist · active · participle · masculine · singular · nominative ▸ **15 + 21 = 36** (Gen. 8,7; Gen. 9,22; Gen. 31,33; Gen. 43,31; Ex. 2,13; Ex. 17,9; Ex. 17,10; Ex. 34,34; Lev. 14,38; Lev. 16,24; Deut. 21,10; 2Sam. 16,11; 1Kings 8,19; Judith 2,10; Jer. 45,17; Matt. 13,1; Matt. 14,14; Matt. 15,21; Matt. 18,28; Matt. 20,3; Matt. 20,5; Matt. 20,6; Matt. 24,1; Matt. 26,75; Mark 1,45; Mark 6,34; Mark 7,31; Luke 1,22; Luke 4,42; Luke 14,18; Luke 15,28; Luke 22,39; Luke 22,62; Acts 7,4; Acts 12,9; Acts 12,17)

Ἐξελθών ▸ **2**
Verb · aorist · active · participle · masculine · singular · nominative ▸ **2** (2Sam. 18,2; 2Mac. 12,26)

ἐξέλθωσιν ▸ **3 + 1 = 4**
Verb · third · plural · aorist · active · subjunctive ▸ **3 + 1 = 4** (Josh. 8,5; Josh. 8,6; Judg. 21,21; Judg. 21,21)

ἐξέρχεσθε ▸ **2**
Verb · second · plural · present · middle · imperative ▸ **2** (Matt. 25,6; Luke 9,4)

ἐξέρχεται ▸ **1 + 3 = 4**
Verb · third · singular · present · middle · indicative ▸ **1 + 3 = 4** (1Sam. 23,15; Matt. 15,18; Matt. 24,27; James 3,10)

ἐξερχόμενοι ▸ **4**
Verb · present · middle · participle · masculine · plural · nominative ▸ **4** (Matt. 8,28; Matt. 10,14; Luke 9,5; Luke 9,6)

Ἐξερχόμενοι ▸ **1**
Verb · present · middle · participle · masculine · plural · nominative ▸ **1** (Matt. 27,32)

ἐξερχόμενος ▸ **1**
Verb · present · middle · participle · masculine · singular · nominative ▸ **1** (Luke 21,37)

ἐξερχομένων ▸ **1**
Verb · present · middle · participle · masculine · plural · genitive ▸ **1** (Matt. 9,32)

ἐξέρχονται ▸ **1 + 2 = 3**
Verb · third · plural · present · middle · indicative ▸ **1 + 2 = 3** (Jer. 28,32; Matt. 15,19; Luke 4,36)

ἐξερχώμεθα ▸ **1**
Verb · first · plural · present · middle · subjunctive ▸ **1** (Heb. 13,13)

ἐξῆλθαν ▸ **6 + 1 + 2 = 9**
Verb · third · plural · aorist · active · indicative ▸ **6 + 1 + 2 = 9** (1Sam. 7,11; 2Sam. 10,8; 2Sam. 11,23; 2Sam. 20,7; 2Kings 7,12; Tob. 5,17; Sus. 18; Acts 16,40; 1John 2,19)

ἐξήλθατε ▸ **1 + 9 = 10**
Verb · second · plural · aorist · active · indicative ▸ **1 + 9 = 10** (Ex. 13,3; Matt. 11,7; Matt. 11,8; Matt. 11,9; Matt. 26,55; Mark 14,48; Luke 7,24; Luke 7,25; Luke 7,26; Luke 22,52)

ἐξῆλθε ▸ **2**
Verb · third · singular · aorist · active · indicative ▸ **2** (Dan. 9,23; Bel 40)

ἐξῆλθεν ▸ **227 + 39 + 64 = 330**
Verb · third · singular · aorist · active · indicative ▸ **227 + 39 + 64 = 330** (Gen. 4,16; Gen. 8,18; Gen. 10,11; Gen. 10,14; Gen. 12,4; Gen. 14,8; Gen. 19,6; Gen. 19,14; Gen. 19,23; Gen. 24,50; Gen. 24,63; Gen. 25,25; Gen. 25,26; Gen. 27,30; Gen. 28,10; Gen. 30,16; Gen. 34,6; Gen. 38,29; Gen. 38,30; Gen. 39,12; Gen. 39,13; Gen. 39,15; Gen. 39,18; Gen. 44,28; Gen. 47,10; Gen. 47,18; Ex. 2,11; Ex. 8,8; Ex. 8,26; Ex. 9,33; Ex. 10,6; Ex. 10,18; Ex. 11,8; Ex. 12,41; Ex. 18,5; Ex. 18,7; Ex. 32,24; Ex. 35,20; Lev. 9,24; Lev. 10,2; Lev. 24,10; Num. 11,24; Num. 11,31; Num. 16,35; Num. 17,11; Num. 20,11; Num. 20,20; Num. 21,23; Num. 21,28; Num. 21,33; Num. 22,36; Num. 31,13; Deut. 1,44; Deut. 2,32; Deut. 3,1; Deut. 29,6; Josh. 8,14; Josh. 18,11; Josh. 18,11; Josh. 19,1; Josh. 19,10; Josh. 19,17; Josh. 19,24; Josh. 19,32; Josh. 19,40; Josh. 21,4; Judg. 1,10; Judg. 3,10; Judg. 3,23; Judg. 3,24; Judg. 4,18; Judg. 4,22; Judg. 9,35; Judg. 9,39; Judg. 9,42; Judg. 9,43; Judg. 11,36; Judg. 14,14; Judg. 14,14; Judg. 15,19; Judg. 19,23; Judg. 19,27; Judg. 20,20; Judg. 20,25; Ruth 1,7; Ruth 1,13; 1Sam. 4,1; 1Sam. 9,14; 1Sam. 9,26; 1Sam. 13,10; 1Sam. 13,17; 1Sam. 13,23; 1Sam. 14,41; 1Sam. 17,4; 1Sam. 20,35; 2Sam. 2,12; 2Sam. 6,20; 2Sam. 11,8; 2Sam. 11,8; 2Sam. 11,13; 2Sam. 15,16; 2Sam. 15,17; 2Sam. 16,5; 2Sam. 18,6; 2Sam. 18,21; 2Sam. 20,8; 2Sam. 24,4; 2Sam. 24,20; 1Kings 2,46; 1Kings 9,12; 1Kings 11,29; 1Kings 12,24f; 1Kings 12,24n; 1Kings 12,25; 1Kings 19,13; 1Kings 21,16; 1Kings 21,21; 1Kings 21,33; 1Kings 21,39; 1Kings 22,21; 2Kings 2,21; 2Kings 3,6; 2Kings 4,18; 2Kings 4,21; 2Kings 4,37; 2Kings 4,39; 2Kings 5,27; 2Kings 6,15; 2Kings 7,16; 2Kings 9,11; 2Kings 9,21; 2Kings 9,24; 2Kings 10,9; 2Kings 13,5; 2Kings 19,9; 2Kings 19,35; 2Kings 24,12; 1Chr. 12,18; 1Chr. 14,8; 1Chr. 14,15; 1Chr. 21,4; 1Chr. 21,21; 1Chr. 24,7; 1Chr. 25,9; 1Chr. 26,14; 2Chr. 14,8; 2Chr. 14,9; 2Chr. 15,2; 2Chr. 18,20; 2Chr. 19,2; 2Chr. 19,4; 2Chr. 21,19; 2Chr. 22,7; 2Chr. 23,14; 2Chr. 26,6; 2Chr. 28,9; 2Chr. 31,1; 1Esdr. 1,23; 1Esdr. 4,58; 1Esdr. 4,61; Neh. 8,16; Esth. 5,9; Esth. 8,15; Judith 2,14; Judith 2,19; Judith 10,10; Judith 10,22; Judith 12,13; Judith 13,9; Judith 14,8; Tob. 11,16; 1Mac. 1,1; 1Mac. 1,10; 1Mac. 3,11; 1Mac. 3,16; 1Mac. 5,33; 1Mac. 5,59; 1Mac. 5,65; 1Mac. 7,1; 1Mac. 7,24; 1Mac. 7,31; 1Mac. 7,35; 1Mac. 7,39; 1Mac. 7,41; 1Mac. 9,39; 1Mac. 9,65; 1Mac. 10,2; 1Mac. 10,57; 1Mac. 10,74; 1Mac. 11,2; 1Mac. 11,60; 1Mac. 12,33; 1Mac. 12,41; 1Mac. 15,10; 2Mac. 2,4; 2Mac. 12,33; Psa. 18,5; Ode. 11,12; Eccl. 5,14; Eccl. 10,5; Song 5,6; Job 1,12; Mic. 1,11; Mic. 2,13; Jonah 4,5; Zech. 5,5; Is. 11,16; Is. 28,29; Is. 36,3; Is. 37,9; Is. 37,36; Is. 38,12; Is. 48,3; Jer. 4,7; Jer. 22,11; Jer. 23,15; Jer. 37,23; Jer. 37,23; Jer. 44,5; Jer. 44,12; Jer. 45,8; Jer. 48,6; Lam. 1,6; Ezek. 10,7; Ezek. 10,18; Ezek. 19,14; Ezek. 24,6; Josh. 19,1; Josh. 19,10; Josh. 19,17; Josh. 19,24; Josh. 19,32; Josh. 19,40; Judg. 1,10; Judg. 3,10; Judg. 3,22; Judg. 3,23; Judg. 3,24; Judg. 4,18; Judg. 4,22; Judg. 9,35; Judg. 9,39; Judg. 9,42; Judg. 9,43; Judg. 11,36; Judg. 14,14; Judg. 15,19; Judg. 16,12; Judg. 19,23; Judg. 19,27; Tob. 5,4; Tob. 5,4; Tob. 5,10; Tob. 5,17; Tob. 6,1; Tob. 6,1; Tob. 7,17; Tob. 11,10; Tob. 11,16; Tob. 14,10; Tob. 14,10; Dan. 2,13; Dan. 2,14; Dan. 2,15; Dan. 8,9; Dan. 9,23; Matt. 8,34; Matt. 9,26; Matt. 13,3; Matt. 17,18; Matt. 20,1; Matt. 21,17; Mark 1,26; Mark 1,28; Mark 1,35; Mark 2,12; Mark 2,13; Mark 4,3; Mark 6,1; Mark 8,27; Mark 9,26; Mark 11,11; Mark 14,68; Luke 2,1; Luke 4,14; Luke 4,35; Luke 5,27; Luke 7,17; Luke 8,5; Luke 8,35; Luke 17,29; John 4,43; John 8,59; John 10,39; John 11,31; John 11,44; John 13,3; John 13,30; John 13,31; John 18,1; John 18,4; John 18,16; John 18,38; John 19,4; John 19,5; John 19,17; John 19,34; John 21,23; Acts 1,21; Acts 10,23; Acts 14,20; Acts 15,40; Acts 16,18; Acts 16,19; Acts 17,33; Acts 18,23; Acts 20,1; Acts 20,11; Rom. 10,18; 1Cor. 14,36; 2Cor. 8,17; Heb. 11,8; Rev. 6,2; Rev. 6,4; Rev. 14,15; Rev. 14,17; Rev. 14,18; Rev. 14,20; Rev. 16,17; Rev. 19,5)

Ἐξῆλθεν ▸ **4 + 1 + 3 = 8**
Verb · third · singular · aorist · active · indicative ▸ **4 + 1 + 3 = 8** (Gen. 14,17; Gen. 34,1; Gen. 41,46; Job 2,7; Sus. 5; John 18,29; John 20,3; Acts 11,25)

ἐξῆλθέν ▸ 1
  Verb · third · singular · aorist · active · indicative ▸ 1 (Ezek. 16,14)
ἐξῆλθες ▸ 8 + 1 = 9
  Verb · second · singular · aorist · active · indicative ▸ 8 + 1 = 9 (Gen. 24,5; Ex. 23,15; Ex. 34,18; Deut. 16,1; Deut. 16,6; Ode. 4,13; Hab. 3,13; Sus. 13-14; John 16,30)
ἐξήλθετε ▸ 2
  Verb · second · plural · aorist · active · indicative ▸ 2 (Deut. 9,7; Deut. 16,3)
ἐξήλθομεν ▸ 1 + 1 = 2
  Verb · first · plural · aorist · active · indicative ▸ 1 + 1 = 2 (Josh. 9,12; Acts 16,13)
ἐξῆλθον ▸ 60 + 12 + 23 = 95
  Verb · first · singular · aorist · active · indicative ▸ 13 + 1 + 9 = 23 (Num. 22,32; Neh. 2,13; Psa. 151,6; Prov. 7,15; Job 1,21; Job 3,11; Sir. 24,3; Sir. 24,30; Jer. 20,18; Jer. 38,9; Ezek. 3,23; Ezek. 12,7; Dan. 9,22; Dan. 9,22; Matt. 12,44; Mark 1,38; Luke 11,24; John 8,42; John 16,27; John 16,28; John 17,8; 2Cor. 2,13; Phil. 4,15)
  Verb · third · plural · aorist · active · indicative ▸ 47 + 11 + 14 = 72 (Gen. 34,26; Num. 12,4; Num. 16,27; Num. 33,1; Num. 33,3; Josh. 2,5; Josh. 11,4; Judg. 3,19; Judg. 10,17; Judg. 20,1; Judg. 20,21; Judg. 20,31; 1Sam. 18,6; 1Sam. 23,13; 1Sam. 30,21; 2Sam. 11,17; 2Sam. 20,7; 1Kings 8,10; 1Kings 21,17; 2Kings 2,23; 2Kings 2,24; 2Kings 5,2; 2Kings 9,21; 2Kings 18,18; 2Kings 25,4; 1Chr. 19,9; 2Chr. 20,20; Esth. 8,14; Judith 10,20; Judith 13,10; 1Mac. 1,11; 1Mac. 4,13; 1Mac. 6,21; 1Mac. 6,31; 1Mac. 6,49; 1Mac. 6,61; 1Mac. 7,33; 1Mac. 7,46; 1Mac. 9,36; 1Mac. 9,67; 1Mac. 10,86; Mic. 2,13; Jer. 52,7; Bar. 5,6; Dan. 3,93; Dan. 5,0; Dan. 5,5; Judg. 9,27; Judg. 11,3; Judg. 20,1; Judg. 20,20; Judg. 20,21; Judg. 20,25; Judg. 20,31; Judg. 21,24; Tob. 8,4; Dan. 3,93; Dan. 5,5; Matt. 25,1; Matt. 26,30; Mark 3,21; Mark 8,11; Mark 14,16; Mark 14,26; Luke 8,35; John 4,30; John 12,13; John 21,3; 2John 7; 3John 7; Rev. 9,3; Rev. 15,6)
ἐξήλθοσαν ▸ 13 + 2 = 15
  Verb · third · plural · aorist · active · indicative ▸ 13 + 2 = 15 (Gen. 8,19; Gen. 12,5; Ex. 15,20; Num. 12,5; Josh. 2,7; Josh. 8,19; Josh. 8,22; 2Sam. 2,13; 1Chr. 2,53; Judith 10,6; Judith 14,11; Jer. 7,25; Jer. 9,2; Sus. 19; Bel 13)
Ἐξήλθοσαν ▸ 1
  Verb · third · plural · aorist · active · indicative ▸ 1 (Deut. 13,14)
ἐξήλθοσάν ▸ 1
  Verb · third · plural · aorist · active · indicative ▸ 1 (Ex. 16,27)
ἐξήρχετο ▸ 2
  Verb · third · singular · imperfect · middle · indicative ▸ 2 (Luke 4,41; Luke 6,19)
ἐξήρχοντο ▸ 2
  Verb · third · plural · imperfect · middle · indicative ▸ 2 (John 8,9; Acts 8,7)
ἔξεστιν it is right, possible ▸ 31
  ἔξεστιν ▸ 23
    Verb · third · singular · present · active · indicative ▸ 23 (Matt. 12,2; Matt. 12,10; Matt. 12,12; Matt. 19,3; Matt. 22,17; Matt. 27,6; Mark 2,24; Mark 2,26; Mark 3,4; Mark 10,2; Mark 12,14; Luke 6,2; Luke 6,4; Luke 6,9; Luke 14,3; Luke 20,22; John 18,31; Acts 16,21; Acts 22,25; 1Cor. 6,12; 1Cor. 6,12; 1Cor. 10,23; 1Cor. 10,23)
  ἔξεστίν ▸ 5
    Verb · third · singular · present · active · indicative ▸ 5 (Matt. 14,4; Matt. 20,15; Mark 6,18; John 5,10; Acts 21,37)
  ἐξὸν ▸ 3
    Verb · present · active · participle · neuter · singular · nominative ▸ 3 (Matt. 12,4; Acts 2,29; 2Cor. 12,4)
ἐξετάζω (ἐκ; ἐτάζω) to scrutinize; to examine carefully ▸ 12 + 3 = 15
  ἐξέταζε ▸ 2
    Verb · second · singular · present · active · imperative ▸ 2 (Sir. 3,21; Sir. 18,20)
  ἐξετάζει ▸ 2
    Verb · third · singular · present · active · indicative ▸ 2 (Psa. 10,4; Psa. 10,5)
  ἐξετάζετε ▸ 1
    Verb · second · plural · present · active · indicative ▸ 1 (Judith 8,13)
  ἐξεταζόμενος ▸ 1
    Verb · present · passive · participle · masculine · singular · nominative ▸ 1 (Sir. 23,10)
  ἐξετάσαι ▸ 1
    Verb · aorist · active · infinitive ▸ 1 (John 21,12)
  ἐξετάσατε ▸ 2
    Verb · second · plural · aorist · active · imperative ▸ 2 (Matt. 2,8; Matt. 10,11)
  ἐξετάσει ▸ 2
    Verb · third · singular · future · active · indicative ▸ 2 (Wis. 6,3; Sir. 13,11)
  ἐξετάσῃς ▸ 1
    Verb · second · singular · aorist · active · subjunctive ▸ 1 (Sir. 11,7)
  ἐξετάσωσιν ▸ 1
    Verb · third · plural · aorist · active · subjunctive ▸ 1 (Deut. 19,18)
  ἐξήτασας ▸ 1
    Verb · second · singular · aorist · active · indicative ▸ 1 (Wis. 11,10)
  ἐξήτασεν ▸ 1
    Verb · third · singular · aorist · active · indicative ▸ 1 (Esth. 12,3 # 1,10)
ἐξέτασις (ἐκ; ἐτάζω) scrutiny, examination ▸ 2
  ἐξετάσεως ▸ 1
    Noun · feminine · singular · genitive · (common) ▸ 1 (3Mac. 7,5)
  ἐξέτασις ▸ 1
    Noun · feminine · singular · nominative · (common) ▸ 1 (Wis. 1,9)
ἐξετασμός (ἐκ; ἐτάζω) examination, trial ▸ 2 + 1 = 3
  ἐξετασμοί ▸ 1
    Noun · masculine · plural · nominative · (common) ▸ 1 (Judg. 5,16)
  ἐξετασμὸς ▸ 1
    Noun · masculine · singular · nominative · (common) ▸ 1 (Prov. 1,32)
  ἐξετασμῷ ▸ 1
    Noun · masculine · singular · dative · (common) ▸ 1 (Wis. 4,6)
ἐξεταστέον (ἐκ; ἐτάζω) one must scrutinize ▸ 1
  ἐξεταστέον ▸ 1
    Adjective · neuter · singular · accusative · noDegree · (verbal) ▸ 1 (2Mac. 2,29)
ἐξευμενίζω (ἐκ; εὖ; μένος) to propitiate ▸ 1
  ἐξευμενίσωνται ▸ 1
    Verb · third · plural · aorist · middle · subjunctive ▸ 1 (4Mac. 4,11)
ἐξεύρεσις (ἐκ; εὑρίσκω) discovery ▸ 2
  ἐξεύρεσις ▸ 2
    Noun · feminine · singular · nominative · (common) ▸ 2 (Is.

ἐξεύρεσις–ἐξηκοστός 843

40,28; Bar. 3,18)
ἐξευρίσκω (ἐκ; εὑρίσκω) to discover, invent ▸ 3
  ἐξεῦρεν ▸ 2
    Verb ▪ third ▪ singular ▪ aorist ▪ active ▪ indicative ▸ **2** (Bar. 3,32; Bar. 3,37)
  ἐξευρών ▸ 1
    Verb ▪ aorist ▪ active ▪ participle ▪ masculine ▪ singular ▪ nominative ▸ **1** (2Mac. 7,23)
ἐξέχω (ἐκ; ἔχω) to stand out ▸ 10
  ἐξείχετο ▸ 1
    Verb ▪ third ▪ singular ▪ imperfect ▪ middle ▪ indicative ▸ **1** (Ezek. 42,5)
  ἐξείχοντο ▸ 1
    Verb ▪ third ▪ plural ▪ imperfect ▪ middle ▪ indicative ▸ **1** (Ezek. 42,6)
  ἐξεχομένων ▸ 3
    Verb ▪ present ▪ middle ▪ participle ▪ neuter ▪ plural ▪ genitive ▸ **3** (1Kings 7,15; 1Kings 7,16; 1Kings 7,16)
  ἐξέχον ▸ 1
    Verb ▪ present ▪ active ▪ participle ▪ neuter ▪ singular ▪ accusative ▸ **1** (Num. 21,13)
  ἐξέχοντες ▸ 1
    Verb ▪ present ▪ active ▪ participle ▪ masculine ▪ plural ▪ nominative ▸ **1** (Ex. 38,15)
  ἐξέχοντος ▸ 1
    Verb ▪ present ▪ active ▪ participle ▪ masculine ▪ singular ▪ genitive ▸ **1** (Neh. 3,27)
  ἐξέχων ▸ 2
    Verb ▪ present ▪ active ▪ participle ▪ masculine ▪ singular ▪ nominative ▸ **2** (Neh. 3,25; Neh. 3,26)
ἐξηγέομαι (ἐκ; ἄγω) to explain, order; interpret, exposit ▸ 8 + 1 + 6 = 15
  ἐξηγεῖτο ▸ 2 + 1 = 3
    Verb ▪ third ▪ singular ▪ imperfect ▪ middle ▪ indicative ▸ 2 + 1 = **3** (Judg. 7,13; 1Mac. 3,26; Acts 21,19)
  ἐξηγησάμενος ▸ 1
    Verb ▪ aorist ▪ middle ▪ participle ▪ masculine ▪ singular ▪ nominative ▸ **1** (Acts 10,8)
  ἐξηγήσασθαι ▸ 1
    Verb ▪ aorist ▪ middle ▪ infinitive ▸ **1** (Lev. 14,57)
  ἐξηγήσατο ▸ 1 + 2 = 3
    Verb ▪ third ▪ singular ▪ aorist ▪ middle ▪ indicative ▸ 1 + 2 = **3** (Job 28,27; John 1,18; Acts 15,14)
  ἐξηγήσονταί ▸ 1
    Verb ▪ third ▪ plural ▪ future ▪ middle ▪ indicative ▸ **1** (Job 12,8)
  ἐξηγούμενος ▸ 1 + 1 = 2
    Verb ▪ present ▪ middle ▪ participle ▪ masculine ▪ singular ▪ nominative ▸ 1 + 1 = **2** (Prov. 28,13; Judg. 7,13)
  ἐξηγουμένου ▸ 1
    Verb ▪ present ▪ middle ▪ participle ▪ masculine ▪ singular ▪ genitive ▸ **1** (2Kings 8,5)
  ἐξηγουμένων ▸ 1
    Verb ▪ present ▪ middle ▪ participle ▪ masculine ▪ plural ▪ genitive ▸ **1** (Acts 15,12)
  ἐξηγοῦντο ▸ 1 + 1 = 2
    Verb ▪ third ▪ plural ▪ imperfect ▪ passive ▪ indicative ▸ 1 + 1 = **2** (2Mac. 2,13; Luke 24,35)
ἐξήγησις (ἐκ; ἄγω) narrative, explanation, interpretation ▸ 1 + 1 = 2
  ἐξήγησιν ▸ 1
    Noun ▪ feminine ▪ singular ▪ accusative ▪ (common) ▸ **1** (Judg. 7,15)

  ἐξήγησις ▸ 1
    Noun ▪ feminine ▪ singular ▪ nominative ▪ (common) ▸ **1** (Sir. 21,16)
ἐξηγητής (ἐκ; ἄγω) narrator, interpreter ▸ 3
  ἐξηγηταῖς ▸ 1
    Noun ▪ masculine ▪ plural ▪ dative ▪ (common) ▸ **1** (Gen. 41,24)
  ἐξηγητάς ▸ 1
    Noun ▪ masculine ▪ plural ▪ accusative ▪ (common) ▸ **1** (Gen. 41,8)
  ἐξηγητής ▸ 1
    Noun ▪ masculine ▪ singular ▪ nominative ▪ (common) ▸ **1** (Prov. 29,18)
ἐξηγορία (ἐκ; ἀγορά) utterance ▸ 2
  ἐξηγορίᾳ ▸ 1
    Noun ▪ feminine ▪ singular ▪ dative ▪ (common) ▸ **1** (Job 33,26)
  ἐξηγορίαν ▸ 1
    Noun ▪ feminine ▪ singular ▪ accusative ▪ (common) ▸ **1** (Job 22,22)
ἑξήκοντα (ἕξ) sixty ▸ 77 + 6 + 9 = 92
  ἑξήκοντα ▸ 76 + 6 + 9 = 91
    Adjective ▪ feminine ▪ plural ▪ accusative ▪ (cardinal ▪ numeral) ▸ 6 + 1 + 2 = **9** (Ex. 39,3; Lev. 12,5; Deut. 3,4; Josh. 13,30; 1Chr. 2,23; 2Chr. 11,21; Dan. 9,26; Rev. 11,3; Rev. 12,6)
    Adjective ▪ feminine ▪ plural ▪ dative ▪ (cardinal ▪ numeral) ▸ **1** (2Chr. 12,3)
    Adjective ▪ feminine ▪ plural ▪ nominative ▪ (cardinal ▪ numeral) ▸ 3 + 1 = **4** (Gen. 46,26; Num. 7,88; 1Kings 4,13; Dan. 9,25)
    Adjective ▪ masculine ▪ plural ▪ accusative ▪ (cardinal ▪ numeral) ▸ 10 + 2 = **12** (Num. 3,50; 2Sam. 2,31; 1Kings 21,15; 2Kings 25,19; Ezra 6,3; Judith 1,3; 1Mac. 7,16; Jer. 52,25; Ezek. 40,14; Dan. 9,26; Matt. 13,8; Matt. 13,23)
    Adjective ▪ masculine ▪ plural ▪ genitive ▪ (cardinal ▪ numeral) ▸ 10 + 1 = **11** (Num. 1,39; 2Chr. 3,3; 1Esdr. 6,24; 1Esdr. 6,24; Ezra 6,3; Ezra 8,10; Ezra 8,13; Neh. 7,72; 1Mac. 4,28; Dan. 3,1; Dan. 3,1)
    Adjective ▪ masculine ▪ plural ▪ nominative ▪ (cardinal ▪ numeral) ▸ 28 + 1 = **29** (Num. 2,26; Num. 7,88; Num. 7,88; Num. 26,21; Num. 26,23; Num. 26,47; Num. 31,34; Num. 31,39; 1Kings 2,46e; 1Kings 5,2; 1Chr. 5,18; 1Chr. 9,13; 1Chr. 16,38; 1Chr. 26,8; 1Esdr. 5,14; 1Esdr. 5,14; 1Esdr. 5,15; 1Esdr. 5,41; 1Esdr. 8,36; Ezra 2,9; Ezra 2,13; Ezra 2,64; Neh. 7,14; Neh. 7,18; Neh. 7,19; Neh. 7,66; Neh. 11,6; Song 3,7; Rev. 13,18)
    Adjective ▪ neuter ▪ plural ▪ accusative ▪ (cardinal ▪ numeral) ▸ 11 + 1 + 3 = **15** (Gen. 5,15; Gen. 5,18; Gen. 5,20; Gen. 5,21; Gen. 5,23; Gen. 5,25; Gen. 5,27; Gen. 5,30; 2Mac. 4,8; 4Mac. 4,17; Dan. 9,27; Judg. 12,7; Mark 4,8; Mark 4,20; Luke 24,13)
    Adjective ▪ neuter ▪ plural ▪ genitive ▪ (cardinal ▪ numeral) ▸ 4 + 2 + 1 = **7** (Gen. 25,26; 1Kings 12,24h; 1Chr. 2,21; Is. 7,8; Tob. 14,2; Dan. 6,1; 1Tim. 5,9)
    Adjective ▪ neuter ▪ plural ▪ nominative ▪ (cardinal ▪ numeral) ▸ **3** (1Kings 10,14; 2Chr. 9,13; 1Esdr. 2,11)
  Ἑξήκοντά ▸ 1
    Adjective ▪ feminine ▪ plural ▪ nominative ▪ (cardinal ▪ numeral) ▸ **1** (Song 6,8)
ἑξηκονταετής (ἕξ; ἔτος) sixty years old ▸ 2
  ἑξηκονταετοῦς ▸ 1
    Adjective ▪ masculine ▪ singular ▪ genitive ▸ **1** (Lev. 27,3)
  ἑξηκονταετῶν ▸ 1
    Adjective ▪ masculine ▪ plural ▪ genitive ▸ **1** (Lev. 27,7)
ἑξηκοστός (ἕξ) sixtieth ▸ 6
  ἑξηκοστοῦ ▸ 4
    Adjective ▪ neuter ▪ singular ▪ genitive ▪ (ordinal ▪ numeral) ▸ **4** (1Mac. 10,21; 1Mac. 10,57; 1Mac. 11,19; 2Mac. 1,7)

ἐξηκοστῷ ▸ 2
 Adjective · neuter · singular · dative · (ordinal · numeral) ▸ 2 (1Mac. 10,1; 1Mac. 10,67)

ἐξηλιάζω (ἐκ; ἡλιαία) to expose to the sun ▸ 3
 ἐξηλίασαν ▸ 1
  Verb · third · plural · aorist · active · indicative ▸ 1 (2Sam. 21,9)
 ἐξηλιασμένων ▸ 1
  Verb · perfect · passive · participle · masculine · plural · genitive ▸ 1 (2Sam. 21,13)
 ἐξηλιάσωμεν ▸ 1
  Verb · first · plural · aorist · active · subjunctive ▸ 1 (2Sam. 21,6)

ἐξημερόω (ἐκ; ἥμερος) to soften ▸ 1
 ἐξημεροῖ ▸ 1
  Verb · third · singular · present · active · indicative ▸ 1 (4Mac. 1,29)

ἑξῆς (ἔχω) next in order; on the next day ▸ 6 + 5 = 11
 ἑξῆς ▸ 6 + 5 = 11
  Adverb · (sequence) ▸ 6 + 5 = 11 (Ex. 10,1; Deut. 2,34; Deut. 3,6; Judg. 20,48; 2Mac. 7,8; 3Mac. 1,9; Luke 7,11; Luke 9,37; Acts 21,1; Acts 25,17; Acts 27,18)

ἐξηχέω (ἐκ; ἠχή) to sound out ▸ 3 + 1 = 4
 ἐξηχεῖτο ▸ 1
  Verb · third · singular · imperfect · passive · indicative ▸ 1 (3Mac. 3,2)
 ἐξήχησαν ▸ 1
  Verb · third · plural · aorist · active · indicative ▸ 1 (Joel 4,14)
 ἐξηχήσει ▸ 1
  Verb · third · singular · future · active · indicative ▸ 1 (Sir. 40,13)
 ἐξήχηται ▸ 1
  Verb · third · singular · perfect · passive · indicative ▸ 1 (1Th. 1,8)

ἐξικνέομαι to reach, arrive at ▸ 1
 ἐξικνούμενοι ▸ 1
  Verb · present · middle · participle · masculine · plural · nominative ▸ 1 (Judg. 5,15)

ἐξίλασις (ἐκ; ἵλεως) propitiation, atonement ▸ 2
 ἐξιλάσεως ▸ 2
  Noun · feminine · singular · genitive · (common) ▸ 2 (Num. 29,11; Ode. 4,17)

ἐξιλάσκομαι (ἐκ; ἵλεως) to propitiate, make atonement ▸ 105 + 1 = 106
 ἐξίλασαι ▸ 4
  Verb · second · singular · aorist · active · imperative ▸ 1 (Dan. 3,40)
  Verb · second · singular · aorist · middle · imperative ▸ 3 (Lev. 9,7; Lev. 9,7; Num. 17,11)
 ἐξιλάσαντο ▸ 3
  Verb · third · plural · aorist · middle · indicative ▸ 3 (2Chr. 29,24; 2Chr. 29,24; Ezek. 43,22)
 ἐξιλάσασθαι ▸ 21 + 1 = 22
  Verb · aorist · middle · infinitive ▸ 21 + 1 = 22 (Ex. 30,15; Ex. 30,16; Lev. 1,4; Lev. 6,23; Lev. 8,15; Lev. 8,34; Lev. 14,21; Lev. 16,10; Lev. 16,17; Lev. 16,27; Lev. 23,28; Num. 8,12; Num. 15,28; Num. 28,22; Num. 28,30; Num. 29,5; Num. 29,11; Num. 31,50; Neh. 10,34; Zech. 7,2; Ezek. 45,18; Dan. 9,24)
 ἐξιλασάσθω ▸ 1
  Verb · third · singular · aorist · middle · imperative ▸ 1 (2Chr. 30,18)
 ἐξιλάσατο ▸ 7
  Verb · third · singular · aorist · middle · indicative ▸ 7 (Num. 8,21; Num. 17,12; Num. 25,13; Psa. 105,30; Sir. 16,7; Sir. 45,23; Sol. 3,8)
 ἐξιλάσεσθε ▸ 1
  Verb · second · plural · future · middle · indicative ▸ 1 (Ezek. 45,20)
 ἐξιλάσεται ▸ 45
  Verb · third · singular · future · middle · indicative ▸ 45 (Ex. 30,10; Lev. 4,20; Lev. 4,26; Lev. 4,31; Lev. 4,35; Lev. 5,6; Lev. 5,10; Lev. 5,13; Lev. 5,16; Lev. 5,18; Lev. 5,26; Lev. 7,7; Lev. 12,7; Lev. 12,8; Lev. 14,18; Lev. 14,19; Lev. 14,20; Lev. 14,29; Lev. 14,31; Lev. 14,53; Lev. 15,15; Lev. 15,30; Lev. 16,6; Lev. 16,11; Lev. 16,16; Lev. 16,17; Lev. 16,18; Lev. 16,24; Lev. 16,30; Lev. 16,32; Lev. 16,33; Lev. 16,33; Lev. 16,33; Lev. 17,11; Lev. 19,22; Num. 5,8; Num. 6,11; Num. 15,25; Num. 15,28; Prov. 16,14; Sir. 3,30; Sir. 5,6; Sir. 20,28; Sir. 28,5; Hab. 1,11)
 ἐξιλάσησθε ▸ 1
  Verb · second · plural · aorist · middle · subjunctive ▸ 1 (Lev. 10,17)
 ἐξιλασθήσεται ▸ 3
  Verb · third · singular · future · passive · indicative ▸ 3 (Num. 35,33; 1Sam. 3,14; 1Sam. 6,3)
 ἐξιλάσκεσθαι ▸ 8
  Verb · present · middle · infinitive ▸ 8 (Lev. 16,34; Lev. 17,11; Num. 8,19; 1Chr. 6,34; Sir. 45,16; Zech. 8,22; Ezek. 45,15; Ezek. 45,17)
 ἐξιλάσκεσθαί ▸ 1
  Verb · present · middle · infinitive ▸ 1 (Ezek. 16,63)
 ἐξιλάσκεσθε ▸ 1
  Verb · second · plural · present · middle · imperative ▸ 1 (Mal. 1,9)
 ἐξιλάσκεται ▸ 2
  Verb · third · singular · present · middle · indicative ▸ 2 (Sir. 3,3; Sir. 34,19)
 ἐξιλασκόμενος ▸ 1
  Verb · present · middle · participle · masculine · singular · nominative ▸ 1 (Lev. 16,20)
 ἐξιλάσομαι ▸ 1
  Verb · first · singular · future · middle · indicative ▸ 1 (2Sam. 21,3)
 Ἐξιλάσομαι ▸ 1
  Verb · first · singular · future · middle · indicative ▸ 1 (Gen. 32,21)
 ἐξιλάσονται ▸ 3
  Verb · third · plural · future · middle · indicative ▸ 3 (Ezek. 43,20; Ezek. 43,22; Ezek. 43,26)
 ἐξιλάσωμαι ▸ 1
  Verb · first · singular · aorist · middle · subjunctive ▸ 1 (Ex. 32,30)

ἐξίλασμα (ἐκ; ἵλεως) propitiatory offering ▸ 2
 ἐξίλασμα ▸ 2
  Noun · neuter · singular · accusative · (common) ▸ 2 (1Sam. 12,3; Psa. 48,8)

ἐξιλασμός (ἐκ; ἵλεως) propitiation, atonement ▸ 16
 ἐξιλασμόν ▸ 1
  Noun · masculine · singular · accusative · (common) ▸ 1 (Sir. 18,20)
 ἐξιλασμὸν ▸ 5
  Noun · masculine · singular · accusative · (common) ▸ 5 (1Esdr. 9,20; 2Mac. 12,45; Wis. 18,21; Sir. 18,12; Ezek. 43,23)
 ἐξιλασμός ▸ 3
  Noun · masculine · singular · nominative · (common) ▸ 3 (Sir. 17,29; Sir. 35,3; Ezek. 7,25)
 ἐξιλασμοῦ ▸ 6
  Noun · masculine · singular · genitive · (common) ▸ 6 (Ex. 30,10;

Lev. 23,27; Lev. 23,28; 1Chr. 28,11; Sir. 5,5; Ezek. 45,19)
- ἐξιλασμῶν ▸ 1
  - **Noun** · masculine · plural · genitive · (common) ▸ **1** (Sir. 16,11)

ἐξιππάζομαι (ἐκ; ἵππος) to gallop away ▸ 1
- ἐξιππάσονται ▸ 1
  - **Verb** · third · plural · future · middle · indicative ▸ **1** (Hab. 1,8)

ἐξίπταμαι (ἐκ; πέτομαι) to fly away ▸ 1
- ἐξίπτασθαι ▸ 1
  - **Verb** · present · middle · infinitive ▸ **1** (Prov. 7,10)

ἕξις (ἔχω) habit, use, practice ▸ 8 + 1 + 1 = 10
- ἕξει ▸ 1 + 1 = 2
  - **Noun** · feminine · singular · dative · (common) ▸ 1 + 1 = **2** (Sir. 30,14; Dan. 7,15)
- ἕξεως ▸ 1
  - **Noun** · feminine · singular · genitive · (common) ▸ **1** (Judg. 14,9)
- ἕξιν ▸ 2 + 1 = 3
  - **Noun** · feminine · singular · accusative · (common) ▸ 2 + 1 = **3** (1Sam. 16,7; Sir. 1,11 Prol.; Heb. 5,14)
- ἕξις ▸ 4
  - **Noun** · feminine · singular · nominative · (common) ▸ **4** (Ode. 4,16; Hab. 3,16; Dan. 1,15; Dan. 7,28)

ἐξισάζομαι (ἐκ; ἴσος) to act as an equal ▸ 1
- ἐξισάζου ▸ 1
  - **Verb** · second · singular · present · middle · imperative ▸ **1** (Sir. 32,9)

ἐξισόω (ἐκ; ἴσος) to make equal; to rival ▸ 2
- ἐξισούμενοι ▸ 1
  - **Verb** · present · passive · participle · masculine · singular · nominative ▸ **1** (Ex. 38,15)
- ἐξισούμενον ▸ 1
  - **Verb** · present · passive · participle · neuter · singular · nominative ▸ **1** (Ex. 37,16)

ἐξιστάνω to divert from ▸ 2
- ἐξιστάνειν ▸ 1
  - **Verb** · present · active · infinitive ▸ **1** (3Mac. 1,25)
- ἐξίσταντο ▸ 1
  - **Verb** · third · plural · imperfect · middle · indicative ▸ **1** (Gen. 43,33)

ἐξίστημι (ἐκ; ἵστημι) to amaze, confuse ▸ 68 + 5 + 17 = 90
- ἐκστῇς ▸ 2
  - **Verb** · second · singular · aorist · active · subjunctive ▸ **2** (Ezek. 2,6; Ezek. 2,6)
- ἐκστήσει ▸ 2
  - **Verb** · third · singular · future · active · indicative ▸ **2** (Is. 41,2; Ezek. 21,19)
- ἐκστήσεται ▸ 4
  - **Verb** · third · singular · future · middle · indicative ▸ **4** (1Kings 9,8; 2Chr. 7,21; Judith 11,16; Sir. 43,18)
- ἐκστήσῃ ▸ 1
  - **Verb** · second · singular · future · middle · indicative ▸ **1** (Is. 60,5)
- ἐκστήσονται ▸ 11
  - **Verb** · third · plural · future · middle · indicative ▸ **11** (Wis. 5,2; Hos. 3,5; Hos. 11,10; Hos. 11,11; Mic. 7,17; Is. 13,8; Is. 52,14; Jer. 4,9; Jer. 18,16; Ezek. 26,16; Ezek. 32,10)
- ἐκστήσω ▸ 3
  - **Verb** · first · singular · future · active · indicative ▸ **3** (Ex. 23,27; 2Sam. 17,2; Is. 42,14)
- ἐκστῆτε ▸ 2
  - **Verb** · second · plural · aorist · active · imperative ▸ **1** (Is. 32,11)
  - **Verb** · second · plural · aorist · active · subjunctive ▸ **1** (Is. 29,9)
- ἐξεστάθη ▸ 1
  - **Verb** · third · singular · aorist · passive · indicative ▸ **1** (Judg. 5,4)
- ἐξεστακέναι ▸ 1
  - **Verb** · perfect · active · infinitive ▸ **1** (Acts 8,11)
- ἐξέστη ▸ 17 + 2 + 1 = 20
  - **Verb** · third · singular · aorist · active · indicative ▸ 17 + 2 + 1 = **20** (Gen. 27,33; Gen. 42,28; Gen. 45,26; Ex. 18,9; Ex. 19,18; Lev. 9,24; Ruth 3,8; 1Sam. 13,7; 1Sam. 21,2; 1Sam. 28,5; Judith 12,16; Judith 13,17; 1Mac. 16,22; Hos. 5,8; Is. 7,2; Is. 10,31; Jer. 2,12; Dan. 2,1; Dan. 2,3; Mark 3,21)
- ἐξεστηκυῖα ▸ 1
  - **Verb** · perfect · active · participle · feminine · singular · nominative ▸ **1** (1Sam. 4,13)
- ἐξέστημεν ▸ 1 + 1 = 2
  - **Verb** · first · plural · aorist · active · indicative ▸ 1 + 1 = **2** (Josh. 2,11; 2Cor. 5,13)
- ἐξέστην ▸ 2
  - **Verb** · first · singular · aorist · active · indicative ▸ **2** (Ode. 4,2; Hab. 3,2)
- ἐξέστησαν ▸ 12 + 5 = 17
  - **Verb** · third · plural · aorist · active · indicative ▸ 12 + 5 = **17** (1Sam. 14,15; 1Sam. 16,4; 1Sam. 17,11; 1Kings 1,49; Judith 15,1; Job 26,11; Is. 16,3; Is. 28,7; Is. 33,3; Jer. 9,9; Jer. 30,29; Ezek. 27,35; Mark 5,42; Luke 8,56; Luke 24,22; Acts 10,45; Acts 12,16)
- ἐξέστησας ▸ 1
  - **Verb** · second · singular · aorist · active · indicative ▸ **1** (2Kings 4,13)
- ἐξέστησεν ▸ 6 + 2 = 8
  - **Verb** · third · singular · aorist · active · indicative ▸ 6 + 2 = **8** (Josh. 10,10; Judg. 4,15; 2Sam. 22,15; 2Chr. 15,6; Job 5,13; Job 12,17; Judg. 4,15; Judg. 8,12)
- ἐξεστώς ▸ 1
  - **Verb** · perfect · active · participle · masculine · singular · nominative ▸ **1** (Judg. 4,21)
- ἐξίσταντο ▸ 6
  - **Verb** · third · plural · imperfect · middle · indicative ▸ **6** (Matt. 12,23; Mark 6,51; Luke 2,47; Acts 2,7; Acts 2,12; Acts 9,21)
- ἐξιστάνων ▸ 1
  - **Verb** · present · active · participle · masculine · singular · nominative ▸ **1** (Acts 8,9)
- ἐξίστασθαι ▸ 1
  - **Verb** · present · middle · infinitive ▸ **1** (Mark 2,12)
- ἐξίσταταί ▸ 1
  - **Verb** · third · singular · present · middle · indicative ▸ **1** (Job 36,28b)
- ἐξίστατο ▸ 1 + 1 = 2
  - **Verb** · third · singular · imperfect · middle · indicative ▸ 1 + 1 = **2** (1Mac. 15,32; Acts 8,13)

ἐξισχύω (ἐκ; ἰσχύς) to be able ▸ 1
- ἐξισχύσητε ▸ 1
  - **Verb** · second · plural · aorist · active · subjunctive ▸ **1** (Eph. 3,18)

ἐξιχνεύω (ἐκ; ἴχνος) to search out, fathom ▸ 4
- ἐξιχνεύσει ▸ 1
  - **Verb** · third · singular · future · active · indicative ▸ **1** (Sir. 18,4)
- ἐξίχνευσεν ▸ 1
  - **Verb** · third · singular · aorist · active · indicative ▸ **1** (Sir. 42,18)
- ἐξίχνευσον ▸ 1
  - **Verb** · second · singular · aorist · active · imperative ▸ **1** (Sir. 6,27)

ἐξιχνίασεν ▸ 1
    Verb · third · singular · aorist · active · indicative ▸ 1 (Job 28,27)

ἐξιχνιάζω (ἐκ; ἴχνος) to explore, search out ▸ 13 + 2 = 15

ἐξιχνίασα ▸ 1
    Verb · first · singular · aorist · active · indicative ▸ 1 (Job 29,16)

ἐξιχνιάσαι ▸ 2 + 1 = 3
    Verb · aorist · active · infinitive ▸ 2 + 1 = 3 (Judg. 18,2; Sir. 18,6; Judg. 18,2)

ἐξιχνιάσαμεν ▸ 1
    Verb · first · plural · aorist · active · indicative ▸ 1 (Job 5,27)

ἐξιχνίασας ▸ 2
    Verb · second · singular · aorist · active · indicative ▸ 2 (Psa. 138,3; Job 10,6)

ἐξιχνιάσατε ▸ 1
    Verb · second · plural · aorist · active · imperative ▸ 1 (Judg. 18,2)

ἐξιχνιάσει ▸ 1
    Verb · third · singular · future · active · indicative ▸ 1 (Sir. 1,3)

ἐξιχνίασεν ▸ 2
    Verb · third · singular · aorist · active · indicative ▸ 2 (Wis. 9,16; Sir. 24,28)

ἐξιχνιάσεται ▸ 1
    Verb · third · singular · future · middle · indicative ▸ 1 (Eccl. 12,9)

ἐξιχνιάσῃ ▸ 1
    Verb · third · singular · aorist · active · subjunctive ▸ 1 (Job 13,9)

ἐξιχνίασον ▸ 1
    Verb · second · singular · aorist · active · imperative ▸ 1 (Job 8,8)

ἐξιχνιάσω ▸ 1
    Verb · first · singular · future · active · indicative ▸ 1 (Wis. 6,22)

ἐξιχνιασμός (ἐκ; ἴχνος) exploration, searching out ▸ 1

ἐξιχνιασμοί ▸ 1
    Noun · masculine · plural · nominative · (common) ▸ 1 (Judg. 5,16)

ἐξοδεύω (ἐκ; ὁδός) to march out, depart ▸ 3 + 1 = 4

ἐξοδεύειν ▸ 1
    Verb · present · active · infinitive ▸ 1 (1Esdr. 4,23)

ἐξοδευθείς ▸ 1
    Verb · aorist · passive · participle · masculine · singular · nominative ▸ 1 (Judg. 5,27)

ἐξοδεύσαντες ▸ 1
    Verb · aorist · active · participle · masculine · plural · nominative ▸ 1 (2Mac. 12,19)

ἐξοδεύωσιν ▸ 1
    Verb · third · plural · present · active · subjunctive ▸ 1 (1Mac. 15,41)

ἐξοδία (ἐκ; ὁδός) expedition ▸ 5

ἐξοδίᾳ ▸ 1
    Noun · feminine · singular · dative · (common) ▸ 1 (Deut. 33,18)

ἐξοδίας ▸ 4
    Noun · feminine · singular · genitive · (common) ▸ 4 (Deut. 16,3; 2Sam. 3,22; 2Sam. 11,1; Mic. 7,15)

ἐξοδιάζω (ἐκ; ὁδός) to spend ▸ 1

ἐξωδιάσθη ▸ 1
    Verb · third · singular · aorist · passive · indicative ▸ 1 (2Kings 12,13)

ἐξόδιον (ἐκ; ὁδός) final feast day, finale ▸ 5

ἐξόδιον ▸ 4
    Noun · neuter · singular · accusative · (common) ▸ 3 (Deut. 16,8; 2Chr. 7,9; Neh. 8,18)

    Noun · neuter · singular · nominative · (common) ▸ 1 (Num. 29,35)

ἐξοδίου ▸ 1
    Noun · neuter · singular · genitive · (common) ▸ 1 (Psa. 28,1)

ἐξόδιος (ἐκ; ὁδός) belonging to an exit; finale; final feast day ▸ 1

ἐξόδιόν ▸ 1
    Adjective · neuter · singular · nominative · noDegree ▸ 1 (Lev. 23,36)

ἔξοδος (ἐκ; ὁδός) departure, end, death, Exodus ▸ 67 + 3 + 3 = 73

ἔξοδοι ▸ 3
    Noun · feminine · plural · nominative · (common) ▸ 3 (Prov. 4,23; Prov. 8,35; Mic. 5,1)

ἔξοδοί ▸ 1
    Noun · feminine · plural · nominative · (common) ▸ 1 (Prov. 8,35)

ἐξόδοις ▸ 6
    Noun · feminine · plural · dative · (common) ▸ 6 (2Sam. 1,20; Psa. 143,13; Prov. 1,20; Lam. 4,5; Lam. 4,8; Lam. 4,14)

ἔξοδον ▸ 9 + 2 = 11
    Noun · feminine · singular · accusative · (common) ▸ 9 + 2 = 11 (2Chr. 16,1; 2Chr. 32,30; Judith 13,3; 3Mac. 5,26; Prov. 25,26; Prov. 30,12; Prov. 24,27; Job 38,27; Lam. 2,21; Luke 9,31; 2Pet. 1,15)

ἔξοδόν ▸ 5
    Noun · feminine · singular · accusative · (common) ▸ 5 (2Sam. 3,25; 1Kings 3,7; 2Kings 19,27; Psa. 120,8; Is. 37,28)

ἔξοδος ▸ 9 + 1 = 10
    Noun · feminine · singular · nominative · (common) ▸ 9 + 1 = 10 (1Kings 10,28; 1Kings 10,29; 2Chr. 1,16; 2Chr. 9,28; Psa. 18,7; Prov. 25,13; Wis. 3,2; Sol. 4,14; Ezek. 47,3; Judg. 5,31)

ἔξοδός ▸ 2
    Noun · feminine · singular · nominative · (common) ▸ 2 (1Sam. 29,6; Wis. 7,6)

ἐξόδου ▸ 10 + 1 + 1 = 12
    Noun · feminine · singular · genitive · (common) ▸ 10 + 1 + 1 = 12 (Ex. 19,1; Ex. 23,16; Num. 33,38; 1Kings 2,37; 1Kings 6,1; 1Chr. 5,16; 2Chr. 23,8; Neh. 4,15; Sir. 40,1; Is. 51,20; Dan. 9,25; Heb. 11,22)

ἐξόδους ▸ 6
    Noun · feminine · plural · accusative · (common) ▸ 6 (1Kings 21,34; Judith 1,4; Psa. 64,9; Ezek. 42,11; Ezek. 43,11; Ezek. 44,5)

ἐξόδῳ ▸ 10 + 1 = 11
    Noun · feminine · singular · dative · (common) ▸ 10 + 1 = 11 (Num. 35,26; Judg. 5,4; 1Chr. 20,1; 3Mac. 5,27; Psa. 104,38; Psa. 113,1; Sir. 38,23; Sir. 43,2; Sir. 50,5; Sir. 50,8; Judg. 5,4)

Ἐξόδῳ ▸ 1
    Noun · feminine · singular · dative · (common) ▸ 1 (Ode. 1,0)

ἐξόδων ▸ 5
    Noun · feminine · plural · genitive · (common) ▸ 5 (2Sam. 22,43; Psa. 74,7; Jer. 11,13; Lam. 2,19; Lam. 4,1)

ἔξοικος (ἐκ; οἶκος) homeless ▸ 1

ἔξοικος ▸ 1
    Adjective · masculine · singular · nominative · noDegree ▸ 1 (Job 6,18)

ἐξοκέλλω (ἐκ; κέλλω) to run aground; drive headlong ▸ 1

ἐξώκειλεν ▸ 1
    Verb · third · singular · aorist · active · indicative ▸ 1 (Prov. 7,21)

ἐξολέθρευμα (ἐκ; ὄλλυμι) destruction ▸ 1

ἐξολεθρεύματος ▸ 1
    Noun · neuter · singular · genitive · (common) ▸ 1 (1Sam. 15,21)
ἐξολέθρευσις (ἐκ; ὄλλυμι) destruction, destroying ▸ 3
    ἐξολεθρεύσεως ▸ 1
        Noun · feminine · singular · genitive · (common) ▸ 1 (Ezek. 9,1)
    ἐξολέθρευσιν ▸ 2
        Noun · feminine · singular · accusative · (common) ▸ 2 (1Mac. 7,7; Psa. 108,13)
Ἐξολέθρευσις (ἐκ; ὄλλυμι) destruction, destroying ▸ 1
    Ἐξολέθρευσις ▸ 1
        Noun · feminine · singular · nominative · (proper) ▸ 1 (Judg. 1,17)
ἐξολεθρεύω (ἐκ; ὄλλυμι) to destroy completely ▸ 214 + 6 + 1 = 221
    ἐξολεθρεύεσθαι ▸ 1
        Verb · present · middle · infinitive ▸ 1 (Psa. 36,34)
    ἐξολεθρευθείη ▸ 1
        Verb · third · singular · aorist · passive · optative ▸ 1 (Psa. 108,15)
    ἐξολεθρευθῇ ▸ 1
        Verb · third · singular · aorist · passive · subjunctive ▸ 1 (Ezek. 6,6)
    ἐξολεθρευθῆναι ▸ 3
        Verb · aorist · passive · infinitive ▸ 3 (Deut. 12,30; 1Kings 16,33; 2Chr. 20,23)
    ἐξολεθρευθῇς ▸ 2
        Verb · second · singular · aorist · passive · subjunctive ▸ 2 (Judith 6,8; Is. 48,19)
    ἐξολεθρευθήσεται ▸ 19 + 1 + 1 = 21
        Verb · third · singular · future · passive · indicative ▸ 19 + 1 + 1 = 21 (Gen. 17,14; Ex. 12,15; Ex. 12,19; Ex. 30,33; Ex. 31,14; Lev. 17,4; Lev. 17,9; Lev. 17,14; Lev. 22,3; Lev. 23,29; Num. 9,13; Num. 15,30; Num. 19,20; Ruth 4,10; Psa. 36,28; Zech. 9,10; Zech. 13,8; Jer. 31,8; Ezek. 6,3; Dan. 9,26; Acts 3,23)
    ἐξολεθρευθήσεταί ▸ 1
        Verb · third · singular · future · passive · indicative ▸ 1 (1Kings 2,4)
    ἐξολεθρευθήσονται ▸ 9
        Verb · third · plural · future · passive · indicative ▸ 9 (Lev. 18,29; Lev. 19,8; Lev. 20,17; Lev. 20,18; Psa. 36,9; Psa. 36,22; Psa. 36,38; Psa. 36,38; Mic. 5,8)
    ἐξολεθρευθῆτε ▸ 1
        Verb · second · plural · aorist · passive · subjunctive ▸ 1 (Zeph. 3,7)
    ἐξολεθρευθῶσιν ▸ 6
        Verb · third · plural · aorist · passive · subjunctive ▸ 6 (Josh. 11,20; Josh. 11,20; Judith 14,13; Psa. 91,8; Hos. 8,4; Zech. 14,2)
    ἐξολεθρεύοντες ▸ 1
        Verb · present · active · participle · masculine · plural · nominative ▸ 1 (Jer. 28,53)
    ἐξολεθρεύοντι ▸ 1
        Verb · present · active · participle · masculine · singular · dative ▸ 1 (1Chr. 21,15)
    ἐξολεθρεῦσαι ▸ 2
        Verb · third · singular · aorist · active · optative ▸ 2 (Josh. 7,25; Psa. 11,4)
    ἐξολεθρεῦσαι ▸ 39 + 1 = 40
        Verb · aorist · active · infinitive ▸ 39 + 1 = 40 (Deut. 1,27; Deut. 4,38; Deut. 7,10; Deut. 7,17; Deut. 9,8; Deut. 9,14; Deut. 9,19; Deut. 9,20; Deut. 9,25; Deut. 10,10; Deut. 28,63; Josh. 9,24; Josh. 17,12; Josh. 17,13; Josh. 22,33; Josh. 23,13; Judg. 2,3; 1Sam. 15,9; 2Sam. 21,5; 1Kings 10,22b # 9,20; 1Kings 11,15; 1Kings 15,29; 1Chr. 21,12; 1Chr. 21,15; 2Chr. 20,23; 2Chr. 21,7; 2Chr. 22,4; 2Chr. 36,5d; Judith 3,8; Psa. 33,17; Psa. 100,8; Psa. 105,23; Psa. 105,23; Obad. 14; Is. 10,7; Jer. 28,11; Jer. 28,62; Ezek. 14,19; Ezek. 14,21; Judg. 1,19)
    ἐξολεθρεύσας ▸ 1
        Verb · aorist · active · participle · masculine · singular · nominative ▸ 1 (2Chr. 20,7)
    ἐξολεθρεύσατε ▸ 2
        Verb · second · plural · aorist · active · imperative ▸ 2 (Jer. 27,16; Jer. 27,26)
    ἐξολεθρεύσει ▸ 16
        Verb · third · singular · future · active · indicative ▸ 16 (Deut. 7,4; Deut. 9,3; Deut. 9,4; Deut. 9,5; Deut. 18,12; Deut. 31,3; Josh. 23,5; Judith 6,2; Psa. 144,20; Nah. 3,15; Zeph. 2,11; Zech. 9,10; Mal. 2,12; Jer. 29,4; Jer. 43,29; Sus. 59)
    ἐξολεθρεύσεις ▸ 7 + 1 = 8
        Verb · second · singular · future · active · indicative ▸ 7 + 1 = 8 (Deut. 20,19; Deut. 20,20; 1Sam. 15,3; 1Sam. 24,22; 2Kings 9,7; 2Kings 9,8; Psa. 142,12; Judg. 6,26)
    ἐξολεθρεύσῃ ▸ 9 + 1 = 10
        Verb · third · singular · aorist · active · subjunctive ▸ 9 + 1 = 10 (Deut. 6,15; Deut. 7,23; Deut. 12,29; Deut. 28,20; Deut. 28,45; Deut. 28,48; Deut. 28,61; Josh. 23,5; Josh. 23,15; Sus. 59)
    ἐξολεθρεύσῃς ▸ 3
        Verb · second · singular · aorist · active · subjunctive ▸ 3 (Deut. 7,24; Deut. 9,26; Josh. 17,18)
    ἐξολέθρευσον ▸ 2
        Verb · second · singular · aorist · active · imperative ▸ 2 (1Sam. 15,18; Psa. 53,7)
    ἐξολεθρεύσουσιν ▸ 1
        Verb · third · plural · future · active · indicative ▸ 1 (Deut. 33,19)
    ἐξολεθρεύσω ▸ 23
        Verb · first · singular · aorist · active · subjunctive ▸ 1 (Is. 48,9)
        Verb · first · singular · future · active · indicative ▸ 22 (Lev. 26,30; Josh. 13,6; Josh. 14,12; 1Sam. 2,31; 1Sam. 2,33; 2Sam. 4,11; 1Kings 12,24m; 1Kings 20,21; Amos 1,5; Amos 1,8; Amos 2,3; Mic. 5,9; Mic. 5,10; Mic. 5,12; Nah. 1,14; Nah. 2,14; Zech. 13,2; Ezek. 21,8; Ezek. 21,9; Ezek. 25,7; Ezek. 25,13; Ezek. 25,16)
    ἐξολεθρεύσωμεν ▸ 1
        Verb · first · plural · aorist · active · subjunctive ▸ 1 (Psa. 82,5)
    ἐξολεθρεύσωσιν ▸ 2
        Verb · third · plural · aorist · active · subjunctive ▸ 2 (Wis. 12,8; 3Mac. 7,12)
    ἐξολεθρεύων ▸ 2
        Verb · present · active · participle · masculine · singular · nominative ▸ 2 (1Chr. 21,12; Jer. 4,7)
    ἐξολοθρευθήσονται ▸ 1
        Verb · third · plural · future · passive · indicative ▸ 1 (1Kings 18,5)
    ἐξωλεθρεύθη ▸ 2
        Verb · third · singular · aorist · passive · indicative ▸ 2 (Ex. 8,20; Joel 1,16)
    ἐξωλεθρεύθησαν ▸ 4
        Verb · third · plural · aorist · passive · indicative ▸ 4 (Judith 5,18; Psa. 82,11; Zeph. 1,11; Is. 29,20)
    ἐξωλέθρευσα ▸ 5
        Verb · first · singular · aorist · active · indicative ▸ 5 (Josh. 23,4; 1Sam. 15,15; 1Sam. 15,20; 2Sam. 7,9; 1Chr. 17,8)
    ἐξωλεθρεύσαμεν ▸ 3
        Verb · first · plural · aorist · active · indicative ▸ 3 (Deut. 2,34;

Deut. 3,6; Deut. 3,6)

ἐξωλέθρευσαν ▸ 19 + 2 = 21
    Verb · third · plural · aorist · active · indicative ▸ 19 + 2 = **21** (Josh. 10,28; Josh. 10,32; Josh. 10,37; Josh. 10,39; Josh. 11,11; Josh. 11,12; Josh. 11,14; Josh. 13,13; Josh. 17,13; Judg. 1,17; Judg. 4,24; 1Sam. 15,9; 2Chr. 8,8; 2Chr. 20,10; 2Chr. 32,14; 2Chr. 34,11; Judith 5,15; Psa. 105,34; Ezek. 31,12; Judg. 1,17; Judg. 4,24)

ἐξωλέθρευσας ▸ 2
    Verb · second · singular · aorist · active · indicative ▸ **2** (Psa. 17,41; Psa. 72,27)

ἐξωλεθρεύσατε ▸ 2
    Verb · second · plural · aorist · active · indicative ▸ **2** (Josh. 2,10; Josh. 24,8)

ἐξωλέθρευσεν ▸ 20
    Verb · third · singular · aorist · active · indicative ▸ **20** (Deut. 31,4; Josh. 10,1; Josh. 10,40; Josh. 11,21; Josh. 11,21; Josh. 13,12; Josh. 15,14; Josh. 23,9; 1Sam. 28,9; 1Kings 11,16; 1Kings 20,26; 2Kings 18,4; 2Kings 23,14; 1Chr. 21,15; 2Chr. 28,3; 2Chr. 33,2; Judith 1,15; 1Mac. 3,8; Psa. 43,3; Jer. 28,55)

ἐξόλλυμι (ἐκ; ὄλλυμι) to destroy thoroughly ▸ 4
    ἐξολεῖται ▸ 1
        Verb · third · singular · future · middle · indicative ▸ **1** (Prov. 10,31)
    ἐξολῇ ▸ 1
        Verb · second · singular · future · middle · indicative ▸ **1** (Sir. 5,7)
    ἐξολλύει ▸ 1
        Verb · third · singular · present · active · indicative ▸ **1** (Prov. 11,17)
    ἐξόλλυσιν ▸ 1
        Verb · third · singular · present · active · indicative ▸ **1** (Prov. 15,27)

ἐξομβρέω (ἐκ; ὄμβρος) to pour out like rain ▸ 2
    ἐξομβρήσει ▸ 1
        Verb · third · singular · future · active · indicative ▸ **1** (Sir. 10,13)
    ἐξώμβρησεν ▸ 1
        Verb · third · singular · aorist · active · indicative ▸ **1** (Sir. 1,19)

ἐξόμνυμι (ἐκ; ὄλλυμι) to renounce ▸ 4
    ἐξόμνυμαι ▸ 1
        Verb · first · singular · present · middle · indicative ▸ **1** (4Mac. 10,3)
    ἐξόμνυσθαι ▸ 1
        Verb · present · middle · infinitive ▸ **1** (4Mac. 4,26)
    ἐξομόσησθέ ▸ 1
        Verb · second · plural · aorist · middle · subjunctive ▸ **1** (4Mac. 9,23)
    ἐξομοῦμαί ▸ 1
        Verb · first · singular · future · middle · indicative ▸ **1** (4Mac. 5,34)

ἐξομοιόω (ἐκ; ὁμός) to become or be like ▸ 1
    ἐξομοιοῦσθαι ▸ 1
        Verb · present · middle · infinitive ▸ **1** (2Mac. 4,16)

ἐξομολογέω (ἐκ; ὁμός; λέγω) to confess, admit ▸ 121 + 15 + 10 = 146
    ἐξομολογεῖσθαι ▸ 9 + 3 = 12
        Verb · present · middle · infinitive ▸ 9 + 3 = **12** (1Chr. 16,4; 1Chr. 23,30; 2Chr. 5,13; 2Chr. 7,6; 2Chr. 20,21; 2Chr. 31,2; Tob. 12,6; Tob. 14,2; Psa. 91,2; Tob. 12,6; Tob. 12,7; Tob. 14,2)
    ἐξομολογεῖσθαί ▸ 1
        Verb · present · middle · infinitive ▸ **1** (Psa. 118,62)
    ἐξομολογεῖσθε ▸ 16 + 5 + 1 = 22
        Verb · second · plural · present · middle · imperative ▸ 16 + 5 + 1 = **22** (1Chr. 16,34; Tob. 12,6; Tob. 12,6; Tob. 12,20; Tob. 13,3; Psa. 29,5; Psa. 32,2; Psa. 96,12; Psa. 99,4; Psa. 117,29; Psa. 135,2; Psa. 135,3; Psa. 135,26; Psa. 135,26; Dan. 3,89; Dan. 3,90; Tob. 12,6; Tob. 12,20; Tob. 13,3; Dan. 3,89; Dan. 3,90; James 5,16)
    Ἐξομολογεῖσθε ▸ 9
        Verb · second · plural · present · middle · imperative ▸ **9** (1Chr. 16,8; 2Chr. 5,13; 2Chr. 20,21; Psa. 104,1; Psa. 105,1; Psa. 106,1; Psa. 117,1; Psa. 135,1; Jer. 40,11)
    ἐξομολογείσθωσαν ▸ 1
        Verb · third · plural · present · middle · imperative ▸ **1** (Tob. 13,10)
    ἐξομολογήσασθαι ▸ 5 + 1 = 6
        Verb · aorist · middle · infinitive ▸ 5 + 1 = **6** (2Mac. 7,37; Psa. 105,47; Psa. 121,4; Psa. 141,8; Sol. 15,2; Tob. 13,17)
    ἐξομολογήσασθαί ▸ 1
        Verb · aorist · middle · infinitive ▸ **1** (Sol. 15,2)
    ἐξομολογήσασθε ▸ 2 + 1 = 3
        Verb · second · plural · aorist · middle · imperative ▸ 2 + 1 = **3** (Tob. 13,7; Sir. 39,15; Tob. 13,7)
    ἐξομολογησάσθωσαν ▸ 5
        Verb · third · plural · aorist · middle · imperative ▸ **5** (Psa. 98,3; Psa. 106,8; Psa. 106,15; Psa. 106,21; Psa. 106,31)
    ἐξομολογησάσθωσάν ▸ 6
        Verb · third · plural · aorist · middle · imperative ▸ **6** (Psa. 66,4; Psa. 66,4; Psa. 66,6; Psa. 66,6; Psa. 137,4; Psa. 144,10)
    ἐξομολογήσεται ▸ 3 + 1 = 4
        Verb · third · singular · future · middle · indicative ▸ 3 + 1 = **4** (Tob. 14,7; Sir. 39,6; Is. 45,23; Rom. 14,11)
    ἐξομολογήσεταί ▸ 4
        Verb · third · singular · future · middle · indicative ▸ **4** (Psa. 6,6; Psa. 29,10; Psa. 48,19; Psa. 75,11)
    ἐξομολογήσηται ▸ 1
        Verb · third · singular · aorist · middle · subjunctive ▸ **1** (Phil. 2,11)
    ἐξομολογήσομαι ▸ 10
        Verb · first · singular · future · middle · indicative ▸ **10** (Gen. 29,35; Psa. 7,18; Psa. 27,7; Psa. 41,6; Psa. 41,12; Psa. 42,5; Psa. 53,8; Psa. 108,30; Psa. 117,19; Psa. 137,2)
    ἐξομολογήσομαί ▸ 16 + 1 = 17
        Verb · first · singular · future · middle · indicative ▸ 16 + 1 = **17** (2Sam. 22,50; Psa. 17,50; Psa. 29,13; Psa. 34,18; Psa. 42,4; Psa. 51,11; Psa. 56,10; Psa. 70,22; Psa. 85,12; Psa. 107,4; Psa. 117,21; Psa. 117,28; Psa. 117,28; Psa. 118,7; Psa. 138,14; Sir. 51,12; Rom. 15,9)
    Ἐξομολογήσομαί ▸ 5
        Verb · first · singular · future · middle · indicative ▸ **5** (Psa. 9,2; Psa. 110,1; Psa. 137,1; Sir. 51,1; Sol. 16,5)
    ἐξομολογησόμεθα ▸ 2
        Verb · first · plural · future · middle · indicative ▸ **2** (Psa. 43,9; Psa. 74,2)
    Ἐξομολογησόμεθά ▸ 1
        Verb · first · plural · future · middle · indicative ▸ **1** (Psa. 74,2)
    ἐξομολογήσονται ▸ 5
        Verb · third · plural · future · middle · indicative ▸ **5** (1Kings 8,33; 1Kings 8,35; Psa. 88,6; Psa. 139,14; Sol. 10,6)
    ἐξομολογήσονταί ▸ 2
        Verb · third · plural · future · middle · indicative ▸ **2** (Psa. 44,18; Psa. 87,11)
    ἐξομολογήσωνται ▸ 1
        Verb · third · plural · aorist · middle · subjunctive ▸ **1** (2Chr.

ἐξομολογέω–ἐξουδενέω

6,24)
ἐξομολογοῦ ▸ 1
    Verb · second · singular · present · middle · imperative ▸ **1** (Tob. 13,11)
ἐξομολογοῦμαι ▸ 4 + **1** = 5
    Verb · first · singular · present · middle · indicative ▸ 4 + **1** = 5 (Tob. 13,8; Sir. 51,1; Dan. 2,23; Dan. 4,37; Dan. 2,23)
ἐξομολογοῦμαί ▸ 2
    Verb · first · singular · present · middle · indicative ▸ **2** (Matt. 11,25; Luke 10,21)
ἐξομολογούμεθά ▸ 1
    Verb · first · plural · present · middle · indicative ▸ **1** (1Chr. 29,13)
ἐξομολογουμένην ▸ 1
    Verb · present · middle · participle · feminine · singular · accusative ▸ **1** (Psa. 73,19)
ἐξομολογούμενοι ▸ 2 + **3** = 5
    Verb · present · middle · participle · masculine · plural · nominative ▸ 2 + **3** = 5 (2Chr. 30,22; 2Mac. 8,27; Matt. 3,6; Mark 1,5; Acts 19,18)
ἐξομολογούμενος ▸ 2 + **1** = 3
    Verb · present · middle · participle · masculine · singular · nominative ▸ 2 + **1** = 3 (Tob. 14,1; Dan. 9,20; Dan. 6,11)
ἐξομολογουμένων ▸ 1
    Verb · present · middle · participle · masculine · plural · genitive ▸ **1** (2Chr. 23,12)
ἐξομολογεῖτο ▸ 2 + **1** = 3
    Verb · third · singular · imperfect · middle · indicative ▸ 2 + **1** = 3 (Tob. 11,16; Dan. 3,25; Tob. 11,16)
ἐξωμολογησάμην ▸ **1 + 1 = 2**
    Verb · first · singular · aorist · middle · indicative ▸ **1 + 1 = 2** (Dan. 9,4; Dan. 9,4)
ἐξωμολογήσαντο ▸ 1
    Verb · third · plural · aorist · middle · indicative ▸ **1** (Sus. 13-14)
ἐξωμολόγησεν ▸ 1
    Verb · third · singular · aorist · active · indicative ▸ **1** (Luke 22,6)
ἐξωμολογοῦντο ▸ **1 + 1 = 2**
    Verb · third · plural · imperfect · middle · indicative ▸ **1 + 1 = 2** (Tob. 12,22; Tob. 12,22)

ἐξομολόγησις (ἐκ; ὁμός; λέγω) confession, thanksgiving ▸ 27 + **1** = 28
    ἐξομολογήσει ▸ 7
        Noun · feminine · singular · dative · (common) ▸ **7** (Psa. 94,2; Psa. 99,4; Psa. 146,7; Sir. 39,15; Sir. 51,10; Sol. 3,3; Sol. 9,6)
    ἐξομολογήσεσιν ▸ 2
        Noun · feminine · plural · dative · (common) ▸ **2** (3Mac. 6,35; 3Mac. 7,19)
    ἐξομολογήσεων ▸ 1
        Noun · feminine · plural · genitive · (common) ▸ **1** (2Mac. 10,38)
    ἐξομολογήσεως ▸ 5 + **1** = 6
        Noun · feminine · singular · genitive · (common) ▸ 5 + **1** = 6 (2Chr. 20,22; Psa. 41,5; Ode. 6,10; Job 8,21; Jonah 2,10; Tob. 14,1)
    ἐξομολόγησιν ▸ 8
        Noun · feminine · singular · accusative · (common) ▸ **8** (Josh. 7,19; 1Chr. 25,3; Judith 15,14; Psa. 99,1; Psa. 103,1; Sir. 18,28; Sir. 47,8; Is. 51,3)
    ἐξομολόγησις ▸ 4
        Noun · feminine · singular · nominative · (common) ▸ **4** (Psa. 95,6; Psa. 110,3; Psa. 148,13; Sir. 17,28)

ἐξόπισθεν (ἐκ; ὀπίσω; θεν) behind ▸ 7
    ἐξόπισθεν ▸ 7
        Adverb ▸ **4** (1Kings 19,21; 1Chr. 19,10; 1Mac. 5,33; 1Mac. 9,45)
        Preposition · (+genitive) ▸ **3** (2Kings 17,21; 1Chr. 17,7; Psa. 77,71)

ἐξοπλίζω (ἐκ; ὅπλον) to fully arm ▸ 3
    Ἐξοπλίσατε ▸ 1
        Verb · second · plural · aorist · active · imperative ▸ **1** (Num. 31,3)
    ἐξοπλίσησθε ▸ 1
        Verb · second · plural · aorist · middle · subjunctive ▸ **1** (Num. 32,20)
    ἐξωπλισμένους ▸ 1
        Verb · perfect · passive · participle · masculine · plural · accusative ▸ **1** (2Mac. 5,2)

ἐξοπλισία being under arms ▸ 1
    ἐξοπλισίαν ▸ 1
        Noun · feminine · singular · accusative · (common) ▸ **1** (2Mac. 5,25)

ἐξορκίζω (ἐκ; ὅρκος) to swear, put under a curse ▸ 2 + **1** = 3
    ἐξορκίζω ▸ 1
        Verb · first · singular · present · active · indicative ▸ **1** (Matt. 26,63)
    ἐξορκιῶ ▸ 1
        Verb · first · singular · future · active · indicative ▸ **1** (Gen. 24,3)
    ἐξώρκισας ▸ 1
        Verb · second · singular · aorist · active · indicative ▸ **1** (Judg. 17,2)

ἐξορκιστής (ἐκ; ὅρκος) exorcist ▸ 1
    ἐξορκιστῶν ▸ 1
        Noun · masculine · plural · genitive ▸ **1** (Acts 19,13)

ἐξορμάω (ἐκ; ὁρμή) to set out, to rush ▸ 5
    ἐξώρμησαν ▸ 3
        Verb · third · plural · aorist · active · indicative ▸ **3** (Judg. 7,3; 2Mac. 11,7; 3Mac. 1,18)
    ἐξώρμησε ▸ 1
        Verb · third · singular · aorist · active · indicative ▸ **1** (3Mac. 5,47)
    ἐξώρμησεν ▸ 1
        Verb · third · singular · aorist · active · indicative ▸ **1** (3Mac. 1,1)

ἐξορύσσω (ἐκ; ὀρύσσω) to dig out, break up ▸ 3 + **2** = 5
    ἐξορύξαι ▸ 1
        Verb · aorist · active · infinitive ▸ **1** (1Sam. 11,2)
    ἐξώρυξαν ▸ 1
        Verb · third · plural · aorist · active · indicative ▸ **1** (Judg. 16,21)
    ἐξορύξαντες ▸ 2
        Verb · aorist · active · participle · masculine · plural · nominative ▸ **2** (Mark 2,4; Gal. 4,15)
    ἐξώρυξεν ▸ 1
        Verb · third · singular · aorist · active · indicative ▸ **1** (Prov. 29,22)

ἐξουδενέω (ἐκ; οὐ; εἷς 1st homograph) to treat with contempt; scorn, despise ▸ 7 + **1** = 8
    ἐξουδένει ▸ 1
        Verb · second · singular · present · active · imperative ▸ **1** (Ezek. 21,15)
    ἐξουδενηθῇ ▸ 1
        Verb · third · singular · aorist · passive · subjunctive ▸ **1** (Mark 9,12)
    Ἐξουδένησέν ▸ 1
        Verb · third · singular · aorist · active · indicative ▸ **1** (2Kings 19,21)
    Ἐξουδενήσῃς ▸ 1

Verb · second · singular · aorist · active · subjunctive ▸ **1** (Sir. 31,22)

ἐξουδένουν ▸ **1**
Verb · third · plural · imperfect · active · indicative ▸ **1** (Ezek. 22,8)

ἐξουδενοῦντας ▸ **1**
Verb · present · active · participle · masculine · plural · accusative ▸ **1** (1Mac. 3,14)

ἐξουδενοῦντες ▸ **1**
Verb · present · active · participle · masculine · plural · nominative ▸ **1** (2Chr. 36,16)

ἐξουθενήσῃς ▸ **1**
Verb · second · singular · aorist · active · subjunctive ▸ **1** (Sir. 31,31)

ἐξουδένημα (ἐκ; οὐ; εἷς 1st homograph) object of scorn ▸ **1** + **1** = **2**

ἐξουδένημα ▸ **1** + **1** = **2**
Noun · neuter · singular · accusative · (common) ▸ **1** (Dan. 4,17)
Noun · neuter · singular · nominative · (common) ▸ **1** (Psa. 21,7)

ἐξουδενόω (ἐκ; οὐ; εἷς 1st homograph) to treat with contempt; scorn, despise ▸ **40** + **2** = **42**

ἐξουδένουν ▸ **1**
Verb · first · singular · imperfect · active · indicative ▸ **1** (Job 30,1)

ἐξουδενώθη ▸ **1**
Verb · third · singular · aorist · passive · indicative ▸ **1** (Dan. 11,21)

ἐξουδενωθήσονται ▸ **1**
Verb · third · plural · future · passive · indicative ▸ **1** (Psa. 57,8)

ἐξουδένωκα ▸ **2**
Verb · first · singular · perfect · active · indicative ▸ **2** (1Sam. 16,1; 1Sam. 16,7)

ἐξουδενώκασιν ▸ **1**
Verb · third · plural · perfect · active · indicative ▸ **1** (1Sam. 8,7)

ἐξουδενωμένα ▸ **1**
Verb · perfect · passive · participle · neuter · plural · nominative ▸ **1** (Mal. 1,7)

ἐξουδενωμένη ▸ **2**
Verb · perfect · passive · participle · feminine · singular · nominative ▸ **2** (Eccl. 9,16; Mal. 1,7)

ἐξουδενωμένον ▸ **2**
Verb · perfect · passive · participle · masculine · singular · accusative ▸ **1** (Sol. 2,26)
Verb · perfect · passive · participle · neuter · singular · accusative ▸ **1** (1Sam. 15,9)

ἐξουδενωμένος ▸ **2**
Verb · present · passive · participle · masculine · singular · nominative ▸ **2** (Psa. 72,22; Psa. 118,141)

ἐξουδενωμένους ▸ **1**
Verb · perfect · passive · participle · masculine · plural · accusative ▸ **1** (Mal. 2,9)

ἐξουδένωνται ▸ **1**
Verb · third · plural · present · passive · indicative ▸ **1** (Mal. 1,12)

ἐξουδένωσαν ▸ **1**
Verb · third · plural · aorist · active · indicative ▸ **1** (Psa. 105,24)

ἐξουδενώσας ▸ **1**
Verb · aorist · active · participle · masculine · singular · nominative ▸ **1** (Judith 13,17)

ἐξουδένωσας ▸ **5** + **1** = **6**
Verb · second · singular · aorist · active · indicative ▸ **5** + **1** = **6** (Judg. 9,38; 1Sam. 15,23; 1Sam. 15,26; Psa. 88,39; Psa. 118,118; Judg. 9,38)

ἐξουδένωσάς ▸ **1**
Verb · second · singular · aorist · active · indicative ▸ **1** (2Sam. 12,10)

ἐξουδενώσει ▸ **4**
Verb · third · singular · future · active · indicative ▸ **4** (1Sam. 15,23; 1Sam. 15,26; Psa. 59,14; Psa. 107,14)

ἐξουδενώσεις ▸ **2**
Verb · second · singular · future · active · indicative ▸ **2** (Psa. 58,9; Psa. 72,20)

ἐξουδένωσεν ▸ **9**
Verb · third · singular · aorist · active · indicative ▸ **9** (2Sam. 6,16; 1Chr. 15,29; Psa. 21,25; Psa. 52,6; Psa. 68,34; Psa. 77,59; Psa. 101,18; Sir. 47,7; Zech. 4,10)

ἐξουδενώσουσιν ▸ **1**
Verb · third · plural · future · active · indicative ▸ **1** (Song 8,7)

ἐξουδενώσουσίν ▸ **1**
Verb · third · plural · future · active · indicative ▸ **1** (Song 8,1)

ἐξουδένωται ▸ **1**
Verb · third · singular · perfect · passive · indicative ▸ **1** (Psa. 14,4)

ἐξουδένωμα (ἐκ; οὐ; εἷς 1st homograph) scorn, contempt ▸ **1**

ἐξουδενώματα ▸ **1**
Noun · neuter · plural · nominative · (common) ▸ **1** (Psa. 89,5)

ἐξουδένωσις (ἐκ; οὐ; εἷς 1st homograph) scorn ▸ **7**

ἐξουδενώσει ▸ **2**
Noun · feminine · singular · dative · (common) ▸ **2** (Psa. 30,19; Song 8,7)

ἐξουδενώσεως ▸ **1**
Noun · feminine · singular · genitive · (common) ▸ **1** (Psa. 122,3)

ἐξουδένωσιν ▸ **2**
Noun · feminine · singular · accusative · (common) ▸ **2** (1Mac. 1,39; Psa. 118,22)

ἐξουδένωσις ▸ **2**
Noun · feminine · singular · nominative · (common) ▸ **2** (Psa. 106,40; Psa. 122,4)

ἐξουθενέω (ἐκ; οὐ; εἷς 1st homograph) to despise ▸ **8** + **11** = **19**

ἐξουθενεῖς ▸ **1**
Verb · second · singular · present · active · indicative ▸ **1** (Rom. 14,10)

ἐξουθενεῖτε ▸ **1**
Verb · second · plural · present · active · imperative ▸ **1** (1Th. 5,20)

ἐξουθενείτω ▸ **1**
Verb · third · singular · present · active · imperative ▸ **1** (Rom. 14,3)

ἐξουθενηθεὶς ▸ **1**
Verb · aorist · passive · participle · masculine · singular · nominative ▸ **1** (Acts 4,11)

ἐξουθενήκασιν ▸ **1**
Verb · third · plural · perfect · active · indicative ▸ **1** (1Sam. 8,7)

ἐξουθενήκατε ▸ **1**
Verb · second · plural · perfect · active · indicative ▸ **1** (1Sam. 10,19)

ἐξουθενημένα ▸ **1**
Verb · perfect · passive · participle · neuter · plural · accusative ▸ **1** (1Cor. 1,28)

ἐξουθενημένος ▸ **1**
Verb · perfect · passive · participle · masculine · singular · nominative ▸ **1** (2Cor. 10,10)

ἐξουθενέω–ἐξουσιάζω

ἐξουθενημένους ▸ 1 + 1 = 2
    Verb · perfect · passive · participle · masculine · plural · accusative ▸ 1 + 1 = 2 (2Mac. 1,27; 1Cor. 6,4)

ἐξουθενημένῳ ▸ 1
    Verb · perfect · passive · participle · masculine · singular · dative ▸ 1 (Dan. 4,31)

ἐξουθενήσας ▸ 1
    Verb · aorist · active · participle · masculine · singular · nominative ▸ 1 (Luke 23,11)

ἐξουθενήσατε ▸ 1
    Verb · second · plural · aorist · active · indicative ▸ 1 (Gal. 4,14)

ἐξουθενήσῃ ▸ 1
    Verb · third · singular · aorist · active · subjunctive ▸ 1 (1Cor. 16,11)

ἐξουθενήσουσιν ▸ 2
    Verb · third · plural · future · active · indicative ▸ 2 (Prov. 1,7; Wis. 4,18)

ἐξουθενοῦντας ▸ 1
    Verb · present · active · participle · masculine · plural · accusative ▸ 1 (Luke 18,9)

ἐξουθενοῦντες ▸ 1
    Verb · present · active · participle · masculine · plural · nominative ▸ 1 (Jer. 6,14)

ἐξουθενοῦσιν ▸ 1
    Verb · present · active · participle · masculine · plural · dative ▸ 1 (Amos 6,1)

ἐξουθενόω (ἐκ; οὐ; εἷς 1st homograph) to disdain ▸ 7

ἐξουθενώθη ▸ 1
    Verb · third · singular · aorist · passive · indicative ▸ 1 (Sol. 2,5)

ἐξουθενῶν ▸ 3
    Verb · present · active · participle · masculine · singular · nominative ▸ 3 (1Sam. 2,30; Wis. 3,11; Sir. 19,1)

ἐξουθενώσει ▸ 1
    Verb · third · singular · future · active · indicative ▸ 1 (Psa. 50,19)

ἐξουθένωσεν ▸ 1
    Verb · third · singular · aorist · active · indicative ▸ 1 (Sol. 2,27)

ἐξουθενώσομεν ▸ 1
    Verb · first · plural · future · active · indicative ▸ 1 (Psa. 43,6)

ἐξουσία (ἐκ; εἰμί) authority, power; tribunate ▸ 66 + 15 + 102 = 183

ἐξουσία ▸ 12 + 7 + 13 = 32
    Noun · feminine · singular · nominative · (common) ▸ 12 + 7 + 13 = 32 (1Esdr. 4,40; 1Mac. 14,4; Psa. 113,2; Eccl. 8,8; Sir. 10,4; Sir. 24,11; Dan. 4,27; Dan. 4,37c; Dan. 5,7; Dan. 7,14; Dan. 7,14; Dan. 7,14; Dan. 4,3; Dan. 4,34; Dan. 4,34; Dan. 7,6; Dan. 7,14; Dan. 7,14; Dan. 7,27; Matt. 28,18; Luke 22,53; Rom. 13,1; 1Cor. 8,9; Jude 25; Rev. 6,8; Rev. 9,3; Rev. 9,10; Rev. 9,19; Rev. 12,10; Rev. 13,5; Rev. 13,7; Rev. 22,14)

ἐξουσίᾳ ▸ 6 + 16 = 22
    Noun · feminine · singular · dative · (common) ▸ 6 + 16 = 22 (2Kings 20,13; 1Esdr. 4,28; Esth. 13,9 # 4,17b; 1Mac. 6,11; Sol. 9,4; Dan. 4,37a; Matt. 21,23; Matt. 21,24; Matt. 21,27; Mark 11,28; Mark 11,29; Mark 11,33; Luke 4,32; Luke 4,36; Luke 20,2; Luke 20,8; Luke 20,20; Acts 1,7; Acts 5,4; Rom. 13,2; 1Cor. 9,12; 1Cor. 9,18)

ἐξουσίαι ▸ 1 + 1 = 2
    Noun · feminine · plural · nominative · (common) ▸ 1 + 1 = 2 (Dan. 7,27; Col. 1,16)

ἐξουσίαις ▸ 1 + 3 = 4
    Noun · feminine · plural · dative · (common) ▸ 1 + 3 = 4 (Esth. 16,5 # 8,12e; Rom. 13,1; Eph. 3,10; Titus 3,1)

ἐξουσίαν ▸ 35 + 5 + 56 = 96
    Noun · feminine · singular · accusative · (common) ▸ 35 + 5 + 56 = 96 (1Esdr. 8,22; Judith 8,15; 1Mac. 1,13; 1Mac. 10,6; 1Mac. 10,8; 1Mac. 10,32; 1Mac. 10,35; 1Mac. 11,58; 2Mac. 3,6; 2Mac. 10,13; 3Mac. 7,21; 4Mac. 4,5; 4Mac. 5,15; 4Mac. 6,33; Psa. 135,8; Psa. 135,9; Prov. 17,14; Wis. 10,14; Wis. 16,13; Sir. 9,13; Sir. 17,2; Sir. 30,11; Sir. 33,20; Sir. 45,17; Dan. 3,97; Dan. 4,17; Dan. 4,31; Dan. 4,31; Dan. 5,4; Dan. 5,16; Dan. 5,29; Dan. 6,4; Dan. 7,26; Dan. 7,27; Bel 25; Tob. 1,21; Tob. 2,13; Tob. 7,10; Dan. 4,26; Bel 25; Matt. 7,29; Matt. 8,9; Matt. 9,6; Matt. 9,8; Matt. 10,1; Matt. 21,23; Mark 1,22; Mark 1,27; Mark 2,10; Mark 3,15; Mark 6,7; Mark 11,28; Mark 13,34; Luke 4,6; Luke 5,24; Luke 7,8; Luke 9,1; Luke 10,19; Luke 12,5; Luke 19,17; Luke 20,2; John 1,12; John 5,27; John 10,18; John 10,18; John 17,2; John 19,10; John 19,10; John 19,11; Acts 8,19; Acts 9,14; Acts 26,10; Rom. 9,21; Rom. 13,3; 1Cor. 7,37; 1Cor. 9,4; 1Cor. 9,5; 1Cor. 9,6; 1Cor. 11,10; 1Cor. 15,24; 2Cor. 13,10; 2Th. 3,9; Heb. 13,10; Rev. 2,26; Rev. 9,3; Rev. 11,6; Rev. 11,6; Rev. 13,2; Rev. 13,4; Rev. 13,12; Rev. 14,18; Rev. 16,9; Rev. 17,12; Rev. 17,13; Rev. 18,1; Rev. 20,6)

Ἐξουσίαν ▸ 1
    Noun · feminine · singular · accusative · (common) ▸ 1 (2Mac. 7,16)

ἐξουσίας ▸ 9 + 1 + 12 = 22
    Noun · feminine · plural · accusative ▸ 3 (Luke 12,11; Eph. 6,12; Col. 2,15)
    Noun · feminine · singular · genitive · (common) ▸ 9 + 1 + 9 = 19 (Esth. 13,2 # 3,13b; 1Mac. 10,38; 2Mac. 3,24; 2Mac. 4,9; 2Mac. 4,24; 3Mac. 7,12; Dan. 4,31; Dan. 4,37b; Dan. 7,12; Dan. 11,5; Luke 23,7; Acts 26,12; Acts 26,18; 1Cor. 9,12; 2Cor. 10,8; Eph. 1,21; Eph. 2,2; Col. 1,13; Col. 2,10)

ἐξουσιῶν ▸ 1 + 2 + 1 = 4
    Noun · feminine · plural · genitive · (common) ▸ 1 + 2 + 1 = 4 (Dan. 3,2; Dan. 3,2; Dan. 3,3; 1Pet. 3,22)

ἐξουσιάζω (ἐκ; εἰμί) to exercise authority, have power ▸ 14 + 4 = 18

ἐξουσιάζει ▸ 2
    Verb · third · singular · present · active · indicative ▸ 2 (1Cor. 7,4; 1Cor. 7,4)

ἐξουσιάζεται ▸ 1
    Verb · third · singular · present · middle · indicative ▸ 1 (Eccl. 2,19)

ἐξουσιάζῃ ▸ 1
    Verb · second · singular · present · middle · indicative ▸ 1 (1Mac. 10,70)

ἐξουσιάζονται ▸ 1
    Verb · third · plural · present · middle · indicative ▸ 1 (Neh. 5,15)

ἐξουσιάζοντας ▸ 1
    Verb · present · active · participle · masculine · plural · accusative ▸ 1 (Eccl. 7,19)

ἐξουσιάζοντες ▸ 1
    Verb · present · active · participle · masculine · plural · nominative ▸ 1 (Luke 22,25)

ἐξουσιάζοντος ▸ 2
    Verb · present · active · participle · masculine · singular · genitive ▸ 2 (Eccl. 10,4; Eccl. 10,5)

ἐξουσιαζόντων ▸ 1
    Verb · present · active · participle · masculine · plural · genitive ▸ 1 (Eccl. 9,17)

ἐξουσιάζουσιν ▸ 1

Verb · third · plural · present · active · indicative ▸ **1** (Neh. 9,37)
   ἐξουσιάζων ▸ **2**
      Verb · present · active · participle · masculine · singular · nominative ▸ **2** (Eccl. 8,4; Eccl. 8,8)
   ἐξουσιάσατο ▸ **1**
      Verb · third · singular · aorist · middle · indicative ▸ **1** (Eccl. 8,9)
   ἐξουσιάσει ▸ **1**
      Verb · third · singular · future · active · indicative ▸ **1** (Eccl. 6,2)
   ἐξουσιάσεις ▸ **1**
      Verb · second · singular · future · active · indicative ▸ **1** (Ezra 7,24)
   ἐξουσίασεν ▸ **1**
      Verb · third · singular · aorist · active · indicative ▸ **1** (Eccl. 5,18)
   ἐξουσιασθήσομαι ▸ **1**
      Verb · first · singular · future · passive · indicative ▸ **1** (1Cor. 6,12)

ἐξοχή (ἐκ; ἔχω)   prominence ▸ **1** + **1** = **2**
   ἐξοχῇ ▸ **1**
      Noun · feminine · singular · dative · (common) ▸ **1** (Job 39,28)
   ἐξοχὴν ▸ **1**
      Noun · feminine · singular · accusative ▸ **1** (Acts 25,23)

ἐξόχως (ἐκ; ἔχω)   especially ▸ **1**
   ἐξόχως ▸ **1**
      Adverb ▸ **1** (3Mac. 5,31)

ἐξυβρίζω (ἐκ; ὕβρις)   to become insolent; come out too soon ▸ **4**
   ἐξύβριζεν ▸ **1**
      Verb · third · singular · imperfect · active · indicative ▸ **1** (Ezek. 47,5)
   ἐξυβρίζοντας ▸ **1**
      Verb · present · active · participle · masculine · plural · accusative ▸ **1** (2Mac. 1,28)
   ἐξύβρισαν ▸ **1**
      Verb · third · plural · aorist · active · indicative ▸ **1** (Sol. 1,6)
   ἐξυβρίσας ▸ **1**
      Verb · aorist · active · participle · masculine · singular · nominative ▸ **1** (Gen. 49,4)

ἐξυμνέω (ἐκ; ὕμνος)   to praise ▸ **1**
   ἐξύμνησεν ▸ **1**
      Verb · third · singular · aorist · active · indicative ▸ **1** (Sol. 6,4)

ἐξυπνίζω (ἐκ; ὕπνος)   to wake up, awaken ▸ **2** + **2** + **1** = **5**
   ἐξυπνίσθη ▸ **1** + **2** = **3**
      Verb · third · singular · aorist · passive · indicative ▸ **1** + **2** = **3** (1Kings 3,15; Judg. 16,14; Judg. 16,20)
   ἐξυπνισθήσονται ▸ **1**
      Verb · third · singular · future · passive · indicative ▸ **1** (Job 14,12)
   ἐξυπνίσω ▸ **1**
      Verb · first · singular · aorist · active · subjunctive ▸ **1** (John 11,11)

ἔξυπνος (ἐκ; ὕπνος)   awake ▸ **1** + **1** = **2**
   ἔξυπνος ▸ **1** + **1** = **2**
      Adjective · masculine · singular · nominative · noDegree ▸ **1** + **1** = **2** (1Esdr. 3,3; Acts 16,27)

ἐξυπνόω (ἐκ; ὕπνος)   to awaken ▸ **1**
   ἐξυπνώσεις ▸ **1**
      Verb · second · singular · future · active · indicative ▸ **1** (4Mac. 5,11)

ἐξυψόω (ἐκ; ὕψος)   to exalt ▸ **2**
   ἐξύψου ▸ **1**
      Verb · second · singular · present · active · imperative ▸ **1** (Sir. 1,30)
   ἐξύψουν ▸ **1**
      Verb · third · plural · imperfect · active · indicative ▸ **1** (Dan. 3,51)

ἔξω (ἐκ)   out, outside, outsider ▸ **104** + **5** + **63** = **172**
   ἔξω ▸ **104** + **5** + **63** = **172**
      Adverb · (place) ▸ **50** + **5** + **44** = **99** (Gen. 9,22; Gen. 15,5; Gen. 19,17; Gen. 24,29; Gen. 24,31; Gen. 39,12; Gen. 39,13; Gen. 39,15; Gen. 39,18; Ex. 12,46; Ex. 21,19; Lev. 17,4; Lev. 18,9; Num. 35,4; Deut. 23,13; Deut. 23,14; Deut. 24,11; Deut. 24,11; Deut. 25,5; Josh. 2,19; Judg. 12,9; Judg. 19,25; 1Sam. 9,26; 2Sam. 13,17; 2Sam. 13,18; 1Kings 8,8; 2Kings 10,24; 2Kings 16,18; 1Chr. 26,29; 2Chr. 5,9; 2Chr. 24,8; 2Chr. 29,16; 2Chr. 32,5; Ezra 10,13; Neh. 13,8; Esth. 9,19; Tob. 10,7; 2Mac. 1,16; Psa. 30,12; Psa. 40,7; Prov. 7,12; Song 8,1; Job 1,10; Job 31,32; Job 40,13; Sir. 21,23; Amos 4,5; Is. 42,2; Is. 51,23; Ezek. 40,19; Judg. 12,9; Judg. 19,25; Dan. 4,15; Dan. 4,23; Bel 11; Matt. 5,13; Matt. 12,46; Matt. 12,47; Matt. 13,48; Matt. 26,69; Matt. 26,75; Mark 1,45; Mark 3,31; Mark 3,32; Mark 4,11; Mark 11,4; Mark 14,68; Luke 1,10; Luke 8,20; Luke 13,25; Luke 13,28; Luke 14,35; Luke 22,62; Luke 24,50; John 6,37; John 9,34; John 9,35; John 11,43; John 12,31; John 15,6; John 18,16; John 18,29; John 19,4; John 19,4; John 19,5; John 19,13; John 20,11; Acts 5,34; Acts 9,40; Acts 16,30; Acts 26,11; 1Cor. 5,12; 1Cor. 5,13; 2Cor. 4,16; Col. 4,5; 1Th. 4,12; 1John 4,18; Rev. 3,12; Rev. 22,15)
      ImproperPreposition · (+genitive) ▸ **54** + **19** = **73** (Gen. 24,11; Ex. 29,14; Ex. 33,7; Ex. 33,7; Ex. 33,8; Lev. 4,12; Lev. 4,21; Lev. 6,4; Lev. 8,17; Lev. 9,11; Lev. 10,4; Lev. 10,5; Lev. 13,46; Lev. 14,3; Lev. 14,8; Lev. 14,40; Lev. 14,41; Lev. 14,45; Lev. 14,53; Lev. 16,27; Lev. 17,3; Lev. 24,14; Lev. 24,23; Num. 5,3; Num. 5,4; Num. 12,14; Num. 12,15; Num. 15,36; Num. 15,36; Num. 19,3; Num. 19,9; Num. 31,13; Num. 31,19; Num. 35,5; Num. 35,27; Deut. 23,11; Deut. 23,13; Josh. 6,23; Josh. 22,19; 1Kings 20,13; 2Kings 23,4; 2Chr. 32,3; 2Chr. 33,14; 2Chr. 33,15; Neh. 13,20; Judith 6,11; Judith 6,12; Judith 10,18; Judith 13,3; Judith 14,2; 2Mac. 4,39; Job 1,10; Job 2,8; Job 39,3; Matt. 10,14; Matt. 21,17; Matt. 21,39; Mark 5,10; Mark 8,23; Mark 11,19; Mark 12,8; Luke 4,29; Luke 13,33; Luke 20,15; Acts 4,15; Acts 7,58; Acts 14,19; Acts 16,13; Acts 21,5; Acts 21,30; Heb. 13,11; Heb. 13,12; Heb. 13,13)

ἔξωθεν (ἐκ; θεν)   from outside, outside ▸ **45** + **3** + **13** = **61**
   ἔξωθεν ▸ **45** + **3** + **13** = **61**
      Adverb ▸ **41** + **3** + **10** = **54** (Gen. 6,14; Gen. 7,16; Gen. 20,18; Ex. 25,11; Ex. 38,2; Ex. 40,22; Deut. 32,25; Judg. 12,9; 1Kings 6,6; 1Kings 7,46; 2Kings 4,3; 2Kings 23,6; Judith 13,1; 4Mac. 6,34; 4Mac. 18,2; Psa. 151,1; Ode. 2,25; Jer. 6,11; Jer. 9,20; Jer. 10,17; Jer. 11,6; Jer. 21,4; Jer. 40,10; Jer. 44,21; Jer. 51,6; Jer. 51,9; Jer. 51,17; Jer. 51,21; Bar. 2,23; Lam. 1,20; Ezek. 7,15; Ezek. 40,5; Ezek. 40,15; Ezek. 41,9; Ezek. 41,17; Ezek. 41,25; Ezek. 42,7; Ezek. 43,21; Ezek. 46,2; Ezek. 47,2; Bel 7; Judg. 9,51; Judg. 12,9; Bel 7; Matt. 23,25; Matt. 23,27; Matt. 23,28; Mark 7,18; Luke 11,39; Luke 11,40; 2Cor. 7,5; 1Tim. 3,7; 1Pet. 3,3; Rev. 11,2)
      ImproperPreposition · (+genitive) ▸ **4** + **3** = **7** (Ex. 26,35; Ex. 27,21; Lev. 24,3; Jer. 28,4; Mark 7,15; Rev. 11,2; Rev. 14,20)

ἐξωθέω (ἐκ; ὠθέω)   to eject, drive out, expel ▸ **29** + **2** = **31**
   ἐξέωσεν ▸ **1**
      Verb · third · singular · aorist · active · indicative ▸ **1** (2Kings 17,21)
   ἐξῶσα ▸ **2**
      Verb · first · singular · aorist · active · indicative ▸ **2** (Jer. 23,3;

ἐξωθέω–ἑορτή   853

Jer. 24,9)
ἐξῶσά ‣ 1
    Verb · first · singular · aorist · active · indicative ‣ **1** (Jer. 26,28)
ἐξῶσαι ‣ 2 + **1** = **3**
    Verb · aorist · active · infinitive ‣ 2 + **1** = **3** (2Sam. 14,14; Sol. 17,23; Acts 27,39)
ἐξῶσαί ‣ 1
    Verb · aorist · active · infinitive ‣ **1** (Deut. 13,6)
ἔξωσαν ‣ 1
    Verb · third · plural · aorist · active · indicative ‣ **1** (Sol. 17,5)
ἐξῶσαν ‣ 2
    Verb · third · plural · aorist · active · indicative ‣ **2** (Jer. 27,6; Jer. 27,17)
ἐξώσατε ‣ 1
    Verb · second · plural · aorist · active · imperative ‣ **1** (Jer. 23,2)
ἐξῶσεν ‣ 1 + **1** = **2**
    Verb · third · singular · aorist · active · indicative ‣ 1 + **1** = **2** (Jer. 23,8; Acts 7,45)
ἐξωσέν ‣ 1
    Verb · third · singular · aorist · active · indicative ‣ **1** (Jer. 28,34)
ἐξώσῃ ‣ 1
    Verb · third · singular · aorist · active · subjunctive ‣ **1** (2Sam. 15,14)
ἐξώσητε ‣ 1
    Verb · second · plural · aorist · active · subjunctive ‣ **1** (Joel 4,6)
ἐξώσθησαν ‣ 3
    Verb · third · plural · aorist · passive · indicative ‣ **3** (Psa. 35,13; Mic. 2,9; Jer. 16,15)
ἐξωσθήσονται ‣ 1
    Verb · third · plural · future · passive · indicative ‣ **1** (Prov. 2,22)
ἐξωσμένα ‣ 1
    Verb · perfect · passive · participle · neuter · plural · nominative ‣ **1** (Is. 41,2)
ἐξωσμένη ‣ 1
    Verb · perfect · passive · participle · feminine · singular · nominative ‣ **1** (2Sam. 23,6)
ἐξωσμένην ‣ 1
    Verb · perfect · passive · participle · feminine · singular · accusative ‣ **1** (Mic. 4,6)
ἐξωσμένοι ‣ 1
    Verb · perfect · passive · participle · masculine · plural · nominative ‣ **1** (Jer. 25,16)
ἐξωσμένον ‣ 2
    Verb · perfect · middle · participle · masculine · singular · accusative ‣ **2** (2Sam. 14,13; 2Sam. 14,14)
ἔξωσον ‣ 1
    Verb · second · singular · aorist · active · imperative ‣ **1** (Psa. 5,11)
ἐξώσουσιν ‣ 1
    Verb · third · plural · future · active · indicative ‣ **1** (Dan. 11,30)
ἐξώσω ‣ 2
    Verb · first · singular · aorist · active · subjunctive ‣ **1** (Jer. 8,3)
    Verb · first · singular · future · active · indicative ‣ **1** (Joel 2,20)
ἔξωσμα (ἐκ) banishment ‣ 1
ἐξώσματα ‣ 1
    Noun · neuter · plural · accusative · (common) ‣ **1** (Lam. 2,14)
ἐξώτερος (ἐκ) outer, outermost ‣ 22 + 3 = 25
ἐξωτάτου ‣ 1
    Adjective · neuter · singular · genitive · superlative ‣ **1** (1Kings 6,30)
ἐξωτέρα ‣ 1
    Adjective · feminine · singular · dative · comparative ‣ **1** (Ezek. 40,20)
ἐξωτέραν ‣ 8
    Adjective · feminine · singular · accusative · comparative ‣ **8** (Ezek. 40,31; Ezek. 40,37; Ezek. 42,1; Ezek. 42,8; Ezek. 42,14; Ezek. 44,19; Ezek. 46,20; Ezek. 46,21)
ἐξωτέρας ‣ 8
    Adjective · feminine · singular · genitive · comparative ‣ **8** (Ex. 26,4; Ezek. 10,5; Ezek. 40,19; Ezek. 41,17; Ezek. 42,3; Ezek. 42,7; Ezek. 42,9; Ezek. 44,1)
ἐξώτερον ‣ 1 + 3 = 4
    Adjective · neuter · singular · nominative · comparative ‣ 1 + 3 = 4 (Ezek. 41,15; Matt. 8,12; Matt. 22,13; Matt. 25,30)
ἐξωτέρω ‣ 1
    Adverb ‣ **1** (Job 18,17)
ἐξωτέρῳ ‣ 1
    Adjective · neuter · singular · dative · comparative ‣ **1** (1Kings 6,29)
ἐξωτέρων ‣ 1
    Adjective · neuter · plural · genitive · comparative ‣ **1** (Ezek. 42,6)
ἔοικα (εἰκών) to be like ‣ 2 + 2 = 4
ἔοικεν ‣ 2 + 2 = 4
    Verb · third · singular · perfect · active · indicative ‣ 2 + 2 = 4 (Job 6,3; Job 6,25; James 1,6; James 1,23)
ἑορτάζω (ἑορτή) to celebrate a festival ‣ 16 + 1 = 17
ἑόρταζε ‣ 1
    Verb · second · singular · present · active · imperative ‣ **1** (Nah. 2,1)
ἑορτάζειν ‣ 1
    Verb · present · active · infinitive ‣ **1** (Zech. 14,16)
ἑορτάζοντας ‣ 1
    Verb · present · active · participle · masculine · plural · accusative ‣ **1** (Is. 30,29)
ἑορτάζοντες ‣ 1
    Verb · present · active · participle · masculine · plural · nominative ‣ **1** (1Sam. 30,16)
ἑορτάζοντος ‣ 1
    Verb · present · active · participle · masculine · singular · genitive ‣ **1** (Psa. 41,5)
ἑορτάζωμεν ‣ 1
    Verb · first · plural · present · active · subjunctive ‣ **1** (1Cor. 5,8)
ἑορτάσαι ‣ 2
    Verb · aorist · active · infinitive ‣ **2** (Zech. 14,18; Zech. 14,19)
ἑορτάσατέ ‣ 1
    Verb · second · plural · aorist · active · imperative ‣ **1** (Ex. 23,14)
ἑορτάσει ‣ 1
    Verb · third · singular · future · active · indicative ‣ **1** (Psa. 75,11)
ἑορτάσεις ‣ 1
    Verb · second · singular · future · active · indicative ‣ **1** (Deut. 16,15)
ἑορτάσετε ‣ 5
    Verb · second · plural · future · active · indicative ‣ **5** (Ex. 12,14; Ex. 12,14; Lev. 23,39; Lev. 23,41; Num. 29,12)
ἑορτάσωσιν ‣ 1
    Verb · third · plural · aorist · active · subjunctive ‣ **1** (Ex. 5,1)
ἑόρτασμα (ἑορτή) festival; festal celebration ‣ 1
ἑορτασμάτων ‣ 1
    Noun · neuter · plural · genitive · (common) ‣ **1** (Wis. 19,16)
ἑορτή feast, festival ‣ 120 + 4 + 25 = 149
ἑορταί ‣ 6 + 1 = 7
    Noun · feminine · plural · nominative · (common) ‣ 6 + 1 = 7

(Lev. 23,2; Lev. 23,4; Lev. 23,37; Tob. 2,6; 1Mac. 1,39; 1Mac. 10,34; Tob. 2,6)

ἑορταί ▸ 1
Noun · feminine · plural · nominative · (common) ▸ **1** (Lev. 23,2)

ἑορταῖς ▸ **19** + **1** = **20**
Noun · feminine · plural · dative · (common) ▸ 19 + 1 = **20** (Lev. 22,21; Num. 10,10; Num. 15,3; Num. 28,2; Num. 29,39; 1Chr. 23,31; 2Chr. 2,3; 2Chr. 8,13; Esth. 16,22 # 8,12u; Judith 10,2; Tob. 1,6; 1Mac. 12,11; Sir. 47,10; Ezek. 36,38; Ezek. 44,24; Ezek. 45,17; Ezek. 45,17; Ezek. 46,9; Ezek. 46,11; Tob. 1,6)

ἑορτάς ▸ 2
Noun · feminine · plural · accusative · (common) ▸ **2** (Sir. 33,8; Nah. 2,1)

ἑορτάς ▸ 13
Noun · feminine · plural · accusative · (common) ▸ **13** (Lev. 23,44; 2Chr. 31,3; Ezra 3,5; Neh. 10,34; 1Mac. 1,45; 2Mac. 6,6; Psa. 73,8; Hos. 2,13; Amos 5,21; Amos 8,10; Zech. 8,19; Is. 1,14; Ezek. 23,34)

ἑορτή ▸ 2
Noun · feminine · singular · nominative · (common) ▸ **2** (Num. 28,17; Ezek. 45,21)

ἑορτή ▸ **6** + **1** + **4** = **11**
Noun · feminine · singular · nominative · (common) ▸ 6 + 1 + 4 = **11** (Ex. 10,9; Ex. 13,6; Lev. 23,6; Lev. 23,34; Deut. 16,8; 2Chr. 30,26; Judg. 21,19; Luke 22,1; John 5,1; John 6,4; John 7,2)

Ἑορτή ▸ 2
Noun · feminine · singular · nominative · (common) ▸ **2** (Ex. 32,5; Judg. 21,19)

ἑορτῇ ▸ **17** + **1** + **7** = **25**
Noun · feminine · singular · dative · (common) ▸ 17 + 1 + 7 = **25** (Deut. 16,14; Deut. 16,16; Deut. 16,16; Deut. 16,16; Deut. 31,10; 1Kings 12,33; 2Kings 23,16; 2Chr. 5,3; 2Chr. 8,13; 2Chr. 8,13; 2Chr. 8,13; Neh. 8,14; Tob. 2,1; 1Mac. 10,21; Jer. 38,8; Lam. 1,4; Ezek. 45,25; Tob. 2,1; Matt. 26,5; Mark 14,2; Luke 2,41; John 2,23; John 4,45; John 7,11; John 12,20)

ἑορτήν ▸ **2** + **6** = **8**
Noun · feminine · singular · accusative · (common) ▸ 2 + 6 = **8** (2Chr. 7,9; 1Esdr. 5,50; John 4,45; John 7,8; John 7,10; John 11,56; John 12,12; John 13,29)

ἑορτήν ▸ **31** + **3** = **34**
Noun · feminine · singular · accusative · (common) ▸ 31 + 3 = **34** (Ex. 12,14; Ex. 23,15; Ex. 23,16; Ex. 23,16; Ex. 34,18; Ex. 34,22; Ex. 34,22; Num. 29,12; Deut. 16,10; Deut. 16,13; 1Kings 8,65; 1Kings 12,32; 1Kings 12,32; 1Kings 12,33; 2Chr. 7,8; 2Chr. 30,13; 2Chr. 30,21; 2Chr. 30,22; 2Chr. 35,17; 1Esdr. 1,17; 1Esdr. 7,14; Ezra 3,4; Ezra 6,22; Neh. 8,18; 1Mac. 10,34; 2Mac. 10,6; Psa. 117,27; Zech. 14,16; Zech. 14,18; Zech. 14,19; Lam. 2,6; Matt. 27,15; Mark 15,6; John 7,8)

ἑορτῆς ▸ **16** + **5** = **21**
Noun · feminine · singular · genitive · (common) ▸ 16 + 5 = **21** (Ex. 23,18; Ex. 34,25; 1Mac. 10,34; 2Mac. 6,7; 2Mac. 12,31; Psa. 73,4; Psa. 80,4; Sir. 43,7; Hos. 9,5; Hos. 12,10; Zeph. 3,17; Bar. 1,14; Lam. 2,6; Lam. 2,7; Lam. 2,22; Ezek. 45,23; Luke 2,42; John 7,14; John 7,37; John 13,1; Col. 2,16)

ἑορτῶν ▸ 3
Noun · feminine · plural · genitive · (common) ▸ **3** (1Esdr. 5,51; Judith 8,6; Mal. 2,3)

ἐπαγγελία (ἐπί; ἄγγελος) promise; notification; indication ▸ **8** + **52** = **60**

ἐπαγγελία ▸ 6
Noun · feminine · singular · nominative ▸ **6** (Acts 2,39; Rom. 4,13; Rom. 4,14; Gal. 3,22; 2Pet. 3,4; 1John 2,25)

ἐπαγγελίᾳ ▸ **2** + **1** = **3**
Noun · feminine · singular · dative · (common) ▸ 2 + 1 = **3** (4Mac. 12,9; Psa. 55,9; Eph. 6,2)

ἐπαγγελίαι ▸ 3
Noun · feminine · plural · nominative ▸ **3** (Rom. 9,4; 2Cor. 1,20; Gal. 3,16)

ἐπαγγελίαις ▸ 1
Noun · feminine · plural · dative ▸ **1** (Heb. 8,6)

ἐπαγγελίαν ▸ **3** + **16** = **19**
Noun · feminine · singular · accusative · (common) ▸ 3 + 16 = **19** (1Esdr. 1,7; Esth. 4,7; Amos 9,6; Luke 24,49; Acts 1,4; Acts 2,33; Acts 13,23; Acts 13,32; Acts 23,21; Rom. 4,16; Rom. 4,20; Gal. 3,14; Gal. 3,17; Gal. 3,29; 1Tim. 4,8; 2Tim. 1,1; Heb. 9,15; Heb. 10,36; Heb. 11,39)

ἐπαγγελίας ▸ **3** + **23** = **26**
Noun · feminine · plural · accusative · (common) ▸ 2 + 6 = **8** (1Mac. 10,15; Sol. 12,6; Rom. 15,8; 2Cor. 7,1; Heb. 6,12; Heb. 7,6; Heb. 11,13; Heb. 11,17)
Noun · feminine · singular · genitive · (common) ▸ 1 + 17 = **18** (Ode. 12,6; Acts 7,17; Acts 26,6; Rom. 9,8; Rom. 9,9; Gal. 3,18; Gal. 3,18; Gal. 4,23; Gal. 4,28; Eph. 1,13; Eph. 2,12; Eph. 3,6; Heb. 4,1; Heb. 6,15; Heb. 6,17; Heb. 11,9; Heb. 11,9; 2Pet. 3,9)

ἐπαγγελιῶν ▸ 2
Noun · feminine · plural · genitive ▸ **2** (Gal. 3,21; Heb. 11,33)

ἐπαγγέλλομαι (ἐπί; ἄγγελος) to promise, to profess ▸ **13** + **15** = **28**

ἐπαγγειλάμενον ▸ 1
Verb · aorist · middle · participle · masculine · singular · accusative ▸ **1** (Heb. 11,11)

ἐπαγγειλάμενος ▸ **1** + **2** = **3**
Verb · aorist · middle · participle · masculine · singular · nominative ▸ 1 + 2 = **3** (2Mac. 4,8; Heb. 6,13; Heb. 10,23)

ἐπαγγέλλεται ▸ 1
Verb · third · singular · present · middle · indicative ▸ **1** (Wis. 2,13)

ἐπαγγελλομέναις ▸ 1
Verb · present · middle · participle · feminine · plural · dative ▸ **1** (1Tim. 2,10)

ἐπαγγελλομένη ▸ 1
Verb · present · middle · participle · feminine · singular · nominative ▸ **1** (3Mac. 1,4)

ἐπαγγελλόμενοι ▸ 2
Verb · present · middle · participle · masculine · plural · nominative ▸ **2** (1Tim. 6,21; 2Pet. 2,19)

ἐπαγγελλόμενος ▸ 1
Verb · present · middle · participle · masculine · singular · nominative ▸ **1** (Sir. 20,23)

ἐπαγγελλομένου ▸ 1
Verb · present · middle · participle · masculine · singular · genitive ▸ **1** (Prov. 13,12)

ἐπηγγείλαντο ▸ 1
Verb · third · plural · aorist · middle · indicative ▸ **1** (Mark 14,11)

ἐπηγγείλατο ▸ **4** + **5** = **9**
Verb · third · singular · aorist · middle · indicative ▸ 4 + 5 = **9** (Esth. 4,7; 1Mac. 11,28; 2Mac. 2,18; 2Mac. 4,45; Acts 7,5; Titus 1,2; James 1,12; James 2,5; 1John 2,25)

ἐπηγγείλω ▸ 3
Verb · second · singular · aorist · middle · indicative ▸ **3** (3Mac. 2,10; Sol. 7,10; Sol. 17,5)

ἐπηγγελμένων ▸ 1
Verb · perfect · passive · participle · neuter · plural · genitive ▸ **1** (2Mac. 4,27)

ἐπήγγελται ▸ 3
  Verb · third · singular · perfect · middle · indicative ▸ 1 (Rom. 4,21)
  Verb · third · singular · perfect · passive · indicative ▸ 2 (Gal. 3,19; Heb. 12,26)

ἐπάγγελμα (ἐπί; ἄγγελος) promise; profession, art ▸ 2
  ἐπάγγελμα ▸ 1
    Noun · neuter · singular · accusative ▸ 1 (2Pet. 3,13)
  ἐπαγγέλματα ▸ 1
    Noun · neuter · plural · accusative ▸ 1 (2Pet. 1,4)

ἐπάγω (ἐπί; ἄγω) to bring upon ▸ 143 + 9 + 3 = 155
  ἐπάγαγε ▸ 1
    Verb · second · singular · aorist · active · imperative ▸ 1 (Jer. 17,18)
  ἐπαγαγεῖν ▸ 6 + 2 + 1 = 9
    Verb · aorist · active · infinitive ▸ 6 + 2 + 1 = 9 (Deut. 29,26; Judg. 9,24; Judith 8,30; Job 34,28; Sir. 47,20; Dan. 9,12; Judg. 9,24; Dan. 9,12; Acts 5,28)
  ἐπαγάγῃ ▸ 2
    Verb · third · singular · aorist · active · subjunctive ▸ 2 (Gen. 18,19; 2Sam. 17,14)
  ἐπαγάγῃς ▸ 1
    Verb · second · singular · aorist · active · subjunctive ▸ 1 (Sir. 1,30)
  ἐπαγαγών ▸ 5
    Verb · aorist · active · participle · masculine · singular · nominative ▸ 5 (Deut. 23,14; 3Mac. 2,4; Job 38,5; Bar. 4,18; Bar. 4,29)
  ἐπάγει ▸ 2
    Verb · third · singular · present · active · indicative ▸ 2 (Is. 26,21; Is. 63,7)
  ἐπάγοντες ▸ 1
    Verb · present · active · participle · masculine · plural · nominative ▸ 1 (2Pet. 2,1)
  ἐπάγοντος ▸ 1
    Verb · present · active · participle · masculine · singular · genitive ▸ 1 (Bar. 4,27)
  ἐπάγου ▸ 1
    Verb · second · singular · present · middle · imperative ▸ 1 (Prov. 6,22)
  ἐπάγουσα ▸ 2
    Verb · present · active · participle · feminine · singular · nominative ▸ 2 (Prov. 26,11a; Sir. 4,21)
  ἐπάγουσιν ▸ 1
    Verb · third · plural · present · active · indicative ▸ 1 (1Sam. 15,23)
  ἐπάγω ▸ 25
    Verb · first · singular · present · active · indicative ▸ 23 (Gen. 6,17; Gen. 7,4; Ex. 10,4; 1Kings 20,21; 2Kings 22,16; 2Kings 22,20; 2Chr. 34,24; 2Chr. 34,28; Is. 10,24; Jer. 4,6; Jer. 5,15; Jer. 6,19; Jer. 11,11; Jer. 19,3; Jer. 19,15; Jer. 28,64; Jer. 49,17; Jer. 51,35; Ezek. 6,3; Ezek. 14,15; Ezek. 26,7; Ezek. 28,7; Ezek. 29,8)
    Verb · first · singular · present · active · subjunctive ▸ 2 (Ezek. 14,17; Ezek. 33,2)
  ἐπάγων ▸ 3
    Verb · present · active · participle · masculine · singular · nominative ▸ 3 (Ex. 34,7; Psa. 7,12; Amos 5,9)
  ἐπάξαι ▸ 1
    Verb · aorist · active · infinitive ▸ 1 (Esth. 9,25)
  ἐπάξας ▸ 1
    Verb · aorist · active · participle · masculine · singular · nominative ▸ 1 (2Pet. 2,5)
  ἐπάξει ▸ 14
    Verb · third · singular · future · active · indicative ▸ 14 (Deut. 28,49; Deut. 28,61; Josh. 23,15; Sir. 4,17; Sir. 23,16; Hos. 13,15; Zeph. 3,17; Is. 7,17; Is. 10,12; Is. 24,21; Is. 27,1; Is. 31,3; Bar. 4,29; Ezek. 30,24)
  ἐπάξεις ▸ 3
    Verb · second · singular · future · active · indicative ▸ 3 (1Kings 8,46; Jer. 18,22; Ezek. 5,1)
  ἐπάξεται ▸ 1
    Verb · third · singular · future · middle · indicative ▸ 1 (Job 22,17)
  ἐπάξονται ▸ 1
    Verb · third · plural · future · middle · indicative ▸ 1 (Ex. 28,43)
  ἐπάξουσι ▸ 1
    Verb · third · plural · future · active · indicative ▸ 1 (Dan. 4,26)
  ἐπάξουσιν ▸ 1 + 1 = 2
    Verb · third · plural · future · active · indicative ▸ 1 + 1 = 2 (Lev. 22,16; Dan. 11,32)
  ἐπάξω ▸ 29 + 1 = 30
    Verb · first · singular · future · active · indicative ▸ 29 + 1 = 30 (Gen. 27,12; Ex. 11,1; Ex. 15,26; Ex. 32,34; Ex. 33,5; Lev. 26,25; Lev. 26,36; 1Kings 20,29; 1Kings 20,29; Amos 1,8; Hag. 1,11; Zech. 13,7; Is. 1,25; Is. 15,7; Is. 15,9; Is. 48,9; Jer. 11,23; Jer. 22,7; Jer. 23,12; Jer. 25,13; Jer. 25,16; Jer. 25,17; Jer. 31,44; Jer. 39,42; Jer. 43,31; Ezek. 5,17; Ezek. 11,8; Ezek. 13,13; Ezek. 23,22; Judg. 4,7)
  ἐπαχθῇ ▸ 1
    Verb · third · singular · aorist · passive · subjunctive ▸ 1 (Sir. 2,4)
  ἐπήγαγε ▸ 1
    Verb · third · singular · aorist · active · indicative ▸ 1 (Bar. 2,9)
  ἐπήγαγεν ▸ 18 + 2 = 20
    Verb · third · singular · aorist · active · indicative ▸ 18 + 2 = 20 (Gen. 8,1; Ex. 10,13; Ex. 15,19; Josh. 24,7; 1Sam. 5,6; 1Kings 9,9; 1Chr. 4,10; 2Chr. 7,22; Psa. 77,26; Ode. 1,19; Job 42,11; Sir. 46,3; Sir. 48,2; Is. 42,25; Bar. 4,10; Bar. 4,14; Bar. 4,15; Dan. 9,14; Tob. 2,10; Dan. 9,14)
  ἐπήγαγέν ▸ 1
    Verb · third · singular · aorist · active · indicative ▸ 1 (Bar. 4,9)
  ἐπήγαγες ▸ 13 + 3 = 16
    Verb · second · singular · aorist · active · indicative ▸ 13 + 3 = 16 (Gen. 20,9; Gen. 26,10; Ex. 32,21; Psa. 87,8; Ode. 5,14; Ode. 7,28; Ode. 7,28; Ode. 7,31; Job 10,17; Is. 26,14; Lam. 1,21; Dan. 3,28; Dan. 3,31; Dan. 3,28; Dan. 3,28; Dan. 3,31)
  ἐπήγαγον ▸ 7
    Verb · first · singular · aorist · active · indicative ▸ 7 (Ex. 15,26; Jer. 15,8; Jer. 39,42; Jer. 51,2; Ezek. 14,22; Ezek. 14,22; Ezek. 39,21)
  ἐπηγμένην ▸ 1
    Verb · perfect · passive · participle · feminine · singular · accusative ▸ 1 (2Mac. 7,38)

ἐπαγωγή (ἐπί; ἄγω) distress ▸ 14
  ἐπαγωγαί ▸ 1
    Noun · feminine · plural · nominative · (common) ▸ 1 (Sir. 40,9)
  ἐπαγωγάς ▸ 1
    Noun · feminine · plural · accusative · (common) ▸ 1 (Sir. 10,13)
  ἐπαγωγῇ ▸ 6
    Noun · feminine · singular · dative · (common) ▸ 6 (Deut. 32,36; Ode. 2,36; Sir. 3,28; Sir. 38,19; Sol. 2,22; Is. 14,17)
  ἐπαγωγήν ▸ 1
    Noun · feminine · singular · accusative · (common) ▸ 1 (Is. 10,4)
  ἐπαγωγήν ▸ 2

Noun · feminine · singular · accusative · (common) ▸ **2** (Sir. 25,14; Sir. 25,14)
  ἐπαγωγῆς ▸ **2**
    Noun · feminine · singular · genitive · (common) ▸ **2** (Sir. 2,2; Sir. 5,8)
  ἐπαγωγῶν ▸ **1**
    Noun · feminine · plural · genitive · (common) ▸ **1** (Sir. 23,11)
ἐπαγωγός (ἐπί; ἄγω) attractive ▸ **1**
  ἐπαγωγά ▸ **1**
    Adjective · neuter · plural · accusative · noDegree ▸ **1** (4Mac. 8,15)
ἐπαγωνίζομαι (ἐπί; ἀγών) to struggle for ▸ **1**
  ἐπαγωνίζεσθαι ▸ **1**
    Verb · present · middle · infinitive ▸ **1** (Jude 3)
ἐπαείδω (ἐπί; ᾄδω) to sing an incantation ▸ **4**
  ἐπᾴδοντι ▸ **1**
    Verb · present · active · participle · masculine · singular · dative ▸ **1** (Eccl. 10,11)
  ἐπᾳδόντων ▸ **1**
    Verb · present · active · participle · masculine · plural · genitive ▸ **1** (Psa. 57,6)
  ἐπαείδων ▸ **1**
    Verb · present · active · participle · masculine · singular · nominative ▸ **1** (Deut. 18,11)
  ἐπᾷσαι ▸ **1**
    Verb · aorist · active · infinitive ▸ **1** (Jer. 8,17)
ἐπαθροίζω (ἐπί; θρόος) to increase, crowd around ▸ **1**
  ἐπαθροιζομένων ▸ **1**
    Verb · present · passive · participle · masculine · plural · genitive ▸ **1** (Luke 11,29)
ἐπαινεστός (ἐπί; αἶνος) praiseworthy ▸ **1**
  ἐπαινεστή ▸ **1**
    Adjective · feminine · singular · nominative · noDegree ▸ **1** (Ezek. 26,17)
Ἐπαίνετος Epaenetus ▸ **1**
  Ἐπαίνετον ▸ **1**
    Noun · masculine · singular · accusative · (proper) ▸ **1** (Rom. 16,5)
ἐπαινέω (ἐπί; αἶνος) to praise ▸ **28** + **6** = **34**
  ἐπαινεῖ ▸ **1**
    Verb · third · singular · present · active · indicative ▸ **1** (4Mac. 4,4)
  Ἐπαίνει ▸ **1**
    Verb · second · singular · present · active · imperative ▸ **1** (Psa. 147,1)
  ἐπαινεῖν ▸ **2**
    Verb · present · active · infinitive ▸ **2** (4Mac. 1,10; Sir. 1,3 Prol.)
  ἐπαινεῖσθαι ▸ **1**
    Verb · present · middle · infinitive ▸ **1** (Psa. 105,5)
  ἐπαινεῖσθε ▸ **1**
    Verb · second · plural · present · middle · imperative ▸ **1** (Psa. 104,3)
  ἐπαινεῖται ▸ **2**
    Verb · third · singular · present · middle · indicative ▸ **1** (Psa. 9,24)
    Verb · third · singular · present · passive · indicative ▸ **1** (4Mac. 2,2)
  ἐπαινέσατε ▸ **1**
    Verb · second · plural · aorist · active · imperative ▸ **1** (Psa. 116,1)
  ἐπαινεσάτωσαν ▸ **1**
    Verb · third · plural · aorist · active · imperative ▸ **1** (Rom. 15,11)
  ἐπαινέσει ▸ **1**
    Verb · third · singular · future · active · indicative ▸ **1** (Psa. 144,4)
  ἐπαινέσῃς ▸ **1**
    Verb · second · singular · aorist · active · subjunctive ▸ **1** (Sir. 27,7)
  ἐπαινεσθήσεται ▸ **3**
    Verb · third · singular · future · passive · indicative ▸ **3** (Psa. 33,3; Psa. 62,12; Sir. 9,17)
  ἐπαινεσθησόμεθα ▸ **1**
    Verb · first · plural · future · passive · indicative ▸ **1** (Psa. 43,9)
  ἐπαινεσθήσονται ▸ **1**
    Verb · third · plural · future · passive · indicative ▸ **1** (Psa. 63,11)
  ἐπαινέσουσιν ▸ **1**
    Verb · third · plural · future · active · indicative ▸ **1** (4Mac. 13,17)
  ἐπαινέσουσίν ▸ **1**
    Verb · third · plural · future · active · indicative ▸ **1** (Psa. 62,4)
  ἐπαινέσω ▸ **1** + **1** = **2**
    Verb · first · singular · aorist · active · subjunctive ▸ **1** (1Cor. 11,22)
    Verb · first · singular · future · active · indicative ▸ **1** (Psa. 55,5)
  ἐπαινουμένῳ ▸ **1**
    Verb · present · passive · participle · masculine · singular · dative ▸ **1** (4Mac. 13,3)
  ἐπαινοῦντές ▸ **1**
    Verb · present · active · participle · masculine · plural · nominative ▸ **1** (Psa. 101,9)
  ἐπαινῶ ▸ **2**
    Verb · first · singular · present · active · indicative ▸ **2** (1Cor. 11,17; 1Cor. 11,22)
  Ἐπαινῶ ▸ **1**
    Verb · first · singular · present · active · indicative ▸ **1** (1Cor. 11,2)
  ἐπαινῶν ▸ **1**
    Verb · present · active · participle · masculine · singular · nominative ▸ **1** (3Mac. 4,16)
  ἐπῃνέθησαν ▸ **1**
    Verb · third · plural · aorist · passive · indicative ▸ **1** (Eccl. 8,10)
  ἐπῄνεσα ▸ **2**
    Verb · first · singular · aorist · active · indicative ▸ **2** (Eccl. 4,2; Eccl. 8,15)
  ἐπῄνεσαν ▸ **2**
    Verb · third · plural · aorist · active · indicative ▸ **2** (Gen. 12,15; Judith 6,20)
  ἐπῄνεσε ▸ **1**
    Verb · third · singular · aorist · active · indicative ▸ **1** (Dan. 5,0)
  ἐπῄνεσεν ▸ **1**
    Verb · third · singular · aorist · active · indicative ▸ **1** (Luke 16,8)
ἔπαινος (ἐπί; αἶνος) praise ▸ **10** + **11** = **21**
  ἔπαινον ▸ **4** + **7** = **11**
    Noun · masculine · singular · accusative · (common) ▸ **4** + **7** = **11** (4Mac. 1,2; Wis. 15,19; Sir. 39,10; Sir. 44,15; Rom. 13,3; Eph. 1,6; Eph. 1,12; Eph. 1,14; Phil. 1,11; 1Pet. 1,7; 1Pet. 2,14)
  ἔπαινόν ▸ **1**
    Noun · masculine · singular · accusative · (common) ▸ **1** (Psa. 34,28)
  ἔπαινος ▸ **2** + **4** = **6**
    Noun · masculine · singular · nominative · (common) ▸ **2** + **4** = **6** (1Chr. 16,27; Psa. 21,4; Rom. 2,29; 1Cor. 4,5; 2Cor. 8,18; Phil. 4,8)

ἐπαίρω

ἔπαινός ▸ 1
    Noun ▪ masculine ▪ singular ▪ nominative ▪ (common) ▸ 1 (Psa. 21,26)
ἐπαίνους ▸ 1
    Noun ▪ masculine ▪ plural ▪ accusative ▪ (common) ▸ 1 (Sir. 44,8)
ἐπαίνῳ ▸ 1
    Noun ▪ masculine ▪ singular ▪ dative ▪ (common) ▸ 1 (2Chr. 21,20)
ἐπαίρω (ἐπί; αἴρω)   to lift up ▸ 80 + 4 + 19 = 103
    ἐπαίρει ▸ 1
        Verb ▪ third ▪ singular ▪ present ▪ active ▪ indicative ▸ 1 (2Chr. 25,19)
    ἐπαίρεσθαι ▸ 1
        Verb ▪ present ▪ passive ▪ infinitive ▸ 1 (Ezek. 17,14)
    ἐπαίρεσθε ▸ 1
        Verb ▪ second ▪ plural ▪ present ▪ middle ▪ imperative ▸ 1 (Jer. 13,15)
    ἐπαίρεται ▸ 2 + 1 = 3
        Verb ▪ third ▪ singular ▪ present ▪ middle ▪ indicative ▸ 1 + 1 = 2 (Ezra 4,19; 2Cor. 11,20)
        Verb ▪ third ▪ singular ▪ present ▪ passive ▪ indicative ▸ 1 (Prov. 30,13)
    ἐπαίρετε ▸ 1
        Verb ▪ second ▪ plural ▪ present ▪ active ▪ imperative ▸ 1 (Psa. 74,6)
    ἐπαιρέτω ▸ 2
        Verb ▪ third ▪ singular ▪ present ▪ active ▪ imperative ▸ 2 (2Kings 18,29; 2Kings 19,10)
    ἐπαίρῃ ▸ 1
        Verb ▪ second ▪ singular ▪ present ▪ middle ▪ indicative ▸ 1 (1Mac. 10,70)
    ἐπαιρόμενα ▸ 1
        Verb ▪ present ▪ middle ▪ participle ▪ neuter ▪ plural ▪ accusative ▸ 1 (Zech. 2,4)
    ἐπαιρόμενον ▸ 1 + 1 = 2
        Verb ▪ present ▪ middle ▪ participle ▪ masculine ▪ singular ▪ accusative ▸ 1 (Psa. 36,35)
        Verb ▪ present ▪ passive ▪ participle ▪ neuter ▪ singular ▪ accusative ▸ 1 (2Cor. 10,5)
    ἐπαιρόμενος ▸ 3
        Verb ▪ present ▪ middle ▪ participle ▪ masculine ▪ singular ▪ nominative ▸ 3 (1Kings 12,24b; Esth. 13,2 # 3,13b; 2Mac. 7,34)
    ἐπαίροντας ▸ 1
        Verb ▪ present ▪ active ▪ participle ▪ masculine ▪ plural ▪ accusative ▸ 1 (1Tim. 2,8)
    ἐπαίρου ▸ 5
        Verb ▪ second ▪ singular ▪ present ▪ middle ▪ imperative ▸ 5 (Prov. 3,5; Prov. 19,18; Prov. 24,17; Sir. 11,4; Sir. 32,1)
    ἐπάραι ▸ 1
        Verb ▪ third ▪ singular ▪ aorist ▪ active ▪ optative ▸ 1 (Num. 6,26)
    ἐπᾶραι ▸ 2 + 1 = 3
        Verb ▪ aorist ▪ active ▪ infinitive ▸ 2 + 1 = 3 (Sir. 46,2; Sir. 47,4; Luke 18,13)
    ἐπάραντες ▸ 1 + 2 = 3
        Verb ▪ aorist ▪ active ▪ participle ▪ masculine ▪ plural ▪ nominative ▸ 1 + 2 = 3 (Neh. 8,6; Matt. 17,8; Acts 27,40)
    ἐπάρας ▸ 4 + 4 = 8
        Verb ▪ aorist ▪ active ▪ participle ▪ masculine ▪ singular ▪ nominative ▸ 4 + 4 = 8 (Gen. 13,10; Ex. 7,20; Num. 20,11; Psa. 101,11; Luke 6,20; Luke 16,23; Luke 24,50; John 17,1)
    Ἐπάρας ▸ 1
        Verb ▪ aorist ▪ active ▪ participle ▪ masculine ▪ singular ▪ nominative ▸ 1 (John 6,5)
    ἐπάρασά ▸ 1
        Verb ▪ aorist ▪ active ▪ participle ▪ feminine ▪ singular ▪ nominative ▸ 1 (Luke 11,27)
    ἐπάρατε ▸ 1 + 2 = 3
        Verb ▪ second ▪ plural ▪ aorist ▪ active ▪ imperative ▸ 1 + 2 = 3 (Psa. 133,2; Luke 21,28; John 4,35)
    ἐπάρῃ ▸ 1
        Verb ▪ third ▪ singular ▪ aorist ▪ active ▪ subjunctive ▸ 1 (Ezek. 18,6)
    ἐπάρῃς ▸ 1
        Verb ▪ second ▪ singular ▪ aorist ▪ active ▪ subjunctive ▸ 1 (Sir. 6,2)
    ἐπαρθείς ▸ 1
        Verb ▪ aorist ▪ passive ▪ participle ▪ masculine ▪ singular ▪ nominative ▸ 1 (2Mac. 9,4)
    ἐπαρθέντα ▸ 1
        Verb ▪ aorist ▪ passive ▪ participle ▪ masculine ▪ singular ▪ accusative ▸ 1 (3Mac. 6,4)
    ἐπαρθέντες ▸ 1
        Verb ▪ aorist ▪ passive ▪ participle ▪ masculine ▪ plural ▪ nominative ▸ 1 (Esth. 16,4 # 8,12d)
    ἐπαρθῆναι ▸ 1
        Verb ▪ aorist ▪ passive ▪ infinitive ▸ 1 (Psa. 72,18)
    ἐπαρθήσεται ▸ 1
        Verb ▪ third ▪ singular ▪ future ▪ passive ▪ indicative ▸ 1 (1Mac. 2,63)
    ἐπαρθήσονται ▸ 1
        Verb ▪ third ▪ plural ▪ future ▪ passive ▪ indicative ▸ 1 (Dan. 11,14)
    ἐπάρθητε ▸ 2
        Verb ▪ second ▪ plural ▪ aorist ▪ passive ▪ imperative ▸ 2 (Psa. 23,7; Psa. 23,9)
    ἐπάρθητι ▸ 1
        Verb ▪ second ▪ singular ▪ aorist ▪ passive ▪ imperative ▸ 1 (Jer. 29,6)
    ἔπαρον ▸ 4
        Verb ▪ second ▪ singular ▪ aorist ▪ active ▪ imperative ▸ 4 (Ex. 14,16; Psa. 27,9; Psa. 73,3; Sir. 36,2)
    ἐπῆρα ▸ 1
        Verb ▪ first ▪ singular ▪ aorist ▪ active ▪ indicative ▸ 1 (Job 31,21)
    ἐπῆραν ▸ 6 + 1 + 2 = 9
        Verb ▪ third ▪ plural ▪ aorist ▪ active ▪ indicative ▸ 6 + 1 + 2 = 9 (Judg. 21,2; Ruth 1,9; Ruth 1,14; 2Sam. 13,36; Psa. 92,3; Psa. 92,3; Judg. 2,4; Acts 14,11; Acts 22,22)
    ἐπήρατο ▸ 1
        Verb ▪ third ▪ singular ▪ aorist ▪ middle ▪ indicative ▸ 1 (1Kings 11,27)
    ἐπῆρεν ▸ 13 + 1 + 2 = 16
        Verb ▪ third ▪ singular ▪ aorist ▪ active ▪ indicative ▸ 13 + 1 + 2 = 16 (Gen. 7,17; Ex. 10,13; Ex. 17,11; Judg. 2,4; Judg. 9,7; 1Sam. 20,33; 2Sam. 18,24; 2Sam. 20,21; 2Kings 9,32; 1Chr. 21,16; Psa. 105,26; Sir. 48,18; Sir. 50,20; Judg. 9,7; John 13,18; Acts 2,14)
    ἐπῆρέν ▸ 2
        Verb ▪ third ▪ singular ▪ aorist ▪ active ▪ indicative ▸ 2 (2Kings 14,10; Obad. 3)
    ἐπήρετο ▸ 1
        Verb ▪ third ▪ singular ▪ imperfect ▪ middle ▪ indicative ▸ 1 (1Kings 1,5)
    ἐπήρθη ▸ 6 + 1 = 7

Verb · third · singular · aorist · passive · indicative ▸ 6 + 1 = 7 (2Sam. 5,12; 1Mac. 1,3; Psa. 8,2; Ode. 4,10; Hab. 3,11; Is. 6,4; Acts 1,9)

ἐπήρθησαν ▸ 1
Verb · third · plural · aorist · passive · indicative ▸ 1 (Psa. 46,10)

ἐπηρμένοι ▸ 2
Verb · perfect · passive · participle · masculine · plural · nominative ▸ 2 (Zeph. 1,11; Lam. 4,2)

ἐπηρμένον ▸ 2
Verb · perfect · middle · participle · masculine · singular · accusative ▸ 1 (3Mac. 2,21)
Verb · perfect · passive · participle · neuter · singular · accusative ▸ 1 (Job 41,18)

ἐπηρμένος ▸ 1
Verb · perfect · passive · participle · masculine · singular · nominative ▸ 1 (Judg. 11,1)

ἐπηρμένου ▸ 1
Verb · perfect · passive · participle · masculine · singular · genitive ▸ 1 (Is. 6,1)

ἐπηρμένους ▸ 1
Verb · perfect · middle · participle · masculine · plural · accusative ▸ 1 (1Mac. 8,5)

ἐπηρμένων ▸ 1
Verb · perfect · passive · participle · masculine · plural · genitive ▸ 1 (Ezra 7,28)

ἐπαισχύνομαι (ἐπί; αἶσχος) to be ashamed ▸ 3 + 11 = 14

ἐπαισχύνεσθε ▸ 1
Verb · second · plural · present · passive · indicative ▸ 1 (Rom. 6,21)

ἐπαισχύνεται ▸ 2
Verb · third · singular · present · passive · indicative ▸ 2 (Heb. 2,11; Heb. 11,16)

ἐπαισχύνθη ▸ 1
Verb · third · singular · aorist · passive · indicative ▸ 1 (2Tim. 1,16)

ἐπαισχυνθῇ ▸ 2
Verb · third · singular · aorist · passive · subjunctive ▸ 2 (Mark 8,38; Luke 9,26)

ἐπαισχυνθῇς ▸ 1
Verb · second · singular · aorist · passive · subjunctive ▸ 1 (2Tim. 1,8)

ἐπαισχυνθήσεται ▸ 2
Verb · third · singular · future · passive · indicative ▸ 2 (Mark 8,38; Luke 9,26)

ἐπαισχυνθῶ ▸ 1
Verb · first · singular · aorist · passive · subjunctive ▸ 1 (Psa. 118,6)

ἐπαισχύνομαι ▸ 2
Verb · first · singular · present · middle · indicative ▸ 1 (Rom. 1,16)
Verb · first · singular · present · passive · indicative ▸ 1 (2Tim. 1,12)

ἐπησχύνθη ▸ 1
Verb · third · singular · aorist · passive · indicative ▸ 1 (Job 34,19)

ἐπησχύνθησαν ▸ 1
Verb · third · plural · aorist · passive · indicative ▸ 1 (Is. 1,29)

ἐπαιτέω (ἐπί; αἰτέω) to beg ▸ 2 + 2 = 4

ἐπαιτεῖν ▸ 1 + 1 = 2
Verb · present · active · infinitive ▸ 1 + 1 = 2 (Sir. 40,28; Luke 16,3)

ἐπαιτησάτωσαν ▸ 1
Verb · third · plural · aorist · active · imperative ▸ 1 (Psa. 108,10)

ἐπαιτῶν ▸ 1
Verb · present · active · participle · masculine · singular · nominative ▸ 1 (Luke 18,35)

ἐπαίτησις (ἐπί; αἰτέω) begging ▸ 2

ἐπαιτήσεως ▸ 1
Noun · feminine · singular · genitive · (common) ▸ 1 (Sir. 40,28)

ἐπαίτησις ▸ 1
Noun · feminine · singular · nominative · (common) ▸ 1 (Sir. 40,30)

ἐπακολουθέω (ἐπί; ἀκόλουθος) to follow ▸ 16 + 4 = 20

ἐπακολουθείτω ▸ 1
Verb · third · singular · present · active · imperative ▸ 1 (Josh. 6,8)

ἐπακολουθῆσαι ▸ 4
Verb · aorist · active · infinitive ▸ 4 (Deut. 12,30; Josh. 14,8; Josh. 14,9; Josh. 14,14)

ἐπακολουθήσαντες ▸ 1
Verb · aorist · active · participle · masculine · plural · nominative ▸ 1 (Judith 14,4)

ἐπακολουθήσατε ▸ 1
Verb · second · plural · aorist · active · imperative ▸ 1 (Is. 55,3)

ἐπακολουθήσεις ▸ 1
Verb · second · singular · future · active · indicative ▸ 1 (Job 26,3)

ἐπακολουθήσετε ▸ 2
Verb · second · plural · future · active · indicative ▸ 2 (Lev. 19,4; Lev. 19,31)

ἐπακολουθήσῃ ▸ 1
Verb · third · singular · aorist · active · subjunctive ▸ 1 (Lev. 20,6)

ἐπακολουθήσητε ▸ 1
Verb · second · plural · aorist · active · subjunctive ▸ 1 (1Pet. 2,21)

ἐπακολουθούντων ▸ 1
Verb · present · active · participle · neuter · plural · genitive ▸ 1 (Mark 16,20)

ἐπακολουθοῦσιν ▸ 1
Verb · third · plural · present · active · indicative ▸ 1 (1Tim. 5,24)

ἐπηκολούθει ▸ 1
Verb · third · singular · imperfect · active · indicative ▸ 1 (Esth. 15,2 # 5,1a)

ἐπηκολούθησεν ▸ 3 + 1 = 4
Verb · third · singular · aorist · active · indicative ▸ 3 + 1 = 4 (Prov. 7,22; Job 31,7; Sir. 46,7; 1Tim. 5,10)

ἐπηκολούθησέν ▸ 1
Verb · third · singular · aorist · active · indicative ▸ 1 (Num. 14,24)

ἐπακουστός (ἐπί; ἀκούω) obeyed ▸ 1

ἐπακουστός ▸ 1
Adjective · masculine · singular · nominative · noDegree ▸ 1 (1Esdr. 4,12)

ἐπακούω (ἐπί; ἀκούω) to hear, heed ▸ 102 + 1 = 103

ἐπακήκοεν ▸ 2
Verb · third · singular · perfect · active · indicative ▸ 2 (Gen. 21,17; Job 33,13)

ἐπακήκοέν ▸ 2
Verb · third · singular · perfect · active · indicative ▸ 2 (1Sam. 28,15; Job 33,12)

ἐπακούει ▸ 2
: **Verb** · third · singular · present · active · indicative ▸ **2** (Prov. 15,29; Sol. 18,2)

ἐπακούειν ▸ 1
: **Verb** · present · active · infinitive ▸ **1** (Job 37,23)

ἐπακοῦσαι ▸ 1
: **Verb** · third · singular · aorist · active · optative ▸ **1** (2Mac. 1,5)

ἐπακοῦσαι ▸ 4
: **Verb** · aorist · active · infinitive ▸ **4** (Josh. 10,14; 2Chr. 6,19; Prov. 21,13; Is. 45,1)

Ἐπακοῦσαι ▸ 1
: **Verb** · third · singular · aorist · active · optative ▸ **1** (Psa. 19,2)

ἐπακούσαντί ▸ 1
: **Verb** · aorist · active · participle · masculine · singular · dative ▸ **1** (Gen. 35,3)

ἐπακούσατε ▸ 1
: **Verb** · second · plural · aorist · active · imperative ▸ **1** (Is. 8,9)

ἐπακούσατέ ▸ 1
: **Verb** · second · plural · aorist · active · imperative ▸ **1** (Is. 55,3)

ἐπακούσεται ▸ 11
: **Verb** · third · singular · future · middle · indicative ▸ **11** (1Sam. 8,18; 2Sam. 22,7; Psa. 19,7; Psa. 144,19; Eccl. 10,19; Sir. 4,6; Hos. 2,23; Hos. 2,24; Hos. 2,24; Is. 10,30; Is. 10,30)

ἐπακούσεταί ▸ 2
: **Verb** · third · singular · future · middle · indicative ▸ **2** (Gen. 30,33; Job 8,6)

Ἐπακούσεταί ▸ 1
: **Verb** · third · singular · future · middle · indicative ▸ **1** (Sol. 1,2)

ἐπακούσῃ ▸ 3
: **Verb** · second · singular · future · middle · indicative ▸ **2** (Sol. 5,12; Sol. 7,7)
: **Verb** · third · singular · aorist · active · subjunctive ▸ **1** (1Kings 18,24)

ἐπακούσομαι ▸ 5
: **Verb** · first · singular · future · middle · indicative ▸ **5** (Hos. 2,23; Zech. 10,6; Zech. 13,9; Is. 41,17; Is. 65,24)

ἐπάκουσον ▸ 6
: **Verb** · second · singular · aorist · active · imperative ▸ **6** (1Kings 18,26; Esth. 13,17 # 4,17h; Psa. 19,10; Psa. 64,6; Dan. 9,17; Dan. 9,19)

Ἐπάκουσον ▸ 1
: **Verb** · second · singular · aorist · active · imperative ▸ **1** (1Kings 18,26)

ἐπάκουσόν ▸ 13
: **Verb** · second · singular · aorist · active · imperative ▸ **13** (1Kings 18,36; 1Kings 18,36; 1Kings 18,37; 1Kings 18,37; Psa. 59,7; Psa. 68,14; Psa. 68,18; Psa. 85,1; Psa. 107,7; Psa. 118,145; Psa. 137,3; Psa. 142,1; Dan. 9,18)

ἐπήκουες ▸ 1
: **Verb** · second · singular · imperfect · active · indicative ▸ **1** (Psa. 98,8)

ἐπήκουσά ▸ 3 + **1** = 4
: **Verb** · first · singular · aorist · active · indicative ▸ 3 + **1** = 4 (Gen. 17,20; Psa. 80,8; Is. 49,8; 2Cor. 6,2)

ἐπήκουσαν ▸ 4
: **Verb** · third · plural · aorist · active · indicative ▸ **4** (Judg. 2,17; 1Chr. 29,23; 2Chr. 11,4; 2Chr. 33,10)

ἐπήκουσας ▸ 1
: **Verb** · second · singular · aorist · active · indicative ▸ **1** (2Chr. 25,16)

ἐπήκουσάς ▸ 4
: **Verb** · second · singular · aorist · active · indicative ▸ **4** (Psa. 16,6; Psa. 117,21; Psa. 117,28; Psa. 118,26)

ἐπηκούσατε ▸ 1
: **Verb** · second · plural · aorist · active · indicative ▸ **1** (Josh. 22,2)

ἐπήκουσε ▸ 1
: **Verb** · third · singular · aorist · active · indicative ▸ **1** (Dan. 6,22)

ἐπήκουσεν ▸ 24
: **Verb** · third · singular · aorist · active · indicative ▸ **24** (Gen. 16,11; Gen. 25,21; Gen. 30,6; Gen. 30,17; Gen. 30,22; Judg. 13,9; 1Sam. 7,9; 2Sam. 21,14; 2Sam. 24,25; 2Kings 13,4; 1Chr. 5,20; 1Chr. 21,26; 1Chr. 21,28; 2Chr. 24,17; 2Chr. 30,20; 2Chr. 32,24; 2Chr. 33,13; 2Chr. 33,13; 2Chr. 33,19; Ezra 8,23; Judith 14,15; Psa. 98,6; Sir. 46,5; Sir. 48,20)

ἐπήκουσέν ▸ 4
: **Verb** · third · singular · aorist · active · indicative ▸ **4** (Psa. 3,5; Psa. 33,5; Psa. 117,5; Is. 30,19)

ἐπηκούσθη ▸ 1
: **Verb** · third · singular · aorist · passive · indicative ▸ **1** (2Chr. 30,27)

ἐπακροάομαι (ἐπί; ἀκροάομαι) to listen to ▸ 1
: ἐπηκροῶντο ▸ 1
: : **Verb** · third · plural · imperfect · middle · indicative ▸ **1** (Acts 16,25)

ἐπακρόασις (ἐπί; ἀκροάομαι) obedience ▸ 1
: ἐπακρόασις ▸ 1
: : **Noun** · feminine · singular · nominative · (common) ▸ **1** (1Sam. 15,22)

ἐπαλγέστερος (ἐπί; ἄλγος) more painful ▸ 1
: ἐπαλγέστερον ▸ 1
: : **Adjective** · neuter · singular · nominative · comparative ▸ **1** (4Mac. 14,10)

ἔπαλξις (ἐπί; ἀλέξω) fortification, defense ▸ 7
: ἔπαλξεις ▸ 1
: : **Noun** · feminine · plural · accusative · (common) ▸ **1** (Is. 21,11)
: ἐπάλξεις ▸ 4
: : **Noun** · feminine · plural · accusative · (common) ▸ **3** (1Kings 2,35f; Song 8,9; Is. 54,12)
: : **Noun** · feminine · plural · nominative · (common) ▸ **1** (Jer. 27,15)
: ἐπάλξεων ▸ 1
: : **Noun** · feminine · plural · genitive · (common) ▸ **1** (Sir. 9,13)
: ἐπάλξεως ▸ 1
: : **Noun** · feminine · singular · genitive · (common) ▸ **1** (Judith 14,1)

ἐπαμύνω (ἐπί; ἀμύνω) to help ▸ 2
: ἐπαμῦναι ▸ 1
: : **Verb** · aorist · active · infinitive ▸ **1** (3Mac. 1,27)
: ἐπαμύνονται ▸ 1
: : **Verb** · third · plural · present · middle · indicative ▸ **1** (4Mac. 14,19)

ἐπάν (ἐπί; ἄν) when, as soon as ▸ 1 + 3 = 4
: ἐπάν ▸ 1 + 3 = 4
: : **Conjunction** · subordinating · (temporal) ▸ 1 + 3 = **4** (Bel 11; Matt. 2,8; Luke 11,22; Luke 11,34)

ἐπάναγκες (ἐπί; ἀνάγκη) necessarily ▸ 1
: ἐπάναγκες ▸ 1
: : **Adverb** ▸ **1** (Acts 15,28)

ἐπανάγω (ἐπί; ἀνά; ἄγω) to bring, return; put out (to sea) ▸ 5 + 3 = 8
: ἐπανάγαγε ▸ 1
: : **Verb** · second · singular · aorist · active · imperative ▸ **1** (Luke 5,4)
: ἐπαναγαγεῖν ▸ 1
: : **Verb** · aorist · active · infinitive ▸ **1** (Luke 5,3)
: ἐπάναγε ▸ 1

Verb · second · singular · present · active · imperative ▸ 1 (Sir. 17,26)
ἐπαναγόντων ▸ 1
Verb · present · active · participle · masculine · plural · genitive ▸ 1 (Zech. 4,12)
ἐπανάγων ▸ 2 + 1 = 3
Verb · present · active · participle · masculine · singular · nominative ▸ 2 + 1 = 3 (2Mac. 9,21; Sir. 26,28; Matt. 21,18)
ἐπαναχθέντας ▸ 1
Verb · aorist · passive · participle · masculine · plural · accusative ▸ 1 (2Mac. 12,4)

ἐπαναιρέομαι (ἐπί; ἀνά; αἱρέω) to slay ▸ 2
ἐπανελέσθαι ▸ 1
Verb · aorist · middle · infinitive ▸ 1 (2Mac. 14,13)
ἐπανελόμενον ▸ 1
Verb · aorist · middle · participle · masculine · singular · accusative ▸ 1 (2Mac. 14,2)

ἐπανακαινίζω (ἐπί; ἀνά; καινός) to renew ▸ 1
ἐπανακαινίζων ▸ 1
Verb · present · active · participle · masculine · singular · nominative ▸ 1 (Job 10,17)

ἐπαναμιμνῄσκω (ἐπί; ἀνά; μιμνῄσκομαι) to remind ▸ 1
ἐπαναμιμνῄσκων ▸ 1
Verb · present · active · participle · masculine · singular · nominative ▸ 1 (Rom. 15,15)

ἐπαναπαύομαι (ἐπί; ἀνά; παύω) to rest on, rely on ▸ 10 + 2 = 12
ἐπαναπαήσεται ▸ 1
Verb · third · singular · future · passive · indicative ▸ 1 (Luke 10,6)
ἐπαναπαύῃ ▸ 1
Verb · second · singular · present · middle · indicative ▸ 1 (Rom. 2,17)
ἐπαναπαυομένων ▸ 1
Verb · present · middle · participle · masculine · plural · genitive ▸ 1 (1Mac. 8,11)
ἐπαναπαύσεται ▸ 1
Verb · third · singular · future · middle · indicative ▸ 1 (2Kings 5,18)
Ἐπανάπαυσόν ▸ 1
Verb · second · singular · aorist · active · imperative ▸ 1 (Judg. 16,26)
Ἐπαναπέπαυται ▸ 1
Verb · third · singular · perfect · middle · indicative ▸ 1 (2Kings 2,15)
ἐπανεπαύετο ▸ 2
Verb · third · singular · imperfect · middle · indicative ▸ 2 (2Kings 7,2; 2Kings 7,17)
ἐπανεπαύοντο ▸ 1
Verb · third · plural · imperfect · middle · indicative ▸ 1 (Mic. 3,11)
ἐπανεπαύσαντο ▸ 1
Verb · third · plural · aorist · middle · indicative ▸ 1 (Ezek. 29,7)
ἐπανεπαύσατο ▸ 2
Verb · third · singular · aorist · middle · indicative ▸ 2 (Num. 11,25; Num. 11,26)

ἐπανάστασις (ἐπί; ἀνά; ἵστημι) rising up ▸ 1
ἐπαναστάσει ▸ 1
Noun · feminine · singular · dative · (common) ▸ 1 (2Kings 3,4)

ἐπαναστρέφω (ἐπί; ἀνά; στρέφω) to return ▸ 9
ἐπαναστραφὲν ▸ 1
Verb · aorist · passive · participle · neuter · singular · nominative ▸ 1 (Ex. 14,28)
ἐπαναστραφήσεσθε ▸ 1
Verb · second · plural · future · passive · indicative ▸ 1 (Deut. 3,20)
ἐπαναστραφήσεται ▸ 1
Verb · third · singular · future · passive · indicative ▸ 1 (Num. 35,28)
ἐπαναστραφήσῃ ▸ 1
Verb · second · singular · future · passive · indicative ▸ 1 (Deut. 24,19)
ἐπαναστραφήσομαι ▸ 1
Verb · first · singular · future · passive · indicative ▸ 1 (Job 16,22)
Ἐπαναστρέφων ▸ 1
Verb · present · active · participle · masculine · singular · nominative ▸ 1 (Gen. 18,10)
ἐπαναστρέψας ▸ 1
Verb · aorist · active · participle · masculine · singular · nominative ▸ 1 (Deut. 24,4)
ἐπαναστρέψει ▸ 1
Verb · third · singular · future · active · indicative ▸ 1 (Lev. 22,13)
ἐπαναστρέψεις ▸ 1
Verb · second · singular · future · active · indicative ▸ 1 (Deut. 24,20)

ἐπανατρυγάω (ἐπί; ἀνά; τρύγη) to glean ▸ 2
ἐπανατρυγήσεις ▸ 2
Verb · second · singular · future · active · indicative ▸ 2 (Lev. 19,10; Deut. 24,21)

ἐπανδρόω (ἐπί; ἀνήρ) to act bravely, act manly ▸ 1
ἐπανδρῶσαι ▸ 1
Verb · aorist · active · infinitive ▸ 1 (2Mac. 15,17)

ἐπανέρχομαι (ἐπί; ἀνά; ἔρχομαι) to go back, return; recur; go up; recapitulate ▸ 6 + 2 = 8
ἐπανελεύσεται ▸ 3
Verb · third · singular · future · middle · indicative ▸ 3 (Lev. 25,13; Tob. 6,17; Job 7,7)
ἐπανελεύσομαι ▸ 1
Verb · first · singular · future · middle · indicative ▸ 1 (Gen. 50,5)
ἐπανελθεῖν ▸ 1
Verb · aorist · active · infinitive ▸ 1 (Luke 19,15)
ἐπανελθόντος ▸ 1
Verb · aorist · active · participle · masculine · singular · genitive ▸ 1 (2Mac. 4,36)
Ἐπανελθὼν ▸ 1
Verb · aorist · active · participle · masculine · plural · nominative ▸ 1 (Prov. 3,28)
ἐπανέρχεσθαί ▸ 1
Verb · present · middle · infinitive ▸ 1 (Luke 10,35)

ἐπανήκω (ἐπί; ἀνά; ἥκω) to come back again ▸ 5
ἐπάνηκε ▸ 1
Verb · second · singular · present · active · imperative ▸ 1 (Prov. 3,28)
ἐπανήξει ▸ 4
Verb · third · singular · future · active · indicative ▸ 4 (Lev. 14,39; Prov. 7,20; Sir. 4,18; Sir. 27,9)

ἐπανθέω (ἐπί; ἄνθος) to bloom ▸ 1
ἐπανθήσει ▸ 1
Verb · third · singular · future · active · indicative ▸ 1 (Job 14,7)

ἐπανιστάνω to rise; to turn against ▸ 12
ἐπανιστανόμενοι ▸ 1
Verb · present · middle · participle · masculine · plural

ἐπανιστάνω–ἐπάνωθεν

- nominative ‣ **1** (Job 27,7)
- **ἐπανιστανόμενοί** ‣ **1**
  - **Verb** · present · middle · participle · masculine · plural · nominative ‣ **1** (Psa. 108,28)
- **ἐπανιστανομένοις** ‣ **2**
  - **Verb** · present · middle · participle · masculine · plural · dative ‣ **1** (Psa. 91,12)
  - **Verb** · present · middle · participle · neuter · plural · dative ‣ **1** (Judith 16,17)
- **ἐπανιστανομένους** ‣ **4**
  - **Verb** · present · middle · participle · masculine · plural · accusative ‣ **4** (2Sam. 22,40; Psa. 17,40; Psa. 43,6; Is. 9,10)
- **ἐπανιστανομένων** ‣ **3**
  - **Verb** · present · middle · participle · masculine · plural · genitive ‣ **3** (Psa. 17,49; Psa. 58,2; Lam. 3,62)
- **ἐπανίστανται** ‣ **1**
  - **Verb** · third · plural · present · middle · indicative ‣ **1** (Psa. 3,2)

ἐπανίστημι (ἐπί; ἀνά; ἵστημι) to rise; to turn against ‣ **28** + **4** + **2** = **34**
- **ἐπαναστάιη** ‣ **2**
  - **Verb** · third · singular · aorist · active · optative ‣ **2** (Job 17,8; Job 20,27)
- **ἐπαναστῇ** ‣ **3**
  - **Verb** · third · singular · aorist · active · subjunctive ‣ **3** (Deut. 19,11; Deut. 22,26; Psa. 26,3)
- **ἐπαναστῆναι** ‣ **2**
  - **Verb** · aorist · active · infinitive ‣ **2** (Psa. 123,2; Sol. 17,7)
- **ἐπαναστήσεται** ‣ **3** + **1** = **4**
  - **Verb** · third · singular · future · middle · indicative ‣ **3** + **1** = **4** (Mic. 7,6; Is. 31,2; Dan. 11,2; Dan. 11,2)
- **ἐπαναστήσομαι** ‣ **1**
  - **Verb** · first · singular · future · middle · indicative ‣ **1** (Is. 14,22)
- **ἐπαναστήσονται** ‣ **1** + **2** = **3**
  - **Verb** · third · plural · future · middle · indicative ‣ **1** + **2** = **3** (Dan. 11,14; Matt. 10,21; Mark 13,12)
- **ἐπανέστη** ‣ **3**
  - **Verb** · third · singular · aorist · active · indicative ‣ **3** (Judg. 9,43; 2Sam. 14,7; Judith 5,11)
- **ἐπανεστηκότων** ‣ **1**
  - **Verb** · perfect · active · participle · masculine · plural · genitive ‣ **1** (Deut. 33,11)
- **ἐπανέστησαν** ‣ **7** + **1** = **8**
  - **Verb** · third · plural · aorist · active · indicative ‣ **7** + **1** = **8** (1Sam. 4,15; 2Sam. 18,32; Judith 13,5; Psa. 53,5; Psa. 85,14; Job 30,12; Sol. 17,5; Judg. 6,31)
- **ἐπανέστησάν** ‣ **3**
  - **Verb** · third · plural · aorist · active · indicative ‣ **3** (Psa. 26,12; Job 19,19; Job 30,5)
- **ἐπανέστητε** ‣ **1** + **1** = **2**
  - **Verb** · second · plural · aorist · active · indicative ‣ **1** + **1** = **2** (Judg. 9,18; Judg. 9,18)
- **ἐπανισταμένων** ‣ **1**
  - **Verb** · present · middle · participle · masculine · plural · genitive ‣ **1** (2Kings 16,7)
- **ἐπανίστατο** ‣ **1**
  - **Verb** · third · singular · imperfect · middle · indicative ‣ **1** (1Sam. 17,35)

ἐπάνοδος (ἐπί; ἀνά; ὁδός) rising up; return; recapitulation; fuller statement ‣ **3**
- **ἐπάνοδον** ‣ **1**
  - **Noun** · feminine · singular · accusative · (common) ‣ **1** (Sir. 17,24)
- **ἐπάνοδος** ‣ **2**
  - **Noun** · feminine · singular · nominative · (common) ‣ **2** (Sir. 22,21; Sir. 38,21)

ἐπανορθόω (ἐπί; ἀνά; ὀρθός) to reset, restore ‣ **2**
- **ἐπανορθῶσαι** ‣ **1**
  - **Verb** · aorist · active · infinitive ‣ **1** (2Mac. 2,22)
- **ἐπανωρθώθη** ‣ **1**
  - **Verb** · third · singular · aorist · passive · indicative ‣ **1** (2Mac. 5,20)

ἐπανόρθωσις (ἐπί; ἀνά; ὀρθός) correction, reparation, restoration ‣ **2** + **1** = **3**
- **ἐπανορθώσει** ‣ **1**
  - **Noun** · feminine · singular · dative · (common) ‣ **1** (1Mac. 14,34)
- **ἐπανόρθωσιν** ‣ **1** + **1** = **2**
  - **Noun** · feminine · singular · accusative · (common) ‣ **1** + **1** = **2** (1Esdr. 8,52; 2Tim. 3,16)

ἐπάνω (ἐπί; ἀνά) over, above, upon, on ‣ **121** + **9** + **19** = **149**
- **ἐπάνω** ‣ **120** + **9** + **19** = **148**
  - **Adverb** · (place) ‣ **63** + **1** + **2** = **66** (Gen. 7,20; Gen. 40,17; Ex. 30,14; Ex. 39,3; Lev. 27,7; Num. 1,3; Num. 1,18; Num. 1,20; Num. 1,22; Num. 1,24; Num. 1,26; Num. 1,28; Num. 1,30; Num. 1,32; Num. 1,34; Num. 1,36; Num. 1,38; Num. 1,40; Num. 1,42; Num. 1,45; Num. 3,15; Num. 3,22; Num. 3,28; Num. 3,34; Num. 3,39; Num. 3,40; Num. 3,43; Num. 4,3; Num. 4,23; Num. 4,30; Num. 4,35; Num. 4,39; Num. 4,43; Num. 4,47; Num. 8,24; Num. 14,29; Num. 26,2; Num. 26,4; Num. 26,62; Num. 32,11; Deut. 28,13; Judg. 1,36; 1Sam. 9,2; 1Sam. 10,23; 1Sam. 16,13; 1Sam. 30,25; 2Sam. 5,20; 1Kings 2,35i; 2Kings 3,21; 2Kings 15,35; 1Chr. 23,3; 1Chr. 23,24; 1Chr. 23,27; 2Chr. 25,5; 2Chr. 31,16; 2Chr. 31,17; 1Mac. 3,37; 1Mac. 6,1; 2Mac. 9,25; Bar. 2,5; Ezek. 1,27; Ezek. 37,8; Dan. 12,6; Judg. 1,36; Luke 11,44; 1Cor. 15,6)
  - **ImproperPreposition** · (+genitive) ‣ **57** + **8** + **17** = **82** (Gen. 1,2; Gen. 1,2; Gen. 1,7; Gen. 1,29; Gen. 7,18; Gen. 18,2; Gen. 22,9; Gen. 40,17; Gen. 42,27; Josh. 9,5; Judg. 1,14; Judg. 1,36; Ruth 3,15; 1Sam. 17,6; 1Sam. 17,39; 2Sam. 1,9; 2Sam. 24,20; 2Sam. 24,21; 2Chr. 4,13; 2Chr. 6,6; 2Chr. 24,20; 2Chr. 26,19; Ezra 3,8; Neh. 8,5; Neh. 12,31; Neh. 12,31; Neh. 12,38; Judith 1,10; 1Mac. 5,51; 1Mac. 6,46; Psa. 107,5; Eccl. 5,7; Job 33,12; Sir. 45,12; Zech. 4,2; Zech. 4,2; Zech. 4,2; Zech. 4,3; Is. 10,9; Is. 14,13; Is. 14,14; Is. 18,2; Jer. 16,16; Jer. 16,16; Jer. 42,4; Jer. 43,10; Jer. 50,10; Jer. 52,32; Ezek. 1,11; Ezek. 10,1; Ezek. 25,9; Ezek. 47,16; Dan. 3,47; Dan. 3,60; Dan. 7,6; Dan. 12,7; Bel 36; Judg. 13,20; Tob. 2,10; Dan. 3,47; Dan. 3,60; Dan. 6,3; Dan. 12,6; Dan. 12,7; Bel 36; Matt. 2,9; Matt. 5,14; Matt. 21,7; Matt. 23,18; Matt. 23,20; Matt. 23,22; Matt. 27,37; Matt. 28,2; Mark 14,5; Luke 4,39; Luke 10,19; Luke 19,17; Luke 19,19; John 3,31; John 3,31; Rev. 6,8; Rev. 20,3)
- **Ἐπάνω** ‣ **1**
  - **Preposition** · (+genitive) ‣ **1** (2Sam. 5,20)

ἐπάνωθεν (ἐπί; ἀνά; θεν) above, from above ‣ **31** + **3** = **34**
- **ἐπάνωθεν** ‣ **30** + **3** = **33**
  - **Adverb** ‣ **27** + **1** = **28** (Ex. 25,20; Ex. 26,14; 2Sam. 11,21; 2Sam. 13,9; 2Sam. 24,25; 1Kings 2,4; 1Kings 7,9; 1Kings 7,13; 1Kings 7,16; 1Kings 7,48; 1Kings 8,7; 2Kings 2,3; 2Kings 2,5; 2Kings 2,13; 2Kings 2,14; 2Kings 10,31; 2Kings 17,21; 2Kings 17,23; 2Kings 25,5; 2Kings 25,21; 2Kings 25,28; 1Chr. 29,25; 2Chr. 5,8; Job 18,16; Amos 2,9; Ezek. 1,22; Ezek. 40,43; Judg. 8,13)
  - **Preposition** · (+genitive) ‣ **3** + **2** = **5** (Ex. 38,5; Judg. 13,20; Neh. 12,37; Judg. 3,21; Judg. 4,15)
- **ἐπάνωθέν** ‣ **1**
  - **Adverb** ‣ **1** (2Sam. 13,9)

ἐπαξονέω (ἐπί; ἄγω) to register ‣ 1
   ἐπηξονοῦσαν ‣ 1
      Verb · third · plural · imperfect · active · indicative ‣ 1 (Num. 1,18)

ἐπαοιδή (ἐπί; ᾄδω) enchantment ‣ 2
   ἐπαοιδαῖς ‣ 1
      Noun · feminine · plural · dative · (common) ‣ 1 (Is. 47,12)
   ἐπαοιδήν ‣ 1
      Noun · feminine · singular · accusative · (common) ‣ 1 (Deut. 18,11)

ἐπαοιδός (ἐπί; ᾄδω) enchanter; juggler ‣ 16 + 7 = 23
   ἐπαοιδοί ‣ 6
      Noun · masculine · plural · nominative · (common) ‣ 6 (Ex. 7,11; Ex. 7,22; Ex. 8,3; Ex. 8,14; Ex. 8,15; Dan. 5,8)
   ἐπαοιδοί ‣ 1
      Noun · masculine · plural · nominative · (common) ‣ 1 (Dan. 4,7)
   ἐπαοιδοῖς ‣ 2
      Noun · masculine · plural · dative · (common) ‣ 2 (Lev. 19,31; Lev. 20,6)
   ἐπαοιδόν ‣ 1
      Noun · masculine · singular · accusative · (common) ‣ 1 (Sir. 12,13)
   ἐπαοιδόν ‣ 1
      Noun · masculine · singular · accusative · (common) ‣ 1 (Dan. 2,10)
   ἐπαοιδός ‣ 1
      Noun · masculine · singular · nominative · (common) ‣ 1 (Lev. 20,27)
   ἐπαοιδούς ‣ 1
      Noun · masculine · plural · accusative · (common) ‣ 1 (2Chr. 33,6)
   ἐπαοιδούς ‣ 3 + 2 = 5
      Noun · masculine · plural · accusative · (common) ‣ 3 + 2 = 5 (1Sam. 6,2; Dan. 2,2; Dan. 5,7; Dan. 1,20; Dan. 2,2)
   ἐπαοιδῶν ‣ 2 + 3 = 5
      Noun · masculine · plural · genitive · (common) ‣ 2 + 3 = 5 (Is. 47,9; Dan. 2,27; Dan. 2,27; Dan. 4,9; Dan. 5,11)

ἐπαποστέλλω (ἐπί; ἀπό; στέλλω) to send after ‣ 10
   ἐπαπεσταλμένων ‣ 1
      Verb · perfect · passive · participle · neuter · plural · genitive ‣ 1 (Wis. 16,3)
   ἐπαπέστειλας ‣ 1
      Verb · second · singular · aorist · active · indicative ‣ 1 (Wis. 11,15)
   ἐπαποσταλήσεται ‣ 1
      Verb · third · singular · future · passive · indicative ‣ 1 (Sir. 28,23)
   ἐπαποστεῖλαι ‣ 1
      Verb · aorist · active · infinitive ‣ 1 (Job 20,23)
   ἐπαποστείλω ‣ 1
      Verb · first · singular · aorist · active · subjunctive ‣ 1 (Ezek. 14,19)
   ἐπαποστελεῖ ‣ 1
      Verb · third · singular · future · active · indicative ‣ 1 (Deut. 28,48)
   ἐπαποστέλλω ‣ 1
      Verb · first · singular · present · active · indicative ‣ 1 (Ex. 8,17)
   ἐπαποστελῶ ‣ 3
      Verb · first · singular · future · active · indicative ‣ 3 (1Kings 12,24k; Jer. 9,15; Jer. 25,17)

ἐπάρατος (ἐπί; ἀρά) under a divine curse ‣ 1
   ἐπάρατοί ‣ 1
      Adjective · masculine · plural · nominative ‣ 1 (John 7,49)

ἐπάρδω (ἐπί; ἄρδω) to irrigate, refresh ‣ 1
   ἐπάρδων ‣ 1
      Verb · present · active · participle · masculine · singular · nominative ‣ 1 (4Mac. 1,29)

ἐπαρήγω (ἐπί; ἀρήγω) to help ‣ 1
   ἐπαρήγουσαν ‣ 1
      Verb · present · active · participle · feminine · singular · accusative ‣ 1 (2Mac. 13,17)

ἐπαρκέω (ἐπί; ἀρκέω) to supply, help, assist ‣ 2 + 3 = 5
   ἐπαρκείτω ‣ 1
      Verb · third · singular · present · active · imperative ‣ 1 (1Tim. 5,16)
   ἐπαρκέσῃ ‣ 1
      Verb · third · singular · aorist · active · subjunctive ‣ 1 (1Tim. 5,16)
   ἐπήρκεσεν ‣ 1
      Verb · third · singular · aorist · active · indicative ‣ 1 (1Tim. 5,10)
   ἐπαρκέσομεν ‣ 1
      Verb · first · plural · future · active · indicative ‣ 1 (1Mac. 11,35)
   ἐπαρκέσουσιν ‣ 1
      Verb · third · plural · future · active · indicative ‣ 1 (1Mac. 8,26)

ἔπαρμα (ἐπί; αἴρω) foundation ‣ 1
   ἔπαρμα ‣ 1
      Noun · neuter · singular · accusative · (common) ‣ 1 (Ezra 6,3)

ἔπαρσις (ἐπί; αἴρω) lifting up, pride ‣ 6
   ἐπάρσεις ‣ 1
      Noun · feminine · plural · accusative · (common) ‣ 1 (2Kings 19,25)
   ἔπαρσιν ‣ 2
      Noun · feminine · singular · accusative · (common) ‣ 2 (Ezek. 24,25; Ezek. 24,25)
   ἔπαρσις ‣ 3
      Noun · feminine · singular · nominative · (common) ‣ 3 (Psa. 140,2; Zech. 12,7; Lam. 3,47)

ἐπαρυστήρ (ἐπί; ἀρύω) funnel ‣ 1
   ἐπαρυστῆρα ‣ 1
      Noun · masculine · singular · accusative · (common) ‣ 1 (Ex. 25,38)

ἐπαρυστρίς (ἐπί; ἀρύω) funnel, pouring vessel ‣ 5
   ἐπαρυστρίδας ‣ 4
      Noun · feminine · plural · accusative · (common) ‣ 4 (Ex. 38,17; Num. 4,9; 1Kings 7,35; Zech. 4,12)
   ἐπαρυστρίδες ‣ 1
      Noun · feminine · plural · nominative · (common) ‣ 1 (Zech. 4,2)

ἐπαρχεία (ἐπί; ἄρχω) province ‣ 2
   ἐπαρχείᾳ ‣ 1
      Noun · feminine · singular · dative ‣ 1 (Acts 25,1)
   ἐπαρχείας ‣ 1
      Noun · feminine · singular · genitive ‣ 1 (Acts 23,34)

ἔπαρχος (ἐπί; ἄρχω) commander; governor; prefect, propraetor ‣ 15
   ἐπάρχοις ‣ 2
      Noun · masculine · plural · dative · (common) ‣ 2 (1Esdr. 8,64; Ezra 8,36)
   ἔπαρχον ‣ 1
      Noun · masculine · singular · accusative · (common) ‣ 1 (1Esdr. 6,26)
   ἔπαρχος ‣ 6
      Noun · masculine · singular · nominative · (common) ‣ 6 (1Esdr.

ἔπαρχος–ἐπεί

6,3; 1Esdr. 6,7; 1Esdr. 7,1; Ezra 5,3; Ezra 5,6; Ezra 6,13)
- ἐπάρχου ▸ 1
  - **Noun** · masculine · singular · genitive · (common) ▸ **1** (2Mac. 4,28)
- ἐπάρχους ▸ 2
  - **Noun** · masculine · plural · accusative · (common) ▸ **2** (Neh. 2,7; Neh. 2,9)
- ἐπάρχῳ ▸ 3
  - **Noun** · masculine · singular · dative · (common) ▸ **3** (1Esdr. 6,17; 1Esdr. 6,26; 1Esdr. 6,28)

ἐπάρχω (ἐπί; ἄρχω) to rule over ▸ 1
- ἐπάρξας ▸ 1
  - **Verb** · aorist · active · participle · masculine · singular · nominative ▸ **1** (Esth. 13,2 # 3,13b)

ἐπασθμαίνω (ἐπί; ἄω) to breathe hard ▸ 1
- ἐπασθμαίνων ▸ 1
  - **Verb** · present · active · participle · masculine · singular · nominative ▸ **1** (4Mac. 6,11)

ἔπαυλις (ἐπί; αὐλή) house, home ▸ 38 + 8 + 1 = 47
- ἐπαύλεις ▸ 23 + 7 = 30
  - **Noun** · feminine · plural · accusative · (common) ▸ **7** (Num. 31,10; Num. 32,24; Num. 32,36; Num. 32,41; Neh. 11,25; Neh. 11,30; Neh. 12,29)
  - **Noun** · feminine · plural · nominative · (common) ▸ 16 + 7 = **23** (Josh. 13,23; Josh. 13,28; Josh. 15,28; Josh. 15,36; Josh. 15,45; Josh. 15,47; Josh. 15,47; Josh. 15,54; Josh. 15,60; 1Chr. 4,32; 1Chr. 4,33; Judith 3,3; Judith 15,7; Prov. 3,33; Is. 42,11; Is. 65,10; Josh. 15,28; Josh. 15,36; Josh. 15,45; Josh. 15,47; Josh. 15,47; Josh. 15,60; Josh. 19,23)
- Ἐπαύλεις ▸ 2 + 1 = 3
  - **Noun** · feminine · plural · accusative · (common) ▸ 2 + 1 = **3** (Num. 32,16; Num. 32,41; Judg. 10,4)
- ἐπαύλεσιν ▸ 3
  - **Noun** · feminine · plural · dative · (common) ▸ **3** (Gen. 25,16; Lev. 25,31; Is. 62,9)
- ἐπαύλεων ▸ 4
  - **Noun** · feminine · plural · genitive · (common) ▸ **4** (Ex. 8,7; Ex. 8,9; Num. 22,39; Neh. 12,28)
- ἐπαύλεως ▸ 2
  - **Noun** · feminine · singular · genitive · (common) ▸ **2** (Ex. 14,2; Ex. 14,9)
- ἔπαυλιν ▸ 1
  - **Noun** · feminine · singular · accusative · (common) ▸ **1** (Num. 34,4)
- ἔπαυλις ▸ 3 + 1 = 4
  - **Noun** · feminine · singular · nominative · (common) ▸ 3 + 1 = **4** (Psa. 68,26; Is. 34,13; Is. 35,7; Acts 1,20)

Ἔπαυλις (ἐπί; αὐλή) House, Home ▸ 1
- Ἐπαύλεις ▸ 1
  - **Noun** · feminine · plural · accusative · (proper) ▸ **1** (Judg. 10,4)

ἐπαύξω (ἐπί; αὐξάνω) to increase ▸ 1
- ἐπαύξων ▸ 1
  - **Verb** · present · active · participle · masculine · singular · nominative ▸ **1** (3Mac. 2,25)

ἐπαύριον (ἐπί; αὔριον) tomorrow ▸ 23 + 4 + 17 = 44
- ἐπαύριον ▸ 23 + 4 + 17 = 44
  - **Adverb** · (temporal) ▸ 23 + 4 + 17 = **44** (Gen. 19,34; Ex. 9,6; Ex. 18,13; Ex. 32,6; Lev. 23,11; Lev. 23,15; Lev. 23,16; Num. 11,32; Num. 17,6; Num. 17,23; Num. 33,3; Judg. 6,38; Judg. 9,42; Judg. 21,4; 1Sam. 20,27; 1Sam. 30,17; 1Sam. 31,8; 2Sam. 11,12; 2Kings 8,15; 1Chr. 29,21; Judith 7,1; Jonah 4,7; Bel 15-17; Judg. 6,38; Judg. 9,42; Judg. 21,4; Sus. 28; Matt. 27,62; Mark 11,12; John 1,29; John 1,35; John 1,43; John 6,22; John 12,12; Acts 10,9; Acts 10,23; Acts 10,24; Acts 14,20; Acts 20,7; Acts 21,8; Acts 22,30; Acts 23,32; Acts 25,6; Acts 25,23)

ἐπαφίημι (ἐπί; ἀπό; ἵημι) to send upon, throw at ▸ 4
- ἐπαφῇ ▸ 1
  - **Verb** · third · singular · aorist · active · subjunctive ▸ **1** (Job 12,15)
- ἐπαφήσεις ▸ 1
  - **Verb** · second · singular · future · active · indicative ▸ **1** (Job 39,11)
- ἐπαφήσω ▸ 2
  - **Verb** · first · singular · future · active · indicative ▸ **2** (Job 10,1; Ezek. 16,42)

Ἐπαφρᾶς Epaphras ▸ 3
- Ἐπαφρᾶ ▸ 1
  - **Noun** · masculine · singular · genitive · (proper) ▸ **1** (Col. 1,7)
- Ἐπαφρᾶς ▸ 2
  - **Noun** · masculine · singular · nominative · (proper) ▸ **2** (Col. 4,12; Philem. 23)

ἐπαφρίζω (ἐπί; ἀφρός) to foam up ▸ 1
- ἐπαφρίζοντα ▸ 1
  - **Verb** · present · active · participle · neuter · plural · nominative ▸ **1** (Jude 13)

Ἐπαφρόδιτος Epaphroditus ▸ 2
- Ἐπαφρόδιτον ▸ 1
  - **Noun** · masculine · singular · accusative · (proper) ▸ **1** (Phil. 2,25)
- Ἐπαφροδίτου ▸ 1
  - **Noun** · masculine · singular · genitive · (proper) ▸ **1** (Phil. 4,18)

ἐπεγείρω (ἐπί; ἐγείρω) to awaken, stir up, raise ▸ 18 + 2 = 20
- ἐπεγειρομένους ▸ 2
  - **Verb** · present · middle · participle · masculine · plural · accusative ▸ **2** (Sir. 46,1; Nah. 1,8)
- ἐπεγειρομένων ▸ 3
  - **Verb** · present · middle · participle · masculine · plural · genitive ▸ **3** (2Sam. 18,31; 2Sam. 22,49; 2Mac. 4,40)
- ἐπεγείρω ▸ 2
  - **Verb** · first · singular · present · active · indicative ▸ **2** (Amos 6,14; Is. 13,17)
- ἐπεγερεῖ ▸ 2
  - **Verb** · third · singular · future · active · indicative ▸ **2** (Is. 10,26; Is. 42,13)
- ἐπεγερθῆναι ▸ 1
  - **Verb** · aorist · passive · infinitive ▸ **1** (Jer. 29,7)
- ἐπεγερθήσονται ▸ 2
  - **Verb** · third · plural · future · passive · indicative ▸ **2** (Mic. 5,4; Is. 19,2)
- ἐπεγερῶ ▸ 3
  - **Verb** · first · singular · future · active · indicative ▸ **3** (1Sam. 3,12; Zech. 9,13; Is. 43,14)
- ἐπήγειραν ▸ 2
  - **Verb** · third · plural · aorist · active · indicative ▸ **2** (Acts 13,50; Acts 14,2)
- ἐπήγειρεν ▸ 3
  - **Verb** · third · singular · imperfect · active · indicative ▸ **3** (1Sam. 22,8; 1Chr. 5,26; 2Chr. 21,16)

ἐπεί (ἐπί) since, because, when; otherwise ▸ 38 + 1 + 26 = 65
- ἐπεί ▸ 35 + 1 + 24 = 60
  - **Conjunction** · subordinating · (causal) ▸ 35 + 1 + 24 = **60** (Gen. 15,17; Gen. 46,30; Ex. 2,3; Deut. 2,16; Josh. 4,1; Josh. 7,8; Josh.

10,24; Josh. 17,13; Judg. 6,7; 1Esdr. 2,16; 1Esdr. 6,14; Judith 11,12; 1Mac. 10,26; 1Mac. 14,29; 2Mac. 13,8; 2Mac. 14,29; 3Mac. 2,12; 3Mac. 2,16; 4Mac. 1,33; 4Mac. 2,7; 4Mac. 2,19; 4Mac. 3,7; 4Mac. 4,24; 4Mac. 4,26; 4Mac. 6,34; 4Mac. 7,21; Psa. 37,21; Psa. 77,20; Psa. 118,136; Job 13,15; Job 35,7; Wis. 18,12; Wis. 19,15; Dan. 4,26; Dan. 6,5; Dan. 3,22; Matt. 18,32; Matt. 21,46; Matt. 27,6; Mark 15,42; Luke 1,34; John 13,29; John 19,31; Rom. 3,6; Rom. 11,6; Rom. 11,22; 1Cor. 5,10; 1Cor. 7,14; 1Cor. 14,12; 1Cor. 14,16; 2Cor. 11,18; 2Cor. 13,3; Heb. 4,6; Heb. 5,2; Heb. 5,11; Heb. 6,13; Heb. 9,17; Heb. 9,26; Heb. 10,2; Heb. 11,11)

ἐπεί ▸ 2
Conjunction · subordinating · (causal) ▸ **2** (1Mac. 15,3; 4Mac. 8,9)

Ἐπεὶ ▸ **1** + **2** = **3**
Conjunction · subordinating · (causal) ▸ **1** + **2** = **3** (1Mac. 10,52; 1Cor. 15,29; Heb. 2,14)

ἐπείγω to urge, be urgent, press hard; weigh down ▸ **2** + **1** = **3**

ἐπείγοντας ▸ 1
Verb · present · active · participle · masculine · plural · accusative ▸ **1** (2Mac. 10,19)

ἐπείγουσιν ▸ 1
Verb · third · plural · present · active · indicative ▸ **1** (Bel 30)

ἤπειγεν ▸ 1
Verb · third · singular · imperfect · active · indicative ▸ **1** (Dan. 3,22)

ἐπειδή (ἐπί; δή) since, because, for ▸ **20** + **10** = **30**

ἐπειδή ▸ **10** + **8** = **18**
Conjunction · subordinating · (causal) ▸ **10** + **8** = **18** (Gen. 19,19; Ex. 1,21; Ex. 34,33; 4Mac. 4,1; 4Mac. 4,22; 4Mac. 8,2; Prov. 1,24; Job 9,29; Jer. 31,7; Dan. 3,22; Luke 11,6; Acts 13,46; Acts 14,12; 1Cor. 1,21; 1Cor. 1,22; 1Cor. 14,16; 1Cor. 15,21; Phil. 2,26)

Ἐπειδὴ ▸ **10** + **2** = **12**
Conjunction · subordinating · (causal) ▸ **10** + **2** = **12** (Gen. 15,3; Gen. 18,31; Gen. 23,13; Gen. 41,39; Gen. 50,4; 4Mac. 3,20; Jer. 25,8; Jer. 36,31; Jer. 42,18; Ezek. 28,6; Luke 7,1; Acts 15,24)

ἐπειδήπερ (ἐπεί; δή; περ) inasmuch as, since ▸ **1**

Ἐπειδήπερ ▸ 1
Conjunction · subordinating · (causal) ▸ **1** (Luke 1,1)

ἔπειμι (ἐπί; εἶμι; ἐπεῖναι) to come upon, near, after ▸ **5**

ἐπέσται ▸ 1
Verb · third · singular · future · middle · indicative ▸ **1** (Ex. 9,3)

ἐπεστί ▸ 1
Verb · third · singular · present · active · indicative ▸ **1** (4Mac. 1,10)

ἔπεστιν ▸ 1
Verb · third · singular · present · active · indicative ▸ **1** (Ex. 8,18)

ἐπῆσαν ▸ 2
Verb · third · plural · imperfect · active · indicative ▸ **2** (1Kings 10,16; 2Chr. 9,15)

ἔπειμι (2nd homograph) (ἐπί; εἶμι; ἐπιέναι) to come upon, near, after, next ▸ **5** + **5** = **10**

ἐπιόντα ▸ 2
Verb · present · active · participle · masculine · singular · accusative ▸ **2** (Deut. 32,29; Ode. 2,29)

ἐπιόντι ▸ 1
Verb · present · active · participle · neuter · singular · dative ▸ **1** (1Chr. 20,1)

ἐπιοῦσα ▸ 2
Verb · present · active · participle · feminine · singular · nominative ▸ **2** (Prov. 3,28; Prov. 27,1)

ἐπιούσῃ ▸ 5
Verb · present · participle · feminine · singular · dative ▸ **5** (Acts 7,26; Acts 16,11; Acts 20,15; Acts 21,18; Acts 23,11)

ἐπεισαγωγή (ἐπί; εἰς 2nd homograph; ἄγω) bringing in ▸ **1**

ἐπεισαγωγὴ ▸ 1
Noun · feminine · singular · nominative ▸ **1** (Heb. 7,19)

ἐπεισέρχομαι (ἐπί; εἰς 2nd homograph; ἔρχομαι) to rush upon, come upon ▸ **1** + **1** = **2**

ἐπεισελεύσεται ▸ 1
Verb · third · singular · future · middle · indicative ▸ **1** (Luke 21,35)

ἐπεισῆλθον ▸ 1
Verb · third · plural · aorist · active · indicative ▸ **1** (1Mac. 16,16)

ἐπεισφέρω (ἐπί; εἰς 2nd homograph; φέρω) to bring next ▸ **1** + **1** = **2**

ἐπεισήνεγκεν ▸ **1** + **1** = **2**
Verb · third · singular · aorist · active · indicative ▸ **1** + **1** = **2** (Judg. 3,22; Judg. 3,22)

ἔπειτα (ἐπί; εἶτα) then ▸ **2** + **16** = **18**

ἔπειτα ▸ **2** + **13** = **15**
Adverb · (sequence) ▸ **2** + **13** = **15** (4Mac. 6,3; Is. 16,2; Luke 16,7; John 11,7; 1Cor. 12,28; 1Cor. 12,28; 1Cor. 15,6; 1Cor. 15,7; 1Cor. 15,23; 1Cor. 15,46; 1Th. 4,17; Heb. 7,2; Heb. 7,27; James 3,17; James 4,14)

Ἔπειτα ▸ 3
Adverb · (sequence) ▸ **3** (Gal. 1,18; Gal. 1,21; Gal. 2,1)

ἐπέκεινα (ἐπί; ἐκεῖ) beyond ▸ **17** + **1** + **1** = **19**

ἐπέκεινα ▸ **17** + **1** + **1** = **19**
Adverb · **12** + **1** = **13** (Lev. 22,27; Num. 15,23; Num. 32,19; 1Sam. 10,3; 1Sam. 18,9; 1Sam. 20,22; 1Sam. 20,37; Mic. 4,5; Hag. 2,18; Is. 18,2; Ezek. 39,22; Ezek. 43,27; Sus. 64)
ImproperPreposition · (+genitive) ▸ **5** + **1** = **6** (Gen. 35,16; 1Mac. 10,30; Amos 5,27; Is. 18,1; Jer. 22,19; Acts 7,43)

ἐπεκτείνομαι (ἐπί; ἐκ; τείνω) to stretch toward ▸ **1**

ἐπεκτεινόμενος ▸ 1
Verb · present · middle · participle · masculine · singular · nominative ▸ **1** (Phil. 3,13)

ἐπεκχέω (ἐπί; ἐκ; χέω) to rush upon ▸ **1**

ἐπεκχυθῶσιν ▸ 1
Verb · third · plural · aorist · passive · subjunctive ▸ **1** (Judith 15,4)

ἐπελπίζω (ἐπί; ἐλπίς) to give hope to ▸ **8**

ἐπελπιζέτω ▸ 1
Verb · third · singular · present · active · imperative ▸ **1** (2Kings 18,30)

ἐπήλπισα ▸ 5
Verb · first · singular · aorist · active · indicative ▸ **5** (Psa. 118,43; Psa. 118,74; Psa. 118,81; Psa. 118,114; Psa. 118,147)

ἐπήλπισάς ▸ 1
Verb · second · singular · aorist · active · indicative ▸ **1** (Psa. 118,49)

ἐπήλπισεν ▸ 1
Verb · third · singular · aorist · active · indicative ▸ **1** (Psa. 51,9)

ἐπενδύομαι (ἐπί; ἐν; δύω) to put on, be fully clothed ▸ **2**

ἐπενδύσασθαι ▸ 2
Verb · aorist · middle · infinitive ▸ **2** (2Cor. 5,2; 2Cor. 5,4)

ἐπενδύτης (ἐπί; ἐν; δύω) outer garment ▸ **1** + **1** = **2**

ἐπενδύτας ▸ 1
Noun · masculine · plural · accusative · (common) ▸ **1** (2Sam. 13,18)

ἐπενδύτην ▸ 1
    Noun · masculine · singular · accusative ▸ 1 (John 21,7)
ἐπεξέρχομαι (ἐπί; ἐκ; ἔρχομαι) to punish ▸ 2
    ἐπεξέρχεται ▸ 1
        Verb · third · singular · present · middle · indicative ▸ 1 (Wis. 14,31)
    ἐπεξῆλθες ▸ 1
        Verb · second · singular · aorist · active · indicative ▸ 1 (Judith 13,20)
ἐπερείδω (ἐπί; ἐρείδω) to lean on, rest in ▸ 2
    ἐπερειδομένοις ▸ 1
        Verb · present · passive · participle · masculine · plural · dative ▸ 1 (Prov. 3,18)
    ἐπηρείδετο ▸ 1
        Verb · third · singular · imperfect · passive · indicative ▸ 1 (Esth. 15,2 # 5,1a)
ἐπέρχομαι (ἐπί; ἔρχομαι) to come upon, be at hand ▸ 108 + 4 + 9 = 121
    ἐπελεύσεσθαι ▸ 2
        Verb · future · middle · infinitive ▸ 2 (1Esdr. 4,49; 2Mac. 9,17)
    ἐπελεύσεται ▸ 12 + 1 + 1 = 14
        Verb · third · singular · future · middle · indicative ▸ 12 + 1 + 1 = 14 (Num. 6,5; Num. 8,7; Prov. 26,2; Eccl. 2,12; Job 19,29; Job 20,22; Job 21,17; Job 25,3; Bar. 4,24; Bar. 4,35; Dan. 11,15; Dan. 11,41; Dan. 11,13; Luke 1,35)
    ἐπελεύσεταί ▸ 2
        Verb · third · singular · future · middle · indicative ▸ 2 (Job 23,6; Job 23,17)
    ἐπελεύσομαι ▸ 2
        Verb · first · singular · future · middle · indicative ▸ 2 (2Sam. 17,2; Hos. 10,11)
    ἐπεληλύθει ▸ 1
        Verb · third · singular · pluperfect · active · indicative ▸ 1 (2Mac. 9,18)
    ἐπελθεῖν ▸ 4
        Verb · aorist · active · infinitive ▸ 4 (Wis. 16,4; Zeph. 2,2; Zeph. 2,2; Dan. 11,17)
    ἐπέλθῃ ▸ 23 + 2 = 25
        Verb · third · singular · aorist · active · subjunctive ▸ 23 + 2 = 25 (Ex. 10,1; Lev. 11,34; Lev. 14,43; Num. 5,14; Num. 5,14; Num. 5,30; 2Chr. 20,9; Prov. 26,11; Job 31,12; Sir. 3,8; Mic. 3,11; Mic. 5,4; Mic. 5,5; Zech. 9,8; Is. 7,25; Is. 13,13; Is. 28,18; Is. 32,15; Is. 65,17; LetterJ 48; Ezek. 33,4; Ezek. 47,9; Ezek. 47,9; Acts 8,24; Acts 13,40)
    ἐπέλθῃς ▸ 2
        Verb · second · singular · aorist · active · subjunctive ▸ 2 (Prov. 4,14; Prov. 4,15)
    ἐπέλθοι ▸ 3
        Verb · third · singular · aorist · active · optative ▸ 3 (Job 3,5; Job 20,28; Dan. 4,19)
    ἐπελθόν ▸ 1
        Verb · aorist · active · participle · neuter · singular · accusative ▸ 1 (2Sam. 19,8)
    ἐπελθὸν ▸ 1
        Verb · aorist · active · participle · neuter · singular · nominative ▸ 1 (2Chr. 22,1)
    ἐπελθόντα ▸ 1
        Verb · aorist · active · participle · neuter · plural · accusative ▸ 1 (Job 2,11)
    ἐπελθόντες ▸ 2
        Verb · aorist · active · participle · masculine · plural · nominative ▸ 2 (Judg. 18,17; Prov. 27,12)
    ἐπελθόντος ▸ 1
        Verb · aorist · active · participle · neuter · singular · genitive ▸ 1 (Acts 1,8)
    ἐπελθόντων ▸ 2
        Verb · aorist · active · participle · masculine · plural · genitive ▸ 2 (1Mac. 8,4; Ezek. 39,11)
    ἐπελθοῦσαν ▸ 4
        Verb · aorist · active · participle · feminine · singular · accusative ▸ 4 (Prov. 3,25; Wis. 17,13; Bar. 4,9; Bar. 4,25)
    ἐπελθούσῃ ▸ 1
        Verb · aorist · active · participle · feminine · singular · dative ▸ 1 (2Mac. 1,7)
    ἐπελθούσης ▸ 2
        Verb · aorist · active · participle · feminine · singular · genitive ▸ 2 (Job 27,9; Wis. 1,5)
    ἐπελθών ▸ 3 + 1 = 4
        Verb · aorist · active · participle · masculine · singular · nominative ▸ 3 + 1 = 4 (Josh. 24,20; 3Mac. 1,6; Job 40,20; Luke 11,22)
    ἐπέρχεται ▸ 4
        Verb · third · singular · present · middle · indicative ▸ 4 (Prov. 5,6; Prov. 16,33; Prov. 18,3; Prov. 19,11)
    ἐπερχόμενα ▸ 8
        Verb · present · middle · participle · neuter · plural · accusative ▸ 8 (Judith 9,5; Zech. 12,9; Is. 41,4; Is. 41,22; Is. 41,23; Is. 42,23; Is. 44,7; Is. 45,11)
    ἐπερχομέναις ▸ 1
        Verb · present · middle · participle · feminine · plural · dative ▸ 1 (James 5,1)
    ἐπερχομένας ▸ 1
        Verb · present · middle · participle · feminine · plural · accusative ▸ 1 (Prov. 3,25)
    ἐπερχομένην ▸ 1
        Verb · present · middle · participle · feminine · singular · accusative ▸ 1 (3Mac. 5,2)
    ἐπερχομένοις ▸ 1
        Verb · present · middle · participle · masculine · plural · dative ▸ 1 (Eph. 2,7)
    ἐπερχόμενον ▸ 1
        Verb · present · middle · participle · masculine · singular · accusative ▸ 1 (1Sam. 30,23)
    ἐπερχομένων ▸ 1 + 1 = 2
        Verb · present · middle · participle · masculine · plural · genitive ▸ 1 (Prov. 27,12)
        Verb · present · middle · participle · neuter · plural · genitive ▸ 1 (Luke 21,26)
    ἐπέρχονται ▸ 1
        Verb · third · plural · present · middle · indicative ▸ 1 (Job 37,9)
    Ἐπῆλθαν ▸ 1
        Verb · third · plural · aorist · active · indicative ▸ 1 (Acts 14,19)
    ἐπῆλθε ▸ 2
        Verb · third · singular · aorist · active · indicative ▸ 2 (Dan. 5,30; Dan. 10,13)
    ἐπῆλθεν ▸ 20 + 2 = 22
        Verb · third · singular · aorist · active · indicative ▸ 20 + 2 = 22 (Gen. 42,21; Lev. 16,9; Lev. 16,10; Judg. 9,57; 1Sam. 11,7; 1Kings 19,19; 2Chr. 32,26; Psa. 89,10; Job 1,19; Job 4,15; Job 15,19; Wis. 12,27; Wis. 16,5; Sir. 26,28; Nah. 3,19; Is. 48,3; Is. 63,4; Dan. 9,11; Dan. 9,13; Bel 21; Judg. 9,57; Dan. 9,11)
    ἐπῆλθον ▸ 1
        Verb · third · plural · aorist · active · indicative ▸ 1 (Wis. 19,13)
    ἐπήρχετο ▸ 1
        Verb · third · singular · imperfect · middle · indicative ▸ 1 (Judg.

ἐπερωτάω (ἐπί; ἐρωτάω) to ask, inquire ▸ 68 + 7 + 56 = 131
- ἐπερωτᾷ ▸ 1 + 3 = 4
  - **Verb** · third · singular · present · active · indicative ▸ 1 + 3 = 4 (Dan. 2,10; Dan. 2,10; Dan. 2,11; Dan. 2,27)
- ἐπερωτᾶν ▸ 1 + 1 = 2
  - **Verb** · present · active · infinitive ▸ 1 + 1 = 2 (1Sam. 9,9; Luke 20,40)
- ἐπερωτᾷς ▸ 1
  - **Verb** · second · singular · present · active · indicative ▸ 1 (1Sam. 28,16)
- ἐπερωτάτωσαν ▸ 1
  - **Verb** · third · plural · present · active · imperative ▸ 1 (1Cor. 14,35)
- ἐπερωτηθείς ▸ 1
  - **Verb** · aorist · passive · participle · masculine · singular · nominative ▸ 1 (2Mac. 14,5)
- Ἐπερωτηθείς ▸ 1
  - **Verb** · aorist · passive · participle · masculine · singular · nominative ▸ 1 (Luke 17,20)
- ἐπερωτηθῇς ▸ 1
  - **Verb** · second · singular · aorist · passive · subjunctive ▸ 1 (Sir. 32,7)
- ἐπερωτῆσαι ▸ 8 + 3 = 11
  - **Verb** · aorist · active · infinitive ▸ 8 + 3 = 11 (Num. 23,3; Num. 23,15; 1Kings 12,24g; 1Kings 22,8; 2Kings 1,2; Ezek. 14,7; Ezek. 20,1; Ezek. 21,26; Matt. 22,46; Mark 9,32; Mark 12,34)
- ἐπερωτῆσαί ▸ 1
  - **Verb** · aorist · active · infinitive ▸ 1 (Ezek. 20,3)
- ἐπερωτήσαντι ▸ 1
  - **Verb** · aorist · active · participle · masculine · singular · dative ▸ 1 (Prov. 17,28)
- ἐπερωτήσαντος ▸ 1
  - **Verb** · aorist · active · participle · masculine · singular · genitive ▸ 1 (2Mac. 3,37)
- ἐπερωτήσας ▸ 1
  - **Verb** · aorist · active · participle · masculine · singular · nominative ▸ 1 (Acts 23,34)
- ἐπερωτήσατε ▸ 1 + 1 = 2
  - **Verb** · second · plural · aorist · active · imperative ▸ 1 + 1 = 2 (Deut. 4,32; John 9,23)
- Ἐπερωτήσατε ▸ 1
  - **Verb** · second · plural · aorist · active · imperative ▸ 1 (1Kings 22,5)
- ἐπερωτήσῃ ▸ 1
  - **Verb** · third · singular · aorist · active · subjunctive ▸ 1 (2Sam. 16,23)
- ἐπερωτήσομεν ▸ 1
  - **Verb** · first · plural · future · active · indicative ▸ 1 (1Kings 22,7)
- ἐπερώτησον ▸ 5
  - **Verb** · second · singular · aorist · active · imperative ▸ 5 (Deut. 32,7; 1Kings 12,24g; Ode. 2,7; Job 8,8; Job 12,7)
- Ἐπερώτησον ▸ 3
  - **Verb** · second · singular · aorist · active · imperative ▸ 3 (Judg. 18,5; Hag. 2,11; Jer. 21,2)
- ἐπερωτήσουσιν ▸ 4
  - **Verb** · third · plural · future · active · indicative ▸ 4 (Num. 27,21; 2Sam. 20,18; Is. 19,3; Jer. 37,14)
- ἐπερωτήσω ▸ 1
  - **Verb** · first · singular · future · active · indicative ▸ 1 (Mark 11,29)
- ἐπερωτῶ ▸ 1 + 1 = 2
  - **Verb** · first · singular · present · active · indicative ▸ 1 + 1 = 2 (2Sam. 14,18; Luke 6,9)
- ἐπερωτῶν ▸ 1
  - **Verb** · present · active · participle · masculine · singular · nominative ▸ 1 (Deut. 18,11)
- ἐπερωτῶντα ▸ 1
  - **Verb** · present · active · participle · masculine · singular · accusative ▸ 1 (Luke 2,46)
- ἐπερωτῶντος ▸ 1
  - **Verb** · present · active · participle · masculine · singular · genitive ▸ 1 (Ezek. 14,10)
- ἐπερωτῶσιν ▸ 1 + 2 = 3
  - **Verb** · present · active · participle · masculine · plural · dative ▸ 1 (Rom. 10,20)
  - **Verb** · third · plural · present · active · indicative ▸ 1 + 1 = 2 (Is. 65,1; Mark 7,5)
- ἐπηρώτα ▸ 10
  - **Verb** · third · singular · imperfect · active · indicative ▸ 10 (Mark 5,9; Mark 8,23; Mark 8,27; Mark 8,29; Mark 9,33; Mark 10,17; Mark 13,3; Mark 14,61; Mark 15,4; Luke 23,9)
- ἐπηρώτησα ▸ 2
  - **Verb** · first · singular · aorist · active · indicative ▸ 2 (Zech. 4,4; Zech. 4,12)
- ἐπηρωτήσαμεν ▸ 1
  - **Verb** · first · plural · aorist · active · indicative ▸ 1 (1Esdr. 6,11)
- ἐπηρώτησαν ▸ 7 + 1 + 6 = 14
  - **Verb** · third · plural · aorist · active · indicative ▸ 7 + 1 + 6 = 14 (Josh. 9,14; Judg. 20,18; Judg. 20,23; Judg. 20,27; Judith 10,12; Psa. 136,3; Is. 30,2; Judg. 20,28; Matt. 12,10; Matt. 16,1; Matt. 17,10; Matt. 22,23; Luke 20,21; Luke 20,27)
- Ἐπηρώτησαν ▸ 1 + 1 = 2
  - **Verb** · third · plural · aorist · active · indicative ▸ 1 + 1 = 2 (Gen. 26,7; Luke 21,7)
- ἐπηρώτησας ▸ 1
  - **Verb** · second · singular · aorist · active · indicative ▸ 1 (Eccl. 7,10)
- ἐπηρώτησεν ▸ 16 + 1 + 15 = 32
  - **Verb** · third · singular · aorist · active · indicative ▸ 16 + 1 + 15 = 32 (Gen. 24,23; Gen. 38,21; Gen. 43,7; Judg. 8,14; 1Sam. 10,22; 1Sam. 14,37; 1Sam. 23,2; 1Sam. 28,6; 1Sam. 30,8; 2Sam. 2,1; 2Sam. 5,23; 2Sam. 11,7; 2Kings 8,6; 1Chr. 10,13; Judith 6,16; 2Mac. 15,3; Judg. 8,14; Matt. 22,35; Matt. 22,41; Matt. 27,11; Mark 9,16; Mark 9,21; Mark 12,28; Mark 14,60; Mark 15,2; Mark 15,44; Luke 8,30; Luke 9,18; Luke 18,40; Luke 23,6; John 18,7; Acts 5,27)
- ἐπηρώτησέν ▸ 1
  - **Verb** · third · singular · aorist · active · indicative ▸ 1 (Luke 18,18)
- ἐπηρωτῶμεν ▸ 1 + 1 = 2
  - **Verb** · first · plural · imperfect · active · indicative ▸ 1 + 1 = 2 (Sus. 40; Sus. 40)
- ἐπηρώτων ▸ 3 + 1 + 9 = 13
  - **Verb** · third · plural · imperfect · active · indicative ▸ 3 + 1 + 9 = 13 (Judg. 1,1; 2Mac. 7,7; Hos. 4,12; Judg. 1,1; Mark 7,17; Mark 9,11; Mark 9,28; Mark 10,2; Mark 10,10; Mark 12,18; Luke 3,10; Luke 3,14; Luke 22,64)
- Ἐπηρώτων ▸ 1
  - **Verb** · third · plural · imperfect · active · indicative ▸ 1 (Luke 8,9)

ἐπερώτημα (ἐπί; ἐρωτάω) decision, answer, appeal ▸ 1 + 1 = 2
- ἐπερώτημα ▸ 1 + 1 = 2

ἐπερώτημα–ἐπί

Noun · neuter · singular · nominative ▸ 1 + 1 = **2** (Dan. 4,17; 1Pet. 3,21)

ἐπερώτησις (ἐπί; ἐρωτάω) questioning ▸ 1
  ἐπερώτησιν ▸ 1
    Noun · feminine · singular · accusative · (common) ▸ **1** (Gen. 43,7)

ἐπευθυμέω (ἐπί; εὖ; θυμός) to rejoice ▸ 1
  ἐπευθυμήσωσιν ▸ 1
    Verb · third · plural · aorist · active · subjunctive ▸ **1** (Wis. 18,6)

ἐπευκτός (ἐπί; εὔχομαι) longed for ▸ 2
  ἐπευκτή ▸ 1
    Adjective · feminine · singular · nominative · noDegree ▸ **1** (Jer. 20,14)
  Ἐπευκτή ▸ 1
    Adjective · feminine · singular · nominative · noDegree ▸ **1** (Sol. 8,16)

ἐπεύχομαι (ἐπί; εὔχομαι) to pray; make a vow ▸ 2
  ἐπεύχεσθαι ▸ 2
    Verb · present · middle · infinitive ▸ **2** (Deut. 10,8; 1Chr. 23,13)

ἐπέχω (ἐπί; ἔχω) to hold, hold back; to notice, give close attention to ▸ 22 + 1 + 5 = 28
  ἐπεῖχεν ▸ 1
    Verb · third · singular · imperfect · active · indicative ▸ **1** (Acts 3,5)
  ἐπέσχεν ▸ 1 + 1 = 2
    Verb · third · singular · aorist · active · indicative ▸ 1 + 1 = **2** (2Mac. 5,25; Acts 19,22)
  ἐπέσχον ▸ 1
    Verb · first · singular · aorist · active · indicative ▸ **1** (Jer. 6,11)
  ἔπεχε ▸ 6 + 1 = 7
    Verb · second · singular · present · active · imperative ▸ 6 + 1 = **7** (Sir. 5,1; Sir. 5,8; Sir. 13,11; Sir. 16,3; Sir. 35,11; Sir. 37,11; 1Tim. 4,16)
  ἐπέχει ▸ 2
    Verb · third · singular · present · active · indicative ▸ **2** (Job 27,8; Sir. 34,15)
  ἐπέχοντας ▸ 1
    Verb · present · active · participle · masculine · plural · accusative ▸ **1** (2Mac. 9,25)
  ἐπέχοντες ▸ 1
    Verb · present · active · participle · masculine · plural · nominative ▸ **1** (Phil. 2,16)
  ἐπέχων ▸ 2 + 1 = 3
    Verb · present · active · participle · masculine · singular · nominative ▸ 2 + 1 = **3** (Job 30,26; Sir. 34,2; Luke 14,7)
  ἐπίσχες ▸ 1
    Verb · second · singular · aorist · active · imperative ▸ **1** (Job 18,2)
  ἐπίσχῃς ▸ 1
    Verb · second · singular · aorist · active · subjunctive ▸ **1** (2Kings 4,24)
  ἐπίσχω ▸ 4
    Verb · first · singular · aorist · active · subjunctive ▸ **4** (1Kings 22,6; 1Kings 22,15; 2Chr. 18,5; 2Chr. 18,14)
  ἐπίσχωμεν ▸ 1
    Verb · first · plural · aorist · active · subjunctive ▸ **1** (Judg. 20,28)
  ἐπισχών ▸ 2
    Verb · aorist · active · participle · masculine · singular · nominative ▸ **2** (Gen. 8,10; Gen. 8,12)
  ἐφέξει ▸ 1
    Verb · third · singular · future · active · indicative ▸ **1** (Sir. 15,4)

ἐπήκοος (ἐπί; ἀκούω) listening, attentive ▸ 2
  ἐπήκοα ▸ 2
    Adjective · neuter · plural · nominative · noDegree ▸ **2** (2Chr. 6,40; 2Chr. 7,15)

ἐπήλυτος (ἐπί; ἔρχομαι) stranger, foreigner ▸ 1
  ἐπήλυτος ▸ 1
    Noun · masculine · singular · nominative · (common) ▸ **1** (Job 20,26)

ἐπηρεάζω to mistreat ▸ 2
  ἐπηρεάζοντες ▸ 1
    Verb · present · active · participle · masculine · plural · nominative ▸ **1** (1Pet. 3,16)
  ἐπηρεαζόντων ▸ 1
    Verb · present · active · participle · masculine · plural · genitive ▸ **1** (Luke 6,28)

ἐπί (+gen/dat/acc) upon, over, on, at the time of, at, to
  ▸ 6973 + 339 + 890 = 8202
  ἐπ' ▸ 1351 + 70 + 145 = 1566
    Preposition · (+accusative) ▸ 816 + 45 + 85 = **946** (Gen. 14,15; Gen. 16,12; Gen. 19,19; Gen. 20,9; Gen. 20,13; Gen. 24,42; Gen. 27,12; Gen. 28,14; Gen. 33,12; Gen. 33,13; Gen. 34,30; Gen. 35,14; Gen. 35,14; Gen. 37,27; Gen. 42,36; Gen. 47,29; Gen. 50,1; Ex. 1,8; Ex. 5,14; Ex. 7,4; Ex. 7,5; Ex. 9,19; Ex. 10,1; Ex. 11,1; Ex. 15,16; Ex. 15,18; Ex. 15,19; Ex. 19,18; Ex. 20,25; Ex. 28,23 # 28,29a; Ex. 30,10; Ex. 32,21; Ex. 32,34; Ex. 36,23; Ex. 36,27; Ex. 36,38; Ex. 40,35; Lev. 2,1; Lev. 2,1; Lev. 2,6; Lev. 2,15; Lev. 2,15; Lev. 5,11; Lev. 5,11; Lev. 5,16; Lev. 5,24; Lev. 6,5; Lev. 6,5; Lev. 6,20; Lev. 8,7; Lev. 8,8; Lev. 10,1; Lev. 10,1; Lev. 11,34; Lev. 11,35; Lev. 11,38; Lev. 15,4; Lev. 15,9; Lev. 15,17; Lev. 15,20; Lev. 15,20; Lev. 15,22; Lev. 15,26; Lev. 16,9; Lev. 16,10; Lev. 22,14; Lev. 27,15; Num. 4,6; Num. 4,6; Num. 4,7; Num. 4,8; Num. 4,13; Num. 4,14; Num. 4,14; Num. 4,14; Num. 5,7; Num. 5,15; Num. 5,15; Num. 5,30; Num. 11,11; Num. 11,17; Num. 11,25; Num. 11,26; Num. 11,29; Num. 14,35; Num. 16,7; Num. 16,7; Num. 16,17; Num. 16,18; Num. 16,18; Num. 16,19; Num. 17,11; Num. 17,11; Num. 19,2; Num. 19,13; Num. 19,17; Num. 19,20; Num. 27,18; Num. 27,20; Num. 27,23; Num. 35,20; Num. 35,22; Num. 35,23; Deut. 1,2; Deut. 1,17; Deut. 11,29; Deut. 11,29; Deut. 13,1; Deut. 13,10; Deut. 16,9; Deut. 17,14; Deut. 19,11; Deut. 20,19; Deut. 27,5; Deut. 27,6; Deut. 29,21; Deut. 29,22; Deut. 29,26; Deut. 32,2; Deut. 34,9; Josh. 10,9; Josh. 10,18; Josh. 11,7; Josh. 11,7; Josh. 18,7; Josh. 19,13; Josh. 19,48a; Josh. 22,23; Josh. 24,7; Judg. 3,10; Judg. 3,23; Judg. 4,12; Judg. 6,3; Judg. 6,4; Judg. 6,31; Judg. 7,2; Judg. 9,25; Judg. 9,49; Judg. 9,50; Judg. 9,57; Judg. 14,6; Judg. 14,16; Judg. 14,17; Judg. 14,19; Judg. 15,14; Judg. 16,26; Judg. 18,5; Judg. 18,9; Judg. 18,9; Judg. 19,20; Judg. 20,5; Judg. 20,5; Judg. 20,9; Ruth 3,15; 1Sam. 4,19; 1Sam. 8,9; 1Sam. 9,6; 1Sam. 10,10; 1Sam. 11,6; 1Sam. 14,9; 1Sam. 17,32; 1Sam. 17,35; 1Sam. 17,43; 1Sam. 17,51; 1Sam. 20,34; 1Sam. 22,8; 1Sam. 22,8; 1Sam. 22,13; 1Sam. 22,17; 1Sam. 24,7; 1Sam. 25,36; 1Sam. 26,12; 1Sam. 26,19; 1Sam. 30,17; 1Sam. 31,4; 2Sam. 1,10; 2Sam. 3,8; 2Sam. 11,21; 2Sam. 11,22; 2Sam. 11,23; 2Sam. 12,17; 2Sam. 12,28; 2Sam. 14,26; 2Sam. 15,4; 2Sam. 15,33; 2Sam. 17,2; 2Sam. 17,12; 2Sam. 18,17; 2Sam. 18,32; 2Sam. 19,27; 2Sam. 20,11; 2Sam. 20,12; 2Sam. 20,12; 2Sam. 20,15; 2Sam. 21,10; 2Sam. 21,10; 1Kings 2,15; 1Kings 3,19; 1Kings 8,31; 1Kings 8,46; 1Kings 9,9; 1Kings 10,9; 1Kings 11,14; 1Kings 13,4; 1Kings 13,13; 1Kings 14,27; 1Kings 16,9; 1Kings 16,18; 1Kings 18,28; 1Kings 19,19; 1Kings 19,19; 1Kings 21,1; 2Kings 2,9; 2Kings 3,15; 2Kings 4,34; 2Kings 6,25; 2Kings 8,21; 2Kings 9,25; 2Kings 11,12; 2Kings 14,19; 2Kings 15,10; 2Kings 15,25; 2Kings 16,7; 2Kings 16,12; 2Kings 16,15; 2Kings 17,3; 2Kings 17,5; 2Kings 18,9; 2Kings 18,14; 2Kings

ἐπί

18,21; 2Kings 18,21; 2Kings 18,21; 2Kings 18,23; 2Kings 18,24; 2Kings 19,21; 2Kings 19,27; 2Kings 19,28; 2Kings 23,20; 2Kings 23,34; 2Kings 24,11; 2Kings 25,1; 2Kings 25,1; 1Chr. 5,20; 1Chr. 9,27; 1Chr. 10,4; 1Chr. 11,6; 1Chr. 11,23; 1Chr. 15,15; 1Chr. 19,17; 1Chr. 19,17; 2Chr. 1,6; 2Chr. 1,11; 2Chr. 2,10; 2Chr. 6,22; 2Chr. 7,14; 2Chr. 7,22; 2Chr. 9,8; 2Chr. 10,14; 2Chr. 12,10; 2Chr. 14,8; 2Chr. 14,13; 2Chr. 15,1; 2Chr. 20,14; 2Chr. 20,16; 2Chr. 22,1; 2Chr. 23,11; 2Chr. 24,23; 2Chr. 24,26; 2Chr. 26,20; 2Chr. 27,5; 2Chr. 28,20; 2Chr. 29,23; 2Chr. 32,25; 2Chr. 32,26; 2Chr. 33,11; 2Chr. 33,16; 2Chr. 36,5b; 2Chr. 36,6; 2Chr. 36,17; 1Esdr. 1,38; 1Esdr. 1,49; 1Esdr. 4,31; 1Esdr. 6,1; 1Esdr. 7,15; Ezra 1,2; Ezra 3,2; Ezra 3,3; Ezra 3,3; Ezra 3,7; Ezra 4,5; Ezra 5,1; Ezra 5,3; Ezra 6,22; Ezra 7,6; Ezra 7,9; Ezra 7,28; Ezra 7,28; Neh. 2,18; Neh. 4,3; Neh. 5,7; Neh. 5,7; Neh. 5,15; Neh. 6,3; Neh. 6,13; Neh. 9,10; Neh. 9,30; Neh. 11,9; Neh. 11,23; Neh. 13,2; Neh. 13,13; Neh. 13,18; Esth. 14,11 # 4,17q; Esth. 9,25; Judith 2,7; Judith 4,7; Judith 6,12; Judith 7,14; Judith 11,2; Judith 11,10; Judith 12,16; Judith 13,20; Judith 14,3; Judith 15,2; Judith 15,3; Judith 15,5; Tob. 3,3; Tob. 3,15; 1Mac. 2,30; 1Mac. 2,32; 1Mac. 2,35; 1Mac. 2,38; 1Mac. 2,39; 1Mac. 2,61; 1Mac. 3,35; 1Mac. 5,5; 1Mac. 5,15; 1Mac. 5,43; 1Mac. 6,9; 1Mac. 6,19; 1Mac. 6,20; 1Mac. 6,24; 1Mac. 6,37; 1Mac. 7,30; 1Mac. 8,4; 1Mac. 8,5; 1Mac. 8,6; 1Mac. 8,10; 1Mac. 9,40; 1Mac. 9,48; 1Mac. 10,49; 1Mac. 10,61; 1Mac. 11,15; 1Mac. 11,20; 1Mac. 11,66; 1Mac. 11,68; 1Mac. 11,73; 1Mac. 12,26; 1Mac. 12,39; 1Mac. 12,42; 1Mac. 15,12; 2Mac. 4,38; 2Mac. 8,11; 2Mac. 8,15; 2Mac. 8,16; 2Mac. 9,18; 2Mac. 12,22; 2Mac. 15,17; 3Mac. 4,18; 4Mac. 4,22; 4Mac. 14,5; 4Mac. 16,20; Psa. 3,2; Psa. 9,21; Psa. 12,3; Psa. 17,3; Psa. 17,31; Psa. 17,40; Psa. 17,49; Psa. 20,6; Psa. 21,14; Psa. 24,16; Psa. 26,2; Psa. 26,3; Psa. 26,3; Psa. 26,6; Psa. 29,2; Psa. 30,14; Psa. 31,4; Psa. 33,9; Psa. 33,23; Psa. 34,15; Psa. 34,16; Psa. 34,20; Psa. 34,21; Psa. 34,26; Psa. 36,5; Psa. 36,12; Psa. 36,40; Psa. 37,3; Psa. 37,5; Psa. 37,17; Psa. 40,10; Psa. 40,12; Psa. 41,5; Psa. 41,8; Psa. 51,8; Psa. 53,5; Psa. 54,4; Psa. 54,5; Psa. 54,6; Psa. 54,13; Psa. 54,16; Psa. 58,2; Psa. 58,4; Psa. 61,4; Psa. 61,9; Psa. 63,9; Psa. 63,11; Psa. 68,10; Psa. 68,16; Psa. 68,17; Psa. 68,25; Psa. 77,27; Psa. 77,31; Psa. 79,18; Psa. 85,13; Psa. 85,14; Psa. 85,16; Psa. 87,8; Psa. 87,8; Psa. 87,17; Psa. 90,2; Psa. 90,13; Psa. 90,14; Psa. 91,12; Psa. 103,12; Psa. 104,38; Psa. 106,40; Psa. 108,2; Psa. 108,6; Psa. 117,8; Psa. 117,9; Psa. 118,41; Psa. 118,69; Psa. 118,132; Psa. 137,7; Psa. 138,5; Psa. 139,11; Psa. 142,4; Psa. 145,3; Ode. 1,16; Ode. 1,18; Ode. 1,19; Ode. 2,2; Ode. 3,1; Ode. 6,4; Prov. 3,18; Prov. 17,24; Prov. 24,25; Eccl. 2,17; Eccl. 5,7; Eccl. 8,6; Eccl. 9,12; Eccl. 9,14; Eccl. 9,14; Song 2,4; Song 4,4; Song 5,4; Song 7,11; Song 8,9; Song 8,9; Job 3,5; Job 3,7; Job 4,13; Job 7,12; Job 10,1; Job 10,17; Job 10,17; Job 12,21; Job 15,19; Job 16,9; Job 18,9; Job 18,9; Job 19,6; Job 19,29; Job 20,22; Job 20,23; Job 20,23; Job 26,7; Job 26,9; Job 27,7; Job 27,13; Job 27,22; Job 29,13; Job 30,2; Job 30,12; Job 30,16; Job 33,15; Job 34,23; Job 34,28; Job 36,18; Job 36,30; Job 40,20; Job 41,15; Wis. 12,27; Wis. 16,3; Wis. 16,18; Wis. 16,28; Sir. 2,6; Sir. 4,17; Sir. 7,3; Sir. 9,9; Sir. 15,4; Sir. 17,29; Sir. 18,11; Sir. 21,15; Sir. 28,4; Sir. 28,12; Sir. 46,6; Sir. 47,25; Sir. 48,2; Sol. 4,3; Sol. 4,9; Sol. 4,12; Sol. 17,2; Sol. 17,32; Sol. 17,42; Sol. 18,2; Hos. 2,15; Hos. 4,9; Hos. 5,10; Hos. 7,12; Hos. 8,1; Hos. 8,5; Hos. 10,5; Hos. 10,10; Hos. 12,15; Hos. 13,15; Amos 3,14; Amos 4,7; Amos 5,9; Amos 9,4; Amos 9,12; Mic. 3,4; Mic. 3,5; Mic. 3,5; Mic. 3,6; Mic. 4,3; Mic. 4,7; Mic. 5,4; Obad. 1; Jonah 1,13; Jonah 2,4; Jonah 4,10; Nah. 3,10; Hab. 2,5; Zeph. 2,7; Zeph. 2,11; Zeph. 3,7; Zeph. 3,8; Zeph. 3,18; Zech. 2,13; Zech. 9,8; Zech. 9,14; Zech. 11,8; Zech. 11,8; Zech. 12,3; Zech. 12,10; Zech. 12,10; Zech. 13,7; Zech. 14,13; Mal. 3,13; Is. 2,2; Is. 2,4; Is. 5,25; Is. 9,10; Is. 9,10; Is. 10,26; Is. 11,2; Is. 18,6; Is. 18,6; Is. 19,2; Is. 19,12; Is. 19,17; Is. 21,2; Is. 22,24; Is. 22,25; Is. 29,1; Is. 29,7; Is. 30,3; Is. 31,2; Is. 31,2; Is. 31,3; Is. 34,11; Is. 35,9; Is. 36,6; Is. 36,6; Is. 36,8; Is. 37,33; Is. 37,33; Is. 37,33; Is. 40,9; Is. 40,24; Is. 42,1; Is. 42,25; Is. 47,14; Is. 53,5; Is. 56,8; Is. 57,7; Is. 57,19; Is. 60,2; Is. 61,1; Jer. 2,3; Jer. 2,15; Jer. 2,27; Jer. 4,17; Jer. 6,3; Jer. 6,4; Jer. 6,4; Jer. 7,30; Jer. 9,15; Jer. 9,25; Jer. 11,16; Jer. 11,19; Jer. 11,22; Jer. 12,8; Jer. 13,16; Jer. 14,16; Jer. 14,17; Jer. 15,3; Jer. 15,8; Jer. 17,5; Jer. 17,5; Jer. 17,18; Jer. 18,22; Jer. 18,22; Jer. 18,23; Jer. 19,15; Jer. 23,12; Jer. 24,6; Jer. 24,7; Jer. 25,17; Jer. 26,20; Jer. 26,21; Jer. 26,22; Jer. 27,3; Jer. 27,12; Jer. 27,14; Jer. 27,15; Jer. 27,15; Jer. 27,21; Jer. 27,21; Jer. 27,29; Jer. 27,44; Jer. 28,3; Jer. 28,27; Jer. 28,27; Jer. 28,27; Jer. 28,27; Jer. 28,28; Jer. 28,63; Jer. 28,64; Jer. 30,2; Jer. 30,2; Jer. 30,5; Jer. 30,11; Jer. 30,13; Jer. 30,14; Jer. 30,16; Jer. 30,20; Jer. 30,24; Jer. 30,26; Jer. 31,2; Jer. 31,22; Jer. 31,23; Jer. 31,23; Jer. 31,31; Jer. 31,36; Jer. 32,17; Jer. 32,29; Jer. 32,30; Jer. 33,19; Jer. 37,21; Jer. 37,23; Jer. 38,12; Jer. 38,28; Jer. 38,28; Jer. 39,42; Jer. 39,42; Jer. 41,22; Jer. 42,17; Jer. 43,31; Jer. 43,31; Jer. 47,11; Jer. 49,17; Jer. 50,10; Jer. 51,27; Bar. 4,15; Lam. 1,15; Lam. 3,1; Lam. 3,20; Lam. 5,18; LetterJ 48; Ezek. 1,3; Ezek. 2,2; Ezek. 3,14; Ezek. 3,22; Ezek. 3,24; Ezek. 4,1; Ezek. 4,2; Ezek. 4,2; Ezek. 4,2; Ezek. 4,2; Ezek. 4,3; Ezek. 4,7; Ezek. 5,13; Ezek. 5,13; Ezek. 5,16; Ezek. 6,2; Ezek. 6,12; Ezek. 6,14; Ezek. 7,18; Ezek. 7,26; Ezek. 8,1; Ezek. 11,4; Ezek. 11,5; Ezek. 11,22; Ezek. 12,13; Ezek. 13,17; Ezek. 14,9; Ezek. 14,13; Ezek. 14,13; Ezek. 14,19; Ezek. 14,22; Ezek. 15,3; Ezek. 15,7; Ezek. 15,7; Ezek. 16,16; Ezek. 17,6; Ezek. 17,20; Ezek. 17,22; Ezek. 18,13; Ezek. 18,20; Ezek. 18,20; Ezek. 19,8; Ezek. 19,8; Ezek. 20,8; Ezek. 20,13; Ezek. 20,15; Ezek. 20,17; Ezek. 20,21; Ezek. 20,21; Ezek. 20,23; Ezek. 22,31; Ezek. 23,7; Ezek. 23,8; Ezek. 23,16; Ezek. 23,27; Ezek. 23,46; Ezek. 23,47; Ezek. 24,6; Ezek. 24,7; Ezek. 25,2; Ezek. 25,17; Ezek. 28,21; Ezek. 29,2; Ezek. 29,2; Ezek. 29,7; Ezek. 29,18; Ezek. 30,4; Ezek. 30,8; Ezek. 30,11; Ezek. 30,16; Ezek. 30,21; Ezek. 30,24; Ezek. 31,15; Ezek. 32,16; Ezek. 33,22; Ezek. 34,23; Ezek. 35,2; Ezek. 35,2; Ezek. 35,13; Ezek. 36,18; Ezek. 37,1; Ezek. 37,2; Ezek. 37,8; Ezek. 37,8; Ezek. 37,16; Ezek. 37,16; Ezek. 38,2; Ezek. 38,12; Ezek. 38,17; Ezek. 38,21; Ezek. 38,22; Ezek. 38,22; Ezek. 39,21; Ezek. 40,1; Ezek. 40,22; Ezek. 40,41; Ezek. 40,42; Ezek. 40,49; Ezek. 43,24; Ezek. 44,12; Dan. 3,95; Dan. 8,7; Dan. 8,9; Dan. 10,7; Dan. 10,8; Dan. 10,16; Dan. 11,13; Dan. 11,16; Dan. 11,21; Dan. 11,25; Dan. 11,30; Dan. 11,34; Bel 30; Josh. 19,13; Judg. 2,15; Judg. 3,10; Judg. 3,19; Judg. 6,25; Judg. 7,2; Judg. 9,25; Judg. 9,43; Judg. 9,49; Judg. 9,57; Judg. 11,11; Judg. 12,3; Judg. 14,6; Judg. 14,19; Judg. 15,14; Judg. 16,2; Judg. 16,26; Judg. 16,26; Judg. 16,29; Judg. 18,9; Judg. 19,20; Judg. 19,30; Judg. 20,5; Judg. 20,5; Judg. 20,9; Judg. 20,34; Judg. 20,41; Judg. 20,42; Tob. 6,9; Tob. 11,11; Dan. 4,16; Dan. 4,17; Dan. 4,23; Dan. 4,34; Dan. 4,36; Dan. 4,36; Dan. 10,7; Dan. 11,5; Dan. 11,21; Dan. 11,24; Dan. 11,25; Dan. 11,34; Dan. 11,40; Sus. 38; Sus. 60; Matt. 3,16; Matt. 9,18; Matt. 10,13; Matt. 12,18; Matt. 21,19; Matt. 27,27; Matt. 27,42; Mark 5,21; Mark 6,34; Mark 9,13; Mark 10,11; Mark 10,16; Mark 11,7; Mark 11,13; Mark 13,8; Mark 15,24; Luke 1,12; Luke 2,25; Luke 2,40; Luke 3,22; Luke 4,18; Luke 9,5; Luke 9,62; Luke 10,6; Luke 12,58; Luke 14,31; Luke 19,27; Luke 19,41; Luke 20,18; Luke 20,19; Luke 21,10; Luke 22,52; Luke 22,53; Luke 23,28; John 1,32; John 1,33; John 3,36; John 7,30; John 7,44; John 8,7; John 8,59; John 12,14; John 13,18; John 18,4; Acts 7,10; Acts 7,18; Acts 7,54; Acts 7,57; Acts 8,17; Acts 8,24; Acts 9,17; Acts 10,10; Acts 11,15; Acts 13,11; Acts 13,51; Acts 15,17; Acts 19,6; Acts 19,16; Acts 21,27; Acts 21,32; Rom. 15,3; Rom. 15,20; 2Cor. 12,9; Gal. 6,16; 1Th. 2,16; 2Th. 2,1; 2Tim. 2,14; James 5,14; 1Pet. 5,7; Rev.

ἐπί

1,7; Rev. 1,17; Rev. 3,12; Rev. 6,2; Rev. 6,4; Rev. 6,5; Rev. 7,15; Rev. 7,16; Rev. 18,9; Rev. 18,11; Rev. 19,11; Rev. 20,4; Rev. 20,11; Rev. 22,5; Rev. 22,18; Rev. 22,18)

Preposition · (+dative) ‣ 248 + 11 + 39 = **298** (Gen. 45,14; Gen. 45,15; Gen. 49,26; Gen. 49,26; Ex. 16,20; Ex. 22,2; Ex. 23,21; Ex. 28,8; Ex. 29,36; Lev. 7,13; Lev. 15,23; Lev. 15,24; Lev. 18,3; Lev. 18,18; Lev. 19,12; Lev. 21,2; Lev. 21,3; Lev. 21,12; Lev. 22,3; Lev. 22,5; Lev. 26,32; Num. 6,7; Num. 6,7; Num. 6,7; Num. 6,7; Num. 6,9; Num. 10,36; Num. 11,13; Num. 11,25; Num. 12,9; Num. 13,23; Num. 14,29; Num. 19,15; Num. 23,7; Num. 30,7; Deut. 2,15; Deut. 4,30; Deut. 7,16; Deut. 8,3; Deut. 9,10; Deut. 13,9; Deut. 13,9; Deut. 13,10; Deut. 17,7; Deut. 18,20; Deut. 19,13; Deut. 19,21; Deut. 24,15; Deut. 25,12; Deut. 28,52; Deut. 32,16; Deut. 32,21; Deut. 32,21; Deut. 32,21; Deut. 32,37; Deut. 33,12; Judg. 6,25; Judg. 6,28; Judg. 6,30; Judg. 16,29; Ruth 1,19; 1Sam. 19,23; 1Sam. 29,4; 2Sam. 16,1; 2Sam. 17,19; 2Sam. 19,39; 2Sam. 20,8; 2Sam. 22,3; 2Sam. 22,31; 2Sam. 24,25; 1Kings 7,28; 1Kings 11,30; 1Kings 13,3; 1Kings 18,21; 2Kings 6,31; 2Kings 13,19; 2Kings 19,10; 2Kings 20,13; 1Chr. 9,33; 1Chr. 11,42; 1Chr. 21,22; 1Chr. 22,8; 1Chr. 23,31; 1Chr. 28,3; 1Chr. 29,30; 2Chr. 32,12; 2Chr. 33,18; 1Esdr. 4,63; 1Esdr. 8,6; Neh. 2,12; Neh. 7,63; Esth. 4,16; Esth. 16,5 # 8,12e; Judith 2,21; Judith 7,13; Judith 9,10; Judith 10,6; Judith 14,18; Judith 15,10; Tob. 6,15; 1Mac. 6,37; 1Mac. 10,77; 2Mac. 5,4; 2Mac. 8,11; 3Mac. 4,3; 3Mac. 6,31; 3Mac. 7,9; 4Mac. 4,20; 4Mac. 6,18; 4Mac. 8,4; 4Mac. 15,16; 4Mac. 16,5; Psa. 2,12; Psa. 4,9; Psa. 7,9; Psa. 14,5; Psa. 15,9; Psa. 27,7; Psa. 65,6; Psa. 68,7; Psa. 68,7; Psa. 113,16; Psa. 134,18; Psa. 143,2; Ode. 2,16; Ode. 2,21; Ode. 2,21; Ode. 2,21; Ode. 2,37; Prov. 1,33; Prov. 8,34; Prov. 22,16; Prov. 31,11; Eccl. 2,3; Eccl. 3,14; Song 1,7; Job 6,13; Job 6,27; Job 16,9; Job 16,10; Job 18,6; Job 18,20; Job 19,5; Job 19,12; Job 20,25; Job 21,9; Job 23,2; Job 23,8; Job 23,15; Job 31,25; Job 31,26; Job 31,36; Job 31,38; Job 36,18; Job 39,11; Job 39,23; Job 39,28; Job 40,16; Wis. 1,13; Wis. 2,23; Wis. 3,9; Sir. 6,21; Sir. 7,12; Sir. 11,13; Sir. 14,10; Sir. 16,2; Sir. 16,20; Sir. 18,11; Sir. 22,3; Sir. 23,11; Sir. 29,8; Sir. 30,2; Sir. 30,2; Sir. 30,3; Sir. 31,23; Sir. 31,24; Sir. 34,7; Sir. 35,19; Sir. 36,11; Sir. 36,14; Sir. 41,20; Sir. 47,13; Sir. 50,8; Sol. 6,4; Hos. 2,20; Hos. 3,3; Amos 6,13; Joel 4,4; Zeph. 2,15; Zech. 11,5; Zech. 13,3; Mal. 1,14; Is. 8,14; Is. 8,17; Is. 11,10; Is. 12,2; Is. 21,2; Is. 28,10; Is. 28,13; Is. 28,16; Is. 31,4; Is. 32,3; Is. 36,6; Is. 36,9; Is. 37,10; Is. 39,2; Is. 40,26; Is. 52,15; Is. 58,13; Jer. 4,3; Jer. 5,17; Jer. 7,9; Jer. 7,10; Jer. 7,11; Jer. 7,14; Jer. 7,14; Jer. 9,3; Jer. 15,16; Jer. 17,8; Jer. 21,7; Jer. 26,25; Jer. 31,13; Jer. 34,15; Jer. 34,15; Jer. 35,15; Jer. 36,31; Jer. 38,20; Jer. 39,34; Jer. 41,15; Jer. 43,29; Jer. 43,32; Jer. 46,18; Jer. 52,22; Bar. 2,26; Lam. 3,53; LetterJ 3; LetterJ 4; LetterJ 11; LetterJ 25; LetterJ 71; Ezek. 1,5; Ezek. 31,15; Ezek. 35,5; Ezek. 37,20; Ezek. 46,14; Ezek. 48,31; Dan. 4,37a; Sus. 35a; Judg. 6,28; Judg. 6,30; Judg. 18,7; Judg. 18,10; Judg. 18,27; Tob. 6,15; Dan. 3,95; Dan. 5,9; Dan. 6,15; Dan. 6,24; Dan. 7,28; Matt. 4,4; Matt. 14,14; Matt. 18,13; Matt. 18,26; Matt. 18,29; Mark 1,45; Mark 12,17; Luke 4,4; Luke 7,13; Luke 18,7; Luke 23,38; John 8,4; John 11,38; John 12,16; Acts 2,26; Acts 8,2; Acts 8,16; Acts 21,24; Acts 26,6; Rom. 4,18; Rom. 5,2; Rom. 9,33; Rom. 10,11; Rom. 10,19; Rom. 10,19; Rom. 15,12; 1Cor. 9,10; 1Cor. 9,10; 2Cor. 9,6; 2Cor. 9,6; Gal. 5,13; 1Tim. 1,16; Titus 1,2; Heb. 2,13; James 5,7; 1Pet. 2,6; 1John 3,3; Rev. 11,10; Rev. 18,20)

Preposition · (+genitive) ‣ 287 + 14 + 21 = **322** (Gen. 9,7; Gen. 28,12; Gen. 28,13; Gen. 28,13; Gen. 29,2; Gen. 34,10; Gen. 47,27; Gen. 49,1; Ex. 6,4; Ex. 8,17; Ex. 8,18; Ex. 9,24; Ex. 12,22; Ex. 12,23; Ex. 17,12; Ex. 18,5; Ex. 18,21; Ex. 18,25; Ex. 19,16; Ex. 20,24; Ex. 20,26; Ex. 23,16; Ex. 28,23 # 28,29a; Ex. 29,13; Ex. 29,22; Ex. 30,7; Ex. 30,7; Ex. 30,8; Ex. 30,9; Ex. 30,9; Ex. 31,7; Ex. 34,2; Ex. 36,24; Ex. 36,26; Ex. 36,28; Ex. 36,37; Ex. 38,16; Ex. 38,17; Ex. 40,19; Ex. 40,23; Ex. 40,27; Ex. 40,38; Lev. 3,4; Lev. 3,10; Lev. 3,14; Lev. 3,15; Lev. 4,9; Lev. 6,2; Lev. 6,5; Lev. 7,4; Lev. 7,9; Lev. 7,20; Lev. 8,15; Lev. 8,16; Lev. 8,25; Lev. 9,19; Lev. 13,46; Lev. 13,54; Lev. 15,4; Lev. 15,24; Lev. 15,26; Lev. 16,10; Lev. 16,18; Lev. 16,19; Lev. 16,21; Lev. 18,25; Lev. 20,22; Lev. 25,19; Num. 4,7; Num. 4,10; Num. 4,25; Num. 7,9; Num. 9,11; Num. 9,22; Num. 11,9; Num. 13,18; Num. 13,19; Num. 13,23; Num. 13,28; Num. 13,32; Num. 14,14; Num. 14,30; Num. 24,14; Num. 30,15; Num. 35,33; Num. 35,34; Deut. 1,33; Deut. 2,10; Deut. 2,20; Deut. 4,26; Deut. 8,9; Deut. 8,16; Deut. 11,12; Deut. 11,25; Deut. 16,3; Deut. 16,3; Deut. 17,7; Deut. 17,14; Deut. 22,20; Deut. 26,1; Deut. 32,20; Deut. 33,17; Josh. 8,14; Josh. 9,24; Josh. 22,23; Josh. 22,33; Josh. 24,13; Josh. 24,27; Judg. 11,11; Judg. 16,26; Judg. 16,29; 1Sam. 6,15; 1Sam. 6,18; 1Sam. 8,7; 1Sam. 14,2; 1Sam. 19,20; 1Sam. 22,2; 1Sam. 29,2; 2Sam. 6,2; 2Sam. 13,18; 2Sam. 13,19; 2Sam. 18,1; 1Kings 6,32; 1Kings 7,9; 1Kings 7,13; 1Kings 17,13; 2Kings 25,17; 2Kings 25,22; 1Chr. 4,41; 1Chr. 5,20; 1Chr. 6,50; 1Chr. 7,4; 1Chr. 9,20; 1Chr. 16,41; 2Chr. 2,1; 2Chr. 3,5; 2Chr. 4,4; 2Chr. 4,12; 2Chr. 4,19; 2Chr. 6,13; 2Chr. 10,17; 2Chr. 20,16; 2Chr. 31,12; 2Chr. 34,4; 2Chr. 34,12; 2Chr. 35,3; 1Esdr. 1,3; 1Esdr. 5,48; Ezra 6,11; Neh. 11,14; Esth. 7,9; Esth. 9,27; Judith 1,2; Judith 5,3; Judith 8,5; Judith 8,7; Judith 10,3; Judith 12,15; Judith 15,11; Tob. 8,7; 1Mac. 6,37; 1Mac. 7,37; 1Mac. 10,37; 1Mac. 14,42; 2Mac. 4,44; 4Mac. 15,11; 4Mac. 17,8; Psa. 36,29; Psa. 67,15; Psa. 71,16; Ode. 2,20; Prov. 1,21; Prov. 5,11; Prov. 6,28; Prov. 8,27; Prov. 19,20; Prov. 25,8; Job 6,10; Job 9,8; Job 19,4; Job 27,23; Job 28,8; Job 36,4; Job 38,5; Job 38,6; Job 40,16; Wis. 3,17; Wis. 18,23; Sir. 1,13; Sir. 2,3; Sir. 3,26; Sir. 6,28; Sir. 6,30; Sir. 10,4; Sir. 12,12; Sir. 13,7; Sir. 14,7; Sir. 15,4; Sir. 17,2; Sir. 21,10; Sir. 30,1; Sir. 30,10; Sir. 31,12; Sir. 31,12; Sir. 31,22; Sir. 40,15; Sol. 2,9; Hos. 3,5; Mic. 4,1; Is. 2,2; Is. 6,13; Is. 9,3; Is. 14,30; Is. 16,5; Is. 17,6; Is. 24,20; Is. 28,4; Is. 30,6; Is. 30,17; Is. 34,17; Is. 35,8; Is. 37,18; Is. 41,23; Is. 42,5; Is. 44,15; Is. 44,16; Is. 44,16; Is. 45,12; Is. 49,22; Is. 51,20; Is. 60,4; Is. 66,10; Is. 66,12; Is. 66,19; Jer. 17,11; Jer. 19,8; Jer. 23,20; Jer. 23,28; Jer. 25,19; Jer. 37,24; Jer. 42,7; Jer. 43,2; Lam. 2,19; Lam. 4,1; Ezek. 1,26; Ezek. 4,4; Ezek. 4,4; Ezek. 4,15; Ezek. 8,10; Ezek. 9,3; Ezek. 10,1; Ezek. 10,19; Ezek. 12,6; Ezek. 12,7; Ezek. 12,12; Ezek. 16,25; Ezek. 20,40; Ezek. 21,24; Ezek. 21,26; Ezek. 28,26; Ezek. 33,5; Ezek. 37,25; Ezek. 38,8; Ezek. 38,8; Ezek. 38,11; Ezek. 38,14; Ezek. 38,16; Ezek. 39,6; Ezek. 39,26; Ezek. 40,2; Ezek. 40,2; Ezek. 41,25; Ezek. 43,18; Ezek. 47,12; Dan. 2,5; Dan. 2,9; Dan. 2,9; Dan. 2,28; Dan. 2,29; Dan. 2,45; Dan. 3,2; Dan. 6,3; Dan. 8,19; Dan. 8,23; Dan. 8,26; Dan. 9,18; Dan. 10,14; Judg. 9,48; Judg. 16,3; Tob. 6,9; Tob. 8,7; Tob. 14,7; Dan. 2,28; Dan. 3,2; Dan. 3,3; Dan. 8,3; Dan. 8,19; Dan. 8,23; Dan. 9,18; Dan. 10,14; Dan. 11,5; Matt. 21,7; Mark 8,4; Mark 12,14; Mark 12,32; Luke 4,25; Luke 20,21; Luke 22,59; Acts 4,27; Acts 10,34; Acts 25,9; Heb. 1,2; Heb. 6,7; Heb. 7,11; 1Pet. 1,20; 2Pet. 3,3; Jude 18; Rev. 9,11; Rev. 9,17; Rev. 17,9; Rev. 19,18; Rev. 21,14)

Ἐπ' ‣ 6 + 2 = 8

Preposition · (+accusative) ‣ **2** (Gen. 27,13; 2Sam. 14,9)

Preposition · (+genitive) ‣ 4 + 2 = **6** (Job 9,2; Is. 13,2; Dan. 2,8; Dan. 2,47; Dan. 2,8; Dan. 2,47)

ἐπί ‣ 5172 + 242 + 659 = 6073

Preposition ‣ 2 + 2 = **4** (Ex. 27,18; 4Mac. 12,10; Acts 10,16; Acts 11,10)

Preposition · (+accusative) ‣ 3179 + 187 + 334 = **3700** (Gen. 2,5; Gen. 2,21; Gen. 4,8; Gen. 6,5; Gen. 6,17; Gen. 7,3; Gen. 7,4; Gen. 8,1; Gen. 8,4; Gen. 8,20; Gen. 8,21; Gen. 9,2; Gen. 9,2; Gen. 9,2; Gen. 9,14; Gen. 9,19; Gen. 9,23; Gen. 11,8; Gen. 11,9; Gen. 12,6;

Gen. 14,3; Gen. 14,7; Gen. 15,11; Gen. 16,12; Gen. 17,3; Gen. 17,17; Gen. 18,2; Gen. 18,6; Gen. 18,16; Gen. 18,19; Gen. 19,1; Gen. 19,23; Gen. 19,24; Gen. 19,28; Gen. 19,28; Gen. 20,9; Gen. 21,14; Gen. 22,3; Gen. 22,9; Gen. 22,9; Gen. 22,12; Gen. 22,19; Gen. 24,16; Gen. 24,18; Gen. 24,20; Gen. 24,22; Gen. 24,29; Gen. 24,30; Gen. 24,42; Gen. 24,45; Gen. 24,52; Gen. 24,61; Gen. 26,23; Gen. 27,16; Gen. 27,16; Gen. 28,14; Gen. 28,14; Gen. 28,14; Gen. 28,18; Gen. 29,3; Gen. 31,10; Gen. 31,12; Gen. 31,17; Gen. 33,1; Gen. 33,3; Gen. 33,4; Gen. 34,27; Gen. 35,5; Gen. 37,10; Gen. 37,29; Gen. 37,34; Gen. 38,9; Gen. 38,12; Gen. 38,28; Gen. 39,5; Gen. 39,7; Gen. 40,13; Gen. 40,21; Gen. 41,13; Gen. 41,42; Gen. 41,43; Gen. 42,6; Gen. 42,6; Gen. 42,26; Gen. 43,26; Gen. 43,26; Gen. 44,11; Gen. 44,12; Gen. 44,13; Gen. 44,14; Gen. 45,14; Gen. 46,1; Gen. 46,4; Gen. 46,5; Gen. 46,29; Gen. 47,26; Gen. 47,31; Gen. 48,2; Gen. 48,12; Gen. 48,14; Gen. 48,14; Gen. 48,17; Gen. 48,17; Gen. 48,18; Gen. 49,4; Gen. 49,26; Gen. 49,33; Gen. 50,1; Ex. 2,5; Ex. 3,22; Ex. 3,22; Ex. 4,3; Ex. 4,3; Ex. 4,9; Ex. 4,14; Ex. 4,20; Ex. 7,9; Ex. 7,15; Ex. 7,15; Ex. 7,17; Ex. 7,19; Ex. 7,19; Ex. 7,19; Ex. 7,19; Ex. 7,19; Ex. 7,29; Ex. 7,29; Ex. 7,29; Ex. 8,1; Ex. 8,1; Ex. 8,1; Ex. 8,2; Ex. 8,3; Ex. 8,16; Ex. 8,17; Ex. 8,17; Ex. 8,17; Ex. 8,17; Ex. 9,9; Ex. 9,9; Ex. 9,9; Ex. 9,22; Ex. 9,22; Ex. 9,23; Ex. 9,33; Ex. 10,4; Ex. 10,12; Ex. 10,12; Ex. 10,13; Ex. 10,14; Ex. 10,14; Ex. 10,21; Ex. 10,22; Ex. 11,1; Ex. 12,7; Ex. 14,5; Ex. 14,16; Ex. 14,21; Ex. 14,24; Ex. 14,26; Ex. 14,27; Ex. 15,24; Ex. 15,26; Ex. 16,2; Ex. 16,14; Ex. 17,10; Ex. 17,16; Ex. 18,22; Ex. 18,26; Ex. 19,11; Ex. 19,13; Ex. 19,20; Ex. 19,20; Ex. 19,20; Ex. 20,5; Ex. 20,26; Ex. 21,6; Ex. 21,6; Ex. 21,18; Ex. 22,12; Ex. 23,29; Ex. 24,16; Ex. 25,12; Ex. 25,12; Ex. 25,12; Ex. 25,19; Ex. 25,21; Ex. 25,26; Ex. 25,30; Ex. 26,9; Ex. 26,9; Ex. 26,13; Ex. 26,33; Ex. 27,4; Ex. 28,10; Ex. 28,10; Ex. 28,14; Ex. 28,22; Ex. 28,23 # 28,29a; Ex. 28,30; Ex. 28,33; Ex. 29,3; Ex. 29,4; Ex. 29,6; Ex. 29,6; Ex. 29,7; Ex. 29,10; Ex. 29,10; Ex. 29,13; Ex. 29,15; Ex. 29,17; Ex. 29,18; Ex. 29,19; Ex. 29,20; Ex. 29,20; Ex. 29,20; Ex. 29,20; Ex. 29,20; Ex. 29,20; Ex. 29,21; Ex. 29,21; Ex. 29,21; Ex. 29,21; Ex. 29,24; Ex. 29,24; Ex. 29,25; Ex. 29,38; Ex. 30,32; Ex. 32,1; Ex. 32,20; Ex. 32,27; Ex. 32,27; Ex. 33,9; Ex. 33,22; Ex. 34,2; Ex. 34,7; Ex. 34,7; Ex. 34,7; Ex. 34,8; Ex. 34,33; Ex. 34,35; Ex. 36,14; Ex. 36,22; Ex. 36,24; Ex. 36,25; Ex. 36,25; Ex. 36,26; Ex. 36,26; Ex. 36,32; Ex. 36,38; Ex. 37,4; Ex. 38,3; Ex. 38,3; Ex. 38,7; Ex. 38,7; Ex. 38,8; Ex. 40,5; Ex. 40,12; Ex. 40,19; Ex. 40,22; Lev. 1,4; Lev. 1,5; Lev. 1,7; Lev. 1,7; Lev. 1,8; Lev. 1,9; Lev. 1,10; Lev. 1,11; Lev. 1,12; Lev. 1,13; Lev. 1,15; Lev. 1,17; Lev. 1,17; Lev. 2,2; Lev. 2,9; Lev. 2,12; Lev. 3,2; Lev. 3,2; Lev. 3,5; Lev. 3,5; Lev. 3,5; Lev. 3,8; Lev. 3,8; Lev. 3,11; Lev. 3,13; Lev. 3,13; Lev. 3,16; Lev. 4,4; Lev. 4,5; Lev. 4,7; Lev. 4,10; Lev. 4,15; Lev. 4,18; Lev. 4,19; Lev. 4,24; Lev. 4,25; Lev. 4,26; Lev. 4,29; Lev. 4,30; Lev. 4,31; Lev. 4,33; Lev. 4,34; Lev. 4,35; Lev. 4,35; Lev. 5,9; Lev. 5,9; Lev. 5,12; Lev. 6,5; Lev. 6,6; Lev. 6,8; Lev. 6,20; Lev. 7,2; Lev. 7,5; Lev. 8,3; Lev. 8,4; Lev. 8,8; Lev. 8,9; Lev. 8,9; Lev. 8,11; Lev. 8,12; Lev. 8,14; Lev. 8,15; Lev. 8,15; Lev. 8,16; Lev. 8,18; Lev. 8,19; Lev. 8,21; Lev. 8,22; Lev. 8,23; Lev. 8,23; Lev. 8,23; Lev. 8,24; Lev. 8,24; Lev. 8,24; Lev. 8,24; Lev. 8,26; Lev. 8,27; Lev. 8,27; Lev. 8,28; Lev. 8,28; Lev. 8,30; Lev. 8,35; Lev. 9,9; Lev. 9,9; Lev. 9,10; Lev. 9,12; Lev. 9,13; Lev. 9,14; Lev. 9,14; Lev. 9,17; Lev. 9,20; Lev. 9,20; Lev. 9,22; Lev. 9,24; Lev. 10,6; Lev. 10,16; Lev. 11,20; Lev. 11,21; Lev. 11,27; Lev. 11,37; Lev. 11,38; Lev. 11,42; Lev. 12,6; Lev. 14,7; Lev. 14,11; Lev. 14,14; Lev. 14,14; Lev. 14,14; Lev. 14,15; Lev. 14,17; Lev. 14,17; Lev. 14,17; Lev. 14,17; Lev. 14,18; Lev. 14,20; Lev. 14,23; Lev. 14,25; Lev. 14,25; Lev. 14,25; Lev. 14,26; Lev. 14,28; Lev. 14,28; Lev. 14,28; Lev. 14,28; Lev. 14,29; Lev. 14,38; Lev. 14,51; Lev. 15,8; Lev. 15,14; Lev. 15,29; Lev. 16,8; Lev. 16,13; Lev. 16,14; Lev. 16,15; Lev. 16,18; Lev. 16,18; Lev. 16,21; Lev. 16,21; Lev. 16,25; Lev. 17,4; Lev. 17,4; Lev. 17,5; Lev. 17,6; Lev. 17,9; Lev. 17,10; Lev. 20,3; Lev. 20,5; Lev. 20,6; Lev. 21,5; Lev. 21,10; Lev. 22,13; Lev. 22,22; Lev. 24,6; Lev. 24,7; Lev. 24,14; Lev. 25,37; Lev. 26,30; Lev. 27,18; Num. 1,50; Num. 1,50; Num. 1,50; Num. 4,7; Num. 4,11; Num. 4,12; Num. 4,13; Num. 4,14; Num. 5,18; Num. 5,26; Num. 6,5; Num. 6,10; Num. 6,18; Num. 6,19; Num. 6,23; Num. 6,25; Num. 6,26; Num. 8,7; Num. 8,10; Num. 8,12; Num. 10,3; Num. 11,9; Num. 11,25; Num. 11,31; Num. 12,10; Num. 14,2; Num. 14,5; Num. 14,18; Num. 14,44; Num. 15,38; Num. 15,38; Num. 16,3; Num. 16,3; Num. 16,4; Num. 16,22; Num. 16,22; Num. 17,6; Num. 17,7; Num. 17,7; Num. 17,10; Num. 17,15; Num. 19,18; Num. 19,18; Num. 19,18; Num. 19,18; Num. 19,19; Num. 20,2; Num. 20,6; Num. 20,6; Num. 21,4; Num. 21,9; Num. 21,30; Num. 22,41; Num. 23,2; Num. 23,4; Num. 23,14; Num. 23,14; Num. 23,28; Num. 23,30; Num. 26,9; Num. 29,14; Num. 29,15; Num. 31,3; Num. 31,7; Num. 32,13; Num. 32,14; Num. 32,14; Num. 33,7; Num. 33,10; Num. 33,47; Num. 34,11; Num. 34,12; Num. 35,30; Num. 36,4; Num. 36,7; Num. 36,9; Num. 36,12; Deut. 2,3; Deut. 2,25; Deut. 3,27; Deut. 4,13; Deut. 4,32; Deut. 5,9; Deut. 5,9; Deut. 5,22; Deut. 6,9; Deut. 7,15; Deut. 7,15; Deut. 7,22; Deut. 9,27; Deut. 10,2; Deut. 10,4; Deut. 11,20; Deut. 11,25; Deut. 12,15; Deut. 12,16; Deut. 12,18; Deut. 12,24; Deut. 12,27; Deut. 15,23; Deut. 17,15; Deut. 17,15; Deut. 17,15; Deut. 20,1; Deut. 20,3; Deut. 20,20; Deut. 21,2; Deut. 21,6; Deut. 21,10; Deut. 21,19; Deut. 21,19; Deut. 22,10; Deut. 22,15; Deut. 22,19; Deut. 22,21; Deut. 22,24; Deut. 22,26; Deut. 23,5; Deut. 23,10; Deut. 23,25; Deut. 25,5; Deut. 25,7; Deut. 25,7; Deut. 25,11; Deut. 28,2; Deut. 28,8; Deut. 28,15; Deut. 28,20; Deut. 28,24; Deut. 28,35; Deut. 28,35; Deut. 28,36; Deut. 28,43; Deut. 28,45; Deut. 28,48; Deut. 28,48; Deut. 28,49; Deut. 28,60; Deut. 28,61; Deut. 29,26; Deut. 30,1; Deut. 30,2; Deut. 30,7; Deut. 30,7; Deut. 30,9; Deut. 30,10; Deut. 31,18; Deut. 31,20; Deut. 32,2; Deut. 32,13; Deut. 32,46; Deut. 33,10; Deut. 33,16; Deut. 33,26; Deut. 33,29; Deut. 34,1; Deut. 34,1; Josh. 2,6; Josh. 2,7; Josh. 2,8; Josh. 3,15; Josh. 5,14; Josh. 5,14; Josh. 6,14; Josh. 7,6; Josh. 7,6; Josh. 7,6; Josh. 7,10; Josh. 8,18; Josh. 8,18; Josh. 8,19; Josh. 9,2; Josh. 10,18; Josh. 10,24; Josh. 10,27; Josh. 11,5; Josh. 11,7; Josh. 15,2; Josh. 15,3; Josh. 15,4; Josh. 15,4; Josh. 15,6; Josh. 15,6; Josh. 15,6; Josh. 15,7; Josh. 15,7; Josh. 15,7; Josh. 15,8; Josh. 15,9; Josh. 15,10; Josh. 15,10; Josh. 15,10; Josh. 15,10; Josh. 15,11; Josh. 15,11; Josh. 15,11; Josh. 15,15; Josh. 16,2; Josh. 16,3; Josh. 16,3; Josh. 16,3; Josh. 16,6; Josh. 16,6; Josh. 16,7; Josh. 16,7; Josh. 16,8; Josh. 16,8; Josh. 16,8; Josh. 17,7; Josh. 17,7; Josh. 17,7; Josh. 17,9; Josh. 17,9; Josh. 17,9; Josh. 17,10; Josh. 17,10; Josh. 17,10; Josh. 18,12; Josh. 18,12; Josh. 18,13; Josh. 18,14; Josh. 18,14; Josh. 18,15; Josh. 18,16; Josh. 18,17; Josh. 18,17; Josh. 18,17; Josh. 18,19; Josh. 18,19; Josh. 18,19; Josh. 19,11; Josh. 19,12; Josh. 19,12; Josh. 19,12; Josh. 19,13; Josh. 19,13; Josh. 19,13; Josh. 19,14; Josh. 19,14; Josh. 19,14; Josh. 19,22; Josh. 19,22; Josh. 19,29; Josh. 19,34; Josh. 22,18; Josh. 22,20; Josh. 23,4; Judg. 1,35; Judg. 2,1; Judg. 2,1; Judg. 2,1; Judg. 3,10; Judg. 3,10; Judg. 3,12; Judg. 3,16; Judg. 3,25; Judg. 4,24; Judg. 5,9; Judg. 5,17; Judg. 5,18; Judg. 5,28; Judg. 6,2; Judg. 6,19; Judg. 6,28; Judg. 6,33; Judg. 6,37; Judg. 6,37; Judg. 6,39; Judg. 6,39; Judg. 6,40; Judg. 6,40; Judg. 7,1; Judg. 7,5; Judg. 7,6; Judg. 7,12; Judg. 7,22; Judg. 8,4; Judg. 9,5; Judg. 9,18; Judg. 9,18; Judg. 9,18; Judg. 9,22; Judg. 9,24; Judg. 9,24; Judg. 9,25; Judg. 9,31; Judg. 9,33; Judg. 9,34; Judg. 9,44; Judg. 9,48; Judg. 9,49; Judg. 9,51; Judg. 9,53; Judg. 10,4; Judg. 11,29; Judg. 11,37; Judg. 11,37; Judg. 11,38; Judg. 11,38; Judg. 12,6; Judg. 12,14; Judg. 13,5; Judg. 13,19; Judg. 13,20; Judg. 13,20;

ἐπί

Judg. 14,14; Judg. 14,17; Judg. 15,8; Judg. 15,9; Judg. 15,11; Judg. 16,3; Judg. 16,3; Judg. 16,9; Judg. 16,12; Judg. 16,14; Judg. 16,17; Judg. 16,20; Judg. 16,26; Judg. 16,30; Judg. 16,30; Judg. 18,19; Judg. 18,27; Judg. 19,3; Judg. 19,6; Judg. 19,27; Judg. 19,28; Judg. 20,19; Judg. 20,21; Judg. 20,25; Judg. 20,36; Judg. 21,23; Ruth 2,5; Ruth 2,6; Ruth 2,10; Ruth 2,10; Ruth 2,13; Ruth 3,3; Ruth 3,9; Ruth 4,1; Ruth 4,7; Ruth 4,7; 1Sam. 1,11; 1Sam. 1,11; 1Sam. 2,1; 1Sam. 2,28; 1Sam. 2,29; 1Sam. 2,34; 1Sam. 2,36; 1Sam. 3,12; 1Sam. 3,19; 1Sam. 4,1; 1Sam. 4,1; 1Sam. 4,2; 1Sam. 5,3; 1Sam. 5,3; 1Sam. 5,4; 1Sam. 5,4; 1Sam. 5,4; 1Sam. 5,5; 1Sam. 5,6; 1Sam. 5,7; 1Sam. 6,8; 1Sam. 6,11; 1Sam. 7,6; 1Sam. 7,7; 1Sam. 7,10; 1Sam. 7,10; 1Sam. 7,13; 1Sam. 9,16; 1Sam. 9,16; 1Sam. 10,1; 1Sam. 10,1; 1Sam. 10,1; 1Sam. 10,1; 1Sam. 10,6; 1Sam. 10,7; 1Sam. 11,1; 1Sam. 11,2; 1Sam. 11,6; 1Sam. 11,7; 1Sam. 12,15; 1Sam. 12,15; 1Sam. 13,5; 1Sam. 13,5; 1Sam. 13,13; 1Sam. 13,14; 1Sam. 13,17; 1Sam. 13,18; 1Sam. 14,13; 1Sam. 14,13; 1Sam. 14,20; 1Sam. 14,32; 1Sam. 14,45; 1Sam. 14,47; 1Sam. 14,52; 1Sam. 15,1; 1Sam. 15,17; 1Sam. 15,19; 1Sam. 15,23; 1Sam. 15,26; 1Sam. 15,35; 1Sam. 16,1; 1Sam. 16,7; 1Sam. 16,13; 1Sam. 17,49; 1Sam. 17,49; 1Sam. 17,49; 1Sam. 18,21; 1Sam. 19,13; 1Sam. 19,15; 1Sam. 19,20; 1Sam. 20,9; 1Sam. 20,13; 1Sam. 20,24; 1Sam. 20,25; 1Sam. 20,27; 1Sam. 20,29; 1Sam. 20,30; 1Sam. 20,33; 1Sam. 20,34; 1Sam. 20,40; 1Sam. 20,41; 1Sam. 21,14; 1Sam. 21,14; 1Sam. 22,9; 1Sam. 23,10; 1Sam. 23,17; 1Sam. 23,19; 1Sam. 23,26; 1Sam. 23,27; 1Sam. 24,3; 1Sam. 24,9; 1Sam. 24,9; 1Sam. 24,11; 1Sam. 24,14; 1Sam. 25,18; 1Sam. 25,20; 1Sam. 25,23; 1Sam. 25,23; 1Sam. 25,24; 1Sam. 25,25; 1Sam. 25,30; 1Sam. 25,30; 1Sam. 25,41; 1Sam. 25,41; 1Sam. 25,42; 1Sam. 26,9; 1Sam. 26,11; 1Sam. 26,13; 1Sam. 26,20; 1Sam. 26,23; 1Sam. 27,8; 1Sam. 27,8; 1Sam. 28,14; 1Sam. 28,14; 1Sam. 28,20; 1Sam. 28,23; 1Sam. 29,11; 1Sam. 30,1; 1Sam. 30,1; 1Sam. 30,6; 1Sam. 30,6; 1Sam. 30,14; 1Sam. 30,14; 1Sam. 30,14; 1Sam. 30,15; 1Sam. 30,15; 1Sam. 30,16; 1Sam. 30,17; 1Sam. 30,24; 1Sam. 31,1; 1Sam. 31,3; 1Sam. 31,5; 1Sam. 31,8; 2Sam. 1,2; 2Sam. 1,6; 2Sam. 1,7; 2Sam. 1,10; 2Sam. 1,12; 2Sam. 1,12; 2Sam. 1,12; 2Sam. 1,12; 2Sam. 1,16; 2Sam. 1,17; 2Sam. 1,17; 2Sam. 1,19; 2Sam. 1,24; 2Sam. 1,24; 2Sam. 1,25; 2Sam. 2,4; 2Sam. 2,5; 2Sam. 2,5; 2Sam. 2,9; 2Sam. 2,9; 2Sam. 2,9; 2Sam. 2,9; 2Sam. 2,9; 2Sam. 2,9; 2Sam. 2,10; 2Sam. 2,11; 2Sam. 2,13; 2Sam. 2,13; 2Sam. 2,13; 2Sam. 2,13; 2Sam. 2,23; 2Sam. 2,25; 2Sam. 3,1; 2Sam. 3,10; 2Sam. 3,10; 2Sam. 3,27; 2Sam. 3,29; 2Sam. 3,29; 2Sam. 3,32; 2Sam. 5,2; 2Sam. 5,3; 2Sam. 5,5; 2Sam. 5,5; 2Sam. 5,12; 2Sam. 5,17; 2Sam. 6,6; 2Sam. 6,21; 2Sam. 6,21; 2Sam. 7,8; 2Sam. 7,8; 2Sam. 7,11; 2Sam. 8,2; 2Sam. 8,3; 2Sam. 8,15; 2Sam. 8,15; 2Sam. 9,6; 2Sam. 9,8; 2Sam. 10,15; 2Sam. 11,1; 2Sam. 11,11; 2Sam. 11,16; 2Sam. 12,3; 2Sam. 12,7; 2Sam. 12,11; 2Sam. 12,28; 2Sam. 13,19; 2Sam. 13,19; 2Sam. 13,25; 2Sam. 13,29; 2Sam. 13,31; 2Sam. 13,33; 2Sam. 13,37; 2Sam. 14,1; 2Sam. 14,4; 2Sam. 14,9; 2Sam. 14,11; 2Sam. 14,13; 2Sam. 14,22; 2Sam. 14,22; 2Sam. 14,33; 2Sam. 14,33; 2Sam. 15,18; 2Sam. 15,18; 2Sam. 15,23; 2Sam. 16,8; 2Sam. 16,22; 2Sam. 17,11; 2Sam. 17,12; 2Sam. 17,14; 2Sam. 17,19; 2Sam. 18,8; 2Sam. 18,12; 2Sam. 18,12; 2Sam. 18,28; 2Sam. 18,28; 2Sam. 18,31; 2Sam. 19,19; 2Sam. 19,23; 2Sam. 19,36; 2Sam. 20,21; 2Sam. 21,1; 2Sam. 21,7; 2Sam. 21,9; 2Sam. 22,11; 2Sam. 22,34; 2Sam. 23,1; 2Sam. 23,8; 2Sam. 23,18; 2Sam. 24,12; 2Sam. 24,20; 2Sam. 24,20; 2Sam. 24,25; 1Kings 1,23; 1Kings 1,27; 1Kings 1,31; 1Kings 1,31; 1Kings 1,33; 1Kings 1,34; 1Kings 1,35; 1Kings 1,38; 1Kings 1,44; 1Kings 1,46; 1Kings 1,47; 1Kings 1,52; 1Kings 2,11; 1Kings 2,24; 1Kings 2,27; 1Kings 2,35; 1Kings 2,35g; 1Kings 2,35h; 1Kings 2,35n; 1Kings 2,37; 1Kings 2,46h; 1Kings 2,46h; 1Kings 2,46l; 1Kings 3,4; 1Kings 4,1; 1Kings 4,7; 1Kings 4,7; 1Kings 5,1; 1Kings 5,19; 1Kings 5,21; 1Kings 6,1; 1Kings 6,5; 1Kings 6,8; 1Kings 6,32; 1Kings 6,32; 1Kings 6,35; 1Kings 7,4; 1Kings 7,6; 1Kings 7,16; 1Kings 7,21; 1Kings 7,41; 1Kings 7,42; 1Kings 7,43; 1Kings 7,43; 1Kings 8,7; 1Kings 8,7; 1Kings 8,7; 1Kings 8,16; 1Kings 8,18; 1Kings 8,18; 1Kings 8,28; 1Kings 8,36; 1Kings 8,43; 1Kings 8,44; 1Kings 8,54; 1Kings 9,5; 1Kings 10,7; 1Kings 10,16; 1Kings 11,9; 1Kings 11,27; 1Kings 11,28; 1Kings 11,37; 1Kings 12,11; 1Kings 12,14; 1Kings 12,20; 1Kings 12,24b; 1Kings 12,24b; 1Kings 12,24k; 1Kings 12,24o; 1Kings 12,24u; 1Kings 12,32; 1Kings 12,33; 1Kings 12,33; 1Kings 13,1; 1Kings 13,2; 1Kings 13,2; 1Kings 13,2; 1Kings 13,4; 1Kings 13,29; 1Kings 13,32; 1Kings 14,21; 1Kings 14,23; 1Kings 14,25; 1Kings 15,1; 1Kings 15,9; 1Kings 15,17; 1Kings 15,25; 1Kings 15,25; 1Kings 15,27; 1Kings 15,27; 1Kings 15,33; 1Kings 16,2; 1Kings 16,7; 1Kings 16,7; 1Kings 16,8; 1Kings 16,12; 1Kings 16,15; 1Kings 16,16; 1Kings 16,17; 1Kings 16,23; 1Kings 16,28f; 1Kings 16,29; 1Kings 18,1; 1Kings 18,5; 1Kings 18,5; 1Kings 18,5; 1Kings 18,7; 1Kings 18,33; 1Kings 18,33; 1Kings 18,33; 1Kings 18,34; 1Kings 18,34; 1Kings 18,39; 1Kings 18,42; 1Kings 18,42; 1Kings 18,46; 1Kings 19,16; 1Kings 20,7; 1Kings 20,21; 1Kings 20,27; 1Kings 21,1; 1Kings 21,1; 1Kings 21,12; 1Kings 21,22; 1Kings 21,26; 1Kings 21,30; 1Kings 21,31; 1Kings 21,31; 1Kings 21,32; 1Kings 21,32; 1Kings 21,33; 1Kings 21,39; 1Kings 22,23; 1Kings 22,24; 1Kings 22,38; 1Kings 22,41; 1Kings 22,52; 2Kings 1,13; 2Kings 1,18a; 2Kings 2,15; 2Kings 2,15; 2Kings 3,11; 2Kings 3,22; 2Kings 3,23; 2Kings 3,27; 2Kings 4,21; 2Kings 4,29; 2Kings 4,31; 2Kings 4,32; 2Kings 4,34; 2Kings 4,34; 2Kings 4,34; 2Kings 4,34; 2Kings 4,35; 2Kings 4,37; 2Kings 4,37; 2Kings 5,11; 2Kings 5,23; 2Kings 7,2; 2Kings 8,1; 2Kings 8,1; 2Kings 8,13; 2Kings 8,15; 2Kings 9,3; 2Kings 9,3; 2Kings 9,6; 2Kings 9,6; 2Kings 9,6; 2Kings 9,12; 2Kings 9,13; 2Kings 9,17; 2Kings 9,24; 2Kings 9,25; 2Kings 9,28; 2Kings 9,29; 2Kings 10,3; 2Kings 10,9; 2Kings 10,10; 2Kings 10,15; 2Kings 10,24; 2Kings 10,36; 2Kings 11,8; 2Kings 11,11; 2Kings 12,5; 2Kings 12,12; 2Kings 12,13; 2Kings 12,16; 2Kings 12,18; 2Kings 12,18; 2Kings 13,10; 2Kings 13,16; 2Kings 13,16; 2Kings 13,16; 2Kings 13,21; 2Kings 14,23; 2Kings 15,8; 2Kings 15,17; 2Kings 15,19; 2Kings 15,20; 2Kings 15,20; 2Kings 15,23; 2Kings 15,27; 2Kings 15,30; 2Kings 16,5; 2Kings 16,13; 2Kings 16,14; 2Kings 16,17; 2Kings 17,1; 2Kings 18,9; 2Kings 18,13; 2Kings 18,14; 2Kings 18,17; 2Kings 18,21; 2Kings 18,25; 2Kings 18,25; 2Kings 18,27; 2Kings 18,27; 2Kings 19,8; 2Kings 19,22; 2Kings 20,6; 2Kings 20,7; 2Kings 21,12; 2Kings 21,12; 2Kings 21,13; 2Kings 21,13; 2Kings 21,24; 2Kings 22,5; 2Kings 22,9; 2Kings 22,16; 2Kings 22,16; 2Kings 22,19; 2Kings 22,19; 2Kings 22,20; 2Kings 23,3; 2Kings 23,13; 2Kings 23,16; 2Kings 23,16; 2Kings 23,16; 2Kings 23,17; 2Kings 23,26; 2Kings 23,29; 2Kings 23,29; 2Kings 23,33; 2Kings 24,3; 2Kings 24,12; 2Kings 24,20; 2Kings 24,20; 2Kings 25,1; 2Kings 25,4; 1Chr. 5,1; 1Chr. 5,8; 1Chr. 5,26; 1Chr. 6,16; 1Chr. 6,17; 1Chr. 6,34; 1Chr. 6,34; 1Chr. 9,28; 1Chr. 9,29; 1Chr. 9,29; 1Chr. 9,31; 1Chr. 10,3; 1Chr. 10,5; 1Chr. 10,6; 1Chr. 11,2; 1Chr. 11,3; 1Chr. 11,10; 1Chr. 11,11; 1Chr. 11,20; 1Chr. 11,25; 1Chr. 12,16; 1Chr. 12,20; 1Chr. 12,22; 1Chr. 12,39; 1Chr. 13,6; 1Chr. 13,7; 1Chr. 13,10; 1Chr. 13,10; 1Chr. 14,2; 1Chr. 14,8; 1Chr. 14,10; 1Chr. 14,17; 1Chr. 15,20; 1Chr. 16,25; 1Chr. 17,7; 1Chr. 17,10; 1Chr. 17,17; 1Chr. 17,23; 1Chr. 17,26; 1Chr. 18,3; 1Chr. 18,7; 1Chr. 18,14; 1Chr. 20,2; 1Chr. 21,3; 1Chr. 21,10; 1Chr. 21,16; 1Chr. 21,16; 1Chr. 21,21; 1Chr. 21,26; 1Chr. 22,9; 1Chr. 22,12; 1Chr. 22,13; 1Chr. 23,1; 1Chr. 23,4; 1Chr. 23,28; 1Chr. 23,28; 1Chr. 23,28; 1Chr. 23,28; 1Chr. 23,28; 1Chr. 26,29; 1Chr. 27,24; 1Chr. 28,2; 1Chr. 28,4; 1Chr. 28,5; 1Chr. 29,19; 1Chr. 29,26; 1Chr. 29,30; 1Chr. 29,30; 2Chr. 1,1; 2Chr. 1,6; 2Chr. 1,9; 2Chr. 1,9; 2Chr. 1,13; 2Chr. 2,3;

E, ε

2Chr. 2,15; 2Chr. 2,17; 2Chr. 3,4; 2Chr. 3,8; 2Chr. 3,13; 2Chr. 5,8; 2Chr. 5,8; 2Chr. 5,8; 2Chr. 6,5; 2Chr. 6,7; 2Chr. 6,8; 2Chr. 6,8; 2Chr. 6,10; 2Chr. 6,13; 2Chr. 6,19; 2Chr. 6,19; 2Chr. 6,20; 2Chr. 6,27; 2Chr. 6,33; 2Chr. 6,34; 2Chr. 7,3; 2Chr. 7,3; 2Chr. 7,3; 2Chr. 7,3; 2Chr. 7,6; 2Chr. 8,12; 2Chr. 8,14; 2Chr. 9,6; 2Chr. 9,8; 2Chr. 9,15; 2Chr. 9,16; 2Chr. 9,30; 2Chr. 10,11; 2Chr. 11,4; 2Chr. 12,2; 2Chr. 13,1; 2Chr. 13,5; 2Chr. 13,18; 2Chr. 14,10; 2Chr. 15,4; 2Chr. 15,5; 2Chr. 16,1; 2Chr. 16,4; 2Chr. 16,7; 2Chr. 16,7; 2Chr. 16,8; 2Chr. 17,1; 2Chr. 18,22; 2Chr. 18,23; 2Chr. 19,2; 2Chr. 19,4; 2Chr. 19,10; 2Chr. 20,2; 2Chr. 20,18; 2Chr. 20,22; 2Chr. 20,22; 2Chr. 20,23; 2Chr. 20,24; 2Chr. 20,29; 2Chr. 20,31; 2Chr. 20,37; 2Chr. 21,4; 2Chr. 21,5; 2Chr. 21,16; 2Chr. 21,17; 2Chr. 22,5; 2Chr. 23,3; 2Chr. 23,10; 2Chr. 23,18; 2Chr. 23,19; 2Chr. 23,20; 2Chr. 24,4; 2Chr. 24,9; 2Chr. 24,13; 2Chr. 24,18; 2Chr. 24,18; 2Chr. 24,23; 2Chr. 24,23; 2Chr. 24,27; 2Chr. 25,10; 2Chr. 25,12; 2Chr. 25,13; 2Chr. 25,15; 2Chr. 26,7; 2Chr. 26,7; 2Chr. 26,7; 2Chr. 26,9; 2Chr. 26,9; 2Chr. 26,13; 2Chr. 26,16; 2Chr. 26,18; 2Chr. 28,9; 2Chr. 28,12; 2Chr. 28,13; 2Chr. 28,13; 2Chr. 28,18; 2Chr. 29,8; 2Chr. 29,8; 2Chr. 29,10; 2Chr. 29,21; 2Chr. 29,22; 2Chr. 29,22; 2Chr. 29,27; 2Chr. 30,1; 2Chr. 30,1; 2Chr. 30,16; 2Chr. 30,22; 2Chr. 32,1; 2Chr. 32,1; 2Chr. 32,2; 2Chr. 32,6; 2Chr. 32,6; 2Chr. 32,9; 2Chr. 32,9; 2Chr. 32,16; 2Chr. 32,16; 2Chr. 32,18; 2Chr. 32,19; 2Chr. 32,19; 2Chr. 32,25; 2Chr. 33,10; 2Chr. 33,10; 2Chr. 33,13; 2Chr. 33,25; 2Chr. 34,4; 2Chr. 34,5; 2Chr. 34,10; 2Chr. 34,17; 2Chr. 34,17; 2Chr. 34,24; 2Chr. 34,26; 2Chr. 34,27; 2Chr. 34,27; 2Chr. 34,28; 2Chr. 34,28; 2Chr. 34,31; 2Chr. 35,2; 2Chr. 35,10; 2Chr. 35,10; 2Chr. 35,16; 2Chr. 35,19c; 2Chr. 35,20; 2Chr. 35,20; 2Chr. 35,21; 2Chr. 35,23; 2Chr. 35,24; 2Chr. 35,24; 2Chr. 35,25; 2Chr. 35,25; 2Chr. 35,25; 2Chr. 36,3; 2Chr. 36,4a; 2Chr. 36,5c; 2Chr. 36,10; 1Esdr. 1,16; 1Esdr. 1,22; 1Esdr. 1,26; 1Esdr. 1,29; 1Esdr. 2,24; 1Esdr. 4,49; 1Esdr. 4,52; 1Esdr. 5,4; 1Esdr. 6,1; 1Esdr. 6,5; 1Esdr. 7,15; 1Esdr. 8,4; 1Esdr. 8,15; 1Esdr. 8,41; 1Esdr. 9,11; 1Esdr. 9,17; 1Esdr. 9,38; 1Esdr. 9,47; 1Esdr. 9,49; Ezra 1,8; Ezra 2,68; Ezra 3,3; Ezra 3,8; Ezra 3,9; Ezra 3,10; Ezra 3,11; Ezra 4,3; Ezra 4,19; Ezra 4,20; Ezra 5,1; Ezra 5,5; Ezra 5,17; Ezra 7,11; Ezra 7,14; Ezra 7,18; Ezra 7,23; Ezra 8,21; Ezra 8,22; Ezra 8,22; Ezra 8,26; Ezra 8,33; Ezra 9,5; Ezra 9,11; Ezra 10,4; Ezra 10,10; Neh. 2,5; Neh. 2,7; Neh. 2,7; Neh. 2,8; Neh. 2,14; Neh. 2,19; Neh. 3,2; Neh. 3,2; Neh. 3,4; Neh. 3,4; Neh. 3,4; Neh. 3,5; Neh. 3,8; Neh. 3,9; Neh. 3,10; Neh. 3,10; Neh. 3,12; Neh. 3,17; Neh. 3,19; Neh. 3,33; Neh. 3,37; Neh. 4,2; Neh. 4,12; Neh. 5,15; Neh. 5,16; Neh. 5,17; Neh. 5,18; Neh. 6,2; Neh. 6,7; Neh. 8,6; Neh. 8,6; Neh. 9,9; Neh. 9,13; Neh. 9,37; Neh. 10,30; Neh. 10,35; Neh. 12,37; Neh. 12,39; Neh. 12,39; Neh. 12,44; Neh. 12,44; Neh. 13,13; Neh. 13,13; Neh. 13,15; Neh. 13,18; Neh. 13,18; Neh. 13,19; Neh. 13,26; Esth. 1,4; Esth. 1,5; Esth. 2,18; Esth. 13,3 # 3,13c; Esth. 4,16; Esth. 14,1 # 4,17k; Esth. 14,8 # 4,17o; Esth. 14,19 # 4,17z; Esth. 15,7 # 5,1d; Esth. 15,8 # 5,1e; Esth. 15,11 # 5:2; Esth. 5,8; Esth. 6,9; Esth. 6,11; Esth. 6,14; Esth. 7,8; Esth. 16,11 # 8,12l; Esth. 9,25; Esth. 10,1; Judith 1,7; Judith 1,7; Judith 1,10; Judith 1,12; Judith 1,12; Judith 2,6; Judith 2,9; Judith 2,11; Judith 2,21; Judith 2,24; Judith 2,28; Judith 3,6; Judith 4,10; Judith 4,15; Judith 5,18; Judith 5,19; Judith 6,11; Judith 6,12; Judith 6,12; Judith 6,14; Judith 6,19; Judith 6,19; Judith 7,1; Judith 7,1; Judith 7,5; Judith 7,13; Judith 7,23; Judith 7,32; Judith 8,3; Judith 8,3; Judith 8,3; Judith 8,5; Judith 8,9; Judith 8,36; Judith 9,1; Judith 9,1; Judith 9,3; Judith 10,6; Judith 10,7; Judith 10,15; Judith 10,17; Judith 10,23; Judith 11,7; Judith 11,11; Judith 12,6; Judith 13,1; Judith 13,2; Judith 13,3; Judith 13,4; Judith 13,10; Judith 13,12; Judith 14,2; Judith 14,2; Judith 14,3; Judith 14,6; Judith 14,11; Judith 14,12; Judith 14,12; Judith 14,12; Judith 14,13; Judith 15,1; Judith 15,2; Judith 15,11; Judith 16,20; Tob. 1,21; Tob. 1,21; Tob. 4,17; Tob. 5,16; Tob. 6,1; Tob. 6,3; Tob. 11,9; Tob. 11,11; Tob. 11,13; Tob. 12,16; Tob. 13,10; 1Mac. 1,1; 1Mac. 1,5; 1Mac. 1,16; 1Mac. 1,20; 1Mac. 1,25; 1Mac. 1,28; 1Mac. 1,30; 1Mac. 1,51; 1Mac. 1,54; 1Mac. 1,59; 1Mac. 1,64; 1Mac. 2,24; 1Mac. 3,25; 1Mac. 3,47; 1Mac. 3,59; 1Mac. 4,2; 1Mac. 4,23; 1Mac. 4,40; 1Mac. 4,40; 1Mac. 4,50; 1Mac. 4,51; 1Mac. 4,53; 1Mac. 4,55; 1Mac. 5,6; 1Mac. 5,9; 1Mac. 5,27; 1Mac. 5,29; 1Mac. 5,39; 1Mac. 5,40; 1Mac. 5,42; 1Mac. 5,58; 1Mac. 6,7; 1Mac. 6,8; 1Mac. 6,25; 1Mac. 6,26; 1Mac. 6,31; 1Mac. 6,38; 1Mac. 6,39; 1Mac. 6,40; 1Mac. 6,40; 1Mac. 6,46; 1Mac. 6,51; 1Mac. 7,42; 1Mac. 8,31; 1Mac. 9,2; 1Mac. 9,3; 1Mac. 9,8; 1Mac. 9,33; 1Mac. 9,64; 1Mac. 10,69; 1Mac. 10,74; 1Mac. 10,75; 1Mac. 10,86; 1Mac. 11,47; 1Mac. 11,65; 1Mac. 11,67; 1Mac. 11,71; 1Mac. 12,31; 1Mac. 13,27; 1Mac. 13,43; 1Mac. 13,45; 1Mac. 14,31; 1Mac. 15,13; 1Mac. 15,25; 1Mac. 16,4; 2Mac. 1,20; 2Mac. 3,18; 2Mac. 3,19; 2Mac. 3,19; 2Mac. 4,3; 2Mac. 4,34; 2Mac. 4,37; 2Mac. 4,39; 2Mac. 5,5; 2Mac. 5,18; 2Mac. 5,26; 2Mac. 6,7; 2Mac. 6,9; 2Mac. 6,17; 2Mac. 6,19; 2Mac. 6,28; 2Mac. 7,7; 2Mac. 7,20; 2Mac. 7,34; 2Mac. 7,38; 2Mac. 7,42; 2Mac. 8,19; 2Mac. 8,20; 2Mac. 8,25; 2Mac. 8,34; 2Mac. 9,2; 2Mac. 9,7; 2Mac. 10,4; 2Mac. 10,16; 2Mac. 10,26; 2Mac. 10,27; 2Mac. 10,28; 2Mac. 11,2; 2Mac. 11,24; 2Mac. 12,6; 2Mac. 12,10; 2Mac. 12,20; 2Mac. 12,22; 2Mac. 12,26; 2Mac. 12,27; 2Mac. 12,29; 2Mac. 12,32; 2Mac. 12,36; 2Mac. 13,1; 2Mac. 13,4; 2Mac. 13,12; 2Mac. 13,15; 2Mac. 13,19; 2Mac. 13,26; 2Mac. 14,16; 2Mac. 14,31; 2Mac. 14,33; 2Mac. 14,43; 2Mac. 15,20; 2Mac. 15,24; 2Mac. 15,32; 3Mac. 1,2; 3Mac. 1,23; 3Mac. 1,23; 3Mac. 2,26; 3Mac. 3,1; 3Mac. 3,1; 3Mac. 3,14; 3Mac. 4,11; 3Mac. 4,15; 3Mac. 5,10; 3Mac. 5,16; 3Mac. 5,17; 3Mac. 5,18; 3Mac. 5,19; 3Mac. 5,20; 3Mac. 5,34; 3Mac. 5,38; 3Mac. 5,43; 3Mac. 5,44; 3Mac. 5,46; 3Mac. 5,49; 3Mac. 6,3; 3Mac. 6,3; 3Mac. 6,5; 3Mac. 6,21; 3Mac. 6,30; 3Mac. 6,36; 3Mac. 6,38; 3Mac. 7,19; 4Mac. 3,8; 4Mac. 3,9; 4Mac. 3,19; 4Mac. 4,11; 4Mac. 4,19; 4Mac. 5,14; 4Mac. 6,1; 4Mac. 6,24; 4Mac. 7,3; 4Mac. 9,12; 4Mac. 10,8; 4Mac. 11,9; 4Mac. 11,10; 4Mac. 11,17; 4Mac. 12,6; 4Mac. 14,1; 4Mac. 14,5; 4Mac. 15,12; 4Mac. 16,13; 4Mac. 17,3; 4Mac. 18,5; 4Mac. 18,20; Psa. 1,1; Psa. 2,2; Psa. 2,6; Psa. 3,9; Psa. 4,6; Psa. 4,9; Psa. 5,12; Psa. 7,17; Psa. 8,7; Psa. 9,11; Psa. 10,1; Psa. 10,6; Psa. 13,2; Psa. 14,3; Psa. 16,7; Psa. 17,11; Psa. 17,34; Psa. 18,10; Psa. 20,4; Psa. 20,8; Psa. 21,9; Psa. 21,11; Psa. 21,19; Psa. 22,3; Psa. 24,5; Psa. 24,20; Psa. 30,15; Psa. 30,17; Psa. 30,20; Psa. 30,25; Psa. 31,8; Psa. 31,10; Psa. 31,11; Psa. 32,14; Psa. 32,18; Psa. 32,18; Psa. 32,22; Psa. 33,4; Psa. 33,16; Psa. 33,17; Psa. 36,3; Psa. 36,38; Psa. 39,3; Psa. 39,4; Psa. 40,2; Psa. 40,8; Psa. 41,2; Psa. 41,6; Psa. 41,12; Psa. 42,5; Psa. 44,4; Psa. 44,17; Psa. 46,3; Psa. 46,9; Psa. 47,5; Psa. 47,11; Psa. 48,3; Psa. 48,11; Psa. 50,4; Psa. 50,15; Psa. 50,21; Psa. 51,9; Psa. 51,10; Psa. 52,3; Psa. 54,11; Psa. 54,15; Psa. 54,23; Psa. 54,24; Psa. 56,6; Psa. 56,6; Psa. 56,12; Psa. 56,12; Psa. 59,10; Psa. 61,3; Psa. 61,10; Psa. 61,11; Psa. 61,11; Psa. 65,7; Psa. 65,11; Psa. 65,12; Psa. 67,34; Psa. 67,35; Psa. 68,4; Psa. 68,27; Psa. 68,28; Psa. 70,6; Psa. 70,10; Psa. 70,14; Psa. 71,6; Psa. 71,6; Psa. 73,1; Psa. 73,3; Psa. 73,6; Psa. 73,8; Psa. 77,7; Psa. 77,21; Psa. 77,22; Psa. 78,6; Psa. 78,6; Psa. 79,5; Psa. 79,16; Psa. 79,18; Psa. 80,15; Psa. 82,4; Psa. 82,6; Psa. 82,19; Psa. 83,3; Psa. 83,10; Psa. 83,13; Psa. 84,9; Psa. 84,9; Psa. 84,9; Psa. 85,2; Psa. 88,8; Psa. 88,20; Psa. 89,16; Psa. 93,16; Psa. 93,16; Psa. 93,21; Psa. 94,3; Psa. 95,4; Psa. 96,9; Psa. 97,8; Psa. 98,2; Psa. 98,8; Psa. 100,6; Psa. 101,18; Psa. 101,20; Psa. 101,23; Psa. 102,11; Psa. 102,17; Psa. 102,17; Psa. 103,5; Psa. 103,23; Psa. 103,23; Psa. 103,32; Psa. 104,16; Psa. 105,17; Psa. 105,40; Psa. 106,30; Psa. 107,6; Psa. 107,6; Psa. 107,10; Psa. 111,7; Psa. 111,8; Psa. 112,4; Psa. 112,4; Psa. 113,17; Psa. 113,18; Psa. 113,19; Psa. 113,22; Psa. 117,8;

ἐπί

Psa. 117,9; Psa. 118,6; Psa. 118,42; Psa. 118,43; Psa. 118,62; Psa. 118,135; Psa. 118,162; Psa. 118,164; Psa. 120,5; Psa. 121,3; Psa. 121,5; Psa. 122,3; Psa. 122,4; Psa. 124,1; Psa. 124,3; Psa. 124,5; Psa. 127,6; Psa. 129,6; Psa. 129,6; Psa. 130,2; Psa. 130,2; Psa. 130,3; Psa. 131,11; Psa. 131,18; Psa. 132,1; Psa. 132,2; Psa. 132,2; Psa. 132,3; Psa. 137,2; Psa. 138,16; Psa. 139,8; Psa. 140,8; Psa. 144,9; Psa. 145,5; Psa. 146,11; Ode. 2,2; Ode. 2,13; Ode. 4,8; Ode. 4,9; Ode. 4,19; Ode. 7,28; Ode. 9,48; Ode. 12,5; Prov. 2,2; Prov. 3,18; Prov. 3,29; Prov. 7,3; Prov. 7,22; Prov. 7,22; Prov. 9,3; Prov. 9,18; Prov. 10,6; Prov. 10,22; Prov. 21,6; Prov. 22,19; Prov. 22,20; Prov. 25,22; Prov. 26,11; Prov. 26,11; Prov. 26,15; Prov. 28,25; Prov. 29,5; Prov. 29,25; Prov. 24,28; Prov. 31,19; Eccl. 1,6; Eccl. 1,12; Eccl. 6,1; Eccl. 9,8; Eccl. 10,4; Eccl. 11,1; Eccl. 11,2; Eccl. 11,3; Eccl. 11,6; Eccl. 12,6; Eccl. 12,6; Eccl. 12,7; Song 2,8; Song 2,8; Song 2,9; Song 2,17; Song 3,8; Song 5,2; Song 5,5; Song 5,12; Song 5,12; Song 5,15; Song 7,6; Song 8,5; Song 8,6; Song 8,6; Song 8,14; Job 1,19; Job 4,5; Job 4,15; Job 5,10; Job 5,10; Job 8,17; Job 12,18; Job 15,29; Job 18,17; Job 19,8; Job 24,18; Job 25,3; Job 26,10; Job 26,14; Job 27,8; Job 31,1; Job 33,23; Job 36,21; Job 38,16; Job 38,22; Job 38,26; Job 39,14; Wis. 5,12; Wis. 5,20; Wis. 5,21; Wis. 6,20; Wis. 7,3; Wis. 8,1; Wis. 8,12; Wis. 8,12; Wis. 11,22; Wis. 12,2; Wis. 14,19; Wis. 18,20; Wis. 19,4; Sir. 1,7 Prol.; Sir. 1,33 Prol.; Sir. 1,9; Sir. 2,12; Sir. 5,6; Sir. 6,11; Sir. 8,3; Sir. 9,1; Sir. 9,2; Sir. 12,12; Sir. 15,19; Sir. 16,3; Sir. 17,8; Sir. 17,19; Sir. 17,25; Sir. 17,26; Sir. 18,13; Sir. 18,13; Sir. 18,14; Sir. 22,20; Sir. 22,21; Sir. 22,22; Sir. 22,27; Sir. 23,24; Sir. 25,21; Sir. 26,28; Sir. 27,25; Sir. 33,20; Sir. 34,13; Sir. 34,16; Sir. 35,15; Sir. 36,1; Sir. 36,2; Sir. 38,29; Sir. 38,33; Sir. 40,1; Sir. 40,10; Sir. 41,24; Sir. 43,20; Sir. 44,23; Sir. 46,2; Sir. 46,9; Sir. 46,13; Sir. 47,20; Sir. 48,18; Sir. 49,13; Sir. 50,7; Sir. 50,17; Sir. 50,17; Sir. 50,20; Sir. 50,28; Sol. 2,2; Sol. 2,21; Sol. 2,22; Sol. 2,33; Sol. 3,2; Sol. 4,4; Sol. 4,25; Sol. 5,7; Sol. 5,14; Sol. 5,15; Sol. 5,18; Sol. 8,15; Sol. 8,31; Sol. 9,2; Sol. 9,10; Sol. 9,11; Sol. 10,3; Sol. 10,4; Sol. 10,8; Sol. 11,8; Sol. 11,9; Sol. 12,6; Sol. 13,12; Sol. 13,12; Sol. 15,5; Sol. 15,6; Sol. 16,4; Sol. 17,3; Sol. 17,3; Sol. 17,4; Sol. 17,10; Sol. 17,18; Sol. 17,21; Sol. 17,33; Sol. 17,39; Sol. 17,45; Sol. 18,1; Sol. 18,1; Sol. 18,3; Sol. 18,3; Hos. 1,4; Hos. 2,2; Hos. 2,16; Hos. 3,1; Hos. 4,13; Hos. 4,13; Hos. 4,14; Hos. 4,14; Hos. 5,1; Hos. 5,8; Hos. 9,1; Hos. 9,8; Hos. 10,4; Hos. 10,5; Hos. 10,8; Hos. 10,9; Hos. 10,11; Hos. 11,3; Hos. 11,4; Hos. 11,7; Hos. 12,12; Amos 1,7; Amos 1,8; Amos 1,10; Amos 1,14; Amos 1,15; Amos 2,2; Amos 2,5; Amos 2,7; Amos 3,3; Amos 3,5; Amos 3,9; Amos 3,9; Amos 3,14; Amos 3,14; Amos 3,15; Amos 4,7; Amos 4,7; Amos 4,13; Amos 5,5; Amos 5,9; Amos 5,19; Amos 6,1; Amos 7,9; Amos 7,15; Amos 7,16; Amos 7,16; Amos 8,2; Amos 8,10; Amos 8,10; Amos 8,11; Amos 9,1; Amos 9,6; Amos 9,8; Amos 9,9; Mic. 1,3; Mic. 1,12; Mic. 1,16; Mic. 2,3; Mic. 2,12; Mic. 3,5; Mic. 3,6; Mic. 3,11; Mic. 4,1; Mic. 4,8; Mic. 4,11; Mic. 4,11; Mic. 4,14; Mic. 5,2; Mic. 5,4; Mic. 5,4; Mic. 5,5; Mic. 5,5; Mic. 5,6; Mic. 5,8; Mic. 7,3; Mic. 7,6; Mic. 7,6; Mic. 7,7; Mic. 7,16; Joel 1,6; Joel 1,8; Joel 2,2; Joel 2,5; Joel 2,7; Joel 2,9; Joel 3,1; Joel 3,2; Joel 3,2; Joel 4,3; Obad. 3; Obad. 11; Obad. 12; Obad. 13; Obad. 14; Obad. 15; Obad. 16; Jonah 1,7; Jonah 2,11; Jonah 4,8; Nah. 1,9; Nah. 1,9; Nah. 2,1; Nah. 2,6; Nah. 2,11; Nah. 2,14; Nah. 3,5; Nah. 3,5; Nah. 3,6; Nah. 3,10; Nah. 3,17; Nah. 3,18; Nah. 3,19; Nah. 3,19; Hab. 1,6; Hab. 1,13; Hab. 2,1; Hab. 2,1; Hab. 2,2; Hab. 2,15; Hab. 2,16; Hab. 2,16; Hab. 2,18; Hab. 3,8; Hab. 3,9; Hab. 3,19; Zeph. 1,4; Zeph. 1,4; Zeph. 1,5; Zeph. 1,8; Zeph. 1,8; Zeph. 1,8; Zeph. 1,9; Zeph. 1,9; Zeph. 1,12; Zeph. 1,12; Zeph. 1,16; Zeph. 1,16; Zeph. 1,18; Zeph. 2,8; Zeph. 2,10; Zeph. 2,13; Zeph. 3,9; Zeph. 3,11; Zeph. 3,17; Zeph. 3,17; Hag. 1,8; Hag. 1,11; Hag. 1,11; Hag. 1,11; Hag. 1,11; Hag. 1,11; Hag. 1,11; Hag. 1,11; Hag. 1,11; Hag. 2,15; Zech. 1,2; Zech. 1,8; Zech. 1,15; Zech. 1,16; Zech. 1,16; Zech. 2,4; Zech. 2,12; Zech. 2,15; Zech. 2,16; Zech. 3,5; Zech. 3,5; Zech. 3,9; Zech. 4,10; Zech. 5,3; Zech. 5,11; Zech. 6,6; Zech. 6,6; Zech. 6,8; Zech. 6,11; Zech. 8,3; Zech. 8,10; Zech. 9,9; Zech. 9,13; Zech. 10,3; Zech. 10,3; Zech. 11,6; Zech. 11,16; Zech. 11,17; Zech. 11,17; Zech. 12,1; Zech. 12,2; Zech. 12,4; Zech. 12,7; Zech. 12,9; Zech. 12,10; Zech. 12,10; Zech. 13,7; Zech. 13,7; Zech. 14,2; Zech. 14,4; Zech. 14,9; Zech. 14,12; Zech. 14,12; Zech. 14,16; Zech. 14,20; Mal. 1,1; Mal. 1,1; Mal. 2,3; Mal. 2,16; Mal. 3,5; Mal. 3,5; Mal. 3,5; Mal. 3,5; Is. 1,25; Is. 2,12; Is. 2,12; Is. 2,13; Is. 2,13; Is. 2,14; Is. 2,14; Is. 2,15; Is. 2,15; Is. 2,16; Is. 2,16; Is. 5,25; Is. 7,1; Is. 7,17; Is. 7,17; Is. 7,17; Is. 8,7; Is. 8,7; Is. 9,5; Is. 9,6; Is. 9,7; Is. 9,7; Is. 9,16; Is. 10,12; Is. 10,12; Is. 10,20; Is. 10,20; Is. 10,21; Is. 10,24; Is. 10,25; Is. 11,8; Is. 11,8; Is. 11,9; Is. 11,14; Is. 11,15; Is. 14,4; Is. 14,13; Is. 14,26; Is. 14,26; Is. 15,2; Is. 15,7; Is. 15,9; Is. 16,1; Is. 16,13; Is. 19,2; Is. 19,2; Is. 22,4; Is. 22,5; Is. 23,8; Is. 24,21; Is. 24,21; Is. 25,6; Is. 25,7; Is. 25,10; Is. 26,21; Is. 27,1; Is. 27,1; Is. 27,13; Is. 28,6; Is. 28,10; Is. 28,13; Is. 28,22; Is. 28,27; Is. 29,3; Is. 29,7; Is. 29,7; Is. 29,8; Is. 29,22; Is. 31,1; Is. 31,1; Is. 31,2; Is. 31,4; Is. 31,4; Is. 32,20; Is. 34,2; Is. 34,2; Is. 34,5; Is. 34,5; Is. 36,1; Is. 36,6; Is. 36,10; Is. 37,33; Is. 42,13; Is. 42,25; Is. 44,3; Is. 44,3; Is. 44,4; Is. 45,14; Is. 47,1; Is. 47,9; Is. 47,9; Is. 47,11; Is. 47,11; Is. 47,11; Is. 47,13; Is. 48,5; Is. 48,14; Is. 49,23; Is. 52,14; Is. 53,7; Is. 54,9; Is. 54,15; Is. 54,17; Is. 54,17; Is. 55,5; Is. 55,7; Is. 55,7; Is. 57,4; Is. 57,4; Is. 57,5; Is. 58,14; Is. 58,14; Is. 59,7; Is. 60,1; Is. 60,2; Is. 60,2; Is. 60,7; Is. 61,10; Is. 65,16; Is. 65,17; Is. 65,19; Is. 66,2; Is. 66,2; Is. 66,17; Jer. 1,1; Jer. 1,10; Jer. 1,12; Jer. 1,14; Jer. 1,15; Jer. 1,15; Jer. 1,15; Jer. 2,12; Jer. 2,20; Jer. 3,6; Jer. 3,16; Jer. 3,18; Jer. 3,18; Jer. 3,18; Jer. 4,16; Jer. 4,23; Jer. 4,29; Jer. 5,6; Jer. 5,8; Jer. 5,10; Jer. 6,6; Jer. 6,7; Jer. 6,9; Jer. 6,11; Jer. 6,11; Jer. 6,12; Jer. 6,12; Jer. 6,19; Jer. 6,21; Jer. 7,20; Jer. 7,20; Jer. 7,20; Jer. 7,20; Jer. 8,14; Jer. 9,9; Jer. 9,24; Jer. 9,25; Jer. 9,25; Jer. 9,25; Jer. 9,25; Jer. 9,25; Jer. 10,25; Jer. 10,25; Jer. 11,10; Jer. 11,11; Jer. 11,16; Jer. 11,17; Jer. 11,21; Jer. 11,23; Jer. 12,12; Jer. 13,4; Jer. 13,6; Jer. 13,7; Jer. 13,21; Jer. 13,26; Jer. 14,3; Jer. 14,6; Jer. 15,8; Jer. 16,7; Jer. 16,17; Jer. 17,8; Jer. 18,7; Jer. 18,7; Jer. 18,9; Jer. 18,9; Jer. 18,18; Jer. 19,3; Jer. 19,15; Jer. 19,15; Jer. 19,15; Jer. 21,10; Jer. 22,7; Jer. 22,11; Jer. 22,18; Jer. 22,18; Jer. 23,2; Jer. 23,17; Jer. 23,19; Jer. 25,1; Jer. 25,9; Jer. 25,9; Jer. 25,9; Jer. 25,13; Jer. 25,14; Jer. 25,16; Jer. 26,2; Jer. 26,6; Jer. 26,9; Jer. 26,12; Jer. 26,25; Jer. 26,25; Jer. 27,1; Jer. 27,4; Jer. 27,6; Jer. 27,6; Jer. 27,9; Jer. 27,13; Jer. 27,14; Jer. 27,18; Jer. 27,18; Jer. 27,18; Jer. 27,21; Jer. 27,29; Jer. 27,31; Jer. 27,35; Jer. 27,35; Jer. 27,35; Jer. 27,35; Jer. 27,36; Jer. 27,37; Jer. 27,37; Jer. 27,37; Jer. 27,37; Jer. 27,37; Jer. 27,45; Jer. 27,45; Jer. 28,1; Jer. 28,1; Jer. 28,2; Jer. 28,3; Jer. 28,12; Jer. 28,14; Jer. 28,24; Jer. 28,25; Jer. 28,29; Jer. 28,35; Jer. 28,42; Jer. 28,44; Jer. 28,50; Jer. 28,52; Jer. 28,56; Jer. 28,60; Jer. 28,60; Jer. 28,62; Jer. 29,5; Jer. 29,7; Jer. 29,7; Jer. 29,7; Jer. 30,14; Jer. 30,14; Jer. 30,18; Jer. 30,19; Jer. 30,21; Jer. 30,23; Jer. 31,1; Jer. 31,8; Jer. 31,21; Jer. 31,21; Jer. 31,21; Jer. 31,22; Jer. 31,22; Jer. 31,23; Jer. 31,24; Jer. 31,24; Jer. 31,24; Jer. 31,26; Jer. 31,31; Jer. 31,32; Jer. 31,35; Jer. 31,42; Jer. 31,44; Jer. 32,13; Jer. 32,29; Jer. 32,30; Jer. 32,30; Jer. 32,31; Jer. 32,32; Jer. 33,9; Jer. 33,12; Jer. 33,12; Jer. 33,15; Jer. 33,15; Jer. 33,19; Jer. 35,8; Jer. 35,14; Jer. 36,4; Jer. 36,21; Jer. 36,21; Jer. 36,31; Jer. 36,32; Jer. 36,32; Jer. 37,4; Jer. 37,14; Jer. 37,16; Jer. 37,18; Jer. 38,7; Jer. 38,9; Jer. 38,12; Jer. 38,23; Jer. 38,33; Jer. 39,2; Jer. 39,29; Jer. 39,31; Jer. 39,31; Jer. 39,35; Jer. 39,36; Jer. 39,42; Jer. 40,13; Jer. 41,1; Jer. 41,1; Jer. 41,7; Jer. 41,7; Jer. 41,7; Jer. 41,7; Jer. 42,11; Jer. 42,17; Jer. 42,17; Jer. 43,2; Jer. 43,2; Jer. 43,2; Jer. 43,7; Jer. 43,30; Jer. 43,31; Jer. 43,31; Jer. 43,31; Jer. 43,31; Jer. 44,8; Jer. 44,15; Jer. 44,19; Jer. 45,1;

E, ε

ἐπί

Jer. 46,1; Jer. 46,16; Jer. 47,2; Jer. 47,4; Jer. 47,4; Jer. 49,18; Jer. 51,2; Jer. 51,2; Jer. 51,13; Jer. 51,13; Jer. 51,21; Jer. 51,33; Jer. 51,35; Jer. 52,4; Bar. 1,10; Bar. 2,1; Bar. 2,1; Bar. 2,1; Bar. 2,1; Bar. 2,9; Bar. 2,15; Bar. 2,15; Bar. 2,18; Bar. 2,19; Bar. 2,21; Bar. 2,30; Bar. 3,7; Bar. 4,25; Bar. 5,2; Lam. 1,1; Lam. 1,5; Lam. 1,10; Lam. 1,14; Lam. 1,14; Lam. 2,10; Lam. 2,11; Lam. 2,14; Lam. 2,15; Lam. 2,15; Lam. 2,16; Lam. 2,17; Lam. 3,48; Lam. 3,51; Lam. 3,54; Lam. 3,63; Lam. 4,8; Lam. 4,21; Lam. 4,22; Lam. 5,5; LetterJ 8; LetterJ 21; LetterJ 21; LetterJ 25; Ezek. 1,8; Ezek. 1,17; Ezek. 1,28; Ezek. 2,1; Ezek. 2,2; Ezek. 2,6; Ezek. 3,23; Ezek. 3,24; Ezek. 3,25; Ezek. 4,4; Ezek. 4,6; Ezek. 4,8; Ezek. 4,8; Ezek. 5,1; Ezek. 5,1; Ezek. 5,8; Ezek. 5,17; Ezek. 5,17; Ezek. 5,17; Ezek. 6,2; Ezek. 6,13; Ezek. 7,2; Ezek. 7,4; Ezek. 7,5; Ezek. 7,5; Ezek. 7,6; Ezek. 7,7; Ezek. 7,7; Ezek. 7,8; Ezek. 7,8; Ezek. 7,18; Ezek. 7,18; Ezek. 7,26; Ezek. 8,3; Ezek. 8,5; Ezek. 8,7; Ezek. 8,14; Ezek. 9,4; Ezek. 9,6; Ezek. 9,8; Ezek. 9,8; Ezek. 10,2; Ezek. 10,18; Ezek. 10,19; Ezek. 11,1; Ezek. 11,13; Ezek. 13,2; Ezek. 13,5; Ezek. 13,9; Ezek. 13,14; Ezek. 13,15; Ezek. 13,15; Ezek. 13,16; Ezek. 13,17; Ezek. 13,18; Ezek. 13,18; Ezek. 13,20; Ezek. 14,3; Ezek. 14,4; Ezek. 14,7; Ezek. 14,8; Ezek. 14,15; Ezek. 14,17; Ezek. 14,19; Ezek. 14,21; Ezek. 14,22; Ezek. 14,22; Ezek. 16,5; Ezek. 16,6; Ezek. 16,8; Ezek. 16,12; Ezek. 16,12; Ezek. 16,14; Ezek. 16,15; Ezek. 16,26; Ezek. 16,27; Ezek. 16,28; Ezek. 16,37; Ezek. 16,37; Ezek. 16,40; Ezek. 16,42; Ezek. 17,12; Ezek. 19,1; Ezek. 19,9; Ezek. 19,11; Ezek. 19,12; Ezek. 20,31; Ezek. 21,2; Ezek. 21,2; Ezek. 21,2; Ezek. 21,7; Ezek. 21,7; Ezek. 21,7; Ezek. 21,9; Ezek. 21,17; Ezek. 21,19; Ezek. 21,20; Ezek. 21,25; Ezek. 21,25; Ezek. 21,25; Ezek. 21,26; Ezek. 21,27; Ezek. 21,27; Ezek. 21,34; Ezek. 21,36; Ezek. 21,36; Ezek. 22,24; Ezek. 23,5; Ezek. 23,5; Ezek. 23,7; Ezek. 23,12; Ezek. 23,15; Ezek. 23,20; Ezek. 23,22; Ezek. 23,22; Ezek. 23,24; Ezek. 23,24; Ezek. 23,42; Ezek. 23,42; Ezek. 24,2; Ezek. 24,3; Ezek. 24,7; Ezek. 24,7; Ezek. 24,8; Ezek. 24,11; Ezek. 24,17; Ezek. 25,2; Ezek. 25,3; Ezek. 25,3; Ezek. 25,3; Ezek. 25,6; Ezek. 25,7; Ezek. 25,10; Ezek. 25,13; Ezek. 25,14; Ezek. 25,16; Ezek. 26,2; Ezek. 26,3; Ezek. 26,3; Ezek. 26,7; Ezek. 26,8; Ezek. 26,8; Ezek. 26,11; Ezek. 26,16; Ezek. 26,16; Ezek. 26,17; Ezek. 26,19; Ezek. 27,2; Ezek. 27,9; Ezek. 27,29; Ezek. 27,30; Ezek. 27,30; Ezek. 27,32; Ezek. 27,35; Ezek. 28,7; Ezek. 28,7; Ezek. 28,7; Ezek. 28,12; Ezek. 28,17; Ezek. 28,19; Ezek. 28,21; Ezek. 28,22; Ezek. 29,2; Ezek. 29,3; Ezek. 29,5; Ezek. 29,7; Ezek. 29,8; Ezek. 29,10; Ezek. 29,10; Ezek. 29,15; Ezek. 29,20; Ezek. 30,14; Ezek. 30,15; Ezek. 30,22; Ezek. 30,25; Ezek. 31,13; Ezek. 31,13; Ezek. 32,2; Ezek. 32,3; Ezek. 32,4; Ezek. 32,4; Ezek. 32,5; Ezek. 32,8; Ezek. 32,8; Ezek. 32,10; Ezek. 32,10; Ezek. 32,16; Ezek. 32,18; Ezek. 32,31; Ezek. 33,3; Ezek. 34,2; Ezek. 34,6; Ezek. 34,10; Ezek. 34,13; Ezek. 35,3; Ezek. 35,3; Ezek. 36,1; Ezek. 36,5; Ezek. 36,5; Ezek. 36,6; Ezek. 36,7; Ezek. 37,4; Ezek. 37,9; Ezek. 37,14; Ezek. 37,19; Ezek. 38,2; Ezek. 38,3; Ezek. 38,8; Ezek. 38,10; Ezek. 38,11; Ezek. 38,12; Ezek. 38,16; Ezek. 38,16; Ezek. 38,18; Ezek. 38,20; Ezek. 38,21; Ezek. 38,22; Ezek. 39,1; Ezek. 39,1; Ezek. 39,2; Ezek. 39,4; Ezek. 39,6; Ezek. 39,17; Ezek. 39,17; Ezek. 39,26; Ezek. 39,29; Ezek. 40,12; Ezek. 40,13; Ezek. 40,13; Ezek. 40,16; Ezek. 40,16; Ezek. 40,16; Ezek. 40,19; Ezek. 40,19; Ezek. 40,23; Ezek. 40,23; Ezek. 40,26; Ezek. 40,27; Ezek. 40,42; Ezek. 40,43; Ezek. 40,47; Ezek. 40,49; Ezek. 41,6; Ezek. 41,7; Ezek. 41,7; Ezek. 41,11; Ezek. 41,25; Ezek. 42,2; Ezek. 42,4; Ezek. 42,12; Ezek. 43,1; Ezek. 43,3; Ezek. 43,13; Ezek. 43,13; Ezek. 43,14; Ezek. 43,16; Ezek. 43,16; Ezek. 43,17; Ezek. 43,17; Ezek. 43,20; Ezek. 43,20; Ezek. 43,20; Ezek. 43,27; Ezek. 44,4; Ezek. 44,18; Ezek. 44,24; Ezek. 44,25; Ezek. 44,30; Ezek. 45,2; Ezek. 45,7; Ezek. 45,19; Ezek. 45,19; Ezek. 45,19; Ezek. 45,19; Ezek. 46,2; Ezek. 46,21; Ezek. 46,22; Ezek. 47,1; Ezek. 47,1; Ezek. 47,6; Ezek. 47,8; Ezek. 47,8; Ezek. 47,8; Ezek. 47,9; Ezek. 47,18; Ezek. 47,19; Ezek. 48,1; Ezek. 48,20; Ezek. 48,21; Ezek. 48,21; Dan. 1,11; Dan. 2,34; Dan. 2,46; Dan. 3,28; Dan. 3,47; Dan. 4,23; Dan. 4,24; Dan. 4,26; Dan. 4,26; Dan. 4,32; Dan. 4,33; Dan. 5,7; Dan. 6,11; Dan. 8,6; Dan. 8,7; Dan. 8,9; Dan. 8,9; Dan. 8,10; Dan. 8,11; Dan. 8,17; Dan. 8,18; Dan. 8,25; Dan. 9,1; Dan. 9,2; Dan. 9,3; Dan. 9,6; Dan. 9,12; Dan. 9,14; Dan. 9,14; Dan. 9,17; Dan. 9,17; Dan. 9,19; Dan. 9,19; Dan. 9,24; Dan. 9,24; Dan. 9,27; Dan. 9,27; Dan. 9,27; Dan. 10,9; Dan. 10,9; Dan. 10,10; Dan. 10,11; Dan. 10,11; Dan. 10,15; Dan. 10,16; Dan. 11,7; Dan. 11,9; Dan. 11,10; Dan. 11,14; Dan. 11,18; Dan. 11,21; Dan. 11,23; Dan. 11,24; Dan. 11,25; Dan. 11,27; Dan. 11,28; Dan. 11,28; Dan. 11,30; Dan. 11,36; Dan. 11,36; Dan. 11,37; Dan. 11,38; Dan. 11,39; Dan. 12,1; Dan. 12,13; Sus. 28; Sus. 29; Bel 15-17; Bel 21; Bel 27; Bel 28; Josh. 19,11; Josh. 19,12; Josh. 19,12; Josh. 19,12; Josh. 19,13; Josh. 19,13; Josh. 19,13; Josh. 19,14; Josh. 19,14; Josh. 19,14; Josh. 19,22; Josh. 19,22; Josh. 19,29; Josh. 19,34; Judg. 1,35; Judg. 2,1; Judg. 2,1; Judg. 2,1; Judg. 3,10; Judg. 3,12; Judg. 3,16; Judg. 3,25; Judg. 4,9; Judg. 4,20; Judg. 4,24; Judg. 5,10; Judg. 5,18; Judg. 6,2; Judg. 6,26; Judg. 6,28; Judg. 6,33; Judg. 6,37; Judg. 6,37; Judg. 6,39; Judg. 6,39; Judg. 6,40; Judg. 6,40; Judg. 7,1; Judg. 7,5; Judg. 7,6; Judg. 7,22; Judg. 8,4; Judg. 9,5; Judg. 9,7; Judg. 9,18; Judg. 9,18; Judg. 9,18; Judg. 9,22; Judg. 9,24; Judg. 9,24; Judg. 9,25; Judg. 9,31; Judg. 9,33; Judg. 9,34; Judg. 9,44; Judg. 9,49; Judg. 9,51; Judg. 9,53; Judg. 10,4; Judg. 11,29; Judg. 11,37; Judg. 11,37; Judg. 11,38; Judg. 11,38; Judg. 11,40; Judg. 12,1; Judg. 12,14; Judg. 13,5; Judg. 13,19; Judg. 13,20; Judg. 13,20; Judg. 14,14; Judg. 14,17; Judg. 15,8; Judg. 16,3; Judg. 16,9; Judg. 16,12; Judg. 16,14; Judg. 16,17; Judg. 16,19; Judg. 16,20; Judg. 16,27; Judg. 16,30; Judg. 16,30; Judg. 18,19; Judg. 18,27; Judg. 18,27; Judg. 19,3; Judg. 19,4; Judg. 19,6; Judg. 19,22; Judg. 19,27; Judg. 19,28; Judg. 20,5; Judg. 20,19; Judg. 20,20; Judg. 20,21; Judg. 20,25; Judg. 20,36; Judg. 20,37; Judg. 20,40; Tob. 1,21; Tob. 1,21; Tob. 2,6; Tob. 3,12; Tob. 6,3; Tob. 6,17; Tob. 7,6; Tob. 8,2; Tob. 11,9; Tob. 11,13; Tob. 12,13; Tob. 12,16; Tob. 12,22; Tob. 14,4; Tob. 14,4; Tob. 14,11; Tob. 14,15; Tob. 14,15; Dan. 1,8; Dan. 1,11; Dan. 2,34; Dan. 2,46; Dan. 2,48; Dan. 2,49; Dan. 3,12; Dan. 3,19; Dan. 3,28; Dan. 3,47; Dan. 4,24; Dan. 4,25; Dan. 4,28; Dan. 4,32; Dan. 4,33; Dan. 4,36; Dan. 5,5; Dan. 5,7; Dan. 5,16; Dan. 5,23; Dan. 6,11; Dan. 6,18; Dan. 6,20; Dan. 7,28; Dan. 8,5; Dan. 8,7; Dan. 8,10; Dan. 8,12; Dan. 8,17; Dan. 8,18; Dan. 8,18; Dan. 8,18; Dan. 9,1; Dan. 9,12; Dan. 9,14; Dan. 9,17; Dan. 9,18; Dan. 9,19; Dan. 9,19; Dan. 9,24; Dan. 9,24; Dan. 9,27; Dan. 9,27; Dan. 10,9; Dan. 10,10; Dan. 10,15; Dan. 11,14; Dan. 11,20; Dan. 11,21; Dan. 11,25; Dan. 11,28; Dan. 11,30; Dan. 11,30; Dan. 11,36; Dan. 11,37; Dan. 11,37; Dan. 11,37; Dan. 11,37; Dan. 11,42; Dan. 12,1; Sus. 14; Sus. 29; Sus. 34; Sus. 61; Bel 18; Bel 27; Bel 28; Bel 40; Matt. 3,7; Matt. 3,13; Matt. 4,5; Matt. 5,15; Matt. 5,23; Matt. 5,45; Matt. 5,45; Matt. 6,27; Matt. 7,24; Matt. 7,25; Matt. 7,26; Matt. 9,9; Matt. 10,18; Matt. 10,21; Matt. 10,29; Matt. 10,34; Matt. 12,49; Matt. 13,2; Matt. 13,5; Matt. 13,7; Matt. 13,8; Matt. 13,20; Matt. 13,23; Matt. 13,48; Matt. 14,25; Matt. 14,28; Matt. 14,29; Matt. 14,34; Matt. 15,32; Matt. 15,35; Matt. 17,6; Matt. 18,12; Matt. 19,28; Matt. 21,5; Matt. 21,5; Matt. 21,44; Matt. 22,5; Matt. 22,9; Matt. 22,34; Matt. 23,4; Matt. 23,36; Matt. 24,2; Matt. 24,7; Matt. 24,7; Matt. 25,21; Matt. 25,23; Matt. 26,39; Matt. 26,50; Matt. 26,55; Matt. 27,25; Matt. 27,43; Matt. 27,45; Mark 2,14; Mark 2,21; Mark 4,5; Mark 4,16; Mark 4,20; Mark 4,21; Mark 4,38; Mark 6,53; Mark 7,30; Mark 8,2; Mark 8,25; Mark 9,12; Mark 13,2; Mark 13,8; Mark 13,12; Mark 14,48; Mark 15,22; Mark 15,46; Mark 16,2; Mark 16,18; Luke 1,16; Luke

ἐπί   875

1,17; Luke 1,33; Luke 1,35; Luke 1,48; Luke 1,65; Luke 2,8; Luke 3,2; Luke 4,9; Luke 4,25; Luke 4,25; Luke 4,36; Luke 4,43; Luke 5,11; Luke 5,12; Luke 5,19; Luke 5,27; Luke 5,36; Luke 6,29; Luke 6,35; Luke 6,48; Luke 6,49; Luke 7,44; Luke 8,6; Luke 8,27; Luke 9,1; Luke 9,38; Luke 10,19; Luke 10,34; Luke 10,35; Luke 11,17; Luke 11,33; Luke 12,11; Luke 12,25; Luke 12,49; Luke 12,53; Luke 12,53; Luke 12,53; Luke 12,53; Luke 15,4; Luke 15,5; Luke 15,7; Luke 15,20; Luke 17,16; Luke 17,35; Luke 18,4; Luke 19,4; Luke 19,5; Luke 19,23; Luke 19,35; Luke 19,43; Luke 19,44; Luke 21,10; Luke 21,12; Luke 21,35; Luke 21,35; Luke 22,44; Luke 22,52; Luke 23,1; Luke 23,28; Luke 23,33; Luke 23,48; Luke 24,1; Luke 24,12; Luke 24,22; Luke 24,24; John 1,51; John 6,16; John 9,6; John 9,15; John 12,15; John 13,25; John 19,24; John 19,33; John 21,20; Acts 1,15; Acts 1,26; Acts 2,1; Acts 2,17; Acts 2,18; Acts 2,18; Acts 2,30; Acts 2,44; Acts 2,47; Acts 3,1; Acts 4,5; Acts 4,17; Acts 4,26; Acts 4,27; Acts 4,29; Acts 4,33; Acts 5,5; Acts 5,11; Acts 5,18; Acts 7,23; Acts 8,1; Acts 8,26; Acts 8,32; Acts 9,4; Acts 9,11; Acts 9,21; Acts 9,35; Acts 9,42; Acts 10,9; Acts 10,17; Acts 10,25; Acts 10,44; Acts 10,45; Acts 11,11; Acts 11,17; Acts 11,21; Acts 12,10; Acts 12,12; Acts 13,11; Acts 13,31; Acts 13,50; Acts 14,10; Acts 14,13; Acts 14,15; Acts 15,10; Acts 15,19; Acts 16,18; Acts 16,19; Acts 16,31; Acts 17,2; Acts 17,6; Acts 17,14; Acts 17,19; Acts 18,6; Acts 18,12; Acts 18,20; Acts 19,8; Acts 19,10; Acts 19,12; Acts 19,13; Acts 19,17; Acts 19,34; Acts 20,9; Acts 20,13; Acts 20,13; Acts 20,37; Acts 21,5; Acts 21,35; Acts 22,19; Acts 24,4; Acts 25,12; Acts 26,16; Acts 26,18; Acts 26,20; Acts 27,20; Acts 27,43; Acts 27,44; Acts 28,3; Acts 28,6; Rom. 1,18; Rom. 2,2; Rom. 2,9; Rom. 4,5; Rom. 4,9; Rom. 4,9; Rom. 4,24; Rom. 5,14; Rom. 9,23; Rom. 11,22; Rom. 11,22; Rom. 12,20; 1Cor. 2,9; 1Cor. 3,12; 1Cor. 7,5; 1Cor. 7,36; 1Cor. 11,20; 1Cor. 14,23; 1Cor. 14,25; 2Cor. 1,23; 2Cor. 2,3; 2Cor. 3,13; 2Cor. 3,15; Gal. 4,9; Gal. 6,16; Eph. 5,6; Phil. 2,27; Col. 3,6; 2Th. 2,4; 1Tim. 1,18; 1Tim. 5,5; 2Tim. 2,16; 2Tim. 3,9; 2Tim. 3,13; 2Tim. 4,4; Heb. 3,6; Heb. 6,1; Heb. 6,1; Heb. 8,8; Heb. 8,8; Heb. 8,10; Heb. 10,16; Heb. 10,16; Heb. 10,21; Heb. 11,21; Heb. 11,30; Heb. 12,10; James 2,3; James 2,21; 1Pet. 1,13; 1Pet. 2,24; 1Pet. 2,25; 1Pet. 3,12; 1Pet. 3,12; 2Pet. 2,22; Rev. 2,17; Rev. 3,3; Rev. 3,20; Rev. 4,2; Rev. 4,4; Rev. 4,4; Rev. 5,1; Rev. 6,8; Rev. 7,1; Rev. 7,1; Rev. 7,11; Rev. 8,3; Rev. 8,10; Rev. 8,10; Rev. 9,7; Rev. 11,11; Rev. 11,11; Rev. 11,16; Rev. 11,16; Rev. 12,3; Rev. 12,18; Rev. 13,1; Rev. 13,7; Rev. 13,16; Rev. 14,1; Rev. 14,6; Rev. 14,6; Rev. 14,9; Rev. 14,14; Rev. 14,16; Rev. 15,2; Rev. 16,2; Rev. 16,8; Rev. 16,9; Rev. 16,10; Rev. 16,12; Rev. 16,14; Rev. 16,17; Rev. 16,21; Rev. 17,3; Rev. 17,5; Rev. 17,8; Rev. 18,17; Rev. 18,19; Rev. 19,12; Rev. 19,16; Rev. 19,16; Rev. 20,1; Rev. 20,4; Rev. 20,4; Rev. 20,9; Rev. 21,10; Rev. 22,14)

Preposition ▪ (+dative) ▸ 691 + 19 + 131 = **841** (Gen. 3,14; Gen. 4,4; Gen. 4,4; Gen. 4,5; Gen. 4,5; Gen. 4,17; Gen. 8,9; Gen. 9,2; Gen. 12,8; Gen. 19,21; Gen. 21,33; Gen. 22,19; Gen. 27,40; Gen. 29,2; Gen. 30,30; Gen. 30,37; Gen. 31,50; Gen. 31,52; Gen. 32,12; Gen. 38,30; Gen. 40,2; Gen. 40,2; Gen. 40,2; Gen. 41,40; Gen. 41,40; Gen. 41,44; Gen. 43,30; Gen. 45,14; Gen. 48,6; Gen. 49,6; Ex. 5,23; Ex. 7,23; Ex. 16,7; Ex. 18,9; Ex. 20,7; Ex. 20,7; Ex. 23,2; Ex. 23,18; Ex. 28,7; Ex. 28,11; Ex. 29,3; Ex. 32,12; Ex. 33,19; Ex. 34,25; Lev. 7,13; Lev. 12,6; Lev. 18,18; Lev. 19,28; Lev. 21,2; Lev. 21,3; Lev. 21,5; Lev. 21,11; Lev. 21,11; Lev. 21,11; Lev. 25,36; Lev. 25,37; Lev. 26,18; Lev. 26,23; Lev. 26,27; Num. 5,2; Num. 6,6; Num. 6,7; Num. 6,7; Num. 6,17; Num. 9,6; Num. 9,7; Num. 9,10; Num. 10,10; Num. 10,10; Num. 11,17; Num. 24,10; Num. 25,2; Num. 27,14; Num. 27,21; Num. 27,21; Num. 31,14; Deut. 3,14; Deut. 5,11; Deut. 5,11; Deut. 8,3; Deut. 9,15; Deut. 9,20; Deut. 10,3; Deut. 10,8; Deut. 12,7; Deut. 14,1; Deut. 14,26; Deut. 14,26; Deut. 14,26; Deut. 17,6; Deut. 17,6; Deut. 17,12; Deut. 18,5; Deut. 18,19; Deut. 18,20; Deut. 18,22; Deut. 21,5; Deut. 21,5; Deut. 22,5; Deut. 22,6; Deut. 28,11; Deut. 28,11; Deut. 28,11; Deut. 30,9; Deut. 32,11; Deut. 32,36; Deut. 33,28; Josh. 9,18; Judg. 8,26; Judg. 16,3; Ruth 3,3; 1Sam. 9,25; 1Sam. 9,26; 1Sam. 15,35; 1Sam. 16,1; 1Sam. 16,16; 1Sam. 16,23; 1Sam. 19,9; 1Sam. 21,14; 1Sam. 24,13; 1Sam. 25,5; 2Sam. 1,26; 2Sam. 3,21; 2Sam. 3,33; 2Sam. 13,39; 2Sam. 14,2; 2Sam. 19,2; 2Sam. 19,3; 2Sam. 24,16; 1Kings 3,2; 1Kings 3,26; 1Kings 8,66; 1Kings 15,7; 1Kings 15,23; 1Kings 16,24; 1Kings 20,8; 2Kings 7,17; 2Kings 8,23; 2Kings 10,34; 2Kings 12,20; 2Kings 13,8; 2Kings 13,12; 2Kings 14,15; 2Kings 14,18; 2Kings 14,28; 2Kings 15,5; 2Kings 15,11; 2Kings 15,15; 2Kings 15,21; 2Kings 15,26; 2Kings 15,31; 2Kings 15,36; 2Kings 16,19; 2Kings 17,10; 2Kings 17,40; 2Kings 19,21; 2Kings 20,20; 2Kings 21,17; 2Kings 21,25; 2Kings 23,28; 2Kings 24,5; 2Kings 25,17; 1Chr. 21,4; 1Chr. 21,15; 1Chr. 22,7; 1Chr. 23,13; 1Chr. 28,4; 2Chr. 7,10; 2Chr. 13,22; 2Chr. 14,10; 2Chr. 14,10; 2Chr. 16,9; 2Chr. 16,10; 2Chr. 17,10; 2Chr. 20,9; 2Chr. 20,12; 2Chr. 25,16; 2Chr. 27,7; 2Chr. 28,13; 2Chr. 28,26; 2Chr. 29,10; 2Chr. 32,8; 2Chr. 34,31; 2Chr. 35,27; 2Chr. 36,8; 1Esdr. 1,49; 1Esdr. 3,6; 1Esdr. 5,38; 1Esdr. 5,59; 1Esdr. 6,1; 1Esdr. 8,69; 1Esdr. 8,87; Ezra 2,61; Ezra 3,11; Ezra 6,18; Ezra 9,4; Ezra 9,15; Ezra 10,2; Ezra 10,6; Neh. 1,6; Neh. 3,33; Neh. 9,3; Neh. 9,4; Neh. 9,5; Neh. 9,33; Neh. 12,23; Neh. 13,11; Neh. 13,29; Esth. 1,6; Esth. 1,6; Esth. 1,6; Esth. 14,18 # 4,17y; Esth. 6,4; Esth. 9,27; Esth. 9,27; Judith 1,3; Judith 7,10; Judith 7,10; Judith 9,3; Judith 9,10; Judith 10,7; Judith 10,19; Judith 10,23; Judith 11,20; Tob. 2,14; Tob. 4,4; Tob. 13,15; Tob. 13,15; Tob. 13,16; Tob. 13,16; Tob. 14,15; 1Mac. 4,31; 1Mac. 5,9; 1Mac. 6,61; 1Mac. 8,22; 1Mac. 10,42; 1Mac. 10,71; 1Mac. 11,44; 1Mac. 12,12; 1Mac. 12,27; 1Mac. 13,29; 1Mac. 14,21; 1Mac. 14,43; 1Mac. 16,24; 2Mac. 2,8; 2Mac. 2,18; 2Mac. 3,39; 2Mac. 4,34; 2Mac. 4,35; 2Mac. 4,50; 2Mac. 5,5; 2Mac. 7,6; 2Mac. 7,25; 2Mac. 7,39; 2Mac. 7,40; 2Mac. 8,18; 2Mac. 8,35; 2Mac. 10,17; 2Mac. 11,1; 2Mac. 11,14; 2Mac. 11,15; 2Mac. 13,3; 2Mac. 13,23; 3Mac. 1,8; 3Mac. 1,21; 3Mac. 2,7; 3Mac. 3,4; 3Mac. 4,4; 3Mac. 5,27; 3Mac. 5,30; 3Mac. 6,11; 3Mac. 6,13; 3Mac. 6,33; 3Mac. 7,6; 3Mac. 7,22; 4Mac. 1,11; 4Mac. 3,12; 4Mac. 5,10; 4Mac. 5,13; 4Mac. 5,18; 4Mac. 5,20; 4Mac. 6,11; 4Mac. 6,20; 4Mac. 8,9; 4Mac. 8,17; 4Mac. 8,24; 4Mac. 9,4; 4Mac. 10,2; 4Mac. 12,9; 4Mac. 15,20; 4Mac. 15,20; 4Mac. 15,20; 4Mac. 15,20; 4Mac. 17,23; Psa. 4,5; Psa. 7,2; Psa. 9,15; Psa. 12,6; Psa. 12,6; Psa. 14,5; Psa. 15,1; Psa. 20,2; Psa. 21,5; Psa. 21,6; Psa. 23,4; Psa. 23,4; Psa. 24,2; Psa. 25,1; Psa. 30,7; Psa. 30,8; Psa. 34,9; Psa. 34,9; Psa. 36,3; Psa. 36,11; Psa. 37,16; Psa. 39,17; Psa. 43,7; Psa. 48,7; Psa. 48,7; Psa. 49,5; Psa. 49,8; Psa. 51,9; Psa. 55,4; Psa. 55,5; Psa. 55,11; Psa. 55,11; Psa. 55,12; Psa. 56,2; Psa. 61,8; Psa. 61,8; Psa. 62,12; Psa. 63,11; Psa. 69,5; Psa. 70,1; Psa. 72,3; Psa. 84,7; Psa. 89,13; Psa. 93,20; Psa. 96,12; Psa. 101,8; Psa. 103,31; Psa. 103,34; Psa. 113,9; Psa. 118,14; Psa. 121,1; Psa. 134,14; Psa. 136,2; Psa. 137,2; Psa. 138,21; Psa. 142,8; Psa. 149,2; Psa. 149,2; Psa. 150,2; Ode. 2,11; Ode. 2,36; Ode. 4,17; Ode. 4,18; Ode. 5,17; Ode. 7,27; Ode. 7,40; Ode. 9,47; Ode. 12,7; Prov. 1,21; Prov. 1,21; Prov. 2,14; Prov. 2,14; Prov. 3,3; Prov. 3,5; Prov. 3,5; Prov. 3,29; Prov. 6,21; Prov. 6,21; Prov. 9,12a; Prov. 9,14; Prov. 11,28; Prov. 16,10; Prov. 16,20; Prov. 16,23; Prov. 16,26; Prov. 17,21; Prov. 19,12; Prov. 22,18; Prov. 23,24; Prov. 23,25; Prov. 24,19; Prov. 25,14; Prov. 29,25; Eccl. 1,16; Eccl. 2,20; Eccl. 3,17; Eccl. 5,1; Eccl. 5,1; Eccl. 5,5; Eccl. 5,7; Eccl. 11,9; Song 1,8; Song 7,14; Job 3,14; Job 5,4; Job 6,20; Job 6,27; Job 7,20; Job 16,11; Job 16,14; Job 16,16; Job 17,8; Job 17,8; Job 21,5; Job 21,32; Job 22,24; Job 22,28; Job 23,15a; Job 29,9; Job 29,21; Job 29,22; Job 30,4; Job 30,25; Job 31,9; Job 31,27; Job 33,7;

E, ε

Job 36,28b; Job 37,22; Job 39,27; Job 40,4; Job 40,5; Job 41,1; Job 42,11; Job 42,17b; Wis. 4,14; Wis. 5,2; Wis. 6,2; Wis. 6,21; Wis. 7,12; Wis. 10,5; Wis. 11,14; Wis. 12,4; Wis. 12,17; Wis. 12,19; Wis. 12,27; Wis. 13,6; Wis. 16,24; Wis. 17,3; Wis. 17,7; Wis. 18,13; Wis. 19,17; Sir. 3,2; Sir. 3,15; Sir. 5,1; Sir. 5,8; Sir. 5,12; Sir. 5,14; Sir. 7,33; Sir. 8,7; Sir. 13,7; Sir. 16,1; Sir. 18,32; Sir. 21,21; Sir. 22,1; Sir. 22,10; Sir. 22,11; Sir. 22,11; Sir. 22,11; Sir. 23,2; Sir. 25,7; Sir. 25,7; Sir. 26,5; Sir. 26,6; Sir. 26,10; Sir. 26,15; Sir. 26,17; Sir. 26,18; Sir. 26,28; Sir. 29,8; Sir. 29,23; Sir. 29,25; Sir. 30,7; Sir. 30,18; Sir. 30,18; Sir. 30,25; Sir. 31,15; Sir. 31,20; Sir. 32,5; Sir. 32,13; Sir. 33,30; Sir. 35,15; Sir. 37,8; Sir. 37,11; Sir. 37,15; Sir. 38,16; Sir. 39,14; Sir. 41,16; Sir. 42,6; Sir. 42,11; Sir. 46,1; Sir. 47,20; Sol. 2,14; Sol. 8,17; Sol. 9,7; Sol. 17,37; Hos. 3,3; Hos. 3,5; Hos. 3,5; Hos. 7,14; Hos. 10,14; Amos 1,3; Amos 1,6; Amos 1,9; Amos 1,11; Amos 1,13; Amos 2,1; Amos 2,4; Amos 2,6; Amos 6,4; Amos 6,6; Amos 7,3; Amos 7,6; Amos 8,8; Mic. 2,6; Mic. 6,13; Mic. 7,7; Mic. 7,17; Joel 1,17; Joel 2,13; Joel 2,23; Jonah 3,10; Jonah 4,2; Jonah 4,6; Jonah 4,9; Hab. 1,13; Hab. 3,17; Hab. 3,18; Zeph. 3,2; Hag. 2,13; Zech. 5,4; Zech. 9,5; Zech. 10,7; Zech. 12,10; Zech. 14,18; Mal. 3,5; Is. 1,29; Is. 1,29; Is. 9,11; Is. 9,16; Is. 9,20; Is. 10,4; Is. 13,18; Is. 14,8; Is. 14,16; Is. 16,9; Is. 16,9; Is. 16,11; Is. 16,12; Is. 17,7; Is. 17,8; Is. 17,8; Is. 20,5; Is. 25,9; Is. 26,3; Is. 26,8; Is. 26,8; Is. 26,17; Is. 28,6; Is. 29,20; Is. 30,12; Is. 30,12; Is. 30,15; Is. 30,28; Is. 31,4; Is. 33,2; Is. 36,5; Is. 36,11; Is. 36,12; Is. 37,22; Is. 42,4; Is. 42,17; Is. 44,5; Is. 44,5; Is. 47,6; Is. 47,14; Is. 48,2; Is. 48,9; Is. 50,10; Is. 50,10; Is. 54,9; Is. 57,6; Is. 59,4; Is. 59,21; Is. 61,10; Is. 62,5; Is. 62,5; Is. 64,11; Is. 65,3; Is. 65,19; Is. 65,25; Jer. 2,12; Jer. 2,19; Jer. 2,34; Jer. 3,2; Jer. 3,10; Jer. 4,8; Jer. 4,28; Jer. 4,31; Jer. 5,2; Jer. 5,9; Jer. 5,29; Jer. 6,16; Jer. 7,4; Jer. 7,8; Jer. 8,21; Jer. 9,5; Jer. 9,5; Jer. 9,8; Jer. 10,14; Jer. 10,19; Jer. 11,21; Jer. 13,25; Jer. 14,14; Jer. 14,15; Jer. 15,5; Jer. 15,5; Jer. 16,7; Jer. 17,7; Jer. 20,9; Jer. 23,25; Jer. 26,2; Jer. 26,10; Jer. 27,14; Jer. 27,38; Jer. 28,13; Jer. 30,20; Jer. 31,11; Jer. 31,32; Jer. 31,33; Jer. 31,38; Jer. 31,43; Jer. 33,16; Jer. 36,9; Jer. 38,15; Jer. 49,10; Jer. 51,7; Jer. 51,26; Jer. 51,32; Bar. 2,9; Bar. 2,12; Bar. 4,22; Bar. 4,22; Bar. 4,33; Bar. 4,33; Bar. 4,33; Lam. 1,7; Lam. 1,15; LetterJ 17; Ezek. 6,11; Ezek. 9,4; Ezek. 16,5; Ezek. 16,5; Ezek. 16,15; Ezek. 16,43; Ezek. 18,8; Ezek. 21,17; Ezek. 22,13; Ezek. 28,17; Ezek. 33,13; Ezek. 34,21; Ezek. 36,31; Ezek. 38,11; Ezek. 44,18; Ezek. 44,25; Ezek. 44,25; Ezek. 44,25; Ezek. 44,25; Ezek. 44,25; Ezek. 44,25; Ezek. 48,15; Ezek. 48,15; Dan. 3,16; Dan. 3,27; Dan. 3,40; Dan. 4,17a; Dan. 4,22; Dan. 4,27; Dan. 4,28; Dan. 4,34; Dan. 6,15; Dan. 8,12; Dan. 8,27; Dan. 9,6; Dan. 9,18; Sus. 35; Sus. 60-62; Judg. 5,17; Judg. 5,19; Judg. 8,26; Judg. 15,14; Judg. 21,15; Tob. 2,14; Tob. 4,4; Tob. 13,5; Tob. 13,15; Tob. 13,16; Tob. 13,16; Dan. 3,27; Dan. 3,40; Dan. 4,29; Dan. 9,18; Dan. 10,11; Dan. 11,27; Sus. 35; Bel 21; Matt. 4,4; Matt. 7,28; Matt. 9,16; Matt. 14,8; Matt. 14,11; Matt. 16,18; Matt. 18,5; Matt. 18,13; Matt. 19,9; Matt. 22,33; Matt. 24,5; Matt. 24,33; Matt. 24,47; Mark 1,22; Mark 3,5; Mark 6,25; Mark 6,28; Mark 6,39; Mark 6,52; Mark 6,55; Mark 9,37; Mark 9,39; Mark 10,22; Mark 10,24; Mark 11,18; Mark 13,6; Mark 13,29; Luke 1,14; Luke 1,29; Luke 1,47; Luke 1,59; Luke 2,20; Luke 2,33; Luke 2,47; Luke 3,20; Luke 4,22; Luke 4,32; Luke 5,5; Luke 5,9; Luke 9,43; Luke 9,43; Luke 9,48; Luke 12,44; Luke 12,52; Luke 12,52; Luke 12,53; Luke 12,53; Luke 13,17; Luke 15,7; Luke 15,10; Luke 20,26; Luke 21,6; Luke 21,8; Luke 24,25; Luke 24,47; John 4,6; John 4,27; John 5,2; John 8,3; Acts 2,38; Acts 3,10; Acts 3,10; Acts 3,11; Acts 3,12; Acts 3,16; Acts 4,9; Acts 4,17; Acts 4,18; Acts 4,21; Acts 5,9; Acts 5,28; Acts 5,35; Acts 5,40; Acts 11,19; Acts 13,12; Acts 14,3; Acts 14,3; Acts 15,31; Acts 20,38; Acts 27,44; Rom. 5,14; 1Cor. 1,4; 1Cor. 13,6; 1Cor. 14,16; 1Cor. 16,17; 2Cor. 1,4; 2Cor. 1,9; 2Cor. 3,14; 2Cor. 7,4; 2Cor. 7,13; 2Cor. 9,13; 2Cor. 9,15; 2Cor. 12,21; Eph. 1,10; Eph. 2,10; Eph. 2,20; Eph. 4,26; Phil. 1,3; Phil. 1,5; Phil. 2,17; Phil. 3,9; Col. 3,14; 1Th. 3,7; 1Th. 3,9; 1Th. 4,7; 1Tim. 4,10; 1Tim. 6,17; 1Tim. 6,17; 2Tim. 2,14; Philem. 7; Heb. 8,1; Heb. 8,6; Heb. 9,10; Heb. 9,15; Heb. 9,17; Heb. 9,26; Heb. 10,28; Heb. 11,4; Heb. 11,38; James 5,1; 3John 10; Rev. 4,9; Rev. 5,13; Rev. 7,10; Rev. 9,14; Rev. 10,11; Rev. 12,17; Rev. 19,4; Rev. 21,5; Rev. 21,12; Rev. 22,16)

Preposition · (+genitive) ▸ 1300 + 36 + 192 = **1528** (Gen. 1,11; Gen. 1,12; Gen. 1,15; Gen. 1,17; Gen. 1,20; Gen. 1,22; Gen. 1,26; Gen. 1,28; Gen. 1,30; Gen. 2,5; Gen. 3,1; Gen. 4,12; Gen. 4,14; Gen. 6,1; Gen. 6,4; Gen. 6,5; Gen. 6,6; Gen. 6,12; Gen. 6,17; Gen. 6,20; Gen. 7,6; Gen. 7,8; Gen. 7,10; Gen. 7,12; Gen. 7,14; Gen. 7,17; Gen. 7,18; Gen. 7,19; Gen. 7,21; Gen. 7,21; Gen. 7,22; Gen. 7,23; Gen. 7,24; Gen. 8,17; Gen. 8,17; Gen. 8,19; Gen. 9,2; Gen. 9,16; Gen. 9,17; Gen. 10,8; Gen. 10,32; Gen. 11,4; Gen. 12,10; Gen. 12,10; Gen. 16,7; Gen. 16,7; Gen. 17,13; Gen. 18,1; Gen. 19,11; Gen. 19,31; Gen. 24,13; Gen. 24,15; Gen. 24,30; Gen. 24,30; Gen. 24,43; Gen. 24,45; Gen. 26,1; Gen. 26,22; Gen. 30,3; Gen. 31,46; Gen. 32,33; Gen. 34,21; Gen. 35,20; Gen. 38,21; Gen. 39,4; Gen. 39,5; Gen. 40,16; Gen. 40,19; Gen. 41,1; Gen. 41,31; Gen. 41,33; Gen. 41,34; Gen. 41,41; Gen. 41,56; Gen. 43,1; Gen. 43,16; Gen. 43,19; Gen. 44,1; Gen. 44,1; Gen. 44,4; Gen. 45,6; Gen. 45,7; Gen. 47,27; Gen. 48,12; Gen. 48,16; Gen. 49,8; Gen. 49,17; Gen. 49,26; Gen. 50,23; Ex. 2,15; Ex. 4,9; Ex. 7,28; Ex. 8,19; Ex. 8,28; Ex. 9,5; Ex. 9,22; Ex. 9,23; Ex. 10,5; Ex. 10,6; Ex. 11,5; Ex. 12,7; Ex. 12,8; Ex. 12,13; Ex. 12,23; Ex. 12,29; Ex. 12,34; Ex. 13,9; Ex. 13,16; Ex. 14,2; Ex. 14,7; Ex. 14,27; Ex. 16,3; Ex. 16,14; Ex. 17,6; Ex. 17,9; Ex. 19,4; Ex. 20,12; Ex. 21,19; Ex. 23,26; Ex. 24,17; Ex. 25,20; Ex. 25,22; Ex. 26,4; Ex. 26,4; Ex. 26,7; Ex. 26,10; Ex. 26,10; Ex. 26,23; Ex. 26,32; Ex. 26,35; Ex. 26,35; Ex. 27,2; Ex. 27,21; Ex. 28,12; Ex. 28,12; Ex. 28,29; Ex. 28,29; Ex. 28,30; Ex. 28,30; Ex. 28,33; Ex. 28,34; Ex. 28,37; Ex. 28,37; Ex. 28,38; Ex. 28,38; Ex. 29,12; Ex. 29,13; Ex. 29,38; Ex. 29,42; Ex. 30,6; Ex. 30,10; Ex. 32,26; Ex. 33,10; Ex. 33,16; Ex. 33,21; Ex. 34,1; Ex. 34,12; Ex. 34,15; Ex. 34,27; Ex. 34,28; Ex. 34,29; Ex. 36,31; Ex. 36,33; Ex. 37,13; Ex. 38,10; Ex. 38,10; Ex. 38,16; Ex. 38,16; Ex. 38,20; Ex. 40,38; Lev. 1,5; Lev. 1,8; Lev. 1,8; Lev. 1,12; Lev. 1,12; Lev. 1,17; Lev. 2,13; Lev. 3,3; Lev. 3,4; Lev. 3,4; Lev. 3,5; Lev. 3,5; Lev. 3,10; Lev. 3,10; Lev. 3,14; Lev. 3,15; Lev. 4,8; Lev. 4,9; Lev. 4,9; Lev. 4,12; Lev. 4,12; Lev. 6,2; Lev. 6,2; Lev. 6,8; Lev. 6,14; Lev. 7,3; Lev. 7,4; Lev. 7,4; Lev. 7,9; Lev. 7,12; Lev. 7,30; Lev. 7,31; Lev. 8,16; Lev. 8,16; Lev. 8,25; Lev. 8,30; Lev. 9,19; Lev. 9,19; Lev. 9,24; Lev. 10,15; Lev. 11,2; Lev. 11,21; Lev. 11,27; Lev. 11,29; Lev. 11,31; Lev. 11,41; Lev. 11,42; Lev. 11,42; Lev. 11,43; Lev. 11,44; Lev. 11,46; Lev. 13,37; Lev. 14,16; Lev. 14,18; Lev. 14,28; Lev. 14,29; Lev. 15,6; Lev. 15,23; Lev. 16,2; Lev. 16,2; Lev. 16,4; Lev. 16,13; Lev. 17,11; Lev. 19,26; Lev. 20,2; Lev. 21,9; Lev. 22,24; Lev. 24,4; Lev. 25,10; Lev. 25,18; Lev. 26,5; Num. 3,10; Num. 3,26; Num. 3,32; Num. 4,26; Num. 4,49; Num. 4,49; Num. 5,17; Num. 6,7; Num. 6,20; Num. 6,20; Num. 7,2; Num. 7,89; Num. 9,15; Num. 9,18; Num. 9,19; Num. 9,20; Num. 10,14; Num. 10,15; Num. 10,16; Num. 10,18; Num. 10,19; Num. 10,20; Num. 10,22; Num. 10,23; Num. 10,24; Num. 10,25; Num. 10,26; Num. 10,27; Num. 11,10; Num. 12,3; Num. 12,5; Num. 14,10; Num. 14,14; Num. 15,5; Num. 15,5; Num. 15,9; Num. 17,17; Num. 17,18; Num. 19,16; Num. 20,23; Num. 20,24; Num. 20,28; Num. 21,8; Num. 21,9; Num. 21,17; Num. 22,1; Num. 22,5; Num. 22,22; Num. 22,36; Num. 23,3; Num. 23,3; Num. 23,6; Num. 23,15; Num. 23,17; Phil. 24,6; Num. 26,3; Num. 26,63; Num. 27,2; Num. 27,16; Num. 28,10; Num. 28,15; Num. 28,24; Num. 31,12; Num.

ἐπί

33,44; Num. 33,48; Num. 33,48; Num. 33,50; Num. 33,55; Num. 33,55; Num. 34,11; Num. 35,1; Num. 35,32; Num. 35,33; Num. 36,13; Num. 36,13; Deut. 1,40; Deut. 3,12; Deut. 3,24; Deut. 4,10; Deut. 4,14; Deut. 4,17; Deut. 4,18; Deut. 4,25; Deut. 4,32; Deut. 4,36; Deut. 4,39; Deut. 4,40; Deut. 4,48; Deut. 4,48; Deut. 5,16; Deut. 5,33; Deut. 6,8; Deut. 7,6; Deut. 7,13; Deut. 8,10; Deut. 11,4; Deut. 11,9; Deut. 11,18; Deut. 11,21; Deut. 11,21; Deut. 11,24; Deut. 11,30; Deut. 12,1; Deut. 12,1; Deut. 12,2; Deut. 12,2; Deut. 12,10; Deut. 12,12; Deut. 12,19; Deut. 14,2; Deut. 14,26; Deut. 14,26; Deut. 15,11; Deut. 17,18; Deut. 17,20; Deut. 19,15; Deut. 19,15; Deut. 21,22; Deut. 21,23; Deut. 21,23; Deut. 22,6; Deut. 22,6; Deut. 22,6; Deut. 22,12; Deut. 23,14; Deut. 23,21; Deut. 25,15; Deut. 27,3; Deut. 27,8; Deut. 27,13; Deut. 28,8; Deut. 28,11; Deut. 28,12; Deut. 28,56; Deut. 30,18; Deut. 30,20; Deut. 31,13; Deut. 32,11; Deut. 32,24; Deut. 32,47; Deut. 32,51; Deut. 33,8; Deut. 33,16; Deut. 33,28; Deut. 34,1; Deut. 34,8; Josh. 2,6; Josh. 2,7; Josh. 2,11; Josh. 3,8; Josh. 3,17; Josh. 4,5; Josh. 4,18; Josh. 5,3; Josh. 5,10; Josh. 7,5; Josh. 8,10; Josh. 8,24; Josh. 8,29; Josh. 8,29; Josh. 8,32 # 9,2c; Josh. 9,4; Josh. 10,11; Josh. 10,26; Josh. 10,26; Josh. 11,5; Josh. 13,9; Josh. 15,8; Josh. 15,8; Josh. 15,21; Josh. 17,8; Josh. 18,13; Josh. 18,16; Josh. 18,16; Josh. 18,19; Josh. 22,10; Josh. 22,11; Josh. 23,14; Josh. 24,15; Judg. 1,16; Judg. 1,36; Judg. 5,10; Judg. 5,10; Judg. 5,19; Judg. 6,26; Judg. 9,7; Judg. 11,23; Judg. 16,2; Judg. 16,4; Judg. 16,27; Ruth 4,5; Ruth 4,10; 1Sam. 1,9; 1Sam. 1,9; 1Sam. 4,12; 1Sam. 4,13; 1Sam. 6,15; 1Sam. 14,34; 1Sam. 15,7; 1Sam. 17,3; 1Sam. 17,3; 1Sam. 17,5; 1Sam. 19,15; 1Sam. 19,16; 1Sam. 20,25; 1Sam. 20,31; 1Sam. 23,23; 1Sam. 24,4; 1Sam. 26,3; 1Sam. 26,3; 2Sam. 1,2; 2Sam. 1,10; 2Sam. 1,18; 2Sam. 2,24; 2Sam. 3,32; 2Sam. 4,7; 2Sam. 4,11; 2Sam. 4,12; 2Sam. 6,2; 2Sam. 7,9; 2Sam. 8,7; 2Sam. 8,16; 2Sam. 8,16; 2Sam. 9,7; 2Sam. 9,10; 2Sam. 9,11; 2Sam. 9,13; 2Sam. 11,2; 2Sam. 11,13; 2Sam. 12,16; 2Sam. 12,30; 2Sam. 13,5; 2Sam. 13,22; 2Sam. 13,32; 2Sam. 14,7; 2Sam. 14,14; 2Sam. 15,18; 2Sam. 15,32; 2Sam. 17,11; 2Sam. 17,25; 2Sam. 18,9; 2Sam. 20,8; 2Sam. 20,23; 2Sam. 20,23; 2Sam. 20,24; 2Sam. 22,11; 2Sam. 22,28; 2Sam. 23,2; 1Kings 1,13; 1Kings 1,17; 1Kings 1,20; 1Kings 1,24; 1Kings 1,30; 1Kings 1,35; 1Kings 1,48; 1Kings 2,12; 1Kings 2,19; 1Kings 2,46a; 1Kings 2,46h; 1Kings 2,46h; 1Kings 3,6; 1Kings 4,5; 1Kings 4,6; 1Kings 4,6; 1Kings 5,28; 1Kings 5,30; 1Kings 7,8; 1Kings 7,16; 1Kings 7,20; 1Kings 7,21; 1Kings 7,21; 1Kings 7,24; 1Kings 7,27; 1Kings 7,27; 1Kings 7,29; 1Kings 7,40; 1Kings 8,17; 1Kings 8,20; 1Kings 8,23; 1Kings 8,25; 1Kings 8,27; 1Kings 8,40; 1Kings 8,53a; 1Kings 9,26; 1Kings 10,9; 1Kings 10,12; 1Kings 10,19; 1Kings 10,20; 1Kings 12,18; 1Kings 13,20; 1Kings 13,32; 1Kings 16,11; 1Kings 17,3; 1Kings 17,5; 1Kings 17,7; 1Kings 17,14; 1Kings 17,19; 1Kings 18,23; 1Kings 18,26; 1Kings 20,4; 1Kings 21,38; 1Kings 22,10; 1Kings 22,19; 1Kings 22,35; 2Kings 1,9; 2Kings 1,18; 2Kings 2,7; 2Kings 2,13; 2Kings 3,4; 2Kings 3,21; 2Kings 3,27; 2Kings 4,20; 2Kings 5,9; 2Kings 5,18; 2Kings 6,26; 2Kings 6,30; 2Kings 6,30; 2Kings 7,17; 2Kings 9,37; 2Kings 10,5; 2Kings 10,5; 2Kings 10,22; 2Kings 10,30; 2Kings 10,33; 2Kings 11,3; 2Kings 11,14; 2Kings 11,19; 2Kings 12,10; 2Kings 13,13; 2Kings 13,14; 2Kings 15,6; 2Kings 15,12; 2Kings 16,4; 2Kings 18,26; 2Kings 18,27; 2Kings 19,15; 2Kings 23,12; 2Kings 23,20; 2Kings 23,21; 2Kings 23,24; 2Kings 23,35; 2Kings 25,17; 2Kings 25,19; 1Chr. 1,10; 1Chr. 9,19; 1Chr. 9,19; 1Chr. 9,23; 1Chr. 9,26; 1Chr. 9,26; 1Chr. 9,27; 1Chr. 9,29; 1Chr. 9,32; 1Chr. 12,4; 1Chr. 12,9; 1Chr. 12,41; 1Chr. 12,41; 1Chr. 15,27; 1Chr. 16,40; 1Chr. 17,8; 1Chr. 17,21; 1Chr. 18,15; 1Chr. 18,17; 1Chr. 22,8; 1Chr. 23,31; 1Chr. 26,20; 1Chr. 26,20; 1Chr. 26,22; 1Chr. 26,24; 1Chr. 26,26; 1Chr. 26,28; 1Chr. 26,30; 1Chr. 26,32; 1Chr. 27,2; 1Chr. 27,2; 1Chr. 27,4; 1Chr. 27,4; 1Chr. 27,5; 1Chr. 27,6; 1Chr. 27,6; 1Chr. 27,7; 1Chr. 27,8; 1Chr. 27,9; 1Chr. 27,10; 1Chr. 27,11; 1Chr. 27,12; 1Chr. 27,13; 1Chr. 27,14; 1Chr. 27,15; 1Chr. 27,16; 1Chr. 27,25; 1Chr. 27,25; 1Chr. 27,26; 1Chr. 27,27; 1Chr. 27,27; 1Chr. 27,28; 1Chr. 27,28; 1Chr. 27,28; 1Chr. 27,29; 1Chr. 27,29; 1Chr. 27,30; 1Chr. 27,30; 1Chr. 27,31; 1Chr. 28,1; 1Chr. 28,5; 1Chr. 28,18; 1Chr. 29,11; 1Chr. 29,15; 1Chr. 29,23; 1Chr. 29,25; 1Chr. 29,29; 1Chr. 29,29; 2Chr. 3,7; 2Chr. 3,16; 2Chr. 3,16; 2Chr. 4,12; 2Chr. 4,12; 2Chr. 4,14; 2Chr. 6,14; 2Chr. 6,16; 2Chr. 6,18; 2Chr. 6,28; 2Chr. 6,31; 2Chr. 9,18; 2Chr. 9,19; 2Chr. 9,29; 2Chr. 9,29; 2Chr. 10,18; 2Chr. 13,11; 2Chr. 16,14; 2Chr. 18,9; 2Chr. 18,18; 2Chr. 18,34; 2Chr. 20,24; 2Chr. 22,12; 2Chr. 23,13; 2Chr. 23,13; 2Chr. 24,25; 2Chr. 25,26; 2Chr. 25,28; 2Chr. 26,7; 2Chr. 26,9; 2Chr. 26,15; 2Chr. 26,15; 2Chr. 26,21; 2Chr. 28,4; 2Chr. 28,4; 2Chr. 29,3; 2Chr. 31,14; 2Chr. 32,18; 2Chr. 32,31; 2Chr. 32,32; 2Chr. 33,17; 2Chr. 33,18; 2Chr. 33,19; 2Chr. 34,12; 2Chr. 34,13; 2Chr. 34,13; 2Chr. 35,15; 2Chr. 35,19a; 2Chr. 35,25; 1Esdr. 1,15; 1Esdr. 1,23; 1Esdr. 1,25; 1Esdr. 2,12; 1Esdr. 5,6; 1Esdr. 5,43; 1Esdr. 5,49; 1Esdr. 5,49; 1Esdr. 5,56; 1Esdr. 6,9; 1Esdr. 6,18; 1Esdr. 6,26; 1Esdr. 6,31; 1Esdr. 7,9; 1Esdr. 8,60; 1Esdr. 9,42; Ezra 4,6; Ezra 5,14; Ezra 6,5; Ezra 6,7; Ezra 7,17; Ezra 8,17; Neh. 3,35; Neh. 4,13; Neh. 8,4; Neh. 8,16; Neh. 10,2; Neh. 11,9; Neh. 12,8; Neh. 12,37; Neh. 12,44; Esth. 11,5 # 1,1d; Esth. 11,8 # 1,1g; Esth. 1,6; Esth. 13,6 # 3,13f; Esth. 14,16 # 4,17w; Esth. 15,6 # 5,1c; Esth. 5,14; Esth. 7,10; Esth. 8,2; Esth. 8,7; Judith 2,24; Judith 7,3; Judith 7,3; Judith 7,12; Judith 7,18; Judith 8,5; Judith 8,33; Judith 9,14; Judith 10,21; Judith 12,7; Judith 12,11; Judith 13,11; Judith 13,18; Judith 14,1; Judith 14,13; Judith 14,15; Judith 16,21; Tob. 1,22; Tob. 4,18; Tob. 14,11; 1Mac. 1,55; 1Mac. 1,59; 1Mac. 2,23; 1Mac. 3,32; 1Mac. 4,50; 1Mac. 5,42; 1Mac. 5,46; 1Mac. 6,14; 1Mac. 6,28; 1Mac. 6,35; 1Mac. 7,4; 1Mac. 8,23; 1Mac. 10,37; 1Mac. 10,52; 1Mac. 10,53; 1Mac. 10,55; 1Mac. 10,69; 1Mac. 11,52; 1Mac. 11,57; 1Mac. 12,45; 1Mac. 13,32; 1Mac. 13,37; 1Mac. 13,42; 1Mac. 14,11; 1Mac. 14,13; 1Mac. 14,27; 1Mac. 14,28; 1Mac. 14,33; 1Mac. 14,34; 1Mac. 14,34; 1Mac. 14,42; 1Mac. 14,42; 1Mac. 14,42; 1Mac. 14,42; 1Mac. 15,11; 1Mac. 15,29; 2Mac. 2,29; 2Mac. 3,7; 2Mac. 4,29; 2Mac. 4,33; 2Mac. 4,47; 2Mac. 5,9; 2Mac. 6,14; 2Mac. 6,26; 2Mac. 8,19; 2Mac. 9,28; 2Mac. 10,11; 2Mac. 11,1; 2Mac. 11,25; 2Mac. 12,18; 2Mac. 12,20; 2Mac. 13,2; 2Mac. 13,3; 2Mac. 13,9; 2Mac. 13,23; 2Mac. 14,14; 2Mac. 15,5; 2Mac. 15,22; 3Mac. 2,14; 3Mac. 2,27; 3Mac. 4,16; 3Mac. 5,40; 3Mac. 6,30; 3Mac. 7,1; 4Mac. 2,9; 4Mac. 2,22; 4Mac. 8,7; 4Mac. 12,5; 4Mac. 13,9; 4Mac. 15,15; 4Mac. 15,19; 4Mac. 18,4; 4Mac. 18,5; Psa. 9,5; Psa. 9,39; Psa. 17,11; Psa. 22,2; Psa. 23,2; Psa. 23,2; Psa. 28,3; Psa. 28,3; Psa. 35,5; Psa. 40,4; Psa. 45,9; Psa. 46,9; Psa. 48,12; Psa. 62,7; Psa. 67,5; Psa. 67,30; Psa. 72,9; Psa. 72,25; Psa. 73,13; Psa. 79,2; Psa. 80,8; Psa. 90,12; Psa. 98,1; Psa. 103,3; Psa. 103,6; Psa. 105,22; Psa. 109,6; Psa. 128,3; Psa. 131,3; Psa. 131,12; Psa. 132,2; Psa. 135,6; Psa. 136,4; Psa. 139,12; Psa. 140,7; Psa. 148,13; Psa. 149,5; Ode. 2,11; Ode. 2,24; Ode. 5,9; Ode. 5,9; Ode. 5,10; Ode. 5,18; Ode. 5,18; Ode. 8,54; Ode. 8,55; Ode. 10,8; Ode. 11,11; Ode. 14,2; Prov. 3,16a; Prov. 3,26; Prov. 8,2; Prov. 9,14; Prov. 16,27; Prov. 20,8; Prov. 21,9; Prov. 21,20; Prov. 23,1; Prov. 25,24; Prov. 26,14; Prov. 26,14; Prov. 30,19; Prov. 30,24; Eccl. 5,1; Eccl. 8,14; Eccl. 8,16; Eccl. 10,7; Song 5,14; Job 1,3; Job 1,8; Job 1,10; Job 2,3; Job 2,8; Job 6,5; Job 6,10; Job 7,1; Job 8,9; Job 8,12; Job 9,8; Job 14,5; Job 15,27; Job 16,15; Job 17,16; Job 18,10; Job 19,4a; Job 19,25; Job 20,4; Job 20,11; Job 21,26; Job 21,31; Job 22,8; Job 24,13; Job 24,18; Job 24,19; Job 26,7; Job 29,19; Job 30,12; Job 31,8; Job 31,12; Job 33,15; Job 33,15; Job 33,19; Job 33,24; Job 36,28; Job 36,32; Job 37,3; Job 37,6; Job 37,8; Job 37,12; Job 37,17; Job 37,21; Job 38,6;

Job 38,12; Job 38,14; Job 38,32; Job 39,9; Job 39,27; Job 41,17; Job 41,25; Wis. 1,14; Wis. 9,16; Wis. 9,18; Wis. 14,6; Wis. 18,16; Wis. 18,24; Wis. 18,24; Wis. 18,24; Wis. 19,19; Sir. 1,27 Prol.; Sir. 1,8; Sir. 5,14; Sir. 9,13; Sir. 11,5; Sir. 12,12; Sir. 14,10; Sir. 14,18; Sir. 14,23; Sir. 16,24; Sir. 17,4; Sir. 21,16; Sir. 21,19; Sir. 22,16; Sir. 22,17; Sir. 22,18; Sir. 22,18; Sir. 22,27; Sir. 23,2; Sir. 23,2; Sir. 25,7; Sir. 26,17; Sir. 26,18; Sir. 27,23; Sir. 29,5; Sir. 31,19; Sir. 34,26; Sir. 35,13; Sir. 36,17; Sir. 36,23; Sir. 37,14; Sir. 37,14; Sir. 37,22; Sir. 37,29; Sir. 38,8; Sir. 38,28; Sir. 39,13; Sir. 39,31; Sir. 40,3; Sir. 40,5; Sir. 40,8; Sir. 40,16; Sir. 43,7; Sir. 43,18; Sir. 43,19; Sir. 49,8; Sir. 49,11; Sir. 49,14; Sir. 50,9; Sir. 50,14; Sir. 50,15; Sol. 2,26; Sol. 2,26; Sol. 2,27; Sol. 2,30; Sol. 15,9; Sol. 17,2; Sol. 17,12; Sol. 17,28; Hos. 2,25; Hos. 4,1; Hos. 4,2; Hos. 5,8; Hos. 10,7; Amos 1,11; Amos 3,5; Amos 5,2; Amos 5,8; Amos 6,4; Amos 7,7; Amos 8,9; Amos 9,1; Amos 9,6; Amos 9,15; Mic. 7,4; Mic. 7,5; Joel 2,9; Joel 3,3; Jonah 3,6; Hag. 1,1; Hag. 1,15; Hag. 2,10; Hag. 2,19; Zech. 1,1; Zech. 1,7; Zech. 6,13; Zech. 7,1; Zech. 9,16; Zech. 14,10; Is. 4,2; Is. 5,8; Is. 6,1; Is. 6,12; Is. 7,22; Is. 9,3; Is. 9,3; Is. 9,5; Is. 13,4; Is. 14,1; Is. 14,2; Is. 15,2; Is. 15,3; Is. 15,5; Is. 16,4; Is. 17,6; Is. 19,1; Is. 21,8; Is. 23,9; Is. 24,14; Is. 24,17; Is. 26,1; Is. 26,9; Is. 26,9; Is. 26,10; Is. 26,18; Is. 26,18; Is. 26,21; Is. 28,1; Is. 30,8; Is. 30,17; Is. 30,25; Is. 30,25; Is. 32,12; Is. 33,1; Is. 35,10; Is. 37,16; Is. 37,27; Is. 38,11; Is. 41,18; Is. 42,4; Is. 44,19; Is. 46,7; Is. 46,7; Is. 49,16; Is. 51,11; Is. 52,7; Is. 56,7; Is. 59,17; Is. 62,6; Is. 62,7; Is. 65,7; Is. 65,7; Is. 65,16; Is. 65,16; Is. 66,12; Jer. 2,37; Jer. 3,16; Jer. 4,5; Jer. 5,30; Jer. 7,29; Jer. 8,2; Jer. 9,2; Jer. 9,21; Jer. 9,23; Jer. 13,13; Jer. 13,27; Jer. 14,2; Jer. 14,8; Jer. 14,13; Jer. 14,15; Jer. 16,4; Jer. 17,13; Jer. 17,25; Jer. 18,3; Jer. 19,2; Jer. 19,13; Jer. 22,2; Jer. 22,4; Jer. 22,24; Jer. 22,30; Jer. 23,5; Jer. 25,5; Jer. 27,20; Jer. 28,12; Jer. 28,27; Jer. 31,37; Jer. 31,38; Jer. 32,26; Jer. 32,29; Jer. 32,30; Jer. 32,33; Jer. 34,11; Jer. 35,8; Jer. 37,2; Jer. 37,6; Jer. 39,29; Jer. 42,7; Jer. 42,15; Jer. 43,23; Jer. 43,23; Jer. 43,28; Jer. 43,30; Jer. 48,2; Jer. 48,12; Jer. 52,7; Jer. 52,22; Jer. 52,23; Bar. 1,4; Bar. 1,11; Bar. 3,16; Bar. 3,20; Bar. 3,23; Bar. 3,38; Bar. 5,5; Lam. 1,2; Lam. 3,41; Lam. 4,5; Lam. 4,19; Lam. 4,21; LetterJ 9; LetterJ 59; Ezek. 1,1; Ezek. 1,3; Ezek. 1,15; Ezek. 1,22; Ezek. 1,26; Ezek. 3,15; Ezek. 3,23; Ezek. 4,9; Ezek. 7,16; Ezek. 8,16; Ezek. 9,2; Ezek. 9,3; Ezek. 10,15; Ezek. 10,20; Ezek. 10,22; Ezek. 11,1; Ezek. 11,10; Ezek. 11,11; Ezek. 11,23; Ezek. 12,19; Ezek. 12,22; Ezek. 16,31; Ezek. 18,6; Ezek. 18,11; Ezek. 18,15; Ezek. 20,40; Ezek. 22,9; Ezek. 23,14; Ezek. 23,15; Ezek. 23,41; Ezek. 24,23; Ezek. 26,20; Ezek. 27,3; Ezek. 27,11; Ezek. 27,11; Ezek. 28,18; Ezek. 28,25; Ezek. 29,18; Ezek. 29,18; Ezek. 31,12; Ezek. 32,6; Ezek. 32,23; Ezek. 32,24; Ezek. 32,26; Ezek. 32,27; Ezek. 32,32; Ezek. 33,4; Ezek. 33,24; Ezek. 33,27; Ezek. 34,6; Ezek. 34,14; Ezek. 34,27; Ezek. 34,29; Ezek. 36,17; Ezek. 36,28; Ezek. 37,2; Ezek. 37,10; Ezek. 37,25; Ezek. 38,19; Ezek. 38,20; Ezek. 38,20; Ezek. 39,5; Ezek. 39,14; Ezek. 39,20; Ezek. 40,3; Ezek. 40,34; Ezek. 40,38; Ezek. 40,49; Ezek. 43,3; Ezek. 43,12; Ezek. 44,11; Ezek. 46,2; Ezek. 47,7; Ezek. 47,12; Ezek. 47,12; Dan. 2,10; Dan. 2,10; Dan. 2,16; Dan. 2,27; Dan. 2,28; Dan. 2,29; Dan. 2,36; Dan. 2,48; Dan. 2,49; Dan. 3,1; Dan. 3,12; Dan. 3,21; Dan. 3,54; Dan. 3,55; Dan. 3,76; Dan. 4,4; Dan. 4,10; Dan. 4,17; Dan. 4,22; Dan. 4,27; Dan. 4,29; Dan. 4,29; Dan. 4,31; Dan. 4,31; Dan. 4,37b; Dan. 5,0; Dan. 5,0; Dan. 5,5; Dan. 5,5; Dan. 6,2; Dan. 6,4; Dan. 6,5; Dan. 6,20; Dan. 6,29; Dan. 7,1; Dan. 7,4; Dan. 7,5; Dan. 7,13; Dan. 7,20; Dan. 7,23; Dan. 8,5; Dan. 8,18; Dan. 8,25; Dan. 9,1; Dan. 9,6; Dan. 10,4; Dan. 10,10; Dan. 10,11; Dan. 11,27; Dan. 11,34; Sus. 34; Judg. 1,16; Judg. 5,10; Judg. 5,10; Judg. 7,12; Judg. 9,9; Judg. 9,11; Judg. 9,13; Judg. 16,3; Judg. 20,40; Judg. 21,19; Tob. 1,5; Tob. 1,22; Tob. 1,22; Tob. 2,1; Tob. 6,1; Tob. 6,9; Tob. 12,20; Dan. 2,10; Dan. 2,28; Dan. 2,29; Dan. 2,48; Dan. 3,55; Dan. 3,54; Dan. 4,5; Dan. 4,10; Dan. 4,13; Dan. 6,2; Dan. 6,8; Dan. 6,28; Dan. 7,1; Dan. 7,4; Dan. 7,17; Dan. 8,2; Dan. 8,25; Dan. 11,38; Dan. 12,1; Matt. 1,11; Matt. 4,6; Matt. 6,10; Matt. 6,19; Matt. 9,2; Matt. 9,6; Matt. 10,27; Matt. 14,19; Matt. 14,26; Matt. 16,19; Matt. 16,19; Matt. 18,16; Matt. 18,18; Matt. 18,18; Matt. 18,19; Matt. 19,28; Matt. 21,19; Matt. 23,2; Matt. 23,9; Matt. 23,35; Matt. 24,3; Matt. 24,17; Matt. 24,30; Matt. 24,45; Matt. 25,21; Matt. 25,23; Matt. 25,31; Matt. 26,7; Matt. 26,12; Matt. 26,64; Matt. 27,19; Matt. 27,29; Matt. 28,14; Matt. 28,18; Mark 2,10; Mark 2,26; Mark 4,1; Mark 4,26; Mark 4,31; Mark 4,31; Mark 6,47; Mark 6,48; Mark 6,49; Mark 8,6; Mark 9,3; Mark 9,20; Mark 11,4; Mark 12,26; Mark 13,9; Mark 13,15; Mark 14,35; Mark 14,51; Luke 2,14; Luke 3,2; Luke 4,11; Luke 4,27; Luke 5,18; Luke 5,24; Luke 6,17; Luke 8,13; Luke 8,16; Luke 12,3; Luke 12,42; Luke 12,54; Luke 17,31; Luke 17,34; Luke 18,8; Luke 20,37; Luke 21,23; Luke 21,25; Luke 22,21; Luke 22,30; Luke 22,30; Luke 22,40; John 6,2; John 6,19; John 6,21; John 17,4; John 19,13; John 19,19; John 19,31; John 20,7; John 21,1; Acts 2,19; Acts 5,15; Acts 5,23; Acts 5,30; Acts 6,3; Acts 8,27; Acts 8,28; Acts 9,33; Acts 10,11; Acts 10,39; Acts 11,28; Acts 12,20; Acts 12,21; Acts 17,26; Acts 20,9; Acts 21,40; Acts 23,30; Acts 24,19; Acts 24,20; Acts 25,6; Acts 25,10; Acts 25,17; Acts 25,26; Acts 26,2; Rom. 1,10; Rom. 9,5; Rom. 9,28; 1Cor. 6,1; 1Cor. 6,1; 1Cor. 6,6; 1Cor. 8,5; 1Cor. 11,10; 2Cor. 7,14; 2Cor. 13,1; Gal. 3,13; Gal. 3,16; Eph. 1,10; Eph. 1,16; Eph. 3,15; Eph. 4,6; Eph. 6,3; Col. 1,16; Col. 1,20; Col. 3,2; Col. 3,5; 1Th. 1,2; 1Tim. 5,19; 1Tim. 6,13; Philem. 4; Heb. 8,4; Heb. 11,13; Heb. 12,25; James 5,5; James 5,17; Rev. 1,20; Rev. 2,26; Rev. 3,10; Rev. 3,10; Rev. 4,10; Rev. 5,1; Rev. 5,3; Rev. 5,7; Rev. 5,10; Rev. 5,13; Rev. 5,13; Rev. 6,10; Rev. 6,16; Rev. 7,1; Rev. 7,1; Rev. 7,3; Rev. 7,15; Rev. 7,17; Rev. 8,3; Rev. 8,13; Rev. 9,4; Rev. 10,1; Rev. 10,2; Rev. 10,2; Rev. 10,5; Rev. 10,5; Rev. 10,8; Rev. 10,8; Rev. 11,6; Rev. 11,8; Rev. 11,10; Rev. 11,10; Rev. 12,1; Rev. 13,1; Rev. 13,8; Rev. 13,14; Rev. 13,14; Rev. 13,16; Rev. 14,1; Rev. 14,6; Rev. 14,9; Rev. 14,14; Rev. 14,15; Rev. 14,16; Rev. 14,18; Rev. 16,18; Rev. 17,1; Rev. 17,8; Rev. 17,18; Rev. 18,24; Rev. 19,19; Rev. 19,21; Rev. 20,6; Rev. 21,16; Rev. 22,4)

ἐπί ▸ 6 + 3 = 9

Preposition • (+accusative) ▸ 3 + 2 = 5 (Ex. 9,22; Ex. 14,26; 2Mac. 12,13; Acts 8,36; 2Cor. 10,2)

Preposition • (+genitive) ▸ 3 + 1 = 4 (2Mac. 14,45; 4Mac. 5,1; 4Mac. 17,7; Acts 27,44)

Ἐπί ▸ 30 + 1 = 31

Preposition • (+accusative) ▸ 9 (1Sam. 27,10; 2Sam. 21,1; 2Kings 16,15; 2Kings 18,22; Song 3,1; Is. 36,7; Jer. 9,9; Jer. 29,1; Dan. 8,16)

Preposition • (+dative) ▸ 15 + 1 = 16 (2Chr. 32,10; Psa. 10,1; Psa. 30,2; Sir. 10,6; Sir. 26,28; Amos 1,3; Amos 1,6; Amos 1,9; Amos 1,11; Amos 1,13; Amos 2,1; Amos 2,4; Amos 2,6; Is. 30,16; Ezek. 21,12; 2Cor. 7,13)

Preposition • (+genitive) ▸ 6 (Josh. 4,22; Psa. 136,1; Sir. 31,12; Hab. 2,1; Dan. 1,1; Dan. 7,2)

ἐφ' ▸ 407 + 25 + 82 = 514

Preposition ▸ 3 (Ex. 27,18; Ex. 37,7; Ex. 37,9)

Preposition • (+accusative) ▸ 253 + 14 + 60 = 327 (Gen. 22,2; Gen. 26,10; Gen. 37,8; Gen. 42,21; Gen. 50,10; Ex. 32,29; Ex. 33,5; Lev. 11,32; Lev. 15,4; Lev. 15,6; Lev. 15,9; Lev. 15,17; Lev. 15,20; Lev. 15,20; Lev. 15,26; Lev. 15,26; Lev. 16,9; Lev. 16,10; Lev. 19,16; Lev. 22,16; Lev. 26,9; Lev. 26,16; Lev. 26,17; Lev. 26,22; Lev. 26,25; Num. 14,30; Num. 33,55; Deut. 1,36; Deut. 3,21; Josh. 1,3; Josh. 2,9; Josh. 8,31 # 9,2b; Josh. 10,6; Josh. 14,9; Josh. 23,15; Josh. 23,15; Josh. 24,13; Judg. 9,51; Judg. 15,10;

1Sam. 5,7; 1Sam. 8,5; 1Sam. 8,11; 1Sam. 8,19; 1Sam. 9,6; 1Sam. 12,1; 1Sam. 12,12; 1Sam. 12,13; 1Sam. 22,15; 1Sam. 25,8; 1Sam. 30,23; 2Sam. 1,21; 2Sam. 2,7; 2Sam. 6,2; 2Sam. 6,3; 2Sam. 11,23; 2Sam. 11,23; 2Sam. 15,14; 2Sam. 18,3; 2Sam. 18,3; 2Sam. 21,5; 1Kings 12,4; 1Kings 12,9; 1Kings 12,24p; 1Kings 12,24p; 1Kings 21,6; 2Kings 2,16; 2Kings 2,16; 2Kings 4,9; 2Kings 7,2; 2Kings 7,6; 2Kings 7,6; 2Kings 7,17; 2Kings 8,20; 1Chr. 12,18; 2Chr. 1,11; 2Chr. 7,14; 2Chr. 10,4; 2Chr. 10,9; 2Chr. 13,12; 2Chr. 19,7; 2Chr. 19,10; 2Chr. 19,10; 2Chr. 19,11; 2Chr. 20,9; 2Chr. 20,11; 2Chr. 20,12; 2Chr. 21,8; 2Chr. 28,13; Ezra 4,12; Ezra 8,18; Ezra 9,9; Ezra 9,13; Ezra 10,12; Neh. 2,19; Neh. 4,6; Neh. 9,15; Neh. 9,33; Neh. 9,37; Neh. 10,33; Neh. 10,33; Neh. 13,18; Esth. 14,11 # 4,17q; Esth. 6,8; Judith 1,16; Judith 7,30; Judith 7,31; Judith 8,30; Judith 14,13; Judith 15,11; 1Mac. 2,37; 1Mac. 2,41; 1Mac. 3,20; 1Mac. 3,52; 1Mac. 3,52; 1Mac. 3,58; 1Mac. 5,10; 1Mac. 6,25; 1Mac. 10,70; 1Mac. 10,70; 2Mac. 5,2; 2Mac. 7,5; 2Mac. 8,18; 2Mac. 8,25; 4Mac. 11,10; 4Mac. 11,20; 4Mac. 16,16; Psa. 4,7; Psa. 32,22; Psa. 40,10; Psa. 43,18; Psa. 60,7; Psa. 66,2; Psa. 89,10; Psa. 89,17; Psa. 89,17; Psa. 113,22; Psa. 113,22; Psa. 116,2; Psa. 123,2; Psa. 123,3; Psa. 128,8; Psa. 145,3; Ode. 7,45; Prov. 26,27; Eccl. 10,7; Sol. 3,6; Sol. 3,10; Sol. 5,6; Sol. 8,27; Sol. 8,32; Sol. 9,9; Sol. 18,4; Hos. 10,8; Hos. 14,4; Amos 3,1; Amos 3,2; Amos 4,2; Amos 4,7; Amos 5,1; Amos 6,14; Amos 9,10; Amos 9,12; Mic. 2,4; Mic. 3,11; Mic. 4,14; Jonah 1,12; Jonah 1,14; Hab. 1,6; Zeph. 2,2; Zeph. 2,2; Zeph. 2,5; Mal. 1,4; Mal. 2,2; Is. 4,1; Is. 8,7; Is. 8,21; Is. 9,1; Is. 24,17; Is. 25,11; Is. 28,15; Is. 32,15; Is. 32,19; Is. 55,1; Is. 63,16; Is. 63,19; Jer. 2,24; Jer. 3,12; Jer. 5,12; Jer. 5,15; Jer. 6,17; Jer. 6,26; Jer. 9,17; Jer. 10,1; Jer. 14,3; Jer. 14,9; Jer. 15,14; Jer. 16,10; Jer. 18,11; Jer. 18,11; Jer. 21,2; Jer. 23,2; Jer. 23,40; Jer. 29,3; Jer. 30,25; Jer. 30,25; Jer. 33,13; Jer. 33,15; Jer. 36,10; Jer. 36,11; Jer. 47,10; Jer. 49,18; Jer. 49,19; Jer. 51,14; Jer. 51,29; Bar. 2,1; Bar. 2,7; Bar. 2,7; Bar. 2,9; Lam. 3,46; Lam. 5,22; LetterJ 61; Ezek. 6,3; Ezek. 9,6; Ezek. 11,8; Ezek. 13,8; Ezek. 13,20; Ezek. 20,33; Ezek. 22,21; Ezek. 22,22; Ezek. 23,9; Ezek. 23,49; Ezek. 33,2; Ezek. 36,2; Ezek. 36,9; Ezek. 36,9; Ezek. 36,10; Ezek. 36,11; Ezek. 36,12; Ezek. 36,15; Ezek. 36,25; Ezek. 36,29; Ezek. 37,6; Ezek. 37,6; Ezek. 37,6; Ezek. 41,17; Ezek. 47,9; Ezek. 47,9; Dan. 1,12; Dan. 3,45; Dan. 9,11; Dan. 9,12; Dan. 9,12; Dan. 9,14; Judg. 9,8; Judg. 9,15; Judg. 15,10; Judg. 16,29; Tob. 6,18; Tob. 7,12; Tob. 8,4; Tob. 11,14; Dan. 3,45; Dan. 9,11; Dan. 9,12; Dan. 9,12; Dan. 9,13; Dan. 9,14; Matt. 9,15; Matt. 11,29; Matt. 12,26; Matt. 12,28; Matt. 21,44; Matt. 23,35; Matt. 25,40; Matt. 25,45; Matt. 26,50; Matt. 27,25; Mark 3,24; Mark 3,25; Mark 3,26; Mark 9,22; Mark 11,2; Mark 15,33; Luke 5,25; Luke 10,6; Luke 10,9; Luke 11,17; Luke 11,18; Luke 11,20; Luke 12,14; Luke 13,4; Luke 19,14; Luke 19,30; Luke 20,18; Luke 21,12; Luke 21,34; Luke 23,28; Luke 23,30; Luke 23,44; Luke 24,49; John 1,33; Acts 1,8; Acts 1,21; Acts 2,3; Acts 4,22; Acts 5,11; Acts 5,28; Acts 7,10; Acts 7,11; Acts 11,15; Acts 11,28; Acts 15,17; Acts 20,11; Rom. 7,1; Rom. 11,13; 1Cor. 7,39; Gal. 4,1; Eph. 2,7; 2Th. 1,10; 2Th. 3,4; Titus 3,6; Heb. 7,13; James 2,7; 1Pet. 4,14; 2Pet. 1,13; Rev. 2,24; Rev. 6,16)

Preposition ▪ (+dative) ▸ 88 + 5 + 15 = **108** (Gen. 38,30; Lev. 10,7; Lev. 12,6; Lev. 14,5; Lev. 14,6; Lev. 14,50; Lev. 14,51; Lev. 15,4; Lev. 15,24; Lev. 16,22; Num. 17,20; Deut. 9,8; Deut. 9,19; Deut. 11,17; Deut. 17,6; Deut. 28,52; Deut. 28,63; Deut. 28,63; Deut. 32,37; Josh. 5,15; 1Sam. 14,9; 2Sam. 5,2; 2Kings 19,10; 1Chr. 13,2; 1Chr. 16,40; 2Chr. 28,11; 2Chr. 33,19; 1Esdr. 8,60; Ezra 8,31; Esth. 9,27; Judith 8,24; Judith 9,7; Judith 11,16; 2Mac. 7,6; 2Mac. 8,21; 3Mac. 2,6; 3Mac. 3,28; 3Mac. 6,34; 4Mac. 4,21; 4Mac. 14,12; 4Mac. 16,8; Ode. 2,37; Prov. 21,4; Prov. 21,22; Prov. 29,21; Job 16,18; Job 17,5; Job 34,37; Job 34,37; Wis. 12,11; Wis. 12,27; Wis. 19,11; Sir. 1,19 Prol.; Sir. 3,2; Sir. 3,27; Sir. 4,26; Sir. 5,5; Sir. 32,6; Sir. 46,12; Hos. 4,2; Is. 9,8; Is. 15,2; Is. 20,5; Is. 22,6; Is. 25,9; Is. 30,1; Is. 30,32; Is. 31,1; Is. 31,1; Is. 31,1; Is. 37,10; Is. 62,8; Jer. 5,17; Jer. 6,23; Jer. 7,4; Jer. 7,14; Jer. 12,5; Jer. 16,18; Jer. 17,25; Jer. 27,42; Jer. 28,13; Lam. 3,28; LetterJ 58; Ezek. 17,5; Ezek. 17,8; Ezek. 22,13; Ezek. 33,10; Ezek. 37,20; Judg. 5,10; Judg. 7,21; Judg. 9,19; Judg. 16,26; Tob. 2,12; Luke 11,22; Luke 18,9; Acts 7,33; Rom. 5,12; Rom. 6,21; Rom. 8,20; Rom. 16,19; 2Cor. 1,9; 2Cor. 5,4; 2Cor. 7,7; 2Cor. 9,14; Phil. 3,12; Phil. 4,10; 1Th. 3,7; Rev. 19,14)

Preposition ▪ (+genitive) ▸ 63 + 6 + 7 = **76** (Gen. 28,13; Gen. 41,43; Gen. 49,17; Ex. 2,14; Ex. 8,17; Ex. 8,18; Ex. 8,18; Ex. 22,7; Lev. 5,13; Lev. 13,54; Num. 22,30; Num. 35,34; Num. 35,34; Deut. 1,13; Deut. 1,15; Deut. 8,9; Deut. 11,25; Josh. 15,21; Josh. 22,11; Judg. 9,8; Judg. 9,10; Judg. 9,12; Judg. 9,14; Judg. 9,15; Judg. 16,26; Judg. 16,29; 1Sam. 10,19; 1Sam. 12,12; 1Sam. 12,14; 2Sam. 3,17; 2Sam. 19,11; 1Kings 7,34; 1Kings 12,31; 1Kings 21,20; 2Kings 1,4; 2Kings 1,6; 2Kings 1,16; 2Kings 14,20; 1Esdr. 1,15; 1Esdr. 7,9; 1Mac. 6,37; 1Mac. 6,37; 1Mac. 12,11; 2Mac. 6,14; 2Mac. 10,27; 2Mac. 10,29; 3Mac. 5,27; 4Mac. 11,18; Psa. 105,32; Job 6,10; Sir. 43,20; Sol. 11,2; Is. 8,6; Jer. 22,4; Jer. 31,19; Jer. 38,19; Jer. 42,7; LetterJ 70; Ezek. 23,6; Ezek. 23,12; Ezek. 23,23; Dan. 3,97; Dan. 9,18; Judg. 9,8; Judg. 9,10; Judg. 9,12; Judg. 9,14; Dan. 6,4; Dan. 9,18; Luke 4,29; Acts 7,27; Acts 21,23; Acts 24,21; Acts 25,26; 2Cor. 10,7; Gal. 3,16)

Ἐφ' ▸ 1
  Preposition ▪ (+genitive) ▸ 1 (Is. 30,16)

ἐπιβάθρα (ἐπί; βαίνω)   means of approaching ▸ 1
  ἐπιβάθρας ▸ 1
    Noun ▪ feminine ▪ plural ▪ accusative ▪ (common)   ▸ 1   (3Mac. 2,31)

ἐπιβαίνω (ἐπί; βαίνω)   to sit ▸ 58 + 3 + 6 = 67
  ἐπέβαινες ▸ 1
    Verb ▪ second ▪ singular ▪ imperfect ▪ active ▪ indicative   ▸ 1 (Num. 22,30)
  ἐπέβη ▸ 7
    Verb ▪ third ▪ singular ▪ aorist ▪ active ▪ indicative ▸ 7 (Deut. 1,36; 1Sam. 25,42; 1Kings 13,13; Psa. 17,11; Prov. 21,22; Sir. 51,15; Ezek. 10,18)
  ἐπέβην ▸ 1
    Verb ▪ first ▪ singular ▪ aorist ▪ active ▪ indicative ▸ 1 (Acts 20,18)
  ἐπέβης ▸ 2
    Verb ▪ second ▪ singular ▪ aorist ▪ active ▪ indicative   ▸ 2 (Josh. 14,9; Job 30,21)
  ἐπέβησαν ▸ 2
    Verb ▪ third ▪ plural ▪ aorist ▪ active ▪ indicative ▸ 2 (Gen. 24,61; Bar. 4,13)
  ἐπέβητέ ▸ 1
    Verb ▪ second ▪ plural ▪ aorist ▪ active ▪ indicative ▸ 1 (Job 6,21)
  ἐπιβαίνει ▸ 2
    Verb ▪ third ▪ singular ▪ present ▪ active ▪ indicative   ▸ 2 (Josh. 15,6; Esth. 6,8)
  ἐπιβαίνειν ▸ 1
    Verb ▪ present ▪ active ▪ infinitive ▸ 1 (Acts 21,4)
  ἐπιβαίνοντες ▸ 2
    Verb ▪ present ▪ active ▪ participle ▪ masculine ▪ plural ▪ nominative ▸ 2 (Judg. 10,4; Judg. 12,14)
  ἐπιβαίνοντι ▸ 1
    Verb ▪ present ▪ active ▪ participle ▪ masculine ▪ singular ▪ dative ▸ 1 (Sir. 2,12)
  ἐπιβαίνουσιν ▸ 1
    Verb ▪ third ▪ plural ▪ present ▪ active ▪ indicative ▸ 1 (1Sam. 5,5)
  ἐπιβαίνω ▸ 1

Verb · first · singular · present · active · indicative ▸ **1** (Neh. 2,12)

ἐπιβαίνων ▸ 2
  Verb · present · active · participle · masculine · singular · nominative ▸ **2** (Deut. 33,26; Amos 4,13)

ἐπιβάντες ▸ 2
  Verb · aorist · active · participle · masculine · plural · nominative ▸ **2** (Acts 21,2; Acts 27,2)

ἐπιβὰς ▸ 1
  Verb · aorist · active · participle · masculine · singular · nominative ▸ **1** (Acts 25,1)

ἐπιβεβήκει ▸ 1
  Verb · third · singular · pluperfect · active · indicative ▸ **1** (Num. 22,22)

ἐπιβεβηκότα ▸ 1
  Verb · perfect · active · participle · neuter · plural · nominative ▸ **1** (1Sam. 30,17)

ἐπιβεβηκότες ▸ 7 + **1** = 8
  Verb · perfect · active · participle · masculine · plural · nominative ▸ 7 + **1** = **8** (Judg. 5,10; Judg. 10,4; Judg. 12,14; 2Kings 9,25; Psa. 75,7; Jer. 17,25; Jer. 22,4; Judg. 5,10)

ἐπιβεβηκότι ▸ 2
  Verb · perfect · active · participle · masculine · singular · dative ▸ **2** (Psa. 67,5; Psa. 67,34)

ἐπιβεβηκυῖα ▸ 1
  Verb · perfect · active · participle · feminine · singular · nominative ▸ **1** (Nah. 3,17)

ἐπιβεβηκυίης ▸ 1
  Verb · perfect · active · participle · feminine · singular · genitive ▸ **1** (1Sam. 25,20)

ἐπιβεβηκὼς ▸ 3 + **1** = 4
  Verb · perfect · active · participle · masculine · singular · nominative ▸ 3 + **1** = **4** (2Sam. 18,9; Zech. 1,8; Zech. 9,9; Matt. 21,5)

ἐπιβῇ ▸ 4
  Verb · third · singular · aorist · active · subjunctive ▸ **4** (Lev. 15,9; Wis. 14,4; Mic. 5,4; Mic. 5,5)

ἐπίβηθι ▸ 1
  Verb · second · singular · aorist · active · imperative ▸ **1** (Jer. 27,21)

ἐπιβῆναι ▸ 4
  Verb · aorist · active · infinitive ▸ **4** (2Kings 4,24; Sir. 9,2; Sir. 46,9; Jer. 18,15)

ἐπιβήσεται ▸ 1
  Verb · third · singular · future · middle · indicative ▸ **1** (Mic. 1,3)

ἐπιβήσῃ ▸ 5
  Verb · second · singular · future · middle · indicative ▸ **5** (Deut. 33,29; Psa. 90,13; Ode. 4,8; Hab. 3,8; Bar. 4,25)

ἐπιβήσομαι ▸ 1
  Verb · first · singular · future · middle · indicative ▸ **1** (Hab. 2,1)

ἐπιβήσονται ▸ 1
  Verb · third · plural · future · middle · indicative ▸ **1** (Jer. 10,5)

ἐπιβῆτε ▸ 2
  Verb · second · plural · aorist · active · subjunctive ▸ **2** (Deut. 11,25; Josh. 1,3)

ἐπίβητε ▸ 2
  Verb · second · plural · aorist · passive · imperative ▸ **2** (Jer. 26,4; Jer. 26,9)

ἐπιβῶ ▸ 1
  Verb · first · singular · aorist · active · subjunctive ▸ **1** (2Sam. 19,27)

ἐπιβάλλω (ἐπί; βάλλω) to lay hands on, throw ▸ 71 + 2 + **18** = **91**

ἐπέβαλεν ▸ 9 + **1** + 3 = 13
  Verb · third · singular · aorist · active · indicative ▸ 9 + **1** + 3 = **13** (Gen. 2,21; Gen. 39,7; Gen. 48,14; Gen. 48,17; Num. 11,31; Num. 17,12; 2Chr. 36,3; Is. 5,25; Is. 25,11; Tob. 11,11; John 7,30; John 7,44; Acts 12,1)

Ἐπέβαλεν ▸ 1
  Verb · third · singular · aorist · active · indicative ▸ **1** (2Mac. 12,13)

ἐπέβαλλεν ▸ 1
  Verb · third · singular · imperfect · active · indicative ▸ **1** (Mark 4,37)

ἐπέβαλον ▸ 4 + **5** = 9
  Verb · third · plural · aorist · active · indicative ▸ 4 + **5** = **9** (Lev. 10,1; Num. 16,18; 1Esdr. 9,20; Psa. 80,15; Matt. 26,50; Mark 14,46; Acts 4,3; Acts 5,18; Acts 21,27)

ἐπεβάλοντο ▸ 1
  Verb · third · plural · aorist · middle · indicative ▸ **1** (Josh. 7,6)

ἐπεβλήθη ▸ 2
  Verb · third · singular · aorist · passive · indicative ▸ **2** (Num. 19,2; Josh. 8,31 # 9,2b)

ἐπίβαλε ▸ 2
  Verb · second · singular · aorist · active · imperative ▸ **2** (Num. 17,11; Sir. 36,1)

ἐπιβαλεῖ ▸ 6
  Verb · third · singular · future · active · indicative ▸ **6** (Gen. 46,4; Prov. 20,26; Is. 11,8; Is. 11,15; Is. 19,16; Is. 34,17)

ἐπιβαλεῖν ▸ 7 + **1** = 8
  Verb · aorist · active · infinitive ▸ 7 + **1** = **8** (Deut. 20,19; 1Esdr. 8,22; Esth. 12,2 # 1,1n; Esth. 6,2; Judith 11,12; 1Mac. 4,2; 2Mac. 15,1; Luke 20,19)

ἐπιβαλεῖς ▸ 3
  Verb · second · singular · future · active · indicative ▸ **3** (Ex. 5,8; Lev. 19,19; Deut. 27,5)

ἐπιβάλῃ ▸ 3
  Verb · third · singular · aorist · active · subjunctive ▸ **3** (Ex. 21,22; Prov. 18,17; Is. 37,33)

ἐπιβάλῃς ▸ 6
  Verb · second · singular · aorist · active · subjunctive ▸ **6** (Gen. 22,12; Deut. 12,18; Deut. 15,10; Deut. 23,25; Deut. 28,8; Deut. 28,20)

ἐπιβάλητε ▸ 1
  Verb · second · plural · aorist · active · subjunctive ▸ **1** (Deut. 12,7)

ἐπίβαλλε ▸ 1
  Verb · second · singular · present · active · imperative ▸ **1** (Prov. 23,2)

ἐπιβάλλει ▸ 2 + **1** + 2 = 5
  Verb · third · singular · present · active · indicative ▸ 2 + **1** + 2 = **5** (Tob. 3,17; Tob. 6,12; Tob. 3,17; Matt. 9,16; Luke 5,36)

ἐπιβάλλετε ▸ 1
  Verb · second · plural · present · active · indicative ▸ **1** (Job 27,12)

ἐπιβαλλόμενον ▸ 1
  Verb · present · passive · participle · neuter · singular · accusative ▸ **1** (3Mac. 5,11)

ἐπιβαλλομένου ▸ 1
  Verb · present · passive · participle · neuter · singular · genitive ▸ **1** (3Mac. 1,16)

ἐπιβάλλον ▸ 1
  Verb · present · active · participle · neuter · singular · accusative ▸ **1** (Luke 15,12)

ἐπιβάλλοντα ▸ 1
    Verb · present · active · participle · neuter · plural · accusative ▸ **1** (2Mac. 3,3)

ἐπιβάλλοντός ▸ 1
    Verb · present · active · participle · masculine · singular · genitive ▸ **1** (1Mac. 10,30)

ἐπιβαλλούσας ▸ 1
    Verb · present · active · participle · feminine · plural · accusative ▸ **1** (2Mac. 9,16)

ἐπιβαλλούσης ▸ 1
    Verb · present · active · participle · feminine · singular · genitive ▸ **1** (2Mac. 12,38)

ἐπιβάλλουσιν ▸ 1
    Verb · third · plural · present · active · indicative ▸ **1** (Mark 11,7)

ἐπιβαλοῦσιν ▸ 5 + 1 = 6
    Verb · third · plural · future · active · indicative ▸ **5** + **1** = **6** (Num. 4,6; Num. 4,7; Num. 4,8; Num. 4,14; Is. 11,14; Luke 21,12)

ἐπιβαλῶ ▸ 2
    Verb · first · singular · future · active · indicative ▸ **2** (Ex. 7,4; Hos. 7,12)

ἐπιβάλω ▸ 1 + 1 = 2
    Verb · first · singular · aorist · active · subjunctive ▸ **1** + **1** = **2** (2Sam. 18,12; 1Cor. 7,35)

ἐπιβαλών ▸ 2 + 2 = 4
    Verb · aorist · active · participle · masculine · singular · nominative ▸ **2** + **2** = **4** (2Mac. 12,9; 2Mac. 13,15; Mark 14,72; Luke 9,62)

ἐπιβάλωσι ▸ 1
    Verb · third · plural · aorist · active · subjunctive ▸ **1** (1Kings 21,6)

ἐπιβάλωσιν ▸ 1
    Verb · third · plural · aorist · active · subjunctive ▸ **1** (Ex. 21,30)

ἐπιβέβληκας ▸ 1
    Verb · second · singular · perfect · active · indicative ▸ **1** (Ex. 20,25)

ἐπιβληθῇ ▸ 1
    Verb · third · singular · aorist · passive · subjunctive ▸ **1** (Ex. 21,30)

ἐπιβληθήσεται ▸ 2
    Verb · third · singular · future · passive · indicative ▸ **2** (Deut. 24,5; Is. 34,11)

ἐπιβαρέω (ἐπί; βαρύς) to be a fiscal burden on ▸ 3
    ἐπιβαρῆσαί ▸ 2
        Verb · aorist · active · infinitive ▸ **2** (1Th. 2,9; 2Th. 3,8)
    ἐπιβαρῶ ▸ 1
        Verb · first · singular · present · active · subjunctive ▸ **1** (2Cor. 2,5)

ἐπίβασις (ἐπί; βαίνω) means of access ▸ 4
    ἐπιβάσεως ▸ 1
        Noun · feminine · singular · genitive · (common) ▸ **1** (Wis. 5,11)
    ἐπίβασιν ▸ 2
        Noun · feminine · singular · accusative · (common) ▸ **2** (Psa. 103,3; Wis. 15,15)
    ἐπίβασις ▸ 1
        Noun · feminine · singular · nominative · (common) ▸ **1** (Song 3,10)

ἐπιβάτης (ἐπί; βαίνω) horseman; mariner ▸ 8
    ἐπιβάται ▸ 1
        Noun · masculine · plural · nominative · (common) ▸ **1** (Ezek. 27,29)
    ἐπιβάτας ▸ 2
        Noun · masculine · plural · accusative · (common) ▸ **2** (2Kings 7,14; 2Kings 18,23)
    ἐπιβάτην ▸ 3
        Noun · masculine · singular · accusative · (common) ▸ **3** (2Kings 9,17; 2Kings 9,19; 2Mac. 3,25)
    ἐπιβάτης ▸ 1
        Noun · masculine · singular · nominative · (common) ▸ **1** (2Kings 9,18)
    ἐπιβάτου ▸ 1
        Noun · masculine · singular · genitive · (common) ▸ **1** (Job 39,18)

ἐπιβιβάζω (ἐπί; βαίνω) to set on, put on ▸ 12 + 3 = 15
    ἐπεβίβασαν ▸ 2 + 1 = 3
        Verb · third · plural · aorist · active · indicative ▸ **2** + **1** = **3** (2Kings 9,28; 2Kings 23,30; Luke 19,35)
    ἐπεβίβασας ▸ 3
        Verb · second · singular · aorist · active · indicative ▸ **3** (Psa. 65,12; Ode. 4,15; Hab. 3,15)
    ἐπεβίβασεν ▸ 2
        Verb · third · singular · aorist · active · indicative ▸ **2** (2Sam. 6,3; 2Kings 13,16)
    ἐπιβιβᾷ ▸ 2
        Verb · third · singular · future · active · indicative ▸ **2** (Ode. 4,19; Hab. 3,19)
    ἐπιβιβάσαντες ▸ 1
        Verb · aorist · active · participle · masculine · plural · nominative ▸ **1** (Acts 23,24)
    ἐπιβιβάσας ▸ 1
        Verb · aorist · active · participle · masculine · singular · nominative ▸ **1** (Luke 10,34)
    ἐπιβιβάσατε ▸ 1
        Verb · second · plural · aorist · active · imperative ▸ **1** (1Kings 1,33)
    Ἐπιβίβασον ▸ 1
        Verb · second · singular · aorist · active · imperative ▸ **1** (2Kings 13,16)
    ἐπιβιβῶ ▸ 1
        Verb · first · singular · future · active · indicative ▸ **1** (Hos. 10,11)

ἐπιβιόω (ἐπί; βίος) to live after, survive ▸ 1
    ἐπιβιώσομεν ▸ 1
        Verb · first · plural · future · active · indicative ▸ **1** (4Mac. 6,20)

ἐπιβλέπω (ἐπί; βλέπω) to look on with care, attentiveness ▸ 108 + 7 + 3 = 118
    ἐπέβλεπον ▸ 2
        Verb · first · singular · imperfect · active · indicative ▸ **1** (Psa. 141,5)
        Verb · third · plural · imperfect · active · indicative ▸ **1** (Zech. 6,7)
    ἐπέβλεψα ▸ 8
        Verb · first · singular · aorist · active · indicative ▸ **8** (1Sam. 9,16; 2Kings 3,14; Prov. 24,32; Eccl. 2,11; Eccl. 2,12; Is. 63,5; Jer. 4,23; Jer. 4,25)
    ἐπέβλεψαν ▸ 2 + 3 = 5
        Verb · third · plural · aorist · active · indicative ▸ **2** + **3** = **5** (1Sam. 14,13; Sir. 11,12; Judg. 20,42; Judg. 20,45; Judg. 20,47)
    ἐπέβλεψας ▸ 2
        Verb · second · singular · aorist · active · indicative ▸ **2** (1Sam. 2,29; 2Sam. 9,8)
    ἐπεβλέψατε ▸ 1
        Verb · second · plural · aorist · active · indicative ▸ **1** (Hag. 1,9)
    ἐπέβλεψεν ▸ 27 + 1 + 1 = 29
        Verb · third · singular · aorist · active · indicative ▸ **27** + **1** + **1** = **29** (Gen. 19,26; Gen. 19,28; Ex. 14,24; Num. 12,10; Num. 21,9; Judg. 6,14; Judg. 20,40; 1Sam. 7,2; 1Sam. 24,9; 2Sam.

1,7; 2Sam. 2,20; 1Kings 18,43; 1Kings 19,6; 2Kings 13,23; 2Chr. 20,24; Psa. 32,13; Psa. 32,14; Psa. 101,18; Psa. 101,20; Ode. 4,6; Ode. 9,48; Sir. 16,29; Sir. 39,20; Sir. 42,16; Hab. 3,6; Zech. 10,4; Ezek. 10,11; Judg. 20,40; Luke 1,48)

ἐπιβλέπει ▸ 1
    Verb · third · singular · present · active · indicative ▸ **1** (Sir. 11,30)

ἐπιβλέπειν ▸ 3
    Verb · present · active · infinitive ▸ **3** (Psa. 118,6; Hab. 1,3; Hab. 1,13)

ἐπιβλέπεις ▸ 1
    Verb · second · singular · present · active · indicative ▸ **1** (Hab. 1,13)

ἐπιβλέπῃ ▸ 1
    Verb · third · singular · present · active · subjunctive ▸ **1** (Hab. 2,15)

ἐπιβλεπόμενον ▸ 1
    Verb · present · passive · participle · neuter · singular · accusative ▸ **1** (Ezek. 17,5)

ἐπιβλέποντες ▸ 7
    Verb · present · active · participle · masculine · plural · nominative ▸ **7** (1Kings 7,13; 1Kings 7,13; 1Kings 7,13; 1Kings 7,13; Sir. 23,19; Sol. 18,2; Zech. 4,10)

ἐπιβλέπουσα ▸ 4
    Verb · present · active · participle · feminine · singular · nominative ▸ **4** (Judg. 5,28; 1Sam. 13,17; 1Sam. 13,18; 1Sam. 13,18)

ἐπιβλέπουσιν ▸ 3
    Verb · third · plural · present · active · indicative ▸ **3** (2Chr. 16,9; Esth. 13,15 # 4,17f; Psa. 65,7)

ἐπιβλέπων ▸ 3 + 1 = 4
    Verb · present · active · participle · masculine · singular · nominative ▸ **3 + 1 = 4** (1Sam. 1,11; Psa. 103,32; Nah. 2,9; Dan. 3,55)

ἐπιβλέψαι ▸ 6 + 1 = 7
    Verb · aorist · active · infinitive ▸ **6 + 1 = 7** (Tob. 3,15; Ode. 6,5; Sir. 16,19; Jonah 2,5; Mal. 2,13; Lam. 4,16; Luke 9,38)

ἐπιβλέψας ▸ 1
    Verb · aorist · active · participle · masculine · singular · nominative ▸ **1** (Bel 18)

ἐπιβλέψατε ▸ 1
    Verb · second · plural · aorist · active · imperative ▸ **1** (Hab. 1,5)

ἐπιβλεψάτω ▸ 1
    Verb · third · singular · aorist · active · imperative ▸ **1** (Dan. 9,17)

ἐπιβλέψεται ▸ 1
    Verb · third · singular · future · middle · indicative ▸ **1** (Mal. 3,1)

ἐπιβλέψῃ ▸ 3
    Verb · second · singular · aorist · middle · subjunctive ▸ **1** (Sir. 31,14)
    Verb · second · singular · future · middle · indicative ▸ **1** (1Kings 8,28)
    Verb · third · singular · aorist · active · subjunctive ▸ **1** (2Chr. 6,19)

ἐπιβλέψῃς ▸ 3
    Verb · second · singular · aorist · active · subjunctive ▸ **3** (Deut. 9,27; 1Sam. 1,11; 1Sam. 16,7)

ἐπιβλέψητε ▸ 1
    Verb · second · plural · aorist · active · subjunctive ▸ **1** (James 2,3)

ἐπιβλέψομαι ▸ 3
    Verb · first · singular · future · middle · indicative ▸ **3** (Hos. 11,4; Amos 5,22; Mic. 7,7)

ἐπίβλεψον ▸ 20 + 1 = 21
    Verb · second · singular · aorist · active · imperative ▸ **20 + 1 = 21** (1Kings 18,43; Judith 6,19; Judith 13,4; Tob. 3,3; Psa. 12,4; Psa. 24,16; Psa. 68,17; Psa. 73,20; Psa. 79,15; Psa. 83,10; Psa. 85,16; Psa. 118,132; Sir. 36,1; Is. 64,8; Lam. 1,11; Lam. 2,20; Lam. 3,63; Lam. 5,1; Ezek. 21,2; Ezek. 21,7; Tob. 3,3)

ἐπιβλέψονται ▸ 1
    Verb · third · plural · future · middle · indicative ▸ **1** (Zech. 12,10)

ἐπιβλέψω ▸ 3
    Verb · first · singular · future · active · indicative ▸ **3** (Lev. 26,9; Is. 66,2; Ezek. 36,9)

ἐπίβλημα (ἐπί; βάλλω) piece, house robe ▸ 1 + 4 = 5
    ἐπίβλημα ▸ 4
        Noun · neuter · singular · accusative ▸ **3** (Matt. 9,16; Mark 2,21; Luke 5,36)
        Noun · neuter · singular · nominative ▸ **1** (Luke 5,36)
    ἐπιβλήματα ▸ 1
        Noun · neuter · plural · accusative · (common) ▸ **1** (Is. 3,22)

ἐπιβοάω (ἐπί; βοή) to cry out ▸ 2
    ἐπιβοᾶται ▸ 1
        Verb · third · singular · present · middle · indicative ▸ **1** (Wis. 14,1)
    ἐπιβοῶντος ▸ 1
        Verb · present · active · participle · masculine · singular · genitive ▸ **1** (4Mac. 6,4)

ἐπιβοηθέω (ἐπί; βοή) to help ▸ 4
    ἐπιβοηθεῖν ▸ 3
        Verb · present · active · infinitive ▸ **3** (2Mac. 8,8; 2Mac. 11,7; 2Mac. 13,10)
    ἐπιβοηθοῦντας ▸ 1
        Verb · present · active · participle · masculine · plural · accusative ▸ **1** (1Mac. 7,7)

ἐπιβόλαιον (ἐπί; βάλλω) covering, garment ▸ 2 + 1 = 3
    ἐπιβόλαια ▸ 2
        Noun · neuter · plural · accusative · (common) ▸ **2** (Ezek. 13,18; Ezek. 13,21)
    ἐπιβολαίῳ ▸ 1
        Noun · neuter · singular · dative · (common) ▸ **1** (Judg. 4,18)

ἐπιβολή (ἐπί; βάλλω) assault; fine ▸ 2
    ἐπιβολάς ▸ 1
        Noun · feminine · plural · accusative · (common) ▸ **1** (2Mac. 8,7)
    ἐπιβολή ▸ 1
        Noun · feminine · singular · nominative · (common) ▸ **1** (1Esdr. 8,22)

ἐπιβουλεύω (ἐπί; βούλομαι) to plot against ▸ 2
    ἐπιβουλεύειν ▸ 1
        Verb · present · active · infinitive ▸ **1** (Prov. 17,26)
    ἐπιβουλεύουσιν ▸ 1
        Verb · present · active · participle · masculine · plural · dative ▸ **1** (Esth. 16,22 # 8,12u)

ἐπιβουλή (ἐπί; βούλομαι) plot ▸ 8 + 4 = 12
    ἐπιβουλαῖς ▸ 1
        Noun · feminine · plural · dative ▸ **1** (Acts 20,19)
    ἐπιβουλάς ▸ 1
        Noun · feminine · plural · accusative · (common) ▸ **1** (1Esdr. 5,70)
    ἐπιβουλή ▸ 1
        Noun · feminine · singular · nominative ▸ **1** (Acts 9,24)
    ἐπιβουλήν ▸ 1

ἐπιβουλή–ἐπιγινώσκω

    Noun · feminine · singular · accusative · (common) ▸ **1** (3Mac. 1,2)
  ἐπιβουλῆς ▸ **5** + **2** = **7**
    Noun · feminine · singular · genitive · (common) ▸ **5** + **2** = **7** (Esth. 2,22; 2Mac. 5,7; 3Mac. 1,6; 3Mac. 1,25; 4Mac. 4,13; Acts 20,3; Acts 23,30)
  ἐπιβούλων ▸ **1**
    Noun · feminine · plural · genitive · (common) ▸ **1** (2Sam. 2,16)
ἐπίβουλος (ἐπί; βούλομαι) plotting, plotter ▸ **12**
  ἐπίβουλοι ▸ **1**
    Adjective · masculine · plural · nominative · noDegree ▸ **1** (Bel 31-32)
  ἐπιβουλοί ▸ **1**
    Adjective · masculine · plural · nominative · noDegree ▸ **1** (Hab. 2,7)
  ἐπίβουλον ▸ **4**
    Adjective · masculine · singular · accusative · noDegree ▸ **4** (2Sam. 19,23; 2Mac. 3,38; 2Mac. 4,2; 2Mac. 14,26)
  ἐπίβουλος ▸ **3**
    Adjective · masculine · singular · nominative · noDegree ▸ **3** (1Sam. 29,4; 1Kings 5,18; 2Mac. 4,50)
  ἐπιβούλους ▸ **1**
    Adjective · masculine · plural · accusative · noDegree ▸ **1** (3Mac. 7,5)
  ἐπιβούλων ▸ **2**
    Adjective · masculine · plural · genitive · noDegree ▸ **2** (3Mac. 4,10; 3Mac. 6,12)
ἐπιβρέχω (ἐπί; βρέχω) to rain on ▸ **1**
  ἐπιβρέξει ▸ **1**
    Verb · third · singular · future · active · indicative ▸ **1** (Psa. 10,6)
ἐπιβρίθω (ἐπί; βρίθω) to press on ▸ **1**
  ἐπιβρίθων ▸ **1**
    Verb · present · active · participle · masculine · singular · nominative ▸ **1** (Job 29,4)
ἐπιγαμβρεύω (ἐπί; γάμος) to marry ▸ **9** + **1** = **10**
  ἐπεγαμβρεύσατο ▸ **1**
    Verb · third · singular · aorist · middle · indicative ▸ **1** (2Chr. 18,1)
  ἐπιγαμβρεύεται ▸ **1**
    Verb · third · singular · present · middle · indicative ▸ **1** (1Sam. 18,27)
  ἐπιγαμβρεῦσαι ▸ **3**
    Verb · aorist · active · infinitive ▸ **3** (1Sam. 18,23; 1Sam. 18,26; Ezra 9,14)
  ἐπιγαμβρεύσασθε ▸ **1**
    Verb · second · plural · aorist · middle · imperative ▸ **1** (Gen. 34,9)
  ἐπιγαμβρεύσει ▸ **1**
    Verb · third · singular · future · active · indicative ▸ **1** (Matt. 22,24)
  ἐπιγάμβρευσον ▸ **1**
    Verb · second · singular · aorist · active · imperative ▸ **1** (1Sam. 18,22)
  ἐπιγαμβρεύσω ▸ **2**
    Verb · first · singular · future · active · indicative ▸ **2** (1Mac. 10,54; 1Mac. 10,56)
ἐπιγαμία (ἐπί; γάμος) intermarriage ▸ **1**
  ἐπιγαμίας ▸ **1**
    Noun · feminine · plural · accusative · (common) ▸ **1** (Josh. 23,12)
ἐπίγειος (ἐπί; γῆ) earthly, terrestrial ▸ **7**
  ἐπίγεια ▸ **3**
    Adjective · neuter · plural · accusative ▸ **2** (John 3,12; Phil. 3,19)
    Adjective · neuter · plural · nominative ▸ **1** (1Cor. 15,40)
  ἐπίγειος ▸ **2**
    Adjective · feminine · singular · nominative ▸ **2** (2Cor. 5,1; James 3,15)
  ἐπιγείων ▸ **2**
    Adjective · masculine · plural · genitive ▸ **1** (Phil. 2,10)
    Adjective · neuter · plural · genitive ▸ **1** (1Cor. 15,40)
ἐπιγελάω (ἐπί; γελάω) to laugh at, mock ▸ **3**
  ἐπεγγελάσῃς ▸ **1**
    Verb · second · singular · aorist · active · subjunctive ▸ **1** (4Mac. 5,27)
  ἐπεγέλων ▸ **1**
    Verb · third · plural · imperfect · active · indicative ▸ **1** (Tob. 2,8)
  ἐπιγελάσομαι ▸ **1**
    Verb · first · singular · future · middle · indicative ▸ **1** (Prov. 1,26)
ἐπιγεμίζω (ἐπί; γάμος) to place as a burden ▸ **1**
  ἐπιγεμίζοντας ▸ **1**
    Verb · present · active · participle · masculine · plural · accusative ▸ **1** (Neh. 13,15)
ἐπιγίνομαι (ἐπί; γίνομαι) to be born after, spring up, come after ▸ **2** + **1** = **3**
  ἐπιγινομένοις ▸ **2**
    Verb · present · middle · participle · masculine · plural · dative ▸ **2** (3Mac. 2,5; LetterJ 47)
  ἐπιγενομένου ▸ **1**
    Verb · aorist · middle · participle · masculine · singular · genitive ▸ **1** (Acts 28,13)
ἐπιγινώσκω (ἐπί; γινώσκω) to know; look upon, witness; recognize, decide ▸ **144** + **5** + **44** = **193**
  ἐπεγίνωσκον ▸ **1** + **2** = **3**
    Verb · first · singular · imperfect · active · indicative ▸ **1** (Tob. 5,14)
    Verb · third · plural · imperfect · active · indicative ▸ **2** (Acts 3,10; Acts 27,39)
  ἐπεγίνωσκόν ▸ **1**
    Verb · third · plural · imperfect · active · indicative ▸ **1** (Acts 4,13)
  ἐπέγνω ▸ **21**
    Verb · third · singular · aorist · active · indicative ▸ **21** (Gen. 27,23; Gen. 31,32; Gen. 37,33; Gen. 38,15; Gen. 38,26; Gen. 42,7; Gen. 42,8; Deut. 33,9; 1Sam. 26,17; 1Kings 21,41; 1Mac. 5,34; 1Mac. 6,17; 1Mac. 9,70; 1Mac. 13,14; 1Mac. 16,22; 4Mac. 15,27; Sir. 18,12; Sir. 44,23; Sol. 2,29; Hos. 7,9; Is. 63,16)
  ἐπεγνωκέναι ▸ **1**
    Verb · perfect · active · infinitive ▸ **1** (2Pet. 2,21)
  ἐπεγνωκόσιν ▸ **1** + **1** = **2**
    Verb · perfect · active · participle · masculine · plural · dative ▸ **1** + **1** = **2** (Zech. 6,14; 1Tim. 4,3)
  ἐπεγνωκότες ▸ **1**
    Verb · perfect · active · participle · masculine · plural · nominative ▸ **1** (2Mac. 3,28)
  ἐπεγνωκότων ▸ **1**
    Verb · perfect · active · participle · masculine · plural · genitive ▸ **1** (Zech. 6,10)
  ἐπεγνωκώς ▸ **2**
    Verb · perfect · active · participle · masculine · singular · nominative ▸ **2** (2Mac. 4,33; 2Mac. 14,9)
  ἐπέγνωμεν ▸ **3** + **1** = **4**
    Verb · first · plural · aorist · active · indicative ▸ **3** + **1** = **4** (Wis. 5,7; Sir. 36,4; Sus. 39; Acts 28,1)

ἐπέγνων ‣ 2 + **1** = 3
　Verb ∙ first ∙ singular ∙ aorist ∙ active ∙ indicative ‣ 2 + **1** = **3** (Neh. 6,12; Job 4,16; Tob. 1,19)

ἐπέγνωσαν ‣ 16 + **1** + 4 = 21
　Verb ∙ third ∙ plural ∙ aorist ∙ active ∙ indicative ‣ 16 + **1** + 4 = **21** (Gen. 42,8; Judg. 18,3; 1Esdr. 5,64; Judith 5,8; 1Mac. 3,42; 1Mac. 12,50; 2Mac. 15,28; Job 2,12; Job 24,13; Job 24,16; Job 34,27; Wis. 12,27; Wis. 13,1; Hos. 5,4; Jer. 4,22; Jer. 5,5; Judg. 18,3; Matt. 17,12; Mark 6,33; Luke 1,22; Luke 24,31)

ἐπεγνώσθη ‣ 2
　Verb ∙ third ∙ singular ∙ aorist ∙ passive ∙ indicative ‣ **2** (Job 6,17; Sir. 19,27)

ἐπεγνώσθην ‣ 1
　Verb ∙ first ∙ singular ∙ aorist ∙ passive ∙ indicative ‣ **1** (1Cor. 13,12)

ἐπεγνώσθησαν ‣ 1
　Verb ∙ third ∙ plural ∙ aorist ∙ passive ∙ indicative ‣ **1** (Lam. 4,8)

ἐπέγνωτε ‣ 2
　Verb ∙ second ∙ plural ∙ aorist ∙ active ∙ indicative ‣ **2** (2Cor. 1,14; Col. 1,6)

ἐπιγινώσκει ‣ 2
　Verb ∙ third ∙ singular ∙ present ∙ active ∙ indicative ‣ **2** (Matt. 11,27; Matt. 11,27)

ἐπιγινώσκειν ‣ 1
　Verb ∙ present ∙ active ∙ infinitive ‣ **1** (Prov. 24,23)

ἐπιγινώσκεις ‣ 1
　Verb ∙ second ∙ singular ∙ present ∙ active ∙ indicative ‣ **1** (Acts 25,10)

ἐπιγινώσκετε ‣ 3
　Verb ∙ second ∙ plural ∙ present ∙ active ∙ indicative ‣ **2** (2Cor. 1,13; 2Cor. 13,5)
　Verb ∙ second ∙ plural ∙ present ∙ active ∙ imperative ‣ **1** (1Cor. 16,18)

ἐπιγινωσκέτω ‣ 1
　Verb ∙ third ∙ singular ∙ present ∙ active ∙ imperative ‣ **1** (1Cor. 14,37)

ἐπιγινωσκόμενοι ‣ 1
　Verb ∙ present ∙ passive ∙ participle ∙ masculine ∙ plural ∙ nominative ‣ **1** (2Cor. 6,9)

ἐπιγινώσκοντες ‣ 1
　Verb ∙ present ∙ active ∙ participle ∙ masculine ∙ plural ∙ nominative ‣ **1** (Neh. 13,24)

ἐπιγινώσκω ‣ 1
　Verb ∙ first ∙ singular ∙ present ∙ active ∙ indicative ‣ **1** (Prov. 30,18)

ἐπιγινώσκων ‣ 2
　Verb ∙ present ∙ active ∙ participle ∙ masculine ∙ singular ∙ nominative ‣ **2** (Ezra 3,13; Psa. 141,5)

ἐπιγνοῖ ‣ 1
　Verb ∙ third ∙ singular ∙ aorist ∙ active ∙ subjunctive ‣ **1** (Judith 14,5)

ἐπιγνόντες ‣ 1 + **1** + 5 = 7
　Verb ∙ aorist ∙ active ∙ participle ∙ masculine ∙ plural ∙ nominative ‣ 1 + **1** + 5 = **7** (Sus. 48; Sus. 48; Matt. 14,35; Mark 6,54; Acts 9,30; Acts 19,34; Rom. 1,32)

ἐπιγνούς ‣ 1
　Verb ∙ aorist ∙ active ∙ participle ∙ masculine ∙ singular ∙ nominative ‣ **1** (Ruth 2,19)

ἐπιγνοὺς ‣ 4 + 5 = 9
　Verb ∙ aorist ∙ active ∙ participle ∙ masculine ∙ singular ∙ nominative ‣ 4 + 5 = **9** (Esth. 3,5; Esth. 4,1; Tob. 1,19; Dan. 6,11; Mark 2,8; Mark 5,30; Luke 5,22; Luke 23,7; Acts 22,29)

ἐπιγνοῦσα ‣ 1 + 2 = 3
　Verb ∙ aorist ∙ active ∙ participle ∙ feminine ∙ singular ∙ nominative ‣ 1 + 2 = **3** (Judith 11,16; Luke 7,37; Acts 12,14)

ἐπιγνοῦσιν ‣ 1
　Verb ∙ aorist ∙ active ∙ participle ∙ masculine ∙ plural ∙ dative ‣ **1** (2Pet. 2,21)

ἐπιγνῶ ‣ 1 + 1 = 2
　Verb ∙ first ∙ singular ∙ aorist ∙ active ∙ subjunctive ‣ 1 + 1 = **2** (Tob. 5,9; Tob. 5,9)

ἐπιγνῷ ‣ 3 + **1** + 1 = 5
　Verb ∙ third ∙ singular ∙ aorist ∙ active ∙ subjunctive ‣ 3 + **1** + 1 = **5** (Job 7,10; Sir. 27,27; Dan. 11,39; Tob. 5,2; Acts 22,24)

ἐπίγνωθι ‣ 4
　Verb ∙ second ∙ singular ∙ aorist ∙ active ∙ imperative ‣ **4** (Gen. 31,32; Gen. 37,32; 2Sam. 19,8; Sir. 9,13)

Ἐπίγνωθι ‣ 1
　Verb ∙ second ∙ singular ∙ aorist ∙ active ∙ imperative ‣ **1** (Gen. 38,25)

ἐπιγνῶμεν ‣ 2
　Verb ∙ first ∙ plural ∙ aorist ∙ active ∙ subjunctive ‣ **1** (Jonah 1,7)
　Verb ∙ first ∙ plural ∙ present ∙ active ∙ subjunctive ‣ **1** (2Mac. 11,37)

ἐπιγνῶναι ‣ 8 + 4 = 12
　Verb ∙ aorist ∙ active ∙ infinitive ‣ 8 + 4 = **12** (Ruth 3,14; 1Esdr. 5,63; Esth. 11,12 # 1,1l; Tob. 5,12; Tob. 5,14; 4Mac. 2,9; Sir. 25,4; Dan. 2,3; Luke 24,16; Acts 23,28; Acts 24,8; Acts 24,11)

ἐπιγνῶναί ‣ 2
　Verb ∙ aorist ∙ active ∙ infinitive ‣ **2** (Ruth 2,10; Ruth 3,18)

ἐπιγνῷς ‣ 2 + **1** = 3
　Verb ∙ second ∙ singular ∙ aorist ∙ active ∙ subjunctive ‣ 2 + **1** = **3** (Sir. 37,12; Dan. 4,31; Luke 1,4)

ἐπιγνώσεσθε ‣ 21 + 3 = 24
　Verb ∙ second ∙ plural ∙ future ∙ middle ∙ indicative ‣ 21 + 3 = **24** (Judith 8,13; Judith 8,14; Joel 2,27; Joel 4,17; Mal. 2,4; Ezek. 6,7; Ezek. 6,14; Ezek. 11,10; Ezek. 11,12; Ezek. 12,20; Ezek. 13,14; Ezek. 13,21; Ezek. 14,8; Ezek. 14,23; Ezek. 17,21; Ezek. 20,38; Ezek. 20,42; Ezek. 20,44; Ezek. 22,22; Ezek. 24,24; Ezek. 25,5; Matt. 7,16; Matt. 7,20; 2Cor. 1,13)

ἐπιγνώσεται ‣ 8
　Verb ∙ third ∙ singular ∙ future ∙ middle ∙ indicative ‣ **8** (Deut. 21,17; Psa. 102,16; Prov. 14,8; Job 24,17; Sir. 15,19; Hos. 14,10; Is. 61,9; Ezek. 21,10)

ἐπιγνώσῃ ‣ 11
　Verb ∙ second ∙ singular ∙ future ∙ middle ∙ indicative ‣ **11** (Deut. 1,17; Prov. 27,23; Sir. 12,12; Hos. 2,22; Zech. 2,15; Zech. 4,9; Ezek. 5,13; Ezek. 7,6; Ezek. 7,8; Ezek. 16,62; Ezek. 25,7)

ἐπιγνωσθήσεται ‣ 4
　Verb ∙ third ∙ singular ∙ future ∙ passive ∙ indicative ‣ **4** (Gen. 41,31; Sir. 19,29; Sir. 19,29; Hag. 2,19)

ἐπιγνωσθήσῃ ‣ 2
　Verb ∙ second ∙ singular ∙ future ∙ passive ∙ indicative ‣ **2** (Ode. 4,2; Hab. 3,2)

ἐπιγνώσομαι ‣ 1 + **1** = 2
　Verb ∙ first ∙ singular ∙ future ∙ middle ∙ indicative ‣ 1 + **1** = **2** (Jer. 24,5; 1Cor. 13,12)

ἐπιγνώσονται ‣ 9
　Verb ∙ third ∙ plural ∙ future ∙ middle ∙ indicative ‣ **9** (Deut. 16,19; Sir. 23,27; Ezek. 6,10; Ezek. 15,7; Ezek. 21,4; Ezek. 24,27; Ezek. 25,11; Ezek. 25,14; Ezek. 25,17)

ἐπιγνώτωσάν ‣ 1
　Verb ∙ third ∙ plural ∙ aorist ∙ active ∙ imperative ‣ **1** (Sir. 36,4)

ἐπιγνωμοσύνη (ἐπί; γινώσκω)　prudence, wisdom

▸ 1
  ἐπιγνωμοσύνην ▸ 1
    Noun · feminine · singular · accusative · (common) ▸ 1 (Prov. 16,23)
ἐπιγνώμων (ἐπί; γινώσκω) understanding ▸ 4
  ἐπιγνώμονες ▸ 1
    Adjective · masculine · plural · nominative · noDegree ▸ 1 (Prov. 13,10)
  ἐπιγνώμων ▸ 3
    Adjective · masculine · singular · nominative · noDegree ▸ 3 (Prov. 12,26; Prov. 17,27; Prov. 29,7)
ἐπίγνωσις (ἐπί; γινώσκω) knowledge ▸ 7 + 20 = 27
  ἐπιγνώσει ▸ 7
    Noun · feminine · singular · dative ▸ 7 (Rom. 1,28; Eph. 1,17; Phil. 1,9; Col. 1,10; Philem. 6; 2Pet. 1,2; 2Pet. 2,20)
  ἐπιγνώσεως ▸ 1 + 2 = 3
    Noun · feminine · singular · genitive · (common) ▸ 1 + 2 = 3 (1Kings 7,2; Eph. 4,13; 2Pet. 1,3)
  ἐπίγνωσιν ▸ 5 + 10 = 15
    Noun · feminine · singular · accusative · (common) ▸ 5 + 10 = 15 (Judith 9,14; 2Mac. 9,11; Prov. 2,5; Hos. 4,6; Hos. 6,6; Rom. 10,2; Col. 1,9; Col. 2,2; Col. 3,10; 1Tim. 2,4; 2Tim. 2,25; 2Tim. 3,7; Titus 1,1; Heb. 10,26; 2Pet. 1,8)
  ἐπίγνωσις ▸ 1 + 1 = 2
    Noun · feminine · singular · nominative · (common) ▸ 1 + 1 = 2 (Hos. 4,1; Rom. 3,20)
ἐπίγνωστος (ἐπί; γινώσκω) known ▸ 1
  ἐπίγνωστος ▸ 1
    Adjective · masculine · singular · nominative · noDegree ▸ 1 (Job 18,19)
ἐπιγονή (ἐπί; γίνομαι) offspring ▸ 3
  ἐπιγονή ▸ 1
    Noun · feminine · singular · nominative · (common) ▸ 1 (Amos 7,1)
  ἐπιγονῇ ▸ 1
    Noun · feminine · singular · dative · (common) ▸ 1 (2Chr. 31,18)
  ἐπιγονῆς ▸ 1
    Noun · feminine · singular · genitive · (common) ▸ 1 (2Chr. 31,16)
ἐπιγραφή (ἐπί; γράφω) superscription ▸ 5
  ἐπιγραφή ▸ 2
    Noun · feminine · singular · nominative ▸ 2 (Matt. 22,20; Mark 12,16)
  ἐπιγραφή ▸ 2
    Noun · feminine · singular · nominative ▸ 2 (Mark 15,26; Luke 23,38)
  ἐπιγραφήν ▸ 1
    Noun · feminine · singular · accusative ▸ 1 (Luke 20,24)
ἐπιγράφω (ἐπί; γράφω) to write, write upon ▸ 5 + 5 = 10
  ἐπεγέγραπτο ▸ 1
    Verb · third · singular · pluperfect · passive · indicative ▸ 1 (Acts 17,23)
  ἐπιγεγραμμένα ▸ 1
    Verb · perfect · passive · participle · neuter · plural · accusative ▸ 1 (Rev. 21,12)
  ἐπιγεγραμμένη ▸ 1
    Verb · perfect · passive · participle · feminine · singular · nominative ▸ 1 (Mark 15,26)
  ἐπέγραψαν ▸ 1
    Verb · third · plural · aorist · active · indicative ▸ 1 (Dan. 5,0)
  ἐπιγράψει ▸ 1
    Verb · third · singular · future · active · indicative ▸ 1 (Is. 44,5)
  ἐπίγραψον ▸ 3
    Verb · second · singular · aorist · active · imperative ▸ 3 (Num. 17,17; Num. 17,18; Prov. 7,3)
  ἐπιγράψω ▸ 2
    Verb · first · singular · future · active · indicative ▸ 2 (Heb. 8,10; Heb. 10,16)
ἐπιδεής (ἐπί; δέομαι) needy ▸ 2
  ἐπιδεεῖς ▸ 1
    Adjective · masculine · plural · accusative · noDegree ▸ 1 (Sir. 4,1)
  ἐπιδεής ▸ 1
    Adjective · masculine · singular · nominative · noDegree ▸ 1 (Sir. 31,4)
ἐπιδείκνυμι (ἐπί; δείκνυμι) to show, display, exhibit ▸ 13 + 1 + 7 = 21
  ἐπέδειξα ▸ 1
    Verb · first · singular · aorist · active · indicative ▸ 1 (Is. 37,26)
  ἐπεδείξαντο ▸ 1
    Verb · third · plural · aorist · middle · indicative ▸ 1 (4Mac. 1,9)
  ἐπέδειξε ▸ 1
    Verb · third · singular · aorist · active · indicative ▸ 1 (Bel 21)
  ἐπέδειξεν ▸ 1 + 1 = 2
    Verb · third · singular · aorist · active · indicative ▸ 1 + 1 = 2 (Esth. 13,4 ≠ 3,13d; Tob. 11,15)
  ἐπιδεικνύμεναι ▸ 1
    Verb · present · middle · participle · feminine · plural · nominative ▸ 1 (Acts 9,39)
  ἐπιδεικνυμένην ▸ 1
    Verb · present · middle · participle · feminine · singular · accusative ▸ 1 (Prov. 12,17)
  ἐπιδεικνύμενον ▸ 1
    Verb · present · middle · participle · masculine · singular · accusative ▸ 1 (LetterJ 58)
  ἐπιδείκνυμι ▸ 1
    Verb · first · singular · present · active · indicative ▸ 1 (4Mac. 6,35)
  ἐπιδεικνύναι ▸ 1
    Verb · present · active · infinitive ▸ 1 (4Mac. 14,18)
  ἐπιδεικνύς ▸ 1
    Verb · present · active · participle · masculine · singular · nominative ▸ 1 (Acts 18,28)
  ἐπιδείκνυσθαι ▸ 1
    Verb · present · middle · infinitive ▸ 1 (4Mac. 1,1)
  ἐπιδεῖξαι ▸ 1 + 3 = 4
    Verb · aorist · active · infinitive ▸ 1 + 3 = 4 (4Mac. 1,7; Matt. 16,1; Matt. 24,1; Heb. 6,17)
  ἐπιδειξάμενος ▸ 1
    Verb · aorist · middle · participle · masculine · singular · nominative ▸ 1 (2Mac. 15,32)
  ἐπιδείξασθαι ▸ 1
    Verb · aorist · middle · infinitive ▸ 1 (4Mac. 11,12)
  ἐπιδείξατε ▸ 1
    Verb · second · plural · aorist · active · imperative ▸ 1 (Luke 17,14)
  ἐπιδείξατέ ▸ 1
    Verb · second · plural · aorist · active · imperative ▸ 1 (Matt. 22,19)
  ἐπιδειξώμεθα ▸ 1
    Verb · first · plural · aorist · middle · subjunctive ▸ 1 (Judith 8,24)
ἐπίδειξις (ἐπί; δείκνυμι) showing forth ▸ 1

ἐπίδειξιν ▸ 1
    Noun · feminine · singular · accusative · (common) ▸ 1 (4Mac. 13,10)
ἐπιδέκατος (ἐπί; δέκα)   tithe ▸ 19
    ἐπιδέκατα ▸ 9
        Adjective · neuter · plural · accusative · (ordinal · numeral) ▸ 9 (Num. 18,24; Deut. 12,11; Deut. 14,23; 2Chr. 31,5; 2Chr. 31,6; 2Chr. 31,6; 2Chr. 31,12; Amos 4,4; Mal. 3,8)
    ἐπιδέκατον ▸ 8
        Adjective · neuter · singular · accusative · (ordinal · numeral) ▸ 7 (Num. 18,21; Num. 18,26; Num. 18,26; Deut. 12,17; Deut. 14,28; Deut. 26,12; Deut. 26,12)
        Adjective · neuter · singular · nominative · (ordinal · numeral) ▸ 1 (Is. 6,13)
    ἐπιδεκάτου ▸ 1
        Adjective · neuter · singular · genitive · (ordinal · numeral) ▸ 1 (Num. 18,26)
    ἐπιδεκάτων ▸ 1
        Adjective · neuter · plural · genitive · (ordinal · numeral) ▸ 1 (Num. 18,28)
ἐπιδέξιος (ἐπί; δέχομαι)   prosperous ▸ 2
    ἐπιδέξιον ▸ 1
        Adjective · neuter · singular · nominative · noDegree ▸ 1 (Ezra 5,8)
    ἐπιδέξιος ▸ 1
        Adjective · masculine · singular · nominative · noDegree ▸ 1 (Prov. 27,16)
ἐπιδέομαι (ἐπί; δέομαι)   to need ▸ 9
    ἐπεδεήθης ▸ 1
        Verb · second · singular · aorist · passive · indicative ▸ 1 (Deut. 2,7)
    ἐπιδέεται ▸ 2
        Verb · third · singular · present · middle · indicative ▸ 2 (Deut. 15,8; Deut. 15,10)
    ἐπιδέομαι ▸ 1
        Verb · first · singular · present · middle · indicative ▸ 1 (Job 6,22)
    ἐπιδεομένου ▸ 1
        Verb · present · middle · participle · masculine · singular · genitive ▸ 1 (Deut. 15,7)
    ἐπιδεομένῳ ▸ 3
        Verb · present · middle · participle · masculine · singular · dative ▸ 3 (Deut. 15,9; Deut. 15,11; Sir. 41,2)
    ἐπιδεομένων ▸ 1
        Verb · present · middle · participle · masculine · plural · genitive ▸ 1 (Sir. 34,21)
ἐπιδέχομαι (ἐπί; δέχομαι)   to receive, welcome, take on ▸ 21 + 2 = 23
    ἐπεδέξαντο ▸ 6
        Verb · third · plural · aorist · middle · indicative ▸ 6 (1Esdr. 9,14; 1Mac. 1,42; 1Mac. 1,63; 1Mac. 6,60; 1Mac. 10,1; 1Mac. 10,46)
    ἐπεδέξατο ▸ 6
        Verb · third · singular · aorist · middle · indicative ▸ 6 (1Mac. 9,31; 1Mac. 9,71; 1Mac. 12,8; 1Mac. 12,43; 1Mac. 14,47; 2Mac. 7,26)
    ἐπιδεδεγμένοις ▸ 1
        Verb · perfect · middle · participle · masculine · plural · dative ▸ 1 (2Mac. 2,26)
    ἐπιδεδεγμένους ▸ 1
        Verb · perfect · middle · participle · masculine · plural · accusative ▸ 1 (3Mac. 6,26)
    ἐπιδέξαι ▸ 1
        Verb · second · singular · aorist · middle · imperative ▸ 1 (2Mac. 7,29)
    ἐπιδεξαμένων ▸ 1
        Verb · aorist · middle · participle · masculine · plural · genitive ▸ 1 (2Mac. 12,4)
    ἐπιδέξασθαι ▸ 3
        Verb · aorist · middle · infinitive ▸ 3 (1Mac. 14,23; Sir. 41,1; Sir. 50,21)
    ἐπιδεξάσθω ▸ 1
        Verb · third · singular · aorist · middle · imperative ▸ 1 (Sir. 51,26)
    ἐπιδέξεται ▸ 1
        Verb · third · singular · future · middle · indicative ▸ 1 (Sir. 36,21)
    ἐπιδέχεται ▸ 2
        Verb · third · singular · present · middle · indicative ▸ 2 (3John 9; 3John 10)
ἐπιδέω (1st homograph) (ἐπί; δέω)   to bind; to fasten on; to lack ▸ 1 + 2 = 3
    ἐπέδησαν ▸ 1
        Verb · third · plural · aorist · active · indicative ▸ 1 (Judg. 16,21)
    ἐπιδήσεις ▸ 1
        Verb · second · singular · present · active · indicative ▸ 1 (Jer. 28,63)
    ἐπέδησεν ▸ 1
        Verb · third · singular · aorist · active · indicative ▸ 1 (Tob. 8,3)
ἐπιδέω (2nd homograph) (ἐπί; δέω)   to be in need of ▸ 1
    ἐπιδεήσεις ▸ 1
        Verb · second · singular · future · active · indicative ▸ 1 (Sir. 33,32)
ἐπίδηλος (ἐπί; δῆλος)   manifest ▸ 1
    ἐπίδηλον ▸ 1
        Adjective · neuter · singular · accusative · noDegree ▸ 1 (2Mac. 15,35)
ἐπιδημέω (ἐπί; δῆμος)   to visit ▸ 2
    ἐπιδημοῦντες ▸ 2
        Verb · present · active · participle · masculine · plural · nominative ▸ 2 (Acts 2,10; Acts 17,21)
ἐπιδιαιρέω (ἐπί; διά; αἱρέω)   to divide ▸ 1
    ἐπιδιεῖλεν ▸ 1
        Verb · third · singular · aorist · active · indicative ▸ 1 (Gen. 33,1)
ἐπιδιατάσσομαι (ἐπί; διά; τάσσω)   to add to ▸ 1
    ἐπιδιατάσσεται ▸ 1
        Verb · third · singular · present · middle · indicative ▸ 1 (Gal. 3,15)
ἐπιδίδωμι (ἐπί; δίδωμι)   to give ▸ 12 + 1 + 9 = 22
    ἐπεδίδου ▸ 1 + 1 = 2
        Verb · third · singular · imperfect · active · indicative ▸ 1 + 1 = 2 (1Sam. 14,13; Luke 24,30)
    ἐπεδόθη ▸ 1 + 1 = 2
        Verb · third · singular · aorist · passive · indicative ▸ 1 + 1 = 2 (Esth. 9,11; Luke 4,17)
    ἐπέδωκαν ▸ 1 + 2 = 3
        Verb · third · plural · aorist · active · indicative ▸ 1 + 2 = 3 (1Esdr. 9,41; Luke 24,42; Acts 15,30)
    ἐπέδωκεν ▸ 1 + 1 = 2
        Verb · third · singular · aorist · active · indicative ▸ 1 + 1 = 2 (2Mac. 11,15; Tob. 11,11)
    ἐπιδιδόντος ▸ 1
        Verb · present · active · participle · masculine · singular · genitive ▸ 1 (Sir. 39,1)
    ἐπιδιδούς ▸ 1

> **Verb** · present · active · participle · masculine · singular · nominative ▸ **1** (Gen. 49,21)

Ἐπίδοι ▸ **1**
> **Verb** · third · singular · aorist · active · optative ▸ **1** (Gen. 31,49)

ἐπιδόντες ▸ **1** + **1** = **2**
> **Verb** · aorist · active · participle · masculine · plural · nominative ▸ **1** + **1** = **2** (2Mac. 11,17; Acts 27,15)

Ἐπίδοτε ▸ **1**
> **Verb** · second · plural · aorist · active · imperative ▸ **1** (Amos 4,1)

ἐπιδῷς ▸ **1**
> **Verb** · second · singular · aorist · active · subjunctive ▸ **1** (Sir. 6,32)

ἐπιδώσει ▸ **2** + **4** = **6**
> **Verb** · third · singular · future · active · indicative ▸ **2** + **4** = **6** (Sir. 38,30; Sir. 39,5; Matt. 7,9; Matt. 7,10; Luke 11,11; Luke 11,12)

ἐπιδιορθόω (ἐπί; διά; ὀρθός) to set in order ▸ **1**
ἐπιδιορθώσῃ ▸ **1**
> **Verb** · second · singular · aorist · middle · subjunctive ▸ **1** (Titus 1,5)

ἐπιδιπλόω (ἐπί; δύο) to double ▸ **1**
ἐπιδιπλώσεις ▸ **1**
> **Verb** · second · singular · future · active · indicative ▸ **1** (Ex. 26,9)

ἐπιδιώκω (ἐπί; διώκω) to pursue ▸ **2**
ἐπιδιώξαντα ▸ **1**
> **Verb** · aorist · active · participle · masculine · singular · accusative ▸ **1** (3Mac. 2,7)

ἐπιδίωξον ▸ **1**
> **Verb** · second · singular · aorist · active · imperative ▸ **1** (Gen. 44,4)

ἐπίδοξος (ἐπί; δοκέω) glorious, illustrious ▸ **2**
ἐπίδοξος ▸ **2**
> **Adjective** · feminine · singular · nominative · noDegree ▸ **1** (Prov. 6,8b)
> **Adjective** · masculine · singular · nominative · noDegree ▸ **1** (Dan. 2,11)

ἐπιδόξως (ἐπί; δοκέω) glorious ▸ **1**
ἐπιδόξως ▸ **1**
> **Adverb** ▸ **1** (1Esdr. 9,45)

ἐπιδύω (ἐπί; δύω) to set, go down ▸ **3** + **1** = **4**
ἐπέδυ ▸ **1**
> **Verb** · third · singular · aorist · active · indicative ▸ **1** (Jer. 15,9)

ἐπιδυέτω ▸ **1**
> **Verb** · third · singular · present · active · imperative ▸ **1** (Eph. 4,26)

ἐπιδύνοντος ▸ **1**
> **Verb** · present · active · participle · masculine · singular · genitive ▸ **1** (Josh. 8,29)

ἐπιδύσεται ▸ **1**
> **Verb** · third · singular · future · middle · indicative ▸ **1** (Deut. 24,15)

ἐπιείκεια (ἐπί; εἰκών) kindness, forbearance ▸ **10** + **1** + **2** = **13**
ἐπιείκεια ▸ **1**
> **Noun** · feminine · singular · nominative · (common) ▸ **1** (Dan. 4,27)

ἐπιεικείᾳ ▸ **2** + **1** = **3**
> **Noun** · feminine · singular · dative · (common) ▸ **2** + **1** = **3** (3Mac. 3,15; Wis. 12,18; Acts 24,4)

Ἐπιείκειαν ▸ **2**
> **Noun** · feminine · singular · accusative · (common) ▸ **2** (3Mac. 7,6; Wis. 2,19)

ἐπιείκειάν ▸ **3** + **1** = **4**
> **Noun** · feminine · singular · accusative · (common) ▸ **3** + **1** = **4** (Ode. 7,42; Bar. 2,27; Dan. 3,42; Dan. 3,42)

ἐπιεικείας ▸ **2** + **1** = **3**
> **Noun** · feminine · singular · genitive · (common) ▸ **2** + **1** = **3** (2Mac. 2,22; 2Mac. 10,4; 2Cor. 10,1)

ἐπιεικεύομαι (ἐπί; εἰκών) to deal mercifully with ▸ **1**
ἐπιεικεύσατο ▸ **1**
> **Verb** · third · singular · aorist · middle · indicative ▸ **1** (Ezra 9,8)

ἐπιεικέως (ἐπί; εἰκών) kindly, mildly ▸ **2**
ἐπιεικέως ▸ **1**
> **Adverb** ▸ **1** (1Sam. 12,22)

Ἐπιεικέως ▸ **1**
> **Adverb** ▸ **1** (2Kings 6,3)

ἐπιεικής (ἐπί; εἰκών) gentle, forbearing ▸ **4** + **5** = **9**
ἐπιεικεῖς ▸ **1**
> **Adjective** · masculine · plural · accusative ▸ **1** (Titus 3,2)

ἐπιεικές ▸ **1**
> **Adjective** · neuter · singular · nominative ▸ **1** (Phil. 4,5)

ἐπιεικέσιν ▸ **1**
> **Adjective** · masculine · plural · dative ▸ **1** (1Pet. 2,18)

ἐπιεικεστέρας ▸ **1**
> **Adjective** · feminine · singular · genitive · comparative ▸ **1** (Esth. 16,9 # 8,12i)

ἐπιεικέστερον ▸ **1**
> **Adverb** ▸ **1** (Esth. 13,2 # 3,13b)

ἐπιεικῆ ▸ **1**
> **Adjective** · masculine · singular · accusative ▸ **1** (1Tim. 3,3)

ἐπιεικής ▸ **2**
> **Adjective** · masculine · singular · nominative · noDegree ▸ **2** (Psa. 85,5; Sol. 5,12)

ἐπιεικής ▸ **1**
> **Adjective** · feminine · singular · nominative ▸ **1** (James 3,17)

ἐπιεικῶς (ἐπί; εἰκών) kindly, mildly ▸ **1**
ἐπιεικῶς ▸ **1**
> **Adverb** ▸ **1** (2Mac. 9,27)

ἐπιζάω (ἐπί; ζάω) to survive ▸ **2**
ἐπέζησεν ▸ **1**
> **Verb** · third · singular · aorist · active · indicative ▸ **1** (Gen. 47,28)

ἐπιζήσας ▸ **1**
> **Verb** · aorist · active · participle · masculine · singular · nominative ▸ **1** (4Mac. 18,9)

ἐπιζεύγνυμι (ἐπί; ζυγός) to add to ▸ **1**
ἐπιζεύξαντες ▸ **1**
> **Verb** · aorist · active · participle · masculine · plural · nominative ▸ **1** (2Mac. 2,32)

ἐπιζήμιον (ἐπί; ζημία) punishment ▸ **1**
ἐπιζήμιον ▸ **1**
> **Noun** · neuter · singular · nominative · (common) ▸ **1** (Ex. 21,22)

ἐπιζητέω (ἐπί; ζητέω) to seek after ▸ **16** + **2** + **13** = **31**
ἐπεζητήθη ▸ **1**
> **Verb** · third · singular · aorist · passive · indicative ▸ **1** (Tob. 2,8)

ἐπεζήτησαν ▸ **1**
> **Verb** · third · plural · aorist · active · indicative ▸ **1** (Judg. 6,29)

ἐπεζήτησεν ▸ **1**
> **Verb** · third · singular · aorist · active · indicative ▸ **1** (Acts 13,7)

ἐπεζήτουν ▸ **1** + **1** = **2**
> **Verb** · third · plural · imperfect · active · indicative ▸ **1** + **1** = **2** (1Mac. 7,13; Luke 4,42)

ἐπιζητεῖ ‣ **1** + **3** = **4**
  Verb · third · singular · present · active · indicative ‣ **1** + **3** = **4** (1Sam. 20,1; Matt. 12,39; Matt. 16,4; Rom. 11,7)
ἐπιζητεῖς ‣ **2**
  Verb · second · singular · present · active · indicative ‣ **2** (2Sam. 3,8; Esth. 8,7)
ἐπιζητεῖτε ‣ **1**
  Verb · second · plural · present · active · indicative ‣ **1** (Acts 19,39)
ἐπιζητῆσαι ‣ **3**
  Verb · aorist · active · infinitive ‣ **3** (2Kings 1,3; 2Kings 22,18; Sir. 40,26)
ἐπιζητήσας ‣ **1**
  Verb · aorist · active · participle · masculine · singular · nominative ‣ **1** (Acts 12,19)
ἐπιζητήσατε ‣ **1**
  Verb · second · plural · aorist · active · imperative ‣ **1** (2Kings 1,2)
ἐπιζητήσομεν ‣ **1**
  Verb · first · plural · future · active · indicative ‣ **1** (2Chr. 18,6)
ἐπιζήτησον ‣ **1**
  Verb · second · singular · aorist · active · imperative ‣ **1** (2Kings 8,8)
ἐπιζητήσουσιν ‣ **2**
  Verb · third · plural · future · active · indicative ‣ **2** (Hos. 3,5; Hos. 5,15)
ἐπιζητήσωμεν ‣ **1**
  Verb · first · plural · aorist · active · subjunctive ‣ **1** (2Kings 3,11)
ἐπιζητήσωσιν ‣ **1**
  Verb · third · plural · aorist · active · subjunctive ‣ **1** (LetterJ 34)
ἐπιζητοῦμεν ‣ **1**
  Verb · first · plural · present · active · indicative ‣ **1** (Heb. 13,14)
ἐπιζητουμένη ‣ **1**
  Verb · present · passive · participle · feminine · singular · nominative ‣ **1** (Is. 62,12)
ἐπιζητοῦσιν ‣ **3**
  Verb · third · plural · present · active · indicative ‣ **3** (Matt. 6,32; Luke 12,30; Heb. 11,14)
ἐπιζητούντων ‣ **1**
  Verb · present · active · participle · masculine · plural · genitive ‣ **1** (1Esdr. 8,52)
ἐπιζητῶ ‣ **2**
  Verb · first · singular · present · active · indicative ‣ **2** (Phil. 4,17; Phil. 4,17)
ἐπιθανάτιος (ἐπί; θνήσκω) sentenced to death ‣ **1** + **1** = **2**
  ἐπιθανατίους ‣ **1**
    Adjective · masculine · plural · accusative ‣ **1** (1Cor. 4,9)
  ἐπιθανατίων ‣ **1**
    Adjective · masculine · plural · genitive · noDegree ‣ **1** (Bel 31-32)
ἐπίθεμα (ἐπί; τίθημι) cover, capital ‣ **19**
  ἐπίθεμα ‣ **8**
    Noun · neuter · singular · accusative · (common) ‣ **7** (Ex. 25,17; Lev. 8,29; Lev. 14,24; Lev. 23,17; Lev. 23,20; Num. 6,20; 1Kings 7,5)
    Noun · neuter · singular · nominative · (common) ‣ **1** (1Kings 7,9)
  ἐπιθέματα ‣ **1**
    Noun · neuter · plural · accusative · (common) ‣ **1** (1Kings 7,4)
  ἐπιθέματι ‣ **3**
    Noun · neuter · singular · dative · (common) ‣ **3** (1Kings 7,5; 1Kings 7,5; 1Kings 7,6)
  ἐπιθέματος ‣ **6**
    Noun · neuter · singular · genitive · (common) ‣ **6** (Lev. 7,34; Lev. 23,15; Num. 6,20; Num. 18,18; 1Kings 7,4; 1Kings 7,4)
  ἐπιθεμάτων ‣ **1**
    Noun · neuter · plural · genitive · (common) ‣ **1** (Num. 18,11)
ἐπίθεσις (ἐπί; τίθημι) laying on ‣ **5** + **4** = **9**
  ἐπιθέσεως ‣ **3**
    Noun · feminine · singular · genitive ‣ **3** (Acts 8,18; 1Tim. 4,14; 2Tim. 1,6)
  ἐπιθέσεώς ‣ **1**
    Noun · feminine · singular · genitive ‣ **1** (Heb. 6,2)
  ἐπίθεσιν ‣ **5**
    Noun · feminine · singular · accusative · (common) ‣ **4** (2Mac. 4,41; 2Mac. 5,5; 2Mac. 14,15; Ezek. 23,11)
    Noun · masculine · singular · dative · (common) ‣ **1** (2Chr. 25,27)
ἐπιθεωρέω (ἐπί; θεάομαι) to consider ‣ **1**
  Ἐπιθεωρεῖτε ‣ **1**
    Verb · second · plural · present · active · imperative ‣ **1** (4Mac. 1,30)
ἐπιθυμέω (ἐπί; θυμός) to desire ‣ **55** + **1** + **16** = **72**
  ἐπεθύμει ‣ **1**
    Verb · third · singular · imperfect · active · indicative ‣ **1** (Luke 15,16)
  ἐπεθύμησα ‣ **4** + **2** = **6**
    Verb · first · singular · aorist · active · indicative ‣ **4** + **2** = **6** (Psa. 118,40; Song 2,3; Is. 43,24; Jer. 17,16; Luke 22,15; Acts 20,33)
  ἐπεθύμησαν ‣ **5** + **2** = **7**
    Verb · third · plural · aorist · active · indicative ‣ **5** + **2** = **7** (Num. 11,4; Esth. 13,15 # 4,17f; Judith 16,22; Psa. 105,14; Is. 1,29; Matt. 13,17; 1Cor. 10,6)
  ἐπεθύμησας ‣ **1**
    Verb · second · singular · aorist · active · indicative ‣ **1** (Gen. 31,30)
  ἐπεθύμησε ‣ **1**
    Verb · third · singular · aorist · active · indicative ‣ **1** (Sus. 15)
  ἐπεθύμησεν ‣ **5**
    Verb · third · singular · aorist · active · indicative ‣ **5** (Gen. 49,14; 2Sam. 23,15; 1Chr. 11,17; 2Chr. 8,6; Psa. 44,12)
  ἐπεθύμουν ‣ **1**
    Verb · third · plural · imperfect · active · indicative ‣ **1** (Mic. 2,2)
  ἐπιθύμει ‣ **3**
    Verb · second · singular · present · active · imperative ‣ **3** (Prov. 23,3; Prov. 23,6; Sir. 16,1)
  ἐπιθυμεῖ ‣ **8** + **2** = **10**
    Verb · third · singular · present · active · indicative ‣ **8** + **2** = **10** (Deut. 18,6; 1Sam. 2,16; 1Sam. 20,4; 2Sam. 3,21; 1Kings 11,37; Prov. 21,26; Is. 26,9; Is. 58,11; Gal. 5,17; 1Tim. 3,1)
  ἐπιθυμεῖν ‣ **1**
    Verb · present · active · infinitive ‣ **1** (4Mac. 2,6)
  ἐπιθυμεῖτε ‣ **1**
    Verb · second · plural · present · active · indicative ‣ **1** (James 4,2)
  ἐπιθυμῇ ‣ **2**
    Verb · third · singular · present · active · subjunctive ‣ **2** (Deut. 14,26; Deut. 14,26)
  ἐπιθυμῆσαι ‣ **2** + **1** = **3**
    Verb · aorist · active · infinitive ‣ **2** + **1** = **3** (1Mac. 11,11; Psa. 118,20; Matt. 5,28)
  ἐπιθυμήσαντες ‣ **1**
    Verb · aorist · active · participle · masculine · plural · nominative

ἐπιθυμέω–ἐπιθυμία

▸ **1** (Sus. 7-8)
ἐπιθυμήσας ▸ 1
  Verb ▪ aorist ▪ active ▪ participle ▪ masculine ▪ singular ▪ nominative ▸ **1** (Sir. 1,26)
ἐπιθυμήσατε ▸ 1
  Verb ▪ second ▪ plural ▪ aorist ▪ active ▪ imperative ▸ **1** (Wis. 6,11)
ἐπιθυμήσει ▸ 4
  Verb ▪ third ▪ singular ▪ aorist ▪ active ▪ optative ▸ **1** (Job 33,20)
  Verb ▪ third ▪ singular ▪ future ▪ active ▪ indicative ▸ **3** (Ex. 34,24; Eccl. 6,2; Sir. 40,22)
ἐπιθυμήσεις ▸ 6 + 2 = 8
  Verb ▪ second ▪ singular ▪ future ▪ active ▪ indicative ▸ 6 + 2 = **8** (Ex. 20,17; Ex. 20,17; Deut. 5,21; Deut. 5,21; Deut. 7,25; 4Mac. 2,5; Rom. 7,7; Rom. 13,9)
ἐπιθυμήσετε ▸ 1
  Verb ▪ second ▪ plural ▪ future ▪ active ▪ indicative ▸ **1** (Luke 17,22)
ἐπιθυμήσῃ ▸ 1
  Verb ▪ third ▪ singular ▪ aorist ▪ active ▪ subjunctive ▸ **1** (Deut. 12,20)
ἐπιθυμήσῃς ▸ 1
  Verb ▪ second ▪ singular ▪ aorist ▪ active ▪ subjunctive ▸ **1** (Prov. 24,1)
ἐπιθυμήσητε ▸ 1
  Verb ▪ second ▪ plural ▪ aorist ▪ active ▪ subjunctive ▸ **1** (1Mac. 4,17)
ἐπιθυμήσουσιν ▸ 1
  Verb ▪ third ▪ plural ▪ future ▪ active ▪ indicative ▸ **1** (Rev. 9,6)
ἐπιθυμοῦμεν ▸ 1
  Verb ▪ first ▪ plural ▪ present ▪ active ▪ indicative ▸ **1** (Heb. 6,11)
ἐπιθυμοῦντας ▸ 1
  Verb ▪ present ▪ active ▪ participle ▪ masculine ▪ plural ▪ accusative ▸ **1** (Wis. 6,13)
ἐπιθυμοῦντες ▸ 3
  Verb ▪ present ▪ active ▪ participle ▪ masculine ▪ plural ▪ nominative ▸ **3** (4Mac. 1,34; Wis. 16,3; Amos 5,18)
ἐπιθυμοῦντές ▸ 1
  Verb ▪ present ▪ active ▪ participle ▪ masculine ▪ plural ▪ nominative ▸ **1** (Sir. 24,19)
ἐπιθυμοῦσιν ▸ 2 + 1 = 3
  Verb ▪ third ▪ plural ▪ present ▪ active ▪ indicative ▸ 2 + 1 = **3** (Is. 58,2; Is. 58,2; 1Pet. 1,12)
ἐπιθυμῶν ▸ 1
  Verb ▪ present ▪ active ▪ participle ▪ masculine ▪ singular ▪ nominative ▸ **1** (Luke 16,21)

ἐπιθύμημα (ἐπί; θυμός) desire, object of desire ▸ 16 + 1 = 17
ἐπιθύμημα ▸ 2
  Noun ▪ neuter ▪ singular ▪ accusative ▪ (common) ▸ **1** (Num. 16,15)
  Noun ▪ neuter ▪ singular ▪ nominative ▪ (common) ▸ **1** (Is. 27,2)
ἐπιθυμήμασι ▸ 1
  Noun ▪ neuter ▪ plural ▪ dative ▪ (common) ▸ **1** (Dan. 11,38)
ἐπιθυμήμασιν ▸ 1
  Noun ▪ neuter ▪ plural ▪ dative ▪ (common) ▸ **1** (Dan. 11,38)
ἐπιθυμήματα ▸ 10
  Noun ▪ neuter ▪ plural ▪ accusative ▪ (common) ▸ **9** (Sir. 45,12; Hos. 9,16; Lam. 1,7; Lam. 1,10; Lam. 1,11; Lam. 2,4; Ezek. 24,16; Ezek. 24,21; Ezek. 24,25)
  Noun ▪ neuter ▪ plural ▪ nominative ▪ (common) ▸ **1** (1Kings 21,6)
ἐπιθυμήματος ▸ 1
  Noun ▪ neuter ▪ singular ▪ genitive ▪ (common) ▸ **1** (Is. 32,12)

ἐπιθυμημάτων ▸ 2
  Noun ▪ neuter ▪ plural ▪ genitive ▪ (common) ▸ **2** (Sir. 1,17; Dan. 11,8)

ἐπιθυμητής (ἐπί; θυμός) one who desires ▸ 3 + 1 = 4
ἐπιθυμηταί ▸ 1
  Noun ▪ masculine ▪ plural ▪ nominative ▪ (common) ▸ **1** (Prov. 1,22)
ἐπιθυμητάς ▸ 1
  Noun ▪ masculine ▪ plural ▪ accusative ▸ **1** (1Cor. 10,6)
ἐπιθυμητήν ▸ 1
  Noun ▪ masculine ▪ singular ▪ accusative ▪ (common) ▸ **1** (Num. 11,34)
ἐπιθυμητούς ▸ 1
  Noun ▪ masculine ▪ plural ▪ accusative ▪ (common) ▸ **1** (Ezek. 26,12)

ἐπιθυμητός desired, desirable ▸ 15 + 2 = 17
ἐπιθυμητά ▸ 8
  Adjective ▪ neuter ▪ plural ▪ accusative ▪ noDegree ▸ **5** (2Chr. 20,25; 2Chr. 32,27; 1Mac. 1,23; Hos. 13,15; Nah. 2,10)
  Adjective ▪ neuter ▪ plural ▪ nominative ▪ noDegree ▸ **3** (Ezra 8,27; Psa. 18,11; Sir. 42,22)
ἐπιθυμητήν ▸ 2
  Adjective ▪ feminine ▪ singular ▪ accusative ▪ noDegree ▸ **2** (Psa. 105,24; Jer. 12,10)
ἐπιθυμητοῖς ▸ 1
  Adjective ▪ neuter ▪ plural ▪ dative ▪ noDegree ▸ **1** (Dan. 11,43)
ἐπιθυμητόν ▸ 1 + 1 = 2
  Adjective ▪ neuter ▪ singular ▪ nominative ▪ noDegree ▸ 1 + 1 = **2** (Wis. 8,5; Dan. 11,8)
ἐπιθυμητός ▸ 1
  Adjective ▪ masculine ▪ singular ▪ nominative ▪ noDegree ▸ **1** (Prov. 21,20)
ἐπιθυμητούς ▸ 2
  Adjective ▪ masculine ▪ plural ▪ accusative ▪ noDegree ▸ **2** (Amos 5,11; Is. 32,14)
ἐπιθυμητῶν ▸ 1
  Adjective ▪ neuter ▪ plural ▪ genitive ▪ noDegree ▸ **1** (2Chr. 36,10)

ἐπιθυμία (ἐπί; θυμός) desire, lust ▸ 74 + 10 + 38 = 122
ἐπιθυμία ▸ 16 + 1 + 4 = 21
  Noun ▪ feminine ▪ singular ▪ nominative ▪ (common) ▸ 16 + 1 + 4 = **21** (4Mac. 1,22; 4Mac. 3,11; Psa. 37,10; Psa. 111,10; Prov. 6,25; Prov. 10,24; Prov. 11,23; Prov. 13,12; Song 5,16; Wis. 6,17; Wis. 6,20; Sir. 3,29; Sir. 6,37; Sir. 20,4; Sol. 14,7; Sus. 56; Sus. 56; James 1,15; 1John 2,16; 1John 2,16; 1John 2,17)
ἐπιθυμίᾳ ▸ 13 + 2 + 4 = 19
  Noun ▪ feminine ▪ singular ▪ dative ▪ (common) ▸ 13 + 2 + 4 = **19** (Gen. 31,30; Gen. 49,6; Deut. 12,15; Deut. 12,20; 4Mac. 3,2; 4Mac. 3,12; 4Mac. 3,16; Job 20,20; Wis. 16,21; Wis. 19,11; Sol. 2,24; Sol. 4,20; Dan. 11,37; Sus. 8; Sus. 20; Luke 22,15; 1Th. 2,17; 2Pet. 1,4; 2Pet. 2,10)
ἐπιθυμίαι ▸ 4 + 1 = 5
  Noun ▪ feminine ▪ plural ▪ nominative ▪ (common) ▸ 4 + 1 = **5** (4Mac. 2,1; Prov. 12,12; Prov. 13,19; Prov. 21,25; Mark 4,19)
ἐπιθυμίαις ▸ 4 + 10 = 14
  Noun ▪ feminine ▪ plural ▪ dative ▪ (common) ▸ 4 + 10 = **14** (Psa. 9,24; Prov. 13,4; Sir. 5,2; Jer. 2,24; Rom. 1,24; Rom. 6,12; Gal. 5,24; Eph. 2,3; 2Tim. 3,6; Titus 3,3; 1Pet. 1,14; 1Pet. 4,2; 1Pet. 4,3; 2Pet. 2,18)
ἐπιθυμίαν ▸ 14 + 3 + 5 = 22
  Noun ▪ feminine ▪ singular ▪ accusative ▪ (common) ▸ 14 + 3 + 5 = **22** (Num. 11,4; Deut. 12,21; 2Chr. 8,6; 4Mac. 3,2; 4Mac. 3,12; Psa. 9,38; Psa. 20,3; Psa. 77,29; Psa. 102,5; Psa. 105,14; Psa.

126,5; Wis. 16,2; Sir. 23,5; Sir. 36,22; Dan. 11,37; Sus. 11; Sus. 14; Rom. 7,7; Rom. 7,8; Gal. 5,16; Phil. 1,23; Col. 3,5)

   ἐπιθυμίας ▸ 17 + 13 = 30
      Noun · feminine · plural · accusative · (common) ▸ 1 + 10 = **11** (Prov. 21,26; John 8,44; Rom. 13,14; Eph. 4,22; 1Tim. 6,9; 2Tim. 2,22; 2Tim. 4,3; Titus 2,12; 2Pet. 3,3; Jude 16; Jude 18)
      Noun · feminine · singular · genitive · (common) ▸ 16 + 3 = **19** (Num. 11,34; Num. 11,35; Num. 33,16; Num. 33,17; Deut. 9,22; 4Mac. 1,3; 4Mac. 2,4; Psa. 77,30; Psa. 139,9; Wis. 4,12; Sir. 14,14; Sir. 18,31; Sol. 4,10; Sol. 4,11; Dan. 11,43; Sus. 32; 1Th. 4,5; James 1,14; Rev. 18,14)

   ἐπιθυμιῶν ▸ 6 + 4 + 1 = 11
      Noun · feminine · plural · genitive · (common) ▸ 6 + 4 + 1 = **11** (4Mac. 1,31; 4Mac. 1,32; 4Mac. 2,6; 4Mac. 5,23; Sir. 18,30; Dan. 10,3; Dan. 9,23; Dan. 10,3; Dan. 10,11; Dan. 10,19; 1Pet. 2,11)

ἐπιθύω (ἐπί; θύω) to offer a sacrifice ▸ 6
   ἐπέθυεν ▸ 1
      Verb · third · singular · imperfect · active · indicative ▸ **1** (Hos. 2,15)
   ἐπιθύομεν ▸ 1
      Verb · first · plural · present · active · indicative ▸ **1** (1Esdr. 5,66)
   ἐπιθύοντας ▸ 1
      Verb · present · active · participle · masculine · plural · accusative ▸ **1** (1Kings 13,2)
   ἐπιθύουσιν ▸ 1
      Verb · third · plural · present · active · indicative ▸ **1** (1Esdr. 6,23)
   ἐπιθῦσαι ▸ 2
      Verb · aorist · active · infinitive ▸ **2** (1Kings 12,33; 1Kings 13,1)

ἐπικάθημαι (ἐπί; κατά; ἧμαι) to sit upon ▸ 4
   ἐπικαθήμενος ▸ 1
      Verb · present · middle · participle · masculine · singular · nominative ▸ **1** (2Mac. 3,25)
   ἐπικαθημένου ▸ 1
      Verb · present · middle · participle · masculine · singular · genitive ▸ **1** (Sir. 33,6)
   ἐπικαθῆσθαι ▸ 1
      Verb · present · passive · infinitive ▸ **1** (2Sam. 16,2)
   ἐπικάθηται ▸ 1
      Verb · third · singular · present · middle · indicative ▸ **1** (LetterJ 70)

ἐπικαθίζω (ἐπί; κατά; ἵζω) to set upon, to sit upon ▸ 8 + 1 = 9
   ἐπεκάθισαν ▸ 3
      Verb · third · plural · aorist · active · indicative ▸ **3** (2Sam. 13,29; 1Kings 1,38; 1Kings 1,44)
   ἐπεκάθισεν ▸ 3 + 1 = 4
      Verb · third · singular · aorist · active · indicative ▸ 3 + 1 = **4** (Gen. 31,34; 2Sam. 22,11; 2Kings 10,16; Matt. 21,7)
   ἐπικαθίσῃ ▸ 1
      Verb · third · singular · aorist · active · subjunctive ▸ **1** (Lev. 15,20)
   ἐπικαθιῶ ▸ 1
      Verb · first · singular · future · active · indicative ▸ **1** (Ezek. 32,4)

ἐπικαινίζω (ἐπί; καινός) to renew ▸ 1
   ἐπικαινισθῆναι ▸ 1
      Verb · aorist · passive · infinitive ▸ **1** (1Mac. 10,44)

ἐπίκαιρος (ἐπί; καιρός) opportune, convenient ▸ 4
   ἐπικαίροις ▸ 1
      Adjective · masculine · plural · dative · noDegree ▸ **1** (2Mac. 14,22)
   ἐπικαίρους ▸ 2
      Adjective · masculine · plural · accusative · noDegree ▸ **2** (2Mac. 8,6; 2Mac. 8,31)
   ἐπικαίρων ▸ 1
      Adjective · neuter · plural · genitive · noDegree ▸ **1** (2Mac. 10,15)

ἐπικαλέω (ἐπί; καλέω) to call on ▸ 184 + 5 + 30 = 219
   ἐπεκαλεῖτο ▸ 1
      Verb · third · singular · imperfect · middle · indicative ▸ **1** (Hos. 7,11)
   ἐπεκαλεσάμην ▸ 10
      Verb · first · singular · aorist · middle · indicative ▸ **10** (Psa. 17,7; Psa. 30,18; Psa. 114,4; Psa. 117,5; Prov. 8,12; Job 17,14; Wis. 7,7; Sir. 51,10; Sol. 15,1; Lam. 3,57)
   Ἐπεκαλεσάμην ▸ 1
      Verb · first · singular · aorist · middle · indicative ▸ **1** (Lam. 3,55)
   ἐπεκάλεσαν ▸ 2 + 1 = 3
      Verb · third · plural · aorist · active · indicative ▸ 2 + 1 = **3** (Num. 21,3; Ezek. 20,29; Matt. 10,25)
   ἐπεκαλέσαντο ▸ 9
      Verb · third · plural · aorist · middle · indicative ▸ **9** (Judith 6,21; 3Mac. 5,7; Psa. 13,4; Psa. 48,12; Psa. 52,5; Psa. 78,6; Sir. 48,20; Amos 4,5; Jer. 10,25)
   ἐπεκαλέσαντό ▸ 2
      Verb · third · plural · aorist · middle · indicative ▸ **2** (Judith 9,4; Wis. 11,4)
   ἐπεκαλέσατο ▸ 14
      Verb · third · singular · aorist · middle · indicative ▸ **14** (Gen. 12,8; Gen. 13,4; Gen. 21,33; Gen. 26,25; Gen. 33,20; 1Sam. 12,18; 1Kings 17,21; 2Kings 23,17; 1Chr. 4,10; 2Mac. 15,21; Sir. 2,10; Sir. 46,5; Sir. 46,16; Sir. 47,5)
   ἐπεκάλεσεν ▸ 4 + 1 = 5
      Verb · third · singular · aorist · active · indicative ▸ 4 + 1 = **5** (1Kings 7,7; 1Kings 7,7; 1Kings 13,2; 1Kings 16,24; Judg. 6,24)
   ἐπεκαλέσω ▸ 1
      Verb · second · singular · aorist · middle · indicative ▸ **1** (Psa. 80,8)
   ἐπεκαλοῦντο ▸ 7
      Verb · third · plural · imperfect · middle · indicative ▸ **7** (1Kings 18,26; 1Kings 18,28; 2Mac. 3,15; 2Mac. 3,22; 2Mac. 8,2; 2Mac. 14,34; Psa. 98,6)
   ἐπεκέκλητο ▸ 1
      Verb · third · singular · pluperfect · middle · indicative ▸ **1** (Acts 26,32)
   ἐπεκλήθη ▸ 13 + 1 + 1 = 15
      Verb · third · singular · aorist · passive · indicative ▸ 13 + 1 + 1 = **15** (1Sam. 23,28; 2Sam. 6,2; 1Chr. 13,6; Is. 18,7; Is. 63,19; Jer. 39,34; Jer. 41,15; Bar. 2,15; Bar. 2,26; Ezek. 10,13; Dan. 9,18; Dan. 9,19; Dan. 10,1; Dan. 10,1; Acts 1,23)
   ἐπεκλήθησαν ▸ 3
      Verb · third · plural · aorist · passive · indicative ▸ **3** (Josh. 21,9; 2Chr. 28,15; Esth. 9,26)
   ἐπικαλεῖσθαι ▸ 7 + 1 = 8
      Verb · present · middle · infinitive ▸ **7** (Gen. 4,26; 2Mac. 13,10; 3Mac. 1,27; 3Mac. 6,1; Amos 4,12; Zeph. 3,9; Bar. 3,7)
      Verb · present · passive · infinitive ▸ **1** (Heb. 11,16)
   ἐπικαλεῖσθαί ▸ 1
      Verb · present · middle · infinitive ▸ **1** (Psa. 4,2)
   ἐπικαλεῖσθε ▸ 3 + 1 = 4
      Verb · second · plural · present · middle · imperative ▸ 3 + 1 = **4** (1Chr. 16,8; Judith 16,1; Psa. 104,1; 1Pet. 1,17)
   Ἐπικαλεῖσθε ▸ 1
      Verb · second · plural · present · middle · imperative ▸ **1** (1Kings

ἐπικαλέω

18,27)
ἐπικαλεῖται ▸ 4 + 2 = 6
    Verb · third · singular · present · middle · indicative ▸ 4 (Psa. 41,8; Prov. 18,6; Wis. 13,17; Jer. 4,20)
    Verb · third · singular · present · passive · indicative ▸ 2 (Acts 10,5; Acts 10,32)
ἐπικάλεσαι ▸ 2
    Verb · second · singular · aorist · middle · imperative ▸ 2 (Esth. 4,8; Job 5,1)
ἐπικάλεσαί ▸ 1
    Verb · second · singular · aorist · middle · imperative ▸ 1 (Psa. 49,15)
ἐπικαλεσαμένη ▸ 1
    Verb · aorist · middle · participle · feminine · singular · nominative ▸ 1 (Esth. 15,2 # 5,1a)
ἐπικαλεσάμενοι ▸ 2
    Verb · aorist · middle · participle · masculine · plural · nominative ▸ 2 (2Mac. 12,15; 2Mac. 12,28)
ἐπικαλεσάμενος ▸ 4 + 1 = 5
    Verb · aorist · middle · participle · masculine · singular · nominative ▸ 4 + 1 = 5 (2Kings 23,17; 2Mac. 12,6; 2Mac. 12,36; 2Mac. 14,46; Acts 22,16)
ἐπικαλεσαμένου ▸ 2 + 2 = 4
    Verb · aorist · middle · participle · masculine · singular · genitive ▸ 2 + 2 = 4 (1Kings 13,4; Job 27,10; Acts 25,21; Acts 25,25)
ἐπικαλέσασθαι ▸ 2 + 1 = 3
    Verb · aorist · middle · infinitive ▸ 2 + 1 = 3 (2Mac. 3,31; Sol. 6,1; Acts 28,19)
ἐπικαλέσασθε ▸ 3
    Verb · second · plural · aorist · middle · imperative ▸ 3 (1Kings 18,25; Judith 7,26; Is. 55,6)
ἐπικαλέσεσθε ▸ 1
    Verb · second · plural · future · middle · indicative ▸ 1 (Deut. 33,19)
ἐπικαλέσεται ▸ 3
    Verb · third · singular · future · middle · indicative ▸ 3 (2Kings 5,11; Prov. 21,13; Zech. 13,9)
ἐπικαλέσεταί ▸ 2
    Verb · third · singular · future · middle · indicative ▸ 2 (Psa. 88,27; Psa. 90,15)
ἐπικαλέσῃ ▸ 1
    Verb · third · singular · aorist · active · subjunctive ▸ 1 (Prov. 2,3)
ἐπικαλέσησθέ ▸ 1
    Verb · second · plural · aorist · middle · subjunctive ▸ 1 (Prov. 1,28)
ἐπικαλέσηται ▸ 1 + 2 = 3
    Verb · third · singular · aorist · middle · subjunctive ▸ 1 + 2 = 3 (Joel 3,5; Acts 2,21; Rom. 10,13)
ἐπικαλέσηταί ▸ 2
    Verb · third · singular · aorist · middle · subjunctive ▸ 2 (1Kings 8,43; 2Chr. 6,33)
ἐπικαλέσομαι ▸ 9
    Verb · first · singular · future · middle · indicative ▸ 9 (1Sam. 12,17; 2Sam. 22,4; 2Sam. 22,7; 1Kings 18,24; Psa. 17,4; Psa. 114,2; Psa. 115,4; Job 5,8; Jer. 20,8)
ἐπικαλεσόμεθα ▸ 2
    Verb · first · plural · future · middle · indicative ▸ 2 (Psa. 74,2; Psa. 79,19)
ἐπικαλεσόμεθά ▸ 2
    Verb · first · plural · future · middle · indicative ▸ 2 (Sol. 5,5; Sol. 7,7)
ἐπικαλέσονται ▸ 1
    Verb · third · plural · future · middle · indicative ▸ 1 (Is. 55,5)
ἐπικαλέσωμαί ▸ 3
    Verb · first · singular · aorist · middle · subjunctive ▸ 3 (Psa. 55,10; Psa. 101,3; Psa. 137,3)
ἐπικαλεσώμεθα ▸ 2
    Verb · first · plural · aorist · middle · subjunctive ▸ 2 (Deut. 4,7; Judith 8,17)
ἐπικαλεσώμεθά ▸ 1
    Verb · first · plural · aorist · middle · subjunctive ▸ 1 (Psa. 19,10)
ἐπικαλέσωνται ▸ 1 + 1 = 2
    Verb · third · plural · aorist · middle · subjunctive ▸ 1 + 1 = 2 (Judith 3,8; Rom. 10,14)
ἐπικαλέσωνταί ▸ 1
    Verb · third · plural · aorist · middle · subjunctive ▸ 1 (1Kings 8,52)
ἐπικαλοῦ ▸ 1
    Verb · second · singular · present · middle · imperative ▸ 1 (Jonah 1,6)
ἐπικαλοῦμαι ▸ 1 + 2 = 3
    Verb · first · singular · present · middle · indicative ▸ 1 + 2 = 3 (4Mac. 12,17; Acts 25,11; 2Cor. 1,23)
ἐπικαλουμένοις ▸ 7 + 1 = 8
    Verb · present · middle · participle · masculine · plural · dative ▸ 7 + 1 = 8 (Psa. 85,5; Psa. 98,6; Psa. 144,18; Psa. 144,18; Psa. 146,9; Sol. 2,36; Sol. 9,6; 1Cor. 1,2)
ἐπικαλούμενον ▸ 2
    Verb · present · middle · participle · masculine · singular · accusative ▸ 1 (Acts 7,59)
    Verb · present · passive · participle · masculine · singular · accusative ▸ 1 (Acts 11,13)
ἐπικαλούμενος ▸ 6 + 1 = 7
    Verb · present · middle · participle · masculine · singular · nominative ▸ 4 (2Mac. 7,37; 2Mac. 15,22; Hos. 7,7; Is. 64,6)
    Verb · present · passive · participle · masculine · singular · nominative ▸ 2 + 1 = 3 (2Sam. 20,1; 1Mac. 2,2; Acts 10,18)
ἐπικαλουμένου ▸ 1 + 1 = 2
    Verb · present · middle · participle · masculine · singular · genitive ▸ 1 (Judg. 15,19)
    Verb · present · passive · participle · masculine · singular · genitive ▸ 1 (Acts 12,12)
ἐπικαλουμένους ▸ 3
    Verb · present · middle · participle · masculine · plural · accusative ▸ 3 (Acts 9,14; Acts 9,21; Rom. 10,12)
ἐπικαλουμένῳ ▸ 1
    Verb · present · passive · participle · masculine · singular · dative ▸ 1 (Dan. 2,26)
ἐπικαλουμένων ▸ 1
    Verb · present · middle · participle · masculine · plural · genitive ▸ 1 (2Tim. 2,22)
ἐπικαλοῦνταί ▸ 1
    Verb · third · plural · present · middle · indicative ▸ 1 (Jer. 11,14)
ἐπικεκλημένου ▸ 1
    Verb · perfect · passive · participle · masculine · singular · genitive ▸ 1 (Sir. 47,18)
ἐπικέκληνται ▸ 1
    Verb · third · plural · perfect · passive · indicative ▸ 1 (Is. 43,7)
ἐπικέκλησαι ▸ 1
    Verb · second · singular · perfect · middle · indicative ▸ 1 (Acts 25,12)

ἐπικέκληται ▸ 12 + 2 + 1 = 15
    Verb · third · singular · perfect · passive · indicative ▸ 12 + 2 + 1 = 15 (Deut. 15,2; 1Kings 8,43; 2Chr. 6,33; 2Chr. 7,14; 1Esdr. 6,32; Amos 9,12; Jer. 7,10; Jer. 7,11; Jer. 7,14; Jer. 7,30; Jer. 14,9; Jer. 15,16; Dan. 9,18; Dan. 9,19; Acts 15,17)

ἐπικέκληταί ▸ 1
    Verb · third · singular · perfect · passive · indicative ▸ 1 (Deut. 28,10)

ἐπικληθεὶς ▸ 1
    Verb · aorist · passive · participle · masculine · singular · nominative ▸ 1 (Acts 4,36)

ἐπικληθὲν ▸ 1
    Verb · aorist · passive · participle · neuter · singular · accusative ▸ 1 (James 2,7)

ἐπικληθέντα ▸ 1
    Verb · aorist · passive · participle · masculine · singular · accusative ▸ 1 (Acts 12,25)

ἐπικληθῆναι ▸ 15
    Verb · aorist · passive · infinitive ▸ 15 (Ex. 29,46; Deut. 12,5; Deut. 12,11; Deut. 12,21; Deut. 12,26; Deut. 14,23; Deut. 14,24; Deut. 16,2; Deut. 16,6; Deut. 16,11; Deut. 17,8; Deut. 17,10; Deut. 26,2; 2Chr. 6,20; 1Mac. 7,37)

ἐπικληθήσεται ▸ 3
    Verb · third · singular · future · passive · indicative ▸ 3 (Gen. 48,16; Mic. 6,9; Mal. 1,4)

ἐπικληθήσομαι ▸ 1
    Verb · first · singular · future · passive · indicative ▸ 1 (Ex. 29,45)

ἐπικάλυμμα (ἐπί; καλύπτω) covering, pretext ▸ 4 + 1 = 5
    ἐπικάλυμμα ▸ 1 + 1 = 2
        Noun · neuter · singular · accusative · (common) ▸ 1 (2Sam. 17,19)
        Noun · neuter · singular · nominative ▸ 1 (1Pet. 2,16)
    ἐπικαλύμματα ▸ 2
        Noun · neuter · plural · accusative · (common) ▸ 2 (Ex. 26,14; Ex. 39,20)
    ἐπικαλύμματος ▸ 1
        Noun · neuter · singular · genitive · (common) ▸ 1 (Job 19,29)

ἐπικαλύπτω (ἐπί; καλύπτω) to cover ▸ 19 + 1 = 20
    ἐπεκάλυπτον ▸ 1
        Verb · third · plural · imperfect · active · indicative ▸ 1 (Ezek. 1,11)
    ἐπεκαλύφθησαν ▸ 2 + 1 = 3
        Verb · third · plural · aorist · passive · indicative ▸ 2 + 1 = 3 (Gen. 8,2; Psa. 31,1; Rom. 4,7)
    ἐπεκάλυψαν ▸ 1
        Verb · third · plural · aorist · active · indicative ▸ 1 (Jer. 14,4)
    ἐπεκάλυψεν ▸ 8
        Verb · third · singular · aorist · active · indicative ▸ 8 (Gen. 7,19; Gen. 7,20; 2Sam. 15,30; 1Kings 19,13; Psa. 43,20; Sir. 39,22; Sir. 47,15; Jer. 3,25)
    ἐπικαλύπτουσαι ▸ 1
        Verb · present · active · participle · feminine · plural · nominative ▸ 1 (Ezek. 1,23)
    ἐπικαλύπτων ▸ 1
        Verb · present · active · participle · masculine · singular · nominative ▸ 1 (Prov. 28,13)
    ἐπικαλυψάτω ▸ 1
        Verb · third · singular · aorist · active · imperative ▸ 1 (Ex. 14,26)
    ἐπικαλύψῃς ▸ 1
        Verb · second · singular · aorist · active · subjunctive ▸ 1 (Job 16,18)
    ἐπικαλύψουσιν ▸ 2
        Verb · third · plural · future · active · indicative ▸ 2 (Num. 4,11; Num. 4,13)
    ἐπικεκαλυμμένος ▸ 1
        Verb · perfect · passive · participle · masculine · singular · nominative ▸ 1 (2Sam. 15,30)

ἐπικαρπολογέομαι (ἐπί; καρπός; λέγω) to glean ▸ 1
    ἐπικαρπολογούμενος ▸ 1
        Verb · present · middle · participle · masculine · singular · nominative ▸ 1 (4Mac. 2,9)

ἐπικαταλαμβάνω (ἐπί; κατά; λαμβάνω) to overtake ▸ 1
    ἐπικαταλήμψεταί ▸ 1
        Verb · third · singular · future · middle · indicative ▸ 1 (Num. 11,23)

ἐπικαταράομαι (ἐπί; κατά; ἀρά) to curse ▸ 11
    ἐπικατάρασαί ▸ 2
        Verb · second · singular · aorist · middle · imperative ▸ 2 (Num. 22,17; Num. 23,7)
    ἐπικαταράσομαι ▸ 1
        Verb · first · singular · future · middle · indicative ▸ 1 (Mal. 2,2)
    ἐπικαταρώμενον ▸ 3
        Verb · present · middle · participle · neuter · singular · nominative ▸ 3 (Num. 5,22; Num. 5,24; Num. 5,27)
    ἐπικαταρωμένου ▸ 4
        Verb · present · middle · participle · masculine · singular · genitive ▸ 4 (Num. 5,18; Num. 5,19; Num. 5,23; Num. 5,24)
    ἐπικατηράσατό ▸ 1
        Verb · third · singular · aorist · middle · indicative ▸ 1 (Psa. 151,6)

ἐπικατάρατος (ἐπί; κατά; ἀρά) cursed ▸ 44 + 4 + 2 = 50
    ἐπικατάρατα ▸ 1
        Adjective · neuter · plural · nominative · noDegree ▸ 1 (Deut. 28,18)
    ἐπικατάρατοι ▸ 4 + 2 = 6
        Adjective · masculine · plural · nominative · noDegree ▸ 4 + 2 = 6 (Deut. 28,17; 1Sam. 26,19; Tob. 13,14; Psa. 118,21; Tob. 13,14; Tob. 13,14)
    ἐπικατάρατοί ▸ 1
        Adjective · masculine · plural · nominative · noDegree ▸ 1 (Josh. 9,23)
    ἐπικατάρατον ▸ 1
        Adjective · neuter · singular · nominative · noDegree ▸ 1 (Wis. 14,8)
    ἐπικατάρατος ▸ 16 + 1 + 2 = 19
        Adjective · feminine · singular · nominative · noDegree ▸ 3 (Gen. 3,17; Wis. 3,12; Jer. 20,14)
        Adjective · masculine · singular · nominative · noDegree ▸ 13 + 1 + 2 = 16 (Gen. 3,14; Gen. 4,11; Gen. 27,29; Gen. 49,7; Deut. 28,16; Deut. 28,16; Deut. 28,19; Deut. 28,19; Prov. 24,24; Mal. 1,14; Is. 65,20; Jer. 20,15; Jer. 31,10; Judg. 5,23; Gal. 3,10; Gal. 3,13)
    Ἐπικατάρατος ▸ 21 + 1 = 22
        Adjective · masculine · singular · nominative · noDegree ▸ 21 + 1 = 22 (Gen. 9,25; Deut. 27,15; Deut. 27,16; Deut. 27,17; Deut. 27,18; Deut. 27,19; Deut. 27,20; Deut. 27,21; Deut. 27,22; Deut. 27,23; Deut. 27,23; Deut. 27,24; Deut. 27,25; Deut. 27,26; Josh. 6,26; Judg. 21,18; 1Sam. 14,24; 1Sam. 14,28; 4Mac. 2,19; Jer. 11,3; Jer. 17,5; Judg. 21,18)

ἐπίκειμαι (ἐπί; κεῖμαι) to lie on, crowd, insist, attack

▸ 7 + 7 = 14
- ἐπέκειντο ▸ 1
  - **Verb** · third · plural · imperfect · middle · indicative ▸ 1 (Luke 23,23)
- ἐπέκειτο ▸ 1
  - **Verb** · third · singular · imperfect · middle · indicative ▸ 1 (John 11,38)
- ἐπικείμενα ▸ 2 + 1 = 3
  - **Verb** · present · middle · participle · neuter · plural · nominative ▸ 1 (Heb. 9,10)
  - **Verb** · present · passive · participle · neuter · plural · accusative ▸ 1 (2Mac. 1,21)
  - **Verb** · present · passive · participle · neuter · plural · nominative ▸ 1 (1Esdr. 5,69)
- ἐπικείμενον ▸ 1
  - **Verb** · present · middle · participle · neuter · singular · accusative ▸ 1 (John 21,9)
- ἐπικειμένου ▸ 1 + 1 = 2
  - **Verb** · present · middle · participle · masculine · singular · genitive ▸ 1 (Acts 27,20)
  - **Verb** · present · passive · participle · masculine · singular · genitive ▸ 1 (3Mac. 1,22)
- ἐπικεῖσθαι ▸ 1 + 1 = 2
  - **Verb** · present · middle · infinitive ▸ 1 (Luke 5,1)
  - **Verb** · present · passive · infinitive ▸ 1 (Ex. 36,38)
- ἐπίκεισθέ ▸ 2
  - **Verb** · second · plural · present · passive · indicative ▸ 2 (Job 19,3; Job 21,27)
- ἐπίκειται ▸ 1 + 1 = 2
  - **Verb** · third · singular · present · middle · indicative ▸ 1 (1Cor. 9,16)
  - **Verb** · third · singular · present · passive · indicative ▸ 1 (1Mac. 6,57)
- **ἐπικέλλω (ἐπί; κελεύω)** to run aground ▸ 1
  - ἐπέκειλαν ▸ 1
    - **Verb** · third · plural · aorist · active · indicative ▸ 1 (Acts 27,41)
- **ἐπικερδής (ἐπί; κέρδος)** profitable ▸ 1
  - ἐπικερδῆ ▸ 1
    - **Adjective** · masculine · singular · accusative · noDegree ▸ 1 (Wis. 15,12)
- **ἐπικίνδυνος (ἐπί; κίνδυνος)** dangerous; insecure ▸ 1
  - ἐπικίνδυνον ▸ 1
    - **Adjective** · feminine · singular · accusative · noDegree ▸ 1 (3Mac. 5,33)
- **ἐπικινέομαι (ἐπί; κινέω)** to be moved at ▸ 1
  - ἐπεκινοῦντο ▸ 1
    - **Verb** · third · plural · imperfect · passive · indicative ▸ 1 (1Esdr. 8,69)
- **ἐπίκλησις (ἐπί; καλέω)** invocation ▸ 2
  - ἐπικλήσεως ▸ 2
    - **Noun** · feminine · singular · genitive · (common) ▸ 2 (2Mac. 8,15; 2Mac. 15,26)
- **ἐπίκλητος (ἐπί; καλέω)** appointed, called ▸ 10
  - ἐπίκλητοι ▸ 3
    - **Adjective** · feminine · plural · nominative · noDegree ▸ 1 (Josh. 20,9)
    - **Adjective** · masculine · plural · nominative · noDegree ▸ 2 (Num. 1,16; Num. 26,9)
  - ἐπίκλητος ▸ 7
    - **Adjective** · feminine · singular · nominative · noDegree ▸ 6 (Num. 28,18; Num. 28,26; Num. 29,1; Num. 29,7; Num. 29,12; Judg. 15,19)
    - **Adjective** · masculine · singular · nominative · noDegree ▸ 1 (Amos 1,5)
- **ἐπικλίνω (ἐπί; κλίνω)** to incline ▸ 2
  - ἐπικλῖναι ▸ 1
    - **Verb** · aorist · active · infinitive ▸ 1 (1Kings 8,58)
  - Ἐπίκλινον ▸ 1
    - **Verb** · second · singular · aorist · active · imperative ▸ 1 (Gen. 24,14)
- **ἐπικλύζω (ἐπί; κλύζω)** to flood ▸ 4
  - ἐπέκλυσας ▸ 1
    - **Verb** · second · singular · aorist · active · indicative ▸ 1 (3Mac. 2,7)
  - ἐπέκλυσεν ▸ 1
    - **Verb** · third · singular · aorist · active · indicative ▸ 1 (Deut. 11,4)
  - ἐπικλύζων ▸ 2
    - **Verb** · present · active · participle · masculine · singular · nominative ▸ 2 (Judith 2,8; Is. 66,12)
- **ἐπικοιμάομαι (ἐπί; κεῖμαι)** to overlay ▸ 2
  - ἐπεκοιμήθη ▸ 1
    - **Verb** · third · singular · aorist · passive · indicative ▸ 1 (1Kings 3,19)
  - ἐπικοιμηθήσεται ▸ 1
    - **Verb** · third · singular · future · passive · indicative ▸ 1 (Deut. 21,23)
- **ἐπικοινωνέω (ἐπί; κοινός)** to talk to, belong to ▸ 2
  - ἐπικοινωνοῦσα ▸ 1
    - **Verb** · present · active · participle · feminine · singular · nominative ▸ 1 (Sir. 26,6)
  - ἐπικοινωνούσας ▸ 1
    - **Verb** · present · active · participle · feminine · plural · accusative ▸ 1 (4Mac. 4,3)
- **ἐπικοπή (ἐπί; κόπτω)** slaughter ▸ 1
  - ἐπικοπήν ▸ 1
    - **Noun** · feminine · singular · accusative · (common) ▸ 1 (Deut. 28,25)
- **ἐπικοσμέω (ἐπί; κόσμος)** to decorate ▸ 1
  - ἐπικοσμηθῆναι ▸ 1
    - **Verb** · aorist · passive · infinitive ▸ 1 (Eccl. 1,15)
- **Ἐπικούρειος** Epicurean ▸ 1
  - Ἐπικουρείων ▸ 1
    - **Noun** · masculine · plural · genitive · (proper) ▸ 1 (Acts 17,18)
- **ἐπικουρία (ἐπί; κείρω)** help, supplication ▸ 1 + 1 = 2
  - ἐπικουρίας ▸ 1 + 1 = 2
    - **Noun** · feminine · singular · genitive · (common) ▸ 1 + 1 = 2 (Wis. 13,18; Acts 26,22)
- **ἐπικουφίζομαι (ἐπί; κοῦφος)** to lighten ▸ 1
  - ἐπικουφίζομαι ▸ 1
    - **Verb** · first · singular · present · middle · indicative ▸ 1 (4Mac. 9,31)
- **ἐπικραταιόομαι (ἐπί; κράτος)** to be confirmed ▸ 1
  - ἐπικραταιωθῇ ▸ 1
    - **Verb** · third · singular · aorist · passive · subjunctive ▸ 1 (Eccl. 4,12)
- **ἐπικράτεια (ἐπί; κράτος)** mastery ▸ 4
  - ἐπικράτεια ▸ 1
    - **Noun** · feminine · singular · nominative · (common) ▸ 1 (4Mac. 1,31)
  - ἐπικράτειαν ▸ 1
    - **Noun** · feminine · singular · accusative · (common) ▸ 1 (4Mac. 1,34)

ἐπικρατείας ‣ 2
  Noun · feminine · plural · accusative · (common) ‣ 1 (4Mac. 3,18)
  Noun · feminine · singular · genitive · (common) ‣ 1 (4Mac. 6,32)
ἐπικρατέω (ἐπί; κράτος) to have mastery, rule over ‣ 31
  ἐπεκράτει ‣ 2
    Verb · third · singular · imperfect · active · indicative ‣ 2 (Gen. 7,18; Gen. 7,19)
  ἐπεκράτησα ‣ 2
    Verb · first · singular · aorist · active · indicative ‣ 2 (1Mac. 10,52; Lam. 2,22)
  ἐπεκράτησαν ‣ 3
    Verb · third · plural · aorist · active · indicative ‣ 3 (1Mac. 1,8; 4Mac. 8,1; 4Mac. 13,4)
  ἐπεκράτησεν ‣ 3
    Verb · third · singular · aorist · active · indicative ‣ 3 (Gen. 41,57; Gen. 47,20; Ezek. 29,7)
  ἐπεκρατοῦσαν ‣ 1
    Verb · third · plural · imperfect · active · indicative ‣ 1 (Sol. 17,15)
  ἐπικρατεῖ ‣ 5
    Verb · third · singular · present · active · indicative ‣ 5 (1Mac. 14,17; 4Mac. 1,14; 4Mac. 1,19; 4Mac. 2,11; 4Mac. 6,34)
  ἐπικρατεῖν ‣ 6
    Verb · present · active · infinitive ‣ 6 (4Mac. 1,3; 4Mac. 1,32; 4Mac. 1,33; 4Mac. 2,4; 4Mac. 2,14; 4Mac. 3,1)
  ἐπικρατῆσαι ‣ 1
    Verb · aorist · active · infinitive ‣ 1 (4Mac. 17,20)
  ἐπικρατήσας ‣ 1
    Verb · aorist · active · participle · masculine · singular · nominative ‣ 1 (Esth. 13,2 # 3,13b)
  ἐπικρατησάτωσαν ‣ 1
    Verb · third · plural · aorist · active · imperative ‣ 1 (Judith 7,12)
  ἐπικράτησόν ‣ 1
    Verb · second · singular · aorist · active · imperative ‣ 1 (Sol. 16,7)
  ἐπικρατοῦντες ‣ 1
    Verb · present · active · participle · masculine · plural · nominative ‣ 1 (Ezra 4,20)
  ἐπικρατοῦντος ‣ 1
    Verb · present · active · participle · masculine · singular · genitive ‣ 1 (Esth. 16,17 # 8,12r)
  ἐπικρατούντων ‣ 1
    Verb · present · active · participle · masculine · plural · genitive ‣ 1 (Esth. 16,6 # 8,12f)
  ἐπικρατῶν ‣ 2
    Verb · present · active · participle · masculine · singular · nominative ‣ 2 (Esth. 14,12 # 4,17r; 3Mac. 2,3)
ἐπικράτησις (ἐπί; κράτος) mastering, control ‣ 1
  ἐπικράτησιν ‣ 1
    Noun · feminine · singular · accusative · (common) ‣ 1 (Esth. 16,14 # 8,12o)
ἐπικρεμάω to be depended upon; to be adhered to ‣ 2
  ἐπικρεμάμενοι ‣ 1
    Verb · present · passive · participle · masculine · plural · nominative ‣ 1 (Is. 22,24)
  ἐπικρεμάμενος ‣ 1
    Verb · present · passive · participle · masculine · singular · nominative ‣ 1 (Hos. 11,7)

ἐπικρίνω (ἐπί; κρίνω) to pass sentence, inflict ‣ 2 + 1 = 3
  ἐπέκρινεν ‣ 1 + 1 = 2
    Verb · third · singular · aorist · active · indicative ‣ 1 + 1 = 2 (2Mac. 4,47; Luke 23,24)
  ἐπικριθεῖσαν ‣ 1
    Verb · aorist · passive · participle · feminine · singular · accusative ‣ 1 (3Mac. 4,2)
ἐπικροτέω (ἐπί; κρότος) to clap; applaud ‣ 5
  ἐπεκρότησαν ‣ 1
    Verb · third · plural · aorist · active · indicative ‣ 1 (Jer. 5,31)
  ἐπικροτεῖ ‣ 1
    Verb · third · singular · present · active · indicative ‣ 1 (Prov. 17,18)
  ἐπικροτήσει ‣ 2
    Verb · third · singular · future · active · indicative ‣ 2 (Sir. 12,18; Is. 55,12)
  ἐπικροτοῦντες ‣ 1
    Verb · present · active · participle · masculine · plural · nominative ‣ 1 (Amos 6,5)
ἐπικρούω (ἐπί; κρούω) to applaud ‣ 1
  ἐπικρούσει ‣ 1
    Verb · third · singular · future · active · indicative ‣ 1 (Jer. 31,26)
ἐπίκτητος (ἐπί; κτάομαι) acquired ‣ 1
  ἐπικτήτου ‣ 1
    Adjective · feminine · singular · genitive · noDegree ‣ 1 (2Mac. 6,23)
ἐπικυλίω (ἐπί; κυλίω) to roll upon ‣ 1
  ἐπεκύλισαν ‣ 1
    Verb · third · plural · aorist · active · indicative ‣ 1 (Josh. 10,27)
ἐπίκυφος (ἐπί; κύπτω) crooked ‣ 1
  ἐπίκυφον ‣ 1
    Adjective · feminine · singular · accusative · noDegree ‣ 1 (3Mac. 4,5)
ἐπιλαμβάνομαι (ἐπί; λαμβάνω) to take hold of ‣ 19
  ἐπελάβετο ‣ 2
    Verb · third · singular · aorist · middle · indicative ‣ 2 (Matt. 14,31; Acts 21,33)
  ἐπιλαβέσθαι ‣ 1
    Verb · aorist · middle · infinitive ‣ 1 (Luke 20,26)
  ἐπιλαβόμενοι ‣ 4
    Verb · aorist · middle · participle · masculine · plural · nominative ‣ 4 (Luke 23,26; Acts 16,19; Acts 18,17; Acts 21,30)
  ἐπιλαβόμενοί ‣ 1
    Verb · aorist · middle · participle · masculine · plural · nominative ‣ 1 (Acts 17,19)
  ἐπιλαβόμενος ‣ 5
    Verb · aorist · middle · participle · masculine · singular · nominative ‣ 5 (Mark 8,23; Luke 9,47; Luke 14,4; Acts 9,27; Acts 23,19)
  ἐπιλαβομένου ‣ 1
    Verb · aorist · middle · participle · masculine · singular · genitive ‣ 1 (Heb. 8,9)
  ἐπιλαβοῦ ‣ 1
    Verb · second · singular · aorist · middle · imperative ‣ 1 (1Tim. 6,12)
  ἐπιλάβωνται ‣ 2
    Verb · third · plural · aorist · middle · subjunctive ‣ 2 (Luke 20,20; 1Tim. 6,19)
  ἐπιλαμβάνεται ‣ 2
    Verb · third · singular · present · middle · indicative ‣ 2 (Heb. 2,16; Heb. 2,16)

ἐπιλαμβάνομαι–ἐπιλανθάνομαι

ἐπιλαμβάνω (ἐπί; λαμβάνω) to take, get in addition ‣ 47 + 6 = 53
    ἐπειλημμένη ‣ 1
        Verb · perfect · middle · participle · feminine · singular · nominative ‣ 1 (Gen. 25,26)
    ἐπελάβετο ‣ 14 + 3 = 17
        Verb · third · singular · aorist · middle · indicative ‣ 14 + 3 = **17** (Ex. 4,4; Judg. 16,3; Judg. 19,25; Judg. 19,29; 2Sam. 13,11; 1Kings 1,50; 1Kings 11,30; 2Kings 2,12; 2Kings 4,27; Tob. 11,11; Psa. 47,7; Is. 27,4; Jer. 30,30; Jer. 51,23; Judg. 16,3; Judg. 19,25; Bel 36)
    ἐπελάβετό ‣ 1
        Verb · third · singular · aorist · middle · indicative ‣ 1 (Job 30,18)
    ἐπελαβόμην ‣ 1
        Verb · first · singular · aorist · middle · indicative ‣ 1 (Judg. 20,6)
    ἐπελάβοντο ‣ 2 + 1 = 3
        Verb · third · plural · aorist · middle · indicative ‣ 2 + 1 = **3** (Judg. 12,6; Judg. 16,21; Judg. 12,6)
    ἐπελάβοντό ‣ 1
        Verb · third · plural · aorist · middle · indicative ‣ 1 (Ezek. 29,7)
    ἐπελάβου ‣ 1
        Verb · second · singular · aorist · middle · indicative ‣ 1 (Job 16,8)
    ἐπελαμβάνετο ‣ 1
        Verb · third · singular · imperfect · middle · indicative ‣ 1 (2Sam. 15,5)
    ἐπιλαβεῖν ‣ 1
        Verb · aorist · active · infinitive ‣ 1 (Jer. 39,33)
    ἐπιλαβέσθαι ‣ 2
        Verb · aorist · middle · infinitive ‣ 2 (Job 38,13; Ezek. 30,21)
    ἐπιλάβηται ‣ 1
        Verb · third · singular · aorist · middle · subjunctive ‣ 1 (Deut. 25,11)
    ἐπιλαβομένη ‣ 1
        Verb · aorist · middle · participle · feminine · singular · nominative ‣ 1 (Prov. 7,13)
    ἐπιλαβόμενοι ‣ 1 + 1 = 2
        Verb · aorist · middle · participle · masculine · plural · nominative ‣ 1 + 1 = **2** (Sus. 40; Sus. 40)
    ἐπιλαβόμενος ‣ 2
        Verb · aorist · middle · participle · masculine · singular · nominative ‣ 2 (Deut. 9,17; Bel 36)
    ἐπιλαβομένου ‣ 2
        Verb · aorist · middle · participle · masculine · singular · genitive ‣ 2 (Job 8,15; Jer. 38,32)
    ἐπιλαβοῦ ‣ 4
        Verb · second · singular · aorist · middle · imperative ‣ 4 (Ex. 4,4; Psa. 34,2; Prov. 4,13; Bar. 4,2)
    Ἐπιλαβοῦ ‣ 1 + 1 = 2
        Verb · second · singular · aorist · middle · imperative ‣ 1 + 1 = **2** (Tob. 6,3; Tob. 6,3)
    ἐπιλάβωνται ‣ 2
        Verb · third · plural · aorist · middle · subjunctive ‣ 2 (Zech. 8,23; Zech. 8,23)
    ἐπιλαμβάνεται ‣ 1
        Verb · third · singular · present · middle · indicative ‣ 1 (Sir. 4,11)
    ἐπιλαμβανομένοις ‣ 1
        Verb · present · middle · participle · masculine · plural · dative ‣ 1 (Ezek. 41,6)
    ἐπιλαμβάνωνται ‣ 1
        Verb · third · plural · present · middle · subjunctive ‣ 1 (1Kings 6,6)
    ἐπιλήμψεται ‣ 2
        Verb · third · singular · future · middle · indicative ‣ 2 (Is. 3,6; Is. 5,29)
    ἐπιλήμψονται ‣ 3
        Verb · third · plural · future · middle · indicative ‣ 3 (Joel 2,9; Zech. 14,13; Is. 4,1)

ἐπιλάμπω (ἐπί; λάμπω) to shine on ‣ 2
    ἐπέλαμψεν ‣ 1
        Verb · third · singular · aorist · active · indicative ‣ 1 (Wis. 5,6)
    ἐπιλάμψει ‣ 1
        Verb · third · singular · future · active · indicative ‣ 1 (Is. 4,2)

ἐπιλανθάνομαι (ἐπί; λανθάνω) to forget ‣ 121 + 1 + 8 = 130
    ἐπελάθεσθε ‣ 1
        Verb · second · plural · aorist · middle · indicative ‣ 1 (Bar. 4,8)
    ἐπελάθετο ‣ 7 + 1 = 8
        Verb · third · singular · aorist · middle · indicative ‣ 7 + 1 = **8** (Gen. 40,23; 4Mac. 18,18; Psa. 9,13; Job 39,15; Hos. 2,15; Hos. 8,14; Lam. 2,6; James 1,24)
    ἐπελάθετό ‣ 2
        Verb · third · singular · aorist · middle · indicative ‣ 2 (Is. 49,14; Jer. 2,32)
    ἐπελαθόμεθα ‣ 1
        Verb · first · plural · aorist · middle · indicative ‣ 1 (Psa. 43,21)
    ἐπελαθόμεθά ‣ 1
        Verb · first · plural · aorist · middle · indicative ‣ 1 (Psa. 43,18)
    ἐπελαθόμην ‣ 10
        Verb · first · singular · aorist · middle · indicative ‣ **10** (Deut. 26,13; Psa. 101,5; Psa. 118,30; Psa. 118,61; Psa. 118,83; Psa. 118,109; Psa. 118,141; Psa. 118,153; Psa. 118,176; Lam. 3,17)
    ἐπελάθοντο ‣ 9 + 1 + 2 = 12
        Verb · third · plural · aorist · middle · indicative ‣ 9 + 1 + 2 = **12** (Judg. 3,7; 1Sam. 12,9; Psa. 77,11; Psa. 105,13; Psa. 105,21; Psa. 118,139; Jer. 3,21; Jer. 23,27; Jer. 27,6; Judg. 3,7; Matt. 16,5; Mark 8,14)
    ἐπελάθοντό ‣ 4
        Verb · third · plural · aorist · middle · indicative ‣ 4 (Job 19,14; Hos. 13,6; Jer. 18,15; Jer. 37,14)
    ἐπελάθου ‣ 8
        Verb · second · singular · aorist · middle · indicative ‣ **8** (Deut. 32,18; Psa. 41,10; Ode. 2,18; Hos. 4,6; Is. 51,13; Jer. 13,25; Ezek. 22,12; Ezek. 23,35)
    ἐπελανθάνετο ‣ 1
        Verb · third · singular · imperfect · middle · indicative ‣ 1 (Wis. 19,20)
    ἐπελήσθη ‣ 2
        Verb · third · singular · aorist · passive · indicative ‣ 2 (Eccl. 2,16; Eccl. 9,5)
    ἐπελήσθην ‣ 1
        Verb · first · singular · aorist · passive · indicative ‣ 1 (Psa. 30,13)
    ἐπελήσθησαν ‣ 1
        Verb · third · plural · aorist · passive · indicative ‣ 1 (Sir. 44,10)
    ἐπιλαθέσθαι ‣ 2 + 1 = 3
        Verb · aorist · middle · infinitive ‣ 2 + 1 = **3** (1Mac. 1,49; Jer. 23,27; Heb. 6,10)
    Ἐπιλαθέσθαι ‣ 1
        Verb · aorist · middle · infinitive ‣ 1 (Gen. 41,51)
    ἐπιλάθῃ ‣ 18
        Verb · second · singular · aorist · middle · subjunctive ‣ 18

(Deut. 4,9; Deut. 6,12; Deut. 8,11; Deut. 8,14; Deut. 8,19; Deut. 9,7; Deut. 24,19; Deut. 25,19; Psa. 9,33; Psa. 73,19; Psa. 73,23; Prov. 4,5; Sir. 7,27; Sir. 23,14; Sir. 29,15; Sir. 37,6; Sir. 38,21; Jer. 14,9)

ἐπιλάθησθε ▸ 1
  Verb · second · plural · aorist · middle · subjunctive ▸ 1 (Deut. 4,23)

ἐπιλάθηται ▸ 1
  Verb · third · singular · aorist · middle · subjunctive ▸ 1 (Gen. 27,45)

ἐπιλάθοιτο ▸ 1
  Verb · third · singular · aorist · middle · optative ▸ 1 (Is. 49,15)

ἐπιλάθου ▸ 1
  Verb · second · singular · aorist · middle · imperative ▸ 1 (Psa. 44,11)

ἐπιλάθωμαι ▸ 1
  Verb · first · singular · aorist · middle · subjunctive ▸ 1 (Psa. 118,93)

ἐπιλάθωμαί ▸ 1
  Verb · first · singular · aorist · middle · subjunctive ▸ 1 (Psa. 136,5)

ἐπιλάθωνται ▸ 5
  Verb · third · plural · aorist · middle · subjunctive ▸ 5 (2Mac. 2,2; Psa. 58,12; Psa. 77,7; Prov. 31,5; Prov. 31,7)

ἐπιλανθάνεσθε ▸ 2
  Verb · second · plural · present · middle · imperative ▸ 2 (Heb. 13,2; Heb. 13,16)

ἐπιλανθάνη ▸ 1
  Verb · second · singular · present · middle · indicative ▸ 1 (Psa. 43,25)

ἐπιλανθανόμενα ▸ 1
  Verb · present · middle · participle · neuter · plural · nominative ▸ 1 (Psa. 9,18)

ἐπιλανθανόμενοι ▸ 3
  Verb · present · middle · participle · masculine · plural · nominative ▸ 3 (Psa. 49,22; Job 28,4; Is. 65,11)

ἐπιλανθανόμενος ▸ 1
  Verb · present · middle · participle · masculine · singular · nominative ▸ 1 (Phil. 3,13)

ἐπιλανθανομένων ▸ 1
  Verb · present · middle · participle · masculine · plural · genitive ▸ 1 (Job 8,13)

ἐπιλανθάνου ▸ 3
  Verb · second · singular · present · middle · imperative ▸ 3 (Psa. 102,2; Prov. 3,1; Is. 44,21)

ἐπιλέλησθε ▸ 1
  Verb · second · plural · perfect · middle · indicative ▸ 1 (Jer. 51,9)

ἐπιλελησμένη ▸ 2
  Verb · perfect · middle · participle · feminine · singular · nominative ▸ 1 (Prov. 2,17)
  Verb · perfect · passive · participle · feminine · singular · nominative ▸ 1 (Is. 23,16)

ἐπιλελησμένῃ ▸ 1
  Verb · perfect · passive · participle · feminine · singular · dative ▸ 1 (Psa. 87,13)

ἐπιλελησμένον ▸ 1
  Verb · perfect · passive · participle · neuter · singular · nominative ▸ 1 (Luke 12,6)

ἐπιλέλησται ▸ 1
  Verb · third · singular · perfect · middle · indicative ▸ 1 (Wis. 16,23)

Ἐπιλέλησται ▸ 1
  Verb · first · singular · perfect · middle · indicative ▸ 1 (Psa. 9,32)

ἐπιλήσεσθε ▸ 1
  Verb · second · plural · future · middle · indicative ▸ 1 (2Kings 17,38)

ἐπιλήσεται ▸ 4
  Verb · third · singular · future · middle · indicative ▸ 4 (Deut. 4,31; Psa. 76,10; Is. 49,15; Jer. 2,32)

ἐπιλήσῃ ▸ 4
  Verb · second · singular · future · middle · indicative ▸ 4 (Psa. 12,2; Job 11,16; Is. 54,4; Lam. 5,20)

ἐπιλησθείη ▸ 1
  Verb · third · singular · aorist · passive · optative ▸ 1 (Psa. 136,5)

ἐπιλησθῇ ▸ 1
  Verb · third · singular · aorist · passive · subjunctive ▸ 1 (Deut. 31,21)

ἐπιλησθῇς ▸ 1
  Verb · second · singular · aorist · passive · subjunctive ▸ 1 (Sir. 13,10)

ἐπιλησθήσεται ▸ 7
  Verb · third · singular · future · passive · indicative ▸ 7 (Psa. 9,19; Wis. 2,4; Sir. 3,14; Sir. 35,6; Amos 8,7; Jer. 23,40; Jer. 27,5)

ἐπιλησθήσονται ▸ 1
  Verb · third · plural · future · passive · indicative ▸ 1 (Jer. 20,11)

ἐπιλήσομαι ▸ 3
  Verb · first · singular · future · middle · indicative ▸ 3 (Psa. 118,16; Job 9,27; Hos. 4,6)

ἐπιλήσομαί ▸ 1
  Verb · first · singular · future · middle · indicative ▸ 1 (Is. 49,15)

ἐπιλήσονται ▸ 2
  Verb · third · plural · future · middle · indicative ▸ 2 (Gen. 41,30; Is. 65,16)

ἐπιλέγω (ἐπί; λέγω)   to call, name; choose ▸ 23 + 2 = 25
  ἐπελέξαμεν ▸ 1
    Verb · first · plural · aorist · active · indicative ▸ 1 (1Mac. 12,16)
  ἐπέλεξαν ▸ 1
    Verb · third · plural · aorist · active · indicative ▸ 1 (Judith 10,17)
  ἐπελέξατο ▸ 4
    Verb · third · singular · aorist · middle · indicative ▸ 4 (1Esdr. 9,16; 1Mac. 4,42; 1Mac. 8,17; 1Mac. 12,1)
  ἐπέλεξεν ▸ 10
    Verb · third · singular · aorist · active · indicative ▸ 10 (Ex. 18,25; Deut. 21,5; Josh. 8,3; 2Sam. 10,9; 1Mac. 3,38; 1Mac. 7,8; 1Mac. 10,74; 1Mac. 11,23; 1Mac. 13,34; 1Mac. 16,4)
  ἐπιλεγομένη ▸ 1
    Verb · present · passive · participle · feminine · singular · nominative ▸ 1 (John 5,2)
  ἐπιλελεγμέναις ▸ 1
    Verb · perfect · passive · participle · feminine · plural · dative ▸ 1 (1Mac. 12,41)
  ἐπίλεξαι ▸ 2
    Verb · aorist · active · infinitive ▸ 1 (1Mac. 12,45)
    Verb · second · singular · aorist · middle · imperative ▸ 1 (Sir. 6,18)
  ἐπιλεξάμενος ▸ 1
    Verb · aorist · middle · participle · masculine · singular · nominative ▸ 1 (Acts 15,40)
  ἐπιλεξάτωσαν ▸ 1
    Verb · third · plural · aorist · active · imperative ▸ 1 (Esth. 2,3)
  Ἐπίλεξον ▸ 2

Verb · second · singular · aorist · active · imperative ▸ **2** (Ex. 17,9; 1Mac. 5,17)

ἐπιλέξω ▸ 1
Verb · first · singular · future · active · indicative ▸ **1** (2Sam. 17,1)

ἐπιλείπω (ἐπί; λείπω) to fail ▸ 1
ἐπιλείψει ▸ 1
Verb · third · singular · future · active · indicative ▸ **1** (Heb. 11,32)

ἐπιλείχω to lick ▸ 1
ἐπέλειχον ▸ 1
Verb · third · plural · imperfect · active · indicative ▸ **1** (Luke 16,21)

ἐπίλεκτος (ἐπί; λέγω) chosen, picked ▸ 17
ἐπίλεκτα ▸ 1
Adjective · neuter · plural · accusative · noDegree ▸ **1** (Ezek. 17,3)
ἐπίλεκτά ▸ 1
Adjective · neuter · plural · accusative · noDegree ▸ **1** (Joel 4,5)
ἐπίλεκτοι ▸ 3
Adjective · masculine · plural · nominative · noDegree ▸ **3** (Ezek. 23,6; Ezek. 23,7; Ezek. 23,12)
ἐπιλέκτοις ▸ 1
Adjective · masculine · plural · dative · noDegree ▸ **1** (Judith 2,19)
ἐπίλεκτος ▸ 1
Adjective · masculine · singular · nominative · noDegree ▸ **1** (Josh. 17,16)
ἐπίλεκτός ▸ 1
Adjective · masculine · singular · nominative · noDegree ▸ **1** (Josh. 17,18)
ἐπιλέκτους ▸ 4
Adjective · masculine · plural · accusative · noDegree ▸ **4** (Ex. 15,4; Judith 3,6; Ode. 1,4; Ezek. 23,23)
ἐπιλέκτων ▸ 5
Adjective · masculine · plural · genitive · noDegree ▸ **4** (Ex. 24,11; 1Mac. 4,28; Ezek. 17,22; Dan. 1,3)
Adjective · neuter · plural · genitive · noDegree ▸ **1** (Ezek. 24,5)

ἐπιλημπτεύομαι (ἐπί; λαμβάνω) to have an epileptic seizure ▸ 2
ἐπιλημπτεύεσθαι ▸ 1
Verb · aorist · middle · infinitive ▸ **1** (1Sam. 21,16)
ἐπιλημπτεύσασθε ▸ 1
Verb · second · plural · aorist · middle · imperative ▸ **1** (Jer. 30,19)

ἐπίλημπτος (ἐπί; λαμβάνω) epileptic ▸ 3
ἐπίλημπτον ▸ 1
Adjective · masculine · singular · accusative · noDegree ▸ **1** (1Sam. 21,15)
ἐπίλημπτος ▸ 1
Adjective · masculine · singular · nominative · noDegree ▸ **1** (2Kings 9,11)
ἐπιλήμπτων ▸ 1
Adjective · masculine · plural · genitive · noDegree ▸ **1** (1Sam. 21,16)

ἐπιλησμονή (ἐπί; λανθάνω) forgetfulness ▸ 1 + 1 = 2
ἐπιλησμονὴν ▸ 1
Noun · feminine · singular · nominative · (common) ▸ **1** (Sir. 11,27)
ἐπιλησμονῆς ▸ 1
Noun · feminine · singular · genitive ▸ **1** (James 1,25)

ἐπιλογίζομαι (ἐπί; λέγω) to reckon with, consider ▸ 3

ἐπιλογιζόμενος ▸ 1
Verb · present · middle · participle · masculine · singular · nominative ▸ **1** (2Mac. 11,4)
ἐπιλογίσασθαι ▸ 1
Verb · aorist · middle · infinitive ▸ **1** (4Mac. 3,6)
ἐπιλογίσασθε ▸ 1
Verb · second · plural · aorist · middle · imperative ▸ **1** (4Mac. 16,5)

ἐπίλοιπος (ἐπί; λείπω) remaining ▸ 23 + 3 + 1 = 27
ἐπίλοιπα ▸ 3 + 2 = 5
Adjective · neuter · plural · accusative · noDegree ▸ 3 + 2 = **5** (Lev. 27,18; Ode. 11,10; Is. 38,10; Dan. 7,7; Dan. 7,19)
ἐπίλοιποι ▸ 8
Adjective · masculine · plural · nominative · noDegree ▸ **8** (Deut. 19,20; Deut. 21,21; 1Esdr. 2,13; 1Mac. 3,11; 1Mac. 7,42; 1Mac. 8,4; 1Mac. 9,40; Mic. 5,2)
ἐπιλοίποις ▸ 1
Adjective · masculine · plural · dative · noDegree ▸ **1** (Judg. 21,16)
ἐπίλοιπον ▸ 3 + 1 = 4
Adjective · feminine · singular · accusative · noDegree ▸ **1** (1Mac. 6,38)
Adjective · masculine · singular · accusative · noDegree ▸ 1 + 1 = **2** (3Mac. 3,26; 1Pet. 4,2)
Adjective · neuter · singular · accusative · noDegree ▸ **1** (Jer. 32,20)
ἐπίλοιπος ▸ 1
Adjective · masculine · singular · nominative · noDegree ▸ **1** (Judg. 7,6)
ἐπιλοίπους ▸ 3
Adjective · feminine · plural · accusative · noDegree ▸ **2** (1Mac. 8,11; 3Mac. 4,8)
Adjective · masculine · plural · accusative · noDegree ▸ **1** (1Esdr. 1,53)
ἐπιλοίπῳ ▸ 1
Adjective · neuter · singular · dative · noDegree ▸ **1** (2Kings 4,7)
ἐπιλοίπων ▸ 3 + 1 = 4
Adjective · masculine · plural · genitive · noDegree ▸ 2 + 1 = **3** (1Mac. 5,18; Jer. 51,14; Dan. 2,18)
Adjective · neuter · plural · genitive · noDegree ▸ **1** (Jer. 34,19)

ἐπιλυπέω (ἐπί; λύπη) to annoy ▸ 3
ἐπιλελυπηκότα ▸ 1
Verb · perfect · active · participle · masculine · singular · accusative ▸ **1** (2Mac. 8,32)
ἐπιλυπηθείς ▸ 1
Verb · aorist · passive · participle · masculine · singular · nominative ▸ **1** (2Mac. 4,37)
ἐπιλυπήσωμεν ▸ 1
Verb · first · plural · aorist · active · subjunctive ▸ **1** (3Mac. 7,9)

ἐπίλυσις (ἐπί; λύω) interpretation ▸ 1
ἐπιλύσεως ▸ 1
Noun · feminine · singular · genitive ▸ **1** (2Pet. 1,20)

ἐπιλύω (ἐπί; λύω) to explain ▸ 2
ἐπέλυεν ▸ 1
Verb · third · singular · imperfect · active · indicative ▸ **1** (Mark 4,34)
ἐπιλυθήσεται ▸ 1
Verb · third · singular · future · passive · indicative ▸ **1** (Acts 19,39)

ἐπιμαίνομαι (ἐπί; μαίνομαι) to be furious, to rage ▸ 1

ἐπιμαινομένους ▸ 1
: **Verb** · present · middle · participle · masculine · plural · accusative ▸ **1** (4Mac. 7,5)

ἐπιμαρτυρέω (ἐπί; μάρτυς) to testify, bear witness ▸ 1 + 1 = 2
: ἐπεμαρτυράμην ▸ 1
: **Verb** · first · singular · aorist · middle · indicative ▸ **1** (Neh. 13,15)
: ἐπιμαρτυρῶν ▸ 1
: **Verb** · present · active · participle · masculine · singular · nominative ▸ **1** (1Pet. 5,12)

ἐπιμαρτύρομαι (ἐπί; μάρτυς) to bear witness to ▸ 6
: ἐπεμαρτυράμην ▸ 2
: **Verb** · first · singular · aorist · middle · indicative ▸ **2** (1Kings 2,42; Jer. 39,25)
: ἐπεμαρτύρατο ▸ 1
: **Verb** · third · singular · aorist · middle · indicative ▸ **1** (Sir. 46,19)
: ἐπεμαρτύρω ▸ 2
: **Verb** · second · singular · aorist · middle · indicative ▸ **2** (Neh. 9,29; Neh. 9,30)
: ἐπιμαρτύρασθε ▸ 1
: **Verb** · second · plural · aorist · middle · imperative ▸ **1** (Amos 3,13)

ἐπιμέλεια (ἐπί; μέλω) care, attention ▸ 10 + 1 = 11
: ἐπιμέλεια ▸ 3
: **Noun** · feminine · singular · nominative · (common) ▸ **3** (Esth. 2,3; Prov. 3,8; Prov. 3,22a)
: ἐπιμελείᾳ ▸ 5
: **Noun** · feminine · singular · dative · (common) ▸ **5** (1Esdr. 6,9; 3Mac. 5,1; Prov. 13,4; Prov. 28,25; Wis. 13,13)
: ἐπιμέλειαν ▸ 1
: **Noun** · feminine · singular · accusative · (common) ▸ **1** (2Mac. 11,23)
: ἐπιμελείας ▸ 1 + 1 = 2
: **Noun** · feminine · singular · genitive · (common) ▸ **1 + 1 = 2** (1Mac. 16,14; Acts 27,3)

ἐπιμελέομαι (ἐπί; μέλω) to take care of ▸ 5 + 3 = 8
: ἐπεμελήθη ▸ 1
: **Verb** · third · singular · aorist · passive · indicative ▸ **1** (Luke 10,34)
: ἐπιμέλεσθε ▸ 1
: **Verb** · second · plural · present · middle · indicative ▸ **1** (1Mac. 11,37)
: ἐπιμεληθῆναι ▸ 1
: **Verb** · aorist · passive · infinitive ▸ **1** (1Esdr. 6,26)
: ἐπιμελήθητι ▸ 1
: **Verb** · second · singular · aorist · passive · imperative ▸ **1** (Luke 10,35)
: ἐπιμελήσεται ▸ 1 + 1 = 2
: **Verb** · third · singular · future · middle · indicative ▸ **1 + 1 = 2** (Sir. 30,25; 1Tim. 3,5)
: ἐπιμελοῦ ▸ 1
: **Verb** · second · singular · present · middle · imperative ▸ **1** (Prov. 27,25)
: ἐπιμελοῦμαι ▸ 1
: **Verb** · first · singular · present · middle · indicative ▸ **1** (Gen. 44,21)

ἐπιμελῶς (ἐπί; μέλω) carefully, thoroughly ▸ 15 + 1 = 16
: ἐπιμελέστερον ▸ 1
: **Adverb** ▸ **1** (1Esdr. 7,2)
: ἐπιμελῶς ▸ 14 + 1 = 15
: **Adverb** ▸ **14 + 1 = 15** (Gen. 6,5; Gen. 8,21; 1Esdr. 6,28; 1Esdr. 6,33; 1Esdr. 8,19; 1Esdr. 8,21; 1Esdr. 8,24; Ezra 6,8; Ezra 6,12; Ezra 6,13; 2Mac. 8,31; 3Mac. 4,13; 4Mac. 11,18; Prov. 13,24; Luke 15,8)

ἐπιμένω (ἐπί; μένω) to remain, stay, continue ▸ 1 + 16 = 17
: ἐπέμεινα ▸ 1
: **Verb** · first · singular · aorist · active · indicative ▸ **1** (Gal. 1,18)
: ἐπεμείναμεν ▸ 2
: **Verb** · first · plural · aorist · active · indicative ▸ **2** (Acts 21,4; Acts 28,12)
: ἐπέμενεν ▸ 1
: **Verb** · third · singular · imperfect · active · indicative ▸ **1** (Acts 12,16)
: ἐπέμενον ▸ 1
: **Verb** · third · plural · imperfect · active · indicative ▸ **1** (John 8,7)
: ἐπιμεῖναι ▸ 1 + 3 = 4
: **Verb** · aorist · active · infinitive ▸ **1 + 3 = 4** (Ex. 12,39; Acts 10,48; Acts 28,14; 1Cor. 16,7)
: ἐπίμενε ▸ 1
: **Verb** · second · singular · present · active · imperative ▸ **1** (1Tim. 4,16)
: ἐπιμένειν ▸ 1
: **Verb** · present · active · infinitive ▸ **1** (Phil. 1,24)
: ἐπιμένετε ▸ 1
: **Verb** · second · plural · present · active · indicative ▸ **1** (Col. 1,23)
: ἐπιμένῃς ▸ 1
: **Verb** · second · singular · present · active · subjunctive ▸ **1** (Rom. 11,22)
: Ἐπιμενόντων ▸ 1
: **Verb** · present · active · participle · masculine · plural · genitive ▸ **1** (Acts 21,10)
: ἐπιμενῶ ▸ 1
: **Verb** · first · singular · future · active · indicative ▸ **1** (1Cor. 16,8)
: ἐπιμένωμεν ▸ 1
: **Verb** · first · plural · present · active · subjunctive ▸ **1** (Rom. 6,1)
: ἐπιμένωσιν ▸ 1
: **Verb** · third · plural · present · active · subjunctive ▸ **1** (Rom. 11,23)

ἐπιμήκης (ἐπί; μῆκος) extensive ▸ 1
: ἐπιμήκης ▸ 1
: **Adjective** · masculine · singular · nominative · noDegree ▸ **1** (Bar. 3,24)

ἐπιμίγνυμι (ἐπί; μίγνυμι) to mingle with ▸ 4
: ἐπεμίγη ▸ 1
: **Verb** · third · singular · aorist · passive · indicative ▸ **1** (1Esdr. 8,67)
: ἐπεμίγης ▸ 1
: **Verb** · second · singular · aorist · passive · indicative ▸ **1** (Ezek. 16,37)
: ἐπιμείγνυται ▸ 1
: **Verb** · third · singular · present · passive · indicative ▸ **1** (Prov. 14,10)
: ἐπιμιγῆναι ▸ 1
: **Verb** · aorist · passive · infinitive ▸ **1** (1Esdr. 8,84)

ἐπίμικτος (ἐπί; μίγνυμι) mixed ▸ 5
: ἐπίμικτοι ▸ 1
: **Adjective** · masculine · plural · nominative · noDegree ▸ **1** (Ezek. 30,5)
: ἐπίμικτος ▸ 4

Adjective · masculine · singular · nominative · noDegree ▸ **4** (Ex. 12,38; Num. 11,4; Neh. 13,3; Judith 2,20)

ἐπιμιμνήσκομαι (ἐπί; μιμνήσκομαι) to remember; mention; think of ▸ 1
  ἐπεμνήσθησαν ▸ 1
    Verb · third · plural · aorist · passive · indicative ▸ **1** (1Mac. 10,46)

ἐπιμίξ (ἐπί; μίγνυμι) confusedly ▸ 1
  ἐπιμίξ ▸ 1
    Adverb ▸ **1** (Wis. 14,25)

ἐπιμονή (ἐπί; μόνος) steadfastness; steadiness ▸ 1
  ἐπιμονή ▸ 1
    Noun · feminine · singular · nominative · (common) ▸ **1** (Sir. 38,27)

ἐπίμοχθος (ἐπί; μόγος) toilsome ▸ 1
  ἐπίμοχθον ▸ 1
    Adverb ▸ **1** (Wis. 15,7)

ἐπιμύλιον (ἐπί; μύλη) grinder tooth; upper millstone ▸ 1 + 1 = 2
  ἐπιμύλιον ▸ 1
    Noun · masculine · singular · accusative · (common) ▸ **1** (Deut. 24,6)
  ἐπιμυλίου ▸ 1
    Noun · neuter · singular · genitive · (common) ▸ **1** (Judg. 9,53)

ἐπινεύω (ἐπί; νεύω) to consent ▸ 5 + 1 = 6
  ἐπένευσαν ▸ 1
    Verb · third · plural · aorist · active · indicative ▸ **1** (2Mac. 14,20)
  ἐπένευσεν ▸ 2 + 1 = 3
    Verb · third · singular · aorist · active · indicative ▸ **2 + 1 = 3** (1Mac. 6,57; 2Mac. 11,15; Acts 18,20)
  ἐπινεύει ▸ 1
    Verb · third · singular · present · active · indicative ▸ **1** (Prov. 26,24)
  ἐπινεύσαντος ▸ 1
    Verb · aorist · active · participle · masculine · singular · genitive ▸ **1** (2Mac. 4,10)

ἐπινεφής (ἐπί; νέφος) clouded ▸ 1
  ἐπινεφής ▸ 1
    Noun · masculine · singular · nominative · (common) ▸ **1** (2Mac. 1,22)

ἐπινίκιος (ἐπί; νίκη) victorious, triumphal; victory song ▸ 2
  ἐπινίκια ▸ 2
    Adjective · neuter · plural · accusative · noDegree ▸ **2** (1Esdr. 3,5; 2Mac. 8,33)

ἐπινοέω (ἐπί; νοῦς) to think of ▸ 4
  ἐπενοήθη ▸ 1
    Verb · third · singular · aorist · passive · indicative ▸ **1** (Wis. 14,14)
  ἐπενόησεν ▸ 2
    Verb · third · singular · aorist · active · indicative ▸ **2** (Job 4,18; Wis. 14,2)
  ἐπινόει ▸ 1
    Verb · second · singular · present · active · imperative ▸ **1** (4Mac. 10,16)

ἐπίνοια (ἐπί; νοῦς) intent, purpose; invention ▸ 8 + 1 = 9
  ἐπίνοια ▸ 4 + 1 = 5
    Noun · feminine · singular · nominative · (common) ▸ **4 + 1 = 5** (2Mac. 12,45; Wis. 14,12; Wis. 15,4; Sir. 40,2; Acts 8,22)
  ἐπινοίᾳ ▸ 1
    Noun · feminine · singular · dative · (common) ▸ **1** (Wis. 6,16)
  ἐπίνοιαι ▸ 1
    Noun · feminine · plural · nominative · (common) ▸ **1** (Wis. 9,14)
  ἐπίνοιαν ▸ 1
    Noun · feminine · singular · accusative · (common) ▸ **1** (Jer. 20,10)
  ἐπινοίας ▸ 1
    Noun · feminine · plural · accusative · (common) ▸ **1** (4Mac. 17,2)

ἐπινυστάζω (ἐπί; νυστάζω) to fall asleep ▸ 1
  ἐπινυστάξῃς ▸ 1
    Verb · second · singular · aorist · active · subjunctive ▸ **1** (Prov. 6,4)

ἐπιξενόομαι (ἐπί; ξένος) to entertain as a guest ▸ 3
  ἐπεξένωταί ▸ 1
    Verb · third · singular · perfect · middle · indicative ▸ **1** (Sir. 29,27)
  ἐπιξενωθείς ▸ 1
    Verb · aorist · passive · participle · masculine · singular · nominative ▸ **1** (Esth. 16,10 # 8,12k)
  ἐπιξενωθήσεται ▸ 1
    Verb · third · singular · future · passive · indicative ▸ **1** (Prov. 21,7)

ἐπιορκέω (ἐπί; ὅρκος) to swear falsely, break an oath ▸ 2 + 1 = 3
  ἐπιορκήσας ▸ 1
    Verb · aorist · active · participle · masculine · singular · nominative ▸ **1** (1Esdr. 1,46)
  ἐπιορκήσεις ▸ 1
    Verb · second · singular · future · active · indicative ▸ **1** (Matt. 5,33)
  ἐπιορκοῦσιν ▸ 1
    Verb · third · plural · present · active · indicative ▸ **1** (Wis. 14,28)

ἐπιορκία (ἐπί; ὅρκος) false oath ▸ 1
  ἐπιορκία ▸ 1
    Noun · feminine · singular · nominative · (common) ▸ **1** (Wis. 14,25)

ἐπίορκος (ἐπί; ὅρκος) false swearing, a perjurer ▸ 1 + 1 = 2
  ἐπιόρκοις ▸ 1
    Adjective · masculine · plural · dative ▸ **1** (1Tim. 1,10)
  ἐπίορκος ▸ 1
    Adjective · masculine · singular · nominative · noDegree ▸ **1** (Zech. 5,3)

ἐπιούσιος (ἐπί; εἰμί) the next day ▸ 2
  ἐπιούσιον ▸ 2
    Adjective · masculine · singular · accusative ▸ **2** (Matt. 6,11; Luke 11,3)

ἐπιπαραγίνομαι (ἐπί; παρά; γίνομαι) to arrive as well ▸ 1
  ἐπιπαρεγένετο ▸ 1
    Verb · third · singular · aorist · middle · indicative ▸ **1** (Josh. 10,9)

ἐπίπεμπτος (ἐπί; πέμπω) messenger ▸ 8
  ἐπίπεμπτον ▸ 8
    Adjective · neuter · singular · accusative · noDegree ▸ **8** (Lev. 5,16; Lev. 22,14; Lev. 27,13; Lev. 27,15; Lev. 27,19; Lev. 27,27; Lev. 27,31; Num. 5,7)

ἐπιπέμπω (ἐπί; πέμπω) to send against ▸ 3
  ἐπιπέμπει ▸ 1
    Verb · third · singular · present · active · indicative ▸ **1** (Prov. 6,19)

ἐπιπέμψαι ▸ 1
: **Verb** · aorist · active · infinitive ▸ **1** (Wis. 11,17)

ἐπιπέμψας ▸ 1
: **Verb** · aorist · active · participle · masculine · singular · nominative ▸ **1** (3Mac. 6,6)

ἐπιπίπτω (ἐπί; πίπτω) to fall, fall upon, attack ▸ 52 + 3 + 11 = 66

ἐπέπεσαν ▸ 3 + 1 = 4
: **Verb** · third · plural · aorist · active · indicative ▸ 3 + 1 = **4** (Josh. 11,7; Judith 15,6; Psa. 68,10; Rom. 15,3)

ἐπέπεσάν ▸ 1
: **Verb** · third · plural · aorist · active · indicative ▸ **1** (Psa. 15,6)

ἐπέπεσε ▸ 1
: **Verb** · third · singular · aorist · active · indicative ▸ **1** (Psa. 57,9)

ἐπέπεσέ ▸ 1
: **Verb** · third · singular · aorist · active · indicative ▸ **1** (Dan. 4,33b)

ἐπέπεσεν ▸ 19 + 2 + 7 = 28
: **Verb** · third · singular · aorist · active · indicative ▸ 19 + 2 + 7 = **28** (Gen. 14,15; Gen. 15,12; Gen. 46,29; 1Sam. 26,12; 1Sam. 31,4; 1Sam. 31,5; 1Chr. 10,4; Neh. 6,16; Judith 2,28; Judith 15,2; Tob. 11,9; Tob. 11,13; 1Mac. 1,30; 1Mac. 7,18; Psa. 54,5; Psa. 104,38; Jer. 31,32; Dan. 4,5; Dan. 10,7; Tob. 11,9; Dan. 10,7; Luke 1,12; Luke 15,20; Acts 10,44; Acts 11,15; Acts 19,17; Acts 20,10; Rev. 11,11)

ἐπέπεσον ▸ 2
: **Verb** · third · plural · aorist · active · indicative ▸ **2** (Judith 15,5; Psa. 77,28)

ἐπέπιπτεν ▸ 1
: **Verb** · third · singular · imperfect · active · indicative ▸ **1** (1Mac. 3,25)

ἐπιπεπτώκασίν ▸ 1
: **Verb** · third · plural · perfect · active · indicative ▸ **1** (Job 6,16)

ἐπιπεπτώκει ▸ 1
: **Verb** · third · singular · pluperfect · active · indicative ▸ **1** (Esth. 7,8)

ἐπιπέπτωκεν ▸ 1
: **Verb** · third · singular · perfect · active · indicative ▸ **1** (Josh. 2,9)

ἐπιπεπτωκός ▸ 1
: **Verb** · perfect · active · participle · neuter · singular · nominative ▸ **1** (Acts 8,16)

ἐπιπεσεῖν ▸ 2
: **Verb** · aorist · active · infinitive ▸ **2** (2Sam. 17,9; 1Mac. 12,26)

ἐπιπεσεῖται ▸ 4
: **Verb** · third · singular · future · middle · indicative ▸ **4** (Judith 11,11; Judith 14,3; Job 13,11; Job 18,16)

ἐπιπέσῃ ▸ 5
: **Verb** · third · singular · aorist · active · subjunctive ▸ **5** (Lev. 11,32; Lev. 11,37; Lev. 11,38; Num. 35,23; Eccl. 9,12)

ἐπιπέσοι ▸ 3
: **Verb** · third · singular · aorist · active · optative ▸ **3** (Ex. 15,16; Ode. 1,16; Sir. 25,19)

ἐπιπεσόντες ▸ 1
: **Verb** · aorist · active · participle · masculine · plural · nominative ▸ **1** (Acts 20,37)

ἐπιπεσών ▸ 2 + 1 = 3
: **Verb** · aorist · active · participle · masculine · singular · nominative ▸ 2 + 1 = **3** (Gen. 45,14; Gen. 50,1; Tob. 7,6)

ἐπιπίπτει ▸ 1
: **Verb** · third · singular · present · active · indicative ▸ **1** (Gen. 15,12)

ἐπιπίπτειν ▸ 1
: **Verb** · present · active · infinitive ▸ **1** (Mark 3,10)

ἐπιπίπτετε ▸ 1
: **Verb** · second · plural · present · active · indicative ▸ **1** (Job 6,27)

ἐπιπίπτῃ ▸ 1
: **Verb** · third · singular · present · active · subjunctive ▸ **1** (Job 33,15)

ἐπιπίπτοντες ▸ 1
: **Verb** · present · active · participle · masculine · plural · nominative ▸ **1** (3Mac. 5,49)

ἐπιπίπτων ▸ 1
: **Verb** · present · active · participle · masculine · singular · nominative ▸ **1** (Job 4,13)

ἐπίπληξις (ἐπί; πλήσσω) blame ▸ 1

ἐπιπλήξεως ▸ 1
: **Noun** · feminine · singular · genitive · (common) ▸ **1** (2Mac. 7,33)

ἐπιπληρόω (ἐπί; πληρόω) to fill up ▸ 1

ἐπεπληροῦτο ▸ 1
: **Verb** · third · singular · imperfect · passive · indicative ▸ **1** (2Mac. 6,4)

ἐπιπλήσσω (ἐπί; πλήσσω) to strike at; rebuke ▸ 1

ἐπιπλήξῃς ▸ 1
: **Verb** · second · singular · aorist · active · subjunctive ▸ **1** (1Tim. 5,1)

ἐπιποθέω (ἐπί; πόθος) to greatly desire ▸ 13 + 9 = 22

ἐπεπόθησα ▸ 1
: **Verb** · first · singular · aorist · active · indicative ▸ **1** (Psa. 118,174)

ἐπεπόθησεν ▸ 3
: **Verb** · third · singular · aorist · active · indicative ▸ **3** (Deut. 32,11; Psa. 118,20; Ode. 2,11)

ἐπεπόθουν ▸ 1
: **Verb** · first · singular · imperfect · active · indicative ▸ **1** (Psa. 118,131)

ἐπιποθεῖ ▸ 3 + 1 = 4
: **Verb** · third · singular · present · active · indicative ▸ 3 + 1 = **4** (Psa. 41,2; Psa. 41,2; Psa. 83,3; James 4,5)

ἐπιποθεῖτε ▸ 1
: **Verb** · second · plural · present · active · indicative ▸ **1** (Psa. 61,11)

ἐπιποθῆσαι ▸ 1
: **Verb** · aorist · active · infinitive ▸ **1** (Wis. 15,19)

ἐπιποθήσατε ▸ 1
: **Verb** · second · plural · aorist · active · imperative ▸ **1** (1Pet. 2,2)

ἐπιποθήσεις ▸ 1
: **Verb** · second · singular · future · active · indicative ▸ **1** (Deut. 13,9)

ἐπιποθήσῃς ▸ 1
: **Verb** · second · singular · aorist · active · subjunctive ▸ **1** (Sir. 25,21)

ἐπιποθήσω ▸ 1
: **Verb** · first · singular · future · active · indicative ▸ **1** (Jer. 13,14)

ἐπιποθοῦντες ▸ 2
: **Verb** · present · active · participle · masculine · plural · nominative ▸ **2** (2Cor. 5,2; 1Th. 3,6)

ἐπιποθούντων ▸ 1
: **Verb** · present · active · participle · masculine · plural · genitive ▸ **1** (2Cor. 9,14)

ἐπιποθῶ ▸ 2
: **Verb** · first · singular · present · active · indicative ▸ **2** (Rom. 1,11; Phil. 1,8)

ἐπιποθῶν ▸ 2

ἐπιποθέω–ἐπισάσσω

- Verb · present · active · participle · masculine · singular · nominative ▸ 2 (Phil. 2,26; 2Tim. 1,4)

ἐπιπόθησις (ἐπί; πόθος) longing ▸ 2
- ἐπιπόθησιν ▸ 2
  - Noun · feminine · singular · accusative ▸ 2 (2Cor. 7,7; 2Cor. 7,11)

ἐπιπόθητος (ἐπί; πόθος) longed for ▸ 1
- ἐπιπόθητοι ▸ 1
  - Adjective · masculine · plural · vocative · (verbal) ▸ 1 (Phil. 4,1)

ἐπιποθία (ἐπί; πόθος) great desire ▸ 1
- ἐπιποθίαν ▸ 1
  - Noun · feminine · singular · accusative ▸ 1 (Rom. 15,23)

ἐπιπολάζω (ἐπί; πέλω) to float to the surface ▸ 1
- ἐπεπόλασεν ▸ 1
  - Verb · third · singular · aorist · active · indicative ▸ 1 (2Kings 6,6)

ἐπιπολαίως (ἐπί; πέλω) on the surface ▸ 1
- ἐπιπολαίως ▸ 1
  - Adverb ▸ 1 (3Mac. 2,31)

ἐπίπονος (ἐπί; πόνος) hard, laborious ▸ 2
- ἐπίπονον ▸ 2
  - Adjective · feminine · singular · accusative · noDegree ▸ 2 (3Mac. 5,47; Sir. 7,15)

ἐπιπορεύομαι (ἐπί; πορεύομαι) to come, come upon, travel ▸ 5 + 1 = 6
- ἐπιπορεύεσθαι ▸ 2
  - Verb · present · middle · infinitive ▸ 2 (2Mac. 2,28; LetterJ 61)
- ἐπιπορευομένη ▸ 1
  - Verb · present · middle · participle · feminine · singular · nominative ▸ 1 (Lev. 26,33)
- ἐπιπορευομένους ▸ 1
  - Verb · present · middle · participle · masculine · plural · accusative ▸ 1 (Ezek. 39,14)
- ἐπιπορευομένων ▸ 1
  - Verb · present · middle · participle · masculine · plural · genitive ▸ 1 (Luke 8,4)
- ἐπιπορευσαμένη ▸ 1
  - Verb · aorist · middle · participle · feminine · singular · nominative ▸ 1 (3Mac. 1,4)

ἐπιπροστίθημι (ἐπί; πρός; τίθημι) to add ▸ 1
- ἐπιπροσθῶσιν ▸ 1
  - Verb · third · plural · aorist · active · subjunctive ▸ 1 (Sir. 1,14 Prol.)

ἐπιράπτω (ἐπί; ῥαφίς) to sew ▸ 1
- ἐπιράπτει ▸ 1
  - Verb · third · singular · present · active · indicative ▸ 1 (Mark 2,21)

ἐπιρίπτω (ἐπί; ῥίπτω) to throw at, throw on, add to ▸ 2
- ἐπιρίψαντες ▸ 2
  - Verb · aorist · active · participle · masculine · plural · nominative ▸ 2 (Luke 19,35; 1Pet. 5,7)

ἐπιρραίνω (ἐπί; ῥαίνω) to sprinkle on ▸ 1
- ἐπιρρᾶναι ▸ 1
  - Verb · aorist · active · infinitive ▸ 1 (2Mac. 1,21)

ἐπιρραντίζω (ἐπί; ῥαίνω) to sprinkle on ▸ 1
- ἐπιρραντισθῇ ▸ 1
  - Verb · third · singular · aorist · passive · subjunctive ▸ 1 (Lev. 6,20)

ἐπιρρέω (ἐπί; ῥέω) to wash away, overflow ▸ 1
- ἐπιρρέων ▸ 1
  - Verb · present · active · participle · masculine · singular · nominative ▸ 1 (Job 22,16)

ἐπιρριπτέω (ἐπί; ῥίπτω) to throw, cast at, add to ▸ 1
- ἐπιρριπτοῦντες ▸ 1
  - Verb · present · active · participle · masculine · plural · nominative ▸ 1 (2Mac. 3,26)

ἐπιρρίπτω (ἐπί; ῥίπτω) to throw at, throw on, add to ▸ 13
- ἐπέρριφα ▸ 1
  - Verb · first · singular · aorist · active · indicative ▸ 1 (Josh. 23,4)
- ἐπερρίφην ▸ 1
  - Verb · first · singular · aorist · passive · indicative ▸ 1 (Psa. 21,11)
- ἐπέρριψα ▸ 1
  - Verb · first · singular · aorist · active · indicative ▸ 1 (Jer. 15,8)
- ἐπέρριψε ▸ 1
  - Verb · third · singular · aorist · active · indicative ▸ 1 (1Kings 19,19)
- ἐπέρριψεν ▸ 2
  - Verb · third · singular · aorist · active · indicative ▸ 2 (Josh. 10,11; 2Sam. 20,12)
- ἐπιρρίψει ▸ 1
  - Verb · third · singular · future · active · indicative ▸ 1 (Job 27,22)
- ἐπιρρίψῃ ▸ 2
  - Verb · third · singular · aorist · active · subjunctive ▸ 2 (Num. 35,20; Num. 35,22)
- ἐπίρριψον ▸ 1
  - Verb · second · singular · aorist · active · imperative ▸ 1 (Psa. 54,23)
- ἐπιρρίψουσιν ▸ 1
  - Verb · third · plural · future · active · indicative ▸ 1 (Ezek. 43,24)
- ἐπιρρίψω ▸ 2
  - Verb · first · singular · aorist · active · subjunctive ▸ 2 (Amos 8,3; Nah. 3,6)

ἐπιρρωγολογέομαι (ἐπί; ῥάξ; λέγω) to glean grapes ▸ 1
- ἐπιρρωγολογούμενος ▸ 1
  - Verb · present · middle · participle · masculine · singular · nominative ▸ 1 (4Mac. 2,9)

ἐπιρρώννυμι (ἐπί; ῥώομαι) to strengthen, recover strength ▸ 1
- ἐπερρώσθησαν ▸ 1
  - Verb · third · plural · aorist · passive · indicative ▸ 1 (2Mac. 11,9)

ἐπίσαγμα (ἐπί; σάττω) saddle bag ▸ 1
- ἐπίσαγμα ▸ 1
  - Noun · neuter · singular · nominative · (common) ▸ 1 (Lev. 15,9)

ἐπισάσσω (ἐπί; σάσσω) to saddle ▸ 13 + 1 = 14
- ἐπέσαξαν ▸ 1
  - Verb · third · plural · aorist · active · indicative ▸ 1 (1Kings 13,13)
- ἐπέσαξε ▸ 1
  - Verb · third · singular · aorist · active · indicative ▸ 1 (1Kings 2,40)
- ἐπέσαξεν ▸ 5
  - Verb · third · singular · aorist · active · indicative ▸ 5 (Gen. 22,3; Num. 22,21; 2Sam. 17,23; 1Kings 13,23; 2Kings 4,24)
- ἐπεσάσσετο ▸ 1
  - Verb · third · singular · imperfect · middle · indicative ▸ 1 (1Kings 12,11)
- ἐπισάξατε ▸ 1
  - Verb · second · plural · aorist · active · imperative ▸ 1 (Jer. 26,4)
- Ἐπισάξατέ ▸ 1
  - Verb · second · plural · aorist · active · imperative ▸ 1 (1Kings 13,13)

Ἐπίσαξόν ▸ 1
    Verb · second · singular · aorist · active · imperative ▸ **1** (2Sam. 19,27)

ἐπισεσαγμένων ▸ 2 + 1 = 3
    Verb · perfect · passive · participle · masculine · plural · genitive ▸ **1** (2Sam. 16,1)
    Verb · perfect · passive · participle · neuter · plural · genitive ▸ 1 + 1 = **2** (Judg. 19,10; Judg. 19,10)

ἐπισείω (ἐπί; σείω) to stir up ▸ 5 + 1 = 6
    ἐπέσεισεν ▸ 3 + 1 = 4
    Verb · third · singular · aorist · active · indicative ▸ 3 + 1 = **4** (Judg. 1,14; 2Sam. 24,1; 1Chr. 21,1; Judg. 1,14)

    ἐπισείει ▸ 1
    Verb · third · singular · present · active · indicative ▸ **1** (1Sam. 26,19)

    ἐπισεσεικώς ▸ 1
    Verb · perfect · active · participle · masculine · singular · nominative ▸ **1** (2Mac. 4,1)

ἐπισημαίνω (ἐπί; σημεῖον) to signify, mark ▸ 2
    ἐπεσημήνω ▸ 1
    Verb · second · singular · aorist · middle · indicative ▸ **1** (Job 14,17)

    ἐπισημάνασθαι ▸ 1
    Verb · aorist · middle · infinitive ▸ **1** (2Mac. 2,6)

ἐπίσημος (ἐπί; σημεῖον) notable; well-known; symbol "6" (neuter) ▸ 9 + 2 = 11
    ἐπίσημα ▸ 1
    Adjective · neuter · plural · nominative ▸ **1** (Gen. 30,42)

    ἐπίσημοι ▸ 1
    Adjective · masculine · plural · nominative ▸ **1** (Rom. 16,7)

    ἐπίσημον ▸ 2 + 1 = 3
    Adjective · feminine · singular · accusative ▸ **2** (Esth. 16,22 # 8,12u; 2Mac. 15,36)
    Adjective · masculine · singular · accusative ▸ **1** (Matt. 27,16)

    ἐπίσημος ▸ 2
    Adjective · feminine · singular · nominative ▸ **1** (Esth. 5,4)
    Adjective · masculine · singular · nominative ▸ **1** (3Mac. 6,1)

    ἐπισήμῳ ▸ 4
    Adjective · masculine · singular · dative ▸ **2** (1Mac. 11,37; 1Mac. 14,48)
    Adjective · neuter · singular · dative ▸ **2** (Sol. 2,6; Sol. 17,30)

ἐπισιτίζομαι (ἐπί; σῖτος) to furnish oneself with food ▸ 1
    ἐπεσιτίσαντο ▸ 1
    Verb · third · plural · aorist · middle · indicative ▸ **1** (Josh. 9,4)

ἐπισιτισμός (ἐπί; σῖτος) food, provisions ▸ 13 + 2 + 1 = 16
    ἐπισιτισμόν ▸ 1 + 1 = 2
    Noun · masculine · singular · accusative · (common) ▸ 1 + 1 = **2** (Josh. 1,11; Luke 9,12)

    ἐπισιτισμόν ▸ 10 + 2 = 12
    Noun · masculine · singular · accusative · (common) ▸ 10 + 2 = **12** (Gen. 42,25; Gen. 45,21; Ex. 12,39; Josh. 9,11; Judg. 7,8; Judg. 20,10; 1Sam. 22,10; Judith 2,18; Judith 4,5; Psa. 77,25; Judg. 7,8; Judg. 20,10)

    ἐπισιτισμοῦ ▸ 2
    Noun · masculine · singular · genitive · (common) ▸ **2** (Josh. 9,5; Josh. 9,14)

ἐπισκάζω (ἐπί; σκάζω) to limp on ▸ 1
    ἐπέσκαζεν ▸ 1
    Verb · third · singular · imperfect · active · indicative ▸ **1** (Gen. 32,32)

ἐπισκεπάζω (ἐπί; σκέπω) to cover ▸ 2
    ἐπεσκέπασας ▸ 1
    Verb · second · singular · aorist · active · indicative ▸ **1** (Lam. 3,44)

    Ἐπεσκέπασας ▸ 1
    Verb · second · singular · aorist · active · indicative ▸ **1** (Lam. 3,43)

ἐπισκέπτομαι (ἐπί; σκοπός) to visit, care for ▸ 164 + 6 + 11 = 181
    ἐπέσκεμμαι ▸ 1
    Verb · first · singular · perfect · middle · indicative ▸ **1** (Ex. 3,16)

    ἐπεσκεμμένοι ▸ 17
    Verb · perfect · passive · participle · masculine · plural · nominative ▸ **17** (Num. 2,4; Num. 2,6; Num. 2,8; Num. 2,9; Num. 2,11; Num. 2,13; Num. 2,15; Num. 2,16; Num. 2,19; Num. 2,21; Num. 2,23; Num. 2,24; Num. 2,26; Num. 2,28; Num. 2,30; Num. 2,31; Num. 4,46)

    ἐπεσκεμμένων ▸ 2
    Verb · perfect · passive · participle · masculine · plural · genitive ▸ **2** (Ex. 39,2; Num. 26,64)

    ἐπεσκέπη ▸ 3 + 1 = 4
    Verb · third · singular · aorist · passive · indicative ▸ 3 + 1 = **4** (Judg. 21,9; 1Sam. 20,25; 1Sam. 20,27; Judg. 21,9)

    ἐπεσκέπησαν ▸ 14 + 3 = 17
    Verb · third · plural · aorist · passive · indicative ▸ 14 + 3 = **17** (Num. 1,19; Num. 1,47; Num. 4,38; Num. 4,49; Num. 26,54; Judg. 20,15; Judg. 20,15; Judg. 20,17; 2Sam. 2,30; 1Kings 21,27; 1Chr. 26,31; Neh. 7,1; Neh. 12,42; Sir. 49,15; Judg. 20,15; Judg. 20,15; Judg. 20,17)

    Ἐπεσκέπησαν ▸ 1
    Verb · third · plural · aorist · passive · indicative ▸ **1** (Num. 4,42)

    ἐπέσκεπται ▸ 2
    Verb · third · singular · perfect · middle · indicative ▸ **2** (Ruth 1,6; Zeph. 2,7)

    Ἐπέσκεπται ▸ 1
    Verb · third · singular · perfect · middle · indicative ▸ **1** (Num. 16,5)

    ἐπεσκεψάμεθα ▸ 1
    Verb · first · plural · aorist · middle · indicative ▸ **1** (Ezra 4,19)

    ἐπεσκεψάμην ▸ 2
    Verb · first · singular · aorist · middle · indicative ▸ **2** (Jer. 30,2; Jer. 51,13)

    ἐπεσκέψαντο ▸ 5
    Verb · third · plural · aorist · middle · indicative ▸ **5** (Num. 1,44; Num. 3,16; Num. 26,63; Num. 26,64; 1Sam. 14,17)

    ἐπεσκέψασθε ▸ 1
    Verb · second · plural · aorist · middle · indicative ▸ **1** (Jer. 23,2)

    ἐπεσκέψασθέ ▸ 2
    Verb · second · plural · aorist · middle · indicative ▸ **2** (Matt. 25,36; Matt. 25,43)

    ἐπεσκέψατο ▸ 26 + 1 + 3 = 30
    Verb · third · singular · aorist · middle · indicative ▸ 26 + 1 + 3 = **30** (Gen. 21,1; Ex. 4,31; Num. 3,39; Num. 3,42; Num. 4,34; Num. 4,37; Num. 4,41; Num. 4,45; Num. 4,46; Num. 4,49; Josh. 8,10; Judg. 15,1; 1Sam. 2,21; 1Sam. 13,15; 2Sam. 18,1; 1Kings 21,15; 1Kings 21,15; 1Kings 21,26; 2Kings 3,6; Ezra 1,2; Ezra 6,1; Judith 7,7; Ode. 9,68; Ode. 9,78; Sir. 46,14; Lam. 4,22; Judg. 15,1; Luke 1,68; Luke 7,16; Acts 15,14)

    ἐπεσκέψω ▸ 4
    Verb · second · singular · aorist · middle · indicative ▸ **4** (2Chr. 24,6; Psa. 16,3; Psa. 64,10; Ezek. 23,21)

    ἐπισκεπέντες ▸ 1

ἐπισκέπτομαι–ἐπίσκεψις

Verb · aorist · passive · participle · masculine · plural · nominative ▸ **1** (Num. 4,48)

ἐπισκεπῇ ▸ **1**
  Verb · third · singular · aorist · passive · subjunctive ▸ **1** (2Kings 10,19)

ἐπισκεπῆναι ▸ **1 + 1 = 2**
  Verb · aorist · passive · infinitive ▸ **1 + 1 = 2** (Judg. 21,3; Judg. 21,3)

ἐπισκεπήσεται ▸ **1**
  Verb · third · singular · future · passive · indicative ▸ **1** (1Sam. 20,18)

ἐπισκεπήσῃ ▸ **1**
  Verb · second · singular · future · passive · indicative ▸ **1** (1Sam. 20,18)

ἐπισκεπήτω ▸ **3**
  Verb · third · singular · aorist · passive · imperative ▸ **3** (2Kings 10,19; 1Esdr. 6,20; Ezra 5,17)

ἐπισκέπτεσθαι ▸ **2 + 1 = 3**
  Verb · present · middle · infinitive ▸ **2 + 1 = 3** (Psa. 26,4; Sir. 7,35; James 1,27)

ἐπισκέπτεται ▸ **4**
  Verb · third · singular · present · middle · indicative ▸ **4** (1Sam. 11,8; 1Sam. 15,4; Sir. 17,32; Sol. 3,7)

ἐπισκέπτῃ ▸ **2 + 1 = 3**
  Verb · second · singular · present · middle · indicative ▸ **2 + 1 = 3** (Psa. 8,5; Sol. 9,4; Heb. 2,6)

ἐπισκέπτηται ▸ **3**
  Verb · third · singular · present · middle · subjunctive ▸ **3** (Sir. 2,14; Sol. 3,11; Sol. 15,12)

ἐπισκεπτόμενος ▸ **2**
  Verb · present · middle · participle · masculine · singular · nominative ▸ **2** (1Sam. 20,6; Job 35,15)

ἐπισκέπτου ▸ **1**
  Verb · second · singular · present · middle · imperative ▸ **1** (Sir. 7,22)

ἐπισκέπτωμαι ▸ **1**
  Verb · first · singular · present · middle · subjunctive ▸ **1** (Ex. 32,34)

ἐπισκέπτωνταί ▸ **1**
  Verb · third · plural · present · middle · subjunctive ▸ **1** (Jer. 13,21)

ἐπισκεφθῇ ▸ **1**
  Verb · third · singular · aorist · passive · subjunctive ▸ **1** (1Esdr. 2,16)

ἐπισκεφθήσεται ▸ **1**
  Verb · third · singular · future · passive · indicative ▸ **1** (Jer. 3,16)

ἐπίσκεψαι ▸ **4**
  Verb · second · singular · aorist · middle · imperative ▸ **4** (Num. 4,23; 2Sam. 24,2; Psa. 79,15; Psa. 105,4)

Ἐπίσκεψαι ▸ **2**
  Verb · second · singular · aorist · middle · imperative ▸ **2** (Num. 3,15; Num. 3,40)

ἐπίσκεψαί ▸ **1**
  Verb · second · singular · aorist · middle · imperative ▸ **1** (Jer. 15,15)

ἐπισκεψάμενοι ▸ **1**
  Verb · aorist · middle · participle · masculine · plural · nominative ▸ **1** (2Mac. 11,36)

ἐπισκέψασθαι ▸ **7 + 1 = 8**
  Verb · aorist · middle · infinitive ▸ **7 + 1 = 8** (2Sam. 24,4; 1Esdr. 2,21; 1Esdr. 6,22; Ezra 7,14; Judith 4,15; Psa. 58,6; Job 2,11; Acts 7,23)

ἐπισκέψασθαί ▸ **1**
  Verb · aorist · middle · infinitive ▸ **1** (Judith 13,20)

ἐπισκέψασθε ▸ **7 + 1 = 8**
  Verb · second · plural · aorist · middle · imperative ▸ **7 + 1 = 8** (Num. 1,3; Num. 1,3; Num. 3,15; Num. 4,29; Num. 4,30; Num. 4,32; Mal. 3,10; Acts 6,3)

Ἐπισκέψασθε ▸ **2**
  Verb · second · plural · aorist · middle · imperative ▸ **2** (1Sam. 14,17; 2Kings 9,34)

Ἐπισκεψάσθω ▸ **1**
  Verb · third · singular · aorist · middle · imperative ▸ **1** (Num. 27,16)

ἐπισκέψεται ▸ **6 + 1 = 7**
  Verb · third · singular · future · middle · indicative ▸ **6 + 1 = 7** (Gen. 50,24; Gen. 50,25; Ex. 13,19; Lev. 13,36; Judith 8,33; Zech. 10,3; Luke 1,78)

ἐπισκέψῃ ▸ **2**
  Verb · second · singular · future · middle · indicative ▸ **2** (Num. 4,27; 1Sam. 20,19)

ἐπισκέψηται ▸ **3**
  Verb · third · singular · aorist · middle · subjunctive ▸ **3** (Ezra 4,15; Sir. 35,18; Zech. 11,16)

ἐπισκέψηταί ▸ **1**
  Verb · third · singular · aorist · middle · subjunctive ▸ **1** (1Sam. 20,6)

ἐπισκέψομαι ▸ **17**
  Verb · first · singular · future · middle · indicative ▸ **17** (Psa. 88,33; Zech. 10,3; Jer. 5,9; Jer. 5,29; Jer. 9,8; Jer. 9,24; Jer. 11,22; Jer. 34,8; Jer. 36,10; Jer. 36,32; Jer. 37,20; Jer. 39,41; Jer. 43,31; Jer. 51,13; Jer. 51,29; Ezek. 20,40; Ezek. 34,11)

ἐπισκεψόμεθα ▸ **1**
  Verb · first · plural · future · middle · indicative ▸ **1** (Judith 5,20)

ἐπισκέψωμαι ▸ **1**
  Verb · first · singular · aorist · middle · subjunctive ▸ **1** (Hos. 4,14)

ἐπισκεψώμεθα ▸ **1**
  Verb · first · plural · aorist · middle · subjunctive ▸ **1** (Acts 15,36)

ἐπισκέψωνται ▸ **1**
  Verb · third · plural · aorist · middle · subjunctive ▸ **1** (1Esdr. 8,12)

ἐπισκευάζομαι (ἐπί; σκεῦος) to make ready ▸ **1**
  ἐπισκευασάμενοι ▸ **1**
    Verb · aorist · middle · participle · masculine · plural · nominative ▸ **1** (Acts 21,15)

ἐπισκευάζω (ἐπί; σκεῦος) to equip; to repair ▸ **8**
  ἐπεσκεύασεν ▸ **2**
    Verb · third · singular · aorist · active · indicative ▸ **2** (2Chr. 29,3; 1Mac. 12,37)
  ἐπισκευάζῃ ▸ **1**
    Verb · third · singular · present · active · subjunctive ▸ **1** (Ex. 30,7)
  ἐπισκευάσαι ▸ **4**
    Verb · aorist · active · infinitive ▸ **4** (2Chr. 24,4; 2Chr. 24,12; 2Chr. 24,12; 2Chr. 34,10)
  ἐπισκευασθῆναι ▸ **1**
    Verb · aorist · passive · infinitive ▸ **1** (1Sam. 3,3)

ἐπίσκεψις (ἐπί; σκοπός) census, inspection ▸ **60**
  ἐπισκέψεως ▸ **20**
    Noun · feminine · singular · genitive · (common) ▸ **20** (Num. 3,43; Num. 26,14; Num. 26,21; Num. 26,23; Num. 26,27; Num. 26,31; Num. 26,38; Num. 26,41; Num. 26,45; Num. 26,50; Num.

26,62; 2Sam. 24,9; 1Chr. 21,5; 1Chr. 26,30; 2Mac. 14,20; 3Mac. 7,12; Jer. 11,23; Jer. 23,12; Jer. 28,18; Jer. 31,44)

  ἐπίσκεψιν ▸ 9

    Noun · feminine · singular · accusative · (common) ▸ **9** (Ex. 30,13; Ex. 30,14; Ex. 39,3; Num. 16,29; 1Chr. 23,11; 1Chr. 23,24; 1Chr. 24,3; 2Mac. 3,14; 2Mac. 5,18)

  ἐπίσκεψις ▸ 31

    Noun · feminine · singular · nominative · (common) ▸ **31** (Num. 1,21; Num. 1,23; Num. 1,25; Num. 1,27; Num. 1,29; Num. 1,31; Num. 1,33; Num. 1,35; Num. 1,37; Num. 1,39; Num. 1,41; Num. 1,43; Num. 1,44; Num. 1,45; Num. 2,32; Num. 2,32; Num. 3,22; Num. 3,22; Num. 3,34; Num. 3,36; Num. 3,39; Num. 4,36; Num. 4,37; Num. 4,40; Num. 4,41; Num. 4,44; Num. 4,45; Num. 26,7; Num. 26,51; Num. 26,63; 1Chr. 24,19)

ἐπισκηνόω (ἐπί; σκηνή) to rest ▸ 1

  ἐπισκηνώσῃ ▸ 1

    Verb · third · singular · aorist · active · subjunctive ▸ 1 (2Cor. 12,9)

ἐπισκιάζω (ἐπί; σκιά) to overshadow ▸ 4 + 5 = 9

  ἐπεσκίαζεν ▸ 1 + 1 = 2

    Verb · third · singular · imperfect · active · indicative ▸ 1 + 1 = 2 (Ex. 40,35; Luke 9,34)

  ἐπεσκίασας ▸ 1

    Verb · second · singular · aorist · active · indicative ▸ 1 (Psa. 139,8)

  ἐπεσκίασεν ▸ 1

    Verb · third · singular · aorist · active · indicative ▸ 1 (Matt. 17,5)

  ἐπισκιάζει ▸ 1

    Verb · third · singular · present · active · indicative ▸ 1 (Prov. 18,11)

  ἐπισκιάζουσα ▸ 1

    Verb · present · active · participle · feminine · singular · nominative ▸ 1 (Mark 9,7)

  ἐπισκιάσει ▸ 1 + 1 = 2

    Verb · third · singular · future · active · indicative ▸ 1 + 1 = 2 (Psa. 90,4; Luke 1,35)

  ἐπισκιάσῃ ▸ 1

    Verb · third · singular · aorist · active · subjunctive ▸ 1 (Acts 5,15)

ἐπισκοπέω (ἐπί; σκοπός) to see to it, oversee, take care ▸ 4 + 2 = 6

  ἐπισκοπεῖν ▸ 1

    Verb · present · active · infinitive ▸ 1 (2Chr. 34,12)

  ἐπισκοπεῖται ▸ 2

    Verb · third · singular · present · middle · indicative ▸ 1 (Deut. 11,12)

    Verb · third · singular · present · passive · indicative ▸ 1 (Prov. 19,23)

  ἐπισκοποῦντες ▸ 2

    Verb · present · active · participle · masculine · plural · nominative ▸ 2 (Heb. 12,15; 1Pet. 5,2)

  ἐπισκοπῶν ▸ 1

    Verb · present · active · participle · masculine · singular · nominative ▸ 1 (Esth. 2,11)

ἐπισκοπή (ἐπί; σκοπός) visitation, office, census; providence ▸ 45 + 4 = 49

  ἐπισκοπή ▸ 1

    Noun · feminine · singular · nominative · (common) ▸ 1 (Job 10,12)

  ἐπισκοπὴ ▸ 14

    Noun · feminine · singular · nominative · (common) ▸ **14** (Lev. 19,20; Num. 4,16; Num. 14,29; Num. 16,29; Job 6,14; Job 34,9; Job 34,9; Wis. 2,20; Wis. 4,15; Wis. 14,11; Wis. 19,15; Sir. 23,24; Is. 24,22; Is. 29,6)

  ἐπισκοπῇ ▸ 10

    Noun · feminine · singular · dative · (common) ▸ **10** (Gen. 50,24; Gen. 50,25; Ex. 30,12; Ex. 30,12; Wis. 3,13; Sir. 16,18; Sir. 34,6; Sol. 10,4; Sol. 11,1; Sol. 11,6)

  Ἐπισκοπῇ ▸ 2

    Noun · feminine · singular · dative · (common) ▸ **2** (Ex. 3,16; Ex. 13,19)

  ἐπισκοπήν ▸ 2

    Noun · feminine · singular · accusative · (common) ▸ **2** (Job 31,14; Ezek. 7,22)

  ἐπισκοπὴν ▸ 9 + 1 = 10

    Noun · feminine · singular · accusative · (common) ▸ 9 + 1 = **10** (Num. 26,18; Num. 26,47; 3Mac. 5,42; Psa. 108,8; Prov. 29,13; Job 7,18; Job 24,12; Job 29,4; Is. 23,17; Acts 1,20)

  ἐπισκοπῆς ▸ 7 + 3 = 10

    Noun · feminine · singular · genitive · (common) ▸ 7 + 3 = **10** (Num. 7,2; 1Esdr. 6,5; Wis. 3,7; Sir. 18,20; Is. 10,3; Jer. 6,15; Jer. 10,15; Luke 19,44; 1Tim. 3,1; 1Pet. 2,12)

ἐπίσκοπος (ἐπί; σκοπός) overseer, bishop, guardian ▸ 15 + 1 + 5 = 21

  ἐπίσκοποι ▸ 1

    Noun · masculine · plural · nominative · (common) ▸ 1 (2Chr. 34,12)

  ἐπισκόποις ▸ 2 + 1 = 3

    Noun · masculine · plural · dative · (common) ▸ 2 + 1 = **3** (Num. 31,14; 2Kings 11,15; Phil. 1,1)

  ἐπίσκοπον ▸ 3

    Noun · masculine · singular · accusative ▸ **3** (1Tim. 3,2; Titus 1,7; 1Pet. 2,25)

  ἐπίσκοπος ▸ 6 + 1 = 7

    Noun · masculine · singular · nominative · (common) ▸ 6 + 1 = **7** (Num. 4,16; Judg. 9,28; Neh. 11,9; Neh. 11,14; Neh. 11,22; Wis. 1,6; Judg. 9,28)

  ἐπισκόπου ▸ 1

    Noun · masculine · singular · genitive · (common) ▸ 1 (Job 20,29)

  ἐπισκόπους ▸ 3 + 1 = 4

    Noun · masculine · plural · accusative · (common) ▸ 3 + 1 = **4** (2Kings 11,18; 1Mac. 1,51; Is. 60,17; Acts 20,28)

  ἐπισκόπων ▸ 2

    Noun · masculine · plural · genitive · (common) ▸ **2** (2Kings 12,12; 2Chr. 34,17)

ἐπισπάομαι (ἐπί; σπάω) to remove marks of circumcision ▸ 11

  ἐπεσπάσαντο ▸ 1

    Verb · third · plural · aorist · middle · indicative ▸ 1 (Wis. 19,3)

  ἐπεσπάσατο ▸ 1

    Verb · third · singular · aorist · middle · indicative ▸ 1 (Gen. 39,12)

  ἐπεσπῶντο ▸ 1

    Verb · third · plural · imperfect · middle · indicative ▸ 1 (4Mac. 10,12)

  ἐπίσπασαι ▸ 1

    Verb · second · singular · aorist · middle · imperative ▸ 1 (Nah. 3,14)

  ἐπισπασάμενοι ▸ 1

    Verb · aorist · middle · participle · masculine · plural · nominative ▸ 1 (4Mac. 9,28)

  ἐπισπάσασθαι ▸ 1

    Verb · aorist · middle · infinitive ▸ 1 (1Mac. 14,1)

  ἐπισπᾶσθαι ▸ 1

ἐπισπάομαι–ἐπίσταμαι

      Verb · present · middle · infinitive ▸ **1** (4Mac. 5,2)
   ἐπισπᾶσθε ▸ **1**
      Verb · second · plural · present · middle · imperative ▸ **1** (Wis. 1,12)
   ἐπισπασώμεθα ▸ **1**
      Verb · first · plural · aorist · middle · subjunctive ▸ **1** (Judith 12,12)
   ἐπισπώμενοι ▸ **2**
      Verb · present · middle · participle · masculine · plural · nominative ▸ **2** (3Mac. 3,10; Is. 5,18)
ἐπίσπαστρον (ἐπί; σπάω)   curtain ▸ **1**
   ἐπίσπαστρον ▸ **1**
      Noun · neuter · singular · accusative · (common) ▸ **1** (Ex. 26,36)
ἐπισπάω (ἐπί; σπάω)   to draw in, bring upon; remove marks of circumcision ▸ **1**
   ἐπισπάσθω ▸ **1**
      Verb · third · singular · present · middle · imperative ▸ **1** (1Cor. 7,18)
ἐπισπείρω (ἐπί; σπείρω)   to sow more ▸ **1**
   ἐπέσπειρεν ▸ **1**
      Verb · third · singular · aorist · active · indicative ▸ **1** (Matt. 13,25)
ἐπισπεύδω (ἐπί; σπεύδω)   to hasten to ▸ **3**
   ἐπισπεύδοντες ▸ **2**
      Verb · present · active · participle · masculine · plural · nominative ▸ **2** (Esth. 6,14; Prov. 6,18)
   ἐπισπεύδων ▸ **1**
      Verb · present · active · participle · masculine · singular · nominative ▸ **1** (1Esdr. 1,25)
ἐπισπλαγχνίζομαι (ἐπί; σπλάγχνον)   to have compassion ▸ **1**
   ἐπισπλαγχνιζόμενος ▸ **1**
      Verb · present · middle · participle · masculine · singular · nominative ▸ **1** (Prov. 17,5)
ἐπισπουδάζω (ἐπί; σπεύδω)   to urge on ▸ **3**
   ἐπεσπούδαζον ▸ **1**
      Verb · third · plural · imperfect · active · indicative ▸ **1** (Gen. 19,15)
   ἐπισπουδαζομένη ▸ **2**
      Verb · present · passive · participle · feminine · singular · nominative ▸ **2** (Prov. 13,11; Prov. 20,20 # 20,9b)
ἐπισπουδαστής (ἐπί; σπεύδω)   an exhorter, compeller ▸ **1**
   ἐπισπουδαστής ▸ **1**
      Noun · masculine · singular · nominative · (common) ▸ **1** (Is. 14,4)
ἐπίσταμαι (ἐπί; ἵστημι)   to know ▸ **59** + **6** + **14** = **79**
   ἐπίσταμαι ▸ **11** + **3** + **2** = **16**
      Verb · first · singular · present · middle · indicative ▸ **11** + **3** = **14** (Ex. 4,14; Ex. 9,30; Deut. 31,27; Josh. 2,5; Tob. 6,13; Job 32,22; Is. 29,12; Is. 37,28; Is. 66,18; Jer. 1,6; Ezek. 11,5; Tob. 5,6; Tob. 5,10; Tob. 6,13)
      Verb · first · singular · present · passive · indicative ▸ **2** (Mark 14,68; Acts 19,15)
   Ἐπίσταμαι ▸ **2** + **1** = **3**
      Verb · first · singular · present · middle · indicative ▸ **1** + **1** = **2** (Josh. 2,9; Tob. 11,7)
      Verb · first · singular · perfect · middle · indicative ▸ **1** (Tob. 11,7)
   ἐπίσταμαί ▸ **1**
      Verb · first · singular · present · middle · indicative ▸ **1** (Jer. 1,5)
   ἐπισταμένη ▸ **1**
      Verb · present · middle · participle · feminine · singular · nominative ▸ **1** (Wis. 9,9)
   ἐπιστάμενοι ▸ **2**
      Verb · present · middle · participle · masculine · plural · nominative ▸ **2** (Num. 32,11; Bar. 3,26)
   ἐπιστάμενον ▸ **2**
      Verb · present · middle · participle · masculine · singular · accusative ▸ **2** (2Chr. 2,6; 2Chr. 2,11)
   ἐπιστάμενος ▸ **2** + **4** = **6**
      Verb · present · middle · participle · masculine · singular · nominative ▸ **2** (Num. 24,16; Job 7,20)
      Verb · present · passive · participle · masculine · singular · nominative ▸ **4** (Acts 18,25; Acts 24,10; 1Tim. 6,4; Heb. 11,8)
   ἐπισταμένου ▸ **1**
      Verb · present · middle · participle · masculine · singular · genitive ▸ **1** (Is. 29,12)
   ἐπισταμένους ▸ **2**
      Verb · present · middle · participle · masculine · plural · accusative ▸ **2** (1Esdr. 8,23; 1Esdr. 8,23)
   ἐπισταμένῳ ▸ **1**
      Verb · present · middle · participle · masculine · singular · dative ▸ **1** (Is. 29,11)
   ἐπισταμένων ▸ **1**
      Verb · present · middle · participle · masculine · plural · genitive ▸ **1** (Sol. 5,1)
   ἐπίστανται ▸ **1** + **2** = **3**
      Verb · third · plural · present · middle · indicative ▸ **1** (Prov. 14,22)
      Verb · third · plural · present · passive · indicative ▸ **2** (Acts 22,19; Jude 10)
   ἐπίστανταί ▸ **1**
      Verb · third · plural · present · middle · indicative ▸ **1** (Is. 55,5)
   ἐπίστασαι ▸ **5** + **1** = **6**
      Verb · second · singular · present · middle · indicative ▸ **5** + **1** = **6** (Deut. 20,20; Deut. 28,33; Deut. 28,36; Job 38,20; Job 38,33; Sus. 43)
   ἐπίστασθαί ▸ **1**
      Verb · present · middle · infinitive ▸ **1** (Wis. 15,3)
   ἐπίστασθε ▸ **2** + **5** = **7**
      Verb · second · plural · present · middle · indicative ▸ **2** (Job 13,2; Ezek. 17,12)
      Verb · second · plural · present · passive · indicative ▸ **5** (Acts 10,28; Acts 15,7; Acts 19,25; Acts 20,18; James 4,14)
   ἐπίσταται ▸ **8** + **1** = **9**
      Verb · third · singular · present · middle · indicative ▸ **8** (Prov. 9,13; Prov. 10,21; Prov. 15,2; Prov. 29,7; Job 14,21; Job 37,16; Wis. 8,8; Sol. 14,8)
      Verb · third · singular · present · passive · indicative ▸ **1** (Acts 26,26)
   ἐπίστῃ ▸ **7**
      Verb · second · singular · present · middle · indicative ▸ **5** (Num. 20,14; Josh. 14,6; Job 38,4; Jer. 17,16; Ezek. 37,3)
      Verb · second · singular · present · middle · subjunctive ▸ **2** (Gen. 47,5; Deut. 22,2)
   Ἐπίστῃ ▸ **1**
      Verb · second · singular · present · middle · subjunctive ▸ **1** (Tob. 5,5)
   ἐπίστησθε ▸ **1**
      Verb · second · plural · present · middle · subjunctive ▸ **1** (Josh. 3,4)
   ἐπιστῶνται ▸ **1**
      Verb · third · plural · present · middle · subjunctive ▸ **1** (Is.

41,20)

ἠπιστάμην ▸ 2
: **Verb** · first · singular · imperfect · middle · indicative ▸ 2 (Num. 22,34; Job 42,3)

ἠπίσταντο ▸ 1
: **Verb** · third · plural · imperfect · middle · indicative ▸ 1 (Deut. 29,25)

ἠπίσταντό ▸ 1
: **Verb** · third · plural · imperfect · middle · indicative ▸ 1 (Jer. 2,8)

ἠπίστω ▸ 2
: **Verb** · second · singular · imperfect · middle · indicative ▸ 2 (Deut. 28,64; Is. 48,8)

ἐπίστασις (ἐπί; ἵστημι) pressure, burden, stirring up ▸ 2

ἐπίστασιν ▸ 1
: **Noun** · feminine · singular · accusative ▸ 1 (Acts 24,12)

ἐπίστασίς ▸ 1
: **Noun** · feminine · singular · nominative ▸ 1 (2Cor. 11,28)

ἐπιστατέω (ἐπί; ἵστημι) to be in charge of, control ▸ 1

ἐπεστάτουν ▸ 1
: **Verb** · third · plural · imperfect · active · indicative ▸ 1 (1Esdr. 7,2)

ἐπιστάτης (ἐπί; ἵστημι) chief, commander, Master ▸ 12 + 7 = 19

ἐπιστάτα ▸ 7
: **Noun** · masculine · singular · vocative ▸ 7 (Luke 5,5; Luke 8,24; Luke 8,24; Luke 8,45; Luke 9,33; Luke 9,49; Luke 17,13)

ἐπιστάται ▸ 4
: **Noun** · masculine · plural · nominative · (common) ▸ 4 (1Kings 2,35h; 1Kings 5,30; 2Chr. 2,1; 1Esdr. 1,8)

ἐπιστάτας ▸ 3
: **Noun** · masculine · plural · accusative · (common) ▸ 3 (Ex. 1,11; Judith 2,14; 2Mac. 5,22)

ἐπιστάτην ▸ 1
: **Noun** · masculine · singular · accusative · (common) ▸ 1 (Jer. 36,26)

ἐπιστάτης ▸ 3
: **Noun** · masculine · singular · genitive · (common) ▸ 3 (2Kings 25,19; 2Chr. 31,12; Jer. 52,25)

ἐπιστατῶν ▸ 1
: **Noun** · masculine · plural · genitive · (common) ▸ 1 (Ex. 5,14)

ἐπιστέλλω (ἐπί; στέλλω) to write ▸ 3

ἐπέστειλα ▸ 1
: **Verb** · first · singular · aorist · active · indicative ▸ 1 (Heb. 13,22)

ἐπεστείλαμεν ▸ 1
: **Verb** · first · plural · aorist · active · indicative ▸ 1 (Acts 21,25)

ἐπιστεῖλαι ▸ 1
: **Verb** · aorist · active · infinitive ▸ 1 (Acts 15,20)

ἐπιστήμη (ἐπί; ἵστημι) knowledge, skill, art; profession ▸ 61 + 1 = 62

ἐπιστήμη ▸ 14
: **Noun** · feminine · singular · nominative · (common) ▸ 13 (Ex. 36,1; Deut. 32,28; 4Mac. 11,21; Ode. 2,28; Job 12,12; Job 12,16; Job 28,28; Wis. 7,16; Sir. 19,22; Sir. 26,13; Sir. 38,3; Is. 33,6; Ezek. 28,17)
: **Noun** · feminine · singular · vocative · (common) ▸ 1 (4Mac. 5,35)

ἐπιστήμῃ ▸ 10
: **Noun** · feminine · singular · dative · (common) ▸ 10 (Neh. 8,8; Judith 11,8; Job 26,12; Job 34,35; Sir. 32,3; Sol. 2,33; Ezek. 28,3; Ezek. 28,4; Ezek. 28,5; Dan. 2,21)

ἐπιστήμην ▸ 22
: **Noun** · feminine · singular · accusative · (common) ▸ 22 (Ex. 36,2; Num. 24,16; 2Chr. 2,11; 1Esdr. 8,7; 4Mac. 1,2; 4Mac. 5,4; Eccl. 1,17; Job 21,22; Job 22,2; Job 32,6; Job 36,3; Job 38,36; Sir. 1,31 Prol.; Sir. 1,19; Sir. 10,30; Sir. 16,24; Sir. 16,25; Sir. 17,7; Sir. 17,11; Sir. 38,6; Sir. 39,7; Dan. 1,17)

ἐπιστήμης ▸ 15 + 1 = 16
: **Noun** · feminine · singular · genitive · (common) ▸ 15 + 1 = 16 (Ex. 31,3; Ex. 35,31; Job 28,12; Job 39,26; Wis. 8,4; Sir. 1,25; Sir. 33,11; Sir. 45,5; Sir. 50,27; Jer. 3,15; Bar. 3,20; Bar. 3,27; Bar. 3,37; Ezek. 28,7; Sus. 63; Dan. 1,20)

ἐπιστήμων (ἐπί; ἵστημι) understanding ▸ 14 + 1 = 15

ἐπιστήμονας ▸ 6
: **Adjective** · masculine · plural · accusative · noDegree ▸ 6 (Deut. 1,13; Deut. 1,15; 1Esdr. 8,43; 1Esdr. 8,46; Sir. 1,4 Prol.; Dan. 1,4)

ἐπιστήμονες ▸ 1
: **Adjective** · masculine · plural · nominative · noDegree ▸ 1 (Is. 5,21)

ἐπιστήμων ▸ 7 + 1 = 8
: **Adjective** · masculine · singular · nominative · noDegree ▸ 6 + 1 = 7 (Sir. 10,25; Sir. 21,15; Sir. 40,29; Sir. 47,12; Dan. 5,11; Dan. 6,4; James 3,13)
: **Adjective** · neuter · singular · nominative · noDegree ▸ 1 (Deut. 4,6)

ἐπιστήριγμα (ἐπί; στηρίζω) support ▸ 1

ἐπιστήριγμά ▸ 1
: **Noun** · neuter · singular · nominative · (common) ▸ 1 (2Sam. 22,19)

ἐπιστηρίζω (ἐπί; στηρίζω) to strengthen, support ▸ 13 + 2 + 4 = 19

ἐπεστήρικται ▸ 1
: **Verb** · third · singular · perfect · passive · indicative ▸ 1 (Judg. 16,26)

ἐπεστήρικτο ▸ 3
: **Verb** · third · singular · pluperfect · passive · indicative ▸ 3 (Gen. 28,13; Judg. 16,29; 2Sam. 1,6)

ἐπεστήριξαν ▸ 1
: **Verb** · third · plural · aorist · active · indicative ▸ 1 (Acts 15,32)

ἐπεστήρισας ▸ 1
: **Verb** · second · singular · aorist · active · indicative ▸ 1 (Psa. 37,3)

ἐπεστηρίσατο ▸ 1
: **Verb** · third · singular · aorist · middle · indicative ▸ 1 (Judg. 16,29)

ἐπεστήρισται ▸ 1
: **Verb** · third · singular · perfect · middle · indicative ▸ 1 (Judith 8,24)

ἐπεστηρίχθη ▸ 1 + 1 = 2
: **Verb** · third · singular · aorist · passive · indicative ▸ 1 + 1 = 2 (Psa. 87,8; Judg. 16,29)

ἐπεστηρίχθην ▸ 1
: **Verb** · first · singular · aorist · passive · indicative ▸ 1 (Psa. 70,6)

ἐπιστηριζομένη ▸ 1
: **Verb** · present · passive · participle · feminine · singular · nominative ▸ 1 (Song 8,5)

ἐπιστηρίζοντες ▸ 1
: **Verb** · present · active · participle · masculine · plural · nominative ▸ 1 (Acts 14,22)

ἐπιστηρίζων ▸ 2
: **Verb** · present · active · participle · masculine · singular · nominative ▸ 2 (Acts 15,41; Acts 18,23)

ἐπιστηρισθῇ ‣ 1
: **Verb** · third · singular · aorist · passive · subjunctive ‣ 1 (Is. 36,6)

ἐπιστηρίσομαι ‣ 1
: **Verb** · first · singular · future · middle · indicative ‣ 1 (Judg. 16,26)

ἐπιστηριχθήσομαι ‣ 1
: **Verb** · first · singular · future · passive · indicative ‣ 1 (Judg. 16,26)

ἐπιστηριῶ ‣ 1
: **Verb** · first · singular · future · active · indicative ‣ 1 (Psa. 31,8)

ἐπιστοιβάζω (ἐπί; στείβω)   to pile up ‣ 4
: ἐπιστοιβάσῃς ‣ 1
  : **Verb** · second · singular · aorist · active · subjunctive ‣ 1 (Sir. 8,3)
: ἐπιστοιβάσουσιν ‣ 3
  : **Verb** · third · plural · future · active · indicative ‣ 3 (Lev. 1,7; Lev. 1,8; Lev. 1,12)

ἐπιστολη (ἐπί; στέλλω)   letter, epistle ‣ 1
: ἐπιστολῆς ‣ 1
  : **Noun** · feminine · singular · genitive · (common) ‣ 1 (LetterJ 0)

ἐπιστολή (ἐπί; στέλλω)   letter, epistle ‣ 61 + 31 = 92
: ἐπιστολαί ‣ 4 + 1 = 5
  : **Noun** · feminine · plural · nominative · (common) ‣ 4 + 1 = 5 (Neh. 6,17; 1Mac. 5,14; 1Mac. 12,7; 2Mac. 11,16; 2Cor. 10,10)
: ἐπιστολαῖς ‣ 1 + 1 = 2
  : **Noun** · feminine · singular · dative · (common) ‣ 1 + 1 = 2 (2Chr. 30,6; 2Pet. 3,16)
: ἐπιστολάς ‣ 1
  : **Noun** · feminine · plural · accusative · (common) ‣ 1 (1Mac. 12,8)
: ἐπιστολάς ‣ 22 + 2 = 24
  : **Noun** · feminine · plural · accusative · (common) ‣ 22 + 2 = 24 (2Chr. 30,1; 1Esdr. 4,47; 1Esdr. 4,48; 1Esdr. 4,61; Neh. 2,7; Neh. 2,9; Neh. 6,19; 1Mac. 9,60; 1Mac. 10,3; 1Mac. 10,7; 1Mac. 10,17; 1Mac. 11,29; 1Mac. 12,2; 1Mac. 12,4; 1Mac. 12,17; 1Mac. 15,1; 1Mac. 15,15; 1Mac. 16,19; 2Mac. 2,13; Is. 18,2; Is. 39,1; Dan. 4,37c; Acts 9,2; Acts 22,5)
: ΕΠΙΣΤΟΛΗ ‣ 7
  : **Noun** · feminine · singular · nominative ‣ 7 (James 1,0; 1Pet. 1,0; 2Pet. 1,0; 1John 1,0; 2John 0; 3John 0; Jude 0)
: ἐπιστολή ‣ 1
  : **Noun** · feminine · singular · nominative ‣ 1 (Col. 4,16)
: ἐπιστολή ‣ 2 + 3 = 5
  : **Noun** · feminine · singular · nominative · (common) ‣ 2 + 3 = 5 (2Mac. 11,22; 2Mac. 11,27; 2Cor. 3,2; 2Cor. 3,3; 2Cor. 7,8)
: ἐπιστολῇ ‣ 3
  : **Noun** · feminine · singular · dative ‣ 3 (1Cor. 5,9; 2Cor. 7,8; 2Th. 3,17)
: ἐπιστολήν ‣ 2 + 1 = 3
  : **Noun** · feminine · singular · accusative · (common) ‣ 2 + 1 = 3 (1Esdr. 2,12; 1Esdr. 2,20; Acts 15,30)
: ἐπιστολήν ‣ 14 + 5 = 19
  : **Noun** · feminine · singular · accusative · (common) ‣ 14 + 5 = 19 (Ezra 4,6; Ezra 4,8; Neh. 2,8; Neh. 6,5; Esth. 11,1 # 10,3l; 1Mac. 13,35; 2Mac. 9,18; 2Mac. 11,34; 3Mac. 3,11; 3Mac. 3,25; 3Mac. 6,41; 3Mac. 7,10; Jer. 36,1; Dan. 4,37b; Acts 23,25; Acts 23,33; Rom. 16,22; 1Th. 5,27; 2Pet. 3,1)
: ἐπιστολῆς ‣ 11 + 3 = 14
  : **Noun** · feminine · singular · genitive · (common) ‣ 11 + 3 = 14 (1Esdr. 6,7; Ezra 4,11; Ezra 5,6; Esth. 13,1 # 3,13a; Esth. 16,1 # 8,12a; Esth. 16,19 # 8,12s; Esth. 9,26; Esth. 9,29; 1Mac. 8,22; 1Mac. 11,31; 3Mac. 3,30; 2Th. 2,2; 2Th. 2,15; 2Th. 3,14)
: ἐπιστολῶν ‣ 4 + 4 = 8
  : **Noun** · feminine · plural · genitive · (common) ‣ 4 + 4 = 8 (Esth. 3,14; 1Mac. 12,5; 1Mac. 12,19; 1Mac. 14,20; 1Cor. 16,3; 2Cor. 3,1; 2Cor. 10,9; 2Cor. 10,11)

ἐπιστομίζω (ἐπί; στόμα)   to silence ‣ 1
: ἐπιστομίζειν ‣ 1
  : **Verb** · present · active · infinitive ‣ 1 (Titus 1,11)

ἐπιστρατεία (ἐπί; στρατιά)   march against ‣ 1
: ἐπιστρατείας ‣ 1
  : **Noun** · feminine · singular · genitive · (common) ‣ 1 (3Mac. 3,14)

ἐπιστρατεύω (ἐπί; στρατιά)   to march against ‣ 6
: ἐπεστράτευσαν ‣ 3
  : **Verb** · third · plural · aorist · active · indicative ‣ 3 (Zech. 14,12; Is. 29,7; Is. 29,8)
: ἐπεστράτευσεν ‣ 1
  : **Verb** · third · singular · aorist · active · indicative ‣ 1 (2Mac. 12,27)
: ἐπιστρατεῦσαι ‣ 1
  : **Verb** · aorist · active · infinitive ‣ 1 (Is. 31,4)
: ἐπιστρατεύσαντα ‣ 1
  : **Verb** · aorist · active · participle · masculine · singular · accusative ‣ 1 (3Mac. 5,43)

ἐπιστράτηγος (ἐπί; στρατιά)   ruler, viceroy ‣ 1
: ἐπιστράτηγον ‣ 1
  : **Noun** · masculine · singular · accusative · (common) ‣ 1 (1Mac. 15,38)

ἐπιστρατοπεδεύω (ἐπί; στρατιά; πούς)   to encamp against ‣ 1
: ἐπεστρατοπέδευσαν ‣ 1
  : **Verb** · third · plural · aorist · active · indicative ‣ 1 (Judith 2,21)

ἐπιστρέφω (ἐπί; στρέφω)   to turn back, return, turn ‣ 497 + 53 + 36 = 586
: ἐπεστράφη ‣ 8
  : **Verb** · third · singular · aorist · passive · indicative ‣ 8 (1Sam. 22,18; 2Sam. 18,30; 1Kings 2,33; 2Kings 23,20; Jer. 3,10; Ezek. 26,2; Dan. 10,8; Dan. 10,16)
: ἐπεστράφησαν ‣ 8 + 2 = 10
  : **Verb** · third · plural · aorist · passive · indicative ‣ 8 + 2 = 10 (Ex. 16,10; Ex. 34,31; 1Sam. 4,19; 1Sam. 14,21; 2Kings 1,5; 4Mac. 13,5; Jer. 11,10; Jer. 41,10; Dan. 4,34; Dan. 4,36)
: ἐπεστράφητε ‣ 1
  : **Verb** · second · plural · aorist · passive · indicative ‣ 1 (1Pet. 2,25)
: ἐπέστρεφεν ‣ 1
  : **Verb** · third · singular · imperfect · active · indicative ‣ 1 (2Kings 3,4)
: ἐπέστρεφον ‣ 6
  : **Verb** · third · plural · imperfect · active · indicative ‣ 6 (Psa. 77,34; Ezek. 1,12; Ezek. 1,17; Ezek. 10,11; Ezek. 10,11; Ezek. 10,16)
: ἐπεστρέφοντο ‣ 1
  : **Verb** · third · plural · imperfect · middle · indicative ‣ 1 (Ezek. 1,9)
: ἐπέστρεψα ‣ 9 + 1 = 10
  : **Verb** · first · singular · aorist · active · indicative ‣ 9 + 1 = 10 (Neh. 2,15; Neh. 2,20; Neh. 13,9; Psa. 118,59; Eccl. 2,20; Eccl. 4,1; Eccl. 4,7; Zech. 5,1; Zech. 6,1; Rev. 1,12)
: Ἐπέστρεψα ‣ 1
  : **Verb** · first · singular · aorist · active · indicative ‣ 1 (Eccl. 9,11)
: ἐπεστρέψαμεν ‣ 2 + 1 = 3

Verb · first · plural · aorist · active · indicative ▸ 2 + 1 = **3** (Ezra 9,14; Neh. 4,9; Judg. 11,8)

ἐπέστρεψαν ▸ 32 + 4 + 2 = 38
Verb · third · plural · aorist · active · indicative ▸ 32 + 4 + 2 = **38** (Gen. 21,32; Gen. 44,13; Deut. 31,18; Judg. 18,21; Judg. 18,23; 1Kings 13,11; 1Kings 21,9; 2Kings 3,27; 2Kings 7,8; 2Kings 7,15; 2Kings 9,36; 2Kings 22,20; 2Chr. 14,14; 2Chr. 25,10; 2Chr. 28,15; 2Chr. 31,1; 1Esdr. 5,8; Ezra 2,1; Ezra 10,16; Neh. 7,6; Neh. 9,28; 1Mac. 9,16; 1Mac. 11,51; 1Mac. 11,73; 1Mac. 12,24; 1Mac. 12,26; 1Mac. 12,51; Psa. 77,41; Hos. 7,10; Jer. 29,3; Jer. 39,33; Jer. 41,15; Judg. 8,33; Judg. 18,21; Judg. 18,23; Judg. 20,48; Luke 2,39; Acts 9,35)

ἐπέστρεψας ▸ 2
Verb · second · singular · aorist · active · indicative ▸ **2** (1Kings 13,22; 1Mac. 10,55)

ἐπεστρέψατε ▸ 9 + 1 = 10
Verb · second · plural · aorist · active · indicative ▸ 9 + 1 = **10** (2Kings 1,5; Amos 4,6; Amos 4,8; Amos 4,9; Amos 4,10; Amos 4,11; Hag. 2,17; Jer. 41,16; Ezek. 34,4; 1Th. 1,9)

ἐπέστρεψεν ▸ 90 + 14 + 2 = 106
Verb · third · singular · aorist · active · indicative ▸ 90 + 14 + 2 = **106** (Ex. 4,20; Ex. 5,22; Num. 17,15; Judg. 7,15; Judg. 9,57; Judg. 14,8; Judg. 15,19; Ruth 1,14; Ruth 1,22; 1Sam. 14,27; 1Sam. 15,12; 1Sam. 30,19; 2Sam. 3,27; 2Sam. 6,20; 2Sam. 12,31; 2Sam. 16,8; 2Sam. 19,16; 2Sam. 19,40; 1Kings 13,6; 1Kings 13,19; 1Kings 13,23; 1Kings 13,29; 1Kings 13,33; 1Kings 13,33; 1Kings 18,43; 1Kings 19,7; 2Kings 2,13; 2Kings 2,25; 2Kings 4,31; 2Kings 4,35; 2Kings 4,38; 2Kings 5,14; 2Kings 5,15; 2Kings 5,21; 2Kings 5,26; 2Kings 8,3; 2Kings 8,29; 2Kings 9,23; 2Kings 13,25; 2Kings 13,25; 2Kings 14,22; 2Kings 14,28; 2Kings 16,6; 2Kings 16,18; 2Kings 17,3; 2Kings 19,8; 2Kings 19,9; 2Kings 20,11; 2Kings 21,3; 2Kings 22,9; 2Kings 23,25; 2Kings 23,34; 2Kings 24,1; 1Chr. 10,14; 1Chr. 16,43; 1Chr. 21,20; 2Chr. 6,3; 2Chr. 19,4; 2Chr. 20,27; 2Chr. 22,6; 2Chr. 25,24; 2Chr. 26,2; 2Chr. 26,20; 2Chr. 33,3; 2Chr. 33,13; 2Chr. 35,19b; Ezra 6,22; Esth. 6,12; Esth. 7,8; 1Mac. 1,20; 1Mac. 2,63; 1Mac. 5,68; 1Mac. 7,25; 1Mac. 9,50; 1Mac. 9,57; 1Mac. 10,66; 1Mac. 10,87; 1Mac. 11,7; 1Mac. 11,74; 1Mac. 12,35; 1Mac. 13,24; Psa. 22,3; Psa. 59,2; Zech. 4,1; Mal. 2,6; Lam. 2,8; Lam. 3,3; Ezek. 42,17; Ezek. 42,18; Ezek. 42,19; Judg. 6,14; Judg. 7,3; Judg. 8,13; Judg. 9,56; Judg. 9,57; Judg. 11,39; Judg. 15,4; Judg. 15,19; Judg. 18,26; Judg. 20,41; Judg. 21,14; Tob. 3,17; Dan. 4,36; Sus. 47; Luke 8,55; Acts 11,21)

ἐπέστρεψέν ▸ 1
Verb · third · singular · aorist · active · indicative ▸ **1** (Ezek. 44,1)

ἐπιστραφείς ▸ 2 + 2 = 4
Verb · aorist · passive · participle · masculine · singular · nominative ▸ 2 + 2 = **4** (Ex. 7,23; Wis. 16,7; Mark 5,30; Mark 8,33)

Ἐπιστραφείς ▸ 1 + 1 = 2
Verb · aorist · passive · participle · masculine · singular · nominative ▸ 1 + 1 = **2** (Num. 23,5; John 21,20)

ἐπιστραφέντες ▸ 6
Verb · aorist · passive · participle · masculine · plural · nominative ▸ **6** (Deut. 1,24; Deut. 1,40; Deut. 2,1; Deut. 3,1; 1Mac. 4,24; Bar. 4,28)

ἐπιστραφῇ ▸ 2
Verb · third · singular · aorist · passive · subjunctive ▸ **2** (Jer. 4,1; Jer. 18,8)

ἐπιστραφῆναι ▸ 3
Verb · aorist · passive · infinitive ▸ **3** (1Sam. 10,9; Job 33,23; Jer. 5,3)

ἐπιστραφῇς ▸ 2
Verb · second · singular · aorist · passive · subjunctive ▸ **2** (Deut. 30,10; Job 22,23)

ἐπιστραφήσεσθε ▸ 2
Verb · second · plural · future · passive · indicative ▸ **2** (2Sam. 10,5; Mal. 3,18)

ἐπιστραφήσεται ▸ 2
Verb · third · singular · future · passive · indicative ▸ **2** (1Kings 12,27; Jer. 4,1)

ἐπιστραφήσῃ ▸ 4
Verb · second · singular · future · passive · indicative ▸ **4** (Deut. 4,30; Deut. 4,39; Deut. 30,2; Deut. 30,8)

ἐπιστραφήσομαι ▸ 2
Verb · first · singular · future · passive · indicative ▸ **2** (Zech. 1,3; Mal. 3,7)

ἐπιστραφησόμεθα ▸ 1
Verb · first · plural · future · passive · indicative ▸ **1** (Lam. 5,21)

ἐπιστραφήσονται ▸ 5
Verb · third · plural · future · passive · indicative ▸ **5** (Deut. 31,20; Psa. 21,28; Job 36,10; Is. 19,22; Jer. 24,7)

ἐπιστραφῆτε ▸ 1
Verb · second · plural · aorist · passive · subjunctive ▸ **1** (Psa. 7,13)

ἐπιστράφητε ▸ 12
Verb · second · plural · aorist · passive · imperative ▸ **12** (Num. 14,25; Deut. 1,7; Deut. 2,3; Ruth 1,12; 2Kings 1,6; Hos. 14,3; Joel 2,13; Is. 31,6; Is. 45,22; Jer. 3,14; Jer. 3,22; Ezek. 18,30)

Ἐπιστράφητε ▸ 3
Verb · second · plural · aorist · passive · imperative ▸ **3** (Ruth 1,11; Joel 2,12; Ezek. 14,6)

ἐπιστράφητι ▸ 2
Verb · second · singular · aorist · passive · imperative ▸ **2** (Ruth 1,15; Is. 44,22)

Ἐπιστράφητι ▸ 3
Verb · second · singular · aorist · passive · imperative ▸ **3** (2Sam. 19,15; Hos. 14,2; Jer. 3,12)

ἐπιστραφήτω ▸ 3 + 1 = 4
Verb · third · singular · aorist · passive · imperative ▸ 3 + 1 = **4** (1Kings 17,21; 2Kings 20,10; Is. 55,7; Matt. 10,13)

ἐπίστρεφε ▸ 7
Verb · second · singular · present · active · imperative ▸ **7** (1Sam. 26,21; 2Sam. 2,22; 2Sam. 15,19; 2Kings 9,18; Song 7,1; Song 7,1; Song 7,1)

Ἐπίστρεφε ▸ 4
Verb · second · singular · present · active · imperative ▸ **4** (Num. 10,35; 2Chr. 18,33; Song 7,1; Sir. 17,25)

ἐπιστρέφει ▸ 4
Verb · third · singular · present · active · indicative ▸ **4** (2Sam. 17,3; Eccl. 1,6; Eccl. 3,20; Jer. 8,4)

ἐπιστρέφειν ▸ 5 + 1 + 2 = 8
Verb · present · active · infinitive ▸ 5 + 1 + 2 = **8** (Judg. 8,9; 2Chr. 30,9; 3Mac. 7,8; Hos. 6,11; Zeph. 3,20; Judg. 11,31; Acts 14,15; Acts 26,20)

ἐπιστρέφεις ▸ 1
Verb · second · singular · present · active · indicative ▸ **1** (2Sam. 15,27)

ἐπιστρέφετε ▸ 1 + 1 = 2
Verb · second · plural · present · active · indicative ▸ 1 + 1 = **2** (1Sam. 7,3; Gal. 4,9)

ἐπιστρέφετέ ▸ 1 + 1 = 2
Verb · second · plural · present · active · indicative ▸ 1 + 1 = **2** (Judg. 11,9; Judg. 11,9)

ἐπιστρέφω

ἐπιστρεφέτω ▸ 1
    Verb • third • singular • present • active • imperative ▸ 1 (Judg. 7,3)

ἐπιστρέφῃ ▸ 1
    Verb • third • singular • present • active • subjunctive ▸ 1 (2Kings 20,9)

ἐπιστρέφομεν ▸ 1
    Verb • first • plural • present • active • indicative ▸ 1 (Ruth 1,10)

ἐπιστρέφον ▸ 1
    Verb • present • active • participle • neuter • singular • nominative ▸ 1 (Psa. 77,39)

ἐπιστρέφοντα ▸ 1
    Verb • present • active • participle • masculine • singular • accusative ▸ 1 (Ruth 4,15)

ἐπιστρέφονται ▸ 1
    Verb • third • plural • present • middle • indicative ▸ 1 (Job 30,15)

ἐπιστρέφοντας ▸ 1
    Verb • present • active • participle • masculine • plural • accusative ▸ 1 (Psa. 84,9)

ἐπιστρέφοντες ▸ 2
    Verb • present • active • participle • masculine • plural • nominative ▸ 2 (2Chr. 12,11; Jer. 3,22)

ἐπιστρέφοντος ▸ 2
    Verb • present • active • participle • masculine • singular • genitive ▸ 2 (1Kings 21,22; 2Chr. 36,10)

ἐπιστρέφου ▸ 3
    Verb • second • singular • present • middle • imperative ▸ 3 (2Sam. 15,20; 2Kings 9,19; Bar. 4,2)

Ἐπιστρέφου ▸ 1
    Verb • second • singular • present • middle • imperative ▸ 1 (1Sam. 22,18)

ἐπιστρέφουσα ▸ 1
    Verb • present • active • participle • feminine • singular • nominative ▸ 1 (Ruth 1,22)

ἐπιστρεφούσῃ ▸ 1
    Verb • present • active • participle • feminine • singular • dative ▸ 1 (Ruth 4,3)

ἐπιστρέφουσιν ▸ 3 + 1 = 4
    Verb • present • active • participle • masculine • plural • dative ▸ 1 + 1 = 2 (Sir. 17,29; Acts 15,19)
    Verb • third • plural • present • active • indicative ▸ 2 (2Sam. 3,26; Eccl. 1,7)

ἐπιστρέφων ▸ 7
    Verb • present • active • participle • masculine • singular • nominative ▸ 7 (1Sam. 14,26; 2Sam. 15,8; 1Kings 22,28; 2Chr. 18,27; Psa. 18,8; Sir. 18,13; Lam. 1,16)

ἐπιστρέψαι ▸ 44 + 3 + 2 = 49
    Verb • aorist • active • infinitive ▸ 44 + 3 + 2 = 49 (Gen. 8,12; Judg. 6,18; Judg. 11,31; Ruth 1,7; 2Sam. 3,12; 2Sam. 12,23; 2Sam. 14,13; 2Sam. 19,11; 2Sam. 19,12; 2Sam. 19,13; 2Sam. 19,44; 1Kings 12,21; 1Kings 13,4; 1Kings 13,16; 1Kings 22,27; 2Chr. 11,1; 2Chr. 18,26; 2Chr. 24,19; 2Chr. 33,19; 2Chr. 36,13; Neh. 9,17; Neh. 9,26; Neh. 9,29; 1Mac. 3,33; 1Mac. 5,19; 1Mac. 5,54; Psa. 13,7; Psa. 52,7; Psa. 125,1; Sir. 5,7; Sir. 48,10; Hos. 5,4; Hos. 11,5; Jonah 1,13; Is. 49,6; Jer. 8,5; Jer. 9,4; Jer. 35,6; Jer. 41,16; Jer. 51,14; Jer. 51,14; Lam. 1,11; Lam. 2,14; Ezek. 38,12; Judg. 6,18; Judg. 11,35; Judg. 19,3; Luke 1,17; Acts 26,18)

ἐπιστρέψαντα ▸ 1
    Verb • aorist • active • participle • masculine • singular • accusative ▸ 1 (1Kings 13,20)

ἐπιστρέψαντες ▸ 4 + 1 = 5
    Verb • aorist • active • participle • masculine • plural • nominative ▸ 4 + 1 = 5 (Num. 21,33; Deut. 2,8; Neh. 8,17; Judith 5,19; Acts 15,36)

ἐπιστρέψαντος ▸ 2
    Verb • aorist • active • participle • masculine • singular • genitive ▸ 2 (2Sam. 11,1; 1Kings 21,26)

ἐπιστρέψας ▸ 11 + 2 + 6 = 19
    Verb • aorist • active • participle • masculine • singular • nominative ▸ 11 + 2 + 6 = 19 (Deut. 9,15; Deut. 10,5; 1Kings 13,26; 1Kings 19,6; 2Kings 23,16; Tob. 2,5; Tob. 3,17; 1Mac. 12,45; Psa. 70,20; Psa. 70,21; Psa. 84,7; Tob. 2,3; Tob. 2,5; Luke 22,32; Acts 9,40; Acts 16,18; James 5,20; 2Pet. 2,22; Rev. 1,12)

ἐπιστρέψατε ▸ 7 + 1 = 8
    Verb • second • plural • aorist • active • imperative ▸ 7 + 1 = 8 (2Chr. 30,6; Neh. 5,11; Mal. 3,7; Is. 46,8; Jer. 6,9; Lam. 1,12; Ezek. 14,6; Acts 3,19)

Ἐπιστρέψατε ▸ 4
    Verb • second • plural • aorist • active • imperative ▸ 4 (2Chr. 10,12; Tob. 13,8; Psa. 89,3; Zech. 1,3)

ἐπιστρεψάτω ▸ 1 + 3 = 4
    Verb • third • singular • aorist • active • imperative ▸ 1 + 3 = 4 (1Kings 13,6; Matt. 24,18; Mark 13,16; Luke 17,31)

ἐπιστρεψάτωσάν ▸ 1
    Verb • third • plural • aorist • active • imperative ▸ 1 (Psa. 118,79)

ἐπιστρέψει ▸ 39 + 15 + 1 = 55
    Verb • third • singular • future • active • indicative ▸ 39 + 15 + 1 = 55 (Deut. 28,60; Deut. 30,9; Josh. 19,27; Josh. 19,34; 1Sam. 26,23; 2Sam. 15,25; 2Sam. 16,12; 1Kings 12,26; 2Kings 5,10; 1Chr. 12,20; 2Chr. 15,4; 2Chr. 30,6; Judith 7,30; Judith 8,22; Tob. 13,6; Tob. 14,5; Psa. 7,17; Psa. 72,10; Psa. 145,4; Eccl. 5,14; Sir. 21,6; Mic. 7,19; Joel 2,14; Is. 45,13; Jer. 2,24; Jer. 22,10; Jer. 27,9; Jer. 34,16; Dan. 9,27; Dan. 11,9; Dan. 11,10; Dan. 11,13; Dan. 11,15; Dan. 11,18; Dan. 11,19; Dan. 11,28; Dan. 11,28; Dan. 11,30; Dan. 11,30; Josh. 19,27; Josh. 19,34; Tob. 10,1; Tob. 13,6; Tob. 14,5; Dan. 9,25; Dan. 11,13; Dan. 11,18; Dan. 11,18; Dan. 11,19; Dan. 11,28; Dan. 11,28; Dan. 11,29; Dan. 11,30; Dan. 11,30; Luke 1,16)

ἐπιστρέψεις ▸ 3
    Verb • second • singular • future • active • indicative ▸ 3 (1Kings 8,44; Neh. 2,6; Hos. 12,7)

ἐπιστρέψῃ ▸ 8 + 3 = 11
    Verb • third • singular • aorist • active • subjunctive ▸ 8 + 3 = 11 (2Sam. 15,8; Judith 8,11; Psa. 93,15; Prov. 17,8; Eccl. 12,7; Eccl. 12,7; Job 7,10; Ezek. 7,13; Luke 17,4; 2Cor. 3,16; James 5,19)

ἐπιστρέψῃς ▸ 7
    Verb • second • singular • aorist • active • subjunctive ▸ 7 (2Sam. 15,34; 1Kings 13,9; 1Kings 13,17; 1Kings 22,28; 2Chr. 18,27; Sol. 5,7; Jer. 15,19)

ἐπιστρέψητε ▸ 3 + 1 = 4
    Verb • second • plural • aorist • active • subjunctive ▸ 3 + 1 = 4 (Neh. 1,9; Tob. 5,16; Tob. 13,6; Tob. 13,6)

ἐπιστρέψομεν ▸ 2
    Verb • first • plural • future • active • indicative ▸ 2 (Judg. 20,8; Tob. 5,17)

ἐπίστρεψον ▸ 19 + 1 = 20
    Verb • second • singular • aorist • active • imperative ▸ 19 + 1 = 20 (Judg. 11,13; 2Sam. 14,21; 2Sam. 15,20; 1Kings 18,43; Neh. 3,36; Psa. 6,5; Psa. 7,8; Psa. 79,4; Psa. 79,8; Psa. 79,15; Psa. 79,20; Psa. 84,5; Psa. 89,13; Psa. 114,7; Psa. 125,4; Sol. 8,27; Is. 63,17; Lam. 5,21; Ezek. 35,2; Judg. 11,13)

Ἐπίστρεψον ▸ 6
    Verb • second • singular • aorist • active • imperative ▸ 6 (2Sam. 18,30; 1Kings 13,18; 1Kings 22,34; 2Kings 8,6; 2Kings 20,5; Is.

63,15)

ἐπίστρεψόν ▸ 1
    Verb · second · singular · aorist · active · imperative ▸ **1** (Jer. 38,18)

ἐπιστρέψουσιν ▸ 19 + 2 = 21
    Verb · third · plural · future · active · indicative ▸ **19 + 2 = 21** (Josh. 7,12; 1Kings 8,33; 1Kings 8,47; 2Chr. 6,26; Tob. 14,5; Tob. 14,6; Psa. 50,15; Psa. 55,10; Psa. 58,7; Psa. 58,15; Psa. 103,9; Psa. 103,29; Hos. 3,5; Hos. 14,8; Mic. 5,2; Zech. 10,9; Jer. 38,16; Jer. 51,28; Bar. 2,30; Tob. 14,5; Tob. 14,6)

ἐπιστρέψουσίν ▸ 1
    Verb · third · plural · future · active · indicative ▸ **1** (2Sam. 16,3)

ἐπιστρέψω ▸ 23 + 1 + 1 = 25
    Verb · first · singular · aorist · active · subjunctive ▸ **3** (Gen. 24,49; Judith 6,6; 1Mac. 7,35)
    Verb · first · singular · future · active · indicative ▸ **20 + 1 + 1 = 22** (Judg. 17,3; 2Sam. 17,3; 2Kings 4,22; Psa. 67,23; Psa. 67,23; Hos. 2,9; Hos. 2,11; Hos. 5,15; Amos 9,14; Joel 4,1; Zech. 8,3; Zech. 10,10; Jer. 12,15; Jer. 38,18; Jer. 39,37; Jer. 40,7; Jer. 41,22; Jer. 49,12; Ezek. 34,16; Dan. 10,20; Dan. 10,20; Matt. 12,44)

Ἐπιστρέψω ▸ 1
    Verb · first · singular · future · active · indicative ▸ **1** (Zech. 1,16)

ἐπιστρέψωμεν ▸ 6 + 2 = 8
    Verb · first · plural · aorist · active · subjunctive ▸ **6 + 2 = 8** (2Chr. 30,9; 1Mac. 9,9; Hos. 6,1; Mal. 1,4; Mal. 3,7; Lam. 3,40; Tob. 6,13; Tob. 6,13)

ἐπιστρέψωσιν ▸ 11 + 3 = 14
    Verb · third · plural · aorist · active · subjunctive ▸ **11 + 3 = 14** (1Kings 8,47; 1Kings 8,48; 2Chr. 6,24; 2Chr. 6,37; 2Chr. 6,37; 2Chr. 6,38; Eccl. 12,2; Is. 6,10; Jer. 12,17; Jer. 51,14; Lam. 1,19; Matt. 13,15; Mark 4,12; Acts 28,27)

ἐπιστροφή (ἐπί; στρέφω) return, turning, conversion ▸ 10 + 1 + 1 = 12

ἐπιστροφὰς ▸ 1
    Noun · feminine · plural · accusative · (common) ▸ **1** (Ezek. 42,11)

ἐπιστροφή ▸ 1
    Noun · feminine · singular · nominative · (common) ▸ **1** (Song 7,11)

ἐπιστροφῇ ▸ 4 + 1 = 5
    Noun · feminine · singular · dative · (common) ▸ **4 + 1 = 5** (Sir. 49,2; Sol. 9,10; Ezek. 47,7; Ezek. 47,11; Judg. 8,9)

ἐπιστροφήν ▸ 2
    Noun · feminine · singular · accusative · (common) ▸ **2** (Sir. 18,21; Sol. 16,11)

ἐπιστροφὴν ▸ 1
    Noun · feminine · singular · accusative ▸ **1** (Acts 15,3)

ἐπιστροφῆς ▸ 2
    Noun · feminine · singular · genitive · (common) ▸ **2** (Sir. 40,1; Sol. 7,0)

ἐπισυνάγω (ἐπί; σύν; ἄγω) to gather together, to narrow ▸ 47 + 2 + 8 = 57

ἐπισυνάγαγε ▸ 2
    Verb · second · singular · aorist · active · imperative ▸ **2** (2Mac. 1,27; Psa. 105,47)

ἐπισυναγαγεῖν ▸ 1 + 1 = 2
    Verb · aorist · active · infinitive ▸ **1 + 1 = 2** (Dan. 3,2; Matt. 23,37)

ἐπισυνάγει ▸ 1
    Verb · third · singular · present · active · indicative ▸ **1** (Matt. 23,37)

ἐπισυναγόμενος ▸ 1
    Verb · present · passive · participle · masculine · singular · nominative ▸ **1** (Ezek. 40,12)

ἐπισυνάγων ▸ 3
    Verb · present · active · participle · masculine · singular · nominative ▸ **3** (Gen. 6,16; 1Mac. 5,53; Is. 52,12)

ἐπισυνάξαι ▸ 1
    Verb · aorist · active · infinitive ▸ **1** (Luke 13,34)

ἐπισυνάξει ▸ 3 + 1 = 4
    Verb · third · singular · future · active · indicative ▸ **3 + 1 = 4** (2Mac. 2,18; Psa. 146,2; Hab. 2,5; Mark 13,27)

ἐπισυνάξουσιν ▸ 1
    Verb · third · plural · future · active · indicative ▸ **1** (Matt. 24,31)

ἐπισυνάξω ▸ 1
    Verb · first · singular · future · active · indicative ▸ **1** (Zech. 14,2)

ἐπισυναχθεισῶν ▸ 1
    Verb · aorist · passive · participle · feminine · plural · genitive ▸ **1** (Luke 12,1)

ἐπισυναχθέντα ▸ 1
    Verb · aorist · passive · participle · neuter · plural · nominative ▸ **1** (Esth. 10,8 # 10,3e)

ἐπισυναχθέντας ▸ 1
    Verb · aorist · passive · participle · masculine · plural · accusative ▸ **1** (Sir. 16,10)

ἐπισυναχθέντες ▸ 1
    Verb · aorist · passive · participle · masculine · plural · nominative ▸ **1** (1Esdr. 9,18)

ἐπισυναχθῆναι ▸ 1
    Verb · aorist · passive · infinitive ▸ **1** (Psa. 30,14)

ἐπισυναχθήσονται ▸ 2 + 2 + 1 = 5
    Verb · third · plural · future · passive · indicative ▸ **2 + 2 + 1 = 5** (Zech. 12,3; Dan. 11,34; Tob. 13,15; Tob. 14,7; Luke 17,37)

ἐπισυνήγαγεν ▸ 4
    Verb · third · singular · aorist · active · indicative ▸ **4** (Gen. 38,29; 1Kings 18,20; 2Mac. 2,13; 2Mac. 2,14)

Ἐπισυνηγμένα ▸ 2
    Verb · perfect · passive · participle · neuter · plural · nominative ▸ **2** (1Mac. 5,10; 1Mac. 5,38)

ἐπισυνηγμένη ▸ 1
    Verb · perfect · passive · participle · feminine · singular · nominative ▸ **1** (Mark 1,33)

ἐπισυνηγμένην ▸ 1
    Verb · perfect · passive · participle · feminine · singular · accusative ▸ **1** (Is. 9,4)

ἐπισυνηγμένοι ▸ 1
    Verb · perfect · middle · participle · masculine · plural · nominative ▸ **1** (2Chr. 5,6)

ἐπισυνηγμένοις ▸ 1
    Verb · perfect · passive · participle · neuter · plural · dative ▸ **1** (1Mac. 3,58)

ἐπισυνήγοντο ▸ 1
    Verb · third · plural · imperfect · middle · indicative ▸ **1** (1Mac. 5,64)

ἐπισυνῆκται ▸ 1
    Verb · third · singular · perfect · passive · indicative ▸ **1** (1Mac. 15,12)

ἐπισυνῆχθαι ▸ 1
    Verb · perfect · middle · infinitive ▸ **1** (1Mac. 5,15)

ἐπισυνήχθη ▸ 4
    Verb · third · singular · aorist · passive · indicative ▸ **4** (1Mac. 5,16; 2Mac. 4,39; Mic. 4,11; Bel 30)

ἐπισυνήχθησαν ▸ 14
    Verb · third · plural · aorist · passive · indicative ▸ **14** (2Chr.

20,26; 1Esdr. 5,49; 1Esdr. 8,69; 1Esdr. 8,88; 1Esdr. 9,5; 1Esdr. 9,55; Judith 7,23; 1Mac. 5,9; 1Mac. 7,12; 1Mac. 10,61; 1Mac. 11,45; 1Mac. 11,47; 1Mac. 11,55; Jer. 12,6)

ἐπισυναγωγή (ἐπί; σύν; ἄγω) assembly, gathering ▸ 1 + 2 = 3
   ἐπισυναγωγὴν ▸ 1 + 1 = 2
      Noun · feminine · singular · accusative · (common) ▸ 1 + 1 = 2 (2Mac. 2,7; Heb. 10,25)
   ἐπισυναγωγῆς ▸ 1
      Noun · feminine · singular · genitive ▸ 1 (2Th. 2,1)

ἐπισυνέχω (ἐπί; σύν; ἔχω) to take to oneself ▸ 1
   ἐπισυνέχοντας ▸ 1
      Verb · present · active · participle · masculine · plural · accusative ▸ 1 (1Esdr. 9,17)

ἐπισυνίστημι (ἐπί; σύν; ἵστημι) to bring upon ▸ 10
   ἐπισυνεσταμένη ▸ 1
      Verb · perfect · middle · participle · feminine · singular · dative ▸ 1 (Num. 14,35)
   ἐπισυνέστησαν ▸ 1
      Verb · third · plural · aorist · active · indicative ▸ 1 (Sir. 45,18)
   ἐπισυνέστησεν ▸ 1
      Verb · third · singular · aorist · active · indicative ▸ 1 (Num. 16,19)
   ἐπισυστάντες ▸ 1
      Verb · aorist · active · participle · masculine · plural · nominative ▸ 1 (Num. 26,9)
   ἐπισυστάσης ▸ 1
      Verb · aorist · active · participle · feminine · singular · genitive ▸ 1 (Num. 27,3)
   ἐπισυστήσῃ ▸ 1
      Verb · second · singular · future · middle · indicative ▸ 1 (Lev. 19,16)
   ἐπισυστήσονται ▸ 1
      Verb · third · plural · future · middle · indicative ▸ 1 (Ezek. 2,6)
   ἐπισυστήσω ▸ 1
      Verb · first · singular · future · active · indicative ▸ 1 (Lev. 26,16)
   Ἐπισύστητε ▸ 1
      Verb · second · plural · aorist · active · imperative ▸ 1 (Jer. 20,10)
   ἐπισυστῶμεν ▸ 1
      Verb · first · plural · aorist · active · subjunctive ▸ 1 (Jer. 20,10)

ἐπισυντρέχω (ἐπί; στόμα) to gather rapidly ▸ 1
   ἐπισυντρέχει ▸ 1
      Verb · third · singular · present · active · indicative ▸ 1 (Mark 9,25)

ἐπισύστασις (ἐπί; σύν; ἵστημι) gathering; overseeing; rebellion, uprising ▸ 3
   ἐπισυστάσει ▸ 1
      Noun · feminine · singular · dative · (common) ▸ 1 (Num. 26,9)
   ἐπισυστάσεις ▸ 1
      Noun · feminine · plural · accusative · (common) ▸ 1 (1Esdr. 5,70)
   ἐπισύστασις ▸ 1
      Noun · feminine · singular · nominative · (common) ▸ 1 (Num. 17,5)

ἐπισυστρέφω (ἐπί; σύν; τρέφω) to collect ▸ 2
   ἐπισυστρέφεσθαι ▸ 1
      Verb · present · middle · infinitive ▸ 1 (Num. 17,7)
   ἐπισυστρέψαι ▸ 1
      Verb · aorist · active · infinitive ▸ 1 (1Mac. 14,44)

ἐπισφαλής (ἐπί; σφάλλω) dangerous ▸ 1 + 1 = 2
   ἐπισφαλεῖς ▸ 1
      Adjective · feminine · plural · nominative · noDegree ▸ 1 (Wis. 9,14)
   ἐπισφαλοῦς ▸ 1
      Adjective · masculine · singular · genitive ▸ 1 (Acts 27,9)

ἐπισφαλῶς (ἐπί; σφάλλω) unstable ▸ 1
   ἐπισφαλῶς ▸ 1
      Adverb ▸ 1 (Wis. 4,4)

ἐπισφραγίζω (ἐπί; σφραγίς) to put a seal on, confirm ▸ 2
   ἐπισφραγίζουσιν ▸ 1
      Verb · third · plural · present · active · indicative ▸ 1 (Neh. 10,1)
   ἐπισφράγισαι ▸ 1
      Verb · second · singular · aorist · middle · imperative ▸ 1 (Bel 11)

ἐπισχύω (ἐπί; ἰσχύς) to grow strong; insist, be urgent ▸ 2 + 1 = 3
   ἐπίσχυον ▸ 1
      Verb · third · plural · imperfect · active · indicative ▸ 1 (Luke 23,5)
   ἐπίσχυσαν ▸ 1
      Verb · third · plural · aorist · active · indicative ▸ 1 (1Mac. 6,6)
   ἐπισχύων ▸ 1
      Verb · present · active · participle · masculine · singular · nominative ▸ 1 (Sir. 29,1)

ἐπισωρεύω (ἐπί; σωρεύω) to collect ▸ 1
   ἐπισωρεύσουσιν ▸ 1
      Verb · third · plural · future · active · indicative ▸ 1 (2Tim. 4,3)

ἐπιταγή (ἐπί; τάσσω) commandment; authority ▸ 7 + 7 = 14
   ἐπιταγαῖς ▸ 2
      Noun · feminine · plural · dative · (common) ▸ 2 (Wis. 14,17; Wis. 19,6)
   ἐπιταγῇ ▸ 3
      Noun · feminine · singular · dative · (common) ▸ 3 (3Mac. 7,20; Sol. 18,12; Dan. 3,16)
   ἐπιταγήν ▸ 1 + 1 = 2
      Noun · feminine · singular · accusative · (common) ▸ 1 + 1 = 2 (Wis. 18,15; 1Cor. 7,6)
   ἐπιταγὴν ▸ 1 + 5 = 6
      Noun · feminine · singular · accusative · (common) ▸ 1 + 5 = 6 (1Esdr. 1,16; Rom. 16,26; 1Cor. 7,25; 2Cor. 8,8; 1Tim. 1,1; Titus 1,3)
   ἐπιταγῆς ▸ 1
      Noun · feminine · singular · genitive ▸ 1 (Titus 2,15)

ἐπίταγμα (ἐπί; τάσσω) command ▸ 1
   ἐπιτάγμασιν ▸ 1
      Noun · neuter · plural · dative · (common) ▸ 1 (4Mac. 8,6)

ἐπιταράσσω (ἐπί; ταράσσω) to trouble ▸ 1
   ἐπιταράσσωνται ▸ 1
      Verb · third · plural · aorist · middle · subjunctive ▸ 1 (2Mac. 9,24)

ἐπίτασις (ἐπί; τείνω) increase ▸ 2
   ἐπίτασιν ▸ 1
      Noun · feminine · singular · accusative · (common) ▸ 1 (Wis. 14,18)
   ἐπίτασις ▸ 1
      Noun · feminine · singular · nominative · (common) ▸ 1 (2Mac. 6,3)

ἐπιτάσσω (ἐπί; τάσσω) to command, order ▸ 34 + 5 + 10 = 49
   ἐπετάγη ▸ 3
      Verb · third · singular · aorist · passive · indicative ▸ 3 (1Esdr. 6,18; LetterJ 0; Ezek. 24,18)

ἐπέταξα ▸ 3
    Verb · first · singular · aorist · active · indicative ▸ **3** (1Esdr. 2,21; 1Esdr. 2,23; 1Esdr. 6,27)
ἐπέταξας ▸ 1
    Verb · second · singular · aorist · active · indicative ▸ **1** (Luke 14,22)
ἐπέταξε ▸ 3
    Verb · third · singular · aorist · active · indicative ▸ **3** (Dan. 2,46; Dan. 3,19; Dan. 3,20)
ἐπέταξεν ▸ **14** + **2** + **3** = **19**
    Verb · third · singular · aorist · active · indicative ▸ **14** + **2** + **3** = **19** (1Esdr. 4,57; Esth. 12,5 # 1,1q; Esth. 1,8; Esth. 3,12; Esth. 8,11; 1Mac. 4,41; 1Mac. 5,49; 1Mac. 9,54; 1Mac. 10,81; 1Mac. 12,27; 1Mac. 12,43; Psa. 106,29; Dan. 1,18; Dan. 2,2; Dan. 6,10; Bel 14; Mark 6,27; Mark 6,39; Acts 23,2)
ἐπιταγῇ ▸ 1
    Verb · third · singular · aorist · passive · subjunctive ▸ **1** (LetterJ 61)
ἐπιτάξαντος ▸ 1
    Verb · aorist · active · participle · masculine · singular · genitive ▸ **1** (Esth. 8,8)
Ἐπιτάξατε ▸ 1
    Verb · second · plural · aorist · active · imperative ▸ **1** (Judith 10,9)
Ἐπιταξάτω ▸ 1
    Verb · third · singular · aorist · active · imperative ▸ **1** (Judith 12,6)
ἐπιτάξῃ ▸ 1
    Verb · third · singular · aorist · active · subjunctive ▸ **1** (Luke 8,31)
ἐπίταξον ▸ **4** + **3** = **7**
    Verb · future · active · participle · neuter · singular · accusative ▸ **2** (Tob. 3,6; Tob. 3,6)
    Verb · second · singular · aorist · active · imperative ▸ **4** + **1** = **5** (Tob. 3,6; Tob. 3,6; Tob. 3,15; Tob. 8,7; Tob. 8,7)
ἐπιτάσσει ▸ 3
    Verb · third · singular · present · active · indicative ▸ **3** (Mark 1,27; Luke 4,36; Luke 8,25)
ἐπιτάσσειν ▸ **1** + **1** = **2**
    Verb · present · active · infinitive ▸ **1** + **1** = **2** (2Mac. 9,8; Philem. 8)
ἐπιτάσσω ▸ 1
    Verb · first · singular · present · active · indicative ▸ **1** (Mark 9,25)
ἐπιτάσσων ▸ 1
    Verb · present · active · participle · masculine · singular · nominative ▸ **1** (Gen. 49,33)
ἐπιτέτακται ▸ 1
    Verb · third · singular · perfect · passive · indicative ▸ **1** (1Esdr. 5,50)
ἐπιτάφιον (ἐπί; θάπτω)   tomb ▸ 1
    ἐπιταφίου ▸ 1
        Noun · neuter · singular · genitive · (common) ▸ **1** (4Mac. 17,8)
ἐπιτείνω (ἐπί; τείνω)   to stretch, urge ▸ 7
    ἐπέτεινεν ▸ 2
        Verb · third · singular · aorist · active · indicative ▸ **2** (4Mac. 13,25; 4Mac. 15,23)
    ἐπέτεινον ▸ 1
        Verb · third · plural · imperfect · active · indicative ▸ **1** (Dan. 7,6)
    ἐπετέτατο ▸ 1
        Verb · third · singular · pluperfect · passive · indicative ▸ **1** (Wis. 17,20)
    ἐπιτείνεται ▸ 1
        Verb · third · singular · present · middle · indicative ▸ **1** (Wis. 16,24)
    ἐπιτεινόμενος ▸ 1
        Verb · present · passive · participle · masculine · singular · nominative ▸ **1** (2Mac. 9,11)
    ἐπιτείνουσα ▸ 1
        Verb · present · active · participle · feminine · singular · nominative ▸ **1** (4Mac. 3,11)
ἐπιτελέω (ἐπί; τέλος)   to complete, perform ▸ **29** + **1** + **10** = **40**
    ἐπετέλει ▸ 1
        Verb · third · singular · imperfect · active · indicative ▸ **1** (2Mac. 3,23)
    ἐπετέλεσεν ▸ 1
        Verb · third · singular · aorist · active · indicative ▸ **1** (Judg. 11,39)
    ἐπετελέσθη ▸ **1** + **1** = **2**
        Verb · third · singular · aorist · passive · indicative ▸ **1** + **1** = **2** (1Esdr. 6,13; Tob. 12,1)
    ἐπιτελεῖ ▸ 1
        Verb · third · singular · present · active · indicative ▸ **1** (Sol. 6,6)
    ἐπιτέλει ▸ 2
        Verb · second · singular · present · active · imperative ▸ **2** (1Esdr. 8,16; 1Esdr. 8,91)
    ἐπιτελεῖν ▸ **4** + **1** = **5**
        Verb · present · active · infinitive ▸ **4** + **1** = **5** (Esth. 8,14; 2Mac. 3,8; 2Mac. 12,8; 2Mac. 15,5; Heb. 8,5)
    ἐπιτελεῖσθαι ▸ 1
        Verb · present · passive · infinitive ▸ **1** (1Pet. 5,9)
    ἐπιτελεῖσθε ▸ 1
        Verb · second · plural · present · passive · indicative ▸ **1** (Gal. 3,3)
    ἐπιτελεῖτε ▸ 1
        Verb · second · plural · present · active · indicative ▸ **1** (1Esdr. 6,4)
    ἐπιτελέσαι ▸ **3** + **1** = **4**
        Verb · aorist · active · infinitive ▸ **3** + **1** = **4** (Judg. 20,10; 2Mac. 14,29; 2Mac. 15,5; 2Cor. 8,11)
    ἐπιτελέσας ▸ 1
        Verb · aorist · active · participle · masculine · singular · nominative ▸ **1** (Rom. 15,28)
    ἐπιτελέσατε ▸ 1
        Verb · second · plural · aorist · active · imperative ▸ **1** (2Cor. 8,11)
    ἐπιτελέσει ▸ **1** + **1** = **2**
        Verb · third · singular · future · active · indicative ▸ **1** + **1** = **2** (Num. 23,23; Phil. 1,6)
    ἐπιτελέσεις ▸ 1
        Verb · second · singular · future · active · indicative ▸ **1** (Judith 2,13)
    ἐπιτελέσῃ ▸ 1
        Verb · third · singular · aorist · active · subjunctive ▸ **1** (2Cor. 8,6)
    ἐπιτελεσθῇ ▸ 1
        Verb · third · singular · aorist · passive · subjunctive ▸ **1** (1Esdr. 4,55)
    ἐπιτελεσθῆναι ▸ 2
        Verb · aorist · passive · infinitive ▸ **2** (1Esdr. 5,70; 1Esdr. 6,27)
    ἐπιτελεσθήσεται ▸ 2
        Verb · third · singular · future · passive · indicative ▸ **2** (Lev. 6,15; Dan. 11,16)

ἐπιτελέω–ἐπιτίθημι

ἐπιτελεσθήτω ▸ 1
  Verb · third · singular · aorist · passive · imperative ▸ **1** (1Esdr. 8,21)
ἐπιτέλεσον ▸ 1
  Verb · second · singular · aorist · active · imperative ▸ **1** (3Mac. 6,15)
ἐπιτελέσουσιν ▸ 1
  Verb · third · plural · future · active · indicative ▸ **1** (Zech. 4,9)
ἐπιτελέσω ▸ 1
  Verb · first · singular · future · active · indicative ▸ **1** (1Sam. 3,12)
ἐπιτελούμενον ▸ 1
  Verb · present · middle · participle · neuter · singular · nominative ▸ **1** (Esth. 9,27)
ἐπιτελοῦντες ▸ 1 + 2 = 3
  Verb · present · active · participle · masculine · plural · nominative ▸ **1 + 2 = 3** (1Esdr. 6,4; 2Cor. 7,1; Heb. 9,6)
ἐπιτελοῦσαν ▸ 1
  Verb · present · active · participle · feminine · singular · accusative ▸ **1** (3Mac. 5,20)
ἐπιτελῶν ▸ 1
  Verb · present · active · participle · masculine · singular · nominative ▸ **1** (Judith 2,13)
ἐπιτέμνω (ἐπί; τέμνω) to shorten ▸ 2
  ἐπιτεμεῖν ▸ 2
  Verb · future · active · infinitive ▸ **2** (2Mac. 2,23; 2Mac. 2,32)
ἐπιτερπής (ἐπί; τέρπω) pleasing, delightful ▸ 1
  ἐπιτερπῆ ▸ 1
  Adjective · feminine · singular · accusative · noDegree ▸ **1** (2Mac. 15,39)
ἐπιτήδειος (ἐπιτηδές) useful, necessary ▸ 9 + 1 = 10
  ἐπιτήδεια ▸ 4 + 1 = 5
  Adjective · neuter · plural · accusative · noDegree ▸ **3 + 1 = 4** (1Chr. 28,2; 2Mac. 2,29; 3Mac. 6,30; James 2,16)
  Adjective · neuter · plural · nominative · noDegree ▸ **1** (1Mac. 14,34)
  ἐπιτήδειοι ▸ 1
  Adjective · masculine · plural · nominative · noDegree ▸ **1** (1Mac. 13,40)
  ἐπιτήδειος ▸ 3
  Adjective · masculine · singular · nominative · noDegree ▸ **3** (1Mac. 10,19; 2Mac. 3,37; Wis. 4,5)
  ἐπιτηδείῳ ▸ 1
  Adjective · masculine · singular · dative · noDegree ▸ **1** (1Mac. 4,46)
ἐπιτήδευμα (ἐπιτηδές) pursuit, practice ▸ 57 + 1 = 58
  ἐπιτήδευμά ▸ 1
  Noun · neuter · singular · accusative · (common) ▸ **1** (Judith 13,5)
  ἐπιτηδεύμασιν ▸ 11
  Noun · neuter · plural · dative · (common) ▸ **11** (1Sam. 25,3; Psa. 13,1; Psa. 80,13; Psa. 105,29; Psa. 105,39; Prov. 20,11; Mic. 3,4; Ezek. 20,7; Ezek. 20,18; Ezek. 20,39; Ezek. 21,29)
  ἐπιτηδεύμασίν ▸ 1
  Noun · neuter · plural · dative · (common) ▸ **1** (Psa. 76,13)
  ἐπιτηδεύματα ▸ 27 + 1 = 28
  Noun · neuter · plural · accusative · (common) ▸ **26 + 1 = 27** (Lev. 18,3; Lev. 18,3; Judg. 2,19; 1Sam. 2,3; 1Kings 15,12; 1Chr. 16,8; Psa. 9,12; Psa. 80,13; Psa. 98,8; Ode. 3,3; Job 14,16; Hos. 12,3; Mic. 2,9; Zech. 1,6; Jer. 7,3; Jer. 7,5; Jer. 11,18; Jer. 18,11; Jer. 23,2; Jer. 42,15; Ezek. 8,15; Ezek. 20,8; Ezek. 20,39; Ezek. 20,43; Ezek. 20,44; Ezek. 36,31; Judg. 2,19)
  Noun · neuter · plural · nominative · (common) ▸ **1** (Mic. 2,7)
  ἐπιτηδεύματά ▸ 3
  Noun · neuter · plural · accusative · (common) ▸ **2** (Deut. 28,20; Judith 10,8)
  Noun · neuter · plural · nominative · (common) ▸ **1** (Jer. 4,18)
  ἐπιτηδευμάτων ▸ 14
  Noun · neuter · plural · genitive · (common) ▸ **14** (Neh. 9,35; Judith 11,6; Psa. 27,4; Hos. 9,15; Mic. 7,13; Zeph. 3,11; Zech. 1,4; Jer. 4,4; Jer. 17,10; Jer. 23,22; Jer. 25,5; Jer. 33,3; Ezek. 6,9; Ezek. 14,6)
ἐπιτηδεύω (ἐπιτηδές) to pursue, practice, take care to ▸ 5
  ἐπετήδευσαν ▸ 1
  Verb · third · plural · aorist · active · indicative ▸ **1** (Wis. 19,13)
  ἐπετήδευσεν ▸ 2
  Verb · third · singular · aorist · active · indicative ▸ **2** (Esth. 16,12 # 8,12m; Mal. 2,11)
  ἐπιτηδεύει ▸ 1
  Verb · third · singular · present · active · indicative ▸ **1** (3Mac. 2,14)
  ἐπιτηδεύσεις ▸ 1
  Verb · second · singular · future · active · indicative ▸ **1** (Jer. 2,33)
ἐπιτηρέω (ἐπί; τηρέω) to look out for, lie in wait ▸ 1
  ἐπιτηρεῖν ▸ 1
  Verb · present · active · infinitive ▸ **1** (Judith 13,3)
ἐπιτίθημι (ἐπί; τίθημι) to lay on, place, put, add ▸ 264 + 7 + 39 = 310
  ἐπεθέμεθα ▸ 1
  Verb · first · plural · aorist · middle · indicative ▸ **1** (1Sam. 30,14)
  ἐπέθεντο ▸ 19 + 1 = 20
  Verb · third · plural · aorist · middle · indicative ▸ **19 + 1 = 20** (Gen. 9,23; Ex. 18,11; 1Sam. 23,27; 1Kings 14,27; 1Kings 16,28d; 2Chr. 24,21; 2Chr. 24,25; 2Chr. 25,13; 2Chr. 25,27; 2Chr. 28,17; 2Chr. 28,18; 2Chr. 33,24; Judith 4,10; Judith 16,6; 1Mac. 1,9; 1Mac. 4,39; 1Mac. 8,14; Psa. 58,4; Sol. 17,5; Acts 28,10)
  ἐπέθεσθε ▸ 1
  Verb · second · plural · aorist · middle · indicative ▸ **1** (1Sam. 27,10)
  ἐπέθετο ▸ 10
  Verb · third · singular · aorist · middle · indicative ▸ **10** (Gen. 37,34; 1Sam. 30,1; Judith 9,1; Judith 10,3; 1Mac. 11,54; 1Mac. 11,71; Ezek. 23,5; Ezek. 23,7; Ezek. 23,12; Ezek. 23,16)
  ἐπέθηκαν ▸ 23 + 2 + 6 = 31
  Verb · third · plural · aorist · active · indicative ▸ **23 + 2 + 6 = 31** (Gen. 44,13; Ex. 36,23; Ex. 36,24; Ex. 36,25; Ex. 36,25; Ex. 36,26; Ex. 36,27; Ex. 36,32; Ex. 36,38; Ex. 37,4; Lev. 10,1; Num. 16,18; Deut. 26,6; Josh. 10,24; Judg. 9,49; 1Sam. 6,18; 2Kings 11,16; 1Chr. 13,7; 2Chr. 29,23; 1Mac. 4,51; Zech. 3,5; Lam. 3,53; Sus. 34; Judg. 9,49; Dan. 6,18; Matt. 21,7; Matt. 27,29; Matt. 27,37; Luke 23,26; John 19,2; Acts 6,6)
  ἐπέθηκας ▸ 1
  Verb · second · singular · aorist · active · indicative ▸ **1** (Neh. 9,7)
  ἐπέθηκε ▸ 1
  Verb · third · singular · aorist · active · indicative ▸ **1** (Wis. 18,21)
  ἐπέθηκεν ▸ 53 + 3 + 4 = 60
  Verb · third · singular · aorist · active · indicative ▸ **53 + 3 + 4 = 60** (Gen. 21,14; Gen. 22,6; Gen. 22,9; Gen. 22,9; Ex. 34,33; Ex. 36,14; Ex. 38,24; Ex. 40,18; Ex. 40,19; Ex. 40,21; Ex. 40,25; Lev. 8,7; Lev. 8,8; Lev. 8,8; Lev. 8,9; Lev. 8,9; Lev. 8,14; Lev. 8,15; Lev. 8,18; Lev. 8,22; Lev. 8,23; Lev. 8,24; Lev. 8,26; Lev. 8,27;

Lev. 9,9; Lev. 9,13; Lev. 9,14; Lev. 9,17; Lev. 9,20; Num. 11,25; Num. 27,23; Deut. 34,9; Judg. 6,19; Judg. 8,31; Judg. 9,48; Judg. 16,3; Ruth 3,15; 2Sam. 13,19; 2Sam. 13,19; 1Kings 13,29; 1Kings 18,33; 2Kings 4,31; 2Kings 13,16; 2Kings 18,14; 2Kings 24,17; 2Chr. 3,16; Esth. 2,17; Esth. 15,11 # 5:2; Judith 8,5; Judith 10,5; Judith 15,11; Tob. 8,2; Dan. 1,7; Tob. 8,2; Dan. 1,7; Dan. 5,12; Mark 3,16; Mark 3,17; Mark 8,25; Luke 13,13)

ἐπέθηκέν ▸ 1
   Verb · third · singular · aorist · active · indicative ▸ **1** (John 9,15)

ἐπέθου ▸ 2
   Verb · second · singular · aorist · middle · indicative ▸ **2** (Ezek. 21,31; Ezek. 23,20)

ἐπετίθεντο ▸ 1
   Verb · third · plural · imperfect · middle · indicative ▸ **1** (1Sam. 27,8)

ἐπετίθεσαν ▸ 1
   Verb · third · plural · imperfect · active · indicative ▸ **1** (Acts 8,17)

ἐπετίθετο ▸ 1
   Verb · third · singular · imperfect · middle · indicative ▸ **1** (Ezek. 23,9)

ἐπιθεῖναι ▸ 5 + 1 = 6
   Verb · aorist · active · infinitive ▸ **5 + 1 = 6** (Lev. 7,30; Num. 11,11; Num. 17,5; Judg. 9,24; Is. 1,6; Acts 15,10)

ἐπιθείς ▸ 1 + 5 = 6
   Verb · aorist · active · participle · masculine · singular · nominative ▸ **1 + 5 = 6** (Job 31,27; Matt. 19,15; Mark 6,5; Mark 8,23; Acts 9,17; Acts 28,8)

ἐπιθέμενοι ▸ 1
   Verb · aorist · middle · participle · masculine · plural · nominative ▸ **1** (2Chr. 24,26)

ἐπιθεμένους ▸ 2
   Verb · aorist · middle · participle · masculine · plural · accusative ▸ **2** (2Chr. 33,25; Esth. 16,19 # 8,12s)

ἐπιθέντα ▸ 1
   Verb · aorist · active · participle · masculine · singular · accusative ▸ **1** (Acts 9,12)

ἐπιθέντες ▸ 2 + 3 = 5
   Verb · aorist · active · participle · masculine · plural · nominative ▸ **2 + 3 = 5** (Gen. 42,26; Job 29,9; Luke 10,30; Acts 13,3; Acts 16,23)

ἐπιθέντος ▸ 2
   Verb · aorist · active · participle · masculine · singular · genitive ▸ **2** (Acts 19,6; Acts 28,3)

ἐπίθες ▸ 3 + 2 + 1 = 6
   Verb · second · singular · aorist · active · imperative ▸ **3 + 2 + 1 = 6** (Gen. 48,18; Num. 17,11; Judg. 18,19; Judg. 18,19; Tob. 6,17; Matt. 9,18)

ἐπιθέσθαι ▸ 2
   Verb · aorist · middle · infinitive ▸ **2** (Gen. 43,18; Sol. 1,1)

ἐπίθετε ▸ 4
   Verb · second · plural · aorist · active · imperative ▸ **3** (Num. 16,7; Num. 16,7; Josh. 10,24)
   Verb · second · plural · passive · indicative ▸ **1** (Zech. 3,5)

ἐπιθέτωσαν ▸ 3
   Verb · third · plural · aorist · active · imperative ▸ **3** (1Kings 18,23; 1Kings 18,23; 2Kings 20,7)

ἐπιθῇ ▸ 1 + 3 = 4
   Verb · third · singular · aorist · active · subjunctive ▸ **1 + 3 = 4** (Deut. 22,14; Matt. 19,13; Mark 7,32; Rev. 22,18)

ἐπιθῇς ▸ 1 + 1 = 2
   Verb · second · singular · aorist · active · subjunctive ▸ **1 + 1 = 2** (2Kings 18,14; Mark 5,23)

ἐπιθήσει ▸ 50 + 1 = 51
   Verb · third · singular · future · active · indicative ▸ **50 + 1 = 51** (Ex. 29,19; Lev. 1,4; Lev. 1,10; Lev. 1,13; Lev. 1,15; Lev. 1,17; Lev. 2,1; Lev. 2,2; Lev. 2,9; Lev. 3,2; Lev. 3,8; Lev. 3,13; Lev. 4,4; Lev. 4,7; Lev. 4,18; Lev. 4,24; Lev. 4,25; Lev. 4,29; Lev. 4,30; Lev. 4,33; Lev. 4,34; Lev. 4,35; Lev. 5,11; Lev. 5,12; Lev. 6,5; Lev. 14,14; Lev. 14,17; Lev. 14,18; Lev. 14,24; Lev. 14,25; Lev. 14,28; Lev. 14,29; Lev. 16,8; Lev. 16,13; Lev. 16,18; Lev. 16,21; Lev. 16,21; Lev. 23,20; Num. 4,13; Num. 5,15; Num. 5,25; Num. 6,18; Num. 6,19; Deut. 7,15; Deut. 7,15; Deut. 11,25; Deut. 28,48; 2Kings 5,11; Sir. 10,5; Sir. 11,31; Rev. 22,18)

ἐπιθήσειν ▸ 1
   Verb · future · active · infinitive ▸ **1** (3Mac. 1,26)

ἐπιθήσεις ▸ 29
   Verb · second · singular · future · active · indicative ▸ **29** (Ex. 22,24; Ex. 25,12; Ex. 25,18; Ex. 25,21; Ex. 25,26; Ex. 25,30; Ex. 25,37; Ex. 26,32; Ex. 28,14; Ex. 28,23 # 28,29a; Ex. 28,23 # 28,29a; Ex. 28,30; Ex. 28,37; Ex. 29,3; Ex. 29,6; Ex. 29,6; Ex. 29,13; Ex. 29,17; Ex. 29,20; Ex. 29,24; Ex. 40,4; Ex. 40,5; Lev. 2,15; Num. 27,18; 2Kings 4,29; Tob. 6,17; Psa. 20,6; Job 40,32; Zech. 6,11)

ἐπιθήσεταί ▸ 1
   Verb · third · singular · future · middle · indicative ▸ **1** (Acts 18,10)

ἐπιθήσετε ▸ 6
   Verb · second · plural · future · active · indicative ▸ **6** (Ex. 3,22; Lev. 24,6; Lev. 24,7; Num. 15,38; Num. 16,17; Deut. 14,1)

ἐπιθήσονταί ▸ 1
   Verb · third · plural · future · middle · indicative ▸ **1** (Jer. 27,24)

ἐπιθήσουσιν ▸ 21 + 1 = 22
   Verb · third · plural · future · active · indicative ▸ **21 + 1 = 22** (Ex. 29,10; Ex. 29,15; Lev. 1,7; Lev. 1,9; Lev. 4,15; Lev. 24,14; Num. 4,6; Num. 4,10; Num. 4,12; Num. 4,14; Num. 4,14; Num. 6,23; Num. 8,10; Num. 8,12; Deut. 33,10; Wis. 8,12; Mic. 7,16; Jer. 30,3; Ezek. 27,30; Ezek. 40,42; Ezek. 43,20; Mark 16,18)

ἐπιθήσω ▸ 2
   Verb · first · singular · future · active · indicative ▸ **2** (Num. 11,17; Is. 44,3)

ἐπιθῆται ▸ 1
   Verb · third · singular · aorist · middle · subjunctive ▸ **1** (Ex. 21,14)

ἐπιθῆτε ▸ 1
   Verb · second · plural · aorist · active · subjunctive ▸ **1** (1Kings 18,25)

ἐπίθου ▸ 1
   Verb · second · singular · aorist · middle · imperative ▸ **1** (Bar. 5,2)

ἐπιθῶ ▸ 1 + 1 = 2
   Verb · first · singular · aorist · active · subjunctive ▸ **1 + 1 = 2** (1Kings 18,23; Acts 8,19)

ἐπιθώμεθα ▸ 1
   Verb · first · plural · aorist · middle · subjunctive ▸ **1** (1Kings 21,31)

ἐπιθῶνται ▸ 3
   Verb · third · plural · aorist · middle · subjunctive ▸ **3** (Gen. 11,6; Sol. 7,1; Sol. 9,8)

ἐπιτιθέασιν ▸ 1
   Verb · third · plural · present · active · indicative ▸ **1** (Matt. 23,4)

ἐπιτίθει ▸ 1
   Verb · second · singular · present · active · imperative ▸ **1** (1Tim.

ἐπιτίθημι–ἐπιτρέπω

5,22)
ἐπιτιθείς ▸ 1
  Verb · present · active · participle · masculine · singular · nominative ▸ 1 (Luke 4,40)
ἐπιτιθέμενα ▸ 2
  Verb · present · passive · participle · neuter · plural · nominative ▸ 2 (Mal. 1,7; Mal. 1,12)
Ἐπιτιθέμενοι ▸ 1
  Verb · present · active · participle · masculine · plural · nominative ▸ 1 (2Chr. 23,13)
ἐπιτίθεσθαι ▸ 1
  Verb · present · middle · infinitive ▸ 1 (Acts 15,28)
ἐπιτίθεσθε ▸ 2
  Verb · second · plural · present · middle · indicative ▸ 2 (2Chr. 23,13; Psa. 61,4)
ἐπιτιθῇς ▸ 1
  Verb · second · singular · present · active · subjunctive ▸ 1 (Num. 8,2)
ἐπιτίθησιν ▸ 1 + 1 = 2
  Verb · third · singular · present · active · indicative ▸ 1 + 1 = 2 (Deut. 22,17; Luke 15,5)
ἐπιτιθοῦσαν ▸ 1
  Verb · present · active · participle · feminine · singular · accusative ▸ 1 (1Esdr. 4,30)

ἐπιτιμάω (ἐπί; τιμή) to rebuke ▸ 11 + 29 = 40
  ἐπετίμα ▸ 1
    Verb · third · singular · imperfect · active · indicative ▸ 1 (Mark 3,12)
  ἐπετίμησαν ▸ 2
    Verb · third · plural · aorist · active · indicative ▸ 2 (Matt. 19,13; Mark 10,13)
  ἐπετίμησας ▸ 2
    Verb · second · singular · aorist · active · indicative ▸ 2 (Psa. 9,6; Psa. 118,21)
  ἐπετίμησεν ▸ 2 + 14 = 16
    Verb · third · singular · aorist · active · indicative ▸ 2 + 14 = 16 (Gen. 37,10; Psa. 105,9; Matt. 8,26; Matt. 12,16; Matt. 17,18; Matt. 20,31; Mark 1,25; Mark 4,39; Mark 8,30; Mark 8,33; Mark 9,25; Luke 4,35; Luke 4,39; Luke 8,24; Luke 9,42; Luke 9,55)
  ἐπετίμων ▸ 3
    Verb · third · plural · imperfect · active · indicative ▸ 3 (Mark 10,48; Luke 18,15; Luke 18,39)
  ἐπιτίμα ▸ 1
    Verb · second · singular · present · active · imperative ▸ 1 (Sir. 11,7)
  ἐπιτιμᾶν ▸ 2
    Verb · present · active · infinitive ▸ 2 (Matt. 16,22; Mark 8,32)
  ἐπιτιμηθείς ▸ 1
    Verb · aorist · passive · participle · masculine · singular · nominative ▸ 1 (3Mac. 2,24)
  ἐπιτιμῆσαι ▸ 1 + 1 = 2
    Verb · third · singular · aorist · active · optative ▸ 1 + 1 = 2 (Zech. 3,2; Jude 9)
  Ἐπιτιμῆσαι ▸ 1
    Verb · third · singular · aorist · active · optative ▸ 1 (Zech. 3,2)
  ἐπιτιμήσας ▸ 1
    Verb · aorist · active · participle · masculine · singular · nominative ▸ 1 (Luke 9,21)
  ἐπιτιμήσετε ▸ 1
    Verb · second · plural · future · active · indicative ▸ 1 (Ruth 2,16)
  ἐπιτιμήσῃς ▸ 1
    Verb · second · singular · aorist · active · subjunctive ▸ 1 (Sol. 2,23)
  ἐπιτίμησον ▸ 1 + 3 = 4
    Verb · second · singular · aorist · active · imperative ▸ 1 + 3 = 4 (Psa. 67,31; Luke 17,3; Luke 19,39; 2Tim. 4,2)
  ἐπιτιμῶν ▸ 2
    Verb · present · active · participle · masculine · singular · nominative ▸ 2 (Luke 4,41; Luke 23,40)

ἐπιτίμησις (ἐπί; τιμή) rebuke ▸ 9
  ἐπιτιμήσει ▸ 1
    Noun · feminine · singular · dative · (common) ▸ 1 (2Sam. 22,16)
  ἐπιτιμήσεως ▸ 3
    Noun · feminine · singular · genitive · (common) ▸ 3 (Psa. 79,17; Job 26,11; Wis. 12,26)
  ἐπιτιμήσεώς ▸ 3
    Noun · feminine · singular · genitive · (common) ▸ 3 (Psa. 17,16; Psa. 75,7; Psa. 103,7)
  ἐπιτίμησιν ▸ 1
    Noun · feminine · singular · accusative · (common) ▸ 1 (Eccl. 7,5)
  ἐπιτίμησις ▸ 1
    Noun · feminine · singular · nominative · (common) ▸ 1 (Sir. 29,28)

ἐπιτιμία (ἐπί; τιμή) possessing civil privileges; punishment; dignity ▸ 1 + 1 = 2
  ἐπιτιμία ▸ 1
    Noun · feminine · singular · nominative ▸ 1 (2Cor. 2,6)
  ἐπιτιμίαν ▸ 1
    Noun · feminine · singular · accusative · (common) ▸ 1 (Wis. 3,10)

ἐπιτίμιον (ἐπί; τιμή) value, price; penalty, wages ▸ 1
  ἐπιτιμίοις ▸ 1
    Noun · neuter · plural · dative · (common) ▸ 1 (Sir. 9,5)

ἐπίτιμος (ἐπί; τιμή) valuable, precious ▸ 2
  ἐπιτίμοις ▸ 2
    Adjective · neuter · plural · dative · noDegree ▸ 2 (2Mac. 6,13; Sir. 8,5)

ἐπιτομή (ἐπί; τέμνω) epitome, abridgement ▸ 2
  ἐπιτομῆς ▸ 2
    Noun · feminine · singular · genitive · (common) ▸ 2 (2Mac. 2,26; 2Mac. 2,28)

ἐπιτρέπω (ἐπί; τρέπω) to entrust to, permit, allow; command ▸ 8 + 18 = 26
  ἐπετράπη ▸ 1
    Verb · third · singular · aorist · passive · indicative ▸ 1 (Acts 28,16)
  ἐπέτρεψά ▸ 1
    Verb · first · singular · aorist · active · indicative ▸ 1 (1Mac. 15,6)
  ἐπετρέψατε ▸ 1
    Verb · second · plural · aorist · active · indicative ▸ 1 (Job 32,14)
  ἐπέτρεψεν ▸ 4 + 6 = 10
    Verb · third · singular · aorist · active · indicative ▸ 4 + 6 = 10 (Gen. 39,6; Esth. 9,14; 4Mac. 4,18; 4Mac. 5,26; Matt. 19,8; Mark 5,13; Mark 10,4; Luke 8,32; John 19,38; Acts 27,3)
  ἐπιτρέπεται ▸ 1
    Verb · third · singular · present · passive · indicative ▸ 1 (1Cor. 14,34)
  ἐπιτρέπεταί ▸ 1
    Verb · third · singular · present · passive · indicative ▸ 1 (Acts 26,1)
  ἐπιτρέπῃ ▸ 1
    Verb · third · singular · present · active · subjunctive ▸ 1 (Heb. 6,3)
  ἐπιτρέπω ▸ 1

Verb · first · singular · present · active · indicative ▸ **1** (1Tim. 2,12)
 ἐπιτρέψαντες ▸ **1**
  Verb · aorist · active · participle · masculine · plural · nominative ▸ **1** (Wis. 19,2)
 ἐπιτρέψαντος ▸ **1**
  Verb · aorist · active · participle · masculine · singular · genitive ▸ **1** (Acts 21,40)
 ἐπιτρέψειεν ▸ **1**
  Verb · third · singular · aorist · active · optative ▸ **1** (4Mac. 4,17)
 ἐπιτρέψῃ ▸ **2**
  Verb · third · singular · aorist · active · subjunctive ▸ **2** (Luke 8,32; 1Cor. 16,7)
 ἐπίτρεψόν ▸ **4**
  Verb · second · singular · aorist · active · imperative ▸ **4** (Matt. 8,21; Luke 9,59; Luke 9,61; Acts 21,39)

ἐπιτρέχω (ἐπί; τρέχω) to run to ▸ **4 + 1 = 5**
 ἐπέδραμεν ▸ **2**
  Verb · third · singular · aorist · active · indicative ▸ **2** (Gen. 24,17; 1Mac. 6,45)
 ἐπέδραμον ▸ **1**
  Verb · third · plural · aorist · active · indicative ▸ **1** (Sus. 19)
 ἐπεδράμοσαν ▸ **1**
  Verb · third · plural · aorist · active · indicative ▸ **1** (Sol. 13,3)
 ἐπιτρέχων ▸ **1**
  Verb · present · active · participle · masculine · singular · nominative ▸ **1** (4Mac. 7,11)

ἐπιτροπή (ἐπί; τρέπω) decision, commission ▸ **1 + 1 = 2**
 ἐπιτροπὴν ▸ **1**
  Noun · feminine · singular · accusative · (common) ▸ **1** (2Mac. 13,14)
 ἐπιτροπῆς ▸ **1**
  Noun · feminine · singular · genitive ▸ **1** (Acts 26,12)

ἐπίτροπος (ἐπί; τρέπω) steward, guardian, administrator; procurator ▸ **3 + 3 = 6**
 ἐπίτροπον ▸ **2**
  Noun · masculine · singular · accusative · (common) ▸ **2** (2Mac. 13,2; 2Mac. 14,2)
 ἐπίτροπος ▸ **1**
  Noun · masculine · singular · nominative · (common) ▸ **1** (2Mac. 11,1)
 ἐπιτρόπου ▸ **1**
  Noun · masculine · singular · genitive ▸ **1** (Luke 8,3)
 ἐπιτρόπους ▸ **1**
  Noun · masculine · plural · accusative ▸ **1** (Gal. 4,2)
 ἐπιτρόπῳ ▸ **1**
  Noun · masculine · singular · dative ▸ **1** (Matt. 20,8)

ἐπιτυγχάνω (ἐπί; τυγχάνω) to obtain, attain, be successful ▸ **2 + 5 = 7**
 ἐπέτυχεν ▸ **3**
  Verb · third · singular · aorist · active · indicative ▸ **3** (Rom. 11,7; Rom. 11,7; Heb. 6,15)
 ἐπέτυχον ▸ **1**
  Verb · third · plural · aorist · active · indicative ▸ **1** (Heb. 11,33)
 ἐπιτεύξεται ▸ **1**
  Verb · third · singular · future · middle · indicative ▸ **1** (Prov. 12,27)
 ἐπιτυγχάνων ▸ **1**
  Verb · present · active · participle · masculine · singular · nominative ▸ **1** (Gen. 39,2)
 ἐπιτυχεῖν ▸ **1**
  Verb · aorist · active · infinitive ▸ **1** (James 4,2)

ἐπιτυχία (ἐπί; τυγχάνω) success ▸ **1**
 ἐπιτυχίας ▸ **1**
  Noun · feminine · singular · genitive · (common) ▸ **1** (Wis. 13,19)

ἐπιφαίνω (ἐπί; φαίνω) to appear, shine on ▸ **24 + 1 + 4 = 29**
 ἐπέφανεν ▸ **2**
  Verb · third · singular · aorist · active · indicative ▸ **2** (Deut. 33,2; Psa. 117,27)
 ἐπεφάνη ▸ **1 + 1 = 2**
  Verb · third · singular · aorist · passive · indicative ▸ **1 + 1 = 2** (Gen. 35,7; Titus 3,4)
 Ἐπεφάνη ▸ **1**
  Verb · third · singular · aorist · passive · indicative ▸ **1** (Titus 2,11)
 ἐπιφαίνεσθαι ▸ **1**
  Verb · present · passive · infinitive ▸ **1** (Ezek. 17,6)
 ἐπιφαινόντων ▸ **1**
  Verb · present · active · participle · neuter · plural · genitive ▸ **1** (Acts 27,20)
 ἐπιφάναι ▸ **2**
  Verb · third · singular · aorist · active · optative ▸ **2** (Num. 6,25; Psa. 66,2)
 ἐπιφᾶναι ▸ **1 + 1 = 2**
  Verb · aorist · active · infinitive ▸ **1 + 1 = 2** (Ode. 9,79; Luke 1,79)
 ἐπιφάνας ▸ **3**
  Verb · aorist · active · participle · masculine · singular · nominative ▸ **3** (3Mac. 6,4; 3Mac. 6,18; 3Mac. 6,39)
 ἐπιφανείσης ▸ **1**
  Verb · aorist · passive · participle · feminine · singular · genitive ▸ **1** (2Mac. 12,22)
 ἐπιφανέντος ▸ **1**
  Verb · aorist · passive · participle · masculine · singular · genitive ▸ **1** (2Mac. 3,30)
 ἐπιφανῇ ▸ **1**
  Verb · third · singular · aorist · passive · subjunctive ▸ **1** (LetterJ 60)
 ἐπιφάνηθι ▸ **1**
  Verb · second · singular · aorist · passive · imperative ▸ **1** (3Mac. 6,9)
 ἐπιφανῆναι ▸ **1**
  Verb · aorist · passive · infinitive ▸ **1** (2Mac. 15,13)
 ἐπιφανῆναί ▸ **1**
  Verb · aorist · passive · infinitive ▸ **1** (Ezek. 39,28)
 ἐπιφανήσεται ▸ **1**
  Verb · third · singular · future · passive · indicative ▸ **1** (Zeph. 2,11)
 ἐπίφανον ▸ **6 + 1 = 7**
  Verb · second · singular · aorist · active · imperative ▸ **6 + 1 = 7** (3Mac. 2,19; Psa. 30,17; Psa. 79,4; Psa. 79,8; Psa. 79,20; Psa. 118,135; Dan. 9,17)
 ἐπιφανοῦμαι ▸ **1**
  Verb · first · singular · future · middle · indicative ▸ **1** (Jer. 36,14)

ἐπιφάνεια (ἐπί; φαίνω) appearing, manifestation ▸ **12 + 6 = 18**
 ἐπιφανείᾳ ▸ **2 + 1 = 3**
  Noun · feminine · singular · dative · (common) ▸ **2 + 1 = 3** (2Mac. 15,27; 3Mac. 2,9; 2Th. 2,8)
 ἐπιφάνειαν ▸ **3 + 3 = 6**
  Noun · feminine · singular · accusative · (common) ▸ **3 + 3 = 6** (2Sam. 7,23; 2Mac. 3,24; 2Mac. 5,4; 2Tim. 4,1; 2Tim. 4,8; Ti-

ἐπιφάνεια–ἐπιφυτεύω

tus 2,13)
    ἐπιφανείας ▸ 7 + 2 = 9
        Noun · feminine · plural · accusative · (common) ▸ **2** (2Mac. 2,21; Amos 5,22)
        Noun · feminine · singular · genitive · (common) ▸ 5 + 2 = 7 (Esth. 15,6 # 5,1c; 2Mac. 12,22; 2Mac. 14,15; 3Mac. 5,8; 3Mac. 5,51; 1Tim. 6,14; 2Tim. 1,10)

ἐπιφανής (ἐπί; φαίνω) notable, manifest ▸ 14 + 1 = 15
    ἐπιφανές ▸ 3
        Adjective · neuter · singular · accusative · noDegree ▸ **2** (1Chr. 17,21; 2Mac. 14,33)
        Adjective · neuter · singular · nominative · noDegree ▸ **1** (Mal. 1,14)
    ἐπιφανέστατοι ▸ 1
        Adjective · masculine · plural · nominative · superlative ▸ **1** (Prov. 25,14)
    ἐπιφανῆ ▸ 4 + 1 = 5
        Adjective · feminine · singular · accusative · noDegree ▸ 2 + 1 = 3 (Joel 3,4; Mal. 3,22; Acts 2,20)
        Adjective · masculine · singular · accusative · noDegree ▸ **2** (2Mac. 15,34; 3Mac. 5,35)
    ἐπιφανής ▸ 1
        Adjective · masculine · singular · nominative · noDegree ▸ **1** (Hab. 1,7)
    ἐπιφανής ▸ 4
        Adjective · feminine · singular · nominative · noDegree ▸ **4** (Judg. 13,6; Esth. 15,2 # 5,1a; Joel 2,11; Zeph. 3,1)
    ἐπιφανοῦς ▸ 1
        Adjective · feminine · singular · genitive · noDegree ▸ **1** (2Mac. 6,23)

Ἐπιφανής (ἐπί; φαίνω) Epiphanes (notable, manifest) ▸ 7
    Ἐπιφανῆ ▸ 2
        Adjective · masculine · singular · accusative · noDegree ▸ **2** (2Mac. 2,20; 2Mac. 10,13)
    Ἐπιφανής ▸ 1
        Adjective · masculine · singular · nominative · noDegree ▸ **1** (4Mac. 4,15)
    Ἐπιφανής ▸ 2
        Adjective · masculine · singular · nominative · noDegree ▸ **2** (1Mac. 1,10; 1Mac. 10,1)
    Ἐπιφανοῦς ▸ 2
        Adjective · masculine · singular · genitive · noDegree ▸ **2** (2Mac. 4,7; 2Mac. 10,9)

ἐπιφαύσκω (ἐπί; φαίνω) to give light ▸ 3 + 1 = 4
    ἐπιφαύσει ▸ 1
        Verb · third · singular · future · active · indicative ▸ **1** (Eph. 5,14)
    ἐπιφαύσκει ▸ 1
        Verb · third · singular · present · active · indicative ▸ **1** (Job 25,5)
    ἐπιφαύσκεται ▸ 1
        Verb · third · singular · present · middle · indicative ▸ **1** (Job 41,10)
    ἐπιφαύσκοντα ▸ 1
        Verb · present · active · participle · masculine · singular · accusative ▸ **1** (Job 31,26)

ἐπιφέρω (ἐπί; φέρω) to bring, give, carry ▸ 17 + 2 = 19
    ἐπενέγκαι ▸ 1
        Verb · aorist · active · infinitive ▸ **1** (1Sam. 24,7)
    ἐπενεγκεῖν ▸ 5 + 1 = 6
        Verb · aorist · active · infinitive ▸ 5 + 1 = 6 (1Sam. 22,17; 1Sam. 26,11; 1Sam. 26,23; 2Sam. 1,14; Prov. 26,15; Jude 9)
    ἐπενέγκητε ▸ 1
        Verb · second · plural · aorist · active · subjunctive ▸ **1** (Gen. 37,22)
    ἐπενεχθέντος ▸ 1
        Verb · aorist · passive · participle · masculine · singular · genitive ▸ **1** (2Mac. 12,35)
    ἐπεφέρετο ▸ 2
        Verb · third · singular · imperfect · middle · indicative ▸ **2** (Gen. 1,2; Gen. 7,18)
    ἐπήνεγκαν ▸ 1
        Verb · third · plural · aorist · active · indicative ▸ **1** (Job 15,12)
    ἐπήνεγκε ▸ 1
        Verb · third · singular · aorist · active · indicative ▸ **1** (Esth. 8,7)
    ἐπήνεγκεν ▸ 1
        Verb · third · singular · aorist · active · indicative ▸ **1** (Judith 8,8)
    ἐπιφερούσας ▸ 1
        Verb · present · active · participle · feminine · plural · accusative ▸ **1** (Sus. 53)
    ἐπιφέρω ▸ 1
        Verb · first · singular · present · active · indicative ▸ **1** (Zech. 2,13)
    ἐπιφέρων ▸ 1
        Verb · present · active · participle · masculine · singular · nominative ▸ **1** (Rom. 3,5)
    ἐποίσει ▸ 1
        Verb · third · singular · future · active · indicative ▸ **1** (1Sam. 26,9)
    ἐποίσω ▸ 1
        Verb · first · singular · future · active · indicative ▸ **1** (1Sam. 24,11)

ἐπιφημίζω (ἐπί; φημί) to assign to, to consecrate ▸ 2
    ἐπιφημίζει ▸ 1
        Verb · third · singular · present · active · indicative ▸ **1** (Wis. 2,12)
    ἐπιφημίσηται ▸ 1
        Verb · third · singular · aorist · middle · subjunctive ▸ **1** (Deut. 29,18)

Ἐπιφι Epeiph (name of month) ▸ 2
    Επιφι ▸ 2
        Noun · masculine · singular · genitive · (proper) ▸ **2** (3Mac. 6,38; 3Mac. 6,38)

ἐπιφυλλίζω (ἐπί; φλέω) to gather ▸ 3
    ἐπεφύλλισας ▸ 1
        Verb · second · singular · aorist · active · indicative ▸ **1** (Lam. 2,20)
    ἐπιφυλλιεῖ ▸ 1
        Verb · third · singular · future · active · indicative ▸ **1** (Lam. 3,51)
    ἐπιφύλλισον ▸ 1
        Verb · second · singular · aorist · active · imperative ▸ **1** (Lam. 1,22)

ἐπιφυλλίς (ἐπί; φλέω) gathering, gleaning ▸ 6 + 1 = 7
    ἐπιφυλλίδα ▸ 4
        Noun · feminine · singular · accusative · (common) ▸ **4** (Mic. 7,1; Obad. 5; Lam. 1,22; Lam. 2,20)
    ἐπιφυλλίδες ▸ 1
        Noun · feminine · plural · nominative · (common) ▸ **1** (Judg. 8,2)
    ἐπιφυλλίς ▸ 1 + 1 = 2
        Noun · feminine · singular · nominative · (common) ▸ 1 + 1 = 2 (Zeph. 3,7; Judg. 8,2)

ἐπιφυτεύω (ἐπί; φύω) to plant ▸ 1
    ἐπιφυτευομένη ▸ 1
        Verb · present · middle · participle · feminine · singular

• nominative ▸ 1 (4Mac. 15,6)

ἐπιφύω (ἐπί; φύω) to cling to ▸ 1
  ἐπιφυόμενος ▸ 1
    Verb · present · passive · participle · masculine · singular · nominative ▸ 1 (2Mac. 4,50)

ἐπιφωνέω (ἐπί; φωνή) to cry, answer ▸ 3 + 4 = 7
  ἐπεφώνει ▸ 1
    Verb · third · singular · imperfect · active · indicative ▸ 1 (Acts 12,22)
  ἐπεφώνησεν ▸ 1
    Verb · third · singular · aorist · active · indicative ▸ 1 (1Esdr. 9,47)
  ἐπεφώνουν ▸ 3
    Verb · third · plural · imperfect · active · indicative ▸ 3 (Luke 23,21; Acts 21,34; Acts 22,24)
  ἐπιφωνήσαντες ▸ 1
    Verb · aorist · active · participle · masculine · plural · nominative ▸ 1 (3Mac. 7,13)
  ἐπιφωνούντων ▸ 1
    Verb · present · active · participle · masculine · plural · genitive ▸ 1 (2Mac. 1,23)

ἐπιφώσκω (ἐπί; φαίνω) to dawn ▸ 2
  ἐπέφωσκεν ▸ 1
    Verb · third · singular · imperfect · active · indicative ▸ 1 (Luke 23,54)
  ἐπιφωσκούσῃ ▸ 1
    Verb · present · active · participle · feminine · singular · dative ▸ 1 (Matt. 28,1)

ἐπιχαίρω (ἐπί; χάρις) to rejoice against ▸ 21
  ἐπέχαρας ▸ 1
    Verb · second · singular · aorist · active · indicative ▸ 1 (Ezek. 25,6)
  ἐπεχάρητε ▸ 1
    Verb · second · plural · aorist · passive · indicative ▸ 1 (Ezek. 25,3)
  ἐπίχαιρε ▸ 1
    Verb · second · singular · present · active · imperative ▸ 1 (Sir. 8,7)
  ἐπίχαιρέ ▸ 1
    Verb · second · singular · present · active · imperative ▸ 1 (Mic. 7,8)
  ἐπιχαίρει ▸ 1
    Verb · third · singular · present · active · indicative ▸ 1 (Prov. 17,18)
  ἐπιχαιρέτω ▸ 1
    Verb · third · singular · present · active · imperative ▸ 1 (Bar. 4,12)
  ἐπιχαίροντες ▸ 2
    Verb · present · active · participle · masculine · plural · nominative ▸ 2 (Psa. 34,26; Ezek. 25,15)
  ἐπιχαίρων ▸ 1
    Verb · present · active · participle · masculine · singular · nominative ▸ 1 (Prov. 17,5)
  ἐπιχαρείησάν ▸ 2
    Verb · third · plural · aorist · passive · optative ▸ 2 (Psa. 34,19; Psa. 34,24)
  ἐπιχαρεῖταί ▸ 1
    Verb · third · singular · future · middle · indicative ▸ 1 (Sir. 23,3)
  ἐπιχαρέντες ▸ 2
    Verb · aorist · passive · participle · masculine · plural · nominative ▸ 2 (4Mac. 12,9; Bar. 4,31)
  ἐπιχαρῇ ▸ 2
    Verb · third · singular · aorist · passive · subjunctive ▸ 2 (Psa. 40,12; Sol. 13,8)
  ἐπιχαρῇς ▸ 2
    Verb · second · singular · aorist · passive · subjunctive ▸ 2 (Prov. 24,17; Obad. 12)
  Ἐπιχαρούμεθα ▸ 1
    Verb · first · plural · future · middle · indicative ▸ 1 (Mic. 4,11)
  ἐπιχαροῦνται ▸ 1
    Verb · third · plural · future · middle · indicative ▸ 1 (Hos. 10,5)
  ἐπιχαρῶσίν ▸ 1
    Verb · third · plural · aorist · passive · subjunctive ▸ 1 (Psa. 37,17)

ἐπιχαρής (ἐπί; χάρις) agreeable ▸ 2
  ἐπιχαρής ▸ 2
    Adjective · feminine · singular · nominative · noDegree ▸ 1 (Nah. 3,4)
    Adjective · masculine · singular · nominative · noDegree ▸ 1 (Job 31,29)

ἐπίχαρμα (ἐπί; χάρις) object of joy against someone ▸ 5
  ἐπίχαρμα ▸ 5
    Noun · neuter · singular · accusative · (common) ▸ 5 (Ex. 32,25; Judith 4,12; Sir. 6,4; Sir. 18,31; Sir. 42,11)

ἐπίχαρτος (ἐπί; χάρις) joyful against ▸ 1
  ἐπίχαρτος ▸ 1
    Adjective · masculine · singular · nominative · noDegree ▸ 1 (Prov. 11,3)

ἐπιχειρέω (ἐπί; χείρ) to undertake, attempt ▸ 12 + 3 = 15
  ἐπεχείρησαν ▸ 1 + 1 = 2
    Verb · third · plural · aorist · active · indicative ▸ 1 + 1 = 2 (3Mac. 7,5; Luke 1,1)
  Ἐπεχείρησαν ▸ 1
    Verb · third · plural · aorist · active · indicative ▸ 1 (Acts 19,13)
  ἐπεχείρησεν ▸ 2
    Verb · third · singular · aorist · active · indicative ▸ 2 (Esth. 9,25; 2Mac. 9,2)
  ἐπεχείρουν ▸ 1 + 1 = 2
    Verb · third · plural · imperfect · active · indicative ▸ 1 + 1 = 2 (2Mac. 10,15; Acts 9,29)
  ἐπιχειρεῖ ▸ 1
    Verb · third · singular · present · active · indicative ▸ 1 (1Esdr. 1,26)
  ἐπιχειρεῖτε ▸ 1
    Verb · second · plural · present · active · indicative ▸ 1 (3Mac. 6,24)
  ἐπιχειρήσας ▸ 1
    Verb · aorist · active · participle · masculine · singular · nominative ▸ 1 (2Mac. 7,19)
  ἐπιχειρήσῃ ▸ 1
    Verb · third · singular · aorist · active · subjunctive ▸ 1 (Ezra 7,23)
  ἐπιχειροῦντες ▸ 1
    Verb · present · active · participle · masculine · plural · nominative ▸ 1 (4Mac. 1,5)
  ἐπιχειροῦντι ▸ 1
    Verb · present · active · participle · masculine · singular · dative ▸ 1 (2Mac. 2,29)
  ἐπιχειροῦσι ▸ 1
    Verb · third · plural · present · active · indicative ▸ 1 (Esth. 16,3 #8,12c)
  ἐπιχειροῦσιν ▸ 1

ἐπιχειρέω–ἐπονείδιστος

       Verb · third · plural · present · active · indicative ▸ **1** (2Chr. 20,11)

ἐπιχείρημα (ἐπί; χείρ) attempt, enterprise, undertaking ▸ 1
- ἐπιχειρήμασιν ▸ 1
  - **Noun** · neuter · plural · dative · (common) ▸ **1** (Sir. 9,4)

ἐπίχειρον (ἐπί; χείρ) wages, pay, reward ▸ 3
- ἐπίχειρα ▸ 1
  - **Noun** · neuter · plural · accusative · (common) ▸ **1** (2Mac. 15,33)
- ἐπίχειρον ▸ 1
  - **Noun** · neuter · singular · nominative · (common) ▸ **1** (Jer. 31,25)
- ἐπιχείρῳ ▸ 1
  - **Noun** · masculine · singular · dative · (common) ▸ **1** (Jer. 34,5)

ἐπιχέω (ἐπί; χέω) to pour in, over, out ▸ 22 + 1 = 23
- ἐπέχεεν ▸ 7
  - **Verb** · third · singular · aorist · active · indicative ▸ **6** (Gen. 28,18; Gen. 35,14; Lev. 8,12; 1Sam. 10,1; 2Kings 3,11; 2Kings 9,6)
  - **Verb** · third · singular · imperfect · active · indicative ▸ **1** (2Kings 4,5)
- ἐπεχύθη ▸ 1
  - **Verb** · third · singular · aorist · passive · indicative ▸ **1** (Wis. 17,14)
- ἐπικεχυμένου ▸ 1
  - **Verb** · perfect · passive · participle · neuter · singular · genitive ▸ **1** (Lev. 21,10)
- ἐπιχεεῖ ▸ 5
  - **Verb** · third · singular · future · active · indicative ▸ **5** (Lev. 2,1; Lev. 5,11; Lev. 14,15; Lev. 14,26; Num. 5,15)
- ἐπιχεεῖς ▸ 4
  - **Verb** · second · singular · future · active · indicative ▸ **4** (Ex. 29,7; Lev. 2,6; Lev. 2,15; 2Kings 9,3)
- ἐπιχέετε ▸ 1
  - **Verb** · second · plural · present · active · indicative ▸ **1** (1Kings 18,34)
- ἐπιχεόντων ▸ 1
  - **Verb** · present · active · participle · masculine · plural · genitive ▸ **1** (Zech. 4,12)
- ἐπιχέων ▸ 1
  - **Verb** · present · active · participle · masculine · singular · nominative ▸ **1** (Luke 10,34)
- ἐπιχυθῇ ▸ 1
  - **Verb** · third · singular · aorist · passive · subjunctive ▸ **1** (Lev. 11,38)
- ἐπιχυθήσονται ▸ 1
  - **Verb** · third · plural · future · passive · indicative ▸ **1** (Job 36,27)

ἐπιχορηγέω (ἐπί; χορός; ἄγω) to supply, give ▸ 1 + 5 = 6
- ἐπιχορηγῇ ▸ 1
  - **Verb** · third · singular · aorist · active · subjunctive ▸ **1** (Sir. 25,22)
- ἐπιχορηγηθήσεται ▸ 1
  - **Verb** · third · singular · future · passive · indicative ▸ **1** (2Pet. 1,11)
- ἐπιχορηγήσατε ▸ 1
  - **Verb** · second · plural · aorist · active · imperative ▸ **1** (2Pet. 1,5)
- ἐπιχορηγούμενον ▸ 1
  - **Verb** · present · passive · participle · neuter · singular · nominative ▸ **1** (Col. 2,19)
- ἐπιχορηγῶν ▸ 2
  - **Verb** · present · active · participle · masculine · singular · nominative ▸ **2** (2Cor. 9,10; Gal. 3,5)

ἐπιχορηγία (ἐπί; χορός; ἄγω) supply, support ▸ 2
- ἐπιχορηγίας ▸ 2
  - **Noun** · feminine · singular · genitive ▸ **2** (Eph. 4,16; Phil. 1,19)

ἐπιχρίω (ἐπί; χρίω) to anoint ▸ 2
- ἐπέχρισεν ▸ 1
  - **Verb** · third · singular · aorist · active · indicative ▸ **1** (John 9,6)
- ἐπέχρισέν ▸ 1
  - **Verb** · third · singular · aorist · active · indicative ▸ **1** (John 9,11)

ἐπίχυσις (ἐπί; χέω) pouring ▸ 1
- ἐπιχύσεως ▸ 1
  - **Noun** · feminine · singular · genitive · (common) ▸ **1** (Job 37,18)

ἐπιχωρέω (ἐπί; χωρέω) to permit, allow ▸ 2
- ἐπεχώρησεν ▸ 1
  - **Verb** · third · singular · aorist · active · indicative ▸ **1** (2Mac. 12,12)
- ἐπιχωρηθῇ ▸ 1
  - **Verb** · third · singular · aorist · passive · subjunctive ▸ **1** (2Mac. 4,9)

ἐπιχώρησις (ἐπί; χωρέω) permission ▸ 1
- ἐπιχώρησιν ▸ 1
  - **Noun** · feminine · singular · accusative · (common) ▸ **1** (Ezra 3,7)

ἐπιψάλλω (ἐπί; ψάλλω) to sing ▸ 1
- ἐπέψαλλον ▸ 1
  - **Verb** · third · plural · imperfect · active · indicative ▸ **1** (2Mac. 1,30)

ἐπιψοφέω (ἐπί; ψόφος) to stamp (the foot) ▸ 1
- ἐπεψόφησας ▸ 1
  - **Verb** · second · singular · aorist · active · indicative ▸ **1** (Ezek. 25,6)

ἐπόζω (ἐπί; ὄζω) to become putrid ▸ 4
- ἐποζέσει ▸ 1
  - **Verb** · third · singular · future · active · indicative ▸ **1** (Ex. 7,18)
- ἐπώζεσεν ▸ 3
  - **Verb** · third · singular · aorist · active · indicative ▸ **3** (Ex. 7,21; Ex. 16,20; Ex. 16,24)

ἐποίκιον (ἐπί; οἶκος) village ▸ 1
- ἐποικίοις ▸ 1
  - **Noun** · neuter · plural · dative · (common) ▸ **1** (1Chr. 27,25)

ἐποικοδομέω (ἐπί; οἶκος; δῶμα) to build up ▸ 7
- ἐποικοδομεῖ ▸ 3
  - **Verb** · third · singular · present · active · indicative ▸ **3** (1Cor. 3,10; 1Cor. 3,10; 1Cor. 3,12)
- ἐποικοδομηθέντες ▸ 1
  - **Verb** · aorist · passive · participle · masculine · plural · nominative ▸ **1** (Eph. 2,20)
- ἐποικοδόμησεν ▸ 1
  - **Verb** · third · singular · aorist · active · indicative ▸ **1** (1Cor. 3,14)
- ἐποικοδομούμενοι ▸ 1
  - **Verb** · present · passive · participle · masculine · plural · nominative ▸ **1** (Col. 2,7)
- ἐποικοδομοῦντες ▸ 1
  - **Verb** · present · active · participle · masculine · plural · nominative ▸ **1** (Jude 20)

ἕπομαι (ἕπω) to follow; obey ▸ 1
- ἕπεσθαι ▸ 1
  - **Verb** · present · middle · infinitive ▸ **1** (3Mac. 2,26)

ἐπονείδιστος (ἐπί; ὄνειδος) disgraceful; insulting ▸ 5
- ἐπονείδιστοι ▸ 1
  - **Adjective** · masculine · plural · nominative · noDegree ▸ **1** (3Mac. 6,31)

ἐπονείδιστος ▸ 3
    Adjective · masculine · singular · nominative · noDegree ▸ 3 (Prov. 18,1; Prov. 19,26; Prov. 25,10a)
ἐπονειδίστους ▸ 1
    Adjective · masculine · plural · accusative · noDegree ▸ 1 (Prov. 27,11)
ἐπονομάζω (ἐπί; ὄνομα) to name, call ▸ 35 + 1 + 1 = 37
    ἐπονομάζῃ ▸ 1
        Verb · second · singular · present · passive · indicative ▸ 1 (Rom. 2,17)
    ἐπονομάζουσιν ▸ 2
        Verb · third · plural · present · active · indicative ▸ 2 (Deut. 2,11; Deut. 3,9)
    ἐπονομάσαι ▸ 3
        Verb · aorist · active · infinitive ▸ 3 (Deut. 12,5; 1Chr. 28,3; 2Chr. 12,13)
    ἐπονομάσας ▸ 1
        Verb · aorist · active · participle · masculine · singular · nominative ▸ 1 (Lev. 24,11)
    ἐπονομάσω ▸ 1
        Verb · first · singular · aorist · active · subjunctive ▸ 1 (Ex. 20,24)
    ἐπωνόμασαν ▸ 3 + 1 = 4
        Verb · third · plural · aorist · active · indicative ▸ 3 + 1 = 4 (Ex. 16,31; Num. 13,24; Num. 32,38; Judg. 2,5)
    ἐπωνόμασεν ▸ 24
        Verb · third · singular · aorist · active · indicative ▸ 24 (Gen. 4,17; Gen. 4,25; Gen. 4,26; Gen. 5,2; Gen. 5,3; Gen. 5,29; Gen. 21,31; Gen. 25,25; Gen. 26,18; Gen. 26,18; Gen. 26,21; Gen. 26,22; Gen. 30,11; Ex. 2,10; Ex. 2,22; Ex. 17,7; Ex. 17,15; Num. 13,16; Num. 32,41; Num. 32,42; Deut. 3,9; Deut. 3,14; Josh. 7,26; Josh. 22,34)
    ἐπωνομάσθη ▸ 1
        Verb · third · singular · aorist · passive · indicative ▸ 1 (Ex. 15,23)
ἐποξύνω (ἐπί; ὀξύς) to hurry ▸ 1
    ἐποξύνειν ▸ 1
        Verb · present · active · infinitive ▸ 1 (2Mac. 9,7)
ἐποπτεύω (ἐπί; ὁράω) to see, observe, oversee; visit, punish ▸ 2
    ἐποπτεύοντες ▸ 1
        Verb · present · active · participle · masculine · plural · nominative ▸ 1 (1Pet. 2,12)
    ἐποπτεύσαντες ▸ 1
        Verb · aorist · active · participle · masculine · plural · nominative ▸ 1 (1Pet. 3,2)
ἐπόπτης (ἐπί; ὁράω) overseer, watcher, eyewitness, inspector ▸ 4 + 1 = 5
    ἐπόπται ▸ 1
        Noun · masculine · plural · nominative ▸ 1 (2Pet. 1,16)
    ἐπόπτην ▸ 1
        Noun · masculine · singular · accusative · (common) ▸ 1 (Esth. 15,2 # 5,1a)
    ἐπόπτης ▸ 2
        Noun · masculine · singular · nominative · (common) ▸ 2 (2Mac. 3,39; 3Mac. 2,21)
    ἐπόπτου ▸ 1
        Noun · masculine · singular · genitive · (common) ▸ 1 (2Mac. 7,35)
ἐποπτικός (ἐπί; ὁράω) overseeing, watching ▸ 1
    ἐποπτική ▸ 1
        Adjective · feminine · singular · nominative · noDegree ▸ 1 (4Mac. 5,13)

ἐποργίζομαι (ἐπί; ὀργή) to be angry ▸ 2
    ἐποργισθήσεται ▸ 1
        Verb · third · singular · future · passive · indicative ▸ 1 (Dan. 11,40)
    ἐπώργισται ▸ 1
        Verb · third · singular · perfect · middle · indicative ▸ 1 (2Mac. 7,33)
ἔπος (ἔπω) word; verse ▸ 1 + 1 = 2
    ἔπη ▸ 1
        Noun · neuter · plural · accusative · (common) ▸ 1 (Sir. 44,5)
    ἔπος ▸ 1
        Noun · neuter · singular · accusative ▸ 1 (Heb. 7,9)
ἐποτρύνω (ἐπί; ὀτρύνω) to stir up ▸ 2
    ἐποτρύνοντες ▸ 1
        Verb · present · active · participle · masculine · plural · nominative ▸ 1 (4Mac. 14,1)
    ἐποτρύνοντος ▸ 1
        Verb · present · active · participle · masculine · singular · genitive ▸ 1 (4Mac. 5,14)
ἐπουράνιος (ἐπί; οὐρανός) heavenly ▸ 5 + 19 = 24
    ἐπουράνια ▸ 3
        Adjective · neuter · plural · accusative ▸ 2 (John 3,12; Heb. 9,23)
        Adjective · neuter · plural · nominative ▸ 1 (1Cor. 15,40)
    ἐπουράνιε ▸ 1
        Adjective · masculine · singular · vocative · noDegree ▸ 1 (Ode. 14,11)
    ἐπουράνιοι ▸ 1
        Adjective · masculine · plural · nominative ▸ 1 (1Cor. 15,48)
    ἐπουρανίοις ▸ 5
        Adjective · masculine · plural · dative ▸ 1 (Eph. 6,12)
        Adjective · neuter · plural · dative ▸ 4 (Eph. 1,3; Eph. 1,20; Eph. 2,6; Eph. 3,10)
    ἐπουράνιον ▸ 3 + 1 = 4
        Adjective · feminine · singular · accusative · noDegree ▸ 1 + 1 = 2 (2Mac. 3,39; 2Tim. 4,18)
        Adjective · masculine · singular · accusative · noDegree ▸ 2 (3Mac. 7,6; Psa. 67,15)
    ἐπουράνιος ▸ 1
        Adjective · masculine · singular · nominative ▸ 1 (1Cor. 15,48)
    ἐπουρανίου ▸ 1 + 4 = 5
        Adjective · feminine · singular · genitive ▸ 3 (Heb. 3,1; Heb. 6,4; Heb. 11,16)
        Adjective · masculine · singular · genitive · noDegree ▸ 1 + 1 = 2 (3Mac. 6,28; 1Cor. 15,49)
    ἐπουρανίῳ ▸ 1
        Adjective · feminine · singular · dative ▸ 1 (Heb. 12,22)
    ἐπουρανίων ▸ 3
        Adjective · masculine · plural · genitive ▸ 1 (Phil. 2,10)
        Adjective · neuter · plural · genitive ▸ 2 (1Cor. 15,40; Heb. 8,5)
ἔποψ hoopoe bird ▸ 3
    ἔποπα ▸ 2
        Noun · masculine · singular · accusative · (common) ▸ 2 (Lev. 11,19; Deut. 14,17)
    ἔποπος ▸ 1
        Noun · masculine · singular · genitive · (common) ▸ 1 (Zech. 5,9)
ἑπτά seven ▸ 351 + 26 + 88 = 465
    ἑπτά ▸ 47 + 2 + 12 = 61
        Adjective · feminine · plural · accusative · (cardinal · numeral) ▸ 5 + 3 = 8 (Judg. 14,10; 1Esdr. 1,17; 1Esdr. 4,63; Judith 16,24; 3Mac. 7,17; Acts 20,6; Acts 21,4; Acts 28,14)
        Adjective · feminine · plural · dative · (cardinal · numeral) ▸ 1 (Rev. 5,1)

ἑπτά–ἑπτακαίδεκα

Adjective · feminine · plural · genitive · (cardinal · numeral) ▸ 1 + 1 = **2** (LetterJ 2; Mark 8,20)

Adjective · feminine · plural · nominative · (cardinal · numeral) ▸ **2** (Gen. 46,25; 1Esdr. 5,41)

Adjective · masculine · plural · accusative · (cardinal · numeral) ▸ 10 + 2 = **12** (Ex. 25,37; Num. 29,8; Num. 29,32; 2Chr. 29,21; 2Chr. 29,21; 2Chr. 29,21; Ezra 8,35; Prov. 9,1; Jer. 15,9; Dan. 6,4; Mark 8,5; Acts 6,3)

Adjective · masculine · plural · dative · (cardinal · numeral) ▸ 2 + 2 = **4** (Tob. 3,8; Tob. 3,15; Tob. 3,8; Tob. 3,15)

Adjective · masculine · plural · genitive · (cardinal · numeral) ▸ 1 + 3 = **4** (Neh. 7,72; Matt. 22,26; Acts 21,8; Rev. 17,11)

Adjective · masculine · plural · nominative · (cardinal · numeral) ▸ 16 + 1 = **17** (2Sam. 23,39; 1Chr. 3,24; 1Chr. 5,13; 1Esdr. 5,14; 1Esdr. 5,15; 1Esdr. 5,25; 1Esdr. 5,25; Ezra 2,38; Ezra 2,39; Ezra 2,65; Neh. 7,18; Neh. 7,19; Neh. 7,41; Neh. 7,42; Neh. 7,67; Bel 31-32; Rev. 17,9)

Adjective · neuter · plural · accusative · (cardinal · numeral) ▸ 6 + 1 = **7** (Gen. 4,24; Gen. 7,2; Gen. 7,3; Gen. 29,20; Judg. 6,1; Dan. 4,32; Matt. 18,22)

Adjective · neuter · plural · dative · (cardinal · numeral) ▸ **2** (1Sam. 2,5; Ode. 3,5)

Adjective · neuter · plural · nominative · (cardinal · numeral) ▸ **2** (Gen. 23,1; Ex. 6,16)

ἑπτά ▸ 304 + 24 + 76 = **404**

Adjective · feminine · plural · accusative · (cardinal · numeral) ▸ 110 + 6 + 17 = **133** (Gen. 7,10; Gen. 8,10; Gen. 8,12; Gen. 21,28; Gen. 21,30; Gen. 41,4; Gen. 41,20; Gen. 50,10; Ex. 12,15; Ex. 12,19; Ex. 13,7; Ex. 22,29; Ex. 23,15; Ex. 29,30; Ex. 29,35; Ex. 29,37; Ex. 34,18; Lev. 8,33; Lev. 8,33; Lev. 8,35; Lev. 12,2; Lev. 12,5; Lev. 13,4; Lev. 13,5; Lev. 13,21; Lev. 13,26; Lev. 13,31; Lev. 13,33; Lev. 13,50; Lev. 13,54; Lev. 14,8; Lev. 14,38; Lev. 15,13; Lev. 15,19; Lev. 15,24; Lev. 15,28; Lev. 22,27; Lev. 23,6; Lev. 23,8; Lev. 23,15; Lev. 23,34; Lev. 23,36; Lev. 23,39; Lev. 23,40; Lev. 23,42; Lev. 25,8; Lev. 26,21; Num. 12,14; Num. 12,14; Num. 12,15; Num. 19,11; Num. 19,14; Num. 19,16; Num. 28,17; Num. 28,24; Num. 29,12; Num. 31,19; Deut. 16,3; Deut. 16,4; Deut. 16,9; Deut. 16,9; Deut. 16,13; Deut. 16,15; Josh. 6,8; Josh. 6,13; Josh. 18,5; Josh. 18,6; Josh. 18,9; Judg. 14,17; Judg. 16,8; Judg. 16,13; 1Sam. 10,8; 1Sam. 11,3; 1Sam. 13,8; 1Sam. 31,13; 1Kings 8,65; 1Kings 16,15; 1Kings 19,18; 1Kings 21,29; 1Kings 21,30; 1Chr. 9,25; 1Chr. 10,12; 1Chr. 18,4; 1Chr. 19,18; 2Chr. 7,9; 2Chr. 30,21; 2Chr. 30,22; 2Chr. 30,23; 2Chr. 30,23; 2Chr. 35,17; 1Esdr. 7,14; Ezra 6,22; Neh. 8,18; Esth. 2,18; Tob. 11,19; 1Mac. 13,28; 3Mac. 6,30; Job 2,13; Job 2,13; Is. 11,15; Ezek. 3,15; Ezek. 3,16; Ezek. 43,25; Ezek. 43,26; Ezek. 44,26; Ezek. 45,21; Ezek. 45,23; Ezek. 45,23; Ezek. 45,25; Dan. 9,26; Judg. 14,10; Judg. 14,17; Judg. 16,8; Judg. 16,13; Judg. 16,14; Judg. 16,19; Matt. 15,37; Mark 8,8; Heb. 11,30; Rev. 1,12; Rev. 1,20; Rev. 5,5; Rev. 8,6; Rev. 12,3; Rev. 13,1; Rev. 15,1; Rev. 15,6; Rev. 15,7; Rev. 16,1; Rev. 17,1; Rev. 17,3; Rev. 17,7; Rev. 21,9)

Adjective · feminine · plural · dative · (cardinal · numeral) ▸ 10 + 2 + 2 = **14** (Deut. 28,7; Deut. 28,25; Judg. 14,12; Judg. 16,7; 2Chr. 7,8; 1Esdr. 3,2; Esth. 3,12; Esth. 8,9; Esth. 16,2 # 8,12b; 4Mac. 15,6; Judg. 14,12; Judg. 16,7; Rev. 1,4; Rev. 1,11)

Adjective · feminine · plural · genitive · (cardinal · numeral) ▸ 6 + 1 + 4 = **11** (Gen. 7,4; Gen. 31,23; 2Kings 3,9; Esth. 1,1 # 1,1s; Esth. 13,1 # 3,13a; Tob. 2,1; Tob. 2,1; Rev. 1,20; Rev. 2,1; Rev. 6,1; Rev. 21,9)

Adjective · feminine · plural · nominative · (cardinal · numeral) ▸ 22 + 2 + 11 = **35** (Gen. 21,29; Gen. 41,2; Gen. 41,3; Gen. 41,4; Gen. 41,18; Gen. 41,19; Gen. 41,20; Gen. 41,26; Gen. 41,27; Ex. 2,16; Ex. 7,25; Lev. 25,8; Josh. 15,62; Josh. 18,2; 1Chr. 7,5; 1Chr. 12,26; 1Chr. 12,35; 4Mac. 14,7; 4Mac. 16,7; Prov. 26,25; Sir. 22,12; Is. 4,1; Josh. 15,62; Dan. 9,25; Acts 21,27; Rev. 1,20; Rev. 1,20; Rev. 4,5; Rev. 8,2; Rev. 10,3; Rev. 10,4; Rev. 10,4; Rev. 11,13; Rev. 15,8; Rev. 17,9)

Adjective · masculine · plural · accusative · (cardinal · numeral) ▸ 44 + 1 + 11 = **56** (Gen. 41,7; Gen. 41,24; Ex. 38,17; Lev. 23,18; Num. 23,1; Num. 23,1; Num. 23,1; Num. 23,4; Num. 23,14; Num. 23,29; Num. 23,29; Num. 23,29; Num. 28,11; Num. 28,19; Num. 28,27; Num. 29,2; Num. 29,10; Num. 29,36; Judg. 8,14; Judg. 16,14; Judg. 16,19; Ruth 4,15; 1Sam. 6,1; 1Sam. 16,10; 2Sam. 21,6; 1Chr. 15,26; 1Chr. 15,26; 2Chr. 29,21; Tob. 3,8; 2Mac. 7,1; 2Mac. 7,20; 4Mac. 15,27; 4Mac. 16,3; 4Mac. 16,6; 4Mac. 17,5; 4Mac. 18,20; Job 42,8; Job 42,8; Jer. 39,9; Jer. 52,25; Ezek. 45,23; Ezek. 45,23; Dan. 6,2; Dan. 9,27; Judg. 8,14; Matt. 15,34; Matt. 15,36; Matt. 16,10; Mark 8,6; Mark 8,20; Rev. 1,16; Rev. 2,1; Rev. 3,1; Rev. 5,6; Rev. 8,2; Rev. 15,1)

Adjective · masculine · plural · dative · (cardinal · numeral) ▸ 12 + 3 + 2 = **17** (Num. 28,21; Num. 28,29; Num. 29,4; 2Chr. 13,9; 1Esdr. 8,11; Esth. 1,10; Tob. 6,14; Tob. 7,11; 4Mac. 17,2; Eccl. 11,2; Ezek. 40,6; Ezek. 40,22; Tob. 3,8; Tob. 6,14; Tob. 7,11; Rev. 15,7; Rev. 16,1)

Adjective · masculine · plural · genitive · (cardinal · numeral) ▸ 15 + 1 + 5 = **21** (Num. 1,29; 2Sam. 8,4; 1Kings 6,6; Ezra 7,14; Tob. 12,15; 4Mac. 1,8; 4Mac. 14,3; 4Mac. 14,12; 4Mac. 15,2; 4Mac. 15,6; 4Mac. 16,1; 4Mac. 17,13; 4Mac. 18,6; Ezek. 41,3; Ezek. 41,3; Tob. 12,15; Matt. 22,28; Rev. 1,20; Rev. 15,8; Rev. 17,1; Rev. 21,9)

Adjective · masculine · plural · nominative · (cardinal · numeral) ▸ 29 + 5 + 11 = **45** (Gen. 41,5; Gen. 41,6; Gen. 41,7; Gen. 41,22; Gen. 41,23; Gen. 41,24; Gen. 41,26; Gen. 41,27; Num. 2,8; Num. 2,31; Num. 8,2; Josh. 6,8; Josh. 6,13; 2Sam. 6,13; 2Sam. 21,9; 4Mac. 8,3; 4Mac. 13,1; 4Mac. 13,23; 4Mac. 16,7; 4Mac. 17,9; Job 1,2; Job 42,13; Sir. 37,14; Mic. 5,4; Zech. 3,9; Zech. 4,2; Zech. 4,2; Zech. 4,10; Ezek. 40,26; Dan. 4,16; Dan. 4,23; Dan. 4,25; Dan. 4,32; Bel 32; Matt. 22,25; Mark 12,20; Mark 12,22; Mark 12,23; Luke 20,29; Luke 20,31; Luke 20,33; Acts 19,14; Rev. 1,20; Rev. 8,6; Rev. 15,6)

Adjective · neuter · plural · accusative · (cardinal · numeral) ▸ 32 + 2 + 8 = **42** (Gen. 4,15; Gen. 5,7; Gen. 5,25; Gen. 7,2; Gen. 7,3; Gen. 11,21; Gen. 25,17; Gen. 29,18; Gen. 29,27; Gen. 29,30; Gen. 41,29; Gen. 41,30; Gen. 41,36; Gen. 41,50; Gen. 47,28; Lev. 25,8; Deut. 7,1; Deut. 31,10; Judg. 12,9; 2Sam. 2,11; 2Sam. 5,5; 1Kings 2,11; 1Kings 14,21; 2Kings 8,1; 2Kings 8,2; 1Chr. 3,4; 1Chr. 29,27; Esth. 2,9; Ezek. 39,9; Dan. 4,16; Dan. 4,33a; Dan. 4,33a; Judg. 6,1; Judg. 12,9; Matt. 12,45; Mark 16,9; Luke 2,36; Luke 11,26; Acts 13,19; Rev. 3,1; Rev. 5,6; Rev. 12,3)

Adjective · neuter · plural · dative · (cardinal · numeral) ▸ **4** (Gen. 41,47; Num. 13,22; Judg. 16,11; 1Kings 2,35c)

Adjective · neuter · plural · genitive · (cardinal) ▸ 13 + 1 + 1 = **15** (Gen. 37,2; Gen. 41,34; Gen. 41,35; Gen. 41,48; Deut. 15,1; 2Kings 8,3; 2Kings 12,1; 2Chr. 24,1; Tob. 14,14; 4Mac. 14,4; 4Mac. 15,24; 4Mac. 17,7; Dan. 4,34; Tob. 14,14; Rev. 1,4)

Adjective · neuter · plural · nominative · (cardinal · numeral) ▸ 7 + 4 = **11** (Gen. 41,26; Gen. 41,26; Gen. 41,27; Gen. 41,27; Gen. 41,53; Gen. 41,54; Gen. 47,28; Luke 8,2; Rev. 4,5; Rev. 5,6; Rev. 17,9)

ἑπταετής (ἑπτά; ἔτος) seven year ▸ 1 + 1 = **2**
ἑπταετῆ ▸ 1 + 1 = **2**
Adjective · masculine · singular · accusative ▸ 1 + 1 = **2** (Judg. 6,25; Judg. 6,25)

ἑπτακαίδεκα (ἑπτά; καί; δέκα) seventeen ▸ 4

ἑπτακαίδεκα ▸ 4
    Adjective · feminine · plural · nominative · (cardinal · numeral) ▸ 1 (1Chr. 7,11)
    Adjective · neuter · plural · accusative · (cardinal · numeral) ▸ 3 (2Kings 13,1; 2Chr. 12,13; 1Esdr. 4,52)

ἑπτακαιδέκατος (**ἑπτά**; **καί**; **δέκα**) seventeenth ▸ 5
    ἑπτακαιδέκατος ▸ 2
        Adjective · masculine · singular · nominative · (ordinal · numeral) ▸ 2 (1Chr. 24,15; 1Chr. 25,24)
    ἑπτακαιδεκάτῳ ▸ 3
        Adjective · neuter · singular · dative · (ordinal · numeral) ▸ 3 (1Kings 22,52; 2Kings 16,1; Judith 1,13)

ἑπτάκις (**ἑπτά**) seven times ▸ 24 + 4 = 28
    ἑπτάκι ▸ 4
        Adverb ▸ 4 (1Kings 18,43; 1Kings 18,43; 2Kings 5,14; Prov. 24,16)
    ἑπτάκις ▸ 20 + 4 = 24
        Adverb · (frequency) ▸ 20 + 4 = 24 (Gen. 4,24; Gen. 33,3; Lev. 4,6; Lev. 4,17; Lev. 8,11; Lev. 14,7; Lev. 14,16; Lev. 14,27; Lev. 14,51; Lev. 16,14; Lev. 16,19; Lev. 25,8; Lev. 26,18; Lev. 26,24; Lev. 26,28; Num. 19,4; 2Kings 4,35; 2Kings 5,10; 2Mac. 10,20; Psa. 118,164; Matt. 18,21; Matt. 18,22; Luke 17,4; Luke 17,4)

ἑπτακισχίλιοι (**ἑπτά**; **χίλιοι**) seven thousand ▸ 15 + 1 = 16
    ἑπτακισχίλια ▸ 6
        Adjective · neuter · plural · accusative · (cardinal · numeral) ▸ 3 (1Chr. 29,4; 2Chr. 15,11; 2Chr. 30,24)
        Adjective · neuter · plural · nominative · (cardinal · numeral) ▸ 3 (Num. 31,36; Num. 31,43; Job 1,3)
    ἑπτακισχιλίαν ▸ 1
        Adjective · feminine · singular · accusative · (cardinal · numeral) ▸ 1 (1Mac. 3,39)
    ἑπτακισχίλιοι ▸ 6
        Adjective · masculine · plural · nominative · (cardinal · numeral) ▸ 6 (Num. 3,22; 2Chr. 26,13; 1Esdr. 5,41; 1Esdr. 5,42; Ezra 2,65; Neh. 7,67)
    ἑπτακισχιλίους ▸ 2 + 1 = 3
        Adjective · masculine · plural · accusative · (cardinal · numeral) ▸ 2 + 1 = 3 (2Kings 24,16; 2Chr. 17,11; Rom. 11,4)

ἑπτακόσιοι (**ἑπτά**; **ἑκατόν**) seven hundred ▸ 45 + 2 = 47
    ἑπτακόσια ▸ 7
        Adjective · neuter · plural · accusative · (cardinal · numeral) ▸ 5 (Gen. 5,7; Gen. 5,10; Gen. 5,13; Gen. 5,16; 2Sam. 10,18)
        Adjective · neuter · plural · nominative · (cardinal · numeral) ▸ 2 (Gen. 5,4; Gen. 5,31)
    ἑπτακόσιαι ▸ 1
        Adjective · feminine · plural · nominative · (cardinal · numeral) ▸ 1 (1Kings 11,1)
    ἑπτακόσιοι ▸ 31 + 2 = 33
        Adjective · masculine · plural · nominative · (cardinal · numeral) ▸ 31 + 2 = 33 (Ex. 39,1; Ex. 39,2; Num. 1,39; Num. 2,26; Num. 17,14; Num. 26,7; Num. 26,38; Num. 26,51; Num. 31,52; Judg. 8,26; Judg. 20,15; 1Chr. 5,18; 1Chr. 9,13; 1Chr. 12,28; 1Chr. 26,30; 1Chr. 26,32; 1Esdr. 5,10; 1Esdr. 5,12; 1Esdr. 5,19; 1Esdr. 5,22; Ezra 2,5; Ezra 2,9; Ezra 2,25; Ezra 2,33; Ezra 2,66; Ezra 2,67; Neh. 7,14; Neh. 7,29; Neh. 7,37; Neh. 7,68; Neh. 7,69; Judg. 16,27; Judg. 20,15)
    ἑπτακοσίους ▸ 6
        Adjective · masculine · plural · accusative · (cardinal · numeral) ▸ 6 (Ex. 39,5; 2Kings 3,26; 2Chr. 15,11; 2Chr. 17,11; 1Esdr. 1,9; 2Mac. 12,17)

ἑπτάμηνος (**ἑπτά**; **μήν**) for seven months ▸ 2
    ἑπτάμηνον ▸ 1
        Noun · feminine · singular · accusative · (common) ▸ 1 (Ezek. 39,14)
    ἑπταμήνῳ ▸ 1
        Noun · feminine · singular · dative · (common) ▸ 1 (Ezek. 39,12)

ἑπταμήτωρ (**ἑπτά**; **μήτηρ**) mother of seven ▸ 1
    ἑπταμήτωρ ▸ 1
        Noun · feminine · singular · nominative · (common) ▸ 1 (4Mac. 16,24)

ἑπταπλάσιος (**ἑπτά**) sevenfold, seven times more ▸ 5
    ἑπταπλάσια ▸ 3
        Adjective · neuter · plural · accusative · (numeral) ▸ 3 (Prov. 6,31; Sir. 35,10; Sir. 40,8)
    ἑπταπλάσιον ▸ 2
        Adjective · neuter · singular · accusative · (numeral) ▸ 1 (Sir. 20,12)
        Adjective · neuter · singular · nominative · (numeral) ▸ 1 (Is. 30,26)

ἑπταπλασίων (**ἑπτά**) sevenfold ▸ 2
    ἑπταπλασίονα ▸ 2
        Adjective · neuter · plural · accusative · (numeral) ▸ 2 (2Sam. 12,6; Psa. 78,12)

ἑπταπλασίως (**ἑπτά**) sevenfold, a sevenfold way ▸ 5 + 1 = 6
    ἑπταπλασίως ▸ 5 + 1 = 6
        Adverb ▸ 5 + 1 = 6 (Psa. 11,7; Sir. 7,3; Dan. 3,19; Dan. 3,22; Dan. 3,46; Dan. 3,19)

ἑπτάπυργος (**ἑπτά**; **πύργος**) with seven towers ▸ 1
    ἑπτάπυργος ▸ 1
        Adjective · feminine · singular · nominative ▸ 1 (4Mac. 13,7)

ἐπωμίς (**ἐπί**; **ὦμος**) ephod ▸ 30
    ἐπωμίδα ▸ 11
        Noun · feminine · singular · accusative · (common) ▸ 11 (Ex. 25,7; Ex. 28,4; Ex. 28,6; Ex. 29,5; Ex. 29,5; Ex. 35,9; Ex. 35,27; Ex. 36,9; Ex. 36,29; Lev. 8,7; Sir. 45,8)
    ἐπωμίδας ▸ 2
        Noun · feminine · plural · accusative · (common) ▸ 2 (Ex. 36,11; Ezek. 41,3)
    ἐπωμίδες ▸ 3
        Noun · feminine · plural · nominative · (common) ▸ 3 (Ex. 28,7; Ezek. 40,48; Ezek. 41,2)
    ἐπωμίδος ▸ 13
        Noun · feminine · singular · genitive · (common) ▸ 13 (Ex. 28,12; Ex. 28,15; Ex. 28,23 # 28,29a; Ex. 36,14; Ex. 36,15; Ex. 36,25; Ex. 36,26; Ex. 36,27; Ex. 36,27; Ex. 36,28; Ex. 36,28; Ex. 36,28; Lev. 8,7)
    ἐπωμίδων ▸ 1
        Noun · feminine · plural · genitive · (common) ▸ 1 (Ex. 28,8)

ἐπώνυμος (**ἐπί**; **ὄνομα**) named after; official ▸ 1
    ἐπωνύμοις ▸ 1
        Noun · feminine · plural · dative · (common) ▸ 1 (Esth. 16,22 # 8,12u)

ἐπωρύω (**ἐπί**; **ὠρύομαι**) to howl ▸ 1
    ἐπωρύοντο ▸ 1
        Verb · third · plural · aorist · middle · indicative ▸ 1 (Zech. 11,8)

Εραηλ Asarelah ▸ 1
    Εραηλ ▸ 1
        Noun · masculine · singular · nominative · (proper) ▸ 1 (1Chr. 25,2)

ἐραστής (**ἐράω**) lover ▸ 17
    ἐρασταί ▸ 1

Noun · masculine · plural · nominative · (common) ▸ **1** (Wis. 15,6)
ἐρασταί ▸ 4
Noun · masculine · plural · nominative · (common) ▸ **4** (Hos. 2,14; Jer. 4,30; Jer. 22,20; Jer. 22,22)
ἐρασταῖς ▸ 1
Noun · masculine · plural · dative · (common) ▸ **1** (Ezek. 16,33)
ἐραστάς ▸ 4
Noun · masculine · plural · accusative · (common) ▸ **4** (Lam. 1,19; Ezek. 16,36; Ezek. 16,37; Ezek. 23,22)
ἐραστὰς ▸ 2
Noun · masculine · plural · accusative · (common) ▸ **2** (Hos. 2,9; Ezek. 23,5)
ἐραστής ▸ 1
Noun · masculine · singular · nominative · (common) ▸ **1** (Wis. 8,2)
ἐραστῶν ▸ 4
Noun · masculine · plural · genitive · (common) ▸ **4** (Hos. 2,7; Hos. 2,12; Hos. 2,15; Ezek. 23,9)

Ἔραστος Erastus ▸ 3
Ἔραστον ▸ 1
Noun · masculine · singular · accusative · (proper) ▸ **1** (Acts 19,22)
Ἔραστος ▸ 2
Noun · masculine · singular · nominative · (proper) ▸ **2** (Rom. 16,23; 2Tim. 4,20)

ἐραυνάω (ἔρομαι) to search, examine ▸ 6
ἐραυνᾷ ▸ 1
Verb · third · singular · present · active · indicative ▸ **1** (1Cor. 2,10)
ἐραυνᾶτε ▸ 1
Verb · second · plural · present · active · imperative ▸ **1** (John 5,39)
ἐραύνησον ▸ 1
Verb · second · singular · aorist · active · imperative ▸ **1** (John 7,52)
ἐραυνῶν ▸ 2
Verb · present · active · participle · masculine · singular · nominative ▸ **2** (Rom. 8,27; Rev. 2,23)
ἐραυνῶντες ▸ 1
Verb · present · active · participle · masculine · plural · nominative ▸ **1** (1Pet. 1,11)

ἐράω to love ▸ 3
ἐράσθητι ▸ 1
Verb · second · singular · aorist · passive · imperative ▸ **1** (Prov. 4,6)
ἐρωμένη ▸ 1
Verb · present · passive · participle · feminine · singular · dative ▸ **1** (1Esdr. 4,24)
ἠράσθη ▸ 1
Verb · third · singular · aorist · passive · indicative ▸ **1** (Esth. 2,17)

εργαβ (Hebr.) saddle back (?) ▸ 4
εργαβ ▸ 4
Noun · neuter · singular · accusative · (common) ▸ **3** (1Sam. 6,11; 1Sam. 6,15; 1Sam. 20,19)
Noun · neuter · singular · genitive · (common) ▸ **1** (1Sam. 20,41)

ἐργάζομαι (ἔργον) to work ▸ 120 + 40 = 160
εἰργασάμεθα ▸ 1
Verb · first · plural · aorist · middle · indicative ▸ **1** (2John 8)
εἰργάσαντο ▸ 1 + 1 = 2
Verb · third · plural · aorist · middle · indicative ▸ **1 + 1 = 2** (Is. 44,15; Heb. 11,33)
εἰργάσατο ▸ 4
Verb · third · singular · aorist · middle · indicative ▸ **4** (Psa. 7,16; Psa. 73,12; Is. 44,12; Is. 44,12)
εἰργασμένα ▸ 1
Verb · perfect · passive · participle · neuter · plural · nominative ▸ **1** (John 3,21)
εἰργασμένον ▸ 1
Verb · perfect · passive · participle · neuter · singular · accusative ▸ **1** (Num. 31,51)
εἰργασμένος ▸ 1
Verb · perfect · passive · participle · masculine · singular · nominative ▸ **1** (Ezek. 27,19)
εἰργασμένου ▸ 1
Verb · perfect · passive · participle · masculine · singular · genitive ▸ **1** (Eccl. 5,8)
εἴργασται ▸ 2
Verb · third · singular · perfect · middle · indicative ▸ **1** (Deut. 21,3)
Verb · third · singular · perfect · passive · indicative ▸ **1** (Deut. 21,4)
εἰργάσω ▸ 1
Verb · second · singular · aorist · middle · indicative ▸ **1** (Psa. 43,2)
ἐργᾷ ▸ 7
Verb · second · singular · future · middle · indicative ▸ **7** (Gen. 4,12; Gen. 29,27; Ex. 20,9; Ex. 34,21; Deut. 5,13; Deut. 15,19; 2Sam. 9,10)
ἐργάζεσθαι ▸ 14 + 6 = 20
Verb · present · middle · infinitive ▸ **14 + 6 = 20** (Gen. 2,5; Gen. 2,15; Gen. 3,23; Ex. 31,4; Ex. 31,5; Num. 3,7; Num. 8,11; Num. 8,15; Num. 8,19; Prov. 31,18; Jer. 34,6; Jer. 35,14; Jer. 41,18; Bar. 1,22; Luke 13,14; John 9,4; John 9,4; 1Cor. 9,6; 1Th. 4,11; 2Th. 3,10)
ἐργάζεσθε ▸ 4 + 3 = 7
Verb · second · plural · present · middle · indicative ▸ **1 + 1 = 2** (Psa. 57,3; James 2,9)
Verb · second · plural · present · middle · imperative ▸ **3 + 2 = 5** (Ex. 5,18; Sir. 51,30; Zeph. 2,3; John 6,27; Col. 3,23)
ἐργαζέσθω ▸ 1
Verb · third · singular · present · middle · imperative ▸ **1** (Ex. 35,10)
ἐργαζέσθωσαν ▸ 1
Verb · third · plural · present · middle · imperative ▸ **1** (Ex. 36,6)
ἐργάζεται ▸ 2 + 4 = 6
Verb · third · singular · present · middle · indicative ▸ **2 + 4 = 6** (Wis. 8,6; Wis. 15,17; John 5,17; Rom. 13,10; 1Cor. 16,10; 2Cor. 7,10)
ἐργάζῃ ▸ 1 + 1 = 2
Verb · second · singular · present · middle · indicative ▸ **1 + 1 = 2** (Is. 45,9; John 6,30)
ἐργάζομαι ▸ 1 + 2 = 3
Verb · first · singular · present · middle · indicative ▸ **1 + 2 = 3** (Hab. 1,5; John 5,17; Acts 13,41)
ἐργαζομένη ▸ 1
Verb · present · middle · participle · feminine · singular · nominative ▸ **1** (Hos. 6,8)
ἐργαζομένης ▸ 1
Verb · present · middle · participle · feminine · singular · genitive ▸ **1** (Wis. 8,5)
ἐργαζόμενοι ▸ 13 + 6 = 19
Verb · present · middle · participle · masculine · plural

ἐργάζομαι–ἐργατεία

- nominative ▸ 13 + 5 = **18** (1Mac. 9,23; Psa. 6,9; Psa. 13,4; Psa. 35,13; Psa. 52,5; Psa. 91,8; Psa. 91,10; Psa. 93,4; Psa. 118,3; Sir. 24,22; Mic. 2,1; Is. 30,24; Ezek. 48,19; 1Cor. 4,12; 1Cor. 9,13; 1Th. 2,9; 2Th. 3,8; 2Th. 3,12)

Verb · present · middle · participle · masculine · plural · vocative ▸ **1** (Matt. 7,23)

ἐργαζομένοις ▸ 5
  Verb · present · middle · participle · masculine · plural · dative ▸ **5** (Ex. 36,8; 2Chr. 2,9; Psa. 140,4; Prov. 10,29; Ezek. 48,18)

ἐργαζόμενον ▸ 1
  Verb · present · middle · participle · masculine · singular · accusative ▸ **1** (Sir. 7,20)

ἐργαζόμενος ▸ 8 + 2 = 10
  Verb · present · middle · participle · masculine · singular · nominative ▸ 8 + 2 = **10** (Gen. 4,2; Psa. 14,2; Prov. 12,11; Prov. 28,19; Sir. 10,27; Sir. 14,19; Sir. 20,28; Zech. 13,5; Acts 10,35; Eph. 4,28)

ἐργαζομένους ▸ 9 + 1 = 10
  Verb · present · middle · participle · masculine · plural · accusative ▸ 9 + 1 = **10** (3Mac. 2,5; Psa. 5,6; Psa. 58,6; Psa. 93,16; Psa. 100,8; Sir. 27,9; Sir. 27,10; Is. 19,9; Is. 19,9; 2Th. 3,11)

ἐργαζομένῳ ▸ 3
  Verb · present · middle · participle · masculine · singular · dative ▸ **3** (Rom. 2,10; Rom. 4,4; Rom. 4,5)

ἐργαζομένων ▸ 8
  Verb · present · middle · participle · masculine · plural · genitive ▸ **7** (1Chr. 25,1; 1Chr. 27,26; Psa. 27,3; Psa. 58,3; Psa. 63,3; Psa. 124,5; Psa. 140,9)
  Verb · present · middle · participle · neuter · plural · genitive ▸ **1** (Sir. 51,2)

ἐργάζονται ▸ 1
  Verb · third · plural · present · middle · indicative ▸ **1** (Rev. 18,17)

ἐργάζου ▸ 1 + 1 = 2
  Verb · second · singular · present · middle · imperative ▸ 1 + 1 = **2** (Is. 23,10; Matt. 21,28)

ἐργαζώμεθα ▸ 2
  Verb · first · plural · present · middle · subjunctive ▸ **2** (John 6,28; Gal. 6,10)

ἔργασαι ▸ 2
  Verb · second · singular · aorist · middle · imperative ▸ **2** (Sir. 30,13; Sir. 33,26)

ἐργασάμενος ▸ 1
  Verb · aorist · middle · participle · masculine · singular · nominative ▸ **1** (Wis. 3,14)

ἐργάσασθαι ▸ 3
  Verb · aorist · middle · infinitive ▸ **3** (Is. 28,24; Bar. 2,22; Bar. 2,24)

ἐργάσασθε ▸ 3
  Verb · second · plural · aorist · middle · imperative ▸ **3** (Jer. 34,14; Jer. 47,9; Bar. 2,21)

ἐργάσῃ ▸ 1
  Verb · second · singular · aorist · middle · subjunctive ▸ **1** (3John 5)

ἐργάσησθε ▸ 1
  Verb · second · plural · aorist · middle · subjunctive ▸ **1** (Jer. 34,9)

ἐργάσηται ▸ 3
  Verb · third · singular · aorist · middle · subjunctive ▸ **3** (Tob. 4,14; Prov. 3,30; Jer. 34,11)

ἐργασθήσεται ▸ 1
  Verb · third · singular · future · passive · indicative ▸ **1** (Ezek. 36,34)

ἐργᾶται ▸ 7
  Verb · third · singular · future · middle · indicative ▸ **7** (Lev. 25,40; Num. 8,25; Num. 8,26; Job 33,29; Sir. 13,4; Jer. 22,13; Jer. 34,11)

ἐργᾶταί ▸ 1
  Verb · third · singular · future · middle · indicative ▸ **1** (Jer. 41,14)

ἐργῶνται ▸ 4
  Verb · third · plural · future · middle · indicative ▸ **4** (Is. 5,10; Jer. 37,8; Jer. 37,9; Ezek. 48,19)

ἠργάζετο ▸ 1 + 1 = 2
  Verb · third · singular · imperfect · middle · indicative ▸ 1 + 1 = **2** (Wis. 14,8; Acts 18,3)

ἠργάζοντο ▸ 1
  Verb · third · plural · imperfect · middle · indicative ▸ **1** (Ex. 36,4)

ἠργασάμην ▸ 1
  Verb · first · singular · aorist · middle · indicative ▸ **1** (Job 34,32)

ἠργάσαντο ▸ 2
  Verb · third · plural · aorist · middle · indicative ▸ **2** (Job 24,6; Hos. 7,1)

ἠργάσατο ▸ 3
  Verb · third · singular · aorist · middle · indicative ▸ **3** (Matt. 25,16; Matt. 26,10; Mark 14,6)

ἐργαλεῖον (ἔργον) tool, instrument ▸ 4
  ἐργαλεῖα ▸ 4
    Noun · neuter · plural · accusative · (common) ▸ **3** (Ex. 39,9; Ex. 39,19; Ex. 39,21)
    Noun · neuter · plural · nominative · (common) ▸ **1** (Ex. 27,19)

ἐργασία (ἔργον) work, gain, profit ▸ 45 + 6 = 51
  ἐργασία ▸ 5
    Noun · feminine · singular · nominative · (common) ▸ **5** (2Chr. 5,1; 2Chr. 8,16; Sir. 38,29; Jonah 1,8; Is. 41,24)
  ἐργασίᾳ ▸ 9
    Noun · feminine · singular · dative · (common) ▸ **9** (Ex. 26,1; Lev. 13,51; 1Chr. 26,8; 2Chr. 15,7; 2Chr. 31,21; 2Chr. 34,13; 2Chr. 34,13; Sir. 6,19; Sir. 38,34)
  ἐργασίαι ▸ 2
    Noun · feminine · plural · nominative · (common) ▸ **2** (Eccl. 9,1; Is. 1,31)
  ἐργασίαν ▸ 22 + 4 = 26
    Noun · feminine · singular · accusative · (common) ▸ 22 + 4 = **26** (Ex. 39,1; Num. 31,20; Ruth 2,12; 1Chr. 6,33; 1Chr. 6,34; 1Chr. 9,13; 1Chr. 26,30; 1Chr. 28,13; 1Chr. 28,20; 2Chr. 4,11; 2Chr. 24,12; 2Chr. 34,17; 1Esdr. 8,48; Psa. 103,23; Psa. 106,23; Prov. 6,8a; Sir. 7,15; Sir. 33,28; Ezek. 15,3; Ezek. 15,4; Ezek. 15,5; Ezek. 15,5; Luke 12,58; Acts 16,16; Acts 19,24; Eph. 4,19)
  ἐργασίας ▸ 7 + 2 = 9
    Noun · feminine · singular · genitive · (common) ▸ 7 + 2 = **9** (Gen. 29,27; 1Chr. 26,29; Wis. 13,12; Wis. 13,19; Wis. 14,20; Sir. 37,11; Sir. 51,8; Acts 16,19; Acts 19,25)

ἐργάσιμος (ἔργον) to be worked ▸ 3
  ἐργασίμη ▸ 1
    Adjective · feminine · singular · dative · noDegree ▸ **1** (1Sam. 20,19)
  ἐργασίμῳ ▸ 2
    Adjective · neuter · singular · dative · noDegree ▸ **2** (Lev. 13,48; Lev. 13,49)

ἐργατεία (ἔργον) work, labor ▸ 1
  ἐργατειῶν ▸ 1

ἐργατεία–ἔργον

Noun · feminine · plural · genitive · (common) ▸ **1** (Wis. 7,16)

ἐργατεύομαι to labor ▸ 1
- ἐργατεύεσθαι ▸ 1
  - **Verb** · present · middle · infinitive ▸ **1** (Tob. 5,5)

ἐργάτης (ἔργον) worker ▸ 4 + 16 = 20
- ἐργάται ▸ 1 + 4 = 5
  - **Noun** · masculine · plural · nominative · (common) ▸ **1 + 3 = 4** (1Mac. 3,6; Matt. 9,37; Luke 10,2; 2Cor. 11,13)
  - **Noun** · masculine · plural · vocative ▸ **1** (Luke 13,27)
- ἐργάτας ▸ 6
  - **Noun** · masculine · plural · accusative ▸ **6** (Matt. 9,38; Matt. 20,1; Matt. 20,8; Luke 10,2; Acts 19,25; Phil. 3,2)
- ἐργάτην ▸ 1
  - **Noun** · masculine · singular · accusative ▸ **1** (2Tim. 2,15)
- ἐργάτης ▸ 2 + 3 = 5
  - **Noun** · masculine · singular · nominative · (common) ▸ **2 + 3 = 5** (Wis. 17,16; Sir. 19,1; Matt. 10,10; Luke 10,7; 1Tim. 5,18)
- ἐργάτου ▸ 1
  - **Noun** · masculine · singular · genitive · (common) ▸ **1** (Sir. 40,18)
- ἐργατῶν ▸ 2
  - **Noun** · masculine · plural · genitive ▸ **2** (Matt. 20,2; James 5,4)

ἐργάτις (ἔργον) worker (f) ▸ 1
- ἐργάτις ▸ 1
  - **Noun** · feminine · singular · nominative · (common) ▸ **1** (Prov. 6,8a)

ἐργοδιωκτέω (ἔργον; διώκω) to be a supervisor ▸ 1
- ἐργοδιωκτοῦντες ▸ 1
  - **Verb** · present · active · participle · masculine · plural · nominative ▸ **1** (2Chr. 8,10)

ἐργοδιώκτης (ἔργον; διώκω) supervisor ▸ 7
- ἐργοδιῶκται ▸ 4
  - **Noun** · masculine · plural · nominative · (common) ▸ **4** (Ex. 5,10; Ex. 5,13; 1Chr. 23,4; 1Esdr. 5,56)
- ἐργοδιώκταις ▸ 1
  - **Noun** · masculine · plural · dative · (common) ▸ **1** (Ex. 5,6)
- ἐργοδιώκτας ▸ 1
  - **Noun** · masculine · plural · accusative · (common) ▸ **1** (2Chr. 2,17)
- ἐργοδιωκτῶν ▸ 1
  - **Noun** · masculine · plural · genitive · (common) ▸ **1** (Ex. 3,7)

ἐργολαβία (ἔργον; λαμβάνω) profiteering ▸ 1
- ἐργολαβίας ▸ 1
  - **Noun** · feminine · plural · accusative · (common) ▸ **1** (Sir. 29,19)

ἔργον work ▸ 574 + 17 + 169 = 760
- ἔργα ▸ 283 + 11 + 58 = 352
  - **Noun** · neuter · plural · accusative · (common) ▸ 211 + 6 + 42 = **259** (Gen. 2,2; Gen. 8,21; Gen. 39,11; Ex. 1,14; Ex. 5,4; Ex. 5,9; Ex. 5,13; Ex. 18,20; Ex. 20,9; Ex. 23,12; Ex. 23,24; Ex. 31,5; Ex. 31,5; Ex. 31,15; Ex. 34,10; Ex. 35,2; Ex. 35,21; Ex. 35,24; Ex. 35,29; Ex. 35,32; Ex. 35,35; Ex. 36,1; Ex. 36,2; Ex. 36,3; Ex. 36,4; Ex. 36,5; Ex. 39,1; Ex. 39,21; Ex. 39,23; Ex. 40,33; Lev. 23,3; Num. 3,7; Num. 3,8; Num. 3,36; Num. 4,3; Num. 4,23; Num. 4,30; Num. 4,31; Num. 4,39; Num. 4,43; Num. 4,47; Num. 7,5; Num. 8,11; Num. 8,15; Num. 8,19; Num. 8,26; Num. 16,28; Deut. 5,13; Deut. 11,7; Deut. 26,6; Deut. 28,12; Deut. 33,11; Josh. 24,29; 1Sam. 8,16; 1Kings 2,35h; 1Kings 2,35h; 1Kings 5,30; 1Kings 7,2; 1Kings 7,26; 1Kings 7,31; 1Kings 7,32; 1Kings 13,11; 1Kings 18,36; 2Kings 12,12; 2Kings 12,15; 2Kings 12,16; 2Kings 22,5; 2Kings 22,5; 2Kings 22,9; 2Kings 23,19; 1Chr. 9,31; 1Chr. 11,22; 1Chr. 22,15; 1Chr. 23,4; 1Chr. 23,24; 1Chr. 23,28; 1Chr. 25,1; 1Chr. 29,7; 2Chr. 4,6; 2Chr. 17,12; 2Chr. 23,18; 2Chr. 24,12; 2Chr. 24,13; 2Chr. 32,19; 2Chr. 34,10; 2Chr. 34,10; 2Chr. 34,13; 2Chr. 35,2; 1Esdr. 4,11; 1Esdr. 5,56; 1Esdr. 6,10; 1Esdr. 7,15; 1Esdr. 8,83; Ezra 3,8; Ezra 3,9; Neh. 2,16; Neh. 10,34; Esth. 13,8 # 4,17a; Judith 13,4; Tob. 12,7; Tob. 12,11; Tob. 12,22; Tob. 13,10; 1Mac. 2,51; 1Mac. 4,51; 1Mac. 9,54; 1Mac. 10,11; 1Mac. 10,41; 1Mac. 10,44; 2Mac. 3,36; 3Mac. 2,8; Psa. 8,4; Psa. 8,7; Psa. 16,4; Psa. 27,4; Psa. 27,4; Psa. 27,5; Psa. 27,5; Psa. 32,15; Psa. 44,2; Psa. 45,9; Psa. 61,13; Psa. 63,10; Psa. 65,5; Psa. 85,8; Psa. 89,16; Psa. 89,17; Psa. 94,9; Psa. 104,1; Psa. 105,35; Psa. 106,22; Psa. 106,24; Psa. 117,17; Psa. 137,8; Psa. 144,4; Psa. 144,9; Ode. 4,2; Prov. 8,22; Prov. 11,18; Prov. 24,12; Prov. 24,27; Prov. 31,15; Job 1,10; Job 10,3; Job 11,11; Job 13,27; Job 14,15; Job 21,16; Job 24,14; Job 34,25; Job 36,9; Job 36,23; Job 37,12; Job 37,15; Job 39,11; Wis. 6,3; Wis. 9,9; Wis. 11,1; Wis. 12,4; Wis. 13,10; Wis. 14,5; Sir. 1,9; Sir. 3,17; Sir. 16,12; Sir. 16,14; Sir. 16,22; Sir. 16,27; Sir. 18,4; Sir. 33,15; Sir. 33,29; Sir. 35,22; Sir. 38,28; Sir. 42,15; Sir. 42,15; Sir. 43,28; Sol. 2,16; Sol. 2,34; Sol. 4,7; Sol. 16,9; Sol. 17,8; Sol. 18,1; Hos. 13,2; Mic. 6,16; Joel 2,20; Jonah 3,10; Hab. 3,2; Hag. 1,14; Hag. 2,17; Is. 3,11; Is. 3,24; Is. 5,12; Is. 5,12; Is. 28,21; Is. 29,23; Is. 60,21; Is. 64,3; Is. 65,7; Is. 65,22; Is. 66,18; Jer. 7,13; Jer. 27,29; Jer. 28,10; Jer. 31,10; Jer. 31,30; Jer. 33,13; Bar. 2,9; Lam. 3,64; Lam. 4,2; Ezek. 16,30; Ezek. 23,43; Ezek. 44,14; Tob. 12,7; Tob. 12,11; Tob. 12,22; Dan. 2,49; Dan. 3,12; Dan. 8,27; Matt. 5,16; Matt. 11,2; Matt. 23,3; Matt. 23,5; John 5,20; John 6,28; John 7,3; John 8,39; John 8,41; John 9,4; John 10,32; John 10,37; John 14,10; John 14,11; John 14,12; John 15,24; Acts 26,20; Rom. 2,6; Rom. 13,12; 2Cor. 11,15; 2Tim. 1,9; 2Tim. 4,14; Heb. 3,9; James 2,14; James 2,17; James 2,18; James 3,13; 1John 3,8; 3John 10; Rev. 2,2; Rev. 2,5; Rev. 2,6; Rev. 2,19; Rev. 2,23; Rev. 2,26; Rev. 3,1; Rev. 3,2; Rev. 3,8; Rev. 3,15; Rev. 18,6; Rev. 20,12; Rev. 20,13)
  - **Noun** · neuter · plural · nominative · (common) ▸ 72 + 5 + 16 = **93** (Ex. 36,7; Num. 3,31; Num. 4,4; Deut. 32,4; Judg. 13,12; 2Kings 19,18; 2Chr. 17,4; 1Esdr. 1,21; 1Esdr. 4,36; 1Esdr. 4,37; 1Esdr. 6,9; 1Esdr. 7,3; Tob. 3,2; Tob. 3,11; 1Mac. 9,55; Psa. 32,4; Psa. 65,3; Psa. 91,6; Psa. 101,26; Psa. 102,22; Psa. 103,24; Psa. 110,2; Psa. 110,7; Psa. 113,12; Psa. 134,15; Psa. 138,14; Psa. 144,10; Ode. 2,4; Ode. 7,27; Ode. 8,57; Prov. 10,16; Prov. 13,19; Prov. 16,2; Prov. 16,9; Prov. 16,11; Prov. 20,12; Prov. 21,8; Job 1,3; Job 36,24; Wis. 3,11; Wis. 9,12; Sir. 11,4; Sir. 11,4; Sir. 16,26; Sir. 17,19; Sir. 38,8; Sir. 39,16; Sir. 39,19; Sir. 39,33; Sir. 42,22; Sir. 43,25; Sir. 48,14; Sol. 4,7; Sol. 6,2; Sol. 9,4; Amos 8,7; Joel 2,11; Nah. 2,14; Hag. 2,14; Is. 29,15; Is. 32,17; Is. 37,19; Is. 59,6; Is. 59,6; Jer. 10,9; Jer. 10,15; Jer. 14,4; Jer. 28,18; LetterJ 50; Dan. 3,27; Dan. 3,57; Dan. 4,22; Tob. 3,2; Tob. 3,11; Dan. 3,27; Dan. 3,57; Dan. 4,37; John 3,19; John 3,20; John 3,21; John 5,36; John 5,36; John 7,7; John 9,3; John 10,25; Gal. 5,19; 1Tim. 5,25; Heb. 1,10; 2Pet. 3,10; 1John 3,12; Rev. 2,19; Rev. 14,13; Rev. 15,3)
- ἔργοις ▸ 64 + 2 + 13 = 79
  - **Noun** · neuter · plural · dative · (common) ▸ **64 + 2 + 13 = 79** (Gen. 3,17; Ex. 1,11; Ex. 1,14; Ex. 1,14; Num. 4,16; Num. 4,33; Deut. 4,28; Deut. 14,29; Deut. 15,10; Deut. 23,21; Deut. 24,19; Deut. 31,29; 2Sam. 23,20; 1Kings 16,7; 2Kings 22,17; 1Chr. 9,33; 1Chr. 25,1; 2Chr. 32,30; 2Chr. 34,25; 1Esdr. 4,39; Ezra 6,22; Tob. 4,6; Tob. 4,14; 1Mac. 3,4; 1Mac. 3,7; 4Mac. 16,14; Psa. 9,17; Psa. 76,13; Psa. 91,5; Psa. 103,31; Psa. 105,39; Psa. 142,5; Psa. 144,13a; Psa. 144,17; Prov. 18,9; Prov. 22,29; Job 11,4; Job 22,3; Job 36,3; Wis. 1,12; Wis. 2,12; Wis. 13,1; Wis. 13,7; Wis. 17,19; Sir. 4,29; Sir. 10,6; Sir. 11,21; Sir. 31,22; Sir. 33,23; Sir. 38,25; Sir. 39,14; Sir. 43,4; Sol. 9,4; Sol. 17,40; Sol. 18,8; Hos. 14,4; Mic. 5,12; Is. 17,8; Is. 19,14; Jer. 1,16; Jer. 25,6; Jer. 38,16; Jer. 39,19; Jer. 51,8; Tob. 2,11; Tob. 4,6; Luke 11,48; John 10,38; Acts 7,22; Acts 7,41; Eph. 2,10; Eph. 5,11; Col. 1,21; 1Tim. 5,10; 1Tim. 6,18;

Titus 1,16; James 2,22; 2Pet. 2,8; 2John 11)

ἔργον ▸ 142 + 3 + 38 = 183

  Noun · neuter · singular · accusative · (common) ▸ 96 + 2 + 31 = **129** (Gen. 20,9; Ex. 12,16; Ex. 20,10; Ex. 26,31; Ex. 26,36; Ex. 28,6; Ex. 28,11; Ex. 28,14; Ex. 28,15; Ex. 28,22; Ex. 28,32; Ex. 28,39; Ex. 30,35; Ex. 30,35; Ex. 31,14; Ex. 31,15; Ex. 35,2; Ex. 35,35; Ex. 36,4; Ex. 36,10; Ex. 36,12; Ex. 36,15; Ex. 36,15; Ex. 36,22; Ex. 36,29; Ex. 36,34; Ex. 36,36; Ex. 37,3; Ex. 37,5; Ex. 38,24; Ex. 38,25; Lev. 7,24; Lev. 16,29; Lev. 23,3; Lev. 23,7; Lev. 23,8; Lev. 23,21; Lev. 23,25; Lev. 23,28; Lev. 23,30; Lev. 23,31; Lev. 23,35; Lev. 23,36; Num. 4,47; Num. 28,18; Num. 28,25; Num. 28,26; Num. 29,1; Num. 29,7; Num. 29,12; Num. 29,35; Deut. 5,14; Deut. 16,8; Deut. 27,15; Judg. 2,7; Judg. 2,10; 1Sam. 14,47; 1Sam. 15,9; 1Kings 7,2; 1Kings 7,45; 2Chr. 3,10; 2Chr. 16,5; 2Chr. 20,37; 2Chr. 34,16; 1Esdr. 6,9; Ezra 6,7; Neh. 4,5; Neh. 4,9; Neh. 4,10; Neh. 4,11; Neh. 4,15; Neh. 5,16; Neh. 6,3; Neh. 7,70; Neh. 11,12; Neh. 13,10; Neh. 13,30; Psa. 43,2; Psa. 103,23; Prov. 31,17; Wis. 13,10; Sir. 7,25; Sir. 10,26; Sir. 15,19; Sir. 38,27; Sir. 38,29; Sir. 45,12; Sir. 51,30; Hab. 1,5; Is. 28,21; Is. 54,16; Is. 62,11; Jer. 17,22; Jer. 17,24; Jer. 18,3; Dan. 11,17; Judg. 2,7; Judg. 2,10; Matt. 26,10; Mark 13,34; Mark 14,6; John 4,34; John 7,21; John 10,32; John 17,4; Acts 13,2; Acts 13,41; Acts 13,41; Acts 14,26; Acts 15,38; Rom. 2,15; Rom. 14,20; 1Cor. 3,13; 1Cor. 5,2; 1Cor. 16,10; 2Cor. 9,8; Gal. 6,4; Eph. 4,12; Phil. 1,6; Phil. 2,30; 1Th. 5,13; 2Th. 1,11; 2Tim. 2,21; 2Tim. 3,17; 2Tim. 4,5; Titus 1,16; Titus 3,1; James 1,4; 1Pet. 1,17)

  Noun · neuter · singular · nominative · (common) ▸ 46 + 1 + 7 = **54** (Gen. 40,17; Gen. 46,33; Gen. 47,3; Ex. 24,10; Ex. 32,16; Ex. 37,16; Lev. 11,32; Judg. 16,11; 1Kings 7,6; 1Kings 7,6; 1Kings 7,8; 1Kings 7,12; 1Kings 7,15; 1Kings 7,16; 1Kings 7,19; 1Kings 7,19; 1Kings 7,37; 1Chr. 29,1; 2Chr. 29,34; 2Chr. 29,35; 1Esdr. 9,11; Ezra 4,24; Ezra 5,8; Ezra 10,13; Neh. 4,13; Neh. 4,16; Neh. 6,3; Neh. 6,16; 1Mac. 2,47; Psa. 108,20; Psa. 110,3; Ode. 4,17; Prov. 20,6; Sir. 9,17; Sir. 14,19; Sir. 33,25; Sir. 42,16; Sir. 43,2; Hab. 3,17; Is. 19,15; Is. 40,10; Is. 64,7; Jer. 10,3; Jer. 27,25; LetterJ 50; Ezek. 1,16; Judg. 16,11; John 6,29; Acts 5,38; 1Cor. 3,13; 1Cor. 3,14; 1Cor. 3,15; 1Cor. 9,1; Rev. 22,12)

ἔργου ▸ 7 + 8 = 15

  Noun · neuter · singular · genitive · (common) ▸ 7 + 8 = **15** (Ezra 2,69; Neh. 6,9; Neh. 7,71; Neh. 11,22; Sir. 37,11; Sir. 37,16; Sol. 4,16; John 10,33; Rom. 2,7; Phil. 1,22; 1Th. 1,3; 1Tim. 3,1; 2Tim. 4,18; Heb. 6,10; James 1,25)

ἔργῳ ▸ 21 + 10 = 31

  Noun · neuter · singular · dative · (common) ▸ 21 + 10 = **31** (Ex. 27,4; Ex. 31,3; Ex. 35,33; Deut. 2,7; Deut. 16,15; Deut. 30,9; 1Chr. 22,15; 2Chr. 31,21; Neh. 5,16; Song 7,2; Sir. 3,8; Sir. 11,20; Sir. 32,23; Sir. 38,29; Sir. 38,31; Sir. 45,10; Sir. 45,10; Sir. 45,11; Sir. 47,8; Sir. 49,1; Is. 58,13; Luke 24,19; Rom. 13,3; Rom. 15,18; 1Cor. 15,58; 2Cor. 10,11; Col. 1,10; Col. 3,17; 2Th. 2,17; 1Tim. 5,10; 1John 3,18)

ἔργων ▸ 57 + 1 + 42 = 100

  Noun · neuter · plural · genitive · (common) ▸ 57 + 1 + 42 = **100** (Gen. 2,2; Gen. 2,3; Gen. 5,29; Ex. 1,11; Ex. 2,23; Ex. 2,23; Ex. 5,4; Ex. 5,5; Ex. 6,9; Ex. 23,16; Ex. 23,16; Num. 3,26; Num. 4,47; Num. 4,49; Judg. 19,16; 1Kings 5,30; 1Kings 11,28; 1Chr. 9,19; 1Chr. 29,6; 2Chr. 24,13; 2Chr. 34,12; 1Esdr. 5,44; 1Esdr. 5,56; 1Esdr. 7,2; 1Esdr. 7,9; Tob. 12,6; 1Mac. 14,42; 3Mac. 4,14; 4Mac. 1,30; 4Mac. 5,38; 4Mac. 7,9; Psa. 76,12; Psa. 77,7; Psa. 103,13; Psa. 105,13; Psa. 110,6; Prov. 22,8; Prov. 22,8a; Job 4,17; Job 34,21; Wis. 2,4; Wis. 8,4; Wis. 12,19; Wis. 15,7; Sir. 3,23; Sir. 11,27; Sir. 16,21; Sir. 16,27; Sir. 17,8; Sir. 17,10; Sir. 38,28; Sir. 43,32; Is. 2,8; Is. 3,10; Is. 45,11; Is. 59,6; Bar. 3,18; Judg. 19,16; Matt. 11,19; Acts 9,36; Rom. 3,20; Rom. 3,27; Rom. 3,28; Rom. 4,2; Rom. 4,6; Rom. 9,12; Rom. 9,32; Rom. 11,6; Gal. 2,16; Gal. 2,16; Gal. 2,16; Gal. 3,2; Gal. 3,5; Gal. 3,10; Eph. 2,9; 1Tim. 2,10; Titus 2,7; Titus 2,14; Titus 3,5; Titus 3,8; Titus 3,14; Heb. 4,3; Heb. 4,4; Heb. 4,10; Heb. 6,1; Heb. 9,14; Heb. 10,24; James 2,18; James 2,18; James 2,20; James 2,21; James 2,22; James 2,24; James 2,25; James 2,26; 1Pet. 2,12; Jude 15; Rev. 2,22; Rev. 9,20; Rev. 16,11)

Ερεβ Arab ▸ 1

  Ερεβ ▸ 1

  Noun · singular · nominative · (proper) ▸ 1 (Josh. 15,52)

Ερεγαβα Eregaba? Jair and Argob? ▸ 1

  Ερεγαβα ▸ 1

  Noun · feminine · singular · genitive · (proper) ▸ 1 (1Kings 4,13)

ἐρεθίζω (ἐρέθω) to provoke ▸ 7 + 2 = 9

  ἐρεθίζει ▸ 3

  Verb · third · singular · present · active · indicative ▸ 3 (Deut. 21,20; Prov. 19,7; Prov. 25,23)

  ἐρεθίζειν ▸ 1

  Verb · present · active · infinitive ▸ 1 (1Mac. 15,40)

  ἐρεθίζετε ▸ 1

  Verb · second · plural · present · active · imperative ▸ 1 (Col. 3,21)

  ἐρεθισθείς ▸ 1

  Verb · aorist · passive · participle · masculine · singular · nominative ▸ 1 (2Mac. 14,27)

  ἐρεθισθήσεται ▸ 2

  Verb · third · singular · future · passive · indicative ▸ 2 (Dan. 11,10; Dan. 11,25)

  ἠρέθισεν ▸ 1

  Verb · third · singular · aorist · active · indicative ▸ 1 (2Cor. 9,2)

ἐρέθισμα (ἐρέθω) rebelliousness ▸ 1

  ἐρεθισμῷ ▸ 1

  Noun · neuter · singular · dative · (common) ▸ 1 (Deut. 28,22)

ἐρεθισμός (ἐρέθω) irritation; rebelliousness ▸ 2

  ἐρεθισμόν ▸ 1

  Noun · masculine · singular · accusative · (common) ▸ 1 (Deut. 31,27)

  ἐρεθισμῷ ▸ 1

  Noun · masculine · singular · dative · (common) ▸ 1 (Sir. 31,29)

ἐρεθιστής (ἐρέθω) rebel ▸ 1

  ἐρεθιστής ▸ 1

  Adjective · masculine · singular · nominative · noDegree ▸ 1 (Deut. 21,18)

ἐρείδω to stick fast, support, fix firmly ▸ 11 + 1 = 12

  ἐρείδει ▸ 2

  Verb · third · singular · present · active · indicative ▸ 2 (Prov. 29,23; Prov. 31,19)

  ἐρείδεται ▸ 2

  Verb · third · singular · present · passive · indicative ▸ 2 (Prov. 5,5; Prov. 9,12a)

  ἐρείδετε ▸ 1

  Verb · second · plural · present · active · indicative ▸ 1 (Job 17,10)

  Ἐρειδέτω ▸ 1

  Verb · third · singular · present · active · imperative ▸ 1 (Prov. 4,4)

  ἐρειδόμενος ▸ 1

  Verb · present · middle · participle · masculine · singular · nominative ▸ 1 (Prov. 30,28)

  ἐρείδονται ▸ 1

  Verb · third · plural · present · passive · indicative ▸ 1 (Prov.

ἐρείδω–ἔρημος

11,16)
ἐρείσαι ▸ 1
    Verb · third · singular · aorist · active · optative ▸ **1** (Gen. 49,6)
ἐρείσασα ▸ 1
    Verb · aorist · active · participle · feminine · singular · nominative ▸ **1** (Acts 27,41)
ἐρείσει ▸ 1
    Verb · third · singular · future · active · indicative ▸ **1** (Prov. 3,26)
ἤρεισεν ▸ 1
    Verb · third · singular · aorist · active · indicative ▸ **1** (Prov. 31,17)

ἐρεικτός barley grain ▸ 1
  ἐρεικτὰ ▸ 1
    Adjective · neuter · plural · accusative · noDegree ▸ **1** (Lev. 2,14)

ἔρεισμα (ἐρείδω) prop, support ▸ 1
  ἔρεισμα ▸ 1
    Noun · neuter · singular · accusative · (common) ▸ **1** (Prov. 14,26)

Ερεμμων Ain ▸ 1
  Ερεμμων ▸ 1
    Noun · singular · nominative · (proper) ▸ **1** (Josh. 19,7)

ἐρεοῦς (ἔριον) woollen ▸ 5
  ἐρεᾶ ▸ 1
    Adjective · neuter · plural · accusative · noDegree ▸ **1** (Ezek. 44,17)
  ἐρεοῖς ▸ 2
    Adjective · neuter · plural · dative · noDegree ▸ **2** (Lev. 13,48; Lev. 13,52)
  ἐρεοῦ ▸ 1
    Adjective · neuter · singular · genitive · noDegree ▸ **1** (Lev. 13,59)
  ἐρεῷ ▸ 1
    Adjective · neuter · singular · dative · noDegree ▸ **1** (Lev. 13,47)

ἐρεύγομαι to declare, tell ▸ 6 + 1 = 7
  ἐρεύγεται ▸ 2
    Verb · third · singular · present · middle · indicative ▸ **2** (Lev. 11,10; Psa. 18,3)
  ἐρευγόμενος ▸ 1
    Verb · present · middle · participle · masculine · singular · nominative ▸ **1** (1Mac. 3,4)
  ἐρεύξεται ▸ 3
    Verb · third · singular · future · middle · indicative ▸ **3** (Hos. 11,10; Amos 3,4; Amos 3,8)
  ἐρεύξομαι ▸ 1
    Verb · first · singular · future · middle · indicative ▸ **1** (Matt. 13,35)

ἔρευνα (ἐρωτάω) inquiry, searching ▸ 1
  ἔρευνα ▸ 1
    Noun · feminine · singular · nominative · (common) ▸ **1** (Wis. 6,8)

ἐρευνάω (ἐρωτάω) to search, inquire ▸ 14 + 1 = 15
  ἐραυνήσεις ▸ 1
    Verb · second · singular · future · active · indicative ▸ **1** (Deut. 13,15)
  ἐρευνᾷ ▸ 1
    Verb · third · singular · present · active · indicative ▸ **1** (Prov. 20,27)
  ἐρευνήσατε ▸ 1
    Verb · second · plural · aorist · active · imperative ▸ **1** (Jer. 27,26)
  Ἐρευνήσατε ▸ 1
    Verb · second · plural · aorist · active · imperative ▸ **1** (2Kings 10,23)
  ἐρευνήσετε ▸ 1
    Verb · second · plural · future · active · indicative ▸ **1** (Judith 8,14)
  ἐρευνήσουσιν ▸ 1
    Verb · third · plural · future · active · indicative ▸ **1** (1Kings 21,6)
  ἐρευνήσωσιν ▸ 1
    Verb · third · plural · aorist · active · subjunctive ▸ **1** (2Sam. 10,3)
  ἐρευνῶν ▸ 1
    Verb · present · active · participle · masculine · singular · nominative ▸ **1** (Joel 1,7)
  ἠρεύνα ▸ 1
    Verb · third · singular · imperfect · active · indicative ▸ **1** (Gen. 44,12)
  ἠρεύνησαν ▸ 1
    Verb · third · plural · aorist · active · indicative ▸ **1** (Judg. 6,29)
  ἠρεύνησας ▸ 1
    Verb · second · singular · aorist · active · indicative ▸ **1** (Gen. 31,37)
  ἠρεύνησεν ▸ 3
    Verb · third · singular · aorist · active · indicative ▸ **3** (Gen. 31,33; Gen. 31,33; Gen. 31,35)
  ἠρεύνων ▸ 1
    Verb · third · plural · imperfect · active · indicative ▸ **1** (1Mac. 9,26)

Ερεω Rehob ▸ 1
  Ερεω ▸ 1
    Noun · masculine · singular · accusative · (proper) ▸ **1** (Judg. 1,31)

ἐρημία (ἔρημος) desert, solitude, desolation ▸ 6 + 4 = 10
  ἐρημίᾳ ▸ 2 + 2 = 4
    Noun · feminine · singular · dative · (common) ▸ **2 + 2 = 4** (Is. 60,12; Bar. 4,33; Matt. 15,33; 2Cor. 11,26)
  ἐρημίαις ▸ 1
    Noun · feminine · plural · dative ▸ **1** (Heb. 11,38)
  ἐρημίαν ▸ 3
    Noun · feminine · singular · accusative · (common) ▸ **3** (Wis. 17,16; Ezek. 35,4; Ezek. 35,9)
  ἐρημίας ▸ 1 + 1 = 2
    Noun · feminine · singular · genitive · (common) ▸ **1 + 1 = 2** (4Mac. 18,8; Mark 8,4)

ἐρημικός (ἔρημος) living in a desert ▸ 2
  ἐρημικοῖς ▸ 1
    Adjective · masculine · plural · dative · noDegree ▸ **1** (Psa. 119,4)
  ἐρημικῷ ▸ 1
    Adjective · masculine · singular · dative · noDegree ▸ **1** (Psa. 101,7)

ἐρημίτης (ἔρημος) desert dweller ▸ 1
  ἐρημίτῃ ▸ 1
    Noun · masculine · singular · dative · (common) ▸ **1** (Job 11,12)

ἔρημος desolate; wilderness, desert ▸ 375 + 12 + 48 = 435
  ἔρημα ▸ 8
    Adjective · neuter · plural · accusative · noDegree ▸ **3** (Ezra 9,9; Is. 51,3; Is. 51,3)
    Adjective · neuter · plural · nominative · noDegree ▸ **5** (Is. 35,2; Is. 44,26; Is. 52,9; Ezek. 35,12; Ezek. 36,2)
  ἐρημά ▸ 1

Adjective • neuter • plural • nominative • noDegree ▸ **1** (Is. 49,19)

ἔρημοι ▸ **10**
Adjective • feminine • plural • nominative • noDegree ▸ **7** (Lev. 26,33; Is. 17,9; Is. 24,12; Jer. 30,7; Jer. 51,2; Ezek. 36,35; Ezek. 36,38)
Adjective • masculine • plural • nominative • noDegree ▸ **1** (3Mac. 5,6)
Noun • feminine • plural • nominative • (common) ▸ **2** (Is. 58,12; Ezek. 36,33)

ἐρήμοις ▸ **4** + **3** = **7**
Adjective • feminine • plural • dative ▸ **2** (Luke 1,80; Luke 5,16)
Adjective • masculine • plural • dative ▸ **1** (Mark 1,45)
Noun • feminine • plural • dative • (common) ▸ **4** (Sir. 9,7; Sol. 5,9; Sol. 17,17; Ezek. 13,4)

ἔρημον ▸ **98** + **4** + **13** = **115**
Adjective • feminine • singular • accusative • noDegree ▸ **10** + **8** = **18** (Deut. 1,40; Deut. 2,1; 2Sam. 2,24; 2Kings 3,8; Is. 14,23; Ezek. 25,13; Ezek. 33,28; Ezek. 33,29; Ezek. 35,3; Ezek. 35,14; Matt. 4,1; Matt. 11,7; Mark 1,12; Luke 7,24; Acts 21,38; Rev. 12,6; Rev. 12,14; Rev. 17,3)
Adjective • masculine • singular • accusative • noDegree ▸ **3** + **5** = **8** (2Mac. 8,35; 3Mac. 5,43; Dan. 4,25; Matt. 14,13; Mark 1,35; Mark 6,31; Mark 6,32; Luke 4,42)
Adjective • neuter • singular • accusative • noDegree ▸ **1** + **1** = **2** (Dan. 9,17; Dan. 9,17)
Adjective • neuter • singular • nominative • noDegree ▸ **2** (Is. 15,6; Ezek. 35,15)
Noun • feminine • singular • accusative • (common) ▸ **82** + **3** = **85** (Gen. 13,1; Gen. 13,3; Gen. 21,14; Ex. 3,1; Ex. 3,18; Ex. 4,27; Ex. 5,3; Ex. 8,23; Ex. 13,18; Ex. 13,20; Ex. 15,22; Ex. 16,1; Ex. 16,3; Ex. 16,10; Ex. 18,5; Ex. 19,1; Ex. 19,2; Lev. 16,10; Lev. 16,21; Lev. 16,22; Num. 13,22; Num. 13,26; Num. 14,25; Num. 20,1; Num. 20,4; Num. 21,1; Num. 21,23; Num. 23,28; Num. 24,1; Num. 33,8; Num. 33,11; Num. 33,36; Deut. 1,19; Deut. 2,7; Deut. 2,8; Deut. 34,3; Josh. 1,4; Josh. 16,1; Judg. 1,16; Judg. 20,45; Judg. 20,47; 1Sam. 23,25; 1Sam. 25,1; 1Sam. 26,2; 1Sam. 26,3; 2Sam. 15,23; 2Chr. 20,20; 1Esdr. 8,78; 1Mac. 2,29; 1Mac. 5,28; 1Mac. 9,33; 2Mac. 5,27; Psa. 28,8; Psa. 28,8; Psa. 106,33; Psa. 106,35; Job 38,26; Job 39,6; Wis. 11,2; Sir. 8,16; Sir. 43,21; Hos. 2,5; Hos. 2,16; Zeph. 2,13; Zech. 14,10; Is. 5,9; Is. 13,9; Is. 14,17; Is. 16,8; Is. 16,8; Is. 41,18; Jer. 2,15; Jer. 12,10; Jer. 13,24; Jer. 22,6; Ezek. 5,14; Ezek. 14,8; Ezek. 20,10; Ezek. 20,35; Ezek. 26,20; Ezek. 29,10; Ezek. 35,7; Judg. 1,16; Judg. 20,45; Judg. 20,47)

ἔρημος ▸ **27** + **2** + **3** = **32**
Adjective • feminine • singular • nominative • noDegree ▸ **16** + **2** + **2** = **20** (Ex. 23,29; Lev. 26,33; Deut. 7,22; Neh. 2,17; Judith 5,19; Tob. 14,4; Hag. 1,9; Is. 1,7; Is. 6,11; Is. 32,15; Is. 64,9; Jer. 4,26; Jer. 27,12; Bar. 4,19; Ezek. 35,4; Ezek. 38,8; Tob. 14,4; Tob. 14,4; Acts 1,20; Acts 8,26)
Adjective • masculine • singular • nominative ▸ **1** (Matt. 23,38)
Noun • feminine • singular • nominative • (common) ▸ **11** (Ex. 14,3; Tob. 14,4; 1Mac. 1,39; 1Mac. 3,45; Is. 35,1; Is. 35,1; Is. 42,11; Is. 64,9; Jer. 2,31; Jer. 9,11; Ezek. 29,9)

Ἔρημος ▸ **2**
Adjective • feminine • singular • nominative • noDegree ▸ **2** (Is. 62,4; Jer. 4,27)

ἔρημός ▸ **1** + **2** = **3**
Adjective • feminine • singular • nominative • noDegree ▸ **1** (Is. 16,1)
Adjective • masculine • singular • nominative ▸ **2** (Matt. 14,15; Mark 6,35)

Ἔρημός ▸ **1**
Adjective • feminine • singular • nominative • noDegree ▸ **1** (Jer. 40,10)

ἐρήμου ▸ **56** + **4** + **2** = **62**
Adjective • feminine • singular • genitive ▸ **2** (John 11,54; Gal. 4,27)
Noun • feminine • singular • genitive • (common) ▸ **56** + **4** = **60** (Gen. 24,62; Ex. 16,14; Ex. 17,1; Ex. 23,31; Num. 13,3; Num. 13,21; Num. 21,20; Num. 33,6; Num. 33,8; Num. 33,12; Num. 33,16; Num. 33,36; Num. 34,3; Deut. 2,26; Deut. 8,15; Deut. 11,24; Josh. 15,1; Josh. 15,21; Judg. 8,7; Judg. 8,16; Judg. 11,22; Judg. 20,42; 1Sam. 25,14; 2Sam. 15,28; 2Sam. 17,16; 1Kings 19,15; 1Chr. 5,9; 1Chr. 12,9; 2Chr. 20,16; 2Chr. 20,24; Judith 2,23; 1Mac. 13,21; Psa. 64,13; Prov. 9,12c; Song 3,6; Job 1,19; Sol. 8,2; Hos. 13,15; Joel 1,19; Joel 1,20; Joel 2,22; Mal. 1,3; Is. 21,1; Is. 21,1; Is. 21,1; Is. 34,11; Is. 48,21; Is. 49,8; Is. 54,1; Is. 63,13; Jer. 2,24; Jer. 9,9; Jer. 23,10; Lam. 5,9; Ezek. 6,14; Ezek. 23,42; Judg. 8,7; Judg. 8,16; Judg. 11,22; Judg. 20,42)

ἐρήμους ▸ **11** + **1** = **12**
Adjective • feminine • plural • accusative • noDegree ▸ **4** + **1** = **5** (Lev. 26,31; Job 15,28; Is. 61,4; Jer. 41,22; Luke 8,29)
Adjective • masculine • plural • accusative • noDegree ▸ **3** (Esth. 16,14 # 8,12o; Is. 50,2; Ezek. 30,12)
Noun • feminine • plural • accusative • (common) ▸ **4** (Wis. 5,7; Mal. 1,4; Is. 5,17; Is. 61,4)

ἐρήμῳ ▸ **155** + **2** + **24** = **181**
Adjective • feminine • singular • dative • noDegree ▸ **3** + **23** = **26** (Deut. 32,10; Psa. 62,2; Prov. 21,19; Matt. 3,1; Matt. 3,3; Matt. 24,26; Mark 1,3; Mark 1,4; Mark 1,13; Luke 3,2; Luke 3,4; Luke 4,1; Luke 15,4; John 1,23; John 3,14; John 6,31; John 6,49; Acts 7,30; Acts 7,36; Acts 7,38; Acts 7,42; Acts 7,44; Acts 13,18; 1Cor. 10,5; Heb. 3,8; Heb. 3,17)
Adjective • masculine • singular • dative • noDegree ▸ **1** + **1** = **2** (Jer. 40,12; Luke 9,12)
Noun • feminine • singular • dative • (common) ▸ **151** + **2** = **153** (Gen. 12,9; Gen. 14,6; Gen. 16,7; Gen. 21,20; Gen. 21,21; Gen. 36,24; Gen. 37,22; Ex. 5,1; Ex. 7,16; Ex. 8,16; Ex. 8,24; Ex. 14,11; Ex. 14,12; Ex. 15,22; Ex. 16,32; Lev. 7,38; Num. 1,1; Num. 1,19; Num. 3,4; Num. 3,14; Num. 9,1; Num. 9,5; Num. 10,12; Num. 10,12; Num. 10,31; Num. 12,16; Num. 13,17; Num. 14,2; Num. 14,16; Num. 14,22; Num. 14,29; Num. 14,32; Num. 14,33; Num. 14,33; Num. 14,35; Num. 15,32; Num. 16,13; Num. 21,5; Num. 21,11; Num. 21,13; Num. 26,61; Num. 26,64; Num. 26,65; Num. 27,3; Num. 27,14; Num. 27,14; Num. 32,13; Num. 32,15; Num. 33,15; Num. 33,36; Deut. 1,1; Deut. 1,31; Deut. 4,43; Deut. 4,45; Deut. 6,4; Deut. 8,2; Deut. 8,16; Deut. 9,7; Deut. 9,28; Deut. 11,5; Deut. 29,4; Deut. 32,51; Josh. 5,6; Josh. 12,8; Josh. 14,10; Josh. 20,8; Josh. 21,36; Josh. 21,42d; Josh. 24,7; Judg. 11,16; Judg. 11,18; 1Sam. 4,8; 1Sam. 23,14; 1Sam. 23,14; 1Sam. 23,24; 1Sam. 23,25; 1Sam. 24,2; 1Sam. 25,4; 1Sam. 25,7; 1Sam. 25,21; 1Sam. 26,2; 1Sam. 26,3; 2Sam. 15,18; 2Sam. 16,2; 2Sam. 17,29; 1Kings 2,34; 1Kings 2,46d; 1Kings 19,4; 2Kings 2,8; 1Chr. 6,63; 1Chr. 21,29; 2Chr. 1,3; 2Chr. 8,4; 2Chr. 24,9; 2Chr. 26,10; Neh. 9,19; Neh. 9,21; Judith 5,14; 1Mac. 2,31; 1Mac. 5,24; 1Mac. 9,62; Psa. 54,8; Psa. 62,1; Psa. 67,8; Psa. 77,15; Psa. 77,19; Psa. 77,40; Psa. 77,52; Psa. 94,8; Psa. 105,9; Psa. 105,14; Psa. 105,26; Psa. 106,4; Psa. 135,16; Ode. 2,10; Wis. 18,20; Sir. 13,19; Sir. 45,18; Sol. 5,10; Hos. 9,10; Hos. 13,5; Amos 2,10; Amos 5,25; Is. 30,6; Is. 32,16; Is. 35,6; Is. 40,3; Is. 43,19; Is. 43,20; Jer. 2,6; Jer. 4,11; Jer. 9,1; Jer. 9,25; Jer. 12,12; Jer. 17,6; Jer. 17,6; Jer. 31,6; Jer. 32,24; Jer. 38,2; Lam. 4,3; Lam. 4,19; Ezek. 19,13; Ezek. 20,13; Ezek. 20,13; Ezek. 20,15; Ezek. 20,17; Ezek. 20,18; Ezek. 20,21; Ezek.

ἔρημος–ἐρίζω

20,23; Ezek. 20,36; Ezek. 34,25; Judg. 11,16; Judg. 11,18)
ἐρήμων ▸ 1
    Adjective · neuter · plural · genitive · noDegree ▸ **1** (Psa. 74,7)
ἐρημόω (ἔρημος) to make desolate ▸ 74 + 2 + 5 = 81
  ἐρημουμένη ▸ 1
    Verb · present · passive · participle · feminine · singular
      · nominative ▸ **1** (Jer. 3,2)
  ἐρημοῦντα ▸ 1
    Verb · present · active · participle · masculine · singular
      · accusative ▸ **1** (Judg. 16,24)
  ἐρημοῦσα ▸ 1
    Verb · aorist · active · participle · feminine · singular · nominative
      ▸ **1** (Is. 51,10)
  ἐρημοῦσιν ▸ 1
    Verb · third · plural · present · active · indicative ▸ **1** (1Esdr. 4,8)
  ἐρημοῦται ▸ 2
    Verb · third · singular · present · passive · indicative ▸ **2** (Matt. 12,25; Luke 11,17)
  ἐρημωθείς ▸ 1
    Verb · aorist · passive · participle · masculine · singular
      · nominative ▸ **1** (Job 14,11)
  ἐρημωθῇ ▸ 2
    Verb · third · singular · aorist · passive · subjunctive ▸ **2** (Gen. 47,19; Ezek. 32,15)
  ἐρημωθῆναι ▸ 2
    Verb · aorist · passive · infinitive ▸ **2** (Lev. 26,43; Lam. 1,1)
  ἐρημωθήσεται ▸ 11 + 1 = 12
    Verb · third · singular · future · passive · indicative ▸ 11 + 1 = **12** (Gen. 47,19; Sir. 16,4; Sir. 21,4; Amos 3,11; Is. 34,10; Jer. 33,9; Ezek. 30,7; Ezek. 33,28; Ezek. 33,29; Dan. 8,11; Dan. 8,13; Dan. 8,11)
  ἐρημωθήσῃ ▸ 1
    Verb · second · singular · future · passive · indicative ▸ **1** (Ezek. 35,3)
  Ἐρημωθήσῃ ▸ 1
    Verb · second · singular · future · passive · indicative ▸ **1** (Is. 44,27)
  ἐρημωθήσονται ▸ 3
    Verb · third · plural · future · passive · indicative ▸ **3** (Lev. 26,22; Is. 33,8; Is. 60,12)
  ἐρημωθῶσιν ▸ 1
    Verb · third · plural · aorist · passive · subjunctive ▸ **1** (Is. 6,11)
  ἐρημῶσαι ▸ 1
    Verb · aorist · active · infinitive ▸ **1** (1Esdr. 4,8)
  ἐρημώσαντές ▸ 1
    Verb · aorist · active · participle · masculine · plural · nominative
      ▸ **1** (Is. 49,17)
  ἐρημώσει ▸ 4
    Verb · third · singular · future · active · indicative ▸ **4** (Wis. 5,23; Is. 11,15; Is. 24,1; Dan. 11,24)
  ἐρημώσουσιν ▸ 1
    Verb · third · plural · future · active · indicative ▸ **1** (Sir. 21,4)
  ἐρημώσω ▸ 2
    Verb · first · singular · future · active · indicative ▸ **2** (Lev. 26,30; Jer. 28,36)
  ἠρημώθη ▸ 7 + 2 = 9
    Verb · third · singular · aorist · passive · indicative ▸ 7 + 2 = **9** (1Esdr. 2,17; 1Esdr. 4,45; Ezra 4,15; Neh. 2,3; 1Mac. 1,39; 1Mac. 2,12; Is. 24,10; Rev. 18,17; Rev. 18,19)
  ἠρημώθην ▸ 1
    Verb · first · singular · aorist · passive · noDegree ▸ **1** (Bar. 4,12)
  ἠρημωκότας ▸ 1
    Verb · perfect · active · participle · masculine · plural · accusative
      ▸ **1** (1Mac. 15,4)
  ἠρημωμέναις ▸ 3
    Verb · perfect · passive · participle · feminine · plural · dative
      ▸ **3** (Judg. 16,7; Jer. 40,10; Ezek. 33,27)
  ἠρημωμένας ▸ 3
    Verb · aorist · passive · participle · feminine · plural · accusative
      ▸ **1** (Is. 54,3)
    Verb · perfect · passive · participle · feminine · plural · accusative
      ▸ **2** (Judg. 16,8; Ezek. 33,24)
  ἠρημωμένη ▸ 2
    Verb · perfect · passive · participle · feminine · singular
      · nominative ▸ **2** (Psa. 68,26; Ezek. 36,10)
  ἠρημωμένην ▸ 2 + 1 = 3
    Verb · perfect · passive · participle · feminine · singular
      · accusative ▸ 2 + 1 = **3** (Ezek. 26,19; Ezek. 38,12; Rev. 17,16)
  ἠρημωμένης ▸ 1
    Verb · perfect · passive · participle · feminine · singular
      · genitive ▸ **1** (Ezek. 29,12)
  ἠρημωμένον ▸ 2
    Verb · perfect · passive · participle · neuter · singular · accusative
      ▸ **2** (1Mac. 4,38; Ezek. 35,7)
  ἠρημωμένων ▸ 3
    Verb · perfect · passive · participle · feminine · plural · genitive
      ▸ **3** (Ezek. 29,12; Ezek. 30,7; Ezek. 30,7)
  ἠρήμωσα ▸ 1
    Verb · first · singular · aorist · active · indicative ▸ **1** (Is. 37,25)
  ἠρήμωσαν ▸ 8
    Verb · third · plural · aorist · active · indicative ▸ **8** (2Kings 19,17; Psa. 78,7; Sir. 49,6; Sol. 4,20; Sol. 17,6; Is. 37,18; Jer. 10,25; Bar. 4,16)
  ἠρημώσατε ▸ 1
    Verb · second · plural · aorist · active · indicative ▸ **1** (1Mac. 15,29)
  ἠρήμωσεν ▸ 1
    Verb · third · singular · aorist · active · indicative ▸ **1** (Sol. 4,11)
  Ἠρήμωσεν ▸ 1
    Verb · third · singular · aorist · active · indicative ▸ **1** (Sol. 17,11)
  ἠρήμωται ▸ 3
    Verb · third · singular · perfect · passive · indicative ▸ **3** (Is. 1,7; Is. 23,13; Ezek. 26,2)
ἐρήμωσις (ἔρημος) desolation ▸ 21 + 5 + 3 = 29
  ἐρημώσεων ▸ 1 + 1 = 2
    Noun · feminine · plural · genitive · (common) ▸ 1 + 1 = **2** (Dan. 9,27; Dan. 9,27)
  ἐρημώσεως ▸ 8 + 3 + 2 = 13
    Noun · feminine · singular · genitive · (common) ▸ 8 + 3 + 2 = **13** (Lev. 26,34; Lev. 26,35; 2Chr. 36,21; 1Esdr. 1,55; 1Mac. 1,54; Dan. 8,13; Dan. 11,31; Dan. 12,11; Dan. 8,13; Dan. 9,2; Dan. 12,11; Matt. 24,15; Mark 13,14)
  ἐρήμωσιν ▸ 11 + 1 = 12
    Noun · feminine · singular · accusative · (common) ▸ 11 + 1 = **12** (2Chr. 30,7; Judith 8,22; Psa. 72,19; Jer. 4,7; Jer. 7,34; Jer. 22,5; Jer. 32,18; Jer. 51,6; Jer. 51,22; Dan. 9,18; Dan. 9,27; Dan. 9,27)
  ἐρήμωσις ▸ 1 + 1 = 2
    Noun · feminine · singular · nominative · (common) ▸ 1 + 1 = **2** (Dan. 9,27; Luke 21,20)
ἐρίζω (ἔρις) to strive, challenge ▸ 6 + 1 = 7
  ἔριζε ▸ 2
    Verb · second · singular · present · active · imperative ▸ **2** (Sir. 8,2; Sir. 11,9)
  ἐρίζεις ▸ 1

Verb · second · singular · present · active · indicative ▸ **1** (2Kings 14,10)
ἐρίζουσαι ▸ 1
Verb · present · active · participle · feminine · plural · nominative ▸ **1** (Gen. 26,35)
ἐρίσει ▸ 1
Verb · third · singular · future · active · indicative ▸ **1** (Matt. 12,19)
ἐρίσητε ▸ 2
Verb · second · plural · aorist · active · subjunctive ▸ **2** (1Sam. 12,14; 1Sam. 12,15)

ἐριθεία (ἔρις) strife ▸ 7
ἐριθεία ▸ 1
Noun · feminine · singular · nominative ▸ **1** (James 3,16)
ἐριθεῖαι ▸ 2
Noun · feminine · plural · nominative ▸ **2** (2Cor. 12,20; Gal. 5,20)
ἐριθείαν ▸ 2
Noun · feminine · singular · accusative ▸ **2** (Phil. 2,3; James 3,14)
ἐριθείας ▸ 2
Noun · feminine · singular · genitive ▸ **2** (Rom. 2,8; Phil. 1,17)

ἐριθεύομαι (ἔρις) to serve ▸ 1 + 1 = 2
ἠριθεύετο ▸ 1 + 1 = 2
Verb · third · singular · imperfect · middle · indicative ▸ 1 + 1 = **2** (Tob. 2,11; Tob. 2,11)

ἔριθος weaver ▸ 2
ἐρίθου ▸ 2
Noun · feminine · singular · genitive · (common) ▸ **2** (Ode. 11,12; Is. 38,12)

ἔριον wool ▸ 9 + 2 + 2 = 13
ἔρια ▸ 5
Noun · neuter · plural · accusative · (common) ▸ **4** (Deut. 22,11; Prov. 31,13; Ezek. 27,18; Ezek. 34,3)
Noun · neuter · plural · nominative · (common) ▸ **1** (Is. 51,8)
ἔριον ▸ 3 + 1 + 1 = 5
Noun · neuter · singular · accusative · (common) ▸ **2** (Psa. 147,5; Is. 1,18)
Noun · neuter · singular · nominative · (common) ▸ 1 + 1 + 1 = **3** (Dan. 7,9; Dan. 7,9; Rev. 1,14)
ἐρίου ▸ 1 + 1 = 2
Noun · neuter · singular · genitive · (common) ▸ 1 + 1 = **2** (Judg. 6,37; Heb. 9,19)
ἐρίων ▸ 1
Noun · neuter · plural · genitive · (common) ▸ **1** (Judg. 6,37)

ἔρις strife ▸ 3 + 9 = 12
ἔρεις ▸ 1
Noun · feminine · plural · accusative ▸ **1** (Titus 3,9)
ἔριδες ▸ 1
Noun · feminine · plural · nominative ▸ **1** (1Cor. 1,11)
ἔριδι ▸ 1
Noun · feminine · singular · dative ▸ **1** (Rom. 13,13)
ἔριδος ▸ 1
Noun · feminine · singular · genitive ▸ **1** (Rom. 1,29)
ἔριν ▸ 1
Noun · feminine · singular · accusative ▸ **1** (Phil. 1,15)
ἔρις ▸ 3 + 4 = 7
Noun · feminine · singular · nominative · (common) ▸ 3 + 4 = **7** (Sir. 28,11; Sir. 40,4; Sir. 40,9; 1Cor. 3,3; 2Cor. 12,20; Gal. 5,20; 1Tim. 6,4)

ἐρίφιον (ἔριφος) goat-kid ▸ 1 + 1 + 1 = 3
ἐρίφια ▸ 1
Noun · neuter · plural · accusative ▸ **1** (Matt. 25,33)
ἐρίφιον ▸ 1 + 1 = 2

Noun · neuter · singular · nominative · (common) ▸ 1 + 1 = **2** (Tob. 2,13; Tob. 2,13)

ἔριφος young goat, kid ▸ 26 + 7 + 2 = 35
ἐρίφοις ▸ 1
Noun · masculine · plural · dative · (common) ▸ **1** (Sir. 47,3)
ἔριφον ▸ 13 + 5 + 1 = 19
Noun · masculine · singular · accusative · (common) ▸ 13 + 5 + 1 = **19** (Gen. 37,31; Gen. 38,17; Gen. 38,20; Gen. 38,23; Judg. 6,19; Judg. 13,15; Judg. 13,19; Judg. 14,6; Judg. 15,1; 1Sam. 16,20; Tob. 2,12; Ezek. 43,25; Ezek. 45,23; Judg. 6,19; Judg. 13,15; Judg. 13,19; Judg. 14,6; Tob. 2,12; Luke 15,29)
ἔριφος ▸ 1
Noun · masculine · singular · nominative · (common) ▸ **1** (Tob. 2,13)
ἐρίφους ▸ 6
Noun · masculine · plural · accusative · (common) ▸ **6** (Gen. 27,9; 2Chr. 35,7; 2Chr. 35,8; Song 1,8; Amos 6,4; Ezek. 43,22)
ἐρίφῳ ▸ 1 + 1 = 2
Noun · masculine · singular · dative · (common) ▸ 1 + 1 = **2** (Is. 11,6; Judg. 15,1)
ἐρίφων ▸ 5 + 1 = 6
Noun · masculine · plural · genitive · (common) ▸ 5 + 1 = **6** (Gen. 27,16; Ex. 12,5; Lev. 1,10; 1Esdr. 1,7; Jer. 28,40; Matt. 25,32)

Ερμα Hormah ▸ 4 + 2 = 6
Ερμα ▸ 4 + 2 = 6
Noun · singular · dative · (proper) ▸ **1** (1Chr. 4,30)
Noun · singular · genitive · (proper) ▸ **1** (Deut. 1,44)
Noun · singular · nominative · (proper) ▸ 2 + 2 = **4** (Josh. 15,30; Josh. 19,4; Josh. 15,30; Josh. 19,4)

Ερμαθ Hormah ▸ 1
Ερμαθ ▸ 1
Noun · singular · genitive · (proper) ▸ **1** (Josh. 12,14)

Ερμαν Hormah ▸ 1
Ερμαν ▸ 1
Noun · masculine · singular · genitive · (proper) ▸ **1** (Num. 14,45)

Ἑρμᾶς Hermas ▸ 1
Ἑρμᾶν ▸ 1
Noun · masculine · singular · accusative · (proper) ▸ **1** (Rom. 16,14)

ἑρμηνεία (ἑρμηνεύω) interpretation, explanation, translation ▸ 3 + 2 = 5
ἑρμηνεία ▸ 1 + 1 = 2
Noun · feminine · singular · nominative · (common) ▸ 1 + 1 = **2** (Dan. 5,0; 1Cor. 12,10)
ἑρμηνείαις ▸ 1
Noun · feminine · plural · dative · (common) ▸ **1** (Sir. 47,17)
ἑρμηνείαν ▸ 1 + 1 = 2
Noun · feminine · singular · accusative · (common) ▸ 1 + 1 = **2** (Sir. 1,20 Prol.; 1Cor. 14,26)

ἑρμηνευτής (ἑρμηνεύω) interpreter ▸ 1
ἑρμηνευτής ▸ 1
Noun · masculine · singular · nominative · (common) ▸ **1** (Gen. 42,23)

ἑρμηνεύω to interpret ▸ 3 + 3 = 6
ἑρμηνεύεται ▸ 1 + 2 = 3
Verb · third · singular · present · passive · indicative ▸ 1 + 2 = **3** (Job 42,17b; John 1,42; John 9,7)
ἑρμηνευκέναι ▸ 1
Verb · perfect · active · infinitive ▸ **1** (Esth. 11,1 # 10,3l)
ἑρμηνευόμενος ▸ 1
Verb · present · passive · participle · masculine · singular

- nominative ▸ **1** (Heb. 7,2)
- ἡρμηνευμένην ▸ **1**
  - **Verb** · perfect · passive · participle · feminine · singular · accusative ▸ **1** (Ezra 4,7)

Ἑρμῆς Hermes ▸ **2**
- Ἑρμῆν ▸ **2**
  - **Noun** · masculine · singular · accusative · (proper) ▸ **2** (Acts 14,12; Rom. 16,14)

Ἑρμογένης Hermogenes ▸ **1**
- Ἑρμογένης ▸ **1**
  - **Noun** · masculine · singular · nominative · (proper) ▸ **1** (2Tim. 1,15)

Ἑρμων Hermon ▸ **11 + 1 = 12**
- Ἑρμων ▸ **2 + 1 = 3**
  - **Noun** · singular · genitive · (proper) ▸ **1 + 1 = 2** (Song 4,8; Judg. 9,48)
  - **Noun** · singular · nominative · (proper) ▸ **1** (Psa. 88,13)
- Ἕρμων ▸ **6**
  - **Noun** · masculine · singular · nominative · (proper) ▸ **6** (3Mac. 5,4; 3Mac. 5,10; 3Mac. 5,23; 3Mac. 5,26; 3Mac. 5,29; 3Mac. 5,33)
- Ἕρμωνα ▸ **3**
  - **Noun** · masculine · singular · accusative · (proper) ▸ **3** (3Mac. 5,1; 3Mac. 5,18; 3Mac. 5,37)

Ἑρμωνι Armoni ▸ **1**
- Ἑρμωνι ▸ **1**
  - **Noun** · masculine · singular · accusative · (proper) ▸ **1** (2Sam. 21,8)

Ἑρμωνιιμ Hermon ▸ **1**
- Ἑρμωνιιμ ▸ **1**
  - **Noun** · plural · genitive · (proper) ▸ **1** (Psa. 41,7)

Ἐροκ Erok (Heb. Adar) ▸ **1**
- Ἐροκ ▸ **1**
  - **Noun** · singular · genitive · (proper) ▸ **1** (Josh. 16,5)

ἑρπετόν (ἕρπω) reptile, creeping thing ▸ **44 + 4 = 48**
- ἑρπετά ▸ **1**
  - **Noun** · neuter · plural · nominative · (common) ▸ **1** (Psa. 103,25)
- ἑρπετὰ ▸ **12 + 2 = 14**
  - **Noun** · neuter · plural · accusative · (common) ▸ **7 + 1 = 8** (Gen. 1,20; Gen. 1,24; Gen. 1,25; Wis. 11,15; Sir. 10,11; Hab. 1,14; Is. 16,1; Acts 11,6)
  - **Noun** · neuter · plural · nominative · (common) ▸ **5 + 1 = 6** (Lev. 11,20; Deut. 14,19; Psa. 148,10; Hos. 2,14; Ezek. 38,20; Acts 10,12)
- ἑρπετοῖς ▸ **5**
  - **Noun** · neuter · plural · dative · (common) ▸ **5** (Lev. 11,42; Lev. 11,43; Lev. 11,44; Lev. 20,25; Hos. 4,3)
- ἑρπετόν ▸ **2**
  - **Noun** · neuter · singular · nominative · (common) ▸ **2** (Gen. 9,3; Lev. 11,41)
- ἑρπετὸν ▸ **5**
  - **Noun** · neuter · singular · accusative · (common) ▸ **1** (Gen. 8,17)
  - **Noun** · neuter · singular · nominative · (common) ▸ **4** (Gen. 7,14; Gen. 7,21; Gen. 8,19; Lev. 11,23)
- ἑρπετοῦ ▸ **2**
  - **Noun** · neuter · singular · genitive · (common) ▸ **2** (Lev. 22,5; Deut. 4,18)
- ἑρπετῷ ▸ **1**
  - **Noun** · neuter · singular · dative · (common) ▸ **1** (Gen. 1,30)
- ἑρπετῶν ▸ **16 + 2 = 18**
  - **Noun** · neuter · plural · genitive · (common) ▸ **16 + 2 = 18** (Gen. 1,21; Gen. 1,26; Gen. 1,28; Gen. 6,7; Gen. 6,19; Gen. 6,20; Gen. 7,8; Gen. 7,23; Gen. 8,1; Lev. 11,21; Lev. 11,29; Lev. 11,31; 1Kings 5,13; Wis. 17,9; Hos. 2,20; LetterJ 19; Rom. 1,23; James 3,7)

ἕρπω to creep; to come, go ▸ **12**
- ἕρπει ▸ **2**
  - **Verb** · third · singular · present · active · indicative ▸ **2** (Lev. 11,41; Deut. 4,18)
- ἕρποντα ▸ **2**
  - **Verb** · present · active · participle · neuter · plural · nominative ▸ **2** (Psa. 68,35; Ezek. 38,20)
- ἕρποντι ▸ **1**
  - **Verb** · present · active · participle · neuter · singular · dative ▸ **1** (Gen. 1,30)
- ἑρπόντων ▸ **4**
  - **Verb** · present · active · participle · neuter · plural · genitive ▸ **4** (Gen. 1,26; Gen. 1,28; Gen. 6,20; Lev. 11,29)
- ἑρπούσης ▸ **1**
  - **Verb** · present · active · participle · feminine · singular · genitive ▸ **1** (Lev. 11,46)
- ἕρπουσιν ▸ **2**
  - **Verb** · present · active · participle · neuter · plural · dative ▸ **2** (Lev. 11,42; Lev. 11,43)

ἐρυθαίνω (ἐρυθρός) to dye red ▸ **1**
- ἐρυθήνας ▸ **1**
  - **Verb** · aorist · active · participle · masculine · singular · nominative ▸ **1** (Wis. 13,14)

ἐρύθημα (ἐρυθρός) scarlet ▸ **1**
- ἐρύθημα ▸ **1**
  - **Noun** · neuter · singular · accusative · (common) ▸ **1** (Is. 63,1)

ἐρυθριάω (ἐρυθρός) to blush ▸ **2**
- ἐρυθριῶσα ▸ **1**
  - **Verb** · present · active · participle · feminine · singular · nominative ▸ **1** (Esth. 15,5 # 5,1b)
- ἠρυθρίων ▸ **1**
  - **Verb** · first · singular · imperfect · active · indicative ▸ **1** (Tob. 2,14)

ἐρυθροδανόω (ἐρυθρός) to dye red ▸ **5**
- ἠρυθροδανωμένα ▸ **5**
  - **Verb** · perfect · passive · participle · neuter · plural · accusative ▸ **4** (Ex. 25,5; Ex. 26,14; Ex. 35,7; Ex. 39,20)
  - **Verb** · perfect · passive · participle · neuter · plural · nominative ▸ **1** (Ex. 35,23)

ἐρυθρός red ▸ **30 + 2 = 32**
- ἐρυθρά ▸ **1**
  - **Adjective** · neuter · plural · accusative · noDegree ▸ **1** (Is. 63,2)
- ἐρυθρᾷ ▸ **5 + 1 = 6**
  - **Adjective** · feminine · singular · dative · noDegree ▸ **5 + 1 = 6** (Ex. 15,4; 1Mac. 4,9; Psa. 105,7; Psa. 105,9; Ode. 1,4; Acts 7,36)
- ἐρυθράν ▸ **7**
  - **Adjective** · feminine · singular · accusative · noDegree ▸ **7** (Num. 14,25; Num. 33,10; Deut. 2,1; Josh. 24,6; Josh. 24,6; Neh. 9,9; Psa. 135,15)
- ἐρυθρὰν ▸ **8 + 1 = 9**
  - **Adjective** · feminine · singular · accusative · noDegree ▸ **8 + 1 = 9** (Ex. 10,19; Ex. 13,18; Num. 21,4; Josh. 2,10; Josh. 4,23; Judith 5,13; Psa. 135,13; Wis. 10,18; Heb. 11,29)
- ἐρυθρᾶς ▸ **9**
  - **Adjective** · feminine · singular · genitive · noDegree ▸ **9** (Ex. 15,22; Ex. 23,31; Num. 33,11; Deut. 1,1; Deut. 1,40; Deut. 11,4; Judg. 11,16; Psa. 105,22; Wis. 19,7)

ἐρυμνός (ἐρύομαι) fenced, fortified ▸ **1**
- ἐρυμνῷ ▸ **1**
  - **Adjective** · neuter · singular · dative · noDegree ▸ **1** (2Mac. 11,5)

ἐρυμνότης (ἐρύομαι) strength ▸ 2
  ἐρυμνότητι ▸ 2
    Noun · feminine · singular · dative · (common) ▸ **2** (2Mac. 10,34; 2Mac. 12,14)

ἐρυσίβη (ἐρυθρός) mildew ▸ 6
  ἐρυσίβη ▸ 5
    Noun · feminine · singular · nominative · (common) ▸ **5** (Deut. 28,42; 1Kings 8,37; Hos. 5,7; Joel 1,4; Joel 2,25)
  ἐρυσίβῃ ▸ 1
    Noun · feminine · singular · dative · (common) ▸ **1** (Psa. 77,46)

Ερχι Arbite ▸ 1
  Ερχι ▸ 1
    Noun · masculine · singular · nominative · (proper) ▸ **1** (2Sam. 23,35)

ἔρχομαι to come, go ▸ 978 + 104 + 632 = 1714
  ἐλεύσεται ▸ 12 + 3 + 5 = 20
    Verb · third · singular · future · middle · indicative ▸ 12 + 3 + 5 = **20** (Ex. 22,8; Lev. 13,16; Deut. 14,29; Josh. 16,7; Judg. 4,14; 2Sam. 15,4; 2Sam. 18,27; 2Chr. 25,18; Tob. 5,21; Job 27,13; Wis. 12,12; Ezek. 38,8; Judg. 13,12; Tob. 5,21; Dan. 11,10; Mark 12,9; Luke 20,16; John 16,7; Acts 1,11; 1Cor. 16,12)
  ἐλεύσῃ ▸ 8
    Verb · second · singular · future · middle · indicative ▸ **8** (Deut. 17,9; Deut. 26,3; Ruth 3,4; 2Sam. 14,3; 2Kings 4,25; Song 4,8; Job 5,26; Job 38,11)
  ἐλεύσομαι ▸ 1 + 5 = 6
    Verb · first · singular · future · middle · indicative ▸ 1 + 5 = **6** (Ex. 3,13; Rom. 9,9; Rom. 15,29; 1Cor. 4,19; 2Cor. 12,1; Phil. 2,24)
  Ἐλεύσομαι ▸ 1
    Verb · first · singular · future · middle · indicative ▸ **1** (1Cor. 16,5)
  ἐλευσόμεθα ▸ 1 + 1 = 2
    Verb · first · plural · future · middle · indicative ▸ 1 + 1 = **2** (Gen. 37,10; John 14,23)
  ἐλεύσονται ▸ 4 + 10 = 14
    Verb · third · plural · future · middle · indicative ▸ 4 + 10 = **14** (Deut. 28,15; Deut. 28,45; Wis. 4,20; Is. 7,19; Matt. 9,15; Matt. 24,5; Mark 2,20; Mark 13,6; Luke 5,35; Luke 17,22; Luke 21,6; Luke 21,8; John 11,48; 2Pet. 3,3)
  ἐλήλυθα ▸ 1 + 1 + 7 = 9
    Verb · first · singular · perfect · active · indicative ▸ 1 + 1 + 7 = **9** (2Mac. 14,7; Tob. 5,5; Luke 5,32; John 5,43; John 7,28; John 8,42; John 12,46; John 16,28; John 18,37)
  ἐλήλυθας ▸ 2
    Verb · second · singular · perfect · active · indicative ▸ **2** (John 3,2; Acts 21,22)
  ἐληλύθασιν ▸ 1
    Verb · third · plural · perfect · active · indicative ▸ **1** (Jer. 27,26)
  ἐληλύθει ▸ 3 + 6 = 9
    Verb · third · singular · pluperfect · active · indicative ▸ 3 + 6 = **9** (1Kings 10,10; 1Kings 10,12; Sus. 13-14; John 6,17; John 7,30; John 8,20; John 11,30; Acts 8,27; Acts 9,21)
  ἐληλύθεισαν ▸ 1
    Verb · third · plural · pluperfect · active · indicative ▸ **1** (John 11,19)
  ἐλήλυθεν ▸ 8
    Verb · third · singular · perfect · active · indicative ▸ **8** (Mark 9,13; Luke 7,33; Luke 7,34; John 3,19; John 12,23; John 16,32; John 17,1; Phil. 1,12)
  ἐληλυθότα ▸ 2
    Verb · perfect · active · participle · masculine · singular · accusative ▸ **2** (Acts 18,2; 1John 4,2)
  ἐληλυθότες ▸ 1
    Verb · perfect · active · participle · masculine · plural · nominative ▸ **1** (Luke 5,17)
  ἐληλυθότος ▸ 1
    Verb · perfect · active · participle · neuter · singular · genitive ▸ **1** (1Kings 10,14)
  ἐληλυθυῖαν ▸ 1
    Verb · perfect · active · participle · feminine · singular · accusative ▸ **1** (Mark 9,1)
  ἐληλυθώς ▸ 1
    Verb · perfect · active · participle · masculine · singular · nominative ▸ **1** (1Kings 13,14)
  Ἔλθατε ▸ 1
    Verb · second · plural · aorist · active · imperative ▸ **1** (Prov. 9,5)
  ἐλθάτω ▸ 5 + 1 = 6
    Verb · third · singular · aorist · active · imperative ▸ 5 + 1 = **6** (Esth. 5,4; Esth. 5,8; Psa. 101,2; Is. 5,19; Jer. 17,15; Matt. 10,13)
  ἐλθάτωσαν ▸ 1
    Verb · third · plural · aorist · active · imperative ▸ **1** (Bar. 4,14)
  ἐλθέ ▸ 5 + 1 = 6
    Verb · second · singular · aorist · active · imperative ▸ 5 + 1 = **6** (Judg. 18,19; Psa. 79,3; Prov. 7,18; Song 2,14; Ezek. 37,9; John 4,16)
  ἐλθέ ▸ 3 + 1 = 4
    Verb · second · singular · aorist · active · imperative ▸ 3 + 1 = **4** (Song 2,10; Song 2,13; Song 7,12; Matt. 14,29)
  Ἐλθέ ▸ 1
    Verb · second · singular · aorist · active · imperative ▸ **1** (Prov. 1,11)
  ἐλθεῖν ▸ 92 + 7 + 40 = 139
    Verb · aorist · active · infinitive ▸ 92 + 7 + 40 = **139** (Gen. 10,19; Gen. 10,19; Gen. 10,30; Gen. 13,10; Gen. 25,18; Gen. 27,33; Gen. 33,14; Gen. 34,5; Gen. 35,16; Gen. 41,50; Gen. 43,25; Gen. 48,5; Gen. 48,7; Ex. 10,26; Num. 22,16; Judg. 6,4; Judg. 6,18; Judg. 11,33; Judg. 18,9; 1Sam. 9,15; 1Sam. 10,8; 1Sam. 16,11; 1Sam. 19,23; 1Sam. 20,9; 1Sam. 23,10; 1Sam. 25,26; 1Sam. 25,33; 2Sam. 4,4; 2Sam. 5,13; 2Sam. 14,29; 2Sam. 15,28; 2Kings 6,23; 2Kings 6,32; 2Kings 7,6; 1Chr. 4,39; 1Chr. 12,20; 2Chr. 13,13; 2Chr. 22,7; 2Chr. 22,7; 2Chr. 25,14; 2Chr. 30,1; 2Chr. 30,12; 1Esdr. 5,55; 1Esdr. 8,44; Ezra 2,68; Ezra 3,8; Ezra 8,31; Neh. 4,2; Esth. 1,12; Judith 1,10; Judith 1,10; Judith 1,12; Judith 2,24; Judith 5,4; Judith 7,14; Judith 11,19; Judith 12,11; Judith 13,13; 1Mac. 3,39; 1Mac. 5,11; 1Mac. 5,39; 1Mac. 5,45; 1Mac. 7,45; 1Mac. 8,9; 1Mac. 9,60; 1Mac. 9,69; 1Mac. 9,72; 1Mac. 10,59; 1Mac. 13,1; 1Mac. 13,12; 1Mac. 13,21; 1Mac. 13,22; Psa. 50,2; Psa. 51,2; Psa. 53,2; Psa. 104,19; Job 33,28; Hos. 10,12; Joel 3,4; Mal. 3,22; Is. 44,7; Is. 48,5; Is. 66,7; Jer. 22,23; Jer. 26,13; Jer. 31,16; Jer. 47,4; Ezek. 22,3; Ezek. 33,22; Ezek. 36,8; Dan. 3,2; Dan. 7,22; Judg. 6,4; Judg. 6,18; Judg. 11,33; Judg. 20,10; Tob. 2,2; Dan. 3,2; Dan. 8,17; Matt. 13,32; Matt. 14,28; Matt. 16,24; Matt. 17,10; Matt. 18,7; Matt. 19,14; Matt. 22,3; Mark 9,11; Luke 7,7; Luke 14,1; Luke 14,20; Luke 17,1; John 5,40; John 6,44; John 6,65; John 7,34; John 7,36; John 8,21; John 8,22; John 13,33; Acts 2,20; Acts 8,40; Acts 19,27; Rom. 1,10; Rom. 1,13; Rom. 15,22; Rom. 15,23; 2Cor. 1,15; 2Cor. 1,16; 2Cor. 2,1; 2Cor. 12,14; Gal. 2,12; Gal. 3,23; 1Th. 2,18; 1Tim. 2,4; 1Tim. 3,14; 2Tim. 3,7; 2Tim. 4,9; 2Tim. 4,21; Titus 3,12)
  Ἔλθετε ▸ 1
    Verb · second · plural · aorist · active · imperative ▸ **1** (Num. 21,27)
  ἐλθέτω ▸ 5 + 1 + 2 = 8

ἔρχομαι

Verb · third · singular · aorist · active · imperative ▸ 5 + 1 + 2 = **8** (Judg. 13,8; 2Kings 5,8; Psa. 34,8; Psa. 35,12; Psa. 54,16; Judg. 13,8; Matt. 6,10; Luke 11,2)

Ἐλθέτω ▸ 2
Verb · third · singular · aorist · active · imperative ▸ **2** (2Sam. 13,5; 2Sam. 13,6)

ἐλθέτωσαν ▸ 3
Verb · third · plural · aorist · active · imperative ▸ **3** (Ezra 10,14; Jer. 9,16; Jer. 12,9)

ἐλθέτωσάν ▸ 1
Verb · third · plural · aorist · active · imperative ▸ **1** (Psa. 118,77)

ἔλθῃ ▸ 40 + 2 + 32 = 74
Verb · third · singular · aorist · active · subjunctive ▸ 40 + 2 + 32 = **74** (Gen. 32,9; Gen. 42,15; Gen. 49,10; Lev. 25,22; Lev. 25,25; Lev. 27,32; Deut. 13,3; Deut. 29,21; Judg. 4,20; Judg. 13,17; 1Sam. 26,10; 2Sam. 7,14; 2Sam. 24,13; 1Kings 8,31; 2Kings 5,6; 2Kings 6,32; 2Kings 10,2; 2Chr. 6,22; 2Chr. 6,32; 2Chr. 32,4; Ezra 10,8; Judith 7,31; 1Mac. 2,41; Prov. 2,10; Prov. 18,3; Eccl. 9,14; Sir. 47,25; Zech. 14,18; Is. 28,15; Is. 32,10; Jer. 17,6; Jer. 17,8; Jer. 44,19; Ezek. 14,4; Ezek. 14,7; Ezek. 17,12; Ezek. 21,32; Ezek. 24,24; Ezek. 33,33; Ezek. 38,18; Judg. 4,20; Tob. 5,21; Matt. 10,23; Matt. 21,40; Matt. 23,35; Matt. 25,31; Mark 4,22; Mark 8,38; Luke 1,43; Luke 8,17; Luke 9,26; Luke 12,38; Luke 14,10; Luke 22,18; John 4,25; John 5,43; John 7,31; John 11,56; John 15,26; John 16,4; John 16,13; Rom. 3,8; 1Cor. 4,5; 1Cor. 11,26; 1Cor. 13,10; 1Cor. 16,10; 1Cor. 16,11; 1Cor. 16,12; 1Cor. 16,12; Gal. 3,19; Col. 4,10; 2Th. 1,10; 2Th. 2,3; Rev. 17,10)

ἔλθῃς ▸ 2 + 1 + 1 = 4
Verb · second · singular · aorist · active · subjunctive ▸ 2 + 1 + 1 = **4** (Gen. 24,41; Jer. 28,61; Tob. 5,3; Luke 23,42)

ἔλθητε ▸ 1 + 1 = 2
Verb · second · plural · aorist · active · subjunctive ▸ 1 + 1 = **2** (Judg. 18,10; Mark 14,38)

ἔλθοι ▸ 9 + 1 = 10
Verb · third · singular · aorist · active · optative ▸ 9 + 1 = **10** (Gen. 49,6; Psa. 118,41; Ode. 6,8; Job 3,4; Job 3,7; Job 3,9; Job 6,8; Job 29,13; Jonah 2,8; Judg. 13,17)

ἔλθοιμι ▸ 1
Verb · first · singular · aorist · active · optative ▸ **1** (Job 23,3)

ἔλθοις ▸ 1 + 2 = 3
Verb · second · singular · aorist · active · optative ▸ 1 + 2 = **3** (Tob. 5,14; Tob. 5,14; Tob. 5,14)

Ἔλθοις ▸ 1
Verb · second · singular · aorist · active · optative ▸ **1** (Tob. 11,17)

ἔλθοισαν ▸ 3
Verb · third · plural · aorist · active · optative ▸ **3** (Deut. 33,16; Job 18,9; Job 18,11)

ἐλθὸν ▸ 1 + 2 = 3
Verb · aorist · active · participle · neuter · singular · accusative ▸ **1** (2Chr. 20,12)
Verb · aorist · active · participle · neuter · singular · nominative ▸ **2** (Matt. 12,44; Luke 11,25)

ἐλθόντα ▸ 1 + 2 = 3
Verb · aorist · active · participle · masculine · singular · accusative ▸ 1 + 1 = **2** (1Esdr. 1,23; Matt. 17,25)
Verb · aorist · active · participle · neuter · plural · nominative ▸ **1** (Matt. 13,4)

ἐλθόντας ▸ 2 + 1 = 3
Verb · aorist · active · participle · masculine · plural · accusative ▸ 2 + 1 = **3** (2Chr. 30,5; 1Mac. 16,22; Luke 5,7)

Ἐλθόντες ▸ 20 + 2 + 21 = 43

Verb · aorist · active · participle · masculine · plural · nominative ▸ 20 + 2 + 21 = **43** (Gen. 37,10; Gen. 42,6; Gen. 50,18; Deut. 17,3; Josh. 9,4; 2Sam. 15,18; 1Chr. 2,55; 1Chr. 12,1; 1Chr. 12,24; 1Chr. 19,9; 2Chr. 30,25; 1Esdr. 2,14; 1Esdr. 5,8; 1Esdr. 6,8; Ezra 8,35; Judith 10,18; 3Mac. 2,10; Job 1,15; Job 42,17e; Sus. 28; Judg. 20,3; Bel 29; Matt. 2,11; Matt. 9,10; Matt. 14,12; Matt. 16,5; Matt. 18,31; Matt. 20,9; Matt. 20,10; Matt. 27,33; Matt. 27,64; Matt. 28,11; Matt. 28,13; Mark 7,1; Mark 9,14; Mark 12,14; John 11,45; John 19,33; Acts 11,20; Acts 16,7; Acts 16,37; Acts 16,39; 2Cor. 11,9)

Ἐλθόντες ▸ 1
Verb · aorist · active · participle · masculine · plural · nominative ▸ **1** (Ex. 8,21)

ἐλθόντι ▸ 3 + 1 = 4
Verb · aorist · active · participle · masculine · singular · dative ▸ 3 + 1 = **4** (2Sam. 12,4; 2Sam. 12,4; Job 31,32; Matt. 9,28)

ἐλθόντος ▸ 4 + 6 = 10
Verb · aorist · active · participle · masculine · singular · genitive ▸ 4 + 6 = **10** (Judg. 13,12; 2Kings 13,20; 2Chr. 12,3; Jer. 35,9; Matt. 8,28; Matt. 21,23; Luke 12,36; Acts 25,23; 2Cor. 12,21; 1Th. 3,6)

ἐλθόντων ▸ 3 + 2 = 5
Verb · aorist · active · participle · masculine · plural · genitive ▸ 1 + 2 = **3** (1Sam. 9,5; Matt. 17,14; 2Cor. 7,5)
Verb · aorist · active · participle · neuter · plural · genitive ▸ **2** (Gen. 30,38; Zech. 14,16)

Ἐλθόντων ▸ 1
Verb · aorist · active · participle · masculine · plural · genitive ▸ **1** (Matt. 17,24)

ἐλθοῦσα ▸ 4 + 5 = 9
Verb · aorist · active · participle · feminine · singular · nominative ▸ 4 + 5 = **9** (Ex. 2,8; Judith 11,18; Judith 12,13; Ezek. 33,6; Matt. 15,25; Mark 5,26; Mark 5,27; Mark 7,25; Mark 12,42)

ἐλθοῦσαι ▸ 1
Verb · aorist · active · participle · feminine · plural · nominative ▸ **1** (Mark 16,1)

ἐλθοῦσαν ▸ 1
Verb · aorist · active · participle · feminine · singular · accusative ▸ **1** (2Chr. 19,10)

ἐλθούσῃ ▸ 1
Verb · aorist · active · participle · feminine · singular · dative ▸ **1** (2Chr. 25,10)

ἐλθούσης ▸ 2
Verb · aorist · active · participle · feminine · singular · genitive ▸ **2** (Rom. 7,9; Gal. 3,25)

ἔλθω ▸ 5 + 6 = 11
Verb · first · singular · aorist · active · subjunctive ▸ 5 + 6 = **11** (1Sam. 29,8; 2Kings 18,32; Neh. 2,7; Mal. 3,23; Is. 36,17; 1Cor. 4,21; 1Cor. 11,34; 1Cor. 14,6; 1Cor. 16,2; 2Cor. 13,2; 3John 10)

ἔλθωμεν ▸ 2
Verb · first · plural · aorist · active · subjunctive ▸ **2** (Neh. 4,5; Job 9,32)

ἐλθὼν ▸ 15 + 1 + 47 = 63
Verb · aorist · active · participle · masculine · singular · nominative ▸ 15 + 1 + 47 = **63** (Gen. 13,18; Gen. 24,42; Gen. 32,12; Ex. 2,15; Ex. 3,16; Ex. 35,10; Num. 25,6; Judg. 13,10; 1Kings 13,12; Judith 3,4; Tob. 2,3; 1Mac. 5,12; 1Mac. 9,64; 2Mac. 2,5; Prov. 23,35; Bel 11; Matt. 2,8; Matt. 2,9; Matt. 2,23; Matt. 4,13; Matt. 5,24; Matt. 8,7; Matt. 8,14; Matt. 9,18; Matt. 9,18; Matt. 9,23; Matt. 13,54; Matt. 24,46; Matt. 25,27; Matt. 26,43; Mark 5,23; Mark 9,12; Mark 11,13; Mark 13,36; Mark 14,40; Mark 14,45; Mark 15,43; Luke 7,3; Luke 8,51; Luke 10,32; Luke 12,37; Luke 12,43;

Luke 14,9; Luke 15,6; Luke 15,17; Luke 18,8; Luke 19,23; Luke 22,45; John 4,54; John 7,50; John 12,12; John 16,8; John 19,39; John 20,8; Acts 21,11; Acts 22,13; Rom. 15,32; 1Cor. 2,1; 2Cor. 2,3; 2Cor. 12,20; Eph. 2,17; Phil. 1,27; 1John 5,6)

Ἐλθών ▸ **2** + **3** = **5**
 Verb · aorist · active · participle · masculine · singular · nominative ▸ **2** + **3** = **5** (Gen. 27,35; Gen. 47,1; Matt. 16,13; John 11,17; 2Cor. 2,12)

ἔλθωσι ▸ **1**
 Verb · third · plural · aorist · active · subjunctive ▸ **1** (Ex. 18,16)

ἔλθωσιν ▸ **9** + **1** + **4** = **14**
 Verb · third · plural · aorist · active · subjunctive ▸ **9** + **1** + **4** = **14** (Gen. 30,38; Deut. 30,1; Judg. 21,22; 1Sam. 31,4; 1Chr. 10,4; 2Chr. 6,32; Eccl. 12,1; Jer. 45,25; Jer. 47,10; Judg. 21,22; Luke 16,28; Acts 3,20; Acts 17,15; 2Cor. 9,4)

ἔρχεσθαι ▸ **9** + **9** = **18**
 Verb · present · middle · infinitive ▸ **9** + **9** = **18** (Gen. 41,54; 2Mac. 3,18; 2Mac. 9,11; Sol. 17,31; Is. 13,5; Is. 47,13; Ezek. 16,33; Ezek. 23,40; Dan. 8,17; Matt. 11,14; Matt. 16,27; Mark 10,14; Luke 9,23; Luke 10,1; Luke 12,45; Luke 18,16; John 6,15; Rev. 3,10)

ἔρχεσθε ▸ **3** + **2** = **5**
 Verb · second · plural · present · middle · indicative ▸ **1** (Ezek. 20,3)
 Verb · second · plural · present · middle · imperative ▸ **2** + **2** = **4** (2Chr. 10,5; Ezek. 39,17; Luke 14,17; John 1,39)

ἐρχέσθω ▸ **1** + **2** = **3**
 Verb · third · singular · present · middle · imperative ▸ **1** + **2** = **3** (1Sam. 29,4; John 7,37; Rev. 22,17)

ἐρχέσθωσαν ▸ **2**
 Verb · third · plural · present · middle · imperative ▸ **2** (1Mac. 5,42; Is. 41,25)

ἔρχεται ▸ **43** + **2** + **84** = **129**
 Verb · third · singular · present · middle · indicative ▸ **43** + **2** + **84** = **129** (Gen. 32,7; Gen. 37,19; Gen. 41,29; Gen. 48,2; 1Sam. 10,10; 1Sam. 10,13; 1Sam. 10,22; 1Sam. 19,22; 1Sam. 20,1; 1Sam. 20,24; 1Sam. 21,2; 1Sam. 22,1; 1Kings 11,43; 1Kings 19,3; 1Kings 21,43; Tob. 11,6; Psa. 95,13; Psa. 95,13; Prov. 6,15; Prov. 14,12; Prov. 14,13; Prov. 14,15; Eccl. 1,4; Job 1,18; Wis. 15,5; Sir. 21,5; Mal. 3,1; Mal. 3,19; Is. 13,9; Is. 13,22; Is. 14,31; Is. 21,9; Is. 23,10; Is. 30,27; Is. 40,10; Jer. 6,22; Jer. 10,22; Jer. 27,41; Jer. 31,21; Jer. 32,32; Jer. 39,7; Ezek. 21,12; Ezek. 21,12; Judg. 9,37; Tob. 11,6; Matt. 8,9; Matt. 13,19; Matt. 17,11; Matt. 18,7; Matt. 24,42; Matt. 24,43; Matt. 24,44; Matt. 25,19; Matt. 26,36; Matt. 26,40; Matt. 26,45; Matt. 27,49; Mark 1,7; Mark 1,40; Mark 3,20; Mark 3,31; Mark 4,15; Mark 4,21; Mark 5,22; Mark 6,1; Mark 6,48; Mark 10,1; Mark 13,35; Mark 14,17; Mark 14,37; Mark 14,41; Mark 14,66; Mark 15,36; Luke 3,16; Luke 7,8; Luke 8,12; Luke 12,39; Luke 12,40; Luke 12,54; Luke 14,26; Luke 14,27; Luke 17,1; Luke 17,20; Luke 17,20; John 1,30; John 3,8; John 3,20; John 3,21; John 4,21; John 4,23; John 4,25; John 4,35; John 5,24; John 5,25; John 5,28; John 6,5; John 6,45; John 7,41; John 7,42; John 9,4; John 10,10; John 11,20; John 11,38; John 12,12; John 12,15; John 12,22; John 12,22; John 14,6; John 14,30; John 16,2; John 16,25; John 16,32; John 18,3; John 20,1; John 20,2; John 20,6; John 20,26; John 21,13; Acts 13,25; Eph. 5,6; Col. 3,6; 1Th. 5,2; Heb. 11,8; 1John 2,18; 1John 4,3; 2John 10; Rev. 1,7; Rev. 9,12; Rev. 11,14)

Ἔρχεται ▸ **4**
 Verb · third · singular · present · middle · indicative ▸ **4** (John 4,5; John 4,7; John 13,6; John 20,18)

ἔρχεταί ▸ **1** + **2** = **3**
 Verb · third · singular · present · middle · indicative ▸ **1** + **2** = **3** (Zech. 9,9; Matt. 21,5; Luke 8,49)

ἔρχῃ ▸ **10** + **2** + **1** = **13**
 Verb · second · singular · present · middle · indicative ▸ **10** + **2** + **1** = **13** (Gen. 16,8; Judg. 17,9; Judg. 19,17; 1Sam. 17,43; 1Sam. 17,45; 2Sam. 11,10; Judith 10,12; Job 2,2; Jonah 1,8; Ezek. 38,13; Judg. 17,9; Judg. 19,17; Matt. 3,14)

ἔρχησθε ▸ **1**
 Verb · second · plural · present · middle · subjunctive ▸ **1** (Is. 1,12)

ἔρχηται ▸ **3** + **2** = **5**
 Verb · third · singular · present · middle · subjunctive ▸ **3** + **2** = **5** (Prov. 1,26; Prov. 1,27; Prov. 1,27; John 7,27; Heb. 13,23)

ἔρχομαι ▸ **3** + **18** = **21**
 Verb · first · singular · present · middle · indicative ▸ **3** + **18** = **21** (Judith 10,13; Zech. 2,14; Is. 66,18; Luke 13,7; Luke 19,13; John 5,7; John 8,14; John 14,3; John 14,18; John 14,28; John 17,11; John 17,13; John 21,22; John 21,23; 2Cor. 13,1; 1Tim. 4,13; Rev. 3,11; Rev. 16,15; Rev. 22,7; Rev. 22,12; Rev. 22,20)

ἔρχομαί ▸ **2**
 Verb · first · singular · present · middle · indicative ▸ **2** (Rev. 2,5; Rev. 2,16)

ἐρχόμεθα ▸ **1**
 Verb · first · plural · present · middle · indicative ▸ **1** (John 21,3)

ἐρχόμενα ▸ **1** + **2** = **3**
 Verb · present · middle · participle · neuter · plural · accusative ▸ **1** + **2** = **3** (Esth. 16,9 # 8,12i; John 16,13; John 18,4)

ἐρχόμεναι ▸ **2**
 Verb · present · middle · participle · feminine · plural · nominative ▸ **2** (Eccl. 2,16; Is. 27,11)

ἐρχομένας ▸ **1**
 Verb · present · middle · participle · feminine · plural · accusative ▸ **1** (Gen. 24,63)

ἐρχομένη ▸ **5** + **2** = **7**
 Verb · present · middle · participle · feminine · singular · nominative ▸ **5** + **2** = **7** (Psa. 21,31; Song 7,1; Amos 7,1; Mal. 3,19; Is. 21,1; Mark 11,10; Luke 18,5)

ἐρχομένῃ ▸ **3**
 Verb · present · middle · participle · feminine · singular · dative ▸ **3** (Psa. 70,18; Sol. 18,6; Jer. 29,4)

ἐρχομένην ▸ **6**
 Verb · present · middle · participle · feminine · singular · accusative ▸ **6** (Gen. 18,21; 2Kings 4,25; 1Mac. 3,17; Bar. 4,36; Ezek. 33,3; Ezek. 33,6)

ἐρχομένης ▸ **1**
 Verb · present · middle · participle · feminine · singular · genitive ▸ **1** (1Th. 1,10)

ἐρχόμενοι ▸ **8** + **4** = **12**
 Verb · present · middle · participle · masculine · plural · nominative ▸ **8** + **4** = **12** (Judg. 20,11; Ezra 3,8; Neh. 5,17; Neh. 13,22; Psa. 125,6; Amos 6,3; Is. 27,6; Sus. 12; Mark 6,31; Luke 13,14; Luke 16,21; Rev. 7,14)

ἐρχομένοις ▸ **7**
 Verb · present · middle · participle · masculine · plural · dative ▸ **6** (Ex. 5,20; Num. 31,14; 1Sam. 2,14; 1Sam. 11,9; Jer. 33,2; Ezek. 23,40)
 Verb · present · middle · participle · neuter · plural · dative ▸ **1** (Neh. 9,33)

ἐρχόμενον ▸ **6** + **1** + **17** = **24**
 Verb · present · middle · participle · masculine · singular · accusative ▸ **4** + **1** + **16** = **21** (2Sam. 20,12; Ezra 8,15; Tob. 11,6; 2Mac. 8,8; Tob. 11,6; Matt. 16,28; Matt. 24,30; Matt. 26,64;

ἔρχομαι

Mark 13,26; Mark 14,62; Mark 15,21; Luke 21,27; Luke 23,26; John 1,9; John 1,29; John 1,47; John 6,37; John 10,12; Acts 19,4; Heb. 6,7; 2John 7)
- **Verb** · present · middle · participle · neuter · singular · accusative ▸ 1 + 1 = **2** (Ezra 9,13; Matt. 3,16)
- **Verb** · present · middle · participle · neuter · singular · nominative ▸ **1** (Eccl. 11,8)

ἐρχόμενος ▸ 6 + 2 + 26 = 34
- **Verb** · present · middle · participle · masculine · singular · nominative ▸ 6 + 2 + 26 = **34** (Gen. 33,1; 2Sam. 2,23; 2Sam. 15,32; 2Mac. 8,6; Psa. 117,26; Hab. 2,3; Dan. 7,13; Dan. 11,10; Matt. 3,11; Matt. 11,3; Matt. 21,9; Matt. 23,39; Mark 11,9; Luke 6,47; Luke 7,19; Luke 7,20; Luke 13,35; Luke 15,25; Luke 19,38; John 1,15; John 1,27; John 3,31; John 3,31; John 6,14; John 6,35; John 11,27; John 12,13; Rom. 15,29; 2Cor. 11,4; 2Tim. 4,13; Heb. 10,37; Rev. 1,4; Rev. 1,8; Rev. 4,8)

ἐρχομένου ▸ 2
- **Verb** · present · middle · participle · masculine · singular · genitive ▸ **2** (Acts 5,15; 1Cor. 4,18)

ἐρχομένους ▸ 6 + 1 = 7
- **Verb** · present · middle · participle · masculine · plural · accusative ▸ 6 + 1 = **7** (Num. 31,21; 2Chr. 28,12; 1Mac. 4,12; 2Mac. 8,18; Jer. 13,20; Lam. 1,4; Matt. 3,7)

ἐρχομένῳ ▸ 3 + 1 + 4 = 8
- **Verb** · present · middle · participle · masculine · singular · dative ▸ 3 + 1 + 3 = **7** (1Sam. 14,5; 1Sam. 14,5; 1Mac. 4,28; Dan. 9,26; Mark 10,30; Luke 14,31; Luke 18,30)
- **Verb** · present · middle · participle · neuter · singular · dative ▸ **1** (Acts 13,44)

ἐρχομένων ▸ 8 + 1 = 9
- **Verb** · present · middle · participle · masculine · plural · genitive ▸ 6 + 1 = **7** (Gen. 42,5; 1Chr. 5,9; 2Chr. 28,9; Jer. 34,3; Jer. 43,6; Bar. 1,3; 3John 3)
- **Verb** · present · middle · participle · neuter · plural · genitive ▸ **2** (Gen. 41,35; Job 5,21)

ἔρχονται ▸ 50 + 2 + 19 = 71
- **Verb** · third · plural · present · middle · indicative ▸ 50 + 2 + 19 = **71** (1Sam. 2,31; 1Sam. 7,1; 1Sam. 11,4; 1Sam. 14,20; 1Sam. 19,16; 1Sam. 25,9; 1Sam. 26,1; 1Sam. 28,4; 1Sam. 28,8; 1Sam. 30,9; 1Sam. 31,7; 1Sam. 31,8; 2Sam. 2,4; 2Sam. 2,29; 2Sam. 5,3; 1Kings 11,18; 1Kings 11,18; 1Kings 13,11; 2Kings 20,17; Neh. 6,10; 1Mac. 3,20; Sol. 11,3; Amos 4,2; Amos 8,11; Amos 9,13; Zech. 2,4; Zech. 14,1; Is. 5,26; Is. 13,3; Is. 21,2; Is. 23,1; Is. 39,6; Is. 49,12; Jer. 4,16; Jer. 7,32; Jer. 9,24; Jer. 16,14; Jer. 19,6; Jer. 23,5; Jer. 23,7; Jer. 28,52; Jer. 30,18; Jer. 31,12; Jer. 37,3; Jer. 38,27; Jer. 38,31; Jer. 38,38; Bar. 4,37; Bar. 4,37; Ezek. 33,31; Judg. 9,31; Tob. 11,3; Matt. 7,15; Matt. 25,11; Mark 2,3; Mark 2,18; Mark 5,15; Mark 5,35; Mark 5,38; Mark 8,22; Mark 10,46; Mark 11,15; Mark 11,27; Mark 11,27; Mark 12,18; Mark 14,32; Mark 16,2; Luke 23,29; John 3,26; 1Cor. 15,35; Heb. 8,8)

ἔρχου ▸ 1 + 11 = 12
- **Verb** · second · singular · present · middle · imperative ▸ 1 + 11 = **12** (Song 4,16; Matt. 8,9; Luke 7,8; John 1,46; John 11,34; Rev. 6,1; Rev. 6,3; Rev. 6,5; Rev. 6,7; Rev. 22,17; Rev. 22,17; Rev. 22,20)

ἦλθα ▸ 1
- **Verb** · first · singular · aorist · active · indicative ▸ **1** (1Mac. 6,11)

ἤλθαμεν ▸ 1 + 1 = 2
- **Verb** · first · plural · aorist · active · indicative ▸ 1 + 1 = **2** (2Chr. 14,10; Acts 28,14)

Ἤλθαμεν ▸ 1
- **Verb** · first · plural · aorist · active · indicative ▸ **1** (Num. 13,27)

ἦλθαν ▸ 8 + 1 + 5 = 14
- **Verb** · third · plural · aorist · active · indicative ▸ 8 + 1 + 5 = **14** (Judg. 18,13; 2Sam. 13,36; 2Sam. 17,20; 2Sam. 19,16; 2Sam. 24,7; 2Sam. 24,7; 2Chr. 25,18; 1Mac. 7,11; Dan. 2,2; Luke 2,16; John 1,39; John 4,27; Acts 12,10; Acts 28,15)

ἤλθατε ▸ 3 + 2 + 1 = 6
- **Verb** · second · plural · aorist · active · indicative ▸ 3 + 2 + 1 = **6** (Gen. 26,27; Gen. 42,12; Judg. 11,7; Judg. 11,7; Tob. 7,1; Matt. 25,36)

Ἤλθατε ▸ 1
- **Verb** · second · plural · aorist · active · indicative ▸ **1** (Deut. 1,20)

ἦλθε ▸ 2
- **Verb** · third · singular · aorist · active · indicative ▸ **2** (Dan. 4,34; Dan. 8,17)

ἦλθεν ▸ 253 + 40 + 87 = 380
- **Verb** · third · singular · aorist · active · indicative ▸ 253 + 40 + 87 = **380** (Gen. 11,31; Gen. 13,3; Gen. 14,5; Gen. 22,3; Gen. 23,2; Gen. 24,30; Gen. 25,29; Gen. 27,30; Gen. 31,24; Gen. 33,18; Gen. 33,18; Gen. 34,20; Gen. 35,6; Gen. 37,14; Gen. 37,23; Gen. 39,16; Gen. 41,14; Gen. 44,12; Gen. 46,1; Gen. 48,1; Ex. 3,1; Ex. 19,7; Num. 20,6; Num. 21,1; Num. 21,23; Num. 22,9; Num. 22,20; Josh. 11,7; Josh. 11,21; Judg. 3,27; Judg. 6,11; Judg. 7,13; Judg. 8,4; Judg. 9,26; Judg. 9,52; Judg. 11,16; Judg. 11,34; Judg. 13,6; Judg. 13,6; Judg. 15,14; Judg. 19,26; Judg. 21,8; Ruth 2,4; Ruth 2,7; Ruth 3,7; Ruth 3,7; Ruth 3,14; 1Sam. 2,27; 1Sam. 3,10; 1Sam. 4,3; 1Sam. 4,5; 1Sam. 4,12; 1Sam. 4,13; 1Sam. 9,16; 1Sam. 10,9; 1Sam. 12,12; 1Sam. 15,5; 1Sam. 16,4; 1Sam. 20,37; 1Sam. 21,11; 1Sam. 22,5; 1Sam. 23,27; 1Sam. 24,4; 1Sam. 30,3; 1Sam. 30,17; 1Sam. 30,26; 2Sam. 1,2; 2Sam. 3,20; 2Sam. 3,24; 2Sam. 3,35; 2Sam. 5,20; 2Sam. 12,4; 2Sam. 13,24; 2Sam. 13,30; 2Sam. 14,31; 2Sam. 15,2; 2Sam. 16,5; 2Sam. 16,14; 2Sam. 16,16; 2Sam. 17,27; 2Sam. 19,11; 2Sam. 19,12; 2Sam. 19,16; 2Sam. 23,19; 2Sam. 23,23; 2Sam. 24,18; 2Sam. 24,21; 1Kings 1,22; 1Kings 1,42; 1Kings 2,28; 1Kings 2,30; 1Kings 8,18; 1Kings 10,1; 1Kings 10,2; 1Kings 10,13; 1Kings 12,24f; 1Kings 13,10; 1Kings 18,7; 1Kings 19,4; 1Kings 22,15; 2Kings 1,9; 2Kings 1,13; 2Kings 4,1; 2Kings 4,7; 2Kings 4,27; 2Kings 5,9; 2Kings 5,15; 2Kings 8,1; 2Kings 8,3; 2Kings 8,7; 2Kings 8,9; 2Kings 9,19; 2Kings 9,30; 2Kings 10,7; 2Kings 10,8; 2Kings 14,13; 2Kings 15,14; 2Kings 15,29; 2Kings 19,33; 2Kings 24,10; 2Kings 25,1; 2Kings 25,2; 2Kings 25,8; 2Kings 25,25; 1Chr. 2,24; 1Chr. 11,1; 1Chr. 15,29; 1Chr. 16,33; 1Chr. 17,16; 1Chr. 18,5; 1Chr. 19,15; 1Chr. 19,17; 1Chr. 20,1; 1Chr. 21,4; 1Chr. 21,11; 1Chr. 21,21; 2Chr. 1,13; 2Chr. 8,3; 2Chr. 9,1; 2Chr. 9,1; 2Chr. 10,1; 2Chr. 10,3; 2Chr. 10,12; 2Chr. 11,1; 2Chr. 12,4; 2Chr. 12,5; 2Chr. 14,8; 2Chr. 16,7; 2Chr. 18,14; 2Chr. 20,24; 2Chr. 20,25; 2Chr. 21,12; 2Chr. 21,19; 2Chr. 24,11; 2Chr. 24,23; 2Chr. 25,7; 2Chr. 28,20; 2Chr. 30,27; 2Chr. 31,8; 2Chr. 32,1; 2Chr. 32,1; 2Chr. 32,21; 2Chr. 35,22; 2Chr. 36,5a; Ezra 5,3; Ezra 5,16; Neh. 1,2; Neh. 3,35; Esth. 4,2; Judith 2,25; Judith 3,9; Judith 8,3; Judith 10,23; Judith 14,6; Judith 16,3; Judith 16,3; Tob. 1,18; Tob. 2,13; Tob. 8,11; 1Mac. 1,29; 1Mac. 4,5; 1Mac. 5,53; 1Mac. 6,3; 1Mac. 7,14; 1Mac. 7,27; 1Mac. 7,29; 1Mac. 7,30; 1Mac. 9,34; 1Mac. 9,43; 1Mac. 9,65; 1Mac. 10,7; 1Mac. 10,57; 1Mac. 10,67; 1Mac. 11,15; 1Mac. 11,22; 1Mac. 11,60; 1Mac. 12,32; 1Mac. 12,40; 1Mac. 12,41; 1Mac. 12,42; 1Mac. 13,20; 1Mac. 13,22; 1Mac. 13,22; 1Mac. 15,11; 1Mac. 15,15; 1Mac. 15,32; 1Mac. 16,9; 2Mac. 3,5; 2Mac. 6,28; 2Mac. 13,25; 2Mac. 14,44; 3Mac. 2,24; 4Mac. 3,8; Psa. 43,18; Psa. 54,6; Psa. 104,31; Psa. 104,34; Psa. 104,40; Eccl. 6,4; Job 1,6; Job 1,14; Job 1,16; Job 1,17; Job 2,1; Job 3,26; Wis. 7,11; Hos. 10,10; Mic. 1,9; Is. 9,7; Is. 37,34; Is. 38,1; Is. 39,3; Jer. 19,14; Jer. 26,20; Jer. 26,21; Jer. 28,56; Jer. 39,8; Jer. 44,4; Jer. 44,16;

Jer. 47,6; Jer. 47,8; Jer. 48,1; Jer. 52,4; Jer. 52,5; Jer. 52,12; Bar. 2,7; Lam. 5,4; Ezek. 2,2; Ezek. 3,24; Ezek. 19,9; Ezek. 33,21; Ezek. 33,22; Dan. 8,6; Judg. 2,6; Judg. 3,27; Judg. 6,11; Judg. 7,13; Judg. 7,13; Judg. 8,4; Judg. 9,26; Judg. 9,52; Judg. 11,16; Judg. 11,18; Judg. 11,34; Judg. 13,6; Judg. 13,9; Judg. 13,10; Judg. 13,11; Judg. 14,5; Judg. 17,8; Judg. 18,20; Judg. 19,10; Judg. 19,26; Judg. 21,2; Judg. 21,8; Tob. 4,3; Tob. 7,13; Tob. 8,11; Tob. 12,4; Dan. 1,1; Dan. 2,24; Dan. 4,8; Dan. 6,20; Dan. 7,22; Dan. 8,6; Dan. 8,17; Dan. 9,13; Dan. 10,13; Sus. 30; Sus. 37; Bel 10; Bel 40; Bel 40; Matt. 9,1; Matt. 11,18; Matt. 11,19; Matt. 12,9; Matt. 12,42; Matt. 13,25; Matt. 13,36; Matt. 14,25; Matt. 14,29; Matt. 15,29; Matt. 15,39; Matt. 17,12; Matt. 19,1; Matt. 20,28; Matt. 21,19; Matt. 21,32; Matt. 24,39; Matt. 25,10; Matt. 26,47; Matt. 27,57; Matt. 28,1; Mark 1,9; Mark 1,14; Mark 1,39; Mark 4,4; Mark 5,33; Mark 7,31; Mark 8,10; Mark 10,45; Mark 10,50; Mark 11,13; Mark 14,3; Mark 14,41; Luke 2,27; Luke 2,51; Luke 3,3; Luke 4,16; Luke 8,41; Luke 8,47; Luke 10,33; Luke 11,31; Luke 13,6; Luke 15,20; Luke 15,30; Luke 17,27; Luke 19,5; Luke 19,10; Luke 19,18; Luke 19,20; John 1,7; John 1,11; John 3,2; John 3,22; John 4,45; John 6,23; John 9,7; John 11,32; John 12,1; John 12,28; John 13,1; John 16,21; John 19,38; John 19,39; John 20,4; John 20,19; John 20,24; Acts 7,11; Acts 11,5; Acts 12,12; Acts 18,1; Acts 19,6; Acts 20,2; Gal. 2,11; Gal. 4,4; 1Tim. 1,15; Jude 14; Rev. 5,7; Rev. 6,17; Rev. 8,3; Rev. 11,18; Rev. 14,7; Rev. 14,15; Rev. 17,1; Rev. 17,10; Rev. 18,10; Rev. 19,7; Rev. 21,9)

Ἦλθεν ▸ 5 + 2 = 7
Verb · third · singular · aorist · active · indicative ▸ 5 + 2 = 7 (Gen. 35,27; Ex. 17,8; 2Kings 9,18; 2Kings 9,20; Psa. 51,2; Luke 22,7; John 4,46)

ἦλθέν ▸ 4
Verb · third · singular · aorist · active · indicative ▸ 4 (1Mac. 6,5; Job 3,25; Wis. 7,7; Bar. 4,22)

ἦλθες ▸ 7 + 2 + 3 = 12
Verb · second · singular · aorist · active · indicative ▸ 7 + 2 + 3 = 12 (Gen. 19,9; Ruth 2,12; 2Kings 19,28; Judith 11,3; Job 38,16; Job 38,22; Is. 37,29; Judg. 11,12; Tob. 12,5; Matt. 8,29; Mark 1,24; Luke 4,34)

ἤλθετε ▸ 5
Verb · second · plural · aorist · active · indicative ▸ 5 (Deut. 1,31; Deut. 9,7; Deut. 11,5; Deut. 29,6; Jer. 7,10)

ἤλθομεν ▸ 6 + 9 = 15
Verb · first · plural · aorist · active · indicative ▸ 6 + 9 = 15 (Gen. 42,10; Gen. 43,21; Deut. 1,19; Judg. 11,8; 1Esdr. 8,60; Ezra 8,32; Matt. 2,2; Matt. 25,39; Acts 20,6; Acts 20,14; Acts 20,15; Acts 21,1; Acts 21,8; Acts 27,8; Acts 28,13)

Ἤλθομεν ▸ 1
Verb · first · plural · aorist · active · indicative ▸ 1 (Gen. 32,7)

ἦλθον ▸ 132 + 19 + 62 = 213
Verb · first · singular · aorist · active · indicative ▸ 21 + 6 + 20 = 47 (Judg. 20,4; 2Sam. 14,15; 2Sam. 14,32; 2Sam. 19,21; 2Kings 19,23; 2Chr. 9,6; Neh. 2,9; Neh. 2,11; Neh. 13,6; Neh. 13,7; Tob. 1,22; Tob. 12,18; Psa. 68,3; Job 1,15; Job 1,16; Job 1,17; Job 1,19; Is. 50,2; Dan. 9,23; Dan. 10,20; Dan. 11,2; Judg. 20,4; Dan. 4,36; Dan. 9,23; Dan. 10,12; Dan. 10,14; Dan. 10,20; Matt. 5,17; Matt. 5,17; Matt. 9,13; Matt. 10,34; Matt. 10,34; Matt. 10,35; Mark 2,17; Luke 12,49; John 1,31; John 8,14; John 9,39; John 10,10; John 12,27; John 12,47; John 15,22; Acts 10,29; Acts 22,11; 1Cor. 2,1; 2Cor. 1,23; Gal. 1,21)

Verb · third · plural · aorist · active · indicative ▸ 111 + 13 + 42 = 166 (Gen. 12,5; Gen. 18,22; Gen. 22,9; Gen. 34,7; Gen. 37,35; Gen. 41,57; Gen. 45,25; Gen. 47,1; Gen. 47,15; Gen. 47,18; Ex. 15,23; Ex. 16,35; Num. 11,26; Num. 13,22; Num. 13,26; Num. 20,1; Num. 22,7; Num. 22,14; Num. 22,16; Num. 22,39; Num. 33,9; Josh. 8,11; Josh. 9,17; Josh. 22,10; Judg. 5,19; Judg. 9,27; Judg. 12,1; Judg. 18,13; Judg. 18,27; 1Sam. 11,9; 1Sam. 25,12; 1Sam. 25,40; 2Sam. 20,14; 2Sam. 23,13; 2Sam. 24,6; 1Kings 9,28; 1Kings 20,13; 1Kings 22,37; 2Kings 2,2; 2Kings 2,3; 2Kings 2,4; 2Kings 2,15; 2Kings 5,22; 2Kings 5,24; 2Kings 6,4; 2Kings 6,14; 2Kings 7,5; 2Kings 10,21; 2Kings 13,20; 2Kings 16,6; 2Kings 18,17; 2Kings 19,3; 2Kings 19,5; 2Kings 25,23; 1Chr. 7,22; 1Chr. 10,7; 1Chr. 10,8; 1Chr. 11,3; 1Chr. 11,18; 1Chr. 12,17; 1Chr. 12,39; 1Chr. 14,9; 1Chr. 19,2; 1Chr. 19,3; 1Chr. 19,5; 1Chr. 19,7; 1Chr. 19,7; 1Chr. 19,15; 2Chr. 5,4; 2Chr. 8,18; 2Chr. 11,16; 2Chr. 20,1; 2Chr. 20,2; 2Chr. 20,4; 2Chr. 23,2; 2Chr. 30,11; 2Chr. 34,9; Ezra 2,2; Neh. 2,19; Esth. 10,11 # 10,3h; Judith 8,11; Judith 14,12; Judith 15,8; Tob. 6,1; Tob. 7,1; 1Mac. 2,15; 1Mac. 3,40; 1Mac. 3,41; 1Mac. 4,29; 1Mac. 5,46; 1Mac. 6,29; 1Mac. 6,31; 1Mac. 7,5; 1Mac. 7,10; 1Mac. 11,44; 1Mac. 12,52; 1Mac. 14,22; 1Mac. 15,17; 2Mac. 8,20; 2Mac. 12,39; Job 1,6; Job 2,1; Job 19,12; Job 42,11; Wis. 8,20; Is. 37,5; Jer. 12,12; Jer. 47,12; Jer. 47,13; Ezek. 14,1; Ezek. 20,1; Judg. 5,19; Judg. 9,46; Judg. 15,14; Judg. 18,2; Judg. 18,7; Judg. 18,8; Judg. 18,13; Judg. 18,27; Judg. 20,26; Judg. 20,34; Sus. 14; Sus. 28; Bel 15; Matt. 7,25; Matt. 7,27; Matt. 14,34; Matt. 21,1; Mark 1,29; Mark 3,8; Mark 5,1; Mark 5,14; Mark 6,29; Mark 6,53; Mark 9,33; Mark 14,16; Luke 1,59; Luke 2,44; Luke 3,12; Luke 4,42; Luke 5,7; Luke 6,18; Luke 8,35; Luke 23,33; Luke 24,1; Luke 24,23; John 3,26; John 4,40; John 4,45; John 6,24; John 10,8; John 10,41; John 12,9; John 19,32; John 21,8; Acts 4,23; Acts 8,36; Acts 11,12; Acts 13,13; Acts 13,51; Acts 14,24; Acts 17,1; Acts 17,13; Acts 28,23; Gal. 2,12; Rev. 7,13)

Ἦλθον ▸ 5 + 1 = 6
Verb · first · singular · aorist · active · indicative ▸ 1 (Dan. 10,14)
Verb · third · plural · aorist · active · indicative ▸ 4 + 1 = 5 (Gen. 19,1; Gen. 42,5; Gen. 42,29; Gen. 47,5; John 7,45)

ἤλθόν ▸ 1
Verb · third · plural · aorist · active · indicative ▸ 1 (Jer. 30,3)

ἤλθοσαν ▸ 38 + 2 = 40
Verb · third · plural · aorist · active · indicative ▸ 38 + 2 = 40 (Gen. 14,7; Ex. 15,27; Ex. 16,1; Ex. 19,1; Ex. 19,2; Num. 13,23; Deut. 1,24; Josh. 2,22; Josh. 3,1; Josh. 8,19; Josh. 9,6; Josh. 18,4; Judg. 5,23; Judg. 20,26; Ruth 1,2; 1Chr. 4,41; 1Chr. 13,9; 1Esdr. 5,60; 1Esdr. 5,63; Ezra 4,12; Ezra 7,8; Ezra 7,9; Ezra 8,18; Ezra 8,18; Neh. 4,6; Neh. 13,21; Judith 13,10; Judith 16,18; Tob. 9,6; 1Mac. 3,46; Psa. 47,5; Psa. 78,1; Is. 41,5; Is. 49,18; Jer. 14,3; Jer. 45,27; Jer. 48,5; Ezek. 23,17; Judg. 5,23; Judg. 19,11)

ἤρχετο ▸ 18 + 3 + 4 = 25
Verb · third · singular · imperfect · middle · indicative ▸ 18 + 3 + 4 = 25 (Gen. 29,6; Gen. 29,9; Josh. 17,12; 1Sam. 2,13; 1Sam. 2,15; 1Sam. 11,5; 1Sam. 17,34; 1Kings 10,22; 1Chr. 11,21; 1Chr. 11,25; 2Chr. 9,21; 2Chr. 10,1; 2Mac. 13,9; Ezek. 1,4; Ezek. 43,2; Ezek. 47,8; Dan. 7,13; Dan. 8,5; Judg. 19,16; Dan. 8,5; Dan. 10,20; Mark 2,13; Luke 18,3; John 8,2; John 11,29)

ἠρχόμην ▸ 1
Verb · first · singular · imperfect · middle · indicative ▸ 1 (Gen. 48,7)

ἤρχοντο ▸ 10 + 2 + 6 = 18
Verb · third · plural · imperfect · middle · indicative ▸ 10 + 2 + 6 = 18 (Gen. 37,25; 1Sam. 27,9; 1Kings 12,1; 2Kings 3,20; 1Chr. 12,23; Neh. 6,17; Tob. 10,1; 1Mac. 6,40; Ezek. 9,2; Sus. 6; Judg. 6,5; Sus. 6; Mark 1,45; John 4,30; John 6,17; John 19,3; John 20,3; Acts 19,18)

ἤρχου ▸ 1 + 1 = 2
Verb · second · singular · imperfect · middle · indicative ▸ 1 + 1 = 2 (Num. 22,37; Acts 9,17)

ἐρωδιός heron ▸ 3
  ἐρωδιὸν ▸ 2
    Noun · masculine · singular · accusative · (common) ▸ **1** (Deut. 14,16)
    Noun · neuter · singular · accusative · (common) ▸ **1** (Lev. 11,19)
  ἐρωδιοῦ ▸ 1
    Noun · masculine · singular · genitive · (common) ▸ **1** (Psa. 103,17)
Ερωμαφ Harumaph ▸ 1
  Ερωμαφ ▸ 1
    Noun · masculine · singular · genitive · (proper) ▸ **1** (Neh. 3,10)
Ερωμωθ Rimmon (?) ▸ 1
  Ερωμωθ ▸ 1
    Noun · singular · nominative · (proper) ▸ **1** (Josh. 15,32)
ἔρως (ἔραμαι) love, fondness; ardor ▸ 2
  ἔρως ▸ 1
    Noun · masculine · singular · nominative · (common) ▸ **1** (Prov. 30,16)
  ἔρωτι ▸ 1
    Noun · masculine · singular · dative · (common) ▸ **1** (Prov. 7,18)
ἐρωτάω to ask, question ▸ 61 + 9 + 63 = 133
  ἐρωτᾷ ▸ 2 + 5 = 7
    Verb · third · singular · present · active · indicative ▸ **3** (Luke 11,37; Luke 14,32; John 16,5)
    Verb · third · singular · present · active · subjunctive ▸ 2 + 2 = **4** (Gen. 32,18; Josh. 4,6; Luke 19,31; John 16,30)
  ἐρωτᾶν ▸ 3 + 1 = 4
    Verb · present · active · infinitive ▸ 3 + 1 = **4** (1Sam. 22,13; 1Sam. 22,15; 2Mac. 7,2; John 16,19)
  ἐρωτᾷς ▸ 3 + 1 + 2 = 6
    Verb · second · singular · present · active · indicative ▸ 3 + 1 + 2 = **6** (Gen. 32,30; Judg. 13,18; Dan. 2,10; Judg. 13,18; Matt. 19,17; John 18,21)
  ἐρωτῆσαι ▸ 3 + 1 = 4
    Verb · aorist · active · infinitive ▸ 3 + 1 = **4** (1Sam. 23,4; 2Sam. 8,10; 1Chr. 18,10; Luke 9,45)
  ἐρωτῆσαί ▸ 1
    Verb · aorist · active · infinitive ▸ **1** (Acts 23,20)
  ἐρωτήσατε ▸ 5 + 1 = 6
    Verb · second · plural · aorist · active · imperative ▸ 5 + 1 = **6** (1Sam. 25,5; Psa. 121,6; Job 21,29; Jer. 6,16; Jer. 37,6; John 9,21)
  Ἐρωτήσατε ▸ 1
    Verb · second · plural · aorist · active · imperative ▸ **1** (Jer. 18,13)
  Ἐρωτήσατέ ▸ 1
    Verb · second · plural · aorist · active · imperative ▸ **1** (Is. 45,11)
  ἐρωτήσεις ▸ 1
    Verb · second · singular · future · active · indicative ▸ **1** (Deut. 13,15)
  ἐρωτήσετε ▸ 1
    Verb · second · plural · future · active · indicative ▸ **1** (John 16,23)
  ἐρωτήσῃ ▸ 3 + 1 + 1 = 5
    Verb · third · singular · aorist · active · subjunctive ▸ 3 + 1 + 1 = **5** (Ex. 13,14; Deut. 6,20; Judg. 4,20; Judg. 4,20; 1John 5,16)
  ἐρώτησον ▸ 3 + 1 = 4
    Verb · second · singular · aorist · active · imperative ▸ 3 + 1 = **4** (1Sam. 25,8; 1Mac. 10,72; Jer. 31,19; John 18,21)
  Ἐρώτησον ▸ 1
    Verb · second · singular · aorist · active · imperative ▸ **1** (Judg. 18,5)
  ἐρωτήσουσιν ▸ 1
    Verb · third · plural · future · active · indicative ▸ **1** (Jer. 27,5)
  ἐρωτήσουσίν ▸ 2
    Verb · third · plural · future · active · indicative ▸ **2** (Ex. 3,13; 1Sam. 10,4)
  ἐρωτήσω ▸ 4 + 5 = 9
    Verb · first · singular · aorist · active · subjunctive ▸ 1 + 1 = **2** (Is. 41,28; Luke 22,68)
    Verb · first · singular · future · active · indicative ▸ 3 + 4 = **7** (Job 38,3; Job 40,7; Job 42,4; Matt. 21,24; Luke 20,3; John 14,16; John 16,26)
  Ἐρωτήσω ▸ 1
    Verb · first · singular · future · active · indicative ▸ **1** (Jer. 45,14)
  ἐρωτήσωμεν ▸ 1
    Verb · first · plural · aorist · active · subjunctive ▸ **1** (Gen. 24,57)
  ἐρωτήσωσί ▸ 1
    Verb · third · plural · aorist · active · subjunctive ▸ **1** (Jer. 23,33)
  ἐρωτήσωσιν ▸ 1
    Verb · third · plural · aorist · active · subjunctive ▸ **1** (John 1,19)
  ἐρωτῶ ▸ 9
    Verb · first · singular · present · active · indicative ▸ **9** (Luke 14,18; Luke 14,19; Luke 16,27; John 17,9; John 17,9; John 17,15; John 17,20; Phil. 4,3; 2John 5)
  ἐρωτῶμεν ▸ 1
    Verb · first · plural · present · active · indicative ▸ **1** (1Th. 4,1)
  Ἐρωτῶμεν ▸ 2
    Verb · first · plural · present · active · indicative ▸ **2** (1Th. 5,12; 2Th. 2,1)
  ἐρωτῶν ▸ 1
    Verb · present · active · participle · masculine · singular · nominative ▸ **1** (Luke 7,3)
  Ἐρωτῶν ▸ 1
    Verb · present · active · participle · masculine · singular · nominative ▸ **1** (Gen. 43,7)
  ἐρωτῶντες ▸ 1 + 1 = 2
    Verb · present · active · participle · masculine · plural · nominative ▸ 1 + 1 = **2** (2Sam. 20,18; John 8,7)
  ἐρωτώντων ▸ 1
    Verb · present · active · participle · masculine · plural · genitive ▸ **1** (Acts 18,20)
  ἐρωτῶσιν ▸ 1
    Verb · third · plural · present · active · subjunctive ▸ **1** (Josh. 4,21)
  ἠρώτα ▸ 3 + 5 = 8
    Verb · third · singular · imperfect · active · indicative ▸ 3 + 5 = **8** (Gen. 40,7; 1Sam. 22,10; Jer. 44,17; Matt. 16,13; Mark 7,26; Mark 8,5; John 4,47; Acts 3,3)
  Ἠρώτα ▸ 1
    Verb · third · singular · imperfect · active · indicative ▸ **1** (Luke 7,36)
  ἠρωτήθη ▸ 1
    Verb · third · singular · aorist · passive · indicative ▸ **1** (2Sam. 20,18)
  Ἠρωτημένος ▸ 1
    Verb · perfect · passive · participle · masculine · singular · nominative ▸ **1** (2Sam. 20,18)
  ἠρώτησα ▸ 2 + 1 = 3
    Verb · first · singular · aorist · active · indicative ▸ 2 + 1 = **3** (Gen. 24,47; Neh. 1,2; Judg. 13,6)
  ἠρωτήσαμεν ▸ 2
    Verb · first · plural · aorist · active · indicative ▸ **2** (Ezra 5,9; Ezra 5,10)

ἠρώτησαν ▸ 3 + 3 + 8 = 14
    Verb · third · plural · aorist · active · indicative ▸ 3 + 3 + 8 = **14** (1Sam. 30,21; Jer. 43,17; Jer. 45,27; Judg. 18,15; Judg. 20,18; Judg. 20,23; Luke 4,38; John 1,21; John 1,25; John 5,12; John 9,2; John 9,19; John 19,31; Acts 10,48)

ἠρώτησας ▸ 1
    Verb · second · singular · aorist · active · indicative ▸ **1** (Gen. 44,19)

ἠρώτησεν ▸ 8 + 2 + 6 = 16
    Verb · third · singular · aorist · active · indicative ▸ 8 + 2 + 6 = **16** (Gen. 32,30; Gen. 37,15; Gen. 43,27; 1Sam. 19,22; 2Sam. 5,19; 1Chr. 14,10; 1Chr. 14,14; Tob. 7,3; Tob. 6,7; Tob. 7,3; Luke 5,3; Luke 8,37; Luke 23,3; John 18,19; John 19,38; Acts 23,18)

ἠρώτουν ▸ 1
    Verb · third · plural · imperfect · active · indicative ▸ **1** (Matt. 15,23)

ἠρώτων ▸ 2 + 7 = 9
    Verb · first · singular · imperfect · active · indicative ▸ **1** (Judg. 13,6)
    Verb · third · plural · imperfect · active · indicative ▸ 1 + 7 = **8** (Psa. 34,11; Mark 4,10; John 4,31; John 4,40; John 9,15; John 12,21; Acts 1,6; Acts 16,39)

ἐρώτημα (ἐρωτάω) question ▸ 1
    ἐρώτημα ▸ 1
        Noun · neuter · singular · nominative · (common) ▸ **1** (Sir. 33,3)

Εσαβανα Hashabnah ▸ 1
    Εσαβανα ▸ 1
        Noun · masculine · singular · nominative · (proper) ▸ **1** (Neh. 10,26)

Εσαν Eshan ▸ 1
    Εσαν ▸ 1
        Noun · singular · nominative · (proper) ▸ **1** (Josh. 15,52)

Εσδρα Ezra ▸ 3
    Εσδρα ▸ 3
        Noun · masculine · singular · genitive · (proper) ▸ **1** (Neh. 7,7)
        Noun · masculine · singular · nominative · (proper) ▸ **1** (Neh. 12,1)
        Noun · masculine · singular · vocative · (proper) ▸ **1** (Ezra 7,25)

Εσδρας Ezra ▸ 45
    Εσδρα ▸ 10
        Noun · masculine · singular · dative · (proper) ▸ **9** (1Esdr. 8,9; 1Esdr. 8,89; 1Esdr. 9,39; 1Esdr. 9,49; Ezra 7,11; Ezra 7,12; Ezra 10,2; Neh. 8,1; Neh. 12,13)
        Noun · masculine · singular · vocative · (proper) ▸ **1** (1Esdr. 8,23)
    Εσδραν ▸ 2
        Noun · masculine · singular · accusative · (proper) ▸ **2** (1Esdr. 8,8; Neh. 8,13)
    Εσδρας ▸ 33
        Noun · masculine · singular · nominative · (proper) ▸ **33** (1Esdr. 8,1; 1Esdr. 8,3; 1Esdr. 8,7; 1Esdr. 8,19; 1Esdr. 8,88; 1Esdr. 8,92; 1Esdr. 9,1; 1Esdr. 9,7; 1Esdr. 9,16; 1Esdr. 9,40; 1Esdr. 9,42; 1Esdr. 9,45; 1Esdr. 9,46; Ezra 7,1; Ezra 7,6; Ezra 7,10; Ezra 7,21; Ezra 10,1; Ezra 10,5; Ezra 10,6; Ezra 10,10; Ezra 10,16; Neh. 8,2; Neh. 8,4; Neh. 8,5; Neh. 8,6; Neh. 8,8; Neh. 8,9; Neh. 8,15; Neh. 9,6; Neh. 12,26; Neh. 12,33; Neh. 12,36)

Εσδρηλων Esdraelon ▸ 4
    Εσδρηλων ▸ 4
        Noun · singular · genitive · (proper) ▸ **3** (Judith 1,8; Judith 3,9; Judith 4,6)
        Noun · masculine · singular · genitive · (proper) ▸ **1** (Judith 7,3)

Εσδρι Ezri ▸ 1 + 2 = 3
    Εσδρι ▸ 1 + 2 = 3
        Noun · masculine · singular · genitive · (proper) ▸ **2** (Judg. 6,11; Judg. 6,24)
        Noun · masculine · singular · nominative · (proper) ▸ **1** (1Chr. 27,26)

Εσδριηλ Azriel; Azarel ▸ 2
    Εσδριηλ ▸ 2
        Noun · masculine · singular · genitive · (proper) ▸ **1** (Neh. 11,13)
        Noun · masculine · singular · nominative · (proper) ▸ **1** (1Chr. 5,24)

Εσδρικαμ Azrikam ▸ 2
    Εσδρικαμ ▸ 2
        Noun · masculine · singular · accusative · (proper) ▸ **1** (2Chr. 28,7)
        Noun · masculine · singular · nominative · (proper) ▸ **1** (1Chr. 9,44)

Εσδρις Esdris ▸ 1
    Εσδριν ▸ 1
        Noun · masculine · singular · accusative · (proper) ▸ **1** (2Mac. 12,36)

Εσεβαν Eshban ▸ 1
    Εσεβαν ▸ 1
        Noun · masculine · singular · nominative · (proper) ▸ **1** (1Chr. 1,41)

Εσεβιας Hashabiah ▸ 1
    Εσεβιας ▸ 1
        Noun · masculine · singular · nominative · (proper) ▸ **1** (Neh. 10,12)

Εσεβων Heshbon ▸ 40 + 2 = 42
    Εσεβων ▸ 40 + 2 = 42
        Noun · singular · genitive · (proper) ▸ **1** (Num. 21,30)
        Noun · feminine · singular · accusative · (proper) ▸ **4** (Num. 21,27; Num. 32,37; Josh. 21,39; 1Chr. 6,66)
        Noun · feminine · singular · dative · (proper) ▸ 10 + 1 = **11** (Num. 21,25; Num. 21,34; Deut. 1,4; Deut. 3,2; Deut. 4,46; Josh. 12,2; Josh. 13,10; Judg. 11,26; Song 7,5; Jer. 31,2; Judg. 11,26)
        Noun · feminine · singular · genitive · (proper) ▸ 16 + 1 = **17** (Num. 21,28; Deut. 2,24; Deut. 2,26; Deut. 2,30; Deut. 2,31; Deut. 2,32; Deut. 3,6; Deut. 29,6; Josh. 9,10; Josh. 12,5; Josh. 13,17; Josh. 13,26; Josh. 13,27; Judg. 11,19; Neh. 9,22; Jer. 31,34; Judg. 11,19)
        Noun · feminine · singular · nominative · (proper) ▸ **5** (Num. 21,26; Num. 32,3; Is. 15,4; Is. 16,8; Is. 16,9)
        Noun · feminine · singular · vocative · (proper) ▸ **1** (Jer. 30,19)
        Noun · masculine · singular · genitive · (proper) ▸ **1** (1Kings 4,18)
        Noun · masculine · singular · nominative · (proper) ▸ **2** (Judg. 12,8; Judg. 12,10)

Εσεβωνείτης Heshbonite ▸ 1
    Εσεβωνίτας ▸ 1
        Noun · masculine · plural · accusative · (proper) ▸ **1** (Judith 5,15)

Εσεδεκ Sarid ▸ 1
    Εσεδεκ ▸ 1
        Noun · singular · nominative · (proper) ▸ **1** (Josh. 19,10)

Εσελια Azaliah ▸ 1
    Εσελια ▸ 1
        Noun · masculine · singular · genitive · (proper) ▸ **1** (2Chr. 34,8)

Εσελιας Azaliah ▸ 1
    Εσελιου ▸ 1
        Noun · masculine · singular · genitive · (proper) ▸ **1** (2Kings 22,3)

Εσελων Eselon (?) ▸ 1
    Εσελων ▸ 1
        Noun · masculine · singular · genitive · (proper) ▸ **1** (1Chr. 4,12)

Εσεραηλ Asarel ▸ 1
  Εσεραηλ ▸ 1
    Noun · masculine · singular · nominative · (proper) ▸ **1** (1Chr. 4,16)
Εσερων Hezron ▸ 6
  Εσερων ▸ 6
    Noun · masculine · singular · accusative · (proper) ▸ **1** (1Chr. 2,24)
    Noun · masculine · singular · genitive · (proper) ▸ **4** (1Chr. 2,9; 1Chr. 2,18; 1Chr. 2,24; 1Chr. 2,25)
    Noun · masculine · singular · nominative · (proper) ▸ **1** (1Chr. 2,21)
εσεφιν (Hebr.) supplies ▸ 2
  εσεφιν ▸ 2
    Noun ▸ **2** (1Chr. 26,15; 1Chr. 26,17)
Εσηλ Azel ▸ 6
  Εσηλ ▸ 6
    Noun · masculine · singular · dative · (proper) ▸ **2** (1Chr. 8,38; 1Chr. 9,44)
    Noun · masculine · singular · genitive · (proper) ▸ **2** (1Chr. 8,38; 1Chr. 9,44)
    Noun · masculine · singular · nominative · (proper) ▸ **2** (1Chr. 8,37; 1Chr. 9,43)
Εσηλεββων Hazzelelponi ▸ 1
  Εσηλεββων ▸ 1
    Noun · feminine · singular · nominative · (proper) ▸ **1** (1Chr. 4,3)
Εσηρσουαλ Hazar Shual ▸ 1
  Εσηρσουαλ ▸ 1
    Noun · singular · dative · (proper) ▸ **1** (1Chr. 4,28)
Εσθαμω Eshtemoa ▸ 1
  Εσθαμω ▸ 1
    Noun · feminine · singular · accusative · (proper) ▸ **1** (1Chr. 6,42)
Εσθαολ Eshtaol ▸ 5 + 7 = 12
  Εσθαολ ▸ 5 + 7 = 12
    Noun · singular · accusative · (proper) ▸ 1 + 1 = **2** (Judg. 18,8; Judg. 18,8)
    Noun · singular · genitive · (proper) ▸ 4 + 4 = **8** (Judg. 13,25; Judg. 16,31; Judg. 18,2; Judg. 18,11; Judg. 13,25; Judg. 16,31; Judg. 18,2; Judg. 18,11)
    Noun · singular · nominative · (proper) ▸ **2** (Josh. 15,33; Josh. 19,41)
Εσθαωλαῖοι Eshtaolite ▸ 1
  Εσθαωλαῖοι ▸ 1
    Noun · masculine · plural · nominative · (proper) ▸ **1** (1Chr. 2,53)
Εσθεμω Eshtemoh ▸ 1
  Εσθεμω ▸ 1
    Noun · singular · nominative · (proper) ▸ **1** (Josh. 15,50)
Εσθεμωη Eshtemoa ▸ 1
  Εσθεμωη ▸ 1
    Noun · masculine · singular · nominative · (proper) ▸ **1** (1Chr. 4,19)
Εσθεμων Eshtemoa ▸ 1
  Εσθεμων ▸ 1
    Noun · masculine · singular · genitive · (proper) ▸ **1** (1Chr. 4,17)
Εσθηρ Esther ▸ 45
  Εσθηρ ▸ 45
    Noun · feminine · singular · accusative · (proper) ▸ **4** (Esth. 5,6; Esth. 8,7; Esth. 16,13 # 8,12n; Esth. 9,12)
    Noun · feminine · singular · dative · (proper) ▸ **6** (Esth. 2,11; Esth. 2,22; Esth. 4,8; Esth. 7,2; Esth. 8,1; Esth. 8,4)
    Noun · feminine · singular · genitive · (proper) ▸ **5** (Esth. 2,15; Esth. 2,17; Esth. 2,18; Esth. 4,12; Esth. 5,5)
    Noun · feminine · singular · nominative · (proper) ▸ **25** (Esth. 2,7; Esth. 2,8; Esth. 2,10; Esth. 2,15; Esth. 2,16; Esth. 2,20; Esth. 2,20; Esth. 4,5; Esth. 4,10; Esth. 4,15; Esth. 4,17; Esth. 14,1 # 4,17k; Esth. 5,4; Esth. 5,5; Esth. 6,14; Esth. 7,6; Esth. 8,1; Esth. 8,2; Esth. 8,4; Esth. 8,5; Esth. 9,13; Esth. 9,29; Esth. 9,31; Esth. 9,32; Esth. 10,6 # 10,3c)
    Noun · feminine · singular · vocative · (proper) ▸ **5** (Esth. 4,13; Esth. 15,9 # 5,1f; Esth. 5,3; Esth. 5,6; Esth. 7,2)
ἐσθής (ἕννυμι) headband; breastband ▸ 4 + 8 = 12
  ἐσθήσεσιν ▸ 1
    Noun · feminine · plural · dative ▸ **1** (Acts 1,10)
  ἐσθῆτα ▸ 3 + 3 = 6
    Noun · feminine · singular · accusative · (common) ▸ 3 + 3 = **6** (1Esdr. 8,68; 1Esdr. 8,70; 2Mac. 8,35; Luke 23,11; Acts 12,21; James 2,3)
  ἐσθῆτι ▸ 1 + 4 = 5
    Noun · feminine · singular · dative · (common) ▸ 1 + 4 = **5** (2Mac. 11,8; Luke 24,4; Acts 10,30; James 2,2; James 2,2)
ἔσθησις (ἕννυμι) clothing ▸ 2
  ἐσθήσεσιν ▸ 2
    Noun · feminine · plural · dative · (common) ▸ **2** (2Mac. 3,33; 3Mac. 1,16)
Εσθιε Eshtemoa ▸ 1
  Εσθιε ▸ 1
    Noun · singular · dative · (proper) ▸ **1** (1Sam. 30,28)
ἐσθίω to eat ▸ 607 + 38 + 158 = 803
  ἔδει ▸ 1
    Verb · third · singular · future · active · indicative ▸ **1** (Ezek. 13,19)
  ἔδεσθε ▸ 21
    Verb · second · plural · future · middle · indicative ▸ **21** (Gen. 6,21; Ex. 12,9; Ex. 12,11; Ex. 12,15; Ex. 12,18; Ex. 12,20; Ex. 12,20; Ex. 13,6; Ex. 13,7; Ex. 16,12; Ex. 22,30; Ex. 23,15; Lev. 3,17; Lev. 7,23; Lev. 7,26; Lev. 11,11; Lev. 23,6; Num. 18,31; Num. 28,17; Josh. 24,13; Ezek. 45,21)
  ἔδεται ▸ 24
    Verb · third · singular · future · middle · indicative ▸ **24** (Gen. 49,27; Ex. 12,43; Ex. 12,45; Ex. 12,48; Ex. 23,11; Ex. 29,33; Lev. 6,9; Lev. 6,19; Lev. 7,6; Lev. 22,4; Lev. 22,6; Num. 18,11; Num. 18,13; Num. 24,8; Deut. 12,22; Deut. 15,22; 2Sam. 9,10; Ode. 5,11; Sir. 30,19; Is. 24,6; Is. 26,11; Is. 28,8; Is. 30,27; Jer. 21,14)
  ἔδονται ▸ 15
    Verb · third · plural · future · middle · indicative ▸ **15** (Ex. 12,8; Ex. 23,11; Ex. 29,32; Ex. 29,33; Lev. 6,9; Lev. 6,11; Lev. 7,6; Lev. 26,16; Prov. 1,31; Prov. 18,21; Job 5,5; Job 32,22; Jer. 19,9; Jer. 19,9; Jer. 37,16)
  ἔσθητε ▸ 1
    Verb · second · plural · present · active · subjunctive ▸ **1** (Luke 22,30)
  ἐσθίει ▸ 5 + 1 + 10 = 16
    Verb · third · singular · present · active · indicative ▸ 5 + 1 + 10 = **16** (Gen. 40,17; 1Esdr. 4,11; Prov. 23,7; Job 40,15; Bel 24; Bel 6; Matt. 9,11; Matt. 15,27; Mark 2,16; Mark 2,16; Rom. 14,2; Rom. 14,6; Rom. 14,6; 1Cor. 9,7; 1Cor. 9,7; 1Cor. 11,29)
  ἐσθίειν ▸ 10 + 6 = 16
    Verb · present · active · infinitive ▸ 10 + 6 = **16** (Lev. 22,16; 1Sam. 14,34; 1Kings 22,27; 2Kings 4,40; Judith 12,15; Tob. 7,14; 4Mac. 5,26; 4Mac. 5,27; Prov. 25,27; Job 1,4; Matt. 12,1; Luke 12,45; Acts 27,35; 1Cor. 8,10; 1Cor. 11,22; Heb. 10,27)
  ἐσθίεις ▸ 1
    Verb · second · singular · present · active · indicative ▸ **1** (1Sam.

1,8)

ἐσθίεσθαι ▸ 1
Verb · present · passive · infinitive ▸ **1** (Bel 8)

ἐσθίετε ▸ 6
Verb · second · plural · present · active · indicative ▸ **2** (Luke 5,30; 1Cor. 10,31)
Verb · second · plural · present · active · imperative ▸ **4** (Luke 10,8; 1Cor. 10,25; 1Cor. 10,27; 1Cor. 10,28)

ἐσθιέτω ▸ 1 + 3 = 4
Verb · third · singular · present · active · imperative ▸ 1 + 3 = **4** (2Chr. 18,26; 1Cor. 11,28; 1Cor. 11,34; 2Th. 3,10)

ἐσθιέτωσαν ▸ 3
Verb · third · plural · present · active · imperative ▸ **3** (2Kings 4,41; 2Kings 4,42; 2Kings 4,43)

ἐσθίῃ ▸ 2
Verb · third · singular · present · active · subjunctive ▸ **2** (Matt. 24,49; 1Cor. 11,27)

ἐσθίητε ▸ 1
Verb · second · plural · present · active · subjunctive ▸ **1** (1Cor. 11,26)

ἐσθιόμενα ▸ 2
Verb · present · passive · participle · neuter · plural · accusative ▸ **2** (Lev. 11,47; Lev. 11,47)

ἐσθίον ▸ 1 + 2 = 3
Verb · present · active · participle · neuter · singular · accusative ▸ **1** (Dan. 7,7)
Verb · present · active · participle · neuter · singular · nominative ▸ **2** (Dan. 7,7; Dan. 7,19)

ἐσθίοντα ▸ 2 + 1 + 2 = 5
Verb · present · active · participle · masculine · singular · accusative ▸ 2 + 2 = **4** (2Mac. 6,21; Bel 8; Rom. 14,3; Rom. 14,3)
Verb · present · active · participle · neuter · plural · accusative ▸ **1** (Dan. 1,15)

ἐσθίοντας ▸ 2
Verb · present · active · participle · masculine · plural · accusative ▸ **2** (1Kings 18,19; Dan. 1,13)

ἐσθίοντες ▸ 6 + 4 = 10
Verb · present · active · participle · masculine · plural · nominative ▸ 6 + 4 = **10** (1Sam. 30,16; 1Kings 1,25; 1Kings 2,46a; 1Kings 2,46g; 1Chr. 12,40; Joel 2,26; Matt. 14,21; Matt. 15,38; Luke 10,7; 1Cor. 10,18)

ἐσθίοντές ▸ 1
Verb · present · active · participle · masculine · plural · nominative ▸ **1** (Sir. 24,21)

ἐσθίοντι ▸ 1
Verb · present · active · participle · masculine · singular · dative ▸ **1** (Rom. 14,20)

ἐσθιόντων ▸ 2 + 1 + 3 = 6
Verb · present · active · participle · masculine · plural · genitive ▸ 2 + 3 = **5** (Job 1,18; Dan. 1,15; Matt. 26,21; Mark 14,18; Mark 14,22)
Verb · present · active · participle · neuter · plural · genitive ▸ **1** (Dan. 1,13)

Ἐσθιόντων ▸ 1
Verb · present · active · participle · masculine · plural · genitive ▸ **1** (Matt. 26,26)

ἐσθίουσιν ▸ 4 + 8 = 12
Verb · present · active · participle · masculine · singular · dative ▸ **2** (2Sam. 19,29; 1Kings 2,7)
Verb · third · plural · present · active · indicative ▸ 2 + 8 = **10** (1Sam. 9,13; Eccl. 10,16; Mark 7,2; Mark 7,3; Mark 7,4; Mark 7,5; Mark 7,28; Luke 5,33; 1Cor. 8,7; 1Cor. 9,13)

ἐσθίων ▸ 4 + 1 + 11 = 16
Verb · present · active · participle · masculine · singular · nominative ▸ 4 + 1 + 11 = **16** (Lev. 11,40; 1Kings 8,65; 1Kings 20,5; Psa. 40,10; Judg. 14,9; Matt. 11,18; Matt. 11,19; Mark 1,6; Mark 14,18; Luke 7,33; Luke 7,34; Rom. 14,3; Rom. 14,3; Rom. 14,6; Rom. 14,6; 1Cor. 11,29)

ἐσθίωσιν ▸ 2
Verb · third · plural · present · active · subjunctive ▸ **2** (Matt. 15,2; 2Th. 3,12)

ἐφάγαμεν ▸ 1
Verb · second · plural · aorist · active · indicative ▸ **1** (2Sam. 19,43)

ἔφαγε ▸ 1
Verb · third · singular · aorist · active · indicative ▸ **1** (Bel 39)

ἔφαγεν ▸ 36 + 2 + 5 = 43
Verb · third · singular · aorist · active · indicative ▸ 36 + 2 + 5 = **43** (Gen. 3,6; Gen. 25,34; Gen. 27,25; Ex. 34,28; Num. 25,2; Deut. 32,15; Ruth 2,14; Ruth 3,7; 1Sam. 1,18; 1Sam. 9,24; 1Sam. 14,30; 1Sam. 20,34; 1Sam. 28,20; 1Sam. 30,11; 1Sam. 30,12; 2Sam. 11,13; 2Sam. 12,20; 1Kings 13,19; 1Kings 13,28; 1Kings 19,6; 1Kings 19,8; 1Kings 20,4; 2Kings 9,34; Ezra 10,6; Esth. 14,17 # 4,17x; Judith 12,19; Psa. 77,25; Ode. 2,15; Prov. 31,27; Eccl. 4,5; Is. 44,16; Is. 44,19; Jer. 27,17; Ezek. 18,11; Ezek. 19,3; Ezek. 19,6; Tob. 6,5; Bel 39; Mark 2,26; Luke 4,2; Luke 6,4; Luke 24,43; Acts 9,9)

ἔφαγες ▸ 5
Verb · second · singular · aorist · active · indicative ▸ **5** (Gen. 3,11; Gen. 3,17; 2Sam. 12,21; 1Kings 13,22; Ezek. 16,13)

ἐφάγετε ▸ 5 + 1 = 6
Verb · second · plural · aorist · active · indicative ▸ 5 + 1 = **6** (Ex. 16,32; Lev. 10,17; Deut. 29,5; Hos. 10,13; Hag. 1,6; John 6,26)

ἐφάγομεν ▸ 2 + 2 = 4
Verb · first · plural · aorist · active · indicative ▸ 2 + 2 = **4** (2Kings 6,29; 2Chr. 31,10; Luke 13,26; 2Th. 3,8)

ἔφαγον ▸ 44 + 8 + 13 = 65
Verb · first · singular · aorist · active · indicative ▸ 13 + 2 + 2 = **17** (Gen. 3,12; Gen. 3,13; Gen. 27,33; Deut. 9,9; Deut. 9,18; Deut. 26,14; Neh. 5,14; Psa. 101,10; Song 5,1; Job 31,17; Job 31,39; Ezek. 3,3; Dan. 10,3; Tob. 12,19; Dan. 10,3; Acts 10,14; 1Cor. 10,3)
Verb · third · plural · aorist · active · indicative ▸ 31 + 6 + 11 = **48** (Gen. 3,6; Gen. 14,24; Gen. 19,3; Gen. 24,54; Gen. 26,30; Gen. 31,46; Gen. 31,54; Ex. 16,35; Ex. 24,11; Judg. 9,27; Judg. 14,9; Judg. 19,4; Judg. 19,6; Judg. 19,8; Judg. 19,21; 1Sam. 28,25; 1Kings 19,21; 2Kings 4,44; 2Kings 6,23; 2Kings 7,8; 2Kings 23,9; 1Chr. 29,22; 2Chr. 30,18; Ezra 6,21; Tob. 6,5; Tob. 12,19; Psa. 21,30; Psa. 105,28; Jer. 38,29; Jer. 48,1; Ezek. 18,2; Judg. 9,27; Judg. 14,9; Judg. 19,4; Judg. 19,6; Judg. 19,8; Judg. 19,21; Matt. 12,4; Matt. 14,20; Matt. 15,37; Mark 6,42; Mark 8,8; Luke 9,17; John 6,23; John 6,31; John 6,49; John 6,58; Rev. 10,10)

ἐφάγοσαν ▸ 7
Verb · third · plural · aorist · active · indicative ▸ **7** (Gen. 18,8; Ex. 16,35; Josh. 5,11; 1Esdr. 3,3; 1Esdr. 7,13; Neh. 9,25; Psa. 77,29)

ἤσθιε ▸ 1
Verb · third · singular · imperfect · active · indicative ▸ **1** (Dan. 4,17a)

ἤσθιεν ▸ 10 + 1 = 11
Verb · third · singular · imperfect · active · indicative ▸ 10 + 1 = **11** (Gen. 39,6; 1Sam. 1,7; 1Sam. 14,32; 2Sam. 9,11; 2Sam. 9,13; 2Sam. 12,3; 1Kings 17,15; 2Kings 25,29; Tob. 10,7; Jer.

ἐσθίω

52,33; Dan. 4,33)

ἠσθίετε ▸ 2
  Verb · second · plural · imperfect · active · indicative ▸ **2** (Deut. 32,38; Ode. 2,38)

ἠσθίομεν ▸ 2 + 1 = 3
  Verb · first · plural · imperfect · active · indicative ▸ 2 + 1 = **3** (Ex. 16,3; Num. 11,5; Tob. 1,8)

ἤσθιον ▸ 4 + 2 + 4 = 10
  Verb · first · singular · imperfect · active · indicative ▸ 2 + 2 = **4** (Tob. 2,5; Dan. 4,33a; Tob. 1,10; Tob. 2,5)
  Verb · third · plural · imperfect · active · indicative ▸ 2 + 4 = **6** (Gen. 47,22; Tob. 1,10; Luke 6,1; Luke 15,16; Luke 17,27; Luke 17,28)

Φάγε ▸ 1 + 1 = 2
  Verb · second · singular · aorist · active · imperative ▸ 1 + 1 = **2** (Tob. 7,10; Tob. 7,10)

φάγε ▸ 16 + 2 + 4 = 22
  Verb · second · singular · aorist · active · imperative ▸ 16 + 2 + 4 = **22** (Gen. 27,19; 1Sam. 9,19; 1Sam. 9,24; 1Sam. 28,22; 1Kings 13,15; 1Kings 18,41; 1Kings 19,5; 1Kings 19,7; 1Kings 20,7; Prov. 24,13; Prov. 25,16; Eccl. 9,7; Sir. 31,16; Is. 37,30; Ezek. 2,8; Bel 37; Tob. 7,11; Dan. 7,5; Luke 12,19; John 4,31; Acts 10,13; Acts 11,7)

φαγεῖν ▸ 69 + 4 + 34 = 107
  Verb · aorist · active · infinitive ▸ 69 + 4 + 34 = **107** (Gen. 3,11; Gen. 3,17; Gen. 6,21; Gen. 24,33; Gen. 28,20; Gen. 37,25; Ex. 16,8; Ex. 16,15; Ex. 32,6; Lev. 10,17; Lev. 11,39; Num. 11,18; Num. 11,21; Deut. 12,17; Deut. 12,20; Deut. 12,23; Ruth 2,14; Ruth 3,3; 1Sam. 1,9; 1Sam. 2,36; 1Sam. 9,13; 1Sam. 20,5; 1Sam. 20,24; 1Sam. 28,23; 2Sam. 11,11; 2Sam. 12,20; 2Sam. 13,9; 2Sam. 13,11; 2Sam. 17,29; 1Kings 1,41; 1Kings 13,23; 1Kings 18,42; 2Kings 4,8; 2Kings 4,8; 2Kings 4,40; 2Kings 4,40; 2Kings 18,27; 2Chr. 28,15; 1Esdr. 9,54; Ezra 2,63; Neh. 8,12; Neh. 9,36; Judith 11,12; Judith 12,11; Tob. 1,11; Tob. 2,1; Tob. 2,13; 1Mac. 1,62; 2Mac. 6,18; 4Mac. 9,16; 4Mac. 9,27; Psa. 26,2; Psa. 58,16; Psa. 77,24; Psa. 101,5; Eccl. 5,17; Eccl. 5,18; Eccl. 6,2; Eccl. 8,15; Mic. 7,1; Hab. 1,8; Is. 22,13; Is. 23,18; Is. 59,5; Jer. 2,7; Jer. 12,9; Jer. 16,8; Bar. 2,3; Ezek. 44,3; Tob. 1,11; Tob. 2,13; Tob. 7,14; Tob. 8,1; Matt. 12,4; Matt. 14,16; Matt. 15,20; Matt. 25,35; Matt. 25,42; Matt. 26,17; Mark 2,26; Mark 3,20; Mark 5,43; Mark 6,31; Mark 6,37; Mark 6,37; Luke 6,4; Luke 8,55; Luke 9,13; Luke 14,1; Luke 22,15; John 4,32; John 4,33; John 6,31; John 6,52; Acts 23,12; Acts 23,21; Rom. 14,2; Rom. 14,21; 1Cor. 9,4; 1Cor. 10,7; 1Cor. 11,20; 1Cor. 11,21; 1Cor. 11,33; Heb. 13,10; Rev. 2,7; Rev. 2,14; Rev. 2,20)

φάγεσαι ▸ 12 + 1 = 13
  Verb · second · singular · future · active · indicative ▸ **1** (Is. 60,16)
  Verb · second · singular · future · middle · indicative ▸ 11 + 1 = **12** (Ruth 2,14; 2Mac. 7,7; Psa. 127,2; Sir. 6,19; Mic. 6,14; Ezek. 4,9; Ezek. 4,10; Ezek. 4,10; Ezek. 4,12; Ezek. 12,18; Ezek. 36,14; Luke 17,8)

φάγεσθε ▸ 67
  Verb · second · plural · aorist · middle · imperative ▸ **3** (Lev. 8,31; 2Kings 19,29; Is. 37,30)
  Verb · second · plural · future · middle · indicative ▸ **64** (Gen. 2,17; Gen. 3,3; Gen. 9,4; Gen. 18,5; Gen. 45,18; Ex. 12,11; Lev. 10,12; Lev. 10,13; Lev. 10,14; Lev. 10,18; Lev. 11,2; Lev. 11,3; Lev. 11,4; Lev. 11,8; Lev. 11,9; Lev. 11,9; Lev. 11,21; Lev. 11,22; Lev. 11,42; Lev. 17,14; Lev. 19,25; Lev. 23,14; Lev. 25,12; Lev. 25,19; Lev. 25,22; Lev. 25,22; Lev. 26,5; Lev. 26,10; Lev. 26,26; Lev. 26,29; Num. 11,18; Num. 11,18; Num. 11,19; Num. 11,20; Num. 18,10; Deut. 2,6; Deut. 12,7; Deut. 12,16; Deut. 12,24; Deut. 14,3; Deut. 14,4; Deut. 14,6; Deut. 14,7; Deut. 14,8; Deut. 14,9; Deut. 14,9; Deut. 14,10; Deut. 14,11; Deut. 14,12; Deut. 14,19; Deut. 14,20; Deut. 14,21; Deut. 15,23; Joel 2,26; Is. 1,19; Is. 29,1; Is. 36,16; Is. 55,2; Jer. 36,28; Ezek. 24,22; Ezek. 39,17; Ezek. 39,18; Ezek. 39,19)

φάγεται ▸ 47 + 2 + 2 = 51
  Verb · third · singular · future · middle · indicative ▸ 47 + 2 + 2 = **51** (Gen. 27,10; Gen. 40,19; Ex. 12,44; Lev. 6,22; Lev. 7,19; Lev. 17,12; Lev. 17,12; Lev. 17,15; Lev. 21,22; Lev. 22,7; Lev. 22,8; Lev. 22,10; Lev. 22,10; Lev. 22,11; Lev. 22,12; Lev. 22,13; Lev. 22,13; Num. 6,3; Num. 6,4; Num. 18,10; Deut. 12,15; Deut. 14,21; Deut. 18,8; Deut. 28,33; Judg. 13,14; 1Sam. 14,24; 1Sam. 14,28; 1Sam. 21,5; 2Sam. 9,10; 2Sam. 11,25; 2Kings 18,31; Prov. 13,2; Prov. 27,18; Eccl. 2,24; Eccl. 2,25; Eccl. 3,13; Eccl. 5,11; Eccl. 6,2; Sir. 36,18; Is. 7,15; Is. 7,22; Is. 9,19; Is. 9,20; Is. 10,17; Is. 65,25; Ezek. 3,3; Ezek. 18,6; Judg. 13,14; Tob. 2,2; Luke 14,15; James 5,3)

Φάγετε ▸ 1
  Verb · second · plural · aorist · active · imperative ▸ **1** (Ex. 16,25)

φάγετε ▸ 8 + 1 = 9
  Verb · second · plural · aorist · active · imperative ▸ 5 + 1 = **6** (1Esdr. 9,51; Neh. 8,10; Prov. 9,5; Is. 21,5; Is. 56,9; Matt. 26,26)
  Verb · second · plural · future · active · indicative ▸ **3** (Song 5,1; Jer. 7,21; Jer. 36,5)

φαγέτω ▸ 4 + 1 = 5
  Verb · third · singular · aorist · active · imperative ▸ 4 + 1 = **5** (Gen. 27,31; Judg. 13,14; 1Kings 13,18; Song 4,16; Judg. 13,14)

φαγέτωσαν ▸ 1
  Verb · third · plural · aorist · active · imperative ▸ **1** (2Kings 6,22)

φάγῃ ▸ 47 + 4 = 51
  Verb · second · singular · future · middle · indicative ▸ **34** (Gen. 2,16; Gen. 3,14; Gen. 3,17; Gen. 3,18; Gen. 3,19; Ex. 34,18; Deut. 7,16; Deut. 8,9; Deut. 8,10; Deut. 12,15; Deut. 12,18; Deut. 12,20; Deut. 12,21; Deut. 12,22; Deut. 12,25; Deut. 12,27; Deut. 14,23; Deut. 14,26; Deut. 15,20; Deut. 15,22; Deut. 16,3; Deut. 16,3; Deut. 16,7; Deut. 16,8; Deut. 20,14; Deut. 20,19; Deut. 23,26; Deut. 27,7; Deut. 28,31; Deut. 28,53; 2Sam. 9,7; 2Kings 7,2; 2Kings 7,19; 2Kings 19,29)
  Verb · third · singular · aorist · active · subjunctive ▸ 13 + 4 = **17** (Gen. 3,22; Ex. 2,20; Ex. 12,15; Ex. 12,19; Lev. 7,18; Lev. 7,18; Lev. 7,20; Lev. 7,21; Lev. 7,27; Lev. 17,10; Lev. 22,14; Num. 23,24; 1Sam. 9,13; Luke 7,36; John 6,50; John 6,51; Rom. 14,23)

φάγῃς ▸ 8 + 2 + 1 = 11
  Verb · second · singular · aorist · active · subjunctive ▸ 8 + 2 + 1 = **11** (Ex. 34,15; Judg. 13,4; Judg. 13,7; 1Kings 13,9; 1Kings 13,17; 1Kings 13,22; Prov. 23,8; Ezek. 24,17; Judg. 13,4; Judg. 13,7; Mark 14,12)

φάγητε ▸ 7 + 5 = 12
  Verb · second · plural · aorist · active · subjunctive ▸ 7 + 5 = **12** (Gen. 2,17; Gen. 3,1; Gen. 3,5; 1Esdr. 8,82; Ezra 9,12; Esth. 4,16; Zech. 7,6; Matt. 6,25; Luke 12,22; Luke 12,29; John 6,53; Rev. 19,18)

φάγοι ▸ 1 + 1 = 2
  Verb · third · singular · aorist · active · optative ▸ 1 + 1 = **2** (Judg. 9,20; Mark 11,14)

φάγοισαν ▸ 1
  Verb · third · plural · aorist · active · optative ▸ **1** (Job 31,8)

Φάγομαι ▸ 1
  Verb · first · singular · future · middle · indicative ▸ **1** (Deut. 12,20)

φάγομαι ▸ 11 + 1 = 12
    Verb ▪ first ▪ singular ▪ future ▪ middle ▪ indicative ▸ 11 + 1 = **12** (Gen. 27,25; Lev. 10,19; Deut. 2,28; Judg. 13,16; 2Sam. 13,6; 2Sam. 13,10; 2Sam. 19,36; 1Kings 13,16; Judith 12,2; Psa. 49,13; Sir. 11,19; Judg. 13,16)
φαγόμεθα ▸ 8 + 1 = 9
    Verb ▪ first ▪ plural ▪ future ▪ middle ▪ indicative ▸ 8 + 1 = **9** (Gen. 3,2; Lev. 25,20; 1Kings 17,12; 2Kings 6,28; 2Kings 6,28; Neh. 5,2; Neh. 5,3; Is. 4,1; Dan. 1,12)
Φάγονται ▸ 1
    Verb ▪ third ▪ plural ▪ future ▪ middle ▪ indicative ▸ **1** (2Kings 4,43)
φάγονται ▸ 45 + 1 + 1 = 47
    Verb ▪ third ▪ plural ▪ future ▪ middle ▪ indicative ▸ 45 + 1 + 1 = **47** (Gen. 43,16; Ex. 12,8; Lev. 8,31; Lev. 22,11; Lev. 24,9; Num. 9,11; Num. 11,21; Deut. 14,29; Deut. 18,1; Deut. 26,12; Deut. 31,20; 1Kings 20,24; 1Kings 20,24; Neh. 3,35; Psa. 21,27; Eccl. 10,17; Sir. 45,21; Hos. 4,8; Hos. 4,10; Hos. 8,13; Hos. 9,3; Hos. 11,6; Amos 9,14; Is. 3,10; Is. 5,17; Is. 11,7; Is. 30,24; Is. 49,26; Is. 62,9; Is. 65,13; Is. 65,21; Is. 65,22; Jer. 22,15; Lam. 2,20; Ezek. 4,13; Ezek. 4,16; Ezek. 5,10; Ezek. 5,10; Ezek. 12,19; Ezek. 25,4; Ezek. 42,13; Ezek. 44,29; Ezek. 44,31; Ezek. 47,22; Dan. 11,27; Dan. 11,26; Rev. 17,16)
φαγόντας ▸ 1
    Verb ▪ aorist ▪ active ▪ participle ▪ masculine ▪ plural ▪ accusative ▸ **1** (4Mac. 8,2)
φαγόντες ▸ 1 + 2 = 3
    Verb ▪ aorist ▪ active ▪ participle ▪ masculine ▪ plural ▪ nominative ▸ 1 + 2 = **3** (Job 42,11; Mark 6,44; Luke 15,23)
φαγόντος ▸ 1
    Verb ▪ aorist ▪ active ▪ participle ▪ masculine ▪ singular ▪ genitive ▸ **1** (Jer. 38,30)
φάγω ▸ 4 + 1 + 5 = 10
    Verb ▪ first ▪ singular ▪ aorist ▪ active ▪ subjunctive ▸ 4 + 1 + 5 = **10** (Gen. 24,33; Gen. 27,4; 2Sam. 13,5; 1Kings 13,8; Tob. 7,12; Mark 14,14; Luke 17,8; Luke 22,11; Luke 22,16; 1Cor. 8,13)
Φάγωμεν ▸ 1
    Verb ▪ first ▪ plural ▪ aorist ▪ active ▪ subjunctive ▸ **1** (Is. 22,13)
φάγωμεν ▸ 2 + 5 = 7
    Verb ▪ first ▪ plural ▪ aorist ▪ active ▪ subjunctive ▸ 2 + 5 = **7** (Num. 11,13; 2Kings 6,29; Matt. 6,31; Luke 22,8; 1Cor. 8,8; 1Cor. 8,8; 1Cor. 15,32)
φαγών ▸ 9 + 1 = 10
    Verb ▪ aorist ▪ active ▪ participle ▪ masculine ▪ singular ▪ nominative ▸ 9 + 1 = **10** (Gen. 27,7; Lev. 7,18; Deut. 6,11; Deut. 8,12; Deut. 11,15; 1Sam. 14,33; 4Mac. 11,13; Job 21,25; Bel 27; Bel 27)
φάγωσιν ▸ 7 + 6 = 13
    Verb ▪ third ▪ plural ▪ aorist ▪ active ▪ subjunctive ▸ 7 + 6 = **13** (Gen. 32,33; Ex. 12,7; Deut. 4,28; Neh. 7,65; Hos. 8,13; Is. 36,12; Ezek. 34,28; Matt. 15,32; Mark 6,36; Mark 8,1; Mark 8,2; John 6,5; John 18,28)

ἔσθω (ἐσθίω) to eat ▸ 34 + 1 = 35
ἔσθεται ▸ 3
    Verb ▪ third ▪ singular ▪ present ▪ passive ▪ indicative ▸ **3** (Lev. 11,34; Lev. 17,13; Deut. 12,22)
ἔσθετε ▸ 2
    Verb ▪ second ▪ plural ▪ present ▪ active ▪ indicative ▸ **1** (Zech. 7,6)
    Verb ▪ second ▪ plural ▪ present ▪ active ▪ imperative ▸ **1** (Lev. 19,26)
ἔσθητε ▸ 1
    Verb ▪ second ▪ plural ▪ present ▪ active ▪ subjunctive ▸ **1** (Num. 15,19)
ἔσθοντες ▸ 11
    Verb ▪ present ▪ active ▪ participle ▪ masculine ▪ plural ▪ nominative ▸ **11** (Psa. 52,5; Psa. 126,2; Eccl. 5,10; Sir. 20,17; Hos. 9,4; Amos 6,4; Is. 29,8; Is. 65,4; Is. 66,17; Jer. 2,3; Lam. 4,5)
ἔσθοντές ▸ 1
    Verb ▪ present ▪ active ▪ participle ▪ masculine ▪ plural ▪ nominative ▸ **1** (Jer. 37,16)
ἔσθοντος ▸ 3
    Verb ▪ present ▪ active ▪ participle ▪ masculine ▪ singular ▪ genitive ▸ **3** (Judg. 14,14; Psa. 105,20; Nah. 3,12)
ἔσθουσαι ▸ 1
    Verb ▪ present ▪ active ▪ participle ▪ feminine ▪ plural ▪ nominative ▸ **1** (Lev. 19,8)
ἔσθουσαν ▸ 1
    Verb ▪ present ▪ active ▪ participle ▪ feminine ▪ singular ▪ accusative ▸ **1** (Lev. 17,10)
ἔσθων ▸ 10 + 1 = 11
    Verb ▪ present ▪ active ▪ participle ▪ masculine ▪ singular ▪ nominative ▸ 10 + 1 = **11** (Lev. 7,25; Lev. 14,47; Lev. 17,14; Lev. 19,8; Judg. 14,9; 1Sam. 14,30; Ode. 4,14; Prov. 13,25; Hab. 3,14; Is. 9,19; Tob. 8,20)
ἤσθοσαν ▸ 1
    Verb ▪ third ▪ plural ▪ imperfect ▪ active ▪ indicative ▸ **1** (Ezek. 22,9)

Εσι Esi (Heb. half) ▸ 1
Εσι ▸ 1
    Noun ▪ masculine ▪ singular ▪ nominative ▪ (proper) ▸ **1** (1Chr. 2,52)

Εσκαιμαν Eshtemoh ▸ 1
Εσκαιμαν ▸ 1
    Noun ▪ singular ▪ nominative ▪ (proper) ▸ **1** (Josh. 15,50)

Ἐσλί Esli ▸ 1
Ἐσλί ▸ 1
    Noun ▪ masculine ▪ singular ▪ genitive ▪ (proper) ▸ **1** (Luke 3,25)

Εσοβα Ashbea ▸ 1
Εσοβα ▸ 1
    Noun ▪ masculine ▪ singular ▪ genitive ▪ (proper) ▸ **1** (1Chr. 4,21)

ἔσοπτρον (εἰς 2nd homograph; ὁράω) mirror ▸ 2 + 2 = 4
ἔσοπτρον ▸ 2
    Noun ▪ neuter ▪ singular ▪ accusative ▪ (common) ▸ **1** (Sir. 12,11)
    Noun ▪ neuter ▪ singular ▪ nominative ▪ (common) ▸ **1** (Wis. 7,26)
ἐσόπτρου ▸ 1
    Noun ▪ neuter ▪ singular ▪ genitive ▸ **1** (1Cor. 13,12)
ἐσόπτρῳ ▸ 1
    Noun ▪ neuter ▪ singular ▪ dative ▸ **1** (James 1,23)

ἑσπέρα (ἕσπερος) evening ▸ 121 + 8 + 3 = 132
ἑσπέρα ▸ 10 + 1 = 11
    Noun ▪ feminine ▪ singular ▪ nominative ▪ (common) ▸ 10 + 1 = **11** (Gen. 1,5; Gen. 1,8; Gen. 1,13; Gen. 1,19; Gen. 1,23; Gen. 1,31; Gen. 29,23; Ex. 16,13; Deut. 28,67; Job 7,4; Acts 4,3)
ἑσπέρᾳ ▸ 1
    Noun ▪ feminine ▪ singular ▪ dative ▪ (common) ▸ **1** (Judg. 19,16)
ἑσπέραν ▸ 19 + 1 + 1 = 21
    Noun ▪ feminine ▪ singular ▪ accusative ▪ (common) ▸ 19 + 1 + 1 = **21** (Gen. 8,11; Ex. 12,6; Ex. 16,12; Num. 9,3; Num. 9,11; Num. 28,4; Num. 28,8; Deut. 23,12; Judg. 19,9; 1Sam. 23,24; 2Sam. 11,2; Ezra 3,3; Judith 12,9; 3Mac. 5,5; Psa. 58,7; Psa. 58,15; Eccl. 11,6; Zech. 14,7; Is. 17,14; Judg. 19,9; Luke 24,29)
ἑσπέρας ▸ 91 + 6 + 1 = 98
    Noun ▪ feminine ▪ singular ▪ genitive ▪ (common) ▸ 91 + 6 + 1

ἑσπέρα–ἐσχατόγηρως

= **98** (Gen. 19,1; Gen. 30,16; Gen. 49,27; Ex. 12,18; Ex. 12,18; Ex. 16,8; Ex. 18,13; Ex. 27,21; Lev. 11,24; Lev. 11,25; Lev. 11,26; Lev. 11,27; Lev. 11,28; Lev. 11,31; Lev. 11,32; Lev. 11,39; Lev. 11,40; Lev. 11,40; Lev. 14,46; Lev. 14,47; Lev. 14,47; Lev. 15,5; Lev. 15,6; Lev. 15,7; Lev. 15,8; Lev. 15,9; Lev. 15,10; Lev. 15,10; Lev. 15,11; Lev. 15,16; Lev. 15,17; Lev. 15,18; Lev. 15,19; Lev. 15,21; Lev. 15,22; Lev. 15,23; Lev. 15,27; Lev. 17,15; Lev. 22,6; Lev. 23,32; Lev. 23,32; Lev. 24,3; Num. 9,15; Num. 9,21; Num. 19,7; Num. 19,8; Num. 19,10; Num. 19,19; Num. 19,21; Num. 19,22; Deut. 16,4; Deut. 16,6; Deut. 28,67; Josh. 5,10; Josh. 7,6; Josh. 8,29; Josh. 10,26; Judg. 19,16; Judg. 20,23; Judg. 21,2; Ruth 2,7; Ruth 2,17; 1Sam. 14,24; 2Sam. 11,13; 1Kings 22,35; 1Kings 22,35; 1Chr. 16,40; 1Chr. 23,30; 2Chr. 18,34; Ezra 4,20; Judith 9,1; Tob. 6,1; 1Mac. 9,13; 4Mac. 3,8; Psa. 29,6; Psa. 54,18; Psa. 64,9; Psa. 89,6; Psa. 103,23; Job 4,20; Job 7,4; Sir. 18,26; Is. 21,13; Jer. 6,4; Ezek. 12,4; Ezek. 12,7; Ezek. 24,18; Ezek. 33,22; Ezek. 46,2; Dan. 8,14; Dan. 8,26; Judg. 20,23; Judg. 20,26; Judg. 21,2; Dan. 6,15; Dan. 8,14; Dan. 8,26; Acts 28,23)

Ἑσπέρας ▸ 1
  Noun · feminine · singular · genitive · (common) ▸ **1** (Ex. 16,6)

ἑσπερινός (ἕσπερος) toward evening ▸ 7 + **1** = 8
  ἑσπερινή ▸ 1
    Adjective · feminine · singular · nominative · noDegree ▸ **1** (Psa. 140,2)
  ἑσπερινῇ ▸ 1
    Adjective · feminine · singular · dative · noDegree ▸ **1** (Ezra 9,5)
  ἑσπερινήν ▸ 1
    Adjective · feminine · singular · accusative · noDegree ▸ **1** (2Kings 16,15)
  ἑσπερινῆς ▸ 2 + **1** = 3
    Adjective · feminine · singular · genitive · noDegree ▸ 2 + **1** = 3 (Ezra 9,4; Dan. 9,21; Dan. 9,21)
  ἑσπερινῷ ▸ 1
    Adjective · neuter · singular · dative · noDegree ▸ **1** (Prov. 7,9)
  ἑσπερινῶν ▸ 1
    Adjective · masculine · plural · genitive · noDegree ▸ **1** (Lev. 23,5)

ἕσπερος evening star, Venus ▸ 1
  Ἕσπερον ▸ 1
    Noun · masculine · singular · accusative · (common) ▸ **1** (Job 9,9)

Ἕσπερος (ἕσπερος) Evening Star, Venus ▸ 1
  Ἕσπερον ▸ 1
    Noun · masculine · singular · accusative · (proper) ▸ **1** (Job 38,32)

Εσραε Jezreel ▸ 1
  Εσραε ▸ 1
    Noun · masculine · singular · genitive · (proper) ▸ **1** (1Kings 4,12)

Εσρι Ezrah ▸ 1
  Εσρι ▸ 1
    Noun · masculine · singular · genitive · (proper) ▸ **1** (1Chr. 4,17)

Εσρια Azariah ▸ 1
  Εσρια ▸ 1
    Noun · masculine · singular · genitive · (proper) ▸ **1** (Ezra 7,3)

Εσριηλ Asriel; Adriel; Azriel ▸ 4
  Εσριηλ ▸ 4
    Noun · masculine · singular · dative · (proper) ▸ **2** (Num. 26,35; 2Sam. 21,8)
    Noun · masculine · singular · genitive · (proper) ▸ **2** (1Chr. 27,19; Jer. 43,26)

Εσριηλι Asrielite ▸ 1
  Εσριηλι ▸ 1
    Noun · masculine · singular · nominative · (proper) ▸ **1** (Num. 26,35)

Εσρικαμ Azrikam ▸ 1
  Εσρικαμ ▸ 1
    Noun · masculine · singular · genitive · (proper) ▸ **1** (1Chr. 9,14)

Εσρωμ Hezron ▸ 1
  Εσρωμ ▸ 1
    Noun · masculine · singular · accusative · (proper) ▸ **1** (1Kings 11,14)

Ἑσρώμ Hesrom ▸ 3
  Ἑσρώμ ▸ 1
    Noun · masculine · singular · accusative · (proper) ▸ **1** (Matt. 1,3)
  Ἑσρώμ ▸ 2
    Noun · masculine · singular · genitive · (proper) ▸ **1** (Luke 3,33)
    Noun · masculine · singular · nominative · (proper) ▸ **1** (Matt. 1,3)

Εσρων Hezron ▸ 2
  Εσρων ▸ 2
    Noun · masculine · singular · accusative · (proper) ▸ **1** (Ruth 4,18)
    Noun · masculine · singular · nominative · (proper) ▸ **1** (Ruth 4,19)

ἑσσόομαι (ἥσσων) to be treated worse ▸ 1
  ἡσσώθητε ▸ 1
    Verb · second · plural · aorist · passive · indicative ▸ **1** (2Cor. 12,13)

ἑστία fireside; home; household; shrine ▸ 1
  ἑστίᾳ ▸ 1
    Noun · feminine · singular · dative · (common) ▸ **1** (Tob. 2,12)

ἑστιατορία (ἑστία) food allowance; feast ▸ 4
  ἑστιατορία ▸ 2
    Noun · feminine · singular · nominative · (common) ▸ **2** (2Kings 25,30; 2Kings 25,30)
  ἑστιατορίαν ▸ 2
    Noun · feminine · singular · accusative · (common) ▸ **2** (Dan. 5,1; Dan. 5,23)

ἐσχάρα hearth, grate; scab ▸ 14
  ἐσχάρα ▸ 3
    Noun · feminine · singular · nominative · (common) ▸ **3** (Ex. 27,5; Prov. 26,21; Jer. 43,22)
  ἐσχάρᾳ ▸ 2
    Noun · feminine · singular · dative · (common) ▸ **2** (Ex. 27,4; Sir. 50,12)
  ἐσχάραι ▸ 1
    Noun · feminine · plural · nominative · (common) ▸ **1** (Job 41,11)
  ἐσχάραν ▸ 4
    Noun · feminine · singular · accusative · (common) ▸ **4** (Ex. 27,4; Ex. 27,5; Ex. 30,3; 2Chr. 4,11)
  ἐσχάρας ▸ 4
    Noun · feminine · singular · genitive · (common) ▸ **4** (Lev. 2,7; Lev. 7,9; Jer. 43,23; Jer. 43,23)

ἐσχαρίτης (ἐσχάρα) something baked ▸ 1
  ἐσχαρίτην ▸ 1
    Noun · masculine · singular · accusative · (common) ▸ **1** (2Sam. 6,19)

ἐσχατίζω (ἔσχατος) to be last ▸ 2
  ἐσχατίζοντας ▸ 1
    Verb · present · active · participle · masculine · plural · accusative ▸ **1** (1Mac. 5,53)
  ἠσχάτισεν ▸ 1
    Verb · third · singular · aorist · active · indicative ▸ **1** (Judg. 5,28)

ἐσχατόγηρως (ἔσχατος; γέρων) very old age ▸ 1
  ἐσχατογήρως ▸ 1
    Adjective · masculine · singular · genitive · noDegree ▸ **1** (Sir.

42,8)

ἐσχατογήρως (ἔσχατος; γέρων)   very old age ▸ 1
  ἐσχατογήρῳ ▸ 1
    Adjective · masculine · singular · dative · noDegree   ▸ 1 (Sir. 41,2)

ἔσχατος   last ▸ 145 + 10 + 52 = 207
  ἔσχατα ▸ 16 + 2 + 4 = 22
    Adjective · neuter · plural · accusative · noDegree ▸ 15 + 1 = 16 (2Sam. 2,26; Psa. 72,17; Psa. 138,5; Psa. 138,9; Job 11,7; Job 42,12; Wis. 2,16; Sir. 28,6; Sir. 38,20; Sir. 48,24; Is. 37,24; Is. 41,22; Is. 46,10; Is. 47,7; Lam. 1,9; Dan. 11,4)
    Adjective · neuter · plural · nominative · noDegree   ▸ 1 + 1 + 4 = 6 (Job 8,13; Dan. 12,8; Matt. 12,45; Luke 11,26; 2Pet. 2,20; Rev. 2,19)
  ἔσχατά ▸ 2
    Adjective · neuter · plural · accusative · noDegree ▸ 1 (Sir. 7,36)
    Adjective · neuter · plural · nominative · noDegree ▸ 1 (Job 8,7)
  ἔσχαται ▸ 1
    Adjective · feminine · plural · nominative · noDegree ▸ 1 (2Chr. 28,26)
  ἐσχάταις ▸ 3 + 3 = 6
    Adjective · feminine · plural · dative · noDegree   ▸ 3 + 3 = 6 (Prov. 31,26; Is. 2,2; Dan. 11,20; Acts 2,17; 2Tim. 3,1; James 5,3)
  ἐσχάτας ▸ 1
    Adjective · feminine · plural · accusative ▸ 1 (Rev. 15,1)
  ἐσχάτη ▸ 8 + 1 + 3 = 12
    Adjective · feminine · singular · nominative · noDegree   ▸ 8 + 1 + 3 = 12 (2Sam. 13,16; Ode. 6,6; Eccl. 7,8; Eccl. 10,13; Jonah 2,6; Hag. 2,9; Jer. 27,12; Dan. 11,29; Dan. 11,29; Matt. 27,64; 1John 2,18; 1John 2,18)
  Ἐσχάτη ▸ 1
    Adjective · feminine · singular · nominative · noDegree   ▸ 1 (2Mac. 7,41)
  ἐσχάτῃ ▸ 2 + 8 = 10
    Adjective · feminine · singular · dative · noDegree   ▸ 2 + 8 = 10 (2Mac. 3,31; 2Mac. 7,9; John 6,39; John 6,40; John 6,44; John 6,54; John 7,37; John 11,24; John 12,48; 1Cor. 15,52)
  ἐσχάτην ▸ 3
    Adjective · feminine · singular · accusative · noDegree ▸ 3 (Eccl. 1,11; Joel 2,20; Zech. 14,8)
  ἐσχάτης ▸ 5
    Adjective · feminine · singular · genitive · noDegree   ▸ 5 (Lev. 23,16; Deut. 34,2; Josh. 1,4; 1Kings 9,26; Neh. 8,18)
  ἔσχατοι ▸ 17 + 9 = 26
    Adjective · masculine · plural · nominative · noDegree   ▸ 17 + 9 = 26 (Num. 2,31; Num. 10,25; 2Sam. 19,12; 2Sam. 19,13; 2Sam. 23,1; 2Chr. 9,29; 2Chr. 12,15; 2Chr. 16,11; 2Chr. 20,34; 2Chr. 25,26; 2Chr. 26,22; 2Chr. 35,27; 1Esdr. 8,39; Ezra 8,13; 1Mac. 4,15; Eccl. 4,16; Job 18,20; Matt. 19,30; Matt. 19,30; Matt. 20,12; Matt. 20,16; Matt. 20,16; Mark 10,31; Mark 10,31; Luke 13,30; Luke 13,30)
  ἐσχάτοις ▸ 3
    Adjective · masculine · plural · dative · noDegree   ▸ 1 (1Chr. 23,27)
    Adjective · neuter · plural · dative · noDegree   ▸ 2 (Eccl. 1,11; Job 23,8)
  ἔσχατον ▸ 11 + 1 + 7 = 19
    Adverb ▸ 3 + 1 + 2 = 6 (Lev. 27,18; Num. 31,2; Prov. 29,21; Judg. 15,7; Mark 12,22; 1Cor. 15,8)
    Adjective · masculine · singular · accusative · noDegree   ▸ 1 + 4 = 5 (Jer. 9,1; Matt. 5,26; Mark 12,6; Luke 14,9; Luke 14,10)
    Adjective · neuter · singular · accusative · noDegree ▸ 7 + 1 = 8 (Deut. 31,27; Deut. 31,29; Deut. 31,29; Josh. 10,14; Ruth 3,10; Neh. 5,15; Prov. 23,32; Luke 12,59)
  ἔσχατος ▸ 4 + 6 = 10
    Adjective · masculine · singular · nominative · noDegree ▸ 4 + 6 = 10 (Deut. 24,3; Deut. 24,3; Sir. 24,28; Sir. 33,16; Mark 9,35; 1Cor. 15,26; 1Cor. 15,45; Rev. 1,17; Rev. 2,8; Rev. 22,13)
  ἐσχάτου ▸ 32 + 5 = 37
    Adjective · masculine · singular · genitive · noDegree   ▸ 2 + 2 = 4 (Ezek. 38,6; Ezek. 38,15; Acts 1,8; Acts 13,47)
    Adjective · neuter · singular · genitive · noDegree   ▸ 30 + 3 = 33 (Ex. 4,8; Num. 24,14; Deut. 28,49; 1Kings 17,13; 1Mac. 3,9; Psa. 134,7; Wis. 4,19; Sol. 1,4; Sol. 8,15; Is. 8,9; Is. 41,23; Is. 45,22; Is. 48,20; Is. 49,6; Is. 62,11; Jer. 6,22; Jer. 10,13; Jer. 16,19; Jer. 23,20; Jer. 25,19; Jer. 27,41; Jer. 28,16; Jer. 28,32; Jer. 32,32; Jer. 38,8; Ezek. 38,8; Ezek. 39,2; Dan. 8,19; Dan. 8,23; Dan. 10,14; Heb. 1,2; 1Pet. 1,20; Jude 18)
  ἐσχάτους ▸ 1 + 1 = 2
    Adjective · masculine · plural · accusative · noDegree   ▸ 1 + 1 = 2 (Gen. 33,2; 1Cor. 4,9)
  ἐσχάτῳ ▸ 4 + 2 = 6
    Adjective · masculine · singular · dative ▸ 2 (Matt. 20,14; 1Pet. 1,5)
    Adjective · neuter · singular · dative · noDegree   ▸ 4 (Deut. 4,30; Deut. 13,10; 2Sam. 24,25; Ezek. 35,5)
  ἐσχάτων ▸ 32 + 6 + 3 = 41
    Adjective · feminine · plural · genitive · noDegree   ▸ 10 + 2 + 2 = 14 (Gen. 49,1; Deut. 8,16; Josh. 24,27; Hos. 3,5; Mic. 4,1; Jer. 37,24; Ezek. 38,16; Dan. 2,28; Dan. 2,29; Dan. 2,45; Dan. 2,28; Dan. 10,14; 2Pet. 3,3; Rev. 21,9)
    Adjective · masculine · plural · genitive · noDegree   ▸ 1 + 1 = 2 (Sir. 41,3; Matt. 20,8)
    Adjective · neuter · plural · genitive · noDegree   ▸ 21 + 4 = 25 (Deut. 17,7; Deut. 32,20; 1Sam. 29,2; Ode. 2,20; Prov. 5,11; Prov. 19,20; Prov. 25,8; Wis. 3,17; Sir. 1,13; Sir. 2,3; Sir. 3,26; Sir. 6,28; Sir. 12,12; Sir. 13,7; Sir. 14,7; Sir. 21,10; Sir. 30,1; Sir. 30,10; Sir. 31,22; Sir. 51,14; Jer. 17,11; Tob. 13,13; Dan. 8,3; Dan. 8,19; Dan. 8,23)

ἐσχάτως (ἔσχατος)   finally; be dying ▸ 1
  ἐσχάτως ▸ 1
    Adverb ▸ 1 (Mark 5,23)

Εσχωλ   Eshcol ▸ 2
  Εσχωλ ▸ 2
    Noun · masculine · singular · genitive · (proper) ▸ 1 (Gen. 14,13)
    Noun · masculine · singular · nominative · (proper)   ▸ 1 (Gen. 14,24)

ἔσω (εἰς 2nd homograph)   inside (prep.); within (adv.) ▸ 14 + 1 + 9 = 24
  ἔσω ▸ 12 + 1 + 9 = 22
    Adverb ▸ 10 + 1 + 7 = 18 (Gen. 39,11; Lev. 10,18; 1Kings 6,15; 1Kings 7,22; 2Kings 7,11; 2Chr. 4,4; 2Chr. 29,16; 2Chr. 29,18; Job 1,10; Ezek. 9,6; Bel 19; Matt. 26,58; Mark 14,54; John 20,26; Acts 5,23; Rom. 7,22; 1Cor. 5,12; Eph. 3,16)
    Adverb · (place) ▸ 1 (2Cor. 4,16)
    ImproperPreposition · (+genitive) ▸ 2 + 1 = 3 (Num. 3,10; 2Mac. 14,43; Mark 15,16)
  ἐσώτερον ▸ 2
    ImproperPreposition · (+genitive) ▸ 2 (Lev. 16,12; Lev. 16,15)

Εσωθ   Hesed ▸ 1
  Εσωθ ▸ 1
    Noun · masculine · singular · nominative · (proper) ▸ 1 (1Kings 4,10)

ἔσωθεν (εἰς 2nd homograph; θεν) within, inside, from within ▸ 24 + 1 + 12 = 37
  ἔσωθεν ▸ 24 + 1 + 12 = 37
    Adverb · (place) ▸ 21 + 1 + 12 = 34 (Gen. 6,14; Ex. 25,11; Ex. 36,26; Ex. 38,2; Lev. 14,41; 1Kings 6,15; 1Kings 6,19; 1Kings 7,46; 2Kings 6,30; 2Chr. 3,4; Psa. 44,14; Ezek. 7,15; Ezek. 40,9; Ezek. 40,16; Ezek. 40,19; Ezek. 40,22; Ezek. 40,26; Ezek. 40,43; Ezek. 41,17; Ezek. 42,15; Bel 7; Bel 7; Matt. 7,15; Matt. 23,25; Matt. 23,27; Matt. 23,28; Mark 7,21; Mark 7,23; Luke 11,7; Luke 11,39; Luke 11,40; 2Cor. 7,5; Rev. 4,8; Rev. 5,1)
    ImproperPreposition · (+genitive) ▸ 3 (2Kings 11,15; Ezek. 40,15; Ezek. 40,16)

ἐσώτερος (εἰς 2nd homograph) inside (prep.); inner (adv.) ▸ 35 + 2 = 37
  ἐσώτατα ▸ 1
    Adjective · neuter · plural · accusative · superlative ▸ 1 (Job 28,18)
  ἐσωτάτην ▸ 1
    Adjective · feminine · singular · accusative · superlative ▸ 1 (1Kings 6,36)
  ἐσωτάτου ▸ 3
    Adjective · masculine · singular · genitive · superlative ▸ 2 (1Kings 6,27; 1Kings 7,36)
    Adjective · neuter · singular · genitive · superlative ▸ 1 (1Kings 6,30)
  ἐσωτέρα ▸ 1
    Adjective · feminine · singular · nominative · comparative ▸ 1 (2Chr. 4,22)
  ἐσωτέρᾳ ▸ 3
    Adjective · feminine · singular · dative · comparative ▸ 3 (Ezek. 40,23; Ezek. 40,44; Ezek. 46,1)
  ἐσωτέραν ▸ 11 + 1 = 12
    Adjective · feminine · singular · accusative · comparative ▸ 11 + 1 = 12 (Esth. 4,11; Ezek. 8,16; Ezek. 10,3; Ezek. 40,17; Ezek. 40,28; Ezek. 40,34; Ezek. 40,44; Ezek. 41,3; Ezek. 43,5; Ezek. 44,21; Ezek. 44,27; Acts 16,24)
  ἐσωτέρας ▸ 9
    Adjective · feminine · singular · genitive · comparative ▸ 2 (2Chr. 23,20; 1Mac. 9,54)
    Adjective · feminine · singular · genitive · noDegree ▸ 7 (Ezek. 8,3; Ezek. 40,27; Ezek. 41,17; Ezek. 42,3; Ezek. 44,17; Ezek. 44,17; Ezek. 45,19)
  ἐσώτερον ▸ 4 + 1 = 5
    Adjective · neuter · singular · accusative · comparative ▸ 1 (Heb. 6,19)
    ImproperPreposition · (+genitive) ▸ 4 (Ex. 26,33; Lev. 16,2; 1Sam. 24,4; Is. 22,11)
  ἐσωτέρῳ ▸ 1
    Adjective · neuter · singular · dative · comparative ▸ 1 (1Kings 6,29)
  ἐσωτέρων ▸ 1
    Adjective · masculine · plural · genitive · comparative ▸ 1 (1Chr. 28,11)

ἐτάζω to visit, to test ▸ 15
  ἐτάζει ▸ 1
    Verb · third · singular · present · active · indicative ▸ 1 (1Chr. 28,9)
  ἐτάζων ▸ 4
    Verb · present · active · participle · masculine · singular · nominative ▸ 4 (1Chr. 29,17; Psa. 7,10; Job 36,23; Jer. 17,10)
  ἐτάσαι ▸ 1
    Verb · aorist · active · infinitive ▸ 1 (1Esdr. 9,16)
  ἐτάσητε ▸ 1
    Verb · second · plural · aorist · active · subjunctive ▸ 1 (Job 32,11)
  ἐτασθήσονται ▸ 1
    Verb · third · plural · future · passive · indicative ▸ 1 (Wis. 6,6)
  ἔτασόν ▸ 1
    Verb · second · singular · aorist · active · imperative ▸ 1 (Psa. 138,23)
  ἐτάσω ▸ 1
    Verb · first · singular · aorist · active · subjunctive ▸ 1 (Sus. 51)
  ἐτάσωμεν ▸ 1
    Verb · first · plural · aorist · active · subjunctive ▸ 1 (Wis. 2,19)
  ἤτασεν ▸ 2
    Verb · third · singular · aorist · active · indicative ▸ 2 (Gen. 12,17; Esth. 2,23)
  ἤτασέν ▸ 1
    Verb · third · singular · aorist · active · indicative ▸ 1 (Job 33,27)
  ἠτάσθη ▸ 1
    Verb · third · singular · aorist · passive · indicative ▸ 1 (Lam. 3,40)

ἑταίρα (ἑταῖρος) companion; concubine, courtesan (f) ▸ 4 + 1 = 5
  ἑταίρας ▸ 3 + 1 = 4
    Noun · feminine · singular · genitive · (common) ▸ 3 + 1 = 4 (Judg. 11,2; Prov. 19,13; Sir. 41,22; Judg. 11,2)
  ἑταιρῶν ▸ 1
    Noun · feminine · plural · genitive · (common) ▸ 1 (2Mac. 6,4)

ἑταιρίζω (ἑταῖρος) to serve in the court ▸ 1
  ἑταιριζομένῃ ▸ 1
    Verb · present · middle · participle · feminine · singular · dative ▸ 1 (Sir. 9,3)

ἑταῖρος friend, companion; accompanying ▸ 25 + 1 + 3 = 29
  ἑταῖρε ▸ 3
    Noun · masculine · singular · vocative ▸ 3 (Matt. 20,13; Matt. 22,12; Matt. 26,50)
  ἑταῖροι ▸ 1
    Noun · masculine · plural · nominative · (common) ▸ 1 (Song 8,13)
  ἑταίροις ▸ 2
    Noun · masculine · plural · dative · (common) ▸ 2 (Dan. 5,1; Dan. 5,2)
  ἑταῖρος ▸ 13
    Noun · masculine · singular · nominative · (common) ▸ 13 (Judg. 14,20; 2Sam. 13,3; 2Sam. 15,32; 2Sam. 15,37; 2Sam. 16,16; 1Kings 2,22; 1Kings 4,5; Prov. 22,24; Job 30,29; Sir. 37,2; Sir. 37,4; Sir. 37,5; Sir. 40,23)
  ἑταίρου ▸ 4 + 1 = 5
    Noun · masculine · singular · genitive · (common) ▸ 4 + 1 = 5 (2Sam. 16,17; 2Sam. 16,17; Prov. 27,17; Eccl. 4,4; Judg. 4,17)
  ἑταίρους ▸ 2
    Noun · masculine · plural · accusative · (common) ▸ 2 (Judg. 14,11; 3Mac. 6,6)
  ἑταίρων ▸ 3
    Noun · masculine · plural · genitive · (common) ▸ 3 (3Mac. 2,25; Song 1,7; Sir. 42,3)

ἔτασις (ἐτάζω) affliction, trial ▸ 3
  ἔτασίν ▸ 2
    Noun · feminine · singular · accusative · (common) ▸ 2 (Job 10,17; Job 31,14)
  ἔτασις ▸ 1
    Noun · feminine · singular · nominative · (common) ▸ 1 (Job

ἐτασμός (ἐτάζω) trial, affliction ▸ 3
   ἐτασμοῖς ▸ 1
      Noun · masculine · plural · dative · (common) ▸ **1** (Gen. 12,17)
   ἐτασμὸν ▸ 1
      Noun · masculine · singular · accusative · (common) ▸ **1** (Judith 8,27)
   ἐτασμῶν ▸ 1
      Noun · masculine · plural · genitive · (common) ▸ **1** (2Mac. 7,37)

Ετεβαθα Jotbathah ▸ 3
   Ετεβαθα ▸ 3
      Noun · singular · accusative · (proper) ▸ **2** (Num. 33,33; Deut. 10,7)
      Noun · singular · genitive · (proper) ▸ **1** (Num. 33,34)

ἑτερόγλωσσος (ἕτερος; γλῶσσα) of a foreign tongue ▸ 1
   ἑτερογλώσσοις ▸ 1
      Adjective · masculine · plural · dative ▸ **1** (1Cor. 14,21)

ἑτεροδιδασκαλέω (ἕτερος; διδάσκω) to teach different doctrine ▸ 2
   ἑτεροδιδασκαλεῖ ▸ 1
      Verb · third · singular · present · active · indicative ▸ **1** (1Tim. 6,3)
   ἑτεροδιδασκαλεῖν ▸ 1
      Verb · present · active · infinitive ▸ **1** (1Tim. 1,3)

ἑτεροζυγέω (ἕτερος; ζυγός) to be mismated ▸ 1
   ἑτεροζυγοῦντες ▸ 1
      Verb · present · active · participle · masculine · plural · nominative ▸ **1** (2Cor. 6,14)

ἑτερόζυγος (ἕτερος; ζυγός) animal yoked wrongly ▸ 1
   ἑτεροζύγῳ ▸ 1
      Adjective · neuter · singular · dative · noDegree ▸ **1** (Lev. 19,19)

ἑτεροκλινῶς (ἕτερος; κλίνω) in rebellion ▸ 1
   ἑτεροκλινῶς ▸ 1
      Adverb ▸ **1** (1Chr. 12,34)

ἕτερος other, another ▸ 240 + 27 + 98 = 365
   ἕτερα ▸ 10 + 4 = 14
      Adjective · neuter · plural · accusative · noDegree · (intensive) ▸ **8** (Gen. 29,27; Gen. 29,30; 1Sam. 28,8; 1Mac. 11,24; 2Mac. 2,3; 2Mac. 4,9; 2Mac. 4,32; Ezek. 42,14)
      Adjective · neuter · plural · accusative · (demonstrative) ▸ **4** (Matt. 12,45; Luke 3,18; Luke 11,26; Luke 22,65)
      Adjective · neuter · plural · nominative · noDegree · (intensive) ▸ **2** (Ezra 1,10; Dan. 8,8)
   ἑτέρα ▸ 19 + 3 + 6 = 28
      Adjective · feminine · singular · nominative · noDegree · (intensive) ▸ **19 + 3 = 22** (Ex. 26,3; Ex. 26,3; Ex. 28,7; Deut. 29,21; Judg. 2,10; 1Sam. 21,10; 1Kings 3,22; 1Chr. 2,26; 2Chr. 3,11; 2Chr. 3,12; Esth. 15,2 # 5,1a; Psa. 77,6; Sir. 14,18; Is. 34,16; Is. 47,8; Is. 47,10; Is. 47,10; Ezek. 1,23; Ezek. 3,13; Judg. 2,10; Judg. 9,37; Dan. 2,39)
      Adjective · feminine · singular · nominative · (demonstrative) ▸ **6** (Luke 17,35; John 19,37; Rom. 8,39; Rom. 13,9; 1Cor. 15,40; 1Cor. 15,40)
   ἑτέρᾳ ▸ 3 + 4 = 7
      Adjective · feminine · singular · dative · noDegree · (intensive) ▸ **3** (Ex. 26,3; Ex. 26,6; Ezek. 1,23)
      Adjective · feminine · singular · dative · (demonstrative) ▸ **4** (Mark 16,12; Acts 20,15; Acts 27,3; James 2,25)
   ἕτεραι ▸ 2 + 1 = 3
      Adjective · feminine · plural · nominative · noDegree · (intensive) ▸ **2** (Gen. 41,19; 3Mac. 5,49)
      Adjective · feminine · plural · nominative · (demonstrative) ▸ **1** (Luke 8,3)
   ἑτέραις ▸ 3
      Adjective · feminine · plural · dative · (demonstrative) ▸ **3** (Luke 4,43; Acts 2,4; Eph. 3,5)
   ἑτέραν ▸ 18 + 3 = 21
      Adjective · feminine · singular · accusative · noDegree · (intensive) ▸ **18** (Ex. 26,6; Ex. 28,7; Num. 36,9; Deut. 29,27; 2Mac. 4,19; Psa. 47,14; Psa. 77,4; Psa. 101,19; Wis. 7,5; Sir. 1,22 Prol.; Joel 1,3; Zech. 11,7; Is. 30,10; Is. 34,16; Jer. 39,39; Jer. 39,39; Ezek. 3,13; Ezek. 11,19)
      Adjective · feminine · singular · accusative · (demonstrative) ▸ **3** (Matt. 10,23; Luke 9,56; Luke 16,18)
   ἑτέρας ▸ 5 + 2 = 7
      Adjective · feminine · plural · accusative · noDegree · (intensive) ▸ **3** (Gen. 8,10; Gen. 8,12; Ezek. 44,19)
      Adjective · feminine · singular · genitive · noDegree · (intensive) ▸ **2** (Ex. 26,3; Is. 28,11)
      Adjective · feminine · singular · genitive · (demonstrative) ▸ **2** (Heb. 7,13; Jude 7)
   ἕτεροι ▸ 11 + 1 + 6 = 18
      Adjective · masculine · plural · nominative · noDegree · (intensive) ▸ **11 + 1 + 6 = 18** (Ex. 20,3; Deut. 5,7; 1Chr. 23,17; 1Mac. 5,14; 2Mac. 3,26; 2Mac. 6,11; 2Mac. 10,36; Job 18,19; Sir. 14,4; Amos 3,15; Dan. 12,5; Dan. 12,5; Matt. 16,14; Luke 11,16; Luke 23,32; Acts 2,13; Acts 17,34; Heb. 11,36)
   ἑτέροις ▸ 33 + 2 + 2 = 37
      Adjective · masculine · plural · dative · noDegree · (intensive) ▸ **33 + 2 = 35** (Deut. 4,28; Deut. 7,4; Deut. 11,16; Deut. 11,28; Deut. 13,3; Deut. 13,7; Deut. 13,14; Deut. 17,3; Deut. 28,36; Deut. 28,64; Deut. 29,25; Deut. 30,17; Josh. 23,16; Josh. 24,2; Josh. 24,16; Josh. 24,20; Judg. 10,13; 1Sam. 8,8; 1Sam. 26,19; 1Kings 9,6; 2Kings 5,17; 2Kings 22,17; 2Chr. 7,19; Sir. 11,19; Sir. 49,5; Jer. 8,10; Jer. 16,13; Jer. 39,29; Jer. 51,3; Jer. 51,5; Jer. 51,8; Jer. 51,15; Bar. 1,22; Judg. 10,13; Dan. 11,4)
      Adjective · masculine · plural · dative · (demonstrative) ▸ **1** (Acts 2,40)
      Adjective · neuter · plural · dative · (demonstrative) ▸ **1** (Matt. 11,16)
   ἕτερον ▸ 36 + 5 + 26 = 67
      Adjective · masculine · singular · accusative · noDegree · (intensive) ▸ **22 + 1 = 23** (Gen. 30,24; Ex. 22,4; Ex. 26,17; Lev. 14,42; 2Sam. 18,26; 1Chr. 16,20; 1Esdr. 3,4; 1Esdr. 4,4; 1Esdr. 4,6; 1Esdr. 4,33; Judith 8,20; Psa. 104,13; Wis. 14,24; Wis. 19,3; Sol. 4,12; Is. 6,3; Is. 13,8; Is. 34,14; Ezek. 12,3; Dan. 4,37a; Sus. 13-14; Sus. 56; Sus. 56)
      Adjective · masculine · singular · accusative · (demonstrative) ▸ **15** (Matt. 6,24; Matt. 11,3; Luke 9,59; Luke 16,13; Luke 20,11; Acts 12,17; Acts 17,7; Rom. 2,1; Rom. 2,21; Rom. 7,23; Rom. 13,8; 1Cor. 6,1; Gal. 1,19; Gal. 6,4; Heb. 7,11)
      Adjective · neuter · singular · accusative · noDegree · (intensive) ▸ **13 + 1 = 14** (Gen. 4,25; Gen. 26,21; Gen. 26,22; Gen. 37,9; Gen. 37,9; Gen. 43,22; Ex. 26,28; Ex. 30,9; Tob. 7,15; 2Mac. 10,3; Jer. 18,4; Jer. 43,28; Jer. 43,32; Dan. 7,8)
      Adjective · neuter · singular · accusative · (demonstrative) ▸ **4** (Acts 17,21; 2Cor. 11,4; 2Cor. 11,4; Gal. 1,6)
      Adjective · neuter · singular · nominative · noDegree · (intensive) ▸ **1 + 3 = 4** (Num. 14,24; Tob. 3,15; Tob. 7,15; Dan. 7,6)

ἕτερος–ἔτι

    Adjective · neuter · singular · nominative
      · (demonstrative) ▸ **7** (Luke 8,6; Luke 8,7; Luke 8,8; Luke 9,29; Acts 4,12; Acts 23,6; 1Tim. 1,10)

ἕτερος ▸ 38 + 6 + 15 = 59

    Adjective · masculine · singular · nominative · noDegree
      · (intensive) ▸ 38 + 6 = **44** (Gen. 31,49; Gen. 42,13; Ex. 1,8; Ex. 16,15; Num. 14,4; Deut. 20,5; Deut. 20,6; Deut. 20,7; Deut. 28,30; 2Sam. 18,26; 1Esdr. 3,4; 1Esdr. 3,11; 1Esdr. 4,4; 1Esdr. 4,6; 1Esdr. 4,33; Neh. 2,1; Tob. 6,15; 2Mac. 14,31; 2Mac. 15,5; Psa. 108,8; Job 1,16; Job 1,17; Wis. 14,24; Zech. 2,7; Is. 6,3; Is. 13,8; Is. 34,14; Is. 44,5; Is. 44,24; Jer. 24,2; Bar. 3,36; Ezek. 17,7; Dan. 3,96; Dan. 4,31; Dan. 4,32; Dan. 8,13; Sus. 10-11; Sus. 13-14; Judg. 11,34; Tob. 6,15; Dan. 2,11; Dan. 3,96; Dan. 7,24; Sus. 13)

    Adjective · masculine · singular · nominative
      · (demonstrative) ▸ **15** (Matt. 8,21; Luke 7,41; Luke 9,61; Luke 14,19; Luke 14,20; Luke 17,34; Luke 18,10; Luke 19,20; Luke 22,58; Luke 23,40; Acts 1,20; Acts 7,18; 1Cor. 3,4; 1Cor. 14,17; Heb. 7,15)

ἑτέρου ▸ 11 + 2 + 6 = 19

    Adjective · masculine · singular · genitive · noDegree · (intensive)
      ▸ **7** (Gen. 31,49; 1Esdr. 3,5; 2Mac. 4,26; Job 30,24; Job 31,9; Sir. 32,9; Dan. 8,13)

    Adjective · masculine · singular · genitive
      · (demonstrative) ▸ **6** (Matt. 6,24; Luke 16,13; Acts 8,34; 1Cor. 4,6; 1Cor. 10,24; 1Cor. 10,29)

    Adjective · neuter · singular · genitive · noDegree · (intensive)
      ▸ 4 + 2 = **6** (2Chr. 3,11; 2Chr. 3,12; Wis. 15,7; Dan. 8,3; Dan. 7,20; Dan. 8,3)

ἑτέρους ▸ 14 + 4 = 18

    Adjective · masculine · plural · accusative · noDegree · (intensive)
      ▸ **14** (Lev. 14,42; 1Sam. 19,21; 2Kings 17,7; 2Kings 17,35; 2Kings 17,37; 2Kings 17,38; 1Mac. 12,2; 1Mac. 16,19; 1Mac. 16,20; 2Mac. 9,28; Eccl. 7,22; Jer. 6,12; Dan. 4,37; Dan. 11,4)

    Adjective · masculine · plural · accusative
      · (demonstrative) ▸ **4** (Matt. 15,30; Luke 10,1; Acts 27,1; 2Tim. 2,2)

ἑτέρῳ ▸ 24 + 5 + 12 = 41

    Adjective · masculine · singular · dative · noDegree · (intensive)
      ▸ 23 + 5 = **28** (Gen. 17,21; Gen. 29,19; Ex. 16,15; Ex. 26,17; Ex. 34,14; Lev. 27,20; Num. 14,4; Deut. 24,2; Ruth 2,8; Ruth 2,22; Tob. 6,13; Job 31,10; Sir. 14,15; Sir. 33,20; Hos. 3,3; Is. 42,8; Is. 48,11; Jer. 3,1; Bar. 4,3; Dan. 3,95; Dan. 4,31; Sus. 10-11; Sus. 19; Tob. 6,13; Tob. 7,10; Dan. 2,44; Dan. 5,17; Sus. 13)

    Adjective · masculine · singular · dative
      · (demonstrative) ▸ **10** (Matt. 21,30; Luke 14,31; Luke 16,7; Acts 13,35; Rom. 7,3; Rom. 7,3; Rom. 7,4; 1Cor. 12,9; 1Cor. 12,10; Heb. 5,6)

    Adjective · neuter · singular · dative · noDegree · (intensive) ▸ **1** (Deut. 28,32)

    Adjective · neuter · singular · dative
      · (demonstrative) ▸ **2** (Luke 5,7; Luke 6,6)

ἑτέρων ▸ 16 + 3 + 4 = 23

    Adjective · feminine · plural · genitive · noDegree · (intensive)
      ▸ **2** (1Mac. 6,29; 2Mac. 2,27)

    Adjective · masculine · plural · genitive · noDegree · (intensive)
      ▸ 13 + 3 = **16** (Ex. 23,13; Deut. 6,14; Deut. 8,19; Deut. 18,20; Deut. 28,14; Judg. 2,12; Judg. 2,17; Judg. 2,19; 1Kings 11,10; 2Chr. 7,22; 2Mac. 9,6; Sir. 11,6; Jer. 42,15; Judg. 2,12; Judg. 2,17; Judg. 2,19)

    Adjective · masculine · plural · genitive
      · (demonstrative) ▸ **4** (Acts 15,35; 1Cor. 14,21; 2Cor. 8,8; Phil. 2,4)

    Adjective · neuter · plural · genitive · noDegree · (intensive) ▸ **1** (4Mac. 2,9)

ἑτέρωθεν (ἕτερος; θεν) on the other side ▸ 1

    ἑτέρωθεν ▸ 1
      Adverb ▸ **1** (4Mac. 6,4)

ἑτέρως (ἕτερος) otherwise ▸ 1

    ἑτέρως ▸ 1
      Adverb ▸ **1** (Phil. 3,15)

Ετηλ Hattil ▸ 1

    Ετηλ ▸ 1
      Noun · masculine · singular · genitive · (proper) ▸ **1** (Neh. 7,59)

ἔτι yet, still, again ▸ 516 + 34 + 93 = 643

    ἔτι ▸ 482 + 33 + 85 = 600
      Adverb · (temporal) ▸ 482 + 33 + 85 = **600** (Gen. 2,9; Gen. 2,19; Gen. 7,4; Gen. 8,10; Gen. 8,12; Gen. 8,12; Gen. 8,21; Gen. 8,21; Gen. 9,11; Gen. 9,11; Gen. 9,15; Gen. 17,5; Gen. 18,29; Gen. 18,32; Gen. 24,20; Gen. 25,6; Gen. 29,9; Gen. 29,27; Gen. 29,34; Gen. 29,35; Gen. 29,35; Gen. 30,7; Gen. 30,12; Gen. 30,19; Gen. 31,14; Gen. 32,29; Gen. 35,9; Gen. 35,10; Gen. 37,8; Gen. 37,30; Gen. 38,4; Gen. 38,5; Gen. 38,26; Gen. 40,13; Gen. 40,19; Gen. 43,7; Gen. 43,27; Gen. 43,28; Gen. 44,14; Gen. 44,23; Gen. 44,28; Gen. 45,1; Gen. 45,3; Gen. 45,6; Gen. 45,11; Gen. 45,28; Gen. 46,30; Gen. 49,27; Ex. 2,3; Ex. 4,18; Ex. 8,25; Ex. 9,2; Ex. 9,17; Ex. 9,29; Ex. 9,33; Ex. 10,17; Ex. 10,28; Ex. 14,13; Ex. 15,18; Ex. 17,4; Ex. 36,3; Ex. 36,6; Lev. 13,57; Lev. 17,7; Lev. 18,18; Num. 8,25; Num. 11,33; Num. 18,22; Num. 19,13; Num. 21,30; Num. 22,15; Num. 22,25; Num. 23,13; Num. 32,14; Num. 32,15; Deut. 3,26; Deut. 4,35; Deut. 4,39; Deut. 5,25; Deut. 10,16; Deut. 13,12; Deut. 13,17; Deut. 17,13; Deut. 17,16; Deut. 18,16; Deut. 19,9; Deut. 19,20; Deut. 28,68; Deut. 31,2; Deut. 31,27; Deut. 34,10; Josh. 1,11; Josh. 2,11; Josh. 7,12; Josh. 14,11; Judg. 6,24; Judg. 6,39; Judg. 6,39; Judg. 9,37; Judg. 13,9; Judg. 13,21; Judg. 16,28; Judg. 18,24; Judg. 19,9; Judg. 19,11; Judg. 20,28; Ruth 1,11; Ruth 1,14; Ruth 1,18; 1Sam. 1,18; 1Sam. 2,21; 1Sam. 7,13; 1Sam. 10,22; 1Sam. 13,7; 1Sam. 15,35; 1Sam. 18,29; 1Sam. 20,14; 1Sam. 20,17; 1Sam. 23,4; 1Sam. 23,22; 1Sam. 27,4; 1Sam. 28,15; 1Sam. 28,20; 1Sam. 30,4; 2Sam. 2,22; 2Sam. 2,28; 2Sam. 3,11; 2Sam. 3,35; 2Sam. 5,13; 2Sam. 5,13; 2Sam. 5,22; 2Sam. 6,1; 2Sam. 6,22; 2Sam. 7,20; 2Sam. 9,1; 2Sam. 9,3; 2Sam. 10,19; 2Sam. 12,18; 2Sam. 12,21; 2Sam. 12,22; 2Sam. 12,23; 2Sam. 14,10; 2Sam. 14,32; 2Sam. 18,14; 2Sam. 18,18; 2Sam. 18,22; 2Sam. 19,29; 2Sam. 19,29; 2Sam. 19,30; 2Sam. 19,36; 2Sam. 19,36; 2Sam. 19,36; 2Sam. 21,15; 2Sam. 21,17; 2Sam. 21,18; 2Sam. 21,20; 1Kings 1,14; 1Kings 1,22; 1Kings 1,42; 1Kings 2,35l; 1Kings 8,60; 1Kings 10,10; 1Kings 11,43; 1Kings 12,6; 1Kings 21,32; 1Kings 22,44; 2Kings 1,13; 2Kings 2,12; 2Kings 2,21; 2Kings 4,6; 2Kings 4,6; 2Kings 4,41; 2Kings 5,17; 2Kings 6,23; 2Kings 6,33; 2Kings 6,33; 2Kings 9,22; 2Kings 12,4; 2Kings 14,4; 2Kings 15,4; 2Kings 15,35; 2Kings 19,29; 2Kings 24,7; 1Chr. 12,1; 1Chr. 12,30; 1Chr. 14,3; 1Chr. 14,3; 1Chr. 14,13; 1Chr. 14,13; 1Chr. 14,14; 1Chr. 17,9; 1Chr. 17,18; 1Chr. 17,21; 1Chr. 19,19; 1Chr. 20,4; 1Chr. 20,5; 1Chr. 20,6; 1Chr. 29,3; 2Chr. 13,20; 2Chr. 15,17; 2Chr. 17,6; 2Chr. 18,1; 2Chr. 18,6; 2Chr. 20,33; 2Chr. 20,33; 2Chr. 27,2; 2Chr. 31,10; 2Chr. 32,16; 2Chr. 33,17; 2Chr. 34,3; 2Chr. 34,16; 1Esdr. 2,17; 1Esdr. 8,87; Ezra 4,21; Neh. 2,17; Neh. 7,3; Neh. 9,18; Esth. 1,19; Esth. 6,14; Esth. 8,7; Esth. 9,12; Judith 6,5; Judith 7,22; Judith 7,30; Judith 8,31; Judith 13,11; Judith 15,2; Judith 16,15; Judith 16,25; Tob. 5,16; 1Mac. 1,6; 1Mac. 2,13; 1Mac. 4,4; 1Mac. 4,19; 1Mac. 5,14; 1Mac. 5,44; 1Mac. 6,55; 1Mac. 7,30; 1Mac. 8,32; 1Mac. 9,55; 1Mac. 9,72; 1Mac. 10,27; 1Mac. 10,88; 1Mac. 12,7; 2Mac. 2,20; 2Mac. 3,18; 2Mac. 3,37; 2Mac. 4,6;

2Mac. 6,4; 2Mac. 7,24; 2Mac. 8,17; 2Mac. 8,23; 2Mac. 8,30; 2Mac. 9,7; 2Mac. 10,2; 2Mac. 10,7; 2Mac. 10,19; 2Mac. 12,2; 2Mac. 14,3; 2Mac. 14,45; 2Mac. 15,18; 3Mac. 2,22; 3Mac. 4,10; 3Mac. 4,18; 3Mac. 4,18; 3Mac. 5,19; 3Mac. 5,38; 4Mac. 5,10; 4Mac. 16,25; 4Mac. 18,10; Psa. 8,8; Psa. 9,39; Psa. 15,7; Psa. 15,9; Psa. 36,10; Psa. 59,1; Psa. 70,24; Psa. 73,9; Psa. 73,9; Psa. 76,8; Psa. 77,17; Psa. 77,30; Psa. 77,32; Psa. 82,5; Psa. 87,6; Psa. 91,15; Psa. 102,16; Psa. 138,18; Psa. 140,5; Ode. 1,18; Ode. 10,4; Prov. 31,7; Eccl. 3,16; Eccl. 4,13; Eccl. 7,28; Eccl. 9,5; Eccl. 9,6; Eccl. 12,9; Job 2,3; Job 2,9a; Job 7,10; Job 7,10; Job 8,12; Job 14,7; Job 17,15; Job 20,4; Job 27,3; Job 32,1; Job 32,15; Job 34,23; Job 34,36; Job 36,1; Job 36,2; Job 36,2; Job 40,4; Wis. 10,7; Wis. 14,24; Wis. 19,3; Wis. 19,10; Sir. 24,21; Sir. 24,21; Sir. 24,32; Sir. 24,33; Sir. 33,21; Sir. 41,1; Sir. 43,30; Sol. 3,12; Sol. 8,33; Sol. 9,11; Sol. 11,7; Sol. 11,9; Sol. 13,11; Sol. 17,1; Sol. 17,27; Sol. 17,28; Sol. 17,46; Sol. 18,0; Hos. 1,4; Hos. 1,6; Hos. 1,6; Hos. 1,8; Hos. 2,18; Hos. 12,10; Hos. 13,2; Hos. 14,9; Amos 6,10; Amos 8,14; Joel 2,27; Jonah 4,2; Nah. 1,12; Nah. 1,14; Nah. 2,1; Hab. 2,3; Zeph. 2,15; Hag. 2,19; Hag. 2,19; Zech. 1,16; Zech. 1,17; Zech. 1,17; Zech. 2,16; Zech. 12,6; Zech. 13,3; Zech. 14,11; Mal. 2,13; Is. 1,5; Is. 2,4; Is. 2,4; Is. 5,4; Is. 5,25; Is. 6,13; Is. 7,8; Is. 8,5; Is. 9,11; Is. 9,16; Is. 9,20; Is. 10,4; Is. 10,25; Is. 14,1; Is. 28,10; Is. 28,10; Is. 28,13; Is. 28,13; Is. 29,8; Is. 43,13; Is. 45,5; Is. 45,6; Is. 45,18; Is. 46,9; Is. 48,3; Is. 48,8; Is. 51,22; Is. 54,3; Is. 54,9; Is. 58,9; Is. 60,18; Is. 62,8; Is. 62,8; Is. 65,24; Jer. 2,9; Jer. 2,31; Jer. 2,33; Jer. 3,1; Jer. 3,16; Jer. 3,16; Jer. 3,17; Jer. 7,32; Jer. 10,20; Jer. 11,19; Jer. 13,27; Jer. 15,9; Jer. 16,14; Jer. 19,6; Jer. 19,11; Jer. 20,9; Jer. 22,10; Jer. 22,12; Jer. 22,30; Jer. 23,4; Jer. 23,36; Jer. 23,7; Jer. 28,33; Jer. 28,44; Jer. 30,1; Jer. 31,2; Jer. 35,3; Jer. 37,8; Jer. 38,4; Jer. 38,4; Jer. 38,5; Jer. 38,12; Jer. 38,34; Jer. 39,43; Jer. 40,1; Jer. 40,13; Jer. 43,32; Jer. 45,9; Jer. 51,22; Jer. 51,26; Bar. 2,35; Lam. 4,22; Ezek. 5,4; Ezek. 5,9; Ezek. 8,6; Ezek. 8,15; Ezek. 12,24; Ezek. 12,25; Ezek. 13,23; Ezek. 14,11; Ezek. 14,11; Ezek. 15,5; Ezek. 15,5; Ezek. 16,63; Ezek. 18,3; Ezek. 24,13; Ezek. 26,13; Ezek. 26,14; Ezek. 26,21; Ezek. 28,19; Ezek. 29,15; Ezek. 30,13; Ezek. 32,13; Ezek. 33,22; Ezek. 34,10; Ezek. 34,10; Ezek. 34,22; Ezek. 34,28; Ezek. 34,29; Ezek. 35,9; Ezek. 36,12; Ezek. 36,14; Ezek. 37,22; Ezek. 37,23; Dan. 6,22; Dan. 8,2; Dan. 8,17; Dan. 8,19; Dan. 8,26; Dan. 9,21; Dan. 10,14; Dan. 11,27; Dan. 11,35; Dan. 12,13; Judg. 2,14; Judg. 6,24; Judg. 6,39; Judg. 6,39; Judg. 8,20; Judg. 9,37; Judg. 11,14; Judg. 13,8; Judg. 13,9; Judg. 13,21; Judg. 16,18; Judg. 16,28; Judg. 18,24; Judg. 20,25; Judg. 20,28; Tob. 3,15; Tob. 5,10; Tob. 5,16; Tob. 10,8; Tob. 12,3; Tob. 13,18; Tob. 14,2; Dan. 4,31; Dan. 8,17; Dan. 8,19; Dan. 9,20; Dan. 9,21; Dan. 10,14; Dan. 11,2; Dan. 11,27; Dan. 11,35; Dan. 12,3; Dan. 12,13; Matt. 5,13; Matt. 17,5; Matt. 18,16; Matt. 19,20; Matt. 26,47; Matt. 26,65; Matt. 27,63; Mark 5,35; Mark 12,6; Mark 14,43; Mark 14,63; Luke 1,15; Luke 9,42; Luke 14,22; Luke 14,26; Luke 14,32; Luke 16,2; Luke 18,22; Luke 20,36; Luke 22,60; Luke 22,71; Luke 24,6; Luke 24,41; Luke 24,44; John 4,35; John 7,33; John 11,30; John 12,35; John 13,33; John 14,19; John 20,1; Acts 2,26; Acts 9,1; Acts 18,18; Acts 21,28; Rom. 3,7; Rom. 5,6; Rom. 5,8; Rom. 6,2; Rom. 9,19; 1Cor. 3,2; 1Cor. 3,3; 1Cor. 12,31; 1Cor. 15,17; 2Cor. 1,10; Gal. 1,10; Gal. 5,11; Gal. 5,11; Phil. 1,9; 2Th. 2,5; Heb. 7,10; Heb. 7,11; Heb. 7,15; Heb. 8,12; Heb. 9,8; Heb. 10,2; Heb. 10,17; Heb. 10,37; Heb. 11,4; Heb. 11,32; Heb. 11,36; Heb. 12,26; Heb. 12,27; Rev. 3,12; Rev. 6,11; Rev. 7,16; Rev. 7,16; Rev. 9,12; Rev. 12,8; Rev. 18,21; Rev. 18,22; Rev. 18,22; Rev. 18,22; Rev. 18,23; Rev. 18,23; Rev. 20,3; Rev. 21,1; Rev. 21,4; Rev. 21,4; Rev. 22,3; Rev. 22,5; Rev. 22,11; Rev. 22,11; Rev. 22,11; Rev. 22,11)

Ἔτι ▸ 34 + 1 + 8 = 43

Adverb ▪ (temporal) ▸ 34 + 1 + 8 = **43** (Gen. 29,7; Ex. 11,1; Judg. 7,4; 1Sam. 16,11; 2Sam. 9,3; 1Kings 12,24p; 1Kings 22,8; 2Chr. 18,7; 2Mac. 7,30; Job 1,16; Job 1,17; Job 1,18; Job 27,1; Job 29,1; Job 40,6; Sir. 39,12; Sir. 51,13; Hos. 3,1; Jonah 3,4; Hag. 2,6; Zech. 1,17; Zech. 8,4; Zech. 8,20; Zech. 11,15; Is. 21,16; Is. 44,2; Jer. 38,23; Jer. 39,15; Jer. 40,10; Jer. 40,12; Lam. 4,17; LetterJ 40; Ezek. 8,13; Ezek. 36,37; Judg. 7,4; Matt. 12,46; Mark 5,35; Luke 8,49; Luke 15,20; Luke 22,47; John 16,12; Acts 10,44; Rom. 5,6)

ἑτοιμάζω (ἕτοιμος) to prepare ▸ 173 + 3 + 40 = 216

ἑτοίμαζε ▸ 1
Verb ▪ second ▪ singular ▪ present ▪ active ▪ imperative ▸ **1** (Prov. 24,27)

ἑτοίμαζέ ▸ 1
Verb ▪ second ▪ singular ▪ present ▪ active ▪ imperative ▸ **1** (Philem. 22)

ἑτοιμάζειν ▸ 1
Verb ▪ present ▪ active ▪ infinitive ▸ **1** (Judith 2,7)

ἑτοιμάζεσθαι ▸ 1
Verb ▪ present ▪ middle ▪ infinitive ▸ **1** (1Mac. 12,27)

Ἑτοιμάζεσθε ▸ 1
Verb ▪ second ▪ plural ▪ present ▪ middle ▪ imperative ▸ **1** (Josh. 1,11)

ἑτοιμάζεται ▸ 4
Verb ▪ third ▪ singular ▪ present ▪ middle ▪ indicative ▸ **1** (Prov. 6,8)
Verb ▪ third ▪ singular ▪ present ▪ passive ▪ indicative ▸ **3** (Prov. 8,35; Prov. 16,12; Prov. 21,31)

ἑτοιμάζονται ▸ 4
Verb ▪ third ▪ plural ▪ present ▪ middle ▪ indicative ▸ **4** (1Mac. 5,11; Prov. 19,29; Prov. 30,25; Dan. 4,26)

ἑτοιμάζοντες ▸ 1
Verb ▪ present ▪ active ▪ participle ▪ masculine ▪ plural ▪ nominative ▸ **1** (Is. 65,11)

ἑτοιμάζοντι ▸ 1
Verb ▪ present ▪ active ▪ participle ▪ masculine ▪ singular ▪ dative ▸ **1** (Psa. 146,8)

ἑτοιμάζου ▸ 2
Verb ▪ second ▪ singular ▪ present ▪ middle ▪ imperative ▸ **2** (Amos 4,12; Zeph. 3,7)

ἑτοιμάζουσιν ▸ 2
Verb ▪ third ▪ plural ▪ present ▪ active ▪ indicative ▸ **2** (Esth. 12,2 # 1,1n; Mic. 7,3)

ἑτοιμάζω ▸ 1
Verb ▪ first ▪ singular ▪ present ▪ active ▪ indicative ▸ **1** (Is. 54,11)

ἑτοιμάζων ▸ 6
Verb ▪ present ▪ active ▪ participle ▪ masculine ▪ singular ▪ nominative ▸ **6** (1Sam. 2,3; Psa. 64,7; Ode. 3,3; Sol. 10,2; Hab. 2,12; Jer. 28,15)

ἑτοιμάσαι ▸ 8 + 4 = 12
Verb ▪ aorist ▪ active ▪ infinitive ▸ 8 + 4 = **12** (1Chr. 9,32; 2Chr. 2,8; 2Chr. 31,11; 2Chr. 35,14; Psa. 77,19; Psa. 77,20; Ode. 9,76; Zech. 5,11; Luke 1,17; Luke 1,76; Luke 9,52; John 14,2)

ἑτοίμασαι ▸ 2
Verb ▪ second ▪ singular ▪ aorist ▪ middle ▪ imperative ▸ **2** (Nah. 3,8; Nah. 3,8)

ἑτοιμάσας ▸ 1 + 1 = 2
Verb ▪ aorist ▪ active ▪ participle ▪ masculine ▪ singular ▪ nominative ▸ 1 + 1 = **2** (Job 28,27; Luke 12,47)

ἑτοιμάσατε ▸ 7 + 7 = 14
Verb ▪ second ▪ plural ▪ aorist ▪ active ▪ imperative ▸ 7 + 7 = **14** (1Sam. 7,3; 1Sam. 23,22; 2Chr. 35,6; 1Esdr. 1,4; 1Esdr. 1,6; Is. 21,5; Jer. 28,12; Matt. 3,3; Mark 1,3; Mark 14,15; Luke 3,4;

ἑτοιμάζω

Luke 22,8; Luke 22,12; Acts 23,23)
Ἑτοιμάσατε ▸ 1
　Verb · second · plural · aorist · active · imperative ▸ **1** (Is. 40,3)
ἑτοιμασάτω ▸ 1
　Verb · third · singular · aorist · active · imperative ▸ **1** (Is. 44,7)
ἑτοιμάσει ▸ 1
　Verb · third · singular · future · active · indicative ▸ **1** (Sir. 26,28)
ἑτοιμάσεις ▸ 3
　Verb · second · singular · future · active · indicative ▸ **3** (Psa. 20,13; Ezek. 4,3; Ezek. 4,7)
ἑτοιμάσῃ ▸ 2
　Verb · second · singular · future · middle · indicative ▸ **1** (Job 27,16)
　Verb · third · singular · aorist · active · subjunctive ▸ **1** (Sir. 47,13)
ἑτοιμασθὲν ▸ 1
　Verb · aorist · passive · participle · neuter · singular · accusative ▸ **1** (2Kings 12,12)
ἑτοιμασθῇ ▸ 1 + 1 = 2
　Verb · third · singular · aorist · passive · subjunctive ▸ 1 + 1 = **2** (Dan. 12,11; Rev. 16,12)
ἑτοιμασθήσεται ▸ 3
　Verb · third · singular · future · passive · indicative ▸ **3** (1Sam. 20,31; Psa. 88,3; Ezek. 38,8)
ἑτοιμασθήσονται ▸ 1
　Verb · third · plural · future · passive · indicative ▸ **1** (Sir. 39,31)
ἑτοιμάσθητε ▸ 1
　Verb · second · plural · aorist · passive · imperative ▸ **1** (2Chr. 35,4)
ἑτοιμάσθητι ▸ 1
　Verb · second · singular · aorist · passive · imperative ▸ **1** (Ezek. 38,7)
ἑτοίμασον ▸ 12 + 2 + 1 = 15
　Verb · second · singular · aorist · active · imperative ▸ 12 + 2 + 1 = **15** (Gen. 43,16; Tob. 7,15; 3Mac. 5,20; Prov. 23,12; Sir. 2,1; Sir. 18,23; Sir. 33,4; Sol. 11,7; Is. 14,21; Is. 21,5; Jer. 26,14; Ezek. 38,7; Tob. 5,17; Tob. 7,15; Luke 17,8)
ἑτοίμασόν ▸ 2
　Verb · second · singular · aorist · active · imperative ▸ **2** (Num. 23,1; Num. 23,29)
ἑτοιμάσουσιν ▸ 3
　Verb · third · plural · future · active · indicative ▸ **3** (Ex. 16,5; Sir. 2,17; Nah. 2,6)
ἑτοιμάσω ▸ 4 + 1 = 5
　Verb · first · singular · future · active · indicative ▸ **4** (2Sam. 7,12; 1Chr. 17,11; 1Chr. 22,5; Psa. 88,5)
　Verb · first · singular · aorist · active · subjunctive ▸ **1** (John 14,3)
ἑτοιμάσωμεν ▸ 1 + 1 + 2 = 4
　Verb · first · plural · aorist · active · subjunctive ▸ 1 + 1 + 2 = **4** (Tob. 11,3; Tob. 11,3; Mark 14,12; Luke 22,9)
ἑτοιμάσωμέν ▸ 1
　Verb · first · plural · aorist · active · subjunctive ▸ **1** (Matt. 26,17)
ἡτοίμαζεν ▸ 2
　Verb · third · singular · imperfect · active · indicative ▸ **2** (2Chr. 26,14; Prov. 8,27)
ἡτοίμακα ▸ 4 + 1 = 5
　Verb · first · singular · perfect · active · indicative ▸ 4 + 1 = **5** (Gen. 24,31; 1Chr. 29,2; 1Chr. 29,3; 1Chr. 29,16; Matt. 22,4)
ἡτοιμάκαμεν ▸ 1
　Verb · first · plural · perfect · active · indicative ▸ **1** (2Chr. 29,19)
ἡτοίμακεν ▸ 1
　Verb · third · singular · perfect · active · indicative ▸ **1** (Zeph. 1,7)
ἡτοιμακέναι ▸ 1
　Verb · perfect · active · infinitive ▸ **1** (2Chr. 29,36)
ἡτοίμασα ▸ 7
　Verb · first · singular · aorist · active · indicative ▸ **7** (Num. 23,4; 1Chr. 15,12; 1Chr. 22,14; 1Chr. 22,14; 1Chr. 28,2; Psa. 131,17; Ezek. 20,6)
ἡτοίμασά ▸ 1
　Verb · first · singular · aorist · active · indicative ▸ **1** (Ex. 23,20)
ἡτοίμασαν ▸ 17 + 6 = 23
　Verb · third · plural · aorist · active · indicative ▸ 17 + 6 = **23** (Gen. 43,25; Ex. 15,17; 1Kings 5,32; 1Chr. 12,40; 2Chr. 31,11; 2Chr. 35,12; 2Chr. 35,14; 2Chr. 35,15; 1Esdr. 1,14; 1Esdr. 1,14; 1Esdr. 1,15; 1Esdr. 5,47; Ezra 3,3; Psa. 10,2; Psa. 56,7; Ode. 1,17; Job 15,28; Matt. 26,19; Mark 14,16; Luke 22,13; Luke 23,56; Luke 24,1; Rev. 8,6)
ἡτοιμάσαντο ▸ 1
　Verb · third · plural · aorist · middle · indicative ▸ **1** (Josh. 9,4)
ἡτοίμασας ▸ 9 + 2 = 11
　Verb · second · singular · aorist · active · indicative ▸ 9 + 2 = **11** (Gen. 24,14; 2Sam. 7,24; Psa. 22,5; Psa. 64,10; Psa. 67,11; Psa. 98,4; Ode. 13,31; Wis. 16,2; Sol. 5,10; Luke 2,31; Luke 12,20)
ἡτοιμάσατο ▸ 1
　Verb · third · singular · aorist · middle · indicative ▸ **1** (Prov. 9,2)
ἡτοίμασεν ▸ 28 + 3 = 31
　Verb · third · singular · aorist · active · indicative ▸ 28 + 3 = **31** (Gen. 24,44; 1Sam. 13,13; 2Sam. 5,12; 1Chr. 14,2; 1Chr. 15,1; 1Chr. 15,3; 1Chr. 22,3; 1Chr. 22,5; 2Chr. 1,4; 2Chr. 2,6; 2Chr. 3,1; 2Chr. 27,6; Esth. 6,4; Esth. 6,14; Esth. 7,9; Esth. 7,10; Judith 12,19; Tob. 5,17; 1Mac. 13,22; Psa. 7,13; Psa. 7,14; Psa. 9,8; Psa. 23,2; Psa. 102,19; Prov. 3,19; Job 38,25; Job 38,41; Sir. 45,20; 1Cor. 2,9; Heb. 11,16; Rev. 19,7)
ἡτοίμασέν ▸ 1
　Verb · third · singular · aorist · active · indicative ▸ **1** (1Kings 2,24)
ἡτοιμάσθαι ▸ 1
　Verb · perfect · passive · infinitive ▸ **1** (3Mac. 5,29)
ἡτοιμάσθη ▸ 8
　Verb · third · singular · aorist · passive · indicative ▸ **8** (1Kings 2,12; 2Chr. 8,16; 2Chr. 12,1; 2Chr. 35,16; Esth. 11,7 # 1,1f; Esth. 5,14; 1Mac. 1,16; Is. 30,33)
ἡτοιμάσθην ▸ 1
　Verb · first · singular · aorist · passive · indicative ▸ **1** (Psa. 118,60)
ἡτοιμάσθησαν ▸ 1
　Verb · third · plural · aorist · passive · indicative ▸ **1** (Esth. 11,9 # 1,1h)
ἡτοιμασμένη ▸ 1
　Verb · perfect · passive · participle · feminine · singular · nominative ▸ **1** (Tob. 6,18)
ἡτοιμασμένην ▸ 2
　Verb · perfect · passive · participle · feminine · singular · accusative ▸ **2** (Matt. 25,34; Rev. 21,2)
ἡτοιμασμένοι ▸ 1
　Verb · perfect · passive · participle · masculine · plural · nominative ▸ **1** (Rev. 9,15)
ἡτοιμασμένοις ▸ 1
　Verb · perfect · passive · participle · masculine · plural · dative ▸ **1** (Rev. 9,7)
ἡτοιμασμένον ▸ 2 + 3 = 5
　Verb · perfect · passive · participle · masculine · singular · accusative ▸ 2 + 1 = **3** (3Mac. 6,31; Sir. 49,12; Rev. 12,6)

Verb · perfect · passive · participle · neuter · singular · accusative ▸ **1** (Matt. 25,41)
Verb · perfect · passive · participle · neuter · singular · nominative ▸ **1** (2Tim. 2,21)
ἡτοίμασται ▸ **2** + **2** = **4**
Verb · third · singular · perfect · middle · indicative ▸ **1** (1Mac. 12,28)
Verb · third · singular · perfect · passive · indicative ▸ **1** + **2** = **3** (Job 18,12; Matt. 20,23; Mark 10,40)
ἡτοίμασται ▸ **1**
Verb · third · singular · perfect · passive · indicative ▸ **1** (Job 41,2)
ἡτοίμαστο ▸ **1**
Verb · third · singular · pluperfect · passive · indicative ▸ **1** (Job 12,5)

ἑτοιμασία (ἕτοιμος) readiness, equipment, preparation ▸ **8** + **3** + **1** = **12**
ἑτοιμασία ▸ **2**
Noun · feminine · singular · nominative · (common) ▸ **2** (Psa. 64,10; Psa. 88,15)
ἑτοιμασίᾳ ▸ **1**
Noun · feminine · singular · dative ▸ **1** (Eph. 6,15)
ἑτοιμασίαν ▸ **5** + **2** = **7**
Noun · feminine · singular · accusative · (common) ▸ **5** + **2** = **7** (Ezra 2,68; Ezra 3,3; Psa. 9,38; Wis. 13,12; Zech. 5,11; Dan. 11,20; Dan. 11,21)
ἑτοιμασίας ▸ **1** + **1** = **2**
Noun · feminine · singular · genitive · (common) ▸ **1** + **1** = **2** (Nah. 2,4; Dan. 11,7)

ἕτοιμος ready ▸ **61** + **17** = **78**
ἕτοιμα ▸ **2** + **2** = **4**
Adjective · neuter · plural · accusative ▸ **1** (2Cor. 10,16)
Adjective · neuter · plural · nominative · noDegree ▸ **2** + **1** = **3** (Deut. 32,35; Ode. 2,35; Matt. 22,4)
ἕτοιμά ▸ **1**
Adjective · neuter · plural · nominative ▸ **1** (Luke 14,17)
ἑτοίμη ▸ **7**
Adjective · feminine · singular · nominative · noDegree ▸ **7** (Psa. 56,8; Psa. 56,8; Psa. 107,2; Psa. 111,7; Sol. 6,1; Ezek. 21,15; Ezek. 21,16)
Ἑτοίμη ▸ **1**
Adjective · feminine · singular · nominative · noDegree ▸ **1** (Psa. 107,2)
ἑτοίμην ▸ **3** + **2** = **5**
Adjective · feminine · singular · accusative · noDegree ▸ **3** + **2** = **5** (2Sam. 23,5; 1Mac. 4,21; Ezek. 21,16; 2Cor. 9,5; 1Pet. 1,5)
ἕτοιμοι ▸ **13** + **5** = **18**
Adjective · feminine · plural · nominative · noDegree ▸ **1** + **1** = **2** (Judith 9,6; Matt. 25,10)
Adjective · masculine · plural · nominative · noDegree ▸ **12** + **4** = **16** (Ex. 19,11; Ex. 19,15; Num. 16,16; Josh. 8,4; Esth. 11,6 # 1,1e; 1Mac. 3,58; 1Mac. 5,39; 1Mac. 7,29; 1Mac. 12,50; 2Mac. 7,2; 2Mac. 11,9; 4Mac. 9,1; Matt. 24,44; Luke 12,40; Acts 23,21; 1Pet. 3,15)
ἕτοιμοί ▸ **2** + **1** = **3**
Adjective · masculine · plural · nominative · noDegree ▸ **2** + **1** = **3** (1Mac. 4,35; 1Mac. 13,37; Acts 23,15)
ἕτοιμον ▸ **8** + **1** = **9**
Adjective · masculine · singular · accusative · noDegree ▸ **5** (2Chr. 6,2; Wis. 16,20; Sir. 51,3; Hos. 6,3; Mic. 6,8)
Adjective · neuter · singular · accusative · noDegree ▸ **2** + **1** = **3** (Ex. 15,17; Ode. 1,17; Mark 14,15)

Adjective · neuter · singular · nominative · noDegree ▸ **1** (Mic. 4,1)
ἕτοιμος ▸ **7** + **1** = **8**
Adjective · masculine · singular · nominative · noDegree ▸ **7** + **1** = **8** (Ex. 34,2; 1Sam. 13,21; 1Sam. 26,4; 1Kings 2,45; Psa. 16,12; Psa. 37,18; Psa. 92,2; John 7,6)
Ἕτοιμος ▸ **1**
Adjective · masculine · singular · nominative · noDegree ▸ **1** (Tob. 5,17)
ἕτοιμός ▸ **2**
Adjective · masculine · singular · nominative ▸ **2** (Matt. 22,8; Luke 22,33)
ἑτοίμου ▸ **8**
Adjective · masculine · singular · genitive · noDegree ▸ **1** (Lev. 16,21)
Adjective · neuter · singular · genitive · noDegree ▸ **7** (1Kings 8,39; 1Kings 8,43; 1Kings 8,49; 2Chr. 6,30; 2Chr. 6,33; 2Chr. 6,39; Psa. 32,14)
ἑτοίμους ▸ **7** + **1** = **8**
Adjective · masculine · plural · accusative · noDegree ▸ **7** + **1** = **8** (Josh. 4,3; Esth. 3,14; Esth. 8,13; 1Mac. 3,28; 1Mac. 3,44; 2Mac. 8,21; 2Mac. 14,22; Titus 3,1)
ἑτοίμῳ ▸ **2** + **1** = **3**
Adjective · neuter · singular · dative · noDegree ▸ **2** + **1** = **3** (3Mac. 5,8; 3Mac. 5,26; 2Cor. 10,6)

ἑτοίμως (ἕτοιμος) readily ▸ **4** + **1** + **3** = **8**
ἑτοίμως ▸ **4** + **1** + **3** = **8**
Adverb ▸ **4** + **1** + **3** = **8** (Ezra 7,17; Ezra 7,21; Ezra 7,26; Dan. 3,15; Dan. 3,15; Acts 21,13; 2Cor. 12,14; 1Pet. 4,5)

ἔτος year ▸ **674** + **44** + **49** = **767**
ἔτει ▸ **140** + **9** + **1** = **150**
Noun · neuter · singular · dative · (common) ▸ **140** + **9** + **1** = **150** (Gen. 7,11; Gen. 8,13; Gen. 14,4; Gen. 14,5; Gen. 47,18; Ex. 21,2; Ex. 40,17; Lev. 19,24; Lev. 19,25; Lev. 25,4; Lev. 25,13; Lev. 25,20; Lev. 25,21; Lev. 25,54; Num. 9,1; Num. 33,38; Deut. 1,3; Deut. 26,12; 1Kings 6,1; 1Kings 6,1; 1Kings 6,1c; 1Kings 15,1; 1Kings 15,8; 1Kings 15,25; 1Kings 15,28; 1Kings 15,33; 1Kings 16,6; 1Kings 16,23; 1Kings 16,29; 1Kings 22,41; 1Kings 22,52; 2Kings 1,18a; 2Kings 3,1; 2Kings 8,16; 2Kings 8,25; 2Kings 9,29; 2Kings 11,4; 2Kings 12,2; 2Kings 12,7; 2Kings 13,1; 2Kings 13,1; 2Kings 13,10; 2Kings 13,10; 2Kings 14,1; 2Kings 14,23; 2Kings 15,1; 2Kings 15,8; 2Kings 15,13; 2Kings 15,17; 2Kings 15,23; 2Kings 15,27; 2Kings 15,30; 2Kings 15,32; 2Kings 16,1; 2Kings 17,1; 2Kings 17,6; 2Kings 18,1; 2Kings 18,9; 2Kings 18,10; 2Kings 18,13; 2Kings 19,29; 2Kings 22,3; 2Kings 23,23; 2Kings 24,12; 2Kings 25,1; 2Kings 25,27; 1Chr. 20,1; 1Chr. 26,31; 2Chr. 3,2; 2Chr. 12,2; 2Chr. 13,1; 2Chr. 15,10; 2Chr. 16,1; 2Chr. 16,12; 2Chr. 16,13; 2Chr. 17,7; 2Chr. 23,1; 2Chr. 27,5; 2Chr. 34,3; 2Chr. 34,3; 2Chr. 34,8; 2Chr. 35,19; 1Esdr. 1,20; 1Esdr. 5,6; 1Esdr. 5,54; 1Esdr. 6,1; 1Esdr. 6,16; Ezra 1,1; Ezra 3,8; Ezra 5,13; Ezra 6,3; Ezra 7,7; Neh. 13,6; Esth. 1,3; Esth. 2,16; Esth. 3,7; Judith 1,13; Judith 2,1; 1Mac. 1,10; 1Mac. 1,20; 1Mac. 1,54; 1Mac. 2,70; 1Mac. 9,54; 1Mac. 10,1; 1Mac. 10,67; 1Mac. 14,1; 2Mac. 13,1; 2Mac. 14,4; Sir. 1,27 Prol.; Hag. 1,1; Hag. 1,15; Zech. 1,7; Zech. 7,1; Jer. 25,1; Jer. 25,3; Jer. 26,2; Jer. 28,59; Jer. 35,1; Jer. 43,9; Jer. 46,1; Jer. 46,2; Jer. 52,4; Jer. 52,31; Bar. 1,2; Ezek. 1,1; Ezek. 8,1; Ezek. 20,1; Ezek. 24,1; Ezek. 26,1; Ezek. 29,1; Ezek. 29,17; Ezek. 30,20; Ezek. 31,1; Ezek. 32,1; Ezek. 32,17; Ezek. 33,21; Ezek. 40,1; Ezek. 40,1; Dan. 2,1; Dan. 9,2; Tob. 1,8; Dan. 1,1; Dan. 2,1; Dan. 7,1; Dan. 8,1; Dan. 9,1; Dan. 9,2; Dan. 10,1; Dan. 11,1; Luke 3,1)
ἔτεσιν ▸ **11** + **2** = **13**

ἔτος

Noun · neuter · plural · dative · (common) ▸ 11 + 2 = **13** (Gen. 41,47; Num. 13,22; 1Kings 2,35c; 1Kings 7,38; 2Chr. 14,5; 1Mac. 10,41; 1Mac. 16,3; 2Mac. 1,7; Job 32,7; Is. 16,14; Ezek. 38,17; John 2,20; Acts 13,20)

ἔτη ▸ 311 + 26 + 29 = 366

Noun · neuter · plural · accusative · (common) ▸ 249 + 26 + 22 = **297** (Gen. 5,3; Gen. 5,6; Gen. 5,7; Gen. 5,9; Gen. 5,10; Gen. 5,12; Gen. 5,13; Gen. 5,15; Gen. 5,16; Gen. 5,18; Gen. 5,19; Gen. 5,21; Gen. 5,23; Gen. 5,25; Gen. 5,26; Gen. 5,28; Gen. 5,30; Gen. 9,28; Gen. 11,11; Gen. 11,12; Gen. 11,13; Gen. 11,13; Gen. 11,13; Gen. 11,14; Gen. 11,15; Gen. 11,16; Gen. 11,17; Gen. 11,18; Gen. 11,19; Gen. 11,20; Gen. 11,21; Gen. 11,22; Gen. 11,23; Gen. 11,24; Gen. 11,25; Gen. 11,26; Gen. 14,4; Gen. 15,13; Gen. 16,3; Gen. 29,18; Gen. 29,20; Gen. 29,27; Gen. 29,30; Gen. 31,38; Gen. 31,41; Gen. 31,41; Gen. 31,41; Gen. 41,1; Gen. 41,29; Gen. 41,36; Gen. 41,50; Gen. 45,6; Gen. 45,11; Gen. 47,28; Gen. 50,22; Ex. 12,40; Ex. 12,41; Ex. 16,35; Ex. 21,2; Ex. 23,10; Lev. 19,23; Lev. 25,3; Lev. 25,3; Lev. 25,8; Lev. 25,21; Lev. 25,27; Lev. 25,52; Lev. 27,18; Num. 14,33; Num. 14,34; Num. 32,13; Deut. 2,7; Deut. 8,4; Deut. 14,28; Deut. 15,12; Deut. 15,18; Deut. 29,4; Deut. 31,10; Deut. 32,7; Josh. 5,6; Josh. 24,33b; Judg. 3,8; Judg. 3,11; Judg. 3,14; Judg. 3,30; Judg. 4,3; Judg. 5,31; Judg. 6,1; Judg. 8,28; Judg. 9,22; Judg. 10,2; Judg. 10,3; Judg. 10,8; Judg. 11,26; Judg. 12,7; Judg. 12,9; Judg. 12,11; Judg. 12,14; Judg. 13,1; Judg. 15,20; Judg. 16,31; Ruth 1,4; 1Sam. 2,9; 1Sam. 4,18; 2Sam. 2,10; 2Sam. 2,11; 2Sam. 5,4; 2Sam. 5,5; 2Sam. 5,5; 2Sam. 13,38; 2Sam. 14,28; 2Sam. 21,1; 2Sam. 24,13; 1Kings 2,11; 1Kings 2,11; 1Kings 2,11; 1Kings 2,38; 1Kings 2,39; 1Kings 5,32; 1Kings 8,1; 1Kings 9,10; 1Kings 11,42; 1Kings 12,24a; 1Kings 14,21; 1Kings 15,2; 1Kings 15,25; 1Kings 15,33; 1Kings 16,8; 1Kings 16,23; 1Kings 16,23; 1Kings 16,28a; 1Kings 16,29; 1Kings 17,1; 1Kings 22,1; 1Kings 22,42; 1Kings 22,52; 2Kings 1,18a; 2Kings 3,1; 2Kings 8,1; 2Kings 8,2; 2Kings 8,17; 2Kings 10,36; 2Kings 11,3; 2Kings 12,2; 2Kings 13,1; 2Kings 13,10; 2Kings 14,2; 2Kings 14,17; 2Kings 15,2; 2Kings 15,17; 2Kings 15,23; 2Kings 15,27; 2Kings 15,33; 2Kings 16,2; 2Kings 17,1; 2Kings 17,5; 2Kings 18,2; 2Kings 20,6; 2Kings 21,1; 2Kings 21,19; 2Kings 23,36; 2Kings 24,1; 2Kings 24,18; 1Chr. 3,4; 1Chr. 3,4; 1Chr. 21,12; 1Chr. 29,27; 1Chr. 29,27; 1Chr. 29,27; 2Chr. 8,1; Gen. 9,30; 2Chr. 11,17; 2Chr. 11,17; 2Chr. 12,13; 2Chr. 13,2; 2Chr. 13,23; 2Chr. 20,31; 2Chr. 21,5; 2Chr. 21,20; 2Chr. 22,12; 2Chr. 24,1; 2Chr. 25,1; 2Chr. 25,25; 2Chr. 26,3; 2Chr. 27,1; 2Chr. 28,1; 2Chr. 29,1; 2Chr. 33,1; 2Chr. 33,21; 2Chr. 36,5; 2Chr. 36,5a; 2Chr. 36,11; 1Esdr. 1,44; 1Esdr. 5,71; Ezra 5,11; Neh. 5,14; Neh. 9,21; Neh. 9,30; Judith 8,4; Judith 16,23; Tob. 14,2; 1Mac. 1,7; 1Mac. 1,9; 1Mac. 1,29; 1Mac. 9,57; 2Mac. 7,27; Psa. 76,6; Psa. 94,10; Ode. 2,7; Ode. 3,9; Ode. 4,2; Ode. 11,10; Prov. 3,2; Prov. 13,23; Eccl. 6,3; Eccl. 11,8; Job 36,11; Job 42,16; Sir. 26,2; Amos 2,10; Amos 5,25; Hab. 3,2; Zech. 7,3; Zech. 7,5; Mal. 3,4; Is. 20,3; Is. 23,15; Is. 23,15; Is. 23,17; Is. 38,5; Is. 38,10; Jer. 25,3; Jer. 25,11; Jer. 25,12; Jer. 35,3; Jer. 41,14; Jer. 52,1; LetterJ 2; Ezek. 29,11; Ezek. 29,12; Ezek. 29,13; Ezek. 39,9; Dan. 1,5; Dan. 4,16; Dan. 4,32; Dan. 4,33a; Dan. 4,33a; Dan. 9,2; Dan. 9,27; Judg. 3,8; Judg. 3,11; Judg. 3,14; Judg. 3,30; Judg. 4,3; Judg. 5,31; Judg. 6,1; Judg. 8,28; Judg. 9,22; Judg. 10,2; Judg. 10,3; Judg. 10,8; Judg. 11,26; Judg. 12,7; Judg. 12,9; Judg. 12,11; Judg. 12,14; Judg. 13,1; Judg. 15,20; Judg. 16,31; Tob. 2,10; Tob. 2,10; Tob. 5,3; Dan. 1,5; Dan. 9,2; Dan. 11,6; Matt. 9,20; Mark 5,25; Luke 2,36; Luke 4,25; Luke 12,19; Luke 13,11; Luke 13,16; Luke 15,29; John 5,5; John 8,57; Acts 7,6; Acts 7,36; Acts 7,42; Acts 13,21; Acts 19,10; Gal. 1,18; Gal. 3,17; Heb. 3,10; Heb. 3,17; Rev. 20,2; Rev. 20,4; Rev. 20,6)

Noun · neuter · plural · nominative · (common) ▸ 62 + 7 = **69** (Gen. 5,4; Gen. 5,5; Gen. 5,8; Gen. 5,11; Gen. 5,14; Gen. 5,17; Gen. 5,20; Gen. 5,22; Gen. 5,27; Gen. 5,31; Gen. 6,3; Gen. 9,29; Gen. 11,32; Gen. 23,1; Gen. 25,7; Gen. 25,7; Gen. 25,17; Gen. 25,17; Gen. 35,28; Gen. 41,26; Gen. 41,26; Gen. 41,27; Gen. 41,27; Gen. 41,30; Gen. 41,53; Gen. 41,54; Gen. 47,8; Gen. 47,9; Gen. 47,28; Ex. 6,16; Ex. 6,18; Ex. 6,18; Ex. 6,20; Ex. 6,20; Lev. 25,8; Deut. 2,14; 1Sam. 7,2; Psa. 30,11; Psa. 60,7; Psa. 77,33; Psa. 89,4; Psa. 89,5; Psa. 89,9; Psa. 89,10; Psa. 89,10; Psa. 101,25; Psa. 101,28; Prov. 3,16; Prov. 4,10; Prov. 9,11; Prov. 9,18d; Prov. 10,27; Eccl. 12,1; Job 10,5; Job 15,20; Job 16,22; Job 42,16; Sir. 18,9; Sir. 18,10; Sir. 41,4; Jer. 36,10; Jer. 41,14; Luke 13,7; Heb. 1,12; 2Pet. 3,8; 2Pet. 3,8; Rev. 20,3; Rev. 20,5; Rev. 20,7)

ἔτος ▸ 23 + 2 = 25

Noun · neuter · singular · accusative · (common) ▸ 13 + 2 = **15** (Gen. 45,6; Lev. 25,10; Lev. 25,22; Josh. 14,10; 1Kings 15,10; 2Kings 14,23; 2Kings 22,1; 2Chr. 34,1; Neh. 10,32; 1Mac. 6,53; 2Mac. 11,3; Zech. 1,12; Dan. 11,8; Luke 2,41; Luke 13,8)

Noun · neuter · singular · nominative · (common) ▸ **10** (Gen. 47,18; Lev. 25,11; Lev. 25,50; Deut. 15,9; Deut. 15,9; 1Sam. 29,3; Ezra 6,15; Ezra 7,8; 1Mac. 14,27; Ezek. 1,2)

ἔτους ▸ 50 + 1 = 51

Noun · neuter · singular · genitive · (common) ▸ 50 + 1 = **51** (Gen. 11,10; Lev. 25,22; Lev. 25,28; Lev. 25,40; Lev. 25,50; Lev. 25,50; Num. 1,1; Num. 1,18; 2Kings 25,2; 2Chr. 15,19; 1Esdr. 2,1; 1Esdr. 2,26; 1Esdr. 5,55; 1Esdr. 7,5; 1Esdr. 8,5; Ezra 4,24; Neh. 1,1; Neh. 2,1; Neh. 5,14; Neh. 5,14; Esth. 13,6 # 3,13f; Esth. 8,9; 1Mac. 3,37; 1Mac. 4,52; 1Mac. 6,16; 1Mac. 6,20; 1Mac. 9,3; 1Mac. 10,21; 1Mac. 10,57; 1Mac. 11,19; 1Mac. 13,51; 1Mac. 14,27; 1Mac. 16,14; 2Mac. 1,7; 2Mac. 1,9; 2Mac. 11,21; 2Mac. 11,33; 2Mac. 11,38; Hag. 2,10; Zech. 1,1; Is. 14,28; Is. 20,1; Is. 36,1; Jer. 1,2; Jer. 1,3; Jer. 52,1; Jer. 52,5; Ezek. 46,17; Dan. 1,1; Dan. 1,21; Dan. 1,21)

Ἔτους ▸ 14 + 1 = 15

Noun · neuter · singular · genitive · (common) ▸ 14 + 1 = **15** (2Chr. 36,22; 1Esdr. 6,23; Esth. 11,2 # 1,1a; Esth. 11,1 # 10,3l; Judith 1,1; 1Mac. 7,1; 1Mac. 13,41; 1Mac. 13,42; 1Mac. 15,10; Dan. 3,1; Dan. 4,4; Dan. 7,1; Dan. 8,1; Dan. 9,1; Dan. 3,1)

ἐτῶν ▸ 123 + 7 + 15 = 145

Noun · neuter · plural · genitive · (common) ▸ 123 + 7 + 15 = **145** (Gen. 5,32; Gen. 7,6; Gen. 11,10; Gen. 12,4; Gen. 16,16; Gen. 17,1; Gen. 17,17; Gen. 17,24; Gen. 17,25; Gen. 21,5; Gen. 25,20; Gen. 25,26; Gen. 26,34; Gen. 37,2; Gen. 41,34; Gen. 41,35; Gen. 41,46; Gen. 41,48; Gen. 47,9; Gen. 47,9; Gen. 47,9; Gen. 50,26; Ex. 7,7; Ex. 7,7; Lev. 25,8; Lev. 25,8; Lev. 25,15; Lev. 25,16; Lev. 25,16; Lev. 25,51; Lev. 25,52; Lev. 27,5; Num. 4,3; Num. 4,3; Num. 33,39; Deut. 15,1; Deut. 31,2; Deut. 34,7; Josh. 14,7; Josh. 14,10; Josh. 24,30; Judg. 2,8; 1Sam. 4,15; 2Sam. 2,10; 2Sam. 4,4; 2Sam. 5,4; 2Sam. 15,7; 2Sam. 19,33; 2Sam. 19,35; 2Sam. 19,36; 1Kings 2,12; 1Kings 10,22; 1Kings 12,24a; 1Kings 12,24h; 1Kings 16,28a; 1Kings 22,42; 2Kings 8,3; 2Kings 8,17; 2Kings 8,26; 2Kings 12,1; 2Kings 14,2; 2Kings 14,21; 2Kings 15,2; 2Kings 15,33; 2Kings 16,2; 2Kings 18,2; 2Kings 18,10; 2Kings 21,1; 2Kings 21,19; 2Kings 22,1; 2Kings 23,31; 2Kings 23,36; 2Kings 24,8; 1Chr. 2,21; 2Chr. 9,21; 2Chr. 12,13; 2Chr. 18,2; 2Chr. 20,31; 2Chr. 21,5; 2Chr. 21,20; 2Chr. 22,2; 2Chr. 24,1; 2Chr. 24,15; 2Chr. 25,1; 2Chr. 26,1; 2Chr. 26,3; 2Chr. 27,1; 2Chr. 28,1; 2Chr. 29,1; 2Chr. 33,1; 2Chr. 33,21; 2Chr. 34,1; 2Chr. 36,2; 2Chr. 36,5; 2Chr. 36,9; 2Chr. 36,21; 1Esdr. 1,32; 1Esdr. 1,41; 1Esdr. 1,44; 1Esdr. 1,55; 1Esdr. 6,13; Tob. 14,2; Tob. 14,11; Tob. 14,14; 2Mac. 1,20; Psa. 89,10; Psa. 89,15; Eccl. 6,3; Eccl. 6,6; Job 36,26; Job 38,21; Wis. 4,8; Amos 1,1; Joel 2,2; Joel 2,25; Is. 7,8; Is. 16,14; Is. 65,20; Is. 65,20; Ezek. 22,4; Ezek. 38,8; Dan. 4,34; Dan.

9,2; Judg. 2,8; Tob. 1,7; Tob. 14,2; Tob. 14,2; Tob. 14,14; Dan. 6,1; Dan. 9,2; Mark 5,42; Luke 2,37; Luke 2,42; Luke 3,23; Luke 8,42; Luke 8,43; Acts 4,22; Acts 7,30; Acts 9,33; Acts 24,10; Acts 24,17; Rom. 15,23; 2Cor. 12,2; Gal. 2,1; 1Tim. 5,9)

Ἐτῶν ▸ 2
  Noun · neuter · plural · genitive · (common) ▸ **2** (2Chr. 36,11; 1Esdr. 1,37)

εὖ well, good ▸ 59 + **1** + 5 = 65
  Εὖ ▸ 1
    Adverb ▸ **1** (Judith 11,22)
  εὖ ▸ 58 + **1** + 5 = 64
    Adverb ▸ 58 + **1** + 5 = **64** (Gen. 12,13; Gen. 12,16; Gen. 32,10; Gen. 32,13; Gen. 40,14; Ex. 1,20; Ex. 20,12; Num. 10,29; Num. 10,32; Deut. 4,40; Deut. 5,16; Deut. 5,29; Deut. 5,33; Deut. 6,3; Deut. 6,18; Deut. 6,24; Deut. 8,16; Deut. 10,13; Deut. 12,25; Deut. 12,28; Deut. 15,16; Deut. 19,13; Deut. 22,7; Deut. 28,63; Deut. 30,5; Josh. 24,20; Ruth 3,1; Judith 10,16; Judith 11,4; 2Mac. 8,30; 2Mac. 9,19; 2Mac. 10,18; 2Mac. 10,32; 2Mac. 11,26; 3Mac. 3,15; Psa. 47,3; Ode. 7,30; Prov. 3,27; Prov. 3,28; Job 24,21; Job 28,23; Sir. 1,13; Sir. 12,1; Sir. 12,2; Sir. 12,5; Sir. 14,7; Sir. 14,11; Sir. 14,13; Is. 41,23; Is. 53,11; Jer. 7,23; Jer. 13,23; LetterJ 37; LetterJ 63; Ezek. 21,20; Ezek. 21,20; Ezek. 36,11; Dan. 3,30; Dan. 3,30; Matt. 25,21; Matt. 25,23; Mark 14,7; Acts 15,29; Eph. 6,3)

Εὐα Eve ▸ 3 + **1** = 4
  Ευαν ▸ 3 + **1** = 4
    Noun · feminine · singular · accusative · (proper) ▸ 3 + **1** = 4 (Gen. 4,1; Gen. 4,25; Tob. 8,6; Tob. 8,6)

Εὕα Eve ▸ 2
  Εὕα ▸ 1
    Noun · feminine · singular · nominative · (proper) ▸ **1** (1Tim. 2,13)
  Εὕαν ▸ 1
    Noun · feminine · singular · accusative · (proper) ▸ **1** (2Cor. 11,3)

εὐαγγελία (εὖ; ἄγγελος) good news ▸ 5
  εὐαγγελία ▸ 2
    Noun · feminine · singular · nominative · (common) ▸ **2** (2Sam. 18,22; 2Sam. 18,25)
  εὐαγγελίαν ▸ 1
    Noun · feminine · singular · accusative · (common) ▸ **1** (2Sam. 18,27)
  εὐαγγελίας ▸ 2
    Noun · feminine · singular · genitive · (common) ▸ **2** (2Sam. 18,20; 2Kings 7,9)

εὐαγγελίζω (εὖ; ἄγγελος) to proclaim good news ▸ 23 + **54** = 77
  εὐαγγελίζεσθαι ▸ 2
    Verb · present · middle · infinitive ▸ **2** (Rom. 15,20; 1Cor. 1,17)
  εὐαγγελίζεσθε ▸ 1
    Verb · second · plural · aorist · middle · imperative ▸ **1** (Psa. 95,2)
  εὐαγγελίζεται ▸ 3
    Verb · third · singular · present · middle · indicative ▸ **2** (Gal. 1,9; Gal. 1,23)
    Verb · third · singular · present · passive · indicative ▸ **1** (Luke 16,16)
  εὐαγγελίζηται ▸ 1
    Verb · third · singular · present · middle · subjunctive ▸ **1** (Gal. 1,8)
  εὐαγγελίζομαι ▸ 1
    Verb · first · singular · present · middle · indicative ▸ **1** (Luke 2,10)
  εὐαγγελιζόμεθα ▸ 1
    Verb · first · plural · present · middle · indicative ▸ **1** (Acts 13,32)
  εὐαγγελιζόμενοι ▸ 1 + **7** = 8
    Verb · present · middle · participle · masculine · plural · nominative ▸ **7** (Luke 9,6; Acts 5,42; Acts 8,4; Acts 11,20; Acts 14,7; Acts 14,15; Acts 15,35)
    Verb · present · passive · participle · masculine · plural · nominative ▸ **1** (Joel 3,5)
  εὐαγγελιζομένοις ▸ 1
    Verb · present · middle · participle · masculine · plural · dative ▸ **1** (Psa. 67,12)
  εὐαγγελιζόμενος ▸ 5 + **3** = 8
    Verb · present · middle · participle · masculine · singular · nominative ▸ 5 + **3** = **8** (2Sam. 4,10; 2Sam. 18,26; Is. 40,9; Is. 40,9; Is. 52,7; Luke 8,1; Acts 10,36; 1Cor. 9,18)
  εὐαγγελιζομένου ▸ 3 + **1** = 4
    Verb · present · middle · participle · masculine · singular · genitive ▸ 3 + **1** = **4** (Sol. 11,1; Nah. 2,1; Is. 52,7; Luke 20,1)
  εὐαγγελιζομένῳ ▸ 1
    Verb · present · middle · participle · masculine · singular · dative ▸ **1** (Acts 8,12)
  εὐαγγελιζομένων ▸ 1
    Verb · present · middle · participle · masculine · plural · genitive ▸ **1** (Rom. 10,15)
  εὐαγγελίζονται ▸ 2
    Verb · third · plural · present · passive · indicative ▸ **2** (Matt. 11,5; Luke 7,22)
  εὐαγγελίζοντες ▸ 1
    Verb · present · active · participle · masculine · plural · nominative ▸ **1** (1Sam. 31,9)
  εὐαγγελίζωμαι ▸ 2
    Verb · first · singular · present · middle · subjunctive ▸ **2** (1Cor. 9,16; Gal. 1,16)
  εὐαγγελιῇ ▸ 2
    Verb · second · singular · future · middle · indicative ▸ **2** (2Sam. 18,20; 2Sam. 18,20)
  εὐαγγελιοῦνται ▸ 1
    Verb · third · plural · future · middle · indicative ▸ **1** (Is. 60,6)
  εὐαγγέλισαι ▸ 1
    Verb · second · singular · aorist · middle · imperative ▸ **1** (1Kings 1,42)
  εὐαγγελίσαι ▸ 1
    Verb · aorist · active · infinitive ▸ **1** (Rev. 14,6)
  εὐαγγελισάμενοί ▸ 1
    Verb · aorist · middle · participle · masculine · plural · nominative ▸ **1** (Acts 14,21)
  εὐαγγελισάμενος ▸ 1
    Verb · aorist · middle · participle · masculine · singular · nominative ▸ **1** (Jer. 20,15)
  εὐαγγελισαμένου ▸ 1
    Verb · aorist · middle · participle · masculine · singular · genitive ▸ **1** (1Th. 3,6)
  εὐαγγελισαμένων ▸ 1
    Verb · aorist · middle · participle · masculine · plural · genitive ▸ **1** (1Pet. 1,12)
  εὐαγγελίσασθαι ▸ 2 + **5** = 7
    Verb · aorist · middle · infinitive ▸ 2 + **5** = **7** (1Chr. 10,9; Is. 61,1; Luke 4,18; Acts 16,10; Rom. 1,15; 2Cor. 10,16; Eph. 3,8)
  εὐαγγελίσασθαί ▸ 2
    Verb · aorist · middle · infinitive ▸ **2** (Luke 1,19; Luke 4,43)
  εὐαγγελίσησθε ▸ 1
    Verb · second · plural · aorist · middle · subjunctive ▸ **1** (2Sam. 1,20)

εὐαγγελίζω–εὐαρεστέω

εὐαγγελισθὲν ▸ 2
    Verb ▪ aorist ▪ passive ▪ participle ▪ neuter ▪ singular ▪ accusative ▸ **1** (Gal. 1,11)
    Verb ▪ aorist ▪ passive ▪ participle ▪ neuter ▪ singular ▪ nominative ▸ **1** (1Pet. 1,25)

εὐαγγελισθέντες ▸ 1
    Verb ▪ aorist ▪ passive ▪ participle ▪ masculine ▪ plural ▪ nominative ▸ **1** (Heb. 4,6)

Εὐαγγελισθήτω ▸ 1
    Verb ▪ third ▪ singular ▪ aorist ▪ passive ▪ imperative ▸ **1** (2Sam. 18,31)

εὐαγγελίσωμαι ▸ 1
    Verb ▪ first ▪ singular ▪ aorist ▪ middle ▪ subjunctive ▸ **1** (1Cor. 9,16)

εὐαγγελιῶ ▸ 1
    Verb ▪ first ▪ singular ▪ future ▪ active ▪ indicative ▸ **1** (2Sam. 18,19)

εὐηγγελίζετο ▸ 3
    Verb ▪ third ▪ singular ▪ imperfect ▪ middle ▪ indicative ▸ **3** (Luke 3,18; Acts 8,40; Acts 17,18)

εὐηγγελίζοντο ▸ 1
    Verb ▪ third ▪ plural ▪ imperfect ▪ middle ▪ indicative ▸ **1** (Acts 8,25)

εὐηγγελισάμεθα ▸ 1
    Verb ▪ first ▪ plural ▪ aorist ▪ middle ▪ indicative ▸ **1** (Gal. 1,8)

εὐηγγελισάμην ▸ 1 + 4 = 5
    Verb ▪ first ▪ singular ▪ aorist ▪ middle ▪ indicative ▸ **1 + 4 = 5** (Psa. 39,10; 1Cor. 15,1; 1Cor. 15,2; 2Cor. 11,7; Gal. 4,13)

εὐηγγελίσατο ▸ 2
    Verb ▪ third ▪ singular ▪ aorist ▪ middle ▪ indicative ▸ **2** (Acts 8,35; Eph. 2,17)

εὐηγγέλισεν ▸ 1
    Verb ▪ third ▪ singular ▪ aorist ▪ active ▪ indicative ▸ **1** (Rev. 10,7)

εὐηγγελίσθη ▸ 1
    Verb ▪ third ▪ singular ▪ aorist ▪ passive ▪ indicative ▸ **1** (1Pet. 4,6)

εὐηγγελισμένοι ▸ 1
    Verb ▪ perfect ▪ passive ▪ participle ▪ masculine ▪ plural ▪ nominative ▸ **1** (Heb. 4,2)

εὐαγγέλιον (εὔ; ἄγγελος) good news, gospel ▸ 1 + 76 = 77

εὐαγγέλια ▸ 1
    Noun ▪ neuter ▪ plural ▪ accusative ▪ (common) ▸ **1** (2Sam. 4,10)

εὐαγγέλιον ▸ 38
    Noun ▪ neuter ▪ singular ▪ accusative ▸ **33** (Matt. 4,23; Matt. 9,35; Mark 1,14; Mark 13,10; Mark 16,15; Acts 20,24; Rom. 1,1; Rom. 1,16; Rom. 11,28; Rom. 15,16; Rom. 15,19; 1Cor. 9,14; 1Cor. 9,18; 1Cor. 9,23; 1Cor. 15,1; 2Cor. 2,12; 2Cor. 9,13; 2Cor. 11,4; 2Cor. 11,7; Gal. 1,6; Gal. 1,7; Gal. 1,11; Gal. 2,2; Gal. 2,7; Eph. 1,13; Phil. 1,5; Phil. 2,22; 1Th. 2,2; 1Th. 2,4; 1Th. 2,8; 1Th. 2,9; 1Tim. 1,11; Rev. 14,6)
    Noun ▪ neuter ▪ singular ▪ nominative ▸ **5** (Matt. 24,14; Matt. 26,13; Mark 14,9; 2Cor. 4,3; 1Th. 1,5)

εὐαγγέλιόν ▸ 3
    Noun ▪ neuter ▪ singular ▪ accusative ▸ **3** (Rom. 2,16; Rom. 16,25; 2Tim. 2,8)

εὐαγγελίου ▸ 23
    Noun ▪ neuter ▪ singular ▪ genitive ▸ **23** (Mark 1,1; Mark 8,35; Mark 10,29; Acts 15,7; 1Cor. 4,15; 1Cor. 9,14; 2Cor. 4,4; Gal. 2,5; Gal. 2,14; Eph. 3,6; Eph. 6,15; Eph. 6,19; Phil. 1,7; Phil. 1,12; Phil. 1,16; Phil. 1,27; Phil. 1,27; Phil. 4,15; Col. 1,5; Col. 1,23; 2Th. 2,14; 2Tim. 1,10; Philem. 13)

εὐαγγελίῳ ▸ 12
    Noun ▪ neuter ▪ singular ▪ dative ▸ **12** (Mark 1,15; Rom. 1,9; Rom. 10,16; 1Cor. 9,12; 1Cor. 9,18; 2Cor. 8,18; 2Cor. 10,14; Phil. 4,3; 1Th. 3,2; 2Th. 1,8; 2Tim. 1,8; 1Pet. 4,17)

εὐαγγελιστής (εὔ; ἄγγελος) evangelist ▸ 3

εὐαγγελιστάς ▸ 1
    Noun ▪ masculine ▪ plural ▪ accusative ▸ **1** (Eph. 4,11)

εὐαγγελιστοῦ ▸ 2
    Noun ▪ masculine ▪ singular ▪ genitive ▸ **2** (Acts 21,8; 2Tim. 4,5)

Εὐαῖος Hivite ▸ 28 + 2 = 30

Εὐαῖοι ▸ 4
    Noun ▪ masculine ▪ plural ▪ nominative ▪ (proper) ▸ **4** (Deut. 2,23; Josh. 9,1; 2Kings 17,31; Is. 17,9)

Εὐαῖον ▸ 9 + 1 = 10
    Noun ▪ masculine ▪ singular ▪ accusative ▪ (proper) ▸ **9 + 1 = 10** (Gen. 10,17; Ex. 23,23; Ex. 33,2; Ex. 34,11; Deut. 7,1; Deut. 20,17; Josh. 3,10; Josh. 12,8; Judg. 3,3; Judg. 3,3)

Εὐαῖος ▸ 2
    Noun ▪ masculine ▪ singular ▪ nominative ▪ (proper) ▸ **2** (Num. 13,29; Josh. 24,11)

Εὐαίου ▸ 6 + 1 = 7
    Noun ▪ masculine ▪ singular ▪ genitive ▪ (proper) ▸ **6 + 1 = 7** (Gen. 26,34; Gen. 36,2; Judg. 3,5; 2Sam. 24,7; 1Kings 10,22b # 9,20; 2Chr. 8,7; Judg. 3,5)

Εὐαίους ▸ 3
    Noun ▪ masculine ▪ plural ▪ accusative ▪ (proper) ▸ **3** (Gen. 15,21; Ex. 23,28; Josh. 11,3)

Εὐαίῳ ▸ 1
    Noun ▪ masculine ▪ singular ▪ dative ▪ (proper) ▸ **1** (Josh. 13,3)

Εὐαίων ▸ 3
    Noun ▪ masculine ▪ plural ▪ genitive ▪ (proper) ▸ **3** (Ex. 3,8; Ex. 3,17; Ex. 13,5)

εὐάλωτος (εὔ; ἁλίσκομαι) easily caught ▸ 1

εὐάλωτος ▸ 1
    Adjective ▪ masculine ▪ singular ▪ nominative ▪ noDegree ▸ **1** (Prov. 30,28)

εὐανδρία (εὔ; ἀνήρ) aboundance of men; manhood; manliness ▸ 2

εὐανδρίας ▸ 2
    Noun ▪ feminine ▪ singular ▪ genitive ▪ (common) ▸ **2** (2Mac. 8,7; 2Mac. 15,17)

εὐαπάντητος (εὔ; ἀπό; ἀντί) friendly, courteous ▸ 1

εὐαπάντητον ▸ 1
    Adjective ▪ feminine ▪ singular ▪ accusative ▪ noDegree ▸ **1** (2Mac. 14,9)

εὐαρεστέω (εὔ; ἀρέσκω) to please, be pleasing ▸ 14 + 3 = 17

εὐαρέστει ▸ 1
    Verb ▪ second ▪ singular ▪ present ▪ active ▪ imperative ▸ **1** (Gen. 17,1)

εὐαρεστεῖται ▸ 1
    Verb ▪ third ▪ singular ▪ present ▪ passive ▪ indicative ▸ **1** (Heb. 13,16)

εὐαρεστηκέναι ▸ 1
    Verb ▪ perfect ▪ active ▪ infinitive ▸ **1** (Heb. 11,5)

εὐαρεστῆσαι ▸ 1 + 1 = 2
    Verb ▪ aorist ▪ active ▪ infinitive ▸ **1 + 1 = 2** (Psa. 55,14; Heb. 11,6)

εὐαρεστήσῃ ▸ 1
    Verb ▪ third ▪ singular ▪ aorist ▪ active ▪ subjunctive ▸ **1** (Ex. 21,8)

εὐαρεστήσω ▸ 1
    Verb ▪ first ▪ singular ▪ aorist ▪ active ▪ subjunctive ▸ **1** (Psa. 114,9)

εὐηρέστει ▸ 1

Verb · third · singular · imperfect · active · indicative ▸ **1** (Gen. 39,4)
εὐηρέστησα ▸ 2
Verb · first · singular · aorist · active · indicative ▸ **2** (Gen. 24,40; Psa. 25,3)
εὐηρέστησαν ▸ 1
Verb · third · plural · aorist · active · indicative ▸ **1** (Gen. 48,15)
εὐηρέστησεν ▸ 5
Verb · third · singular · aorist · active · indicative ▸ **5** (Gen. 5,22; Gen. 5,24; Gen. 6,9; Judg. 10,16; Sir. 44,16)
εὐηρέστουν ▸ 1
Verb · first · singular · imperfect · active · indicative ▸ **1** (Psa. 34,14)

εὐάρεστος (εὖ; ἀρέσκω) acceptable ▸ 2 + 9 = 11
εὐάρεστοι ▸ 1
Adjective · masculine · plural · nominative · (verbal) ▸ **1** (2Cor. 5,9)
εὐάρεστον ▸ 5
Adjective · feminine · singular · accusative · (verbal) ▸ **2** (Rom. 12,1; Heb. 13,21)
Adjective · neuter · singular · accusative · (verbal) ▸ **1** (Phil. 4,18)
Adjective · neuter · singular · nominative · (verbal) ▸ **2** (Rom. 12,2; Eph. 5,10)
εὐάρεστόν ▸ 1 + 1 = 2
Adjective · neuter · singular · nominative · noDegree ▸ 1 + 1 = 2 (Wis. 9,10; Col. 3,20)
εὐάρεστος ▸ 1 + 1 = 2
Adjective · masculine · singular · nominative · noDegree ▸ 1 + 1 = 2 (Wis. 4,10; Rom. 14,18)
εὐαρέστους ▸ 1
Adjective · masculine · plural · accusative · (verbal) ▸ **1** (Titus 2,9)

εὐαρέστως (εὖ; ἀρέσκω) acceptably ▸ 1
εὐαρέστως ▸ 1
Adverb ▸ **1** (Heb. 12,28)

εὐάρμοστος (εὖ; ἁρμόζω) harmonious, accomodating ▸ 2
εὐαρμόστου ▸ 2
Adjective · feminine · singular · genitive · noDegree ▸ **1** (4Mac. 14,3)
Adjective · neuter · singular · genitive · noDegree ▸ **1** (Ezek. 33,32)

Εὔβουλος Eubulus ▸ 1
Εὔβουλος ▸ 1
Noun · masculine · singular · nominative · (proper) ▸ **1** (2Tim. 4,21)

εὖγε (εὖ; γέ) well done! ▸ 14 + 1 = 15
Εὖγε ▸ 9
Adverb ▸ **9** (Psa. 34,21; Psa. 34,25; Psa. 39,16; Psa. 69,4; Job 31,29; Job 39,25; Ezek. 6,11; Ezek. 26,2; Ezek. 36,2)
εὖγε ▸ 5 + 1 = 6
Adverb ▸ 5 + 1 = 6 (Psa. 34,21; Psa. 34,25; Psa. 39,16; Psa. 69,4; Ezek. 6,11; Luke 19,17)

εὐγένεια (εὖ; γίνομαι) noble-born ▸ 3
εὐγένειαν ▸ 1
Noun · feminine · singular · accusative · (common) ▸ **1** (Wis. 8,3)
εὐγενείας ▸ 2
Noun · feminine · singular · genitive · (common) ▸ **2** (2Mac. 14,42; 4Mac. 8,4)

εὐγενής (εὖ; γίνομαι) of high or noble birth ▸ 8 + 3 = 11

εὐγενεῖς ▸ 1
Adjective · masculine · plural · nominative ▸ **1** (1Cor. 1,26)
εὐγενέστεροι ▸ 1
Adjective · masculine · plural · nominative · comparative ▸ **1** (Acts 17,11)
εὐγενῆ ▸ 5
Adjective · feminine · singular · accusative · noDegree ▸ **5** (2Mac. 10,13; 4Mac. 9,24; 4Mac. 9,27; 4Mac. 10,3; 4Mac. 10,15)
εὐγενής ▸ 3 + 1 = 4
Adjective · masculine · singular · nominative · noDegree ▸ 3 + 1 = 4 (4Mac. 6,5; 4Mac. 9,13; Job 1,3; Luke 19,12)

εὐγενίζω (εὖ; γίνομαι) to act nobly ▸ 1
εὐγενίσας ▸ 1
Verb · aorist · active · participle · masculine · singular · nominative ▸ **1** (2Mac. 10,13)

εὐγενῶς (εὖ; γίνομαι) nobly ▸ 6
Εὐγενῶς ▸ 1
Adverb ▸ **1** (4Mac. 13,11)
εὐγενῶς ▸ 5
Adverb ▸ **5** (2Mac. 14,42; 4Mac. 6,22; 4Mac. 6,30; 4Mac. 9,22; 4Mac. 12,14)

εὐγνωμοσύνη (εὖ; γινώσκω) courtesy, considerateness, prudence ▸ 1
εὐγνωμοσύνην ▸ 1
Noun · feminine · singular · accusative · (common) ▸ **1** (Esth. 16,6 # 8,12f)

εὔγνωστος (εὖ; γινώσκω) well-known ▸ 3
εὔγνωστοι ▸ 1
Adjective · feminine · plural · nominative · noDegree ▸ **1** (Prov. 5,6)
εὔγνωστος ▸ 1
Adjective · masculine · singular · nominative · noDegree ▸ **1** (Prov. 26,26)
εὔγνωστός ▸ 1
Adjective · feminine · singular · nominative · noDegree ▸ **1** (Prov. 3,15)

εὐδία (εὖ; Ζεύς) fair weather ▸ 1 + 1 = 2
εὐδία ▸ 1 + 1 = 2
Noun · feminine · singular · nominative · (common) ▸ 1 + 1 = 2 (Sir. 3,15; Matt. 16,2)

εὐδοκέω (εὖ; δοκέω) to be well pleased, to consent, to enjoy ▸ 55 + 5 + 21 = 81
εὐδοκεῖ ▸ 6 + 1 = 7
Verb · third · singular · present · active · indicative ▸ 6 + 1 = 7 (Psa. 146,10; Psa. 146,11; Psa. 149,4; Sir. 34,19; Sir. 37,28; Hab. 2,4; Heb. 10,38)
εὐδοκήθη ▸ 1
Verb · third · singular · aorist · passive · indicative ▸ **1** (1Chr. 29,23)
εὐδόκησα ▸ 1 + 5 = 6
Verb · first · singular · aorist · active · indicative ▸ 1 + 5 = 6 (Jer. 2,19; Matt. 3,17; Matt. 17,5; Mark 1,11; Luke 3,22; 2Pet. 1,17)
εὐδοκῆσαι ▸ 2
Verb · aorist · active · infinitive ▸ **2** (1Esdr. 1,55; Psa. 76,8)
εὐδοκῆσαί ▸ 1
Verb · aorist · active · infinitive ▸ **1** (1Chr. 29,3)
εὐδοκήσαμεν ▸ 1
Verb · first · plural · aorist · active · indicative ▸ **1** (1Th. 3,1)
εὐδόκησαν ▸ 5 + 2 + 2 = 9
Verb · third · plural · aorist · active · indicative ▸ 5 + 2 + 2 = 9 (Tob. 5,17; 1Mac. 1,43; 1Mac. 10,47; 1Mac. 14,41; Psa. 101,15; Judg. 19,25; Judg. 20,13; Rom. 15,26; Rom. 15,27)

Εὐδόκησας ▸ 1
: **Verb** · second · singular · aorist · active · indicative ▸ **1** (Psa. 84,2)

εὐδοκήσαντες ▸ 1
: **Verb** · aorist · active · participle · masculine · plural · nominative ▸ **1** (2Th. 2,12)

εὐδόκησας ▸ 1 + 1 + 2 = 4
: **Verb** · second · singular · aorist · active · indicative ▸ 1 + 1 + 2 = **4** (Psa. 43,4; Judg. 15,18; Heb. 10,6; Heb. 10,8)

εὐδοκήσας ▸ 3
: **Verb** · aorist · active · participle · masculine · singular · nominative ▸ **3** (Gen. 24,26; Gen. 24,48; 3Mac. 2,16)

εὐδοκήσει ▸ 2
: **Verb** · third · singular · future · active · indicative ▸ **2** (Lev. 26,34; Lev. 26,34)

εὐδοκήσεις ▸ 3
: **Verb** · second · singular · future · active · indicative ▸ **3** (Gen. 33,10; Psa. 50,18; Psa. 50,21)

εὐδόκησεν ▸ 11 + 2 + 6 = 19
: **Verb** · third · singular · aorist · active · indicative ▸ 11 + 2 + 6 = **19** (2Sam. 22,20; Judith 15,10; 1Mac. 11,29; 1Mac. 14,46; 1Mac. 14,47; Psa. 67,17; Psa. 151,5; Eccl. 9,7; Sir. 45,19; Mal. 2,17; Jer. 14,10; Judg. 11,17; Judg. 19,10; Matt. 12,18; Luke 12,32; 1Cor. 1,21; 1Cor. 10,5; Gal. 1,15; Col. 1,19)

εὐδοκήσῃ ▸ 2
: **Verb** · third · singular · aorist · active · subjunctive ▸ **2** (Job 14,6; Sir. 15,17)

εὐδοκήσῃς ▸ 2
: **Verb** · second · singular · aorist · active · subjunctive ▸ **2** (2Chr. 10,7; Sir. 9,12)

εὐδόκησον ▸ 2
: **Verb** · second · singular · aorist · active · imperative ▸ **2** (Psa. 39,14; Psa. 118,108)

εὐδοκήσουσιν ▸ 2
: **Verb** · third · plural · future · active · indicative ▸ **2** (Lev. 26,41; Psa. 48,14)

εὐδοκήσω ▸ 4
: **Verb** · first · singular · future · active · indicative ▸ **4** (Judg. 15,7; Sir. 25,16; Hag. 1,8; Jer. 14,12)

εὐδοκοῦμεν ▸ 1 + 2 = 3
: **Verb** · first · plural · present · active · indicative ▸ 1 + 2 = **3** (1Mac. 6,23; 2Cor. 5,8; 1Th. 2,8)

εὐδοκοῦσι ▸ 1
: **Verb** · third · plural · present · active · indicative ▸ **1** (1Esdr. 4,39)

εὐδοκοῦσιν ▸ 1
: **Verb** · third · plural · present · active · indicative ▸ **1** (1Mac. 8,1)

εὐδοκῶ ▸ 1 + 1 = 2
: **Verb** · first · singular · present · active · indicative ▸ 1 + 1 = **2** (Sol. 2,4; 2Cor. 12,10)

ηὐδόκησας ▸ 1
: **Verb** · second · singular · aorist · active · indicative ▸ **1** (2Mac. 14,35)

ηὐδόκουν ▸ 1
: **Verb** · first · singular · imperfect · active · indicative ▸ **1** (Esth. 13,12 # 4,17d)

εὐδοκία (εὖ; δοκέω) good pleasure, good will, approval; satisfaction ▸ 28 + 9 = 37

εὐδοκία ▸ 8 + 3 = 11
: **Noun** · feminine · singular · nominative · (common) ▸ 8 + 3 = **11** (Ode. 14,3; Song 6,4; Sir. 1,27; Sir. 11,17; Sir. 35,3; Sir. 39,18; Sol. 3,4; Sol. 8,33; Matt. 11,26; Luke 10,21; Rom. 10,1)

εὐδοκίᾳ ▸ 7
: **Noun** · feminine · singular · dative · (common) ▸ **7** (Psa. 50,20; Psa. 88,18; Psa. 105,4; Sir. 9,12; Sir. 35,16; Sir. 41,4; Sol. 16,12)

εὐδοκίαις ▸ 1
: **Noun** · feminine · plural · dative · (common) ▸ **1** (Psa. 140,5)

εὐδοκίαν ▸ 8 + 4 = 12
: **Noun** · feminine · singular · accusative · (common) ▸ 8 + 4 = **12** (1Chr. 16,10; Psa. 18,15; Sir. 2,16; Sir. 18,31; Sir. 29,23; Sir. 32,14; Sir. 33,13; Sir. 34,18; Eph. 1,5; Eph. 1,9; Phil. 1,15; 2Th. 1,11)

εὐδοκίας ▸ 4 + 2 = 6
: **Noun** · feminine · singular · genitive · (common) ▸ 4 + 2 = **6** (Psa. 5,13; Psa. 68,14; Psa. 144,16; Sir. 15,15; Luke 2,14; Phil. 2,13)

εὐδοκιμέω (εὖ; δέχομαι) to be honored, popular ▸ 4

εὐδοκιμεῖται ▸ 2
: **Verb** · third · singular · present · passive · indicative ▸ **2** (Sir. 40,25; Sir. 41,16)

εὐδοκιμηθήσεται ▸ 1
: **Verb** · third · singular · future · passive · indicative ▸ **1** (Sir. 39,34)

εὐδοκιμοῦν ▸ 1
: **Verb** · present · active · participle · neuter · singular · accusative ▸ **1** (Gen. 43,23)

εὐδόκιμος (εὖ; δοκέω) famous, glorious ▸ 1

εὐδόκιμοι ▸ 1
: **Adjective** · masculine · plural · nominative · noDegree ▸ **1** (3Mac. 3,5)

εὐδράνεια (εὖ; δραίνω) bodily health ▸ 1

εὐδράνειαν ▸ 1
: **Noun** · feminine · singular · accusative · (common) ▸ **1** (Wis. 13,19)

εὐειδής (εὖ; εἶδος) beautiful in form ▸ 1

εὐειδεῖς ▸ 1
: **Adjective** · masculine · plural · accusative · noDegree ▸ **1** (Dan. 1,4)

εὐεκτέω (εὖ; ἔχω) to be healthy ▸ 1

εὐεκτεῖν ▸ 1
: **Verb** · present · active · infinitive ▸ **1** (Prov. 17,22)

εὔελπις (εὖ; ἐλπίς) hopeful; cheerful ▸ 3

εὐέλπιδας ▸ 1
: **Adjective** · masculine · plural · accusative · noDegree ▸ **1** (Wis. 12,19)

εὐέλπιδές ▸ 1
: **Adjective** · masculine · plural · nominative · noDegree ▸ **1** (3Mac. 2,33)

εὔελπις ▸ 1
: **Adjective** · feminine · singular · nominative · noDegree ▸ **1** (Prov. 19,18)

εὐεξία (εὖ; ἔχω) good health ▸ 1

εὐεξία ▸ 1
: **Noun** · feminine · singular · nominative · (common) ▸ **1** (Sir. 30,15)

εὐεργεσία (εὖ; ἔργον) service, act of kindness ▸ 6 + 2 = 8

εὐεργεσίᾳ ▸ 1 + 1 = 2
: **Noun** · feminine · singular · dative · (common) ▸ 1 + 1 = **2** (4Mac. 8,17; Acts 4,9)

εὐεργεσίαν ▸ 1
: **Noun** · feminine · singular · accusative · (common) ▸ **1** (Wis. 16,24)

εὐεργεσίας ▸ 2 + 1 = 3
: **Noun** · feminine · singular · genitive · (common) ▸ 2 + 1 = **3**

(2Mac. 6,13; Wis. 16,11; 1Tim. 6,2)
  εὐεργεσιῶν ▸ 2
    Noun · feminine · plural · genitive · (common) ▸ **2** (2Mac. 9,26; Psa. 77,11)
εὐεργετέω (εὖ; ἔργον) to do good, serve as benefactor ▸ 10 + 1 = 11
  εὐεργετεῖν ▸ 1
    Verb · present · active · infinitive ▸ **1** (4Mac. 8,6)
  εὐεργετήθησαν ▸ 1
    Verb · third · plural · aorist · passive · indicative ▸ **1** (Wis. 11,5)
  εὐεργετηθήσονται ▸ 1
    Verb · third · plural · future · passive · indicative ▸ **1** (Wis. 3,5)
  εὐεργετημένους ▸ 1
    Verb · perfect · passive · participle · masculine · plural · accusative ▸ **1** (Wis. 11,13)
  εὐεργετήσαντά ▸ 1
    Verb · aorist · active · participle · masculine · singular · accusative ▸ **1** (Psa. 56,3)
  εὐεργετήσαντί ▸ 1
    Verb · aorist · active · participle · masculine · singular · dative ▸ **1** (Psa. 12,6)
  εὐεργετήσας ▸ 1
    Verb · aorist · active · participle · masculine · singular · nominative ▸ **1** (Wis. 16,2)
  εὐεργετοῦντι ▸ 1
    Verb · present · active · participle · masculine · singular · dative ▸ **1** (2Mac. 10,38)
  εὐεργετούντων ▸ 1
    Verb · present · active · participle · masculine · plural · genitive ▸ **1** (Esth. 16,3 # 8,12c)
  εὐεργετῶν ▸ 1
    Verb · present · active · participle · masculine · singular · nominative ▸ **1** (Acts 10,38)
  εὐηργέτησέν ▸ 1
    Verb · third · singular · aorist · active · indicative ▸ **1** (Psa. 114,7)
εὐεργέτημα (εὖ; ἔργον) good deed, benefit ▸ 1
  εὐεργετημάτων ▸ 1
    Noun · neuter · plural · genitive · (common) ▸ **1** (2Mac. 5,20)
Εὐεργέτης (εὖ; ἔργον) Euergetes ▸ 1
  Εὐεργέτου ▸ 1
    Noun · masculine · singular · genitive · (proper) ▸ **1** (Sir. 1,27 Prol.)
εὐεργέτης (εὖ; ἔργον) benefactor ▸ 6 + 1 = 7
  εὐεργέται ▸ 1
    Noun · masculine · plural · nominative ▸ **1** (Luke 22,25)
  εὐεργέταις ▸ 2
    Noun · masculine · plural · dative · (common) ▸ **2** (Esth. 16,3 # 8,12c; 3Mac. 3,19)
  εὐεργέτας ▸ 1
    Noun · masculine · plural · accusative · (common) ▸ **1** (Wis. 19,14)
  εὐεργέτην ▸ 3
    Noun · masculine · singular · accusative · (common) ▸ **3** (Esth. 16,13 # 8,12n; 2Mac. 4,2; 3Mac. 6,24)
εὐεργετικός (εὖ; ἔργον) beneficent ▸ 1
  εὐεργετικόν ▸ 1
    Adjective · neuter · singular · nominative · noDegree ▸ **1** (Wis. 7,23)
Ευζαι Uzai ▸ 1
  Ευζαι ▸ 1
    Noun · masculine · singular · genitive · (proper) ▸ **1** (Neh. 3,25)
εὔζωνος (εὖ; ζώννυμι) well equipped ▸ 3
  εὔζωνοι ▸ 2
    Adjective · masculine · plural · nominative · noDegree ▸ **2** (Josh. 1,14; Josh. 4,13)
  εὐζώνῳ ▸ 1
    Adjective · masculine · singular · dative · noDegree ▸ **1** (Sir. 36,26)
εὐήθης (εὖ; ἦθος) foolish ▸ 1
  εὔηθες ▸ 1
    Adjective · neuter · singular · accusative · noDegree ▸ **1** (2Mac. 2,32)
εὐήκοος (εὖ; ἀκούω) obedient ▸ 3
  εὐήκοά ▸ 1
    Adjective · neuter · plural · nominative · noDegree ▸ **1** (LetterJ 59)
  εὐήκοον ▸ 2
    Adjective · feminine · singular · accusative · noDegree ▸ **1** (Sol. 18,4)
    Adjective · neuter · singular · accusative · noDegree ▸ **1** (Prov. 25,12)
εὐημερέω (εὖ; ἡμέρα) to be successful ▸ 3
  εὐημερηκώς ▸ 1
    Verb · perfect · active · participle · masculine · singular · nominative ▸ **1** (2Mac. 8,35)
  εὐημερησάντων ▸ 1
    Verb · aorist · active · participle · masculine · plural · genitive ▸ **1** (2Mac. 12,11)
  εὐημεροῦντες ▸ 1
    Verb · present · active · participle · masculine · plural · nominative ▸ **1** (2Mac. 13,16)
εὐημερία (εὖ; ἡμέρα) success ▸ 5
  εὐημερίᾳ ▸ 1
    Noun · feminine · singular · dative · (common) ▸ **1** (3Mac. 3,11)
  εὐημερίαις ▸ 1
    Noun · feminine · plural · dative · (common) ▸ **1** (2Mac. 8,8)
  εὐημερίαν ▸ 1
    Noun · feminine · singular · accusative · (common) ▸ **1** (2Mac. 5,6)
  εὐημερίας ▸ 2
    Noun · feminine · plural · accusative · (common) ▸ **1** (2Mac. 14,14)
    Noun · feminine · singular · genitive · (common) ▸ **1** (2Mac. 10,28)
εὔηχος (εὖ; ἠχή) melodious ▸ 2
  εὐήχοις ▸ 1
    Adjective · neuter · plural · dative · noDegree ▸ **1** (Psa. 150,5)
  εὐήχων ▸ 1
    Adjective · masculine · plural · genitive · noDegree ▸ **1** (Job 30,7)
εὐθαλέω to thrive ▸ 1
  εὐθαλῶν ▸ 1
    Verb · present · active · participle · masculine · singular · nominative ▸ **1** (Dan. 4,4)
εὐθαλής thriving ▸ 1
  εὐθαλῆ ▸ 1
    Adjective · neuter · plural · nominative · noDegree ▸ **1** (Dan. 4,21)
εὐθαρσής (εὖ; θρασύς) bold, courageous ▸ 3
  εὐθαρσεῖς ▸ 2
    Adjective · masculine · plural · accusative · noDegree ▸ **2** (2Mac. 8,21; 3Mac. 1,7)
  εὐθαρσής ▸ 1
    Adjective · masculine · singular · nominative · noDegree ▸ **1** (1Esdr. 8,27)

εὐθαρσῶς (εὖ; θρασύς) boldly, courageously ▸ 1
  εὐθαρσῶς ▸ 1
    Adverb ▸ 1 (2Mac. 7,10)

εὔθετος (εὖ; τίθημι) fit, well-fitting ▸ 1 + 1 + 3 = 5
  εὔθετον ▸ 1 + 1 = 2
    Adjective · feminine · singular · accusative · noDegree ▸ 1 + 1 = 2 (Sus. 15; Heb. 6,7)
  εὔθετόν ▸ 1
    Adjective · neuter · singular · nominative ▸ 1 (Luke 14,35)
  εὔθετός ▸ 1
    Adjective · masculine · singular · nominative ▸ 1 (Luke 9,62)
  εὐθέτῳ ▸ 1
    Adjective · masculine · singular · dative · noDegree ▸ 1 (Psa. 31,6)

εὐθέως (εὐθύς) immediately, at once, suddenly ▸ 15 + 36 = 51
  εὐθέως ▸ 15 + 34 = 49
    Adverb · (temporal) ▸ 15 + 34 = 49 (Josh. 6,11; 1Esdr. 1,28; 1Mac. 11,22; 2Mac. 3,8; 2Mac. 4,10; 2Mac. 6,13; 2Mac. 6,28; 2Mac. 8,11; 2Mac. 14,12; 2Mac. 14,16; 3Mac. 7,10; 4Mac. 10,8; Job 5,3; Wis. 5,12; Sus. 29; Matt. 4,20; Matt. 4,22; Matt. 8,3; Matt. 13,5; Matt. 14,22; Matt. 14,31; Matt. 20,34; Matt. 21,2; Matt. 25,15; Matt. 26,49; Matt. 26,74; Matt. 27,48; Mark 7,35; Luke 5,13; Luke 12,36; Luke 12,54; Luke 14,5; Luke 17,7; Luke 21,9; John 5,9; John 6,21; John 18,27; Acts 9,18; Acts 9,20; Acts 9,34; Acts 12,10; Acts 16,10; Acts 17,10; Acts 17,14; Acts 21,30; Acts 22,29; Gal. 1,16; James 1,24; 3John 14)
  Εὐθέως ▸ 2
    Adverb · (temporal) ▸ 2 (Matt. 24,29; Rev. 4,2)

εὐθηνέω to thrive, be prosperous ▸ 13 + 1 = 14
  εὐθηνῆσαί ▸ 1
    Verb · aorist · active · infinitive ▸ 1 (Sol. 1,3)
  εὐθήνησαν ▸ 1
    Verb · third · plural · aorist · active · indicative ▸ 1 (Jer. 12,1)
  εὐθηνοῦν ▸ 1
    Verb · present · active · participle · neuter · singular · nominative ▸ 1 (Jer. 17,8)
  εὐθηνοῦνται ▸ 1
    Verb · third · plural · present · passive · indicative ▸ 1 (Psa. 72,12)
  εὐθηνούντων ▸ 1
    Verb · present · active · participle · masculine · plural · genitive ▸ 1 (Psa. 67,18)
  εὐθηνοῦσα ▸ 2
    Verb · present · active · participle · feminine · singular · nominative ▸ 2 (Psa. 127,3; Zech. 7,7)
  εὐθηνοῦσαν ▸ 1
    Verb · third · plural · imperfect · active · indicative ▸ 1 (Lam. 1,5)
  εὐθηνοῦσιν ▸ 2
    Verb · present · active · participle · masculine · plural · dative ▸ 1 (Psa. 122,4)
    Verb · third · plural · present · active · indicative ▸ 1 (Job 21,9)
  εὐθηνῶν ▸ 3 + 1 = 4
    Verb · present · active · participle · masculine · singular · nominative ▸ 3 + 1 = 4 (Job 21,23; Hos. 10,1; Dan. 4,4; Dan. 4,4)

εὐθηνία (εὐθηνέω) prosperity ▸ 10 + 2 = 12
  εὐθηνία ▸ 5
    Noun · feminine · singular · nominative · (common) ▸ 5 (Gen. 41,29; Gen. 41,31; Gen. 41,48; Psa. 121,6; Psa. 121,7)
  εὐθηνίᾳ ▸ 2 + 2 = 4
    Noun · feminine · singular · dative · (common) ▸ 2 + 2 = 4 (Psa. 29,7; Ezek. 16,49; Dan. 11,21; Dan. 11,24)
  εὐθηνίας ▸ 3
    Noun · feminine · singular · genitive · (common) ▸ 3 (Gen. 41,34; Gen. 41,47; Gen. 41,53)

εὐθής (εὐθύς) right, righteous ▸ 43 + 2 = 45
  εὐθές ▸ 30 + 2 = 32
    Adjective · neuter · singular · accusative · noDegree ▸ 29 + 2 = 31 (Judg. 21,25; 2Sam. 19,7; 2Sam. 19,19; 1Kings 11,33; 1Kings 11,38; 1Kings 15,5; 1Kings 15,11; 1Kings 16,28b; 1Kings 22,43; 2Kings 10,30; 2Kings 12,3; 2Kings 14,3; 2Kings 15,3; 2Kings 15,34; 2Kings 16,2; 2Kings 18,3; 2Kings 22,2; 2Chr. 14,1; 2Chr. 20,32; 2Chr. 24,2; 2Chr. 25,2; 2Chr. 26,4; 2Chr. 27,2; 2Chr. 28,1; 2Chr. 29,2; 2Chr. 31,20; 2Chr. 34,2; Psa. 50,12; Jer. 41,15; Judg. 17,6; Judg. 21,25)
    Adjective · neuter · singular · nominative · noDegree ▸ 1 (Wis. 9,9)
  εὐθῆ ▸ 2
    Adjective · masculine · singular · accusative · noDegree ▸ 2 (2Kings 10,3; Eccl. 7,29)
  εὐθής ▸ 10
    Adjective · feminine · singular · nominative · noDegree ▸ 2 (Psa. 118,137; Prov. 27,21a)
    Adjective · masculine · singular · nominative · noDegree ▸ 8 (1Sam. 29,6; 2Sam. 17,4; 1Chr. 13,4; Judith 8,11; Psa. 24,8; Psa. 32,4; Psa. 91,16; Prov. 21,29)
  εὐθοῦς ▸ 1
    Adjective · masculine · singular · genitive · noDegree ▸ 1 (2Sam. 1,18)

εὐθίκτως (εὖ; θιγγάνω) to the point ▸ 1
  εὐθίκτως ▸ 1
    Adverb ▸ 1 (2Mac. 15,38)

εὔθραυστος (εὖ; θρύπτω) brittle, weak ▸ 1
  εὔθραυστα ▸ 1
    Adjective · neuter · plural · accusative · noDegree ▸ 1 (Wis. 15,13)

εὐθυδρομέω (εὖ; εὐθύς; τρέχω) to run a straight course (Philo) ▸ 2
  εὐθυδρομήσαμεν ▸ 1
    Verb · first · plural · aorist · active · indicative ▸ 1 (Acts 16,11)
  εὐθυδρομήσαντες ▸ 1
    Verb · aorist · active · participle · masculine · plural · nominative ▸ 1 (Acts 21,1)

εὐθυμέω (εὖ; θυμός) to take courage; cheer up ▸ 3
  εὐθυμεῖ ▸ 1
    Verb · third · singular · present · active · indicative ▸ 1 (James 5,13)
  εὐθυμεῖν ▸ 1
    Verb · present · active · infinitive ▸ 1 (Acts 27,22)
  εὐθυμεῖτε ▸ 1
    Verb · second · plural · present · active · imperative ▸ 1 (Acts 27,25)

εὔθυμος (εὖ; θυμός) encouraged, cheerful ▸ 1 + 1 = 2
  εὔθυμοι ▸ 1
    Adjective · masculine · plural · nominative ▸ 1 (Acts 27,36)
  εὔθυμοί ▸ 1
    Adjective · masculine · plural · nominative · noDegree ▸ 1 (2Mac. 11,26)

εὐθύμως (εὖ; θυμός) cheerfully ▸ 1
  εὐθύμως ▸ 1
    Adverb ▸ 1 (Acts 24,10)

εὔθυνα (εὖ; εὐθύς) correction, setting straight ▸ 2

εὔθυναν ‣ 2
  Noun · feminine · singular · accusative · (common) ‣ **2** (3Mac. 2,23; 3Mac. 3,28)

εὐθύνω (εὐθύς) to make straight, correct ‣ 13 + 1 + 2 = 16
  εὐθῦναι ‣ 1
    Verb · aorist · active · infinitive ‣ **1** (Num. 22,23)
  εὐθύνατε ‣ 1 + 1 = 2
    Verb · second · plural · aorist · active · imperative ‣ **1 + 1 = 2** (Josh. 24,23; John 1,23)
  εὐθυνεῖ ‣ 1
    Verb · third · singular · future · active · indicative ‣ **1** (Sir. 6,17)
  εὐθυνεῖς ‣ 1
    Verb · second · singular · future · active · indicative ‣ **1** (Sol. 9,7)
  εὐθύνεται ‣ 1
    Verb · third · singular · present · passive · indicative ‣ **1** (Prov. 20,24)
  εὐθύνη ‣ 1
    Verb · third · singular · aorist · active · subjunctive ‣ **1** (Sir. 37,15)
  εὐθύνης ‣ 1
    Verb · second · singular · aorist · active · subjunctive ‣ **1** (3Mac. 2,17)
  εὐθύνθη ‣ 1
    Verb · third · singular · aorist · passive · indicative ‣ **1** (1Sam. 18,26)
  εὔθυνον ‣ 3
    Verb · second · singular · aorist · active · imperative ‣ **3** (Sir. 2,2; Sir. 2,6; Sir. 38,10)
  εὐθύνοντας ‣ 1
    Verb · present · active · participle · masculine · plural · accusative ‣ **1** (Sir. 49,9)
  εὐθύνοντος ‣ 1
    Verb · present · active · participle · masculine · singular · genitive ‣ **1** (James 3,4)
  ηὐθύνθη ‣ 1 + 1 = 2
    Verb · third · singular · aorist · passive · indicative ‣ **1 + 1 = 2** (1Sam. 18,20; Judg. 14,7)

εὐθύς (1st homograph) straight; proper, right (adj) ‣ 61 + 4 + 8 = 73
  εὐθέα ‣ 1
    Adjective · neuter · plural · accusative · noDegree ‣ **1** (Neh. 9,13)
  εὐθεῖα ‣ 9 + 2 + 1 = 12
    Adjective · feminine · singular · nominative · noDegree ‣ **9 + 2 + 1 = 12** (2Kings 10,15; Psa. 18,9; Psa. 57,2; Psa. 77,37; Prov. 20,11; Is. 26,7; Ezek. 33,17; Ezek. 33,17; Ezek. 33,20; Judg. 14,3; Dan. 11,17; Acts 8,21)
  εὐθείᾳ ‣ 2
    Adjective · feminine · singular · dative · noDegree ‣ **2** (Psa. 26,11; Psa. 142,10)
  εὐθεῖαι ‣ 6 + 1 = 7
    Adjective · feminine · plural · nominative · noDegree ‣ **6 + 1 = 7** (Tob. 4,19; Ode. 7,27; Sir. 39,24; Hos. 14,10; Is. 45,13; Dan. 3,27; Dan. 3,27)
  εὐθείαις ‣ 1
    Adjective · feminine · plural · dative · noDegree ‣ **1** (Wis. 10,10)
  εὐθεῖαν ‣ 12 + 1 + 2 = 15
    Adjective · feminine · singular · accusative · noDegree ‣ **12 + 1 + 2 = 15** (Gen. 33,12; Num. 23,3; 1Sam. 12,23; Ezra 8,21; Judith 10,11; Judith 13,20; Psa. 106,7; Sir. 4,18; Is. 33,15; Is. 40,4; Is. 42,16; Jer. 3,2; Tob. 7,1; Luke 3,5; 2Pet. 2,15)
  Εὐθεῖαν ‣ 1
    Adjective · feminine · singular · accusative · (proper) ‣ **1** (Acts 9,11)
  εὐθείας ‣ 6 + 4 = 10
    Adjective · feminine · plural · accusative · noDegree ‣ **3 + 4 = 7** (Prov. 2,13; Prov. 2,19; Is. 40,3; Matt. 3,3; Mark 1,3; Luke 3,4; Acts 13,10)
    Adjective · feminine · singular · genitive · noDegree ‣ **3** (Josh. 8,14; Prov. 2,16; Is. 59,14)
  εὐθεῖς ‣ 13
    Adjective · masculine · plural · accusative · noDegree ‣ **4** (Psa. 7,11; Psa. 10,2; Psa. 36,14; Prov. 28,10)
    Adjective · masculine · plural · nominative · noDegree ‣ **9** (Psa. 24,21; Psa. 31,11; Psa. 48,15; Psa. 63,11; Psa. 93,15; Psa. 106,42; Psa. 139,14; Prov. 2,21; Prov. 29,10)
  εὐθείων ‣ 2
    Adjective · masculine · plural · genitive · noDegree ‣ **2** (Psa. 110,1; Psa. 111,2)
  εὐθέσι ‣ 5
    Adjective · masculine · plural · dative · noDegree ‣ **5** (Psa. 32,1; Psa. 35,11; Psa. 72,1; Psa. 96,11; Psa. 124,4)
  εὐθέσιν ‣ 1
    Adjective · masculine · plural · dative · noDegree ‣ **1** (Psa. 111,4)
  εὐθύ ‣ 1
    Adjective · neuter · singular · accusative · noDegree ‣ **1** (1Kings 21,23)
  εὐθὺ ‣ 2
    Adjective · neuter · singular · accusative · noDegree ‣ **2** (1Kings 21,25; Ezek. 46,9)

εὐθύς (2nd homograph) immediately, next, suddenly ‣ 5 + 51 = 56
  εὐθύς ‣ 1
    Adverb · (temporal) ‣ **1** (John 13,30)
  εὐθὺς ‣ 5 + 50 = 55
    Adverb · (temporal) ‣ **5 + 50 = 55** (Gen. 15,4; Gen. 24,45; Gen. 38,29; Job 3,11; Ezek. 23,40; Matt. 3,16; Matt. 13,20; Matt. 13,21; Matt. 14,27; Matt. 21,3; Mark 1,10; Mark 1,12; Mark 1,18; Mark 1,20; Mark 1,21; Mark 1,23; Mark 1,28; Mark 1,29; Mark 1,30; Mark 1,42; Mark 1,43; Mark 2,8; Mark 2,12; Mark 3,6; Mark 4,5; Mark 4,15; Mark 4,16; Mark 4,17; Mark 4,29; Mark 5,2; Mark 5,29; Mark 5,30; Mark 5,42; Mark 5,42; Mark 6,25; Mark 6,27; Mark 6,45; Mark 6,50; Mark 6,54; Mark 7,25; Mark 8,10; Mark 9,15; Mark 9,20; Mark 9,24; Mark 10,52; Mark 11,2; Mark 11,3; Mark 14,43; Mark 14,45; Mark 14,72; Mark 15,1; Luke 6,49; John 13,32; John 19,34; Acts 10,16)

εὐθύτης (εὐθύς) uprightness, justice ‣ 23 + 1 + 1 = 25
  εὐθύτης ‣ 1 + 1 = 2
    Noun · feminine · singular · nominative · (common) ‣ **1 + 1 = 2** (Song 1,4; Dan. 6,23)
  εὐθύτητα ‣ 3
    Noun · feminine · singular · accusative · (common) ‣ **3** (Psa. 10,7; Psa. 36,37; Song 7,10)
  εὐθύτητας ‣ 3
    Noun · feminine · plural · accusative · (common) ‣ **3** (Psa. 16,2; Psa. 74,3; Psa. 98,4)
  εὐθύτητι ‣ 13
    Noun · feminine · singular · dative · (common) ‣ **13** (Josh. 24,14; 1Kings 3,6; 1Kings 9,4; Psa. 9,9; Psa. 25,12; Psa. 66,5; Psa. 95,10; Psa. 97,9; Psa. 110,8; Psa. 118,7; Wis. 9,3; Sir. 51,15; Sol. 2,15)
  εὐθύτητί ‣ 1
    Noun · feminine · singular · dative · (common) ‣ **1** (Sir. 7,6)

εὐθύτητος ‣ 2 + 1 = 3
   Noun · feminine · singular · genitive · (common) ‣ 2 + 1 = 3 (Psa. 44,7; Eccl. 12,10; Heb. 1,8)

Ευι Evi; Ahava ‣ 2
   Ευι ‣ 2
      Noun · masculine · singular · accusative · (proper) ‣ 2 (Josh. 13,21; Ezra 8,15)

Ευιλα Havilah ‣ 2
   Ευιλα ‣ 2
      Noun · masculine · singular · accusative · (proper) ‣ 1 (Gen. 10,29)
      Noun · masculine · singular · nominative · (proper) ‣ 1 (Gen. 10,7)

Ευιλατ Havilah ‣ 4
   Ευιλατ ‣ 4
      Noun · singular · genitive · (proper) ‣ 3 (Gen. 2,11; Gen. 25,18; 1Sam. 15,7)
      Noun · masculine · singular · nominative · (proper) ‣ 1 (1Chr. 1,9)

εὐιλατεύω (εὖ; ἴλεως) to be merciful ‣ 3
   εὐιλατεύοντα ‣ 1
      Verb · present · active · participle · masculine · singular · accusative ‣ 1 (Psa. 102,3)
   εὐιλατεῦσαι ‣ 1
      Verb · aorist · active · infinitive ‣ 1 (Deut. 29,19)
   εὐιλατεύσεις ‣ 1
      Verb · second · singular · future · active · indicative ‣ 1 (Judith 16,15)

εὐίλατος (εὖ; ἴλεως) merciful ‣ 2
   εὐίλατος ‣ 1
      Adjective · masculine · singular · nominative · noDegree ‣ 1 (Psa. 98,8)
   εὐιλάτου ‣ 1
      Adjective · masculine · singular · genitive · noDegree ‣ 1 (1Esdr. 8,53)

Ευιλμαρωδαχ Evil-Merodach ‣ 1
   Ευιλμαρωδαχ ‣ 1
      Noun · masculine · singular · nominative · (proper) ‣ 1 (2Kings 25,27)

Ευιν Evi ‣ 1
   Ευιν ‣ 1
      Noun · masculine · singular · accusative · (proper) ‣ 1 (Num. 31,8)

εὐκαιρέω (εὖ; καιρός) to have leisure ‣ 3
   εὐκαιρήσῃ ‣ 1
      Verb · third · singular · aorist · active · subjunctive ‣ 1 (1Cor. 16,12)
   εὐκαίρουν ‣ 1
      Verb · third · plural · imperfect · active · indicative ‣ 1 (Mark 6,31)
   ηὐκαίρουν ‣ 1
      Verb · third · plural · imperfect · active · indicative ‣ 1 (Acts 17,21)

εὐκαιρία (εὖ; καιρός) opportune moment ‣ 5 + 2 = 7
   εὐκαιρίᾳ ‣ 2
      Noun · feminine · singular · dative · (common) ‣ 2 (Psa. 144,15; Sir. 38,24)
   εὐκαιρίαις ‣ 2
      Noun · feminine · plural · dative · (common) ‣ 2 (Psa. 9,10; Psa. 9,22)
   εὐκαιρίαν ‣ 2
      Noun · feminine · singular · accusative ‣ 2 (Matt. 26,16; Luke 22,6)
   εὐκαιρίας ‣ 1
      Noun · feminine · plural · accusative · (common) ‣ 1 (1Mac. 11,42)

εὔκαιρος (εὖ; καιρός) suitable, timely ‣ 5 + 2 = 7
   εὔκαιρον ‣ 3 + 1 = 4
      Adjective · feminine · singular · accusative · noDegree ‣ 1 + 1 = 2 (Psa. 103,27; Heb. 4,16)
      Adjective · neuter · singular · accusative · noDegree ‣ 1 (2Mac. 15,20)
      Adjective · neuter · singular · nominative · noDegree ‣ 1 (2Mac. 14,29)
   εὐκαιροτάτους ‣ 1
      Adjective · masculine · plural · accusative · superlative ‣ 1 (3Mac. 5,44)
   εὐκαιροτάτῳ ‣ 1
      Adjective · masculine · singular · dative · superlative ‣ 1 (3Mac. 4,11)
   εὐκαίρου ‣ 1
      Adjective · feminine · singular · genitive ‣ 1 (Mark 6,21)

εὐκαίρως (εὖ; καιρός) when convenient, opportunely ‣ 1 + 2 = 3
   εὐκαίρως ‣ 1 + 2 = 3
      Adverb ‣ 1 + 2 = 3 (Sir. 18,22; Mark 14,11; 2Tim. 4,2)

εὐκατάλλακτος (εὖ; κατά; ἄλλος) easily appeased ‣ 1
   εὐκατάλλακτον ‣ 1
      Adjective · masculine · singular · accusative · noDegree ‣ 1 (3Mac. 5,13)

εὐκαταφρόνητος (εὖ; κατά; φρήν) easily despised; despicable ‣ 2
   εὐκαταφρόνητον ‣ 1
      Adjective · masculine · singular · accusative · noDegree ‣ 1 (Jer. 30,9)
   εὐκαταφρόνητος ‣ 1
      Adjective · masculine · singular · nominative · noDegree ‣ 1 (Dan. 11,21)

εὐκίνητος (εὖ; κινέω) easily moved ‣ 2
   εὐκίνητον ‣ 2
      Adjective · neuter · singular · accusative · noDegree ‣ 1 (Wis. 13,11)
      Adjective · neuter · singular · nominative · noDegree ‣ 1 (Wis. 7,22)

εὐκλεής (εὖ; κλέω) famous ‣ 2
   εὐκλεής ‣ 2
      Adjective · feminine · singular · nominative · noDegree ‣ 1 (Jer. 31,17)
      Adjective · masculine · singular · nominative · noDegree ‣ 1 (Wis. 3,15)

εὔκλεια (εὖ; κλεής) good repute, glory ‣ 3
   εὔκλεια ‣ 1
      Noun · feminine · singular · nominative · (common) ‣ 1 (Wis. 8,18)
   εὐκλείας ‣ 2
      Noun · feminine · singular · genitive · (common) ‣ 2 (2Mac. 6,19; 3Mac. 2,31)

εὐκληματέω (εὖ; κλάω) to grow richly ‣ 1
   εὐκληματοῦσα ‣ 1
      Verb · present · active · participle · feminine · singular · nominative ‣ 1 (Hos. 10,1)

εὔκολος (εὖ; κόλον) easily satisfied, contented; easy ‣ 1

εὔκολοι ▸ 1
: **Adjective** · masculine · plural · nominative · noDegree ▸ 1 (2Sam. 15,3)

εὐκοπία (εὖ; κόπτω) ease ▸ 1
εὐκοπίαν ▸ 1
: **Noun** · feminine · singular · accusative · (common) ▸ 1 (2Mac. 2,25)

εὔκοπος (εὖ; κόπτω) easy ▸ 2 + 7 = 9
εὔκοπον ▸ 1
: **Adjective** · neuter · singular · nominative · noDegree ▸ 1 (Sir. 22,15)
Εὔκοπόν ▸ 1
: **Adjective** · neuter · singular · nominative · noDegree ▸ 1 (1Mac. 3,18)
εὐκοπώτερον ▸ 5
: **Adjective** · neuter · singular · nominative · comparative ▸ 5 (Matt. 9,5; Mark 2,9; Luke 5,23; Luke 16,17; Luke 18,25)
εὐκοπώτερόν ▸ 2
: **Adjective** · neuter · singular · nominative · comparative ▸ 2 (Matt. 19,24; Mark 10,25)

εὐκοσμέω (εὖ; κόσμος) to govern, behave orderly ▸ 1
εὐκοσμεῖν ▸ 1
: **Verb** · present · active · infinitive ▸ 1 (1Mac. 8,15)

εὐκοσμία (εὖ; κόσμος) good, orderly behavior ▸ 2
εὐκοσμίᾳ ▸ 1
: **Noun** · feminine · singular · dative · (common) ▸ 1 (Sir. 45,7)
εὐκοσμίας ▸ 1
: **Noun** · feminine · singular · genitive · (common) ▸ 1 (Sir. 32,2)

εὔκυκλος (εὖ; κύκλος) well-rounded; circular ▸ 1
εὐκύκλου ▸ 1
: **Adjective** · neuter · singular · genitive · noDegree ▸ 1 (Wis. 5,21)

εὐλάβεια (εὖ; λαμβάνω) discretion, caution ▸ 3 + 2 = 5
εὐλάβειαν ▸ 2
: **Noun** · feminine · singular · accusative · (common) ▸ 2 (Prov. 28,14; Wis. 17,8)
εὐλαβείας ▸ 1 + 2 = 3
: **Noun** · feminine · singular · genitive · (common) ▸ 1 + 2 = 3 (Josh. 22,24; Heb. 5,7; Heb. 12,28)

εὐλαβέομαι (εὖ; λαμβάνω) to act reverently, be cautious ▸ 38 + 1 = 39
εὐλαβεῖσθαι ▸ 2
: **Verb** · present · middle · infinitive ▸ 2 (1Sam. 18,29; 2Mac. 8,16)
Εὐλαβεῖσθε ▸ 1
: **Verb** · second · plural · present · middle · imperative ▸ 1 (Zeph. 1,7)
εὐλαβείσθω ▸ 2
: **Verb** · third · singular · present · middle · imperative ▸ 2 (Hab. 2,20; Zech. 2,17)
εὐλαβεῖτο ▸ 2
: **Verb** · third · singular · imperfect · middle · indicative ▸ 1 (Ex. 3,6)
: **Verb** · third · singular · present · middle · indicative ▸ 1 (1Sam. 18,15)
εὐλαβῇ ▸ 1
: **Verb** · second · singular · present · middle · indicative ▸ 1 (Jer. 22,25)
εὐλαβηθείς ▸ 1
: **Verb** · aorist · passive · participle · masculine · singular · nominative ▸ 1 (Heb. 11,7)
εὐλαβηθείς ▸ 1
: **Verb** · aorist · passive · participle · masculine · singular · nominative ▸ 1 (4Mac. 4,13)
εὐλαβηθεῖσα ▸ 2
: **Verb** · aorist · passive · participle · feminine · singular · nominative ▸ 2 (Is. 51,12; Is. 57,11)
εὐλαβήθη ▸ 4
: **Verb** · third · singular · aorist · passive · indicative ▸ 4 (1Mac. 3,30; 1Mac. 12,40; 1Mac. 12,42; Sir. 26,5)
εὐλαβηθῇ ▸ 1
: **Verb** · third · singular · aorist · passive · subjunctive ▸ 1 (Jer. 4,1)
εὐλαβήθην ▸ 1
: **Verb** · first · singular · aorist · passive · indicative ▸ 1 (Dan. 4,5)
εὐλαβηθῇς ▸ 2
: **Verb** · second · singular · aorist · passive · subjunctive ▸ 2 (Sir. 7,6; Sir. 22,22)
εὐλαβήθησαν ▸ 1
: **Verb** · third · plural · aorist · passive · indicative ▸ 1 (Sir. 29,7)
εὐλαβηθήσεσθε ▸ 1
: **Verb** · second · plural · future · passive · indicative ▸ 1 (Jer. 5,22)
εὐλαβηθήσεται ▸ 2
: **Verb** · third · singular · future · passive · indicative ▸ 2 (Sir. 18,27; Sir. 34,14)
εὐλαβηθήσῃ ▸ 1
: **Verb** · second · singular · future · passive · indicative ▸ 1 (Job 13,25)
εὐλαβηθήσονται ▸ 2
: **Verb** · third · plural · future · passive · indicative ▸ 2 (Deut. 2,4; Zeph. 3,12)
εὐλαβήθητε ▸ 2
: **Verb** · second · plural · aorist · passive · imperative ▸ 2 (Job 19,29; LetterJ 4)
εὐλαβοῦ ▸ 2
: **Verb** · second · singular · present · middle · imperative ▸ 2 (Sir. 7,29; Sir. 41,3)
εὐλαβοῦμαι ▸ 1
: **Verb** · first · singular · present · middle · indicative ▸ 1 (Sir. 23,18)
εὐλαβουμένοις ▸ 1
: **Verb** · present · middle · participle · masculine · plural · dative ▸ 1 (Mal. 3,16)
εὐλαβούμενός ▸ 1
: **Verb** · present · middle · participle · masculine · singular · nominative ▸ 1 (Wis. 12,11)
εὐλαβουμένους ▸ 1
: **Verb** · present · middle · participle · masculine · plural · accusative ▸ 1 (Nah. 1,7)
εὐλαβουμένων ▸ 2
: **Verb** · present · middle · participle · masculine · plural · genitive ▸ 2 (Prov. 2,8; Prov. 30,5)
εὐλαβούμην ▸ 1
: **Verb** · first · singular · imperfect · middle · indicative ▸ 1 (Jer. 15,17)
εὐλαβοῦνται ▸ 1
: **Verb** · third · plural · present · middle · indicative ▸ 1 (1Esdr. 4,28)

εὐλαβής (εὖ; λαμβάνω) reverent, cautious ▸ 2 + 4 = 6
εὐλαβεῖς ▸ 1 + 2 = 3
: **Adjective** · masculine · plural · accusative · noDegree ▸ 1 + 2 = 3 (Lev. 15,31; Acts 2,5; Acts 8,2)
εὐλαβής ▸ 1 + 2 = 3
: **Adjective** · masculine · singular · nominative · noDegree ▸ 1 + 2

εὐλαβής–εὐλογέω

= **3** (Mic. 7,2; Luke 2,25; Acts 22,12)

εὐλαβῶς (εὖ; λαμβάνω)   in a reverent way ▸ 1
   εὐλαβῶς ▸ 1
      Adverb ▸ **1** (2Mac. 6,11)

εὔλαλος (εὖ; λάλος)   eloquent ▸ 2
   εὔλαλος ▸ 2
      Adjective · feminine · singular · nominative · noDegree ▸ **1** (Sir. 6,5)
      Adjective · masculine · singular · nominative · noDegree ▸ **1** (Job 11,2)

εὐλογέω (εὖ; λέγω)   to bless ▸ 442 + 77 + 41 = 560
   Εὐλόγει ▸ 2
      Verb · second · singular · present · active · imperative ▸ **2** (Psa. 102,1; Psa. 103,1)
   εὐλόγει ▸ 5 + 1 = 6
      Verb · second · singular · present · active · imperative ▸ 5 + 1 = **6** (Tob. 4,19; Tob. 13,11; Psa. 102,2; Psa. 102,22; Psa. 103,35; Tob. 13,16)
   εὐλογεῖ ▸ 5
      Verb · third · singular · present · active · indicative ▸ **5** (1Sam. 9,13; 1Esdr. 4,36; Prov. 22,8a; Prov. 30,11; Sir. 4,13)
   εὐλογεῖν ▸ 8 + 2 + 1 = 11
      Verb · present · active · infinitive ▸ 8 + 2 + 1 = **11** (Gen. 28,6; Num. 23,20; Num. 24,1; Deut. 18,5; Deut. 21,5; Deut. 27,12; Tob. 12,6; Sir. 45,15; Tob. 12,6; Tob. 14,2; Luke 24,51)
   εὐλογεῖς ▸ 1
      Verb · second · singular · present · active · indicative ▸ **1** (Sol. 3,1)
   εὐλογεῖται ▸ 1 + 1 = 2
      Verb · third · singular · present · passive · indicative ▸ 1 + 1 = **2** (Prov. 31,30; Heb. 7,7)
   Εὐλογεῖτε ▸ 1
      Verb · second · plural · present · active · imperative ▸ **1** (Tob. 12,6)
   εὐλογεῖτε ▸ 75 + 38 + 3 = 116
      Verb · second · plural · present · active · imperative ▸ 75 + 38 + 3 = **116** (Judg. 5,2; Judg. 5,9; Neh. 9,5; Tob. 12,17; Tob. 12,18; Psa. 65,8; Psa. 67,27; Psa. 102,20; Psa. 102,21; Psa. 102,22; Psa. 133,1; Psa. 133,2; Ode. 8,57; Ode. 8,58; Ode. 8,59; Ode. 8,60; Ode. 8,61; Ode. 8,62; Ode. 8,63; Ode. 8,64; Ode. 8,65; Ode. 8,66; Ode. 8,67; Ode. 8,68; Ode. 8,69; Ode. 8,70; Ode. 8,71; Ode. 8,72; Ode. 8,73; Ode. 8,75; Ode. 8,76; Ode. 8,77; Ode. 8,78; Ode. 8,79; Ode. 8,80; Ode. 8,81; Ode. 8,82; Ode. 8,84; Ode. 8,85; Ode. 8,86; Ode. 8,87; Ode. 8,88; Sol. 2,33; Dan. 3,57; Dan. 3,58; Dan. 3,59; Dan. 3,60; Dan. 3,61; Dan. 3,62; Dan. 3,63; Dan. 3,64; Dan. 3,65; Dan. 3,66; Dan. 3,67; Dan. 3,68; Dan. 3,69; Dan. 3,70; Dan. 3,71; Dan. 3,72; Dan. 3,73; Dan. 3,75; Dan. 3,76; Dan. 3,77; Dan. 3,78; Dan. 3,79; Dan. 3,80; Dan. 3,81; Dan. 3,82; Dan. 3,83; Dan. 3,84; Dan. 3,85; Dan. 3,86; Dan. 3,87; Dan. 3,88; Dan. 3,90; Judg. 5,2; Judg. 5,9; Tob. 12,6; Tob. 12,17; Tob. 12,18; Tob. 12,20; Dan. 3,57; Dan. 3,59; Dan. 3,58; Dan. 3,60; Dan. 3,61; Dan. 3,62; Dan. 3,63; Dan. 3,64; Dan. 3,65; Dan. 3,66; Dan. 3,67; Dan. 3,68; Dan. 3,71; Dan. 3,72; Dan. 3,69; Dan. 3,70; Dan. 3,73; Dan. 3,75; Dan. 3,76; Dan. 3,78; Dan. 3,77; Dan. 3,79; Dan. 3,80; Dan. 3,81; Dan. 3,82; Dan. 3,83; Dan. 3,84; Dan. 3,85; Dan. 3,86; Dan. 3,87; Dan. 3,88; Dan. 3,90; Luke 6,28; Rom. 12,14; Rom. 12,14)
   εὐλογείτω ▸ 5 + 1 = 6
      Verb · third · singular · present · active · imperative ▸ 5 + 1 = **6** (Tob. 13,16; Psa. 144,21; Ode. 8,74; Ode. 8,83; Dan. 3,74; Dan. 3,74)
   εὐλογείτωσάν ▸ 2 + 1 = 3
      Verb · third · plural · present · active · imperative ▸ 2 + 1 = **3** (Tob. 8,15; Tob. 8,15; Tob. 8,15)
   εὐλογῇ ▸ 1
      Verb · third · singular · present · active · subjunctive ▸ **1** (Prov. 27,14)
   εὐλογηθείη ▸ 2 + 2 = 4
      Verb · third · singular · aorist · passive · optative ▸ 2 + 2 = **4** (Judg. 5,24; Judg. 5,24; Judg. 5,24; Judg. 5,24)
   εὐλογηθείητε ▸ 1
      Verb · second · plural · aorist · passive · optative ▸ **1** (Judg. 9,19)
   εὐλογηθῆναι ▸ 1
      Verb · aorist · passive · infinitive ▸ **1** (Is. 36,16)
   εὐλογήθησαν ▸ 1
      Verb · third · plural · aorist · passive · indicative ▸ **1** (Tob. 4,12)
   εὐλογηθήσεται ▸ 9
      Verb · third · singular · future · passive · indicative ▸ **9** (Gen. 48,20; 2Sam. 7,29; Psa. 48,19; Psa. 111,2; Psa. 127,4; Prov. 20,20 # 20,9b; Prov. 28,20; Sir. 1,13; Is. 65,16)
   εὐλογηθήσονται ▸ 1
      Verb · third · plural · future · passive · indicative ▸ **1** (Psa. 71,17)
   εὐλογήκαμεν ▸ 2
      Verb · first · plural · perfect · active · indicative ▸ **2** (Psa. 117,26; Psa. 128,8)
   εὐλόγηκας ▸ 1
      Verb · second · singular · perfect · active · indicative ▸ **1** (Num. 23,11)
   εὐλόγηκεν ▸ 1
      Verb · third · singular · perfect · active · indicative ▸ **1** (Heb. 7,6)
   εὐλογημένα ▸ 1
      Verb · perfect · passive · participle · neuter · plural · nominative ▸ **1** (Deut. 28,4)
   εὐλογημέναι ▸ 1
      Verb · perfect · passive · participle · feminine · plural · nominative ▸ **1** (Deut. 28,5)
   Εὐλογημένη ▸ 3
      Verb · perfect · passive · participle · feminine · singular · nominative ▸ **3** (Ruth 3,10; Judith 14,7; Ezek. 3,12)
   εὐλογημένη ▸ 3 + 1 + 2 = 6
      Verb · perfect · passive · participle · feminine · singular · nominative ▸ 3 + 1 + 2 = **6** (1Sam. 25,33; Judith 15,10; Sol. 5,19; Tob. 11,17; Mark 11,10; Luke 1,42)
   Εὐλογημένοι ▸ 2
      Verb · perfect · passive · participle · masculine · plural · nominative ▸ **2** (1Sam. 23,21; 2Sam. 2,5)
   εὐλογημένοι ▸ 3 + 1 + 1 = 5
      Verb · perfect · passive · participle · masculine · plural · nominative ▸ 3 + 1 + 1 = **5** (Tob. 11,14; Tob. 13,14; Psa. 113,23; Tob. 11,14; Matt. 25,34)
   εὐλογημένον ▸ 6 + 2 = 8
      Verb · perfect · passive · participle · neuter · singular · nominative ▸ 6 + 2 = **8** (Psa. 71,17; Psa. 112,2; Ode. 8,52; Job 1,21; Dan. 2,20; Dan. 3,52; Dan. 2,20; Dan. 3,52)
   Εὐλογημένος ▸ 6
      Verb · perfect · passive · participle · masculine · singular · nominative ▸ **6** (Gen. 14,19; Deut. 33,20; Judg. 17,2; 1Sam. 26,25; Is. 19,25; Jer. 38,23)
   εὐλογημένος ▸ 21 + 6 + 7 = 34
      Verb · perfect · passive · participle · masculine · singular · nominative ▸ 21 + 6 + 7 = **34** (Gen. 27,29; Gen. 27,33; Num. 22,12; Deut. 28,3; Deut. 28,3; Deut. 28,6; Deut. 28,6; Ruth 2,19; 1Kings 10,9; 1Chr. 16,36; Judith 13,18; Psa. 117,26; Ode. 8,53; Ode. 8,54; Ode. 8,55; Ode. 8,56; Job 11,2; Sol. 8,34; Is. 19,24; Jer. 17,7; Dan. 3,53; Tob. 11,17; Tob. 11,17; Dan. 3,53; Dan. 3,54;

Dan. 3,55; Dan. 3,56; Matt. 21,9; Matt. 23,39; Mark 11,9; Luke 1,42; Luke 13,35; Luke 19,38; John 12,13)

εὐλόγηνται ▸ 2
Verb · third · plural · perfect · passive · indicative ▸ **2** (Num. 22,6; Num. 24,9)

εὐλογῇς ▸ 1
Verb · second · singular · present · active · subjunctive ▸ **1** (1Cor. 14,16)

εὐλόγησα ▸ 3 + 1 = 4
Verb · first · singular · aorist · active · indicative ▸ **3 + 1 = 4** (Gen. 17,20; Gen. 24,48; Is. 51,2; Dan. 4,34)

Εὐλογήσαι ▸ 2
Verb · third · singular · aorist · active · optative ▸ **2** (Num. 6,24; Ruth 2,4)

εὐλογήσαι ▸ 8
Verb · third · singular · aorist · active · optative ▸ **8** (Gen. 28,3; Gen. 48,16; Deut. 1,11; 2Sam. 24,23; Psa. 66,2; Psa. 66,7; Psa. 66,8; Psa. 127,5)

εὐλογήσαι ▸ 10
Verb · aorist · active · infinitive ▸ **10** (Deut. 28,12; Josh. 8,33 # 9,2d; 1Sam. 13,10; 1Sam. 25,14; 2Sam. 6,20; 2Sam. 8,10; 1Kings 1,47; 1Chr. 16,43; 1Chr. 17,27; 1Chr. 18,10)

εὐλογήσαισάν ▸ 1
Verb · third · plural · aorist · active · optative ▸ **1** (Tob. 3,11)

εὐλόγησαν ▸ 10 + 2 = 12
Verb · aorist · active · participle · neuter · singular · accusative ▸ **2 + 1 = 3** (2Mac. 11,9; 2Mac. 15,34; Tob. 8,15)
Verb · third · plural · aorist · active · indicative ▸ **8 + 1 = 9** (Gen. 24,60; Lev. 9,23; Josh. 22,33; 1Esdr. 4,62; Judith 15,9; Judith 15,12; 1Mac. 4,55; Dan. 5,4; Sus. 60)

εὐλόγησάν ▸ 1
Verb · third · plural · aorist · active · indicative ▸ **1** (Job 31,20)

εὐλογήσαντες ▸ 1
Verb · aorist · active · participle · masculine · plural · nominative ▸ **1** (2Mac. 12,41)

εὐλόγησας ▸ 4
Verb · aorist · active · participle · masculine · singular · nominative ▸ **1** (1Chr. 17,27)
Verb · second · singular · aorist · active · indicative ▸ **3** (Num. 24,10; Job 1,10; Dan. 5,23)

εὐλογήσας ▸ 2 + 5 = 7
Verb · aorist · active · participle · masculine · singular · nominative ▸ **2 + 5 = 7** (Gen. 47,10; Tob. 10,11; Matt. 26,26; Mark 8,7; Mark 14,22; Eph. 1,3; Heb. 7,1)

Εὐλογήσατε ▸ 1
Verb · second · plural · aorist · active · imperative ▸ **1** (1Chr. 29,20)

εὐλογήσατε ▸ 11 + 1 = 12
Verb · second · plural · aorist · active · imperative ▸ **11 + 1 = 12** (Ex. 12,32; Tob. 13,7; Psa. 95,2; Psa. 134,19; Psa. 134,19; Psa. 134,20; Psa. 134,20; Sir. 39,14; Sir. 39,35; Sir. 50,22; Dan. 5,23; Tob. 13,7)

εὐλογησάτωσαν ▸ 1
Verb · third · plural · aorist · active · imperative ▸ **1** (3Mac. 6,11)

εὐλογησάτωσάν ▸ 2 + 2 = 4
Verb · third · plural · aorist · active · imperative ▸ **2 + 2 = 4** (Tob. 8,5; Psa. 144,10; Tob. 3,11; Tob. 8,5)

εὐλόγησε ▸ 1
Verb · third · singular · aorist · active · indicative ▸ **1** (Dan. 2,19)

εὐλογήσει ▸ 16
Verb · third · singular · future · active · indicative ▸ **16** (Deut. 7,13; Deut. 7,13; Deut. 14,24; Deut. 15,4; Deut. 15,10; Deut. 15,18; Deut. 24,13; Deut. 30,16; Psa. 28,11; Psa. 133,3; Job 1,11; Job 2,5; Sir. 31,23; Sol. 17,35; Is. 25,3; Is. 43,20)

εὐλογήσεις ▸ 6
Verb · second · singular · future · active · indicative ▸ **6** (Deut. 8,10; 2Kings 4,29; Psa. 5,13; Psa. 64,12; Psa. 108,28; Sol. 9,7)

εὐλόγησεν ▸ 58 + 6 + 9 = 73
Verb · third · singular · aorist · active · indicative ▸ **58 + 6 + 9 = 73** (Gen. 5,2; Gen. 24,1; Gen. 24,35; Gen. 25,11; Gen. 26,12; Gen. 27,41; Gen. 28,1; Gen. 28,6; Gen. 30,27; Gen. 32,1; Gen. 47,7; Gen. 48,20; Gen. 49,28; Gen. 49,28; Ex. 20,11; Ex. 39,23; Lev. 9,22; Deut. 33,1; Josh. 14,13; Josh. 22,7; Josh. 24,10; 1Sam. 2,9; 1Sam. 2,20; 2Sam. 6,11; 2Sam. 6,18; 2Sam. 6,20; 2Sam. 13,25; 2Sam. 14,22; 2Sam. 19,40; 1Kings 8,14; 1Kings 8,55; 1Kings 8,66; 2Kings 10,15; 1Chr. 13,14; 1Chr. 16,2; 1Chr. 26,5; 1Chr. 29,10; 1Chr. 29,20; 2Chr. 6,3; 1Esdr. 4,58; 1Esdr. 9,46; Neh. 11,2; Tob. 7,6; Tob. 7,13; Tob. 8,15; Tob. 9,6; 1Mac. 2,69; Psa. 106,38; Psa. 113,20; Psa. 113,20; Psa. 113,20; Psa. 113,21; Psa. 147,2; Ode. 3,9; Job 29,13; Job 42,12; Sir. 33,12; Is. 19,25; Judg. 13,24; Tob. 9,6; Tob. 11,17; Tob. 14,15; Tob. 14,15; Dan. 2,19; Matt. 14,19; Mark 6,41; Luke 2,28; Luke 2,34; Luke 9,16; Luke 24,30; Luke 24,50; Heb. 11,20; Heb. 11,21)

εὐλόγησέν ▸ 8
Verb · third · singular · aorist · active · indicative ▸ **8** (Gen. 48,3; Gen. 49,25; Deut. 2,7; Deut. 12,7; Deut. 15,6; Deut. 15,14; Josh. 17,14; Psa. 44,3)

εὐλογήσετε ▸ 2
Verb · second · plural · future · active · indicative ▸ **2** (Num. 6,23; 2Sam. 21,3)

εὐλογήσῃ ▸ 10
Verb · third · singular · aorist · active · subjunctive ▸ **10** (Gen. 27,4; Gen. 27,10; Gen. 27,19; Gen. 27,25; Gen. 27,31; Deut. 14,29; Deut. 16,15; Deut. 23,21; Deut. 24,19; 2Kings 4,29)

εὐλογήσῃς ▸ 4
Verb · second · singular · aorist · active · subjunctive ▸ **4** (Gen. 32,27; Num. 22,6; Num. 23,25; 1Chr. 4,10)

εὐλογήσομεν ▸ 1
Verb · first · plural · future · active · indicative ▸ **1** (Psa. 113,26)

Εὐλόγησον ▸ 1
Verb · second · singular · aorist · active · imperative ▸ **1** (Gen. 27,34)

εὐλόγησον ▸ 8
Verb · second · singular · aorist · active · imperative ▸ **8** (Gen. 27,38; Deut. 26,15; Deut. 33,11; 2Sam. 7,29; 1Chr. 17,27; Psa. 27,9; Sir. 32,13; Sir. 43,11)

εὐλογήσουσιν ▸ 6 + 3 = 9
Verb · third · plural · future · active · indicative ▸ **6 + 3 = 9** (Neh. 9,5; Tob. 13,15; Tob. 14,6; Psa. 71,15; Is. 65,16; Jer. 4,2; Tob. 13,15; Tob. 13,18; Tob. 14,6)

εὐλογήσουσίν ▸ 6
Verb · third · plural · future · active · indicative ▸ **6** (Ode. 11,18; Ode. 11,19; Is. 25,3; Is. 25,5; Is. 38,18; Is. 38,19)

Εὐλογήσω ▸ 2
Verb · first · singular · future · active · indicative ▸ **2** (Psa. 33,2; Is. 12,1)

εὐλογήσω ▸ 21 + 1 = 22
Verb · first · singular · aorist · active · subjunctive ▸ **2** (Gen. 27,7; Gen. 48,9)
Verb · first · singular · future · active · indicative ▸ **19 + 1 = 20** (Gen. 12,2; Gen. 12,3; Gen. 17,16; Gen. 17,16; Gen. 22,17; Gen. 26,3; Ex. 20,24; Ex. 23,25; Num. 6,23; Num. 23,20; Psa. 15,7; Psa. 25,12; Psa. 62,5; Psa. 131,15; Psa. 144,1; Psa. 144,2; Ode. 14,29; Sir. 51,12; Hag. 2,19; Heb. 6,14)

εὐλογέω–εὐλογία

εὐλογήσωσι ‣ 1
   Verb · third · plural · aorist · active · subjunctive ‣ 1 (LetterJ 65)
εὐλόγηται ‣ 1
   Verb · third · singular · perfect · passive · indicative ‣ 1 (Wis. 14,7)
εὐλογοῦμεν ‣ 3
   Verb · first · plural · present · active · indicative ‣ 3 (1Cor. 4,12; 1Cor. 10,16; James 3,9)
εὐλογοῦμέν ‣ 1
   Verb · first · plural · present · active · indicative ‣ 1 (Ode. 14,5)
εὐλογουμένη ‣ 1
   Verb · present · passive · participle · feminine · singular · nominative ‣ 1 (Prov. 11,25)
εὐλόγουν ‣ 6 + 1 = 7
   Verb · present · active · participle · neuter · singular · accusative ‣ 1 (3Mac. 6,29)
   Verb · third · plural · imperfect · active · indicative ‣ 5 + 1 = 6 (1Mac. 4,24; 2Mac. 3,30; 2Mac. 10,38; 2Mac. 15,29; Dan. 3,51; Dan. 3,51)
εὐλογοῦντα ‣ 1 + 1 = 2
   Verb · present · active · participle · masculine · singular · accusative ‣ 1 + 1 = 2 (Gen. 27,30; Acts 3,26)
εὐλογοῦνται ‣ 1 + 1 = 2
   Verb · third · plural · present · passive · indicative ‣ 1 + 1 = 2 (Prov. 3,33; Gal. 3,9)
εὐλογοῦντάς ‣ 1
   Verb · present · active · participle · masculine · plural · accusative ‣ 1 (Gen. 12,3)
εὐλογοῦντες ‣ 3 + 1 + 2 = 6
   Verb · present · active · participle · masculine · plural · nominative ‣ 3 + 1 + 2 = 6 (1Esdr. 5,57; 2Mac. 8,27; Psa. 36,22; Dan. 3,24; Luke 24,53; 1Pet. 3,9)
εὐλογοῦντές ‣ 1
   Verb · present · active · participle · masculine · plural · nominative ‣ 1 (Num. 24,9)
εὐλογοῦσαν ‣ 1
   Verb · third · plural · imperfect · active · indicative ‣ 1 (Psa. 61,5)
εὐλογῶν ‣ 12 + 3 + 2 = 17
   Verb · present · active · participle · masculine · singular · nominative ‣ 12 + 3 + 2 = 17 (Gen. 22,17; Gen. 27,29; Num. 23,25; Num. 24,10; Deut. 15,4; 1Chr. 4,10; Tob. 10,14; Tob. 11,16; 1Mac. 13,47; Psa. 131,15; Ode. 11,20; Is. 38,20; Tob. 10,14; Tob. 11,15; Tob. 11,16; Luke 1,64; Heb. 6,14)
εὐλογῶσιν ‣ 1
   Verb · third · plural · present · active · subjunctive ‣ 1 (Tob. 14,8)
ηὐλόγηκά ‣ 1
   Verb · first · singular · perfect · active · indicative ‣ 1 (Gen. 26,24)
Ηὐλόγηκας ‣ 1
   Verb · second · singular · pluperfect · active · indicative ‣ 1 (1Kings 20,13)
ηὐλογημένον ‣ 2
   Verb · perfect · passive · participle · neuter · singular · nominative ‣ 2 (Is. 61,9; Is. 65,23)
ηὐλογημένος ‣ 2
   Verb · perfect · passive · participle · masculine · singular · nominative ‣ 2 (1Kings 2,45; 2Chr. 9,8)
ηὐλόγησα ‣ 1
   Verb · first · singular · aorist · active · indicative ‣ 1 (Gen. 27,33)
ηὐλόγησαν ‣ 4
   Verb · third · plural · aorist · active · indicative ‣ 4 (2Chr. 20,26; 2Chr. 30,27; 2Chr. 31,8; Is. 64,10)
Ηὐλόγησεν ‣ 2
   Verb · third · singular · aorist · active · indicative ‣ 2 (2Sam. 6,12; 1Kings 20,10)
ηὐλόγησεν ‣ 17
   Verb · third · singular · aorist · active · indicative ‣ 17 (Gen. 1,22; Gen. 1,28; Gen. 2,3; Gen. 9,1; Gen. 14,19; Gen. 27,23; Gen. 27,27; Gen. 27,27; Gen. 32,30; Gen. 35,9; Gen. 39,5; Gen. 48,15; Josh. 22,6; Judg. 13,24; 2Chr. 31,10; Neh. 8,6; Sol. 6,4)
ηὐλόγησέν ‣ 2
   Verb · third · singular · aorist · active · indicative ‣ 2 (Gen. 30,30; Deut. 16,10)
ηὐλόγουν ‣ 1 + 1 = 2
   Verb · third · plural · imperfect · active · indicative ‣ 1 + 1 = 2 (Dan. 5,4; Tob. 12,22)

εὐλογητός (εὖ; λέγω)   blessed ‣ 80 + 20 + 8 = 108
   Εὐλογητή ‣ 1
      Adjective · feminine · singular · nominative · noDegree ‣ 1 (Judith 13,18)
   εὐλογητοί ‣ 3
      Adjective · masculine · plural · nominative · noDegree ‣ 3 (Tob. 11,14; Tob. 13,14; Tob. 13,18)
   εὐλογητὸν ‣ 4 + 3 = 7
      Adjective · neuter · singular · nominative · noDegree ‣ 4 + 3 = 7 (Tob. 3,11; Tob. 8,5; Tob. 11,14; Psa. 71,19; Tob. 3,11; Tob. 8,5; Tob. 11,14)
   Εὐλογητός ‣ 1
      Adjective · masculine · singular · nominative · noDegree ‣ 1 (Ruth 2,20)
   εὐλογητός ‣ 2
      Adjective · masculine · singular · nominative · noDegree ‣ 2 (Gen. 12,2; Psa. 67,19)
   Εὐλογητὸς ‣ 40 + 9 + 4 = 53
      Adjective · masculine · singular · nominative · noDegree ‣ 40 + 9 + 4 = 53 (Gen. 9,26; Gen. 24,27; Gen. 43,28; Ex. 18,10; Deut. 33,24; Ruth 4,14; 1Sam. 15,13; 1Sam. 25,32; 1Sam. 25,39; 2Sam. 18,28; 1Kings 1,48; 1Kings 5,21; 1Kings 8,15; 1Kings 8,56; 1Chr. 29,10; 2Chr. 2,11; 2Chr. 6,4; 1Esdr. 8,25; Ezra 7,27; Judith 13,17; Tob. 3,11; Tob. 8,5; Tob. 8,15; Tob. 11,14; Tob. 13,2; Tob. 13,18; 1Mac. 4,30; 2Mac. 15,34; Psa. 40,14; Psa. 71,18; Psa. 88,53; Psa. 105,48; Psa. 143,1; Ode. 7,26; Ode. 8,52; Ode. 9,68; Zech. 11,5; Dan. 3,26; Dan. 3,52; Dan. 3,95; Judg. 17,2; Tob. 3,11; Tob. 8,5; Tob. 8,15; Tob. 11,14; Tob. 13,2; Dan. 3,26; Dan. 3,52; Dan. 3,95; Luke 1,68; 2Cor. 1,3; Eph. 1,3; 1Pet. 1,3)
   εὐλογητὸς ‣ 32 + 5 + 3 = 40
      Adjective · masculine · singular · nominative · noDegree ‣ 32 + 5 + 3 = 40 (Gen. 14,20; Gen. 24,31; Gen. 26,29; Deut. 7,14; 1Sam. 25,33; 2Sam. 6,21; 2Sam. 22,47; 1Esdr. 4,40; 1Esdr. 4,60; Tob. 8,16; Tob. 8,17; Tob. 11,17; 2Mac. 1,17; 3Mac. 7,23; Psa. 17,47; Psa. 27,6; Psa. 30,22; Psa. 65,20; Psa. 67,20; Psa. 67,36; Psa. 118,12; Psa. 123,6; Psa. 134,21; Ode. 14,34; Ode. 14,36; Ode. 14,37; Ode. 14,38; Sol. 2,37; Sol. 6,6; Dan. 3,54; Dan. 3,55; Dan. 3,56; Tob. 8,16; Tob. 8,17; Tob. 9,6; Tob. 11,17; Tob. 13,18; Rom. 1,25; Rom. 9,5; 2Cor. 11,31)
   εὐλογητοῦ ‣ 1
      Adjective · masculine · singular · genitive · (verbal) ‣ 1 (Mark 14,61)

εὐλογία (εὖ; λέγω)   blessing ‣ 95 + 6 + 16 = 117
   Εὐλογία ‣ 1 + 2 = 3
      Noun · feminine · singular · nominative · (common) ‣ 1 + 2 = 3 (Psa. 128,8; Tob. 5,17; Tob. 7,6)

εὐλογία ▸ 20 + 4 = 24
  Noun · feminine · singular · nominative · (common) ▸ 20 + 4 = **24** (Gen. 27,38; Gen. 39,5; Deut. 30,1; Deut. 33,1; 1Chr. 5,2; Psa. 3,9; Prov. 10,6; Prov. 10,22; Prov. 11,26; Prov. 24,25; Job 29,13; Sir. 3,8; Sir. 3,9; Sir. 7,32; Sir. 11,22; Sir. 39,22; Sol. 5,17; Sol. 17,38; Is. 27,9; Is. 65,8; Gal. 3,14; James 3,10; Rev. 5,13; Rev. 7,12)
εὐλογίᾳ ▸ 5 + 2 + 1 = 8
  Noun · feminine · singular · dative · (common) ▸ 5 + 2 + 1 = **8** (Neh. 9,5; Tob. 8,15; Sir. 33,17; Sol. 18,5; Zech. 8,13; Tob. 8,15; Tob. 11,17; Eph. 1,3)
εὐλογίαι ▸ 1
  Noun · feminine · plural · nominative · (common) ▸ **1** (Deut. 28,2)
εὐλογίαις ▸ 8 + 2 = 10
  Noun · feminine · plural · dative · (common) ▸ 8 + 2 = **10** (Gen. 49,26; Gen. 49,26; Psa. 20,4; Sir. 40,17; Sir. 44,23; Sir. 45,1; Sir. 46,11; Sir. 47,6; 2Cor. 9,6; 2Cor. 9,6)
εὐλογίαν ▸ 45 + 2 + 5 = 52
  Noun · feminine · singular · accusative · (common) ▸ 45 + 2 + 5 = **52** (Gen. 27,12; Gen. 27,35; Gen. 27,36; Gen. 27,36; Gen. 28,4; Gen. 49,25; Gen. 49,25; Gen. 49,28; Ex. 32,29; Lev. 25,21; Num. 23,11; Deut. 11,26; Deut. 11,27; Deut. 11,29; Deut. 12,15; Deut. 16,17; Deut. 23,6; Deut. 28,8; Deut. 30,19; Deut. 33,23; Josh. 15,19; Josh. 24,10; Judg. 1,15; 1Sam. 25,27; 2Kings 5,15; 2Kings 18,31; 1Chr. 5,1; Neh. 13,2; 1Mac. 3,7; Psa. 20,7; Psa. 23,5; Psa. 36,26; Psa. 108,17; Psa. 132,3; Wis. 15,19; Sir. 11,22; Sir. 34,17; Sir. 36,16; Sir. 44,23; Sir. 50,20; Sir. 50,21; Joel 2,14; Mal. 2,2; Mal. 2,2; Mal. 3,10; Judg. 1,15; Tob. 9,6; 2Cor. 9,5; 2Cor. 9,5; Heb. 12,17; 1Pet. 3,9; Rev. 5,12)
εὐλογίας ▸ 15 + 4 = 19
  Noun · feminine · plural · accusative · (common) ▸ 5 + 4 = **9** (Gen. 33,11; Josh. 8,34 # 9,2e; Psa. 83,7; Is. 44,3; Ezek. 44,30; Rom. 15,29; Rom. 16,18; 1Cor. 10,16; Heb. 6,7)
  Noun · feminine · singular · genitive · (common) ▸ **10** (Gen. 27,41; Gen. 49,25; Gen. 49,26; Deut. 33,13; 2Sam. 7,29; 2Chr. 20,26; 2Chr. 20,26; Sir. 37,24; Sir. 40,27; Ezek. 34,26)
εὐλογιστία (εὖ; λέγω) caution ▸ 4
  εὐλογιστία ▸ 1
    Noun · feminine · singular · nominative · (common) ▸ **1** (4Mac. 13,7)
  εὐλογιστίας ▸ 3
    Noun · feminine · singular · accusative · (common) ▸ **1** (4Mac. 8,15)
    Noun · feminine · singular · genitive · (common) ▸ **2** (4Mac. 5,22; 4Mac. 13,5)
Ευμα Humtah ▸ 1
  Ευμα ▸ 1
    Noun · singular · nominative · (proper) ▸ **1** (Josh. 15,54)
εὐμαθῶς (εὖ; μανθάνω) skillfully ▸ 1
  εὐμαθῶς ▸ 1
    Adverb ▸ **1** (Wis. 13,11)
εὐμεγέθης (εὖ; μέγας) tall ▸ 2
  εὐμεγέθεις ▸ 1
    Adjective · masculine · plural · nominative · noDegree ▸ **1** (Bar. 3,26)
  εὐμεγέθης ▸ 1
    Adjective · masculine · singular · nominative · noDegree ▸ **1** (1Sam. 9,2)
εὐμελής (εὖ; μέλος) melodious ▸ 1
  εὐμελής ▸ 1
    Adjective · masculine · singular · nominative · noDegree ▸ **1** (Wis. 17,17)
εὐμένεια (εὖ; μένος) goodwill ▸ 1
  εὐμένειαν ▸ 1
    Noun · feminine · singular · accusative · (common) ▸ **1** (2Mac. 6,29)
Εὐμενής (εὖ; μένος) Eumenes ▸ 1
  Εὐμένει ▸ 1
    Noun · masculine · singular · dative · (proper) ▸ **1** (1Mac. 8,8)
εὐμενής (εὖ; μένος) well-disposed, favorable ▸ 2
  εὐμενεῖς ▸ 2
    Adjective · masculine · plural · accusative · noDegree ▸ **2** (2Mac. 12,31; 2Mac. 13,26)
εὐμενῶς (εὖ; μένος) graciously, favorably ▸ 1
  εὐμενῶς ▸ 1
    Adverb ▸ **1** (Wis. 6,16)
εὐμετάβολος (εὖ; μετά; βάλλω) changeable ▸ 1
  εὐμετάβολος ▸ 1
    Adjective · masculine · singular · nominative · noDegree ▸ **1** (Prov. 17,20)
εὐμετάδοτος (εὖ; μετά; δίδωμι) liberal, generous ▸ 1
  εὐμεταδότους ▸ 1
    Adjective · masculine · plural · accusative · (verbal) ▸ **1** (1Tim. 6,18)
εὐμήκης (εὖ; μῆκος) tall ▸ 1
  εὐμήκη ▸ 1
    Adjective · masculine · singular · accusative · noDegree ▸ **1** (Deut. 9,2)
εὐμορφία (εὖ; μορφή) beauty, shapeliness ▸ 2
  εὐμορφίαν ▸ 1
    Noun · feminine · singular · accusative · (common) ▸ **1** (Wis. 7,10)
  εὐμορφίας ▸ 1
    Noun · feminine · singular · genitive · (common) ▸ **1** (4Mac. 8,10)
εὔμορφος (εὖ; μορφή) beautiful, shapely ▸ 1
  εὐμόρφου ▸ 1
    Adjective · feminine · singular · genitive · noDegree ▸ **1** (Sir. 9,8)
Εὐνίκη Eunice ▸ 1
  Εὐνίκῃ ▸ 1
    Noun · feminine · singular · dative · (proper) ▸ **1** (2Tim. 1,5)
εὐνοέω (εὖ; νοῦς) to agree, be favorable ▸ 3 + 1 = 4
  εὐνοήσειν ▸ 1
    Verb · future · active · infinitive ▸ **1** (3Mac. 7,11)
  εὐνοοῦντες ▸ 1
    Verb · present · active · participle · masculine · plural · nominative ▸ **1** (Dan. 2,43)
  εὐνοοῦσιν ▸ 1
    Verb · present · active · participle · masculine · plural · dative ▸ **1** (Esth. 16,22 # 8,12u)
  εὐνοῶν ▸ 1
    Verb · present · active · participle · masculine · singular · nominative ▸ **1** (Matt. 5,25)
εὔνοια (εὖ; νοῦς) benevolence, good will ▸ 18 + 1 = 19
  εὐνοίᾳ ▸ 2
    Noun · feminine · singular · dative · (common) ▸ **2** (Esth. 13,3 # 3,13c; 3Mac. 6,26)
  εὔνοιαν ▸ 10
    Noun · feminine · singular · accusative · (common) ▸ **10** (2Mac. 9,21; 2Mac. 9,26; 2Mac. 11,19; 2Mac. 12,30; 2Mac. 14,26; 2Mac. 14,37; 2Mac. 15,30; 3Mac. 3,3; 3Mac. 7,7; 4Mac. 13,25)

εὐνοίας ▸ 6 + 1 = 7
    Noun · feminine · plural · accusative · (common) ▸ 1 (1Mac. 11,53)
    Noun · feminine · singular · genitive · (common) ▸ 5 + 1 = 6 (Esth. 2,23; Esth. 6,4; 1Mac. 11,33; 4Mac. 2,10; Sir. 1,16 Prol.; Eph. 6,7)

εὐνομία (εὖ; νόμος 1st homograph)   observance of the law ▸ 4
εὐνομίαν ▸ 4
    Noun · feminine · singular · accusative · (common) ▸ 4 (4Mac. 3,20; 4Mac. 4,24; 4Mac. 7,9; 4Mac. 18,4)

εὔνους (εὖ; νοῦς)   favorable to, kindly to ▸ 1
Εὔνους ▸ 1
    Adjective · masculine · singular · nominative · noDegree ▸ 1 (4Mac. 4,3)

εὐνουχίζω (εὖ; ἔχω)   to make a eunuch ▸ 2
εὐνούχισαν ▸ 1
    Verb · third · plural · aorist · active · indicative ▸ 1 (Matt. 19,12)
εὐνουχίσθησαν ▸ 1
    Verb · third · plural · aorist · passive · indicative ▸ 1 (Matt. 19,12)

εὐνοῦχος (εὖ; ἔχω)   eunuch ▸ 38 + 8 = 46
εὐνοῦχοι ▸ 6 + 3 = 9
    Noun · masculine · plural · nominative · (common) ▸ 6 + 3 = 9 (2Kings 9,32; 2Kings 20,18; 2Kings 24,12; Esth. 2,21; Esth. 4,4; Esth. 6,14; Matt. 19,12; Matt. 19,12; Matt. 19,12)
εὐνούχοις ▸ 4
    Noun · masculine · plural · dative · (common) ▸ 4 (Gen. 40,2; 1Sam. 8,15; Esth. 1,10; Is. 56,4)
εὐνοῦχον ▸ 6
    Noun · masculine · singular · accusative · (common) ▸ 6 (1Kings 22,9; 2Kings 8,6; 2Kings 25,19; 2Chr. 18,8; Esth. 4,5; Jer. 52,25)
εὐνοῦχος ▸ 6 + 5 = 11
    Noun · masculine · singular · nominative · (common) ▸ 6 + 5 = 11 (Gen. 39,1; Esth. 2,14; Esth. 2,15; Wis. 3,14; Sir. 30,20; Is. 56,3; Acts 8,27; Acts 8,34; Acts 8,36; Acts 8,38; Acts 8,39)
εὐνούχου ▸ 2
    Noun · masculine · singular · genitive · (common) ▸ 2 (2Kings 23,11; Sir. 20,4)
εὐνούχους ▸ 5
    Noun · masculine · plural · accusative · (common) ▸ 5 (Gen. 40,7; 2Kings 24,15; Esth. 12,3 # 1,10; Esth. 2,23; Jer. 48,16)
εὐνούχῳ ▸ 2
    Noun · masculine · singular · dative · (common) ▸ 2 (Esth. 2,3; Judith 12,11)
εὐνούχων ▸ 7
    Noun · masculine · plural · genitive · (common) ▸ 7 (Esth. 12,1 # 1,1m; Esth. 12,6 # 1,1r; Esth. 1,12; Esth. 1,15; Esth. 6,2; Esth. 7,9; Jer. 36,2)

εὐοδία (εὖ; ὁδός)   good journey ▸ 7
εὐοδία ▸ 4
    Noun · feminine · singular · nominative · (common) ▸ 4 (Prov. 25,15; Sir. 10,5; Sir. 20,9; Sir. 38,13)
εὐοδίαι ▸ 1
    Noun · feminine · plural · nominative · (common) ▸ 1 (Tob. 4,6)
εὐοδίαν ▸ 2
    Noun · feminine · singular · accusative · (common) ▸ 2 (1Esdr. 8,6; 1Esdr. 8,50)

Εὐοδία (εὖ; ὁδός)   Euodia ▸ 1
Εὐοδίαν ▸ 1
    Noun · feminine · singular · accusative · (proper) ▸ 1 (Phil. 4,2)

εὔοδος (εὖ; ὁδός)   easy ▸ 4
εὔοδα ▸ 2
    Adjective · neuter · plural · nominative · noDegree ▸ 2 (Num. 14,41; 1Esdr. 7,3)
εὔοδοι ▸ 1
    Adjective · feminine · plural · nominative · noDegree ▸ 1 (Prov. 13,13a)
εὔοδος ▸ 1
    Adjective · feminine · singular · nominative · noDegree ▸ 1 (Prov. 11,9)

εὐοδόω (εὖ; ὁδός)   to prosper ▸ 68 + 12 + 4 = 84
εὐοδοῖ ▸ 3 + 1 = 4
    Verb · third · singular · present · active · indicative ▸ 3 + 1 = 4 (Gen. 39,3; Judg. 4,8; Sir. 43,26; Judg. 4,8)
εὐοδοῖς ▸ 1
    Verb · second · singular · present · active · indicative ▸ 1 (Gen. 24,42)
εὐοδούμενον ▸ 1
    Verb · present · passive · participle · neuter · singular · nominative ▸ 1 (1Esdr. 6,9)
εὐοδούμενος ▸ 2
    Verb · present · passive · participle · masculine · singular · nominative ▸ 2 (2Mac. 10,23; Dan. 6,4)
εὐοδουμένῳ ▸ 1
    Verb · present · passive · participle · masculine · singular · dative ▸ 1 (Sir. 41,1)
εὐοδοῦσθαι ▸ 1
    Verb · present · passive · infinitive ▸ 1 (3John 2)
εὐοδοῦται ▸ 2
    Verb · third · singular · present · passive · indicative ▸ 2 (Ezra 5,8; Jer. 12,1)
εὐοδοῦταί ▸ 1
    Verb · third · singular · present · passive · indicative ▸ 1 (3John 2)
εὐοδωθείημεν ▸ 1
    Verb · first · plural · aorist · passive · optative ▸ 1 (Tob. 10,13)
εὐοδωθείητε ▸ 1
    Verb · second · plural · aorist · passive · optative ▸ 1 (Tob. 5,17)
εὐοδώθη ▸ 7 + 2 = 9
    Verb · third · singular · aorist · passive · indicative ▸ 7 + 2 = 9 (2Chr. 7,11; 2Chr. 31,21; 2Chr. 32,30; 2Chr. 35,13; 1Mac. 3,6; 1Mac. 14,36; 1Mac. 16,2; Tob. 11,15; Dan. 8,12)
Εὐοδώθη ▸ 1
    Verb · third · singular · aorist · passive · indicative ▸ 1 (Tob. 10,14)
εὐοδωθῇ ▸ 1
    Verb · third · singular · aorist · passive · subjunctive ▸ 1 (1Chr. 13,2)
εὐοδωθήσεσθε ▸ 2
    Verb · second · plural · future · passive · indicative ▸ 2 (2Chr. 20,20; 2Chr. 24,20)
εὐοδωθήσεται ▸ 8 + 2 = 10
    Verb · third · singular · future · passive · indicative ▸ 8 + 2 = 10 (2Chr. 13,12; Tob. 5,22; Prov. 17,8; Prov. 28,13; Sir. 11,17; Dan. 8,24; Dan. 8,25; Dan. 11,36; Judg. 18,5; Tob. 5,22)
εὐοδωθήσῃ ▸ 3
    Verb · second · singular · future · passive · indicative ▸ 3 (Josh. 1,8; 2Chr. 18,11; Jer. 2,37)
εὐοδωθήσομαι ▸ 1
    Verb · first · singular · future · passive · indicative ▸ 1 (Rom. 1,10)
εὐοδωθήσονται ▸ 1 + 1 = 2
    Verb · third · plural · future · passive · indicative ▸ 1 + 1 = 2

(Dan. 11,27; Tob. 4,6)
εὐοδωθῶσιν ‣ 1
Verb · third · plural · aorist · passive · subjunctive ‣ **1** (Tob. 4,19)
εὐόδωκεν ‣ 2 + **1** = 3
Verb · third · singular · perfect · active · indicative ‣ 2 + **1** = **3** (Gen. 24,21; Gen. 24,27; Tob. 10,14)
εὐόδωσα ‣ 2
Verb · first · singular · aorist · active · indicative ‣ **2** (Is. 46,11; Is. 48,15)
εὐοδῶσαι ‣ 2
Verb · third · singular · aorist · active · optative ‣ **2** (Tob. 7,13; Tob. 10,11)
εὐοδώσαντα ‣ 1
Verb · aorist · active · participle · masculine · singular · accusative ‣ **1** (1Mac. 4,55)
εὐοδώσαντι ‣ 1
Verb · aorist · active · participle · masculine · singular · dative ‣ **1** (2Mac. 10,7)
Εὐοδώσει ‣ 1
Verb · third · singular · future · active · indicative ‣ **1** (Tob. 10,11)
εὐοδώσει ‣ 10 + **1** = 11
Verb · third · singular · future · active · indicative ‣ 10 + **1** = **11** (Gen. 24,40; Deut. 28,29; 1Kings 22,12; 1Kings 22,15; 1Chr. 22,11; 1Chr. 22,13; Neh. 2,20; Tob. 5,17; Tob. 7,12; Sir. 15,10; Tob. 7,12)
εὐοδώσεις ‣ 2
Verb · second · singular · future · active · indicative ‣ **2** (Josh. 1,8; 2Chr. 18,14)
Εὐόδωσεν ‣ 1
Verb · third · singular · aorist · active · indicative ‣ **1** (Wis. 11,1)
εὐόδωσεν ‣ 4
Verb · third · singular · aorist · active · indicative ‣ **4** (Gen. 24,56; 2Chr. 14,6; 2Chr. 26,5; Tob. 10,14)
εὐόδωσέν ‣ 1
Verb · third · singular · aorist · active · indicative ‣ **1** (Gen. 24,48)
εὐοδώσῃ ‣ 1
Verb · third · singular · aorist · active · subjunctive ‣ **1** (Sir. 38,14)
εὐόδωσον ‣ 3
Verb · second · singular · aorist · active · imperative ‣ **3** (Gen. 24,12; Neh. 1,11; Psa. 117,25)
εὐοδώσω ‣ 2
Verb · first · singular · future · active · indicative ‣ **2** (Is. 54,17; Is. 55,11)
εὐοδῶται ‣ 1
Verb · third · singular · present · passive · subjunctive ‣ **1** (1Cor. 16,2)
εὐώδου ‣ 1
Verb · third · singular · imperfect · active · indicative ‣ **1** (Gen. 39,23)
εὐωδώθη ‣ 2
Verb · third · singular · aorist · passive · indicative ‣ **2** (Dan. 8,11; Dan. 8,12)
εὐόδως (εὖ; ὁδός) easily ‣ 1
εὐόδως ‣ 1
Adverb ‣ **1** (Prov. 30,29)
εὔοπτος (εὖ; ὁράω) seen easily; conspicuous ‣ 1
εὐοπτός ‣ 1
Adjective · feminine · singular · nominative · noDegree ‣ **1** (LetterJ 60)

εὐπαθέω (εὖ; πάσχω) to be prosperous ‣ 2
εὐπαθοῦντες ‣ 1
Verb · present · active · participle · masculine · plural · nominative ‣ **1** (Psa. 91,15)
εὐπαθῶν ‣ 1
Verb · present · active · participle · masculine · singular · nominative ‣ **1** (Job 21,23)
εὐπάρεδρος (εὖ; παρά; ἕζομαι) devoted, dedicated ‣ 1
εὐπάρεδρον ‣ 1
Adjective · neuter · singular · accusative ‣ **1** (1Cor. 7,35)
εὐπάρυφος (εὖ; παρά; ὑφαίνω) purple-bordered; well-bred ‣ 1
εὐπάρυφα ‣ 1
Adjective · neuter · plural · accusative · noDegree ‣ **1** (Ezek. 23,12)
Εὐπάτωρ (εὖ; πατήρ) Eupator ‣ 5
Εὐπάτορα ‣ 4
Noun · masculine · singular · accusative · (proper) ‣ **4** (2Mac. 2,20; 2Mac. 10,10; 2Mac. 10,13; 2Mac. 13,1)
Εὐπάτωρ ‣ 1
Noun · masculine · singular · accusative · (proper) ‣ **1** (1Mac. 6,17)
εὐπείθεια (εὖ; πείθω) prompt obedience; easy persuasion ‣ 4
εὐπειθείᾳ ‣ 1
Noun · feminine · singular · dative · (common) ‣ **1** (4Mac. 9,2)
εὐπείθειαν ‣ 2
Noun · feminine · singular · accusative · (common) ‣ **2** (4Mac. 12,6; 4Mac. 15,9)
εὐπειθείας ‣ 1
Noun · feminine · singular · genitive · (common) ‣ **1** (4Mac. 5,16)
εὐπειθέω (εὖ; πείθω) to be inclined toward obedience ‣ 1
εὐπειθοῦντάς ‣ 1
Verb · present · active · participle · masculine · plural · accusative ‣ **1** (4Mac. 8,6)
εὐπειθής (εὖ; πείθω) open to reason ‣ 1
εὐπειθής ‣ 1
Adjective · feminine · singular · nominative ‣ **1** (James 3,17)
εὐπερίστατος (εὖ; περί; ἵστημι) easily distracting ‣ 1
εὐπερίστατον ‣ 1
Adjective · feminine · singular · accusative ‣ **1** (Heb. 12,1)
εὐποιΐα (εὖ; ποιέω) well-doing ‣ 1
εὐποιΐας ‣ 1
Noun · feminine · singular · genitive ‣ **1** (Heb. 13,16)
Εὐπόλεμος (εὖ; πόλεμος) Eupolemus ‣ 2
Εὐπόλεμον ‣ 1
Noun · masculine · singular · accusative · (proper) ‣ **1** (1Mac. 8,17)
Εὐπολέμου ‣ 1
Noun · masculine · singular · genitive · (proper) ‣ **1** (2Mac. 4,11)
εὐπορέω (εὖ; πορεύομαι) to prosper, have financial ability ‣ 4 + **1** = 5
εὐπορεῖτό ‣ 1
Verb · third · singular · imperfect · middle · indicative ‣ **1** (Acts 11,29)
εὐπορηθείς ‣ 1
Verb · aorist · passive · participle · masculine · singular · nominative ‣ **1** (Lev. 25,49)

εὐπορέω–εὑρίσκω

εὐπορηθῇ ▸ 2
   Verb · third · singular · aorist · passive · subjunctive ▸ 2 (Lev. 25,26; Lev. 25,28)
εὐπόρησεν ▸ 1
   Verb · third · singular · aorist · active · indicative ▸ 1 (Wis. 10,10)

εὐπορία (εὖ; πορεύομαι) wealth ▸ 1
εὐπορία ▸ 1
   Noun · feminine · singular · nominative ▸ 1 (Acts 19,25)

εὐπραξία (εὖ; πράσσω) good service, well doing ▸ 2
εὐπραξίᾳ ▸ 1
   Noun · feminine · singular · dative · (common) ▸ 1 (3Mac. 3,5)
εὐπραξίαν ▸ 1
   Noun · feminine · singular · accusative · (common) ▸ 1 (3Mac. 3,6)

εὐπρέπεια (εὖ; πρέπω) beauty, dignity ▸ 17 + 1 = 18
εὐπρέπεια ▸ 3 + 1 = 4
   Noun · feminine · singular · nominative · (common) ▸ 3 + 1 = 4 (Psa. 49,2; Sol. 17,42; Lam. 1,6; James 1,11)
εὐπρεπείᾳ ▸ 2
   Noun · feminine · singular · dative · (common) ▸ 2 (3Mac. 1,9; Ezek. 16,14)
εὐπρεπείαις ▸ 1
   Noun · feminine · plural · dative · (common) ▸ 1 (Job 36,11)
εὐπρέπειαν ▸ 7
   Noun · feminine · singular · accusative · (common) ▸ 7 (2Sam. 15,25; Psa. 25,8; Psa. 92,1; Psa. 103,1; Prov. 31,26; Sir. 47,10; Bar. 5,1)
εὐπρεπείας ▸ 4
   Noun · feminine · singular · genitive · (common) ▸ 4 (4Mac. 8,4; Wis. 5,16; Sol. 2,20; Jer. 23,9)

εὐπρεπής (εὖ; πρέπω) beautiful, good looking ▸ 6
εὐπρεπεῖς ▸ 2
   Adjective · masculine · plural · nominative · noDegree ▸ 2 (2Sam. 1,23; 2Sam. 23,1)
εὐπρεπεστέρα ▸ 1
   Adjective · feminine · singular · nominative · comparative ▸ 1 (Wis. 7,29)
εὐπρεπῆ ▸ 2
   Adjective · masculine · singular · accusative · noDegree ▸ 1 (Zech. 10,3)
   Adjective · neuter · plural · nominative · noDegree ▸ 1 (Job 18,15)
εὐπρεπής ▸ 1
   Adjective · feminine · singular · nominative · noDegree ▸ 1 (Sir. 24,14)

εὐπρεπῶς (εὖ; πρέπω) in proper order, elegantly ▸ 2
εὐπρεπῶς ▸ 2
   Adverb ▸ 2 (1Esdr. 1,10; Wis. 13,11)

εὐπρόσδεκτος (εὖ; πρός; δέχομαι) acceptable ▸ 5
εὐπρόσδεκτος ▸ 4
   Adjective · feminine · singular · nominative · (verbal) ▸ 2 (Rom. 15,16; Rom. 15,31)
   Adjective · masculine · singular · nominative · (verbal) ▸ 2 (2Cor. 6,2; 2Cor. 8,12)
εὐπροσδέκτους ▸ 1
   Adjective · feminine · plural · accusative · (verbal) ▸ 1 (1Pet. 2,5)

εὐπροσήγορος (εὖ; πρός; ἀγορά) courteous ▸ 1
εὐπροσήγορα ▸ 1
   Adjective · neuter · plural · accusative · noDegree ▸ 1 (Sir. 6,5)

εὐπροσωπέω (εὖ; πρός; ὁράω) to make a good showing ▸ 1
εὐπροσωπῆσαι ▸ 1
   Verb · aorist · active · infinitive ▸ 1 (Gal. 6,12)

εὐπρόσωπος (εὖ; πρός; ὁράω) pleasing in appearance ▸ 1
εὐπρόσωπος ▸ 1
   Adjective · feminine · singular · nominative · noDegree ▸ 1 (Gen. 12,11)

εὐρακύλων northeast wind ▸ 1
εὐρακύλων ▸ 1
   Noun · masculine · singular · nominative ▸ 1 (Acts 27,14)

εὕρεμα (εὖ; εὑρίσκω) unexpected discovery; windfall ▸ 7
εὕρεμα ▸ 7
   Noun · neuter · singular · accusative · (common) ▸ 6 (Sir. 29,4; Sir. 29,6; Sir. 35,9; Jer. 45,2; Jer. 46,18; Jer. 51,35)
   Noun · neuter · singular · nominative · (common) ▸ 1 (Sir. 20,9)

εὕρεσις (εὖ; εὑρίσκω) discovery; conception, invention ▸ 2
εὕρεσις ▸ 2
   Noun · feminine · singular · nominative · (common) ▸ 2 (Wis. 14,12; Sir. 13,26)

εὑρετής (εὑρίσκω) inventor; discoverer ▸ 2
εὑρετής ▸ 2
   Noun · masculine · singular · nominative · (common) ▸ 2 (2Mac. 7,31; Prov. 16,20)

εὑρετός found at ▸ 1
εὑρετῇ ▸ 1
   Adjective · feminine · singular · dative · noDegree ▸ 1 (Judg. 9,6)

εὑρίσκω to find ▸ 572 + 39 + 176 = 787
εὕραμεν ▸ 1 + 1 = 2
   Verb · first · plural · aorist · active · indicative ▸ 1 + 1 = 2 (Ezra 4,19; Luke 23,2)
εὑράμενος ▸ 1
   Verb · aorist · middle · participle · masculine · singular · nominative ▸ 1 (Heb. 9,12)
εὕραν ▸ 1
   Verb · third · plural · aorist · active · indicative ▸ 1 (2Sam. 17,20)
εὗρε ▸ 2
   Verb · third · singular · aorist · active · indicative ▸ 2 (Dan. 3,48; Bel 21)
εὑρέ ▸ 2
   Verb · second · singular · aorist · active · imperative ▸ 2 (1Sam. 20,21; 1Sam. 20,36)
εὑρεθείη ▸ 1
   Verb · third · singular · aorist · passive · optative ▸ 1 (Psa. 20,9)
εὑρεθείς ▸ 1 + 1 + 1 = 3
   Verb · aorist · passive · participle · masculine · singular · nominative ▸ 1 + 1 + 1 = 3 (2Chr. 35,18; Dan. 12,1; Phil. 2,7)
εὑρεθεῖσαν ▸ 1
   Verb · aorist · passive · participle · feminine · singular · accusative ▸ 1 (2Chr. 29,16)
εὑρεθείσας ▸ 1 + 1 = 2
   Verb · aorist · passive · participle · feminine · plural · accusative ▸ 1 + 1 = 2 (Judg. 20,48; Judg. 20,48)
εὑρεθείσης ▸ 1
   Verb · aorist · passive · participle · feminine · singular · genitive ▸ 1 (1Esdr. 5,39)
εὑρεθεῖσιν ▸ 1
   Verb · aorist · passive · participle · neuter · plural · dative ▸ 1 (Esth. 1,5)

εὑρεθὲν ▸ 9
   Verb · aorist · passive · participle · neuter · singular · accusative ▸ 8 (Gen. 47,14; 1Kings 15,18; 2Kings 12,10; 2Kings 12,11; 2Kings 12,19; 2Kings 16,8; 2Kings 18,15; 2Chr. 34,17)
   Verb · aorist · passive · participle · neuter · singular · nominative ▸ 1 (2Kings 22,9)
εὑρεθέν ▸ 1
   Verb · aorist · passive · participle · neuter · singular · accusative ▸ 1 (1Sam. 21,4)
εὑρεθέντα ▸ 4
   Verb · aorist · passive · participle · masculine · singular · accusative ▸ 2 (1Sam. 13,15; 1Chr. 29,17)
   Verb · aorist · passive · participle · neuter · plural · accusative ▸ 2 (2Kings 14,14; 2Chr. 25,24)
εὑρεθέντας ▸ 9
   Verb · aorist · passive · participle · masculine · plural · accusative ▸ 9 (2Kings 25,19; 2Kings 25,19; 2Chr. 34,32; 2Chr. 34,33; 2Chr. 35,7; Jer. 48,3; Jer. 52,25; Jer. 52,25; Bar. 1,7)
εὑρεθέντες ▸ 10
   Verb · aorist · passive · participle · masculine · plural · nominative ▸ 10 (Deut. 20,11; 1Sam. 13,16; 2Chr. 5,11; 2Chr. 29,29; 2Chr. 30,21; 2Chr. 30,25; 2Chr. 31,1; 2Chr. 35,17; 1Esdr. 1,17; 1Esdr. 1,19)
εὑρεθέντι ▸ 1
   Verb · aorist · passive · participle · masculine · singular · dative ▸ 1 (1Esdr. 1,7)
εὑρεθέντος ▸ 5
   Verb · aorist · passive · participle · masculine · singular · genitive ▸ 2 (Judg. 20,48; 2Chr. 34,30)
   Verb · aorist · passive · participle · neuter · singular · genitive ▸ 3 (2Kings 22,13; 2Kings 23,2; 2Chr. 34,21)
Εὑρέθη ▸ 1
   Verb · third · singular · aorist · passive · indicative ▸ 1 (Jer. 11,9)
εὑρέθη ▸ 38 + 6 + 13 = 57
   Verb · third · singular · aorist · passive · indicative ▸ 38 + 6 + 13 = 57 (Gen. 2,20; Gen. 44,16; Gen. 44,17; Ex. 35,23; Ex. 35,24; 1Sam. 13,22; 1Sam. 13,22; 1Sam. 26,18; 1Kings 12,24m; 1Chr. 20,2; 1Chr. 26,31; 1Chr. 29,8; 2Chr. 15,15; 1Esdr. 2,21; 1Esdr. 6,22; Ezra 6,2; Neh. 7,64; Neh. 13,1; Tob. 1,18; 1Mac. 2,52; 1Mac. 12,21; Psa. 16,3; Psa. 36,36; Job 28,12; Job 28,20; Wis. 5,11; Wis. 16,9; Sir. 31,8; Sir. 44,17; Sir. 44,19; Sir. 44,20; Mal. 2,6; Is. 53,9; Jer. 31,27; Ezek. 28,15; Dan. 1,19; Dan. 6,23; Dan. 6,23; Dan. 2,35; Dan. 5,11; Dan. 5,14; Dan. 5,27; Dan. 6,24; Sus. 63; Matt. 1,18; Luke 9,36; Luke 15,24; Luke 15,32; Acts 8,40; Rom. 7,10; 1Pet. 2,22; Rev. 5,4; Rev. 12,8; Rev. 14,5; Rev. 18,24; Rev. 20,11; Rev. 20,15)
εὑρεθῇ ▸ 26 + 4 = 30
   Verb · third · singular · aorist · passive · subjunctive ▸ 26 + 4 = 30 (Gen. 44,9; Gen. 44,10; Ex. 9,19; Ex. 21,17; Ex. 22,1; Ex. 22,3; Ex. 22,6; Ex. 22,7; Lev. 25,26; Deut. 17,2; Deut. 21,1; Deut. 21,17; Deut. 22,20; Deut. 22,22; Deut. 22,28; 1Kings 1,52; 2Kings 12,6; 1Esdr. 8,13; 1Mac. 2,63; Psa. 9,36; Job 20,8; Job 28,13; Zeph. 3,13; Is. 35,9; Jer. 10,18; Dan. 12,1; 1Cor. 4,2; 1Pet. 1,7; Rev. 18,21; Rev. 18,22)
εὑρέθημεν ▸ 1
   Verb · first · plural · aorist · passive · indicative ▸ 1 (Gal. 2,17)
εὑρέθην ▸ 1 + 1 = 2
   Verb · first · singular · aorist · passive · indicative ▸ 1 + 1 = 2 (Is. 65,1; Rom. 10,20)
εὑρεθῆναι ▸ 1 + 1 = 2
   Verb · aorist · passive · infinitive ▸ 1 + 1 = 2 (Sol. 17,8; 2Pet. 3,14)
εὑρέθης ▸ 3
   Verb · second · singular · aorist · passive · indicative ▸ 3 (1Esdr. 4,42; 4Mac. 16,14; Jer. 27,24)
εὑρέθησαν ▸ 11 + 1 + 2 = 14
   Verb · third · plural · aorist · passive · indicative ▸ 11 + 1 + 2 = 14 (1Chr. 24,4; 2Chr. 2,16; 1Esdr. 5,38; 1Esdr. 9,18; Ezra 2,62; Ezra 10,18; Job 42,15; Mic. 1,13; Jer. 2,34; Jer. 5,26; Jer. 48,8; Dan. 1,19; Luke 17,18; Rev. 16,20)
εὑρεθήσεται ▸ 11 + 1 + 1 = 13
   Verb · third · singular · future · passive · indicative ▸ 11 + 1 + 1 = 13 (Ex. 12,19; Ex. 16,25; Deut. 18,10; 1Sam. 25,28; 2Chr. 15,2; 2Chr. 15,4; Sir. 21,16; Sol. 13,11; Sol. 15,11; Is. 65,8; Dan. 11,19; Dan. 11,19; 2Pet. 3,10)
εὑρεθήσεταί ▸ 1
   Verb · third · singular · future · passive · indicative ▸ 1 (1Chr. 28,9)
εὑρεθήσομαι ▸ 1
   Verb · first · singular · future · passive · indicative ▸ 1 (Wis. 8,11)
εὑρεθησόμεθα ▸ 1
   Verb · first · plural · future · passive · indicative ▸ 1 (2Cor. 5,3)
εὑρεθήσονται ▸ 4
   Verb · third · plural · future · passive · indicative ▸ 4 (Psa. 72,10; Sir. 38,34; Sol. 14,9; Hos. 12,9)
εὑρεθῆτε ▸ 1
   Verb · second · plural · aorist · passive · subjunctive ▸ 1 (Acts 5,39)
εὑρεθήτω ▸ 1
   Verb · third · singular · aorist · passive · imperative ▸ 1 (Sir. 23,12)
εὑρεθῶ ▸ 2
   Verb · first · singular · aorist · passive · subjunctive ▸ 2 (2Cor. 12,20; Phil. 3,9)
εὑρεθῶσιν ▸ 5 + 1 = 6
   Verb · third · plural · aorist · passive · subjunctive ▸ 5 + 1 = 6 (Gen. 18,29; Gen. 18,30; Gen. 18,31; Gen. 18,32; Jer. 27,20; 2Cor. 11,12)
εὑρεῖν ▸ 16 + 3 + 5 = 24
   Verb · aorist · active · infinitive ▸ 16 + 3 + 5 = 24 (Gen. 32,20; 2Mac. 2,6; Psa. 35,3; Ode. 7,38; Prov. 20,6; Eccl. 7,27; Eccl. 8,17; Eccl. 8,17; Eccl. 12,10; Wis. 5,10; Wis. 13,6; Sir. 51,26; Is. 30,14; Is. 48,17; Dan. 3,38; Dan. 9,3; Dan. 3,38; Dan. 6,5; Sus. 14; Matt. 18,13; Acts 7,46; Acts 19,1; 2Cor. 2,13; 2Tim. 1,18)
Εὗρεν ▸ 2
   Verb · third · singular · aorist · active · indicative ▸ 2 (Gen. 16,7; 1Sam. 1,18)
εὗρεν ▸ 71 + 7 + 16 = 94
   Verb · third · singular · aorist · active · indicative ▸ 71 + 7 + 16 = 94 (Gen. 6,8; Gen. 19,19; Gen. 26,12; Gen. 30,14; Gen. 31,33; Gen. 31,33; Gen. 31,35; Gen. 36,24; Gen. 37,15; Gen. 37,17; Gen. 38,20; Gen. 39,4; Gen. 44,12; Gen. 44,16; Lev. 5,22; Lev. 5,23; Lev. 14,22; Lev. 14,30; Num. 31,50; Deut. 22,27; Deut. 24,1; Judg. 6,13; Judg. 15,15; 1Sam. 14,30; 1Sam. 16,22; 2Sam. 7,27; 1Kings 11,19; 1Kings 11,29; 1Kings 13,14; 1Kings 13,24; 1Kings 13,28; 2Kings 4,39; 2Kings 10,13; 2Kings 10,15; 2Kings 17,4; 2Kings 19,8; 2Kings 23,24; 1Chr. 17,25; 2Chr. 22,8; 2Chr. 25,5; 2Chr. 34,14; 2Chr. 35,19a; Neh. 9,32; Esth. 2,9; Esth. 2,17; Esth. 6,2; Judith 14,15; Judith 14,17; Tob. 5,4; Tob. 8,13; 1Mac. 1,11; 1Mac. 1,23; 1Mac. 4,5; 1Mac. 5,6; 1Mac. 6,63; 1Mac. 10,60; 1Mac. 11,24; 2Mac. 2,5; Psa. 83,4; Prov. 3,13; Prov. 18,22; Prov. 18,22; Job 33,10; Wis. 3,5; Sir. 6,14; Sir. 25,9; Jonah 1,3; Is. 59,5; Bar. 3,15; Bar. 3,30; Lam. 1,3; Judg. 6,13; Judg. 15,15; Tob. 1,18; Tob. 5,4; Tob. 8,13; Dan. 1,20; Dan. 3,48; Matt. 18,28; Matt. 20,6;

εὑρίσκω

Matt. 21,19; Matt. 26,43; Mark 7,30; Mark 11,13; Mark 14,40; Luke 4,17; Luke 13,6; John 2,14; Luke 22,45; John 11,17; Acts 7,46; Acts 9,33; 2Tim. 1,17; Heb. 12,17)

εὗρέν ▸ 1
    Verb ▪ third ▪ singular ▪ aorist ▪ active ▪ indicative ▸ **1** (1Mac. 6,13)

εὗρες ▸ **5** + **2** = **7**
    Verb ▪ second ▪ singular ▪ aorist ▪ active ▪ indicative ▸ **5** + **2** = **7** (Gen. 27,20; Gen. 31,37; 1Sam. 29,8; Neh. 9,8; Ezek. 27,33; Luke 1,30; Rev. 2,2)

εὕρετε ▸ **1**
    Verb ▪ second ▪ plural ▪ aorist ▪ active ▪ indicative ▸ **1** (Judg. 14,18)

εὑρέτωσαν ▸ **1**
    Verb ▪ third ▪ plural ▪ aorist ▪ active ▪ imperative ▸ **1** (1Sam. 25,8)

εὕρῃ ▸ **26** + **2** + **5** = **33**
    Verb ▪ third ▪ singular ▪ aorist ▪ active ▪ subjunctive ▸ **26** + **2** + **5** = **33** (Gen. 32,6; Gen. 33,8; Ex. 22,5; Lev. 25,47; Num. 6,21; Num. 35,27; Deut. 22,25; Deut. 22,28; Deut. 24,1; Judg. 9,33; Judg. 17,8; 1Sam. 10,7; 1Sam. 23,17; 1Sam. 25,8; 2Sam. 20,6; 2Chr. 32,4; Eccl. 3,11; Eccl. 7,14; Eccl. 9,10; Eccl. 9,15; Sir. 12,16; Sir. 19,28; Sir. 27,16; Sir. 28,16; Hos. 2,8; Hos. 2,9; Judg. 9,33; Judg. 17,8; Mark 13,36; Luke 12,38; Luke 15,4; Luke 15,8; Acts 9,2)

Εὕρηκα ▸ **2** + **1** = **3**
    Verb ▪ first ▪ singular ▪ perfect ▪ active ▪ indicative ▸ **2** + **1** = **3** (1Kings 20,20; Dan. 2,25; Dan. 2,25)

εὕρηκα ▸ **15** + **1** = **16**
    Verb ▪ first ▪ singular ▪ perfect ▪ active ▪ indicative ▸ **15** + **1** = **16** (Gen. 33,10; Gen. 47,29; Ex. 33,13; Ex. 33,16; Ex. 34,9; Num. 11,11; Num. 11,15; Deut. 22,14; Deut. 22,17; 1Sam. 20,3; 1Sam. 20,29; 1Sam. 29,3; 1Sam. 29,6; Tob. 5,9; Hos. 12,9; 2John 4)

εὕρηκά ▸ **1** + **1** = **2**
    Verb ▪ first ▪ singular ▪ perfect ▪ active ▪ indicative ▸ **1** + **1** = **2** (Prov. 7,15; Rev. 3,2)

εὑρήκαμεν ▸ **1** + **2** = **3**
    Verb ▪ first ▪ plural ▪ perfect ▪ active ▪ indicative ▸ **1** + **2** = **3** (Judg. 18,9; John 1,41; John 1,45)

εὕρηκας ▸ **2**
    Verb ▪ second ▪ singular ▪ perfect ▪ active ▪ indicative ▸ **2** (Gen. 38,23; Ex. 33,17)

εὕρηκάς ▸ **1**
    Verb ▪ second ▪ singular ▪ perfect ▪ active ▪ indicative ▸ **1** (1Kings 20,20)

εὑρήκατε ▸ **1**
    Verb ▪ second ▪ plural ▪ perfect ▪ active ▪ indicative ▸ **1** (1Sam. 12,5)

εὕρηκεν ▸ **1**
    Verb ▪ third ▪ singular ▪ perfect ▪ active ▪ indicative ▸ **1** (1Sam. 27,5)

εὕρηκέν ▸ **1**
    Verb ▪ third ▪ singular ▪ perfect ▪ active ▪ indicative ▸ **1** (1Kings 18,10)

εὑρηκέναι ▸ **1** + **1** = **2**
    Verb ▪ perfect ▪ active ▪ infinitive ▸ **1** + **1** = **2** (2Mac. 1,20; Rom. 4,1)

εὑρηκώς ▸ **1**
    Verb ▪ perfect ▪ active ▪ participle ▪ masculine ▪ singular ▪ nominative ▸ **1** (Ex. 33,13)

Εὕρηνται ▸ **2**
    Verb ▪ third ▪ plural ▪ perfect ▪ passive ▪ indicative ▸ **2** (Josh. 10,17; 1Sam. 10,2)

εὕρηνται ▸ **2**
    Verb ▪ third ▪ plural ▪ perfect ▪ passive ▪ indicative ▸ **2** (1Sam. 9,20; 1Sam. 10,16)

εὕρῃς ▸ **8** + **2** = **10**
    Verb ▪ second ▪ singular ▪ aorist ▪ active ▪ subjunctive ▸ **8** + **2** = **10** (Gen. 31,32; Deut. 22,3; 2Kings 4,29; Ezra 7,16; Tob. 2,2; Psa. 36,10; Prov. 24,14; Is. 41,12; Tob. 2,2; Bel 11)

εὑρήσει ▸ **19** + **1** + **8** = **28**
    Verb ▪ third ▪ singular ▪ future ▪ active ▪ indicative ▸ **19** + **1** + **8** = **28** (Gen. 44,34; Tob. 12,7; Prov. 16,8; Prov. 19,7; Prov. 19,8; Prov. 21,21; Prov. 31,10; Eccl. 7,24; Eccl. 8,17; Job 34,11; Job 37,13; Wis. 6,14; Sir. 3,31; Sir. 15,6; Sir. 16,14; Sir. 28,1; Sir. 32,17; Amos 2,16; Jer. 49,16; Tob. 12,7; Matt. 10,39; Matt. 16,25; Matt. 24,46; Mark 11,13; Luke 12,37; Luke 12,43; Luke 18,8; John 10,9)

εὑρήσεις ▸ **22** + **1** = **23**
    Verb ▪ second ▪ singular ▪ future ▪ active ▪ indicative ▸ **22** + **1** = **23** (1Sam. 10,2; 1Sam. 10,3; 1Esdr. 2,17; Ezra 4,15; Prov. 2,5; Prov. 3,3; Prov. 5,4; Prov. 14,6; Eccl. 11,1; Job 11,7; Sir. 3,18; Sir. 6,18; Sir. 6,28; Sir. 12,2; Sir. 12,5; Sir. 12,17; Sir. 18,20; Sir. 22,13; Sir. 29,3; Sir. 31,22; Sir. 33,26; Dan. 9,25; Matt. 17,27)

εὑρήσετε ▸ **6** + **8** = **14**
    Verb ▪ second ▪ plural ▪ future ▪ active ▪ indicative ▸ **6** + **8** = **14** (Deut. 4,29; 1Sam. 9,13; 1Sam. 9,13; 2Chr. 20,16; Judith 8,14; Jer. 6,16; Matt. 7,7; Matt. 11,29; Matt. 21,2; Mark 11,2; Luke 2,12; Luke 11,9; Luke 19,30; John 21,6)

εὑρήσετέ ▸ **1** + **2** = **3**
    Verb ▪ second ▪ plural ▪ future ▪ active ▪ indicative ▸ **1** + **2** = **3** (Jer. 36,13; John 7,34; John 7,36)

Εὑρήσομεν ▸ **1**
    Verb ▪ first ▪ plural ▪ future ▪ active ▪ indicative ▸ **1** (Zech. 12,5)

εὑρήσομεν ▸ **6** + **1** + **1** = **8**
    Verb ▪ first ▪ plural ▪ future ▪ active ▪ indicative ▸ **6** + **1** + **1** = **8** (Gen. 41,38; 2Kings 7,9; 1Mac. 10,16; Job 19,28; Hos. 6,3; Bar. 1,12; Dan. 6,6; John 7,35)

εὑρήσουσιν ▸ **13** + **1** + **2** = **16**
    Verb ▪ third ▪ plural ▪ future ▪ active ▪ indicative ▸ **13** + **1** + **2** = **16** (Deut. 31,17; Judg. 5,30; Judith 14,3; Prov. 1,28; Prov. 8,17; Prov. 16,8; Wis. 6,10; Sir. 6,16; Sir. 32,14; Sir. 32,16; Is. 51,3; Is. 65,18; Jer. 2,24; Judg. 5,30; Rev. 9,6; Rev. 18,14)

εὑρήσουσίν ▸ **2**
    Verb ▪ third ▪ plural ▪ future ▪ active ▪ indicative ▸ **2** (Deut. 4,30; Deut. 28,2)

εὕρηται ▸ **2**
    Verb ▪ third ▪ singular ▪ perfect ▪ passive ▪ indicative ▸ **2** (1Sam. 9,8; Hos. 14,9)

εὕρητε ▸ **3** + **1** + **2** = **6**
    Verb ▪ second ▪ plural ▪ aorist ▪ active ▪ subjunctive ▸ **3** + **1** + **2** = **6** (Ex. 5,11; Song 5,8; Jer. 5,1; Judg. 14,12; Matt. 2,8; Matt. 22,9)

εὑρίσκει ▸ **3** + **12** = **15**
    Verb ▪ third ▪ singular ▪ present ▪ active ▪ indicative ▸ **3** + **12** = **15** (1Kings 19,19; 1Kings 21,36; 1Kings 21,37; Matt. 7,8; Matt. 12,43; Matt. 12,44; Matt. 26,40; Mark 14,37; Luke 11,10; Luke 11,25; John 1,41; John 1,43; John 1,45; John 5,14; Acts 10,27)

εὑρίσκειν ▸ **1**
    Verb ▪ present ▪ active ▪ infinitive ▸ **1** (Is. 55,6)

Εὑρίσκεται ▸ **1**
    Verb ▪ third ▪ singular ▪ present ▪ passive ▪ indicative ▸ **1** (2Mac. 2,1)

εὑρίσκεται ▸ **5**
    Verb ▪ third ▪ singular ▪ present ▪ passive ▪ indicative ▸ **5** (Prov.

E, ε

16,31; Wis. 1,2; Wis. 5,11; Wis. 6,12; Wis. 7,29)

εὑρίσκετε ▸ 1
Verb · second · plural · present · active · indicative ▸ **1** (Is. 58,3)

εὑρίσκετο ▸ 4
Verb · third · singular · imperfect · middle · indicative ▸ **1** (1Mac. 1,57)
Verb · third · singular · imperfect · passive · indicative ▸ **3** (1Sam. 10,21; 1Sam. 13,19; 1Sam. 14,17)

εὑρίσκῃ ▸ 3
Verb · third · singular · present · active · subjunctive ▸ **3** (Lev. 5,11; Lev. 12,8; Lev. 14,21)

εὑρίσκηται ▸ 1
Verb · third · singular · present · passive · subjunctive ▸ **1** (1Esdr. 6,21)

εὑρισκόμεθα ▸ 1
Verb · first · plural · present · passive · indicative ▸ **1** (1Cor. 15,15)

εὑρίσκομεν ▸ 3 + 1 = 4
Verb · first · plural · present · active · indicative ▸ **3 + 1 = 4** (Esth. 16,15 # 8,12p; Job 37,23; Wis. 9,16; Acts 23,9)

εὑρισκόμενοι ▸ 1
Verb · present · passive · participle · masculine · plural · nominative ▸ **1** (Ezra 8,25)

εὑρισκομένοις ▸ 1
Verb · present · passive · participle · masculine · plural · dative ▸ **1** (1Mac. 1,58)

εὑρισκόμενος ▸ 1
Verb · present · passive · participle · masculine · singular · nominative ▸ **1** (Sir. 20,5)

εὑρισκομένου ▸ 1 + 1 = 2
Verb · present · passive · participle · neuter · singular · genitive ▸ **1 + 1 = 2** (2Kings 19,4; Judg. 20,48)

εὕρισκον ▸ 1
Verb · third · plural · imperfect · active · indicative ▸ **1** (Luke 19,48)

εὑρίσκον ▸ 1
Verb · present · active · participle · neuter · singular · nominative ▸ **1** (Luke 11,24)

εὑρίσκοντα ▸ 2
Verb · present · active · participle · masculine · singular · accusative ▸ **2** (Gen. 4,15; Sir. 45,1)

εὑρίσκονται ▸ 1
Verb · third · plural · present · passive · indicative ▸ **1** (Job 39,30)

εὑρίσκοντες ▸ 2 + 2 = 4
Verb · present · active · participle · masculine · plural · nominative ▸ **2 + 2 = 4** (Jer. 27,7; Lam. 1,6; Matt. 7,14; Acts 4,21)

εὑρίσκοντο ▸ 1
Verb · third · plural · imperfect · passive · indicative ▸ **1** (1Mac. 6,24)

εὑρίσκοντος ▸ 1
Verb · present · active · participle · masculine · singular · genitive ▸ **1** (Lev. 14,32)

εὑρίσκουσα ▸ 2
Verb · present · active · participle · feminine · singular · nominative ▸ **2** (Esth. 2,15; Song 8,10)

εὑρίσκουσι ▸ 1
Verb · present · active · participle · masculine · plural · dative ▸ **1** (Prov. 8,9)

εὑρίσκουσιν ▸ 5
Verb · present · active · participle · masculine · plural · dative ▸ **1** (Prov. 4,22)

Verb · third · plural · present · active · indicative ▸ **4** (1Sam. 9,11; 1Sam. 30,11; 1Sam. 31,3; 1Sam. 31,8)

εὑρίσκω ▸ 2 + 6 = 8
Verb · first · singular · present · active · indicative ▸ **2 + 6 = 8** (Eccl. 7,26; Job 17,10; Luke 13,7; Luke 23,4; John 18,38; John 19,4; John 19,6; Rom. 7,21)

εὑρίσκων ▸ 4
Verb · present · active · participle · masculine · singular · nominative ▸ **4** (Gen. 4,14; Psa. 118,162; Sir. 40,18; Sir. 41,27)

εὕροι ▸ 1
Verb · third · singular · aorist · active · optative ▸ **1** (Psa. 20,9)

εὕροιεν ▸ 1
Verb · third · plural · aorist · active · optative ▸ **1** (Acts 17,27)

Εὕροιμι ▸ 3
Verb · first · singular · aorist · active · optative ▸ **3** (Gen. 34,11; Ruth 2,13; 2Sam. 16,4)

εὕροιμι ▸ 1
Verb · first · singular · aorist · active · optative ▸ **1** (Job 23,3)

εὕροις ▸ 1
Verb · second · singular · aorist · active · optative ▸ **1** (Sir. 25,3)

εὕροισαν ▸ 1
Verb · third · plural · aorist · active · optative ▸ **1** (Sir. 36,8)

εὕροιτε ▸ 1
Verb · second · plural · aorist · active · optative ▸ **1** (Ruth 1,9)

εὕροιτό ▸ 1
Verb · third · singular · aorist · middle · optative ▸ **1** (1Sam. 24,20)

Εὕρομεν ▸ 1
Verb · first · plural · aorist · active · indicative ▸ **1** (Job 32,13)

εὕρομεν ▸ 9 + 2 = 11
Verb · first · plural · aorist · active · indicative ▸ **9 + 2 = 11** (Gen. 26,32; Gen. 37,32; Gen. 44,8; Gen. 47,25; Num. 32,5; 1Esdr. 9,11; Psa. 131,6; Lam. 2,16; Dan. 6,14; Acts 5,23; Acts 5,23)

Εὗρον ▸ 2
Verb · first · singular · aorist · active · indicative ▸ **2** (Sir. 11,19; Jer. 38,2)

εὗρον ▸ 63 + 7 + 31 = 101
Verb · first · singular · aorist · active · indicative ▸ **35 + 1 + 9 = 45** (Gen. 18,3; Gen. 30,27; Gen. 33,15; Gen. 38,22; Gen. 50,4; Judg. 6,17; Ruth 2,10; 2Sam. 14,22; 2Kings 22,8; 2Chr. 34,15; Ezra 8,15; Neh. 7,5; Neh. 7,5; Esth. 5,8; Esth. 7,3; Esth. 8,5; Psa. 68,21; Psa. 88,21; Psa. 114,3; Eccl. 7,27; Eccl. 7,28; Eccl. 7,28; Eccl. 7,28; Eccl. 7,29; Song 3,1; Song 3,2; Song 3,4; Song 5,6; Sir. 51,16; Sir. 51,20; Sir. 51,27; Hos. 9,10; Jer. 2,34; Jer. 51,33; Ezek. 22,30; Judg. 6,17; Matt. 8,10; Luke 7,9; Luke 15,6; Luke 15,9; Luke 23,14; Luke 23,22; Acts 13,22; Acts 17,23; Acts 23,29)
Verb · third · plural · aorist · active · indicative ▸ **28 + 6 + 22 = 56** (Gen. 11,2; Gen. 26,19; Ex. 16,27; Num. 15,32; Judg. 1,5; Judg. 21,12; 1Sam. 9,4; 1Sam. 9,4; 1Kings 1,3; 2Kings 2,17; 2Kings 9,21; 2Kings 9,35; 1Chr. 4,40; 1Chr. 10,3; 1Chr. 10,8; 2Chr. 20,25; 2Chr. 21,17; 1Mac. 1,56; 1Mac. 2,46; 2Mac. 12,40; Psa. 75,6; Psa. 106,4; Wis. 13,9; Is. 34,14; Is. 37,36; Jer. 48,12; Lam. 1,19; Bel 15-17; Judg. 21,12; Tob. 5,9; Tob. 7,1; Tob. 9,6; Dan. 6,5; Dan. 6,12; Matt. 22,10; Matt. 26,60; Matt. 27,32; Mark 1,37; Mark 11,4; Mark 14,16; Luke 2,46; Luke 7,10; Luke 8,35; Luke 19,32; Luke 22,13; Luke 24,2; Luke 24,3; Luke 24,24; Luke 24,33; Acts 5,10; Acts 5,22; Acts 13,6; Acts 19,19; Acts 24,20; Acts 27,28; Acts 27,28)

εὗρόν ▸ 2
Verb · third · plural · aorist · active · indicative ▸ **2** (Acts 24,12; Acts 24,18)

εὑρίσκω–εὐσέβεια

εὑρόντα ▸ 1
    Verb • aorist • active • participle • masculine • singular • accusative ▸ 1 (Num. 20,14)

εὑρόντες ▸ 1 + 8 = 9
    Verb • aorist • active • participle • masculine • plural • nominative ▸ 1 + 8 = 9 (Num. 15,33; Luke 2,45; Luke 5,19; John 6,25; Acts 13,28; Acts 17,6; Acts 21,2; Acts 24,5; Acts 28,14)

εὑρόντι ▸ 1
    Verb • aorist • active • participle • masculine • singular • dative ▸ 1 (Sir. 18,28)

εὑρόντος ▸ 1
    Verb • aorist • active • participle • masculine • singular • genitive ▸ 1 (1Esdr. 8,4)

εὕροσαν ▸ 9
    Verb • third • plural • aorist • active • indicative ▸ 9 (Ex. 14,9; Josh. 2,22; 1Chr. 4,41; Neh. 5,8; Neh. 8,14; Judith 10,6; Prov. 2,20; Jer. 2,5; Jer. 14,3)

εὑροσάν ▸ 6
    Verb • third • plural • aorist • active • indicative ▸ 6 (Deut. 31,17; Psa. 114,3; Psa. 118,143; Song 3,3; Song 5,7; Hos. 12,5)

εὑροῦσα ▸ 2 + 1 = 3
    Verb • aorist • active • participle • feminine • singular • nominative ▸ 2 + 1 = 3 (Gen. 8,9; Sir. 26,10; Luke 15,9)

εὑροῦσά ▸ 1
    Verb • aorist • active • participle • feminine • singular • nominative ▸ 1 (Song 8,1)

εὑροῦσαι ▸ 1
    Verb • aorist • active • participle • feminine • plural • nominative ▸ 1 (Luke 24,23)

εὑρούσαις ▸ 1
    Verb • aorist • active • participle • feminine • plural • dative ▸ 1 (Psa. 45,2)

εὕρω ▸ 7 + 1 + 1 = 9
    Verb • first • singular • aorist • active • subjunctive ▸ 7 + 1 + 1 = 9 (Gen. 18,26; Gen. 18,28; Gen. 18,30; Judg. 17,9; Ruth 2,2; 2Sam. 15,25; Psa. 131,5; Judg. 17,9; 2Cor. 12,20)

εὕρωμεν ▸ 2 + 1 = 3
    Verb • first • plural • aorist • active • subjunctive ▸ 2 + 1 = 3 (2Sam. 17,12; 1Kings 18,5; Heb. 4,16)

εὑρών ▸ 2
    Verb • aorist • active • participle • masculine • singular • nominative ▸ 2 (Acts 12,19; Acts 18,2)

εὑρών ▸ 8 + 8 = 16
    Verb • aorist • active • participle • masculine • singular • nominative ▸ 8 + 8 = 16 (Gen. 44,6; Deut. 22,23; 1Esdr. 8,42; Prov. 12,2; Prov. 25,16; Sir. 1,29 Prol.; Sir. 6,14; Sir. 25,10; Matt. 10,39; Matt. 13,44; Matt. 13,46; Luke 15,5; John 9,35; John 12,14; Acts 11,26; Acts 27,6)

εὕρωσι ▸ 1
    Verb • third • plural • aorist • active • subjunctive ▸ 1 (Wis. 19,5)

εὕρωσιν ▸ 2 + 3 = 5
    Verb • third • plural • aorist • active • subjunctive ▸ 2 + 3 = 5 (Hos. 5,6; Amos 8,12; Luke 6,7; Luke 9,12; 2Cor. 9,4)

ηὑρέθη ▸ 2 + 1 = 3
    Verb • third • singular • aorist • passive • indicative ▸ 2 + 1 = 3 (2Kings 20,13; Dan. 8,26; Dan. 6,23)

ηὑρέθησαν ▸ 1
    Verb • third • plural • aorist • passive • indicative ▸ 1 (2Chr. 19,3)

ηὑρίσκετο ▸ 1 + 1 = 2
    Verb • third • singular • imperfect • passive • indicative ▸ 1 + 1 = 2 (Gen. 5,24; Heb. 11,5)

ηὕρισκον ▸ 2 + 2 = 4
    Verb • third • plural • imperfect • active • indicative ▸ 2 + 2 = 4 (Ex. 15,22; Dan. 6,5; Mark 14,55; Acts 7,11)

εὖρος breadth ▸ 57 + 1 = 58
    εὖρος ▸ 56 + 1 = 57
        Noun • neuter • singular • accusative • (common) ▸ 23 (Ex. 25,23; Ex. 27,1; Ex. 27,12; Ex. 27,13; Ex. 30,2; Ex. 36,16; 2Chr. 4,1; Judith 7,3; Job 38,18; Ezek. 40,11; Ezek. 40,21; Ezek. 41,4; Ezek. 41,5; Ezek. 42,11; Ezek. 42,20; Ezek. 43,17; Ezek. 45,1; Ezek. 45,3; Ezek. 45,6; Ezek. 46,22; Ezek. 48,8; Ezek. 48,9; Ezek. 48,13)
        Noun • neuter • singular • nominative • (common) ▸ 33 + 1 = 34 (Ex. 26,2; Ex. 26,8; Ex. 27,18; Ex. 28,16; Ex. 37,2; Ex. 37,16; Deut. 3,11; 2Chr. 3,3; 2Chr. 3,8; 2Chr. 6,13; Ezek. 40,25; Ezek. 40,27; Ezek. 40,29; Ezek. 40,33; Ezek. 40,36; Ezek. 40,47; Ezek. 40,48; Ezek. 40,49; Ezek. 41,1; Ezek. 41,2; Ezek. 41,2; Ezek. 41,7; Ezek. 41,9; Ezek. 41,10; Ezek. 41,11; Ezek. 41,12; Ezek. 41,14; Ezek. 41,22; Ezek. 43,13; Ezek. 43,14; Ezek. 43,14; Ezek. 45,5; Ezek. 48,13; Dan. 3,1)
    εὔρους ▸ 1
        Noun • neuter • singular • genitive • (common) ▸ 1 (Job 11,9)

εὔρυθμος (εὖ; ῥέω) harmonious ▸ 1
    εὔρυθμον ▸ 1
        Adjective • masculine • singular • accusative • noDegree ▸ 1 (Esth. 14,13 # 4,17s)

εὐρύς broad, wide ▸ 3
    εὐρεῖς ▸ 3
        Adjective • masculine • plural • accusative • noDegree ▸ 3 (Ex. 38,4; Ex. 38,10; Ex. 38,24)

Εὐρυχωρία (εὐρύς; χωρέω) Euruchoria (Open Space) ▸ 1
    Εὐρυχωρία ▸ 1
        Noun • feminine • singular • accusative • (proper) ▸ 1 (Gen. 26,22)

εὐρύχωρος (εὐρύς; χωρέω) wide, broad ▸ 11 + 1 = 12
    εὐρύχωροι ▸ 1
        Adjective • masculine • plural • nominative • noDegree ▸ 1 (Is. 33,21)
    εὐρύχωρον ▸ 3
        Adjective • masculine • singular • accusative • noDegree ▸ 1 (Is. 30,23)
        Adjective • neuter • singular • accusative • noDegree ▸ 2 (1Esdr. 5,46; 1Esdr. 9,38)
    εὐρύχωρος ▸ 2 + 1 = 3
        Adjective • feminine • singular • nominative • noDegree ▸ 2 + 1 = 3 (Judg. 18,10; Psa. 103,25; Matt. 7,13)
    εὐρυχώρῳ ▸ 5
        Adjective • feminine • singular • dative • noDegree ▸ 1 (1Esdr. 9,6)
        Adjective • neuter • singular • dative • noDegree ▸ 4 (2Chr. 18,9; 1Esdr. 9,41; Psa. 30,9; Hos. 4,16)

εὔρωστος (εὖ; ῥώννυμι) strong, stout ▸ 1
    εὔρωστον ▸ 1
        Adjective • neuter • singular • nominative • noDegree ▸ 1 (Sir. 30,15)

εὐρώστως (εὖ; ῥώννυμι) strongly ▸ 4
    εὐρώστως ▸ 4
        Adverb ▸ 4 (2Mac. 10,17; 2Mac. 12,27; 2Mac. 12,35; Wis. 8,1)

εὐρωτιάω (εὐρώς) to become moldy ▸ 1
    εὐρωτιῶν ▸ 1
        Verb • present • active • participle • masculine • singular • nominative ▸ 1 (Josh. 9,5)

εὐσέβεια (εὖ; σέβω) godliness, piety; religion ▸ 57 + 15 = 72

εὐσέβεια ▸ 4 + 2 = 6
  Noun · feminine · singular · nominative · (common) ▸ 3 + 2 = 5
    (Prov. 1,7; Wis. 10,12; Is. 33,6; 1Tim. 4,8; 1Tim. 6,6)
  Noun · feminine · singular · vocative · (common) ▸ 1 (4Mac. 15,1)
εὐσεβείᾳ ▸ 2 + 3 = 5
  Noun · feminine · singular · dative · (common) ▸ 2 + 3 = 5
    (4Mac. 5,18; 4Mac. 13,26; Acts 3,12; 1Tim. 2,2; 2Pet. 1,7)
εὐσεβείαις ▸ 1
  Noun · feminine · plural · dative ▸ 1 (2Pet. 3,11)
εὐσέβειαν ▸ 23 + 7 = 30
  Noun · feminine · singular · accusative · (common) ▸ 23 + 7 = 30
    (4Mac. 5,24; 4Mac. 5,31; 4Mac. 6,2; 4Mac. 7,16; 4Mac. 9,6; 4Mac. 9,7; 4Mac. 9,29; 4Mac. 9,30; 4Mac. 11,20; 4Mac. 12,14; 4Mac. 13,12; 4Mac. 13,27; 4Mac. 14,7; 4Mac. 15,3; 4Mac. 15,14; 4Mac. 15,17; 4Mac. 16,14; 4Mac. 16,17; 4Mac. 16,23; 4Mac. 17,5; 4Mac. 17,7; 4Mac. 18,3; Sir. 49,3; 1Tim. 4,7; 1Tim. 6,3; 1Tim. 6,5; 1Tim. 6,11; Titus 1,1; 2Pet. 1,3; 2Pet. 1,6)
εὐσέβειάν ▸ 1
  Noun · feminine · singular · accusative · (common) ▸ 1 (2Mac. 3,1)
εὐσεβείας ▸ 27 + 2 = 29
  Noun · feminine · plural · accusative · (common) ▸ 1 (3Mac. 2,31)
  Noun · feminine · singular · genitive · (common) ▸ 26 + 2 = 28
    (1Esdr. 1,21; 2Mac. 12,45; 3Mac. 2,32; 4Mac. 5,38; 4Mac. 6,22; 4Mac. 7,1; 4Mac. 7,3; 4Mac. 7,4; 4Mac. 7,18; 4Mac. 8,1; 4Mac. 9,24; 4Mac. 12,11; 4Mac. 13,7; 4Mac. 13,8; 4Mac. 13,10; 4Mac. 14,3; 4Mac. 14,6; 4Mac. 15,2; 4Mac. 15,12; 4Mac. 15,29; 4Mac. 15,32; 4Mac. 16,4; 4Mac. 16,13; 4Mac. 17,7; Prov. 13,11; Is. 11,2; 1Tim. 3,16; 2Tim. 3,5)

εὐσεβέω (εὖ; σέβω)   to act piously, to worship ▸ 5 + 2 = 7
  εὐσεβεῖν ▸ 1
    Verb · present · active · infinitive ▸ 1 (1Tim. 5,4)
  εὐσεβεῖτε ▸ 1 + 1 = 2
    Verb · second · plural · present · active · imperative ▸ 1 + 1 = 2
      (4Mac. 18,1; Acts 17,23)
  εὐσέβησαν ▸ 1
    Verb · third · plural · aorist · active · indicative ▸ 1 (4Mac. 9,6)
  εὐσεβήσουσι ▸ 1
    Verb · third · plural · future · active · indicative ▸ 1 (Sus. 63)
  εὐσεβοῦμεν ▸ 1
    Verb · first · plural · present · active · indicative ▸ 1 (4Mac. 11,5)
  εὐσεβούντων ▸ 1
    Verb · present · active · participle · masculine · plural · genitive ▸ 1 (4Mac. 11,23)

εὐσεβής (εὖ; σέβω)   godly, pious; religious ▸ 34 + 3 = 37
  εὐσεβεῖ ▸ 3
    Adjective · masculine · singular · dative · noDegree ▸ 3 (Sir. 12,2; Sir. 12,4; Is. 24,16)
  εὐσεβεῖς ▸ 2 + 1 = 3
    Adjective · masculine · plural · nominative · noDegree ▸ 2 + 1 = 3 (2Mac. 1,19; Is. 32,8; 2Pet. 2,9)
  εὐσεβέσιν ▸ 3
    Adjective · masculine · plural · dative · noDegree ▸ 3 (Sir. 11,17; Sir. 39,27; Sir. 43,33)
  εὐσεβῆ ▸ 1 + 1 = 2
    Adjective · masculine · singular · accusative ▸ 1 (Acts 10,7)
    Adjective · neuter · plural · accusative · noDegree ▸ 1 (Sir. 13,17)
  εὐσεβής ▸ 11 + 1 = 12
    Adjective · feminine · singular · nominative · noDegree ▸ 3 (Judith 8,31; 2Mac. 12,45; 4Mac. 11,21)
    Adjective · masculine · singular · nominative · noDegree ▸ 8 + 1 = 9 (4Mac. 1,1; 4Mac. 6,31; 4Mac. 7,16; 4Mac. 13,1; 4Mac. 15,23; 4Mac. 16,1; 4Mac. 18,2; Sol. 13,5; Acts 10,2)
  εὐσεβοῦς ▸ 5
    Adjective · masculine · singular · genitive · noDegree ▸ 5 (Sir. 11,22; Sir. 16,13; Sir. 27,11; Sir. 33,14; Sir. 37,12)
  εὐσεβῶν ▸ 9
    Adjective · masculine · plural · genitive · noDegree ▸ 9 (4Mac. 10,15; 4Mac. 17,22; Prov. 12,12; Prov. 13,19; Sir. 23,12; Sir. 27,29; Sir. 28,22; Is. 26,7; Is. 26,7)

εὐσεβῶς (εὖ; σέβω)   in a godly way ▸ 2
  εὐσεβῶς ▸ 2
    Adverb ▸ 2 (2Tim. 3,12; Titus 2,12)

εὔσημος (εὖ; σημεῖον)   easy to understand; conspicuous; intelligible ▸ 1 + 1 = 2
  εὔσημον ▸ 1
    Adjective · masculine · singular · accusative ▸ 1 (1Cor. 14,9)
  εὐσήμῳ ▸ 1
    Adjective · feminine · singular · dative · noDegree ▸ 1 (Psa. 80,4)

εὐσήμως (εὖ; σημεῖον)   clearly ▸ 1
  εὐσήμως ▸ 1
    Adverb ▸ 1 (Dan. 2,19)

εὔσκιος (εὖ; σκιά)   shadowy ▸ 1
  εὔσκιον ▸ 1
    Adjective · feminine · singular · accusative · noDegree ▸ 1 (Jer. 11,16)

εὔσπλαγχνος (εὖ; σπλάγχνον)   tenderhearted, compassionate ▸ 1 + 2 = 3
  εὔσπλαγχνοι ▸ 2
    Adjective · masculine · plural · nominative ▸ 2 (Eph. 4,32; 1Pet. 3,8)
  εὔσπλαγχνος ▸ 1
    Adjective · masculine · singular · nominative · noDegree ▸ 1 (Ode. 12,7)

εὐστάθεια (εὖ; ἵστημι)   stability, steadfastness ▸ 7
  εὐστάθεια ▸ 1
    Noun · feminine · singular · nominative · (common) ▸ 1 (Wis. 6,24)
  εὐσταθείᾳ ▸ 3
    Noun · feminine · singular · dative · (common) ▸ 3 (3Mac. 3,26; Sol. 4,9; Sol. 6,4)
  εὐστάθειαν ▸ 1
    Noun · feminine · singular · accusative · (common) ▸ 1 (3Mac. 6,28)
  εὐσταθείας ▸ 2
    Noun · feminine · singular · genitive · (common) ▸ 2 (Esth. 13,5 # 3,13e; 2Mac. 14,6)

εὐσταθέω (εὖ; ἵστημι)   to be stable, steady ▸ 3
  εὐσταθεῖν ▸ 1
    Verb · present · active · infinitive ▸ 1 (2Mac. 12,2)
  εὐσταθήσειν ▸ 1
    Verb · future · active · infinitive ▸ 1 (3Mac. 7,4)
  εὐστάθησεν ▸ 1
    Verb · third · singular · aorist · active · indicative ▸ 1 (2Mac. 14,25)

εὐσταθής (εὖ; ἵστημι)   stable, steady, quite ▸ 3
  εὐσταθῆ ▸ 1
    Adjective · neuter · plural · accusative · noDegree ▸ 1 (Esth. 13,7

3,13g)
  εὐσταθοῦν ▸ 1
    Adjective · neuter · singular · accusative · noDegree ▸ 1 (Jer. 30,26)
  εὐσταθοῦς ▸ 1
    Adjective · neuter · singular · genitive · noDegree ▸ 1 (Sir. 26,18)

εὔστοχος (εὖ; στόχος) aimed well ▸ 1
  εὔστοχοι ▸ 1
    Adjective · feminine · plural · nominative · noDegree ▸ 1 (Wis. 5,21)

εὐστόχως (εὖ; στόχος) with good aim ▸ 2
  εὐστόχως ▸ 2
    Adverb ▸ 2 (1Kings 22,34; 2Chr. 18,33)

εὐστροφία (εὖ; στρέφω) versatility ▸ 1
  εὐστροφίᾳ ▸ 1
    Noun · feminine · singular · dative · (common) ▸ 1 (Prov. 14,35)

εὐσυναλλάκτως (εὖ; σύν; ἄλλος) peacefully ▸ 1
  εὐσυναλλάκτως ▸ 1
    Adverb ▸ 1 (Prov. 25,10a)

εὐσχημόνως (εὖ; ἔχω) honestly ▸ 3
  εὐσχημόνως ▸ 3
    Adverb ▸ 3 (Rom. 13,13; 1Cor. 14,40; 1Th. 4,12)

εὐσχημοσύνη (εὖ; ἔχω) modesty, gracefulness ▸ 1 + 1 = 2
  εὐσχημοσύνῃ ▸ 1
    Noun · feminine · singular · dative · (common) ▸ 1 (4Mac. 6,2)
  εὐσχημοσύνην ▸ 1
    Noun · feminine · singular · accusative ▸ 1 (1Cor. 12,23)

εὐσχήμων (εὖ; ἔχω) respected, presentable, graceful ▸ 1 + 5 = 6
  εὔσχημον ▸ 1
    Adjective · neuter · singular · accusative ▸ 1 (1Cor. 7,35)
  εὐσχήμονα ▸ 1
    Adjective · neuter · plural · nominative ▸ 1 (1Cor. 12,24)
  εὐσχήμονας ▸ 1
    Adjective · feminine · plural · accusative ▸ 1 (Acts 13,50)
  εὐσχημόνων ▸ 1
    Adjective · feminine · plural · genitive ▸ 1 (Acts 17,12)
  εὐσχήμων ▸ 1 + 1 = 2
    Adjective · masculine · singular · nominative · noDegree ▸ 1 + 1 = 2 (Prov. 11,25; Mark 15,43)

εὐτακτέω (εὖ; τήκω) to be orderly ▸ 1
  εὐτάκτει ▸ 1
    Verb · second · singular · present · active · imperative ▸ 1 (2Mac. 4,27)

εὐτάκτως (εὖ; τήκω) in an orderly way ▸ 2
  εὐτάκτως ▸ 2
    Adverb ▸ 2 (3Mac. 2,1; Prov. 30,27)

εὐταξία (εὖ; τήκω) orderliness ▸ 2
  εὐταξίαν ▸ 2
    Noun · feminine · singular · accusative · (common) ▸ 2 (2Mac. 4,37; 3Mac. 1,10)

εὐτεκνία (εὖ; τίκτω) blessed with children ▸ 1
  εὐτεκνίας ▸ 1
    Noun · feminine · singular · genitive · (common) ▸ 1 (4Mac. 18,9)

εὐτελής (εὖ; τέλος) worthless ▸ 4
  εὐτελεῖ ▸ 1
    Adjective · neuter · singular · dative · noDegree ▸ 1 (Wis. 13,14)
  εὐτελεστέρα ▸ 1
    Adjective · feminine · singular · nominative · comparative ▸ 1 (Wis. 15,10)
  εὐτελῆ ▸ 1
    Adjective · neuter · plural · accusative · noDegree ▸ 1 (Wis. 11,15)
  εὐτελοῦς ▸ 1
    Adjective · neuter · singular · genitive · noDegree ▸ 1 (Wis. 10,4)

εὐτελῶς (εὖ; τέλος) cheaply, poorly ▸ 1
  εὐτελῶς ▸ 1
    Adverb ▸ 1 (2Mac. 15,38)

εὔτηκτος (εὖ; τήκω) quick melting ▸ 1
  εὔτηκτον ▸ 1
    Adjective · neuter · singular · accusative · noDegree ▸ 1 (Wis. 19,21)

εὐτολμία (εὖ; τολμάω) courage ▸ 1
  εὐτολμίας ▸ 1
    Noun · feminine · singular · genitive · (common) ▸ 1 (2Mac. 13,18)

εὐτονία (εὖ; τείνω) vigor, stoutness ▸ 1
  εὐτονίας ▸ 1
    Noun · feminine · singular · genitive · (common) ▸ 1 (Eccl. 7,7)

εὔτονος (εὖ; τείνω) vigorous ▸ 2
  εὐτονώτερε ▸ 1
    Adjective · masculine · singular · vocative · comparative ▸ 1 (4Mac. 7,10)
  εὐτονώτερον ▸ 1
    Adjective · masculine · singular · accusative · comparative ▸ 1 (2Mac. 12,23)

εὐτόνως (εὖ; τείνω) vigorously, vehemently ▸ 1 + 2 = 3
  εὐτόνως ▸ 1 + 2 = 3
    Adverb ▸ 1 + 2 = 3 (Josh. 6,8; Luke 23,10; Acts 18,28)

εὐτραπελία (εὖ; τρέπω) vulgar talk ▸ 1
  εὐτραπελία ▸ 1
    Noun · feminine · singular · nominative ▸ 1 (Eph. 5,4)

εὐτρεπίζω (εὖ; τρέπω) to prepare ▸ 1
  εὐτρέπιζε ▸ 1
    Verb · second · singular · present · active · imperative ▸ 1 (4Mac. 5,32)

Εὔτυχος Eutychus ▸ 1
  Εὔτυχος ▸ 1
    Noun · masculine · singular · nominative · (proper) ▸ 1 (Acts 20,9)

εὐφημέω (εὖ; φημί) to speak well of, praise ▸ 1
  εὐφημοῦντες ▸ 1
    Verb · present · active · participle · masculine · plural · nominative ▸ 1 (1Mac. 5,64)

εὐφημία (εὖ; φημί) good reputation; auspiciousness; worship ▸ 1
  εὐφημίας ▸ 1
    Noun · feminine · singular · genitive ▸ 1 (2Cor. 6,8)

εὔφημος (εὖ; φημί) worthy of praise ▸ 1
  εὔφημα ▸ 1
    Adjective · neuter · plural · nominative ▸ 1 (Phil. 4,8)

εὔφθαρτος (εὖ; φθείρω) perishable ▸ 1
  εὐφθάρτων ▸ 1
    Adjective · neuter · plural · genitive · noDegree ▸ 1 (Wis. 19,21)

εὐφορέω (εὖ; φέρω) to produce good crops ▸ 1
  εὐφόρησεν ▸ 1
    Verb · third · singular · aorist · active · indicative ▸ 1 (Luke 12,16)

εὐφραίνω (εὖ; φρήν) to cheer, to rejoice ▸ 246 + 8 + 14 = 268

εὐφραίνει ▸ 8
: **Verb** · third · singular · present · active · indicative ▸ **8** (Psa. 103,15; Prov. 10,1; Prov. 12,25; Prov. 15,20; Prov. 15,30; Prov. 17,21; Eccl. 10,19; Sir. 26,2)

εὐφραίνεσθαι ▸ 2 + **1** = 3
: **Verb** · present · middle · infinitive ▸ **2** (1Esdr. 9,54; Is. 30,29)
: **Verb** · present · passive · infinitive ▸ **1** (Luke 15,24)

εὐφραίνεσθε ▸ 3 + **1** = 4
: **Verb** · second · plural · present · middle · imperative ▸ **3** (Joel 2,23; Is. 12,6; Is. 49,13)
: **Verb** · second · plural · present · passive · imperative ▸ **1** (Rev. 12,12)

εὐφραινέσθω ▸ 1
: **Verb** · third · singular · present · middle · imperative ▸ **1** (Prov. 23,25)

εὐφραινέσθωσαν ▸ 1
: **Verb** · third · plural · present · passive · imperative ▸ **1** (Psa. 95,11)

εὐφραίνεται ▸ 3
: **Verb** · third · singular · present · middle · indicative ▸ **3** (Prov. 17,21; Prov. 23,24; Prov. 29,3)

εὐφραίνετο ▸ 1
: **Verb** · third · singular · aorist · middle · indicative ▸ **1** (Prov. 8,31)

εὐφραίνηται ▸ 1
: **Verb** · third · singular · present · middle · subjunctive ▸ **1** (Prov. 14,10)

εὐφραίνηταί ▸ 1
: **Verb** · third · singular · present · middle · subjunctive ▸ **1** (Prov. 27,11)

εὐφραινόμεθα ▸ 1
: **Verb** · first · plural · present · middle · indicative ▸ **1** (1Mac. 12,12)

εὐφραίνομεν ▸ 1
: **Verb** · first · plural · present · active · indicative ▸ **1** (4Mac. 8,18)

εὐφραινομένη ▸ 1
: **Verb** · present · middle · participle · feminine · singular · nominative ▸ **1** (Prov. 17,22)

εὐφραινομένην ▸ 1
: **Verb** · present · middle · participle · feminine · singular · accusative ▸ **1** (Psa. 112,9)

εὐφραινομένης ▸ 1
: **Verb** · present · middle · participle · feminine · singular · genitive ▸ **1** (Prov. 15,13)

εὐφραινόμενοι ▸ 10
: **Verb** · present · middle · participle · masculine · plural · nominative ▸ **10** (1Kings 1,40; 1Kings 1,45; 1Esdr. 7,14; Psa. 125,3; Prov. 2,14; Wis. 14,28; Sir. 27,29; Amos 6,13; Is. 9,2; Is. 24,7)

εὐφραινόμενος ▸ 7 + **1** = 8
: **Verb** · present · middle · participle · masculine · singular · nominative ▸ **7** (Deut. 16,15; 1Kings 8,65; Esth. 5,9; Judith 16,20; Sir. 19,5; Sir. 25,7; Jer. 20,15)
: **Verb** · present · passive · participle · masculine · singular · nominative ▸ **1** (Luke 16,19)

εὐφραινομένους ▸ 3
: **Verb** · present · middle · participle · masculine · plural · accusative ▸ **3** (2Chr. 7,10; Is. 30,29; Jer. 38,13)

εὐφραινομένων ▸ 3
: **Verb** · present · middle · participle · masculine · plural · genitive ▸ **3** (Judg. 5,11; Psa. 86,7; Jer. 7,34)

εὐφραινόμην ▸ 1
: **Verb** · first · singular · imperfect · middle · indicative ▸ **1** (Prov. 8,30)

εὐφραίνοντα ▸ 2 + **1** = 3
: **Verb** · present · active · participle · masculine · singular · accusative ▸ **1** + **1** = **2** (Psa. 42,4; Judg. 9,13)
: **Verb** · present · active · participle · neuter · plural · nominative ▸ **1** (Psa. 18,9)

εὐφραίνονται ▸ 1 + **1** = 2
: **Verb** · third · plural · present · passive · indicative ▸ **1** + **1** = **2** (Job 21,12; Rev. 11,10)

εὐφραίνοντο ▸ 1 + **1** = 2
: **Verb** · third · plural · imperfect · middle · indicative ▸ **1** (Ezek. 23,41)
: **Verb** · third · plural · imperfect · passive · indicative ▸ **1** (Acts 7,41)

Εὐφραίνου ▸ 1 + **1** = 2
: **Verb** · second · singular · present · middle · imperative ▸ **1** (Eccl. 11,9)
: **Verb** · second · singular · present · passive · imperative ▸ **1** (Rev. 18,20)

εὐφραίνου ▸ 9 + **1** = 10
: **Verb** · second · singular · present · middle · imperative ▸ **9** (Esth. 5,14; Sir. 16,1; Sir. 16,2; Sir. 18,32; Hos. 9,1; Joel 2,21; Zeph. 3,14; Zech. 2,14; Lam. 4,21)
: **Verb** · second · singular · present · passive · imperative ▸ **1** (Luke 12,19)

εὐφραίνουσιν ▸ 2
: **Verb** · third · plural · present · active · indicative ▸ **2** (Psa. 45,5; Sir. 40,20)

εὐφραίνων ▸ 1
: **Verb** · present · active · participle · masculine · singular · nominative ▸ **1** (2Cor. 2,2)

εὐφράναι ▸ 1 + **1** = 2
: **Verb** · third · singular · aorist · active · optative ▸ **1** + **1** = **2** (Tob. 13,12; Tob. 13,12)

εὐφρᾶναι ▸ 2
: **Verb** · aorist · active · infinitive ▸ **2** (Sol. 5,12; Dan. 9,24)

εὔφραναν ▸ 1
: **Verb** · third · plural · aorist · active · indicative ▸ **1** (Hos. 7,3)

εὔφρανας ▸ 1
: **Verb** · second · singular · aorist · active · indicative ▸ **1** (Psa. 88,43)

εὔφρανάς ▸ 1 + **1** = 2
: **Verb** · second · singular · aorist · active · indicative ▸ **1** + **1** = **2** (Psa. 91,5; Tob. 8,16)

εὐφρανεῖ ▸ 3
: **Verb** · third · singular · future · active · indicative ▸ **3** (Deut. 24,5; Sir. 4,18; Sir. 35,23)

εὐφρανεῖς ▸ 2 + **1** = 3
: **Verb** · second · singular · future · active · indicative ▸ **2** + **1** = **3** (Psa. 20,7; Prov. 23,15; Tob. 8,20)

εὔφρανεν ▸ 3
: **Verb** · third · singular · aorist · active · indicative ▸ **3** (2Chr. 20,27; Ezra 6,22; 1Mac. 3,7)

εὐφρανθείη ▸ 2 + **1** = 3
: **Verb** · third · singular · aorist · passive · optative ▸ **2** + **1** = **3** (Judg. 9,19; Sir. 51,29; Judg. 9,19)

εὐφρανθείησαν ▸ 3
: **Verb** · third · plural · aorist · passive · optative ▸ **3** (Psa. 34,27; Psa. 39,17; Sol. 5,18)

εὐφρανθείητε ▸ 3 + **1** = 4
: **Verb** · second · plural · aorist · passive · optative ▸ **3** + **1** = **4**

Εὐφράτης

(Judg. 9,19; Is. 14,29; Is. 28,22; Judg. 9,19)

εὐφρανθέντες ▸ 1
Verb ▪ aorist ▪ passive ▪ participle ▪ masculine ▪ plural ▪ nominative ▸ **1** (2Mac. 15,27)

εὐφράνθη ▸ 13
Verb ▪ third ▪ singular ▪ aorist ▪ passive ▪ indicative ▸ **13** (Deut. 20,6; Deut. 28,63; 1Sam. 11,15; 1Chr. 29,9; 1Chr. 29,9; 1Mac. 14,11; Psa. 96,8; Psa. 104,38; Prov. 31,26; Eccl. 2,10; Sir. 30,5; Sir. 51,15; Bar. 4,33)

εὐφρανθῇ ▸ 1
Verb ▪ third ▪ singular ▪ aorist ▪ passive ▪ subjunctive ▸ **1** (Sir. 30,1)

εὐφράνθημεν ▸ 2
Verb ▪ first ▪ plural ▪ aorist ▪ passive ▪ indicative ▸ **2** (Psa. 89,14; Psa. 89,15)

Εὐφράνθην ▸ 1
Verb ▪ first ▪ singular ▪ aorist ▪ passive ▪ indicative ▸ **1** (Psa. 121,1)

εὐφράνθην ▸ 4
Verb ▪ first ▪ singular ▪ aorist ▪ passive ▪ indicative ▸ **4** (1Sam. 2,1; Psa. 76,4; Job 31,25; Wis. 7,12)

εὐφρανθῆναι ▸ 8 + 1 + 1 = 10
Verb ▪ aorist ▪ passive ▪ infinitive ▸ **8 + 1 + 1 = 10** (Lev. 23,40; Deut. 30,9; Judg. 16,23; 1Esdr. 9,54; Psa. 105,5; Eccl. 3,12; Eccl. 5,18; Eccl. 8,15; Judg. 16,23; Luke 15,32)

εὐφρανθῇς ▸ 1
Verb ▪ second ▪ singular ▪ aorist ▪ passive ▪ subjunctive ▸ **1** (Sir. 32,2)

εὐφράνθησαν ▸ 4
Verb ▪ third ▪ plural ▪ aorist ▪ passive ▪ indicative ▸ **4** (1Sam. 11,9; Psa. 106,30; Is. 14,8; Bar. 3,34)

εὐφρανθήσεσθε ▸ 3
Verb ▪ second ▪ plural ▪ future ▪ passive ▪ indicative ▸ **3** (Deut. 12,7; Deut. 12,12; Zech. 8,19)

εὐφρανθήσεται ▸ 26
Verb ▪ third ▪ singular ▪ future ▪ passive ▪ indicative ▸ **26** (Deut. 20,6; Deut. 28,63; 1Chr. 16,10; 1Chr. 16,33; Psa. 20,2; Psa. 32,21; Psa. 52,7; Psa. 57,11; Psa. 62,12; Psa. 63,11; Psa. 64,11; Psa. 84,7; Psa. 103,31; Psa. 108,28; Prov. 29,25; Eccl. 3,22; Eccl. 11,8; Sir. 3,5; Sir. 14,5; Sir. 40,14; Hab. 1,15; Zeph. 3,17; Is. 9,16; Is. 62,5; Is. 62,5; Dan. 4,31)

εὐφρανθήσῃ ▸ 10
Verb ▪ second ▪ singular ▪ future ▪ passive ▪ indicative ▸ **10** (Deut. 12,18; Deut. 14,26; Deut. 16,11; Deut. 16,14; Deut. 26,11; Deut. 27,7; Deut. 28,39; Is. 28,26; Is. 41,16; Dan. 9,25)

εὐφρανθήσομαι ▸ 4
Verb ▪ first ▪ singular ▪ future ▪ passive ▪ indicative ▸ **4** (Psa. 9,3; Psa. 30,8; Psa. 103,34; Is. 65,19)

εὐφρανθησόμεθα ▸ 2
Verb ▪ first ▪ plural ▪ future ▪ passive ▪ indicative ▸ **2** (Psa. 65,6; Is. 25,9)

εὐφρανθήσονται ▸ 18
Verb ▪ third ▪ plural ▪ future ▪ passive ▪ indicative ▸ **18** (Tob. 13,16; Psa. 106,42; Psa. 118,74; Ode. 5,19; Prov. 12,20; Prov. 29,2; Eccl. 4,16; Sir. 39,31; Zech. 10,7; Is. 9,2; Is. 16,10; Is. 24,14; Is. 26,19; Is. 42,11; Is. 52,8; Is. 61,10; Is. 65,13; Jer. 38,12)

Εὐφράνθητε ▸ 1
Verb ▪ second ▪ plural ▪ aorist ▪ passive ▪ imperative ▸ **1** (Jer. 38,7)

εὐφράνθητε ▸ 8 + 1 = 9
Verb ▪ second ▪ plural ▪ aorist ▪ passive ▪ imperative ▸ **8 + 1 = 9** (Deut. 32,43; Deut. 32,43; 1Sam. 16,5; Psa. 31,11; Psa. 96,12; Ode. 2,43; Ode. 2,43; Is. 44,23; Rom. 15,10)

Εὐφράνθητι ▸ 3
Verb ▪ second ▪ singular ▪ aorist ▪ passive ▪ imperative ▸ **3** (Deut. 33,18; Is. 35,1; Is. 54,1)

εὐφράνθητι ▸ 2 + 1 = 3
Verb ▪ second ▪ singular ▪ aorist ▪ passive ▪ imperative ▸ **2 + 1 = 3** (Is. 42,11; Is. 66,10; Gal. 4,27)

εὐφρανθήτω ▸ 7
Verb ▪ third ▪ singular ▪ aorist ▪ passive ▪ imperative ▸ **7** (1Chr. 16,31; Psa. 13,7; Psa. 47,12; Psa. 85,11; Psa. 104,3; Psa. 149,2; Is. 45,8)

εὐφρανθήτωσαν ▸ 8
Verb ▪ third ▪ plural ▪ aorist ▪ passive ▪ imperative ▸ **8** (2Chr. 6,41; Psa. 5,12; Psa. 33,3; Psa. 66,5; Psa. 67,4; Psa. 68,33; Psa. 69,5; Psa. 96,1)

εὐφρανθῶ ▸ 1 + 1 = 2
Verb ▪ first ▪ singular ▪ aorist ▪ passive ▪ subjunctive ▸ **1 + 1 = 2** (Tob. 10,13; Luke 15,29)

εὐφρανθῶμεν ▸ 2 + 1 = 3
Verb ▪ first ▪ plural ▪ aorist ▪ passive ▪ subjunctive ▸ **2 + 1 = 3** (Psa. 117,24; Song 1,4; Luke 15,23)

εὐφρανθῶσιν ▸ 1
Verb ▪ third ▪ plural ▪ aorist ▪ passive ▪ subjunctive ▸ **1** (2Sam. 1,20)

εὔφρανον ▸ 1
Verb ▪ second ▪ singular ▪ aorist ▪ active ▪ imperative ▸ **1** (Psa. 85,4)

εὐφρανοῦσίν ▸ 1
Verb ▪ third ▪ plural ▪ future ▪ active ▪ indicative ▸ **1** (Prov. 22,18)

εὐφρανῶ ▸ 1
Verb ▪ first ▪ singular ▪ future ▪ active ▪ indicative ▸ **1** (Is. 56,7)

ηὐφραίνεσθε ▸ 1
Verb ▪ second ▪ plural ▪ imperfect ▪ middle ▪ indicative ▸ **1** (Jer. 27,11)

ηὔφραναν ▸ 1
Verb ▪ third ▪ plural ▪ aorist ▪ active ▪ indicative ▸ **1** (Psa. 44,9)

ηὔφρανας ▸ 1
Verb ▪ second ▪ singular ▪ aorist ▪ active ▪ indicative ▸ **1** (Psa. 29,2)

ηὔφρανάς ▸ 1
Verb ▪ second ▪ singular ▪ aorist ▪ active ▪ indicative ▸ **1** (Tob. 8,16)

ηὔφρανεν ▸ 3
Verb ▪ third ▪ singular ▪ aorist ▪ active ▪ indicative ▸ **3** (Neh. 12,43; 2Mac. 15,11; Lam. 2,17)

ηὐφράνθη ▸ 10 + 1 + 1 = 12
Verb ▪ third ▪ singular ▪ aorist ▪ passive ▪ indicative ▸ **10 + 1 + 1 = 12** (Deut. 30,9; 2Chr. 23,13; 2Chr. 23,21; 2Chr. 29,36; 2Chr. 30,25; Esth. 14,18 # 4,17y; Judith 12,20; 1Mac. 7,48; 1Mac. 11,44; Psa. 15,9; Judg. 19,3; Acts 2,26)

ηὐφράνθημεν ▸ 1
Verb ▪ first ▪ plural ▪ aorist ▪ passive ▪ indicative ▸ **1** (1Mac. 14,21)

ηὐφράνθην ▸ 1
Verb ▪ first ▪ singular ▪ aorist ▪ passive ▪ indicative ▸ **1** (Ode. 3,1)

ηὐφράνθησαν ▸ 5
Verb ▪ third ▪ plural ▪ aorist ▪ passive ▪ indicative ▸ **5** (1Sam. 6,13; 2Chr. 15,15; Neh. 12,43; Neh. 12,43; Psa. 34,15)

Εὐφράτης Euphrates ▸ 27 + 2 = 29

Εὐφράτῃ ▸ 3 + 1 = 4
Noun ▪ masculine ▪ singular ▪ dative ▪ (proper) ▸ **3 + 1 = 4** (Jer. 13,5; Jer. 26,2; Jer. 26,10; Rev. 9,14)

Εὐφράτην ▸ 11 + 1 = 12
  Noun ▪ masculine ▪ singular ▪ accusative ▪ (proper) ▸ 11 + 1 = **12** (2Sam. 8,3; 2Kings 23,29; 1Chr. 18,3; 2Chr. 35,20; Judith 1,6; Judith 2,24; 1Mac. 3,37; Jer. 13,4; Jer. 13,6; Jer. 13,7; Jer. 26,6; Rev. 16,12)
Εὐφράτης ▸ 2
  Noun ▪ masculine ▪ singular ▪ nominative ▪ (proper) ▸ **2** (Gen. 2,14; Sir. 24,26)
Εὐφράτου ▸ 11
  Noun ▪ masculine ▪ singular ▪ genitive ▪ (proper) ▸ **11** (Gen. 15,18; Ex. 23,31; Deut. 1,7; Deut. 11,24; Josh. 1,4; 2Kings 24,7; 1Chr. 5,9; 1Esdr. 1,23; 1Esdr. 1,25; 1Mac. 3,32; Jer. 28,63)

εὐφροσύνη (εὖ; φρήν) joy, merriment ▸ 170 + 1 + 2 = 173
  εὐφροσύναι ▸ 1
    Noun ▪ feminine ▪ plural ▪ nominative ▪ (common) ▸ **1** (Tob. 2,6)
  εὐφροσύναις ▸ 1
    Noun ▪ feminine ▪ plural ▪ dative ▪ (common) ▸ **1** (Prov. 14,13)
  εὐφροσύνας ▸ 1
    Noun ▪ feminine ▪ plural ▪ accusative ▪ (common) ▸ **1** (Hos. 2,13)
  εὐφροσύνη ▸ 34
    Noun ▪ feminine ▪ singular ▪ nominative ▪ (common) ▸ **34** (1Chr. 12,41; 2Chr. 30,26; Neh. 8,17; Neh. 12,43; Neh. 12,44; Esth. 8,16; Esth. 8,17; Esth. 8,17; 1Mac. 4,58; Psa. 96,11; Prov. 10,28; Prov. 21,15; Job 3,7; Job 20,5; Sir. 1,11; Sir. 1,23; Sir. 30,16; Sir. 30,22; Sir. 31,28; Joel 1,5; Joel 1,16; Is. 14,11; Is. 16,10; Is. 24,8; Is. 24,11; Is. 32,13; Is. 32,14; Is. 35,7; Is. 35,10; Is. 35,10; Is. 51,11; Is. 61,7; Jer. 31,33; Lam. 2,15)
  εὐφροσύνῃ ▸ 38
    Noun ▪ feminine ▪ singular ▪ dative ▪ (common) ▸ **38** (Deut. 28,47; 2Sam. 6,12; 1Chr. 15,25; 1Chr. 29,17; 2Chr. 20,27; 2Chr. 23,18; 2Chr. 29,30; 2Chr. 30,21; 2Chr. 30,23; Ezra 6,16; Ezra 6,22; 1Mac. 5,54; 3Mac. 6,30; Psa. 44,16; Psa. 67,4; Psa. 99,2; Psa. 104,43; Psa. 105,5; Prov. 29,6; Eccl. 2,1; Eccl. 2,2; Eccl. 5,19; Eccl. 9,7; Sir. 31,31; Sir. 35,8; Sir. 37,4; Sol. 10,5; Sol. 10,6; Sol. 11,3; Sol. 14,10; Sol. 15,3; Is. 9,2; Is. 29,19; Is. 55,12; Is. 61,10; Is. 65,14; Is. 66,5; Ezek. 35,14)
  εὐφροσύνην ▸ 43
    Noun ▪ feminine ▪ singular ▪ accusative ▪ (common) ▸ **43** (Judg. 9,13; 1Kings 1,40; 1Esdr. 3,20; Neh. 8,12; Neh. 12,27; Esth. 16,21 # 8,12t; Esth. 9,19; Judith 12,13; Judith 12,17; 1Mac. 14,11; 3Mac. 5,17; 3Mac. 5,36; 3Mac. 7,15; Psa. 4,8; Psa. 29,12; Psa. 50,10; Prov. 21,17; Prov. 30,32; Eccl. 2,26; Eccl. 8,15; Wis. 8,16; Sir. 1,12; Sir. 2,9; Sir. 6,28; Sir. 15,6; Sir. 31,27; Sir. 50,23; Sol. 10,8; Zeph. 3,17; Zech. 8,19; Is. 22,13; Is. 25,6; Is. 44,23; Is. 49,13; Is. 51,3; Is. 52,9; Is. 60,15; Is. 65,18; Is. 65,18; Jer. 15,16; Jer. 40,9; Bar. 4,29; Bar. 4,36)
  εὐφροσύνης ▸ 52 + 1 + 2 = 55
    Noun ▪ feminine ▪ singular ▪ genitive ▪ (common) ▸ 52 + 1 + 2 = **55** (Gen. 31,27; Num. 10,10; 1Chr. 15,16; Ezra 3,12; Ezra 3,13; Esth. 1,4; Esth. 9,17; Esth. 9,18; Esth. 9,19; Esth. 9,22; Esth. 10,13 # 10,3k; Judith 10,3; Tob. 8,17; Tob. 11,19; 1Mac. 3,2; 1Mac. 4,56; 1Mac. 4,59; 1Mac. 5,23; 1Mac. 7,48; 1Mac. 10,66; 1Mac. 13,52; 2Mac. 3,30; 2Mac. 10,6; 3Mac. 6,32; 3Mac. 7,16; Psa. 15,11; Psa. 136,6; Eccl. 2,10; Eccl. 7,4; Song 3,11; Wis. 2,9; Sir. 4,12; Sir. 9,10; Sol. 12,3; Sol. 17,35; Is. 12,3; Is. 14,7; Is. 29,19; Is. 35,10; Is. 48,20; Is. 51,11; Is. 61,3; Is. 61,10; Jer. 16,9; Jer. 25,10; Jer. 40,11; Bar. 2,23; Bar. 3,35; Bar. 4,11; Bar. 4,23; Bar. 5,9; Ezek. 36,5; Tob. 8,17; Acts 2,28; Acts 14,17)

εὐφρόσυνος (εὖ; φρήν) merry ▸ 3
  εὐφρόσυνον ▸ 1
    Adjective ▪ feminine ▪ singular ▪ accusative ▪ noDegree ▸ **1** (Judith 14,9)
  εὐφροσύνους ▸ 2
    Adjective ▪ feminine ▪ plural ▪ accusative ▪ noDegree ▸ **1** (3Mac. 7,19)
    Adjective ▪ masculine ▪ plural ▪ accusative ▪ noDegree ▸ **1** (3Mac. 6,36)

εὐφυής (εὖ; φύω) well-grown, shapely; good-dispositioned, naturally clever ▸ 3
  εὐφυῆ ▸ 1
    Adjective ▪ masculine ▪ singular ▪ accusative ▪ noDegree ▸ **1** (2Mac. 4,32)
  εὐφυής ▸ 2
    Adjective ▪ masculine ▪ singular ▪ nominative ▪ noDegree ▸ **2** (1Esdr. 8,3; Wis. 8,19)

εὔχαρις (εὖ; χάρις) pleasing ▸ 1
  εὔχαρι ▸ 1
    Adjective ▪ neuter ▪ singular ▪ accusative ▪ noDegree ▸ **1** (Wis. 14,20)

εὐχαριστέω (εὖ; χάρις) to give thanks ▸ 6 + 38 = 44
  εὐχαριστεῖ ▸ 2
    Verb ▪ third ▪ singular ▪ present ▪ active ▪ indicative ▸ **2** (Rom. 14,6; Rom. 14,6)
  Εὐχαριστεῖν ▸ 1
    Verb ▪ present ▪ active ▪ infinitive ▸ **1** (2Th. 1,3)
  εὐχαριστεῖν ▸ 1
    Verb ▪ present ▪ active ▪ infinitive ▸ **1** (2Th. 2,13)
  εὐχαριστεῖς ▸ 1
    Verb ▪ second ▪ singular ▪ present ▪ active ▪ indicative ▸ **1** (1Cor. 14,17)
  εὐχαριστεῖτε ▸ 1
    Verb ▪ second ▪ plural ▪ present ▪ active ▪ imperative ▸ **1** (1Th. 5,18)
  εὐχαριστηθῇ ▸ 1
    Verb ▪ third ▪ singular ▪ aorist ▪ passive ▪ subjunctive ▸ **1** (2Cor. 1,11)
  εὐχαριστήσαντες ▸ 1
    Verb ▪ aorist ▪ active ▪ participle ▪ masculine ▪ plural ▪ nominative ▸ **1** (2Mac. 12,31)
  εὐχαριστήσαντος ▸ 1
    Verb ▪ aorist ▪ active ▪ participle ▪ masculine ▪ singular ▪ genitive ▸ **1** (John 6,23)
  εὐχαριστήσας ▸ 9
    Verb ▪ aorist ▪ active ▪ participle ▪ masculine ▪ singular ▪ nominative ▸ **9** (Matt. 15,36; Matt. 26,27; Mark 8,6; Mark 14,23; Luke 22,17; Luke 22,19; John 6,11; Acts 28,15; 1Cor. 11,24)
  εὐχαρίστησεν ▸ 1
    Verb ▪ third ▪ singular ▪ aorist ▪ active ▪ indicative ▸ **1** (Acts 27,35)
  εὐχαριστήσωμεν ▸ 1
    Verb ▪ first ▪ plural ▪ aorist ▪ active ▪ subjunctive ▸ **1** (Judith 8,25)
  εὐχαριστοῦμεν ▸ 1 + 1 = 2
    Verb ▪ first ▪ plural ▪ present ▪ active ▪ indicative ▸ 1 + 1 = **2** (2Mac. 1,11; 1Th. 2,13)
  Εὐχαριστοῦμεν ▸ 2
    Verb ▪ first ▪ plural ▪ present ▪ active ▪ indicative ▸ **2** (Col. 1,3; 1Th. 1,2)
  εὐχαριστοῦμέν ▸ 1 + 1 = 2
    Verb ▪ first ▪ plural ▪ present ▪ active ▪ indicative ▸ 1 + 1 = **2** (Ode. 14,8; Rev. 11,17)
  εὐχαριστοῦντες ▸ 1 + 3 = 4
    Verb ▪ present ▪ active ▪ participle ▪ masculine ▪ plural ▪ nominative ▸ 1 + 3 = **4** (3Mac. 7,16; Eph. 5,20; Col. 1,12; Col. 3,17)
  Εὐχαριστῶ ▸ 4

εὐχαριστέω–εὔχομαι

    Verb · first · singular · present · active · indicative ▸ **4** (1Cor. 1,4; 1Cor. 14,18; Phil. 1,3; Philem. 4)
  εὐχαριστῶ ▸ 6
    Verb · first · singular · present · active · indicative ▸ **6** (Luke 18,11; John 11,41; Rom. 1,8; Rom. 16,4; 1Cor. 1,14; 1Cor. 10,30)
  εὐχαριστῶν ▸ 2
    Verb · present · active · participle · masculine · singular · nominative ▸ **2** (Luke 17,16; Eph. 1,16)
  ηὐχαρίστησαν ▸ 1
    Verb · third · plural · aorist · active · indicative ▸ **1** (Rom. 1,21)
  ηὐχαρίστουν ▸ 1
    Verb · third · plural · imperfect · active · indicative ▸ **1** (Wis. 18,2)

εὐχαριστία (εὖ; χάρις) thanksgiving, thankfulness; eucharist ▸ 4 + 15 = 19
  εὐχαριστία ▸ 2
    Noun · feminine · singular · nominative ▸ **2** (Eph. 5,4; Rev. 7,12)
  εὐχαριστίᾳ ▸ 3
    Noun · feminine · singular · dative ▸ **3** (1Cor. 14,16; Col. 2,7; Col. 4,2)
  εὐχαριστίαν ▸ 3 + 4 = 7
    Noun · feminine · singular · accusative · (common) ▸ **3 + 4 = 7** (Esth. 16,4 # 8,12d; 2Mac. 2,27; Wis. 16,28; 2Cor. 4,15; 2Cor. 9,11; 1Th. 3,9; Rev. 4,9)
  εὐχαριστίας ▸ 1 + 5 = 6
    Noun · feminine · plural · accusative ▸ **1** (1Tim. 2,1)
    Noun · feminine · singular · genitive · (common) ▸ **1 + 4 = 5** (Sir. 37,11; Acts 24,3; Phil. 4,6; 1Tim. 4,3; 1Tim. 4,4)
  εὐχαριστιῶν ▸ 1
    Noun · feminine · plural · genitive ▸ **1** (2Cor. 9,12)

εὐχάριστος (εὖ; χάρις) thankful, kind hearted, agreeable ▸ 1 + 1 = 2
  εὐχάριστοι ▸ 1
    Adjective · masculine · plural · nominative · (verbal) ▸ **1** (Col. 3,15)
  εὐχάριστος ▸ 1
    Adjective · feminine · singular · nominative · noDegree ▸ **1** (Prov. 11,16)

εὐχερής (εὖ; χείρ) easy, easily handled ▸ 3
  εὐχερὲς ▸ 1
    Adjective · neuter · singular · nominative · noDegree ▸ **1** (Judith 7,10)
  εὐχερές ▸ 1
    Adjective · neuter · singular · accusative · noDegree ▸ **1** (2Mac. 2,27)
  εὐχερής ▸ 1
    Adjective · feminine · singular · nominative · noDegree ▸ **1** (Prov. 14,6)

εὐχερῶς (εὖ; χείρ) easily ▸ 4
  εὐχερῶς ▸ 4
    Adverb ▸ **4** (Judith 4,7; 3Mac. 2,31; Prov. 12,24; Wis. 6,12)

εὐχή (εὔχομαι) prayer, vow ▸ 89 + 2 + 3 = 94
  εὐχαὶ ▸ 9
    Noun · feminine · plural · nominative · (common) ▸ **9** (Num. 30,5; Num. 30,7; Num. 30,8; Num. 30,9; Num. 30,12; Psa. 55,13; Prov. 15,8; Prov. 19,13; Jer. 11,15)
  εὐχαῖς ▸ 2
    Noun · feminine · plural · dative · (common) ▸ **2** (1Esdr. 2,6; Prov. 15,29)
  εὐχὰς ▸ 12
    Noun · feminine · plural · accusative · (common) ▸ **12** (Deut. 12,17; Deut. 12,26; 2Sam. 15,7; Psa. 21,26; Psa. 49,14; Psa. 60,9; Psa. 65,13; Psa. 115,9; Prov. 7,14; Job 22,27; Jonah 1,16; Nah. 2,1)
  εὐχάς ▸ 10
    Noun · feminine · plural · accusative · (common) ▸ **10** (Num. 30,5; Num. 30,6; Num. 30,13; Num. 30,15; Deut. 12,6; 1Sam. 1,21; 1Esdr. 2,4; Judith 4,14; 2Mac. 3,35; Is. 19,21)
  εὐχή ▸ 2
    Noun · feminine · singular · nominative · (common) ▸ **2** (Lev. 7,16; Job 11,17)
  εὐχὴ ▸ 8 + 1 = 9
    Noun · feminine · singular · nominative · (common) ▸ **8 + 1 = 9** (Num. 6,7; Num. 30,10; Num. 30,11; Num. 30,14; 1Esdr. 8,57; Psa. 64,2; Job 16,17; Mal. 1,14; James 5,15)
  εὐχήν ▸ 5 + 1 = 6
    Noun · feminine · singular · accusative · (common) ▸ **5 + 1 = 6** (Gen. 31,13; Lev. 22,23; Deut. 23,19; 1Esdr. 4,43; 1Esdr. 4,46; Acts 18,18)
  εὐχὴν ▸ 25 + 2 + 1 = 28
    Noun · feminine · singular · accusative · (common) ▸ **25 + 2 + 1 = 28** (Gen. 28,20; Lev. 22,21; Lev. 22,29; Lev. 27,2; Num. 6,2; Num. 6,19; Num. 15,3; Num. 15,8; Num. 21,2; Num. 30,3; Num. 30,4; Deut. 23,22; Judg. 11,30; Judg. 11,39; 1Sam. 1,11; 1Sam. 2,9; 2Sam. 15,8; 1Esdr. 5,52; Ode. 3,9; Eccl. 5,3; Sir. 18,22; LetterJ 34; Dan. 6,6; Dan. 6,8; Dan. 6,13; Judg. 11,30; Judg. 11,39; Acts 21,23)
  εὐχῆς ▸ 11
    Noun · feminine · singular · genitive · (common) ▸ **11** (Num. 6,4; Num. 6,5; Num. 6,6; Num. 6,8; Num. 6,9; Num. 6,12; Num. 6,12; Num. 6,13; Num. 6,18; Num. 6,21; Num. 6,21)
  εὐχῶν ▸ 5
    Noun · feminine · plural · genitive · (common) ▸ **5** (Lev. 23,38; Num. 29,39; 2Mac. 15,26; Psa. 60,6; Prov. 31,2)

εὔχομαι to wish, pray, long for; to vow ▸ 84 + 2 + 7 = 93
  εὖξαι ▸ 2
    Verb · second · singular · aorist · middle · imperative ▸ **2** (Num. 21,7; Sir. 38,9)
  εὐξαίμην ▸ 1
    Verb · first · singular · aorist · middle · optative ▸ **1** (Acts 26,29)
  εὐξάμενος ▸ 3
    Verb · aorist · middle · participle · masculine · singular · nominative ▸ **3** (2Mac. 3,35; Job 33,26; LetterJ 34)
  εὐξαμένου ▸ 5
    Verb · aorist · middle · participle · masculine · singular · genitive ▸ **5** (Lev. 27,8; Num. 6,13; Num. 6,21; Job 22,27; Job 42,10)
  εὐξάμην ▸ 3
    Verb · first · singular · aorist · middle · indicative ▸ **3** (Deut. 9,26; 1Esdr. 8,49; Wis. 7,7)
  εὔξαντο ▸ 3
    Verb · third · plural · aorist · middle · indicative ▸ **3** (1Esdr. 5,43; 1Esdr. 5,52; Jonah 1,16)
  εὔξασθαι ▸ 3
    Verb · aorist · middle · infinitive ▸ **3** (Deut. 23,23; Prov. 20,25; Sir. 18,23)
  εὔξασθαί ▸ 2
    Verb · aorist · middle · infinitive ▸ **2** (Eccl. 5,4; Eccl. 5,4)
  Εὔξασθε ▸ 1
    Verb · second · plural · aorist · middle · imperative ▸ **1** (Ex. 8,4)
  εὔξασθε ▸ 3
    Verb · second · plural · aorist · middle · imperative ▸ **3** (Ex. 8,24; Ex. 9,28; Psa. 75,12)

εὔξεται ▸ 1
   Verb · third · singular · future · middle · indicative ▸ **1** (Job 42,8)
εὔξῃ ▸ 3
   Verb · second · singular · aorist · middle · subjunctive ▸ **3** (Deut. 23,22; Eccl. 5,3; Eccl. 5,3)
εὔξησθε ▸ 2
   Verb · second · plural · aorist · middle · subjunctive ▸ **2** (Deut. 12,11; Deut. 12,17)
εὔξηται ▸ 10
   Verb · third · singular · aorist · middle · subjunctive ▸ **10** (Lev. 27,2; Num. 6,2; Num. 6,21; Num. 6,21; Num. 30,3; Num. 30,4; Num. 30,10; Dan. 6,6; Dan. 6,8; Dan. 6,13)
εὔξομαι ▸ 1
   Verb · first · singular · future · middle · indicative ▸ **1** (Ex. 8,25)
εὔξονται ▸ 1
   Verb · third · plural · future · middle · indicative ▸ **1** (Is. 19,21)
εὔξω ▸ 2
   Verb · second · singular · aorist · middle · indicative ▸ **2** (Deut. 23,24; 1Esdr. 4,45)
εὔξωμαι ▸ 1
   Verb · first · singular · aorist · middle · subjunctive ▸ **1** (Ex. 8,5)
εὔχεσθαι ▸ 1
   Verb · present · middle · infinitive ▸ **1** (2Mac. 12,44)
εὔχεσθε ▸ 1
   Verb · second · plural · present · middle · imperative ▸ **1** (James 5,16)
εὔχομαί ▸ 1
   Verb · first · singular · present · middle · indicative ▸ **1** (3John 2)
εὐχόμεθα ▸ 2
   Verb · first · plural · present · middle · indicative ▸ **2** (2Cor. 13,7; 2Cor. 13,9)
εὐχόμενοι ▸ 1
   Verb · present · middle · participle · masculine · plural · nominative ▸ **1** (2Mac. 15,27)
εὐχόμενον ▸ 2
   Verb · present · middle · participle · masculine · singular · accusative ▸ **2** (Dan. 6,12; Dan. 6,14)
εὐχόμενος ▸ 1
   Verb · present · middle · participle · masculine · singular · nominative ▸ **1** (Sir. 34,24)
εὐχομένῳ ▸ 2
   Verb · present · middle · participle · masculine · singular · dative ▸ **2** (1Sam. 2,9; Ode. 3,9)
εὔχονται ▸ 1
   Verb · third · plural · present · middle · indicative ▸ **1** (Jer. 22,27)
εὔχου ▸ 1
   Verb · second · singular · present · middle · imperative ▸ **1** (Jer. 7,16)
ηὐγμένος ▸ 2
   Verb · perfect · middle · participle · masculine · singular · nominative ▸ **2** (Num. 6,18; Num. 6,20)
ηὐγμένου ▸ 1
   Verb · perfect · middle · participle · masculine · singular · genitive ▸ **1** (Num. 6,19)
ηὐξάμην ▸ 5
   Verb · first · singular · aorist · middle · indicative ▸ **5** (Deut. 9,20; 2Sam. 15,7; 1Esdr. 8,13; Ode. 6,10; Jonah 2,10)
ηὔξατο ▸ 16 + 2 = 18
   Verb · third · singular · aorist · middle · indicative ▸ 16 + 2 = **18** (Gen. 28,20; Ex. 8,26; Ex. 10,18; Num. 6,5; Num. 11,2; Num. 21,2; Num. 21,7; Judg. 11,30; Judg. 11,39; 1Sam. 1,11; 2Sam. 15,8; 2Kings 20,2; 1Esdr. 4,44; 1Esdr. 4,44; 4Mac. 4,13; Psa. 131,2; Judg. 11,30; Judg. 11,39)
ηὔξω ▸ 3
   Verb · second · singular · aorist · middle · indicative ▸ **3** (Gen. 31,13; 1Esdr. 4,43; 1Esdr. 4,46)
ηὔχετο ▸ 1
   Verb · third · singular · imperfect · middle · indicative ▸ **1** (2Mac. 9,13)
ηὐχόμην ▸ 1
   Verb · first · singular · imperfect · middle · indicative ▸ **1** (Rom. 9,3)
ηὔχοντο ▸ 1 + 1 = 2
   Verb · third · plural · imperfect · middle · indicative ▸ 1 + 1 = **2** (Bar. 1,5; Acts 27,29)

εὐχρηστία (εὖ; χράομαι) help, usefulness ▸ 1
εὐχρηστίας ▸ 1
   Noun · feminine · singular · genitive · (common) ▸ **1** (3Mac. 2,33)

εὔχρηστος (εὖ; χράομαι) profitable, useful ▸ 2 + 3 = 5
εὔχρηστον ▸ 2 + 2 = 4
   Adjective · masculine · singular · accusative · (verbal) ▸ **1** (Philem. 11)
   Adjective · neuter · singular · accusative · noDegree ▸ **2** (Prov. 31,13; Wis. 13,13)
   Adjective · neuter · singular · nominative · (verbal) ▸ **1** (2Tim. 2,21)
εὔχρηστος ▸ 1
   Adjective · masculine · singular · nominative · (verbal) ▸ **1** (2Tim. 4,11)

εὐψυχέω (εὖ; ψύχω) to be encouraged ▸ 1
εὐψυχῶ ▸ 1
   Verb · first · singular · present · active · subjunctive ▸ **1** (Phil. 2,19)

εὐψυχία (εὖ; ψύχω) good courage ▸ 3
εὐψυχίᾳ ▸ 1
   Noun · feminine · singular · dative · (common) ▸ **1** (4Mac. 6,11)
εὐψυχίαν ▸ 1
   Noun · feminine · singular · accusative · (common) ▸ **1** (2Mac. 14,18)
εὐψυχίας ▸ 1
   Noun · feminine · singular · genitive · (common) ▸ **1** (4Mac. 9,23)

εὔψυχος (εὖ; ψύχω) of good courage ▸ 2
εὔψυχοι ▸ 1
   Adjective · masculine · plural · nominative · noDegree ▸ **1** (1Mac. 9,14)
εὔψυχος ▸ 1
   Adjective · masculine · singular · nominative · noDegree ▸ **1** (Prov. 30,31)

εὐψύχως (εὖ; ψύχω) courageously ▸ 2
εὐψύχως ▸ 2
   Adverb ▸ **2** (2Mac. 7,20; 3Mac. 7,18)

εὐώδης (εὖ; ὄζω) fragrant ▸ 4
εὐωδεστάτοις ▸ 2
   Adjective · neuter · plural · dative · superlative ▸ **2** (3Mac. 5,45; 3Mac. 7,16)
εὐώδους ▸ 2
   Adjective · masculine · singular · genitive · noDegree ▸ **1** (Ex. 30,23)
   Adjective · neuter · singular · genitive · noDegree ▸ **1** (Ex. 30,23)

εὐωδία (εὖ; ὄζω) fragrant aroma, sweet smell ▸ 57 + 1

+ 3 = 61
- **εὐωδία** ‣ 1 + 1 = 2
  - **Noun** · feminine · singular · nominative · (common) ‣ 1 + 1 = 2 (Sir. 35,5; 2Cor. 2,15)
  - εὐωδίαν ‣ 3
    - **Noun** · feminine · singular · accusative · (common) ‣ 3 (Sir. 24,15; Sir. 38,11; Sir. 45,16)
  - εὐωδίας ‣ 53 + 1 + 2 = 56
    - **Noun** · feminine · plural · accusative · (common) ‣ 1 + 1 = 2 (Ezra 6,10; Dan. 2,46)
    - **Noun** · feminine · singular · genitive · (common) ‣ 52 + 2 = 54 (Gen. 8,21; Ex. 29,18; Ex. 29,25; Ex. 29,41; Lev. 1,9; Lev. 1,13; Lev. 1,17; Lev. 2,2; Lev. 2,9; Lev. 2,12; Lev. 3,5; Lev. 3,11; Lev. 3,16; Lev. 4,31; Lev. 6,8; Lev. 6,14; Lev. 8,21; Lev. 8,28; Lev. 17,4; Lev. 17,6; Lev. 23,13; Lev. 23,18; Num. 15,3; Num. 15,5; Num. 15,7; Num. 15,10; Num. 15,13; Num. 15,14; Num. 15,24; Num. 18,17; Num. 28,2; Num. 28,6; Num. 28,8; Num. 28,13; Num. 28,24; Num. 28,27; Num. 29,2; Num. 29,6; Num. 29,8; Num. 29,11; Num. 29,13; Num. 29,36; 1Esdr. 1,13; Judith 16,16; Sir. 50,15; Sol. 11,5; Bar. 5,8; Ezek. 6,13; Ezek. 16,19; Ezek. 20,28; Ezek. 20,41; Dan. 4,37a; Eph. 5,2; Phil. 4,18)
- **εὐωδιάζω (εὖ; ὄζω)** to give a fragrant aroma ‣ 2
  - εὐωδιάζων ‣ 1
    - **Verb** · present · active · participle · masculine · singular · nominative ‣ 1 (Zech. 9,17)
  - εὐωδιάσατε ‣ 1
    - **Verb** · second · plural · aorist · active · imperative ‣ 1 (Sir. 39,14)
- **εὐώνυμος (εὖ; ὄνομα)** left ‣ 19 + 9 = 28
  - εὐώνυμα ‣ 3
    - **Adjective** · neuter · plural · accusative · noDegree ‣ 3 (Num. 20,17; Josh. 23,6; 1Mac. 6,45)
  - εὐώνυμον ‣ 2
    - **Adjective** · feminine · singular · accusative ‣ 1 (Acts 21,3)
    - **Adjective** · masculine · singular · accusative ‣ 1 (Rev. 10,2)
  - Εὐώνυμος ‣ 1
    - **Adjective** · masculine · singular · nominative · noDegree ‣ 1 (Song 8,3)
  - εὐώνυμος ‣ 1
    - **Adjective** · masculine · singular · nominative · noDegree ‣ 1 (Song 2,6)
  - εὐωνύμου ‣ 1
    - **Adjective** · feminine · singular · genitive · noDegree ‣ 1 (2Kings 11,11)
  - εὐωνύμων ‣ 13 + 7 = 20
    - **Adjective** · neuter · plural · genitive · noDegree ‣ 13 + 7 = 20 (Ex. 14,22; Ex. 14,29; Josh. 13,3; 2Sam. 16,6; 1Kings 22,19; 2Chr. 3,17; 2Chr. 4,8; 1Esdr. 9,44; Zech. 4,3; Zech. 4,11; Zech. 12,6; Ezek. 16,46; Ezek. 21,21; Matt. 20,21; Matt. 20,23; Matt. 25,33; Matt. 25,41; Matt. 27,38; Mark 10,40; Mark 15,27)
- **εὐωχέω (εὖ; ἔχω)** to feed, feast ‣ 2
  - εὐωχούμενος ‣ 1
    - **Verb** · present · middle · participle · masculine · singular · nominative ‣ 1 (Judith 1,16)
  - εὐωχοῦντο ‣ 1
    - **Verb** · third · plural · imperfect · active · indicative ‣ 1 (3Mac. 6,40)
- **εὐωχία (εὖ; ἔχω)** feasting ‣ 9
  - εὐωχία ‣ 1
    - **Noun** · feminine · singular · nominative · (common) ‣ 1 (3Mac. 4,1)
  - εὐωχίαν ‣ 5
    - **Noun** · feminine · singular · accusative · (common) ‣ 5 (1Esdr. 3,20; Esth. 13,17 # 4,17h; 3Mac. 5,3; 3Mac. 5,17; 3Mac. 6,30)
  - εὐωχίας ‣ 3
    - **Noun** · feminine · singular · genitive · (common) ‣ 3 (Esth. 16,22 # 8,12u; 3Mac. 4,8; 3Mac. 6,35)
- **Εφααθ** Hamath ‣ 1
  - Εφααθ ‣ 1
    - **Noun** · singular · (proper) ‣ 1 (Num. 13,21)
- **εφαδανω** his palace ‣ 1
  - εφαδανω ‣ 1
    - **Noun** ‣ 1 (Dan. 11,45)
- **ἐφάλλομαι (ἐπί; ἅλλομαι)** to come upon; to leap ‣ 3 + 1 = 4
  - ἐφαλεῖται ‣ 1
    - **Verb** · third · singular · future · middle · indicative ‣ 1 (1Sam. 10,6)
  - ἐφήλατο ‣ 2
    - **Verb** · third · singular · aorist · middle · indicative ‣ 2 (1Sam. 11,6; 1Sam. 16,13)
  - ἐφαλόμενος ‣ 1
    - **Verb** · aorist · middle · participle · masculine · singular · nominative ‣ 1 (Acts 19,16)
- **ἐφαμαρτάνω (ἐπί; ἁμαρτάνω)** to lead into sin ‣ 1
  - ἐφαμαρτεῖν ‣ 1
    - **Verb** · aorist · active · infinitive ‣ 1 (Jer. 39,35)
- **ἐφάπαξ (ἐπί; ἅπαξ)** once, once for all ‣ 5
  - ἐφάπαξ ‣ 5
    - **Adverb** · (frequency) ‣ 5 (Rom. 6,10; 1Cor. 15,6; Heb. 7,27; Heb. 9,12; Heb. 10,10)
- **ἐφάπτω (ἐπί; ἅπτω)** to reach, to taste ‣ 3
  - ἐφάπτεσθαι ‣ 1
    - **Verb** · present · middle · infinitive ‣ 1 (2Mac. 7,1)
  - ἐφαπτόμενοι ‣ 1
    - **Verb** · present · middle · participle · masculine · plural · nominative ‣ 1 (Amos 6,3)
  - ἐφαπτόμενος ‣ 1
    - **Verb** · present · middle · participle · masculine · singular · nominative ‣ 1 (Amos 9,5)
- **ἐφαρμόζω (ἐπί; ἁρμόζω)** to apply ‣ 1
  - ἐφαρμόσαντες ‣ 1
    - **Verb** · aorist · active · participle · masculine · plural · nominative ‣ 1 (4Mac. 11,10)
- **ἐφέλκω (ἐπί; ἕλκω)** to draw, attract ‣ 5
  - ἐφείλκυσαν ‣ 1
    - **Verb** · third · plural · aorist · active · indicative ‣ 1 (Josh. 24,29)
  - ἐφέλκηται ‣ 1
    - **Verb** · third · singular · present · passive · subjunctive ‣ 1 (Num. 9,19)
  - ἐφελκόμενον ‣ 1
    - **Verb** · present · passive · participle · neuter · singular · nominative ‣ 1 (Wis. 14,20)
  - ἐφέλκονται ‣ 1
    - **Verb** · third · plural · present · middle · indicative ‣ 1 (4Mac. 15,21)
  - ἐφελκυσθεῖσα ‣ 1
    - **Verb** · aorist · passive · participle · feminine · singular · nominative ‣ 1 (LetterJ 43)
- **Εφερμεμ** Ephes Dammim (?) ‣ 1
  - Εφερμεμ ‣ 1
    - **Noun** · singular · dative · (proper) ‣ 1 (1Sam. 17,1)
- **Ἐφέσιος** Ephesian ‣ 6
  - Ἐφέσιοι ‣ 1

Adjective · masculine · plural · vocative · (proper) ▸ **1** (Acts 19,35)
Ἐφέσιον ▸ **1**
Adjective · masculine · singular · accusative · (proper) ▸ **1** (Acts 21,29)
ΕΦΕΣΙΟΥΣ ▸ **1**
Adjective · masculine · plural · accusative · (proper) ▸ **1** (Eph. 1,0)
Ἐφεσίων ▸ **3**
Adjective · masculine · plural · genitive · (proper) ▸ **3** (Acts 19,28; Acts 19,34; Acts 19,35)

Ἔφεσος Ephesus ▸ **16**
Ἔφεσον ▸ **8**
Noun · feminine · singular · accusative · (proper) ▸ **8** (Acts 18,19; Acts 18,24; Acts 19,1; Acts 19,17; Acts 20,16; Acts 20,17; 2Tim. 4,12; Rev. 1,11)
Ἐφέσου ▸ **2**
Noun · feminine · singular · genitive · (proper) ▸ **2** (Acts 18,21; Acts 19,26)
Ἐφέσῳ ▸ **6**
Noun · feminine · singular · dative · (proper) ▸ **6** (1Cor. 15,32; 1Cor. 16,8; Eph. 1,1; 1Tim. 1,3; 2Tim. 1,18; Rev. 2,1)

ἐφέτειος annual, yearly ▸ **2**
ἐφέτειον ▸ **1**
Adjective · masculine · singular · accusative · noDegree ▸ **1** (Deut. 15,18)
ἐφετείου ▸ **1**
Adjective · masculine · singular · genitive · noDegree ▸ **1** (Sir. 37,11)

ἐφευρετής (ἐπί; εὑρίσκω) inventor ▸ **1**
ἐφευρετὰς ▸ **1**
Noun · masculine · plural · accusative ▸ **1** (Rom. 1,30)

ἐφηβεῖον (ἐπί; ἥβη) training center ▸ **1**
ἐφηβεῖον ▸ **1**
Noun · neuter · singular · accusative · (common) ▸ **1** (2Mac. 4,9)

ἐφήβος (ἐπί; ἵημι) young man, adolescent ▸ **1**
ἐφήβων ▸ **1**
Noun · masculine · plural · genitive · (common) ▸ **1** (2Mac. 4,12)

ἔφηλος (ἐπί; ἧλος) with a white speck on; dwarf (?) ▸ **1**
ἔφηλος ▸ **1**
Adjective · masculine · singular · nominative · noDegree ▸ **1** (Lev. 21,20)

ἐφημερία (ἐπί; ἡμέρα) division ▸ **23 + 2 = 25**
ἐφημερία ▸ **1**
Noun · feminine · singular · nominative · (common) ▸ **1** (Neh. 12,24)
ἐφημερίαι ▸ **3**
Noun · feminine · plural · nominative · (common) ▸ **3** (1Chr. 9,33; 1Chr. 26,12; 1Chr. 28,21)
ἐφημερίαις ▸ **3**
Noun · feminine · plural · dative · (common) ▸ **3** (2Chr. 13,10; 2Chr. 31,16; 2Chr. 31,17)
ἐφημερίαν ▸ **3**
Noun · feminine · singular · accusative · (common) ▸ **3** (2Chr. 5,11; 1Esdr. 1,15; Neh. 12,24)
ἐφημερίας ▸ **10 + 2 = 12**
Noun · feminine · plural · accusative · (common) ▸ **8** (2Chr. 23,8; 2Chr. 23,18; 2Chr. 31,2; 2Chr. 31,15; 2Chr. 35,4; Neh. 12,9; Neh. 13,30)
Noun · feminine · singular · genitive · (common) ▸ **2 + 2 = 4** (1Chr. 23,6; 1Esdr. 1,2; Luke 1,5; Luke 1,8)
ἐφημεριῶν ▸ **3**
Noun · feminine · plural · genitive · (common) ▸ **3** (1Chr. 25,8; 1Chr. 28,1; 1Chr. 28,13)

ἐφήμερος (ἐπί; ἡμέρα) daily ▸ **1**
ἐφημέρου ▸ **1**
Adjective · feminine · singular · genitive ▸ **1** (James 2,15)

ἑφθός (ἕψω) boiled ▸ **2**
ἑφθὸν ▸ **2**
Adjective · masculine · singular · accusative · noDegree ▸ **2** (Num. 6,19; 1Sam. 2,15)

ἐφικνέομαι (ἐπί; ἱκανός) to reach ▸ **2**
ἐφικέσθαι ▸ **1**
Verb · aorist · middle · infinitive ▸ **1** (2Cor. 10,13)
ἐφικνούμενοι ▸ **1**
Verb · present · middle · participle · masculine · plural · nominative ▸ **1** (2Cor. 10,14)

ἐφικτός (ἐπί; ἱκνέομαι) accessible ▸ **1**
ἐφικτὸν ▸ **1**
Adjective · neuter · singular · nominative · noDegree ▸ **1** (2Mac. 15,38)

ἔφιππος (ἐπί; ἵππος) on horseback; horseback rider ▸ **3**
ἔφιπποι ▸ **1**
Adjective · masculine · plural · nominative · noDegree ▸ **1** (4Mac. 4,10)
ἔφιππος ▸ **2**
Adjective · masculine · singular · nominative · noDegree ▸ **2** (2Mac. 11,8; 2Mac. 12,35)

ἐφίπταμαι (ἐπί; πέτομαι) to fly over, toward ▸ **1**
ἐφίπτανται ▸ **1**
Verb · third · plural · present · middle · indicative ▸ **1** (LetterJ 21)

ἔφισος (ἐπί; ἴσος) equal ▸ **2**
ἔφισον ▸ **1**
Adjective · neuter · singular · nominative · noDegree ▸ **1** (Sir. 31,27)
ἔφισος ▸ **1**
Adjective · masculine · singular · nominative · noDegree ▸ **1** (Sir. 9,10)

ἐφίστημι (ἐπί; ἵστημι) to set, set over, establish; to come upon ▸ **72 + 1 + 21 = 94**
ἐπέστη ▸ **4 + 2 = 6**
Verb · third · singular · aorist · active · indicative ▸ **4 + 2 = 6** (1Sam. 17,51; Judith 8,3; Wis. 19,1; Is. 63,5; Luke 2,9; Acts 12,7)
ἐπέστην ▸ **1**
Verb · first · singular · aorist · active · indicative ▸ **1** (2Sam. 1,10)
ἐπέστησα ▸ **2**
Verb · first · singular · aorist · active · indicative ▸ **2** (Neh. 6,1; Ezek. 31,15)
ἐπέστησαν ▸ **4 + 5 = 9**
Verb · third · plural · aorist · active · indicative ▸ **4 + 5 = 9** (Josh. 7,26; Josh. 8,29; Judith 6,14; Wis. 18,17; Luke 20,1; Luke 24,4; Acts 4,1; Acts 10,17; Acts 11,11)
ἐπέστησας ▸ **1**
Verb · second · singular · aorist · active · indicative ▸ **1** (Job 14,20)
ἐπέστησεν ▸ **6**
Verb · third · singular · aorist · active · indicative ▸ **6** (Ex. 1,11; Ex. 7,23; Josh. 6,26; 1Kings 16,34; Judith 7,7; 1Mac. 12,38)
ἐπιστάμενοι ▸ **1**
Verb · present · middle · participle · masculine · plural

ἐφίστημι–ἐφόδιον

- nominative ▸ 1 (Job 34,2)

ἐπιστάμενοί ▸ 1
    Verb · present · middle · participle · masculine · plural · nominative ▸ 1 (Ezek. 28,19)

ἐπιστάντες ▸ 2
    Verb · aorist · active · participle · masculine · plural · nominative ▸ 2 (Acts 6,12; Acts 17,5)

ἐπιστάς ▸ 4
    Verb · aorist · active · participle · masculine · singular · nominative ▸ 4 (Luke 4,39; Acts 22,13; Acts 23,11; Acts 23,27)

ἐπιστᾶσα ▸ 2
    Verb · aorist · active · participle · feminine · singular · nominative ▸ 2 (Luke 2,38; Luke 10,40)

ἐπιστῇ ▸ 1
    Verb · third · singular · aorist · active · subjunctive ▸ 1 (Luke 21,34)

Ἐπίστηθι ▸ 1
    Verb · second · singular · aorist · passive · imperative ▸ 1 (Jer. 26,14)

ἐπίστηθι ▸ 1
    Verb · second · singular · aorist · active · imperative ▸ 1 (2Tim. 4,2)

ἐπιστῇς ▸ 2
    Verb · second · singular · aorist · active · subjunctive ▸ 2 (Sir. 41,24; Obad. 14)

ἐπιστῆσαι ▸ 3
    Verb · aorist · active · infinitive ▸ 3 (2Sam. 8,3; 1Chr. 18,3; Neh. 8,13)

ἐπιστήσατε ▸ 3
    Verb · second · plural · aorist · active · imperative ▸ 3 (Jer. 28,12; Jer. 28,27; Jer. 30,13)

ἐπιστήσει ▸ 2
    Verb · third · singular · future · active · indicative ▸ 2 (Josh. 6,26; Sir. 23,2)

ἐπιστήσεις ▸ 1
    Verb · second · singular · future · active · indicative ▸ 1 (Prov. 27,23)

ἐπιστήσεται ▸ 1
    Verb · third · singular · future · middle · indicative ▸ 1 (Wis. 6,5)

ἐπιστήσῃς ▸ 2
    Verb · second · singular · aorist · active · subjunctive ▸ 2 (Prov. 9,18a; Prov. 23,5)

ἐπιστήσομεν ▸ 1
    Verb · first · plural · future · active · indicative ▸ 1 (Is. 41,22)

ἐπίστησον ▸ 3
    Verb · second · singular · aorist · active · imperative ▸ 3 (Num. 1,50; Prov. 22,17; Sir. 12,11)

Ἐπίστησον ▸ 2
    Verb · second · singular · aorist · active · imperative ▸ 2 (2Kings 4,38; Ezek. 24,3)

ἐπιστήσονται ▸ 1
    Verb · third · plural · future · middle · indicative ▸ 1 (Ezek. 44,24)

ἐπιστήσουσιν ▸ 1
    Verb · third · plural · future · active · indicative ▸ 1 (Sir. 40,25)

ἐπιστήσω ▸ 9
    Verb · first · singular · future · active · indicative ▸ 9 (Lev. 17,10; Lev. 20,3; Lev. 20,5; Lev. 20,6; Lev. 26,17; Is. 1,26; Is. 3,4; Jer. 27,44; Jer. 36,10)

ἐφειστήκει ▸ 2
    Verb · third · singular · pluperfect · active · indicative ▸ 2 (Num. 23,6; Num. 23,17)

ἐφεσταμένη ▸ 1
    Verb · perfect · middle · participle · feminine · singular · nominative ▸ 1 (Jer. 5,27)

ἐφέστηκα ▸ 1
    Verb · first · singular · perfect · active · indicative ▸ 1 (Gen. 24,43)

ἐφέστηκεν ▸ 4 + 1 = 5
    Verb · third · singular · perfect · active · indicative ▸ 4 + 1 = 5 (Num. 14,14; Hag. 2,5; Is. 21,4; Jer. 21,2; 2Tim. 4,6)

ἐφεστηκόσιν ▸ 1
    Verb · perfect · active · participle · masculine · plural · dative ▸ 1 (1Sam. 22,17)

ἐφεστηκότων ▸ 1
    Verb · perfect · active · participle · masculine · plural · genitive ▸ 1 (1Kings 2,46h)

ἐφεστηκώς ▸ 2
    Verb · perfect · active · participle · masculine · singular · nominative ▸ 2 (Judith 12,11; Zech. 1,10)

ἐφεστός ▸ 1
    Verb · perfect · active · participle · neuter · singular · nominative ▸ 1 (Ruth 2,6)

ἐφεστώς ▸ 1
    Verb · perfect · active · participle · masculine · singular · nominative ▸ 1 (Acts 22,20)

ἐφεστῶσαν ▸ 1
    Verb · perfect · active · participle · feminine · singular · accusative ▸ 1 (Judith 8,10)

ἐφεστῶτα ▸ 2 + 1 = 3
    Verb · perfect · active · participle · masculine · singular · accusative ▸ 2 + 1 = 3 (Judith 10,6; Amos 9,1; Acts 28,2)

ἐφεστῶτας ▸ 1
    Verb · perfect · active · participle · masculine · plural · accusative ▸ 1 (Judg. 3,19)

ἐφεστῶτι ▸ 2
    Verb · perfect · active · participle · masculine · singular · dative ▸ 1 (Zech. 1,11)
    Verb · perfect · active · participle · neuter · singular · dative ▸ 1 (Ruth 2,5)

ἐφίσταται ▸ 1 + 1 = 2
    Verb · third · singular · present · middle · indicative ▸ 1 + 1 = 2 (Wis. 6,8; 1Th. 5,3)

ἐφίστημι ▸ 1
    Verb · first · singular · present · active · indicative ▸ 1 (Jer. 51,11)

ἐφοδεύω (ἐπί; ὁδός) to spy out ▸ 4

ἐφοδεῦσαι ▸ 1
    Verb · aorist · active · infinitive ▸ 1 (2Mac. 3,8)

ἐφοδευσάτωσαν ▸ 1
    Verb · third · plural · aorist · active · imperative ▸ 1 (Deut. 1,22)

ἐφοδεύων ▸ 1
    Verb · present · active · participle · masculine · singular · nominative ▸ 1 (1Mac. 16,14)

ἐφώδευσεν ▸ 1
    Verb · third · singular · aorist · active · indicative ▸ 1 (Judith 7,7)

ἐφοδιάζω (ἐπί; ὁδός) to supply for a journey ▸ 2

ἐφοδιάσεις ▸ 1
    Verb · second · singular · future · active · indicative ▸ 1 (Deut. 15,14)

ἐφωδιάσθημεν ▸ 1
    Verb · first · plural · aorist · passive · indicative ▸ 1 (Josh. 9,12)

ἐφόδιον (ἐπί; ὁδός) supplies for a journey ▸ 1

ἐφόδιον ▸ 1

Noun · neuter · singular · accusative · (common) ▸ **1** (Deut. 15,14)

ἔφοδος (ἐπί; ὁδός) entrance, attempt; assault, attack ▸ 9

ἔφοδον ▸ 4
Noun · feminine · singular · accusative · (common) ▸ **4** (2Mac. 5,1; 2Mac. 12,21; 2Mac. 14,15; 2Mac. 15,8)

ἔφοδος ▸ 1
Noun · feminine · singular · nominative · (common) ▸ **1** (1Mac. 9,68)

ἐφόδου ▸ 2
Noun · feminine · singular · genitive · (common) ▸ **2** (2Mac. 8,12; 2Mac. 13,26)

ἐφόδῳ ▸ 2
Noun · feminine · singular · dative · (common) ▸ **2** (1Mac. 11,44; 1Mac. 14,21)

ἐφοράω (ἐπί; ὁράω) to watch over, observe ▸ 36 + 2 = 38

ἐπεῖδεν ▸ 4 + 1 = 5
Verb · third · singular · aorist · active · indicative ▸ 4 + 1 = **5** (Gen. 4,4; Ex. 2,25; Psa. 53,9; Psa. 91,12; Luke 1,25)

ἐπεῖδες ▸ 1
Verb · second · singular · aorist · active · indicative ▸ **1** (Psa. 30,8)

ἐπεῖδές ▸ 1
Verb · second · singular · aorist · active · indicative ▸ **1** (1Chr. 17,17)

ἐπείδόν ▸ 1
Verb · third · plural · aorist · active · indicative ▸ **1** (Psa. 21,18)

ἔπιδε ▸ 4 + 1 = 5
Verb · second · singular · aorist · active · imperative ▸ 4 + 1 = **5** (2Mac. 1,27; 3Mac. 6,3; 3Mac. 6,12; Jer. 31,19; Acts 4,29)

ἐπιδεῖν ▸ 2
Verb · aorist · active · infinitive ▸ **2** (1Mac. 3,59; 2Mac. 8,2)

Ἐπίδετε ▸ 1
Verb · second · plural · aorist · active · imperative ▸ **1** (Bel 15-17)

ἐπίδῃ ▸ 1
Verb · third · singular · aorist · active · subjunctive ▸ **1** (Psa. 111,8)

ἐπίδῃς ▸ 2
Verb · second · singular · aorist · active · subjunctive ▸ **2** (Obad. 12; Obad. 13)

ἐπιδών ▸ 1
Verb · aorist · active · participle · masculine · singular · nominative ▸ **1** (Gen. 16,13)

ἐπόψεται ▸ 1
Verb · third · singular · future · middle · indicative ▸ **1** (Sir. 7,9)

ἐπόψῃ ▸ 1
Verb · second · singular · future · middle · indicative ▸ **1** (Psa. 34,17)

ἐπόψομαι ▸ 2
Verb · first · singular · future · middle · indicative ▸ **2** (Psa. 5,4; Psa. 117,7)

ἐπόψονται ▸ 2
Verb · third · plural · future · middle · indicative ▸ **2** (Mic. 4,11; Mic. 7,10)

ἐφορᾷ ▸ 8
Verb · third · singular · present · active · indicative ▸ **8** (2Mac. 7,6; Psa. 137,6; Job 21,16; Job 22,12; Job 28,24; Job 34,23; Zech. 9,1; Ezek. 9,9)

ἐφορῶν ▸ 1
Verb · present · active · participle · masculine · singular · nominative ▸ **1** (Psa. 112,6)

ἐφορῶντες ▸ 1
Verb · present · active · participle · masculine · plural · nominative ▸ **1** (4Mac. 13,13)

ἐφορῶντος ▸ 2
Verb · present · active · participle · masculine · singular · genitive ▸ **2** (2Mac. 12,22; 2Mac. 15,2)

εφουδ (Hebr.) ephod ▸ 15

εφουδ ▸ 15
Noun · neuter · singular · accusative · (common) ▸ **14** (Judg. 8,27; Judg. 17,5; Judg. 18,17; Judg. 18,18; Judg. 18,20; 1Sam. 2,18; 1Sam. 2,28; 1Sam. 14,3; 1Sam. 14,18; 1Sam. 14,18; 1Sam. 22,18; 1Sam. 23,6; 1Sam. 23,9; 1Sam. 30,7)
Noun · neuter · singular · nominative · (common) ▸ **1** (Judg. 18,14)

Εφρα Abda ▸ 1

Εφρα ▸ 1
Noun · masculine · singular · genitive · (proper) ▸ **1** (1Kings 4,6)

Εφραθ Ephrath ▸ 1

Εφραθ ▸ 1
Noun · feminine · singular · accusative · (proper) ▸ **1** (1Chr. 2,19)

εφραθ linen ▸ 1

εφραθ ▸ 1
Noun · masculine · singular · genitive · (common) ▸ **1** (1Chr. 4,21)

Εφραθα Ephrath; Ophrah ▸ 17 + 6 = 23

Εφραθα ▸ 17 + 6 = 23
Noun · singular · (proper) ▸ **1** (Gen. 35,16)
Noun · singular · accusative · (proper) ▸ 2 + 1 = **3** (Judg. 9,5; 1Chr. 2,24; Judg. 9,5)
Noun · singular · dative · (proper) ▸ 6 + 4 = **10** (Gen. 48,7; Judg. 6,24; Judg. 8,27; Judg. 8,32; Ruth 4,11; Psa. 131,6; Judg. 6,11; Judg. 6,24; Judg. 8,27; Judg. 8,32)
Noun · singular · genitive · (proper) ▸ **3** (Gen. 35,19; Mic. 5,1; Obad. 20)
Noun · singular · nominative · (proper) ▸ 2 + 1 = **3** (Josh. 15,59a; Josh. 18,23; Josh. 15,59a)
Noun · masculine · singular · dative · (proper) ▸ **1** (Judg. 6,11)
Noun · masculine · singular · genitive · (proper) ▸ **2** (1Chr. 2,50; 1Chr. 4,4)

Εφραθαῖος Ephrathite ▸ 1

Εφραθαῖοι ▸ 1
Noun · masculine · plural · nominative · (proper) ▸ **1** (Ruth 1,2)

Εφραθι Ephraimite ▸ 1

Εφραθι ▸ 1
Noun · masculine · singular · nominative · (proper) ▸ **1** (1Kings 11,26)

Εφραθίτης Ephraimite ▸ 1

Εφραθίτης ▸ 1
Noun · masculine · singular · nominative · (proper) ▸ **1** (Judg. 12,5)

Εφραιμ Ephraim ▸ 192 + 27 = 219

Εφραιμ ▸ 192 + 27 = 219
Noun · masculine · singular · accusative · (proper) ▸ 18 + 2 = **20** (Gen. 41,52; Gen. 46,20; Gen. 48,1; Gen. 48,13; Gen. 48,20; Judg. 12,4; Judg. 12,4; 2Sam. 2,9; 2Sam. 13,23; 2Chr. 30,1; Hos. 5,3; Hos. 10,11; Hos. 11,3; Hos. 11,9; Zech. 9,13; Is. 7,2; Is. 11,13; Is. 17,3; Judg. 10,9; Judg. 12,4)
Noun · masculine · singular · dative · (proper) ▸ 10 + 1 = **11** (Josh. 16,10; Josh. 17,9; Josh. 17,10; Josh. 20,7; Josh. 24,31; Josh. 24,33; 1Chr. 27,20; Hos. 5,12; Hos. 5,14; Hos. 14,9; Judg. 12,4)

Εφραιμ–ἐχθραίνω

Noun · masculine · singular · genitive · (proper) ▸ 124 + 21 = **145** (Gen. 46,20; Gen. 48,14; Gen. 48,17; Gen. 48,17; Gen. 50,23; Num. 1,10; Num. 1,30; Num. 1,31; Num. 2,18; Num. 2,18; Num. 2,24; Num. 7,48; Num. 10,22; Num. 13,8; Num. 26,39; Num. 26,41; Num. 34,24; Deut. 33,17; Deut. 34,2; Josh. 14,4; Josh. 16,5; Josh. 16,8; Josh. 16,9; Josh. 17,8; Josh. 17,15; Josh. 17,16; Josh. 19,48a; Josh. 19,50; Josh. 21,5; Josh. 21,20; Josh. 21,42b; Judg. 2,9; Judg. 3,27; Judg. 4,5; Judg. 5,14; Judg. 7,24; Judg. 7,24; Judg. 8,1; Judg. 8,2; Judg. 10,1; Judg. 10,9; Judg. 12,1; Judg. 12,4; Judg. 12,4; Judg. 12,5; Judg. 12,5; Judg. 12,5; Judg. 12,6; Judg. 12,15; Judg. 17,1; Judg. 17,8; Judg. 18,2; Judg. 18,13; Judg. 19,1; Judg. 19,16; Judg. 19,18; 1Sam. 1,1; 1Sam. 1,1; 1Sam. 9,4; 1Sam. 14,22; 1Sam. 14,23; 2Sam. 18,6; 2Sam. 20,21; 1Kings 4,8; 1Kings 11,43; 1Kings 12,24b; 1Kings 12,24b; 1Kings 12,24b; 1Kings 12,24f; 1Kings 12,24f; 1Kings 12,24o; 1Kings 12,25; 2Kings 5,22; 2Kings 14,13; 1Chr. 6,51; 1Chr. 6,52; 1Chr. 7,20; 1Chr. 9,3; 1Chr. 12,31; 1Chr. 27,10; 1Chr. 27,14; 2Chr. 13,4; 2Chr. 15,8; 2Chr. 15,9; 2Chr. 17,2; 2Chr. 19,4; 2Chr. 25,7; 2Chr. 25,10; 2Chr. 25,23; 2Chr. 28,7; 2Chr. 28,12; 2Chr. 30,10; 2Chr. 30,18; 2Chr. 31,1; 2Chr. 34,6; 2Chr. 34,9; Neh. 8,16; Neh. 12,39; Judith 6,2; Hos. 6,10; Hos. 7,1; Hos. 9,8; Hos. 13,1; Amos 6,7; Mic. 4,14; Obad. 19; Zech. 9,10; Zech. 10,7; Is. 7,8; Is. 7,9; Is. 9,8; Is. 9,20; Is. 11,13; Is. 28,1; Is. 28,3; Jer. 4,15; Jer. 7,15; Jer. 27,19; Jer. 38,6; Jer. 38,18; Ezek. 37,16; Ezek. 37,19; Ezek. 48,5; Ezek. 48,6; Judg. 2,9; Judg. 3,27; Judg. 4,5; Judg. 7,24; Judg. 7,24; Judg. 8,1; Judg. 8,2; Judg. 10,1; Judg. 12,1; Judg. 12,4; Judg. 12,4; Judg. 12,5; Judg. 12,5; Judg. 12,6; Judg. 12,15; Judg. 17,1; Judg. 17,8; Judg. 18,13; Judg. 19,1; Judg. 19,16; Judg. 19,18)

Noun · masculine · singular · nominative · (proper) ▸ 38 + 3 = **41** (Gen. 48,5; Gen. 48,20; Num. 26,32; Josh. 16,4; Josh. 16,10; Judg. 1,29; 1Chr. 7,22; Hos. 4,17; Hos. 5,3; Hos. 5,5; Hos. 5,9; Hos. 5,11; Hos. 5,13; Hos. 5,13; Hos. 7,6; Hos. 7,8; Hos. 7,8; Hos. 7,11; Hos. 8,9; Hos. 8,11; Hos. 9,3; Hos. 9,11; Hos. 9,13; Hos. 9,13; Hos. 9,16; Hos. 10,6; Hos. 10,11; Hos. 11,5; Hos. 12,1; Hos. 12,2; Hos. 12,9; Hos. 12,15; Hos. 13,12; Is. 7,17; Is. 9,20; Is. 11,13; Jer. 38,9; Jer. 38,20; Judg. 1,29; Judg. 5,14; Judg. 18,2)

Noun · masculine · singular · vocative · (proper) ▸ **2** (Hos. 6,4; Hos. 11,8)

Ἐφραίμ Ephraim ▸ 1
Ἐφραίμ ▸ 1
Noun · masculine · singular · accusative · (proper) ▸ **1** (John 11,54)

Ἐφράιμ Ephraim ▸ 7
Εφραιμ ▸ 7
Noun · masculine · singular · dative · (proper) ▸ **1** (Sir. 47,24)
Noun · masculine · singular · genitive · (proper) ▸ **4** (Psa. 77,9; Psa. 77,67; Psa. 79,3; Sir. 47,21)
Noun · masculine · singular · nominative · (proper) ▸ **2** (Psa. 59,9; Psa. 107,9)

Εφρων Ephron ▸ 16
Εφρων ▸ 16
Noun · singular · genitive · (proper) ▸ **1** (Josh. 15,9)
Noun · feminine · singular · accusative · (proper) ▸ **2** (2Chr. 13,19; 2Mac. 12,27)
Noun · feminine · singular · genitive · (proper) ▸ **1** (1Mac. 5,46)
Noun · masculine · singular · dative · (proper) ▸ **3** (Gen. 23,8; Gen. 23,13; Gen. 23,16)
Noun · masculine · singular · genitive · (proper) ▸ **6** (Gen. 23,16; Gen. 23,17; Gen. 25,9; Gen. 49,29; Gen. 49,30; Gen. 50,13)
Noun · masculine · singular · nominative · (proper) ▸ **3** (Gen. 23,10; Gen. 23,10; Gen. 23,14)

ἐφύβριστος (ἐπί; ὑβρίζω) insolent ▸ 1
ἐφύβριστος ▸ 1
Adjective · masculine · singular · nominative · noDegree ▸ **1** (Wis. 17,7)

ἐφφαθά ephphatha (Aram. be opened) ▸ 1
εφφαθα ▸ 1
Verb · imperative · (aramaic) ▸ **1** (Mark 7,34)

εφωδ ephod ▸ 4
εφωδ ▸ 4
Noun · neuter · plural · accusative · (common) ▸ **1** (Judg. 17,5)
Noun · neuter · plural · nominative · (common) ▸ **1** (Judg. 18,14)
Noun · neuter · singular · accusative · (common) ▸ **2** (Judg. 18,18; Judg. 18,20)

εφωθ ephod ▸ 1
εφωθ ▸ 1
Noun · singular · accusative · (common) ▸ **1** (Judg. 8,27)

Εχελα Hakilah ▸ 3
Εχελα ▸ 3
Noun · singular · genitive · (proper) ▸ **2** (1Sam. 26,1; 1Sam. 26,3)
Noun · masculine · singular · genitive · (proper) ▸ **1** (1Sam. 23,19)

ἐχθές (χθές) yesterday ▸ 34 + 1 + 3 = 38
ἐχθές ▸ 30 + 1 + 3 = 34
Adverb · (temporal) ▸ 30 + 1 + 3 = **34** (Gen. 19,34; Gen. 31,2; Gen. 31,5; Gen. 31,29; Ex. 2,14; Ex. 4,10; Ex. 5,7; Ex. 5,14; Ex. 21,29; Ex. 21,36; Deut. 4,42; Deut. 19,4; Deut. 19,6; Josh. 3,4; Josh. 4,18; Ruth 2,11; 1Sam. 4,7; 1Sam. 10,11; 1Sam. 14,21; 1Sam. 19,7; 1Sam. 20,27; 1Sam. 21,6; 2Sam. 5,2; 2Sam. 15,20; 2Sam. 15,20; 2Kings 13,5; 1Chr. 11,2; 1Mac. 9,44; Job 30,3; Sir. 38,22; Sus. 15; John 4,52; Acts 7,28; Heb. 13,8)

ἐχθές ▸ 3
Adverb · (temporal) ▸ **3** (Gen. 31,42; 2Kings 9,26; Psa. 89,4)
Ἐχθές ▸ 1
Adverb · (temporal) ▸ **1** (2Sam. 3,17)

ἔχθρα (ἐχθρός) enmity, hatred ▸ 22 + 6 = 28
ἔχθρα ▸ 2 + 2 = 4
Noun · feminine · singular · nominative · (common) ▸ 2 + 2 = **4** (1Mac. 11,12; Prov. 25,10; Rom. 8,7; James 4,4)

ἔχθρᾳ ▸ 1 + 1 = 2
Noun · feminine · singular · dative · (common) ▸ 1 + 1 = **2** (1Esdr. 5,49; Luke 23,12)

ἔχθραι ▸ 1
Noun · feminine · plural · nominative ▸ **1** (Gal. 5,20)

ἔχθραν ▸ 14 + 2 = 16
Noun · feminine · singular · accusative · (common) ▸ 14 + 2 = **16** (Gen. 3,15; Num. 35,20; Num. 35,22; 1Mac. 11,40; 1Mac. 13,17; Prov. 6,35; Prov. 10,18; Prov. 26,26; Sir. 6,9; Sir. 37,2; Mic. 2,8; Is. 63,10; Jer. 9,7; Ezek. 35,11; Eph. 2,14; Eph. 2,16)

ἐχθράν ▸ 1
Noun · feminine · singular · accusative · (common) ▸ **1** (Ezek. 35,5)

ἔχθρας ▸ 4
Noun · feminine · singular · genitive · (common) ▸ **4** (1Mac. 13,6; 2Mac. 4,3; 4Mac. 2,14; Prov. 15,17)

ἐχθραίνω (ἐχθρός) to hate ▸ 12
ἐχθραίνειν ▸ 1
Verb · present · active · infinitive ▸ **1** (1Mac. 9,51)
ἐχθραίνετε ▸ 2
Verb · second · plural · present · active · imperative ▸ **2** (Deut. 2,9; Deut. 2,19)
Ἐχθραίνετε ▸ 1
Verb · second · plural · present · active · imperative ▸ **1** (Num. 25,17)

ἐχθραίνοντα ▸ 1
   Verb ▪ present ▪ active ▪ participle ▪ masculine ▪ singular ▪ accusative ▸ **1** (1Mac. 7,26)

ἐχθραίνοντάς ▸ 1
   Verb ▪ present ▪ active ▪ participle ▪ masculine ▪ plural ▪ accusative ▸ **1** (Psa. 3,8)

ἐχθραίνοντές ▸ 1
   Verb ▪ present ▪ active ▪ participle ▪ masculine ▪ plural ▪ nominative ▸ **1** (Psa. 34,19)

ἐχθραίνουσιν ▸ 3
   Verb ▪ present ▪ active ▪ participle ▪ masculine ▪ plural ▪ dative ▸ **1** (1Mac. 9,29)
   Verb ▪ third ▪ plural ▪ present ▪ active ▪ indicative ▸ **2** (Num. 25,18; 1Mac. 11,40)

ἐχθραίνων ▸ 1
   Verb ▪ present ▪ active ▪ participle ▪ masculine ▪ singular ▪ nominative ▸ **1** (Sir. 28,6)

ἤχθραναν ▸ 1
   Verb ▪ third ▪ plural ▪ aorist ▪ active ▪ indicative ▸ **1** (1Mac. 11,38)

ἐχθρεύω (ἐχθρός) to have hatred ▸ 3
   ἐχθρεῦσαι ▸ 1
      Verb ▪ aorist ▪ active ▪ infinitive ▸ **1** (2Mac. 10,26)
   ἐχθρεύσουσιν ▸ 1
      Verb ▪ third ▪ plural ▪ future ▪ active ▪ indicative ▸ **1** (Num. 33,55)
   ἐχθρεύσω ▸ 1
      Verb ▪ first ▪ singular ▪ future ▪ active ▪ indicative ▸ **1** (Ex. 23,22)

Ἐχθρία Sitnah ▸ 1
   Ἐχθρία ▸ 1
      Noun ▪ feminine ▪ singular ▪ accusative ▪ (proper) ▸ **1** (Gen. 26,21)

ἐχθρός hostile, enemy ▸ 436 + 11 + 32 = 479
   ἔχθιστα ▸ 2
      Adjective ▪ neuter ▪ plural ▪ accusative ▪ superlative ▸ **2** (Wis. 12,4; Wis. 15,18)
   ἐχθίστη ▸ 1
      Adjective ▪ feminine ▪ singular ▪ dative ▪ superlative ▸ **1** (4Mac. 5,27)
   ἔχθιστος ▸ 1
      Adjective ▪ masculine ▪ singular ▪ nominative ▪ superlative ▸ **1** (Esth. 16,24 # 8,12x)
   ἐχθίστων ▸ 2 + 1 = 3
      Adjective ▪ masculine ▪ plural ▪ genitive ▪ superlative ▸ **2 + 1 = 3** (Ode. 7,32; Dan. 3,32; Dan. 3,32)
   ἐχθρά ▸ 2
      Adjective ▪ feminine ▪ singular ▪ nominative ▪ noDegree ▸ **2** (Mic. 7,8; Mic. 7,10)
   ἐχθρὲ ▸ 1 + 1 = 2
      Adjective ▪ masculine ▪ singular ▪ vocative ▪ noDegree ▸ **1 + 1 = 2** (4Mac. 9,15; Acts 13,10)
   ἐχθροί ▸ 31 + 5 = 36
      Adjective ▪ masculine ▪ plural ▪ nominative ▪ noDegree ▸ **31 + 5 = 36** (Lev. 26,8; Lev. 26,32; Deut. 32,31; 2Sam. 18,32; 1Esdr. 5,63; Neh. 4,9; Neh. 6,16; Judith 7,19; 1Mac. 4,36; 1Mac. 12,15; 1Mac. 14,31; Psa. 36,20; Psa. 67,2; Psa. 71,9; Psa. 79,7; Psa. 80,16; Psa. 105,42; Ode. 2,31; Prov. 15,28a; Job 8,22; Wis. 11,5; Wis. 15,14; Wis. 16,4; Sir. 12,9; Mic. 7,6; Is. 11,13; Jer. 19,9; Jer. 27,7; Lam. 1,5; Lam. 1,7; Lam. 3,46; Matt. 10,36; Rom. 5,10; Rom. 11,28; Heb. 10,13; Rev. 11,12)
   ἐχθροί ▸ 29 + 1 + 1 = 31
      Adjective ▪ masculine ▪ plural ▪ nominative ▪ noDegree ▸ **29 + 1 + 1 = 31** (Num. 10,34; Deut. 28,55; Deut. 33,29; Judg. 5,31; 1Sam. 25,26; Psa. 6,11; Psa. 16,9; Psa. 24,2; Psa. 26,2; Psa. 37,17; Psa. 37,20; Psa. 40,6; Psa. 40,8; Psa. 55,3; Psa. 55,10; Psa. 65,3; Psa. 68,5; Psa. 70,10; Psa. 82,3; Psa. 88,52; Psa. 91,10; Psa. 101,9; Psa. 118,139; Job 27,7; Mic. 5,8; Jer. 37,16; Lam. 1,21; Lam. 2,16; Lam. 3,52; Judg. 5,31; Luke 19,43)

   ἐχθροῖς ▸ 32 + 1 = 33
      Adjective ▪ masculine ▪ plural ▪ dative ▪ noDegree ▸ **32 + 1 = 33** (Ex. 23,22; Lev. 26,37; Deut. 28,31; Deut. 28,48; Deut. 28,68; Deut. 32,41; Deut. 32,43; Josh. 10,25; 2Kings 21,14; 1Chr. 12,18; Judith 8,11; Judith 8,33; 1Mac. 10,26; 2Mac. 10,26; 3Mac. 2,13; 3Mac. 7,21; Psa. 6,8; Psa. 20,9; Psa. 53,7; Psa. 53,9; Psa. 58,11; Psa. 91,12; Psa. 126,5; Psa. 138,21; Ode. 2,41; Ode. 2,43; Sir. 42,11; Nah. 3,13; Is. 62,8; Jer. 15,14; Jer. 41,20; Dan. 4,19; Dan. 4,19)

   ἐχθρόν ▸ 15 + 1 = 16
      Adjective ▪ masculine ▪ singular ▪ accusative ▪ noDegree ▸ **15 + 1 = 16** (Num. 24,8; Num. 24,10; Deut. 23,15; 1Sam. 14,24; 1Sam. 19,17; 1Sam. 24,5; 1Sam. 26,8; Psa. 9,4; Psa. 41,10; Psa. 42,2; Prov. 20,20 # 20,9c; Job 19,11; Sir. 36,6; Jer. 15,11; Lam. 2,17; Matt. 5,43)

   ἐχθρόν ▸ 11 + 2 + 1 = 14
      Adjective ▪ masculine ▪ singular ▪ accusative ▪ noDegree ▸ **11 + 2 + 1 = 14** (Deut. 33,27; Judg. 16,23; Judg. 16,24; 1Sam. 22,8; 1Sam. 22,13; 1Sam. 24,20; Psa. 8,3; Sir. 20,23; Sir. 29,6; Sir. 30,3; Hos. 8,3; Judg. 16,23; Judg. 16,24; 2Th. 3,15)

   ἐχθρός ▸ 21 + 1 = 22
      Adjective ▪ masculine ▪ singular ▪ nominative ▪ noDegree ▸ **21 + 1 = 22** (Ex. 15,9; Deut. 28,53; Deut. 28,57; 1Kings 20,20; Psa. 12,3; Psa. 12,5; Psa. 40,12; Psa. 73,10; Ode. 1,9; Prov. 24,17; Prov. 25,21; Prov. 26,24; Sir. 5,15; Sir. 12,8; Sir. 12,16; Sir. 23,3; Bar. 4,25; Lam. 1,9; Lam. 1,16; Lam. 2,4; Lam. 2,5; Rom. 12,20)

   ἐχθρός ▸ 19 + 6 = 25
      Adjective ▪ masculine ▪ singular ▪ nominative ▪ noDegree ▸ **19 + 6 = 25** (Num. 24,18; Num. 32,21; Num. 35,23; 1Kings 8,37; 2Chr. 6,28; Esth. 7,6; 1Mac. 8,23; 1Mac. 13,51; Psa. 7,6; Psa. 54,13; Psa. 73,3; Psa. 73,18; Psa. 88,23; Psa. 142,3; Prov. 26,25; Sir. 12,16; Sol. 17,13; Lam. 4,12; Ezek. 36,2; Matt. 13,25; Matt. 13,28; Matt. 13,39; 1Cor. 15,26; Gal. 4,16; James 4,4)

   ἐχθροῦ ▸ 30 + 1 = 31
      Adjective ▪ masculine ▪ singular ▪ genitive ▪ noDegree ▸ **30 + 1 = 31** (Ex. 23,4; Ex. 23,5; Josh. 7,8; 2Sam. 4,8; 2Sam. 4,8; 2Chr. 6,24; 1Esdr. 8,60; Ezra 8,22; Ezra 8,31; Esth. 9,10; 1Mac. 2,9; Psa. 9,7; Psa. 30,9; Psa. 40,3; Psa. 43,17; Psa. 54,4; Psa. 60,4; Psa. 63,2; Psa. 77,61; Psa. 105,10; Psa. 106,2; Prov. 27,6; Job 36,16; Sir. 25,15; Sir. 29,13; Jer. 37,14; Jer. 51,30; Jer. 51,30; Lam. 2,3; Lam. 2,7; Luke 10,19)

   ἐχθρούς ▸ 31 + 6 = 37
      Adjective ▪ masculine ▪ plural ▪ accusative ▪ noDegree ▸ **31 + 6 = 37** (Gen. 14,20; Ex. 15,6; Deut. 6,19; Deut. 20,1; Deut. 21,10; Deut. 23,10; Deut. 28,7; Deut. 30,7; 2Sam. 5,20; 2Sam. 7,9; 2Sam. 22,38; 2Sam. 22,41; 1Chr. 14,11; 1Chr. 17,8; 1Chr. 17,10; Psa. 17,38; Psa. 17,41; Psa. 24,19; Psa. 26,6; Psa. 29,2; Psa. 30,12; Psa. 88,11; Psa. 109,1; Psa. 117,7; Psa. 118,98; Psa. 142,12; Ode. 1,6; Ode. 3,1; Sir. 46,1; Lam. 1,2; Lam. 2,22; Matt. 22,44; Mark 12,36; Luke 19,27; Luke 20,43; Acts 2,35; Heb. 1,13)

   ἐχθρούς ▸ 45 + 1 + 7 = 53
      Adjective ▪ masculine ▪ plural ▪ accusative ▪ noDegree ▸ **45 + 1 + 7 = 53** (Lev. 26,7; Deut. 20,3; Deut. 20,4; Josh. 10,13; Josh. 21,44; Judg. 3,28; 1Sam. 2,1; 1Sam. 14,47; 1Sam. 18,25; 1Sam. 20,15; 1Sam. 20,16; 1Sam. 29,8; 2Sam. 12,14; 1Kings 8,44; 2Chr. 6,34; Judith 13,14; Judith 13,17; 1Mac. 9,29; 1Mac. 14,26; Psa. 43,6; Psa. 43,11; Psa. 77,53; Psa. 77,66; Psa. 80,15; Psa. 88,24; Psa. 88,43; Psa. 96,3; Psa. 104,24; Psa. 107,14; Psa. 111,8; Psa.

131,18; Psa. 138,22; Wis. 10,19; Wis. 11,3; Wis. 12,20; Wis. 12,22; Wis. 16,8; Sir. 46,5; Sir. 46,16; Sir. 47,7; Nah. 1,2; Nah. 1,8; Is. 9,10; Is. 42,13; Jer. 26,10; Judg. 3,28; Matt. 5,44; Luke 6,27; Luke 6,35; 1Cor. 15,25; Phil. 3,18; Col. 1,21; Rev. 11,5)

ἐχθρῷ ▸ 3
  Adjective · masculine · singular · dative · noDegree ▸ 3 (Prov. 6,1; Sir. 12,10; Sir. 19,8)

ἐχθρῶν ▸ 160 + 5 + 2 = 167
  Adjective · masculine · plural · genitive · noDegree ▸ 160 + 5 + 2 = 167 (Gen. 49,8; Lev. 26,17; Lev. 26,25; Lev. 26,34; Lev. 26,36; Lev. 26,38; Lev. 26,39; Lev. 26,41; Lev. 26,44; Num. 10,9; Num. 14,42; Num. 23,11; Num. 24,8; Deut. 1,42; Deut. 12,10; Deut. 20,14; Deut. 25,19; Deut. 28,25; Deut. 32,27; Deut. 32,42; Deut. 33,7; Deut. 33,11; Josh. 7,12; Josh. 7,12; Josh. 7,13; Josh. 10,19; Josh. 21,44; Josh. 22,8; Josh. 23,1; Judg. 2,14; Judg. 2,14; Judg. 2,18; Judg. 8,34; Judg. 11,36; 1Sam. 4,3; 1Sam. 10,1; 1Sam. 12,10; 1Sam. 12,11; 1Sam. 14,30; 1Sam. 25,29; 1Sam. 30,26; 2Sam. 3,18; 2Sam. 4,8; 2Sam. 7,1; 2Sam. 7,11; 2Sam. 18,19; 2Sam. 19,10; 2Sam. 22,1; 2Sam. 22,4; 2Sam. 22,18; 2Sam. 22,49; 2Sam. 24,13; 1Kings 3,11; 1Kings 8,33; 1Kings 8,46; 1Kings 8,48; 2Kings 17,39; 2Kings 21,14; 1Chr. 21,12; 1Chr. 21,12; 1Chr. 22,9; 2Chr. 6,36; 2Chr. 6,36; 2Chr. 20,27; 2Chr. 25,8; Neh. 4,4; Neh. 5,9; Neh. 6,1; Neh. 9,28; Esth. 13,6 # 3,13f; Esth. 14,6 # 4,17n; Esth. 9,22; Judith 8,15; Judith 8,19; Judith 8,35; Judith 13,5; Judith 13,11; Judith 13,18; Judith 15,5; 1Mac. 2,7; 1Mac. 4,18; 1Mac. 9,46; 1Mac. 12,15; 1Mac. 15,33; 3Mac. 4,4; 3Mac. 6,10; 3Mac. 6,15; 4Mac. 2,14; Psa. 5,9; Psa. 7,5; Psa. 7,7; Psa. 8,3; Psa. 9,14; Psa. 9,26; Psa. 16,13; Psa. 17,1; Psa. 17,4; Psa. 17,18; Psa. 17,20; Psa. 17,49; Psa. 26,11; Psa. 30,16; Psa. 44,6; Psa. 58,2; Psa. 67,22; Psa. 67,24; Psa. 68,19; Psa. 88,43; Psa. 109,2; Psa. 135,24; Psa. 137,7; Psa. 142,9; Ode. 2,27; Ode. 7,32; Ode. 9,71; Ode. 9,74; Job 6,23; Job 22,25; Job 31,29; Job 38,23; Wis. 5,17; Wis. 10,12; Wis. 16,22; Wis. 18,7; Wis. 18,10; Sir. 6,4; Sir. 6,13; Sir. 18,31; Sir. 25,7; Sir. 25,14; Sir. 30,6; Sir. 36,9; Sir. 45,2; Sir. 49,9; Sir. 51,8; Sol. 17,45; Amos 9,4; Mic. 4,10; Nah. 3,11; Zeph. 3,15; Is. 1,24; Jer. 6,25; Jer. 12,7; Jer. 15,9; Jer. 18,17; Jer. 19,7; Jer. 20,4; Jer. 20,5; Jer. 21,7; Jer. 25,17; Jer. 38,16; Jer. 41,21; Bar. 3,10; Bar. 4,18; Bar. 4,21; Bar. 4,26; Bar. 5,6; Ezek. 35,5; Ezek. 39,23; Dan. 3,32; Judg. 2,14; Judg. 2,14; Judg. 2,18; Judg. 11,36; Dan. 3,32; Luke 1,71; Luke 1,74)

ἔχιδνα snake, viper ▸ 5
  ἔχιδνα ▸ 1
    Noun · feminine · singular · nominative ▸ 1 (Acts 28,3)
  ἐχιδνῶν ▸ 4
    Noun · feminine · plural · genitive ▸ 4 (Matt. 3,7; Matt. 12,34; Matt. 23,33; Luke 3,7)

ἐχῖνος hedgehog ▸ 5
  ἐχῖνοι ▸ 3
    Noun · masculine · plural · nominative · (common) ▸ 3 (Zeph. 2,14; Is. 13,22; Is. 34,11)
  ἐχῖνος ▸ 1
    Noun · masculine · singular · nominative · (common) ▸ 1 (Is. 34,15)
  ἐχίνους ▸ 1
    Noun · neuter · plural · accusative · (common) ▸ 1 (Is. 14,23)

ἔχις snake, viper ▸ 1
  ἔχεις ▸ 1
    Noun · masculine · plural · nominative · (common) ▸ 1 (Sir. 39,30)

Εχοζοβ Aczib ▸ 1
  Εχοζοβ ▸ 1
    Noun · singular · nominative · (proper) ▸ 1 (Josh. 19,29)

ἐχόμενος next to ▸ 10 + 1 = 11
  ἐχόμενος ▸ 10 + 1 = 11
    ImproperPreposition · (+genitive) ▸ 10 + 1 = 11 (Num. 2,2; Num. 2,17; 1Sam. 4,18; 1Sam. 19,3; 2Sam. 15,18; 2Sam. 21,1; 1Chr. 27,34; Ezek. 1,15; Ezek. 10,6; Ezek. 10,9; Dan. 8,17)

ἐχομένως (ἔχω) immediately following ▸ 1
  Ἐχομένως ▸ 1
    Adverb ▸ 1 (2Mac. 7,15)

Εχραν Ocran ▸ 5
  Εχραν ▸ 5
    Noun · masculine · singular · genitive · (proper) ▸ 5 (Num. 1,13; Num. 2,27; Num. 7,72; Num. 7,77; Num. 10,26)

ἔχω to have ▸ 458 + 34 + 708 = 1200
  εἶχε ▸ 2
    Verb · third · singular · imperfect · active · indicative ▸ 2 (Dan. 7,7; Dan. 8,3)
  εἶχεν ▸ 24 + 3 + 22 = 49
    Verb · third · singular · imperfect · active · indicative ▸ 24 + 3 + 22 = 49 (Gen. 8,11; Gen. 37,24; 1Chr. 28,12; 2Chr. 11,21; Esth. 11,12 # 1,1l; 1Mac. 9,7; 1Mac. 9,36; 1Mac. 11,9; 1Mac. 11,27; 1Mac. 13,15; 2Mac. 3,13; 2Mac. 10,9; 2Mac. 13,5; 2Mac. 14,24; 2Mac. 14,39; 4Mac. 6,7; Is. 6,6; Is. 53,2; Ezek. 8,11; Ezek. 9,1; Ezek. 9,3; Ezek. 41,22; Dan. 2,14; Dan. 7,20; Tob. 1,21; Tob. 8,2; Tob. 10,7; Matt. 3,4; Matt. 13,5; Matt. 13,46; Matt. 21,28; Mark 4,5; Mark 5,3; Mark 7,25; Mark 12,6; Mark 12,44; Mark 16,8; Luke 15,11; Luke 16,1; Luke 21,4; John 2,25; John 13,29; Acts 2,45; Acts 4,35; Acts 9,31; Acts 18,18; Heb. 6,13; Rev. 13,11; Rev. 21,15)
  Εἶχεν ▸ 1
    Verb · third · singular · imperfect · active · indicative ▸ 1 (Heb. 9,1)
  εἶχέν ▸ 1
    Verb · third · singular · imperfect · active · indicative ▸ 1 (Luke 13,6)
  εἶχες ▸ 1
    Verb · second · singular · imperfect · active · indicative ▸ 1 (John 19,11)
  εἴχετε ▸ 3
    Verb · second · plural · imperfect · active · indicative ▸ 3 (John 9,41; Rom. 6,21; 1John 2,7)
  εἴχετο ▸ 1
    Verb · third · singular · imperfect · middle · indicative ▸ 1 (2Mac. 12,35)
  εἴχομεν ▸ 2
    Verb · first · plural · imperfect · active · indicative ▸ 2 (Heb. 12,9; 2John 5)
  εἶχον ▸ 15 + 19 = 34
    Verb · first · singular · imperfect · active · indicative ▸ 3 + 3 = 6 (Num. 22,29; Job 31,16; Job 31,35; Luke 19,20; John 17,5; 3John 13)
    Verb · third · plural · imperfect · active · indicative ▸ 12 + 16 = 28 (Gen. 43,26; Josh. 5,8; Josh. 8,20; Judith 7,21; 1Mac. 2,28; 1Mac. 4,6; 2Mac. 14,18; 3Mac. 3,8; 4Mac. 3,20; Wis. 18,12; Zech. 5,9; Ezek. 42,6; Matt. 14,5; Matt. 21,46; Matt. 27,16; Mark 3,10; Mark 8,7; Mark 8,14; Mark 11,32; Luke 4,40; Acts 2,44; Acts 4,14; Acts 13,5; Acts 25,19; Heb. 11,15; Rev. 6,9; Rev. 9,8; Rev. 9,9)
  εἴχοσαν ▸ 2
    Verb · third · plural · imperfect · active · indicative ▸ 2 (John 15,22; John 15,24)
  ἕξει ▸ 10 + 6 = 16
    Verb · third · singular · future · active · indicative ▸ 10 + 6 = 16 (Gen. 18,10; Ex. 28,43; Deut. 28,30; 1Mac. 10,35; Prov. 13,5;

Prov. 28,23; Wis. 3,13; Sol. 17,30; Is. 7,14; Dan. 4,32; Matt. 1,23; Matt. 12,11; Luke 11,5; John 8,12; Gal. 6,4; 2Tim. 2,17)

ἕξειν ▸ 1
Verb · future · active · infinitive ▸ **1** (2Mac. 7,24)

ἕξεις ▸ 6 + 4 = 10
Verb · second · singular · future · active · indicative ▸ 6 + 4 = **10** (Judg. 13,3; Judg. 13,5; Judg. 13,7; Is. 3,24; Is. 57,8; Dan. 5,16; Matt. 19,21; Mark 10,21; Luke 18,22; Rom. 13,3)

ἕξετε ▸ 1
Verb · second · plural · future · active · indicative ▸ **1** (Rev. 2,10)

ἕξομεν ▸ 2
Verb · first · plural · future · active · indicative ▸ **2** (3Mac. 7,9; 4Mac. 9,8)

ἕξουσιν ▸ 9 + 2 = 11
Verb · third · plural · future · active · indicative ▸ 9 + 2 = **11** (Deut. 2,25; Job 21,17; Wis. 3,10; Wis. 3,18; Is. 13,8; Is. 13,16; Ezek. 40,43; Ezek. 44,18; Ezek. 44,18; Mark 16,18; 1Cor. 7,28)

ἕξω ▸ 3
Verb · first · singular · future · active · indicative ▸ **3** (4Mac. 16,11; Wis. 8,10; Wis. 8,13)

ἔσχεν ▸ 10 + 5 = 15
Verb · third · singular · aorist · active · indicative ▸ 10 + 5 = **15** (Ex. 2,1; 2Chr. 13,20; 1Mac. 16,11; 2Mac. 14,4; 4Mac. 15,9; 4Mac. 17,24; Prov. 26,12; Job 17,8; Job 18,20; Wis. 7,5; Mark 2,25; Mark 14,8; John 4,52; Gal. 4,22; 2Pet. 2,16)

ἔσχες ▸ 2 + 1 = 3
Verb · second · singular · aorist · active · indicative ▸ 2 + 1 = **3** (Tob. 3,8; Jer. 3,3; John 4,18)

ἔσχηκα ▸ 1
Verb · first · singular · perfect · active · indicative ▸ **1** (2Cor. 2,13)

ἐσχήκαμεν ▸ 2
Verb · first · plural · perfect · active · indicative ▸ **2** (Rom. 5,2; 2Cor. 1,9)

ἔσχηκεν ▸ 1
Verb · third · singular · perfect · active · indicative ▸ **1** (2Cor. 7,5)

ἐσχηκέν ▸ 1
Verb · third · singular · perfect · active · indicative ▸ **1** (Sir. 13,6)

ἐσχηκότα ▸ 1 + 1 = 2
Verb · perfect · active · participle · masculine · singular · accusative ▸ 1 + 1 = **2** (2Mac. 14,30; Mark 5,15)

ἐσχηκότες ▸ 2
Verb · perfect · active · participle · masculine · plural · nominative ▸ **2** (3Mac. 7,16; 3Mac. 7,21)

ἐσχηκώς ▸ 1
Verb · perfect · active · participle · masculine · singular · nominative ▸ **1** (3Mac. 5,20)

ἔσχομεν ▸ 2 + 1 = 3
Verb · first · plural · aorist · active · indicative ▸ 2 + 1 = **3** (Wis. 5,13; Amos 6,13; 1Th. 1,9)

ἐσχομέν ▸ 1
Verb · first · plural · aorist · active · indicative ▸ **1** (Wis. 5,4)

ἔσχον ▸ 6 + 1 + 5 = 12
Verb · first · singular · aorist · active · indicative ▸ 2 + 1 + 2 = **5** (Sir. 51,3; Hos. 13,11; Dan. 10,16; Philem. 7; Jude 3)
Verb · third · plural · aorist · active · indicative ▸ 4 + 3 = **7** (1Mac. 10,15; 2Mac. 4,16; 2Mac. 12,30; 4Mac. 13,23; Matt. 22,28; Mark 12,23; Luke 20,33)

ἔσχοσαν ▸ 1
Verb · third · plural · aorist · active · indicative ▸ **1** (1Esdr. 6,5)

ἔχε ▸ 7 + 6 + 4 = 17
Verb · second · singular · present · active · imperative ▸ 7 + 6 + 4 = **17** (Esth. 3,11; Tob. 5,21; Tob. 6,16; Tob. 10,6; 2Mac. 3,33; Sir. 3,13; Sir. 29,23; Tob. 5,21; Tob. 5,22; Tob. 6,16; Tob. 6,18; Tob. 7,13; Tob. 10,6; Luke 14,18; Luke 14,19; Rom. 14,22; 2Tim. 1,13)

ἔχει ▸ 46 + 1 + 103 = 150
Verb · third · singular · present · active · indicative ▸ 46 + 1 + 103 = **150** (Gen. 1,29; Gen. 1,30; Gen. 7,22; Gen. 16,4; Gen. 16,5; Gen. 34,14; Gen. 38,24; Gen. 41,38; Lev. 11,21; Lev. 21,23; Num. 19,2; Num. 27,18; Deut. 24,15; 1Esdr. 8,12; Judith 8,15; Judith 10,19; Tob. 4,19; Tob. 6,9; 4Mac. 14,14; Prov. 12,19; Prov. 18,2; Prov. 29,20; Prov. 30,13; Prov. 30,14; Song 8,8; Job 1,11; Job 27,10; Wis. 1,7; Wis. 8,16; Wis. 13,16; Wis. 14,25; Wis. 15,9; Sir. 1,26 Prol.; Sir. 9,13; Sir. 15,12; Sir. 20,6; Sir. 28,4; Is. 31,9; Is. 37,3; Jer. 9,7; Jer. 17,5; Bar. 3,25; LetterJ 12; LetterJ 13; Ezek. 17,3; Dan. 4,31; Dan. 4,8; Matt. 5,23; Matt. 8,20; Matt. 9,6; Matt. 11,18; Matt. 13,12; Matt. 13,12; Matt. 13,12; Matt. 13,21; Matt. 13,27; Matt. 13,44; Matt. 18,25; Matt. 21,3; Matt. 25,29; Mark 2,10; Mark 3,22; Mark 3,26; Mark 3,29; Mark 3,30; Mark 4,9; Mark 4,23; Mark 4,25; Mark 4,25; Mark 4,25; Mark 5,23; Mark 11,3; Luke 5,24; Luke 7,33; Luke 9,58; Luke 14,28; Luke 17,9; Luke 19,25; Luke 19,26; Luke 19,31; Luke 19,34; Luke 20,24; Luke 22,37; Luke 24,39; John 3,36; John 4,44; John 5,6; John 5,24; John 5,26; John 6,9; John 6,47; John 6,54; John 9,21; John 9,23; John 10,20; John 12,48; John 13,10; John 14,30; John 15,13; John 16,15; John 16,21; John 19,11; Acts 7,1; Acts 9,14; Acts 14,9; Acts 15,21; Acts 23,17; Rom. 4,2; Rom. 8,9; Rom. 9,21; Rom. 12,4; 1Cor. 7,7; 1Cor. 7,12; 1Cor. 7,13; 1Cor. 7,37; 1Cor. 12,12; 1Cor. 12,23; 1Cor. 12,24; 1Cor. 14,26; 1Cor. 14,26; 1Cor. 14,26; 1Cor. 14,26; 1Cor. 14,26; 2Cor. 8,12; Eph. 5,5; Col. 4,13; 1Tim. 5,4; 1Tim. 5,16; Heb. 3,3; Heb. 7,24; Heb. 7,27; Heb. 10,35; 1John 2,23; 1John 2,23; 1John 3,15; 1John 4,16; 1John 4,18; 1John 5,10; 1John 5,12; 1John 5,12; 2John 9; 2John 9; Rev. 9,11; Rev. 12,6; Rev. 12,12; Rev. 13,9; Rev. 13,14; Rev. 19,16; Rev. 20,6; Rev. 21,23)

ἔχειν ▸ 23 + 30 = 53
Verb · present · active · infinitive ▸ 23 + 30 = **53** (1Esdr. 2,16; 1Esdr. 8,22; 1Mac. 4,61; 1Mac. 10,77; 1Mac. 11,58; 1Mac. 14,23; 2Mac. 6,11; 2Mac. 8,36; 2Mac. 12,24; 2Mac. 15,36; 3Mac. 5,20; 4Mac. 15,7; Prov. 20,9; Job 4,11; Job 4,21; Job 24,8; Wis. 2,13; Wis. 7,10; Sir. 1,18 Prol.; Sir. 16,3; Is. 8,6; Bar. 3,28; Dan. 4,17; Matt. 13,5; Matt. 13,6; Matt. 14,4; Mark 3,15; Mark 4,5; Mark 4,6; Mark 6,18; Luke 8,6; Luke 8,18; Luke 9,3; John 5,26; John 5,39; Acts 12,15; Acts 24,9; Acts 24,16; Acts 24,23; Rom. 1,28; 1Cor. 5,1; 1Cor. 7,40; 1Cor. 11,10; 2Cor. 8,11; Phil. 1,7; 1Th. 1,8; 1Tim. 3,7; Heb. 8,3; Heb. 10,2; Heb. 10,34; Heb. 11,25; James 2,14; 2Pet. 1,15)

ἔχεις ▸ 15 + 4 + 28 = 47
Verb · second · singular · present · active · indicative ▸ 15 + 4 + 28 = **47** (Gen. 16,11; Gen. 19,15; Ex. 33,12; Deut. 4,38; Josh. 17,17; Esth. 14,15 # 4,17u; 2Mac. 3,38; 2Mac. 14,9; Psa. 15,2; Prov. 27,27; Wis. 16,13; Is. 3,6; Is. 45,9; Is. 47,14; Bel 34; Judg. 13,5; Judg. 13,7; Tob. 5,12; Bel 34; Matt. 25,25; Mark 10,21; Luke 12,19; Luke 18,22; John 4,11; John 4,11; John 4,18; John 6,68; John 7,20; John 8,48; John 8,52; John 8,57; John 13,8; John 16,30; Acts 23,19; Rom. 14,22; 1Cor. 4,7; Philem. 5; Philem. 17; James 2,18; Rev. 2,3; Rev. 2,6; Rev. 2,14; Rev. 2,15; Rev. 3,1; Rev. 3,4; Rev. 3,8; Rev. 3,11)

ἔχεσθαι ▸ 1
Verb · present · middle · infinitive ▸ **1** (Deut. 30,20)

ἔχεται ▸ 3
Verb · third · singular · present · middle · indicative ▸ **2** (Prov.

ἔχω

23,3; Job 2,3)
- **Verb** · third · singular · present · passive · indicative ▸ **1** (Job 19,20)

ἔχετε ▸ 7 + 1 + 50 = 58
- **Verb** · second · plural · present · active · indicative ▸ 7 + 1 + 45 = **53** (Gen. 23,8; Gen. 43,27; Gen. 44,19; 4Mac. 10,14; Is. 55,1; Jer. 49,16; Dan. 3,15; Dan. 3,15; Matt. 5,46; Matt. 6,1; Matt. 6,8; Matt. 15,34; Matt. 16,8; Matt. 26,11; Matt. 26,11; Mark 4,40; Mark 6,38; Mark 8,5; Mark 8,17; Mark 8,17; Mark 11,25; Mark 14,7; Mark 14,7; Luke 17,6; John 5,38; John 5,42; John 6,53; John 12,8; John 12,8; John 12,35; John 12,36; John 16,22; John 16,33; John 21,5; Rom. 6,22; 1Cor. 6,7; 1Cor. 6,19; 1Cor. 11,22; Phil. 3,17; Col. 1,4; Col. 4,1; 1Th. 3,6; 1Th. 4,9; 1Th. 5,1; Heb. 5,12; Heb. 10,36; James 3,14; James 4,2; James 4,2; 1John 2,20; 1John 2,27; 1John 5,13; Rev. 2,25)
- **Verb** · second · plural · present · active · imperative ▸ **5** (Matt. 27,65; Mark 9,50; Mark 11,22; Phil. 2,29; James 2,1)

ἐχετέ ▸ 1
- **Verb** · second · plural · present · active · indicative ▸ **1** (Luke 24,41)

ἐχέτω ▸ 3
- **Verb** · third · singular · present · active · imperative ▸ **3** (1Cor. 7,2; 1Cor. 7,2; James 1,4)

Ἐχέτω ▸ 2
- **Verb** · third · singular · present · active · imperative ▸ **2** (Gen. 38,23; Num. 16,3)

ἔχῃ ▸ 4 + 11 = 15
- **Verb** · third · singular · present · active · subjunctive ▸ 4 + 11 = **15** (Lev. 22,20; 1Mac. 3,30; 1Mac. 14,49; Prov. 3,27; Luke 8,18; Luke 8,18; John 3,15; John 3,16; John 6,40; 2Cor. 8,12; Eph. 4,28; Col. 3,13; James 2,14; James 2,17; 1John 3,17)

ἔχῃς ▸ 5
- **Verb** · second · singular · present · active · subjunctive ▸ **5** (Prov. 22,27; Prov. 27,26; Sir. 13,5; Sir. 14,11; Sir. 22,13)

ἔχητε ▸ 1 + 11 = 12
- **Verb** · second · plural · present · active · subjunctive ▸ 1 + 11 = **12** (2Mac. 2,15; Matt. 17,20; Matt. 21,21; John 5,40; John 13,35; John 16,23; John 20,31; 1Cor. 4,15; 1Cor. 6,4; 2Cor. 5,12; 1Th. 4,12; 1John 1,3)

ἔχοι ▸ 2
- **Verb** · third · singular · present · active · optative ▸ **2** (Acts 17,11; Acts 25,16)

ἔχοιεν ▸ 1
- **Verb** · third · plural · present · active · optative ▸ **1** (Acts 24,19)

ἔχοιμ' ▸ 1
- **Verb** · first · singular · present · active · optative ▸ **1** (4Mac. 1,7)

ἔχομεν ▸ 6 + 2 + 42 = 50
- **Verb** · first · plural · present · active · indicative ▸ 6 + 2 + 42 = **50** (Esth. 16,11 # 8,12l; 1Mac. 12,15; 3Mac. 3,18; 3Mac. 7,6; 4Mac. 11,27; Dan. 3,16; Tob. 2,13; Dan. 3,16; Matt. 3,9; Matt. 14,17; Matt. 26,65; Mark 14,63; Luke 3,8; Luke 22,71; John 8,41; John 13,29; John 19,7; John 19,15; Rom. 5,1; Rom. 12,4; 1Cor. 2,16; 1Cor. 8,1; 1Cor. 9,4; 1Cor. 9,5; 1Cor. 9,6; 1Cor. 11,16; 2Cor. 3,4; 2Cor. 5,1; Gal. 2,4; Gal. 6,10; Eph. 1,7; Eph. 2,18; Eph. 3,12; Col. 1,14; 2Th. 3,9; Heb. 4,15; Heb. 6,19; Heb. 8,1; Heb. 13,10; Heb. 13,14; Heb. 13,18; 2Pet. 1,19; 1John 1,6; 1John 1,7; 1John 1,8; 1John 2,1; 1John 3,21; 1John 4,21; 1John 5,14; 1John 5,15)

Ἔχομεν ▸ 1
- **Verb** · first · plural · present · active · indicative ▸ **1** (2Cor. 4,7)

ἐχόμενα ▸ 20 + 5 + 1 = 26
- **Verb** · present · middle · participle · feminine · singular · nominative ▸ **1** (Song 2,14)
- **Verb** · present · middle · participle · neuter · plural · accusative ▸ 18 + 5 + 1 = **24** (Judg. 4,11; Judg. 9,37; Judg. 19,14; 2Sam. 13,23; 2Sam. 16,13; 1Kings 1,9; 1Kings 13,25; 1Chr. 25,6; Neh. 2,6; Neh. 3,23; Neh. 3,35; Neh. 4,6; Neh. 4,12; Neh. 8,4; Psa. 139,6; Psa. 140,6; Amos 2,8; Ezek. 48,21; Judg. 4,11; Judg. 6,20; Judg. 9,37; Judg. 19,14; Dan. 10,4; Heb. 6,9)
- **Verb** · present · middle · participle · neuter · plural · nominative ▸ **1** (Ezek. 48,13)

ἐχόμενά ▸ 1
- **Verb** · present · middle · participle · neuter · plural · accusative ▸ **1** (2Sam. 14,30)

ἐχόμεναι ▸ 4
- **Verb** · present · middle · participle · feminine · plural · nominative ▸ **4** (Ex. 26,3; Job 1,14; Ezek. 42,1; Ezek. 42,1)

ἐχομένας ▸ 1 + 1 = 2
- **Verb** · present · middle · participle · feminine · plural · accusative ▸ 1 + 1 = **2** (Ezek. 43,8; Mark 1,38)

ἐχομένη ▸ 1
- **Verb** · present · middle · participle · feminine · singular · nominative ▸ **1** (Ezek. 3,13)

ἐχομένῃ ▸ 2 + 3 = 5
- **Verb** · present · middle · participle · feminine · singular · dative ▸ 2 + 3 = **5** (1Chr. 10,8; 2Mac. 12,39; Luke 13,33; Acts 20,15; Acts 21,26)

ἐχομένην ▸ 1
- **Verb** · present · middle · participle · feminine · singular · accusative ▸ **1** (1Kings 9,26)

ἐχόμενοι ▸ 20
- **Verb** · present · middle · participle · masculine · plural · nominative ▸ **20** (Gen. 41,23; Num. 2,5; Num. 2,7; Num. 2,12; Num. 2,14; Num. 2,20; Num. 2,22; Num. 2,27; Num. 2,29; Num. 2,34; 1Chr. 25,2; 1Chr. 25,2; Psa. 67,26; Psa. 93,15; Ezek. 1,19; Ezek. 9,2; Ezek. 10,9; Ezek. 10,16; Ezek. 10,19; Ezek. 11,22)

ἐχόμενον ▸ 6
- **Verb** · present · middle · participle · masculine · singular · accusative ▸ **1** (Mic. 1,11)
- **Verb** · present · middle · participle · neuter · singular · accusative ▸ **3** (Lev. 6,3; Num. 34,3; 1Kings 7,22)
- **Verb** · present · middle · participle · neuter · singular · nominative ▸ **2** (Deut. 11,30; Ezek. 48,18)

ἐχόμενός ▸ 5
- **Verb** · present · middle · participle · masculine · singular · nominative ▸ **5** (Num. 22,5; Num. 22,11; 1Esdr. 4,42; Ezek. 43,6; Dan. 8,17)

ἔχον ▸ 8 + 4 = 12
- **Verb** · present · active · participle · neuter · singular · accusative ▸ 4 + 2 = **6** (Hos. 8,7; Ezek. 34,4; Dan. 7,7; Sus. 10-11; Acts 24,25; Rev. 13,1)
- **Verb** · present · active · participle · neuter · singular · nominative ▸ 4 + 2 = **6** (Ex. 28,32; Ex. 36,30; Jer. 15,18; Dan. 7,5; Luke 11,36; Acts 1,12)

ἔχοντα ▸ 15 + 1 + 27 = 43
- **Verb** · present · active · participle · masculine · singular · accusative ▸ 12 + 1 + 21 = **34** (1Mac. 8,6; 1Mac. 14,24; 2Mac. 5,22; 2Mac. 8,9; 2Mac. 12,20; 2Mac. 13,2; 3Mac. 1,27; 4Mac. 4,1; Dan. 5,4; Dan. 8,6; Dan. 8,20; Bel 5; Bel 5; Matt. 18,8; Matt. 18,9; Mark 9,17; Mark 9,43; Mark 9,45; Mark 9,47; Luke 12,5; Luke 24,39; John 11,17; Acts 23,29; Acts 27,39; Rom. 2,20; 1Cor. 8,10; 1Tim. 3,4; Heb. 2,14; Heb. 7,6; 1John 3,17; Rev. 7,2; Rev. 14,6; Rev. 18,1; Rev. 20,1)
- **Verb** · present · active · participle · neuter · plural · accusative ▸ **2** (Lev. 22,22; Hab. 1,14)

> **Verb** · present · active · participle · neuter · plural · nominative
> ▸ 1 + 6 = 7 (2Mac. 3,9; Matt. 9,36; Mark 6,34; Rom. 2,14; Col. 2,23; 1Tim. 5,25; Rev. 8,9)

ἔχοντά ▸ 1
> **Verb** · present · active · participle · masculine · singular · accusative ▸ 1 (Acts 23,18)

ἔχοντας ▸ 6 + 16 = 22
> **Verb** · present · active · participle · masculine · plural · accusative
> ▸ 6 + 16 = 22 (Ex. 36,2; 2Mac. 5,2; 2Mac. 10,18; 2Mac. 15,8; 3Mac. 5,3; Jer. 18,15; Matt. 4,24; Matt. 8,16; Matt. 14,35; Mark 1,32; Mark 1,34; Mark 6,55; Luke 9,11; Acts 11,3; Acts 19,13; 1Cor. 11,22; 1Tim. 3,9; Heb. 7,28; Rev. 9,17; Rev. 15,1; Rev. 15,2; Rev. 16,2)

ἔχοντάς ▸ 1
> **Verb** · present · active · participle · masculine · plural · accusative
> ▸ 1 (3Mac. 7,22)

ἔχοντες ▸ 26 + 1 + 42 = 69
> **Verb** · present · active · participle · masculine · plural · nominative
> ▸ 26 + 1 + 42 = 69 (Josh. 6,8; 1Esdr. 1,11; 1Esdr. 5,57; 1Esdr. 8,79; 1Esdr. 9,18; Tob. 13,13; 1Mac. 9,36; 1Mac. 10,87; 1Mac. 11,51; 1Mac. 12,9; 1Mac. 15,15; 1Mac. 15,34; 2Mac. 6,7; 2Mac. 10,7; 2Mac. 10,28; 2Mac. 11,10; 2Mac. 14,11; 4Mac. 16,22; Prov. 13,7; Wis. 16,6; Wis. 19,3; Is. 43,8; Jer. 27,42; LetterJ 30; LetterJ 57; Dan. 3,21; Tob. 13,13; Matt. 9,12; Matt. 15,30; Mark 2,17; Mark 8,18; Mark 8,18; Mark 10,23; Luke 5,31; Luke 18,24; Acts 2,47; Acts 21,23; Acts 28,9; Rom. 2,14; Rom. 8,23; Rom. 12,6; 1Cor. 7,29; 1Cor. 7,29; 2Cor. 4,1; 2Cor. 6,10; 2Cor. 7,1; 2Cor. 9,8; 2Cor. 10,6; 2Cor. 10,15; Eph. 2,12; Phil. 1,30; Phil. 2,2; 1Th. 4,13; 1Tim. 6,2; 1Tim. 6,8; 2Tim. 3,5; Heb. 5,12; Heb. 12,1; 1Pet. 2,12; 1Pet. 2,16; 1Pet. 3,16; 1Pet. 4,8; 2Pet. 2,14; 2Pet. 2,14; Jude 19; Rev. 5,8; Rev. 8,6; Rev. 15,6; Rev. 18,19)

Ἔχοντες ▸ 4
> **Verb** · present · active · participle · masculine · plural · nominative
> ▸ 4 (2Cor. 3,12; 2Cor. 4,13; Heb. 4,14; Heb. 10,19)

ἔχοντι ▸ 4 + 10 = 14
> **Verb** · present · active · participle · masculine · singular · dative
> ▸ 4 + 10 = 14 (Esth. 4,2; 2Mac. 6,30; Sir. 29,28; Sir. 36,27; Matt. 25,28; Matt. 25,29; Mark 3,3; Luke 3,11; Luke 6,8; Luke 19,24; Luke 19,26; Eph. 4,28; 1Pet. 4,5; Rev. 14,18)

ἔχοντος ▸ 3 + 1 + 5 = 9
> **Verb** · present · active · participle · masculine · singular · genitive ▸ 2 + 1 + 4 = 7 (Zech. 9,11; Is. 6,5; Dan. 8,6; Matt. 18,25; Matt. 25,29; Luke 19,26; Rev. 16,9)
>
> **Verb** · present · active · participle · neuter · singular · genitive
> ▸ 1 + 1 = 2 (2Mac. 1,19; Rev. 17,7)

ἐχόντων ▸ 1 + 9 = 10
> **Verb** · present · active · participle · masculine · plural · genitive
> ▸ 1 + 9 = 10 (2Mac. 12,4; Mark 8,1; Luke 7,42; Luke 12,4; Acts 8,7; Heb. 5,14; Rev. 12,17; Rev. 17,1; Rev. 19,10; Rev. 21,9)

ἔχουσα ▸ 11 + 15 = 26
> **Verb** · present · active · participle · feminine · singular · nominative ▸ 11 + 15 = 26 (Gen. 24,15; Gen. 24,45; 2Mac. 1,24; 4Mac. 16,13; 4Mac. 17,4; Prov. 7,10; Job 21,10; Wis. 8,3; Hos. 7,11; Is. 28,2; Dan. 7,4; Matt. 1,18; Matt. 26,7; Mark 14,3; Luke 13,11; Luke 15,8; John 5,2; Rom. 9,10; 1Tim. 4,8; Heb. 9,4; Heb. 9,4; Rev. 12,2; Rev. 17,4; Rev. 17,18; Rev. 21,12; Rev. 21,12)

ἔχουσαι ▸ 3 + 3 = 6
> **Verb** · present · active · participle · feminine · plural · nominative
> ▸ 3 + 3 = 6 (3Mac. 5,49; Hos. 14,1; Nah. 3,12; 1Tim. 5,12; Rev. 9,19; Rev. 14,1)

ἐχούσαις ▸ 3
> **Verb** · present · active · participle · feminine · plural · dative ▸ 3 (Matt. 24,19; Mark 13,17; Luke 21,23)

ἔχουσαν ▸ 5 + 6 = 11
> **Verb** · present · active · participle · feminine · singular · accusative ▸ 5 + 6 = 11 (Ex. 21,22; 2Mac. 9,18; 2Mac. 11,34; 2Mac. 12,16; 3Mac. 6,41; Mark 11,13; Acts 16,16; Acts 23,25; Eph. 5,27; Heb. 11,10; Rev. 21,11)

ἐχούσας ▸ 6
> **Verb** · present · active · participle · feminine · plural · accusative
> ▸ 6 (2Kings 8,12; 2Kings 15,16; 1Mac. 11,29; Amos 1,3; Amos 1,13; Is. 40,11)

ἐχούσῃ ▸ 4 + 1 = 5
> **Verb** · present · active · participle · feminine · singular · dative
> ▸ 4 + 1 = 5 (Lev. 25,30; Esth. 14,3 # 4,17l; Esth. 14,14 # 4,17t; 2Mac. 9,21; 1Th. 5,3)

ἐχούσης ▸ 2 + 2 = 4
> **Verb** · present · active · participle · feminine · singular · genitive
> ▸ 2 + 2 = 4 (Gen. 49,25; Is. 54,1; Gal. 4,27; Heb. 9,8)

ἔχουσιν ▸ 31 + 1 + 36 = 68
> **Verb** · present · active · participle · masculine · plural · dative
> ▸ 3 (1Esdr. 9,51; 1Esdr. 9,54; Neh. 8,10)
>
> **Verb** · third · plural · present · active · indicative ▸ 28 + 1 + 36 = 65 (Num. 7,9; 2Chr. 18,16; 1Esdr. 4,52; 1Esdr. 9,12; 1Mac. 12,53; 3Mac. 7,4; 3Mac. 7,7; 4Mac. 7,17; Psa. 113,13; Psa. 113,13; Psa. 113,14; Psa. 113,14; Psa. 113,15; Psa. 113,15; Psa. 134,16; Psa. 134,16; Psa. 134,17; Psa. 134,17; Psa. 134,17; Psa. 134,17; Job 21,6; Job 30,9; Job 30,16; Is. 13,17; LetterJ 41; Ezek. 12,2; Ezek. 12,2; Dan. 4,37a; Judg. 18,7; Matt. 8,20; Matt. 9,12; Matt. 14,16; Matt. 15,32; Matt. 21,26; Mark 2,17; Mark 2,19; Mark 4,17; Mark 8,2; Mark 8,16; Luke 5,31; Luke 8,13; Luke 9,58; Luke 14,14; Luke 15,7; Luke 16,29; John 2,3; John 15,22; Acts 15,36; Acts 19,38; Rom. 10,2; 1Cor. 12,30; 1Cor. 15,34; Heb. 7,5; Heb. 13,10; Rev. 2,24; Rev. 4,8; Rev. 9,3; Rev. 9,4; Rev. 9,10; Rev. 9,11; Rev. 11,6; Rev. 11,6; Rev. 14,11; Rev. 17,13; Rev. 22,5)

ἔχω ▸ 4 + 2 + 48 = 54
> **Verb** · first · singular · present · active · indicative ▸ 4 + 2 + 43 = 49 (Gen. 18,31; Gen. 38,25; 2Sam. 11,5; Jer. 45,19; Tob. 5,7; Tob. 7,10; Matt. 3,14; Luke 7,40; Luke 11,6; Luke 12,17; Luke 12,50; Luke 14,18; Luke 16,28; John 4,17; John 4,17; John 4,32; John 5,7; John 5,36; John 8,26; John 8,49; John 10,16; John 10,18; John 10,18; John 16,12; John 19,10; John 19,10; Acts 3,6; Acts 21,13; Acts 25,26; Rom. 15,17; 1Cor. 7,25; 1Cor. 9,17; 1Cor. 12,21; 1Cor. 12,21; 1Cor. 15,31; 2Cor. 2,4; 2Cor. 12,14; Phil. 2,20; Col. 2,1; 1Tim. 1,12; 2Tim. 1,3; 2Tim. 1,3; James 2,18; 3John 4; Rev. 1,18; Rev. 2,4; Rev. 2,14; Rev. 2,20; Rev. 3,17)
>
> **Verb** · first · singular · present · active · subjunctive ▸ 5 (1Cor. 13,1; 1Cor. 13,2; 1Cor. 13,2; 1Cor. 13,2; 1Cor. 13,3)

ἔχωμεν ▸ 1 + 4 = 5
> **Verb** · first · plural · present · active · subjunctive ▸ 1 + 4 = 5 (3Mac. 3,24; Rom. 15,4; Heb. 6,18; Heb. 12,28; 1John 4,17)

ἔχων ▸ 41 + 5 + 86 = 132
> **Verb** · present · active · participle · masculine · singular · nominative ▸ 41 + 5 + 86 = 132 (1Sam. 23,6; 1Chr. 2,30; 1Chr. 2,32; 1Esdr. 8,70; Esth. 8,15; Tob. 1,6; Tob. 7,11; 2Mac. 2,9; 2Mac. 3,25; 2Mac. 3,25; 2Mac. 3,39; 2Mac. 4,25; 2Mac. 5,15; 2Mac. 5,23; 2Mac. 7,16; 2Mac. 9,20; 2Mac. 9,22; 3Mac. 6,12; 3Mac. 6,13; 4Mac. 3,10; 4Mac. 5,7; 4Mac. 9,21; Psa. 37,15; Prov. 6,7; Prov. 24,5; Eccl. 10,20; Job 6,5; Job 10,13; Hos. 4,6; Amos 3,4; Amos 5,20; Zech. 8,4; Is. 1,30; Is. 6,5; Is. 27,11; Is. 62,11; LetterJ 72; Dan. 6,4; Dan. 7,9; Sus. 59; Bel 33; Tob. 1,6; Tob. 12,4; Tob. 12,5; Dan. 8,20; Sus. 59; Matt. 7,29; Matt. 8,9; Matt. 11,15; Matt. 12,10; Matt. 13,9; Matt. 13,43; Matt. 19,22; Matt. 22,12; Matt.

22,24; Matt. 22,25; Mark 1,22; Mark 3,1; Mark 10,22; Luke 3,11; Luke 3,11; Luke 4,33; Luke 7,2; Luke 7,8; Luke 8,8; Luke 8,27; Luke 14,35; Luke 15,4; Luke 17,7; Luke 19,17; Luke 20,28; Luke 22,36; Luke 22,36; John 3,29; John 5,5; John 12,6; John 14,21; John 18,10; Acts 24,15; Acts 28,19; Rom. 15,23; Rom. 15,23; 1Cor. 6,1; 1Cor. 7,37; 1Cor. 11,4; Phil. 1,23; Phil. 3,4; Phil. 3,9; 1Tim. 1,19; 1Tim. 6,16; 2Tim. 2,19; Titus 1,6; Titus 2,8; Philem. 8; Heb. 7,3; Heb. 10,1; 1John 3,3; 1John 5,12; 1John 5,12; 2John 12; Rev. 1,16; Rev. 2,7; Rev. 2,11; Rev. 2,12; Rev. 2,17; Rev. 2,18; Rev. 2,29; Rev. 3,1; Rev. 3,6; Rev. 3,7; Rev. 3,13; Rev. 3,22; Rev. 4,7; Rev. 4,8; Rev. 5,6; Rev. 6,2; Rev. 6,5; Rev. 8,3; Rev. 9,14; Rev. 10,2; Rev. 12,3; Rev. 12,12; Rev. 13,17; Rev. 13,18; Rev. 14,14; Rev. 14,17; Rev. 14,18; Rev. 17,3; Rev. 17,9; Rev. 19,12; Rev. 20,6; Rev. 21,14)

ἔχωνται ▸ 1
  Verb · third · plural · present · middle · subjunctive ▸ **1** (Prov. 1,22)

ἔχωσιν ▸ 5
  Verb · third · plural · present · active · subjunctive ▸ **5** (John 8,6; John 10,10; John 10,10; John 17,13; 1Tim. 5,20)

σχῇ ▸ 1
  Verb · third · singular · aorist · active · subjunctive ▸ **1** (2Mac. 3,32)

σχῆτε ▸ 1
  Verb · second · plural · aorist · active · subjunctive ▸ **1** (2Cor. 1,15)

σχοίη ▸ 2
  Verb · third · singular · aorist · active · optative ▸ **2** (Job 17,9; Job 18,14)

σχῶ ▸ 5
  Verb · first · singular · aorist · active · subjunctive ▸ **5** (Matt. 19,16; Acts 25,26; Rom. 1,13; 2Cor. 2,3; Phil. 2,27)

σχῶμεν ▸ 2
  Verb · first · plural · aorist · active · subjunctive ▸ **2** (Matt. 21,38; 1John 2,28)

Εχωχι Ahohite ▸ 1
  Εχωχι ▸ 1
    Noun · masculine · singular · nominative · (proper) ▸ **1** (1Chr. 27,4)

ἔψεμα (ἕψω) pottage ▸ 8 + 1 = 9
  ἔψεμα ▸ 3 + 1 = 4
    Noun · neuter · singular · accusative · (common) ▸ 3 + 1 = **4** (Gen. 25,29; Gen. 25,34; 2Kings 4,38; Bel 33)
  ἑψέματος ▸ 3
    Noun · neuter · singular · genitive · (common) ▸ **3** (Gen. 25,30; 2Kings 4,39; Hag. 2,12)
  ἑψήματι ▸ 1
    Noun · neuter · singular · dative · (common) ▸ **1** (Bel 33)
  ἑψήματος ▸ 1
    Noun · neuter · singular · genitive · (common) ▸ **1** (2Kings 4,40)

ἕψω to boil ▸ 26 + 2 = 28
  ἕψε ▸ 1
    Verb · second · singular · present · active · imperative ▸ **1** (2Kings 4,38)
  ἕψετε ▸ 1
    Verb · second · plural · present · active · imperative ▸ **1** (Ex. 16,23)
  ἑψηθῇ ▸ 2
    Verb · third · singular · aorist · passive · subjunctive ▸ **2** (Lev. 6,21; Lev. 6,21)
  Ἑψήσατε ▸ 1
    Verb · second · plural · aorist · active · imperative ▸ **1** (Lev. 8,31)
  ἑψήσεις ▸ 4
    Verb · second · singular · future · active · indicative ▸ **4** (Ex. 23,19; Ex. 29,31; Deut. 14,21; Deut. 16,7)
  ἑψήσουσιν ▸ 3
    Verb · third · plural · future · active · indicative ▸ **3** (Zech. 14,21; Ezek. 46,20; Ezek. 46,24)
  ἕψητε ▸ 1
    Verb · second · plural · present · active · subjunctive ▸ **1** (Ex. 16,23)
  ἡψήθη ▸ 1
    Verb · third · singular · aorist · passive · indicative ▸ **1** (1Sam. 2,13)
  ἡψημένον ▸ 1
    Verb · perfect · middle · participle · neuter · singular · accusative ▸ **1** (Ex. 12,9)
  ἡψημένων ▸ 1
    Verb · perfect · passive · participle · neuter · plural · genitive ▸ **1** (4Mac. 6,15)
  ἡψήσαμεν ▸ 1
    Verb · first · plural · aorist · active · indicative ▸ **1** (2Kings 6,29)
  ἥψησαν ▸ 3
    Verb · third · plural · aorist · active · indicative ▸ **3** (2Chr. 35,13; 1Esdr. 1,13; Lam. 4,10)
  ἥψησεν ▸ 4 + 2 = 6
    Verb · third · singular · aorist · active · indicative ▸ 4 + 2 = **6** (Gen. 25,29; 2Sam. 13,8; 1Kings 19,21; Bel 27; Bel 27; Bel 33)
  ἥψηται ▸ 1
    Verb · third · singular · perfect · passive · indicative ▸ **1** (Ezek. 24,5)
  ἥψουν ▸ 1
    Verb · third · plural · imperfect · active · indicative ▸ **1** (Num. 11,8)

Εωβης Eobes ▸ 1
  Εωβης ▸ 1
    Noun · singular · nominative · (proper) ▸ **1** (Josh. 15,59a)

ἑωθινός (ἠώς) in the morning, early ▸ 8
  ἑωθινή ▸ 1
    Adjective · feminine · singular · nominative · noDegree ▸ **1** (Amos 7,1)
  ἑωθινῇ ▸ 3
    Adjective · feminine · singular · dative · noDegree ▸ **3** (Ex. 14,24; 1Mac. 5,30; Jonah 4,7)
  ἑωθινήν ▸ 1
    Adjective · feminine · singular · accusative · noDegree ▸ **1** (Judith 12,5)
  ἑωθινῆς ▸ 1
    Adjective · feminine · singular · genitive · noDegree ▸ **1** (Psa. 21,1)
  ἑωθινός ▸ 1
    Adjective · masculine · singular · nominative · noDegree ▸ **1** (Ode. 14,0)
  ἑωθινὸς ▸ 1
    Adjective · masculine · singular · nominative · noDegree ▸ **1** (Sir. 50,6)

ἕωλος (ἠώς) day old, stale ▸ 1
  ἕωλον ▸ 1
    Adjective · neuter · singular · nominative · noDegree ▸ **1** (Ezek. 4,14)

ἕως until; when, up to, as far as ▸ 1430 + 134 + 146 = 1710
  ἕως ▸ 1401 + 130 + 146 = 1677
    Adverb ▸ 55 + 2 = **57** (Gen. 38,1; Lev. 23,14; Lev. 27,18; Deut.

23,4; Deut. 31,24; Deut. 31,30; Deut. 33,17; Josh. 10,20; Judg. 16,16; Judg. 19,10; Judg. 20,43; 1Sam. 7,11; 1Sam. 16,1; 1Sam. 20,6; 1Sam. 20,28; 2Sam. 2,26; 2Sam. 7,13; 2Sam. 17,13; 2Chr. 17,12; 2Chr. 31,1; Ezra 3,13; Ezra 9,6; Neh. 2,6; Neh. 7,3; Neh. 13,19; 1Mac. 5,29; 3Mac. 7,18; Psa. 4,3; Psa. 6,4; Psa. 12,2; Psa. 12,3; Psa. 61,4; Psa. 73,10; Psa. 78,5; Psa. 79,5; Psa. 88,47; Psa. 89,13; Psa. 93,3; Psa. 93,3; Sir. 24,32; Sol. 2,5; Sol. 17,12; Mic. 4,3; Mic. 4,7; Is. 30,8; Jer. 4,14; Jer. 4,21; Jer. 12,4; Jer. 23,26; Jer. 32,33; Jer. 38,22; Ezek. 41,17; Ezek. 47,8; Ezek. 47,20; Ezek. 48,1; Judg. 19,10; Judg. 20,43)

Conjunction · subordinating · (temporal) ▸ 241 + 7 + 38 = **286** (Gen. 3,19; Gen. 8,7; Gen. 10,19; Gen. 10,19; Gen. 10,30; Gen. 13,10; Gen. 24,14; Gen. 24,19; Gen. 24,19; Gen. 24,33; Gen. 25,18; Gen. 27,44; Gen. 28,15; Gen. 29,8; Gen. 33,3; Gen. 34,5; Gen. 38,11; Gen. 38,17; Gen. 39,16; Gen. 41,49; Gen. 43,25; Gen. 44,12; Gen. 49,10; Ex. 2,16; Ex. 10,26; Ex. 23,30; Ex. 24,14; Ex. 33,8; Ex. 33,22; Ex. 34,34; Ex. 34,35; Lev. 6,2; Lev. 8,33; Lev. 12,4; Lev. 16,17; Lev. 22,4; Lev. 23,14; Lev. 25,22; Lev. 25,29; Lev. 25,30; Num. 6,5; Num. 10,21; Num. 11,20; Num. 12,15; Num. 14,33; Num. 17,28; Num. 20,17; Num. 21,22; Num. 23,24; Num. 32,13; Num. 32,17; Num. 32,18; Num. 32,21; Num. 34,3; Num. 35,12; Num. 35,25; Num. 35,28; Num. 35,32; Deut. 1,31; Deut. 2,29; Deut. 3,20; Deut. 7,20; Deut. 7,23; Deut. 7,24; Deut. 9,7; Deut. 11,5; Deut. 20,20; Deut. 22,2; Deut. 28,20; Deut. 28,20; Deut. 28,21; Deut. 28,22; Deut. 28,24; Deut. 28,24; Deut. 28,45; Deut. 28,45; Deut. 28,48; Deut. 28,51; Deut. 28,52; Deut. 28,61; Josh. 1,15; Josh. 2,16; Josh. 3,16; Josh. 3,17; Josh. 4,23; Josh. 5,8; Josh. 6,10; Josh. 7,13; Josh. 10,13; Josh. 11,14; Josh. 20,3; Josh. 20,9; Josh. 23,5; Josh. 23,5; Josh. 23,13; Josh. 23,15; Josh. 24,33a; Judg. 3,26; Judg. 4,24; Judg. 6,4; Judg. 6,18; Judg. 11,33; Judg. 19,25; Ruth 1,19; Ruth 2,21; Ruth 3,18; Ruth 3,18; 1Sam. 9,13; 1Sam. 10,8; 1Sam. 16,11; 1Sam. 19,23; 2Sam. 3,16; 2Sam. 6,19; 2Sam. 10,5; 2Sam. 13,22; 2Sam. 15,24; 2Sam. 15,28; 2Sam. 16,5; 2Sam. 19,8; 2Sam. 21,10; 2Sam. 22,38; 2Sam. 24,2; 2Sam. 24,15; 1Kings 5,17; 1Kings 15,29; 1Kings 22,27; 2Kings 3,25; 2Kings 10,17; 1Chr. 4,39; 1Chr. 19,5; 1Chr. 28,20; 2Chr. 18,26; 2Chr. 36,16; 2Chr. 36,16; 2Chr. 36,21; 1Esdr. 1,49; 1Esdr. 5,2; 1Esdr. 5,40; 1Esdr. 8,19; 1Esdr. 8,58; 1Esdr. 8,85; 1Esdr. 9,13; Ezra 2,63; Ezra 5,5; Ezra 6,20; Ezra 8,29; Neh. 2,7; Neh. 3,27; Neh. 4,5; Neh. 5,14; Neh. 7,65; Neh. 8,3; Judith 1,10; Judith 1,10; Judith 1,12; Judith 2,24; Judith 5,17; Judith 8,34; Judith 10,10; Judith 10,15; Judith 10,18; Judith 11,19; Judith 12,4; Tob. 5,3; Tob. 6,6; Tob. 7,12; Tob. 14,5; 1Mac. 3,33; 1Mac. 4,4; 1Mac. 4,41; 1Mac. 5,19; 1Mac. 5,53; 1Mac. 5,54; 1Mac. 7,45; 1Mac. 8,4; 1Mac. 10,50; 1Mac. 14,41; 1Mac. 16,9; Psa. 103,33; Prov. 4,18; Prov. 24,10; Eccl. 12,1; Eccl. 12,6; Song 3,5; Song 8,4; Job 7,19; Job 14,12; Job 14,13; Job 14,14; Job 27,5; Job 33,21; Job 39,24; Wis. 10,14; Sir. 23,17; Sir. 23,17; Sir. 23,17; Sir. 33,21; Sir. 35,17; Sir. 35,18; Sir. 35,20; Sir. 35,21; Sir. 35,22; Sir. 35,23; Sir. 47,25; Sir. 48,15; Sir. 50,19; Sol. 1,5; Sol. 2,26; Sol. 4,10; Hos. 7,4; Hos. 10,12; Mic. 7,9; Mal. 3,10; Is. 9,12; Is. 30,17; Is. 31,4; Is. 36,17; Is. 55,10; Is. 55,11; Is. 62,1; Is. 65,6; Jer. 9,15; Jer. 23,20; Jer. 23,20; Jer. 24,10; Jer. 25,17; Jer. 34,8; Ezek. 23,38; Ezek. 28,15; Ezek. 33,22; Dan. 2,9; Dan. 4,17; Dan. 4,33; Dan. 7,9; Dan. 7,22; Dan. 8,11; Dan. 9,20; Dan. 10,3; Dan. 12,4; Dan. 12,9; Sus. 59; Judg. 6,18; Judg. 6,18; Judg. 16,16; Judg. 19,26; Tob. 10,12; Tob. 10,13; Dan. 7,11; Matt. 2,9; Matt. 2,13; Matt. 5,18; Matt. 5,18; Matt. 5,26; Matt. 10,11; Matt. 10,23; Matt. 12,20; Matt. 16,28; Matt. 18,30; Matt. 22,44; Matt. 23,39; Matt. 24,34; Matt. 24,39; Mark 6,10; Mark 6,45; Mark 9,1; Mark 12,36; Mark 14,32; Luke 9,27; Luke 12,59; Luke 13,35; Luke 15,4; Luke 17,8; Luke 20,43; Luke 21,32; Luke 22,34; John 9,4; John 21,22; John 21,23; Acts 2,35; 1Cor. 4,5; 2Th. 2,7; 1Tim. 4,13; Heb. 1,13; Heb. 10,13; James 5,7; Rev. 6,11)

ImproperPreposition ▸ 46 + 4 + 2 = **52** (Gen. 22,5; Gen. 32,25; Ex. 12,10; Ex. 12,10; Ex. 12,22; Ex. 23,18; Ex. 27,21; Ex. 29,34; Lev. 19,13; Lev. 24,3; Num. 9,15; Num. 9,21; Judg. 6,31; Ruth 3,13; Ruth 3,14; 1Sam. 1,16; 1Sam. 3,15; 1Sam. 9,26; 1Sam. 25,22; 1Sam. 25,36; 2Sam. 20,16; 1Kings 1,4; 1Kings 3,2; 1Kings 18,45; 2Kings 4,35; 2Kings 8,7; 2Chr. 16,12; 2Chr. 16,14; 2Chr. 26,8; 2Chr. 26,15; Neh. 2,16; 1Mac. 12,29; Psa. 37,9; Psa. 118,8; Psa. 118,43; Psa. 118,51; Psa. 118,107; Ode. 11,13; Job 7,4; Sir. 47,7; Is. 38,13; Lam. 5,22; Ezek. 1,27; Ezek. 8,2; Dan. 6,17; Dan. 8,11; Judg. 6,31; Judg. 19,25; Dan. 7,28; Dan. 8,8; Acts 17,14; Acts 26,11)

ImproperPreposition · (+genitive) ▸ 1059 + 115 + 106 = **1280** (Gen. 6,7; Gen. 6,7; Gen. 7,23; Gen. 8,5; Gen. 8,17; Gen. 10,19; Gen. 11,4; Gen. 11,31; Gen. 12,6; Gen. 13,3; Gen. 13,3; Gen. 13,15; Gen. 14,6; Gen. 14,14; Gen. 14,15; Gen. 14,23; Gen. 15,16; Gen. 15,18; Gen. 18,12; Gen. 19,4; Gen. 19,11; Gen. 19,22; Gen. 19,37; Gen. 19,38; Gen. 25,18; Gen. 26,13; Gen. 26,33; Gen. 32,5; Gen. 32,33; Gen. 33,14; Gen. 35,4; Gen. 35,20; Gen. 42,16; Gen. 46,34; Gen. 47,21; Gen. 47,26; Gen. 48,15; Gen. 49,13; Gen. 50,23; Ex. 7,16; Ex. 9,18; Ex. 9,25; Ex. 10,6; Ex. 11,5; Ex. 11,5; Ex. 11,7; Ex. 12,6; Ex. 12,12; Ex. 12,15; Ex. 12,18; Ex. 12,18; Ex. 12,24; Ex. 12,29; Ex. 12,29; Ex. 13,2; Ex. 13,15; Ex. 15,16; Ex. 15,16; Ex. 16,35; Ex. 16,35; Ex. 17,12; Ex. 18,13; Ex. 18,14; Ex. 20,5; Ex. 22,3; Ex. 23,31; Ex. 23,31; Ex. 27,5; Ex. 28,42; Ex. 38,24; Ex. 40,37; Lev. 7,17; Lev. 11,24; Lev. 11,25; Lev. 11,26; Lev. 11,27; Lev. 11,28; Lev. 11,31; Lev. 11,32; Lev. 11,39; Lev. 11,40; Lev. 11,40; Lev. 13,12; Lev. 14,46; Lev. 14,47; Lev. 14,47; Lev. 15,5; Lev. 15,6; Lev. 15,7; Lev. 15,8; Lev. 15,9; Lev. 15,10; Lev. 15,10; Lev. 15,11; Lev. 15,16; Lev. 15,17; Lev. 15,18; Lev. 15,19; Lev. 15,21; Lev. 15,22; Lev. 15,23; Lev. 15,27; Lev. 17,15; Lev. 19,6; Lev. 22,6; Lev. 23,16; Lev. 23,32; Lev. 24,4; Lev. 25,22; Lev. 25,28; Lev. 25,40; Lev. 25,50; Lev. 26,18; Lev. 27,3; Lev. 27,5; Lev. 27,6; Lev. 27,28; Num. 3,13; Num. 4,3; Num. 4,23; Num. 4,30; Num. 4,35; Num. 4,39; Num. 4,43; Num. 4,47; Num. 5,3; Num. 6,4; Num. 8,17; Num. 11,20; Num. 13,21; Num. 13,22; Num. 13,23; Num. 14,11; Num. 14,18; Num. 14,19; Num. 14,45; Num. 18,15; Num. 19,7; Num. 19,8; Num. 19,10; Num. 19,19; Num. 19,21; Num. 19,22; Num. 21,24; Num. 21,24; Num. 21,26; Num. 21,28; Num. 21,30; Num. 21,35; Num. 22,30; Num. 31,11; Num. 31,26; Num. 33,49; Deut. 1,2; Deut. 1,7; Deut. 1,19; Deut. 1,20; Deut. 1,24; Deut. 1,28; Deut. 1,44; Deut. 2,14; Deut. 2,14; Deut. 2,15; Deut. 2,21; Deut. 2,22; Deut. 2,23; Deut. 2,36; Deut. 3,3; Deut. 3,8; Deut. 3,10; Deut. 3,14; Deut. 3,14; Deut. 3,16; Deut. 3,16; Deut. 3,17; Deut. 4,11; Deut. 4,32; Deut. 9,1; Deut. 9,21; Deut. 10,8; Deut. 11,4; Deut. 11,12; Deut. 11,24; Deut. 12,9; Deut. 13,8; Deut. 23,4; Deut. 28,35; Deut. 28,46; Deut. 28,64; Deut. 29,3; Deut. 29,6; Deut. 29,10; Deut. 30,4; Deut. 32,22; Deut. 34,1; Deut. 34,2; Deut. 34,3; Deut. 34,6; Josh. 1,4; Josh. 1,4; Josh. 3,1; Josh. 3,16; Josh. 4,7; Josh. 4,9; Josh. 4,10; Josh. 6,21; Josh. 6,21; Josh. 6,21; Josh. 6,25; Josh. 7,6; Josh. 7,26; Josh. 8,22; Josh. 8,25; Josh. 8,28; Josh. 8,29; Josh. 8,29; Josh. 9,27; Josh. 10,10; Josh. 10,10; Josh. 10,11; Josh. 10,26; Josh. 10,27; Josh. 10,33; Josh. 10,41; Josh. 10,41; Josh. 11,8; Josh. 11,8; Josh. 11,8; Josh. 11,8; Josh. 11,17; Josh. 12,1; Josh. 12,2; Josh. 12,3; Josh. 12,3; Josh. 12,5; Josh. 12,7; Josh. 13,3; Josh. 13,4; Josh. 13,4; Josh. 13,5; Josh. 13,6; Josh. 13,7; Josh. 13,9; Josh. 13,10; Josh. 13,11; Josh. 13,13; Josh. 13,17; Josh. 13,25; Josh. 13,26; Josh. 13,26; Josh. 13,27; Josh. 14,14; Josh. 15,1; Josh. 15,2; Josh. 15,4; Josh. 15,5; Josh. 15,47; Josh. 15,63; Josh. 16,3; Josh. 16,5; Josh. 16,10; Josh. 16,10; Josh. 19,8; Josh. 19,28; Josh. 19,29;

ἕως

Josh. 19,33; Josh. 22,3; Josh. 22,17; Josh. 23,8; Josh. 23,9; Josh. 24,31a; Judg. 1,21; Judg. 1,26; Judg. 3,3; Judg. 3,30; Judg. 4,16; Judg. 4,16; Judg. 5,7; Judg. 6,18; Judg. 6,24; Judg. 7,13; Judg. 7,22; Judg. 7,22; Judg. 7,24; Judg. 7,24; Judg. 9,40; Judg. 9,52; Judg. 9,52; Judg. 10,4; Judg. 11,13; Judg. 11,13; Judg. 11,16; Judg. 11,16; Judg. 11,19; Judg. 11,22; Judg. 11,22; Judg. 11,33; Judg. 13,7; Judg. 15,5; Judg. 15,5; Judg. 15,14; Judg. 15,19; Judg. 16,3; Judg. 17,8; Judg. 18,1; Judg. 18,2; Judg. 18,9; Judg. 18,12; Judg. 18,13; Judg. 18,13; Judg. 18,27; Judg. 18,30; Judg. 19,3; Judg. 19,8; Judg. 19,12; Judg. 19,18; Judg. 19,18; Judg. 19,26; Judg. 19,30; Judg. 19,30; Judg. 20,1; Judg. 20,23; Judg. 20,45; Judg. 20,48; Judg. 20,48; Judg. 21,2; Ruth 1,13; Ruth 2,7; Ruth 2,17; Ruth 2,23; Ruth 3,3; 1Sam. 1,11; 1Sam. 1,22; 1Sam. 1,23; 1Sam. 1,23; 1Sam. 2,30; 1Sam. 3,13; 1Sam. 3,14; 1Sam. 3,20; 1Sam. 3,21; 1Sam. 5,5; 1Sam. 5,9; 1Sam. 6,12; 1Sam. 6,18; 1Sam. 6,18; 1Sam. 7,14; 1Sam. 8,8; 1Sam. 10,3; 1Sam. 11,11; 1Sam. 12,2; 1Sam. 13,13; 1Sam. 14,9; 1Sam. 14,20; 1Sam. 14,24; 1Sam. 14,36; 1Sam. 15,3; 1Sam. 15,3; 1Sam. 15,3; 1Sam. 15,3; 1Sam. 15,5; 1Sam. 15,7; 1Sam. 15,18; 1Sam. 15,35; 1Sam. 17,52; 1Sam. 17,52; 1Sam. 17,52; 1Sam. 17,52; 1Sam. 19,22; 1Sam. 20,5; 1Sam. 20,8; 1Sam. 20,15; 1Sam. 20,23; 1Sam. 20,37; 1Sam. 20,41; 1Sam. 20,42; 1Sam. 22,3; 1Sam. 22,19; 1Sam. 22,19; 1Sam. 25,34; 1Sam. 25,36; 1Sam. 27,6; 1Sam. 27,8; 1Sam. 29,3; 1Sam. 29,6; 1Sam. 29,8; 1Sam. 30,2; 1Sam. 30,4; 1Sam. 30,9; 1Sam. 30,17; 1Sam. 30,19; 1Sam. 30,19; 1Sam. 30,19; 1Sam. 30,21; 1Sam. 30,25; 2Sam. 1,12; 2Sam. 2,23; 2Sam. 2,24; 2Sam. 3,10; 2Sam. 3,28; 2Sam. 4,3; 2Sam. 5,25; 2Sam. 6,6; 2Sam. 6,8; 2Sam. 6,16; 2Sam. 6,19; 2Sam. 6,23; 2Sam. 7,6; 2Sam. 7,16; 2Sam. 7,18; 2Sam. 7,24; 2Sam. 7,25; 2Sam. 7,26; 2Sam. 10,4; 2Sam. 11,23; 2Sam. 12,10; 2Sam. 14,25; 2Sam. 15,32; 2Sam. 17,11; 2Sam. 17,22; 2Sam. 17,22; 2Sam. 18,18; 2Sam. 19,16; 2Sam. 19,25; 2Sam. 20,2; 2Sam. 20,3; 2Sam. 22,51; 2Sam. 23,10; 2Sam. 23,19; 2Sam. 24,15; 1Kings 2,28; 1Kings 2,33; 1Kings 2,35c; 1Kings 2,46f; 1Kings 2,46g; 1Kings 2,46k; 1Kings 2,46k; 1Kings 4,9; 1Kings 4,12; 1Kings 5,13; 1Kings 5,14a; 1Kings 5,23; 1Kings 6,15; 1Kings 6,15; 1Kings 6,16; 1Kings 6,22; 1Kings 7,10; 1Kings 7,46; 1Kings 8,65; 1Kings 9,13; 1Kings 10,7; 1Kings 10,12; 1Kings 10,22b # 9,20; 1Kings 10,26a; 1Kings 10,26a; 1Kings 11,16; 1Kings 11,40; 1Kings 12,5; 1Kings 12,19; 1Kings 12,24c; 1Kings 12,30; 1Kings 15,20; 1Kings 17,14; 1Kings 17,17; 1Kings 18,26; 1Kings 18,28; 1Kings 18,29; 1Kings 18,46; 1Kings 19,8; 1Kings 22,11; 1Kings 22,35; 1Kings 22,35; 2Kings 2,2; 2Kings 2,6; 2Kings 2,17; 2Kings 2,22; 2Kings 4,6; 2Kings 4,20; 2Kings 4,22; 2Kings 6,2; 2Kings 6,25; 2Kings 7,3; 2Kings 7,8; 2Kings 7,9; 2Kings 7,15; 2Kings 8,6; 2Kings 8,11; 2Kings 8,22; 2Kings 9,18; 2Kings 9,20; 2Kings 10,25; 2Kings 10,27; 2Kings 11,11; 2Kings 13,17; 2Kings 13,19; 2Kings 14,7; 2Kings 14,13; 2Kings 14,25; 2Kings 15,5; 2Kings 16,6; 2Kings 17,9; 2Kings 17,20; 2Kings 17,23; 2Kings 17,23; 2Kings 17,34; 2Kings 17,41; 2Kings 18,4; 2Kings 18,8; 2Kings 18,8; 2Kings 18,8; 2Kings 18,32; 2Kings 19,3; 2Kings 19,35; 2Kings 20,17; 2Kings 21,15; 2Kings 21,16; 2Kings 23,2; 2Kings 23,8; 2Kings 24,7; 2Kings 24,20; 2Kings 25,2; 2Kings 25,26; 1Chr. 4,31; 1Chr. 4,33; 1Chr. 4,39; 1Chr. 4,41; 1Chr. 4,43; 1Chr. 5,9; 1Chr. 5,10; 1Chr. 5,11; 1Chr. 5,16; 1Chr. 5,22; 1Chr. 5,23; 1Chr. 5,26; 1Chr. 6,17; 1Chr. 7,28; 1Chr. 7,29; 1Chr. 9,18; 1Chr. 11,21; 1Chr. 12,16; 1Chr. 12,41; 1Chr. 13,5; 1Chr. 13,9; 1Chr. 13,11; 1Chr. 14,16; 1Chr. 15,2; 1Chr. 15,29; 1Chr. 16,3; 1Chr. 16,36; 1Chr. 17,5; 1Chr. 17,12; 1Chr. 17,14; 1Chr. 17,14; 1Chr. 17,16; 1Chr. 17,22; 1Chr. 17,23; 1Chr. 19,4; 1Chr. 21,2; 1Chr. 22,10; 1Chr. 23,13; 1Chr. 23,13; 1Chr. 23,25; 1Chr. 28,7; 1Chr. 28,8; 1Chr. 29,10; 2Chr. 5,9; 2Chr. 7,8; 2Chr. 7,16; 2Chr. 8,8; 2Chr. 8,16; 2Chr. 9,6; 2Chr. 9,26; 2Chr. 9,26; 2Chr. 10,5; 2Chr. 10,19; 2Chr. 14,8; 2Chr. 14,12; 2Chr. 15,13; 2Chr. 15,13; 2Chr. 15,19; 2Chr. 18,10; 2Chr. 18,34; 2Chr. 19,4; 2Chr. 20,26; 2Chr. 21,10; 2Chr. 21,15; 2Chr. 23,8; 2Chr. 23,10; 2Chr. 24,10; 2Chr. 25,13; 2Chr. 25,23; 2Chr. 26,8; 2Chr. 26,15; 2Chr. 26,21; 2Chr. 28,9; 2Chr. 29,28; 2Chr. 29,34; 2Chr. 29,34; 2Chr. 30,5; 2Chr. 30,10; 2Chr. 32,24; 2Chr. 34,30; 2Chr. 35,14; 2Chr. 35,25; 2Chr. 36,20; 1Esdr. 1,14; 1Esdr. 1,30; 1Esdr. 4,55; 1Esdr. 5,71; 1Esdr. 7,5; 1Esdr. 8,20; 1Esdr. 8,69; 1Esdr. 8,72; 1Esdr. 8,73; 1Esdr. 8,82; 1Esdr. 9,17; 1Esdr. 9,40; 1Esdr. 9,41; Ezra 4,5; Ezra 4,24; Ezra 5,16; Ezra 6,15; Ezra 7,22; Ezra 7,22; Ezra 7,22; Ezra 7,22; Ezra 9,4; Ezra 9,7; Ezra 9,12; Ezra 9,12; Ezra 9,14; Ezra 10,17; Neh. 3,1; Neh. 3,1; Neh. 3,8; Neh. 3,11; Neh. 3,13; Neh. 3,15; Neh. 3,16; Neh. 3,16; Neh. 3,16; Neh. 3,20; Neh. 3,21; Neh. 3,24; Neh. 3,24; Neh. 3,26; Neh. 3,31; Neh. 3,31; Neh. 4,15; Neh. 6,1; Neh. 8,2; Neh. 8,16; Neh. 8,17; Neh. 8,18; Neh. 9,5; Neh. 9,32; Neh. 12,23; Neh. 12,37; Neh. 12,38; Neh. 12,39; Neh. 13,1; Esth. 11,12 # 1,1l; Esth. 1,20; Esth. 2,13; Esth. 3,12; Esth. 13,1 # 3,13a; Esth. 4,2; Esth. 5,3; Esth. 7,2; Esth. 8,9; Esth. 16,2 # 8,12b; Judith 1,9; Judith 1,14; Judith 1,15; Judith 2,25; Judith 6,5; Judith 6,8; Judith 7,3; Judith 7,3; Judith 8,13; Judith 10,10; Judith 11,21; Judith 12,14; Judith 13,4; Judith 13,13; Judith 13,19; Judith 14,8; Judith 14,10; Judith 15,5; Judith 15,5; Judith 16,17; Tob. 1,21; Tob. 2,4; Tob. 2,10; Tob. 10,7; Tob. 14,4; 1Mac. 1,3; 1Mac. 2,38; 1Mac. 3,7; 1Mac. 3,9; 1Mac. 3,16; 1Mac. 3,24; 1Mac. 3,26; 1Mac. 3,32; 1Mac. 4,15; 1Mac. 4,15; 1Mac. 5,22; 1Mac. 5,31; 1Mac. 5,45; 1Mac. 5,46; 1Mac. 5,60; 1Mac. 8,10; 1Mac. 9,13; 1Mac. 9,15; 1Mac. 9,43; 1Mac. 10,80; 1Mac. 11,7; 1Mac. 11,8; 1Mac. 11,59; 1Mac. 11,62; 1Mac. 11,73; 1Mac. 11,73; 1Mac. 12,33; 1Mac. 13,30; 1Mac. 13,39; 1Mac. 14,10; 1Mac. 14,10; 1Mac. 14,16; 1Mac. 16,2; 2Mac. 2,7; 2Mac. 5,25; 2Mac. 6,17; 2Mac. 13,24; 3Mac. 6,38; 3Mac. 6,38; 4Mac. 1,9; 4Mac. 7,3; 4Mac. 14,19; Psa. 12,3; Psa. 13,1; Psa. 13,3; Psa. 15,7; Psa. 17,38; Psa. 17,51; Psa. 18,7; Psa. 27,9; Psa. 35,6; Psa. 37,7; Psa. 41,5; Psa. 48,20; Psa. 48,20; Psa. 52,4; Psa. 56,2; Psa. 56,11; Psa. 56,11; Psa. 57,8; Psa. 59,11; Psa. 60,7; Psa. 68,2; Psa. 70,18; Psa. 70,18; Psa. 70,19; Psa. 71,7; Psa. 71,8; Psa. 71,8; Psa. 72,17; Psa. 79,12; Psa. 79,12; Psa. 89,2; Psa. 93,13; Psa. 93,15; Psa. 99,5; Psa. 102,17; Psa. 103,23; Psa. 105,31; Psa. 105,48; Psa. 106,18; Psa. 106,26; Psa. 106,26; Psa. 107,5; Psa. 107,11; Psa. 109,1; Psa. 111,8; Psa. 112,2; Psa. 113,26; Psa. 117,27; Psa. 120,8; Psa. 122,2; Psa. 124,2; Psa. 130,3; Psa. 131,5; Psa. 131,12; Psa. 132,3; Psa. 134,8; Psa. 136,7; Psa. 140,10; Psa. 141,8; Psa. 145,2; Psa. 146,6; Psa. 147,4; Ode. 1,16; Ode. 1,16; Ode. 2,22; Ode. 4,13; Ode. 5,20; Ode. 6,6; Ode. 9,55; Ode. 11,13; Prov. 6,9; Prov. 7,18; Eccl. 2,3; Eccl. 4,2; Eccl. 12,2; Song 2,7; Song 2,17; Song 3,4; Song 3,4; Song 4,6; Job 2,7; Job 4,20; Job 7,18; Job 7,19; Wis. 4,19; Sir. 1,23; Sir. 1,24; Sir. 4,17; Sir. 4,28; Sir. 6,18; Sir. 9,12; Sir. 10,16; Sir. 13,7; Sir. 13,23; Sir. 16,28; Sir. 18,22; Sir. 18,26; Sir. 20,7; Sir. 21,5; Sir. 24,9; Sir. 29,5; Sir. 34,12; Sir. 35,16; Sir. 37,2; Sir. 37,30; Sir. 39,9; Sir. 40,1; Sir. 40,3; Sir. 40,4; Sir. 40,8; Sir. 44,13; Sir. 44,21; Sir. 44,21; Sir. 45,13; Sir. 46,9; Sir. 46,19; Sir. 48,25; Sir. 51,6; Sir. 51,14; Sol. 1,4; Sol. 15,10; Sol. 16,6; Sol. 18,11; Hos. 5,15; Hos. 8,5; Amos 6,14; Amos 8,12; Amos 8,12; Mic. 1,9; Mic. 1,9; Mic. 1,9; Mic. 1,14; Mic. 1,15; Mic. 1,15; Mic. 4,10; Mic. 5,2; Mic. 5,3; Mic. 6,5; Mic. 7,12; Joel 2,2; Obad. 7; Obad. 20; Obad. 20; Jonah 2,6; Jonah 3,5; Jonah 4,5; Jonah 4,9; Nah. 1,10; Hab. 2,6; Hab. 3,13; Zech. 1,12; Zech. 5,3; Zech. 5,3; Zech. 9,10; Zech. 14,5; Zech. 14,10; Zech. 14,10; Zech. 14,10; Zech. 14,10; Zech. 14,10; Mal. 1,4; Mal. 1,11; Mal. 2,12; Is. 1,6; Is. 8,9; Is. 8,23; Is. 10,18; Is. 15,4; Is. 15,5; Is. 15,8; Is. 16,8; Is. 22,5; Is. 22,14; Is. 22,24; Is. 25,12; Is. 26,4; Is. 26,5; Is. 26,20; Is. 27,12; Is. 30,28; Is. 32,14; Is. 32,15; Is. 32,17; Is. 33,23; Is. 38,1; Is. 38,13; Is. 39,1; Is. 39,6; Is. 42,4;

Is. 45,17; Is. 46,4; Is. 46,4; Is. 48,20; Is. 49,6; Is. 57,9; Is. 62,11; Jer. 1,3; Jer. 1,3; Jer. 3,25; Jer. 4,10; Jer. 4,18; Jer. 5,6; Jer. 6,13; Jer. 6,13; Jer. 7,7; Jer. 7,25; Jer. 9,9; Jer. 12,12; Jer. 13,27; Jer. 25,3; Jer. 25,5; Jer. 27,3; Jer. 27,5; Jer. 28,9; Jer. 28,62; Jer. 29,5; Jer. 29,6; Jer. 30,28; Jer. 31,34; Jer. 31,34; Jer. 37,24; Jer. 37,24; Jer. 38,34; Jer. 38,38; Jer. 38,39; Jer. 38,40; Jer. 38,40; Jer. 38,40; Jer. 39,20; Jer. 39,31; Jer. 42,6; Jer. 43,2; Jer. 43,23; Jer. 44,21; Jer. 45,28; Jer. 49,1; Jer. 49,8; Jer. 51,10; Jer. 51,12; Jer. 51,27; Jer. 52,5; Jer. 52,11; Jer. 52,34; Bar. 1,4; Bar. 1,13; Bar. 1,19; Bar. 4,37; Bar. 5,5; Lam. 3,40; Lam. 3,50; LetterJ 2; Ezek. 2,3; Ezek. 4,8; Ezek. 4,10; Ezek. 4,11; Ezek. 4,14; Ezek. 10,5; Ezek. 20,29; Ezek. 20,31; Ezek. 21,3; Ezek. 21,9; Ezek. 21,32; Ezek. 24,13; Ezek. 25,15; Ezek. 29,10; Ezek. 30,6; Ezek. 39,15; Ezek. 41,16; Ezek. 41,17; Ezek. 41,20; Ezek. 46,2; Ezek. 46,17; Ezek. 47,4; Ezek. 47,4; Ezek. 47,10; Ezek. 47,19; Ezek. 47,20; Ezek. 48,2; Ezek. 48,3; Ezek. 48,4; Ezek. 48,5; Ezek. 48,6; Ezek. 48,7; Ezek. 48,8; Ezek. 48,8; Ezek. 48,21; Ezek. 48,21; Ezek. 48,23; Ezek. 48,24; Ezek. 48,25; Ezek. 48,26; Ezek. 48,27; Ezek. 48,28; Ezek. 48,28; Dan. 1,21; Dan. 2,34; Dan. 3,1; Dan. 4,11; Dan. 4,11; Dan. 4,21; Dan. 4,31; Dan. 6,6; Dan. 6,8; Dan. 6,13; Dan. 6,15; Dan. 6,27; Dan. 7,4; Dan. 7,12; Dan. 7,18; Dan. 7,18; Dan. 7,25; Dan. 7,25; Dan. 7,26; Dan. 7,28; Dan. 8,10; Dan. 9,26; Dan. 9,27; Dan. 9,27; Dan. 11,35; Dan. 11,36; Dan. 12,1; Dan. 12,4; Josh. 15,47; Josh. 19,8; Josh. 19,10; Josh. 19,28; Josh. 19,29; Josh. 19,33; Judg. 1,21; Judg. 1,26; Judg. 3,3; Judg. 3,25; Judg. 3,26; Judg. 3,30; Judg. 4,11; Judg. 4,16; Judg. 4,16; Judg. 4,24; Judg. 5,7; Judg. 5,7; Judg. 6,4; Judg. 6,24; Judg. 7,13; Judg. 7,22; Judg. 7,22; Judg. 7,24; Judg. 7,24; Judg. 9,21; Judg. 9,40; Judg. 9,52; Judg. 9,52; Judg. 10,4; Judg. 11,13; Judg. 11,13; Judg. 11,16; Judg. 11,19; Judg. 11,22; Judg. 11,22; Judg. 11,33; Judg. 11,33; Judg. 13,7; Judg. 13,20; Judg. 14,5; Judg. 15,5; Judg. 15,5; Judg. 15,14; Judg. 15,19; Judg. 16,3; Judg. 17,8; Judg. 17,8; Judg. 18,1; Judg. 18,2; Judg. 18,2; Judg. 18,12; Judg. 18,13; Judg. 18,30; Judg. 19,8; Judg. 19,11; Judg. 19,12; Judg. 19,18; Judg. 19,18; Judg. 19,30; Judg. 20,1; Judg. 20,23; Judg. 20,26; Judg. 20,40; Judg. 20,45; Judg. 20,48; Judg. 20,48; Judg. 21,2; Tob. 1,14; Tob. 1,21; Tob. 4,19; Tob. 5,3; Tob. 6,6; Tob. 7,12; Tob. 13,2; Tob. 14,5; Dan. 1,21; Dan. 2,9; Dan. 2,20; Dan. 2,34; Dan. 3,19; Dan. 4,8; Dan. 4,11; Dan. 4,23; Dan. 4,25; Dan. 4,32; Dan. 4,33; Dan. 5,21; Dan. 6,8; Dan. 6,13; Dan. 6,15; Dan. 6,25; Dan. 6,27; Dan. 7,4; Dan. 7,9; Dan. 7,12; Dan. 7,13; Dan. 7,18; Dan. 7,22; Dan. 7,25; Dan. 7,26; Dan. 8,6; Dan. 8,7; Dan. 8,10; Dan. 8,11; Dan. 9,25; Dan. 9,26; Dan. 9,27; Dan. 10,3; Dan. 11,10; Dan. 11,24; Dan. 11,45; Dan. 12,1; Dan. 12,4; Dan. 12,4; Matt. 1,17; Matt. 1,17; Matt. 1,17; Matt. 1,25; Matt. 2,15; Matt. 5,25; Matt. 11,12; Matt. 11,13; Matt. 11,23; Matt. 11,23; Matt. 13,30; Matt. 13,33; Matt. 14,22; Matt. 17,9; Matt. 17,17; Matt. 17,17; Matt. 18,21; Matt. 18,22; Matt. 18,22; Matt. 18,34; Matt. 20,8; Matt. 22,26; Matt. 23,35; Matt. 24,21; Matt. 24,27; Matt. 24,31; Matt. 26,29; Matt. 26,36; Matt. 26,38; Matt. 26,58; Matt. 27,8; Matt. 27,45; Matt. 27,51; Matt. 27,64; Matt. 28,20; Mark 6,23; Mark 9,19; Mark 9,19; Mark 13,19; Mark 13,27; Mark 14,25; Mark 14,34; Mark 14,54; Mark 15,33; Mark 15,38; Luke 1,80; Luke 2,15; Luke 2,37; Luke 4,29; Luke 4,42; Luke 9,41; Luke 10,15; Luke 10,15; Luke 11,51; Luke 12,50; Luke 13,8; Luke 13,21; Luke 15,8; Luke 22,16; Luke 22,18; Luke 22,51; Luke 23,5; Luke 23,44; Luke 24,49; Luke 24,50; John 2,7; John 2,10; John 5,17; John 9,18; John 10,24; John 13,38; John 16,24; Acts 1,8; Acts 1,22; Acts 7,45; Acts 8,10; Acts 8,40; Acts 9,38; Acts 11,19; Acts 11,22; Acts 13,20; Acts 13,47; Acts 17,15; Acts 21,5; Acts 21,26; Acts 23,12; Acts 23,14; Acts 23,21; Acts 23,23; Acts 25,21; Acts 28,23; Rom. 3,12; Rom. 11,8; 1Cor. 1,8; 1Cor. 4,13; 1Cor. 8,7; 1Cor. 15,6; 1Cor. 16,8; 2Cor. 1,13; 2Cor. 3,15; 2Cor. 12,2; Heb. 8,11; James 5,7; 2Pet. 1,19; 1John 2,9; Rev. 6,10)

Preposition · (+accusative) ▸ **2** (Dan. 11,35; Dan. 12,9)

Ἕως ▸ 29 + 4 = 33

Adverb ▸ 7 + 2 = **9** (1Sam. 1,14; 1Sam. 16,1; 1Kings 18,21; 1Mac. 6,22; Psa. 12,2; Psa. 81,2; Is. 6,11; Dan. 8,13; Dan. 12,6)

Conjunction · subordinating ▸ 4 + 1 = **5** (1Sam. 1,22; 1Esdr. 1,55; Is. 6,11; Dan. 8,13; Judg. 16,2)

Preposition ▸ **2** (Judg. 16,13; 1Sam. 7,12)

ImproperPreposition · (+genitive) ▸ 16 + 1 = **17** (Ex. 10,3; Ex. 10,7; Ex. 16,28; Num. 14,11; Num. 14,27; Josh. 18,3; Judg. 16,2; 1Mac. 2,33; 1Mac. 6,11; Psa. 88,5; Song 1,12; Job 19,2; Hab. 1,2; Ezek. 20,27; Dan. 8,14; Dan. 12,7; Dan. 8,14)

ἕως (2nd homograph) (ἕως) dawn; early morning ▸ 1

ἕω ▸ 1

Noun · feminine · singular · accusative · (common) ▸ **1** (3Mac. 5,46)

ἑωσφόρος (ἠώς; φέρω) morning star, morning ▸ 7

ἑωσφόρον ▸ 1

Noun · masculine · singular · accusative · (common) ▸ **1** (Job 3,9)

ἑωσφόρος ▸ 3

Noun · masculine · singular · nominative · (common) ▸ **3** (Job 11,17; Job 38,12; Is. 14,12)

ἑωσφόρου ▸ 3

Noun · masculine · singular · genitive · (common) ▸ **3** (1Sam. 30,17; Psa. 109,3; Job 41,10)

Ϛ, ϛ

ϛ′ stigma (letter of alphabet) or number: six; ▸ 1
ϛ′ ▸ 1

Adjective · (ordinal · numeral) ▸ 1 (Psa. 118,41)